"十二五"国家重点图书出版规划项目

世界科学家大辞典

Dictionary of World's Scientific Biography

学术顾问 席泽宗 路甬祥
杨 槱 雷啸霖
总 主 编 李啸虎 宣焕灿

世界科学家大辞典

Dictionary of World' s Scientific Biography

生物学与农学卷

泰奥弗拉斯图(Theophrastus) 本名蒂尔塔默斯(Tyrtamus)。古希腊人,约公元前371年生于古希腊莱斯沃斯岛埃雷索斯,约公元前287年卒于雅典。*植物学、矿物学、自然哲学。*

织工之子。早年曾在当地一所哲学学校上学,后到雅典柏拉图学院学习。公元前347年柏拉图去世后,又成为亚里士多德的学生和助手,长达20余年。在公元前323年亚里士多德从雅典出走后,他成了吕克昂学园学长和当时被人称为逍遥学派的领导人。在35年的任职期间,培养了2000多个学生,其中有医生、哲学家和自然科学家。据有关史料介绍,他一生约写了200多种不同种类的著作,但保存下来的已不多,主要以植物学为主。

后人尊称为"植物学之父"。在植物学方面有两本内容丰富的著作留传至今,一本是《植物探究》,另一本是《植物因由》。《植物探究》现存9章,主要内容是对当时所能搜集到的大约550多个品种植物进行描述、分类和分析。第一章以乔木为标准,论述了植物的一般知识;第二章论述了栽培植物,特别是乔木的繁殖和栽培以及环境因素的影响;第三章主要讨论野生树的特征及其与栽培种的某些差异;第四章论及一些地区特有的植物和树种;第五章是木材及其使用,记述了它们的采伐季节和气候环境对材质的影响;第六章论述半灌木的多刺植物;第七章是草本植物,主要论述蔬菜园艺植物;第八章也是草本植物,主要论述各种粮食谷物;第九章是植物液汁和药草及其采集方法。《植物因由》的篇幅比《植物探究》要小一些,但有许多对自然哲学的探索,流传下来的有6章。第一章论述了开花与结果等生育繁殖作用;第二章论述了环境因素的作用;第三章研究了栽培的影响;第四章是种子;第五章是植物的变异、退化和死亡;第六章是植物的液汁。在这本书里论述了种子、植物嫁接和芽植以及气温的作用,讨论了气候与土壤对繁殖的作用和栽培技术,总结了植物的病害、死亡原因等。他在著作中明确区分了动物和植物,是第一个对植物进行系统分类的学者。将植物分为乔木、灌木、半灌木、草本,强调在叙述每一种植物之前,必须列出它们的特征表,特别重视根、茎、分枝、嫩枝在区分植物和确定它们在类群中位置的重要性。在植物分类名称方面,也作出了创造性的贡献,一个属有好几种植物时,就再加一个名称来区分,如白栎与栎、枣椰与椰等。这种命名法对林耐确立双命名法有重要的启示意义,其中有100多个由他所命名的属的名称仍为林耐所采用。

他接受并详细阐述了亚里士多德的全部学说和哲学思想。例如接受亚里士多德的四元素理论,并对这个理论进行了探讨。在"论火"一文的片断中,揭示火的特殊性,并作了观察,认为火和其他元素不一样,火既可产生自己,也可毁灭自己。它的产生方式多样而激烈,其他要素只能通过自然变化互相演进,可以单独存在,而火则一定要燃料,一旦燃料耗尽,火就灭了。对火的论述引出了有关自然本质的大量问题,讨论了世界上所有与火有关的问题。认为火是像由一些完善程度不同的离散粒子组成的,它和其他物质的相互作用取决于该物质的细孔是否与这些粒子对称。

在现存的资料中,还有他关于岩石学方面的著作《岩石的历史》。在书中反映出对非生物界化合物也做了观察和研究,描述了石头和矿土的形成,认为它们实质上是通过汇合、过滤和其他形式的分离而成为均匀纯化的土。着重讨论了地中海周围的矿石和矿土,也包括亚历山大远征军经过地区所收集的一些资料。他区别物质主要依赖视觉和触觉,特别是物质对火的反应。

在其他方面的贡献,由于资料短缺,很难给予准确的评价。在他去世后,其著作连同亚里士多德的著作传到叙利亚、波斯、其他阿拉伯国家。阿拉伯人将得到的希腊语著作译成阿拉伯语。在中世纪早期,阿拉伯的医生和哲学家一直使用这些知识。后又被译成拉丁语,甚至再被译成希腊语,并且以这些方式传回到了西欧,对世界产生了重大的影响。 (孙 勇)

博罗斯(Bolos of Mendes) 古希腊人,生于埃及门德斯,生卒年代不详,生活在公元前200年左右。*博物学、炼金术、自然哲学。*

生平不详,著作已佚失,有的也是记在德谟克利特名下。只有查阅德谟克利特的一些著作,判断哪些由博罗斯所著,才能看出其贡献。

他的著作在古代曾广为流传,是博物学权威之一。著作涉及范围很广,著名的如《自然的特性》,试图把观察到的生物和生态的关系进行系统分类;并论及爱与恨的关系;认为每一种动物、植物和矿物在星界中都有它自己的天神。《以手工制作或完成的物体》论述了用于医学和巫术的草药,以及各种农业实践知识。《论太阳与月亮的标志》,是一本有关天文学方面的著作。《自然的神秘》是一部论述炼金术的著作。 (叶学海)

赵过(Zhao Guo) 中国西汉时人,鼎盛期汉武帝(前141～前87年)末年(公元前1世纪初期)。*耕作学、农业管理学、农学。*

家世和生平不详,只知汉武帝征和四年(公元前89年)任搜粟都尉(专管农业的官职)。

在耕作制度上,创立和推广一种适于干旱地区的耕作方法——代田法。其法是在一步(6尺)宽的土地上开三条沟作三条垄,沟垄相间,各宽一尺(西汉时一尺约相当于今7市寸),沟深也为一尺。第一年把庄稼种在沟里,出苗后不断把垄上的土培到苗下,慢慢将沟填平;第二年在原来垄的地方开沟依此法栽种。这样今年的沟明年改垄,今年的垄明年为沟,沟垄代换,土地轮番使用,故称"代田"。这种方法的特点是减少田间水分蒸发,充分利用土壤肥力,增强了庄稼防风抗旱能力,提高了单位亩产量。代田法开始时在京都郊区试行,效果甚好,又主持将此法推广至河南、山西、陕西和甘肃西北部。

在推行代田法的同时,又召集能工巧匠创制和改革农具,推广三犁共一牛的三脚耧,它可以将开沟、下种、覆土等多道工序一起完成,提高了播种速度,效率达到"日种一顷",而且减少了播种用的种子数量,出苗后植株分布整齐,便于田间管理。在发展牛耕和提高耕作效率方面,创造并推广便于开沟作垄的农具耦犁,耕作时两人各牵一牛，一人扶犁而耕。这种使用耦犁的“二牛三人”耕作方式，在牛耕初期明显地提高了耕作效率。在缺牛地区，还推广当时平都令提出的建议，将人组织起来，挽犁耕地。上述措施，都有力地推动了当时农业生产的发展。（谢庚华　宋湛庆）

氾胜之(Fan Shengzhi)　中国西汉后期人，生卒年不详，鼎盛期公元前1世纪末期。作物栽培学，农艺学。

祖先原姓凡，因秦时避难至氾水流域，乃改姓氾，祖籍可能在今山东曹县一带。在汉成帝(公元前32～前7年在位)时任议郎，曾在三辅地区(西汉京都附近，今陕西关中平原地区)领导农业生产，提倡种麦，获得丰收，又倡导改善关中土壤。后升任御史。

公元前1世纪末，撰成《氾胜之书》(当时称《氾胜之十八篇》)，是西汉时的一部著名农书，总结了中国北方旱作农业技术。原书在宋代已佚，北魏《齐民要术》和宋代《太平御览》等书中，曾引用本书中部分内容；清代洪颐宣、马国维等人辑集有关资料，乃成三种《氾胜之书》的不同辑本。字数仅3 500多字，但内容十分丰富，除了有粟、黍、稻、麦、大豆、小豆、大麻、甜瓜、瓠、芋、桑等14种作物的栽培技术外，还有耕田、收种、通过嫁接结大瓠，利用流水来调节控制稻田水温等方法。

《氾胜之书》中最引人注目的是详细介绍了区田法和溲种法。区田法是在西汉中期赵过提出的代田法的基础上进一步加以发展的抗旱增产耕作栽培法。它有两种形式。一是适用于平原的带状区田，在田内每隔一尺开一条宽和深各一尺的沟，肥料和种子下在沟中，然后用土覆盖。为便于田间管理，这种带状区田内还需留出人行道。另一种是适用于坡地上的方形区田，是在田间挖若干方形小坑，在内下种施肥。这种方法使坡地也可成为区田，扩大了土地利用范围。由于种子下在沟或坑内，利用蓄水保墒而增强了抗旱能力，加上精细耕作管理和集中施肥，故能丰收增产。溲种法是中国古代最早的种子处理法。主要是将1石剁碎的家畜骨，加3倍水煮沸，滤去骨渣，再投入有毒的附子5个浸泡后，然后放入相等份量的蚕、羊粪，搅拌成稠粥状，播种前20天，天晴时把种子放入搅拌，使稠汁附在上面，就称为“溲种”。溲后取出种子摊开晾干，次日再溲。溲过六、七次晒干，干燥后收藏，至临种前再溲一次，干后就播种。此法可使庄稼耐干旱、抗虫灾，从而达到增产的目的。但由于溲种法太费工，限制了它在古代的推广。经“溲种法”处理后的种子实际上是一种有机的包衣种子，它比国外在20世纪60年代制成的无机包衣种子早了近2 000年。《氾胜之书》在汉代和后世一直受到重视，因而氾胜之也被推崇为中国古代著名的农学家。

（宋湛庆　谢庚华）

亚历山大〔门多斯的〕(Alexander of Myndos)　古希腊人，生于卡里亚(今属土耳其)门多斯，约公元25～50年卒。鸟类学、动物学。

有关生平知道得不多，但许多证据指出他确实活跃在公元1世纪上半叶，许多著作未能留存。据考证，他的兴趣很广泛，从动物学、医学到对梦的分析和神话。在博物学方面的主要著作为《论动物》，其次为《关于鸟类的考查》。在尚存的著作片断中，既有事实，也有幻想，其中以鸟类为重点，包括陆生动物奇异的或传说的行为。详细描述了12种鸟类的大小、行为和食性，注意到在同一种中雌雄之间羽毛色泽和外形的区别。根据一些零碎的史料证明，他还写了《论万灵药》等书，也可能写过植物学方面的书籍。在《梦》一书中，使博物学和奇迹般的兴趣结合在一起。在少数残存的记录中，又以动物行为、植物的特点和鸟类为基础，作了预言。还可能是《环红海旅行记》的作者，其中论述了奇怪的蛇等。

（袁传宓）

马援(Ma Yuan)　字文渊。中国汉代扶风茂陵(今陕西兴平县东北)人，西汉永始三年(公元前14年)生，东汉建武二十五年(公元49年)卒。相马学、畜牧学。

新莽末年(公元1世纪20年代初)任新城大尹(汉中太守)。归顺刘秀后，于建武十一年(公元35年)任陇西太守，6年后任伏波将军，因军功受封为新息侯。早年在西北养马，后又多年统率军队，得名师传授相马之法，善于鉴别马的优劣。

东汉建武二十年(公元44年)，铸成一匹铜马，高3.5尺，胸围4.4尺，作为良马的体型标准。铜马起初立于京师洛阳之金马门外，后被移至皇宫内宣德殿下。又参照当时著名相马学家的理论和标准，对良马的头型、齿、唇、身中等进行研究。著有《铜马相法》一书，是中国现存最早的相马名著。（谢庚华）

崔寔(Chi Shi)　又名崔台，字子真、元始。中国东汉涿郡安平(今河北安平县)人，约永元末年(2世纪初)生，建宁三年(公元170年)卒。农业管理、农艺学、文学。

出身名门望族。祖父崔骃为东汉著名文学家。元嘉元年(公元151年)出仕为郎，同年改任议郎。不久任五原(五原郡在今内蒙古自治区临河、五原以北及达尔罕茂明安联合旗西部地区)太守，此后再任议郎。最后受任辽东太守，赴职途中因母去世折回而未就职。晚年移居京城洛阳。为官清廉，病死时“家徒四壁立，无以殡敛”(《后汉书》)。

上任五原太守后，从雁门关内迎请织师，教当地人种麻织布，自此五原地区才种植麻料和有了纺织手工业。晚年在洛阳写了《四民月令》一书，这是中国古代最早的一部月令式农书，它按洛阳当地的农事季节，将一年中每个月分为上中下3旬，将应进行的农业、手工业、商业等的生产和经营事项，以及家庭的日常事务，作周密合理的安排。因包括士、农、工、商四者的活动内容，故名《四民月令》，它是一部内容广泛的家庭日用大全式的农书。书中既有耕作、土壤改良、适时播种和果树整枝压条等技术，而且更着重于各种大田作物、蔬菜、竹木、蚕桑、采集利用野生植物、酿造加工等的生产经营，同时还兼有纺织、工匠、农产品买卖、文化教育、医疗卫生和习射练武等内容。该书在宋元时代已佚。清代一些学者根据北魏贾思勰的《齐民要术》、隋代杜台卿《玉烛宝典》等书中所引用的该书资料，编成多种版本的辑本。

现代则有石声汉《四民月令校注》、缪启愉《四民月令辑释》两种更好的辑本,其中辑有原书中的3200字,反映了该书的主要内容。

第二次任议郎时,曾参与撰修《汉记》。他一生"所著碑、论、箴、铭、答、七言、祠文、表、记、书"各类著作凡10类15篇,其中政治文集《政论》5卷为代表作。

(宋湛庆 谢庚华)

郭璞(Guo Pu) 字景纯。中国东晋河东(今山西)人,西晋武帝咸宁二年(276年)生于河东闻喜(今山西闻喜),东晋明帝太宁二年(324年)卒于荆州南冈头。动物学、植物学、百科全书编撰、文学、训诂学。

西晋尚书都令使郭瑗之子。西晋末年,曾拜客居河东的"郭公"为师,精通五行、天文、卜筮之术。晋怀帝时,为避匈奴骚扰,率其家族迁居江南。先后在宣城太守、丹阳太守幕下任参军。晋元帝建武元年(317年),任著作佐郎,升迁尚书郎。后去职居暨阳(今江苏省江阴),被割据荆州的大将军王敦任为记室参军。因多次谏阻王敦谋反,惨被斩杀,时年49岁。王敦被平后,晋明帝追赠郭璞为"弘农太守"。

中国晋代以前训诂学之集大成者。他通过对《尔雅》等古代典籍的注解,不仅对后来的训诂学产生深远影响,而且对中国古代动植物学发展作出了重要贡献。《尔雅》大约成书于秦汉之际,是中国最早一部百科全书式辞书,全书19篇,最后7篇分别解释草、木、虫、鱼、鸟、兽和畜,以一定分类系统著录了590余种动植物。郭璞钻研《尔雅》历时18年,觉得前人注释《尔雅》虽有10多家,但"犹未详备,并多纷谬,有所漏略",于是"缀集异闻,荟萃旧说,考方国之语,采谣俗之志",完成全部注解。他不仅引经据典,又面向民间,用晋代通称或地方俗称来注释古代的动植物名称或别名,抢救了许多珍贵的古代知识。同时,他在考察长江中下游地区物种的基础上,进一步对多种动植物形态、生态特征作了具体描述。他治学严谨,实事求是,凡是自己一时没有掌握或弄清的信息,均注明"未详"或"未闻"。他不仅作文字注解,还为《尔雅》注音和配图,绘有《尔雅图》十卷,首创用图示法研究动植物分类,自此形成中国本草著作的图文传统。

《晋书·郭璞传》说他"撰《新林》十篇,《卜韵》一篇,注释《尔雅》,别为《音义》、《图谱》。又注《三苍》、《方言》、《穆天子》、《山海经》及《楚辞》、《子虚·上林赋》数十万言。"《隋书·经籍志》记载有"《郭璞集》17卷",可惜今多已亡佚。他还是晋代重要作家,仅诗文本有数万言,"词赋为中兴之冠",今尚存辞赋10篇,较完整的诗18首。后人还把他当作风水术鼻祖,有些风水术著作亦借其名而行。

(李孙演)

贾思勰(Jia Sixie) 中国南北朝北魏人,生卒年不详,约生活在北魏后期(6世纪上半叶)。农艺学、食品科学、百科全书编撰。

很可能是山东益都人氏,曾任侍中、部郎中、青州别驾、高阳太守(但当时有两个高阳郡,一个在今山东临淄附近,一个在今河北中部,尚有争议)。

撰著《齐民要术》,它是中国完整地保存至今的一部最早的农学巨著。该书成书于北魏永熙二年(533年)至东魏武定二年(544年)期间。书名中的"齐民"是指平民,故书名《齐民要术》的意思是指老百姓谋生的重要方法。该书共分10卷,共92篇。正文约7万多字,注释4万多字,共计近12万字。除卷端的序文及"杂说"一篇外,第一卷至第五卷中包括土壤耕作,种子的选择和良种繁殖,以及粮食、油料、纤维、染料、蔬菜、果树、竹木、桑(附养蚕)等的栽培技术,共55篇;第六卷是家畜家禽的外形鉴定、饲养繁殖、疾病防治和鱼类养殖,共6篇;第七卷至第九卷是农副产品的贮藏和加工以及酿造、烹饪、煮胶、制笔墨等,共30篇;第十卷是引载当时北魏疆域以外的地区,主要是今华南等地有实用价值的热带和亚热带的植物和作物,合为1篇。书中在卷端有一篇"杂说",而在第三卷中也有一篇"杂说",现在一般认为卷端的"杂说"是后人所作。同时书中的某些小注,也明显地不是出于作者之手。由于《齐民要术》直到北宋时才有刻本,在此之前,全靠手抄流传,故卷端的"杂说"和部分小注很可能是传抄者增加的。《齐民要术》的内容十分丰富,涉及的面很广泛,它将耕田、栽培、收获,到农产品加工,以及烹调等,凡是有关的各种生产活动和生活用品都写进去。但在书中不载观赏植物和商业之事。它全面系统地总结了当时及以前黄河中下游地区的农业生产技术和经验,特别是在土壤耕作、选种保纯、以豆科作物和绿肥来用地养地、果树嫁接、禽畜饲养管理和外形鉴定等方面很突出。

《齐民要术》的写作态度严谨,注意搜集以前的文献资料、当时的经验、农谚和歌谣,并向有经验老农请教,加上自己的亲身实践、验证和观察才写成该书。书中引证了160种左右的古代和当时的著作,对引用的每条资料,都一一注明出处。《齐民要术》对后世的影响极为深远,自北宋起一再刻印,版本不少,流传很广,被中国历代农学家尊为经典。该书在国外亦负盛名。9世纪传至日本后,便被翻刻、影印,并多次译成日文,有好几种日文版本。日本还将对《齐民要术》的研究称之为"贾学"。此外,《齐民要术》还被译成英文和德文。

(宋湛庆 谢庚华)

陆羽(Lu Yu) 又名陆疾。字鸿渐,号季疵,又号竟陵子、桑苎翁、东冈子等。中国唐代复州竟陵(今湖北省天门县)人,唐代开元二十一年(公元733年)生,贞元二十年(公元804年)卒。茶学、农学。

原是弃儿。3岁时由当地龙盖寺智积禅师收养,9岁开始读书。智积禅师要他剃度为僧,皈依佛门,但遭拒绝,宁做杂役,不当和尚。放牛时常在牛背上练习写字,因潜心读书,耽误了应做的杂役而常受笞罚。12岁时逃离龙盖寺,在竟陵当伶人。并作《谑谈》3篇,竟陵太守李齐物见之深为赞赏,对他悉心培养,亲授诗书,并介绍他去向邹夫子学习。后来陆羽又向竟陵司马李国辅学习3年,学业上进步很快。他爱好饮茶,进而深入研究有关茶的各种问题。天宝十二年(753年)首次出游,历经川东、鄂西、豫北等地,考察茶的产制情况。天宝十四年(755年)又离竟陵东行,途径长江中下游各地，搜集茶的产制和饮用等资料。上元元年(760 年)在浙江湖州定居，后移居吴兴苕溪草堂。广德二年(764 年)根据在各地考察、搜集的资料和自己的研究心得，写成《茶经》一书的初稿。大历四年(769 年)游越州(今浙江绍兴)，在越州曾督制茶叶。又至江苏无锡，品评惠山泉水。贞元元年(785 年)至江西，先后在信州(今上饶)、洪州(今南昌)、余干(今余干县)及庐山等地逗留。在庐山时品评接贤桥的招隐泉，并在山中对《茶经》初稿作了补充与修改。

《茶经》一书分上、中、下 3 卷。共 10 篇，约7 000余字。“卷上”包括该书的前 3 篇。第一篇阐述茶的性状、名称和品质，第二篇叙述茶的采制用具，第三篇讲茶的种类及采制方法。“卷中”仅 1 篇，即该书第四篇，讨论茶的烹饮器具。“卷下”包含该书的第五至第十篇：第五篇讲烹茶方法和水的品质，第六篇讲饮茶习俗，第七篇讲有关茶的故事和记载，第八篇讲全国著名茶叶产地和所产茶的品质，第九篇讲茶具中可省略的器物，第十篇主要要求读者把本书抄在绢上张挂。《茶经》内容十分丰富，其中与农业有关的部分，如种植茶树最适宜的土壤、采摘时期、采茶时对天气和叶质的要求等内容都符合科学原理。书中所讲制茶的蒸气杀青，其原理尚为现代制茶工业所广泛应用。

《茶经》是世界上最早的茶业专著，它把茶的知识提高为一种专门学问。它的问世，促使中国饮茶之风更盛，对中国古代茶业的发展起了推动作用，故在中国茶业史上有很高的价值和突出的地位。《茶经》流传极广，在国内外也享有盛誉，已有英文、日文等译本问世。

除《茶经》外，还著有《君臣契》、《源解》、《江表四姓谱》、《南北人物志》、《茶记》等书。　(宋湛庆　谢庚华)

贾希兹(al-Jahiz)　约公元 776 年生于巴士拉(今属伊拉克)，868 年或 869 年卒于同地。动物学、博物学。

“贾希兹”是其绰号，意为“斜眼子”，其貌不扬而博学多才。生平著述颇丰，达 200 余种，资料多来自他个人的研究、水手和牧人的口述，以及希腊或阿拉伯名著。现存近 30 种，其中最有价值的是一部 7 卷本附有插图的《动物学》，被译成英文、西班牙文等多种文字。该书像是一部阿拉伯动物学，除哺乳动物和鸟类外，还着重描述了昆虫(包括苍蝇、蚊子、蝎子、虱子等)，并夹杂许多文学典故。他区分了跑、飞、游、爬的不同动物；食肉和食草动物；捕食猛禽、被捕食禽和小鸟等。相信当时流行的自然发生说，如水中可能生出青蛙等错误见解。还论述了动物的语言、适应性、麻醉、阉割等问题。

(张相轮)

陆龟蒙(Lu Guimeng)　字鲁望，号甫里先生、江湖散人、天随子等。中国唐末江南松江(今江苏吴县)人，生年不详，约唐代中和元年(881 年)卒。农业工具、农艺学、文学。

出身官僚世家。曾任苏州、湖州两郡的从事之职，后退隐于松江甫里(今江苏吴县角直镇)。

农学方面的重要著作是一篇中国古代最早的农具专论“耒耜经”，这是一篇 600 余字的短文，文中介绍了当时江东地区的犁、爬(耙)、碌碡、砺砰等多种农具，而以犁为主。书中所载的江东犁，是一种先进的犁。它由犁镜(铧)、犁壁、犁底、压镵、策额、犁箭、犁辕、犁梢、犁评、犁建、犁槃等 11 个部件构成，这些部件都有其特定的功用。这种江东犁比以前的犁有很大发展，其中最关键的改进有两项。第一是将以前的直辕、长辕犁改为曲辕、短辕，缩短了犁的长度，减轻了犁体重量，故具有操作灵便、迅速、省力的优点。第二是这种犁的犁壁竖立在犁镵之上，不是连续成曲面，采用的是窜垡原理，这样耕深通常可大于耕宽，还可以在牛耕的低速条件下，达到更好的碎土要求，易保证耕作质量。总之，陆龟蒙记载的唐代江东犁已发展到相当完备和精巧的程度，已使中国木犁趋于定型，与现在的木犁已无多大差别。

还是一位文学家，著作有《笠泽丛书》和《甫里先生文集》等，其中有许多反映农事活动和农家生活的田家诗。“耒耜经”一文就收在这两部书中，后在南宋时又有了单刻本。　(宋湛庆　谢庚华)

陈翥(Chen Zhu)　字子翔，号虚斋，别号咸聱子，自称桐竹君，又称铜陵逸民。中国北宋池州铜陵(今安徽铜陵)人，约北宋太平兴国七年(982 年)生，北宋仁宗嘉祐六年(1061 年)卒。林木学、园艺学。

乡绅家庭出身。14 岁进县学，虽博览群书，但始终未入仕途，一生隐居乡间，潜心学术研究，故自称“逸民”。因居山乡，且当地是泡桐产地，因而对树木，特别是对桐、竹更有偏好。经常“召山叟，访场师”，向老农和山家请教，进行调查研究。为获得实践经验，自己还在山上种泡桐数百株，进行观察研究。约皇祐末年(1054 年)著成《桐谱》一书。这是世界上论述泡桐最早的一部专著。全书一卷，约8 000字，分为叙源、类属、种植、所宜、所出、采斫、器用、杂说、记志、诗赋等十目。在泡桐种植的意义、种类和分布、生长和生态特性、育苗造林和平茬抚育等方法、采伐和利用等方面，都有系统而详尽的阐述，所以《桐谱》这部名著有相当的科学性和实用性，流传很广，至今仍有其参考价值。

学识渊博，著述甚丰，除《桐谱》外，在天文、地理、儒释、医农等方面均有著作，有 26 部 180 多卷之多，但在战乱中这些著作均已散失。

(宋湛庆)

陈旉(Chen Fu)　号全真子。中国宋代真州仪真(今江苏仪征)人，约北宋熙宁九年(1076 年)生，约晚于南宋绍兴二十四年(1154 年)卒。农学。

很可能是一位道教的信徒，长年隐居。躬耕农田、种药治圃以自给。南宋绍兴十九年(1149 年)写成《农书》三卷，该书自序中署名为“西山隐居全真子”。绍兴二十四年(1154 年)又在书末写了一篇跋，其署名为“如是庵全真子”。《农书》撰成时已 74 岁，携书稿去见真州知州洪兴祖。洪兴祖对此书很重视，为之写了后序并刻行。

该书分上、中、下 3 卷。上卷是土地经营和栽培总论的结合，共 14 篇，为全书的主体和重点；中卷是耕牛的饲养管理和疾病防治，共 2 篇；下卷是蚕桑，共 5 篇。总计全书 3 卷 21 篇，加上前序、后序及跋，共约12 500

字。本书篇幅虽不大，但内容充实，在中国农业科技方面有不少新的发展。最主要的有：① 首次用专篇系统地论述土地利用问题；② 首次明确提出任何土壤都可以改良，创立杰出的“地力常新”论；③ 不但用专篇论述肥料，且在肥源、保肥和施肥方法等问题上，提出不少新的见解；④ 具有相当完整而有系统的理论体系；⑤ 强调必须根据自然规律进行农业生产的正确观点。该书是现存最早论述南方水稻地区农业生产的古农书，也是中国古代第一流的综合性农书之一。本书自收入《永乐大典》后，似很少单行，不过清代有不少丛书收有本书，后来又有《丛书集成》本。1949 年后，又有万国鼎的《陈旉农书校注》、缪启愉的《陈旉农书选读》两种更好的整理本问世。

（宋湛庆　谢庚华）

郑樵（Zheng Qiao）　字渔仲，世称“夹漈先生”。中国北宋福建人，北宋崇宁三年三月三十日（1104 年 4 月 26 日）生于福建兴化（今福建莆田），南宋绍兴三十二年三月七日（1162 年 4 月 22 日）卒。*动物学、植物学、历史学、百科全书编撰。*

先世原是晋代中原南迁望族，父亲郑国器是太学生。郑樵从小受到良好家庭教育，16 岁丧父，后一直隐居兴化西北的夹漈山（即东山）30 余年，生活清贫，四处借书，周游山水，搜奇访古，不应科举。三十刚出头，便读遍东南各地藏书，精通《六经》和诸子百家。靖康元年（1126 年），和堂兄郑厚联名向朝廷上书，陈述抗金志向和报国才能，但一直不受重视。曾三次徒步献书朝廷，却遭人诬陷。绍兴三十一年（1161 年），到杭州向朝廷献巨著《通志》，受任枢密院编修，不久遭朝中学士大夫联名上疏弹劾，虽未削职，却剥夺了查阅内部资料的权利，终在忧愤贫病中离世。

他在山林茅庐中潜心读书著述 30 余年，1158 年写就代表作《通志》初稿。这部史学巨著计 200 卷、600 多万字的，不仅记载了古代的政治、经济和社会，而且广泛涉及天文、地理、植物、动物等自然科学领域。其中“二十略”之一，是《昆虫草木略》（二卷）。他试图在博采众家之长和实际观察基础上，总结和发展“鸟兽草木之学”。该书将植物分为草类、蔬类、稻粱类、木类、果类，记近 340 种；把动物分为虫鱼类、禽类和兽类，记 130 余种；在大类下再分小类，对性状相近的种类连续排列，在一定程度上揭示它们的亲缘关系和自然类群，已有科属的萌芽思想。这一分类体系，较前人更趋合理。他对前人涉及动植物的典藉进行批判性考证分析，清理和继承了丰富的历史遗产。不拘泥古籍，而是注重实际检验，敢于提出异见。积累数十年山林经历，又虚心请教田夫野老，细致观察和记录了近 500 种动植物实际形态和生态习性。并在此基础上，重视动植物的“释名”和“识名”，严格考证和检验动植物名称源流，改正了前人在同名异物和同物异名、以及相似形态上产生的许多混乱。例如，在形态上首次正确区分了许多古籍都不辨识的梓和楸。此外，又十分重视图谱对于辨别生物、传播知识的重要意义，认为“虫鱼之形，草木之状，非图无以别”。

一生著述计有 95 种（包括单篇），其中注明篇数和卷数的 50 种，548 卷，454 篇；另有 35 种未注明卷数。他说自己“山林三十年，著书千余卷”，确是有案可查。但流传至今的仅《夹漈遗稿》、《尔雅注》、《诗辨妄》、《六经奥论》和《通志》等。史学家顾颉刚说，“社会上用很冷酷的面目对待郑樵，但在很艰苦的境界里，已经把自己的天才尽量发展了，我们现在看着他，只觉得一团饱满的精神，他的精神不死！”

（李孙演）

韩彦直（Han Yanzhi）　字子温。中国南宋绥德（今陕西绥德）人，约宋高宗绍兴元年（1131 年）生，卒年不详。鼎盛期南宋淳熙年间（1174～1189 年）。*园艺学。*

抗金名将韩世忠之子。5 岁丧母。绍兴十八年（1148 年）中进士，乾道二年（1166 年）任户部郎官，总领淮东军马钱粮。乾道七年（1173 年）任鄂州驻扎御前诸军都统制。淳熙年间（1174 年稍后）受命就任遣金使，不辱使命而归。后任工部侍郎、龙图阁学士等职。

在农学方面，著有《桔录》一书。该书是世界上最早记载柑桔的一部专著，有很高的科学价值。浙江温州在宋代已是柑桔著名产区之一，在此做地方知州官时，就地调查了解当时柑桔的生产概况，在淳熙五年（1178 年）写成。全书分 3 卷：第一、第二卷记述当时温州柑桔的品种 27 种，对每一品种的名称、性状都分别作了详尽的描述；第三卷对柑桔的繁殖、栽培、嫁接、管理、治虫、果实采收、贮藏、加工制作等一系列生产过程作了详细正确的论述，颇有科学价值，后被译成各种文字传到国外。还涉及政治、历史领域，著有《水心镜》一书共 167 卷。

（谢庚华）

罗愿（Luo Yuan）　字端良，号存斋、汝楫子。中国南宋新安（今安徽休宁）人，高宗绍兴六年（1136 年）生，淳熙十一年（1184 年）卒。*植物学、动物学、农学。*

早年荫补承务郎。乾道二年（1166 年）中进士。历任鄱阳（今江西波阳）知县、赣州通判、南剑州（今属福建南平）知事、鄂州（今湖北武汉）知事等职。为政清廉，体察民情，颇负政声。博学好古，长于考证，精于经学和博物之学。他的文章精炼醇雅，有秦汉古文之风。淳熙十一年，鄂州大旱，他立日中祷雨，致疾而卒，终年 49 岁。鄂人为其立祠，供士民瞻仰。

南宋学者素有重视“鸟兽草木之学”的风尚，罗愿是当时的典范。他以《尔雅》为宗本，参阅古籍二三百种，又“以农圃为师”，于淳熙元年（1174 年）著成训诂博物书《尔雅翼》32 卷（另有附录 2 卷）。全书五万余言，详细记述植物 180 种，动物 230 余种。所题书名，拟要与《尔雅》“比翼而飞”，成为它的姐妹篇。该书专述植物有：《释草》（第 1～8 卷），解释草本植物和少数灌木 120 种；《释木》（第 9～12 卷），解释木本植物 60 种。专述动物有：《释鸟》（第 13～17 卷），解释鸟类 58 种；《释兽》（第 18～23 卷），只记述哺乳动物 77 种；《释虫》（第 24～27 卷），解释 40 种昆虫；《释鱼》（第 28～32 卷），主释鱼类兼及少数爬行类、两栖类、甲壳类等 55 种。每详述一物，既考之于书传，又参之以目验。在大类之下，又将形态、生态或用途相近者归属为小类；小类之中各物，又列出不同品种。因而在形态分类上，有的远胜于前人。由于尽量以观察事实为依据，不盲从书本和传闻，他的生物知识相对丰富而可靠。例如他观察到：蛇类大多卵生但独有腹蛇"胎产"；鳝"腹中自有子"，并非民间误传是荇芹根和人发所变等。

南宋咸淳六年(1270年)，《尔雅翼》首次刊布于世，后刻版散失。流传至今的是元代延佑七年(1320年)版本，由洪焱祖音释，是后来根据从民间访求得到的墨本重刊的。另有《新安志》(10卷)、《鄂州小集》(6卷)等著作传世。 (李孙演 李啸虎)

鲁菲诺斯(Rufinus) 意大利人，鼎盛期在13世纪下半叶。实用植物学、药物学。

是13世纪下半叶意大利修道士，开始研究天文学，继而研究草本植物。传世著作《有用植物集》成书于1287年以后，包括近1000多种的草药，并附有前人简短的描述，但其中五分之一是他的见解，而这些见解是杰出的。许多知识来源于自己的实践，有的也来源于草药医生的传授。在讨论这些植物时常常既用拉丁文又用同义的本国语。也许因为这本著作在中世纪后期已远离医学领域，所以似乎很少得到应用，仅有里尼奥(B. Rinio)在15世纪早期曾提到它。 (黄 旬)

孟祺(Meng Qi) 中国元代人，生卒年不详，鼎盛期元始祖至元年间前期(13世纪70年代)。农艺学、百科全书编撰。

可能是今安徽宿县一带人氏，元始祖至元七年(1270年)任山东东西道的劝农副使。

是《农桑辑要》初版的主要编撰者。该书于至元十年(1273年)编成，随即刻印，是现存最早的一部由政府机构编纂、刻印和颁发的农书。全书计65000字左右，共7卷：第一卷是由经、史、子、集中摘录农桑起源及重农的言论和事迹；第二卷为土地整治和各种农作物的栽培；第三卷为栽桑；第四卷为养蚕；第五卷为瓜菜和果树栽培；第六卷为竹木和药草栽培；第七卷为畜、禽、鱼、蜂等的饲养；书末还附有"岁用杂事"一篇。其中不少内容是从以前的书中辑集各方面的重要资料，故名"辑要"。书中凡是辑录的条目均标明出处，而编撰者撰写的新内容就标明"新添"两字。同时，《农桑辑要》还引用了《种莳直说》、《韩氏直说》、《士农必用》、《农桑要旨》、《农桑直说》、《务本新书》、《务本直言》等不少已佚的金元之际北方地区农书的珍贵资料，从而使这些农书中的某些资料得以保存。

《农桑辑要》和王祯的《农书》、鲁明善的《农桑衣食撮要》并列为元代三大农书。该书选材严谨，内容充实，条理情晰，注重实用，故元朝廷曾多次刻印颁发各地。明、清时也多次刻印而流传很广。本书在明代前期已传至朝鲜，当时朝鲜政府还命各地参照本书所载的养蚕、旱种水稻、种植大小麦和荞麦、红花等方法，对农业生产颇有推动作用。 (宋湛庆)

王祯(Wang Zhen) 字伯善。中国元代山东东平人，约元代初年(1271年前后)生，元代中后期(1330年前后)卒。鼎盛期元初元贞至大德年间(13世纪末至14世纪初)。农学、农业机械、百科全书编撰、印刷术。

元贞元年(1295年)任宣州旌德(今安徽省旌德县)县尹。大德四年(1300年)任信州永丰(今江西省广丰县)县尹。为官清廉自守，注意发展农业生产，并亲自传授过种棉和嫁接树木的新技术。约元贞二年(1296年)前后开始撰写《农书》，皇庆二年(1313年)完稿并刻印问世。

《农书》由三大部分组成，每个部分分为若干集，集下又分若干目。第一部分为"农桑通诀"，内容有农业起源和农、林、牧、副、渔各业的概论，属总论性质，共有6集、26目。第二部分为"百谷谱"，分别论述各种粮食、蓏蔬、果树、竹木及其他经济作物，属各论性质，共11集、83目。第三部分为"农器图谱"，介绍260多种农机具和棉、麻、蚕桑、缫织等机具，共20集、261目。故全书总计为37集、370目。

该书中的"农器图谱"占全书五分之四的篇幅，是全书的重点，对260多种农机具中的每一种，都有一幅图和文字说明，并附诗一首，同时还对南北方农具的异同和功能作分析比较，这一专门论述农机具的部分是中国传统综合性农书中的首创，是集元代和以前农机具的大成，在中国古代农具发展史上占有重要地位，是全书中最有价值的部分。明代的《农政全书》、清代的《授时通考》、《古今图书集成》中的农具图，基本上都是临摹本书。该书还引用了金、元间北方地区的《种莳直说》、《韩氏直说》、《士农必用》、《农桑要旨》、《农桑直说》、《务本直言》等不少很有实用价值的农书资料。这些书已佚失，因《农书》的引用，才得以留存部分内容。《农书》在元代就受到朝廷重视，大德八年(1304年)元朝廷曾令刊刻本书，在诏敕中对该书给予高度评价。该书在明清时期又多次刻印。

多才多艺，有多方面的成就。曾创制了《授时指掌活法之图》。还将东汉时发明但元代已失传的"水排"加以复原，并在鼓风部分加以改进。在印制术方面，他不仅改进了木活字印刷，而且还创制了转轮排字盘等。他主编的《旌德县志》约6万字，就用3万多个木活字，不到1个月，就印成100多部。所著的"造活字印书法"、"韵刻成法"、"活字版韵轮图取字法"等就收录在《农书》内。还擅长写诗，清代所编的《元诗选》中，就将他的农事诗辑集在一起而题名为《农务集》。

(宋湛庆 谢庚华)

鲁明善(Lu Mingshan) 本名铁柱，字明善，此字行世。中国元代人，元至元八年(1271年)生，元至正二十八年(1368年)卒，以字行世。百科全书编撰、农艺学、农业管理。

系当时畏兀儿族(今维吾尔族)人。以父名为氏。出身书香兼重臣之家，父迦鲁纳答思官至翰林学士、大司徒，是元代著名翻译家，通晓多种语言文字。鲁明善自幼随父习读。延佑元年(1314年)起任寿春郡(今安徽寿县一带)监察官,兼管农业生产。1314年后调至京师,在刑部任司法监察。以后又曾任靖州路(今湖南靖县)、安丰路(今安徽寿县)达鲁花赤("镇守官")。

他继承发展了华夏民族周秦以来以农为本思想,以实现社会长治久安。他在任期间,视察江淮一带农情,研讨各种农书,写成一部约15000字的农学名著《农桑衣食撮要》(2卷)。这是一部月令式体裁的农书。书中按一年十二个月,将每月应进行的农事和衣、食、住等各方面的有关事项,作有条理的叙述,列有农事208条,如四月"做笋干,煮新笋",八月"取漆",十二月"收鳜鱼"等。书中涉及内容除以粮食作物、蚕桑为主外,也包括蔬菜、果树、竹木、药材等的栽种管理,家畜、家禽、蜜蜂等的饲养,酱醋等的酿造,房屋、沟渠的修理等。该书的资料除主要来源于同时代的《农桑辑要》外,还增加了不少适用于江南地区的新内容。另外,还介绍了畏兀儿族农牧业的好经验,如奶酪、干酪等一些食品的制作方法。

在书中,他强调建立和巩固农桑为本的思想,提出政府在发展农桑生产上加强对农产的技术指导,反对当时一些人废农为牧的错误主张;强调正确利用天时地利之宜,不误农时,多种经营;强调取得地利时不忘保持水土,增加肥力,反对破坏性、掠夺性使用土地;倡导兼收"货卖"之利,主张发展城乡之间的商品交换,取得更大经济效益;倡导继承和发扬中华民族"一生之计在勤"、"居家以勤谨为先"优良传统,激励勤俭持家的社会风气。这些农学思想,至今仍有借鉴的价值。

撰写《农桑衣食撮要》时,为切合农家实用,既不引经据典,又不雕饰词句,将所引的资料和自己所增加的内容,均用当时通俗的文体来写,因此很容易看懂而深受农家欢迎,对元代农业生产的恢复和发展起了积极作用。该书在元代、明代和清代曾多次翻刻。但明刻各本均题名为《农桑撮要》,清刻各本则名为《农桑衣食撮要》。

(宋湛庆　谢庚华)

达米里(al-Damīrī)　埃及人,1344年生于埃及开罗,1405年卒于同地。博物学、动物学。

早年做过裁缝。对文学的爱好促使他向当时最杰出的学者学习,很快掌握了传统的知识,成为著名的阿扎尔大学的教师。

以主要著作《动物的生活》而知名,该书按字母排序,收录有931种动物,根据古兰经、希腊和阿拉伯经典著作中的动物资料汇编而成,内容包括动物名称的研究,亚里士多德、贾希兹等权威学者对动物的描述,穆斯林传统中的动物,与动物有关的格言、民谚,动物制品的药用价值等。书中提到的人物多达807人,具有较高科学和史料价值。其中的韵文部分,1667年首次被译成拉丁文。全译本英文版首现于1906～1908年。

(郑毓信)

朱橚(Zhu Xiao)　中国明代濠州钟离(今安徽凤阳)人,约元代至正二十一年(1361年)生,明代洪熙元年(1425年)卒于河南开封。食用植物学、药物学、医学、文学。

明太祖朱元璋第五个儿子,明成祖朱棣的胞弟。洪武三年(1370年)被封为吴王,驻守凤阳。洪武十一年(1378年)改封为周王,三年后到开封任职。洪武二十三年(1390年)和建文元年(1399年),两次因有"异谋"被流放到云南,后均回开封。永乐十八年(1420年)因"谋反"被朝廷传讯。

政治上较为开明,积极推行一系列有利恢复农业生产的经济政策和举措。亲自组织和参与对民间食用野生植物经验进行整理总结,于永乐四年(1406年)刊行《救荒本草》一书。该书不仅在引导百姓苦度荒年上起到重要作用,而且开创了野生食用植物研究的先河,标志着中国本草学从药物学向应用植物学发展的新阶段。全书两卷,记述植物414种,一物一图,记事适切,绘图精致,内容实用,其中近三分之二首见于文字。和传统本草著作最大不同,是不作繁琐古籍考证,而是把植物形态描述及其性能评价,直接建立在经验基础上。他为此专设植物园,种植从民间调查得知的各种野生可食植物,进行观察实验。此外,采用通俗形象的植物学术语以便于流行。为了防止误食中毒,他还记载了一些消除某些植物毒性的新方法。明代李时珍认为《救荒本草》"颇详明可据"。明代徐光启《农政全书》将《救荒本草》全文收载。17世纪末,《救荒本草》传到日本,多次刊印,广为传播。美国科学史家G.萨顿认为朱橚的植物园是中世纪杰出成就,他的《救荒本草》可能是中世纪最卓越的本草书。

为了救死扶伤,延年益寿,他还组织学者整理总结历代医家用方经验,编撰了三种医药典藉。其中,《保生余录》全书两卷;在云南组织本府良医李佰等编写"家传应效"的《袖珍方》,共四卷3000多方;在开封组织刘醇、滕硕、李恒、瞿佑等人收集整理,由他亲自订定和参与编写方剂学巨著《普剂方》,共168卷,分为方脉总论、运气、脏腑、身形、诸疾、妇人、婴儿、针灸、本草等100余门,1960论,2175类,61739个药方,239幅图。措词严谨,"因疾授方,对方以授药",其中有些还是周府自制的。仅在明代就被翻刻10余次,影响甚大。他在永乐十三年(1415年)重刊《袖珍方》,在序中写道:"吾尝三复思之,惟为善迹,有益于世,千载不磨。"此外,他还是一个诗人,作有《元宫词》百章。

(李啸虎)

邝璠(Kuang Fan)　字廷瑞。中国明代山东任邱(今属河北)人。约明代天顺二年(1458年)生,正德十六年(1521年)卒。农学、食品工艺学、药物学。

明弘治六年(1493年)考中进士。翌年起历任苏州府吴县(今江苏吴县)知县,瑞州(今江西高安)知府、河南右参政等职。在任时重视发展农业生产、关心民生疾苦,为社会做了不少善事,深得百姓爱戴。

他亲自主持编订的巨著《便民图纂》,是一部反映明代苏南太湖地区农村生产技能和生活常识的百科全书式指南。这是他在吴县担任知县时,为了便民利民而作。该书共16卷,前2卷是图说部分,后14卷为文字部分。图说部分系以南宋傅汶光等人《耕织图》为蓝本,卷一"农务之图"15幅,绘制了水稻从下种至收获全过程;卷二"女红之图"16幅,绘制了从下蚕、抽丝、纺织至制衣全过程,还将原配古体诗换成江浙民间喜闻乐见的流行吴歌竹枝词,一图配一词,能吟能歌,易于推广。第三至第七卷,以及第十四卷,涉及丰富的农业生产技术与知识,至今仍有重要参考和指导价值。其中,卷三"耕获类",以水稻、棉麻、油菜为主,介绍粮食作物、纤维作物、油料作物的育种、栽培、收割、贮藏和加工技术;卷四"桑蚕类"记载栽桑、养蚕的技术;卷五、卷六为"树艺类"(上、下),总结有各种各样瓜果、花卉和蔬菜的育种、栽培、嫁接、治虫、收获等技术,常为后来农书所引述;卷七为"杂占类",收集了大量涉及气象气候预测的江南农谚,部分录自《田家五行》,部分直接征集自江南农家;卷十四"牧养类",记述各种家畜家禽的鉴别、饲养和疾病防治。

《便民图纂》卷十二"起居类"、卷十三"调摄类",主要讲养生健身、医药卫生,收集有食疗药方计 250 剂,分为内科、外科、妇科和儿科等四科,包括风、寒、湿、暑等 13 门,大部摘自宋、元、明的医书,对缺医少药的农村非常实用。卷十五、十六为"制造类"(上、下),介绍各种食品加工、贮藏与烹调,日用品制作、使用与保管等工艺技术。另外的卷八"月占类"、卷九"祈禳类"和卷十"涓吉类",多属当时社会祈天拜神等封建迷信习俗,但也是今天研究古代中国神秘文化的一份较系统的资料。该书首刻于明弘治十四年(1501 年),后又有多种翻刻版本,流传甚广,对后世有深远影响。 (李啸虎)

布龙费尔斯,O.(Brunfels, Otto) 德国人,约 1488 年生于德国美因茨,1534 年 12 月 23 日卒于瑞士伯尔尼。植物学、医学。

制桶匠的儿子。早年在家乡受教育。1509 年在美因茨大学获硕士学位。后入斯特拉斯堡修道院,直到 1521 年。接着做了 3 年牧师。1524 年开办一所学校。不久对医学发生兴趣,编译了前人的医学著作,并写了最早的医学文献目录《书目》(1530 年)。这时迁居到瑞士巴塞尔。1532 年获巴塞尔大学医学博士学位。1533 年被任命为伯尔尼市府医生,为期 6 年。但一年后因病去世。

他被德意志民族誉为"植物学之父"。撰写的植物学方面的著作《草本植物志》(1530 年)是一部 3 卷本丛书中的第一卷,对德国的植物作了最早的记录和描述。用现代标准来看,该书是旧与新的组合,内容是典型的中世纪后期有关著作的摘录。插图很精致,用写实手法把植物精确地描绘出来,彻底改革了植物学的图解形式。 (秦 嘉)

黄省曾(Huang Shengzeng) 字勉之,号五岳山人。中国明代苏州人。明孝宗弘治三年(1490 年)生于苏州府吴县(今属苏州),明世宗嘉靖二十五年(1546 年)卒于同地。农艺学、地理学、文学、历史学。

先世为河南汝宁人。耕读书香门第出身。明代诗人与学者黄鲁曾(1487～1561 年)之弟,时人并称兄弟俩为"二黄先生"。少好古文,解通《尔雅》。明嘉庆十年(1531 年)参加乡试,名列榜首,中举人。后多次科第不中,于是弃时好而志古学,过着隐居生活,闭门著书立说,工于诗文。其子黄姬水是书法家。

明代著名诗人兼学者,但"好谭经济"。除诗文出名外,其他著述颇丰,内容广泛涉及经学、史学、农学、地理学等诸多领域。他生活于经济发达的鱼米之乡,承继和发展了吴地的农学传统,一生撰有多种农学著作,主要有:《稻品》(又称《理生玉鏡稻品》)、《蚕经》(又称《养蚕经》)、《鱼经》(又称《种鱼经》)、《艺菊书》(又称《艺菊谱》)各一卷,合称《农圃四书》;另有《芋经》(又称《种芋法》)、《兽经》各一卷。

《稻品》是中国现存最早一部较完整的水稻品种专志。该书以苏州地区为主兼及周边,列陈 34 个水稻品种的别名、性状、播种期、成熟期、经济价值等等;其中记载性状时详述籽粒、质地、外形、稃芒、株杆、抗逆性、产量、品质等诸因素。相比之下,北魏贾思勰的《齐民要术》新增 24 个品种名称但无详述;最早记载水稻品种的晋代郭义恭《广志》,第一部记录区域水稻的宋代曾安止《禾谱》,当时皆已失传。《蚕经》是第一次对吴越地区农家种桑养蚕经验的系统总结。在他以前,诸多农书或并非养蚕专书,或大多以北方蚕业为主。该书分为艺桑、宫宇、器具、种连、育饲、登蔟、择茧、缫拍、戒宜等九个部分。《鱼经》集养鱼和鱼品为一体,在养鱼史上有重要地位。全书分三部分:"一之种",介绍鲤鱼、鳟鱼、鲫鱼、草鱼、白鲢、鲻鱼等繁殖方法;"二之法"介绍养鱼方法,尤其总结了凿池和喂食的经验之谈;"三之江海诸品",详细介绍江河湖海中的 19 种主要鱼类。《艺菊书》与前人记载花品为主的菊谱不同,着重总结栽培方法,有很强实用性。全书分为括贮土、留种、分秧、登盆、理缉、护养等六目。

地理学著作有《西洋朝贡典录》(三卷),通过介绍贡品记载西洋 23 个国家和地区风土人情;还有《舆地经》、《吴风录》,《西湖游咏》(二卷)等;此外辑佚、校注和刊刻有《山海经》、《水经注》等一批重要古代文献。

他以诗文出名,有《五岳山人集》(三十八卷)行世、《诗法》(八卷)等。重要史学著作有《〈申鉴〉注》(五卷,《四库全书》收录),《高士传颂》(二十卷)等。此外,他还是一个颇有成就的书法艺术家。 (李孙演 李啸虎)

博克,J.(Bock, Jerome 或 Hieronymus 或 Tragus) 德国人,1498 年生于德国海登巴赫或海登海姆,1554 年 2 月 21 日卒于德国霍恩巴赫。植物学、人体解剖学、生理学。

早年在何处求学,以及是否在海德堡大学学习医学、哲学或神学均不详。曾在一个教堂中工作,并当过一个伯爵的私人医生。

是三位"德国植物学之父"之一,享有此美称的另外两位植物学家是 O. 布龙费尔斯和 L. 富克斯。在霍恩巴赫穿着农民服装到处考察植物,后来写了一部当地草本植物名录。1539 年用德文撰写的一部关于植物的著作问世,标志着植物学的新开端。16 世纪后半期,植物学的迅速发展应归功于他把植物学的研究方式从图书馆移到大自然这一重要的转变。

此外,他作为医生和解剖学家,在人体器官解剖和生理学研究,引起医学界高度重视。 (秦 嘉)

马一龙(Ma Yilong) 字负图,号孟河,别号玉华子。中国明代溧阳(今江苏省溧阳县)人,明考宗弘治十二年(1499年)生,移宗隆庆五年(1571年)卒,鼎盛期嘉靖年间后期(16世纪50年代)。农学、自然哲学、书法。

其父曾任云南寻甸知府,病死任上。嘉靖二十六年(1547年)中进士,曾任当时最高学府国子监副长官司业的官职。因家贫母老,无人侍奉,后辞官回到溧阳从事农业。写了一部富有哲理的理论性农书《农说》,该书约一万多字,书中运用《周易》中的阴阳对立统一的学说,以天、地、人、物四者相结合的有机自然观来阐释农业生产中的各种关系问题。书中还探讨了许多农业生产中的技术问题,如对耕作深度、减轻虫害的灌溉方法、选留优良种子等一系列问题,都提出了自己的看法。该书流传较广。明末徐光启对它很重视,在《农政全书》中基本上将《农说》全文收入,并对《农说》中的一些观点表示赞赏。清代的《古今图书集成》也将该书全文收集在内。

工书法,师怀素体后自成一体,用笔流迟,浓淡大小不一,自谓怀素之后一人。著自《字帖》、《洲艺集》;石刻书法有《重修广化庵记》和《楷书石碑》等。 (宋湛庆)

隆德勒,G.(Rondelet, Guillaume) 法国人,1507年9月27日生于法国蒙彼利埃,1566年7月30日卒于塔恩省。鱼类学、解剖学、医学。

药品和香料商人的儿子,小时父亲去世,由兄长抚养成人。1525年去巴黎大学学习。1529年转学至蒙彼利埃大学医学院,1537年获博士学位,1545年任医学教授。

以解剖学家和动物学家著称于世。曾对水生动物进行了广泛研究。撰写的长篇专著,涉及到海洋和淡水动物的比较解剖学和生理学,在这本百科全书式的著作中,共收集海生动物300种以上,记述全面而精确。他的工作超过前人曾经到达过的广度和深度,奠定了近代鱼类学研究的基础。 (黄 旬)

特纳,W.(Turner, William) 英国人,约1508年生于英国诺森伯兰郡莫佩斯,1568年7月7日卒于伦敦。植物学、鸟类学、药物学、精神病学。

1526年就读于剑桥大学彭布罗克学院,1530年获文学士学位,1533年获文科硕士学位。留校任教兼任神职,后为该学院评议员和资深司库。1540年因支持宗教的改革而流亡国外,在意大利学医,1542年获博洛尼亚大学医学博士学位。游历过德国和瑞士,结识了瑞士博物学家格斯纳(K. Gesner)。1551年回国,任威尔士大教堂主教。1553年他作为加尔文教徒而再次流亡国外,在德国魏森堡行医。旅居国外使他在科学事业上受益匪浅,了解到欧洲大陆科学研究的最新动向,扩大了动植物知识。1558年,伊丽莎白一世登基,他返回英国。1560~1564年再一次任威尔士大教堂主教。

他被誉为"英国博物学的真正先行者"。反对死扣经典,强调第一手研究。在剑桥出版过几部著作,其中有《草本植物标本集》(1838年),是在拉丁文标注植物名称的传统下第一个用英文标名的学者。该书对英国约175个类群进行阐述,提及255个英文名称,其中许多是地方性或社会流行的俗名。对英国和欧洲238种草本植物的形态、分布、习性及药理学功用进行了广泛的调查,出版三卷本《新编草本植物志》(第1卷),1551年;第2卷,1562年;第3卷,1568年,是英国最早的一部系统的草本植物学专著。其他主要著作还有:《主要鸟类名录》(1544年)、《草本植物名录》(1551年)、《精神治疗新论》(1555年)、《一切酒类的本质与属性新论》(1568年)等。此外还写过一些宗教小册子。 (李士土)

达雷尚,J.(Daléchamps, Jacques) 法国人,1513年生于法国卡昂,1588年3月1日卒于里昂。植物学、外科医学、科学传播。

1545年进蒙彼利埃大学,任大酒店坐堂医师,1547年获医学博士学位。后在法国东南部俄市格勒诺布尔、瓦朗斯等地开业行医。1552年移居里昂度过后半生。重要的科学著作《普通植物学概论》,是当时最完全的一本植物学专著,第一本描写了里昂地区特有植物区系。另一本著作是《法国外科学》。但主要工作是翻译和编辑早期科学和医学著作。除编辑出版老普利尼(Pliny the Elder)等人的著作外,还将古希腊雅典学校的教本译成拉丁文,盖伦的著作译成法文,泰奥弗拉斯图斯的全部传世之作译成拉丁文。 (黄 旬)

科杜斯,V.(Cordus, Valerius) 德国人,1515年2月18日生于德国爱尔福特,1544年9月25日卒于意大利罗马。植物学、药物学、化学。

内科医生之子。12岁始在父亲指导下学习植物学和药物学。1531年获德国马尔堡大学学士学位。同年入莱比锡大学深造,并在伯父于当地开办的药店实习。1539~1543年曾在维滕堡大学听过课,教过药物学,1544年获该校医学博士学位因患疟疾而去世,年仅29岁。

1540年发现和描述了一种人工合成醚类的重大技术,即把硫酸加入普通酒精便可制得。1544年出版5卷本《植物志》,引志植物学家、药剂师和草药医生的共同关注。讲课不是沿用纯粹哲理来解释和评论课文,而是引用自己在散步和旅行中所观察到的资料,从而创立了新的讲授方式。他的著作大多在身后由其弟子整理出版。1542年将所编《药典》一书赠予纽约堡市议会,1546年在他身后出版是德国第一部法定药典的作者,还是近代药物学创始者之一。1549年和1561年两部关于植物学相继出版和草药学方面的主要著作。其他著作也很多,但由于英年早逝,至今还没有全面的传记。 (秦 嘉)

格斯内,K. von(Gesner, Konrad von) 瑞士人,1516年3月26日生于瑞士苏黎世,1565年3月13日卒于韦斯特。植物学、动物学、兽医学、语言学、文献学。

1531年进斯特拉斯堡学院学习希伯来语,后到巴黎大学、巴塞尔大学学医,获医学博士学位。1537~

1540 年任洛桑学院首任希腊语教授。1541 年起定居苏黎世开业行医。

1535 年编写一部希腊-拉丁词典,并将主祷文译成 22 种文字。1545～1555 年撰成 4 卷本《通用书目》,附有希腊、拉丁、希伯来语作家的姓名及其著作的索引,被认为是文献目录学创始人。曾到阿尔卑斯山和亚得里亚海滨收集动植物标本和资料。出版有《动物志》(4 卷,1551～1558 年),基本上按照亚里士多德的分类法进行描述,即分为四肢胎生动物、卵生动物、鸟类、鱼类、水生动物、蛇类和昆虫。1551～1571 年发表 2 卷本《植物学》,绘制了书中的近1 500幅插图。第一个领悟植物形态结构(是否开花、有无维管束等)在植物分类上的重要性。第一个根据种子本质在看来极不相同的植物之间建立起亲缘关系。第一个绘制化石图。第一个在著作中印制晶体图。曾为艾利安(Aelian)的《动物学》绘制插图。并且是近代兽医学的创始人之一。(方福娟)

贝隆,P.(Belon, Pierre) 法国人,1517 年生于法国勒芒附近,1564 年卒于巴黎。比较解剖学、动物学、植物学。

当过药剂师、神甫等职。1540 年到德国维滕堡大学学植物学。1542 年在巴黎大学学习医学。1546～1549 年在地中海和中东各国旅行考察;到过英国和西班牙。1560 年从巴黎大学医学院获医师执照。以行医为业。后来在一个秘密的地方被谋杀,年仅 47 岁。

苏联著名生理学家巴甫洛夫称他是"比较解剖学的倡导者"。记述了 113 种鱼,通过比较解剖和各种观察,丰富了生物科学,对 16 世纪自然科学的进步作出了很大贡献。提出富有条理性的鱼类分类方法,但认为所有水生动物均为鱼类。研究过 200 种鸟类的骨骼,指出鸟类和人类骨骼之间有相同的地方,是比较解剖学的创始人。绘出海豚胚胎图。第一个陈述了胚胎学概念,并按类划分有羽毛的动物。还是一位植物学家,提出在法国引进外来植物要注意适应气候。在药物应用方面研究得也很深入。C. 普卢米埃(Charles Plumier)以一个神名来纪念他;1887 年又有人在勒芒为他建立了一座塑像。(孙 勇)

埃尔南德斯,F.(Hernández, Francisco) 一译赫南德兹。西班牙人,1517 年生于西班牙托莱多附近蒙塔尔万,1587 年卒于托莱多。植物学、动物学、矿物学、博物学、医学。

是国王的御医。曾在瓜达卢佩修道院医院行医,并在卡斯蒂尔、安达卢西亚等地采集天然药物。1570～1577 年被国王派往墨西哥,考察当地的动物、植物资源。

1576 年,写成 16 卷本附有插图的植物、动物和矿物巨著《新西班牙博物学》,其中有 6 卷专门描述了欧洲人以前从未见过的3 000余种的植物。除给墨西哥留下一份复本外,连同标本全部带回西班牙,收藏于首都马德里附近的埃斯科里亚图书馆,供学者参阅和研究。不幸的是,1671 年的一场大火将之焚毁,所剩无几。后人对其著作作了整理、增补,在马德里、墨西哥城相继出版了几种不同的版本。他所收集的动物、植物标本是欧洲学者了解美洲生物史的重要信息来源之一,其著作的影响跨越了 17～18 世纪。(苏诚基)

舍萨平尼,A.(Cesalpino, Andrea) 一译切萨尔皮诺。意大利人,1519 年 6 月 6 日生于意大利阿列索,1603 年 2 月 23 日卒于罗马。植物学、人体解剖学、医学。

曾在意大利比萨大学学习哲学、医学,1551 获医学博士学位。1555 年任比萨植物园园长。1592 年任教皇克莱门斯八世的御医、罗马沙比恩兹大学教授,直至去世。

曾先于哈维对血液循环进行过生理学和解剖学初步研究,对心瓣膜、冠状动脉和肺循环作过详细描述,并认识到心脏是血液循环的中心。1583 年出版了第一部真正的植物学教科书——《植物论》,共 16 分卷,在科学史上具有重要价值。书中给出了植物学原理,论述了从树木到藻类的各种植物,描述了叶柄、卷须、花蜜、须根等各种器官形态结构,并且对各种植物按其受精器官形态(而不是医用价值)进行了分类。他不像当时的植物学家那样,只限于对植物进行描述,还对植物学的基本要素加以概括,从而使植物学建立在一套统一相关概念的基础之上,摆脱了对医学的从属地位,成为一门独立的学科。因此,林耐称他为"第一个真正使植物学系统化的组织者"。(李文华 李士土)

维兰德,M.(Wieland, Melchior) 又名 M. 盖兰迪努斯(Melchior Guilandinus)。德国人,1520 年生于德国柯尼斯堡(今俄罗斯加里宁格勒),1589 年 1 月 8 日卒于意大利帕多瓦。植物学、药物学。

关于他的身世记载甚少。先在柯尼斯堡大学学习,后去罗马受教。在大学学习时即有成就,多次主讲药草植物。曾靠出售药草和他人的资助,去西西里、小亚细亚、巴勒斯坦和埃及等地旅游,采集植物种子和标本,在旅途中经历了多次危险。由于他是学者,1561 年 9 月被委任为帕多瓦植物园园长。死后葬于帕多瓦圣安东尼巴西利卡修道院。他是帕多瓦植物园的杰出主管者,为该园引进了许多稀有植物。

他的图书馆(现为圣马科图书馆)留给了威尼托共和国。未留下具有特殊价值的著作,许多科学观察均记述在《赞诗》中,但未引起当时人们的注意。(谢 愉)

阿德罗范迪,U.(Aldrovandi, Ulisse) 1522 年 9 月 11 日生于意大利博洛尼亚,1605 年 5 月卒于同地。植物学、博物学、药物学、历史学。

出身贵族,堂舅是教皇格里戈里十三世(Gregory XIII)。年轻时曾到过西班牙。学过数学、拉丁语、法律和哲学。1544 年到帕多瓦大学学医,同时攻数学,后钻研考古学和博物学,并开始为自己的私人博物馆收集标本,1553 年取得医学博士学位。同年起博洛尼亚大学任教,1560 年任博物学、逻辑学教授。后常出外旅行考察,收集化石和矿物标本,不断充实"博物馆"收藏。在博洛尼亚建立了一座植物园，并任该园园长。

在博物学的许多领域，如植物学、畸形学、胚胎学和鸟类学等都有研究。还制订过药典。大多数著作都涉及普林尼的著作，治学严谨，尽可能用对事物的直接观察和研究来丰富书本知识，反对盲目崇拜古代典籍。他编撰的博物志，在世时只出版了4卷对开本，书中配有精美的铜版插图，身后由学生据手稿整理出版其他10卷。另有专著《罗马城的古代文化》(1556年)、《博洛尼亚解毒剂概要》(1574年)等。去世后，其"博物馆"、图书馆和没有出版的手稿，都按遗嘱赠给了博洛尼亚大学。 (高楚明)

洛尼塞卢斯，A. Lonicerus, Adam) 德国人，1528年10月10日生于德国马尔堡，1586年5月29日卒于法兰克福。*植物学、药物学、医学。*

马尔堡大学语言学教授的儿子。1545年获马尔堡大学文科硕士学位。后去法兰克福大学预科教书。由于该地发生战争而回到马尔堡，先研究医学，后在美因茨任私人教师。1553年在马尔堡大学任数学教授。1554年获医学博士学位。

写作范围涉及许多领域，包括植物学、算术、医学史、医学，特别是公共卫生。撰写有关草药的一本书，在德国巴伐利亚等地的影响至少有250年之久。该书还最早描述了当地的植物群落。他去世后，其子J. A. 洛尼塞卢斯(Johann Adam Lonicerus)把他的著作重新整理出版。林耐曾用他的名字命名一个属来纪念他。

(钟觉民)

尼科，J. (Nicot, Jean) 法国人，1530年生于法国尼姆，1600年4月4日卒于巴黎。*植物栽培学、药物学、历史学、语言学。*

法国宫廷小吏的儿子。早年在故乡学习，后到巴黎学文学。因与诗人隆萨尔(Ronsard)相识，被荐入宫廷掌管敕书，为王室顾问官，1560年任外交使节被派往葡萄牙。1562年后，他在巴黎附近的一个图书馆开始研究历史和文学。

他虽没有全力从事科学研究，但在他的著作中常谈到动物和植物。1560年他从葡萄牙给法国皇太后送去烟草种子和烟叶，指出它的医疗价值和种植方法，后来烟草种植就从法国传播开来。在法国沿用的尼古丁植物(Nicotian plant)，即烟草，就是以他的名字而传播开的，林耐在植物分类学中把烟草命名为Nicotiana tabacum。

1568年出版爱莫纽斯四世(Ⅳ of Aimonius)时期的法国史。1573年他监修R. 埃蒂安纳(Robert Estienne)的新版法语-拉丁语词典，并增加法文注释，为后来法文词典编辑提供了样本。后又编写巨著《法语宝库》，该书在1606年他去世后出版。 (谢　愉)

劳沃尔夫，L. (Rauwolf, Leonhard) 德国人，1535年6月21日生于德国巴伐利亚公国奥格斯堡，1596年9月15日卒于匈牙利怀特真(今瓦茨)。*植物学、药物学、医学。*

奥格斯堡商人的儿子。1556年入德国维滕堡大学。1560年进法国蒙彼利埃大学著名医校，研习阿拉伯传统医术及植物学。1562年转入瓦朗斯大学，获硕士学位。后在瑞士苏黎世定居，购得一植物园。1588年起在德国林茨行医8年之久。1596年参加皇室军队与土耳其军在匈牙利交战，染赤痢病亡。

是欧洲第一位近代植物学家。1560～1562年，发掘了普罗旺斯和朗格多克两地丰富的植物区系，搜集400种以上植物标本，编成药草志。1563年从法国回奥格斯堡，途经意大利、瑞士，搜集200余种植物。1573年去中东进行实地考察，搜集的黎波里和阿勒颇等地的植物并加以描述，充实了药草名录；1575年又航行到威尼斯，旅途前后共历33个月。声名显赫，著有《普通植物博物学》、《药草志》等。 (王荣增)

洛贝尔，M. de(L'Obel或Lobel, Mathias de) 法国人，1538年生于比利时里尔(今属法国)，1616年3月3日卒于英国伦敦附近的海格特。*植物学、植物分类学。*

16岁时就被植物和药材所吸引。27岁进蒙彼利埃大学学医，成为G. 隆德勒教授喜爱的学生。在校结交了一些同学和朋友共同研究和采集植物。他以医生为业，是奥林奇亲王(沉默的威廉)的御医。但因在植物学上享有盛名，受聘为英王詹姆士一世(James Ⅰ)的御医兼皇家植物学家，并客死伦敦。

在蒙彼利埃大学学医期间，用了3年多时间和友人合作写成《新编植物学谱系》(1570年)，该书是近代植物学的里程碑，其中收集了1 200～1 300种植物，并提供了许多准确的描述和精美插图，其珍贵资料被后人一再引用。他根据植物叶的形状将植物分为群，并用了属和科的概念。1581年在一本书的前言中，用简表说明了各种植物的亲缘关系。后来林耐采用了此表。1702年为纪念他，林耐特把一种植物命名为洛贝利亚，后来又改称为别的名字，但同时又把一种水生植物属定名为"洛贝利亚"(Lobelia)。 (钟觉民)

塞雷斯，O. de(Serres, Olivier de) 法国人，1539年生于法国阿尔代什省贝格新城，1619年7月2日卒于同地。*作物栽培学、养蚕学、土壤学、农业经济学。*

出身小庄园主兼律师家庭。幼时丧父，未能大学毕业。婚后曾去德国和意大利。16世纪末在巴黎给亨利四世(Henry Ⅳ)介绍他发展养蚕和扩种桑树的计划。用了30年时间撰写有关农业栽培和田园管理的巨著。1600年出版《农业论》，目的是全面地调查法国农业，同时讨论各种土壤类型，描述介绍熟悉的家畜和植物的培育，提出轮作制以保护土壤肥力的主张。大力提倡利用人工种植和灌溉来改进牧草地。在家蚕养殖方面是著名权威。还竭力介绍和引进法国以前不知道的作物，如将意大利和西班牙的驴喜豆传播到法国北方，又引进了蛇麻草、桑树、啤酒花、玉米和马铃薯，同时还引进人工培植草原的方法。他的著述对恢复因多年宗教战争而遭破坏的法国农业生产起到了巨大作用，并对欧洲的农学发展有重要贡献。 (钟觉民)

鲍亨,J.(Bauhin, Jean) 瑞士人,1541 年 2 月 12 日生于瑞士巴塞尔,1613 年 10 月 26 日卒于法国蒙彼利埃。*植物学、医学、地理探险。*

父亲和弟弟都是医生和博物学家。由于是新教徒,全家被迫从法国亚眠流亡至瑞士巴塞尔。他在巴塞尔完成基础教育后,1560～1563 年间曾两次去国外访问。在里昂大学完成医学实习,但未能获得医学博士学位。由于宗教迫害全家又流亡至日内瓦,于 1568 年开始在这里行医。不久在巴塞尔大学任修辞学教授。1571 年起任一位公爵的侍医。1675 年曾在蒙彼利埃筹建一所开业医生医学校。

自青年时代即对植物学发生兴趣,1561 年曾随 C. 格斯纳(Conrad Gesner)去阿尔卑斯山作长途旅行和科学考察。他们成为研究高山植物的先驱者。自 1600 年起至去世,主要从事《世界植物志》编著工作。该书共分 3 卷,描述了5 226种植物及其异名,其中主要是欧洲植物,但也有一些东方和美洲植物,同时还附有从古代到当时的植物学文献,成为 16 世纪植物学中的一项重大进展。这部巨著在他去世 37 年后才出版,代表了他的主要研究成果。 (耿伯介 叶光汉)

陈振龙(Chen Zhenlong) 中国明代福建人,约明嘉靖二十二年(1543 年)生于福建长乐县青桥村,1619 年卒。*作物栽培学。*

是陈氏家族推广种植甘薯的始祖。生于书香家庭。年未二十中秀才,但后乡试屡不第,遂弃儒从商。在吕宋(今菲律宾)经商时,见当地有朱薯,耐旱易种,生熟可食,有"六益八利,功同五谷"。于万历二十一年(1593 年)五月,不顾西班牙政府禁令将薯苗封装于竹筒,捆扎在船边水下,在海上航行七天七夜,经厦门带回福州。1593 年夏,福州一带大旱,正值饥荒,其子陈经纶就向福建巡抚金学曾上禀贴,建议由官府繁殖推广。金学曾要陈家试种,收获后呈验。陈家试种成功后,陈经纶就再上禀贴,并附实物及"种薯法则"呈金学曾。金学曾见到实物,就参照"种薯法则"写成"种薯海外新传"一篇,命各地繁殖推广,结果取得救荒的良好效果,因而当时亦将甘薯称为"金薯",因系从海外引进,又被称为"番薯"。

在此后近 200 年中,其子孙遵祖训不遗余力地在家乡以及浙江宁波、山东胶州、河南朱仙镇、北京近郊通县推广种植甘薯。其五世孙陈世元还撰写了著作《金薯传习录》,在乾隆三十三年(1768 年)刻印出版。陈振龙把甘薯引进中国,改善了中国农作物的结构和中国人的食谱,成为旧时代度荒解饥的重要对策。甘薯已成为中国主要粮食作物之一,年总产量居世界第一位。为纪念他,清道光年间,福建人民在福州乌石山建有"先薯亭"。 (宋湛庆 谢庚华)

屠本畯(Tu Benjun) 字田叔,号豳叟。中国明代鄞县(今属浙江宁波)人,生卒年不详,主要活动于明万历年间(1573～1620 年)。*海洋动物学、植物学、园艺学。*

出身书香门第。曾任太常寺典薄、辰州知府、礼部郎中、两淮运司同知、福建盐运司同知等职。一生淡泊功名利禄,廉洁自持,勤学不辍。作为一个官吏和士人,他相当重视自然知识,深入民间不耻下问,实地调查、收集、整理第一手资料,对古籍资料和民间讹传逐一进行勘误,确是难能可贵。传世之作有数部,内容涉及动物学、植物学、园艺学等广阔领域。

代表作《闽中海错疏》,成书于明万历二十四年(1596 年),是中国现存最早一部地区性海产动物志。全书除自序和附录外,正文共分三卷,上、中两卷为鳞部,下卷为介部,共记载福建沿海水产动物 200 多种,以海洋经济鱼类为主,兼录海产软体动物、节肢动物和棘皮动物等,另有少数淡水种类。记述内容包括动物的名称、形态、生活习性、地理分布和经济价值等,而且基本按照自然分类原则进行分类。除同种异名外,书中记载计有:鲫鱼、真鲷、方头鱼、鲻鱼等 80 多种,分属于鲤科、鲷科、鲳科 40 个科,鲤形目、鲈形目、鲻形目等 20 个目;两栖类动物 10 种,分属蟾蜍科、雨蛙科、蛙科 3 科;以及海洋软体动物的贝类,节肢动物的虾类,少数龟、鳖等。其中录有前人不曾提及的一些种类,如"海胆",过去曾认为命名来自日本,其实是日本引自此书;鰛是一种金色小沙丁鱼,明以前不见于记载。他对海产动物形态描述很具体,可以鉴定到种,与福建地区现生种类基本相符。

在学科发展上,明代以前,中国的动物学知识主要散见于医药、农学、诗书等著作之中,还没有形成一门独立的学科,他能整理出一部含有自然分类概念的地区海产动物志,在中国和世界上都是最早的。在分类学上,他将性状相近的种类放在一起排列,分成不同的大类,在大类中再分小类,在一定程度上揭示了动物的自然类群和亲缘关系,而同时代欧洲博物学家,对动物名记述仍按拉丁字母顺序排列,或按药用分类。另有《海味索引》一卷,记载海产动物 16 种,专为订正张九峻作品中的错误而作。

在植物学方面:著有《野菜笺》一卷,以文学小品形式,记载家乡鄞县常见的萱、薇、蕨、芫荽等野生植物 22 种,详细描述它们的形态、习性和用途;另有《闽中荔枝通谱》4 卷(现存万历二十五年(1597 年)刻本),主要记载福建地区荔枝品种、习性、栽培和加工等;此外还有《离骚草木疏补》等书。 (李孙演)

王象晋(Wang Xiangjin) 字荩臣,号康宁,自号好生居士、明农隐士。中国明代山东新城(今山东省桓台县)人,约明嘉靖四十年(1561 年)生,清顺治十年(1653 年)卒。*园艺学、植物学、农学百科诠书编撰。*

出身官宦世家。自幼勤奋好学,博览群书。30 岁中举,40 岁中进士。万历三十五年(1607 年)因父逝回家,开始其农事生活。此后 20 多年中虽几度出任过小京官,但大部分时间在老家经营农业。崇祯年间,又出任江西、河南、浙江、松沪等地的地方官,后官至浙江右布政使,颇有政绩。崇祯十一年(1638 年)辞官回乡,过隐居生活。

家有田近百亩,雇人耕种。自己则致力于园圃种植,将一小块地辟为"涉趣园",其内种植很多作物和植物，仅蔬菜就有数十种，还种植不少树木和花草。他对每一种植物都详细观察，并与古籍中的记载对照。广泛阅读农书和花史，又注重实践和虚心求教老农，经十余年不懈的努力，积累大量宝贵资料，成为有名的园艺学家。苹果在汉代就有记载，有“柰”和“频婆”等名称，而“苹果”这个名字是由他所定，而且还对此作出正确的性状描述。还最早介绍明代应用于无花果的滴灌技术；提出用压条法繁殖菊花名种；创造了以扦插方法繁殖甘薯；并对甘薯的留种、食用和加工方面提出了很多方法。

在长期实践的基础上，撰写了40余万字的园艺学巨著《群芳谱》，于天启元年（1621年）刊行问世。该书有28卷或30卷，因版本不同而异，但内容相同。全书分为天谱、岁谱、谷谱、蔬谱、果谱、茶谱、竹谱、桑麻葛棉谱、药谱、木谱、花谱、卉谱、鱼谱等，内容包括粮食作物、纤维作物、园艺作物、林木、药用植物、园林植物及观赏动物等。本书在各谱前均有“简首”，相当于该谱的总论或概论，且在每一物的项下分为种植、制用、疗治、典故、丽藻等目。《群芳谱》共载有植物达400多种，对每种植物的名称来源和考订、植物学性状和类似植物的区别、栽培方法、加工利用等都作详细介绍。本书虽然主要是汇集前人文字，但作者自己撰写的也有不少，是他长期经验的总结。《群芳谱》很有实用价值，是中国古代园艺学的名著，以后的《农政全书》和清代的《花镜》都引用本书的不少资料，特别是清代康熙时的《广群芳谱》，其基本内容也就是本书的转录和扩展。

除《群芳谱》外，还著有《清悟斋欣赏编》、《翦桐载笔》、《秦张诗余合璧》等。（宋湛庆 谢庚华）

徐光启（Xu Guangqi）

字子先，号玄扈。中国明代上海县（今属上海市）人，明嘉靖四十一年三月二十日（1562年4月24日）生于南直隶松江府上海县徐家汇，崇祯六年十月初七（1633年11月24日）卒于北京。农学百科全书编撰、天文历法、数学、水利、军事技术。

万历九年（1581年）中秀才。后在家乡以教书为业，万历二十五年（1597年）中举人。万历二十八年（1600年）在南京与意大利传教士利玛窦相识，4年后入天主教，受洗礼，取名保禄。同年中进士并点为翰林，自此踏上仕途。为官清正，因不附魏忠贤阉党，于万历四十一年（1613年）托病至天津购数百亩荒地，从事水稻等种植试验。万历四十六年（1618年）至天启元年赴北京主持练兵事务。天启五年（1625年）为阉党所劾，奉旨“冠带闲住”，被逐出朝廷，托病回上海。崇祯皇帝登基后，杀魏忠贤，清除阉党，他于崇祯元年（1628年）回京，任礼部右侍郎兼翰林院侍读学士协理詹事。崇祯五年（1632年）升任礼部左侍郎、礼部尚书兼东阁大学士，翌年又加太子太保及文渊阁大学士衔。

毕生醉心于学术研究，著作、译作丰富，在农学、天文、数学、水利、军事等方面均有造诣，是中国16～17世纪杰出的自然科学家。在农学方面，他奉旨“冠带闲住”上海时，将长期积累的资料整理编写成《农政全书》的初稿，后经陈子龙等人整理，于崇祯十二年（1639年）出版。该书长达70万字，全书分12目，共60卷。其中1～3卷为“农本”、4～5卷为“田制”、6～11卷为“农事”、12～20卷为“水利”、21～24卷为“农器”、25～30卷为“树艺”、31～34卷为“蚕桑”、35～36卷为“蚕桑广类”、37～40卷为“种植”，41卷为“牧养”、42卷为“制造”，43～60卷为“荒政”，几乎将当时农业的各个部门全包括在内，且以屯垦、水利、备荒三者为重点。虽然《农政全书》绝大部分资料是从230种左右的文献中辑集，但均经精心剪裁。徐光启本人所写的有6万余字，在书中以夹注、旁注、评语等形式补充或纠正前人的论述，并提出很多独创性的精辟见解。《农政全书》是他平日实验研究的结晶，也是他将个人研究成果和历史经验融合在一起，并归纳在一个完整的体系之内的农学巨著，是中国古代杰出的综合性农书之一。该书传到日本后，日本农学家就按照它的体系、格局，于17世纪末编辑出版了《农业全书》，所以《农政全书》对日本农业的发展也有深远的影响。

他在农学方面还有不少专著。如《北耕录》是他在天津农垦经验的总结。《甘薯疏》是他将甘薯由福建引种到上海，又由上海引种到北京的经验总结。其他还有《吉贝疏》、《芜菁疏》、《农遗杂疏》等，都是他专题研究的成果，这些书虽已失传，但基本要点都收在《农政全书》中。

在天文、历法方面的成就也很突出。开始主持修订历法时已68岁高龄，为了研究日出月升的规律，还坚持亲自观察日食和月食。会同传教士邓玉函、罗雅谷、汤若望，参照西方历法，编成了137卷的《崇祯历书》。这部著作奠定了以后30年间历法的基础。同时，他是第一个把地圆说和经纬度的概念介绍到中国，并阐明经纬度在天文学上的重要作用和测定方法。最早在中国采用望远镜和时辰钟等工具，并准确测定了磁子午圈和真子午圈的偏角。领导从事改历工作的历局，编制了当时国内最完备的《全天恒星图》和编译了《新法历书》。这些在中国天文学史上都有重要地位和深远影响。

在数学方面也很有成就。他曾向利玛窦学习过西方的数学知识，并和利玛窦合译希腊古代著名数学家欧几里德的《几何原本》前6卷，即平面几何部分。随后他又翻译了《测量法义》、《测量异同》、《勾股义》等书。是第一个把欧洲文字的数学专著译成中文的科学家。当时翻译西方数学著作，一切中文名词极少有成规可循，要用中文确定众多抽象的数学名词，难度极大。为此作出了很多创造性的劳动，如“几何”两字在中文中原只是虚词，但经他首先使用在数学上，就成为数学专门名词，至于数学上的点、线、面、平行线、直角、钝角、锐角、三角形、四边形、正弦、正切等词汇，都是由他率先创用而确定下来的。

对水利也有研究。《泰西水法》一书就是他和传教士熊三拔合译成中文的。是中国第一个将西方近代水利科学介绍到中国的科学家。（宋湛庆）

特拉迪斯坎特父子(Tradescant and his son) 英国人,生活于16～17世纪,父子两人同名同姓,都是当时著名园艺师、博物学家、收藏家兼旅行家。园艺学、植物学、博物学、地理探险。

老特拉迪斯坎特,J.(Tradescant the older, John) 约1570年生于英国萨福克郡,1638年4月15(或16)日卒于伦敦附近南朗伯斯。

小特拉迪斯坎特的父亲。早年任首位索尔兹伯里伯爵在哈特菲尔德官邸的园艺主管。1610～1611年奉命赴佛兰德斯等西欧低地国家考察园艺,将欧洲大陆的玫瑰、桑树、贝母和大叶草莓等品种移植英国。后为其他王公贵族官邸设计建造花园,其中1615～1623年为一位勋爵建造座落于圣奥古斯丁修道院内的花园。1618年随外交官访问俄国,到过北极圈内的北德文斯克,归国后撰书描述了俄国的落叶松、白菟葵等植物。1620年随反伊斯兰远征军去北非,考察了巴巴里和阿尔及利亚等地,1624年又到西欧低地国家,最后去巴黎和法国西北部海岸考察,收集到大量动植物样品和标本,首次将杜仲胶树和硬木树等带回英国。

1626年他在伦敦郊区南朗伯斯租房,建立自己的植物园和珍品陈列馆,这是英国第一个向公众开放的博物馆,成了人们学习博物学和交流世界各国不同文化的胜地,被人誉为"方舟"。1630年起任英王查理一世(Charles Ⅰ)的皇家花园主管。1634年出版《南朗伯斯植物志》一书,详细介绍了当地750种植物。后人为纪念他,南朗伯斯修有特拉迪斯坎特路;1718年鲁皮亚斯(H. B. Ruppius)以他的姓氏命名了一种紫露草(Tradescantia)。

小特拉迪斯坎特,J.(Tradescant the younger, John) 1608年8月4日生于英国肯特郡迈奥芬姆,1662年4月22日卒于萨里郡。

老特拉迪斯坎特的儿子。11岁进肯特郡坎特伯雷的国王学校读中学。1628～1637年去美国弗吉尼亚等地考察,为父亲的植物园和博物馆收集植物种子和标本。其中将美国玉兰类、落羽松和鹅掌楸等美洲大型树木,草荚竹桃属、紫菀属等花圃植物引种英国,还搜集有关印第安人社会的各种文物。1638年父亲去世后,接任英王查理一世和玛丽皇后的皇家花园主管,直至1642年内战爆发为止。

1656年出版《特拉迪斯坎特博物馆》一书,除了记载数百种引进的各国园艺品种和无数植物标本之外,还登录了父子俩长期收藏的书籍、钱币、兵器、服饰、动物标本和其他国外珍奇物品的清单。根据遗嘱,其收藏珍品后来都捐献给牛津大学阿什摩林博物馆,至今完整无缺。父子俩去世后都葬于伦敦朗伯斯区圣玛丽公墓,该处现今建有园艺史博物馆。 (李士土)

斯泰卢蒂,F.(Stelluti, Francesco) 意大利人,1577年1月12日生于意大利法布里亚诺,1652年11月卒于同地。昆虫学、显微学、科学传播。

出身贵族家庭。早年在罗马学习法律。1603年8月和F. 切西、J. 埃克(Johannes Eck)一起成立罗马林赛研究院(意大利科学院的前身),并讲授天文、数学。1612年任该学院财务管理。

参与出版伽利略的《关于托勒玫和哥白尼两大世界体系的对话》等书,并为之写了前言。1625年他用显微镜对蜜蜂作了观察(放大10倍)。1630年翻译出版了佩尔修斯(Persius)的著作,并给出了原著中谷物象鼻虫的显微图像。1637年出版一本论述在托迪发现的木化石的书,因受F. 切西的影响,认为该化石是介于金属和植物之间的东西,而放弃了早先认为是埋在地下的、矿物化了的树干的正确见解。 (李文华 李士土)

切西,F. A.(Cesi, Federico Angelo) 意大利人,1585年2月26日生于意大利罗马,1630年8月1日卒于阿夸斯帕尔塔。植物学、显微术、考古学、传播科学。

出身贵族,父亲与罗马教廷关系密切,伯父是红衣主教;在母亲奥林皮娅·奥悉妮(Olimpia Orsini)的支持和帮助下,才着实施宏大的新科学计划。健康状况始终不佳,1630年发高烧后去世。

是现代植物学的先驱、系统植物分类的鼻祖,也是用显微镜研究植物构造的开创人。1603年参与创建林赛研究院(意大利科学院的前身),早期成员仅4人,1611年伽利略当选后才得到迅速发展,成员达32人。约161年开始写博物学著作《大自然的万有剧场》,但在世时未完成。1616年当教会禁止哥白尼学说时,切西却在学院内支持提倡自由思想者,并对当时意大利有利或不利于自然科学发展的动态作了精辟分析和预测。

他的植物辨伪表为林耐的植物分类和命名法提供依据,影响达1个世纪以上。不仅打算按植物形态和植物生理作自然分类,还发现隐花植物孢子,并用显微镜进行观察,描述植物的"性作用"。在世时还指挥挖掘了意大利中部城市温布里亚的考古场所。身前所藏图书、科学用具和手稿均散失,后由林赛研究院派人在罗马重新搜集整理。 (王荣增)

拉布罗斯,G. de(La Brosse, Guy de) 法国人,1586年生于法国巴黎,1641年卒于同地。药用植物学、园艺学、医学、化学。

内科医生和药物学家的儿子。年轻时可能是个军人。1614年从事化学和植物学研究,1619年后任路易十三的御医。最关心的是药用植物学,1616年提出建立皇家药用植物园的建议,1626年皇家批准了该建议并任命他为总管。他为筹建皇家植物园发表多篇文章、筹措资金,直到1633年才在巴黎郊区选好地址,为植物园收集了1800种植物。

巴黎皇家植物园的奠基人。对药用植物学的研究成果,总结在《植物的属性》一书中。该书共5卷,书中涉及植物的发生、生长、营养、灵魂、性别、外形和药性等。批判了那些认为植物外部特征表明其医药用途的错误观点。对植物的营养尤感兴趣,认为植物像动物一样需要营养维持生命。还在另一本著作《土壤中的盐与生殖关系》中,明确提出了植物和动物都需要空气的论点。对化学有强烈的兴趣,在《植物的属性》一书中就有3章关于这方面的内容。对化学有独特的见解,认为自然界里所有的化合物能被还原成5种不同性质的简单物体:3 种要素(盐、硫、汞)和 2 种成分(水和土)。在医学方面,对鼠疫病因作了研究,发表"鼠疫的传播"等文章,反对当时的传统医学,指出鼠疫病因是一种有毒和有传染性的物质,会引起化脓,对挽救病人起到了积极作用。

是一位经验主义者,认为判断理性的基础只能是经验、实验和人的理智,赞同从经验到知识、从结果到原因的观点。身后他的业绩几乎被人遗忘,死后棺材被随便地存放在该植物园的地下室里,直到两个半世纪后的 1893 年才被重新安葬。 (王伟祖)

沃尔顿,I.(Walton, Izaak) 英国人,1593 年 8 月 9 日生于英国斯塔福德,1683 年 12 月 15 日卒于温切斯特。*鱼类学、传记文学。*

是斯塔福德自由民的儿子。1618 年加入小五金商公司,因而生活富裕。先后结婚两次,两位妻子都出身英国国教家族,因此也提高了他的社会地位,并因此与文学界保持关系。他长寿、生活舒适而又平静。

热爱钓鱼,曾写了一本《熟练的钓鱼者》。对鱼类学颇有研究,关于淡水鱼类的知识特别渊博,曾对鱼的习性、繁殖、季节变动和捕捞作过仔细观察,具有博物学家敏锐的眼睛。也是英国知名作家之一,曾写过一些人的传记,提供了有价值的史料。 (秦安龄)

约翰逊,T.(Johnson, Thomas) 英国人,约 1600 年生于英国约克郡塞尔贝,1644 年 9 月卒于英国汉普郡。*植物学、科学传播。*

出身不详。1620 年前生活在林肯郡,后在伦敦一个药剂师那里当学徒,1628 年药剂师协会会员。1643 年先后获牛津大学药学学士和药学博士学位。他是伦敦保皇派的成员,参加 1642 年发生的内战,2 年后因作战受伤去世。

1634 年他翻译出版法国外科医生 A. 帕雷的巨著,在英国曾产生较大的影响。他根据自己的实地旅行考察和收集标本,出版《不列颠植物志》(2 卷,1634～1641 年),对植物学原理方面虽没有什么贡献,但他是不列颠植物志研究的先驱,享有很高声誉,被誉为"英国田野植物学之父"。 (秦　嘉)

琼斯顿,J.(Jonston, John) 波兰人,1603 年 9 月 15 日生于波兰桑布特,1675 年 6 月 8 日卒于利格尼茨。*动物学、博物学、临床医学。*

苏格兰血统的东欧人。先后就读于圣安德鲁大学、剑桥大学、莱顿大学和法兰克福大学。1623 年获圣安德鲁大学文科硕士学位。1625 年回到波兰,任家庭教师。1634 年获荷兰莱顿大学医学博士学位。次年获剑桥大学医学博士学位。1642 年在法兰克福大学短期任教。后长期在波兰莱什诺学院任教至退休。

著作丰富,种类繁多。1625～1628 年出版《博物学指南》(1657 年首次译成英文版)。1650～1653 年间出版关于鱼类、鸟类、四足动物和昆虫的 4 部辞典著作,附有精美插图,被译成欧洲多种文字,广为流传。1642 年在荷兰阿姆斯特丹出版《实用医学大全》,2 年后又出了拉丁文版,这是一部临床医学教材,1652 年被英国药理学家卡尔佩珀(N. Culpeper)译成英语,深受当时广大英国医师和药剂师的欢迎。 (张相轮)

波利,S.(Paulli, Simon) 丹麦人,1603 年 12 月 6 日生于梅克伦堡(今属德国)罗斯托克,1680 年 4 月 23 日卒于丹麦哥本哈根。*植物学、解剖学。*

丹麦宫廷医学教授的儿子。在德国罗斯托克大学及荷兰莱顿大学学解剖学。后又去巴黎大学进修,并赴英国旅游。1630 年获医学博士学位。1634～1639 年在罗斯托克等地行医。1639 年～1648 年任罗斯托克大学医学教授。1648 年在哥本哈根大学任解剖学、外科医学和植物学教授,同时还是丹麦国王御医。

他的第一部著作是著名的《药用园艺植物学》(1639～1640 年再版),书中对照列出拉丁文、德文和丹麦文名称,详述形态和药用。1655 年曾在罗斯托克大学作一系列植物学演讲。对解剖学和植物学作出较大贡献,瑞士医学家兼植物学家 A. von 哈勒对他的植物学著述作过详细评论,称颂他不仅编辑了前人植物学方面的知识,还和自己经历中的见闻进行对比,所以不仅是一个理论家,还是一个实践家。 (王荣增)

张履祥(Zhang Luxiang) 字念夫、考夫,号杨园。中国清代浙江人。明代万历三十九年十月初一(1611 年 11 月 5 日)生于浙江桐乡杨园村,清代康熙十三年七月二十八日(1674 年 8 月 29 日)卒于同地。*养蚕学、作物栽培学、农业管理学。*

桐乡名门望族出身。七岁丧父,在母亲沈氏养教下成人。15 岁中秀才。后屡试科第未果,遂在乡间以教书为主业,过着耕读生活。崇祯末年,拜致仕御史刘宗周为师。明末崇祯十七年(1644 年)清兵入关,刘宗周自杀,他加入反清复明行列,后隐居终身。

明末清初著名农学家、人文学者。他主张"治生以稼穑为先",强调"耕与读不可偏废",终身隐居乡间教书务农,艺谷、栽桑、育蚕、养畜、种菜、莳药等无不精通。顺治十五年(1658 年),在参考明代乌镇人李乐的《乌青志》、湖州涟川人沈氏的《沈氏农书》(作于崇祯末年)基础上,他结合自己"学稼数年,咨访得失,颇识其端",以及当地老农的农事经验,开始撰作《补农书》。该书基本内容为蚕桑、水稻和养畜三大方面,比较全面地总结了明末清初杭嘉湖地区农业生产及其经营管理上的经验与技术。在蚕桑方面,他总结了桑树压条繁殖方法和治桑虫方法;发明了松棚式木架养蚕法,使桑树像栽在屋中一样,保持桑叶干鲜。在作物耕作方面,为宋代以后江南地区发展起来的稻麦二熟制总结了配套的整地技术,提出了"疄燥、土疏、沟深、宜早"的要求,使宋元以后的"开疄作沟"技术发展到更完备程度;为了解决稻麦二作的矛盾,延长麦子生育期,还较早地总结了小麦移栽技术。他强调因地制宜,多种经营,讲究经济效益,提出了一套农业经营管理技术,对种桑和种稻的投入和产出都作了仔细计算,而且非常讲求用人之道和宽恤租户。在多种经营的实践中,他积累了丰富的种植和养殖经验，如梅豆、麻、苧麻、萝卜、甘菊、芋艿、百合、山药、白扁豆等的种植方法，以及鱼、鹅、鸡等的养殖方法，丰富了古代农学知识。

著作还有《愿学记》、《读易笔记》、《初学备》、《文集》等数十卷。《杨园先生全集》(1871 年)编入《四库全书》"杂家类存"。同治三年(1864 年)，巡抚左宗棠大修其墓园，并题墓碑"大儒杨园张子之墓"，又书两碣树于墓门，以昭后人。 (李孙演)

陈淏子(Chen Haozi) 一名扶摇，自号西湖花隐翁。中国清代杭州人，约明末万历四十年(1612 年)生，卒年不详。药卉栽培学、动物饲养学、园艺学。

早年曾游历许多地方。30 多岁回杭州以教书为业，业余研读园艺著作，栽花种药，并向花农花友虚心求教，潜心研究花卉栽培技术。

康熙二十七年(1688 年)著《花镜》一书，10 年后刻印问世。该书共 6 卷，卷一为"花历新栽"，也就是种花月令，共有分栽、移植、扦插、接换、压条、下种、收种、浇灌、培壅、整顿等 10 目，列举每个月中各种观赏植物的栽培和管理要点，并附有以花卉为代表的物候期。卷二为"课花十八法"，详述 18 项栽培原理和管理方法，实为全书的精华；卷三为"花木类考"，卷四为"藤蔓类考"，卷五为"花草类考"，这三卷中介绍了花卉、果木、蔬菜、药草等 352 种园艺作物；卷六为"养禽鸟法"，共介绍禽、兽、鱼、虫等 45 种饲养动物。书中还根据亲身的体验，在中国式庭院的布置方面创造性地提出了不少重要的原则。该书是一部观赏园艺的名著，书中除引用 100 多种前人著作外，还凝结了他毕生经验的总结。此书至今仍不失为园林工作者的重要参考文献。《花镜》在中国国内有不少版本，1829 年还传至日本，也有多种刻本传世。 (宋湛庆 谢庚华)

佩罗，C.(Perrault，Claude) 法国人，1613 年 9 月 25 日生于法国巴黎，1688 年 10 月 11 日卒于同地。动物解剖学、医学、建筑学、机械工程。

两个兄弟 C. 佩罗(Charles Perraut)、P. 佩罗(Pierre Perraut)分别是著名童话作家和水文学家。佩罗早期在博韦学院读书，后来又学医。1639 年在巴黎大学通过医学博士学位论文，开业行医达 20 余年。1666 年参与创办法国科学院。后因解剖一头骆驼受感染而去世。

从 1667 年开始，在科学院内以他为首系统地做了许多动物解剖，研究了它们的结构和功能，否定了很多古老而荒诞的传说：火蜥蜴不是生活在火内；塘鹅不是刺破自己的胸脯用血液去饲养后代；变色龙不是活着什么都不吃等等。

又是一位出色的建筑学家，曾参与法国著名罗浮宫的建筑设计等。还发明了钟摆控制水钟、滑车系统转动反射望远镜。具有广泛的兴趣，在许多学科内都有出色贡献。 (黄 旬)

戈达厄特，J.(Goedaert，Johannes) 荷兰人，1617 年 3 月 19 日生于荷兰米德尔堡，1668 年 2 月卒于同地。昆虫学。

有关身世记载甚少。可能没有受过正规教育。他很可能不懂拉丁语，只用荷兰文写作。唯一的名著《自然界的变态》(3 卷，1662 年第 1 卷，1667 年第 2 卷，身后出版由别人整理的第 3 卷)是用荷兰文写的，书中的昆虫水彩画插图都是他自己画的，后被译成拉丁文、英文和法文。该书描述了他在 1635～1658 年间观察结果和用昆虫做的实验。作为早期的昆虫学创始人之一，他第一个记述了荷兰的昆虫，并以第一手观察资料来讨论问题，不因循守旧，把野外捕捉来的昆虫幼虫用天然饵料饲养，以进行正常的观察，直到它们完成变态发育为成虫。不足之处是未能开展昆虫分类工作；相信自然发生说；在解剖学方面也有某些错误见解。他还是一个画家，尤其是个水彩画家，擅长画身和昆虫。并研究过化学和药物学。 (童远瑞)

伊夫林，J.(Evelyn，John) 英国人，1620 年 10 月 31 日生于英国萨里郡沃顿，1706 年 2 月 27 日卒于伦敦。树木栽培学、园艺学。

1637～1640 年在牛津大学求学。1643 年由于政治原因离开英国赴法国和意大利 3 年。1645～1646 年在意大利帕多瓦大学研究解剖学和生理学。1646 年到巴黎大学，听取 N. 勒费弗尔(Nicasius Le Fevre)讲授化学课程。1649 年在英国学习另一门化学课程。在伦敦时还学习卫生学。他是 1660 年英国皇家学会创建的发起人之一。1671～1674 年任英国种植园委员会成员。

在多个领域表现出才能，尤其有丰富的植物学和动物学的知识，终身对园艺学有兴趣。因 1653 年开始布置萨里郡庭院的花园而负有盛名。主要科学成就是在英国皇家学会出版《林木志》(1664 年)一书，多次再版(1706 年第 4 版)。他大力倡导在全英国广栽树木，以缓解海军扩展后的木材用料短缺。 (钟觉民)

雷迪，F.(Redi，Francesco) 意大利人，1626 年 2 月 18 日生于意大利阿雷佐，1697 年 3 月 1 日卒于比萨。昆虫学、寄生虫学、毒理学、文学。

佛罗伦萨名医 G. 雷迪(Gregorio Redi)的儿子。1647 年从比萨大学哲学和医学系毕业，后任梅迪奇宫廷侍医，并主管公爵药店，也当过托斯卡纳大公的侍医。

他对蛇毒作用机理进行了反复实验和观察，认为蛇的毒液与胆汁无关，主要是两个腺体分泌黄色的液体起作用，当毒蛇露出毒牙咬人时，就在伤口上喷射毒液。还发现吮吸被毒蛇咬伤的组织是没有害的，只有当毒液注入动物组织并进入血液循环系统才有毒性。因此认为在伤口上方不远处用硼带扎紧，毒素就不会通过血液循环系统到达心脏而使全部血液受到浸染。对毒蛇咬伤作用曾做了许多实验，例如用活的和死的蛇身上取得的毒液来毒其他动物，把液体或粉末状的毒液喷洒到伤口上，或者把浸透毒液的扫帚碎片插入肌肉组织，动物并未受到毒素的侵害。

1668 年他出版《昆虫繁殖试验》一书，记载了自己用实验方法驳斥当时流行的自然发生说，认为有机体如保存在一个无苍蝇和昆虫的场所，那末这些有机体将永远不会有蛆虫孳生。当时用科学的方法证明自然发生说是错误的，并不是一件容易的事。于是他设计了一个比较合理的实验，把新鲜的肉放在 3 组 6 个瓶子里，第一组瓶子的口敞开，第二组瓶子的口用纱布盖着，第三组瓶子的口用羊皮纸盖着。把这 3 组瓶子都放在窗口，结果肉虽然都腐烂了，但情况却不相同：第一组敞开瓶口的那两个瓶子里出现了蛆；第二组瓶子里没有蛆，但纱布上有卵；第三组瓶子里没有蛆，羊皮纸上也没有卵。由此得出结论：① 因为蛆只发生在苍蝇能够进入瓶子的肉里，所以蛆只能由苍蝇所产的卵而来；② 因为腐肉的气味只能从纱布出来，不能从羊皮纸出来，产卵的苍蝇是受到腐肉的气味吸引而来的。把这个实验结果写成论文，公布出来，说明腐肉生蛆原因在于苍蝇，如果没有苍蝇在肉上产卵，蛆虫是不会自然发生的。这篇论文给自然发生说以致命的打击。他的工作为实验生物学、动物胚胎学开辟了一条光明的道路。

还在寄生虫方面做了不少工作，主要研究体内寄生蠕虫及体外寄生昆虫和螨虫。他在 1684 年出版的另一部著作中，专论了寄生于人和动物肠子中的某些寄生虫的种类、形态和解剖结构，发现蛔虫有雌雄异性，通过性交途径进行繁殖。但他用肉眼观察不到其虫卵，误以为是从宿主"透明质"中产生的。

由于他对了解昆虫的产生和寄生虫学作出了重大贡献，火星上有一个陨石坑以他的姓命名。 （秦安舲）

雷，J.（Ray，John） 英国人，1627 年 11 月 29 日生于英格兰埃塞克斯郡布莱克诺特勒，1705 年 1 月 17 日卒于同地。*植物学、动物学、自然哲学、语言学。*

父亲是铁匠，母亲是草药医生。1648 年获剑桥大学三一学院文学士学位。留校任教。1649 年入选剑桥大学评议员，1651 年获文科硕士学位，同年任讲师讲授希腊语等人文学科和数学，1658 年任初级学监。1660 年在伦敦接受牧师圣职，1662 年因拒绝宣誓认同"英国国教祈祷书中所写的一切的一切"，被剥夺在剑桥大学的教职。在富有的剑桥同学 F. 威洛比（Francis Willughby）的长期资助下，1660～1671 年他主要从事博物学野外考察。他们两人为了编写《自然的体系》巨著，1663～1667 年结伴在英国和欧洲各地考察旅行，收集了大量的植物、动物和岩石标本，结交了许多博物学界的朋友。1667 年入选英国皇家学会会员。返回英国后，身体不佳的雷住进了威洛比一处庄园豪宅，埋头整理标本和著书立说。1672 年威洛比去世，雷根据遗嘱获得了部分遗产以继续完成他们的原有工作计划，其中包括威洛比分工未竟的动物学课题。1673 年，雷和一位富家女子结婚，育有 4 个女儿。1685 年，雷带着家人和标本离开威洛比庄园回到了故乡。

被誉为英国近代博物学之父。他在野外考察和搜集标本基础上，1660 年出版《剑桥植物名录》，书中描述了剑桥附近 558 种植物；1670 年出版《英国植物名录》。由于这两部著作都按拉丁字母对植物进行排序，使人感到不方便，这促使他开始探索以"自然体系"分类法取代人为分类法。在一篇关于种子萌芽的论文中，他首次指出了开花植物的单子叶、双子叶区别，对后来的植物学研究有重要影响。进而，他又把双子叶植物分为 36 科，并区分出"不完全花"形态的蕨类和藓类植物。1682 年他把相关论文汇编为《植物研究的新方法》一书出版，1703 年修订再版，建立起一套根据植物的花、种子、果实和根系进行分类的新方法。雷分类法为后来的林耐植物分类法开拓了研究方向。接着，他运用新的分类法重新修订了《英国植物名录》。1686～1704 年出版三卷本植物学百科全书《植物志》，对当时所知的186 000种植物进行了描述和分类。

在化石研究上，他拒绝当时的一切迷信说法，坚持认为化石是古代生物遗骸。威洛比去世后，雷担负起继续完成他的有关动物学的未竟工作，整理、补充和编辑出版他的遗作，相继出版了威洛比关于鸟类、鱼类、四足动物类和蛇类的著作，可是在编辑威洛比的《昆虫志》（1710 年）时去世。

雷在宗教上笃信"自然神学"，认为上帝的智慧与力量可以通过人们研究他所创造的自然界得以认识，出版有《从创世杰作看上帝的智慧》（1691 年）等综合著作，广泛涉及天文学、地质学、生物学、人类学等领域，先后出了 4 版，是自然神学经典之作。他还编过一本英语词汇、一本英语格言。 （宣焕灿）

沙罗克，R.（Sharrock，Robert） 英国人，1630 年 6 月 29 日生于英国白金汉郡阿德斯托克，1684 年 7 月 11 日卒于英格兰毕晓普斯沃尔瑟姆。*植物学、园艺学。*

教区牧师之子，1643 年进温切斯特学院学习，1649 年任牛津大学新学院评议员；1654 年获民法学士学位，1661 年获民法博士学位。先后担任教会中各种职务，1684 年升为温切斯特英国国教副主教。

他熟读植物方面的经典著作，在作物栽培方面主张按照科学行事。在所著的《蔬菜的培植与改良史》（1660 年初版，1672 年第 3 版）一书中，介绍了种子播种、压条、芽接、接枝等各种繁殖技术，并指出栽培豆科植物能改良土壤，还指出植株的局部与灰烬是不能生长成新植物的，将红玫瑰接插在白玫瑰上也产生不了红白条纹玫瑰，驳斥了当时在农业和园艺方面流行的荒诞迷信。他对植物的趋光性和种子形态等也进行过观察。另外，还撰写了一些法律、宗教和政治、哲学等书籍。 （谢　愉）

列文虎克，A. van（Leeuwenhoek，Antoni van） 荷兰人，1632 年 10 月 24 日生于荷兰代尔夫特，1723 年 8 月 26 日卒于同地。*微生物学、解剖学、仪器研制、显微技术。*

手工业者之子。6 岁丧父。只在荷兰莱顿附近镇办初级中学受过教育。后去阿姆斯特丹谋生，当过服装店学徒、店员及计量检查员。1650 年回家乡代尔夫特开了一家商店。1660 年聘任代尔夫特市政府公务员。1680 年当选为英国皇家学会外籍会员。1699 年成为法国科学院外籍通讯院士。

1665 年制成第一台检查布匹的简易显微镜。先后磨制过 400 多台小显微镜，其中有一台放大率为 270 倍、分辨力为 1.4 微米，现存放在乌德勒支大学博物馆内。他的仪器到 19 世纪还未被人超过。1674 年确认了微生物的存在，第一次描述了真核微生物和细菌的 3 种主要形状——球状、杆状和螺旋状，他当时称它们为“非常微小的动物”。1677 年首次观察和描述了人和某些动物的精子和卵子，为反对自然发生说提供了证据；1680 年首次观察研究了酵母细胞的形态；1683 年刊布了世界上第一幅细菌结构图；1684 年首次观察发现和描绘了红血球细胞；1702 年在对轮虫等作了显微镜观察后，指出所有露天积水和灰尘中均可找到微生物。还追踪观察了低等动物和昆虫的生活史，证明它们都自卵孵出，有力地批判了当时流行的生命可以从非生命体自然发生的错误观点。他还用显微镜观察、研究了植物的组织结构，被认为是植物解剖学的奠基人之一。他的上述研究成果均被翻译发表在英国皇家学会《哲学会刊》上。

生前出版过《列文虎克文集》(4 卷，1695～1718 年)；生后出版过《列文虎克选集》(2 卷，1798～1807 年)、《列文虎克通信选集》(8 卷，1939～1967 年)。

(朱逸农　宣焕灿)

多达尔，D. (Dodart, Denis)　法国人，1634 年生于法国巴黎，1707 年 11 月 5 日卒于同地。*植物学、药物学、生理学。*

出身中上阶层的家庭。1660 年获巴黎大学医学院医学博士学位，该院院长称他是“本世纪最博学者之一”。1666 年任巴黎大学药学院教授。1673 年以植物学家身份成为法国科学院成员。

1676 年发表关于植物史的文章，介绍方法学，并对如何进行植物学研究作了示范。由于他的著作提供了植物化学分析的方法，促使植物学前进了一大步。植物学并不是他唯一的研究领域，1676 年发表关于麦角中毒的论文和对解剖学、病理学以及胚胎学各方面所作的观察资料。1700～1707 年还发表了 3 篇关于语言的研究报告。

(秦　嘉)

维路格比，F. (Willughby, Francis)　英国人，1635 年 11 月 22 日生于英国沃里克郡米德尔顿，1672 年 7 月 3 日卒于同地。*鸟类学、养鱼学、地理探险。*

富有绅士的儿子。早年就读于萨顿的一所文法学校，1652 年进剑桥大学三一学院，1656 年毕业。1663 年成为英国皇家学会最早的会员之一。他是英国植物学家 J. 雷(John Ray)在剑桥大学的学生，后来给自己的老师以经济上的支持，并提供自己收集的野外考察资料，以及植物、鸟类、鱼类和昆虫标本。从 1660 年夏天开始，他和雷一起多次进行远途旅行考察、搜集动植物标本，学习解剖和绘画知识。其中 1662 年去英国西海岸考察，向当地人学习如何饲养海鸟；1663～1666 年，两人一起去欧洲进行生物学科学考察，到过荷兰、德国、瑞士和意大利、西班牙等地。他们计划在回国后出版考察成果，但不幸的是，在准备写作时维路格比死于胸膜炎。

由雷整理出版了维路格比的《鸟类学》(1676 年)一书。这是开欧洲科学的鸟类学之先河，首次根据鸟类的自然形态、结构和生态特征进行科学的分类，第一次摒弃亚里士多德关于鸟类习性的许多不正确说法。雷后来又整理出版了他的另一部著作《养鱼学史》(1686 年)。时至 2003 年，英国学术界又整理出版了维路格比的《游戏大全》一书，这是第一次对 17 世纪英国许多游戏和民俗活动详尽介绍的作品。

(张之沧)

斯万默达姆，J. (Swammerdam, Jan)　荷兰人，1637 年 2 月 12 日生于荷兰阿姆斯特丹，1680 年 2 月 17 日卒于同地。*昆虫学、解剖学。*

药剂师兼古玩珍品收藏家的儿子。1661 年入荷兰莱顿大学医学院。1664 年去巴黎，成为泰弗诺研究会活动分子。1665 年返阿姆斯特丹，任普里瓦特学院内科医生。1666 年又去莱顿大学学习医学，1667 年获医学博士学位。1670 年在阿姆斯特丹获特别许可解剖人体。曾拜访过列文虎克。

热爱昆虫学，经常从事昆虫的采集、观察和解剖等工作。指出昆虫的结构完善程度不亚于高等动物，反对亚里斯多德的一些论点，如昆虫自然发生、昆虫发育变态等。曾先后发表一些有关短文、论文、著作，其中也存在不少错误。还对鱼的胰腺、胰液进行分析研究，在 G. 居维叶之前已对一些无脊椎动物进行解剖。

从医学观点出发研究解剖学和生理学，其中包括呼吸作用、子宫解剖、男女生殖器官解剖等，并用蜡注射技术使生殖管道更加清楚。一般人都认为他是胚胎预成论的奠基人，其实并不尽然，因为他总是避免依靠猜测得出结论。

(张承圭　吕慧梅)

切斯托尼，G. (Cestoni, Giacinto)　意大利人，1637 年 5 月 13 日生于意大利蒙特乔治，1718 年 1 月 29 日卒于里窝那。*昆虫学。*

出身贫寒，上过几年学。1648 年在药店当学徒。1650 年任罗马一家药店经理。1656 年外出旅游，先到里窝那。1666 年经马赛、里昂到达日内瓦，4 个月后回里窝那。

主要研究课题是昆虫繁殖，据此驳斥了自然发生说。17 世纪末，他与 A. 瓦利斯尼埃结为挚友，每周通信一次，并将一些研究报告由瓦利斯尼埃转交《密涅瓦(智慧女神)画廊》等刊物发表。其中关于跳蚤变形周期的观察报告，被收入英国皇家学会《哲学会刊》。1687 年与他人合作，首次发现了兽疥癣的螨虫致病因。对蚜虫的单性生殖和胎生的观察报告也很有价值。1940 年在意大利罗马出版《切斯托尼与瓦利斯尼埃通信集》，记录了他对生物科学的贡献。

(苏诚基)

马格诺尔，P. (Magnol, Pierre)　法国人，1638 年 6 月 8 日生于法国蒙彼利埃，1715 年 5 月 21 日卒于同地。*植物学、园艺学。*

药剂师之子。自幼就对植物学发生兴趣。1659 年获蒙彼利埃大学医学院医学博士学位。1663 年获皇家医学荣誉证书。1687 年任蒙彼利埃植物园示范员，1697 年升任该园主任。1693 年任皇室御医。1694 年任蒙彼利埃大学医学教授。1709年当选为法国科学院院士。

1659年开始转向研究植物学。曾多次到法国南部诸省、阿尔卑期山和比利牛斯山区考察与采集植物标本。他和当时欧洲一些知名植物学家有卷切的联系。1676年出版《蒙彼利埃植物志》,描述了1354种植物。1697年出版《蒙彼利埃皇家植物园植物名录》,描述了比利牛斯忍冬和有刺苍耳等一些新种,并在分类方法上也有所创新。在《植物总谱导论》(1689年)一书中,第一次用表格的形式来划分植物,迅速进行植物鉴定,他制定的此类表格多达75份。在遗著《植物特征注释》(此书由其子在1720年整理出版)中提出根据花萼进行分类的新方法。曾论证无花果内含有很多花;指出珊瑚是一个"活体",但误认为它是植物;发现海芋的块茎干燥后可失去"强烈的辛辣";曾观察泻根瓜属、仙客来、耶路撒冷洋蓟、芜菁等植物的地下部分,指出把它们干燥后和小麦粉或黑麦粉揉在一起烘烤,可获得有相当营养的食物。是第一个把"科"这一术语用来表示自然群的学者。为了纪念他,林耐曾以他的姓氏命名木兰属(Magnolia)。　(耿伯介　叶光汉)

利斯特,M.(Lister, Martin)　英国人,1639年4月11日生于英国白金汉郡拉德克利夫,1712年2月2日卒于英格兰萨里郡埃普瑟姆。*动物学、古生物地层学、解剖学。*

出身庄园主家庭。1658年在剑桥大学圣约翰学院获学士学位,1662年又获硕士学位。1663～1669年在法国蒙彼利埃大学学医。1684年获牛津大学医学博士学位。留校任教。1687年任牛津大学医学院教授。1698年任英国驻巴黎使馆医生。1702年任安妮(Anne)皇后的侍医。1671年成为英国皇家学会会员,曾任该学会副会长。

早期研究软体动物的分类和生活史。对蜘蛛类的分类与现代分类系统已很接近。重视野外考察,对某些种的求偶行为和早期生活的描述至今仍有意义。由于从事软体动物的分类,促使他又对化石的研究产生了兴趣,掌握了许多第一手资料,并注意到贝壳类化石的分布与岩层的关系。主要著作有《英国动物志》(1678年)、《见类志》(1685年)、《解剖学培训》(1694年)等。

(陈伟民)

迪维尔纳伊,J.-G.(Duverney, Joseph-Guichard)　法国人,1648年8月5日生于法国卢瓦尔省弗尔斯,1730年9月10日卒于巴黎。*动物学、比较解剖学。*

乡村医生的儿子。14岁去阿维尼翁学院学医,1667年获医学学位。随后到巴黎,参加了在A.布代洛(Abbe Bourdelot)家举行的周末科学沙龙,对解剖学提出许多看法,并有机会认识C.佩罗,合作解剖了许多动物。曾在路易十四(Louis XIV)面前表演解剖大象。和合作者发表了不少关于解剖学方面的研究结果。1674年起和法国科学院联系,协助编写备忘录。后去巴约讷和下布列塔尼半岛从事鱼类解剖工作。1676年被选为法国科学院院士。1688年佩罗去世,他继续从事比较解剖学研究工作。

1683年出版《听觉器官论》,该书描述了人耳的结构、功能和疾病等,指出声音在内耳里的传播是通过封闭的空气振动,经锤骨、砧骨和镫骨传至神经末梢,给大脑产生兴奋冲动。在法国科学院还宣读了不少论文,其中最重要的如变温脊椎动物的循环系统和呼吸系统等,提高了当时的研究水平。在解剖学中有3个结构(外听道软骨中的切迹、眼轮匝肌泪肌、巴多林氏腺)常用他的名字命名。　(孙　勇　袁传宓)

泰森,E.(Tyson, Edward)　英国人,1650年1月20日生于英国英格兰布里斯托尔,1708年8月1日卒于伦敦。*动物学、比较解剖学、医学。*

出身小康家庭。在布里斯托尔私立学校毕业后,1667年进牛津大学学习,1670年获文学学士学位,1673年获硕士学位。同年开始学医,于1677年获医学学士学位。是年定居伦敦。此后不断研究并将结果发表于《哲学会刊》上。1679年当选为英国皇家学会会员,1683年被任命为英国皇家学会两主席之一。

在1680年出版的《鼠海豚的解剖》中,提出了"大生物链"的概念,认为各个大类动物之间还存在着一些过渡品种,而"鼠海豚"即是鱼类和陆地四足运动之间的过渡生物。提出博物学百科全书不应侧重写作者,而应该主要写自然物。1699年出版了最有名的著作《猩猩、猿或猴和人的比较解剖学》,认为猩猩(实际是黑猩猩)的脑和人脑很相似,猜测它和人有最近的亲缘关系,再次重申比较解剖学是了解并测定"大生物链"的一种手段。在人体解剖学上的最主要贡献,是发现了阴茎冠腺。　(顾振海)

班尼斯特,J.(Banister, John)　美国人,1650年生于英国格洛斯特郡,1692年5月卒于美国弗吉尼亚州罗阿诺克河附近。*植物学、昆虫学、博物学。*

出身平民家庭。1671年获英国牛津大学学士学位,1674年获硕士学位。做过图书管理员,当过牧师,后来移居美国,1677年定居于詹姆斯城,后成为种植园主,但兴趣却在博物学,生前发表过许多有关这方面的考察报告。他将在美国采集到的植物、昆虫和软体动物标本送往英国的博物学家研究。1692年参加一个团体去罗阿诺克河考察,在采集植物标本时被误伤致死。

是美国独立前在美国东部受过大学教育的第一个博物学家。对英国的园艺、对林耐了解美洲的植物区系、对M.利斯特的软体动物插图和对J.佩蒂弗(James Petiver)的昆虫分类都作出了贡献。主要著作为《弗吉尼亚博物学》等。　(秦　嘉)

巴赫曼,A. Q.(Bachmann, Augustus Quirinus)　德国人,1652年12月9日生于德国莱比锡,1723年12月30日卒于同地。*植物学、医学。*

医生的儿子。在青年时期学习人文科学和医学,

1676年获黑尔姆施泰特大学医学博士学位。1677年在家乡定居行医，并在莱比锡大学执教，1691年任生理学和植物学教授，1701年任病理学教授，1719年任治疗学教授及训导长。晚年视力衰退兼患肾结石，终因胸膜炎而去世。

写过许多长篇医学论文，但主要兴趣在植物学方面，尤其是植物分类。1690年出版《奇异药草入门》，书中附有125个单瓣不规则花序植物表(唇形科及其他)。1691年和1699年分别出版四瓣(大多属豆科)及五瓣(大多属伞形花序)不规则花序图表集。他根据花瓣数目和规则与否分类，把植物分为18个纲(即现代分类中的目)，他还试图按植物部分相异作为分类标准，与英国著名自然科学家J. 雷(John Ray)在分类时必须考虑植物全部的正确概念相抵触。在植物定名方面他提出必须简短的原则，一般不超过两个词，从而成为现代双名命名法的先驱。 (王荣增)

图内福尔，J. P. de(Tournefort，Joseph Pitton de) 法国人，1656年6月5日生于法国普罗旺斯省艾克斯，1708年12月28日卒于巴黎。植物学、医学。

出身贵族家庭，接受过古典文学和科学的良好教育。1677～1683年，经过2年的采集植物标本之后，在蒙彼利埃大学学习化学、医学和植物学。1683年任巴黎皇家植物园教授。期间去欧洲西部比利牛斯山脉考察和采集植物标本。

1694年至去世止，其植物学工作主要包括两个方面：1694年发表《植物学原理》，该书共有3卷，1700年、1719年两次被译为拉丁文；1700～1702年去亚洲旅行，路径希腊诸岛，访问君士坦丁堡、黑海沿岸诸国、亚美尼亚和乔治亚等地，一路收集植物标本。写成《旅行记》一书，于去世后的1717年出版，并被译成许多国家文字，至今仍然引人入胜。这两本名著是植物分类学史上的里程碑，提出了不少创新的内容。用现代思想创立了植物分类中属的概念。由他确定的属有725个，其中大部分至今仍被继续使用，法国植物志中约三分之一的属是由他命名的。采集的植物标本达6 963种之多，是巴黎自然历史博物馆中一项宝贵财富。是一位在许多方面都有成就的自然科学家，除对矿物和贝类均有兴趣外，还是一名有实际经验的医生，其著作在18世纪还有着巨大的影响。 (耿伯介　叶光汉)

托齐，D. B.(Tozzi，Don Bruno) 意大利人，1656年11月27日生于意大利佛罗伦萨，1743年1月24日卒于瓦隆布罗萨。植物学、美术。

家境清贫，20岁时成为修道士。曾任修道院院长等职。是意大利佛罗伦萨植物学会创立者。曾被选为英国皇家学会外籍会员。

他是意大利植物区系方面的研究权威。早年起就对植物学很感兴趣，经常利用外出旅行机会搜集植物标本。他是P. A. 米凯利的老师，也是终生朋友，经常在一起收集植物标本。为了纪念他，米凯利将一个稀有植物的属命名为Tozzia。托齐不仅注意收集植物标本，而且画了许多水彩画插图。所撰的大量著作专门讲真菌、地衣、藻类、苔藓等。晚年也研究鸟类和昆虫，但对植物学终身乐此不疲。 (谢　愉)

谢拉德，W.(Sherard，William) 英国人，1659年2月27日生于英国莱斯特郡布什比，1728年8月11日卒于伦敦。植物学。

1677年入牛津大学圣约翰学院学习，1683年获法学士学位。1686～1689年，先后在法国巴黎大学、荷兰莱顿大学研习植物学。起1694年6月获牛津大学圣约翰学院法学博士学位。1718年被选为英国皇家学会会员。1720年退休，在肯特郡购置一别墅经营植物园。在瑞士、罗马等地采集了大量植物标本，为1690年所著《不列颠植物种系纲领方法论》和1694年出版的《欧洲植物种系推论》提供了大量资料。为了修订G. 鲍亨的《植物图谱》一书，几乎用了后半生大部分时间，然而并未完成，手稿现藏于牛津大学图书馆谢拉德专馆内。18世纪初又在欧洲各地收集了许多植物标本。1703～1716年任英国驻土耳其士麦那(合伊兹密尔)的领事。去世后将12 000～14 000件植物标本、600卷图书及3 000英镑遗赠给牛津大学圣约翰学院，建立以谢拉德命名的植物学讲座。他和其他人的工作为林奈书分类法奠定了基础。 (王荣增)

瓦利斯尼埃，A.(Vallisnieri，Antonio) 意大利人，1661年5月3日生于意大利卢卡附近，1730年1月18日卒于帕多瓦。生物学、化石学、医学、自然哲学。

童年接受父亲教育。后入博洛尼亚大学医学院，成为著名解剖学家M. 马尔比基的学生，1684年获医学和哲学博士学位。1700年起至去世，任帕多瓦大学实验哲学教授、理论医学首席教授等职。是英国皇家学会等许多知名学术团体的成员，1718年被授与爵士称号。

他在学术上发展了F. 雷迪反对自然发生说的见解，指出“宇宙间有一永恒定律，同类总是产生同类”，认为人和动物之间存在着联系；肯定传染性疾病(如牛瘟)是由于只能从显微镜下见到的微小生物引起，揭开了对传染病病因探索的序幕；对自然现象反对超自然的解释，坚信即使怪物也一定有它的法则，谬误也一定有它固定的表现规律。主要著作有《在高山上发现的海洋生物化石》(1721年)等。 (黄　旬)

巴格利维，G.(Baglivi，Georgius) 1668年9月8日生于意大利拉古萨公国杜布罗夫尼克(今属波斯尼亚和黑塞哥维那)，1707年6月15日卒于意大利罗马。比较解剖学、生理学、医学。

2岁时双亲去世，由亲戚抚养长大。15岁到意大利南部，先跟养父学医，1688年获那不勒斯大学医学博士学位毕业后在意大利帕多瓦、威尼斯佛罗伦萨、博洛尼业等地医院供职。1688～1692年在荷兰和英国从医。1695年任教皇的第二御医。1696年为解剖学教授。1698年为英国皇家学会外籍会员。1701年新教皇克莱门特十一世(Clement Ⅺ)任命他为罗马大学理论医学教授。

在学习期间对生理实验和尸体解剖最感兴趣，1689～1691年解剖了狮子、龟、蛇、鹿等动物，在形态学和生理学方面均有所发现。用狗做实验研究硬脑膜的功能；还观察伤病员、进行许多尸检和药物毒理实验等；后又从事狗和蛙的解剖工作。当时他主要研究肌肉纤维的显微结构和唾液、胆汁及血液的物理和生理特性等。他的讲课、解剖学示范和医学会诊，当时在整个欧洲均有很高的声望。　（张承圭　吕慧梅）

瓦扬，S.（Vaillant，Sébastien）　法国人，1669年5月26日生于法国瓦勒德瓦兹，1722年5月20日卒于巴黎。植物学、外科学。

出身于农民家庭。年轻时就喜欢植物。11岁时在法国蓬图瓦兹的医院学医。1688年开始在埃夫勒作外科医生，后移居巴黎开业。1692年除深入研究外科医学外，还步行到植物园听课。从事苔藓的分类，1702年成为法国最大植物园贾丁德斯植物园法贡（G. Fagon）的秘书，为其收集植物，逐步建立起植物标本室，一直保留到19世纪初。1708年任命为植物标本的示范员助理、植物实验示范员。1716年入选法国科学院院士。瓦扬不久又任教授。由于工作繁重，身体欠佳，因患气喘和肺病，过早地去世。

不仅指导学生收集植物标本，而且把自己的研究记录借给学生，甚至允许学生读他的手稿。希望栽培引进好品种的植物，为此在获得国王允许后，于1714年开始和法贡建造法国第一座温室，1717年又建立了两倍于第一个的大温室。因此，他的一些手稿都没有正式发表，遗著《巴黎及其附近植物名录》（1727年）就是从笔记中整理出来的，是她36年的研究成果。他收集的植物标本，现存于巴黎国家自然历史博物馆。现在植物学中的瓦扬属及两个物种就是以他的姓氏命名的。林耐曾说："他是一位伟大的观察家，我越来越确信在建立种属方面没有人比他更高明。"　（钟觉民）

洛根，J.（，ogan，James）　英国人，1674年10月20日生于爱尔兰勒根，1751年10月31日卒于美国宾夕法尼亚州日尔曼敦。植物学、博物学、物理学、社会管理。

苏格兰人后裔。1690年随父迁往英国布里斯托尔，帮父亲做一些教学辅助工作，1693年接替父亲任公办学校教师职。懂拉丁文、希腊文、阿拉伯文和意大利文，并坚持自学数学。1699年受聘为英属殖民地宾夕法尼亚州佩恩（W. Penn）总督的私人秘书。1701年佩恩返回英国，推荐洛根为房产土地代理人达40年。1722～1723年任费城市长。1731～1739年任宾夕法尼亚州最高法院法官。1736～1738年任宾夕法尼亚州殖民地执行总督。

1727年之后，通过多种植物试验特别是玉米实验提出花粉授精理论。主要著作有《植物繁殖的实验和思考》被林耐赞誉为"植物学界的英雄"。在物理学方面，解释了闪电的弯曲形状；说明了地平线上月亮较大的视面积；试图证明透镜的球面像差定律可以用数学来表示，并简化了惠更斯求透镜折射度的方法。这方面主要著作有《光线在球面上的反射》、《从大自然推论人的义务》等。他的关于自然科学的文章大多发表在美国哲学学会会刊和欧洲的杂志上。1792年，他建立的私人图书馆3 000余册藏书由后人悉数捐给费城图书馆。　（张之沧）

米凯利，P. A.（Micheli，Pier Antonio）　意大利人，1679年12月11日生于意大利佛罗伦萨，1737年1月1日卒于同地。植物学、真菌学。

出身工人家庭。只受过初等教育，从小就酷爱植物，因缺乏学位，他的才能一直没有真正地得到赏识。在他的老师D. B. 托齐的影响下，自觉掌握拉丁语，一生埋头研究植物学，终于跻身于同辈著名植物学家的行列。1706年起，先后任托斯卡纳大公的植物学家、佛罗伦萨植物园园长、比萨大学教授。

为了广集植物标本，足迹遍及世界上许多国家。当时种的概念是植物分类学的关键，他进一步发展了这个概念。1729年编写的《植物新属》的第一部分就涉及1 900个物种，其中包括约1 400个新种，仅真菌类和地衣类就有900千米，对植物分类问题提出了独到的见解。首次发现真菌的孢子、菌丝体的生殖功能等，奠定了成真菌学这门新学科。遗憾的是直到临终前未能完成该书。除对植物学作了深入研究之外，还对动物学和地质学做了不少贡献。　（马玉英）

达根维尔，A.-J. D.（d'Argenville，Antoine-Joseph Dezallier）　法国人，1680年7月1日生于法国巴黎，1765年11月29日卒于同地。园艺学、博物学、艺术史。

在普莱西学院毕业后，即致力于美术和雕刻，专门收集艺术品和大自然的珍品。1713年前往意大利。1716年回国后，担任法国最高法院的律师、国王的侍臣和顾问。1740年当选为法国科学院院士。1750年成为英国皇家学会外籍会员。1758年被推选为意大利科学院外籍院士。

第一部作品是《园艺学的理论和实践》（1709年初版，1712年再版），系统总结和介绍了当时法国正规花园、农家宅院和林荫大道的园艺设计与管理技术，在法国重版了13次，对欧洲18世纪上半叶的园林发展影响很大。另外还著有《著名画家传略》（1745～1752年）、《博物学的两个主要部分：岩石学和贝类学》（1742年），后书多次再版。1751～1757年，为狄德罗主编的《百科全书》陆续撰写编辑了600个条目。　（高楚明）

凯次比，M.（Catesby，Mark）　英国人，1683年4月3日生于英国埃塞克斯郡哈丁汉姆堡，1749年12月23日卒于伦敦。植物学、鸟类学、地事的探险、美术。

乡绅之子。进过萨德伯里文法学校、赫丁汉堡学校。精通拉丁语和英国文学。经叔父介绍，认识了著名博物学家J. 雷（John Ray）、药剂师S. 戴尔（Samuel Dale）。1712年赴美国弗吉尼亚州，住在姐姐家中，结识了当地的植物、园艺专家，并从他们那里获得了各种资料。他游历了弗吉尼亚州，于1714年到过西印度群岛百慕大、牙买加等地。1719年回国后，参加筹建牛津大学植物系。1722年被派往美国南卡罗来纳收集植物和鸟类标本和种子。1732年当选为英国皇家学会会员。

在野外考察基础上，写成《卡罗来纳、佛罗里达和巴哈马群岛的博物学》(2卷，1731～1743年)。晚年花了17年致力于撰写此书，自己蚀刻了对开本大小的218块图版，用以印刷套色插图，采用如此大幅彩图出版博物志，在历史上尚属首次。1731年完成了第一卷，第二卷完成于1743年，并于1746年根据美国友人们寄来的新资料加以补充重版。爱鸟亦爱画鸟，其绘画水平在同代画家中十分出众。1732年在英国皇家学会宣读了“鸟类漫话”的论文，被吸收为该会会员。林耐把他的著作当作为美洲鸟类命名的依据。除鸟类外，还有一些动植物名称也是根据他的《博物学》制定的。（苏诚基）

克莱因，J. T. (Klein, Jacob Theodor)　德国人，1685年8月15日生于但泽(今波兰格但斯克)，1759年2月27日卒于东普鲁士柯尼斯堡(今俄罗斯加里宁格勒)。*动物学*。

曾在柯尼斯堡大学学习法律。从1714年起在但泽法院任书记官，后任普鲁士皇家法理学家。是圣彼得堡科学院外籍院士、英国皇家学会外籍会员。

对博物学有广泛兴趣，在但泽建立了植物园。发表24篇专论，包括鸟类、鱼类、爬行类、无脊椎动物等。还发表了关于化石的各种论述。在专论中主要是论述系统命名的分类原理，强烈反对任何不可见的形态特征分类法，其中包括林耐分类系统。著述甚丰。1734年撰写的《棘皮动物自然位置》是关于这方面最早的论著之一，其中包括现代海胆和化石海胆的形态描述、插图及分类等。把棘皮动物门分为3纲、9派(和属相当)、22种。后来虽然有人不断修改，但直到19世纪早期仍旧是讨论问题时的起点。（吴劲梓）

朱西厄，A. de (Jussieu, Antoine de)　法国人，1686年7月6日生于法国里昂，1758年4月22日卒于巴黎。*植物学、古生物学、考古学*。

药剂师的儿子。曾在蒙彼利埃大学学习医学和植物学，1707年获医学博士学位。后去巴黎，向J. P. de图内福尔学习。不久后者去世，当时他仅24岁即继任皇家植物园植物学教授，培养了许多学生。同时，也是一位成功的医生，收入颇丰，使家庭中其他成员也能从事科学研究。后来弟弟B. de朱西厄和J. de朱西厄以及侄儿A.-L. de朱西厄也都成为著名植物学家或博物学家。

1715年第一个用科学方法描述咖啡树。负责编辑J.巴雷利埃(Jaques Barrelier)遗著《高卢、西班牙和意大利的植物之观察》(1714年)和图内福尔《植物学原理》的第3版。还发表过许多学术论文，其中值得注意的是1728年拟把真菌设立为植物界中一个纲的那篇论文“真菌植物”。指出地衣中非绿色成分具有真菌性质，并建议把地衣和真菌在分类上放在一起。1718年正确解释了里昂地区煤层中蕨类的残余化石，也是认识菊石(鹦鹉螺)属动物的学者。由于对考古学有兴趣，曾发表史前部落所用过的燧石有各种用途的论文。知识广博，是哲学上的先驱者、法国属地农业的开拓者和植物学上某些假设的创始人。（耿伯介　叶光汉）

杨屾 (Yang Shen)　字双山。中国清代陕西兴平人，康熙二十六年(1687年)生，乾隆四十九年(1784年)卒。*蚕学、养殖学、农学教育*。

自幼好学。成年后学识渊博，对农学、医学、天文、音律均有研究，被人尊为陕中大儒。见到《诗经·豳风·七月》中有蚕桑的诗句，想到“豳”地就在陕西西部的邠州、长武一带，很早就有蚕桑，为何现在就不能种桑养蚕呢？于是率先在家前屋后种桑百余棵，并悉心栽培，结果长得很好。因当地无蚕，雍正四年(1726年)从浙江嘉兴、湖州买来蚕种，并学习浙江的养蚕方法，进行试养，取得成功，此后连续养蚕10余年，收成都很好。又派人去山东，请来放养柞蚕有经验的老农，自己跟着学养。当地农民见放养柞蚕获利甚厚，也学习放养。乾隆初年(18世纪30年代后期)写成了著名的《豳风广义》一书。因推广蚕桑有功，清政府曾奖以匾额鼓励。当时陕西巡抚陈宏谋特设蚕局及蚕馆，均请他主其事，遂使陕西的蚕桑业有相当发展。

家内有一养素园，晚年在里面讲学，还在内试验种植蔬果、药材等。门生甚多，在授课中重视农业教育，且要求学生“案头须置农书”。在为讲课编写的讲义《知本提纲》中，特设修业”一章，其中相当一部分专讲农业。还撰写并指导学生齐倬详细注释，编成《修齐直指》一书。其内容涉及耕作、作物栽培、土壤肥料、蚕桑、畜禽饲养等。著作甚多，除《豳风广义》、《知本提纲》、《修齐直指》外，还有专讲蚕桑的《蚕政摘要》。此外还写成了“养槲蚕法”、“纺槲茧法”、“饲养猪羊鸡鸭”及“养素园”等，都附在《豳风广义》一书内。

他去世后，清廷曾予褒嘉，命祀乡贤祠。光绪二十年(1894年)筹建专祠，定每年农历四月四日为祭祀日。（宋湛庆）

迪莱尼乌斯，J. J. (Dillenius, Johann Jacob)　英国人，1687年生于德国达姆施塔特，1747年4月2日卒于英国牛津。*植物学、美术*。

随父学医。1713年在德国吉森大学取得行医资格。1721年移居英国。1724年成为英国皇家学会会员，1727～1747年在该会任外事秘书。1734年任牛津大学植物学教授。

对植物学非常爱好，成为一个学术团体的会员，发表了一些关于隐花植物的论文。1719年在德国刊印了一部《植物名录》，其中有不少新品种，插图都是自己亲手刻印的。尽管他的研究工作很出色，但德国的大学却不聘请他讲授植物学。1724年他整理出版了英国著名植物学家J.雷的遗作《英国育种栽培法概要》一书。1732年出版《埃尔瑟姆园艺志》，调查介绍了肯特郡埃尔瑟姆地区种植的珍稀植物，其中亲自雕刻了324幅铜板插图。1736年林耐到牛津拜访了他，并赠与新作《植物学评论》，后来还把一种热带树种以他命名为“迪莱尼亚”。1741 年最重要的著作《苔藓植物志》出版，书中提出了低级植物新的分类法，其中有些内容直到今天还在采用。 （秦 嘉 李孙演）

布拉得雷，R.（Bradley，Richard） 英国人，1688 年生，1732 年 11 月 5 日卒于英国剑桥。植物学、园艺学、耕作学。

1712 年被选为英国皇家学会会员。1714 年去荷兰学习园艺。回国后，在米德尔塞克斯郡的坎农为公爵等上流社会阶层布罗花园和温室，培植各种药用和观赏植物。1724 年任剑桥大学第一位植物学教授。他原设想要为该校创建一座植物，但因病卒于任内而未果。

对将外国品种的动植物引进英国甚感兴趣，其中首次将鳄鱼（1701 年）和菠萝等热带物种带到英国养殖和栽培。主要贡献是对细胞质移动和植物有性繁殖的研究。强调授粉的意义和昆虫在受精过程中的作用。曾出版《栽培学和园艺学的新改进》、《耕作学和园艺学概论》；并写过 20 多篇有关植物学的文章，对园艺学和耕作学的发展有很大促进。

此外，他还出版烹饪学方面的著作，其中首次在英国著书介绍菠萝食谱。 （洪必恭）

科尔登，C.（Colden，Cadwallader） 英国人，1688 年 2 月 7 日生于爱尔兰，1776 年 9 月 20 日卒于美国纽约长岛费拉兴附近斯普林希尔。植物学、公共卫生学、历史学。

生于爱尔兰，成长于英国苏格兰。1705 年毕业于爱丁堡大学，获牧师圣职，继续留校学习解剖学和植物学等学科。后到伦敦学医。1710 年到美国费城行医并经商。1718 年迁往纽约，不久获一定声望。1760～1762 年任纽约州代理总督。1763～1765 年、1769～1771 年两度任总督。是 1743 年创立的美国哲学学会的最早成员，与当时活跃在美国科学界的人士如 B. 富兰克林等均有深交。

始终渴望在科学上能有所成就，曾将一些经过他编目和说明的植物标本送给林耐，林耐把其中一种植物以他的姓氏命名。科学上的兴趣是多方面的。1743 年发表一系列文章指出纽约市的脏乱环境和疾病高发率之间的关系。后期在通信录中有相当一部分涉及医学，但由于久不行医，其中有些观点是不正确的。著有《五个印第安国家的历史》、《物质运动原理》等。 （秦 嘉）

蓬特德拉，G.（Pontedera，Giulio） 意大利人，1688 年 5 月 7 日生于意大利维琴察，1757 年 9 月 3 日卒于意大利洛尼戈。植物学、园艺学。

曾在帕多瓦大学学习哲学和医学，1715 年毕业。1719 年任帕多瓦大学植物园园长和植物学示教员，启任教授直到去世。很早就对植物学感兴趣，1718 年出版第一本植物学小册子《植物著录纲要》，介绍维琴察一带少见的有趣植物等。

其主要著作是《名花谱》（1720 年），中心内容反对植物具有性的区别。为了在理论上找根据，对许多不同类型的花卉在形态上作了详尽描绘，包括雄蕊和雌蕊。但对授粉作用不是从性的角度去看，而认为花粉颗粒中具有一种液体，可以提供胚胎成长。并试图用一系列的例子证实植物是无性的。略晚于他的林耐在 1730 年否定了这种误解。但将拉丁名梭鱼草（Pontederia Cordata）以他命名。 （谢 愉）

米勒，P.（Miller，Philip） 英国人，1691 年生于英国格林尼治（另一说为伦敦），1771 年 12 月 18 日卒于伦敦。植物学、园艺学、育种学。

幼年受过良好教育。后在伦敦从事花卉园林事业。1722 年任切尔西植物园园长，使该园成为当时收集标本最丰富的植物园，闻名全欧与北美。是英国皇家学会会员。

有的学者称颂他在园艺学中不论理论与实践均具创见。对林耐的分类学有同一的看法。目前一般学者都公认他是约 80 个属的定名权威。在《园艺学大会典》（1724 年初版，1768 年第 8 版）一书中，刊有他整理的约 400 个种名，为植物分类学工作奠定了一个坚实的基础，获得不朽声名。还著有《园艺者辞典》一书，1731 年首次以特大本刊行，尽管未用林奈分类法，却受到后者的赞赏。书内有图示和解说，包括属和种的特点在去世前刊行 8 版，他已全部改用林奈分类法。1733 年，他把自己培育的首批长绒棉种送给北美英属殖民地佐治亚，首次种植在海岛上，获得“最佳棉种”的赞语。1770 年退休，次年去世。1951 年英国皇家园艺学会出版的《园艺辞典》一书中，多次推崇他在植物栽培方面取得的成就。 （王荣增）

佩松乃尔，J. A.（Peyssonnel，Jean André） 法国人，1694 年 6 月 19 日生于法国马赛，1759 年 12 月 24 日卒于加勒比海的瓜德罗普岛（今属法国）。海洋生物学、植物学。

是一位医生的第八个儿子。15 岁时访问安的列斯群岛，3 年后又去埃及。

在法国马赛的艾克斯大学学医。毕业后在当地开业行医。1723 年当选为法国科学院通讯院士。从早年起就是一个博物学爱好者。对海洋博物学特别感兴趣，曾观察研究过地中海潮流和珊瑚。1724 年完成研究珊瑚的论文，当时把珊瑚看作一种开花的植物。后去突尼斯和阿尔及尔考察，发现珊瑚不是植物而是动物，像海葵一样。1727 年去瓜德罗普岛，继续研究海洋生物。1756 年他在伦敦出版了 W. 沃森（William Watson）文章的译文，并设立马赛科学院奖，授予对海洋博物学研究最好的文章。1756～1759 年，给英国皇家学会呈送了 10 篇记载科学观察的论文。 （钟觉民）

巴特拉姆，J.（Bartram，John） 美国人，1699 年 5 月 23 日生于美国宾夕法尼亚州马尔普，1777 年 9 月 22 日卒于宾夕法尼亚州金赛辛。植物学、博物学。

仅在幼年时期受过农村普通教育。学过医药和外科，但从 12 岁起就热爱植物学和博物学。1765 年获英国皇家植物学家称号。1769 年当选为瑞典皇家科学院外籍院士。

1728 年在金赛辛的斯库尔基尔河沿岸开发滩地 102 英亩(1 英亩=4 047平方米),经合理排灌施肥变沼泽为良田。1730 年建成一个小花园,栽培各地的草本、灌木和乔木。后经友人介绍,将百余种美洲植物输入欧洲,并结识了林耐等许多欧洲自然科学家,经常到各地进行田野考察。对自然的爱好不局限于植物,对甲壳类、昆虫类、鸣禽类、鱼鳖类等动物也有研究,并在英国皇家学会《哲学会刊》上作过报道。主张调查北美矿藏,培育有才华的人,对同行不保密,反对一些人打断猛兽骨骼偷运外地。1772 年获爱丁堡议员协会金质奖章。

(王荣增)

朱西厄,B. de(Jussieu, Bernard de) 法国人,1699 年 8 月 17 日生于法国里昂,1777 年 11 月 6 日卒于巴黎。*植物学、园艺学。*

在兄长 A. de 朱西厄帮助下,1714 年去巴黎大学学飞植物学与医学课程,并去葡萄牙和西班牙等地考察园艺。后在蒙彼利埃大学获医学博士学位。1720 年开业行医。1722 年任法国皇家植物园副实习教授,担任植物园与温室的管理工作及野外实习课程,在工作中发挥了才能,显示出渊博的植物学知识。1725 年当选为法国科学院院士。1759 年任凡尔赛宫特里诺植物园园长。1749 年当选为瑞典皇家科学院外籍院士。

1725 年重新编辑出版了图内福尔的《巴黎周边植物志》(2 卷)。他把皇家植物园的一部分按林耐的自然系统设计成"植物学学校",这种设计反映了植物的亲缘关系。在他的精心管理下,一个原是简陋的药圃很快发展成欧洲当时最著名的植物园之一,同时成为法国植物自然分类的领导人。他和许多国外同行如林耐等经常通信联系,进行国际交流。他对林耐分类法有所修改,以子叶数目、子房位置、花冠有无、花瓣离合等特征为依据,把显花植物分为若干群。此外,他很早就否定珊瑚是海底之花的流行看法,指出它是一种海洋动物,并 3 次专程到诺曼底海滨考察。发表的著述虽然不多,但对 18 世纪法国植物学界的影响是深远的。 (耿伯介)

杜阿梅尔·迪蒙索,H.-L.(Duhamel du Monceau, Henri-Louis) 法国人,1700 年 7 月 20 日生于法国巴黎,1782 年 8 月 13 日卒于同地。*林学、农学、化学、木材工艺学、船舶工程。*

庄园主的儿子。18 世纪 20 年代在植物园听科学讲座,认识了许多法国科学家。1738 年当选为法国科学院院士,3 次出任院长。1739 年任法国造船总监。1741 年创建航海科学学校(1765 年易名结构工程学校,是现今海洋工程学校前身)。1752 年建立布鲁斯特航海学院。1767 年当选瑞典皇家科学院外籍院士。

18 世纪 20 年代,受法国科学院委任,查明有害真菌作用致使巴黎近郊番红花枯萎的原因;还研究过玉米的黑穗病。30 年代初期,与化学家 J. 格罗斯(Jean Grosse)一起从事化学研究。30 年代中期,对合成氯化铵工艺进行了研究;1736 年首次区分碳酸钾和碳酸钠;探讨如何从水生贝壳类动物中获得天然的紫染色剂。40 年代后,兴趣转向对植物学和农学的研究,其中包括木材的栽培和利用,出版了几本关于根据木材的结构特性和树木管理的论著。一生主要贡献在农业方面,1750 年后到英国广泛考察研究农业,出版了《陆生植物栽培特性》第一卷,后来又陆续出版了几卷。50~60 年代,出版《树木的物理性质》(1758 年)、《论树木的开发》(1764 年)等,为造船业和建筑业提供了材料科学依据。

(钟觉民)

朱西厄,J. de(Jussieu, Joseph de) 法国人,1704 年 9 月 3 日生于法国里昂,1779 年 4 月 11 日卒于巴黎。*植物学、博物学。*

早年在里昂大学、巴黎大学学习医学和自然科学,同时对植物学甚感兴趣。后开业行医。一件偶然的事改变了他的道路。法国科学院派遣一支去秘鲁的探险队测量赤道附近子午圈的一段弧时,需要一名医生兼博物学家陪同,以搜集和描绘所经地区的自然产物,他接受了此职。1735 年 5 月 16 日,他们从拉罗歇尔出发,1743 年才结束了基多北部和昆卡南部之间的测量工作。期间,他搜集了一些有价值的博物学资料,尤其是关于络哈附近首次观察到的金鸡纳树属。探险队解散后,他因病和缺钱,被迫留下,行医谋生,又花费 25 年时间考察了南美各地的植物群落。特别考察了作为桂皮来源的白桂属树,研究古柯的栽培,还踏勘波托西的著名银矿。1771 年 7 月 10 日回到巴黎。他将南美洲的多种园林观赏植物引入欧洲,其中有原产秘鲁紫草科的香水草等。虽于 1743 年被选为法国科学院院士,但因 36 年在南美而从未到任。大部分论文都留在秘鲁的利马,后被毁坏。

(肖 玲)

阿蒂迪,P.(Artedi, Peter) 瑞典人,1705 年 2 月 22 日生于瑞典翁厄曼兰省,1735 年 9 月 27 日卒于荷兰阿姆斯特丹。*植物学、鱼类学。*

博物馆馆长的儿子。从小就对植物尤其是鱼类发生强烈的兴趣,经常利用课余时间解剖鱼类和采集植物标本。1724 年入乌普萨拉大学,原学神学,后转学医学和博物学。在医学院工作时还研究化学和博物学。1728 年 C. 林耐来到乌普萨拉,不久就和他结成终身好友后因收集鱼类标本,溺死于荷兰阿姆斯特丹海边。

主要研究鱼类、两栖类、哺乳类、矿物、占金术和伞形花序植物。1734 年 9 月得到表兄的经济资助,航海至英格兰,并在那里停留了将近一年时间,采集鱼类、两栖类、哺乳类等标本,做了分类研究,并写出专题论文。第一个提出属的概念,指出种与变种之间的区别,分清了纲、目和科。他的伞形花序植物的分类,被收入林耐专著《自然系统》第一版中。1738 年在荷兰莱顿出版他的《鱼类学论文集》。1905 年,为纪念他诞生 200 周年,在乌普萨拉出版了他 1729 年关于北马灵附近植物的原稿。

(袁传宓)

勒泽尔·冯·罗森霍夫，A. J.（Rösel von Rosenhof, August Johann） 德国人，1705年3月30日生于德国阿恩施塔特附近奥古斯顿堡，1759年3月27日卒于纽伦堡。昆虫学、蛙类学、动物学、美术。

出身奥地利贵族家庭。幼年丧父。1720年起随伯父学画，1724年到纽伦堡学院继续进行艺术训练。1726年受聘为丹麦王室绘画。1728年回国。

一生以绘画为业。在昆虫学书籍的启发下，随即专心于昆虫及其变态的搜集和研究上，并决心编辑出版昆虫画册。搜集和研究的昆虫种类有蝴蝶、甲虫、蚱蜢、蟋蟀、蚋、苍蝇、蜻蜓等。还研究两栖动物和爬行动物内脏器官、骨骼、交配、幼体发育各个阶段以及动物栖息地等。1740年首次出版著作《有趣的昆虫》第一卷，该书共分4卷，内容丰富，图文并茂，受到学术界和社会公众的一致欢迎，并引发了德国当时的博物学研究热。时至今日，他仍被誉为"德国昆虫学之父"。1758年出版《本土蛙类博物学》，用拉丁文和德文同时刊发。他对蛙类的描述和绘画十分细致而准确，堪称是两栖类动物学的创始人。其插图的水平，在相当长时间内无人能够超越。当他着手编写有关蜥蜴和蝾螈的博物志时，1759年初不幸瘫痪在床，不久去世。 （王天运　李孙演）

克诺尔，G.-W.（Knorr, Georg-Wolfgang） 德国人，1705年12月30日生于德国纽伦堡，1761年9月17日卒于同地。古生物学、博物学、镌版术。

18岁做铜版镌版工。1731年第一次为一部医学著作配刻精美的骨骼插图而出名。受一矿物学家影响，对博物学产生浓厚兴趣。通过刻苦自学，在艺术史和自然科学方面掌握了广泛知识。后从事古生物化石和地质现象图版的搜集和出版工作，还为动物区系提供了古生物学资料。除几次短期外出旅行，一生都在出生地纽伦堡度过。

主要著作有《自然奇观精选》（2卷，1766～1767年）和《古生物画集》（2卷，1757年第1卷）等，画集内容是18世纪一部典型的化石标本，共汇集125幅彩色图版，并附有文字说明，其中有树叶、甲壳动物、菊石、海百合、鱼类、水母、珊瑚、棘皮动物、腕足类各种软体动物、蕨类植物、树皮、种子等。图版精细准确，不仅为动物分类提供依据，而且很好地确立了生物化石和自然变态之间的区别。他还为同时代多个博学家的著作绘制和镌刻精美的彩色插图，有植物志、动物志、昆虫志、贝类志和鸟类志、矿物志等，既是科学作品，又是艺术作品，栩栩如生，精确可靠。 （王天运）

莱昂内特，P.（Lyonet, Pierre） 荷兰人，1706年7月21日生于荷兰马斯特里赫特，1789年1月10日卒于海牙。昆虫学、显微解剖学。

其家庭来自法国东北地区。在父亲教育下学习拉丁语、希腊语和希伯来语。1724年入莱顿大学学神学2年，后学数学、物理学、军事建筑学和解剖学，1730年又学法律。因精通8国语言，委任为荷兰政府的国务秘书和译员。

1736年开始系统观察昆虫。1738年翻译莱塞（F. C. Lesser）的《昆虫理论》。1750年出版第一部著作《侵蚀柳木的毛虫解剖》，创立了显微解剖学，观察普通木蠹蛾的幼虫，解剖了它的蛹和成虫，精确地描绘了肌肉、神经、支气管、心脏、内脏和头的内部结构。不同意微生动物说和生殖预成论，指出自然生殖是简易的实验技术产生的一种幻想，认为所有动物都来自卵，并重复了W.哈维的工作。晚年准备发表海牙附近昆虫的记录，1787年完成底稿，直到1832年才印刷出版。 （钟觉民）

希尔，J.（Hill, John） 英国人，1707年生于英国英格兰彼得伯勒，1775年11月21日卒于伦敦。植物学、园艺学。

是药剂师，但对植物兴趣最大，对矿物学、动物学和医药学也有一定兴趣。1750年获医学学位。发表了不少医药论文。由于他的科学工作受到同时代人讽刺打击，因此拒绝加入英国皇家学会。1740～1750年任《不列颠》杂志主编。是法国科学院、圣彼得堡科学院的外籍院士。

1748～1752年出版《普通博物学》（3卷），其中第二卷主要论述植物界，并把林耐的分类系统介绍给英国读者。后又陆续出版一些园艺工作者手册、《不列颠草药》（1756年）和26卷本巨著《植物谱系》（1759～1775年）。曾研究植物组织学和生理学。在1770年的《木材结构》一书中，介绍了植物茎的切片和染色法供作显微观察。在1757年的《植物休眠》一书中谈了光对植物的作用，第一个正确地把古希腊植物学家泰奥弗拉斯图斯的工作介绍到英国。1774年获瑞典国王授予的瓦萨勋章。 （王荣增）

林耐，C.（Linnaeus 或 von Linné, Carl） 又译林奈，林内。瑞典人，1707年5月23日生于瑞典斯莫兰地区罗斯胡尔特村，1778年1月10日卒于乌普萨拉。生物分类学、植物学、动物学、地质学、医学。

其父N.林耐（Nils Linnaeus）为瑞典南部斯马兰德路德教牧师，爱好园艺，因而他自幼即对植物学发生浓厚兴趣。1709年随父定居于施滕布罗赫尔特。1716年入维克舍的拉丁语学校。该校教师J.罗思曼（Johan Rothman）鼓励他学习植物学，对其发展有重要影响。1727年入隆德大学学医。1728年慕名转学至乌普萨拉大学医学院深造。该校植物园内有许多由外国引进的珍贵植物，很多教授也都鼓励他学习植物学。1732年春季至同年秋季，应一个探险队邀请并得到乌普萨拉科学学会的资助，赴瑞典北部拉普兰地区进行植物考察。1734年又去瑞典中部达拉纳地区考察。1735～1738年侨居荷兰，在哈尔德韦克大学获医学博士学位，旋即去莱顿。1736年赴英国短期访问，大部分时间停留在富商克利福德（G. Clifford）

的植物园内潜心研究。

1738年取道巴黎回国，定居斯德哥尔摩。初期未获学术性工作机会，只得在斯德哥尔摩行医。1739年任海军部内科医师。积极参与筹建斯德哥尔摩科学院并任首届院长。1741年春任乌普萨拉大学实用内科学教授，1742年改任植物学教授，并享有世界声誉。重建该校的植物园，且在该园度过余生。与世界各地的植物学家密切联系，是许多外国学会的成员。在瑞典获得过多项荣誉。1747年被任命为宫廷内科御医。1762年册封为贵族。晚年每逢夏季常到乌普萨拉郊区的私人小庄园去专心研究植物，并教授几个特别优秀的学生。为了实现其雄心勃勃的科学事业损害了健康，1774年春中风，被迫退休，1776年秋再次发病，一年多后去世。1829年，他的后人把他在植物方面收集的标本和资料卖给了伦敦林耐学会。

他的研究工作始自壮年期赴瑞典各省的旅行，在旅途中仔细观察并详细记录。早在荷兰时为自己确定的主要任务是革新植物学的原则，以后基本未变。在侨居荷兰的数年中撰写了多部著作，其中1735年出版名著《自然系统》(1758～1759年第10版)，顿时闻名遐迩。书中首次提出按植物生殖器官的性状进行分类的原则。1751年出版《植物学哲学》，又讨论了描述和命名植物时应该遵循的原则，同时竭尽全力把全世界的动植物都纳入正确的分类位置。1753年出版名著《植物种志》。他是一位天才的分类学者，几乎本能地对他所接触到的每一件事物都要分门别类。当时大量植物被引入欧洲，植物学家们穷于应付，迫切需要科学的分类方法。虽则有些人也提出过一些分类法，但缺乏实用，且彼此互斥，因此只有他提出的根据性器官特征进行分类的原则才被普遍接受。

1730年出版的一本著作中提出雄蕊和雌蕊是植物的性器官。不久他确信可利用这些性器官建立新的植物分类体系。根据雄蕊的数目及其相对位置，人为地把所有显花植物分为23纲，加上隐花植物，共24纲，每个纲大都再根据雌蕊数细分为目。这样就使植物易于研究，只要观察一下有关的生殖器官，就可知它应归入何纲何目。但他也意识到上述分类体系完全是人为的，这种单一的分类原则只能部分地反映亲缘关系。于是毕生力图用自然分类法来代替它，但未获成功。后来法国的M. 亚当松才奠定了自然分类法的基础。林耐首先给“种”以明确概念，认为“种”是植物学上的基本单位，后又拟订了区分“属”和“种”的规则。在《植物学哲学》一书中规定了植物学家的工作准则：同属内的各个种必须用拉丁文通过特征简述将它们严格区分，此外还要对整株作详尽的描述。亲自拟定许多形态学术语供分类学家采用，以避免混淆。重要贡献之一是建立了“双名法”，每种植物只需用属名和种名即可予以确定。曾主张种的数目固定不变(即物种不变化)，但后来改变了这一看法。

他对动物和矿物的分类，并不像植物分类那样采用统一的标准，严格一致。通过各种特殊的器官，把各个动物纲细分，例如哺乳类根据牙齿分，鸟类根据嘴分，鱼类根据鳍分，昆虫根据翅分。首先把鲸归入哺乳纲。自幼除植物外最喜爱昆虫，所以在昆虫学方面的成就也很大，所认定的各昆虫目至今仍是正确的。在矿物学方面，进行矿物分类时重视晶体结构，因此是晶体学的先驱者之一，但没有认识到矿物化学组成的重要性。对古生物学和历史地质学也作出较大的贡献。是一位卓越的观察家，对植物学各领域尤其是生态学方面进行过敏锐的观察，但相对轻视解剖学、生理学和实验生物学。对许多民间传说或无稽之谈常深信不疑，例如竟坚持相信燕子在冬季宿于湖底，这种猜测最早源于亚里士多德。

性格复杂，认为自己的著作都是无可指摘的杰作，遇到批评时就像小孩那样愤怒。把自己看作上帝派遣的传布教义的先知者，反对他的人就是异教徒。常喜怒无常，不易与人相处，许多人敬而远之，从而日益孤立。但也具有极大的魅力，许多学生十分爱戴他。是一位善于培养人才的教育家，授课时富于幽默感，见解新颖，吸引了大批学生，对其中优秀者更是循循善诱，关怀备至，鼓励学生走向自然，收集标本。

他的其他主要著作还有：《拉普兰旅行记》(1732年)、《基础植物学》(1736年)、《植物属志》(1737年)、《拉普兰的植物》(1737年)、《克利福特植物园的园艺》(1737年)、《植物的分类》(1738年)、《奥兰特和高兰特两地之旅》(1745年)、《瑞典的植物》(1745年)、《瑞典的动物》(1746年)、《英国植物的种属》(1775年)，以及自传《天赐报应》(1878年)等。为纪念他对生物学作出的巨大贡献，1788年英国成立了伦敦林耐学会，1917年瑞典成立了林耐学会。

(陆宝树)

布丰，G.-L. L.(Buffon, Georges-Louis Leclerc, Comte de) 法国人，1707年9月7日生于法国蒙巴尔，1788年4月16日卒于巴黎。植物学、博物学、天体演化学、数学、地质学。

蒙巴尔的贵族、勃艮第的议员之子。1723～1726年在第戎的戈德兰学院学习法律。1728年在昂热的教会学校学习数学、医学和生物学。1730年10月离开昂热，去法国南部和意大利旅行。1732年因母亲去世返回法国，开始蜚声于巴黎政治界和科学界，1734年以一篇出色的概率论论文入选法国科学院院士。1753年当选法兰西学院院士。1739年当选为法国皇家植物学会会员，同年7月至1788年任皇家植物园园长。1740年起，每年春天离开巴黎去蒙巴尔，一面经营产业，一面从事编撰工作。是英国皇家学会、柏林科学院和圣彼得堡科学院等学术机构的外籍成员。1773年路易十五(Louis XV)封他为伯爵。

一生的著作与学术论文涉及数学、天文学、物理学、动物学、植物学、林学、生理学、地质学和古生物学等领域。20岁时独自解得了牛顿的二项式定理。1740年翻译出版牛顿的《流数论》。18世纪40年代末起直至去世后，陆续出版《博物学》(1749～1789年)而闻名欧美。这部巨著共44卷，最后8卷是由他的助手在他去世后才出版的。

承认人有能力认识自然界的基本规律，并证明地球的历史服从这些规律。在1745年，提出了第一个有关太阳系起源的灾变假说，认为太阳系内的各大行星和卫星是一颗彗星剧烈撞击太阳而生成的。这颗彗星撞击太阳后溅出大约等于太阳质量1/655的物质进入空间，并扩散开去，经过重新结合，形成行星。这些行星由于其快速的旋转运动，又从自身抛出一些物质，形成行星的卫星。虽然这一假设后来被否定了，但当时在反对教会的上帝创世说中起过进步作用。1749年出版《博物学》第一卷《地球史理论》一书，论述了水成论观点，提出解释海平面变化的几种假说。主张从现实中寻找原因，指出要想判断什么已经发生或将要发生，只需考察什么正在发生。他是对地质史进行阶段划分的第一人。在1778年出版的《自然的世代》一书中，描述了地球演化的历史，把整个地质史分为7个时期，估计地球年龄为75 000～300 000年，直接质疑了基督教教义，后者认为上帝创造地球仅6 000年；提出了"自然连续性"、"自然界统一性"的重要思想，把有机界的历史发展和地球起源与演化史联系起来考虑，利用古生物化石研究地层，把地质学和生物学结合起来。

在生物学方面，他在拉马克、达尔文等人之前就已提出物种随环境而变化的萌芽思想，批判同时代瑞典博物学家林耐关于物种分类永恒不变论。他提出生命的自然发生学说，以解释原始物种的起源，并竭力主张"生物的变异基于环境、养料和驯化的影响"。他还探讨了人类和其他灵长类动物的相似之处，猜测人类与猿猴共有一个祖先。他因此而遭到教会的激烈攻击。但在临死之前，据说同教会达成了和解，重申他对基督教的信仰。他反对林耐的人为分类方法，提出自然分类法，认为分类"越容易，越简单，越有益"。不赞成胚胎学中的预成论观点，提出渐成论的见解。认为动物和植物各自只有一个起源，现存的物种是原始物种演化的结果。在1749年出版的《人类博物学》中，从各个方面研究了人类，认为人的理性能力对动物处于绝对优势，因此人是自然界的主人，了解科学是其神圣的职责。撰写的著作内容丰富多彩，文字优美，富有创造性，在科学史上占有重要地位。 (张之沧)

埃雷特，G. D. (Ehret, Georg Dionysius) 英国人，1708年1月30日生于德国海德堡，1770年9月9日卒于英国伦敦。*植物学、园艺学、美术。*

贫困的园林工人的儿子。幼年丧父而失学。随叔父当园林徒工，因此有机会绘制了许多植物图。1732年后周游欧洲，参观了法国和荷兰最著名的植物园，收集并画了许多稀有植物图。1737年为林耐著作画了所有的插图。1740年返回英格兰。1750～1751年在牛津大学植物园工作。1757年被选为英国皇家学会会员。

是一个有才华的艺术家和教师，精于绘制植物图，对充实新的和奇异植物的知识起了重大作用。另一贡献是在科研和教学中成功地把林耐分类系统介绍到英国来。曾在英国皇家学会上宣读植物学方面的论文。 (秦安舲)

克莱克，C. A. (Clerck, Carl Alexander) 瑞典人，1709年生于瑞典斯德哥尔摩，1765年7月22日卒于同地。*昆虫学。*

没落贵族家庭出身。有关生平记载甚少。1726年入乌普萨拉大学学习，与林耐同学，但当时两人无任何接触，后来林耐却成了他的朋友和支持者。由于经济困难中途辍学，在斯德哥尔摩当税收代理人谋生。1756年人选乌普萨拉科学会会员。1764年当选为瑞典皇家科学院院士。

青少年时期就热爱博物学，但直到30岁时才在工作之余从事昆虫和蜘蛛的研究。他重视实践，不仅在野外观察蜘蛛和昆虫，而且发明了采集和保存的工具。著有《瑞典蜘蛛》(1757年)和《稀有昆虫图谱》(1766年)两书。后者描述了瑞典和热带地区的蝶类和蛾类，由于制作彩色图片需要大批款项，从而负债累累，只好将收藏的资料转卖出去，以偿清债务。这些资料现均保存在瑞典斯德哥尔摩自然博物馆。 (童远瑞)

特伦布利，A. (Trembley, Abraham) 瑞士人，1710年9月3日生于瑞士日内瓦，1784年5月12日卒于日内瓦附近。*水生动物学。*

军官的儿子。在日内瓦学院受过高等教育。1733年到荷兰一大学任教。1743年成为英国皇家学会外籍会员。1757年回日内瓦并结婚。婚后主要精力放在教育孩子和编写有关教育、政治、宗教与伦理学的书籍。笃信基督教。

在生物学上，一生主要研究水螅。早在1702年，列文虎克发表研究文章误认为水螅是一种植物。1744年，特伦布利出版一部有关水螅的专著，认为它是一种水生动物。研究了水螅原生质的特征、对光和温度变化的反应，观察了水螅的摄食、消化、再生和人工繁殖等现象。还对寡毛类和原生动物的繁殖、再生进行了研究。十分注意实验工作的准确性。是当时研究低等动物的开拓者。1743年获英国皇家学会最高奖科普利金质奖章。 (陈伟民)

尼达姆，J. T. (Needham, John Turberville) 英国人，1713年9月10日生于英国伦敦，1781年12月30日卒于比利时布鲁塞尔。*生物学、微生物学。*

父母均为不接受英国国教的天主教徒。他在法国佛兰德学院接受宗教教育。起初以教书谋生，后陪同一个贵族子弟游历欧洲大陆各国。1738年被委任为罗马天主教神父，1767年退休定居于布鲁塞尔。期间1746～1749年在伦敦大学和巴黎大学攻读自然科学。1767～1780年任比利时帝国科学院院长。曾被选为伦敦文物学会会员(1761年)、英国皇家学会会员(1768年)、比利时皇家学会第一总监(1773年)等。1768年兼任法国科学院布丰的联系人。1768年任比利时皇家学会理事。

由于卓越的科学活动而闻名整个欧洲。最重要的科学贡献是对早期植物花粉和鱿鱼输精管的观察；具有远见卓识的生殖理论；在显微水平上进行了生物是否存在自然发生的经典实验。

当时在生殖理论方面存在预成论和渐成论两种相反的论点，他对预成论持怀疑态度，但其出发点却是为宗教辩护。1748 年应布丰邀请，作了动物精液、动物组织和植物浸液的显微观察，将看到的微小颗粒称为"有机分子"。认为如果动物能自发地产生出来，它们一定是从无定形的物质里而不是从预成的种子里逐渐形成的。为了观察新个体的发生，作了一个著名的实验，即把煮沸的羊肉汤放在瓶里，用软木塞塞紧瓶口，但由于灭菌操作不够严密，几天后就滋生了大量微生物，致使他"看见"微小动物产生新的微小动物的假象。后来又用植物种子和杏仁煮汤作试验，仍得到同样的结果，因此相信微生物能自然发生。认为动物胚胎发育也要发生类似现象。同年出版著作《对动植物发生、构成和分解的考察》(1748 年)。为此，意大利人 L. 斯帕兰扎尼于 1767 年用同样方法做了类似的实验，证明尼达姆的肉汤消毒不彻底，因此发生上述假象。但直到巴斯德的实验成功后，才得到彻底纠正。相信生命物质遵从一些特殊原理，具有自我成型的能力，是一个无生源论者；胚胎并非预先形成而是被预先决定的，双亲都起一定的作用。还从物理学、化学和生物学三种水平上研究生物体，从而在生殖理论上的机械论和生机论之间的论战中获胜。

曾传播大量的先进实验技术。为了纪念他，分布在澳大利亚的一个植物的属名就是以他的姓氏命名的。

（林金榜）

蒂利，M.（Tillet，Mathieu） 法国人，1714 年 11 月 10 日生于法国波尔多，1791 年 12 月 13 日卒于巴黎。*植物学、作物病理学、冶金化学。*

金匠之子。在父亲的工场里学会金属冶炼和加工技术。1740 年任特鲁瓦造币所主任。也是农学学会热心的成员。1756 年辞去造币厂职务去巴黎。1758 年作为植物学家入选法国科学院院士，1667～1774 年任巴黎造币厂总监。1788 年起任司库直至去世。

早年致力于改进灰吹法化验的合理操作，用合理和熟练的方法建立精确的化学标准。调查小麦的黑穗病和腥黑穗病，其中一属是以他的姓氏命名的。从散开的黑穗中区别发臭的黑穗病，证明小麦黑穗病是由气候或真菌所引起的。1750 年出版《合金》一书。同年，因研究谷物特别是小麦的病害而获得波尔多研究院奖金。1755 年出版《小麦黑穗病探原及其对策方法》，获另一奖项。

（钟觉民）

卡尔姆，P.（Kalm，Pehr） 1716 年 3 月 6 日生于瑞典翁厄曼兰，1779 年 11 月 16 日卒于芬兰图尔库。*植物学、博物学、人类学、地理探险。*

父亲是芬兰牧师，与逃到瑞典避战乱的 C. 露丝(Catharina Ross)结婚。他降生 6 周后父亲便去世，1721 年被母亲带回芬兰。先在瓦萨大学预科学习，后在奥布法院副院长比尔克(B. Bielke)在瑞典的种植园当了 7 年管家，并随比尔克学习博物学。1735 年入芬兰士尔库研究院学习。1740～1742 年在植物学家林耐的指导下学完乌普萨拉大学的课程。1742～1746 年先后在瑞典、俄国和乌克兰进行野外考察，同时任土尔库研究院博物学与经济学讲师。1747 年任土库尔研究院经济学教授。1748 年受瑞典皇家科学院委托，去北美洲寻觅能适应斯堪的纳维亚气候的有用植物。同年在费城结识富兰克林。他最北到达加拿大的蒙特利尔和魁北克等地。1751 年回国，在土尔库筹建了一座著名的植物园。

被后人称作第一流的、细致的、敏锐的、精确的描述型博物学家。林耐的《植物种志》收有他找到的 90 个物种，其中有 60 个是新发现的，他还把美洲石南科属以卡尔姆命名(Kalmia)。曾出版一部 3 卷本专著《北美游记》(1753～1761 年)记述 18 世纪美洲人生活、风俗习惯、农业、政治和印第安部落情况，被译成德文、荷兰文、法文和英文等版本。

（辜晓进）

格莱切恩-拉斯沃姆，W. F. von（Gleichen-Russworm，Wilhelm Friedrich von） 德国人，1717 年 1 月 14 日生于德国. 拜罗伊特，1783 年 6 月 16 日卒于哈默尔堡。*植物学、昆虫学、生育学、显微术、天体演化学。*

出生于家道中落的贵族家庭，家中长子。受过不多的正规教育，在法兰克福亲王的宫廷里当过数年侍从。1734 年参加拜罗伊特守疆伯爵的部队，成为职业军人。1753 年结婚，7 个孩子中 5 个夭折。1748 年，他的母亲在父亲之后去世，留有遗产格莱芬斯坦庄园。1756 年，他辞去部队职务，致力于经营管理庄园，同时从事科学研究和著书立说。

受学者 M. 莱德穆勒(Martin Ledermüller)的显微镜著作的影响，1760 年开始专注于生物观察和显微术。出版他的第一部多卷本《植物王国秘密的最新发现》(3 卷，1763～1766 年)，书中附有 51 幅彩色插图，详尽展现了显微镜下所看到的各种花卉的结构细节、形态各异的花粉颗粒，以及各种昆虫；此外，书中还有 6 幅显微镜装置结构图，着重显示他在设计上的种种改进和不同配件。1764 年在纽伦堡出版《普通家蝇志》，对莱德穆勒的某些观点进行了批评。在《显微镜观察发现图解精选》(6 卷，1777～1781 年)中，对萝藦属植物花粉进行了介绍，首次报道观察到花粉管，但没有意识到这一发现的重要意义。对植物和动物的受精过程的奥秘尤感兴趣，出版有《精子及其各种浸液的显微镜观察》(1778 年)。他在书中首次描述了对吞噬细胞的着色技术；为了研究纤毛虫集聚地的营养成分，他添加了胭脂红着色水以观察其食物液泡，还为此提供了插图。这是对早期的动植物组织染色技术的重要发展，被认为是他对科学的最大贡献，但是直至 19 世纪才被生物学家普遍采用。

18 世纪 50 年代离开军队后，在自然科学期刊上不断发表文章，广泛涉及博物学、物理学和化学等领域。文章写得生动有趣，但也引来不少争议，被指责过于想像丰富，使人难以置信。以后他的文风有所改变。但是在1782年,他又出版了一部关于地球起源和结构的著作:《地球体的生长发育变化及其论证》,显示了高度的想象力。从今天看来,该书构思奇特、内容怪诞,但不乏天体演化论的先驱思想。 (陈良瑞)

勒莫尼埃,L.-G.(Le Monnier, Louis-Guillaume) 法国人,1717年6月27日生于法国巴黎,1799年9月7日卒于蒙特勒伊。园艺学、药用植物学、物理学。

父亲是哲学教授和法国科学院院士;哥哥是著名天文学家。早期曾在医院行医。1788年任路易十六(Louis XVI)的御医,由于擅用草药治病,后来法王授予他植物学家的称号,兼任一个植物园的主管。他以植物学家的身分成为法国科学院院士,并任皇家植物园教授。

一般人都认为他是植物学家,但从他为数不多的著作来看,称他是物理学家也许更为恰当。1739年在22岁时即到法国南部为巴黎天文台作科学考察,开始发表论著,包括物理实验记录、对矿藏和矿泉的描述和植物学方面的研究成果。由于他的声誉而得到各种植物,并进行栽培,丰富了法国的园艺学。 (秦 嘉)

格尔,C.de(Geer, Charles de) 瑞典人,1720年2月10日生于瑞典芬斯蓬,1778年3月8日卒于勒弗斯塔。昆虫学、原生动物学。

生于瑞典,在荷兰长大。1739年返回瑞典。当时还没有发表任何科学著作,但因其富有,被瑞典科学院邀请为科学院院士,以便得到他的捐助。此后他成了一位杰出的科学家。

是18世纪林耐之后瑞典的著名生物学家。主要研究昆虫的生活和变态,不重视分类学,但在新种命名时,还是采用了林耐的双名法。一生共约撰写20部有关昆虫学的著作,其中《昆虫博物学》(7卷)是代表作。该书首卷出版后,曾因与雷奥米尔(Reaumur)的巨著同名而被控,直至19年后才得到公正的评价,继续出版其余各卷。在原生动物方面也发表过出色的著作。善于汲取他人所长,用在自己的科学研究中。去世后,用过的显微镜和藏书均赠送给科学院。他收集的昆虫标本,现仍保存在斯德哥尔摩自然博物馆。 (童远瑞)

波涅特,C.(Bonnet, Charles) 瑞士人,1720年3月13日生于瑞士日内瓦,1793年5月20卒于同地。昆虫学、植物生理学、自然哲学。

早年在家庭教师教导下开始学习自然科学。16岁起废寝忘食地阅读科学书籍,决心成为一名科学家。1738年申请到法国科学院学习昆虫学,可是父亲不喜欢自然科学,只好改学法律。1743年巴黎大学获法学博士学位。同年当选为英国皇家学会外籍会员。1752~1768年当选为瑞士国会议员。是法国科学院外籍院士。

他为近代生物学做了一些开创性的工作。把实验研究与哲学分析加以区别,这对18~19世纪的博物学家影响很大。1740年发现了蚜虫的单性繁殖,观察到一只雌性蚜虫不需要交配就下了95个卵。把这一发现报告给法国科学院,经B.de丰登涅尔(Bernard de Fontenelle)的推荐,当选为法国科学院外籍院士。1741年起开始研究水螅和其他动物的繁殖和再生。他发现有一种蚯蚓分成26块后,就会形成26条新的蠕虫。还研究毛虫的呼吸与蚂蚁的行为。1745年出版他的首部著作《昆虫学》,使他成为实验昆虫学的早期代表。1769年研究了蜗牛头再生现象。1777年论述了蝾螈肢体的再生。以后又研究植物生理学。1754年出版《可用作板料的植物》,曾精确地描述叶子生长与蒸腾时所需营养的特点。还是最早对光合作用进行实验研究的博物学家之一。

积极拥护预成论,认为自己单性生殖的发现说明了雌性胚芽细胞内含有预先形成的个体。胚芽虽然不只是"一个在尺寸上压缩了的有机躯体",但"最初的种类是预先形成的"。他否认物种的质变,提出了"生存阶梯"的论点。他说:"自然界不容许飞跃;自然界里的一切都是以着色的方法逐渐而均匀地完成的"。在这一方面他是拉马克学说的先驱。但又是灾变论者,认为世界上不断发生周期性大灾变,在灾变中生物被消灭,但胚种却保存下来了,灾变以后又重新复活,并在生物阶梯上前进一步。他预言在下一次灾变以后,石头将有生命,植物将会走动,动物将有理性,而人将变为天使。

毕生都在与体残多病作斗争,不仅耳聋,视力又极差,后来又一直受严重气喘病的折磨。丰富的想象力使他提出了许多计划,但健康状况妨碍实现这些计划,只好写信劝别人作这些尝试。自己则转向了自然哲学,出过多部著作,其中最重要的有《哲学新生》(2卷,1769~1770年)。几乎同当时所有的著名科学家都建立了通信联系,每年至少要写700封信。曾写信给意大利的斯帕兰扎尼,提出做人工授精实验的建议。 (林德宏)

怀特,G.(White, Gilbert) 英国人,1720年7月18日生于英国汉普郡塞尔伯恩,1793年6月26日卒于同地。鸟类学、植物学、园艺学、文学。

1743年和1746年在牛津大学奥利尔学院先后获学士及硕士学位。毕业后任牧师,同时在家乡从事博物学研究工作。因专心于科学,终身未婚。

以日记形式记录下平时观察到的自然现象,最后汇编成《塞尔伯恩博物学与古遗迹》(1788年)一书,收有110封书信。此书不仅是部科学著作,也是18世纪英国文学佳作,得到杰出的诗人兼评论家E.戈斯(Edmund Gosse)的赞评。怀特对鸟类研究有独到的见解,对许多鸟的习性、栖息地有详细的描述和记载,能根据鸟的鸣声区别鸟类,为研究鸟类生态学打下了基础。他推测家鸽来自野鸽,这个假说后来被达尔文引用。还记录了野生植物开花、结实的时间。另有著作《园林花卉志》(1765年)、《博物学家日志》(1768年)。 (童远瑞)

蒂尔戈,É.-F.(Turgot, Étienne-François) 法国人,1721年6月2日生于法国巴黎,1789年10月21日卒于同地。园艺学、作物栽培学。

是贵族,获爵士及侯爵封号。1764~1765年任法属圭亚那总督。1765年退职后，专心致力于农业试验和研究。是法国科学院院士(1765年)、巴黎农业协会的发起人(1761年)。

对引进马尔他岛和圭亚那农作物和栽培技术很感兴趣，在诺尔曼用大面积土地栽培外国树木和研究栽培植物珍品。 (谢 愉)

马尔泽尔布，C.-G. de L. de (Malesherbes, Chrétien-Guillaume de Lamoignon de) 法国人，1721年12月6日生于法国巴黎，1794年4月22日卒于同地。农艺学、植物学。

出身贵族家庭，是法国大革命前政权中最开明的官吏之一，在出版自由、宗教信仰自由和赋税改革方面是一位有影响的代言人。是法兰西学院院士、皇家农业学会会员和法国科学院院士。1794年因替国王辩护及其他罪名而被革命法庭判处绞刑。

曾与当时一些著名学者一起研究植物学和化学，并终生对博物学怀有兴趣。早期的著作中有对布丰的《博物学》的评论，表达了对这部书的一些细节所持的不同看法。布丰曾向一些重视收集资料的博物学家和认为有可能发现自然分类法的植物学家进行了攻击，他对这些攻击作了批驳。他还关心家畜品种的改进、荒地的开垦和法国境内植物的驯化。约从1760年起，将封地作为从国外移来的树木，特别是科西嘉和波罗的海的松树等有经济价值的品种的试验地。还主张从美国弗吉尼亚州引进沼泽柏树来绿化法国沼泽地区。常以试验成果转告当时的一些科学家，并且不让他们对他的帮助作出公开致谢。曾组织翻译家和科学家把国外的一些农业著作介绍到法国。常说自己在农业上的作用只是一个科学爱好者而已。 (秦 嘉)

布里森，M.-J. (Brisson, Mathurin-Jacques) 法国人，1723年4月30日生于法国旺代省丰特奈-勒孔泰，1806年6月23日卒于凡尔赛。鸟类学、动物学、物理学。

1744年获巴黎大学索邦神学院神学士学位，成为年轻的牧师。1747年回到家乡。1749年10月应法国物理学家和博物学家罗米(R.-F. de Réaumur)之聘，任私人收集的博物学资料的保管员和说明人，从此开始研究工作。1757年罗米去世后，跟诺莱(Nollet)研究实验物理学。1756～1762年出版《动物界》(9卷)，1760～1763年出版6卷的《禽鸟学》。后先后在法国南部纳瓦拉大学、巴黎大学任自然哲学教授。作为植物学家于1779年成为法国科学院的候补院士，1782年为领津贴的额外成员，1785年科学院改组后才成为新设立的物理学部的正式院士。物理学上最重要著作是《物体的比重》(1787年)。 (唐玄之)

乔弗鲁瓦，É. L. (Geoffroy, Étienne Louis) 法国人，1725年10月2日生于法国巴黎，1810年8月12日卒于苏瓦松附近的沙尔特尔弗。动物学、比较解剖学、医学。

父亲É. F. 乔弗鲁瓦是巴黎大学医学院院长、法兰西学院医学教授，在他5岁时病故。他由母亲抚养成人。曾在巴黎大学学医。在1748年成为医生后，用业余时间研究动物学。1798年被选为法国科学院院士。在他几个儿子中最出名的是医学家、博物学家、科学院院士R. C. 乔弗鲁瓦(R. C. Geoffroy)。

1762年用一种新的分类标准介绍巴黎地区的昆虫，颇受瑞典著名生物学家林耐欣赏并加以引用。1778年对人类、爬行类和鱼类听觉器官的研究，成为比较解剖学中重要工作之一。善诗文，1771年曾以卫生学为题材用拉丁文写了一首诗。1800年出版《实用医学手册》。 (黄 旬)

彭南特，T. (Pennant, Thomas) 英国人，1726年6月14日生于英国弗林特郡唐宁，1798年12月16日卒于同地。动物学、地震学、地理学。

绅士家庭出身。1744年进牛津大学女王学院，后转学奥利尔学院，可能因师生纠纷而未获学位。1771年获牛津大学名誉博士学位。曾任弗林特郡郡长。喜骑马旅游，生活有严格规律，身体健壮。1757年当选为瑞典皇家学会外籍会员。1767年当选为英国皇家学会会员，以及一些国外学会会员。

1738年起开始热衷于博物学。1750年撰写论文，描述了家乡唐宁1750年所发生的地震情况，曾在英国皇家学会《哲学会刊》上发表。1766年出版《英国动物学》第一卷。1771年又出版《四足动物大纲》，后又扩展为巨著《四足动物志》。主要著作是《北极动物学》(3卷，1785～1787年)。在分类学方面赞同J. 雷(John Ray)的看法，这也是林耐的看法。同时在组织、普及、促进博物学研究方面作出了贡献。写过有关在英国各地考察的游记。其中有《苏格兰之旅》(2卷，1769～1774年)、《威尔士之旅》(1778年)、《斯诺登峰旅行记》(2卷，1781～1783年)、《从切斯特到伦敦之旅》(1782年)、《伦敦报道》(1790年)等。晚年着手编撰4卷本《地球概观》，1798年出了2卷，第3～4卷由他的儿子D. 彭南特于1800年整理出版。 (林德宏)

雅克钦，N. J. (Jacquin, Nikolaus Josef) 法国人，1727年2月16日生于荷兰莱顿，1817年10月26日卒于奥地利维也纳。植物学、化学、地理探险。

祖父是法国人，17世纪后半叶迁居荷兰。早期学神学，后改学医。在巴黎大学因经济困难未获医学博士学位，去维也纳求助于父亲的朋友、首席医师、维也纳大学医学院院长G. 范斯威坦(Gerard van Swïten)继续学医。在学生时代，因看到药用闭鞘姜开花而对植物学发生兴趣。后由范斯威坦的推荐，被奥地利弗兰西斯一世(Francis Ⅰ)派遣去西印度群岛和南美洲考察，为博物学积累资料。1763年任匈牙利舍米茨矿业学校实用采矿和化学教授。1768年任维也纳大学医学院化学和植物学教授，1809年任该大学校长。1774年被册封为贵族，1806年被册封为男爵。是法国科学院院士，英国皇家学会外籍会员，荷兰科学院外籍院士。

在植物学方面，是林耐同时代人中较年轻的一位最主要的植物学家，是广泛应用林耐双名系统用德文写作的第一位作者。曾精确地描述了许多新种，直到今天仍是正确的。著有含彩色插图的植物志。

在化学方面，接受了关于燃烧石灰时所发生的化学变化的革命性概念，为药剂师和医生编写了一本化学教材。此书后来由他儿子扩充为一本广为人知的普通化学课本，广泛发行，并被译为英文和荷兰文。

（耿伯介　叶光汉）

亚当松，M.（Adanson，Michel）　法国人，1727年4月7日生于法国普罗旺斯地区艾克斯，1806年8月3日卒于巴黎。*植物学、动物学、生物进化论。*

曾在皇家学院受过教育。1757年去塞内加尔进行过4年科学考察，并带回大量标本。1750年被选为法国科学院通讯院士。1761年当选为英国皇家学会外籍会员。1773年成为法国植物学会会员。1782年成为领受津贴的法国科学院正式院士。后成为拿破仑荣誉军团成员。

所收集的3万件植物标本，现存于国家自然史博物馆。根据解剖特征对软体动物进行了分类。1763～1764年出版《植物科志》，提出以所有特征而不是以任意挑选的一些特征为基础对植物进行分类，从而与林耐发生冲突，停止为林耐输送非洲植物。他还以第一手资料为基础，研究拉马克的进化理论。当潘库克（Panckouke）在1776年为狄德罗的《百科全书》编辑补遗版时，他曾给潘库克寄去400多个条目。布丰在其《博物学》巨著中，引用他的著述达100多次，他的历史影响和把近代统计方法引入系统植物学中的作用，直到近年才得到承认。

（高楚明）

科曼松，P.（Commerson或Commerçon，Philibert）　法国人，1727年11月18日生于法国安省东贝，1773年3月13日卒于毛里求斯。*植物学、海洋生物学、地理探险。*

在蒙彼利埃大学学习医学和植物学，1753年获学士学位。毕业后一段时间以开业医生为生。受林耐的邀请，在斯德哥尔摩博物馆的资助下，他致力于对地中海鱼类进行搜集和编目，1756年回到家乡东贝。1758年后在家乡建立了一个植物园。1764年赴巴黎。1766年以植物学家和博物学家的身份参加了由布干维尔（L. A. de Bougainville）率领的环球考察队。1767年离开法国，途经麦哲伦海峡、海地岛、塔希岛、萨摩亚群岛、所罗门群岛、瓜哇岛等地，于1768年在毛里求斯定居。

在环球考察期间，他在麦哲伦海峡发现和识别一种新海豚，现命名为“科曼松海豚”。他在沿途收集和研究了大量植物标本。以后曾先后对毛里求斯、马达加斯加和雷尼翁岛进行过考察。最后病逝于毛里求斯，留下大量手稿以及一个拥有3 000多个新品种的植物标本室。

（郑毓信）

斯帕兰扎尼，L.（Spallanzani，Lazzaro）　意大利人，1729年1月10日生于意大利斯坎迪亚诺，1799年2月12日卒于帕维亚。*实验生物学、生理学、地球科学。*

出身律师家庭。1749年去意大利博洛尼亚大学攻读法学，不久转学自然科学，1754年获哲学博士学位。1755年在艾米利亚-雷焦大学教逻辑学、玄学和希腊语，后任应用玄学讲师。1757年成为天主教芳济派牧师。终生进行神职活动，教堂的经济资助为他研究自然科学提供了便利。1758～1762年任努奥沃学院希腊语、法语和语言学教授。1763年任摩德纳大学和诺布尔斯学院哲学教授。1768年当选为英国皇家学会会员。1769年起至去世，任帕维亚大学教授及该校自然博物馆馆长，1777～1778年任该校校长。1776年当选为柏林科学院外籍院士。1783年在韦内雷港创建海洋动物学实验室。死于膀胱炎引起的尿毒症，遗体安葬在帕维亚，心脏安放在出生地教堂中，膀胱则按其遗嘱作为帕维亚大学博物馆陈列品。

是18世纪富于献身精神的杰出自然科学家，大胆地将富于想象力的实验方法广泛应用于各种研究中。主要兴趣是生物学，精通显微镜技术，但也探索物理学、化学、地质学和气象学等，是火山学先驱，并精通历史、语言和文学。观察力敏锐，基础坚实，兴趣广泛，富于逻辑思维，因而能阐明形形色色神秘的自然现象。通过独创性的研究，阐明了动物及人血液循环和消化生理、动植物生殖和呼吸生理。

他对浸剂中微生物做了详尽研究，推翻了自然发生说，并指明食品加热保存方法。用实验证明浸剂中微生物不是自然产生的，把浸剂体煮沸后密封保存，不使其受空气污染就可避免微生物产生，证明自然发生说纯系臆测。后来又用实验证明，煮沸过的浸剂再接触空气仍可引起微生物大量繁殖，驳斥了加热破坏生长力的说法。

大量研究蚯蚓、蜗牛、蝾螈、蛙、蟾蜍的再生现象，丰富了这方面知识。观察蝾螈血液运动，发现心脏对血管的作用，扩大并修正了著名生理学家A. von哈勒的工作。研究鸡胚脐带血管网时，首次确定温血动物动静脉血管有交织现象。研究新鲜精液，指出精子不同于浸剂中的微生物，它是活的动物体内特有成分，澄清精子的性质和起源。1780年出版2卷本《动植物博物学论文集》，首次阐述了消化过程和受精过程及其机理，通过大量实验，证实鸟类砂囊起研磨食物作用，并发现胃液消化作用，成功地阐明胃消化的许多现象，为生物化学方法研究消化生理扫清了道路。对动植物生殖生理进行了独创性实验研究，以有力证据表明卵与精液的直接接触对受精和生殖是必要的。1786年首次成功地对家蚕和胎生动物（狗）进行人工授精，但仍不能说明精子的作用。反对精子预成说，却拥护卵预成说，使精子穿透卵而使卵受精这一事实，推迟到19世纪中叶才被发现。

酷爱旅行和收集各种标本。在不到10年时间内，使帕维亚大学自然博物馆收藏品成为意大利各博物馆中最多的一个。曾多次在国内外海上和陆地进行艰苦旅行，收集大量极有价值的生物、地质和化石标本，研究各种生物、生物磷光和放电现象、鳗的生殖方式、鱼类洄游、鸟类迁徙和亚得里亚海水喷泉、妖魔岩礁、大旋涡等神秘自然现象。证明珊瑚和海洋中许多小生物是动物，但却错误地把海绵和海产苔藓虫归为植物。

到了晚年，继续研究各种新问题。1788年研究埃特纳火山和维苏威火山，1792～1797年出版2卷游记。1794年首次报道被蒙住眼的蝙蝠可以避开人为障碍物而飞行。还用实验否定磷能在氮、氢或二氧化碳中燃烧的说法，证明只有在氧气中才能燃烧，对研究动植物呼吸生理作出了重要贡献。1798年作了最后一项独创性研究，指出把植物置于水中和阳光下能吸收二氧化碳放出氧气，而在黑暗中则相反，为植物呼吸生理学打下了基础。身后出版了《呼吸专题论文集》(1803年)，介绍了有关研究。

一生成就与声望卓著，曾获得许多荣誉，是意大利10个最杰出的学会会员，是欧洲10多个著名科学团体的外籍成员。C.波涅特盛赞他“在5年内比整个科学界半个世纪内发现的真理还多”。巴斯德也很推崇他。在他居住和工作过的地方，人们一直在纪念着他。由于个性暴躁专横，也受到一些同事嫉恨。一生发表了大量著作，但由于未全译成英语或译本质量较差，难以广泛流传。(陈建秀)

福斯特，J. R. (Forster, Johann Reinhold) 德国人，1729年10月22日生于波兰迪尔斯豪(今特切夫)，1798年12月9日卒于德国哈雷。*动物学、博物学、地理学、地理探险。*

祖藉苏格兰。1743～1748年在马林沃德和柏林求学。1748～1751年任哈雷大学基督教牧师。1765年考察俄国伏尔加河下游地区。1766年到英国沃灵顿学院任教，讲授博物学、古典语言和近代语言。1770年移居伦敦，任教伦敦大学。

1772年被选为英国皇家学会会员。1779年任德国哈雷大学博物学和矿物学教授。1772～1773年在英国皇家学会《哲学会刊》上发表不少有关动物、鸟类和鱼类的文章，被认为是北美洲动物学最早的权威之作。1772年作为博物学家与儿子一起参加了库克(Cook)船长的第二次航海，乘“决心号”对太平洋的大部分地区作了实地考察，于1775年7月回到英国。1790年在哈雷市担任杂志主编，向德国公众大量介绍航海中的见闻和重要的科学考察成果。1768年出版《矿物学入门》，1770年出版《不列颠昆虫志》，1772年编译出版了法国航海家布干维尔著的《环球航行记》。1778年他出版的《环球航行考察记》是一部研究自然地理学、博物学、人种学的重要著作，也是一部系统介绍海洋学、地理学和人种学的巨著。他的《动物种志》遗稿于1844年在英国出版。(方福娟)

米勒，O. F. (Müller, Otto Frederik) 丹麦人，1730年3月11日生于丹麦哥本哈根，1784年12月26日卒于同地。*微生物学、植物学、昆虫学。*

军队号兵之子。12岁时托付给伯父教其历史与音乐。15岁进哥本哈根大学读神学和法律，同时教音乐维持生活。后在一贵族家任家庭教师，在近20年里与这个家庭的成员生活在弗雷德里斯达尔庄园。随他们出国旅行，见到了许多杰出的科学家；庄园女主人使他对庄园内丰富的植物区系和动物区系感兴趣，并提供研究仪器，这对他的事业发展提供了有利条件。1773年与一位富有的寡妇结婚，使他的科学研究有了经济保障。1774年成为法国科学院通讯院士、柏林自然科学之友好协会通讯会员。1776年后成为丹麦皇家科学院院士。是瑞典皇家科学院外籍院士。

他被誉为“丹麦的林耐”。主要研究易被人们忽视的微生物。由于他独特的洞察力，发现微生物分布广、适应性强，成为林耐时代最杰出的代表之一。他建立了不同类群动物的分类法，包括被林耐完全否定了的蜱螨类、切甲类和纤毛虫纲。是第一批重视野外考察的博物学家，并远在实验生物学发展前就令人惊奇地使用了现代研究方法。1764年，一部完全以林耐分类学写成的著作《昆虫志》问世。2年后又出版另一著作，描述了1 100种植物。他详细地阐述了系统分类学，并且利用丹麦名称进行命名。1776年出版了一部动物学著作，拥有3 000余种地区动物种类，首次建立了微生物的数个动物类群，其中有林耐所不知道的，它是第一份对挪威和丹麦动物区系的优秀调查报告。身后由弟子整理出版有《海洋微生物纤毛虫志》(1786年)等。(孙炳寅)

丰塔纳，F. (Fontana, Felice) 意大利人，1730年4月15日生于意大利波马罗洛，1805年3月10日卒于佛罗伦萨。*动物生理学、寄生虫学、分析化学、经典物理学。*

先在罗韦雷托和维罗纳上文法学校，后入帕多瓦大学学习解剖学和生理学。1755年赴博洛尼亚大学和L. M.卡尔达尼合作。后移居罗马。1765年任比萨大学逻辑学教授，翌年任物理学教授。同年应托斯卡纳公爵邀请任宫廷物理学家，至佛罗伦萨组建宫廷物理学与博物学收藏馆和实验室，大大丰富了科学仪器和自然标本的收藏，还监制了许多人体解剖蜡模，1775年该室正式开放。1775～1780年周游欧洲，后来赴英国旅行，最后定居托斯卡纳。他的兄弟是数学家。

1775年发表有关二氧化碳和碳酸的论文。1779～1780年研究分析南美洲印第安人所用箭毒的化学成分。1779年向英国皇家学会递交2篇在生物化学上有纪念意义的论文，其中一篇据J.普里斯特利的发现，以“关于各种动物呼吸可燃气的实验与观察”为题的论文，认为“可燃气”(即氧气)在纯净状态下不适合呼吸之用。和卡尔达尼合作研究的主要课题是动物躯体各部分的应激性和敏感性，发现了神经不但是电流传导通路而且本身也诱发电流。对应激性的研究发现双侧虹膜反射是同时的。还认为蝰蛇咬伤是由于蛇毒改变了神经的应激性所致。他利用显微镜研究了神经的再生和红细胞研究的可塑性。还研究了谷物生虫和鳗形线虫的生态。此外，1783年出版著作《固态和液态物质的一般原理》，详细阐述物质受到吸引和排斥两种“牛顿力”作用。(顾振海 李啸虎)

英根-豪斯，J. (Ingen-Housz, Jan) 荷兰人，1730年12月8日生于荷兰布雷达，1799年9月7日卒于英格兰威尔特郡卡恩附近。*植物生理学、医学、物理学、化*

学、技术发明。

皮革商兼药商的儿子。早期在布雷拉丁文学校上学，后进比利时卢万天主教大学，并以优异成绩获医学博士学位。1754年考入荷兰莱顿大学继续学医。后开业行医。1765年移居英国伦敦行医。1768～1779年到维也纳任奥地利国王的御医。后重返伦敦。1771年入选英国皇家学会外籍会员。1775年结婚，伦敦附近行医，同时研究植物光合作用并就此著书立说。

是富兰克林的终生好友。最著名的成就是发现植物的光合作用。1771年夏，普里斯特利发现植物可使污浊的空气恢复新鲜，但遭某些研究者的反对。1779年，英根-豪斯研究发现水中植物受阳光照射部分会放出气泡，其气体有强大的净化空气作用，在黑暗处部分则不冒泡。也就是说，植物的绿色部分只有在日光的可见光作用下才能净化空气。还发现植物也像动物一样日夜进行呼吸而产生二氧化碳，只是消耗的氧气远少于光合作用所产生的量。由此提出动植物的相互支持作用：动物消耗氧气产生二氧化碳，而植物正相反；还断言空气中的二氧化碳是植物体内碳的来源。出版《植物实验》(1779年)加以总结，因而同时被认为是植物同化作用和碳酸的发现者。还发现了水藻孢子群；发明盖玻片便于显微镜观察液体标本。在化学与物理方面，首先尝试在纯氧中燃烧钢丝；设计燃氢打火机并改进了磷火柴；最早在静电发生器中用圆盘代替筒或圆球；用B. 富兰克林正负电学说解释了伏打电泳现象，证明了富兰克林观点的正确性；1785年发现并正确描述了布朗运动，用极细的炭末悬浮于酒精中显示了无生命颗粒的不规则运动。

在医学上，从18世纪60年代中期开始，对天花接种(将活病毒接种于他人皮肤下)很感兴趣，开了私人接种所，为天花流行地区居民接种，并应邀赴维也纳为奥地利女王接种。还设计了一种发生装置供给病人较纯的氧，以缓解呼吸病患。 (张祝山 顾振海)

赫德威格，J.（Hedwig，Johann） 德国人，1730年12月8日生于特兰西瓦尼亚喀琅施塔得(今罗马尼亚布拉索夫)，1799年2月7日卒于德国莱比锡。植物学、苔藓学、显微术。

1752年进莱比锡大学学医学，1756年获学士学位，1759年获医学博士学位。因得到希本斯特(J. E. Hebenstreit)等植物学家的赏识和资助，才完成学业。从事开业医生职业20年。在植物学研究上，得到施雷贝尔(J,C. D. Schreber)和科勒(J. G. Kohler)在图书和仪器上的帮助。1784年主持军人医院。1786年任莱比锡大学医学编外教授，1789年任植物学正式教授及柏林科学院植物园园长。他被德国等国家的科学院吸收为外籍院士。1797年大文学家兼生物学家歌德亲自拜访了他。1798年末1799年初气候酷寒，他仍走访病家，因胸膜炎发高热，引起并发症而去世。

业余热心于植物研究，其中对苔类和苔藓植物兴趣最大。1782年出版了第一本著作，引起国内外注意。名传国内外后，1783年他的隐花植物有性生殖著作获圣彼得堡科学院颁发的奖金。1784年发表《林耐氏隐花植物传种与结实的栽培理论》。重要科学著作以《低等植物生命史与生殖学》最出名，其中对低等植物器官有不少发现，对林耐的低等植物生殖器官错误论述进行多处修订。另一贡献是将苔类和苔藓类清楚地区分开，苔类的现代科学命名基础是遵照他的著作来进行的。曾把利用显微镜研究低等植物方法移用到研究高等植物(显花植物)，指明显花植物中的气孔。他最重要著作是身后出版的《多叶苔藓类》(1801年)，几乎论及了当时植物学界所能知道的苔藓种类。为纪念他，苔藓中的一种类和一本杂志以其命名。 (王荣增)

艾顿，W.（Aiton，William） 英国人，1731年生于英国苏格兰汉密尔顿附近拉纳克，1793年2月2日卒于萨里郡基尤。园艺学。

1754年去伦敦前已是一位老练的园艺工，后成为伦敦切尔西药草园馆长P. 米勒(Philip Miller)的助手。1759年起任奥古斯塔公主(Princess Augusta)在基尤的新建皇家植物园园长，受到植物学家J. 斯图尔托(John Stuart)伯爵的科学指导和鼓励。

1789年出版《基尤植物志》，共3卷。它汇集了当时培育的5 500种植物名录，记载了原产地和引进的日期，其中还包括对新种的描述。1810～1813年，他的长子出版了经扩展的第2版。 (钟觉民)

达尔文，E.（Darwin，Erasmus） 英国人，1731年12月12日生于英国英格兰诺丁汉郡纽瓦克，1802年4月18日卒于英格兰德比附近。生物进化论、植物学、动物生理学、医学、文学、工艺学。

著名生物学家C. R. 达尔文的祖父。出身律师家庭。早年在剑桥大学与爱丁堡医学学校学习古典文学、数学和医学，1755年获剑桥大学学士学位。毕业后曾在林肯郡和伦敦等地行医。1761年当选为英国皇家学会会员。1766年与博尔顿(M. Boulton)等人在伯明翰成立月光学会。1783年又建立德比哲学学会。这两个学会成为当时欧洲讨论科学和应用技术的中心之一。

是欧洲进化论的先驱。1796年提出物种进化的思想，认为动物活着时养成的习惯可以遗传给后代，并且引起物种的进化。与同时代的拉马克一样，认为每个有机体中都有内在的力量，促使生物演化为更高级的形式。他的进化思想后来对孙子C. R. 达尔文有一定的影响。1800年出版《植物学》一书，对各种植物的特性和所需要的肥料、植物病的防治、利用污水进行灌溉以及对林耐分类系统的改进均有论述。1794～1796年发表两大卷《动物生理学》，该书收载了有关医学和自然科学的论著，认为医生应根据每个病人的症候给予不同的治疗，并认识到遗传对疾病的影响。对精神病患者的治疗曾提出许多重要的原则和方法。对于公共卫生，曾提出改善居室通风、排除污水，主张墓地必须建于城郊等。

撰写的著作大多以韵文诗体写成。1779年出版第一部长诗《生物园》。死后出版的遗诗《自然的殿堂》(1803年)，对地球的形成、生命的起源、万物的发展和人类的进化都提出了独特的见解。

他还是一个工艺家，设计和改进水平风车、发动机、汽轮机、新式钻机、水泵、海轮、运河水闸、自动抽水马桶等多种机械。 (张慰丰)

索兰德，D. C. (Solander, Daniel Carl) 瑞典人，1733年2月19日生于瑞典皮特欧，1782年5月13日卒于英国伦敦。植物学、博物学。

路德教教区长之子。1750年进瑞典乌普萨拉大学学法律，但对植物学和自然科学深感兴趣。1752年协助博物学老师林耐对生物标本进行了分类和编目。1756年发表《林耐的普通植物学概要》。1750年两次去北极拉普兰进行寒地植物考察。1753年沿皮特欧河旅行，去挪威采集植物标本。1755年对托尔尼奥流域进行植物考察。在林耐的建议下，1763年他在英国供职于大英博物馆，从事博物学资料整理和编目。1764年成为英国皇家学会外籍会员。1768年和好友J. 班克斯在"全力号"航海旅行中，收集到约1 000种新品种植物和100种新品种动物，其中有100种被大英博物馆收藏，许多植物新品种被送往皇家植物园栽培。(方福娟)

克尔罗特，J. G. (Koelreuter, Joseph Gottlieb) 德国人，1733年4月27日生于德国苏尔茨，1806年11月12日卒于卡尔斯鲁厄。植物学、遗传学。

药剂师的儿子。15岁进蒂宾根大学学医药学，1755年毕业。后任圣彼得堡科学院博物学保管，负责鱼类方面的收集和研究工作，但其兴趣却集中在研究植物的花和雄蕊构造、授粉和孕育上。工作6年后，于1761年返回德国，继续其植物杂交试验。后受聘为卡尔斯鲁厄大学沼泽地植物园园长兼博物学教授。到晚年贫困以终。

在植物性别方面具有以下见解：植物受精是由许多花粉粒质和一个胚珠的结合；两性花不能自花授粉是因雌雄性器官成熟期分先后；杂交种仅是一种中间性品种，无生殖力；杂种植物偶然成孕是因具活力母本沾染花粉所致，称为半杂种；杂交只是父母本间的一方重显，可以产生新种，但不能生殖，自然界内杂种是人为的。这些见解是孟德尔、达尔文诸人的先驱者思想。

(王荣增)

沃尔夫，C. F. (Wolff, Caspar Friedrich) 德国人，1734年1月18日生于德国柏林，1794年2月22日卒于俄国圣彼得堡。胚胎学、比较解剖学、植物学。

裁缝的儿子。1753～1754年在柏林外科医学院学习。1755年又进哈利大学。1761年任普鲁士军队战地医生。1766年当选为圣彼得堡科学院解剖学部外籍院士。

主要功绩之一是驳斥了胚胎发育预成论。对一些植物进行了详细研究，证实生长是发生在中轴器官顶端的生长点。还进行鸡胚的解剖与研究，为胚层发育理论奠定了基础，对胚胎学的发展作出了贡献。特别注意研究人类的畸形，并准备以主要精力研究畸胎理论，但因脑出血突然死亡，其愿未遂。他发现的原始肾和肾管，后被命名为"沃尔夫体"和"沃尔夫管"。陆续发表了30多篇论文，其中不少涉及心肌和结缔组织的解剖。

(张承圭)

梅迪库斯，F. C. (Medicus, Friedrich Casimir) 德国人，1736年1月6日生于德国格伦巴赫，1808年7月15日卒于曼海姆。植物学、园艺学。

曾在德国蒂宾根等几个大学学习医药学。1759年起在曼海姆、法尔茨任护理医师。后放弃医学专攻植物学。1763年创建曼海姆植物研究院。1766年又建立一座植物园，被聘为曼海姆植物园园长。

是反对林耐分类法的一员健将，除了攻击林耐的革新外，还对其缺点错误进行指责。主要著作都是对植物进行直接观察所得的结果，在豆科、十字花科、葵科、蔷薇科等命名上均占有重要地位。出版大量著作，认为林耐提出属的概念缺乏实用价值，且他在一个属内研究一两个种概括不了其他的种；林耐只见一个属的植物习性，没有在植物功能上下功夫。撰写的文章用德文不用拉丁文，因此流传范围较广。 (王荣增)

鲍洛托夫，A. T. (Болотов, Андрей Тимофеевич; Bolotov, Andrei Timofeevich) 俄国人，1738年10月18日生于俄国图拉省德沃良尼诺沃，1833年10月16日卒于同地。作物育种学、果树学、农业经济学。

出身于破落贵族家庭，军官的儿子。1755年进入军事机构，参加过俄国与土耳其的"七年战争"(1756～1763年)，1762年退役，回到家乡致力农业试验。1779～1797年授命管理图拉省和英斯科省贵族领地。是俄国经济协会《丛刊》主编，以及《农民》等杂志主编。

主要成就是在土壤肥力腐殖质理论占统治地位期间，继林耐等人之后，倡导和发展了无机营养学说。在1778～1823年就注意到雌雄性结合是种子经受精发育形成新植株的条件，研究正常受精所需的花粉量、异花授粉的广泛发生和在以后的过程中风和昆虫的作用。对苹果树的雌雄异熟进行了准确而详尽的描述，并在果树育种中试验杂交。他注意到多样的授粉在增加物种生存适度中的作用，其论述比达尔文和米丘林要早。他根据自然界存在着异花授粉、种内杂交、种间杂交的多样性，以生态因素分析植物世界的各种现象。他编写出版了俄国第一部植物分类学指南。首次建立果树种植系统，收集和描述了600多种苹果和梨的品种，采用杂交法和嫁接法培育出许多优良新品种。他的《关于田地分段制》一书，是第一部系统阐述农田轮作制方法的指南。他研究和总结了作物施肥和除草的各种方法,因地因时制宜实施各种农业技术方法。他还制定了植树造林和森林合理开发利用的科学原则。发表过不少有关农业经济学、管理学的文章。一生写有300多篇论文和数部著作。 (贺观钦)

巴特拉姆,W.(Bartram, William) 美国人,1739年4月20日生于美国宾夕法尼亚州金塞辛,1823年7月22日卒于同地。*植物学、鸟类学、人类学、地理考察。*

植物学家J.巴特拉姆的儿子。在中学时代就跟随父亲绘画、采集和研究植物。中学毕业后当学徒。1761年到北卡罗来纳州菲尔角经商。1765年去佛罗里达州野外考察。后到圣约翰河畔种植大米和靛蓝。1773年再次南下野外考察,4年内足迹遍及南卡罗来纳州、佐治亚州和佛罗里达州,沿途记录和绘画了鸟类、鱼类、其他动植物,以及美国印第安人的生活。1777年1月返回费城,和他的兄弟共同营造一个植物园。1782年谢绝宾夕法尼亚大学植物学教授职位而从事写作。先后被选为费城农业促进会会员、美国国家科学院院士、美国哲学会会员。

著有《旅行记》一书,直到1791年才出版,后在伦敦再版,并陆续出了其他版本。人们一致赞扬他对天然产物和对印第安人的描述,是19世纪浪漫主义的先声。1802年,他接收中学教师A.威尔逊为学生,教其鸟类学入门和博物学图解。后者的《美国鸟类学》一书,许多内容是参考巴特拉姆的收藏资料。他还为别人的博物学著作画插图。1808年,人们把他的塑像安放在费城独立民族史公园中。 (林金榜)

维洛卓,J. M. C.(Vellozo, José Mariano da Cŏncĕição) 巴西人,1742年生于巴西米纳斯吉拉斯州,1811年6月13日卒于里约热内卢。*植物学、农业经济学。*

1761年进弗朗西斯科大学,自学科学知识。后在圣保罗任中学几何学教师达10年。1782年受当地总督委托研究里约热内卢州的植物区系,前后共考察8年之久,并把修道院的小屋改成植物标本室,对许多标本进行分析。1790年完成植物志后,去葡萄牙首都里斯本任一印刷厂董事,后来该厂成为葡萄牙国家印刷厂,在这里指导出版大量科学著作,其中许多是他编著和翻译的。

被誉为"巴西植物学之父"。1797~1798年应皇家博物馆邀请去整理植物标本,写了各种科学普及读物。1798~1806年出版了许多关于经济植物的著作,探讨了植物对巴西经济发展所作的贡献,如甘蔗、苯胺酸性染料、咖啡和可可、香料和织物纤维等。对动物学也感兴趣,1800年发表了关于巴西鸟类的论文。他对巴西植物志做了大量工作,该志被公认为巴西启蒙科学的伟大创作。 (钟觉民)

班克斯,J.(Banks, Joseph) 英国人,1743年2月13日生于英国伦敦,1820年6月19日卒于英格兰艾尔沃思。*植物学、博物学、地理探险、科学管理。*

出身庄园主家庭。1756年入伊顿公学,即以研究植物学为终生目标,后来兴趣扩大到博物学,也研究昆虫、贝壳类动物和化石。曾在牛津大学受教育,但发现那里的环境对他的兴趣没有帮助,未获学位就离开了学校。1766年开始第一次旅行,到过拉布拉多和纽芬兰,带回许多标本,这是收藏标本的开始。同年被选为英国皇家学会会员。从1778年起到1820年去世为止,一直任英国皇家学会会长。他还是英国非洲协会的发起人和首位会长。1781年被授予准男爵勋位。1797年进入枢密院。

1768~1771年参加库克船长第一次环球航海。这次旅行中搜集了800多件珍贵的标本。以后还参加了数次著名的航海探险,包括西北太平洋、路经南部非洲到加勒比海等。1772年到冰岛作了一次短期旅行,这是最后的一次旅行。在职期间,改进了英国科学的地位,并和其他国家进行了科学交流。他因对科学事业的赞助和促进而著名,收藏的标本被认为是目前尚存的最重要的资料之一,现在均存于不列颠博物馆。由于他把许多植物引入欧洲,约80种植物以他命名。1795年获巴思勋章。 (秦 嘉)

杰弗逊,T.(Jefferson, Thomas) 美国人,1743年4月13日生于美国弗吉尼亚州古奇兰县(今阿尔伯马尔县)蒙蒂切洛,1826年7月4日卒于同地。*农学、动物学、区域经济学、测绘学、工艺学、政治活动。*

父亲是土地开发者和测量员,母亲出身于弗吉尼亚州望族。14岁丧父。1760年入读威廉与玛丽学院哲学系,对数学及其他科学极感兴趣。1762年毕业后又攻读法律,1767年毕业获律师资格。1769年被选为州下议院议员,1773年被任命为县土地测绘员。1776年参加起草《独立宣言》。1779~1781年任弗吉尼亚州州长。1780年入选美国哲学会,1797年任会长。1781年辞职回到蒙蒂塞洛的庄园,着手整理手稿,编成《弗吉尼亚州杂录》。1784年协助B.富兰克林到巴黎商谈通商条约。1785~1789年继富兰克林为驻法国大使。1789~1793年担任美国第一任国务卿。1797~1801年任美国副总统,1801~1809年任美国第三任总统。

在《弗吉尼亚州杂录》中,对该地区的地理、气候、动植物、农作物、地形、人种、人口、工商业等作了全面描述和介绍了,并发表了统计数字;和法国博物学家布丰关于美洲动物和土著居民问题进行了论战。该书受到广泛的欢迎,被誉为第一部对美国某一地区作全面研究的重要著作。在担任法国大使的任期内周游欧洲,对法国农民所用的犁很感兴趣,经他设计改进的模板在英、法等国负有盛名,并在美国广泛使用。引进旱稻到北卡罗来纳州;还把橄榄树和美利奴绵羊带到美国。任国务卿期间,参与把华盛顿作为联邦首都的测量计划;开始建立钱币的十进制和度量衡的制度。曾研究过麦蝇。对获得的树獭骨进行过研究,1797年向美国哲学会提交了一份有关报告,对古生物学的研究有所贡献。在总统任期内,支持为群众谋福利的科学事业。1803年从法国购买路易斯安那地区,使美国国土几乎增加一倍。退休回到蒙蒂塞洛，致力于改进弗吉尼亚州的教育事业，创办了弗吉尼亚大学，该校建筑物和校园的规划大部分是他授意的。还对校内各学院的组织以及课程要着重实用科学等方面作了指示。

死后葬于蒙蒂切洛的家族坟地，墓碑上刻着自己撰的碑文："这里长眠着托马斯·杰弗逊，美国独立宣言和弗吉尼亚州宗教自由法令的作者，弗吉尼亚大学的创始人。" （秦　嘉）

桑伯格，C. P.（Thunberg，Carl Peter） 瑞典人，1743年11月11日生于瑞典延雪平，1828年8月8日卒于乌普萨拉附近。*植物学、地理探险。*

1761年入乌普萨拉大学。学习期间特别爱好植物学，是林耐的学生。后去巴黎大学学医。不久随荷兰商船去日本，收集分布在日本的植物标本。1772～1775年又随船去南非好望角，并3次去非洲内地旅行，采集3000多种植物标本，其中约有1000种是新发现的。1775年3月再次乘船去日本，用医学知识换回许多日本植物标本。1779年回国，任乌普萨拉大学植物学示范员，1784年任植物学教授，直至去世。

紧跟林耐，是一位第一流的描述植物学家。第一部重要著作是1784年的《日本植物》，描述了21个新属和数百个新种。其他还有《欧亚非三洲旅行记》（1793～1795年）、《好望角植树长编》（1794～1800年）、《好望角植物志》（1807～1823年）等。在野外考察时目光锐利，不知疲倦，在同时代人中是描述植物新属新种最多的学者。 （耿伯介）

拉马克，J.-B. P. A. de M.（Lamarck，Jean Baptiste Pierre Antoine de Monet） 法国人，1744年8月1日生于法国皮卡第地区小巴占廷，1829年12月28日卒于巴黎。*植物学、无脊椎动物学、古生物学、生物进化论、水文地质学。*

出身法国北部破落贵族家庭，是11个孩子中最小者。由于经济和社会原因，父母替他选择了牧师作为未来的职业，约在11岁时被送到亚眠耶稣会的学校读书。但对宗教不感兴趣，喜欢父亲和几个兄长的部队生活。1759年父亲去世，即投笔从戎，由于作战勇敢，提升为军官。战争结束后，和他的团队在地中海和法国东部边界许多要塞中度过了5年。从这时起，有机会接触海洋动植物，开始研究植物学和法国植物区系。1768年因伤病退役。几年后在巴黎一家银行工作。后又学习4年医学，并在皇家植物园选修课程，对气象学、化学和贝类的采集也产生兴趣。1779年由布丰提议入选法国科学院院士。1795年起成为植物学部终身院士。

1778年拉马克用法语而非拉丁语撰写的3卷本《法国植物志》出版，创立鉴定植物的二段索引原则，为法国科学界所赏识。18世纪90年代起研究兴趣从植物学转向新领域。1800年后，开始宣传自己的进化理论，出版《植物学引论》（2卷，1803年），这是一部阐明植物学进化理论的专著。

1793年转向研究昆虫与蠕虫，并把这类动物定名为无脊椎动物。1794年春起采集博物标本，发表一些新属新种的论文和专著，其中最重要的是《无脊椎动物分类系统》（1801年）、《动物学哲学》（2卷，1809年）和1815～1822年的7卷集《无脊椎动物博物学》。《巴黎附近的化石和贝壳类》（1802～1806年）是在古生物学方面的重要著作之一。是古无脊椎动物学的创始者，古生物学奠基人之一。

化学方面第一部著作是《对主要物理现象起因的研究》（1794年），后又发表《气体力学辨析》（1796年）和《物理学和博物学备忘录》（1797年）等。在1802年的《水文地质学》一书中，阐述了自己的化学理论和地质理论。始终相信亚里士多德四元素说而不是拉瓦锡氧化理论。在四元素（土、气、水、火）中，认为火是最重要的部分，在他的进化论中，把生命也看成是可以用火的活动性来解释的一种现象。认为只有生物才能产生化合物。强调作为一个整体的自然界必然有许多联系，对化学的认识在其提出的进化论中发挥了重要作用。

早在1776年就对气候对生物体的影响感兴趣。1797年陆续发表有关气象学的论文。3年后出版《气象学年鉴》，结合气象学来阐述进化论，探寻气候变化规律，预测或理解生物体的变化。

1802年出版的《水文地质学》一书是根据1799年提交给法国科学院的一篇学术论文和无脊椎动物古生物学的工作而写的。书中创造了"地球物理"这个词，以概括气象学、地质学和生物学。发现自然界一切事物都遵循着相似的机理，无机物是通过有机物的逐步分解而产生的，水和这些物质作用而产生地质构造。

他从未用过"进化"这个词，只是提出有机体在自然界中产生的过程或次序。1800年在讲授无脊椎动物时第一次公开提出进化理论。认为当最简单的动植物形成后，自然界就在漫长的时间和不断变化的环境作用下形成所有的种类。他坚信环境的变化和动物本身的需求可导致新习性的产生，新习性可以使某一器官的使用得到强化，并通过繁殖代代相传，新的器官就会逐渐形成。在研究动物习性和器官的相互关系中，得出两条著名法则：用进废退说，即器官常用就发达，不用就退化而最终消失；后天获得性遗传。 （孙　勇）

法布里修斯，J. C.（Fabricius，Johann Christian） 丹麦人，1745年1月7日生于丹麦南日德兰半岛，1808年3月3日卒于德国基尔。*昆虫学、生物进化论。*

曾在乌普萨拉大学师从林耐学习。先后任哥本哈根大学和基尔大学教授。曾遍游欧洲大陆各国及澳大利亚。

是一位杰出的昆虫学家，不但可与C. 德吉尔（Carl de Geer）、奥利弗（A. G. Oliver）等早期的科学家相比，而且在许多方面超过了他们。在昆虫分类学上有新的见解，主张将非自然特征和自然特征加以区别，强调昆虫口器各种不同结构的重要性，同时肯定属、种是分类基础，为近10 000种昆虫命名。积极提倡进化论，认为通过杂交以及形态结构上的适应和改变，可以形成新种；不相信偶然的创造，坚信人类起源于古代巨大的类人猿。曾详述环境对物种发展的影响以及选择现象。有人称他为"拉马克主义之父"。

重要著作有《昆虫分类法》(1775 年)、《昆虫学概论》(1777 年)、《昆虫学辞典》(2 卷，1795～1796 年)等。为人开朗，与同期著名的科学家们联系密切。收藏的标本和著作分别保存在哥本哈根、巴黎和大英博物馆中。

(童远瑞)

图昂，A.(Thouin, André) 法国人，1746 年 2 月 10 日生于法国巴黎，1824 年 10 月 24 日卒于同地。*树木栽培学、农艺学、农业经济学。*

17 岁时，继承父业当一名园艺长。在 B. de 朱西厄指导下学习植物学。经常帮助老师整理植物，并通过与外国植物学家交换品种，丰富温室和植物收集品。1785 年 39 岁时成为法国科学院院士，已有较高的声誉。1793 年任法国国家自然博物馆园艺学部主任。是一个谦逊的人，常拒绝佩戴勋章，曾把 3 万法郎无息借给困难的朋友。他是美国总统杰斐逊的挚友，拉马克之子的教父。

1806 年和朋友用 6 盏管状灯芯的灯具(其光亮度相当于阳光的 5/6)，观察对植物的影响。在做嫁接时，注意到砧木(插入接木的)对接枝某些特点的影响，改进传统的育种和嫁接技术；很早就提议开展农业和园艺教育。

出版著作有《树艺学实践》(1814 年)、《树木栽培手册》、《嫁接技术》(1821 年)、《植物驯化与农业教程》(1827 年)等。去世后他所收集到的植物标本都赠给蒙彼利埃科学院。 (钟觉民)

米肖，A.(Michaux, André) 法国人，1746 年 3 月 8 日生于法国凡尔赛附近，1802 年 11 月 13 日卒于马达加斯加。*植物学、园艺学、地理探险。*

17 岁时父亲去世。学习 4 年后，即继任父亲原来在萨托里皇家农场经理之职。23 岁后开始集中精力学习植物学和园艺学。1777 年随 B. de 朱西厄工作。1779 年赴英国研究植物学。1780 年随拉马克和 A. 图昂去奥弗涅和比利牛斯山考察和研究植物。1782 年起又用 2 年时间在波斯(今伊朗)考察植物，为法国皇家植物园引入了许多东方植物。

1785 年 9 月，他以法国皇家植物学家身份乘船去纽约，在哈肯萨克和新泽西两地采集标本和栽培植物，先后寄回法国5 000种树木和 12 包种子。1787 年去南卡罗来纳州查尔斯顿，建立了第二座植物园。1792 年通过萨格奈河和米斯塔西尼湖到达哈得孙贝，旅行 8 个月，后又去肯塔基州旅行 3 个月。1794 年去阿巴拉契亚山南部针叶林区，后又去伊利诺伊州大草原。在北美洲考察前后共达 10 年之久。1796 年 8 月回国，因船在荷兰海岸失事，所采植物标本仅有少量被打捞起来。把美国和法国的一些植物进行交叉引种，促使许多人继续去北美考察和研究森林学。

著有《美洲橡树的历史》(1801 年)和美国东部第一部植物志《北美植物志》(2 卷，1803 年)，都由其儿子整理出版。有多种植物以他命名。美国宾夕法尼亚州设有米肖国家森林公园。 (耿伯介　叶光汉)

贝克逊，G.-L.-C.-A.(Bexon, Gabriel-Léopold-Charles-Amè) 法国人，1748 年 3 月 10 日生于法国勒米尔蒙，1784 年 2 月 15 日卒于巴黎。*鸟类学、博物学、农学。*

律师的儿子。早年就对博物学有兴趣。曾在北方图尔神学院受教育。后获贝桑松大学神学院神学博士学位。返回图尔任大教堂副执事。1772 年结识布 C. de 丰并开始当其助手，在布丰的指导下从事研究工作。由于热爱博物学和需要供养生病的母亲及妹妹，工作十分勤奋。布丰主编的《鸟类史》第 7 卷的序言中(1780 年)记下了贝克逊的研究工作，以及为布丰提供有根据的见解和独创性的意见等，为他的《博物学》巨教卷的出版，作出重要的辅助性贡献。由于合作的关系，与布丰之间的友谊很密切，但并不同意布丰的某些哲学见解。主要著作有《发酵的系统》(1773 年)、《农学问答教学法》(1733 年)、《洛林地区的历史》(1777 年)等。

(张承圭　吕替梅)

克劳福德，A.(Crawford, Adair) 1748 年生于爱尔兰贝尔法斯特，1795 年 7 月 29 日卒于英国利明顿。*动物生理学、物理学、化学、医学。*

1764～1776 年在格拉斯哥大学研究艺术、神学和医学。曾任圣·托马斯医院内科医生。后成为皇家军事研究院化学教授。1786 年入选英国皇家学会。是爱丁堡皇家学会、都柏林爱尔兰皇家研究院等机构成员。

1776 年欧文(Irvine)的热容量理论引起了他的注意，1777 年他进行了第一批测定气体比热实验，认为呼吸作用能够引起空气的变化也能改变空气的热容量。断定呼吸时传给身体的一定的热能是身体热能的来源。发表的著作有《动物热的实验与观察》(1779 年初版，1788 年第 2 版)、《易燃体的燃烧作用》等。曾提出 3 点看法：第一，吸进肺部的空气比由肺脏排出的空气含有较多的热量；第二，动脉血比静脉血含有较多的热量；第三，身体的热容量由燃素的化学固定作用而减少以及随燃素离析作用而增加。提出燃烧与呼吸之间的相似性，假设呼吸过程中肺部发生双分解作用，即(空气＋热)＋(血液＋燃素)⟶(空气＋燃素)＋(血液＋热)。评论家们认为他关于气体比热的实验资料太含糊不清，不能解决争论的核心问题。显然他关于呼吸作用的观点混淆了布莱克的热化学理论与欧文的热容量物理论之间的差异。

此外，1790 年他注意到菱锶矿与钡矿的明显区别，从而发现锶(Sr)这种新元素。1808 年 H. 戴维首次提纯得到它。1790 年还在英国皇室学会《哲学会刊》发表有关动物癌症的观察与实验文章。 (吴馥梅　刘洪义)

朱西厄，A.-L. de（Jussieu，Antoine-Laurent de） 法国人，1748 年 4 月 12 日生于法国里昂，1836 年 9 月 17 日卒于巴黎。植物学、科学传播。

是植物学家 A. de 朱西厄、B. de 朱西厄以及博物学家 J. de 朱西厄的侄儿。1765 年到巴黎大学医学院学习，1770 年获博士学位。不久任皇家植物园植物学教授 L. G. 勒莫尼埃的助理。法国大革命期间，曾在巴黎市政府任职。1793 年皇家植物园改组为国立自然博物馆，他被任命为植物学教授并负责建立一个植物标本室，1800 年任博物馆馆长，1826 年退休。

1774 年发表关于皇家植物园植物新的分类法论文，论述植物科的分类单位等。1789 年发表著作《植物属志》，对属作了精确的描述，全面总结了当时关于植物分类学的知识，成为研究植物学的重要著作。1802 年后，发表 6 篇有关巴黎植物园历史的论文。晚年主编《自然科学辞典》（1816～1830 年）共 60 卷，详尽阐述在《植物属志》一书中所建立的原理。他的儿子也是著名植物学家。为纪念他们父子对科学的贡献，国际天文学界将第 9470 号小行星命名为“朱西厄星”。 （耿伯介）

索尼拉特，P.（Sonnerat，Pierre） 法国人，1748 年 8 月 18 日生于法国里昂，1814 年 3 月 31 日卒于巴黎。博物学、博物学、地理探险。

植物学家 P. 普瓦弗尔（Pierre Poivre）侄子，早年当过他的文书。后在海军部当一名工作人员，继而晋升为殖民地专员，最后任印度亚纳姆法属殖民地司令官。1793 年被入侵的英属殖民地的英国人监禁，直到 1813 年才被遣送回国。

他受普瓦弗尔的派遣，参加过数次去东南亚的航海，搜集东方植物。1769～1772 年到过菲律宾和摩鹿加群岛；1774～1781 年到过印度和中国。他是西方第一个对中国南方水果树荔枝进行科学考察和描述的人。根据考察中收集到的资料，1776 年出版了第一部重要著作《新几内亚之行》，因而跻身于科学界。1782 年写出第二部著作《从东印度到中国之行》。他在印度的后期手稿，去世后由女儿整理出版。曾将收集的植物标本、印度爬虫和热带鱼类的收集品和笔记本、插画分赠给有关人员。后人为了纪念他对科学的贡献，将一种软体动物和多种东方热带植物以他的名字命名。

（方福娟）

歌德，J. W. von（Goethe，Johann Wolfgang von） 德国人，1749 年 8 月 28 日生于德国美因河畔法兰克福，1832 年 3 月 22 日卒于魏玛。植物学、比较解剖学、地质学、光学、文学。

出身富裕的家庭，父亲是律师，母亲是法兰克福市长的女儿。1765 年入莱比锡大学学习法律。后入斯特拉斯堡大学继续学习法律，兼学医学，1771 年获法学硕士学位。因有文学名气而于 1775 年被邀去魏玛公国，后出游瑞士、意大利和法国。在魏玛公国任枢密顾问等高级职务，被封为贵族。

是德国伟大的诗人、小说家及剧作家，其实还是一位业余自然科学家。不间断地进行文学创作和对自然科学的探索。曾仔细观察动物和人的骨骼，解剖人的尸体，于 1784 年发现人与动物的颌间骨。设想动植物在其原型的基础上变化，如认为各种植物由“一种过于敏感的原型植物”（原始植物）衍生而来，甚至认为子叶、花等是叶子的变态。1784 年，因负责管理伊利麦纳乌铜矿的开采，而对矿物学发生兴趣，对山芯花岗岩等岩石的成因作出解释。用冰河理论解释瑞士漂石等，提出漂石是由浮冰携带来的。还研究光特别是色彩。著有《光学论文集》（2 卷，1791～1792 年）、《颜色学》（1810 年），认为“颜色是光的活动结果”、“眼睛的存在有赖于光。只有光才能使眼睛摆脱那种可有可无的、动物的次要器官的地位。因为眼睛是在光中间形成，以便吸收光的”。1817 年开始写作《我的植物学研究的历史》。1831 年发表“植物的螺旋形倾向”一文。 （蒋虎祥）

科莫夫，И. М.（Комов，Иван Михайлович；Komov，van Mikhailovich） 俄国人，1750 年生，1792 年 6 月 24 日卒于莫斯科。作物耕作学、农业机械。

出生于贫穷牧师家庭。1776 年毕业于莫斯科斯拉夫-希腊-拉丁语学院。1768～1775 年参加圣彼得堡科学院的地理考察团。1776 年被送到英国学习农业，先后在牛津大学、伦敦大学进修自然科学，1784 年回国。是沃利内经济协会的成员。

所著《农具论》（1785 年）是俄国第一部有关农业机械和工具的手册。1788 年出版《耕作论》一书，详尽描述耕作对国民经济的作用、科学耕作内容和农业同自然科学的关系。根据俄国的自然与经济条件和农业特点，提出一系列农业措施，采用不同深度的二张犁在一个犁沟内同时耕作的方法，进行土壤双层耕翻；用一定浓度食盐溶液分离杂草种子和作物种子；用木犁栽植和收获土豆；认为“轮种”是较先进的理论，但要适合俄国情况，需加以某些修改。强调耕作与畜牧业密切联系，主张广泛栽培牧草，改善自然草地和牧场，并指出栽培新的森林和保护森林的必要性。许多工作在俄国农学史上起着巨大的作用。 （孙维伦）

马蒂·弗兰克斯，A.（Martí Franqués 或 Martí d'Ardenya，Antonio de） 西班牙人，1750 年 6 月 14 日生于西班牙塔拉戈纳省，1832 年 8 月 19 日卒于塔拉戈纳。植物学、大气化学。

出身富有的贵族家庭。曾在塞尔韦拉大学学习。后又去法国、英国、德国、意大利学习。早期对发展棉纺织等方面的工业有兴趣，后来从事科学研究。1785 年开始分析大气并进行一些推论。1790 年指出大气中的氧占 21%～22%。1791 年起研究植物的有性生殖，支持林耐反对 L. 斯帕兰扎尼。1804～1814 年的半岛战争

破坏了他的实验工作,战争中成为法国俘虏。战后继续从事动植物繁殖方面的实验,但进展不大。 (袁传宓)

施普伦格尔,C. K.(Sprengel, Christian Konrad) 德国人,1750年9月22日生于德国勃兰登堡,1816年4月7日卒于柏林。植物生理学、生态学。

1774年毕业于哈雷大学神学院。后在柏林腓特烈医院附中任教,并在皇家军事学院兼课。1780年任施潘道大卢特兰镇中学校长,兼教文学和自然科学。在友人E. L. 海姆(Ernst Ludwig Heim)帮助下学习植物学。终身未娶。

1787年夏开始观察天竺葵等花朵的受精作用,通过对生长于雌蕊下部的毛的功能分析,发现了虫媒现象,说明花朵结构与传粉作用有关。1793年出版《花朵形态与受精作用》一书,系统阐述了对植物的虫媒花和风媒花等生殖问题的见解,书中附有461种植物花朵解剖图,共1117幅。在扉页上还印有28种昆虫和花朵图。该书是当时研究花朵生物学的一个里程碑。生前,他的学说不受学术界重视,后来引起达尔文的注意,认真阅读了此书。达尔文在《物种起源》(1859年)、《兰科的传粉现象》(1862年)和《植物的杂交与自花受精》(1876年)著作中都极力推崇他的成就和发现。

(耿伯介)

塞赛-拉卡斯塔,M. de(Sessé Lacasta, Martín de) 西班牙人,1751年12月11日生于西班牙阿拉贡,1808年10月4日卒于马德里。植物学、地理探险。

1775~1776年在马德里学习医学。1779年任西班牙军医。1785年任墨西哥城皇家植物园园长,同时在墨西哥大学学习植物学。1787年率西班牙皇家植物考察队去墨西哥。1789年他放弃医学工作全力从事植物学研究。在墨西哥西部作广泛旅行,去过古巴和波多黎各等地,1803年11月返回西班牙,收集了大量植物标本和种子。身后出版遗著《西班牙的新植物》(1889年)、《墨西哥植物志》(第二系列,1891年;第2版,1894年)。 (钟觉民)

布鲁门巴哈,J. F.(Blumenbach, Johann Friedrich) 德国人,1752年5月11日生于德国哥达,1840年1月22日卒于格丁根。人类学、比较解剖学、进化论、医学。

父亲是校长助理,母亲是哥达市高级政府官员的女儿。1769年完成大学预科学习后,在耶拿大学与格丁根大学学习,1775年获格丁根大学医学博士学位。在耶拿他喜爱化石课,在格丁根则喜爱博物学课。1776年任格丁根自然博物馆馆长、格丁根大学编外教授,1778年任正式医学教授。1776年成为格丁根皇家科学学会会员,1812年任该学会常任秘书长。是世界各地70多个科学院与科学团体的正式或通讯院士、会员,其中包括英国皇家学会、伦敦林耐学会、圣彼得堡科学院、美国哲学学会等。

博士学位论文《论人类的天然种类》,于1776年作为著作出版,被认为是人类学的基础著作之一。认为人是博物学的研究对象,强调人与动物的区别。反对人类学研究中的种族偏见,反对黑人比白人低劣的观点。赞同沃尔夫的渐成论,认为怪胎是反对预成论的有力论据。1789年曾描述了像蛙一样的畸形人胎。是在德国大学第一个开设比较解剖学课程的人,其教科书论及了比较解剖学的整个领域。他于1779年出版的《博物学指南》曾被译成多种文字。其他著作还有《生理学概论》(1787年)、《比较解剖学指南》(1804年)等。他是最早承认自然界有其历史过程的人之一,因而在进化论史中也占有重要地位。 (林德宏)

居尔伦哈尔,L.(Gyllenhaal, Leonhard) 瑞典人,1752年12月3日生于瑞典里布宾斯贝格,1840年5月13日卒于霍贝格。昆虫学、博物学、实验生物学。

幼时就对自然科学感兴趣,注意收集各种植物、昆虫和矿物等标本。由于对鞘翅目昆虫研究兴趣不断增长,特修建专室进行饲养观察。1808~1827年编写出版著称于世的《瑞典昆虫志》(4卷)。它是一本关于鞘翅目昆虫的重要著作。在林耐分类法的基础上,他还引进了新的昆虫鉴定和分类方法,从此他成为瑞典鞘翅目昆虫的权威。1809年获瑞典皇家科学院金质奖章,同年入选为院士,并入选法国昆虫学会荣誉会员。所收集的昆虫标本现仍存放于乌普萨拉大学动物博物馆中。1848年瑞典皇家科学院专设居尔伦哈尔奖章,以嘉奖对昆虫学有杰出贡献者。 (童远瑞)

勒瓦扬,F.(Le Vaillant, François) 法国人,1753年生于荷属圭亚那帕拉马里博(今属苏里南),1824年11月22日卒于法国塞扎纳附近。鸟类学、博物学、地理探险。

法国领事的儿子。1763年在法国麦茨学习博物学。同年(10岁)与家人同赴荷兰,后在德国生活2年,在法国生活7年。喜爱旅行与打猎,并研究鸟类,学习动物标本剥制术。1777年访问巴黎时,决心考察地球最遥远的地方。荷兰东印度公司派遣他去非洲探险,1779年12月19日从荷兰航行去好望角,1781年3月29日抵达。在非洲搜集到大量动植物标本,许多是欧洲人首次见到的。他在非洲作了两次考察,一次是从好望角往东跋涉,一次是沿着奥林奇河北岸进入西南非洲的大纳马夸兰地区。历尽艰难,满载而归,于1784年回到巴黎。法国大革命期间曾被监禁,后隐居拉农的小种植园从事写作。

他从非洲回国后,出版了一系列著作,其中有:《非洲腹地旅行记》(2卷,1790年)、《第二次非洲腹地旅行记》(3卷,1796年),两书很快便被译成多国文字;接着又出版《非洲鸟类博物志》(6卷,1796~1808年)、《天堂鸟博物志》(1801~1806年)、《伞鸟和短尾 博物志》(1804年)和《犀鸟博物志》(1804年),以生动的记述和精致的插图将热带奇观展示给欧美的广大读者。他还将2000余张鸟皮标本送给考察队赞助人,由他的儿子泰明克(C. J. Temminck)进一步研究,其中一部分捐给了荷兰莱顿博物馆收藏。在学术观点上,勒瓦扬反对林耐的人为分类体系,并不按林耐“双名法”处理他的大量标本,而只是给他发现的新物种标以法国名称,许多仍沿用通用俗名,以致后来的博物学家不得不重新标注。为纪念他的贡献,一些鸟类以他命名,如勒瓦扬布谷鸟、勒瓦扬啄木鸟等等 (张之沧)

帕冯-哈门尼斯,J. A. (Pavón Y Jiménez, José Antonio) 西班牙人,1754 年 4 月 22 日生于西班牙卡塞雷斯省卡塞德叶达,1840 年卒于马德里。*植物学、地理探险。*

幼年和叔叔居住在马德里。早期对药物学感兴趣,成为一名知识渊博的药剂师。后来从事植物学的研究,1777~1788 年在秘鲁加入西班牙与法国联合探险队,首次考察了秘鲁和智利,他是该队仅有两名植物学家之一。1820 年成为伦敦林耐学会的外籍会员。

1777~1788 年在南美洲秘鲁和智利等地野外考察时,获得3 000种植物标本的种子和百余棵活体植物,绘制了2 500幅原尺寸插图。不幸的是,在归程近葡萄牙海岸时发生海难,损失了一部分。写了大量参加考察的文章,但大部分未能发表。和 H. 鲁伊斯合作出版《秘鲁和智利植物志》(10 卷),其中首次公布了 141 个新属,有 500 多种植物用他俩的名字命名。拿破仑占领西班牙后,停止了植物学家的工作,1814 年他把植物标本转让给英国收藏家兰伯特(A. B. Lambert)。11 年后,又处理了几千件植物标本,包括许多在墨西哥考察时采集到的。1826~1827 年卖给韦布(P. B. Webb)4 500种植物标本,韦布的收集品至今仍保存在意大利佛罗伦萨大学的植物研究所内。 (钟觉民)

鲁伊斯,H. (Ruiz, Hipólito) 西班牙人,1754 年 8 月 8 日生于西班牙布尔戈斯省,1816 年卒于马德里。*植物学、药物学、地理探险。*

年轻时在马德里他叔叔的药房里做学徒,学习化学和其他自然科学。1772 年开始在 M. 卡里扬特(Migas Calientes)的植物园工作。1777~1788 年成为法国和西班牙对秘鲁的联合考察队首席植物学家。

1794 年入选英国皇家医学科学院外籍院士。和植物学家帕冯-哈门尼斯合作,俩人从秘鲁探险队回欧洲后,出版 10 卷本《秘鲁和智利植物志》,其中首次公布了 141 个新属,500 多种植物以他俩名字命名。该书前 4 卷于 1798~1802 年出版,后 6 卷在他身后出版。研究金鸡纳树,1785 年回西班牙后发表有关抗虐疾的物效药物奎宁(即金鸡纳霜)的论文。以后又研究金鸡纳树植物群,在马德里出版了《秘鲁金鸡纳树》(1792 年)一书,很快译成意大利文(1792 年)。德文(1794 年)和英文(1800 年)版本。1798~1802 年发表了关于这方面的 3 卷著作,描述了 751 个种。和其他学者合作采集了许多植物标本并进行分类,努力保护植物学的理论和林耐分类系统。 (钟觉民)

福斯特尔,G. A. (Forster, Johann Georg Adam) 德国人,1754 年 11 月 27 日生于德国但泽(今波兰格但斯克)附近,1794 年 1 月 10 日卒于法国巴黎。*植物学、人类学、地理探险。*

13 岁时就熟悉欧洲的绝大部分语言。1767 年出版第一部译作:罗蒙诺索夫的《俄国史》。曾随英国皇家学会会员的父亲进行多次科学考察,包括 1772~1775 年参与英国库克船长第二次去太平洋的航行,写了许多哲学和地理学随笔。1777 年(22 岁)成为英国皇家学会外籍会员。1778~1784 年任卡塞尔大学加罗林学院博物学教授。1784~1787 年任波兰维尔纽斯大学博物学系主任。1788 年任德国美因茨大学图书馆馆长。1792 年,法国大革命风暴刮到了美因茨,他成为当地雅各宾党人俱乐部的发起人之一,积极支持法国大革命,并在建立美因茨共和国过程中起到领导作用,这是德国最早的共和政体。1793 年以美因茨共和国代表身份出席在巴黎举行的全国代表大会,但被普鲁士和奥地利判为非法,无法回国,次年因坏血病突然恶化而客死巴黎。

1776 年发表"植物类属的特征"一文。1777 年出版第一部重要著作《环球航行》,首次报道了中太平洋玻利民西亚群岛社会结构、风土人情、地理生态和动植物,受到学术界和社会读者的一致赞誉,开创了科学文学旅行叙事体的新风格。其植物学著作《澳大利亚早期药物植物分布》(1785 年)被看作是太平洋地区综合性植物学研究的基础。他的学术思想在德国有很大影响,洪堡对其十分赞赏。 (高楚明)

普雷沃斯特,I. -B. (Prévost, Isaac-Bénédict) 瑞士人,1755 年 8 月 7 日生于瑞士日内瓦,1819 年 6 月 10 日卒于法国蒙托邦。*作物病理学、生物学、科学传播。*

是著名物理学家 P. 普雷沃斯特的堂弟。没有受过多少教育,只上过邻村的寄宿学校。当过学徒、雕刻师,工余钻研质量、力、气味等各种科学问题。后任家庭教师,自学了数学、物理学和博物学等。是许多学会的成员,还参加创办路特省科学和文学协会。与许多同行通信,并经常给杂志撰稿。1810 年任蒙托邦新基督教学院哲学教授。

主要科学贡献是关于小麦黑穗病因的研究。用显微镜观察和试验田对照实验等方法,经过 10 年的研究,在 1807 年指出引起小麦黑穗病的直接原因是一种真菌寄生菌,并发现用焦磷酸铜溶液能够治理这种真菌病的蔓延。这个成果直到他去世后的 1847 年才被广泛承认。 (肖　玲)

拉塞佩德,B. - G. - É. de (Lacépède, Bernard-Germain-Étienne de la Ville-Surllon, Comte de) 法国人,1756 年 12 月 26 日生于法国吉耶纳省阿让,1825 年 10 月 6 日卒于塞纳河畔埃皮奈。*动物学、人类学、政治活动。*

其父为某陆军中将的总管家。幼年丧母。早年爱好文学和音乐,并与 C. de 布丰等科学家通信联系。由于些著作给布丰留下深刻的印象,1785 年任命他为法国皇家植物园示范员,后分工负责研究爬行类和鱼类,并邀请他参加巨著《博物学》的编写工作,成为布丰的接班人。在法国大革命时期,曾任国民议会和众议院议员,但在恐怖时期因意见相左而离开巴黎。大革命之后,1799年任国民议会议员,1801年出任议长,1804年任国务大臣,1819年被波旁皇朝册封为贵族。

先后出版多种著作,如《关于电的测试》(1781年)、《自然界的一般性和独特性》(2卷,1782～1784年)、《四足动物博物志》(2卷,1788～1789年)、《爬行动物博物志》(1789年)、《鱼类博物志》(5卷,1798～1803年)、《鲸类博物志》(1804年)及《人类博物志》(1827年)等。晚年潜心编写《欧洲自然与民俗通史》(18卷,1826年出第一卷)。所有为他写传记的人都记下他有教养、大度和公道的品德。他评价别人时,总是宽大为怀,在同事中颇有声誉。 (秦安龄)

索尔比,J.(Sowerby,James) 英国人,1757年3月21日生于伦敦,1822年10月25日卒于同地。*植物学、古生物学、矿物学、博物馆学、美术。*

碑文雕刻匠的儿子。曾在伦敦的英国皇家艺术学院学习美术。在植物学家W.柯蒂斯(William Curtis)指导下,他学会了绘画植物标本图和插图。留校任教,虽然是个职业艺术家,却发表有许多博物学著作。后来两个儿子也成了画家兼博物学家,经常协助他工作。1796年起,他在住宅后面建立了一个私人自然博物馆,在每周二定期向社会免费开放。

他收藏了数千种矿物、化石和陨石,大约500种的英国植物或真菌类,以及英国特有的兽类、鸟类、昆虫等标本,不少在当时都是孤本或珍品。1790～1814年,他一直在编绘出版《英国植物学》图解系列丛书36卷,历时24年,其中包括他亲手制作的2592幅彩色版画。他通过自己的手绘彩图再现英国的各种植物,标明它们的学名、别名和分类,分布地区、基本特征、开花季节、使用价值等等。精美的色彩,逼真的描绘,详尽的说明,使他一举成名,多次再版,时至今日,仍有重要科学和艺术的双重价值。虽然植物学家J.E.史密斯(James Edward Smith)爵士不久对该丛书作了补充,但后人仍称之为"索尔比植物学"。

他主编出版的第二部最重要巨著是《英国矿物贝类》(1812～1846年)彩绘丛书,收集了保存在英国不同地层的贝壳化石,是英国第一次集中展示的标准化石,实际上也是一部无脊椎动物古生物学巨著。该丛书在他生前出了一部分,后部分由他的儿子C.索尔比(Carle Sowerby)在G.布雷廷厄姆(George Brettingham)协助下最终完成,前后历时长达34年。

1808年,他还发展了牛顿关于色彩的理论,对黄、红和蓝三原色,作出新的诠释;发明从天然植物和矿石中提取颜料的多种工艺;提出测量、调制混和色的各种方法。另外出版有《国外矿物学介绍》等书。

此外,他为其他博物学家的著作绘制精美的版画插图说明;鉴定了许多别人委托鉴别的各种标本;还和国内外自然科学家进行了广泛而长期的联系,研讨各种学术问题,为科学史留下了十分宝贵的历史文献。从他开始,索尔比家族成了19世纪欧洲最著名的研究博物学的世家。在1780～1954年前后,有14人出版、撰写或绘画了大量作品,内容涉及植物学、动物学、贝类学、古生物学和矿物学等广泛领域。儿子C.索尔比后来建立了英国皇家植物学学会,任秘书长30年。 (方福娟)

佩库尔,G.von(Paykull,Gustaf von) 瑞典人,1757年8月21日生于瑞典斯德哥尔摩,1826年1月28日卒于瓦洛克斯沙比。*昆虫学、动物学。*

1796年由文职官升任王室宫廷大臣。1818年又封为男爵。年轻时爱好文学,后来兴趣转到博物学。是瑞典皇家科学院院士。瑞典国家自然博物馆创建人。

从斯堪的纳维亚半岛采得大量动物标本,旅行时又收集到许多动物标本,均捐赠给斯德哥尔摩国家自然博物馆。是一位综合性的动物学家,但最感兴趣的是昆虫学。先后发表过不少关于昆虫学的论文,出版《阎虫属专论》(1811年)、《鞘翅目昆虫》(3卷,1798～1800年)等,正确地描述了若干新种,显示出在分类学上的才能,在昆虫学方面作出显著贡献。 (童远瑞)

莫西尼奥,J.M.(Mocinio,José Mariano) 西班牙人,1757年9月24日(?)生于墨西哥特马斯卡尔泰佩克,1820年5月19日卒于西班牙巴塞罗那。*植物学、鸟类学、地理探险。*

贫困家庭出身。靠打工积钱求学。早期攻读神学、哲学和历史,1784年转向自然科学。在墨西哥大学受过医学教育后,即致力于植物学研究。1790年参加皇家科学考察队去中南美洲等地,该队进行了4次探险,直到1804年他一直是该队的成员。1803年和塞赛-拉卡斯塔到西班牙,期间曾任马德里皇家医学科学院秘书长和院长。由于在半岛战争中同情法国,受到西班牙拘禁,1812年被迫逃离马德里,带了一部分资料到法国南部的蒙彼利埃大学。后任日内瓦大学教授。1818年返回西班牙,双目失明,贫困潦倒,同年去世。

曾随西班牙科学考察队到过墨西哥西部(1790～1791年)、加利福尼亚的沿岸和纽特卡岛(1792～1793年)、墨西哥的大西洋海岸(1793～1794年)和中美洲(1795～1799年)。生前试图编纂新的《墨西哥植物志》未成,在身后出版。该书以他们所收集的标本为基础,并绘有近1400幅插图。他留下了许多在考察中收集到的资料,包括10000多件植物标本和1300幅插图等。后人将墨西哥一种美丽的绿咬鹃以他命名,因为正是他首次对其分类。 (秦　嘉)

阿卡利斯,E.(Acharius,Erik) 瑞典人,1757年10月10日生于瑞典耶夫勒,1819年8月14日卒于瓦斯泰纳。*地衣学。*

是最后一个在林耐指导下进行论文答辩的学生。1776年毕业于乌普萨拉大学。1782年获伦达大学医学博士学位。曾供职于端典皇家学院。后任县级医务官。1795年任一新建医院院长并任名誉教授。1796年当选为瑞典皇家科学院院士。

在植物学研究方面,一生均采用林耐的传统研究方法。研究工作主要集中在地衣和其他隐花植物方面,为地衣的分类奠定了理论基础,描述了许多新科和新种,所用的术语有的至今仍被广泛引用。在很长一段时间里,欧洲学术界曾认为地衣不是植物,而是与珊瑚虫相似的动物,直到19世纪早期才逐渐明确地衣是植物。去世后,其地衣学工作曾受到科学界严厉的批评,认为所用的术语和分类都有缺陷。但进入现代以后,他却受到了地衣学界极大的赞扬,所定的许多种仍然得到承认。出版有《地衣学大全》(1810年)、《地衣学研究方法大纲》(1814年)等。 (孙 勇)

博斯克,L. A. G.(Bosc, Louis Augustin Guillaume) 法国人,1759年1月29日生于巴黎,1828年7月10日卒于同地。*无脊椎动物学、博物学、农艺学。*

医生的儿子,2岁丧母,童年时就热爱大自然。18岁在巴黎邮政部门工作。法国大革命期间,担任雅各宾党人俱乐部的秘书。1787年参与了巴黎林耐学会的创建工作,这是世界上第一个林耐学会。1797～1798年任法国驻纽约领事,但热衷于科学研究而从不履行领事的职责,以致受到法国总统的责备。回法国后,先后在医院、监狱和苗圃做管理员。1806年当选为法国科学院农业部院士。1825年任巴黎国家自然博物馆植物栽培部主管。1790～1792年发表了大量关于昆虫、软体动物、鸟类及植物方面的报告。后来研究应用农学。主编《潘库克(Panckoucke)氏百科全书》。他可能是第一个提出农业上"生物竞争"思想的人。1798～1800年访问美国,采集了大量生物标本。1801～1802年出版了重要著作《蠕虫、水生贝壳类动物、甲壳纲动物的博物学》(2卷)。注重生物学的应用研究,有人称他是实用博物学的先驱。主编布丰《博物学》续集3卷(1801～1802年),包括植物学、动物学与地质学。参与主编《新博物学辞典》(24卷,1803～1804年;重版36卷,1816～1819年)、《新农学大全》(13卷,1809年;重版16卷,1821～1823年)。他的昆虫标本和资料现收藏于日内瓦、巴黎和伦敦的国家自然博物馆。 (林德宏)

雷杜特,P.-J.(Redouté, Pierre-Joseph) 比利时人,1759年7月10日生于比利时圣于贝尔,1840年6月20日卒于法国巴黎。*植物学、印刷术、美术。*

从事教堂内部的装饰和绘画。1782年到巴黎找到能发挥艺术技能的场所。出于爱好,先画了一些花草,后来才成为植物学方面的画家。在花草绘画教授G.范施佩恩东克(Gerardus van Spaendonck)指导下,艺术才能得到很大发展。曾为当时一些著名的植物学著作绘制插图,并发展了植物学彩色印刷术,他画的玫瑰花现在仍被大量地印刷。其绘画和著作为后世保存了许多植物原始的标本图。 (秦安舲)

奈特,T. A.(Knight, Thomas Andrew) 英国人,1759年8月12日生于英国赫里福德郡唐顿堡,1838年5月11日卒于伦敦。*园艺学、植物学。*

出身什罗普郡一个富有的古老家族。年轻时受过中等学校教育,但更多的园艺学和植物学知识是在家乡向老农学习和自学中获得的。毕业于牛津大学巴利奥尔学院。1805年入选英国皇家学会会员。1804年英国园艺学会成立时成为首批会员,1811～1838年任该会会长。

早年从事培植水果和蔬菜以及饲养家畜的试验。经其兄向J.班克斯爵士推荐成为英国农业部的通讯员。1797年出版《梨和苹果栽培专论》一书。进行研究工作的主要动力是实用,改进大田和植物园产物的栽培和产量。对园艺和农业最重要的贡献,是在培植和饲养的实践中应用科学原理和技术。现在叫作"向地性"的植物生理现象也是他的发现之一。 (秦 嘉)

史密斯,J. E.(Smith, James Edward) 英国人,1759年11月2日生于英国诺里奇,1828年3月17日卒于同地。*植物学、科学传播。*

是一个纺织商的长子。从小就对植物学感兴趣,但父亲坚决要他学医。1781年进爱丁堡大学医学院,在J.霍普(John Hope)指导下学习。1783年赴伦敦学习解剖学。1787年林耐学会成立后,他被选为首届会长。1785年被选为英国皇家学会会员。曾任皇后和公主的植物学教师。1814年被封为爵士。

由于植物学方面的造诣,以及对英国和其他国家植物区系的细致而全面的描述,他在英国植物学史上占有重要的一席。经霍普的介绍,他在J.班克斯那里收购到林耐的图书、手稿和标本等,这不仅有助于他的工作,并使他在伦敦科学界获得了声望。1785年翻译出版林耐的《对自然研究的见解》,1786年出版《关于植物性别的论述》,这是他最早出版的两部著作。后来又陆续翻译了林耐的其他著作。他出版的教科书《系统植物学和生理学引论》(1807年)、《植物学入门》(1821年)曾多次再版。 (洪必恭)

斯瓦茨,O. P.(Swartz, Olof Peter) 瑞典人,1760年9月21日生于瑞典诺尔雪平,1818年9月19日卒于瑞典斯德哥尔摩。*植物学、地理探险。*

从小就对植物学发生兴趣,曾到许多地方旅行,并采集植物标本。1778年在乌普萨拉大学学习医学,1781年以论文"苔藓植物的图解法"获乌普萨拉大学博士学位。从1783年起开始去北美和西印度群岛进行冒险旅行,采集各种植物标本,直到1787年才回国。

1791年成为瑞典皇家科学院植物学教授,并任斯德哥尔摩植物园园长。1811年被选为瑞典皇家科学院终身秘书长。1813年起任卡罗琳学院植物研究所教授。

是国际上有影响的瑞典植物学家。在地理探险和植物考察基础上,1788年出版《植物的新属与新种》一书。出版有3卷《西印度群岛植物志》(1797～1806年),介绍了他所发现的新属和新种。还著有《蕨类植物的属与种》(1801年)、《兰科的属与种》(1805年)、《蕨类纲要》(1806年)等。他是第一个根据兰科植物高度特化了的花朵形态学特征,改进兰科的分类系统。对隐花植物的研究,扩大了瑞典藓类植物的知识,但最主要的是研究了全世界的蕨类植物。把蕨类植物分类系统建

立在对结实器官的研究上。他收集的约6000种植物蜡叶标本,现存瑞典国家自然博物馆。 （耿伯介）

斯特恩贝格,K. M. von(Sternberg, Kaspar Maria von) 捷克人,1761年1月6日生于波希米亚布拉格(今属捷克),1838年12月20日卒于拉德尼采。植物学、地质学、古生物学。

出身古老的庄园主家庭。学过神学。但对采矿和冶金学特别感兴趣,是一位多产作家。曾在雷根斯堡大学研究植物学,并建立了植物园。1805～1806年在巴黎遇到很多杰出的科学家,受到指引研究植物化石。1808年继承家族庄园。是波希米亚国家自然博物馆的主要创建人。

致力植物学的研究,促进了波希米亚自然科学的发展。曾主持过布拉格自然科学家会议,被认为是世界上主要古植物学家之一。重点研究石炭纪的古植物学,但也发表过有关三叶虫和更新世动物群落的论文,试图将化石植物列入植物学分类系统中,排除了一些不适当的旧名称。主要著作有7卷关于古植物学等方面的著作,其中描述了200种通过化石研究得知的古植物。为纪念他,在动物和植物化石中有些术语就是以他的名字命名的。采集的植物、地质和古生物的标本,至今还保存在捷克布拉格国家自然博物馆中。 （钟觉民）

布鲁索内,P.-A.-M.(Broussonet, Pierre-Auguste-Marie) 法国人,1761年1月19日生于法国蒙彼利埃,1807年7月27日卒于同地。鱼类学、植物生理学、农艺学。

内科医生的儿子,童年时代是一个热心的动植物采集者,后来改学医学,18岁时即获蒙彼利埃大学医学博士学位。后到巴黎与许多学者建立了友谊,继续从事鱼类学研究。1780年去伦敦,入选英国皇家学会会员。1789年28岁时又转向政治活动,经过一番波折后去摩洛哥从事植物区系的研究。1803年返回法国,被任命为蒙彼利埃大学医学院教授,另外还负责蒙彼利埃植物园工作。是法国科学院院士。因患失语症恶化而去世。

1779年开始研究鱼类学。从朋友那里获得数量相当可观的采自国外的各种鱼类标本,使他有可能创办《鱼类学》杂志,对1200种鱼进行了描述。完成《鱼类志》一书。后对改进农业生产提出许多设想,他首先把美利奴绵羊和安哥拉种山羊引入法国。1805年发表植物采集名录。是比较解剖学和植物生理学研究的开拓者之一。为纪念他,以他命名桑科灌木属。 （陈伟民）

珀森,C. H.(Persoon, Christiaan Hendrik) 1761年2月1日生于南非好望角,1836年11月16日卒于法国巴黎。植物学、真菌学。

父亲原是普鲁士属地波美拉尼亚海小岛土著居民,后入荷兰籍。他于1775年赴欧洲读书,次年丧父。在大学预科结业后,于1783～1786年曾断续在德国哈雷大学学神学,1786年在荷兰莱顿大学学医,还在德国格丁根大学学医学和自然科学,但都未读完大学课程。1799年德国皇家利奥波德科学院授予他荣誉哲学博士学位。1802年定居巴黎,直至去世。终身不娶。一生从未谋得固定收入的职业。他是许多国家学术团体的会员或通讯会员,和全欧洲的植物学家几乎都有联系。

成名的专著是《真菌大全》(1801年),该书阐述全面,影响巨大,发展了林耐的真菌分类学,被认为是现代真菌学的基础。此书经修订改名为《欧洲真菌》,共3卷,但修订工作身前未全部完成。1805～1807年出版《植物学大全》(2卷),对2万种植物进行了描述。多种澳大利亚灌木种属以珀森命名。 （孙炳寅）

拉特雷尔,P. A.(Latreille, Pierre André) 法国人,1762年11月20日生于法国布里夫拉盖亚尔德,1833年2月6日卒于巴黎。昆虫学、动物学、博物学。

是一个贵族的私生子,由养父母抚养长大,一生体质虚弱。1778年入巴黎大学勒莫因学院学习神学。1786年任神父。业余研究博物学和昆虫学。因宗教原因,法国大革命中两次受监禁。1814年入选法国科学院院士。1821年册封爵士。曾被选为巴黎博物学会会员、法兰西研究院院士等。做过拉马克讲授无脊椎动物学时的助手,拉马克双眼失明后,他就承担了这门课程。拉马克去世后,1830年他任法国国家自然博物馆昆虫学教授。

1796年出版《按自然顺序决定昆虫种属的纲要》一书,提出了昆虫纲等分类"自然法则",将林耐和法布里修斯所用的分类方法综合起来,组成较完整的分类系统,即依据大量特征将昆虫按"自然顺序"排列分属。此外,在生物地理学方面,提出了动物分布与食源的关系,成为该学科的开拓者。他虽是拉马克多年的助手和朋友,却不同意拉马克的进化观点。他是个神创论者,认为昆虫的形成及其本能行为是上帝安排的。这与他最初立志任圣职的想法是分不开的。主编《昆虫和贝类的一般与特殊博物学》(14卷,1802～1805年)等多种博物志。 （童远瑞）

沃切,J. P. É.(Vaucher, Jean Pierre Étienne) 瑞士人,1763年4月27日生于瑞士日内瓦,1841年1月5日卒于同地。植物生理学、农艺学。

木工的儿子。1787年毕业于日内瓦大学神学院。常利用业余时间在日内瓦附近山岭考察植物。1797～1822年任新教教堂牧师,但用许多时间从事植物学的研究。1794年应日内瓦博物学和生理学学会之邀,为学会讲授植物学。1798年在日内瓦大学任植物学名誉教授,1818～1821年任校长。

最重要的科学工作是1800年观察和阐明藻类的结合和孢子的形成,他发现细胞被分离的细胞壁包围,有一定程度的独立性。在光学显微镜设备不足的条件下,已能正确地推论植物和动物的受精过程。是肯定原生植物也存在有性繁殖的首批植物学家之一。发表的著作涉及面很广,如《关于木贼属》(1822年)、《欧洲植物发现的历史》(4卷,1841年)等。1796年作为日内瓦技术协会的农业部成员,曾调查小麦和葡萄的病虫害、温度对植物生长的影响以及马铃薯的栽培和树林的管理等。为纪念他，一些隐花植物、藻类以他命名。

（钟觉民）

维尔德诺，K. L.（Willdenow, Karl Ludwig） 德国人，1765 年 8 月 22 日生于德国柏林，1812 年 7 月 10 日卒于同地。植物学、园艺学、植物地理学、生态学。

父亲是药剂师。早期受父亲和植物学家 J. G. 格莱迭齐（Johann Gottlieb Gleditsch）的影响，他开始学习植物学。1785 年从药剂学校毕业后继续学医学和植物学，1789 年获哈雷大学医学博士学位。1794 年成为柏林科学院院士，1801 年至去世任该院植物学家和柏林植物园总管。1810 年他曾去巴黎帮助洪堡，后因病返回柏林。晚年柏林大学请他任植物学教授，但尚未正式就职即病逝。

是林耐学派的植物学家。为 19 世纪初期产生的植物地理学奠定了基础。但主要工作仍是植物分类和形态描述。1787 年出版《柏林植物志》。1792 年出版《草学概论》，这是一本屡经再版的教科书，被译成多种文字。他曾引进许多外来植物，不断地扩充他的标本室，收集的腊叶标本超过20 000份，至今仍保存在柏林植物园。他很少离开德国，也从未出过欧洲，但却与许多考察者有密切联系。1799 年洪堡将采自中南美洲的近 400 株植物标本送给他，对他描述研究南美洲植物和新种很有帮助。他还承担了林耐《植物物种》的全面修订任务。

虽然他的研究领域主要是分类，但他认识到植物可以分为不同的地理群，并提倡系统地研究植物分布的各种规律性。首先提出研究与气候、地理、地质、迁移及其他各种因素有关的植物分布情况，建立独立的、历史与地理的植物学学科。关于物种的分布，他提出一种理论，试图根据地质史说明地球上现有的植物区系，这些区系不能只用气候解释；植物的种子能借助许多方式送往很远，越过许多难以克服的障碍。因此，原始的植物区系混杂了，并且继续混杂。由于他的影响，一些学者特别是洪堡继续把植物地理学这一学科建立在综合性的基础上。主要著作还有《柏林乔木志》（1811 年）、《林耐分类法植物学》（6 卷，1798～1826 年）、《植物学自学指南》（1804 年）、《柏林皇家植物园植物名录》（1809 年）、《柏林植物园》（1816 年）。

（洪必恭）

艾顿，W. T.（Aiton, William Townsend） 英国人，1766 年 2 月 2 日生于英国萨里郡基尤，1849 年 10 月 9 日卒于伦敦。园艺学、美术。

园艺学家 W. 艾顿（William Aiton）的长子。从父亲那儿学得一部分园艺实践知识，怀着对风景极大的兴趣，取得了“景观园丁”的荣誉称号，受到许多知名人士和贵族的青睐。1793 年其父去世后，他成功地管理了基尤皇家植物园。和其他一些人创立了英国园艺学会。1840 年基尤植物园为国家所有，他暂时留在植物园工作，但在 1841 年辞去职务，从事图书馆、纪录和绘画工作。去世后他的画集和植物记录本赠给了基尤植物园。1813 年对他父亲的遗作《基尤植物园》（1810 年初版）进行了修改扩充，出版了第 2 版。

（钟觉民）

巴顿，B. S.（Barton, Benjamin Smith） 美国人，1766 年 2 月 10 日生于美国宾夕法尼亚州兰开斯特，1815 年 12 月 19 日卒于纽约市。植物学、药物学、博物学、医学。

8 岁丧母，6 年后丧父，不久又患反复发作的痛风病，早年生活十分悲惨。1784 年入美国费城学院学医学，期间参加野外植物考察。1786 年入爱丁堡大学学医。2 年后转德国格丁根大学，1789 年获医学博士学位。由于对黑莨菪（天仙子）的研究而赢得哈维奖。23 岁时回费城，任宾夕法尼亚大学博物学和植物学教授，1795 年和 1813 年又先后任药物学和实用医学教授。1798 年起兼任宾夕法尼亚州立医院内科医生至去世。1802～1815 年任美国哲学学会副会长。1805～1808 年任《费城医药与内科学》杂志主编，1808 年至去世任费城医学会会长。

撰写的《植物学基础》（1803 年）是美国出版的第一部植物学教科书，前后共发行 6 版。1798～1804 年撰写了一部药用植物学。此外，对比较语言学、人类学、动物学和解剖学也甚感兴趣，有多篇论文或著作。E. 库斯曾评价说：“巴顿具备一个伟大博物学家的一切素质，他的实际成就远远未跟得上他闪灼的才华和渊博的知识。”

（黄　旬）

威尔逊，A.（Wilson, Alexander） 美国人，1766 年 7 月 6 日生于英国苏格兰伦弗鲁郡佩斯利，1813 年 8 月 23 日卒于美国宾夕法尼亚州费城。鸟类学、美术、文学。

英国裔。10 岁丧母，家庭情况变化较大，只进过初级中学，靠自学成才。先在农场当牧童，13 岁当织布学徒，16 岁后当织物商贩在乡间跋涉。爱写诗，并为自己的织物设计图案。1790 年发表一卷诗集，博得高度赞赏，但并未改善生活地位。其名作《瓦蒂和梅格》受到几代人普遍喜爱。因写诗指责一个厂主而被判罪入狱。1794 年移居美国。1796～1801 年在达拉华州迈尔斯城教书，开始对观察家禽和野生鸟类产生兴趣，经常到野外采集鸟类标本，收集资料。1806 年他离开教学工作，专门对美国鸟类进行分类、描述和绘制彩图。1813 年成为美国哲学学会会员。一生经济困难，生活艰苦，但仍奋斗不止。因患痢疾去世。

1803 年开始绘制美国各种鸟类，1808 年出版《美国鸟类学》第一卷。开始到美国各地旅行长达 10 年之久，行程上万英里。1810 年完成该书第二卷，1811 年先后出版第三卷和第四卷。该书画面协调，增加了前所未有的自然分类目录。该书共 9 卷，在他去世前出了 7 卷。第 8、9 卷由他的同事于 1814 年整理出版，后人又在 1825～1833 年增加了另外 4 卷。这 7 卷中，有彩色插图 300 多张，共描述鸟类 268 种，其中有 48 个新种。是美国鸟类学奠基人，对欧美鸟类学研究影响重大。

（陈建秀）

施普伦格尔，K. P. J.（Sprengel, Kurt Polycarp Joachim） 德国人，1766 年 8 月 3 日生于德国博尔德

科,1833 年 3 月 15 日卒于哈雷。植物学、药物学、生物学史。

出身贫寒牧师家庭。早年显露语言天赋,14 岁时出版过一本小册子《妇女实用植物学指南》。17 岁中学毕业后任家庭教师。1784 年进哈雷大学学习神学和医学,1787 年以病理学论文毕业。2 年后开始在母校任编外医学教授,同时在哈雷建成诊疗所。1795 年晋升为正式教授,在大学教病理学、法医学、医学史和植物学,深受学生爱戴。从 1800 年起更致力于研究植物,任植物学教授兼大学植物园园长,同时又兼任 5 种医学及植物学期刊的主编。

他把医学和植物学紧密联系起来,研究植物的药理作用。他大力倡导采用显微镜观察研究高等植物,重视植物内部组织结构的了解和分析,发展了植物细胞形成的理论。他改进了林耐分类法,推进了自然体系分类法。当时的学者认为他还是一个勤奋的古典学者和史学家。最重要著作是一本医学史《实用药物学试验的进化》,其中有大量篇幅涉及欧洲对草药认识和利用的历史过程。这本书成为标准读物长达一个世纪。翻译了许多英国的著作。他对 18 世纪最后 10 年德国医学的分析文章是极有价值的资料,严格按照康德的批判哲学原则,深恶新自然哲学。另外出版有《草药史》、《迪奥斯柯里德斯本草书古希腊读本导读》(2 卷,1829～1830 年)。（王荣增）

林克,J. H. F. (Link, Johann Heinrich Friedrich) 德国人,1767 年 2 月 2 日生于德国希尔德斯海姆,1850 年 1 月 1 日卒于柏林。植物学、动物学、化学、地质学。

大臣之子。以“格丁根地区岩床植物”论文,1789 年获格丁根大学医学博士学位。留校任教。从 1792 年起,先后在罗斯托克大学、布雷斯劳大学和柏林大学任教授,教动物学、植物学和化学,其中两次当选罗斯托克大学校长,两次当选布雷斯劳大学校长。曾兼任柏林皇家植物园园长。1797～1799 年间,和一位植物学家去葡萄牙访问并采集植物,从此以植物学为主要研究方向。1800 年当选利奥波德科学院院士。后又当选为柏林科学院院士。

一生中发表许多关于植物学、动物学、化学和地质学方面的文章。在植物学方面包括形态、分类、解剖和生理等;为柏林皇家植物园收集和栽培植物14 000余种,其中许多为珍稀品种;发现并对一些新种进行命名,沿用迄今;最有影响著作为《植物学基本原理》(1824 年)、《柏林皇家植物园植物图谱》(多卷本,1820～1828 年)、《常见植物指南》(3 卷,1829～1833 年)等。

在动物学方面,研究包括软体动物和植形动物等。在化学方面,支持拉瓦锡的氧化理论而反对燃素说,撰写有“对燃素的评论”(1790 年)等论文和《现代化学要义》(1806 年)等。在地质学方面,著有《矿物的地质知识导论》(1790 年),宣布不支持岩石的水成论和火成论。重视自然科学哲学基础,赞扬康德的物质动力理论,反对纯理论的自然哲学。著作还有《关于自然哲学》(1806 年)和《自然科学入门》(1836～1839 年)等。

（田金仙）

霍沃思,A. H. (Haworth, Adrian Hardy) 英国人,1767 年 4 月 19 日生于英国英格兰赫尔,1833 年 8 月 24 日卒于切尔西。植物学、昆虫学、甲壳动物学。

出身富有家庭,聘请家庭教师究成基础教育。自小受母亲的影响而爱好园艺。父母要求他学法律,但鲜有兴趣,自筹经费以全副精力研究博物学。1798 年加入伦敦林耐学会,是园艺学会会员,又是英国昆虫学会最早成员之一。1792 年到切尔西定居,直至 1833 年因霍乱去世。在那里结识博物学家 W. 琼斯(Willam Jones),受其影响很大。

自学成才,主要借助于图书馆和友人、著名植物学家了。班克斯收藏的腊叶标本从事植物学研究,并定期赴基尤皇家植物园进行观察。1812 年在伦敦昆虫学会的《 要》会刊第 1 卷上发表的自己的首篇论文,回顾总结了英国昆虫学成果和研究动态。1833 年出资支持成立英国皇家昆虫学会。著述 60 多种,最著名的是 1803～1828 年间写作的《英国鳞翅目》,此书是当时英国蝶类、蛾类分类的权威著作。他也是甲壳动物学家,尤其对虾类深有研究。帮助家乡建立了植物园。在切尔西的住宅内留下了丰富的贝类、鱼类和植物标本,1 600多册有关博物学的书籍,后来这里成为著名的自然博物馆。有多种蛾类、蝶类、虾类和植物品种以其命中。

（童远瑞）

索绪尔,N.-T. de (Saussure, Nicolas-Théodore de) 瑞士人,1767 年 10 月 14 日生于瑞士日内瓦,1845 年 4 月 18 日卒于同地。植物化学、植物生理学、大气物理学。

著名地质学家 H. B. de 索绪尔的儿子。无正式学历。早年在父亲的督促下自学完成初等教育,并作为父亲的助手,多次到阿尔卑斯山等地进行野外考察研究。1842 年被选为里昂科学学会会长。

1789 年 7 月,他登上蒙特罗萨山,用新技术对空气的重量进行高精确度的测定,由此证实了马略特的观测结果(马略特曾在 1676 年发现了波义耳-马略特定律)。一生中还发表了许多论文,内容多数是关于植物细胞中所发生的生化反应。1805 年出版论文集《植物的化学研究》,内收集了 36 篇以前发表论文,主要论述植物化学和生理学过程、土壤的性质、植物生存条件等领域研究,为植物化学奠定了理论基础,也是土壤学和生态学的先驱者。他初步揭示了植物整体生长的化学过程,不仅同二氧化碳,而且同水份紧密相关,正是在光合反应的基础上才会生产食物(如葡萄糖之类)。有关酒精发酵、植物淀粉转化为糖原等植物化学作用的见解,曾得到巴斯德的高度评价。由于对科学研究的贡献,获得许多荣誉称号。植物中有以他命名的种属。（陈擎宇）

卡尔达斯,F. J. de (Caldas, Francisco José de) 哥伦比亚人,1768 年生于新格拉纳达(今哥伦比亚)波帕扬,1816 年 10 月 29 日卒于新格拉纳达圣菲(今波哥大)。植物学、地理探险、天文学。

曾自学数学和天文学。早年曾在波帕扬神学院学习，后转学罗萨里学院，获法学士学位。多次参加地理探险，其中1802年在厄瓜多尔的基多认识了A. von洪堡等人，有机会在一起进行6个月的旅行，积累了不少关于天文、地理、动植物等方面的资料。就在这时，西班牙皇家植物探险队队长J. 穆蒂斯(José Mutis)资助了他一笔钱，和洪堡一起又作了短途考察，采集许多植物标本，其中主要是金鸡纳树。1805年穆蒂斯授权他建立一座天文台并任台长。他还参与创建新格拉纳达学校，积极推行科学教育。从1810年起参加反对西班牙殖民主义者的起义军队，同年创办《圣达菲政治日报》。1816年被捕处死。

科学贡献主要是：发现纯水的沸点，发现许多种金鸡纳树等，还和洪堡合作研究了植物的分布。主要著作有《与经济商贸有关的格拉纳达地理概况》(1807年)、《气候对生物体组织的影响》(1808年)、《厄瓜多尔植物志》等。 (吴玉璋)

居维叶，G. (Cuvier, Georges) 法国人，1769年8月23日生于德国符滕堡蒙贝利亚尔(今属法国)，1832年5月13日卒于巴黎。*动物学、比较解剖学、古生物学、地质学、科学史学。*

其父是瑞士人，年轻时参加法国军队，退伍后靠微薄的养老金度日。居维叶自幼就显露天赋，由于学习成绩突出，被保送进斯图加特大学卡罗琳学院，学经济、法律、外语及各门博物学课程。1787年在该学院，由于收集了许多猎物并获得骑士团勋章而成名。赞助人退休后，他失去了继续深造的条件，1788年在诺曼底的卡昂一位伯爵家当家庭教师。这位伯爵家在渔港，给他提供了观察大自然的条件。在那里工作的6年里，解剖了大量的海洋无脊椎动物和鸟类，并把发现的结果记录下来，积累成册。后来，这些记录被农学教授泰西埃(H. A. Tessier)发现，惊叹不已，遂致书向É. 乔弗鲁瓦·圣提雷尔推荐，1795年任教于巴黎的国家自然史博物馆万神殿中央学校教授。1796年参与组建法国民族学会，1800年成为法兰西学院博物学教授。同年担任帝国公共教育监察员至1810年，被派遣去波尔多、马赛等地建立教育学会和为青年人创办学校，并在巴黎大学首创自然科学系。1803年法国科学院改组，担任常任秘书长直到去世。夫人是一位将军的遗孀，还带来了她第一次结婚生下的4个孩子，但他们一起生育的另外4个孩子先后早夭。

1813年拿破仑任命他为帝国特派员，并派往德国的美因茨宣传法国大革命的理念以唤醒莱因河左岸人民。但是他的旅行在南锡中止，因为当时同盟国军队刚好攻破城门进入该城，只得返回巴黎。接着拿破仑又提升他任国会参议员。1813～1832年长期任职于法国行政法院。王朝复辟后，重新任命他相同的官职，后又任巴黎大学校长直到去世。1817年出任内务部副大臣之职。1819年册封为男爵。从这些经历来看，共和国、帝国和王朝的统治者都想借助他继续有益于自己的统治，但他对政治的兴趣远逊于科学。当应诏出现在宫廷舞台上时，总是不偏不倚地站在周围对立党派之间，而且总是利用一切机会，从事学术研究。1818年当选为法国科学院院士。同年第一次访问英国，逗留了6个星期，受到雷根特(Regent)亲王的亲切接见。抵达牛津后，伦敦的所有科学界名人都经利奇(Leach)博士引荐给他。应威廉·赫歇尔的邀请到达温泽看了大望远镜。随着时间的推移，与波旁家族的友谊日益增强，在查理十世(Charles Ⅹ)加冕礼上，他作为会议主席主持了典礼仪式。然后从这位皇帝那里得到荣誉军团最高军官的勋章，而且被委任主管法兰西的所有宗教团体。1832年，居维叶被册封为上议院贵族，并收到枢密大臣的任命。同年5月7日开始患病，6天后去世。1805年出版3卷《比较解剖学》巨著。还在比较解剖学基础上提出了有名的器官相关律，即任何一个有机个体的所有器官都形成一个完整系统，它的各个部分都相互一致，相互作用，一个部分发生变化必然会使其余部分发生相应变化。在他看来，这个规律具有和形而上学规律或数学规律同样的必然性，牙齿的形状就意味着颚的形状，肩胛骨的形状就意味着爪的形状。

18世纪末至19世纪初，随着地质学、古生物学的迅速发展，为解开“化石”之谜，和朋友布隆尼亚(M. A. Brongniart)合作，经过许多年的野外工作，收集到大量古生物化石及各种地质资料，经过多年室内的整理研究工作，复原了150多种已经绝灭的物种，研究成果总结在1812年出版的4卷巨著《四足动物骨骼化石研究》中，指出化石归属于地壳的相应地层，从而使古生物学成为一门科学。这部著作的问世震惊了整个巴黎科学界，并迅速传遍欧洲。同年将该书的导言“地球表面的革命和生物进化的讨论”单立成册，在书中详细地论证了他的“灾变论”思想，该书于1813年在伦敦出版英文本。在研究地球发展演化史的过程中，通过对古生物地层的研究，对绝灭物种和现存物种、古老地层和新近地层、各不同物种与不同地层的分析比较，发现种与种之间、地层与地层之间，都存在着明显的间断，海相地层与陆相地层之间出现多次变迁；广阔巨厚的沉积地层可以隆起形成横贯地球表面的巨大山脉，大面积的水平地层可以直接覆盖在直立岩层之上形成明显角度不整合；物种与地层之间，不仅地层越老，物种越简单低级；地层越新，物种越高级复杂，最古老的原生地层根本就没有生命；而且一定的地层总含有一定的物种，一定的物种总是伴随着一定的地层突然消失，或突然绝灭；而且这种明显的间断在地质演化史上多次出现。对于诸如此类的现象，他提出了为当时人们普遍接受的地球表面“经历多次革命”的理论——“灾变论”，并以此反对拉马克的进化学说。

1817年又完成了4卷巨著《按结构分类的动物界》，并附有4卷精致的彩色插图。他把动物区分为四大类群：脊椎动物、节肢动物、软体动物和辐射动物；各自独立存在，他不承认彼此有任何联系和转变。在脊椎动物中，又分为四纲：哺乳纲、鸟纲、两栖纲(和爬行纲一起)和鱼纲。该著作建立了整个动物界的自然分类系统，既克服了亚里士多德分类学中各门类之间以至各物种之间含糊不清的缺陷，也克服了林耐分类学中人为划分的缺陷，使自己的分类更客观地反映了生物界的自然特性。

1825年出版《论地球表面的剧变兼论动物界发生的变化》，总结性阐述了他的突变论学说。1828年出版《鱼类博物学》。1830年重新担任法兰西学院讲演者职务，发表了一系列关于各个时代科学发展史的演说，充分证明他是一位极为博学的人。同年与乔弗鲁瓦·圣提雷尔展开了一场生物学史上的著名论战。这场论战的导火线是由乔弗鲁瓦·圣提雷尔的两个学生合写的一篇论文引起的，文中根据乔弗鲁瓦·圣提雷尔的动物界有统一结构的思想，证明软体动物的头足类与脊椎动物门有统一的结构图案，并在论文中批判了居维叶的4种结构图案的思想。这篇论文是由乔弗鲁瓦·圣提雷尔在法国科学院宣读的。这场争论的焦点是关于生物界究竟是一种图案，还是4种图案的问题；在方法论上是强调注重经验，还是注重理性的问题。这场争论从2月延续到7月，争论非常激烈，法国科学院的大厅里经常是座无虚席。结果因乔弗鲁瓦·圣提雷尔一时拿不出充分证据来证明其统一结构的理论而遭到失败，而他取得胜利。 （张之沧　朱　锐）

乔弗鲁瓦·圣提雷尔，É.（Geoffroy Saint-Hilaire，Étienne）　法国人，1772年4月15日生于法国巴黎附近埃唐普，1844年6月19日卒于巴黎。*动物学、比较解剖学、古生物学、进化论。*

其父是埃唐普镇法庭代诉人，经济拮据；他是14个孩子中最小者。早年入巴黎大学纳瓦拉学院学习博物学。毕业后任法兰西学院讲师。1793年任巴黎国家自然博物馆教授，负责动物学方面的教学和研究工作，筹建小型动物园。后来和拉马克及G.居维叶结交为朋友，共同研讨许多生物学问题，例如，1796年与拉马克合作研究环境变化引起的物种变异。1798～1801年，拿破仑发动对埃及战争时，他和100多位学者随军到埃及，冒着生命危险沿着尼罗河进行科学考察，采集许多博物标本。1802年回国后致力于描述和分类工作，并继续研究有袋动物。1807年当选为法国科学院院士，并受到拿破仑嘉奖。考察成果整理成文后发表在《埃及记事》丛书（1808～1824年）中。1840年因白内障失明，数月后瘫痪在床，1841年从巴黎国家自然博物馆退休，3年后去世。

自古希腊哲学家亚里士多德以来，人们开始认识到脊椎动物的造型及其解剖结构是统一的，但各家学派一直持有不同看法。从1806年开始，他经过十多年研究，出版名著《解剖学原理》（2卷，1818～1822年），得出两个关于哺乳动物比较解剖学的基本法则：① 解剖相关法则——不同的物种尽管形态不同，但它们的一些器官却有相似性；② 器官平衡法则——某些器官虽然变小，而与其相邻器官有时则变大。这些法则与造型的统一性，显示脊椎动物之间有某种亲缘关系，较复杂的物种来源于较简单的物种，哺乳动物来源于鱼类。经过反复研究后指出，人胚胎颅骨骨化中心的排布与脊椎动物的一般造型一致，在鱼类中已发现这种造型的原型。1819年起和F.居维叶合作主编《哺乳动物志》（4卷，1819～1842年）。

对畸形生物、古生物化石也很有研究。1802～1840年，撰写了50多篇关于畸形学的报告。1821年出版《畸形生物分类尝试》一书，标志着科学畸形学的创立。因对古生物化石的研究而在1831年提出“进化”一词新的含义，即地质时代过程中物种的演变，将物种间的变异归因于地质年代历程中环境的物理化学变化。

他推动法国复兴了比较解剖学，创立了科学畸形学、实验胚胎学和古生物进化概念。（蒋虎祥　姚承昌）

德拉帕诺德，J.-P.-R.（Draparnaud，Jacques-Philippe-Raymond）　法国人，1772年6月3日生于法国蒙彼利埃，1804年2月2日卒于同地。*软体动物学、植物学。*

商人的儿子。1787年15岁即获蒙彼利埃大学文科硕士学位，1790年又回母校学习研究医学。因积极参加法国大革命而被投入监狱，险些死于绞刑。1794年获释回到索雷兹中学教物理和化学。1802年任蒙彼利埃大学医学院医学与病理学教授、标本室主任。不久即死于肺结核病。

在短短的15年科学生涯中，至少发表了45篇关于政治、哲学、语法、物理学、矿物学、动物学（主要是软体动物学）和植物学方面的论文。在动物学和生理学方面得出的某些结论明显地超越了同时代的人。去世后曾留下许多手稿，可惜只发表一部《软体动物博物学》（1805年），其余均遗失。对丝藻生活史曾作过长期研究，是最早的藻类学家之一。 （陈建秀）

舍恩尔，C.J.（Schönherr，Carl Johan）　瑞典人，1772年6月10日生于瑞典斯德哥尔摩，1848年3月28日卒于斯卡拉附近。*昆虫学。*

德国移民后裔。12岁起就对采集昆虫入了迷。19岁时协助母亲管理父亲去世留下的丝厂，发展成相当规模的企业。1811年变卖了企业，一心一意研究昆虫学。

由于阅读昆虫文献的需要，又自学拉丁文。对长期以来昆虫同物异名的混乱状态做了深入研究，出版《昆虫同物异名》专著，对属的典型描述、同物异名的分析和对一些名称的解释都具有深远的影响。但主要兴趣却在甲虫和象甲科的象鼻虫方面，出版《象鼻虫大全》（1833～1845）多卷本。藏书很多，身后保存在瑞典皇家科学院图书馆。一生收集的昆虫标本均收藏在斯德哥尔摩自然博物馆。 （童远瑞）

居维叶，F.（Cuvier，Frédéric）　法国人，1773年6月28日生于德国符腾堡，1838年7月17日卒于法国斯特拉斯堡。*哺乳动物学、行为科学。*

著名生物学家G.居维叶的弟弟。青少年时当过钟表匠的徒弟。1797年，应哥哥之召到巴黎，在巴黎国家自然博物馆比较解剖陈列室工作。1801年和毕奥一起从事电化学电池瓶的工作。后受哥哥委派在博物馆筹办比较解剖学分目工作。1804～1838年任该馆所属野生动物园园长。期间1810年任巴黎高等学校督学，1831年任首席督学。1837年负责比较生理学讲座。1826年被选为法国科学院院士。1835年当选为英国皇家学会外籍会员。

早期研究囚禁在笼内的哺乳动物的行为。研究初生幼兽的行为本能，在月经期和繁殖季节成兽的性本能，分析雌性幼猩猩在不自由的情况下的智力，观察这类动物(特别是猿类)在成长后智力衰退的现象。在这方面他的研究一直处于领先地位。还研究了独居种，它们除了在生殖季节外，都是孤独的生活而不结群。区分出临时配偶、永久配偶、结群生活几种情况。更进一步指出，凡结群生活的哺乳动物是分等级的，其中有一个首领，幼兽在群中的等级依靠雌性的选择，个体如果离群就可能死亡或加入另一兽群。创立了家养动物之间的重要区别，例如，猫和人类很亲密，但仍保留自然的孤独天性；狗是真正家养动物，社会生活却是它的本能，并共享人类的社会生活。确信某些社会动物，如穴鸟、骆马等能被驯化成家养动物。声称当某些社会动物被猎取时，其社会性的自卫本能很明显，就成群的散开；但当它们发现又有了平安的环境后，社会性的本能即再度出现。他能表演这样的实验，在囚禁或半囚禁状态下的海狸群居活动的原因和筑巢的技巧。希望通过研究哺乳动物的社会性，来更好地了解人类的社会性。

按照牙齿类型研究哺乳动物的分类，著有《哺乳动物的牙齿》(1825年)。和乔弗鲁瓦·圣提雷尔合作主编《哺乳动物志》(4卷，1819～1842年)，描述了近500个种，包括一些新种和新属。后又出版《鲸类博物学》(1838年)等。还参与由莱弗洛尔(Levrault)编写的《自然科学大辞典》工作，写了许多条目。 (袁劲梅)

巴锡，A. M.(Bassi, Agostino Maria) 意大利人，1773年9月25日生于意大利伦巴第省洛迪附近马伊拉戈，1856年2月8日卒于洛迪。*畜牧学、养蚕学、农艺学、病理学。*

富有农场主兼律师之子。曾就读于帕维亚大学，学过法学、自然科学和医学，1798年获法学博士学位。在法国管辖下的洛迪任行政官员和政策顾问。后因视力衰退，返回马伊拉戈他父亲的农场。

从引进和繁殖美利奴羊到土豆栽培和酿酒，都表现出极大兴趣。1812年出版《畜牧指南》。1805年，从意大利开始，欧洲多国多次发生大面积的蚕白僵病，给蚕丝业带来沉重打击。1807年，他开始潜心研究这一病害，前后花了25年时间，1835年发表论文首次提示该种传染病的原因，很快译成法文并传遍欧洲。他通过多年试验，第一个确定白僵病是由一种寄生在蚕身上的真菌引起的，并指出通过隔离死蚕、病蚕，房间消毒、器具煮沸、避免感染、引入阳光和新鲜空气可以控制这种蚕病。这一研究成果，挽救了当时濒临毁灭的欧洲蚕丝业。以后学术界便以他命名这种真菌，沿用迄今。所著《白僵病》(1835～1836年)的重大意义，远超过它对养蚕农民的直接价值。它促进了对传染病概念的理解，强调了生源说的合理性，削弱了自然发生说的基础。1844年，他首次指出，动物或食物上的寄生虫和微生物，是引起动植物患病，也是引起人类包括麻疹、瘟疫、天花、梅毒在内的各种传染疾病的原因，提倡用检疫和防腐抗菌方法对疾病进行预防和治疗。他的工作早于L.巴斯德和科赫(Robert Koch)等人，对他们的研究工作有很大影响。他还出版有关马铃薯栽培、奶酪和酿酒业工艺及机理的论著。1953年在他180年诞辰时，意大利邮政部发行了一枚邮票以资纪念。 (高楚明)

杜米里，A.-M.-C.(Duméril, André-Marie-Constant) 法国人，1774年1月1日生于法国亚眠，1860年8月14日卒于巴黎。*爬行动物学、昆虫学、医学。*

幼年就对动物学感兴趣。19岁获法国鲁昂医学院博士学位。1800年去巴黎，和G.居维叶一起筹划比较解剖学课程与教材，并接替后者在万神殿中央学院上课。1801～1857年任巴黎大学医学院教授。在法国科学院重建时入选为院士。同时兼任巴黎国家自然博物馆教授。

1806年出版《分析动物学》，指出生物界不仅在物种上而且在类属上都存在相关性，1832年他和助手G.比布朗(Gabriel Bibron)等对该书进行了扩充修改，提出一个更高的复杂体系。由于比布朗去世，他的儿子成了他的助手，1851年终于出了新版《爬行动物名录集》。他将医学和自然科学结合起来，因而受到G.居维叶的赞赏。他先后与比布朗及儿子A.杜米里(Auguste Dumeril)共同编著《爬行动物学通论》(9卷，1834～1854年)，内有上百幅精美的手绘彩图，涉及龟类、蜥蜴、蛇类、蝾螈等爬行动物共1 393种，有关其解剖学、生理学、生态学和文献学资料，一一俱全。在昆虫学方面，为《自然科学大辞典》写了数百条词目；所著的《分析昆虫学》(2卷，1860年)一书长达1 334页。 (童远瑞 李孙演)

普尔士，F. T.(Pursh, Frederick Traugott) 1774年2月4日生于萨克森公园格罗森汉(今属德国萨克森州)，1820年7月11日卒于加拿大蒙特利尔。*植物学、地理探险。*

幼年在家乡就读。后因经济困难，进德累斯顿皇家植物园从事园艺工作。1799年移居美国，就业于巴尔的摩某植物园。1802～1805年在费城附近“森林庄园”任植物园园长。1805年，他为B. S.巴顿整理考察所获的北美植物标本。同年独自带着一条狗一把枪进行徒步考察北美植物资源，往南从马里兰到卡罗莱纳，1806年往北从宾夕法尼亚山脉到新罕布什尔，每次行程都在3 000英里以上。1809年应聘到埃尔金植物园工作。1810～1811年去西印度群岛疗养，后又去英国。1816年回美国，同年定居加拿大蒙特利尔，考察了加拿大的植物区系，在魁北克采集了大量植物标本。1818年在安蒂科斯蒂岛培育植物，因毁于火，标本尽失，精神上遭受了很大打击，因酗酒而损害健康，加上生活困难，在46岁时去世。

去世时身无分文，殡葬费不得不由他的朋友们填付。是北美太平洋沿岸第一个植物区系专家。林耐在1753年对该地区只记录23种植物，而他却增加到98种。1813年在英国出版《北美植物区系志》，鼓舞了很多人研究植物学。曾参与《剑桥园林目录》出版。为纪念他，美洲苦树属的若干种类以他命名。（王荣增）

包世臣(Bao Shichen) 又名世绳，字慎伯，号倦翁，又号小倦游阁外史。中国清代安吴(今安徽泾县)人，乾隆四十年(1775年)生，咸丰五年(1855年)卒。*农艺学、农业经济学、文学*。

耕读家庭出身。嘉庆十三年(1808年)中举，长期作幕僚，道光十九年(1839年)任江西新喻(今新余县)知县。居官期间清廉自守，因革除陈规陋习，得罪上司，未及3年被劾去官。晚年寓居南京，以卖文度日。

于嘉庆六年(1801年)著《郡县农政》一书，该书后来编入《齐民四术》一书的"农政"部分内，所谓"四术"，指的是农、礼、刑、兵四者，其中的"农政"部分主要就是《郡县农政》，是以农业技术为内容。这部分共有辨谷、任土、养种、作力、蚕桑、树植、畜牧等7节，主要是将前人有关学识结合当时生产经验和自己见解写成，内容充实，实用性也强，并提出不少独创性的见解，故有相当高的价值，流传较广。

著作甚多，除了《齐民四术》外，还有《中衢一勺》、《艺舟双楫》、《策河回略》等重要的学术性著作。还将这4部书合在一起，用其家乡安吴之名，将该书命名为《安吴四种》。（宋湛庆）

蒂尔潘，P. J. F.(Turpin, Pierre Jean François) 法国人，1775年3月11日生于法国维尔，1840年5月1日卒于巴黎。*植物学、细胞生物学、美术*。

穷困的手艺人之子。早期学绘画。1789年应征入伍，1794年驻守拉丁美洲海地时，跟法国植物学家普瓦托(P. A. Poiteau)学植物学。他们合作研究海地植物区系，搜集了约1200种植物标本，大部分都附有彩图，共约描述了800种。后又独自去加勒比海的伊斯帕尼奥拉岛和托尔图加岛采集植物标本。1800年又去美国考察植物。1802年回法国研究植物学，和许多人合作发表不少重要的植物学论文，自己完成有关巴黎植物区系等的著作。

他努力寻找原型模式解释植物的结构，特别是叶的原型器官。还参与细胞学说的研究。1820年发表有关文章，指出细胞含有小囊和团粒(包括叶绿粒)。又研究了细胞的发育，指出每个细胞都可以单独存在。还对低等植物淡水藻类作了深入研究，对其分类系统作了很多工作。第一个肯定酵母是发芽时产生的一种活有机体。

此外，他为当时的许多植物学家的著作配绘了水彩图，是拿破仑时代最著名的植物志插图家。（钟觉民）

施赖贝斯，K. F. A. R. von(Schreibers, Karl Franz Anton Riffer von) 奥地利人，1775年8月15日生于匈牙利普雷斯堡(今斯洛伐克布拉迪斯拉发)，1852年5月21日卒于奥地利维也纳。*动物学、矿物学*。

出身贵族家庭。从大学预科毕业后入维也纳大学，开始对自然科学发生兴趣。1793年即发表有关软体动物方面的著作(2卷)。1798年获维也纳大学医学院医学博士学位。后短期在伯父维也纳开办的医疗诊所当助手。期间参观了欧洲各国的博物馆。1802年到维也纳大学任教博物学和农学。1806年任维也纳博物馆主任，内有大量动物和矿物标本，其中图书馆收藏的科学读物就有3万多卷，还有各种陨石。1848年博物馆由于奥地利内战而发生大火，遭到极大损失，他在心力交瘁之中退休。

成就主要在动物学方面。第一个在德国按居维叶系统讲授比较解剖学。在鸟类学和昆虫学方面做了不少引人注目的贡献，是蛛形类方面的专家，还在爬行类和两栖类方面做了很多工作。第一个对洞螈生活在洞穴里的习性和分布等做了深入的研究。是一位受人尊敬的科学家，一生中接受许多荣誉和奖章。不朽著作是《奥地利动物区系专集》和《洞螈》等。一种铁镍磷化物矿以他命名，这种矿物最早是他在陨石中发现的。

（吴玉璋）

佩龙，F. A.(Péron, François Auguste) 法国人，1775年8月22日生于法国塞里伊，1810年12月14日卒于同地。*动物学、人类学、海洋学、地理探险*。

裁缝之子。1791年开始学神学。1792年放弃学习而参军，在阿尔萨斯与普鲁士交战中受伤被俘，1794年通过双方交换俘虏回国，这时一只眼已失明。回国后在巴黎大学医学院学习3年。结业后得知去澳大利亚的考察队需要一位医生兼博物学家时，自愿报名参加。1800年10月19日乘"地理学"号舰从法国勒阿弗尔港出发，在考察中成为一名动物学家，1804年3月25日考察队返回法国罗纳。因长期航海和野外考察，艰苦的历程使身体变坏，以致没有能完成全部工作计划而患肺结核过早去世。

在C. A. 莱修尔的帮助下，他从澳大利亚和大洋洲诸岛带回了10万件动物标本，其中至少有2500个新种，还有100多只在欧洲从未见过的活动物。他第一个提出"人类学"这一概念。是澳大利亚自然科学研究的奠基者之一。因测定不同深度海水温度而成为海洋学先驱者之一。他写了不少有关澳大利亚土著居民状况的文章，由后人整理出版的遗稿《澳大利亚远航记》(4卷和地图1卷，1824年)等。（孙　勇）

德库蒂兹，M. É.(Descourtilz, Michel Étienne) 法国人，1775年11月25日生于法国皮蒂维取附近，1836年卒于巴黎。*植物学、动物学、历史学*。

起初想当外科医生。婚后于1798年去海地圣多明各，途中访问了美国的查尔斯顿、南卡罗来纳和古巴、智利圣地亚哥等地。因卷入1791年塞舌尔群岛莱卡帕的黑人革命，险被法属殖民地当局处死。当时被迫参加黑人军队的医疗工作，1803年逃离，坐船去菲律宾加的斯，后回到巴黎。1814年后曾在奥尔良等地行医，退休后又回巴黎。是法国实用医学学会会员，林耐学会会长。

绘画原作和手稿以及植物标本大部分在海地被战火焚毁。撰写的动物学文稿，特别是关于大鳄鱼的文稿，受到高度赞扬。在写作过程中得到J. 苏里安(Joseph Surian)、A. 波伊托(Alexandre Poiteau)和P. J. F. 蒂尔潘等人的支持。主要著作有《一个博物学家的航海记》(1809年)、《安的列斯群岛植物志》(8卷，1821～1829年)等；另有《圣多明各灾难史》(1795年)。

(陈闻鹃)

特雷维拉努斯，G. R. (Treviranus, Gottfried Reinhold) 德国人，1776年2月4日生于德国不来梅，1837年2月16日卒于同地。*动物解剖学、生理学、生物进化论。*

父亲是商人；弟弟L. C. 特雷维拉努斯是植物学家。他于1793年入格丁根大学学习医学和数学，1796年获博士学位。1797年任不来梅学院数学与医学教授。

是最早提出细胞为生物基本结构单位的学者之一。观察敏锐，从各方面研究生物所遵循的规律，提出了外界条件变化会使生物结构发生变化的理论，被认为是进化论思想的先驱者之一。特别注意研究无脊椎动物的结构和功能，包括生殖、呼吸和循环器官等。还对一些脊椎动物做显微镜解剖研究。1797年出版《生物学片断》第一卷。1802～1822年出版《生物学》(6卷)，在1802年的第一卷中阐明了他的关于生物随环境而变化的思想。同年拉马克也提出了似类思想。1831～1832年所著的《有机生命的现象和规律》一书，是一部理论生物学的经典著作。

(田金仙)

内斯·冯·埃森贝克，C. G. (Nees von Esenbeck, Christian Gottfried) 德国人，1776年2月14日生于黑森地区(今属德国)埃尔巴赫附近，1858年3月16日卒于西里西亚布雷斯劳(现波兰弗罗茨瓦夫)。*植物学、苔藓学、动物学、自然哲学。*

地方官员的儿子。在家庭中接受普通教育后，1792年入位于达姆施塔特的高级中学。1796～1799年在耶拿大学学医学和博物学，和J. W. von歌德成为密友。1800年在吉森大学获医学博士学位。开始行医，后因工作不顺利而隐居在乡村。1816年当选为德国利奥波特科学院院士，1818年当选为院长。1817年任埃朗根大学植物学教授。1820年任波恩大学植物学教授，并建立了一所植物园。1830年去布雷斯劳大学任教授，建立第二所植物园。1839年成为该地区第一个从事野外实验者。1845年任天主教教区长。1848年被选为布雷斯劳市代表，出席在柏林召开的普鲁士国民会议，并任柏林工人会议主席，1849年因犯有“危险的社会主义倾向”罪名而被驱逐出柏林，返回布雷斯劳，1851年被撤去教授职务，1852年被解聘和剥夺了养老金。晚年穷困潦倒，只好拍卖自己的植物标本室(包括8 000份植物标本)和藏书等。

著作颇丰，其中有《植物学手册》(2卷，1821～1822年)，他描述了近7 000种植物，几乎和林耐的一样多。对世界各地的植物做了不少分类工作，在苔类研究方面做出了较大贡献，著有《欧洲苔类》(4卷，1833～1838年)等。此外有《自然哲学》(1841年)等。

(耿伯介 卓 如)

迪特罗谢，R.-J.-H. (Dutrochet, René-Joachim-Henri) 法国人，1776年11月14日生于法国内翁，1847年2月4日卒于巴黎。*生理学、植物学、动物学、自然哲学。*

出身贵族家庭。1799年参加海军。1802～1806年在巴黎大学医学院学医。毕业后任布尔戈斯医院主治医师。1808年被派往西班牙任陆军军医。次年因病回国，供职于巴黎国家自然博物馆，从此潜心钻研自然科学。1819年被选为法国科学院通讯院士，1831年为正式院士。

学术研究内容极为广泛。早期研究人类生理学和胚胎学。后进行比较生理学研究，发现植物与动物的生理作用相似性。1814年起发表有关鸟类、爬行类、无尾两栖类及哺乳类发育方面的文章。还研究过植物生理学，第一个提出呼吸作用是动植物体的共性。对绿色植物叶片上气孔的生理机能也进行过研究，第一个提出植物体的绿色部分能吸收二氧化碳进行光合作用。后来又研究动植物体内的渗透和扩散现象，发明著名的渗透压力计，发现并命名了生物生理渗透现象，提出渗透压可能是植物体内液汁上升和动植物体养料吸收的动因。1831年证明蘑菇是菌丝子实体。还发现含羞草叶片的运动机理。1840年第一个用热电技术测定活组织的产热量。发展了自然界统一的观念，即生物与非生物、有机界与无机界都遵守物理和化学的法则，这对打破“神秘主义”和抵制“活力论”有相当大的影响。1821年因出版《自然博物馆备忘录》一书获法国科学院奖金。1837年出版《动植物解剖学与生理学备忘录》论文集。

(左成慈)

萨维尼，M.-J.-C.L. de (Savigny, Marie-Jules-César Lelorgne de) 法国人，1777年4月5日生于法国布里地区普罗万，1851年10月5日卒于凡尔赛。*比较生物学、无脊椎动物学、鸟类学、地理探险。*

在奥拉托利昂中学学习时，对古典文学和博物学发生兴趣。1793年被政府派往巴黎大学学习。后在巴黎国家自然博物馆工作，结识了拉马克、G. 居维叶等生物学家。1798～1802年作为动物学家参加拿破仑对埃及的远征。1821年入选法国科学院院士。

参与编写《埃及记述》(1808～1824年)。为了出版从埃及收集的昆虫资料，1809～1813年他为该书配画了50余幅彩图，1817年因视力恶化而无法完成计划，由他人继续。在《无脊椎动物论文集》(1816年)中，用实例来说明比较形态学的价值，例如将鲎的口器和昆虫的腿作比较，将植形动物和海鞘类动物作比较，说明一些无脊椎动物的同源关系。这种方法促进了É. 乔弗鲁瓦·圣提雷尔去探索脊椎动物和节肢动物之间的同源关系。这本书给同时代的人以深刻印象，在以后50

年中也一直被认为是动物学著作中的典范。此外，1805年出版《朱鹭的自然与神话史》。有10余种无脊椎动物以他命名。（蒋虎祥）

布朗维尔，H. M. D. de（Blainville，Henri Marie Ducrotay de） 法国人，1777年9月12日生于法国迪耶普附近阿尔克，1850年5月1日卒于巴黎。动物学、比较解剖学、科学史学。

1796年去巴黎学绘画，由于法国大革命而中断早期教育。后在鲁昂大学和巴黎大学继续求学，开始学习音乐、艺术和文学，后改学医学。1808年获巴黎大学医学院医学博士学位。随后又转向博物学，在G. 居维叶的实验室工作，不久就成为一个杰出的有独特见解的比较解剖学家。由于和居维叶学术见解相左，两人关系后来变得紧张起来。1810年起常在巴黎各学术机构进行讲学。1825年当选法国科学院院士。1830年接替拉马克任巴黎国家自然博物馆教授，1832年继居维叶之后任比较解剖学教授。他因心脏病发作死于从鲁昂到卡昂的铁路客车上。

除解剖学外，还研究无脊椎动物分类学（特别是软体动物学）、骨骼比较学、科学史和博物学。除发表论文和研究报告外，专著主要有《动物界新分布问题》（1816年）、《法国动物区系》（1821～1830年）、《软体动物学与贝类学指南》（1825～1827年）、《比较生理学教程》（1833年）、《古今哺乳动物牙齿与骨骼系统比较研究》（1839年）以及《组织机构与科学史》（1845年）等。由于历史条件的限制，在学术研究中充满着宗教色彩。（蒋尚智）

莱修尔，C.-A.（Lesueur，Charles-Alexandre） 法国人，1778年1月1日生于法国勒阿弗尔，1846年12月12日卒于同地。鱼类学、爬行动物学、古生物学、地理探险。

法国海军军官的儿子。9岁进皇家军人学校读书。1797～1799年任国家警卫队副官。1800～1804年作为见习海员随克尔维特型轻巡航舰“地理学号”去澳大利亚等地进行科学考察。1815年8月乘船去美国，翌年5月抵纽约后，立即开始新的长期旅行，忙于考察地质现象与搜集生物化石。此后住在费城9年，成为美国哲学学会会员。1837年返回离开22年的法国，在巴黎住了8年后，1845年被任命为新建立的勒阿弗尔自然博物馆馆长。

在远征考察澳大利亚时，他协助动物学家F. 佩龙带回动物标本10万件，其中至少有2 500个新种，还有100多只活体澳洲特产动物。1825年在美国开始研究北美鱼类，发表了29篇有关鱼类、爬行类动物的论文。（张之沧）

赫伯特，W.（Herbert，William） 英国人，1778年1月12日生于英国汉普郡，1847年5月28日卒于伦敦。植物学、生物进化论。

就读于伊顿公学、牛津大学埃克塞特学院，1828年获民法博士学位。曾在下院和曼彻斯特圣公会任职。是伦敦园艺学会会员。

热爱自然，擅长制图。1837年出版专著《石蒜科：单子叶植物分类的尝试》而得以跻身植物学家之列。他根据亲缘关系对植物进行“自然”分类，这比C. 林耐的“人为”分类更进一步，亲缘关系意味着来自一个共同的祖先，因而这种分类较为先进。他认为进化不是按直线或按相同速率进行的；杂交是进化的一个因素，新品种可由杂交产生，并举出水仙和迎春花的新品种作为例证。此外还强调了环境在产生植物形态分化上的作用。C. 达尔文在其“自然选择”理论有关杂交问题的论述中，大量引用了赫伯特的观点。达林顿（C. D. Darlington）说：“赫伯特磨刀，达尔文砍柴。”这句话恰当地指出了赫伯特在科学史上的作用。主要著作还有《文集》（1838年）等。国际球茎学会设有赫伯特奖，用以嘉奖在球茎植物研究中作出显著贡献者。（苏诚基）

康道尔，A.-P. de（Candolle，Augustin-Pyramus de） 瑞士人，1778年2月4日生于日内瓦（今属瑞士），1841年9月9日卒于同地。植物学、药物学、农艺学。

出身于法国普罗旺斯名门望族。日内瓦官员的儿子。14岁时就喜欢单独去观察植物，并在植物学笔记上留下了对瑞士高原植物区系的大量记录和讨论。1794年随家回到日内瓦，进加尔文学院，决心做一个植物学家，但迫于父亲的希望只好先学医。用了2年时间学完日内瓦中等学校课程，仍继续进行植物采集工作，这些都为他日后工作打下基础。他在日内瓦学院学习期间，植物学家J. P. 沃切，为他今后的工作指明了方向。他的另一位朋友J. 塞内比埃是植物生理学家。还受19世纪日内瓦有名的学者H. B. de索绪尔的影响，开始研究数学、哲学、物理学，并开始对地质学和化石感兴趣，继续研究过去以及现在的植物区系。

1796年到巴黎大学学自然科学和医学，在那里结识了一些著名学者。是拉马克的好友，在拉马克的影响下，他放弃学医，兴趣转向植物学。参与创办巴黎国家自然博物馆分类研究中心。在巴黎除了从事植物学工作外，还关心济贫和有关慈善事业，发表一些相关小文章。1800年日内瓦科学院授予他名誉教授称号。1802年由于G. 居维叶的推荐，他任教于法兰西学院。1804年获巴黎大学医学院医学博士学位。1807年任蒙彼利埃大学医学院教授，1810年任该校植物学教授。1816年返居日内瓦，次年任日内瓦学院博物学教授。1827年主编出版《植物学进展》。他的儿子阿方斯·德·康道尔（Alphonse de Candolle 1806～1893年）也是植物学家，后来接承了他的职位，并继续编撰《植物学进展》杂志。

著作颇多。在他的早期论文中，实验生物学的工作比分类描述的多，还仔细研究豆科植物的萌发，分析地衣的营养，收集药用植物的重要资料。他的第一部著作是《肉质植物志》（4卷，1799～1802年）。接着又出版《紫云英属》（约1802年）。1804年出版《植物的药性检测》一书。1806年又出版《法国蔷薇植物纲要》。同年受法国政府委托，开始利用暑假对全法国的植物和农业状况进行普查，坚持了6年，于1813年出版了考察成果。《植物学理论基础》，再版了好几次。最有意义的著作是《植物自然系统》(7卷，1824～1839年)，这是一部大型的植物学巨著，在生态学、植物地理学、生物统计学、农艺学等方面都有引人注目的讨论。具有一定的进化观点，正确地叙述了影响植物分布的土壤与植物的相互关系。提出"自然-植物地理学"理论，成为这门学科的先驱。早期也研究过植物生理学、药用植物学、农艺学，发表过许多重要文章。他的"自然之战"思想，对C.达尔文有影响。为纪念他，植物学中有一科、两属是以他的姓氏命名的。 (洪必恭)

博里·德·圣文森，J. B. G. M. (Bory de Saint-Vincent, Jean Baptiste Georges Marie) 法国人，1778年7月6日生于法国阿让，1846年12月22日卒于巴黎。*博物学、人类学、地理探险、生物进化论。*

幼年时代因父亲受到雅各宾派的威胁，随父回到故乡避难，对植物和昆虫发生了兴趣。16岁时就成为法国一个自然科学家。1798年随法国探险队去澳大利亚，中途被留在毛里求斯，花近2年时间考察了印度洋中的法属留尼旺岛等岛屿的生物和地理状况。1799年应征入伍，参加和普鲁士的战争，以后就留在部队里任军官，直到1840年退役止。1808年去西班牙参战。1815年他支持拿破仑，后受复辟的波旁王朝的排挤，1820年才允许他回到巴黎。1829年他带领一支科学考察队到马斯克林群岛、伯罗奔尼撒半岛、阿尔及利亚等地进行考察。1934年入选法国科学院院士。

是一位成功的植物采集远征队的领导者，也是一位对岛屿区系、海洋动物地理学、人类分类学作出贡献的学者。继承布丰和拉马克的观点，认为自然界是变化的，物种在环境影响下也相应发生变化。第一个注意到在海洋中的岛屿上无两栖类动物。他是《博物学经典辞典》的主编，其他著作还有：《加那利群岛考察论文集》(1802年)、《非洲岛屿旅行记》(1803年)、《地下洞穴探险记》(1821年)、《关于人类的动物学随笔》(1827年)和《伊比利亚半岛地理学概论》(1838年)。

(袁传宓 李孙演)

特雷维拉努斯，L. C. (Treviranus, Ludolph Christian) 德国人，1779年9月18日生于德国不来梅，1864年5月6日卒于波恩。*植物生理学，细胞生物学、博物学。*

商人的儿子，动物学家G. R. 特雷维拉努斯的弟弟。早期在耶拿大学学医，1801年获博士学位。后在不来梅行医。由于从事植物内部结构的基础理论研究工作，1807年任不来梅学院教授。1812年罗斯托克大学特聘他任博物学与植物学教授，兼任该校植物园园长。1816年任布雷斯劳大学植物学教授。1820年起任波恩大学教授。

一生对探讨生命体的基本构造(细胞)和引起构造变异的力量有兴趣。主要研究植物结构和功能的关系，如动物、植物之间的区别及植物的基本结构。根据研究结果指出，动植物体内受精，被一个"明显的物质"所传递。1811年和1817年，进行了细胞中粒子运动和树汁液在树中运动的研究，发现植物中有化学物质的影响。1816～1921年发表了一系列关于植物解剖学和生理学的文章。指出表皮的构造和形成、气孔的构造、植物寄生虫(蚜虫)分泌的蜜露等。在最后几年里，还写了一系列有关植物属志的专著。主要著作有《植物的内部结构》(1806年)、《植物生理学文稿》(1811年)、《植物细胞变异观察》(1828年)、《植物生理学》(2卷，1835～1838年)等。 (钟觉民)

圣提雷尔，A. F. C. P. de (Saint-Hilaire, Augustin François César Prouvençal de) 法国人，1779年10月4日生于法国奥尔良，1853年9月30日卒于卢瓦雷省。*植物学、动物学、地理探险。*

幼年就对昆虫学、植物学感兴趣。任巴黎综合工科学校教授。1819年被选为法国科学院通讯院士，1830年被选为正式院士。

1816年和法国大使一起去巴西里约热内卢，花了6年时间广泛调查了南美洲特别是南部和中部巴西的植物群、动物群，行程近万公里。1822年8月带回标本有24 000棵植物计6 000余种，2 000只鸟，16 000只昆虫，135只四足动物，以及许多爬行动物、软体动物、鱼类和矿物，准备将它们分类。1830年又重返南美洲考察生物。身患重病，坚持写成了《巴西植物志》(3卷，1825～1832年，与他人合编)一书，是他的所有著作中影响最大的，首次描述了许多新种属。此外还出版有《巴拉圭植物志》(1824年)、《巴西实用植物志》(2卷，1827～1828年，与他人合编)、《巴西航行记》(2卷，1833年)和《植物学教程》(1840年)等。获得法国和葡萄牙政府颁发的勋章。 (方福娟)

汤普森，J. V. (Thompson, John Vaughan) 英国人，1779年11月19日生于英国特威德河畔贝里克，1847年1月21日卒于澳大利亚悉尼。*植物学、海洋生物学、动物学。*

早年在贝里克学医，1799年任助威尔士亲王军队的理外科医生，1803年升任外科医生、军队医院代理监察官、医务官。1810年选入伦敦林耐学会。期间，1809～1812年作为军医随英国海军舰艇到过西印度群岛，1812～1816年到过毛里求斯、马达加斯加岛等地，对各地动植物和海洋无脊椎动物进行过观察和研究。1835年派往澳大利亚任悉尼监狱医院院长。

学术上主要贡献在海洋生物学方面：发现了某种甲壳动物具有浮游运动的形状；蔓脚类动物属甲壳纲动物；确立了一种新纲，并命名为群栖虫纲；第一个使用细布网拖捞浮游生物。他的第一部著作是《特威德河畔贝里克及其附近植物名录》。主要著作还有《动物学研究和说明》(1828年)、《欧洲海百合纪事：科克湾发现的新物种》。对海洋生物学的贡献，直至20世纪后半叶方为人们所认识。 (李士土)

瓦伦伯格，G.（Wahlenberg，Göran） 瑞典人，1780 年 10 月 1 日生于瑞典韦姆兰省斯卡费坦，1851 年 3 月 22 日卒于乌普萨拉。*植物学、植物地理学。*

12 岁时就在乌普萨拉大学学习医学和博物学，但其主要兴趣是植物学，1806 年获医学博士学位。留校任教，1814 年任植物学示范员，1829 年医学与任植物学教授。1808 入选瑞典皇家科学院士。性格孤僻，难于与人合作，不许别人轻易进入其植物园。终身未婚。

享有国际声望。年轻时曾多次外出考察，对斯堪的纳维亚的植物山、其地理分布的研究较深入。还将阿尔卑斯及喀尔巴阡山的植物区系和北欧山区的植物区系进行比较。作为植物地理学界的先驱，他可与洪堡相提并论。分析了植被的成层现象，指出使植被分化的主导因素是温度和降雨量，而这两种因素又与纬度、海拔以及距离海岸线的远近有关；同时也非常重视土壤因素和时间因素。主要著作有《拉普兰植物志》(1812 年)等。蓝铃花科植物以他命名。（陆宝树）

塞尔·德·梅普莱，M. P. T. de（Serres de Mesplès，Marcel Pierre Toussaint de） 法国人，1780 年 11 月 3 日生于法国蒙彼利埃，1862 年 7 月 22 日卒于同地。*昆虫学、动物学、博物学、地质学。*

出身贵族兼大商人家庭。从小丧母，养成倔强的性格，长大后成为不知疲倦的科学工作者。早年攻读法律。1805 年蒙彼利埃法院供职。虽然家庭突遭破产，但得到拿破仑的密友 C. P. 达鲁(Count Pierre Daru)的帮助，1807 年前往巴黎国家自然博物馆受教于 G. 居维叶、J. B. 拉马克等名师门下。1811 年起在蒙彼利埃大学任教矿物学与地质学。1814 年法兰西帝国失败后达鲁失宠，他遂返回蒙彼利埃定居，重操法律旧业，1852 年退休。

是一位多产的科学家，共写了 300 多篇领域广泛、丰富多彩、卓有成就的文章。在动物学方面，特别对直翅目昆虫的视觉器官作了详细而富有创造性的研究。1842 年，出版力作首次描述和分析动物迁徙现象；在地质学上，早期否认物种的变异性，但后来接受进化论的观点。1817 年，首次通过测定化石中氟元素的含量来确定化石年代；提出地质时期“第四纪”的正确定义，并使之广为流传。1836 年出版研究沿穴学的专著在《创世纪和地质事实》1839 年实期，1859 年第 3 周一书中，企图调和经圣和售然科学知识。（童远瑞）

沙米索，A. von（Chamisso，Adelbert von） 德国人，1781 年 1 月 30 日生于法国马恩省，1838 年 8 月 21 日卒于德国柏林。*植物学、博物学、地理探险、文学。*

出身法国贵族家庭。由于法国大革命爆发，1796 年随父逃亡到德国，移居柏林。当过瓷器画家、宫廷侍从，并曾在普鲁士军队服役，1801 年任上尉。他的家人被允许回国时，他仍留在德国。1803 年创办《柏林文艺年鉴》。1811 年在朋友的启发下开始研究植物学。1812 年在柏林大学专修 3 年医学和自然科学课程。1815 年作为博物学家随俄国“鲁里克”号舰艇从普利茅斯出发，穿过大西洋，绕过合恩角，先于达尔文考察了马绍尔群岛、夏威夷、堪察加半岛、阿留申群岛和加利福尼亚半岛，经菲律宾、好望角和伦敦，最后于 1818 年返回圣彼得堡。考察过程中，采集了大量动植物标本，获得了很多珍贵资料。同年回柏林后，获柏林大学荣誉博士学位，担任柏林皇家植物园馆长助理，后任馆长兼植物标本室主任，并当选为柏林科学院院士。

1821 年出版《日志》对探险过程加以记述。他第一个发现生物中的世代交替现象，以及海水不同颜色是由有色微生物造成的。著有《环球旅行记》，以生动的文笔记述了在植物学、动物学、地质学、生物地理学、生态学、气象学、海洋学、语言学、人种学等方面的观察和研究。出版著作还有《德国北部植物》(1829 年)、《文集》(6 卷，1836 年志)等。（李士土）

施皮克斯，J. B. von(Spix，Johann Baptist von) 德国人，1781 年 2 月 9 日生于德国赫希施塔特，1826 年 3 月 14 日卒于慕尼黑。*鸟类学、植物学、地理探险。*

外科医生的儿子。开始在班贝格学院和维尔茨堡大学学习神学，1804 年改学医学，获医学博士学位。后开业行医。1811 年在纽伦堡出版有关动物分类学及其历史的奠基性著作。同年当选为巴伐利亚科学院院士兼院长助理，后为动物标本采集者会员、慕尼黑自然博物馆馆长。由于在地理探险中过分劳累和营养不良。在航海途中经常发烧，身体变得很虚弱，不幸英年早夭。

1817～1820 年参加赴南美考察队，这是 19 世纪最重要的考察工作之一，也是访问亚马逊河口的第一批欧洲科学家。他和马蒂斯(C. F. P. von Martius)先后采集了许多动物标本，其中植物6 500种，哺乳类动物 85 种、鸟类 350 种、昆虫2 700种、两栖类 150 种、鱼类 116 种，还带回 57 种活动物，为奠定慕尼黑自然博物馆打下基础，也为科学研究提供了宝贵的资料。回到慕尼黑后，认真整理所采集到的标本。准备发表，不幸得病去世。由 L. 阿加西斯负责整理出版他的遗稿，出版有《巴西旅行记(1817～1820)》(4 卷，1823～1831 年)、《鸟类新物种》(2 卷，1824～1825 年)等。在他发现的新物种中有许多后来以他命名，其中最著名的是施皮克斯金刚鹦鹉。（秦安舲）

莱佛士，T. S. B.(Raffles，Thomas Stamford Bingley) 英国人，1781 年 7 月 6 日生于牙买加莫兰特港附近海面的“安妮号”船上，1826 年 7 月 5 日卒于英国伦敦。*动物学、博物学、人类学、地理探险。*

英国船长的儿子，母亲为不知名的荷兰人。14 岁丧父，同年进英国伦敦东印度公司任办事员。1805 年被派往东南亚，到过马来亚、爪哇、新加坡等地。在拿破仑战争时期，同荷兰人和法国人作过战。1816 年当选为英国皇家学会会员。1817 年被册封为爵士。同年被任命为印度尼西亚本库仑(今明古鲁)总督，次年 3 月赴任。积极参与了建立伦敦动物学学会和伦敦动物园的活动，1825 年担任该学会第一任会长直至中风去世。因为他的家族以贩卖奴隶起家，他坚决拒绝死后葬在家族陵墓之地。

在东南亚各地时,常常进行长途探险以了解各地的风土人情和博物学,并制作大量的动植物标本送往加尔各答和英国伦敦,这些活动使他获得很大声誉。生前他很关注中国农业的耕作方法,为英国农学会会刊写过第一篇介绍性文章。代表作有《爪哇的历史》(1817 年)等书。他还是新加坡城的奠基者之一。为纪念他,新加坡建有莱佛士城。多种鸟类和昆虫种属以他命名。

(郑毓信　李孙演)

蒂德曼,F.(Tiedemann, Friedrich) 德国人,1781 年 8 月 23 日生于德国卡塞尔,1861 年 1 月 22 日卒于慕尼黑。动物生理学、比较解剖学、人类学。

哲学、希腊语和古典文学教授的长子。1798 年在马尔堡大学学习医学,1804 年获医学博士学位。留校任教生理学、比较骨骼学和颅骨学。曾去巴黎在 G. 居维叶指导下研究比较解剖学和形态学。1807 年返回德国,任兰茨胡特医学院解剖学和动物学教授。1816 年去海德堡大学任教授,1849 年退休。

1808～1814 年出版 3 部动物学教材,其中包含广泛的动物学资料,同时还发表一系列专题研究论文。1816 年因发表棘皮动物方面的研究成果获法国科学院奖金,并被选为外籍院士。同年出版《人胎儿脑的解剖和发育史以及和动物脑构造的比较》,后被译成法文和英文。研究胎儿骨组织发育时指出:母体的血不传给胎儿,胎儿有其自己的血循环系统,与母体的血循环系统分开。1820 年与化学家 L. 盖墨林合作发表"关于胃和肠的物质到达血液的途径、脾的功能以及泌尿途径的实验"一文,指出其他学者假定的隐蔽的泌尿管是不存在的。1823 年他们又集中研究动物对食物的消化,证明消化是许多器官参与的一系列复杂过程,胰液等消化液的分泌具有独立性,测出胃中有盐酸,发现血中的淀粉及类似物可转化成葡萄糖。1826 年,他们合作出版《关于消化的实验》,该书是当时最完全的消化生理学研究成果。1836 年在英国皇家学会《哲学会刊》上发表最早的人类学文章"关于黑人、欧洲人和猩猩脑组织的比较",指出不同种族的人脑没有实质性的差别,黑人颅腔内脑的大小和重量与欧洲人是一样的,断定在黑人脑中并没有什么天然的结构可证明他们是命中注定的下等人。他的论述引起了学术界的轰动。他的研究和他父亲的哲学思想结合起来,从而发展了知识论,批判了种族主义。1854 年出版最后一部著作《烟草的历史和用途》。

(蒋虎祥　申　勇)

沃特顿,C.(Waterton, Charles) 英国人,1782 年 6 月 3 日生于英国约克郡沃尔顿霍尔,1865 年 5 月 27 日卒于同地。动物学、药物学、生态学、地理探险。

出身贵族家庭。自幼养成不屈不挠的性格和对大自然的热爱。早年在兰开夏郡斯通赫斯特学院受过教育。1804 年去英属圭亚那继承伯父遗产。19 世纪 20 年代,回到家乡定居。

1812～1824 年间,又对圭亚那和南美巴西等地进行了 4 次跋涉探险。在他的《南美洲漫游记》一书中,描述了这次旅行中所经历的许多令人难以置信的故事,例如骑在捕捉的一条活的鳄鱼背上,用拳击抓住一条 3 米多长的蟒蛇等等,在当时极大地激励了还是中小学生的 C. 达尔文等人的探险精神。他发明一种独特而简便的动物剥制术;增加了有关箭毒的知识,并应用于医学。19 世纪 20 年代自海外还乡,在他的家族庄园上筑起一堵 9 英尺高、长 3 英里(约 5 公里)的围墙,建成世界上第一个禁猎鸟类的自然保护区,也使他本人成了西方第一个环保主义者。他的一些动物标本在 1966 年前放在斯通赫斯特学院,现在陈列在韦克菲尔德博物馆。

(张之沧)

拉菲内斯凯,C. S.(Rafinesque, Constantine Samuel) 法国人,1783 年 10 月 22 日生于君士坦丁堡近郊加拉塔(今属土耳其),1840 年 9 月 18 日卒于美国费城。植物学、药物学、地理学、语言学。

父亲是法国马赛商人,母亲是德国血统的希腊人。自称 12 岁就读了千卷书,其中有拉丁文的植物学专著,还收集植物标本,16 岁就学了数十种语言。一生在欧美广泛旅行。1802～1805 年在美国,结识了那里为数不多的大多数植物学家。返回欧洲后,定居于意大利南部西西里的巴勒莫,以经商为业,一段时间做过美国领事的文书,业余继续研究植物学和鱼类学。西西里的 10 年(1805～1815 年)是他认为"一生最值得纪念的时期",期间考察了埃特纳,制作了几百份草图和标本。

1815 年儿子不幸夭折,他第二次孤身赴美国,同年底所乘船只在美国康涅狄格州近海搁浅,他失去了 50 箱书籍和收藏的资料(其中包括 60 余万枚贝壳)。1818 年,他参与创立纽约"博物园"。1818 年又到阿勒格尼西部进行重要的植物学考察,步行3 000千米,获得了肯塔基和伊利诺伊州动植物群的大量第一手资料。收集并命名了 250 类新种植物和动物,重建了他的标本室。1819～1826 年任肯特基州特兰西瓦尼亚大学植物学教授。辞职后去费城,成为自由撰稿人,并作公开演讲。

其劳动成果屡遭损毁(包括 5 万种样品的植物标本),仅留下各种未完成的著作。曾开发和销售一种治疗结核病的植物药物,但未取得专利。著述甚丰,其中主要著作有:《分析大自然》(1815 年)、《药用植物志》(2 卷,1828～1830 年)、《旅行生涯》(1836 年)、《美洲列国》(2 卷,1836 年)、《新编北美植物志》(4 卷,1836～1838 年)等。

(肖　玲)

弗莱明,J.(Fleming, John) 英国人,1785 年 1 月 10 日生于英国苏格兰林利思戈郡巴斯盖特附近,1857 年 11 月 18 日卒于苏格兰爱丁堡。水生动物学、古生物学、地学。

佃农的儿子。1805 年在爱丁堡大学毕业。1806 年任苏格兰教会牧师,1808～1834 年在不同教区任职。1814 年获苏格兰圣安德鲁斯大学神学博士学位。同年任爱丁堡大学国王学院评议员,以后又成为爱丁堡大学皇家自然科学会和其他学会的会员。1834 年任阿伯丁大学国王学院自然哲学教授。1845 年任爱丁堡大学新学院自然科学教授。

科学成就主要是对淡水和海洋无脊椎动物的描述和分类。在1822年出版的《动物学哲学》一书中，提倡二分法分类系统；反对地球形成的火成论，不同意地球慢慢冷却下来的说法；反对物种变化的灾变说，强调非灾变的原因，特别是人类的活动；拒绝进化思想，不承认生物可逐渐变得复杂和完善。1828年出版《不列颠动物志》，对英国动物区系作了详细描述和分类，而且对动物化石进行了分析。1831年首次发现英国法夫郡的古老红砂岩中有鱼化石。1851年出版《四季的气温》，书中主张"地理决定论"，认为气候变化引起国家体制的变化。在1859年出版的《爱丁堡岩石学》中假定：由于某种特别的原因（大概是太阳变暗）和伴随的水泛滥冲击地球，使在人类出现之前的生命完全被破坏，而现存的动植物则是以后被分阶段创造出来的。（田金仙）

阿加德，C. A.（Agardh，Carl Adolph） 瑞典人，1785年1月23日生于瑞典博斯塔德，1859年1月28日卒于卡尔斯塔德。藻类学、植物分类学。

1812～1835年任瑞典隆德大学植物学与应用经济学教授，期间1819～1820年任该校校长。1816年起兼任两个教区的教职。1817年起任瑞典国会数届秘书。1831年当选为瑞典皇家科学院院士。1835年任卡尔斯塔德教区主教至去世。儿子也是植物学家。

其名望是基于他对藻类植物分类的贡献，但科学兴趣却涉及很广。论著主要集中于1824年的《藻类系统》，所介绍的理论至今还是发展藻类学的基点。1827年去亚得里亚海北方海岸考察，发现不少人们以前几乎不知道的藻类。不仅是个藻类学家，还积极参加关于植物分类自然系统的讨论，并介绍了几个植物新种的特征，有的至今仍然有效。认为自然是自由的，它不服从人们的逻辑，而有它自己的逻辑，因此从事分类工作必须符合自然的规律。还研究过温泉中的藻类，说明藻类的生活周期等。（钟觉民）

奥杜邦，J. J.（Audubon，John James） 美国人，1785年4月26日生于法属西印度群岛圣多明各（今海地）莱凯，1851年1月27日卒于美国纽约市郊明尼的兰德。鸟类学、哺乳动物学、美术、地理探险。

法国商船船长兼种植园主的私生子。幼年丧母，1788年随父自圣多明各迁往法国南特，由生父原配妻子抚养，从小受到良好艺术教育。1803年为逃避拿破仑一世征兵，被送往美国宾夕法尼亚米尔山谷他父亲购置的农场。1805年开始研究鸟类和绘画鸟类图。1808年婚后迁往肯塔基州，先后经营商店和锯木厂。1810年结识著名鸟类学家A.威尔逊，并想超过他。1812年加入美国籍。曾在路易斯维尔教美术。1819年申请企业破产。1920年起任辛辛那提西部博物馆动物标本剥制工。自此，他便全身心去实现描绘北美洲所有鸟类这一"伟大想法"。首次野外考察期间，靠给人画像和教画图谋生。1826～1828年、1830年两次前往英国，通过巡迴展出鸟画，为考察和出版拉赞助。

19世纪杰出的鸟类学家、鸟类画艺术大师。他第一个通过实地观察描绘了当时北美洲几乎所有鸟类，并用文字和画笔描绘它们的形态和习性特征。在美国、加拿大和中美洲进行多次地域广泛的野外鸟类考察，其中有：1819年游历路易斯安那州；1920～1825年和一位植物画家到美国南方各地；1829年游历新泽西州；1832～1836年在佛罗里达州、佛罗里达群岛、加拿大沿海地区、拉布拉多半岛和墨西哥湾探险；1843年乘轮船沿密苏里河、黄石河北上探险。1926年在英国雕刻师支持下，他的435幅水彩画被制成与真鸟一样大小的铜凹版雕刻，共绘有497种1 065只鸟，次年起以画册《美国的鸟类》（4卷，1827～1838年）陆续出版，产生了很大影响。一生中共发现并描绘了39种新鸟种，其中23种至今被认为符合正确的生物分类法。主要著作还有：《鸟类学传记》（5卷，1831～1839年，与他人合编）、《美国鸟类概观》（1838年）、《北美洲四足哺乳动物》（5卷，1845～1853年，与其子合著）、《奥杜邦旅行记》（1929年）、《奥杜邦书信集（1826～1840年）》（2卷，1930年）等。C. R.达尔文在阐述物种起源学说时曾引用他的笔记。为了纪念他，1886年美国爱鸟人士建立了第一个"奥杜邦学会"，以后有影响的生态保护组织建有"全美奥杜邦学会"。（孙炳寅）

胡克，W. J.（Hooker，William Jackson） 英国人，1785年7月6日生于英国英格兰的诺里奇，1865年8月12日卒于基尤。植物学、博物馆学、科学传播。

出身小职员家庭。19岁时发现苔藓植物新种。1809年夏天首次去冰岛考察极地植物，后曾多次进行植物、鸟类和昆虫考察。1820年获格拉斯哥大学博士学位，任该校植物学教授。1827～1865年主编《柯蒂斯植物学》杂志共38卷。1841年兼任基尤皇家植物园园长，把花草地原有10英亩地扩展为75英亩，另有270英亩树林地，后由儿子接任该职。1845年获牛津大学荣誉民法学博士学位。1847年建立经济植物博物馆。参与成立格拉斯哥皇家植物学会，改建格拉斯哥植物园。是英国皇家学会、林耐学会、古物收藏协会和皇家地理科学学会会员，也是许多国外著名学会的外籍会员。1836年被封为爵士。

重视植物学应用，曾驯化多种野生植物。著作很多，其中5部关于蕨类植物的专著迄今仍属经典著作。著作甚丰，主要有《英国外来植物志》（3卷，1822～1827年）、《蕨类植物图谱》（2卷，1829～1831年，与他人合著）、《英国隐花植物志》（1833年）、《北美植物志》（2卷，1840年）、《植物图谱》（10卷，1837～1854年，与他人合著）、《蕨类植物志》（5卷，1846～1864年）、《基尤经济植物博物馆》（1855年）、《英国蕨类植物》（2卷，1861～1862年）等。去世后生前标本室和图书馆改成胡克纪念馆，留下藏书4 000卷、大量植物标本、158种植物分类图等。（孙炳寅）

纳托尔，T.（Nuttall，Thomas） 英国人，1786年1月5日生于英国约克郡，1859年9月10日卒于兰开夏郡圣海伦斯。植物学、鸟类学、地质学、地理探险。

12岁丧父，后来跟一个亲戚当学徒。1808年乘船到美国费城，很快就成为B. S. 巴顿的朋友和植物采集者。自学植物学基础知识，并到各地进行野外考察，期间1810年、1811年先后考察北美洲五大湖地区、密苏里河上游等地，采集到许多前人未发现的植物新种。由于英国和独立的美国交战，他返回伦敦，1815年重又回到美国。1818～1820年沿着美国中南部阿肯色和红河考察。1822～1833年任哈佛大学博物学示范员、植物园园长等职。1834年从哈佛大学辞职后，参加赴美国西部考察队，并乘船到夏威夷群岛，1835年返回美国。1836～1841年供职于费城自然科学院。1842年回到英国。

1818年最早出版了在美国西部考察结果《到1817年止北美植物种属编目》，从而成为一个有声望的植物学家。1820年发表关于密西西比河流域地质和化石的文章，指出美洲和欧洲地质形成的相似性。1827年出版《植物分类学和生理学引论》，其中已有关于植物细胞结构的初步描述，比施莱登的细胞理论还早。在此期间还对鸟类研究发生兴趣，收集许多资料和标本，出版《美国和加拿大鸟类学指南》(2卷，1832～1834年)等。一生中最大的特点是，具有细致而敏锐的野外考察能力和掌握植物自然习性的知识，并乐于为别人提供资料。许多鸟类和植物以他命名。（袁传宓 孙 勇）

普里查德，J. C.（Prichard，James Cowles） 英国人，1786年2月11日生于英国赫里福德郡罗斯旺威，1848年12月23日卒于伦敦。人类学、生物进化论、精神病学。

钢铁厂业主之子，自幼在家庭教师和父亲指导下学习。迁居港口城市布里斯托尔后，对语言学渐感兴趣。1802年开始学医，1805年参加伦敦圣托马斯医院讲座班。1806年夏进爱丁堡大学医学院，选修人类学、伦理学，1808年以人类学论文获医学博士学位。随后在剑桥大学三一学院、牛津大学圣约翰学院进修。1810年定居布里斯托尔市开业行医，1816年任该市圣彼得医院外科医生。1835年获牛津大学荣誉博士学位。1827年被选为英国皇家学会会员。1847～1848年任英国人类学会会长。1845年被选为英国精神病鉴定委员会成员，并移居伦敦。死于风湿热。

在1808年博士论文基础上，1810年出版了2卷本《人类体态史研究》，1836～1847年间又出了其他3卷，共为5卷本。1843年出版《人类博物学》一书。他提出的人类单一起源论与后来达尔文的自然选择学说颇有相似之处，受到同时代科学家C. 赖尔等人的好评。对世界各国的人种体型、语言和文化的联系作了广泛调查，为人种理论研究提供了有实用价值的素材，这些材料在上述名著中占了4卷。尽管其理论在他去世后不久便由1859年问世的进化论所代替，但在收集世界人口的大量原始资料方面，为以后的研究者提供了重要依据。他是英国土著人保护协会的早期成员，并因而促使议会通过了“土著人保护法案”。是文明治疗精神病的倡导人，写过几本有影响的专著，其中有《神经系统疾病专论》(1822年)、《精神错乱和其他心智失调疾病专论》(1835年)、《精神错乱与法律设定问题》(1842年)。其他著作还有《埃及神话分析》(1819年)、《对生命力学说的评论》(1829年)、《半身不遂疾病的治疗》(1831年)、《论某些人种的绝灭》(1839年)。（苏诚基）

塞伊，T.（Say，Thomas） 美国人，1787年7月27日生于美国宾夕法尼亚州费城，1834年10月10日卒于印第安纳州哈莫尼。昆虫学、贝类学、地理探险。

祖父和父亲都是药剂师、热心公益的慈善家，也是医院的创始人。他幼年丧母，在外祖父家培养了研究动物的兴趣，父亲却要他去经营药物买卖，在生意失败后，潜心研究自然科学。1812年参与建立费城自然科学院，并负责组建该院美洲昆虫标本室。先后数次参加生物和地理勘察，其中，1818年考察佐治亚州、佛罗里达州近海岛屿，以及西班牙的一处殖民地；1819～1820年考察了洛基山脉、密苏里河等地带；1823年考察了密西西比河上游，在探险队里任首席动物学家。曾被聘为伦敦林耐学会外籍会员。1834年沃巴什河地区流行伤寒症夺去了他的生命，死于R. 欧文(Robert Owen)乌托邦式的“新和谐公社”所在地，终年仅47岁。

采集了大量的动物、植物标本，成为自学成才的博物学家和分类学家。后来又进行软体动物的研究工作。出版《美国昆虫学》(3卷，1824～1828年)记有千余甲虫新种、400余种其他昆虫类，其研究成果吸引着世界各地的科学家，他被誉为“美国描述性昆虫学之父”。此外出版《美国贝类学》(7卷，1830～1836年)等著作。

（童远瑞）

孔特，C. S.（Kunth，Carl Sigismund） 德国人，1788年6月18日生于德国莱比锡，1850年3月22日卒于柏林。植物学。

莱比锡大学英语教师的儿子。早年在莱比锡大学求学。1806年去柏林大学海外贸易研究所任职，并在柏林大学学习植物学。当时A. von洪堡正在巴黎准备出版中美洲和南美洲考察报告，邀请他去巴黎任助手，合作整理出版有关植物学方面的考察成果。1820年柏林大学任教植物学，1829年任教授和柏林植物园副园长。1829年当选为柏林科学院院士。1829～1832年去南美洲收集植物标本。

1813～1819年，他作为助手对洪堡等人从美洲带回的3 000多种植物标本进行分类时，特别注意花的微细结构，并充分理解各种营养特征的重要性，因而对改进林耐的分类法作出重要贡献。在洪堡和孔特等人的努力下，巴黎成为当时植物分类学的“首都”。主要著作有《植物的新种属》(7卷，1815～1825年)、《新大陆的含羞草类和其他豆科植物》(1819年)、《植物学纲要》(2卷，1822～1823年)、《南美洲草本植物志》(2卷，1825～1833年)、《植物学手册》(1831)、《植物学教程》(1847年)、《南美洲豆科和牡丹科植物志》(1847～1852年)等。这些配有精美插图、详细描述新世界各类植物的巨著，主要是根据当时公众或私人标本室所收集到的标本写成的。（洪必恭）

斯温森，W. J.（Swainson，William John） 英国人，1789 年 10 月 8 日生于英国伦敦附近，1855 年 12 月 7 日卒于新西兰惠灵顿。*动物学、博物学、地理探险、美术。*

地方关税官长子。父亲是伦敦林耐学会发起人之一。14 岁时即在利物浦海关工作，后在军需部门供职，1807 年后随军到过马尔他和西西里。在西西里期间，广泛收集植物和动物标本，重点是鱼类标本。后又赴希腊和意大利旅行，并在那里住了一段时间。1815 年因病回英国，退役领取半薪。同年加入伦敦林耐学会。1816～1818 年在巴西考察，期间当地爆发革命，考察队的其他人都离开回国，只有他坚持下来，收集到 2 万种昆虫、1 200种植物，绘制了 120 种鱼类，还有 760 张鸟皮。回英国后发表了一篇有关各地旅游的简短记录，而没有及时详细介绍在巴西收集到的标本资料，结果被别人抢先描述了他所发现的新种。1820 年当选为英国皇家学会会员。1835 年妻子去世，1840 年再婚后于次年移居新西兰。1841～1855 年主要出版博物学和财经管理领域研究成果；期间 1851～1853 年对澳大利亚进行林业调研，发现有1 520种树木和各种桉树，对许多新种进行分类和命名。

1823 年后决心从事科学写作，发表了许多专著和论文，内容涉及脊椎动物、软体动物和昆虫等，并自己绘制所有的插图。不仅在动物学方面，在艺术上也取得了很高的成就，如在插图中首先使用了平版画。一生著述甚丰，代表作有：《动物学图谱》（3 卷，1820～1833 年）、《博物学基础教程》（1834 年）、《博物学与鸟类分类法》（2 卷，1836 年）、《西非鸟类博物学》（1837 年）、《博物学与鱼类、两栖类、爬行类、分类法》（1838 年）、《软体动物论文集》（1840 年）、《英国外来贝类》（1841 年）、《墨西哥和巴西鸟类选集》（1841 年）等。 （孙　勇）

普雷沃斯特，J.-L.（Prévost，Jean-Louis） 瑞士人，1790 年 9 月 1 日生于瑞士日内瓦，1850 年 3 月 14 日卒于同地。*动物生理学、实验胚胎学、血液学、医学。*

最初研究神学，后来研究医学。1818 年获日内瓦大学医学博士学位。

1824 年和杜马合作发表了 3 篇关于生殖学的论文，证明精子是由男子性腺产生的结论，为实验胚胎学奠定了基础。分析了蛙的卵子，提出控制受精卵发育的重要 定律，因而获法国科学院蒙蒂翁奖。1825 年发表“消化道内含物”研究成果，提出与生理学、化学密切联系的消化理论，是最早的生物化学家之一。1828 年出版血液循环的著作，是生理学史上最早研究血液循环的著作之一，其中关于反刍动物胎儿血液循环的研究尤为重要。和他人合作发表的重要论文有“两栖动物的血液及其循环器官”（1844 年）和“对小鸡心脏发育的观察”（1847 年）等。是血液学的先驱者，曾提出输血建议。是第一个用“伽伐尼电流”研究肌肉收缩的人。此外他还率先倡导可用碘酒作为消毒剂。 （张志练）

科伊，J.-R.-C.（Quoy，Jean-René-Constant） 法国人，1790 年 11 月 10 日生于法国旺代省梅勒，1869 年 7 月 4 日卒于圣让-德利维萨伊。*海洋动物学、解剖学、地理探险、医学。*

出身外科医生世家。1806 年入法国罗切福特海军医学院深造。翌年以三级助理外科医师身份在轻型巡洋舰上服役，1812 年晋升为二级外科医师，并奉命收集和描述博物学标本，这引起了他对博物学的极大兴趣。1814 年获蒙彼利埃大学医学院医学博士学位。后在罗切福特海军医院供职。1817 年被任命为“巨蜥”号护卫舰主治医生，参加环绕世界的科学航海探险，负责动物学研究工作。该舰考察了里约热内卢、好望角、夏威夷和澳大利亚南部。在 1820 年返航途中失事，人员虽脱险而标本全被淹没。1821 年升任一级外科军医，1824 年任罗切福尔海军医学院解剖学教授。1826～1829 年以虚弱的身体参加“星盘”号舰科学航海，兼任主治医生。1830 年被选为法国科学院通讯院士。1835 年任土伦海军基地医院第一个医生出身的院长。1838 年任布雷斯特医院院长。1848 年任法国海军部卫生署总督察，1858 年退休。终身未娶。

1820 年自“巨蜥”号远航考察回法国后，应邀到巴黎出版海洋动物学，幸遇 G. 居维叶等著名学者。按居维叶分类学原理整理后，于 1824 年出版巨蜥号舰海洋动物学考察成果，其中有 254 幅动物素描，包括 227 个新种。参加“星盘”号科学考察，采集和描绘了大量标本，同时为居维叶的《鱼的历史》一书采集了色彩丰富的鱼标本，返回马赛时带回两只活的东南亚疣猪，这在欧洲是第一次。这次航行他带回4 000多幅素描（1 200个不同的种）。耐心分析和精确细致的描绘，深受居维叶的赞赏。1830～1832 年，4 卷“星盘号”舰海洋动物学考察成果和一本地图册出版，这部著作内容充实了鸟类、软体动物等动物学，以及解剖学和人类学研究。

1825 年、1848 年和 1852 年相继获法国不同等级荣誉军团爵位嘉奖。有多种生物以他命名。

（孙炳寅　孙　勇）

贝尔，K. E. von（Baer，Karl Ernst von） 爱沙尼亚人，1792 年 2 月 28 日生于爱沙尼亚彼普，1876 年 11 月 28 日卒于多尔帕特（今塔尔图）。*胚胎学、比较解剖学、人类学、地理学。*

祖籍德国。是俄国地理学会的创始人和第一任会长，还参与成立俄国昆虫学会先后被选为英国皇家学会外籍会员和法国科学院外籍院士。大庄园主的儿子。由于家中人口太多，他幼年由叔父抚养，7 岁才回家接受家庭教师的教育。1807～1810 年在为贵族子弟办的雷瓦尔教会学校学习军事和医学。1812 年作为医生参加了反拿破仑战争。1814 年在多尔帕特大学获医学博士学位。后去柏林大学、维也纳大学和维尔茨堡大学继续深造，主要研究解剖学和胚胎学。1817 年任柯尼斯堡大学解剖学编外教授,1821年任动物学教授,1826年任解剖学教授,还创建了动物博物馆,先后任植物研究所所长、医学院院长、大学校长等。1820年结婚,生有5个儿子1个女儿。1826年被选为圣彼得堡科学院通讯院士,1834年被选为正式院士。此后长期在圣彼得堡科学院工作,1846年前研究动物学,1846~1862年研究比较解剖学和生理学。1867年后回到多尔帕特,直至去世。

主要从事胚胎学和解剖学研究。1826年用狗做实验,发现哺乳动物的卵子。著有《论哺乳动物卵与人卵的起源》(1827年),奠定了比较胚胎学的基础。提出胚层理论,认为脊椎动物的卵可发育成4层胚层,每一胚层又发育成一定的器官或组织。是第一个发现脊索的学者,辨认出神经褶是中央神经系统发育前的器官,神经褶以后形成神经管,神经褶是构成脑和脊髓的物质。第一个对5个脑泡进行描述和命名,并对鸡和哺乳动物的胚外胎膜(绒毛膜、羊膜、尿囊)的进化和功能进行研究。1828~1837年出版《论动物的发育》多卷,指出虽然一切动物胚胎都以单个受精卵开始,但以后却发生差异,表现出4个主要发育类型中,即双重对称型、对称型、螺旋型和辐射型。还进一步提出了胚胎的发育法则,阐明所有脊椎动物的胚胎都有一定程度的相似性,在分类上亲缘愈接近,胚胎的相似程度则愈大。在发育过程中,门的特征最先形成,目、科、属、种的特征随后顺序出现。这一法则称为贝尔法则,在胚胎学上具有重要的意义。"精子"这一名词就是由他首先提出的。以后又研究人类学、人种史、地理学、考古学等。对自然界兴趣广泛,是一个特别善于社交活动、具有哲学头脑的科学家。1837年曾率领圣彼得堡科学院一支考察队去新地岛考察,是第一个到那里采集标本的博物学家。以后又率队考察过里海、瑞典拉普兰冰原等地。还研究过人类的头盖骨、昆虫学、养鱼学等。是一位"多才多艺的精确的观察者,高深而有远见的思想家和预言家"。

先后获得很多荣誉。俄国北部喀拉海的一个岛屿以他的姓氏命名,以纪念他于1830~1840年间对北极气候的研究。1864年爱沙尼亚骑士们专门举行一个庆祝会,祝贺他获博士学位50周年。曾获英国皇家学会最高奖科普利奖章和法国科学院奖章。 (秦安舲)

利,I.(Lea, Isaac) 美国人,1792年3月4日生于美国特拉华州威尔明顿,1886年12月8日卒于宾夕法尼亚州费城。软体动物学、地质学、古生物学。

商人的儿子。原想做医生,后在费城工作,成为费城大型出版公司的合伙人,业余采集矿物和化石,研究博物学。曾任费城自然科学院院长,1860年任美国科学促进协会会长。还是20个外国科学机构的外籍成员。获哈佛大学荣誉法学博士学位。先后访问过英国和欧洲大陆。

1818年发表第一篇学术论文"费城近郊目前已知矿物情况的报告"。后开始研究软体动物,1827年发表"蚌属6个新种的描述"。观察敏锐而精确,一生收集、鉴定和描述了近50个属1842种淡水和陆生软体动物。每篇论文均订购250份抽印本,合订成册,定名为《蚌属观察记》(13卷,1827~1874年),分送给各种机构和有关人士。1838年又出版《水泽之神的家谱》,对淡水软体动物进行全面系统的分类研究。在50年里,不断通过费城自然科学会会刊介绍研究软体动物的成果和动态。西利曼称赞他"在贝类学方面树立了一座辉煌的纪念碑"。1833年在《地质学文稿》一书中,主要描述了亚拉巴马等地区第三纪地层的各种化石标本。出版《波茨维尔红砂岩中的化石遗迹》(1852年)。他还把近万个标本赠送给华盛顿国家博物馆。 (童远瑞)

拉特克,M.H.(Rathke, Martin Heinrich) 德国人,1793年8月25日生于普鲁士但泽(今波兰格但斯克),1860年9月3日卒于普鲁士柯尼斯堡(今俄罗斯加里宁格勒)。胚胎学、解剖学。

出身富裕的自由民家庭,父亲是造船技师。1814年进格丁根大学学习博物学和医学。1818年在柏林大学医学院获医学博士学位。后回但泽开业行医。1825年成为该市市立医院主任医师。1829年任多尔帕特大学生理学和病理学教授。1835年到柯尼斯堡大学任动物学和解剖学教授,直至去世。

曾游历许多国家和地区,收集大量动物和海洋生物资料,但兴趣集中在胚胎学和比较解剖学方面。和K.E. von贝尔、Х.И.潘德尔3人被公认为近代胚胎学的奠基者。发表过动物学及器官、器官发育方面的许多专题文章。最著名的工作是在哺乳动物和鸟类的胚胎中发现鳃裂、鳃板和鳃弓。1839年他又第一个描述了胚胎构造。他去世后,人们将脊椎动物垂体凹入点的标志——口腔背面的一个小窝命名为拉特克囊。此外,他对柯尼斯堡大学发展有很大影响,深受学生和同事敬佩。 (李新人)

埃施肖尔茨,J.F.(Eschscholtz, Johann Friedrich) 爱沙尼亚人,1793年11月1日生于俄国多尔帕特(今爱沙尼亚塔尔图),1831年5月19日卒于同地。昆虫学、动物学、植物学、地理探险。

在多尔帕特大学受医学教育。1819年起任多尔帕特大学编外解剖学教授,1822年起任该校动物陈列馆馆长,1828年起任常任解剖学教授。是莫斯科博物学家协会会员、德国利奥波德科学院外籍院士、瑞士自然科学学会外籍会员。

是首批考察太平洋、阿拉斯加和加利福尼亚地区物种的科学家之一。1815~1818年作为随船医生和博物学家,参加由船长科茨布(O. Kotzebue)指挥的俄国"鲁里克"号方帆双桅船的环球航行。此行他收集动植物标本的地区有:南美洲的巴西、智利,美国的加利福尼亚,太平洋诸岛,白令海峡,堪察加群岛,以及阿留申群岛等。同行的另一位博物学家是植物学家A.沙米索。他们成了亲密朋友,后者还将在加利福尼亚发现的一种野生罂粟以埃氏命名。1822年,他们将该次考察成果在柏林《昆虫学》杂志上予以报道。1823~1826年,他又参加了科茨布船长的"事业号"进行第二次全球航行,主要收集热带地区和阿拉斯加的昆虫标本。1825年,他在西太平洋马绍尔群岛首次描述和研究栎实虫。主要著作有《阿卡勒芬体系》(1829年)、《动物学地图集》(5卷，1829～1833年)等。他把同A. 沙米索一起采集的标本送给多尔帕特大学、莫斯科和芬兰赫尔辛基的博物馆收藏。为了向他表示敬意，阿拉斯加一个海湾、马绍尔群岛一个环礁、一种罂粟科植物和一种栉水母类以他的名字命名。（殷明德）

拉斯帕伊，F.-V.（Raspail，François-Vincent） 法国人，1794年1月25日生于法国卡庞特拉，1878年1月7日卒于巴黎附近的阿尔克伊。细胞生物学、寄生虫学、医学、药物化学。

出身贫苦家庭。初在阿维尼翁神学院学习和教学，因拒绝宗教宣誓，离职去巴黎大学学法律，后又学自然科学。是法国人权学会会长，1834～1835年主编《变革者》报纸。参加过1830年和1848年的革命，多次受到监禁和流放。

曾对细胞的定义做过杰出的论述，现代生物学家都承认他是细胞化学奠基人之一，也是最早使用显微镜研究植物的学者之一。在细胞病理学方面是魏尔啸的前驱；他主张微生物致病的生源论，指出疥疮的病原体是疥螨，是现代寄生虫学的奠基人之一。没有获得过医学学位，但通过实践却写出一部药典和倡导健康的《卫生手册》(1834年初版，每年一次修订)。主要著作还有《有机化学的新系统》(1833年)、《巴黎监狱书信》(1839年)、《卫生博物学》(1843年)等。

在他死后，1889年巴黎当费-罗舍罗广场树立了他的纪念碑，生前为病人免费治疗的一所房子内镶嵌了纪念他的大理石壁。1913年起，在法国首都巴黎和其他城市的街道和广场甚至村镇，以拉斯帕伊的名字命名的地方不少。（黄　旬）

普雷斯，K. B.（Presl，Karel Borivoj） 捷克人，1794年2月17日生于波希米亚的布拉格(今属捷克)，1852年10月2日卒于同地。植物学。

年轻时生活在波希米亚农村，对博物学很有兴趣。1818年获美国查尔斯大学医学博士学位，后又获产科博士学位。1822年任布拉格国家博物馆管理员。1836年任查尔斯大学博物学和工艺学教授。

在塞德尔(W. Seidl)指导下，收集了隐花植物的标本，并在1812年出版了《波希米亚隐花植物志》。1817年赴意大利和西西里岛考察，发表关于西西里岛的牧草和芦苇方面的文章。1826年写成《西西里岛植物志》。他整理了T. 亨克(Thaddeus Heanke)从南美、马利亚纳和菲律宾群岛采来的大量植物标本，并编纂成两卷图册，使许多从来不为人所知的植物公诸于世。曾对羊齿类植物进行解剖和形态上的研究，建立起一套全新分类法，1844年又研究蕨类植物，1846年对更原始的羊齿植物观音座莲进行研究，1851年出版了一部植物学著作，不久即去世。一生中描绘了许多新种、新属，所保存的标本均赠给查尔斯大学植物学研究所。他的长兄J. S. 普雷斯(Jan Svatopluk Presl)也是著名植物学家。创刊于1914年的捷克植物学会会刊《普雷斯利亚》即以两兄弟命名以志纪念。（谢　愉）

莱松，R.-P.（Lesson，René-Primevère） 法国人，1794年3月20日生于法国卡巴尼卡利，1849年4月28日卒于罗切福特。鸟类学、动物学、药物学、地理探险。

海军职员的儿子。1809年(16岁)进罗切福特海军医学院学习。拿破仑战争期间在法国海军服役参战。1811年任舰艇三级助理外科医生，1816年晋升为三级药剂师，1821年提升为二级药剂师。1822～1825年作为医务官和科学家随小型护卫舰“贝壳”号进行了一次法国科学院主持的环球科学考察航行回巴黎后供职于国家自然博物馆、整理考察成果。1831年任罗切福特海军医学院药学教授，1835年被提升为首席药剂师。1833年当选为法国科学院通讯院士。1847年获法国荣誉军团爵位。

在“贝壳号”远航考察中，他主要关注鱼类、软体动物、甲壳动物、植物形动物、哺乳动物、鸟类和地质现象。在摩鹿加群岛和新几内亚，他是第一个看到原生态环境下生活的天堂鸟的自然科学家。G. 居维叶和拉特雷尔(Latreille)向科学院汇报了这次考察成果。他在考察中所搜集的动植物标本和资料陈列在巴黎国家自然博物馆里，因此获通令嘉奖的荣誉。回巴黎后，1825～1833年莱松分工负责整理科学考察资料的脊椎动物部分，成果载于多卷本《贝壳号环球航行记》(1826～1839年)。在此期间，他发表了大量研究成果，包括博物学、考古学、人种学，尤其是动物学和鸟类学，其中出版有《鸟类学手册》(1828年)、《鸟类学论文集》(1831年)、《动物学精粹》(3卷，1830～1832年)、《动物学图谱》(4卷，1832～1835年)。他还出版过数部论述蜂鸟和天堂鸟的专著，编写随船医生用《药物学与医学博物学手册》(2卷，1833年)。（张之沧）

弗洛朗斯，M.-J.-P.（Flourens，Marie-Jean-Pierre） 法国人，1794年4月15日生于法国贝济耶附近的毛利汉，1867年12月6日卒于巴黎近郊蒙特吉农。比较生理学、脑与神经科学、骨科学。

出身低微。15岁入蒙彼利埃大学学医，19岁毕业。1823年在该校获医学博士学位。1814年怀着献身于生理学研究的愿望，带着引荐信赴巴黎见G. 居维叶，在他指导下研究生理学，有时还发表论文。1821年在巴黎大学万圣学院任教。1828年居维叶举荐他任副手并在法兰西学院任讲师。1832年任巴黎国家自然博物馆解剖学教授。翌年，按居维叶遗愿接任法国科学院终身秘书长。1840年当选为法国科学院院士。1855年任法兰西学院教授。长子G. 弗洛朗斯(Gustave Flourens)是法国革命家和作家，次子E. 弗洛朗斯(Emile Flourens)曾任法兰西第三共和国外交大臣。

主要从事人类和脊椎动物的神经系统功能研究，提出协调共济理论，对神经生理学发展有影响。他把中枢神经的功能分为3种：智能、感知和诱发肌肉收缩。1824年发现内耳骨半规管病变后躯体即失去平衡，确认它是平衡器官。进而发现小脑对肢体平衡和动作协调的控制功能。1837年发现了延髓呼吸中枢生命结的作用。此外，还发现骨膜在骨骼发育中的重要作用。1882年发现鸽(后来是狗)在切除大脑两半球后，受到刺激乃能活动，但丧失了感知、判断、记忆和意愿等智能活动，但是切除小脑并不影响推理和意愿，可是肌群协调性丧失，所以认为整个大脑是“一切智能活动的唯一场所”，并由此提出大脑区域定位法。他坚决反对伪科学的颅相学，但也反对达尔文的进化论。晚年致力于科学史的研究。代表作有《脊椎动物神经系统功能与特性的实验研究》(1824年)、《神经系统实验》(1825年)、《论动物的本能与智力》(1841年)、《自然个体发生学》(1861年)和《比较生理学教程》(1864年)等。(顾振海)

潘德尔，Х. И.(Пандер，Христиан Ивановиц；Pander，Christian Heinrich) 俄国人，1794年7月24日生于俄国拉脱维亚(今独立)，1865年9月22日卒于圣彼得堡。胚胎学、古生物学、生物进化论。

祖籍为德国。1812年入多尔帕特大学，受解剖学家K. F. 布尔达赫的影响较大。1816年在维尔茨堡大学研究鸡胚发育，1817年获医学博士学位。1821年成为圣彼得堡科学院院士。1826年成为圣彼得堡动物研究所成员。1842年成为圣彼得堡矿业研究所成员。1817年后赴德国、法国、英国、荷兰和西班牙等国旅行，参观解剖学博物馆、并作古生物学、地质学和生物学考察。

1821年起发表一系列有关比较骨骼学的论文，发展了有拉马克色彩的动物体型发育进化理论。1827年及1842年后，又先后两次在俄国各地旅行，写出中亚布哈拉博物学报告，并勘测了圣彼得堡周围地层。(林文娜)

瓦朗西恩，A.(Valenciennes，Achille) 法国人，1794年8月9日生于法国巴黎，1865年4月13日卒于同地。鱼类学、寄生虫学、软体动物学。

出生在巴黎国家自然博物馆，终生和该馆保持着密切联系。由于父亲过早去世，中学毕业后未受高等教育。1812年起就进入博物馆工作，相继帮É. 乔弗鲁瓦·圣提雷尔、J. B. 拉马克和G. 居维叶采集动物标本。后来又和A. von洪堡建立友谊。1844年当选为法国科学院院士。1856年任法尔梅大学动物学教授。1832年任博物馆环节动物、软体动物和植形动物分部的主任。

动物学知识十分渊博，发表许多关于软体动物和植形动物方面的研究报告。他还研究人体的寄生虫，为寄生虫学的奠定作出了重要贡献。1828年起和居维叶合作编撰《鱼类博物学》(22卷，1828～1848年)巨著，共同出版8卷，在居维叶1832年去世后又陆续出版另外14卷。(孙 勇)

弗里斯，E. M.(Fries，Elias Magnus) 瑞典人，1794年8月15日生于瑞典斯莫兰的费姆肖，1878年2月8日卒于乌普萨拉。植物学、真菌学、生物进化论。

受其牧师父亲的影响，从小对博物学极有兴趣。1811年入隆德大学，1814年获哲学博士学位。在隆德大学先后任讲师、副教授，1824年任教授。1834年任乌普萨拉大学植物学与应用经济学教授。

一生主要研究菌藻和植物分类，成为瑞典植物界的领导者。他的植物分类体系具有三个重要特征：认为所有生物都与某个类型和概念有关；区分姻亲关系指的是两种或更多的生物在外表上有一种相似，但没有内在的关系；关于进化思想，坚信进化的全过程产生于有机世界。赞同达尔文的进化理论，但不同意“要生存就必须斗争”、“进化过程的主要动力就是自然选择”等见解。运用奥肯分类原理，把真菌分成4纲：菌孢纲、丝孢纲、腹菌纲和层菌纲。一生写了许多著作，对菌藻类研究影响甚大。其中最著名的有《真菌观察记》(2卷，1815～1818年)、《真菌学系统》(3卷，1821～1832年)、《新编欧洲地衣图解》(1831年)、《斯堪的纳维亚植物大全》(2卷，1846～1849年)、《斯堪的纳维亚地衣志》(2卷，1871～1874年)等。(江 涛)

霍尔布鲁克，J. E.(Holbrook，John Edwards) 美国人，1794年12月30日生于美国南卡罗来纳州波弗特，1871年9月8日卒于马萨诸塞州诺福克。爬行动物学、鱼类学、医学。

一位校长的儿子。1815年在布朗大学获文学士学位。1818年在宾夕法尼亚大学获医学博士学位。后到英国伦敦大学、爱丁堡大学进行了2年博士后研究，又花2年时间考察欧洲巴黎等地博物馆。1822年回国，在南卡罗来纳州查尔斯顿行医。1824年参与建立南卡罗来纳大学医学院，任解剖学教授直至1854年。1827年与南卡罗来纳有名的种植园主女儿结婚。内战时期任该州外科医生考试委员会主任。是美国哲学学会会员、美国国家科学院院士。

是19世纪初南卡罗来纳州最受人尊敬的医学专家之一。但使他享有国际声誉的却是对爬行动物学的研究，博物学家们认为他在该领域是一位重要人物。1826年起出版《美国爬行动物志》(5卷，1826～1842年)，描述简明而精确，图文并茂，在美国和欧洲都享有盛名。后又研究美国南方鱼类，1854年出版《南卡罗来纳州鱼类志》。是杰出的动物采集家和描述家，具有旺盛精力、细微观察和描述能力。(秦安舲)

埃伦贝格，C. G.(Ehrenberg，Christian Gottfried) 德国人，1795年4月19日生于德国莱比锡附近，1876年6月27日卒于柏林。原生动物学、真菌学、古微生物学、地理探险。

出身市政官员家庭，13岁丧母。1815年入莱比锡大学学神学。后在柏林大学学医学、解剖学和动植物学，1818年获医学博士学位。1827年任柏林大学助理教授，并被选为柏林科学院院士，1839年任教授。1837年入选英国皇家学会外籍会员。1841年入选法国科学院外籍院士。1842年任柏林科学院数学物理学部秘书长，还被授与奖章。

在博士论文“柏林林地真菌”(1818年)中，对柏林附近200多种真菌作了首次描述。1819～1821年首次报道霉菌结合过程，并对蘑菇有性世代提供证据。在其一生的显微研究工作中，证明生物不能由水和粘土直接发生，但误认为物种是不变的。1820～1825 年，在普鲁士科学院资助和指导下，参加了去中东的埃及等地考古探险，使他的科学生涯发生了变化。探险队经过埃及、利比亚沙漠、尼罗河谷到达红海北岸，随后又到阿拉伯半岛，获得大批意想不到的科学资料，其中有3 987种计34 000件的动物标本、约3 000种计46 000件的植物标本，此外还有岩石和化石等标本。在探险中，其他 9 名成员相继死去，他是唯一幸存者。回国后发表数篇关于珊瑚虫的文章，并出版《自然综述》(2 卷，1828～1834 年)。以后陆续报道考察成果。

1829 年又随柏林科学院院士 A. von 洪堡去俄国西伯利亚探险，历时 8 个月，不仅收集动植物标本，还从事地质学和古生物学研究。1831～1834 年，先后发表关于水螅纲和软体动物、特别是红海珊瑚虫方面的著作，对珊瑚虫的解剖结构、食物、生理、生态和分类等作了首次报道，并指出红海变红的原因。还发表腹毛纲和轮虫纲的发育和结构(1832 年)、红海水母(1834～1835 年)、海洋磷光(1835 年)等研究成果。对当时称为“极微动物”的纤毛虫纲很感兴趣。在 1838 年出版的《作为完美有机体的纤毛虫》(2 卷)一书中，对该纲的结构、分类和地理分布作了首次论述，并详述其研究的历史和显微镜研究方法。1839 年出版《医学的方法学、百科全书和历史》。曾对海洋中和化石中单细胞动物进行连续观察，在显微镜下发现单细胞化石，建立地质地层概念；对淡水和海洋动物作了精细描述，区别出贝壳和骨骼；出版《显微地质学》(2 卷，1854 年)，成为德国显微地质学和古微生物学奠基人。采集的许多标本、手稿及书信至今仍保存在柏林大学自然博物馆里，其中有 4 万件显微标本，5 千件未加工样品，3 千张写生素描和彩图，以及近千封书信。1839 年获英国地质学会最高奖沃拉斯顿奖章。1877 年获荷兰列文虎克奖章。（蒋虎祥　姚承昌）

韦伯，E. H.（Weber，Ernst Heinrich） 德国人，1795 年 6 月 24 日生于德国维滕堡，1878 年 1 月 26 日卒于莱比锡。*比较解剖学、生理学、生物力学、实验心理学。*

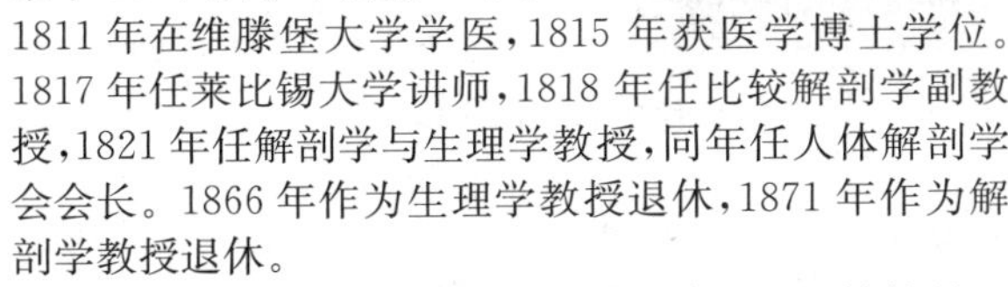

父亲是神学教授。他是家中 13 个孩子中的第 3 个。1811 年在维滕堡大学学医，1815 年获医学博士学位。1817 年任莱比锡大学讲师，1818 年任比较解剖学副教授，1821 年任解剖学与生理学教授，同年任人体解剖学会会长。1866 年作为生理学教授退休，1871 年作为解剖学教授退休。

发现了几个重要的解剖学结构，其中有些结构是以他的名字命名的，例如鱼耳房和气囊两侧的小骨链被称为韦伯氏小骨。证明了消化液是腺体的特殊产物，不是血浆的分离物，这为生理学和化学开辟出新的研究领域。1825 年在《波动学》一书中提出流体动力学的基本定律，第一次把物理学应用到血液循环中。1826 年前后研究感觉功能，特别是低等感觉问题，并提出了阈值的概念，触觉方面的著作被视为经典著作。发现只有当一对刺激的强度差异达到某一比例时，皮肤或肌肉才能辨别出两者的差别，这个比例系数称为韦伯系数。是实验心理学(他称为“精神物理学”)的奠基人之一。1845 年和弟弟韦伯(Eduard Friedrich Weber)共同发现，刺激脑的某些部位或迷走神经的末端，可以使心跳变慢甚至停止，这是神经作用使自主活动受到抑制的一个重要例证，在生理学发展史上具有重要意义。1850 年总结出弹性管中的波动理论和血液在血管中的运动定律，为液体在弹性管中的运动分析奠定了基础。代表作有《迷走神经比较解剖学》(1817 年)等多部，其中有些是同他的两个兄弟合著的。（张志练）

亨斯洛，J. S.（Henslow，John Stevens） 英国人，1796 年 2 月 6 日生于英国罗切斯特，1861 年 5 月 16 日卒于希彻姆。*植物学、地质学。*

律师的儿子。自幼酷爱大自然和博物学。1818 年毕业于剑桥大学圣约翰学院。留校任教，1821 年获硕士学位。1818 年参加伦敦林耐学会。1819 年参加英国地质学会。1822 年任剑桥大学矿物学教授，1823 年任植物学教授。1824 年被授予教堂圣职，1837 年任希彻姆区教区长。曾任英国上院议员、伦敦大学植物学督学。

关注研究植物地理学、形态学和生理学，鼓励学生们到大自然锻炼自己。学生中有后来成为著名学者的 C. 达尔文、贝克莱、W. H. 米勒等人。将达尔文推荐给“贝格尔”号舰，在达尔文 5 年航海中，两人之间书信不断，并对送来的标本逐一研究。1831 年他建立了剑桥大学植物园，成为群众向往的中心，对植物学教学研究和科学普及起了重要作用。主要著作有《英国植物志》(1829 年)、《植物生理学和描述原理》(1835 年)、《萨福克地区植物志》(1866 年)等。（王荣增）

托里，J.（Torrey，John） 美国人，1796 年 8 月 15 日生于美国纽约，1873 年 3 月 10 日卒于同地。*植物学、化学。*

监狱长的儿子。先在纽约上公立学校，后又在波士顿大学学习。1810 年起对植物学发生兴趣。1818 年获医学学位。1820 年起在西点军校执教。1824 年任教纽约大学医学院。1830～1854 年在普林斯顿大学任教授。期间 1836 年兼任纽约州政府植物学顾问。1853 年兼任美国联邦政府金属化验研究所首席化验师。1856 年任哥伦比亚学院董事。1873 年任托里植物俱乐部首届主任。

1819 年出版《纽约市 30 英里内野生植物志》。1824 年出版《美国北部和中部植物志》(只出第一卷)，把当时的北美植物区系资料集中在一起。后组织美国植物学家采用自然分类系统，主编英国 J. 林德利的《植物学自然系统概论》(1831 年)一书的美国版。按新系统设计《北美植物志》这一巨著，1838～1843 年在他的学生帮助下陆续出版多卷本分册。后用全部时间从事美国西部植物标本的鉴定工作，1843 年出版《纽约州植物志》(2 卷),代表他在植物分类和鉴定等方面的水平。从 1843 年起到去世,又陆续发表了 18 篇以上的专题报告。他首次描述了食肉植物。1860 年,他将自己建立的植物标本室和植物学图书馆并入哥伦比亚学院,成为纽约植物园标本馆的基础。一生以教授化学为主,利用业余时间从事植物学研究工作,为科学做出了贡献。

(耿伯介)

哈伦,R.(Harlan, Richard) 美国人,1796 年 9 月 19 日生于美国宾夕法尼亚州费城,1843 年 9 月 30 日卒于路易斯安那州新奥尔良。比较解剖学、动物学、古生物学、医学。

从小爱好科学研究。先在费城学医。1816～1817 年到航行加尔各答的船上当外科医生。1818 年获宾夕法尼亚大学医学博士学位。同年任费城博物馆比较解剖学教授。1822 年被选为美国哲学学会会员。1832 年霍乱威胁费城时,是该市抗霍乱委员会成员,并任费城医院外科医生,为防治工作日夜操劳,获银壶奖表彰。1833 年首访欧洲,1838～1843 年重访欧洲。1843 年初开始在新奥尔良开业行医,同年被选为路易斯安那内外科学会副会长。几个月后突然死于中风。1815 年被选为费城科学院院士。

1821 年发表关于动物产热的论文。将大部分时间研究脊椎动物,写了不少专著。为了搜集动物标本和古生物化石,曾去新泽西、辛辛那提(1827 年)和弗吉尼亚(1831 年)考察。收集出版有大量资料的《人类和低层次动物脑功能的解剖调查研究》(1824 年)、《美国动物志》(1825 年)、《美国爬行动物学》(1827 年)和《医学和自然科学研究》(1835 年)。

(殷明德)

雷济厄斯,A. A.(Retzius, Anders Adolf) 瑞典人,1796 年 10 月 13 日生于瑞典斯德哥尔摩,1860 年 4 月 18 日卒于同地。比较解剖学、组织学、人类学、医学。

博物学教授之子。1819 年因软骨鱼解剖的论文获瑞典隆德大学医学博士学位。同年服兵役。1823 年任斯德哥尔摩兽医学院兽医学名义教授。1824 年任卡罗林斯卡医学院解剖学编外教授,1840 年任全职教授。

详细研究了盲鳗和文昌鱼,为后来的比较解剖学研究奠定了基础。在解剖学领域,发现软骨鱼的肾脏间器官与高等动物的肾上腺皮质同源;叙述了马的睫状神经节和蝶颚神经节;发现交感神经干与脑脊髓神经的联系;采用注射法发现巩膜静脉窦(现称施累姆氏管);发现齿釉质上的“雷济厄斯氏纹”;描述了幽门窦和幽门管的特征及胃管;发现踝关节的“雷济厄斯氏韧带”及耻骨后腔“雷济厄斯氏腔”。在人类学领域,发现每一人种都有一定长宽比例,称头的指数,从而出现了一门新的学科——形态人类学。对北欧人头骨进行了比较研究,根据头骨剖面分为直颚和突颚两种,并进而把欧洲人分为日耳曼型(长头)和斯拉夫型(短头)。

(张志练)

奥杜英,J. V.(Audouin, Jean Victor) 法国人,1797 年 4 月 27 日生于法国巴黎,1841 年 11 月 9 日卒于同地。海洋动物学、农业昆虫学、药物学。

公证员的儿子。原先学法律,但不久转学医学、药学和自然科学。1816 年开始给矿物学家亚历山大(B. Alexandre)当秘书,这对他的科学生涯起了重要影响。同年发表了第一篇昆虫学著作,于 1820 年在法国科学院宣读,受到 G. 居维叶的赞扬。1822 年参与发起建立巴黎博物学学会。1824 年创刊《自然科学年鉴》,在上面发表了许多论文。同年到巴黎国家自然博物馆当 P. A. 拉特雷尔的助手,1833 年接替他的职位任动物学教授。1832 年参与成立法国解剖学学会。1838 年入选法国科学院院士。

1822 年合作出版《博物学分类辞典》。1826 年和 H·米尔恩-爱德华兹等人首次对布雷顿和诺曼海岸的海生无脊椎动物进行解剖学、生理学和生物学研究。同年发表关于斑蝥的化学、药学和医学、博物学的博士论文。1834 年起主攻农业昆虫学,是现代应用昆虫学的先驱者。身后出版有遗稿《藤本植物害虫志》(1842 年)等。

(孙炳寅)

朱西厄,A. H. L. de(Jussieu, Adrien Henri Laurent de) 法国人,1797 年 12 月 23 日生于法国巴黎,1853 年 6 月 29 日卒于同地。植物学。

是巴黎国家自然博物馆植物学教授 A.-L. de 朱西厄的儿子,是这个植物学世家第三代。早期受过系统的古典文学训练,培养了对文学的爱好,后转向医学和植物学。1824 年用拉丁文撰写关于大戟科植物的博士论文,获巴黎大学医学院医学博士学位。1826 年接替父亲任职于巴黎植物园。1845 年任巴黎国家自然博物馆植物学教授,教学成绩卓著。曾任法国科学院院长。

继承了父亲的研究工作,在形态学基础上探求生物的自然亲缘关系,并注意博物的药物学和化学研究。在植物学方面的工作,主要研究植物的形态学及其相互关系,特别强调解剖学和发育形态学新特征的出现,对植物分类原理作出重要贡献,著有《植物分类学》、《植物地理学》(1846 年)和《博物学大词典》等。撰写的《植物学基础教程》一书,于 1842～1882 年间发行了 12 版以上。在博物馆工作期间,和同事布朗雅尔特(Adolphe Brongniart)合作建立了一个植物标本分馆,在他去世后又和其私人标本室合并扩充为更大的标本馆。

为纪念朱西厄父子对科学的贡献,国际天文学界将第 9470 号小行星命名为“朱西厄星”。

(耿伯介)

莫顿,S. G.(Morton, Samuel George) 美国人,1799 年 1 月 26 日生于美国宾夕法尼西州费城,1851 年 5 月 15 日卒于同地。古生物学、比较解剖学、人类学、医学。

早年在宾夕法尼亚州、伯林顿和新泽西州受教育。曾师从费城的帕里什(J. Parrish)教授,1820 年毕业于宾夕法尼亚大学医学院。1823 年获英国爱丁堡大学医学博士学位。在研究医学的同时听了 R. 詹姆森的地质学课。以后主要在费城地区以行医为业。1839～1843年任宾夕法尼亚大学医学院解剖学教授。1820年当选为费城自然科学院院士。

他是一个多产作家，1823～1851年写过各种题材的著述，在自然科学领域著作不少。是美国无脊椎动物古生物学的奠基人，1834年出版《美国白垩纪古生物化石概述》。1839年出版的《美国人的头盖骨》，以及《美洲土著人和古埃及人头盖骨特征区别研究》(1844年)，对人类头盖骨作了比较研究，提出关于世界人种起源的多元发生理论。此外还有《地质学观察资料》(1828年)、《肺病图解》(1834年)、《动物和植物的杂交性》(1847年)、《图解人体解剖学系统》(1849年)、《杂交种的进一步观察》(1851年)、《猿猴的种类》(1854年)等专著。 (肖 玲)

林德利，J.(Lindley，John) 英国人，1799年2月8日生于英国诺里奇附近的卡顿，1865年11月1日卒于米德尔塞克斯郡贝德福德。*植物学、园艺学、药物学。*

园艺师之子。家境较贫困，16岁以前在诺里奇文法学校受过中等教育，无钱进大学。青年时代作为一名英国种子公司代表到过比利时。1819年将理查德(L. C. M. Richard)1808年的法文版《果实的分析》译成英文出版。1818年被J.班克斯爵士(Sir Joseph Banks)聘为图书室和植物标本室助理员。1822年任伦敦园艺学会新建立的奇斯维克公园助理秘书，从此与该学会发生联系达43年之久。1827年任英国园艺学会副秘书长，1858年任秘书长。1828年被选为英国皇家学会会员。1829年任伦敦大学学院植物学教授，1860年退休。1832年慕尼黑大学授予他荣誉博士学位。1836年起一直在切尔西草药园兼教植物学。1838年起草管理基尤皇家公园的报告书，后来成为皇家植物园(即基尤植物园)的基础。

是19世纪著作较多的植物学家之一。在植物学和园艺学中作出了较大贡献，其中突出的是对兰科植物的研究。在兰科中共建立120个以上的属，描述几百个新种。早期著有《蔷薇属专集》(1820年)、《毛地黄属专集》(1821年)、《植物采集记》(1821～1825年)和《蔷薇科与梨亚科的调查》(1821年)。在《蔷薇科与梨亚科的调查》中，建立了木瓜、枇杷、石楠、苹果和石斑木等属，这些属迄今仍被承认。后来还编写了有花植物和隐花植物的著作，描述了16 712种植物，被收集在J.劳顿(John Loudon)主编的《植物大百科全书》(1829年)中。其他著作有《英国化石植物志》(1831～1837年，与他人合著)、《植物学引论》(1832年)、《兰科植物的种与属》(1835年)、《植物学自然系统》(1836年)、《医用植物志》(1838年)、《兰花的种植法》(1838年)、《园艺学原理》(1840年)、《植物世界》(1846年)、《兰科的叶子》(1852年)等。另外，对古植物学和兰花的培育做了不少研究工作。 (耿伯介 叶光汉)

皮尔，T.R.(Peale，Titian Ramsay) 美国人，1799年11月2日生于美国费城，1885年3月13日卒于同地。*鸟类学、哺乳动物学、地理探险、美术。*

博物学家C.W.皮尔之子。13岁时辍学，协助父亲到野外采集各种标本以建立皮尔博物馆。18岁进费城科学院工作。1822～1838年在费城自然博物馆工作。1833年加入美国哲学学会。1838～1842年在美国远征探险队担任首席博物学家。1843年后供职于美国商务部专利局。

16岁时，为T.塞伊的多卷本《美国昆虫学》(1824～1828年)绘制插图。1817～1818年随塞伊参加由费城科学院组织的考察队，到佛罗里达和佐治亚海岛搜集标本。1819～1820年作为塞伊的助手参加S.朗(Stephen Long)探险队到落基山脉进行博物学考察，画了122幅写生。1824～1825年在佛罗里达州搜集标本，并为C. L.波拿巴的多卷本《美国鸟类学》(1825～1833年)绘制插图。1830～1832年去哥伦比亚旅行，为费城自然博物馆带回了500个鸟类和许多蝴蝶标本。他发明了一种可长久保存蝴蝶等标本的方法，因而他的收藏物至今仍然栩栩如生。1841年考察队船只“孔雀号”遇难，他3年的搜集品全部遗失。他因经济拮据，1843年被迫卖掉多年苦心经营的皮尔博物馆还债。1843年开始成为美国摄影家的先驱。主要著作有《哺乳动物与鸟类学》(1848年)等。 (林德宏)

沈练(Shen Lian) 字清渠。中国清代江苏溧阳县人，约生于18世纪末或19世纪初。*蚕学、农艺学。*

出身农家。早年家住溧阳时，因离蚕桑业发达的嘉兴、湖州地区甚近，农家养蚕业也颇为发达。后来就任安徽绩溪县教谕。迁居绩溪后，在住家附近栽桑，桑树长成，继续养蚕，全家都有丰富的养蚕缫丝经验。当时绩溪没有蚕桑业，为倡导当地农家养蚕，养蚕季节欢迎农人到他家中观摩。由其妻及子讲解养蚕缫丝知识及方法。

为推广先进的养蚕技术，咸丰五年(1855年)写成《广蚕桑说》一书，比较系统而完整地介绍了浙江嘉兴、湖州地区的栽桑养蚕方法。其中如浴种时用石灰或食盐溶液浸淋，以达到卵面消毒的目的，又如以稻壳煨成糠灰用于除沙，再如用柳枝架在蚕箔上，提取熟蚕送上蚕簇的柴诱法，都是嘉兴、湖州地区蚕农常用的方法，沈练总结后写入书中。同治二年(1863年)，其子沈琪将该书刊印于世。

清代后期刊行的蚕书颇多，《广蚕桑说》是这些蚕书中一再被翻印而最广为流传的一种。淳安县的仲学辂于光绪年间对之进行增补，撰有《广蚕桑说辑补》，其中植桑技艺19条，养蚕方法66条。 (章 楷)

普歇，F.-A.(Pouchet，Félix-Archimède) 法国人，1800年8月26日生于法国鲁昂，1872年12月6日卒于同地。*微生物学、生理学、博物学。*

实业家的儿子。1827年在鲁昂和巴黎学习并取得医师资格。1828年任鲁昂自然博物馆主任兼鲁昂皇家植物园园长，1838年任鲁昂医学院教授。

著作涉及植物学、动物学、生理学和微生物学等许多领域。是自然发生说的大力倡导者，对其提出许多论述和实验，引起人们广泛的兴趣。承认人类的排卵发生在月经周期有限范围之内。特别注意空中微粒，记录淀粉、织品纤维、碳和无机微粒的存在，还推断空气中含有真菌孢子或被包在囊内的纤毛虫等。晚年改进了微生物实验技术，对这方面的研究工作做出了贡献。

代表作为《自然发生论》(1859年)等。还是一个出色的科普作家，出版的《普通生物学》图文并茂，书中有许多独创性见解，是一部杰出著作。1870年出版《宇宙》大百科全书，向大众普及自然科学知识，但书中嘲笑了生源说和原子论。（林金榜）

本瑟姆，G.(Bentham, George) 英国人，1800年9月22日生于英国普利茅斯附近斯托克，1884年9月10日卒于伦敦。*植物学。*

父亲是造船工程师和英国海军总督察，母亲是著名医生，有一个较好的家庭环境。自幼即能用俄语、法语、德语会话。后去法国入蒙托邦神学院，除学习法语外，又学习拉丁语、文学、自然哲学、数学和希伯来语。在以后的科学活动中，能够阅读14种文字的植物学书籍。在母亲鼓励下，自17岁起就对植物学发生兴趣，阅读了许多植物学书籍，1823年访问伦敦，结识了英国植物学界许多学者。1830～1834年考察了欧洲各地博物馆和植物标本收藏，1842年他移居英国赫里福德郡。1855年移居伦敦。曾在林肯法学院学习过法律，1831年被任命为法官，然而在1833年却决定放弃这一职位，靠继承的遗产专门从事植物学研究工作。1828年被选入林耐学会，1861年任该会会长。1862年当选为英国皇家学会会员。1874年剑桥大学授予他荣誉法学博士学位。

研究生涯持续了50年之久，写出大量杰出的论文。他在蒙托邦制作了第一批植物标本，并建立一个标本室。1854年把标本室赠送给基尤皇家公园时，贮存的植物标本已达10万份以上。和J. D. 胡克合作20年写成《植物大全》(1883年)一书，使他一生在科学工作中的成就达到了顶点。胡克是C. 达尔文的友人和坚定的进化论者，受其影响，本瑟姆才从原有的物种不变论转为信奉进化论，这一转变据他说经历了整整15年。是一位谦虚的学者，经常认为自己只是一位业余的植物学工作者，不愿接受任何荣誉。他的首部著作是比利牛斯山脉探险的成果《比利牛斯地区植物志》(1826年)。此外出版有《英国植物志》(1858年)、《香港植物志》(1861年)、《澳大利亚植物志》(7卷，1863～1878年)等专著。一生接受过许多荣誉，其中1859年获英国皇家学会皇家奖章。1879年获澳大利亚新南威乐士皇家学会克拉克奖章。（耿伯介）

米尔恩-爱德华兹，H.(Milne-Edwards, Henri) 法国人，1800年10月23日生于法国布鲁日(今属比利时)，1885年7月29日卒于法国巴黎。*动物学、比较解剖学、生理学。*

在牙买加的英国庄园主的第27个孩子。当比利时独立时，他选择了法国国籍。1823年获巴黎大学医学院医学博士学位。后又跟G. 居维叶学动物学。1828年获法国科学院实验生理学奖。1832年任中央高等工艺制造学校卫生学和博物学教授。1835年后负责巴黎国家自然博物馆昆虫学讲座，1862年任哺乳动物学讲座教授。1834年起主编出版《自然科学年鉴》。

主要从事甲壳纲、多足纲、蜘蛛纲以及昆虫方面的实验工作。不满足于搜集动物标本进行分类，还研究它们的栖息地、活动和行为，按潮汐移动、摄食和生殖方式等，并且把生理学和比较形态学结合起来进行研究。早期研究甲壳纲，出版了一系列专题报告，包括血液循环、呼吸、神经和肌肉。最经典的著作为《甲壳类博物学》(3卷，1837～1841年)，指出甲壳纲是由20多个同源的分节(即“体节”)组成。提出动物有机体是发展的，低等动物相同的组织具有不同的功能。观察到腔肠动物可由一个单独的碎片长出一个整体，但在较高等的动物中就逐渐失去这种能力，并特化成具有各种功能的器官系统。其他著作还有《动物与人的比较解剖学与生理学》(17卷，1857～1881年)、《珊瑚博物志》(3卷，1858～1860年)等。1856年获英国皇家学会科普利奖章。（秦安舲）

翁格尔，F.(Unger, Franz) 奥地利人，1800年11月30日生于奥地利洛伊塔施附近，1870年2月13日卒于格拉茨。*古植物学、植物栽培学、细胞生物学、生物进化论。*

曾在格拉茨大学学法律。1820年入维也纳大学学医。1822年进布拉格查尔斯大学。1823年重返维也纳大学医学院，1827年毕业。2年后成为开业医生。1830年聘任宫廷御医。1835年在格拉茨大学任植物学教授，兼任植物园主任。1849～1866年任维也纳大学植物解剖学和生理学教授。

早期研究古生物学，后转研究植物学。1843年出版专著描写细胞的分裂增殖和开花植物茎的构造，提出细胞分裂促使植物繁殖的增殖理论。在1859年达尔文出版《物种起源》以前已是进化论者，认为物种的连续概念是受自然哲学影响的结果，并试图描述早期地质时代的植物特点。早期著作反映出对古植物学的浓厚兴趣。也是研究栽培植物早期历史的开拓者，探讨和总结对低等植物施肥的方法，并把游动精子的产生看作是植物向动物转变的信号。

他是个多产作家，主要著作有：《土壤对植物分布的影响》(1836年)、《植物细胞的结晶化》(1840年)、《植物解剖学与生理学原理》(1846年)、《植物化石的种与属》(1850年)、《植物化石总汇》(1860年)、《试论植物界的历史》(1852年)、《植物学通信集》(1852年)等。（钟觉民）

布隆尼亚，A.-T.(Brongniart, Adolphe-Théodore) 法国人，1801年1月14日生于法国巴黎，1876年2月18日卒于同地。*古生物学、植物学、地层学、生物进化学。*

其父A. 布隆尼亚是著名地质学家，对他影响较大。1818年在巴黎大学医学院攻读医学。1824年和同行创办《自然科学年鉴》。1837年任巴黎国家自然博物馆植物学教授。次年当选为法国科学院院士。1854年任法国植物学会首任会长。

1820年首次报道了甲壳纲的一个新属，后致力于植物学的研究。1822年发表关于植物化石分类及分布的论文，提出古植物学是植物学的一个组成部分，为生物学和地质学的关系奠定了基础。运用新老植物形态的对比，为植物地理学这门新学科作出了贡献。出版《化石植物史》(2卷，1828～1837年)和《绪论》(1828年)两书，进一步肯定和引伸了自己的观点。《绪论》一书从地质学角度建立了4个植被发展阶段。植物界的6个大纲也随之诞生：菌藻植物、细胞茎花植物、维管隐花植物、裸子植物、单子叶被子植物、双子叶被子植物，其中裸子植物首次被命名为纲。虽然赞同G.居维叶关于地史中的周期及物种永恒性的理论，但也承认植物器官从简单到复杂这一进化规律。在其科学事业中，27岁那年是最兴旺发达的时期。年前刚发表了显花植物受精作用论文集。随着显微镜的改进，使他能观察受精过程直至雌性和雄性生殖细胞的结合，他肯定了花粉管的存在，还命名了胚胎囊及运用外成作用的理论，为植物分类及其世代交替的研究作出了贡献。法国多种科学年报、杂志等争相刊登他的文章。在以后的25年内，着重研究圣艾蒂安附近大克鲁瓦地区的硅化胚种。

(马玉英)

范德霍文，J. (van der Hoeven, Jan)　荷兰人，1801年3月9日生于荷兰鹿特丹，1868年2月10日卒于莱顿。*动物学、比较解剖学、博物学、人类学。*

富有商人家庭出身。1819年入莱顿大学，1822年以关于鱼骨骼的比较解剖学论文获理学博士学位，1824年以关于耳病的论文获医学博士学位。毕业后出访法国和德国。回国后在鹿特丹行医。后在新建药学院讲授植物学，1825年受聘为物理学讲师。1826～1860年一直任莱顿大学动物学与矿物学教授，主要讲授比较解剖学和普通动物学、人类学、地质学及矿物学。1834年起主编《博物学与生理学》杂志。是40多个国内外科学院和学术团体的成员。他是该大学最后一个用拉丁语教学的教授。他的弟兄中有两位也是大学教授，一位教神学，一位教物理学。

毕生贡献主要反映在《动物学哲学》(1864年)一书中。另一研究领域是人类博物学，对颅骨形态学特别感兴趣。科普作品有《动物学》普及本和《动物博物学》。通俗读物中最有名的是多卷本《动物知识手册》(1827～1833年)，被译为德文和英文，流传甚广。有关工作反映了19世纪前半叶荷兰的文化趋势，被认为是当时最杰出的动物学家之一。

(殷明德)

迪雅尔丹，F. (Dujardin, Félix)　法国人，1801年4月5日生于法国图尔，1860年4月8日卒于雷恩。*原生动物学、植物学、无脊椎动物学、昆虫学。*

出身工艺精巧的钟表匠世家。受家庭的熏陶，养成观察敏锐、操作精细的习惯。一生坎坷不平，几遭毁谤，为了谋生曾从事多种工作。1840年任图卢兹大学理学院地质学和矿物学教授。1841年任雷恩大学理学院动物学和植物学教授，后任院长。去世前不久被选为法国科学院通讯院士。

先后进行过化学、光学、地质学、植物学和动物学的研究。从开始研究动物学起就认识到观察活有机体的重要性。1834年在研究地中海沿岸微小的海洋动物时，发现一类动物有精致多室的外壳，内部为无明显结构的半流质。在活体中这些物质能穿过石灰质壳上的细孔，形成伪足状小根，并可自动缩到壳里。因此建议将它们归入一个新科——根足类。还否定了受到G.居维叶支持的多胃假说。将根足类体中的无结构物质命名为"Sarcode"(原生质的旧称)，而所谓多胃纲动物的"胃"，也是此种"Sarcode"，对原生质理论的建立起了重要作用。直到1870年以后，原生质理论才被普遍接受，"Sarcode"一词也被改称为"Protoplasm"(中文译为原生质)。他驳斥德国生物学家C.G.埃伦贝格关于"微生物是类似大动物的完全机体"的见解。他的研究领域广泛，其中还包括无脊椎动物中的棘皮类、蠕虫类和水母类等等。1850年，他首次描述了蕈形体——昆虫的神经系统。著有《安德尔-卢瓦尔地区植物志全集》(1833年)、《自然界漫游》(1838年)、《纤毛虫类博物志》(1840年)、《显微镜观察者手册》(1842年)、《蠕虫博物志》(1844年)等。为人正直，治学严谨，在世时虽被人误解，但身后却深得人们的敬仰。

(童远瑞)

布森戈，J.B.J.D. (Boussingault, Jean Baptiste Joseph Dieudonné)　法国人，1802年2月2日生于法国巴黎，1887年5月11日卒于同地。*植物生理学、农艺学、农业化学、矿冶学。*

曾在法国圣艾蒂安矿业学校学习。20岁不到便到南美洲一家英国公司当矿业工程师，考察过不少地方。回法国后，曾任里昂大学化学教授。1839年任巴黎工艺技术学院农学与分析化学教授。1848年入选国会议员。3年后因政治观点被开除教职，后在科学界和教育界同仁的吁请下复职。

1827～1832年由于对南美土壤及气象的研究而成为一个农业科学家。1834～1876年在农场应用有机化学分析方法研究土壤肥力、作物轮作、植物与土壤固氮、雨水中的氨、硝化作用等，探索植物氮素的来源。1837～1854年研究动植物所吸收的有机物质的比例。1837～1838年设想豆科植物可能从大气中固定氮素。1838～1841年指出豆科作物与谷类作物一起生长在贫瘠的土壤时，将提供比施肥还多得多的氮素。1855～1856年指出向日葵类植物能在没有有机质的土中，通过浇灌硝酸盐而生长直至成熟。1859年指出在没有植物生长的土中硝酸盐自然有所增加，从土壤的固氮作用设想有微生物的活动。1860～1876年研究硝化作用的化学过程，认为肥沃的土壤是硝化作用的先决条件。由于对固氮作用和对硝化作用的研究，将植物氮素营养问题推入近代微生物学的大门。著有《农村经济论稿》(1844年)、《农艺学、农业化学与生理学》(5卷，1860～1874年；1884年第2版)、《将铁转变为钢的研究》(1875年)等。

(贺观钦)

巴里，M.（Barry，Martin） 英国人，1802 年 3 月 28 日生于英国汉普郡弗莱顿，1855 年 4 月 27 日卒于英格兰萨福克郡贝克勒斯。胚胎学、组织学、地理探险。

1833 年获爱丁堡大学医学博士学位，并取得行医资格。接着到德国海德堡大学学习。1840 年被选为英国皇家学会会员。

在第一篇胚胎学论文“动物界结构的单位”中，就提出“动物界结构的一致性”，后来的研究进一步巩固和发展了这一概念。在 1840～1841 年的一组论文中，又提出红血球形成的假说。1842 年 12 月 8 日，他宣布在兔子的卵细胞内看到精子，据认为这是最早的记录，1843 年发表于英国皇家学会《哲学会刊》上。另有植物学与地理考察著作《攀登勃朗峰》（1935 年初版，1936 年再版）。1839 年因胚胎学论文获英国皇家学会皇家奖章。

（林文娜）

勃兰特，J. F. von（Brandt，Johann Friedrich von） 德国人，1802 年 5 月 25 日生于德国于特博格，1879 年 7 月 15 日卒于爱沙尼亚的迈拉屈尔。动物学、药物学、植物学。

外科医生的儿子。1821 年入柏林大学学医，但热爱植物学、动物学和矿物学。1826 年获柏林大学医学博士学位。同年夏天通过国家考试成为有执照的外科医生。1827 年开始在柏林大学任教。

大学时代，假期与同学考察哈茨山区，因一篇有关植物呼吸的论文获奖。1825 年出版《柏林植物志》。与朋友合写了《医用动物学》（1827～1834 年）多卷本巨著，该书描述了多种药用动物。在德国未能找到一个稳定的职业，被迫于 1831 年移居俄国，任圣彼得堡科学院动物学部主任兼动物陈列馆主任，在中央教育学院执教。1851～1869 年为军医学院教授。在俄国享有很高的声誉，入选圣彼得堡科学院院士、俄罗斯帝国参议员，获各种奖章。其他主要著作有《西伯利亚西部脊椎动物》（1845 年）、《鱼类分类法》（1865 年）和《哺乳动物博物学》（1866 年）等。1876 年俄国在他获博士 50 周年时曾举办盛大的庆祝活动，设立勃兰特奖以奖励从事动物学研究成绩卓著人士。

（童远瑞）

钱伯斯，R.（Chambers，Robert） 英国人，1802 年 7 月 10 日生于英国苏格兰皮布尔斯，1871 年 3 月 17 日卒于苏格兰圣安德鲁斯。生物进化论、历史学、太阳系演化学、科学传播。

出身棉花加工厂主家庭。只在爱丁堡读到高中毕业。16 岁起开过书店、出版商行。1832 年起和哥哥威廉合作创办《钱伯斯爱丁堡》杂志（1854 年起改为《钱伯斯文学、科学与艺术》杂志）。自学成才。1840 年入选爱丁堡皇家学会会员。1844 年入选英国地质学会会员。

写过不少关于苏格兰地质特别是冰河作用和侵蚀现象的论文。1844 年匿名出版《宇宙创生的遗迹》。该书主要论点是进化律支配着有机界，就像万有引力支配着无机界那样；强调星云说，认为太阳系从“一种火雾”发展而来；指出地层形成与动植物化石的关系，认为生物从低级向高级进化，人类的出现则是近期的事。书中还广泛讨论了生命现象，如：用直线分枝系统表示澳大利亚动物区系不同类群之间的关系，为生命起源的单一性提供证据，运用大量地质学和生物学资料提出自然界发展变化的观点，为 15 年后达尔文《物种起源》一书的问世提供了开拓性思路。

是多产作家，不少著作是兄弟俩一起主编或合著。早期出版多部关于苏格兰人文、历史、地理和语言的著作，其中有《爱丁堡传统民俗》（1824 年）、《苏格兰名人传记辞典》（4 卷，1832～1835 年）等。出版《钱伯斯大百科全书》（10 卷，1859～1868 年）、《罗伯特·钱伯斯文选》（7 卷，1847 年）等。

（蒋虎祥）

森佩，K. F.（Schimper，Karl Friedrich） 德国人，1803 年 2 月 15 日生于德国曼海姆，1867 年 12 月 21 日卒于海德堡附近施维茨卒根。植物学、古生物学、地质学、气候学。

父母离异，童年生活不幸福。在中学时即有丰富的植物学知识，和老师合著了一本关于当地的植物志。1822 年进海德堡大学攻读神学，1826 年改读医学。1829 年在慕尼黑大学获博士学位。留校任编外教师，一直过着贫困生活，至 1845 年才得到一些微薄的年金。他的一位兄弟和一位堂兄弟也是植物学家。

在植物形态学方面进行了先驱性研究，最大贡献是叶序理论，指出螺旋形向上生长的叶子是按轮形图案排列的，还指出每种植物叶子的排列都有它独特的图案。在慕尼黑大学时即对史前动物化石发生兴趣，已形成他的进化观点，但却否认后来达尔文提出的自然选择理论。在地质学方面，对阿尔卑斯山脉北麓所发现的更新世冰河痕迹特别感兴趣，认为大冰盾曾一度覆盖欧洲、亚洲和北美大部分地区；还认为阿尔卑斯山脉的升起不是由于下面的力量，而是由于水平面的推力。在水文学和气象学方面，曾作了一系列的观察，提出地球历史上发生过气候周期性变化等解释。

（秦　嘉）

伯克利，M. J.（Berkeley，Miles Joseph） 英国人，1803 年 4 月 1 日生于英国北安普敦郡昂德尔，1889 年 7 月 30 日卒于北安普敦郡马基特哈伯勒。真菌学、植物病理学。

幼年在昂德尔等地中学求学。1821 年入剑桥大学神学院。1833 年成为终身牧师。1836 年被选入林耐学会。1879 年为英国皇家学会会员。

早在中学时就爱好博物学，早期研究过各种贝类软体动物，后受著名植物学教授 J. S. 亨斯洛等影响而研究地衣、藻类和真菌等隐花植物。著有《英国藻类拾遗》（1833 年）。曾参加《英国植物志》（1836 年）编撰工作。在隐花植物方面的成就并不限于分类学。是真菌学界学识渊博的学者，鉴定了约 6 000 种真菌，出版《隐花植物介绍》（1857 年）、《英国真菌类概要》（1860 年）。是英国植物病理学奠基人，确证了马铃薯枯萎病由致病霉菌引起，1854～1880 年又对许多蔬菜和水果、以及谷类作物病害进行植物病理学研究，许多成果都在《园艺家记

事》上发表。珍藏植物标本万余种,发表论文400余篇。1863年获英国皇家学会皇家奖章。 (孙炳寅)

波拿巴,C.L.J.L.(Bonaparte, Charles Lucien Jules Laurent) 法国人,1803年5月24日生于巴黎,1857年7月29日卒于同地。鸟类学、动物分类学。

拿破仑之弟的儿子,在意大利长大。不仅是位卓越的博物学家也是政治家。1822年与表妹、那不勒斯和西班牙国王的女儿结婚。婚后同年去美国从事博物学研究。1826年底全家返回欧洲,访问了德国和英国。1828年定居意大利罗马。在1822年赴美之前,在意大利他已发现一种鸣禽新种;在赴美航程途中,又收集和鉴定了一种新发现的小海燕,在美国发表文章介绍。他在美国着手修订已去世的著名鸟类学家A.威尔逊的著作《美国鸟类学》多卷本,在1825~1833年间陆续出版。并积极参加政治活动。1849年入选罗马议会,后因意大利共和国被法国军队推翻而在外流亡,直到1850年才被允许回巴黎。从此离开政界,全力投入科学研究。

1832年~1841年间主编出版多卷本《意大利动物图解》。在动物分类上有新的建树,除考虑动物形态特征外,还考虑生理因素,因而将食虫目排在啮齿目前面,从灵长目中分出翼手目,把无尾两栖类提升为亚纲,将蜥蜴类和蛇类归为爬行纲。在鱼的分类上建立两个新派,以开口鳔与闭口鳔为派的依据。是费城、巴尔的摩、柏林、都灵、巴黎等地学会或科学院的会员或院士。1844年当选为法国科学院通讯院士。去世前出版《鸟类学总览》第一卷,身后出版第二卷。所收集的图书和资料身后均捐赠给法国国家自然博物馆。

(童远瑞 李孙演)

康拉德,T.A.(Conrad, Timothy Abbott) 美国人,1803年6月21日生于美国新泽西州特伦顿附近,1877年8月8日卒于同地。贝类学、软体动物学、古生物学、地质学。

宾夕法尼亚大学植物学教授的儿子。从小对大自然有浓厚兴趣,善长绘画,敢于创新。早年生活拮据,靠出卖标本及刊物、或朋友的资助来维持生活和研究工作。1834年任教于杰斐逊医学院。1837~1841年任纽约州立地质调查所地质学家。1842年起任位于坦帕湾的鲍威尔海洋调查所贝类学家。1854~1857年在史密森研究会任顾问、古生物学家。是美国地质学家协会(美国科学促进协会前身)的创始人之一,还是国内外许多科学团体的荣誉成员。世界著名古生物学家及软体动物学家。

当发现新属新种时,除了对其描述外,还试图确定其地质年代。这使他成功地总结了美国东部地区的地质概况,首次测绘了亚拉巴马州地质图。著有《美国海洋贝类学》(1831年)、《美国新淡水贝类》(1834年)、《珠蚌科专论》(1835年初版,1847年再版)、《现代海相淡水软体动物》、《纽约州古生代软体动物化石》、《欧美白垩纪地层对比》等专著。仅在1830~1837年间发表的论著约计22篇之多,其插图都出自他的手笔。 (马玉英)

纽波特,G.(Newport, George) 英国人,1803年7月4日生于英国坎特伯雷,1854年4月7日卒于伦敦。昆虫学、胚胎学、博物学。

修车工人的儿子。14岁跟父亲当学徒,只受过小学教育,但在以后的9年时间里广泛阅读书籍,丰富了自己的知识。1832年入伦敦大学再教。1847年由于对博物学的贡献,每年获得100英磅的津贴。终生未婚。1843~1844年当选为英国昆虫学会会长。此外是英国皇家学会会员、林耐学会特别会员,以及几个外国的博物学学会的会员。

从小就喜欢昆虫,擅长利用显微镜进行标本解剖研究,一生都贡献给昆虫学。对生物学的贡献主要是研究昆虫学和两栖纲的胚胎学,以及昆虫的神经系统、呼吸作用和体温等生理活动。最突出的贡献是发现高等动物的受精作用,不仅仅因为接触,是由于精子穿入卵细胞,论文发表于1854年英国皇家学会《哲学会刊》上。广泛的研究工作曾获许多荣誉。其中1851年获英国皇家学会皇家奖章。 (张承圭 吕慧梅)

富尔罗特,J.K.(Fuhlrott, Johann Karl) 德国人,1803年12月31日生于德国莱内费尔德,1877年10月17日卒于德国埃尔伯费尔德(今乌珀塔尔)。古人类学、地层学。

旅店老板之子。10岁成了孤儿,由身任牧师的伯父抚养成人。1830年获波恩大学理学博士学位。后相继在埃尔伯费尔德中学任自然科学教师,在雷尔斯库莱学院任副院长。

曾撰文介绍莱茵兰地区山脉和山洞的地质构造情况。1856年8月,得到了由两名采石工在尼安德特山谷费尔德霍弗洞内发现的一批骨骼化石,当时人们都以为是熊的骨头,他经分析研究后,认为是古代原始人种的骨骼,并命名的"尼安德特人"。他把标本送给波恩大学解剖学教授沙夫豪森(H. Schaaffhausen)鉴定,后者同意他的看法。1857年这一见解在学术会议上公布后,遭到许多同行的反对,而他俩仍坚持自己的看法,后来得到著名学者C.赖尔的支持。他们的这种论断无法被当时的学术界和社会所接受,因为这违背了圣经的教义,而达尔文生物进化论尚未问世。直到他去世后,在斯皮、比利时、直布罗陀陆续发现了古人类的化石,他的论点才得到确认。时至今日,他和沙夫豪森共同被誉为古人类学奠基者。 (方福娟)

施莱登,M.J.(Schleiden, Matthias Jacob) 德国人,1804年4月5日生于德国汉堡,1881年6月23日卒于美因河畔法兰克福。植物学、细胞生物学、显微术科学传播。

汉堡名医的儿子。1827年海德堡大学法学博士学位。1827~1831年在汉堡当律师,1831年因工作不顺

利自杀未遂，于1833年改行学习自然科学，主攻植物学。1835年起在柏林大学继续学习，由于受当时著名植物学家的影响，开始用复合显微镜观察和研究植物发育生长等问题。1839年又获耶拿大学博士学位。1840～1862年期间在耶拿大学任教，期间1843年获荣誉医学博士学位，1846年晋升为医学教授，1850年任植物学教授并任耶拿植物园园长、萨克森-魏玛大公的宫廷顾问。1848年革命后参与政治，并经常向民众作科普演说，撰写一些科普作品。但按照当时人们的看法，认为作为一个学者不应该多写科普作品，因而与校方发生分歧和争论，并于1862年愤然退职，从此开始了漂泊不定的生活，到过德国的许多城市，1863年任俄国多尔帕特大学植物生理学教授，次年回到德国，以写作科普和历史著作为生，直至去世。他是欧洲多个国家科学院外籍院士。

18世纪下半叶，已有许多学者观察到了细胞，但当时并不清楚在生物体中的作用和地位。1837年撰写了第一篇论文，论述显花植物胚珠的发育史。1838年又发表"植物发生论"的论文，论述细胞形成的理论，认为细胞是构成植物体的单位。论文发表前已把发现告诉德国生理学家T. A. H. 施旺，使后者进而发现动物体由细胞构成，从而共同奠定了细胞学的基础。在对细胞认识不断发展的基础之上，施莱登提出的细胞学说认为，细胞是一切植物结构基本的独立活体单位，是一切植物赖以发展的基本实体，植物的发育是靠新的细胞不断形成的；设想新的细胞起源于老的细胞核，是从一个碎片发育成一个完整的细胞。在1838年《解剖学、生理学与医学科学文献》杂志上发表"植物发生论"一文，公布了上述研究成果。此文1839年、1841年先后被译成法文和英文，很快确立了他的国际声望。文中还指出细胞核在细胞形成中的作用，认为细胞核一旦达到其最大尺寸，环绕它就形成了一个细微的透明泡囊，这是新细胞，然后新细胞就在形成液中结晶出来；认为细胞核是细胞的生成者，植物是独立的细胞的聚集体，它具有自己独特的发育和新陈代谢。

1842年出版植物学教科书《植物学概论》，系统阐述了细胞学说、显微技术以及研究方法，指出"既然基本的有机细胞代表了显著的个性，既然它们是植物概念的最一般的表述，所以首先应将这些细胞作为植物世界的基础来研究。"认为细胞有两个生命，一个是自己的，这是首要的；另一个属于组织结构的部分，这是次要的。这两个生命都是形成力量。由此可见，他强调细胞核的重要性，并认为其余部分都是由细胞核而发展起来的，但当时尚无细胞核分裂的思想。为了研究细胞，一开始就十分重视显微镜的作用，对把显微镜引入生物学的研究领域作出了巨大贡献，对创建耶拿的蔡斯光学事业也起了积极作用。

在著作中曾提出了一些生物学方法论思想，认为植物学经历了3个阶段：从古代到中世纪末、林耐时期和林耐以后时期。批评林耐的分类方法是一种学术上的独断，它把生物学的研究工作只限于采集、记载、分类的狭隘范围，妨碍了植物学的发展。力图在生物学的研究方法上有所创新，指出"植物学之本领不在于采集、记载与分类，应输入新方法。"认为植物学应考察个体的发育，这比过去传统的植物分类研究与成体结构的考察，将能更好地了解植物本性。总之，他力图用对个体发育的研究来代替采集、分类和对成体结构的考察，更好地了解植物的本性。

是一位才思敏捷、具有独创精神的科学家，但性格傲慢而孤僻，冲动而好斗，在出版物中攻击和嘲笑任何不照他的方法和标准去做的人，因而极易树敌。他于1877年出版著作介绍犹太人在欧洲历史与科学上的重要贡献，确实非同寻常，也得罪了欧洲主流社会。他的《植物及其生活》(1858年)是当时畅销的科普读物。

（吴劲梓）

沃森，H. C. (Watson, Hewett Cottrell) 英国人，1804年5月9日生于英国英格兰约克郡罗瑟勒姆附近菲伯克，1881年7月27日卒于英格兰萨里郡泰昭士狄顿。*植物地理学、生物进化论、科学传播。*

父亲是柴郡郡长。他自幼右膝受伤成跛足。1828～1832年在爱丁堡大学学习博物学和颅相学。1831～1832年任爱丁堡皇家医学会会长。1834年入选林耐学会。1836年左右在德贝郡继承了一块地产。1842年考察了位于北大西洋的亚述尔群岛。1853年移居泰晤士狄顿。一生无固定职业，仅于1837年在利物浦医学院担任过一学期植物学讲师。1837年主编《颅相学》杂志，仅出版4年便停刊。1844～1874年，他主编《英国植物的伦敦编目》杂志，长达30年。终身未婚。

对英国的植物地理分布有较丰富的知识。从1832年起，发表多篇关于环境影响物种分布的论文和一套地理分布手册，这是他从事植物学的良好开端。1852年，他创造性地以传统郡界为基础，把英伦三岛细分为112个区以研究植物的分布。是拉马克主义者，所发表的有关进化论的论文和著作《大不列颠的自然女神》(1847年)，均为达尔文所推崇，有关论点被达尔文引用于《物种起源》第二章中。

其他主要著作还有《英国植物分布概况》(1832年)、《新编植物学指南》(3卷，1835～1837年)、《地形植物学》(2卷，1873～1874年)、《亚述尔群岛博物志》(1870年，与他人合编)，以及数个郡的植物志。为表彰其贡献，英国植物学会将该会主办的会刊命名为《沃森》。

（孙炳寅　李啸虎）

迈恩，F. J. F. (Meyen, Franz Julius Ferdinand) 德国人，1804年6月28日生于普鲁士蒂尔西特(今俄罗斯苏维埃茨克)，1840年9月2日卒于德国柏林。*植物学、细胞生物学、地理探险。*

商人的儿子。1819年开始在梅尔一药店当学徒。1823年得兄弟资助进柏林威廉研究院学医，1826年获医学博士学位。后在柏林等地任军医。1834年柏林大学聘他为编外植物学教授，同年波恩大学授予他荣誉博士学位。

1830～1832年以随船医生身份参加"路易斯王子"号赴南美洲探险，到过秘鲁、玻利维亚等国，在两年中收集了许多标本，其中有许多新种属动植物。1834～1835

年出版《航行综述》。后又陆续介绍了不少植物学方面的资料。最重要的著作是《植物解剖学》(1830 年),写作时年仅 25 岁。用显微镜发现并描写了细胞、螺旋管、液体管;在细胞组织形态上引进了间充质、侧生质等新名称;还详细叙述了细胞内部的液质运动。另一重要著作是《植物生理学新体系》(3 卷,1837～1839 年),重点论述植物生理和形态关系问题。还写过《植物地理学》(1836 年)等书。1836 年获格丁根皇家科学学会奖金。曾获哈勒姆的泰勒学会最佳作品奖等。 (王荣增)

欧文,R.(Owen, Sir Richard) 英国人,1804 年 7 月 20 日生于英国兰开夏郡兰开斯特,1892 年 12 月 18 日卒于北约克郡里士满的帕克。比较解剖学、古生物学、博物馆学。

1820 年师从一外科医师,常在当地监狱内检验尸体和进行解剖。1824 年进爱丁堡大学读解剖学。1825 年到伦敦皇家外科医学院学习。1826 年开始在伦敦行医。1827 年任该院亨特博物馆助理馆员。1836 年负责该院亨特讲座,1842 年后任馆长。1856 年调任大英博物馆博物学部主任,竭力倡议博物学部分应另建专馆。英国议会几经讨论,终于在 1871 年开始兴建。1884 年大英自然博物馆竣工不久,他退休并被封为巴思爵士。1858 年任英国科学促进会主席。

1832 年发表“珍珠状鹦鹉螺的报告”,开始引起科学界的重视。1835 年率先描述了引起人类毛线虫病的寄生虫旋毛虫,此后又提出把软体动物头足纲划分二鳃类和四鳃类两个目,此分类法至今仍被采用。1840～1845 年从比较解剖学角度研究了脊椎动物牙齿的结构。此后又对现已绝灭的爬行动物、哺乳动物的化石进行了研究。他是恐龙的最早研究者之一,dinosaur(恐龙)这个词就是他在 1842 年首先创造的。

1859 年 C. R. 达尔文的名著《物种起源》出版后,欧文就在翌年匿名发表文章,激烈反对该书中所提出的自然选择引起生物进化的观点。后来,随着越来越多的事实证明该学说的正确性,他才逐渐从部分接受到最后完全接受这一学说。

著作有《比较解剖学生理系列说明与图解》(5 卷,1833～1840 年)、《牙体形态学》(1840～1845 年)、《不列颠化石哺乳动物和鸟类史》(1844～1846 年)、《不列颠化石爬行动物史》(4 卷,1849～1884 年)、《脊椎动物比较解剖学和生理学》(3 卷,1866～1868 年)和《澳大利亚绝种哺乳动物》(2 卷,1877～1878 年)等。曾多次获得荣誉,包括获英国皇家学会的皇家奖章和科普利奖章。 (刘 汉 宣焕灿)

古尔德,J.(Gould, John) 英国人,1804 年 9 月 14 日生于英国莱姆雷吉斯,1881 年 2 月 3 日卒于伦敦。鸟类学、哺乳动物学、地理探险、美术。

园林工领班的儿子。早年随父亲在温莎城堡工作,后在约克郡做园林工人,因而有机会观察鸟类和剥制鸟类标本。1825 年移居伦敦开了一家标本制作店。1826 年伦敦动物学会成立,他成为 N. 瓦伊戈斯(Nicholas Vigors)手下的动物标本剥制师,1827 年起任该会动物博物馆首任馆长,在学会里工作直至去世。1857 年去北美旅行,受到美国总统布坎南的接见。1843 年被选为英国皇家学会会员。1829 年结婚,生有 6 个孩子。

1830 年从喜马拉雅山采集一批鸟类制成标本,许多种属都是首次发现的。后又搜集了世界各地的鸟类标本,根据这些标本绘制成一部有3 000幅彩图的图谱,分 41 卷。1838～1840 年考察澳大利亚,出版《澳大利亚的鸟类》(7 卷,1848～1869 年)丛书,后又出版关于澳大利亚的哺乳动物丛书,对有袋类和有胎盘类的哺乳动物形态和功能做了比较。还发表关于欧洲、亚洲、英国和新几内亚的鸟类及特种鸟类等著作,其中有《蜂鸟》(5 卷,1849～1861 年)、《亚洲鸟类》(7 卷,1850～1883 年)、《英国鸟类》(5 卷,1852～1873 年)、《新几内亚鸟类》(5 卷,1875～1888 年)等。是自学成才的学者,具有罕见的博物学家和艺术家的双重品质。在澳大利亚比在祖国更有名望,为了纪念对鸟类学的贡献,1909 年澳大利亚维多利亚成立古尔德鸟类爱好者联合会。

(秦安龄)

勒雷布莱,D.-A.(Lereboullet, Dominique-Auguste) 法国人,1804 年 9 月 19 日生于法国埃皮纳勒,1865 年 10 月 5 日卒于斯特拉斯堡。动物学、胚胎学、比较组织学、医学。

获科尔马学院文学和科学双学士后,曾去德国弗赖堡大学学习一年德文及德国科学。回法国后开始研究医学,1832 年以研究霍乱流行病论文获斯特拉斯堡大学医学博士学位。留校任教解剖学与动物学。1838 年获理学博士学位,并任法兰西学院动物学和生理学教授。

1849 年起从事比较胚胎学的研究,因对脊椎动物和软体动物或环节动物的发育做了比较研究,于 1845 年获法国科学院奖励。在比较组织学研究中,因有关肝细胞结构及其病理学研究,于 1851 年获医学科学院波塔尔奖。从 1852 年起开始进行畸形生长的实验,断定产生畸形的原因极可能是胚原基的结构中固有的,而不是由外界因子所引起,因此 1863 年又和 C. 达斯特(Comille Dareste)分享法国科学院阿仑贝尔奖。此外,他还曾研究脊椎动物呼吸系统和生殖器官的比较解剖学。

(林文娜)

莫尔,H. von(Mohl, Hugo von) 德国人,1805 年 4 月 8 日生于德国斯图加特,1872 年 4 月 1 日卒于蒂宾根。植物生理学、细胞生物学、显微术。

出身富裕家庭,政治家之子。受过古典文学教育,但从幼年时期起就热爱科学,特别是植物学和光学,很早就显露出才华。1827 年毕业于蒂宾根大学医学专业。后去慕尼黑大学任教,结识植物学界学者,并收集大量标本和资料。1832 年在瑞士伯尔尼大学任生理学教授。1835 年在蒂宾根大学任植物学教授,直至去世。1843 年起参与主编《植物学》党报。是创建蒂宾根科学院发起人之一。1868 年当选为英国皇家学会外籍会员。终身未娶。

他的科学研究涉及植物学各个分支，其中还包括关于显微镜的一些技术问题。一个世纪以后，他的植物显微解剖工作及其介绍的植物细胞知识仍显得非常出色。1827年发表论文，阐述攀缘植物的结构和运动，这是19世纪植物学家一直关心的问题。1828年写成关于植物气孔构造的博士论文。经过细致研究，出版《植物细胞》(1851年)，系统提出细胞由膜、原胞囊、原生质、细胞核和胞液组成；首次提出“原生质”这一术语；认为植物的生殖是通过原有细胞分裂而实现的。经常把自己的工作限于具体的描述而避免由此轻率作出结论。代表作还有《水生植物》(1840年)等。曾获许多研究机构和学术团体的奖章和荣誉称号。 （张承圭 吕慧梅）

萨尔斯，M.（Sars，Michael） 挪威人，1805年8月30日生于挪威卑尔根，1869年10月22日卒于克里斯蒂安尼亚(今奥斯陆)。海洋生物学、地理探险、海洋资源学。

船长的儿子。从小热爱自然科学。1823年入皇家弗雷德里克大学学习博物学和神学，1828年获神学博士学位。先后在克里斯蒂安尼亚、卑尔根等地中学任教。1831年起任牧师，后任教区长。1854年任奥斯陆大学特聘动物学教授。

是海洋生物学创始人之一。常利用到海滨教区乘船机会从事动物学研究。曾去荷兰、德国、法国、丹麦、瑞典以及地中海、亚德里亚海等地旅游，并从事研究工作，获得许多海洋生物标本。对海洋无脊椎动物生活史、繁殖季节、迁徙现象和分类等均有研究。指出海洋中无阳光渗入的深处也有生命。1868年发表427种挪威深海无脊椎动物实录报告，一举否定了英国学者E.福布斯认为海洋550米以下不存在生命的主观论断。后又组织“挑战者”号去远航探险。还研究过海洋生物化石。生前发表论文95篇。出版著作《海洋动物博物学文集》(1829年)、《观察与描述》(1835年)、《挪威近海动物区系》(2卷，1846年)等。去世前受挪威议会委托调查挪威鲱鱼和鳕鱼的鱼场情况，其课题及最后成果由其子(Geory Sars)完成和出版。曾获苏黎世大学和柏林大学荣誉博士学位。许多外国科学院和学会授予他通讯院士和名誉会员称号。 （蒋虎祥 申 勇）

乔弗鲁瓦·圣提雷尔，I.（Geoffroy Saint-Hilaire，Isidore） 法国人，1805年12月16日生于法国巴黎，1861年11月10日卒于同地。动物学、比较解剖学、生物进化论。

是著名动物学家É.乔弗鲁瓦·圣提雷尔之子。19岁到其父巴黎国家自然博物馆实验室当博物学助手。1829年起代父亲在两所高校讲授鸟类学和畸形学。1833年入选法国科学院院士。1837年任巴黎大学理学院比较解剖学教授。1840年任法国科学院的督导，1844年任大学的总督导。1841年接替退休父亲位置任巴黎大学自然博物馆教授。1845年任法国皇家公共教育委员会委员，1850年任巴黎大学动物学教授。

在生物学中很有创见，为研究畸形生物创造“畸形学”一词，1832～1837年出版畸形生物(人和动物)3卷。首创“动物行为学”这一术语；提出灵长目幼儿特征的持续性和生物“平行”进化等重要观点。总结布丰的思想后，指出与整个机体相比，幼猿脑大于成猿脑，而且幼猿也具有相当大的智力与适应性。还从事哺乳类分类工作、进行哺乳类及鸟类杂交试验等。1859年出版《生物物种概要》，指出在达尔文之前法国就有布丰、拉马克、É.乔弗鲁瓦·圣提雷尔等进化论者。1854年创立巴黎动物驯化学会，还建立巴黎布洛涅林园动物驯化园，这两个组织至今仍在活动。

主要论著有《普通动物学论文集》(1841年)、《有用动物的适应与驯化》(1849年)、《关于食物结构与马肉的通信》(1856年)、《以生物为主的普通博物学》等；1847年出版有关其父生平的传记。 （蒋虎祥 姚承昌）

康道尔，A. de（Candolle，Alphonse de） 瑞士人，1806年10月28日生于法国巴黎，1893年4月4日卒于瑞士日内瓦。植物学、植物地理学、科学史学。

瑞士著名植物学家A.-P. de康道尔的儿子。起初学法律，1829年获法学博士学位。在父亲影响下热爱植物学，从事分类学研究。1831年成为日内瓦科学院名誉教授。1835年继承其父为植物学教授及植物园园长。

1835年发表《植物学研究引论》。对起草1867年国际植物学大会通过的“植物系统命名法”法案作出了重要贡献。还热心于科学史，1873年出版著名的《科学和科学家的200年历史》，显示出博物学家的客观性和法学家的明彻性。热情地支持达尔文的自然选择观点。他的《理论植物地理学》迄今仍是重要的植物地理学著作。创造了新的研究方法，理性地分析了地球表面植物分布的原因。还继续撰写他父亲1824年开始写的植物分类学巨著《自然植物系统长编》。他的多数著作都是植物中一些重要科属的专著，如桔梗科(1830年)、紫金牛科(1834年)、夹竹桃科(1843年)等。大多数著作至今仍然是经典之作。1889年获英国林耐学会林耐奖章。 （洪必恭）

莱斯克洛斯，C. L.（Lesquereux，Charles Leo） 瑞士人，1806年11月18日生于瑞士纳沙泰尔州，1889年10月25日卒于美国俄亥俄州哥伦布。植物学、古生物学、地质学。

因从小耳聋，1827年才进纳沙泰尔专科学校，毕业后做家庭教师。对苔藓植物很感兴趣。他的关于侏罗纪沼泽地的泥炭论文获得政府的奖励。后受俄国政府委托，对欧洲泥炭沼泽分布进行全面调查。1848年到美国受雇于J. L. R.阿加西斯，从事植物分类，参加考察队在苏必利尔湖采集植物标本。哥伦布当地的商人沙利文特(W. S. Sullivant)是一位重要的苔藓植物学家，积极要求他去工作，共同为编写《美国的苔藓植物》(1856年)和《苔藓植物图谱》(1864年)作准备。1849年他与沙利文特漫游南美，并开始写一系列评论和著作《北美苔藓植物指南》，但由于沙利文特在1873年去世，而他的视力下降严重而中断。

他首次发表古植物学的文章，是1854年的关于宾夕法尼亚石炭纪化石。1863年又发表了伊利诺伊州石炭纪化石的论文。1867～1872年在哈佛大学比较动物学博物馆负责化石收集与保存工作。1879～1884年撰写了3卷本的《宾夕法尼亚煤炭植物志》。后来在皮茨顿的拉科伊(R. D. Lacoe)资助下，他私人收集了大量的化石，最后都捐赠给了华盛顿的国家博物馆。（钟觉民）

比朔夫，T. L. W.(Bischoff, Theodor Ludwig Wilhelm)　德国人，1807年10月28日生于德国汉诺威；1882年12月5日卒于慕尼黑。胚胎学、比较解剖学、生理学。

柏林大学医学院教授的儿子。曾在波恩、海德堡、柏林等大学学习医学。1829年获哲学博士学位，1832年获医学博士学位。1834年任波恩大学无薪教师。1836～1843年任海德堡大学解剖学和生理学教授。1843～1854年在吉森大学任教授。1854年任慕尼黑大学生理学和解剖学教授，1878年退休。是柏林科学院院士。慕尼黑维也纳、圣彼得堡科学院的外籍院士，英国皇家学会会员以及许多学会的荣誉会员。1882年死于肠穿孔。

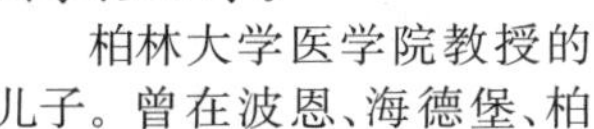

最重要的是关于哺乳类和人类的胚胎学研究。1842年研究了人的卵细胞，1844年提出卵呈周期性成熟并从卵巢中释放出来；还报告了所研究的卵中有精子，但并未认识到精子在受孕中的主要作用。首先阐明了哺乳动物卵分裂、发育成胚胎的过程，其中先后研究和报道了兔子(1843年)、狗(1846年)、豚鼠(1852年)、鹿(1854年)等卵细胞的发育变化；并证明胚泡是由细胞构成，将胚胎学与新兴的细胞学联系起来。在生理学方面，1837年，首次发现血液中含有氧。1853年开始研究代谢过程，把J. von李比希的观点与Φ. X. 比德尔和施密特(C. Schmidt)的观点结合起来，提出尿素是由含氮物质代谢所产生。还与C. von伏伊特合作，研究了食肉动物饥饿时各种饮食的营养情况，后来伏伊特创立了代谢生理学的慕尼黑学派。他还对人和猿猴的头骨形状、大小、重量和结构进行比较研究。1867年由慕尼黑科学院出版社出版有关著作，其中附有22份平版石印精美插图。还研究了植物学、动物学、生理学、生理化学及人类学，对自然哲学和宗教信仰的一般问题亦有兴趣。许多论著被译为法文。获得许多奖章和荣誉。

（张祝山）

森佩，W. P.(Schimper, Wilhelm Philipp 或 Guillaume Philippe)　法国人，1808年1月12日生于法国阿尔萨斯，1880年3月20日卒于斯特拉斯堡。植物学、古生物学、地质学。

两个堂兄都是著名的植物学家，儿子是植物地理学家。早年学习过博物学。1826～1833年在斯特拉斯堡大学学哲学、语言学和数学，毕业后即决心致力于科学，研究植物学特别是苔藓植物。1835年任斯特拉斯堡自然博物馆地质部助理，1839年任馆长。1845年在母校获自然科学学位，1848年获博士学位。由于普法战争，离开家乡去巴黎国家自然博物馆研究地质学和古生物学。1862～1879年任斯特拉斯堡大学博物学与地质学教授。

1836年和布鲁奇(P. Bruch)合作出版《欧洲苔藓学》(6卷，1836～1855年)，这是他最有名的著作，描写了当时已知的所有欧洲苔藓，确定了鉴别苔藓植物的新标准。在他发表的其他一些苔藓植物文章中，特别有价值的是研究了水蓟的结构和发育。还著有关于动物学和地质学的文章，对研究孚日山脉三叠纪化石植物作出重要的贡献。研究工作广泛，访问过许多欧洲国家，收集了大量前人没有描述过的植物标本，栽培珍稀植物品种。（钟觉民）

施坦尼乌斯，H. F.(Stannius, Hermann Friedrich)　德国人，1808年3月15日生于德国汉堡，1883年1月15日卒于萨克森堡。比较解剖学、神经生理学、植物药理学。

出身商人家庭。1825年入大学预科学校学医。1828年赴柏林大学学习，后至布雷斯劳大学继续学习，于1831年获医学博士学位。后在柏林某医院工作兼做研究。1837年在罗斯托克大学任比较解剖学、生理学与病理学教授兼系主任，1850～1854年任该校校长。1855年起神经疾患合并精神障碍的病情转剧，1862年被迫停止工作而在萨克森堡精神病院中度过晚年。

早年研究昆虫学，后又研究了鲟鱼和海豚的脑和神经系统。继而探讨了马钱子碱和洋地黄的药理作用。最著名工作的是结扎蛙心并确定了静脉窦内的刺激发生中心，这一实验现仍称为“施坦尼乌斯氏实验”。主要著作有《西里西亚昆虫志》(1832年，与他人合著)、《普通病理学》(1837年)、《海豚脑结构》(1845年)、《脊椎动物比较解剖学》(2卷，1846～1848年初版，1852年再版)等。（顾振海）

鲍尔弗，J. H.(Balfour, John Hutton)　英国人，1808年9月15日生于英国爱丁堡，1884年2月11日卒于同地。植物学、园艺学、植物学教育。

先后在爱丁堡大学、圣安德鲁斯大学学习，违背父母意愿选择医学为未来的职业。1832年在爱丁堡大学获医学博士学位，后赴巴黎大学医学院继续学医。1834年回故乡行医。因酷爱植物学，曾连续多次聆听格雷姆(R. Graham)关于植物学的演讲。1836年筹建爱丁堡植物学会。1838年创建爱丁堡植物学俱乐部。1841年任格拉斯哥大学植物学教授。1845～1879年任爱丁堡大学植物学教授兼爱丁堡皇家植物园园长。曾任《爱丁堡新哲学》杂志主编是爱丁堡皇家学会会员、皇家卡利多尼亚园艺学会秘书长。任爱丁堡医学会会长达30年之久。1844年被选为英国林耐学会会员。1856年当选为英国皇家学会会员。爱丁堡大学、圣安德鲁斯大学、格拉斯哥大学均授予他法学博士学位。

常带领学生周游苏格兰各地，使他们有机会学到实际的植物学知识。教学清晰详尽而且热情，写出一系列有创见的教材，如《植物学手册》(1849 年)、《植物学教程》(1852 年)、《植物学纲要》(1854 年)、《古植物学导论》(1872 年)等。 (王荣增)

巴宾顿，C. C.(Babington，Charles Cardale) 英国人，1808 年 11 月 23 日生于英国拉德洛，1895 年 7 月 22 日卒于英国剑桥。*植物学、博物学、考古学。*

是医生兼植物学业余爱好者的儿子。1826 年入剑桥大学圣约翰学院，1830 年获文学士学位，1833 年获文科硕士学位。在剑桥读书的第一年，与 J. S. 亨斯洛教授建立了友谊，促使他终生研究植物学。留校任教。在剑桥从事博物学活动达 40 年以上。是剑桥昆虫学会和剑桥考古学会创建成员之一，也是兴趣广泛的学者。1830 年被选为林耐学会首席会员。1833 年参与成立英国皇家昆虫学会。从 1842 年开始主编《博物学杂志与年鉴》。1861 年任剑桥大学植物学教授。1851 年被选为英国皇家学会会员。

他的第一部著作是 1834 年的《巴森植物志》，附有批判性的注释，涉及到欧洲大陆的植物区系。1843 年出版《英国植物学指南》，这是一本按自然系统分类的手册，区分属种谨慎，描述精确，不久就成为野外工作者不可缺少的工具书。他不同于许多同时代的学者之处是坚持要精确划分物种。一生主要兴趣是科研工作，整理了许多植物标本，后来连同图书都留赠给剑桥大学。主要著作还有《剑桥植物志》(1860 年)、《英国茜草》(1869 年)等。 (耿伯介)

洛文，S. L.(Lovén，Sven Ludwig) 瑞典人，1809 年 1 月 6 日生于瑞典斯德哥尔摩，1895 年 9 月 3 日卒于斯德哥尔摩附近。*海洋生物学、软体动物学、生理学。*

斯德哥尔摩市市长的儿子。1824 年进隆德大学，1829 年获文科硕士学位。1826 年去挪威考察旅行。1830 年去柏林大学深造，学习显微技术，从事海洋生物学研究工作。1835 年发表浮游甲壳动物论文，并研究水螅属等生活史。1836～1837 年作长途旅行，研究海洋浮游生物等。1841 年被任命为斯德哥尔摩自然博物馆无脊椎动物分馆馆长，直至 1892 年退休。

第一篇论文是关于鸟类的地理分布。后主要研究软体动物的解剖和进化，以齿舌的结构作为属和种的分类依据，发现软体动物卵在成熟期的幼体等，还对化石的形成、棘皮动物门做了一些有价值的研究。在科学中较永久性的贡献，是在瑞典西海岸建立了克里斯蒂娜海生动物站。为纪念他的贡献，1903 年瑞典皇家科学院特发行洛文纪念章。 (吴劲梓)

杰弗里斯，J. G.(Jeffreys，John Gwyn) 英国人，1809 年 1 月 18 日生于英国威尔士的斯旺西，1885 年 1 月 21 日卒于伦敦。*海洋动物学、贝类学、地理探险。*

律师的儿子。17 岁到伦敦师从一位律师，但兴趣却在海洋动物方面。19 岁时就向林耐学会提交了一篇关于软体动物方面的论文提要，翌年即被选为会员。1840 年获圣安德鲁斯大学荣誉法学博士学位。除从事律师工作外，结交英国海洋生物界著名学者，研究欧洲软体动物。1856 年提早从律师职位退休，专注于海生动物收集与研究。1840 年被选为英国皇家学会会员。是英国海洋生物学会创始人之一。

提早退休，以便驾驭他的“鹗”号帆船捕捞海洋生物和海泥标本，活动范围涉及英国设得兰群岛、苏格兰西部、英吉利海峡、爱尔兰海和格陵兰等沿海。做了大量调查和采集工作，指出不论深水(他探测最深的海底达4 453 米)、冷水、温水海域都有生物生存。代表作有《英国贝类学》(5 卷，1862～1865 年)等，该书至今仍为研究贝类学的标准参考书。一生中收藏了大量软体动物标本，对研究第三纪末及其后的沉积物具有特殊价值。他收集的贝壳和生物标本现藏于英国自然博物馆。 (孙 勇)

达尔文，C. R.(Darwin，Charles Robert) 英国人，1809 年 2 月 12 日生于英国英格兰什罗普郡什鲁斯伯里镇芒特，1882 年 4 月 19 日卒于英格兰肯特郡道恩。*生物进化论、植物学、地质学。*

出身名门。祖父 E. 达尔文是个有进化论思想的内科医生。父亲 R. W. 达尔文(Robert Waring Darwin)是名医，为英国皇家学会会员，母亲 S. 韦奇伍德(Susannah Wedgwood)，是著名陶瓷制作师 J. 韦奇伍德一世(Josiah Wedgwood)的女儿。家中 6 个孩子中最小。8 岁丧母，在二姐照料下长大。1817 年春进当地一所私立小学读书。1818 年夏入什鲁斯伯里中学。中学时学习成绩不佳，受到父亲严励责备：“你除了打鸟、养狗、捉老鼠外，还喜欢什么呢？你将给自己和全家丢脸。”1825～1827 年在爱丁堡大学学医。当时给病人开刀时没有麻醉药，病人常常痛苦万状。在临床手术实习课时目睹此情无法忍受，以至在一次手术中冲出手术室，发誓不再学医。1828 年到剑桥大学基督学院学习，深受该校植物学教授 J. S. 亨斯洛的影响，对博物学产生了浓厚兴趣。1831 年达尔文从剑桥大学基督学院结业，经亨斯洛介绍，以博物学家的身份，参加由 R. 菲茨罗伊船长指挥的英国海军部勘测舰“贝格尔”号对南美海岸进行考察。1831 年 12 月 27 日起航，到 1836 年 10 月 5 日才返回故乡什鲁斯伯里。期间采集了大量标本和化石，积累了极其丰富的资料，逐渐怀疑《圣经》中的说教，最后提出物种可变的观点。1839 年 1 月和表妹 E. 韦奇伍德(Emma Wedgwood)在伦敦结婚。婚后不久，由于疾病的折磨，迁居到距伦敦 24 千米的郊区道恩村。这里清静安宁，既适于休息，又宜于工作。共生了 10 个孩子，其中 3 个夭折。

1839 年当选为英国皇家学会会员。曾先后获剑桥大学荣誉法律博士、波恩大学荣誉外科医学博士、比勒斯劳大学荣誉外科医学博士学位。是美国、法国、德国、荷兰、比利时、意大利、丹麦、葡萄牙、西班牙、俄国、瑞典、瑞士等国家和地区的61个学术团体的成员或名誉成员。有的还向他颁发了奖金和奖章。

一生对科学的贡献很多，主要在生物进化论、地质学、植物学三方面。

进化论和自然选择 在随“贝格尔”号出航时，他相信生活在地球上的动物和植物自创世纪以来一直保持不变，但后来发现在南美的巨形犰狳化石和现存的物种既有差异又非常相似；在南美相邻的地区，许多不同的物种彼此很相似，但又不同于其他地区的物种；栖居在海岛上的动物和邻近大陆上的物种很相似；栖居在加拉帕戈斯群岛不同岛屿上的鸟类，虽然气候和物理条件很相似，但它们的形态、食性等却不相同。经反复思索研究，逐渐产生了物种可变的观点。从1837年7月起，开始把这些想法断断续续地写进《物种演变笔记》。在考虑进化是如何发生的这一问题时，首先注意到人类对家养动物和栽培植物的影响，提出人工选择的原理。然后又研究不同的物种对自然环境的适应性和生物之间错综复杂的关系，提出生存斗争、适者生存和自然选择的原理。至1838年已形成了关于物种形成自然选择的理论，但并不打算发表，只是和朋友们在一起讨论。1842年，把有关论点画成一个粗略的图解，1844年又扩大为一篇论文，但仍不打算发表。1858年6月18日，接到A. R. 华莱士的题为“论变种无限偏离原始类型的歧化倾向”的论文手稿。年青的华莱士一直在马来亚群岛研究生物界变化发展规律，在论文手稿中提出和达尔文十分相似的观点，特意寄来征求达尔文的意见。达尔文看了华莱士的手稿后，不但没有忌妒之意，反而以极大的热情支持他的论点，决定放弃自己已辛苦工作20多年的成果，帮助华莱士先发表论文。当达尔文的好友J. D. 胡克和C. 赖尔知道此事后，都出来干涉，要他收回决定。在1858年7月1日，达尔文终于同意将华莱士的论文和他写的一篇论文摘要同时在伦敦林耐学会上宣读，提出进化论这一著名观点。接着，他整理了这个摘要，于1859年11月24日以《物种起源》为书名正式出版，该书引起各方面的激烈争议，其中宗教界反应最强烈。但以赫胥黎为首的拥护者和支持者则到处热情地宣传达尔文进化论，认为这个学说开辟了生物科学发展的道路。1860年6月底，牛津大学举行大辩论会，辩论的主题是“人类是否起源于动物”。牛津大主教威尔伯福斯(S. Wilberforce)在会上猛烈攻击达尔文学说，认为进化论根本违背《圣经》教义。赫胥黎在会上发表了长篇演说驳斥其谬论，深入剖析了大主教在生物学上的无知。这场辩论是达尔文进化论的第一次大胜利。从此，这一理论日益占领了生物科学的阵地。

在《物种起源》发表后，他又陆续发表了一些关于生物进化的著作，如《人类的由来及性选择》(1871年)、《人类和动物的表情》(1872年)等。提供了大量资料，明确指出人类起源于古猿。

地质学 乘“贝格尔”号作环球旅行时，在地质学界普遍接受灾变论的观点，认为地球在历史上曾发生过大规模的变化，因此地球上的生物也随着发生巨大变化，许多物种被消灭，在灾变平息后，再产生新的物种来代替已经失去的物种。在这个观点影响下，一些人就与《圣经》中的创世说联系起来，宣扬地球上最近一次的灾变和《圣经》中所说诺亚洪水泛滥相符合。但C. 赖尔在1830年出版的《地质学原理》(第一卷)中提出反对意见，指出风雨、流水和大海的波涛就足以使大陆沉降和形成沉积物，火山和地震经常的作用就能使大陆和山脉上升。达尔文在“贝格尔”号上航行时，就随身携带着《地质学原理》第一卷，佛得角群岛的圣地亚哥岛的地层和许多奇特的岩石，为他提供了研究地质学的第一手资料，根据C. 赖尔的原理就揭开了佛得角群岛的秘密。根据大西洋中部圣保罗群岛各岛变形、裂开以及沉积层的不同，证明了变质岩的起源，对地质学作出重要贡献。在地质学方面写了《珊瑚礁的构成与分布》(1842年)、《火山岛》(1844年)、《南美地质观察》(1846年)等书。此外，还有自传体《一个自然科学家在贝格尔舰上的环球旅行记》(1839年)等。

植物学 在这方面最感兴趣的是异花授粉植物的适应性。发现一些树木具有单性花，而一些矮小的植物具有两性花，并揭示植物适应能力并不亚于动物。还观察了风媒花和虫媒花的区别，前者没有色彩，后者则色彩鲜艳并具蜜腺。以实验证明杂种优势。发现攀援植物的“攀援”是突变结果，并研究了攀援植物枝叶弯曲机制。有关著作有：《兰科植物赖昆虫而受精的各种策略》(1862年)、《攀援植物的运动和习性》(1875年)、《动物和植物在家养下的变异》(1868年)、《食虫植物》(1875年)、《植物界杂交及自交受精的效果》(1876年)、《植物壤土和蚯蚓》(1881年)等。

他的进化论是人类对生物界认识的伟大成就，对推动现代生物学的发展起了巨大作用，恩格斯曾指出这是19世纪初自然科学三大发现之一。获英国地质学会华拉斯登奖章、英国皇家学会皇家奖章和科普利奖章、皇家医学院贝勒奖章等。 (袁传宓)

菲奇，A. (Fitch, Asa) 美国人，1809年2月24日生于美国纽约州塞勒姆，1879年4月8日卒于同地。*经济昆虫学、农业科学。*

出身名门望族，是著名的医生和农场主的儿子。早年学习博物学和医学，1827年毕业于纽约州特洛伊的伦斯勒理工学院。一段时间行医为生。曾乘驳船游历在伊利运河上进行地质岩层观察和标本采集，启发了研究昆虫的兴致。几经周折，1838年决定弃医回到故乡务农。1854年任纽约州农学会首席专职昆虫学家。自此在美国声望日上。

积极搜集和研究纽约州的昆虫，特别是与农业有关的昆虫。1845年第一次发表农业与昆虫研究报告，并从纽约州政府接受一定的研究补助金。他是胃蝇的发现者，这是一种将蛆寄居于马(偶尔是人体)的胃内的蝇类。将昆虫生活史与农业条件、农作物的生长相联系，作为应用科学研究，为美国经济昆虫学奠定了基础。他的大量笔记现存于美国史密森学会。 (童远瑞)

查普曼，A. W. (Chapman, Alvan Wentworth)

美国人，1809年9月28日生于美国马萨诸塞州南安普顿，1899年4月6日卒于佛罗里达州阿巴拉契科拉。植物学、医学。

制革工人的儿子，是5个孩子中最小者。1830年从阿默斯特学院毕业，获文学士学位。先后在佐治亚州和佛罗里达州中学从教。1833～1835年随A. 里斯(Albert Reese)学医。1839年结婚。1846年获路易斯维尔大学医学博士学位。1847年定居于佛罗里达州阿巴拉契科拉，以行医为业。1886年北卡罗来纳大学授予他荣誉法学博士学位。

1837年与榧树属的发现者H. B. 克鲁姆(Hardy Bryan Croom)一起，在阿巴拉契科拉河地区采集植物标本。1845年出版生长在昆西附近植物名录，这是他在植物学方面的处女作。1860年出版《美国南部植物志》。1884年，1897年相继出了第2、第3版。 (洪必恭)

范本尼登，P.-J.(van Beneden, Pierre-Joseph) 比利时人，1809年12月19日生于比利时梅赫伦，1894年1月8日卒于卢万。动物学、寄生虫学、古生物学。

学完人文学科后，在药剂师L. 斯托弗尔(Louis Stoffels)处当学徒。师父认为他有科学天才，鼓励他学动物学，并说服其双亲送他去卢万大学学医。获医学硕士学位后，又去巴黎大学学习动物学。1831年任比利时勒芬自然博物馆馆长。1836～1894年任新创办的卢万天主教大学动物学教授。1842年当选为比利时科学院院士，1881年任院长。1875年当选为英国皇家学会会员。

对动物学的贡献涉及到许多门类，强调胚胎学中亲缘关系方面的重要性。1849年发现并首次描述了绦虫生活史。由于写成"肠内寄生虫的发育和遗传方式"一文，1853年获法国科学院颁发的奖状。该文涉及面很广，于1858年正式发表。1859年后研究海洋生物学如鲸类及其化石。1878年指出在贝尼萨尔煤矿发现的第一个骨骼化石属禽龙类。他在寄生虫学方面最有名著作是《动物界中的寄生生物》(1875年)。在去世前几年继续研究寄生虫。其故乡缅怀他的贡献，特为他树立了一个塑像。 (秦安舲)

卡特勒法日·德布雷奥，J.-L.-A. de(Quatrefages de Breau, Jean-Louis-Armand de) 法国人，1810年2月10日生于法国瓦勒罗格，1892年1月12日卒于巴黎。动物学、医学、人类学。

1822～1826年在图尔皇家农学院学习。后来到斯特拉斯堡大学学医，先后获科学博士和医学博士学位。1836年创办《图卢兹外科医生和医学》杂志并任首任主编。任图卢兹科学院动物学会会长。1840年到巴黎大学深造，第三次通过自然科学博士论文答辩。1852年任法国科学院动物学和解剖学部院士。1855年任巴黎国家自然博物馆人类博物学荣誉主席。1840～1855年研究无脊椎动物，发表了40多篇文章。发表了许多论文，其中关于动物研究的文章特别引人注意，曾沿着法国大西洋海岸考察旅行，研究动物的生活习性。他利用海生无脊椎动物，特别是环节动物研究生物的退化及其发生机理。是最早的比较解剖学研究者之一。还提出远在第三纪时期人类已经存在的观点。 (张志练)

格里菲斯，W.(Griffith, William) 英国人，1810年3月4日生于英国萨里郡，1845年2月9日卒于马来西亚马六甲。植物学、植物生理学。

1926年入伦敦大学学习。后去巴黎大学学解剖学，还学习过药用植物学。1832年去印度行医，是在印度及其邻国各地旅行并采集标本的最早一批欧洲学者之一。考察过喜马拉雅山地区的植被，还到过东南亚缅甸等国。1842年任加尔各答植物园园长和加尔各答医学院植物学教授。

曾观察过隐花植物，描述了角苔属精子器的细胞排列为4层，以及木贼属微小而围绕孢子的弹丝。观察到苏铁属胚珠的藏粉室有花粉粒，这是以前的学者未曾发现的。还指出被子植物的胚珠和胚囊在传粉之前就已存在；认为必须有花粉管穿透珠心才能受精。对桑寄生科和檀香科两者胚珠的描述也很有价值。标本计12 000种，均运回英国，收藏在基尤皇家公园的植物标本馆和图书馆中。出版有《旅行日志》(1847年)等著作。 (耿伯介)

瓦伦丁，G. G.(Valentin, Gabriel Gustav) 德国人，1810年7月8日生于普鲁士布雷斯劳(今为波兰弗罗茨瓦夫)，1883年5月24日卒于瑞士伯尔尼。比较解剖学、生理学、显微术。

银器商兼犹太教士的儿子。18岁时进入布雷斯劳大学医学院，1832年获医学学士学位。1833年通过国家医学考试，取得行医资格。先后任瑞士伯尔尼大学生理学、动物学教授。26岁时就成为德语大学的第一位犹太裔教授。数度担任医学院院长。是德国利奥波德科学院院士，比利时皇家医学科学院、巴黎医学科学院的通讯院士，也是斯德哥尔摩、汉堡、布达佩斯、都灵、海德堡和哥本哈根等地医学协会的会员。伯尔尼大学授予他荣誉博士学位。

是一位公认的杰出的显微镜学家。利用显微镜研究动物和人的神经组织的结构、海胆及电鳗的结构以及眼的结构。1834年春在兔的输卵管中发现纤毛上皮，指出化学物质可影响纤毛运动，后者与神经系统无关。1835年写成《人类发育史纲要》。同年2月应征法国科学院于1833年提出的有奖课题——动物组织的发育能否与植物组织的发育相比。提交题为"比较解剖学"的长篇论文，论证动物和植物组织的发育虽有某些相似之点，但彼此不能相比。所著《动物组织发展概论》迄今仍有价值。

在生理学方面也进行了大量研究，指出吞咽神经是味觉的主要神经，正确评价电激迷走神经和交感神经在胃收缩方面的作用。1844年出版《人体生理学教程》，试图用数学方法处理生理问题，1847年该书再版，提出人体有味觉阀值。晚年主要研究光的偏振及光谱学，其研究成果刊于《组织学和生理学研究》(1862年初版，

1882 年再版)以及《显微镜学》(1870 年初版,1875 年再版)。同时还研究箭毒对肌肉和神经的影响。他的多年研究成果最后刊于《气体测定法和毒理学研究》一书中。

撰写了 200 多篇论文和许多专著。在他 50 寿辰时出版专集。 (陆宝树)

格雷,A.(Gray,Asa) 美国人,1810 年 11 月 18 日生于美国纽约州绍奎德,1888 年 1 月 30 日卒于马萨诸塞州坎布里奇。*植物学、生物进化论。*

制革工人之子。1825 年进费尔菲尔德学院,一年后在内科和外科学院学医。在老师的影响下,对化学、矿物学特别是植物学感兴趣。后又在布里奇沃特任实习医生,1831 年获医学硕士学位。曾短期开业行医。当认识了美国第一流植物学家 J. 托里后,就放弃行医,倾全力于植物学。1832~1836 年在尤蒂卡中学教博物学。1838 年任新成立的密歇根大学植物学教授。同年去欧洲采购图书,在欧洲期间研究了保存在英国和大陆标本室中的美洲植物。1842 年接受哈佛大学博物学费希尔讲座教授之职,兼植物园主管,在该校劳伦斯理学院从事教学工作达 30 年。1848 年同波士顿一位律师的女儿结婚。1872 年当选为美国科学促进会会长。1887 年获剑桥大学荣誉博士学位。1873 年退休后继续住在植物园内,并发展了标本室。

他是 19 世纪美国主要的植物分类学家。与托里合作编写《北美植物志》(2 卷,1838~1843 年),该书将林耐的分类学转变为 A.-P. de 康道尔的自然系统,把美国的植物分类实践建立在模式标本的基础上。1836 年出版教材《植物学基础》。1836 年作为美国科学考察队成员参加考察。1848 年出版《美国北部植物指南》,生前有多次修订,至今仍是标准指南。1853~1854 年参加北太平洋探险考察队。1865 年向哈佛大学捐赠植物标本室和图书馆。

1856~1859 年达尔文曾与他通信,向他提出一些问题,导致他在《北美植物区系统计》(1856 年)手册的基础上去分析美国的植物区系。根据达尔文的观点和美国派往日本的考察队带给他的标本,他认为东亚和北美东部植物有关系的属种不是孤立产生的,而是在更新世的冰川影响下南移的第三纪环北方区系的后裔。早在 1859 年就同意达尔文《物种起源》的主要论点,并在后来的辩论中成为进化论的积极捍卫者。

他在当时的科学教育界是一名主力。美国从 19 世纪到 20 世纪的植物学教学采用了他编写的一整套教科书。虽然在哈佛大学执教时的学生成为专业植物学家的并不多,但他为美国训练出整整一代的兼职植物学家和边缘地区植物标本的采集者。身后出版有《格雷科学论文集》(2 卷,1889 年)。 (洪必恭)

施旺,T. A. H.(Schwann,Theodor Ambrose Hubert) 德国人,1810 年 12 月 7 日生于德国诺伊斯,1882 年 1 月 11 日卒于科隆。*细胞学、生理学、神经组织学。*

幼时在家乡诺伊斯上学。1826 年到科隆大学学神学,逐渐培养起探索生命奥秘的兴趣。1829 年进波恩大学学医。1831 年转至维尔茨堡大学。1833 年到柏林大学继续学习,深受生理学与解剖学教授 J. P. 米勒的影响,1834 年获医学博士学位。尽管他建立的细胞学说从根本上动摇了米勒所奉行的"生命力论",但其毕生中最重要的研究,却正是在米勒指导下形成的。留校任教。他的天才发现却招来了保守的化学家们的攻击,在心灰意冷之下,于 1839 年赴比利时卢万大学任教解剖学。1848~1879 年在列日大学执教。最后死于中风。

他的第一项重要成果,是使用机械、化学和显微镜等手段,研究肌肉收缩的机械性能。1836 年转而研究消化的生物化学过程,用酸对蛋白进行人工消化,然后用氯化汞处理胃液,从中分离出一种提取物。这是一种能助消化而本身不变的物质,将这种提取物与酸混合,产生一种"胨"状物质,要比酸单独作用具有更大的分解肉类的能力,将这种物质命名为胃蛋白酶。这是从动物组织中制备出来的第一种酶。它的发现是生物化学发展中的早期转折点之一。1836 年 2 月,通过实验证明了酿酒发酵是由活的有机体引起的。翌年发表了这一发现,认为糖和淀粉的发酵是一种生命过程,它和酵母菌代谢有关,而腐败、分解是由活的生物体的代谢引起的。首创"代谢"这个术语,用以表示在活组织中总的化学变化。

1837 年又设计了一种实验以反驳自然发生学说。在玻管中加过热的空气注入盛有肉汤的器皿里,证明在这种情况下肉汤不会发酵。他的发现及其所提出的理论,和当时流行的"生命力论"是完全背道而驰的。认识到 必须建立一种新的学说来更完善地解释生命现象,这就导致了细胞学说的产生。通过对动物组织的精细研究,于 1839 年出版《关于动植物构造与生长一致性的显微研究》这一重要专著。在德国的施莱登提出"一切植物组织都是由细胞组成的"理论基础上,施旺进一步提出:"细胞具有机体,动植物都是这些有机体的集合物,它们按照一定的法则排列在动植物体内。"这一研究成果消除了动植物之间的鸿沟,建立了生物界发展学说的基础。细胞学说是生命学史上的一座里程碑,它可与化学上的原子学说相媲美。这个发现也使比较解剖学、生理学和胚胎学的研究有了巩固的基础。它是 19 世纪初期自然科学三大发现之一。由于这一发现,1841 年获瑟梅林勋章。

此外,他还从事动物神经系统的组织学研究,所发现的包裹神经纤维的保护层,被学术界命名为"施旺鞘"。 (顾振海 张慰丰)

布莱思,E.(Blyth,Edward) 英国人,1810 年 12 月 23 日生于英国伦敦,1873 年 12 月 27 日卒于同地。*鸟类学、哺乳动物学、生物进化论。*

裁缝的儿子。曾在伦大学敦学化学。当过药剂师,但始终喜爱博物学。1831年成为自由撰稿人。1833～1841年为《博物学》等杂志撰写了大量报告与论文，翻译与注释了G.居维叶的《动物界》一书中有关 哺乳动物、鸟类和爬行动物的章节。1841年9月到印度，出任孟加拉皇家亚洲文化协会所属博物馆馆长，从事生物学研究与学会活动。他的工资很低，每年仅300英镑，而且20年不变。1854年结婚后，只得以写作和贩卖活动物聊以补贴家用。他所负责的博物馆陈列品多种多样，但却专心致力于鸟类学方面的收集和研究，雇主很不高兴，认为他不务正业，而学术界对他评价甚高。因妻子去世和健康状况恶化，于1863年春回到英国，不久因心力交瘁而进了精神病医院。后来死于心脏病。他是英国动物学会的通讯会员、英国鸟类学联合会特邀会员。

被誉为"印度鸟类学之父"。英国鸟类学家J.古尔德称他是"那个时代第一流的动物学家之一，印度科学研究的奠基者"。是最早转向达尔文自然选择学说的学者之一，但在物种问题上也有自己的见解。他在印度期间写了3篇论文探讨人工选择和自然选择在新物种产生过程中的作用，并同C.达尔文频繁通信交换意见。但他从未采用"自然选择"这个词，在人工条件下才用"选择"一词。他的这些文章都发表于1835～1837年《博物学》杂志，引起学术界关注。有人认为他的观点对达尔文自然选择学说的形成有较大影响。以"Zoophilus"(意为"爱护动物的人")为笔名，写了很多博物学方面的文章。1865年左右，他协助博物学家杰多(T. C. Jerdon)编写《印度的鸟类》一书。身后出版了《缅甸的哺乳动物和鸟类》(1875年)。 （林德宏）

苏利耶，L.-F.-A. (Souleyet, Louis-François-Auguste) 法国人，1811年1月8日生于法国瓦尔省。1852年10月7日卒于法属马提尼克岛。*海洋动物学、鱼类学、地理探险。*

曾在法国海军部卫生署任职。1836～1837年以随船医师、自然科学家身份参加法国海军"金枪鱼"号舰环球航行。1852年7月在马提尼克岛感染黄热病，不久即去世。

从事海洋软体动物学研究而闻名于世。专门研究浮游软体动物，从G.居维叶发现的翼足类中分出异足类，并将其分成4个自然科；接受翼足类属于腹足纲的观点，证明翼足类展开的翼状物只不过是腹足类的伪装形式；认为软体动物的神经环相当于脊椎动物的脑和脊髓，而翼足类外观上不规则的神经环仅是软体动物神经环的变形。他发现和命名了许多海洋软体动物和鱼类。 （童远瑞）

哈维，W.H. (Harvey, William Henry) 爱尔兰人，1811年2月5日生于爱尔兰利默里克附近，1866年5月15日卒于英国英格兰托基。*藻类学、植物学。*

商人家庭出身。他是11个子女中最年幼者。幼年时即对博物学发生兴趣，尤其是藻类和苔藓类植物。早年在教友会巴利托雷学院受教育，毕业后在家族企业经商。1836年任南非开普敦英属殖民地司库，1842年因病退职。1844年任都柏林大学三一学院植物标本室主管。1856年任都柏林大学三一学院植物学教授。因患肺结核去世。

1831年在爱尔兰的基拉尼发现苔藓新种。1833年对J.T.麦凯(James Townsend Mackay)所著《隐花植物》一书进行评述。1838年出版《南非植物类属》，并不断收集大量藻类和被子植物方面的标本和资料，参编出版《开普敦植物志》(7卷)中的前3卷(1865年)。编著《英国藻类学》(4卷，1846～1851年)和《南太平洋水藻》(1847～1849年)。从该书和其他著作中，均证明他在植物学方面具有较高的水平。1849～1850年去美国东部旅游，在波士顿和华盛顿进行讲学，收集了大量的藻类标本，同时编撰《北美水藻》(3卷，1852年)。1853～1856年去南半球作长途考察旅行，到过印度，澳大利亚和南太平洋诸岛，出版《澳州藻类学》(5卷，1858～1863年)。 （王荣增）

马泰乌奇，C. (Matteucci, Carlo) 意大利人，1811年6月21日生于意大利弗利，1865年6月24日卒于里窝那。*神经生理学、物理生理学、仪器研制。*

医生的儿子。1828年毕业于意大利博洛尼亚大学，获数学学士学位，1829年获博士学位。同年去巴黎综合工科学校进修2年。1831年回国，任博洛尼亚大学物理学教授。1834年去拉文纳大学任教。1840年任比萨大学物理学教授。1862年出任意大利教育部长，国会终身参议员。1857年当选为法国科学院外籍通讯院士。1866年任意大利科学学会15名成员之一。1868年任佛罗伦萨博物馆教授。

毕生积极从事科学研究，对19世纪电生理学有很大影响，22岁时即闻名欧洲大陆。主要工作是关于电鳐放电 的神经机制、蛙肌肉的静息电位以及动物电流的研究。最著名的是于1842年发现"感应收缩"，将蛙腿肌肉标本的坐骨神经搭在另一蛙腿肌肉上，当后一肌肉收缩时就能"感应"前一标本的肌肉使之也发生收缩。还证明在完整肌肉表面与损伤部位内部之间可检出持续电流。1846年，他发明了波动曲线记录仪来测定血压。1847年，他把自己的许多实验与观察发现成书出版，引起了学术界的极大关注。早在1838年就发现蛙肌的静息电位可被马钱子素引起的强直所消除。

（张祝山 李孙演）

米格尔，F. A. W. (Miquel, Friedrich Anton Wilhelm) 荷兰人，1811年10月24日生于德国诺因豪斯，1871年1月23日卒于荷兰乌得勒支。*热带植物学、园艺学。*

乡村医生的儿子，进大学和后来的学术研究均在荷兰。曾在格罗宁根大学学医，但对植物学极感兴趣。1835～1846年任鹿特丹植物园园长。1846～1859年任阿姆斯特丹植物园园长。1859～1871年任乌得勒支植物园园长。还是乌得勒支大学植物标本室的创建人。1862～1871年任莱顿大学植物标本馆主任。

在植物学方面著述很多(在他的书目提要中就有

296 项)，主要论述荷属东印度(今印度尼西亚)、苏里南、澳大利亚和日本等地的植物区系，对苏铁科、桑科和胡椒科最有研究。曾与马尔蒂乌斯(C. F. P. von Martins)合著《巴西植物志》。也是第一位出版内容广泛的荷属东印度植物志的学者。在开发荷属殖民地东印度抗疟疾草药硅宁(即金鸡纳霜)方面，扮演了不引人注目的重要角色。主要著作还有《仙人掌种属》(1839年)、《苏铁类专论》(1842年)、《胡椒属分类系统》(2卷，1843～1844年)、《胡椒属图解》(1847年)、《南美洲苏铁类》(1851年)、《荷属东印度植物志》(5卷，1855～1859年)等。 (耿伯介)

哈廷，P.(Harting，Pieter) 荷兰人，1812年2月27日生于荷兰鹿特丹，1885年12月3日卒于阿默斯福特。*动物学、博物学、显微学。*

烟草商的儿子。7岁丧父。1828年入乌得勒支大学学医，1835年获医学博士学位，1837年获产科学博士学位。1841年在弗拉讷克大学阿森内姆学院任药学教授。是《自然文选》期刊创办者之一。1843年到乌得勒支大学从事显微镜研究，后任该校动物学系教授，1858～1859年任校长，1882年退休。

他最喜爱显微镜学，曾开设显微镜学课程，研究和改进显微镜放大的光学性能及分辨本领，并把千分之一毫米定名为毫毫米(现称微米)作为长度单位。从1848年起，发表了许多有关显微镜的论文，找到了被遗忘的列文虎克显微镜，以及C.惠更斯自制并于1655年用以发现土星光环及土卫六的透镜，这些文物现存荷兰大学博物馆。教过药理学、植物生理学、比较解剖学和动物学，研究过地质学和人类学，并设计了生理计(1872年)及量头器(1861年)。达尔文进化论的积极支持者。

(林文娜)

加罗，L.(Garreau，Lazare) 法国人，1812年3月16日生于法国欧坦，1892年卒于里尔。*植物生理学。*

在服兵役期间，1836～1838年曾在莫伯日和斯特拉斯堡任助理外科医生，1839～1844年在阿尔及利亚任外科医生和药剂师。1844年任里尔大学博物学教授。曾兼任法国科学院和全国退伍军人荣誉协会的高级职员。

他率先研究植物叶正反面的相互关系，如气体交换、水分蒸发等。他把含有吸水物质的小玻璃罩放在叶的正反面测量水分的蒸发量，发现它和气孔多少无关，因而断定叶表面的蒸发作用主要和角质层有关，凡蒸发作用集中的叶脉上，几乎没有角质层。他证实植物的叶能直接吸收水分，主要决定于表皮层和角质层的渗透能力，观察到二氧化碳的交换和气孔的多少有关。他还研究绿色植物呼吸和营养的理论，在1851年证实植物体内的物质主要由大气中的二氧化碳和水分构成，并进一步证明热量的产生和呼吸作用有直接关系。 (谢 愉)

斯廷斯特鲁布，J. J. S.(Steenstrup，Johannes Japetus Smith) 丹麦人，1813年3月8日生于丹麦旺格，1897年6月20日卒于哥本哈根。*海洋动物学、植物学、古生物学、地学。*

牧师的儿子。年轻时爱狩猎、捕鱼和收集化石标本。自学成才，虽无大学文凭，但却在索勒专科学校任教6年。1846～1855年任哥本哈根大学动物学教授。

1842年完成2本专著，一是关于沼泽分类学，二是关于某些寄生虫“世代交替”繁殖方法的论述。自1850年起重操古生物化石研究，从中探索冰河期以后气候变化与植被变化的相互关系。揭露了丹麦海岸贝壳假化石骗局。对头足纲动物进行重要的分类工作，描写了许多新种，其中有深海巨型枪乌贼等；发现雄章鱼腕足具生殖功能；推测比目鱼的眼睛发生过移位。支持人与猛犸不是生活于同一时代的观点。虽和达尔文保持通信联系，但从未接受达尔文的进化理论。他是《丹麦植物志》(1858年)的作者之一。 (孙炳寅)

凯洛格，A.(Kellogg，Albert) 美国人，1813年12月6日生于美国康涅狄格州，1887年3月31日卒于加利福尼亚州旧金山湾附近的阿拉米达。*植物学、林木学、地理探险、科学传播。*

农场主的儿子。随同一批美国农民来到加利福尼亚州，是定居那里的第一个植物学家。童年在农场度过，很早就对植物感兴趣。早年在南卡罗来纳医学院学医，后在肯塔基州的特兰西瓦尼亚大学获医学博士学位。在行医期间还开设一家药店，从不索取门诊费。为了寻求新植物基地，1848年随同一队淘金者取道霍恩山脉向太平洋沿岸探索，1849年8月8日到达萨克拉门托城，随后又迁往旧金山。1853年在那里和另外6个人一起创办了著名的加利福尼亚科学院，传播自然科学。终身未娶。

先后发现215种植物新种，其中约50种编成手册。1867年，又去阿留申群岛中的乌纳拉斯卡岛，采集500种植物，分赠给史密森研究会、费城自然科学院和加利福尼亚科学院。身后出版《美国西部橡树》(1889年)，这是第一本树木学专著，附有400幅插图。他也是第一个系统研究和介绍内华达山巨红杉树的植物学家，其描述的全面性和准确性至今仍有学术价值和实用价值。美国植物学家格林(E. L. Greene)在关于他的传记中写道：“凯洛格从不自称为‘植物学家’，他的著作是包涵了植物学与世人俗事、诗韵、哲理的统一体。” (谢 愉)

阿加德，J. G.(Agardh，Jacob Georg) 瑞典人，1813年12月8日生于瑞典隆德，1901年1月17日卒于同地。*藻类学、植物分类学。*

是著名植物学家C. A.阿加德的儿子。14岁时即随其父去亚得里亚海考察藻类植物，就显出敏锐的观察力和收集标本的才能。1834年起在隆德大学任教，1854～1879年任该校植物学教授。1849年入选瑞典皇家科学院院士。1878年入选美国文理科学院外籍院士。

是一位植物分类学者，国际上享有盛誉的专门研究海藻的藻类学家。最初研究某些物种的发生过程，解释了游动孢子的性质，同时注意到水的深度和水流等外界条件对不同物种外部形态的影响。除研究藻类外，也研究显花植物和隐花植物。后来他把从父亲起采集到的藻类标本全部献给隆德大学，使那里成为全世界藻类标本最多的收藏地之一。但他认为一个物种不能发展成另一个物种，否认达尔文物种起源理论。主要著作还有《蕨类植物种属复议》(1839 年)、《藻类谱系》(3 卷，1839 年)、《地中海和亚得里亚海藻类》(1842 年)、《植物细胞与结缔组织》(1852 年)、《植物学分类理论》(1858 年)、《澳大利亚马尾藻分类与描述》(1889 年)等。（秦 嘉）

格里泽巴赫，A. H. R.（Grisebach，August Heinrich Rudolf） 德国人，1814 年 4 月 17 日生于德国汉诺威，1879 年 5 月 9 日卒于格丁根。*植物分类学、植物地理学、地理探险。*

父亲是总审计员；舅父是著名的植物学家，成为他第一个引路人。幼年就开始收集植物标本，熟悉当地植物区系。1832～1836 年先后在格丁根大学和柏林大学学习医学和博物学，在柏林大学获博士学位。1833 年考察阿尔卑斯西部地区。1837 年任教于格丁根大学，1841 年任植物学编外教授，1847 年任教授。1844 年入选德国利奥波德科学院院士。1875 年兼任格丁根植物园园长。

他将传统的分类调查与植物地理学研究紧密联系起来，是提出"欧洲植物区系"概念的先驱者。1839～1840 年周游巴尔干半岛和小亚细亚西北部，撰写了两本有关这次考察的书，从而成为有声望的植物分类学家和植物地理学家。后来又考察了挪威(1842 年)、法国南部和比利牛斯山(1850 年)、喀尔巴阡山(1852 年)。在分类学和区系植物学方面，发表过龙胆属专著，对金虎尾科、禾本科和山柳菊属也有专门研究。在植物地理学方面，A. von 洪堡关于气候作用于区系组成，尤其作用于植被类型外貌的观念对他影响甚深。主要著作是 1872 年出版的《气候支配下的地球植被》(2 卷)，至今仍有重要价值。另有《龙胆植物种属》(1838 年)、多卷本《英属西印度群岛植物志》(1859～1864 年)等。

（洪必恭）

鲁伊勒，K. Ф.（Рулье，Карл Францевич；Rouillier，Karl Frantsovich） 俄国人，1814 年 4 月 20 日生于俄国下诺夫戈罗德(今高尔基市)，1858 年 4 月 21 日卒于莫斯科。*生物进化论、古生物学、地理学。*

鞋匠的儿子，法国移民后裔。1833 年毕业于莫斯科内科与外科医学院。曾任内科军医。1840 年任莫斯科大学动物学教授，直至去世。1840～1851 年任莫斯科自然科学家协会秘书长。1854 年起兼任《自然科学通报》主编。在科学研究的生活中，由于大力宣传进化论，一直受到当局和教会的迫害，最后死于脑溢血。

早期从事莫斯科地区侏罗纪、石炭纪和第四纪沉积的经典研究，第一个提出侏罗纪海洋动物地理学和古生物气候学，并采用历史比较法作为研究问题的基础。在动物学方面，主要研究环境条件的变化对动物生活和演化的影响，早在 1841 年就坚定反对物种不变论，并考虑到种间斗争的关系。第一个开设有关进化论的课程。在解释遗传规律与原因时，接受拉马克与 É·乔弗鲁瓦·圣提雷尔的论点，但也反对拉马克的一些观点，如某个生物对其"改进愿望"的"内部作用"等。身后出版有《鲁伊勒生物学文选》(1954 年)等。（叶学海）

若尔当，C. T. A.（Jordan，Claude Thomas Alexis） 法国人，1814 年 10 月 29 日生于法国里昂，1897 年 2 月 7 日卒于同地。*植物学。*

出身里昂极有声望的富商家庭。在里昂受中等教育后经商。因经常与里昂林耐学会中的人士往来而转向自然科学，在里昂植物园园长 N. 塞林奇(Nicolas Seringe)的指导下成为植物学家。是法国植物学会会员、比利时皇家植物学会等外籍会员。

1836～1846 年每年都到法国东南部等地旅行考察，收集许多植物标本，再加上其他植物学家寄给他的标本，鉴定和发现许多植物新种属并予以命名。建立了欧洲重要的私人植物标本馆，还拥有出色的图书馆和实验设备。在植物学方面的成就主要是描述性的，对法国植物志起到了补充和修正的作用。（秦 嘉）

劳斯，J. B.（Lawes，John Bennet） 英国人，1814 年 12 月 28 日生于英国哈福德郡罗塞姆斯太德，1900 年 8 月 31 日卒于同地。*农艺学、农业化学。*

庄园主的儿子。在伊顿学院和牛津大学受教育，对化学及药用植物有所认识和爱好。1834 年继承了地处罗塞姆斯太德的庄园和财产。2 年后对庄园需要解决的问题发生兴趣，便开始农业试验，尤其是研究各种肥料对作物的作用问题。1850 年加入英国化学学会。劳斯因利用沟渠浇灌农田这一创举和肥料试验成果，而于 1854 年入选英国皇家学会会员。1877 年、1892 年、1894 年先后获爱丁堡大学、牛津大学、剑桥大学荣誉博士学位。1882 年受封为男爵。

观察到埋藏的动物骨骼和磷矿石是肥料的好资源，但在地下却无用，因而开发出酸性处理的方法。在沿德特福溪流建造的一座工厂，1843 年夏开始生产过磷酸钙，标志着化肥工业的开端。同年他聘请 J. H. 吉伯特(Joseph Henry Gibert)协助这项工作，并将一间旧仓库改为实验室进行农药分析。吉伯特曾在格拉斯哥大学和伦敦大学学过化学，两人合作长达 50 多年。1872 年将制造过磷酸钙的工厂售出，转向经营酒石酸和柠檬酸。1889 年将罗塞姆斯太德研究所交劳斯农业信托理事会经营，并捐赠 10 万英镑为永久基金。1867 年获英国皇家学会皇家奖章。1894 年获英国皇家人文学会艾伯特奖章。（谢 愉）

福布斯，E.（Forbes，Edward） 英国人，1815 年 2 月 12 日生于英国马恩岛的道格拉斯，1854 年 11 月 18 日卒于爱丁堡附近沃尔代尔。*动物学、海洋生态学、古生物学、地理探险。*

从小爱好收集自然物标本。少时因病无法入学，在家受教育，13 岁才成为家乡一所学校走读生。1831 年入爱丁堡大学学医,1836 年决定放弃医学从事科学和文学,同年冬至 1837 年春,在巴黎植物园开设博物学讲座。1837 年在爱丁堡大学转读文科专业。1842 年任英国地质学会博物馆馆长。1843 年任伦敦大学国王学院植物学教授。1844 年任英国地质学会评议员。同年任英国地质勘探委员会古生物学家。1851 年任新成立的英国皇家矿业学院博物学教授。1853 年任英国地质学会会长。1854 年任爱丁堡大学博物学系主任、教授。是英国皇家学会会员。

海洋生态学的开拓者之一。多次进行海洋探险和动植物调查,其中主要有:1833 年夏在学期间考察挪威植被;1834 年夏考察爱尔兰海;1836 年考察法国、德国和瑞士;1837 年考察阿尔及利亚;1838 年考察奥地利;1841～1842 年乘“灯塔”号勘测船考察地中海。其调查报告在伦敦《博物学》等杂志连载,后陆续整理出版专著。1843 年,分析发现海洋生物垂直分布存在分带现象,按深度将爱琴海分为 8 个生物带。将欧洲海域划分为若干个生物地理省。1846 年发表重要论文“论大不列颠群岛现存动植物群分布与该地区地质变化影响的关系”,将英伦三岛分为 5 个植被分布区。1850 年出版《英国海洋生物分布图》,开创了海洋生物地理学研究领域。指出生物种类存在随海洋深度增加而减少趋势,但是他推测海深 550 米以下是无生命地带,被挪威 M. 萨尔斯等人收集到的证据所否定。

他热心提携后起之秀,尤对后来成为著名生物学家的 T. H. 赫胥黎在学术上帮助甚大。赫胥黎在远航考察中所获资料和撰写论文,都寄给福布斯保存和处理,并及时安排发表和出版,以致年仅 25 岁就当选为英国皇家学会会员。

身后由戈德温-奥斯汀(R. A. C. Godwin-Austen)整理并补充出版的《欧洲海洋博物学》(1859 年),被公认为海洋生态学开山之作。其他主要著作还有《马恩岛软体动物志》(1838 年)、《英国海星志》(1841 年)、《肉眼能见的英国水母》(1948 年)、和汉利(S. Hanley)合著《英国软体动物志》(4 卷,1852 年)等。 (李啸虎)

怀曼,J.(Wyman, Jeffries) 美国人,1814 年 8 月 11 日生于美国马萨诸塞州切姆斯福德,1874 年 9 月 4 日卒于新罕布什尔州伯利恒。脊椎动物学、解剖学、地理探险、博物馆学。

医生的儿子。1833 年毕业于哈佛大学。1837 年在波士顿的哈佛大学医学院获医学博士学位。后在波士顿行医,去欧洲周游学习。1843～1847 年在弗吉尼亚大学汉普登-西德尼医学院任教。1847 年起任哈佛大学医学院的解剖学和生理学教授,直至去世。期间在哈佛大学创立了解剖学陈列馆和考古学陈列馆,并任首任馆长。曾任美国科学促进协会主席。为美国国家科学院创始人之一。

生前曾多次到美国和世界各地考察和收集大量生物学资料。尤其对大猩猩的研究有重要贡献,还为达尔文提供了许多自然选择的例证。生前发表 175 篇论文,其中重要的有“美洲豹蛙神经系统的解剖”(1853 年)、“缅因州和马萨诸塞州一些贝塚情况的报告”(1867 年)等等。 (张祝山)

格拉蒂奥雷,L. P.(Gratiolet, Louis Pierre) 法国人,1815 年 7 月 6 日生于法国吉伦特省圣富瓦-拉格朗德,1865 年 2 月 16 日卒于巴黎。比较解剖学、脑与神经科学、人类学。

乡村医生的儿子。1834 年开始学医。1839 年起经常到巴黎国家自然博物馆解剖室学习和研究,开始当 H. M. de 布朗维尔的助手。1844～1850 年任布朗维尔上解剖课的副手。1850 年布朗维尔去世后,仍任副手。1853 年负责博物馆解剖学研究,1863 年才晋升为教授,可 16 个月后死于中风。

是描写解剖学家。研究了人和动物的血管和神经系统,重点在解剖大脑和颅骨。在比较解剖学方面,研究了软体动物和人与灵长目动物的差异,详细描述了如河马和水蛭这样截然不同的动物的血管。认为由于人类有语言有智力所以和动物有着本质的区别。主要著作有《神经系统比较解剖学》(1838 年)、《论人脑的皱褶》(1854 年)等。 (顾振海)

米登多夫,А. Ф.(Миддендорф, Александр фёдорович; Middendorf, Aleksandr Fedorovich) 俄国人,1815 年 8 月 18 日生于俄国圣彼得堡,1894 年 1 月 24 日卒于赫伦努姆。植物学、动物学、生物地理学、地理探险。

1837 年毕业于多尔帕特大学,获医学博士学位。后又在德国和奥地利大学学习 2 年动物学、植物学和地球构造学。1839～1840 年在基辅大学讲授动物学。1842～1844 年从事圣彼得堡科学院委托在西伯利亚北部和东部考察任务。1845 年被选为圣彼得堡科学院院士,1852 年任终身秘书长,1865 年因身体衰弱而改为荣誉院士。

代表作是一部巨著,介绍在西伯利亚及其西部巴拉巴大平原、中亚费尔干纳峡谷的考察旅行,详尽地描述了西伯利亚地理状况、动物地理区系,并深入地论证物种概念、物种变化原因、动物对环境的适应性及动物地理分布规律等。曾两次穿越泰梅尔半岛,在雅库茨克揭开永久冻土神秘现象,并建立冻土研究科学基地。还穿越朱格朱尔山脉,调查鄂霍次克海沿岸地区及珊塔尔群岛的动植物。在西伯利亚的考察旅行促进了俄罗斯地理学会的建立。 (陈建秀)

诺丹,C.(Naudin, Charles) 法国人,1815 年 8 月 14 日生于法国欧坦,1899 年 3 月 19 日卒于昂蒂布。园艺学、实验植物学、遗传学。

出身小企业主家庭。幼时即有志于科学事业。1837 年获法国蒙彼利埃大学理学士学位。后移居巴黎,做过簿记员、家庭教师、私人秘书和园丁。1842 年获巴黎大学博士学位。在中学任教。1846 年起任巴黎国家自然博物馆植物标本室馆员和巴黎大学夏布塔尔学院动物学教授。不久因严重的神经失调,完全失去听觉并经常受病痛折磨,不得不放弃公职。1869 年在科利尤尔建立了一个私人的植物试验园,致力于适应气候的试验,而以出售种子和样品为生。1878 年赴昂蒂布任国立植物试验园主管后,生活才有了保障,但仍经受了视力严重衰退和孩子早夭的沉重打击。

他的植物试验获得学术界的赞赏。主要研究植物驯化,以及对气候和环境的适应性、经济植物栽培、杂交对产生新种的关系,特别致力于法国南方干燥盐碱地移植澳大利亚桉树的试验。最有名的科学成就是在植物杂交方面,主要以曼陀罗进行试验,发现杂交的第一代在表面是比较同质的现象以及正反交产生相同的效果。从这个第一代杂交再形成第二代,发现第二代杂交有特殊的差异性。同时代的孟德尔也发现了这些现象。但诺丹却忽视了进一步的理性分析而只是直觉到分离现象,并称之为"分离定律"。 (秦 嘉)

蒂拉斯纳,L.-R.(Tulasne, Louis-René) 法国人,1815 年 9 月 12 日生于法国阿宰勒里多,1885 年 12 月 22 日卒于耶尔。真菌学、植物学。

曾在普瓦捷学院学法律。1839 年获其父巨额遗产,后去巴黎和学医的兄弟夏尔(Charles)共事。后来兄弟两人均放弃所学专业,共同从事植物学研究及宗教和慈善事业。1842～1872 年供职于巴黎国家自然博物馆。由于他对真菌学的贡献,1854 年当选为法国科学院院士。

年轻时曾随法国植物学家 A. F. 圣提雷尔赴南美洲考察研究巴西植物区系。先后共发表植物学论著 57 篇(部)。他证实了锈菌目和黑粉菌目冬孢子萌发时产生居间的原菌丝阶段,精确地解释麦角菌的生活周期,描述了炭团菌属。几乎研究了欧洲所有的地衣种属,引入了"多态性"的概念,证实地衣有藏精器和藏卵器。他不仅了解隐花植物,对其他植物也有一定的研究,1853～1855 年发表 2 篇关于美国豆科植物的论文。出版 4 本讨论哥伦比亚植物区系的书。此外,和兄弟共同编撰的有《地下真菌类》(1851 年)、《真菌研究文选》(3 卷,1861～1865 年)等。 (孙炳寅)

维尔莫兰,P.L.F.L.de(Vilmorin, Pierre Louis François Leveque de) 法国人,1816 年 4 月 18 日生于法国巴黎,1860 年 3 月 21 日卒于同地。作物育种学、农艺学、遗传学。

父亲是著名的巴黎种子公司董事长。他是家中孩子中老大,残疾人士,在父亲 1843 年退休时接班,在妻子支持下从事农业推广业务。

他接班主持的家族种子公司,首要的工作是小麦的育种,自 1771 年起正式发表了指导主要作物育种栽培品种的名目,组织培训育种推广工作者,在韦里埃勒布伊松建立了育种试验农场,并调查受培育麦子的品种及分类系统。他于 1850 年公布了 7 个种、53 个显著差异的小麦品种的分类目录,不仅说明它们的特征,而且还说明它们之间的关系。从 1850 年到去世前,发表了一系列谷类植物、马铃薯、甜菜和花卉等繁殖的文章。他的许多试验中,具有重要经济意义的工作是培养直根和含糖量约为 20% 的甜菜新品种。在 1856 年发表重要论文"甜菜新品种育选记录和植物遗传性考量",介绍了可靠的化学分析办法来对糖分含量进行化验,以及阐明在控制条件下进行繁殖的重要性,扼要地写出繁育技术和讨论所得成果,据认为,它为现代育种工程奠定了理论基础。1856～1860 年育出一种羽扇豆,同时有粉红和蓝色的花。羽扇豆是自交的,正常开蓝花,有时开粉红色花,但没有中间色的花。1851 年提出向心花序(亲本遗传影响)和离心花序(祖先影响)的理论,从而发展了遗传学。 (钟觉民)

威廉森,W.C.(Williamson, William Crawford) 英国人,1816 年 11 月 24 日生于英国北约克郡斯卡伯勒,1895 年 6 月 23 日卒于克拉彭(今伦敦南郊)。植物学、地质学、古植物学、人类学。

父亲是一个知名园艺家和博物学家,与一些地质学家常有往来,这对年轻的他极有帮助和影响。1835 年 19 岁任曼彻斯特自然博物馆馆长。1840 年入伦敦大学学院学医。1841 年回到曼彻斯特行医。1851 年任曼彻斯特大学新创建的欧文学院博物学和地质学教授,1892 年退休。1883 年爱丁堡大学授予他荣誉博士学位。是国外一些学术团体名誉会员。

16 岁发表有关约克郡珍稀鸟类的论文。1834 年出版有关斯卡伯勒人的专著。同年向英国地质学会作报告,介绍首次对他出生地中生代化石层的考察成果。同时协助其他博物学家准备资料以出版《英国植物化石志》。开始用显微镜研究古植物化石、海洋底沉积物(1845 年)和鱼类牙齿与骨骼(1842～1851 年)。

他在研究工作、讲课和通俗演讲中,涉及博物学的领域很广泛。成功地把科学方面的两个时代——一个博物学家要处理一切自然现象的 19 世纪初期到专业化发展得很快的 19 世纪末期——衔接起来。今天研究古植物学者认为,他最有贡献的是对英国煤田的古植物所作的一系列研究,关于早期种子植物和最早的蕨类植物的知识方面大部分的基础是他奠定的。由于健康不佳,主要靠自己阅读科学书籍和对周围地区的岩石、化石、植物作实地研究。获英国皇家学会奖章。身后由妻子编辑出版自传遗稿《一个约克郡博物学者的回忆录》(1896 年)。 (秦 嘉)

蒂勒,G.A.(Thuret, Gustave Adolphe) 法国人,1817 年 5 月 23 日生于法国巴黎,1875 年 5 月 10 日卒于尼斯。藻类学、植物生理学。

母亲是英国裔。他的第一语言是英语。早期在巴黎大学学法律,1838 年获得开业执照。在巴黎从事律师事务。

1857 年移居地中海附近的昂蒂布。在朋友影响下,1837 年起对植物学发生兴趣。曾在法国外交部工作,一度任法国驻土耳其大使馆专员,有机会采集和研究东方的植物。到叙利亚和埃及旅行后,于 1841 年返回法国,接着退职回老家整理和研究植物学资料。后在法国西北部大西洋沿海港口瑟堡研究海藻。他发表的第一篇论文为"关于花药特征及其拥有精子的首次记录"

(1840年),第一次准确地描述了植物生殖器官中的"微生物"即精子的游动现象。1844年11月在法国科学院发表有关墨角藻属的游动精子的论文,介绍它有一个红颗粒和两个不相等的鞭毛,一个向前,一个向后。此文获法国科学院科学奖。1852年离开巴黎到瑟堡,完成对墨角藻属的调查。1854年澄清受精在植物有性生理中的决定性现象,同时在海洋蓝藻中证实无性生殖现象的存在。1857年起研究地中海的海藻。并在昂蒂布建立一个植物园,引进了许多外国的植物,后来遗赠给国家。1867年与人合作出版一部专门讨论植物有性生殖的著作。另著有《藻类学记录》(1876~1880年)、《生理学研究》(1878年)等。 (钟觉民)

胡克,J.D.(Hooker, Joseph Dalton) 英国人,1817年6月30日生于英国英格兰萨福克郡黑尔斯沃思,1911年12月10日卒于英格兰森宁达尔。植物学、古植物学、地理探险。

著名植物学家W.J.胡克的次子。父亲对他的成长起了极为重要的作用。幼年在格拉斯哥中学受传统的苏格兰文科教育,但爱好植物学与昆虫学。7岁到格拉斯哥大学上他父亲的植物学课。后在格拉斯哥大学学医,1839年获医学博士学位。毕业后供职于英国海军部医务署。多次参加英国科学考察远征队。1855年任基尤皇家植物园副园长,1865年接任其父的园长职务。1847年被选为英国皇家学会特别会员,1873~1877年任该会会长。1869年受封爵士,1897年晋升高级爵士。1851年结婚,育有四子三女。

1839年9月至1843年9月,他随考察船"厄瑞玻斯号"考察南极磁极位置,是考察队百余人中最年轻者。沿途在福克兰群岛、塔斯马尼亚与新西兰等岛采集了植物标本。后来他把研究成果汇编成册,其中《英国厄瑞玻斯号与泰勒号南极考察植物学》(6卷)是名著,此书用拉丁文描述了各种植物的形态特征,用英文注释有关分类细节。1846年,他婉拒了格拉斯哥大学的教职聘求,以古植物学家的身份参加国家地质勘查队,为大英博物馆编制英国植物化石名录。在父亲授命下,1847年乘船去印度,在印度东北部历时3年,对喜马拉雅山地区和尼泊尔东部进行植物勘查与地形测量,是第一个考察喜马拉雅山东部的学者。对印度3个苔藓植物新种的描述,使他在植物学上初露头角。1850年在其他科学家协助下出版《英属印度植物志》(7卷,1872~1897年),这本书迄今仍是用英语写成的有关印度种子植物科、属、种的标准记录。他的远航考察成果,成书的还有《南极洲植物志》(2卷,1844~1847年)、《新西兰植物志》(1851~1853年)和《塔斯马尼亚植物志》(1853~1859年)、《印度帝国的植物简介》(1904年)等。

与C.R.达尔文交往甚密。所写的《喜马拉雅山日志》记录了有关奇遇与科学考察,在19世纪旅游文学中占有一定地位。他将此书奉献给达尔文。1844年1月11日,达尔文向他透露了关于物种变异的设想。当时他将信将疑,但在1859年《物种起源》出版后,他便成为一名坚定的达尔文主义者。

任基尤皇家植物园团长期间,他改建、扩建了植物园,使其成为国际植物学研究中心,许多杰出的植物学家曾在此工作过。他仍然到世界各地去采集标本和引进新品种,其中去过巴勒斯坦(1860年)、摩洛哥(1871年)和美国(1877年)等地。他与当时基尤皇家植物园的常客、植物学家G.本瑟姆共建了本瑟姆-胡克分类系统,合著《植物属志》(3卷,1860~1883年),迄今仍是权威性的著作。曾获得许多学会的奖章。1907年,在纪念林耐诞生200周年大会上,瑞典科学院赠给他一枚特制的林耐奖章,将他看作"当代植物科学中最杰出的代表"。获英国皇家学会皇家奖章(1854年)、科普利奖章(1887年)和达尔文奖章(1892年)。此处1897年获印度之星勋章。 (孙炳寅 李孙演)

克利克尔,R.A.von(Koelliker, Rudolf Albert von) 瑞士人,1817年7月6日生于瑞士苏黎世,1905年11月2日卒于德国维尔茨堡。细胞学、比较解剖学、组织学、胚胎学、生理学。

身为银行家的父亲早亡,在母亲菲斯利(Anna Maria Katharina Fussli)的教育下长大。很早就对自然科学发生兴趣。曾在瑞士苏黎世大学学医,1841年获博士学位。1842年在德国维尔茨堡大学获医学博士学位。曾任苏黎世大学生理学和比较解剖学教授、维尔茨堡大学生理学和解剖学教授。参与创立维尔茨堡生理学和医学会。曾获乌得勒支、博洛尼亚、格拉斯哥和爱丁堡等大学荣誉博士学位。被封为贵族。曾任瑞士解剖学会第一任会长、名誉会长。

对细胞学的发展有重要贡献,研究了细胞的细微结构,指出了细胞核的生理学意义。1841年提出细胞核除参与细胞代谢外还有传递遗传信息的重要功能;指出某种特征的变异可能是由于突变而非渐变,为"突变学说"奠定了基础。发现了精子起源于生精细胞,推论出其细胞性质,用细胞学解释了胚胎发育过程。最早用细胞成分来描述组织结构,促进了组织学的发展。中欧广泛采用他的组织分类法。论证了神经元为神经系统的基本单位;并对神经细胞和神经末梢做了大量研究,证明脊髓中神经细胞的某些分支为有髓纤维、确定了其细胞性质,并证明平滑肌广泛分布于全身。研究了哺乳动物红细胞的生成过程,认为胚胎期血液生成场所为肝脏。还发现了生物体内存在分解骨质的破骨细胞,其功能与形成骨髓的成骨细胞正相反。对颅骨的形成也有重要发现。

毕生致力于科学事业,直至86岁高龄还在研究眼睛玻璃体的起源。对自己编写的教科书中未曾亲自研究过的问题都加以验证,因此在眼、耳、脊椎、脑、嗅觉和性器官等方面都有许多重要发现。一生发表约300篇论文。撰写的组织胚胎学教科书多次修订出版,成为高水平的教科书。在任职期间,维尔茨堡成为重要的医学

教育中心。毕生不倦地促进各国科学家的国际合作。获许多奖项。 （张祝山）

斯普鲁斯，R.（Spruce，Richard） 英国人，1817年9月10日生于英国英格兰约克郡甘索尔普，1893年12月28日卒于英格兰科尼斯索尔普。植物学、地理探险。

教师之子。1864年获德国利奥波德科学院荣誉博士学位。1866年入选英国皇家地理学会会员。

1834年（16岁）已考察并记录、鉴定了他的家乡地区403种植物。1837年，他又制作了“默尔顿地区植物一览表”，收集到485种显花植物，其中数种珍稀植物品种被收录于H. 贝恩（Henry Baines）的《约克郡植物志》（1840年）一书。1845年，他在伦敦《植物学》刊物上发表文章，介绍了23种新发现的英国苔藓，其中约一半是由他在野外亲自发现的。同年，又公布了他记录的英国植物志所未收录的48种苔藓。1845年4月～1846年4月，在欧洲大陆比利牛斯山区收集了许多植物标本，发现了该地区从未记载过的多种苔藓植物。1849年随A. R. 华莱士等人到南美洲考察植物，历时15年。对亚马逊河谷地丰富的植被进行仔细研究，收集到3万多份植物标本，寄回英国的标本7 000份以上，其中大多数均是新发现的种类。1860年英国政府又派他到厄瓜多尔收集适合在印度栽培的金鸡纳树，他采了许多种子和幼苗寄往印度，供生产奎宁以治疗疟疾。还对厄瓜多尔和秘鲁的海岸地区作了考察，于1864年返回英国，对采集到的大量植物标本进行整理和研究。所著《亚马逊棕榈》（1869年）、《亚马逊和安第斯山的地钱属植物》（1884年）等均是他的不朽著作。 （洪必恭 李孙演）

贝拉尔迪，L.（Bellardi，Luigi） 意大利人，1818年5月18日生于意大利热那亚，1889年9月17日卒于都灵。昆虫学、软体动物学、古生物学。

早在少年时代就爱好自然科学。在利塞奥·焦伯蒂学院从事博物学教学30年。兼任当时意大利王子的自然科学教师。曾任都灵皇家地质博物院古生物资料馆馆长。是国内外许多学会、科学团体的荣誉会员。

早年在都灵等地采集了大量中生代软体动物标本。20岁时即发表关于腹足类博尔逊螺的第一篇论文，尔后研究皮德蒙特和利古里亚的中生代软体动物化石。1854～1874年研究昆虫（双翅目），也作些植物、农业方面的研究。1872年开始对软体动物不同属种之间的关系及其不同时代可能形成的分支进行了论述，1888年出版关于头足纲、翼足目和最为丰富的腹足类等的《软体动物志》（5卷）。他的收藏现存放于都灵自然博物馆。 （马玉英）

亨弗雷，A.（Henfrey，Arthur） 英国人，1819年11月1日生于英国苏格兰阿伯丁，1859年9月7日卒于伦敦。植物学、园艺学、科学传播。

曾在伦敦圣巴塞洛姆医院学医，1843年毕业后在皇家外科医学院工作。因健康欠佳，放弃行医而以全部精力从事研究植物学。1847年任伦敦圣乔治医院附属医学院植物学讲师。1854年任伦敦大学国王学院植物学教授直至去世。1844年成为伦敦林耐学会会员。1854年被选为英国皇家学会会员。

出版有一些关于植物栽培和施肥方法的著作。编辑、翻译有关植物学的各级课本和手册，具有较大的社会影响。把欧洲大陆，特别是德国在植物学方面引人注目的发展情况介绍给英国植物学界。当时英国植物学者多从事标本的收集和分类，而他则提倡大陆派的研究方法，重视生理解剖和比较形态学。主要著作有《植物生理学的结构纲要》（1847年）、《欧洲植被》（1852年）、《植物学和生理学记事》（1853年）、《兰花胚珠的发育》（1855年）、《蕨类植物孢子的发育》（1855年）等。 （秦 嘉）

尼兰德，F.（Nylander，Fredrik） 芬兰人，1820年9月9日生于俄国于莱奥堡（今芬兰奥卢），1880年10月2日卒于法国孚日省。植物学、医学。

商人的儿子。1836年入赫尔辛基大学，1840年获硕士学位。留校从事植物学和医学教学和研究，1843～1853年任植物学讲师。1844年获植物学博士学位。1843～1846年在圣彼得堡植物园工作。1853年又获赫尔辛基大学医学博士学位。1865年任于莱奥堡市政府医生，直至去世。

是第一个研究芬兰植物区系的学者，曾进行过多次考察。发表5篇有关芬兰-俄国植物区系的重要论文。对芬兰的政治很关心，是芬兰自治的坚决支持者。 （秦安龄）

米勒，F.（Müller，Fritz；全称为Müller，Johann Friedrich Theodor） 德国人，1821年3月31日生于德国图林根的爱尔福特，1897年5月21日卒于巴西圣卡塔琳娜州布卢梅瑙。动物学、植物学、生物进化论、生态学。

牧师之子。父母双亲都对博物学有强烈兴趣，父亲对他的影响很大。1835～1840年在爱尔福特大学预科学了6门外语，在瑙姆堡大学学了一年药学。在柏林大学学习数学和自然科学，1844年获博士学位。后在格赖夫斯瓦尔德大学学习医学，毕业时因自由思想和拒绝宗教宣誓而未能获得学位。由于对1848年德国革命失败感到失望，1852年和他的弟兄两家人一起迁移南美洲巴西德属殖民地，并在巴西度过余生。从事过农场工、教师、医生、公务员和植物学家等职业。1856～1867年，在圣卡塔琳娜岛的德斯特罗学院教过10年数学。1867～1876年在巴西地方政府农业部门当了9年植物学家。1876年起任里约热内卢巴西国家博物馆野外考察博物学家，在馆刊上发表了许多考察报告，关注巴西伊塔雅伊河流域的生态系统。1891年，由于政见和宗教原因被当局解雇。除一子早夭外，育有七女，妻子和几个女儿都早于他去世，晚境凄凉，靠C. 达尔文等友人的资助解困。绝大部分重要的科学工作是在南美洲完成的。一直坚持收集大西洋沿岸林木标本和资料，以作为生物进化的证据，发现由于亚热带气候为主，巴西海岸的植被中没有雨林。一生发表70余篇论文，主要涉及昆虫学、海洋动物学和植物学。主要著作有《论达尔文》(1864年)等。其名字以“米勒拟态”载入科学文献。他的拟态现象等观点很快被其他进化论者接受并发展。与C.R.达尔文保持长时间通信联系。达尔文常把他的信送去杂志发表，并在自己的著作中广泛引用，还协助发表和出版其论文和著作的英译本。在19世纪，他是到过南美洲屈指可数的博物学家之一，也是唯一定居南美的欧洲学者。为纪念他，1929年在巴西布卢梅瑙建立了一尊塑像。（肖　玲）

维甘德，J. W. A.（Wigand，Julius Wil-helm Albert）　德国人，1821年4月21日生于德国特赖萨，1886年10月22日卒于马尔堡。植物生理学、比较解剖学、药理学、显微术。

药剂师的儿子。1840年进马尔堡大学学习数学、自然科学及德国文学，期间曾去柏林大学学习植物学。后移居耶拿，成为施莱登植物学派最后最重要的成员。1846年返回马尔堡大学任讲师，1851年任编外教授，1861年任植物学教授、植物园园长及药物研究所所长。

著有《植物栽培学原理》(1850年)等专著。笃信宗教，全部有关植物学的著作均离不开哲学议论。由于经常使用显微镜观察化学物质，使他成为显微化学染色技术的先行者。除植物生理学外，还发展了发酵的理论。是德国最坚决的反达尔文主义者，著有《达尔文主义与牛顿的、居维叶的自然科学》(3卷，1874～1877年)。曾从实用观点出发，为药剂师们撰写出版《药理学教程》(1863年)，同年又出版关于药理学的重要著作，其中论述了树胶和树脂的起源。（王荣增）

拉卡兹-迪蒂耶，F.-J. H. de（Lacaze-Duthiers，Félix-Joseph Henri de）　法国人，1821年5月15日生于法国蒙珀扎，1901年7月21日卒于多尔多涅省。海洋动物学、比较解剖学、生理学。

J. de拉卡兹-迪蒂耶男爵的第二个儿子。取得文学士和理学士学位后，去巴黎大学学医学和博物学，1845年获硕士学位，1851年获医学博士学位。供职于巴黎奈克尔医院。1853年获巴黎大学理学博士学位。同年到西班牙巴利阿里群岛和法国布列塔尼半岛旅行考察，研究海洋软体动物和植形动物，1854年回巴黎，在巴黎国家自然博物馆任H.米尔恩-爱德华兹的助手。不久任里尔大学动物学教授。1865年任巴黎国家自然博物馆的环节动物、软体动物和植形动物部教授。1869年任巴黎大学动物学、解剖学和比较生理学教授。1871年被选为法国科学院院士。1876年、1882年先后创建了两个法国最早的海洋生物实验室，同时创刊《普通动物学与实验档案》杂志。因专心从事科学研究，终身未娶。

1858年，他在地中海沿岸发现3种可提取紫蓝色染料的海洋软体动物，其中一种据他考证是古代腓尼基人用作紫色染料的骨螺。他是考察阿尔及利亚沿海海洋生物的先驱者。1863年出版《珊瑚虫博物学》，精确地描述了珊瑚虫和它的个体生殖器官以及发育过程。指出研究海洋软体动物习性和胚胎形成对分类学的重要性。（秦安龄）

莱迪希，F. von（Leydig，Franz von）　德国人，1821年5月21日生于德国陶伯河上游罗滕堡，1908年4月13日卒于同地。动物学、比较解剖学、细胞生物学。

小公务员之子。由于父亲爱好园艺和养蜂，使他自幼爱好动植物。1840年开始在慕尼黑大学学哲学。1842年入维尔茨堡大学学医，1847年获医学博士学位。留校生理学系任教，同时也教组织学和发育解剖学。1848年任该校动物解剖学研究所解剖员，后任讲师，1855年任教授。1857年任蒂宾根大学动物学与比较解剖学教授。1875年任波恩大学比较解剖学教授，先后任解剖学研究所所长、动物博物馆馆长和动物学研究所所长，1887年退休。获意大利博洛尼亚大学荣誉科学博士学位。是英国皇家学会外籍会员，圣彼得堡科学院和纽约科学院外籍院士。

1850年冬至1851年，他到地中海的意大利撒丁岛考察，采集了大量海洋生物标本。出版《人和动物组织学教程》(1857年)，对细胞学说的产生与发展进行了评述，指出它对组织学的重大意义，并对显微比较解剖学所取得的成果作了历史总结。发现了两栖类幼虫和鱼表皮内的莱迪希氏大分泌细胞、睾丸间质细胞、动物肾的莱迪希氏腺，并叙述了甲壳纲动物结缔组织和血管壁的大泡细胞。（张祝山　李啸虎）

罗宾，C.-P.（Robin，Charles-Phillipe）　法国人，1821年6月4日生于法国安省雅瑟龙，1885年10月6日卒于同地。细胞生物学、比较解剖学、组织学、显微术。

父亲出身于一个有文化修养的富裕家庭，其母生在一个医生家庭，受母亲的影响较深。幼时和同学玩耍不慎失去一只眼睛，只能用单眼看东西，因而特别爱用显微镜。1846年获巴黎大学医学院医学学位，1847年完成2篇论文，获博物学博士学位。留校任教，1849年任博物学教授，1862年任组织学教授。1866年入选法国科学院院士。1875年被选为安省代表参加法国议会。终身未娶。

从学医起就对解剖学和生物学发生兴趣。1845年还是学生时，曾去法国诺曼底沿海及英国海峡群岛考察，为建立比较解剖学博物馆搜集标本。1849年和1851年出版《显微镜》和《解剖与画图》，详细论述对生物学的看法，认为生命不是不变的物质，而是一种有机组织，处于一种“特别的分子状态”。这对法国科学界的影响很大。并由此指出用显微镜研究生物还不够，必须对生物进行化学分析。（秦安龄）

尼兰德，W.（Nylander，William）　芬兰人，1822年1月3日生于俄国于莱奥堡(今芬兰奥卢)，1899年3

月 29 日卒于法国巴黎。昆虫学、地衣学、分析化学、环境科学。

商人的儿子。少年时在奥布求学。后进赫尔辛基大学学医，1847 年获医学博士学位。1857 年任赫尔辛基大学植物学首席教授。1863 年永久移居法国。终生未娶。

他的兴趣是博物学，曾跑遍芬兰以收集植物和昆虫标本，早期论文多属昆虫学方面，主要是对芬兰蚂蚁和蜜蜂的鉴定。1848 年去巴黎国家自然博物馆研究地衣，私人收藏了世界上最丰富的地衣蜡叶标本，发表许多关于地衣分类和鉴定的论文。是采用化学试剂对地衣进行鉴定和分类的先驱者，他的一些专门技术如使用碘酊和次氯酸盐等化学物，仍然沿用迄今。也是第一个认识到大气污染会影响地衣生态的学者，并发现可用地衣生长状态来测定和评价大气质量。由于对地衣学的贡献，1868 年法国政府授予他马济埃尔奖。在此之前，葡萄牙曾授予他基督勋章。发表 314 篇论文。被列为19 世纪中期卓越的地衣学家。（蒋虎祥）

诺顿，J. P.（Norton，John Pitkin） 美国人，1822 年 7 月 19 日生于美国纽约州奥尔巴尼，1852 年 9 月 5 日卒于康涅狄格州法明顿。农艺学、农业化学。

在父亲鼓励下研究科学种田，1840～1842 年听了 B. 西利曼（Benjamin Silliman）等学者开设的讲座，还在实验室学习实验化学和矿物学。1842～1843 年进哈佛大学法律学院听课。1843～1844 年再次到成立不久的新西利曼实验室学习，因对“科学农业”兴趣极大，又学习了 2 年。1846 年任耶鲁大学农业化学教授，大概是美国首次获得这个职称的人。1846 年冬到 1847 年春，在荷兰乌得勒支大学化学实验室进行植物蛋白质分析实验。

是美国科学种田和创建美国科学组织的杰出倡导者和奠基者之一。在苏格兰曾因“论燕麦的化学结构”一文获苏格兰高地农业协会奖金。为开设农业和农业教育新学科，还精力充沛地在美国东北部游说。为了突出这一事业，在应用化学学院围绕分析化学组织试验和教育工作，确信依靠精密的土壤分析是改进农业的主要途径。有许多学生从事农业科研、教学工作。他写过许多关于农业中应用化学方法的文章。主要著作有《科学农业的基础》（1850 年初版，1860 年再版）等。为纪念他，美国国会大厦设立他的塑像。（谢　愉）

孟德尔，G. J.（Mendel，Gregor Johann） 奥地利人，1822 年 7 月 22 日生于奥地利海因岑多夫（今捷克海恩西斯），1884 年 1 月 6 日卒于奥匈帝国摩拉维亚的布鲁恩（今捷克的布尔诺）。遗传学、农艺学、气象学。

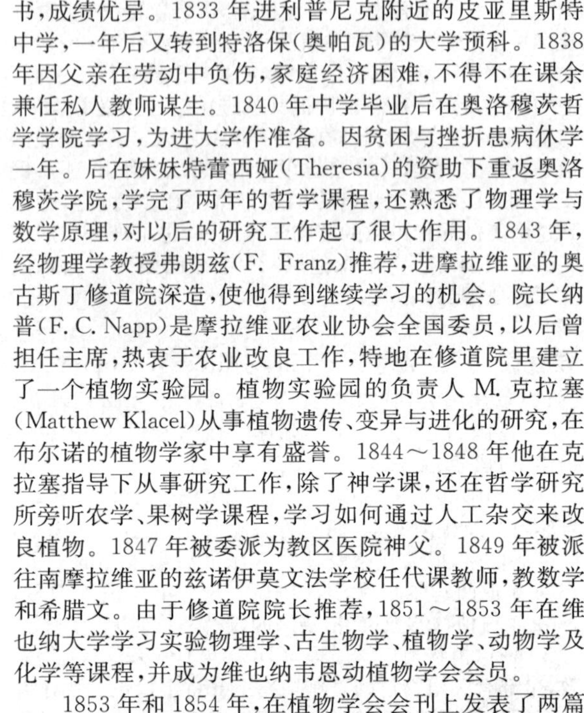

父亲是农民，在拿破仑战争时期在军队服役；母亲是园林工人。在家中三个孩子中排行第二，是唯一男孩。幼年时在本村一所小学读书，成绩优异。1833 年进利普尼克附近的皮亚里斯特中学，一年后又转到特洛保（奥帕瓦）的大学预科。1838 年因父亲在劳动中负伤，家庭经济困难，不得不在课余兼任私人教师谋生。1840 年中学毕业后在奥洛穆茨哲学学院学习，为进大学作准备。因贫困与挫折患病休学一年。后在妹妹特蕾西娅（Theresia）的资助下重返奥洛穆茨学院，学完了两年的哲学课程，还熟悉了物理学与数学原理，对以后的研究工作起了很大作用。1843 年，经物理学教授弗朗兹（F. Franz）推荐，进摩拉维亚的奥古斯丁修道院深造，使他得到继续学习的机会。院长纳普（F. C. Napp）是摩拉维亚农业协会全国委员，以后曾担任主席，热衷于农业改良工作，特地在修道院里建立了一个植物实验园。植物实验园的负责人 M. 克拉塞（Matthew Klacel）从事植物遗传、变异与进化的研究，在布尔诺的植物学家中享有盛誉。1844～1848 年他在克拉塞指导下从事研究工作，除了神学课，还在哲学研究所旁听农学、果树学课程，学习如何通过人工杂交来改良植物。1847 年被委派为教区医院神父。1849 年被派往南摩拉维亚的兹诺伊莫文法学校任代课教师，教数学和希腊文。由于修道院院长推荐，1851～1853 年在维也纳大学学习实验物理学、古生物学、植物学、动物学及化学等课程，并成为维也纳韦恩动植物学会会员。

1853 年和 1854 年，在植物学会会刊上发表了两篇有关昆虫对栽培植物危害的短篇通讯。还认真阅读了格特纳（Gaertner）的著作《植物界杂种的试验与观察》。这本书记述了 700 种植物上万个产生杂种的试验，受到很大启发，作了认真摘录，其中多种豌豆性状在以后的实验方案中曾被应用。1853 年从维也纳大学毕业返回修道院后，在布鲁恩技术学校任物理学与博物学代课教师。因两次参加自然科学教师考试落选，一直担任代课教师至 1868 年。

从 1856 年开始著名的豌豆实验，这一工作持续了 8 年。1868 年被推选为奥古斯丁修道院院长。是摩拉维亚农业协会自然科学分部会员，1868 年被选为全国委员，1870 年又被选入执行委员会。由于行政事务缠身，他几乎没有时间和精力再去继续探究遗传学。特别是从 1871 年起，为了反对自由党政府的教会财产课税法，维护修道院权益，因拒交新的赋税与政府发生了争执。长达 10 年之久的官司，被迫停止了研究工作。1884 年因肾炎、浮肿、尿毒症及心脏肥大等多种疾病并发而与世长辞。在世之日，其卓越成就并未引起人们的注意，所以没有获得过什么特殊荣誉。

1856 年起就致力于气象学研究。1863 年发表第一篇气象学论文，使用统计学原理以图表方式总结了布鲁恩 10 多年的气象资料。1863～1869 年又发表了总结整个摩拉维亚气象资料的论文。1870 年后，除发表 3 篇有关异常暴风如龙卷风的论文外，还化费很多时间进行太阳黑子的观察，提出了太阳黑子与气候有某种联系的假设。从 1877 年起，在他的支持下摩拉维亚开始为农民发布气象预报，这在当时的中欧来说是个创举。

主要贡献是遗传学研究，被誉为“现代遗传学之父”。发现了遗传的基本法则，从而开辟了遗传学的新纪元。不接受当时流行的融合遗传模式，而主张颗粒遗传。他在8年中培育了22个品种，栽种约有2.9万株。比较了它们在形状、颜色、大小方面的种种差异变化。

1865年2月和3月，他在布鲁恩博物学会的研讨会上两次介绍了实验工作，并在1866年将“植物杂交试验”论文在学会会刊上发表后，被分送到不同国家的134个科学机构，但未引起人们的重视。同年，他亲自将论文单行本送给当时的植物学权威K. 内格利（Karl Naegeli）与A. 克纳（Anton Kerner），并于1867年给前者寄去140包种子，要求他重复自己做过的实验以求证。但内格利提出了一些实际上并不恰当的意见，并表示拒绝他的合理结论，这些种子也被他束之高阁。在他去世后，继任的修道院院长一把火统统烧掉了他遗留的科学实验收藏品。在此后34年中，这一论文遭到了冷遇。直到1900年，荷兰的H. 德弗里斯使用玉米做实验，德国的C. 柯灵斯（Carl Correns）和奥地利的E. 彻马克·冯·西塞内格用豌豆做实验，都证明了他的发现的正确性。人们称此事件为“孟德尔论文的再发现”。这以后，他的具有深远意义的卓越成就才得到举世公认。

（王爵渊）

洛伊卡特，K. G. F. R.（Leuckart，Karl Georg Friedrich Rudolf） 德国人，1822年10月7日生于德国赫尔姆施泰特，1898年2月6日卒于莱比锡。动物学、寄生虫学、科学教育。

叔父是动物学教授，对他影响较深。他爱好动物学，决定做个动物学家。1842年在格丁根大学学习时，与著名动物学家R. 瓦格纳建立了毕生友谊。毕业后留校任教，曾参加北海科学考察队收集和研究海洋无脊椎动物。1850年任吉森大学动物学教授。1869年任莱比锡大学动物学教授，后任校长，兼任多所大学的教授。萨克索尼（Saxony）国王任命他为枢密院官员。是圣彼得堡科学院荣誉院士。晚年儿女早亡，他卒于中风。

1848年发表第一篇科学论文，将G. 居维叶的辐射动物门分为腔肠动物门和棘皮动物门，标志着动物科学从人为分类法向自然分类法转变的新时期的开始。后从事人类和动物的寄生虫研究。重视生理学方法，从而发现多种寄生虫的生活史。在舌形虫类、绦虫类、肝吸虫和螺旋状旋毛虫方面的研究，取得了重要成就。还首次证实了牛绦虫和猪绦虫分别存在于牛和猪的体内，导致在德国建立了世界上第一个肉类检验法。1877～1892年，他制作了一系列科学挂图用于教学，受到全世界教育界的欢迎。主要著作有：《受精理论论文集》（1849年）、《动物学研究》（3卷，1853～1854年）、《比较解剖学和生理学》（1852年）、《昆虫的单性生殖与世代交替》（1858年）、《旋毛虫研究》（1860年）、《人体寄生虫与病害》（2卷，1863～1876年）等。获普鲁士和巴伐利亚的最高勋章。

（童远瑞）

巴斯德，L.（Pasteur，Louis） 法国人，1822年12月27日生于法国侏罗省多勒，1895年9月28日卒于巴黎附近的圣克洛德。微生物学、化学、病理学、免疫学、生物化学工程。

祖辈原是农奴，至其曾祖父才获自由，开设一家小制革作坊谋生。父亲继承祖业从事鞣皮制革。小学校长对他那种凡无确切证据从不轻率接受某一结论的可贵科学气质十分赞赏。1839年进贝桑松皇家中学，1842～1843年相继求学于巴尔贝中学和巴黎里塞圣路易中学。1843年进巴黎高等师范学校专攻化学，1846年任该校化学实验室助理，1848年因分子不对称性论文获博士学位。同年任第戎学院物理学教授。1849～1854年任斯特拉斯堡大学化学教授。1849年与斯特拉斯堡大学校长的女儿M. 劳伦特（Marie Laurent）结婚，育有5个子女。1854～1857年任里尔大学理学院化学系教授与系主任。1857～1867年任巴黎高等师范学校校长助理、生理化学实验室主任，且于1867～1874年兼任巴黎大学索邦尼学院化学教授。1888～1895年任巴斯德研究院院长。

微生物学奠基人。证实发酵是微生物的作用；微生物来自微生物本身（否定生物自然发生说）；人和动物的许多传染病来源于病原微生物；并提出防治传染病的免疫法，为人类作出了杰出贡献。

早在巴黎高等师范学校学习时，开始对晶体化学发生兴趣，并用显微镜观察在实验过程中所发生的一切变化。1846年毕业后，继续深入地从事这方面的研究工作，1848年发现酒石酸在结构上有右旋和左旋的差异，两种不同酒石酸的晶体混合物具有相反的旋光，彼此互为对映体。经10年研究，提出分子不对称性理论，从而建立了立体化学的概念。接着他访问了许多酒厂，研究酒的发酵。1857年先后向里尔科学协会提出“乳酸发酵”和“酒精发酵”两篇论文，指出“糖分解为酒精和碳酸气，是与生命现象，一种小球的组织相关联的”。1859年9月，其长女因伤寒病去世，在极其悲伤的情况下，仍全力以赴地研究发酵问题，认识到发酵中的复杂现象。

通过多次精密实验，指出在空气、土壤、实验所用的一切材料中，人的衣服和身体上都有许多肉眼看不到的微生物的“胚”——孢子。1860年初进行著名的“U”形瓶试验，他设计了一种玻璃瓶，其开口经过各种弯形的长管与外界相通。肉汤在瓶子里煮沸以后，由于空气里的任何微粒不能直接进入瓶内落入肉汤里，不管经过多长时间，都没有在里面产生出任何微生物或其他生命。但如果把瓶子上弯曲的玻璃管打断，让空气自由进入瓶内，不久肉汤里就出现许多微生物，开始出现腐败现象。他发现空气越是不干净，微生物就越多。为此，1860年夏专程跑到空气干净的阿尔卑斯山，以证明这一设想。

1860年11月，他根据生产行业的需要研究醋和葡萄酒变质的问题。用显微镜进行观察和研究，发现酒精是微生物作用的产物，主要有两种细菌，一种能使谷物发酵变成酒，另一种会使酒变质。1864年提出一种保存酒类的方法，将酒加温50～60℃1小时之后密封，可以使酒长期保存而不变质，这就是目前通称的“巴斯德消毒法”。这种消毒法的推广应用，使法国葡萄酒商避免了巨额损失，同时广泛用于牛奶的其他食品业，但他却未索取任何经济报酬。

1865年法国养蚕业由于蚕病流行，面临严重危机。他经过5年反复研究，终于在1869年发现，病蚕的身上都生有胡椒粒般的小结节，去掉这些病蚕和所产的卵，就可控制蚕病流行而获丰收。就在这时他的父亲和另一个女儿相继去世。1868年10月他本人也因劳累过度患了中风，出现轻瘫现象，但他仍坚持研究工作。不久他又发现蚕的下痢病，并提出具体的防治措施。后来法国蚕农为他树立了一座雕像。

1871年以后研究啤酒变酸的原因，并参加自然发生论与生源论的大讨论。他指出，许多外科病人和妇科产褥热死亡原因，均是由于感染了微生物中的一些病菌而造成的，因此他建议所有外科医生在动手术和换药时，均应注意严格消毒，防止病菌传染。这种观点在法国一直不能为医学界所接受，但在英国，一位年轻的外科医生J.科斯特(Joseph Lister)却因采取手术消毒方法治疗病人获得巨大成功。于是此法才得以逐渐推广，从而挽救了成千上万病人的生命。

1878年危害牛羊的炭疽病在法国各地流行，并威胁人类的健康。为了证明这种病是由于炭疽病菌而引起的，他专门设计了一个实验，从病畜中取一滴血放入培养皿中，经过培养，再从培养皿中取出一滴放入第二个培养皿中，如此重复直到第四十个培养皿，然后他取出第四十个培养皿中的一滴培养液注射到牛羊身体内，结果它们立即患炭疽病而死去，证明这种病是细菌而不是毒素引起的。因为经过多次移植后其浓度已非常低，只有细菌经过不断繁殖才能保持一定浓度，而毒素是不可能繁殖的。1879年研究鸡霍乱，1880年他分离出鸡霍乱菌，发现用放置一段时间以进行减毒培养液处理的鸡霍乱病原菌注射接种，能使鸡获得免疫力，从而发明了治疗鸡霍乱预防接种免疫法。

1881～1886年，他对狂犬病的病因和治疗进行了研究，发现狂犬病的病症主要表现在神经系统上，并亲自冒险将一根玻璃管伸进狗嘴用口吸出唾液做试验。他将狂犬病病毒置于兔子脊髓中培养以提高其毒性，然后在有氧条件下干燥成粉末，经过反复试验，终于制成防治狂犬病的疫苗，1884年成功给狗接种菌种。1885年，他为一个被疯狗咬伤的小男孩连续接种加大剂量的狂犬疫苗，终于救了他。先后使1700多名给疯狗咬过的病人及时接种狂犬病疫苗，使他们免除死亡，其中包括16名俄国人。为了感谢他的救命之恩，1887年俄国沙皇奖予他圣安妮十字勋章，并捐赠10万法郎资助建立巴斯德研究院。该研究院于1888年正式建成，并由他任首任院长。

在从事科学实验时十分谦虚、谨慎，从不轻易发表结论性的意见。他说过：“当你相信自己发现了一件重要的科学事实并热切地希望将它发表时，要将你自己克制几天、几周，甚至几年；要与自己斗争，想方设法推翻自己的实验，只有在一切相反的假说统统被排除以后，才将你的发现宣布。”还是一个爱国主义者，在1870年德国侵略法国时，他不仅退还了德国波恩大学授予的荣誉医学博士学位证书，还动员唯一的儿子参军抵抗侵略者。

一生获得的奖励和荣誉很多，主要的有：1856年获英国皇家学会朗福德奖章，1859年获法国科学院实验生理学蒙蒂翁奖金，1861年获法国科学院的泽克尔奖金，1867年获巴黎世界博览会大奖，1871年获奥地利政府治疗蚕病奖，1874年获英国皇家学会科普利奖章，1881年获法国农艺师协会荣誉奖章。1868年获波恩大学荣誉医学博士学位。1862年被选为法国科学院院士，1887年被选为法国科学院常务秘书长。1869年被选为英国皇家学会外籍会员。1873年被选为法国医学科学院院士。1882年被选为法兰西学院院士。他在科学上的杰出成就，受到许多学者极高的评价。大博物学家T. H.赫胥黎曾说：“巴斯德一个人的发现，就足以抵偿1870年法国付给德国的50亿法朗战争赔款。”他被誉为“人类的造福者”。 (朱啸宇　袁传宓)

华莱士，A. R.(Wallace, Alfred Russel)　英国人，1823年1月8日生于英国威尔士蒙茅斯郡阿斯克附近，1913年11月7日卒于多塞特郡布罗德斯顿。生物进化论、动物地理学、人类学、地球科学、地理探险。

家境贫寒，在家中9个孩子中排行第八。幼年曾在哈福德文法学校学习，1836年因缴不起学费而辍学。1838年至1843年随任测量员的哥哥威廉(William)当徒工，有机会接触各个方面，并购买了一些植物学教科书自学。1844～1845年在莱斯特一所专科学校教授制图、算术、测量学等，同时在莱斯特市图书馆自修。在此期间，广泛阅读自然科学各科资料，结织年轻的昆虫学家H. W.贝茨(Henry Water Betes)。1848年4月和贝茨结伴赴南美洲亚马逊盆地进行科学考察。1852年归国途中，由于双桅船起火沉没大西洋，几乎丧生，所收集到的资料大部分丢失。次年出版《亚马逊和乌拉圭旅行记》(1853年)。1854～1862年又赴马来群岛(今印度尼西亚和马来西亚)进行第二次长期科学考察，采集到12.5万份动植物标本(仅甲虫就有8万余份)，其中新发现的种属有1000余类。研究火山、浅海、岛屿的成因和彼此关系，以及各个岛上特有物种来源和相互间亲缘关系。通过这次考察，他形成了自然选择的理论，并在生物学、地质学、地理学、人类学及其他学科中有重要发现。1866年(43岁)才与19岁的A.米坦(Annie Mitten)结婚，生有3个孩子。

在丰富的观察资料基础上，1855年2月在婆罗州北部沙捞越写成“制约新物种出现的规律”一文，阐明了物种产生、更替、进化和灭绝的规律，立场鲜明地反对特创论。1858年2月又在马来群岛德那第岛写成“论变种无限偏离原始类型的歧化倾向”一文，指出自然界存在着抑制因素，以保持动物种群个体间的一定比例，生物只有同周围环境作斗争才能生存下去，野生动物的一生是生存斗争的一生。变种这种“不断地偏离原始类型的前进趋势”，便是生物的进化。从大量的资料中归纳出生物“适应”、“变异”、“生存斗争”等一般规律，说明物种进化动力和原因。这篇论文写成后寄给达尔文征求意见。1858 年 6 月 18 日达尔文收到此文，在当天又把它转寄给 C. 赖尔，并说已有人跑在自己的前面了：“我从未见到有这种更加令人惊奇的偶然巧合……他现在采用的学术名词，甚至也和我的书稿中各章题名相同。”在 C. 赖尔和 J. D. 胡克的推荐下，1858 年 7 月 1 日华莱士的论文和达尔文的论文摘要同时在伦敦林耐学会上宣读，宣告近代生物进化理论正式问世。

1862 年返回英国，又发表许多独创性的、论据充分的论文和著作支持进化理论，如《自然选择理论论文集》(1870 年)、《动物地理分布》(1876 年)、《岛屿上的生命》(1880 年)等。1889 年在《达尔文主义》一书中，详尽地回顾了 30 年来生物进化的理论，介绍了没有拉马克观点的纯达尔文主义。还写了一本名著《马来群岛》(1869 年)，首次提出划分澳洲和亚洲动物区系的“华莱士线”，从而发展了动物地理学。该书曾多次再版并被译成各种文字，在世界范围内获得声誉。同年还写成《自然选择应用于人类时的局限性》，但也提出“物质是力”、“力就是意志的力”等混乱观点。

19 世纪 60 年代起，既宣传进化论又信仰唯灵论，差点被开除出英国皇家学会。1875 年出版《论奇迹和现代唯灵论》，宣扬传心术、降神术等神秘主义思想。他的其他著作还有：《奇异的世纪》(1898 年)、《我的一生》(1905 年)、《人在宇宙中的地位》(1903 年)、《火星上能住人吗》(1907 年)、《生命的世界》(1910 年)等。

19 世纪 70 年代后半期，积极参与土地国有化运动，1881 年任英国土地国有化协会第一任主席。20 世纪初，发表各种文章支持妇女解放运动。还用生物界的规律来解释社会历史现象，宣扬种族优越论，认为“自然选择”的各种因素推动人类“心灵”的发展，而“在生存斗争中保存下来的都是优秀种族”。这一错误理论成为欧洲殖民主义者掠夺南半球“土人”的辩护词。

一生中获得许多荣誉，如英国皇家学会皇家奖章(1868 年)、达尔文奖章(1890 年)、科普利奖章(1908 年)；都柏林大学荣誉法学博士学位(1882 年)、牛津大学荣誉民法学博士学位(1889 年)；英国皇家地理学会创立者奖章(1870 年)、金质奖章(1892 年)；伦敦林耐学会金质奖章(1892 年)、达尔文-华莱士一等奖(1908 年)。1893 年当选为英国皇家学会会员。1910 年获英王颁发的功勋勋章。（张之沧　袁传宓）

席夫，M.（Schiff，Moritz） 德国人，1823 年 1 月 28 日生于德国法兰克福，1896 年 10 月 6 日卒于瑞士日内瓦。*动物生理学、比较解剖学、病理学、医学。*

出身犹太商人家庭。1844 年获格丁根大学医学学士学位。毕业后去巴黎从事动物学研究，访问了许多地方医院，并向 F. 马让迪学习实验技术。1845 年回法兰克福行医，并进行生理学研究。1846 年在瑟肯堡博物馆做南美鸟类编目工作。1854 年因骨骼生理学研究获法国科学院蒙蒂恩奖金。1856 年受伯尔尼大学聘请任比较解剖学和动物学助理教授。1862 年赴佛罗伦萨大学任生理学教授。1876 年因做活体解剖实验受攻击离去，回瑞士任日内瓦大学生理学教授。是意大利皇家科学院和巴黎医学科学院的外籍通讯院士。

是一位以生物学观点研究生理学并开创实验方法的著名生物学家。1850 年以活体解剖详细研究脊髓生理学，揭示了迷走神经系统的作用，并研究了痛觉和触觉的脊髓径路。他第一个注意到血液循环影响大脑皮层的作用，以及发现以后被称为“席夫胆汁循环”的机制。在迷走神经系统血管运动作用的研究上，特别是在心脏的神经支配方面作了开拓性工作。还揭示了某些内分泌的重要性，特别是对甲状腺机能的研究。1856 年发现把狗的甲状腺割除会使之濒临死亡，而将其他动物(如羊)的甲状腺植入或将甲状腺素提取物注入，会挽救狗的生命，从而为甲状腺肿外科切除术打下基础。

主要著作有《涉及病理学的神经系统生理学研究》(1855 年)、《肌肉—神经生理学教程》(1858 年，与他人合著)、《糖尿病人的肝糖化及其对神经系统的影响》(1859 年)、《大脑神经系统》(1865 年初版，1874 年再版)、《消化生理学》(2 卷，1868 年)、《生理学论文集》(4 卷，1894～1898 年)等。（杨方中）

贝尔德，S. F.（Baird，Spencer Fullerton） 美国人，1823 年 2 月 3 月生于美国宾夕法尼亚州雷丁，1887 年 8 月 19 日卒于马萨诸塞州伍兹霍尔。*鸟类学、脊椎动物学、科学管理。*

律师的儿子。1840 年获迪金森学院学士学位，1843 年获文科硕士学位。后自学动物学。1846 年任迪金森学院博物学教授。1850 年在史密森学会工作，收集了大量动物标本和人类标本进行研究。1864 年当选为美国国家科学院院士。1871 年任美国国会鱼类及渔业委员会主席。1878 年任史密森学会秘书长。

著述甚多，其中重要的为《北美爬行动物志》(1853 年，与他人合著)、《北美哺乳动物志》(1857 年)、《鸟类》(1858 年)、《北美鸟类的分布和迁徙》(1865 年)和《北美鸟类志》(1874 年)等。前两部是对从墨西哥北部采集来的标本作综合性论文集，文中描述精确且具独创见解，改正了命名和分类方法。《北美鸟类的分布和迁徙》对生物区系提出了明确的定义，并分析了对鸟类分布影响的规律。所著《北美鸟类志》首次提出北极繁殖的鸟类行为资料，是研究鸟类生活史的重要文献。这些使他赢得 19 世纪中叶美国第一流脊椎动物学家的称号。

（蒋虎祥）

萨波塔，L. C. J. G. de（Saporta，Louis Charles Joseph Gaston de） 法国人，1823 年 7 月 28 日生于法国圣扎卡里，1896 年 1 月 26 日卒于同地。*植物学、古植物学、地层学。*

祖先来自西班牙萨拉戈萨，祖辈中有物理学家、植物学家和昆虫学家。他最初喜爱文学，27 岁时转向植物学。1872 年加入马赛研究院。1876 年成为法国科学院院士。也是比利时皇家科学院、马德里科学院的外籍院士。

在艾克斯古董店里偶然找到附近石膏矿中的植物化石，从而开始系统研究。致力于研究法国第三纪的植物种群，发表大量专题文章，并在上中新世到下中新世的湖中沉淀物里发现了这些种群。继而研究侏罗纪时期的植物种群。曾应邀去比利时、葡萄牙、希腊和美国。1879～1888年在巴黎发表一系列重要文章，仔细精确地描述所涉及的每一植物种群，并把它与历史的发展联系起来。主要著作有《法国古生物学文集》(1860年)、《人类出现以前的植物界》(1879年)、《应用于研究人种的古生物学》(1868年)、《水下探险》(1871年)等。

(钟觉民)

巴尔比亚尼，E.-G.（Balbiani，Edouard-Gérard） 法国人，1823年7月31日生于海地太子港，1899年7月25日卒于法国默东。原生动物学、胚胎学、比较解剖学、显微术。

银行家的儿子。约在1840年去巴黎一所法律学校就读。但爱好自然科学，曾在巴黎国家自然博物馆师从动物学家H. M. 布朗维尔。1854年获巴黎大学医学院医学博士学位。由于经济状况较好，可以不开业行医而完全投身于显微镜的研究，创立显微镜观察学会。1874～1899年任法兰西学院胚胎学教授。曾和L.-A. 朗维埃合作创办《显微解剖学》杂志，至今仍在出版。

研究工作很广泛。早期研究原生动物，发现纤毛虫的有性繁殖。1861年提出纤毛虫双分裂定律，完成显微外科实验工作，创立"局部切开"这一名词。后来又研究性器官的形成，证明性细胞直接起源于卵，在囊胚层出现前开始分化。曾描述在未成熟卵的卵黄中有一种特殊结构，1867年被米尔恩-爱德华兹命名为"巴尔比亚尼泡"，但在1893年埃纳居伊(Henneguy)则建议叫做"巴尔比亚尼卵黄体"。出版的著作很多。 (叶学海)

卡鲁斯，J. V.（Carus，Julius Victor） 德国人，1823年8月25日生于德国莱比锡，1903年3月10日卒于同地。动物学、科学传播。

出身大学教授家庭。1841年进莱比锡大学学习医学和博物学，1846年任圣乔治医院助理医生，1849年获医学博士学位。同年发表有关世代交替的论文。任牛津大学比较解剖学博物馆管理员，直到1851年。在牛津期间主要研究动物学。离开牛津后即回到莱比锡大学讲授比较解剖学，1853年任比较解剖学编外教授和动物解剖博物馆馆长。在这期间，不仅讲授比较解剖学，也讲授胚胎学和组织学。牛津大学、爱丁堡大学和耶拿大学等院校都曾授予他荣誉博士学位，是德国和英国一些学会的会员。1853年结婚，1886年第二次结婚，共生3女2子。

达尔文的《物种起源》发表后，他积极从事达尔文著作的翻译工作，使进化论在德国科学界产生深远影响。还翻译了T. 赫胥黎等人的著作。主要著作有《动物形态学体系》(1853年)、《卡鲁斯动物解剖学图谱》(1857年)、《动物学书目》(2卷，1861年)、《洪堡传》(3卷，1872年)、《地中海动物志》(1884年)等。获得不少奖励。

(孙 勇)

利迪，J.（Leidy，Joseph） 美国人，1823年9月9日生于美国费城，1891年4月30日卒于同地。动物学、比较解剖学、古生物学。

德裔帽商的次子。幼时即喜爱博物学。10岁时绘制了一本注有学名和俗名的贝类动物小册子，该书至今保留在费城自然科学院。后考入宾夕法尼亚大学学习解剖学，完成脊椎动物眼睛的比较解剖学论文，1844年获医学博士学位。1848年被选为费城自然科学院院士。先后任宾夕法尼亚大学解剖学教授、斯沃斯莫尔学院博物学教授。1881年任费城科学院院长，直至去世。1864年结婚，收养了一个女儿。

1846年诊断旋毛虫病是由未煮熟的肉类中存在寄生虫引起的。1847年详细地描述了美国马的残遗化石，被誉为"古生物学家中的古生物学家"。他的很多专著为研究北美各种脊椎动物的化石奠定基础。1861年出版《人体解剖学手册》广受赞赏。曾对许多习性不同的淡水原生动物进行研究，出版《北美淡水根足虫》(1879年)，至今仍是经典之作。1869年出版《达科他和内布拉斯加两地灭绝动物志》。对人体解剖学、寄生虫学、原生动物学，以及哺乳动物和爬行动物的古生物学研究作出了贡献。他是美国较早的达尔文生物进化论积极支持者，在他的游说下，达尔文被入选费城科学院外籍院士。 (张承圭)

梅特尼乌斯，G. H.（Mettenius，Georg Heinrich） 德国人，1823年11月24日生于德国法兰克福，1866年8月19日卒于莱比锡。蕨类植物学。

商人的儿子。1841～1845年在海德堡大学习医，1845年获医学博士学位。后在柏林大学、维也纳大学等校继续学习。1851年去弗赖堡大学任编外教授。1852年在莱比锡大学任植物学教授和植物园园长。1859年与一位植物学家的女儿结婚。婚后集中精力研究植物，特别是蕨类植物。1866年死于霍乱病，时年仅43岁。

由于勤奋苦干，在短暂的一生中完成了大量研究工作。对蕨类研究较深入，写了许多内容广泛的论文，修正了当时的分类法，成为19世纪蕨类植物学权威。像W. J. 胡克一样，宁愿把少数大属分成若干组而不愿像他同时代的人分成许多繁琐的小属。对许多种的正确而细致的描述至今仍是重要参考资料。 (谢 愉)

法布尔，J. H.（Fabre，Jean Henri） 法国人，1823年12月22日生于法国阿韦龙省圣莱翁，1915年10月11日卒于沃克吕兹省塞里尼昂。昆虫学、实验生理学、博物学、科学传播。

父亲A. 法布尔(Antoine Fabre)在法院任职，母亲叫V. 塞尔格(Victore Salgues)，家境贫寒。幼年在当地一所教区学校学习，1833年入罗德兹学校。曾获阿维尼翁初等师范学校公费生资格。1842年任卡庞特拉公立中学教师。后通过毕业会考并获数学和物理学的理学士双学位。在科西嘉阿雅克肖公立中学任物理学教师，直至1851年12月止。1853年去阿维尼翁公立中学任教。后在图卢兹大学获博物学博士学位。1854 年去巴黎大学作物理学博士论文答辩。此后就专门从事生物学和昆虫行为学的研究工作，成为昆虫学界一位知名学者，1877 年被选为法国科学院通讯院士。1844 年与 M. 维拉德(Marie Villard)结婚，生有 3 子 1 女。由于 M. 维拉德去世较早，又娶第二个妻子，生 1 子 2 女。其中一个女儿和内科医生勒格罗(G. V. Legros)结婚，勒格罗是第一个为他写传记的作者。

自幼爱好自然，经常观察昆虫和贝类的生活习性。以致废寝忘食。有一次花了一天时间，躺在石头上观察石缝里的昆虫生活行为，村民以为他对着石头发楞，后来竟构成一个"中邪"的笑话传开去。研究昆虫行为，不仅观察自然现象，还有计划地进行各种实验。曾把一只新羽化的天蚕雌蛾放进纱布袋里，摆在桌上过夜，结果有 40 多只同种雄蛾闯进了这间屋内，向纱布袋里的雌蛾飞扑。但如果把雌蛾放在密闭而透明的容器中时，在外面只能看到雌蛾而闻不到气味，这样在它的周围就没有雄蛾飞扑。成为第一个发现昆虫能以气味进行信息通讯的科学家。1855 年发表第一篇论文，论述能够麻痹其捕获物(指甲虫)的膜翅目昆虫胡蜂。1857 年发表第二篇论文，讨论鞘翅目的复变态。1859 年 C. R. 达尔文在《物种起源》一书中多次引用了他的有关资料。例如，关于论述膜翅类的战斗、寄生的细腰蜂以及一种经过某些异常发育阶段的甲虫等。

为了改善经济条件，曾研究过茜草制染料着色原理，并于 1866 年分离茜素成功。由于这项发明而获荣誉军团骑士奖，受到拿破仑三世(Napoleon Ⅲ)的接见。在返回阿维尼翁途中，得知茜素已能从煤焦油中提取，他的制作法被取代。此后转向著书立说，撰写教科书。1870 年 11 月离开阿维尼翁迁居奥朗日。1879 年又搬到塞里尼昂，在这里全力从事昆虫生活习性的观察。1879～1907 年，将研究所得陆续写成《昆虫记》10 卷，记载了许多昆虫(也包括蛛形类)行为的原始观察记录，其中尤以狩猎蜂穿刺昆虫的神经节加以麻痹用作其幼虫的食料，寄生昆虫的生活与复变态，蜣螂的生态等方面的研究为最有名。对这些昆虫的生活作了精辟的阐述，并惊叹昆虫本能的精密性与稳定性。尽管所做的工作受到达尔文的赞赏，但终生却反对进化论，坚持物种不变的观点。由于《昆虫记》写得十分出色，很多人读了以后走上了自然科学研究道路。

1862～1901 年，还写了约 40 部科普著作，包括数学、物理学和博物学。还能用法语和普罗旺斯方言(奥克语)写诗，赢得了"法国南方诗人"美称。1856 年因实验生理学获法国科学院蒙蒂翁奖。（袁传宓　童远瑞）

霍夫迈斯特，W. F. B. (Hofmeister, Wilhelm Friedrich Benedikt)　德国人，1824 年 5 月 18 日生于德国莱比锡，1877 年 1 月 12 日卒于莱比锡附近林德瑙。*植物学、遗传学。*

其父在莱比锡开办乐谱书店，结交一些学术界朋友，对植物学很感兴趣，拥有一个大标本室，在郊外建立一个大植物园，还在书店里出版和出售各种植物学书籍。他最初爱好昆虫学。其父的兴趣主要在植物分类学方面，而他关心的是植物的构造和功能。1839 年读完中学，在汉堡一家音乐商店当学徒，业余时间自学语文、自然科学和数学。1841 年回到莱比锡，替父亲在店中办理国外往来业务，这个职务使他有很多时间学习和旅行。1852 年父亲把书店的一部分交给他管理，以后 10 年一面经营音乐出版业务，一面研究植物学。1863～1872 年任海德堡大学植物学教授，仍兼顾书店业务。同时兼任蒂宾根大学植物学教授。1876 年因病辞职。

1841 年开始认真学习植物学，施莱登编的课本对他有很大影响。在研究生物历史和细胞构造方面完全靠自学。在分类学方面，不但受到父亲的指导，还得到植物学教授赖兴巴赫(H. G. L. Reichenbach)父子的帮助。第一篇植物学论文发表于 1847 年。2 年后"显花植物的胚胎起源"一文问世，罗斯托克大学因此授予他荣誉哲学博士和文科硕士学位。在文中详细描述细胞构造中的核心行为，以及证明植物胚胎从花的花粉管顶部发展而成的理论不能成立。最出色的成就，是关于比较形态学的著作，指出各种隐花植物之间的关系，以及确立裸子植物在隐花植物与被子植物之间的地位；发现苔藓植物的有性生殖过程；发现世代交替现象在植物界的普遍性，不仅存在于苔藓植物和蕨类植物，也存在于种子植物。（秦　嘉）

默比乌斯，K. A. (Möbius, Karl August)　德国人，1825 年 2 月 7 日生于德国艾伦堡，1908 年 4 月 26 日卒于柏林。*海洋动物学、生态学、地理探险。*

车工的儿子。曾在艾伦堡师范学院学习，但由于对科学有强烈兴趣，终于克服困难进入柏林大学学习自然科学。在 A. von 洪堡的著作鼓舞下，参加了热带科学考察远征队。是德国第一个公共水族馆的创建人。1868 年任基尔大学动物学教授。1887 年任柏林自然博物馆馆长。1901 年在柏林主持了动物学国际会议。

科学研究领域很广泛，其主要贡献为海洋生物学等。从 1860 年起，对基尔湾的动物区系进行了调查。提出了现代生态学大纲和方法论等，引进了"生物群落"这一概念。后又受普鲁士政府的委托，对英国、法国和德国沿海的贻贝、牡蛎做了调查研究。在此期间还考察北海和波罗的海海洋生物。1874 年完成热带考察后，又参加去毛里求斯和塞舌耳群岛远征，研究海洋动物区系和珊瑚礁。（袁传宓）

贝茨，H. W. (Bates, Henry Walter)　英国人，1825 年 2 月 8 日生于莱斯特，1892 年 2 月 16 日卒于伦敦。*昆虫学、博物学、生物进化论、地理探险。*

少年时喜欢收集昆虫标本。1864 年担任英国地理学会助理秘书，主编学会杂志。1861 年入选英国昆虫学会会员，曾任学会会长。

18 岁在《动物学家》杂志上发表关于甲虫的文章。1844 年结识 A. 华莱士。为了探索两人经常讨论的"物种起源"，1848 年同赴巴西亚马逊河口附近的热带丛林采集标本，历时 11 年，收集到14 712种动物标本(主要是昆虫)，其中有8 000多个新种属。1859 年回英国。在同年11月达尔文出版《物种起源》的影响下，开始整理研究自己的标本。1861年在著名论文"亚马逊河流域的昆虫动物群"中，详细阐述了关于拟态（贝茨拟态）的思想。达尔文称赞该文是他一生中所读到的"最卓越、最令人钦佩的文章之一"。后又出版《亚马逊河的博物学家》一书。在昆虫分类学上的最大贡献是他的《中美洲生物学》。还是研究鞘翅目甲虫的权威，其普弄蝶亚科（蚬蝶科）的编目为后来的研究奠定了基础。（褚　平）

吕丁迈尔，K. L.（Rütimeyer, Karl Ludiwig） 瑞士人，1825年2月26日生于瑞士伯尔尼州比格伦，1895年11月25日卒于巴塞尔。*比较解剖学、古脊椎动物学、地理学。*

早年就学于伯尔尼大学，攻读神学和医学，后对博物学和地质学发生浓厚的兴趣。1850年获伯尔尼大学医学博士学位后，求学于西欧几所名牌大学。回国后任伯尔尼大学比较解剖学教授。1855年起任巴塞尔大学动物学和比较解剖学教授，1865年升任校长，兼医学、哲学教授。1870～1880年周游了整个欧洲，对自然界各门科学都颇有研究。1893年退休后仍热衷于巴塞尔图书、博物学事业，直至去世。

早期曾赴贝尔内山地、索洛图恩侏罗山及货币虫灰岩台地进行考察。创造性发展了博物学及有蹄类哺乳动物演化等方面的学说。1863年的《蹄类动物齿科比较学》是继达尔文《物种起源》之后又一部杰作。该书强调了哺乳动物在生物演化系统中的重要性，阐明了有蹄类动物乳牙变化的缓慢性。这一重大发现比其他古生物学家在1870年提出的有蹄类动物的演化学说更有说服力。对达尔文自然选择观点持不同意见。在驯化变异、博物学、比较骨骼学、进化模式及古生物学方面的研究，有力地推动了哺乳动物进化论和生物地理学的向前发展。（马玉英）

舒尔策，M. J. S.（Schultze, Max Johann Sigismund） 德国人，1825年3月25日生于德国布赖斯高地区弗赖堡，1874年1月16日卒于波恩。*细胞学、比较解剖学、视觉生理学、显微术。*

解剖学和生理学教授的儿子。自幼得到家庭的熏陶而培养了对博物学、音乐和绘画的兴趣。1835年进格赖夫斯瓦尔德预科学校学习。1845年进格赖夫斯瓦尔德大学学医，1849年毕业获医学博士学位。翌年协助父亲教解剖学，不久被任命为医学系编外讲师。1854年在哈雷大学任解剖学编外教授。1859年在波恩大学任解剖学教授兼解剖学研究所所长。1874年死于十二指肠溃疡穿孔。

虽然学医，但其成就大多是生物学方面的。他曾研究原生动物、蜗虫类，1851年首次发现蜗虫体内有叶绿素，从而进一步证实动物也能有叶绿素，为此获罗斯托克大学荣誉博士学位。最重要的成就是发展了施莱登和施旺的细胞理论。在研究亚得里亚海原生动物的基础上，于1861年确立了近代的细胞概念，即细胞是有核的原生质块。提出细胞未必要有一层化学性质固定的包膜的论点，认为横纹肌纤维就是由一组没有壁的细胞融合而成的。提出应把研究细胞的重点由细胞膜转移到原生质，并认为自杜亚亭（Dujardin）以来动物学者所称的"原肉质"（Sarcode）和植物学者所说的"原生质"（Protoplasm）本质上是同一种物质，即原生质。还区分了视网膜上圆锥细胞和圆柱细胞的不同功能。他还研究鱼类的发电器官，以及脊椎动物神经系统。此外，发明了以饿酸作为固定剂和离子化血清作"生理液"的实验技术。还设计了一种"加热显微镜台"。（顾振海）

赫胥黎，T. H.（Huxley, Thomas Henry） 英国人，1825年5月4日生于英国米德尔塞克斯郡伊林，1895年6月29日卒于苏塞克斯郡伊斯特本。*动物学、生物进化论、古生物学、人类学。*

出身教师家庭，是家中8个孩子中排行第七。因家境贫寒，只读过两年小学，早年主要通过自学获得科学知识。15岁拜师学医，后来获得奖学金在一家医院学医，1845年获伦敦大学医学士学位。1846～1850年间，作为英国海军"响尾蛇号"的随船外科医生去澳大利亚作旅行考察。早年发表了一系列有关无脊椎动物的论文。1851年入选英国皇家学会会员，并获得该会奖章。1854年任英国皇家矿业学校博物学教授。从1855年起，创办地质博物馆，1855～1858年、1865～1867年两度任英国皇家研究院教授，他的讲课备受欢迎，显露了他作为科学普及学者的杰出才能。1850年开始研究脊椎动物胚胎学。1858年发表重要论文，驳斥了当时有人主张的颅骨源出椎骨的学说。1863～1869年任英国皇家外科学院教授。1869～1870年任英国科学促进会会长。1871～1880年任英国皇家学会秘书长，1883～1885年任会长。1881年任英国渔场总督察，1885年退休。1890年从伦敦移居伊斯特本，在那里编辑9卷本的《论文集》，5年后因心脏病发作而去世。

1859年达尔文的《物种起源》一书出版。达尔文所确立的进化论，推翻了那种把动植物看做彼此毫无联系的、偶然的、"神造的"、不变的东西的观点，第一次把生物学放在完全科学的基础上。达尔文在《物种起源》一书中明确地预言："人类的起源和历史，也将由此得到许多启示。"达尔文的《物种起源》引起了极大反响，赞同者和反对者的激烈争论达到空前程度。当时英国著名的比较解剖学家R. 欧文在《爱丁堡评论》上发表文章猛烈攻击达尔文的观点。而赫胥黎成为当时达尔文进化论最热情的拥护者，在报刊上撰文宣传达尔文学说，在英国皇家研究院作有关进化论的演讲。他认为《物种起源》像"闪电爆发"，为黑夜中迷路的人指明了道路。当时他被反对者称为"进化论的警犬"。他有非凡的口才，带头对进化论的反对者给予有力的反击，通过大量的科学研究，证明人类是和猿类由同一祖先分化而来的。他通过比较解剖学的研究，指出人在身体与大脑方面与某些猿猴的差异，比猿猴与猿猴之间的差异还要小些。他按照林耐的分类法，把人类列为灵长目的第一科。又通过精确的度量对人类头骨进行了研究，他的工作为人类学的研究方法奠定了基础。

达尔文学派提出的人猿同祖论，立即遭到宗教神学和学术界保守势力的反对与围攻。在《物种起源》出版后的第二年,英国科学促进会在牛津大学举行3天的辩论会。会议于1860年6月28日开始,6月30日是这次辩论会的高潮,700多名听众挤满了演讲大厅。他作为达尔文的代言人参加了大会。当时牛津大主教威尔伯福斯(S. Wilberforce)以极其傲慢的口吻质问:“我要请问一下坐在我旁边的赫胥黎教授,按照你的关于人是从猴子传下来的信念,请问:跟猴子发生关系的,是你的祖父一方,还是你的祖母那一方?”对于主教的蓄意挑衅,他予以有力的驳斥:“我重复说一遍,一个人没有理由因为他的祖先是一个无尾猴而感到羞耻。如果有人使我在回忆的时候感到羞耻的话,那就是这样的一个人:他不满足于自己的活动范围,却要用尽心机来过问他自己并不真实了解的科学问题,并用花言巧语和宗教偏见来把真理掩蔽起来。”他的铿锵有力的发言,赢得了听众的阵阵热烈掌声。经过激烈的争论,很多青年学生站到了进化论一边。这场争论在客观上促进了进化论的传播,使人猿同祖论进一步得到了确立。

经过多年的研究和考察实践,1863年发表了具有历史意义的《人类在自然界的位置》一书。书中通过比较解剖学、胚胎学的大量资料,进一步明确说明了“我们人类的种族是从哪里来的”这个长期争论不休的问题,明确了人类在动物界的位置,从而赋予人类起源的科学解说,达尔文的反对者欧文的论点被否定了。后来连欧文本人也逐渐接受了进化论的观点。

首创“不可知论”(agnosticism)一词。他的“不可知论”乃是用来表达下列思想的:由于知识依赖于科学的证据和推理而不是盲目信仰,因此关于上帝是否确实存在则是不可知的。他的不可知论实际上掩藏着无神论思想,即恩格斯所说的“羞答答的唯物主义”。

获奖很多,其中有1852年英国皇家学会皇家奖章、1888年科普利奖章、1894年达尔文奖章,1876年英国地质学会沃拉斯顿奖章,1890年林耐学会林耐奖章等。

(张慰丰)

奥德曼斯,C. A. J. A.(Oudemans, Corneille Antoine Jean Abram) 荷兰人,1825年12月7日生于荷兰阿姆斯特丹,1906年8月29日卒于阿纳姆。真菌学、植物学、医学。

荷属爪哇文法学校校长的儿子。两个兄弟中,一个是天文学家,一个是化学家。14岁时从爪哇回荷兰学习拉丁文和希腊语。2年后进莱顿大学学医,1847年获该校医学博士学位。1848年起在鹿特丹一所临床学校教植物学、药物学和博物学。1859年任阿姆斯特丹科学会的植物学与医学联合会主席。1877年该科学会改成大学时,任第一任校长,1896年退休。

1892～1897年出版《真菌学参考》丛书多卷。1904年出版《真菌学分类目录》。这两本都是荷兰真菌学的优秀著作。身后出版的《真菌分类细目》,记述了欧洲几乎所有的寄生真菌。

(张志练)

特劳布,M.(Traube, Moritz) 波兰人,1826年2月12日生于西里西亚拉蒂博尔(今波兰拉齐布日),1894年6月28日卒于德国柏林。细胞生物学、酶化学、生理学、生物化学。

是犹太酒商的儿子,从小就显现出科学才能,16岁念完大学预科,文科课程取得优异成绩。1847年(21岁)因发表有关铬化合物的著作而获得博士学位。其兄路德维希(Ludwig)是柏林的内科医学专家。他们哥俩一起组织了物理学会,但其兄仍然鼓励他研究医学。1849年他们的弟弟突然去世,父亲要他负责管理家庭的酿酒产业,不久便过着既是实业家,又是科学家的双重生活。为自己建立了一个简易实验室,在那儿度过业余时间。因没有在高等院校任职而受到人们的歧视,但最终赢得了学术界的承认。1867年赫力大学授与他荣誉博士学位。1894年因糖尿病去世。

毕生精力献给了科学研究事业,实验涉及生物化学的许多方面,并证明这些对普通化学也具有重要意义。三个主要发现是酶(1858年)、半透膜(1867年)及细胞的人造模型(1875年)。1858年,在研究酿酒机理时,提出发酵是由于非活体酵母(酶)引起的生物化学反应;1867年发明人造半渗透膜,方法是将丹宁-明胶、亚铁氰化铜等涂敷于多孔磁筒内壁上,形成一层只能进水而不能进溶质的过滤膜,他还据此进行溶液渗透压实验研究;1875年提出细胞的人造模型,促进了细胞学说的进一步发展。此外还研究呼吸引起的效应与机理,以及氧化等过程。

(戴永寿　李孙演)

特里安纳,J. G.(Triana, José Gerónimo) 哥伦比亚人。1826年5月22日生于哥伦比亚锡帕基拉,1890年10月31日卒于法国巴黎。植物学。

在波哥大开始研究植物学。是穆蒂斯植物考察队的幸存者。1850年被政府任命为委员会的副植物学家,从事哥伦比亚地图的出版准备工作,并收集了哥伦比亚全境的植物标本计6万份8000余种,充实他的植物志名录,记录了采集地点和时间、气压和每种植物的一般用途。1856年出版38卷的巨著《哥伦比亚植物志》,每卷大约记有100种植物,还记录了许多具有经济和药用价值的植物资料,在哥伦比亚和欧洲科学界赢得了很高声誉。这时开始和各国植物考察者建立了通讯联系。为了写好哥伦比亚植物志,对法国、英国,比利时和德国的植物中心和植物园增加了兴趣。1850～1857年从欧洲考察者公司获得津贴,培训了一批植物学工作者。1856年受政府委派去欧洲2年,宣传哥伦比亚的具有经济价值的植物。1865～1867年去伦敦收集了许多文献目录,研究马蒂斯的奎宁资料,编著了一本全面系统的金鸡纳树种修订本,1867年在巴黎世界博览会上作了介绍。主要著作还有《新格林纳达植物新种属》(1855年)、《新格林纳达植物名录》(1862～1867年)等。获得多种荣誉和奖赏。

(钟觉民)

格根鲍尔,C.(Gegenbaur, Carl) 德国人,1826年8月21日生于德国巴伐利亚的维尔茨堡,1903年6月14日卒于海德堡。动物学、比较解剖学、生物进化论。

巴伐利亚州税务官的儿子。从中学起即认真自学

博物学。1845年入维尔茨堡大学,1851年获医学毕业文凭。1851年去黑尔戈兰岛研究北海动物。1852～1853年在意大利墨西拿从事研究工作。1854年返维尔茨堡大学任动物学编外教师。1856年任耶拿大学医学院编外动物学教授,1858年任解剖学教授。1873～1903年任海德堡大学解剖学教授兼解剖学研究所所长。1875年起创办的《形态学年鉴》一直是杰出的比较解剖学刊物。

早期研究各种海洋动物生活史和不同阶段形态学,很快成为无脊椎动物学家。约自1860年起又深入研究脊椎动物肌肉系统、骨骼和神经结构,说明人和动物的关系。不久即成为达尔文时代第一流脊椎动物形态学专家。在研究方法方面,与同时代的T. H. 赫胥黎极为相似,都是从无脊椎动物学开始而后转向脊椎动物学,应用于进化论的观点之中。虽信仰旧天主教,但却反对宗教控制人们的思想,毫不影响他接受和宣传达尔文进化论。1858年始和E. 海克尔共事并结为好友。认为人类在自然界不是孤立的,只不过是其中一员,是另一种动物而已。1870年提出动物各种类型间相互关系,包括所有现存的和绝灭的动物种类,是从低等原生动物而发展到谱系顶端的人,其他类群则沿进化主干发展,成为主干上的分支。认为比较解剖学是建立进化系统的首要依据,而怀疑古生物学、胚胎学等其他手段的作用及其精确性。1858年耶拿大学应他要求把生理学从动物学(包括比较解剖学)中分出来,促使生理学按其自身需要发展。培养了许多优秀学生。

著作很多,主要有《比较解剖学基础》(1859年),是当时各大学的标准教材;此外还有《比较解剖学概论》(1874年;1878年英译本)、《人体解剖学教程》(1883年初版,1903年再版)、《涉及无脊椎动物的脊椎动物比较解剖学》(2卷,1898～1901年)等;1901年出版短篇自传《经历与追求》。 (陈建秀)

贝多,J.(Beddoe, John) 英国人,1826年9月21日生于英国伍斯特郡比德莱,1911年7月19日卒于英国阿文河上布莱德福。*人类学、科学史学、医学。*

曾就读于伦敦大学和爱丁堡大学。1853年在爱丁堡大学以"论肺结核的地理分布"论文获医学博士学位。曾到澳大利亚、匈牙利、意大利和法国进行广泛的旅行,进一步学习医学和自然人类学。1873年当选为英国皇家学会会员。1857年创办英国人类学会,1869～1870年任会长。1889～1891年任英国皇家人类学研究会会长。1891年在爱丁堡大学获法学博士学位,同时开设了赖因德讲座。1908年任布里斯托尔大学人类学名誉教授。

主要著作有《英格兰人类学文稿》(1853年)、《不列颠人种:西欧人类学文稿》(1885年)、《欧洲人类学历史:1912年赖因德讲座讲义》(1912年)、《80年的回忆》(1910年)等。是撰写关于欧洲自然科学、语言和文化历史这类综合性作品的先驱。著作流传很广,并影响着19世纪末和20世纪初的许多著名人物。1905年获赫胥黎奖章。 (高楚明)

沃森,S.(Watson, Sereno) 美国人,1826年12月1日生于美国康涅狄格州东温莎希尔,1892年3月9日卒于马萨诸塞州坎布里奇。*植物学、植物地理学、地理探险。*

一位商人的第九个孩子。1847年毕业于耶鲁大学。其后曾学习医药,当过中学教师。1861～1866年在教育杂志社工作。1867年参加C. R. 金的第四十次地质考察,乘船经巴拿马到加里福尼亚州,横跨内华达山脉,并帮助W. W. 贝利(William Whitman Bailey)采集植物标本。1868年贝利因身体不好辞职,他正式成为该考察队的植物学家。一年后回耶鲁大学,在该校植物标本室研究采到的植物。1870年到哈佛大学植物标本室任职,继续撰写考察报告与研究植物学,1874年为标本室负责人。1878年在艾奥瓦学院获博士学位。1881～1884年在哈佛大学讲授植物地理学。1885年去危地马拉采取植物。1886年去欧洲。1889年入选美国国家科学院院士。终身未娶。

参与编写C. 金(Clarence King)的第四十次地质考察报告植物部分《金氏探险的植物学》(1871年)、《加里福尼亚植物志》(2卷)、《密西西比河以西的植物名录》。1878年完成《离瓣花》1卷。为A. 格雷完成《北美苔藓手册》(1884年)修订工作。由于慎重和胆怯,从未单独发表论文,但对植物分类学的贡献却是杰出的。 (洪必恭)

米瓦特,G. J.(Mivart, St. George Jackson) 英国人,1827年11月30日生于英国伦敦,1900年4月1日卒于同地。*动物学、比较解剖学、博物学。*

出身热衷慈善事业的家庭,父亲的博物学观点促进他对这方面的知识发生兴趣。他了解很多同时代的自然科学家,特别是R. 欧文和T. H. 赫胥黎。从1849年起先后成为皇家研究院、动物学会、林耐学会、英国皇家学会会员。在去世前6个星期被驱逐出教会。

在赫胥黎的影响下,1860～1870年发表一系列关于灵长类比较解剖学的论文,其中贡献最大的是1873年的"论鼬狐猴属和鼠狐猴属以及狐猴科在动物中的位置",在比较解剖学方面取得好的声誉。虽然是新生物学的支持者,但其观点却界于天主教教义和科学之间,企图调和它们之间的矛盾。 (袁传宓)

科恩,F. J.(Cohn, Ferdinand Julius) 波兰人,1828年1月24日生于下西里西亚布雷斯劳(今波兰弗罗茨瓦夫),1898年6月25日卒于同地。*藻类学、细菌学、植物生理学。*

出生于穷困的犹太人家庭,后来父亲成了商人才有能力让他受高等教育。据说2岁就能阅读,3岁就对博物学有兴趣,4岁入学。1835年(7岁)入布雷斯劳大学预科,11岁时患听力缺陷给学习带来困难。1842年入布雷斯劳大学哲学系。在格佩特(H. R. Goeppert)等教授影响下,主要兴趣开始转向植物学。1846年入柏林大学,1847年(19岁)获植物学博士学位。1849年返布雷斯劳,1850年任教布雷斯劳大学,1859年任植物学编外教授,1872年任教授。在此期间,他创建了世界上第一个植物生理学研究所。曾获德国蒂宾根大学医学院荣誉博士学位。是意大利科学院、法兰西磅院的外籍通讯院士,英国皇家学会外籍会员。

1850年开始研究原球藻,提出植物的原生质和动物的原生质两者"如果不完全相同,至少也是高度相似的"这一新颖见解。这使他很早就成名。1854年将自己以前的工作总结成一篇原球藻和真菌进化史的论文,指出藻类和真菌应合并成一个纲,认为细菌的特点与已知的藻类密切相关,有同样的演化过程,都应属于植物界。1855年发表了有关环藻的论文。1856年~1866年间,发表了有关植物可收缩组织的重要论文(1860年),以及关于微小生物典型向光性的实验研究报告(1865年)。

1870年左右为细菌提出了一个定义,认为它是"无叶绿素的球形或椭圆形或圆柱形的细胞,有时候是卷曲的或弯曲的,全部通过横向分裂繁殖,既可单独存在也可以细胞群的形式存在"。根据细菌的外形把它们分为球形细菌、短杆状或圆柱形细菌、带状或线状细菌以及螺旋状或蜷线状细菌4类。后根据实验证明,在80℃的条件下可以有效地杀死所有细菌,使它们不能在有机浸剂中生长,但使丁酸发酵的枯草杆菌例外。指出杆菌在生长发育时,特别是孢子形成期需要空气,在枯草浸液中达到50℃时,它仍有正常的活性。当枯草杆菌浸液在60℃的条件下加热24小时后,杆菌即可被消灭,但其孢子在70~80℃的条件下加热3~4天后仍能保持生命力。对细菌学的一些基本问题,如分类系统、孢子的发现、批判自发生殖论等方面都作出重要贡献。1885年获列文虎克金质奖章,1895年获伦敦林耐学会金质奖章。 (张承圭 吕慧梅)

比尔,L. S. (Beale, Lionel Smith) 英国人,1828年2月5日生于英国伦敦,1906年3月28日卒于同地。*显微技术、细胞生物学。*

1851年获伦敦大学国王学院医学士。1853年起任国王学院生理学与病理解剖教授。1857~1870年任《医学档案》期刊的主编。1857年当选为英国皇家学会会员。1879年为英国显微学会会员。

其主要贡献:对高质量的原生质研究和反对对生命的机械解释;以熟练的染色技术、精致的照片和有关论点等巩固了对细胞的再定义;坚持认为细胞和各种神经纤维机构形成连续的曲线,为此梨状神经中枢细胞通常称为"比尔细胞"。但是,比尔反对原生质的观点,坚持生命必须有生命力的学说。晚年是反对唯物论的宗教与伦理学方面的辩护人。1871年获贝利奖章。

(屈大壮)

施文德奈,S. (Schwendener, Simon) 瑞士人,1829年2月10日生于瑞士圣加仑,1919年5月27日卒于德国柏林。*植物解剖学、地衣学、生理学。*

农民的儿子。1849~1850年在日内瓦研究院从事科学研究。1854年毕业于苏黎世大学,1856年获该校博士学位。1857年任慕尼黑大学内格利(C. W. von Naegeli)教授的助手。1860年任慕尼黑大学植物学教授。1867年回瑞士,任巴塞尔大学教授兼植物园主任。1877年任德国蒂宾根大学植物学教授。1878~1910年(退休),任柏林大学教授,工作32年之久。1880年入选柏林科学院院士。终生未娶。

对植物的形态和个体发育感兴趣。1865~1867年和C. W. von内格利合作出版一部两卷本的书,不仅阐明了大量的植物解剖学知识,而且陈述了基本原理。还单独研究了地衣,1860年发表关于地衣的第一部著作。回瑞士后,仍从事地衣的研究,发表有关著作,指出地衣是水藻和真菌的合成物。以后又观察植物的机械特性,探索在植物中类似动物骨骼的物质,发现机械原理控制植物茎的结构,建立叶序发育学说。教了大量学生,发表了许多论文。坚持论述了花序、植物的流体运动、气孔的结构和扭力等学说。 (钟觉民)

罗尔斯顿,G. (Rolleston, George) 英国人,1829年7月30日生于英国约克郡莫尔特比,1881年6月16日卒于牛津。*动物学、比较解剖学、人类学、考古学。*

教区长兼律师之子。1847年入牛津大学彭布罗克学院学习,1851年毕业在伦敦圣巴托洛缪医学院附属医院实习。后开业行医。1857年获牛津大学医学博士学位。1859年成为英国皇家内科医师学院成员。1862年被选为英国皇家学会会员。1860~1881年任牛津大学解剖学与生理学教授。1861年结婚,育有7个孩子。因尿毒症去世。

论文内容广泛,涉及哺乳类胎盘结构,哺乳类牙釉质的发育,石器、青铜器、铁器时代、史前时期的猪和猫等等。还研究了英国各地出土的史前时期人类头颅和骨骼并加以分类,为牛津大学博物馆丰富的人类头颅收藏奠定了基础。在关于人和类人猿的异同点上,支持T. H. 赫胥黎而反对R. 欧文的观点;还强调了人和类人猿的脑至少在程度上有很大差别,尤其是脑的绝对重量和容量,以及大脑沟回的复杂性方面差别很大。19世纪60年代,在牛津大学创立了动物学的典型分类教授法。主要著作有《动物生存方式》(1870年)、《科学论文与演说》(2卷,1888年)等。 (张志练)

斯克莱特,P. L. (Sclater, Philip Lutley) 英国人,1829年11月4日生于英国汉普郡丹吉尔帕克,1913年6月27日卒于汉普郡奥迪厄姆。*鸟类学、动物地理学、科学传播。*

出身贵族家庭。13岁起先后在温彻斯特学院、牛津大学基督学院就学,在后处受到鸟类学名师的教育。1851年起在牛津大学圣体学院学法律,1855年毕业留学院任教。1856年出访美国,考察了不少地方,并结识了数位著名生物学家。回国后数年中以律师为业,业余研究动物学。1850年被选为伦敦动物学会会员,1857年为理事,1860~1903年任该会秘书长。1858年任英国鸟类学家协会的杂志主编，长达 54 年之久。1861 年当选为英国皇家学会会员。是英国林耐学会、皇家地理学会、地质学会的会员，还是国内外 40 多个科学团体的通讯会员或荣誉会员。1862 年结婚，生有 6 个孩子，长子 W. L. 斯克莱特(William Lutley Sclater)后来也成为鸟类学家。1875 年任英国科学促进会会长。

对动物学的贡献，主要是在 1858 年发表"关于鸟纲各类的地理分布"的论文，建议根据鸟类的生活把世界动物地理区划成 6 大区，这个建议一直被动物地理学研究者采用。同年参与创立鹮类。他收集的鸟类标本有 9 000 份以上，1886 年都捐赠给大英博物馆收藏。主要著作有《非本土鸟类》(4 卷，1866～1869 年)、《鸟类定名手册》(1873 年)、《阿根廷鸟类志》(2 卷，1888～1889 年)等。 (林金榜)

帕尔默，E.(Palmer，Edward) 英国人，1831 年 1 月 12 日生于英国威尔顿，1911 年 4 月 10 日卒于美国华盛顿。植物学、人类学、考古学、地理探险。

从小体弱多病，只受过少量的正规教育。1849 年到达北美，一生中大多时间在美国度过，任美国政府农业部植物学家。1853～1855 年在巴拉圭的一支海军探险队中任随船军医，开始从事博物学研究。后放弃医学，在墨西哥和南美洲各地从事采集标本工作。1860～1880 年在美国西部人口稀少、欧洲人还未大批进入的地区工作。1882～1884 年，供职于美国民族事务局。后在华盛顿特区的国家自然博物馆工作。

其动物学搜集品包括具有代表性的宏观动物群，而植物学标本达 100 000 份之多，大约有 2 000 份是过去人们不熟悉的种类。这些标本为现代分类学特别是墨西哥北部、西部植物学的研究奠定了基础。观察记录了西部印第安人的风俗习惯，这些记录是关于种族研究与人类学、考古学的重要资料。协助对印第安人的墓冢土墩进行田野考古挖掘，大部分工作是在阿肯色州进行。他也参与了对阿拉巴马、路易斯安那、密西西比、田纳西和佐治亚诸州的土著遗迹进行挖掘。后又重新回到植物学和博物学研究上来。1891 年率领一支探险队考察加利福尼亚，特别是死亡谷的动植物状况。他的工作曾长期得到美国农业部以及许多学会、博物馆的赞助和支持。 (林德宏)

施奈德，F. A.(Schneider，Friedrich Anton) 德国人，1831 年 7 月 13 日生于德国蔡茨，1890 年 5 月 30 日卒于德国布雷斯劳(今波兰弗罗茨瓦夫)。动物学、比较解剖学、细胞学、高等教育管理。

商人的儿子，家中藏书丰富。父亲还常带他去旅行，增强了他对大自然的热爱。18 岁进波恩大学。1851 年赴柏林大学深造，深受 J. P. 米勒的影响，1854 年获博士学位。1855 年随米勒旅行挪威，船触礁遇难被救。1859 年在柏林大学任教授。1869 年任吉森大学教授，后又任该校校长。1881 年任布雷斯劳大学教授，1886 年任该校校长。

主要研究兴趣在线虫和扁形动物形态分类方面。1873 年专门著文论述扁形动物生活史，并首次描述了细胞分裂过程及相继各期的变化。可惜由于遗传学知识较少，因而坚持反对同时代人有关精核与卵核在受精作用中相互融合的观点，提出精子分裂消失的错误解释。 (杨方中)

赫尔里格尔，H.(Hellriegel，Hermann) 德国人，1831 年 10 月 21 日生于德国萨克森州莫西茨，1895 年 9 月 24 日卒于贝恩堡。农艺学、植物生理学、农业化学。

农家子弟。曾在靠近德累斯顿的萨伦特农林学院学习，1851～1856 年任该校农业化学实验室农业化学家 S. 阿道夫(Stöckhardt Adolf)的助手。期间 1854 年获莱比锡大学博士学位。1856 年被任命为在下劳西茨的达默新成立的农业研究站站长，专攻植物生理学方面的问题。因其显著的成，就在 1860 年被萨克森政府任命为名誉教授。1873 年任贝恩堡农业研究所所长。但该所缺乏实验设备，不得不只从事政府的农业顾问，传授先进农业知识。1882 年他在贝恩堡成立农业研究站，主要从事适宜甜菜栽培土壤的研究。是瑞典皇家科学院外籍院士，英国皇家学会、法兰西农业学会的荣誉会员。

发现某些豆科植物根瘤菌的固氮作用。1886 年在柏林召开的第 59 届德国科学家与医师学术讨论会上首次作了这方面报告，从而结束了欧洲学术界对这一问题的三、四十年争论。这是 19 世纪植物生理学领域最重大的发现之一，这个发现使栽培羽扇豆改良不毛沙壤得到理论根据，于是这种居间作物成为增进地力的重要一环。因这一成果而获得许多国家的荣誉学位。主要著作有《作物选种培育史研究》(1854 年)、《农业的科学基础》(1883 年)、《禾本科与豆科作物的含氮食物研究》(1888 年)等。获巴伐利亚科学院的金质奖章。 (谢 愉)

哈利尔，E. H.(Hallier，Ernst Hans) 德国人，1831 年 11 月 15 日生于德国汉堡，1904 年 12 月 19 日卒于达豪。植物学、寄生虫学、病理学、园艺学。

1848 年起在耶拿、柏林等地植物园做花匠。1854 年起先后在柏林大学、耶拿大学、格丁根大学学习植物学和哲学，1858 年获耶拿大学博士学位。留校在制药研究所任教，1865 年任编外教授，1884 年任正式教授。1869 年创办《寄生生物学》杂志，至今仍然出版发行。

1860 年完成"有亲缘关系的植物之地理分布"论文。一生发表了许多有关真菌、植物寄生生物和人类健康之间关系的文章。认为真菌是霍乱、斑疹伤寒、伤寒、麻疹、天花、淋病、梅毒和其他疾病的病源，并推测它们具有各种不同的形态。利用分离装置从病人的病理流液中分离出这些微生物进行培养，但由于没有采取足够的预防措施，所有的培养物都被污染了。他的观点很快就受到当时的真菌学家和细菌学家的批评，指出他的实验无科学价值。晚年又从事美学研究。现在看来他的贡献主要是很早即主张传染病是由病原微生物引起的。著述颇丰，主要著作有《人体的植物寄生物》(1866 年)、《霍乱症》(1867 年)、《植物病理学》(1868 年)、《德国植物志》(1873年)、《蘑菇改良研究》(1876年)、《系统植物学教程》(1878年)、《藻类研究》(1880年)等。(耿伯介)

弗劳尔,W. H.(Flower, William Henry) 英国人,1831年11月30日生于英国埃文河畔斯特拉特福,1899年7月1日卒于伦敦。哺乳动物学、比较解剖学、人类学、博物馆学。

酿造厂主的儿子。早期学医,1851年获伦敦大学学院医学士学位。在学生时期曾获动物学和生理学奖章。毕业后在一家医院任外科医生。1854年参加皇家陆军医疗队赴克里米亚半岛参战。次年回伦敦后任军医、英国皇家外科医学院解剖学讲师和米德尔塞克斯医院博物馆馆长。1870年接任T. H.赫胥黎成为英国皇家研究院教授。曾任大英博物馆理事、英国皇家学会副会长、动物学会会长(1879~1899年)、人类学会会长和英国科学促进会会长等。

主要从事解剖学和博物馆工作。最感兴趣的是哺乳动物,尤其是鲸目。克服许多困难,通过种种努力搜集了不少这方面的资料和标本,描述了许多种鲸类和海豚,被认为是英国研究鲸类的权威。主要论文有"抹香鲸的骨胳学"(1867年)、"海豚科的特征和分类"(1883年)等。他还为博物馆收集人类标本,修复和测量过1300副左右的人类头骨,并发表不少这方面的论文。他提出博物馆有两个作用:一是以博物馆的陈列标本进行普及教育;二是提供广泛的收藏品及图书资料供专家们研究。大英博物馆博物学部在他的领导下得到了发展,促进了科学研究和科学普及。主要著作还有《人体神经图解》(1861年)、《哺乳动物骨学导论》(1870年初版,1883年第3版)、《马》(1890年)、《哺乳动物研究入门》(1891年)、《博物馆及其他议题论文集》(1898年)等。1882年获英国皇家学会皇家奖章。(童远瑞)

特纳,W.(Turner, Sir William) 英国人,1832年1月7日生于英国英格兰兰开斯特,1916年2月15日卒于苏格兰爱丁堡。人类学、比较解剖学、科学管理。

父亲是家具师,很早去世。自幼过着穷困的生活,15岁到开业医生处学艺,后在圣巴塞洛缪斯医院实习,获伦敦大学医学士学位。1853年正式在英格兰皇家外科医学院任职。1854年任爱丁堡大学解剖学高级示范员,1867年任解剖学教授。同年创办《解剖学和生理学》杂志,并任该刊主编多年。1887年参与创立大不列颠和爱尔兰解剖学会。1861年成为爱丁堡皇家学会会员,1908年任该会会长。1877年被选为英国皇家学会会员。1882年任爱丁堡皇家外科医学院院长。1886年被封爵位。后任英国解剖学会和英国医学总会会长。1900年任英国科学促进会会长。1903年任爱丁堡大学校长直至去世。

一生致力于教学、科研和管理工作,培养出许多解剖学人才,成绩卓著。在科研方面主要从事人类学和比较解剖学的研究工作,共发表论文276篇,著有《人类由来》等书,使英国人类学研究水平得到很大提高。指导爱丁堡大学教学和科研活动,并进行医学教育改革,他的一些言论常被当作制订医学法令的根据。英国解剖学家A.基思曾评价说:"在他的生命线上,串上了英国解剖学中所有的珍珠,历时达半个世纪或更长。"

(蒋虎祥)

斯廷普森,W.(Stimpson, William) 美国人,1832年2月14日生于美国马萨诸塞州波士顿,1872年5月26日卒于马里兰州。海洋动物学、无脊椎动物学、地理探险。

波士顿著名火炉商的儿子。自幼热爱自然,14岁即拜师当时《马萨诸塞州无脊椎动物志》一书作者古尔德(A. A. Gould),又被古尔德引荐给其他科学家,因此成了宾尼(W. G. Binney)研究陆生螺类的助手。虽遵父命从商,但志向却是研究海洋动物学。曾先后任波士顿博物学会软体动物馆馆长、芝加哥科学院院长。因患结核病过早地去世。

1853~1856年首次去西北太平洋考察海洋动物,后又曾数次参加考察队,足迹遍布南部非洲、澳大利亚、日本和阿留申群岛等地,共采集5000多种标本,主要是无脊椎动物的标本,对其中3000多种标本作了注解并附图。由于在海生无脊椎动物方面所做的贡献,曾受到哥伦比亚大学的表彰,获荣誉医学博士学位。可惜他采集的标本以及笔记、资料都被1871年芝加哥大火焚毁。为纪念他,1860~1919年间有10余种海洋生物以他命名。(童远瑞)

森佩,C. G.(Semper, Carl Gottfried) 德国人,1832年7月6日生于德国汉堡阿尔托纳,1893年5月29日卒于维尔茨堡。软体动物学、生物进化论、地理探险。

制造商的儿子。最初学习工程技术,但后来决心成为博物学家和探险家。曾就读于维尔茨堡大学,在R. A. von克利克尔等门下学习动物学、组织学和比较解剖学,1856年以蜗牛生理学和解剖学论文获动物学博士学位。1857~1865年,游历欧洲和东方热带地区,并在菲律宾和太平洋帕劳群岛探险。1866年返回德国,被聘为维尔茨堡大学教师,后任该校动物学教授和动物研究所所长。1887年不幸中风,1893年退休。先后在吕宋、宿务和棉兰老等岛收集了许多有关动物学和人类学的资料。一生发表90余篇论文,涉及许多门类和学科,但其中半数以上属于软体动物方面。特别喜欢研究进化论,创立了系统发育树。1877年的《动物的自然生存条件》一书是他最著名的著作,论及物理、生物因子和生物与生物之间的相互关系。主要著作还有《菲律宾群岛旅行记》(5卷,1868~1916年)、《太平洋中的帕劳群岛》(1873年)等。(童远瑞)

萨克斯,J. von(Sachs, Julius von) 德国人,1832年10月2日生于德国西里西亚的布雷斯劳(今波兰弗罗茨瓦夫),1897年5月29日卒于维尔茨堡。植物生理学、仪器研制、高等教育管理。

从小喜爱采集植物标本。1851年在布拉格大学任生理学家J. E.普尔基涅(Jan Evangelista Purkinje)的助手,1856年获该校博士学位。留校任教,1857年首开植物生理学课程。1859年任教于萨伦特农林学院(今属德累斯顿理工大学)。1862年任开姆尼斯工艺学校教务主任。同年转教于波普尔斯道夫农学院(今属波恩大学)。1867年任弗赖堡大学植物学教授。1868年任维尔茨堡大学植物学教授直至退休,期间1871年任命为该校校长。1877年出任巴伐利亚枢密顾问官,直至去世。获波恩大学、博洛尼亚大学、伦敦大学等校荣誉博士学位,是许多欧洲国家科学院外籍院士和学会名誉会员。1877年德国巴伐利亚皇室册封他为贵族。

现代植物生理学奠基人之一。研究领域几乎涉及该学科各个分支,其成果集19世纪实验植物生理学之大成。早期主要研究植物形态学,并对维管植物的叶和幼茎等器官中的束状结构(即维管束)进行了深入探讨。1857年起开始转向植物生理学,率先把微量化学分析法引入实验生理学,研究了植物的花、茎、根系的形成,向光性、向地性、向水性等特征表现,环境各因素对植物生长的影响,以及通过"水培法"研究植物营养吸收等问题。他发现,叶绿素并非分散于细胞之中,而是仅存于叶绿体中,叶绿素吸收二氧化碳和光照有关,碳酸同化过程依光照而各异;发现光合活动的第一种可视产物——淀粉粒;认为环境诸因素对各种植物的生理活动均可显示最低、最适和最高三个区间;推测花、茎、根的分化是由"专性器官形成的物质"所控制等。

发明一系列实验仪器和方法,不少沿用迄今。其中有:恒温箱,生长率光谱仪,自动记录生长计,观察根生长的玻璃箱,研究根系向地性的回转器、离心机等等仪器;碘染色法测定淀粉生成量,气泡计量法测定光合作用强度等。他在维尔茨堡大学建立了欧洲第一所植物生理学实验室,培养了不少人才,其中不乏著名人物。

大部分学术论文汇编为《植物生理学论文选集》(2卷,1882年初版,1887年再版和英译本首版)。主要著作有《植物实验生理学手册》(1865年;1868年法文本)、《植物学教程》(1868年初版,1874年第4版;英译本1875年初版,1882年再版)、《植物学史》(1875年;1890年英译本)和《植物生理学讲义》(1882年初版,1887年再版和英译本首版)等。（李啸虎）

沙尼奥,K. G.(Sanio, Karl Gustav) 德国人,1832年12月5日生于东普鲁士吕克(今波兰埃乌克),1891年1月28日卒于同地。*植物学、细胞学、显微术。*

庄园主的儿子。起初研究吕克当地植物群落和植物志。入大学后又学自然科学和医学。1857年在德国柯尼斯堡(今俄罗斯加里宁格勒)大学获博士学位。留校任植物学讲师。后回故乡指导植物学和农学研究。在结束吕克附近的研究工作后,又从事其他地区的植物研究,包括蕨类植物,尤其是苔藓属。

在显微镜下对植物解剖做了大量研究,首次发现木材有薄壁组织,还阐明了软木结构和生长。用欧洲的各种树木和灌木做试验,说明许多不同种类细胞的起源,并揭示了植物树干和枝条中的细胞从里向外长了很多年轮。他的发现和一些术语,有的至今还在应用。（钟觉民）

拉梅,J. B.(Rames, Jean Baptiste) 法国人,1832年12月26日生于法国欧里亚克,1894年8月22日卒于同地。*植物学、古生物学、人类学、地质学。*

父亲是药剂师,在他幼年时期就对他进行自然科学启蒙教育。在图卢兹大学获药学博士学位。留校任教。后回欧里亚克接任其父药房的工作。他在该地从事科学研究,发现残存的龟和鳄的化石。在龙布里夫和莱尔姆采集古人类化石与加里古(F. Garrigou)等合作发表相关论文。全面地研究康塔勒地区的植物区系和地质结构,特别在研究康塔勒火山方面作出了杰出贡献。其中重要发现是倾斜玄武岩和法国中部高山链的上升与最早的火山现象是同时发生的。还指出中新世的冲积土的形成过程中存在燧石。1902年他在欧里亚克建立陈列馆,其中包括他从康塔勒收集到的标本。（钟觉民）

亨特,J.(Hunt, James) 英国人,1833年生于英国斯沃尼奇,1869年8月29日卒于黑斯廷斯。*比较解剖学、人类学、考古学、医学。*

其父专门研究和医疗口吃病。继承父业治愈了1 700位口吃病人。但主要贡献是促进英国建立人类学这一学科。1854年参加人种学学会,1859～1862年任该学会名誉秘书长。1863年由于他的推动,成立伦敦人类学学会,任首届会长,同时筹备出版了《人类学评论》杂志。

多次考察英国苏格兰东北部的设得兰群岛、罗彻斯特等地古人类遗迹;还考察了法国布列塔尼等地古迹;对挪威人等北欧民族的头盖骨进行比较解剖学研究,1863年在伦敦人类学学会和大不列颠人类学联合会上宣读两篇关于黑人体力和脑力特点的论文,引起热烈的讨论。曾翻译C. 沃格特(Carl Vogt)写的"关于人类的讲话"一文。由于他的倡议,从1883年起人类学成为一个独立的研究领域。（秦安舲）

贝克,J. G.(Baker, John Gilbert) 英国人,1834年1月13日生于英国英格兰吉斯伯勒,1920年8月16日卒于英格兰基尤。*植物学、园艺学。*

父母均属教友派教徒。幼年即以研究博物学而闻名。曾参与创建瑟斯克博物学学会植物交换俱乐部。1864年5月他的家庭毁于火灾,所收集的植物标本和图书均丧失。后去基尤皇家植物园植物标本室工作,1866年任该室第一助理。1869～1881年在伦敦大学医药学院教植物学。后任切尔西药物园植物学讲师。1890年任基尤植物标本室与图书馆主任,直至1899年退休。是英国著名植物分类学家之一,也是植物生态学研究的先驱。

15岁时曾将一种罕见的羊胡草提供给植物学家。1854年与诺埃尔(J. Nowell)合作为贝恩斯(Baines)《约克郡植物志》一书写续编。因完成《羊齿属纲要》的编写工作而闻名。发表过不少有关植物科属的论文。1878年被选为英国皇家学会会员。儿子E. G. 贝克也是植物学家。主要著作有《塞古尔和毛里求斯植物志》(1877年)、《鸢尾科植物手册》(1892年)等。1897年获英国皇家园艺学会维多利亚荣誉奖章。1899 年获林耐奖章。

（王荣增）

萨巴蒂埃，A.（Sabatier, Armand） 法国人，1834 年 1 月 14 日生于法国埃罗省冈日，1910 年 12 月 22 日卒于埃罗省蒙彼利埃。*海洋生物学、比较解剖学、生理学。*

父母皆是虔诚的新教徒。从小接受严格的早期教育。后入蒙彼利埃大学医学院习医，自此终生研究解剖学。1855 年留校任解剖学助教。后在里昂做实习医生，随后向母校提交了博士论文，1869 年任副教授。普法战争期间，在战地医院服务。1873 年任蒙彼利埃大学动物学副教授，后升为教授。

仔细研究了两栖类和爬行类的心脏结构和生理，以此得出了适合鱼类到哺乳类的心脏功能进化的一般规律。这些规律同样适用于胚胎发育，但强调不能把这种系统发育和个体发育的平行现象极端化。还比较了几种脊椎动物之间的形体结构与功能关系。阐明了贻贝循环系统中许多未知特性，研究了多种无脊椎动物和低等脊椎动物卵子和精子的形成。1879 年建立塞特动物站，是欧洲最早的海洋生物实验室之一，尽管条件简陋，但数十年如一日兢兢业业地工作，于 17 年后得到了政府的资助。在那里，他培养了许多年轻的海洋生物学家。

（孙炳寅）

魏斯曼，A. F. L.（Weismann, August Friedrich Leopold） 德国人，1834 年 1 月 17 日生于法兰克福，1914 年 11 月 5 日卒于弗赖堡。*遗传学、动物胚胎学、生物进化论。*

自幼爱好博物学。1856 年毕业于德国格丁根大学医学院。同年供职于罗斯托克一家医院。1857 年在罗斯托克化学会当一位化学家的助手。1858 年起先后在瑞士巴登和意大利当军医。1861 年在德国吉森大学担任动物学家 R. 洛伊卡尔特（Rudolf Leuckart）的助手。同年聘任奥地利斯蒂芬大公的御医。1863 年起任教于弗赖堡大学医学院，1865 年任动物学和比较解剖学编外教授，1868 年任该校动物学研究所首任所长兼动物博物馆首任馆长，1874 年任动物学教授，1912 年退休。

19 世纪遗传学发展史上著名“种质论”的创立者，形成自己的独创体系——新达尔文主义，即人称“魏斯曼主义”。早年主要从事低等动物发生学研究，从 19 世纪 60 年代起，发表一系列经典性论文阐述家蝇类等昆虫胚胎、胚后期发育和变态，后又发表有关水螅纲和甲壳纲的性细胞研究成果。80 年代以后，因视力严重减退，被迫从显微镜观察转向着重遗传与生殖的理论探讨。1883 年首次提出“种质论”，两年后出版《基于种质连续性的遗传理论》（1885 年），认为：生物体的种质和体质有本质区别，相互独立，种质是遗传物质，体质作为后天获得性状和种质无关，所以不能遗传；决定种族世代延续的种质存在于生殖细胞核之中；子代细胞中的新种质由父、母细胞核中的种质各一半构成；种质内部有层次结构，生命最小遗传单位是“生源子”，它决定粒状形态的“定子”，而定子构成“遗子”，许多遗子集合为细胞中的遗子团；生源子穿过核膜进入细胞质，会激活定子而引起细胞分化；随着个体发育，各个定子逐渐分散，最后每个细胞都分配到一个定子。魏斯曼的种质假说，有力推动了生物界深入寻找遗传物质，以后相继发现了染色体、基因和 DNA（脱氧核糖核酸）。

1859 年达尔文的《物种起源》德文本问世，他一开始便是达尔文的坚定支持者，在德国大学讲授进化论多年。但他强调自然选择是生物进化唯一机理，自然选择的对象是种质，坚决拒绝达尔文所接受的拉马克关于后天获得性状遗传的理论。为了与达尔文相区别，他自称为“新达尔文主义”，反对当时欧洲出现的种种新拉马克主义理论，其中 1893 年和英国哲学家 H. 斯宾塞进行了激烈论战。为此他还进行了一系列实验，其中最有名的是连续 22 代割断老鼠尾巴而产生不了无尾老鼠新品种。其他代表作还有《种质论》（1893 年）、《进化论》（2 卷，1904 年）等，另有论文集《遗传和亲缘族生物学问题文集》（1889 年）、《进化论演讲集》（1892 年）等。在第一次世界大战爆发时，宣布放弃英国先前授予他的一切荣誉。

（李啸虎）

海克尔，E. H. P. A.（Haeckel, Ernst Heinrich Philipp August） 德国人，1834 年 2 月 16 日生于德国波茨坦，1919 年 8 月 9 日卒于耶拿。*动物学、生物进化论、自然哲学、美术。*

父亲 C. 海克尔（Cart Haeckel）是德国梅泽堡宗教和教育事务管理署首席顾问，母亲 C. 泽特（Charlotte Sethe）是柏林枢密院顾问官的女儿，家庭条件优越。1857 年前先后在维尔茨堡大学、维也纳大学及柏林大学学医。学生时代就对动物学很感兴趣，还广泛采集植物标本。1857 年以博士论文“论甲壳类动物的组织”获柏林大学医学博士学位。后在耶拿大学学习 3 年，1861 年获动物学博士学位，同年在耶拿大学医学院任比较解剖学讲师，1862 年在该校任动物学编外教授，1865 年任动物研究所教授和所长，直至 1909 年退休。1866 年 10 月到英国旅行，会见了 C. 赖尔、T. H. 赫胥黎和 C. R. 达尔文。是国内外 90 多个科学学会和科学院的成员，获得许多荣誉。

在维尔茨堡大学学习时，在 R. A. von 克利克尔和莱丁（F. von Leydig）指导下，学习比较解剖学和胚胎学，对显微镜亦有研究。同时也受 R. C. 魏尔啸提出的“生命发生过程机械论”的影响，第一次接触到生命的唯物主义观。1854～1855 年在 J. P. 米勒指导下加深了比较解剖学知识，并被介绍去从事海洋动物学方面的研究工作。解剖学家 C. 格根鲍尔也鼓励他到地中海进行动物考察。在 1859～1860 年考察过程中，采集许多放射虫标本，共发现 144 个新种，为 1862 年出版的专著《论放射虫》打下了基础。1859～1887 年间，他命名了上千新物种。

当读了 C. 达尔文 1859 年出版的《物种起源》后，立即转变到进化论方面来。1866 年出版了《普通形态学》。他探索形态学的目的，不仅是描写生物体的形态，而且是用进化论来说明这些生物体，把形态学分成解剖学和形态发生学(或形态形成学)。认为正确的研究方法是"哲学经验主义"，即归纳和演绎法的互相影响，用机械论的方法代替任何教条主义对自然界的看法。把与这种方法相一致的哲学体系称为"一元论"，即精神与物质的统一，而和精神与物质相分离的"二元论"形成对照。创立了"一元论者协会"，同宗教和哲学中的蒙昧主义进行了斗争。坚决主张真正生命现象的物质基础是以碳元素组成的化合物，认为进化理论能应用于原始生物的出现，原始生物是通过自然发生自发形成的。首先形成复杂分子，然后成为无定形的原生质块，或叫原核生物，从一个或几个原核生物就能推断全部生物界的系统树。

总结了古生物学、比较解剖学、胚胎学等丰富资料，建立种系发生学，创立了生物进化系统图。指出生物的"自然系统"是他们的"自由系谱，是他们的系统关系表"。率先在《普通形态学》中把生物体分为植物、腔肠动物、棘皮动物、环节动物、软体动物、脊椎动物和哺乳动物，描述了它们的系统树。在他的分类系统中，又从动物和植物之间分出一个微生物界，提出三界系统。在遗传学中提出保守遗传和渐进遗传，它们可相互影响，有可能造成物种的演变，认为细胞核支配着遗传特性的继承，而原生质调节生物体对环境的适应。扩大了达尔文自然选择学说，认为"适应和遗传之间的交互作用"可引起有机体的"趋异"或"分化"，促使生物进化。

1866 年还提出"生态学"这一名词，认为生物体和环境关系是一门综合科学。还指出个体发育和种系发育的因果关系存在重要的定律，"由于遗传和适应的生理作用，确定个体发育是短暂而又迅速的系统发育的重演"，这被称为"生物发生律"(亦称重演律)，即生物在个体发育过程中，重现其种系的祖先主要发育阶段。1872 年提出"生物遗传基本定律"。把系统发育分成萌芽、鼎盛和枯萎三个阶段。撰写的著作中记录的海洋动物约有4 000种，主要是放射虫、水母和海绵，用系统发生来解释"自然分类系统"。1872 年他在《钙质海绵类》专著中，区别了单沟型、双沟型和复沟型海绵，认为所有这些类型都是由一个共同的原始型传下来的。1876 年提出遗传机械论的假设，遗传是"质体运动的传递，从母体的质体到子体的质体传播"。认为由于从子细胞存在条件的变化，新的适应可能产生，支持拉马克的"获得性遗传"这一信念。

影响最大的一部著作是 1895～1899 年出版的《宇宙之谜》(1901 年英译本)。当时很快被译成各种文字，1908 年时已有 18 种不同文字的译本，到 1918 年增加到 24 种，发行几十万册。该著作"在一切文明国家中掀起了一场巨大风波"，一方面受到广大读者的拥护，收到几千封表示热情赞同的信；另一方面则遭到了世界各国反对派教授和神学家们的疯狂攻击。因为在书中，不仅对 19 世纪自然科学的伟大成就特别是对生物进化论作了清楚明白的叙述，并且依据当时的科学成就阐述了宇宙的起源和发展、地球的起源和发展、生命的起源和发展、物种的起源和发展、人类的起源和发展以及意识的起源和发展等自然观问题，力求用自然科学本身所提供的大量事实材料来描绘出一幅唯物主义的统一的世界图景。同时又对宗教神学和唯心主义哲学的传统作了理直气壮的批判。

《宇宙之谜》这本书是 19 世纪自然科学发展所引起的两种自然观斗争的产物。在晚年能写出这样一本有巨大社会影响的自然科学哲学著作，决不是偶然的。他是一个关心哲学问题的自然科学家，在哲学上继承了斯宾诺莎的"实体是自身原因"的观点，坚持从世界本身说明世界。这体现在对哲学基本问题的回答上，对物质、运动、时间、空间的理解上都是唯物主义的。承认物质是客观存在，运动是物质的内在属性，变化发展着的自然界存在于时间和空间之中，时间和空间是无限的。在他的自然科学唯物论中也包含着自发的辩证法因素，一再强调进化论是他的世界观的基础，只有坚持进化论才能解释整个自然界的起源和发展。在自然科学蓬勃发展而激化的两种自然观的斗争中，没有被卷进"生理学唯心主义"、"物理学唯心主义"和不可知论的逆流，不愧为 19 世纪末 20 世纪初自然科学唯物主义的代表。但《宇宙之谜》也有不足之处，书中把达尔文主义的生存竞争的规律搬用到社会领域，易被社会达尔文主义和种族主义所利用。因此，他的社会历史观又是唯心主义的。

对人类起源也进行了研究，指出在第三纪人类从类人猿发展而来，主要是"喉的变异，因而导致语言的发展，便于交往和历史的流传"。1874 年出版了《人类起源》一书。此书出版后，很多人攻击这本书是"对上帝启示的真理、对宗教的基础以及对道德风化的暴行"。此书论述了生物进化和人类起源的历史，证明了人类是由猿猴进化来的。书中的见解是他的生物进化论思想的又一重要反映。

一生出版 42 部著作，其他著作还有：《自然创造史》(1868 年)、《原生生物》(1870 年)、《人类学》(1874 年初版，1903 年第 5 版)、《科学与教学中的自由》(1877 年)、《超越目前知识的人类起源》(1898 年；1908 年英译本为《最后的链接》)、《生命的奇迹》(1904 年)、《关于进化的最后遗言》(1906 年)等。爱好体育、游泳和艺术。旅行时绘制的许多水彩画、油画和对旅行生活的生动描写，至今仍引人入胜。其中有《印度游记》(1882 年)、《马来群岛游记》(1901 年)、《自然界的艺术形式》(1904 年)和《旅行景观》(1905 年)等。国际天文学联合会批准把第 12323 号小行星命名为"海克尔星"。 (秦安舲)

卢伯克，J.(Lubbock, Sir John) 英国人，1834 年 4 月 30 日生于英国伦敦，1913 年 5 月 28 日卒于英格兰肯特郡。昆虫学、人类学、考古学、科学传播。

出身贵族，父亲是银行家兼英国皇家学会财政总管。1845 年入伊顿学院学习。毕业后到父亲开的银行供职。1865 年承袭准男爵称号。1870 年、1874 年两度选为下院议员。1872 年起当选为伦敦大学副校长。1879 年任英国银行家协会首任会长。1881 年任英国科学促进会会长。1881～1886年任伦敦林耐学会会长。1888～1892年任伦敦商会会长是英国地质学会和英国皇家学会会员。

1861～1865年受邻居C. R. 达尔文的影响热爱自然科学，在他鼓励和指导下研究人类起源等课题，从而成为达尔文学说的积极拥护者和宣传者。他学习认真、计划周密、工作细致，受到赖尔及赫胥黎的赞赏，将其推荐入科学界。出版《史前时代》（1865年）和《文明的起源》两书，确立了新石器时代和旧石器时代的划分，引起当时人们对史前人类研究的高潮。他在研究低等昆虫方面，从无翅类中建立了一个新的粘管亚纲，并做了许多昆虫感觉器官及其发育的生理实验。也是一位教育家和社会活动家，1900年任上议院议员，倡议职业健康法案、野生鸟类保护法案、保护古迹法案等。还是科学普及作家。共出版25本书，发表100多篇科学论文，曾做题为“一百本最好的书”的演讲，在欧美有深远影响。

（童远瑞）

瓦扬，L.-L.（Vaillant，Léon-Louis） 法国人，1834年11月11日生于法国巴黎，1914年11月27卒于同地。*鱼类学、爬行动物学、地理探险。*

在蒙彼利埃大学学习医学和自然科学，在巴黎大学获医学博士和哲学博士学位，并在这两所大学任讲师。后任巴黎国家自然博物馆助理教授和教授，1875年在该馆开设爬行动物学和鱼类学讲座，历时35年，成为世界著名的专家。曾任国家深海鱼类考察委员会顾问。

1863～1864年去北非苏伊士湾考察，因研究软体动物，第一个获法国科学院萨维尼奖。1880～1883年作为深海勘探委员会成员参加两艘护航舰的航行，并发表了他发现的部分成果。1882年写出法国代表团去索马里考察的综合性科学报告。1891年编写阿尔及利亚、撒哈拉鱼类和北极鱼类名录。1905年撰写法国对南极洲的考察报告鱼类部分，1911年为去南美考察的军事代表团撰写出版考察报告中的海龟部分。发表近300篇论文，每篇文章短小精悍，对于某些稀有种类的分类起重要作用。获荣誉军团玫瑰花勋章。（林金榜）

斯特宾，T. R. R.（Stebbing，Thomas Roscoe Rede） 英国人，1835年2月6日生于英国伦敦，1926年7月8日卒于英格兰坦布里奇韦尔斯。*动物学、博物学、生物进化论。*

诗人、历史学家、牧师的儿子，家中7个孩子中排行第四。早期在伦敦皇家研究院学习。1853年入牛津大学林肯学院学习，同年成为该校伍斯特学院的学生。后转读伦敦大学国王学院，1855年获文学士学位，1859年获文科硕士学位。1859年委任为牧师。1860～1868年任伍斯特学院研究员、副院长、学监等职。1867年与博物学家M. 安妮（Mary Anne）结婚。1868年辞职去托基做私人教师。1895年被选为伦敦林耐学会会员，1896年被选为英国皇家学会会员，而且担任此两学会副会长。

1882年弃教参加对“挑战者”号远征队考察标本资料的整理工作，1888年出版巨著“挑战者”号中的海洋端足目动物学部分。主要从事甲壳纲端足类的研究，先后发表论文180篇和两本专著，其成就获得世界各国学术界的称赞。也是一位达尔文进化论的早期信仰者，还因撰写了有关进化论方面的著作而受到教会的惩罚。其他著作还有《达尔文主义文集》（1871年）、《甲壳纲动物志》（1893年）等。1908年获林耐学会金质奖章。

（秦安龄）

蒙哥马利，E. D.（Montgomery，Edmund Duncan） 美国人，1835年3月19日生于英国爱丁堡，1911年4月17日卒于美国得克萨斯州利旺多。*细胞生物学、自然哲学。*

苏格兰著名法学家的非婚生子。1852年入德国海德尔堡大学学医。后在柏林大学（1855年）、波恩大学（1856年）和维尔茨堡大学（1857年）继续学习，1858年获维尔茨堡大学医学博士学位。在布拉格（1858年）和维也纳（1859年）进行临床实践。1860年在伦敦的一个德国医院里当住院医生。1861～1862年在圣托马斯医院当病理解剖示范员，1863年成为病理解剖学讲师。同年因患肺结核病，离开伦敦去马得拉群岛疗养，并在那里与雕刻家E. 奈伊（Elisabet Ney）结婚，有两个儿子。1870年携妻子移民美国。得克萨斯州，1886年成为美国公民。1903年当选为得克萨斯科学院院长。

1873～1879年在得克萨斯农场实验室对原生动物和多细胞生物进行了大量的显微研究。1879～1892年，活动集中于综合自己的生物学研究成果和哲学观点。前期工作主要反映在著作《论动物体内细胞的形成》（1867年）和另一篇哲学论文里；其后期著作有《原生质的生命力与组成》（1904年）、《生命火花中的哲学问题》（1907年）、《现有经验的揭示》（1910年）。后两者为哲学论著。在哲学界声誉甚高。（吴馥梅）

根岸英一（Negishi，Ei-ichi） 日本人，1935年7月14日生于中国长春。*有机化学、催化化学、化学工程。*

1953年从日本神奈川县立湘南高等学校毕业，就读于东京大学工学部应用化学科。1958年毕业后，供职于帝人公司。1963年获美国宾夕法尼亚大学化学博士学位。1966年任美国普渡大学博士后研究员，1968年担任H. C. 布朗（1979年诺贝尔化学奖获得者）助手。1972年任锡拉丘兹大学化学助理教授，1976年任副教授，1979年任教授。同年受布朗之邀重回普渡大学，任布朗有机化学研究实验室教授，1999年遴选为布朗化学讲座杰出教授，2004年任根岸-布朗有机化学研究所所长。兼任日本北海道大学触媒化学研究中心客座教授。2010年任索尼公司材料及设备部有机电子研发领域特别研究顾问。2011年获宾夕法尼亚大学荣誉理学博士学位。长期定居美国，现仍保持日本国籍。

1972年美国化学家R. F. 赫克率先发现，采用钯作为催化剂可使原来不活泼的碳原子相互接近而发生反应，而且避免了产生杂乱的副产品。在强碱和钯催化下，不用高温和高压就可使不饱和卤代烃和烯烃产生偶联反应,这种反应被称为赫克反应。但其重要性一时并没有引起化学界普遍的重视。1976～1978年间,根岸英一连续发表10篇研究论文,对赫克的成果进行了精炼和补充,他使用一种有机钯氯化物作为催化剂,并使之更具操作性,把研究和适用范围扩展到更多种类的有机分子。1979年,日本化学家铃木章又对这一理论作出进一步完善。这一技术现已广泛运用于医药、农业、塑料、液晶行业和有机光能电池等的先进技术中。

诺贝尔化学奖评审委员会认定,他们三人的研究成果向化学家们提供了"精致工具",强调"至今极少有化学反应,能像钯催化交叉偶联那样提高有机合成效率,从而改变了化学合成方式",大大提升创造复杂化学物质的可能性。因在"有机合成中的钯催化交叉偶联反应"领域有奠基性杰出贡献,与R. F. 赫克、铃木章共同获得2010年诺贝尔化学奖。三人虽然研究领域相同,但多年来从未合作过,这在诺贝尔联合获奖的历史上相当罕见。

此外,他还获2000年英国皇家化学学会爱德华·富兰克林奖,2010年日本"文化功劳者"称号和文化勋章等。 (李啸虎)

阿加西斯,A. E. (Agassiz, Alexander Emanuel) 美国人,1835年12月17日生于瑞士纳沙泰尔,1910年3月27日卒于从英国回美国的船上(大西洋中部海域)。*海洋动物学、海洋学、工程学、地理探险。*

著名地学家J. L. R. 阿加西斯之子。其父于1847年去美国,2年后他也来到美国马萨诸塞州坎布里奇,得到植物学家舅舅的教育,顺利地踏上科学道路。1855年毕业于哈佛大学。1857年在劳伦斯科技学校获工程学学位,1862年又获该校动物学学位。1859年在美国海岸测量处工作。不久又到哈佛大学比较动物学博物馆成为父亲的助手,1874～1885年任该馆馆长,1871年出任密歇根州一个铜矿业公司总裁,直至去世。由于铜矿利润丰厚,他向哈佛大学捐赠了50万美元扩建博物馆和开展相关课题研究。曾任美国国家科学院院长。生活很有规律,从事许多专题研究,被公认为动物学家和海洋学家,不幸卒于从英国到美国的大西洋途中。

参与对"挑战者"号1872年探险成果的整理,在报告集里参编了《海胆观察》(2卷,1872～1874年)。1875年考察秘鲁的的喀喀湖,为博物馆收集资料。1877～1880年间曾在巡洋舰"布莱克"号上进行了3次海洋动物考察。1888年出版了2卷本专集记录了考察成果及其经过。1891年又去加拉帕戈斯群岛和加利福尼亚海湾,对太平洋深海进行探险,对巴拉马西海岸动物区系进行比较研究。从1892年开始,又转向研究珊瑚礁的形成,以后又对太平洋中的许多岛屿进行了探险。1896年访问斐济和澳大利亚昆士兰的大堡礁珊瑚,后出版《热带太平洋珊瑚礁》(1903年)、《马尔代夫珊瑚礁》(1903年)、《巴拿马深海海胆》(1904年)等。发表了许多旅行报告。其他著作还有《深海博物学》(1865年,与继母合作)、《马萨诸塞湾海洋动物》(1871年)、《北美海星》(1877年)等。 (孙 勇 李啸虎)

劳伦,J. (Raulin, Jules) 法国人,1836年9月6日生于法国梅济耶尔,1896年5月26日卒于里昂。*植物生理学、农艺学、农业化学。*

早年在巴黎高等师范学校学习,是L. 巴斯德的学生。毕业后当过巴斯德实验室的主任助理。以"与植物生长有关的化学物质的研究"为题发表实验结果,获理学博士学位。1883年创办里昂高等工业化学学校并任首任校长。1876年任里昂大学理化学院化学教授,后任院长。

选用黑拟曲霉(或黑曲霉)做实验,确定最有效的矿质养料组合。这种养料组合,现在叫做劳伦氏培养基或劳伦氏液。在试验中,提出微量元素的概念,并把锌作为微量元素分离出来。在此之前,人们并不知道锌在植物营养中的作用。巴斯德说他的研究开辟了植物研究的新领域。1890～1893年还进行了农业化学等实验,探讨不同作物栽培与水土肥力的关系。发表大量不同课题的论文,其中大部分涉及蚕丝的生产。 (蒋虎祥)

吉尔,T. N. (Gill, Theodore Nicholas) 美国人,1837年3月21日生于美国纽约,1914年9月25日卒于华盛顿。*鱼类学、动物学、生物分类学、地理探险。*

9岁丧母,其父希望他成为牧师,但他在青年时期即对鱼类和软体动物产生兴趣。1858年初参与考察西印度群岛,同年8月回华盛顿整理标本,其中有采集自特立尼达岛的淡水鱼类。1859年去加拿大纽芬兰岛考察。1862年任史密森学会图书馆馆长。1866～1874年任美国国会图书馆助理馆长。1864～1910在哥伦比亚学院(今乔治·华盛顿大学)任职,1884年起任动物学教授。该院于1865年、1866年、1870年和1895年分别授予他文科硕士、荣誉医学博士、哲学博士和法学博士学位。1873年入选美国国家科学院院士,是其他许多科学团体会员。1897年任美国科学促进协会会长。曾任鸟类学杂志的主编。是宇宙俱乐部奠基人之一。终身未娶。

是杰出的分类学家和科学文献综合者。19岁就在史密森学会年鉴上发表关于纽约鱼类的报告。根据骨骼结构,在科和目的水平上对鱼类进行分类,发表许多论文分析鱼类各属的特点,还发表不少关于鱼类习性和生活史的文章。他是个多产作家,发表500多篇论文和文章,其中388篇论及鱼类,其他涉及鸟类、哺乳动物、软体动物以及生物学理论等。最有名著作是《鱼类学分类法》(1872年)等。 (陈建秀)

斯卡德,S. H. (Scudder, Samuel Hubbard) 美国人,1837年4月13日生于美国马萨诸塞州波士顿,1911年5月17日卒于马萨诸塞州坎布里奇。*昆虫学、古生物学、生物进化论、文献学。*

1857年毕业于威廉斯学院。1862年毕业于哈佛大学,受到L. 阿加西斯的指导。1874年创建马萨诸塞州坎布里奇昆虫俱乐部。1859～1870年、1880～1887年两度出任波士顿博物学会会长。1875年任美国科学促进会秘书长,1894年任副会长。1883～1885年任《科学》杂志首任主编。他的个人生活是不幸的，1872年妻子去世，1896年仅27岁的儿子又死去，同年自己患震颤性麻痹。

他是当时美国昆虫分类学上最博学多产的学者之一，也是北美第一个古昆虫学家，主要贡献是对直翅目和昆虫化石的研究，曾描述630种直翅目昆虫，命名1144种昆虫化石，根据自己的资料，提出了昆虫分类和进化的论据。1858～1902年间，先后发表791篇论文。主要的著作有《1633～1876年间各国科学期刊目录》(1879年)、《动物名录手册》(1882～1884年)、《美国东部和加拿大蝴蝶志》(1889年)、《北美昆虫化石》(2卷，1890年)、《世界已知昆虫化石索引》(1891年)等。因为重病，1902年不得不结束工作，把自己收藏的标本赠给哈佛大学比较动物学博物馆，藏书送给波士顿社团的自然历史部和威廉斯学院。 (童远瑞)

威斯纳，J. R. von(Wiesner, Julius Ritter von) 捷克人。1838年1月20日生于摩拉维亚(今属捷克)契森，1916年10月9日卒于奥地利维也纳。*植物生理学。*

运货代理商的儿子，是家中8个孩子中最小者。青少年时期在布尔诺(今属捷克)度过，并在那里接受中等教育。后在布尔诺理工大学和维也纳大学学习。先后在一些学院和大学任植物生理学、植物解剖学副教授和教授。1870年任马里布罗恩林学院教授。1873～1909年任维也纳大学植物生理学系主任，期间1898～1899年任校长。

对植物生理学方面做出了重要贡献。研究植物器官运动、生长和植物生命的其他现象。对植物向光性进行了调查研究，写了《植物的向光性》一书。喜爱应用研究，著有《植物原料》(1873年)一书，运用蒸腾作用研究成果。毕生对自然哲学颇有兴趣。 (江　涛)

海厄特，A.(Hyatt, Alpheus) 美国人，1838年4月5日生于美国华盛顿，1902年1月15日卒于马萨诸塞州坎布里奇。*动物学、古生物学、苔藓学、生物进化论。*

1862年毕业于哈佛大学劳伦斯科学学院。在南北战争期间曾服役几年。1867～1870年任《美国博物学家》杂志主编。1870～1888年任马萨诸塞理工学院动物学和古生物学教授。1877年任波士顿大学生物系教授。后任波士顿博物学会会长。创建马萨诸塞州安尼斯昆姆海洋生物实验室。是美国国家科学院院士和美国博物学家协会创始人之一。他的两个孩子后来都是知名雕塑家。

擅长古菊石的分类及其演化理论。写了大量有关苔藓动物门、腹足纲动物方面的著作和北美海绵论文集。对夏威夷树蜗牛的演化和动物地理学也颇有研究。是杰出的进化论者之一，不信奉达尔文学说，只同意自然选择淘汰的一面，认为生物进化是有方向性的。接受了拉马克的获得性遗传，是新拉马克主义的倡导者之一。 (马玉英)

维里尔，A. E.(Verrill, Addison Emery) 美国人，1839年2月9日生于美国缅因州格林伍德，1926年12月10日卒于美国加利福尼亚州圣巴巴拉。*海洋动物学、昆虫学、比较解剖学、科学传播。*

父母原籍为英格兰人。自幼就能区分许多不同的动物、植物和矿物。1859年入哈佛大学，早期爱好地质学，后来转向动物学。师从L. 阿加西斯，1862年毕业。毕业前就在动物比较解剖学博物馆做阿加西斯的助手。1864～1907年任耶鲁大学首位动物学教授，1867年获该院荣誉文科硕士。1865～1910年兼任耶鲁大学皮博迪博物馆动物采集员，后升为该馆馆长。1868～1870年任威斯康星大学比较解剖学、昆虫学教授。1869～1920年兼任美国《科学》杂志副编审。是美国国家科学院早期院士之一，美国许多科学社团的会员，还担任过美国鱼类与渔业委员会科学顾问、波士顿博物学学会会长。他的儿子是考古学家。

是出色的分类学者，为生物分类学的发展作出了贡献。第一个把棘皮动物和腔肠动物分为两大类。晚年还和学生考察了百慕大群岛的地质和海洋动物。一生发表350余篇论文，描述了1000余种动物，主要著作有《温亚德湾无脊椎动物调查报告》(1874年，与他人合作)、《百慕大群岛》(1903年初版，1907年第2版)等。 (吴劲梓)

小帕卡德，A. S.(Packard, Alpheus Spring, Jr.) 美国人，1839年2月19日生于美国缅因州不伦瑞克，1905年2月14日卒于罗得岛州。*昆虫学、无脊椎动物学、古生物学、地质学。*

少年时代由于父亲的鼓励爱好观察自然。1857年入鲍登大学学习和研究博物学，1861年毕业。1861～1884年在哈佛大学劳伦斯自然科学学院任L. 阿加西斯的助手。同年夏参加缅因州的地质调查，并发表有关昆虫学和地质学的论文。1864年获鲍登大学缅因医学院医学博士学位。1864～1865年在内战中任缅因州退伍军人志愿兵助理外科医生。1865年起任波士顿博物学会会长。1867～1887年任《美国博物学家》总主编。曾在缅因州立农业大学讲授经济昆虫学，鲍登大学讲授昆虫学和比较解剖学。1877年任美国昆虫学学会秘书长。是英国皇家昆虫学会和伦敦林耐学会的外籍会员。获鲍登大学荣誉哲学博士和荣誉法学博士学位。

1874年与肯塔基州地质调查队合作，研究猛犸洞中的古动物群化石。1878～1905年任布朗大学动物学和地质学教授。1888年出版著名著作《北美山洞中的古动物群》，1898年出版《昆虫学》教科书。研究海洋无脊椎动物学(现存的和化石的)分类学、胚胎学和解剖学等。 (张承圭)

范蒂根，P. E. L.(van Tieghem, Phillippe Édouard Léon) 法国人，1839年4月19日生于法国北部省巴约勒，1914年4月28日卒于巴黎。*植物分类学、植物解剖学、植物生理学。*

出生不久，父母即先后去世，由叔父、姑母和姐姐抚养成人。1858年入巴黎高等师范学校，1864年获物理学和自然科学博士学位，1866年获博物学博士学位。1873～1886年任巴黎中央技术与制造学校教授。1885～1912年任塞夫尔詹姆斯女子高等师范学校教授。1898～1914年任巴黎大学农学院植物与生物学教授。由于在单孢培育工作上的成就，1876年入选法国科学院院士，1878年任巴黎国家自然博物馆教授级主任。

毕生从事植物学领域研究，包括隐花植物学、发酵学、显花植物解剖学、植物分类学和植物生理学。在植物进化和真菌繁殖方面，指出一粒孢子在培养基中培养的价值。是最初揭示蓝藻与细菌关系的几位科学家之一。1878年研究"糖胶"，证实它是靠糖分生活的植物，描述了它的发育过程，证明形成糖胶的凝乳状物质的纤维素异构体乃是生物细胞的分泌物。1877～1879年研究醣化杆菌和丁酸发酵作用，证实只有水生植物沉水部分细胞膜(不论是角质化的、木栓化的或是木质化的)才有抵抗这种细菌的侵袭能力。

依据组织同源及这些同源组织都起源于原始细胞的原理，创立一种解剖学。除描述各种组织本身之外，还考虑它们起源的方式和分化的模式。他把高等植物区分为根、茎、叶三部分。由于这些概念简单明了，被人们广泛接受。依据植物器官结构特征给各个器官下了定义。1871年由于对"根"的研究，被法国科学院授予最高奖金。此外在"根"与"茎"的解剖方面，能区别出原生组织和次生组织。指出解剖学能够揭示植物之间的亲缘关系。还比较过生长在不同地区的同一种植物器官，指出环境对植物的影响。

在植物生理学方面也做过一些研究，如冷却作用对种子的影响、种子内胚不同部位的潜力等，指出胚内各个器官都能独立生长；幼胚与胚乳剥离后仍可用人工配制的培养液使其生长；还指出可根据胚珠和种子对显花植物进行分类，依据各种植物的胚珠制订出一套完整分类系统。一生著作很多，内容丰富。所著的《植物学概论》一书至今仍是经典教科书。（耿伯介　叶光汉）

艾希勒，A. W.（Eichler, August Wilhelm）德国人，1839年4月22日生于德国诺伊基兴，1887年3月2日卒于柏林。*植物学、园艺学。*

乐队指挥兼自然科学教师的长子。早年即对自然界发生兴趣，注意收集矿物和植物标本，擅长登山技巧，后来专门研究花朵和花的基本结构。在大学时代学习数学和自然科学。1861年大学毕业后去慕尼黑大学任自然科学家马尔蒂乌斯(K. F. P. von Martius)的助手。1873年被普鲁士政府召到德国基尔任该地植物学学会会长。1877年起任柏林大学植物系统学和形态学教授，兼任该校植物标本室和申贝格皇家植物园园长。

1867年被选为在巴黎召开的国际植物学会议的秘书长，1880年被选为柏林科学院院士。他还是法国科学院外籍院士、慕尼黑科学院外籍院士、比利时皇家学会和伦敦林耐学会的名誉会员。在同时代中被认为是杰出的植物系统学和形态学家，《花的结构》一书对花的对称式和高等植物的分类作出了重要贡献。K. F. 马尔蒂乌斯去世后，继承了《巴西植物志》这部巨著的编写工作。（耿伯介）

布雷菲尔德，J. D.（Brefeld, Julius Oscar）德国人，1839年8月19日生于德国泰尔格特，1925年1月7日卒于柏林附近。*真菌学、植物病理学、园艺学。*

父亲是药物学家。幼年遵从父愿学习药物学。后分别在布雷斯劳大学和柏林大学研究药物学。1863年通过国家药剂师资格考试，但其兴趣却在化学和植物学方面，遂转赴海德堡大学学习化学，翌年获博士学位。不久因患严重肺炎而放弃化学。在意大利休养期间学习艺术。病愈后回国试办家庭备用药房，并开始研究真菌。1868年由父亲资助到哈雷大学植物研究所进修。2年后普法战争爆发，应征入伍，不久因患重伤寒被遣送回乡。病愈后曾到慕尼黑大学和维尔茨堡大学植物研究所工作。1873年去柏林大学，1875年任植物学讲师。1878年任埃伯斯瓦尔德林业科学院植物学教授。不久因患严重眼球炎被摘除左眼。1884年为明斯特大学皇家植物研究所教授，兼任明斯特植物园董事长(任职14年)。他被许多国外学术团体聘为外籍成员。1897年被选为柏林科学院通讯院士。1898年任布雷斯劳大学植物生理学研究所所长。1902年他63岁时，厄运再次降临，其妻产后去世。他自己又患青光眼，1907年被迫辞职，携幼子回柏林。1910年右眼失明。1925年因结肠功能紊乱去世。

现代真菌学奠基人之一。在真菌分类研究中建立了纯培养技术和比较形态学；对谷物黑粉菌病进行研究，对农业发展有重要经济意义。主编《关于霉菌的植物学研究》(16卷，1872～1881年)，《田野真菌调查》(15卷，1884～1912年)，被誉为"真菌学中的圣经"，内容极其广泛，包括周密的观察、新颖的发现、精确的培养方法和许多新种的描述，还附有大量精美的插图。主要著作还有：《真菌的自然分类系统基础》(1895年)等。他具有熟练的实验技巧、罕见的韧劲和彻底的献身精神，因此英国真菌学家A. H. R. 布勒称他为"19世纪最卓越的植物学家之一"。（孙炳寅）

克劳泽，E. L.（Krause, Ernst Ludwig）又名C. 施特恩(Carus Sterne)。德国人，1839年11月22日生于德国齐伦齐格(今波兰苏伦钦)，1903年8月24日卒于德国埃伯斯瓦尔德。*植物分类学、生物进化论、科学传播。*

曾做过药剂师。1857年进柏林大学，分别随布劳恩(A. C. H. Braun)、G. 罗泽和J. P. 米勒学习植物学、矿物学和比较解剖学。1874年获罗斯托克大学博士学位。1877～1883年任科学杂志《宇宙》的主编。

1862～1863年发表第一部反对唯灵论的著作。赞成达尔文的理论，并以此为根据于1866年提出植物的"自然系统"。1876年出版的《过去与未来》一书吸引了大量读者接受进化论的基本观点，从而撼动了传统的神创论观念。他关于著名生物学家C. R. 达尔文的祖父E. 达尔文的论文，曾于1879年在达尔文的极力主张下

被译成英文,达尔文还为该论文写了序。这是一篇后人研究进化论历史不可缺少的著作。 (辜晓进)

伯恩斯坦,J.(Bernstein, Julius) 德国人,1839年12月8日生于德国柏林,1917年2月6日卒于哈雷。*神经生理学、分子物理学。*

父亲是犹太神学家、作家和政治家。1858年在布雷斯劳大学学医。1862年以“无脊椎动物肌肉生理”论文获柏林大学医学博士学位。同年任教于德国海德堡大学生理学研究所,1871年任代所长。1872年任哈雷大学生理学教授,直至去世。

曾建立一个不分系科的生理实验研究所。早期研究经典电生理学,“兴奋膜理论”的提出者。1867年用完善的刺激技术证实了兴奋波传播的进程及神经电位的变化。1882年首先测出神经肌肉接头的突融时间为0.3毫秒,使用微分变阻器测出兴奋波的速度、形状和时相。后期以现代电化学、分子物理学和热力学技术研究兴奋过程的实质,创立了细胞膜充满电荷的双离子层假说,解释了细胞膜通透性增加是化学变化的结果。研究生物细胞和组织的电势,1902年首次提出“兴奋膜理论”,论证了神经和肌肉中存在“休眠势”和“兴奋势”的来源,为生物电现象提供了第一个实践上的生理化学解释。他的假说据认为是有关电生理学的第一个实践性的定量化理论。1912年以阴极射线记录生物电变化。还研究生物电、收缩物质的结构、心脏和循环生理、生殖和生长生理、分泌和吸收、呼吸和感觉生理以及毒理学等,发表了许多论文。主要著作有《神经和肌肉系统兴奋过程的研究》(1871年)、《人类的五种感觉》(1875年)、《生命机械论:基础和进展》(1890年)、《生理学教程》(1894年)、《电生物学》(1912年)等。 (刘鸿义)

霍恩,G. H.(Horn, George Henry) 美国人,1840年4月7日生于美国马里兰州巴尔的摩,1897年11月24日卒于新泽西州。*昆虫学、动物学、医学。*

1861年在宾夕法尼亚大学获医学博士学位。1863~1866年在加利福尼亚州骑兵部队任随军外科医生,业余收集了大量昆虫标本。1866年回费城,同年任费城昆虫学会会长,后从事产科医师多年。

1860年开始研究昆虫学。由于受费城自然科学院的影响,开始对动物学产生兴趣。他与美国鞘翅目权威J.勒康特(John LeConte)的友谊十分深厚,合作研究25年,合著有《美洲、北墨西哥的管头亚目志》(1876年)和《北美鞘翅目分类》(1883年)等书。1860~1896年先后发表论文265篇,大多属鞘翅目方面的。仅甲虫类就鉴定了鞘翅目1582个新种(其中有52个在他去世时被认为是同物异名)。所编著的检索表和种属描述,素以准确明晰著称,为研究昆虫学奠定了基础。曾3次去欧洲讲学和访问。1883年勒康特去世后,他即成为美国鞘翅目昆虫学唯一权威。英国鞘翅目学家G. C.钱皮恩(George Charles Champion)还认为他是当时北美在甲虫领域的第一流研究者。去世后他的收藏标本和书籍都捐给了费城科学院。 (童远瑞)

杜克洛,É.(Duclaux, Émile) 法国人,1840年6月24日生于法国康塔勒省欧里亚克,1904年2月5日卒于巴黎。*微生物学、传染病学、生物化学。*

法官的儿子。1857年在地方专科学院完成古典文学教育后,到巴黎大学主修数学。1862年任L.巴斯德的实验助手。1865年起先后任图尔斯大学、克莱蒙费朗大学、里昂大学教授。1878年起在巴黎大学任教生物化学,并首次主讲微生物学。1888年巴斯德研究院成立,他又到该所工作,1895年巴斯德去世后,1895~1904年接任院长。先后被选为法国科学院院士(1888年)、法国农学会会员(1890年)、法国医学科学院院士(1894年)等。

1885年从事抗鸡霍乱、炭疽病、猪热病和狂犬病疫苗的研究。同时还从事物理学和化学方面的研究。在物理学方面,研究渗透、分子粘着力和表面张力等现象。在生物化学方面,特别注意研究发酵过程。用一系列的实验来区别消化腺释放出的酶和肠部微生物释放出的酶的不同作用;指出微生物在土壤养分的形成中是不可缺少的。首先提出分析牛奶组成的方法,证明在牛奶转变成乳酪过程中酶起了重要作用等。不仅是杰出的科学家,也是优秀的教师。 (张承圭 吕慧梅)

科普,E. D.(Cope, Edward Drinker) 美国人,1840年7月28日年生于美国宾夕法尼亚州费城,1897年4月12日卒于同地。*动物学、古脊椎动物学、生物进化论、地质学。*

出身富有的商人家庭。3岁丧母。1849年进费城弗兰兹学校。4年后转入西城寄宿学校。父亲希望他从事农业,1854~1860年每年夏日都送他去农庄学农,从而对博物学产生了兴趣。1859年起终身从事博物学研究。1861年进宾夕法尼亚大学学习比较解剖学。1863~1864年去欧洲考察博物馆和拜访著名学者。1864年获哈佛大学福特学院硕士学位,同年任该校动物学教授。1869年他卖掉父亲分给他的农场,又辞去教职,移居新泽西州研究化石。后又参加地质调查队收集资料。1889年任宾夕法尼亚大学动物学和比较解剖学教授。是费城自然科学院和美国国家科学院院士。美国哲学学会会员。曾任美国科学促进协会会长。

美国古脊椎动物学先驱,美国生物学界新拉马克主义权威理论家之一。起初着重研究北美的鱼类、两栖类和爬行类,1866年后研究它们的祖先化石遗骸。1870年出版有关北美已绝灭和现存的哺乳动物著作。1868年发表他的首篇进化论文章。开始钻研博物学与进化论的关系,特别是在冷血脊椎动物学方面,为发展古脊椎动物学的研究作出了贡献。19世纪中叶,美国国土大范围向西延伸,西部的交通干线相继形成,政府投入大量资金并于1866~1879年4次组织考察队进一步勘探该地区的矿产资源。1871~1879年他每年花8个月的时间随美国地质调查队考察该地区,踏遍科罗拉多、堪萨斯、新墨西哥州等化石产地,收集了大量博物学原始资料。两部巨著《美国西部白垩系脊椎动物志》和《美国西部第三系脊椎动物志》第一册,被誉为“科普的圣经”。这些著作首次对始新世地层脊椎动物作了广泛的描述，进一步推迟了“哺乳动物时代”的起源，纠正了博物学家们对动物生命的理解。

19世纪后期以大量进化论著述主导新拉马克主义运动。声称假如不同的属经过已知的早期发育阶段，那么在同类中它们的关系就非常密切，并随着时间的推移而延续下去，这就是平行性。在生物发育过程中，某些特征比其祖先出现得早时，就能产生新的适应性，如这种适应性的出现早于繁殖阶段，就有可能传给下一代，反之遗传的可能性就差得多。总而言之只要细心地研究胚胎发育，就能找出生物的生命史和系统发育。他的进化论思想在《论属的起源》(1868年)、《有机生命的发育模式》(1871年)两书中得到了充分的阐述。在前一本著作中坚持类型分类，反对达尔文自然选择的概念，强调自然选择可以解释决定一个种的特征变化，而不能解释更高级的分类特征的变异，这类变异可以由他的加速和推迟的概念来解释。在第二本著作中，论述了变异的现象，使新拉马克主义的“用进废退”及“获得性遗传”的概念得到了应用。1872年后在进化论方面发表了50多篇专论，但其观点却没有重大发展。为反击新达尔文主义的进攻，试图进一步说明“用和不用”对某些生物所起的影响，强调环境变化的重要性并坚持获得性遗传的信念。19世纪70年代和80年代，科普-海厄特的进化思想是美国生物学界最活跃、最有代表性的学派。

获英国地质学会比克斯比奖章，费城科学院海登奖章等。 (马玉英)

多恩，F. A. (Dohrn, Felix Anton) 德国人，1840年9月29日生于德国斯德丁(今波兰什切青)，1909年9月26日卒于慕尼黑。*海洋动物学、比较解剖学、生物进化论。*

祖父是富有糖酒商，父亲是昆虫学家。受家庭影响，从小就对昆虫学发生兴趣，16岁时即发表论文。按当时习惯，他到柯尼斯堡、波恩、柏林和耶拿等大学听课，和E. 海克尔等在一起学习动物学，但由于各种原因曾一度中断学习。1862年返回耶拿大学学习，在那里受海克尔的指点，学习达尔文学说，受《物种起源》一书影响，再度研究动物学。1865年获布雷斯劳大学博士学位。1868年获耶鲁大学大学教授资格证书。1873年任意大利那不勒斯海洋生物考察站站长。

1865～1868年间多次去德国海谷兰德、汉堡海边，以及去英国苏格兰、意大利墨西拿近海考察和收集海洋动物标本。他的学位论文是关于半翅类的解剖。随后又对甲壳类进行研究，将形态学和胚胎学结合起来，以探讨节肢动物的系统发育。根据对头和附肢的研究，认为节肢动物和脊椎动物同源，推测它们均由环节动物演变而来。

最重要的贡献是建立意大利那不勒斯海洋生物考察站，1873年正式向外开放，接纳访问学者。至他去世时，来自欧洲和美国的科学家已有2 200余人在这个考察站做过研究。该站最早利用水族箱进行研究，它的建立对比较生理学和实验胚胎学的研究起了特别重要的作用。平时还爱好音乐。 (陈伟民)

科瓦列夫斯基，A. O. (Ковалевский, Александр Онуфриевич; Kovalevsky, Aleksandr Onufrievich) 俄国人，1840年11月19日生于俄国维捷布斯克地区陶格夫匹尔斯(今属拉脱维亚)，1901年11月22日卒于圣彼得堡。*动物学、胚胎学、生理学、生物进化论。*

父亲是俄罗斯化的波兰人，母亲是俄罗斯人。1856年入圣彼得堡工程学校。3年后违父愿转到圣彼得堡大学理学院自然科学系，主修组织学和动物学，期间1860年秋赴路德维希实验室工作，完成两部有机化学专著。1863年、1865年、1867年先后获圣彼得堡大学学士、硕士和博士学位。留校任动物学陈列室主任和编外教授。1868年任喀山大学教授。1869年起任基辅大学教授。1874年在奥德萨任新罗西斯克大学教授。1891～1894年任圣彼得堡大学教授。1892～1901年任塞瓦斯托波尔生物实验站站长。同时也是个积极的科学组织者，在任教的每所大学里，都帮助建立博物学学会。1886年成为英国剑桥哲学学会和自然科学学会、英国皇家学会外籍会员。1890年成为圣彼得堡科学院院士。

俄国19世纪末最著名的胚胎学家、达尔文主义的追随者。主要研究多种低等脊椎动物(文昌鱼、海鞘等)和无脊椎动物(海参、蠕虫、节肢动物等)的胚胎发育，发现机体囊胚的凹入形成原肠胚，并对建立原肠胚理论和系统发育胚胎学奠定了基础。

1864年夏去意大利那不勒斯旅行，同时开始研究文昌鱼、被囊类动物、海参纲毛颚动物门，帚虫动物门，栉水母动物门等的比较胚胎学。这些研究既为硕士和博士论文打下基础，也是毕生研究的主要课题。证实了腔肠动物、棘皮动物、蠕虫、海鞘类动物和文昌鱼是从凹入产生的双层囊中生长起来的，还发现海鞘类动物幼体和文昌鱼幼体生长后期相类似。这对修改分类有重要意义，证实脊索动物不属于软体动物门。蠕虫、昆虫有脊椎动物胚胎的相同器官的起源方式，昆虫和脊椎动物的神经层是同源的。上述研究成果为遗传学理论提供了胚胎学上的证据，并且很快被E. 海克尔和C. 达尔文所确认。身后出版有《A. O. 科瓦列夫斯基选集》(1955年)《A. O. 科瓦列夫斯基致梅契尼科夫书信集》(1955年)等。曾获法国科学院两次奖励。 (孙炳寅 孙 勇)

戈特，A. W. (Goette, Alexander Wilhelm) 德国人，1840年12月31日生于俄国圣彼得堡，1922年2月5日卒于德国海德堡汉德苏斯海姆。*动物学、发育生理学、生物进化论。*

是医生兼政府顾问的儿子。1860～1865年在多尔帕特大学学医。1866年获蒂宾根大学医学博士学位。1872年任斯特拉斯堡大学讲师兼该校动物研究所助理研究员，1877年任副教授。1880年兼任斯特拉斯堡市立博物馆动物采集室主任。1882～1886年任罗斯托克大学动物学教授。

是研究发育生理学的开拓者之一。曾与A. 韦斯曼(August Weismann)争论关于“生命延续时间”和死亡的定义。他认为生殖必然伴随着死亡，没有绝对的生命延续性。主要著作有《铃蟾发育史》(1875年)、《蝶螈》(14卷,1884～1890年)、《动物的进化》(1891年)、《水母发育史》(1897年)等。 (林金榜)

格罗特,A.R.(Grote, Augustus Radcliffe) 英国人。1841年2月7日生于英国利物浦附近,1903年9月12日卒于德国希尔德斯海姆。*昆虫学、生态学。*

父亲德国裔,母亲是英国威尔士铁厂主之女。幼年全家自英国迁居纽约州斯塔腾岛,经营一个农场。他所受的正规教育因1857年的金融大恐慌而中止。1874年获宾夕法尼亚大学拉斐特学院荣誉文科硕士学位。1880年他父亲去世前,一直在纽约布法罗自然科学会担任多种职务,主编《北美昆虫学家》杂志。后回斯塔腾岛家庭农场。由于欠债,不得不将珍藏的鳞翅目标本卖给英国博物馆。1884年离开美国到德国定居,任罗默博物馆名誉馆长。他结婚两次,患心内膜炎而病故。

是19世纪美国昆虫学家的先行者之一。在1862年发表第一篇有关鳞翅目的论文后,成为这个目的分类权威。特别专长于夜蛾科,是美国第一个研究夜蛾科的学者。他精确地描述了很多种、北美墨西哥和古巴的蝴蝶和蛾类,并区别了一些同物异名。在现行的分类中有1 250种是以他的名字命名的。发表过600多篇论文。主要著作有《古巴天蛾志》(1865年)、《大冰川期对北美昆虫分布的影响》(1876年)、《墨西哥北部与美国的夜蛾一览表》(2卷,1875～1876年)等。不但是科学家,也是艺术家,能吟诗、作曲、弹琴。 (童远瑞)

瓦尔明,J.E.B.(Warming, Johannes Eugenius Bülow) 丹麦人,1841年11月3日生于丹麦曼德的威登海岛,1924年4月2日卒于哥本哈根。*植物生态学、生物进化论、地理探险。*

基督教牧师的儿子。幼年丧父,跟母亲移居日德兰半岛西海岸舅父处生活,那里多沼泽和沙丘,开始对植物学感兴趣。1859年入哥本哈根大学学习博物学,4年后毕业。1863～1866年赴巴西任丹麦一位古生物学家的私人秘书。回欧洲后,先后又在慕尼黑大学、柏林大学求学。1873～1882年,先后在哥本哈根大学理工学院和医药学院任教。1882～1885年任斯德哥尔摩大学植物学教授。1886～1911年任哥本哈根大学教授。兼任哥本哈根植物园园长,期间1907～1908年任该校校长。1878年入选丹麦皇家文理科学院院士。是英国皇家学会外籍会员,法国科学院外籍院士。

19世纪70年代接受了进化理论,成了拉马克进化论的忠实追随者。研究从个体发育转到系统发育,以形态-生物系统学进行植物分类,为此发表了一系列论述,显示了广博知识及表达问题的能力。是植物生态学的奠基者。在1895年出版的《植物生态学》,成了大学生物系普遍采用的第一部生态学教材,奠定了生态植物地理学的基础。书中回答了为什么每一种植物都有它自己的习性和生存环境、为什么植物群落有一定的外貌等问题;并将水分作为影响植物分布的最重要因子;将植物群落分成4种类型:水生的、旱生的、盐生的、中生的。解释植物与环境之间相互关系的独创方法,开创了新的领域。其他著作还有《系统植物学手册》(1879年)和《普通植物学》(1880年)等。多次参加科学考察。在巴西工作时考察过当地植物和古生物化石,1884年考察格陵兰,1885年、1887年两度去挪威,1891～1892年去委内瑞拉,1895年去布法罗群岛,采取到大量植物标本,发现了一些新种。 (洪必恭)

克莱恩伯格,N.(Kleinenberg, Nicolaus 或 Nicolai) 德国人,1842年3月11日生于俄国利耶帕亚(今属拉脱维亚),1897年11月5日卒于意大利那不勒斯。*动物学、胚胎学、生物进化论。*

1860～1867年在多尔帕特大学学医,但主要兴趣是植物学。1868年去德国耶拿大学学植物学,1869～1870年任E.海克尔的助手,在此期间他准备了淡水水螅进化的博士论文,1871年获博士学位。1873年去意大利那不勒斯协助F.A.多恩建立第一所海洋生物考察站。1879年任墨西哥大学动物学和比较解剖系主任。1895年任巴勒莫大学生物学教授。

出版《水螅》(1872年)一书,详细地研究了淡水水螅的进化,并从个体发育的观点,研究腔肠动物和脊椎动物外胚层和内胚层的进化。1881年发表关于多毛纲胚胎学的第一篇报告。1886年出版《环节动物的起源》。 (张承圭)

莫帕,F.É.(Maupas, François Émile) 法国人,1842年7月2日生于法国卡尔瓦多斯省,1916年10月18日卒于阿尔及利亚阿尔及尔。*原生动物学、动物生理学、生物学。*

曾在巴黎文献学院读书,后任档案保管员、图书馆长等职。利用业余时间,在家里用简单的仪器从事动物显微结构的研究。被选为法国科学院通讯院士。1903年获海德堡大学荣誉博士学位。终生未娶。

是一个自学成才的科学家,在没有助手、没有完备实验室的条件下从事独创性的科学研究,并取得许多成果。用自己独创的繁殖培养技术,全力研究低等动物的性别和生殖。发现纤毛虫有接合现象,轮虫雌性有两类,自由线虫(小杆目)胚后期发育分5个阶段,特别指出其第五阶段属成体阶段,称为莫帕定律。还研究低等动物包囊形成、孤雌生殖、自体和异体受精等。还发表过有关地质和植物方面的观察报告。1901年获法兰西学院自然科学大奖。 (蒋虎祥)

科瓦列夫斯基,B.O.(Ковалевский, Владимир Онуфриевич; Kovalevsky, Vladimir Onufrievich) 俄国人,1842年8月14日生于俄国维捷布斯克地区瓦尔考瓦斯(今属拉脱维亚),1883年4月28日卒于莫斯科。*古生物学、地质学、生物进化论、科学传播。*

是古生物学进化论创立人之一。从学校毕业后,就从事古生物学和地质学名著的翻译、编辑工作。1869～1874年在德国多所著名大学学习自然科学各门课程。

1872年以古生物史论文获德国耶拿大学博士学位。1875年以古三趾马论文获圣彼得堡大学硕士学位。1880～1883年任莫斯科大学副教授。

重点研究哺乳动物的口器和头颅的形态特征，认为它们与食物成分的变化和动物的系统发生有关。通过对化石马类的研究分析，证实动物形态改变与生态环境改变的相关性，以化石为根据，首次回答了晚侏罗纪、早白垩纪的动物地理分布问题，指出新生代哺乳动物祖先应在大陆白垩纪沉积层中去寻找。他第一次绘制了古生物分布地图。在达尔文进化论的基础之上，创立了有蹄类动物肢体对外界环境的适应性和不适应性进化的概念，即能适应生活环境变化的就能继续生存下去，反之，就难免绝灭。是一位坚定的达尔文主义者，认为生物的演变应归因于自然选择。翻译出版了达尔文、赫胥黎等人的一系列著作。身后出版有《科学论文集》(2卷，1950～1956年)。 (马玉英)

库斯，E.(Coues，Elliott) 美国人，1842年9月9日生于美国新罕布什尔州朴次茅斯，1899年12月25日卒于马里兰州巴尔的摩。鸟类学、比较解剖学。

商人的儿子。11岁时随父迁居华盛顿，开始有机会接触各种鸟类标本，18岁时就出版关于矶鹞的专著。后来进哥伦比亚学院(后为乔治·华盛顿大学)，1861年获文科硕士学位，1863年又毕业于该校医学院。1864年在军队担任助理军医。南北战争时行军途中广泛采集和研究鸟类，并发表有关文章。1873～1876年任美国北方边境委员会外科医生兼博物学家。1876～1880年任美国国土地质与地理调查署秘书长兼博物学家，负责主编出版物。1877～1882年任哥伦比亚学院医学院解剖学讲师，1882～1887年任解剖学教授，兼任《百科词典》博物学主编。入选美国国家科学院院士。是美国鸟类学家协会的创始人和会刊《海雀》主编。还是许多学会的荣誉会员。

1872年出版《北美鸟类索引》(1884年初版，1901年修订本)。提出一种人为检索系统，并在后来修订了分类方法。《北美鸟类名录辞典》(1882年)是其姊妹篇。19世纪90年代，核对并注解几种美国西部考察原稿，又按原路线进行重复考察，大大扩展了前人观察结果。晚年误入唯灵论和降神术歧途，成立神秘神智学会。主要著作还有《田野鸟类学》(1874年)、《美国西北部鸟类》(1874年)、《北美啮齿目动物志》(1877年，与他人合著)、《科罗拉多山谷鸟类》(1878年)、《鸟类学文献志》(1878～1880年，未完成)、《新英格兰鸟类生活》(1881年)、《生源论：对生命起源与动机的推测》(1884年)等。 (林金榜 李孙演)

惠特曼，C.O.(Whitman，Charles Otis) 美国人，1842年12月14日生于美国缅因州北伍德斯托克，1910年12月6日卒于伊利诺伊州芝加哥。胚胎学、比较解剖学、动物行为学、生物进化论。

幼年生活在农场，对自然界尤其是鸽子颇感兴趣，并善于剥制动物标本。1865年进鲍登学院，1868年获文学士学位。后在马萨诸塞州韦斯特福德高等专科学校等校任校长和教师。1874年加入波士顿博物学会。1875年去欧洲，先到意大利那不勒斯，后又到德国莱比锡大学学习胚胎学和现代显微镜技术，1878年获博士学位。1879～1881年以动物学教授身份去日本东京帝国大学工作，引进了生物学研究的系统方法和显微镜应用技术，培养了一批动物学家，被誉为"日本动物学之父"。1882年回欧洲，在意大利那不勒斯动物站从事胚胎学、生态学等研究工作。1883～1885年任哈佛大学比较动物学博物馆馆长助理，这是一生中最重要的创造时期。1886～1889年任威斯康星州密尔沃基阿利斯湖实验室主任，在这里创办了美国最早的动物学和解剖学期刊《形态学》杂志。1889～1892年任克拉克大学动物学教授。1888年参与创建伍兹霍尔海洋生物学实验室，1893～1908年任该室首席主任，取得许多成果。与此同时，1892～1910年任芝加哥大学教授兼该校动物博物馆馆长。

研究的范围很广，如既研究水蛭胚胎学，又研究水蛭解剖学和分类学以至行为学。1900年后，当进化论形成两大派时，他支持自然选择说。还是研究个体生态学先驱者之一，其中研究了700多种鸽子，比较了它们的表型变化与遗传关系，并画了水彩画插图。著有《胚胎学文集》(1882年)、《日本水蛭》(1886年)、《博物学家的工作》(1891年)、《进化与渐成说：博内的进化论述评》(1895年)、《动物的行为》(1899年)等，其遗著《鸽子的行为》在他去世9年后才出版。 (姚承昌 袁传宓)

史密斯，S.I.(Smith，Sidney Irving) 美国人，1843年2月18日生于美国缅因州挪威镇，1926年5月6日卒于康涅狄格州纽黑文。海洋动物学、动物地理学、地理探险。

在学生时代就从事海洋无脊椎动物的研究，所有暑假都用于野外考察、采集鉴定标本，不久即成为甲壳类专家。1867年获耶鲁大学设菲尔德科学院博士学位。留校任教，1876年任该校首位比较解剖学教授，直到1906年退休。期间1872年任美国鱼类与渔业委员会成员。1876年在克尔盖伦群岛工作。曾一度成为缅因州和康涅狄格州政府的昆虫学顾问。

毕生研究北美新英格兰动物区系。1864～1870年对长岛海峡和芬迪湾进行考察。1871年作为美国湖泊调查队动物学家对苏必利尔湖的深水层进行研究。次年参与美国海岸和近海调查。1884年入选美国国家科学院院士。

1880年乘"鱼鹰"号轮、1883年乘"信天翁"号轮，进行深水区调查。有关成就汇集在一部巨著中，该书对水栖甲壳类的许多新种作了仔细鉴定和描述，并附有精致插图和说明。详尽地研究甲壳类的分布，了解在深水区的许多新种，或已知的过去未在深处发现过的种类。把精心采集、保存的许多标本捐献给耶鲁大学皮博迪博物馆和华盛顿国家自然博物馆。还积极参与创办伍兹霍尔海洋研究所。研究兴趣广泛，1864年发表关于兰花受精的文章。还是一位热心的教师，曾为医科大学预科生首次开设生物学课程。1868年因发表关于动物地理分布论文而获伯齐利厄斯奖。 (林金榜)

弗莱明，W.（Flemming，Walther） 德国人，1843年4月21日生于德国梅克伦堡地区萨克森贝格，1905年8月4日卒于基尔。组织学、细胞生物学。

精神病医生之子，家中5个孩子中唯一男孩。少时曾对文学和哲学有兴趣，但在大学里却学医。大学生活是在格丁根、蒂宾根、柏林等地度过的。1868年毕业于罗斯托克大学医学院。次年做W. F. 库恩的助手。1870～1871年普法战争爆发后，应召入伍当军医。1871年退伍回罗斯托克大学。同年迁至布拉格大学任教。1876年定居基尔，任基尔大学医学院解剖学教授和解剖研究所所长。

主要研究细胞的有丝分裂，并在细胞精微结构的染色技术上有贡献。还发明了用油镜观察细胞的方法。1878年首次描述了活细胞有丝分裂的全过程，其核连续性的论述使人们对细胞在分裂过程中染色质的去向进行了深入的研究。发现细胞分裂时，染色体纵向分裂为两半，分别进入两个子细胞中，从而纠正了染色体横向断裂的错误观点。还把细胞的分裂过程分为9个阶段，分别给了名称，并将这种细胞繁殖方式使命名为“有丝分裂”。总结了观察所得，1882年发表名著《细胞质、细胞核与细胞分裂》。由于他当时尚不知道G. 孟德尔提出的遗传学理论，所以他对细胞的观察没有进而联系到遗传学。但是他的贡献仍是当时细胞生物学十大进展之一。为纪念他，德国细胞生物学会设有弗莱明奖章。（顾振海）

季米里亚泽夫，K. A.（Тимирязев，Климент Аркадьевич；Timiryazev，Kliment Arkadievich） 苏联人，1843年6月3日生于俄国圣彼得堡，1920年4月28日卒于莫斯科。植物生理学、生物化学、农学、生物进化论、科学传播。

父亲是圣彼得堡海关关长，母亲英国人，生有子女7人，他是最小的孩子。1860年进圣彼得堡大学自然科学部物理数学系，1862年因参与学潮被除名，一年后重新入学为旁听生。1864年翻译出版达尔文《物种起源》俄文版。1865年因苔类研究获金质奖章及候补学士学位。毕业后在门捷列夫指导下进行农业技术新方法研究及光合作用实验。1868年在俄国首届自然科学家及生理学家全国会议上宣读“空气营养和人工光利用”报告。同年出国深造。1870年回国后，在彼得罗夫农林学院（今莫斯科季米里亚泽夫农学院）任植物学教师。1871年完成“叶绿素带状分析”硕士论文，成为该学院编外教授，1875年完成“植物对光的同化”博士论文，转为正式教授。1877～1911年任莫斯科大学解剖学和植物生理学教授。1890年入选圣彼得堡科学院通讯院士。1915年参加高尔基主持的杂志刊物编辑工作。十月革命后，任全俄科学理事会理事，入选社会主义科学院院士。

终生进行植物生理学研究。1860年开始光合作用的理论和实验研究，博士论文及以后的工作均围绕光带分析工作，深入探讨叶绿素的光物质及对光合作用的依赖。驳斥了光合作用主要集中在黄绿光带的理论，指出主要集中于光带的红色光。实质上作出了光化学方面的第一条定律，即光合作用过程是“能”的保存作用。发展了光合作用中氧化转化过程，指出叶绿素不仅生理上对光敏感，而且对化合物同样敏感。1890年与其他学者共同提出叶绿素内确实还存在另一种吸收带。在研究光合作用与光强度间关系时，获得的图象表明光合作用的光饱合近一半是完全孤立的。1908年4月30日受邀在英国皇家学会宣讲“绿色植物的宇宙功能”一文，这是研究光合作用数十年的主要成果。1874～1903年为出版《阳光、生命和叶绿素》进行一系列准备工作，该书于1923年出版，书中所提出的“能”的作用理论基础，至今仍有价值。他很注意新研究方法与植物生理作用，为此自行设计制造多项实验工具，其中有光能表，改进的微型气量计等。

毕生致力于把植物生理学成就用到农业上。1872年建立俄国第一个“营养小屋”（温室），对维管束植物进行栽培试验。提出培养植物需水和化肥的理论。在讲义基础上形成的这方面著作有《植物抗旱法》（1892年）、《作为合理农业的植物生理学》（1897年）等。

认为必须利用达尔文原则，尤其是“自然选择”原理来解释植物生理过程，在捍卫和发展达尔文主义方面功勋卓著。所著《达尔文及其理论》（1865年）以及遗著《历史上生物学方法》中，达尔文的观点占了主导地位。

其他著作主要还有《植物的生命》（1878年）、《植物生理学百年总结》（1901年）、《四分之三世界自然科学的觉醒》（1907年）等。身后出版《文集》（10卷，1937～1940年）等。为纪念他，莫斯科农学院、苏联科学院植物生理学研究所，以及苏联的许多城市、街道用他命名。苏联科学院专设有纪念奖金（3年一度）。（王荣增）

孔策，C. E. O.（Kuntze，Carl Ernst Otto） 德国人，1843年6月23日生于德国莱比锡，1907年1月28日卒于意大利圣雷莫。植物学、植物地理学、地理探险。

早年只受过中等技术学校及商业学校教育。后从事国际商务活动。受莱比锡大学C. O. 博恩汉（Carl Otto Bulnheim）的影响，对植物学感兴趣。1876～1878年先后在柏林大学、莱比锡大学学习自然科学。1878年在弗赖堡大学以“金鸡纳树属的研究”论文获博士学位。晚年移居意大利。

是一位自学成才的科学家，具有多方面的植物学贡献，同时也是植物命名的改革者。他最早撰写的著作是《袖珍莱比锡植物志》和《德国悬钩属植物的修订》，两书于1867年同时出版。1874年2月～1876年2月作环球旅行，考察了西印度群岛、南美部分地区、美国、日本、中国、东南亚、印度、北非等地，获得大量人类学和7 700种植物收集品。前者后来赠送给莱比锡大学人类学博物馆，后者则成为私人植物标本室主要收藏。1878年后研究莱比锡、柏林和莱顿等地植物区系。1881年在旅行见闻讲座的基础上写出《植物地理起源》，书中提出了植物生命起源的观点。论述在环球旅行中研究植物的主要成果,发表在《植物属志通论》三卷本的前两卷(1891年)中。1886年考察俄国远东地区。1887~1888年考察西班牙加那利群岛。1891~1893年作第二次环球旅行,考察南美几乎所有国家,出版《植物属志通论》第三卷(1893~1898年)。1894年考察了非洲南部地区。1903年和范波斯(T. E. Van Post)共同出版《显花植物属名辞典》。由于他在植物命名法上提倡采取革命性的变革,导致两种意见在第二届国际植物学大会上发生严重冲突,他的思想并没有被当时学术界主流所接受。 (耿伯介)

西塞尔顿-戴尔,W. T.(Thiselton-Dyer, William Turner) 英国人,1843年7月28日生于英国伦敦威斯敏斯特,1928年12月23日卒于格洛斯特郡惠特康贝。*植物学、园艺学、植物地理学。*

母亲是植物学家,父亲是医生。1865年获牛津大学文学士学位。1870年又以理学士毕业于伦敦大学。先在皇家农学院任教。1870~1872年在爱尔兰都柏林皇家科学学院任教。1872年任英国皇家园艺学会植物学教授。同年成为皇家植物园主任J. D. 胡克的私人秘书,并协助编纂工作。期间有相当长时间在英属殖民地从事植物学研究,其中包括在斯里兰卡引种可可树等。1875年任皇家基尤植物园副主任,1877年娶胡克的女儿为妻。1885~1906年继任胡克的职位。1880年当选为英国皇家学会会员。1886~1890年兼任伦敦大学评议员。是英国参展1900年巴黎、1904年美国圣路易斯世界博览会的皇家委员会成员。1902~1906年任殖民地大臣的植物学顾问。1899年封爵。1909年出任布里斯托尔大学董事会成员。

特别注重研究植物地理分布的重要性,认为达尔文创立的进化学说就是从这方面进行的。在英国维多利亚女王时代后期的植物界起了核心作用。他将著名德国植物学家J. von萨克斯的名著《植物学教程》(1875年)首次译成英文本,此外还编著有《米德尔塞克斯植物志》(1896年,与他人合著)、《基尤植物园索引》(1905年)等。由于他对英国的经济发展有所贡献,1882年、1892年和1899年都得到勋章。 (秦 嘉)

斯特拉斯布格,E. A.(Strasburger, Eduard Adolf) 德国人,1844年2月1日生于波兰华沙,1912年5月19日卒于德国波普尔斯道夫。*植物学、细胞学、生理学。*

波兰裔。商人的儿子。幼年在华沙上学,读完大学预科后,1862年去巴黎大学学习2年,又去波恩大学学习植物学和显微镜技术。1866年在耶拿大学获博士学位。1867年任华沙大学教师。1869年任耶拿大学编外教授和植物园园长,27岁时任正式教授。1881年任波恩大学首席教授兼植物研究所所长,主要从事形态学、生理学、植物繁殖和细胞学等研究工作,他的实验室成为欧洲研究植物细胞学的中心之一。1891~1892年任波恩大学校长。是德国植物学会会员、普鲁士科学院院士,也是英国皇家学会、林耐学会、美国文理科学院等外籍会员或院士。1887年获格丁根大学荣誉医学博士学位。1894年获牛津大学荣誉法学博士学位。

阐明了植物细胞分裂现象、细胞核和染色体在遗传中的作用。由于受E. 海克尔的影响,还是一位进化论者。提出了趋光性、叶绿体、细胞质、核质、单倍体、双倍体等术语。1892年指出原生质是由结构不同的物质组成。先后发表了不少论文和著作,如《细胞的形成与分裂》(1876年)、《植物学教程》(1894年)等。1908年获达尔文-华莱士奖等。 (耿伯介 卓 如)

杜瓦尔,M.-M.(Duval, Mathias-Marie) 法国人,1844年2月7日生于法国格拉斯,1907年2月28日卒于巴黎。*比较解剖学、组织学、胚胎学、生物进化论、显微术。*

植物学家的儿子。1869年获巴黎大学医学院医学博士学位。普法战争中曾在一名将军手下任军医顾问。后任斯特拉斯堡大学解剖学和生理学教授。1880年任巴黎高级商业研究院人类学教授及实验室主任、高等美术学校解剖学教授。1885年任巴黎大学医学院组织学教授。1889年为巴黎人类学会会长。1892年当选法国医学科学院院士。

在研究活动中受C. 达尔文和C. 罗宾(Charles Robin)的影响很大。在组织学方面做了许多重要的研究,如中枢神经系统和感觉器官的显微观察以及脑神经的起源等。研究兴趣广泛,如对受精异常的畸胎学也有兴趣。还为传播达尔文进化论做了大量工作,以组织学、生理学、解剖学及胚胎学的研究支持进化论学说。发表的论文很多,1868~1900年间在各种期刊上发表的论文及有关专著有250多篇(部)。主要著作有《视网膜的结构与功能》(1873年)、《显微镜指南》(1873年初版,1877年第2版)、《动物学教程》(1873年)、《组织学的显微镜技术概要》(1878年)、《神经系统生理学教程》(1883年)、《啮齿目动物胚胎学》(1892年)。 (吴馥梅)

恩格勒,H. G. A.(Engler, Heinrich Gustav Adolf) 德国人,1844年3月25日生于德国西里西亚地区萨甘(今波兰扎甘),1930年10月10日卒于柏林。*植物学、植物地理学、园艺学、生物进化论、科学传播。*

商人的儿子。早年曾在德国布雷斯劳的马格达莱纳大学预科读完古典文学。在此期间,曾陪同尤克特里茨(R. von Uechtritz)从事野外植物学考察。1866年以虎耳草属的研究论文获布雷斯劳大学博士学位。同年在慕尼墨大学任教,1871~1878年任该校植物研究所所长。1878~1884年任基尔大学教授。1878年入选德国利奥波德科学院院士。1884年返回布雷斯劳大学任植物学教授兼植物园园长。1889~1921年任柏林大学教授兼柏林植物园园长。

通过比较形态学、植物地理学、解剖学、胚胎学及植物化学等方面的研究,接受了达尔文以生物多样性为背景的进化观点。他访问过世界一些地区,特别考察了非洲的花卉分布。对铁青树科、茶茱萸科、天南星科作了研究。由于这些研究，促使他发展了植物分类学的理论和方法。1880年创办《植物学年鉴》，50年中共出版62卷，成为当时世界上第一流的植物分类学和植物地理学杂志。1879～1882年编写《植物界进化史》一书。这是用遗传和历史的观点研究北半球植物区系多样性起源的第一次尝试，因而声名大振。1887～1915年合作创办《植物博物志》杂志，先后共出版248期。在他的植物分类系统中，显花植物包括有胚的维管束植物，而且把较高等的单子叶植物放在双子叶植物之前，至今在植物分类学界仍广为应用。在他生活的时代被称为恩格勒时代或系统植物学时代。其他重要著作有《地球的植被》(1896年，与他人合著)、《东非及周边地区的植物界》(1895年)等。（洪必恭）

佩里埃，J.O.E.(Perrier，Jean Octave Edmond) 法国人，1844年5月9日生于法国蒂勒，1921年7月31日卒于巴黎。*海洋生物学、无脊椎动物学、比较解剖学、地理探险。*

中学校长的儿子。曾在法国蒂勒接受早期教育，在巴黎受中等教育。1864年进巴黎高等师范学校学习，1866年获数学和物理学学士学位，1868年获自然科学学士学位，1869年获自然科学博士学位。同年起在法国南部阿让学院从教3年。1868年到巴黎国家自然博馆工作，1876年任博物学教授，1900～1919年任馆长。1892年入选法国科学院院士，1913年任院长。

主要从事无脊椎动物解剖学、生理学和分类学的研究。曾参加大西洋、地中海等海洋科学考察。1879年宣布接受生物进化理论。1887年在圣瓦斯特-拉乌格建立博物馆海洋生物实验室。对寡毛类环虫和棘皮动物的研究特别感兴趣，试图阐明生物群是怎样从最简单的生物进化而来的过程和遗传规律，在法国很快就成为进化论主要捍卫者之一。但严格来说决不是一个达尔文主义者，而是复活拉马克主义的主要人物之一。出版有拉马克传记《达尔文之前的动物学哲学》。（孙　勇）

福布斯，S.A.(Forbes，Stephen Alfred) 美国人，1844年5月29日生于美国伊利诺伊州斯蒂芬森县，1930年3月13日卒于伊利诺伊州厄巴纳。*生态动物学、生物进化论、鱼类学。*

幼时在农场长大，生活比较贫困。1862年在南北战争中成为俘虏，关了4个月。1865年开始学习医学，1868年在伊利诺伊州多个城市当中小学教师，同时自学博物学。1872～1877年任伊利诺伊州博物馆馆长。1884年获印第安纳大学博士学位。1884～1909年任伊利诺伊大学动物学教授，期间1888～1905年任该校自然科学学院院长。1893年和1908年两度任美国经济昆虫学家联合会主席，1912年任美国昆虫学会会长。1917年任伊利诺伊州博物调查署主管。1918年入选美国国家科学院院士。1921年任美国生态学会会长。

从生态学角度研究鸟类与鱼类的食物，认为捕食者与被捕食者之间的关系是种间最直接的生态学联系；认为在某些孤立的和恒定环境的湖泊中，生物群体对于影响某个种的任何因素都是敏感的，这样的群体似乎是由相互依存的器官所组成的生物体。从一个湖泊的微观世界来看，各个种的综合就形成一个群落，因此自然选择趋向于产生最大的生产率和保持整体的稳定性。曾对不同种生物的地理分布进行统计分析，用数学方法表示不同生长条件下各种生物的优先性。认为人类可使生态平衡向有利于人类的方向发展。在研究农业害虫时，早就提出生物防治概念。是生态学的先驱者，但他的研究工作直至二三十年后才受到重视。出版有《伊利诺伊的鱼类》(1908年)等。（张承圭　吕慧梅）

米歇尔，J.F.(Miescher，Johannes Friedrich) 瑞士人，1844年8月13日生于瑞士巴塞尔，1895年8月26日卒于达沃斯。*细胞学、生理学、生物化学。*

和父亲同名同姓。父亲J.F.米歇尔和叔父都是巴塞尔大学解剖学教授。中学毕业后进巴塞尔大学学医，期间1865年夏去格丁根大学进修有机化学。他因幼年患斑疹伤寒症致听力严重受损，只得放弃当内科医生的愿望而去研究生理化学，1868年获巴塞尔大学博士学位。1868～1870年先后在德国蒂宾根大学、莱比锡大学路德维希生理学研究所工作。1871年任巴塞尔大学生理学教授。

当时学术界普遍认为，细胞就是大块的蛋白质。1869年他在蒂宾根大学学习时，首先发现了组成细胞核的主要成分“核素”(现称“核酸”)，发现白细胞中的核素所含有机分子除了通常的碳、氧、氮、氢元素之外，还含有罕见的磷元素。由于他的导师想进一步在实验中证实这一点，结果论文延至1871年才发表，引起很大震动。后又证明核素的两个主要组成部分——“酸性片断”(即DNA)与“碱性片断”之间为“盐键”结合，还采用化学方法区分细胞核与细胞质。时至1953年，学术界才第一次弄清了细胞“核素”(即核酸)的分子结构为双螺旋。忘我地投身科学研究，甚至在患结核病休养期间还研究高原对血液成分的影响。接着，他又从莱茵河雄鲑鱼精子中提取细胞核素进行深入研究，1895年未能完成最后一篇关于核素的论文就因结核病去世。身后，德国马普学会在蒂宾根大学的一所实验室，以及巴塞尔大学的一个研究所以他命名。（张祝山　李孙演）

普菲费尔，W.F.P.(Pfeffer，Wilhelm Friedrich Philipp) 德国人，1845年3月9日生于德国卡塞尔附近，1920年1月31日卒于莱比锡。*植物生理学、细胞学、生物化学。*

出身药剂师家庭。其父对科学极有兴趣，收藏了大量自然科学资料。6岁时就跟父亲到附近各处采集植物标本。12岁时开始随同舅父到阿尔卑斯山作地理学和植物学考察旅行，这更使他具有登山运动家的技能。在格丁根大学学习植物学、物理学和药物学，1865年获博士学位。同年入马尔堡大学进修药物学，1868年通过考试成为合格的药剂师。1871年任马尔堡大学教师。1873年任波恩大学植物学与药物学教授。1877年任巴塞尔大学教授。1878年又在蒂宾根大学任职。1887年任莱比锡大学教授，并担任植物研究所所长。

是国内外许多科学团体的成员。德国哈雷大学和挪威奥斯陆大学等授予他荣誉博士学位，1898 年哥伦比亚大学授予他荣誉博士学位。

是当时德国植物学三位杰出人物（其余两位是萨克斯、斯特拉斯布格）之一。早期研究药物学，后来兴趣转向植物学研究，得到植物生理学家萨克斯（Julius von Sachs）的鼓励，研究了光谱上不同部分的光对植物中二氧化碳分解作用的影响，并分析了一些外界刺激因素对植物生长的影响。研究植物中蛋白质的代谢作用，以及氮的主要载体天门氨酰胺的组成和渗滤机制。后来继续研究植物的应激性。创制了渗透计，测定植物细胞的渗透压。花了近 10 年时间研究植物的应激性和呼吸功能。主要著作有《生理学调研》（1873 年）、《活细胞中的周期性氧化反应》（1889 年）、《未解的生命体新陈代谢作用》（1890 年）、《植物生长力研究》（1892 年）等。

（秦　嘉）

梅契尼科夫，И. И. （Мечников，Илья Ильич；Metchnikoff，Elie Elich）　俄国人，1845 年 5 月 15 日生于俄国乌克兰哈尔科夫州伊万诺夫卡（今属乌克兰）；1916 年 7 月 15 日卒于法国巴黎。*胚胎学、比较解剖学、微生物学、免疫学。*

17 岁进哈尔科夫大学数学物理系，2 年修完大学课程于 1864 年毕业。同年去德国格丁根大学专攻蠕虫寄生虫和昆虫胚胎学。1865 年在意大利从事地中海无脊椎动物比较胚胎学研究。回国后提出有关乌贼胚胎发育和狭甲虫胚胎发育的论文，1867 年、1868 年先后获圣彼得堡大学硕士和博士学位。留校任副教授。1870 年任敖德萨大学动物学教授。1870～1882 年任新罗西斯克大学教授，组建了俄国第一个细菌研究站。因言论触怒了沙皇而遭到迫害，于 1882 年秋逃出俄国，来到意大利西西里岛墨西拿城，致力于胚胎学研究。1888 年应巴斯德之邀任巴黎大学教授，1905 年任巴斯德研究院副院长。1902 年入选圣彼得堡科学院通讯院士。是许多国外科学院的通讯院士。

比较胚胎学、进化胚胎学学派的奠基人之一。早年在敖德萨大学研究胚胎学。在软体动物头足类的胚胎和昆虫的胚胎上发现了三层胚叶，从而证实了 K. E. von 贝尔的胚叶理论，证明不论高等动物或低等动物，机体的各种器官都是由三胚层分化发育演变而来的，这是胚胎发育的一个普遍法则。最主要贡献是 1882 年发现了白细胞吞噬现象，确立了细胞免疫理论。1883 年在敖德萨举行的第七届全俄自然科学家与医师代表大会上对此作了报告。证明机体内存在两种不同类型的吞噬细胞：巨噬细胞和小巨噬细胞。这两类细胞在机体内有不同的免疫反应，吞噬细胞具有清除微生物或其他异物的功能，白细胞在机体的炎症过程中有防御作用，此乃机体适应性的保护反应。出版《炎症的比较病理学讲演集》（1892 年）和《传染病的免疫性》（1901 年），总结了研究成果。当时主张体液免疫的学者反对他的学说。现代医学证明人体中同时存在细胞免疫、体液免疫的两大免疫系统。他与因此德国生物学家 P. 埃尔利希共获 1908 年诺贝尔生理学或医学奖。

晚年从事衰老和死亡研究，指出当大单核细胞清除机体器官的异物或退化细胞时，结果留在原处形成结缔组织，致使原来的器官变形失去功能，这是人和动物衰老的原因。又指出大肠里的微生物释放出来的毒素使动物和人体发生慢性中毒，致使各器官的细胞变性，当白细胞吞噬这些失去功能的细胞时，使器官变质衰老，因此大肠是微生物制造毒素的场所。为了防止病理性衰老和机体的自体中毒，认为大肠中的乳酸杆菌产生的乳酸，能抑制其他细菌的生长。为此主张限制肉食、食物消毒、食用酸性食品及酸牛乳，并应用乳酸菌素以对抗和抑制肠道腐败性细菌的繁殖。认为这项对策能起到免疫作用，并有延年益寿之功。又研究过霍乱、鼠疫、伤寒、结核等传染病。1903 年将梅毒首次在猴子身上进行实验性感染，这项实验打破了梅毒专属人类疾病的见解，成为性病学发展的重要阶段。

其他著作还有《物种起源问题概述》（1876 年）、《人之本性》（1904 年）、《乐观主义哲学漫谈》（1907 年）以及《40 年寻找合理的世界观》（1913 年）等。身后出有多卷本《梅契尼科夫科学论文集》（1950～1964 年）等。

（张慰丰）

贝西，C. E. （Bessey，Charles Edwin）　美国人，1845 年 5 月 21 日生于美国俄亥俄州密尔顿城，1915 年 2 月 25 日卒于内布拉斯加州林肯城。*植物学、植物病理学、显微术、科学传播。*

1866 年 7 月进入密歇根农学院学习，1869 年留校任教园艺学。1875 年在加利福尼亚大学教植物学。1881 年夏季用借来的复合显微镜在明尼苏达大学首次开设植物学实验课。1884 年去意大利那不勒斯大学任植物学教授。曾担任有影响的杂志《美洲自然学家》和《科学》的副主编。1888 年任内布拉斯加州教师协会会长。1893 年、1908 年两次出任美国显微镜学会会长。1910 年任美国科学促进协会会长。

是被子植物系统发育主要假设的创导者，先后出版许多植物学教科书，是一位卓越的教师。在真菌学家 W. 法洛（William Farlow）的指导下从事研究工作，在美国首次发表了多篇有关植物病害的文章。后又改编了一本《大学植物学》教科书，此书对美国植物学教学产生过一定影响。第二部极为成功的教科书是《植物学精粹》，到 1896 年已出 7 版。发表 150 篇以上的论文和评述。

（耿伯介）

福尔，H. （Fol，Hermann）　瑞士人，1845 年 7 月 23 日生于法国圣芒德，1892 年 3 月 13 日在法国布列塔尼兰岛近海失踪。*海洋动物学、胚胎学、显微摄影术。*

曾在日内瓦大学预科学习自然科学，后经推荐去德国耶拿大学学习医学和动物学。1867 年开始在海德堡、苏黎世、柏林等大学学习医学和博物学，写了有关栉水母动物门的解剖学和进化问题的论文，1869年获海德堡大学医学博士学位。1870年返回日内瓦大学任教动物学和海洋无脊椎动物学，1878年任该校教授。

1866～1867年随E.海克尔到非洲西部和北部海岸、大西洋东北部的加那利群岛旅行并采集生物标本。还研究软体动物胚胎学，并对受精作用、细胞分裂以及早期胚胎发育进行显微观察。强调指出配子成熟及分裂时细胞核具连续性，这对于了解核的遗传功能是很重要的。1880年自费建立一个海洋生物实验室。1886年从日内瓦大学辞职，致力于该实验室发展和从事海洋动物研究。1892年春和考察队几个人员一起乘"紫菀"号新快艇出海，中途停留在法国布列塔尼半岛近海，福尔神秘失踪，至今原因不明。也是国内外许多学术团体的成员。在法国政府的资助下，考察突尼斯和希腊海岸海绵分布情况。是日内瓦摄影协会的奠基人，并将摄影技术应用于显微镜研究。一生获得过许多荣誉。

（张承圭　吕慧梅）

多尔，W. H.（Dall，William Healey）　美国人，1845年8月21日生于美国马萨诸塞州波士顿，1927年3月27日卒于华盛顿。软体动物学、古生物学、地理学、地理探险。

父亲是传教士，母亲是教师，父母都受过高等教育，他自小受到良好家庭教育，并有机会结识当时哈佛大学一些名教授，其中有哈佛比较动物馆馆长L.阿加西斯，在他亲自指导下开始研究软体动物。1870年任美国海岸勘查署执行助理。1882年任美国科学促进协会副会长。被许多大学授予各种荣誉学位，获得金质奖章。是一些学会的创始人之一。1897年入选美国国家科学院院士。

1865年以博物学家身份参加西方国际联盟电报考察团，勘查从白令海接通北美与俄国的可能线路，期间任动物学家S. F.贝尔德的助手，在阿拉斯加一带进行长期勘察，搜集标本，积累资料，成为研究阿拉斯加的专家，1868年秋才返回华盛顿。其时1867年美国政府以720万美元从俄国沙皇手中购得阿拉斯加。他于1870年出版了《阿拉斯加及其资源》一书。1871～1874年间，他又数次考察阿拉斯加，尤其是该地的海洋动物状况。收集到大量标本（其中包括化石），其中软体动物，棘皮动物和化石送给L.阿加西斯的博物馆，植物标本送给哈佛大学的A.格雷，人类学与考古学资料送给史密森学会保管和研究。1877～1878年率领布莱克探险队调查美国东海岸，后负责编撰调查报告中的《软体动物》（2卷，1885～1889年）。另外，还有关于鸟类、陆生及海生哺乳动物、鱼类和气候学等多种著作。他受的高等教育虽不多，但由于毕生从事阿拉斯加、阿留申群岛和太平洋海岸的考察，丰富了学识，加上个人勤奋努力，因此在软体动物、腕足动物以及古生物化石的分类研究上都取得卓越成绩。

一生发表论文、报道和总结报告约1600份，描述了5302种生物，其中大多为软体动物。其他著作还有《美国东南海岸软体动物》（1890年）、《佛罗里达陆生动物志》（4卷，1890～1898年）、《北美第三纪》（1892年）等。

（童远瑞）

道库恰耶夫，В. В.（Докучаев，Василий Васильевич；Dokuchaev，Vasily Vasilevich）　俄国人，1846年3月1日生于俄国斯摩棱斯克省，1903年11月8日卒于圣彼得堡。植物生理学、土壤学、地理学、农学。

1867年毕业于斯摩棱斯克神学院，进入圣彼得堡教会研究院。同年入圣彼得堡大学物理数学系研究自然科学，1871年获硕士学位。1879年任该大学地质学教师，讲授矿物学和晶体学。1892～1895年在圣彼得堡大学创立了俄国第一个土壤学系和植物生理学系，并任首任系主任。

是第8届俄国自然科学家和物理学家会议组织者之一，也是俄国农业部科学委员会土壤科学局局长。1897年因身体欠佳而退休。第一部主要论著是《俄国欧洲部分河谷形成的方式》。1875年应邀撰写说明俄国欧洲部分土壤图。1883年的专著《俄国的黑土带》赢得巨大声誉。认为土壤是地球生物学的地层，常因环境条件而有规律地变化。把土壤区分为3种基本类型：正常的、过渡的和反常的。他的工作大大促进了农学、植物地理学和地球科学的发展。

（钟觉民）

范本尼登，E.（van Beneden，Edouard）　比利时人，1846年3月5日生于比利时卢万，1910年4月28日卒于列日。动物学、胚胎学、细胞生物学。

父亲P.-J.范本尼登是卢万一所大学的动物学教授，在比利时海边的奥斯坦德有一所先进的小实验室。E.范本尼登曾在那里收集和研究过许多动物标本。曾在卢万的两所大学求学。1871年任列日大学动物学编外教授，1874年任正式教授。获得牛津大学，剑桥大学等6所大学授予的荣誉博士学位。

早期兴趣在研究原生动物，后来兴趣转向脊椎动物。1868年他因著作《卵子的结构与意义》获比利时皇家科学院奖励，受到学术界注目。在性细胞起源、原肠形成、胚原基形成中的对称性等方面也作过很出色的研究工作。最重要的贡献是通过研究马的寄生虫巨头蛔虫卵的成熟和受精作用，发现在释放极体过程中，卵核内染色体数减半（他称为"减数分裂"），1883年提出受精作用的本质，乃是分别来自雌雄性细胞两个"半核"的结合。1886年发现"成熟分裂"，1887年又和摄影师内伊特（P. Neyt）合作发表论文，描述了中心体，指出它是一个永久性的细胞器，在细胞间期仍然存在，并在下一次有丝分裂开始之前分裂为二。

（林文娜）

贾尔，A. M.（Giard，Alfred Mathieu）　法国人，1846年8月8日生于法国瓦朗谢讷，1908年8月8日卒于巴黎。海洋无脊椎动物学、胚胎学、昆虫学、生物生理学。

因受父亲影响，15岁就有不少动植物知识。1867年入巴黎高等师范学校，1872年获博士学位。曾先后任巴黎高等师范学校讲师、里尔理学院和巴黎大学理学院教授、下议院议员、《北部科学通报》主编等职。创建维摩尔海洋生物站，在里尔创办一所动物学学校等。1900 年入选法国科学院院士。

在生物形态、生态、胚胎发育等方面的知识渊博，广泛研究性别、杂交、自切、再生、变态、拟态、休眠、单性生殖、分节现象等生物生理学问题，并对同种动物由于环境不同而致发育不同等生物现象作出解释。对无脊椎动物尤其是海洋无脊椎动物也有研究，1905 年提出“杂样生殖”概念，以描述海洋无脊椎动物从不同类型幼体发育成相似成熟个体的现象。首创许多生物学名词。是进化论者，观点介于达尔文和拉马克之间，但比较偏向于拉马克学说。在他大量发表的论著中，仅涉及昆虫学的就有 300 篇左右，是法国研究应用昆虫学的重要人物之一。（蒋虎祥）

马里翁，A. F.（Marion，Antoine Fortuné） 法国人，1846 年 10 月 10 日生于法国普罗旺斯省艾克斯，1900 年 1 月 22 日卒于马赛。*海洋动物学、古生物学、地质学、生物进化论。*

出身中产家庭。曾在艾克斯上中学。1868 年获马赛大学理学院理学士学位。留校任教，1871 年任地质学教授，讲授普罗旺斯地区的地质学。1872 年为高等实验学校讲授动物学，并主持位于卡纳比耶尔的海洋动物实验室工作，1876 年任动物学教授。1880 年兼任马赛自然博物馆馆长。1883 年创办博物馆年鉴。1887 年被选为法国科学院通讯院士。

在当地采石场发现古代动物化石，他通过采集和分析，于 1867 年出版了一部《普罗旺斯地区第四纪古动物志》，年仅 21 岁。发表一系列关于古植物学的论文。1888 年前还发表了关于动物学、胚胎学和海洋生物学方面的论文，其中最受学术界注目的是《植物界的进化》(1885 年)，把进化论应用到植物史研究中去。在动物学方面，主要从事海洋无脊椎动物的研究，包括寄生性轮虫、绦虫、棘皮动物、六射珊瑚和八射珊瑚、寄生性甲壳类、环节动物、软体动物等。1873 年因出版《海生非寄生性线虫的解剖学和动物学研究》，获法国科学院博丁奖。1870 年起，在法国、意大利、葡萄牙和东欧爆发大面积葡萄病虫害，1876～1878 年因参加扑灭葡萄根瘤蚜的斗争，获法国农学会等颁发的大奖和荣誉称号等。因发表“马赛湾动物分布草图”和“法国南部地区疏浚后地中海深层的动物”两篇研究报告，1885 年获法国科学院自然科学奖。经他多年呼吁和努力，1888 年马赛海洋生物学实验室终于竣工。经常探索海洋动物学的实际应用，很早就提议建立海洋农场以培养和研究海洋动物。其他主要著作还有《卢瓦尔河上游石灰地层植物化石记述》(1873 年)、《安多麦动物站》(1897 年)等。（陆宝树）

蔡勒，R. C.（Zeiller，René Charles） 法国人，1847 年 1 月 14 日生于法国南锡，1915 年 11 月 27 日卒于巴黎。*古植物学、矿产学、地质学。*

祖先中有许多人都是从巴黎综合工科学校毕业的，家庭环境对他智力发展和从事科学极为有利。幼年曾随外祖父在乡村游览，因而对植物学发生浓厚兴趣。先后在巴黎和南锡求学。1865 年毕业于矿业综合技术学校。1867 年入巴黎矿业学院，1870 年在南锡矿业学院获得学位。1871 年任采矿工程师，参与建设奥尔良铁路。1878 年任教巴黎高等矿业学校古植物学，1881 年任该校古植物博物馆馆长，1909～1915 年任副教授。期间 1882 年后兼任法国煤矿区地层勘查工作。1888 年任法国矿业总会秘书长，1911 年任副会长。1893 年任法国地质学会会长。1901 年入选法国科学院院士。

他作为采矿工程师，开矿修路需要勘查地质地形，因而对化石尤其是古植物化石发生浓厚兴趣，1878 年开始，发表相关文章和参与学术讨论，成为法国古植物学先驱之一。法国的各大煤矿发现植物化石，都请他鉴定和研究。也写作一些技术性文章，如把地质学应用到探测金属矿藏等。他收集了大量重要标本，吸引了世界各地科学家前来研究。1886 年后出版多种论述古植物学的专著，成了欧美这个领域的权威。（秦 嘉）

年茨基，M.B.（Ненцкий，Марцелий Вильгельмович；Nencki，Marceli） 俄国人，1847 年 1 月 15 日生于俄国波兹基(今属波兰)，1901 年 12 月 14 日卒于圣彼得堡。*生物化学、生理学、医学。*

1863 年入德国柏林大学学习哲学和古文一年，后转入该校医学院学习生物学，1870 年获医学博士学位。毕业后任教瑞士伯尔尼大学，数年后任教授和生物化学系主任，讲授药理学和细菌学。

1890 年离开瑞士赴圣彼得堡大学，创建实验医学研究所并任首任所长。获波兰克拉科夫大学荣誉博士学位，是几个科学协会的成员。19 世纪末叶国际上公认的生物化学和理论医学权威。1871 年发表关于尿酸及其类似物的化学论文。1890 年重新研究尿的形成，证明尿是由氨基酸的氨基和二氧化碳合成的，并不预先存在于蛋白质分子中。还提出二碳化合物是脂肪酸代谢的中间产物，为 β-氧化学说奠定了基础。擅长血红蛋白研究，利用血色素的降解产物，最后获得血红蛋白和血吡咯(也是叶绿素的降解产物)两部分。基于这个结果，他认为动物界和植物界之间存在着化学联系。主要从事生物化学研究工作，但也发表了一些有关分析化学、有机化学、微生物学、药理学、药学、卫生学和实用医学方面的论文。为纪念他，1918 年在华沙建立以他的名字命名的实验生物研究所。（张承圭）

兰开斯特，E. R.（Lankester，Sir Edwin Ray） 英国人，1847 年 5 月 13 日生于英国伦敦，1929 年 8 月 13 日卒于同地。*动物学、胚胎学、博物学、生物进化论。*

医学博士的儿子。16 岁时就发表科学论文。原是 T. H. 赫胥黎的学生，从牛津大学毕业后，曾在维也纳大学、莱比锡大学、耶拿大学和那不勒斯海洋动物研究站工作。1873 年任牛津大学埃克塞特学院研究员。1874 年任伦敦大学学院动物学教授。1891 年任牛津大学比较解剖学教授。1898～1907 年任伦敦自然博物馆馆长。从1869年始至去世前，他一直是《显微科学季刊》(由他的父亲创刊)的共同主编。1884年参与成立英国海洋生物学会。1875年被选为英国皇家学会会员。1899年为法国科学院通讯院士。1907年被封为爵士后退休。

早期对生物的研究面甚广，涉及从原生动物到哺乳动物。证明蜘蛛、蝎子和鲎之间的亲缘关系。他使胚胎学领域系统化，引入“口道”、“胚孔”和“内陷”等一系列名词。是达尔文的朋友和达尔文主义的支持者。区别了器官的同源、非同源和同功性，认为“获得性遗传”一词，毫无意义。主要著作有《头盾目鱼类志》(1870年)、《软体动物发育史》(1875年)、《达尔文主义论退化》(1880年)、《鲎——一种节肢动物》(1881年)、《科学进展》(1889年，论文集)、《动物学文集》(1891年)、《外来引进动物》(1905年)、《自然与人》(1905年)和《人的王国》(1907年)等。1913年获英国皇家学会科普利奖章。

(童远瑞)

德弗里斯，H.(de Vries, Hugo) 荷兰人，1848年2月16日生于荷兰哈勒姆，1935年5月21日卒于林特伦。*植物生理学、植物育种学、遗传学、生物进化论。*

早年就对植物产生兴趣，曾步行漫游全国，采集植物标本，建立植物标本室。1862年在海牙大学预科学习。1866年进莱顿大学。1870年去德国海德堡大学学习。1871年春又去维尔茨堡大学在萨克斯(J. von Sachs)实验室学习。同年任阿姆斯特丹第一中学博物学教师。后经萨克斯推荐在普鲁士农业部工作。

1875年开始编写农业植物红三叶草、马铃薯及甜菜专著。1877年获德国哈雷大学植物物理学博士学位，留校任编外教师。1878年夏去英国旅行，访问了达尔文。1878年任阿姆斯特丹大学编外植物学教授，1881年任教授。1918年退休，隐居于林特伦农村，自建实验室继续研究遗传学，又发表了大量科学论文。获国内外11个大学荣誉博士学位。还是许多国家科学院外籍院士及学会的荣誉成员。

1890年前研究植物细胞渗透作用，即有关质壁分离的著名实验。从1889年起又研究遗传与变异。1889年出版《细胞内的泛生论》(1910年出英译本)，提出“泛生子”是遗传特性携带者的假说。1896年通过自己的实验推导出“分离法则”。1900年，他和柯灵斯(C. F. J. E. Correns)以及E. 彻马克·冯·西塞内格3人同时发表了各自的论文，证实孟德尔实验结果的正确性，成为震撼生物学界的大事，使“孟德尔论文再发现”。经过10余年的研究，1901～1903年发表名著《突变理论》(2卷)一举成名。

植物生理学 1871年发现茎与分离的叶脉上部比下部生长快，称为“偏上性”。同时又发现在年幼器官中下面比上面生长快，称为“偏下性”。认为“偏上性”和“偏下性”再加上人们已经认识的“向地性”和“向日性”，就足以解释植物的各种生长和运动等现象。1872年研究植物的卷须弯曲运动，发现这种运动是由于卷须外部一个区域有强烈的生长能力而造成的。同年又研究攀缘植物的运动，指出在攀缘植物枝条一侧上有一个与中轴平行的强烈生长区，由于它的作用就产生了围绕中轴的缓慢转动。达尔文在《攀缘植物》一书中赞扬了这一工作。1873年研究正在生长的枝条不同部位的细胞生长速度，发现其生长最快的区域不在枝条顶端，而在离顶端有相当距离之处。以后又进一步研究细胞质和细胞壁分离现象。把植物细胞放在各种不同浓度的溶液中，当渗透压大于细胞内液压时，就会引起细胞失水，造成细胞质与细胞壁分离，提出等渗系数的概念。19世纪80年代，发现细胞壁内层原生质体由3层组成，最内一层为液胞形成体。

遗传和变异 在《细胞中的泛生论》(1889年)一书中提出，生物体内各种遗传性状彼此独立，可以分别进行研究，这些遗传性状都与一种物质单位相关联，他称这种物质单位为“泛生子”。它是一种由无数分子建成的结构，可以获得营养进行生长，还可以通过分裂产生新的“泛生子”。在细胞分裂时，子细胞将从母细胞接受一整套“泛生子”。1896年通过研究发现遗传中的分离法则，他本想把这一结果留待以后作为一部巨著出版，但在1900年他偶然发现孟德尔论文的单行本，就决定提前发表，对“孟德尔论文的再发现”起了重要推动作用。在变异方面，指出植物同种个体间存在着不同型式的变异。1886年发现月见草除正常类型外，还有一些不同于亲本的新类型，或称“突变体”。根据多年对月见草的观察得出如下结论：生物的进化并不像达尔文所主张的那样，是通过累积微小变异进行的，而是通过突变进行的。假设在物种进化史中有两种时期相互交替，先是较长的突变前时期，潜在特性形成，后是短暂的突变时期，产生突变体。又把突变分为两类，一类提供有利特性而使原种更具适应能力，或称“顺行突变”；另一类提供无用甚至有害的特性，或称“逆行突变”。在这两类突变中，只有顺行突变才对物种的进化起作用。有关突变研究的最后总结在2卷本《突变理论》一书中，1909～1910年出版英译本，赢得了很高声誉。1905年又出版《物种与变异》。1906年正当准备研究其他问题时，又突然发现了“双生杂种”的例外情况，在子一代中产生两种不同类型，而在子二代中并不出现孟德尔式的分离现象。为了解释这一问题，改变计划继续研究月见草，在后人的进一步研究下终于都得到说明。1907年出版《植物育种学》介绍他在植物遗传学方面的成果。应当指出，他所发现的许多突变体并非真正的突变，但这丝毫无损于他的突变理论，突变是进化的基础这一结论已被人们公认。

获得7枚金质奖章，其中1906年获英国达尔文奖章，1908年获林耐学会金质奖章等。 (王爵渊)

布鲁克斯，W. K.(Brooks, William Keith) 美国人，1848年3月25日生于美国俄亥俄州克利夫兰，1908年11月12日卒于马里兰州。*海洋动物学、胚胎学、遗传学。*

1870年在哈佛大学威廉学院毕业。1873年夏进安德森博物学校工作，选定海洋生物学作为终生研究方向。1875年在哈佛大学威廉学院获博士学位。1876年到新建的约翰斯·霍普金斯大学当H. N. 马丁的生物学助手，1894 年任该校生物系主任直至退休。

和 H. N. 马丁在研究生教育中进行了仿效德国大学的大胆尝试，促进了美国 19 世纪后期生物学的蓬勃发展。是一位生态学进化论者，倾向于在自然环境中研究生物。对海洋无脊椎动物的胚胎学、形态学和生活习性等方面都作出重要贡献。是第一个从单卵追踪甲壳动物完整生活史的人。但在哲学思想上是一个目的论者。主要著作有《形态学研究》(1881 年)、《无脊椎动物学手册》(1882 年)、《遗传学》(1882 年)、《马里兰牡蛎的保护与开发》(1884 年)、《“挑战者”号采集的口足类动物》(1886 年)、《纽鳃樽科动物志》(1893 年)、《动物学基础》(1898 年)等。　（林文娜）

比奇里，J. A. O. (Bütschli，Johann Adam Otto)　德国人，1848 年 5 月 3 日生于德国法兰克福，1920 年 2 月 2 日卒于海德堡。*无脊椎动物学、细胞学、胚胎学、矿物学。*

出身糖果商家庭。曾在卡尔斯鲁厄理工大学综合学习矿物学、化学和古生物学。1865～1866 年当古生物学家 K. A. von 齐特尔的助手。1868 年在海德堡大学获矿物学博士学位。1869 年服完兵役后，先后在莱比锡大学、基尔大学从事动物学研究，但 1868～1876 年间主要在法兰克福大学工作。1870 年普法战争爆发再次应召入伍。1876 年在卡尔斯鲁厄大学工作。1878 年在海德堡大学任动物学和古生物学教授，1918 年退休，两年后因流行病病故。

1870 年后，发表第一篇关于昆虫配子结构的细胞学论文。战后主要从事细胞分裂、受精与纤毛类相关的研究。1876 年发表学术界首篇关于卵细胞的第一个发育过程和硅藻细胞分裂及变化的论文。第一个描述了受精锥，并证明在正常情况下仅有一个精子进入卵细胞。还提出原生质的液泡理论。发现了许多新种类原生动物。60 岁时开始编写比较解剖学教科书。

（陈伟民）

马丁，H. N. (Martin，Henry Newell)　美国人，1848 年 7 月 1 日生于爱尔兰道恩郡纽雷，1896 年 10 月 27 日卒于英国英格兰约克郡。*动物生理学、心肺学、脑与神经科学。*

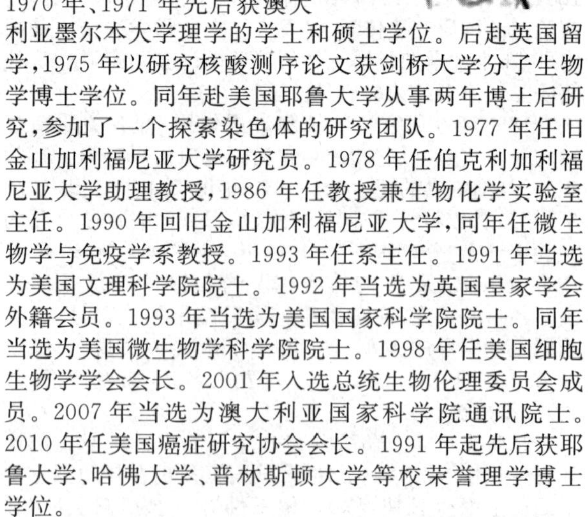

爱尔兰裔。父亲是爱尔兰教区牧师兼小学校长。马丁在家中 12 个孩子中排行第一。16 岁入伦敦大学学院学习，1870 年获理学士学位，1871 年获医学士学位，1872 年获生理学博士学位。曾任著名生物学家 T. H. 赫胥黎的助手。1874 年获剑桥大学基督学院文学士学位，同年留校任教博物学。1876 年去美国任新成立的约翰斯·霍普金斯大学第一位生理学教授，兼生物学实验室主任。1887～1892 年任美国生理学会首任秘书长兼司库。曾任美国《生物学实验室研究》杂志主编、《生理学》杂志副主编。是英国皇家学会外籍会员。1881 年获美国佐治亚大学荣誉医学博士学位。

早期研究呼吸生理学。1878 年发表两篇论文，报道关于青蛙正常呼吸运动的试验，以及刺激哺乳动物中脑对呼吸节律的影响。通过刺激青蛙脑中的视叶(四迭体)区域，发现青蛙控制呼吸中心及其呼吸机制，表明神经中枢能够抑制其中脑呼吸中心的功能。1879 年又发表论文，实验证明狗和猫通过内部肋间肌肉呼气，因此推测人类也大概如此，从而解决了学术界一个长期争议的问题。1881～1883 年发表一系列论文探讨心脏生理学，首次证实温血动物死后数小时内其心脏仍存活和正常跳动；发现改变动脉或静脉压力不会直接引起脉搏变化，然而体温数小时变化会使心跳速率发生变化，可见热症时心跳加快与神经紧张无关。他基于临床实验和观察，于 1887 年发表论文指出：长期以来学术界普遍认为哺乳动物心脏像水泵一样动作，这种假设实际上并不存在。

主要著作有《实用生物学》(1876 年，与 T. H. 赫胥黎合著)、《脊椎动物解剖学手册》(3 卷，1881～1884 年，与他人合著)、《人体结构与活动及其健康运行条件》(1898 年)、《人体解剖学、生理学和卫生学基础教程》(1900 年)等。　（张祝山）

布莱克本，E. H. (Blackburn，Elizabeth Helen)　美国和澳大利亚双重国籍，1948 年 11 月 26 日生于澳大利亚塔斯马尼亚岛荷巴特港。*分子与细胞生物学、遗传学、基因工程、医学。*

双亲都是内科医生。1970 年、1971 年先后获澳大利亚墨尔本大学理学的学士和硕士学位。后赴英国留学，1975 年以研究核酸测序论文获剑桥大学分子生物学博士学位。同年赴美国耶鲁大学从事两年博士后研究，参加了一个探索染色体的研究团队。1977 年任旧金山加利福尼亚大学研究员。1978 年任伯克利加利福尼亚大学助理教授，1986 年任教授兼生物化学实验室主任。1990 年回旧金山加利福尼亚大学，同年任微生物学与免疫学系教授。1993 年任系主任。1991 年当选为美国文理科学院院士。1992 年当选为英国皇家学会外籍会员。1993 年当选为美国国家科学院院士。同年当选为美国微生物学科学院院士。1998 年任美国细胞生物学学会会长。2001 年入选总统生物伦理委员会成员。2007 年当选为澳大利亚国家科学院通讯院士。2010 年任美国癌症研究协会会长。1991 年起先后获耶鲁大学、哈佛大学、普林斯顿大学等校荣誉理学博士学位。

她为弄清楚生命的化学基础提供了新的研究方法，在 DNA(脱氧核糖核酸)和细胞分裂方面进行了开创性研究。1975～1977 年在耶鲁大学从事博士后研究期间，她第一次开始探索染色体末端的根冠即端粒的微观结构和复制机制，以揭示其稳定基因细胞的特有现象。

1977 年在旧金山加利福尼亚大学，她注意到染色体的分裂和复制的稳定性同端粒的尺寸大小有关。1978 年在伯克利加利福尼亚大学高尔实验室，她以纤毛虫中的四膜虫为实验材料，发现其染色体端粒 DNA 存在重复序列。1980 年，她和 J. W. 索斯塔克合作检测端粒 DNA 的功能，在将四膜虫端粒 DNA 接上酿酒酵母线性 DNA 两端以形成人工染色体时，发现外源 DNA 能够稳定存在，确认了端粒具有保护染色体作用，并首次测得酵母端粒 DNA 序列。1985 年夏，她和研究生助手 C. W. 格雷德在四膜虫细胞裂解液中首次成功分离得到端粒酶，并发现这种酶具有合成新端粒 DNA 并控制端粒长度的活性。同年 12 月，她们在《细胞》杂志上公布了这一重大发现。1989 年她们又从端粒酶中提纯到一种 RNA(核糖核酸)，接着测出其编码序列，确定它就是端粒酶的模板。1990 年和她的三个学生联名发表文章，报道当端粒酶有缺陷时端粒染色体不能正常工作，端粒最终会缩小以致不能复制自己和基因最终凋亡。这一发现对衰老和癌症等生理学基础研究意义重大，因为癌细胞已知有过长的端粒，而人类细胞在老化过程中端粒会逐渐收缩。1995 年，她和格雷德合作主编出版著名论文集《染色体端粒》，深受欢迎。

由于共同发现了染色体根冠的端粒及其端粒酶，和 C. W. 格雷德、J. W. 绍斯塔克分享 2009 年度诺贝尔生理学或医学奖。此外还获其他奖励 20 余项，其中有：1988 年利利微生物学与免疫学研究奖，1990 年美国国家科学院分子生物学奖，1998 年盖尔特纳基金会国际奖，1999 年美国哈维学会哈维奖，2000 年美国癌症学会荣誉奖章、美国癌症研究会克洛斯纪念奖，2001 年美国细胞生物学学会威尔逊奖，2003 年通用汽车公司癌症研究基金会斯隆奖，2005 年美国富兰克林学院富兰克林生命科学奖，2006 年同时获拉斯克基础医学研究奖(和格雷德、索斯塔克分享)、威利生物医学科学奖(和格雷德分享)，2007 年霍维茨奖(和格雷德、高尔(J. G. Gall)分享)，2010 年澳大利亚国家勋章等。 (李啸虎)

伯班克，L.(Burbank，Luther) 一译布尔班克。美国人，1849 年 3 月 7 日生于美国马萨诸塞州兰开斯特，1926 年 4 月 11 日卒于加利福尼亚州圣罗萨。*植物育种学、遗传学、园艺学。*

农民的儿子，从小在农场长大，母亲是父亲的第三任妻子。在地区小学毕业后，平时打工，冬季就读兰开斯特学校。半工半读 4 年后，1870 年因父亲去世而辍学，用有限遗产购得马萨诸塞州卢南堡附近一个小农场，开始进行农作物良种培育试验。1875 年随几个兄弟一起定居加利福尼亚州圣罗萨，直至去世。期间，1877 年起从事苗圃育种，1885 年购置一个农场用于大规模的植物新品种推广种植。

从事植物育种工作半个多世纪，对美国的农业和园艺发展，以及育种理论和方法有较大贡献。很早就接受达尔文生物进化论思想，1926 年因公开支持达尔文学说而受到原教旨主义者围攻。在达尔文关于动植物在人工驯化下变异的思想启示下，他以人工选择和远缘杂交为基本方法，一生改良和推广 800 多个植物新品种，包括 260 多个品种的果类，许多蔬菜、坚果和谷物，以及数以百计的观赏植物和花卉。其中最著名的有：1873 年成功选育出品质优异的伯班克黄褐马铃薯，如今在美国种植面积最广；1885 年开始引种和改良日本李子，所产李杏杂交果在 1901 年泛美博览会上获金奖；1891 年以一种改良优质梨(榅桲)获美国果树协会威尔德奖章；1893 年培育出马铃薯和西红柿杂交品种"马铃柿"；1901 年把美国雏菊和欧洲、日本的雏菊进行杂交，培育出一种美丽的白色沙斯塔大雏菊；1907～1908 年培育成功一种可作饲料的无刺仙人掌；此外还有无核李、无刺黑莓、七月爱尔伯特桃等。

主要著作有：《新发明的果类和花卉》(1893 年)、《L. 伯班克：他的方法、发现及其实际应用》(12 卷，1914～1915 年)、《如何培育植物为人类服务》(8 卷，1921 年)、《年年丰收》(1927 年，与他人合著)、《大自然的合伙人》(1939 年)等。

按照他身前意愿，死后不设墓碑，安葬在自己农舍前 1893 年所种一棵黎巴嫩雪松底下。1930 年，他的工作业绩促使美国国会通过了首部植物专利法。他的生日法定为加利福尼亚州植树节。在美国加利福尼亚、得克萨斯、威斯康星、伊利诺伊、马萨诸塞、华盛顿等州，有多所小学、中学或公园以他的名字命名。他的圣罗萨故居和花园现已列为国家级历史文物保护地。1986 年入选美国国家发明者名人堂。 (李啸虎)

赫尔维希，W. A. O.(Hertwig，Wilhelm August Oscar) 德国人，1849 年 4 月 21 日生于德国黑森州弗里德贝格，1922 年 10 月 25 日卒于柏林。*细胞遗传学、胚胎学、动物学。*

出生于酷爱科学的家庭。曾在耶拿大学受教于 E. 海克尔。1872 年获波恩大学生物学博士学位。1878 年在耶拿大学任解剖学编外教授，3 年后任正式教授，1888～1921 年任细胞学和胚胎学首席教授，并任新建的生物解剖学研究所所长。是德国利奥波德科学院和柏林普鲁士科学院院士。1884 年结婚，生有两个孩子。

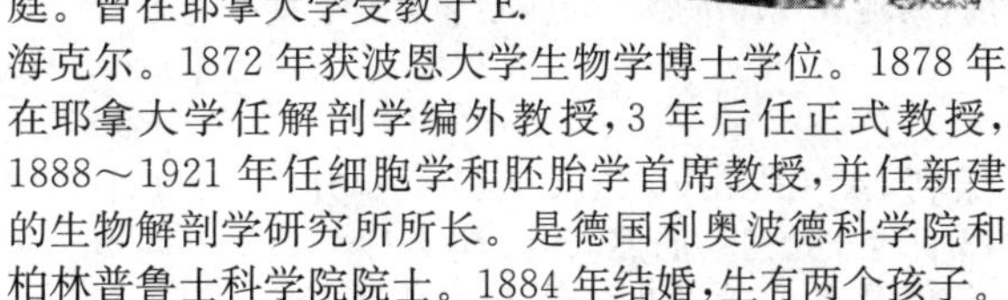

1871 年撰写的得奖论文和 1872 年博士论文，都是研究传统的发育领域。后受其他学者影响，开始研究受精过程，期望发现受精前后卵核某些结构的连续性，并注意到核具有明显的染色反应和海克尔所说的遗传作用。后随海克尔去地中海考察，发现海胆是适合研究的动物模型，测定了海胆精子进入卵核前后卵核中的剩余物质，以及在 5～10 分钟后两核溶合的现象。虽然错误地把这种卵核结构描述为核仁，但已明确说明这种细胞核无分裂现象。还发现在受精过程中一个卵只需要一个精子，形成的卵黄膜可防止其他精子进入，这层膜的形成是从精子进入的接触点开始而扩展到整个卵的表面。

在 1885 年发表的著名论文"关于受精和卵的同功

问题的遗传理论”中,驳斥了德国生理学家E. F. 普夫吕格尔否认卵中存在结构分化的论证,认为核或染色质既是受精质,又是种质,核是遗传的首要因素。反对魏斯曼(A. F. L. Weismann)关于种质选择性的丧失而产生分化的学说,赞成所有体细胞在遗传上等价的观点,并认为极体的基本作用是除去半数核质,但不引起卵的质的变化。这些极体被看成是早期进化历史中起作用卵的残遗体。1890年提出精子的发生类似于卵子,但精子四分体不同于卵子“四分体”,其4个部分都是有用的。和弟弟理查德(Richard)一起写了一系列关于胚层理论的论文。1909年开始和儿子、女儿一起研究卵、精子和胚胎的X射线辐射生物学效应。

终身研究细胞遗传,很少外出旅行和参加国际会议,主要以其著作而闻名,出版的《人类和脊椎动物发展史教程》(1886年初版,1890年再版)和《细胞和细胞组织》(1893年初版,1898年再版)是当时通用教材。他的受精过程和遗传物质的传递理论,已和有性生殖的核理论结合起来,成为科学上的重大贡献之一。（孙　勇）

维多夫斯基,F.(Vejdovský, František) 捷克人,1849年10月24日生于波希米亚(今属捷克),1939年12月4日卒于捷克布拉格。*动物学、细胞学、胚胎学。*

皮货商的儿子。毕业于布拉格文法专科学校。后又入查尔斯大学哲学院,1876年获哲学博士学位。1877～1907年任布拉格理工大学动物学副教授,1884～1892年兼任查尔斯大学动物学副教授,1892～1920年任教授,1895年被选为该校哲学院院长,1912年升任校长,1921年退休。

研究兴趣很广泛,除软体动物、昆虫和脊椎动物外,几乎涉及到所有的动物类群,其内容包括动物地理学、比较解剖学、形态学、胚胎学、细胞学和分类学等。第一个发现细胞核中心体,并发现卵核分裂在中心体分裂之前,为建立现代细胞学和胚胎学奠定了良好基础。（孙　勇）

保利,A.(Pauly, August) 德国人,1850年3月13日生于德国慕尼黑,1914年2月9日卒于同地。*鸟类学、昆虫学、生物进化论、科学传播。*

父亲是法国南部人,在慕尼黑经商。父母也想要他经商,他却靠自学达到大学预科水平,考入慕尼黑大学,1877年获动物学博士学位。1877～1885年主编《鸟类学》期刊,是鸟类病理解剖学专家,兼讲授森林昆虫学。1896年任慕尼黑大学应用动物学编外教授。

对达尔文进化论和拉马克用进废退说均提出了自己的见解。1905年出版《达尔文主义和拉马克主义生理学概论》,是其在进化论上30年工作的总结。将动物学纳入哲学范畴,把对自然的热爱和对于艺术的广泛兴趣融为一体,因此经常与诗人、艺术家讨论生物学中的问题。（童远瑞）

鲁,W.(Roux, Wilhelm) 德国人,1850年6月9日生于德国耶拿,1924年9月15日卒于哈雷。*实验胚胎学、发育生理学、解剖学、生物力学。*

祖籍法国。大学剑术教师的儿子。因是外来户,幼年与同学比较疏远,爱读科学作品并受到老师鼓励。曾在耶拿大学学医,得到E. 海克尔的生物学指导。毕业后在莱比锡和布雷斯劳工作。1889年任自己创立的研究所负责人,同年秋在因斯布鲁克大学任解剖学教授,1895年任哈雷大学解剖学研究所所长。曾创办许多杂志,如1894年创办的《生物发育力学文献》(后改名为《鲁氏发育力学文献》),该杂志是实验胚胎学领域中最权威杂志之一。莱比锡大学在建校300周年纪念会上授予他荣誉博士学位。

现代实验胚胎学创始人之一。倡导研究“胚胎发育力学”。研究肌肉层中分枝血管的形态,将流体动力学与血流动力学进行类比,探求机能与形态之间的因果关系。发明注蜡于血管中的技术,当溶去血管壁后,就留下分枝状的铸型。用蛙卵做实验研究重力、离心力、机械压力、针刺等对受精卵细胞分裂的影响,并观察细胞分化过程中核、质间的相互作用。推断发育是“一种至少4个竖直块的嵌合体,每块实际上是独立发育的”。还对自然选择、功能适应、发育与遗传的关系等问题进行研究。

论著甚多,如《人体体形及其生理学问题》(1874年)、《机体各部分的斗争》(1881年)、《蛙胚头方向确定的时期》(1883年)、《形态学论文集》(1883～1885年)、《有机体发育力学》(1890年)、《发育力学历史文献》(2卷,1895年)、《发育力学》(1905年)、《发育力学专用术语》(1912年,与他人合编)等。（田金仙）

里奇韦,R.(Ridgway, Robert) 美国人,1850年7月2日生于美国伊利诺伊州卡梅尔山,1929年3月25日卒于伊利诺伊州奥尔尼。*鸟类学、地理探险、美术。*

药商的儿子。擅长画鸟,得到史密森鸟类学家S. F. 贝尔德的赏识。1867年参加C. 金(Clarence King)领导的美国地质调查队。后受聘于史密森学会,1880年任美国自然博物馆鸟类学分馆馆长,直到退休。他的弟弟J. L. 里奇韦是一个插图画家。

被认为是美国鸟类学家中的佼佼者。和S. F. 贝尔德等共同主编《北美鸟类志》(5卷,1875～1884年),其中陆鸟3卷,水鸟2卷,1887年出版《北美鸟类手册》。1899年参加赴阿拉斯加海岸的科学考察队。1919年出版《北美和中美鸟类志》第八卷。先后发表450篇论文,成为研究北美鸟类的标准参考资料。一生所描述的美洲鸟类的新属、新种和新亚种比任何别的鸟类学家都多。还是三名命名法的倡导者。除鸟类学及其精美插图外,他的标准色谱也十分著名,1886年出版《博物学家专用色谱》,1912年又在同事赞助下自费出版更大篇幅的《标准色与色谱》,它包含53幅图版,显示1 115种颜色,长期成为美术界的标准色谱。（林金榜）

赫尔维希,K. W. T. R. von(Hertwig, Karl Wilhelm Theodor Richard von) 德国人,1850年9月23日生

于德国弗里德贝格，1937 年 10 月 3 日卒于施莱德洛赫。原生动物学、胚胎学、细胞学。

商人的儿子。是著名动物学家 W. A. O. 赫尔维希的弟弟。1868～1871 年他俩都在耶拿大学学习医学。由于受 E. 海克尔的影响，他开始对动物学等生物学科有浓厚兴趣。1872 年获柏林大学博士学位。留校任教动物学。1875 年去耶拿大学动物系任教，1878 年任编外教授。1881 年任柯尼斯堡大学动物学教授。1883 年回柏林大学任教授。1885 年任慕尼黑的路德维格·马克西米利安大学动物学教授，期间任动物研究所所长，兼任国家动物收藏馆馆长，1925 年退休。1885 年入选巴伐利亚科学院通讯院士，1889 年为正式院士。

是原生动物学家、胚胎学家和细胞学家，在生物学的许多领域均有贡献。早期从事比较形态学研究，1879～1883 年，与其兄一起发表一系列关于腔肠动物研究成果，1881 年提出"体腔说"，解释后生动物的分类和系统发育。至 19 世纪 80 年代，他俩又合作研究实验胚胎学，作出重要贡献。19 世纪 90 年代，他对细胞学和原生动物的生命周期作了大量研究，证实用马钱子碱稀溶液处理海胆卵能形成有丝分裂，这成为研究人工单性生殖的开始。20 世纪头 10 年，他强调细胞的核质平衡关系，并对研究性别和性别决定因子深感兴趣。还是一名出色的教育家，在 208 名学生中有 117 名成为动物学教授，其中许多均是著名人物。主要著作有《水母的感觉器官与神经系统》(1878 年)、《肌动蛋白》(1879 年)、《体腔理论》(1881 年)、《动物学教程》(1891 年)、《新编生物学》(1927 年)等。（林金榜　李孙演）

乔丹，D. S. (Jordan, David Starr)　美国人，1851 年 1 月 19 日生于美国纽约州盖恩斯维尔，1931 年 9 月 19 日卒于加里福尼亚州斯坦福。鱼类学、高等教育管理。

教师的儿子。1869 年入康奈尔大学，1872 年获理学硕士学位。1875～1879 年在巴特勒大学任生物学教授。1879 年在印第安纳大学任博物学教授，1885～1891 年任印第安纳大学校长。1891～1913 年任斯坦福大学第一任校长，1913 年任该校名誉校长。1904 年任国际动物学术语委员会成员。1908～1910 年任美国和加拿大接壤地区鱼类保护国际委员会专员。1909～1910 年任美国科学促进协会会长。3 次任加利福尼亚州科学院院长。他是个和平主义者，1910～1914 年任世界和平基金会主席，主持 1915 年世界和平大会反对美国政府卷入第一次世界大战。

早期研究俄亥俄州的鱼类。后来为美国鱼类与渔业委员会搜集太平洋沿岸、海湾沿岸、佛罗里达州、古巴以及美国主要河流的鱼类，从事分类学方面研究。曾对 1 085属、2 500种鱼类进行命名和分类。他有识别类似种类的惊人能力和很强记忆力，因而成为一位杰出的分类学家。著述甚丰，其中主要有《美国北部脊椎动物手册》(1876 年)、《北美与中美洲鱼类志》(4 卷，1896～1900 年)、《鱼类学研究指南》(1905 年)、《战争的恶果》(1914 年，与他人合著)，以及自传《一位男人的日子》(1922 年)等。以他命名的动物种属近 30 种。（秦安舲）

贝哲林克，M. W. (Beijerinck, Martinus Willem)　荷兰人，1851 年 3 月 16 日生于荷兰阿姆斯特丹，1931 年 1 月 1 日卒于霍瑟尔。微生物学、植物病理学、农学。

1869 年中学毕业后入代尔夫特工艺学院，1872 年获化学工程师证书。同年入莱顿大学，1877 年获植物学博士学位。1876 年执教于瓦赫宁恩农业学校(今瓦赫宁恩大学)。1884 年被选为荷兰皇家科学院院士。同年以细菌学家身份受聘于代尔夫特酵母酒精厂。1895 年任代尔夫特工艺学院微生物学教授，1921 年退休。终身未娶，因患癌症去世。是许多海外科学团体的外籍成员。

早年研究虫瘿学、植物个体发生、植物叶序、植物再生及不定器官的发生等领域。在微生物学领域里成果累累。1859 年首次分离出豌豆根瘤菌。1889 年建立微生物生长谱测定法。重大成就之一是与维诺格拉斯基(Виноградский)同时建立和发展了微生物富集培养技术，运用此法首次分离出硫酸盐还原菌、尿素细菌、微嗜氮菌、反硝化菌、乳酸杆菌和乙酸细菌。还将一个微生物新属命名为固氮菌属。1885～1900 年，时断时续地研究烟草花叶病，1898 年提出"过滤性传染活液"概念，认为烟草花叶病是由"过滤性传染活液"引起的。后来证实就是烟草花叶病毒。由于这项成果，他和俄国植物学家 D. 伊万诺夫斯基都被公认为病毒的发现者，后者早在 1892 年就发现病毒，但没有公开报道过。与维诺格拉斯基共同确定微生物在物质循环中的作用与机制，并指明各种微生物在化学转化中的专一功能。1921 年出版 5 卷科学论文集。曾获荷兰雄狮勋章、荷兰皇家科学院列文虎克奖章。（孙炳寅）

斯泰依纳格，L. H. (Stejneger, Leonhard Hess)　美国人，1851 年 10 月 30 日生于挪威卑尔根，1943 年 2 月 28 日卒于美国华盛顿。鸟类学、爬行动物学、地理探险。

挪威裔，商人的儿子，家中 7 个孩子中最小者。父亲破产后督其学医，但他却学法律。1875 年获克里斯蒂尼亚大学(奥斯陆大学的前身)法学博士学位。短期从事律师事务。1881 年只身赴美国寻找所酷爱的鸟类学研究课题，在史密森学会的著名鸟类学家 S. F. 贝尔德指导下开展研究，1884 年任鸟类部主任助理，1889 年被任命为爬行类主管，1899 年任爬行类与两栖类主管，从 1911 年直到去世任该学会生物学馆馆长。1887 年入美国籍。1923 年入选美国国家科学院院士。获奥斯陆大学荣誉博士学位。1931 年被选为美国鸟类学会和爬行动物学会终身会长。1898 年任国际动物学术语委员会成员、国际鸟类学会议常设委员。

对鸟类一直很感兴趣，16 岁就编印了一本鸟类名录，擅长描绘鸟类水彩画，19 岁时发表有关鸟类的论文。受美国鱼类与鱼业委员会的派遣，他多次参加考察北美大陆北端的远征队，其中 1882～1883 年考察白令岛和勘察加半岛，1895 年、1922 年两次去科曼多尔群岛，调查鸟类、海豹与爬行动物等，获得大量标本和资料。此外还对阿尔卑斯山脉的动物区系进行了详细研究。通晓数种语言。一生共发表论著 400 余篇（部）。曾和巴伯（T. Barbour）共同编写《北美两栖爬行动物名录》。（孙炳寅）

贝尔福，F. M.（Balfour，Francis Maitland） 英国人，1851 年 11 月 10 日生于英国苏格兰爱丁堡，1882 年 7 月 19 日卒于瑞士库马耶尔附近。比较胚胎学、细胞学。

著名政治家 A. J. 贝尔福（Arthur James Balfour）之弟。少年时代在哈罗上学。14 岁时就表现出一个博物学家的才能，为哈罗学校的科学协会写出“东洛锡安的地质学和博物学”一文，受到 T. H. 赫胥黎的赞赏。1870 年进入剑桥大学三一学院学习，1872 年在生理学家 M. 福斯特指导下进行学习与研究，1873 年底获自然科学荣誉学位。留校任教，开始在三一学院讲授形态学和胚胎学，并担任该大学的形态学实验室主任，吸引了一批热情的学生在他的实验室工作。1873 年冬和 1874 年在意大利那不勒斯动物站开始板鳃类的胚胎学研究。1874 年当选为三一学院评议员。轮番在意大利和英国剑桥工作，直到 1878 年完成板鳃类（软骨鱼）发育专著为止。1878 年被选为英国皇家学会会员。1880 年任英国科学促进协会生物学部副主任。1882 年任剑桥大学动物形态学教授。1882 年 7 月因登阿尔卑斯山遇雪崩而死。

运用显微镜对胚胎学细节作清晰的观察，对胚胎发育作出正确的概括，是达尔文《物种起源》发表后 20 年来胚胎学领域描述研究的典范。他的板鳃类专著是一部将近 300 页的严谨文献。避免当时惯用的系统发生讨论方式，从卵细胞的发育和受精卵的细胞分裂开始，随胚胎发育阶段进行描述。对主要器官系统作了详细分析，阐明了它们的发育与其他动物主要器官的关系，其中板鳃类胚层形成的分析是一个突出的例子。对板鳃类排泄系统的发育作了极好的描述。他指出沃耳夫氏管的最初分节特性，并查明米勒管从沃耳夫氏管腹面产生的方式。详细描述了雌体中米勒管如何转变为输卵管以及雄体中沃耳夫氏管如何被利用为输精管。还提到细胞运动的机械影响可迫使不同的胚胎沿着不同的路线发育，而与它们的系统发育无关。

出版《比较胚胎学》（2 卷，1880～1881 年），第一卷论述无脊椎动物，第二卷论述脊椎动物，很快受到学术界的关注和好评。在书中概括地评述了每门生物的发育特点，并对每个器官系统的胚胎学作出比较研究，其中包括配子形成、受精作用、早期卵裂的专门章节。该书同年翻译成德文。赫胥黎认为，他是“唯一能够完成我的工作的唯一人选”，他的不幸去世“是我们时代的科学事业最大的损失”。1881 年因完成两卷比较胚胎学教科书，而获得英国皇家学会皇家奖章。

（林文娜　李新人）

特里布，M.（Treub，Melchior） 荷兰人，1851 年 12 月 26 日生于荷兰福尔斯霍滕，1910 年 10 月 3 日卒于法国圣拉斐尔。植物学、园艺学、作物病理学。

镇长的儿子。父母均为瑞士后裔。他在莱顿接受中等及专科教育。在关于苔藓植物征文中获金质奖，此文经加工获博士学位，1873 年毕业于莱顿大学。留校任教，先后任植物研究所助教、讲师达 7 年之久。在此期间撰写了 29 篇论文，包括植物细胞学、组织学、核分裂及胚胎学等，显示出观察能力敏锐、制作切片工作精细。28 岁入选荷兰科学院院士。

1880 年赴印度尼西亚西爪哇任布坦左格（今茂物）植物园园长，按时出版植物园年鉴，使人们了解该植物园现状和目标，成为国际植物界注目人物。还建立了一个著名的特里布实验室。曾自筹资金研究烟、茶、咖啡、可可等作物病害。为了开发印度尼西亚，于 1880 年建立荷属东印度自然科学促进会（即今特里布学会）。1887 年建立植物化学医药实验室；1890 年创建农业化学实验室；1894 年建成动物博物馆；为后来的植物病害研究所奠定了基础。亲自主持粮食作物研究，开设新的实验室，后成为爪哇农业试验总站。1894 年始主编出版《塔斯玛尼亚》杂志，专登植物学短文。1886 年撰写出版《布坦佐格植物园史》。1909 年因身体欠佳，退休赴法国定居。1907 年获林耐奖章。（王荣增）

韦伯，M. W. C.（Weber，Max Wilhelm Carl） 荷兰人，1852 年 12 月 5 日生于德国波恩，1937 年 2 月 7 日卒于荷兰埃尔贝克。动物学、解剖学、地理探险。

德国裔。1873 年在波恩大学学习医学和自然科学。1875～1876 年在柏林大学跟随动物学家 E. 马登斯（Eduard von Martens）学习，1877 年获波恩大学博士学位。1878 年通过国家医师资格考试，并在军队服役一年。1879 年任乌得勒支大学解剖学讲师。1883 年应解剖学家 M. 菲布林格尔（Max Fürbringer）的邀请，到阿姆斯特丹大学解剖学研究所任解剖示教员，并任动物学和比较解剖学编外教授，次年升为正教授。1892 年任阿姆斯特丹动物博物馆首任馆长。1935 年当选为英国皇家学会外籍会员。

1881 年参加一支科学考察队赴巴伦支海收集标本和资料。后与妻子巴塞（Anna van Basse）参加多次考察活动，到过北大西洋、苏门答腊、爪哇以及南非等地，其中 1888 年、1899～1900 年两次考察荷属东印度群岛（今印度尼西亚等地），收集了大量动物学和人类学资料。最初研究淡水海绵、吸虫、鱼和爬行动物，后集中研究哺乳动物的解剖学和分类学。出版《哺乳动物研究》（2 卷，1886～1898 年）、《哺乳动物》（1904 年），该书至今仍是权威著作，此外 1890～1907 年出版《荷属东印度动物学考察记》（4 卷）。他的科学研究仅限于动物的描述，虽然也觉察到生物学研究中新的实验方法的重要性，但仍明确维护旧的比较解剖学方法。（童远瑞）

博尼埃，G. E. M.（Bonnier，Gaston Eugène Marie） 法国人，1853 年 1 月 2 日生于法国巴黎，1922 年 1 月 2 日卒于同地。植物生理学、生态学、动物学、古生物学。

法学教授的儿子。曾参加1870年普法战争。1876年毕业于巴黎高等师范学校。留校任教，1879年获理学博士学位。1886年任植物实验室主任。1887年起先后任巴黎大学植物学副教授、教授。1889年在枫丹白露建立植物生物学实验室。同年主编《植物学总览》杂志，直至1927年去世。1897年成为法国科学院院士。还担任法国植物学会会长。

是促使植物学从描述科学变为实验科学的植物学家之一。1879年合作出版《蜜腺解剖与生理研究》一书，给目的论以沉重打击，同年获法国科学院实验生理学奖。1880～1882年与P. 范蒂根合作研究种子、谷粒和鳞茎的生理活性，发现它们并不是“已死的”东西。1883～1885年与芒让(L. A. Mangin)合作发表几篇关于植物呼吸的论文，发现植物在缺光时呼吸进行得最快，测出其释放二氧化碳与吸入氧气比值不变。他证明地衣由藻类和真菌组成，后者用孢子繁殖，解决了植物学上一个长期争论的问题。1890～1922年研究植物结构与环境的关系等。有12卷(生前出版4卷，后人整理出8卷)《法国、瑞士和比利时植物大全》(1912～1934年)。其他主要著作还有：《博物学基础》(2卷，1881年)、《植物学》(1884年)、《植物学教程》(2卷，1903～1904年，与他人合编)、《动物古生物学》(1904年)、《植物界》(1907年)、《田野与林中的植物》(1921年)、《实用动物学》(《法国博物学》第26卷，1922年)等。

(蒋虎祥)

哈布雷特，A. A. W. (Hubrecht，Ambrosius Arnold Willem)　荷兰人，1853年3月2日生于荷兰鹿特丹，1915年3月21日卒于乌得勒支。*动物学、解剖学、比较胚胎学。*

荷兰贵族银行家的儿子。在乌得勒支大学获博士学位。留校积极参与动物学研究所的创办，先后任乌得勒支大学动物学和比较解剖学教授，还兼任莱顿自然历史博物馆鱼类馆馆长，1910年辞去所承担的职务，1915年因动脉硬化与世长辞。善于社交，能用3种语言会话和写作。1883年入选荷兰皇家文理科学院院士、英国林耐学会和动物学会外籍会员。曾获6个大学荣誉博士学位。

很早就对无脊椎动物发生兴趣，尤其是纽形动物门，写了数十篇有关解剖学和纽形动物门的文章。后来逐渐转向关于生长发育的研究。1882年起与C. 达尔文频繁通信，很尊重达尔文进化论寻求系统发育关系的依据，但认为动物胚胎早期阶段所提供的线索比成体形态更为重要，因此竭尽全力研究比较胚胎学，发挥其独创性取得领先成就。还研究过食虫动物。为了获得能描述热带原始哺乳动物标本，1890年在东印度群岛考察，带回了极有价值的树鼩鼱怀孕子宫和其他一些标本。为了纪念他，1916年在乌得勒支国家胚胎学研究所成立哈布雷特实验室，并珍藏他的遗物和收藏品。

(江　涛　陆宝树)

鲍尔弗，I. B. (Balfour，Isaac Bayley)　英国人，1853年3月31日生于英国苏格兰爱丁堡，1922年11月30日卒于英格兰黑斯尔米尔。*植物学、园艺学、地理探险。*

爱丁堡大学植物学教授的儿子。1873年获爱丁堡大学理学士学位，1875年获该校理学博士学位，1877年获该校医学学士学位。1884年获牛津大学文科硕士学位。1901年获格拉斯哥大学法学博士学位。1873～1878年任爱丁堡皇家兽医学院讲师。后在德国维尔茨堡大学和法国斯特拉斯堡大学继续研究植物学。1879年任格拉斯哥大学植物学教授，重整了温室，抢救了几乎被毁灭的植物标本，改善了实验室条件。1884年在牛津大学任植物学教授，使冷落的植物园重新活跃起来。1888年赴爱丁堡大学任植物学教授，做了许多工作，使爱丁堡大学成为应用园艺学的典范。曾任《植物学年鉴》主编等。1877年当选为爱丁顿皇家学会会员。1884年当选为英国皇家学会会员。1921年获爱丁顿大学荣誉法学博士学位。

1874年以植物学家和地质学家身份赴罗德里格斯岛探险。1879～1880年赴索科特拉岛采集植物标本。1888年出版有关该岛植物区系的论著，其中包括发现许多新种；观察到该岛植物区系和非洲大陆相似，因此推测索科特拉岛原来是与大陆相连的。1897年获英国皇家园艺学会维多利亚荣誉奖章。1919年获林耐学会林耐奖章。

(谢　愉)

科塞尔，K. M. L. A. (Kossel，Karl Martin Leonhard Albrecht)　德国人，1853年9月16日生于德国罗斯托克，1927年7月5日卒于海德堡。*生物化学、生理学、细胞学。*

驻外领事A. 科塞尔(Albrecht Kossel)的儿子。在罗斯托克大学读书时就热爱植物学，由于受父亲影响才转而学医。1877年通过国家医学考试。1878年获斯特拉斯堡大学医学博士学位。1883年任柏林大学生理学研究所化学部主任，1887年任副教授。1893年任马尔堡生理学会会长。1895年任马尔堡大学生理学教授。同年任《生理化学》杂志主编。1901年任海德堡生理学会会长。同年任海德堡大学生理学研究所所长。1924年退休，但仍任海德堡大学蛋白质研究所所长。1886年结婚，儿子和女儿均在他之前去世。

从1879年起开始研究核蛋白。1885～1901年和学生合作发现腺嘌呤、胸腺嘧啶、胞嘧啶和尿嘧啶，并证明这些化合物以及黄嘌呤、次黄嘌呤和鸟嘌呤均是核酸降解产物。他认为次黄嘌呤是腺嘌呤的次级产物，因此不是核酸的原有组成成分，相信胸腺核酸中存在己糖。1893年正确地指出酵母核酸中的糖类是某种戊糖。根据生理学研究结果，他断定核蛋白功能既不是一种贮存性物质，也不是给肌肉收缩时提供能量的物质，而与新组织的形成有关。发现胚胎组织中含核蛋白特别丰富，指出尿酸与核蛋白分解的关系比与蛋白质分解的关系更密切。1884年起研究核蛋白的基本成分，从鹅的红细胞核中分离出一种像鱼精蛋白一样的物质，称之为组蛋白，属于一种胨，在它的分解产物中有亮氨酸和酪氨酸。1885年在核酸中发现腺嘌呤和鸟嘌呤。1894年又在核酸中发现胞核嘧啶和胸腺嘧啶。1896年发现鱼精蛋白中也含有类似的组蛋白，在特性上是一种蛋白质，它的分解产物有精氨酸、赖氨酸和一种新的氨基酸，命名为组氨酸。用自己的定量方法，比较不同种鱼精子的鱼精蛋白，证明它们所含的一氨基和二氨基氨基酸的比例是有变化的。曾试图借助于对像精氨酸那样小的分解产物的鉴定，来确定氨基酸的顺序。认为蛋白质的反应性依赖于分子中暴露出的残基，某种蛋白质的特定反应必然涉及到某些特征性的基团。清楚地认识多肽的潜在多样性，预见到在蛋白质结构中具有生物学特异性的化学基础。

主要著作有《细胞核化学》(1882年)、《药物化学教程》(1888年)、《人体组织及其显微镜研究》(2卷，1889～1891年，与他人合著)、《生物化学问题》(1908年)、《精蛋白和组蛋白》(1928年)、《细胞的化学构成》(2卷，1911～1912年)等。因对细胞和蛋白质方面的研究，获1910年诺贝尔生理学或医学奖。

他是一位和平主义者，坚决反对第一次世界大战，并拒绝在德国学术界证明战争正义性的声明上签名，最终受到德国同行的排斥。 （张承圭）

巴沙尼，F.（Bassani，Francesco） 意大利人，1853年10月29日生于意利维琴察，1916年4月26日卒于卡普里。*动物学、古鱼类学、地质学。*

1877～1878年先后去巴黎大学、维也纳大学、慕尼黑大学留学。1879～1887年在意大利几所中学任教，同时研究鱼类化石。后在那不勒斯大学任地质学讲师、教授，直至去世，曾兼任该校地质研究所所长。

早在大学时代，就参加把达尔文《人类和动物的表情》一书译成意大利文的工作。曾在翁勃尼(G. Omboni)门下学地质学，并开始接触鱼类化石。除研究鱼类化石外，还对意大利南部各组地层交系和地质时代、火山现象及海洋哺乳动物等做了许多观察研究。编写的《中学动物学教程》于1885年出版。最主要的成就是对意大利中生代、新生代各时期主要鱼类化石细心的观察和对比，发表了一系列文章，为当时鱼类化石专家中的佼佼者。 （马玉英）

史密斯，E. F.（Smith，Erwin Frink） 美国人，1854年1月21日生于美国纽约州吉尔伯特米尔斯，1927年4月6日卒于华盛顿。*植物学、植物病理学、细菌学、农学。*

自幼对植物学发生兴趣。中学毕业后入密歇根大学，1886年获理学士学位，1889年获博士学位。同年起在美国农业部供职，后任植物产业局植物病理实验室主任。是美国国家科学院院士。也是许多学术团体的成员。

是美国早期卓越的植物病理学家之一。早年研究桃树黄化病，成功地证明细菌病原体可通过伤口和天然孔隙进入植物体，也可由某些昆虫传播；证实土壤中真菌可引起分布广、危害大的维管束萎蔫病。晚年又研究冠瘿病。因对植物肿瘤的形成及其与动物癌症间关系的研究，1913年获美国医学会荣誉证书。主要著作有《密歇根州显花与维管隐花植物名录》(1881年，与他人合编)、《与植物病害有关的细菌》(1905年)等。是一个虔诚的教徒，也是音乐、文学、艺术的爱好者，1915年出版一部14行诗集。 （孙炳寅）

哈契克，B.（Hatschek，Berthold） 奥地利人，1854年4月3日生于奥地利基尔威因，1941年1月18日卒于维也纳。*动物学、胚胎学。*

出身富裕家庭。1876年在莱比锡大学获博士学位。深受海克尔影响。1884年任维也纳大学讲师。由海克尔推荐，任布拉格德国大学动物学教授。1896～1925年任维也纳大学动物研究所所长。1898年与肖像画家M. 罗森塔尔(Marie Rosenthal)结婚。由于神经衰弱，研究工作常常受到影响。是奥地利科学院院士，德国利奥波德科学院外籍院士。

根据达尔文学说，他研究了动物的发生和分类位置，还研究环节动物等的生长和变态、栉水母中胚层的发育、七鳃鳗的幼虫等。提出担轮幼虫学说，把后生动物分成三个主要分支，即腔肠动物、外腔动物和肠体腔动物。 （秦安舲）

德拉热，Y. M.（Delage，Yves Marie） 法国人，1854年5月13日生于法国阿维尼翁，1920年10月7日卒于索镇。*海洋动物学、胚胎学、比较解剖学、生物进化论。*

公务员之子，5个子女中最小者。1871年、1872年先后获桑特尼罗大学理学士、文学士学位。1873年去巴黎大学学医。1875年任罗斯科夫动物站主任。1880年和1881年先后获巴黎大学医学和科学博士学位。1884年任吕克动物站主任。1885年返回巴黎大学，次年任教授，1889年兼任动物实验室主任。1885年创办《生物学年鉴》，并任主编15年。1901年入选法国科学院院士。1902年任罗斯科夫海洋动物实验室主任。

以在实验方面的创造性和技术能力见长，在卵片发育、受精、人工孤雌生殖和胚形成的研究中均作出贡献。在内耳生理学方面确立“半规管稳定平衡”的新概念。主要著作有《贝类的循环系统》(1881年)、《寄生蟹的生物进化》(1884年)、《无脊椎动物耳泡与半圆通道的功能》(1887年)、《海绵胚胎学》(1892年)、《遗传学与普通生物学主要问题》(1895年)、《动物学的具体特征》(6卷，1896～1903年)、《进化的理论》(1909年)、《天然的与实验的单性生殖》(1913年)等。1916年获英国皇家学会达尔文奖章。后来在罗斯科夫建有德拉热纪念馆。

不仅是一位称职的教授，还是哲学家、小说家和诗人。 （林文娜 李孙演）

克努特，P. E. O. W.（Knuth，Paul Erich Otto Wilhelm） 德国人，1854年11月20日生于德国格赖夫斯瓦尔德，1900年10月30日卒于基尔。*区域植物学、昆虫学。*

1873年8月到雷尔斯丘莱，不久进入格赖夫斯瓦尔德大学，1876年获博士学位。留校任教，一年后获教师资格证书，1891 年升为首席教师，1895 年任教授，1898 年任评议员。

虽然是学化学的，但主要研究植物学，可能是基尔近郊和北海一些岛屿的植物引起他对植物学的兴趣。撰写了石勒苏益格-荷尔斯泰因和德国北海岛屿的植物学著作和论文，1887 年、1895 年先后出版这一地区的植物学志。后来又出版《花卉授粉手册》(3 卷，1906～1909 年)，其中收集访花的昆虫资料，进行细致观察，大大超越了同时代有关学者的见解，因此获得最佳地区植物学家的名声。 (耿伯介)

哈贝兰特，G.(Haberlandt, Gottlieb) 奥地利人，1854 年 11 月 28 日生于奥匈帝国昂加里希的阿尔滕堡(今属匈牙利)，1945 年 1 月 30 日卒于德国柏林。细胞学、植物生理学、解剖学。

植物学教授的儿子。幼年就接触到植物学。尽管很喜欢音乐、绘画和德国文学，并在这些方面具有天赋才能，可是却攻读植物学。1876 年在维也纳大学获博士学位。1877～1878 年在蒂宾根大学继续从事博士后研究工作。曾在维也纳大学任教。1888 年和 1910 年又转到格拉茨大学和柏林大学执教，在柏林大学他建立了植物生理研究所并任教授和所长，1923 年退休后仍居柏林。

认为解剖学与生理学应该结合起来，形成一个综合性学科。最有影响的著作为《植物生理解剖学》，该书于 1884 年问世后增订 6 版。1902 年首次提出“细胞全能性”的新概念，认为“在理论上，所有植物单个细胞都会生成为完整植株”，也就是说，任何单一细胞都隐含着发育为个体植株的全部基因信息。 (秦 嘉)

夏布里，L.(Chabry, Laurent) 法国人，1855 年 2 月 19 日生于法国罗阿纳，1894 年 11 月 23 日卒于利沃杰斯。昆虫学、细菌学、胚胎学、显微术。

少时因才智超人而被誉为“神童”。1876 年赴俄国圣彼得堡大学接受高等教育，1881 年完成关于动物肋骨和胸骨运动的论文获医学博士学位。先在巴黎大学索邦学院博物馆工作，后到康卡诺海洋生物实验室工作。1887 年因鞘翅类胚胎学论文获巴黎大学理学博士学位。1888 年在里昂大学任动物学和胚胎学助理教授。后到巴黎巴斯德研究院从事细菌学研究。

对鞘翅类昆虫的研究奠定了他在胚胎史中的地位，成为实验胚胎学的创始人之一。首创在受精卵(鞘翅类甲虫卵的直径仅 0.10～0.20 毫米)进行显微手术，为此研究成功一台简便精巧的显微操作器。他还研究鸟类和昆虫的飞行机理，论证了鞘翅类甲虫“双翼平衡”的飞行原理。此外还研究过肺结核病的细菌性原因。

(殷明德)

兰，A.(Lang, Arnold) 瑞士人，1855 年 6 月 18 日生于瑞士奥夫特林根，1914 年 11 月 30 日卒于苏黎世。动物学、比较解剖学、遗传学、生物进化论。

棉纺织厂主的儿子。1873 年在日内瓦大学学习自然科学，主攻动物学。后到德国耶拿大学继续学习，1876 年获博士学位。先后在意大利那不勒斯大学、德国耶拿大学等校任动物学副教授、种系发育动物学教授。1889 年任苏黎世大学动物学和比较解剖学教授。任教期间兼任许多职务。晚年参与苏黎世大学的重建。是许多学术团体的成员。曾获苏黎世大学荣誉文理双博士学位。

对动物学的研究开始于那不勒斯工作期间，主要致力于无柄甲壳纲比较解剖学和扁形动物门神经系统组织学。对环节动物种系发生做了较深入的研究，特别是对分节的起源和消化道形成的营养腔理论的研究。运用大蜗牛属的种间杂交试验，验证了孟德尔遗传论点。还将拉马克的《动物学哲学》译成德文，以后多次撰文讨论拉马克的进化理论。主要学术著作有《比较解剖学》(1891 年)等。为人幽默而善于交际，爱好音乐和艺术。

(孙炳寅)

米丘林，И. В.(Мичурин, Иван Владимирович; Michurin, Ivan Vladimirovich) 苏联人，1855 年 10 月 28 日生于俄国梁赞州老米丘洛夫卡村，1935 年 6 月 7 日卒于苏联坦波州柯兹洛夫区(后改名米丘林斯克区)。植物育种学、遗传学、农艺学。

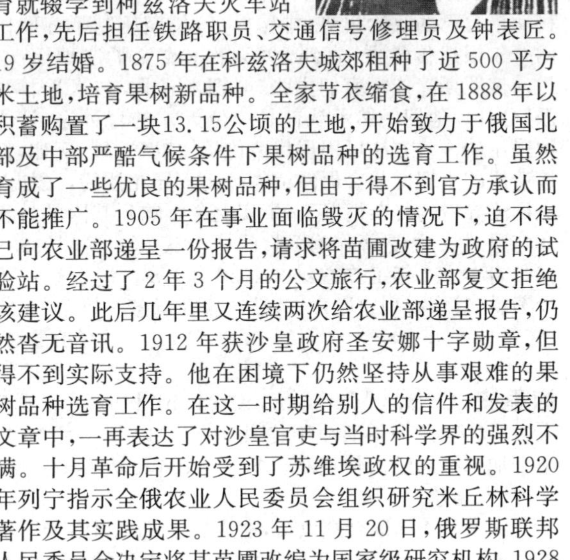

父亲曾任军械厂检验员与县府秘书，后辞职务农。4 岁丧母。从小就随父养蜂和从事园艺。仅受一年中学教育就辍学到柯兹洛夫火车站工作，先后担任铁路职员、交通信号修理员及钟表匠。19 岁结婚。1875 年在科兹洛夫城郊租种了近 500 平方米土地，培育果树新品种。全家节衣缩食，在 1888 年以积蓄购置了一块13.15公顷的土地，开始致力于俄国北部及中部严酷气候条件下果树品种的选育工作。虽然育成了一些优良的果树品种，但由于得不到官方承认而不能推广。1905 年在事业面临毁灭的情况下，迫不得已向农业部递呈一份报告，请求将苗圃改建为政府的试验站。经过了 2 年 3 个月的公文旅行，农业部复文拒绝该建议。此后几年里又连续两次给农业部递呈报告，仍然杳无音讯。1912 年获沙皇政府圣安娜十字勋章，但得不到实际支持。他在困境下仍然坚持从事艰难的果树品种选育工作。在这一时期给别人的信件和发表的文章中，一再表达了对沙皇官吏与当时科学界的强烈不满。十月革命后开始受到了苏维埃政权的重视。1920 年列宁指示全俄农业人民委员会组织研究米丘林科学著作及其实践成果。1923 年 11 月 20 日，俄罗斯联邦人民委员会决定将其苗圃改编为国家级研究机构，1928 年建立植物遗传选种研究站，1934 年改为中央米丘林遗传学实验室。1835 年当选为苏联科学院荣誉院士、全苏列宁农业科学院院士。

毕生从事果树育种工作，培育了近 300 个果树和浆果新品种，其中少部分被推广栽种，还有相当数量已被证明是有用的育种原始材料。在育种工作中，把杂交看成是使北方品种的抗性与南方品种的优良品质结合在一起的唯一途径。还主张采用远缘杂交,以实验证明:杂交亲本的原产地和环境条件相距越远,杂种苗木越能适应新的环境条件。为了使远缘杂交取得成功,提出"无性渐近法",即把杂种幼苗枝条作为接穗,先嫁接在即将与之进行杂交的其他种或属的成年砧木上,使这些接穗接受砧木的影响,以后到开花时便能较容易地进行远缘杂交。还强调杂种幼苗具有遗传上的可塑性,建议使用"蒙导法"来促使杂种幼苗按预期方向改变。把具有某种优良特性的成年蒙导者植株的枝条嫁接到幼龄杂种树冠上,或者相反地将幼龄杂种苗木的枝条或幼芽嫁接到具有优良特性的蒙导者砧木上,这样在蒙导者的影响下,就会使杂种幼苗最终获得所期望的新特性。极力强调包括砧木提供的液汁在内的生活条件对于幼龄树苗特性的形成具有重要作用。倡导的"无性渐近法"和"蒙导法"就是从这一观点出发提出的。认为在嫁接或无性杂交时,虽则没有发生受精时的那种种质的混合,但是通过液汁的交流,也能产生某种兼有接穗与砧木遗传特性的生物体。

曾一再发表反对孟德尔定律的言论。1915 年在《园艺家》杂志第 5 期发表"孟德尔定律不能应用于杂交"一文,认为孟德尔定律在多年生果树杂种上应用是毫无价值的。还发表过反对摩尔根假设的言论,认为摩尔根假设是未经证明的。1935 年去世时,正当李森科(Т. Д. Лысенко)掀起了反对孟德尔、摩尔根遗传学的运动。由于他强调了生活条件的作用并发表过一些反对孟德尔定律与摩尔根假设的言论,李森科就借重米丘林的声誉,故意把米丘林奉为典范,并把自己的学派命名为"米丘林学派"。从 30 年代中期到 60 年代中期,李森科凭借自己的政治权势,排斥异己,长期压制了苏联国内摩尔根遗传学派,直到 1965 年才改变了这种情况。目前俄罗斯遗传学家们主张,应把米丘林与"米丘林学派"分开。他们仍然承认他是一位天才的育种家,认为他采用的一些方法可用现代遗传学加以解释。例如,嫁接造成的生理变化会促使植物倾向于异花授粉,又如在应用蒙导者的复杂情况下,事实上会影响到基因的外显率与显性。主要著作有《米丘林全集》(4 卷,1939～1941 年)、《60 年工作总结》(1950 年)等。一生获得不少荣誉,其中有列宁勋章,劳动红旗勋章各一枚。

(王爵渊)

梅里安,C. H. (Merriam, Clinton Hart) 美国人,1855 年 12 月 5 日生于美国纽约,1942 年 3 月 19 日卒于加利福尼亚州伯克利。*鸟类学、哺乳动物学、科学管理、人类学。*

父亲是美国国会众议员,他成长在纽约州洛卡斯特格罗夫,在父母的鼓励下自幼就养成采集鸟类标本的爱好。在耶鲁大学学习 3 年生物学和解剖学。1879 年获哥伦比亚大学内科与外科学院医学博士学位。在洛卡斯特格罗夫从事 6 年医务工作。1886 年任美国农业部经济鸟类与哺乳动物署主任。1888 年参与成立美国地理学会。是美国鸟类联合会、美国哺乳动物学会等组织机构的创始人之一。他的妹妹贝莉(F. A. M. Bailey)是鸟类学家。

发展了"生命地带"的概念;划分了数十个北美生物区系;研究北美动物区系分布;对 600 多种哺乳动物的分类作了修正,建立以头颅为特征的哺乳类分类法。1899 年,他协助铁路巨头哈里曼(E. H. Harriman)组织了一次沿阿拉斯加海岸进行考察的活动,并任科学考察报告的主编。晚年关注美国西部土著民族的研究与救助,撰有民族地理学和加利福尼亚中部神话传说等著作。

(袁传宓)

森佩,A. F. W. (Schimper, Andreas Franz Wilhelm) 法国人,1856 年 5 月 12 日生于法国斯特拉斯堡,1901 年 9 月 9 日卒于瑞士巴塞尔。*植物地理学、海洋浮游生物学、生态学、地理探险。*

父亲是斯特拉斯堡大学博物学和地质学教授、该城自然博物馆馆长。他从小受父母薰陶,对博物学有浓厚兴趣。1874 年进斯特拉斯堡大学,1878 年获自然哲学博士学位。同年在里昂大学任教。1880 年任美国约翰斯·霍普金斯大学研究员。1883 年任波恩大学讲师,讲授植物地理学、细胞组织学等课程,1886 年成为编外教授。1899 年任巴塞尔大学植物学教授。同年 10 月患疟疾,次年又患糖尿病,不能继续工作。

1881 年到佛罗里达等地考察,对植物地理学发生兴趣。1882～1883 年参加远征队考察西印度群岛、委内瑞拉等地。1886 年秋又到巴西、西印度群岛等地研究红树林植被,测定高浓度盐对海滨植被的影响。1889～1890 年考察锡兰(今斯里兰卡)、马来亚、爪哇等地,重点研究红树林、真菌和滨海植物。1898 年夏参加德国环球海上考察,历时 9 个月,研究海洋浮游生物区系。对文学艺术也有很大兴趣。

(洪必恭)

维诺格拉茨基,С. Н. (Виноградский, Сергей Николаевич; Vinogradsky, Sergey Nikolaevich) 苏联人,1856 年 9 月 13 日生于俄国乌克兰基辅,1953 年 2 月 24 日卒于法国布里孔特罗贝尔。*微生物学、土壤学、生态学。*

1881 年毕业于圣彼得堡大学,1884 年获该校硕士学位。留校任教。1885～1891 年公派法国和瑞典从事科研工作。1891～1912 年任圣彼得堡大学实验医学研究所微生物学部主任。1903 年获哈尔科夫大学植物学博士学位。1922 年任法国巴斯德学院农业微生物学系主任。1894 年成为圣彼得堡科学院院士。1902 年当选为法国科学院通讯院士、法国园艺协会外籍会员。1903 年创立俄国微生物学会并任首任会长。1923 年被选为苏联科学院荣誉院士。

主要研究微生物的生理学和形态学,并发明培养寄腐菌和病原微生物的方法。最重要的贡献是关于微生物形态学变异性的研究;发现了微生物非光合作用的化学合成能力,即靠获取二氧化碳气体或碳酸盐的微生物体的存在,这是 19 世纪生物科学史上的重大事件;为创立和发展生态学和土壤微生物学奠定了基础。1893 年最先从土壤中分离出能够同化氮分子的厌氧菌,主要著

作有《土壤中硝形成过程中的机体形态》(1892年)、《微生物对大气中游离氮的吸收》(1895年)等。 (张志练)

威尔逊,E. B. (Wilson, Edmund Beecher) 美国人,1856年10月19日生于美国伊利诺伊州杰尼瓦,1939年3月3日卒于纽约。*动物学、细胞生物学、胚胎学、遗传学。*

律师的儿子。1878年毕业于耶鲁大学设菲尔德理学院。1881年在约翰斯·霍普金斯大学获博士学位。曾去剑桥大学、莱比锡大学、那不勒斯大学学习。1883～1885年先后任威廉斯学院、马萨诸塞理工学院讲师。1885～1891年任布赖恩·莫尔学院生物学教授。1891年起任哥伦比亚大学副教授,1894年任动物学教授、动物学系主任。1913年当选为美国科学促进会会长。

是19世纪末20世纪初著名的生物学家之一,细胞学研究的先驱,是美国第一个细胞生物学家。对促进生物学发展的定量实验分析、了解细胞的结构和功能方面有重要贡献。还研究了胚胎学、形态学以及遗传学,在宣传孟德尔的理论中起重要作用。1898年他以胚胎的相似性来描述动植物系统发育的相互关系。通过对软体动物、扁形虫和节肢动物等的螺旋型卵裂的观察,断定同样的器官来自同样的细胞群,从而认为所有的这些生物体都源于同一祖先进化而来。1905年和美国生物学家史蒂文斯(N. Stevens)同年各自独立发现决定生物性别系统的XY染色体,其中雄性为XY,雌性为XX。

主要著作有《普通生物学导论》(1887年,与他人合著)、《蚯蚓胚胎学》(1889年)、《文昌鱼,以及镶嵌学说的发展》(1893年)、《受精与有丝分裂图谱》(1895年)、《在发育与遗传过程中的细胞》(1896年初版,1925年第3版)。还是位出色的大提琴手。 (张祝山)

约翰森,W. L. (Johannsen, Wilhelm Ludvig) 丹麦人,1857年2月3日生于丹麦哥本哈根,1927年11月11日卒于同地。*植物生理学、遗传学。*

下级军官的儿子。只在哥本哈根受过中等教育。15岁通过大学资格考试,但家境仅能让哥哥读大学。1872年中学毕业后在药店当学徒,自学化学。后去德国工作,又对植物学发生兴趣。1879年返丹麦,并通过国家药剂师资格考试。1881年任哥本哈根卡尔斯堡实验室化学部助理药剂师,研究植物学特别是种子、块茎和芽的成熟、休眠和萌发的代谢过程。1892年任哥本哈根皇家兽医与农业学院植物学和植物生理学讲师,1903年任教授。1905年任哥本哈根大学植物生理学教授,1917年任该校副校长。1898年入选丹麦皇家科学院院士。1924年当选为国际种子管理协会会长。是一些国家科学院的外籍院士,还是一些国外学术团体的外籍成员。一生中获得不少大学荣誉博士学位。1910年获哥本哈根大学荣誉医学博士学位。

遗传学奠基人之一,纯血统学说提出者。1893年发现采用乙醚能够打破植物冬眠的现象,并因此入选丹麦皇家科学院院士。1909年首先采用"基因"来代表遗传单位,并给"基因"、"基因型"和"表现型"这些新的科学名词规定了明确定义。提出的"遗传颗粒"概念早于孟德尔。1903年在研究大麦菜豆等自株传粉植物时,首次提出"纯系"的概念。在生物学史中,是遗传学和进化论从19世纪发展到20世纪新概念的桥梁。著有《论遗传和变异》(1892年)、《遗传要素》(1905年)、《精密遗传科学要义》(1909年)、《遗传学史和实验研究》(1917年)等。 (张承圭)

特里利斯,W. (Trelease, William) 美国人,1857年2月22日生于美国纽约州蒙特弗农,1945年1月1日卒于伊利诺伊州。*植物学、园艺学、经济昆虫学、地理探险。*

在康奈尔大学学习植物学和昆虫学,1880年获理学士学位。毕业后进哈佛大学研究真菌。从1881年起在威斯康星大学教植物学、园艺学、林学和经济昆虫学,1883年任植物学教授。还在该校增设细菌学课程,这在美国尚属首创。同时在哈佛大学和约翰斯·霍普金斯大学兼课,1884年获哈佛大学理学博士学位。1889～1912年兼任新建的密苏里植物园园长。1913年任伊利诺伊大学植物系主任,直到1926年退休。1894年任美国植物学会首任会长,1918年再次当选。

大学求学期间就在《美国自然科学家》和《多雷植物学会会刊》上发表了4篇论授粉的文章,并为美国政府研究棉花虫害。在20余年中,为密苏里植物园搜集了12 000种栽培植物和700 000件植物标本,并创办一所藏书70 000册的图书馆。为了采集标本,他多次组织和参与考察队,1899年去阿拉斯加,1932年去西班牙和加那利群岛,1933年去新西兰。先后发表300余篇(部)论文和书籍,描述了2 500余种(或品种)植物,出版有《观赏性园林的植物材料》(1917年)、《冬季植物》(1918年)等。是20世纪知名的植物学家之一。 (谢 愉)

巴赫,A. H. (Бах, Алексей Николаевич; Bach, Aleksei Nikolaevich) 苏联人,1857年3月17日生于俄国波尔塔瓦州佐洛托诺沙,1946年5月13日卒于莫斯科。*植物生理学、生物化学、酶化学工程。*

酿酒厂技师之子,早年就立志献身自然科学和革命家所宣传的美好社会。1867～1875年在基辅大学预科学校学习。1875年入基辅大学数理系自然科学班专攻化学。1878年因参加政治活动被学校开除并流放3年。1882年返校复学,仍热衷于政治斗争。1885年逃亡法国,1885～1894年侨居法国、美国(1891～1892年)和瑞士等地。1890年结婚,妻子是一位教师,后成为儿科专家。1894年移居瑞士,在日内瓦家中设立实验室,研究缓慢氧化和生物氧化。1916年被选为日内瓦物理学和博物学协会主席。翌年获洛桑大学博士学位。1917年回俄国,1918年春在莫斯科重新开始科学研究。起初在布卢门塔尔化学与细菌学研究所工作，后在最高苏维埃国家经济化学工业部化学实验室（1922年改名卡尔波夫物理化学研究所）工作，并任实验室主任。1929年当选为苏联科学院院士，1939年任科学院化学学部秘书长。从1932年到去世是全苏门捷列夫化学会会长。1943年被选为英国工业化学学会、美国化学会会荣誉会员。

最重要的工作是植物体的碳同化作用、缓慢氧化和生物细胞氧化的研究。关于酶（氧化酶和水解酶）和工业生物化学（工业生化操作原理控制）方面的著作，均是以这些研究为基础的。1890年应邀在法兰西学院的实验室工作，完成了植物对碳同化作用化学过程的首次研究，此成果曾正式向法国科学院报告。1891年他受布鲁塞尔麦芽糖协会委托，去美国芝加哥等酿酒厂指导推广一种重要的发酵方法。1897年发表题为“在缓慢氧化过程中过氧化物的作用”论文，阐述了缓慢氧化过程新理论的根据，同年提交给法国科学院，并发表在《汇报》杂志上。几乎在同时，恩格尔（K. Enger）和维尔德（W. Wild）在另一刊物上也发表了一篇与此相类似的论文。于是，缓慢氧化理论后来就称为巴赫-恩格尔过氧化物氧化理论。根据生物氧化、过氧化物理论，他于1904年提出生物物质的氧化过程图解。后对氧化和生物催化问题、以及处理原料的生化方法进行了广泛研究。在工业生物化学上也进行了许多基本研究，创造了研究酶学的新的实验方法，并将成果广泛应用于食品工业中。主要论文收集于《巴赫选集》（1937年）。获1926年列宁奖金、1941年苏联国家奖金，曾获4枚列宁勋章和一枚劳动红旗勋章。（楼书聪）

霍华德，L. O.（Howard，Leland Ossian） 美国人，1857年6月11日生于美国伊利诺伊州，1950年5月1日卒于纽约州。*应用昆虫学、农学、农业管理。*

1873年入康奈尔大学学习。1878年在美国农业部昆虫局任职，1894年起任该局局长，1927年退休，但仍任顾问至1931年。曾任美国科学促进协会秘书长和会长，主持了1928年在纽约召开的第四届国际昆虫学会。有3个女儿，妻子于1926年去世。

他被推崇为国际上第一流的昆虫学家，在应用昆虫学方面取得卓越成就。当棉铃象甲危害棉花，梨圆蚧影响梨树以及蚊子传播多种疾病时，他到美国各地区广泛进行视察和指导，及时发展了应用昆虫学，特别对生物防治和医学昆虫进行了广泛深入的研究，对防治病虫害起了很大作用。论文和著作很多，达1050种，较重要的著作有《家蝇志》（1911年）、《北美蚊虫志》（4卷，1912～1917年）、《应用昆虫学历史》（1930年）及《寄生蜂的分类》等。（童远瑞）

奥斯本，H. F.（Osborn，Henry Fairfield） 美国人，1857年8月8日生于美国康涅狄格州费尔菲尔德，1935年11月6日卒于纽约州加里林。*古脊椎动物学、生物进化论、博物馆学。*

早年就读于新泽西学院（今普林斯顿大学），受校长麦科什（J. McCosh）及博物馆长A. H. 盖约特的影响，对爬行类和哺乳类动物的古代残骸发生兴趣。大学毕业后去英国深造，以T. H. 赫胥黎和F. M. 贝尔福为师。回国后，先在母校任教，1891年应纽约哥伦比亚大学聘请创建生物学系，同时在美国自然博物馆创建古脊椎动物室。在哥伦比亚大学时期，任生物系主任、动物学教授，后任研究院院长多年。先后在美国国家自然博物馆兼任室主任和馆长长达25年，对该馆的建树起到重要作用。

出版的各类论文和书籍，共600多种。他除详细描述脊椎动物特别是爬行类和哺乳类的进化之外，根据化石证据还对进化方向提出各种理论假设。培养出许多闻名的动物学家和古生物学家。（刘 汉）

弗雷蓬，J.（Fraipont，Julien） 比利时人，1857年8月17日生于比利时列日，1910年3月22日卒于同地。*动物学、古生物学、人类学。*

从童年起就热爱自然科学。在列日大学学习期间，成为E. 范本尼登特别喜爱的学生之一。毕业留校任教，1886年任教授，1909年任列日大学校长。1895年成为比利时皇家科学院院士，1908年任学部主任。

共发表15种动物学著作，内容涉及原生动物门、水螅纲、吸虫纲、多节绦虫亚纲、原环虫纲等，其中最重要的贡献是关于原环虫纲的研究。在古生物方面，曾与德康宁克（de Koninck）合作，于1885年发表比利时下石炭纪的动物区系有关著作。在史前考古学方面，除了发现石器时代的一些资料外，还于1886年夏季在比利时施皮附近的那慕尔发现两块人类化石，这是对尼安德特人的第一次比较完整记录。（林金榜）

罗萨，D.（Rosa，Daniele） 意大利人，1857年10月29日生于意大利都灵附近，1944年4月30日卒于诺维利古雷。*动物学、生物进化论。*

在意大利都灵大学学自然科学和医学，1880年获博士学位。后去德国格丁根大学动物研究所学习。完成学业后在都灵动物博物馆任助理。以后在萨萨里、摩德纳、佛罗伦萨、都灵等地的大学教动物学和比较解剖学，1932年退休。

著有关于环节动物门寡毛类的形态和分类方面的书籍。1899年和1918年发表两篇专题论文，论述物种起源及其演变过程，指出由于变异性的减少而引起原始物种绝灭。提出“变异性逐渐减小定律”，即一个物种存在时间越长，其变异性就越小。经过修改后又叫“逐渐递减变异性定律”。在这个定律中断言在自然界中存在直生现象，主张物种的发生不受个体变异的影响。

（吴劲梓）

多洛，L. A. M. J.（Dollo，Louis Antoine Marie Joseph） 法国人，1857年12月7日生于法国里尔，1931年4月19日卒于比利时布鲁塞尔。*动物学、古生物学、生物进化论。*

出身航海世家。1877年毕业于里尔大学。1882年在布鲁塞尔皇家自然博物馆任职，自1891年起终生任该馆脊椎动物研究室主任。1909年兼任布鲁塞尔大学古生物学教授。是比利时皇家学会会员。

主要研究爬行动物的个体生态学，提出了一系列独特的见解，如从恐龙特殊的个体生态中得到启示，那些四足动物的祖先具两足功能；认为海龟的演化过程相当复杂。最杰出的著述之一是论肺鱼，该文阐述了该类动物演化的最基本特征，至今仍具参考价值。运用个体生态学不仅成功地研究了脊椎动物，在头足动物和节肢动物方面也有所建树。在理论上以达尔文的思想为指导，许多著名的文章收集在《古生物个体生态学》一书中，力求通过对个体动物的器官及其功能分析找出其进化史，以便了解其适应性，创立了演化不可逆定律，丰富了达尔文学说，为古生物学留下了许多宝贵文献资料。但也存在机械地划分古生物学和地质学界限、某些结论不甚明确的局限。科学知识渊博，语言学和音乐方面也有较深修养。先后获库尔曼奖金、赖尔奖章和麦奇生奖章。

（马玉英）

纳瓦申，С. Г.（Навашин，Сергей Гаврилович；Navashin，Sergey Gavrilovich） 苏联人，1857年12月14日生于俄国萨拉托夫省察廖夫希纳村，1930年12月10日卒于苏联儿童村（今属普希金市）。*真菌学、植物学、植物细胞胚胎学。*

生于医生家庭。曾在萨拉托夫大学预科学校、圣彼得堡大学医学外科学院、莫斯科大学学习。1881年莫斯科大学毕业后，在该校教真菌分类学导论，在彼得罗夫斯克农学院教植物病理学，从事苔藓和寄生真菌形态分类学的研究。1894年任基辅大学植物学教授。1918年任第比利斯大学教授。1901年和1918年先后当选为俄国科学院通讯院士、苏联科学院院士。1923年组建季米里亚泽夫植物生理学研究所并任所长。1924年当选为乌克兰科学院院士。

由于显微技术熟练和观察敏锐，1895年发现桦木等被子植物的合点受精，即花粉管通过合点伸入胚囊的受精过程。后又研究欧洲百合等的受精过程，发现被子植物双受精现象。这一重大发现证明胚和胚乳的发育都是有性发育的结果。晚年从事胞核学研究，成果显著，创立了俄国细胞胚胎学学派。主要著作有《染色体内部组织特征》（1916年）、《纳瓦申选集》（1951年）等。1929年获苏联荣誉科学家称号。

（蒋虎祥）

麦卡勒姆，A. B.（Macallum，Archibald Byron） 加拿大人，1858年生于加拿大安大略省贝尔蒙特，1934年4月5日卒于安大略省伦敦。*生物化学、生理学、医学。*

1880年毕业于多伦多大学。1883年任该校生物学讲师，1888年获博士学位，1890年与1916年先后任生理学、生物化学教授。1901年与1906年先后当选为加拿大、英国皇家学会会员。1921～1928年任中国北京协和医学院客座教授。后返安大略大学从事研究工作。

最著名的成果是，论证了脊椎动物的血液血浆与古海洋的无机离子组分之间的关系；认为现代脊椎动物血液血浆组分中无机离子的特有浓度是古海洋生命的固有延续，古海洋生命是靠有封闭的循环系统的多细胞有机物的羽化和靠肾的进化来维持的；由此提出肾脏的功能是调节人体体液中无机组分的重要结论；还研究了动物和植物组织内无机组分的微量化学测定方法。由于以上成就，学术界公认他是近代加拿大生物学及医学领域的先驱者之一。

（池贵法）

小贝利，L. H.（Bailey，Liberty Hyde，Jr.） 美国人，1858年3月15日生于美国密歇根州南黑文镇，1954年12月25日卒于纽约州伊萨卡。*植物学、园艺学、农艺学。*

幼年即热爱植物、鸟类、昆虫、苹果树嫁接等。19岁入密歇根州立农学院，1882年获学士学位。曾任哈佛大学植物标本馆管理员和该校植物生理学实验助教等。1885年任密歇根州立农学院园艺学和庭园设计学教授。同年当选为英厄姆地区园艺学会会长，并获密歇根州立农学院硕士学位。1888年任康奈尔大学实用与实验园艺学教授，1903年任该校农学院副院长。1904年任纽约州立农学院院长和该院实验站主任。是美国园艺科学会创建人和第一届会长（1903年）、美国植物学会创建人和会长（1926年），两次任美国自然研究会会长（1914～1915年），还是美国各农学院与试验站协会（1906年）、美国果树学会（1917年）、美国科学促进协会（1926年）和美国植物分类学家学会（1939年）的会长。奥尔福德、威斯康星、佛蒙特和波多黎各等大学曾授予他荣誉博士学位。是美国国家科学院、美国文理科学院、费城科学院院士。

1884～1900年发表许多关于苔草属的论文。1885年美国果品学会授予他怀尔德奖。1886年开始研究南瓜属的杂交和品种，成为这方面的权威。也是棕榈、葡萄和白菜属等栽培植物权威。陆续发表数百篇论文。出版有《美国园艺学百科全书》（4卷，1900～1902年）、《美国农业百科全书》（4卷，1907～1909年）、《标准园艺百科全书》（6卷，1914年）、《栽培植物学手册》（1923年）等。

（耿伯介　叶光汉）

亨金，H.（Henking，Hermann） 德国人，1858年6月16日生于德国耶克斯海姆，1942年4月28日卒于柏林。*昆虫学、鱼类学、胚胎学、渔业管理。*

1878年入格丁根大学学习动物学，1882年在E. 埃勒斯（Ernst Ehlers）指导下完成关于螨虫的解剖和生长的论文。1886年在格丁根大学当教师。1892年到德国渔业协会工作，并任该会海洋和海岸渔业部秘书长。

青年时代就对细胞学和胚胎学作出不少贡献，发表一系列关于普通生物学和蜘蛛纲生长的论文，对昆虫配子发生、受精作用和胚胎学进行了广泛的研究。1891年发现后来被称为的X染色体，是第一个观察到性染色体的科学家。还研究鱼类的回游、各种生态因素对其影响和各种渔业技术，为建立海洋渔业基地、开发海洋资源出力，并为沿海渔民建立保险公司、创办渔业培训班、改善渔民生活做了大量工作。

（秦安舲）

博亚斯，F.（Boas，Franz） 美国人，1858年7月9

日生于德国北莱茵-威斯特伐利亚州明登市，1942 年 12 月 21 日卒于美国纽约。人类学、民族学、博物馆学。

德国裔。早年在德国海德堡大学、波恩大学和基尔大学研究数学、物理学，1881 年获物理学博士学位。翌年向 R. 魏尔啸学习人体测量学。1883～1884 年以地理学兼人类学家身份赴加拿大巴芬岛考察。1885 年任柏林民族学博物馆副馆长，当巴斯蒂恩(Bastian)的助手。移居美国后，1886～1888 年任《科学》杂志助理主编。1888～1892 年任克拉克大学人类学讲师。1892 年加入美国籍，1896 年任美国自然博物馆人类学部主任。1899 年兼任哥伦比亚大学自然人类学教授。1907 年任美国人类学会会长。1910 年任纽约科学院院长。

系统研究了人类成长、语言学、民间传说、艺术和美国西北海岸印第安人种学等问题。曾到美国西北海岸的印第安人中作实地考察(共 13 次，末次在 1931 年)。坚持经验归纳法的立场，针对当时占统治地位的"进化的"人类学(即用许多未经证实的假定和不加鉴别的"比较方法"进行演绎推导)，提出应通过对个体形态和变异的过细研究来发现变化的过程。提倡历史的方法，否认那种教条式的、人为虚构的所谓文化发展史。还致力于艺术、语言和神话中"精神现象"的研究。著有《原始人的心理》(1911 年)、《钦西安人神话》(1916 年)、《原始艺术》(1927 年)、《人类学与现代生活》(多卷，1928～1938 年)、《普通人类学》(1938 年，与他人合著)、《种族、语言和文化》(1940 年)等。 (肖 玲 李啸虎)

撒克斯特，R.(Thaxter, Roland) 美国人，1858 年 8 月 28 日生于美国马萨诸塞州牛顿，1932 年 4 月 22 日卒于马萨诸塞州坎布里奇。隐花植物学、真菌学、地理探险。

其祖辈来自英国。母亲以写诗著称，父亲从事文学研究。1878 年入哈佛大学，1882 年获文学士学位。1883 年进哈佛大学医学院，兴趣很快转向植物学，在法洛(W. G. Fariow)指导下从事隐花植物的研究，1888 年同时获硕士和博士学位。1888～1891 年去康涅狄格州农业试验站从事真菌学研究工作。1891 年回哈佛大学任隐花植物学副教授，1901 年任教授。1919 年退休后任荣誉教授和隐花植物标本馆荣誉馆长，直至去世。1907～1932 年任《植物学年鉴》主编。1909 年任美国植物学会会长。是美国国家科学院院士。1921 年当选为瑞典皇家科学院外籍院士。是美国和外国许多学会的成员。曾多次去西印度群岛和南美洲南部作考察旅行。学识渊博，在真菌学和隐花植物学方面的许多著作和文章叙述详细、正确，堪称典范，具有深远的影响。 (谢 愉)

默里，G. R. M.(Murray, George Robert Milne) 英国人，1858 年 11 月 11 日生于英国苏格兰阿布罗斯，1911 年 12 月 16 日卒于苏格兰斯通黑文。真菌学、藻类学、地理探险。

幼年曾在家乡受教育。1876 年去大英博物馆任植物学助理，负责收集隐花植物，其后半生即在这里度过。1878 年被选为林耐学会会员。1897 年被选为英国皇家学会会员。因健康不佳，1905 年引退返回苏格兰。

1879 年为《大英百科全书》撰写真菌条目。曾多次参加远航。1888 年赴巴西费尔南多德诺罗尼亚的远航队报告中，有关藻类与菌类部分就由他执笔写成；1898 年参加皇家地理学会组织的"大洋"号远征，收集麦尔兰沿海地区的资料；1901 年以科学指导者身份航行至好望角。1897 年发表利用无性孢子繁育硅藻的论文。参与编撰《南极手册》。1884 年结婚，生有一子一女。为纪念他，一种菌类命名为默里裂摺菌。 (王荣增)

基亚鲁吉，G.(Chiarugi, Giulio) 意大利人，1859 年 1 月 28 日生于意大利锡耶纳，1944 年 3 月 17 日卒于佛罗伦萨。胚胎学、解剖学、生理学、医学。

小商的儿子。1882 年毕业于都灵大学。2 年后任锡耶纳大学解剖学副教授，1886 年任教授。1890 年任佛罗伦萨大学人类解剖学研究所所长。1908 年开始教胚胎学。1934 年脱离教学专门从事研究工作。

是 19 世纪末 20 世纪初最著名的胚胎学家之一。在胚胎学方面，1887 年首次发现小鸡胚胎心跳出现在肌原纤维的形态分化之前，即神经系统尚未形成时心脏活动就已发生了，从而证实心跳自动性理论。还对迷走神经、副神经和舌下神经早期生长进行研究，证实迷走神经的双重起源。1895～1901 年研究某些环境因素对蝾螈受精卵分节的影响；研究人体胚胎病理学。1926 年出版关于双胞胎的论著。 (孙炳寅)

洛布，J.(Loeb, Jacques) 美国人，1859 年 4 月 7 日生于普鲁士莱因省，1924 年 2 月 11 日卒于百慕大哈密尔顿。实验胚胎学、生物化学。

出身于德国犹太商人家庭。早期热衷于哲学，不久转向自然科学。在斯特拉斯堡大学学习脑科学，1884 年获医学博士学位。1886 年在维尔茨堡大学成为生理学家 A. E. 菲克(把物理学应用于生物与医学的创始人之一)的助手。1891 年定居美国。后来在芝加哥大学、加利福尼亚大学等校任教。从 1910 年直至去世，在纽约洛克菲勒研究院工作。

在科学上建立了动物趋向性概念，1888 年发表了有关论文。还从事实验胚胎学研究，观察海胆受精卵的细胞分裂，1899 年从未受精卵培育出海胆幼体，首次实现了人工孤雌生殖。1918～1924 年对蛋白质进行了研究，1922 年写了"蛋白质和胶体作用的理论"一文，指出蛋白质是两性分子。主张生物机械论，发表《生命的机械论概念》(1912 年)等论著。 (吴馥梅)

帕拉迪，В. И.(Палладин, Владимир Иванович; Palladin, Vladimir Ivanovich) 一译帕拉金。苏联人，1859 年 7 月 23 日生于俄国莫斯科，1922 年 2 月 3 日卒于彼得格勒(今圣彼得堡)。植物生理学、生物化学。

1883 年毕业于莫斯科大学。1886 年任新亚历山德里亚农林学院植物学讲师，后升为教授。1889 年任哈尔科夫大学植物学教授。1897 年任华沙大学教授。

1901～1914 年任圣彼得堡大学生理学系主任。1905 年被选为圣彼得堡科学院通讯院士，1914 年选为院士。

长期从事植物呼吸作用的研究，大致可分为 3 个时期：第一时期发现氧化酶类，并断言植物呼吸作用的基础是氧化还原过程；第二时期是试图在氧化酶和糖类之间找到中间产物；第三时期是阐明呼吸色素原不是激活空气中的氧，而是在脱氢酶的帮助下激活糖类中的氢，因此呼吸色素原是氢的载体而不是氧的载体。这方面的理论使他在国际上很有声望。关于活性氢的概念，在呼吸作用的氧化还原过程中水积极参与的理论，都是前人从未提出过的。所著《植物生理学》(1924 年)、《植物解剖学》等书，全苏教育学院采用 30 多年。（张承圭）

奥斯本，T. B.（Osborne，Thomas Burr） 美国人，1859 年 8 月 5 日生于美国康涅狄格州纽黑文，1929 年 1 月 29 日卒于同地。*植物学、生物化学、营养学、农学。*

地方银行家之子。1881 年毕业于耶鲁大学。学习一年医学后，进入该校研究生院学化学，曾当过一年讲师并发表一些有关化学分析论文。1885 年以分析测定铌铁矿中铌的论文获该校博士学位。1886 年到康涅狄格州立农业试验站当土壤分析化学家。后进入华盛顿卡内基科学研究院工作。1923 年任耶鲁大学教授，1928 年退休。

改进了分析方法，建立了奥斯本烧杯土壤手工操作分析法，沿用至今。1887 年开始致力于植物种子蛋白质研究，成为终身事业。用 2 年时间获得结晶球蛋白。从 1889～1901 年分析研究了至少 32 种植物和农作物种子的物质成分，包括一些豆科、许多核果类和主要粮食的种子。巧妙地使用含盐溶剂和指示剂控制酸度，采用温度梯度和渗析分析方法，从而创建了从植物种子中离析蛋白质的标准方法。1906 年开始研究蛋白质氨基酸组成，发现了赖氨酸、精氨酸、组氨酸等，并使之分离结晶。1909 年研究蛋白质营养成分。后来与他人合作发现了维生素 A。他们还成功地解释了营养现象与维生素 A 的关系、儿童软骨病的根源，确认了鱼油中存在促进动物生长的物质。他对许多纯化学问题也有贡献。主要著作有《小麦籽粒的蛋白质》(1907 年)、《论植物蛋白质》(1909 年初版，1924 年再版)等。（沈德阶）

西蒙，R. W.（Semon，Richard Wolfgang） 德国人，1859 年 8 月 22 日生于德国柏林，1918 年 12 月 27 日卒于慕尼黑。*动物学、生理学、生物进化论。*

父亲是银行家，母亲出身于富有的犹太家庭；哥哥是英国第一流的喉科专家，是英王的御医，被封为爵士。他少年时受达尔文和海克尔著作的影响，热爱生物学。1879 年在耶拿大学受教于海克尔门下。1881 年在海德堡大学学医。1883 年以“海参的神经系统”一文在耶拿大学获博士学位。一年后又通过国家医学考试。1886 年获医学博士学位。1891 年在耶拿大学任编外教授。1897 年辞职在慕尼黑开业行医，作为一名民间学者从事研究工作。他的妻子克雷尔（Maria Krehl）因曾翻译福雷尔（A.-H. Forel）、L. 摩尔根和 C. 达尔文的著作而知名。

1891～1893 年去澳大利亚探险，重点研究了肺鱼类的生活史和进化史。1900 年后，他试图把有机界所有现象，归结为一个统一的概念，提出了“在有机体演变过程中，记忆是持久的源泉”的假说。认为记忆是有机体中的一种特殊物质和普遍功能，由大量记忆印迹组成。记忆印迹是有机体在生命过程中独自获得或遗传而来的。这种认为记忆过程和遗传过程相互一致的观点，属于获得性状遗传理论，直至现在仍然未被人们广泛接受。代表作有《在澳大利亚丛林和珊瑚岛海岸上》(1899 年)、《论记忆》(1904 年)、《记忆生理学》(1909 年)、《素质遗传问题》(1912 年)、《澳大利亚和马来群岛动物学研究》(多卷本，1894～1913 年)等。（童远瑞）

坎贝尔，D. H.（Campbell，Douglas Houghton） 美国人，1859 年 12 月 19 日生于美国密歇根州底特律，1953 年 2 月 24 日卒于加利福尼亚州帕洛阿尔托。*植物学、植物地理学、显微技术。*

1882 年毕业于密歇根大学，获植物学专业硕士学位。后在底特律高级中学教植物学 4 年。1886 年获密歇根大学生物学博士学位。1886～1888 年到德国学习显微技术和进行研究工作。回国后，1888～1891 年任印第安纳大学植物学教授。1891～1925 年任斯坦福大学教授兼植物学系主任。是《美国博物学者》主编之一。1910 年当选为美国国家科学院院士。1913 年成为美国植物学会会长。1930 年任美国科学促进协会太平洋组主任。

1888 年开发出一种石蜡浸透法观察植物解剖面的新技术。1895 年出版《苔藓和蕨类植物的组织和发育》，此书成为该领域研究史上的里程碑。编写的教科书几乎被所有大学的植物系采用，使他的名字在 19 世纪末就为大家所熟知。其他著作有《植物组织学与分类学基础》(1891 年)、《植物进化论讲义》(1899 年)和《植物地理学概要》(1926 年)等。（秦　嘉）

韦尔登，W. F. R.（Weldon，Walter Frank Raphael） 英国人，1860 年 3 月 15 日生于英国伦敦北郊海格特，1906 年 4 月 13 日卒于牛津。*动物学、生物统计学、生物进化论。*

父亲是化工企业家、英国皇家学会会员。1876 年进入伦敦大学学院预科学动物学。2 年后入剑桥大学圣约翰学院继续学习动物学，1881 年以优异成绩毕业。同年赴意大利那不勒斯动物站研究海洋生物学。次年回母校剑桥大学任教动物学。1883 年结婚，妻子特布（F. Tebb）成了他在科学研究中的得力助手。1889 年任伦敦大学学院动物学教授。1899 年任牛津大学讲座教授。1890 年当选为英国皇家学会会员。

生物统计学奠基人之一。受 F. 高尔顿的《自然遗传》(1889 年)的启示，认为变异的统计学对解释达尔文进化论比胚胎学更有效。对生物统计学最重要的贡献是对虾类各种不同死亡速率的研究。他假设如果在生物繁殖之前，自然选择淘汰不适应的个体，那么弱小种群的死亡速率可能与身体特征相关。1891年与K.皮尔逊合作直到去世。还进行了关于飞蛾、蜗牛、良种马、罂粟属植物、鼠与人关系的研究，试图找出一些明显的、具有进化意义的连续变异实例，但始终没有得到更大的成就。 (孙炳寅)

汤普森，D. W.（Thompson，D'Arcy Wentworth） 英国人，1860年5月2日生于英国爱丁堡，1948年6月21日卒于苏格兰圣安德鲁斯。生物形态学、博物学、应用数学、古典文学。

国王学院古典文学教授的儿子，受到热爱科学的祖父的熏陶和培养。1877～1880年就读于爱丁堡大学医学专业。1880～1883年就读于剑桥大学并任该校评议员。1884年赴苏格兰敦提大学学院任生物学教授，直至去世。1896年参加远征队考察白令海峡。1916年当选为英国皇家学会会员。1917年任英国博物学学会会长。1936年任苏格兰古典文学学会会长。1937年被封为爵士。

1911年在"生物学的首创性问题"一文中，第一个讨论了形态学与物理学之间的边缘科学问题。1917年发表重要科学论著《论生长与形态》，首次用数学方法研究了生物的形态问题，具有极大的首创性。其中"相关形态之比较"一章，按笛卡儿的坐标法严谨地论证了相关形态的变形问题，对胚胎学、分类学、人类学和生态学均有重要影响。一般科学家、工程师、建筑师、画家和诗人也可从该书论述的科学发现、科学思想和科学史中获得灵感和教益。另有《希腊鸟类汇编》（1895年初版，1936年再版）一部。1946年获英国皇家学会达尔文奖章。 (李士土)

洛弗尔，J. H.（Lovell，John Harvey） 美国人，1860年10月21日生于美国缅因州沃尔多伯勒，1939年8月2日卒于同地。昆虫学、植物学。

船长之子。从小对博物学感兴趣，1882年获阿默斯特学院理学士学位。留校任教。1899年获该校文科硕士学位。同年结婚。父亲去世后获得丰厚遗产，足以保证他的生活与研究。妻子经常帮助他采集昆虫标本、贴标签、作目录。生有2子，长子H. B. 洛弗尔（Harvey Bulfinch Lovell）继承了他的事业。

他在读了H.米勒（Hermann Müller）的《花的授粉》一书后，全力研究花和花的颜色以及昆虫对色的选择等。他发现野蜂难以辨认，于是先后收集了8000多个标本，定出32个新种。仅从1926年至去世，他在各种报刊杂志上发表的关于植物的大小文章近千篇。1932～1939年，去世前几年和长子共同发表6篇关于授粉的重要论文。著有《蜜蜂的色觉》（1909年）、《缅因州南部的叶舌花蜂》（1910年）、《花的进化》（1917年）、《花和蜂》（1918年）、《北美的酿蜜植物》（1926年）、《石南科灌木的授粉》（1935年）等。书中均附有多幅他亲自拍摄的照片。 (谢 愉)

格雷德，C. W.（Greider，Carolyn Widney） 美国人，1961年4月15日生于美国加利福尼亚州圣迭戈。分子与细胞生物学、遗传学、基因工程、医学。

物理学教授之女。1983年获美国圣巴巴拉加利福尼亚大学创造研究学院生物学学士学位。翌年师从E. H.布莱克本，1987年获伯克利加利福尼亚大学分子与细胞生物学博士学位。期间在德国格丁根大学进行合作研究。毕业同年到纽约长岛冷泉港实验室从事博士后研究，两年后留任研究员。1997年起一直任美国约翰斯·霍普金斯大学基础生物医学科学研究所分子生物学和遗传学教授，后兼任该所所长。2003年同时当选为美国文理科学院院士、美国国家科学院院士。

她对细胞染色体根冠的端粒结构及其机制作了先驱性研究。1984年4月作为博士生参加布莱克本实验室团队，探寻可能决定癌症和衰老机制的某种起关键作用的酶。同年年底，她首次鉴别出了参与端粒DNA（脱氧核糖核酸）复制的一种逆转录酶——端粒酶。6个月以后的1985年夏，师徒俩在四膜虫细胞裂解液中首次成功分离得到染色体根冠的端粒酶。进一步的研究发现，这种酶具有合成新端粒DNA并控制其长度的活性。同年12月，她们在《细胞》杂志上公布了这一重大发现。1989年俩人又从端粒酶中提纯到一种RNA（核糖核酸），测出其编码序列，并确定它就是端粒酶的模板。1990年和导师、两位学友联名发表实验报告，报道当端粒酶有缺陷时端粒染色体不能正常工作，端粒最终会缩小以致不能复制自己，从而导致基因凋亡。这一发现对衰老和癌症等生理学基础研究意义重大，因为癌细胞已知有过长的端粒，而人类细胞在老化过程中端粒会逐渐收缩。1995年，她和布莱克本合作主编出版著名论文集《染色体端粒》，深受欢迎。

由于共同"发现端粒和端粒酶如何保护染色体"，她和E. H.布莱克本、J. W.索斯塔克分享2009年度诺贝尔生理学或医学奖。颁奖新闻公报称："他们解决了生物学的一个重大问题：在细胞分裂时染色体如何完整地自我复制、以及染色体如何受到保护以免于退化。这三位诺贝尔奖获得者已经向我们展示，解决办法存在于染色体末端——端粒，以及形成端粒的酶——端粒酶。""这是有关人类衰老、癌症和干细胞等研究的谜题拼图中重要的一片"，"他们的发现使我们对细胞的理解增加了新的维度，清楚地显示了疾病的机理，并将促使我们开发出潜在的新疗法。"

此外还获其他奖励多项，其中有：1998年盖尔特纳基金会国际奖，2003年美国国家科学院劳恩斯伯里奖，2006年同时获拉斯克基础医学研究奖（和布莱克本、索斯塔克分享）、迪克森医学奖和威利生物医学科学奖（与布莱克本分享），2007年霍维茨奖（和布莱克本、高尔（J. G. Gall）分享），2009年埃利希与达姆斯塔特尔奖（与布莱克本分享）等。 (李啸虎)

霍普金斯，F. G.（Hopkins，Sir Frederick Gowland） 英国人，1861 年 6 月 20 日生于英国英格兰萨塞克斯郡伊斯特本，1947 年 5 月 16 日卒于英格兰剑桥。生物化学、营养学。

幼年丧父。17 岁时在一家地方保险公司伦敦办事处任化学分析助理员，还当过一家铁路公司的化验员。后又在盖伊医学院附属医院当一名法医助手。在此期间由于努力自学，终于获得伦敦大学旁听生资格。1888 年得到了一笔遗产，始入盖伊医学院学习。在学习期间曾获得化学金质奖章和医学优等成绩奖，1894 年取得医师的从业资格证书。

在学校学习时曾被父亲的一架显微镜迷住，使显微镜和化学结合在一起，决定了他的科学发展前途。1898 年应生理学教授 M. 福斯特之邀来到剑桥大学化学生理系任教，1910 年起在该校三一学院生物化学系任教，但直到 50 岁左右才把大部分时间用于发展生物化学。1914～1943 年任剑桥大学第一位生物化学教授。在第一次世界大战期间，大部分时间在英国皇家学会食品委员会工作。1905 年当选为英国皇家学会会员，1930～1935 年任英国皇家学会会长。1933 年当选为英国科学促进会会长。1925 年被封为爵士。获多所国内外文学荣誉博士学位。

早期在盖伊医学院进行医学研究时，即对尿酸发生兴趣，发明了一个测定尿中尿酸的新方法。饮食对尿酸排泄的影响引起了他对蛋白质的注意，改进并建立了一个新方法以获得蛋白质的结晶制剂。与科尔（S. W. Cole）一起对蛋白质反应有关的物质进行了深入研究，最终分离出色氨酸。接着测定了色氨酸的结构，并研究细菌对色氨酸的作用。由此开创了细菌生物化学，以后发展成为生物化学的一个重要分支。他又研究营养学，得到一些具有一定纯度的蛋白质，很快证实新发现的色氨酸是一种必需的饮食成分。后又研究精氨酸和组氨酸的营养作用。提出如下见解："我确知在正常食物中必定含有某些未知物，它们并不存在于用纯的蛋白质、糖类、脂肪和盐类所组成的合成食料中。"以这种合成食料饲养幼鼠，除非每日给以少量牛奶，否则不能生长还会减轻体重。因此他断定牛奶中含有"辅助性食物因子"，这些因子虽然只是微量的，但对正常生长和维持生命却是必不可少的。通过实验，他创立了"维生素"学说。1912 年发表"阐明在规定食物中添加辅助食物因子重要性的饲养实验"著名论文。经过使用合成饲料喂养动物的实验，发现酵母汁、肉汁中均含有动物生长和代谢必需的微量有机物，即维生素。但这个实验结果迟迟得不到承认，直到 1920 年还有争论。后来因这一重要发现，和荷兰医学家 C. 艾克曼共获 1929 年诺贝尔生理学或医学奖。

1917 年获人造黄油工业界的资助，才进一步开展营养学的研究。不久就研究清楚人造黄油比天然黄油质量差的原因，是缺乏脂溶性 A 因子（后人证实这种因子是维生素 A 和 D 两种组分）。参与这项研究工作一直到 1920 年，以后还在人造黄油工业界当了多年顾问。战争结束后，生物化学第一次成了剑桥大学自然科学荣誉学位考试第Ⅱ部分的学科。1935 年他决定将生物化学作为剑桥大学荣誉学位考试第Ⅰ部分的学科。这个决定引来了其他一些大学很多批评，但这项改革终于获得成功，生物化学成为英国一些大学普通基础课。与生理学家弗莱彻（Walter Fletcher）一起设计在对照组不受刺激的条件下提取和测定乳酸的方法。他对有关肌肉的研究工作，不仅仅是肌肉糖代谢研究的起点而且也间接地发展了酵母酒精发酵的现代知识。通过研究，着重指出在活组织中酶的活性极端重要，酶促反应非常迅速。于是又对氧化酶的研究发生了兴趣，还发现了谷胱甘肽。对这种新物质的分离、结构与生物功能连续地发表了一系列论文。几年后证明某些脱氢酶的活性与巯基有关。在生物化学方面的另一重大贡献是坚持生物学的问题可以用化学方法来解决，强调必须将化学与生理结合起来，以阐明生命现象。认为生物体内进行的一切化学反应，只要研究方法合适，其变化过程就可再现于试管之中，从而推翻了生机论。他认为原生质不是不可思议的，曾写道："使用原生质这个术语，在形态上讲是有道理的。"

他不仅是英国的生物化学之父，而且也是一位将生物化学思想和实验生物化学传遍世界的主要人物。性格豪爽，和蔼可亲，但面对信奉的观念受到挑战或被反对时，则表现出极为坚定和顽强的性格。身后出版有《霍普金斯与生物化学（1861～1947）》（1949 年）论文集。1926 年获英国皇家学会科普利奖章。1935 年获国民最高荣誉勋章。 （张承圭　吕慧梅）

贝特森，W.（Bateson，William） 英国人，1861 年 8 月 8 日生于英国约克郡惠特比，1926 年 2 月 8 日卒于伦敦。形态学、遗传学。

英国剑桥大学圣约翰学院院长的儿子。1910 年前一直住在剑桥，后迁居伦敦直至去世。在圣约翰学院学习时，对动物学、形态学和古典文学颇感兴趣。1883 年获剑桥大学文学士学位。留校任教，1885 年当选为该校圣约翰学院评议员。1894 年被选为英国皇家学会会员。1908～1910 年在牛津大学任英国第一位遗传学教授。1910 年离开剑桥大学，任约翰·英尼斯园艺研究院院长。同年创办《遗传学》杂志。1914 年任英国科学促进协会会长，1922 年当选为大英博物馆理事。

学术生涯分为 3 个时期：1883～1900 年，从传统的达尔文胚胎学转向研究遗传和变异；1900～1915 年，对建立孟德尔的遗传和变异学说作出重大贡献，用孟德尔学说重新解释以往的实验论据并指出该学说适用于动植物，始获专家们重视；1915～1920 年继续研究染色体理论并致力于体细胞的分离。在收集大量动植物变异实例基础上，1894 年发表《变异研究的材料》一书，该书副标题指出"特别就物种起源中不连续性问题进行探讨"，抨击自然选择法则，认为"物种的突变源于变异的不连续性"。1900 年阅读了孟德尔关于杂交豌豆苗的论文。1902 年发表"为孟德尔的遗传原理辩护"一文，反击生物统计学派的 W. 韦尔登（Walter Weldon）和 K. 皮尔逊（Karl Pearson）对孟德尔的攻击。提出在细胞核中存在着遗传因子的假设，直到 1920 年才得到证实。1904 年在英国科学促进协会年会上开展大论战，获得许多支持者，取得关键性胜利。1905 年，他命名新学科——“遗传学”，主要转到研究染色体和基因方面。身后出版有《贝特森科学论文选》(1928 年)。1904 年获英国皇家学会达尔文奖章。（路军平）

哈珀，R. A. (Harper, Robert Almer) 美国人，1862 年 1 月 21 日生于美国艾奥瓦州勒克莱尔，1946 年 5 月 12 日卒于弗吉尼亚州贝德福德。真菌学、细胞学、园艺学。

牧师的儿子。在伊利诺伊州农村长大，靠做工读完奥伯林大学，1886 年获文学士学位。曾在大学教拉丁文和希腊文。1888 年起主要兴趣转向植物学。在约翰斯·霍普金斯大学学习后，去湖沼森林学院工作，不久即任植物学和地质学教授。1896 年获博士学位。1898 年任威斯康星大学植物学教授。1911 年到哥伦比亚大学任教，1930 年退休，但继续在校工作至 1937 年。在纽约期间，曾任纽约植物园管理委员会委员及科学理事会主席。1899 年结婚。

最重要的研究是菌类细胞学，曾建立了一个很大的菌类标本室。揭示了真菌子束孢子发育过程的详细情况。在纽约植物园工作时，对于植物病理学方面也有重要贡献。（洪必恭）

克尼勃维奇，N. M. (Книпович, Николай Михайлович; Knipovich, Nikolai Mikhailovich) 苏联人，1862 年 5 月 25 日生于芬兰赫尔辛基，1939 年 2 月 23 日卒于苏联列宁格勒(今俄罗斯圣彼得堡)。海洋生物学、海洋水文学、地理探险。

1886 年毕业于圣彼得堡大学数学物理学系。毕业前一年，曾参加格里姆(O. A. Grimm)考察队到伏尔加河下游考察，从而对水文学和海洋生物学发生了兴趣。1887 年和 1896 年因从事革命活动两次被沙皇政府逮捕。1892 年获圣彼得堡大学理学硕士学位。留校任教，1893 年任该校教授。1899 年因“政治上不可靠”被学校开除。1894～1921 年在圣彼得堡科学院动物博物馆工作。1898 年起任国际海洋研究理事会俄国代表、副主席。1911～1930 年任列宁格勒女子医学院动物学与普通生物学教研室教授、室主任。1927 年当选为苏联科学院通讯院士。

是研究海洋渔业及与之密切相关的水文条件的先驱者。从 1887 年起研究白海、巴伦支海的生物学。在 1904 年、1912～1913 年和 1914～1915 年，他组织了 3 次去里海的考察，查清了那里的水文学特点和海洋生物的分布及周年变化。1921 年公布在里海的考察结果，为这个地区的海洋捕捞业管理和资源保护提供了科学依据。还组织与参与对波罗的海(1905～1911 年)、亚速海和黑海东部(1922～1927 年) 等地的海洋生物资源考察。著有关于海洋考察的渔业资源、水文地理、地质历史，以及海洋无脊椎动物的专著。（叶学海）

德沃，H. (Devaux, Henri) 法国人，1862 年 7 月 6 日生于法国滨海夏朗德省，1956 年 3 月 14 日卒于波尔多。植物生理学、分子物理学。

出身海员家庭。1884 年从波尔多大学毕业。后在巴黎大学学习植物学，1889 年以论述有关水生植物组织中的气体交换机制的论文获巴黎大学药学院博士学位。留校任教。1906 年回波尔多大学任植物生理学教授，1932 年退休。

把植物学与物理化学结合研究，早在 1896 年论述了水生植物的细胞膜中积聚多价金属离子，如钠和钾，加入外部溶液后这些积累物便产生逆向变化。这一论述具有广阔的科学意义和工业应用价值。1903 年后对表面物理发生兴趣，使用简单的仪器做实验。将一个摄影用的盘注满水或水银，轻轻地撒入一些滑石粉，约一分钟膜形成物质聚积于液体表面，滑石粉的粒子被排斥和重新集合成一个圆形。通过对直径的简单计算，得到此膜形成物质的分子量。此结果开始在法国被忽视，10 年后才引起美国物理学家的注意。在固体表面的变湿、表面膜中的分子和有气味的物质的挥发等方面都作出了贡献。（陆士龙）

普拉特，L. H. (Plate, Ludwig Hermann) 德国人，1862 年 8 月 16 日生于德国不来梅，1937 年 11 月 16 日卒于耶拿。动物学、遗传学、生物进化论。

语言教师的儿子。是 E. 海克尔的学生，1885 年在耶拿大学获博士学位。1898 年任柏林大学生物学教授。1901 年任海洋博物馆馆长、农学院教授。1904 年参与创办《种系和社会生物学学报》并任主编。1909 年任耶拿大学动物学教授和人类学博物馆馆长，1934 年退休为名誉教授。曾是德国、匈牙利和瑞典等国科学院院士。

是达尔文进化论的支持者和维护者。1900 年出版《达尔文选择学说之影响和意义》一书，并多次再版。还写了有关进化、遗传、软体动物和普通动物学等许多文章；此外出版有《选优原理和物种形成问题》(1913 年)、《普通动物学和进化论》(4 卷，1922～1932 年)等专著。（杨方中）

博韦里，T. H. (Boveri, Theodor Heinrich) 德国人，1862 年 10 月 12 日生于德国班贝格，1915 年 10 月 15 日卒于维尔茨堡。细胞生物学、胚胎学、遗传学。

法国人的后裔、内科医生的次子。年轻时在班贝克大学和纽伦堡大学读书。1881 年入慕尼黑大学，在该校解剖学院库普费尔(C. von Kupffer)指导下完成论述神经纤维结构的学位论文，1885 年以最优异的成绩获博士学位。后在慕尼黑大学动物学学院 R. von 赫尔维希指导下，又把兴趣转向细胞学，1891～1893 年成为赫尔维希的助手。1893 年任维尔茨堡大学动物学和比较解剖学教授、动物学与动物解剖学研究所所长。1912 年任柏林-达莱姆的凯撒-威尔海姆生物学研究所所长。1897 年与美国生物学家 M. 奥格拉迪(Mareella O'Grady)结婚，生有一女，是一名作家兼新闻工作者。

以当代最有趣的发现和最有成效的新概念丰富了生物学。1885 年开始一系列关于染色体的研究，清楚阐述细胞核带有双亲遗传的物质基础，每个物种染色体数是固定的。1887年、1888年和1890年发表论述蛔虫发育细胞的3篇论文，分别描述了卵的成熟、染色体减少只在卵的上部磁级发生、受精和卵裂中染色体是使组织结构有机化的独立实体。1901年出版《受精问题》一书，后在赫尔维希的影响下转向海胆卵的实验生物学研究。1902年报道了用两次受精的卵细胞核可分裂出3～4个子细胞，其染色体是不等分的，强调发育中细胞核的重要性的同时，预言了细胞核与细胞质之间的相互作用。还在文昌鱼中发现分节排泄器官。1914年提出肿瘤细胞可能由于染色体数目异常而恶变的理论。指出只有在细胞核分裂时才能见到是染色体主宰遗传。卵受精时，卵和精子各提供半数染色体给受精卵，从精子来的中心体为正在分裂的受精卵及其后代提供了分裂中心，未受精的海胆卵由于震动，也可分裂成能发育的片断。发现有细胞核和没有细胞核的片断受精，两者都能正常发育，偶尔未受精海胆卵也能正常发育，染色体的行为取决于细胞质和细胞核的位置。为孟德尔遗传定律的细胞学解释奠定了基础；为遗传学中染色体理论的建立提供了实验依据。

还是优秀的钢琴家和天才的画家。性格刚正，作风严谨，善于抓住事物的本质，但脾气有点粗暴。

（王伟祖　章津华）

马特鲁肖，A. L. P.（Matruchot，Alphonse Louis Paul）　法国人，1863年1月14日生于法国第戎附近，1921年7月5日卒于巴黎。*真菌学、农艺学、植物病理学。*

曾先后在埃夫勒和巴黎受教育。1883年在圣路易斯学院任代课教师。后在巴黎大学高等师范学校学习2年。留校任教植物学，并于1892年获博士学位。1894年结婚，后生育有3个孩子。同年负责巴黎大学理科见习工作，1895年任讲师，1900年任助理教授，1904年任副教授，1912年任真菌学教授。是法国真菌学会会长。

采用巴斯德实验技术研究各种培养基对真菌多形性和繁殖的影响，发现了某些菌类的兼性寄生、与某种细菌的联合共生现象以及具有单生菌丝体、联合菌丝体和不育菌丝体3种不同形态。还研究使人类和动物致病的真菌，开辟了医学研究新领域，纠正了前人把某些寄生真菌传染病误诊为淋巴结核或梅毒的错误。首次分离出马铃薯枯萎病致病因子，并加以提纯培养，由此获1911年博丁奖。出版有《食用菌类栽培》（7卷，1907～1914年），此外编有数部教材如《植物学基础教程》、《农用植物学手册》、《农业化学手册》等。

（孙炳寅　李孙演）

张伯伦，C. J.（Chamberlain，Charles Joseph）　美国人，1863年2月23日生于美国俄亥俄州沙利文，1943年2月5日卒于伊利诺伊州芝加哥。*热带植物学、植物形态学。*

1888年毕业于奥伯林学院。在两个州立学校任教，曾任一高级中学校长数年。1893年入芝加哥大学，1897年获植物学博士学位。留校任教，1911年任副教授，1915年任植物形态学和细胞学教授。期间1901～1902年去德国波恩大学，在著名植物学家E. A. 斯特拉斯布格的实验室中做研究工作。1902年任德文《植物学公报》期刊细胞学方面的美国主编。1923年奥伯林学院授予荣誉科学博士学位。曾在国际植物学团体中任副会长。1923年任美国科学促进协会植物学部主任，1931～1932年任美国植物学会会长。1888年结婚，生有一女。第一任夫人于1931年去世，他于1938年再婚。

为了探索苏铁类植物的进化，研究了古植物学方面的证据，并依据它们的生活史解释古代和现代代表植物两者在结构上的亲缘关系。指出苏铁类植物在地质史上一度兴旺过，后由于生存竞争而受到限制。为了观察它们在自然环境下的生长，曾去墨西哥、澳大利亚、新西兰、南非和古巴等地考察，写出《活苏铁》一书。还把收集到的活苏铁类植物栽培在芝加哥大学植物园中。一生发表了许多植物学方面的著作，但主要从事苏铁类形态学与系统发育学的研究工作。代表作有《植物组织学方法》（1901年）、《裸子植物形态学》（1901年，与他人合著）、《被子植物形态学》（1903年）等。先后获得许多荣誉。

（耿伯介　叶光汉）

艾根曼，C. H.（Eigenmann，Carl H.）　美国人，1863年3月9日生于德国弗莱欣根，1927年4月24日卒于美国加利福尼亚州立拉维斯塔。*鱼类学、脊椎动物学、地理探险。*

生于德国，1877年同亲戚一起到美国，从事鱼类学研究。1886年毕业于印第安纳大学，1889年获博士学位。1886年结婚后移居加利福尼亚州，1889年任圣迭戈博物学会会长。1891～1927年任印第安纳大学动物学教授。1895～1920年任该校威诺娜湖生物站首任站长。1892年任美国印第安纳州生物学考察队队长。1908年任印第安纳学院首席训导长。1909～1918年任匹兹堡卡内基博物馆鱼类学分馆名誉馆长。1923年当选为美国国家科学院院士。

考察1892年印第安纳州地下生物，带回25 000号标本，其中有128个新种和28个新属。1912年、1918年先后又考察了南美洲哥伦比亚、安第斯山等地。主要研究南美淡水鱼的分类、分布和进化等。通过对非洲和南美丽鱼科及脂鲤科的比较，断定在前第三纪有一块陆地连接着这两个大陆。发表了关于圣失戈等地鱼类的分类、变异和习性等有价值的论文。1890年起还研究了在印第安纳州、肯塔基州、得克萨斯州、密苏里州以及古巴等地采到的盲眼穴居鱼类，发现了许多新种进而研究其他穴居动物，并指出它们已退化的特征是因适应环境而遗传下来的。出版有《北美穴居脊椎动物》（1909年），内有30幅珍贵插图。

（秦安舲）

温特，F. A. F. C.（Went，Friedrich August Ferdinand Christian）　荷兰人，1863年6月18日生于荷兰阿姆斯特丹，1935年7月24日卒于海牙附近

的瓦琴纳尔。、农艺学、植物生理学。

曾在阿姆斯特丹大学 H. 德弗里斯(Hugo de Vries)指导下学习,1886 年获博士学位。1891～1896 年任爪哇卡哥克甘蔗试验站站长。1896 年任乌得勒支大学教授、植物学实验室主任兼植物园园长。1921～1931 年任荷兰皇家科学院院长。1924 年创立乌得勒支植物学家协会。是英国皇家学会外籍会员。

研究甘蔗的病理与生理,确定光合作用最初产物是蔗糖,并测定在甘蔗生长期茎、叶中蔗糖的浓度。1898 年出版有关甘蔗病虫害的名著。20 世纪上半叶,他在植物发育方面的研究具有重大影响,"乌得勒支学派"在植物生理各个领域,特别是在温度的反应、向性和植物生长素三方面闻名于世。F. F. 布莱克曼的限制因子学说发表后,温特和他的学生为此学说提供了重要的实验证据。他还曾积极提倡植物生长激素这一概念,1927～1934 年间发表 8 篇关于植物生长素的论文,成为现代有关植物激素的理论基础。1921 年获爪哇糖业行会金奖。

(洪必恭)

康克林,E. G.(Conklin, Edwin Grant) 美国人,1863 年 11 月 24 日生于美国俄亥俄州沃尔多,1952 年 11 月 21 日卒于新泽西州普林斯顿。*细胞生物学、胚胎学、生物进化论、科学哲学。*

1886 年获韦斯利安大学文学士学位。先后执教于密西西比州拉斯特大学、俄亥俄州韦斯利安大学、西北大学和宾夕法尼亚大学。1908 年应普林斯顿大学校长威尔逊(Woodrow Wilson)邀请,任该校生物系教授和系主任,直至 1933 年退休。是美国哲学学会会员,费城科学院、美国文理科学院、美国国家科学院院士。曾任美国动物学家协会、博物学家协会、美国科学促进协会会长。还是许多外国科学学会外籍会员。曾任《生物学通报》、《形态学》、《实验动物学》、《遗传学》、《生物学评论季刊》等杂志主编。

他的贡献主要包括形态学和胚胎学两方面。研究软体动物腹足纲履螺属的细胞世系,并比较各种生物的早期发育,确立其同源性,对生物进化的关系提供了形态学资料。还详细研究过细胞有丝分裂和文昌鱼胚胎学。在生物学哲学问题讨论会上,对"科学与人类的将来"(1930 年)、"科学与伦理学"(1937 年)、"民主政体的生物学基础"(1938 年) 等专题发表演讲。主要著作有《人类发展的遗传和环境》(1915 年)、《人类进化的方向》(1922 年)、《现实与理想的人》(1943 年)等。

(张承圭 吕慧梅)

哈迪,W. B.(Hardy, Sir William Bate) 英国人,1864 年 4 月 6 日生于英国埃尔丁顿,1934 年 1 月 23 日卒于剑桥。*生物组织学、生理学、物理化学。*

年轻时曾在弗雷明汉学院和剑桥大学学习。1892 年选为剑桥大学评议员,1913 年任生理学讲师。1902 年被选入英国皇家学会,担任过学会的生物学干事,英国食品(战时)研究委员会主席,英国科学促进会会长等职。1925 年被授予爵士封号。

他是一位生物组织学家。将胶体化学用于生物的固定和染色技术,用于研究蛋白质的胶体性质,发现白蛋白在电场中的两极行为。1912 年研究气-液界面分子薄膜的性质,此后又研究表面摩擦及润滑作用。从事物理化学方面的研究,试图探求"生命的物理基础"。他在自传《回忆》一书中强调这一研究方向。主要论文汇集于《哈迪科学论文集》(1936 年)。1925 年被授予爵士称号。1926 年获英国皇家学会皇家奖章。

(田金仙)

塞切尔,W. A.(Setchell, William Albert) 美国人,1864 年 4 月 15 日生于美国康涅狄格州诺威奇,1943 年 4 月 5 日卒于加利福尼亚州伯克利。*藻类学、植物地理学、地理探险。*

印刷商之子。1883 年起先后在耶鲁大学和哈佛大学学习,始终爱好对水藻的研究。获哈佛大学博士学位后,任教于耶鲁大学。1895 年夏天到伍兹霍尔海洋生物实验室工作,研究海洋中的大形海藻。1895～1934 年任伯克利加利福尼亚大学植物系教授、系主任至退休仍在校工作。

20 岁前,就同凯斯(G. R. Case)合作出版地方野生植物目录。25 岁时又与助手合作出版《美国藻菌学》(1895～1919 年),该书记录藻类达200 000种。1920 年在华盛顿卡内基学院资助下去萨摩亚群岛考察,这是他第一次到南太平洋研究珊瑚礁结构及植物生态学和植物分布模型。是公认的研究北太平洋海藻学和珊瑚礁结构中硬壳水藻的权威,发展了划定植物分布温度所起作用的理论。同时还收集了烟草标本,并对它们的形态、杂交进行了调查。由于他善于与其他学者合作,因此被称为精明的指挥者,有魅力的个性、具有广泛兴趣和气质的人。

(江 涛)

马丁,R.(Martin, Rudolf) 瑞士人,1864 年 7 月 1 日生于瑞士苏黎世,1925 年 7 月 11 日卒于德国慕尼黑。*人类学。*

1884 年进德国弗赖堡大学法学院学习,两学期后到莱比锡大学改学哲学。后受动物学家魏斯曼(A. F. L. Weismann)的影响很快回到弗赖堡大学。魏斯曼关于达尔文进化论的讲演对他影响很大。然而他对哲学的兴趣依旧不减,又随里尔(A. Riel)学习批判哲学和实证论,1887 年向弗赖堡大学哲学院递交了博士学位论文。1887～1890 年访问了欧洲几乎所有的人类学研究机构。1899 年和 1905 年先后任苏黎世大学人类学教授和终身教授。因身体不佳而于 1911 年辞去苏黎世大学教授职位,在法国凡尔赛开始编写人类学教材。1917 年应邀任慕尼黑大学人类学教授,直至去世。

1897 年远访马来群岛,对当地大量的部落逐个进行详细的人类学观测,并于 1905 年将调查结果写入专著《马来半岛的内地部族》中,认为塞诺族和塞芒族是维达和尼格里道这两个种族的典型代表,这对以后的研究具有重要的意义。1914 年第一次世界大战前夕出版《人类学教程》。

主要贡献是:使人类学成为一门独立的学科,并改进了人类学研究方法;制造出一套新型的骨骼测量和人体测量仪器,这些仪器以及关于眼睛颜色的图表被人体测量学家广泛采用;对儿童所作的人体测量尤其成功。但正如他所说:"我们将永远不会完成对生活的研究;而如果我们偶尔求得某个暂时的结论,我们也完全懂得,最好的成绩也只不过是向更完美的境地迈出的一步。"被选为意大利、英国、西班牙、奥地利、法国、荷兰、苏联等国许多科学学会名誉会员,在去世前一年还创办《人类学报》杂志。 (辜晓进)

卡弗,G. W.(Carver, George Washington) 美国人,1864年7月12日生于美国密苏里州台蒙特格罗夫镇附近摩西·卡弗农场,1943年1月5日卒于美国阿拉巴马州塔斯克基。*作物栽培学、农业化学、农产品加工。*

黑奴后代。父亲病死,母亲被人虏走,他从小成了孤儿,被农场主卡弗夫妇收为养子,取姓卡弗。10岁时学会写自己名字。12岁离开养父母到各地谋生,在打工中断断续续完成中小学基础教育。1890年被艾奥瓦州辛普森大学破格录取,学习钢琴和艺术,成了该校第一个黑人学生。1891年转到艾奥瓦农业大学(今艾奥瓦州立大学),1894、1896年先后获农学学士、硕士学位。留校任教,是该校首位黑人教员。同年到阿拉巴马州,任塔斯克基师范暨工业技术学院农学系主任至1910年,在该校工作至去世。1935年聘任美国农业部咨询专家。1916年入选英国伦敦皇家工艺协会外籍会员。获3个大学荣誉博士学位。

美国著名黑人农业化学家,被誉为"美国南部的造福者"。协助联邦政府制定美国南方农业开发计划,提出和实施农作物轮植理论,彻底改革了南方农业,促进了美国经济发展。连年内战,数十年单一种植,美国南方土地荒芜,土质日见贫瘠。他指导南部农民采用轮植制耕作,交替种植棉花和肥土作物(如花生、豌豆、大豆、甘薯和核桃等),帮助南部恢复元气。时至1940年,花生成了南方第二位经济作物,跻身全美6种主要农作物之一。

与此同时,他致力发展农产品加工业。在第一次世界大战期间,研制出多种新型纺织品染料,衍生500种不同染料,结束了美国从欧洲进口纺织品染料的历史。先后在花生、甘薯中各研发出300余种、118种衍生产品;从大豆和核桃等作物中开拓上百种产品(包括日用品和工业原料等)。除1925~1927年的3项专利,他把其他成果都无偿赠与社会。为了帮助黑人同胞,他拒绝了爱迪生给他年薪10万美元(今值100万美元)聘任。在他倡议下,1940~1942年美国政府开放500万公顷土地给南方黑人种花生。美国总统柯立芝(J. C. Coolidge)、罗斯福(F. O. Roosevelt),印度圣雄甘地(Gandhi)等名人都参观过他的研究所。

获奖甚多,其中有1923年美国有色人种协进会斯平加恩杰出科学服务勋章,1939年罗斯福勋章等。1938年好莱坞出品电影《G. W. 卡弗生平》。同年塔斯克基学院筹建卡弗博物馆。1940年他倾一生积蓄成立卡弗研究基金会,以促进农学研究。为表敬仰,密苏里州政府在他度过童年地方建立纪念公园,内竖有国家级卡弗纪念碑。1948年、1998年美国邮政部两次发行卡弗邮票。1990年入选美国发明家名人堂。他的墓志铭是:"他本可以名上加利,但他两者皆不放在心上,他使自己对整个世界有益,从中得到快乐和荣誉。(许洁婷)

鲁菲尼,A.(Ruffini, Angelo) 意大利人,1864年7月17日生于意大利普雷塔尔,1929年9月7日卒于巴拉加扎。*胚胎学、组织学。*

1884年在博洛尼亚大学开始学医,1890年毕业。留校组织学实验室工作。因经济拮据,1892年离校任小镇医生及医院院长。1897年任教锡耶纳大学,1903年任胚胎学教授。1912年任博洛尼亚大学组织学和普通生理学教授,直至去世。

他在学生时代就开始研究组织学。在研究神经感受器的结构和胚胎的早期发育方面有一定贡献,1898年发现神经末梢鲁菲尼氏小体和鲁菲尼氏附属鞘;是研究两栖动物原肠胚形成的先驱者,全面而详细地描述了"瓶状细胞"的构成,并将新发现在《分裂生殖》(1925年)一书中予以介绍。1910年获阿克得迈金质奖章及英国皇家学会奖金。为表示敬意博洛尼亚大学组织学和普通胚胎学研究所为用他的名字命名。 (林文娜)

于克斯屈尔,J. J. von(Uexküll, Jakob Johann von) 爱沙尼亚人,1864年9月8日生于爱沙尼亚凯布拉斯,1944年7月25日卒于意大利卡普里。*生理学、生态学、心理学。*

乡绅的儿子。少年时在雷瓦尔上学,后在多尔帕特(今塔尔图)大学学习动物学。曾在德国海德堡大学研究肌肉生理,在意大利那不勒斯动物站研究海洋生物。1925~1936年任汉堡大学环境研究所教授兼所长。1936~1944年任名誉教授。1907年和1936年分别获海德堡大学和乌得勒支大学荣誉博士学位。

因提出环境论而出名。该理论假定:一个人(或动物)在主观世界中所察觉到的,是从感觉器官(感受器)接受到的信息,然后由他的运动器官(效应器)产生反应。即凭借感受器和效应器,选择与其相适应的客观(物理的-化学的-生物的)环境,形成生物与环境的统一体。环境论促进了个体生态学的研究,也给人们研究各种主观现象以理论指导。代表作有《理论生物学》(1926年)等。 (田金仙)

巴塔朗,J. E.(Bataillon, Jean Eugène) 法国人,1864年10月22日生于法国侏罗省阿诺尔,1953年11月1日卒于蒙彼利埃。*动物学、胚胎学、细胞生物学。*

石匠的儿子。1882年通过首轮文学士考试,任阿尔勃瓦学院学监。通过第二轮考试后,任贝尔福中学副校长,并开始攻读哲学学士学位。后转赴里昂任中学校长。通过理学学士考试后,又成为生理学家F. 阿洛因(Fernand Arloing)的研究生。1887年任里昂大学动物学助教,并在L. 夏布里(Laurent Chabry)的指导下学习实验胚胎学。1891年完成理学博士论文,题为"无尾两栖类的变态"。后任里昂大学理学院代理示教员。

1892年在第戎大学任动物学和生理学副示教员，1903年任普通生物学教授。1919年任斯特拉斯堡大学教授。1921年任克莱蒙费朗大学校长。1924年任蒙彼利埃大学动物和比较解剖学教授，结识了主要合作者中国生物科学家朱洗。1916年被选为法国科学院通讯院士，1946年成为院士。

单性生殖的发现者。在一次实验中发现北螈精子呈细针状，想到用玻璃丝或铂丝代替精子。1910年3月用欧洲林蛙进行实验获得成功，90%的卵分化，10%的卵发育成正常幼体。根据实验结果认为除针刺作用(活化因子)外，还存在着调节因子。用细胞或注入卵的细胞碎片都可作为调节因子。调节因子对决定双极有丝分裂顺序是必需的，只有双极有丝分裂才能引起细胞分化，使胚胎正常发育；如调节得不够，就会产生中间型有丝分裂，双极的但却是倒置的。电休克、电灼刺等都可作为活化因子，而调节因子却必须是生物学因子，但它并无专一性，其他无尾类、有尾类、鱼类和哺乳类的血都可代替。刺伤孤雌生殖通常形成单倍体，偶而也形成两倍体。后者可能来自极性分裂不全的小卵，也可能是由于分裂核融合而致的次生性调节作用所引起。调节因子可使双着丝粒分裂代替单着丝粒分裂，但不能使原先的单倍体染色体数加倍。他的工作虽富于独创性，但由于谦虚和严谨使他未负盛名而被低估。所发现的刺伤孤雌生殖固然重要，但更重要的是对生殖过程所作的分析，阐明了受精的复杂现象。1951年获奥西利奖。

(陆宝树)

伊万诺夫斯基，Д. И.(Ивановский，Дмитрий Иосифович；Ivanovsky，Dmitri Iosifovich) 苏联人，1864年11月9日生于俄国格多夫，1920年6月20日卒于顿河畔罗斯托夫。*微生物学、植物病理学、植物生理学。*

地主的儿子。在圣彼得堡念中学，毕业时获金质奖章。后进入圣彼得堡大学数理学院自然科学系学习，1888年毕业。经两位教授推荐回校任教。1890年任圣彼得堡科学院植物实验室助理。1895年通过硕士论文“酒精发酵研究”的答辩，随后担任植物生理系讲师、助理教授，1896～1901年任植物解剖学和生理学副教授。这期间较深入地研究了烟草花叶病的病原学。1901～1915年任华沙大学编外教授。1903年在基辅大学获博士学位。1915年任顿河大学教授。

因发现病毒而成名。和荷兰微生物学家M. W. 贝哲林克都被公认为病毒的发现者。1887年开始研究俄国南部烟草病，较早识别纹斑病和镶嵌性病的混合症状。在求学期间曾研究过烟草“疯火病”病因。1892年发表“关于烟草两种疾病的研究”论文，首次证明不同于细菌的植物病毒的存在。他在对健康和患病的烟草组织标本进行比较解剖研究后，发现病毒的结晶颗粒，认为这种结晶颗粒是致病因素，只能存在于活体中，是一种寄生物。1935年，他的关于晶体和病原之间存在直接联系的假说被W. M. 斯坦利(1946年诺贝尔化学奖获得者)证实。他发现的关于病毒学全部重要原则即病毒的寄生性、颗粒性、特异性、感染过程的周期性和免疫性几乎都被现代病毒学所证实。一度转而研究植物叶绿素与光合作用。身后出版有《文选》(1953年)。

(孙炳寅　孙　勇)

海登海恩，M.(Heidenhain，Martin) 德国人，1864年12月7日生于德国布雷斯劳(今波兰弗罗茨瓦夫)，1949年12月14日卒于蒂宾根。*细胞学、解剖学、组织生理学、显微术。*

生理学家R. P. 海登海恩的儿子。在布雷斯劳大学预科就学时，对地质学和古生物发生兴趣。结业后先后在布雷斯劳大学、维尔茨堡大学学习生物学，接着在弗赖堡大学学医，1890年获医学博士学位。同年成为维尔茨堡解剖学家克利凯(Rudolf Kollikey)的助手。1899年到蒂宾根大学任教，讲授显微镜学、胚胎学和解剖学，1917年任解剖学教授，1933年退休后为荣誉教授。

1891年发现铁苏木精染色体并以自己的名字命名。后来又发明二氯化汞(升汞)组织固定术，首创用苯胺为染料的组织染色法。提出细胞原生质是微胶粒的假说。强调生物在组织结构上的进化同时也伴随着新机能的出现。

在50年的专业生涯中，发表约100篇论文和几本专著。最著名的是细胞学专著《原生质和细胞》(2卷，1907～1911年)。此外还出版有《生命的形成与效能》(1923年)、《人类肾脏的综合形态学》(1937年)、《小肠粘膜的综合形态学》(1940年)等。 (殷明德)

惠勒，W. M.(Wheeler，William Morton) 美国人，1865年3月19日生于美国威斯康星州密尔沃基，1937年4月19日卒于马萨诸塞州坎布里奇。*昆虫学、生物进化论、博物馆学。*

在大学期间，经常去当地博物馆观察标本。1884年毕业于密尔沃基的德-美师范学院，有幸遇见纽约州罗彻斯特的沃德自然科学学会负责人沃德(H. A. Ward)，自愿在馆中为沃德工作。翌年回故乡任教。兴趣广泛，热心博物馆工作，1887～1890年任密尔沃基公共博物馆负责人。同时在克拉克大学攻读昆虫学，1892年获博士学位。1893～1899年任芝加哥大学讲师。1899年为得克萨斯大学动物学教授，主攻昆虫学。1903年任纽约市美国自然博物馆无脊椎动物分馆馆长。1909年任哈佛大学布西分院昆虫学教授，1915～1929年兼任生物学系主任，1934年退休。1908年任美国昆虫学会会长。还是许多学术机构的成员，获有不少荣誉博士学位。

长期对蚂蚁的分类、结构、分布、栖息地和社会生活进行研究。他坚信生物进化，极力支持拉马克学说，引起新达尔文主义者的不满。代表作有《蚂蚁的构造、发育及其行为》(1910年)、《昆虫的群居生活》(1923年)、《群居昆虫的起源与进化》(1928年)、《尘土的恶魔：昆虫行为研究》(1930年)、《理论生物学论文集》等。

(童远瑞)

法默，J. B.(Farmer，John Bretland) 英国人，

1865年4月5日生于英国沃里克郡艾瑟斯顿，1944年1月26日卒于德文郡。植物学、细胞学、科学传播。

1883年赴牛津大学求学，1887年获自然科学学位。留校莫德琳学院任教，1889年任植物学示教员。1892年任英国皇家理学院植物学助理教授(该院后改称帝国理工学院)，1895～1929年任教授。主编《植物学年鉴》、《科学进展》等几种刊物。1900年被选为英国皇家学会会员。1926年获爵士称号。

1892～1893年访问印度、锡兰时，深感在不发达国家迫切需要应用生物学家，指出赤道各地教育和研究同样重要。曾协助殖民地当局建立研究机构。对纯植物学和细胞学方面造诣很深。和动物学家穆尔(J. E. S. Moore)共同探讨动植物细胞分裂的变化，观点一致。后又研究有机体中心区、凝聚质和染色体大小等。与达比希尔(A. D. Darbishire)共同翻译H. 德弗里斯的《突变理论》。曾主编出版6卷本的《自然研究》。(王荣增)

乔达特，R. H. (Chodat, Robert Hippolyte) 瑞士人，1865年4月6日生于瑞士穆捷-格朗瓦勒地区，1934年4月28日卒于日内瓦。藻类学、植物解剖学、细胞学、生物统计学。

1887年在日内瓦大学获植物分类学博士。翌年在该校教德文，1889年任医药植物学教授，1900年任植物研究所所长。

他对植物解剖学、细胞学、畸形动植物学及病理学均感兴趣。早在1893年就开始研究湖生藻的构造与多态性，是第一个从藻类中分离出纯种培养者，为研究藻类代谢和遗传开辟了道路。对植物的共生、藻类培养和发酵等均有研究，而且还是一位高明的化学家。他在植物解剖方面很有成就，被公认为是当时的显花植物专家，此外还深入研究过应用植物。是研究双子叶植物远志科属的当时权威专家。出版过有关巴拉圭植物志的调研成果。在细胞学方面，曾从事细胞分裂和细胞质积累贮存等研究。是第一个把生物统计方法应用到遗传学方面的人。

代表作有《远志科属专论》(2卷，1891～1893年)、《水藻的多态性及其实验研究》(1909年)、《巴拉圭植物志》(与他人合著)、《水生植物》(1917年)、《新编巴拉圭植物志》(1917年，与他人合著)等。1933年获英国林耐奖章。(王荣增)

希契科克，A. S. (Hitchcock, Albert Spear) 美国人，1865年9月4日生于美国密歇根州奥沃苏，1935年12月16日卒于从欧洲到美国的北大西洋海轮上。禾本植物学、农艺学、博物馆学、地理探险。

1884年和1886年在艾奥瓦农学院分别获理学士和理学硕士学位。后在该院任讲师。1889～1891年在密苏里植物园工作。在几个大学短期任教后，1905年起服务于美国农业部，1928年至去世，任美国农业部首席植物学家。1914年被选为新建立的美国植物学会会长，并任该学会杂志主编之一。

在密苏里植物园植物标本馆见习时，积累了历史收藏品管理员的经验，收集了欧洲各大植物标本馆中模式标本产地的资料，并把“模式标本”这一概念规定为物种的基础知识。所采用的方法在1930年召开的第五届国际植物学会议上被纳入植物命名法规中，从而被大家普遍接受。曾赴北美、南美、夏威夷群岛、菲律宾、远东、印度支那、南非和欧洲等地采集植物标本，并将它们集中到华盛顿国家植物标本馆，使该馆成为世界上最大的禾本科植物标本收藏地之一。是美国著名的禾本科学者。发表250篇(部)著述。1925年出版《系统植物学的描述方法》一书，被广泛采用。为了指导初学者，1931年自费出版《本地植物学家的野外考察》一书。1920～1926年任热带美洲研究所执委会主席时，支持在巴拿马运河区的巴罗柯罗拉多岛上建立野外工作站。代表作还有专著《美国哥伦比亚特区及其周边地区植物志》(1919年)、《美国牧草属志》(1920年)、《农场牧草指南》(1921年)等。法国禾草学者A. 卡米(Amèe Camus)曾把马达加斯加岛的一个单种属禾草以他的名字命名。英国博物馆伦德尔(A. B. Rendle)指出：“希契科克是一位研究禾本科的热心人，他32年来的研究结果是无价的遗产。”(耿伯介　叶光汉)

科弗德，C. A. (Kofoid, Charles Atwood) 美国人，1865年10月11日生于美国伊利诺伊州格兰维尔，1947年5月30日卒于美国加利福尼亚州伯克利。海洋物学、寄生虫学。

1894年获哈佛大学博士学位。1895年任伊利诺伊大学生物站主任，在伊利诺伊河调查浮游生物和悬浮生命系统，并发展了这方面的调查技术。1901年在加利福尼亚大学动物系工作，曾任寄生虫分部主任，1910年任系主任至1936年退休。期间帮助建立斯克里普斯海洋学研究所，创办《生物学文摘》杂志，并担任过许多杂志的主编。

研究兴趣十分广泛。研究重点是太平洋的浮游生物和海洋生命，为从事海洋生物研究者提供了许多新的采集技术和分类方法。第一次世界大战期间，从事钩虫和寄生虫学方面的研究工作，发表了一系列关于寄生人体的原生动物论文。对应用生物学也有兴趣，较系统地探讨了生物学的研究方法。一生中共培养了60余名博士研究生，赠给该大学一个内容丰富而有价值的图书馆，用自己的钱资助许多研究生学习。(袁传宓)

哈登，A. (Harden, Sir Arthur) 英国人，1865年10月12日生于英国曼彻斯特，1940年6月17日卒于白金汉郡。生物化学、酶化学、发酵工程。

曼彻斯特商人的第三个孩子。1885年以优异成绩毕业于曼彻斯特大学。1886年获奖学金到德国埃朗根大学做O. 费希尔(Otto Fischer)的研究生，1888年获博士学位。后任曼彻斯特大学讲师。1897年任英国预防医学研究所(1903年改名为利斯特学院)化学系主任，开始研究微生物化学。1905年在他领导下化学系和生物化学系合并，1930年退休。1913～1931年任《生物化学》杂志主编。1909年被选入英国皇家学会。1936年被封为爵士。

1898年开始研究细菌糖酵解作用。1904年与学生W. J. 扬(William John Young)合作，用透析法或通过马丁胶膜过滤，将酵母汁分离成两部分，并证明这两部分都不能使葡萄糖发酵；但若将这两部分合并就能使葡萄糖发酵，其中能透析的部分可被75%乙醇沉淀，它耐热并含磷酸基，他特称之为辅酶Ⅰ。还证明磷酸酯是发酵的中间产物。在第一次世界大战期间，把注意力集中到维生素问题上，研究防脚气病和防坏血病的物质。战后他又集中精力研究酵母中一些酶的性质及其作用方式、无机盐在发酵过程中的作用等。出版有《酒精发酵》(1914年)等。由于研究乙醇发酵取得巨大成就，与欧勒-切尔平共获1929年诺贝尔化学奖。1935年获戴维奖章。

(张承圭　吕慧梅)

普里亚尼什尼科夫，Д. Н. Прянишников, Дмитрий Николаевич; Pryanishnikov, Dmitry Nikolaevich) 苏联人，1865年11月6日生于俄国西伯利亚外贝加尔的恰克图，1948年4月30日卒于莫斯科。*植物营养学、植物生理学、农业化学。*

1882年毕业于大学预科班，考入莫斯科大学物理数学系自然科学专业。1887年毕业后决定研究农艺学，进入彼得罗夫斯卡娅农学院(今季米里亚泽夫农学院)，1889年毕业后留校任教。1891～1931年先后任教于莫斯科大学、莫斯科戈利岑诺斯基高等女子农业专修学校、莫斯科农学院。期间，1909～1917年任戈利岑诺斯基高等女子农业专修学校校长；1916～1917年任莫斯科农学院院长。1919～1948年主要在他参与创建的肥料研究所(后易名为肥料杀虫灭菌研究所)，全苏肥料、农业技术与土壤研究所工作。1913年当选为圣彼得堡科学院通讯院士。1929年当选为苏联科学院院士。1935年当选为全苏列宁农业科学院院士。

当时被公认为是苏联农业化学学派的创建人。主要研究植物营养与人工肥料的应用。提出了氮素在植物体内的转变过程，也指出了在此过程中作为最初和最终产物的氨的独特作用。对生物体中氮素转换过程的研究，为以后在农业上使用氨盐提供了科学依据。他的工作促进了在苏联建立起产量巨大的化肥工业。这方面专著有《植物生长中和苏联农业中的氮》，1946年获季米里亚泽夫奖金。

对绿肥、泥炭、粪及其他有机肥料的应用也很重视，发展了植物与土壤的分析方法及植物营养的研究方法。花很多时间致力于农业教学改革，曾讲授肥料学、特种农业、农业化学和植物化学课。负责农艺训练班的组织和技术指导工作。著有《特种农业》、《施肥法研究》、《植物化学》、《农业化学》等教科书。此外身后出有自传《我的回忆录》(1957年)，论文集《普里亚尼什尼科夫论文选集》(1965年)、《通俗农业化学》(1965年)等。1926年和1941年分别获列宁奖金和国家奖金。1945年获苏联社会主义劳动英雄称号。此外获2枚列宁勋章、3枚其他勋章。

(高中兴)

杰弗里，E. C. (Jeffrey, Edward Charles) 美国人，1866年5月21日生于加拿大安大略省圣卡塔林斯，1952年4月19日卒于美国马萨诸塞州坎布里奇。*植物解剖学、古植物学、生物进化论、显微术。*

父母都是苏格兰边区宗教首领的后裔。1888年他在加拿大多伦多大学获文学士学位和金质荣誉奖章。后为该校生物学硕士学位。1899年在哈佛大学获植物学博士学位。1911年结婚。翌年任哈佛大学植物组织学助理教授。1907～1933年任植物形态学教授，1933年退休后任荣誉教授，继续从事实验工作直至去世。1892年在多伦多大学任讲师，主讲植物学。研究植物进化史和维管束植物在地质年代中的延续及其相互关系，发展了比较形态学和比较解剖学。他把维管束植物分成石松纲植物和蕨科植物。曾设计一种对树木及化石进行显微切割的方法。认真研究达尔文的《物种起源》，坚信生物进化论。主要著作有《木本植物解剖学》(1910年)等。

(谢　愉)

波蒂埃，P. J. (Portier, Paul Jules) 法国人，1866年5月22日生于法国塞纳河畔巴尔，1962年1月26日卒于雷纳堡。*比较生理学、海洋动物学、生态学。*

出身官僚家庭。自幼喜爱生物学。1885年获特鲁瓦学院学士学位。后在法国财政部供职。1891年经推荐到巴黎大学理学院工作。1897年获巴黎大学医学博士，1911年获理学博士学位。留校任教，1920年任助理教授，1923年任比较生理学教授。1929年入选法国医学科学院院士，1936年入选法国科学院院士。1936年退休任荣誉教授。

主要工作是研究比较生理学。1901年与C. C. 里奇特(Charles Richet)一起在佛得角和亚速尔群岛考察海洋生物，研究腔肠动物分泌毒素的特性，并发现狗的过敏反应现象。通过他们的实验，首次打开了过敏反应研究的新领域。从1909年起研究表面张力对水生昆虫的生理作用。1922年与合作者共同揭示鱼类的内环境随外界水压与盐度而变化。1934年证明某些海鸟的死亡，是由于溢到海面的油粘住羽毛而降低体温造成的。80多岁时还发表关于蝴蝶的长篇论文。主要著作有《共生体》(1918年)、《海洋动物生理学》(1938年)和《对鳞翅目生物学》(1949年)等。

(左成慈)

达文波特，C. B. (Davenport, Charles Benedict) 美国人，1866年6月1日生于美国康涅狄格州斯坦福，1944年2月18日卒于纽约州科尔德斯普林港。*动物学、优生学、遗传学、生物统计学。*

父亲是一位严厉的清教徒式人物，对他有很大影响。少年时每年夏季都去附近农场劳动，有机会观察大自然。1886年获布鲁克林理工学院土木工程学理学士学位。后又进哈佛大学学动物学，1889年获文学士学位，1892年获博士学位。不久即在哈佛大学任教。

1899 年去芝加哥大学任助理教授，1901 年任副教授。1904 年任科尔德斯普林港实验室主任，1910 年创立优生学档案局并兼主任。曾任《生物统计学》杂志主编。1911 年当选为美国国家科学院院士。1932 年任第三届国际优生学大会主席。

从 1890 年开始对人口统计进行研究，发表不少高质量的论文。在美国最先应用生物统计学方法，还根据孟德尔理论进行不同动物的繁殖实验。从 1907 年起兴趣又转到人类遗传学和优生学，以及不同人种婚配等方面，做了许多调查研究工作。他的《与优生学相关的遗传》(1911 年)多年来成为美国大学教材使用。他的《牙买加的人种混合婚配》(1929 年)试图证明白人与黑人婚配会引起生物和文化方面退化，被时人批评为种族主义，但受到了德国纳粹分子的欢迎和利用。1923 年获全美社会科学学会金质奖章。其他主要著作有《实验形态学》(3 卷，1897～1899 年)、《动物学导论》(1900 年，与他人合著)、《生物变异中的统计方法》(1914 年)、《生物进化的机制》(1930 年)等。 （袁传宓　李孙演）

布莱克曼，F. F. (Blackman, Frederick Frost) 英国人，1866 年 7 月 25 日生于英国兰贝斯，1947 年 1 月 30 日卒于剑桥。*植物生理学、藻类学。*

医生的儿子。家中藏有植物学方面的书籍，促使他对植物学发生兴趣。在希尔学院读书时，这种兴趣日益增长。1883 年毕业后在伦敦圣巴特洛谬医院任实习医生，由于成绩优秀获理学士学位。1885～1887 年在剑桥大学圣约翰学院攻读理科。后一直在该学院任评议员、植物生理学教授，主持过学院的财政管理、任植物研究所所长至 1936 年退休。1906 年入选英国皇家学会会员。任 1930 年国际植物学会议植物生理学部主席。

1895 年在皇家学会《哲学学报》上发表“植物的吸收和呼吸”一文，以实验证据解决了“多数气体交换是在植物叶子和周围大气之间通过气孔进行的”这一理论的争议。1905 年发表了一篇经典文章“适应与限制因素”，阐述怎样把物理化学理论知识应用到生物学中，解决了一个复杂的问题。在英国皇家学会《哲学会刊》发表多篇重要论文，对植物学的兴趣不只限于植物生理学，早年就教授藻类学，曾和其他学者合著“绿藻分类”一文。1921 年获英国皇家学会皇家奖章。 （江　涛）

拉匹克，L. E. (Lapicque, Louis Edouard) 法国人，1866 年 8 月 1 日生于法国埃皮纳勒，1952 年 12 月 6 日卒于巴黎。*生理学、生物化学、人类学、脑与神经科学。*

兽医的儿子。在巴黎大学医学院学习期间对物理学和化学感兴趣，1895 年获医学博士学位，1897 年获理学博士学位。1899 年在法国巴黎大学任副教授。1911 年任巴黎国家自然博物馆普通生理学教授。1919～1936 年任巴黎大学生理学教授。1925 年任法国医学科学院院士，1930 年任法国科学院院士。

曾研究脊椎动物的铁元素循环，创造了比色法和硫氰酸盐法测定三价铁离子。证实铁主要贮存于肝脏，只因病理状态使红细胞严重破坏时，铁离子才在脾脏中蓄积。还是一位人类学家，推断古代纯种黑人是从非洲转移到大洋洲的。长期研究脊椎动物的脑重量与智力的关系，比较各种动物的相对脑重量。对脑重与体重的相关性做了广泛研究，其“相关系数”不仅存在于哺乳类中也存在于鸟类中。其“头部系数”可代表神经组织发达的程度以及物种的智力水平。还找到脑和眼的重量关系。从 1902 年起研究神经活动过程的时间因子，发现时间因子对神经的电兴奋性有意义。关于神经细胞及神经纤维反应的论点都为近代电子学所证实，如运动神经纤维的时值与其直径成反比等。还创立了“等热力营养品”的概念；指出藻类的营养价值。出版有《尼格利陀人研究》(1895 年)、《神经质机体》(1943 年)、《兴奋性节律产生与神经肌肉的等时性》(1947 年)等专著。

（刘鸿义）

莱热，U.-L.-E. (Léger, Urbain-Louis-Eugène) 法国人，1866 年 9 月 7 日生于法国洛什，1948 年 7 月 7 日卒于格勒诺布尔。*原生动物学、水生生物学、养鱼学。*

中学教师之子。1892 年入巴黎大学医学院，后去马赛大学理学院马里思恩动物实验室，1895 年以“寄生原生动物簇虫”论文获医学博士学位。1904 年和 1910 年被聘为法国格勒诺布尔科学学院和医学院教授，直至去世。是法国农业科学院、法国科学院院士，罗马尼亚科学院外籍院士。

是法国 20 世纪中叶有影响的生物学家。发表 300 多篇论文，主要内容是寄生原生动物，包括鞭毛虫类、孢子虫类和族毛虫类。对于簇虫的研究，大部分是与 O. 迪博斯克合作完成的。曾研究鱼的寄生虫病及引种。两次获英国皇家学会荣誉奖。不仅是一位科学家，也是卓越的教师和水彩画家。 （童远瑞）

谢韦尔佐夫，A. H. (Северцов, Алексей Николаевич; Severtsov, Aleksey Nikolaevich) 苏联人，1866 年 9 月 11 日生于俄国莫斯科，1936 年 12 月 16 日卒于同地。*脊椎动物学、比较胚胎学、生物进化论。*

动物学家兼探险家的儿子。1890 年毕业于莫斯科大学数学物理系，是著名植物生理学家 K. A. 季米里亚泽夫的学生，1895 年获该校硕士学位。后去法国、意大利海洋生物站和德国慕尼黑动物实验室工作 3 年。1898 年完成博士论文，题目为“电鳐头部的体节”，同年获莫斯科大学博士学位。1898～1902 年在尤里耶夫大学(今塔尔图大学)任动物学教授。1902 年在基辅大学任教授。1911～1930 年任莫斯科大学教授。1930 年在莫斯科大学创建形态进化学实验室，后发展成谢韦尔佐夫形态进化学与动物生态学研究所。1920 年被选为苏联科学院院士，1925 年被选为乌克兰科学院院士。

采用比较胚胎学的方法，研究形态进化规律，并从系统发育理论上进行概括。根据脊椎动物系统发育资料,探讨了低等脊椎动物的起源。1919 年获 K. E. 贝尔奖。他的形态进化学说阐明了个体发育与系统发育的相互关系,充实了达尔文进化论。著有经典著作《形态学进化的规律性》等,身后出版有全集 6 卷(1945~1950年)。1969 年苏联科学院设立以他命名的奖金。

(蒋虎祥)

摩尔根,T. H. (Morgan, Thomas Hunt) 美国人,1866 年 9 月 25 日生于美国肯塔基州列克星敦,1945 年 12 月 4 日卒于加利福尼亚州帕萨迪纳。遗传学、胚胎学、实验动物学、生物进化论、病理学。

父亲 C. H. 摩尔根(Charlton Hunt Morgan)曾任美国驻意大利西西里、墨西拿领事;母亲叫 E. K. 霍华德(Ellen Key Howard)。他在青年时代就热爱自然。1880 年入肯塔基州立学院预科,1882 年转入本部(今肯塔基大学)学习,1886 年获理学士学位。1890 年获约翰斯·霍普金斯大学博士学位。1891~1904 年任布林莫尔学院生物学副教授。1904~1928 年任哥伦比亚大学动物学系教授。1928 年任加利福尼亚理工学院生物学系主任,直至 1942 年退休。1900 年任美国形态学会会长。1909 年任美国博物学家协会主席。1910 年任美国实验生物学与医学会会长。1927 年任美国国家科学院院长。1929 年任美国科学促进协会会长。1932 年任国际遗传学会会长。

一生从事生物科学多方面的研究工作,主要有如下几方面:

胚胎学 1886~1890 年在约翰斯·霍普金斯大学当研究生时,曾用比较胚胎学等方法研究海蜘蛛分类位置。1891~1894 年研究脊索动物门中的柱头虫和海鞘等的胚胎发育。1894~1895 年和 H. A. E. 德里施合作研究栉水母门的发育。1897 年出版《蛙卵的发育》一书。19 世纪 90 年代,开始研究影响正常胚胎发育的各种因素。观察了海胆及文昌鱼有核及无核的卵断片受精后的发育情况。发现两类断片都能不同程度的正常发育,甚至产生部分幼虫。又从正常受精的囊胚移走一些细胞再使之继续发育,结果它虽有一些变化,但仍能沿着基本正常的途径发育。还研究了各种盐溶液、地心引力对海胆、软体动物及硬骨鱼发育过程的影响。1902 年起又研究不同时期伤害胚胎、卵黄及改变氯化锂浓度对胚胎发育所造成的影响,从而得出如下结论:环境可以在一定程度上影响胚胎发育,但决定各个发育阶段主导因素仍在胚胎内部。在胚胎学方面另一重要研究是组织和器官的再生能力。1901 年出版《再生》一书,指出发育与再生之间存在着密切联系。1907 年出版《实验动物学》一书。20 世纪 20 年代中期,又从事早期胚胎发育的研究,涉及的问题有卵裂与受精前后离心所产生的效应、细胞分裂中纺锤体的变化、被囊类中的自交不育、影响正常发育和异常发育的各种因素等。

性别决定 长期以来,对性别的决定一直存在着两种不同意见。一派主张环境因素如温度、食物等决定性别,另一派则主张遗传因素决定性别。1903 年他发表了一篇关于决定性别的文章,指出这两派都有不足之处,因为他们都无法说明在大多数物种中何以经常出现 1∶1 的性比,也无法说明孤雌生殖、雌雄嵌合体和在激素影响下的性逆转等异常现象。起初是后成论者,不同意性别在受精时就已被遗传因素(基因或性染色体)所决定。直到 1910 年后他改变了自己的看法,接受性染色体是决定性别的重要机制。1913 年出版《遗传和性别》一书。

生物进化论 虽重视达尔文的自然选择理论,但在 1903 年出版的《进化与适应》一书中却指出,达尔文的自然选择理论有许多漏洞,其中最主要的是缺少遗传假说。1916 年又出版《进化理论评论》(1925 年再版时改名为《进化与遗传学》),对达尔文自然选择理论作出了明确修改,指出达尔文强调自然选择对微小个体变异(当时称作"连续变异")起作用,但证据表明这类变异经常是不遗传的,因而它们不能成为进化的材料。指出只有那些区分明显、不连续的突变才能以固定的方式遗传,通过选择成为进化的材料。

遗传学 1900 年孟德尔法则被再发现后,当时他对此学说和染色体遗传理论持怀疑态度。约至 1908 年或 1909 年,在哥伦比亚大学自己的实验室中开始培养果蝇。1910 年发现一只异常的白眼雄蝇,把这只白眼雄蝇与其红眼姐妹交配,结果正如孟德尔法则所说的那样,子一代全部为红眼。子一代之间再交配产生的子二代,3/4 为红眼,1/4 为白眼。但令人惊讶的是子二代中所有的白眼个体全都是雄蝇。他认为根据子二代分离比率,可以肯定红眼与白眼是由一对"基因"来决定的,红眼对白眼为显性。这里白眼后代全部为雄蝇则表明决定眼色的"基因"与细胞中决定性别的染色体有明显关连。产生这种关连的原因是决定眼色的"基因"位于决定性别的 X 染色体上。他把这种现象特叫做性连锁,开始承认染色体是孟德尔学说的"因子"的真正携带者。从此和学生 A. H. 斯特蒂文特、C. B. 布里奇斯及 H. J. 马勒组成一个坚强的研究团队,发现遗传基本法则之一的连锁互换法则,提出基因在染色体上作直线排列和在染色体上各自占有专一性位置的"基因理论",4 人合撰的《孟德尔遗传机制》(1915 年)被公认为新一代遗传学家的经典之作,为发展细胞遗传学作出了重大贡献。1910 年他先在果蝇中发现了凡是伴性遗传的基因,它们都存在连锁现象。接着又在一般遗传中也发现同样存在着连锁现象。对连锁现象作了如下解释:由于表现连锁的基因在同一染色体上,因此它们在减数分裂时,经常随着两条同源染色体又被一起分配到不同配子中去,产生亲本型配子,这种情况将表现为完全连锁。另外由于在减数分裂双线期,有一部分同源染色体的两个非姐妹染色单体将在两个基因之间发生片段交换,因此它们在形成配子时,除了产生大多数的亲本型配子外,又产生了少数交换染色单体片段的重组型配子,这种情况将表现为不完全连锁。以上连锁互换法则被称为遗传学中第三法则。后来又进一步推论:任何两个基因间连锁力量的大小必然与它们在染色体上的距离远近相关连。两个基因相距愈远，它们之间的任何部位都有可能发生断裂，断裂的机会愈多，其连锁关系就有更多可能遭受破坏。1911 年，他向斯特蒂文特谈到这一想法，斯特蒂文特突然意识到，连锁力量的大小可以用来作为决定两个基因在同一染色体上相对距离远近的尺度。后者当晚回家后经过反复思考，终于想出了三点基因定序染色体作图法，并作出了果蝇中性连锁基因 Y、W、Z、m 及 r 的第一张遗传学图。这一工作大大巩固了摩尔根提出的基因在染色体上作直线排列以及在染色体上各自占有专一性位置的基因理论。这一时期的主要著作有《果蝇的性连锁遗传》(1916 年，与他人合著)、《遗传性的物质基础》(1919 年)。

20 世纪 30 年代，T. S. 佩因特等对果蝇巨型唾腺染色体的研究，不仅使人们可能通过细胞学观察确定连锁图上各基因在染色体上的真实空间位置，而且还为摩尔根提出的基因在染色体上作直线排列以及在染色体上各自占有专一性位置的基因理论提供了直接证据。30 年代，摩尔根出版了一系列著作对研究成果作系统总结，例如《病理学中某些可能携带的基因缺陷》(1922 年)、《人类的遗传》(1925 年)等，其中 1926 年出版了一生中最重要的著作《基因论》，论述了遗传学的基本原理、遗传的粒子理论、遗传的机制、染色体与基因的关系、突变性状的起源、染色体畸变、基因、染色体与性别决定的关系以及性转化等问题。它不仅全面总结了作者的全部遗传学成就，而且还归纳了 20 世纪以来遗传学发展的重大成果，成为遗传学中一部经典著作。

是 20 世纪初期的大生物学家。在科学研究中，重视对实验材料的选择，强调一切结论必须以科学实验为依据。认为生命体系具有特殊性，既注意采用数学、物理学等方法进行精确的分析，又反对还原论者把生命简单还原为仅是物理和化学的作用。一生中培养了许多遗传学家，其中知名的有布里奇斯、马勒、斯特蒂文特、T. 杜布赞斯基、L. C. 邓恩和 C. 斯特恩等。因发现染色体在遗传中的重要作用，获 1933 年诺贝尔生理学或医学奖，是第一位获此殊荣的遗传学家。他还获得其他许多荣誉，如英国皇家学会的达尔文奖章(1924 年)、科普利奖章(1939 年)等。 (王爵渊)

库埃诺，L. (Cuénot, Lucien) 法国人，1866 年 10 月 21 日生于法国巴黎，1951 年 1 月 7 日卒于南锡。*动物生理学、遗传学、生物进化论。*

邮局雇员的儿子。1883 年被巴黎大学索邦学院录用，开始学习动物学，1887 年获理学博士学位。1888 年任法国科学院比较解剖学和生理学实验员。1890 年在南锡学院教动物学，1898 年任动物学教授，1937 年退休。

对器官结构具有独立见解，对洛林和阿雷乔恩盆地的动物区系进行了细致的考察，并描述了许多新种及其生态环境。还研究了聚生种类的性周期、无脊椎动物吸收和排泄过程、反射性流血、触角再生、啮齿动物尾部自切等生理现象。从 1893 年起对性决定发生兴趣，用实验证明性别的发生不受外界条件影响，在卵的发育早期阶段就已决定了。后来又研究遗传学，证明孟德尔定律在动物界中同样适用，成为遗传学先驱者之一。第一次世界大战以后，又对进化论发生兴趣，认为突变在进化过程中起重要作用。是一个怀疑论者，但却拒绝任何虚幻的解释。 (袁传宓)

麦克布赖德，E. W. (MacBride, Ernest William) 英国人，1866 年 12 月 12 日生于爱尔兰贝尔法斯特，1940 年 11 月 17 日卒于英国汉普郡。*动物学、海洋生物学、胚胎学、生物进化论。*

1891 年毕业于剑桥大学。曾在意大利那不勒斯海洋生物站工作一年，后又返回英国剑桥大学。1897 年任加拿大蒙特利尔市麦吉尔大学动物学首席教授，并在那里创立了一个强大的学派。1909～1934 年在伦敦帝国理工学院任教。1905 年被选为英国皇家学会会员，1913 年任伦敦动物学会副会长。是英国海洋生物和渔业委员会成员。

对海洋生物尤其是海胆的发育特别感兴趣，在变态及系统发育方面做过研究。他的胚胎学教科书《无脊椎动物学》(1914 年)是当时一部权威著作。是拉马克获得性遗传的支持者。还出版有《动物学》(1913 年)、《胚胎学教程》(1919 年)、《进化论》(1928 年)、《胚胎学》(1929 年)等专著。 (林文娜)

莫罗佐夫，Г. Ф. (Морозов, Георгий Фёдорович; Morozov, Georgy Fedorovich) 苏联人，1867 年 1 月 19 日生于俄国圣彼得堡，1920 年 5 月 9 日卒于辛菲罗波尔。*森林学、生物地理学、生态学。*

其父是亚麻布店的裁剪工，后任圣彼得堡城市财产管理局委员，为儿子拟定一个军事生涯计划。1884 年进巴甫洛夫斯克军事学院，毕业后获炮兵少尉军阶，被派到拉脱维亚要塞任职。在那儿开阔了眼界，受到一位年轻女革命者的影响，决定以森林学为自己的专业。1889 年入圣彼得堡大学森林学院。1893 年毕业后任赫列诺夫卡防护林的助理林务员和教师。1896 年去德国和瑞士学习。回国后任堪默诺-斯泰佩实验防护林站主任。1901～1917 年任圣彼得堡大学森林学教授。1904～1919 年主编《林业》杂志，创办斯特伯特弗基高等女子农业学院并任院长。1918～1920 年任辛菲罗波尔塔夫里奇大学教授。

是坚定的进化论者，植物社会学、植物地理学和生态学等创始人之一。提出栽培植物的种类学说，发展了森林种类交替及其群落形成的理论，研究了伐木与森林再生的生态学问题。重要论文有“为栽培松树与干旱作斗争”(1896 年)、“土壤学和森林”(1899 年)等。身后出版有《莫罗佐夫选集》(2 卷，1970～1971 年)。(秦安舲)

洛特塞，J. P. (Lotsy, Jan Paulus) 荷兰人，1867 年 4 月 11 日生于荷兰多德雷赫特，1931 年 11 月 17 日卒于福尔堡。*植物学、园艺学、遗传学。*

出身贵族。1886～1890 年在德国格丁根大学进行植物学研究，博士论文是关于德国地衣。1890～1895

年任美国约翰斯·霍普金斯大学讲师。1895～1900 年在爪哇金鸡纳试验站作金鸡纳树的生理测定和奎宁分泌的研究工作,后在印尼茂物植物园工作。在他的倡导下,成立了国际植物学家协会,主编《植物学进展》杂志并任主编和秘书。1904 年在莱顿大学任教植物学。

在下列诸方面显示了才能:研究发育成熟牡蛎的食物供给,芥子的氮同化,沼泽地丝柏根部的形成,梨枯萎菌的毒质,硅藻的污染,红藻细胞的排列,植物标本集对植物学的意义,对一些危地马拉大戟科植物分类的校正。早在 1903 年就论述了突变理论、遗传和植物繁殖杂交的关系。大约 1921 年,确信种的发生和演化是因为杂交和发育,后来致力于论证和发展此理论。1919 年建立了《遗传》杂志的遗传论坛。1920～1930 年旅游至北美、新西兰、东非和埃及,传播他的思想和验证他的理论。一生共发表论著 135 篇(部),代表作有《杂交意义上的进化》(1916 年)等。 (钟觉民)

贝特朗,G.(Bertrand, Gabriel) 法国人,1867 年 5 月 17 日生于法国巴黎。1962 年 6 月 20 日卒于同地。植物化学、生物化学、有机金属化学。

早年对自然科学特别是自然博物馆收藏的植物标本很感兴趣。1886 年获学士学位后,在巴黎药学院任职,兼修化学课程,1890 年后任有机化学助教。1900 年在巴斯德研究院生物化学研究所任职,1904 年获博士学位,1908 年成为教授。1920 年任法国化学会会长。1923 年当选为法国科学院院士。1894～1897 年从事漆树乳胶变色和变性的研究,发现颜色变化是漆醇在虫胶酶存在下氧化所致,还发现其他一些酚类物质也有类似情况。1896 年首先命名这些酶为氧化酶。发现虫胶酶灰分含锰比例大,然而人们当时认为植物中存在无机物是土壤含有无机物的偶然结果。但后来又发现缺乏锰将使植物生长停滞,迫使人们改变看法。断言金属元素是酶的组成部分,且是氧化酶起作用所必需的。连同其他类似研究,提出痕量元素的概念,并从众多的研究成果中认为稀有痕量元素是生物正常新陈代谢必不可缺的。一生发表数篇关于金属有机效应的论文。在生物化学中,引入氧化酶和痕量元素概念是其最大的贡献。

(蒋尚智)

杰普森,W. L.(Jepson, Willis Linn) 美国人,1867 年 8 月 19 日生于美国加利福尼亚州瓦卡维尔,1946 年 11 月 7 日卒于加利福尼亚州伯克利。森林学、植物学、地理探险。

祖先来自英国。幼年阅读了记录当地植物的论述后,即为植物学所吸引。在伯克利加利福尼亚大学求学时又受了一位植物学家的影响,对植物学打下了深远的基础,1889 年获学士学位,1899 年获博士学位。留校任教,同年任助理教授,1911 年任副教授,1918 年任教授,1937 年退休。1913～1915 年任加利福尼亚州植物学会会长,是美国文理科学院院士。

虽不满当时的科属分类方法,但仍遵循 19 世纪有关分类学的论述,为加利福尼亚州植物学的发展作出贡献。常和伐木者、勘探者一起工作,并深入印第安胡柏部族人定居处,搜集许多标本和素材,为编写出版《加利福尼亚植物志》(1909 年)、《加利福尼亚州林木志》(1910 年)和《加利福尼亚州显花植物指南》(1925 年)提供大量资料。最后一部著作共描述了 4 019 种植物,并绘了许多插图。1913 年加利福尼亚州植物学会成立,他是"挽救红松联合会"的奠基人和发言人之一。在世共出版 11 部著作,还撰写了许多科学散文。

(谢 愉)

卡斯尔,W. E.(Castle, William Ernest) 美国人,1867 年 10 月 25 日生于美国俄亥俄州亚历山德里亚,1962 年 6 月 3 日卒于加利福尼亚州伯克利。哺乳动物学、遗传学、生物进化论。

出生在俄亥俄州的一个农场。1889 年获丹尼森大学文学士学位。毕业后在堪萨斯州渥太华大学教古典文学。随后又入哈佛大学,1893 年第二次获文学士学位,留校任动物实验室助理,1894 年获文科硕士学位,1895 年获博士学位。曾在威斯康星大学、伊利诺伊州诺克斯学院各教一年动物学。1897 年回哈佛大学任教,1903 年任助理教授,1908 年任生物学系教授。1936 年退休后,在伯克利加利福尼亚大学合作研究哺乳动物遗传学直至去世。1913 年帮助建立美国遗传学联合会,1932 年重新建立美国遗传学会。曾任美国自然科学家协会主席。长期担任《实验动物学》杂志主编,创办《遗传》杂志。是美国文理科学院院士、美国哲学学会会员和美国国家科学院院士。1921 年威斯康星大学和丹尼森大学分别授予他荣誉理学博士和荣誉法学博士学位。1896 年结婚,生有 3 个儿子,其中一个早夭,一个成为哈佛大学医学教授,一个成为植物生理学家。

从小喜欢博物学,在丹尼森大学学习时,一位热情的教师给他介绍了达尔文自然选择理论,从此对生物学发生兴趣。早期研究胚胎学,曾正确地指出脊索动物的中胚层与棘皮动物类似,来源于原肠胚中折叠的内胚层囊。1900 年前自称是实验进化论者,但后来却成了孟德尔主义者,把全部时间用于研究孟德尔遗传学及其与进化的关系。是第一个用果蝇作实验材料的遗传学家,T. H. 摩尔根深受他的工作的启发。1909 年用实验证明卵巢中的基因组成,并不因卵巢被移植到基因型不同的其他生物体中而受到影响,证明生殖细胞和体细胞之间有严格区别。1900～1920 年重点研究选择作用能否改变孟德尔遗传因子这一问题。根据早期的实验结果,错误地提出选择作用可以改变遗传因子的观点,但不久即改变了这一看法。一生的后 40 年重点研究哺乳动物的数量遗传(指如体型大小等的数量特征的遗传)、建立鼠和兔等小型哺乳动物基因图谱、马类等大型哺乳动物皮毛颜色的遗传。指出数量遗传性状的差异是由于受精卵的发育速度不同所致。1961 年发表他的第 242 篇论文,时年已 91 岁。

他被誉为"哺乳动物遗传学之父"。对 20 世纪遗传学发展的主要贡献有:1900～1910 年间在美国对孟德尔的工作提供了强有力的支持;把孟德尔学派在昆虫和植物上得到的结论,应用到哺乳动物遗传学研究中去;1900 年后指出孟德尔遗传学与达尔文选择理论之间的关系。一生中培养了大批遗传学家，对美国遗传学发展起了深远而广泛的影响。一生获得许多荣誉，1955 年美国国家科学院授予他第一枚金伯遗传学奖章。

（张承圭　吕慧梅）

德里施，H. A. E. (Driesch, Hans Adolf Eduard)　德国人，1867 年 10 月 28 日生于德国巴特克罗伊茨纳赫，1941 年 4 月 16 日卒于莱比锡。细胞学、比较解剖学、实验胚胎学、哲学。

因母亲在家中经常饲养从野外采集来的珍奇鸟兽，自幼对动物发生兴趣。曾在耶拿大学学习，1889 年获博士学位。后来受 E. 海克尔的影响，又专攻胚胎学。1891～1900 年期间，在意大利得里雅斯特动物学研究所、那不勒斯动物实验站工作。1909 年到海德堡自然科学学院工作。1912 年任海德堡大学编外教授。1919 年任科隆大学系统哲学系教授。1921 年在莱比锡大学任哲学教授。1922～1923 年在中国南京中央大学和北京大学任客座教授。1923 年归国途中到日本考察。1926～1927 年在美国威斯康星大学工作。1928 年去阿根廷布宜诺斯艾利斯工作，1933 年退休，但仍继续进行研究工作，直至去世。

1891 年春解剖海胆卵，分离出分裂球全部发育成幼虫，这是动物科学史中重要的事件。在实验胚胎学上，对有机体的整体假设，给 20 世纪 30 年代 H. 施佩曼思想提供了一个概念性模型。对细胞核的功能做过深入的研究。1894 年，他假设外界因素影响细胞质，细胞质转而影响细胞核使它产生一些物质，然后再反问影响细胞质。后来又进一步假设核对细胞体的影响是通过一些酶作媒介的。这些概念在当时广为流传，影响甚大。20 世纪初，他强调在生长过程中一些酶作为调节剂的重要性。还发表过许多关于有机体形态、有机整体和心身问题等哲学方面的文章。他原是海克尔的学生，后因学术意见分歧而分手。主要著作有《作为历史和学说的生机主义》(1905 年)、《肉体和灵魂》(1923 年)、《人与世界》(1928 年)、《机器和生物》(1935 年)等。曾获国内外许多高等学校的荣誉博士学位。

（张承圭　吕慧梅）

凯洛格，V. L. (Kellogg, Vernon Lyman)　美国人，1867 年 12 月 1 日生于美国堪萨斯州恩波里亚，1937 年 8 月 8 日卒于康涅狄格州哈特福德。昆虫学、生物进化论、遗传学。

曾在康奈尔大学、莱比锡大学、巴黎大学求学。在堪萨斯大学读书时，受到校长兼昆虫学家 F. H. 斯诺 (Francis Huntington Snow) 的鼓励而选择科学事业，1889 年和 1892 年先后获文学士和文科硕士学位。后留校任昆虫学助理教授和斯诺的助手，1893 年为副教授。1894 年到斯坦福大学任昆虫学教授及系主任。1915 年任美国昆虫学会会长。1902 年任美国渔业委员会萨蒙考察队助理。1915～1916 年出任美国驻比利时布鲁塞尔救济委员会主席。1917～1918 年任美国粮食管理局局长助理。第一次世界大战末，任美国救济管理局使团团长出使波兰，并作为特别调查官派遣俄国。1920 年任国家研究委员会常务秘书长，1919～1929 年任该会教育关系处处长，1929～1931 年任该会科学局代理局长，1932 年退休后任名誉秘书长。

在斯诺的领导下，堪萨斯大学成为美国首屈一指的昆虫学研究中心，凯洛格对该中心作出了重要贡献。他研究的重点是美国的鸟类体外寄生虫食毛目昆虫。还撰写有关进化论和普通生物学方面的著作。是美国以蚕为实验材料研究遗传学的先驱。主要著作有《美国昆虫志》(1904 年)、《今日达尔文主义》(1907 年)、《动物与人》(1911 年)、《战时与战后的德国》(1919 年)、《心智与遗传》(1923 年)等。（童远瑞　李孙演）

波塔西，F. (Bottazzi, Filippo)　意大利人，1867 年 12 月 23 日生于意大利阿普利亚区迪索，1941 年 9 月 19 日卒于同地。海洋生物学、比较生理学、生理化学、科学史学。

1893 年在罗马大学获医学博士学位。次年在佛罗伦萨高等实验研究院(现名佛罗伦萨大学)任教生理学。1901 年参与成立意大利通灵研究会。1902 年任热那亚大学生理学研究所所长。1905 年任那不勒斯大学生理学研究所所长。1920 年当选议员和迪索市市长。是意大利科学院院士。在生理学上的贡献是把物理学与化学知识应用于生物学领域。早期研究意大利沿海水中洞穴生物，发现盲眼虾类、多足类等新种。分析研究了从无脊椎动物到人体几乎所有各类动物的体液渗透压，提出身体内环境渗透压的稳定性是进化上较晚的遗传获得性。他像划分恒温动物与变温动物那样将动物分为等渗动物与异渗动物。撰写的《物理化学概要》(1906 年)和《生理化学专论》(2 卷，1898～1899 年)两本书在意大利成为经典著作。在营养生理学、科学史方面亦曾作过研究，有不少论著。晚年在英国剑桥大学教科学史，并研究达·芬奇。

（吴馥梅）

詹宁斯，H. S. (Jennings, Herbert Spencer)　美国人，1868 年 4 月 8 日生于伊利诺伊州托尼卡，1947 年 4 月 14 日卒于加利福尼亚州圣莫尼卡。原生动物学、比较生理学、遗传学、自然哲学。

内科医生的儿子。毕业于伊利诺伊师范学院(现伊利诺伊州立大学)，并在托尼卡附近任教。1889～1890 年任得克萨斯农业及机械学院植物学和园艺学助理教授。1890～1893 年入密歇根大学学习，获理学士学位后又进修一年研究生课程。后去哈佛大学学习，1895 年获硕士学位，1896 年获博士学位。1896～1897 年冬利用帕克旅行奖学金赴德国耶拿大学，与研究原生动物行为学的先驱者 M. 弗沃恩一起工作。1897 年春转往意大利那不勒斯动物实验站工作。1898～1899 年在达特茅斯大学任动物学讲师。1899 年任教密歇根大学，1901 年任助理教授。1903 年去宾夕法尼亚大学。1906 年任约翰斯·霍普金斯大学副教授，1907 年任实验动物学教授，1938 年退休后，任洛杉矶加利福尼亚大学客座教授。主编过多种刊物。

主要研究轮虫类和原生动物，他的研究工作反映了生物学研究主流的变迁。早期多属描述性和分类学方面的，后转向生理学，最后研究变异和繁殖，在遗传学方面贡献甚大。1897 年与弗沃恩合作对低等动物进行了 10 年研究，完成关于动物学和比较心理学方面的经典著作《低等生物体行为学》。首先对理化向性论提出异议，指出在更原始的单细胞动物体中也存在着不能用向性反应解释的现象。把单细胞动物纳入生理学研究范围，把比较生理学方面的实验方法应用于草履虫。断言所有动物的活性和反应性在本质上是相同的，并通过实验加以论证。后又在遗传学方面对变异和进化进行数十年的研究。1908～1916 年间，和学生在原生动物遗传的稳定性和变异性方面发表了一系列论文。1916 年后他发表了许多著作普及遗传学知识，并讨论由实验生物学新技术和新发现所引起的许多哲学问题。详细论述了一生中最重要的发现，即整个动物界的生命过程都是相同的。在 20 世纪 40 年代论述了单细胞动物的群居现象。

年幼时即对哲学人文学科感兴趣，早在 1910 年就著文反对活力论，惟恐它阻碍生物学实验。1933 年在关于宗教和生物学的讲演中，强调生命目的论以及伦理学和生物学观点可以共存。在遗传学方面开创的研究工作，激励了许多科学工作者至少有半个世纪之久。所著《低等生物体行为学》一书至 20 世纪 60 年代仍然是一本十分重要的著作。完善的实验技术、清晰的思路赢得同事们的尊敬。有《低等生物体行为研究论文集》(1904 年)；其他著作有《猫的解剖学》(1901 年初版，1935 年第 3 版，与他人合著)、《与教育有关的现代科学的建议》(1917 年，与他人合著)等。获美国哲学学会、美国国家科学院等组织和机构的多种奖金和荣誉学位。

(陆宝树)

埃文斯，A. W. (Evans, Alexander William) 美国人，1868 年 5 月 17 日生于美国纽约州布法罗，1959 年 12 月 6 日卒于康涅狄格州纽黑文。苔藓学、植物生理学。

机械师之子。是家中 7 个子女中最年幼者。1880 年父亲去世后，全家迁往纽黑文。进耶鲁大学学习，1890 年获学士学位，1892 年获医学博士学位，1899 年获哲学博士学位。1947 年获耶鲁大学荣誉理学博士学位。在耶鲁大学学习期间，深受 D. C. 伊顿(Dariel Cady Eaton)影响，走上研究苔藓植物的道路。1894 年赴德国柏林大学、慕尼黑大学进修植物学。翌年春伊顿去世，即回耶鲁大学接任其工作，1895 年任讲师，1901 年任助理教授，1906 年任教授，兼任植物学系主任多年。1936 年退休为名誉教授。1914～1924 年兼任托里植物俱乐部《通报》主编。曾任《苔藓植物学家》杂志副主编。1897～1903 年任康涅狄格州文理科学院秘书长。1911 年任美国植物学会副会长。是美国科学促进会会员、沙利文特藓类学会名誉会员和第 8 届国际植物会议苔藓学部名誉会长。

植物学知识渊博，文章典雅，绘图精确。对植物分类中存在的问题特别敏感，许多著作均具有权威性，关于苔藓学方面的论著迄今仍为人们引用。在大学学习期间，已使康涅狄格州植物志内增加了 20 种以上的苔类植物和一定数目的泥炭藓，并在另一个州找到一种罕见苔藓。1891～1893 年发表 4 篇有关苔类植物的文章，包括 7 个新种的描述和插图。他在 148 篇苔类植物文献中，介绍了 7 个属，135 个以上新种。《1902～1923 年新英格兰苔藓笔记》和《1910～1923 年北美苔藓笔记》都是研究苔藓有价值的论文集。1908 年与人共同出版《康涅狄格州的苔藓类植物志》。后期他的兴趣逐步转向石蕊属，1930 年出版《康涅狄格州石蕊志》，介绍了 10 个新种，使石蕊属成为苔藓类中最有名的属。在研究方法方面，采用显微化学方法，抽取极少的菌体，在显微镜下察看晶体结构作为鉴定依据，使分类学家能很快区分出其本质差异。先后采集了近 40 000 个石蕊标本和 30 000 号以上毛茛标本，分别存放在史密森研究会和耶鲁大学。美国植物学会成立 50 周年曾授予他荣誉证书。

(王荣增)

古德里奇，E. S. (Goodrich, Edwin Stephen) 英国人，1868 年 6 月 21 日生于英国英格兰滨海韦斯顿，1946 年 1 月 6 日卒于牛津。比较解剖学、脊椎动物学、生物进化论、显微术。

出生第二周即丧父，后与弟妹一起由母亲带到法国波城投靠外祖母。1888 年进伦敦大学学院学美术。1892 年到牛津大学任动物学家 E. R. 兰开斯特的助手，1921～1946 任林耐讲座动物学教授。1920 年至去世，任《显微镜科学季刊》杂志主编。1905 年当选为英国皇家学会会员。

澄清了外表相似的肾管和体腔管的不同作用。确定了动动神经在发育过程中移位时对相 应节段肌肉的支配不变。也区分了各种活的和化石鱼鳞的不同结构，借此对鱼类进行鉴别和分类。研究工作得到了妻子、原生动物学家皮克斯尔(H. L. Pixell)的帮助。主要著作有《生命有机体的起源与进化》(1924 年)、《脊椎动物的结构与发育》(1930 年)等。

(顾振海)

赫雷拉，A. L. (Herrera, Alfonso Luís) 墨西哥人，1868 年 7 月 3 日生于墨西哥墨西哥城，1942 年 9 月 17 日卒于同地。动物学、生物进化论。

科学家的儿子。1889 年获墨西哥医科学校药物学学位。同年任师范学院植物学和动物学教授，兼任国家博物馆博物学部助理。1890 年入国家医学研究院工作，1900 年创建寄生虫学委员会。1902 年任国家普通生物学首席教授。1915 年又组建全国最大的生物学研究中心“生物学研究指导站”，兼任主任到 1930 年退休。是许多科学协会的会员。

1894～1897 年出版哺乳动物、鸟类、爬行动物、两栖动物以及鱼类和无脊椎动物等采集目录。对生物高度的适应性很感兴趣，并作了广泛研究，因此获美国史密森研究会奖章。还对生物体的结构和起源作了精心研究，并卷入一系列的论战。1904 年编写的课本被译成法文。曾获法国科学院奖章。

(袁劲梅)

考勒里，M. (Caullery, Maurice) 法国人，1868

年9月5日生于法国贝尔格，1958年7月13日卒于巴黎。*海洋动物学、寄生虫学、生物进化论*。

父亲是上尉，属法国北部的名门望族。他于1895年获巴黎高等师范学校自然科学博士学位。1896年任里昂大学讲师。1900年在马赛大学任教授。1903年去巴黎大学任教，1909年任该校理学院生物进化实验室教授，后任海洋生物实验室主任直到1939年退休。还是法国新闻大学创办人之一。

发表过许多关于海洋动物的评论和报告，并以进化论的观点来研究海洋动物。很早就研究被囊类，指出卵生体和芽生体器官的不同起源。把从马来群岛海底采集来的一种奇怪的生物命名为魏氏西伯达虫，这就是1944年被公认的一个新的动物分支代表，即须腕动物门。对寄生虫的研究也有很大兴趣。在直游亚目、涡虫纲和甲壳纲虾类中，观察了由寄生虫造成的变形、多态、形态退化等。主要著作有《寄生和共生》(1922年初版，1950年再版，1952年英译本)、《进化中的问题》(1931年)、《17世纪以来的法国科学》(1933年初版，1946年再版)、《现代遗传学概念》(1935年初版，1950年再版)、《实验胚胎学当代进展》(1939年)、《蜜蜂生物学》(1941年)、《胚胎学》(1942年)、《遗传和遗传学》(1943年)、《双孪生子生物学》(1945年)等。 (秦安舲)

迪博斯克，O.(Duboscq，Octave) 法国人，1868年10月1日生于法国鲁昂，1943年2月18日卒于尼斯。*原生生物学、细胞学、海洋生物学*。

铁路职工之子，从小失去双亲，由姨母抚养长大。1886年在卡昂大学开始学医，后去巴黎大学学习，1894年获医学博士学位，1899年获理学博士学位。1900年在卡昂大学等地任动物学讲师。1904年任蒙彼利埃大学动物学教授。后任巴黎大学海洋生物学教授，1923年兼任阿拉戈实验室主任，直至1937年退休，定居巴黎。

主要研究原生生殖物界中的几个纲。与动物学家U.-L.-E.莱热长期友好合作，持续时间达20余年。他们合作研究寄生在节肢动物体上的原生动植物——毛丝菌目、孢子虫类和簇虫的发育周期。他们对孢子虫类的种系发生和分类提供了独创性的见解。此外，他还对鞭毛虫进行了研究，晚年又致力于海绵动物的研究。

(童远瑞)

梅斯尼尔，F.E.P.(Mesnil，Félix Étienne Pierre) 法国人，1868年12月12日生于法国芒什省奥蒙维尔-拉珀蒂特，1938年2月15日卒于巴黎。*动物学、寄生虫学、热带传染病学*。

祖辈几代务农。当海军军医的叔叔送他进一所中学读书，后转到巴黎圣路易斯公立中学。18岁时进入巴黎高等师范学校，1891年通过自然科学学位考试，1892年成为合格的实验员，1895年获博士学位。不久进入巴斯德研究院任巴斯德的助手和秘书，并在梅契尼科夫的实验室工作，1898年任实验室主任，1910年任教授。参与创办《巴斯德研究院通报》，并任主编。1907年参与筹建国际病理学会，先后任秘书长、副会长和会长。1921年入选法国科学院医学科学院院士。

研究成果大多涉及分类学、生态学和动物行为学。自19世纪末以后的30多年间，研究海牙港湾及其附近的动物区系，发现了环节动物、甲壳动物、肠鳃类、涡虫纲、直泳虫及原生动物中的许多新属和新种。其他研究重点是环节动物中多毛纲的形态学、性成熟和无性生殖。独自或合作研究了多种寄生原生动物。1900～1916年，重点研究锥虫和锥虫病的化学治疗、种属的鉴定、感染力和毒性，某些种类对药物和血清的抗性。和拉弗安(Laveran)设计了一种测定锥虫种的实验技术，这使他们成了名。为数种法国杂志撰写了大量关于微生物学和普通生物学的论文。1920年获英国利物浦学院热带病学金斯利奖章。 (孙炳寅　孙　勇)

布拉舍，A.(Brachet，Albert) 比利时人，1869年1月1日生于比利时列日，1930年12月27日卒于布鲁塞尔。*脊椎动物学、胚胎学、解剖学*。

实业家的独生子。进入列日大学后，受到著名动物学教授E.范本尼登的影响，对人体和动物的胚胎发育产生浓厚兴趣。1887～1888年接受范本尼登的邀请，在列日大学动物学实验室工作。以后一面当医学学生，一面作解剖学教授斯韦恩(Auguste Swaen)实验室的组织学预备生，开始进行鸟类长骨发育的研究，1893年发表了第一篇科学论文。1894年获列日大学医学博士学位。这时，父母希望他当开业医生，但他已决心从事生物形态学研究。在斯韦恩的建议下，他对脊椎动物胚胎学中若干难题，如肝、胰、膈和胸腹腔的早期发育进行了研究。这时得到一笔政府出国研究员基金，先后到英国爱丁堡大学、高普(Ernst Gaupp)实验室和博恩(Gustav Born)实验室学习和工作。1895年返回列日大学任解剖学助教，与斯韦恩协作研究心、血管和泌尿器官的早期发育。1900年被提升为学生实验室主任。1904年由于范本尼登的支持，被委任为布鲁塞尔大学解剖学、胚胎学教授及解剖学研究所所长。第一次世界大战爆发时，他正在法国布列塔尼的一个海滨实验室工作，无法返回布鲁塞尔，因此应邀担任巴黎大学医学院解剖学和胚胎学副教授。战后回布鲁塞尔不久，当选法兰西学院外籍通讯院士，同时获巴黎大学荣誉博士学位。范本尼登去世后，他接任有影响的杂志《生物学档案》的主编工作。1923～1926年任布鲁塞尔大学校长。1928～1929年在美国作过一次成功的旅行演讲。生有两个孩子，其中之一是著名生物学家J.L.A.布拉舍。

胚胎学布鲁塞尔学派的奠基者。具有广泛的比较形态学知识，这使他能注意胚胎最早阶段的研究，例如：卵细胞的内在能力以及这种潜能在发育的胚胎中区域化的方式；第一次卵裂面与胚胎对称轴的关系；两栖类原肠形成等。还发现高等动物胚胎发育的复杂过程可以和低等动物的简单过程相比较而加以分析。他也是证实机械刺激引起未受精卵孤雌发育的开创者之一。他的许多研究成果已经成为生物学的组成部分。著有《卵和个体发育因素》(1917年)、《脊椎动物胚胎学指南》(1921年)等。 (李新人　林文娜)

勒当泰克，F. A.（Le Dantec，Félix Alexandre） 法国人，1869年1月16日生于法国普卢加斯泰勒-达乌拉斯，1917年6月6日卒于巴黎。细菌学、原生动物学、遗传学、生物进化论。

是一个罕见的早慧儿童，16岁以优异成绩考入巴黎高等师范学校，开始对数学感兴趣，后转向自然科学。1888年巴斯德任命他为巴斯德研究院实验室助理，1889年起先后派他去老挝、巴西建立研究黄热病的实验室。1891年以原生动物细胞内消化为题进行博士论文答辩。以后又发表大量的科学和哲学方面的著作。1893年去里昂大学任教，1899年任助理教授。1908年在巴黎大学任普通生物学教授。

早期研究细菌，认为它们的生理活动类似化学过程，生命的本质是通过特殊的物质遗传下去的。因此努力探索使用精确的化学语言重建生物学，抛弃拟人论，转向拉马克原理方面，建立了有独特见解的观点。主要著作有《有生命的物质》（1895年）、《生物学决定论》（1897年）、《个体的进化与遗传》（1898年）、《个性论》（1898年）、《性征论》（1899年）、《拉马克主义者和达尔文主义者》（1900年）、《生命中的统一性》（1901年）和《生命科学》（1912年）等。 （吴劲梓）

卡尔金斯，G. N.（Calkins，Gary Nathan） 美国人，1869年1月18日生于美国印第安纳州，1943年1月4日卒于纽约州斯卡斯特尔。原生动物学、生殖学、瓦尔帕莱索。

出身古老的新英格兰家族。1890年在马萨诸塞理工学院获生物学理学士学位。1893年在哥伦比亚大学获博士学位。留校任教，1904年任动物学教授，2年后任原生动物学教授，1939年退休。在伍兹霍尔海洋生物实验室工作多年。因研究原生动物生活史而知名。一生绝大部分时间进行单细胞动物的普通生物学和纯科学方面的研究。建议重新为原生动物下定义，排除含有叶绿素的鞭毛虫。对癌的研究很感兴趣。早就倾心于研究生命过程，了解物理学和化学在生命过程中的作用。用了数十年的时间探讨原生动物的繁殖和再生，并参与一场"关于纤毛虫不能接合仅靠自身分裂保存自己是否能无限地延续下去"的论战。他提出在生物体的繁殖过程中，接合生殖刺激了生殖过程，没有接合生命力将会减退。后来由于电子显微镜和其他新技术的应用，改变了他所开创的原生生物界科学。但他对繁殖和再生问题的探讨在那个时代是起了重要作用的。著有《原生动物》（1901年）和《原生动物生物学》（1926年）等书。 （童远瑞）

蔡尔德，C. M.（Child，Charles Manning） 美国人，1869年2月2日生于美国密歇根州伊斯兰提，1954年12月12日卒于加利福尼亚州。原生动物学、生物发育学、生理学。

出身殷实之家，又是父母唯一的孩子。1890年获卫斯理大学学士学位，1892年获该校生物学理学硕士学位。不久父母去世，他去德国莱比锡大学留学，1894年以昆虫感觉器官的研究论文获博士学位。1895年去意大利那不勒斯海洋生物站从事研究。同年返回美国，1895～1937年在芝加哥大学执教，1916年升任该校教授和动物学实验研究室主任，1934年任动物学系主任。1937年退休后到加利福尼亚大学仍继续他的研究和著作，直至去世。期间1930～1931年到日本仙台东北帝国大学讲学。

毕生研究动物学，主要成就是通过观察涡虫在各个生理阶段沿着体轴发生的再生现象，从而创造了梯度理论。用了很多时间在众多的著作和实验中探究和总结这个理论问题，因而获得很高的声誉。此外对衰老现象和抗衰老的对策也进行了研究。代表作有《衰老与返老还童》（1915年）、《生物的个性》（1915年）、《行为的生理学基础》（1924年）、《发育的模式和问题》（1941年）等。 （童远瑞）

约尔特，J.（Hjort，Johan） 挪威人，1869年2月18日生于挪威克里斯蒂安尼亚（今奥斯陆），1948年10月7日卒于奥斯陆。海洋生物学、水产学、渔业管理、科学哲学。

是奥斯陆大学眼科学教授的长子。先学医学，后去慕尼黑大学学动物学，期间曾到意大利那不勒斯动物站研究胚胎学，1892年获慕尼黑大学博士学位。1900年前任奥斯陆大学动物学讲师、校动物博物馆馆长，1897年任该校驻挪威德勒巴克港海洋生物站站长。1900～1916年任挪威政府渔业第一总监，卑尔根挪威海洋研究院院长。曾代表挪威出席国际开发海洋常设理事会达46年之久，1920～1938年任该会副理事长，1938～1948年任理事长。1921～1939年兼任奥斯陆大学海洋生物学教授。先后被选为英国皇家学会、爱丁堡皇家学会、伦敦地理学会、伦敦动物学会、伦敦林耐协会和美国哲学会外籍会员，以及爱尔兰皇家科学院、法国科学院外籍院士。生育有4个子女，长子是位挪威最高法院法官。

是挪威现代渔业管理奠基人。1902年参与发起召开国际海洋考察大会。1910年曾乘"迈克尔"号到北大西洋进行水产资源考察和地理探险。发表的《北欧大渔场之变动》（1914年）调研报告对海洋科学作出了重要贡献。1912年与海洋学家J. 默里合著《海洋之深度》一书而闻名于世。他在哲学、政治、外交等方面都有杰出的才能。其他著作还有《科学的统一性》（1921年）、《世界大战期间外交政策经历》（1927年）、《皇帝的新衣：一位生物学家的自白》（1931年）、《生物学的人道价值》（1938年）等。 （林金榜）

莱文，P. A. T.（Levene，Phoebus Aaron Theodore） 美国人，1869年2月25日生于俄国立陶宛的萨戈尔（今属立陶宛），1940年9月6日卒于美国纽约。细胞生物学、生物化学、细菌学、传染病学。

1886年毕业于圣彼得堡大学。1891年获帝国军医科学院医学博士学位。1893年因俄国排犹运动兴起，全家移居美国，他在纽约做开业医生。同期进哥伦比亚大学化学系当特别生，发表有关糖的化学结构的论文。1896年在纽约州立医院病理研究所参与生理化学的研究，但患肺结核后，决心致力于生物化学。在以后的10年内，先在美国萨拉那克湖实验室研究结核菌的生物化学，后又去瑞士和德雷克塞尔(E. Drechsel)，去德国和科塞尔(A. Kossel)、E. 费希尔共同进行研究工作。1905年起任洛克菲勒医学研究院生物化学实验室主任，直到1939年退休。是美国国家科学院院士，其他一些学术团体的特邀会员。

科学上最重要的贡献是关于核酸的研究。虽然1871年就已发现核酸，但直到1900年仅知道它存在于核蛋白中，是与连有含氮和非氮物质的磷酸基团联结物。他揭示细胞中核酸有两种。1909年他发现核糖，一种可由酵母离析到的系由4种核苷组成的高聚合物，从中检定出了D-核糖的结构；其相对构型L-核糖则后来才合成；并以D-核糖为原料合成了D-阿洛糖和D-阿卓糖。另一种是在探索胸腺核酸中，1929年他发现并确证了糖的部分是α-脱氧核糖。创建了测定核苷中各单元顺序的方法，并确定了碱基和磷酸基团在糖分子上的连接位置。在他去世前4年，核糖核酸和脱氧核糖核酸在遗传信息传递中的重要意义为科学界所公认。除核糖研究外，还研究了糖蛋白，从类粘蛋白中分离含氮的糖类物质；用合成的方法，确认了软骨糖胺和壳糖胺的成分。对类脂类化合物进行了研究，证明从人体不同部分离析到卵磷脂含有不同脂肪酸的底质；从不同的生物器官中分离到神经鞘磷脂，证明从脑苷、角苷脂中取得的角苷脂酸是廿四烷酸。

一生发表700余篇不同领域的论文；代表著作有《自溶性》(1905年)、《乙醣胺》(1922年)等。1931年和1938年分别获美国化学学会吉布斯奖章科尔奖章。

(蒋尚智)

赫德利卡，A.(Hrdlička, Aleš) 美国人，1869年3月29日生于波希米亚(今属捷克)的洪波莱茨，1943年9月5日卒于美国华盛顿。自然人类学、生物进化论。

出身工人家庭。捷克裔，1881年移居美国。1892年毕业于纽约医学院。后在康涅狄格州立医院当医生。1896年去巴黎大学攻读人类学。1903年任华盛顿史密森博物馆自然人类学助理，后任馆长。1918年参与创立美国自然人类学家协会，任《美国自然人类学》杂志主编。

1898～1903年对北美爱斯基摩人、印第安人及中美印第安人的起源进行了深入探讨。在“尼安德特人时代”一文中，创立了智人是由尼安德特人演化而来及所有人类起源于同一人种的理论，1927年获英国皇家人类学会赫胥黎奖章。为进一步证实该理论，又写了“早期人类骨骼残余”一文，指出人类只能在旧大陆得到进化发展，因为从人种起源系列来看，窄鼻猿只始于该大陆。自1927年起，重点研究阿拉斯加和白令海峡智人时期的人类居群及骨骼残余。根据人种学、古生物学和语言学，提出美洲印第安人于15000年前来自亚洲东部的理论，还假设他们从堪察加半岛乘船经科曼多尔群岛、阿留申群岛或冬天横跨冰封的白令海峡到达阿拉斯加，然后逐步遍及整个美洲。坚持广授知识，培养了大批人才，留下许多宝贵文献。

(马玉英)

施佩曼，H.(Spemann, Hans) 德国人，1869年6月27日生于德国斯图加特，1941年9月12日卒于弗赖堡。实验胚胎学、仪器研制。

著名书刊出版商的长子。1888年中学毕业后参与父亲的业务一年。1889～1890年服兵役。1891年进海德堡大学学医，1893年通过预备医生资格考试。在那儿结识生理学家沃尔夫(Gustaf Wolff)，他们之间的友谊对施佩曼的生活道路有很大影响，1892年著名的“沃尔夫水晶体再生”实验引起他的极大兴趣。1892年结婚，生育有二子。1893～1894年转学慕尼黑大学进行临床医师训练。1894年到维尔茨堡大学动物学研究所，成为著名生物学家T. 博韦里的得意门生。1895年获博士学位。留校任教，一直任讲师。1908年任罗斯托克大学动物学与比较解剖学教授。1914年任柏林威廉生物研究所所长助理。1919年任弗赖堡大学动物系主任、教授，直至1938年退休。后卒于心力衰竭。

是实验胚胎学的奠基者之一。具有极大的耐力和预见性，能精心设计十分精确巧妙的实验。利用玻璃材料和婴儿头发，创造了许多非常简单但又十分精致的工具，能在微小的动物卵和胚胎上进行复杂的外科手术。实验技术和工具的改进是他对胚胎学的重大贡献之一，并推动了实验胚胎学的发展。提出的诱导学说是近代最有影响的学说之一，已成为现代个体发育中的重要概念。一生做过许多杰出的实验，有关诱导的实验尤为人们广泛引证。在1901年首先用烙伤法，后来又用外科切除法除去两栖类神经板时期的视网膜原基，结果没有水晶体形成，说明视网膜原基能施加一种影响，促使水晶体的形成。后来，把预期可以形成的水晶体的外胚层切除而代以普通外胚层，结果外来外胚层也形成了水晶体，进一步证实了视网膜对水晶体的诱导作用。1924年又和学生曼戈尔德(H. Mangold)把蝾螈原肠胚胚孔外称为背唇的组织移植到另一原肠胚的腹部外胚层下，结果移植块分化成中胚层结构，与之接触的寄主外胚层分化成神经组织，两者共同组成一个次生胚胎。指出背唇能从未分化的物质之中引出一个有组织的区域，因此把背唇称为“组织者”。扎卵实验是另一项著名实验。用婴儿头发把蝾螈受精卵扎紧，呈哑铃形。结果有核的半球发育为正常而略小的胚胎，无核的半球不能发育；但当有核半球分裂为红细胞时，放出一个核进入原来无核的半球，后者也可发育为正常的胚胎，证明这个时期的核是等能的。另外，如果结扎实验是在原肠形成以后器官出现以前进行的话，那么，两半球胚胎的各部分均按预定的方向发育，就好像没有结扎一样。认为“固定胚胎各部分发育命运”的过程必然发生在这个时期之前，并把这个过程称为“决定”。在更晚期的实验中，把蛙卵碎片移植到蝾螈卵中，结果诱导出来的器官是蝾螈的器官，证明被诱导者的特征主要由它本身的内因（可能是遗传性）所决定，这是对胚胎学又一重要贡献。由于上述一系列工作，获1935年诺贝尔生理学或医学奖。其他著作有《关于进化论的实验报告》（1936年）、《胚胎期的发育与感应》（1938年）等。（李新人　林文娜）

克尔，J. G.（Kerr, Sir John Graham）　英国人，1869年9月18日生于英国赫特福德郡阿克利，1957年4月21日卒于赫特福德郡巴利。*鱼类学、动物学、胚胎学、地理探险。*

父亲曾任加尔各答胡格利学院和欣杜学院院长。他未进大学之前就学了一些医学知识。在爱丁堡大学受教育，未毕业便于1889年被选入英国海军阿根廷远征队，考察皮科马约河。1891年回英格兰入剑桥大学基督学院学习。1896年毕业后参加赴巴拉圭远征队，专门负责研究肺鱼，收集了许多标本。1897年回国后在剑桥大学任动物形态学示教员，并被选为基督学院院务委员会委员。1902年在格拉斯哥大学任博物学教授，翌年改任动物学教授，直至1935年退休。1909年被选为英国皇家学会会员。还是其他许多学会的会员，并兼任一些学会的会长。1935年、1950年先后获爱丁堡大学、圣安德鲁斯大学荣誉博士学位。1935年补选为英国下院议员。1939年被授予爵士封号。

是19世纪末知名动物学家之一。在整个教学活动中，对动物学与医学的结合特别感兴趣，编写有《医科专用动物学教程》一书。除繁重的教学和行政工作外，继续研究肺鱼的解剖学和胚胎学等，并和同事们合作发表了一系列论文。曾按照自然界的特点设计了舰艇的各种伪装，供英国海军部在第一次世界大战中使用。

（吴劲梓　袁传宓）

钟观光（Zhong Guanguang）　字宪鬯。中国浙江省人，清代同治八年八月十四日（1869年9月19日）生于浙江镇海柴桥县姚江岸村（今属宁波市北仑区），1940年9月12日卒于同地。*植物分类学、药用植物学、园艺学、博物馆学。*

小染坊主家庭出身。1887年考取秀才。后矢志科学救国，自学理化学科。1899年在柴桥创办“四明实学会”。1900年，利用自己的黄磷专利在上海浦东开灵光造磷厂，半年后停办。1901年创办上海科学仪器馆。1902年考察日本教育和实业，结识蔡元培。1902～1903年任教于江阴南菁书院。1903年创刊和主编《科学世界》。同年任蔡元培创办的爱国女校校长。1904～1908年任教宁波师范学校。期间，1905年当选为中国教育学会副会长，1906年在柴桥兴办芦渎公学。1908年执教上海理科传习所。1909年任宁波旅沪公学博物教员，兼商务印书馆《理科通讯》动物篇编辑。1911年创设实学通艺馆。1912～1915年出任南京临时政府教育部参事。1916～1917年任湖南高等师范学校博物学教授。1918～1926年任北京大学理预科副教授，负责筹建生物学系。1927～1930年到杭州任第三中山大学（后为浙江大学）农学院教授、仪器标本部主任，兼浙江省博物馆自然部主任。1930年任南京中央研究院自然历史博物馆研究教授、中国科学名词审订委员会委员。1930～1940年任北平研究院植物研究所专任研究员。早年参加孙中山同盟会。其子钟补求也是植物学家。

中国近现代植物分类学的奠基人。1905～1936年间，他风餐露宿，穷幽涉险，攀藤附葛，不辞劳苦，采集植物标本近2万种，其中发现新植物类群50余个。期间20世纪10～20年代，足迹遍布华东、华南、华中、西南等11个省区，历时5年，行程数万里，采集腊叶标本1.6万余种15万余号，海洋动物标本500余种，木材、果实、根茎、竹类标本300余种，分门别类，考订学名；1924年创建中国第一个植物标本室——北京大学植物标本室；1927年，又历涉东西天目、四明、天台、南北雁荡诸山，采植物标本千余种7000多号；期间在普陀山发现珍稀濒危树种鹅耳枥，定名普陀鹅耳枥；创建浙江大学农学院植物标本室和笕桥植物园（中国第一个近代植物园）。1930年后，用现代植物学分类法考订中国古籍中的54个科199种植物名称，撰编专著150余万字。其中，对《毛诗》、《尔雅》、《离骚》上的植物详为笺注；结合实地调查，考订《本草纲目》、《植物名实图考》等历代《本草》，撰《植物中名考证》等稿；以科学方法整理药用植物，撰有《本草疏证》一书共23卷（生前未出版）。

一生著述颇丰，还有《理科通证》、《旅行采集记》、《山海经植物》、《近世毛诗植物解》、《物贡纪略》、《植物古籍释例注解》、《中华植物学》等著述。为表彰他的成就，1918年国际植物分类学组织把他发现的马鞭草科一属命名为“钟君木属”；中国华南植物研究所把中国只有一属一种的特有孑遗树种命名为木兰科的“观光木”。

（李啸虎）

哈里森，R. G.（Harrison, Ross Granville）　美国人，1870年1月13日生于美国宾夕法尼亚州日耳曼敦，1959年9月30日卒于康涅狄格州纽黑文。*动物学、比较解剖学、实验胚胎学。*

机械工程师的独生子。1889年获约翰斯·霍普金斯大学医学院学士学位，1894年获动物学博士学位，后又获医学博士学位。1890年任美国渔业委员会实验室助理。1894年在布林莫尔学院任教形态学。1896年任约翰斯·霍普金斯大学医学院解剖学讲师，1899年升为副教授。3次赴德国波恩大学学习与工作，1899年获该校医学博士学位。1907年为耶鲁大学比较解剖学教授。1908年任马萨诸塞州海洋生物研究会理事。1927年任耶鲁大学生物学教授，1907～1938年间任生物系主任，1938年退休后任名誉教授。1938～1946年兼任美国国家研究委员会主席。是《实验动物学》杂志创始人之一，1903～1946年任该杂志主编。曾获约翰斯·霍普金斯、耶鲁、芝加哥、辛辛那提、密歇根、都柏林、哈佛、哥伦比亚、布达佩斯等大学荣誉博士学位。1913年入选美国国家科学院院士和美国哲学学会会员，是英国皇家学会外籍会员和法国科学院外籍院士。

早期在实验胚胎学方面曾采用胚胎移植法，发展了种间移植技术，使该学科得到重大发展，成为19世纪形态学和20世纪分子生物学之间的纽带。他对原生质内在结构的研究，促进现代分子生物学用仪器进行研究的阶段。在科学上主要贡献是1907年对组织培养技术的改革和创新。证实神经纤维有细胞组织，研究了胚胎组织的生长控制。主要著作有《论人类长尾的返祖现象偶见》(1900年)、《盐湖斑鳞属周围神经系统的组织发生学》(1901年)、《人类胚胎学教程》(1959年)、《胚胎的组织和发育》(1969年)等。许多科学院和学术团体曾授予他各种奖章。（张承圭 吕慧梅）

麦克朗，C. E. (McClung, Clarence Erwin) 美国人，1870年4月5日生于美国加利福尼亚州克莱顿，1946年1月17日卒于宾夕法尼亚州费城。*细胞学、遗传学、显微术、仪器研制。*

土木和采矿工程师的儿子。少年时期就热爱科学。曾在堪萨斯大学药学院、利伯勒尔文学院、堪萨斯研究生院学习，获文科硕士，1902年获博士学位。大学毕业后曾任堪萨斯大学助理教授、动物学系教授及系主任、古生物馆馆长、医学院代理院长等职。1912～1940年任宾夕法尼亚大学动物学实验室主任。1920～1946年任《形态学》杂志主编。1930年起任《细胞学》杂志副主编。是许多重要学会和机构的成员，如美国形态学会、美国科学促进协会、美国哲学会、美国博物家学会、费城科学院、威斯塔解剖学和生物学研究院、美国解剖学家协会、华盛顿科学院等。1903年是出席国际生物学会议的美国代表，后又作为美国科学友好使节去日本。

在染色体研究方面有重要贡献。1899年观察到长角蚱蜢精母细胞中的“副染色体”，1901年和1902年发表两篇论文指出这种染色体的重要性。认为染色体是遗传信息的携带者，并推论性别是唯一的把一个种分成两个相等组群的遗传特性，副染色体很可能是决定这一差别的遗传成分。指出每条染色体与其他染色体不同，控制着一组特定的遗传特征。这就是染色体个体性概念，与当时孟德尔发表的遗传定律一致。他认为遗传和发育之间有密切联系。还对生物染色技术和显微镜技术作出贡献，发表过一系列显微照相论文，1929年编著《显微镜技术手册》，并设计出“麦克朗型”显微镜。主张生物染料标准化。热爱教学，提倡新教学法及新实验设施。（田金仙）

利利，F. R. (Lillie, Frank Rattray) 美国人，1870年6月27日生于加拿大多伦多，1947年11月5日卒于美国芝加哥。*海洋生物学、胚胎学、无脊椎动物学、生殖生理学。*

父亲是药品公司会计和合伙人，母亲是苏格兰烟草商人的女儿。高中时在一所男子文法学校读书，课外爱采集和鉴定昆虫和化石标本。1891年毕业于加拿大多伦多大学。同年去伍兹霍尔海洋生物实验站当C. O. 惠特曼的助手。同时在克拉克大学任教。1892～1893年在芝加哥大学研究动物形态学，因写出“珠蚌胚胎学：细胞谱系研究”一文，于1894年获博士学位。1894年在密歇根大学任动物学示教员。1899年在瓦萨学院任教授。1900年回芝加哥大学任胚胎学副教授，1906年任教授，1910～1931年任动物学系主任，1931年任生物学研究院院长，1935年退休后任名誉教授。在芝加哥等地执教期间，每年夏天都去伍兹霍尔海洋生物实验站工作，坚持55年之久，1910～1926年兼任站长，在他的倡议下，1930年成立伍兹霍尔海洋学研究院，并任院长至1939年。1915年人选美国国家科学院院士。1919年作为美国动物学家协会代表到美国国家研究委员会生物学和农业部任执行委员，1921年和1922年分别任该部副主席和主席，1935年任该委员会主席。1922年参与建立生物科学联合会，创办该会刊物《生物学文摘》。1935年被选为美国国家科学院院长。先后获多伦多大学、耶鲁大学和哈佛大学荣誉理学博士学位，并获约翰斯·霍普金斯大学荣誉法学博士学位。

在科研方面贡献显著，论著109篇(部)，其中66篇(部)专门讨论动物发育等问题。1892～1909年主要研究无脊椎动物，特别是珠蚌属和磷沙蚕属动物的卵裂机制和卵的早期发育。1903年发表的“鸡胚器官发育的实验研究”，分析了羊膜的形成过程。1908年出版《小鸡的发育：胚胎学导论》。1910～1921年集中研究沙蚕和海胆受精形态学和生理学，共发表18篇论文和一部专著《受精问题》(1919年)。1914年开始研究牛的双胎，特别是其中和雄牛孪生的生殖器官发育不全的雌牛的性分化，引导一些生物学家研究性激素的起源、性质和作用，开辟了性生物学、性激素生理学等新领域。晚年又研究再生羽毛的发育生理，并发表一系列论文。

一生曾多次获得各种荣誉。1940年获国家科学院阿加西斯奖章。（蒋虎祥）

伊万诺夫，И. И. (Иванов, Илья Иванович; Ivanov, Ilya Ivanovich) 苏联人，1870年8月1日生于俄国希格雷市(今属库尔斯克州)，1932年3月20日卒于苏联哈萨克阿拉木图。*生殖学、动物育种学、兽医学。*

地方财政局职员的儿子。1890年进莫斯科大学生物系学习，后转入哈尔科夫大学，1896年毕业。先后在几个学校任教，1907年任圣彼得堡大学教授。后在日内瓦大学生物化学和微生物学实验室工作。1917～1921年和1924～1930年在国家实验兽医学院工作。1921～1924年在中央实验研究站研究家畜育种项目。1928～1930年在莫斯科高等畜牧学院工作。

1897～1898年在巴黎巴斯德研究院完成研究论文。1898年深入研究哺乳动物生殖生物学和家畜人工授精理论。1899年发表关于哺乳动物人工授精的论文，1906年出版同一题目的专著。他建立了世界上第一个马匹人工授精中心，指出家畜和家禽人工授精的必要条件是精子和卵的融合。第二个重要结论是，如果保持有利条件，在一定的离体时间内精子不仅能继续保持活动性，而且仍能使卵受精。按照这个条件，他发展了家禽人工授精的方法。还提出利用人工授精的方法，既可有效地利用纯系品种，又能将饲养的家畜与野生动物进行种间杂交，以获得经济价值较高的杂交个体，培育出具有抗病能力和高适应性的新品种。身后出版《选集》(1970年)。（张承圭 吕慧梅）

格温-沃恩，D.T.（Gwynne-Vaughan, David Thomas） 英国人，1871年3月12日生于英国威尔士兰达弗里，1915年9月4日卒于英格兰雷丁。*植物解剖学、地理探险。*

家中长子。1893年毕业于剑桥大学基督学院后即从事中学自然科学教学。1894年在基尤皇家植物园的乔德雷尔实验室工作，用显微镜研究植物解剖。1896年在英国科学促进协会上宣读论文"睡莲科维管束排列法"。1897～1907年应鲍尔(F. O. Bower)之聘参加格拉期哥大学实验室工作，研究蕨类解剖。1907～1909任伦敦大学伯克贝克学院植物系主任。后又赴贝尔法斯特女王大学任植物学教授。1914年至去世任雷丁大学学院植物学教授。是爱尔兰皇家科学院外籍院士，伦敦林耐学会、爱丁堡皇家学会会员。

1897～1898年在亚马孙河流域和普鲁斯河考察橡胶生产。1899年在马来半岛采集标本。早期研究过双子叶植物的叶子形态发育，1896年发表首篇论文。1901～1903年出版《蕨类植物束管细胞解剖观察》3卷和F. O. 鲍尔共同出版《应用植物学》(1902年)。他也研究木 属形态学，树蕨以及藻类的组织结构与生理功能。同时研究它们的化石加以比较。1910年获麦克杜格尔-布里斯班奖章。 （王荣增）

朱达，C.（Juday, Chancey） 美国人，1871年5月5日生于美国印第安纳州米勒斯堡，1944年3月29日卒于威斯康星州麦迪逊。*水生生物学、湖沼学、生态学、地理探险。*

1896年在印第安纳大学获文学士学位，1897年获文科硕士学位。1900年在威斯康星大学地质学和博物学考察站从事生物学研究工作，1930年退休。1925～1941年任特鲁湖湖沼学实验室主任，并兼任该校动物学系淡水生物学教授。曾被选为美国海洋湖沼学会会长、威斯康星科学院艺术和文学会秘书和主席、美国显微镜学会和美国生态学会会长等。获印第安纳大学等校的荣誉博士学位。1910年结婚，生有3个孩子。同时还在3个大学从事学术兼职工作。

在对水生生物学发生兴趣。威斯康星州的一些湖泊做了考察研究。1907～1908年去英国和欧洲大陆旅行，考察了一些大学、生物工作站、湖泊等。返美后开始研究湖沼浮游生物，直到隐退。1910年又到中美洲、美国纽约州，对各种湖泊及其生物区系做调查研究。先后发表百余篇论文，其中包括浮游生物、水文图、湖泊测量等方面工作。 （袁传宓）

史密斯，G. E.（Smith, Sir Grafton Elliot） 英国人，1871年8月15日生于澳大利亚新南威尔士的格拉夫顿，1937年1月1日卒于英国布罗德斯泰斯。*比较解剖学、人类学、脑与神经科学。*

从英国移居澳大利亚的教师之子。青年时代在澳大利亚悉尼大学学医，获医学学士学位，1892年获化学硕士学位，1895年完成关于无胎盘哺乳动物大脑的解剖学和组织学的论文，获医学博士学位和一枚金质奖章。1896年回英格兰，为获得剑桥大学博士学位而从事研究工作，1899年任该校圣约翰学院评议员。1900年任埃及开罗大学医学院解剖学系教授和首任系主任，并继续从事神经学方面的研究工作。同年结婚，生育有3个儿子。1909年返英国，在曼彻斯特大学任解剖学教授。第一次世界大战期间，曾在医院研究炮弹震动对人体产生的影响。1919年任伦敦大学解剖学教授、解剖学研究所所长，1936年退休。为了研究人类学，经常到美国、中国、澳大利亚旅行。1907年被选为英国皇家学会会员。1934年被封为爵士。

他在解剖学方面影响很大。他是第一个对古埃及木乃伊进行广泛、细致研究的学者。在埃及期间，曾解剖古老的木乃伊及其骨骼，去努比亚考古。曾对爬行动物、无胎盘哺乳动物和有胎盘哺乳动物的脑部做了比较解剖，研究它们神经系统的进化，并联系树栖灵长类脑视区的发展进行研究。应邀对英国皇家外科学院博物馆收藏的爬行动物和哺乳动物脑颅进行整理，并于1902年出版一览表。1912年出版《开罗博物馆王族木乃伊一览表》。1921年、1925年先后对非洲罗得西亚、英国伦敦发现的人类头骨进行了研究与说明，并积极参与对北京猿人的调研。主要著作有《古埃及人及其对欧洲文明的影响》(1911年)、《早期文化的迁移》(1915年)、《古埃及人和文明的起源》(1923年)、《人类的历史》(1930年)、《文化的传播》(1933年)等。1937年，伦敦大学医学科学图书馆里树立了他的头像。 （吴玉璋）

马斯特，S. O.（Mast, Samuel Ottmar） 美国人，1871年10月3日生于美国密歇根州，1947年2月3日卒于马里兰州。*原生动物学、植物生理学。*

1897年毕业于密歇根州伊普西兰蒂师范学院，获教师证书。1899年在密歇根大学获理学士学位。1906年在哈佛大学获动物学博士学位。1899～1908年任密歇根州霍普大学生物学和植物学教授。后又任马里兰州古彻学院生物学副教授和植物学教授。1911年到约翰斯·霍普金斯大学工作，1938年任该校动物实验站主任，1942年退休。1941年密歇根大学授予他荣誉理学博士学位。

他的大多数研究涉及低等生物对刺激特别是对光的反应。1911年出版《光和有机体的行为》一书。1926年提出变形虫状的收缩运动——液压理论，迄今仍是解释这一现象的基础。曾仔细研究过无色具鞭毛的草履缘胞藻的代谢，指出它能在黑暗中合成有机物。一生大约发表200篇论文，并出版多种书籍。 （洪必恭）

切尔马克-西塞内格，E. T. von（Tschermak-Seysenegg, Erich von） 奥地利人，1871年11月15日生于奥地利维也纳，1962年10月11日卒于同地。*作物育种学、农艺学、遗传学。*

维也纳大学矿物学和岩相学教授的儿子。1891年在维也纳大学读了2学期后，自愿在一个庄园工作一年，以便得到农事方面的基本训练。然后去哈雷大学继续求学，1895年从农科毕业，次年获博士学位。先后在德国两个农业试验站工作。1900年在维也纳农学院任讲师，1906年任教授，兼任皇家植物育种研究所所长。瑞典种子协会的顾问。

1898年在比利时根特研究蔬菜和花卉育种。受达尔文著作的启发，开始用各种豌豆进行杂交试验，这一试验导致他于1900年6月再度发现孟德尔的遗传定律，是当时3位独立地重新发现孟德尔遗传定律的植物学家之一。最大贡献就是看出孟德尔定律的重要性并把它应用到育种试验中去。为了取得新的经验，到处旅行，4次去瑞典。1909年和1910年两次访问美国。培育出许多新的杂交品种，其中有特别实用价值的为黑麦、小麦、大麦、燕麦和豆科植物的新品种。今天，他的基本理论、基因的有系统性的组合以及从孟德尔分离定律得出来的调查杂交后代的方法等，在植物育种方面已成为常规手段。（秦　嘉）

詹金森，J. W.（Jenkinson, John Wilfred） 英国人，1871年12月31日生于英国伦敦，1915年6月4日卒于土耳其加利波利。*比较胚胎学、实验胚胎学。*

先在布雷德菲尔德学院学习植物学。1890年入牛津大学埃克塞特学院，并获文学士学位。1894年再到伦敦大学学习动物学。1906年在牛津大学任比较胚胎学和实验胚胎学讲师，1909年任埃克塞特学院研究员。第一次世界大战爆发后入伍参战，在土耳其加利波利阵亡。

是20世纪初英国实验胚胎学的先驱。研究过哺乳动物胎盘的发育、蛙卵的对称性和蛙胚的对称性之间的关系，以及不同化学剂对胚胎发育的影响等课题。相继出版《实验胚胎学》（1909年）和《脊椎动物胚胎学》（1913年）两种教材，引起学术界的关注，并作为讨论生机论的提纲。（林文娜）

孟德尔，L. B.（Mendel, Lafayette Benedict） 美国人，1872年2月5日生于美国纽约州德尔亥，1935年12月9日卒于康涅狄格州纽黑文。*生理学、生物化学、营养学。*

商人的儿子。1891年获耶鲁大学文学士学位。毕业后在该校设菲尔德科学学院跟R. H. 奇坦登学习生物化学，1835年因结晶大麻子蛋白、麻仁球蛋白解朊作用的论文获博士学位。1895年去德国学生理学和化学。1896年回国后任生理化学助理教授，1903年任该校医学院教授。1921年任期特林讲座教授。是美国营养研究会首任会长。1913年入选美国国家科学院院士。

早期发表过氮、无机离子、碘、嘌呤和嘧啶等代谢的论文。1898年发表食用真菌营养价值的论文。与T. B. 奥斯本合作，证实蓖麻蛋白的蛋白质本性、研究蛋白质的营养效果，证明某些氨基酸（例如赖氨酸和色氨酸）是饲料的必要成分，而不能被动物本身合成。1913年他们与化学家E. V. 麦科勒姆几乎同时发现维生素A等。1915年发现乳中的水溶性物质（现称复合维生素B）。他们共同发表100多篇关于营养学的论文，促进了营养科学的革命。他们还研究大鼠赖以存活和健康生长的饲料，用各种纯化的食料来配制并证明用赖氨酸来左右饲料成分，可使年幼动物停止生长或过一段时间后重新生长。1906年以后，孟德尔发表了70余篇关于生长方面的论文，代表作有《食物供应及其相关营养的变化》（1916年）、《营养学：生命的化学》（1923年）。其研究成果给实用农业带来的好处不可估量。1927年获美国化学学会金质奖章。（蒋虎祥）

科格希尔，G. E.（Coghill, George Ellett） 美国人，1872年3月17日生于美国伊利诺伊州博库，1941年7月12日卒于佛罗里达州盖恩斯维尔。*胚胎学、解剖学、生物心理学。*

1896年获布朗大学文学士学位，1902年获该校博士学位。1896年任新墨西哥大学讲师，在该校获生物学硕士学位。1913年任堪萨斯大学医学院解剖学副教授，1918年升任系主任。1925～1935年任费城威斯塔解剖学与生物学研究院比较解剖学教授。匹兹堡大学和布朗大学分别于1931年和1935年授予他荣誉理学博士学位。1935年入选美国国家科学院院士。

他明确指出，要了解人的思想，就必须探究它的机制，特别是它的起源和发展。1929年出版专著《解剖学和行为问题》，提出"中枢神经系统和行为（综合的动作）的整个发育型式控制着局部型式（反射的和分析的）的发育"。这一概念为心理学家和精神病学家所接受，成为C. J. 赫里克关于人类思想本性和起源的见解形成的基础。美国生物心理学派就是由C. L. 赫里克、C. J. 赫里克和他创建的。（李新人）

茨维特，M. C.（Цвет, Михаил Семёнович; Tsvet, Mikhail Semyonovich） 俄国人，1872年5月14日生于意大利阿斯蒂，1919年6月26日卒于俄国沃罗涅日。*植物生理学、分析化学、色谱学。*

母亲是意大利人，父亲是俄国人。他在瑞士长大。1896年获日内瓦大学生物学博士学位。同年全家移居俄国。1897年任教于圣彼得堡大学生物实验室专修班。由于当时俄国不承认国外学历，进修于喀山大学，1901年获该校植物学硕士学位。1902年任波兰华沙大学植物生理学与解剖学教研室实验员。1908年起任华沙理工大学植物学与微生物学教师。1910年以"植物界和动物界中的色素"毕业论文获华沙大学博士学位。1911年起任教于爱沙尼亚的尤里耶夫大学（今塔尔图大学）教授。1918年任沃罗涅日大学教授。因心脏病（另说肺结核）英年早夭。

毕生致力于应用化学方法研究植物生理学。1900～1903年间，他在华沙大学研究植物叶子成分时，先后在树叶中发现了三种类型叶绿素：叶绿素a、b、c，并分离出纯净的叶绿素。他的关于植物中的叶绿体、叶绿素状态、光合作用机理本质等研究成果，对植物生理学有重要贡献。但是,他的最重大贡献还在于发明了色谱法(也称层析法),这是分析化学、有机化学、生物化学等领域有着广泛应用的离析方法。他巧妙地把干燥的碳酸钙粉末填充竖立的玻璃管中作吸附剂,然后倒入萃取了植物叶子成分的石油醚液,萃取液中的色素就吸附在管内上部的碳酸钙里,以纯净的石油醚洗脱植物色素的提取液,植物色素在碳酸钙柱中实现分离,由一条色带分散形成绿、黄等三种颜色的六个色带,分离得到叶绿素、叶黄素和胡萝卜素。1903 年 3 月 21 日,他在华沙自然科学家协会生物学家分会举行的会议上作了有关报告,后被科学界定为色谱法诞生日。

在以上基础上,1903 年他出版了俄文版《论一种新型吸附现象及其在生物化学分析中的应用》一书。1906 年 6～7 月间,他向德国《植物学报》连续投寄了两篇论文"叶绿素的物理化学研究"和"吸附分析与色谱法",详细描述了新方法以及在叶绿素化学上的应用。"色谱"一词最早出现在这两篇论文中。1907 年,他在德国植物学会举行的一次会议上演示了色谱技术。1911 年他的第二篇博士论文《植物界和动物界的色素》以专著出版,对研究工作进行了总结,并专门论述了吸附和色谱法,试验的吸附剂扩大到 126 种,再次强调了吸附剂对分析组分的化学惰性的重要性,还描述了一套大的色谱装置。

然而在以后 20 多年里,他的新分离方法并没有受到科学界重视。直到 1931 年,德国柏林威廉皇帝研究所的 R. 库恩才重复了茨维特的某些实验,再次发现色谱法并获得了科学界承认。从此以后,先后有两位化学家因为在色谱领域突出贡献而获诺贝尔化学奖,色谱分析方法还在 12 项诺贝尔化学奖的研究工作中起到关键作用。1950 年代之后,发展出一个独立的三级学科——色谱学。他在身后还出版有《色层吸附分析》(1946 年)等书。 (李孙演)

科利佐夫,H. K. (Кольцов, Николай Константинович; Koltzoff, Nikolai Konstantinovich) 苏联人,1872 年 7 月 15 日生于俄国莫斯科,1940 年 12 月 2 日卒于苏联列宁格勒(今俄罗斯圣彼得堡)。*动物生理学、细胞学、遗传学。*

父亲是皮毛商会计,母亲出身受过教育的商人家庭;妻子是他的学生和同事。1890 年入莫斯科大学数理学院自然科学分院,在学习期间曾获比较解剖学金质奖,1894 年以全班第一的优异成绩毕业。留校任教 3 年中通过 6 次硕士考试。后出国 2 年,在意大利那不勒斯海洋动物站等机构从事研究。1899 年起任莫斯科大学副教授,1903 年起任高等女子专修班教授。1908 年任沙尼亚夫斯基大学教授,组建生物学实验室。1918～1930 年任莫斯科大学生物学系主任。1917～1938 年创办实验生物学研究所并任所长。1935 年获博士学位。是《自然》、《实验生物学》、《当代生物学进展》和《生物学》等杂志的创始人和主编之一。1915 年当选为圣彼得堡科学院通讯院士。是苏联自然科学家和医生协会学部主席、爱丁堡皇家学会外籍会员。

在实验生物学方面,对细胞结构提出弹性原纤维骨骼的概念(即科利佐夫原则),十足目精子的经典性研究证实了这个原则;根据静力学和动力学提出聚缩虫收缩柄的收缩过程机制的假设,进而研究了效应器官的生理化学性质、形态学和机能、激素与神经调节。在实验胚胎学、生物化学和胶体生物学方面,研究了阳离子排列的生理学、吞噬细胞中氢离子的作用,细胞色素、肌肉和腺体的应激性,蚕的人工孤雌生殖等。在遗传学和细胞学方面,研究了果蝇遗传结构、人工突变、人类血液化学性和豚鼠的天然颜色、家畜和鱼类的遗传、蚕的遗传以及关于实验得到的突变、发育和遗传生理学、发育生理学中基因的作用,预言了染色体模板和亚显微结构。在实验生物学中提出的一个基本理论思想,是合成和互相交换的必要性。代表作有《细胞组织》(1936 年)等。还致力于医学和农业的应用。曾为研究所组织了若干生物学考察站,并在苏联各地指导开展理论生物学和应用生物学的研究。 (王伟祖)

拉塞尔,E. J. (Russell, Sir Edward John) 英国人,1872 年 10 月 31 日生于英国格洛斯特郡,1965 年 7 月 12 日卒于牛津郡。*农业化学、农艺学。*

1846 年获该校理学士学位。1894～1896 年在欧文学院(今曼彻斯特维多利亚大学)攻读机械工程。1901 年获伦敦大学理学博士学位。1900 年开始研究微生物化学。1901～1907 年在怀城农学院任教。1901 年加入世界闻名的罗塞姆斯太德实验站工作,1912 年任站长。1917 年被选为英国皇家学会会员。1922 年受封爵位。

在研究土壤氧化时,无意中发现不彻底灭菌会增进土壤肥力,在土壤微生物学科中形成一个新的领域,尤其是对微生物与氮的形成、土壤气体、有机质残余等研究实为先驱。多次到国外旅行考察农业科学,在耕作问题上获得大量知识,为他日后的名著《植物生长和土壤条件》(1912 年初版,1973 年第 10 版)奠定基础。其他著作有《土壤和肥力教程》(1943 年)、《世界人口和世界粮食供应》(1956 年)、《饥荒能否避免》(1961 年)、《英国农业科学史(1620～1954)》(1966 年)等,另有自传《土地在招唤我》(1956 年)。因对农业政策的作用卓著而获得许多荣誉。1954 年获英国皇家农业协会金质奖章。 (谢　愉)

诺登许尔德,N. E. (Nordenskiöld, Nils Erik) 瑞典人,1872 年 11 月 23 日生于芬兰新地省,1933 年 4 月 28 日卒于瑞典斯德哥尔摩。*无脊椎动物学、生物学史学。*

1894 年毕业于赫尔辛基大学生物系。留校任教,1899 年任该校动物学讲师,教无脊椎动物解剖学,至 1915 年止。1917 年移居瑞典,在斯德哥尔摩大学任教授。1926 年成为该国公民。1908 年被选为芬兰文理科学院院士。

对无头类的系统分类、解剖、组织和精子发生的研究贡献很大。1894～1920 年间发表过 20 余篇关于水螨科的论文。也研究过蝴蝶的肌肉系统及其功能。但在生物学史方面贡献则更大,著有《生物学史》(3 卷,

1921～1924年)，不久即被译成德文、英文，得到国际上广泛称赞。在此基础之上，又研究植物和动物的来源，提出一个重要的规律性见解，认为生物学原理和哲学及一般文化的发展有关。 (吴劲梓)

希德莱克基，M.(Siedlecki，Michal) 波兰人，1873年生于波兰克拉科夫，1940年1月卒于德国萨克森豪森。*动物学、细胞学。*

曾就读于克拉科夫大学，1895年获医学博士学位。次年到柏林大学与舒尔策(Schulze)一起工作。1897～1899年，曾在法国巴斯德研究院和意大利那不勒斯动物站工作。1900年任克拉科夫大学动物学讲师，1912年升任教授及动物学实验室和博物馆主任。1919～1921年任维尔纳大学校长。后又回到克拉科夫，担任国际海洋考察常设理事会和国际鸟类保护委员会的波兰代表。德国纳粹入侵波兰后，他和许多同事均被捕，因受虐待死于狱中。

他曾研究白血球(1895年)和环节动物门、棘皮动物门的吞噬细胞(1903年)；对鱼、蛙及鸟类也有过兴趣(1908～1909年)，但主要贡献在原生动物学方面。1897年与F.R.绍丁合作发表论文“球虫生活史”，第一次正确地描述了球虫的生活周期。 (李新人)

斯特里特，G.L.(Streeter，George Linius) 美国人，1873年1月12日生于美国纽约州约翰斯敦，1948年7月27日卒于纽约州格洛弗斯维尔。*胚胎学、比较解剖学、遗传学。*

手套厂主的儿子。年轻时曾在纽约联合学院、哥伦比亚大学学习，获医学博士学位。毕业后在奥尔巴尼当过神经病学家H.亨(Henry Hun)的助手并教授解剖学，后去德国学习胚胎学。1904年回国，在约翰斯·霍普金斯大学医学院解剖学系工作。1906年后在威斯塔解剖学与生物学研究院进行人胚胎学研究，后任密歇根大学解剖学系主任。1914年到卡内基研究院胚胎学实验室，与F.P.马尔一起从事研究工作，1917年马尔去世后他接任实验室主任。1926～1928年任美国解剖学家协会会长。1931年入选美国国家科学院院士。75岁时因冠状动脉闭塞去世。

他早就把出生延迟、畸形和宫内死亡归因于子宫缺陷或疾病和遗传因素。1902年发表人胚胎和胎儿在连续发育阶段的重量和大小方面的论文。出版第一部有关人胚胎颅神经和髓神经发育的著作。因发表内耳迷路发育的专题论文，在1918年受表彰。反对以海克尔重演律为代表的胚胎学。与合作者对猪和恒河猴胚胎关节的研究结果，在美国科学界中居领先地位。

(田金仙)

尼尔森-埃勒，H.(Nilsson-Ehle，Herman) 瑞典人，1873年2月12日生于瑞典斯屈吕普，1949年12月29日卒于隆德。*遗传学、育种学、植物生理学。*

1891年在隆德大学学习，1909年获博士学位。留校任教，1915年任植物生理学教授，1917年转任遗传学教授。退休后任瑞典种子协会干事长。是许多学会的成员获多个大学荣誉博士学位。

开始从事植物分类和生理研究，后转攻遗传学及其在植物育种中的应用。按照孟德尔遗传法则首先进行作物重要经济性状的遗传研究，并通过特殊途径得到基因重组合。1906年从人工杂交后代中获得具备两亲优点的各种理想新组合，同时也得到一些具有两亲不良性状的杂种。1908～1911年发表3篇著作，证明孟德尔学派最初的质量性状遗传(如花的不同颜色等)也可运用到数量性状的遗传(如大小、早熟、抗病等)，这些数量性状是由多个基因累积造成的，这一发现为基础遗传学的发展奠定了坚实基础。1913年，他又首次引入“可塑性”概念描述同种基因对不同环境条件的适应能力。1931年创建一个新机构，进行多倍体类型植物在作物生产上应用的研究，并确认诱变在育种中的重要作用。既具有农民对作物的实践经验，又具备学者的理论综合能力。 (陆士龙)

欧勒-切尔平，H.K.A.S. von(Euler-Chelpin，Hans Karl August Simon von) 瑞典人，1873年2月15日生于德国奥格斯堡，1964年11月6日卒于瑞典斯德哥尔摩。*生物化学、酶化学、肿瘤学。*

在慕尼黑等地读完中学后，1891～1893年进慕尼黑绘画艺术学院学习。色彩理论导致他对光谱发生兴趣，注意力转向科学，遂转入柏林大学学习物理学和有机化学，1895年获博士学位。1896年到格丁根大学任教。1898年任斯德哥尔摩大学物理化学系编外教授。1902年入瑞典籍。1906年任斯德哥尔摩大学普通化学和有机化学教授，1929年起兼任维生素研究所和生物化学研究所所长，1941年退休。但继续从事研究工作直至去世。他是瑞典皇家科学院、工程院院士，也是世界上10余个国家科学院外籍院士，是英国皇家学会外籍会员。曾两次结婚，生有9个孩子，两位夫人都参与了一些研究工作，儿子U.S.von欧勒-切尔平获1970年诺贝尔生理学或医学奖。

早期的兴趣在无机催化作用方面，不久就改变方向研究生物化学，特别注意研究与发酵有关的酶。详细地阐明了一类低分子量物质即辅酶在发酵过程中的作用，与A.哈登共获1929年诺贝尔化学奖。他进而又研究辅酶的化学性质，虽然该酶在动物和植物中广泛存在，但他发现酵母中的含量最多，适于制备，并证明辅酶的化学结构是二磷酸吡啶核苷酸(DPN)。后期研究肿瘤的生物化学性质，出版有《肿瘤生物化学》(1942年，与他人合著)、《癌的预防与化学疗法》(1962年)等。

(张承圭 吕慧梅)

小蒙哥马利，T.H.(Montgomery，Thomas Harrison，Jr.) 美国人，1873年3月5日生于美国纽约，

1912 年 3 月 19 日卒于宾夕法尼亚州费城。昆虫学、动物学、系统发育学。

父亲是一个具有丰富知识的保险商，因出版一部《美国宾夕法尼亚大学早期历史》，而获得荣誉文学博士学位。受家庭环境影响，他从小热爱科学，对博物学尤其是鸟类学产生强烈兴趣。1894 年获博士学位。1895 年任费城威斯特解剖学研究所研究员。1897 年任宾夕法尼亚大学动物学教授。1903 年任得克萨斯州立大学教授。1908 年又回宾夕法尼亚大学任动物学教授、系主任，兼任《形态学》杂志副编辑。1910 年任美国动物学家协会会长直至去世。

是美国动物学界领军人物之一。主要研究半翅目、异翅目昆虫的成熟分裂和精子变异过程。还研究过决定论的基本理论等。先后发表论文 80 多篇，包括分类学、系统发育学和细胞学等。一生勤奋好学，发表著作迅速及时。 （秦安舲）

坦南特，D. H.（Tennent，David Hilt） 美国人，1873 年 5 月 28 日生于美国威斯康星州琼斯维尔，1941 年 1 月 14 日卒于宾夕法尼亚州。海洋生物学、发育生物学、生态学。

爱尔兰移民后裔，出生在一个大家庭中，童年生活艰苦，1893 年丧父。1895 年进密歇根州奥利夫特学院，1904 年在约翰斯·霍普金斯大学获博士学位。同年起在布林马尔大学任教生物学，先后任讲师、教授，执教 34 年，1939 年退休后任研究教授。

主要从事海洋生物学研究。曾对棘皮动物进行广泛杂交试验，发现某些种类的卵在单价阳离子条件下，用外来的精子比同种的更易于受精。首先区别若干棘皮动物的常染色体与性染色体；确证雄性海胆属异配子型性别；证实母系因子控制发育的早期阶段，而父系因子在发育中表达较迟，表明改变海水的氢离子浓度可以改变朝向母系或父系特征的发育方向。 （林金榜）

安瑟尔，P. A.（Ancel，Paul Albert） 法国人，1873 年 9 月 21 日生于法国南锡，1961 年 1 月 27 日卒于巴黎。比较解剖学、实验胚胎学、内分泌学。

1899 年获南锡大学医学博士学位，1903 年又获理学博士学位。翌年在里昂大学医学院通过解剖学教职考试，1908 年任解剖学教授。1919 年在斯特拉斯堡大学任胚胎学教授。他的头衔很多，主要有法国科学院通讯院士、法国医学科学院通讯院士、布鲁塞尔比利时皇家医学科学院国外名誉院士等。

他的工作可划分为 3 个阶段：以解剖学的观察资料为主发表最初的一批论文；从 1903 年开始，与 P. A. 布安合作进行哺乳动物繁殖生理学的研究；从 1919 年起，进行实验胚胎学与畸胎形成学的研究，直至去世。通过新的实验方法，为畸胎形成学开辟了新领域。前后共发表 300 多篇(部)论文、报告和专著。 （叶学海）

弗纳尔德，M. L.（Fernald，Merritt Lyndon） 美国人，1873 年 10 月 5 日生于美国缅因州奥罗鲁，1950 年 9 月 22 日卒于马萨诸塞州。植物分类学、植物地理学。

缅因州农学及机械技术学院院长的儿子。17 岁时应邀成为哈佛大学格雷植物标本馆助理，1897 年毕业于哈佛大学劳伦斯科学学院，获理学士学位。留校在格雷标本馆工作。

在读高中时就发表了两篇有关家乡周边植物的论文。一生中大约发表 850 余篇论文，主要是关于美国东北部植物的特性和分布等。1950 年完成 A. 格雷的《北美植物手册》的修订工作，并提出植物存留在“冰峰岛”的理论，这是达尔文以来对植物地理学科的重要贡献。极其勤奋，醉心于植物分类学，这是他成功的主要原因。他的“冰峰岛”理论在地质学界与生物学界曾引起争论。还与金西(A. C. Kinsey)合著《东北美洲食用野生植物》(1943 年)，是研究美国东部植物区系的先驱。 （洪必恭）

萨姆纳，F. B.（Sumner，Francis Bertody） 美国人，1874 年 8 月 1 日生于美国康涅狄格州庞弗雷特，1945 年 9 月 6 日卒于加利福尼亚州拉乔拉。动物学、鱼类学、生物化学。

小学教师的儿子，在加利福尼亚州奥克兰附近一个荒芜的山区度过童年，10 岁以前直接受父亲的家庭教育。1894 年获明尼苏达大学理学士学位。1895 年取得哥伦比亚大学研究生资格，1901 年以鱼类胚胎学方面的论文获博士学位。以后 14 年在纽约市立学院教博物学，同时任美国渔业局伍兹霍尔海洋生物实验室主任。1913 年到加利福尼亚州拉乔拉，在斯克里普斯生物研究所任教授，后该所改为海洋研究所。是美国国家科学院、费城科学院院士，美国哲学学会等学术机构的成员。

他从研究鼠类转向研究鱼类的色素，用不同种鱼做了许多具有独创性的实验，证明反射率直接影响黑色素和鸟嘌呤在皮肤色素细胞内的沉积。 （张承硅）

布勒，A. H. R.（Buller，Arthur Henry Reginald） 英国人，1874 年 8 月 19 日生于英国伯明翰，1944 年 7 月 3 日卒于加拿大温尼伯。真菌学。

伯明翰行政长官、地方议员的儿子。1896 年获伦敦大学女王学院理学士学位。1899 年获德国莱比锡大学植物学博士学位。1901 年任伯明翰大学植物学讲师。1904～1936 年任加拿大马尼托巴大学第一个植物学与地质学教授。先后参加英国真菌学会、美国植物学会、加拿大植物病理学会、加拿大皇家学会，1927 年任加拿大皇家学会会长。1936 年退休回英国。1944 年患脑瘤去世。马尼托巴大学、萨斯喀彻温大学、宾夕法尼亚大学和加尔各答大学授予荣誉博士学位。

著有《真菌学研究》(7 卷)，该书笔调流畅、明快，内容准确、详尽，革新了真菌分类学，解决了真菌种系发生中的许多问题。他在层菌纲中发现单倍体菌丝体通过双核二倍体真菌丝体能够形成二倍体，被学术界称为“布勒现象”，以表示对他的纪念。获得过加拿大皇家学会、马尼托巴博物学会、英国皇家学会的奖章。1937 年

获加拿大皇家学会弗拉维尔奖章。 （孙炳寅）

克莱门茨，F. E.（Clements, Frederic Edward） 美国人，1874年9月16日生于美国内布拉斯加州林肯；1945年7月26日卒于加里福尼亚州圣巴巴拉。植物生态学、真菌学。

摄影师的儿子，19岁时发表了第一篇描写菌类新种的论文。1894年在内布拉斯加大学毕业。留校任植物学助教，1897年升为讲师，1898年获博士学位，1899年晋升为副教授，1905年任植物生理学教授。1899年与学生施瓦茨（Edith Gertrude Schwartz）结婚，她也获得植物学博士学位，兼作他的司机、秘书、摄影师甚至外交翻译，对他帮助很大。他们度蜜月时就想有一个高山实验室，后来用了3个夏天采集标本，靠出售标本所得建成实验室。1907～1917年任明尼苏达大学植物学系主任。1917年任华盛顿卡内基研究院专职研究员。

他是19世纪前半叶美国最有影响的生态学家，他的《植被演替》（1916年）一书被生态学家公认是重要著作，是“植被演替”、“群系”和“顶极群落”等概念的创始人。在亚利桑那州的图森以及加利福尼亚州圣巴巴拉的实验园里度过几个冬天，而夏季则在高山实验室度过。在那里他指导若干助手（通常是他的学生），通过一系列工作终于使其助手们理解“动态生态学”的含义。1913年他们在国际植物地理学的考察中起重要作用。其他著作有：《内布拉斯加植物地理学》（1898年初版，1900年再版）、《生态学研究方法》（1905年）、《植物生理学与生态学》（1907年）、《植物演替与指示物》（1928年初版，1973年重印）、《植物生态学》（1929年，与他人合著）、《菌类属志》（1931年初版，1965年再版，与他人合著）等。 （洪必恭）

克罗厄，S. A. S.（Krogh, Schack August Steenberg）

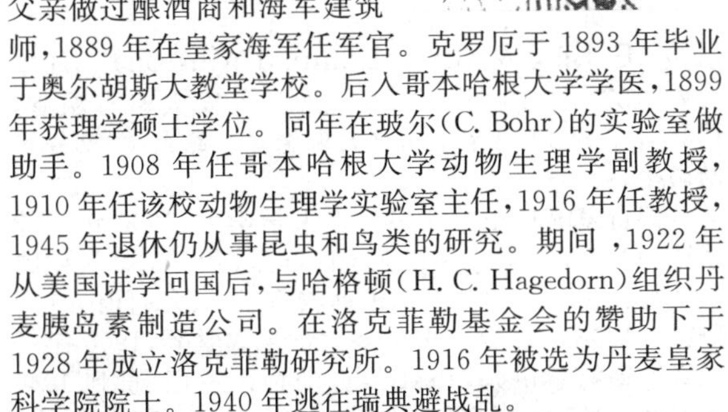

丹麦人，1874年11月15日生于丹麦日德兰半岛格雷诺，1949年9月13日卒于哥本哈根。动物学、比较生理学、仪器研究。

祖居南日德兰300多年。父亲做过酿酒商和海军建筑师，1889年在皇家海军任军官。克罗厄于1893年毕业于奥尔胡斯大教堂学校。后入哥本哈根大学学医，1899年获理学硕士学位。同年在玻尔（C. Bohr）的实验室做助手。1908年任哥本哈根大学动物生理学副教授，1910年任该校动物生理学实验室主任，1916年任教授，1945年退休仍从事昆虫和鸟类的研究。期间，1922年从美国讲学回国后，与哈格顿（H. C. Hagedorn）组织丹麦胰岛素制造公司。在洛克菲勒基金会的赞助下于1928年成立洛克菲勒研究所。1916年被选为丹麦皇家科学院院士。1940年逃往瑞典避战乱。

1896年研究短嘴蚊属幼虫浮囊的流体静力学机理。1902年和1908年两次到格陵兰考察，并发表了对爱斯基摩人的饮食和新陈代谢的研究结果，还测定天然水中碳酸的压力。1903年在哥本哈根大学对蛙的皮肤和肺呼吸进行论文答辩，用自己设计的张力测定计和气体微分析仪证明，氧的交换主要通过肺壁扩散，而二氧化碳则通过皮肤扩散排出。还用自制的装置证明游离氮不参与呼吸时的气体交换。1910年出版两部著作，一是和妻子共同撰写的《动脉血中的气体张力》，一是《龟类肺部气体交换机制》，进一步指出肺中氧的吸入和二氧化碳的排出，以扩散的形式进行，因此获奥地利科学院泽根奖。

1910年建立自己的实验室，改进了许多仪器，如摇杆式肺活量计、电磁脚踏车式测力器和精确到十万分之一的气体分析仪。研究了血液中二氧化碳压力和氧的结合之间的关系，血流经两肺以及静脉输送二氧化碳、脂肪和糖类对肌肉能量来源的影响及肌肉工作时氧的消耗等。1912年测量了通过肺部的血液循环。1919年用精致的显微方法和组织学方法证实，部分在肌肉休息时关闭的毛细血管在运动时往往开启和扩张。因此获1920年诺贝尔生理学或医学奖。许多外国科学家来到他的实验室进行研究，证实毛细血管的运动受神经和激素的影响。1922年出版《毛细管解剖与生理机能》一书。同年到美国讲学。为妻子治疗糖尿病时研究了当时新发现的胰岛素。1939年用对比法研究生物细胞水和无机离子的交换。对脊椎动物、昆虫的呼吸和新陈代谢的研究汇编成《动物及人体的呼吸交换》论文集。享有许多名誉学位。 （王伟祖）

哈特，E. B.（Hart, Edwin Bret） 美国人，1874年12月25日生于美国俄亥俄州桑达斯基附近，1953年3月12日卒于威斯康星州。农业化学、营养学、兽医学。

生在农村。中学毕业后在密歇根大学学习化学，1897年获理学士学位。后任日内瓦纽约农业试验站助理化学师，与范斯莱克（L. L. Van Slyke）合作从事牛奶中蛋白质的研究。此后又研究乳酪加工等。1906年任威斯康星大学农业化学系主任，直至1944年退休。退休后仍终日在实验室工作，直至去世前一天。1949年威斯康星大学授予他荣誉理学博士学位。

在他的指导下，威斯康星大学农化系在营养学研究方面长期走在最前列。他发明了简单又迅速地测定牛奶中酪蛋白的方法。还与别人合作从事防止无毛猪综合症中的碘的作用、佝偻病特别是雏鸡软腿病、照射牛奶提高维生素D的含量、贫血症中铁与铜的作用等研究。 （张承圭）

伊文思，W. H.（Evans, William Harry） 英国人，1876年7月22日生于印度梅加亚拉邦西隆，1956年11月13日卒于英国多佛。昆虫学、地理探险。

父亲是上将，与著名小说家狄更斯（Charles Dickens）有姻亲关系；母亲是热心的博物学家，对伊文思一生影响极大。18岁从军，任皇家工程师。第一次世界大战时在法国战场。1919年返回印度，1931年退休时的职务是兵团总工程师、旅长级军官。

他虽然是军官，却以研究自然科学而名垂于后世。全部业余时间都是用来采集蝴蝶，进行分类，是弄蝶科的权威。1898 年开始在服役地巴基斯坦北部采集蝴蝶标本。1902～1904 年参加赴索马里远征队。曾出版《印度蝴蝶分类》(1932 年)、《大英博物馆非洲弄蝶科名录》以及《英国馆藏欧洲、亚洲、澳大利亚弄蝶科名录》(1949 年)，内容丰富，附有彩色插图。在第二次世界大战中，他仍留在伦敦继续刻苦地研究。有一次，正当他研究一组标本时，一颗炸弹在他室外爆炸，气浪吹毁了桌上所有的标本，他手上还捏着一枚针。后来他的耳聋加剧，仍坚持不懈地研究，终于在临终前一年完成了全世界弄蝶科的分类系统。 (童远瑞)

梅里尔，E. D. (Merrill，Elmer Drew) 美国人，1876 年 10 月 15 日生于美国缅因州东奥本，1956 年 2 月 25 日卒于马萨诸塞州。*植物分类学、植物地理学。*

曾在缅因州农业大学和机械工艺学院学习，对植物学感兴趣，1898 年获理学士学位后留校当助教。后又在美国农业部工作 3 年。1902～1923 年到马尼拉作为美国农业部植物学家派驻菲律宾农业局工作。1912～1918 年兼任菲律宾大学植物学教授。1924 年任伯克利加利福尼亚大学农学院院长。1930 年任哥伦比亚大学植物学教授和纽约植物园园长，直到 1935 年。接着又到哈佛大学当阿诺德讲座教授、阿诺德林木园园长及植物标本馆馆长，1946 年退休。还担任过军事首长的热带植物顾问。

学识渊博，被誉为“美国的林耐”。以研究亚太地区植物分类学与植物地理学而著称。有组织能力，乐于提携有发展前途的学者。著有《马尼拉植物志》(1912 年)、《菲律宾有花植物精选》(1922～1926 年)、《太平洋世界的植物》(1945 年)、《库克航行植物学》(1954 年)等。 (洪必恭)

施米特，E. J. (Schmidt，Ernst Johannes) 丹麦人，1877 年 1 月 2 日生于丹麦哥本哈根，1933 年 2 月 21 日卒于同地。*海洋生物学、热带植物学、地理探险。*

在哥本哈根大学攻读植物学，1898 年获理科硕士学位，1903 年获博士学位。1899 年在哥本哈根大学植物研究所工作，1910 年起任该校卡尔斯伯格生理学实验室主任。

先后发表了许多关于热带植物和海洋生物的论文。1904 年调查欧洲鳗鲡的幼体，研究其繁殖习性。1920～1922 年探索鳗鲡幼体的所在地，终于在百慕大群岛附近马尾藻海找到了鳗鲡繁殖地，发现来自西欧和地中海的成熟鳗鲡也都回游到该处，并于产卵后死去。他还指出美洲鳗也有相似的情形。鳗鲡的这种特殊行为不仅对生物学而且对大陆漂移说的探讨均有深刻意义。1928～1930 年作环球考察，采集鱼类特别是深水鱼类的标本。他还对细菌学领域，以及对泰国象岛植物志有研究。他的研究受到学术界高度评价，得到许多荣誉。此外还积极参与几个国际海洋组织，特别是设在哥本哈根的国际海洋考察研究会常设理事会的活动。他的住所成了社交和科学活动的中心之一。 (林金榜)

格林尼尔，J. (Grinnell，Joseph) 美国人，1877 年 2 月 27 日生于美国印第安人保留地埃真西(今俄克拉何马城附近)，1939 年 5 月 29 日卒于加利福尼亚州伯克利。*脊椎动物学、生态学、地理探险。*

医生的儿子。1897 年入思鲁普理工学院学习。1901 年在斯坦福大学获文科硕士学位。1903～1908 年在该学院先后任讲师、教授。1908 年任伯克利加利福尼亚大学脊椎动物学博物馆首任馆长，直至去世。1913 年又在斯坦福大学获理学博士学位。

认为动物种的形成是由于自然障碍或不同海拔高度、气候差异所造成的。曾率领一个调查队，对内华达山脉和拉森山区横断面作了 7 年调查研究，1924 年提出“生态栖位”的理论。确认没有两个种属能够占领一个相同的小生境。通过长期艰苦的观察、记录和精确论证，对加利福尼亚脊椎动物分布和生态方面的研究作出了巨大的贡献。主要著作有《阿拉斯加狩猎黄金季节》(1901 年)、《科罗拉多下游鸟兽志》(1904 年)、《加利福尼亚毛皮哺乳动物》(2 卷，1937 年，与他人合著)、《加利福尼亚鸟类分布》(1944 年，与他人合著)等。 (林金榜)

萨顿，W. S. (Sutton，Walter Stanborough) 美国人，1877 年 4 月 5 日生于美国纽约州尤蒂卡，1916 年 11 月 10 日卒于堪萨斯城。*细胞学、遗传学、外科医学。*

1900 年获堪萨斯大学文学院文学士学位。1907 年获哥伦比亚大学医学博士学位。毕业后在纽约市罗斯福医院任外科医生。1909 年起在堪萨斯市开诊疗所，并在堪萨斯大学外科系任教。第一次世界大战期间，在欧洲法国战场救护伤员。去世前是堪萨斯大学外科副教授，美国外科医师协会会员。因阑尾穿孔而过早去世。

一生成就主要在生物学方面。在他之前，许多细胞学家曾经设想生物遗传因子是由细胞核甚至染色质携带的。他提出的关于减数分裂中染色体的性能和孟德尔两个定律间的关系，第一次有力地证明了这一理论。美国细胞学家 E. B. 威尔逊说：“只有萨顿是第一个真正察觉了染色体并使它公布于世的人。”他的染色体遗传学说有时也称为萨顿-博韦里学说。医学方面，在头颈部手术中曾介绍过乙醚的结肠给药途径。还对不少小型外科技术作过改进。 (黄 旬)

沃克，E. M. (Walker，Edmund Murton) 加拿大人，1877 年 10 月 5 日生于加拿大安大略省温瑟，1969 年 2 月 14 日卒于加拿大多伦多。*昆虫学、无脊椎动物学。*

银行家的长子。在多伦多大学学习，1900 年毕业于博物学系，1903 年又毕业于医学系，最后选择了生物学。曾在柏林大学对无脊椎动物作了一段时间的专门研究。1904 年任教于多伦多大学生物学系，1906 年任无脊椎动物学讲师，1934 年任动物系主任，直到 1948 年退休。1910～1920 年主编《加拿大昆虫学家》杂志。除了讲课和从事研究外，1918～1931 年还在安大略皇家博物院兼任助理，1931 年后任昆虫馆名誉馆长。获卡尔顿大学荣誉博士学位。

主要研究两类昆虫：一类是蜻蜓目，对生活在加拿大的200余种蜻蜓进行实地考察，除搜集标本外，还观察它们在自然条件下的行为及其他特点。总结了每一个种的分布、生活史和行为，为研究加拿大的蜻蜓目打下一个雄厚的基础；另一类是蛩蠊，这一类昆虫是唯一存活的原始祖先的代表，被称为活化石，虽经历了几亿年而只有微小的变化，在昆虫进化史上具有特殊意义。还对蝗虫、蟋蟀的分类和分布进行了一系列研究，对北美昆虫学作出了较大贡献。撰有许多关于直翅目昆虫的论文，出版的著作中有《加拿大和阿拉斯加的蜻蜓目》(3卷，分别出版于1953年、1958年和1975年)一书。1960年获加拿大皇家学会弗拉维尔奖章。

(敬元虎　秦安舲)

戈德斯米特，R. B. (Goldschmidt，Richard Benedict)　美国人，1878年4月12日生于德国美因河畔法兰克福，1958年4月24日卒于美国加利福尼亚州伯克利。动物学、昆虫学、遗传学。

出身于一个德国犹太人的古老家族。这个家族曾出过科学家、艺术家、银行家及实业家。自幼生活优裕，交游甚广。早在中学时期就受到老师、动物学家诺尔(F. C. Noll)的影响，立志研究自然科学，经常出入于家乡的博物馆。1896年入慕尼墨大学。1899年转学海德堡大学学习医学和动物学，1902年获博士学位。毕业任教于慕尼黑大学，1904年任讲师，1909年任编外教授。为了采集标本，他专程到日本，并兼任东京帝国大学农学部讲师。回国后，1914年任新成立的威廉皇帝生物学研究所遗传部主任。同年又去日本，遇第一次世界大战爆发，转程美国被当"敌探"拘捕，于1918年释放。次年回德国。1935年为逃避纳粹政权迫害，又移居美国任伯克利加利福尼亚大学教授，直至去世。1950年当选为日本学士院荣誉外籍院士。

他研究的范围甚广，从动物形态学、细胞学、组织学到比较解剖学、胚胎学。后来研究重点放在遗传学及基因理论上，以舞毒蛾为生物模型研究遗传学，前后用25年时间对舞毒蛾进行了一系列研究。在微进化——黑化上阐明了黑化突变体具有选择性优势，成为种群遗传学的先驱之一。在决定性别的遗传问题上，做了大量实验，开创了生理遗传学的新课题。先后发表250多篇学术论文；出版20多本书，其中有：《性决定的生理学与机理》(1923年)、《性中间阶段》(1931年)等，另有自传《进出于象牙塔》(1960年)。

(童远瑞)

拉扎列夫，П. П. (Лазарев，Пётр Петрович；Lazarev，Petr Petrovich)　苏联人，1878年4月13日生于俄国莫斯科，1942年4月24日卒于苏联阿拉木图。生理学、物理生物学。

1901年毕业于莫斯科大学医学院，1902年获医学博士学位，并在大学附属医院耳科门诊当助手。在学生时代就对物理和数学深感兴趣，1903年通过自学数学物理系全部课程的考试。此后，和列别捷夫建立友谊和科学合作，成为其主要助手。1907年通过硕士考试，并成为莫斯科大学数学物理系的副教授。1917年被选为圣彼得堡科学院院士。同年11月后参与组建第一个物理和物理生物研究所。1912年列别捷夫去世后，接任实验室主任。

早期的论文是研究感觉器官的能动性，对亥姆霍兹的听觉共振理论有所贡献。此后着重研究感觉器官的物理生物学和神经刺激理论，提出有关活细胞组织的刺激方面的离子理论基本法则。还是第一个对眼适应现象作出光化学解释的人。对地磁学、地球物理学的计算和物探方法也很有研究。

(周永平)

伊凡诺夫，П. П. (Иванов，Пётр Павлович；Ivanov，Piotr Pavlovich)　苏联人，1878年4月21日生于俄国圣彼得堡，1942年2月15日卒于苏联科斯特罗马。节肢动物学、胚胎学。

1901年毕业于圣彼得堡大学。留校任教，1903年开始为无脊椎动物学教授当助手。1912年在圣彼得堡大学通过硕士论文答辩，并成为理论胚胎学副教授，1918年任教授，1922年任该校胚胎学实验室主任，1924～1942年先后担任神经心理学研究所动物系及普通生物系主任。1932年兼任全苏实验医学院胚胎学实验室主任。

1906～1907年曾游历马来群岛，收集节肢动物剑尾目和蜈蚣属的胚胎发育材料。1909年和1911年在意大利那不勒斯动物站工作，研究胚胎学和环节动物的再生。除许多论文与专著外，还分别于1937年和1945年出版两本关于普通胚胎学和比较胚胎学教科书。他提出的基本形态学幼虫体理论，或称分节动物体的原异律性理论，其重要性可与胚层理论相比拟。

(李新人)

亨德森，L. J. (Henderson，Lawrence Joseph)　美国人，1878年6月3日生于美国马萨诸塞州林恩，1942年2月10日卒于马萨诸塞州坎布里奇。生物化学、生理学、科学史学、社会学。

商人的儿子。16岁入哈佛大学，1898年毕业。后又入哈佛大学医学院进修生物科学，1902年获医学博士学位。留校任教，1905年任哈佛大学生物化学讲师，1911年为该校首次开设科学通史课，1920年参与创建医学院物理化学系，1927年在哈佛大学商学院创建疲劳实验室。在哈佛大学任教直至去世。是美国国家科学院、美国文理科学院院士。

早期研究身体的酸碱平衡问题，应用物理化学解释体液是极好的缓冲液。当他开始研究血液时，深信血液在呼吸作用变化的每一个可变因素中，都是其他所有因素的函数，探索用图解来描述各变数间相互关系的方法。开始时，用5个经实验确定的方程式，其中包括阐明血液呼吸活性所必需的7个变数。每一个方程式可用2个独立的变数，即游离氧和游离二氧化碳来表示，并可绘成曲线。这些曲线又可合并在一个图上，因此它们都具有同样的笛卡尔坐标。这种技术能将7个变量表示在同一张图上。图表上的每一点都具有7个坐标，如果知道任何2个变量的值，就可以从图表上读出其他

5个变量的值。后来又把这种复杂的图表简化成奥克尼(Ocagne)发明的直线图。

著有《适宜的环境》(1913年)、《自然规律》(1917年,1924年法文版)、《血液:普通生理学的研究》(1928年英文版,1931年法文版,1932年德文版)、《帕累托的社会学通论》(1935年)、《论社会系统》(1970年)等。

(张承圭 吕慧梅)

哈珀,R.M.(Harper, Roland McMillan) 美国人,1878年8月11日生于美国缅因州,1966年4月30日卒于阿拉巴马州塔斯卡卢萨。植物学、植物地理学、生态学、森林学。

祖籍是爱尔兰人,后移居加拿大。1897年获佐治亚大学学士学位。1901年在美国国家植物标本馆任助手。1903年任佐治亚州地质勘测局林务官。1905年获美国哥伦比亚大学植物学博士学位。1905～1966年任阿拉巴马州地质勘测局植物学家和地理学家。期间1908～1931年兼任佛罗里达州地质勘测局植物学家和地理学家,1917～1918年兼任美国政府农业部农场管理署助理,1925年主持佛罗里达州人口普查,1927年任阿拉巴马州林业委员会林务官,1928～1929年任佐治亚大学经济学研究教授。1929年获佐治亚大学荣誉理学博士学位。

他对植物生态学、分类学、地理学、人口统计学等方面都具有广泛兴趣。其博士论文基础上出版的《佐治亚州中央平原砾石地区的植物地理学概要》(1906年),是生态学经典著作之一。从21岁起先后发表500多篇论文,其中关于《阿拉巴马州经济植物》(1913年初版、1928年再版)、《亚拉巴马州的森林》(1943年)、《佛罗里达州的自然资源》(1949年)、《植物地理学概论》等著作都附有原始植被照片,非常珍贵,随着一些生境的消失,有的已成为历史性文献。发现20余种开花植物新种。

(洪必恭)

桑德森,E.D.(Sanderson, Ezra Dwight) 美国人,1878年9月25日生于美国密歇根州奥里旺,1944年9月27日卒于纽约州。经济昆虫学、生态学、农业社会学。

1897年获密歇根大学农学院理学士学位。1898年获康奈尔大学理学士学位。1921年在芝加哥大学获博士学位。早年在马里兰大学农学院讲授昆虫学和动物学。曾受聘为联邦政府农业部昆虫学署助理。曾先后担任得克萨斯农业和机械化学院昆虫学教授、新罕布什尔学院动物学教授、西弗吉尼亚大学农学院院长及该校农业试验站站长等。后来对农业社会学发生兴趣,曾在芝加哥任教社会学。1918年任康奈尔大学田园社会学教授,至去世。1942年任美国社会学会会长。

他的工作分为3个方面:经济昆虫学、学会组织和农业社会学,都获得了较高的荣誉。他的研究被认为是发展近代学科——昆虫生态学的里程碑。较早地以统计学分析方法解决应用昆虫学问题,为此参加了杀虫药标准化的工作,导致1910年联邦杀虫药条例公布。后期主要著作有《农村社区》(1932年)、《农村社区组织》(1939年)、《农村生活的领导》(1940年)、《农村社会学和农村社会组织》(1942年)。

(童远瑞)

凯林,J.H.(Kylin, Johann Harald) 瑞典人,1879年2月5日生于瑞典艾尔夫斯堡省,1949年12月16日卒于隆德。海洋藻类学、生态学。

出身于农民家庭。1898年进乌普萨拉大学,1907年获博士学位。留校任教师达13年之久,期间曾兼在乌普萨拉高级中学及乌普萨拉师范学院讲课。1912～1913年在莱比锡大学威廉·佩弗实验室任研究员,1920年任隆德大学植物学教授,1944年退休。是瑞典皇家科学院院士,丹麦皇家科学院外籍院士、美国植物学会和芬兰动植物学会外籍会员。

他的博士论文是研究瑞典西海岸的海洋植物。最后4部著作中的3部都是关于瑞典西海岸的红藻(1944年)、褐藻(1947年)和绿藻(1949年)的重新分类。对世界其他各地海藻的研究也有重要贡献,包括挪威西海岸、南极区和北极区、美国华盛顿州星期五港、新西兰、南非和美国加利福尼亚州。最后一部著作是红藻研究的标准参考书,该书是在他去世后问世的。获得隆德科学团体的林耐金质奖章。

(秦 嘉)

阿尔伯,A.R.(Arber, Agnes Robertson) 英国人,1879年2月23日生于英国伦敦,1960年3月22日卒于剑桥。比较解剖学、植物形态学、自然哲学。

中产阶级之女。在中学时就对植物学发生兴趣。后入伦敦大学学院和剑桥大学植物研究所,受朋友兼老师E. 萨金特(Ethel Sargant)影响,深入学习了植物比较解剖学。1909年与剑桥大学古植物学示教员阿尔伯(E. A. N. Arber)结婚,1918年成为寡妇,独居终身,育有一女。从一位妇女社会活动家进入科学研究先驱,成为英国皇家学会会员中第一个女植物学家。1946年入选英国皇家学会会员。

曾发表218篇论文,其中许多涉及植物比较解剖学,出版8部著作,其中《水生植物:水生被子植物的研究》(1920年)、《单子叶植物:形态学的研究》(1925年)和《禾本科》(1934年),包括植物学中非常广泛的内容。晚年又出版《植物形态自然哲学》(1950年)等3本书,反映她的思想从科学方面转到哲学方面。1948年获英国林耐学会金质奖章。

(耿伯介)

贝克勒尔,P.(Becquerel, Paul) 法国人,1879年4月14日生于巴黎,1955年6月22日卒于埃维昂。植物生理学。

1903年获巴黎大学理学院理学硕士学位,1907年获博士学位。同年留校理学院任教。第一次世界大战后,任教于南锡大学理学院。1927年任普瓦捷大学普通植物学教授,直至退休。

研究植物种子不同部位的结构和功能,认为种子受一层不可渗透的膜保护,始终具有生命。弄破这层膜,种子就容易被有毒的液体和气体毒死。还认为植物和动物组织在脱水条件下,能暂时停止生命活动,当逐渐加温和重新水化时则能够复活。后又研究自然界生命暂时停止活动的事例，1933年发现已贮存158年的山扁豆的种子仍能发芽。1937年开始研究冰冻对植物原生质的影响。1939年证明植物受冻致死并非由于冰冻造成质壁分离，而是由于低温使胶体脱水产生收缩所致。他的主要成果大多以大量的短篇论文予以发表。

（张承圭）

珀尔，R.（Pearl，Raymond） 美国人，1879年6月3日生于美国新罕布什尔州法明顿，1940年11月17日卒于宾夕法尼亚州赫希。人类学、生物统计学、遗传学。

1899年获达特茅斯学院生物学文学士学位。1902年获密歇根大学博士学位。1905年赴莱比锡大学短期学习后，又在伦敦大学学院学习。1906年回国，任宾夕法尼亚大学动物学讲师。1907年任缅因州农业试验站生物学部主任。1917～1919年任美国食品与药品管理局统计部主任。1918年任约翰斯·霍普金斯大学卫生与公共保健学院教授，1919～1935年任该校附属医院首席统计师，1923年至去世任该校医学院生物学教授。

受导师影响，把统计学用于人口学和老年学的研究。是杰出的人类统计学家和研究世界人口问题的先驱者。1926年、1929年先后创办和主编《生物学评论季刊》和《人类生物学》杂志。曾任人口问题科学研究国际联合会主席、美国自然人类学会会长、美国统计学会会长。他的研究结果认为，人类寿命与其生长速度、生存空间成正比；遗传比环境更能决定寿命，有节制的酒徒比滴酒不沾者活得更长，知识分子比体力劳动者具有更多的长寿机会。著述颇丰，发表700余篇论文；主要著作有《酒精和寿命》（1926年）、《吸烟和寿命》（1938年）以及《古代人寿命》、《人口增长的生物学》等。把生物学和社会科学联系起来的研究成果，使他获得许多荣誉。

（孙炳寅）

伊斯特，E. M.（East，Edward Murray） 美国人，1879年10月4日生于美国伊利诺伊州迪科因，1938年11月9日卒于马萨诸塞州波士顿。作物育种学、遗传学、农艺学。

机械工程师的儿子。15岁中学毕业后，曾在一家机械商店工作2年。1897年入克利夫兰的凯斯应用科学学校（现为凯斯西储大学）。一年后转入伊利诺伊大学，1900年起相继取得学士、硕士学位，1907年获博士学位。在大学求学期间，就曾协助伊利诺伊州农业试验站的霍普金斯（C. G. Hopkins）从事玉米选种工作，在进行玉米近交试验时，发现近交会引起产量的明显降低。1905～1908年，在康涅狄格州农业试验站任职，继续从事烟草、马铃薯及玉米的近交与远交试验，这些工作对奠定以后的科学事业起了决定性作用。1909年接受哈佛大学聘请，1914年任教授到去世。是许多遗传学学术团体及有关社会组织的成员，并在这些团体与组织中担任过不少职务。第一次世界大战期间，曾任国家研究委员会植物原料委员会主席、美国食品局统计处代理处长。

20世纪初，人们普遍认为孟德尔法则只适用于单基因控制的质量性状，不适用于多基因控制的数量性状。1910年他和瑞典遗传学家H.尼尔森-埃勒分别在美国和瑞典同时发表论文，首次用实验证明：表现为融合遗传型式的数量性状也同样地可用孟德尔法则来加以解释，从而说明了孟德尔法则在生物界具有普遍意义。以后他又连续发表了多篇有关数量性状遗传的论文。在数量性状遗传上作出的贡献始终受到人们的称颂。1919年与琼斯（D. F. Jones）合著的《近交及远交的遗传学意义与社会学意义》一书出版。他在此书中提出了有关杂种优势的重要理论。指出在一个遗传上不纯的原种中，近交将引起增加纯合性。由于大多数有害基因是隐性的，因此纯合性的增加往往会使所存在的一些隐性有害基因得以表现，并产生不良效应。反之，远交则增加杂合性。在这一情况下，往往由于有利的显性基因遮盖了有害的隐性基因不良效应的表现，从而呈现出杂种优势。这些有关杂种优势的显性假说至今仍然是遗传学中的重要理论。

从在康涅狄格州农业试验站工作时开始，就一贯关心农作物的生产。和沙尔（G. H. Shull）共同发展了一套玉米育种的新方法，促进了全世界玉米生产的革命。他不仅是一位有卓越贡献的遗传学家，而且也是一位优秀的导师，和W.卡斯尔（William Castle）一起，共同培养了许多世界上知名的遗传学家，其中包括K.萨克斯、R. A.布林克、L. C.邓恩以及S.赖特等。

（王爵渊）

马克西莫夫，Н. А.（Максимов，Николай Александрович；Maksimov，Nikolay Aleksandrovich） 苏联人，1880年3月21日生于俄国圣彼得堡，1952年5月9日卒于莫斯科。植物生理学、作物栽培学、生态学。

1897年从大学预科毕业后，入圣彼得堡大学攻读生理学、自然科学和数学。1902年毕业后留校工作，1905年任该校林学院植物系助教，1913年获该校硕士学位。1917年起历任第比利斯大学、克拉斯诺达尔大学、彼得格勒大学、萨拉托夫大学、莫斯科大学教授。1921～1939年间，先后在苏联科学院植物园、苏联谷物经济研究所、萨拉托夫大学植物生理学系工作。1939年任苏联科学院植物生理学研究所所长。1943～1951年任莫斯科的季米里亚泽夫农学院院长。1932年当选为苏联科学院通讯院士，1946年当选为院士。1947年当选为苏联植物学会副会长。

是经济植物生理学界最著名的创始人之一。一生主要在植物生理学、生态学方面作出了卓越贡献，尤对植物抗寒、抗旱作了大量研究。早期著有《呼吸问题》（1904年）一书。还对植物的光合作用、生长、发育、光周期现象、自然的和人为的刺激植物生长等课题进行了研究，这些研究成果无论从理论上还是在农业应用上都有重要意义。发表250余篇论文；还撰有《植物学导论》（1915年）、《干旱之因与抗干旱对策》（1951年）等著作，撰写的《植物抗旱性的生理学原理》（1927～1958年间出版了9版）一书，对苏联植物生理学发展起到了十分重要的影响，于1930年获列宁奖金，该书第七版被授予季米里亚泽夫奖。1945年获劳动红旗勋章。

（江　涛　陆宝树）

盖恩斯，W. L.（Gaines, Walter Lee）　美国人，1881年3月17日生于美国伊利诺伊州克里特，1950年11月20日卒于伊利诺伊州厄巴纳。*动物生理学、畜牧学、食品加工。*

为改进农场生产而进入伊利诺伊大学学习，1908年获学士学位，1910年获农业硕士学位。在芝加哥大学当研究生时，确定了研究方向，1915年因对泌乳生理学的贡献获博士学位。在克里特家乡农场作短暂停留后，在第一次世界大战期间又到伊利诺伊大学帮助执行一项为增加食物生产的计划。1919～1949年任该校专职乳品生产的教授。

被称为美国科学探索牛奶分泌作用的带头人。与17位合作者一起写了29篇报告，主要是关于增加牛奶生产的问题。他的研究包括乳糖生产的牛奶分泌的作用；垂体激素、输血、怀孕对分泌乳汁作用的影响；乳房的贮存能力（容奶量）；牛奶成分的分泌速率以及胎儿频率与牛奶产量间的关系等。设计了一种广为应用的"标准含脂奶"公式，以4%奶油为基数作比较来表示牛奶的能量当量。1949年获美国乳业科学协会最高荣誉——博登奖。（贺观钦）

沙尔，A. F.（Shull, Aaron Franklin）　美国人，1881年8月1日生于美国俄亥俄州迈阿密县，1961年11月7日卒于密歇根州安阿伯。*动物生理学、遗传学、生物进化论。*

父亲是农民，母亲是有造诣的园艺学家。1904年入密歇根大学，1908年获文学士学位。同年成为哥伦比亚大学动物学研究生，由于受到该校著名教授T. H. 摩尔根及E. B. 威尔逊的激励，对遗传学特别是性别决定问题产生强烈兴趣，1911年获博士学位。返回母校密歇根大学任教，先后担任动物学讲师、助理教授、副教授及教授。期间1938年任伯克利加利福尼亚大学客座教授。是美国科学促进协会、动物学家协会、遗传学会、进化研究会、昆虫学会、全国生物学教师协会会员。1921～1922年任密歇根科学院院长。是美国自然科学教育协会会员，先后担任过该会秘书（1920～1926年）、副会长（1929年）及会长（1934年）。

早期曾致力于轮虫类及蚜虫的性别决定研究。20世纪20～30年代，研究使用一些物理因素，特别是热能来诱导果蝇发生性别变异。但这一时期的研究重点却是环境在决定生物表型中的作用，曾指出除遗传因素外，食物也是一种决定性别的因素。在进化问题上，他主张进化过程包括两个方面：一是产生可遗传的变异，另一是环境对这类变异所起的选择效应。在有关进化的著作中，反对当时一些不够严密的推论，例如指出拟态不能经常被判断为具有生存价值，因为两种在人的目光中彼此酷似的类型，对于一些捕食者来说，可以仍然表现为有明显区别。引用了麦卡蒂（W. L. McAtee）1912年著作中有关马胃内食物分析的结果，表明了形态相似与否都同样地被吞食。出版专著《动物生物学原理》（1929年，与他人合著）、《进化》（1936年）等。

（王爵渊）

多格尔，B. A.（Догель, Валентин Александрович; Dogel, Valentin Alexandrovich）　苏联人，1882年3月10日生于俄国喀山，1955年6月1日卒于列宁格勒（今圣彼得堡）。*动物学、比较解剖学、鱼类病理学。*

解剖学家的儿子。1904年毕业于圣彼得堡大学。留校任教，1914～1955年在该校任无脊椎动物学教授，1908～1938年兼任赫尔泽妇女教育学院动物学教授，还担任过鱼病实验室、海洋原生动物实验室主任。1944年任苏联科学院动物学研究所原生动物学实验室主任。

主要研究原生动物学和无脊椎动物比较解剖学，如簇虫、腰鞭毛虫等的形态和分类位置，创立原生动物的演化规律——聚合现象；寄生虫区系同宿主饮食类型、迁徙（鱼类和鸟类）和冬眠（蝙蝠）的关系；同源器官低聚化规律及其发生方法等。在苏联开展鱼寄生虫和细菌性鱼病研究，促进了养鱼业的发展。一生中写了许多论文、教科书和专著，其中有《无脊椎动物学》（1959年）、《普通寄生虫学》（1962年）等。培养了一批知名学者。1957年获列宁奖金，此外获列宁勋章一枚，劳动红旗勋章一枚。（袁劲梅）

盖茨，R. R.（Gates, Reginald Ruggles）　加拿大人，1882年5月1日生于加拿大新斯科舍省米德尔顿，1962年8月12日卒于英国伦敦。*植物细胞学、遗传学、人类学。*

曾在加拿大蒙特利尔的麦吉尔大学获理学士和硕士学位。1905年夏在美国伍兹霍尔生物研究所开始研究月见草，因此项研究在1908年获芝加哥大学博士学位。然后在密苏里植物园当了2年实验员。1912年赴英国，先在伦敦圣托马斯医院任讲师，继而去伦敦大学金斯学院任讲师，后晋升为植物系主任。1940～1950年在美国，先巡回讲学，后任哈佛大学名誉研究员。

是最早企图揭开月见草遗传学之谜的学者之一。H. 德弗里斯在公布他的基因突变理论时，曾以几株变异的月见草为例来说明。但是这些月见草不能以当时已知的遗传学理论来解释，1905年开始，盖茨对它们的染色体进行了研究，发现其中一种在减数分裂时，其染色体呈环状使它造成不对等分裂；另一种比其父本多一对染色体；第三种是四倍体，有28对染色体。他曾寻求解释而未成，但仍因其发现而获伦敦大学帝国学院的赫胥黎奖章和奖金以及孟德尔奖章。1950年后主要从事人类学和优生学研究。出版有《遗传与优生学》（1923年）等专著。（顾振海）

塔西罗，S.（Tashiro, Shiro）　美国人，1883年2月12日生于日本鹿儿岛，1963年6月12日卒于美国俄亥俄州辛辛那提。*生物化学、分析化学、仪器研制。*

日本裔，1901年移居美国。1909年在芝加哥大学获学士学位，1912年获生理化学博士学位。留校任教，1918年任芝加哥大学助理教授。1919年任辛辛那提大学医学院生物化学副教授。1923年7月在日本京都帝国大学发表题为"神经纤维处于抑制和兴奋状态时放出二氧化碳是对神经应激性的化学基础的贡献:测定微量二氧化碳的新装置和方法",被授予医学博士学位。1925年成为该大学教授。1953年成为战后第一位在辛辛那提移民和归化局获得美国籍的日本人。曾是西格玛希国家荣誉研究学会辛辛那提分部主席。

与麦克洛伊(H. N. Mcloy)合作设计出一种能测定小至十万分之一克二氧化碳的仪器。利用这种仪器,他断定受损的活组织排出的二氧化碳比完好的组织排放的要多,死亡的组织不排放二氧化碳,所以受损组织如能排放二氧化碳说明还有生命。在神经的新陈代谢、组织生长的新陈代谢、麻醉及胃溃疡的生理生化病因等学科的研究方面也作出了贡献。获过日本京都帝国大学王储纪念奖金。

(戴永发)

瓦尔堡,O. H.(Warburg, Otto Heinrich) 德国人,1883年10月8日生于德国巴登布赖斯高地弗赖堡,1970年8月1日卒于西柏林达勒姆区。细胞生理学、生物化学、肿瘤学。

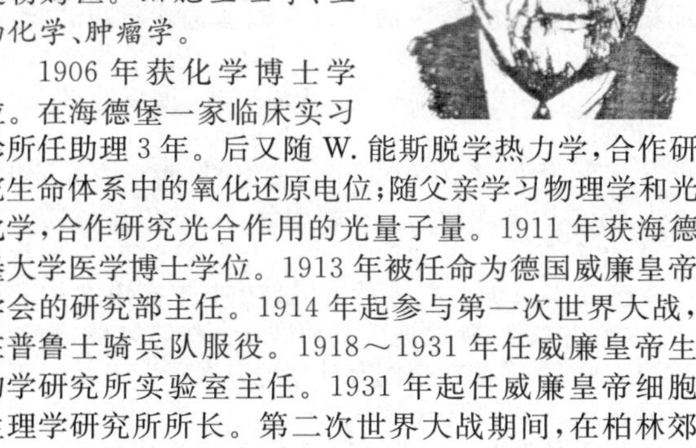

1906年获化学博士学位。在海德堡一家临床实习诊所任助理3年。后又随W.能斯脱学热力学,合作研究生命体系中的氧化还原电位;随父亲学习物理学和光化学,合作研究光合作用的光量子量。1911年获海德堡大学医学博士学位。1913年被任命为德国威廉皇帝学会的研究部主任。1914年起参与第一次世界大战,在普鲁士骑兵队服役。1918～1931年任威廉皇帝生物学研究所实验室主任。1931年起任威廉皇帝细胞生理学研究所所长。第二次世界大战期间,在柏林郊外一个种植园中继续进行研究。1945～1950年苏联军队占领柏林斯间,他的实验室被关闭,利用时间写作,并去美国参观和进行光合作用实验。1934年当选为英国皇家学会外籍会员。1965年获牛津大学荣誉博士学位。

1903～1906年和H.费希尔合作研究,利用胰酶制剂分离亮氨酸乙酯的外消旋体和分辨光学活性组分。从费希尔那里学到了严格的科学态度,在发表各种实验结果前,常常要做20次以至100次重复实验。但他的发现常常引起许多争论甚至出现反对意见,迟迟得不到认可,往往拖延10年、20年甚至50年才被接受。许多重大发现是在实验室中对实验条件作了简单的变动而获得的,例如,使培养基中碳酸氢盐浓度增加20倍,发现肿瘤细胞发酵作用;把一氧化碳分压从5%提高到95%以上,发现含铁的加氧酶;在发酵作用的氧化还原反应中将磷酸浓度增加20倍,发现酰化磷酸;将测压过程中的光照-黑暗间隔时间从5分种缩短到1分钟,发现光合作用能量循环和单量子反应。

在生物化学领域里,对生化分析方法和研制新仪器方面是位杰出的先驱者。如用于鉴定和分析细胞组成以及酶类的分光光度法、用于研究细胞代谢的测压法、各种微量分析法以及各种分离细胞成分和使酶结晶的方法等。一生中作出许多重大创新和发现,如发展了生物化学测压法(1918年、1920年和1968年)、光合作用的光量子量(1920～1924年)、组织切片技术(1923年),发现含铁加氧酶(1924年)、肿瘤代谢(1923～1925年)、一氧化碳对细胞呼吸的抑制作用(1925～1926年)、铁加氧酶作用光谱(1927～1932年),发现黄酶(1932～1933年)、鲁米诺黄素首次结晶(1932年)、发现烟酰胺是一些转氢酶的活性基团(1935年)、辅酶的作用性质以及与酶的不同程度的结合(1935年),发展了基于二氢烟酰胺紫外吸收带的光学方法(1935～1937年)、磷酸化己糖分步降解成丙糖(1936～1937年),发现酚氧化酶中含有铜元素(1937年),分离黄素腺嘌呤二核苷酸并使之结晶(1938年),烯醇酶的结晶和氟化物抑制发酵作用的化学过程(1941年),患肿瘤动物血中的发酵酶类(1943年),重金属可作为某些酶和转氢酶的活性基团(1946～1947年)、测压法的光化线强度计(1948年),含铁加氧酶的氯高铁血红素的化学组成(1953年),发酵作用中的氧化反应及其酶类(1954～1957年),光合作用中谷氨酸的作用(1957～1964年),低氧分压对细胞呼吸、生长和转化作用影响(1960～1965年),光合过程中的希尔反应(1958～1968年),光合作用的光解产物和二氧化碳-叶绿素复合物(1959～1969年),癌细胞生长过程中核黄素和鲁米诺黄素的作用(1966～1969年),正常细胞与癌细胞互变过程中维生素B_1的作用(1970年)等。1924年发现了含铁加氧酶,经过若干年的争论和研究之后,终于在1931年获诺贝尔生理学或医学奖。但由于希特勒不许德国公民领取诺贝尔奖,瓦尔堡被迫放弃该奖。

他一生的研究生涯中最重要的贡献表现在下列三个方面:① 证明在合适条件下能够进行具有极好热力学效率的光合作用;② 阐明光合作用中光能的转化是分步进行的,每步需要一个光量子;③ 有关癌症的研究,早在1922年他就发现不论有氧或无氧,在体外或体内由于癌细胞的作用,葡萄糖产生乳糖的量明显增加,使呼吸作用受到损害。主要著作有《肿瘤的代谢》(1926年,英译本1930年)、《重金属辅成基与酶的作用》(1946年,英译本1949年)、《细胞生理学新方法》(1962年)和《癌症的根本原因及其防治》(1969年)等。

在他的研究所40个房间中,除实验室外没有办公室,没有会议室,也没有写作室,从来不给学生演讲。喜爱散步和航海,也喜欢养狗和骑马,并且很注意自己的仪表。每天早晨在工作之前总要骑马约半小时,在马背上仍继续思考问题。常常提出许多问题要自己回答,一般总是在下一天骑马后作出回答。他说:"我必须自始至终地进行思考。"又说:"一个科学家必须具有去解决他那个时代一些重大的、未被解决的问题的勇气。通常解决问题的办法只有靠努力进行无数次的实验,而不应有更多的踌躇。"

(张承圭　吕慧梅)

钱崇澍(Qian Chongshu) 字雨农。中国浙江省人,1883年(清光绪九年)11月11日生于浙江海宁,

1965 年 12 月 28 日卒于北京。植物分类学、植物生态学。

1910 年获官费留学美国，1914 年毕业于伊利诺伊大学理学院，获理学士学位。后在芝加哥大学、哈佛大学学习，获芝加哥大学硕士学位。1916 年回国，先后在江苏省立第一农业学校、南京金陵大学、南京东南大学、北京高等农业学校（北京农业大学前身）、清华大学、厦门大学等校任教。1927 年到南京，任民办中国科学社生物研究所研究教授兼植物学部主任近 20 年。1933～1934 年任中国植物学会第一任理事长。抗日战争胜利后任复旦大学教授，1949～1951 年任该校农学院院长。1948 年当选中央研究院院士。1949 年后，任中国科学院植物研究所研究员、所长。1955 年选聘为中国科学院学部委员（院士）。

1916～1917 年在中国最早发表有关植物分类学和植物生理学著述；1922 年，与胡先骕等人创建中国最早的植物学研究机构；同年夏天，和陈焕镛等组织鄂西植物调查队，这是中国人组织的第一次最大规模野外考察队，采集了大量标本；1923 年与胡先骕、邹秉文合编中国高校第一本植物学教科书《高等植物学》；1927 年发表有关安徽黄山植物生态研究报告，开中国现代植物生态学研究之先河；1933 年与胡先骕等共同倡议创立中国植物学会；系统调查研究中国植物中兰科、荨麻科、豆科、毛茛科等分类，发现许多新种属；1956 年在全国人民代表大会第一届第三次会议上，和秉志等 5 位科学家提出关于划定天然森林禁伐区的第 92 号提案，揭开了中国建立自然保护区的序幕。与陈焕镛共同主编巨著《中国植物志》，撰写出版《中国植物图谱》（与他人合著）、《中国森林植物志》、《中国植被区域草案》等著作多部。（黎同炎）

亨茨曼，A. G.（Huntsman，Archibald Gowanlock） 加拿大人，1883 年 11 月 23 日生于加拿大安大略省廷顿，1973 年 8 月 8 日卒于加拿大圣安德鲁斯。海洋生物学、生态学、水产工程。

1905 年在多伦多大学获文学士学位，1907 年获医学学士学位。留校任生物学讲师，1911 年任大学学监，1919 年任大西洋生物研究所所长，1927 年任海洋生物学教授，1954 年退休。1924～1928 年在哈利法克斯开创第一个生物学技术研究所。1934～1953 年先后在加拿大渔业研究委员会任专家、主席和顾问。1917 年成为加拿大皇家学会会员，1938 年任会长。

他主要研究每一种动植物在分布和数量上受环境的影响；同时研究各种鲑鱼的行为，证实鲑鱼受光线、温度、水流、含盐量和溶解物等环境生态的影响。1954 年出版《生命和宇宙》一书。1952 年获加拿大皇家学会弗拉维奖章。（敬元虎）

梁希（Liang Xi） 中国浙江省人，1883 年（清光绪九年）12 月 28 日生于浙江吴兴双林镇，1958 年 12 月 10 日卒于北京。森林学、林业化工、林业管理学。

16 岁中秀才，早年进杭州武备学校。1906 年被选送到日本士官学校学习，后转至东京帝国大学改学林业。辛亥革命时回国，在浙江训练新军。1911 年后又去日本求学，1916 年毕业于东京帝国大学。后曾在中日合办的鸭绿江伐木公司任技正，后转到北京农业专门学校任教授兼森林系主任。1923～1927 年在德国萨克逊森林学院德累斯顿-塔朗特植物化学研究所研究林产化学。回国后先在北京农业专门学校执教，后到浙江大学任教授。1932 年任中央大学农学院教授。1935～1949 年任中华农学会理事长。1949 年起任中华人民共和国林垦部（后的林业部）部长，直至去世。曾任中国林学会理事长。1955 年选聘为中国科学院学部委员（院士）。

1949 年前在各校任教时，讲授林产制造化学、森林利用学、木材学和木材防腐学等 4 门课程。还带领助教和学生从事研究工作，课题包括林产化学的各个方面，如松树采脂、樟脑制造器具、油桐种子分析和桐油抽提、木材干馏、木精和木素定量等。1935 年与助手将浙江诸暨制樟脑的凝结器改良而制成高产的新式装置。抗日战争期间，中国生产桐油多采用木榨法或机榨法，有 25%～50%的油残留在饼渣内，他进行了抽提试验，结果可得油 90%以上，大幅度提高了产量。在木材学和木材防腐学方面，曾与助手进行了川西竹材和木材的物理和力学性质试验，对活化石水杉木材性质的试验，还设计了气压法木材防腐试验装置等，取得了很多成果。20 世纪 50 年代，主持制定“普遍护林、重点造林、合理利用”的林业方针。在护林方面狠抓群众性的森林防火，先后在中国建立96 000个护林组织，拥有护林员 115 万人，在林区普遍建立防火瞭望台、气象站，配置防火设施，并推行航空护林和化学灭火。到 1956 年，全国森林火灾已逐年减少。在造林方面，1951 年提出在东北西部、内蒙古东部、陕北地区发动群众营造防风林、固沙林和护路林，并强调在全国有计划地开展国营造林。不顾年迈，4 次在黄河流域考察造林工作。还主持对全国森林资源开展普查。在森林利用方面，他主持在全国建立 51 个森林工业局，67 个木材加工和林产化学企业，共有 30 万人的林业队伍，初步形成了采伐、运输、木材加工和林业化学的生产体系。

累积几十年资料，写了一部集中国林产制造化学大成的《林产制造化学》巨著，治学严谨，生前不愿轻易出版，直到 1985 年才问世。他的许多论文，身后被汇编成《梁希文集》（1983 年）出版。（宋湛庆）

帕纳斯，Я. О.（Парнас，Яков Оскарович；Parnas，Jakub Karol） 苏联人，1884 年 1 月 16 日生于波兰塔诺波尔（今属乌克兰），1949 年 1 月 29 日卒于苏联莫斯科。生理学、生物化学、酶学。

1904 年毕业于柏林-沙洛滕堡高等技术学校。后在柏林、斯特拉斯堡、苏黎世、慕尼黑等大学学习化学。1907 年获瑞士苏黎世大学博士学位。1913 年任斯特拉斯堡大学化学系副教授。1916～1919 年任华沙大学生理化学教授兼研究室主任。1920～1941 年任利沃夫大学生理化学学院教授和院长。1943 年任莫斯科苏联医学科学院生物学及医学化学研究所所长，建立了生理化学实验室。是苏联科学院、苏联医学科学院院士，以及波兰科学院、法国科学院和德国利奥波德科学院外籍院士。曾获雅典大学和巴黎大学的荣誉博士学位。

一生培养了许多生物化学家，对波兰以及全世界生物化学的发展都有较大影响。主要研究肌肉生物化学，特别是糖类代谢与磷代谢的相互关系、氨的产生与肌肉功能之间的关系以及氮代谢与腺苷酸之间的关联。1935 年发现肝糖原的磷酸化作用的分解过程。首次用磷 32(^{32}P)的同位素生化方法，详细研究并建立了肌肉机能代谢的酶学途径，即 EMP(Embden-Meyerhof-Parnas)图解。1937 年与哥本哈根 N. 玻尔领导的理论物理学研究所合作，首次将磷同位素示踪原子应用于生物化学实验。1942 年获苏联国家奖金，此外获列宁勋章、劳动红旗勋章各一枚。（张承圭）

安德鲁斯，R. C.（Andrews，Roy Chapman） 美国人，1884 年 1 月 26 日生于美国威斯康星州伯洛伊特，1960 年 3 月 11 日卒于加利福尼亚州卡梅尔。*海洋动物学、古生物学、博物馆学、地理探险。*

1906 年毕业于美国伯洛伊特学院。一生供职于纽约美国自然博物馆，1935～1942 年任该馆馆长。后辞职写作探险回忆录和小说。

长期从事野外考察和标本收集。1908～1914 年两次赴阿拉斯加，重点研究鲸类和其他水生哺乳动物，使美国自然博物馆的鲸目标本收藏种类位居世界前列。1909～1910 年随美国“信天翁”号考察船赴荷属东印度群岛。1911～1912 年考察朝鲜北部。曾任美国自然博物馆亚洲考察组组长，先后率领 3 个考察队进行大区域的生物标本收集和古生物化石发掘工作。1916～1917 年考察中国西南地区、西藏和缅甸；1919 年考察中国北部和外蒙古；1921～1922 年两度赴中亚地区。这些考察获得许多重要发现，尤其是在中亚考察中，首次在亚洲发现各种恐龙蛋、最大的陆生哺乳动物俾路支兽头骨及其他残骸、大量未知的哺乳类和爬行类古生物化石、史前人类遗迹等。

毕生著作颇丰，大多以探险和考察为题材，情节惊险跌宕，描述生动有趣，学术价值与文学价值并重。主要著作有：《鲸类猎影》(1916 年)、《中国野营寻踪记》(1918 年)、《大地的尽头》(1929 年)、《重新征服中亚细亚》(1933 年)，以及自传体式《福星高照》(1943 年)、《不仅仅是冒险》(1954 年)等。（李啸虎）

海斯，H. K.（Hayes，Herbert Kendall） 美国人，1884 年 3 月 11 日生于美国康涅狄格州，1972 年 9 月 9 日卒于明尼苏达州圣保罗。*作物育种学、遗传学、农艺学。*

1908 年毕业于马萨诸塞农学院。先后获哈佛大学硕士、博士学位。曾任农艺师，并执教于明尼苏达大学农学院，1918 年晋升教授，1928～1952 年任该校农艺学与植物遗传学系主任，1952 年退休，为终身教授。1916～1931 年兼任美国农业部谷类研究处协作员。1935 年当选为美国农艺学会会长。1936～1937 年任中国南京中央农业实验所顾问。1941 年任智利农业部顾问。

美国著名作物遗传育种学家、农学教育家，在国际上有影响。发展杂交玉米、杂交小麦的先驱者之一，是第一批将生物统计学和田间实验技术应用于育种工作的开拓者之一。在半个多世纪的农业科学研究与实践中，在发展现代作物遗传育种技术等领域作出了重要贡献。早年研究和开发利用作物杂种优势，从事玉米自交与异交研究。1911 年，他首次发现了甜玉米的染色体基因特征和位置。1919 年，指出在测定谷粒蛋白质含量时，与植株是自花授粉还是外来花粉无关，籽粒着生的位置对蛋白质含量没有影响。1934 年，他主持的明尼苏达农业试验站选育并推广“Minhybrid250”的姊妹交单交种爆裂玉米，这是一种用于爆制玉米花的新玉米类型，也是第一个用于商业生产的爆裂玉米杂交种。1941 年，经他用杂交遗传方法选育而成的春小麦新品种“萨其尔”，具有抗锈病、抗倒伏、抗虫害、高产稳定等优势，首次在美国、加拿大两国种植面积就达 680 万公顷以上。他和其他农学家培育的各种杂交玉米，比原有产量增产 30%～100%，时至 1945 年已经占美国玉米生产总量的 78%。

他还是著名农学教育家。在他培养的众多学生中，有不少是国际作物育种界的专家，其中有数位是中国农学家。先后发表论文和研究报告 146 篇。有《作物育种》(1921 年，与他人合著)、《玉米杂种优势》等著作多部，其中《作物育种方法》(1942 年初版、1955 年再版；与他人合著)在近半个世纪中广泛用作大学教材范本，而且有多种译本；另有自传《一位教授的杂交玉米故事》(1963 年)。（李啸虎）

哈钦森，J.（Hutchinson，John） 英国人，1884 年 4 月 7 日生于英国泰恩沃克，1972 年 9 月 2 日卒于萨里郡基尤。*植物学、植物分类学、地理探险。*

在农村学校接受早期教育。16 岁时就随当园艺工人的父亲工作。1904 年进入基尤皇家植物园标本室工作，直到 1948 年退休。1948 年任自然博物馆馆长。1934 年获加拿大圣安德鲁大学荣誉法学博士学位。1947 年被选入英国皇家学会。

因在被子植物系统发育和分类方面做了大量研究而闻名于世。1928～1929 年去南非探险，采集了大量腊叶标本和活的多汁液植物，发现了菊科一新种，这些成果发表在《在南非的植物学家》一书中。代表作有《非洲西部热带植物志》，此书是他做过广泛的调查研究花了 11 年多时间写成的。著作还有《有花植物的科》(1934 年初版，1962 年再版)、《植物的故事和对人类的用处》(1948 年)、《不列颠野花》、《有花植物的属》(2 卷，1964～1967 年)、《显花植物的进化与系统发育》(1969 年)等。1958 年获伦敦林耐学会的达尔文-华莱士奖章，1964 年又获该学会金质奖章。（耿伯介）

迈尔霍夫，O. F.（Meyerhof，Otto Fritz） 德国人，1884 年 4 月 12 日生于德国汉诺威，1951 年 10 月 6 日卒于美国宾夕法尼亚州费城。*生物化学、细胞生理学。*

商人之子。由于肾病，14～16岁不得不卧床休学，由母亲和家庭教师授课。先后在弗赖堡、柏林、斯特拉斯堡等大学学医，1909年获海德堡大学医学博士学位。在冯·克雷尔(Ludolf von Krehl)的医疗所工作时受O. H.瓦尔堡影响，研究兴趣从心理学和哲学转到细胞生理学方面。1913～1924年在基尔大学生理学研究院工作。1918年任助理教授，后任研究员。1914年结婚，妻子是画家，生育有3个孩子。1924年到柏林的威廉皇帝生物研究所任研究员。1929年任海德堡大学医学院生理学系主任。1938年到巴黎大学物理化学与生物学研究所任研究员和研究主任。1940年德国入侵法国时被迫逃离，同年来到美国，在宾夕法尼亚大学医学院任生物化学研究教授，直至去世。

1919年他证实肌肉在缺氧条件下收缩时，其中的糖原转变成乳酸。在有氧条件下大约有1/5乳酸被氧化成二氧化碳和水，由氧化作用产生的能量使剩余的乳酸再生成糖原。这个发现给A. V.希尔在1913～1914年研究肌肉收缩及其后复原时有热交换的解释提供了化学依据。为此，与希尔共获1922年诺贝尔生理学或医学奖。

选择肌肉作为实验材料，是因为受到生物作用的动力学可以用化学和物理学语言来描述的这个哲学观念所启发。1917～1918年证明在动物组织中，存在着A.哈登和W. J.杨(William John Young)在1906年发现的酵母发酵的辅酶类物质。1925年成功地从肌肉中提取出一类对糖原转变成乳酸有作用的酶。后又研究肌肉和酵母的葡萄糖分解途径，发现两者极为相似，并证明这种途径在其他生物体系中亦有效。他认为，在多种多样的生命形成中，其生物化学过程具有一致性。他的实验为这一理论提供了明显的例证。在研究工作中，无论是肌肉收缩方面还是在其他需能的一些生物体系中，都注意到腺苷三磷酸的重要作用。主要著作有《肌肉中能量转换问题》(1923年)、《肌肉中的化学作用问题》(1930年)等。他对生物化学的发展所产生的影响一直持续到20世纪中叶。他的学生F. A.李普曼和S.奥乔亚曾相继获诺贝尔生理学或医学奖。　　(张承圭)

施马尔豪森，И. И.(Шмальгаузен，Иван Иванович；Shmalhauzen，Ivan Ivanovich)　苏联人，1884年4月23日生于俄国乌克兰基辅，1963年10月7日卒于苏联莫斯科。*脊椎动物学、胚胎学、比较解剖学、生物进化论。*

植物学教授的儿子。1907年毕业于基辅大学数理学院自然科学系。毕业后留校任助教。1912年在莫斯科大学通过硕士学位考试，1914年完成“鱼类的奇鳍及其系统发育”的硕士论文。1916年进行“两栖类四肢发育及其在陆生脊椎动物起源中的意义”的博士论文答辩。1916～1920年任尤里耶夫大学(今塔尔图大学)教授。1920～1937年任基辅大学胚胎学和发育动力学系主任。在基辅期间，组建了乌克兰科学院生物学研究所(后为动物学研究所)，从1941年起一直是该所所长。1936～1948年兼任苏联科学院谢韦尔佐夫进化形态学研究所所长等职。1939～1948年任莫斯科大学教授、达尔文进化论教研室主任。1948年任苏联科学院动物研究所胚胎学实验室研究员，1955～1963年任主任。当选为乌克兰科学院院士(1922年)和苏联科学院院士(1935年)。

以比较解剖学家开始科学生涯，后扩大到研究个体发育和实验胚胎学。20世纪30年代，通过对动物生长的研究，总结出动物生长理论的公式。后来又研究个体生长与作为完整的生物体基础的系统发育之间的关系，并考虑了自然选择的影响。在专题研究报告中，还研究了进化过程的原因和规律。1938年提出一个观点，认为控制论的方法可以应用于个体发育和系统发育的研究，并写出了比较解剖学和达尔文主义方面的教科书。晚年，又对陆生脊椎动物的起源进行了研究，并发表有关这方面的论文。

主要著作有《进化过程的途径和规律》(1939年)、《有机体个体发育与系统发育的统一》(1942年)、《进化因素——稳定选种论》(1946年)、《脊椎动物比较解剖学原理》(1947年)、《陆生脊椎动物的起源》(1964年)、《生物学中的控制论问题》(1968年)、《达尔文学说的诸问题》(1969年)等。1935年获乌克兰共和国功勋科学家称号。获苏联劳动红旗勋章、苏联科学院梅契尼科夫金质奖章各一枚。　　(孙　勇)

布莱克，D.(Black，Davidson)　中文名“步达生”。加拿大人，1884年7月25日生于加拿大多伦多，1934年3月15日卒于中国北京。*人类学、解剖学、古生物学。*

出身律师世家。从小对生物学及博物学发生兴趣。1903年进多伦多大学医学院，1909年毕业，获医学博士和文科硕士学位。后在美国俄亥俄州克利夫兰的西储大学讲授解剖学。曾去英国曼彻斯特大学、荷兰阿姆斯特丹大学学习人类学及神经解剖学。在第一次世界大战中，任加拿大军队的随军医生。1919年赴北京协和医学院讲授解剖学和神经学。1929年兼任中国地质调查所新生代研究室名誉主任。

1915年发表论文“原始人的脑”。1926年，瑞典人安特生在北京周口店发现了一颗人类的第一左下臼齿，请他协助鉴定，他在深入研究之后，1926年10月19日将论文“亚洲的第三纪人类——周口店的发现”摘要寄给安特生，同时将论文交与《中国地质学会志》、英国《自然》、美国《科学》杂志发表。1927年宣布发现了一种新的猿人种属——中国北京猿人。他建议协和医学院在经费上支持周口店考古挖掘，1927～1934年，他是周口店考古工作的负责人之一。写了关于中国北京猿人的一系列论文。他的学术活动奠定了中国古人类学的基础，促成了中国考古学的形成与发展。而且由于周口店的相继一系列化石发现，还证明了1891年在爪哇发现的“爪哇人”是人不是猿，结束了多年的争议，从而为“爪哇人”的发现恢复了名誉。是英国皇家学会及美国地质学会外籍会员，还是美国国家科学院外籍院士。出版著有《论北京人的发现、形态学和环境》(1934年)等。

（张祝山）

福伊尔根，R. J.（Feulgen，Robert Joachim） 德国人，1884年9月2日生于德国韦尔登，1955年10月24日卒于吉森。*细胞生物学、生物化学。*

纺织工人的儿子。1905年进弗赖堡大学医学院。1912年在柏林大学生理学学院任教。1918年到吉森大学生理学学院工作，直至去世。1923年任助理教授，1927年任副教授，1931年任生理化学研究所所长和教授。

改进了胸腺核酸抽取技术，使抽取物成不显双缩脲反应并易溶于水的无色溶液。1914年发明DNA特异性测定的“福伊尔根染色法”，发现苯肼与无嘌呤核酸发生反应，表明存在着醛基，而与希夫试剂反应，得到洋红色，则表示存在着呋喃型结构。1937年成功地分离出黑麦胚牙的细胞核，进行了细胞核的反应实验，破除以前把核酸分成动物胸腺核酸和植物酵母(戊糖)核酸两大类的陈旧概念，证实在同一个细胞中就存在这两种核酸。1924年通过实验指出在细胞质中存在着一种类脂前体。1928年又分离出缩醛磷脂。11年后证实它就是乙缩醛磷脂。1936年根据对粘度和旋光度的研究，证实在核酸的提取过程中发生解聚作用，从所谓*a*型变成*b*型。还发现胰液可使*a*型转变成*b*型，指出胰液中存在着一种解聚酶。但其主要成就是研究细胞核化学反应和发展了核酸的细胞化学。 （张承圭 吕慧梅）

泰勒，C. V.（Taylor，Charles Vincent） 美国人，1885年2月8日生于美国密苏里州怀特斯维尔，1946年2月22日卒于加利福尼亚州斯坦福。*原生动物学、细胞生物学、显微术。*

农场主之子，家中10个孩子中最幼者。年轻时曾获伊利诺伊州蒙特莫里斯学院文学士学位，后在北达科他州某高级中学任校长。因热爱生物学，1914年入伯克利加利福尼亚大学做研究生，研究鼠类的受精作用，获硕士学位；1917年研究纤毛纲游仆虫神经兴奋传导细胞器，获博士学位；留校任动物学讲师。1918年在约翰斯·霍普金斯大学工作。1920年返回伯克利加利福尼亚大学任助理教授，暑假在伍兹霍尔海洋生物学实验室工作。1923年任密歇根大学助理教授。1925年在斯坦福大学生物系任教，不久晋升为教授，1931年任该系主任1934年任生物科学学院院长。1943年被选为美国国家科学院院士。

1920年和1924年，先后发表有关游仆虫运动胞器和小核功能的微解剖实验的杰出报告。出版《采用显微方法测定游仆虫神经运动器的方法》(1920年)等书，至今仍是经典之作鉴于他的影响，斯坦福大学在他领导的生物学系后来有两位教师获诺贝尔生理学或医学奖。

（张承圭）

库恩，A.（Kühn，Alfred） 德国人，1885年4月22日生于德国巴登-巴登，1968年11月22日卒于蒂宾根。*昆虫学、动物生理学、遗传学、生物学史学。*

1904年在弗赖堡大学开始学习自然科学，有机会接触到一些著名的动物学家和生理学家，如魏斯曼(A. F. L. Weismann)等，1908年获博士学位。1910年任该校动物学讲师，1914年任助理教授。1918年任柏林大学动物实验室助理教授。1920年任格丁根大学动物学教授。1937年任威廉皇帝生物学研究所第二任所长，直至去世。

早期从事胚胎学、细胞学、感觉生理学的研究，其内容包括水螅的个体发生和系统发生、枝角类的发生、不同的原生动物分裂过程、爬行动物内耳迷路的生理、鸽的脊髓、蟹的神经反射、蜜蜂和乌贼的色视觉生理等。主要成果是在遗传学和早期发生学方面，提出遗传学中新概念，如现代生物化学遗传概念、基因是特殊的酶的活动等。主要著作有《动物学教程》(1932年)、《遗传学概论》(1939年)、《普通动物学概述》(1949年)等。还对生物科学史有研究，并出版《哥德和自然科学研究》(1933年)等专著。 （吴劲梓）

托马斯，H. H.（Thomas，Hugh Hamshaw） 英国人，1885年5月29日生于英国威尔士雷克瑟姆，1962年6月30日卒于剑桥。*植物学、生态学、古生物学、航摄技术。*

少年时期在威尔士成长。除两次世界大战服兵役外，成年起毕生均在剑桥大学度过。1904年获奖学金进入剑桥大学唐宁学院攻读化石学、历史学，1908年毕业。留校任教。他的第一篇科学论文刊登在英国皇家学会刊物上。1909年任剑桥大学植物研究所示教员，一直工作到1923年。后逐渐脱离教学转向研究。1911年曾在瑞典斯德哥尔摩博物馆工作数月，并访问了俄国。1914年被选为唐宁学院评议员。第一次世界大战期间参加近东皇家飞行队。1923年被聘为剑桥大学讲师。第二次世界大战期间为英国皇家空军航摄分析解读专家组负责人。1934年被选为英国皇家学会会员。第一次世界大战中，研究开发空中摄影制图，有战略价值，其成就迄今尚为世人称颂，更有助于从事生态学研究；同时完成了利比亚沙漠地区植物区系调研。在国内外搜集了许多古植物化石，先后发表多篇论文。后期发表有植物比较形态学、历史学和科学哲学等方面的著作。1958年获英国林耐学会达尔文-华莱士奖章，1960年获林耐奖章。 （王荣增）

阿利，W. C.（Allee，Warder Clyde） 美国人，1885年6月5日生于美国印第安纳州布卢明顿附近，1955年3月18日卒于佛罗里达州盖恩斯维尔。*动物生态学、行为生态学、普通社会学。*

1908年获印第安纳州厄尔罕姆学院学士学位。1910年、1912年先后获芝加哥大学动物学硕士、博士学位。留校任教。1912年任伊利诺伊大学植物学讲师。1913年任威廉斯学院动物学讲师。1914年任俄克拉荷马大学动物学副教授。1915 年任雷克福里斯特学院生物学教授。1921 年任芝加哥大学动物学副教授，1925～1927 年兼任教务长，1928～1950 年任动物学教授，1950 年退休后为名誉教授。期间 1938 年因脊椎瘤手术而致下肢瘫痪。1950～1955 年任佛罗里达大学动物学系主任。社会兼职有：1914～1921 年兼任马萨诸塞州海洋生物实验室夏季讲师。1928～1954 年兼任《生理动物学》杂志主编。1929 年出任美国生态学会会长。1936 年出任美国动物学家协会会长。1942 年当选为美国科学促进协会会员。1944～1950 年任《大英百科全书》动物学审校委员会主席。1951 年当选为美国国家科学院院士。1940 年获厄尔罕姆学院荣誉法学博士学位。

20 世纪生态学领军人物之一，以研究动物生态学和行为生态学而著称。早年研究池塘动物群落的生态环境变迁，以及海洋无脊椎动物生态学。早在 20 世纪初年，他就十分强调生态学必须坚持连续性跟踪研究，多次带领学生到野外系统勘查自然环境对影响动物分布模式中的作用；与此同时，他对行为模式如何影响其社会集群特征表现出越来越大兴趣。他认为，社会合作在权重上超过社会竞争，因而集群能提高动物的存活力；发现生态学中著名的“阿利效应”，统计分析表明过疏和过密对种群都不利，最有利是中等适度密度。后期致力于研究社会层次特征，并将自己的动物生态学成果应用于人类社会组织分析。

主要著作有《动物的集群：一种普通社会学研究》(1931 年)、《动物的生活和社会增长》(1932 年)、《动物的社会生活》(1938 年)和《动物生态学原理》(1949 年，与其他 4 位作者合著)等。曾获美国动物行为学会奖励等。

(李啸虎)

多贝尔，C. C. (Dobell, Cecil Clifford)　英国人，1886 年 2 月 22 日生于英国柴郡伯肯黑德，1949 年 12 月 23 日卒于伦敦。*原生动物学、寄生虫学、生物学史学。*

伯肯黑德一煤矿主的长子。13 岁进桑德林厄姆中学。1903 年进剑桥大学三一学院，1906 年在自然科学荣誉学位考试中获第一名，1910 年获硕士学位，但到 1942 年才获理学博士学位。1908～1914 年因对生物学独创性的研究被选为三一学院评议员，并多次获得奖章和奖金。1918 年被选为英国皇家学会会员。并任医学研究会的原生生物学家。以对人类肠道原生动物的细致研究和撰写显微镜学先驱列文虎克传记而著称于世。他为人孤僻，自命不凡，性情急躁，喜欢批评人，但对自己要求也十分严格，多次用自己身体感染肠道原生动物做试验。许多著作在科学史上显示了独特的学术成就，1919 年出版专著《人体变形虫》，其《列文虎克和他的“小动物”》(1932 年)一书在国际上享有盛名。

(童远瑞)

扎瓦尔津，A. A. (Заварзин, Алексей Алексеевич; Zavarzin, Aleksey Alekseevich)　苏联人，1886 年 3 月 25 日生于俄国圣彼得堡，1945 年 7 月 25 日卒于列宁格勒(今圣彼得堡)。*昆虫学、组织学、胚胎学、生物进化论。*

1907 年毕业于圣彼得堡大学数理学院自然科学专业。留校任教。1916 年起历任彼尔姆大学、列宁格勒军医学院、列宁格勒第一医学院、托木斯克大学教授。1932～1945 年任全苏实验医学研究院总体形态学部主任。1943 年当选为苏联科学院院士。1944 年当选为苏联医学科学院院士。同年起任苏联科学院细胞学、组织学与胚胎学研究所所长。

他是进化组织学创始人之一，创建了苏联组织学学派。对昆虫神经系统组织学进行了一系列的研究，确立了和种系关系较远的动物(哺乳动物与昆虫)的脑和视觉中枢形态学的相似性，并系统地阐述了组织学结构的平行性理论。上述研究成果都集中在 1934 年出版的《关于组织的机能进化论》中。也研究了普通生物学问题，如多细胞生物的起源、炎症的生物学基础、胚胎层的理论及生物的细胞学结构理论等。主要著作有《血液和结缔组织的进化组织学概论》(2 卷，1945～1947 年)等。论文收集于《扎瓦尔津选集》(3 卷，1950～1953 年)。1942 年获苏联国家奖金，获劳动红旗勋章一枚。

(池贵法)

秉志 (Bing Zhi)　原名翟秉志，字农山、别号际潜。中国河南省人，1886 年(清光绪十二年)4 月 9 日生于河南开封，1965 年 2 月 21 日卒于北京。*动物学、比较解剖学、古生物学、科学传播。*

满族，祖籍吉林，驻防河南省正蓝旗人的子孙。幼随父学经诗。1901 年考入河南高等学堂，学习英文、数学、物理、化学，17 岁时先后考中秀才和举人。1904 年由河南省推荐，入北京京师大学堂(今北京大学)预科学习，1908 年毕业。1909 年考取第一届官费留学生，赴美国康奈尔大学生物系深造，随尼达姆(J. G. Needham)研究昆虫学，1913 年和 1918 年先后获理学士和博士学位。旋即赴费城的韦斯特解剖学与生物学研究所，随神经学家唐纳森(H. H. Donaldson)从事脊椎动物神经学研究 2 年半。1915 年与留美同学共同组织成立中国科学社，这是中国最早的群众性自然科学学术团体，他被选为 5 位董事之一，并集资出版中国最早的学术刊物《科学》杂志。1920 年回国后，历任南京高等师范学校、东南大学、厦门大学、中央大学、复旦大学等高校的教授。是中国第一个生物学系(南京高等师范学校生物学系，1921 年)和第一个生物学研究机构(中国科学社生物学研究所)的创建人。1922 年任中国科学社生物学研究所第一任所长。1927 年和植物学家胡先骕创建北京静生生物调查所，并任所长。1948 年当选中央研究院院士。1949 年后，除继续任复旦大学教授外，又任中国科学院水生生物研究所、动物研究所研究员兼研究室主任。曾任中国动物学会理事长。1955 年选聘为中国科学院学部委员(院士)。

是中国近代动物学的开拓者和主要奠基人，科学活动涉及到生物科学各个领域。1913～1918 年在康奈尔大学从事昆虫学研究，1915 年发表的“加拿大金杆草上虫瘿内的几种昆虫”是中国人在国外发表的首篇昆虫学论文。博士论文“咸水蝇的生物学”是当时水生昆虫学的一项出色成果。1918～1920年在美国韦斯特研究所从事脊椎动物神经学研究，对小白鼠交感神经的发育与性别关系作出了颇有创见的研究。回国后曾对江豚、虎等脊椎动物进行解剖学和组织学研究，特别是对江豚内脏的解剖、虎大脑的组织学研究成绩卓著。还研究了豚鼠、家兔、小白鼠等哺乳动物的大脑皮层的功能。他所发表的论文“浙江沿海动物采集记”(1923年)、“中国沿海若干地区的经济鱼类”(1933年)、“长江下游动物区系的部分调查”(1932～1933年)，对了解中国沿海及长江的动物资源作出了贡献。20世纪30至40年代，在中国沿海、华北、东北、西北等地区采集了大量标本，对腹足类软体动物的分类进行过深入研究，鉴定了许多新种。还对古生物学(昆虫、软体动物、鱼类、龟类的化石)进行了大量研究，鉴定了许多新科、新属和新种，特别是对中国的白垩纪昆虫化石的研究成绩显著。1949年后，从事鱼类形态学和生物进化方面的研究。重视培养生物学人才，伍献文等许多著名生物学家均出自他的门下。

发表论文60余篇。1949年后，除发表的许多论文外，出版专著《鲤鱼解剖》(1960年)、《鲤鱼组织》(去世后由助手整理出版，1983年)、《竞存论略》、《海绵的系统发育及进化》、《原生动物的天演》等。 (张慰丰)

索尔兹伯里，E. J. (Salisbury, Sir Edward James)

英国人，1886年4月16日生于英国英格兰赫特福德郡哈本丁，1978年11月10日卒于英格兰西萨塞克斯郡波格努·里格斯。园艺学、植物生态学。

1905年入伦敦大学学院学习，1913年获该校理学博士学位。留校任教。1914年任东伦敦学院资深讲师，1918年任伦敦大学学院资深讲师，1929年任植物学教授。1917年参与创立英国生态学学会，1917～1931年任名誉秘书长，1923年任会长。第二次世界大战爆发后，作为农业研究会会员从事农业管理，后任该组织联合会主席和农业促进会会长。1943～1956年任皇家基尤植物园园长。1945～1955年任英国皇家学会生物学部秘书长，1943年、1948～1955年两次任该会副会长。退休后，继续研究植物繁殖，尤其是杂草的繁殖。1946年封为爵士。

他的研究涉及英国植被生态学，特别是土壤条件的影响和个别种对环境的生态适应，揭示了种子大小在生态环境方面的重要性，揭示了种子产量在于决定消灭频率，揭示了萌芽状况在确保生存方面的重要性。重视空间分布和短暂演替顺序间的关系。年轻时，常常给园艺爱好者讲学，1935年出版《充满生气的花园》一书，为他们提供科学知识。这部著作在英国和国外获得空前成功，为此获皇家园艺学会的维奇金质奖章。由于对英国种子繁殖能力的开拓性研究，1945年获英国皇家学会皇家奖。还著有《东安格尔植物志》(1933年)，《植物的繁殖能力》(1942年)、《林中之花》(1946年)、《衰落与沙丘》(1952年)和《杂草与外来种》(1961年)、《花园杂草生物学》(1962年)等。 (施金保)

弗里希，K. von (Frisch, Karl von)

1886年11月20日生于奥地利维也纳，奥地利人，1982年6月12日卒于德国慕尼黑。鱼类学、昆虫学、比较生理学、动物行为学。

出身于维也纳一个大学教授兼医生的家庭。叔父是昆虫学家。先在维也纳大学和慕尼黑大学学医，后转攻动物学，1910年获慕尼黑大学博士学位。留校任教，成为慕尼黑动物学研究所R. 赫尔维希(Richard Hertwig)的助手。1921年任罗斯托克大学动物学研究所教授和所长。1923年去波兰布雷斯劳大学任教。1925年作为赫尔维希的继承人返慕尼黑大学，建立了新的动物学研究所。1946年应邀到奥地利格拉茨大学任教授兼行政官员。1950年又回重建的慕尼黑大学动物学研究所。1958年退休并任荣誉教授，但仍在该所从事研究工作。曾先后获苏黎世工业大学、柏林大学、格拉茨大学、蒂宾根大学、罗斯托克大学和哈佛大学荣誉博士学位。是许多科学院院士和科学团体成员或荣誉成员。

早期研究比较生理学，后成为现代行为学研究创始人之一。1910年的博士论文曾阐明了交感神经节对鱼类体色变化的影响和神经传导路线，后研究鱼类对底层相对亮度和颜色的适应。通过鱼类形成的条件反射，证明它们能识别颜色，以实验推翻了当时认为鱼类和所有无脊椎动物是全色盲的理论。以声音信号与食物相结合的方法，打破了许多人认为鱼类无听觉的看法，证明许多种鱼区别音调能力很强；解剖鱼耳，确定其听觉区域，证实鱼类听觉的真实性。还发现鱼类中一个重要的生物学现象，即当鱼体被咬伤后能引起某些腺体向水中释放一种警戒物质，使同种个体和相近的种类迅速逃避并保持高度警惕。

还用实验说明嗅觉作用及其在蜜蜂生活中多方面生物学意义。在训练蜜蜂对颜色和气味形成条件反射的实验中，使他对蜜蜂之间的信息传递产生兴趣，发现蜜蜂的舞蹈语言。当一个密蜂在蜂巢附近发现食物源后，即通过在蜂巢表面的圆圈舞，把这个信息传递给其他蜜蜂。舞蹈者身体上气味残余表示发现的花种类，舞蹈的活跃性和持续时间表示花蜜量和甜度。当花源较远时，其摇摆舞还能传递目标方位的信息，这使他发现蜜蜂能察觉蓝天的偏振光及其振动角度与太阳位置有固定的关系，并用实验证明蜜蜂能够根据太阳定位，感知太阳每天的路线。

发表近120篇论文。他的著作很多，有的通俗易懂，如《蜜蜂的生活》(1927年)、《人和生命世界》(1936年)、《蜜蜂：它们的视觉、化学传感和语言》(1950年初版，1971年再版)、《舞蹈的蜜蜂》(1954年)、《一个生物学家的回忆》(1957年)、《蜜蜂的舞蹈语言和定向》(1965年)、《动物建筑学》(1974年)等。还荣获科学艺术勋章、联合国教科文组织卡林加奖、巴尔赞生物学奖等。因发现蜜蜂的舞蹈语言，于1973年获诺贝尔生理学或医学奖，是这年获此项奖的三位学者之一。

（陈建秀）

基林，D.（Keilin，David） 英国人，1887年3月21日生于俄国莫斯科，1963年2月27日卒于英国剑桥。昆虫学、寄生虫学、生物化学。

父母为波兰人。由于幼时患哮喘，直至10岁才上学。1897～1904年在华沙上学。中学毕业后入列日大学预科。1905年去巴黎大学学习生物学，在寄生虫学家M.考勒里的实验室中研究粗野粉蝇的生活史，1909年发表第一篇论文，后获博士学位。第一次世界大战爆发后，1915年移居英国，任教于剑桥大学，在纳托尔（G. H. F. Nuttall）实验室当助理研究员。1921年该实验室与新建的研究寄生虫学的莫尔泰诺研究所合并，他与纳托尔一起到该所，1925年任寄生虫学讲师，1931年接替纳托尔任教授，兼任莫尔泰诺研究所所长，直至1952年退休。1926年当选为英国皇家学会会员。

对寄生的和非寄生的双翅目昆虫生活史颇有研究，成为著名的寄生虫学家。1914～1923年间，他发表39篇论文专门研究虱子的繁殖、马胃蝇的生活史、苍蝇幼虫的呼吸适应机制等寄生虫课题。1924年用微分光镜观察到昆虫肌肉的吸收光谱中有4条吸收带，另外在一些需氧微生物中也发现相同的吸收光谱。又研究与细胞内呼吸有关的色素，并命名为细胞色素。1925年他重新发现了细胞色素，并予以命名。在有关这个问题的第一篇论文中指出：细胞色素a、b和c是铁卟啉的化合物，在细胞进行呼吸时能起催化作用——氧化和还原反应。1930年后主要研究生物化学课题。1937～1939年间分离出细胞色素c。1934～1958年描述了过氧化氢酶和过氧化物酶的机制，提出一系列重要研究结果。1938年发现血铜蛋白超氧物歧化酶。1939～1944年研究碳酸酐酶，证明它是一种锌蛋白。此外研究过血红蛋白的比较生物化学，特别是有关血红蛋白存在于微生物和豆科植物根瘤中的情况和功能。对生物复苏问题也感兴趣。

主要著作有《双翅目志》（4卷，1900～1915年）、《细胞色素和起呼吸作用的酶》（1929年）、《生命复苏问题》（1959年）和《细胞呼吸和细胞色素的研究历史》（1966年，与他人合著）等。一生中曾获得许多荣誉。1939年获英国皇家学会皇家奖章，1952年获该学会科普利奖章。

（张承圭 吕慧梅）

科斯佳科夫，A. H.（Костяков，Алексей Николаевич；Kostakov，Alexsey Nikolayevich） 苏联人，1887年3月28日生于俄国莫斯科州谢尔布霍夫城，1957年8月30日卒于莫斯科。土壤改良工程、土壤学、水文地质学、农学。

1912年莫斯科农学院（今俄罗斯季米里亚泽夫农学院）农业水利工程专业毕业。留校任教，1917年起，先后任土壤改良试验室首任主任、农业土壤改良研究所（后改为全苏水利工程与土壤改良研究所）所长。1933年当选为苏联科学院通讯院士。1935年当选为全苏列宁农业科学院院士。

著名苏联土壤改良学家，创立了土壤改良工程学的苏联学派。参与主持苏联许多土壤改良试验研究机构、区域性试验站点的组建和发展；多次参与主持拟定和实施苏联中亚细亚和欧洲部分土壤改良工程计划。他从植物-土壤-水三者关系出发，以威廉斯土壤学原理为指导，以苏联各地农业土壤实际情况为基础，以科学实验和多学科综合研究相结合为手段，提出新的土壤改良设计原理、计量方法和评估体系。代表作《土壤改良原理》（1927年第1版，1960年第6版），全书共分四篇，系统总结了20世纪60年代以前苏联农田水利土壤改良的实践和理论成果。书中强调土壤改良措施的综合研究与配套：一方面，以较大篇幅阐述水分不足时的灌溉土壤改良，突出了灌溉土地的水分调节和灌溉制度的制定，全面论述灌溉基本原理、灌水技术、灌溉系统、灌溉工程勘测设计和灌溉管理等各方面；另一方面，又对排水土壤改良也作了较详细论述，对灌区土壤沼泽化和盐碱化问题、水土保持问题均设专章介绍。书中提出了适用于不同土壤和气候条件、大型机械化农业生产条件下的灌溉系统、排水系统的测算方法和设计方法等。他强调水利土壤改良措施和农业其他措施相结合，从根本上改良农业自然条件（土壤、水文、气候），形成最佳土壤-水分-通气条件和近地小气候，以不断提高土壤肥力和耕作劳动生产率获得农作物高产稳产。该书多次再版，已被译为英文、德文、波兰文、保加利亚文和中文等多种文本。发表论文100多篇。1951年、1952年两次获苏联国家奖金；获列宁勋章2枚，其他勋章3枚和金质奖章多枚。

（李啸虎）

赫胥黎，J.（Huxley，Sir Julian） 英国人，1887年6月22日生于英国伦敦，1975年2月14日卒于同地。发育遗传学、生物进化论、人类学、科学传播。

是T. H.赫胥黎的孙子。13岁进牛津大学伊顿学院。1905年进牛津大学巴利奥学院学习。1909年毕业后，到意大利那不勒斯海洋生物站从事研究一年。1910～1912年在巴尔利奥学院任讲师。1912～1916年在美国休斯顿大学赖斯研究院生物学系任副教授。1916～1918年任英国陆军中尉，曾在意大利北部参战。战后在牛津大学新学院动物系任资深示数员，1925～1927年在伦敦国王学院任动物学讲师。1927～1931年在英国皇家研究院任教授。后访问苏联和东非。1935～1942年任英国动物学会秘书长。1943年任英国殖民地高等教育委员会委员，在东非等地活动。1946～1948年任联合国教科文组织首任总干事。是国际野生动物保护基金会发起人之一。1938年被选为英国皇家学会会员。是法国科学院、匈牙利科学院和美国文理科学院外籍院士。1958年被封为爵士。

是首先认识到C. M.蔡尔德提出的轴向梯度理论重要性的科学家之一。他把鸡胚的一部分移植到绒毛膜、尿囊膜试验其分化能力，用甲状腺的抽出物获得美西螈的变态，并与霍格本（L. T. Hogben）一起证明碘可诱导蝾螈变态。通过抑制海胆的幼体，诱导了幼体变态和成体的产生，这种分化抑制的概念对肿瘤生物学的研究有一定影响。指出某些部分的生长速度是整个有机体生长速度的函数，他把生长、梯度和形态发生归纳成生物学中一种基本的场概念。对遗传学作出不少贡献，其中最重要的是基因对发育过程速度的控制，把遗传学与胚胎学联系起来，开辟了一门完整的生物学分支——发育遗传学。创建了新的分类学，指出种间差异的研究不应限于标本的比较，必须与生态学、遗传学、生理学、人口分析、统计学、选择理论、地理分布和隔离、行为学的各种研究结合起来。

1942年出版的《进化论：当代的综合》一书（1974年第三版）涉及整个进化论领域，把进化看作是宇宙间的动态过程，其中包括自然选择、适应遗传系统、种间问题和进化倾向等。认为伦理学的理论不是固定的，而是在人类个体和社会发展中前进的。人类祖先遗传下来的社会本性形成了心理社会进化，这种进化带有伦理学原理的色彩，对于人类的持续生存和进化来说比人类的基因、解剖结构或生理学原则都重要得多，但它们不能通过遗传机制转移到下一代。

著作还有《一位生物学家的随笔》（1923年）、《生命科学》（3卷，1929～1930年，与他人合著）、《非洲考察》（1931年）、《相对生长问题》（1932年）、《人类的独特性》（1941年）、《在活动中的进化》（1954年）、《未来的人》（1966年）等。获1953年联合国教科文组织科学普及卡林格奖，1956年英国皇家学会达尔文奖章，1958年英国林耐学会达尔文-华莱斯奖章，1959年拉斯克基金会世界人口特别奖等。（施金宝）

萨姆纳，J. B.（Sumner，James Batcheller） 美国人，1887年11月19日生于美国马萨诸塞州坎顿，1955年8月12日卒于纽约州布法罗。生物化学、酶化学。

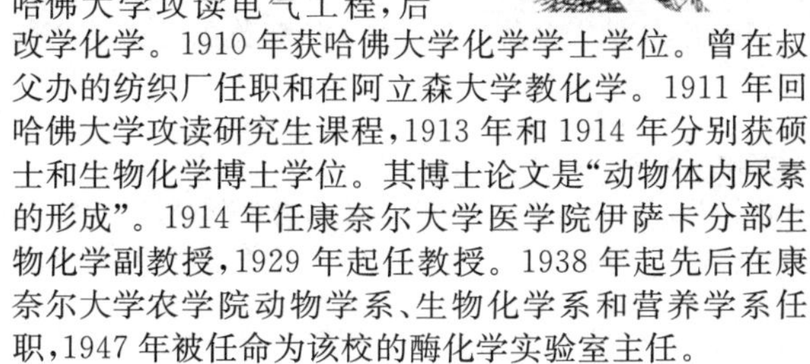

出身一个经营制造业和农业的富有家庭。1906年进哈佛大学攻读电气工程，后改学化学。1910年获哈佛大学化学学士学位。曾在叔父办的纺织厂任职和在阿立森大学教化学。1911年回哈佛大学攻读研究生课程，1913年和1914年分别获硕士和生物化学博士学位。其博士论文是“动物体内尿素的形成”。1914年任康奈尔大学医学院伊萨卡分部生物化学副教授，1929年起任教授。1938年起先后在康奈尔大学农学院动物学系、生物化学系和营养学系任职，1947年被任命为该校的酶化学实验室主任。

是世界上第一位成功地以纯结晶形式分离出脲酶，并证明它是一种蛋白质的科学家。1917年起选择脲酶为主要研究课题，从事酶的分离工作。发现脲酶能催化尿素使其分解成氨和二氧化碳。深信这种酶是由多种蛋白质构成，故集中精力分馏含酶量较高的刀豆的蛋白质。经9年努力成功地制取了活性很高的尿素结晶球蛋白，并于1926年发表这一研究成果。但由于曾获1915年诺贝尔化学奖的德国化学家R. 维尔斯太特宣扬，酶是一种低分子量物质，易吸附于像蛋白质那样的胶质载体，因此萨姆纳的脲酶是蛋白质的论点未能被科学界普遍接受。1926～1930年期间为支持自己的论点发表了一系列的论文，并进一步提出了数据，但仍无济于事。直至1930年J. H. 诺思罗普拓展了他的工作，分离和结晶得到胃蛋白酶、胰蛋白酶和胰凝乳蛋白酶，并且证明它们都是蛋白质之后，萨姆纳的成果和观点才广泛地被人们所认识和接受。他的工作极大地推动了该领域中的研究，尤其是有关病毒和病毒疾病，如流行性感冒和小儿麻痹症的研究。

后进行了其他酶的研究，包括可助消化的酶，为营养学的新研究奠定了基础。W. M. 斯坦利也曾从一种能传染上烟草花叶病的植物中提炼出带有传染性病毒的结晶蛋白质。1937年和学生道斯（A. L. Dounce）发表过氧化氢酶结晶的报告。稍后他又提供数据说明过氧化氢酶的蛋白质性质。在以后的几年中又发表了过氧化物酶、脂氧化酶和其他酶等有价值的研究报告。浓缩和纯化酶的方法，以及鉴定酶是蛋白质的方法，大大地加速了生物催化的研究。

主要著作有《生物化学教程》（1927年）、《酶的化学与研究方法》（1943年）、《生物化学实验》（1944年，与他人合著）和《酶：化学与作用机制》（2卷，1950～1952年，与他人合著）等。因酶化学的卓著成就，同美国生物化学家诺思罗普和斯坦利一起获1946年诺贝尔化学奖（其中他独得奖金的一半）。（戴永发　温敬铨）

瓦维洛夫，Н. И.（Вавилов，Николай Иванович；Vavilov，Nikolay Ivanovich） 苏联人，1887年11月25日生于俄国莫斯科，1943年1月26日（旧历13日）卒于苏联萨拉托夫。遗传学、作物育种学、植物地理学。

制鞋厂主的长子，弟弟是著名物理学家，妹妹是内科医生。1906年毕业于商业高中，同年入莫斯科彼得罗夫斯克农学院，在该院组织学生科学小组，到高加索等地区进行植物和地理考察，有关学术论文获工艺博物馆的鲍格达诺夫奖。1910年毕业后留校，在波尔塔瓦农业试验站任助理，于1913年被院方送往英国深造。在英国利用当时世界最大的标本收藏室研究小麦的免疫性，同时在莫斯科和英国进行植物免疫性试验。第一次世界大战发生后，回俄国获硕士学位。1916年到中亚考察，收集农作物样本。1917年任沃罗涅日农学院和萨拉托夫大学教授。1920年任彼得格勒农业研究所植物育种部主任，1924年任改组后的实用植物研究所所长，1930年改名为全苏植物育种研究院。1929年他把列宁格勒的一个农艺研究所改组成全苏列宁农业科学院，并任院长直到1940年。1931年被选为苏联地理学会会长直到1940年。1923年被选为苏联科学院通讯院士，1929年为正式院士。1926～1935年当选为苏共中央执行委员会委员。1929～1940年担任苏联科学院遗传学研究所所长，全苏农业科学院副院长、院长。1932年任国际遗传学会副会长，1939年任会长。1931～1940年任全苏地理学会会长。在国内被学阀李森科（Т. Д. Лысенко）多次指责为“孟德尔-摩尔根遗传学派”的传播者，因此在国内的声誉被毁，并于1941年作为

“人民的敌人”被判死刑，后经弟弟等营救，改判10年徒刑，1943年因营养不良死于狱中。1955年得到平反，但大部分手稿和收集的遗传学资料遗失。是国外许多科学团体的成员。两个大学授予他荣誉博士学位。妻子也是农学家，育有两子，后来都成了物理学家。

1919年创立了植物传染病免疫学。把遗传学原理应用于农学和分类学，提出了育种的基本理论。曾就野生和栽培植物的变异，拟定了统一系列法则。博得“当代行踪最广泛的生物学家”之称，组织过180次远地考察，其中40次在苏联境外。由于他所作的工作，于1940年全苏植物育种研究院已收藏250 000件标本，包括36 000种小麦，10 022种玉米，23 636种豆科植物，23 200种禾本科植物，17 955种蔬菜和12 650种水果。

世界学术界认为他是苏联研究植物种群方面最有贡献的学者之一。生前发表的文章和书在350篇(部)以上。能用英语、法语和德语等阅读、谈话和写作，编过几种刊物并审阅了一些科学译作。1957年起部分著作陆续出版，其中许多是第一次问世。生前出版的主要著作有《栽培植物的起源中心》(1926年)、《小麦育种的科学原理》(1935年)、《植物传染病免疫学》(1935年)、《育种的植物-地理原理》(1935年)、《遗传变异中的相同系列定律》(1935年)、《达尔文以后栽培植物起源说》(1940年)等。身后出版有《瓦维洛夫选集》(1951年)等。在国内多次获奖。 (秦　嘉)

辛诺特，E. W. (Sinnott，Edmund Ware) 美国人，1888年2月5日生于美国马萨诸塞州坎布里奇，1968年1月6日卒于康涅狄格州纽黑文。植物学、遗传学、科学哲学。

1908年、1910年先后获哈佛大学文学士、文科硕士学位。1910～1911年在澳大利亚学习。1913年在哈佛大学获博士学位。1915年任康涅狄格农学院(今康涅狄格大学)植物学和遗传学教授。1928年任哥伦比亚大学巴纳德学院植物学教授，1939年任植物学系主任。1940年到耶鲁大学任植物学教授兼植物学系主任，1945年任该校设菲尔德理学院院长，1950年任研究生院院长，1956年退休。曾任美国《植物学》杂志主编，1936年当选为美国国家科学院院士。曾任美国植物学会、美国博物学家协学会、美国科学促进协会主席。

主要兴趣在植物形态方面，做了许多比较解剖学的研究，并根据所得证据重建系统发育史。发现在高等植物中节特别是节中维管隙的数目变化非常慢，在决定植物关系方面具有很大价值。与贝利(I. W. Bailey)一起证明草本植物系由木本植物进化而来。他也研究形态的遗传，证明各种瓜类的形态是由典型的孟德尔式基因决定的。与布莱克斯利(A. F. Blackeslee)合作研究曼陀罗属中特定的染色体对花柄结构的影响，开辟了研究形态遗传学的另一种方法。接着又研究这些不同形态的细胞学原理，说明形态和大小特征的发生与细胞分裂及细胞增大的速度和程度有关。在《植物形态学》(1960年)一书中，讨论形态发生的现象，以及决定植物界发展的各种主要因素。在1963年的《生物体形态问题》一书中，对整个生物界形态进行更有哲理的探讨。

他是个多产作家，发表约120篇论文；在植物学方面出版著作还有《植物学原理与问题》(1923年初版，1963年第6版)、《遗传学原理》(1925年初版，1934年第3版)、《实验植物学实验室指南》(1927年)等。在第二次世界大战之后，他花了不少时间关注科学与社会的哲学问题，出版有《细胞与心灵》(1950年)、《通往真理的两条道路》(1953年)、《精神的生物学》(1955年)、《生命与心智》(1956年)、《物质、精神和人》(1957年)和《生命之桥：从物质到精神》(1966年)等。 (施金保)

克吕维尔，A. J. (Kluyver，Albert Jan) 荷兰人，1888年6月3日生于荷兰布雷达，1956年5月14日卒于代尔夫特。微生物学、细菌学、生物化学。

工程师、数学教授的儿子。1905年入代尔夫特理工大学，1910年获化学工程师职称。1922～1956年任代尔夫特理工大学微生物学实验室主任和教研室主任、教授。1926年被选为荷兰皇家科学院院士，1947～1954年为荷兰皇家科学院自然科学部主任。是荷兰原子能反应堆中心执行委员会委员。1950年当选为美国国家科学院外籍院士。1952年为英国皇家学会外籍会员。

被誉为“比较微生物学之父”。1924年首先研究弱氧化醋杆菌，确认该菌代谢过程的多样性可简化为一个统一的理论，即逐步氧化论。在以后20多年里，他将这一结论应用于研究酒精发酵、磷酸化作用、代谢过程、生物催化剂、牛瘤胃中纤维素分解以及微生物分类。20世纪20年代末，开始跟荷兰酵母酒精制造公司合作，从而加强了理论微生物学和应用微生物学之间的联系。1933年研究真菌的深层培养法。1942年与曼顿(A. Manten)合作发表“关于氧化分子氢的细菌代谢过程的某些观察”一文，指出生物化学特征可作为细菌分类依据。提出一切代谢过程的基本特征是递氢，这一原理具有深远的影响。他和乌得勒支大学的物理学教授L. S. 奥恩斯坦共同建立了一个生物物理研究团体，该团体在1936～1956年间共发表论文87篇。代表作有《微生物的化学活动性》(1931年)、《微生物对生物学的贡献》(1956年，与他人合著)等。1953年获英国皇家学会科普利奖。 (孙炳寅)

龙特格特，H. G. (Lundegårdh，Henrik Gunnar) 瑞典人，1888年10月23日生于瑞典斯德哥尔摩，1969年11月16日卒于彭宁比。植物生理学、生态学、生物化学、仪器研制。

1912年在斯德哥尔摩大学获博士学位，翌年又获植物学博士学位。1915～1926年在隆德大学植物生理学实验室工作，后任教授，兼任斯德哥尔摩农业研究中心植物学部主任。1915～1917年在瑞典南部西海岸的卡特加特海峡哈兰斯韦德岛建立生态站，从事研究工作达10余年。1932年入选瑞典皇家科学院院士。1935～1955年任乌普萨拉皇家农业技术大学植物生理学教授。1950年被选入美国文理科学院外籍院士，1964年被选为美国国家科学院外籍院士。

1909～1912年在细胞核分裂代谢方面发表10篇论

文,其中1911年发表“根对不同盐度的透性”。1915～1926年主要从事植物向地性和向光性的研究,并注意侧根和地上枝条的斜向性问题,后来又集中精力从事离子运动和细胞及组织表面势重要性的研究,强调这些因素对解释向性和生长现象的重要性,提出生长素往往表现为容易移动的阴离子。1919～1924年曾制造一个敏感和精确的火焰分光光度计,这是一种新颖的元素定量光谱分析仪。为了大量分析叶作为土壤肥力测定工具,1951年制造了自动分析仪(叶分析仪)。测定中性盐阴离子和阳离子的吸收、分布及氧的消耗和二氧化碳的产生,揭示盐的阴离子吸收与呼吸存在密切关系,称为盐呼吸或阴离子呼吸。这种呼吸对氰化物和一氧化碳很敏感。进一步提出细胞色素氧化酶与细胞色素 b 和琥珀酸脱氢酶具有输导盐呼吸功能。1954年发现叶绿体中所含的细胞色素 f 被光氧化后在黑暗中能还原。20世纪60年代主要研究叶绿体中所含的酶和色素。代表作有《叶的分析》(1951年)、《植物生理学》(1966年)等。（吕芝香）

丁颖(Ding Ying) 又名丁君颖,字竹铭。中国广东省人,1888年(清光绪十四年)11月25日生于广东高州(今茂名市),1964年10月14日卒于北京。水稻栽培学、农学、生物进化论、科技管理。

出生农家。1910年毕业于高州中学后考入广东高州师范学校植物科。1912年考取公费留日生,学习2年日语后进熊本第五高等学校。1919年回国,先在高州中学和高州农校任教,后任广东省教育厅督学。1921年考入日本东京帝国大学农学部。1924年任广东大学农科学院农艺系教授。1940年任中山大学农学院院长。50年代初任华南农学院院长。1957年任中国农业科学院首任院长,直至去世。曾任中国科学技术协会副主席,1955年选聘为中国科学院学部委员(院士)。

中国现代稻作科学主要奠基人。在中国水稻的起源和演变方面,继美国人墨里尔(E. D. Merrill)率先发现野生水稻后,1926年在广州东郊和广东省其他地方也多处发现野生稻。1933年发表论文“广东野生稻及由野生稻育成的新种”,提出中国栽培稻种起源于华南,当地发现的野生稻是栽培稻的祖先,中国稻作发轫于约4 700年前,中国栽培稻由印度传入之说不符历史事实。指出世界栽培稻种的起源和传播途径有三,即由中国传至日本,印度传至欧洲、非洲、美洲,爪哇传至南洋各地。认为南方籼稻和北方粳稻同起源于多年生普通野生稻,其中籼稻是基本型,粳稻由籼稻变异而成;在晚稻和早稻中,晚稻是基本型,早稻是从晚稻中选择驯化而来。水、陆稻中水稻是基本型,陆稻由水稻分化变异形成。这些研究成果弄清了中国栽培稻几千年来的起源和演变过程,并得到后继者的研究和浙江、广东的出土文物所证实。

在水稻品种分类方面,和助手反复观察测定了从各地征集来的7 000多个品种的形态和内在的生理特性,根据中国栽培稻种的演变发展理论及育种和栽培技术上对品种的要求,并结合农民的栽培经验,创立了“水稻品种系统分类法”。在稻作区域划分的研究方面,经过充分调查,从生态学出发,以各地气候因子为基础,结合各地的栽培制度,将全国分为华南双季连作籼稻带、华中单季和双季籼粳稻带、华北单季粳稻带、东北早熟粳稻带、西北干燥粳稻带、以及西南高原籼粳稻带等6个稻作带,这种区域划分一直沿用至今。

在育种方面,选育出水稻良种60多个。其中在1926年用野生稻和农家品种杂交育成的“中山一号”,是世界上第一次把野生稻抵抗恶劣环境的种质转移到栽培稻上。1936年他通过野生稻与栽培稻的杂交,获得了世界上第一株水稻千粒穗类型。提出“水稻区制选种法”,创立了“水稻品种多型性”理论,对选育和繁殖良种有重要意义。在水稻栽培方面,研究了水稻本身的生育规律、所处环境条件的变化规律以及上述两者之间相互关系的规律。将水稻幼穗发育期分为8个阶段,并相应提出各阶段对栽培技术的要求,这对于防止颖花退化,提高结实率和增加粒重,达到增产目的,有很重要的价值。

毕生发表著作和论文140余篇(部),其中1961年主编的《中国水稻栽培学》是这一领域中的一部影响深远的专著。（宋湛庆）

费希尔,H. O. L.(Fischer, Hermann Otto Laurenz) 德国人,1888年12月16日生于德国巴伐利亚州维尔茨堡,1960年3月9日卒于美国加利福尼亚州伯克利。生物化学、分析化学、高分子合成工程。

是以阐明戊糖、己糖结构著称的E. 费希尔的长子。当父亲于1892年任柏林大学化学研究所所长时,全家就迁到柏林。他进柏林的大学预科学校学习,当两个弟弟选择医学专业时,他决意成为一位化学家。1907年在剑桥大学学习。后在德国吕内堡服兵役。在柏林大学开始研究化学,后来又转到耶拿大学,在L. 克诺尔的指导下对二酮的互变现象、烯醇式乙酰丙酮的制备进行研究,1942年获博士学位。同年去柏林大学,在父亲指导下研究红粉苔酸的合成。红粉苔酸存在于天然的地衣中,他发现红粉苔酸是一种二缩酚酸。

由于第一次世界大战的爆发,去法国前线。两个弟弟参加了战时医疗服务并在前线殉职。战后他回到父亲的实验室,1922年任柏林大学化学研究所助理教授。同年结婚,育有两子一女。与柏林大学同事一起阐明了咖啡酸、绿原酸和金鸡纳酸的缩酚酸的结构。与E. 贝尔(他们合作达27年)一起研究丙糖、二羟基丙酮和甘油醛。1932年,他们合成了D-和L-甘油醛-3-磷酸的钙盐。恩伯登(Warburg Embden)和O. 迈尔霍夫在酒精发酵和糖酵解过程中曾使用这种化合物。由于纳粹政权上台,1932年费希尔离开柏林,任瑞士巴塞尔大学教授。并继续研究丙糖,与贝尔一起制备出D-和L-甘油醛的纯品,并成功合成D-果糖和L-山梨糖。

1937年接受F. 班廷爵士邀请,到加拿大多伦多大学班廷研究所工作。是年秋偕妻子、3个孩子以及贝尔和其他助手到达那里,同时把私人实验室中的参考资料(包括父亲全部工作的9 000个参照化合物)和父亲的藏书一起带去，继续研究丙糖、甘油衍生物以及甘油酯。实验室里有贝尔、格罗希兹(J. M. Grosheintz)、鲁宾(Leon Rubin)、索登(J. C. Sowden)和 H. 拉迪，研究鲨油醇的合成、乙二醇的氧化、醛糖的缩合，以及生物有机磷酸酯的合成。

1948 年去美国，任教于伯克利加利福尼亚大学新建生物化学系。1952 年把父亲的藏书和著作以及参照化合物捐献给该校，1953 年任该校生物化学系主任，直到 1956 年退休任名誉教授。在伯克利和同事们一起研究糖二砜、糖二醛、环己六醇的衍生物、丁糖磷酸酯、己糖二醛、D-赤藓糖-4-磷酸酯以及确定糖和环己六醇的分析。在退休期间，把时间花在弗鲁斯实验室中继续研究生物化学，特别是主持碳水化合物的研究。是许多专业协会的会员。1949 年获美国化学协会糖类研究奖。1955 年获德国化学家协会拜耳金质奖章。（楼书聪）

布里奇斯，C. B. (Bridges, Calvin Blackman) 美国人，1889 年 1 月 11 日生于美国纽约州斯凯勒福尔斯，1938 年 12 月 27 日卒于加利福尼亚州洛杉矶。遗传学、细胞生物学。

2 岁丧母，3 岁丧父，由祖母抚养成人。14 岁进普拉茨堡一所中学，边工作边学习，所以 20 岁时高中仍未毕业，但由于学习成绩优异，康奈尔大学及哥伦比亚大学都愿为他提供奖学金。1909 年进哥伦比亚大学，由于成绩突出，只学了 3 年就提前毕业。留校任教。1915 年兼任华盛顿卡内基研究院研究助理。1928 年随 T. H. 摩尔根离开哥伦比亚大学去加利福尼亚理工学院任职，并在那儿度过余生，因心脏病猝死，英年早夭。1936 年入选美国国家科学院院士。

1910 年夏还是大学生时，就和 A. H. 斯特蒂文特一起，在 T. H. 摩尔根领导下从事果蝇研究工作，持续 17 年之久。最初他研究果蝇的性连锁遗传，发现在用白眼雌蝇(X^wX^w)与红眼雄蝇(X^+Y)交配时，子代中大约每 2 000个体中，就有一个白眼雌蝇或红眼雄蝇的例外情况发生。1913 年他推测这一例外情况的产生，是由于一对 X 染色体在第一次减数分裂后期不是分向两极，而是进入同一极造成的。他把这一情况称作“不分开”。以后骈连 X 染色体的 X^wX^w 卵被 Y 精子受精，得到 X^wX^wY 个体，这就是例外的白眼雌蝇。无 X 卵被 X^+ 精子受精，得到 X^+0 个体，这就是例外的红眼雄蝇。接着他通过细胞学观察完全证实了这一推测。1916 年他在《遗传学》杂志上发表博士论文，详尽报道了这一卓越成就，无可辩驳地证明了染色体遗传理论的正确性。这一工作也导致他提出基因平衡观念。在研究果蝇性别决定时，他摒弃了传统的 XX＝雌，XY＝雄的公式，指出了这一公式的不完整性。他提出性别实际上决定于基因平衡，决定于 X 染色体数与体染色体组数之间的平衡，或 X 染色体数/体染色体组数这一比率。当这一比率为 1 时，发育为雌性；这一比率为 0.5 时，发育为雄性；这一比率介于 0.5～1.0 之间的 0.67 时，发育为中间性；大于 1 为 1.5 时，发育为超雌性；小于 0.5 为 0.33 时，发育为超雄性。

在加利福尼亚理工学院期间，他主要从事实验技术改进，曾介绍使用双筒显微镜来代替手持镜片，还改进了培养瓶与培养基并分离出了多种果蝇突变体，这些对于推动果蝇研究工作都起了重要作用。1933 年海茨(Heitz)、鲍尔(Bauer)和 T. S. 佩因特等发现了果蝇唾腺巨染色体的细微结构后，他也积极投身于唾腺染色体的研究，并提供了一系列唾腺染色体图。代表作有《果蝇的遗传学》(1925 年)、《果蝇的突变种》(1944 年，与 K. S. 布雷姆合著)等。（王爵渊）

梅茨，C. W. (Metz, Charles William) 美国人，1889 年 2 月 17 日生于美国怀俄明州，1975 年 6 月 5 日卒于美国马萨诸塞州。遗传学、细胞生物学。

1911 年在波英纳学院获学士学位。1916 年在哥伦比亚大学获博士学位。1914～1930 年在华盛顿卡内基研究院遗传系工作，1930～1940 年在胚胎学系工作。1930～1937 年兼任约翰斯·霍普金斯大学客座教授。1940～1955 年任宾夕法尼亚大学动物系主任。1959 年退休后，在马萨诸塞州伍兹霍尔海洋生物实验室从事研究工作。1948 年入选美国国家科学院院士，1951 年入选美国文理科学院院士。

早年研究分类学，后来主要从事染色体方面的研究工作。通过对不同种果蝇的细胞学分析，阐明了染色体的进化关系；证明类似的染色体之间有本质的不同，并且它们都能世代相传。曾以蕈蚊为材料对染色体进行了一系列的研究，对染色体的行为、染色体的丢失以及与性别的关系作过详细观察。同时发现蕈蚊巨型唾腺染色体是遗传学研究的好材料。代表作有《果蝇雄性化研究》(1923 年)等。（敬元虎）

瓦卢瓦，H. V. (Vallois, Henri Victor) 法国人，1889 年 4 月 11 月生于法国南锡，1981 年 2 月 15 日卒于巴黎。人类学、比较解剖学、古生物学。

曾在蒙彼利埃大学学习医学和自然科学，1914 年获医学博士学位。1920 年在巴黎大学获自然科学博士学位。1922 年在图卢兹大学医学院任解剖学教授。1937 年在巴黎大学任人类学实验室主任，1941 年任该校古人类学研究所教授，1950 年任人类学博物馆任馆长，90 岁高龄时退休。

主要研究人类的起源和人类种族等领域。采用比较解剖的方法研究人类和灵长类的骨骼和肌肉的结构，证明人和 3 种猩猩具有极为相似的形态，说明它们在进化过程中的亲缘关系。在化石方面，研究了人类内部发展机制和种族的多样性，指出不同种族的人类来源于各种不同的灵长类这一理论是不正确的，证明人类各个种族的发展像各种哺乳动物那样按照“树”形谱系发展的，经过几次分枝，有许多分枝在发展过程中已消亡，欧洲的尼安德特人就属这种情况。还通过化石研究古人类的一些社会生活，证明他们的寿命较短，最多在 20～40 岁之间。研究了近东历史上和现在的伊朗人、叙利亚人、黎巴嫩人和巴勒斯坦人，说明生活在伊朗高原的雅利安人的文明是由长头人带来的。在非洲进行了多次科学考察，精确地描述了西部黑人不同人体的形态。代表作有《人种学》(1944 年)、《化石人》(1946 年)等。由

于对人类学的贡献，曾获得许多荣誉，如1958年瓦伊金人类学基金奖等。（敬元虎　吴劲梓）

佩因特，T. S.（Painter，Theophilus Shickel）美国人，1889年8月22日生于美国弗吉尼亚州塞勒姆，1969年10月5日卒于得克萨斯州斯托克顿堡。动物学、遗传学、细胞生物学。

语言学教授的儿子。1904年入弗吉尼亚州罗阿诺克学院，1908年获文学士学位。毕业后赴耶鲁大学从事化学研究，但不久即发现自己更爱好生物学。在佩特鲁恩科维奇（A. Petrunkevitch）及R. G. 哈里森指导下，于1913年获耶鲁大学博士学位。1913～1914年去德国维尔茨堡大学，在T. 博韦里指导下作研究工作。1914年重返耶鲁大学任动物学讲师，同时兼任马萨诸塞州伍兹霍尔海洋生物实验室无脊椎动物学讲师。1916年任得克萨斯大学动物学系副教授，1922年任教授，1933年任研究生院教授，1944～1946年任大学代理校长，1946～1952年任校长，1966年退休后继续教学与研究工作至去世。是美国国家科学院院士，美国哲学学会、动物学家协会、遗传学会、自然科学家协会等会员。还获得耶鲁大学荣誉理学博士学位、罗阿诺克学院荣誉法学博士学位。

1915～1925年间，T. H. 摩尔根与C. B. 布里奇斯、A. H. 斯特蒂文特等人确信基因以直线方式排列在染色体上。他们在这一设想基础上，曾提出根据交换频率来确定各基因间的相对距离与排列顺序，从而绘制出了果蝇的连锁图。然而这类连锁图是无法确定各基因在染色体上的真实空间位置的。不仅如此，当时在得克萨斯大学工作的佩因特与H. J. 马勒还进一步发现，有些长的染色体区域其中并不存在交换，而另一些短的染色体区域反而存在大量交换。这样就引起人们对根据交换频率制作的连锁图产生了怀疑。要确定各基因在染色体上的真实空间位置，主要困难就在于染色体过于微小。19世纪80年代至20世纪20年代，人们虽已观察到双翅目幼虫唾腺细胞中有较大的染色体，但当时并未引起重视。1930年他发现，如果使用较老的即将化蛹的果蝇幼虫，就可以得到体积大并容易观察的染色体，看出染色体上横纹的样式。1933年12月发表论文，正式建立了果蝇唾腺巨型染色体这种理想的细胞遗传学研究模型的详细分析方法，并证实了基因实际上就相当于染色体上专一性的横纹。这一工作不仅使人们有可能确定连锁图上各基因在染色体上的真实空间位置，而且还为基因在染色体上相互作直线排列以及它们在染色体上各自占有专一性位置的摩尔根基因理论提供了期待已久的直接证据。

除了研究昆虫染色体外，他还研究了人类染色体。1929年最早进行了人类核型的染色体计数，所确定的人类染色体数为48（实际上应为46），这一错误的计数人们曾沿用多年。最早提出了染色体畸变与遗传疾病有关的论点，为人类遗传学研究奠定了基础。

主要著作有《哺乳动物染色体比较研究》（1925年）、《果蝇染色体畸变》（1934年）、《显微解剖学家指南》（1937年，与他人合著）。1934年美国国家科学院授予他埃里奥特奖章，以表彰他对果蝇唾腺巨型染色体的工作。1969年获克萨斯大学安德森奖。（王爵渊）

科纳，G. W.（Corner，George Washington）美国人，1889年12月12日生于美国马里兰州巴尔的摩，1981年9月28日卒于同地。生殖生理学、胚胎学、比较解剖学、医学。

1909年入约翰斯·霍普金斯大学学习，1913年获医学博士学位。1915年任伯克利加利福尼亚大学医学院胚胎学助理教授。1919年任约翰斯·霍普金斯大学副教授。1923年任罗彻斯特大学医学院教授，兼任胚胎学系主任。1940～1955年任华盛顿卡内基研究院胚胎学系主任和巴尔的摩实验室主任。1940年入选美国国家科学院院士。

在医务实习期间，对人类繁殖的问题很感兴趣，就把自己终身的教学与研究工作奉献给解剖学和胚胎学。受过外科和早期胚胎学知识训练，曾对动物黄体（酮）细胞结构和发生及其周期性的出现和消失进行过研究，后又在动物实验方面打下良好的研究基础。1928年起历经35年对灵长类卵巢和子宫的变化周期进行了解剖学方面的研究，查明行经周期结构上的细胞生理过程以及卵巢、荷尔蒙（动情激素和助孕酮）的升降程度引起行经周期现象，胚胎的生存和发展取决于黄体，是它引起子宫内部变化。如果将黄体切除，胚胎进入子宫也不能生存。和学生艾伦（W. M. Allen）合作把母猪卵巢制成精剂，注射于切除卵巢的兔子身上，兔子仍能受孕。观察研究证明只有人、猿和猴才会真正行经。是美国长期研究生殖生理学的首创者。著有《人类生育的荷尔蒙》（1942年）、《出生前的我们自己》（1944年）、《谈谈解剖学》（1955年）等。1958年获裴塞纳基金奖。（谢键忠）

赖特，S. G.（Wright，Sewall Green）美国人，1889年12月21日生于美国马萨诸塞州梅尔罗斯，1988年3月3日卒于威斯康星州麦迪逊。生理遗传学、群体遗传学、细胞生物学、生物进化论。

经济学与数学教授的儿子。1911年获伊利诺伊州朗伯德学院理学士学位。1912年获伊利诺伊大学动物学理学硕士学位。1915年在哈佛大学卡斯尔（W. E. Castle）指导下获动物学理学博士学位。1915年受美国农业部聘请负责动物育种工作。1925～1954年任芝加哥大学动物学系副教授、教授。期间1949～1950年兼任英国爱丁堡大学客座教授。1955年任威斯康星大学遗传学系教授，1960年退休后成为该校荣誉教授。1934年入选美国国家科学院院士。同年任美国遗传学会会长。1944年任美国动物学会会长。1952年任美国博物学家协会主席。是美国文理科学院院士。1963年当选为英国皇家学会外籍会员。1958年任国际遗传学会主席。

以生理遗传学与群体遗传学研究而著称于世。1914年开始研究豚鼠的生理遗传学，发现豚鼠毛色与眼色均由多个不同基因共同决定。在这些基因之间存在着相互作用。还曾仔细研究过近亲繁育的危害性。通过连续23代的豚鼠兄妹交配，发现有的家系后代发育优良，有的家系后代则出现明显衰退，由此认为造成这些家系间差别的原因主要在于它们的祖先，有的原来具有优良的基因，有的则原来具有不良的基因，因而近亲繁育之出现衰退只是由于不良基因纯合化引起的。1929年首创"赖特近交系数"，即个体中某一座点上两个基因有共同来源的概率来作为衡量亲缘关系远近的参数，这一参数如今已为学术界普遍采用。主张在家畜改良中最好要把近亲繁育、杂交繁育与选择结合在一起。从1915年起，在群体遗传学方面作了大量工作。提出应通过研究基因频率的变化来研究进化过程。写了大量文章论述突变、隔离、近交与杂交、迁移及选择在基因频率变化中的作用。还特别指出由于样本随机误差会造成基因频率的随机波动，这种波动虽在所有群体中都能表现，但在小群体中表现尤为明显。上述这种随机波动被称作"遗传漂变"，也叫"赖特效应"。在这方面著有《进化与群体遗传学》一书。曾获埃利奥特奖章和美国国家科学院金伯遗传学奖。1966年获美国国家科学奖章。 （王爵渊）

费希尔，R. A.（Fisher，Ronald Aylmer） 英国人，1890年2月17日生于英国伦敦，1962年7月29日卒于澳大利亚阿得莱德。*数量遗传学、田间试验设计、数理统计学。*

著名拍卖商的幸存孪生子。少时对天文学甚感兴趣，因眼高度近视，只得侧重理论学习。1909年入剑桥大学学习数学和理论物理，1912年毕业。1913年在一家投资交易所任统计员。1915～1919年在加拿大作农场短工和在中学教书。因对当时的生物统计问题产生兴趣，1919年任罗萨姆斯特德农事试验场统计研究室主任，对66年所积累的肥料田间试验和天气记录的数据作了整理和重新估价，显示出当时第一流统计学家的才能。在实验站任职的早期，就出版名著《研究工作者的统计方法》(1925年)，还博得了第一流业余遗传学家的声誉。1933年任伦敦大学学院优生学教授。1943年任剑桥大学遗传学教授，1957年退休，但仍留在剑桥，直到1959年继任者上任。后迁居澳大利亚，作为研究员在联邦科学和工业研究组织的数理统计部进行了扎实而富有成就的工作，度过了一生的最后3年。

在遗传学方面，早在1920年前后就和霍尔丹(Haldane)、S. 赖特等人为"数量遗传学"奠定了理论基础。1922年他在阐述平衡多态学说时指出，如果两种纯合体AA和aa的适合度低于杂合体Aa，那就会造成群体的平衡多态现象。1928～1935年通过研究显性基因在自然选择中的作用，提出了显性起源学说，即通过对修饰基因的选择过程，使突变杂合体趋向于类似野生类型。认为在杂合体中能够抑制突变基因的效应(即使突变基因成为隐性)的基因在选择上都是有利的，有可能在物种的基因型中固定下来。在"自然选择基础理论"一文中作了如下表述："在任何时候，任何有机体的适合度增加的速率都等于那时的适合度的遗传方差"。1949年还研究过近亲交配引起基因固定的概率(纯合程度)，指出这取决于等位基因的数目及其在世代始初的近亲程度。

19世纪末至20世纪初，数理统计学进入了一个全面发展的时期。他和K. 皮尔逊为代表的英国学派起了决定性的作用。他是一些具有重要理论和应用价值的统计分支和方法的开创者，对现代数理统计的形成和发展作出了贡献。青年时代由于创立著名的相关系数精确抽样分布而在数理统计界崭露头角。随后几年又解决了如回归系数、偏相关系数和复相关系数、判别函数和两个可比方差之比的对数函数的分布。还对文献中早有的两个重要函数的数学和应用作了整理，其中之一经他研究和发展，形成了可与假设相检验的完整理论。在显著性检验的基础上，创立了试验设计理论密切相关的卓有成效的方差分析。在农业田间试验时，他发现环境条件难于严格控制，因而随机误差不容忽视，于是提出了需要对试验方案作出合理的安排，以便使试验数据有合适的数学模型，藉以降低随机误差的影响，从而提高试验结果的精度和可靠性。这就是试验设计的基本思想，它与试验数据的统计分析(主要是方差分析)有密切的联系。1935年出版名著《试验设计》。设计一种通用格式的方差分析表，可将试验中不同因子引起的方差分解开来，并且分别进行统计显著性检验，从而对多因子试验结果的解释变得便利可行。1922年发表长篇论文"理论统计学的数学基础"。注意到曲线拟合中矩法的缺点，并且强调严格的抽样分布的重要性。主张一个"满意的统计量"应该是一致的(粗略地意指无偏的)、有效的(具有最大的精密度)和充分的(包含观测值中全部有用的信息)。"充分性"是数理统计中主要的基本概念之一，是他在1925年提出来的。1912年就创立了极大似然估计，在1921～1925年的工作中又加以发展。"极大似然"这一术语虽不是全新的概念，但是由他加以改造和命名的。也是区间估计的先驱者，提出"信任推断"法，用于区间估计。这种方法与内曼(J. Neymann)创立的"置信区间"理论不同。还设想了另一些命题：多变量分析、生物测定、时间序列、列联表和对数分析以及在多元统计分析中作出的一系列的奠基性工作等。

著作还有《自然选择的遗传理论》(1930年)、《试验设计》(1935年)、《近交理论》(1949年)、《统计方法和科学推断》(1956年)，同耶茨(F. Yates)合著《生物、农业及医学研究的统计用表》(1938年)。 （李绍珠）

拉什利，K. S.（Lashley，Karl Spencer） 美国人，1890年6月7日生于美国西弗吉尼亚州戴维斯城，1958年8月7日卒于法国普瓦捷。*神经生理学、生理心理学、脑与神经科学。*

自幼喜爱收集动物和植物的标本。1910年获西弗吉尼亚大学文学士学位。后到匹兹堡大学教生物学，不久获该校理学硕士学位。1914年在约翰斯·霍普金斯大学获博士学位。1917年在明尼苏达大学任心理学讲师，1923年升为教授。1926年任芝加哥大学教授。

1935 年到哈佛大学任神经心理学教授，自 1942 年起任灵长类生物学实验室主任。1929 年当选为美国心理学学会会长。1930 年当选为美国国家科学院院士。

因最早尝试从大脑区域化观点研究学习神经生理学基础，被誉为“神经心理学之父”。科学活动大致可分 4 个时期。1912～1918 年，研究动物行为学。1919～1929 年，主要研究脑功能，特别是大脑定位及神经元之间的联系，提出“学习过程”的概念，并在《大脑机制与智能》(1929 年)一书中做了总结，提出“整体活动原理”和“等势原理”。撰写的《皮层均衡理论》曾引起学术界广泛注意，“潜意识的探索”一文使其成名。1930～1942 年，研究视觉与学习的关系，发表“行为的基础神经机制”(1930 年)、“视觉的机制”(1935 年)等论文，出版《行为驱动力研究》(1932 年)专著。1941～1958 年，成为学习问题的理论家及理论评论家。 (吴馥梅)

洛克黑德，A. G. (Lochhead，Allan Grant) 加拿大人，1890 年 6 月 21 日生于加拿大安大略省加尔特，1980 年卒。*土壤微生物学、植物病理学。*

加拿大昆虫学家的儿子。1911 年、1912 年先后获麦吉尔大学化学学士、理学硕士学位。1914 年在德国莱比锡大学完成博士论文。因第一次世界大战爆发，1914～1918 年被囚禁于柏林近郊战俘营。获释后回加拿大，作为细菌学家在麦吉尔大学麦克唐纳学院工作，1919 年获该校博士学位。1922 年在艾伯塔大学任教生物化学。1923～1955 年任加拿大农业部细菌学处处长，后来任微生物研究所首任所长。

早期研究土壤微生物，涉及分类、营养以及嗜高渗性酵母菌、嗜盐细菌及引起蜜蜂幼虫腐臭病的细菌的代谢。在土壤微生物的研究中有独特的见解和重要贡献。认识到过去对土壤微生物的研究主要着眼于它们的功能而不是着眼于微生物本身，因此他采用生物学方法研究微生物的生态、营养、协同作用和对抗作用，特别是微生物与植物之间的关系，有时兼及植物病理学。根据土壤微生物的营养需求进行分类，并提出一种评价各类微生物相对数量的方法，此法对研究土壤中微生物区系平衡，特别是研究微生物对植物生长的关系极有价值。这是他研究土壤中微生物生长促进剂的特性的基础。首次发现土生因子，该因子对需土节杆菌是必不可少的。和同事还发现，在植物根际需氨基酸的细菌增多，而需要复杂的生长因子的细菌减少。根际的多量维生素来自微生物的合成，而并非由根部分泌。在抗病性强的植物的种子和根部，需要生长因子的细菌较多。独自或与人合著论文 120 余篇。1958 年获加拿大皇家学会费拉维尔奖。 (孙炳寅)

陈焕镛(Chen Huanyong) 字文农，号韶钟。中国广东省人，1890 年(清光绪十六年)7 月 22 日生于香港，1971 年 1 月 18 日卒于广州。*植物分类学、经济林木学。*

原籍广东新会。父亲是清光绪派驻古巴公使，母亲为西班牙血统古巴人。早年丧父，与母亲旅居上海，读完中学。1908 年随母亲去美国，1919 年获哈佛大学植物学系林学硕士学位。同年回中国。1920～1927 年先后任金陵大学农学院、东南大学教授。1924～1925 年赴美国鉴定标本一年。1927～1954 年历任中山大学教授、植物研究室主任、植物系主任、理学院院长，兼任中山大学植物研究所所长。期林植物研究所所长，广西大学森林学系主任、经济植物研究所所长。1954～1971 年调任中国科学院华南植物研究所研究员、所长，兼任华南植物园主任、华南植物研究所广西分所所长，其间 1959 年移居北京任《中国植物志》副主编。1934～1936 年兼任中国植物学会副理事长、理事长。1938～1940 年任中央研究院第一、二届评议员。1955 年选聘为中国科学院学部委员(院士)。

1919 年独闯瘴气弥漫的海南岛无人区，是第一位采集中国南部岛屿植物标本的专家，积数十年心血与他人合作主编《海南植物志》4 卷计 450 万字。1922 年出版中国第一本有科学专名的树木学教材《中国经济树木》(英文版)。1928 年在中山大学建立中国南方第一个初具规模的植物标本馆，开创中国高校最早的现代植物学专业之一。1930 年创办植物学刊物《中山专刊》(Sunyatsenia)英文版，至 1948 年止共出版 7 卷 26 期，在中国和世界上有一定影响。1933 年与钱崇澍、胡先骕等共同发起建立中国植物学会。为编写植物志多次组织和参加植物采集队，对中国华南植物区系进行大量标本采集和深入研究，发现植物新种 100 余种，新属 10 余个，其中首次发现的银杉属为孑遗裸子植物，被国际学术界誉为“活化石”，具有重要科学价值。尤对中国樟科、壳斗科、绣球花科、苦苣苔科、桦木科和胡桃科等进行开创性分类研究。1929～1937 年和胡先骕合编巨著《中国植物图谱》(5 卷)，是早期中国学者用现代植物分类法研究中国植物的主要文献。1959 年后，与钱崇澍共同主编巨著《中国植物志》，共计 80 卷 125 册，是世界上规模最大的植物志之一。与秉志、钱崇澍等首次提出建立中国自然森林禁伐区建议。 (武光明)

马勒，H. J. (Muller，Hermann Joseph) 美国人，1890 年 12 月 21 日生于美国纽约，1967 年 4 月 5 日卒于印第安纳州印第安纳波利斯。*遗传学、进化论、优生学。*

祖籍德国，父辈去美国经商。童年即对生物学有兴趣。1907 年考入哥伦比亚大学，1910 年获学士学位。1912 年进 T. H. 摩尔根的实验室工作，成为果蝇基因研究小组成员，1915 年获哥伦比亚大学博士学位。留校任教，1918 年任动物学助理教授。1920～1932 年在得克萨斯大学任教并晋升为教授。1932 年应邀去柏林大学，在福格特学院遗传学实验室工作一年，希特勒上台后离开德国。1934 年应苏联科学院之邀任列宁格勒遗传学研究所高级研究员 3 年半，因公开反对李森科(T. Д. Лысенко)被迫离开苏联。1937 年去英国，在爱丁堡大学动物遗传所工作。1940 年回美国，在阿默斯特学院工作。1945年任印第安纳大学动物学教授，从事放射突变和生物学效应的研究，1964年退休，任该校名誉教授。1949年任美国人类遗传学会会长。参加了许多学术团体，并获许多殊荣。

1912～1915年，在摩尔根实验室从事果蝇遗传研究，当时摩尔根与斯图蒂瓦正在绘制基因图，对不同基因在染色体上的位置、如何确定基因间的距离发生了困难。他提出群体中基因重新组合数除以亲本数，所得的商可用来作为两基因距离的量度。这个简单方法，解决了绘制基因图确定基因间距离的困难。又探索了连锁基因的同时性及相互关系，为交换理论提供了证据。还利用“标志基因”分析了多基因，从而扩大了染色体遗传和基因稳定性的适应范围，在此基础上于1916年提出了平衡致死理论。1915年后从事突变研究，在此期间提出了关于自发性基因突变的主要原理，提出突变是在随机性分子运动过程中产生的，大多数突变是有害的和隐性的，基因具有引起本身变化的特性。这些论点推进了基因论的发展。1919年发现提高温度可以增加突变。判定这与分子或亚分子在受热后加速了变化有关。

1926年证明X射线照射大大增加了突变频率，突变增加的程度取决于辐射剂量的大小，与辐射剂量成正相关。在一代果蝇里，自发突变的频率为8×10^{-4}，经X射线照射24分钟后，突变频率为7.9×10^{-2}，照射后突变频率提高100多倍。在这些突变中，有些是先前未发现的基因位点上的突变，其余则是现存可见突变的等位基因。还证明了诱发突变与自然突变一样是随机发生的。除单基因变化外，辐射也产生染色体的部分重排。由于辐射使染色体断裂，在有粘性的断端之间就粘连起来，即以不同于先前的顺序连结起来，从而产生了基因顺序的变化。1927年在德国柏林召开的第五届国际遗传学大会上，发表关于X射线诱发细胞突变的研究成果。并于同年在美国《科学》杂志上发表“基因的人工蜕变”一文，报告诱发突变的发现，立即引起世界各国学者的关注。

继之，学者们相继发现引起突变的其他诱变剂，如α射线、中子、紫外线、红外线、芥子气及有关化合物。这项发现具有多种意义：首先，它使遗传学家在一定时间内有可能研究更多的突变；第二，表明突变只不过是化学变化的产物，而人类可以造就这种变化；第三，有助于弄清诸如抑制生长、不育、坏死、癌变等以及某些遗传性疾病的原因，此外对细菌产生抗药性、或产生新的菌株和新的特性，也可用基因突变给予解释。迄今，诱发突变已用于生物育种和改良品种，对科学为生产实践服务开辟了广阔的前景。因这项成果，马勒获1946年诺贝尔生理学或医学奖。

同时他认为，大多数突变是有害的，虽然在进化过程中，少数有用的突变可以保存下来，而有害的则会趋于消亡。如果让突变率增加，不良个体的绝对数就会增加，将会影响物种的生存。因此，告诫人们在医学上不要轻率地使用X射线进行治疗和诊断。认为癌就是细胞突变所造成的，因此提出在X射线下从事医疗工作和工业生产者应得到有效的保护。第二次世界大战后指出，核试验产生的放射性尘埃将造成突变率上升的危险。1955年他和爱因斯坦等7名科学家呼吁禁止核武器。想研究出某种优生学措施，以改进人类的遗传基因；竭力支持建立精液库，以便让那些具有天才的人的遗传基因可以广泛地超时空传遍。

发表372篇论文。在接受诺贝尔奖时，发表了题为“突变的产生”的演讲。主要著作有《孟德尔遗传机制》(1915年，与他人合著)、《关于果蝇遗传学的文献》(1939年)、《遗传学、医学和人》(1947年)等。另有自传《穿透黑夜：一个生物学家对未来的展望》(1935年)，论文集《马勒文选：遗传学研究》(1962年)。 (张慰丰)

克劳森，J. C. (Clausen, Jens Christen) 美国人，1891年3月11日生于丹麦霍尔拜克，1969年11月22日卒于美国加利福尼亚州帕洛阿尔托。*植物遗传学、植物生态学、生物进化论。*

丹麦裔，房屋建造师的儿子。1913年入哥本哈根大学主修植物学，专攻紫罗兰的分类学和遗传学，1920年获硕士学位，1926年获博士学位。期间1916～1918年在丹麦军队服役参战。1921年起在哥本哈根皇家农学院任教。1927～1928年到美国加利福尼亚大学进行博士后研究。1931年移居美国，1943年成为美国公民。1931年任华盛顿卡内基研究院植物生物学部研究员。1951年任斯坦福大学生物学教授，1956年退休为荣誉教授。同年任美国进化论研究会会长。1959年入选美国国家科学院院士。1961年入选美国文理科学院院士，同年获丹麦国王封爵。1957年获瑞典乌普萨拉大学荣誉博士学位。

前期曾和同事一起探索种内生态族的存在以及控制种群、种和属内群体进化的遗传结构，阐明植物表现型的遗传性以及与环境间的相互作用。他研究来自海岸、内陆、沙质土和石灰土的三色紫罗兰野生种，发现其在稳定的环境中特性不变，能够在野外和试验植物园内通过杂交交换各自的遗传因素，第一次证明种间的差异像一个种的变种差异一样，受遗传基因控制。利用3个站的设备进行直接移植试验，证明许多科的种是由多至8～11个气候种群(即生态群)组成，每个种群适应于原产地气候周期性变化，但不适应于显著差异的环境。和合作者发现在进化方面有3种分离方式——生态的、遗传的和形态的——可能在几百万年内同时缓慢地进行，改变了遗传及其对环境的适应是十分简单的看法。

著有《物种本性的实验研究》(1940年，与他人合著)、《植物种的进化阶段》(1951年)。还与他人合著4本关于各个种的本性的书。1948年获蒲柏植物学奖章。1956年获美国植物学会奖。 (施金保)

诺思罗普，J. H. (Northrop, John Howard) 美国人，1891年7月5日生于美国纽约州扬克斯，1987年5月27日卒于亚利桑那州威肯堡。*分子生物学、生物化学、酶化学、病毒学。*

父亲J. I. 诺思罗普(John I. Northrop)是纽约哥伦比亚学院动物学讲师，在他出生前9天不幸亡于实验室爆炸事故；母亲是植物学家，任教于诺马学院。他先后于1912年、1913年和1915年在哥伦比亚大学获学士、硕士和化学博士学位。1916年起在洛克菲勒研究院任职，1924年任研究员。其间，1917～1919年被任命为美国陆军化学战部队上尉。1942～1945年任美国国家国防研究委员会调查员、顾问。1949年任伯克利加利福尼亚大学教授，1970年退休。1934年入选美国国家科学院院士。

生物体的最显著特征之一是在其体内化学反应的迅速性和精确性。虽然早在18和19世纪化学家已经发现，这种特性与其体内存在的后来被称作酶的物质有关，它们起着极有效的催化剂作用；但是在酶发现后的100余年内，关于酶的化学本质一直是个未解的谜。诺思罗普成功地分离和结晶了若干种酶，并且证明它们都是蛋白质。用类似的方法，W. M. 斯坦利证明病毒是核蛋白。由于在阐明酶和病毒的化学本质中的贡献，他们与J. B. 萨姆纳一起获1946年诺贝尔化学奖。

1919年开始研究胃蛋白酶和胰蛋白酶。他在研究细胞化学时，面临酶是什么的问题。当他力图纯化和分离酶时，萨姆纳首先分离和结晶出一种被认为是脲酶的蛋白质，因为萨姆纳的结论与当时认为酶是一类完全未知物质的理论背道而驰，因此没有得到重视。但他却把它作为酶是蛋白质的证据。当时研究酶的方法是保持各级分酶活性不变，他摒弃了这种对分离蛋白质不利的方法，保持相继级分中总浓度不变，并且把纯化、分离蛋白质的经典方法应用于酶的研究。1929年成功地分离和结晶了胃蛋白酶。1930年证明酶的作用实质是结晶蛋白的某种功能。以后5年中，又分离和结晶了胰蛋白酶以及它的前体胰蛋白酶原、胰凝乳蛋白酶以及它的前体羧肽酶、核糖核酸酶和脱氧核糖核酸酶。它们都是蛋白质。尽管他的结论在10年之后才广泛地被接受，酶的化学本性却从此被认识。

1935年开始研究病毒的化学特性。他认为病毒可能也是蛋白质，这种分离酶的方法也适用于病毒的分离。1936年斯坦利采用这个方法成功地分离和结晶了烟草花叶病病毒，证明它是核蛋白。1938年诺思罗普自己分离得到了第一个细菌病毒。由于他的工作，许多酶和病毒被分离结晶，使得研究和认识活细胞中专属化学反应的特征成为可能。

此外，与J. 洛布合作，发现寿命和温度的关系与化学反应和温度的关系一样，还发现延长生长期可以延长寿命。在第二次世界大战中，他成功研制出一种高灵敏性、便携式的毒气探测器。著有《结晶的酶》(1938年初版，1948年再版)等。获哥伦比亚大学钱德勒和汉密尔顿奖章，国家科学院吉拉德奖章。　　(温敬铨)

扎瓦多夫斯基，M. M. (Завадовский, Михайл Михайлович; Zavadovsky, Mikhail Mikhaylovich)　苏联人，1891年7月29日生于俄国波克罗夫斯克，1957年3月28日卒于莫斯科。发育生理学、畜牧学、寄生虫学。

1914年毕业于莫斯科大学，1918年获硕士学位后，任莫斯科大学实验生物学编外教授。1922～1924年任莫斯科国民教育李卜克纳西学院教授。1924～1928年任莫斯科第二国立大学普通生物学系主任。从1925年起任莫斯科动物园园长，在动物园里建立了实验生物学实验室。1929年任列宁全苏农业科学院牲畜饲养学院生长生理实验室主任。1930～1948年任莫斯科第一国立大学动物发育系主任和实验室主任。1954年起任全苏畜牧业研究所发育生理学实验室主任。1935年任全苏列宁农业科学院院士。

主要研究寄生虫的发育条件，指出外界因素对寄生虫发育有明显影响，从中研究动物个体发育和繁殖的规律性。还研究激素对第二性征的影响。在这方面共发表论文40篇。还对家畜家禽性特征和性周期进行研究，指出雌鸟是单性特征，雄鸟是双性特征，其染色体的分布与哺乳动物和两栖动物排列次序颠倒。建议对家畜注入怀孕雌畜的血清，可提高家畜的受孕率，并证明农畜(尤其是羊)多胎生殖的可能，促进了多胎繁殖法技术发展。代表作有：《性及性征的发育》(1922年)、《发育的外因与内因》(1928年)、《有机体发育动力学》(1931年)、《农畜多胎激素法的理论与实践》(1963年)等。1946年获苏联国家奖金；曾获劳动红旗勋章等奖励。　　(秦安舲)

海索，F. L. (Hisaw, Frederick Lee)　美国人，1891年8月23日生于美国密苏里州乔利，1972年12月3日卒于马萨诸塞州坎布里奇。动物胚胎学、生殖生理学、妇科学。

童年在农场度过并在乡村小学念书。1910年进密苏里大学，1914～1916年分别获文学士、理学士和文科硕士学位。1917年任密西西比大学副教授。同年当步兵参加第一次世界大战，1919年退伍。同年任堪萨斯农学院副教授。1924年获威斯康星大学博士学位。同年任该校动物学副教授，1929年任教授。1935年应邀赴哈佛大学当动物学教授，1962年退休为荣誉教授。1936年入选美国文理科学院院士。1949～1950年任美国内分泌学会副会长。

早年的志趣是博物学和生态学。在第一次世界大战期间，以哺乳动物学家身分任堪萨斯州立农学院实验站助理教授，研究重点转向危害农业的啮齿目动物。研究了有袋地鼠的生殖特性及其对环境的适应性，以及穴居生活的鼹鼠骨盆胚胎学和生殖生理。在20世纪20年代，和学生开始研究已知激素的比较内分泌学。当时研究设备简陋，方法粗糙，学术界对大多数激素的化学性质知之甚少或全然不知。和费沃尔德(H. L. Fevold)合作，提取了垂体促性腺激素，证实了促卵泡激素和卵泡促黄体生成素。研究这些促性腺激素与卵泡生长、排卵和黄体生长之间的关系以及它们对雄性睾丸的作用。还描述了在卵泡生成和雌性激素分泌中，促卵泡激素和促黄体生成素之间合成或扩大的反应。和魏歇特(C. K. Weichert)首次用黄体提取物在切除卵巢的啮齿动物子宫中产生蜕膜瘤；用类似的方法，在切除卵巢的猿猴子宫内膜中产生孕前反应，在正常月经周期的黄体中表现出特征反应；他们还在子宫内膜获得脱膜斑点，与受精卵正常着床部位类似。内分泌学新技术促使他研究雌猿猴生殖器中激素对周期变化、月经生理和胎盘发育中子宫内膜改变的作用。精确使用合适剂量的雌激素、孕激素和松弛激素，可重现正常月经周期形态学变化、胎盘形成时子宫内膜的变化。因这项研究成果，1952年获美国妇科学会金质奖章。1956年获美国内分泌学会最高奖。（孙炳寅　孙　勇）

舒尔茨，A. H.（Schultz，Adolph Hans）　瑞士人，1891年11月14日生于瑞士苏黎世，1976年5月26日卒于同地。*灵长目动物学、人类学、生物进化论。*

在苏黎世大学学习了6年自然科学，1916年获理学博士学位。后为华盛顿卡内基研究院胚胎学系研究员。1925～1951年任约翰斯·霍普金斯大学自然人类学副教授。1957年任苏黎世大学人类学教授，并任该校人类学研究所所长，1962年退休。

是一位训练有素的人类学家。采用分析比较的方法，对灵长目特别是人类的进化和发展作过系统的研究。经过长期对捕获的猕猴和黑猩猩进行分阶段的观察研究，取得了大量的有关灵长目发展变化的资料，保存了许多非人类的灵长目胎儿、幼儿和成年的标本，与人类各人种不同阶段进行比较，证实人类和猿在生命初期的密切相同点，随着年龄的增加，较低级和较高级灵长目之间、人与猿之间、不同人种之间分化发展，有的器官消失。这些个体变异发生的系统而详细记录证明人类并非独一无二的，直到成熟时仍保留许多婴儿特征。人类在发展上出现过阻滞和加速，灵长类也一样。只是人的婴儿期最长，迟生育迟结束。人类和猿在发音上存在明显差别。人有多种进化成果。生活在大自然环境中多数生物种类，因为遭受疾病伤害而形成的畸变，以及高龄猿类骨骼上愈合后的残痕、瘘管感染、牙损坏等，比任何人种都要普遍。对人体结构伴随的适应性有新见解；人的第二性征差别的典型统计数据有助于对类人猿和人类化石严格解释。

代表作有《黑猩猩的生长发育》（1940年）、《猩猩的生长发育》（1941年）、《圭亚那地区嚎猿的胎儿》等。由于研究成果显著，1948年获美国自然人类学基金奖章。

（谢键忠）

斯特蒂文特，A. H.（Sturtevant，Alfred Henry）　美国人，1891年11月21日生于美国伊利诺伊州杰克逊维尔，1970年4月5日卒于加利福尼亚州帕萨迪纳。*动物学、遗传学、生物进化论。*

他和父亲同名，是家中6个孩子中最小者，父亲曾在伊利诺伊学院讲授数学，以后在伊利诺伊州和亚拉巴马州从事农业推广和研究。他于1908年秋进哥伦比亚大学，修读T. H. 摩尔根讲授的课程。1910年秋和C. B. 布里奇斯到摩尔根实验室。1912年摩尔根又接受H. J. 马勒为其博士研究生。从此他们4人就结成一个坚强的研究集体，共同进行果蝇遗传学研究。1914年在摩尔根指导下完成博士论文。毕业后作为华盛顿卡内基研究院研究员仍留在哥伦比亚大学工作。1928年随摩尔根同往加利福尼亚理工学院研究所，担任刚由摩尔根建立的生物学系遗传学教授，还担任该所设在卡尔蒂奇的克尔克霍夫实验室主任，与G. W. 比德尔、T. 多布赞斯基（Theodosius Dobzhansky）、S. 埃默森（Sterling Emerson）、J. 舒尔茨（Jach Schultz）等人亲密合作，积极从事遗传学研究。在卡尔蒂奇一直逗留到去世。期间，1932年作为卡内基国际和平基金会访问教授出访英国和德国。还短期担任过美国许多大学的教授。1949年当选为美国文理科学院院士。

1906年，贝特森（Bateson）与T. S. 佩因特首先发现了不符合孟德尔独立分配法则的连锁现象。1910年后摩尔根又在伴性遗传与一般遗传中相继发现连锁现象，并在自己实验的基础上提出了连锁与互换法则。据斯特蒂文特在其所著《遗传学史》一书中记载，1911年他在与摩尔根的一次谈话中受到启发，突然意识到连锁力量的变化可以用来作为决定2个基因在同一染色体上的相对距离的指标，想出3点基因定序染色体作图法。根据3对基因杂交试验的结果，先求出A、B、C三个基因间的相互交换频率，用来代表它们间的相对距离，然后根据这些相对距离进行3个基因定序，这样就可以绘制出反映这一染色体上全部基因分布的遗传学图。1913年正式发表这一重大成果。1915年与马勒在研究交换现象时，曾发现有一种对交换起显性抑制作用的因素，它能大大降低两基因间的交换率。以后他又从大量突变体中发现，凡是包含倒位的果蝇染色体其交换都受到抑制，这样确定这种显性的交换抑制因素就是倒位。1935年人们发现双翅目巨型唾腺染色体后，肯定了这一结论。

1919年首先报道了一种果蝇第二染色体上的一个隐性突变引起了雌体出现轻微的雄性第二性征。以后又继续发现类似的基因突变引起了雌体完全变形为雄体。指出在果蝇中通过一些“性别基因”突变可以期望产生不同等级的中间性别。这一研究充分说明了基因在发育中起着重要作用。接着又进一步研究了基因如何产生其效应的问题。1920年他发现的第一个可修复的基因缺陷——朱红眼突变体，乃是对这一问题的一项重要突破。所提出的基因通过形成某种物质来产生其效应的观念为现代生化遗传学奠定了基础。1923年指出蜗牛螺壳旋向是由一对孟德尔式基因控制的，右旋对左旋为显性。但是个体中的螺壳旋向并不是由它本身的基因型决定，而是由它母亲的基因型来决定的。也就是说，在这类特性的遗传中，母体内的基因作用给卵细胞质打下了印记，从而产生出持久的母性影响。20世纪20年代早期，策尔维（C. Zelewy）曾发现果蝇棒眼突变体偶而会回复为正常眼的野生型，同时还产生出眼比棒眼更小的超棒眼类型。1925年斯特蒂文特提出，这一特殊情况的发生是由于在棒眼类型减数分裂时，产生了“不等交换”的异常重组过程。原来的棒眼类型有一棒眼基因，由于发生“不等交换”，产生了失去棒眼基因的正常眼野生型和有两个棒眼基因的超棒眼类型。到20世纪30年代发现唾腺巨染色体后，马勒与布里奇斯等进一步证实，斯特蒂文特所谓的棒眼基因实际上是果蝇性染色体上的一小段重复。1929年，斯特蒂文特与S. 埃默森以详尽证据表明，德弗里斯在月见草中所发现的许多令人迷惑的异常突变，实际上并不是突变，而是通过染色体臂复杂易位得出的可预期的分离产物。这种染色体臂的复杂易位乃是月见草中特有的普遍现象。1936年，他与比德尔一起研究了果蝇中倒位对交换的影响。他们完满地解释了某些异常染色体类型的产生实际上是由于在倒位杂合体中再发生交换所造成的。

曾撰写过论述马、家禽、鼠、蛾、蜗牛、鸢尾，尤其是月见草与果蝇的遗传学论文。对昆虫学也有较深造诣。是果蝇属分类的权威，除描述过许多果蝇属的新种外还发表过几篇有关社会性昆虫蚂蚁行为的论文。对进化经常保持强烈兴趣。1937年他在《生物学评论季刊》上发表了3篇“论进化”的系列文章，涉及选择增变基因对物种突变率的效应，选择如何使社会昆虫中存在不育的职虫以及杂种不育性的起源等问题。1951年后发表了有关鸢尾遗传的著作，并与惠勒(M. R. Wheeler)合著了有关双翅目分类的专著。主要著作有《孟德尔遗传机理》(1915年，与他人合著)、《北美种类的果蝇》(1921年)、《遗传学导论》(1939年，与他人合著)、论文选集《遗传学与进化论》(1961年)等，1965年出版最后一部重要著作《遗传学史》。1965年获美国国家科学院卡蒂奖。1967年获美国国家科学奖章。 (王爵渊)

西尔斯，P. B. (Sears, Paul Bigelow) 美国人，1891年12月17日生于美国俄亥俄州比赛勒斯，1990年4月30日卒于新墨西哥州道斯。*植物学、植物地理学、生态学。*

早年在俄亥俄州韦斯利安大学学习动物学，1913年获学士学位，1914年获经济学学士学位。后又到内布拉斯加大学，在生态学家指导下攻读植物学，1915年获硕士学位。1922年在芝加哥大学获植物学博士学位。1915～1919年任俄亥俄大学植物学讲师。期间1917～1919年服兵役。1919～1927年任内布拉斯加大学植物学教授。1927年任俄克拉何马大学植物学系主任。1938年任奥伯林大学植物学系主任。1950年应耶鲁大学邀请主持研究生课程达10年之久，退休后仍继续从事研究工作和写作。1948年任美国生态学会会长。1949年任俄亥俄科学院院长。1956年任美国科学促进协会主席。1954年入选美国文理科学院院士。1956年任美国科学促进协会主席。

早年研究形态发生学和花粉细胞学，后对植被史及其与人类的关系发生兴趣。曾研究俄亥俄州植被在历史上的变化情况，发表了美国在这方面最早的报告，论述了后期冰川和冰川以后一些州植被和气候变化的顺序，认识到研究古生态学的重要性。后应邀到墨西哥考察，研究古盆地的变化，同时一直从事草原地区植被调查，研究气候变化给植被、土壤和人类文化活动带来的影响，使民众更好地了解目前环境毁坏的程度和原因。在1935年的《沙漠在扩张》一书中，指出土地、空气、水质等资源被破坏的严重性，强调应用生态学的重要性。在1937年的《我们的世界》一书中，呼吁土地管理、耕作等带来的严重问题。还在其他书籍和文章中论述了环境管理和人口平衡等重要性。著作较多，其他著作还有《生命和环境》(1939年)、《这些美国人是谁》(1939年)、《查理斯·达尔文》(1950年)、《有生命之处》(1962年)、《生活之山水》(1966年)等。1956年获美国植物学会奖。1963年获埃廷格奖。1965年获美国生态学会杰出生态学家称号。 (敬元虎　吴劲梓)

韦莫尔，R. H. (Wetmore, Ralph Hartley) 美国人，1892年4月27日生于加拿大新斯科舍省亚茅斯，1989年4月28日卒于美国坎布里奇。*植物生理学、植物生态学、生物进化论。*

从美国新英格兰移民加拿大的后裔，造船厂木工领班长子。在加拿大雅茅斯学院完成大学预科后，16岁便在一所乡村小学从教。18岁经一年师范学校进修，获教师资格。在新斯科舍省米尔顿公立学校从教。第一次世界大战期间，曾在中学任教并在加拿大军队服务。期间1924年在哈佛大学获生物学博士学位，1921年获加拿大阿卡迪亚大学理学士学位。在该校任国家研究员。1925年在阿卡迪亚大学任助理教授。1926年返回哈佛大，先后学任助理教授、副教授、教授。1962年退休后相继在法国凡尔赛、美国新罕布什尔州汉诺威、戴维斯加利福尼亚大学等处研究机构工作。期间曾任生物实验室主任、植物学系主任等职，先后在植物学系、动物学系和生物学系任教。1948～1949年任美国发育生长研究会会长。1953年任美国植物学会会长。1932年入选美国文理科学院院士。1954年入选美国国家科学院院士。

主要研究植物的进化，主张环境条件对决定特殊遗传类型起重要作用，而基因不能决定形态和生理类型。早期和学生从事被子植物次生木质部的分化等基础研究，作为分类学的鉴定标准和推论有花植物的进化关系。还对分化的多样性进行研究。后来，又取植物顶端组织培育成完整的植株。接受了在适宜条件下任何植物细胞核和胞器能产生完整植株的概念，从事纯粹形态发生学的研究。此外，他参与建立哈佛大学乔本植物收藏馆，拥有25 000号标本，共300余科属裸子和被子植物，另有显微切片35 000余件。有著作多部，其中有《花蕾和植物发育》(1959年)，以及《论文选》(1922年)等。 (吕芝香)

凯洛格，A. R. (Kellogg, Arthur Remington) 美国人，1892年10月5日生于美国艾奥瓦州达文波特，1969年5月8日卒于华盛顿。*海洋动物学、古生物学、海洋生态工程。*

10岁时就对家乡附近一大片未开垦的树林地带野生生物感兴趣。1915年在堪萨斯大学获学士学位，1916年获文科硕士学位。1928年在伯克利加利福尼亚大学获博士学位。期间1913年在堪萨斯大学鸟类与哺乳动物馆当助理。1916年在伯克利加利福尼亚大学动物系任教。第一次世界大战中在法国参战,仍不忘采集植物标本寄往美国。1920年在美国农业部生物调查局任助理,1924年为生物学副研究员。1928年在史密森研究会美国国家博物馆哺乳动物部任助理部长,1941年为部长,1948年任博物馆馆长。1958年兼任史密森学会助理秘书长。1951年入选美国国家科学院院士。1960年入选美国文理科学院院士。

在加利福尼亚大学读研究生时,观察研究过海豹、海狮、海象的化石,这些是在太平洋海岸第三纪地层中发现的遗迹。第一次世界大战后到生物调查局任专职,从事8年博物学研究,1928年集中精力研究活鲸和鲸的化石。从古代海岸、海湾及河流三角地带沉积层中发掘出来的鲸类骨骼化石,经测定说明尽管这些会呼吸的哺乳动物一直习惯在水中生活,但在地质年代的经历中并没增添新的基本构造,只是通过调整原有器官露出水外生活来调节其整个躯体的功能。

1930年4月30日,在多国联盟经济委员会的赞助下,和7名专家相会于柏林,讨论建立一个国际条约来保护鲸类因远洋渔轮的捕杀而遭绝灭的威胁。1937年被指派为美国代表,出席在伦敦召开的有关捕鲸的国际会议,会议结果签订了条约,建立南极海洋的保护区以保护鲸类。后又召开多次类似的国际会议,1946年任会议主席,1949~1951年、1952~1954年任相关委员会副主席和主席。 (敬元虎)

克莱兰,R. E.(Cleland, Ralph Erskine) 美国人,1892年10月20日生于美国艾奥瓦州莱克雷尔,1971年6月11日卒于印第安纳州。*植物学、细胞生物学、遗传学。*

牧师之子。在费城长大。中学毕业后入读宾夕法尼亚大学,获学士学位。留校植物学系任教。1918~1919年被派往法国战场服役。1919年获宾夕法尼亚大学植物学博士学位。后到印第安纳大学任植物系主任和研究院院长。1963年成为功勋名誉植物学教授。1942年入选美国国家科学院院士。

主要研究月见草属的遗传特性,并利用所得结果研究该属的进化,其成果可分成下述3部分:发现并分析月见草属染色体的特殊性状,表明这是构成其基因的独特遗传特性的物理基础;论证月见草属的染色体环的形成是配对部分广泛改组的结果,这种改组是由非对应染色体间的各部分交换引起的;通过分析独立种群演替中每次迁移期间发生的交换,揭示月见草属的进化史,并说明这些种群怎样相互杂交形成具有染色体环、构成现代大部分月见草属许多不分离的种。著有《月见草属:细胞遗传学及其进化》(1950年初版,1971年再版)等书。另有自传《早年回忆录》(1973年)。 (施金保)

萨克斯,K.(Sax, Karl) 美国人,1892年11月2日生于美国华盛顿州斯波坎,1973年10月8日卒于宾夕法尼亚州梅迪亚。*作物育种学、细胞遗传学、园艺学、人口学。*

父亲原为知名农场主,当过科尔维尔市市长。1916年获华盛顿州立大学理学士学位。1917年获哈佛大学文科硕士学位,1922年获理学博士学位。1917~1918年服役。1918年任伯克利加利福尼亚大学遗传学系讲师。1920~1928年任缅因州农业试验站生物学家,后任教哈佛大学遗传学系。1936~1959年任植物学教授。期间1947~1954年兼任该校阿诺德植物园团长。本是美国国家科学院、美国文理科学院院士。

在华盛顿州立大学读书时,就对小麦品种的起源和小麦的繁殖做了细胞遗传学方面的试验研究,对小麦染色体种类进行杂交,使染色体人工翻倍,培育成面色小麦新品种。和他的研究生对紫鸭跖草染色体进行射线研究,1938年发表论文"由X射线引起的染色体畸变",报道发现导致染色体变形频率因有丝分裂循环各阶段而异。他因此被学术界誉为"辐射细胞学之父"。博学多才,研究领域很广,包括细胞学、遗传学、园艺学、辐射生物学、人口统计学等。对科学的贡献是多方面的,如在园艺学理论和实践上,培养了许多有价值的新品种,供欣赏的樱桃树、苹果树以及矮桃树、矮李树,均为商业苗圃广泛采用。晚年热衷于研究人口学,出版有《仅能站立的房间:人口过剩的挑战》(1954年)。 (谢键忠)

霍尔丹,J. B. S.(Haldane, John Burdon Sanderson) 印度人,1892年11月5日生于英国牛津,1964年12月1日卒于印度奥里萨邦布巴内斯瓦尔。*数理遗传学、酶动力学、生理学、生物进化论。*

原籍英国。著名英国生理学家J. S. 霍尔丹之子。8岁起就在牛津大学生理学实验室做父亲的助手。从伊顿公学毕业后,进入牛津大学新学院学习数学和人文科学,第一次世界大战前毕业。在参战中两次负伤。1919年起先后任牛津大学科学研究员、生物化学讲师。1922~1933年任教于剑桥大学。期间1932年任美国加利福尼亚大学客座教授。1933年任伦敦大学学院动物学系教授,1937年任生物统计学教授,1957年任首位韦尔登遗传学教授。1957年因抗议英法联军入侵埃及苏伊士运河而迁居印度,并将他主编的英国《遗传学学报》改在印度编辑出版。1961年加入印度籍。1962年至去世,担任奥里萨邦政府遗传学与生物统计学实验室主任。20世纪30年代加入英国共产党,30~40年代任该党机关报《工人日报》总主编;因反对苏联当局极力拥捧李森科、打压孟德尔-摩尔根遗传学说,1950年退党。1932年入选英国皇家学会会员。

数理遗传学的奠基人之一,为群体遗传学和进化遗传学奠定了数学基础。9岁时首次参加介绍孟德尔的科学讲座,萌发了对遗传学的浓厚兴趣。在第一次世界大战中,参与研制防毒面罩以对付德军首次使用毒气进攻,开始研究呼吸机制等动物生理效应。20世纪20年代,继续探查动物血液中不同含量二氧化碳与呼吸机制的关系;在《科学与未来》(1923年)一书中预测科学发展趋势及其社会影响;用孟德尔遗传学探讨生物进化机制,开始将数学用于进化遗传学研究,在剑桥哲学学会会刊上连载重要论文"自然选择和人工选择的数学理论"(1924~1932年);主持进行一系列酶学实验,其中1924年用实验证明酶反应服从热力学定律,《酶学》

(1930年)概括了当时酶学进展以及他的团队的贡献；总结动物生理学研究成果，著有《动物生物学》(1927年)。30年代，1932年首次跟踪研究血友病家族家谱，描述了人群中有害基因突变再现的效应，得出人类基因库突变率为每代每百万分之10～50；通过绘制X性染色体结构图，揭示血友病和色盲之间的遗传联接关系；总结多年研究进化机制的成果，出版《进化的原因》(1932年)和《变异对适应的影响》(1937年)，提出霍尔丹法则：两个物种杂交若能获得第一代杂种，但其中一个性别不育、很少或不出现，则这一性别是异配性别；考察哲学与科学的关系，撰有《马克思主义哲学和科学》(1938年)。

第二次世界大战期间，主持设计和体验一系列战时生理学试验，包括亲自感受人体在极限温度、极高二氧化碳浓度等等条件下的体验，以研究人体在紧张或极端条件下的行为与对策。其中，1942年他和一位同事在小型潜艇中呆了48个小时，以检验一种新型空气净化系统；寻找沉没潜艇人员的快速逃生法；参与开发成功防御和排除纳粹德国磁性水雷的技术等。40～50年代，出版《遗传学新途径》(1941年)、《生命是什么》(1947年)、《科学进展》(1947年)、《生化遗传学》(1954年)等专著。

一生发表学术论文300余篇；为报刊撰写文章500余篇；出版专著10部。获1953年英国皇家学会达尔文奖章，1957年金伯遗传学奖等。（李啸虎）

科恩，E. J.(Cohn，Edwin Joseph) 美国人，1892年12月17日生于美国纽约，1953年10月1日卒于波士顿。*生物化学、蛋白质化学、血液学。*

1914年获芝加哥大学理学士学位，1917年获博士学位。后在南非访问。1919～1920年任美国国家研究委员会研究员，在丹麦哥本哈根大学从事生化研究。1920年到哈佛大学医学院物理化学系任教，后来任该系主任。1949年任希金期大学教授和生化实验室主任。

是研究蛋白质理化性质的著名先行者。早期研究蛋白质的理化性质，特别是蛋白质在不同介质中的溶解度及其酸、碱性质。1930年前后又研究氨基酸和肽类，和同事们经过10多年的努力，揭示了这些分子的结构及其内在关系。1943年和埃兹尔(J. T. Edsall)共同出版名著《蛋白质、氨基酸与肽》。第二次世界大战爆发后，他组织各方面的专家研究人血浆蛋白分级纯化工作，制备血清白蛋白、γ-球蛋白、纤维蛋白原、纤维蛋白以及血浆中的其他各种蛋白，发展了有关血浆的化学和生理学知识。战后继续为发展蛋白质化学研究工作贡献力量。（张承生）

达特，R. A.(Dart，Raymond Arthur) 澳大利亚人，1893年2月4日生于澳大利亚昆士兰州布里斯班，1988年11月22日卒于英国内华达州里诺。*灵长类动物学、人类学、古生物学、比较解剖学。*

农场仓库管理员的儿子，家中9个孩子中排行第五。1913年获昆士兰大学理学士学位。1917年获悉尼大学医学学士学位。毕业后即赴英国，在第一次世界大战中参加战地医务团。战后留在曼彻斯特大学任教。1919～1922年为英国伦敦大学学院解剖学资深示教员、组织学和胚胎学高级讲师。1923年任南非约翰内斯堡新成立的威特沃特斯兰德大学解剖学教授，1956年建立达特非洲人研究所，直至1958年还兼任该大学解剖学院院长。

是昆士兰大学生物学领域的开创者。主要学术成就是对“南非猿”的研究。1924年他在南非汤恩石灰岩采石场发现南非猿幼体脑化石。1925年，他很快通过《自然》杂志第115卷报道这一发现，将其命名为“非洲种南方古猿”，并认为这是一种介于猿与人之间的物种，还戏称为“汤恩婴儿”，这一推测引起了一场持久的激烈争论。其后又在马卡潘加特(距汤恩石灰岩采石场640千米)找到较多的化石标本，对此进行了统计学和比较解剖学研究。由于20世纪30年代末至40年代初在南非发现更多的古猿化石，于40年代末，学术界才基本上承认达特的分析是正确的。因这一成就，1957年获瓦伊金自然人类学奖章。独自出版专著2部，与人合作1部。出有自传《缺失的环节与冒险之举》(1959年)。（孙炳寅）

维克里，H. B.(Vickery，Hubert Bradford) 美国人，1893年2月28日生于加拿大新斯科舍省雅茅斯，1978年9月27日卒于美国康涅狄格州纽黑文。*植物生理学、生物化学、农学。*

1915年以优异成绩毕业于加拿大达尔豪西大学。后在一所高级中学教物理学，同时在加拿大帝国石油有限公司任化学分析员。1920年进美国耶鲁大学作为著名生物化学家T. B. 奥斯本唯一的研究生，1922年获博士学位。毕业后到康涅狄格州纽黑文农业试验站任职，1928年任首席生物化学家，1963年退休后仍以荣誉科学家身份从事研究。1950年任美国生物化学家协会(今为美国生物化学与分子生物学联合会)会长。1943年人选美国国家科学院院士。1948年入选美国文理科学院院士。

毕生从事植物生化研究，在分离、制备植物生化物质方面做出许多出色贡献。通过研究烟草叶子中蛋白质、氨基酸和几种有机酸在光照及黑暗条件下互相转化，发现了关于三羧酸循环中每种有机酸都参与柠檬酸积累的规律，并找出了参与同化作用的有机酸之间的量的关系。提出的许多生化命名规则已被广泛应用。是1946年应邀参观比基尼岛原子弹试验的22名著名科学家之一。写过200多篇氨基酸化学和植物有机酸代谢等领域的论文，出版有《烟草植物的化学分析》(1933年，与他人合著)、《大黄植物的化学分析》(1939年)等专著。获美国植物生理学家协会1933年黑尔斯奖、1956年巴纳斯奖。1969年获纽黑文农业试验站“杰出科学家”称号。（董晨空）

戴芳澜(Dai Fanglan) 字观亭。中国湖北省人，1893年(清代光绪十九年)5月4日生于湖北江陵，1973年1月3日卒于北京。*真菌学、植物病理学、植物保护*

工程。

出身家道中落的小官吏家庭。由伯父资助，17 岁入上海震旦中学读书。1913 年考入清华学堂预备班，1913 年结业。1914 年赴美国威斯康星大学农学院学习植物病理学，后转康奈尔大学农学院，1918 年获学士学位。入纽约哥伦比亚大学研究生院攻读真菌学和植物病理学，1919 年获硕士学位。1920 年回国，先后任广东省农业专科学校教授（1912～1923 年）、东南大学教授（1923～1927 年）、金陵大学教授兼植物病理系主任（1927～1934 年）、清华大学农业科学研究所植物病理研究室教授兼主任、农学院植物病理学系主任（1935～1949 年）。1948 年当选为中央研究院院士。1949 年后，历任北京农业大学教授（1950～1957 年）、兼任中国科学院植物研究所真菌植物病研究室主任（1953～1956 年）、中国科学院应用真菌学研究所所长（1956～1958 年）、中国科学院微生物研究所所长（1959～1973 年）。1953 年当选为中国植物病理学会理事长，任《植物病理学报》主编。同年被选为中国植物保护学会名誉理事长。1955 年当选为中国科学院学部委员（院士）。

是中国真菌学和植物病理学的奠基人之一。对白粉菌、地舌菌、锈菌、乌巢菌、尾孢菌、竹鞘菌、脉孢菌等的研究作出了重要贡献。1922 年在广州发表“芋疫病”，1927 年发表“江苏麦类病害”、“江苏真菌名录”、“中国植物病害问题”等论文，是中国早期研究植物病害和病原真菌的科学成果。1930 年发表“三角枫上白粉菌之一新种”，是中国真菌学家首次报道的新种，成为中国真菌学创立的标志。1931 年发表“竹鞘寄生菌之研究”，提出真菌分类研究中不仅注意形态，还要注意细菌学、发育过程及遗传学等方面。20 世纪 30～40 年代，还对脉孢菌、地舌菌、白粉菌、乌巢菌、锈菌等进行了许多研究。在他一生中先后报道了 69 种尾孢菌，其中有 14 个新种是在中国首次报道。1958 年和他人合作编撰、出版的《中国经济植物病原目录》，为植物病理学和植物保护工作者提供了重要的参考书。60 年代着手整理几十年来搜集的资料，编写《中国真菌总汇》，此书在他生前未能完全成稿，后由学生续成（1979 年），这是一部中国真菌学的巨著。此外遗作经整理补缺后出版的，还有《真菌的形态和分类》（1987 年）。一生发表的论著共有 50 多种。

（张慰丰）

约翰逊，M. W.（Johnson，Martin Wiggo） 美国人，1893 年 9 月 30 日生于美国南达科他州钱德勒，1984 年 11 月 28 日卒于华盛顿州斯诺霍米什。*海洋生物学、海洋生态学、水声学。*

父母为北欧移民。他在农场长大，当过樵夫和鲑鱼保护员。第一次世界大战从军。战后进华盛顿大学学习，1923 年获学士学位，1930 年获硕士学位，1931 年获动物学博士学位。1924～1929 年任该大学“星期五港生物实验站”站长。1932 年任帕萨马阔迪湾国际渔业委员会科学助理。1933 年任华盛顿大学副教授。1934 年在加利福尼亚州拉乔亚成为斯克里普斯海洋学院研究员，后任海洋生物学教授，1961 年退休后为荣誉教授。

主要研究海洋生物在自然环境中的生存状况。解决海军在行动中受到一种水下的高强度静电爆裂声的干扰。这种静电爆裂声传播广泛、连续不断而且频率很高，常常妨碍侦听活动，而且会引起声响水雷和鱼雷爆炸。经研究发现与非移栖性的深水动物有关，这些动物在数量上或在生殖习性上并不随季节而发生明显变化。由此想到某种“虾”，当它受到干扰时会发出尖锐的劈拍声，由于它们行动很灵活，很少能在听到声响的地区捉到它们。将设法收集到的 100 只虾放入水池中，当用淡水和淡福尔马林注入池中，这些虾就发出可观的劈拍声。进一步研究这些动物的生存条件后，成功地预报了哪里能听到这种爆裂声，哪里不会听到，对周围声音的精确预报大大帮助了潜水艇制定躲避办法。还研究了一种信号反射问题。有人观察到这种信号是被几百米深的一个神秘而广泛的“深散层”所反射的，他用生物学来解释这个“深散层”可能是由数量极大的分布很广的声音反射动物所组成，这些动物很可能是一种浮游生物。虽然浮游生物很小，其密度又与海水的密度相近，但它们可能是“深散层”的基本组成部分，是直接或间接与浮游生物相连，表现出白昼性的垂直迁徙的生物学现象。为此在海上作了试验，证实这个推断，开辟了对水声学和生物学进行综合研究的新领域。

主要著作有：《桡脚类海生动物及其在东北太平洋的品种》（1938 年）、《海洋：它们的物理学、化学和普通生物学》（1942 年初版，1970 年修订版，与他人合著）、《北太平洋的甲壳纲动物》（1955 年，与他人合著）、《加利福尼亚春季大螯虾幼体的近海浮游》（1960 年）、《东太平洋热带龙虾幼体的分布状况》（1971 年）等。获 1959 年美国国家科学院阿加西斯金质奖章。

（敬元虎　秦安龄）

木原均（Kihara，Hitoshi） 日本人，1893 年 10 月 21 日生于日本东京，1986 年 7 月 27 日卒于横滨。*作物育种学、细胞遗传学。*

1918 年毕业于北海道大学农学科。随后在东京大学植物学研究所任助教。1920 年起任职于京都大学理学部植物学教研室，1924 年任副教授。1924 年在德国获理学博士学位。1925～1927 年在柏林的凯泽·威廉研究所（现为马克斯·普朗克研究所）从事遗传学研究。1927～1956 年任京都大学农学部教授。1956～1969 年任日本国立遗传研究所所长。1942 年创建木原均生物学研究所并自任所长。1944～1949 年任日本遗传学会会长。曾先后当选为日本学士院院士、美国国家科学院外籍院士。

毕生从事小麦细胞遗传学研究。在 1924 年撰写博士论文时，人们对于种间杂种的遗传规律几乎一无所知，主要原因是它们存在着不育性，造成了研究上的困难。他用四倍体的二粒系小麦与六倍体普通小麦杂交，得到了可育的五倍体杂种，它们具有 14 个二价体与 7 个单价体。发现在减数分裂中 14 个二价体被正常分配，而 7 个单价体则被随机分配，这样一来配子中就将具有 $14+i$ 个染色体（i 为 0～7 范围内的任何值）。这样的五倍体杂种经自交后将可获得具有 28～42 个染色体的不同子二代。他将这类子二代分成两类:一类能成活,它们以后有的染色体数目逐渐减少,有的染色体数目逐渐增多,最后将分别回到亲本原有的染色体数,即具有 14 对($2n=28$)或 21 对($2n=42$)染色体;另一类则不能成活,它们以后不能回到原有的亲本染色体数。1926 年与小野合作最早把多倍体区分为两类,他们把同一基因组倍加而形成的多倍体定名为同源多倍体,把不同物种基因组相结合而成的多倍体称为异源多倍体。1930 年他建立了染色体组分析法,即把待测定的二倍体物种与异源多倍体物种进行杂交,然后分析杂种减数分裂时染色体配对情况,这样就可知道该二倍体物种是否为异源多倍体物种的祖先或该二倍体物种与异源多倍体物种间的亲缘关系远近。这一方法已在山羊草、烟草、芸苔、萝卜、蔷薇等属中被人们广泛使用。从 1935 年起,他曾把普通小麦作父本与尾状山羊草杂交并连续回交,最后形成了一种具有小麦的核与尾状山羊草的胞质的替代系,将它称为胞质-核杂种。它们经常表现出雄性不育,在形态上酷似父本,但也有一定的差异。这种核置换方法以后被人们用来研究核质关系与细胞质在遗传中的作用。1944 年提出了方穗山羊草必然是普遍小麦祖先之一的论点。不久后这一论点即为西尔斯等用方穗山羊草与野生拟二粒小麦杂交来合成六倍体小麦的实验所证实。1955 年他组织科学考察队赴阿富汗和伊朗收集了小麦及其野生亲缘种。

发表论著颇丰,代表作有《小麦的研究》(1933 年)、《细胞遗传学》(1949 年)、《小麦的合成》(1971 年)、《小麦遗传学研究》(1981 年)等。获日本学士院的帝国奖章、文化勋章(1948 年)、旭日大绶章(1975 年),美国沃恩奖。1951 年获日本政府"特殊功绩者"称号。

(王爵渊)

邓恩,L. C.(Dunn, Leslie Clarence) 美国人,1893 年 11 月 2 日生于美国纽约州布法罗,1974 年 3 月 19 日卒于纽约州北塔里顿。*遗传学、人类学、科学史学。*

1915 年毕业于达特茅斯学院,后赴哈佛大学伯西研究所作研究生。因服兵役停学。复学后于 1920 年获哈佛大学理学博士学位。1928~1962 年任哥伦比亚大学教授。在此期间,曾兼任奥斯陆、柏林、伦敦、哈佛等大学的客座教授。1962 年起任纽约尼维斯生物实验站研究室名誉教授。1943 年选为美国国家科学院院士、哲学学会会员。1950 年为美国文理科学院院士。

早年从事小鼠与小鸡的连锁遗传及致死基因等研究,并由此形成了通过控制早期发育中特殊过程的速度而产生其效应的基因作用概念。以后对南瓜果色的上位基因互作、复合座位及人类群体遗传学等方面进行研究。曾在科学期刊及百科全书中撰写过 250 篇文章。主要著作有《遗传学原理》(1950 年,与他人合著)、《遗传、种族与社会》(1955 年)、《种族与生物学》(1961 年)等。还主编《美国自然科学家》及《20 世纪的遗传学》、《遗传学简史(1864~1939 年)》(1965 年)等。

(王爵渊)

多依西,E. A.(Doisy, Edward Adelbert) 美国人,1893 年 11 月 13 日生于美国伊利诺伊州休门,1986 年 10 月 23 日卒于同地。*生殖生理学、生物化学、药物学。*

1914 年在伊利诺伊大学获学士学位,1916 年获硕士学位。1915 年在攻读硕士学位同时又进入哈佛大学学医,1920 年获博士学位。1919~1923 年在华盛顿大学圣路易斯医学院任讲师、高级讲师和生物化学副教授,1923 年任生物化学系教授,1924 年任生物化学系主任。1938 年入选美国国家科学院院士。还曾被选为国际性激素标准化联合委员会委员,美国生物化学家协会主席,美国内分泌学家协会主席,实验生物学和医药学会会长。

1922~1934 年和生物学家 E. 艾伦合作,利用艾伦的分析方法研究对鼠的性周期有调节作用的卵巢遗传因子。1929 年首次分离出甾类激素和雌酮,后来又分离了 2 种相关产物:雌三醇和雌二醇-17β。他们从 4 吨母猪的卵巢中提取了 10 毫克雌二醇-17β,对切除卵巢的鼠施用微量的这些化合物中的一种,就会引起发情反应。这些化合物及其相关衍生物被广泛应用于治疗妇女病。1936 年他的研究转到阐明 1929 年由 H. 达姆发现的小鸡出血现象。经 3 年努力,和助手们分别从植物中分离出纯的维生素 K_1,从微生物混合培养基中分离出纯的维生素 K_2,同时确定了这两种化合物的结构,这两种化合物中都含有 2-甲基-1,4 萘醌,但它们的 C_{-3} 上的烃基有明显的差别。维生素 K_1 的合成使他假设的结构得到了证实。这些化合物对恢复黄疸阻塞病人凝血时间使之正常有显著功效。第二次世界大战期间,他转入了抗菌素的研究,从绿脓杆菌中分离出 4 种纯活性结晶化合物,接着研究小组通过合成 3 种化合物而完成了有关组成的研究。利用放射性同位素碳标记,他着手激素代谢和胆汁酸的研究,发现了 4 种新的代谢物,即当时还不为人所知的胆汁酸。这些酸的结构是根据降解结果假定的,之后这种假定得到了证实。在科学上的最大贡献在于分离出了维生素 K 的纯品,完成了维生素 K 的人工合成并确定了它的化学结构。1943 年与 H. 达姆共同获诺贝尔生理学或医学奖。

他的卓越成就引起了科学界的广泛重视,仅在 1932~1935 年间,美国的耶鲁、华盛顿、芝加哥、伊利诺伊等多所大学及法国巴黎大学分别授予他荣誉博士学位及奖章。1955 年,圣路易斯大学医学院将该校生物化学系改名为多依西研究所。

(周邦娴)

邹秉文(Zou Bingwen) 字应崧。中国江苏省人,清代光绪十九年十月二十六日(1893 年 12 月 3 日)生于广东广州,1985 年 6 月 11 日卒于北京。*植物病理学、农业教育学、农业管理学。*

原籍江苏吴县。盐务官之子。17 岁到美国留学,入纽约柯克中学、威里斯顿中学,1912 年毕业。同年以留美官费生考入康奈尔大学机械工程学院，次年转读该校农学院，1915 年获农学士学位，继而入该校研究生院专攻植物病理学一年。1916 年回国，历任南京金陵大学农林科教授，南京高等师范学校教授，东南大学教授兼农科首任主任，河南公立农业专门学校校长。1928 年任中央大学农学院首任院长。1929 年任上海商品检验局局长。1931 年任中央农业实验所首任所长。1932～1948 年兼任上海商业储蓄银行副总经理。1933～1935 年任国民政府经济委员会棉花统制委员会代主委。1936 年任实业部农本局副经理。1937～1941 年任财政部贸易委员会代主委。1942～1948 年兼任中华农学会理事长。1943 年起历任联合国粮农组织筹委会副主席、中方首任首席代表、执行委员。1943～1947 年任农业部高等顾问兼驻美农业代表、中美农业技术合作团中方团长、《中国农业》月刊主编。1948 年赴美国任纽约和昌公司董事长。1956 年回国，同时任国家农业部、高等教育部顾问，一级教授。1946 年获密歇根大学荣誉博士学位。

20 世纪 10 年代，留学美国期间，1915 年参与发起组织中国科学社；1917 年参与创建中国农学会。20 年代，在中国高校首开植物病理学课程并编写教材；出版中国第一部大学植物学教材《高等植物学》(1923 年初版，1928 年第 4 版；与胡先骕、钱崇澍合著)；出版中国第一部农业教育专著《中国农业教育问题》(1923 年)，同时发表一系列文章，切中时弊，锐意改革；在中国农科大学首次建立教学、研究、推广三结合新体系；1929 年参与发起成立中国植物病理学会。30 年代，1931 年起筹划和集资创建中国第一座化肥厂，1937 年在南京投产；推进农产品检验事业；运用金融手段支持棉产改进，创立中央棉产改进处和各产棉省分支机构。40 年代，在美国创办《中国农业》(英文)月刊，公开讨论战后中国农业发展问题；考察美国各州农村、农业机构和农业大学，提出《中国农业建设方案》(1946 年)、《改进中国农业之途径》(1947 年)；积极联系和组织 4 批 200 多名中国农科师生赴美进修，学成回国后成为新中国农业科学与教育的重要骨干；1949 年接受中央人民政府委托，冒险从美国抢运近 500 吨优良棉种回国。50 年代，在认真调查研究基础上，为国家农业部、高等教育部建言献策；多次在中央广播电台对外广播中宣传新中国棉业改进成就。

(李啸虎)

格雷戈里，F. G.（Gregory，Frederick Gugenheim） 英国人，1893 年 12 月 22 日生于英国伦敦，1961 年 11 月 27 日卒于同地。*植物生理学*。

1915 年获伦敦大学帝国学院理学学士学位，并获福布斯奖金。因为学业优异，在第一次世界大战中免于服兵役，1920 年获理学硕士学位，1921 年获理学博士学位。同年在该校植物生理学研究所任教，并开始参加切斯亨特实验站的研究工作，先后任植物生理学副教授、研究所所长助理、教授，1932 年任副所长，1937 年任实验站站长，1947 年任所长，1958 年退休。1940 年入选英国皇家学会会员。1956 年被选为美国国家科学院外籍院士。

具有坚实的数学、物理和化学基础，能预见生物化学和物理学对植物生理学发展的巨大作用。提出生长分析的新方法及采用“净同化作用率”来说明叶部光合作用的平均效率。还证明在春化过程中低温对胚的作用，离体胚只要有糖和少量氧就能完成春化，但主要作用因子是温度。在矿质营养方面的工作也引人注目。1928 年访问苏丹，增进对棉花产量因素的了解，曾向帝国棉花生长协会科学顾问委员会和在苏丹的伦敦农业工作顾问委员会提出各种建议，影响深远。1957 年获英国皇家学会皇家勋章。

(洪必恭　李孙演)

里希特，C. P.（Richter，Curt Paul） 美国人，1894 年 2 月 20 日生于美国科罗拉多州丹佛，1988 年 12 月 21 日卒于巴尔的摩。*精神生物学、动物行为学、精神病学*。

早年在父亲的钢铁厂里学冶炼，并在德国德累斯顿理工学院获工科学士学位。1917 年获哈佛大学学士学位。后在美国军队服役，任中尉。1921 年在约翰斯·霍普金斯大学获心理学博士学位。留校医学院任教，1922 年任该校菲普斯精神病治疗诊所心理生理学研究室主任，并成为心理生物学教授，1960 年退休。曾先后当选为美国国家科学院院士、美国哲学学会会员、美国文理科学院院士。

主要兴趣和贡献是对动物和人类行为的实验性研究。在对挪威鼠的研究中发现，挪威鼠存在着大量似乎与外界刺激无关的活动，决定探索这种自发性活动的规律及其产生背景。发现这些活动是不规则的，但经过 1.5～2 小时可以周期性出现。这一发现促使他开始研究动物和人类的周期性活动的产生机理，从而了解到行为和各种机体内在需求之间的相关性，它是通过内分泌腺、神经系统及物质代谢等机能活动来实现的。发表论文 250 余篇；代表作有《医学与精神病学中的生物钟》(1965 年)、《精神生物学》(1976 年)等。曾多次获得美国心理学界颁发的奖章和奖金，其中有 1977 年的帕瑟罗奖。

(陈闻鹏)

奥巴林，А. И.（Опарин，Александр Иванович；Oparin，Aleksandr Ivanovich） 苏联人，1894 年 3 月 2 日生于俄国雅罗斯拉夫尔省乌格里奇村，1980 年 4 月 21 日卒于苏联莫斯科。*生命起源与进化、植物酶学、工业生物化学*。

9 岁时随全家迁居莫斯科。1917 年毕业于莫斯科大学数学与物理部自然系。留校任教。期间 1922 年赴德国，在著名生物化学家、1910 年诺贝尔生理学或医学奖获得者 K. M. 科塞尔主持的实验室工作。1925 年任莫斯科大学讲座教师，1929 年任植物生物化学教授，1942～1960 年任该校生物学系植物生物化学教研室主任。1935 年与巴赫(А. И. Бахом)共同创建苏联科学院生物化学研究所，任副所长兼酶学实验室主任，1946～1980 年任所长。1939 年当选为苏联科学院通讯院士，1946 年当选为院士，1948～1955 年任苏联科学院生物科学部学术秘书。1970 年当选为国际生命起源研究会首任会长,后任荣誉会长。曾是保加利亚、民主德国、古巴、西班牙和意大利等国科学院外籍院士。

地球生命地源说主要代表人物。毕生从事植物酶学及其工业应用开发研究,并在此基础上探讨生命起源问题。早年随 A. И. 巴赫研究植物呼吸机制。大部分研究在应用酶学领域,认为生物催化是许多食品生产工艺基础,先后研究了茶、葡萄酒、沙糖和面包生产中生物化学问题,开发出许多农产品加工工艺。

但他的重大贡献是地球生命起源假说。在 1922 年俄国植物学会一次会议上,他作了"关于生命的起源"报告,第一次提出"原生物"概念,认为地球生命是地球碳化物长期化学进化产物,向当时占统治地位的神创论和外源说(生命来自外太空)发起挑战。1924 年出版《生命的起源》,第一次较为系统地阐述了自己的假说,1938 年译成英文版。1936 年出版《地球上生命的起源》,1957 年大加扩充,后多次修订出版,已成为世界第一部全面论述生命起源的经典之作。他认为,地球原始大气中的无机物、水、甲烷、氢氰酸等简单分子,在剧烈紫外线和雷电作用下会产生出简单有机化合物,降落在原始海洋中经自发反应形成复杂大分子,进化为具有新陈代谢能力的蛋白体,终于产生出第一个活细胞。该假说以"团聚体"和"异养生物先于自养生物"为特征,故又称为"团聚体假说"或"异养体假说"。又因英国的 J. B. S. 霍尔丹早于他几年也独立提出过相似假说,故也常称为"奥巴林-霍尔丹假说"。

1953 年他的假说首次获得美国 S. L. 米勒的强有力实验支持。1957 年他组织了第一次关于生命起源的国际会议,逐步使地源说成为科学界主流思想。1974 年诺贝尔生理学和医学奖得主C. R. 德迪弗认为:奥巴林的"过人之处,是在实验室实实在在检验自己的想法。他制备研究了一系列被认为是最初细胞可能前体的分子聚合物。"

主要著作还有:《植物细胞中酶的作用在外界影响下的变异》(1952 年)、《生命:它的本质、起源和发展》(1960 年初版,1968 年再版)、《遗传基因和生命演化发展》(1966 年)、《生命起源学说产生与发展的历史》(1972 年)等。获 1974 年列宁奖金,此外获 5 枚列宁勋章、梅契尼科夫金质奖章、卡林卡奖章、巴赫奖金、"社会主义劳动英雄称号",以及数枚外国奖章等。(李啸虎)

陈桢(Chen Zhen) 中国江苏省人,1894 年 3 月 12 日生于江苏邗江,1957 年 11 月 15 日卒于北京。*动物遗传学、动物行为学、生物学史学。*

清末长江水师小武官的儿子。因家贫在中小学共读了 3 个学期,辍学在家自修。1914 年上海中国公学大学部预科毕业。1918 年南京金陵大学农林科毕业,留校任教。1919 年官费赴美国留学,1921 年获哥伦比亚大学动物学系硕士学位,后师从著名遗传学家 T. H. 摩尔根。1922 年回国,历任东南大学、北京师范大学、中央大学、清华大学、西南联合大学、北京大学等校生物系教授,期间两度出任清华大学生物系主任。1943 年当选为中国动物学会会长;1948 年当选为中央研究院院士。1949 年至去世任中国科学院动物研究所研究员,1957 年任所长。曾兼任中国动物学会理事长、《动物学报》主编等职。1955 年选聘为中国科学院学部委员(院士)。

有多方面重要成果:①生物学教育。编著中国第一部高中教材《普通生物学》(1924 年),所编复兴高级中学教材《生物学》(1928 年)在 1933～1951 年间重印 181 次,影响遍及中国和东南亚。②金鱼遗传、起源演化与传播研究。20 世纪 20 年代,在国际上首次证明鱼类变异、遗传与演化遵从孟德尔遗传学定律,被公认为"鱼类遗传学研究先驱";50 年代,以全新观点探讨金鱼演化问题,认为金鱼起源于中国野生鲫鱼变异体金鲫鱼,生活条件改变和人工选择是形成金鱼品种多样化的主要因素,其品种形成是一个渐进过程;查阅大量古籍,指出世界各地金鱼都是在不同时期从中国传去的,1502 年最先传到日本,17 世纪末叶传到欧洲,1874 年传入美国。③动物行为学研究。深入研究蚜虫生长和蚂蚁社会行为,"蚂蚁的社会对它们筑巢活动的影响"(1937 年)等论文受到中外同行重视。④生物学史。50 年代起,对中国生物学史作了开拓性研究,相继发表"中国古代关于进化论的贡献"(1953 年)等一系列很有创见的论文。(李孙演)

胡先骕(Hu Xiansu) 字步曾,号忏庵。中国江西省人,1894 年 5 月 24 日生于江西南昌,1968 年 7 月 16 日卒于北京。*植物分类学、森林学、古植物学。*

父为清朝举人,在他 8 岁时去世。他早年被送至南昌府洪都中学堂接受现代自然科学教育。1909 年考入京师大学堂预科。1913 年赴美国加利福尼亚大学学习农学和森林学。1915 年在美国和秉志等人共同发起成立中国科学社,并出版《科学》杂志。1916 年获农学学士学位回国。1917 年在江西省庐山森林局副局长。翌年任南京高等师范学校农林专修科植物学教授。1922 年与秉志等人在南京共同筹建中国科学社生物研究所,任该所植物部主任。1923 年秋赴哈佛大学攻读植物分类学,1924 年获硕士学位,1925 年获博士学位。1926 年回国。1928 年与秉志等人于北京创办静生生物调查所,任该所植物部主任。1930 年被第五届国际植物学会会议选为国际植物命名法规委员会委员。1932 年任北京静生生物调查所所长。1933 年参与发起成立中国植物学会,并任《植物学》杂志总编。1934 年被选为中国植物学会第二任会长。1938 年在昆明创建云南农林植物研究所。1940～1944 年在江西任中正大学校长。1946 年返北平(今北京)继续主持静生生物调查所工作,兼任北京大学等校教授。1948 年当选为中央研究院院士。1950 年被聘为中国科学院植物分类研究所研究员,兼任北京师范大学生物学系教授,1956 年升为一级研究员。

中国植物分类研究的开拓者之一。其主要学术成就为:①通过各种途径为中国植物分类研究收集资料。

1919～1920年间，他在浙江、江西等地采集植物标本，于1921～1922年相继写出“浙江植物名录”、“江西植物名录”等论文，刊于《科学》杂志上。1924～1925年，在哈佛大学考查阿诺德森林植物园保存的1899年起从中国中、西部采集的植物标本，以及国外一些期刊刊出的有关中国植物的科、属记录，汇编成《中国种子植物属志》，作为博士论文刊出。1930～1931年，他支持秦仁昌去英国皇家植物园将18 300余号的中国植物的模式标本拍成照片带回中国。1932年出任北京静生生物调查所所长后，曾派遣蔡希陶、俞德浚等人到云南大量采集植物标本。这些工作，都为中国后来的植物分类研究提供丰富资料。②在中国发现了水杉。1946年10月他收到郑万钧寄来由薛纪如从四川万县谋道溪采集到的不知名的标本，经他与郑万钧的研究并命名为水杉。这一珍奇活化石的发现和命名，引起了全世界植物学者的注目。③预见川苔草科植物在中国的分布。1926年10月日本学者在泛太平洋学术会议上报告首次发现川苔草科，他认为中国也有川苔草科植物分布，终于在1944～1945年间，分别在福建以及汀江、晋江和闽江流域相继发现该种植物。④提出被子植物分类系统，1950年发表“被子植物分类的一个多元系统”专论，对被子植物的亲缘关系提出了新见解，整理出被子植物亲缘关系系统图。⑤对古植物学的研究。1938年同美国古植物学家钱耐(R. W. Chaney)共同研究中国山东山旺新生代第三纪中新世古植物化石，1940年在《中国古生物志》与钱耐联名发表“中国山东中新世植物群”一文，为中国古植物学研究打下了基础。

毕生发表植物学论文140余篇，专著20多种，发现1个新科、6个新属和100多个新种。重要著作有：1927～1937年与陈焕镛合编《中国植物图谱》5卷；1930～1934年与秦仁昌合编《中国蕨类植物图谱》2卷；1948年编著的《中国森林树木图志》；以及1923年与他人合作共同编著了中国第一部《高等植物学》教材。还编著出版《种子植物分类学讲义》(1950年)、《经济植物学》(1953年)、《经济植物手册》(1955～1957年)、《植物分类学简编》(1958年)等。另外，1960年请钱钟书代为编订平生诗作《忏庵诗稿》，1961年作《水杉歌》长韵。 (张慰丰)

辛树帜(Xin Shuzhi) 字先济。中国湖南省人，清代光绪二十年七月初八(1894年8月8日)生于湖南临澧，1977年10月24日卒于陕西西安。*生物资源考察、农学教育管理、农业史学、水土保持工程。*

1919年武昌高等师范学校(武汉大学前身)生物学系毕业。先后在湖南第一师范等3个中学任教。1924年自费入读英国伦敦大学。次年转入德国柏林大学生物学系。1928年回国，出任广州中山大学生物学系教授兼系主任。1932年起先后出任国民政府教育部编审处处长、国立编译馆馆长，主编《黄河志》、《图书评论》等杂志。1936年任国立西北农林专科学校校长。1938年任西北农学院首任院长。1939年后，历任国民政府行政院经济部农本局高等顾问、中央大学生物系教授兼主任导师、川西考察团团长、湘鄂赣三省特派员等职。1945年兼任湖南省教育会会长。1946年出任兰州大学首任校长。1948年在中国人民大学学习。1950年返任西北农学院院长17年。曾任中国人民赴朝鲜慰问团副团长兼西北分团团长、中国科学院西北分院筹委会第一副主任。

1928～1929年，他两次率领中山大学考察团调查广西大瑶山及周边广大地区动植物资源和社会状况，开中国现代大规模科学考察之先河。采集到各种植物、哺乳类动物、鸟类、爬虫类、两栖类、昆虫类等标本6万余号；首次发现60多种鸟类，以及以辛氏命名生物新属新种20多种，例如辛氏木、辛氏寄生百合、辛氏铠兰、辛氏鳄蜥、鳄蜥亚科、辛氏美丽鸟等。此外，还收集整理大量民族民俗实物和口传资料。20世纪30～40年代，负责整理和审定统一汉译科学名词；主编中国第一本《教育年鉴》；克服种种困难创办和主持西北农学院，吸引大批师资到黄土高原从事教研；抗战胜利不久，创办兰州大学，拥有文、理、法、医、兽五大学院。

50年代后，他返回西北农学院，又任院长17年，为大西北开发提供人力保障。积极倡导开展古代农学文献整理与研究，1952年起组织队伍、亲自主持并积极参与，使西北农学院古农学研究室在前后20年间整理出版20多种500多万字著述。1954年中国科学院西北分院成立，他作为主要领导人之一，为发展大西北科学事业加倍呕心沥血。1956年发起组织陕北农业生产和水土保持工作考察团，对18个县进行综合考察，并在次年全国政协会议上建言献策，受到国家领导人高度重视；1976年，以82岁高龄带队考察南方多个省区水土流失情况，成果汇集为《中国水土保持概论》(1982年)一书。1949年后出版主要著作还有《易传的分析》(1958年)、《中国果树历史的研究》(1962年)、《我国水土保持历史的研究》(1962年)、《禹贡新解》(1964年)，参与主编《农政全书校注》(三册，1979年)等。

(李孙演)

哈布斯，C. L.(Hubbs，Carl Leavitt) 美国人，1894年10月18日生于美国亚利桑那州，1979年7月7日卒于加利福尼亚州。*鱼类学、水生脊椎动物学。*

因受家庭影响，在童年时期就爱好采集贝壳和观察鸟类，进斯坦福大学后专攻鱼类学，成为鱼类学大师D. S. 乔丹的关门弟子。1916年获斯坦福大学学士学位。1927年获密歇根大学博士学位，并任自然博物馆副馆长3年，负责管理鱼类、两栖类和爬行类工作。曾长期在密歇根大学从事教学管理工作，并在加利福尼亚大学的斯克里普斯海洋学研究所从事研究工作。是美国鱼类学家和爬行动物学家协会及其刊物的秘书长、主编和主席。1965年被选为伦敦林耐学会外籍会员。

主要研究鱼类和其他水生脊椎动物的生活环境，对各大洲的鱼类包括淡水的、海洋的、沿海的、深海的和远洋的鱼类分类作出较大贡献。还研究地理分布、生态、生命史、遗传、进化和鱼类对人类的关系。很多物种都是以他命名的。撰写了500多篇文章和笔记。和同事合作编写出版《密歇根鲑鱼群的改进办法》(1932年)、《密歇根的小鲤鱼》(1936年)、《小嘴鲈鱼》(1938年)、《改良湖泊，发展渔业》(1938年)和《大湖区的鱼类》

(1947年)等。1958年主编《动物学》。获1929年拉塞尔奖、1964年费城科学院利迪奖章、1966年加利福尼亚州科学院院士奖章。　　(敬元虎　秦安舲)

恩格尔哈特，B. A.（Энгельгардт, Владимир Александрович; Engelhardt, Wladimir Aleksandrovitch）　苏联人，1894年12月3日生于俄国莫斯科，1984年7月10日卒于同地。*细胞生物学、分子生物学、生理学、生物化学。*

1919年毕业于莫斯科大学。曾在部队服役。1921～1929年任卫生人民委员部生理化学研究所研究员。1929～1959年先后任喀山大学、列宁格勒大学和莫斯科大学生物化学教授。期间，1935～1959年兼任巴赫生物化学研究所动物细胞生物化学实验室主任；1944～1950年兼任苏联科学院巴甫洛夫生理学研究所动物细胞生物化学实验室主任；1945～1952年兼任苏联医学科学院实验医学研究所生物化学研究主任。1959年任新组建的苏联科学院分子生物学研究所所长。1946年被选为苏联科学院通讯院士、1953年为院士。1961年成为美国艺术与科学院外籍院士。

苏联分子生物学创始人之一。主要研究与能量转移有关的生化过程，诸如细胞呼吸，它与氨基酸发酵的相互关系以及肌肉收缩的分子原理。1939年和同事一起发现了肌结构蛋白，并证明作为代谢过程驱动力源泉的腺苷三磷酸(ATP)在细胞呼吸过程中形成；起核心作用的红细胞具有强氧化代谢作用(呼吸)及高含量的ATP。发现如果这些细胞由于厌氧孵化性而消耗ATP，并开始进行过量的氧呼吸，则从它的裂解产物可迅速地重新合成ATP，并能几乎达到其原有的含量。探索测定了在ATP合成期内高于正常量的氧消耗与所合成的ATP量之间的定量关系。对在需氧和厌氧代谢之间存在着的相互拮抗现象，从化学观点进行了解释。发现肌浆球蛋白对裂解ATP具有酶的性质，从而可释放出贮存在它的不稳定富能磷酸酯键中的能量。

主要著作有《磷酸葡萄糖酸的氧化分解》(1938年，与人合著)、《肌凝蛋白和三磷酸腺苷酶》(1939年，与他人合著)、《磷酸和细胞功能》(1945年)、《论呼吸的双重作用》(1974年)等。1943年获苏联国家奖金。1969年获社会主义劳动英雄称号。此外获4枚列宁勋章、2枚其他勋章、多枚奖章(其中有苏联科学院罗蒙诺索夫金质奖章)。　　(池贵法)

罗默，A. S.（Romer, Alfred Sherwood）　美国人，1894年12月28日生于美国纽约州怀特普莱恩斯，1973年11月5日卒于马萨诸塞州坎布里奇。*脊椎动物学、比较解剖学、古生物学、生物进化论。*

1917年毕业于阿默斯特大学。1921年在哥伦比亚大学获博士学位。1923～1934年在芝加哥大学任古脊椎动物学副教授、教授。1934年在哈佛大学任动物学教授及古脊椎动物学馆馆长。1946～1961年任阿加西斯博物馆馆长，1965年退休为名誉教授，但仍在哈佛大学博物馆继续从事研究工作。1944年入选美国国家科学院院士。

一生对脊椎动物的进化史十分感兴趣，特别重视古生物学和比较解剖学。在童年曾被狂犬咬伤，被送到纽约治病，有机会参观美国自然博物馆，为馆内展出的脊椎动物化石所吸引。进大学后，虽学习艺术方面知识，但仍选修了有关科学课程，用许多时间学习脊椎动物课程。博士论文专门论述鱼鳍的肌肉进化成复杂的四肢肌肉的过程，发现肌肉胚胎分化的意义。后来又专门研究化石中所记录的动物进化史，特别是鱼类向陆生脊椎动物发展的巨大变化等。多次参加野外考察，到过南非、阿根廷等地，收集了许多化石资料。著述较多，如《古脊椎动物学》(1933年)、《人和脊椎动物》(1933年)、《脊椎动物的躯体》(1949年)、《爬行动物骨骼学》(1956年)、《脊椎动物的故事》(1959年)、《生命之进化》(1968年)等。由于对古脊椎动物学的贡献，1954年和1956年分别获美国国家科学院汤普森和埃利奥特奖、1962年获费城科学院海登地质纪念奖和美国地质学会彭罗斯奖、1972年获英国林耐学会林耐奖、1973年获英国地质学会沃拉斯顿奖。　　(敬元虎　吴劲梓)

德梅雷茨，M.（Demerec, Milislav）　美国人，1895年1月11日生于奥匈帝国科斯塔伊尼察(今属克罗地亚)，1966年4月12日卒于美国纽约。*作物遗传学、细菌遗传学、抗生素工程。*

克罗地亚裔。1916年毕业于南斯拉夫克里热夫齐农学院。同年在热夫齐农业试验站供职。第二次世界大战后，在法国格里各诺农学院学习。1919年去美国康奈尔大学学习和研究玉米遗传学，1923年获遗传学博士学位。同年任华盛顿卡内基研究院遗传学系研究员，1936年任该系助理，1943年任系主任。1941～1960年兼任长岛生物学联合会生物实验室主任和冷泉港实验室主任。20世纪50年代，任美国国家科学院核辐射生物效应研究委员会成员。1960年退休后，1965年前在纽约州阿普顿的布鲁克黑文国家实验室继续从事细菌遗传学研究。1966年初至当年去世，任长岛大学研究教授。1946年被选为美国国家科学院院士。1946年创刊《遗传学进展》并任主编，这是第一种研究现代遗传学的评论性学术杂志。1952年入选美国哲学学会会员。

早期研究过玉米等作物、飞燕草等植物，以及果蝇等遗传学课题。1934年和C. B. 布里奇斯共同创刊《果蝇信息服务》简讯。曾发现一种不稳定基因，它在不同发育时期、不同组织或不同品系中表现出不同的突变率。1943年起研究细菌遗传学，提出基因是一个包含许多亚坐标点的染色体节段，通过这些亚坐标点的突变产生出该基因的各种等位基因。第二次世界大战后用辐射诱变培育出一种青霉菌品系，提高了青霉素产量，推动了抗生素工业的迅速发展。还研究大肠杆菌、葡萄球菌、沙门氏菌属等，首次证实细菌对抗生素的抗性受遗传控制。代表作有《玉米白苗的遗传现象》(1923年)、《细胞学、遗传学和进化论》(1941年)、《遗传学的进展》(1947年初版、1966年第4次印刷)、《果蝇生物学》(1950年)、《细菌遗传学研究》(1956年)、《激素和生长的关系》(1968 年)等。1962 年获美国国家科学院金伯遗传学奖。

(王爵渊)

维尔塔南，A. I. (Virtanen, Artturi Ilmari) 芬兰人，1895 年 1 月 15 日生于芬兰赫尔辛基，1973 年 11 月 11 日卒于同地。*植物生理学、生物化学、营养学。*

早年在赫尔辛基大学学习，1916 年获理学硕士学位，1919 年获博士学位。1920 年到瑞士苏黎世大学学习物理化学。1921～1924 年在瑞典斯德哥尔摩大学学习细菌学、酶学。期间 1916～1917 年任赫尔辛基工业研究中心实验室首席助理。1919 年任芬兰乳品协会瓦里奥实验室化学研究员，1921 年成为该实验室主任。1924～1939 年芬兰在赫尔辛基理工学院研究化学。1931 年任该校生物化学研究所所长，1939 年任生物化学教授。1939～1948 年任赫尔辛基大学生物化学教授。1948～1963 年任芬兰国家文理科学院院长。

在生物化学领域中进行了多方面研究，特别是关于人类营养与农业问题的研究。1924 年，发现在研究过的细菌发酵中都有葡糖磷酸化以及必须有"辅酶"，这表明不同发酵过程的第一阶段是相似的。研究的酸度(pH)对各种发酵、对细菌使蛋白质分解、对植物细胞呼吸的影响都具有极其重要的作用。pH＝4 对植物饲料保鲜是必须的；当大量受压饲料 pH≤4 时，可以抑制所有有害的分解。这成为制造青贮饲料的理论根据。还发现在贮存奶油时调节 pH 值，使奶油中水滴的 pH 增到 6.5～7.0 可以防止奶油变味。1928 年开始研究酶的形成，后来阐明了细胞含氮量对酶的适应性形成的影响。1942 年注意到新的、迅速分裂的细胞中的蛋白质几乎完全由酶蛋白组成。

1925 年开始研究豆科根瘤菌的生物固氮作用。1945 年用实验证实了瘤菌和寄主植物的共生现象，并表明这是形成有效瘤的先决条件。这种共生由一种红色素豆根瘤蛋白的合成以及细菌同时转化为拟杆菌组成，拟杆菌似乎是活性氮的固定剂。无效的根瘤中，既无豆根瘤蛋白，也无拟杆菌。1933 年和冯・豪森(von Hausen)发现，豆科植物从培养基吸收和利用氨基二羧酸与硝酸盐同样有效，由此可证明利用的是整个氨基酸分子。其他一些少量有机化合物的吸收也得到证实，由于一些氨基酸及其分解物诱使植物形态的改变，土壤中的有机化合物可在某些情况下影响植物在自然条件下的生长。

他和合作者们从不同植物中分离和发现了许多新的氨基酸和 γ-谷氨酰肽，用实验证明在同样植物中还存在许多相应的 γ-酮酸，于是推论氨基转移作用可能是植物中氮代谢的主要调节系统之一。他从葱头及其相关物质中分离出新的半胱氨酸衍生物，内含催泪因子和 γ-谷氨酰肽。还和格梅林(Gmelin)从卷心菜中分离出了吲哚芥子油糖苷。对这些糖苷进行酶的分解，解决了"束缚抗坏血酸"、"束缚生长物质"的问题和硫氰酸盐生成的问题。1958 年，开始研究不用蛋白质仅以人尿素和铵盐作为乳牛摄取氮的唯一来源生产牛奶；1961 年开始以纯的碳水化合物作为能源，尿素、铵盐作为氮来源的饲养实验。采用这种饲料，奶牛每年可产奶4 000千克以上。该实验得到的乳中蛋白质与普通乳的蛋白质一样，两种牛奶的味道也极其相似。

主要著作有《生物固氮与人类营养和牲畜饲料的特殊关系》(1938 年)和《牲畜喂养的基本饲料——AIV 体系》(1943 年)等。由于发明了酸化贮存新鲜饲料的方法(维尔塔南法)而获 1945 年诺贝尔化学奖。

(周邦娴　池贵法)

李汝祺 (Li Rugi) 中国河北省人，1895 年 3 月 2 日生于天津，1991 年 4 月 4 日卒于北京。*动物学、发生遗传学、胚胎学、细胞学。*

出身小商人家庭。1911 年考取清华留美预备学校。1919 年毕业后，赴美国入普渡大学农学系学习畜牧学，1923 年获理学士和农学硕士学位。后入哥伦比亚大学动物学系，师从 T. H. 摩尔根和 C. B. 布里奇斯从事遗传学研究，1926 年获博士学位。同年回国，在复旦大学生物系任副教授。1927～1942 年在北京任燕京大学生物系教授。期间 1935～1936 年在美国加利福尼亚理工学院进修细胞遗传学。1942～1945 年任中国大学生物学系教授兼主任。1945 年秋任北京大学医学院解剖科教授，1947 年起任北京大学理学院动物学系教授兼医预科主任。1948～1949 年以客座教授身分赴英国伦敦大学霍尔丹实验室工作。1949 年夏回国，以后一直在北京大学动物学系和生物学系任教，1989 年退休。1950 年被选为中国动物学会第一任理事长。1978 年被选为中国遗传学会第一任理事长，并兼《遗传学报》主编。曾任北京博物学会会长、中国科学院遗传研究工作委员会主任、中国科学院遗传研究所兼职研究员等职。

在哥伦比亚大学攻读博士学位时，开展黑腹果蝇发生遗传学的研究，他的博士论文"果蝇染色体结构畸变在发育上的效应"发表在 1927 年美国《遗传学》杂志上，这也是中国学者最早研究果蝇发生遗传学的文献，他是这一领域的开拓者之一。回国后一直从事遗传学、胚胎学、细胞学研究。对马蛔虫染色体的研究尤深，1933 年首先报道发现中国马蛔虫有 3 对染色体，不同于欧洲含有 2 对染色体的马蛔虫。在胚胎学方面，50～60 年代，比较研究了不同生态环境下的蛙类形态与生理特征差异。60 年代初期从事放射遗传学研究。晚年从事真核细胞基因表达与调控的研究。

20 世纪 50 年代，他从科学的认识论和方法论的角度考察摩尔根学派和李森科学派的争论。1957 年 4 月 29 日在《光明日报》发表"从遗传学谈百家争鸣"的文章，他的见解对李森科学派乱贴标签的粗暴作风给予有力反击，对贯彻百家争鸣方针有重要意义。年逾八旬时，历时 4 年，五易其稿，于 1985 年编著出版《发生遗传学》，是中国遗传学界的一部重要著作。主要论文汇编于《实验生物学论文选集》(1985 年)。在 60 年的教学生涯中，培养了大批人才。其中有不少著名学者。

(张慰丰)

尼古拉斯，J. S. (Nicholas, John Spangler) 美国人，1895 年 3 月 10 日生于美国宾夕法尼亚州阿勒格

尼,1963年9月11日卒于康涅狄格州纽黑文。生殖生理学、实验胚胎学。

是宾夕法尼亚州两个古老家庭的后裔。曾在宾夕法尼亚学院学习,1916年获理学士学位,1917年获理学硕士学位,1921年获动物学博士学位。同年到匹兹堡大学解剖学系任教。1926年到耶鲁大学教动物学,1939年任教授,1946～1956年任动物学系主任,1945～1963年兼任特兰伯尔学院院长,1963年退休。还担任许多其他职务和几种生物学杂志如《实验动物学》杂志等主编。是美国国家科学院院士。

主要兴趣在胚胎学方面,曾做了许多鱼类、两栖类和哺乳类的发生实验,其中包括内分泌学、生殖生理学、神经学、行为的起源等。对两栖类肢体非对称性的发生做了实验,并证明肢体胚芽中心组织在相互作用过程中决定非对称的现象。还做了两栖类胚胎、幼体和卵的活体染色实验。最重要的贡献是第一个剥去卵膜研究硬骨鱼的发生,用实验胚胎学方法研究哺乳类的卵。

(吴劲梓)

勒格罗·克拉克,W.(Le Gros Clark, Sir Wilfrid) 英国人,1895年6月5日生于英国赫默尔享普斯特德,1971年6月28日卒于牛津。比较解剖学、神经生理学、古人类学、外科学。

早年在伦敦、达勒姆、曼彻斯特等大学学习。1916～1918年为皇家军事医疗队队长。1920～1923年出任婆罗洲地区沙捞越首席医务官。1924～1934年在伦敦大学任教。1934～1962年任牛津大学人体解剖学系教授兼系主任。1935年当选为英国皇家学会会员。1963年为美国国家科学院外籍院士。1955年被册封为爵士。

在婆罗洲曾对树鼩进行大量观察,证实为一种低等灵长类,并对其视交叉和丘脑进行研究,肯定视束内的交叉和不交叉纤维分别止于外侧膝状体核的相应区,并发现视网膜中心的每一个小区发出3组不同的视觉纤维止于该核3个细胞层的不同区域。所以认为外侧膝状体核不仅是一个中继核,还是一个挑选传递不同冲动神经纤维的核团。并用演变法研究丘脑的大脑皮层投射。还研究中枢神经系统的纤维再生和肌肉再生,以及古人类学。

主要著作有:参加主编《坎宁氏解剖学》(1902年初版,1956年第9版)、《人类的祖先》(1934年)、《灵长类的历史》(1949年)、《人类进化的化石证据》(1957年)等。先后获维金基金奖章(1951年)、英国皇家学会皇家奖章(1961年)。

(叶蒙福)

金善宝(Jin Shanbao) 中国浙江省人,1895年7月2日生于浙江省诸暨县枫桥,1997年6月26日卒于北京。育种栽培学、农艺学。

从小随教私塾的父亲读书,13岁丧父。1920年从南京高等师范农业专修科毕业,后留校任小农试验农场技术员。后该校改为东南大学,农业专修科也改为本科。1926～1927年补读一年,修完大学农学本科全部课程。1927～1930年执教于宁波浙江第四中学和杭州劳农学院。1930～1932年在美国康奈尔大学和明尼苏达大学深造。1932年回国后,先后在浙江大学农学院、云南大学农学院、江南大学、中央大学农学院任教授。1950年任南京大学农学院院长。1952年任南京农学院院长。1958年奉调至北京任中国农业科学院副院长,1964年任该院院长,1982年以后任名誉院长。曾任中国科学技术协会副主席、中国农学会名誉会长、中国作物学会理事长。1955年选聘为中国科学院学部委员(院士)。1956年入选全苏列宁农业科学院外籍通讯院士。

毕生研究小麦,成果卓著。1934年出版中国第一部小麦专著《实用小麦论》,成为当时中国各农业院校教材和重要参考书。20世纪50年代,对从中国各地征集的5 544个小麦品种进行鉴定,认为它们分属于普通小麦、密穗小麦、圆锥小麦、硬粒小麦和云南小麦5个种中的126个变种,普通小麦中,当时经各国科学家鉴定定名的变种有80个,其中22个是由他鉴定定名的。云南小麦中的6个变种,则全由他发现和定名。这些成果概括在1957年发表的论文"中国小麦之种类及其分布"中。

在小麦育种方面有重要贡献。抗日战争时期,在重庆从事小麦育种工作,选育出"碧玉麦"、"倭立多"和"中大2419"(后改名为"南大2419")等良种。"南大2419"育成后,经20多年推广,到60年代已占中国小麦种植面积的1/5。为解决小麦育种周期长(一般需近10年)的难题,60年代起,开展春小麦异地加代繁殖实验,并在井岗山和庐山试验夏季繁殖春小麦获得成功;后又在广东湛江、海南岛、云南元谋等地进行春小麦冬季繁殖,也获得成功。这样利用中国优越的自然地理条件一年可易地繁殖三代小麦,把春小麦育种时间从近10年缩短到3～4年。以后和助手们经过20多年努力,终于培育出一大批春小麦良种。例如,1960～1967年通过改造"南大2419",育成"京红1号"至"京红6号"等良种;1967～1973年通过改造"墨西哥小麦",育成"京红7号"至"京红9号"以及"京春6082"等良种;1973年以后的10多年中,又选育出抗病害、高产量且分别适于中国不同地区种植的"中7712号"、"中7902号"、"中7606号"等品种。这些研究成果,在理论上和方法上有所创新,大大促进了中国夏粮的增产。

毕生发表的论文和论著有百余篇(部);其中主编《中国小麦栽培学》(1961年)、《中国小麦品种志》(1964年)、《中国小麦品种及其系谱》(1983年)等。(宋湛庆)

张景钺(Zhang Jingwu) 字岘侪。中国江苏省人,1895年10月29日生于湖北光化,1975年4月21日卒于北京。植物形态学、植物解剖学、生物学教育。

原籍江苏武进。出身封建官僚家庭,年幼丧父,家道衰落。1920年北平清华学堂(清华大学前身)毕业。同年赴美国留学,先入得克萨斯农工学院,1922年转入芝加哥大学植物学系,1925年获博士学位。同年学成回国,先后任南京东南大学生物学系教授兼系主任、中央大学植物学系教授兼系主任。1930年赴英国伦敦参加第五届国际植物学大会,会后在英国利兹大学、瑞士巴塞尔大学进修。1932年回国,历任北京大学生物学系教授兼系主任、西南联合大学教授、北京大学理学院院长。期间,1945年赴美国加利福尼亚大学学术访问。1948年当选为中央研究院院士。1949年至去世,先后任北京大学教务长、生物学系教授兼系主任。曾兼任中国植物学会副理事长、理事长,北京植物学会第一任理事长,《植物学报》主编等职。1955年选聘为中国科学院学部委员(院士)。

20世纪20年代,从事蕨类的解剖学研究,所撰"蕨茎组织之研究"(1926年)是中国最早发表植物形态学论文;博士论文为"蕨根茎组织的起源和生长发育"。30~40年代,参与发起成立中国植物学会,后长期主持学会工作;提出和介绍"植物徒手切片法",推动了植物学知识的普及;发表中国最早一批关于植物生理解剖学和实验形态学的论文。50~60年代,对植物器官组织的生长、分化与发育进行研究;基本构建中国植物系统学的理论框架和学科体系。担任北京大学生物学系主任长达30多年,推动中国高等学校生物学发展;培养了一大批专业人才,中国当代一些著名植物学家不少出于他的门下;创建北京大学植物形态学教学和研究基地,虽历经曲折,至今仍是中国植物形态学研究的主要中心之一。出版有《植物系统学》(1957年初版,1978年第3版,与他人合著)等专著;主要论文汇编于《张景钺文集》(1995年)。 (武光明)

泰勒,W.R.(Taylor, William Randolph) 美国人,1895年12月21日生于美国宾夕法尼亚州费城,1990年11月11日卒。*植物学、藻类学、细胞生物学、地理探险。*

1916年获宾夕法尼亚大学理学士学位,1917年获理学硕士学位,1920年获植物学博士学位。留校任教,1927~1930年任植物学教授。1925~1930年兼任费城科学院研究助理。1930~1966年任密歇根大学植物学教授。1947年为比利时皇家文理科学院外籍院士。1955年为伦敦林耐学会的外籍会员。1958年为法国科学院通信院士。1948年被入选美国文理科学院院士。

从青少年时代起就热爱博物学,但在大学时学医,继承父业,然而对生物学尤其植物学的研究极感兴趣,于是取得植物学博士学位。1934年参加对南美洲加拉帕尼戈斯群岛(即科隆群岛)的远征考察负责采集植物。首次研究在正常状态下不产生形成层的植物组织中,是否可通过人工引起形成层发育。后对显花植物的生殖结构进行一系列的研究,观察它们染色体减数分裂过程,包括天然多倍体在内的几个种的染色体数,以及胚囊和胚的发育。发现在植物地理学方面对藻类重视不够,于是用4个夏天研究高山藻类,1946年任资深植物学家参加对比马绍尔群岛进行考察,并出版相关研究的著作。后来又在野外和博物馆里做了许多有关美国新英格兰、加勒比、菲律宾及印度尼西亚等地藻类分布的记录。

著有《佛罗里达海藻》(1928年)、《1937年史密森-哈特福德远征西方所采集的海藻》(1940年)、《比基尼与其他北马绍尔群岛植物》(1950年)、《北美东北海岸的海藻》(1957年,第2版)、《美国东部热带和亚热带海岸的海藻》(1960年初版,1967年第2版)、《多米尼加海藻》(1970年,与他人合著)等。1961年获美国植物学会荣誉奖。 (施金保)

勒什,J.L.(Lush, Jay Laurence) 美国人,1896年1月3日生于美国艾奥瓦州沙姆包夫,1982年5月28日卒于艾奥瓦州。*动物育种学、遗传学、畜牧学。*

曾在堪萨斯农学院(后为堪萨斯大学)攻读畜牧学,1916年获理学士学位,1918年获理学硕士学位。1922年获威斯康星大学遗传学博士学位。期间1917~1919年美国空军服役。1921~1929年在得克萨斯农工大学农业试验站从事动物育种研究。1930~1966年任艾奥瓦州立大学动物育种学教授。曾获美国4所大学和欧洲5所大学荣誉博士学位。1967年当选为美国国家科学院院士。同时还是英国皇家学会外籍会员,瑞典、挪威及南非科学院的外籍院士。曾作为美国代表团成员出席过联合国科技应用咨询委员会会议,1963年在日内瓦召开的联合国援助不发达国家的科技应用会议。

对群体遗传学有较深造诣,是世界知名的家畜育种家。先后发表论文约200篇;代表作有《动物饲养方案》(1937年初版,1943年第2版),该书曾被译为葡萄牙文、波兰文、西班牙文和俄文等多种文字。此外有《人口遗传学》(1948年)等专著。先后获美国动物科学学会莫里森奖(1969年)、动物育种与遗传学奖(1965年)、美国乳业科学协会博登奖(1958年)、德国动物育种学会纳瑟修斯奖(1960年)、美国国家科学奖章(1969年)、意大利共和国荣誉勋章、1979年沃尔夫奖等。 (王爵渊)

申德沃尔夫,O.H.(Schindewolf, Otto Heinrich) 德国人,1896年6月7日生于德国汉诺威,1971年6月10日卒于蒂宾根。*无脊椎动物学、古生物学、进化论、地层学。*

1919年获马尔堡大学理学博士学位。留校任教。1927年任柏林普鲁士地质调查所所长。1948年起任蒂宾根大学教授、地质与古生物学研究所所长、蒂宾根大学校长,1964年退休后任荣誉教授。

研究领域主要涉及无脊椎动物学、古生物学、地层学各个方面,专长研究珊瑚和古代头足类,尤以研究四射珊瑚、菊石动物等而著称。系统观察中生代400多个菊石缝合线的个体发生,发现菊石个体发育的某些结构细节明显反映了该门类的进化特征。对菊石活体连续占据房室进行研究,通过化石分析,极为详细地描述了海神石类菊石等古代各种菊石的壳质结构,推测其生理机能特点,详细论述其系统演化。他质疑当时学术界认为菊石动物起源于杆棱石式鹦鹉螺的流行说法,获得后人证实。根据四射珊瑚研究,推断现代的六射珊瑚源于二迭纪灭绝的四射珊瑚,认为高级生物类别的起源是异时发生的。详细归纳了系统发育的一般规律,提出不可逆性原理、个体发生、直系发生和趋同现象。认为新的生物种类不可能是通过某些进化特征的逐步、缓慢演化而成,而是通过急剧变化突然产生的,其间很少存在中间类型。

主要著作有《古生物学、进化论和遗传学》(1936年)、《古生物年代学基础和方法》(1944年)、《古生物学基本问题》(1950年第3版)、《生物演化的主要特征》(1953年)、《菊石系统发育史研究》(多卷,1961～1968年)和《地层学原理》(1970年)等。 (李啸虎)

韦伯,H. H.(Weber,Hans Hermann) 德国人,1896年6月17日生于德国柏林,1974年6月12日卒于海德堡。分子生物学、生理学、生物化学。

医师之子。中学毕业便入伍参加第一次世界大战。1919～1921年在罗斯托克大学、海德堡大学医学院学医,获医学博士学位。留海德堡大学医学院任教,1925年成为助理教授。1927年到明斯特大学任教。1933～1954年先后在明斯特大学、柯尼斯堡大学、蒂宾根大学任生物化学教授。1954～1966年在海德堡的马克斯·普朗克医学研究所任生理学实验室主任。

研究领域是肌肉的分子生物学。1923年开始研究肌肉蛋白,主要从物理化学的角度研究肌肉收缩的分子机理。分析骨骼肌收缩成分的分子结构及收缩反应的生物化学条件,特别是腺苷三磷酸(ATP)与肌肉收缩的关系。早年也研究过蛋白质的一般理化特性,尤其是蛋白质的水合作用以及离子与蛋白质的结合问题。发表论文近百篇;代表作有《肌肉运动性和细胞》(1958年)等。 (吴馥梅)

科里,G. T. R.(Cori,Gerty Theresa Radnitz) 一译科里夫人。美国人,1896年8月15日生于奥匈帝国布拉格(今属捷克),1957年10月26日卒于美国密苏里州圣路易斯。细胞生理学、生物化学、生理学、代谢医学。

原名G. T. 拉德尼茨(Gerty Theresa Radnitz),婚后才改称现名。1912年从一所女子中学毕业。1914年入布拉格斐迪南大学医学院学医,1920年获医学博士学位。同年8月与同班同学C. F. 科里结婚。在维也纳卡罗琳儿童医院工作2年后,1922年和丈夫一起到美国纽约州布法罗市恶性疾病研究所工作。1931年他们夫妇又去密苏里州圣路易斯华盛顿大学医学院药理系从事研究工作,1946年他们调至该院生化系,1947年她升任生物化学教授,直至去世。1948年当选为美国国家科学院院士。有一个儿子。

在布法罗市时,应社会迫切要求,研究某些特别的癌症问题,同时夫妇密切合作研究动物的糖代谢。他们证明肾上腺素可促进肝糖原转变成葡萄糖的速度,而胰岛素则有相反的作用。此外,肾上腺素还可促进肌糖原转变成乳酸的速度,同时形成磷酸己糖。通过对磷酸己糖的研究,科里夫妇1936年发现并分离出糖代谢中一种新的磷酸化中间物(葡萄糖-1-磷酸)。1938年他们阐述了葡萄糖-1-磷酸和葡萄糖-6-磷酸的酶促互变异构现象。后来他们证实从葡萄糖形成葡萄糖-1-磷酸是由新发现的磷酸化酶作用的结果,这种酶能催化多糖的分解和合成。还证明对于多糖糖苷键的磷酸解作用,存在着一种酶促机制。

他们还从事兔肌肉磷酸化酶的结晶和特性的研究,为后人研究激素对磷酸化酶活力的控制奠定了基础。还鉴定和分离了一些催化糖原分子的形成和分解酶,在试管中首次合成糖原。因对机体内糖原的酶促转变过程的深入研究,他们和阿根廷的B. A. 豪塞共获1947年诺贝尔生理学或医学奖。她是第三位在自然科学界中获得诺贝尔奖,也是第一位获诺贝尔生理学或医学奖的妇女。此外还获美国化学会伽凡奖。

在以后的工作中,她利用与糖原生物学分解有关的一些酶作为工具,研究糖原的分子结构和与生物转化有关的一些酶,并于1953年阐明了儿童糖原过多症的病因。清楚地认识到机能失调有两种类型,一类与正常糖原的过量有关,另一类则与异常的分支糖原有关,说明这是由于缺少或改变了代谢途径中某些特殊的酶的结果。因此她的研究工作表明,分离某些个别的酶,并研究它们的特性,对了解这些酶所作用的大分子结构和代谢失调是极为重要的。在科里将主要精力转到行政管理上以后,她又回到儿科学,并且第一个证明酶失衡会导致疾病。 (张承圭 吕慧梅)

库奇,J. N.(Couch,John Nathaniel) 美国人,1896年10月12日生于美国弗吉尼亚州爱德华王子岛,1986年12月16日卒于查珀尔希尔。真菌学、昆虫学、公共卫生学。

1924年获北卡罗来纳大学植物学博士学位。1914年就读于达拉谟的三一学院(林克大学前身)。1917年转学北卡罗来纳大学学医学,但很快改学植物学。其间短期到法国服役,获南锡大学学士学位。1922年回国,先后任北卡罗来纳大学植物学系助理教授、教授,1944～1960年任系主任,1968年退休。先后任美国、印度、日本等国家科学基金项目顾问。1943年人选美国国家科学院院士。同年任美国真菌学会会长。1946～1947年任北卡罗来纳科学院院长。1946～1961年任《以利沙·米切尔科学会》杂志主编。1964年任美国植物学会副会长。

主要研究真菌与昆虫的关系,第一个重要贡献是在水霉囊霉中发现两性品系。1926年夏在一热带雨林中发现一个真菌属与介壳虫一起,能引起树木损伤甚至死亡。研究了真菌与介壳虫的关系,提出当真菌孢子形成和幼虫爬行时,喷施杀菌剂和杀虫剂混合物可控制疾病。第二次世界大战期间,鉴定了在南部佐治亚军营周围所收集到的蚊子幼虫体腔里充满的椭圆体雕蚀菌属孢子。还和同事们一起研究了北卡罗来纳水库里的疟蚊。1928年与科克尔(W. C. Coker)合作出版《美国东部和加拿大的腹菌类》。1938年出版《隔担耳属真菌》一书获波士顿博物学会沃克奖。另有《体腔动物种属》(1985年)等。1937年获北卡罗来纳科学院杰弗逊奖章。1955年获美国东南部生物学家优秀教学奖。1964

年获北卡罗来纳州科学奖金质奖章。1956年获美国植物学学会荣誉奖。（吕芝香 李孙演）

胡经甫 Hu Jingfu） 中国广东省人，1896年11月21日生于上海，1972年2月1日卒于北京。昆虫学、无脊椎动物学、医学昆虫学。

祖籍广东三水。父为苏州省立高等学堂英文总教习，举家迁苏州。1917年毕业于苏州东吴大学生物学系。留校任教兼研究生，1919年获硕士学位。同年到上海圣约翰大学讲授普通动物学和普通植物学一年。1920年赴美国入康奈尔大学攻读昆虫学，1922年获哲学博士学位。同年回国，在南京任东南大学教授。后又去东吴大学和北京的燕京大学任教。1941年应美国明尼苏达大学之聘，赴美国途中不料发生太平洋战争，被阻菲律宾的马尼拉达4年之久。在华侨资助下进菲律宾大学医学院攻读4年医学课程。太平洋战争结束后返重庆补足医生实习期，并于1946年获湘雅医学院的毕业证书，从此兼具生物学家和医生双重身份。1946年赴燕京大学任教，兼任清华、燕京两校的校医。1950年辞去教职开业行医。1953年任全军医学科学院一级教授，从事医学昆虫学研究。历任中华教育文化基金会委员、中央研究院第一届评议会评议员、中华海产生物学会会长、中国动物学会会长、北京博物学会会长等。1955年选聘为中国科学院学部委员(院士)。

中国昆虫学最早开拓者之一。1923年发表的博士论文“襀翅目(叉蜻属)之形态解剖及生活史研究”，是研究襀翅目一篇力作。此后继续从事中国襀翅目分类的研究。1936～1938年出版《中国襀翅目昆虫志》，总结中国学者研究成果，为中国石蝇研究的权威著作。1929年起搜集全世界有关中国昆虫的文献记载，1933～1934年间利用出国讲学的机会，遍访英国、法国、比利时、德国、瑞士、意大利和美国的有关学者，参观博物馆，考察核对有关的中国昆虫标本和原始文献。1935～1941年出版《中国昆虫名录》(6卷)，书中含中国昆虫25目、392科，4 968属20 069种，列示每一虫种的分类地位、地区分布、同物异名和文献出处等，为研究中国昆虫提供了最基本查考资料。此外还著有《中国水生昆虫》(1932～1935年)、《无脊椎动物学》(1931年)等。也是一位成绩卓著的教育家，他的许多学生后来成了著名学者。（张慰丰）

科里，C. F.（Cori, Carl Ferdinand） 美国人，1896年12月5日生于奥匈帝国布拉格(今属捷克)，1984年10月20日卒于马萨诸塞州坎布里奇。细胞生物学、生物化学、生理学、药物化学。

捷克裔。父亲是动物学家。1920年获布拉格日耳曼大学医学院医学博士学位。同年与同班同学拉德尼茨(G. T. Radnitz)，婚后改名为格蒂·科里(Gerty T. Cori)结婚。他们夫妇两人成为毕生的合作者。婚后移居维也纳，夫妇两人分别在格拉茨大学药学系和卡罗琳儿童医院工作。1922年同赴美国，1928年加入美国籍。1922～1931年在纽约州布法罗市州立肿瘤研究院任生化师，他的夫人也来到该院工作。在此期间，主要研究药物化学的应用，在筛选抗肿瘤药物方面进行过大量的分析。1931年转入密苏里州圣路易斯市华盛顿大学医学院任教，任生物化学系主任，1965年退休。1966年起与哈佛大学、马萨诸塞州总医院合作开展生物化学研究。1940年当选为美国国家科学院院士。是英国皇家学会外籍会员。

早在1918年迈耶霍夫已揭示氧的消耗与肌肉乳酸代谢的关系，随后又证明产生乳酸的材料为糖原。然而在糖原合成过程中，葡萄糖经“磷酸化”而合成糖原，糖原经“磷酸解”又逐步降解为葡萄糖，这一可逆反应过程中所涉及的共同中间化合物，始终未能分离获得。科里综合前人的研究方法，经过一系列难度极大的制备实验，获得了一种新的磷酸酯(葡萄糖-1-磷酸和葡萄糖-6-磷酸)，这就是后来被命名为“科里酯”的化合物，并于1937年公布这一发现。他还证明了这一化合物就是糖原合成和分解过程所共同涉及的中间代谢的关键。葡萄糖-1-磷酸在磷酸葡萄糖变位酶催化下，可转化成葡萄糖-6-磷酸，而且这些反应是可逆的。科里夫妇还证明葡萄糖在肌肉中转变成乳酸后，乳酸可通过血液循环返回肝脏，肝脏或将其氧化为二氧化碳与水，或将其重新合成为糖原。这一过程被称为“科里循环”，认为是高等动物生命过程的基本环节。1936年开始对酶进行深入研究，成功地分离提纯了5种与糖代谢有关的酶，并制得结晶。这几种酶中，他们研究得最彻底的是催化糖原转变为葡萄糖-1-磷酸的磷酸化酶。科里夫妇的研究证实了糖原的合成和分解代谢途径，并且用实验方法论证了反应的可逆性。他们还证明某些激素对糖代谢具有调节作用。他们阐明了肾上腺髓质激素通过对肝糖原的分解和肌糖原的酵解作用使血糖上升。这为研究激素对新陈代谢的影响及其机制，提供了又一成功先例，也对后来临床医学应用激素防治代谢疾病提供了理论依据。因共同研究糖原的酶促转变过程，两人与B. A. 豪塞共获1947年诺贝尔生理学或医学奖。此外科里还获美国化学会威拉德吉布斯奖。

撰写论文200多篇；主要著作有《碳水化合物代谢中的酶反应》(1947年)与《糖原的酶性合成》等。

（张慰丰）

沈宗瀚(Shen Zonghan) 原名沈修年，字海搓，别号克难居士。中国浙江省人，清光绪二十二年十一月十一日(1896年12月15日)生于浙江余姚，1980年12月15日卒于台湾台北。作物育种学、遗传学、农业管理学。

1913年入读省立杭州甲种农校。次年考入国立北京农业专门学校(中国农业大学前身)，1918年毕业。

1920 年赴任湖南常德棉场场长。次年起先后任教南京第一农业学校、安徽芜湖第二农业学校，兼任芜湖省立农事试验场农艺科主任。1923 年赴美国留学，1924 年获佐治亚大学农学院硕士学位。1927 年获康奈尔大学农学博士学位，同年回国，历任金陵大学农学院副教授、教授、农艺系主任。1934 年起历任中央农业实验所总技师兼农艺部主任、副所长，1938 年任所长兼麦作杂粮系主任。1932 年起兼任国民政府国防设计委员会(1935 年改为资源委员会)专员、委员及农业组长，军事委员会粮食组副组长、军政部粮食生产总督导等职。期间，1937 年抗战爆发，举家随中央农业实验所西迁贵阳、重庆，1945 年迁回南京；1939 年当选国际遗传学会副会长；1943 年聘任联合国战后世界粮农会议组织技术顾问。1947 年兼任国民政府农林部烟产改进处处长。1948 年任中美合作"中国农村复兴委员会"中方委员，1949 年随该会迁往台湾，1964 年出任主任委员，1973 年退休后任顾问。1971 年起兼任亚洲蔬菜研究与开发中心理事会理事长、土地改革训练所理事长。是台湾"中央研究院"评议员。获美国哈德福特大学荣誉博士学位。原配夫人沈骊英曾任中央农业实验所麦作系技正，1941 年因中风猝死于试验室。儿子沈君山是物理学家，曾任台湾清华大学校长。

一生致力于农业科学与管理，为中国改进农业技术，发展农村经济、培养农学人才作出卓越贡献。20 世纪 20 年代，1926 年出席在日本东京召开的第三届太平洋科学会议，宣读有关中国棉花栽培论文；在美国研究小麦出穗迟早遗传学问题，因相关论文获博士学位。30 年代，采用纯系育种杆行试验方法，育成"金大 2905"小麦品种，丰产抗倒、适应性广，1933 年开始在镇江、芜湖两地推广，一般增产 20%以上；1934 年前后连续发表一系列遗传育种论文，系中国现代抗病虫害育种最早著述；1936 年，他根据全国 100 个农家小麦品种在各地试验结果，划分品种适应区域，是中国最早的小麦生态研究与实践。30～40 年代抗战期间，"金大 2905"小麦在四川、陕西、安徽、湖北等地广为种植，夫人沈骊英育成的"骊英号"小麦良种系列也得以推广；1939 年在英国爱丁堡国际遗传学会议上发表"中国小麦品种适应区域及育种之关系"一文，受到好评；协同棉花专家冯泽芳前往云南等边远地区，开发木棉和黄红麻等原料，力求缓解战时衣被及麻袋原料紧缺问题；为保证抗战期间棉粮增产和供给提出许多重要建议；1943 年作为中国代表团成员赴美国出席联合国战后世界粮农会议；1945 年发表"中国农业机械化之可能"一文，并与相关部门商讨具体实施方案。50 年代始，他在台湾的工作领域以农业为中心，扩展到林、渔、牧、水利，以及农业教育、农村卫生、农产运销、海外农业技术合作等，为光复后台湾农业现代化和商业化作出了历史性贡献。

发表论文 320 余篇(英文论文近 100 篇)，其中有粮食与种子改良 63 篇、农业技术改造 86 篇、农业机械及其工作 65 篇、农村经济与农民生活 19 篇等。出版有《中国农业资源》(英文)、《二次大战后台湾农业之发展》(英文)、《农村复兴联合会：二十年中美合作发展农业之经过》(英文)、《中华农业史》(与他人合著)等专著。另有自传《克难苦学记》，已发行 15 版。"学道、信道、乐道；供人、用人、容人"是他一生座右铭。他曾说："农民疾苦最深，余以宗教精神改良农业，做一个科学牧师。"在晚年仍说："来生仍愿生于清寒的耕读世家，仍愿苦学农业，终生服务农业。"1990 年底，中国农学会在北京举办"沈宗瀚先生农业学术研讨会"，有海峡两岸农学家 200 余人参加。

(李啸虎)

陈凤桐(Chen Fengtong)　中国河南省人，1897 年(清光绪二十三年)2 月 25 日生于河南内乡，1980 年 10 月 4 日卒于北京。*农艺学、作物保护工程、农业科技管理。*

1921 年河北省保定甲种农业学校毕业。先后任开封农场、察哈尔农场技术员，参加过北伐战争。1929～1931 年在日本青山农业大学学习农业经济。1932 年入北平大学农学院农业经济系，1933 年毕业。同年参加抗日同盟军。曾任江西农业院技师。1937 年起，历任雁北抗日游击支队政委、晋察冀边区政府农林牧殖局局长、察哈尔省人民政府农林厅厅长等职。1948 年后，先后任北京军管会农林水利处处长、华北农业科学研究所所长，1957～1959 年任中国农业科学院副院长；曾任中国科学技术普及协会副主席。1959～1977 年任江西省农业科学研究所副所长，1977～1980 年任中国农业科学院顾问。1955 年选聘为中国科学院学部委员(院士)，曾兼任生物学与地学部副主任。

20 世纪 40 年代，创建"晋察冀边区自然科学界协会"，创办会刊《自然科学界》；选育和改良小麦、水稻、玉米和小米等品种，指导家畜良种繁育、护林造林、兴修水利等工作，对打破敌人经济封锁和支援抗日战争做出了贡献。50～60 年代，建立新中国第一所综合性农业科研机构——华北农业科学研究所，开展一系列科技支农活动；组织科研人员深入蝗区，总结出查卵、查蝻、查成虫的"三查"测报，开发农药粉剂与麦麸毒饵治蝗技术，有效控制了蝗害；参与组织指导小麦锈病防治研究，1965 年后在全国范围内控制了小麦条锈病危害；组织指导了控制和消灭牛瘟、猪瘟、鸡瘟等家畜家禽传染病流行的工作；在江西工作期间，在农业区划、红壤改良利用、水土保持和发展亚热带作物等方面都有重要贡献；1978 年在全国科学大会上提出"对我国农业科学工作的十项建议"，具有重要指导意义。身后出版有《陈凤桐文集》(1997 年)。

(钟尚科)

王绶(Wang Shou)　字佩卿。中国山西省人，清代光绪二十三年二月三十日(1897 年 4 月 1 日)生于山西沁县，1972 年 2 月 1 日卒于山西太谷。*作物育种学、生物统计学、农学教育、农业管理。*

耕读家庭出身。1924 年南京金陵大学农学院农艺系毕业。留校任教。1932 年赴美国留学，1933 年获康奈尔大学农学硕士学位。同年回国，任南京金陵大学农学院教授、农艺系主任，农艺研究部主任。1941 年任西北农学院农艺系教授。1942 年任中央农业实验所技正，兼西北农业推广繁殖站主任、西北农学院教授与教务长。1946～1949 年任国民政府农林部农业推广委员会粮食生产组主任，农林部粮食生产委员会专门委员会联席会议主席，兼金陵大学农学院教授。1950～1957年任中央人民政府农业部粮食生产司司长，粮食生产总局副局长，一级农业总技师。1957～1958年任中国农业科学院作物育种栽培研究所所长。1958～1972年任山西农学院院长，一级教授，兼任《农业学报》主编、中国农学会副理事长。

毕生从事大豆、大麦育种和栽培研究；致力农科大学教育，培育了数代农学人才。20世纪20年代，最早将方差分析、随机区组设计等方法介绍到中国；1923年开始应用现代田间技术进行作物遗传育种和栽培研究；多次在各地采集大豆单株，进行系统育种试验。30年代，用选择法改良大豆，育成新品种“金大332”，比当时标准品种显著增产，一度在长江两岸推广种植；获得一些高产量、高含油量杂交品系，在四川温江等地试种；留学美国期间，采用混合选择法培育出抗冻、抗锈大麦品种“王氏大麦”，在纽约地区推广种植；系统研究作物田间试验技术。40年代，1941年后，系选培育出大豆“西农506”、黑豆“西农509”新品种，在关中地区小面积推广；1948年，在小豆遗传实验中发现一个花斑隐性基因，后被国际大豆基因命名委员会定名为Riri；培育出“西农3102”等大麦新品种，具有丰产、抗病、秆强等优势，得以推广。50年代，参与制定全国农业发展规划和粮食生产计划，深入各地调查研究，总结地方经验加以推广。60年代，较早进行大豆植株形状与产量相关性研究；主持“黄淮流域大豆新品种选育”研究课题，培育的“晋豆1号”、“晋豆2号”获1978年全国科学大会奖；在山西首次开展大豆品种资源研究和利用，选育出“太谷早”大豆新品种，含油量居当时全国大豆之冠。

主要论著有《大豆育种法》(1936年)、《中国作物育种学》(1936年)、《实用生物统计法》(1937年初版，1949年再版)、《田间试验之理论与实施》(1944年)、《生物统计学》(1948年)、《大豆栽培与良种选育》(1962年)、《大豆》(1984年，与他人合著)等。1957年当选全国首届农业劳动模范。 (李孙演)

吴觉农(Wu Juenong) 原名吴荣堂。中国浙江省人，清代光绪二十三年三月十三日(1897年4月14日)生于浙江上虞，1989年10月28日卒于北京。茶学、茶业管理、农业经济学。

祖辈世代务农。自幼家境贫寒。1916年浙江省甲种农业专科学校(浙江农业大学前身)毕业。留校任教。1919年公费留学日本，在静冈茶业试验场学习。1922年回国，任教于安徽芜湖省立第二农业学校。1924年任中华农学会总干事、副理事长兼《新农业季刊》主编。1925年在上虞岭南乡泰岳寺创办茶叶公司并任经理。1926年与胡愈之等人创办“开明书店”。1928年任上海园林试验场场长。1929年任浙江省建设厅合作事业管理室主任。1931年任上海商检局技正、茶业检验处处长，兼任浙皖赣等省茶叶改良场场长。1933年集资创办上虞岭南乡泰岳寺茶场。同年参与发起中国农村经济研究会并任副理事长。1934～1935年公费考察多国茶业。1935年任中国茶叶公司总技师。1937年起先后任国民政府实业部国产检验委员会茶叶产地监理处副处长，财政部易委员会专员兼香港富华贸易公司副总经理。1940年在重庆任国民政府贸易委员会茶叶处处长，兼任重庆复旦大学茶叶系教授、系主任。1942年起先后任福建武夷山茶叶研究所所长、上海兴华制茶公司总经理、杭州之江机械制茶公司董事长。1949年后，出任国家农业部副部长兼中国茶叶进出口公司总经理。1951年任中国人民第二届赴朝慰问团中央分团团长。1955年任中央代表团分团长参加西藏自治区人民政府成立庆典。曾任第二、三届全国政协副秘书长。历任中国农学会副理事长、名誉会长，中国茶业学会理事长、名誉理事长。

20世纪20年代，1923年发表论文“茶树原产地考”和“中国茶业改革方准”，以殷实史实论证茶树原产中国，并探索中国茶业复兴之路，受到各界关注；论文“中国的农民问题”(1922年)入编《中国农民问题研究》，被毛泽东选用为广州农民运动讲习所培训教材。30年代，1931年为中国茶业制定一整套检验标准、细则与实施方法，为国家起草和制定中国第一部出口茶检验法典；1934～1935年考察印度、锡兰(今斯里兰卡)、印度尼西亚、日本、英国和苏联等国茶业，撰有“印度锡兰之茶业”、“荷印之茶业”等调查报告；抗日战争开始，他在中国东南和西南各省茶区设立机构，推行茶叶统购统销政策，一度使中国出口茶叶得到恢复和发展。40年代，1940年创立中国高等院校第一个茶叶专业系科；1941年成立中国第一个茶叶研究所；发起茶树更新运动，促成政府向农民发放更新贷款；1947年引进设备进行机器制茶试验。1949年后，大力推进茶叶出口贸易，创建和负责建国后第一个外贸公司；在农业部任职期间，经常深入基层调研，制订全国茶叶生产和国内外销售的通盘规划，重建各省分支机构；倡导开辟新式茶园，改造老茶园；在各主要茶区建立各类茶厂，推行机械化制茶工艺；大力倡导在西南茶区大规模发展优质红茶为国家创汇；晚年不遗余力弘扬中国茶文化，促成筹建中国茶叶博物馆。

著述颇丰。著作有《茶树栽培法》(1923年)、《日本帝国主义对华经济侵略》(1931年，与他人合著)、《华茶对外贸易之展望》(1934年)、《中国茶业复兴计划》(1935年，与他人合著)、《中国茶叶问题》(1937年，与他人合著)、《湖南茶叶史话》(1964年)、《四川茶叶史话》(1978年)；主编名著《茶经述评》(1987年)、《地方志茶叶史料》等；译著有《农业经济学》(2卷，1934～1936年，与他人合译)、《茶叶全书》(1949年初版，1987年再版，与他人合译)。2001年浙江省上虞市成立“吴觉农茶学思想研究会”。 (李孙演)

杨惟义(Yang Weiyi) 号宜之。中国山东省人，1897年4月16日生于江西上饶，1972年2月21日卒于天津。农业昆虫学、农业教育。

原籍山东广饶。出身贫苦农民家庭。1921年南京高等师范学校农业专修科毕业。先后在南京江苏省昆虫局、南昌江西省昆虫局(筹)任技术员。1924～1925年在南京东南大学农学院补读本科学分毕业。1931～

1935年先后到法国、英国、德国、比利时留学考察。回国后,先后任北平静生生物调查所技师秘书、代理所长,江西中正大学教授,上海生物科学研究所技师,无锡江南大学教授。1950年后,历任江西南昌大学教授兼农学院院长,江西农学院院长、中国科学院江西分院副院长。曾兼任江西昆虫学会理事长等职。1955年选聘为中国科学院学部委员(院士)。

20世纪30～40年代,发表"中国昆虫之分布"等文章,首先提出中国昆虫区系分布的地理区划见解;对中国半翅目昆虫分类进行系统研究,先后发现蝽象新种和新属60余个;首倡的"三耕治螟"法,红花田留种改革措施,粮食仓贮害虫防治法等,在中国各地农业生产中得到广泛推广。1949年后,1956年参加中国科学院新疆综合考察队,收集到大量昆虫标本和数据资料,写出了50余篇防治虫害的研究报告和论文。60年代初,在援助越南期间,帮助建立植保植检局,培训植保高级技术人才,提出越南北部防治虫害十大技术措施,绘制9种主要害虫分布图,鉴定各类昆虫标本达百余份,荣获胡志明友谊勋章。发表论文和文章百余篇;主编和撰写《水稻害虫的全面防治》(1959年)、《中国经济昆虫志·半翅目蝽科》(1962年)、《新疆昆虫考察报告》(1964年)等专著多部。 (谢 源 李孙演)

博登海姆尔,F. S.(Bodenheimer,Fritz Simon) 以色列人,1897年6月6日生于德国科隆,1959年10月4日卒于英国伦敦。*农业昆虫学、动物生态学、科学史学。*

犹太族裔。在法兰克福大学学习动物学后,专门研究农业昆虫学,1921年在波恩大学获博士学位。1922年移居巴勒斯坦,任农业试验站昆虫室主任。1928年在耶路撒冷希伯来大学任教,1931年升为教授,1953年退休。还是欧洲、近东、南非和澳大利亚应用昆虫学顾问。1950～1956年相继任国际科学史学会副会长和会长。

他将动物休眠和生长节律的变化、有害动物种群、寄生虫、寄主的数量变化与巴勒斯坦的气候变动及环境因素联系起来研究,是动物生态学先驱者之一。发表很多关于昆虫学、动物生活和生物学史方面的著作,重要的有《巴勒斯坦的动物生活》(1935年)、《中东柑桔属昆虫学》(1951年)、《圣经之地的动物与人》(1949～1956年)、《当代动物生态学》(1953年初版,1958年第2版)、《中东的蚜虫》(1957年)、《生物学史》(1958年)。 (童远瑞)

布朗克,D. W.(Bronk,Detlev Wulf) 美国人,1897年8月13日生于美国纽约,1975年11月17日卒于同地。*生物物理学、生理学、高等教育管理、科学管理。*

1920年获斯沃思莫尔学院文学士学位。毕业后曾任中学教师。1926年获密歇根大学生物物理和生理学博士学位。毕业后当教师。1927年任斯沃思莫尔学院动物学教授和院长。1929年任宾夕法尼亚大学医学物理学教授,1936年任神经病学研究所所长。1946～1950年任美国国家研究委员会主席。1949～1953年任约翰斯·霍普金斯大学校长。1950～1962年任美国国家科学院院长。1953～1968年任洛克菲勒大学(原洛克菲勒医学科学研究院)校长。

主要研究感觉的本质、躯体运动的控制、神经和神经冲动的化学兴奋,以及测定神经纤维中氧消耗的电化学方法等。表现出非凡的管理才能,研究生在研究院内可以自己选课,也可以自己选择科研的指导老师,被录用为研究人员后还可在所内继续攻读博士学位。洛克菲勒研究院于1965年改名为洛克菲勒大学,成为美国唯一的研究生学习中心和世界上一流的研究生院。由于教学和科研的贡献,获1961年获普里斯特利奖和富兰克林奖章,1964年总统自由奖章、1964年国家科学院公共福利奖章、1968年国家科学奖章等。 (田金仙)

李继侗(Li Jitong) 中国江苏省人,1897年8月24日生于江苏兴化,1961年12月12日卒于内蒙古呼和浩特。*森林学、植物生理学、植物生态学。*

1921年金陵大学林科毕业后赴美国留学,1923年和1925年先后获耶鲁大学林学研究院硕士和博士学位。1925年回国后在金陵大学任教1年,此后相继任南开大学生物学系教授、清华大学生物学系教授、西南联合大学生物学系主任。1946年抗日战争胜利后历任清华大学生物学系教授、北京大学生物学系教授兼植物学教研室主任、内蒙古大学生物学系教授兼副校长。曾兼任中国科学院植物研究所研究员、内蒙古科学技术委员会副主任、内蒙古科学技术协会主席等职。是中国第一个植物生态学刊物《植物生态学与地植物学丛刊》的创办者。1955年选聘为中国科学院学部委员(院士)。

在植物生理学方面,20世纪20年代后期,在南开大学指导殷宏章用气泡计数法试验不同颜色的光对水生植物的光合作用时,发现光强或光的颜色改变时,光合作用速度有"瞬间效应",需要一定时间才能达到恒定速度。这一发现比国外类似的发现要早约20年。1930年,发表重要论文"燕麦子叶去尖后之生理的再发作用",该文对后来生长素的发现起了重要的推动作用。在植物生态学方面,20年代前期至中期,完成"森林覆被对土壤温度的影响"的博士论文,该文是森林生态学的重要成果。50年代,先后参与或指导海南岛橡胶宜林地的考察、北京西山卧佛寺一带的植被调查、陇东水土保持的考察、黄河中游水土保持的考察、内蒙古呼伦贝尔草原的植被考察,写出多篇考察报告。主要著作有《青岛森林调查记》(1921年)、《普通植物学》(上册,1950年)、《植物地理学、植物生态学与地植物学的发展》(1958年)、《李继侗文集》(1986年)等。还是出色的教育家,为国家培养了大量人才,中国科学院学部委员(院士)殷宏章、吴征镒和娄成后等人都出自他的门下。 (高小东)

索科洛夫,Б. П.(Соколов, Борис Павлович; Sokolov,Boris Pavlovich) 苏联人,1897年9月12日生于俄国哈里科夫,1984年9月1日卒于第聂伯罗彼

得罗夫斯克。作物栽培学、玉米育种学、农艺学。

1923年毕业于哈里科夫农学院。1924年开始在第聂伯罗彼得罗夫斯克省农业试验站育种处工作。1925年参与建立苏联第一个玉米育种实验室。1930年起任乌克兰谷物科学研究所(1956年改组成全苏玉米科学研究所)玉米育种和种子改良研究室主任。1954年任教授。1955年作为农业代表团成员访问了美国和加拿大。1956年任全苏农业科学院院士。成为苏联保卫和平委员会成员(1966年)、全苏瓦维洛夫遗传育种家协会理事(1966年)、遗传育种家边区协会理事(1966年)、《玉米》杂志编委(1958年)和《全苏科学研究所玉米通报》编委。

对玉米育种中杂交优势进行了研究,1932年起在培植和推广应用第一批本国玉米杂交种项目中处于领先地位。1924～1930年改良了一系列适于乌克兰草原半干旱条件的玉米品种群体。和同事选育的甜玉米247MB杂交种分布极广。他共育成18个玉米杂交种和品种、以及4个高粱品种并推广使用。曾多次在国际会议上作有关玉米育种问题的报告。主要著作有《玉米杂交》(1955年)、《杂交玉米的育种和种子改良》(1956年)等。获1951年苏联国家奖金,1963年列宁奖金,此外获2枚列宁勋章,4枚其他勋章和数枚奖章。1972年获社会主义劳动英雄称号。(孙维伦)

布林克,R. A. (Brink, Royal Alexander) 美国人,1897年9月16日生于加拿大安大略省伍德斯托克,1984年10月2日卒于美国。作物育种学、遗传学、细胞生物学。

加拿大裔。1919年获加拿大安大略农学院学士学位。1920年移居美国。1921年获美国伊利诺伊大学理学硕士学位。1923年获哈佛大学理学博士学位。1922年起在威斯康星大学遗传学系任教,1931年任教授,1933年加入美国籍,1939～1951年任该校遗传学系主任,1968年退休。1952～1957年任《遗传学》杂志主编。1957年任美国遗传学会会长。1947年入选美国国家科学院院士。1960年入选美国文理科学院院士。

在遗传学上的主要贡献是发现玉米中的副突变。玉米中有一决定花青素形成的可副突变基因 R,在其邻近部位有一阻遏节段,上有数目变化的副诱变基因。不同数目的副诱基因与可突变基因 R 的杂合结合,能影响 R 的表达,导致玉米籽粒出现不同程度的色泽和斑点的可遗传变化。著有《孟德尔的遗产》(1965年),并主编美国遗传学会主办的孟德尔100周年纪念会论文汇编。(王爵渊)

拉塞尔,F. S. (Russell, Sir Frederick Stratten) 英国人,1897年11月3日生于英国多塞特郡布里奇波特,1984年6月5日卒。海洋动物学、鱼类学、水产源工程、海洋生态学。

早年希望研究医学。第一次世界大战期间在法国参加皇家海军空军服务队(后称皇家空军)。进剑桥大学后才开始研究生物学。由于一直生活在海边,很自然地受到海洋科学的吸引。1923年为埃及政府研究海洋鱼类的鱼卵和仔幼鱼。1924年自剑桥大学毕业后,在普利茅斯海洋生物联合会所属实验室工作,后任研究员。第二次世界大战期间,又回到皇家空军度过了5年。1945年战争结束后,任普利茅斯海洋生物实验室主任,直到1965年。1938年被选为英国皇家学会会员。1965年被封爵。

研究鱼卵和仔幼鱼及其在海洋中的分布和迁移状况,同时还研究海洋浮游生物的垂直分布。和其他科学工作者合作,进行开创性的观察研究,利用光电池测量海平面下不同深度的光照条件。他用某些浮游生物做指标,揭示了英吉利海峡和北海不同水质的运动情况。研究方向转向水母等海洋动物,1953～1970年主编《不列颠群岛的水母》(2卷)。发表论文159篇;主要著作还有《海洋生命导论》(1928年初版,1936年再版)。1961年英国林耐学会授予他金质奖章,表彰他在浮游生物和水母方面的研究成果。(敬元虎)

范尼尔,C. B. (van Niel, Cornelis Bernardus) 美国人,1897年11月4日生于荷兰哈勒姆,1985年3月10日卒于美国加利福尼亚州卡梅尔。微生物学、细菌学、生物化学。

荷兰裔。1923年任化学工程师和微生物学助教。1928年获荷兰代尔夫特理工大学理学博士学位。同年迁居美国,任斯坦福大学助理教授,1935年升任教授,1946年任生物学教授,1963年退休。1945年入选美国国家科学院院士。1950年入选美国文理科学院院士。

自19世纪中叶以来,关于光合原核生物紫色细菌和绿色细菌的代谢过程一直存在着不同的看法,争论了几十年。直到1930年才由他阐明了多种不产氧的光合代谢类型,并证明这些代谢类型是紫色细菌和绿色细菌特殊产能方式。发现在无氧条件下,紫色细菌和绿色细菌可生长在含还原态无机硫化合物,并生存于以碳酸氢盐作为其唯一碳源的培养基中,紫色细菌中叶绿素的作用跟绿色植物中叶绿素的作用相同。他阐明的细菌光合作用的化学反应过程为 $CO_2+2H_2S\xrightarrow{\text{光}}(CH_2O)+2S+H_2O$,还提出光合作用过程包括光化学反应和暗反应两个阶段。与A. J. 克吕维尔合著《微生物对生物学的贡献》(1956年)。1963年获美国国家科学奖。还获美国文理科学院朗福德奖金。(孙炳寅)

安德逊,E. S. (Anderson, Edgar Shannon) 美国人,1897年11月9日生于美国纽约州福里斯特维尔,1969年卒于密苏里州圣路易斯。植物学、细胞遗传学、园艺学。

私立学校校长之子。早年在密歇根大学主修园艺学和植物学,1928年获理学士学位。后进入哈佛大学布塞研究所,1920年和1922年分别获硕士和博士学位。1931～1935年任哈佛大学植物学讲师、该校安诺德树木园的树木学家。1922～1931年和自1935年起,在圣路易斯华盛顿大学密苏里植物园兼职。1954年被选为美国国家科学院院士。

是将细胞学和遗传学的技术与概念应用到分类学

与系统发育问题上的学者之一。1936年证实了北美东部的普通蓝鸢尾的半孤立的地方种群都是独立而又进化的单位，它们各以其自己的方式进行分化。用一个变种为证据，建立了下列假说：多色鸢尾乃是两个老美洲种的杂交种，该杂交种的染色体数目已加倍，并能发育也能融合。著有美国本土的紫露草属等专著，能广泛应用于细胞学和放射性实验中。对罗布麻属做了一般人很难认为是两个普通美国种后代的测验，证实在这群植物内杂交的主要效果是增加亲本的变异性。最终采用"渗入杂交"这一术语以之表示由于杂交和反复回交能使得一个种的种质逐渐地渗入到另一个种的种质中的结果。此术语简称为"种质渗入"，现已被普遍采用。他的种质渗入专著以及他对进化论中杂交作用的研究已为人们所熟知。曾与学生一起对古代和现代的玉米的总变异形式加以研究，把注意力集中在以前被忽略的特征（如雄花序）上，玉米的栽培品种均被发现可以粗略地分成为自然的地区类群，从而发现流行的玉米分类法都是人为的。著有《渗入杂交》（1949年）、《植物、人类和生命》（1952年）等。1958年获英国皇家学院达尔文-华莱士奖。

（耿伯介）

万国鼎（Wan Guoding） 字孟周。中国江苏人，清光绪二十三年十二月初三（1897年12月26日）生于江苏武进，1963年11月25日卒于江苏南京。*农业史学、古籍整理、国土调查。*

营农经商家庭出身。1920年金陵大学农科毕业。留校任教。1921年任上海万国生丝检验所技师。1922年任上海商务印书馆编译所农学编辑。1924年回金陵大学任农业经济系讲师兼农业图书研究部（1932年改为农业历史组）主任。1932年起任国民政府资源委员会（原国防设计委员会）专员，金陵大学兼职教授。1937年起任国立政治大学地政学院地政系教授、系主任。期间兼任中国地政学会《地政月刊》总编、中国地政研究所研究主任等职。1951年任河南省农林厅农教处、计划室专员。1953年任河南农学院农学系教授。1954年任南京农学院（今南京农业大学）农业经济系教授、农业历史研究室主任，1955年任该校中国农业遗产研究室（1957年后为中国农业科学院建制）首届主任。

从20世纪20年代始，从浩如烟海的遗存中国农学古籍和其他文献资料中，主持汇集和整理、分类辑成的中国农史资料共1 293册，近8 000万字，奠定了中国农业历史学科的基础。20年代，在中国高校首开"中国农业史"课程；开始编写中国农业史专著。30～40年代，从事农业和农政调查，对江苏、浙江、安徽、湖北、湖南、四川、江西等省进行农业资源和农业行政的考察，收集到许多有关土地田赋方面第一手资料，并撰写《全国土地调查报告纲要》；出版《中国田制史》（1933年），系统阐述中国土地制度演变及其土地资源利用与管理历史，在学术界有很大影响；搜集整理出3 700多万字农史资料，分类辑成《中国农史资料》456册。50～60年代，先后主持辑释、校释、校刊、校注10多种古农书；1956～1959年间，他组织力量从全国各地零散古书中收集到1 540多万字资料，整理为《中国农史资料续编》157册；1958年、1959年先后创办《农业遗产研究集刊》、《农史研究集刊》，这是中国农史学科最早学术刊物；主编的《中国农学史》（1959年）是中国第一部系统研究农业科技史专著，得到中外学术界高度评价，获国家农牧渔业部（现农业部）科学技术进步奖一等奖；组织出版《中国农学遗产选集》，共分稻、麦、粮食作物、棉、麻、豆类、油料作物、柑桔等8个专辑；1959年后，又组织队伍从全国8 000多部地方志中搜集摘抄3 600多万字农史资料，辑成三大类680册。

一生发表论文近百篇；出版专著10部，其中有《我国蚕业概况》（1921年）、《土地改良法》（1928年）、《氾胜之书辑释》（1952年）、《中国历史纪年表》（1956年）、《五谷史话》（1961年）、《王祯农书》（1962年）、《陈旉农书校注》（1965年）等。

（李孙演）

秦仁昌（Qin Renchang） 中国江苏省人，1898年1月16日生于江苏武进，1986年7月22日卒于北京。*蕨类植物学、植物分类学。*

出身农民家庭。1925年南京金陵大学农学院林学系毕业。曾任东南大学生物学系助教、中央大学生物学系讲师、中央研究院自然历史博物馆植物部主任。1929～1932年在丹麦、英国的植物园和博物馆进修。回国后，先后任北平静生生物调查所研究员兼植物标本室主任、庐山森林植物园主任、该园云南丽江植物工作站主任、云南大学生物系主任、云南省建设厅农业改进所所长。1950年后，历任云南省农林厅林业局副局长，中国科学院植物研究所研究员、研究室主任、顾问。曾兼任中国植物学会名誉理事长、国际植物学会分类和命名委员会名誉副主席、《植物分类学报》主编等职。1955年选聘为中国科学院学部委员（院士）。

20世纪30～40年代，主持建立中国第一个现代植物园——庐山森林植物园；1930年整理出中国第一部较完整的《中国蕨类植物志（初稿）》（未出版，现由中国科学院珍藏），计70余万字，详细记载中国蕨类植物11科86属1 200余种；出版4卷《中国蕨类植物图谱》；专著《水龙骨科的自然分类》（1940年）首次把混杂的"水龙骨科"蕨类划分为33科249属，解决了当时蕨类分类学中最大难题，是学科史上重大突破，多数科属概念至今仍被学术界沿用。50～60年代，领导云南省金鸡纳树、橡胶等林地勘察及育苗造林工作；参与主编多卷本巨著《中国植物志》，发展了中国和世界植物系统学。70～80年代，经修订的中国蕨类植物新系统很快被中国植物学界所采用，并形成了秦仁昌系统学派，1989年被授予中国科学院自然科学奖一等奖；与他人合作出版《西藏植物志》（第一卷）。发表论文160多篇，出版专著和译著15部。

（黎同炎）

霍斯达迪乌斯，S. O.（Hörstadius，Sven Otto） 瑞典人，1898年2月18日生于瑞典斯德哥尔摩，1996年6月16日卒于同地。*动物学、实验胚胎学、鸟类学、神经生理学。*

1930年毕业于斯德哥尔摩大学，1929～1942年任动物学讲师和副教授。1942年起任乌普萨拉大学动物学教授，1964年退休。曾兼任国际生物科学联合会主席、国际科学联盟理事会主席、国际鸟类保护委员会欧洲分部主席、瑞典鸟类学会会长。是英国皇家学会及其他几个著名学会成员、巴黎大学和剑桥大学的荣誉博士。

在实验胚胎学中有重要建树。提出一个假设，即沿着卵轴有两个梯度——动物梯度和植物梯度——相互作用并且彼此含有部分排斥性。首次指出种的发育特征是由细胞核决定的。还发现前脑的某些部分位于横嵴中。对棘皮动物胚胎学及腹足类动物的蛋白质消化等方面有过研究。还是瑞典最早的鸟类摄影师之一。主要著作有《神经山脊》(1946年)等。主编《第十届国际鸟类学大会论文汇编》(1951年)。曾获比利时皇家科学院的艾尔伯特奖。（孙炳寅）

韦斯，P. A. (Weiss, Paul Alfred)　美国人，1898年3月21日生于奥地利维也纳，1989年9月8日卒于美国纽约州怀特普兰斯。*神经生理学、发育生物学、科学哲学。*

奥地利裔。第一次世界大战期间在军队当军官。后从事工程学和生物学的研究工作。1922年在维也纳大学获博士学位，1922～1929年任维也纳科学院生物学研究所副所长。1931年移居美国。1931～1933年在耶鲁大学任高级研究员。1933～1954年任芝加哥大学动物学教授。1954年任洛克菲勒医学研究院(洛克菲勒大学前身)发育生物学系主任。1965年去得克萨斯大学任教。1939～1941年任美国发育与生长学会会长。1952～1953年任美国科学促进协会会长。1962年任美国哈维学会会长。同年任国际细胞生物学会会长。此外兼任总统科学顾问委员会委员、国家研究委员会生物学与农业分部主任、美国国务院特别顾问、国际生物学协会的美国首席代表和布鲁塞尔世界博览会的首席科学顾问等。对医学的贡献使他获得医学荣誉博士和医学荣誉外科博士学位。1947年入选美国国家科学院院士。1954年入选美国文理科学院院士。

早年研究器官再生，成功地移植了发育成熟的两栖类动物肢体，并完全恢复其机能。为了进一步研究形态学问题，去柏林在A. 费希尔(Albert Fischer)组织培养实验室研究细胞运动、组织生长和创伤愈合等问题。1930年接受著名实验胚胎学家R. 哈里逊(Ross Harrison)的邀请到耶鲁大学工作。此后的研究课题又转到神经细胞方面。第二次世界大战使他有机会探索改进神经外科的修复术，设计和建立了"无缝线接合技术"用于修复切断的神经。这项新技术促进了动物组织的冷冻干燥和真空贮存技术，由此产生了世界上第一个外科手术的组织贮存库。同时神经接合技术也导致神经质流动的发现。由于上述贡献曾得到美国国防部与海军部的嘉奖。第二次世界大战后，又从事细胞生物学方面的工作，研究细胞的形态、运动、定向等问题。在研究中利用显微摄影和电子显微镜等多种新的实验手段。代表作有《发育学原理：实验胚胎学的检验》(1939)、《遗传神经病学导论》(1950年)、《发育动物学》(1968年，与他人合著)、《生物医学短论》(1971年)，以及论文"神经动力学"(1967年)等。

工作兴趣极为广泛，不仅从事实验研究与教学工作，而且关心各种科学哲学问题，如科学在教育中的作用、自然科学的历史基础和哲学基础、科学和文艺之间的相互关系、科学在社会中的地位，以及自然资源的合理利用等。1979年获美国国家科学奖章。（吴馥梅　左成慈）

埃索，K. (Esau, Katherine)　美国人，1898年4月3日生于俄国叶卡捷琳诺斯拉夫，1997年6月4日卒于美国加利福尼亚州圣巴巴拉。*植物病理学、植物生理学。*

俄罗斯裔。1919年以前在俄国生活和学习。1919年随父母到德国，在德国的大学继续学习，1922年毕业。同年全家移居美国。她在美国当了几年职员后，攻读加利福尼亚大学研究生。1931年在美国伯克利加利福尼亚大学获植物学博士学位。先后在戴维斯和圣巴巴拉的加利福尼亚大学任教并从事研究工作，1975年退休成为荣誉教授。1949年入选美国文理科学院院士。1957年入选美国国家科学院院士。1964年入选美国哲学学会会员。1971年入选瑞典皇家科学院外籍院士。

对植物科学的贡献可以分为三个方面：① 植物与病毒的关系。不管病毒是否有选择地侵入特定的组织，寄主体内的初生性和次生性异常状态间的区别都可以鉴别出来。业已证明，病毒几乎可使器官内的幼小筛管分子和成熟筛管分子开始退化，这种现象表明病毒在运输养分的管道中转移。应用超微结构的研究方法，与其合作者进一步证实了某些病毒对植物组织具有特异性，而且还揭示了当时未被认识的病毒与细胞器联系的变异。已证明病毒出现在胞间连丝内，显而易见病毒是能在细胞之间通过的。认为病毒是随着养分在韧皮部内长距离运输的这一想法，是由于在运输养分的管道以及管道相互结合的通道中发现病毒微粒而引起的。在有些病毒感染中，病毒形成的部位可能与跟病毒有联系的小泡的部位有关，这些小泡包围在类似核酸的网状系统中。② 健康植物结构的研究工作。在阐明初生维管组织个体发生的历史，以及初生维管和次生维管组织的区别上均取得重要进展。这些研究工作引起了人们对植物各种器官中初生木质部和初生韧皮部的原始形态基本差别上的重视，并对叶发育与维管化的关系有了新的理解。这方面的工作开拓了新的研究领域，从而奠定了植物分化作用实验研究的基础之一。③ 关于韧皮部组织的研究，使主要输导细胞筛管分子的组织发育形态得到了阐明。这项工作扩大到使用光学显微镜和电子显微镜对韧皮部的结构进行比较研究，使人们能更好地了解特化的筛管分子与其相连的特化程度较低的薄壁组织细胞之间的功能关系。她的工作对韧皮部研究有一定影响。

著作较多，如《植物解剖学》(1953年)、《种子植物解剖学》(1960年)、《植物的维管分化》(1965年)、《植物、病毒与昆虫》(1968年)及《韧皮部》(1969年)等。1989年获美国国家科学奖章。（耿伯介）

王家楫(Wang Jiaji) 中国江苏省人,1898 年 5 月 5 日生于江苏奉贤(今属上海市),1976 年 12 月 19 日卒于湖北武汉。*原生动物学、轮虫学、生态学。*

出身书香门第。1920 年在南京高等师范学校攻读农学,毕业后任东南大学附中生物教员。后在秉志门下潜心钻研,1924 年获东南大学农学士学位。1925 年赴美国留学,1928 年获宾夕法尼亚大学动物学系博士学位。1929 年回国。同年至 1949 年,历任中央大学生物学系教授、中国科学社生物研究所研究员、中央研究院动植物研究所所长。1948 年当选为中央研究院院士。1950 年后任中国科学院水生生物研究所所长。曾兼任中国科学院中南分院副院长、《水生生物学集刊》和《海洋与湖沼》学报主编。1955 年选聘为中国科学院学部委员(院士)。

新发现原生动物中的 3 个新属、58 个新种、4 个新变种、8 个新亚科。1974 年发表"珠穆朗玛峰地区的原生动物",1977 年发表"西藏高原部分地区的原生动物",两文研究和记述该地区 400 多种原生动物,远超过前人对该地区原生动物的研究。1961 年出版专著《中国淡水轮虫志》,广泛探讨和描述分布在中国沼泽、池塘、湖泊和水库内的轮虫种类,计 15 科、79 属、252 种,其中有 4 个新种还对原生动物在环境治理方面作用进行研究,1976 年与他人合作出版专著《废水生物处理微型动物图志》,分析废水中原生动物种类、数量和生长情况,筛选出 166 个可作为指示废水类型和质量的原生动物品种。研究成果在他去世后多次获奖,如 1978 年全国科学大会奖等。 (高小东)

罗宗洛(Luo Zongluo) 中国浙江省人,1898 年 8 月 2 日生于浙江黄岩,1978 年 10 月 26 日卒于上海。*植物生理学、植物营养学、细胞生物学。*

出生于小康商人家庭。6 岁丧母,由祖母、继母抚养长大。1917 年上海南洋中学毕业后留学日本。1922 年日本国立第二高等学校预科毕业;1925 年、1930 年先后获日本北海道帝国大学农学部学士、博士学位。1930 年回国,历任中山大学、上海暨南大学、中央大学、浙江大学教授。1944 年聘为中央研究院植物研究所所长。1945 年派遣接收台湾大学,1946 年任代理校长。1948 年选聘为中央研究院院士。1949 年后,任中国科学院实验生物研究所研究员兼植物生理研究室主任;1953 年任植物生理研究所首任所长。1955 年选聘为中国科学院学部委员(院士)。1957 年被选为全苏列宁农业科学院外籍通讯院士。曾任中国植物生理学会理事长,《植物生理学报》主编。

研究涉及植物细胞生物学广泛领域。在中国率先开展无菌条件下离体根尖组织培养研究;氢离子浓度对细胞原生质胶体性质影响的研究;通过高等植物根系吸收铵和硝酸根的研究,证明铵能作为植物氮源,为铵盐化肥的肥效评价及正确使用提供了科学依据,发展了植物氮素营养生理的研究领域;进行植物组织培养、微量元素、生长素的研究,以及水分生理、抗性生理、辐射生理的研究;参加苏北沿海盐渍对造林的影响、西北地区干旱与盐渍对植物生长的影响、华南橡胶树北移问题的考察研究,解决了生产中大量的实际问题。此外,对中外学术交流作出重要贡献,1936 年创刊英文版《中国实验生物学》杂志(《实验生物学报》前身)、1947 年创刊英文版《植物学汇报》,1963 年共同发起创立中国植物生理学会并创刊《植物生理学报》。著述甚丰,重要论文汇编为《罗宗洛文集》(1988 年)。 (武光明)

霍兰德,A.(Hollaender, Alexander) 美国人,1898 年 12 月 19 日生于德国萨姆特,1986 年 12 月 6 日卒于美国华盛顿。*生物物理学、细胞生物学、遗传工程、放射医学。*

年轻时在美国威斯康星大学读书,1931 年获物理化学博士学位。1931~1933 年成为美国国家研究委员会特别成员,1934~1937 年为实现该机构的计划而工作。1946~1966 年任橡树岭国家实验室生物学分部主任。1957 年任田纳西大学放射生物学教授。1973 年至去世,在华盛顿特区任美国政府生物科学研究规划委员会主席。1957 年入选美国国家科学院院士。1960 年入选美国文理科学院院士。

20 世纪 30 年代初,开始研究各种形式的辐射能(紫外光、电离辐射)与生物体系及其功能的相互作用。1937~1938 年观察到波长 265 纳米的紫外线使微生物突变最明显,致突变的作用光谱与核酸的吸收光谱极相似,证明吸收分子是核酸而不是蛋白质,从而找出微生物产生突变的有效方法。这种紫外线也易致微生物死亡,由此可用紫外线控制空气传染,但 360 纳米的长波紫外线则可使细胞延迟生长和分裂。研究原子能试验对人和动物的影响,用小鼠做实验,以察知电离辐射对遗传和体细胞的破坏作用。20 世纪 40 年代,他发现微生物有对紫外线和电离辐射损伤的修复系统,并对辐射损伤的修复进行了研究。

著有《放射生物学》(3 卷,1954~1956 年)、《化学诱变剂:原理及其检测方法》(4 卷,1971~1974 年)、《遗传工程》(1979 年,与他人合著)、《生物技术中的基础生物学新发展》(1983 年)等。获 1983 年美国政府能源部费米奖。为纪念他,1998 年美国国家科学院设立霍兰德生物物理学奖。 (田金仙)

特罗特,M.(Trotter, Mildred) 美国人,1899 年 2 月 3 日生于美国宾夕法尼亚州莫纳卡,1991 年 8 月 23 日卒于圣路易斯。*人类学、比较解剖学。*

德国裔,农民的女儿。母亲有爱尔兰人血统。在芒特霍利奥克学院学习动物学和生理学,1920 年获学士学位。后在圣路易斯的华盛顿大学医学院任研究助理,1921 年获该校理科硕士学位,1924 年获该校博士学位。其后在英国牛津大学进行博士后研究一年。回母校医学院任教,1946 年任教授,1948 年兼任夏威夷身份鉴定中心实验室主任,1967 年退休后为荣誉教授。

主要研究美国白人和黑人、两性间、每个不同种族间的许多解剖学特点,以确定变种的数量以及随年龄和时代的变化。在华盛顿大学收集了大量来自朝鲜战场和美国考古残骸的人体骨骼标本。1952 年起,从这些骨骼中估计出人的身材。她的研究成果广泛用于鉴定战争中未知姓名的死伤亡人员的身份鉴别，以及用于人类学、考古学研究。1956 年获瓦伊金基金奖章、自然人类学奖章。为纪念她的贡献，华盛顿大学专设有特罗特奖金，以鼓励和促进人类学研究。她把遗体捐献华盛顿大学医学院以作科学研究。 （施金保）

吴韫珍(Wu Yunzhen) 号振声。中国上海市青浦人。清光绪二十五年(1899 年)生于江苏省青浦县朱家角(今属上海市)，1941 年卒于云南昆明。*植物分类学、园艺学。*

1918 年由上海南洋中学考入南京金陵大学农科。1922 年毕业后在安徽省立农业学校执教。1923 年考取清华公费留学美国，入康奈尔大学深造园艺学和植物分类学，1927 年获博士学位。同年回国，任清华大学首位植物学教授。1937 年日本侵华时，随校辗转迁移到昆明，任西南联合大学植物学教授；因积劳过度，胃病复发，1941 年夏动手术，伤口未愈即转为腹膜炎，病殁于云南大学医院，终年仅 44 岁。

在采集标本和考证外国植物学家在华早期工作基础上，考定和整理华北、云南高原植物种类，建立中国自己的植物分类学系统研究基础。1923～1937 年，创建清华大学生物馆植物标本室；发表"清华园花木记"、"河北省植物发现史概略"等一系列论文；在山西太白山发现菊花新品种，成果发表于《国立清华大学理科报告》第二种第二卷第二号；悉心研究华北植物分类，首次系统勘查、整理研究了华北蒿类等植物种类，待发表"华北蒿类"、"华北胡枝子"等论文不幸在战争中遗失。在西南联合大学任教期间，广泛采集云南植物标本；考证《植物名实图考》和《滇南本草》中的植物学名，后整理出版《中国植物名录》、《植物名实图考学名考证》等著述；和学生吴征镒共同鉴定云南白药生药成分之一的金铁锁为石竹科新属，纠正了当时西方权威的误判；与张景钺合作编写《普通植物学》讲义(1965 年后人在此基础上修订出版《植物系统学》)。他尽可能实地观察，根据新鲜实物详尽绘制彩色插图。身后留下的华北和云南高原植物精图近 4 000 种(其中完全图解附笔记的植物 1 000 余种)，在中国植物学界享有声誉。 （李啸虎）

冯泽芳(Feng Zefang) 中国浙江省人，1899 年 2 月 20 日生于浙江义乌，1959 年 9 月 22 日卒于河南安阳。*农艺学、作物遗传学、科学传播。*

出生于一个经营小中药铺的农民家庭。1925 年毕业于东南大学农科，留校任教。后历任江苏省立第三、第一农校教员，通州棉作试验场场长，江苏省立棉作试验场副场长。1932 年、1933 年先后获美国康奈尔大学硕士学位、博士学位。1933 年回国后，历任国民政府经济委员会棉业统制委员会技术专员、中央棉产改进所所长、中央农业实验所技正兼棉作系主任、中央大学农艺系教授兼农学院院长、农林部棉产改进处副处长兼北平分处主任。1949 年后，先后任中央大学、南京大学、南京农学院教授，中国农业科学院棉花研究所研究员、所长。1955 年选聘为中国科学院学部委员(院士)。

毕生致力于棉花科研和农业教育工作。对亚洲棉的形态、分类和遗传，以及亚洲棉与美洲棉杂种的遗传学及细胞学研究，深有造诣。20 世纪 30～40 年代，主持中国中、美棉花品种区域试验、西南 7 省棉花区域试验、云南离核木棉的调研推广等工作；倡导在黄河流域棉区种植斯字棉，在长江流域棉区种植德字棉，积极促进了中国棉花产量提高和品质改善；最早在中国从事植棉区划及棉工业区域的系统研究，提议划分中国五大棉区，至今仍为农科界所沿用；积极倡导创办中国棉业出版社，并出版《中国棉讯》、《中国棉业》和《中国棉业副刊》三种棉花专业性期刊。50 年代，参与中国 12 年科学远景规划制订；1957 年创办并担任国家农业部棉花研究所首任所长，指导开展全国棉花科研及良种栽培推广工作。1949 年前主要论文汇编成《冯泽芳先生棉业论文选集》(1948 年)；撰有《中等棉作学》(1925 年)等农学教材，《适合于中国栽培的洋棉》(1950 年)、《中国的棉花》(1956 年)等专著。 （李孙演）

潘廷，C. F. A. (Pantin, Carl Frederick Abel) 英国人，1899 年 3 月 30 日生于英国伦敦，1967 年 1 月 14 日卒于剑桥。*海洋动物学、比较生理学、显微术。*

1918 年随同英国皇家工程师协会的一个小组去法国进行声音测距和实地考查，遂决定在剑桥大学学习物理学，后又被生理学和动物学所吸引，并开始在普利茅斯海洋生物实验室从事比较生理学方面的研究。1929 年任剑桥大学三一学院动物系任讲师，1937～1959 年任脊椎动物学资深讲师、副教授，1959～1967 年任剑桥大学动物学教授，期间 1966 年任该校基督学院评议员。1937 年当选为英国皇家学会会员。

主要研究变形虫行为和运动。研究海葵及其他海洋生物的行为机理，对无脊椎动物比较生理学方面作出贡献，特别是甲壳纲和海葵神经传导方面取得了成就。著有《显微镜下的狩猎》(1928 年)、《动物学者的显微技术之见解》(1946 年)、《论科学之间的关系》(1968 年)等。1950 年获英国皇家学会皇家奖章。1964 年获伦敦林耐学会金质奖章。 （敬元虎）

希尔，R. (Hill, Robert) 又以罗宾·希尔(Hill, Robin)知名。英国人，1899 年 4 月 2 日生于英国沃里克郡莱明顿温泉区近郊新米尔韦尔顿，1991 年 3 月 15 日卒。*植物生理学、生物化学。*

第一次世界大战中，在英国皇家工程兵部队防毒气部服役。1922 年毕业于剑桥大学伊曼纽尔学院生物化学系。留校从事研究工作。1927 年获剑桥大学生物化学博士学位。1942 年获剑桥大学理学博士学位。1929～1942 年先后任该校伊曼纽尔学院生物化学系研究员、高级研究员。1943～1966 年任英国农业研究委员会剑桥大学生物化学实验室评议员。退休后至去世前，仍留校继续从事研究。1946 年当选为英国皇家学会会员。1975 年当选为美国国家科学院外籍院士。1990 年获英国设菲尔德大学荣誉博士学位。

20 世纪 20 年代，主要从事血红蛋白和细胞色素的研究，发表一系列论文；开发出一种鱼眼镜头成像立体视觉系统，可记录天空全景的三维云彩。30 年代，研发萃取天然色素作为水彩画颜料和织物染料的工艺;研究植物生物化学,着重于光合作用和叶绿体中氧的变化,其中1937年通过实验发现了光合作用的希尔反应,是光合作用研究史上重要里程碑。希尔反应反应表明,绿色植物的离体叶绿体,在光下分解水放出氧气同时还原电子受体。也就是说,用光照射离体叶绿体,只要有电子受体(如草酸铁)存在,水中就有放氧现象。40年代,合作研究果树根系;从叶绿体中首次分离得到铁氧(化)还(原)蛋白和几种细胞色素,这些成果对于阐明光合作用的本质与途径有重要意义。50年代,出版《光合作用》(1953年,与他人合著);重点研究光合作用的能量机制。1960年,和F.本多尔(Fay Bendall)共同提出光合作用电子转移的"Z-图式"假说,这是一个由两种光推动两组反应的模型,两个光化学反应的电子传递是逆着电化学梯度,而两个细胞色素间的电子传递是顺梯度的。这一假说已得到越来越多的实验证明,为国际植物生理学界主流所接受。晚年致力于探讨热力学第二定律在光合作用中应用问题。获1963年英国皇家学会皇家奖章、1987年科普利奖章等。为纪念和继续他的业绩,英国设菲尔德大学建有罗伯特·希尔研究所。

(李啸虎)

威格尔斯沃思,V.B.(Wigglesworth, Sir Vincent Brian) 英国人,1899年4月17日生于英国兰开夏郡科克汉姆,1994年2月11日卒于剑桥。昆虫生理学。

医师的儿子。第一次世界大战时曾任英国皇家野战部队军官,在法国服役。后毕业于剑桥大学生理学和生化专业。在伦敦圣托马斯医院获硕士学位。在剑桥大学获生理学博士学位。1926~1945年在伦敦大学卫生和热带药物学院讲授医学、昆虫学。1945年回剑桥大学任生物学系主任和农业研究委员会主席,1952年任杰出的生物学教授。1964年受封为爵士。

观察各种昆虫的变态,尤其是研究了南美洲的一种毒性昆虫,多方面证实头部神经分泌细胞是产生变性生长激素的源泉。创立的昆虫变态理论对发展昆虫生理学起了重要作用。他还研究揭示了非洲一种传播昏睡病的采采蝇(舌蝇)肠胃中昏睡症细菌与大肠杆菌共生的现象。著有《昆虫生理学》(1934年)、《昆虫生理学原理》(1939年初版,1965年第6版)、《昆虫变态生理学》(1954年)、《生长和形态控制》(1959年)和《昆虫的生活》(1964年)。由于在这一领域中的卓越贡献,1955年被授予英国皇家学会皇家奖章。

(谢键忠)

奥尔巴克,C.(Auerbach, Charlotte) 英国人,1899年5月14日生于德国克雷弗尔德,1994年3月17日卒于英国爱丁堡。细胞生物学、遗传学、生物化学、生态学。

德国裔。祖父为著名解剖学家,是奥尔巴克氏神经丛的发现者;生理化学家的独女。曾在德国威滕堡、弗赖堡和柏林等地大学就读。她因有犹太血统,1933年躲避纳粹迫害来到英国爱丁堡大学,1935年在动物遗传学研究所获博士学位。留校任教,1969年退休。1939年加入英国籍。1947年又获爱丁堡大学理学博士学位。1957年入选英国皇家学会会员。先后获爱丁堡大学、莱顿大学、剑桥大学和都柏林大学荣誉博士学位。1970年当选为美国国家科学院外籍院士。

她是化学诱变剂芥子气的发现者,因而被人们誉为"化学诱变之母"。1938年后,在H.J.马勒影响下,开始作突变研究。先后研究了性别对果蝇自发突变率的影响、化学诱变剂如何造成DNA(脱氧核糖核酸)复制的不稳定性、某些化学诱变剂对某些基因的选择性作用以及染色体断裂与突变的关系等问题。1953年DNA双螺旋结构被发现后,人们纷纷以DNA分子中的化学变化来解释所有突变现象,而她则始终坚持认为诱变为一多步骤的生物学过程,DNA分子中的化学变化仅仅是这一过程中必不可少的第一步。退休后继续从事遗传学的研究工作。

发表论文百余篇。出版《原子时代的遗传学》(1956年)、《变异》(1962年)、《遗传科学》(1962年)、《变异研究》(1976年)等,1947年还以夏洛特·奥斯汀(Charlotte Austen)的笔名出版一本童话故事《罗莎琳德历险记》。获1947年爱丁堡皇家学会基思奖章,1977年英国皇家学会达尔文奖章。还获美国环境诱变剂学会、欧洲环境诱变剂学会奖。

(王爵渊)

李普曼,F.A.(Lipmann, Fritz Albert) 美国人,1899年6月12日生于德国柯尼斯堡(今俄罗斯加里宁格勒),1986年7月24日卒于美国纽约州波基普西。生物化学、生理学。

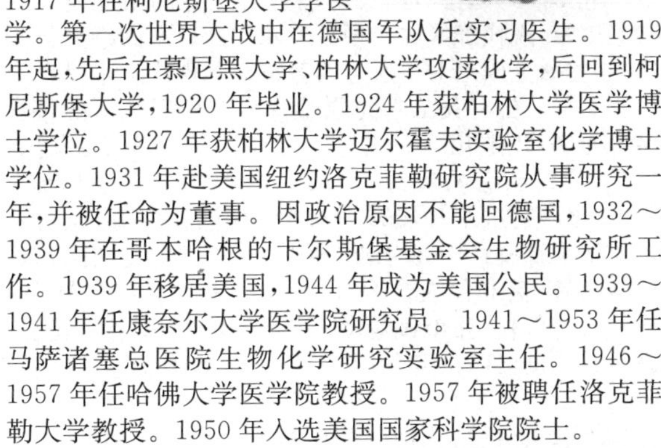

德裔犹太族律师之子。1917年在柯尼斯堡大学学医学。第一次世界大战中在德国军队任实习医生。1919年起,先后在慕尼黑大学、柏林大学攻读化学,后回到柯尼斯堡大学,1920年毕业。1924年获柏林大学医学博士学位。1927年获柏林大学迈尔霍夫实验室化学博士学位。1931年赴美国纽约洛克菲勒研究院从事研究一年,并被任命为董事。因政治原因不能回德国,1932~1939年在哥本哈根的卡尔斯堡基金会生物研究所工作。1939年移居美国,1944年成为美国公民。1939~1941年任康奈尔大学医学院研究员。1941~1953年任马萨诸塞总医院生物化学研究实验室主任。1946~1957年任哈佛大学医学院教授。1957年被聘任洛克菲勒大学教授。1950年入选美国国家科学院院士。

主要贡献是阐明了生物代谢作用的能量传递普遍规律。早在丹麦时,他研究了被称为"巴斯德效应"的不产生乙醇的糖衰变,还发现丙酮酸氧化有赖于无机磷酸盐并产生腺苷三磷酸(ATP)。1941年发表"磷酸键能的代谢产生和利用"一文,提出了"代谢动力机"假说,认为ATP是能量生成和利用之间的共同联系物,通过偶联机制使代谢产生的高能磷酸键固定在ATP分子的磷酰基上,由它携带能量用于生物合成等。其后还发现了代谢过程中许多高能磷酸化合物:氨甲酰磷酸;腺苷-5′-磷酸硫酸酐、3′-磷酸腺苷-5′-磷酸硫酸等。

1947～1950年在研究活化乙酸盐化学本质时,分离并鉴定了辅酶A,由此与H.A.克雷布斯一起获1953年诺贝尔生理学或医学奖。对乙酰辅酶A的研究为探讨许多代谢反应开辟了广阔的途径。阐明了GTP(鸟苷三磷酸)在蛋白质生物合成中的作用及延长因子G和Tu的关系。还发现短杆菌肽S等类多肽的合成与脂肪酸合成有许多共同特征;发现劳氏肉瘤病毒引起的小鸡成纤维细胞的恶性病变中,糖代谢的改变与葡萄糖运输蛋白增加有关。晚年在洛克菲勒大学进行有关蛋白质生物合成的研究。1966年获美国国家科学奖章。

(周忠勋　李孙演)

曼格尔斯多夫,P.C.(Mangelsdorf, Paul Christoph)　美国人,1899年7月20日生于美国堪萨斯州阿特奇森,1987年7月22日卒。*作物栽培学、作物育种学、农艺学。*

出身种子供应商家庭。从小就接触各种植物。年轻时在堪萨斯大学读书,毕业后从事谷物改良工作。1921～1926年在康涅狄格州农业试验站任职。同时在哈佛大学攻读研究生,1925年获理学博士学位。1927～1940年任得克萨斯州农业试验站农艺师,1936～1940年任助理站长,1940年任副站长。同年任哈佛大学植物博物馆助理馆长,1945～1967年任馆长,1940～1967年兼任哈佛大学植物学教授。1962～1968年兼任费希尔博物学教授,1968年退休后任荣誉教授。期间1941～1954年任洛克菲勒基金会顾问。1968年至去世在北卡罗来纳大学教农学。早年研究玉米等作物的改良,发展杂种玉米和创造小麦、燕麦和大麦的新品种。

1945年当选为美国国家科学院院士。曾获帕克学院、圣本尼迪克特学院、堪萨斯大学荣誉博士学位。着重研究玉米的起源、进化和改良,证明它的祖先是一种有荚玉米,现代玉米的变种是玉米与其近亲的杂交产物等,这些研究成果对于通过培育来改良现代玉米品种有重要意义。把有荚玉米的原始特性与炒用玉米的特性结合起来,创造出一种遗传上重组的祖型玉米。著有《玉米及其亲缘的起源》(1939年,与R.G.里夫斯合著)、《墨西哥玉米种属》(1951年,与他人合著)、《哥伦比亚玉米种属》(1957年,与他人合著)、《中美洲玉米种属》(1957年,与他人合著)、《秘鲁玉米种属》(1961年,与他人合著)、《反饥饿运动》(1967年)、《玉米的起源、进化和改良》(1974年)等。

(田金仙　李孙演)

克劳德,A.(Claude, Albert)　美国人,1899年8月24日生于比利时隆利耶,1983年5月22日卒于布鲁塞尔。*细胞生物学、生物化学、肿瘤学、显微术。*

比利时裔。早年受正规教育甚少,在钢铁厂当过学徒及制图员。通过业余自学,1920年考入比利时列日大学矿业学院,1921年转入该校医学院。1928年毕业于比利时列日大学医学院,获医学博士学位。1928～1929年在德国柏林凯泽·威廉生物研究所癌症研究中心等机构从事博士后研究。1929年夏,去美国就职于纽约洛克菲勒研究院(今洛克菲勒大学),在那里工作至20世纪40年代末。1941年入美国籍。1949年回到比利时,在布鲁塞尔自由大学任朱尔斯·波德特研究所所长,及卢万大学兼职教授,1972年退休。

在洛克菲勒研究院任职初期,致力于动物致癌物质的研究。他把癌细胞鸡肉瘤病毒(RSV)提取液(含有核蛋白的小颗粒)注射到动物身上,发现这种提取液的致癌能力较一般细胞的提取液高50倍。又将鸡的肿瘤细胞和卵巢细胞分别制成提取液加以比较研究,发现肿瘤细胞提取液有致癌作用。通过多方面的测定,他推断这种具有感染力的成分是一种含有核糖核酸(RNA)的极微小颗粒。这是人类首次认识肿瘤病毒,并确定它是RNA病毒。从这项研究出发他又进行分离细胞工作,找到了定量分离细胞组分的方法。他测定了分离出来的各种组分中各种酶的不同含量,把细胞内各种成分的结构、生物化学组成和功能联系起来研究。又对细胞核、线粒体以及光学显微镜可见的其他成分进行差速离心分离,发现还有另外的颗粒部分。1930年首先从肝匀浆中成功地分离出这种颗粒部分,起初称为"小颗粒",1943年改称"微粒体"。还发现微粒体富含核糖核酸,所含的核糖核酸量多达细胞总核糖核酸的50%～60%。

20世纪40年代,他发现线粒体含有高浓度的细胞色素氧化酶和琥珀酸氧化酶,并证明这些酶以一定方式与线粒体结合,明确线粒体是细胞的呼吸器。电子显微镜问世后,1942年他首率利用来研究生物材料,和他人合作设计了一台超薄切片机,对于生物样品制备中的包埋和切片技术的发展也有所贡献。他首次在细胞内看到内质网,这是细胞的一种基础结构,维持着其他细胞器的位置。由于他首先确立了应用电子显微镜和细胞组分分离等新技术,并把细胞结构和功能结合起来研究,奠定了现代细胞生物学基础,因此成为1974年诺贝尔生理学或医学奖的三位获得者之一(其中一位是他的学生)。主要著作有《原生质的构造》(1943年)和《细胞时代的到来》等。1970年获美国哥伦比亚大学霍维茨奖。

(张慰丰)

迈尔,K.(Meyer, Karl)　美国人,1899年9月4日生于德国科隆附近的凯尔彭,1990年5月18日卒于美国。*组织学、生物化学、病理学。*

第一次世界大战末期,1917年应征入伍。1924年在德国科隆大学医学院获硕士学位。1927年获柏林大学化学系博士学位。留校进行一年博士后研究。1930年去美国,同年任伯克利加利福尼亚大学实验生物学助理教授。1933～1942年任哥伦比亚大学医学院眼科系生物化学助理教授,1942年为副教授,1954年晋升教授。1965年入选美国文理科学院院士。1967年入选美国国家科学院院士。

致力于结缔组织基质的研究，分离了硫酸软骨素、透明质酸，硫酸角质多糖，并阐明它们的结构，提出了酸性粘多糖与蛋白多肽的连接形式，探讨了粘多糖在生物体各组织中的分布及与结缔组织疾病的关系，从肺炎球菌分离出透明质酸酶。其中，1934 年他首次从牛眼玻璃体中分离提纯出玻尿酸，并分析出其结构，发现它主要由双醣体、乙酰氨基葡糖、葡糖醛酸籍由 β-1-3 键结链接而成，又称为透明质酸。接着发现它大量存在于人体的结缔组织及其皮层中，也是皮肤的一种保湿因子。获 1952 年蒙特利尔大学贝尔纳奖章，1956 年美国公共卫生协会拉斯克奖，1959 年惠特尼基金会琼斯奖，1960 年盖尔德纳基金会奖。 （周忠勋　李孙演）

野口弥吉（Noguchi，Yakichi）　日本人，1899 年 9 月 14 日生于日本东京，2002 年 2 月 23 日卒于同地。植物生理学、作物遗传育种学、作物栽培学。

1924 年毕业于东京帝国大学（今东京大学）农学院农学科，后入该校研究生院，1930 年获农学博士学位。后赴美国、德国进行博士后研究。1933 年回国，任东京帝国大学农学院农学副教授，1937 年任教授，1960 年退休后任名誉教授。

毕生致力于遗传育种学和植物栽培生理学的基础研究，涉及领域十分广泛。以水稻、小麦、大麦、烟草和薯类等作物为研究样本，进行植物营养生理、受精生理、光合生理、激素调控和遗传育种等各个领域植物生理基础研究。他还首次发现植物异属花粉诱导孤雌生殖的胚胎学奇特现象，用孢子甘蓝花粉诱导芸苔属植物孤雌生殖时观察到：一个雄核与极核融合形成胚乳，另一个进入卵细胞但不与卵核融合，而是很快退化消失，刺激卵细胞单性分裂。

发表论文百余篇。出版有《海南岛农业调查报告》（1940 年，与他人合著）、《非孟德尔式作物育种法》（1941 年）、《栽培原论》（1946 年初版，1969 年第 3 版）、《农业技术》（1948 年，与他人合著）、《农学概论》（1950 年）、《日本高冷地农业中的诸问题》（1952 年）、《作物栽培》（1954 年）、《水田农业立地论》（1957 年）、《农业生态学》（1958 年）、《开花的生理生态研究》（1960 年）等专著；主编有《农学大事典》（1975 年，1984 年增订版，1991 第二次增订版）、《农业大事典》（1987 年初版、1991 年再版）等工具书。 （李啸虎）

夸斯特尔，J. H.（Quastel，Juda Hirsch）　加拿大人，1899 年 10 月 2 日生于英国约克郡设菲尔德，1987 年卒于加拿大范库弗。生物化学、酶学、脑与神经科学。

1917～1919 年从军，在伦敦圣约翰医院任军医。1919～1921 年在伦敦大学帝国学院获理学士学位。1924 年在剑桥大学三一学院获生理学博士学位，1926 年获该校理学博士学位。期间留校，1923～1929 年任讲师。1930 年任威尔士加的夫市精神病医院研究院长。1940 年入选英国皇家学会会员。第二次世界大战中，1941 年起在英国农业研究委员会罗瑟勒姆农业试验站工作，研究土壤化学与作物改良。1947 年任加拿大麦吉尔大学与蒙特利尔总医院联合研究所助理所长、次年任所长，同时兼任该大学生物化学教授，1966 年退休。1966 年任不列颠哥伦比亚大学神经化学教授。曾任加拿大生物化学会会长。1970 年受封为加拿大爵士。

研究范围广泛。酶学方面，发现琥珀酸脱氢酶的可逆作用及与氨缩合成天门冬氨酸；提出了酶的活性中心理论、酶竞争性抑制原理。脑的生化方面，奠定了现代神经生化的基础，揭示葡萄糖有氧氧化对脑行为的必要性，观察了脑内胺类对神经行为的调节作用，发现葡萄糖氧化与乙酰胆碱形成关系及脑中谷氨酸-谷氨酰胺循环。代谢方面，研究了奇数长链脂肪酸氧化，发现了苯酮尿症。

发表 380 多篇论文；著作有《神经化学》（1955 年）、《脑代谢化学》（1962 年）、《代谢抑制剂》（4 卷，1965～1972 年）等。获 1927 年梅尔多拉奖章，1955 年法国巴斯德奖章，1965 年加拿大微生物化学金奖，1974 年盖尔德纳国际医学奖，1977 年加拿大皇家学会弗拉维尔奖章等。 （周忠勋　李孙演）

德比尔，G. R.（De Beer，Sir Gavin Rylands）　英国人，1899 年 11 月 1 日生于英国伦敦附近莫尔登，1972 年 6 月 21 日卒于萨塞克斯郡。脊椎动物学、生物进化论、胚胎学、博物馆学。

绅士的儿子。曾在巴黎、牛津等大学求学。1923～1938 年在牛津大学默顿学院工作。两次世界大战期间都服役参战。1945～1950 年任伦敦大学学院胚胎学教授，同时兼任大英博物馆馆长。1954 年被封为爵士。

主要从事进化方面的研究，曾提出“镶嵌进化理论”。在颅骨发育和脑与颅骨发育的关系等方面有不少研究成果。研究兴趣较为广泛，曾证明法兰西共和日历与格里日历（目前通用的阳历）的转换表有误。著作和论文很多，约有 300 余篇（部），如《实验胚胎学导论》（1926 年）、《脊椎动物学》、《脊椎动物颅骨的发育》、《胚胎学与进化》（1930 年）、《胚胎与祖先》（1940 年）、《查尔斯・达尔文》、《进化图表》等。1958 年获英国皇家学会达尔文奖章。 （王祥麟）

伦施，B.（Rensch，Bernhard）　德国人，1900 年 1 月 21 日生于德国塔勒，1990 年 4 月 4 日卒于明斯特。动物地理学、生物进化论、动物行为学。

1917～1920 年在德军中服役。1922 年在德国哈雷大学获博士学位。1925～1937 年任柏林大学动物博物馆软体动物部主任。1937 年任明斯特自然博物馆主任、明斯特大学动物学讲师，1947 年任该大学教授和动物研究所所长，1968 年退休任名誉所长。被选为美国国家科学院外籍院士、美国文理科学院外籍院士。获瑞典乌普萨拉大学荣誉博士学位。

1927 年曾去爪哇和小巽他群岛考察。1929 年指出主要用于鸟类和蝴蝶的地理分类学原理可应用于动物中多数的纲。证明一个真正的物种和地理种之间存在着占百分比很高的中间型，这些中间型可以看作出现新种的前奏，为动物地理学建立了坚实的基础。后来又进一步指出很多型种能帮助动物学家制定出动物性状和气候平行性规律,创立关于鸟类翅膀形状、蛋的数目和变温动物躯体大小的规律。在进化论方面,和同事研究了动物躯体大小、不同形态和生理特征之间的关系,揭示在系统发育过程中细胞、组织和解剖结构的发育规律。还研究了鸟类和哺乳类的智力和行为,曾成功地训练一头黑猩猩完成一个复杂的任务。1953 年曾参加赴印度远征队考察动物。晚年关心哲学方面的问题,认为世界上事物都具有因果关系。

著有《物种水平上的进化》(1947 年初版,1959 年再版)、《生物哲学》(1971 年)等。先后获普鲁士科学院莱布尼茨奖、伦敦林耐学会达尔文-华莱士奖和德国利奥波德科学院达尔文奖。 (朱邦宁 袁劲梅)

杜布赞斯基,T.(Dobzhansky,Theodosius) 美国人,1900 年 1 月 24 日生于俄国乌克兰涅米罗夫,1975 年 12 月 18 日卒于美国加利福尼亚州戴维斯。遗传学、分子生物学、生物进化论。

乌克兰裔,数学教师之子。1921 年毕业于基辅大学。后在普里特切涅学院和列宁格勒大学讲授动物学和遗传学。1927 年作为国际教育委员会(洛克菲勒基金会)成员随 T. H. 摩尔根去哥伦比亚大学工作。1930 年又随摩尔根到加利福尼亚理工学院,先后任遗传学助理教授、教授。1937 年加入美国籍。1940 年回哥伦比亚大学任教授至 1962 年退休。同时还在洛克菲勒大学任教。晚年在戴维斯加利福尼亚大学任遗传学教授直到 1971 年再次退休。作为客座教授到过巴西、智利和澳大利亚等国任教。

著名的群体遗传学家和进化遗传学家。采用适合研究果蝇的专门技术从事试验,了解果蝇在遗传学上的多样性。证明在不同种或同一种的不同群体中有不同的"遗传负荷",而那些易变的种类"遗传负荷"较大。通过果蝇在不同季节出现周期性遗传变化的实验,观察了群体自然选择过程。还用数学模拟研究一个群体内部的遗传变化。1937 年撰写的《遗传学与物种起源》奠定了"现代达尔文主义"("综合达尔文学说")的理论基础。提出的进化"综合理论"把达尔文学说自然选择理论与"新达尔文主义"基因理论结合起来。指出进化是群体在遗传成分上的变化,进化机制的研究属于群体遗传学范围,从而使人们能在种群水平上重新认识达尔文自然选择学说。还认为生物进化和物种形成的过程有 3 个基本环节,即突变、选择、隔离。指出突变过程是所有遗传变异性的来源,是进化的主要关键,因为突变提供了产生进化的原始材料;选择的本质是一个群体中不同基因型携带者对后代的基因库作出不同贡献;没有隔离,自然选择的摧毁作用就太大了。该书被誉为"20 世纪达尔文的《物种起源》"。该书 1941 年的第二版和 1951 年的第三版中,对"现代达尔文主义"进化理论进行了新的综合。

在分子生物学发展基础上,1970 年又出版《进化过程的遗传学》一书,提出进化的"新综合理论"。书中竭力把"综合理论"与分子生物学结合起来。"新综合理论"对进化过程中选择机制提出新的见解,即自然界存在着各种不同的选择机制或模式,解释了生物群体中一些不能解释的多态现象。

发表论文 350 余篇;还著有《遗传、人种和社会》(1946 年)、《遗传学原理》(1950 年)、《进化、遗传和人》(1955 年)、《人类自由的生物学基础》(1956 年)、《辐射、遗传与人》(1959 年)、《人类进化》(1962 年)、《终极关心的生物学》(1967 年)、《遗传差异与人类平等》(1973 年)等。获 1958 年美国国家科学院金伯遗传学奖,1964 年美国国家科学奖章,1973 年富兰克林奖章等。

(王祥麟)

埃姆,R. J.(Heim,Roger Jean) 法国人,1900 年 2 月 12 日生于法国巴黎,1979 年 9 月 17 日卒于同地。真菌学、生态学。

工程师的儿子。在巴黎大学索邦学院获博士学位。留校任教,1926 年任见习研究员,1929～1932 年任植物学家芒让(L. A. Mangin)的助手,1932 年任植物生理实验室副主任,1945 年任植物学教授。1951～1966 年任法国国家自然博物馆馆长。在任馆长期间,建立了收有书籍 60 万册的藏书中心,还建立古生物学、昆虫学和生态学的温室和实验室。1958 年任森格-波里格纳基金会主席。是国际自然保护联合会的创办人,1955～1959 年任主席。1946 年成为法国科学院院士,1963 年任院长。1945 年成为法国农业科学院院士。还是许多国外学会和协会的名誉或通讯会员。

主要研究真菌学,特别是较高等菌类的分类、解剖和生态,以及这些菌类的化学、毒理和系谱的概况。多次去热带国家旅行考察,搜集了相当多的标本。最早用光学和电子显微镜研究伞菌类孢子的膜状结构,命名为外孢。发表许多著作,如《破坏与自然保护》(1952 年)、《环球博物学家》(1955 年)、《欧洲食用伞菌》(1957 年)、《墨西哥的食用伞菌和幻觉剂》(1958 年)、《食用伞菌毒素和幻觉剂》(1978 年)、《世界奇闻录》、《中非乳菇》、《马达加斯加的乳菇和红菇》、《白蚁的食用伞菌》(1977 年)等。1958 年获伦敦林耐学会达尔文-华莱士奖章。

(敬元虎 秦安舲)

伍献文(Wu Xianwen) 字显闻。中国浙江省人,1900 年 3 月 15 日生于浙江瑞安,1985 年 4 月 3 日卒于湖北武汉。动物学、鱼类学、水生生物学。

出身于小康农家。1918 年考入南京高等师范学校农业专修科,1920 年著名动物学家秉志来该校讲授动物学,引起他对动物学的极大兴趣。1921 年毕业后去厦门集美学校任教。一年后到刚成立的厦门大学动物学系任助教。1925 年秉志来厦门大学任教,他又向学校注册为动物学系学生,同时为秉志的助教。1928 年厦门大学毕业后,应聘到南京中央大学生物学系教动物学。1929 年去法国留学,在巴黎国家自然博物馆鱼类学实验室罗勒(L. Roule)的指导下学习鱼类学。1932 年完成博士论文"中国比目鱼类的形态学、生物学和系统学的研究",获巴黎大学理学博士学位。1932 年回国,后任中央研究院国立自然博物馆动物学部主任。此后 10 多年中,该馆先后改名为中央研究院生物研究所、动植物研究所,抗日战争期间又先后内迁至广西阳朔和四川北碚,他一直在该所任研究员。1934 年兼任中央大学教授,1936 年该校生物学系主任。1948 年被选为中央研究院院士。1950 年任中国科学院水生生物研究所副所长兼太湖淡水生物研究室主任,1954 年水生生物研究所由上海迁到武汉市武昌的东湖,他一直主持该所的鱼类学研究,1977～1983 年任该所所长,此后为名誉所长。1978～1983 年兼任中国科学院武汉分院院长。1934 年参与发起和创立中国动物学会,任该学会理事。1949 年后,参加发起组织中国海洋湖沼学会,任副理事长,1979 年选为名誉理事长。还担任过中国水产学会副理事长。1979 年参与发起组织中国鱼类学会,并被选为名誉理事长。1955 年选聘为中国科学院学部委员(院士)。

中国研究鱼类学和水生生物学的先驱。早在 20 世纪 20 年代后期,就已在秉志指导下,开展蛇、蛙、鱼、线虫、水母等水生动物多方面研究。30 年代前期,深入广西、贵州、云南等地采集标本,进行鱼类、蠕虫类以及河蟹、蝎类等研究,所发表的"中国河蟹志略"和"中国之蝎及蝎蛛"论文为国内的领先之作。1935 年 6～11 月,他组织了中国第一次海洋科学综合考察,对渤海湾及山东半岛的海洋生物进行调查。30 年代末至 40 年代,进行鱼类生理学及其结构和功能的研究。1951 年领导并参加江苏省五里湖的湖泊调查工作。几年后又参加拟议中的三峡水库库区、丹江口水库库区的水生生物调查和渔业规划的研究,组织和参加主编《中国淡水鱼类养殖学》。在他的领导下,水生生物研究所的鱼类研究深入到鱼类分类学、生态学、生理学、遗传学和组织学各个领域的综合研究。他们从全国各地采集鱼类标本,在该所建立了收藏 30 余万号标本的淡水鱼类标本馆,在此基础上进行艰巨的整理研究。1964 年和 1977 年分别出版图文并茂的《中国鲤科鱼类志》的上卷和下卷,全书 70 余万字,系统地描述中国的鲤科鱼类 113 属、412 种,这是研究中国淡水鱼类的重要资料。1982 年此书被评为国家自然科学奖二等奖。晚年,又将工作重心转到研究鲤亚目鱼类的系统发育。1981 年发表"鲤亚目鱼类分科的系统及其科间系统发育的相互关系",对鲤亚目鱼类提出一个新的分类系统,引起国际学术界关注,并被加拿大学者纳尔逊(J. S. Nelson)引用编入《世界鱼类》(1983 年第 2 版)。此项成果于 1986 年获中国科学院科技进步奖二等奖。一生发表论文与专著共计 80 余篇(部)。 (张慰丰)

埃尔顿,C. S.(Elton, Charles Sutherland) 英国人,1900 年 3 月 29 日生于英国利物浦,1991 年 5 月 1 日卒于牛津。*动物生态学、啮齿动物学、地理探险。*

父亲是人文学者,母亲是儿童文学作家。1922 年毕业于牛津大学新学院动物学系。留校任教,1932～1967 年担任牛津大学动物种群研究室首任主任,1936 年起任动物生态学讲师、克里斯蒂学院高级研究员,1967 年退休后任名誉研究员。1925 年兼任加拿大哈德逊湾公司生物学顾问。1932 年兼任英国生态学学会会刊《动物生态学》杂志首任主编。1949～1956 年兼任英国自然保护委员会委员。1953 年当选为英国皇家学会会员。1968 年当选为美国文理科学院外籍院士。

现代动物生态学奠基者之一。他是研究动物及其环境和其他动植物关系的首批生物学家之一,也是研究动植物形成其自然环境、动物行为作为复杂生命模式一部分的先驱者。1921 年、1923 年、1924 年和 1930 年 4 次参加英国北极科学探险队,赴挪威斯匹次卑尔根岛、瑞典拉普兰等地考察极地动物及其生态环境,期间曾利用加拿大哈德逊湾公司 1736 年以来约 200 年的毛皮收购记录研究这些动物的数量变动。他对建立生态学基本理论有重要贡献。所著《动物生态学》(1927 年初版,1947 年第 3 版)首次科学定义了食物链概念,实证了食物链及其循环圈的本质,以作为解释动物数量变化主要原因。1930 年出版《动物生态与进化》一书,发展了如下观点:动物不总是乞怜于它们原有环境的恩赐,而往往会通过迁移,以及改变它们的习性来进行环境选择的实践。这些著作对 20 世纪 30～50 年代生态学有过重要影响。30 年代创建牛津大学动物种群研究室,在他的努力下后来成为国际性动物数量统计和生态学研究情报中心。他连续 20 年研究了在牛津附近草地、树林和水流生活的各种动物之间相互关系,首创"数量金字塔"的概念,运用给养关系作为表现生态系统结构的一种方法。其中,重点调查了英国啮齿动物集群,研究它们如何随着环境变化而变化。在《田鼠、小家鼠和旅鼠:种群动态问题》(1942 年)一书中,创造性地研究了动物(尤其是啮齿类动物)自然种群的数量变动规律,并进行鼠害防治的对策研究,为第二次世界大战期间英国资源保护带来直接效益。他的晚期著作《控制沟鼠和鼷鼠》(1954 年)是该领域中公认的标志性著作。作为一位较早的自然资源保护论者,他还是 1949 年英国自然保护委员会成立的倡导者之一。50 年代后十分关心在特定自然系统中引入新物种的复杂影响等课题,另有《动物世界探索》(1933 年)、《动植物入侵生态学》(1958 年)和《动物群落的模式》(1966 年)等书。获 1967 年林耐学会金奖、1970 年英国皇家学会达尔文金奖,1976 年泰勒生态学奖,1977 年布朗宁环境保护奖等。 (李啸虎)

弗里德曼,H.(Friedmann, Herbert) 美国人,1900 年 4 月 22 日生于美国纽约市布鲁克林,1987 年 5 月 14 日卒于同地。*鸟类学、生物进化论、地理探险。*

1920 年获纽约大学学士学位。1923 年获康奈尔大学博士学位。后留校,从事 2 年博士后研究,参加科学考察队远征南美和非洲。因对分类学的兴趣较大,1929 年从大学执教转到博物馆从事研究工作,后被任命为华盛顿史密森研究会美国国家自然博物馆鸟类馆馆长，直到1961年退休。退休后任洛杉矶自然博物馆馆长、加利福尼亚大学和南加利福尼亚大学动物学教授，直到1970年才第二次退休。1937～1939年任美国鸟类学家联合会会长。1962年入选美国国家科学院院士。

主要研究进化论、繁殖、寄生，特别是鸟类学，其中包括世界各地的鸟类分类。1923～1924年去阿根廷和墨西哥，1924～1925年去非洲考察鸟类。1950年研究一种鸟类吃蜂蜡的现象，分离出该鸟的肠道内有一种分解蜡的细菌(溶蜡微球菌)。鸟类吃了蜡被溶蜡微球菌分解后，就可利用和吸收其中的营养物质。第二次世界大战期间，研究伪装术，后出版《伪装博物学》，详细调研了自然界生物的伪装本能与现象。出版的著作和发表的论文很多，约400余篇(部)，其中有17部著作，如《燕八哥》(1929年)、《热带东非的鸟类》(1937年)、《北美和中美洲的鸟类》(3卷，1941～1950年)、《非洲的寄生杜鹃》(1949年)等。1955年获费城自然科学院利迪奖章。1959年因《蜜蜂引路》一书获美国国家科学院埃利奥特奖章。1964年获美国鸟类学家联合会布鲁斯特奖章。

(敬元虎　秦安舲)

布林克斯，L. R. (Blinks, Lawrence Rogers)　美国人，1900年4月22日生于美国印第安纳州密歇根，1989年3月4日卒于加利福尼亚州。*海洋藻类学、植物生理学、仪器研究。*

1923年毕业于哈佛大学，1925年获硕士学位，1926年获生理学博士学位。接着在纽约市洛克菲勒学院(洛克菲勒大学前身)任教普通生理学7年。1933年任斯坦福大学植物生理学副教授，1936年任生物学教授。1943～1965年任该校霍普金斯海洋生物站站长。1951～1962年兼任《普通生理学》杂志主编。1952年任美国普通生理学学会会长。1949年入选美国文理科学院院士。1955年入选美国国家科学院院士。

主要研究藻类。最初的实验涉及原生质的导电性——测定一种离子进入或离开细胞难易的方法，第一次测得细胞的电阻值。认为在百慕大出现的另一种巨藻细胞是海囊藻属，与法囊藻不同，此种巨藻不积累钾，然而这两种藻显示几乎相同的穿过原生质的电势。基于极谱法，研制一种氧电极用于氧的测量。1938年与斯科(R. K. Skow)不用滴汞电极，而将极化的铂电极直接应用于植物组织，此法对光的反应极快，显示出光合作用诱导期的许多先前未知的现象。1949年他用反应速度研究许多海藻的光合作用谱，发现红藻在绿光中具有非常高的光合效率，而在红光或蓝光中则效率低得多。电极法还用来指示波长突变时处于稳态的光合速率的变化。后又研究关于增加海水中的钾或减少海水中的镁时所引起海囊藻的振荡电势。代表作有《盐土植物的生物电潜能》(1938年)、《盐土植物的原生质潜能》(1938年)等。

(施金保)

舍普费尔，W.-H. (Schopfer, William-Henri)　瑞士人，1900年5月8日生于瑞士伊韦尔东，1962年6月19日卒于日内瓦。*微生物学、生物化学、营养学、科学史学。*

由于研究蘑菇有性繁殖比较生物化学，1928年获日内瓦大学博士学位。1929年任日内瓦大学生理学编外教授。1933年任伯尔尼大学植物学、生物学教授，同年成为该校植物研究所和植物园园长，1941～1942年任该校理学院院长，后升任该校校长。1942～1943年兼任瑞士微生物学会会长。1946年瑞士医学史和自然科学史联合会主席、国际历史和哲学联合会副主席。获巴黎大学药学院、南锡大学药学院、里昂自然科学院、贝桑松自然科学学院的荣誉博士学位。

1927年开始研究控制微生物生长的各种有机因子，开辟了研究微生物维生素的广阔领域。首次证实动物维生素对真菌生长是必不可少的，并进一步证实核黄素、生物素和肌醇等在微生物生长中的作用，指出自养型微生物和异养型微生物之间的典型区别，并区分出生长素自养微生物和生长素异养微生物。还研究维生素的生物合成、维生素在土壤中的作用、维生素对高等生物的重要性，维生素的作用机理、维生素类似物的拮抗作用等。1923～1962年发表论文299篇。代表作有《植物和维生素》(1943年)等。因研究寄生虫学和原生动物学获戴维奖。

(孙炳寅)

科尔，K. S. (Cole, Kenneth Stewart)　美国人，1900年7月10日生于美国纽约州伊萨卡，1984年4月18日卒于加利福尼亚州圣迭戈的拉乔拉。*生物物理学、神经生理学。*

名教授兼某学院院长的儿子。1922年获奥伯林学院文学士学位。1926年获康奈尔大学实验物理学博士学位。1929～1946年任哥伦比亚大学医学院生理学助理教授、副教授、教授。1942～1946年在芝加哥大学冶金研究所兼任生物物理学家。第二次世界大战期间负责生物学部工作，并进行辐射医学效应的基础研究。战后历任芝加哥大学生物物理学和生理学教授(1946～1949年)、美国海军医学研究院院长(1945～1954年)、国家神经疾病与失明学会生物物理研究所首任所长、国家卫生研究院衰老问题研究员等。1965～1977年兼任伯克利加利福尼亚大学教授。1956年入选美国国家科学院院士。1972年入选美国文理科学院院士和英国皇家学会外籍会员。

主要用电的方法研究活细胞膜特别是神经膜的结构和功能，推测每平方厘米的活细胞膜都约有1微法的电容量。这一结论不仅适用于许多游离细胞，而且也适用于组织中排列规则的细胞。指出当冲动通过时，一个植物细胞和一个神经膜的电容保持不变，而膜的电导增加。研究发现：生理功能与膜的电导有关，而其电容是相对稳定的；乌贼巨轴突的休止膜电导每平方厘米为0.001欧姆，当神经冲动通过时，轴突电导增加40倍；乌贼轴突内部膜的动作电位大于休止电位等。并认为膜电导与电位、电流之间有高度非线性的关系(常称为整流或不规则整流)。与A. L. 霍奇金等合作，发现乌贼轴突的感抗，测定了感抗在膜中的部位及特性，预示这种整流和感抗可能由钾离子引起。使乌贼轴突内外的大电极间通过可控制的电流，发现由于外加电流或电压，致使轴突不再能够传播冲动。这种现象后被命名为“空间电流(电压)钳”。根据这一概念又扩展了研究的深度和广度，解释许多与神经冲动有关的现象。他还设计新方法测定海胆卵表面张力与表面积之间关系，肯定了哈维(E. N. Harvey)早先的观察结果，即张力的量级是每厘米 0.1 达因(1 微牛顿)，张力是固态弹性膜的张力而不是毛细管张力或面际张力。

代表作有《膜、离子和脉冲》(1968 年初版，1972 年再版)等。获 1966 年巴西南方十字奖章，1967 年美国国家科学奖章等。1974 年美国生物物理学会建立每年颁发的科尔奖。 (田金仙)

克雷布斯，H. A.(Krebs, Sir Hans Adolf) 英国人，1900 年 8 月 25 日生于德国希尔德斯海姆，1981 年 11 月 22 日卒于英国牛津。*细胞生物学、生理学、生物化学。*

德国犹太族裔。五官科医生的儿子。大学预科毕业后入伍参战。1918 年起先后在格丁根、弗赖堡、慕尼黑和柏林等大学学医，1925 年毕业获汉堡大学博士学位。同年起在柏林大学学习一年化学和生物化学。1926～1930 年在柏林凯泽·威廉皇帝生物学研究所 O. H. 瓦尔堡实验室工作。1931 年回弗赖堡大学医学院任教，1933 年后由于纳粹排犹，被校方中止聘任。应 F. G. 霍普金斯之邀去英国剑桥大学作了 2 年研究工作。1935 年到英国设菲尔德大学任药理学讲师，1935 年为生物化学教授。1954 年任牛津大学教授，1967 年退休。后继续活跃在科研工作第一线。1947 年入选英国皇家学会会员。1958 年被封为爵士。先后获美国芝加哥大学、法国巴黎大学、德国柏林大学等 10 余所大学荣誉博士学位。

1930 年在选择研究课题时，意识到氧化的中间步骤涉及到高等生物的主要能量来源。1930～1932 年发现鸟氨酸尿素，以及哺乳动物尿素合成的途径，这是他的第一个重要发现。1935 年着手研究碳水化合物的代谢。20 世纪 30 年代，人们对细胞内的氧化反应和糖的氧化反应知之甚少。到 1936 年，已确立一个由柠檬酸经 7 步反应最后产生草酰乙酸的反应系列，前一步反应产生的有机酸，为后一步反应的反应物，人们称之为反应链。但当时不知道这一生物反应链的关键所在，更不了解它的意义。1937 年与学生约翰逊(W. A. Johnson)经过一系列的实验，共同建立了三羧酸循环理论(又称柠檬酸循环，也称克雷布斯循环)。也就是说柠檬酸经历了一系列化学反应，最后产物为草酸酰乙酸，当草酸酰乙酸与丙酮酸作用，它又生成了此链的起始化合物柠檬酸。在每一次循环中，将有一个二碳化合物生成二氧化碳和水，释放的能量供机体使用。丙酮酸是食物中糖类代谢的产物，它又是三羧酸循环的反应物。这样，糖类的氧化反应便和三羧循环联系起来。三羧酸循环是糖代谢的中间步骤。

后来他和 W. A. 约翰逊研究指出，三羧酸循环不但是糖代谢的中间步骤，亦可以是蛋白质和脂肪的中间步骤，三羧酸循环理论解释了食物怎样经过循环反应最终氧化二氧化碳和水的过程，在氧化反应过程中，释放出维持生命活动所需的能量，这个理论解释了生物体内糖、脂肪和蛋白质等，是怎样互相联系又相互转变的。此后，美国哈佛大学的 F. A. 李普曼发现一种辅酶 A，它能和丙酮酸作用，生成乙酰辅酶 A。然后，此化合物和草酰乙酸反应生成柠檬酸。李普曼的研究又说明了柠檬酸的形成过程。这样，李普曼补充了他的工作。因此，他们两人共获 1953 年诺贝尔生理学或医学奖。

主要论文有“尿素合成的鸟氨酸循环”(1932 年)、“动物组织中间代谢柠檬酸的作用”(1937 年)、“由丙酮酸和二氧化碳生物合成丁酮二酸”(1940 年)、“碳水化合物生物氧化中的中间阶段”(1943 年)和“柠檬酸循环”(1953 年)等；主要著作有《生命物质的能量转换》(1957 年，与他人合著)、传记《奥托·瓦尔堡》(1979 年，与他人合著)、《往事与反思》(1981 年，与他人合著)等。除诺贝尔奖外，还获 1954 年英国皇家学会皇家奖章，1958 年荷兰物理学、医学科学与外科学会金质奖章。 (张慰丰)

德米特罗钦科，А. П.(Дмитроченко, Александр Петрович; Dmitrochenko, Aleksandr Petrovich) 苏联人，1900 年 9 月 1 日生，1981 年卒。*畜牧学、营养学、农业化学。*

1922 年毕业于斯捷布托夫斯基农学院。1927～1930 年任教于列宁格勒农学院。接着先后在列宁格勒农业教育学院(1930～1935 年)、列宁格勒畜牧学院(1930～1935 年)、沃洛戈德斯基农学院(1940～1947 年)、列宁格勒兽医学院(1946～1956 年)和列宁格勒农学院(自 1946 年起)任家畜饲养教研室主任。1967 年入选全苏列宁农业科学院院士。

研究过饲料利用效率的问题，认为饲料养分的特征应是保证动物的需要，而不是成年家畜脂肪的积累，因为维持生长、乳汁分泌和产卵的正常状态并不取决于满足脂肪积累的条件。与同事研究蛋白质的、碳水化合物的、脂肪的、盐的、大量和微量矿物质的以及某些维生素的营养问题；还研究饲养标准化的原理及应用电子计算机编排最适日饲量。发表论文约 200 篇；代表作有《农业动物哺养》(1964 年)、《乳牛的饲养》(1968 年)等。曾获多种奖励，其中有 2 枚列宁勋章。1966 年获苏联社会主义劳动英雄称号。 (孙维伦)

刘承钊(Liu Chengzhao) 原名刘承诏。中国山东省人，1900 年 9 月 5 日(农历八朋十二日)生于山东泰安，1976 年 4 月 9 日卒于四川成都。*两栖爬行动物学、地理探险、生物学教育。*

农民兼私塾教师的儿子。1927 年北京燕京大学生物学系毕业后留任助教，并攻读研究生课程，1929 年获该校硕士学位。1929～1932 年先后任沈阳东北大学生物学系、燕京大学生物学系讲师。1932 年赴美国留学，1934 年获康奈尔大学博士学位。1934～1949 年先后任苏州东吴大学生物学系教授、成都华西协合大学生物学系教授、成都燕京大学生物学系主任、美国芝加哥自然博物馆研究员。期间1946～1947年访问美国，曾在康奈尔大学、芝加哥大学讲学。1949年后，历任燕京大学生物学系主任、华西协合大学校长、四川大学生物学系主任、四川医学院院长。曾兼任四川科学技术协会主席等职。1955年选聘为中国科学院学部委员（院士）。

20世纪30～40年代，发表"无尾目的一种新的第二性征——雄性线"（1935年）等学术论文多篇；通过对中国西部横断山脉等地的艰苦考察，深入研究中国多种两栖类的生活史，发现8个新种，建立中国特有的一个新属——髭蟾属。50年代后，积20余年研究成果，出版专著《中国西部的两栖类》（1950年，英文版），至今仍被国际学术界视为研究中国西部两栖动物的经典之作；1961年与夫人胡淑琴合著出版专著《中国无尾两栖类》，书中描述了当时中国已知的120个种两栖动物及未订名的11种蝌蚪，在中国首次论述无尾两栖类的分类系统及分类特征、成体的适应及第二性征、蝌蚪的适应、地理分布等，该书现已成为研究中国两栖动物的权威性参考书。此外，生前发表论文57篇，手册及图谱各1种。在他去世后，其研究成果多次获国家和省部级奖励，如中国科学院1979年重大科研成果奖、1987年国家自然科学奖二等奖等。（高小东　宣焕灿）

朱洗（Zhu Xi）　原名永昌，字玉文。中国浙江省人，清光绪二十六年八月二十日（1900年9月13日）生于浙江临海县，1962年7月24日卒于上海。细胞生物学、实验胚胎学、遗传学。

农家子弟。早年就读于浙江台州省立第六中学，1919年"五四"运动期间，因参加罢课游行被学校开除。1920年赴法国勤工俭学，白天做工，晚上补习，历时4年多。1925年入法国蒙彼利埃大学学习生物学，1931年获博士学位，1932年底回国，任广东中山大学教授。1935年去北平研究院生物研究所工作，兼任中法大学教授。1937年到上海创办生物研究所，和巴金等人筹办文化生活出版社。1942年因拒绝汪伪政府聘请，回家乡创办初级小学、农民夜校和半工半读的琳山农校。1945年任上海生物研究所所长、研究员，后任北平研究院生理研究所所长。期间应台湾大学校长罗宗洛之邀兼任该校动物学系主任。1949年后，历任中国科学院上海实验生物学研究所研究员兼发生生理学研究室主任、副所长、所长。1955年选聘为中国科学院学部委员（院士）。

主要从事实验胚胎学和细胞学工作。对两栖类、鱼类、家蚕等动物卵子成熟、受精、人工单性生殖和异种杂交的细胞学，以及对两栖类人工排出卵的成熟、受精和单性生殖做了长期深入研究。发现卵子成熟程度与胚胎的正常发育有密切关系，不够成熟或过分成熟的卵在受精后往往因分裂节奏失去协调而不能正常发育。还发现输卵管产生的胶膜对受精有重要作用。他创立的蟾蜍卵巢离体排卵的方法，为探讨卵子成熟、受精和发育等问题开辟了新途径。20世纪20～30年代，师从法国科学院院士巴德隆（E. Bataillon），与老师联名发表两栖类杂交、受精等方面的14篇论文。1931年以"无尾类杂交的细胞学研究"论文获博士学位。1961年首次让人工单性生殖形成的雌蟾与雄蟾交配，繁殖出没有外祖父的小蟾蜍，解决了几十年来争议不休的人工单性生殖的个体是否有生殖能力的难题。

他十分注意把动物生殖学的理论与生产实际相结合。在家蚕的混精杂交研究中，发现不同品种的未与卵核结合的精子能影响子代的遗传性，培育出色泽好、茧形大的杂交种蚕，成果获1978年全国科学大会奖。1950～1953年，与同事解决了印度蓖麻蚕引种、驯化、越冬品种的培育和推广等问题，为中国纺织工业增加了一种新原料，也为南方几省农民增加了收入，成果获1956年中国科学院自然科学奖三等奖、1964年国家发明奖。还与同事应用绒毛膜促性腺激素成功地解决草、青、鲢、鳙等池养家鱼的人工催产和鱼卵孵化等关键问题，促进了中国渔业养殖事业发展，成果获1989年中国科学院科学技术进步奖一等奖。

毕生写了450余万字著述。著译20余种，其中学术著作有《脊椎动物发生学》、《家鱼人工繁殖论文集》、《生物的进化》（1958年）等、科学普及著作有《现代生物学丛书》（共8种）等、还翻译出版一些进化论方面著作；学术论文近70篇，已选编为《朱洗论文集》出版。

（张慰丰）

小斯特劳斯，W. L.（Straus，William Louis，Jr.）　美国人，1900年10月29日生于美国马里兰州巴尔的摩，1981年1月28日卒。比较解剖学、人类学。

曾在哈佛大学和约翰斯·霍普金斯大学学习。1926年获博士学位。1926～1927年在西储大学被选为国家研究委员会成员。1927～1966年任教于约翰斯·霍普金斯大学，先后任解剖学讲师、助理教授、副教授，1952年起任人类学教授，1966年退休后任荣誉教授。1937～1938年在伦敦大学和剑桥大学被选为古根海姆学会会员。1962年入选美国国家科学院院士。

主要研究活体和化石灵长目的比较解剖学。在现存的灵长目中，他专门研究了骨骼和肌肉系统及有关胸腔、腹腔内脏器官和其他软体组织。在研究现存的灵长目形态特征时，指出人类比类人猿更为原始，而接近于较为低级的猿类如旧大陆猴，向人类是由悬臂猿进化而来的这一观点挑战。因为人类臂力摆荡能力较差，而类人猿在森林中都是靠前肢不断摆荡前进的。在1949年的《人类祖先之谜》一书中论述了这个观点。最近发现的化石证据也支持了这个有特殊意义的论点，说明人类起源于非有腕类的类人猿。发表论文近百篇；还和其他学者合作编写《恒河猴解剖》（1933年）、《达尔文之先驱（1745～1859年）》（1959年，与他人合著）等书。

（敬元虎）

弗雷-维斯林，A. F.（Frey-Wyssling，Albert

Friedrich） 瑞士人，1900 年 11 月 8 日生于瑞士日内瓦湖区库斯纳赫特，1988 年 8 月 30 日卒于苏黎世。*植物细胞学、显微术*。

出身教师家庭。早年在瑞士苏黎世联邦理工学院读书，1924 年获理学博士学位。1926 年起在母校任教，1938 年在该校普通植物学和植物生理学系任教授及系主任，1957～1961 年任该校校长，1970 年退休。1970 年当选为美国国家科学院外籍院士。

具有丰富的光学及生物学知识，曾用胶体金和银粒子染植物纤维，证明韧皮纤维由微纤丝组成，微纤丝由更细的基本纤丝组成，从而建立亚显微形态学的新学科。1940 年后，他用电子显微镜直接观察到叶绿体、视杆细胞和神经髓鞘的片层结构，以及细胞壁、肌肉、结缔组织等的原纤维结构，将结构与机能结合起来进行研究。著有《原生质及其衍生物的亚微形态学》（1938 年）、《原生质的亚微形态学》（1948 年）、《细胞质的亚微结构》（1955 年）、《细胞结构中的大分子》（1957 年）、《植物细胞壁》（1959 年）、《超微结构植物细胞学》（1965 年）等。

（田金仙）

张肇骞（Zhang Zhaojian） 号冠超。中国浙江省人，1900 年 12 月 1 日生于浙江永嘉（今属温州），1972 年 1 月 18 日卒于广州。*植物分类学、植物地理学、资源植物学、地理探险*。

出身书香门第。1926 年南京东南大学生物学系毕业后，任教南京中央大学。1932～1934 年先后在英国皇家植物园、爱丁堡植物园留学。1934 年回国，历任广西大学农学院教授兼植物研究所所长、浙江大学教授、江西中正大学教授兼生物学系主任、北平静生生物调查所研究员兼北京大学教授。1950 年后，先后任中国科学院植物研究所研究员，中国科学院华南植物研究所副所长、代所长。曾兼任中国植物学会副秘书长、广东省植物学会理事长等职。1955 年选聘为中国科学院学部委员（院士）。

擅长植物分类学和植物区系研究，尤在菊科、堇菜科、胡椒科等领域有所建树。在植物分类学方面，先后发现新种 75 个、新变种 7 个、新改名的植物品种 13 个，在国际植物学界有较大影响；在他的负责主持下，使中国科学院华南植物所由一个单一植物分类学研究机构扩展为综合性植物学研究机构，对中国南方地区植物学发展起到重要推动作用；带领野外科学考察队，历时 5 年综合考察华南热带、亚热带植物资源开发利用潜力，找到橡胶宜林地带。

先后出版著作、译作 28 部，其中有《中国菊科植物之观察》、《中国菊科之新种》、《海南菊科志》、《中国西南部堇菜属之研究》、《广西红水河流域考察地区植物区系调查报告》、《十年来的中国科学——中国植物分类和区系学》等专著；以及达尔文《攀援植物的运动和习性》等译著；主持或参与主持《中国主要植物图说》、《河北植物志》、《中国植物科属检索表》、《海南植物志》等工具书编纂。

（谢 源）

霍尔弗莱特，J. F. K.（Holtfreter，Johannes Friedrich Karl） 美国人，1901 年 1 月 9 日生于德国里希滕贝格，1992 年 12 月 13 日卒于美国纽约。*胚胎学、动物学、细胞生物学*。

德国犹太裔。就读于德国罗斯托克、莱比锡和弗赖堡等大学，1924 年在弗赖堡大学获动物学博士学位。1928 年任柏林凯泽·威廉生物研究所研究助理。1933 年任慕尼黑大学动物学教授。因纳粹上台，1938 年离开德国去英国、加拿大，最后定居美国。1942～1946 年任职于加拿大蒙特利尔的麦吉尔大学动物学系。1946 年到纽约罗切斯特大学动物学系执教，1968 年退休为荣誉教授。1955 年入选美国国家科学院院士。1957 年入选美国文理科学院院士。是德国自然科学家协会和瑞典皇家科学学会外籍成员。1975 年获弗赖堡大学荣誉理学博士学位。

对胚胎学研究有重大贡献。20 世纪 30 年代，解释了移植脊索中胚层区域的许多问题，证实胚胎发育如果没有诱导刺激，分化就不能继续下去。后来又证实不同种的两栖类具有相同区域特异性诱导体，但这些诱导体的特异反应取决于种的遗传背景。其能力不仅包括组织和阶段的特异性，还包括卵的特异性。发现诱导能力不局限于胚胎组织的生活状态中，神经诱导是由某些化学因子传递的，诱导物质存在于所有成年动物的一切组织中。代表作有《外凸原肠胚的自我修补》（1933 年）、《两栖动物器官发育析因的组织学研究》（1939 年）等。

（孙炳寅 孙 勇）

沃德洛，C. W.（Wardlaw，Claude Wilson） 英国人，1901 年 2 月 4 日生于英国格拉斯哥，1985 年卒。*植物生理学、热带经济植物学、水果保鲜技术*。

曾在格拉斯哥大学学习，1921 年获学士学位，1925 年获博士学位，1928 年获理学博士学位。1921～1928 年在格拉斯哥大学任植物学助教和讲师。后任英属西印度群岛的特立尼达热带农业帝国学院低温研究所病理学家和所长、曼彻斯特大学植物学教授，还担任过该校理学院院长和副校长。1968 年主持国家科学基金会国外高级科学家联谊会。先后被选为美国文理科学院外籍院士、法国科学院外籍通讯院士、比利时皇家科学院外籍通讯院士和美国植物学会通讯会员。

在格拉斯哥大学求学时，受著名植物学家鲍尔（Frederick Orpen Bower）的影响，努力学习植物学，长期研究植物胚和成熟区形态结构发育的原因。认为一切生物体的形态最终都能用数学、物理学和化学的基本原理加以说明。1940 年开始研究幼苗顶端分生组织和实验形态发生学，指出蕨类植物的顶端，甚至显花植物较小的顶端，都能用作关键性的实验材料。1928～1940 年，在英属西印度的特立尼达热带农业帝国学院研究香蕉及其他热带水果的病害、储藏和运输。第二次世界大战后，又研究西非油棕榈和不同热带地区的焦麻。

著作有《香蕉的病害》（1935 年初版，1961 年再版）、《种系发生和形态发生》（1952 年）、《植物的胚胎发生》（1955 年）、《植物的组织和进化》（1965 年）、《植物的形

态发生》(1968 年)、《植物的细胞分化》(1970 年)等。1970 年获美国植物学会佩尔顿奖。（施金保）

俞大绂(Yu Dafu) 中国浙江省人,1901 年 2 月 19 日生于江苏南京,1993 年 5 月 15 日卒于北京。植物病理学、农业微生物学、作物抗病工程。

原籍浙江绍兴,出身书香门第。1924 年金陵大学毕业。留校任教。1928 年赴美国学习植物学,1932 年获艾奥瓦大学博士学位。1933 年回国,相继任金陵大学教授,昆明清华大学农业研究所教授,北京大学农学院院长、教授。1948 年当选为中央研究院院士。1950 年后,历任北京农业大学教授、校长、名誉校长。曾兼任中国农学学会副理事长,中国植物病理学会理事长、名誉理事长,中国植物保护学会理事长,中国真菌学会名誉理事长等。1955 年选聘为中国科学院学部委员(院士)。1956 年当选为苏联农业科学院通讯院士。

20 世纪 20～30 年代,从事谷类作物抗病育种等方面的研究,育成抗黑粉病的小麦、抗荚疫病的大豆以及抗稻瘟病的水稻品种。发现小麦杆黑粉菌赋有生理分化性,开创中国禾本科作物黑粉病菌研究。40 年代,对中国作物病毒病害和细菌病害开展多方面先驱性探索。50 年代前期,带队赴东北地区研究当地广泛传播的苹果树腐烂病,找到原因并制定防治措施,制止了病害的蔓延。接着,又与中国科学院同事共同承担防治谷子红叶病的任务,提出药物防治和抗病育种有力措施。50 年代后期,在北京农业大学主持植物激素赤霉素的研究工作,培养出中国特有的"3010"号优良菌种,研究出一套提纯赤霉素结晶的技术。60 年代,开展真菌遗传变异,特别是异核现象研究。发现水稻恶苗病菌在自然界中以 3 种不同核型组成异核体,澄清了异核现象在自然界中是否普遍存在这个长期争论问题。

发表论文百余篇;撰有《植物病理学和真菌学技术汇编》(卷一,1959 年;卷二,1979 年)、《微生物学》(1965 年第 1 版;1985 年第 2 版)、《粟病害》(1973 年)、《蚕豆病害》(1979 年)等著作 10 余部。获 1980 年国家农业部技术改进奖一等奖等多项奖励。（高小东）

布兰贝尔,F. W. R.(Brambell, Francis William Rogers) 英国人,1901 年 2 月 25 日生于爱尔兰都柏林附近,1970 年 6 月 6 日卒于英国威尔士卡那封郡。脊椎动物学、胚胎学、生殖生理学。

曾在都柏林三一学院读书,1922 年获学士学位,1924 年获博士学位,1927 年又获理学博士学位。后在伦敦大学学院和伦敦大学帝国学院工作。1930 年在威尔士大学任动物学教授。是英国皇家学会会员。

主要研究哺乳动物蛋白质分子的转移。以子宫腔和胎儿的卵黄囊为材料,弄清了大分子在通过生物膜时的转移方法和蛋白质对细胞附着的选择性,以及幼体动物如何从其母体获得免疫力的过程。这不仅涉及到幼体的抗病毒性,也和新生幼体的溶血病有关。由于这项成就,获 1964 年英国皇家学会皇家奖章。著有《脊椎动物的性发育》(1930 年)、《抗体和胎儿》(1951 年)和《从母体到幼体被动免疫的转移》(1970 年)等。（敬元虎）

福特,E. B.(Ford, Edmund Brisco) 英国人,1901 年 4 月 23 日生于英国坎伯兰郡柏蒲卡斯特尔,1988 年 1 月 2 日卒于牛津。生态遗传学、生物进化论。

1924 年获牛津大学文科硕士和理学博士学位。1927 年起执教于牛津大学动物学系,1952～1969 年任该校遗传学实验室主任,1963 年起任牛津大学生态遗传学教授、遗传学实验室主任及万灵学院评议员,1969 年退休为荣誉教授。还是利物浦大学荣誉理学博士、皇家医学院及沃德姆学院荣誉成员、英国皇家学会会员(1946 年入选)、芬兰科学院外籍院士。

是著名的生态遗传学家。很早就提出在人为模拟的实验条件下进行野生群体的适应与进化研究。1923～1926 年间进行了最早的遗传控制生长的研究,在淡水甲壳纲动物中发现基因控制着生长时间和生物过程速率。他还发明了从动物标本提取估计其生态分布密度变化的方法,是生态遗传学研究的基本方法。其中 1930 年和林肯(F. C. Lincoln)同时建议,将鳞翅目昆虫做好标记后释放再重新捕获来研究野生群体中各类型的数量变化规律。他长期探索同属或同种生物的各基因型在自然界中的分布与演变。1940 年把不能以反复突变解释的一个群体中长期存在 2 种或更多基因型的现象定名为遗传的多态性。

主要著作有《孟德尔学说与进化论》(1931 年)、《生态遗传学》(1964 年)、《遗传的多态性》(1965 年)、《遗传学与适应性》(1976 年)、《把遗传学带进乡间》(1981 年)等。曾获牛津大学奖金与奖章、赫尔辛基大学奖章,1954 年英国皇家学会达尔文奖章,1968 年联合国教科文组织卡林加奖等。（王爵渊）

小斯图尔特,T. D, Jr(Stewart, Thomas Dale, Jr.) 美国人,1901 年 6 月 10 日生于美国宾夕法尼亚州三角洲的威尔社区,1997 年 10 月 27 日卒于弗吉尼亚州麦克莱恩。自然人类学、骨科学、法医学。

1927 年获华盛顿大学文学士学位。1931 年获约翰斯·霍普金斯大学医学博士学位。1931～1965 年在美国国家自然博物馆人类学分馆任助理、副馆长、1942 年任分馆馆长,1962～1966 年任博物馆馆长等职,1971 年退休。与此同时,他还是一位杰出的教师,1943 年、1958～1967 年两度兼职于华盛顿大学医学院,1945 年在墨西哥城讲学。1949 年获库斯科大学荣誉理学博士学位。1962 年入选美国国家科学院院士。1963 年成为美国矫形学会荣誉会员。1971 年被誉为荣誉人类学家。1974 年成为美国法学研究会荣誉会员。曾任华盛顿州人类学会会长、美国国家地理学会人类探索分会会长、《美国自然人类学》杂志主编、美国自然人类学家协会主席。

主要从事人类骨骼的研究,先后到过伊拉克和日本进行考察研究。前期工作是分析新大陆的人类骨骼遗迹,提出了"头盖骨高度"低下的地区分布意义及某些病理变化的年代分布意义,还提出头骨变形作为文化特征的记录。曾参与"人类何时到达新大陆"的争论,为人类起源问题提供论据。后进入法医学领域，考察了死于北朝鲜战场的美国士兵骨骼的年龄变化，同时还注意到骨骼的病理改变。

先后发表200多篇论文，还著有《美国年轻男子的骨龄变化》(1957年)、《美国人》(1973年)和《法医学人类学基础》(1979年)等书。获1953年人类学瓦依金奖章，1976年亨利奖章。 (吴馥梅 左成慈)

涂治(Tu Zhi) 字策三。中国湖北省人，1901年8月20日生于湖北黄陂，1976年3月卒于新疆乌鲁木齐。*农艺学、植物病理学、作物防护工程。*

出身官宦书香之家。1924年清华大学生物学系毕业。同年考取留学美国公费生，1929年前先后获美国明尼苏达大学研究生院农学硕士、博士学位。同年回国，相继任岭南大学助理教授、副教授兼植物病理室主任，河南大学教授兼农学院院长，武汉大学教授，西北农林专科学校教授兼教务长、农学系主任，西北农学院农场主任，新疆学院(今新疆大学)农科主任、教务长、副院长等职。1949年后，历任新疆维吾尔自治区农林业厅厅长兼八一农学院(今新疆农业大学)院长、农业厅厅长兼新疆农林牧科研所所长、新疆维吾尔自治区科技委员会副主任、中国科学院新疆分院第一副院长、新疆农业科学院院长等职。曾兼任新疆维吾尔自治区科学技术协会主席等职。1955年选聘为中国科学院学部委员(院士)，是新疆首位院士。

20世纪30～40年代，他作为年仅31岁的留美博士出任河南大学农学院院长，广招名师，开门办学；在美国《植物病理学》上发表"华北粟抗粒黑穗病的研究报告"(1935年)，是该农学院在国外发表第一篇论文，有一定影响；倡导接种病菌孢子于种子以筛选抗病力强的优良品种，这一独特的抗病理论及育种技术被公认为开改进抗病技术先河。40年代中期后，对新疆文化教育与科技事业、农业生产发展都有过开拓性的贡献；在新疆积极倡导和推广牧草田轮作制、单倍体育种、喷灌试验、水稻塑料薄膜育秧等先进农业技术；晚年发表"关于自治区打好农业生产仗的几点意见"，是他在新疆实践和研究农业生产近40年的一个科学总结，提出进一步发展新疆农业生产的战略性思路和对策。撰写"棉花烂根病的防治"、"关于实行牧草田轮作制的问题"等近百篇学术论文；翻译出版过近百万字农业科技丛书和专著。 (江冬妮)

贝塔朗菲，K. L. von(Bertalanffy，Karl Ludwig von) 加拿大人，1901年9月19日生于奥地利首都维也纳附近的阿茨格斯多夫，1972年6月12日卒于美国纽约州布法罗。*理论生物学、系统科学、哲学。*

奥地利裔。1918年入读奥地利因斯布鲁克大学艺术史与哲学史专业，后转读维也纳大学，成为科学哲学维也纳学派创始人 M. 石里克等人的学生。1926年获维也纳大学哲学博士学位。留校任教，1934～1948年任理论生物学教授。期间，1937～1938年在美国芝加哥大学任教。1948年移居加拿大，同年任加拿大渥太华大学医疗系主任、教授。1955～1958年任美国洛杉矶蒙塔西朗医院生物研究所主任，兼任南加利福尼亚大学客座教授。1961～1968年任加拿大阿尔贝塔大学动物学与心理学系理论生物学教授。1969～1972年任美国纽约州立大学理论生物学研究中心教授。曾先后兼任洛克菲勒基金会研究员、拉迪·戴维斯基金会研究员、美国行为科学高级研究中心研究员、国际一般系统论研究会副主席等职。曾是联邦德国科学院外籍院士、美国纽约科学院外籍院士。

现代著名理论生物学家、一般系统论的创始人。20世纪20年代，1924～1928年发表一系列论文，初步阐述了系统论思想，1928年在柏林出版《现代发展理论》(1933年牛津初版、1962年纽约再版)，提出了超越当时机械论、活力论生命观的第三种生命观——机体论生命观，引起激烈争议，受到一些人责难。30～40年代，出版《理论生物学》(1932年初版、1940年再版)，提出用数学和模型方法研究生物学，论述了机体系统论的整体性原则；1937年提出了机体论若干基本原理；在第二次世界大战期间，发表了多篇从不同角度阐述系统论的论文，但其思想闪光被连天炮火所湮没。战后，他的系统论思想才逐渐得到承认，系统论作为一门新学科才得以确立和不断发展。40～50年代，1949年发表"关于一般系统论"的纲领性论文，系统提出了整体原理(组织原理)、动态原理、自主原理等，发展了生物机体论思想；出版《生命问题：现代生物学思想评价》(1949年初版、1952年再版)、《物理学和生物学中的开放系统理论》(1950年)等；1954年共同参与发起建立国际一般系统论研究会，参与主编出版《行为科学》杂志和《一般系统论年鉴》。50～60年代，出版专著《一般系统论：基础、发展和应用》(1955年初版、1968年、1975年再版)、《机器人、人和心智》(1967年)等专著，以及《人的系统观》论文集，既反对滥用工程控制论解释人类问题、滥用机器人模型说明人的行为，又反对将人类社会与生物群体进行机械类比。发表论文200余篇。60年代后期以来，以贝塔朗菲为代表的系统论思想在全球蔚然成风，成为现代科学思想长河中波澜壮阔的新思潮。

(李啸虎)

刘崇乐(Liu Chongle) 又名刘觉民。中国福建省人，1901年9月20日生于中国上海，1969年1月6日卒于云南昆明。*资源昆虫学、生物防治工程。*

原籍福建福州，出身名门望族。1920年清华学校生物学及化学专业毕业。1922年获美国康奈尔大学农学士学位，1924年获该校昆虫学专业博士学位。同年回国，历任清华大学、东北大学、北平师范大学等校的生物学教授、昆虫学教授兼系主任，北平静生生物调查所研究员。1935年创办清华大学昆虫学研究所。1936年再度赴美国进修，1937年途经欧洲考察昆虫学研究进展，被英国皇家学会接纳为会员。1946年任清华大学农学院昆虫学学系主任。1949年后，历任北京农业大学昆虫学系主任，中国科学院昆虫研究所和动物研究所的研究员、研究室主任，中国科学院云南分院副院长兼昆明动物研究所首任所长。曾长期兼任《昆虫学报》主编。1955年选聘为中国科学院学部委员(院士)。

20世纪30～40年代，主编有《寄生昆虫目录》共14册；致力于中国胡蜂科、瓢虫科、虎甲科、天幕毛虫、红蜘蛛及梨实蝇等分类区系与防治的研究。50～60年代，参与创立北京昆虫学会；1952年春，美军在朝鲜战场和中国东北地区投放细菌毒虫，他和其他中国科学家一起，不顾生命危险深入现场调查取证，向全世界公开揭露美军进行细菌战罪行，并指导军民消灭大量细菌毒虫；1953年中国发生大面积粘虫灾害，造成粮食严重减产，他经过野外调查和模拟实验，查清了粘虫生长规律，提出了有效防治措施；在中国率先提倡利用病原微生物和天敌昆虫对害虫进行生物防治，1958年他从国外引进苏云金杆菌进行松毛虫防治试验获得成功；倡导并发展资源昆虫学，将其内涵扩展到研究益虫行为；主持对中国资源昆虫的调查、研究与开发，特别是改进紫胶虫产生紫胶的生产技术，扩展生产区域。发表论文50余篇；著有《中国经济昆虫志·瓢虫科》等专著4部，编译《英汉昆虫学辞典》等译著3部。（吴绩新）

理查兹，F. J.（Richards，Francis John） 英国人，1901年10月1日生于英国特伦特河畔伯顿，1965年1月2日卒于肯特郡怀尔。*植物生理学、作物栽培学。*

曾在伯明翰大学学植物学和生物化学。1926～1958年任格里戈里（F. G. Gregory）在伦敦大学帝国学院植物生理研究所研究员。1958年任洛桑植物形态发生与营养研究所农业研究咨询部主任，该机构后并入肯特郡怀尔学院。1954年被选为英国皇家学会会员。

他对谷物的矿质营养，特别是钾与磷的作用很有研究，在国际上享有盛名。揭示了植物缺乏矿物营养而引起的代谢后果，如缺钾时腐胺的积累。意识到许多环境因子与营养因子的相互作用。还是最早将新发展的统计学方法应用到生理和生态研究中的学者之一。（洪必恭）

特威蒂，V. C.（Twitty，Victor Chandler） 美国人，1901年11月5日生于美国印第安纳州马丁县罗哥蒂，1967年3月22日卒于斯坦福。*爬行动物学、胚胎学。*

1925年在巴特勒学院获学士学位。1929年在耶鲁大学获博士学位。1929～1931年在耶鲁大学任教。1932年在斯坦福大学任教，1946～1963年先后任该校生物系生物学教授、常务副系主任、主任。1950年入选美国国家科学院院士。1962年入选美国文理科学院院士。

主要研究蝾螈的发育、生长行为等。是著名的胚胎学家。曾将美西螈属蝾螈生长速度不同的胚胎的眼睛进行移植，发现遗传的生长潜势控制着眼睛的大小，而不是生物的大小决定眼睛的大小。后又研究西方水螈的色素细胞，通过交换不同品种的色素细胞来试验决定色素沉着式样的内部和外部因素的作用，又发现正是色素细胞本身的遗传结构而不是宿主皮肤品种决定其色素的式样。这一研究导致了组织培养技术的发展。还选择一条小河作为试验场，进行蝾螈的形成和行为研究，发现它们能返回原来的出生地继续繁殖，即使瞎眼蝾螈，也有很强的回归能力。著有《科学家和蝾螈》（1966年）等。（敬元虎）

米德，M.（Mead，Margaret） 美国人，1901年12月16日生于美国宾夕法尼亚州费城，1978年11月15日卒于纽约。*人类学、博物学、地理探险。*

金融教授家中5个孩子中的长女。中学毕业后进入印第安纳州格林卡斯尔的德保大学。1923年在哥伦比亚大学巴纳德学院获文学士学位。1929年在哥伦比亚大学获博士学位。从1926年起一直在美国国家自然博物馆任职，历任人类学馆助理、副馆长、馆长及名誉馆长。并在多所大学兼任人类学教授、顾问等职。1975年被选为美国国家科学院院士。曾任美国应用人类学学会会长（1949年）、美国人类学会会长（1960年）、美国科学促进协会主席（1976年）、纽约科学院院长（1966～1972年）和名誉院长。

是人类学的创新者，对理论和野外研究作出了贡献，开创和发展了许多研究程序，这些程序成为野外工作的标准。以研究太平洋无文字民族而闻名，尤其对心理学和文化方面的研究，成绩卓著。从巴纳德学院毕业后，就从事人类学研究。1925年在萨摩亚群岛、1928～1929年在阿德默勒尔蒂群岛、1931～1933年在新几内亚、1936～1938年在巴厘岛研究土著民族各个方面。第二次世界大战期间，研究兴趣扩大到应用人类学。晚年将精力和专长应用于寻求社会发展变化，对新兴城市与区域规划发生强烈兴趣，并为其发展作出了贡献。

独撰的主要著作有：《萨摩亚群岛的发展前景》（1928年）、《新几内亚的发展》（1930年）、《一个印第安部落的文化变迁》（1932年）、《三个原始社会的两性关系与气质》（1935年）、《一个人类学家眼中的美国》（1942年）、《男人与女人》（1949年）、《父权主义的文化变迁（1928～1953年）》（1956年）、《文化进化的连续性》（1964年）、《文化与信仰》（1970年）等。曾多次获奖，包括妇女地理学家协会金质奖章（1942年）、太平洋科学中心的科学凯旋门奖（1971年）、联合国教科文组织和印度政府的卡林加奖（1971年）、多伦多瓦尼埃研究所瓦尔德彭菲尔德奖、美国人类学会杰出服务奖（1976年）。（应中锷　李啸虎）

萨哈罗夫，В. В.（Сахаров，Владимир Владимирович；Sakharov，Vladimir Vladimirovich） 苏联人，1902年2月28日生于俄国辛比尔斯克（今俄罗斯乌里扬诺夫斯克），1969年1月9日卒于莫斯科。*发育生物学、作物育种学、遗传学。*

农学家的儿子。1920年入莫斯科第二国立大学师范学院，1926年毕业。1925～1929年在莫斯科一所中学讲授土壤学。1929～1948年在苏联科学院实验生物研究所（后改为细胞学、组织学与胚胎学研究所）进行化学诱变及多倍体研究。1950～1956年在莫斯科大学药学院植物学系任职，继续从事有关研究。1956年筹组莫斯科自然实验者协会遗传学分部（瓦维洛夫全苏遗传学家和选种学家协会的前身）。1956年到苏联科学院生物物理研究所辐射遗传实验室任职，领导多倍体研究小组。1966～1967年任苏联科学院普通遗传学研究所多倍体实验室主任(1967年该实验室并入苏联科学院发育生物学研究所)。从60年代末开始,还任季米里亚捷夫植物生理研究所教授,讲授遗传学。

毕生从事遗传学教学与科研工作。研究工作主要是关于化学诱变、多倍体、辐射遗传学及人类遗传学等方面。早在大学时代,就写过一篇题为"果蝇的新突变"的论文。20世纪30年代及40年代初,从事实验诱变研究,并于1932年首次揭示了化学试剂(碘、甲基胆蒽)有诱变因素作用。在此期间,还研究了可遗传的地区甲状腺肿,以及乌兹别克斯坦地区的血型分布与特性等人类遗传学问题。1941年与弗罗洛瓦(С. Л. Фролова)和曼苏洛瓦(В. В. Мансурова)合作,通过秋水仙素处理使染色体加倍,获得了一个高度可育的四倍体荞麦品种,这一品种直到1948年为止,仍可与最好的二倍体品种相匹敌。1950～1956年,从事于药用植物多倍体及化学诱变研究。通过比较荞麦等材料二倍体及同源四倍体类型对于辐射的敏感性,发现了多倍体类型对于辐射影响具有生理防护作用,这一发现显示了人们有可能针对辐射抗性进行选择。在遗传学争论与恢复时期,曾对苏联遗传学的发展起了重要作用。主要著作为《生物与环境》(1968年)。(王爵渊)

亨德里克斯,S. B.(Hendricks,Sterling Brown) 美国人,1902年4月13日生于美国得克萨斯州菲尔茨的伊利生,1981年1月4日卒于加利福尼亚州诺瓦托。*植物生理学、土壤学、农业化学。*

医生的儿子。1922年在阿肯色大学获化学工程学士学位。1924年在堪萨斯大学获理科硕士学位。1926年在加利福尼亚理工学院因物理化学方面的研究获博士学位。1926～1928年先后在华盛顿卡内基研究院地质学实验室、洛克菲勒医学研究院从事博士后研究。1922～1970年长期在美国农业部营养实验室任职,并在堪萨斯大学、加利福尼亚理工学院等校兼课。1952年入选美国国家科学院院士。

主要研究土壤的特性和控制植物生长发育的各种矿物质肥力因素。在对土壤的研究方面,依据原子排列次序发现了离子交换现象。在研究开花与季节、光照对种子的萌发关系中,发现光是控制植物生长的重要因素。主要著作有《光敏色素和植物生长》(与他人合著)等。由于研究土壤的成就,1952年获美国地质学会奖章。由于研究植物开花的成就,1962年与合作者博思威克(H. A. Borthwick)分享得克萨斯研究基金会颁发的霍布利泽尔奖、美国植物生理学家协会奖励。1975年获美国国家科学奖章。(谢　愉)

曼顿,S. M.(Manton,Sidnie Milana) 英国人,1902年5月4日生于英国伦敦,1979年1月2日卒于同地。*海洋动物学、海洋生态学、地理探险。*

牙科医生之女。在剑桥大学读书时,先后获理科学士(1925年)、硕士、哲学博士(1928年)和科学博士学位。1927～1935年在剑桥大学任比较解剖学示教员,1935～1948年在该校乔顿学院任自然科学研究室主任。1949年在伦敦大学国王学院任资深讲师。并兼任大英博物馆名誉助理馆长。1949～1960年任动物学审稿者。1948年入选英国皇家学会会员。1967年任玛丽女王大学荣誉高级研究员。1965年瑞典鲁恩得大学授予她博士学位。妹妹I. 曼顿(Irene Manton)也是英国皇家学会会员。1937年同哈丁(John Philip Harding)结婚,丈夫后任大英博物馆动物分馆馆长。

早期研究甲壳纲和有爪纲的胚胎学和形态学。首次用现代研究方法研究半糠虾幼体(1928年)和叶虾目(1934年)的发育,揭示了软甲亚纲发育的基本模式,为这方面工作奠定了基础。1928～1929年参加澳大利亚大堡礁的探险队,收集许多有关甲壳纲的资料,并完成珊瑚礁生态学的调查。1959年又对有爪纲做了类似的研究,对产于南非的4个种属的早期发育进行了系统观察,纠正了前人许多错误观念。还对有爪纲动物摄食、消化、生长、生命周期变化等进行了一系列研究,并分析其运动机理,前后长达17年。还在这方面做了进化系统的研究,指出习性与结构在进化过程中是同步的。在伦敦林耐学会《动物学》杂志等发表了不少专业论文。和同事合作编写《实用脊椎动物形态学》(1930年初版,1969年第4版)。此外出版有《水螅的两个新种》(1940年)、《节肢动物》(1977年)等。1963年获伦敦林耐学会金质奖章。(敬元虎)

尔沃夫,A. M.(Lwoff,André Michel) 法国人,1902年5月8日生于法国阿列省艾奈堡,1994年9月30日卒于巴黎。*原生动物学、细菌学、病毒学、分子生物学。*

1921年获巴黎大学理学学士学位,1927年获医学博士学位,1932年获理学博士学位。获学士学位后,1921～1958年在巴斯德研究院从事研究工作,曾任该所微生物生理研究室主任。1959年起兼任巴黎大学微生物学教授。1969年任法国国家肿瘤研究所所长。曾主编《细菌学评论》、《普通微生物学》杂志。1962～1970年任国际微生物学会会长。1969年入选美国国家科学院外籍院士、苏联医学科学院外籍院士。

20世纪20年代研究原生动物形态发生,发现这些生物具有核外遗传现象。30年代研究原生动物的营养,指出维生素是微生物的生长因素,并证明其具有辅酶作用。第二次世界大战后,在巴斯德研究院研究溶源性细菌,与古特曼(A. Gutmann)合作,在显微镜下观察溶源性细菌及其分裂,证明在没有游离的外源性噬菌体参与情况下,溶源作用可持续至少19代。还注意到培养的单个细胞偶尔发生自发性细胞溶解后,可在培养液中发现数百个噬菌体,从而得出溶源性细菌通过细胞溶解可释放出其噬菌体的结论。他指出,溶源性细菌含有非侵染性的原噬菌体,因而细菌在没有外源性噬菌体作用的情况下能形成侵染性噬菌体。溶源性细菌菌落中一小部分细菌体内原噬菌体受诱导而产生感染性噬菌体颗粒，这些颗粒通过细胞溶解释放出来。1950年，又与学生合作用物理和化学方法发现紫外光照射和过氧化氢能诱发原噬菌体形成侵染性噬菌体颗粒。研究细菌病毒作用于侵染的细胞时，证明存在"潜伏的"细菌病毒，并解释了溶源性细菌现象，对分子生物学作出了较大贡献。因此与法国生物学家F.雅各布和J.莫诺共获1965年诺贝尔生理学或医学奖。主要著作有《生理变化》(1944年)、《纤毛虫生态问题》(1950年)等。

(陈建秀)

布劳恩施泰因，A. E.(Браунштейн, Александр Евсеевич; Braunstein, Aleksandr Evseyevich)
苏联人，1902年5月26日生于俄国哈尔科夫城，1986年7月1日卒。酶学、分子生物学、生物化学。

1925年毕业于哈尔科夫医学院，1928年获医学博士学位，1938年获生物科学博士学位。1928～1935年先后任苏联卫生部生物化学研究所、国立职业病中心研究所研究员，1939年被聘为生物化学教授。1936年和1944年先后担任全苏实验医学科学院、生理医学研究所的氮中间代谢实验室主任。1961年任苏联科学院物理化学生物学研究所实验室主任，研究生物催化的化学基础。1945年选为苏联医学科学院院士。1964年选为苏联科学院院士。当选为几个外国科学院的荣誉院士。1974年选为美国国家科学院外籍院士。

主要从事氨基酸代谢、酶化学研究。主要贡献是1937年发现了转氨基反应，揭示了维生素B_6在氮的中间代谢中的功能，以及依赖于磷酸吡哆醛的酶促反应机理。阐明了天门冬氨酸转氨酶的一级结构及X射线衍射的三维结构。1952年与人合作提出含B酶作用的一般理论。在将理论研究与医学临床相结合等方面也有贡献。出版《氨基分子间转移的氨基酸生成》(1937年，与他人合著)、《氨基酸代谢的生物化学》(1949年)、《含吡哆醛酸催化氨基酸代谢过程理论》(1953年，与他人合著)、《动物氮同化和异化的主要途径》(1957年)等，此外还参与编写1960年出版的《酶学》丛书(第2卷、第9卷)、以及主编《分子生物学原理》丛书第2卷《酶学》。多次获国家荣誉奖章，其中1941年获苏联国家奖金，曾获劳动红旗勋章。

(周忠勋)

童第周(Tong Dizhou)
字蔚孙。中国浙江省人，1902年5月28日生于浙江鄞县，1979年3月30日卒于北京。实验胚胎学、细胞遗传学、发育生物学。

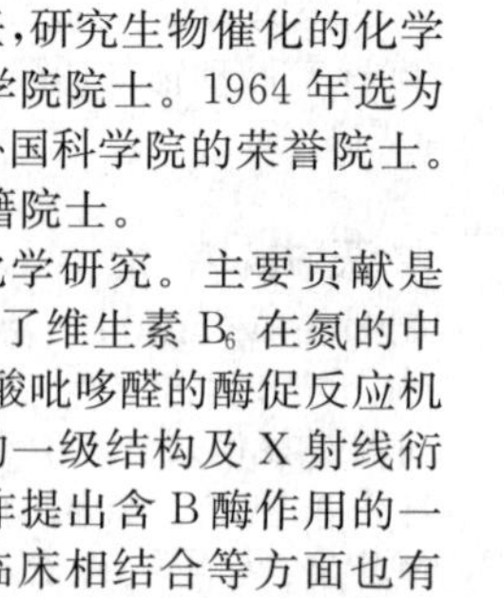

出身农家，幼年丧父，早年就读于私塾。1922年考入复旦大学哲学系心理学专业，1927年毕业后任南京中央大学生物学系助教。1930年赴比利时布鲁塞尔自由大学留学，1934年获博士学位。同年回国后，任青岛山东大学生物学系教授。1938年起相继在重庆任中央大学医学院教授、同济大学生物系教授、复旦大学生物学系教授。1946～1948年与1949年春两度任山东大学动物学学系教授、系主任。1948年当选为中央研究院院士。同年应邀赴美国耶鲁大学任客座研究员。1950年受聘兼任中国科学院上海实验生物研究所副所长、中国科学院水生生物研究所青岛海洋生物研究室主任。1951年任山东大学副校长。1955年任中国科学院青岛海洋生物研究所所长。同年选聘中国科学院学部委员(院士)和生物学与地学部副主任。1960年任中国科学院动物研究所研究员，1977年任该所细胞遗传学研究室主任。1978年任中国科学院副院长。

在实验胚胎学、细胞生物学和发育生物学等领域颇有建树。20世纪40年代，研究鱼类的胚胎发育能力，实验证明在鱼卵中含有一种有关个体形成的物质，鱼卵受精后原生质由植物极逐步向动物极流动，其组织中心在受精后不久就建立起来，这对了解细胞质因子对胚胎发育和个体形成具有非常重要的作用。在这期间，他对两栖类胚胎发育纤毛运动进行了研究，探讨了胚胎发育的极性或轴性，发现纤毛运动方向是在原肠期与神经极初期时已决定了，并证明中胚层和内胚层决定了外胚层纤毛运动方向，这种感应能力在个体发育中是沿着胚胎的前后轴自头至尾逐渐减弱，形成梯度。他证明这种感应能力是由一种未知的化学物质的诱导决定了胚胎纤毛运动的方向。

50～60年代初，对文昌鱼胚胎发育机理进行研究。过去人们认为文昌鱼的发育属于镶嵌型的，如缺损其一部分，即不能通过调整作用补充完善，他发现卵子发育具有一定的调节能力，通过外胚层细胞与内胚层细胞的移植实验，用分离置换分裂球等方法，证明文昌鱼早期胚胎分裂球的发育是有一定可塑性的。分属于3个胚层的分裂球，在实验条件下可以通过细胞间的相互作用，有不同程度的相互转化。此外，还发现文昌鱼的胚胎发育中，具有与脊椎动物相似的诱导作用。这些研究揭示了文昌鱼与脊椎动物在发育机制上的一致性。从而证明文昌鱼在从无脊椎动物进化为脊椎动物过程中的重要地位。60年代后，研究细胞核和细胞质在个体发育、细胞分工和性状遗传中的相互关系。他把金鱼的细胞核移植到去核的鳑鲏鱼(一种体形小、形同鲫鱼的淡水鱼)卵内，发现移核后幼鱼的早期性状似乎是根据细胞质的。当发育到一定时期再将金鱼细胞核移回金鱼受精卵，有时能产生出鳑鲏鱼和金鱼杂交胚胎的性状，表明金鱼细胞核在鳑鲏鱼细胞质中短暂停留，也会受到某种影响。还把鲤鱼细胞核移植到去细胞核的鲫鱼受精卵内，发现成体后的鱼某些性状介于鲤鱼与鲫鱼之间。由此他设想通过移植细胞核来进行育种，把两种不能杂交的鱼的优点结合起来培育鱼的新品种，他的研究为动物育种提出了一种新途径。这项研究表明在个体发育过程中，细胞的核与质之间的关系非常密切。在构造上可以互相沟通，在功能上也可以互相诱发和抑制。70年代，与美国坦普恩大学的美籍华裔科学家牛满江合作研究核质关系，他们从鲫鱼和鲤鱼的卵细胞质内提取核糖核酸注射到金鱼的受精卵中，培育出的金鱼尾鳍从双尾变成单尾，证明核糖核酸能诱导金鱼发生遗传上的变异。

十分重视科学研究为国家的经济建设服务。主持许多有关经济鱼类育种、水产动物的养殖、海洋有害生物的防治等方面的工作。晚年又将杂交细胞的理论研究应用于医学(肿瘤防治)和农业实践。热爱教育事业，为中国生物科学培养了一大批优秀的学者。在他的努力下，中国科学院于 1980 年成立发育生物学研究所。

先后发表论文和专著有 70 余篇(部)，入编《童第周文集》(1989 年)。 (张慰丰)

麦克林托克，B.(McClintock，Barbara) 美国人，1902 年 6 月 16 日生于美国康涅狄格州哈特福德，1992 年 9 月 2 日卒于纽约州亨廷顿。*遗传学、作物育种学、植物生理学、农艺学。*

1919 年入康奈尔大学学植物学，当研究生时转而研究植物遗传学，1927 年获康奈尔大学植物学博士学位。1924～1931 年参加康奈尔大学埃默森(R. Emerson)玉米遗传学小组，在玉米的细胞遗传学方面做了些工作。1931 年后曾短期去加利福尼亚理工学院和密苏里大学工作，随后又回到康奈尔大学。1941 年应邀到华盛顿卡内基研究院纽约长岛冷泉港实验室遗传学部工作，次年任实验室副主任，到 1967 年退休。1939 年成为美国遗传学会副会长，1944 年当选为会长。1945 年成为美国国家科学院院士。曾获 14 个大学的荣誉博士学位。终生。过着独身生活，将大部分时间消磨在实验室和农田里，过着半隐居的简朴生活。

在密苏里大学研究玉米遗传时，开始注意染色体断裂和环状染色体行为，发现在植物中杂合存在的染色体片断的倒位，在早期发育阶段可在每次细胞分裂中引起染色体断裂。观察到有这种损伤的植物后代中有许多不稳定的突变体，其失活基因常回复其活性，从而产生可观察的细胞克隆。从 1944 年起潜心研究这一现象，1951 年发现这种不稳定性是由于两个可移动的遗传成分(DC 和 AC)，通过转座对色素基因活性调控的结果。在玉米中发现的这种能够自由移动的基因，即现为科学界公认的“活动遗传基因”。证明“活动遗传基因”不仅存在于植物体内，而且广泛存在于昆虫、动物和人体内，并对生物遗传发挥着重要作用。说明了植物和动物某些先天特征如何从一个机体转换至另一个机体，从而揭示了基因活动的奥秘。这一发现的实质，提出了有两条基因，一是结构基因；另一是调控前者活性的基因。这个预言直到 20 世纪 70 年代中期发现细菌携有耐药基因的转座子后，才引起普遍注意。到 80 年代在所有机体(包括人)中都发现了不同类的活动性成分，她的观点才得到普遍的承认和重视。现已发现的“质粒”及“转位子”即是属于活动遗传基因中的成员。“质粒”能在细胞中自由地进行复制，是基因转移的重要运载体。“转位子”通过噬菌体运载，可以从一个细胞迁移至另一个细胞，嵌入细胞的基因后，就与新一代细胞一同复制、繁殖。这两种活动基因能发挥同样的作用，就是把遗传信息从一处转移至另一处。这项研究成果奠定了遗传工程学的理论基础，为现代医学、生物学和农学的发展开辟了全新的局面。但是，她的发现整整经历了 30 多年才被人们所承认和重视。

主要论文有“核融合后的染色体断裂末端之融合”(1942 年)、“玉米中可变位点的起源及行为”(1950 年)和“玉米中基因位点的状况”(1967 年)等。出版有《麦克林托克关于转位因子的文选》(1987 年)。1971 年获美国国家科学奖章。1981 年获沃尔夫奖、拉斯克奖，还是约翰和麦克阿瑟基金会的第一名获奖者。是 1983 年诺贝尔生理学或医学奖独享者。 (张慰丰)

辛普森，G. G.(Simpson，George Gaylord) 美国人，1902 年 6 月 16 日生于美国芝加哥，1984 年 10 月 6 日卒于亚利桑那州图森。*动物学、生物进化论、古生物学、地球科学。*

律师之子，家中还有两个姐姐。1918 年入读美国科罗拉多大学。1922 年转学到耶鲁大学，1923 年获文学士学位，1926 年获地质学与古生物学博士学位。同年去英国，在大英自然博物馆从事博士后研究。1927～1959 年，先后任美国国家自然博物馆馆长助理、地质学与古生物学部主任。期间，1942～1944 年在美国陆军服役，主要在北非参战，以少校军衔退役；1945～1959 年兼任哥伦比亚大学古脊椎动物学教授。1959～1967 年任哈佛大学比较动物学博物馆馆长、地质学与古生物学教授。1967 年任亚利桑那大学地球科学教授，1982 年退休。1942 年任美国古脊椎动物学会首任会长。1946 年任美国进化论研究会首任会长。担任过美国动物分类学会、美国动物学家协会会长。1941 年当选为美国国家科学院院士。1943 年当选为美国文理科学院院士。1958 年当选为英国皇家学会外籍会员。获美国、加拿大、英国和法国等各大学 10 多个荣誉博士学位。

现代综合进化论奠基人之一，20 世纪最有影响的古生物学家之一。20 世纪 30 年代和 50 年代，他多次带领探险队在南美洲、北美洲从事考古发掘，发现了大量古新-始新统的哺乳类动物化石。他研究了美国、英国和欧洲其他国家博物馆保存的几乎所有古哺乳动物化石标本。40 年代以后，在收集和分析化石基础上，创造性地把古生物学和遗传学联系起来，着手完善达尔文生物进化论和动物分类学。探索了早期哺乳动物群濒于绝灭的原因、哺乳动物时代的形成过程；首次把统计学用于动物学研究，创造出测算动物群相似性的“辛普森系数”和比率图解；首次探讨了生物进化的速率和模式；创立了研究动物地理分布、迁移模式及其原因的动物地理学。

他是一位多产作家，一生发表论文 800 余篇；出版著作近 20 部，其中主要有：《数理动物学》(1939 年，与第二任妻子合著)、《哺乳动物和大陆桥》(1940 年)、《进化的速度和模式》(1944 年)、《分类学原理与哺乳动物分类法》(1945 年)、《进化的意义》(1949 年)、《马》(1951 年)、《进化和地理学》(1953 年)、《进化的主要特征》(1953 年)、《生命：生物学导论》(1957 年)、《动物分类学原理》(1961 年)、《进化地理学》(1965 年)、《生物学与人》(1966 年)、《企鹅的过去和现在》(1976 年)、《南美哺乳动物史》(1980 年)和《历史生物学若干问题与方法》

(1980年)等。获美国、英国、德国、法国、比利时等国近20个奖项,其中1966年获美国国家科学奖章。

(敬元虎 李啸虎)

斯特恩,C.(Stern,Curt) 美国人,1902年8月30日生于德国汉堡,1981年10月23日卒于美国加利福尼亚州。实验动物学、遗传学。

德国裔。1923年获柏林大学动物学博士学位。1924年获奖学金去美国哥伦比亚大学,随T. H. 摩尔根学习遗传学。学成后返回德国,在柏林的凯泽·威廉生物学研究所从事研究工作。1932年再次去美国,1933~1947年任教于罗彻斯特大学,历任助理教授、副教授、实验动物学教授。1939年加入美国籍。1947年任伯克利加利福尼亚大学动物系教授,1970年退休任动物学与遗传学荣誉教授。1948年入选美国国家科学院、美国文理科学院院士。曾任美国遗传学会会长,美国人类遗传学会副会长、会长以及美国动物学家协会会长。他还是联合国教科文组织"关于种族问题声明"的签名者之一。死于帕金森氏症。

1911年T. H. 摩尔根在果蝇中发现了连锁与互换现象,但仍无法直接证明其染色体交换引起基因互换的假说。早在1925年,斯特恩设想:如若同源染色体形态上彼此不同,那末交换后新形成的染色体就将不同于原来的染色体。1931年终于获得了一个具有一对异形X染色体的雌果蝇,其一条X染色体由于缺失而中间断裂,它上面带有棒眼基因B与隐性粉红眼基因Cr;另一条X染色体由于易位在一端附着了一个Y染色体片段,它上面带有非棒眼基因b与显性红眼基因Cr。当这一雌蝇用粉红色非棒眼双隐性雄体测交时,由于发生了交换,得到4种不同的后代,即粉红色棒眼、红色非棒眼两种亲本型与红色棒眼、粉红色非棒眼两种重组型。通过细胞学研究证明了两种亲本型分别具有一条中间断裂的X染色体或一条一端附着Y染色体片段的X染色体,而两种重组型个体则分别具有一条完全正常的X染色体,或一条既有中间断裂、又在一端附着了Y染色体片段的X染色体。这样终于用细胞学方法直接证明了正是染色体交换引起了基因互换。同年,H. 克赖顿(Harriett Creighton)与B. 麦克林托克报道了玉米中类似的研究结果。这样就无可争辩地证实了摩尔根的连锁互换假说。1936年,斯特恩又通过果蝇中镶嵌体的研究,进一步说明在有丝分裂中也可以发生体细胞交换。

第二次世界大战期间,他主持的研究小组通过动物实验发现,美国政府相关部门颁布的所谓"低剂量辐射"安全标准并不"安全",并制定了新的安全标准。

因深感研究人类遗传学的重要性,1943年开始开设人类遗传学原理课程,并于1949年出版《人类遗传学原理》教科书(1949年初版、1973年第3版)。著作还有《镶嵌遗传及其他论文选》(1968年)、《遗传学的起源》(与他人合著)。1963年获美国国家科学院金伯遗传学奖。

(王爵渊)

斯普拉格,G. F.(Sprague,George Frederick) 美国人,1902年9月3日生于美国内布拉斯加州克里特,1998年11月24日卒于美国伊利诺伊州。作物育种学、遗传学、农艺学。

公理会教长的儿子。先在内布拉斯加大学主修农艺学,1924年毕业。1926年、1930年先后在康奈尔大学获遗传学硕士、博士学位。1924~1972年在美国农业部种植业局供职,1958年起主持美国玉米及高粱研究工作,先后任助理农艺师、农艺师、高级农艺师、首席农艺师,1958~1972年任美国农业部农业研究局部门主管。一度兼任艾奥瓦大学教授。1963~1972年兼任非洲国家联盟国际部、美国农业部有关非洲玉米与高粱育种及生产项目总管。1974年退休后任伊利诺伊大学遗传学与植物育种学教授。1960年任美国农艺学会会长。是美国文理科学院院士、华盛顿农业科学院院士,1968年入选美国国家科学院院士。是意大利农业科学院外籍通讯院士。

毕生从事玉米及高粱的遗传、育种工作。1939年培育成功"艾奥瓦硬杆综合种"玉米杂交优良品种,倡用过半同胞轮回选择法育种。1942年提出把配合力区分为一般配合力与特殊配合力,以一般配合力来估量累加效应,以特殊配合力来估量显性及上位效应。最早提出把杂种作为培育自交系的原始材料、进行杂种后代单株配合力的早期测定、实行轮回选择等建议,善于运用数量遗传学原理,大大提高了玉米育种水平和效率。至1984年发表论文130多篇;著有《玉米与玉米改良》(1955年初版,1977年再版)等书。获作物育种研究奖,国家植物育种家奖,美国农业部卓越服务奖、杰出服务奖,沃尔夫农业奖等。

(王爵渊)

蔡邦华(Cai Banghua) 中国江苏省人,1902年10月6日生于江苏溧阳,1983年8月8日卒于北京。昆虫分类学、昆虫生态学、植物防治工程。

知识分子家庭出身。中学毕业后,1920年随兄东渡日本求学,考入鹿儿岛国立高等农林学校(今鹿儿岛大学)动植物科。1924年毕业回国,任北京大学生物学系教授。1927年赴东京帝国大学农学部研究蝗虫分类。1929年回国,任浙江省昆虫局高级技师,不久入浙江大学农学院。受学校派遣,1930~1936年在柏林大学昆虫研究所、慕尼黑大学应用昆虫研究院等处进修,并考察欧洲九国。1936年回国续教于浙江大学,同年转入南京中央农业实验所。1937年任浙江省昆虫局局长。次年重返浙江大学,1940~1952年任该校农学院院长。1953~1962年任中国科学院昆虫研究所研究员、副所长;1962~1983任中国科学院动物研究所副所长。曾兼任中国昆虫学会副理事长、中国植保学会副理事长等职。1955年选聘为中国科学院学部委员(院士)。

在昆虫分类学方面:发现150余个新种属和新亚种属,涉及等翅目、直翅目、鞘翅目、鳞翅目和同翅目等5科;编撰出版巨著《昆虫分类学》(3卷),奠定中国昆虫分类学基础,在国际上有较大影响。在昆虫生态学方面:20世纪30年代起研究螟虫发生、防治与气候关系,创立一套害虫预测预报制度,论文"螟虫对气候抵抗性之调查并防治方法试验”(1930年)受到国际生态学界重视,美国昆虫学家曾详细加以介绍;坚持倡导、研制和推广害虫综合防治技术,为保护生态环境做了大量开创性工作;在谷象虫发育与温湿度相关性研究中,发现这种害虫猖獗发生的气候最适度,解决了长期争论的问题;查明各种中国产五倍子有着不同种类和特性的倍蚜虫,为五倍子人工栽培提供了科学依据;提出对付松毛虫、白蚁的综合防治方案,取得显著效果。 (吴绩新)

库尔萨诺夫,А. Л.(Курсанов,Андрей Львович;Kursanov,Andrei Lvovitch) 俄罗斯人,1902年11月8日生于莫斯科,1999年9月20日卒于同地。*植物生理学、植物病理学、酶学、发酵工程。*

莫斯科大学真菌学教授的儿子。1926年莫斯科罗蒙诺索夫大学毕业。在莫斯科大学植物生理学系任教。1940年获该校博士学位。1935～1953年任苏联科学院生物化学研究所实验室主任。1944年兼任莫斯科大学植物生物化学和植物生理学教授,1952年任植物生理学研究所所长。1946年被选为苏联科学院通讯院士,1953年被选为院士。1954年创办《植物生理学》杂志并任主编。

早期在父亲的影响下研究患病植物的生理学,指出真菌寄生毒素可以长距离传播。1929年研究单宁对酶的钝化,找出用陈和清蛋白进行防护的方法,为制茶和建立茶发酵理论打下基础。1933～1952年研究制茶的生化原理,改善了苏联红茶生产,并从茶单宁中分离出儿茶酸,以及利用制茶副产品生产商品维生素P,发现儿茶酸有增强植物毛细管强度作用。1934～1940年研究出测定活组织中酶活性的方法,揭示了酶在活组织中的作用,对酶的生物学做出贡献。第二次世界大战中,组织苏联各地区用地衣生产葡萄糖。从1949年起又研究维管束韧皮部中有机物的运输等。1954年提出植物体中有机物质的运转其代谢物是在根和地面上器官之间进行交换的。还揭示根有高合成活性,例如能合成细胞分裂素,这类物质在植物组织中引发核酸和蛋白质代谢。1958～1965年利用重氧(^{18}O)证明机体中水有快速流动性和快速交换能力,并测定了各种机体(例如蚕和仙人掌)由于自身代谢所合成的水量。还证明植物呼吸时可能利用水分子中的氧使底物氧化。1970年后,利用电子显微镜研究细胞器的超微结构变化。

主要论文有《植物活细胞中酶的可逆作用》(1940年)、《作为新陈代谢器官的植物根部系统》(1957年)、《植物生理过程的相互作用》(1960年)、《植物中同化物的运输》(1976年)等。获3枚列宁勋章、2枚其他勋章和数枚奖章。 (田金仙)

邓叔群(Deng Shuqun) 中国福建省人,1902年12月12日生于福建闽侯,1970年5月10日卒于北京。*真菌学、植物病理学、森林生态学。*

1923年清华学堂留美预备班毕业。1923～1928年公费留学美国,先后获康奈尔大学森林学硕士、植物病理学博士学位。毕业当年回国,先后任岭南大学、金陵大学和中央大学农学院教授。1932～1940年,历任中国科学社生物研究所、中央自然历史博物馆、中央研究院动植物研究所研究员,中央研究院林业实验研究所副所长。1940～1946年任甘肃水利林牧公司林业部经理。1946年回中央研究院任研究员、动植物研究所植物组主任,1948年当选为中央研究院院士。1949年后,历任沈阳农学院教务长、副院长,东北农学院副院长,中国科学院微生物研究所特级研究员、副所长等职。1955年选聘为中国科学院学部委员(院士)。

20世纪30年代,编写中国首部真菌学专著《中国高等真菌》(1939年,英文版),根据标本描述了23目75科387属1 391种;1939年组织调查四川、云南和西康等原始林区,历时2年。至1940年他已发现真菌4个新属、120个新种、6个新变种、18个新组合,并被权威的英国《真菌学辞典》收录。40年代,在中国首次提出森林生态平衡理论;在甘肃林区创办洮河林场,探索中国林区科学管理制度;在兰州南北山干旱地区推行“水平沟”造林方案,倡导选用沙枣、柽柳、白榆等耐寒抗旱小乔木作为黄土高原荒山的先锋树种,至今仍有重要价值;首创森林学和真菌学结合的森林病理学概念,1948年首次构建中国森林病理学纲要。50～60年代,从事森林学和真菌学教学;主持林业部森林病理培训班为各地培养林业骨干;出版百余万字《中国的真菌》(1963年),描述41目119科601属约2 400种和110个新组合;积极倡导开发食用菌的经济、社会价值。发表论文近百篇。 (黎同炎)

哈钦森,G. E.(Hutchinson,George Evelyn) 美国人,1903年1月30日生于英国剑桥,1991年5月17日卒于英国伦敦。*浮游生物学、湖沼生态学、生物进化论。*

受家庭传统的熏陶,对博物学发生兴趣。1924年在剑桥大学获学士学位,1928年获该校硕士学位。1926年任南非威特沃特斯兰德大学动物学高级讲师。1928年到美国耶鲁大学任教,1945年任教授。1941年加入美国国籍。1949年入选美国文理科学院院士。1950年入选美国国家科学院院士。

早年从事水栖半翅类分类和分布的研究。1926～1928年参加对南非西德兰士瓦湖盆区的考察。1932年去西藏高原西部考察湖泊。1935年又研究林斯利盆地,1941年和同事试图用放射性磷跟踪湖内的物质转换。战后与鲍恩(V. T. Bowen)合作,获得湖沼层理中磷循环的明显证据。通过对浮游动植物一系列的研究,形成湖泊生态龛初步概念,最后发展成生态学中的一个崭新观点——生态龛是一个n维空间。后又研究进化方面的问题,以及中世纪艺术中生物学根源和生态学历史。

出版有《湖沼学论文选》(4卷,1957～1993年)、《生态学和进化论》(1965年)、《人口生态学导论》(1978年)和自传《地球之善果——一个早期生态学家回忆录》(1979年)。1991年追授美国国家科学奖章。(敬元虎)

布特南特,A. F. G.(Butenandt,Adolf Frederick

Johann） 德国人，1903年3月24日生于德国不来梅港，1995年1月18日卒于慕尼黑。生殖生理学、生物化学、遗传学。

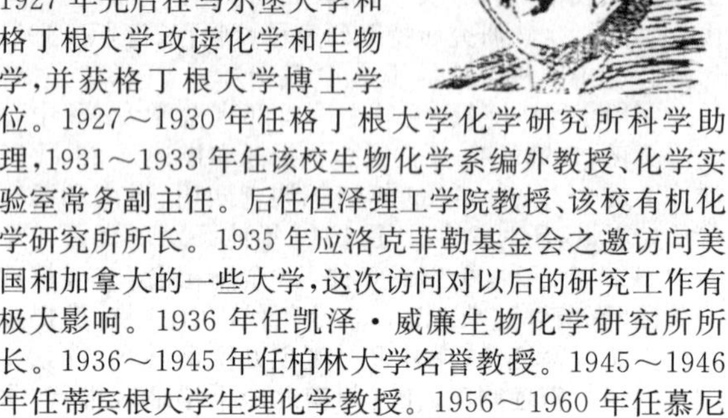

出身于商人之家。1921～1927年先后在马尔堡大学和格丁根大学攻读化学和生物学，并获格丁根大学博士学位。1927～1930年任格丁根大学化学研究所科学助理，1931～1933年任该校生物化学系编外教授、化学实验室常务副主任。后任但泽理工学院教授、该校有机化学研究所所长。1935年应洛克菲勒基金会之邀访问美国和加拿大的一些大学，这次访问对以后的研究工作有极大影响。1936年任凯泽·威廉生物化学研究所所长。1936～1945年任柏林大学名誉教授。1945～1946年任蒂宾根大学生理化学教授。1956～1960年任慕尼黑大学生理化学教授、生理化学研究所所长。1960年被选为马克斯·普朗克协会主席，1972年任该协会名誉主席。1931年结婚，生育有7个子女。

1927年开始从事卵泡中形成雌性激素的研究工作，1929年从孕妇尿中成功地制备出雌酮结晶。1931年与奇尔宁（K. Tscherning）合作，首次分离出雄酮。1934年与韦斯特法尔（U. Westphal）合作，首次制备出黄体酮提纯品。在但泽理工学院有机化学研究所期间，继续对上述三种性激素进行研究，成功地合成黄体酮和睾酮。1935年提出降解胆固醇为类固醇的实验方案，该方案10年后才在世界各地许多实验室中得到证实。还首次从雌激素和胆汁酸中分别制备出相同的菲衍生物，说明类固醇化学性质和性激素有同样的功能。

在凯泽·威廉生物化学研究所期间，还与动物学家A.库恩合作开创新的研究领域，如昆虫的基因和激素作用方式等，研究了与昆虫眼睛色素合成有关的特殊基因的功能，证明各别的基因与各特定酶的生物合成有关。即昆虫眼睛眼色素的形成是经过色氨酸→犬尿氨酸→羟犬尿氨酸→眼色素这样一条合成路线，每一步反应都是由一个特定的酶催化，而每一个特定的酶都是由一个特定基因控制而被合成的。1953年与卡尔森（P. Karlson）合作分离出第一个结晶的昆虫激素蝶蛹蜕皮素。1959年和赫克（E. Hecker）合作分离出一种性激素——蚕蛾醇（十六碳二烯醇）。由于研究性激素取得杰出成就，与L. S. 鲁茨卡共同获1939年诺贝尔化学奖。

（张承圭 吕慧梅）

林镕（Lin Rong） 字君范。中国江苏省人，1903年3月27日生于江苏丹阳，1981年5月28日卒于北京。植物分类学、真菌学、水土保持工程。

高中毕业后于1920年去法国留学，1923年南锡大学农学院毕业。后进克莱蒙大学理学院，1928年获地理学硕士学位。接着又转入巴黎大学理学院，1930年获该校国家理学博士学位。同年回国，任北平研究院植物研究所研究员，兼任北平大学农学院农业生物系教授。1938～1946年先后任西北农学院教授、福建研究院动植物研究所研究员兼所长、厦门大学教授兼生物系主任。1946年任北平研究院植物研究所研究员。1953年起任中国科学院植物研究所研究员、副所长。曾兼任中国植物学会副理事长。1955年选聘为中国科学院学部委员（院士），后任生物学部副主任。

20世纪20年代后期，在法国从事真菌学研究，发表“毛霉菌的有性生殖生物学研究”等论文，受到国际同行好评。1930年回国后，研究种子植物分类学，选择种子植物分类中难度大的龙胆科植物和菊科植物进行研究，发现菊科重羽菊属等新分类群百余种。40～50年代，在福建和黄土高原组织力量采集标本约20000号。50年代，参加黄河中上游水土保持综合考察，编写《水土保持手册》，为黄河综合治理和黄土区水土保持规划提供科学依据。主编《中国高等植物图鉴·菊科》（1974年）。曾任巨著《中国植物志》（80卷）的副主编，晚年在钱崇澍、陈焕镛等前辈去世后，他接任这部巨著编纂工作，该书的第74卷、第75卷和第76卷由他主编出版。

（高小东）

温特，F. W.（Went，Frits Warmolt） 美国人，1903年5月18日生于荷兰乌得勒支，1990年5月1日卒于美国内华达州立特尔凡内。植物生理学、园艺学、实验生态学、沙漠生物学。

荷兰裔。其父是乌得勒支大学植物学实验室主任和植物学教授。在乌得勒支大学获硕士和博士学位。1923年留校任植物学助教。1928年任爪哇茂物植物园植物学家，1930年任该园实验室主任。1933年去美国工作，1938～1958年任加利福尼亚理工学院植物学教授。1958～1963年任圣路易斯的密苏里植物园园长。1958～1965年兼任华盛顿大学植物学教授。1965～1975年任内华达大学沙漠生物实验室主任、沙漠生物研究所所长、植物学名誉教授。1947年入选美国国家科学院院士。

在父亲的实验室学习时，就对植物的向光性感兴趣。成功地把植物顶端形成的生长激素扩散到琼脂或明胶中，从而能在植物体外进行研究。利用燕麦苗作试验材料来测定植物生长素的含量，发现它对光和热都稳定。后在美国加利福尼亚理工学院论证植物激素对茎部生根的作用，确立植物生长素和其他植物激素在植物发育方面的作用。1937年和K. V. 瑟曼合著《植物激素》一书，基本上结束了植物生长素的探索阶段。1939～1949年，他在卡尔特奇建立人工气候室，证实植物具温度周期性，确认正常的气候周期是控制植物分布的主要因素，从而向实验生态学迈出了重要的一步。另出版有《植物生长的实验控制》（1957年）和《植物学》（1963年）等书。

（施金保）

克罗格曼，W. M.（Krogman，Wilton Marion） 美国人，1903年6月28日生于美国伊利诺伊州奥克帕克，1987年11月4日卒于法国帕西。人类学、优生学。

波兰裔移民后代，木工之子。在芝加哥大学攻读生物科学，专修比较人体解剖学及物理人类学，1926年获学士学位，1927年获文科硕士学位，1929年获博士学位。留校任教，1931 年任解剖学和物理人类学副教授。1938～1947 年在芝加哥大学任教，1947 年成为物理人类学教授。1955 年任宾夕法尼亚大学医学院物理人类学系主任，1947 年任生长中心主任，1971 年退休成为物理人类学名誉教授。接着又任宾夕法尼亚州兰开斯特裂腭诊疗所的研究主任。1966 年入选美国国家科学院院士。

首先将注意力集中于人体骨骼，研究由考古学家发掘或从法庭案件中取得的实际骨骼，并进行放射学研究——使用活人身体的 X 光照片。通过大量骨骼的研究，建立了用来鉴定和分析未知人类遗体的标准。研究了正常健康的美国儿童的体格生长和发育，建立了费城儿童发育研究中心，并制订出儿童身高和体重的“费城标准”。主要著作中，1941 年出版第一部专著《人的生长》，此外有《儿童的生长》(1972 年)、《法医学中的人骨研究》等。1950 年获物理人类学的维金基金奖章。

（应中锷）

西奥雷尔，A. H. T.（Theorell，Axel Hugo Teodor）

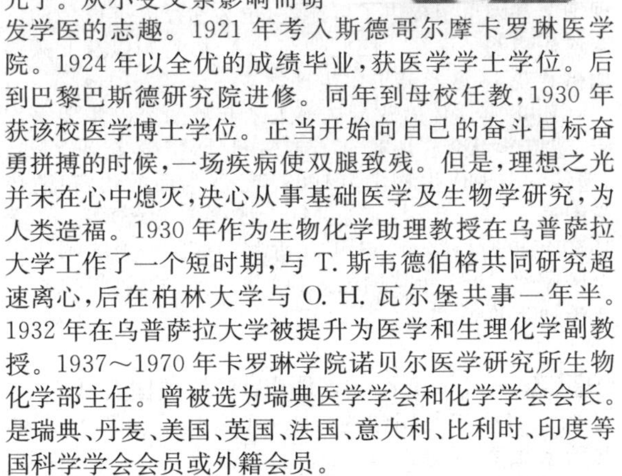

瑞典人，1903 年 7 月 6 日生于瑞典林雪平，1982 年 8 月 15 日卒于斯德哥尔摩。*生物化学、生理学、酶学、营养学。*

医学博士、外科大夫的儿子。从小受父亲影响而萌发学医的志趣。1921 年考入斯德哥尔摩卡罗琳医学院。1924 年以全优的成绩毕业，获医学学士学位。后到巴黎巴斯德研究院进修。同年到母校任教，1930 年获该校医学博士学位。正当开始向自己的奋斗目标奋勇拼搏的时候，一场疾病使双腿致残。但是，理想之光并未在心中熄灭，决心从事基础医学及生物学研究，为人类造福。1930 年作为生物化学助理教授在乌普萨拉大学工作了一个短时期，与 T. 斯韦德伯格共同研究超速离心，后在柏林大学与 O. H. 瓦尔堡共事一年半。1932 年在乌普萨拉大学被提升为医学和生理化学副教授。1937～1970 年卡罗琳学院诺贝尔医学研究所生物化学部主任。曾被选为瑞典医学学会和化学学会会长。是瑞典、丹麦、美国、英国、法国、意大利、比利时、印度等国科学学会会员或外籍会员。

是第一个研究结晶肌红蛋白的学者。1926 年偶然发现并描述了血浆中的脂蛋白。1932 年发现肌红蛋白是肌肉细胞中氧的载体，是使肌肉呈红色的血红素蛋白，并描述了它的主要特性，包括分子量、吸收光谱、磁性质以及与氧和一氧化碳的反应等。采用精细的物理和化学的方法进行提纯、结晶和研究了其他的血红素蛋白质，如细胞色素 C、辣根过氧化酶和乳过氧化酶。通过黄酶的研究，对脱氢酶的作用机理认识向前迈出了决定性的一步。正如瓦尔堡证明的，这种色蛋白的黄色染料光黄素可以被氧化和还原，从而被认为是酶的活性位点：氢在此可以可逆地被吸收或释放出来。西奥雷尔采用自己设计制造的电泳仪，结合超速离心法提纯整个酶并制得它的结晶，成功地把这个酶分成两部分：无色蛋白和黄色低分子部分，将后者提纯后进行分解，发现它是核黄素(维生素 B_2)的单磷酸脂(FMN)、黄素单核苷酸。这是明确定义的第一个辅酶。分离开的 FMN 和无色蛋白在酶的检验系统中是无活性的，只有当它们重新结合时才具有活性。这说明辅酶和酶通过相互形成化合物时具有活性。不久又发现，磷酸脂形式的 B 族维生素具有相同的模式，或多或少地类似于核苷酸化合物，烟酸胺、维生素 B_1 和维生素 B_6 后来都得到公认。用荧光分光光度法对黄酶的可逆分裂进行研究，精确测定了在极稀的溶液中酶促反应速度的常数，阐明了反应中涉及的化学基团。1950 年后，主要研究醇脱氢酶以及它们在人和动物体内同功酶的作用方式和化学组成。从 1930 年起专门研究细胞呼吸酶，发现涉及氧化酶的性质和模式，因此获 1955 年诺贝尔生理学或医学奖。

（周邦娴）

贝时璋（Bei Shizhang）

中国浙江省人，1903 年 10 月 10 日生于浙江镇海，2009 年 10 月 29 日卒于北京。*细胞生物学、实验生物学、生物物理学、胚胎学。*

职员的儿子。1921 年在同济医工专门学校医预科毕业，同年赴德国留学，先后就读于弗莱堡、慕尼黑和蒂宾根等大学，1928 年获蒂宾根大学理学博士学位，后留校任助教。1930 年回国筹备浙江大学生物学系，在浙江大学任教 20 年，历任教授、系主任、理学院院长。1948 年当选为中央研究院院士。1950 年任中国科学院上海实验生物研究所研究员、所长，1983 年任名誉所长。1954～1957 年兼任中国科学技术大学生物物理系主任，1978～1982 年兼该校研究生院生物教学部主任。1955 年选聘为中国科学院学部委员(院士)。1978～1984 年任中国动物学会理事长。1980～1983 年任中国生物物理学会理事长。1958～1983 年任《中国科学》杂志副主编。1980 年为《中国大百科全书·生物学卷》编委会主任。

早年在蒂宾根大学研究线虫的生活史、个体发育、细胞常数和再生。回国后在浙江大学研究轮虫的细胞常数和再生之间的关系，发现个体稳定的、体细胞数恒定的如线虫、轮虫等动物是不能再生的。1930～1946 年期间，从激素、染色体、细胞学多角度对无脊椎动物进行研究。1932 年，从杭州郊区采集到的丰年虫中发现了中间性个体，并研究了它们在性转变过程中生殖细胞的变化，观察到性细胞可以在解体后又自行重建成另一形态的细胞。这项工作确定了他以细胞重建作为研究工作的重点。

1970 年，在生物物理研究所建立一个实验组，专门从事细胞重建的研究。他以丰年虫、鸡胚、小鼠骨髓以及沙眼衣原体、大豆根瘤菌等为研究材料，经过 10 余年努力，获得了比较系统的认识：① 细胞重建是一个自组织过程，只要具备组成细胞的物质基础和合适的环境，在生物体内或在离体培养的不存在细胞的制备中，都有可能发生细胞重建或核重建。② 细胞重建在自然界内广泛存在，在真核细胞、原核细胞、生殖细胞、胚胎的或成长个体的体细胞均能重建。③ 在鸡胚卵黄颗粒内有DNA(脱氧核糖核酸)、组蛋白和染色质，在合适的环境下能重建细胞，染色质不是细胞核独有的物质，卵黄颗粒也不是没有生命的细胞内含物。④ 细胞和细胞核可以从细胞质重建，表明细胞质、细胞核之间本来就没有什么森严的壁垒。⑤ 细胞重建很可能是地球上细胞起源在今日生命世界的反映，是简单生命形态发展为细胞的漫长过程的一个缩影；细胞重建的研究有助于生命进化的阐释。⑥ 细胞分裂是“闭锁性”的繁殖，细胞在分裂过程中以细胞膜和它的环境隔离开；细胞重建是“开放性”的繁殖，在重建过程中细胞组分始终和周围环境溶成一片。出版有《细胞重建》论文集(第 1 集，1988 年；第 2 集，2003 年)。他主持的细胞重建研究工作引起了国内外生物学界的广泛注意。

重视发展交义学科。20 世纪 50 年代，倡导化学、物理学和数学科研人员共同参与生物学的研究。1958 年生物物理研究所成立，在所内建立理论研究组，研究生物控制论、信息论和量子生物学。这个理论组经过多年的发展，成为中国历史最久的生物学和工程技术的边缘研究室。在生物物理研究所内相继成立放射生物研究室、宇宙生物学研究室、生物结构和功能研究室及生物工程技术研究室。他对中国生物物理学的研究提出了许多独到的见解，是我国生物物理学的主要创建人。另有《贝时璋文选》(1992 年)等。 (张慰丰)

比德尔，G. W. (Beadle, George Wells) 美国人，1903 年 10 月 22 日生于美国内布拉斯加州瓦胡，1989 年 6 月 9 日卒于加利福尼亚州波莫纳。细胞生物学、生物化学、遗传学。

农场主的儿子。1926 年在内布拉斯加大学农学院获理学士和理学硕士学位。1931 年获康奈尔大学生物学博士学位。同年入选国家研究委员会研究员。1931～1935 年在加利福尼亚理工学院任讲师。1936 年在巴黎大学任访问学者。1936～1937 年任哈佛大学遗传学助理教授。1937～1946 年任斯坦福大学生物学教授。1946 任加利福尼亚理工学院生物学系主任、教授。1961～1968 年任芝加哥大学校长，1968 年退休后仍留校做研究。1944 年入选美国国家科学院院士。

其卓越贡献主要在生化遗传学方面的研究。早期从事玉米遗传研究，曾发现玉米中有一可产生染色体易位的粘着基因。1935 年和伊弗鲁希(B. Ephrussi)通过眼盘移植试验，发现果蝇野生型眼色的形成包括一系列生化反应，其中每一反应均受一个基因控制。当基因突变时，受其控制的反应即受阻，在受阻反应前的中间产物即被积累。这时“一个基因一种酶”的假说已在他脑海中形成。20 世纪 40 年代，与 E. L. 塔特姆一起共同从事链孢霉生化遗传的经典性研究。他们通过 X 射线照射孢子，获得许多营养缺陷型。这些营养缺陷型都由于一个基因发生了突变，不再产生相应的酶来完成一个特定的生化步骤，不能形成一种必需的营养物，以致不能在基本培养基上生长。他们最早发现的一个突变体是吡哆醇突变体，它必须添加吡哆醇方能在基本培养基上生长。以后又获得了许多精氨酸突变体，这种精氨酸突变体可分为三类：arg1 突变体在基本培养基上添加鸟氨酸或瓜氨酸或精氨酸均可生长，arg2 突变体在基本培养基上添加瓜氨酸或精氨酸均可生长，arg3 突变体则必须在基本培养基上添加精氨酸方可生长。由此提出了精氨酸合成途径的生化模式如下：

$$\text{前体}\xrightarrow[\text{酶 X}]{\text{O 基因}}\text{鸟氨酸}\xrightarrow[\text{酶 Y}]{\text{C 基因}}\text{瓜氨酸}\xrightarrow[\text{酶 Z}]{\text{A 基因}}\text{精氨酸}$$

他们假定，arg1 为 O 基因突变体，它有缺陷的酶 X，不能把前体变为鸟氨酸，然而它有正常的酶 Y 与 Z，故而补给鸟氨酸或瓜氨酸或精氨酸时均可生长。arg2 为 C 基因突变体，它有缺陷的酶 Y，不能把鸟氨酸变为瓜氨酸，然而它有正常的酶 X 与 Z，故而补给瓜氨酸或精氨酸时均可生长。arg3 为 A 基因突变体，它有缺陷的酶 Z，不能把瓜氨酸变为精氨酸，虽则它有正常的酶 X 与 Y，但只有补给精氨酸时方可生长。在这一工作基础上提出了“一个基因一种酶”假说，即一个基因通过控制一种专一性酶的合成来控制一个特定的生化反应，从而控制生物的代谢过程。上述工作与假说，为创设生化遗传学与微生物遗传学新领域、为阐明基因作用机理奠定了基础，为探索生物代谢途径提供了有效方法，为发现细菌基因重组提供了可能性，也为治疗人类遗传的代谢疾病指明了途径。因此他与 E. L. 塔特姆以及 J. 莱德伯格共获 1958 年诺贝尔生理学或医学奖。

1968 年退休后改行从事玉米起源研究。主要著作有《遗传学引论》(1939 年，与 A. H. 斯特蒂文特合著)、《遗传学与现代生物学》(1963 年)、《生命的语言：遗传学引论》(1966 年，与其妻 M. B. 比德尔合著)等。还获 1950 年拉斯加奖、1953 年汉森奖、1959 年美国癌症学会国家奖、1960 年美国国家科学院金伯遗传学奖、1967 年爱迪生奖等。 (王爵渊)

埃默森，R. (Emerson, Robert) 美国人，1903 年 11 月 4 日生于美国纽约，1959 年 2 月 4 日卒于同地。植物生理学、生物化学。

纽约市公共卫生服务署署长之子。1920 年进哈佛大学，1925 年获动物学硕士学位。1927 年在柏林大学获植物学博士学位。同年回国，以国家研究委员会成员身份在哈佛大学从事研究与教学。1930 年进加利福尼亚理工学院生物学系。1937～1940 年在斯坦福大学卡内基植物生理研究所工作，1947 年任新成立的光合作用实验室主任。1950 年被选为美国国家科学院院士。正当科研工作达到顶峰时，由于所乘飞机在纽约郊区东河坠毁而去世。

毕生研究光合作用。认为地球上生命演化过程主要由植物色素(即叶绿素)吸收光能将水和二氧化碳合成有机质这一环节来完成。1937 年论证了导师 O. H.

瓦尔堡指出的每一个二氧化碳植物分子用四种光子能合成糖(葡萄糖)和释放出氧这一论点,指出30%被吸收的光能可转换成化学能。由于不断改进测量技术,对绿、棕、红、蓝、绿4色海藻细胞在进行光合作用时对光子不同需要量获得一系列重要结论:①所有植物进行光合作用时对光量子数的最小需要是8而不是4;②叶绿素a、叶绿素b以及某些藻类的红蓝藻色素对产生光合作用的效果大致相等,黄色素(类胡萝卜素)对光量子的反应效率不大,只有属特殊类胡萝卜素的岩藻黄质(在水藻和硅藻内)例外;③叶绿素a在对光的吸收带的长波一端(对绿藻细胞为680纳米以上,而对红藻细胞为650纳米以上),其光合作用常急剧下降,如采用短波照射则能恢复到正常情况(即"埃默森效应")。这些结果目前已成为广泛被采用的两个主要基础理论之一。与W. 阿诺德(William Arnold)合作取得另一重要成果,即采用闪光进行光合作用,证明在室内常温下暗室阶段大约需要0.01秒就能完成。他还发现一次单一强闪光对于正常植物在每2500个叶绿分子中只能产生一个氧分子(减少一个二氧化碳分子),成为光合作用单位理论的起点。1949年获美国植物生理学家协会斯蒂芬奖。

(谢　愉)

洛伦茨,K. Z.(Lorenz, Konrad Zacharias) 奥地利人,1903年11月7日生于奥地利维也纳,1989年2月27日卒于阿尔滕堡。*动物行为学、遗传学、医学。*

是著名的矫形外科医生A. 洛伦茨(Adolf Lorenz)的儿子。早年研究医学。1922年在美国哥伦比亚大学学习6个月,后回到家乡在维也纳大学学习,1928年获维也纳大学解剖研究所医学博士学位。1933年获维也纳大学动物学博士学位。1937年任维也纳大学动物心理学和比较解剖学讲师。同年任《动物心理学》杂志主编。1940年任德国柯尼斯堡大学心理学教授。1942～1944年因在德国军队任军医,成了苏联俘虏,直到1948年才回到奥地利。1951年在马克斯·普朗克研究院工作,1955年与霍尔斯特(E. von Holst)和克雷默(G. Kramer)等人共同建立行为生理学研究所,1961～1973年所长。先后入选奥地利科学院院士、英国皇家学会外籍会员。是美国国家科学院、美国文理科学院外籍院士。获多所国内外大学荣誉博士学位。

尽管受训于医学却致力于动物行为的研究,从而发展一门新的生物学分支学科——行为学。对动物最重要的研究是在1927～1938年完成的。提出了印痕概念,即一种动物在幼年期与另一种动物(通常是生物学上的母亲)的认识过程。观察到一只刚孵化的野鸭或鹅有跟着它母亲嘎嘎地叫的印痕,然而,如果鸟在孵化时人模仿嘎嘎的叫声来欢迎它,这种印痕能转移到人。指出印痕的关键是一种动物神经系统中先天性释放机制,对一种特殊的激发事件产生反应,此种机制由遗传性决定。1937年与廷伯根一起把注意力转向动物行为的另一方面,提出行为基因为模式结构内的行为单位。上述研究成果发表于1935～1950年间的一系列文章中。在这期间,他开始推究诸如侵略等更一般的行为模式,提出了一个水力模型来解释侵略行为的产生,解释了自然为动物提供了释放侵略能力的无害出口。1963年出版《论敌对行为》(1966年英译本),将战争等激烈侵略行为归因于人类社会未能为先天性侵略潜能提供无害的缺口,此见解引起了许多争议。

著作很多,其中包括不少普及读物。其中有《国王所罗门的戒指》(1949年)、《人与猪的对抗》(1950年)、《人碰到狗》(1950年)、《行为的进化和调整》(1961年)、《人与动物的行为动机》(1968年)、《人与动物》(1972年)、《人类知识的博物学研究》(1973年)、《文明人的八宗罪》(1973年)、《伦理学的基础》(1978年)、《论生命与生存》(1988年)、《灰鹅的行为》(1988年)、《比较行为学研究(1944～1948年)》(1992年)等。最重要的学术文章收集在《动物与人类行为的研究》(2卷,1965年)中。由于他发现了动物个体行为和社会行为的模式,与K. von弗里希、N. 廷伯根共获1973年诺贝尔生理学或医学奖。他还获得许多其他荣誉、奖励和名誉教授职位。

(施金保)

汤佩松(Tang Peisong) 中国湖北省人,1903年11月12日生于湖北浠水,2001年9月6日卒于北京。*植物生理学、酶化学、生物化学。*

出身书香门第,父亲汤化龙为辛亥革命武昌革命政府的负责人之一,1918年在加拿大遭暗杀。1917～1925年在清华学校留美预备班学习。1925年秋赴美入明尼苏达大学植物学系学习。1928年入约翰斯·霍普金斯大学深造,1930年获博士学位。随即转到伍兹霍尔海洋生物研究所研究生理学,在那里得到T. H. 摩尔根、杰勒德(R. Gerard)、希尔(A. V. Hill)和O. 迈尔霍夫等名师的指导,促使他对"太阳能转换的生物力学能"的研究产生极大兴趣。1930年秋到哈佛大学普通生理学研究室工作3年。1933年回国,任武汉大学生物学系教授,并在该校建立普通生理学研究室。1937年抗日战争爆发后,负责筹建贵阳医学院,任生物化学系主任。1938年到昆明任清华大学农业研究所植物生理研究室主任。1946年夏随清华大学回到北平(今北京),任农学院院长,发起建立北平生物科学学会。1948年被选为首届中央研究院院士。1949年10月后任北京农业大学校委会副主任委员。1950年创办《植物生理学通讯》。1952年调到中国科学院上海植物生理研究所任研究员,兼复旦大学教授。1954年夏回到北京任北京大学生物学系教授,建立中国第一个植物生理学专业,任中国科学院植物研究所植物生理研究室主任,1962年任植物研究所副所长,1979年任所长。1955年选聘为中国科学院学部委员(院士)。曾任中国植物学会理事长。1975 年被选为美国植物生理学会终身荣誉会员。

长期从事细胞呼吸及光合作用研究。1930 年,在哈佛大学普通生理学研究室工作,发表论文证明在植物中存在"呼吸酶"(即细胞色素氧化酶),这是一项开拓性工作。1938 年在昆明开展植物生理学研究,数年中发表了"活细胞的呼吸作用"(1941 年)、"细胞吸水的热力学处理"(1941 年与物理学家王竹溪合作)等论文,其中第三篇论文用热力学原理和方法研究细胞的水份,开创性地回答了水分在植物体内的运动。1946 年和研究生一起,证明菠菜的叶绿体中也存在碳酸酐酶。

20 世纪 50 年代,对高等植物呼吸代谢途径及其调节控制进行系统的研究,首次提出植物呼吸代谢多条路线的观点;1956 年和同事发现水稻幼苗中存在的硝酸还原酶是一种诱导酶;1956 年后和同事研究水稻幼苗中的呼吸代谢,证明水稻中存在糖酵解、磷酸戊糖循环、三羧酸循环、乙醛酸循环等途径;根据呼吸代谢研究结果,提出"湿润育秧法",为水稻生产作出了贡献。1976 年发表"光合作用机理研究进展概况"。和学生共同研究阐明不同类型植物光合膜上色素蛋白复合体种类和组成的多样性,以及其结构与功能受内外因素调控的原理。这项成果获 1987 年国家自然科学二等奖。1983 年在中国植物学会成立 50 周年纪念会上,他提出"创新植物学"的概念,认为植物学各分支学科必须分工合作,并与其他学科协调发展,以求达到按人们的愿望去利用和改造植物界,推动国民经济的发展和社会进步。

发表论文 300 余篇;出版有《现代中国植物生理学工作概述》(1955 年)等专著多部;另有回忆录《为接朝霞顾文阳》(1988 年)。曾获 1995 年陈嘉庚奖、1991 年何梁何利奖等多种奖项。 (张慰丰)

施米特,F. O. (Schmitt, Francis Otto) 美国人,1903 年 11 月 23 日生于美国密苏里州圣路易斯,1995 年 10 月 3 日卒于马萨诸塞州。*神经生物学、分子生物学、组织学*。

第二代德国移民。1924 年在华盛顿大学获文学士学位,1927 年获医学博士学位。后在加利福尼亚大学、英国和德国从事博士后研究。1930 年任华盛顿大学动物学助理教授,1934 年任副教授,1938 年任教授,1939~1941 任系主任。1942~1955 年任马萨诸塞理工学院生物学教授兼系主任,从 1955 年起任研究教授,1962~1974 年任神经科学研究所首任所长。1941 年入选美国文理科学院院士。1948 年入选美国国家科学院院士。1953 年入选美国哲学学会会员。1969 年入选瑞典皇家科学院外籍院士。获多所大学荣誉博士学位。

从事分子水平或接近分子水平的生命系统结构和功能的研究。在第二次世界大战前 15 年期间,为偏振光和 X 射线衍射应用于分子生物学奠定了基础。20 世纪 40 年代,他在美国建立第一个采用电子显微镜和 X 射线衍射观察生物组织的研究中心,培训出许多科学工作者,后来不少人成为国际上亚微结构领导者。在第二次世界大战期间,由于从事伤口愈合的研究,和同事对骨胶原蛋白进行持续而深入的观察,指出它的分子结构,并开辟了免疫性疾病肽作用的研究,并用于治疗烧伤。战后又研究横纹肌的亚微结构,测定软体动物闭壳肌结构,开创对高密度极性化合物的研究。

从大学学习开始,就对神经的研究发生兴趣,包括氧化还原机制和与激动相关的酶作用的利用。后来用偏振光和 X 射线的衍射证实神经髓磷脂的脂蛋白层结构,曾和同事们合作研究巨型鱿鱼神经纤维、轴浆化学成分、纤维状神经丝蛋白等,并组织各种科学家进行神经学学科间的学术交流。

著有《大分子特性和生物记忆》(1962 年)。参加主编《神经学研究专题论文集》(7 卷,1966~1974 年)和《神经科学研究计划》(4 卷,1967~1978 年)。获 1956 年美国公共卫生协会拉斯克奖,1963 年获惠特尼基金会琼斯纪念奖等。 (朱邦宁 袁劲梅)

达林顿,C. D. (Darlington, Cyril Dean) 英国人,1903 年 12 月 19 日生于英国兰开夏郡乔利,1981 年 3 月 26 日卒于牛津。*遗传学、细胞生物学、科学哲学、人类学*。

教师之子。曾在怀城东南农学院(后为怀城学院)学习农学,1923 年获伦敦大学学士学位。同年到英格兰东南部城市默顿的约翰·英尼斯园艺研究院工作,1939~1953 年任该研究院院长。1953~1971 年成为牛津大学植物学教授和牛津植物园园长。1964 年与刘易斯(K. R. Lewis)在牛津大学创办国际染色体讨论会。1941 年入选英国皇家学会会员。

主要研究遗传、变异和生殖的机制,以及它们在进化过程中适应性而形成遗传系统。首先证明成对染色体间交换过程的复杂性。交换是一切有性过程的关键。认为动植物中性染色体间存在的复杂差异是由于某些部分间的交换被抑制而引起的,核遗传和细胞质遗传的遗传粒子间的明显差异超过遗传、发育和侵染间从属性生物学差异。还研究技术发明、宗教信仰和人类繁殖系统之间的相互关系;根据遗传学原理解释农业起源、语言和道德进化以及社会结构,解释整个历史进程。

著有《显花植物的染色体图谱》(1956 年,与他人合著)、《染色体植物学及栽培植物的起源》(1956 年)、《染色体的处理》(1973 年第 6 版,与他人合著)、《遗传学教程》(1963 年)、《人类遗传学》(1964 年)等。他的科学哲学观点反映在《科学与社会的冲突》(1948 年)、《达尔文在历史上的地位》(1959 年)、《人类和社会的进化》(1969 年)以及《人类的小宇宙》(1976 年)等书中。1946 年获英国皇家学会皇家奖章。 (施金保)

哈特林,H. K. (Hartline, Haldan Keffer) 美国人,1903 年 12 月 22 日生于美国宾夕法尼亚州布卢姆斯堡,1983 年 3 月 17 日卒于纽约。*神经生理学、生物物理学*。

1923 年在拉菲特学院宾夕法尼亚州分校获理学士学位。1927 年获约翰斯·霍普金斯大学医学博士学位。此后作为国家研究委员会特别会员留在该校 2 年。1929 年以学者身份赴德国莱比锡大学、慕尼黑大学任访问研究员，1931年回美国。1931～1948年在宾夕法尼亚大学执教，1943年任生物物理学副教授，1948年任教授。1949年任约翰斯·霍普金斯大学生物物理学教授。1953～1974年在纽约洛克菲勒大学（原洛克菲勒研究院）任教授。1948年被选为美国国家科学院院士。1957年被选为美国文理科学院院士。1966年被选为英国皇家学会外籍会员。有6所大学授予他名誉博士学位。

用40多年时间对动物和人的视觉过程进行研究。早期研究视网膜的电反应，得到许多动物视网膜电性图，特别是人的视网膜电性图。和美国神经生理学家C. H. 格雷厄姆分离出鲎的单根视神经纤维，并记录了它的电活动。他们发现：视神经纤维借一系列的均匀神经冲动传递信息；一根神经纤维用电脉冲表示的神经冲动图像其大小和形状一定，只是频率有变化，光照越强，频率越高。20世纪30年代，他们又测出鲎视感受器对不同波长闪光的反应，其单个视感受器感光灵敏度与几年后美国生物化学家G. 沃尔德和R. 哈伯德（Ruth Hubbard）测出的鲎视紫质的吸收光谱一致。他还研究单一视感受器对短闪光的反应，发现短闪光所致的视神经放电类似底片曝光，只取决于闪光强度和时间的乘积。1938年又着手研究脊椎动物的眼睛，用显微解剖技术记录单根视神经纤维的活动，发现视觉信息在视感受器中就开始分化，有的纤维只在稳定光照时释放冲动，另一些纤维只在光强变化时释放冲动。此后，又研究鲎的电位发生器现象。这是由于视感受器使有关的神经纤维去极化而发生的。曾与瓦格纳（H. G. Wagner）等人用细胞内微电极记录到这种视神经细胞的去极化，发现由于去极化才有神经冲动。他还发现鲎复眼中的小眼彼此抑制，而且近邻小眼的相互抑制作用比远邻小眼的相互作用强，所以视网膜中像的边缘和外围得到加强，即视网膜对视觉信息有整合作用。与拉特利夫（F. Ratliff）导出抑制相互作用的数学公式，该公式对于研究视觉图像分辨率等十分有用。

因揭示视神经细胞在眼睛和视神经中所发生的电活动，对眼的生理的研究取得重要进展，他与沃尔德、瑞典的R. A. 格拉尼特共同分享1967年诺贝尔生理学或医学奖。还获得过豪厄尔生理学奖、1948年实验心理学会沃伦奖章、1966年凯斯研究所米切尔森奖，1969年莱特豪斯奖。 （田金仙）

刘思职（Liu Sizhi） 中国福建省人，1904年3月15日生于福建仙游，1983年8月18日卒于北京。*生物化学、免疫化学、生物工程。*

出身书香门第。1921年就读厦门大学化学系。1926年获美国西南大学理学士学位。1929年获美国堪萨斯大学博士学位。同年回国，先后任教上海大夏大学、北京协和医学院（今中国协和医科大学）生化系副教授。在此期间，赴德国凯泽·威廉研究院细胞生理研究所、英国剑桥大学进修。1942年后一直任北京医学院（今北京医科大学）教授。曾兼任中国生理学会理事长、《中国生理学》杂志主编等职。1957年被选为中国科学院学部委员（院士）。

20世纪30～40年代，主要研究免疫化学及蛋白质变性，合作进行抗原抗体复合物的解离和提纯等工作；首创用化学定量方法研究抗原抗体的沉淀反应，并定量回收抗体；证明用不同抗原同时注射时，产生的抗体各为独立而不相混淆的物质；首次以甲醇低温处理免疫血清获得一种碱性球蛋白，并认证其为抗体蛋白。50年代后，从事低级抗体、激素对抗体生成的影响、抗体生成机制和氨代谢的研究。与他人合作编译《蛋白质的生物化学》（1955年），推动中国的蛋白质研究；50年代初主持制定《生物化学名词草案》，首次统一中国的生物化学名词；主编中国第一部70万字《生物化学》（1954年初版、1964年第2版）教科书；在中国生物化学界较早建立了电泳、色谱等先进生物化学实验技术；在中国率先把抗体的生物合成作为科学研究的重点。60年代，在中国较早注意到核酸在遗传信息传递中的作用，用免疫动物淋巴细胞中取得的DNA（脱氧核糖核酸）引入另一未经免疫的同系动物中，藉以探明生物合成通路的存在。 （陈 磊）

克雷默，P. J.（Kramer，Paul Jackson） 美国人，1904年5月8日生于美国印第安纳州布鲁克维尔，1995年5月24日卒于南卡罗来纳州查珀尔希尔。*树木学、植物生理学。*

1927年获迈阿密大学植物学专业学士学位。1931年在俄亥俄大学获博士学位。1931～1974年长期供职于杜克大学，1945年任植物学教授，同年兼任杜克植物园园长，1974年退休后任顾问和荣誉教授。1945年任美国植物生理学家协会会长。1960～1961年任美国国家科学基金会计划署主任。1962年任北卡罗来纳科学院院长。1964年任美国生物科学学会会长、美国植物学会会长。1962年入选美国国家科学院院士。1963年入选美国文理科学院院士。1973年入选美国哲学学会会员。

主要致力于研究植物和水分的关系。首先证实伦纳（Otto Renner）1915年的观点，在水分吸收中存在两种机制。低温和土壤通气不良降低植物吸收，是降低根对水分的渗透性，而不是直接影响吸收机制。根对水分渗透性受植物年龄、地上部和地下部环境的影响。证明树木在木质部已分化的根尖后几厘米处吸收无机盐最多。曾对木本植物进行广泛研究，是美国最早的植物生理学家之一。第一个研究植物休眠和光周期的关系，后来又研究南方松树和阔叶树之间的生理差异，并对人工控制环境和野外植物的生长进行比较。

发表论文约150篇。著有《植物和土壤、水分的关系》（1949年初版，1969年再版）。和科兹洛夫斯基（T. T. Kozlowski）合作出版《树木生理学》（1960年）和《木本植物生理学》（1979年）。 （吕芝香）

斯图尔特，F. C.（Steward，Frederick Campion）

英国人，1904年6月16日生于英国伦敦，1993年9月13日卒于美国阿拉巴马州塔斯卡罗瑟。植物生理学、细胞生物学。

1924年和1926年分别获英国利兹大学化学学士学位和植物学博士学位。1927～1929年在美国康奈尔大学、伯克利加利福尼亚大学从事研究工作。后回英国，在利兹大学任教植物学。1934年任伦敦大学伯克贝克学院植物学讲师，并获博士学位。1946年任纽约罗彻斯特大学教授、生物系主任。1950年任康奈尔大学植物学教授，1965年任亚历山大讲座生物学教授，细胞生理、生长和发育实验室主任，1973年退休任名誉教授。后在纽约州立大学和弗吉尼亚大学任职。1956年入选美国文理科学院外籍院士。1957年入选英国皇家学会会员。

早期研究化学在植物学中的应用，首先研究在无菌情况下贮藏组织切片半渗透性的保持问题。认为离子对浓度梯度的逆向吸收是一种从需氧呼吸取得能量的活性过程。第二次世界大战前夕，认识到呼吸提供的能量能供蛋白质合成，促使富有氮的化合物被细胞用于合成蛋白质，并使离子得以积累。战后致力于3个研究目标：第一，找到一种方法来分离植物的非蛋白氮化物，并查明细胞如何取得氮素以合成蛋白质；第二，试图把相同的细胞或组织交替置于旺盛生长和休眠条件下，以对比它们的离子吸收作用和代谢情况；第三，研究合子的有机和无机营养。1958年，他用实验证明植物完全可由一个细胞发育为整株个体，这一发现彻底改变了传统的植物细胞生物学概念。

发表论文百余篇；主编《植物生理学》（10卷15册，1959～1991年）、《关于植物》（1966年）、《植物的生长与机体构成》（1968年）等。获1961年美国植物学会荣誉奖，1969年美国植物生理学会黑尔斯奖。（施金保）

库恩，C. S.（Coon，Carleton Stevens） 美国人，1904年6月23日生于美国马萨诸塞州韦克菲尔德，1981年6月3日卒于马萨诸塞州格洛斯特。自然人类学、文化人类学、考古学。

进口商的儿子。在马萨诸塞州菲利普斯学院和哈佛大学读书，先主修古典文学，最后专攻人类学，1925年在哈佛大学获文学士学位。同年任费城的宾夕法尼亚大学博物馆人类学部主任，并到摩洛哥进行考古挖掘。1928年获哈佛大学文科硕士和博士学位。同年起至1948年任教于哈佛大学，前期为哈佛大学的皮博狄博物馆做野外工作直到1935年。第二次世界大战期间，在美国战略服务部任作战少校。1948年任宾夕法尼亚大学人类学教授，兼博物馆人类文化部主任，1963年退休。期间1954～1957年为美国空军进行地形摄影工作，由此到过世界上许多地方。1955年被选为美国国家科学院院士。

研究工作涉及文化人类学、史前考古学和自然人类学三个领域。1924～1928年在摩洛哥从事野外考古工作，开始研究文化人类学，发表里夫部落的人神起源论。1929～1930年在阿尔巴及利从事考古研究。1933年去埃塞俄比亚。1925～1939年先后去阿拉伯半岛、北非、巴尔干半岛等地考察和田野考古，并于1939年发现古代尼安德特人穴居遗址。1951年出版的《商队》是对中东文化信息的综合，被外交家以及关心该地区的人当作教科书。1942年与查普尔（E. D. Chapple）合写《人类学原理》一书，试图用互相影响的方式和保护平衡的最小需求法则分析人类的行为。1948年撰写的《普通人类学读本》附录中简化并进一步阐述关于这些原理的想法。1954年出版《人类的故事》。他对史前考古学的贡献，主要包括以前没有被考查过的一些洞穴的发掘和新文化的发现。在摩洛哥、伊朗、里海沿岸、阿富汗等地发现了从旧石器时代以前及中石器时代、新石器时代到铁器时代的一连串文化遗迹。1967年他在塞拉里昂的叶格玛发掘一个洞穴，里面有一系列的旧石器中期手斧劳动的微型制品，这些东西同新石器时代的遗物交叠在一起，后者大约于公元前2200年开始，延续到大约公元前1500年。

对自然人类学的研究开始于20世纪20年代和30年代早期，测量了大量的摩洛哥人、阿尔及利亚人、南部阿拉伯人（特别是也门和哈德拉姆特的阿拉伯人）。在1950年的《人类种族》一书中，提出了种族之间的许多身体上的差异是对于环境适应结果的理论，这个当时曾被认为是荒谬的假设迄今已多次被生理学的研究所证明。1959年同一些生理学家到智利南部考察，证实了阿拉卡鲁夫印第安人的高度耐寒性。1962年《种族起源》一书问世，引起了种族隔离主义者同种族平等主义者之间的争论。这本书是几十年来对人类化石研究的新高峰，认为从一个人种到另一个人种的转变只涉及一种器官即大脑的变化。1965年《种族起源》的续篇《活着的人种》出版，这本书里回顾了迄今为止的世界种族史和文化史，特别详尽地阐述了气候和文化在种族差异中的作用。1949年在费城的大学博物馆的一次展览中，试图对人类使用能量随时间的推移作出说明，从第一次使用火到第一次核爆炸在双对数图表上显示出斜率不变，而在第一次核爆炸以后此斜率急剧上升。为此1970年发表论文"人类的进化和文化的突飞猛进"。1971年撰写的《狩猎的民族》一书中指出，人类的文化还应归功于农业出现以前的我们的祖先。（敬元虎）

郑万钧（Zheng Wanjun） 中国江苏省人，1904年6月24日生于江苏徐州，1983年7月25日卒于北京。林木学、林业资源学、生态工程。

出身商人家庭。1923年江苏省第一农校林科毕业。留校任教。翌年破格调入东南大学任教。1929～1938年任中国科学社生物学研究所植物学研究员。1939年初赴法国图卢兹大学森林研究所进修，于同年底获博士学位。1940～1949年先后任云南大学农学院教授，中央大学农学院教授兼森林学系主任。1949年任南京大学农学院林学系教授、系主任、副院长。1952年全国院系调整后，相继任南京林学院教授、副院长、院长。1962年后历任中国林业科学研究院副院长、院长、名誉院长。曾兼任中国林学学会理事长。1955年选聘为中国科学院学部委员（院士）。

20世纪30年代后期在四川西部进行野外森林调

查,积累大批标本和第一手资料,用法文写成论文手稿“四川及西康东部的森林”,1939 年赴法国留学时图卢兹大学森林研究所高森(H. Gaussen)审读此文时深感惊异和钦佩,当年就让他以此为博士论文参与答辩,授予博士学位。20 世纪 40 年代,与胡先骕共同研究有人从湖北利川采得的一种枝叶标本和后来补采的花果标本,发现它是一种远古第三纪的水杉新种,它被称为“活化石”,只残存于中国川鄂边境的狭小地区。该品种后来被国外 50 多个国家引种,使此项贡献蜚声国际科学界。此外,还发现和命名 4 个新属、100 余个树木新种。70 年代,主编出版《中国植物志》第七卷《裸子植物》(1978 年),1982 年获国家自然科学奖二等奖、国家林业部科学技术成果奖一等奖;主编《中国主要树种造林技术》(1978 年),该书对中国 240 个主要造林树种的特征、地理分布、培育技术和经济价值作了全面阐述,获林业部科学技术成果奖一等奖。主编《中国树木志》(2 卷,1983~1985 年)等书。 (高小东 宣焕灿)

迈尔,E. W.(Mayr,Ernst Walter) 美国人,1904 年 7 月 5 日生于德国巴伐利亚州肯普顿,2005 年 2 月 3 日卒于美国马萨诸塞州贝德福德。*生物进化论、动物分类学、动物地理学、地理探险。*

德国裔,检察官之子。1926 年获柏林大学博士学位。1926~1932 年为该校动物学博物馆助理。1932~1953 年任纽约美国国家自然博物馆鸟类馆主任。1946 年发起成立进化论研究学会,兼任第一届秘书长。1947 年创办和主编《进化》杂志。1953 年任哈佛大学比较动物学博物馆动物学教授,1961~1970 年任该馆馆长,1975 年退休为荣誉教授。1954 年当选为美国国家科学院院士。先后获乌普萨拉、耶鲁、墨尔本、牛津、慕尼黑和巴黎等大学荣誉博士学位。

现代综合进化论缔造者之一。早期研究物种形成,即一个物种如何分成几个亚种,指出种群地理隔离是高等动物物种形成的前提。研究领域包括鸟类学和动物分类学。1928~1930 年 3 次领队去新几内亚和所罗门群岛考察,获得确凿证据说明地理变种在进化过程中的重大意义。在研究创建者种群时开辟了新课题,指出这些种群因远离基因流动,遗传上失去来源,而且能更好地对当地各种因子选择的影响作出反应。1954 年假设某些创建者种群经历剧烈的遗传变革,能导致适应性和小生境发生显著变化。同时还发展了动物地理学,强调动物区系的历史组成不是分布区域的地理界线,并对华莱士线和美洲动物区系组成进行新的分析,推论群岛地区鸟类类群的起源。1940 年提出现今普遍采用的物种定义:物种是一群能互相繁殖的自然种群,在生殖上与其他类群互相隔离,同一物种在演化历史上具有共同基因。物种的标志不是差异程度而是生殖独特性,因而发现许多同形种或相似种。1942 年出版他的首部著作《系统分类学与物种起源》,对达尔文进化论作进一步综合性发展。曾与林斯利(E. G. Linsley)、尤辛格(R. L. Usinger)合著一本关于分类学理论和方法论的教科书《动物分类学的方法和原理》(1953 年),1969 年他彻底改写了此书,称做《动物分类学原理》,指出生物自然类群是进化的产物,其成员有一个来自共同祖先的遗传因子,因此生物分类必须采用与物体分类完全不同的原理。在研究进化论时,同时对生物学史和哲学发生兴趣,确信功能生物学(发育学、生理学等)与进化生物学(进化、多样性、变异等),可在生物学名义下统一起来。他另一方面的兴趣是遗传的性质,通过区别开放式和闭锁式的遗传,来阐明行为生物学。

发表的论文和著作很多,达 500 余篇(部),其中还有《动物种属与进化》(1966 年)、《综合动物学原理》(1991 年,与他人合著)、《生物学:生命界的科学》(1997 年)、《北部美拉尼西亚群岛的鸟类》(2001 年)、《生物学的独特性》(2004 年)等。一生获得许多荣誉,曾获利迪奖章(1946 年)、英国皇家学会达尔文-华莱士奖章(1958 年)、布鲁斯特奖章(1965 年)、美国国家科学奖章(1969 年)、巴尔赞奖(1983 年)、国际生物学奖(1994 年)和克拉富尔特奖(1999 年)等。 (陈建秀)

蒂曼,K. V.(Thimann,Kenneth Vivian) 英国与美国双重国籍,1904 年 8 月 5 日生于英国肯特郡,1997 年 1 月 15 日卒于美国宾夕法尼亚州黑弗福德。*植物生理学、分子生物化、生物化学。*

牧师的儿子。曾在伦敦大学帝国学院学习,主修化学,1924 年获学士学位,1928 年获生物化学博士学位。1930~1935 年任加利福尼亚理工学院生物化学讲师。1935 年赴哈佛大学工作,1948 年任教授,1962~1965 年任该校希金斯讲座生物学教授。1965 年到圣克鲁斯加利福尼亚大学任教务长,1972 年退休为荣誉教授。1954~1955 年任巴黎大学客座教授。1948 年当选为美国国家科学院院士。1965 年任美国生物科学学会会长。1969 年任西雅图第 11 届国际植物学会议主席。入选意大利国家科学院院士。1969 年当选为英国皇家学会外籍会员。1978 年入选法国科学院外籍院士。

1934 年他分离出纯植物生长素,能调节细胞的延伸以及根和芽的生长。后来又发现生长素对芽的生长有抑制作用。指出某些人工合成的化学物质也具有植物生长素同样的作用,化学家据此合成了 2,4-D 等著名的植物生长调节物质。还研究植物体中花色素苷的形成过程,证明此过程受核酸的控制。先后发表大约 260 篇论文;出版有《植物激素》(1937 年,与他人合著)、《植物与无脊椎动物中的激素作用》(1948 年,与他人合著)、《植物生长素》(1955 年)、《野生菌的生活》(1955 年)《科学院植物天然激素》(1972 年)、《植物生存期的激素作用》(1977 年)。获 1924 年哈顿化学奖,1936 年美国植物学家协会黑尔斯奖,1976 年第九届国际植物生长物质会议银质奖章,1982 年理论和应用植物学巴尔赞奖等。 (施金保)

斯坦利,W. M.(Stanley,Wendell Meredith) 美国人,1904 年 8 月 16 日生于美国印第安纳州里奇维尔,1971 年 6 月 15 日卒于西班牙萨拉曼卡。*病毒学、生物化学、传染病学。*

1926 年在里士满附近的厄尔海姆学院获理学士学位。1927 年和 1929 年在伊利诺伊大学分别获理学硕士和化学博士学位，继而在该校任研究员和讲师。1930～1931年以国家研究委员会成员身份在德国慕尼黑大学从事研究。1931年起在洛克菲勒研究院工作。1948年任伯克利加利福尼亚大学生物化学教授、病毒实验室主任，1948～1953年任生物化学系主任，1958年起任病毒学教授和病毒学系主任。1941年入选美国国家科学院院士。1938～1960年间，共获8个国内外名校授予的荣誉博士学位。

病毒是在1898年发现的，它们能够繁殖和突变，是有生命的实体，然而关于它们的化学本质一直是个谜。从1932年起，他选择了烟草花叶病毒开始研究，研究包括胰蛋酶和胃蛋白酶的作用、不同氢离子浓度下病毒失活的速率，以及100余种化学试剂对病毒传染性的影响。1934年得出结论：病毒是含蛋白质的物质。接着用类似萨姆纳和诺思罗普浓缩和纯化酶的方法来浓缩和纯化病毒，1935年获得成功。得到的小的针状结晶有病毒的活性，证明它是烟草花叶病毒。1936年6月发表"对含有烟草叶病毒的晶状蛋白酶的分离"重要论文，是病毒研究领域的一个历史转折点。同年又从结晶分离得到核酸。接着在1937年证实了病毒的活性来自核酸，证明烟草花叶病毒是一种核蛋白。因这一成就，与美国生物化学家J. B. 萨姆纳和J. H. 诺思罗普一起获1946年诺贝尔化学奖。

此后，从事蛋白质的氨基酸组成、以及病毒核蛋白溶液的光学活性和物理化学性质的研究。还制得和研究过其他病毒，其中包括流行性感冒的病毒。第二次世界大战期间，他和助手们共同开发出预防流感病毒的一种疫苗。

一生中发表论文150余篇，有专著数部。获1937年美国科学促进协会奖，1938年芝加哥大学卢森堡奖章，哈佛大学阿尔德奖，费城市斯科特奖，1941年美国纽约野生金质奖章，美国化学学会1946年尼科尔斯奖章、1947年吉布斯奖章，1948年富兰克林奖章、总统颁布的奖状，1958年现代医学奖，以及1963年美国癌症学会的杰出服务奖等。（温敬铨）

伊姆舍涅茨基，A. A.（Имшенецкий，Александр Александрович；Imschenetsky，Alexandr Alexandrovich） 苏联人，1905年1月8日生于俄国乌克兰基辅，1992年8月1日卒于同地。*微生物学、细菌学、分子生物学。*

1926年毕业于沃龙涅什大学。1930年为苏联科学院微生物学研究所研究生，1939年获生物学博士学位。留所工作，次年任研究室主任，1944年升为教授，1949年任该研究所所长。曾任苏联《微生物学》杂志主编。1946年被选为苏联科学院通讯院士。

主要研究微生物生态生理学、微生物对环境的适应，以及微生物对各种物质的分解作用和在自然界物质循环中的重要作用。发现嗜热细菌比中温性细菌繁殖得快，且在高温摄氏90度仍保持活力，拥有特种酶的功能。1954年首先发现亚硝酸菌的无细胞制剂可使氨氧化。首次分离到许多需氧和厌氧的纤维素分解菌的纯培养，并研究它们的形态学和生理学，证实在需氧条件下分解纤维素的是粘液菌。在细菌比较解剖研究中发现所有的细菌都含有大量的DNA（脱氧核糖核酸），指出粘液菌具核，因而与真细菌不同。研究了溶纤维朊酶（溶凝血栓）和胆固醇氧化酶等微生物酶的物质构成与功能。还研究多种诱变剂对霉菌和细菌的作用，以及不同量的诱变剂对形态生理突变体的突变频率的影响。在太空生物学研究领域里，与合作者研究太空对微生物的影响，利用"人工火星"模拟装置研究微生物探测地球外生物。还研究真菌和细菌的酶制剂作为药物。

出版微生物学专著10部，其中有《细菌构造》（1940年）、《高温下的微生物过程》（1944年）、《纤维素的微生物等》（1953年）和《微生物的试验性变异》（1956年）等。1955年获帕斯特奖章。获一枚列宁勋章、两枚其他勋章和数枚奖章。（孙炳寅　李孙演）

霍斯福尔，J. G.（Horsfall，James Gordon） 美国人，1905年1月9日生于美国密苏里州格罗夫山，1995年3月22日卒于康涅狄格州汉姆顿。*植物病理学、农艺学、农业化学、药物学。*

1925年在阿肯色大学主修土壤学，获学士学位。1929年获康奈尔大学植物病理学博士学位。留校任教，1929年任副教授，1936年任康奈尔大学纽约州立农业试验站教授。1939年任康涅狄格州农业试验站植物病理学部主任，1948～1971年任站长。1972年起为约翰逊农业试验站杰出科学家。期间，1962～1971年主编《植物病理学年鉴》。1951年任美国植物病理学会会长。1954年任美国工业微生物生物学会会长。1960～1969年兼任总统科学顾问委员员顾问。1971～1973年任美国国家科学院农业委员会主席。1951年入选美国文理科学院院士。1953年成为美国国家科学院院士。还是美国国家多种委员会如原子能委员会、环境保护机构、国家航空航天局顾问成员。

曾研究植物种子、幼苗、根基、导水系统、叶、果实等的病害。描述并命名"接种体潜势"，这种潜势是病原菌繁殖体的数量与植物在一定环境条件下发病量之间的数量关系。和同事迪蒙德（A. E. Dimond）描述和命名"高糖类病害"和"低糖类病害"，把无数关于光亮、阴暗、杀草剂、激素、杀虫剂及其他病害对植物病害的影响的支离破碎的资料集中成一种理论，这种理论虽提出较迟，但较之接种体潜势的概念传播得更迅速。他对化学防病很感兴趣。首先研究用硫酸铜浸种防治番茄苗腐病。1938年发现四氯对醌的杀菌效果，这种杀菌剂迅速代替了长期使用的处理种子的铜制剂，这一研究导致了1946年高效而广泛使用的乙烯双二硫化氨基甲酸酯的发现。开创了一个植物病害的内在疗法或化学疗法的新领域，即把杀菌剂注射到有病植物体内来治疗，但没能成功。通过对治疗榆树病害的试验表明，侵入到植物体内的病菌被减少，但植物无吞噬系统，不能杀死剩余的病菌而恢复。1948 年发表了大量有关防治植物白粉病害的杀菌剂的结构与功能方面的文章。用硫酸铜和氢氧化钙配制成一种“波多尔液”,这种著名的杀菌剂可防治多种病害。

著作有《杀菌剂及其作用》(1945 年)、《杀菌剂的作用原理》(1956 年)及与人合编的《植物病理学》(1959～1960 年)和《植物病害》(1977 年)等。1972 年和 1974 年分别获美国植物病理学会、美国生物科学院荣誉奖。

(耿伯介)

侯光炯(Hou Guangjiong)　中国上海市人,1905 年 5 月 9 日生于江苏金山(今属上海市),1996 年 11 月 4 日卒于四川长宁。土壤学、作物栽培学。

中医师家庭出身。4 岁时父亲被恶霸逼死,11 岁丧母,在大哥扶养下长大。1928 年北平大学农学院(后多次易名)农业化学系毕业。留校任教。1931～1946 年供职于中央地质调查所土壤研究室,先后任副室主任、室主任、主任技师。期间,1935～1937 年到欧美各国和苏联考察土壤学进展。1946 年任四川大学农业化学系土壤学教授。1953～1990 年在西南农业大学(原西南农学院)土壤农业化学系任教,教授兼任系主任、自然免耕研究所所长、名誉校长。曾兼任中国科学院重庆土壤研究室主任、中国科学院成都分院土壤研究室主任、四川省土壤学会理事长、四川省科学技术协会副主席等职。1955 年选聘为中国科学院学部委员(院士)。

20 世纪 30～40 年代,参与调查中国北方和西北方、四川重庆等地土壤资源;首次阐明水稻土发生机制、层次形态与生产力关系,受到国际同行重视;实地开展中外土壤比较研究;提出简捷的土壤粘韧性测定法,用粘韧曲线鉴定土壤肥力。50～60 年代,参与云南橡胶宜林地考察;参与主持长江上游的岷江、沱江、涪江、嘉陵江流域土壤调查;参与主持 1958 年底开始的第一次全国土壤普查;主持调查研究四川盆地紫色土分类与区划;合作提出中国土壤分类方案、水稻土分类法。60～70 年代,提出“土壤肥力实质是土壤生理性”观点,而“土壤生理性”是土壤在太阳辐射热下发生各种理化-生物性的周期变化现象;发现“光-肥平衡”的日周期变化,建立土壤肥力的生物-热力学理论,获 1978 年全国科学大会奖;参与主持 1978 年开始的第二次全国土壤普查。80～90 年代,总结水稻半旱式栽培和小麦湿板田免耕栽培法的经验,逐步完善冬水田自然免耕耕作技术,经大面积推广有明显增产效果,获 1986 年四川省科学技术进步奖一等奖,1987 年国家科学技术进步奖三等奖;将自然免耕法向冬水田综合开发、多层次利用的方向发展。

主要论文汇编于《侯光炯土壤学论文选集》(1990 年);出版《土壤学附地质学基础》(1961 年)、《土壤学(南方本)》(1980 年)、《中国农业土壤概论》(1982 年,与他人合著)、《农业土壤学基础知识》(1983 年,与他人合著)等著作。

(侯柏勤)

查加夫,E.(Chargaff, Erwin)　美国人,1905 年 8 月 11 日生于奥地利捷莫维茨(今属乌克兰切尔诺夫策),2002 年 6 月 20 日卒于美国纽约。分子生物学、生物化学、微生物学。

奥地利犹太族裔。1928 年获维也纳大学化学博士学位。1928 年任美国耶鲁大学研究员。1930 年在柏林大学细菌学与公共卫生系任助理教授。1933 年在巴黎巴斯德研究院卡尔默德实验室工作。1935 年在纽约哥伦比亚大学生物化学系任研究员,1938 年任助理教授,1946 年任副教授,1952 年任生物化学教授,1970～1974 年任生物化学系主任,1974 年退休后为荣誉教授。后将自己的实验室移至罗斯福医院继续从事相关研究,1992 年第二次退休。1940 年加入美国籍。入选美国文理科学院、美国国家科学院院士。还当选为瑞典皇家隆德生理科学院外籍院士。

研究范围很广,涉及化学和生物化学的许多领域。早期以研究微生物的复合脂类为主,参与了少见的脂肪酸和耐酸的分枝菌中的蜡、白喉菌等的发现,从而导致关于代谢和组织脂类的生物作用更多样的研究,尤其是对脂蛋白的研究;是在磷脂代谢研究中首先使用放射性同位素磷的人之一;曾推断一定存在许多组成和结构不同的脱氧核糖核酸(DNA)分子,并在以后证实了这一结论。1950 年,他通过实验发现了 DNA 碱基配对规律,腺嘌呤和胸腺嘧啶数量对比大致相等,胞核嘧啶和鸟嘌呤之间的数量对比也大致相等,尽管 DNA 的含氮组分大不相同,但所有各种 DNA 都具有这一规律。此后来被学术界称为“查加夫第一法则”。被称为“查加夫第二法则”的表明,一个物种与另一物种的 DNA 中的碱基位置不同。许多人认为查加夫没有获 1962 年诺贝尔生理学与医学奖是不公的。但是诺贝尔奖仅颁发给最多三人。实际上,像查加夫这样为 DNA 发现作出重要贡献的还有不少于 23 位科学家。

发展 450 余篇论文,另有《核酸论文集》(1963 年);出版 15 本书,代表作有《核酸》、与人合编《核酸分析》等。曾获得很多奖励和荣誉,其中获 1949 年法国巴斯德奖章,1974 年获美国国家科学奖章。

(周邦娴)

别洛泽尔斯基,A. H.(Белозерский, Андрей Николаевич; Belozersky, Andrei Nikolaevitch)　苏联人,1905 年 8 月 29 日生于俄国塔什干(今属乌兹别克斯坦),1972 年 12 月 31 日卒于莫斯科。分子生物学、生物化学。

1927 年毕业于塔什干大学,1927～1930 年当研究生,获副博士学位。1930 年任莫斯科大学植物生理化学系助教,后任副教授,1946 年任教授,1960 年任系主任。同时自 1946 年起兼任苏联科学院生物化学研究所研究员,1965 年建立有机生化研究实验室并任主任。1958 年当选为苏联科学院通讯院士,1962 年为院士。

主要研究高等和低等植物包括细菌在内的核酸与核蛋白,证实在一切高等和低等植物(包括细菌)中都含有脱氧核糖核酸(DNA)和核糖核酸(RNA)。通过这些研究工作,指出细胞的生命活力既与年龄有关,也与细胞中核酸的含量有关。还与其他学者共同证实植物核蛋白与动物核蛋白一样,不仅含碱性蛋白,也含非碱性蛋白。在他的实验室里还对高等植物、真菌、藻类、放线菌、细菌、脊椎动物和无脊椎动物的DNA和RNA的核苷酸组成进行了研究，证实整个有机界中的DNA主要由4种脱氧核苷酸组成。1969年当选为苏联社会主义劳动英雄。获3枚列宁勋章(1961年，1965年，1969年)，1枚红旗勋章(1951年)和其他多枚奖章。

(张承圭)

奥乔亚，S.(Ochoa，Severo) 西班牙和美国双重国籍，1905年9月24日生于西班牙卢阿尔卡，1993年11月1日卒于西班牙德里。*细胞生物学、生物化学、酶学、医学病毒学。*

西班牙裔。律师的儿子。1921年在西班牙马拉加学院获文学士学位。1929年获马德里大学医学院医学博士学位。同年去德国凯泽·威廉研究会海德堡医学院进行博士后研究。1931～1935年任马德里大学生理学讲师。期间1932年去伦敦英国国家医学研究院进修，1934年回国后任马德堡大学生理学与生物化学讲师，不久任该校医学院生理学部主任。1937年在英国普利茅斯海洋生物实验室工作。1938～1941年在牛津大学研究维生素B_1的功能，任研究助理。1941～1942年在美国圣路易斯的华盛顿大学医学院任示教员和研究助理。1942年任纽约大学医学院研究助理，1945年任生物化学助理教授，翌年任药学教授，1954年任生物化学教授。1956年成为美国公民。1974年参加罗切分子生物学研究所工作。先后担任纽约哈维学会会长、美国生理化学家协会主席、国际生物化学联合会主席。1957年入选美国国家科学院院士。还当选为英国皇家学会外籍会员，并当选为许多国家科学院外籍院士。获得美国国内外多所大学荣誉博士学位。

杰出贡献是对酶在生物体内反应机理的研究。1950年初开始研究光合作用。阐明了光在酶的合成过程中的重大作用及其能量转化，揭示了固定二氧化碳的关键步骤。1955年从细菌中分离了催化二磷酸核苷酸，并合成核糖核酸(RNA)的多核苷酸磷酸化酶，第一次在实验室人工合成细胞生长中起重要作用的RNA。由于这一重大成就，与美国的A.科恩伯格分享1959年诺贝尔生理学或医学奖。

他深入探讨了该酶的作用机理，发现多核苷酸磷酸化酶并非混合物，对底物的专一性不强。1961年利用多核苷酸磷酸化酶合成RNA，用来研究蛋白质合成中氨基酸的顺序。还发现了三羧酸循环中的苹果酸酶，分离并结晶了柠蒙酸合成酶。他还证明了维生素B_1和维生素H作为辅酶的生化功能。主要论文入编《S.奥乔亚论文选》(1928～1975年)；主要著作有《活着的状态》(1962年，与他人合著)、《合成核苷酸和遗传密码》(1976年)、《病毒、癌基因加癌》(1985年，与他人合著)、《遗传信息表达的分子基础》(2000年)等。 (周忠勋)

索恩本，T.M.(Sonneborn，Tracy Morton) 美国人，1905年10月19日生于美国马里兰州巴尔的摩，1981年1月26日卒于印第安纳州布卢明顿。*原生动物学、生殖生物学、遗传学、细胞生物学。*

出身犹太族裔商人家庭。1925年在约翰斯·霍普金斯大学获文学士学位，1928年获博士学位。后作为国家研究委员会成员留校工作，1930～1931年任动物学家H.S.詹宁斯的研究助手、助理研究员，1931年任动物学副研究员。1939年任印第安纳大学副教授，1943年任教授，1953年成为有杰出贡献教授，1976年退休后成为有杰出贡献名誉教授。曾任美国动物学会会长，遗传学会会长，生物进化研究会副会长。1965年起任《人类遗传与进化控制》杂志主编。1946年入选美国国家科学院院士。是美国文理科学院院士。1964年被选为英国皇家学会外籍会员。

早期曾进行草履虫有性生殖及性别遗传的研究。和詹宁斯共同发现草履虫属的几个种与眼虫的一个种都可分成若干交配型，在相互成对的交配型间可进行交配，在交配型内则不能进行交配。交配型受基因控制，它们表现了孟德尔式遗传。他们还阐明了草履虫的有性生殖包括接合生殖与自体受精两种形式。在这一工作基础上，他进行草履虫放毒型的著名研究，发现草履虫中有一放毒型品系，能产生草履虫素，它对自身无害，但可杀死不同的敏感型品系。放毒型必须有核基因*KK*及胞质因子卡巴粒，而敏感型则具核基因*kk*，胞质中无卡巴粒。在放毒型与敏感型交配时，如接合时间短不发生胞质交流传递卡巴粒，则双方交换小核后基因型均将成为*Kk*，而胞质状况不变。接合后分开的两个个体，原先有卡巴粒者将表现为放毒型，原先无卡巴粒者将表现为敏感型。自体受精后，它们均将产生1/2*KK*与1/2*kk*个体。这样，原来放毒型的个体后代将一半为放毒型(*KK*+卡巴粒)，另一半*kk*个体起初为放毒型，经几代后因无*K*基因的支持，卡巴粒不能增殖，将逐渐变成敏感型。原为敏感型者，虽有一半*KK*个体与一半*kk*个体，但因均无卡巴粒而表现为敏感型。如若接合时间延长，除交换小核外，同时也交流胞质传递卡巴粒，则接合后分开的两个体均将成为*Kk*基因型+卡巴粒，表现为放毒型。它们在自体受精后，一半*KK*+卡巴粒的个体将为放毒型，另一半*kk*+卡巴粒个体起初为放毒型，在几次分裂后卡巴粒逐渐消失，将成为敏感型。指出卡巴粒虽可自行增殖，但这种增殖必须依靠核基因*K*的存在，如若胞质中原无卡巴粒，则核基因*K*也不能使之产生。后人研究表明，卡巴粒所含DNA(脱氧核糖核酸)的碱基比、RNA(核糖核酸)、蛋白质与脂类含量，以及细胞色素组成均与草履虫不同，而与某一细菌类型相似，因此人们设想它可能为草履虫体内的一种共生细菌，经长期共生，两者间建立了一种独特的关系。有关草履虫放毒型的研究是对遗传学的一大贡献，它提供了动物中第一个胞质遗传学的事例。晚年还曾研究草履虫中的后植核酸，这是一种RNA颗粒，当它被原生动物吸收时，可像RNA病毒一样进行复制。还通过草履虫中一些基因产物如何装配成皮质结构的研究阐明了基因在发育中的作用。

发表论文230余篇。获1939年美国国家科学院金伯遗传学奖，1946年美国科学促进协会纽科姆-克利夫兰研究奖，1965年捷克斯洛伐克科学院孟德尔论文发表100周年奖章。 （王爵渊）

陈世骧（Chen Shixiang） 中国浙江省人，1905年11月5日生于浙江嘉兴，1988年1月25日卒于北京。系统昆虫学、生物进化论。

出身书香门第，其父陈坚早年曾参与发起成立中国第一个民间治虫组织——治螟委员会，这为他日后选攻昆虫学打下了思想基础。1928年毕业于上海复旦大学生物学系。同年赴法国留学，1929～1934年在巴黎国家自然博物馆昆虫学实验室研究昆虫分类，1934年获巴黎大学博士学位。其博士论文"中国和越南北部叶甲亚科的系统研究"获法国昆虫学会1935年巴赛奖。1934年8月回国，任中央研究院自然博物馆及动物研究所研究员。1950年起，历任中国科学院实验生物研究所昆虫研究室研究员兼室主任，昆虫研究所所长，动物研究所所长、名誉所长。1955年选聘为中国科学院学部委员（院士）。曾任中国昆虫学会理事长、中国农学会副理事长、《中国动物志》主编等职。

毕生致力于生物进化及分类学理论研究。早期研究叶甲总科和实蝇科，兼及昆虫行为和昆虫进化。1955年发表论文"昆虫纲的历史发展"，分析了昆虫体型的起源、有翅昆虫的起源和全变态昆虫的起源，并探讨它们的历史继承关系。1956年在青岛遗传学座谈会上作"关于物种问题"的系统发言，批驳苏联李森科"种内无斗争"的错误观点。1975年总结"又变又不变"的物种概念，先后发表"进化论与分类学"（1977年）、"生物发展的历史规律"（1978年）、"进化论的若干基本概念"（1983年）、"物种概念与分类原理"（1983年）等论文。

关于物种概念，他认为物种在又变又不变的矛盾中演变。还认为分类特征应反映进化历史，把特征分为新征和祖征两类，新征是变的产物，是新种形成而产生的特征。祖征代表其不变的一面，是物种所隶属的一系列的上级单元特征。各级单元的特征有一定的出现时序，单元的级别愈高，其特征出现的时间愈早，界级特征早于门级，门级早于纲级，纲级早于目级，目级早于科级。祖征是进化历史的记录。1979年他和陈受宜合作发表"生物的界级分类"，提出把整个生物界划分为3个总界：非细胞总界（病毒）、原核总界和真核总界，代表生物进化的三大阶段。1978年发表论文"生物进化史上的十件大事"，用10次巨大的突破来概括生物的进化。

关于生存斗争与自然选择，他对达尔文的学说提出两点补充意见：① 进化是生物向环境发展的过程，选择学说强调环境选择生物、改变生物的一面，忽视了生物占领环境，改变环境的另一面。② 大量生殖不仅是生存斗争和自然选择的原因，同时又是其结果，本身亦是一种适应现象。

他对叶甲系统的分类研究，以及1978年出版的《进化论与分类学》一书，同获1978年全国科学大会奖和1978年中国科学院重大科技成果奖。1986年和同事完成并出版《中国动物志·昆虫纲鞘翅目铁甲科》，获国家自然科学奖二等奖。发表论文和专著约185篇（部），其中涉及昆虫700多个新种、60多个新属。 （张慰丰）

沃丁顿，C. H.（Waddington，Conrad Hal） 英国人，1905年11月8日生于英国伍斯特郡埃弗瑟姆，1975年9月26日卒于爱丁堡。胚胎学、遗传学、生物进化论。

曾在英国克利夫顿学院和剑桥大学学习，1926年获学士学位。留校基督学院任教动物学，为评议员，1933～1942年在剑桥大学斯特兰奇弗斯研究实验室研究胚胎学，并任动物学讲师。第二次世界大战中，为英国皇家空军研究开发运筹学应用，并于1944～1945年任英国空军海防总部科学顾问。1947年至去世任爱丁堡大学动物遗传学教授。1947年被选为英国皇家学会会员。1960年被选为美国文理科学院外籍院士。

首次成功地用人工培养基培养温血动物的胚胎。1933年发现鸡胚胎某些组织的诱导作用，甚至在组织死后仍能进行。1936年和同事证明胚胎诱导作用能由人工合成的物质实现。由于阐明鸟类组织之间的相互作用，于1936年获比利时皇家科学院布拉舍奖。曾对果蝇的各种器官和组织发育的遗传控制问题进行一系列研究。1940年写的《组织者与基因》一书中，首次详细阐明遗传学基本理论与实验胚胎学的关系。后继续研究胚胎学及进化机制，指出如果自然选择有利于某种生物逐渐形成对环境的生理适应，经过若干世代后，这种特性就可通过遗传因子而保存下去。

著有《伦理动物》（1960年）、《生命的本性》（1961年）、《遗传和发育的新图式》（1962年）、《现代生物学》（1962年）、《发育与分化原理》（1966年）等。 （施金保）

唐仲璋（Tang Zhongzhang） 中国福建省人，1905年12月10日生于福建福州，1993年7月21日卒于福建厦门。寄生虫学、流行病学、公共卫生学。

出生于中医师家庭。出世8个月母亲病故，11岁时父亲染病去世。靠半工半读读完中学和大学。1932年福建协和大学（福建大学前身）毕业后，任福建省科学馆实验员。1948年赴美国留学，1949年获美国约翰斯·霍普金斯大学理硕士学位。曾先后担任福建协和大学生物学系主任，福州大学生物学系主任，福建师范学院生物系主任、副院长，厦门大学副校长等职。曾兼任福建科学技术协会副主席等职。1980年当选为中国科学院学部委员（院士）。他的女儿唐崇惕于1991年也当选为中国科学院学部委员（院士）。

长期从事人畜（兽）共患的寄生虫病原生物学、流行病学研究，在血吸虫类、胰脏吸虫类、绦虫类以及经济贝类吸虫病等领域有突出贡献。深入研究对人畜危害性较大的蠕虫病（日本血吸虫病、丝虫病、华支睾吸虫病、肺吸虫病、胰阔盘吸虫病、孟氏旋宫绦虫病、西里伯瑞氏绦虫病、家畜嗜眼吸虫病等）的生物学、流行病学的研究，其中他发现的一种作为血吸虫病媒介的钉螺被国际上定名为“唐氏钉螺”；系统研究 30 多种吸虫和绦虫的生活史，积累吸虫系统发生的大量资料，为探讨吸虫纲的进化和合理的分类体系提供了科学依据。他的一系列研究成果对防治人、畜和禽类寄生虫病害，保障人体健康，促进农牧业生产，发展国民经济有十分重要的意义。创建的厦门大学寄生虫研究室，已成为中国研究寄生虫学的主要基地之一。

发表论文逾百篇；出版著作 4 部，其中与女儿唐崇惕教授合作编写的《人畜线虫学》专著获 1998 年教育部科学技术进步奖二等奖。自 1978 年起的研究成果中有 11 项获奖，其中国家级 4 项，省部级 8 项。获全国先进科学技术工作者、全国高校先进科学技术工作者、全国首届优秀教育世家等荣誉称号。　（武光明）

斯特宾斯，G. L.（Stebbins，George Ledyard）　美国人，1906 年 1 月 6 日生于美国纽约州劳伦斯，2000 年 1 月 19 日卒于加利福尼亚州戴维斯。*植物学、生物进化论、基因工程。*

商人的儿子。童年和青少年时代大部分在沙漠山岛上度过，引起了对博物学的兴趣。1931 年获哈佛大学植物学博士学位。毕业后去伯克利加利福尼亚大学任教，1939 年任遗传学助理教授，1940 年任副教授，1947 年晋升为教授。1950 年迁往戴维斯加利福尼亚大学，创建遗传学系并任主任，1973 年退休后为荣誉教授。1952 年入选美国国家科学院、美国文理科学院院士。1953 年入选美国哲学会会员。1959～1964 年任国际生物学会常任秘书长。1962 年获巴黎大学荣誉博士学位。

是系统阐述当代综合进化论并将其应用于各种高等生物的植物学家之一。1950 年出版的《植物变异与进化》一书中，第一个把这种理论运用于植物进化。首先通过人工合成一种新植物，并且成功地在自然条件下种植。分析了 3 个属的显花植物的变异图，把比较形态学和地理分布的资料与二倍体及相关的多倍体细胞遗传学资料相结合。用秋水仙碱使染色体数加倍的方法，产生出几种野生禾本科植物的多倍体。曾预言将染色体的不同部分重新组合且保持染色体数不变，从部分不育的杂种可获得能育的、不分离的种群。1958～1971 年转而分析影响高等植物外部形态的基因作用。

与杨（C. W. Young）合写教科书《人类有机体及生命世界》（1938 年）。还著有《生物进化过程》（1966 年）、《前进演化基础》（1969 年）、《高等植物染色体的进化》（1971 年）、《显花植物：更高水平物种的进化》（1974 年）等。获 1956 年美国植物学会荣誉奖，1960 年美国哲学会刘易斯奖，1967 年耶鲁大学维里尔奖章，1973 年伦敦林耐学会金质奖章。　（施金保）

布朗，A. -C.（Blanc，Alberto-Carlo）　法国人，1906 年 7 月 30 日生于法国尚贝里，1960 年 7 月 3 日卒于意大利罗马。*人类学、考古学、地质学、自然哲学。*

罗马大学博物学教授的儿子。早年就读于比萨大学和罗马大学。1938 年在比萨大学教地质学。1939 年到罗马大学任教人种学和古人类学，1954 年创办《第四纪》杂志并任主编，1957 年任古生物学教授。曾任国际史前考古学和史前人类学会会长。

1939 年在度蜜月期间，在意大利瑟西奥山的一个洞穴里，挖掘出一个前所未有完整的尼安德特人头盖骨。主持过上百次考古发掘工作，发现了 50 多件重要的古动物和古植物化石、旧石器时代人类遗物，以及 6 个著名的尼安德特人化石。他还把北京猿人和尼安德特人从解剖学、社会学上进行了详细比较。并提出“宇宙分化”假说，即关于宇宙、生物和人种演化方式的假说。认为当初只有一个包含各种文化萌芽的原始人种，不同人种的文化是由于保存和发展了这个原始人种不同部分的文化而形成的。进而将这种假说推广到生物界物种的形成甚至元素的形成上去。然而，除了这种“简化”过程外，也承认存在“复杂化”过程。这一假说的确说明了一些事实。他从事研究人类学的 26 年间，发表论文、著作 164 篇（部）。　（张之沧）

德尔布吕克，M.（Delbrück，Max）　美国人，1906 年 9 月 4 日生于德国柏林郊区的格吕内瓦尔德，1981 年 3 月 9 日卒于美国加利福尼亚州帕萨迪纳。*生物物理学、分子生物学、病毒学、遗传学、心理学。*

中学和预科学校毕业后，考入格丁根大学主修天文学，后转天体物理学，1930 年获理论物理学博士学位。1929～1932 年到瑞士苏黎世大学和丹麦哥本哈根大学从事理论物理学博士后研究，26 岁时成为 N. 玻尔的学生，在玻尔的理论物理研究所任客座研究员。1937 年赴美国，进 T. H. 摩尔根所在的加利福尼亚理工学院生物学系，与伊利斯（E. L. Elis）合作从事遗传学和病毒学研究。1939 年任美国田纳西州首府范德比尔特大学物理学系讲师，后升任教授，并全力投入噬菌体研究。在一次物理学年会上，与 S. E. 卢里亚相遇，同去纽约的冷泉港实验室研究噬菌体的遗传问题，后来 A. D. 赫尔希也参加进来，共同成立噬菌体研究组。1945 年加入美国籍。1947 年后一直在加利福尼亚理工学院生物学系任教，1977 年退休。1949 年入选美国国家科学院院士。是丹麦皇家科学院外籍院士、英国皇家学会外籍会员。

是 20 世纪 30～40 年代由物理学转向生物学研究并作出卓越贡献的代表人物之一。1932 年 8 月，在哥本哈根举行的“国际光疗法会议”上听了玻尔所作的“光与生命”的讲演后，萌发了投身生物学研究的想法。他运用新的量子物理学理论，从遗传学领域来发现生命的本质。1935 年与蒂莫费夫-里索夫斯基（N. W. Timofeeff-Ressovsky）和齐默尔（Zimmer）合作，进行关于“辐射对果蝇的作用——放射性突变遗传现象”的研究，并共同发表了一篇题为“遗传基因突变和遗传基因结构的本质”的论文，建立了遗传基因的原子物理模型。这篇文章后来被波动力学的创始人 E. 薛定谔在《生命是什么?》一书中引用,对20世纪40年代后期分子生物学的发展产生了强烈的影响。

在加利福尼亚理工学院工作时,在进行遗传学和病毒学的研究中得出结论:“假定病毒是一些分子,那么要实现基因复制,研究病毒复制看来是关键性的。”为此他决定以噬菌体为模式进行系统研究的对象。后来又与卢里亚、赫尔希合作,于1940年在冷泉港实验室创建了噬菌体研究组,并举行了第一次学术讨论。1943年他与卢里亚发明了一种细菌突变的试验方法,建立了数学模式来计算突变率,并描述在细菌培养基中从对病毒敏感的形式到抵抗病毒形式的变异速度。证明了在对噬菌体敏感的细菌培养基中出现抗噬菌体变种,它反映了细菌自发突变的选择作用,这是细菌遗传学的一大突破。

1946年他与赫尔希各自独立地发现了噬菌体的基因重组现象,在研究中找到了噬菌体复制机理的特点,发现这种复制机理也适用于所有病毒。还设计一个实验来观察两种不同类型的病毒在相同的细菌细胞中是否能繁殖,结果发现它们不但能繁殖,而且其后代包含两种类型的特点。这是在这种原始有机体中重组的第一个证据。他们的工作为分子生物学奠定了基础。

1952年后,他把注意力由噬菌体转到感觉生理研究及探索“意识”、“心灵”与“逻辑思维”等问题,向难度更大的高级神经系统这一生物学前沿冲刺。主要代表作有论文“宇宙射线与物种起源”(1936年,刊载于《自然》杂志)、《一位物理学家看生物学》(1949年)、《关于DNA复制的机制》(1957年)等。获1964年金伯遗传学奖,1969年哥伦比亚大学霍罗维茨奖等。发现病毒复制机理和遗传结构这一重大成果,在经过24年检验后,终于得到了国际学术界的公认。他与赫尔希和卢里亚3人共获1969年诺贝尔生理学或医学奖。(张慰丰)

莱洛伊尔,L. F.(Leloir, Luis Federico) 阿根廷人,1906年9月6日生于法国巴黎,1987年12月3日卒于阿根廷布宜诺斯艾利斯。*代谢生物学、分子生物学、酶学生物化学。*

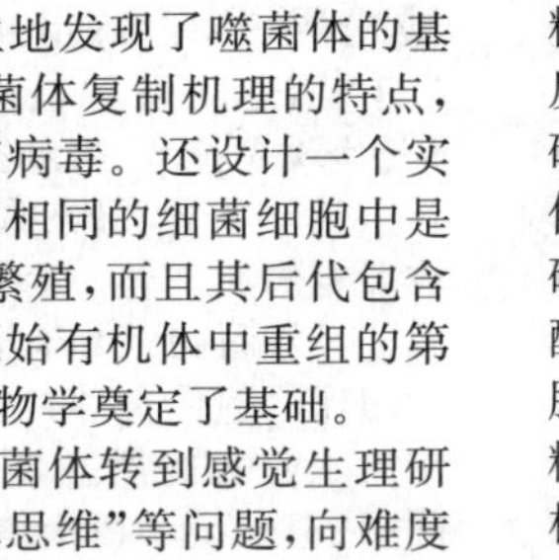

1932年在阿根廷首都布宜诺斯艾利斯大学获得医学博士学位。1934～1935年、1937～1943年、1946～1987年在阿根廷生理学家B. A. 豪塞(1947年诺贝尔医学或生理学奖获得者)领导的布宜诺斯艾利斯大学生理学研究所任职,1941年任生理学教授,1946年任生理化学实验室主任,1958～1964年任生物化学系主任。在此期间,1936年在英国剑桥大学生物化学研究所、1944～1945年先后在华盛顿大学、哥伦比亚大学从事研究,并在F. G. 霍普金斯、C. F. 科里和D. E. 格林指导下工作过。1958～1959年任阿根廷科学促进协会主席。1958～1964年任国家研究委员会董事会成员。1960年为美国国家科学院外籍院士。1961年为美国文理科学院外籍院士。1972年为英国皇家学会外籍会员。是法国科学院外籍院士。

1948年他研究了葡糖二磷酸的分离技术;1950年又分离出尿核苷二磷酸葡糖;1953年又进行尿核苷二磷酸乙酰氨基葡糖分离研究获成功;1964年又从玉米中分离出腺核苷酸。在糖原的生物合成中,发现糖核苷酸辅酶以及它在碳水化合物生物合成中的作用,因而获1970年度诺贝尔化学奖。此项研究工作对阐明生物化学中最基本的问题——多糖的生物合成机理作出了贡献。它是从己糖代谢即从参与己糖磷酸相互转换的研究开始的。利用与半乳糖相适应的酶抽提液发现半乳糖进行下列代谢反应:半乳糖$\xrightarrow{(a)}$1-磷酸半乳糖$\xrightleftharpoons{(b)}$1-磷酸葡糖$\xrightleftharpoons{(c)}$6-磷酸葡糖。参加上述反应的有(a)半乳糖磷酸化酶、(b)半乳糖酶、(c)葡糖磷酸异构酶。在(c)反应中发现了1,6-二磷酸葡糖。在(b)反应中发现了2-磷酸葡糖脲核苷(辅酶),这是获得诺贝尔化学奖的主要依据。他搞清了(b)反应是由下列两段反应组成的:1-磷酸半乳糖+2-磷酸葡糖脲核苷$\rightleftharpoons$1-磷酸葡糖+2-磷酸半乳糖脲核苷;2-磷酸葡糖脲核苷$\rightleftharpoons$2-磷酸半乳糖脲核苷。还发现了乌苷2-磷酸甘露糖和2-磷酸氨基葡糖脲核苷。到1970年,已发现存在于大自然中的这类核苷酸近50种。

经他研究,2-磷酸葡糖脲核苷在寡糖生物合成中的作用得到了阐明。接着就把注意力转到比较复杂的多糖——糖上原。在以2-磷酸葡糖脲核苷为基质的糖原合成酶的反应中,添加沸腾的组织抽提液后,使反应活性显著增加,探明了使用6-磷酸葡糖的促进作用。后来又证实6-磷酸葡糖存在着D型(依存型)和I型(非依存型)酶,在糖原代谢的调节上具有重要意义。这与科里夫妇发现的糖原磷酸酶和蔗糖磷酸酶的情况相同,从在生物体内难以参加糖原合成的若干依据来看,有2-磷酸葡糖脲核苷参加。此时,科拉玛一派已建立了糖核苷酸的化学合成法,从而能够比较容易地合成各种糖和糖核苷酸组合的化合物。莱洛伊尔将此法用于糖原和淀粉合成酶时发现了2-磷酸葡糖脲核苷使反应速度提高10倍。此后,还发现在自然界中存在着2-磷酸葡糖脲核苷及有关的酶。在淀粉的情况下,阐明了下列主要反应过程:2-磷酸葡糖脲核苷+(a-1,4-葡基)$_2$ $\rightleftharpoons$2-磷酸葡糖+(a-1,4-葡基)$_{n+1}$。这样,以酶抽液的糖磷酸酶相互转换的研究为起点,阐明了糖核苷酸及其糖转移反应的活性中间产物的作用,为这一领域的研究揭开了新的一页。

(朱啸宇 周邦娴)

郑作新(Zheng Zuoxin) 中国福建省人,1906年11月18日生于福建福州,1998年6月27日卒于北京。*鸟类学、鸟类地理学、生态保护工程。*

幼年丧母,父亲在外地中学执教,由祖母抚养长大。1926年福建协和大学生物学系毕业。1928年、1930年先后获美国密歇根大学动物学系硕士学位、博士学位。1930年回国,历任福建协和大学生物学系教授、系主任,南京国立编译馆自然科学组编纂、兼南京中央大学理学院生物学系教授。1950年后,任中国科学院动物研究所研究员。曾兼任中国动物学会理事长、名誉理事长，中国鸟类学会理事长、名誉理事长，世界雉类协会会长、终身荣誉会长。1980 年当选为中国科学院学部委员(院士)。

中国动物学会、中国鸟类学会发起人之一。20 世纪 30 年代出版数部高校生物学教材，沿用 20 余年；发表“三年来邵武野外鸟类观察报告”(1944 年)，系中国人第一篇有关鸟类生态学的实地考察报道；出版中国学者第一部《中国鸟类名录》(1947 年)，列出1 078种、912 亚种，对前人研究多有匡正；发现中国家鸡祖先——中国原鸡，纠正了达尔文认为中国家鸡从印度引进的推测。50 年代后，与他人合作出版《中国动物地理区划》(1959 年)，首次提出以秦岭取代南岭为分界线，划分一级区 7 个，二级区 19 个，获学术界承认；出版《中国鸟类区系纲要》(英文版，1987 年)，记述1 186种、953 个亚种，其中包括和助手在 50 年代后发现的 25 个新亚种，是至今中国最完整的鸟类学巨著；主编《中国动物志・鸟纲》14 卷中的 7 卷；提出了亚种分化和“排挤学说”新观点，获得国际学术界赞誉。他还是自然保护的积极倡导者。1957 年发表多篇文章分析麻雀功过，首次纠正“麻雀为四害之一”的错案；1976 年倡导建立中国第一个鸟类保护区——齐齐哈尔扎龙鹤类保护区，很快推广到全国；80 年代，和有关专家提出国家重点保护鸟类Ⅰ、Ⅱ级名录。

出版专著 20 余部、专业书籍 33 种；发表论文百余篇、科普文章近 300 篇，总计 1 000 多万字，其中不少在国外发表出版。获 1978 年全国科学大会重大科学奖 3 项，中国科学院特等、一等、二等奖 5 项，1989 年国家自然科学奖二等奖 1 项；还获得 1981 年美国密歇根大学科学荣誉奖、美国国家野生动物协会 1988 年度国际自然保护特殊成就奖、1993 年中国野生动物保护终身荣誉奖等。

(吴绩新)

哈拉，J. G.(Harrar，Jacob George) 美国人，1906 年 12 月 2 日生于美国俄亥俄州佩恩斯维尔，1982 年 4 月 22 日卒。*植物病理学、农业管理学、树木学。*

工程师的儿子。1928 年毕业于奥伯林大学。1929 年获艾奥瓦大学理学硕士学位。1935 年获明尼苏达大学植物病理学博士学位。后在弗吉尼亚理工学院生物学系任教授。1941 年任华盛顿大学教授、植物病理学系主任和大学农业试验站植物病理学分部主任。1942 年被委派到洛克菲勒基金会，先后任基金会墨西哥农业项目科学实验员、行政官、整个农业项目的指挥和基金会副主席，1961 年任基金会主席。1952 年入选美国文理科学院院士，1966 年入选美国国家科学院院士。

著有许多科学著作，享有较高声望，被誉为“绿色革命之父”。1942 年被选派去创建和管理洛克菲勒基金会在墨西哥农业科学方面的第一个合作资助项目，在提高粮食作物特别是谷物的产量和质量方面取得了极大的成功。该项目后来扩大到整个南美洲、非洲和亚洲。任洛克菲勒基金会主席期间，基金会集中力量解决了 5 个问题：通过改善食物供应的数量和质量，征服饥饿；解决人口问题；在发展中国家建立和加强学习中心；对美国国内不发达地区提供更好的教育机会；丰富美国人的文化生活。和哈拉(E. S. Harrar)合作编写《南方树木导引》(1962 年)，与斯塔克曼(E. C. Stakman)合作编写《植物病理学原理》。还发表了植物病理学和菌类学等方面的各种科学研究论文，以及关于世界食物、人口、海外经济发展及环境质量等问题的许多文章和著作，这方面著有《攻克饥饿的战略》(1963 年)、《人类生殖与食物生产之间的竞赛》(1965 年)、《植物病理学与世界粮食问题》(1969 年)、《墨西哥的农业问题》(1950 年)、《科学与人类需求》(1953 年)、《世界农业进步原理》(1966 年)、《生存还是满足》(1967 年)等。曾获许多国内外的荣誉、学位和嘉奖。1963 年获美国国家科学院公共福利奖章。

(敬元虎　秦安舲)

戴松恩(Dai Songen) 中国江苏省人，1907 年 1 月 6 日生于江苏常熟，1987 年 7 月 31 日卒于北京。*农艺学、作物育种学、细胞遗传学。*

幼年丧父，母亲靠摆小摊谋生。1926 年金陵大学农业专修科毕业。后留校工作。获特许带薪就读该校农艺系本科，1931 年毕业。1933 年赴美国康奈尔大学学习作物遗传育种，1936 年获博士学位。翌年回国，任中央农业实验所全国稻麦改进所技正。抗日战争期间，1938 年起，在中央农业实验所贵阳工作站工作。1940 年底起在中央农业实验所四川荣昌工作站工作。1941～1942 年在四川金堂铭贤农工学院任教授兼系主任。1942 年在湖北省农业改进所任所长。1944 年回重庆任中央农业实验所麦作杂粮系主任，1947 年调任该所北平农事试验场场长。1949 年后，历任华北农业科学研究所副所长，中国农业科学院作物育种栽培研究所研究员兼副所长，1980 年任该院研究生院副院长。曾兼任中国作物学会副理事长兼秘书长。1955 年选聘为中国科学院学部委员(院士)。

毕生致力于作物遗传育种学的研究。20 世纪 30～40 年代，育成和推广“金大 2905”、“金大 26”和“金大双恩”等小麦良种；探讨不同遗传背景的 6 个小麦品种的春冬性、小穗和其他 10 多个性状的遗传规律，以及性状间连锁遗传关系；筛选出云南“牟定火麦”等高抗赤霉病品种，肯定选育抗病品种的可能性，否定了当时国外流行的小麦品种在严格接种条件下都会感染赤霉病，认为抗病育种不可能的错误观点；提出抗病育种新观点，认为不直接引用杂交种，而应利用其自交系和本地材料培育适应中国特点的杂交玉米；还对油菜、烟草等作物开展了育种和遗传研究。50～60 年代，参与制订中国十二年科学技术发展远景规划，主持完成“农业科学技术规划说明书”的全部定稿工作；发表不少文章，对中国农业及作物遗传育种事业的发展提出许多建设性意见。70 年代以后，在中国开创小麦非整倍体研究，带领助手和指导研究生在该研究领域中取得不少研究成果。

(高小东)

方心芳(Fang Xinfang) 中国河南省人，1907 年 3 月 15 日生于河南临颍，1992 年 3 月 24 日卒于北京。*工业微生物学、发酵工程。*

知识分子家庭出身。1931年上海劳动大学农学院农艺化学系毕业，到天津塘沽任黄海化学工业研究社发酵与菌学研究室助理研究员。1935年赴西欧，先后在比利时鲁汶大学、荷兰巴恩微生物研究中心、法国巴黎大学和丹麦哥本哈根大学卡斯堡研究所进修。1938年回国后，在当时内迁到四川的黄海化学工业研究社工作。1940～1949年兼任乐山中央技艺专科学校农产制造科教授、科主任。1950年任迁回北京的黄海化学工业研究社副社长、研究员、发酵与菌学研究室主任。1952年调至中国科学院菌种保藏委员会工作，1957年任中国科学院北京微生物研究室主任，1959年任中国科学院微生物研究所副所长兼工业微生物研究室主任。曾兼任中国微生物菌种保藏管理委员会主任委员、中国微生物学会副理事长、《中国微生物学报》主编。1980年当选为中国科学院学部委员（院士）。

1938年回国后，成功地用人尿代替硫酸铵并以红糖等为原料生产出酒精，这样的酒精工厂在抗日战争中汽油奇缺的大后方发展起来后，使汽车有了被人戏称为"人尿酒精"的替代动力。还通过霉菌发酵法用四川盛产的五倍子生产出五倍子酸，进而生产出合成染料和止血药"铋黄"。20世纪50年代后，又作出多方面贡献：主持工业生产用菌种的筛选，将获得的优秀生产菌种用于酿酒业，每年节约粮食上百万吨；研究成功用酶解法生产出能大大增强味精鲜味的调味核苷酸，开创一门新的发酵工业；领导建立烷烃发酵生产长碳链的二元酸的新工艺，为合成麝香、香料、热熔粘合剂和工程塑料提供重要原料；毕生分离和收集数千株微生物，选育出很多种可供工业生产用的微生物菌株，给国家带来数以亿元计的经济效益；在中国微生物学科中，组建石油微生物学、霉腐微生物学等新分支，开辟甾体微生物转化等应用微生物学的新领域；培养一批发展中国工业微生物学的高级研究人才。主要著作有《应用微生物学实验法》（1962年）等。

（高小东　宣焕灿）

亚历索普洛斯，C. J.（Alexopoulos，Constantine John） 美国人，1907年3月17日生于美国伊利诺伊州芝加哥，1986年5月15日卒于希腊雅典。真菌学。

希腊裔。在希腊受早期教育。1919年移居美国。后入伊利诺伊大学农学院，1928年获学士和硕士学位，1932年获植物学（真菌学）博士学位。留校任教，在该大学教真菌学至1935年。1938年任比雷埃夫斯农业与化学研究所植物病理学实验室主任。1947年任密歇根大学真菌学教授。1954～1955年任教于希腊雅典大学。1956年任艾奥瓦大学植物学系教授和系主任。1962年任得克萨斯大学教授。1959年任美国真菌学会会长。1963年为美国植物学会会长。1971～1977年为国际真菌学会会长，1983年当选该会荣誉会长。1976年入选美国文理科学院院士。1982年为希腊科学院外籍院士。

在20世纪30年代早期，就对粘菌感兴趣。50年代，在艾奥瓦大学实验室成功地用人工培养基培养两种粘菌，发现粘菌有3种变形体。1962年在得克萨斯大学和学生奥尔德里奇（Henry Aldrich）解决了一个重要问题——确定粘菌生活史中减数分裂的位置。他多次去热带地区研究粘菌在热带地区的分布，描述了许多新种，扩大了得克萨斯大学粘菌标本收集量。

发表的著作较多，《真菌学入门》（1952年）被译成多国文字。与他人合编《真菌学入门实验手册》、《藻类与真菌》（1967年）、《粘菌生物学》（1968年）、《粘菌：世界性专题著作》（1969年）、《植物与真菌形态学》等。

（施金保）

杨，J. Z.（Young，John Zachary） 英国人，1907年3月18日生于英国布里斯托尔，1997年7月4日卒于伦敦。动物学神经、比较解剖学、脑科学。

1928年毕业于牛津大学马格达伦学院，去意大利那不勒斯海洋生物实验站研究乌贼和章鱼。1931年回牛津大学马格达伦学院，在动物学系任教。1945～1974年去伦敦大学学院任解剖学教授，1974年退休后为荣誉教授。期间，1936年起兼任洛克菲勒基金会研究员，1957年起兼任英国科学促进协会动物学部主任。1945年被选为英国皇家学会会员。1957年当选为美国文理科学院外籍院士。还是美国哲学学会荣誉会员，获布里斯托尔大学、格拉斯哥大学和巴思大学荣誉博士学位、伦敦大学学院和牛津大学马格达伦学院荣誉研究员。

主要从事神经系统的研究，发现乌贼的巨大神经纤维，为研究神经信息传递提供了好材料。早期的研究课题包括神经纤维的再生、神经纤维生长速率和控制因子等，后来转向脑记忆系统的研究。多年来研究和学习有关的神经中枢，并设想一种模式以解释学习系统，包括记忆单元、记忆贮存器等。证明视觉记忆和触觉记忆有不同的神经中枢，提出脑内记忆贮存定位问题。

主要著作有《脊椎动物的生活》（1950年）、《哺乳动物的生活》（1957年）、《大脑的模式》（1964年）、《脑的记忆系统》（1966年）、《章鱼神经系统的解剖》（1971年）、《大脑的程序》（1978年）等。1967年获英国皇家学会皇家奖章。

（吴馥梅）

陈永康（Chen Yongkang） 中国上海市人，清代光绪三十三年二月二十四日（1907年4月6日）生于江苏松江（今属上海市），1985年3月9日卒于江苏南京。水稻栽培学、遗传育种学。

农民家庭出身。少时仅读过两年私塾，13岁开始下田干活，25岁便挑起八九口之家的生活重担。1949年后，担任过黎明农业生产合作社社长。1958年起先后任江苏省农业科学院特约研究员、研究员、副院长，江苏省科学技术协会副主席等职。曾兼任中国农业科学院特约研究员，国家农牧渔业部科学技术委员会委员，中国农学会第二届常务理事，中国作物学会第二届副理事长等职。

20世纪40年代，以"一穗传"的选种方法，选育出著名晚粳良种"老来青"。50年代，1951年栽培近10亩"老来青"晚粳稻获高产，平均亩产573.5公斤，其中有一亩产量达716.5公斤，创下当时中国水稻单产最高纪录；1958年创造性地提出水稻单季晚粳"三黄三黑"的看苗诊断技术，并在其他专家协作下共同总结出一套高产稳产水稻栽培技术体系，得以大面积推广。所谓“三黑”，即在水稻发棵、长粗和长穗三个时期，通过施肥使叶色由淡变深，以促进分蘖、壮秆和大穗；所谓“三黄”，是在水稻分蘖末期、长穗初期和抽穗前，适当控制肥水使叶色退淡，以抑制无效分蘖，促进出穗整齐，不易倒伏，籽粒饱满。60 年代，长期在农村蹲点搞水稻高产样板，还跑遍长江中下游主要稻区进行农业技术指导，系统研究和推广“落谷稀”、“农垦 58”等水稻栽培技术，大面积提高了水稻精耕细作水平和实现稳产高产。70 年代，试验和总结双季稻、三熟制和杂交水稻的高产规律和技术；1978 年主持试验田创造了麦、稻、稻三熟制亩产1 526.5千克的高产纪录；积极参与太湖地区农业现代化综合科学实验基地建设，探索中国农业现代化道路。在太湖地区农村，长期流传着“看戏要看梅兰芳，种田要学陈永康”的赞语，几乎成了当地新农谚。发表论文和技术报告 30 余篇。1952 年先后被评为华东地区和全国水稻丰产模范，1957 年获全国农业劳动模范称号，1979 年获全国劳动模范称号。（李啸虎）

廷伯根，N.（Tinbergen，Nikolaas） 英国人，1907 年 4 月 15 日生于荷兰海牙，1988 年 12 月 21 日卒。*动物行为学、动物生态学、心理学。*

1932 年在莱顿大学获博士学位。后去北极进行科学考察一年。1933 年任莱顿大学讲师，1947 年任该校实验动物学教授和动物系主任。1949 年应邀赴英国牛津大学任教，1949～1960 年为讲师、高级讲师，1966～1974 年任动物学教授，创建动物行为研究部并任首任主任。1955 年入英国国籍。1962 年成为英国皇家学会会员。1964 年当选为荷兰科学院外籍院士。1974 年为美国国家科学院外籍院士。

自幼喜欢动物，在沙丘和松林中观察昆虫的各种复杂行为。1932～1933 年在北极考察期间，对雪　和爱斯基摩雪橇狼狗等行为进行了观察，从而深刻理解了动物行为的演化。他特别强调在自然环境下观察研究动物，对海鸥行为进行长期观察，分析引起动物特殊行为反应的刺激，探索动物行为和习性学的关系。研究发现，刚孵出的幼鸥对亲鸥喙尖端的红斑作出反应，当亲鸥将其喙下伸靠近幼鸥的头部时，幼鸥即产生啄食反应。通过对海鸥的求爱和配偶的研究证实，在种系发生中产生的一些习性是微妙地通过一个物种的许多生物特征反映出来的。还发现动物身上的一些特征以及动物的习惯对适应生存起重要作用。认为动物为求生存，学习行为与本能行为同等重要。例如幼蛎鹬是观察了母亲的行动才学会啄食牡蛎或其他水生贝壳类动物。1936 年，与 K. Z. 洛伦茨合作研究动物生态学，特别研究了海鸥的本能和行为。他注意到在同种类动物的争斗中，当败者摆出一副表明投降的姿态时，胜者总是停止其进攻。因此，动物在争夺食物和配偶的争斗时，很少引起死亡甚至严重的创伤，这些争斗只是以一种无害的形式决出输赢。

1949 年再度与洛伦茨合作，强调用进化观点、比较方法来研究动物行为的进化。到英国后曾参加对工业黑化现象的研究。有的学者提出受工业污染地区的树皮色暗，暗色的尺蠖变种受到保护而繁殖起来。他的观察证明，工业污染区的鸟类主要啄食淡色蛾，从而支持了这个假说。1963 年他总结提出行为生物学研究内容有四：行为的动因；行为的发育；行为的生存价值；行为的进化。他认为行为生物学的研究可分为两个阶段：第一阶段是在自然状态下进行观察，描述行为的内容及其发生背景；第二阶段要通过实验进一步探讨行为的动机、发育和生存价值，并尝试重建进化过程。1970 年后他与妻子伊丽莎白合作，试图将行为生物学的研究方法用于研究人类行为，他研究了儿童孤独症（坎纳氏综合征），他们不仅对这种儿童疾病作出了新的解释，并且取得了较好的疗效。

他应用长期的、选择性的系统观察和实验方法对生物行为进行研究，训练了相当数量的学生，促进了国际学科间的合作。主要著作有《本能的研究》（1951 年）、《动物的社会行为》（1953 年）、《鲱鱼鸥的世界》（1953 年）、《好奇的博物学家》（1958 年）、《动物行为》（1965 年）、《童年早期孤独症》（1972 年）、《生态学入门》（1972，与他人合著）以及《动物世界》（2 卷，1973 年）。由于他在动物和昆虫行为模式的比较研究所做的开拓性工作，1973 年他与 K. von 弗里希、K. Z. 洛伦茨共获首次颁发给行为学研究的诺贝尔生理学或医学奖。

（张慰丰）

王毓瑚（Wang Yuhu） 字连伯。中国河北省人，清代光绪三十三年三月初四（1907 年 4 月 16 日）生于河北高阳，1980 年 11 月 27 日卒于北京。*农业史学、农业经济学、经济史学、文献学。*

教职员家庭出身。1915 年迁居北京。1925 年赴德国留学，先后入市立高级中学、慕尼黑工业大学经济系。1929～1933 年在法国巴黎大学学习，获经济学、统计学和新闻学三科毕业证书。回国后，1934 年任河北省立法商学院经济系讲师。1935～1937 年任西北农林专科学校（西北农业大学前身）农业经济系讲师。1939 年任国立编译馆编审。同年任重庆复旦大学经济系教授。1946 年任北京大学农学院农业经济系教授。1949～1980 年任北京农业大学农业经济系教授，1952 年起兼任该校图书馆馆长至去世。

前期从事经济思想史和中国经济史研究，后期从事中国古农书（以中国北方为主）整理和农业史的研究。20 世纪 30 年代，开始研究西方经济史、经济思想史，介绍德国经济学派著作，出版两部译著。40 年代，结合对中国经济发展问题的探索，重点研究中国经济思想史，发表“秦汉帝国之经济及交通地理”（1943 年）等重要论文，出版《管子传》（1945 年）等著作，合作主编《中国经济史资料》等。

50 年代，提出“中国农业经济史大纲”（1950 年前后）、“关于整理祖国农业学术遗产问题的初步意见”（1955 年）；整理、校注和校点古农书《区种十种》（1955 年）、《农圃便览》（1957 年）、《秦晋农言》（1957 年）等多种；出版《中国农学书录》（1957 年初版、1964 年修订版；1975 年日本出日文版），该书是研究中国农业史必备工具书，订正了许多传抄刊刻讹误，受到中外学术界一致推崇；出版专著《中国古代农业科学的成就》(1957年)，主编《中国畜牧史资料》(1958年)等。60年代，整理、校注《梭山农谱》(1960年)、《农桑衣食撮要》(1962年)、《郡县农政》(1962年)等古农书。70年代后期，又继续比较农业史、农学思想史和世界农业史研究；发表"我国历史上的土地利用"(1975年)、"中国农业发展中的水和历史上的农田水利问题"(1975年)、"我国历史上农业地理的一些特点和问题"(1978年)等重要论文。80年代后，出版重要遗稿有：校注的《王祯农书》(1981年)、《先秦农家言四篇别释》(1981年)；"我国历史上农耕区的向北扩展"(1982年)，"我国历史上的土地利用及经验教训"(1986年)等论文；与他人合编的《中国经济史资料·秦汉三国篇》(1982年)等。《王毓瑚论文集》(2005年)共收论文44篇。 (李啸虎)

皮里，N. W.(Pirie, Norman Wingate) 英国人，1907年7月1日生于英国格拉斯哥，1997年3月29日卒于伦敦。植物病理学、生物化学、营养学、药物学。

画家之子。1925～1931年在剑桥大学学习。留校任教，1931～1940年任生物化学示教员。1940～1947年以病毒生理学家身份在英格兰洛桑特试验站工作，1947～1972年任该站化学部主任，退休后致力于维生素A的研究。1949年被选为英国皇家学会会员。

最初致力于改进分离谷胱甘肽的方法，研究谷胱甘肽的滴定曲线，并据此推断谷胱甘肽的结构。约在1932年末，和迈尔斯(A. A. Miles)一起研究马尔他布鲁斯杆菌和流产布鲁斯杆菌的抗原。1936～1940年与鲍登(F. C. Bawden)合作研究植物病毒，共同探讨植物病毒的侵染机理，发现烟草花叶病毒可以结晶分离，这是深入了解细胞基因分子结构的重要里程碑。1946～1947年与G.平卡斯合作研究透明质酸，制备透明质酸酶抑制剂，并将其用作避孕药物。1948年起研究植物叶蛋白的提取，旨在改善人类营养。

与他人主编有微生物学学术会议论文集《细菌表面的本质》(1949年)；与他人合作出版著作《科学的人道主义与世界的饥饿阴影》(1951年)、《人和动物》(1955年)等，独著有《太空旅行的生物学》(1961年)、《食物来源》(1969年)等。1971年获英国皇家学会科普利奖。1975年获兰克营养学奖。 (孙炳寅)

王应睐(Wang Yinglai) 中国福建省人，1907年11月13日生于福建金门，2001年5月9日卒于上海。生物化学、生理学、营养学。

2岁丧父，6岁丧母，由哥嫂抚养。1918年考入厦门鼓浪屿英华书院。1925年考入福州协和大学。1926年转入南京金陵大学，1929年毕业后留化学系当助教。后入燕京大学研究生院当研究生。1936年返回金陵大学任讲师。1938年考取庚子赔款留英公费生，赴英国剑桥大学学习生物化学，在哈里斯(I. L. Harris)教授指导下研究维生素，1941年获博士学位。受聘在该校邓恩营养实验室继续从事维生素研究。1945年底回国，任中央大学教授、中央研究院研究员。1948年到上海任中央研究院医学研究所筹备处高级研究员。1949年后历任中国科学院生理生化研究所研究员、副所长(1950～1958年)、中国科学院上海生物化学研究所所长(1958年)、上海分院院长(1978年)和上海科学院院长等职。1955年选聘为中国科学院学部委员(院士)。1979年任生物化学学会理事长。1981年被选为比利时皇家科学院外籍院士。1982年当选为美国生物化学学会名誉会员。

中国生物化学的主要奠基人之一。在留学英国期间主要从事维生素的研究，首次证明服用过量的纯化学合成的维生素A对动物有严重毒性，论文"维生素A过多症"在英国《生物化学》杂志发表后引起广泛重视。还研究了维生素E、B_1的生理作用，成功地用荧光方法和电位差方法准确地测定微量或超微量维生素，因这项研究获博士学位。1943年在凯林(D. Keilin)教授的实验室工作，通过分离、纯化，证明豆科植物根瘤含血红蛋白，并对其在根瘤固氮中的作用提出初步看法。1945年在英国《自然》杂志发表"豆科植物根瘤菌的血红蛋白"一文。又在马蝇寄生虫体内提炼得结晶血红蛋白。他的发现引起科学界的浓厚兴趣。回国后从事酶的研究，首次分离纯化了琥珀酸脱氢酶(呼吸链酶系中的一种重要的酶)，证明这种酶含有异咯嗪腺嘌呤二核苷酸和非血红素铁，前者以共价键与酶结合。1955～1966年与他人合作发表了一系列有关琥珀酸脱氢酶的研究论文。1960～1965年是人工合成胰岛素的组织领导者之一，并发表"结晶胰岛素的全合成"等多篇论文。1970～1981年，成功地组织领导了合成具有生物功能的酵母丙氨酸转移核糖核酸。 (张慰丰)

石声汉(Shi Shenghan) 中国湖南省人，清代光绪三十三年十月十四日(1907年11月19日)生于云南昆明，1971年6月28日卒于天津市。农业史学、植物生理学、哺乳动物学。

祖籍湖南湘潭。小职员家庭出身。1912年春迁回长沙乡下。因家贫，靠半工半读读完中学，毕业留校管理图书馆。1924年考入武昌高等师范学校生物学系(武汉大学前身)就读，1927年因参加学生运动被开除。同年任广州中山大学生物学系助理员，1928年在该校结业，留校任教。1931年任教于浙江大学生物学系。1932年任南京国立编译馆编译员。1933年考取公费留学生，入读伦敦大学帝国理工学院，1936年获植物生理学博士学位。同年回国，任西北农林专科学校(西北农业大学前身)教授。1938～1941年任迁移中的同济大学生物学系教授兼系主任。1941～1951年任武汉大学生物学系教授，兼任黄海化工研究社研究员。1951～1971年任西北农学院农业化学系教授，先后任植物生理与生化教研室主任、古农学研究室主任。1955年兼任中国科学院西北农业生物研究所(今西北水土保持研究所)研究员。

1928年参加由辛树帜主持的广西大瑶山生物采集队，并研究该地哺乳类和爬虫类动物，发表论文多篇，出版《瑶山采集记》(1929年)；参编《中国哺乳类学丛书》，撰写出版其中第1～3集(1928～1930年)；在英国留学期间，研究钾及其他营养元素对大麦叶片含水量影响。

40年代,从事动植物生理学等教学,出版《生命新观》(1944年初版,1962年再版)和多部生物化学译著。50~60年代,编写出版《植物生理学》(1952年);为解决西北黄土高原干旱问题,主持教研组制订"以水分研究为中心"长远科研计划,深入实验点勘察;在教学同时,主持注释古籍中有关农学的内容;1957年首次编绘"农书系统图"、"中国古代农书主要内容的演进";出版《齐民要术今释》(四册,1957~1958年);在整理古农书基础上进行科学分析,出版《从〈齐民要术〉看中国古代农业科学知识》(1957年,中文、英文版)等;1965年完成主编《农政全书校注》(三册,1979年)。 (李啸虎)

巴克,H. A.(Barker,Horace Albert) 美国人,1907年11月29日生于美国加利福尼亚州奥克兰,2000年12月24日卒于加利福尼亚州伯克利。土壤微生物学、生物化学、发酵工程。

1929年获斯坦福大学化学系学士学位,1933年获博士学位。1933~1935年在霍普金斯海洋生物实验站、荷兰代尔夫特大学进行博士后研究。1936年起在伯克利加利福尼亚大学植物营养系执教,1940年任助理教授,1945年任副教授;1950年转到植物生化系任教授兼系主任;1959年转到生物化学系,任教授兼系主任;1975年退休后为荣誉教授。1953年入选美国国家科学院院士。

大部分研究工作是从事用厌氧菌降解有机化合物,还有氨基酸发酵化学方面的试验。早期曾研究用细菌制造甲烷,发明了分离这种细菌及培养纯菌种的若干方法。证实由生物作用而生成的甲烷都是二氧化碳被还原的结果,所得的实验结果为这个假说奠定了基础。后来用厌氧菌分解氨基酸、嘌呤等。对维生素 B_{12} 辅酶的分离和分析作了系统的研究,1958年发现它的生物学上的活动形式,表明它存在于人体及动物机体中。还用同位素示踪剂碳 $14^{14}C$ 来研究厌氧菌的新陈代谢,发现从二氧化碳合成醋酸是一种很普遍的方法。发表225篇论文;主要著作有《细菌发酵学》(1957年)等。由于对厌氧菌方面的研究卓有建树,曾多次获得奖励,其中获1967年霍普金斯奖章、1968年美国国家科学奖章。 (朱啸宇 戴有为)

庞蒂科沃,G.(Pontecorvo,Guido) 英国人,1907年11月29日生于意大利比萨,1999年9月25日卒于瑞士瓦莱州泽马特山区。真菌学、遗传学、工业微生物学。

犹太族裔,纺织厂主之子,家中共有8个孩子,他排行第六。1928年毕业于比萨大学农学院。后到佛罗伦萨一个奶牛养殖场工作8年。1941年获爱丁堡大学动物遗传研究所博士学位。因法西斯主义在意大利上台,他于1938年逃亡英国。1938~1940年、1944~1945年两度在爱丁堡大学动物遗传学研究所工作,曾在美国遗传学家 H. J. 马勒指导下研究果蝇遗传。1941~1944年在格拉斯哥大学动物学系任教;1945~1968年在该校遗传学系任教,1956年任教授。1966~1968年任英国医学研究理事会细胞遗传学部荣誉主任。1968年任帝国癌症研究基金会研究员,1975年退休后任该基金会顾问遗传学家。1955年当选为英国皇家学会会员。1964年当选为英国遗传学会会长。先后当选为爱丁堡皇家学会会员、美国文理科学院外籍院士等。曾获一些大学的荣誉博士学位。

早期从事人类体虱性比率研究。1943年起研究真菌遗传学。1945年起在格拉斯哥大学遗传学系开始有关构巢曲霉繁殖方式的著名研究。1950年前后与罗珀(J. A. Roper)共同发现了霉菌中的准周期性生殖,这是一种不通过减数分裂而导致基因重组的生殖方式,它包括了异核体的形成、二倍体的形成、体细胞交换和单元化3个步骤。准性生殖的发现不仅使人们有可能对无性的真菌物种进行遗传学分析,也为使用杂交育种法培育更高产的工业微生物品系提供了有力工具。1952年前后,绘制出构巢曲霉的染色体图。获微生物学汉森奖、英国皇家学会达尔文奖章。 (王爵渊)

弗伦奇,C. S.(French,Charles Stacy) 美国人,1907年12月13日生于美国马萨诸塞州洛厄尔,1995年10月13日卒于华盛顿。植物生理学、生物化学。

医生的儿子。毕业于哈佛大学,1934年获博士学位。1935年与埃默森(R. Emerson)在加利福尼亚理工学院工作。1935~1936年与 O. H. 瓦尔堡在柏林凯泽·威廉研究会从事生物化学研究。1936~1938年在哈佛大学医学院兼任教学。1938~1941年任芝加哥大学化学讲师。1941~1947年在明尼苏达大学讲授植物生理学。1947~1973年在华盛顿任卡内基研究院植物生理学教授兼系主任,同时在斯坦福大学兼任植物学教授。1954年任美国植物生理学会西部分会会长。1963年入选美国国家科学院、美国文理科学院院士。1974年获德国哥德堡大学荣誉博士学位。

主要研究植物色素参与光合作用的化学性质和方法。曾测定光合细菌的作用光谱和效率,并对各种光合细菌的吸收光谱进行比较;测定叶绿素萤光时间进程,以及无二氧化碳时叶中光氧化作用。1941~1947年期间,继续研究希尔反应,与霍尔福(A. B. Holf)合作发现光照下叶绿体可以还原各种染料。后来,从事提取色素和整株植物的动力学研究,测定叶绿素和其他色素在个别状态下的萤光光谱、吸收光谱和作用光谱。1973年获美国植物学会成就奖。 (吕芝香)

俞德浚(Yu Dejun) 原名俞季川。中国浙江省人,1908年2月1日生于北京,1986年7月14日卒于同地。植物分类学、园艺学。

原籍浙江绍兴。1931年北京师范大学生物学系毕业。后历任北平静生生物调查所助研,四川省北碚中国西部科学院主任,云南大学农学院讲师、副教授、教授,云南农林植物研究所研究员、副所长。1947~1950年在英国爱丁堡皇家植物园、英国皇家植物园丘园任客座研究员。1951年回国后至退休前,任中国科学院植物研究所副所长兼北京植物园主任。曾兼任中国植物学会副理事长、中国园艺学会副理事长、中国濒危物种科学组副组长等职。1980年当选为中国科学院学部委员

(院士)。

20世纪30年代,带领植物考察队首次对四川西部、云南西北部等地进行数年野外调查,采集到植物标本2万余号。50年代后,主持创建北京植物园,十分重视对各类经济植物原始材料的收集和保存,考察和开发利用果树、野生花卉资源,为全国园林建设作出示范;写出探讨云南茶花、山茶花及其园艺品种等多种专著,获世界园艺界好评;用20多年时间系统研究中国蔷薇科植物,野外考察的足迹几乎遍及全中国,记述了已发现的中国全部蔷薇科植物;整理和鉴定了全国近30万份植物标本,从形态、演化和分类系统上作详细探讨,先后发现几十个新种;长期指导和参与中国各地10多小植物园建园规划设计。

任《中国植物志》丛书主编,出版达35卷,成绩卓著。发表论文百余篇;出版著作10余部,其中《中国果树分类学》获1982年全国优秀科技图书奖一等奖,主编的《中国植物志》获1987年中国科学院科学技术进步奖一等奖、1989年国家自然科学奖二等奖。 (黎同炎)

罗德,K.D.(Roeder,Kenneth David) 美国人,1908年3月9日生于英国伦敦郊区里士满,1979年9月29日卒于美国马萨诸塞州。*昆虫生理学、神经细胞学、动物行为学。*

父亲是德国人,母亲是澳大利亚人。1929年在英国剑桥大学圣约翰学院获学士学位,1933年获硕士学位。1930年在加拿大多伦多大学任教。1931年返回欧洲,在德国巴伐利亚成立家庭。1933年起在美国马萨诸塞州塔夫茨大学生物学系工作,1951年任生理学教授,1959~1964年任系主任,1976年退休后为荣誉教授。1952年获塔夫茨大学荣誉理学博士学位。1964~1975年兼任美国国家卫生研究院研究教授。1946年入选美国文理科学院院士。1964年入选美国国家科学院院士。

主要研究昆虫发情的神经活动。1939年开始考察昆虫神经系统内的单个神经元的活动,研究盐、药品和滴滴涕(DDT)及其他杀虫剂对蟑螂、蝗虫和蝲蛄神经细胞的作用,一个神经细胞造成另一个神经细胞的突触兴奋的机制,蟑螂惊恐反应时的神经组织活动和昆虫飞行的神经机制,以及这些活动中细微结构的生理学现象。与他人合作分析了蛾类听觉器官在听到超声脉冲时所产生的神经脉冲的模式,证明蛾类听觉器官对蝙蝠发出的回声定位的声音很敏感。

发表论文70余篇;著有《昆虫生理学》(1953年)、《神经细胞与昆虫行为》(1963年)等。1964年获美国国家卫生研究院奖章。 (敬元虎)

殷宏章(Yin Hongzhang) 中国贵州省人,1908年10月1日生于山东兖州,1992年11月30日卒于上海。*植物生理学、生物化学。*

原籍贵州贵阳。祖父和父亲各为清朝进士和举人,都做过县级地方官。1929年南开大学生物学系毕业。留校任助教、讲师。期间1933~1934年在清华大学当研究生。1937年获美国加利福尼亚理工学院博士学位。1938年回国,历任西南联合大学、清华大学、北京大学、台湾大学教授,联合国教科文组织南亚科学合作馆科学专员。期间1944~1945年在英国剑桥大学做高级访问学者。1948年被选为中央研究院院士。同年底赴印度新德里任联合国教科组织南亚科学合作馆科学官员。1951年回国,1952年任中国科学院上海实验生物研究所研究员。1953年起历任中国科学院上海植物生理研究所研究员、副所长、所长、名誉所长。曾兼任中国植物生理学会理事长、名誉理事长,《植物生理学报》和《植物生理学通讯》主编。1955年选聘为中国科学院学部委员(院士)。

1927年作为南开大学学生在李继侗教授的指导下进行光合作用实验,首次发现植物光合作用速度随光强、光质突变而瞬间变化,后又稳定到恒速的现象,成为30年后美国、英国科学家发现光合作用有两个光化学反应系统的先驱。20世纪30年代起,开展植物生长素利用及人工合成等国际前沿研究;发现植物生长素与根叶运动、生长发育关系的一些新现象;发明新的组织化学方法,证明植物体内存在磷酸化酶并弄清其分布,揭示了光照下糖变淀粉的过程与磷酸化酶有关。50年代起,参与主持抗生素开发和生产;1959年创建中国第一个光合作用实验室,在光合磷酸化、物质转化、群体生理等方面取得重要进展。有著作和译作《光合作用》、《生长调节物在农业中的应用》、《植物的气体代谢》(1990年)等多部。1978年全国科学大会上被评为先进工作者。 (武光明)

威廉斯,R.C.(Williams,Robley Cook) 美国人,1908年10月13日生于美国加利福尼亚州圣罗莎,1995年1月3日卒于加利福尼亚州伯克利。*病毒学、生物工程、显微术、天体物理学。*

内科医生的儿子。曾在康奈尔大学主修物理学,1931年获理学士学位,1935年获物理学博士学位。同年入密歇根大学天文系任教,1945年转入物理系任助理教授。1950年起在伯克利加利福尼亚大学生物化学系和病毒实验室工作,1959年任病毒学教授,1964~1969年任该校分子生物学系主任,后任病毒实验室生物物理学研究员兼副主任,1976年退休任荣誉教授,仍从事研究。1955年入选美国国家科学院院士。1957年入选美国文理科学院院士。曾任美国生物物理学会首任会长。

毕生致力于用光学分析法检测物质的特性,早年研究天体物理学,测定恒星表面温度。确立电子电荷与质量比,将"阴影法"应用于电子显微镜技术,藉以确定样品表面的三维结构。发现昆虫某些病毒结晶后的形态为二十面体。1955年与弗伦克尔-康拉特(H. Fraenkel-Conrat)成功地重组烟草花叶病毒。1974~1976年与基尔赫纳(M. W. Kirschner)和霍尼格(L. S. Honig)一起将微管蛋白组装成长形的微细管。1976年他用电子显微镜研究与DNA(脱氧核糖核酸)启动转录有关的酶,后又研究由多聚酶催化引起的RNA(核糖核酸)转录本的起始和延伸作用。著有《病毒显微图选集》(1974年)等。此外在物理学、天文学领域也有论述。获1939年富兰克林研究院朗斯特雷奖章,1954年斯科特奖。

(张承圭 吕慧梅)

贾兰坡(Jia Lanpo) 中国河北省人,1908年11月25日生于河北玉田,2001年7月8日卒于北京。古人类学、考古学、地质学。

1929年北京汇文中学毕业后,因家贫无力上大学,在家自学待业。1931年春,被中央地质调查所新生代研究室录用为练习生,在裴文中先生手下参加挖掘周口店北京猿人遗址。1933年升为练习员,先后到北京大学地质系、协和医学院解剖学系进修。1935～1945年,历任技佐、调查员和技士。1949年后,任中国科学院古脊椎动物与古人类研究所副研究员,1956年升为研究员,历任标本室主任、新生代研究室副主任、周口店工作站站长。曾兼任中国历史博物馆、北京自然博物馆、美国人类起源研究所研究员,中国文物协会副会长,中国地质学会第四纪地质及冰川专业委员会副主任,中国人类学会主席团成员等职。1980年当选为中国科学院学部委员(院士)。1994年当选为美国国家科学院外籍院士。1995年当选为第三世界科学院院士。

一位没有大学文凭而成为院士的传奇式人物。1936年11月,作为练习员11天内在周口店连续发现3个北京人头盖骨,继1929年裴文中首次发现北京人头盖骨之后又一次轰动世界。由于他的正确判断与指点,以后又相继发现比50万年前北京人更早的河口文化,180万年前的西侯度文化,170～160万年前的元谋人牙齿和石器,110～115万年前的蓝田人头盖骨。60～70年代,主持西侯度文化、峙峪文化和许家窑人遗址研究,奠定了华北旧石器文化发展序列的基础。70年代初,提出华北旧石器存在两个以上不同文化传统的学说,即"口河-丁村系"和"周口店第一地点-峙峪系"。在考察河北、内蒙古和东北等地后,首先提出中国原始文化的继承关系,指出中国、东北亚和北美的细石器很可能起源于中国华北,这一见解受到中外古人类学界的重视。

发表论文400余篇;主要著作有《周口店发掘记》(与他人合著)、《旧石器时代文化》等;1994～1995年,又克服严重眼疾出版《中国古人类大发现》和《中国史前的人类和文化》(与他人合著),撰写自传《悠长的岁月》。

(于莲芝)

豪厄尔斯,W. W.(Howells, William White) 美国人,1908年11月27日生于美国纽约,2005年12月20日卒于缅因州基特利。人类学、比较解剖学、考古学。

1930年毕业于新罕布什尔州康科德的圣保罗学校。1930年获哈佛大学理学士学位,1934年获博士学位。同年在美国国家自然博物馆任研究助理。1939年起在威斯康星大学任教,1954年任人类学教授。第二次世界大战时,在华盛顿海军部情报处服役。1955年回到哈佛大学,在皮保第博物馆任人类学馆馆长,1974年退休,但仍继续积极从事研究工作。1951年当选美国人类学会会长。1967年入选美国国家科学院院士。

从事人类体格大小和形状变异的研究,应用新的描述和比较方法,检验这些变异和发生学理论的预测是否一致。用数学方法将身体分成几个区域或因子,分析显示出这些因子或多或少可独立变化,特别是头部比起其他区域来,其大小和形状的变化对整个身体的关系更小。发现脑大小与头盖骨长度大多数是独立发展的;四肢长度和脸的长度比身体的其他部位具有更大的可遗传性。将这些方法应用到家族和种族的研究中。

主要著作有《远古人类》(1944年)、《异教徒:原始人及其宗教》(1962年)、《人的头盖骨变异》(1973年)、《太平洋岛民》(1974年)等。获1955年物理人类学维金基金会奖章,1798年美国人类学会杰出服务奖等。1993年该学会设立豪厄尔斯图书奖。1992年获美国自然人类学者协会达尔文终身成就奖。

(应中锷)

赫尔希,A. D.(Hershey, Alfred Day) 美国人,1908年12月4日生于美国密歇根州奥沃索,1977年5月22日卒于纽约。病毒学、遗传学、分子生物学。

早年就读于密歇根大学化学系,1930年获理学士学位,1934年获细菌学专业博士学位。1934～1950年间在圣路易斯的华盛顿大学医学院细菌学系执教,并从事研究工作。1950年为纽约华盛顿卡内基研究院冷泉港遗传学研究所所长,1962年任该研究院院长,1974年退休。是美国国家科学院院士、美国文理科学院院士。1967年获芝加哥大学荣誉理科博士学位。1970年获密歇根大学荣誉医学博士学位。

主要从事噬菌体研究。1945年与S. E. 卢里亚证明在噬菌体及其捕食的细菌细胞中都有自发的突变发生,证明了噬体的天然多变株的存在。不久,与M. 德尔布品克分别发现了噬菌体基因重组现象,证明不同病毒的遗传物质能够自发结合产生突变的效应,从而开创了噬菌体遗传学的研究时代。1952年和助手蔡斯(M. Chase)用同位素标记,证明噬菌体感染细菌时,只有DNA(脱氧核糖核酸)进入宿主细胞,而噬菌体的蛋白质外壳遗留在细胞以外,从而证明DNA是噬菌体的遗传物质。DNA一方面可自我复制,一方面指导噬菌体蛋白质的合成。这一发现把人们的注意力集中到DNA上来。在这些基础上,DNA的结构相继被发现。

主要论文有"细菌病毒的自然性突变"(1946年)、"噬菌体生长中病毒蛋白和核酸独立功能"(1952年)和"DNA结构的特异功能"等。1965年获美国国家科学院金伯遗传学奖。因发现唾菌体基因重组现象,与德尔布吕克、卢里亚共获1969年诺贝尔生理学或医学奖。

(张慰丰)

康斯坦斯,L.(Constance, Lincoln) 美国人,1909年2月16日生于美国俄勒冈州尤金,2001年6月11日卒于加利福尼亚州伯克利。植物分类学、植物地理学。

律师兼农场主的儿子。在母亲激励下早期即对博物学感兴趣。1930 年获俄勒冈大学生物学系理学士学位。1932 年在伯克利加利福尼亚大学获硕士学位，1934 年获博士学位。同年任华盛顿大学助理教授兼植物标本馆馆长。1937 年回伯克利加利福尼亚大学任助理教授，并接任该校植物标本馆代理馆长之职，1946 年后为馆长，直至退休，在该馆任职半个多世纪。20 世纪 50 年代中期至 60 年代初，曾任该校文理学院院长。1963～1975 年任该校植物学系主任，1976 年退休后为荣誉教授和荣誉主任。1970 年被选为美国植物学会会长。1975～1978 年任加利福尼亚科学院院长。是美国文理科学院院士。还被选为英国伦敦林耐学会外籍会员、瑞典皇家科学院外籍院士。

是 20 世纪中期发展植物分类学的学者之一。以解剖形态学、细胞学、遗传学和生物化学的新资料为基础，形成综合分类法。与马赛厄斯(Mildred E. Mathias)合作研究伞形科植物，并合作编写《美国伞形科植物手册》，还与其他学者合作修订《日本伞形科植物》等。他撰写的《被子植物的分类学》受到广大读者的欢迎。在 1954 年到南美度假，对南北半球温带间的植物区系及植被的相似性和相异性，以及南半球植物分布图甚感兴趣。为植物地理学做了许多工作。获 1985 年加利福尼亚科学院名人奖章，1986 年阿瑟·格雷奖章等。

(施金保　李啸虎)

高尚荫(Gao Shangyin)　中国浙江省人，1909 年 3 月 3 日生于浙江嘉善，1989 年 4 月 24 日卒于湖北武汉。病毒学、微生物学。

出身书香世家。1930 年获苏州东吴大学理学士学位。同年赴美国留学，1931 年获美国佛罗里达州劳林斯大学文学士学位，1935 年获美国耶鲁大学博士学位。同年在英国伦敦大学研究院从事短期研究。1935～1945 年任武汉大学生物学教授。1945～1947 年任美国洛氏医学研究所访问研究员。回国后，历任武汉大学生物学系主任、病毒学系主任、教务长、副校长、校长。曾先后兼任中国科学院武汉微生物研究室主任、武汉微生物研究所和武汉病毒研究所所长、武汉分院副院长，中国微生物学会副理事长及病毒专业委员会主任，《病毒学》和《生物学报》等杂志主编。1980 年当选为中国科学院学部委员(院士)。1981 年获美国劳林斯大学荣誉理学博士学位。美国西格马自然科学学会荣誉会员，国际无脊椎动物病理学学会终身会员。

1947 年回国后创办中国第一个病毒学研究机构、第一个微生物专业和第一个病毒学专业，培养大批专业人才；1958 年完成"培养家蚕脓病病毒的组织培养方法研究"课题；通过烟草花叶病毒的分析研究，证实了病毒性质的稳定性；在国际上首次将流感病毒培养于鸭胚尿囊液中；创立昆虫病毒单层培养法，并在家蚕卵巢、睾丸、肌肉、气管、食道等组织培养中应用成功，开创中国无脊椎动物组织培养和昆虫病毒研究；所著《昆虫病毒理论及应用研究》在中外产生重要影响；组织和主持"生物大分子结构与功能"、"肿瘤病毒病因及其转化机制"等重大科研项目多项。

先后发表论文 110 余篇；出版《电子显微镜下的病毒》等专著 4 部、译著 1 部。多次获国家和省部级奖励，其中有全国科学大会重大成果奖、国家教委科学技术进步奖一等奖等。

(陈　磊)

布拉舍，J. L. A.(Brachet, Jean Louis Auguste)　比利时人，1909 年 3 月 19 日生于比利时埃特贝克，1988 年 8 月 10 日卒于布鲁塞尔。细胞生物学、胚胎学、生物化学。

著名实验胚胎学家 A. 布拉舍的儿子。1934 年毕业于布鲁塞尔自由大学医学院。曾在英国剑桥大学、美国普林斯顿大学和若干研究机构从事博士后研究。1938 年任布鲁塞尔自由大学科学系教授，1976 年退休后为名誉教授。1964 年兼任那不勒斯国际遗传学和生物物理实验室分子胚胎学部主任。1965 年入选美国国家科学院外籍院士。1974 年入选法国科学院外籍院士。1978 年入选意大利科学院外籍院士。

18 岁时就对细胞核的生化作用发生兴趣，在老师指导下选定一个当时很少被探索的课题：核酸及其在活细胞内细胞核与细胞质中的分布。通过对海胆卵中核酸合成的生化研究，于 1933 年得出结论：核酸的增殖与脱氧核糖核酸(DNA)合成密切相关。还证明这些卵的细胞质中含有大量"植物"核酸，第一次明确证明核糖核酸(RNA)既是植物细胞的成分，也是动物细胞的成分。后来又对 RNA 的分布进行了广泛的研究，发现 RNA 存在于所有动植物细胞的细胞核和细胞质中。1941 年进一步证明：各种组织 RNA 含量的生化分析与细胞化学检测所得的结果是一致的。由于技术和经济上的困难，用蛙卵做实验，研究在胚胎发育过程中细胞分化的生化机理和细胞核的生化作用。以后几年，同时在布鲁塞尔大学分子生物系和那不勒斯的胚胎分子实验室工作，主要研究用激素诱导两栖动物卵的成熟分裂和聚胺酸在海胆中的作用。

著作较多，如《化学胚胎学》(1950 年)、《生物化学细胞学》(1957 年)、《生物化学的发展》(1960 年)、《分子生物学引论》(1974 年)、《分子细胞学》(1985 年)等。1948 年获比利时弗朗奎奖，还获法国迈耶奖、荷兰海内克奖。

(敬元虎　吴劲梓)

尼普林，E. F.(Knipling, Edward Fred)　美国人，1909 年 3 月 20 日生于美国得克萨斯州拉瓦卡，2000 年 3 月 17 日卒于弗吉尼亚州阿灵顿。昆虫学、植物保护工程、公共卫生学。

农民的儿子。曾在得克萨斯农业与机械大学学习农学，主要学习昆虫学，1930 年获学士学位。后为艾奥瓦大学昆虫学和寄生生物学的研究生，1932 年获硕士学位，1947 年获博士学位。1931 年起一直任美国农业部昆虫学家。1942 年任美国和盟军疾病控制措施发展署研究主任，负责研究害虫及其防治。1954 年任美国农业部农业研究中心昆虫研究处主任，1971 年任科学顾问，1974 年退休。1966 年入选美国国家科学院院士。

主要研究如何控制各种影响人体和动物健康的害虫。对控制害虫群体不只局限于使用遗传方法，还是研究害虫群体动态学的主要权威之一。广泛研究防治各种害虫的途径，包括对各种控制害虫方法的潜力估价，例如使用各种诱虫剂，有计划地释放昆虫寄生物、食虫动物和病原体、种植抗虫害作物品种以及使用各种类型的化学杀虫剂。鼓励发展控制主要害虫的有效体系，但不影响周围环境中控制目标以外的生物。

先后发表论文近200篇。多次获奖，如1958年的总统功勋奖章，1958年美军斑疹伤寒防治委员会奖章，1960年美国农业部卓越服务奖章，1966年洛克菲勒公共服务奖章，1966年美国国家科学奖章等。

（敬元虎　秦安舲）

曾呈奎（Zeng Chengkui）　中国福建省人，1909年6月18日生于福建厦门灌口镇，2005年1月20日卒于山东青岛。*海洋生物学、海藻学、海洋养殖工程。*

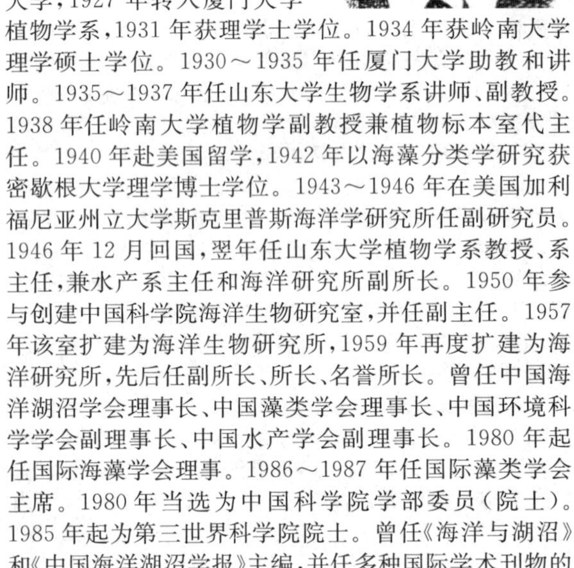

出身华侨世家，父为实业家。1926年考入福州协和大学，1927年转入厦门大学植物学系，1931年获理学士学位。1934年获岭南大学理学硕士学位。1930～1935年任厦门大学助教和讲师。1935～1937年任山东大学生物学系讲师、副教授。1938年任岭南大学植物学副教授兼植物标本室代主任。1940年赴美国留学，1942年以海藻分类学研究获密歇根大学理学博士学位。1943～1946年在美国加利福尼亚州立大学斯克里普斯海洋学研究所任副研究员。1946年12月回国，翌年任山东大学植物学系教授、系主任，兼水产系主任和海洋研究所副所长。1950年参与创建中国科学院海洋生物研究室，并任副主任。1957年该室扩建为海洋生物研究所，1959年再度扩建为海洋研究所，先后任副所长、所长、名誉所长。曾任中国海洋湖沼学会理事长、中国藻类学会理事长、中国环境科学学会副理事长、中国水产学会副理事长。1980年起任国际海藻学会理事。1986～1987年任国际藻类学会主席。1980年当选为中国科学院学部委员（院士）。1985年起为第三世界科学院院士。曾任《海洋与湖沼》和《中国海洋湖沼学报》主编，并任多种国际学术刊物的编委。1987年美国俄亥俄州立大学授予他荣誉理学博士学位。

1930年起从事海藻生物学研究。1932～1940年进行中国海藻调查，采集标本及进行海藻分类研究，足迹遍及浙、闽、粤诸省。1940年赴美国留学期间，转向海藻栽培原理和加工利用研究，开创了潜水进行藻类学水下实验研究，发表了有关海藻的形态分类、资源利用、海藻化学和光合作用等方面的许多论文。1950年起，培养了一批藻类分类学家，在他的带领下有计划地对渤海、黄海、东海和南海的底栖海藻作了全面调查，开展中国海藻资源和分类区系的研究，发现了上百个新种、几个新属、1个新科和1门藻类。还对马尾藻褐藻胶的提取方法和加工利用作了研究，推动了中国海藻化学及藻胶工业的发展。20世纪50～60年代，创造了海带夏苗培育法、陶罐施肥法，实现海带南移栽培试验，获1978年全国科学大会奖。70年代，重点转到藻类的光合作用和光合生物进化的研究，提出了藻类等光合生物进化的新理论，1983年发表“光合生物的进化”一文，论述了光合生物进化的途径、阶段和进化系统。对西沙群岛的原绿藻和藻类捕光色素进化的实验研究，也引起了国内外学术界好评，获1987年国家自然科学奖三等奖。此外，自50年代以来，他和助手还进行了紫菜生活史、紫菜人工养殖、紫菜细胞学、海带生物学和海带人工栽培等多方面的研究。曾多次获中国科学院重大科技成果奖或自然科学奖。

发表论文370余篇。主要著作有《海带养殖学》（1962年）、《中国经济海藻志》（1962年）、《中国常见海藻》（1983年，英文版）和《海藻栽培学》（1985年）等12部。获奖甚多，其中有：1995年太平洋地区科学大会奖、1996年香港求是科技基金会“杰出科技成就奖”、1997年何梁何利科学技术进步奖、2001年美国藻类学会杰出贡献奖、2002年山东省最高科学技术奖等。

（张慰丰）

谈家桢（Tan Jiazhen）　中国浙江省人，1909年9月15日生于浙江宁波，2008年11月1日卒于上海。*遗传学、生物进化论、高等教育管理。*

出身小职员家庭。1926年毕业于湖州东吴中学，被学校保送免试进苏州东吴大学生物学系，1929年获理学士学位。后留校任助教。1930～1932年在北京燕京大学当李汝祺教授的研究生，一年半完成硕士论文。1935年赴美国，在加利福尼亚理工学院摩尔根实验室深造，1936年完成博士论文“果蝇常染色体的遗传图”，获博士学位。1937年回国，任浙江大学生物学系教授、理学院院长。1945～1946年应美国哥伦比亚大学邀请做客座教授。1952年起在复旦大学工作，历任生物学系主任、遗传研究所所长、副校长和校长顾问。曾兼任中国遗传学会理事长、《遗传学报》主编，国际遗传学会副会长。1980年当选为中国科学院学部委员（院士），1985年当选为第三世界科学院院士，美国国家科学院外籍院士，1987年当选为意大利国家科学院外籍院士。1999年当选为纽约科学院名誉终身院士。1884年、1885年先后获加拿大约克大学、美国马里兰大学荣誉理学博士学位。

国际著名遗传学家、中国现代遗传学奠基人之一。研究工作主要包括以下几方面：① 以亚洲瓢虫为材料，进行经典性群体遗传学研究。早在20世纪30年代完成硕士论文“亚洲瓢虫的色斑遗传”，通过对异色瓢虫的实验遗传学研究，1944年发现鞘翅色斑变异的遗传机制，1946年正式提出亚洲瓢虫色斑变异的嵌镶显性遗传理论，至今仍是大学教科书经典内容，直至20世纪70年代还和学生一起发表这方面的论文。② 以果蝇为实验材料，进行果蝇不同种的染色体遗传结构及遗传图研究。早在1934年在杜布赞斯基教授指导下，利用当时研究果蝇唾腺染色体的最新方法，分析果蝇的种内和种间遗传物质的结构及其变异情况和不同种间的亲缘关系，以及发现果蝇种间的性隔离机制等，丰富和发现了现代综合进化论学说。③ 以猕猴为实验材料，进行辐射细胞遗传学研究。这项工作始于20世纪60年代初，他和助手前后分别就X射线对猕猴精子发生的效应、不同剂量的γ射线对猕猴精原细胞和精母细胞的效应，以及对猕猴精子发生中染色体畸变的影响等进行研究。④ 20世纪70年代，从事环境化合物的毒理测试工作和有关环境诱变剂的研究，为环境保护、食品卫生、药品检验、计划生育等部门的立法提供咨询意见。⑤ 在青岛遗传学座谈会前后，发表一系列文章介绍摩尔根遗传学说，强调其科学性，以此批判李森科（Т. Д. Лысенко）鼓吹的所谓"米丘林遗传学说"中的不合理性。此外还及时介绍国际上分子遗传学发展的新动向。

发表论文和综述文章100余篇，主译《生物学引论》、《遗传学与物种起源》。著作有《遗传与基因》、《谈谈摩尔根学派的遗传学说》和《基因工程》等。1987年出版《谈家桢论文集》。1995年获求是科学基金会杰出科学家奖。1999年国际上正式批准中国科学院紫金山天文台发现的第3542号小行星为"谈家桢星"。

（张慰丰）

纽拉斯，H.（Neurath，Hans） 美国人，1909年10月29日生于奥地利维也纳，2000年4月12日卒于美国西雅图。*生物化学、酶化学。*

1933年在奥地利维也纳大学获物理化学博士学位。后在唐南（F. G. Donnan）指导下在伦敦大学和明尼苏达大学进行博士后研究。1936～1938年在康奈尔大学工作。1938～1950年先后任杜克大学物理和生物化学助理教授、副教授、教授。1950～1975年任华盛顿大学医学院生物化学系第一任主任和教授，他主持的系培养出许多知名生物化学家，其中包括3名诺贝尔生理学或医学奖获得者。1979年退休后，为荣誉教授，并兼任西雅图哈奇森癌症研究中心科学主任。1961～1991年主编美国化学会会刊《生物化学》，1991～1998年主编《蛋白质科学》杂志。1960年入选美国文理科学院院士，1961年入选美国国家科学院院士。

40年如一日致力于蛋白质的化学结构和生物学作用两者关系的研究。最大贡献是对蛋白质消化酶的作用和化学性质的论述，特别是关于胰蛋白酶、糜蛋白酶和羧肽酶的论述，其要点是这些酶的专一性、活性位点的性质和来自无活性前身的酶的形成，即酶原激活。和合作者共同发现了这些酶分解酯键的能力，最先确定了牛的胰蛋白酶的氨基酸排序。经过30年的连续努力，解释了蛋白酶的作用机理。发表400余篇论文；参加主编《蛋白质》（3卷，1953年）。曾多次获得名誉学位和奖励。

（周邦娴）

塔特姆，E. L.（Tatum，Edward Lawrie） 美国人，1909年12月14日生于美国科罗拉多州博尔德，1975年11月5日卒于美国纽约。*细菌学、细胞生物学、生物化学、遗传学。*

药学教授的儿子。1931年获威斯康星大学化学学士学位，1932年获微生物学硕士学位，1934年获生物化学博士学位。1936年获奖学金赴荷兰的乌得勒支大学从事博士后研究。1937～1945年在斯坦福大学与G. W. 比德尔一起工作，研究微生物营养需求和细胞生物化学问题，并首次在研究生中开设生物化学课程。期间1944年成为美国科学研究与开发局成员，参与战时生产青霉素。1945年在威斯康星大学工作一学期后，1946年任耶鲁大学植物学系微生物学教授，与当时还是学生的J. 莱德伯格合作。1948～1957年再次在斯坦福大学任生物学教授，期间1956年任生物化学系主任。1957年后在洛克菲勒研究院（今洛克菲勒大学）任教授。1952年入选美国国家科学院院士。

主要研究细菌、酵母及霉菌的生物化学和遗传学，对微生物细胞中基因与生物化学反应的关系有着特殊兴趣。早在30年代，关于细菌和其他微生物营养的研究，导致认识了不同菌株对必要的生长因子需要的多样性与变化性，如果缺乏一种特殊生长因子的需要，一个菌株无法合成所有活细胞所需的物质。他和比德尔推断，所有微生物中的生物化学反应，包括生长因子那样的最基本的营养分子的合成，都必须在基因控制下进行。微生物的基因突变将丧失特有的合成反应，因而生长需要如维生素、氨基酸这类特种物质。经大量实验证实了这一假说，建立了现代遗传学的基础——生化遗传学。其论点是：①有机体整体的生化过程受等位基因的控制；②所有上述过程是一个可溶解的连续的化学过程；③每个反应均受单个基因不同方式的控制；④单个基因的突变仅导致细胞完成单个化学反应能力的改变。

1941年与比德尔一道，发现霉菌脉孢菌属后颊厚线的基因突变使氨基酸、维生素和其他生长因子等必不可少的分子合成终止。1945年证明了类似的突变可以发生于普通的细菌——大肠杆菌。后又扩展到酵母，生产和分离了"营养"或"生物化学突变体"。后来证明，利用突变可以改变在几乎所有微生物中的几乎所有反应。大肠杆菌菌株K-12的遗传重组是1946年在耶鲁大学发现的，基因重组发生于混合两种不同的双重生物化学突变体的培养基之时。实验证明只有有性生殖才能有基因重组，从新的高度阐述了无性生殖与有性生殖的关系。1947年和莱德伯格利用这些突变株，发现了细胞中的遗传重组现象。关于脉孢菌属与大肠杆菌营养缺乏的突变体的研究，在基因和生物化学反应中显示出直接和专一的关系，引起了对生化遗传学的兴趣。大肠杆菌遗传重组的现象，不久就扩大到其他细菌，并发现了新类型，如沙门氏菌的传导，大大促进了在遗传学研究中应用细菌，在生物化学和遗传学联合研究中使用微生物，实质上开创了分子生物学这个当今富有成果的和迅速发展的领域。生物化学突变体已有效地应用于维生素、氨基酸等的生物鉴定。

后期集中研究脉胞菌属遗传学和生化形态学，与助手研究脉胞菌属的细胞质遗传、某些抗生素的作用和生物合成及培养的哺乳动物细胞中的核酸代谢等。1953年获美国化学学会莱姆特奖。因1945年发现遗传基因

可受化学药品的控制和影响，与比德尔、莱德伯格共获1958年诺贝尔生理学或医学奖。（周邦娴）

奇德尔，V. I.（Cheadle，Vernon Irvin） 美国人，1910年2月6日生于美国南达科他州塞伦，1995年7月23日卒于加利福尼亚州圣巴巴拉。*植物组织学、生物进化论。*

农民之子。在南达科他州立学院度过一年，后入迈阿密大学，1932年在该校获学士学位。1934年、1936年先后获哈佛大学硕士学位和生物学博士学位。1936年起任教于罗得岛大学生物学系，1942～1952年任教授兼系主任、研究生部主任。第二次世界大战期间，1944～1946年在太平洋战区的美国海军中服役。1952年任戴维斯加利福尼亚大学生物学系教授和主任。1962年成为圣巴巴拉加利福尼亚大学植物学教授和校长，1977年退休后继续研究植物学。1956年入选美国文理科学院院士。

博士论文选了木质部和韧皮部作为研究对象，涉及百合科和石蒜科之间的解剖学差异。1936年去古巴收集植物标本，后来又走遍大半个美国以及澳大利亚和南非，对采集到的植物标本研究结果揭示出输导细胞结构的进化趋势。对木质部的研究表明单子叶植物原生性导管分子的最明显的特点是很长、端壁偏斜且持有许多穿孔，而高度进化的导管分子较短、端壁横向，只有一个穿孔。单子叶植物的一切变异都处于这两种极端之间，并能按单向的进化顺序排列。关于管状分子的结论在分类学方面的含义，已被用于讨论单子叶植物内部及它们与双子叶植物之间的可能关系。曾与K. 埃索合作研究次生韧皮部，发表了一系列论文。后来他又研究单子叶植物许多科的导管，评价导管在作为单子叶植物之间进化关系指示物方面的作用。

主要著作有《腊梅科的第二韧皮部》（1958年）、《北美鹅掌楸属的第二韧皮部》（1964年）、《灯心草目的导管》（1973年）等，另有《论文选集》（1937～1958年）一部。1963年获美国植物学会荣誉奖。（施金保）

莫诺，J. L.（Monod，Jacques Lucien） 法国人，1910年2月9日生于法国巴黎，1976年5月31日卒于戛纳。*细菌学、酶学、分子生物学、遗传学、科学哲学。*

父亲是法国画家，母亲是美国人。1917年全家移居法国南部。1931年获巴黎大学理学士学位，1941年获理学博士学位。大学毕业后留校任教，1935年任巴黎大学动物学助理教授。1936年在美国加利福尼亚理工学院进修。1945年任法国巴斯德研究院实验室主任，1954年任该院细胞生物化学部主任。1959年任巴黎大学教授。1967年任法兰西学院教授，1971年任巴斯德研究院院长。1960年入选美国文理科学院外籍院士。1968年入选英国皇家学会外籍会员。1968年入选美国国家科学院外籍院士。

早期主要研究细菌诱导酶β-半乳糖苷酶合成。1946年开始研究酶的诱导形成不是蛋白质的物质转化，而是蛋白质分子直接合成。1958年与法国生物学家F. 雅各布及美国生物学家帕迪（A. Pardee）合作，在巴黎巴斯德研究院从事现在通称的“帕-雅-莫试验”，把可组合性β-半乳糖苷酶的雌性突变型细菌与仅在外源诱导下方能合成这种酶的正常雄性细菌配对，证明诱导性超过组成性，提出诱导剂中和特殊调节基因产生的抑制剂时，酶的合成即开始。接着他们又用调节突变型细菌做实验，1961年提出信使核糖核酸（mRNA）和操纵子概念。操纵子概念不仅有助于解释细菌酶合成，而且对10年前法国生物学家A. 尔沃夫所发现的原噬菌体诱导作出深透理解。这为遗传物质分子机制提供了一个统一的理论，因此与雅各布、尔沃夫共获1965年诺贝尔生理学或医学奖。

1965年，他是提出酶学领域中的变构效应理论的主要人物之一。他不仅是一位杰出的生物学家，还是一位优秀的音乐家和科学哲学家、政治活动家。在第二次世界大战期间，他担任法国国内地下抵抗运动的参谋长，并为盟军登陆诺曼底开辟第二战场作配合部署。

主要著作有现代生物学自然哲学论文集《机遇和必然》（1971年）、《微生物和生命》（1971年，与他人合著）等。获奖甚多，其中还有：1955年法国科学院蒙蒂旺奖、1958年英国雷帕金纳奖章，1962年法国科学院迈耶奖，此外还在1945年获数枚军功勋章。

（陈建秀 李啸虎）

熊毅（Xiong Yi） 中国贵州省人，1910年4月13日生于日本东京，1985年1月24日卒于江苏南京。*土壤学、胶体化学、水土保护工程。*

原籍贵州贵阳，出身农学世家。1932年北京大学农学院农业化学系毕业。后到中央地质调查所土壤研究室工作。1947年赴美国留学，1949年获密苏里大学硕士学位。1951年获威斯康星大学博士学位。同年回国后，历任中国科学院土壤研究所研究员，土壤及水土保持研究所所长，南京土壤研究所所长。曾任中国科学院南京分院院长、中国土壤学会副理事长、中国生态学会副理事长、江苏省土壤学会理事长、《土壤学报》、《土壤》和《环境科学学报》等杂志主编。1980年当选为中国科学院学部委员（院士）。

20世纪50年代中期，领导华北平原大规模的土壤调查，在此基础上对华北平原褐土、浅色草甸土和盐碱土等各种土壤类型的形成过程、发展阶段、分布规律及其特性进行了深入研究，其研究成果集中反映在他后来与席承藩合著的《华北平原土壤》（1965年）和《华北平原土壤图集》中。50年代末期，针对华北大平原许多地区为解决北方干旱，在无排水条件下大搞引黄自流灌溉、平原蓄水等，引起灌区土壤次生盐碱化和沼泽化，他奉命担任国家科学技术委员会领导的全国土壤盐碱化防治专业组副组长，亲赴冀、鲁、豫、晋等地考察，及时建议有关部门制止这些地区大规模的引黄灌溉，缓解了这些地区土壤的进一步恶化。60年代，为了改良这些地区已经形成的盐碱化土地，他巧妙地提出并推广可同时起到防治旱、涝和盐碱化三重作用的“井灌井排”（运用竖井抽汲地下水，灌溉淋洗土壤中的盐分，又降低地下水位，汛期降水入渗），收到很好效果。70年代中期，组织南京土壤研究所的科技人员对太湖地区的水稻土及其肥力进行了广泛、深入的调查研究，有关的研究成果刊于他主编的《太湖地区水稻土肥力研究论文集》和专著《中国太湖地区水稻土》中。晚年致力于环境和土壤生态学的研究。对土壤胶体化学领域进行数十年理论研究，在中国科学院土壤研究所建立土壤胶体实验室。发表论文200余篇；主编《土壤胶体》（3卷，1983～1990年）。多次获国家和省部级奖励。（高小东　宣焕灿）

弗伦克尔-康拉特，H. L.（Fraenkel-Conrat, Heinz Ludwig） 美国人，1910年7月29日生于德国布雷斯劳（今波兰弗罗茨瓦夫），1999年4月10日卒于美国加利福尼亚州奥克兰。病毒学、分子生物学、生物化学。

他是发现黄体激素作用的妇科医学家路德维格·弗伦克尔的儿子。先后在慕尼黑大学、维也纳大学、日内瓦大学学医。1933年在布雷斯劳大学医学院获医学硕士学位。因纳粹法西斯上台，同年离开德国赴英国苏格兰，1936年在爱丁堡大学获生物化学博士学位。同年移居美国，在纽约洛克菲勒医学研究院研究蛋白酶，并随后在巴西调研南美毒蛇毒液的蛋白质构成。1941年加入美国国籍。1938～1950年、1952年至去世，先后任教于伯克利加利福尼亚大学实验生物系、病毒实验室，1958年起任病毒学教授、分子生物学教授。1950～1952年作为洛克菲勒基金会研究员派到英国和丹麦的研究机构从事合作研究。是美国国家科学院院士，美国文理科学院院士。

主要研究生命体系中大分子组分生物活性和化学结构之间的关系。1952年开始将蛋白质的分析方法应用于病毒，特别是丰富而稳定的烟草花叶病病毒的分析，发现病毒复制的遗传控制在于核糖核酸（RNA），后者由病毒的核蛋白所携带。1955年他和生物物理学家R.威廉斯阐明，经提纯的RNA和蛋白质外壳能够产生具有功能作用的病毒。1960年他宣布得到该病毒蛋白质链的158种氨基酸的完整氨基酸系列。重要成就是注意到烟草花叶病病毒分解成非传染性蛋白和几乎非传染性的核酸，再由这些组分合成传染性病毒。由此导致发现核糖核酸内在的遗传活性，开拓了一个新的有价值的研究领域。

著有《病毒的生物学和化学》（1968年）、《病毒学分子基础》（1968年）等；主编《病毒学大全》（20卷，1973～1983年）。1958年获拉斯克奖。（孟茂华　李啸虎）

格林，D. E.（Green, David Ezra） 美国人，1910年8月5日生于美国纽约布鲁克林，1983年7月8日卒于麦迪逊。生物化学、酶化学、生物能学。

1932年在纽约大学获硕士学位。1934年在剑桥大学获生物化学博士学位。1934～1940年在剑桥大学任研究员。1940～1941年在哈佛大学医学院工作。1941～1948年在哥伦比亚大学医学院工作，1941年任生物化学副研究员，1946年任该校酶化学实验室主任。1948年到威斯康星大学创办酶研究所，并任酶学教授和首任所长。1960年入选美国文理科学院院士。1962年入选美国国家科学院院士。他的妻子多丽丝（Doris）是一位杰出的生物化学家，是他的学术生涯中的得力助手，她于2002年入选美国国家科学院院士。生育有2个女儿，也从事生物化学研究。

是现代酶学的奠基者之一。在剑桥大学期间，参与发现了5种氧化酶，并揭示了它们的各种性质，特别是α-甘油磷酸盐和β-羟基丁酸盐脱氢酶。他是首先以官能团进行酶大规模分离的专家之一，并确定一系列酶的特性。这些酶分别含有黄素（例如醛和黄质氧化物）和作为辅基的硫胺素（酵母羧基酶）。1939年和剑桥大学的同事合著《生物氧化机理》，提出了关于氧化酶理论发展的说明，阐述了脂肪酸分解过程和辅酶A在分解中的作用。1955年起开始研究新陈代谢中的能量转换关系和电子传递机制，发现把无机磷酸盐转变成三磷酸腺苷的过程中辅酶Q起到了电子转换的媒介作用。他采用牛心细胞作实验模型，从中分离出线粒体，进而揭示出柠檬酸在循环代谢过程中的能量产生与转化。后又发现在线粒体中产生三磷酸腺苷，可通过若干种途径来实现。1975年提出了能量偶合的成对电荷移动模型理论。该理论打开了分离和鉴定电子转移络合物中的亚官能基团的大门。

生前发表论文700余篇；出版专著8部，主要著作有《线粒体组合》（1949年）、《脂肪的新陈代谢》（1954年）、《从分子洞察生命过程》（1967年）、《能量与线粒体》（1970年）等。获1946年美国化学会酶化学保罗-刘易斯奖。

（孟茂华　李啸虎）

怀特，M. J. D.（White, Michael James Denham） 澳大利亚人，1910年8月20日生于英国伦敦，1983年12月16日卒于澳大利亚坎培拉。细胞遗传学、生物进化论。

曾受教于伦敦大学学院，1931年获理学士学位，1932年获理学硕士学位，1940年获理学博士学位。1933年在该院任动物学助教，1936年任讲师，1946年任高级讲师。1947～1953年任美国得克萨斯大学动物学教授。后来作为高级研究人员到澳大利亚堪培拉联邦科学和实业研究机构种植业部门工作。1957～1958年任美国密苏里大学动物学教授。1958年返回澳大利亚任墨尔本大学动物学教授，1964年任该校遗传学教授。1975年退休后，任澳大利亚国立大学生物科学研究院客座教授。1955年当选为澳大利亚科学院院士、1961年当选英国皇家学会会员、1978年当选为美国哲学学会外籍会员。1963年当选为美国文理科学院外籍院士。1981年入选美国国家科学院外籍院士。

主要工作是用动物（特别是昆虫）为模型，研究染色体重排（尤其是各种类型的倒位和易位）在自然群体和物种形成中所起的作用。1946～1950年研究摇蚊奇特的染色体周期。后来又从事北美西部蚱蜢种群遗传体系的研究。返回澳大利亚后，主要研究群体遗传学和物种形成过程的染色体重排问题。

著有《细胞学新进展》(1932 年初版，1937 年再版)、《染色体》、《细胞学和细胞生理学》(1942 年)、《动物细胞与进化》(1945 年)、《物种形成的模式》(1978 年)等。

(王祥麟)

邦纳，J. F. (Bonner, James Frederick) 美国人，1910 年 9 月 1 日生于美国内布拉斯加州安斯利，1996 年 9 月 13 日卒于加利福尼亚州帕萨迪纳。*发育生物学、细胞遗传学、分子生物学。*

父母都是化学家，他有 5 个兄弟和一个姐妹。1931 年获犹他大学化学学士学位。1934 年在加利福尼亚理工学院获生物学博士学位。还曾去荷兰乌得勒支大学和瑞士苏黎世弗雷-维斯林实验室进行博士后研究。1935 年底回加利福尼亚理工学院任教，1946 年任教授，1981 年退休后为荣誉教授。在那里同 T. H. 摩尔根、A. H. 斯特蒂文特等著名科学家一道工作。中国遗传学家谈家祯当时也在那里与他一起从事研究工作。1950 年入选美国国家科学院院士。1965 年任美国科学促进协会太平洋部主任。1979 年到中国讲学，复旦大学和新疆大学曾授予他荣誉教授称号。

主要从事发育的分子机制研究，建立分离细胞染色体的方法，并研究染色体上基因活性等。发现组蛋白有抑制基因活性的作用，激素与组蛋白-DNA(脱氧核糖核酸)复合物相互作用可导致基因活化。还和合作者共同发现基因活性与组蛋白肽链 N 端乙酰化有关，利用 DNA 重组技术使非活性基因的组蛋白乙酰化实现基因表达。对分子遗传学的发展作出重要贡献。还分离了细胞内的核糖体，发展了从植物细胞中分离线粒体的方法。

主要著作有《植物生物化学》(1950 年)、《植物生理学原理》(1952 年)、《核酸组蛋白》(1964 年，与他人合著)、《发育的分子生物学》(1965 年)、《今后 100 年》(1957 年)、《今后 90 年》(1967 年)、《今后 80 年》(1977 年)、《世界人口和食品》(1980 年)等。 (王祥麟)

卡特，H. E. (Carter, Herbert Edmund) 美国人，1910 年 9 月 25 日生于美国印第安纳州穆尔斯维尔，2007 年 3 月 4 日卒于亚利桑那州图森。*分子生物学、生物化学、药物化学。*

1931 年、1934 年先后获伊利诺伊大学理学硕士、有机化学博士学位。留校任教，1932～1971 年斯间，1932 年任化学讲师，1937 年任生物化学助理教授，1943 年任副教授，1945 年任化学教授，1954～1964 年任化学与化工系主任，1968～1971 年任研究生院执行副院长。1971 年转任亚利桑那大学生物化学系主任。1953 年入选为美国国家科学院院士。1956～1960 年兼任美国国家研究委员会食品保护分会成员，1970 年任国家研究委员会主席。1963～1965 年兼任伊利诺伊州高等教育顾问委员会成员。

科学成就主要是有关氨基酸化学和生物化学的研究；抗菌素的分离、结构确定和生理活性；以及对动植物复杂脂类的分离、脂类特征及结构等领域有重要贡献。20 世纪 30 年代至 40 年代前期，成功研究出苏氨酸等氨基酸的合成方法，还发现 α、β 不饱和吖内脂很易转变成 α-氨基-β-硫羟基酸。40 年代后期至 50 年代初集中研究抗生素，发现了氯霉素、涂霉素、左霉素、菲律宾菌素等许多抗生素。多次获奖，其中有：1943 年伊莱・利利生物化学奖，1965 年美国化学学会尼科尔斯奖，1966 年美国石油化学家协会利皮德化学奖，1968 年森舍奖，1970 年贝利奖。 (董晨空)

西尔斯，E. R. (Sears, Ernest Robert) 美国人，1910 年 10 月 15 日生于美国俄勒冈州贝塞尔，1991 年 2 月 15 日卒于密苏里。*作物育种学、细胞遗传学。*

1932 年获俄勒冈州立大学农学士学位。随即去哈佛大学伯西研究所，在著名遗传学家 E. M. 伊斯特指导下获硕士(1934 年)与博士学位(1936 年)。后在密苏里大学斯塔德勒(L. J. Stadler)的遗传学小组工作。除 1958 年曾有 6 个月在德国富布赖特联谊会任职外，一直留在密苏里大学和密苏里州农业试验站从事美国农业部的作物遗传学课题研究。1953 年入选美国文理科学院院士、1964 年入选美国国家科学院院士。1970 年获德国格丁根大学荣誉博士学位。1978～1979 年任美国遗传学会会长。

从 1938 年起，从事小麦非整倍体的研究。1954 年前后终于获得一整套缺体、单体、三体及四体。这些缺体与单体材料既可用来进行基因定位，还可用来将一个品种的个别染色体置换给另一品种。发现小麦包含 3 个染色体组，它们分别来自 3 个不同的二倍体祖先。1944 年与麦克法登(McFadden)以四倍体小麦(具染色体组 AABB)与节节麦(具染色体组 DD)杂交，并使杂种染色体加倍，最后获得了与现存六倍体小麦相近的类型(具染色体组 AABBDD)。这就说明了小麦的 D 染色体组来源于节节麦。

由于小麦的三个染色体组来自三个近缘物种，故而它们的染色体具有部分同源性，1A、1B、1D 或 2A、2B、2D……它们彼此间应当都可以进行部分同源染色体配对，但实际上在小麦中并不进行这种配对。在他指导下，1961 年在西尔斯实验室工作的冈本(Okamoto)及赖利(R. Riley)分别发现了在小麦 5B 染色体长臂上有一 ph 基因，它能抑制部分同源染色体的配对，因而使异源多倍体的小麦获得了类似二倍体的稳定特性。

1956 年西尔斯用野生拟二粒小麦与小伞山羊草杂交，杂种经染色体加倍后，再和普通小麦“中国春”进行杂交与 3 次连续回交。这样终于获得了具有小伞山羊草的一条 6u 等臂染色体的植株。用 X 射线照射植株花粉，再把这些花粉授给普通小麦，从后代中鉴定出了 12 株具有易位的抗锈植株。其中一株具中间易位，经自交后获得了它的纯合易位系，它携带有 Lr9 基因，表现高抗叶锈病。这一品系已在欧美各国被广泛用作抗叶锈亲本。

以后又发现 5B 染色体上 ph 基因经 X 射线照射被切除或由于其他原因使之失活时，外来的异种染色体即能与部分同源的小麦染色体配对。一旦这种配对的染色体发生交换,即可将一段异种染色体置换一段与之部分同源的小麦染色体。

获1951年美国植物学会史蒂文森奖,1958年国家杰出服务奖、农业科学研究霍布利泽尔奖,1970年希格玛西研究奖,1973年俄勒冈州立大学杰出服务奖,1977年加拿大遗传学会优秀奖,1980年小麦科学奖,1981年全国农业协会农业科学奖,1986年沃尔夫农业奖,以及美国农业部1958年卓越服务奖、1980年杰出服务奖。1987年入选科学名人堂。 (王爵渊)

阿尔农,D. I.(Arnon, Daniel Israel) 美国人,1910年11月14日生于波兰华沙,1994年12月20日卒于美国加利福尼亚州伯克利。*植物生理学、生物化学。*

波兰裔。1932年获美国伯克利加利福尼亚大学学士学位,1936年获该校植物生理学与生物化学博士学位。留校任教。1941年加入美国籍。期间1943～1946年在美国陆军和空军中服役。1946年回母校任副教授,1950～1960年任植物生理学教授。期间,1947～1948年在英国剑桥大学、1955～1956年在德国柏林马普协会细胞生理学研究所进修和研究。1958～1978年任加利福尼亚州农业实验站生物化学家。期间,1962～1963年在斯坦福大学霍普金斯海洋研究站从事研究。1948～1955年兼任美国《植物生理学年鉴》主编。1952～1953年兼任美国植物生理学家协会会长。1961年当选为美国国家科学院院士;是美国文理科学院院士。瑞典皇家科学院、德国自然科学院、法国农业科学院等外籍院士。1975年、1992年先后获法国波尔多大学、西班牙塞维利亚大学荣誉博士学位。

在植物光合作用研究中有重大发现,为现代光合作用理论建立和发展奠定了实验基础。作为一个植物生理化学家,其研究生涯可分两大历史时期。第一阶段(1936～1950年)主要从事植物营养学研究:和合作者共同发现和阐释了微量元素、特别是钼(Mo)和钒(Va)在绿色植物和水生藻类生长中的重要作用。这一工作直接推动了对植物无机代谢研究的重大发展。第二阶段(1951～1994年)集中研究光合反应机理:1954年发现了光合磷酸化过程,即首次证实脱离植物活细胞的叶绿体在光照下可合成腺苷三磷酸(ATP);1957年发现光合磷酸化和希尔反应相偶联;1962年首次揭示了铁氧化还原蛋白在光合反应的电子传递、光合磷酸化和二氧化碳同化等方面的重要作用;以及对固氮和析氢机理的研究等。

代表作有《光在光合反应中的作用》(1960年)等。获1966年美国植物生理学家学会斯蒂芬·黑尔斯奖,1973年美国国家科学奖章,1985年伯克利加利福尼亚大学最高荣誉奖等。 (李啸虎)

吕南,F.(Lynen, Feodor) 德国人,1911年4月6日生于德国慕尼黑,1979年8月6日卒于同地。*生物化学、生理学、代谢医学。*

慕尼黑工业大学著名工程学教授的儿子。在诺贝尔奖获得者H.O.维兰德指导下在慕尼黑大学学习化学,1937年以论文“论伞形毒菌的有毒物质”获博士学位。同年与维兰德的女儿结婚,生育有5个子女。留校任教,1942年任讲师,1947年成为教授,被任命为慕尼黑大学普克兰细胞化学研究所(现为普克兰生物化学研究所)所长。1962年被选为美国国家科学院外籍院士。1975年成为英国皇家学会外籍会员。1978年成为梵蒂冈教皇科学院院士。1978年被选为苏联医学科学院外籍院士。

研究活细胞的中间代谢,探索细胞是如何将简单化合物变为复杂的固醇和脂类分子。为完成固醇和脂肪酸的生物合成,进行了长期的大量实验,证实乙酸根必须与辅酶A反应生成辅酶A的乙酰硫醇酯,后者参与固醇和脂肪酸生物合成反应链中的第一步。为保证中间化合物的纯度,除采用过滤、沉淀、萃取结晶等标准的化学方法来获取生成的中间化合物外,还借助于纸上色层谱的装置,使用放射性原子来示踪反应,以及用光谱来分析酶的结构,用多种方法来鉴定辅酶A的乙酰硫醇酯。

1951年他率先分离提纯了乙酰辅酶A,为相关研究铺平了道路。发现二氧化碳与上述中间化合物结合,生成辅酶A的丙二酰硫醇酯。发现了维生素H在该反应和其他羧化中的作用。维生素H结合在一个酶体系中,这个酶体系可使二氧化碳与维生素H反应生成化合物,后者是将二氧化碳溶液转移至辅酶A的乙酰硫醇酯这样的化合物的过程中不可少的中间体。

他的小组还从催化长链脂肪酸合成的酵母中分离出多酶络合物,如辅酶A的乙酰硫醇酯与辅酶A的丙二酰硫醇酯反应,结果生成了软脂酸。固醇和脂肪酸的生物合成的重要意义不仅在纯化学方面,而且对弄清心脏疾病中胆固醇可能起的作用有所启发。

由于发现胆固醇和脂肪酸的代谢机理,与K.E.布洛赫同获1964年诺贝尔生理学或医学奖。诺贝尔奖委员会指出:大多数由循环疾病引起的死亡,通常都伴随着脂类代谢的紊乱,在这种情况下的任何治疗法都得益于布洛赫和吕南的研究。 (周邦娴)

比奇,F. A.(Beach, Frank Ambrose) 美国人,1911年4月13日生于美国堪萨斯州恩波里亚,1988年6月15日卒于加利福尼亚州伯克利。*心理生理学、生育生物学。*

大学音乐教授之子。在堪萨斯州恩波里亚师范学院攻读教育学,1932年获理学士学位,1933年获心理学硕士学位。1940年在芝加哥大学获心理学博士学位。曾在堪萨斯州耶茨教育中心任教初中和高中英语。1936～1942年在纽约美国国家自然博物馆实验生物学部任助理馆长,1942～1946年任馆长和动物行为部主任。1946年起在耶鲁大学任教,1952年任心理学教授,1952～1958年为斯特林心理学讲座教授。1958年任伯克利加利福尼亚大学心理学教授,1978年退休后为荣誉教授。1979年创刊《激素与行为》杂志并任首任主编。1955年入选美国国家研究委员会两性问题研究专业委员会成员,1957年任该专业委员会主任。1949年入选美国国家科学院院士。1961年入选美国哲学学会会员。

做研究生时就致力于心理生理学方面的研究，博士论文涉及哺乳动物的脑功能和本能行为。用实验说明如将初产鼠一部分脑皮层切除，它的母性行为就被打乱，雄性的求偶和交配行为都因这种脑损伤而减弱或消除。接着又研究性激素与交配活动和中枢神经系统之间的关系。对啮齿动物的系统研究表明，雌性在交配活动中相对来说与高级神经中枢无关，它直接受卵巢分泌物控制，而雄性的交配行为则受大脑皮层的强烈影响，有限度地不依赖于睾丸激素。推论在高等哺乳动物进化过程中大脑皮层在性活动方面的作用逐渐增加，而卵巢和睾丸激素的重要性则相应减少。

主要著作有《激素和行为》(1948 年)、《性行为的模式》(1951 年，与他人合著)、《性和行为》(1965 年)、《人类性行为的四个视角》(1977 年)等。1951 年获实验心理学会沃伦奖章。1958 年获美国心理学会功勋奖。

（施金保）

蔡旭(Cai Xu) 中国江苏省人，1911 年 5 月 12 日生于江苏武进，1985 年 12 月 15 日卒于北京。*作物遗传育种学、小麦栽培学。*

1934 年南京中央大学农艺系毕业。留系任教。1939 年赴成都任四川农业改进所技士，后升任技正。1945 年赴美国康奈尔大学农学院和明尼苏达大学农学院进修。翌年回国后，任北京大学农学院副教授。1949 年后，历任北京农业大学教授、农学系主任、副校长等职。曾兼任中国作物学会理事长、北京市科学技术协会副主席、《作物学报》主编。1980 年当选为中国科学院学部委员(院士)。

20 世纪 30 年代，在金善宝教授的指导下，先在南京中央大学农学院农事试验场选育出“中大 13-215 号”等 5 个小麦新品种，后又在该校内迁至重庆后的一块山坡地上，选育出“中大 2419 号”小麦新品种。后者在 1949 年后推广种植近亿亩，并被改名为“南大 2419 号”而闻名全国。它是中国大面积推广种植且使用时间最长的抗锈小麦良种。1946 年，他将自己从美国各地精心搜集的 3 000 多号小麦品种资源带回中国。50～60 年代，与北京农业大学小麦育种组的同事合作，将美国带回的小麦品种与国内收集来的 900 多个小麦品种杂交，经多年培育、筛选，获得抗锈抗寒、高产稳产的“农大 1 号”、“农大 3 号”等 5 个优良品种，并在中国北部冬小麦区大面积推广；将自己培育出的小麦杂种第三代种子分送给北京、山西、河北等地农业科学研究单位，分别育成“北京 5 号”、“北京 6 号”、“石家庄 407 号”、“太原 116 号”等 10 几个优良品种。70 年代，继续选育小麦良种和推广种植，常年推广种植面积达 1 300 万亩，其中“农大 139 号”、“东方红 3 号”等 4 个品种获 1978 年全国科学大会奖。

主编著作有《中国小麦栽培学(1960 年)、《作物育种及良种繁育学》(1961 年)、《植物遗传育种学》(1976 年)等。另获全国先进工作者称号。（高小东　宣焕灿）

马瑟，K.(Mather，Sir Kenneth) 英国人，1911 年 6 月 22 日生于英国柴郡南特威奇，1990 年 3 月 20 日卒于伦敦。*细胞生物学、生物统计学、遗传学。*

1931 年毕业于曼彻斯特大学。1933 年获伦敦大学博士学位。同年到瑞典斯瓦勒夫植物育种研究所工作。1934 年任伦敦大学高尔顿实验室讲师。1937～1938 年在美国加利福尼亚理工学院、哈佛大学任客座研究员。1938 年任约翰·英尼斯园艺研究院遗传学系主任。1948 年任伯明翰大学遗传学教授。1965 年任南安普顿大学副校长，1971 年退休。后回伯明翰大学任遗传学荣誉教授。1967～1974 年兼任英国政府遗传学顾问。1949 年被选为英国皇家学会会员。

1931～1938 年主要从事染色体行为及交叉机理的研究。曾研究过番红花属的染色体变异、果蝇中交叉与交换的关系、同源四倍体中的分离与连锁、交换位置的确定、细胞分裂过程中染色体纵裂的时期以及易位的机理等问题。

1938 年后转向数量性状遗传的著名研究，指出生物中有一类数量性状，它们各由一群微效基因来共同决定。这些基因分布在不同染色体上，它们没有显隐性差别，而且每一基因对表型决定只起微小作用，因此这类基因的作用就表现出累加形式。也就是说，数量性状的表现强弱与微效基因多少呈正相关。数量性状一般呈现连续变异，易受环境影响。他把数量性状的这种特殊遗传方式叫做“多基因遗传”。数量变异不能用简单的分离比率来度量，必须用生物统计学方法进行处理。为此与津克斯(J. L. Jinks)专门设计了一些计算方法来揭示多基因体系的作用、互作及连锁关系。通过他的命名，生物统计遗传学这一遗传学新分支开始为人们所知晓，并在家畜、家禽及作物育种中被广泛应用。还在群体遗传学方面做了不少工作，研究了数量性状的遗传与变异、个体间竞争在自然选择中的作用。曾用歧化选择来说明多型性的起源。

主要著作有《连锁遗传的测定》(1938 年初版，1951 年第 2 版)、《生物学中的统计分析》(1943 年初版，1964 年第 5 版)、《生物统计遗传学》(1949 年初版，1971 年第 2 版，与 J. L. 津克斯合著)、《遗传学基础》(1949 年，与 C. D. 达林顿合著)、《基因、植物与人类》(1950 年，与 C. D. 达林顿合著)、《人类的多样性》(1964 年)、《生物统计基础》(1967 年)、《生物统计遗传学》(1971 年，与他人合著)、《人口的遗传结构》(1973 年)、《生物统计遗传学导论》(1977 年，与 J. L. 津克斯合著)。1964 年获英国皇家学会达尔文奖章。

（王爵渊）

邱式邦(Qiu Shibang) 中国浙江省人，1911 年 8 月 10 日生于浙江吴兴(今属湖州市)，2010 年 12 月 29 日卒于北京。*农业昆虫学、生物防治学。*

1935 年上海沪江大学生物学系毕业。1936 年任南京中央农业实验所技师。抗战爆发后，被派到广西柳州沙塘等地工作站研究作物害虫防治。1946 年回南京中央农业实验所，开始研究蝗虫防治。1949～1951 年在英国剑桥大学动物学系进修。回国后，历任华北农业科学研究所研究员，中国农业科学院植物保护研究所虫害室主任、生物防治室主任。曾兼任中国植物保护学会常务理事，农业部科学技术委员会常委，联合国粮农组织虫害综合防治专家委员会委员，《中国生物防治》杂志主编。1980年当选为中国科学院学部委员（院士）。

早期研究玉米螟、大豆害虫、甘蔗绵蚜和松毛虫等多种害虫发生规律及其控制。20世纪40年代，在中国首创666粉剂治蝗，适时有效地控制了大面积虫害。50年代研究飞蝗侦查技术，首次建议国家建立飞蝗长期侦查组织，推广毒饵和粉剂治蝗，发展了现代灭蝗技术。60年代，在中国最早对玉米螟采用综合防治措施，开创和推广颗粒剂防治方法。70年代始，大力倡导和发展生物治虫技术，开展保护利用天敌和国外引种工作。80年代，建立中国第一个生物防治研究机构，创办和主编专业刊物。

发表论文100余篇；出版《邱式邦文选》(1996年)。获1953年国家农业部爱国丰产奖，1978年全国科学大会先进个人奖，1985年法国农业部农业功勋骑士勋章；1988年因在黄淮海平原长期开发中植保成绩突出受国务院表彰。（吴绩新）

布朗，A. C. J.（Braun，Armin Charles John） 美国人，1911年9月5日生于美国威斯康星州密尔沃基，1986年9月2日卒于新泽西州普林斯顿。*植物病理学、肿瘤学。*

教师的儿子。在威斯康星大学主修植物病理学和微生物学，1934年获理学士学位，1938年获博士学位。同年进入纽约洛克菲勒研究院工作，1959年晋升为教授。1960年入选美国国家科学院院士。1966年入选美国文理科学院院士。

1941年与怀特(Philip R. White)合作，用组织培养法证实植物瘤细胞像动物瘤细胞一样是一种不能控制生长的细胞，诊断动物癌症所需的许多主要生物学特征，也存在于植物瘤细胞中。他发现，从正常细胞转变为癌细胞的过程中，许多独特的、明确的生物合成系统持续地加强。植物瘤细胞中有两种激素，一种是与细胞的增大和染色体脱氧核糖核酸的复制有关，另一种与第一种激素协同激发细胞的分裂。此外，产生核酸、有丝分裂蛋白及细胞生长和分裂所必需的其他物质生长合成系统，在瘤细胞中都发生作用。植物瘤细胞所以能不受控制地生长，就在于它们能合成各种必要的生长调节物，而正常细胞则不能合成它们。还进一步证明上述生物合成系统在某些特殊试验条件下可被抑制，肿瘤状态恢复为正常状态。这点说明正常细胞和肿瘤细胞的核在遗传上是相同的，仅与遗传信息的表达有关。关于植物瘤的见解，在撰写的《癌的真相：它的本性、原因和控制》(1977年)一书中作了详细讨论。由于对植物瘤的研究，1949年获美国科学促进协会克利夫兰奖。

（施金保）

霍奇基斯，R. D.（Hotchkiss，Rollin Douglas） 美国人，1911年9月8日生于美国康涅狄格州南不列颠，2004年12月12日卒于马萨诸塞州里诺克斯。*细胞生物学、生物化学。*

机修工的儿子。1932年获耶鲁大学理学士学位，1935年获该校有机化学博士学位。同年入纽约洛克菲勒医学研究院任教，1982年退休。1937～1938年作为洛克菲勒基金会研究员在丹麦哥本哈根卡尔斯伯格实验室进修。曾在哥伦比亚大学等校任讲师。1957～1958年任马萨诸塞理工学院客座教授。从1958年起先后在伯克利加利福尼亚大学(1968年)、科珀斯·克里斯蒂学院、剑桥大学(1970年)、福格蒂国际中心、国家卫生研究院(1971～1972年)、犹他州立大学(1972～1973年)等任客座教授。还是匈牙利塞格德生物研究中心客座研究员(1972～1978年)。1982年自洛克菲勒大学(原洛克菲勒研究院)医学院退休后，任纽约州奥尔巴尼大学研究教授，1896年第二次退休。1958年入选美国文理科学院院士，1961年入选美国国家科学院院士。1976年入选匈牙利科学院外籍院士。1958～1959年任哈维学会会长。1972年任美国遗传学会会长。是《细胞生物学》、《生物化学》和《分析化学》杂志副主编。

从1946年起就进行细菌脱氧核糖核酸(DNA)转化作用的定量研究，指出转化作用与DNA的接触时间和浓度有关。在这方面的研究包括：首次使用一些特异的选择性标记物，进一步明确转化作用依赖于DNA分子的完整性，受体细胞的培养条件，DNA和细胞之间键合作用特异标记物的调节作用等。和R. J. 迪博一起首次分离和纯化多肽抗生素、短杆菌肽及短杆菌酪肽。还从事基因控制的研究。1974年起，与妻子霍奇基斯(Magda Gabor Hotchkiss)以及谢弗(P. Schaeffer)一起研究细菌原生质体的融合问题。

在生物化学、微生物学和遗传学学术刊物上共发表120余篇论文。参与主编《生化分析方法》(13卷，1954～1966年)。（张承圭　吕慧梅）

雷珀，J. R.（Raper，John Robert） 美国人，1911年10月3日生于美国北卡罗来纳州，1974年5月21日卒于马萨诸塞州。*真菌学、植物生理学、生育生物学。*

先入北卡罗来纳大学，1933年获学士学位，1936年获硕士学位。后转入哈佛大学，1939年获博士学位。曾在加利福尼亚理工学院和国家研究委员会工作，后任印第安纳大学植物学讲师。1946年任芝加哥大学植物学助理教授，后晋升为副教授、教授。1954年任哈佛大学植物学教授。1955年入选美国文理科学院院士。1964年入选美国国家科学院院士。

致力于研究真菌的性生理学和遗传学基础，对水霉菌性相互作用的激素协调、高等真菌交配系统的双因子不亲和性进行了广泛的实验工作。指出雄性器官的诱导依赖于雌性分泌物(激素A)，雌性器官的诱导依赖于雄性分泌物(激素B)；用半透膜和测定无性的以及雌、雄性植物滤液的激素活力，描绘了一种复杂的激素系统。后来的工作涉及真菌之间最复杂的性模式，即双因子不亲和性或四极性，这是高等担子菌最主要的交配系统。从20世纪50年代早期起，和同事更详尽地分析了这一系统。1969年获美国植物学会荣誉奖。（施金保）

郑重（Zheng Zhong） 字千里。1911年10月19日生于江苏吴县，1993年8月22日卒于福建厦门。*海洋*

生物学、浮游甲壳动物学、海洋生态学、水产学。

出身教育世家。1934 年清华大学生物系毕业，留校任教。1936 年考取清华水产学留美预备生，因战争于 1938 年改赴英国，先后在赫尔大学、剑桥大学、北威尔士大学进修；1942 年入读阿伯丁大学，1944 年获该校博士学位，后留校任教。1946 年在牛津大学任教。1947 年秋回国，历任厦门大学海洋系和生物系教授、主任，海洋生物研究室主任；兼任华东海洋研究所副所长，中国科学院海洋研究所研究员，中国甲壳动物学会理事长、名誉理事长，福建海洋学会与海洋湖沼学会理事长，福建省水产学会名誉理事长。

在浮游生物学，尤其是浮游甲壳动物学领域的海洋挠足类、枝角类和樱虾类研究上深有造诣；与水产学相结合，系统研究海洋鱼类(尤其是鲱、鳕、鲚、鲨等)食性、摄物机制与食物结构问题，揭示了浮游生物和鱼类的关系，奠定了中国海洋鱼类摄食生态研究基础。1933 年开始研究淡水枝角类浮游生物；以“克莱德海域的浮游动物分布和产量研究”(1944 年)论文获博士学位，发表浮游生物生态论文多篇；1947 年在中国高校首创海洋浮游生物学课程。1954～1957 年主持烟威渔场及邻近水域调查中的浮游动物生态学研究；1957 年出版中国第一部海洋生物学教材《浮游生物》；1958～1961 年主持和指导全国近海综合普查中的浮游生物研究。70 年代，主持闽南渔场中上层鱼类产卵场、索饵场的浮游生物调查研究；发表“赤潮生物研究——海洋浮游生物学的新动向”(1978 年)一文，积极推动对中国近海生态保护的对策研究。主持九龙江口(1980～1985 年)、亚热带河口(1986～1988 年)浮游生物生态系统调查研究，取得丰硕成果；“浮游甲壳动物实验生态和生化研究”(1989～1990 年)，“几种经济贝类幼体附着和变态机制研究”课题，指明了中国浮游生物学研究新方向。

发表论文近百篇，出有《海洋浮游生物生态学文集》(1986 年)、《郑重文集》(1987 年)和《郑重文集续集》(1993 年)。出版教材和著作 11 部，其中《海洋浮游生物学》(1984 年，与他人合著；1989 年英文版)获 1988 年全国高校优秀教材特等奖。此外有《浮游生物学概论》(1964 年)、《中国海洋浮游桡足类》(上卷，1965 年；中卷，1982 年，与他人合著)、《海洋枝角类生物学》(1987 年)等。

(李啸虎)

娄成后(Lou Chenghou)　中国浙江省人，1911 年 12 月 7 日生于天津市，2009 年 10 月 16 日卒于北京。植物生理学、生物物理学、农艺学。

原籍浙江绍兴。1932 年清华大学生物学系毕业。后到广州岭南大学生物学系任助教，1934 年获该校硕士学位。1935 年赴美国留学，1939 年获明尼苏达大学植物生理学博士学位。同年回国，在昆明的清华大学农业研究所植物生理室工作，并在西南联合大学兼课。1946 年赴英国伦敦大学生物物理研究室任客座研究员。1948 年回国后，历任清华大学生物学系教授，北京农业大学教授兼植物生理学教研室主任、副校长等职。曾兼任中国植物生理学会理事长。1980 年当选中国科学院学部委员(院士)。

20 世纪 40 年代中期，在美国完成博士论文“植物体内的电波传导”，论述含羞草等植物体内动作电波的传递，是世界上最早测定植物体内电波传递的人之一；40 年代后期，在英国伦敦大学期间，又进一步发现植物细胞间的电偶联现象。1955 年在论文“植物体内原生质的连续性”中，全面阐述原生质通过开放的胞间连丝进行运动的理论，被国际上誉为生物学重要发现。70 年代，进一步指出：电化学波(动作、变异、持续震荡)在体内的传递不仅限于少数敏感植物，而且在适当条件下出现在普通植物中；局部(如根系)受到刺激或伤害，或是逆境的协迫，就会发出电化学波或激素通过维管束较快传递到冠部，随即在叶片上出现反应(如气孔关闭)。

50 年代指导北京农业大学教师合成植物生长调节剂“2,4-D”和除草剂“敌稗”。还指导并参与在华北平原进行飞机撒播除草剂的大规模试验；70 年代末，提出并大力推广有助于保持农田水土和节约人工的“覆盖免耕法”。

发表论文 200 余篇；主要著作有《植物生理学》(1981 年)、《作物栽培的生理基础》(1981 年，与他人合著)等。多次获奖，其中有 1980 年国家农业部科学技术成果奖一等奖、1982 年国家自然科学奖二等奖、1995 年亚洲农业发展基金奖、1996 年何梁何利科学与技术进步奖、1997 年陈嘉庚农业科学奖等。

(高小东　宣焕灿)

布洛赫，K. E.(Bloch, Konrad Emil)　美国人，1912 年 1 月 21 日生于德国尼斯(今属波兰)，2000 年 10 月 15 日卒于美国马萨诸塞州列克星敦。生理学、生物化学。

德国犹太族裔。1930～1934 年在慕尼黑理工学院攻读化学工程学位。因纳粹法西斯上台，1934 年避难于瑞士，在瑞士研究机构短暂工作。1936 年定居美国，任教于耶鲁大学医学院生物化学系。后进哥伦比亚大学当研究生，1938 年获博士学位。留校任教。1944 年加入美国国籍。1946 年到芝加哥大学化学系任助理教授，1950 年任教授。1954 年任哈佛大学希金斯讲座生物化学教授，1982 年退休。1955 年和 1956 年先后入选美国文理科学院、美国国家科学院院士。1985 年入选英国皇家学会外籍会员。

主要研究类脂生物化学和生物新陈代谢过程。自 1941 年起利用同位素示踪研究代谢过程。1942～1945 年，他证实存在于动物组织中的胆甾醇是动物细胞维持其功能的必需物，并附带稳定包围细胞质的多种膜结构，它也是多种可的松和性激素的母体物质，而醋酸则是胆甾醇的主要产物母体。这使他可以示踪由脂肪和碳氢化合物代谢物到胆甾醇的许多转变。提出要测定醋酸分子是以何种方式结合成第一个中间大小的单体，然后再形成较大的胆甾醇母体分子的。让动物给出同位素醋酸，而同位素示踪物则被定位到其组织中发现胆甾醇分子的不同位置。根据同位素氢和碳分布在胆甾醇中的方式,作出了如下估计:第一阶段,3个分子的醋酸结合成一分支五碳或异戊烯基中间体;第二阶段,6个异戊烯基单体连在一起形成乙基30碳化物角鲨烯;第三阶段,角鲨烯环化并经多种分子重排而得羊毛甾醇,一个接近于胆甾醇的四环物。1946～1958年,布洛赫实验室为上述设想提供了实验依据:醋酸→异戊烯基单体→角鲨烯→羊毛甾醇→胆甾醇。假想的羊毛甾醇鉴定为羊毛甾醇焦磷酸酯,并被证明是生物合成中的关键中间体,不仅是对胆甾醇,而且对无数其他天然产物包括萜烯、胡萝卜素和橡胶等皆然。据他估计,醋酸完全转化为胆甾醇约需30～35步。

不饱和脂肪酸的生物源,也是他的主要研究课题之一。发现来自动物组织和酵母的酶系统引导双键形成饱和酸。这些反应需要分子氧,故不存在厌氧组织。所谓的基本脂肪酸,即这些含有多个双键的都由类似的需氧反应而生成。

代表作为《类脂新陈代谢》(1961年)等。由于在胆甾醇方面所获得的成就,他与F.吕南分享了1964年诺贝尔生理学或医学奖。同年获美国化学会弗里切奖。

(陶其恒)

李庆逵(Li Qingkui) 中国浙江省人,1912年2月12日生于浙江宁波,2001年2月25日卒于江苏南京。土壤学、植物营养学、农业化学。

1932年复旦大学化学系毕业。后到中央地质调查所土壤研究室任职。1944年赴美国留学,1946年获伊利诺伊大学农学硕士学位,1948年获博士学位。同年回国,任中央地质调查所土壤研究室副主任。1953年任中国科学院南京土壤研究所研究员兼副所长,1985年后任名誉所长。曾兼任中国科学院长沙农业现代化研究所所长、国际土壤学会副主席、中国农学学会副理事长、中国化肥学会副理事长、中国土壤学会理事长、江苏省科学技术协会副主席等职。1955年选聘为中国科学院学部委员(院士)。

1932～1935年,与熊毅合作共同完成大量土壤样品分析。1937年在《土壤特刊》上发表《土壤分析法》,1953年出版单行本。20世纪50年代初,带领考察队勘查中国南方橡胶宜林地,通过对橡胶树生长气候、土壤条件和合理施肥等方面研究,推动了中国北纬18°～24°地区橡胶树的大面积种植;成功开创用磷矿粉代替当时很缺乏的磷肥直接给橡胶树施肥。60年代,研究成功用水泥窑灰钾肥代替当时紧缺的化学钾肥,有效防止橡胶树黄叶病发生。70年代,针对中国小氮肥厂生产的碳酸氢铵易挥发、利用率低的缺陷,提出机械造粒的建议,探索出一套碳酸氢铵粒肥深施技术,使氮肥利用率大大提高。自50年代起,长期深入研究中国红壤地区的土壤分类、物理化学性质、土壤肥力特点开发利用。

出版有《碳酸氢铵粒肥》(1977年)、《中国红壤》(1987年),主编有《中国水稻土》等著作。多次获国家和省部级奖励,如1978年全国科学大会奖、1982年国家发明奖一等奖、1987年中国科学院科学技术进步奖一等奖、1995年国家自然科学奖二等奖等;2000年获何梁何利科学与技术进步奖。

(高小东 宣焕灿)

阎逊初(Yan Xunchu) 中国河北省人,1912年2月24日生于河北高阳,1994年4月5日卒于北京。放线菌分类学、微生物学、药物化学。

出身书香门第。1934年北平(今北京)中法大学经济系本科毕业。同年赴法国留学,改攻农学。1937年和1939年相继毕业于蒙塔日的地方农校和格里尼雍高等农校,获法国农业工程师资格证书。因第二次世界大战爆发,1940年乘船从非洲西海岸绕道回国,中途受阻,原船返回法国,继续在法国求学生涯。1943年获里昂大学生物学系学士学位,1949年获该校博物学博士学位。1949～1950年在法国国家科学研究中心做博士后研究。1951年回国,任中国科学院昆虫研究室研究员,参与筹建中国科学院微生物研究室。1958年任中国科学院微生物研究所研究员,1978～1984年任该所细菌学研究室主任。1980年当选为中国科学院学部委员(院士)。

20世纪50年代,翻译出版《细菌和放线菌的鉴定》(1958年)、《放线菌及其抗生素分类鉴定指南》等国外放线菌名著,推动了中国放线菌研究。70年代,主持编写中国第一部《链霉素鉴定手册》(1975年),提出以形态培养特征为主,生理生化特征为辅的链霉素分类原则,将国内外已发表的800多种链霉菌进行分类,还系统介绍由链霉菌产生的千余种抗生素。80年代,大量分析研究从中国土壤中分离出的放线菌材料和国外典型菌株,发现放线菌3个新属和约200个新种或新变种。

1992年出版《放线菌的分类与鉴定》,对60多个属、2 000余种放线菌进行分类学描述,对他从事放线菌研究40年的成果进行总结。曾获1978年全国科学大会奖、1988年中国科学院科学技术进步奖等多项奖励。

(高小东)

侯学煜(Hou Xueyu) 中国安徽省人,1912年4月2日生于安徽和县,1991年4月16日卒于北京。植物生态学、土壤学、环境科学。

1937年中央大学农学院农业化学系毕业。同年供职于中央地质调查所土壤研究室,历任练习员、调查员、研究员。1945年赴美国宾夕法尼亚大学留学,1947年获硕士学位,1949年获博士学位。毕业留任该校研究院副研究员。1950年回国,任中国科学院植物研究所研究员,后创建植物生态研究室并任主任。曾兼任中国自然资源研究会理事长,中国生态学会副理事长,中国科学院治沙队副队长、农业研究委员会副主任,《植物生态学与地植物学学报》主编等职。1980年当选为中国科学院学部委员(院士)。

20世纪50年代,创建中国第一个植物生态研究室;首次编制中国植被图,农业植被制图创世界先例;最早发现和研究中国的土壤指示植物;主张土壤性质明显受母岩性质影响,打破了传统的单纯气候决定土性的观点;研究植被地理分布,主张山地垂直地带性服从水平地带性规律,为中国植被分区建立理论基础;提出“大农业、大粮食”的观点，大力宣传保持自然生态平衡和保护环境，对中国农业发展和环境改善具有重要指导意义。

发表论文300余篇；出版专著10余部，其中主编《中国境内酸性土、钙质土和盐碱土的指示植物》获1978年全国科学大会重大成果奖，《中国植被》(1980年)获1987年国家自然科学奖二等奖，《1：400万中国植被图》获1989年中国科学院自然科学奖二等奖；主编的《1：100万中国植被图集》(2001年)是中国植被生态学界40多年来又一项总结性成果，详细反映了中国11个植被类型组、54个植被型的796个群系和亚群系植被单位的分布状况、水平地带性和垂直地带性分布规律，同时反映了中国2000多个植物优势种、主要农作物和经济作物实际分布状况、以及与土壤和地面地质的密切关系。 (侯柏勤)

方宗熙(Fang Zongxi) 中国福建省人，1912年4月6日生于福建云霄，1985年7月6日卒于山东青岛。*海洋生物学、遗传学、海产养殖工程、科学传播。*

小手工业者家庭出身。1936年毕业于厦门大学生物学系。后留校任教。1937年回原籍任云霄中学生物学教师。1938年赴印度尼西亚苏门答腊任巨港中学教务主任、生物学教师，日军入侵后避居当地山区务农。1946年任新加坡华侨中学教师。1947年留学英国，1949年获伦敦大学人类遗传学博士学位。1950年赴加拿大多伦多大学做博士后研究。1951年回国，任国家出版总署编审。同年调任人民教育出版社生物学编辑室主任。1953～1958年任山东大学生物学系教授。1959年起先后任山东海洋学院海洋生物学遗传教研室主任、生物系主任、副院长等职。兼任中国科学院海洋研究所研究员、中国遗传学会副理事长、中国海洋学会副理事长兼秘书长、全国科普作家协会副理事长，《遗传》杂志主编等。

20世纪50年代起，主持海藻遗传研究小组，对海带遗传育种进行了多年研究，先后培育和推广“海青一号”、“海青二号”、“海青三号”等海带新品种，总结出海带常规育种原理和方法；开创性研究多细胞海藻遗传，找到使原生质体发育为完整个体的新方法；在海藻单倍体遗传育种实验中，首次发现海带的雌性生活史，培养出若干海带单倍体细胞系，选育出“单海一号”等优良新品种；突破海带遗传育种的季节性限制，培育出“单海十号”等新品种；试验海带杂种优势，成功培育出高产高碘、抗病性强的“单杂十号”等杂交种；研究裙带菜、紫菜等其他经济性海藻的遗传育种取得成果；与国际合作研究开发植物微核检测环境污染物技术，并在全国推广应用。

发表论文百余篇；出版《拉马克学说》(1955年)、《生物学引论》(1958年)、《普通遗传学》(1959年)、《达尔文主义》(1959年)、《生命的进化》(1963年)、《生物的进化》(1973年)、《遗传与育种》(1979年)、《遗传工程》(1984)等大学教材和专著8种，另有中学教材4种；合作翻译《物种起源》等名著3种；撰写上百万字科普作品和文章，其中《古猿怎样变成人》(1952年)、《生物进化》(1964年)、《科学的发现：揭开遗传变异的秘密》(1986年)等多部读物在社会上有影响。 (李啸虎)

裘维蕃(Qiu Weifan) 中国江苏省人，1912年5月15日生于江苏无锡，2000年9月18日卒于北京。*植物病毒学、真菌学、作物防治工作。*

出身书香门第。1935年获金陵大学植物病理系学士学位。留校任教，1938年随校西迁成都。1941年供职昆明清华大学农业研究所。1945年赴美国留学，1947年获威斯康星大学博士学位。翌年回国，在清华大学农学院任教。1949年后，一直在北京农业大学任植物病理学教授。曾兼任中国科学院微生物研究所研究员，中国植物病理学会副理事长、理事长，中国真菌学会理事长，《中国植物病理学报》和《植物病理学译丛》主编。1980年当选为中国科学院学部委员(院士)。

20世纪30年代末，在成都研究金针菇和平菇的生理和栽培技术获得成功。40年代初期，在昆明研究云南红菇科、云南牛肝菌、云南鹅膏科及其他伞菌，发表多篇有影响的论文；40年代中期，在美国研究瓜类黑腐菌的生理及致病力变异，是国际上真菌异核现象的发现者之一。50年代，研究中国北方白菜三大严重病害，查清“孤丁病”是由蚜虫传播的一种病毒病，也查清“软腐病”和“霜霉病”的病因，并提出针对这三大病害的综合防治措施。60年代，研究小麦丛矮病，证实它是一种由飞虱传染的病毒病，提出有效防治措施。80年代，对番茄病毒病进行研究，研制出可用于防治多种茄科作物病毒病的NS-83抗病毒诱导剂。

发表论文百余篇；撰写出版中国第一部《植物病毒学》(1962年初版，1985年第2版)，《中国食用菌及其栽培》(1952年)、《云南牛肝菌图志》(1957年)、《农业植物病理学》(1961年初版，1982年第2版)等；主编《英汉植物病理学词汇》(1990年)。多次获国家和省部委级奖励。 (高小东)

波特，K. R.(Porter，Keith Roberts) 美国人，1912年6月11日生于加拿大新斯科舍省雅茅斯，1997年5月2日卒于美国宾夕法尼亚州布林摩尔。*细胞生物学、显微术。*

毕业于加拿大阿卡迪亚大学生物学系。1938年在哈佛大学获博士学位。继而在普林斯顿大学从事博士后研究。后以国家研究委员会成员身份在纽约洛克菲勒医学研究院墨菲实验室工作，1950年任副研究员。1947年加入美国国籍。1961年任哈佛大学生物学系教授兼系主任。1968～1975年任科罗拉多大学分子、细胞和发育生物学系主任，1983年退休。后任马里兰大学生物科学系埃尔金斯杰出教授。1987年任宾夕法尼亚大学生物学研究教授。获加拿大和美国5所大学荣誉博士学位。1964年入选美国国家科学院院士。

是把电子显微镜技术引入细胞生物学的先驱之一。开始时利用超薄切片和固定法观察了完整的高等生物细胞内部的结构，成功地拍摄了第一张高分辨率的电子显微镜照片。首先描述细胞中有膜的管道和泡囊的复杂结构，后来又应用高压电镜研究了胞浆基质的结构和动能。

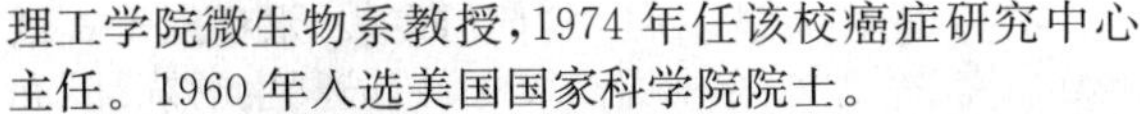

发表200多篇论文，出版《细胞和组织细微结构导论》(1963年)、《植物细胞细微结构导论》(1970年)等专著。6次获奖，其中1977年获美国国家科学奖章。

(周忠勋)

蒲蛰龙(Pu Zhelong)　中国广西省人，1912年6月12日生于云南省，1997年12月31日卒于广东广州。昆虫学、生物防治学、植物保护工程。

原籍广西钦州。1935年中山大学农学院毕业。1935～1937年在燕京大学研究生院生物学部学习。研究生毕业后，一直在中山大学从事昆虫学教学和科研，是该校生物学教授。1946年赴美国明尼苏达大学昆虫及应用动物系留学，1949年获博士学位。1987年起，历任中山大学昆虫学研究所所长、生命科学学院院长、副校长。曾兼任中国昆虫学会副理事长、广东省科学技术协会主席等职。1980年当选为中国科学院学部委员(院士)。

20世纪30～40年代，主要研究昆虫分类学，在鞘翅目牙甲总科分类时发现30多个新种。50年代，在中国率先开展以虫治虫、病原微生物治虫、虫害综合防治研究；与合作者首次培育和利用赤眼蜂防治甘蔗螟虫成功，并推广到广西、福建、湖南、四川等省区，取得作物大面积大幅度增产，被誉为“中国以虫治虫第一人”。60年代起，进行澳洲瓢虫、孟氏隐唇瓢虫防治吹绵蚧和粉蚧，平腹小蜂防治荔枝蝽象，在湘西黔阳地区放养柞蚕，用苏云金杆菌以色列变种防治蚊蚋等生物防治试验，皆取得显著成效。70年代起，“赤眼蜂繁殖及利用研究”课题获1978年全国科学大会奖；开展水稻虫综合防治试验，研究用核多角体病毒控制危害庄稼的斜纹夜蛾，提出害虫动态预测及防治的数学模型。80年代后，与合作者首次发现赤眼蜂3类病源，指导和发展了国际间赤眼蜂治虫技术。

发表论文130余篇；出版《害虫管理数学模型与应用》(1990年)等专著多部。1998年蒲蛰龙科学基金成立。

(吴绩新)

卢里亚，S. E.(Luria, Salvador Edward)　美国人，1912年8月13日生于意大利都灵，1991年2月6日卒于美国马萨诸塞州列克星顿。细菌学、病毒学、细胞生物学、遗传学。

意大利裔犹太商人之子。1935年毕业于意大利都灵大学医学院。在都灵大学学习医学期间，曾在意大利杰出的组织学家G. 勒维(Giuseppe Levi)手下工作。1936～1938年在意大利军队任医务官。后去罗马大学学习物理学和放射学，在巴黎居里放射研究所工作。1940年去美国，同年在哥伦比亚大学医学院任教。1943年任印第安纳大学细菌学系讲师。1947年入美国籍。1950年任伊利诺伊大学教授。1959年任马萨诸塞理工学院微生物系教授，1974年任该校癌症研究中心主任。1960年入选美国国家科学院院士。

当他研究噬菌体在宿主细胞内生长时，对细菌获得对噬菌体抗性机制发生了兴趣。为了确定其是否涉及自发性突变或对侵染的适应性反应，设计了彷徨变异试验(起落检验)，获得细菌突变证据，并通过M. 德尔布吕克的数学分析法奠定细菌突变率测定基础。后又将这项研究工作延伸到病毒突变，证明噬菌体复制时通过相似的自发突变过程产生噬菌体突变型。这些实验是研究细菌和病毒遗传学的起点，也是现代分子生物学中一部分基础工作。还研究过辐射对噬菌体和细菌的影响，1941年和德尔布吕克合作，研究细菌受两种不同噬菌体混合侵染的影响。他在分离抗噬菌体突变型细菌时，认识了它们的突变体，为精确分析细菌突变及其机制提供了资料。推论如果遗传性抗性是细菌对噬菌体侵袭而形成的适应性反应，抗性突变型应为细菌的任意一部分；而如果抗性是细菌生长过程中自发突变形成的，则抗性突变型应组成抗性姊妹体无性系。这些无性系可通过单独培养的样品中抗性细胞数量与共同培养样品中的数量进行比较而加以识别。1943年与德尔布吕克一起，发表“从病毒敏感性到病毒抗性细菌的突变”一文。

1951年证明噬菌体生长时由于随机自发性突变而产生突变型无性系，完成对噬菌体自发性突变过程分析，为噬菌体突变形成研究奠定了基础，构成当前化学突变的理论。1959年证明了大肠杆菌抗菌素如何通过制造膜槽破坏细胞膜功能。还和合作者研究溶源作用(噬菌体基因组附着于细菌染色体)、转导作用(细菌基因并入噬菌体)和病毒宿主控制机制等。

出版《综合病毒学》(1953年，与他人合著)，第一次将病毒学作为生物学一个分支。其他主要著作还有《生命，尚未完成的实验》(1973年)、《生物学36讲》(1975年)、《生命概观》(1981年，与他人合著)等，还出版一部自传《一支破裂的试管》(1984年)。因对病毒的增殖机理和基因结构有所发现，与德尔布吕克以及A. D. 赫尔希分享1969年诺贝尔生理学或医学奖。

(陈建秀)

马育华(Ma Yuhua)　中国广东省人，1912年10月12日生于广东海丰，1996年卒于江苏南京。遗传育种学、数量遗传学、农艺学。

1936年获南京金陵大学农学院学士学位。留校农艺系任教，1942年任副教授。1945年公费赴美国考察，1946年破格获伊利诺伊大学理学硕士学位。同年回国，任北京大学农学院农艺系副教授兼代理系主任。1947年赴加拿大，任萨斯卡切温大学农学院农艺系访问研究员。1948年到伊利诺伊大学学习，1950年获农学博士学位。同年回国，任金陵大学农艺系教授兼系主任。1952～1984年任南京农学院农艺学系教授，先后兼任系主任、校学术委员会副主任、研究生部主任、大豆遗传育种研究室主任。1985年起任南京农业大学大豆遗传育种研究所所长。先后任全国大豆研究会副理事长、江苏省作物学会理事长、江苏省遗传学会理事长等职。

20世纪40年代，1940年前后发表“水稻因子式试验之研究”等论文；在中国高校农科首开“生物统计”和“田间试验设计”等课程；1947年在加拿大合作研究，联合发表多篇关于各类试验设计、试验误差等方面的论文；在美国研究“大豆产量因素的多基因遗传”，以相关论文获博士学位。1954年开始大豆地方品种与新品种选育研究，1962年起育成“南农493-1”、“南农133-3”、“南农133-6”等大豆新品种，并在长江中下游地区推广。70年代，在长江中下游地区成功推广“南京1138-2”品系；对江淮下游地区大豆地方品种数量性状的遗传变异进行聚类分析；主编出版《田间试验与统计方法》(1979年初版，1988年再版)。

80年代，开展国际协作与交流；先后成立大豆遗传育种研究室、大豆研究所，成为中国南方大豆研究中心之一；出版《试验统计》(1982年)、《植物育种的数量遗传学基础》(1982年)等书；主持“七五”国家重点项目“大豆新品种选育技术”，组织全国协作攻关，育成大豆新品种“苏协1号”、“苏协19-15”、“苏协18-6”、“苏协4-1”、“南农73-935”等；搜集到中国南方大豆地方品种7 000余份，并应用数量遗传学研究地方品种遗传潜势，获国家教委科学技术进步奖二等奖；研究大豆杂种世代的遗传变异，以及抗豆秆黑潜蝇遗传；将抗性机制研究扩展为抗选、抗生、耐害的育种研究，90年代后，探讨大豆高产理想型群体生理基础；研究江淮下游大豆亲本品种(系)双列杂交衍生世代农艺性状的遗传等。

(李啸虎)

帕拉德，G. E. (Palade, George Emil)　美国人，1912年11月19日生于罗马尼亚雅西，2008年10月7日卒于美国加利福尼亚州圣迭戈。细胞生物学、生理学。

罗马尼亚裔。哲学教授之子。1940年在布加勒斯特大学卡罗尔·德维拉医学院获医学博士学位。1940～1945年任该校解剖学助理教授、副教授。1946年去美国，在纽约洛克菲勒医学研究院工作。1952年入美国籍。1958～1973年任洛克菲勒研究院细胞学教授。1973～1990年任耶鲁大学医学院细胞生物学研究所所长。1990～2008年在圣迭戈加利福尼亚大学细胞与分子医学系任荣誉医学教授，同时兼任拉乔拉医学院荣誉院长。1961年当选为美国国家科学院院士。

主要研究细胞的超微结构，特别是细胞浆及其内含物。用电子显微镜观察细胞切片、以及离心分离细胞碎片所得物质，详细地描述了线粒体和内质网的结构；发现光面型和粗面型内质网之间有连接；还发现多数细胞的内质网膜与细胞膜内层相连，仅少数细胞与核膜外层相延续。与西克维茨(P. Siekevitz)合作，在后线粒体段中发现具有一定形态学特点的核糖体，并证实它是蛋白质合成的场所。他还研究了高尔基氏体、叶绿素和中心体等。

因在研究细胞超微结构方面的成就，与A. 克劳德、C. R. 德迪弗共享1974年诺贝尔生理学或医学奖。1964年获帕萨诺基金奖。1986年获美国国家科学奖章。

(叶蒙福)

梅齐亚，D. (Mazia, Daniel)　美国人，1912年12月18日生于美国宾夕法尼亚州斯克兰顿，1996年6月9日卒于加利福尼亚州蒙特雷。细胞生物学、生物化学。

祖籍俄国，珠宝商的儿子。曾在费城普通中学学习。1933年获宾夕法尼亚大学学士学位，1937年获该校博士学位。接着在普林斯顿大学从事博士后研究。1938～1951年在密苏里大学动物系任教。第二次世界大战期间，在部队服役3年。1951年去伯克利加利福尼亚大学动物系工作，1951～1955年在该校海洋生物研究所任生理学课程负责人后任动物学教授，1979年退休，后任斯坦福大学荣誉教授直至去世。是《实验细胞学》杂志主编。1954年入选美国文理科学院院士。1960年入选美国国家科学院院士。

主要研究细胞的繁殖。1952年与K. 丹(Katsuma Dan)合作首次分离出有丝分裂器，并指出它主要由一种蛋白质构成。接着他们发现纺锤丝中的微管纤丝是由“大蛋白质”分子组成，还发现蛋白质分子之间S-S键可能在有丝分裂器形成过程中起重要作用。率先研究染色体中脱氧核糖核酸(DNA)和蛋白质的作用。20世纪40年代后期又研究细胞核的功能。还和同事一起对细胞繁殖等进行了深入研究，作出重要贡献。1963年与A. 泰勒(Albert Taller)合编《细胞特化普通生理学》。1981年获E. B. 威尔逊奖章。　(陈建秀)

李樵豪 (Li, Choh-Hao)　又名李卓皓。华裔美国人，1913年4月21日生于中国广东广州，1987年11月28日卒于美国加利福尼亚州伯克利。分子生物学、代谢生物学、生物化学、生物合成工程。

原籍广东番禺。1933年获中国金陵大学(1952年并入南京大学)理学士学位。1935年留学美国，1938年在美国伯克利加利福尼亚大学获博士学位。后留校先后任化学形态学讲师、实验生物学副教授、生物化学教授和实验内分泌学教授。1950年创建加利福尼亚大学激素研究实验室并任主任。1977年任《肽和蛋白质国际研究》杂志主编。是美国国家科学院院士。患咽喉癌去世。

开创了垂体前叶激素的研究领域，导致对其重要生物化学和生理作用的深入理解。20世纪30年代起，主要研究脑下垂体前叶激素的化学和生物学。1940年与埃文斯(H. M. Evans)和辛普森(Miriam E. Simpson)合作取得了最初突破，从羊的腺体中提纯了促黄体素，后又分离和鉴定了垂体前叶分泌的8种激素。1944年和埃文斯从公牛腺体中分离出生长激素。1956年和帕普霍夫(H. Papkoff)从人和猴的腺体中分离出人体生长激素(HGH)，它对年轻的垂体机能减退者的生长有促进作用。后来与合作者阐明了生长激素全结构。1970年与亚马希罗(D. Yamashiro)一起，合成具有人体生长激素活性的蛋白质。

1964年与伯克(Y. Birk)在改进促肾上腺皮质激素分离方法的过程中,从羊的垂体中发现和分离出一种新激素,被命名为促脂解激素。1965年确定了它的结构,并指出β-促脂解激素是β-促黑激素和β-内啡呔的激素原。β-内啡呔是一种有效的止痛剂,这是和1974年钟(D. Chung)合作从骆驼垂体中寻找β-促脂解激素时发现的。以后与钟和亚马希罗又分离了人类β-内啡呔,测定了氨基酸在分子中的排列位置,并成功地进行了合成。它除具有类似吗啡的功效外,静脉注射后对实验动物和人的行为也会产生影响。1970年人工合成肾上腺皮质激素。是《激素、蛋白质和肽》一书的编著者。

(周邦娴)

帕夫曼,C.(Pfaffman, Carl) 美国人,1913年5月27日生于美国纽约布鲁克林,1994年4月16日卒于同地。生理心理学、电生理学。

德国移民后代。在布朗大学毕业,留校实验室工作。1935～1937年在英国牛津大学学习生理学,获文学士学位。1939年在剑桥大学获博士学位。同年返回美国后,1939～1940年在宾夕法尼亚大学约翰逊医学物理学基金会做博士后研究。1940年任教于布朗大学。第二次世界大战中,曾在美国海军后勤部服役直至1945年。战后1945年在布朗大学任教,1965～1994年在洛克菲勒大学任教,1965～1978年任洛克菲勒大学副校长,1983年退休。是美国文理科学院院士。1959年入选美国国家科学院院士、美国哲学学会会员。曾任美国东部心理学联合会会长、美国心理学联合会实验心理学分会会长。

倡导味觉的电生理学。1939年首次进行味蕾特异性的单体分析,发现猫有3种特异性味蕾,并提出感觉性质编码的比例学说。与学生研究味觉传导径路时,发现背侧脑桥味觉核及其投射径路,认为该径路可能与味觉影响食欲和摄食行为有关。与同事发现在肾上腺功能不足或缺盐情况下,味觉感受器敏感性并无变化,但其嗜盐感受器对高阈值盐溶液的反应性下降,因此机体的嗜盐现象可能是对高浓度盐溶液的敏感性下降以及与习惯改变有关。和巴托沙克(L. M. Bartoshuk)等人还研究人类味觉的适应性,发现当对盐或其他刺激适应后,蒸馏水和所有低于适当浓度的溶液均可产生不同的、互补性的味觉。获1960年沃伦奖章、1963年卓越科学贡献奖等。

(叶蒙福)

哈里斯,G. W.(Harris, Geoffrey Wingfield) 英国人,1913年6月4日生于英国伦敦,1971年1月29日卒于牛津。物理生理学、解剖学、脑与神经科。

研究弹道学的物理学家之子。1932～1935年在剑桥大学学习自然科学。1939年在伦敦圣玛丽医院获医学博士学位。1940年在希林敦县医院担任一年医务官。1941～1947年任剑桥大学解剖学示教员,期间1944年获该校医学博士学位。1948～1952年任剑桥大学生理学系讲师。1952年起任伦敦大学莫兹利医院首位菲茨马里讲座教授。1962年至去世,任牛津大学哈特福德学院解剖学教授。1953年当选为英国皇家学会会员。1965年成为美国文理科学院外籍院士。

用电刺激技术证实:当刺激下丘脑时可使垂体前叶的促性腺激素、促肾上腺皮质激素和促甲状腺素分泌增加,而刺激垂体本身却无这些作用。由于垂体存在门脉系统和缺乏神经支配,设想垂体门脉是下丘脑控制垂体前叶的解剖途径,并经实验方法证实,从而进一步推测下丘脑分泌某种物质经门脉作用到垂体前叶而调节其分泌。后来发现该物质就是释放因子。也研究过黄体生成释放因子,创立了测定该因子在门静脉血内含量的方法,并研究激素对脑的反馈作用。主要著作有《垂体的神经控制》(1955年)等。多次获奖。

(叶蒙福)

拉克,E.(Racker, Efraim) 美国人,1913年6月28日生于波兰新桑德茨,1991年9月9日卒于美国纽约州锡拉库孔。分子生物学、生物能学、生物化学。

波兰裔。1938年获奥地利维也纳大学医学院医学博士学位。同年到英国,任南威尔士加的夫精神病院生物化学助理研究员。1941年任美国明尼苏达大学安德森生物研究所副研究员。1942年任纽约哈莱姆医院实习医生、住院医生。1944年任纽约大学医学院微生物学讲师、助理教授。1952年任耶鲁大学医学院生物化学副教授。1954年任纽约公共卫生学院生物化学系主任。1956年任纽约大学贝尔维尤医学中心微生物副教授。1966年为康奈尔大学生物化学与分子生物学系爱因斯坦讲座教授。曾任《生物化学》杂志副主编。1966年入选美国国家科学院院士。

早年致力于生物能生成及利用问题的研究,发现细胞利用高能硫酯键产生腺苷三磷酸(ATP),其后解析和重建糖酵解、磷酸戊糖氧化和还原第三条途径。在分离线粒体氧化磷酸化作用的各组分基础上,成功地重建了氧化磷酸化过程,证实了米切尔的化学渗透假说。对某些离子泵的作用及调节机理进行了研究。著作有《生物能学机理》(1965年)、《线粒体和叶绿体膜》(1970年)、《生物能学机理的新探索》(1976年)等。1974年获沃伦奖。1976年获美国国家科学奖章。1980年获盖尔特纳奖。

(周忠勋)

钱斯,B.(Chance, Britton) 美国人,1913年7月24日生于美国宾夕法尼亚州威尔克斯-巴里,2010年11月16日卒于费城。物理生物学、酶学、仪器研制。

出身工程师家庭。早年在宾夕法尼亚大学读书,研究酶作用机制,1935年获文学士学位,1936年获文科硕士学位。1935～1939年在剑桥大学读研究生,研究生物学和电子学,研制船的自动驾驶装置,1942年、1952年先后获哲学博士、理学博士学位。1940年获宾夕法尼亚大学物理化学博士学位。1941年留校任教。第二次世界大战后,相继在瑞典斯德哥尔摩诺贝尔研究院、英国莫尔特诺研究所工作。1949～1983年第二度在宾夕法尼亚大学,任生物物理和物理生物化学系教授和系主任,并任约翰逊基金会会长。1952年入选美国国家科学院院士。是英国皇家学会外籍会员。

1941～1946年在马萨诸塞理工学院用雷达计时和计算电路,研究出灵敏的双波长分光光度计法和荧光计法，用以研究活细胞或活组织中酶作用的机制等。1946～1948年，用自己发明的停流法和促流法测定溶液中的快速反应，发现8种有活性酶的复合物。设计的再生流法的流动装置，可以研究活材料中的快速反应，如观察细胞悬液中的毫秒反应、阐明细胞和线粒体色素链中的生化反应顺序。最先用激光技术研究生物系统的闪光光解，测出叶绿素（细胞色素）的反应时间；使用模拟和数字计算机研究生物学中的问题，首次取得酶作用微分方程的电子计算机解。首先用这些技术测定酶的复合物，特别是含铁复合物过氧化物酶和过氧化氢酶的动力学特性，证明1913年米凯利斯-门顿酶作用理论的正确性；阐明完整线粒体及其颗粒的色素系统中反应的时间顺序；与同事合作观察到线粒体呼吸载体的氧化还原状态不仅受控于氧浓度，而且受控于腺苷二磷酸和磷酸盐的浓度。

独著有《线粒体的能量链索作用》（1963年）。与他人合著有《波形》（1949年初版，1964年第2版）、《电子时间测定》（1949年初版、1964年第2版）、《生物化学中的快速混合和采样技术》（1964年）、《能量代谢的控制》（1965年）、《探测器和膜功能》（1971年）、《酶和血红素蛋白的检测》（1971年）、《生物和生物化学振子》（1973年）、《醇醛代谢系统》（3卷，1974～1977年）和《细胞色素氧化酶》（1979年）等。获1950年刘易斯奖，1961年美国电气与电子工程师协会莫尔洛克奖章，1966年富兰克林研究院富兰克林奖章，1974年美国国家科学奖章。 （田金仙）

吴中伦（Wu Zhonglun） 字季次。中国浙江省人，1913年8月29日生于浙江诸暨，1995年5月12日卒于北京。森林学、林业区划学、森林地理学。

出身贫农家庭，自幼边读书边随父兄务农。1940年金陵大学农学院林学系毕业。后留校任教。1943～1946年，历任重庆山洞建川煤矿公司、中央大学树木园技术员，云南大学农学院植物学讲师。1946年赴美国留学，1947年和1950年先后获耶鲁大学硕士学位和杜克大学林学博士学位。1950年回国，历任中央林垦部（林业部）工程师、总工程师，中国林业科学研究院林业研究所、林业工业研究所研究员、副所长、所长、副院长。曾兼任中国林学会理事长，中国生态学会副理事长，《林业科学》和《热带林业科技》主编等职。1980年当选为中国科学院学部委员（院士）。

20世纪50～60年代，两次主持国家级大型林业综合科学考察队，首次对中国西南高山林区、大兴安岭林区进行大规模全面调查，为国家制定林业发展规划提供了科学依据和技术指导，有多项成果被国家科委列入全国重大科研成果；撰写出版中国第一部林业区划著作《中国林业区划草案》（1954年），将中国分为18个林区，逐一提出各区的保护、发展和利用的建议；阐明中国松属分类与分布，有一些新发现。著有《国外树种引种概论》（1983年），发展了树木引种驯化的理论和实践；70年代后，组织和领导全国14个省区的杉木协作研究，规划了商品材基地；参与主持1987年大兴安岭森林火灾调查和撰写考察报告；倡导分类指导中国林业建设等。发表论文和其他文章130余篇，主要汇集《吴中伦文集》（1998年）；出版著作10余部，主编《中国农业百科全书·林业卷》（1989年）。获1988年美国杜克大学林业与环境学院杰出校友奖。 （武光明）

霍尔，W. S.（Hoar，William Stewart） 加拿大人，1913年8月31日生于加拿大新不伦瑞克省蒙克顿，2006年6月13日卒于温哥华。鱼类生理学、鱼类养殖学、人类学。

在加拿大新不伦瑞克大学学习生物学和地质学，1934年获学士学位。1936年获西安大略大学动物学硕士学位。1939年获波士顿大学医学博士学位。同年到新不伦瑞克大学任教，直至1945年。其中有一年在多伦多大学生理系进行战时研究。期间暑期在加拿大农业部鱼类研究委员会兼职。1945年任加拿大不列颠哥伦比亚大学动物学和鱼类学教授，1964～1971年任动物学系主任。1955年被选为加拿大皇家学会会员。1974年获加拿大皇家勋位。获加拿大7所大学荣誉博士学位。

主要研究鲑鱼的生物学，发现小的大西洋鲑鱼幼鱼在向海洋回游时甲状腺活动加强，由此引发对鱼类生理和行为进行深入研究。1953年观察到金鱼抵御季节性温度变化的能力，并设想通过内分泌机制控制光照周期。1958年起研究雄性刺鱼的生殖内分泌。以后主要研究鱼类生殖器的细微结构，以及硬骨鱼的激素对产卵和排卵的调节作用，以解决鱼类养殖的实际问题。

著有《普通和比较生理学》（1966年初版，1975年第2版，译有多种文字）、《赫布里底群岛的传统习俗》（1991年，与他人合著），与他人共同主编《鱼类生理学》（8卷，1969～1978年）。1965年获加拿大皇家学会弗拉维尔奖章。1974年获加拿大动物学家协会首届弗赖伊奖章。 （敬元虎 秦安舲）

奥德姆，E. P.（Odum，Eugene Pleasants） 美国人，1913年9月17日生于美国新罕布什尔州桑纳皮湖区纽波特，2002年8月10日卒于佐治亚州雅典城。系统生态学、动物学。

社会学教授之子。1934年、1936年先后获美国北卡罗来纳大学动物学学士、硕士学位。留校任教。1939年获伊利诺伊大学动物学博士学位。同年在纽约州埃德蒙·奈尔斯爱斯基摩人保护区任生物学研究员。1940年起任教于佐治亚大学动物学系，先后任助理教授、教授，1957年任该校阿鲁尼基金会动物学教授，1961年任该校生态学研究所所长，1984年退休。1964～1965年当选为美国生态学会会长。1970年当选为美国国家科学院院士。曾获美国、厄瓜多尔、危地马拉等国6个大学荣誉博士学位。

系统生态学的奠基者之一，被誉为“现代生态学之父”。他开辟和引导了在生态系统的意义上研究自然界的新途径，而在此之前，探讨不同物种和环境的生态关系，仅由生物学个别分支在狭窄得多的尺度上作局部性的关注，许多科学家甚至怀疑生态学是否能够自成一门学科在更广大尺度上进行研究。1951年，他受美国原子能委员会委托，主持美国萨凡纳河核电站的长期生态影响研究项目，最后建立了佐治亚大学萨凡纳河生态实验室。1953年，他和弟弟、生态学家奥德姆（Howard Thomas Odum）合著出版《生态学原理》（1983年改名为《基础生态学》），书中述评各种生态学流派和理论的历史沿革，以新的视野系统探究了特定自然系统之间的相互作用规律，最早认识到能流作为生态学原理的重要性，并使生态学与经济学结合起来，至今已被译成10余种文字，多次再版和重印，成为各国大学广泛选用教材，有力促进了系统生态学的发展。1954年，受美国原子能委员会委托，奥德姆兄弟主持对位于南太平洋埃尼威托克环状珊瑚岛核试验的生态环境影响评估。1963年，他在《生态学》一书中披露了自己的研究历程，指出正是父亲给了他"探索人和自然更为和谐关系"的灵感。1964年当选美国生态学会会长时，他在《生物科学》杂志上撰文，主张建立一种把世界作为整体考虑、动态平衡的"新的生态学"，即"系统生态学"。

在1970年联合国组织的第一个地球日，他的关于"生存地球"（living Earth）的思想成了全球环保运动的核心理念之一。70～90年代，主要致力于将系统生态学原理服务于生态环境保护的各种社会实践，并于1998年将其思想浓缩为《生态学花絮：处理人类困境的生态学方法》一书。此外，在鸟类生态、脊椎动物种群，以及河口海岸、湿地生态等领域，也有不少研究成果。

1971年获美国杰出教育家荣誉称号。和其弟H. T. 奥德姆分享1956年美国生态学会默萨奖，1975年法国生命学会奖金，1987年瑞典皇家科学院克拉福特生态学奖等。为纪念他的贡献，2007年他原先创立的生态学研究所扩建为佐治亚大学奥德姆生态学院。

（李啸虎）

庄孝僡（Zhuang Xiaohui） 中国山东省人，1913年9月23日生于山东莒县，1995年8月26日卒于上海。*细胞生物学、实验胚胎学、发育生物学。*

1935年山东大学生物学系毕业。留校任教。1936年赴德国慕尼黑大学动物学系深造，1939年获博士学位，留校做博士后研究。1942～1946年在弗赖堡大学任教，期间1945年获该校理学博士学位。1946年回国，任北京大学动物系教授、系主任。1950年起，先后任中国科学院实验生物研究所（后改名上海生物化学与细胞生物学研究所）研究员、所长、名誉所长。曾兼任中国科学技术大学生物学系主任，中国科学院发育生物学研究所所长。1980年任中国细胞生物学会首届理事长、《实验生物学报》主编。1980年当选为中国科学院学部委员（院士）。

主要学术贡献：研究生物成体组织器官对胚胎细胞诱导作用的专一性，以及诱导作用与胚胎区域性的相互关系，证明成体器官存在着性质不同的诱导因素，对胚胎诱导作用机制研究有重要贡献；研究有尾类躯干后部和尾部的发育，指出这两者的形成是通过原肠期之后的形态建成运动；以蛙类为模式，系统而全面地研究了两栖类胚胎的中胚层分化、发育机制；通过研究无神经幼虫的肢体再生，证明无神经肢体的再生与正常幼虫没有区别；在国际上首次以无神经幼虫为模型，发现两栖类胚胎表皮的细胞是可兴奋的，并且具有传播兴奋的能力。此外，生前大力推进中国科学院与德国马普学会的国际交流与合作研究，1985年与德国学者共同倡议在上海、昆明等地建立马普学会客座实验室，成立多个马普青年科学家小组。

（李赣平）

罗伯逊，R. N.（Robertson, Sir Rutherford Ness） 澳大利亚人，1913年9月29日生于澳大利亚墨尔本，2001年3月6日卒于同地。*植物生理学、细胞生物学、农产品保藏技术。*

1934年在澳大利亚悉尼大学获理学士学位。留校从事植物生理学研究与教学。1936年在英国剑桥大学学习，1939年因植物生理学研究获博士学位。毕业后在悉尼大学植物学系任教至1946年。1946～1962年供职于澳大利亚联邦科学与工业研究组织食品保存与运输部，先后任高级研究员、首席研究员、高级管理人员。期间1958～1959年在美国加利福尼亚大学任客座教授。1962～1969年任阿德莱德大学植物学教授。1973～1978年在堪培拉澳大利亚国立大学任生物科学研究院院长，1984～1986年任校监。1977～1981年任澳大利亚科学技术委员会副主席。1970～1974年任澳大利亚科学院院长。1978年退休。1961年入选英国皇家学会外籍会员。1962年为美国国家科学院外籍院士。1965年任澳大利亚-新西兰科学促进协会主席。同年任澳大利亚研究资助委员会主席。1971年为美国哲学会外籍会员。1973年为美国文理科学院外籍院士。1972年被封为爵士。

主要研究植物细胞生理学，尤其是离子吸收作用。在悉尼大学时，确立了通过主动迁移所吸收的盐和由盐激起的呼吸增强（盐呼吸）之间的关系。1948年和威尔金斯（Marjorie Wilkins）指出，如果离子吸收机制依赖于氢离子和电子的分离，则离子迁移的最大速度与预料的相近。他在联邦科学和工业研究组织的食品保藏部负责植物生理和水果贮藏工作，研究水果成熟生理和收获后的生理学。后又进一步研究植物线粒体，断定线粒体膜和叶绿体膜中质子和电子的分离是离子运动和形成腺苷三磷酸（ATP）之前的基本过程。

著有《质子、电子、磷酸化作用及其传导》（1968年）、《植物细胞中的电解溶液》（1961年，与他人合著）。多次获奖。其中有1954年新南威尔士皇家学会克拉克纪念奖章，1963年澳大利亚科学院法拉尔奖章，1968年澳大利亚-新西兰科学发展联合会奖章，1970年米勒奖章，1975年伯纳特奖章等。

（施金保）

王伏雄（Wang Fuxiong） 中国浙江省人，1913年10月16日生于浙江兰溪，1995年3月11日卒于北京。*植物形态学、孢粉学、植物胚胎学。*

教师的儿子。1936年毕业于清华大学生物学系，1941年获该校硕士学位。1943年赴美国伊利诺伊大学攻读植物胚胎学，1946年获博士学位。同年回国，任中央研究院植物研究所副研究员。1949年后，历任中国科学院实验生物研究所研究员，植物分类研究所（1953年更名为植物研究所）研究员。曾兼任中国植物学会副理事长、理事长，《植物学报》和《中国植物学报》（英文版）主编。1980年当选为中国科学院学部委员（院士）。

20世纪40年代，与他人合作在中国开创植物实验胚胎学研究。50年代起，翻译出版《花粉分析》（1950年）、《花粉形态与植物分类》（1952年）等国外孢粉学名著；订正描述孢粉形态的专用术语，介绍和引进国外研究孢粉的技术和方法；主持并参与多项裸子植物和被子植物花粉形态的研究，并依据花粉形态的特征探讨了这些植物系统分类与演化；主编出版中国第一部描述国内1400多种种子植物的花粉形态专著《中国植物花粉形态》（1960年）；在裸子植物胚胎学方面研究成果卓著，其中通过对银杏胚胎发育的系统研究，对银杏科在裸子植物分类中的位置提出了独到见解；通过对珍稀濒危植物银杉的胚胎学研究，论证了银杉属在松科中作为一个独立的属的正确性；主持多学科协作组对裸子植物进行系统发育的深入研究，其中对“活化石”银杉的研究尤为突出，主要成果为《银杉生物学》（1990年）。发表论文百余篇；出版各种著译10余部。获1988年中国科学院科学技术进步奖一等奖等。（高小东）

李竞雄（Li Jingxiong） 中国江苏省人，1913年10月20日生于江苏苏州，1997年6月28日卒于北京。*玉米育种学、细胞遗传学。*

出身玉石雕刻匠家庭，幼年父母双亡，由堂伯父收养。1936年浙江大学农学院毕业，后留校任教。1937年到武汉大学农学院从事细胞遗传学研究。1938年任四川省农业改进所技士。1941年任甘肃省农业改进所技正。1943年任华西大学农业研究所副教授。1944年赴美国康奈尔大学学习遗传学，1946年获硕士学位，1948年获博士学位。同年回国后，历任清华大学农学院副教授兼农学系主任，北京农业大学教授兼遗传教研组主任，中国农业科学院作物育种栽培研究所研究员、副所长兼玉米育种室主任。曾兼任中国作物协会理事长、国家科学技术委员会玉米育种协作攻关专家工作组组长。1980年当选为中国科学院学部委员（院士）。

早年从事作物遗传学理论研究。20世纪30年代末期至40年代初，在李先闻教授指导下，与鲍文奎合作研究小麦矮生性遗传、小麦染色体联会消失、粟类种间杂交和粟类演化等课题。40年代中后期在美国攻读博士学位期间，研究X射线诱变玉米染色体畸变、比基尼岛原子弹试爆对玉米产生的遗传效应等问题。50年代后，研究重点放在玉米杂交育种方面。应用玉米自交系间杂交种，选育出中国第一批玉米双交种，并深入山西农村推广这批新品种，传授种植技术，几年后推广玉米双交种500多万亩，占该省全部玉米面积一半，每亩增产量显著。70年代，主持培育出高抗玉米三大病害的丰产杂交种“中单2号”，受到欢迎，该项成果1984年获国家发明奖一等奖。主持“六五”国家重点攻关项目玉米新品种选育技术研究，育成32个品种；“七五”期间，又选育出高产、优质、多抗玉米杂交种46个，并在全国大面积推广。1982年以来每年种植面积都在2000万～3000万亩。此外主持育成高赖氨酸玉米和甜玉米杂交种，分别用作饲料和罐头食品。

撰有《作物栽培学》（2卷，1958年，与他人合著）、《普通遗传学》（1961年）、《植物细胞遗传学》（1993年，与他人合著）等著作。（高小东）

维内斯兰，B.（Vennesland，Birgit） 美国人，1913年11月17日生于挪威克里斯蒂安桑，2001年10月15日卒于美国夏威夷。*植物生理学、酶化学、生物化学。*

挪威移民的女儿。在芝加哥大学主修生物化学专业，1934年获理学士学位，1938年获博士学位。1939～1941年先后在国际妇女联盟大学、哈佛大学药学院工作。1941年又到母校任生物化学讲师，1957～1968年为教授。1968年到德国柏林马克斯·普朗克研究院工作。1984年退休后，移居夏威夷。1960年获蒙特·霍利约克学院荣誉理学博士学位。

在生物的中间代谢领域里有重要贡献，主要是植物组织的暗代谢酶化学。证明植物在黑暗条件下发生的碳水化合物生化降解反应与动物组织相似，特别是在植物组织中也存在羧化过程。她用氘作示踪剂研究了脱氢酶催化机理，证明氢的转移是直接的和定向的，即酶将醇和吡啶核苷酸按一定方向连在一起，以便氢原子从醇转移到吡啶核苷酸上。因以上两项研究先后获美国植物生理学会哈尔斯奖、美国化学会加文奖。还证明了光在绿叶中引起的氧化还原反应需二氧化碳参与（并非二氧化碳转化成碳水化合物的反应）。研究了生氰过程，指出氰化氢（HCN）是植物代谢的普遍产物。

代表作有《生物学中的氰化物》（1982年）等。获1950年美国植物生理学家协会黑尔斯奖，1964年美国化学会加尔文奖章等。（董晨空）

陈华癸（Chen Huaigui） 中国江苏省人，1914年1月11日生于北京，2002年11月19日卒于湖北武汉。*土壤微生物学、农业化学、植物营养学。*

原籍江苏昆山。1935年北京大学生物学系毕业。1936年赴英国伦敦大学留学，1939年获博士学位。1940年回国，在清华大学农业研究所工作，翌年转中央农业实验所任职。1946年任北京大学农学院教授、土壤学系主任。1947年任武汉大学农学院教授、农业化学系主任。1952年以后任华中农学院（今华中农业大学）教授兼土壤和农业化学系主任，1979～1983年任该院院长。曾兼任中国农学学会副理事长，中国土壤肥料研究会理事长，中国微生物学会副理事长，湖北省土壤学会理事长。1980年当选为中国科学院学部委员（院士）。

20世纪30年代末，研究豆类和根瘤菌共生固氮作用，在英国皇家学会《哲学会刊》上发表“无效根瘤的结构及其对固氮作用的影响”（1940年）等论文，对有效和无效根瘤中固氮菌在寄主上结瘤的生长发育进行比较研究，发现根毛被根瘤菌感染前，根瘤菌分泌的植物生长激素类物质与植物根毛伸长、弯曲的关系。40年代前期在中央农业实验所从事稻田绿肥研究，率先发现紫云英根瘤菌的寄主专性。50年代，研究水稻土的微生物学特征和植物营养元素的生物循环，概括出水稻土生物循环的几个特点。60年代，他领导的研究小组筛选出紫云英根瘤菌优良菌种，在中国南方推广稻田紫云英绿肥的植种；还与他人合作率先发现水稻土中厌氧性硝化作用的微生物，否定了国外学者长期认为硝化微生物绝对好氧的错误见解。70年代，参与并领导共生固氮的分子遗传学研究。主编教材和专著《土壤微生物学》(1957年)、《微生物学》(1959年初版，1989年第4版)、《土壤学》(下册，1962年)等。（高小东　宣焕灿）

霍奇金，A. L. (Hodgkin, Sir Alan Lloyd)　英国人，1914年2月5日生于英国牛津郡班伯里，1998年12月20日卒于剑桥。*动物学、生物物理学、神经生理学。*

4岁丧父。1935年获剑桥大学三一学院生理学学士学位。1936年任该校研究员。1939～1945年第二次世界大战期间，在英国空军雷达部门工作。1945～1952年先后任剑桥大学讲师，生理学实验室助理主任和教授。1952～1969年任英国皇家学会研究员。1970～1981年任剑桥大学生物物理学教授。1971～1984年出任利斯特大学名誉校长。1978～1984年任剑桥大学三一学院院长。1948年当选为英国皇家学会会员。

自18世纪末叶起，人们已发现神经的各种电现象，如测出神经膜的静息电位、动作电位等，但却缺乏科学实验的论证。他指出静息电位是因钾离子由膜内向膜外扩散引起的，动作电位是因膜对外部较浓的钠离子变得可透过而引起的。先用螃蟹的单神经纤维做实验，测出神经膜动作电位较大，常大至40毫伏。后与A. F. 赫胥黎合作，用鱿鱼的庞大单神经纤维做实验，测出动作电位约为静息电位(内负外正)的2倍，而电符号相反(内正外负)。1951年，他们又与生理学家B. 卡茨合作，创立了钠学说：轴突膜在安静时可让钾离子通过，在冲动作用下，膜变得具有选择透性，即对钠离子的透性大于对钾离子的透性。他与赫胥黎建立一个数学方程系统来表述神经冲动，并为神经传导的钠学说提供证据。他首先用实验证明，冲动传播的直接动因只是电本身，发现神经受电刺激太弱不能引起冲动传播，有阈下反应。

著有《神经冲动的传导》(1964年)、《机遇与构想》(1992年)等。此外获1958年英国皇家学会女王奖章、1965年科普利奖章，1988年英国视网膜研究基金会黑尔梅里希奖章等。由于对神经生理学的贡献，他和赫胥黎与澳大利亚生理学家J. C. 爱克勒斯共获1963年诺贝尔生理学或医学奖。（蒋虎祥）

萧步阳(Xiao Buyang)　中国黑龙江省人，1914年2月15日生于黑龙江望奎，2011年卒于黑龙江省。*小麦育种学、作物遗传学。*

农家出身。家中长子，有弟妹10人。1937年望奎县农业学校毕业。1939年长春农林技术养成所农科毕业。同年任望奎县实业科农产技士。1945年任望奎县农业科科员。1948年在东北科学院农林系进修。同年到克山农事试验场工作。先后任黑龙江省农业科学院克山农业科学研究所技师、研究员、所长等职。1982年起任黑龙江省农业科学院研究员、副院长。曾任国家农牧渔业部全国小麦专家组顾问，黑龙江省农学会副理事长等职。

采用生态育种理论与方法，建立包括多种生态性状、抗多种病害、高面筋含量等基因源的"克字号"春小麦基因库，拥有优良品种43个，促成4次大面积更换黑龙江省生产用种，占小麦播种总面积85%以上，并被其他地区广为引种。

20世纪50年代，1954年决选出"克强"和"克壮"两个新品系，适应性较强，高抗秆锈病，穗大丰产，比对照品种增产15%以上，1958～1959年通过审定，有效控制了小麦秆锈病流行，约占当时该省小麦种植面积一半。60年代，开展多亲本阶梯杂交试验，1962年选育出适于低洼地区种植"克钢"和"克光"；前后用10个亲本，9年时间，11次杂交配制，4年个体选择，先后育成多种适应不同生态环境的新品种，其中选育出丰产多抗、秆强耐湿"克全"、"克群"等；1963年，以苏联小黑麦杂交后代"克珍"为母本，同"克群"姊妹系杂交，育成一批适于不同地区种植的"克旱"系列新品种，其中"克旱6号"最大推广面积达600万亩，后获1978年全国科学大会奖励；1967年审定通过的"克坚"，比"克壮"增产12%，在黑龙江省北部推广。70年代，克服重重困难，以双梯式杂交组合选育出抗旱耐湿，抗病节肥的"克丰2号"，1979年获农牧渔业部农业技术改进奖一等奖。80年代，"克丰2号"在北部地区种植每年达400万亩，1987年又获国家发明奖二等奖；选育出适于低洼地种植的"克涝号"系列、"克69-701"等7个耐湿类品种；1982年审定推广适应性强、喜肥水品种"克丰3号"，是黑龙江省第一个年种植面积超1 000万亩品种，获该省技术进步奖一等奖；育成推广适合密植的"克旱9号"及其姊妹系"新克旱9号"，后者在省内种植面积达1 058万亩，成为该省第二个突破千万亩面积的品种。

发表论文数十篇；代表作《春小麦生态育种》(1990年)等。1979年当选为全国劳动模范。（李啸虎）

徐冠仁(Xu Guanren)　中国江苏省人，1914年3月7日生于江苏南通，2004年2月18日卒于北京。*遗传育种学、原子能农学。*

教师的儿子。1934年中央大学农艺系毕业。留系任教，后升任讲师、副教授。1946年赴美国明尼苏达大学攻读遗传学，1950年获博士学位，留任该校农学及植物遗传系研究员。1956年回国，任中国农业科学院研究员，参与创建该院的原子能利用研究室并任室主任。1960年该室扩建为原子能利用研究所后，历任副所长、所长。曾兼任中国科学院遗传研究所研究员，北京农业大学农业物理系主任、教授，中国原子能农学会理事长、名誉理事长，《核农学报》及其前身《原子能农业应用》的主编。1980年当选为中国科学院学部委员(院士)，后又任生物学部副主任、代主任。

20世纪30年代后期至40年代前期，从事水稻植物性状、出穗期和不同类型水稻杂交不孕性等的遗传学研究。50年代前期在明尼苏达大学工作期间，采用热中子和X射线处理小麦种子，得到抗秆锈病突变体，为抗病育种开拓了新途径；50年代后期，利用整套的小麦单体、缺体材料，启动小麦染色体遗传研究。60年代前期，指导青年科技人员育成中国第一个杂交高粱优良品种，后来经推广使中国高粱大幅度增产。80～90年代，推动有关部门发展水上种植业，倡导水上种植和水下养殖相结合，主持并指导青年科技人员"水上无土种植水稻"获得成功，这在世界上尚属首次。

撰有《植物诱变育种学》(1996年)、《核农学导论》(1997年)等专著。获1984年英国国际中心颁发的杰出成就奖，1986年美国明尼苏达大学杰出成就金质奖章等。 (高小东 宣焕灿)

勃劳格，N. E. (Borlaug，Norman Ernest) 美国人，1914年3月25日生于美国艾奥瓦州克雷斯科，2009年9月12日卒于得克萨斯州达拉斯。*农艺学、植物病理学、作物遗传育种学。*

1937年获美国明尼苏达大学林学学士学位。毕业后供职于美国林业部马萨诸塞州、爱达荷州林业站。后返母校攻读植物病理学专业，1939、1942年先后获硕士、博士学位。1942～1944年，在杜邦集团公司研究杀菌剂和防腐剂。1944～1960年任洛克菲勒基金会研究员，主持墨西哥国际农业合作规划。1960～1963年任美洲谷物项目主任。1964～1979年在墨西哥城任小麦玉米改良国际中心主任。他在农业、人口控制和可再生资源等多个委员会兼任顾问。是美国国家科学院院士。苏联、印度、巴基斯坦等多个国家科学院外籍院士。1996年当选为中国工程院外籍院士。

在世界谷物育种领域有重要影响，被誉为"绿色革命之父"。1944年被洛克菲勒基金会派往墨西哥组织和指导谷物改良国际协作计划，这是一个包括遗传学、栽培学、植物病理学、昆虫学、农艺学、土壤科学、谷类生产技术等广泛领域的庞大研究规划。在长达27年里，他和墨西哥农学家真诚合作，取得了一系列科研成果。20世纪40～50年代育成抗倒伏、抗锈病、矮秆高产的小麦新品种，使墨西哥小麦增产3倍，首次自给有余。60年代后，培育成功抗病、耐肥、高产、广适的半矮秆小麦，使印度和巴基斯坦等国小麦增产60%以上；负责组建和主持小麦玉米改良国际中心，领导17个国家的农学家协作开发谷物新品种新技术。他所创立的"穿梭育种"等方法，以及以育种为中心的多学科紧密配合等技术路线，已被世界各国作物育种专家广泛采用。为了帮助第三世界国家的穷人向饥饿开战，他在南美洲、近东和中东、非洲等数十个国家推广新品种新技术，培训了许多年轻科学家和技术人员，取得了重大经济和社会效益。后期又主持和参与将小麦与黑麦杂交的育种试验，培育出蛋白质丰富且高产的谷物新品种"黑小麦"。他对中国人民十分友好，长期以来帮助中国培养专业人员，建立种质资源库，促进农业科学研究。获多项国内国际大奖，1970年荣获诺贝尔和平奖。

出版著作有《第三世界的小麦》(1982年)、《土地使用、食物、能量和娱乐》(1983年)、《养活一颗脆弱行星上日益增长的人口》(1994年)、《N. 勃劳格论世界饥荒》(1997年)、《重新审视绿色革命和出路》(2000年)、《养活拥有100亿人的世界》(2003年)、《21世纪世界农业探究》(2004年)和《转基因食物的神话》(2004年)。

(李啸虎)

郑国锠 (Zheng Guochang) 中国江苏省人，1914年3月30日生于江苏常熟，2012年10月12日卒于甘肃兰州。*植物细胞学、植物生理学。*

出身农家。1943年毕业于内迁重庆的中央大学师范学院博物系，1947年中央大学硕士研究生毕业。1948年赴美国留学，1950年获威斯康星大学植物学系博士学位。1951年回国，到兰州大学工作，历任教授兼细胞研究室主任、生物学系主任、细胞生物学研究所所长、兰州大学生命科学学院教授。兼任中国细胞生物学会副理事长，甘肃省植物学会理事长，甘肃省科学技术协会副主席。1980年当选为中国科学院学部委员(院士)。

20世纪40年代末，他分别与威尔逊(G. B. Wilson)、赫斯金斯(C. L. Huskins)合作，发表关于延龄草、洋葱体细胞染色体减数的两篇论文，阐明体细胞同源染色体前期分离、后期形成双纺锤体，最后成为4个单倍体核。此后的半个世纪中，这两篇论文多次被国际上的细胞学教科书和专著所引用。50年代中期至90年代，对花粉母细胞间染色质穿壁运动，即染色质从一个细胞转移到相邻细胞的现象进行了长期深入的研究。这种现象被称为"细胞融合"，国际上对它的起因及是否正常现象一直有所争议。他通过对18科、30属、41种双子叶和单子叶植物的细致观察，发现它是一种普遍出现在减数分裂前期的凝线期花粉母细胞之间的正常现象，还提出一种假说来解释这种现象的起因和机理，并探讨了这种现象对加速生物进化方面的重要意义。70年代以后，开展植物细胞工程方面的研究，在体细胞胚胎发生、植物原生质体培养、花粉和未授粉子房培养、抗盐作物品种的筛选和遗传转化等方面取得不少成果。20世纪末以来，重点研究细胞融合是否与染色体突变和核型或分子进化有关等问题。

发表论文百余篇；出版《生物显微技术》(1978年)、《细胞生物学》(1980年初版、1992年再版)、《细胞生物学进展》(3卷，与他人合著)等多部教材和专著。获2003年何梁何利科学与技术进步奖。 (高小东)

佩鲁茨，M. F. (Perutz，Max Ferdinand) 英国人，1914年5月19日生于奥地利维也纳，2002年2月6日卒于英国剑桥。*分子生物学、晶体化学、医学。*

奥地利裔，出生于纺织业世家。1932年进维也纳大学学化学。1936年移居英国剑桥，从此就在J. D. 伯纳尔和W. L. 布拉格领导的卡文迪什实验室从事研究直到1953年。1940年因血红蛋白晶体X射线衍射图像分析获剑桥大学博士学位。1940年作为"敌国侨民"拘留于加拿大，参与开办集中营大学。1941年回英国，

研究飞机在浮冰上着陆的可能性。1942年结婚，生育有2个孩子。1945年回到剑桥大学，1947年他与J. C. 肯德鲁合作创办分子生物学医学研究委员会，并任该会医学研究实验室主任，1980年退休。该实验室是J. D. 沃森与F. H. C. 克里克发现DNA结构，以及克里克与布伦纳(Brenner)发现基因密码三联体的地方。1963～1969年任欧洲分子生物学联合会主席。1974～1979年任伦敦皇家研究院生理学讲座教授。是英国皇家学会会员。1963年册封为爵士。

1937年与伯纳尔和I. 范库琴首次得到血红蛋白和胰凝乳蛋白酶的X射线衍射图。在其后相当长时间里，他主要研究X射线晶体学。1953年利用重原子同晶取代法研究血红蛋白结晶，并证明此法能测定相位，从而开辟了用X射线分析结果解释结晶蛋白质结构的途径。1959年和同事用此法获得血红蛋白的三维结构图。1962年和米尔黑德(Hilary Muirhead)证明：血红蛋白与氧反应时伴随着血红蛋白分子的4个亚单位的重排。1970年与同事解决了血红蛋白脱氧合结构和一个与氧合结构密切相关的结构型式，创立血红蛋白输氧的机制。他证明生活在100℃温泉中的细菌，其蛋白质中含有额外荷电的氨基酸残基，由于它们相互吸引，能使蛋白质分子保持天然状态。还发现无氧镰形血球血红蛋白具有反常的低可溶性。

主要著作有《蛋白质与核酸》(1962年)、《血红蛋白与肌红蛋白图谱》(1981年，与他人合著)、《科学是否必要》(1989年)、《蛋白质中的协同机理与变构规则》(1990年)、《蛋白质结构：对疾病和治疗的新探究》(1992年)等。1963年获大英帝国勋章。获英国皇家学会1971年皇家奖章、1979年科普利奖章。由于阐明血红蛋白的结构和将重原子同晶取代引入蛋白质晶体学而闻名，并因此与肯鲁德共获1962年诺贝尔化学奖。

(张承圭　吕慧梅)

赵善欢(Zhao Shanhuan)　中国广东省人，1914年8月16日生于广东广州，1999年12月2日卒于同地。*农业昆虫学、昆虫毒理学、生物防治学。*

原籍广东高要。出身知识分子家庭。1933年中山大学农学院农业专门部毕业。留校任教。1935年赴美国留学，1936年获俄勒冈农业大学学士学位，后转至康奈尔大学攻读昆虫学，1937年获硕士学位，1939年获博士学位。同年回国，到内迁云南澄江的中山大学农学院任昆虫学副教授，1940年(26岁)升任教授。抗日战争胜利后，1945年任台湾省农业试验所应用动物学系主任，并兼任北京大学农学院、台湾大学农学院教授。1948年回广州任中山大学农学院教授，1949年任副院长。1952年全国高校院系调整后，历任华南农学院(今华南农业大学)教授、副院长、院长。曾兼任中国昆虫学会、中国植物保护学会副理事长，广东省植物保护学会理事长，广东省科学技术协会副主席，中国科学院广东分院副院长。1980年当选为中国科学院学部委员(院士)。

20世纪40年代末至50年代前期，研究华南地区三化螟、稻瘿蚊等水稻主要害虫的发生规律及危害情况，提出治理它们的综合防治理论和措施。50年代，调查植物杀虫药剂鱼藤的种类和分布，发现世界上品质最优的中国海南岛产的黄文江鱼藤，还用鱼藤根粉对蔬菜、茶树害虫进行防治试验和大面积推广应用。60年代，率先提出杀虫剂田间毒理学理论，强调建立农田生态系统，协调好化学防治和生物防治的关系，注意保护害虫的天敌；研究荔枝主要害虫荔枝椿的危害规律和生理生化特征，所提出的防治措施推广后得到广大果农的采用。80年代，鉴定楝科等40余种杀虫植物的有效成分，探讨它们对害虫的毒理机制，推动了对环境无污染、对害虫不易产生抗药性的植物杀虫剂的研制。90年代，又提出以昆虫拒食剂和昆虫生长发育抑制剂作为第三代杀虫剂的新观点。

发表论文百余篇；撰有《农业昆虫学》(1961年)、《植物化学保护学》(1976年)、《昆虫毒理学》(1993年，英文版)等专著。

(高小东　宣焕灿)

斯内尔，E. E.(Snell, Esmond Emerson)　美国人，1914年9月22日生于美国犹他州盐湖城，2003年12月9日卒于科罗拉多州博尔德。*微生物学、生物化学、营养学。*

1935年获杨百翰大学生物化学专业学士学位。1936年和1938年分别获威斯康星大学化学硕士和博士学位。1939年起任教得克萨斯大学化学系，1941年任助理教授，后任教授。1945～1951年任威斯康星大学生物化学教授。1951～1956年任得克萨斯大学化学教授。1953年任华盛顿大学沃克-艾姆斯讲座教授。1956～1976年任伯克利加利福尼亚大学教授兼生化系主任。1976～1990年在得克萨斯大学任微生物和化学教授兼微生物学系主任。1955年入选美国国家科学院院士。1962年入选美国文理科学院院士。1968～1983年任《生物化学年鉴》主编。

第一个成功地用微生物学方法测定食物中维生素的含量；从乳酸菌营养研究中分离叶酸、泛酸、硫辛酸，并进行特性研究；1945年发现维生素B_6的两种形式，即吡哆醛和吡哆胺，并阐明其代谢和功能；第一个发现一类似丙酮酸为辅基的脱羧酶类。

代表作有《维生素B_6的催化作用》(1968年)、《维生素的新陈代谢及其作用》等。1945年获美国细菌学家协会利利奖。获1946年美国营养学会的米德-约翰逊维生素B复合奖，1951年奥斯本-门德尔奖，1974年美国化学会斯潘塞奖，1985年美国生物化学家协会罗斯奖。

(周忠勋)

霍雷克，B. L.(Horecker, Bernard Leonard)　美国人，1914年10月31日生于美国芝加哥，2010年10月10日卒于佛罗里达州迈尔斯堡。*代谢生物学、分子生物学、酶学、生物化学。*

1936年和1939年在芝加哥大学先后获化学学士

和博士学位。1941～1959 年在国家生研究院工作，战后从事酶和碳水化合物代谢的研究，1956～1959 年任生物化学、新陈代谢实验室主任。期间曾任华盛顿大学酶化学客座教授、巴黎巴斯德研究院客座研究员。1959 年任纽约大学医学院微生物学教授兼系主任。1963～1972 年任爱因斯坦医学院分子生物学系主任，1971 年任主管科研的副院长。1972 年在新泽西州罗希分子生物学研究院任分子酶学实验室主任。1961 年入选美国国家科学院院士。1962 年入选美国文理科学院院士。

主要贡献是阐明了糖代谢中的磷酸戊糖支路及其功能：生成磷酸戊糖和还原性辅酶Ⅱ。在光合作用的研究中，证实戊糖二磷酸酯是二氧化碳的受体。在糖代谢中，阐明了碳-碳键断裂和合成的机理，以及糖元异生中果糖 1,6-二磷酸酶的调节机理；参加分离并鉴定了细胞色素 C 还原酶。1963 年出版《细菌中的戊糖代谢》，参与主编《细胞调节的现代论题》。获美国化学会 1952 年酶学奖、1954 年希尔布兰德奖、1957 年洛克菲勒公共服务奖、1963 年富布赖特奖等。 （周忠勋）

张致一（Zhang Zhiyi） 中国山东省人，1914 年 11 月 17 日生于山东泗水，1990 年 10 月 8 日卒于北京。*动物学、内分泌学、胚胎学。*

1940 年毕业于武汉大学生物学系。此后在中央大学医学院解剖学系、同济大学生物学系任教，在中国生理心理研究所任助理研究员。1947 年赴美国留学，1948 年和 1952 年相继获艾奥瓦大学动物学系硕士和博士学位。留任该系副研究员。1957 年回国，任中国科学院青岛海洋生物研究所副研究员。1959 年以后一直在中国科学院动物研究所工作，历任研究员、内分泌研究室主任、副所长。曾兼任中国生理学会副理事长，中国动物学会理事长。1980 年当选为中国科学院学部委员（院士），后任生物学部主任。

在两栖类动物非洲爪蟾性别决定与分化的研究方面，取得突破性成果。首次应用激素成功地获得性转变动物，雄性非洲爪蟾完全转变为雌性，而它们的后代则完全为雄性；巧妙地利用睾丸移植和半联体技术，发现雌性非洲爪蟾也可转变为雄性。提出配子组合与激素反应的关系学说，从理论上对上述现象进行解释；在比较内分泌研究方面，最早发现两栖类胚胎下丘脑原基；20 世纪 50 年代末至 70 年代中期，利用生殖激素技术，在四大家鱼人工催情、排卵和繁殖鱼苗方面取得明显成效；利用生殖激素催情，在珍稀动物大熊猫繁殖方面取得明显成效；在哺乳动物生殖内分泌领域，指出可的松类皮质激素是泌乳不可缺少因素；在胚泡着床机理研究方面，80 年代率先提出着床前胚胎与母体之间定有信息交流，若阻断信息则可终止妊娠，动物实验证实这一见解；此外在生殖内分泌进化方面也做了许多研究工作。发表论文百余篇。获国家和省部级 20 多项奖励。 （高小东 宣焕灿）

德西尔，V. G.（Dethier, Vincent Gaston） 美国人，1915 年 2 月 20 日生于美国马萨诸塞州波士顿，1993 年 9 月 8 日卒于马萨诸塞州北安普顿。*昆虫学、动物行为学。*

比利时音乐家的儿子。在哈佛大学获文学士（1936 年）、文学硕士（1937 年）和博士（1939 年）学位。1939～1941 年任俄亥俄州约翰·卡洛尔大学生物学讲师、助理教授。第二次世界大战期间，1942～1946 年在非洲-中东战区陆军航空部队服役，升为少校。1946～1947 年在俄亥俄州立大学任动物学和昆虫学教授。1947～1958 年任约翰斯·霍普金斯大学生物学副教授、教授。以后又到伦敦、比属刚果、荷兰工作过一段时间。1958～1967 年在宾夕法尼亚大学医学院任动物学和心理学教授。1967～1975 年到普林斯顿大学任生物学教授兼系主任。1975 年到马萨诸塞大学任动物学教授。1967 年任美国动物学家协会主席。1961 年入选美国文理科学院院士。1965 年入选美国国家科学院院士。1977 年加入纽约探险家俱乐部。

主要从事昆虫行为、昆虫化学感受器和感觉生理方面的研究。发表论文 170 余篇；出版专著 15 部，其中著有《了解苍蝇》（1963 年）、《动物的行为》（1970 年）、《昆虫感觉生理学》、《人类瘟疫》（1976 年）、《避暑别墅的生态》（1984 年）、《蟋蟀和纺织娘》（1992 年）等书。 （吴馥梅）

穆尔，J. A.（Moore, John Alexander） 美国人，1915 年 6 月 27 日生于美国西弗吉尼亚州查尔斯镇，2002 年 5 月 26 日卒于加利福尼亚州里弗赛德。*两栖动物生理学、发育生物学、生态学、生物进化论。*

法学家的儿子。1936 年、1939 年及 1940 年在哥伦比亚大学获文学士、文科硕士及动物学博士学位。1939～1941 年在布鲁克林学院工作。1941～1943 年在昆士学院任教。1942～2002 年兼任美国自然博物馆助理、副研究员。1943～1968 年在哥伦比亚大学巴纳德学院任教，1949 年起任该校动物学教授，1949～1952 年任动物学系主任。1969～1982 年任里弗赛德加利福尼亚大学生物学教授。1963 年任美国进化研究会会长。1971～1973 年任美国科学促进协会科学教育分会主席。1974 年任美国动物学家协会主席。1960 年入选美国文理科学院院士。1963 年入选美国国家科学院院士。

主要从事个体发育的研究。早在大学时代就收集蛙胚，观察适合胚胎发育的环境条件。后又研究各个种群的遗传相关性。到加利福尼亚大学开始研究果蝇种群生物学问题，发现了许多惊人的变化，提示自然界的物种绝不是固定不变的。

著有《动物学原理》（1957 年）、《遗传与发育》（1963 年）、《两栖动物物理学》（1964 年）、《生代物学基础》（1993 年）、《从创始到遗传学》（2002 年）等书。 （王祥麟）

施米特-尼尔森，K.（Schmidt-Nielsen, Knut） 美国人，1915 年 9 月 24 日生于挪威特隆赫姆，2007 年 1 月 25 日卒于北卡罗来纳州达拉斯。*动物生理学、生态学。*

挪威裔。早年在挪威奥斯陆大学学习动物学与化学。不久又到丹麦哥本哈根大学从事生理学等研究，1946年获博士学位。同年到美国，在斯沃思莫尔学院(1946～1948年)和斯坦福大学(1948～1949年)任副研究员。1949～1952年在辛辛那提大学任助理教授。1952年去杜克大学，1963年任该校动物学系生理学教授。1963年入选美国国家科学院、美国文理科学院院士。后又入选挪威皇家科学院外籍院士(1973年)、丹麦皇家学会外籍会员(1975年)、法国科学院外籍院士(1978年)。曾任国际生理学联合会主席。

研究工作主要从生理学观点研究动物与环境的关系，尤其是特殊环境条件下的生理学问题。研究过袋鼠和沙漠地带其他啮齿动物，详细分析了在干旱缺水环境条件下动物体内水分代谢机理。也研究过骆驼耐旱的机制，发现骆驼有一层抵御干热的皮肤及限制体温上升的机能。曾研究海生动物对海水高浓度盐分的适应性等问题。1957年发现海鸟及海生爬行动物盐分的排泄主要不是通过肾脏，而是通过头部的一种特殊腺体鼻腺，鼻腺能分泌高浓度的氯化钠溶液。后来还研究过鸟类的呼吸作用，阐述了鸟类耐高空条件飞行的某些原理。总之，在环境生理学(生态生理学)方面从事过许多研究工作，观察分析很多动物适应不良环境的生理机制。1983年在澳大利亚悉尼召开的第29届国际生理科学大会上，提出了题为“环境的挑战:生存的生理学对策”的论文，引起与会者极大兴趣。因为环境生理学能为渔业、畜牧饲养业及动物资源开发利用提供理论依据，并直接为环境科学、空间科学及深海科学服务。

著作有《动物生理学》(1960年初版，1970年第2版)、《沙漠动物:热与水的生理学问题》(1964年初版，1979年再版)、《动物如何干预着剑桥》(1972年)、《动物生理学:适应与环境》(1975年初版，1997年第3版)、《为何动物的大小如此重要》(1984年)，以及自传《骆驼之鼻》(1998年)。这些著作都有多种文字译本。

(吴馥梅)

小萨瑟兰，E. W. (Sutherland, Earl Wilbur, Jr.) 美国人，1915年11月19日生于美国堪萨斯州柏林加姆，1974年3月9日卒于佛罗里达州迈阿密。生理学、生物化学。

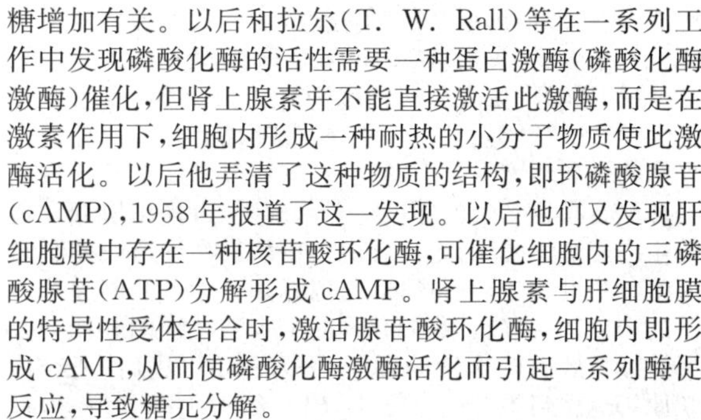

纺织品商人之子。1937年获堪萨斯州瓦希布鲁学院学士学位。1942年获华盛顿大学医学院医学博士学位。毕业后短期在巴恩斯医院、华盛顿大学科里实验室从事研究。当时正值第二次世界大战，很快便应征为外科军医。1945年返回华盛顿大学科里实验室，1950年任助理教授，1952年任副教授。1953年在克里夫兰的西储大学任药理学教授。1963年任田纳西州范德比尔特大学医学院生理学教授。是美国国家科学院院士。

1951年在科里实验室从事肾上腺素引起肝糖分解效用的研究，发现肝糖元细胞制剂中磷酸化酶活性与血糖增加有关。以后和拉尔(T. W. Rall)等在一系列工作中发现磷酸化酶的活性需要一种蛋白激酶(磷酸化酶激酶)催化，但肾上腺素并不能直接激活此激酶，而是在激素作用下，细胞内形成一种耐热的小分子物质使此激酶活化。以后他弄清了这种物质的结构，即环磷酸腺苷(cAMP)，1958年报道了这一发现。以后他们又发现肝细胞膜中存在一种核苷酸环化酶，可催化细胞内的三磷酸腺苷(ATP)分解形成cAMP。肾上腺素与肝细胞膜的特异性受体结合时，激活腺苷酸环化酶，细胞内即形成cAMP，从而使磷酸化酶激酶活化而引起一系列酶促反应，导致糖元分解。

20世纪60年代，他又发现很多种激素作用于各自不同的靶细胞时均通过激活腺苷酸环化酶，形成cAMP而发挥其特有效用的，于是提出关于激素作用的“第二信使学说”，即激素作为“第一信使”将化学信息送达靶细胞，而cAMP则是“第二信使”，将此信息送至细胞内效用系统。迄今发现有很多激素以及一些神经传递和只在局部起作用的“旁分泌”物质，均以cAMP为第二信使。除已发现的cAMP外，其他环磷酸核苷(如环磷酸鸟苷)和其他某些化学物质也可作为第二信使或参与此作用。1963年其他科学工作者在生物体内又发现一种物质环磷酸鸟苷(cGMP)，它在生物体的量仅为cAMP的十分之一到五十分之一。现知cGMP和cAMP是由不同的酶所产生的，在生理功能上两者是完全不同的。他曾把cGMP和cAMP的作用比喻为类似古代东方的阴阳学说。第二信使学说提出了关于细胞间化学信息传递机制，已成为生命活动过程中的一个普遍法则。

主要著作有《环磷酸腺苷》(1968年)、《关于激素作用机制的研究》等。cAMP的发现开辟了生理学与医学研究中的一个新领域，cAMP的衍生物目前已广泛应用于临床。因这项杰出成果获1971年诺贝尔生理学或医学奖。

(张慰丰)

马世骏(Ma Shijun) 原名马守义，又名马宜亭。中国山东省人，1915年12月5日生于山东滋阳(今兖州)，1991年5月30日卒于河北丰润。昆虫生态学、农业生态工程、环境科学。

1937年北京大学农学院生物学系毕业。1938～1943年，先后在山东省烟草改良场、湖北省农业改进所研究害虫防治。1948～1951年在美国攻读昆虫生态学，先后获犹他州立大学硕士学位、明尼苏达大学博士学位。1951年回国，一直在中国科学院工作，历任实验生物研究所副研究员，昆虫研究所研究员、昆虫生态学研究室主任，西北高原生物研究所所长，动物研究所副所长，生态环境研究中心主任。曾兼任国际生物科学联合会中国委员会主席，国际地圈-生物圈计划中国委员会副主席，中国生态学会理事长等职。是欧洲生态科学院外籍通讯院士。1980年当选为中国科学院学部委员(院士)，曾任生物学部主任。

20世纪50～60年代，建立中国第一个昆虫生态学实验室；首次确立中国昆虫地理区划；主持东亚飞蝗种群生态学、粘虫蛾越冬迁飞规律、棉虫种群动态与综合防治等研究，相继提出“改防结合，根除蝗害”、“种群变境成长”、“害虫自控系统”等理论，在广大地区有效根治或控制了蝗患，先后获1978年全国科学大会重要成果奖、中国科学院重大科学技术进步奖，1982年国家自然科学奖二、三等奖。70年代，重点探讨生态系统理论在生产建设和环境保护中的应用；进一步发展了理化方法与环境自净相结合的环境综合治理观点；提出协调发展的生态经济学构架，把经济效益、生态效益列入控制有害生物的设计与评价指标；与国际知名学者共同起草著名的布伦特兰宣言“我们共同的未来”，呼吁国际社会以可持续发展回应全球问题的挑战。80年代后，把经济学原理运用到系统生态学中，建立经济生态学；提出社会-经济-自然复合生态系统；开辟生态工程学新领域。发表论文150余篇；撰有《中国的农业生态工程》(1987年，与李松华合著)等专著7部。（李啸虎）

吴汝康(Wu Rukang) 中国江苏省人，1916年2月19日生于江苏武进，2006年8月31日卒于北京。*古人类学、人类学、人体解剖学。*

乡村小学校长的儿子。1940年中央大学毕业。同年任中央研究院历史语言研究所人类学组研究实习员。1942年任贵州大学讲师。1945年任中央研究院体质人类学研究所筹备处助理研究员。1946年赴美国留学，1947年获华盛顿大学医学院解剖学系硕士学位，1949年获博士学位。同年回国，历任大连医学院解剖教研组教授、中国科学院古脊椎动物研究所。1960年改为古脊椎动物与古人类研究所研究员兼副所长等职。曾兼任中国解剖学会副理事长、理事长，《人类学学报》主编。是美国俄亥俄州科学院外籍院士。1980年当选为中国科学院学部委员(院士)。

20世纪50年代，继20年代末发现北京猿人化石之后，中国在北纬23°～45°的广阔地域发现大量中国古人类化石。他先后对蓝田猿人、北京猿人、广东马坝和山西丁林的早期智人、四川资阳和广西柳江的晚期智人、云南开远的森林古猿、广西巨猿等的化石作了系统研究，提出从猿到人的过渡、人类体质发展的不平衡性、人类的新进化等理论，80年代中期创建“今人类学”的新学科。

发表论文200多篇；独立撰写或与他人合作出版《人类起源和发展》(1976年)、《人类发展史》(1978年)、《北京猿人遗迹综合研究》(1985年)、《中国古人类学和旧石器时代考古学》(1985年，英文版)、《古人类学》(1989年)、《今人类学》(1990年)等多部人类学著作。与他人合作出版《人体解剖学》、《人体解剖图谱》。获1987年国家自然科学奖三等奖、1991年中国科学院自然科学奖一等奖等多种奖励。（孙天宇 宣焕灿）

钦俊德(Qin Junde) 中国浙江省人，1916年4月12日生于浙江安吉，2008年1月14日卒于北京。*昆虫生理学、农业昆虫学。*

始祖蒙古族。1940年东吴大学生物学系毕业。1941年进入燕京大学研究院学习一年。后辍学当中学教员。1943年起先后在成都燕京大学生物学系、昆明清华大学农科研究所、北平清华大学农学院任教。1947年赴荷兰留学，1950年获阿姆斯特丹大学理学博士学位。后任美国明尼苏达大学荣誉研究员。1951年回国，历任中国科学院昆虫研究所副研究员、研究员、研究室主任，中国科学院动物研究所学位委员会主任、研究员。兼任中国昆虫学会理事长，《昆虫学报》、《中国昆虫科学》(英文)主编等职。1991年当选为中国科学院学部委员(院士)。

20世纪40～50年代，创立中国第一个昆虫生理研究室；首次提出昆虫选择寄生植物的链锁理论，认为昆虫先用嗅味觉辨识植物，再通过营养和代谢以适应植物化学组分来建立种群，指明了抗虫性植物的培育方向；揭示东亚飞蝗卵期对环境适应特点、不同发育期对浸水和干旱忍耐能力变化，为预测蝗害发生提供了科学依据。60～70年代，研究植食性昆虫如棉铃虫、粘虫等食性和营养特点；建立快速侦检不同来源蚊虫的方法；揭示益虫七星瓢虫营养、代谢和生殖之间关系，填补了中国研究空白；配制成功七星瓢虫、赤眼蜂的人工饲料，为人工大量繁殖益虫进行生物学防治创造了条件。80～90年代，系统研究植食性昆虫食性的生理基础；深入研究昆虫和植物的相互作用及其演化；根据生化分类法推断北京鸭可能起源于绿头鸭；研究和评价了近40种抗菌素对昆虫的毒效。

发表论文百余篇；出版《昆虫与植物的关系》(1987年)、《英汉昆虫学词典》(1991年第2版，与他人合编)、《动物的运动》(2000年)等专著、译著10余种。获国家自然科学奖二等奖、中国科学院重大科学技术成果奖等。（李啸虎）

鲍文奎(Bao Wenkui) 中国浙江省人，1916年5月8日生于浙江宁波，1995年9月15日卒于北京。*农艺学、作物遗传育种学。*

1939年中央大学农学院农艺系毕业，后到四川省农业改进所任职。1947年赴美国留学，1950年获加利福尼亚理工学院生物学系博士学位。同年回国，任四川省农业科学研究所副研究员。1956年调北京参加中国农业科学院筹备工作，后任中国农业科学院作物育种栽培研究所研究员、副所长。兼任国际小黑麦协会副主席。1980年当选为中国科学院学部委员(院士)。

异源八倍体小黑麦良种的创始人。1950年回国后，在四川省农业科学研究所组织研究小组从事禾谷类作物多倍体育种研究。这是由培育种内品种过渡到人工制造新品种、培育人工新作物的育种研究大难题。他们同时开始水稻、黑麦、大麦的同源多倍体和将小麦与黑麦合并的异源八倍体小黑麦的育种工作。在中国农业科学院领导一个研究小组，培育出八倍体小黑麦原系4 695个、副系551个，四倍体水稻原种73个、籼粳稻杂交组合数十个，这些成果为进一步杂交育种提供了丰富资源。还培育成功可直接用于农业生产的“小黑麦二号”、“小黑麦三号”等良种，于20世纪60年代末到70年代初，到中国西北、西南地区农村加以推广种植。70年代中期，培育出早熟、丰产、优质、易脱粒的第二代中矮秆八倍体小黑麦良种“劲松5号”和“劲松22号”等。80～90年代，培育成应用前景更加广阔的异源八倍体小黑麦的新品种——第三代矮秆小黑麦。

发表论文数十篇;代表作有《禾谷类作物的同源多倍体和双二倍体》(1956年,与严育瑞合著)、《八倍体小黑麦的育种与栽培》(1981年)等。 (高小东 宣焕灿)

卡泽,E.(Katzir,Ephraim) 一译"卡齐尔"。以色列人,1916年5月16日生于俄国基辅(今属乌克兰),2009年5月30日卒于以色列。*生物物理学、分子生物学、酶工程。*

原籍苏联,9岁随家人移居巴勒斯坦。1941年毕业于耶路撒冷的希伯来大学,后获博士学位,留校任教至1945年。1951～1973年任以色列雷霍沃特新建的韦茨曼理学院生物物理学系教授兼主任。曾先后被聘为美国布鲁克林理工学院(1949年)、哥伦比亚大学(1951年)、哈佛大学(1957年)和洛杉矶加利福尼亚大学(1964年)特约研究员。1966～1968年任以色列国防部陆军中校衔首席科学家。1973～1978年任以色列第四任总理。1978年起任韦茨曼理学院教授。是以色列文理科学院的创建者之一。1966年成为美国国家科学院外籍院士,也是美国文理科学院外籍院士。德国利奥波特科学院外籍院士。1977年入选英国皇家学会外籍会员。1973年4月被选为以色列总理。原姓卡查尔斯基(Katchalski),根据以色列政府政策规定,国家官员姓名需用希伯来语,因此当选总理后改名为卡泽。

开创了人工合成高分子量模式蛋白质的工作。1947年他合成聚赖氨酸是这方面研究工作的里程碑。认为利用类似天然多肽或蛋白质的高分子量模式化合物,不仅可测定蛋白质的稳定性、构象和物化性质,而且还可测定它的某些生物学特性。1948年证明人工合成的聚赖氨酸可以被胰蛋白酶消化。利用聚赖氨酸使大肠杆菌噬菌体失活区分可逆和不可逆时期,并和同事一起发展了一种利用制备的转移核糖核酸(tRNA)来分步分离氨基酸(特定的tRNA)的方法。

代表作有《蛋白质和酶研究中的生物技术应用》(1977年)等。获奖甚多,其中有1959年以色列国家自然科学奖,1961年罗恩柴尔德自然科学奖,1969年林德斯特罗姆-兰金质奖章,1972年克雷布斯奖章,1985年获日本国际奖等。 (张承圭 吕慧梅)

克里克,F. H. C.(Crick,Francis Harry Compton) 英国人,1916年6月8日生于英国英格兰北安普敦,2004年7月28日卒于美国加利福尼亚州圣迭戈。*分子生物学、生物化学、脑科学、遗传学。*

1937年获伦敦大学学院物理学学士学位。第二次世界大战期间,在英国海军部特丁顿实验室参与水雷研制和其他军备开发。1947年重回剑桥大学学习与研究,先后在斯特拉威实验室学习组织学,在卡文迪什实验室学习X线晶体学,在卡犹斯学院研究蛋白质。1953年获剑桥大学博士学位。1949年在英国分子生物学医学研究会剑桥大学佩鲁茨实验室工作。1977年任圣迭戈加利福尼亚大学索尔克生物研究所研究教授,1994～1995年任所长。1959年入选英国皇家学会会员。1962年成为美国文理科学院外籍院士,是美国国家科学院、德国科学院的外籍院士。

早期从事粒子和物理学应用于生物学物理学的基础研究,由于受薛定谔的《生命是什么?》一书的影响,才逐渐改变科研方向,从事分子生物学方面的研究工作。和美国生物学家J. D. 沃森于1953年提出DNA(脱氧核糖核酸)分子模型,现叫沃森-克里克模型。它解释了令人困惑的生物学难题之一,对遗传物质如何复制提供一个简单机制。DNA结构的测定被认为是20世纪生物学中最重要的进展。根据X射线衍射图谱分析,他和沃森指出DNA分子模型是右旋的双螺旋结构,由两条平行的多核苷酸链从相反的方向围绕着同一个轴右旋盘曲而成。DNA分子的两条链通过碱基间的氢键连接在一起,从而维持双螺旋空间结构,碱基间相互形成氢键都是由一条链上的腺嘌呤与另一条链上的胸腺嘧啶以氢键相连,一条链上的鸟嘌呤与另一条链上的胞嘧啶通过氢键相连。后来查尔加夫(Chargaff)又作了进一步观察,证实碱基配对是等量的。螺旋每盘旋一圈包含有10对碱基,一对碱基到下一对碱基的距离是3.4纳米。根据DNA双螺旋结构学说,他和沃森认为DNA复制时先是两条链松开,然后分别以每条链为模板,按碱基配对规律各自合成出一条与原来模板相对应的新链,使一个DNA分子复制成两个与原来一样的DNA分子。后来有许多实验都证实了这一假设。因此,和沃森以及对DNA结构研究作出重要贡献的M. H. 威尔金斯分享1962年诺贝尔生理学或医学奖。

还与剑桥大学的同事研究遗传密码的结构和功能,1953年指出遗传密码的特性包括如下几点:①3个相邻碱基组成一个密码;②相邻密码可能不重叠;③在基因的一端某个固定位置可读出三联体信息;④通常一个氨基酸有一个以上的三联体密码;⑤某些三联体密码可能代表一个以上的氨基酸;⑥密码在所有的有机体中大部分可能是相同的。1977年起他专注于脑科学研究,试图揭开通过视觉的感知所形成的意识概念生理过程。

出版有《分子与人类》(1966年)、《生命的起源与本质》(1981年)、《狂热地追求》(1988年)、《对灵魂的科学探索》(1994年)等。除获诺贝尔奖以外,他还获1959年马萨诸塞州总医院特里尼艾尔奖,1960年艾伯特和M. 拉斯克基金会拉斯克奖,1961年法国科学院迈耶奖和研究社团奖,1962年盖尔德纳基金奖,英国皇家学会1972年皇家奖章、1975年科普利奖章。

(张承圭 吕慧梅)

吴征镒(Wu Zhengyi) 别名吴白坚。中国江苏省人,1916年6月13日生于江西九江,2013年6月20日卒于云南昆明。*植物分类学、植物地理学、药用植物学。*

祖籍安徽歙县,寄籍江苏仪征。从小在扬州长大。1937年清华大学生物学系毕业。留校任教。期间1940～1942年在北京大学理科研究所攻读研究生。后任西南联合大学教师,兼任云南大学、中法大学教师和中国医药研究所研究员。1950年后,相继任中国科学院植物分类研究所研究员、副所长,中国科学院昆明植物研究所所长、名誉所长。兼任中国科学院昆明分院副院长、院长，中国植物学会副理事长，云南植物学会理事长，云南省科学技术协会主席。1955 年选聘为中国科学院学部委员(院士)。

20 世纪 40 年代，在云南进行大量野外药用植物考察，1945 年完成《滇南本草图谱》。50 年代，1956 年前瞻性地提出建立国家自然保护区倡议；主持考察橡胶宜林地，解决了种植上的技术难题。60 年代中期，在论文“中国植物区系的热带亲缘”中运用板块学说创造性地提出：中国植物区系与印度支那半岛植物区系之间有相似的历史背景；中国南部、西南部和印度支那地区是植物最富有古老科属的地区，这些从第三纪古热带植物区系传下来的成分可能是东亚植物区系的核心；该地区很可能是北美和欧洲植物区系的发源地。1983 年进一步指出，中国植物区系有古南大陆、古北极和古地中海的三大历史成分，中国西南部则是这些成分发生和发展的关键地区。1956～1980 年，主持中国植被研究，其间两次进西藏考察，行程两万多公里，发表“中国植被的类型”等论文，主编出版中国第一部植被专著《中国植被》(1980 年)。1983～1988 年，组织 3 个研究所编著出版巨著《新华本草纲要》(3 卷)，含药用植物6 000种。进行大量高等植物分类学的研究，共发现 9 个新属，400 个以上的新种。1999 年向国家提议建立中国西南野生生物种质资源库，2007 年竣工投入使用。

发表论文 140 余篇；出版专著 20 余部，其中有《西藏植物志》(5 卷，1983～1987 年)、《云南植物志》(8 卷)、《云南种子植物名录》(2 卷，1984 年)以及《云南的植物》(3 卷，日文版，1986 年)。1977 年起，先后参与主编 80 卷共 120 分册《中国植物志》(中、英文版)中的若干卷。多次获奖，如 1978 年全国科学大会奖，中国科学院科学技术进步奖特等奖和二等奖，国家自然科学奖一等奖和二等奖，1999 年日本考斯莫斯国际奖，2001 年云南省科学技术突出贡献奖，2003 年何梁何利科学与技术成就奖，2007 年国家最高科学技术奖等。

(高小东　宣焕灿)

庄巧生(Zhuang Qiaosheng)　中国福建省人，1916 年 8 月 5 日生于福建闽侯。*农艺学、小麦遗传育种学。*

小学教员家庭出身。1939 年成都金陵大学农学院毕业。先后在中央农业实验所贵州工作站、成都金陵大学农艺系、湖北省农业改进厅等处工作。1945～1946 年在美国堪萨斯州农学院、康奈尔大学进修。回国后任北平农事试验场技正兼麦作研究室主任。1949 年后，历任华北农业科学研究所研究员、研究室主任，中国农业科学院作物育种栽培研究所研究室主任、副所长。兼任国际玉米小麦改良中心理事、中国作物协会理事长、《作物学报》主编等职。1991 年当选为中国科学院学部委员(院士)。

先后主持育成以“北京号”系列、“丰抗号”系列为代表的 5 批 26 个冬小麦优良品种，其中获 1978 年科学大会奖等多项。20 世纪 50 年代，参与首次对西藏农业考察，指出西藏拉萨河谷海拔 3 700 米上下农区可以发展冬小麦；60 年代在中国最早倡导和实践复合杂交育种。80 年代以来，主持完成“六五”、“七五”、“八五”国家重点课题“高产、优质、多抗小麦品种选育技术研究”系列，其中全国大区级小麦区域试验成果及其应用获 1987 年国家科学技术进步奖二等奖；建立全国示范性小麦品质实验室；较早提出中国小麦品种面包烘烤品质的量化指标；综合应用生物技术创造抗黄矮病普通小麦亲种质，获国家发明奖二等奖；首次合作建立中国小麦育种计算机专家系统。

主编和撰写《小麦育种理论与实践的进展》(1987 年)、《中国小麦学》(1996 年)等专著，其中《中国小麦品种及其系谱》(2003 年)等获部委级一等奖；另有合作译著多部；参与主编《中国农业百科全书・农作物卷》。获国家或省部级奖励逾 10 项，获 1995 年何梁何利科学与技术进步奖。

(钟尚科)

黄耀祥(Huang Yaoxiang)　中国广东省人，1916 年 8 月 17 日生于广东开平，2004 年 2 月 22 日卒于广东。*农艺学、水稻遗传育种学、基因工程。*

出身贫寒。1939 年中山大学农学院农学系农艺专业毕业。受聘于云南省第一农事试验场、广东省稻作改进所。1949 年后任广东省农业科学院研究员，曾任副院长等职。1995 年当选为中国工程院院士。

20 世纪 50 年代末至 60 年代初，开创水稻矮化育种工程，促进中国籼稻矮秆化，杂交育成第一批矮秆耐肥高产新品种，实现近代中国水稻生产的第一次飞跃，在这一领域处于世界领先地位。70 年代发现和利用新的矮性基因源，启动和实现丛化育种工程，开创丛生快长高产株型育种，育成“桂朝”和“双桂”等新种，达到多穗数和较重穗在较高水平上的结合，使稻谷产量大大提高。80 年代起，开创半矮秆“早长”超高产育种工程，培育出特高产、超高产大穗型的水稻新品种多种。其中“胜优 2 号”在广东最高亩产达 857.5 千克，创当时全国双季稻单产最高纪录；后又在贵州创下每亩产量 1 024 千克高产纪录，大大超过国际水稻的“超级稻”产量，是水稻超高产育种的重大突破，成果获国家发明奖二等奖。90 年代后，进而开展半矮秆“早长根深”超高产、特优质育种工程，育成“七秀占”、“望稻 1 号”、“奇妙香”、“胜泰 1 号”、“高科 13”、“小银占”和“丝苗香”等超高产、特优质新良种，多个亩产在 600～700 千克以上，米质达一级以上，并进行了大面积推广。他先后主持育成且推广面积较大的有 50 多个良种，同时为中国超级稻育种奠定了坚实的理论基础。

(武光明)

帕克，T. T.(Puck，Theodore Thomas)　美国人，1916 年 9 月 24 日生于美国芝加哥，2005 年 11 月 6 日卒于科罗拉多州丹佛。*病毒学、遗传学、生物物理学、肿瘤学。*

1937 年获芝加哥大学物理化学理学士学位，1940 年获物理化学博士学位。留校任教，1941 年任该校医学系助理研究员、1945 年任医学系和生物化学系助理教授。1947 年去加利福尼亚理工学院任高级研究员。1948～1967 年任科罗拉多大学医学院生物物理系教授和系主任。1961～1995 年任该校罗斯福癌症研究所所长。兼任洛斯阿拉莫斯国家实验室研究员。1966 年起任美国癌症学会终身研究教授。1960 年入选美国国家科学院院士。1962 年任罗斯福癌症研究会会长。1972 年入选美国文理科学院院士。

20 世纪 40 年代初开始,研究空气溶胶动力学和防止空气溶胶被细菌及病毒侵染方法,并被应用于实践中。1947 年研究噬菌体对宿主细菌的附着和入侵。1948 年后,继续研究病毒对细菌的入侵机制。研究病毒对细菌的入侵机制时,指出入侵步骤:可逆的附着—酶反应(对细菌的不可逆附着并使菌细胞壁溶解)—入侵洞口被封住。还研究哺乳动物病毒与其宿主细胞之间的相互作用,探索出研究哺乳动物生化遗传学新路。设想把单胞平皿培养技术用于培养哺乳动物细胞,曾与学生合作设计出一种简单、快速而精密的方法,把从组织培养物中取出的单个哺乳动物细胞加到皮氏培养皿中,则每个细胞能独立地生长产生分立的、可识别的集落。数出这些集落数,也就可数出在其原种群中繁殖的细胞数。把具突变特征的单个集落挑选出来,可使之发展成新的突变细胞株。他们的单集落培养法,可定量测定影响细胞繁殖的诸因素、遗传过程和建立突变细胞原种。这种原种可供系统遗传学和生物化学作为研究材料,促进了细胞学、遗传学、生物化学和分子生物学等学科的发展。60 年代后研究辐射与肿瘤的关系。

获 1958 年美国卫生研究院拉斯克奖,1959 年博丁奖、科罗拉多大学斯特恩斯奖,1973 年哥伦比亚大学细胞生物学与生物化学霍罗维茨奖,1974 年美国医学会奖,1977 年美国临床气候疗法协会威尔逊奖章。

(田金仙)

朱祖祥(Zhu Zuxiang)　中国浙江省人,1916 年 10 月 5 日生于浙江慈溪云山乡(今属余姚市),1996 年 11 月 18 日卒于浙江绍兴。*土壤学、农业化学、农业教育。*

1938 年毕业于浙江大学农学院。留校任教。1945 年赴美国密歇根大学攻读土壤化学,1946 年、1948 年获硕士、博士学位。1948 年回国,任浙江大学农学院教授、农业化学系主任。1952 年后受命筹建浙江农学院(后改名浙江农业大学)土壤农业化学系,历任系主任、该校副校长、校长。曾兼任中国水稻研究所所长,中国科学院沈阳林业土壤研究所和土壤研究所的研究员,中国土壤学会副理事长,中国土壤肥料协会副理事长,浙江省科学技术协会副主任,浙江省农学会理事长。1980 年当选为中国科学院学部委员(院士)。

20 世纪 40 年代后期在美国攻读学位期间,证明不同粘粒的矿物对土壤养料有效度存在饱和度效应和陪衬离子效应,这些概念后来被美国一些土壤学教科书所采用。40 年代末至 50 年代,提出土壤酸度指示剂配方,被国内外土壤界广泛采用;在浙江农学院组织水稻土中有效养分速测法的研究。60 年代,提出后来获得广泛认可的中国农业土壤肥力类型的见解,还研究了磷的土壤化学、土壤中有效养料的能量概念等问题。70 年代,主持研究了作物和土壤营养障碍化学诊断,提出水稻营养和土壤化学诊断的基本方法及有关理论。70 年代末以后,在繁重行政领导工作的同时,继续开展土壤化学和土壤物理学的研究与教学工作。

翻译、校译出版俄文、英文、日文土壤学专著 10 余部;主编全国高校通用教材《土壤学》(2 卷,1980 年)获 1988 年国家教委优秀教材奖一等奖。　(高小东)

斯塔尼尔,R. Y.(Stanier, Roger Yate)　加拿大人,1916 年 10 月 22 日生于加拿大不列颠哥伦比亚省维多利亚,1982 年 1 月 29 日卒于法国巴黎。*微生物学、分子生物学。*

1936 年获加拿大不列颠哥伦比亚大学学士学位。1940 年获美国洛杉矶加利福尼亚大学硕士学位。1942 年获斯坦福大学博士学位。1947～1971 年在美国伯克利加利福尼亚大学任微生物学教授,先在细菌学系工作,1965 年在分子生物学系工作。1971 年去巴黎巴斯德研究院从事研究工作。1953 年入选美国文理科学院外籍院士。1978 年当选为英国皇家学会外籍会员、荷兰皇家文理科学院外籍院士。获法国兰斯大学和美国芝加哥大学荣誉博士学位。

早期研究需氧细菌营养代谢基础,揭示出酶的作用。后来和同事合作研究酶合成的调节作用,揭示其控制系统非常复杂,并绘成控制系统图,为探索生命化学进化提供了一个新手段。1952 年又和他人合作,分解没有细胞结构的细菌提取液中的色素系统,指出分解物多位于载色体的亚显微颗粒中,开创了在实验室中研究细菌光合作用的机制。从 1963 年起,他深入研究蓝细菌(蓝绿藻)性质,建立在纯培养液中快速分离蓝细菌技术。

和同事合著《微生物世界》(1975 年)、《普通微生物学》(1977 年)等。1950 年获美国微生物学会利利奖。1976 年获埃米尔基督教汉森奖。　(陈建秀)

威廉斯,C. M.(Williams, Carroll Milton)　美国人,1916 年 12 月 2 日生于美国弗吉尼亚州里士满,1991 年 10 月 11 日卒于坎布里奇。*昆虫学、发育生物学。*

1937 年在美国里士满大学获学士学位。1938 年在哈佛大学获硕士学位,1941 年获博士学位。同年留校任教。1946 年获哈佛大学医学院医学博士学位,同年任生物学助理教授,1948 年任副教授,1953 年任动物学教授,1965 年任伯西讲座教授,曾任哈佛大学生物学系主任、哈佛科学中心主任和教授。1951 年入选美国文理科学院院士。1960 年入选美国国家科学院院士。1969 年入选美国哲学学会会员。1970～1972 年任美国国家科学院动物学部主任,1973～1976 年任该院理事会理事。

在里士满大学学习时,曾醉心于昆虫生物学,重点研究蝴蝶卵到幼虫、蛹、成虫的一系列变态。发现把茧子冷藏 2 个月后,再放回室温中,可使它们继续发育。10 年后,他揭开这一奥秘的线索,把两种蛹移植在一起共享同样的血,实验结果表明冷冻的和非冷冻的蛹都结束滞育阶段,迅速发育成蛾,这是由于脑部分泌一种激素使蛹成蛾的。还研究几种对昆虫施行外科手术的新技术,如被全世界采用的用二氧化碳麻醉昆虫的技术,经过多次试验,终于确定第二个内分泌器官为前胸腺。1953 年在德国布特南特实验室与德国学者合作,从 500

千克蚕中分离出 25 克前胸激素，他命名为脱皮激素，并测定其结构。

发表论文 170 余篇(部)。获 1950 年美国文理科学院年度奖，1961 年哈佛医学院博伊尔斯顿金质奖章，1967 年哈佛大学莱德利奖，1969 年芝加哥大学里基茨奖，以及美国科学促进协会克利夫兰奖等。（施金保）

威尔金斯，M. H. F.（Wilkins，Maurice Hugh Frederick） 英国人，1916 年 12 月 15 日生于新西兰庞加罗阿，2004 年 10 月 5 日卒于英国伦敦。生物物理学、遗传学、同位素化学。

出身医生家庭，父母是爱尔兰移民。6 岁到英国。1938 年获剑桥大学圣约翰学院物理学学士学位。毕业后先后在英国国内安全部、航空工业部从事技术工作。与兰德尔(J. T. Randall)用电子陷阱的概念发展磷光和热发光理论，1940 年获伯明翰大学物理学博士学位。第二次世界大战中，曾改善极射线管荧光屏为雷达服务，用质谱法分离铀同位素应用于制造原子弹。1944 年调到美国伯克利加利福尼亚大学，继续进行同位素分离研究。1945 年回英国，任教于苏格兰圣安德鲁斯大学，和兰德尔教授重新合作研究生物物理学。1946 年去伦敦大学国王学院，成立医学研究委员会生物物理学部兼任副主任、代主任、主任等职，兼任该校分子生物学教授，1972 年任该校医学研究委员会神经生物学部主任，1981 年退休。1959 年当选为英国皇家学会会员。获多个大学荣誉博士学位。

首先研究超声波的遗传效应探测，但对脱氧核糖核酸(DNA)的研究也有兴趣。在一次偶然的观察中，使他决定对 DNA 进行 X 射线衍射研究。当用显微镜观察用于紫外二向色性研究的 DNA 凝胶时，观察到每次用玻璃棒碰到凝胶并提起时就有粗细均匀的 DNA 细丝被抽出来，表明 DNA 分子适宜做 X 射线衍射研究。与富兰克林(R. E. Franklin)分析衍射图，得知 DNA 分子是有规则的螺旋体，其直径约 2 纳米，重复距离(即每圈螺旋的长度)约 3.4 纳米。并推论 DNA 的磷酸基团在螺旋体的外侧，这与化学家 L. C. 鲍林和科里(R. B. Corey)所得结论相反。和同事证明 DNA 中有两条共轴的分子，碱基对叠积在螺旋的中心。还证明离体的和整体中的 DNA 都是同种的有高度组织结构的分子，因此所得的 DNA 结构完全不是分离所致的假象。他与富兰克林由 X 射线衍射研究所得的 DNA 结构与当时 J. D. 沃森和 F. H. C. 克里克所建立的 DNA 分子模型颇为一致。两个研究小组于 1953 年发表研究结果之后，他还用 X 射线衍射证明沃森-克里克模型是唯一的，并用这一技术测定 RNA 和神经细胞膜的结构。

著有自传《双螺旋结构的第三人》(2003 年)。1960 年获拉斯克奖。他与沃森、克里克 3 人共同获得 1962 年诺贝尔生理学或医学奖。（田金仙）

莱宁格，A. L.（Lehninger，Albert Lester） 美国人，1917 年 2 月 17 日生于美国康涅狄格州布里奇波特，1986 年 3 月 4 日卒。细胞生物学、生物能学、酶化学。

1939 年获卫斯里教会大学文学士学位。1940 年、1942 年先后获威斯康星大学理学硕士、博士学位。留校任生理化学讲师。1945～1952 年在芝加哥大学任助理教授、副教授。1951 年任德国法兰克福大学研究教授。1951～1952 年任英国剑桥大学客座研究员兼研究教授。1952～1978 年任约翰斯·霍普金斯大学医学院生理学与化学教授、生理学化学系主任，1978 年起任医学教授。1956 年当选为美国国家科学院院士。1972～1973 年任美国生物化学家协会主席。1975～1976 年在总统顾问委员会生物医学研究小组工作。

1948 年和 E. P. 肯尼迪共同发现称为线粒体的亚细胞体是细胞呼吸的主要位置，证明与呼吸有关的大多数酶分子位于线粒体壁上和线粒体内，而线粒体的内部结构是规则而又复杂的。他发现线粒体是氧化磷酸化的场所，在这一反应中，磷酸在低能的腺苷二磷酸(ADP)中引入磷酸基团，使之转化为高能的腺苷三磷酸(ATP)。和芝加哥大学研究小组还发现呼吸链中的第三阶段，除了氧化和电子转移所必须的酶以外，还存在其他的酶。这些酶利用电子转移释放的能量完成使 ADP 成为 ATP 的磷酸化。关于呼吸链的设想大大推动了研究的进程，包括对电子转移的模型的改进。还证明了伴随电子转移，线粒体的形状或内部结构可能发生可逆渗透和结构改变。这些改变与线粒体活性的代谢控制有关。是多种科学组织的成员。

发表论文约 250 篇；著作有《线粒体》、《生物能量学》、《细胞中的能量转换》(1960 年)等，是《生物化学原理》(第 5 版)大学教材的三位主编之一。获 1948 年酶化学刘易斯奖，1965 年芝加哥大学功勋奖，1969 年美国化学会雷姆森奖等。（周邦娴）

王金陵(Wang Jinling) 中国江苏省人，1917 年 3 月 15 日生于江苏徐州，2013 年 9 月 4 日卒于哈尔滨。大豆遗传育种学、农业教育。

1940 年金陵大学农学院农艺系毕业。留校任教。1943 年任国民政府农业部陕西武功推广繁殖站技术督导员。后转到中央农业实验所工作。1945 年任吉林公主岭农事试验总场场长。1948 年聘为新成立的东北农学院教师，次年任副教授兼农学系首任主任，后任教授、副院长。曾任黑龙江省人民代表大会常务委员会副主任。1980～1983 年任黑龙江省副省长。1982 年任《大豆科学》、《大豆通报》杂志主编。1984 年任国家农牧渔业部全国大豆专家顾问组副组长。1985～1991 年任黑龙江省科学技术协会主席。先后兼任黑龙江省作物学会理事长、黑龙江省农学会副理事长、中国作物学会副理事长、中国大豆研究会理事长等职。

带领研究团队育成大豆新品种 30 多个，其中 16 个品种已大面积推广。1943 年发表论文，开始酝酿大豆生态类型理论，获中华农学会奖励。20 世纪 50～60 年代，经 10 年试验，杂交选育出大豆新品种“东农 4 号”，成熟期早，抗伏性强，喜肥荚密，适宜机栽，获大面积推广，而且为大豆育种指明了方向，获1978年全国科学大会奖励。70年代，克服重重困难，培育成功“东农34号”，产高品优，成为出口创汇品种；发表论文“大豆的分类问题”（1976年），首次提出根据当地生态条件，从大豆生态类型确定育种目标的理论；1979年提出以混合处理为基础的“摘荚法”，提高了育种效率和质量，获黑龙江省优秀科学技术成果将一等奖。80～90年代，1983年开始研究中国野生大豆资源，并和大豆育种紧密联系起来。其中，“大豆杂交组合早代鉴定研究”，1980年获黑龙江省科学研究成果将一等奖；“回交克服大豆种间杂种蔓生倒伏性”、“中国野生和半野生大豆产量与蛋白质含量潜力的研究”课题，1986年、1987年先后获国家农牧渔业部科学技术进步奖二等奖；“早熟大豆‘东农36号’的选种”，使中国大豆生产北界向北推进了100多千米；“大豆Soja亚属种间杂交种后代形状改良的资源创新”，1991年获国家教委科学技术进步奖二等奖。

在国内外发表论文50余篇，著有《王金陵大豆论文集》（1992年）；撰写和主编著作《大豆遗传与选种》（1957年）等8部，主编的《大豆》（1984年）一书获国家优秀科技图书奖二等奖。1979年当选全国劳动模范。1997年获何梁何利基金科学与技术进步奖。2006年获中国作物学会“大豆科学最高荣誉奖”。（李啸虎）

肯德鲁，J. C.（Kendrew, Sir John Cowdery） 英国人，1917年3月24日生于英国牛津，1997年8月23日卒于同地。分子生物学、生物化学。

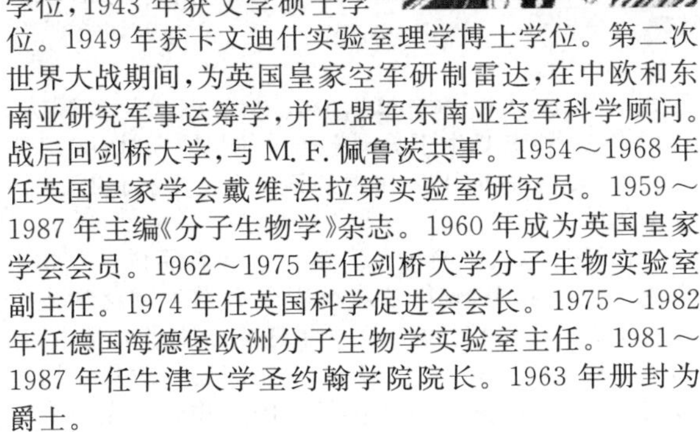

大学教授之子。1939年获剑桥大学三一学院文科士学位，1943年获文学硕士学位。1949年获卡文迪什实验室理学博士学位。第二次世界大战期间，为英国皇家空军研制雷达，在中欧和东南亚研究军事运筹学，并任盟军东南亚空军科学顾问。战后回剑桥大学，与M. F. 佩鲁茨共事。1954～1968年任英国皇家学会戴维-法拉第实验室研究员。1959～1987年主编《分子生物学》杂志。1960年成为英国皇家学会会员。1962～1975年任剑桥大学分子生物实验室副主任。1974年任英国科学促进会会长。1975～1982年任德国海德堡欧洲分子生物学实验室主任。1981～1987年任牛津大学圣约翰学院院长。1963年册封为爵士。

1946年与佩鲁茨合作研究与肌肉红色素及细胞贮氧功能有关的肌红蛋白结构。这种蛋白与血红蛋白密切相关，而且分子相对来说比较小，约有2 500个原子。1953年佩鲁茨利用同晶型取代法第一次成功地应用于对血红蛋白的结构研究。肯德鲁和同事也证明可用相似的技术来研究肌红蛋白的结构。1957年他们第一次成功地解决了用X射线衍射方法测定肌红蛋白结构问题，证实绝大部分多肽链呈α螺旋结构，揭示将蛋白质分子组分结合在一起的有关力学的基本性质，并确定了肌红蛋白中结合氧的铁原子周围结构。与此同时，他还首次把电子计算机运算方法用于对X射线图像分析。1957年第一次发表低分辨的肌红蛋白模型。1959年发表低分辨的血红蛋白结构测定结果。1965年又发表了高分辨的溶菌酶结构测定结果。

著有《生命的线索》（1966年）等书。由于首次成功地测定了蛋白质结构，因此和佩鲁茨共同获得1962年诺贝尔化学奖。1963年获大英帝国勋章。1965年获英国皇家学会皇家奖章。（张承圭　吕慧梅）

黎尚豪（Li Shanghao） 中国广东省人，1917年4月10日生于广东梅县，1993年1月24日卒于武汉。淡水藻类学、生理生态学。

出身中医家庭。1939年获中山大学理学院生物学系理学士学位。留校任教。1944～1949年在中央研究院动植物研究所、植物研究所任职。1949年后，历任华东军管会植物研究所助理研究员，中国科学院水生生物研究所副研究员、研究员、研究室主任、副所长、所学术委员会主任，淡水生态和生物技术国家重点实验室学术委员会主任等职。曾兼任中国藻类学会理事长、名誉理事长。1980年当选为中国科学院学部委员（院士）。

1960年起，负责组建并主持中国第一个藻类学研究室，大量培养和应用单细胞绿藻、固氮蓝藻等藻类，开拓了中国淡水藻类研究的实验生态学方向；70～80年代，进一步扩展到藻类生理、生化直至分子生物学领域；90年代后，藻类学研究室已经成为从不同层面上对主要是淡水藻类进行全面、综合研究的“国际上最强大的藻类学研究集团军之一”。主持建立一套中国独创且普遍采用的藻类培养技术，提出蓝藻、单细胞绿藻与硅藻等的培养基配方。特别是在固氮蓝藻生物学方面，系统研究了固氮蓝藻的生长繁殖规律和固氮作用机理，并利用固氮蓝藻作为晚稻等作物的肥源，在示范应用中取得增产10%左右的效果。在藻类分类学方面有不少新发现，尤其是大雄毛鞘藻的发现，对鞘藻分类系统有重要意义。

参与主编《中国鞘藻目专志》、《中国淡水藻志第一卷·双星藻科》等书。曾获1978年全国科学大会奖、中国科学院科学技术成果奖一等奖、国家自然科学奖二等奖等。（武光明）

沈善炯（Shen Shanjiong） 中国江苏省人，1917年4月13日生于江苏吴江。分子遗传学、微生物学、基因工程。

曾就读于南京金陵大学农学院农业专修科。1942年毕业于昆明西南联合大学生物学系。先后在清华大学农业研究所、华中大学生物学系、中央研究院植物研究所、北京大学生物学系工作。1947年赴美国留学，1950年获加利福尼亚理工学院生物遗传学博士学位。同年回国，任浙江大学医学院副教授。1953年后，一直在中国科学院上海植物生理研究所工作，历任副研究员、研究员等。曾任中国遗传学会副理事长。1980年当选为中国科学院学部委员（院士）。

20世纪40年代末，在美国研究链孢霉甲硫氨酸合成的遗传学控制，以及酪氨酸酶的特性，发现酪氨酸酶的形成受温度和硫酸盐浓度的抑制。50年代前期，研究产生抗生素放线菌的代谢过程和抗生素生产，为中国生产金霉素和链霉素作出贡献。合作研究金霉素生理效应，开发金霉素生产，获中国科学院自然科学奖一等奖。1964年与学生一起发现葡萄糖分解可由3-磷酸二羟基丙酮经甲基-1,2醛而形成乳糖的支路代谢进行，这比国外同样的发现要早5年。70年代中期，主持开展肺炎克氏杆菌固氮nif基因的精细结构和定位的研究，精确测得那些与组氨酸操纵子连锁的nif突变型之间的物理间距，并证明nif基因在染色体上呈一簇排列，不存在"静止区"，纠正了国外一些学者认为基因分成两簇排列，两簇间存在静止区的错误见解，该项成果获1979年中国国家科学技术成果奖一等奖。80年代，应用DNA(脱氧核糖核酸)重组和基因融合技术，在固氮基因的结构与调节研究中取得重要成果，获国家自然科学奖二等奖。此外，还指导了大豆种子贮藏蛋白基因的研究和共生固氮的分子遗传学研究，并取得许多成果。获1996年美国加利福尼亚理工学院杰出校友奖，1997年陈嘉庚生命科学奖，1999年何梁何利科学与技术进步奖。

（高小东　宣焕灿）

科恩，S. S.（Cohen，Seymour Stanley）　美国人，1917年4月30日生于美国纽约市布鲁克林。病毒学、生物化学。

1936年在美国纽约市立学院获理学士学位。1941年在哥伦比亚大学医学院获生物化学博士学位。后到洛克菲勒研究院进行博士后研究。1942年回哥伦比亚大学任生物化学研究助理。1943年到宾夕法尼亚大学研究噬菌体生物化学，1945年兼任该校儿童医院小儿科系讲师，1950年任生物化学、小儿科学副教授，1954年任该校生物化学教授，1963～1971年任该校医学院理疗研究系主任和赫特泽尔讲座教授。1957～1971年兼任美国癌症学会海顿讲座生物化学教授。1971年任科罗拉多大学微生物学教授。1976年任纽约州立大学药理学教授，1985年退休后为荣誉教授。1963年入选美国文理科学院院士。1967年入选美国国家科学院院士。1968年任美国普通生理学家协会主席。

是最先对病毒与细胞之间的相互作用，特别是对噬菌体繁殖的生物化学进行系统研究的先驱者之一。首先指出核糖核酸是个多聚体。用放射性同位素指示了受病毒感染的细胞中核酸代谢作用发生的变化，使细胞由合成核糖核酸转变成合成被病毒侵染的蛋白质和核酸。将同位素方法引入该研究领域，并证明细胞被感染后病毒核酸是由低分子量的母体被侵染后生成的。研究了病毒的营养需求，用氨基酸类似物可阻止在病毒的合成临界阶段合成蛋白质。这些开拓性成果得到美国微生物学会和美国儿科研究院的奖励。在发现和研究病毒特有的5-羟甲基胞嘧啶，以及病毒诱导酶在病毒合成中的机理作用方面，作出了贡献，获美国科学促进协会的奖励。

著有《病毒产生的酶》(1968年)、《多胺导论》(1971年)等。获1951年美国微生物学会细菌学与免疫学利利奖，1952年美国儿科学会约翰逊奖，1955年美国科学促进协会克里夫兰奖、1974年帕塞诺奖，1978年德国文理研究院福斯特奖等。

（董晨空　龚建平）

关君蔚（Guan Junwei）　原名关枢。中国辽宁人。1917年5月23日生于辽宁沈阳，2007年12月29日卒于北京。水土保持学、生态工程。

满族。1941年毕业于日本东京高等农林学校（今东京农工大学）林学科，获技术士学位。同年回国。1943～1946年任北京大学农学院森林系副教授。1947年任国民政府辽宁省建设厅技士。同年回北京。1949年任教于河北农学院森林系。1952年后，历任北京林学院副教授、教授。1992年北京林业大学成立，在该校水土保持学院工作至去世。1995年当选为中国工程院院士。

1957年创建中国高校第一个水土保持学科，首个水土保持博士点，使之逐步成为综合性、系统性和应用性的重点专业课体系，建立具有当代中国特色的水土保持科学体系。主编《水土保持学》(1961年)，首次提出并发展了以护林为核心的水土保持概念和理论，成为中国生态控制系统工程的基础。在实施国家1963～1972年科学技术发展规划期间，参与主持华北山地利用和水土保持研究，主持"石洪的运动规律及其治理和预报的定位试验"专题研究，从实践中总结出了治理、预报山区突发泥石流的切实可行措施，并上升为理论，获1978年全国科学大会奖。1978年，参与筹备和策划"三北"防护林体系建设工程。"六五"期间，主持国家重点课题"宁夏西吉黄土高原水土流失综合治理研究"，在试点中提出了农林牧综合发展思路与措施，获1987年中国林学会梁希奖，林业部科技进步奖一等奖，1988年国家科技进步奖二等奖。在2002年受表彰的10位全国防沙治沙标兵中，名列榜首。此外，主编《水土保持原理》(1996年)、《生态系统控制工程》(2007年)等统编教材。

（李啸虎）

拉迪，H. A.（Lardy，Henry Arnold）　美国人，1917年8月19日生于美国南达科他州罗斯林，2010年8月4日卒于威斯康星州麦迪逊。酶学、分子生物学、生物化学。

1939年获南达科他州大学化学和乳品科学双学士学位。1940和1945年获威斯康星大学生物化学硕士和博士学位。留校任教，1950年任威斯康星大学教授、酶学研究所研究室主任，1966年任该校生理科学研究教授，1988年退休。1964年任美国生物化学家协会主席。1958～1964年、1980～1985年两度任《生物化学》杂志编委。1958年入选美国国家科学院院士。1965年入选美国文理科学院院士。1976年入选美国哲学会会员。

致力研究活细胞中从食料氧化产能的酶的作用及调节，阐明了线粒体在组织氧化过程中与腺苷三磷酸有关，找到氧化磷酸化的抑制剂。还发现生物素在合成代谢中的作用；以L-天门冬氨酸抑制碳酸氢盐参入到天门冬氨酸，揭示了生物合成反馈抑制作用；阐明了糖元异生中线粒体两侧苹果酸的穿梭作用。

发表论著370余篇(部);参与主编出版《酶学》(8卷,1959~1963年)。1949年获美国化学会酶化学刘易斯奖,1981年沃尔夫农业奖,1982年国家农业卓越奖,1988年美国生物化学家协会(现美国生物化学与分子生物学学会)罗斯奖。 (周忠勋)

刘建康(Liu Jiankang) 中国江苏省人,1917年9月1日生于江苏吴江。*鱼类学、淡水生态学、水产养殖工程。*

1938年获苏州东吴大学理学院生物学系理学士学位。1939年起在中央研究院动植物研究所读研究生。1941年后任该所助理研究员、副研究员。1947年获加拿大麦吉尔大学博士学位,后在美国马萨诸塞州霍尔实验细胞研究室、斯密斯学院任研究员。1949年回国,任中央研究院动物研究所研究员。1950年任中国科学院水生生物研究所研究员。1954年后历任该所鱼类学组组长、湖泊水库研究室主任。兼任中国海洋湖沼学会副理事长,中国鱼类学会理事长、名誉理事长,《水生生物学报》主编,所长,淡水生态与技术开放研究实验室主任,湖北省科学技术协会主席等职。1980年当选为中国科学院学部委员(院士)。

早期从事鱼类学研究,1944年发表"鳝鱼的始原状雌雄同体现象"一文,系统分析了鳝鱼性别逆转现象,引起国际动物学界关注。1949年后,着重开展鱼类生态学、湖沼学研究,调查总结中国传统养鱼的丰富经验。20世纪50~60年代,主持家鱼人工授精试验成功,首次科学地提出饲料种源和系数,促成中国大规模的家鱼人工繁殖;主持湖北省梁子湖和长江干流鱼类生态的常年调查,使中国首次有了系统的淡水鱼类生态资料,成为后来论证长江三峡建坝对鱼类生态影响的主要依据。70~80年代,在中国率先以生态系统概念组织淡水生态学研究,以东湖为模型分析评估各子系统在整个生态系统结构和功能中的作用与地位,获1978年全国科学大会科学技术成果奖;主持武汉东湖渔业稳产高产试验、水体生物生产力综合研究,以及后续的东湖生态学研究,使东湖渔业生产获得高速发展,推动了全国湖库渔业发展,1988年先后获中国科学院技术改进奖二等奖、科学技术进步奖二等奖。

发表论文近百篇;出版有《刘建康生态学文集》(2007年)等;编撰有《东湖生态研究》(1990年)、《中国淡水鱼类养殖学》(1992年第3版,与他人合编)等著作。 (黎同炎)

陈俊愉(Chen Junyu) 中国安徽省人,1917年9月21日生于天津,2012年6月8日卒于北京。*观赏园艺学、绿化工程。*

原籍安徽安庆。出生在清末民初一个官僚大户,从小爱好花草。1940年获成都金陵大学园艺系农学士学位,1943年园艺研究部农学硕士毕业。先后供职于四川大学园艺系、国民政府农业部农业推广委员会,1943年起兼任自力园场董事长。1946年任复旦大学副教授。1947~1950年留学丹麦哥本哈根皇家兽医与农业大学园艺研究部,获荣誉级理学硕士学位。1950年回国,曾任武汉大学副教授、教授,华中农学院园艺系副主任。1977年起在北京林学院(现北京林业大学)任教,曾任园林系主任、名花研究室主任等职。兼任中国园林学会副理事长、中国花卉协会梅花蜡梅分会会长等职。1997年当选为中国工程院院士。

在梅、菊、山茶、月季等名花品种上深有造诣。20世纪40年代开始研究成都梅花品种分类,发表有关论文。在中国率先开展花卉区域实验;对中国野生花卉种质资源有长期深入的系统研究;创造花卉"野花育种"新技术;提出进化兼顾实用的花卉品种二元分类法;在探讨菊花起源与演化上屡有新突破;倡导抗性育种新方向,成功培育具有多种抗性的梅花、地被菊、刺玫、月季和金花茶等新品80余种。其中,长期系统地研究了中国梅花。1998年被国际学术组织选为梅(含梅花和果梅)的国际登录专家。

发表论文200余篇;出版专著14部,其中《中国花经》、《中国花卉分类学》和《中国梅花》等在国际花卉园艺界有影响。先后获国家和省部级奖励20余项。

(武光明)

薛社普(Xue Shepu) 中国广东省人,1917年9月26日生于广东新会。*生殖生物学、实验胚胎学、细胞生物学、肿瘤学。*

出身农民家庭,幼年丧母,父亲在国外打工,靠亲戚和族人扶助成人。1943年重庆中央大学博物系毕业。1947年获南京中央大学生物学系硕士学位。1948年获美国芝加哥大学博士学位。1951年获美国华盛顿大学(圣路易期)理科博士学位。同年回国,历任大连医学院解剖学副教授,北京师范大学生物学系教授,中央卫生研究院实验生物学系主任,中国医学科学院实验医学研究所形态学系副主任、基础医学研究所细胞生物室主任,中国协和医科大学人体胚胎学主任、教授。先后兼任国际解剖学联合会理事,中国解剖学会理事长等职。1991年当选为中国科学院学部委员(院士)。

首次发现预定死亡的颈段脊髓运动区细胞群在新环境下存活并分化出新的交感神经柱,为探索细胞分化规律和可调控性提供了重要依据;研究男性节育药棉酚等的结构性能及其作用机理,为男性生殖生物学研究和中国计划生育做出重要贡献;发现波型蛋白基因被抑制与去核有关,创建网织红细胞和骨髓瘤细胞的胞质体杂交模型,揭开了哺乳动物红细胞自然去核之谜和去核的双期相现象;首次发现在哺乳类红细胞胞质中存在"去核分化调节因子"具有逆转恶性分裂、调节基因表达和诱导终末分化的作用;克隆不同阶段终末分化期相关因子的基因全长序列及其编码结构;提出核浓缩理论和控制肿瘤细胞恶性分裂的治癌新概念。

发表论文200余篇;出版《男用节育药棉酚的实验研究》(1983年)、《中国人胚胎发生发育实例图谱》(1992年,与他人合著)等专著7部,主编《中国医学百科全书·胚胎学》等。多次获国家和省部级奖项。

(陈　斌)

波特,R. R.(Porter, Rodney Robert) 英国人,

1917年10月8日生于英国英格兰兰开夏郡牛顿-勒-维洛，1985年9月7日卒于汉普郡温彻斯特附近公路上。细胞生物学、生物化学、免疫学。

铁路职员之子。1939年获利物浦大学生物化学学士学位。1940～1946年在英国皇家陆军补给与运输队服役，获少校军衔。1949年在剑桥大学获博士学位。1949～1960年在伦敦国立米尔·希尔医学研究院工作。1960～1967年在伦敦大学医学院附属圣玛丽医院任菲泽讲座免疫学教授。1967年任牛津大学韦特利讲座生物化学教授、生物化学系主任。1964年入选英国皇家学会会员。1972年入选美国国家科学院外籍院士。因车祸去世。

受K.兰兹泰纳关于血清反应的影响，选择抗体的物理化学研究这一课题。采用兔子的抗原-抗体系统，研究与卵清蛋白相对应的兔子的抗体结构，试图用蛋白水解酶、胃蛋白酶来水解分子，而不破坏链片段结合的特异性。1950年以前，结合运用多种酸和酶来水解抗体。他曾尝试过用木瓜蛋白酶的粗制剂试验链片段活性，观察它对整个抗体与抗原反应的影响。将抗体分裂为原分子大小1/4的链片段，但保持与抗原的结合特性，活性链片段的大小(分子量)与用超速分离的方法所得到的一样，但未能确定片段的结构。1957年有了木瓜蛋白酶晶体，用纯的晶体浓度可比早期粗制剂的低。抗体经水解分解成大小相近的三个链片段，其中两片段(部分Ⅰ和Ⅱ)保持它们的结合能力，而第三片段(部分Ⅲ或Fc)没有活性，易于结晶，在兔子的全部抗体中都有。其他实验室的研究表明，部分Ⅰ和Ⅱ几乎完全相同，这就是我们现在称为的Fab(抗原结合片段)。部分Ⅰ和Ⅱ的端基分析表明，抗体是只有一个直链的多肽链。这与木瓜蛋白酶水解而得到的三个组分不一致。1961年，埃德曼与波利克(M. Poulik)发现在尿素存在的条件下，可以还原人体免疫球蛋白(IgG)的二硫链，生成两个链片段；这些片段没有结合活性，但它们的分子量远比IgG的低。埃德曼得出了抗体是多个多肽链组成而不仅仅是一条的结论。这使波特把由木瓜蛋白酶水解所得的片段与上述片段对照，采用不同于埃德曼的方法，把IgG分解成分子量大和分子量小的链，这些链都保持与抗原结合的能力。

在上述基础上，进而提出抗体的四链结构：一对重链和轻链与另一对相同的重链和轻链相结合。用多年时间阐明二硫键的位置，这些二硫键把链相互连接起来，与抗原结合的位点主要在分子量大的链上。四链抗体模型为其他研究者弄清抗体结构提供了一把钥匙，为后来测定抗体各肽链的氨基酸顺序提供了依据。1962年发表论文"免疫球蛋白G和抗体的结构"。1969年埃德曼和他的小组弄清了全部人体免疫球蛋白的结构。波特关于抗体的兴趣后来由结构方面转移到它们作为细胞表面受体的作用。为了进行这方面的研究，发展了标记和跟踪受体的方法。后来他研究补体组分的结构。

代表作有《免疫学的化学方向》(1976年)等。获1966年伽特纳基金会奖，1967年美国生物化学会西巴奖章，1968年美国血库联合会兰茨坦纳纪念奖等。由于对抗体分子化学结构的研究，与G. M.埃德曼共享1972年诺贝尔生理学或医学奖。 (周邦娴)

施履吉(Shi LuJi)　中国江苏省人，1917年10月26日生于江苏仪征，2010年12月14日卒于上海。细胞学、分子生物学、基因工程。

1940年获浙江大学园艺系学士学位。1948年赴美国留学，1951年获哥伦比亚大学动物学系博士学位。1955年回国，曾任中国科学院生物物理研究所、动物研究所、昆虫研究所、微生物研究所及遗传研究所研究员，该院北京生物学实验中心首届主任。后为中国科学院上海生命科学研究院生物化学与细胞生物学研究所研究员。1980年当选为中国科学院学部委员(院士)。

国际上最早发现细胞质内有DNA(脱氧核糖核酸)存在的科学家之一。其主要研究成果有：用高精度、高灵敏度定量定位法证实胚胎发育双梯度理论，结束了实验胚胎与化学胚胎学术界的长期争论；首先用受精卵作DNA受体细胞，探索高等动物的遗传转化和DNA在其中的作用地位，为高等动物遗传转化打下基础；首先发现分离染色质可以形成细胞核，开拓遗传研究新领域；染色体的主要功能结构研究，与合作者系列研究作为染色体关键元件的着丝粒及其特性；建立着丝粒的分离方法，首次克隆了着丝粒DNA；采用硬皮病患者自身抗体，分析细胞的一些结构蛋白尤其是染色体鞘和核仁的蛋白，为诊断不同类型硬皮病提供新途径；1985年提出用家畜个体，尤其是乳腺作为生物反应器以取代机械、电子的生物反应器；主持由科学院各生物研究所和扬州农学院合作，以兔为模型进行转基因动物研究，用含乙肝表面抗原的两种载体通过显微注射导入兔受精卵雄性原核，成功获得转基因当代兔(F_1代)和仔代兔(F_2代)。这套技术开拓了中国哺乳类基因工程领域。多次获国家和省部级奖励，其中"家兔个体表达系统的建立"课题获1990年中国科学院科学技术进步奖一等奖。

(李赣平)

科恩伯格，A.(Kornberg, Arthur)　美国人，1918年3月3日生于美国纽约市布鲁克林，2007年10月26日卒于斯坦福。分子生物学、酶学、生物化学、基因工程。

奥地利移民、缝纫机工之子。1937年毕业于纽约市立学院医学预科，获理学士学位。1941年获罗切斯特医学院医学博士学位。在罗切斯特医学院斯特朗医院实习一年。1942年在美国海岸警卫队服役，任海军中尉军医。同年被任命为加勒比海地区美国公共卫生官员。后派往马里兰州伯赛斯德国家卫生研究院，1942～1945年在该院营养学部工作。1946年在纽约大学医学院研究酶处理技术。1947年在圣路易斯的华盛顿大学医学院进修。1947年国家卫生研究院任酶及新陈代谢部主任。1951年为美国公共卫生组织的医学顾问。同时任纽约大学医学院化学系和药理系客座研究员。1953年任华盛顿大学医学院微生物学系主任。1959年到斯坦福大学医学院任生物化学系主任。1965年任美国生物化学会会长。1970年入选英国皇家学会外籍会员。是美国国家科学院院士。

自1951年起开始从事酶的研究。1953年开始制造人工脱氧核糖核酸(DNA)大分子。经过反复试验,1956年从大肠杆菌中分离并提纯了DNA聚合酶。发现在适宜条件下,这种酶以天然DNA分子为模板,可使核苷酸聚合,在体外复制DNA分子。因此,在一定条件下,这种酶可促进具有特异序列的DNA分子的合成。1957年所合成的人造DNA分子虽缺少天然DNA的遗传特性,但它具有准确的化学和物理性能。因在人工合成DNA的突出成就,与S.奥乔亚分享1959年诺贝尔生理学或医学奖。

1966年与同事找到了一种具有连接多聚核苷酸性的聚合酶,并分离了在DNA合成中起辅助作用的另一些酶。1967年他们把天然DNA作模板,在试管中加入DNA聚合酶,连接酶和4种核苷酸。于是DNA聚合酶指示核苷酸按照模板进行排列,连接酶用以封闭复制的DNA环。他们又用离心方法将合成的DNA和天然DNA模板分开,经检验这种人工合成的DNA与天然的DNA具有同样的生物活性,并可感染病毒DNA分子。活DNA的制成,使人类对遗传学、病毒细胞、特殊蛋白质的合成有了更深入的认识,为人类控制治疗癌症和各种遗传性疾病创造了条件。

主要论文有"脱氧核糖核酸的酶促合成"(1956年)、"DNA聚合酶的活性中心"(1969年)和"DNA的复制"(1983年)等;出版专著《DNA合成》(1974年)、《DNA复制》(1980年初版,1992年第2版)、《DNA复制补遗》(1982年);还出版有自传体《酶之爱》(1989年),通俗读物《金色的螺旋结构》(2002年)等。获多种荣誉与奖励。除诺贝尔奖外,还获1951年美国化学会刘易斯酶化学奖,1968年美国医学会科学成就奖,1979年美国国家科学奖章,1995年宇宙俱乐部奖等。1999年罗切斯特大学医学中心大楼以他命名。 (张慰丰)

阳含熙(Yang Hanxi) 中国江西省人,1918年4月29日生于江西南昌,2010年8月29日卒于北京。森林学、植物生态学、造林工程。

书香门第出身。1939年金陵大学农学院森林学系毕业。同年任重庆中央农业实验所技佐。1943～1947年执教于当时内迁四川乐山的江苏蚕桑专科学校。1947年留学澳大利亚,1948年获墨尔本大学植物学院植物生态专业硕士学位。1949年转读英国牛津大学森林学院,1950年获森林生态专业硕士学位。同年回国,历任浙江大学森林学系副教授,东北林学院副教授,中国林业科学院林学研究所研究员兼室主任。1976年起,先后任中国科学院自然资源综合考察委员会研究员、学术委员会主任,中国科学院北京生态工程中心主任等职。兼任联合国"人与生物圈"计划协调理事会副主席,中国"人与生物圈"国家委员会秘书长、副主席,中国生态学会副理事长,《自然资源》、《生态学报》主编等职。1991年当选为中国科学院学部委员(院士)。

20世纪50年代,勘察设计海南岛橡胶林,在中国南方大力发展杉木、桉树等栽培技术;主持建立中国第一个林木生态学研究室和森林土壤研究室;对杉木进行长期系统的生态特性和速生丰产林栽培技术研究,倡导和创建中国第一个杉木人工林的林型分类、气候区划和土壤分类系统,为中国森林生态学应用研究奠定基础;解决了北方平原杨树造林一些关键技术;1957年第一次提出越南植物群落和土壤类型的分类系统。60～70年代,倡导和研究中国植物数量生态学;1979年在中国首次运用计算机进行中国植物群落数量及土壤类型的系统分类研究。80年代以来,对长白山阔叶红松林的数量分类、种群格局、年龄结构、更新对策等进行动态研究;积极开展中国生物圈资源研究和促进国际学术交流。

主要论文收集于《阳含熙文选》(2001年);出版有《杉木造林》(1958年)、《杉木生态特性研究》(2卷,1958～1959年)、《植物生态学的数量分类方法》(1980年)、《酸雨和农业》(1989年)等专著。 (李啸虎)

王德宝(Wang Debao) 中国江苏省人,1918年5月7日生于江苏泰兴,2002年11月1日卒于上海。生物化学、酶化学、生物化学合成工程。

1940年毕业于中央大学农学院农业化学系。留校任教。1943年在中央大学医学院(抗战时迁成都)生化科从事蛋白质研究。1946年赴美国路易斯安那州立大学化学系深造,1948年转到华盛顿大学,在诺贝尔奖获得者科里夫妇的实验室师从兰普(J. O. Lampen)学习生物化学。1949年完成"胞核苷酸促脱氨"的论文,获硕士学位。1949年随兰普到俄亥俄州西储大学学习,1951年获博士学位。1951年准备回国时遭到美国当局阻挠,只得在檀香山一家木工厂当搬运工,两个月后又转到约翰斯·霍普金斯大学,在麦科勒姆-普拉特研究所工作3年。1954年绕道法国回国,1955年到中国科学院生理生化研究所工作。1958年在上海生物化学研究所工作,1960年任研究员。20世纪50年代中期,他在生理生化所建立了中国第一个核酸研究组,1961年扩建为核酸研究室,任室主任。曾先后在复旦大学和上海科学技术大学(今上海大学)等高校授课。1980年被选为中国科学院学部委员(院士)。

在华盛顿大学兰普实验室时,他发现了腺核苷水解酶和尿嘧啶氧化酶等新的酶,并证明尿嘧啶的氧化产物是巴比妥酸。在约翰斯·霍普金斯大学期间,与卡普兰(N. O. Kaplan)等合作,阐明了辅酶A中第三个磷酸根的位置,还从鸽肝中找到了合成辅酶A和辅酶Ⅱ的两个激酶,并建立了一种直接从辅酶Ⅰ制备辅酶Ⅱ的酶促方法。他们的方法发表后,为全世界各大药厂采用,使辅酶Ⅱ的价格大幅度下降。他在美国工作7年,先后发现胞核苷脱氨酶、核苷(腺苷、胞苷和黄嘌呤核苷)水解酶、尿嘧啶氧化酶、5′-核苷酸酶、DPN(NAD)激酶和脱磷酸辅酶 A 激酶等 6 种与核酸代谢有关的酶。

20 世纪 50 年代中期到 60 年代初，研究重点转向 tRNA（转移核糖核酸）结构与功能的研究，先后发表“tRNA酶解碎片的分离和结构测定”、“家蚕丝腺体和酵母 RNA 的结构比较”、“tRNA 中碱稳定寡核苷酸的分离鉴定”、“金属离子对 tRNA 酶解稳定性的作用和脱氨作用对 tRNA 结构稳定性的影响”、“苄氧羰酰氯对 tRNA 分子中碱基的选择性修饰”、“氨酰 tRNA 和 tRNA 的超离心沉降行为的研究”以及“药物对肿瘤细胞 tRNA 结构与功能的影响”等重要论文，这些工作都处于当时国际研究的前沿。还十分重视解决生产实际问题，指导学生开发出自溶法生产 5′-核糖核苷酸的 4 种工艺方法，并与上海天厨味精厂协作建立中国第一个生产 5′-核糖核苷酸车间，这项工作获 1978 年国家重大科学技术成果奖。1968 年开始研究酵母丙氨酸转移核糖核酸的人工全合成，任研究学术组组长，1981 年底终于合成与天然产物完全相同的核糖核酸，这项成果获 1985 年中国科学院重大科学技术成果奖一等奖、1987 年国家自然科学奖一等奖。

在世界著名的《生物化学》等杂志上发表 14 篇论文，其中 7 篇收入国际权威性生物化学工具丛书《酶学方法》第 2 卷（1955 年）和第 3 卷（1957 年）中。编写教材《核酸讲义》、中国第一部核酸专著《核酸——结构、功能与合成》（2 卷）等。

（张慰丰）

刘易斯，E. B.（Lewis, Edward B.） 美国人，1918 年 5 月 20 日生于美国宾夕法尼亚州威尔克斯-巴里，2004 年 7 月 21 日卒于加利福尼亚州帕塞特纳。胚胎学、遗传学、分子生物学、肿瘤学。

1939 年获明尼苏达大学生物统计学专业文学士学位。1942 年因果蝇研究论文获加利福尼亚理工学院博士学位。第二次世界大战期间，1942～1945 年在美国空军部队中担任气象员和海洋学家，在太平洋战区服役。1946 年起在加利福尼亚理工学院工作，1949 年任该校生物学助理教授，1956 年起任生物学教授，1966 年任摩尔根讲座生物学教授，1988 年退休后为荣誉教授。1975～1976 年任丹麦哥本哈根大学遗传学研究所客座教授。1968 年入选美国国家科学院院士。是美国文理科学院院士。1989 年入选英国皇家学会外籍会员。1993 年获明尼苏达大学荣誉理学博士学位。他的妻子是个艺术家，生育有 3 个孩子。

在个体发育过程中，受精卵经过无数次分裂形成个体的不同组织、器官和系统，这是如何展开和控制的？遗传学家用果蝇作为研究此问题的实验系统。刘易斯从 20 世纪 40 年代开始，收集了大量有关双胸突变基因的材料进行研究。到 60 年代他意识到这些基因是一个大家族，即双胸基因复合体，它们控制个体的发育途径，使身体前后不同部位的体节具有不同的特性。继而，他用遗传突变方式证明在双胸基因复合位点中排列在前的基因控制身体的前部体节，而排在后面的基因则控制身体后部体节。当这些基因突变时，体节特征便发生变化。例如翅膀是胸节段的第二段发生的，当这个基因突变后第三胸段也变成第二段，这样就有两个胸二段，从而出现了两对翅膀。刘易斯发现了染色体上基因的排列顺序控制单个体节的分化和器官的形成，1978 年他向人们介绍这一发现时，促使听众中的 C. J. 尼斯莱因-福尔哈德和 E. F. 维绍斯也去从事这一课题研究，从而进一步揭示了胚胎发育的遗传机制。由于刘易斯和尼斯莱因-福尔哈德、维绍斯发现基因顺序控制胚胎发育顺序的图式，他们 3 人分享 1995 年诺贝尔生理学或医学奖。

代表著作有《基因、发育和癌症》（2004 年）等。除诺贝尔奖外，他还获得 1990 年美国国家科学奖章，此外还有 1983 年摩尔根奖章，1987 年伽特纳基金国际奖，1989 年沃尔夫医学奖，1990 年罗森斯泰尔奖，1991 年基础医学研究拉斯卡奖，1992 年霍维茨奖等。

（张慰丰）

克雷布斯，E. G.（Krebs, Edwin Gerhard） 美国人，1918 年 6 月 6 日生于美国艾奥瓦州兰辛，2009 年 12 月 21 日卒于华盛顿州西雅图。细胞生物学、酶学、生物化学。

长老会牧师之子。1940 年在伊利诺伊大学获化学学士学位。1943 年在圣路易斯的华盛顿大学医学院获医学博士学位。在圣路易斯的巴恩斯医院任职 18 个月后，任美国海军医务官，1946 年退伍。1946～1948 年在华盛顿大学从事生物化学博士后研究。1948～1968 年任教于西雅图华盛顿大学，1948 年任生物化学助理教授，1952 年任副教授，1957 年任教授。1968～1976 年任戴维斯加利福尼亚大学生物化学系主任、教授。1977～1983 年任西雅图华盛顿大学药理学系主任、教授。1983～1990 年任西雅图的休斯医学研究所研究员，1991 年退休后为荣誉研究员。是美国国家科学院院士。

1953 年，瑞士日内瓦大学的 E. H. 费希尔来到西雅图华盛顿大学与他合作，共同研究蛋白质可逆磷酸化的研究课题。细胞内每时每刻进行着成千上万的生物化学过程，这些过程都有一个复杂的调控机制，它是由一系列连续的酶促化学反应组成的，激酶在调节细胞内成千上万蛋白质的功能起了重要作用。蛋白质的磷酸化和去磷酸化在激活和失活蛋白质生理活性过程中是一个重要环节。激酶是负责蛋白质磷酸化的酶，而磷酸脂酶是去磷酸化的酶。磷酸化酶从高能化合物——腺苷三磷酸（ATP）处获得无机磷后，由非活性转化为活性状态，促使肌肉组织内糖原分解获得能量。当该酶在去磷酸化后，即蛋白质分子失去与其共价结合的无机磷后，酶的活性便消失了。蛋白质可逆磷酸化和众多的生命过程诸如细胞的生长、组织分化、基因表达、能量利用和肿瘤转化等都有密切关系，它参与了每一个生物的“生”和“死”的过程。

他与费希尔由于发现了激酶及磷酸脂酶，揭示了细胞内蛋白质生命信息的传递过程，两人共获 1992 年诺贝尔生理学或医学奖。此外，获 1989 年美国基础医学研究拉斯克奖，同年获霍维茨奖。 （张慰丰）

赵洪璋（Zhao Hongzhang） 中国河南省人，1918 年 7 月 8 日生于河南淇县，1994 年 2 月 7 日卒于陕西杨陵。作物育种学。

1940 年西北农学院（今西北农业大学）农艺系毕业，到陕西省农业改进所大荔农事试验场工作。1942 年初回母校任教，历任讲师、副教授、教授，副院长、小麦育种研究室主任。曾兼任国家科学技术委员会委员。1955 年选聘为中国科学院学部委员（院士）。

1942～1948 年，选育出一批小麦优良品种。1949 年后，推广其中的“碧蚂 1 号”、“碧蚂 4 号”、“6028”三个品种，其中“碧蚂 1 号”1959 年推广种植面积达 9 000 多万亩，是中国至今推广面积最大的小麦品种；“碧蚂 4 号”1960 年推广种植面积近 1 600 多万亩；“6028”是具有抗吸浆虫的优良品种，其推广种植面积达 500 多万亩，恢复和发展陕西、关中、晋南、豫北、皖北和苏北吸浆虫危害严重地区的小麦生产。1956 年，从丹麦带回亲本材料“丹麦 1 号”，此后几年将它与“碧蚂 1 号”、“6028”等品种杂交，进而选育出对条锈病有良好抗性、茎杆粗矮、穗大质佳的“丰产 1 号”、“丰产 2 号”、“丰产 3 号”等小麦新品种，其中“丰产 3 号”到 1978 年推广种植面积达 3 000 多万亩，大面积丰产田亩产可达 300～350 千克。

20 世纪 60 年代起，在推广“丰产”系列小麦新品种同时，又研究克服小麦品种的倒伏问题。提出以矮化株型为突破口的新育种目标，1970 年选育出“矮丰 1 号”、“矮丰 2 号”、“矮丰 3 号”、“矮丰 4 号”等品种，成为 70 年代陕、豫、冀、鲁等省高产栽培的主要品种，其中“矮丰 3 号”又被用作母体，进一步选育出分别适合于各地条件的子品种。“矮丰 3 号”其子品种大面积丰产田亩产可达 400～450 千克。他还经过反复实践，逐渐形成一套以生物进化论为指导的卓有成效的小麦杂交育种方法。

著有《陕西小麦》（1948 年，与他人合著）等。获 1978 年全国科学大会奖等国家和省部级奖励，1990 年获全国高等学校先进科学技术工作者称号，1992 年获陕西省科学技术精英称号。 （高小东）

博耶，P. D.（Boyer, Paul Delos） 美国人，1918 年 7 月 31 日生于美国犹他州普罗沃。细胞生物学、酶学、生物化学。

1939 年在杨百翰大学获理学士学位。1941 年获威斯康星大学理科硕士学位，1943 年获该校生物化学博士学位。同年到斯坦福大学，研究与战时急救相关的血液课题。1945～1956 年任明尼苏达大学助理教授、生物化学教授，1956～1963 年任该校医学院教授。1963 年赴洛杉矶加利福尼亚大学化学与生物化学系任化学教授，1965～1983 年任该校分子生物学研究所所长，1990 年退休后为荣誉教授。1959～1960 年任美国化学会生物化学部主任。1969～1970 年任美国生物化学家协会主席。1963～1989 年任《生物化学年鉴》副主编。是美国国家科学院院士。1974 年、1996 年和 1998 年瑞典斯德哥尔摩大学、美国明尼苏达大学、威斯康星大学荣誉博士学位。

在生命体中，腺苷三磷酸（ATP）作为能量携带者起着重要的能量传递作用。通过 ATP 的合成和分解，营养物质中的能量转移到生命体的各种需能反应中，供给生命活动以能量。ATP 是由腺苷和 3 个磷酸基相连组成。移去离腺苷最远的磷酸基，则生成腺苷二磷酸（ADP）；反之，在 ATP 合成酶的作用下，ADP 和无机磷结合，则可生成 ATP。20 世纪 50 年代，博耶开始关于 ATP 生成的研究。在此后约 30 年中，他和合作者揭示了在 ATP 合成酶的作用下，ADP 和无机磷结合生成 ATP 的机制。1960 年，ATP 合成酶由美国的莱克（E. Raker）等人率先从细胞内线粒体中分离出来。该酶的形状犹如一个极精细的门把手，由含催化中心的 F_1 部分以及连接 F_1 到线粒体膜上的 F_0 部分组成。1961 年，英国化学家 P. 米切尔提出了化学渗透学说，认为细胞呼吸导致线粒体膜内外侧的氢离子浓度不同，内外两侧形成膜电位和氢离子的浓度梯度，于是产生的氢离子流驱动着 ATP 的形成。由于提出化学渗透学说，米切尔获得了 1978 年诺贝尔化学奖。莱克和米切尔的上述工作为博耶的进一步研究奠定了基础。

博耶和他的合作者证明，ATP 以一种十分特殊的方式行使其功能。他们发现，与人们通常的见解相反，从 ADP 和无机磷合成 ATP 并不需要能量，但 ADP 和磷酸基结合到 ATP 合成酶上及释放 ATP 则需要能量。而过剩的能量则被储存在 ATP 中。20 世纪 80 年代初，英国的 J. E. 沃克开始研究 ATP 合成酶的结构。该酶的 F_0 部分起氢离子的通道作用，而起催化中心作用的是它的 F_1 部分。F_1 部分的结构可分为外围和中心两层：外围层形如不对称的圆筒状，由 3 个 α 亚基和 3 个 β 亚基互相间隔构成；中心层则由 γ、δ 和 ε 3种亚基各 1 个组成，这 3 种亚基也是不对称的。此后，博耶等人提出了 ATP 合成酶 F_1 部分的作用机制——“结合变化机制”。该机制认为：F_1 是不对称的，在跨膜的氢离子流的驱动下，γ，δ，ε 亚基在变化着的 α 和 β 亚基形成的圆筒内转动，这种转动诱导 β 亚基构象的变化，进而导致在形成 ATP 的循环过程中，β 亚基对 ATP 结合能力的不同。他们还更具体地提出，F_1 部分的外围即由 α 亚基和 β 亚基形成的“圆筒”在促使 ATP 合成过程中存在着 4 种交替出现的不同时相，从而引起 3 个 β 亚基的构象变化。这 4 种时相的每一次循环，便使磷酸基与 ADP 发生反应生成 1 个 ATP 分子。形象地说，ATP 合成酶像是一架“分子机器”，它在氢离子流的驱动下，犹如用水动锤不断铸造出硬币那样，不断导致 ATP 分子的生成。上述作用机制被沃克等人的进一步研究所发展。后来，ATP 合成酶 F_1 部分的旋转也被一些研究者用实验加以证实。

因对 ATP 合成酶的结构和催化生成 ATP 的作用机制的深入研究，博耶与沃克分享 1997 年诺贝尔化学奖奖金的一半，而另一半则由率先发现输送离子的钠钾 ATP 酶的丹麦学者J. C. 斯科所获得。除诺贝尔奖外，博耶还获 1989 年美国化学与分子生物学会罗斯奖。

（宣焕灿）

米切纳，C. D.（Michener，Charles Duncan） 美国人，1918 年 9 月 22 日生于美国加利福尼亚州帕萨迪纳，2015 年 11 月 1 日卒于堪萨斯州劳伦斯。*昆虫学、动物行为学、生物统计学。*

1939 年在伯克利加利福尼亚大学获昆虫学学士学位，1941 年获博士学位。1942 年进纽约美国自然博物馆任鳞翅目昆虫部助理，1946 年任副馆长。1943～1946 年先后任美国军队卫生部队的中尉和上尉。1948 年任堪萨斯大学昆虫学副教授，1949～1961 年任昆虫学系主任，1959 年任沃特金斯讲座教授。1972～1975 年第二度任该校昆虫系主任，1989 年退休。1974 年起兼任该校斯诺昆虫馆（后并入堪萨斯大学自然博物馆）馆长。1954～1955 年、1970～1985 年两度任巴黎《昆虫社会》杂志美国主编。1962～1964 年任《进化》杂志主编。1970～1985 年任《生态学与分类学年鉴》副主编。1950 年任堪萨斯昆虫学会会长。1967 年任美国进化论研究会会长。1968 年任美国系统动物学会会长。1978 年任美国博物学家协会主席。1977～1982 年任国际社会性昆虫研究协会主席，并在 1982 年组织第九届国际大会。是巴西科学院外籍院士。1963 年入选美国文理科学院院士。1965 年入选美国国家科学院院士。

在第二次世界大战期间，致力于蚊虫控制和恙螨的研究。研究蜜蜂、蛾及恙螨的分类。1944 年设计了对大约20 000种蜜蜂进行分类的一个系统，不久得以推广，在 1993 年前一直被国际昆虫界所通用。1995 年，他又提出新的分类法。主要的志趣在于研究分类学原理及群栖行为的起源和发展。1957 年根据蜜蜂分类的资料建立了数值分类学，以增加分类工作中的客观性。虽然不同的特征和不同的编码及统计方法会得到不同分类结果，但是数值分类学至少能使一个实际分类学者说清楚是如何得到相应结论的，就这一点说数值分类法是成功的。由于在原始群栖蜂中工蜂与蜂皇之间在外表上没有差别，因此在遇到蜂时首要的就是如何识别其身份。为此和他人合作研究堪萨斯蜂，发现蜂皇被工蜂所围而禁止离巢，交配并有扩张的卵巢。在长有翅膀和颌的雌蜂中间，蜂皇在受精囊中有精子并有扩张的卵巢，工蜂未曾交配过，有细长的卵巢。和同事还发现，在原始群栖蜂中存在着由遗传决定的各种气味差别。雄蜂可以认出所要与之交配的不相识的雌蜂的气味。蜂巢入口的门卫可允许几个同巢的伙伴进入，而拒绝其他大多数蜂进入，即使它们是属于同一个种也不能进入。

发表论著 340 余篇（部），其中专著有《蜂的系统发育与分类》（1944 年）、《美国群栖昆虫》（1951 年，与他人合著）、《蜜蜂的蜂巢建筑》（1962 年，与他人合著）、《澳大利亚和南太平洋地区的蜂类》（1965 年）以及《蜂的群栖行为》（1974 年）、《北美和中美洲蜂属》（1994 年，与他人合著）、《全世界的蜂类》（2000 年，获 2001 年美国出版商协会霍金斯奖）等。曾获纽约科学院莫里森奖，美国昆虫学会芬德斯奖等。

（敬元虎）

斯科，J. C.（Skou，Jens Christian） 丹麦人，1918 年 10 月 8 日生于丹麦莱姆维。*生物物理学、化学。*

出身于富有的木材与煤炭商家庭。在家中 4 个子弟中排行老大。12 岁丧父。1944 年获哥本哈根大学医学院医学博士学位。此后的半个世纪中，一直在丹麦奥胡斯大学医学院工作，1944～1947 年在该校任实习医生和住院医生，1947 年任助理教授。1954 年获该校医学科学博士学位，同年任副教授，1963 年任该校生理学研究所教授兼所长，1973～1988 年任该校生物物理研究所教授，1988 年退休。是丹麦皇家科学院院士、美国国家科学院外籍院士。

20 世纪 50 年代初，英国生理学家A. L. 霍奇金和A. F. 赫胥黎通过共同研究，提出了神经冲动传递的离子机制：通常情况下，神经细胞内钠离子（Na^+）浓度低而钾离子（K^+）浓度高，但当神经冲动发生时，情况发生了改变，Na^+ 涌入细胞内，而 K^+ 则移动出去。冲动一过去，Na^+ 又从细胞内被抽出去，K^+ 又渗入细胞内，于是神经细胞又处于另一次冲动的准备状态。在这前后，澳大利亚生理学家J. C. 爱克勒斯也独立地作出了类似发现。霍奇金、赫胥黎和爱克勒斯因这一发现，3 人分享了 1963 年诺贝尔生理学和医学奖。

霍奇金等 3 人发现的细胞的离子机制，后来被形象化地称为“离子泵”。斯科注意到，当腺苷三磷酸（ATP）的形成受到阻碍时，细胞的这种离子泵效应受到抑制，因此他推测该效应可能需要 ATP。以此为出发点，他在 1957 年找到了神经细胞膜中与离子泵效应相关的一种 ATP 降解酶，这种酶可被钠离子和钾离子所激活，所以他称其为钠钾 ATP 酶。他指出，正是这种酶促进了跨膜物质的定向运输，因此才形成了离子泵。而实际上所有的活细胞都具有这种离子泵。接着，他用磨细的蟹神经膜为材料进行实验，发现钠钾 ATP 酶的被激活需要 Na^+ 和 K^+，而且当钠离子和钾离子的浓度与神经细胞中正常离子的浓度相当时，会产生最大的激活作用。这一实验表明，这种酶确实与离子泵相关联。此后，他又对这种酶的结构以及钠离子和钾离子结合到这种酶上的不同位置等问题进行了研究。

由于他率先发现了输送离子的钠钾 ATP 酶，并对它进行了深入研究，他与研究 ATP 合成酶的P. D. 博耶、J. E. 沃克分享了 1997 年诺贝尔化学奖。（宣焕灿）

林道尔，M.（Lindauer，Martin） 德国人，1918 年

12月19日生于德国巴伐利亚州沃尔特勒村，2008年11月13日卒于慕尼黑。*昆虫学、动物行为学。*

第二次世界大战期间从苏联战场回德国，在慕尼黑大学学习，1948年获博士学位。后在格拉茨大学和慕尼黑大学任自然科学助教。1960年在慕尼黑大学任副教授。1963年任法兰克福大学动物研究所所长、动物学教授。1973年任维尔茨堡大学动物学教授，1987年退休后任荣誉教授。是《比较生理学》杂志的共同主编。曾获瑞士苏黎世大学、瑞典默奥大学、德国萨尔兰大学荣誉博士学位。是德国利奥波德科学院院士，美国国家科学院外籍院士。

主要学术贡献是对蜜蜂的研究。和同事研究了蜜蜂的定向能力及其视觉、嗅觉等的生理基础。发现蜜蜂颈部、腹部和腿关节处的绒毛簇是引力接受器。触角上有紧密连结的化学和机械接受器，其上有3个特殊的感觉垫，工蜂就以它来精确控制蜂窝壁厚度。他还发现蜜蜂对地磁场具有强烈的感受性，蜂群舞蹈中的方位指向是基于地磁场。还研究了蜜蜂的学习和记忆的生理基础。在对蜜蜂“社会”的“语言”研究中有其独特建树，先后在锡兰(现斯里兰卡)对印度蜂、4种欧洲蜂通信方式进行研究。1956年去巴西对无刺蜂的通信“语言”进行比较，指出种间的差异。此外还研究蜂群中各种蜂的分工及通信联系方式。基于这些研究，认为蜜蜂彼此间对某一目标的方向、距离、质量和生产力以尾颤舞进行通信时，它们使用了对所有同种蜜蜂都至关重要的密码信号。

代表作有《在群居性蜂类之间的通讯》(1971年)、《实验性行为生态学和社会生物学》(1985年，与他人合著)等。 (孙炳寅 孙 勇)

默里，R. G. E. (Murray, Robert George Everitt) 加拿大人，1919年5月19日生于英国赖斯利普。*细菌学、微生物学、免疫学。*

英国裔。细菌学教授的儿子。在英国受早期教育，1930年随父亲移居加拿大。1936～1938年在麦吉尔大学学习生物学。其时他的父亲在该校任细菌学与免疫学教授。后返英国剑桥大学学习，1941年获病理学与细菌学专业文学士学位，1945年获同专业硕士学位。1943年获加拿大麦吉尔大学医学院医学博士学位。1945年任加拿大西安大略大学细菌学和免疫学系讲师，1949～1974年任该校教授和系主任，1973～1974年任理学院代理院长，1984年退休后任荣誉教授。1951～1952年任加拿大微生物学会首任会长。1954年创办并任加拿大《微生物学》杂志主编。1972～1973年任美国微生物学会会长。从1962年起是国际细菌学会分类学委员会成员、加拿大皇家学会会员。先后担任《细菌学》杂志副主编(1950～1956年)和《细菌学年鉴》主编(1965年起)。

早期应用细胞化学方法研究噬菌体对细菌的感染及其宿主的细胞学活动，把细菌形态学与生物化学紧密联系起来。与希吉(F. C. Heagy)及怀特菲尔德(J. F. Whitfield)一起，探讨了噬菌体感染的比较细胞学及溶原化过程。1953年起，他借助于刚问世的电子显微镜研究细菌的结构和功能。和特鲁恩特(J. P. Truant)等概述了革兰氏阴性和革兰氏阳性菌细胞壁之间的区别。还分析了细菌在生物分类上的位置，提出细菌分类学，并和R. Y. 斯塔尼尔、C. B. 范尼尔尝试用现代术语描述细菌，于1962年提出细菌和蓝绿藻是原核生物。

1964年参与主编《贝提氏细菌学鉴定指南》，1976年升任主编。获1957年加拿大皇家学会哈里森奖，1963年加拿大微生物学会奖，1998年加拿大国家勋章。 (孙炳寅)

肯尼迪，E. P. (Kennedy, Eugene Patrick) 美国人，1919年9月4日生于美国芝加哥，2011年9月22日卒于坎布里奇。*细胞生物学、生物化学、酶化学。*

1937年入德保罗大学专攻化学，1941年转芝加哥大学学习有机化学，为了付学费而不得不在一家化学公司打工，参与研究战时血液项目。1945年后转读于该校生物化学系，1949年获芝加哥大学生物化学博士学位。1950年在哈佛大学医学院从事博士后研究。1951年返回芝加哥大学任教，并开始研究复合维生素B族。1959年起任哈佛大学医学院库恩讲座生物化学教授，1960～1965年任该系主任。1964年入选美国国家科学院院士。

1952年起开始研究磷脂的生物合成，这是数十年来颇受关注的课题。利用同位素标记技术，阐明了在活细胞中由甘油生成甘油三酸脂的历程。在研究胆碱转化为磷脂的历程时，从某些腺苷三磷酸制剂可以促进这种转化得知，是制剂内痕量沾污物胞苷三磷酸的辅助作用所致，由此发现含胞苷的辅酶，并阐明了它们在酶催化生物合成磷脂中的作用。之后又转入生物膜功能的生物化学基础的研究。

代表作有《生物化学能量学的现状》(1966年，与他人合著)等。曾获美国化学会刘易斯奖等。 (温敬铨)

曾德超(Zeng Dechao) 中国海南省人，1919年11月18日出生于广东琼山(今属海南)，2012年6月23日卒于北京。*农业工程、农业机械学、农具发明。*

1942年重庆中央大学机械工程系毕业。先后任重庆50兵工制炮厂技术员、中央工业试验所机械实验厂助理工程师。1945年赴美国留美，1948年获明尼苏达大学农业工程硕士学位。同年回国，任湖南邵阳乡村工业示范处机械厂厂长、国民政府农村复兴委员会西北办事处(兰州)总工程师。1949年后，历任中央农业部器械局研究室代主任，国营农场管理局机务处副处长，北京农业机械化学院(现北京农业工程大学)教授、系主任、副院长、机器-土壤-植物关系实验室主任。兼任中国农业机械学会副理事长，中国农业工程学会副理事长，联合国工业发展组织农机专家顾问，《农业机械学报》首任主编等职。1995年当选为中国工程院院士。

主要从事土壤耕作动力学研究与耕具开发，在国内外率先建立了土动剪强方程和切土动力模型，将机械对土壤加工过程的分析计算推进至真正的动力学领域。开创农田建设和土壤耕作的水、热、盐、气定量效应与调控工艺领域的研究。开发北方果树的调亏灌溉密植增产技术、大田科学灌溉制度实施技术等。研究开发减灾缓逆高效可持续农业治水型精密耕作制及其工程技术体系。开发研制并推广应用了多种先进的实用农耕机械，其中有：北方稻作宽幅（6～8 厘米）浅盖（1 厘米）开沟器播种机；适于北方水稻生产的改装型自走式旱作小麦联合收割机、耕深 75 厘米的深耕犁等；常速高速通用优化犁获 1970 年国家专利；旋耕翻垡犁获 1987 年国家专利。

发表"犁体曲面设计的数学解析法"（1970 年）等数十篇论文，著有《机械土壤动力学》（1994 年）等专著。

（顾亦健）

于天仁（Yu Tianren） 中国山东省人，1920 年 2 月 4 日生于山东郓城，2004 年 5 月 22 日卒于江苏南京。土壤电化学、仪器研制。

1945 年西北农业学院农业化学系毕业。在中央地质调查所土壤研究室任技佐。1950 年起，先后任中国科学院地质研究所土壤室助理研究员，中国科学院土壤研究所土壤化学研究室主任、土壤电化学研究室主任、研究员。1989 年、1992 年先后任加拿大萨斯卡切温大学和美国印第安纳大学客座教授。1995 年当选为中国科学院院士。

20 世纪 40～50 年代，开展红壤电荷特性的研究；研究中国红壤游离氧化铁对红壤性质的影响；阐明水稻土以氧化-还原过程为特征的物理化学本质。60～70 年代，1961 年创建国际上第一个土壤电化学研究机构；开创性提出和构建土壤电化学理论体系，主编《土壤的电化学性质及其研究法》（1965 年初版，1976 年修订版）获 1978 年全国科学大会奖。80～90 年代，系统研究水稻土氧化-还原强度因素与容量因素关系、离子与土壤胶体相互作用、几种主要氧化-还原体系及其与植物生长关系等，其成果总结《水稻土的物理化学》（1983 年中文版，1985 年英文版）是国际上第一本关于水稻土专著，获 1987 年中国科学院自然科学奖一等奖、国家自然科学奖三等奖；《可变电荷土壤的电化学》（中、英文版）修正和发展了传统的恒电荷土壤学，为广大热带、亚热带土壤合理利用和改良提供了科学依据；《土壤电分析化学的建立与发展》获 1996 年中国科学院自然科学奖一等奖。

此外，多年来开发出各类离子选择性电极 30 余种；研制成多种便携式多功能电化学测量仪。发表论文 200 余篇；主编或与他人合撰专著 13 部。获国家和省部级奖 10 余项。

（李啸虎）

费希尔，E. H.（Fischer，Edmond Henri） 美国人，1920 年 4 月 6 日生于中国上海。生物化学、生理学。

瑞士裔犹太人。1943 年在瑞士日内瓦大学获生物学、化学双学士学位，1944 年在该校获工程学士学位，1947 年在该校获理学博士学位。1950～1953 年在日内瓦大学从事生物化学博士后研究。1953 年移居美国，先到加利福尼亚理工学院任教。同年赴西雅图华盛顿大学，历任生物化学助理教授（1953～1956 年）、副教授（1956～1961 年）和教授（1961～1990 年）。1990 年退休后为荣誉教授。1972 年当选为美国文理科学院院士。1973 年当选为美国国家科学院院士。

由于对 E. G. 克雷布斯所从事的研究课题感兴趣，才到西雅图华盛顿大学工作。在该校，他与克雷布斯合作，共同研究蛋白质的可逆磷酸化反应，发现了激酶和磷酸脂酶。1955 年，两人联合发表"肌肉萃取物中磷酸化酶 b 向磷酸化酶 a 的转化"一文，宣布了这一发现。细胞中的磷酸化酶有两种形式，非活性的 b 型被激酶和磷酸脂酶所激活，就会变为活性的 a 型，而后者参加了肌肉细胞中的糖原代谢过程。而当细胞不再需要这种转化时，磷酸脂酶就将磷酸基从 a 型中除去，把它还给非活性的 b 型。他们的进一步研究揭示，这种机制反之又受到一种由激素和钙激发起来的阶梯式过程的调节，这种调节又与细胞中葡萄糖环腺苷酸（AMP）和腺苷三磷酸酶（ATP）含量密切相关。如今人们已知，蛋白质可逆磷酸化反应参与了各种生命过程和病理变化，例如在肌肉收缩、蛋白质合成的调控、基因表达调控以及 RNA（核糖核酸）肿瘤病毒基因的转化，都与蛋白质磷酸化的反应有关。

发现蛋白质磷酸化反应过程，既是对基因理论的重要完善，又是对细胞生物学的重要突破。因此，他与克雷布斯共享 1992 年诺贝尔生理学或医学奖。主编有《酶的代谢逆转反应》（1973 年）等书。

（张慰丰）

高尔斯顿，A. W.（Galston，Arthur William） 美国人，1920 年 4 月 21 日生于美国纽约市布鲁克林，2008 年 6 月 15 日卒于康涅狄格州哈姆登。植物生理学、生物化学、细胞生物学、生物工程。

犹太移民的儿子。1936 年进入康奈尔大学农学院学习植物学，1940 年获理学士学位。1942 年和 1943 年分别获伊利诺伊大学硕士和博士学位。1943～1944 年在加利福尼亚理工学院从事合成橡胶开发等战时项目。后在海军中服役，曾任冲绳岛首席农业官员。退伍后，曾在耶鲁大学植物学系任示教员一年。后在加利福尼亚理工学院任教 10 年，任副教授。1955 年任耶鲁大学植物学教授。曾任美国植物学会会长、美国植物生理学家协会主席。

科研工作集中在光与激素对植物发育的控制和影响方面。在 1943 年完成的博士论文中指出 2，3，5-三碘苯甲酸（TIBA）是一个合成的吲哚基醋酸（IAA）运转的抑制剂，能极大地增加花芽数目，也能使光周期诱导的大豆豆荚数大大增加。这项发现使 TIBA 商业化，成为增加大豆产量的制剂，1943～1944 年在加利福尼亚理工学院，与 J. 邦纳（James Bonner）研究银胶菊的生长及橡胶形成的生物化学。银胶菊是第二次世界大战早期用来替代生产天然橡胶的一种植物。他从银胶菊根中分离和鉴定出肉桂酸，这是一种天然抗生素。1949 年发现 IAA 的核黄素过敏性光氧化作用，以及黄素蛋白酶的光活化作用;还提出核黄素并不是一般人所承认的胡萝卜素,而是一种趋光性的感光色素。1950～1951年从菠菜叶中分离出结晶的植物过氧化氢酶。对IAA氧化酶进行了一系列研究,IAA氧化酶是一种破坏植物生长激素的酶类。弄清楚了它的分布、过氧化酶的特性、光调节的抑制剂、同功酶的复合体以及它可诱导的特性等。1955年到耶鲁大学致力于光敏色素的生理学研究,指出光色素能调节酶的辅助因子的合成和控制IAA氧化酶的活性。鉴定这些辅助因子和抑制物分别为黄酮类的4,5,7-三羟黄酮醇和槲皮苷的结合物。还和其他学者合作,研究出这种光色素与光诱导的芽的生长两者之间的关系。

20世纪70年代,对植物细胞生理学发生兴趣,发现多胺化合物能够大大改善燕麦原生质体的稳定性、活力及其大分子的合成作用。还发现自然界存在的多胺化合物在许多植物体中能有效地防止叶的衰老,并且也可能在植物体中作为许多重要生物化学过程的调节剂。

著作有《植物生理学原理》(1952年,与他人合作)、《绿色植物的一生》(1962年)、《植物发育的控制机制》(1970年,与他人合作)和《在人民中国的日常生活》(1973年)、《绿色的智慧》(1981年)、《植物的生命过程》(1994年)、《生物伦理学伸展中的地平线》(2005年,与他人合著)等。1970年获美国植物学会荣誉奖。

(耿伯介)

雅各布,F.(Jacob,François) 法国人,1920年6月17日生于法国南锡,2013年4月19日卒于巴黎。分子生物学、遗传学、细菌学、科学哲学。

犹太裔商人之子。1940年在巴黎大学学医。第二次世界大战爆发后中断学业,随法兰西自由军到非洲北部作战,因英勇抢救战发而负至伤,获法国军队最高荣誉自由十字勋章。1947年获巴黎大学医学博士学位。因战伤复发而无法从事外科医生工作,1950年进入巴斯德研究院安德列·尔沃夫实验室研究生物学。1954年获巴黎大学理学博士学位。1956年任巴斯德研究院实验室主任,1960年任该院细胞生物学系主任。1964年任法兰西学院细胞遗传学的第一位教授。1973年当选为英国皇家学会外籍会员。1977年当选为法国科学院院士。

主要研究调节基因作用的机制,发现一个新的遗传物质因子传体。这种基因支配着核酸对蛋白质合成的控制,影响特征性的遗传。在巴斯德研究院,1951年开始同伊利·沃尔曼(Elie Wollman)长期合作,研究溶源性的遗传基础,特别是细菌宿主所引起的感染免疫机制。运用各种生物学实验方法和电子显微镜鉴定出两大类病毒基因:一类和病毒遗传物质的自发性再生有关;第二类有关蛋白质分子的生成,而蛋白质分子为病毒提供了外壳和传染媒介。

1958年开始和法国生物学家J.莫诺合作,对调节细菌酶的合成进行了一系列生理遗传研究。1961年提出"信使核糖核酸"(mRNA)和"操纵子"的概念。信使核糖核酸是一种核糖酸,它有一种基础程序作为脱氧核糖核酸的基础程序的补充,并控制着核糖体中特有的蛋白质合成。操纵子是由两个相联的基因及一个作为操纵者的普通调节基因所构成。操纵子的概念不但解释了副噬菌体感应而且解释了对细菌酶合成的控制。

在《细菌的性活动与遗传性》(1959年,与沃尔曼合著)一书中,宣布发现有关细菌的性结合,指出雄性细菌的染色体转移到雌性接受细胞是以规则的方式进行的,而且实验者为决定染色体中特殊基因的位置可以任意中断这种转移(通常称为间断交配步骤)。1959年,发现并描述了细菌中的游离基因,后来进一步在玉米、果蝇中得到证实,对癌症转移的研究具有极为重要意义。由于在遗传学研究方面的贡献,他和莫诺以及A.尔沃夫分享1965年诺贝尔生理学或医学奖。

20世纪70年代,转向研究胚胎学和老鼠的生长过程,在研究哺乳动物早期发育过程中,尤其着重研究了畸胎癌这种胚芽细胞瘤。70～80年代,关注对科学哲学的研究,出版《生命的逻辑》(1970年)、《可能性与真实性》(1981年)。1987年出版自传《内心雕像》。

(敬元虎 李啸虎)

菲茨-詹姆斯,P.C.(Fitz-James,Philip Chester) 加拿大人,1920年11月25日生于加拿大温哥华,2006年10月11日卒于英国伦敦。细菌学、微生物学、细胞生物学。

林业工程师的儿子,自幼爱好鸟类。早期在加拿大不列颠哥伦比亚大学学习农业微生物学,获理学士学位。毕业后去多伦多大学学习,获理学硕士学位。1948年获西安大略大学医学院医学博士学位,1953年又获该校生物化学博士学位。留校任教于微生物学与免疫学系生物化学系,1967年升任教授,1987年退休。从1956年至退休,一直任加拿大国家研究委员会"癌症调研员",后又任加拿大医学研究咨询委员会研究员。

和学生杨(E. Young)首先发现细菌孢子的形成属特殊的分裂形式。1953年应汉内(C. L. Hannay)的邀请研究芽孢杆菌的伴孢晶体。接着又和杨一起从生化和结构方面研究它的生成。1955年他从细菌原生质体中分离出核质体,后来又从巨大芽孢杆菌原生质体中分离出多核糖体。用电子显微镜观察处于生长过程中的细菌,发现中隔体的一种膜状细胞器,对其特性进行了研究,从而使一些模糊的膜功能具体化。70年代初,和助手洛伊(D. Loewy)鉴定了早先在巨大芽孢杆菌原生质膜表面发现特殊横纹索为磷壁质酸。据此建立了用非化学提取法获得结构完整的磷壁质酸的方法。他还深入研究芽孢外被蛋白质的合成及其形成外壳层的过程。1963年获加拿大皇家学会哈里森奖。1977年获加拿大微生物学家协会奖。

(孙炳寅)

施教耐(Shi Jiaonai) 中国福建省人,1920年11月29日生于福建晋江。植物生理学、生物化学。

菲律宾归国华侨。1944年浙江大学理学院生物学系毕业。留校任教。20世纪50年代初起,一直在中国科学院上海植物生理研究所工作,历任副研究员、研究员。1991年当选为中国科学院学部委员(院士)。

20世纪50年代,从事微量元素对玉米种子萌发、胚乳中淀粉酶活性影响的研究；参与农作物合理施肥的生理基础、根系离子吸收的研究；在中国海南进行胶树产胶排胶规律的研究。60年代，探讨高等植物的脂肪合成与调节，指出油料作物籽实中磷酸己糖支路（HMP途径）的增强、三羧酸循环与乙醛酸循环的消长，在调节碳来源以加速脂肪酸合成有着重要意义；在国际上首次报道油菜籽实中含有一种内源性抑制剂，起着调节HMP途径的作用。

70年代末起，主持研究植物光合碳代谢中关键酶的结构功能和调节特性，取得重要进展；揭示了植物酶的调节机理，特别是酶的构象变化，亚基间相互作用，以及调节酶蛋白形成过程；深入探讨了光合四碳二羧酸途径（简称C_4途径）的作用机理和生理意义；深入研究C_4植物中磷酸烯醇式丙酮酸（PEP）羧化酶的结构与功能，发现该酶的多构象状态、二级结构特性、4个亚基的空间排布和解离聚合，以及酶的多调节位点等，该项成果进一步帮助人们从分子水平上了解PEP羧化酶的作用机理和调节特性，同时为提高植物的光合作用效率提供了线索和依据；在纤维素酶研究和应用方面，成功筛选出两株纤维素酶高产菌株。

出版《动态光合作用》（1998年，与他人合著）等专著。获1987年中国科学院科学技术进步奖二等奖，2000年何梁何利科学与技术进步奖等。（钟尚科）

曹天钦（Cao Tianqin） 中国河北省人，1920年12月5日生于北京，1995年1月8日卒于上海。*植物病毒学、蛋白质化学、生物化学。*

原籍直隶东鹿（今河北辛集）。1944年成都燕京大学化学系毕业。后进重庆的英国科学合作馆工作。1946年赴英国剑桥大学留学，1948年获该校生物化学系博士学位。1952年回国，任中国科学院上海生理生化研究所副研究员。1958年任中国科学院上海生物化学与细胞生物学研究所研究员、副所长。曾兼任中国生物化学会副理事长、中国科学院上海分院院长、中国科学技术协会副主席、国际科学联合会中国代表。1980年当选为中国科学院学部委员（院士），后又相继当选为该院生物学部副主任、主任。是瑞典皇家工程科学院外籍院士。其夫人、物理学家谢希德也在1980年当选为中国科学院学部委员（院士）。

20世纪40年代后期，在英国剑桥大学对肌肉蛋白中一些组成蛋白进行深入探索，测定原肌球蛋白的分子量，观察它的形状、大小和聚集行为，最先提出肌球蛋白由轻链和重链等不同亚基构成。1952年回国后，除继续研究肌肉蛋白外，又研究了胶原蛋白、神经系统蛋白、胰岛素、蛋白酶抑制剂等。在中国率先对植物病毒进行研究。他们和其他研究所一起，共同发现油菜花叶病毒15号是一种新的毒株、油菜花叶病毒6号是新的球状病毒；提出小麦丛矮病弹状病毒的结构模型；以及多种黄化病害中类菌质体和病毒复合感染的学说。曾对长沙马王堆汉墓中古尸肌肉组织保存程度进行研究，为生物化学考古学作出贡献。参与领导中国在世界上率先人工合成胰岛素项目的建议、认证和规划等早期工作。

发表论文百余篇。1956年获中国科学院自然科学奖一等奖，1978年获全国科学大会重大科学成果奖。（高小东 宣焕灿）

钮经义（Niu Jingyi） 中国江苏省人，1920年12月26日生于江苏兴化，1995年12月16日卒于上海。*病毒学、生物化学、高分子合成工程。*

出身清贫的书香门第，幼时在父亲的学馆接受启蒙教育。1942年毕业于昆明西南联合大学化学系。1942～1946年任重庆国立药学专科学校助教。1946～1948年任教于清华大学。1948年赴美国得克萨斯州立大学攻读生物化学，1953年获博士学位。同年在得克萨斯州立大学生物化学研究所从事博士后研究。1948～1954年兼任得克萨斯大学生物化学研究所研究助教和研究助理。1954～1956年任伯克利加利福尼亚大学病毒研究所研究助理。1956年回国后，历任中国科学院生理生化研究所副研究员，中国科学院上海生物化学与细胞生物学研究所副研究员、研究员、副室主任、室主任。1980年当选为中国科学院学部委员（院士）。

主要研究领域为天然有机物化学，包括蛋白质和多肽的结构分析和化学合成。1953年在美国完成题为“大肠杆菌的微量元素营养”的博士论文，还测定人尿中Pauly试剂阳性反应物质分布情况的研究。在得克萨斯大学从事博士后研究时，进行硫辛酸的全合成工作。1954年在加利福尼亚大学从事烟草花叶病毒外壳蛋白亚基的结构测定，并应用他首创的部分肼解和酶解方法测出病毒不同种属或菌株的羟基端排列次序。他肯定了植物病毒颗粒中蛋白质亚基的存在，阐明了病毒外壳的结构规律，同时还更正了当时误判的几种重要蛋白质如核糖核酸酶和卵白蛋白的羟端结构。在美国期间先后在国际著名学术刊物《美国化学会志》、《病毒学》、《生物化学与生物物理学报》上发表多篇论文。

回国初期在中国建立柱层析和纸层析技术，开创了中国蛋白质、多肽和氨基酸的分离分析工作，这些技术为后来开展蛋白质人工合成创造了条件。1965年参与领导人工合成牛胰岛素，他精心设计方案、合成线路，为中国在世界上首次人工合成蛋白质做出了重大贡献。这项成果获得1982年国家自然科学奖一等奖。1980年他改进固相片段合成的路线，合成人胰岛素原C肽，并与医疗单位协作进行放射免疫测定，此项工作获1983年国家发明奖二等奖。此外，他还主持合成了催产素。（张慰丰）

张广学（Zhang Guangxue） 中国山东省人，1921年1月31日生于山东定陶，2010年2月24日卒于北京。*昆虫学、蚜虫学。*

回族。1946年重庆中央大学农学系毕业。先后供职于四川遂宁农业改进所遂宁棉厂、北平农业部棉产改进处。1951年至今在中国科学院动物研究所工作，任研究员。兼任中国昆虫学会理事长、中国植物保护学会副理事长、《昆虫知识》杂志主编等职。1991 年当选为中国科学院学部委员(院士)。

运用多种方法研究蚜虫分类系统,澄清了国际分类中某些混乱现象;组织收集中国蚜虫标本 20 000 多号、1 000余种,占世界纪录总数 1/4,发表 9 个新属、224 个新种和新亚种;发现中国蚜虫属、科级演化与植物科、属级演化阶元对应;提出蚜虫生活周期型演化新见解,对国际权威理论提出重要修正;首次提出俄罗斯麦蚜和冰草麦蚜由同宿主全周期杂草蚜虫演化而来;用蚜虫杂交实验证明物种间繁殖隔离是物种独立的基础;倡导利用生态自然调控机制自控棉蚜,首创改变栽培制度防治重要害虫的范例,获显著综合效益;参与主持马铃薯无病毒原种生产及良种繁育体系研究,成功增产 50%;揭示当归根际食物网关系,开发当归优质丰产技术。

发表论文近 300 篇,大部编入《张广学院士论文集》(4 卷);出版《我国棉蚜及其预测预报》(1956 年)、《中国经济昆虫志·同翅目蚜虫类》(1983 年)、《中国动物志·昆虫纲同翅目纩蚜科及瘿绵蚜科》(1999 年,与他人合著)等专著 31 部。获国家与省部级奖励 10 余项,其中有全国科学大会重大科学技术成果奖、国家科学技术进步将二等奖、中国科学院自然科学奖一等奖等。

(李啸虎)

黄宗道(Huang Zongdao) 中国湖北省人,1921 年 2 月 3 日生于湖北武汉,2003 年 4 月 26 日卒于海南海口。橡胶栽培学、热带作物学。

原籍湖北孝感。1945 年南京金陵大学农学院毕业。留校任教。1953 年调任广州亚热带作物研究所副研究员,1979 年任研究员,先后任橡胶系副主任、主任。1981～1991 年任华南热带作物科学研究院院长、华南热带作物学院(今华南热带农业大学)院长,热带作物生物技术国家重点实验室主任。曾兼任国家农业部科学技术委员会副主任,中国农学会副理事长,中国热带作物学会理事长,海南省科学技术协会主席,海南经济发展与环境保护基金会理事长等职。1997 年当选为中国工程院院士。

1953 年起研究巴西橡胶树,经多年试验与研究,在中国北纬 18°～24°地区大面积种植橡胶成功,突破了认为"北纬 15 度以北不宜植胶"的"植胶禁区"国际流行看法,成为一个世界性创举,获 1982 年国家发明奖一等奖。经 10 年探索橡胶高产途径,总结出"产胶动态分析"、"乙烯利刺激割胶"和"橡胶树营养诊断指导施肥"等多项研究成果,试验田亩产量从 1974 年的 99 千克升至 1977 年的 200 千克,1984 年又达到 240 千克,居国际先进水平。

主编全国统编教材《中国橡胶栽培学》(1979 年)等书,出版科普读物《天堂的种子——热带作物》。多次获奖,其中有:主持完成"华南热带作物现代化综合科学实验基地"课题,获 1986 年农业部科学技术进步奖一等奖;主持完成"成龄橡胶芽接树高产综合技术措施的研究",大面积推广应用后取得显著经济效益,获 1987 年农业部科学技术进步奖一等奖;与何康主编《热带北缘橡胶树栽培》(1987 年),获 1988 年全国优秀图书奖。

(武光明)

余松烈(Yu Songlie) 中国浙江省人,1921 年 3 月 13 日生于浙江慈溪。作物栽培学。

店商家庭出身。1942 年福州协和大学农学院毕业。同年在福建永安农业部门供职。1946 年在上海与人合办新农企业公司和新农出版社。1949 年起在山东农学院(今山东农业大学)任教,1978 年晋升教授,历任农学系主任、栽培生理研究所所长。1997 年当选为中国工程院院士。

20 世纪 50～60 年代,历时 20 余年研究和推广冬小麦精播高产栽培理论与技术,改变了"大肥大水大播量"传统栽培方法。1976 年用精播高产新技术获试验田亩产小麦 638 千克,创下当时中国北方麦区小麦单产历史最高纪录。80～90 年代,在全国大面积推广冬小麦精播高产栽培技术,平均增产 13%,被国家农业部定为"九五"重点推广项目,已成为中国小麦高产栽培主要技术;主持开发黄河、淮河和海河中低产地区夏秋粮均衡增产栽培技术,提出了中低产田迅速培肥地力、小麦与玉米新技术和配套技术,仅在试验示范推广期间就增粮 24.5 亿千克;1995 年起主持山东省小麦良种产业化开发,其中培育出小麦新品种 54368("鲁麦 16 号")、8834、924142、D27 等新品种;在山东省基本建立了 1、2、5 良种繁育体系,克服了小麦品种多、乱、杂状况;1997 年在山东省 28 个县建立了小麦良种良法配套高产示范田 208 万亩,取得了普遍大丰收,且创下一年二熟地区小麦每亩 731.23 千克最高纪录。

发表论文 60 余篇;主编《作物栽培学》(1984 年)、《冬小麦精播高产栽培》(1987 年)等教材、著作约 10 部。获国家和省部级奖励 10 余项,其中有 1978 年全国科学大会奖,1987 年、1992 年国家科学技术进步奖二等奖等。

(李啸虎)

本泽,S.(Benzer,Seymour) 美国人,1921 年 10 月 15 日生于美国纽约,2007 年 11 月 30 日卒于加利福尼亚州巴塞特纳。分子遗传学、细胞生物学、病毒学、行为生物学。

波兰移民后代。1942 年在布鲁克林学院获文学士学位,1943 年获理学硕士学位。1947 年获普渡大学博士学位。留校任物理学助理教授。1948 年作为生物物理学家在橡树岭国家实验室工作。1949 年任加利福尼亚理工学院生物物理学研究员。1951～1952 年到巴黎巴斯德研究院工作。1953 年回普渡大学任副教授,1958 年任教授,1961 年任斯图亚特杰出教授。1965～1967 年任加利福尼亚理工学院客座研究员。1961 年入选美国国家科学院院士。是美国文理科学院院士,英国皇家学会外籍会员。获普渡、哥伦比亚、耶鲁等大学荣誉理学博士学位。

经典遗传学把基因看作是一个不可分割的最小遗传单位。而他的工作表明，一个功能基因可分成许多更小的重组单位，而且这些小单位排列成直线。对应用物理概念去探讨生物学问题、以及利用病毒作为基因复制模式系统的可能性有强烈的兴趣。1952 年在普渡大学对一种感染细菌的病毒 T_4 噬菌体进行研究，1954 年发现它的许多突变型（rⅡ突变体）不能在可增殖的菌株中增殖。通过分离大量 rⅡ的突变体并以适当组合一对对地进行杂交，根据重组发生的情况，测出相应的重组频率，绘制出控制 rⅡ机能的 T_4 噬菌体染色体区带的精细图。进一步证实沃森和克里克所预示的 DNA（脱氧核糖核酸）模型，从而沟通分子遗传学与经典遗传学的联系。其剖析重组的精细程度，达到 DNA 多核苷酸链上相隔仅 3 个核苷酸的水平。

为了确定功能单位，他将顺反比较实验应用于 rⅡ突变体，结果表明 rⅡ区段可划分为两个功能段，每一段可独立行使机能作用。"顺反子"这一术语就是用来表示这种功能单位的。若干年后，他和学生钱佩（S. Champe）证明：如果两个顺反子之间的间隔缺失了，则保留的部分就连接起来，其结果使原来两个独立单位变成机能上的联合。为了更好地阐明突变的分子基础，1957～1958 年，他在剑桥大学与 F. H. 克里克、S. 布伦纳（Sydney Brenner）等共同从事核酸与蛋白质结构的研究。返回普渡大学后，扩大了研究课题，证明恢复某些突变型缺陷有可能不改变其遗传特性，并发现噬菌体的某些突变可被宿主细菌的抑制基因突变所逆转，而抑制基因的作用机制是遗传密码的饰变。还和他人共同证明：一个特定的氨基酸可能有几个不同的 tRNA（转移核糖核酸），每一个 tRNA 对应一个 mRNA（信使核糖核酸）密码子。这一论证为遗传密码的兼并奠定了物质基础。

对分子生物学新知识应用于脑功能的可能性、以及对行为遗传控制问题的好奇心，使得他将注意力转向行为生物学。1965～1967 年在加利福尼亚理工学院 R. W. 斯佩里的心理生物学实验室工作，并且还作为生物学教授留在该校研究果蝇的行为。为了论证神经系统结构的发育受基因的信息所支配而进行一些实验，因此还被认为是神经学教授。与学生一同研究过果蝇眼内光感受器的结构。还发现各种温度敏感的突变型具有非常不同的特性。获 1961 年芝加哥大学里基茨奖，1964 年盖尔德纳基金奖，1971 年拉斯克奖，1975 年惠特尼基金琼斯奖及法国科学院迈耶奖，1976 年哥伦比亚大学霍维茨奖，1977 年以色列哈维技术奖，1978 年卡内基-梅隆大学迪克森奖，1982 年美国国家科学奖章，1991 年沃尔夫医学奖，1993 年克拉福尔特奖，2004 年盖尔德纳基金奖，2006 年奥尔巴尼医学中心奖等。

（王祥麟）

阎隆飞（Yan Longfei） 中国北京市人，1921 年 11 月 23 日生于北京，2001 年 1 月 16 日卒于北京。植物生理学、生物化学。

1945 年西北大学生物学系毕业。1949 年获清华大学硕士学位。历任北京农业大学副教授、教授。1991 年当选为中国科学院学部委员（院士）。

1948 年发现植物叶绿体中含有碳酸酐酶。1963 年发现高等植物中存在收缩蛋白（肌动蛋白和肌球蛋白），得到国际公认。20 世纪 80 年代起，首创植物细胞骨架基础理论研究，居国际领先地位；确证高等植物的花粉、卷须、韧皮部、鳞茎中普遍存在肌动蛋白和肌球蛋白；从玉米花粉中提纯到较大量的肌动蛋白，用各种现代生物化学分析技术检验后，发现它们和兔肌的肌动蛋白极为相似；实验揭示植物肌动蛋白由 2 条重链、4 条轻链组成，并能聚合成肌动蛋白丝；显微录像结果表明，在花粉管中细胞器沿肌动蛋白丝作定向运动；首次测定出百合花粉肌球蛋白分子量；在叶细胞质膜上，首次发现膜骨架主要成分为血影蛋白和肌动蛋白；从萱草、银杏花粉中首次提纯得到微管蛋白，具有聚合微管的独特功能，并证明花粉中存在驱动蛋白、细胞质力蛋白等三种马达蛋白，它们可能在微管运送物质中起重要作用，并从花粉中鉴定出肌球蛋白重链及 ATP（腺苷三磷酸）酶活性；显微录像结果表明，在花粉管中细胞器沿肌动蛋白丝作定向运动；克隆了豌豆卷须、衣藻等植物中的肌动蛋白基因，测定其序列，并在大肠杆菌中得到了高水平表达；主持研究植物细胞骨架及其马达蛋白的结构与功能课题。先后获国家自然科学奖二等奖、两次国家教委科学技术进步奖甲类二等奖等奖励。（钟尚科）

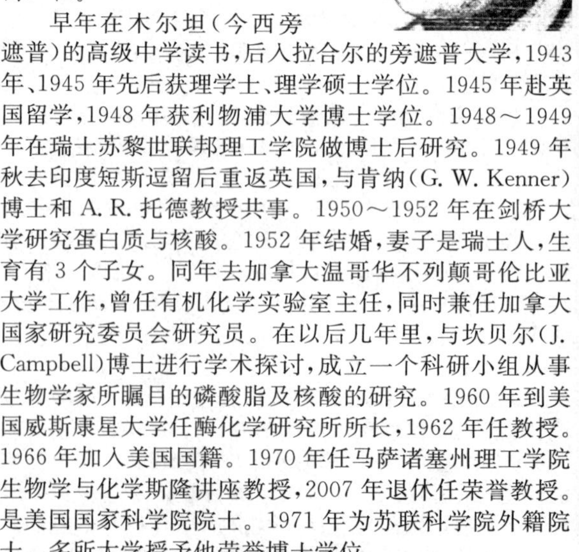

科拉纳，H. G.（Khorana, Har Gobind） 美国人，1922 年 1 月 9 日生于印度旁遮普邦赖布尔（今属巴基斯坦），2011 年 11 月 9 日卒于美国马萨诸塞州康科德。分子生物学、生理学、酶学、基因工程。

早年在木尔坦（今西旁遮普）的高级中学读书，后入拉合尔的旁遮普大学，1943 年、1945 年先后获理学士、理学硕士学位。1945 年赴英国留学，1948 年获利物浦大学博士学位。1948～1949 年在瑞士苏黎世联邦理工学院做博士后研究。1949 年秋去印度短斯逗留后重返英国，与肯纳（G. W. Kenner）博士和 A. R. 托德教授共事。1950～1952 年在剑桥大学研究蛋白质与核酸。1952 年结婚，妻子是瑞士人，生育有 3 个子女。同年去加拿大温哥华不列颠哥伦比亚大学工作，曾任有机化学实验室主任，同时兼任加拿大国家研究委员会研究员。在以后几年里，与坎贝尔（J. Campbell）博士进行学术探讨，成立一个科研小组从事生物学家所瞩目的磷酸脂及核酸的研究。1960 年到美国威斯康星大学任酶化学研究所所长，1962 年任教授。1966 年加入美国国籍。1970 年任马萨诸塞州理工学院生物学与化学斯隆讲座教授，2007 年退休任荣誉教授。是美国国家科学院院士。1971 年为苏联科学院外籍院士。多所大学授予他荣誉博士学位。

早年在利物浦大学从事酶的合成研究。1959 年领导一个科研小组成功地合成了辅酶 A。随后转向研究基因密码的破译。他想用酶来帮助合成长链核糖核酸。经不断试验，终于使用脱氧核糖核酸(DNA)聚合酶和核糖核酸(RNA)聚合酶，并利用以前合成的模板，得到了类似天然 DNA 和 RNA 的长链多核苷酸。用这种方法，合成了按照给定核糖核酸顺序排列人工信核糖核酸(mRNA)。用合成的 mRNA 检验三联体基因密码理论，不仅证实了构成基因密码的一般原则和单个密码子的词义，而且还发现了一些规则和词义。例如，曾确定每个三字母词总是被分开读，而不与其他词分享其字母，沿着 DNA 或 RNA 的链索，词可以连续地被读出，就如同电报通讯的穿孔带信息被电传打字机读出一样。虽然，后来发现在个别情况下相邻的词也可以分享其字母，但这一发现是可以适用于绝大多数情况的重要规则。还与 M. W. 尼伦伯格共同发现：64 个词中有一些是无意义的，不同词可以对应同一种氨基酸，有少数词可以表示"停止"组装蛋白质，AUG 则可以表示"开始"组装蛋白质。

1966 年他宣布基因密码已全部破译，又转攻更加困难的合成 DNA 的基因。选择 R. W. 霍利研究的面包酵母中丙氨酸的转移核糖核酸(tRNA)为研究对象。它含有 77 个核苷酸(即 77 个碱基)，其排列顺序已被霍利所确定，因此，DNA 上相应的这部分基因结构是已知的(按互补规则)。他在成功地合成 tRNA 对应基因位基础上，又继续合成更加复杂的基因。1970 年应马萨诸塞理工学院之聘去该校任职，他的大部分合作者和助手也随同去那里搞研究。1976 年 8 月，他发表合成大肠杆菌的氨基酸基因，此基因有 199 个碱基，在细胞中有生物活性。

1961 年出版《有生物学意义的磷酸脂化学的若干新进展》一书。为了表彰在基因密码破译、蛋白质合成机理、核酸和酶等方面的功绩，与尼伦伯格、霍利分享了 1968 年诺贝尔生理学或医学奖。获奖的演讲题目为"遗传密码研究中的核酸合成"。除诺贝尔奖外，1968 年获哥伦比亚大学霍维茨生物化学奖、美国化学会合成化学创新研究奖、拉斯克基金奖，1971 年美国国家科学院成就奖。

(张慰丰)

霍利，R. W.（Holley, Robert William） 美国人，1922 年 1 月 28 日生于美国伊利诺伊州厄巴纳，1993 年 2 月 11 日卒于加利福尼亚州洛斯加多斯。分子生物学、生物化学。

出身于教师之家。1942 年在伊利诺伊大学获学士学位。第二次世界大战期间一度中断研究生学业，1944～1946 年在康奈尔大学医学院参与青霉素首次化学合成研究。1947 年在康奈尔大学获有机化学博士学位。后在华盛顿州立大学进行博士后研究。1948～1957 年任康奈尔大学纽约州农业实验站有机化学助理教授和副教授，1962 年成为生物化学教授，1965～1966 年任生物化学和分子生物学系主任。期间，1957～1964 年任美国农业部农业研究局在康奈尔大学的植物、土壤与营养研究所研究员。1968 年在圣迭戈加利福尼亚大学索尔克生物研究所任所长，兼任美国癌症学会分子生物学教授。是美国国家科学院院士、美国文理科学院院士。1945 年结婚，妻子是数学教师，生育有 3 个子女。

1956 年他开始研究转移核糖核酸(tRNA)。先是得到转移核糖核酸存在和它们起氨基酸受体作用的证据；后又证实每种氨基酸都有一个特定的 tRNA，在蛋白质合成中它们把氨基酸带到指定位置上去。从 1958 年起，用 4 年时间，他们从由酵母得到的 tRNA 混合物中分离出纯的丙氨酸、酪氨酸和缬氨酸的 tRNA；并用他们发现的每周可以分离 10～20 毫克纯核糖核酸的大规模分离装置，得到了 1 克丙氨酸 tRNA。在以后的 2 年半时间内，又完成了它的结构测定，采用的方法是用特定的水解酶将丙氨酸 tRNA 水解成核苷酸链片，测定每一片段核苷酸链的排列顺序，最后从各段结构推出整个 tRNA 分子中各核苷酸的序列。

第二次世界大战期间，他参与研究人工合成青霉素。之后从事 β-内酰胺、植物激素、水果的挥发成分、植物中氮的新陈代谢和肽的合成等方面研究。在完成核糖核酸结构测定之后，从事有关控制正常哺乳动物细胞和恶性细胞生长的研究。

和康奈尔大学的同事对从酵母中分离得到的丙氨酸转 tRNA 结构进行 7 年研究之后，1965 年后发表了分子中 77 个核苷酸的排列顺序，在世界上首次成功地测定核糖核酸中核苷酸的序列。因这一杰出成就，获 1968 年诺贝尔生理学或医学奖(与 H. G. 霍拉纳、M. W. 尼伦伯格分享)，以及 1965 年基础医学研究的拉斯克奖。他所领导的研究组还获美国农业部功勋奖。1967 年获美国国家科学院与美国钢铁基金会的分子生物学奖。

(温敬铨)

李光博(Li Guangbo) 中国天津市人，1922 年 6 月 16 日生于直隶武清(今属天津)，1996 年 7 月 20 日卒于北京。昆虫学、昆虫生态学、植物保护工程。

1947 年北平大学农学院昆虫系毕业。曾在北平农事试验场、华北农业科学研究所从事病虫害防治研究。1949 年后在中国农业科学院植物保护研究所工作，曾任迁飞害虫研究室主任、研究员。曾兼任中国植物保护学会常务理事、《植物保护》杂志主编等职。1995 年当选为中国工程院院士。

早年划分粘虫发生区划，勘查各区主要危害世代、种群动态的影响因素、以及防治适宜期。1957 年起主持中国东部、西部粘虫普查防治工作；应用大规模成虫标记回收等实验方法，经长期勘查研究，在世界上最早揭示粘虫越冬迁飞规律，首次划定 1 月份 0℃等温线为粘虫在中国越冬地区北界；首次获得粘虫迁飞可达 1 400余千米的实验数据，并查明粘虫迁飞为害路线和虫源性质；据此制定的粘虫异地测报方法，准确率达 85%以上；建立中国第一个经济、安全和有效的粘虫综合防治体系，每年约可从虫口夺回粮食 25～35 亿千克。此外，主持组建黄淮海等麦区的小麦病虫害综合防治技术体系，使小麦抗逆性能明显提高，农药施放量大大减少，害虫天敌成倍增殖，病虫危害大幅下降，其成果为研究其他害虫生命史和活动规律提供启迪。发表有“粘虫季节性迁飞危害假说及标记回收试验”、“粘虫发生规律与综合防治技术”等论文；主编有《小麦病虫草鼠害综合治理》(1990 年)等专著。多次获奖，其中有 1982 年国家自然科学奖三等奖等，1990 年被授予全国农业劳动模范称号。（李啸虎）

尹文英(Yin Wenying) 中国河北省人，1922 年 10 月 18 日生于河北平乡。*土壤动物学、昆虫学、鱼类病理学。*

知识分子家庭出身。1947 年中央大学生物学系毕业。后任中央研究院动物研究所助理员。1950 年起任中国科学院水生生物研究所助理研究员、副研究员、研究员。1963 年起中国科学院上海生命科学研究院昆虫研究所研究员。1991 年当选为中国科学院学部委员(院士)。

中国当代杰出女科学家。20 世纪 50 年代，从事鱼类寄生虫和鱼病防治研究。60 年代至今，主要从事原尾虫和其他低等六足动物系统的发生研究，有两项主要成果彻底动摇了土壤动物学的国际经典分类法：一是 1963 年在天目山采集标本时首次发现了原尾虫，从此开辟了中国原尾虫研究新领域，成为国际公认 4 位最有成就的原尾虫学者之一；二是 1965 年发现形态独特的红华虫，建立了昆虫学的一个新科目——华科。她系统地进行原尾虫分类、区系、形态、生态、胚后发育、比较精子学和亚显微结构等研究，记述了中国原尾虫 164 种，其中 142 个新种、18 个新属和 4 个新科；1983 年建立原尾虫新分类体系，将已知的 54 属重新设立为 2 亚目、8 科、17 亚科，得到国际同行共识和广泛采用；1985 年后积极组织和推动全国性土壤动物学研究，联合 60 多位学者在 6 个气候带完成3 000多种土壤动物的普查和试验。主编《中国亚热带土壤动物》(1992 年)、《中国土壤动物检索图鉴》(中文版，1998 年；英文版，2000 年)和《中国土壤动物》(2000 年)等专著；对原尾虫 20 多个种的精子和器官进行亚显微结构比较，发现形态特征与昆虫差别很大，1995 年将原尾目提升为原尾纲，与昆虫纲并列，引起中外学术界关注。

发表论文 140 余篇(部)；主编《中国动物志·原尾纲》(1999 年)等专著 8 部。多次获奖，其中有国家自然科学奖二等奖 1 项、三等奖 1 项，国家科学技术进步奖二等奖 1 项。中国科学院科学技术进步奖特等奖 1 项、一等奖 1 项、二等奖 2 项，1998 年何梁何利科学与技术进步奖等。（江冬妮 王长军）

张树政(Zhang Shuzheng) 中国河北省人，1922 年 10 月 22 日生于直隶辛集(今河北束鹿)。*微生物学、酶工程、生物化学。*

1941 年考入燕京大学化学系，1942～1945 年在北京大学理学院化学系学习，获理学士学位。毕业后在北京大学理学院化学系、医学院生化科任教。1950 年后，历任国家重工业部综合工业试验所技师、中国科学院菌种保藏委员会助理研究员；1958 年起在中国科学院微生物研究所工作，后任研究员，曾任酶学研究室副主任。兼任中国生物工程学会糖生物工程专业委员会主任、《微生物学报》主编等职。1991 年当选为中国科学院学部委员(院士)。

中国当代杰出女科学家。20 世纪 50 年代初，在中国首先采用纸电泳、酶谱和生长谱法等多种方法鉴定不同种曲霉淀粉酶系组成，最后确认黑曲霉的优越性。60 年代，发现白地霉中有甘露醇，查明白地霉的戊糖代谢途径；发现并纯化 NAP-甘露醇脱氢酶。70 年代，在中国首先建立等电聚焦、聚丙烯酰胺凝胶电泳等新技术；首次得到红曲霉的糖化酶结晶，发现其不同分子型构象差异是由不同糖型引起。80 年代从事多种糖苷酶的应用和基础研究，其中选育的淀粉酶高产菌株活力在当时国际上领先；首次发现有严格底物专一性的岩藻糖苷酶等 5 种酶。90 年代后，倡导糖生物学和糖工程前沿计划，建立糖工程实验室进行系统研究。

有《酶制剂工业》(2 卷，1984 年)、《工业微生物的成就》(1988 年)、《酶学研究技术》(2 卷，与他人合著)、《糖生物学与糖生物工程》(2002 年)等专著数部。多次获奖，其中有中国科学院 1978 年重大科学技术成果奖、1984 年重大科学技术成果奖一等奖等。（王长军）

李振岐(Li Zhenqi) 字兴周。中国河北省人，1922 年 10 月 23 日生于河北遵化，2007 年 9 月 23 日卒于陕西西安。*植物病理学、植物保护工程。*

出身农民家庭。1942 年考入山西大学文学院英语系。1943～1945 年，参加青年远征军在印度兰枷接受盟军抗日军事训练。归国后退伍，转至西北农学院(今西北农林科学技术大学)植保系学习，1949 年毕业。留校任教。历任西北农学院植物免疫研究室主任，植物病理研究所首任所长、名誉所长，西北农林科技大学植保系教授，农业部重点开放实验室学术委员会主任。期间，1957～1959 年在苏联莫斯科农学院进修植物病理学；1982～1983 年在美国蒙大拿大学进行小麦病害合作研究。曾兼任中国植物病理学会副理事长等职。1997 年当选为中国工程院院士。

20 世纪 50 年代初，首次揭示中国西北地区小麦锈病主要菌种及其特性、秋季菌源地及传播中介地带、越夏越冬和流行传播规律，制定综合防治技术体系，奠定了中国小麦条锈病流行体系研究基础，获 1978 年全国科学大会奖。50 年代中后期至 80 年代初期，系统研究多种小麦优良品种抗条锈性丧失原因，发现主因为小麦条锈病菌毒性渐进变异所致，而病菌变异重要诱因在于品种植株群体遗传分化和山区低温环境，找到发病关键地带，提出控制对策思路与方法，从根本上缓解小麦条锈病对北方小麦生产的威胁，获 1986 年国家自然科学奖二等奖(与中国农业科学院合得)。80 年代，主持完成国家级项目“小麦条锈病综合防治技术研究”、“小麦主要病虫害综合防治技术研究”。90 年代以来，主持完成陇南越夏易变区小麦条锈病流行规律及其控制策略研究，建立分子遗传标记体系。

发表论文 150 余篇；主编中国第一部《植物免疫学》

等专著、教材 7 部。多次获国家和省部级奖。（李孙演）

刘瑞玉（Liu Ruiyu） 中国河北省人，1922 年 11 月 4 日生于河北乐亭，2012 年 7 月 16 日卒于山东青岛。甲壳动物学、海洋生物学、海洋生态学。

出身工商业主家庭。1945 年北平辅仁大学生物学系毕业。在北京大学药学系任教一年。1946 年供职于北平研究院动物研究所。1949 年任中国科学院北京动物研究所助理员。1950 年起一直在中国科学院青岛海洋生物研究室（所）工作，任研究员。兼任中国海洋学会、中国水产学会副理事长，中国海洋湖沼学会、中国甲壳动物学会理事长，《海洋与湖沼》主编等职。1997 年当选为中国科学院院士。

20 世纪 50～60 年代，先后参加渤海、黄海、海南岛和北部湾海洋生物的国际联合考察，以及规模空前的全国海洋综合调查，在其中负责海洋底栖生态调研；提出中国海底栖动物区系区划及其与海洋环境因子的密切关系。70 年代，负责组织考察西沙群岛珊瑚礁生态和海洋动植物区系；指导和推动全国对虾育苗和养殖研究，获 1978 年中国科学院重大科学技术成果奖等；80～90 年代，参与组织领导中国海岸带和滩涂资源综合调查，获国家科学技术进步奖一等奖；查明山东胶州湾环境和海洋资源特点，提出生态学资源增殖方案，获山东省科学技术进步奖特等奖；预测三峡工程对长江口生态资源影响，为工程论证提供科学依据；对虾增殖生态基础研究居世界前列，获 1993 年中国科学院六五攻关奖；组织推动多项海洋学和水产科学国际合作研究；完成编写《中国动物志》蔓足类卷、糠虾类卷、对虾类卷和口足类卷，填补中国研究空白，发现 40 多个新种和 3 个新属。

发表论文近 200 篇；完成《中国北部经济虾类》（1955 年）、《南海对虾类》（1988 年，与他人合著）、《胶州湾的生态学和生物资源》（1992 年）等专著逾 10 部，其中参编《中国自然地理·海洋地理卷奖》获中国科学院自然科学奖一等奖。2007 年获国际甲壳动物学会杰出研究贡献奖。（李啸虎）

邹承鲁（Zou Chenglu） 中国江苏省人，1923 年 5 月 17 日生于山东青岛，2006 年 11 月 23 日卒于北京。酶化学、分子生物学、生物工程。

原籍江苏无锡，铁路职员之子。1945 年毕业于西南联合大学化学系。1946 年赴英国剑桥大学学习生物化学，1951 年获博士学位。同年回国，历任中国科学院上海生理生化研究所、生物化学研究所副研究员、研究员，生物物理研究所研究员、副所长，生物大分子国家重点实验室主任。1986～1990 年间，曾分期任美国国家卫生研究院研究员。曾兼任美国哈佛大学客座教授、《中国科学》杂志副主编、《科学通报》副主编、中国生物化学会副理事长等职。1980 年当选为中国科学院学部委员（院士）。1992 年当选为中国科学院生物学部主任、第三世界科学院院士。他的妻子李林、岳父李四光也都是中国科学院学部委员（院士）。

20 世纪 40 年代末，在英国观察到分离的与内源的细胞色素 c 作用效率明显不同。50 年代初，与王应睐、汪静英合作，首次提纯琥珀酸脱氢酶。50 年代末至 60 年代前期，成功地解决了胰岛素 A 链与 B 链的拆开和重新形成有活性胰岛素的难题，并把重组胰岛素的活力提高到 50%以上，为 1965 年中国在世界上首次实现胰岛素人工合成作出了贡献。60 年代，研究酶的化学修饰和不可逆抑制动力学，提出了计算酶作用必需基团的化学修饰和酶活性丧失的定量关系公式和作图法，后被国际上命名为“邹氏公式”和“邹氏作图法”。60 年代中期和 80 年代初，反复研究酶的不可逆抑制作用动力学理论，提出这种作用的反应速度常数测定的新方法。80 年代，还发现羟甲基化的甘油醛 3-磷酸脱氢酶和辅酶 I 经光照后生成萤光新物质。80 年代中期以后，研究细胞色素 b 的三相还原、胰岛素 A 链与 B 链本身含有形成完整分子的必要信息、酶的活性部位处于分子的柔性区域等分子生物学课题。

发表论文 200 余篇。多次获奖，包括两次获国家自然科学奖一等奖、三次二等奖，三次获中国科学院自然科学奖一等奖、一次科学技术进步奖，第 2 届陈嘉庚奖，1994 年、2003 年先后获何梁何利科学与技术进步奖、成就奖等。（高小东）

赫克斯利，H. E.（Huxley，Hugh Esmor） 英国人，1924 年 2 月 25 日生于英国柴郡伯肯黑德，2013 年 7 月 25 日卒于美国马萨诸塞州伍茨福尔。组织学、分子生物学、显微术。

第二次世界大战初期，在剑桥大学基督学院攻读物理学学位。1943～1947 年在英国皇家空军中研制雷达装置，获不列颠帝国勋章。1948 年回剑桥大学完成物理学硕士研究生课题。留校任教，1950 年在英国国家分子生物学医学研究委员会工作，1952 年获剑桥大学博士学位。后去美国马萨诸塞理工学院生物学系进修，并学习了电子显微镜和超薄切片技术。1954 年回英国，在伦敦大学学院生物物理系工作 6 年，后又去英国国家分子生物学医学研究委员会剑桥大学实验室工作，1977 年任实验室副主任，1987 年退休。1988 年任美国波士顿的布兰德斯大学生物学系主任、教授，同时 1988～1994 年任该校罗森斯蒂尔基础医学科学研究中心主任。1960 年成为英国皇家学会会员。是丹麦科学院、荷兰科学院、德国科学院、美国文理科学院和美国国家科学院外籍院士。

20 世纪 50 年代，他是最早采用电子显微镜确证证明横纹肌是由蛋白质细丝组合而成的科学家之一。这些细丝分成两组，彼此平行交错排列；肌肉伸展时两组纤维相对滑动，但纤维蛋白的内部结构不变。还改进了肌肉的超薄切片技术、染色方法以及 X 射线衍射分析法。

接受过许多荣誉和奖励。获 1963 年费尔德伯格实验医学研究奖，1965 年剑桥哲学学会哈代奖，1971 年哥伦比亚大学霍维茨奖，1974 年费尔特利国际医学奖，1975 年盖尔德纳基金会国际奖，英国皇家学会 1977 年皇家奖章、1997 年科普利奖章。（张承圭 吕慧梅）

皮兹，K. A.（Piez，Karl A.） 美国人，1924 年 8 月

30日出生于美国马萨诸塞州尼达姆，2006年8月25日卒于塞维蔡斯。分子生物学、生物化学、胶体化学。

第二次世界大战中从军参战。1947年获耶鲁大学理学士学位。1952年获西北大学博士学位。后在国家卫生研究院任职，成为该院牙病研究所生物化学实验室主任。1972～1973年在牛津大学任客座教授。1982年到加利福尼亚州帕洛阿尔托胶原蛋白公司任首席科学家，在人工骨开发研究部也参与项目。1991年回到国家卫生研究院。1991～1993年学术假期中，在英国牛津大学动物学系任分子生物物理学实验室主任。

重大贡献是骨胶原化学和胶原结构的基本发现。这些发现对认识细胞外基质的生物学至关重要，对用色谱法分离氨基酸、肽和蛋白质做出了贡献。1952年开始研究胶原蛋白，1960年发现胶原的多肽链可在加热的离子交换柱上用色层法分离，加热的柱可使肽链变化防止其聚合作用。研究结果表明皮肤、腱、骨和牙的主要胶原包含 α_1 和 α_2 两种肽链。确定了两者的比率、分子量和分子形状。后来研究了形成这些共价键交联的化学性质和机理。1966年分离出含有共价交键的肽，并用溴化氰经处理得到的肽来揭示 α 链的其他化学特性。这些研究，导致他进一步完成Ⅰ型胶原 α_1 和 α_2 链的氨基酸次序测定；并发现了遗传和机能不同的其他类型胶原；证明骨胶原是由较大的前骨胶原合成的；鉴定了结缔组织多种遗传紊乱的分子缺陷。后来致力于了解天然胶原纤丝中原分子排列的方式，以及纤丝形成的机理。

代表作有《胶原蛋白的交联》(1966年)、《发育因素的变换：化学、生物学和治疗学》(1976年初版；1990年再版时与他人合作)、《细胞外基质生物化学》(1984年，与他人合著)等。1970年获惠特尼基金会约翰奖。曾获美国政府卫生、教育与福利部杰出服务奖。(周邦娴)

陈子元(Chen Ziyuan) 中国浙江省人，1924年10月5日生于上海。核农学、农药化学、农业生态学。

原籍浙江鄞县。1944年毕业于上海大夏大学化学系。历任上海大夏大学讲师，华东师范大学讲师，浙江农业大学教授、副校长、校长，兼任中国原子能农学会理事长、中国农业生态环境保护协会副理事长等职。1991年当选为中国科学院学部委员(院士)。

1958年创建中国高校第一个放射性同位素实验室。20世纪60年代开始，主持合成15种有机砷、有机氯、有机磷和有机氮等同位素标记农药，为农药残留及环境保护研究提供了必要物质条件，并填补了国内空白。70年代，主持国家农业部"农药安全使用标准"重点项目，协调全国43个单位，先后历时6年，编制出29种农药在19种农作物上69项安全使用标准，为国家制定了农药安全使用标准(GB-4285-84)。80年代，致力于农业生态环境保护研究，主持完成了农业部"农药对农业生态环境影响的研究"重点项目，提出了同位素示踪技术与动力学数学模型相结合的示踪动力学理论，摸清了六六六粉及几种换代新农药的残留与去向动态，揭示了农用化学物质在生态环境中的运行规律，为农药生产与安全使用提供了实证与理论依据。90年代起，在分子水平上探讨农药对生态环境影响的机理，并用微生物基因工程和分子生物学方法解决生态环保问题。

著有《核技术及其在农业科学中的应用》等书。获1978年全国科学大会科学技术成果奖、农业部技术改进奖一等奖等。(吴绩新)

卢良恕(Lu Liangshu) 中国浙江省人，1924年11月3日生于上海。小麦育种与栽培、遗传学、科学技术管理。

原籍浙江湖州。1947年金陵大学农艺系毕业。后在中央农业实验研究所麦作系任技佐。1950年后，历任华东农业科学研究所粮作系小麦品种和栽培研究组组长，中国农业科学院江苏分院科研处处长、研究员，江苏省农业科学院粮作研究室主任、副院长、院长等职。1982年后，任中国农业科学院院长。兼任中国农学会会长、名誉会长，中国农业专家咨询团主任、农业部科学技术委员会副主任、国家食物与营养咨询委员会主任、江苏省科学技术协会副主席等职。1994年选聘为中国工程院农业、轻纺与环境工程学部院士，2000年又兼为该院工程管理学部院士，兼任副院长。

20世纪50～60年代，主持育成"华东6号"等早熟、抗锈、丰产小麦系列品种，并在长江下游地区大面积推广。70年代，提出建立小麦分区高产栽培技术工程体系，有力推动了南方小麦生产。80～90年代，主持完成"中国粮食与经济作物发展综合研究"项目，获国家农村发展中心优秀成果奖一等奖、国家科学技术进步奖二等奖；主持完成中国中长期食物发展战略研究，提出"把传统粮食观念转变为现代食物观念"、"种植业三元结构"、"现代集约持续农业"等重要战略观点，为制定中国食物结构改革与发展纲要提供了科学基础，获农业部科学技术奖一等奖、国家科学技术进步奖二等奖；多次率团深入沿海发达地区、云贵川资源"金三角"、黄土高原及贫困地区进行实地考察；多年来参与国家农业、科技改革决策咨询与文件起草工作。

发表论文200多篇；主编和撰写《中国立体农业模式》(1993年)、《中国庭院经济概论》(1999年)、《中国农业发展理论与实践》(2006年)、《中国中长期食物发展战略》、《中国农业现代化理论、道路和模式》等著作10余部。获1998年中国工程科学技术光华奖。(江冬妮)

任继周(Ren Jizhou) 中国山东省人，1924年11月7日生于山东平原。草原生态学、草业科学。

1948年中央大学畜牧兽医系毕业。留校进修牧草学。1950年起一直执教于西北畜牧兽医学院(今甘肃农业大学)，曾任副校长，甘肃草原生态研究所所长，教授。兼任中国草业协会副会长、《草业学报》和《草业科学》杂志主编等职。1995年当选为中国工程院院士。其二哥任继愈是中国当代著名哲学家。

创立草原地区气候-土地-植被综合顺序分类法，建有草原分类检索图和分类检索数据库，成为当代草原学中国两大分类系统之一，也是世界六大分类系统之一；1978年提出和推广"草原季节畜牧业"理论与技术，提高了草地畜牧业生产效率；构建评定草原生产力的新指标——“畜产品单位体系”，取代传统的牧草量和载畜量指标，已列为国家标准并引起国际认同；提出了草地农业（草业）生态系统层次理论，其中包括：前植物生产层（自然保护区、草坪绿地、风景旅游区等）、植物生产层（牧草及草产品）、动物生产层（动物及其产品）、外生物生产层（加工、流通等）4个层次，充实和发展了草业科学。此外，作为首席专家在甘肃张掖建成“西部草业种子示范基地”。

发表论文百多篇；撰写专著8部，主编教材和工具书如《草业大辞典》（2008年）等共计近10部。获国家和省部级奖励10多次。获1999年何梁何利科学与技术进步奖。2001年被国务院授予“全国农业科学技术先进工作者”称号。（江冬妮）

张子仪（Zhang Ziyi） 中国山西省人，1925年3月4日生于山西临猗。*动物营养学、饲料学。*

1945年日本北海道帝国大学农类预科毕业；1948年获日本京都大学农学部学士学位，后入该校研究生院攻读动物营养学，并被聘为外籍特别研究员。1952年回国，先后任华北农业科学研究所畜牧系一级技术员、饲料组组长，中国农业科学院畜牧研究所研究员。兼任中国畜牧兽医学会动物营养学分会会长、名誉会长，中国饲料工业协会副会长等职。1997年当选为中国工程院院士。

20世纪40～50年代留学日本期间，查明日本武奈岳东南麓耕牛厌食症是由钴元素缺乏引起恶性贫血症造成，对症治疗后效果显著。50～60年代，深入晋、冀、鲁、豫、湘等地农村调查畜牧业饲料资源，推广饲料青贮、秸秆碱化等技术；主持出版中国第一部《国产饲料营养成分表》；建立青粗饲料营养指标体系，制定《猪鸡饲料营养成分及营养价值表》。70～80年代，完成《中国饲料成分及营养价值表》，获国家科学技术进步二等奖；主持或参与制定饲料原料、卫生和产品标准。80～90年代，首次提出中国饲料分类法和编码系统；组织完成《中国饲料工业体系表》；主持和参与制定各种标准近百项，为饲料产品质量监督检验提供立法、司法依据；创建中国饲料数据库情报网中心，每年向社会公布《中国饲料成分营养价值表》最新版本；主持完成可在现场快速检验饲料质量的近红外光谱瞬间分析技术软件，以及功能齐全的优化饲料配方软件，已在全国推广应用。发表论文近300篇；编撰出版《中国饲料学》等著作28部。获国家和省级科学技术进步奖20余项，此外1998年获中华农业科教基金杰出贡献奖等。（江冬妮）

李季伦（Li Jilun） 中国河北省人，1925年3月15日生于河北乐亭。*农业微生物学、基因工程。*

1948年中央大学生物系毕业。留校任教。1950年起一直执教于北京农业大学（今中国农业大学）农业生物学院，教授，先后任微生物教研室主任、农业生物技术国家重点实验室学术委员会主任等职。1980～1982年在美国威斯康星大学生物化学系进修。兼任中国微生物学会理事长，《微生物学报》主编等职。1995年当选为中国科学院院士。

在应用研究上：20世纪50～60年代，研制出植物生长素赤霉素GA系列，填补了中国在该领域空白。80～90年代，研制出玉米赤霉烯酮、玉米赤霉醇，是牛羊和高等植物新型天然激素，成果获1980年农业部技术改进奖二等奖等；相继研制出多种广谱、高效、低毒、农牧用微生物制剂，其中有莫能霉素、马杜霉素、阿维菌素、伊维菌素等，取得重大综合效益。在理论研究上：发现串珠镰刀菌素是克山病主要致病因子，并在大动物上初步验证；在中国首次研究根瘤菌自生固氮机制，探索固氮酶活性中心催化机制及其表现模式，提出新见解；建立巴西固氮螺菌Yu62菌株基因文库，克隆和测序其多种基因并分析相应功能；构建抗铵固氮基因工程菌株，可降低禾本科作物氮肥施用量；启动中国豆科植物根瘤菌资源调查和分类研究，建立中国根瘤菌资源数据库；正在构建生物塑料合成基因工程菌。

发表论文逾百篇；出版《微生物生理学》（1993年）等专著、译著8部，其中《微生物学》（第二版，与俞大绂合著）获1988年全国优秀科学技术图书奖一等奖。（李啸虎）

亚诺夫斯基，C.（Yanofsky，Charles） 美国人，1925年4月17日生于美国纽约。*微生物学、分子生物学、遗传学、基因工程。*

1948年在纽约城市学院获化学学士学位。后在耶鲁大学微生物系获理科硕士，1951年获该校博士学位。1954～1958年在西储大学医学院微生物学系任助理教授。1958年到斯坦福大学生物系任教，后任赫兹斯坦讲座教授。1964年入选美国文理科学院院士。1966年入选美国国家科学院院士。1985年入选英国皇家学会外籍会员。曾任美国遗传学会会长、美国生物化学家协会主席。曾获2所大学荣誉博士学位。

1964年用实验方法说明遗传物质的核苷酸序列与蛋白质的氨基酸序列直线相关。研究大肠杆菌时，和同事分离出几百种不能形成色氨酸合成酶的突变种，明显地分成A-基因突变型和B-基因突变型两类，每类都缺乏酶的两个蛋白质亚基之一的活性形式。A-基因突变型继续分为两类：一类产生一种完整而无酶活性的A蛋白质亚基；另一类不能形成类似A蛋白质的任何蛋白质。将两类突变种进行杂交，可获得遗传图。在每一个突变型中，无活性的A蛋白质的268个氨基酸中只有1个氨基酸不同于正常A蛋白质。不同突变型的氨基酸发生改变的部位与遗传图上的变更一致，因而直接证明基因结构和蛋白质结构是共线的。他和同事也进行一些抑制基因突变生化效应的首创性研究，指出抑制是由于突变体形成活性酶的能力恢复而导致的。获1976年哥伦比亚大学霍维茨奖，2005年美国国家科学奖章。（施金保）

莱德伯格，J.（Lederberg，Joshua） 美国人，1925年5月23日生于美国新泽西州蒙特克莱，2008年2月2日卒于纽约。*细菌学、遗传学、细胞生物学、传染病学。*

15岁高中毕业。1944年获哥伦比亚学院动物学文

学士学位。随后赴哥伦比亚大学医学院学习。1946年又入耶鲁大学，在E. L. 塔特姆指导下于1948年获微生物学博士学位。1947～1959年在威斯康星大学任教，1954年任教授，1957年兼任医学遗传学系首任主任。1959年赴斯坦福大学医学院工作，建立遗传学系并任教授，1962年任该校肯尼迪分子医学实验室主任。1978年任纽约洛克菲勒大学校长。1950年、1957年先后在伯克利加利福尼亚大学、澳大利亚墨尔本大学任客座教授。1959年入选美国国家科学院院士。

从1950年开始，在美国总统科学顾问委员会的不同部门担任工作。其中，1979年任美国国防科学委员会成员，卡特总统的癌症防治小组组长，1994年主持美国国防部特遣部队在波斯湾战争中健康效应研究组，调研战争综合症。参加过美国国家航空航天局的"海盗号"火星生命探索工作，担任过世界卫生组织科学顾问，美国控制生物武器谈判顾问。

长期以来人们对细菌的遗传机制所知甚微。1946年他在耶鲁大学学习期间，就与塔特姆一起，将大肠杆菌K12中两个不同的营养缺陷型菌株进行混合培养，结果发现大肠杆菌和高等生物一样，也存在性别，F^-相当于雌性，F^+相当于雄性。两者接触后可通过暂时的沟通转移F因子并发生基因重组，从而在基本培养基上出现了原养型菌落，这一过程被人们称作性导。以后在威斯康星大学任教期间，又在沙门氏菌中发现了性导现象。还进一步发现，在大肠杆菌K12中除性导外，通过噬菌体的转导也可把供体细菌的染色体片段转移入受体细菌，从而引起基因重组。1952年创造了影印培养技术这一简便而有效的方法检出细菌突变体。如今这一技术已在细菌遗传学领域中被人们广泛采用。

由于发现细菌中存在性别以及性导、转导可引起细菌基因重组，与塔特姆以及G. W. 比德尔共获1958年诺贝尔生理学或医学奖。还获1956年伊利诺伊州细菌学家协会巴斯德奖章，1989年美国国家科学奖章，2006年美国总统自由奖章。（王爵渊）

斯特罗明格，J. L.（Strominger，Jack Leonard） 美国人，1925年8月7日生于美国纽约。细菌学、细胞生物学、药理学、生物化学。

出身牙医之家。1947年毕业于哈佛大学。1948年获耶鲁大学医学院医学博士学位。同年到华盛顿大学医学院工作、曾任药理学系主任。1967年去哈佛大学，任生物化学系主任，1974～1977年任哈佛大学医学院特纳-法伯癌症研究所基础部主任，1978～1998年任该医学院瘤病毒部主任。1970年入选美国国家科学院院士。1975年入选美国国家医学科学院院士。

主要科学贡献在细菌和动物细胞膜化学及生理学方面。阐明了青霉素及其他β-内酰胺抗菌素与细菌膜蛋白的作用机理；在研究人体组织相容性抗原的性质及动物细胞表面结构方面，也做出了贡献。后期，他的研究重点在于探索人体组织相容性蛋白质的结构与功能，以及它们在疾病中的重要作用。获1995年拉斯克基础医学研究奖，1996年埃利希奖，1999年纽约医学科学院克兰姆伯利尔奖，1999年日本科学技术基金会日本国际奖等。（董晨空）

罗德贝尔，M.（Rodbell，Martin） 美国人，1925年12月1日生于美国马里兰州巴尔的摩，1998年12月7日卒于查珀尔希尔。分子生物学、生物化学、内分泌学。

1943年入约翰斯·霍普金斯大学学习生物学和法国存在主义文学，1944年中断学业从军，在美国海军中当无线电报务员。1946年退伍后返校，1949年获生物学专业文学士学位。1954年获华盛顿大学生物化学博士学位。1954～1956年在伊利诺伊大学从事博士后研究。1956年起先后在国家卫生研究院心脏研究所、关节炎与代谢疾病研究所工作。1985年任卡罗来纳州国立环境卫生科学研究所所长，1985年任国家卫生研究院环境卫生科学研究所学术所长，直至1994年退休。是美国国家科学院院士。

20世纪70年代，世界医学领域建立了"传递生命信息两个信使"的学说，激素是传递生命信息的第一信使，美国学者小萨瑟兰（1971年诺贝尔生理学或医学奖获得者）于1965年提出第二信使学说，他把环磷酸腺苷（cAMP）和环磷酸鸟苷（cGMP）作为第二信使。第二信使是把生命信息由细胞质膜传向细胞内的重要物质。1958年E. G. 克雷布斯和E. H. 费希尔发现的蛋白激酶，被确认为实现第二信使调控细胞生理功能的关键物质。第一信使激素是怎样通过细胞质膜激活第二信使和蛋白激酶的呢？20世纪60年代末罗德贝尔着手解决这一问题。1971年他通过实验，证明细胞质膜内生命信息的传递结构由3部分组成，即受体、G蛋白和放大装置。G蛋白是将生命信息从细胞外通过细胞质膜传至细胞内的一个至关重要的转导物质，它在功能上起着一种类似分子"开关"的作用。目前已知G蛋白对机体的生物活性产生广泛的影响。分离、提纯G蛋白并进一步揭示其功能，则是由A. G. 吉尔曼完成的。由于罗德贝尔与吉尔曼发现细胞信号转导途径中的重要物质G蛋白，他们分享了1994年诺贝尔生理学或医学奖。（张慰丰）

曾士迈（Zeng Shimai） 中国湖南省人，1926年4月8日生于北京，2015年1月6日卒于北京。植物学、植物病理学、植物保护工程。

1948年毕业于北京大学农学院植物病理系，获学士学位。1964～1966年由农业部派往越南执行文教援越任务。1974～1975年由农业部派往墨西哥考察农业，任稻作生产考察组组长。1980～1995年历任北京农业大学植物保护系副主任、主任，有害生物综合防治研究所所长，《北京农业大学学报》主编等。1995 年起担任中国农业大学植物病理学系教授，同年当选为中国工程院院士。兼任中国植物保护学会副理事长、中国植物病理学会理事长、《中国植物病理学报》主编等。

专长于植物病害流行的电算模拟、植物抗病性的持久性研究；倡导采用系统科学和系统工程的理论、方法进行植物病害流行学研究；创议植保工程研究，建立以预测、防治决策、效益评估等软件为纵轴，以各类有害生物发生规律、各种防治硬技术为横轴的植保软科学体系；在中国率先把电算模拟用于植物病害流行学，并研制多种病害的预测、防治效果系列模型。发表论文逾百篇；编著和合著有《植物病害流行学》(1986 年)、《农业植物病理学》(1991 年第 2 版)、《小麦病、虫、草、鼠害综合治理》(1991 年)等、《宏观植物病理学》(2005 年)教材、专著 10 余部；撰写“关于植保科学和植保系统工程”、“小麦条锈菌、叶锈菌和白粉菌混合”等论文百余篇。多次获奖，其中“植物病害流行电算模拟”成果获 1987 年国家教委科学技术进步奖二等奖，“小麦条锈病流行体系”课题获 1987 年国家自然科学奖二等奖，《植保系统工程导论》获 1996 年农业部第二届优秀教材奖一等奖。 (顾亦健)

王文采(Wang Wencai) 中国山东省人，1926 年 6 月 5 日生于山东掖县(今山东莱州)。植物分类学、植物地理学。

1949 年北京师范大学生物学系毕业。1950 年起一直在中国科学院植物研究所工作，历任助理研究员、副研究员、研究员。兼任《植物分类学报》主编等职。1993 年当选为中国科学院学部委员(院士)。

长期从事种子植物分类学研究，尤其专长于毛茛科、苦苣苔科、紫草科、荨麻科等植物科目的分类和系统学研究。研究过柏科、毛茛科、荨麻科、葡萄科、紫草科、苦苣苔科等，发现 20 个新属，约 550 个新种；根据对演化趋势的研究，对毛茛科翠雀属、唐松草属、侧金盏花属、铁线莲属、楼梯草属、苎麻属、石蝴蝶属和唇柱苣苔属的分类系统作了重要修订；建立了赤车属、微孔草属、后蕊苣苔属、吊石苣苔属的分类系统；根据对 96 科植物分布区的分析，划分出东亚植物区系的 7 种分布式样和 3 条迁移路线，推测云贵高原和四川一带可能是被子植物在赤道地区起源后向北扩展中形成的一个发展中心；发现云南东南、广西和贵州南部的岩溶地区是世界上苦苣苔亚科植物最丰富地区，拥有此亚科的全部 5 族、42 属、210 种，并认为该地区是此亚科的原始分化中心。

发表论文逾百篇；著作 10 余部。其中主持编写了《中国植物志》中的毛茛科、紫草科、苦苣苔科、寻麻科等多卷，以及《横断山区维管植物》和《武夷山地区维管植物检索表》等著作，主编《中国高等植物图鉴》获 1987 年国家自然科学奖一等奖(第一完成人)。获 1997 年何梁何利科学与技术进步奖。 (武光明)

董玉琛(Dong Yuchen) 中国河北省人，1926 年 6 月 11 日生于河北高阳，2011 年 9 月 26 日卒于北京。作物种质资源学、遗传学。

1950 年河北省立农学院毕业。1959 年获苏联哈尔科夫农学院农学副博士学位。中国农业科学院作物品种资源研究所研究员，曾任所长等职。兼任中国农学会遗传资源学会理事长、《植物遗传资源科学》杂志主编等职。1999 年当选为中国工程院院士。

中国当代杰出女科学家。20 世纪 70～80 年代，主持和组织国家作物种质资源库(长期库)的建设及其开发使用。该库 1986 年 10 月落成，是世界上容量最大的作物种质库之一，保存设备和管理技术达到国际先进；以后又发展为“国家农作物种质保存中心”，投入使用后，使国家种质库保存总容量达到近百万份，长期妥善保存中国大部分作物种质资源，能够基本满足 30 年内中国农业发展的需要，为农业可持续发展储备了遗传物质基础，被中国科学院和中国工程院评选为“2001 年中国十大科学技术进展新闻”之一。20 世纪 80 年代，开展春小麦大粒品种、硬粒小麦品种资源的生态和遗传实验；先后考察研究“云南小麦”、“新疆小麦”的细胞遗传学研究。90 年代后，开展小麦野生近缘植物的收集保存、抗病性鉴定研究和开发利用研究；进行普通小麦与四倍体小麦-粗山羊草双二倍体杂交后代的细胞遗传学研究，以及小麦-冰草属间杂种 F_1 的植株再生及其变异研究等；研究“普通小麦×根茎冰草×黑麦”三属杂种自交可育性的细胞学机理，取得重要进展。此外，先后 10 余次带队到新疆等边远地区考察植物资源，并向地方政府力陈建立野生品种资源保护区。

发表论文百余篇；著有《中国小麦遗传资源》、《中国农业野生植物要略》等专著多部。获国家和省部级奖励多项。 (吴绩新)

伯格，P.(Berg, Paul) 美国人，1926 年 6 月 30 日生于美国纽约市布鲁克林。微生物学、分子生物学、基因工程、肿瘤学、生物化学。

1948 年获宾夕法尼亚大学生物化学理学士学位。1952 年西储大学生物化学博士学位。1952～1953 年在丹麦哥本哈根大学、美国国家卫生研究院从事博士后研究。1954～1959 年在华盛顿大学微生物研究所进行癌症研究，后成为该所微生物助理教授、副教授。1959 年起任斯坦福大学医学院微生物学教授。1969～1974 年任生物化学系主任。2000 年退休后，任马萨诸塞理工学院怀特海顾问科学家理事会理事长。1966 年当选为美国文理科学院院士和美国国家科学院院士。1973 年任圣迭戈加利福尼亚大学索尔克研究所兼职研究员。1974 年被选为美国医学科学院院士。1975～1976 年任美国微生物化学家协会会长。

他是最早确认叶酸和维生素 B_{12} 在代谢过程中配合作用的学者之一。但是毕生最大的贡献，是研究了特定部位切断基因并以不同方式将其重新组合的方法，从而开创了脱氧核糖核酸(DNA)的重组技术。早在 20 世纪 70 年代初,他就开始致力于研究正常细胞发生癌变的机理,成功地将猿猴 SV_{40} 病毒有关基因通过噬菌体为中介移植到大肠杆菌的遗传物质中去,首次实现两种不同种属生物重组基因的试验。他在此过程中发明了一系列相关技术用以切割和连接 DNA 基因。运用这种技术,意味着老的基因、病毒和细菌可以形成新的基因、病毒和细菌。于是人们既可以合成对人有用的细菌,生物制剂、弥补缺陷基因也可以合成使人致病甚至发生致死性疾病的病毒和细菌。1974 年 7 月 24 日,他写信给《科学》杂志,指出无控制地进行重组 DNA 的实验存在着危险性,其见解得到许多著名分子生物学家的响应。1976 年,美国国家卫生研究院公布了一项有关 DNA 重组技术研究的严格准则。由于对 DNA 重组技术的出色研究工作,1980 年获诺贝尔化学奖奖金的一半,另一半则由 F. 桑格和 W. 吉尔伯特分享。此外,获 1983 年美国国家科学奖章。 (朱啸宇 李孙演)

刘大钧(Liu Dajun) 中国江苏省人。1926 年 7 月 2 日生于江苏常州,2016 年 8 月 22 卒于南京。*作物遗传育种学、细胞遗传学。*

1949 年金陵大学农学院农艺学系毕业。1955 年公派苏联留学,1959 年获莫斯科季米里亚捷夫农学院生物科学副博士学位。1980～1981 年为美国密苏里州立大学农学院访问学者。1981～1984 年,历任南京农学院副教授、教授、系主任、副院长、院长。1984～1991 年任南京农业大学校长。1991 年任南京农业大学细胞遗传研究所所长。1999 年当选为中国工程院院士。

研究涉及植物受精、远缘杂交、辐射育种、细胞与分子遗传学等广泛领域,尤在小麦外源抗病基因发掘、转移和近缘种属基因组等方面深有造诣。20 世纪 60 年代中期,以辐射诱变新技术育成了"宁麦三号"小麦,80 年代初开始推广于长江中下游麦区,年均增产小麦 1 亿多千克以上,获巨大经济效益,1983 年获农牧渔业部农业技术改进奖一等奖。最先发现原产地中海地区的二倍体簇毛麦对小麦白粉病有高抗性,组织指导学生并亲自参与抗白粉病普通小麦-簇毛麦易位系选育及 Pm21 基因染色体定位,获 1996 年农业部科学技术进步奖二等奖,1997 年国家科委国家发明奖三等奖。80 年代中期,运用生物遗传工程新技术培育出小麦-鹅观草、小麦-纤毛鹅观草、小麦-大赖草的异附加系、异代换系和易位系,其中"小麦新品种扬表 158"课题获 1997 年农业部科学技术进步一等奖,1998 年国家科学技术进步奖一等奖;"小麦异染色体系及近缘物种的细胞与分子遗传学研究"获 1998 年教育部科学技术进步奖一等奖。后期,主持创制出一批抗性基因多、农艺性状好、利用价值高的种质材料;建立了可以不同技术相互验证、精确检测外源基因与染色质的分子细胞遗传学新技术体系,开辟了小麦育种的新途径新方向。发表论文 200 余篇;编译著 4 部。 (吴绩新)

罗斯,I. A.(Rose,Irwin A.) 美国人,1926 年 7 月 16 日生于美国纽约州布鲁克林,2015 年 6 月 2 日卒于马萨诸塞州迪亚菲尔德。*生物化学、细胞化学、医学。*

犹太裔。在斯波坎长大。入读华盛顿州立大学一年后,在第二次世界大战后期到海军服役,任无线电技师。1949 年、1952 年先后获芝加哥大学理学士、生物化学博士学位。相继在俄亥俄州克里夫兰市凯斯西储大学医学系、纽约大学药理学系从事博士后研究一年。1954～1963 年任教于美国耶鲁大学医学院生物化学系。1963 年任费城福克斯·蔡斯癌症研究中心基础科学部高级研究员,70 年代任该研究中心实验室主任,1995 年退休。1997 年任欧文加利福尼亚大学荣退研究员。1979 年入选美国国家科学院院士。他的妻子也是生物化学家。有一女三子。

在揭示人类细胞对体内废弃蛋白质的处理过程,即蛋白质降解机制的研究方面作出了重大贡献。20 世纪 40 年代,科学界已发现生命体的蛋白质在完成一定功能后会自动被降解,以避免变成体内垃圾堆而导致个体致病,但其中机理长期不明。70 年代末 80 年代初,他在主持美国福克斯·蔡斯癌症研究中心实验室期间,以色列生物化学教授 A. 赫什科同他的博士后学生 A. 切哈诺沃加盟他的实验室,三人对蛋白质降解机制进行了一系列合作研究。他们发现,一种被称为泛素的多肽在需要能量的蛋白质降解过程中扮演着重要角色。这种多肽分子量为 8500、由 76 个氨基酸组成,在 70 年代中期首次从小牛胰脏中分离出来。他们进一步发现了蛋白质降解机理:原来细胞中存在着各有分工的 E1、E2 和 E3 三种酶,其中 E1 负责激活泛素分子,并将之运送到 E2 上;E3 具有辨认报废蛋白质的功能;E2 在 E3 指引下把泛素分子绑在报废蛋白质上。这一过程不断重复,被绑泛素分子达到一定数量的泛素链后,就把报废蛋白质运往作为"垃圾处理厂"的细胞蛋白酶体进行降解。蛋白酶体是一个封闭桶状结构,通常一个人体细胞中含有 3 万个蛋白酶体,它将蛋白质切成 7～9 个氨基酸组成的短链供继续使用。1979 年 12 月 10 日,他们合作在美国《国家科学院学报》上连续发表两篇文章,后被诺贝尔化学奖评选委员会称为"突破性成果"。因这项重大贡献,他和赫什科、切哈诺沃共享 2004 年诺贝尔化学奖。 (李啸虎)

郝水(Hao Shui) 中国内蒙古人,1926 年 10 月 4 日生于内蒙古通辽,2010 年 11 日 27 月卒于吉林长春。*细胞生物学。*

1949 年东北大学博物学系毕业。留校任教。1955 年赴苏联留学,1959 年获列宁格勒大学生物学系副博士学位。回国后一直在东北师范大学生物学系任教,历任教授,副校长、校长,遗传与细胞研究所所长。1993 年当选为中国科学院学部委员(院士)。

20 世纪 60 年代,主要研究电离辐射损伤染色体的机制、对植物细胞分裂活性的影响,用实验证明自由基在染色体辐射损伤中有一定作用。70 年代起,针对国际上已有的各种染色体构建模型提出了新的重要实验结果,找到了染色体中存在非组蛋白(NHP)骨架的可靠证据,澄清了国际上的争议;发现染色体骨架中除 NHP 外还存在 RNA(核糖核酸);发现 NHP 存在形式不仅有纤维状的,而且有颗粒状的,并揭示了这类颗粒的大小变幅、数量和分布规律；用各种实验证明在核骨架和染色体骨架中存在肌动蛋白及其结合蛋白，为探讨染色体集缩运动的分子机理奠定了基础；研究小麦染色体工程，在国际上首次采用两种不同染色体组型异源创建2套14种小冰麦异附加系材料；发现冰草染色体上带有抗锈病基因、抗黄矮病基因和提高种子蛋白基因，建立带有重要育种价值基因的易位系；使15属30余种豆科植物的原生质体、单细胞和组织培养成功再生殖株；育成和推广优质小麦新品种“小冰麦33”等。

发表论文百余篇；编著的《细胞生物学教程》(1982年)、《有丝分裂与减数分裂》(1983年)均被列为全国通用教材。多次获国家和省部级奖励。2001年获何梁何利科学与技术进步奖，他将该奖金捐出设立吉林省乡村教师奖励基金。（秦跃娟）

布伦纳，S.（Brenner，Sydney） 英国人，1927年1月13日生于南非杰米斯顿。分子生物学、生理学。

1947年获南非约翰内斯堡威特沃特斯兰德大学理学硕士学位，1951年获该校生物化学系医学士学位。1954年获英国牛津大学化学博士学位。1956年到英国医学研究理事会在剑桥大学的卡文迪许分子生物学实验室工作，1979～1986年任实验室主任，1986～1991年任该理事会分子遗传学部主任，1992年退休。1996年主持组建美国加利福尼亚州伯克利分子科学研究所，任首任所长兼实验室主任，2000年再度退休。同年任加利福尼亚州萨克生物研究院杰出研究教授。1965年当选为英国皇家学会会员。1976年获芝加哥大学荣誉理学博士。是西班牙皇家科学院、印度科学院、法国科学院外籍院士，新加坡生命科学国际咨询理事会主席。

分子生物学的开创者之一，他的研究从脱氧核糖核酸(DNA)编码、基因测序到胚胎发育、生物进化，几乎涵盖整个现代生命科学领域，尤以独创线虫生物模型享誉天下。1953年F. H. 克里克和J. D. 沃森提出DNA双螺旋结构模型，1962年两人因此获诺贝尔生理学与医学奖。1957年布伦特和合作者在《自然》杂志上发表关于噬菌体变异的论文，根据观察到的基因变异与氨基酸排序的对应联系，证明了沃森关于遗传信息与蛋白质产物关系的预测。1960年他又主持设计了一系列实验，证实了信使核糖核酸(mRNA)的存在，mRNA将细胞核中DNA携带的遗传信息带到细胞质中，并指导生成蛋白质。1968年，他独具慧眼，率先选择线虫作为遗传研究的模式生物，探讨基因突变和个体发育的关系。线虫构造简单，生命短暂，身体透明，基因俱全，身长1毫米，拥有959个细胞、1000多个基因，时至今日仍是基因界热门研究对象。他花了10多年时间，带领原是博士后的J. E. 苏尔斯顿和H. R. 霍维茨，通过研究新杆状线虫发现了生物个体发育和程序性细胞死亡过程的基因调节，3人分享2002年诺贝尔生理学或医学奖。

20世纪80年代，他又参与人类基因组计划和河豚基因测序。退休后还在研究开发计算机辅助基因研究技术。先后获近20项奖励，除诺贝尔奖之外，还有：1971年美国拉斯克医学研究奖，1974年英国皇家学会皇家奖章，1978年、1991年加拿大盖特纳国际奖，1980年欧盟生物化学会克雷布斯奖，1990年日本京都奖，1992年费舍尔国际科学奖，2000年拉斯克医学科学特别成就奖等。他自称“喜欢旅游、美酒和在科学界兴风作浪”，“我不想退休去过打高尔夫球消磨时间的日子，科学是我的嗜好、工作和快乐所在。”（宣焕灿）

尼伦伯格，M. W.（Nirenberg，Marshall Warren） 美国人，1927年4月10日生于美国纽约，2010年1月15日卒于同地。分子生物学、遗传学、生理学、生物化学。

早年对生物学感兴趣。1948年获佛罗里达大学理学士学位，1952年获动物学理科硕士学位。这期间他对生物化学发生兴趣，去安阿伯的密歇根大学学习生物化学，1957年获生物化学博士学位。1957～1959年在美国国家卫生研究院由D. W. 小斯蒂汀(De Witt Stetten Jr.)和雅各比(W. Jakoby)指导做博士后研究工作，并成为美国癌症学会研究员。1960年任美国国家卫生研究院生物化学研究员，1966年任心肺血液研究所生物化学遗传室主任。是美国文理科学院院士。1967年入选美国国家科学院院士。

1956年开始研究脱氧核糖核酸(DNA)、核糖核酸(RNA)和蛋白质有关的生物化学过程。1961年在研究DNA三联体与氨基酸相对应的问题中，取得了突破性的进展。利用S. 奥乔亚合成的RNA作信使核糖核酸(mRNA)，它只有一种核苷酸——尿嘧啶核苷酸，结构为……UUUUUU……。其中惟一可能的核苷酸三联体是UUU，当它形成只含有苯丙氨酸这种氨基酸时，显然表示UUU三联体就与苯丙氨酸相对应。这样就破译了密码“字典”中的第一条目。这项突破促使其他生物化学家参与了这项探索，相继确定了别的三联体和各氨基酸之间的关系。1964年宣布用于破译遗传密码的传递核糖核酸(RNA)结合技术。霍拉纳在尼伦伯格的基础上进一步进行破译，在不到10年的时间里，整个密码“字典”全部破译了。为些，尼伦伯格、霍拉纳和R. W. 霍利一起分享了1968年的诺贝尔生理学或医学奖。

发表过许多论文。1961年与马太(J. H. Matthaei)共同发表论文“大肠杆菌无细胞系统蛋白质合成对天然或合成多聚核糖核苷酸的依赖作用”。在诺贝尔授奖会上的演讲论文是“遗传密码”。1992年成为“世界科学家向全人类警告”声明的签署者，提醒全人类共同面对生态与环境日益恶化的严峻挑战。获得众多荣誉和奖励，其中有美国国家科学院分子生物奖(1962年)、美国化学学会路易斯酶化学奖(1964年)、美国国家科学奖奖章(1965年)、研究组合奖(1966年)、希尔德布兰德奖(1966年)、盖尔德纳基金会功绩奖(1967年)、法国科学院麦耶奖与普里斯特利奖(1966年)、美国富兰克林奖章(1968年),并与H.G.霍拉纳合获哥伦比亚大学霍维茨奖和拉斯克奖(1968年)。 (张慰丰)

诺穆拉,M.(Nomura,Masayasu) 日本姓名"野村昌康"。美国人,1927年4月27日生于日本兵库县。细菌学、微生物学、分子生物学。

日本裔。1957年在东京大学获微生物学博士学位。同年赴美国斯皮格尔曼实验室作博士后研究。3年后返回日本,任大阪大学蛋白质研究所助理教授。1963年移居美国,在威斯康星大学遗传学系工作,1966年任教授。1970年任该校酶学研究所副所长。1984年任欧文加利福尼亚大学贝尔讲座生物化学教授。1978年入选美国国家科学院院士。

1957年他在施皮格尔曼(Sol Spiegelman)实验室工作,成功地分离出一类核糖核酸(RNA),后称信使核糖核酸(mRNA)。后来继续从事有关蛋白质生物合成的研究。20世纪50年代,曾进行有关核糖体研究工作。1962年访问M.S.梅塞尔森的实验室时,发现细菌核糖体在高浓度盐溶液中离心后能分离出几种核糖体蛋白,并于1966年证实这些蛋白的分离是一个可逆过程。1968年,和同事成功地从纯化的RNA和完全游离的核糖体蛋白重新组合成核糖体小颗粒。1970年他证明50*S*核糖体亚基也能从完全游离的RNA和蛋白质分子重新组成。接着又和同事研究核糖体成分的基因是如何被编制在染色体上的,又是如何被调节表达这些基因指导核糖体生物合成的。还从大肠杆菌细胞中分离了许多核糖体基因,并阐明它们的结构与性质。

作为一个微生物学家,从20世纪60年代初到70年代初,曾对大肠杆菌素的机制作了开拓性的研究,如证明某些大肠杆菌素是因分裂核糖体中的RNA而使细菌致死的,另一些则由于分解DNA(脱氧核糖核酸)而使细菌死亡。

获1971年美国国家科学院分子生物学奖章,2000~2001年度加利福尼亚大学欧文杰出讲演者奖,2002年美国微生物学会终身成就奖。

(张承圭 吕慧梅)

孙儒泳(Sun Ruyong) 中国浙江省人,1927年6月12日生于浙江宁波。动物生态学、兽类生理学。

出生于小店员家庭,高中毕业后做过小学教员。1951年北京师范大学生物学系毕业。留校任教。1954年赴苏联留学,1958年获莫斯科大学生物土壤系副博士学位。同年回国,一直任教于北京师范大学,为该校生命科学学院教授。兼任中国生态学会理事长等职。1993年当选为中国科学院学部委员(院士)。

20世纪50年代,在苏联通过2年实地观测和统计,证明鼠类相距仅110千米就存在两地理种群生理生态特征的地理变异,提出地理变异季节相新概念;参加森林脑炎自然疫源地调查,研究鼠类宿主生境分布、季节消长、垂直分布和繁殖生态。60年代,研究中国大家鼠属能量代谢和水分代谢,阐明与栖息生境相适应的种间差异;在电子计算机尚未普及时引入协方差分析,促进了中国脊椎动物生态学研究的数学化。70年代,参加边疆鼠疫疫源和流行规律的调查与对策;修正国际流行的日能量收支预测模型;发现晚成鼠胎后体温的S型发育曲线;证明高原鼠兔松果体褪黑激素对神经内分泌机制的重要作用;实验研究布氏田鼠的繁殖行为,以及野生小家鼠行为发育、化学通讯、亲缘识别等行为。80~90年代,进行罗非鱼雄性化、最适生长温度和耗氧量研究,其结果引起国际上热烈反响;对南方鲶能量收支的研究开了中国鱼类能量学系统研究的先河;鼠类标志流放、巢区、生命表、繁殖生态和次级生产力的系列研究;藏系绵羊最优种群结构和出栏方案研究。此外,参与制定中国教育部15年科技发展规划生态学发展纲要;参加中国自然科学基础性研究现状与对策调研工作等。

发表论文百余篇;出版《普通生态学》(1993年)、《基础生态学》(2002年)等专著、译著、教材共16种。其中90万字《动物生态学原理》(1987年初版,2001年第3版)获1992年全国教学图书展一等奖。获国家和省部级奖励近10项。 (李晓艳 江冬妮)

瓦基尔,S.J.(Wakil,Salih Jawad) 美国人,1927年8月16日生于伊拉克卡尔巴拉。细胞生物学、酶学、生物化学。

伊拉克裔。1945年从伊拉克一所中学毕业后,公费保送美国贝鲁特大学,1948年获化学学士学位。1949年去美国留学,1952年获华盛顿大学生物化学博士学位。1952~1956年在威斯康星大学酶学研究所从事博士后研究,后任助理教授。1959年任杜克大学医学院副教授,1965年任教授。1971年任得克萨斯州休斯顿贝勒医学院生物化学与分子生物 学系教授兼主任。1990年当选为美国国家科学院院士。1999年当选为第三世界科学院通讯院士。

主要的贡献是阐明了脂肪酸合成途径,摒弃了脂肪酸合成是其氧化途径逆过程的旧观念。分离丙二酰辅酶A、乙酰载体蛋白及脂肪酸合成途径的许多关键酶,并成功地重组了脂肪酸合成体系。提出了动物组织中脂肪酸合成酶系是一个紧密的复合物,阐明其结构与功能。

发表论文近200篇。1971年出版《脂质代谢》。获1967年美国化学会刘易斯奖,1973年杜克大学杰出校友奖,1985年得克萨斯大学西南医学中心奇尔顿奖,1988年科威特科学促进基金会科威特国际奖,1993年美国石油化学家协会研究奖,2001年贝勒医学院卓越研究奖等。 (周忠勋 李啸虎)

松中昭一(Matsunaka, Shōiji) 日本人,1927年9月8日生于日本津市三重县。植物毒理学、农药学、植物生态学。

1945年日本海军学校毕业。1949年日本三重农林学校农产制造专业毕业。1952年获大阪大学工学院发酵工程系工学士学位,1955年获该校研究生院硕士学位。留校任农业技术研究所生理遗传部研究员，1964年任该部第二生理实验室主任，1965年任该部第六生理实验室主任。1961年获东京大学农学博士学位。1978年任神户大学自然科学研究科教授。1991年任关西大学工学院教授，1998年退休。兼任关西（财团）绿色研究所技术顾问，1983年起兼任国际杂草学会会长、日本农药学会会长。

长期从事除草剂等农药、大气污染物质对植物生理学、生态学影响的基础研究。他在对除草剂的作用机理和选择性杂草机理的研究中发现：凡是邻位及对位取代的品种都具有光活化作用，即只有在光下才能产生除草作用，在暗中则无活性；而间位取代的品种不论在光下或暗中均产生除草活性，因此获得日本农药学会成果奖。目前农业上施用的除草剂品种，都是邻位及对位取代的，均属光活化属性的。他于1990年还发现，广泛用于稻田的除草剂敌稗之所以不能伤害水稻的机理，在于水稻特有的敌稗水解酶（AAI）能将渗入到水稻体内的、具有杀草活性的N-(3,4-二氯苯基)丙酰胺迅速水解，从而起到解毒作用。此外，为农业生态学和农药领域培养了不少人才。

除数十篇论文外，还出版有《植物的氮元素代谢》（1963年，与他人合著）、《杂草防除大要》（1972年）、《指标生物——环境污染的启示物》（1975年）、《植物毒理学入门》（1976年）、《图说环境污染与指标生物》（1979年），《生物工艺学》（1988年）、《杂草和人》（1999年）、《新农药学——农药在21世纪农业中的新使命》（1999年）、《农药的使用问题》（2000年）、《日本农药史》（2002年）等专著。另有自传《农学的梦想——一位工学士的70年》（1998年），传记《森田功医生的生涯》（2003年）。

（李孙演）

杨福愉（Yang Fuyu） 中国浙江省人，1927年10月30日生于上海。*细胞生物学、生物化学、生物膜工程。*

原籍浙江镇海。1950年浙江大学化学系毕业后，在中国科学院实验生物研究所工作。1960年获苏联莫斯科大学生物系博士学位。同年回国，历任中国科学院生物物理研究所副研究员、研究员、副所长，生物大分子国家重点实验室学术委员会主任。兼任中国生物化学会副理事长、《生物物理学报》主编等职。1991年当选为中国科学院学部委员（院士）。

自20世纪60年代起，长期从事线粒体和生物膜结构与功能的研究，侧重探索膜脂-膜蛋白的相互作用，取得许多重要成果；发现镁离子（Mg^{2+}）对线粒体H^+-ATP（腺苷三磷酸）酶重建于脂质体起关键作用，构建了Mg^{2+}通过改变膜脂流动性影响线粒体酶的构象与活性模型，清晰阐明了膜脂物理状态影响膜蛋白结构与功能的机理；进而开展跨膜钙离子（Ca^{2+}）梯度调节膜蛋白的构象与活性研究；发现微量元素硒（Se）对人红细胞膜骨架有直接的稳定作用，为研究硒与生物膜开辟了新途径；参加云南楚雄地区的克山病综合考察，提出“克山病是一种心肌线粒体病”的观点，对探明克山病发病机理及其防治有重要意义；首次采用匀浆互补法代替线性体互补法对谷子、玉米、水稻、棉花等杂化进行预测，测试准确率达80%～85%。后期研究钙离子对膜蛋白构象与功能的影响，神经节苷脂对膜蛋白结构与功能的调节，细胞凋亡与线粒体，蛋白质跨膜运送，以及膜蛋白三维结构的测定等课题。

发表论文200余篇；撰有《膜脂-膜蛋白及其在农、医方面的应用》、《生物膜》（2005年）等专著。获国家和省部级自然科学奖、科学技术进步奖多项；还获何梁何利科学与技术进步奖。

（陈 斌）

刘新垣（Liu Xinyuan） 中国湖南省人，1927年11月7日生于湖南衡东。*基因工程、生物化学、基因治疗学、药物学。*

从小失去双亲。1952年南开大学化学系毕业。1963年中国科学院上海生物化学研究所（今生物化学与细胞研究所）研究生毕业。一直留所工作，历任副研究员、研究员。期间1983～1984年任美国罗什分子生物研究所访问学者。兼任国际干扰素学会理事、中国生物工程学会副理事长、上海生物工程学会理事长、上海华新生物高技术有限公司总裁等职。1991年当选为中国科学院学部委员（院士）。1992年入选乌克兰科学院外籍院士；2000年入选第三世界科学院院士。

20世纪60年代，改进核糖核酸（RNA）酶解指纹图谱分析方法，用以测定蚕丝腺体RNA和酵母RNA的结构，首次证实了丝腺大分子rRNA（核糖体核糖核酸）中含有稀有碱基。70年代，参与人工合成酵母丙氨酸tRNA（转移核糖核酸），采用特定合成酶和水解酶合成了化学方法极难合成的三个核苷酸片段，产率达50%以上；参加了酵母丙氨酸tRNA的半分子人工合成。80年代起，发现某些特异性三腺核苷酸许多新的生物功能；在国际上首次证实某些特异性三腺核苷酸受体存在；主持研制人γ-干扰素，产率达菌体总蛋白60%～80%，入选1990年中国十大科学技术新闻；人体天然白细胞介素-2成果获1997年国家科学技术进步奖二等奖，适时实现产品系列开发，成为中国科学院生物学部第一个自主创办企业的院士，对中国生物新技术产业化和市场化起了促进作用；此外，研究细胞因子、胞内信号转导、帕金森病的基因治疗、肿瘤的基因病毒治疗等课题。

发表论文360多篇，已编纂论文集11卷。获国家和省部级奖励40余项，其中酵母丙氨酸转运tRNA的合成，获1987年国家自然科学奖一等奖。1991年获国家“七五”攻关有突出贡献的科学家称号。

（陈 斌）

沈允钢（Shen Yungang） 中国浙江省人，1927年12月2日生于浙江杭州。*植物生理学。*

出身商人家庭。1951年浙江大学农业化学系毕业。同年到中国科学院上海实验生物研究所植物生理研究室工作。1953年起一直在中国科学院上海植物生理研究所工作，1960年任研究员，1965～1982年任光合作用研究室主任，1982～1991年任研究所所长。兼任中国植物生理学会理事长。1980年当选为中国科学院学部委员（院士）。

20世纪50年代，进行植物体内碳水化合物转化的研究，证明β-淀粉酶可通过迅速分解引子淀粉影响磷酸化酶合成淀粉的能力，否定了国际上有人认为β-淀粉酶对磷酸化酶有直接抑制作用的观点；证明植物体内存在一种麦芽糖激酶，能将麦芽糖直接磷酸化，然后再转变为蔗糖。50年代末期以后，研究光合作用机理获得许多成果：探讨光合作用产物积累对光合作用影响；研究如何提高光合作用效率问题，发现植物叶片光合作用"午睡现象"（中午前后光合作用减弱）是由于中午前后空气湿度较低、温度较高所导致的大气饱和差增大造成的，而采用喷雾处理加大空气湿度可减弱这种"午睡现象"；合作完成光合磷酸化量子需要量测定；在国际上率先发现光合磷酸化过程中存在着高能中间态，提出高能中间态有多种存在形式，以及耦联因子的变构与高能中间态的散失有关等新见解。其后又进一步研究能量转化功能与膜结构的关系，光合机构的运转及其调控等。

已发表论文200余篇；独撰或参编《光合作用——从机理到农业》（1978年，与他人合著）、《动态光合作用》等专著。获国家自然科学奖二等奖1次，中国科学院自然科学奖或科技进步奖二等奖3次，以及省部级奖项多次。（高小东）

张福绥（Zhang Fusui） 中国山东省人，1927年12月27日生于山东昌邑，2016年2月9日卒于山东青岛。*海洋生物学、海水养殖工程、海洋生态学。*

1953年毕业于山东大学水产系。1962年中国科学院海洋研究所海洋生物专业研究生毕业。留所工作，后任研究员，兼任中国海洋湖沼学会贝类学分会常务副理事长、国家科技兴海专家咨询委员会专家。1999年当选为中国工程院院士。

早年系统研究中国海洋浮游软体动物的分类区系，后转入生态学、动物地理学研究，均有建树。20世纪70年代开始，从事海洋贝类实验生态学和养殖学研究，系统研究黄海、渤海贻贝的繁殖生长规律，创建贻贝人工育苗和自然采苗新工艺，有力地推动贻贝养殖产业化。80年代初开始，致力于扇贝引种、繁育和养殖研究，主持研究和解决了首次引进的美国海湾扇贝移植后的许多生物学问题，在产业化规模上建立一套工厂化育苗与养成的关键技术；到80年代中期，在实现人工繁育技术系列化和养殖过程全人工化的基础上，世界上第一个海湾扇贝养殖业从此成为中国浅海养殖的支柱产业之一，并引发中国海水养殖业的第二次浪潮，至1996年累计产量达150万吨，产值约人民币60亿元。90年代后，又引进墨西哥湾扇贝移植至南海和东海，现已具产业规模；研究开发的养殖群体种质复壮技术，及时解决了海湾扇贝养殖群体的遗传衰退问题，保证了养殖产业可持续发展；近年密切关注中国海水养殖业存在的种质、病害和环境三大问题，提出了海水养殖业的发展目标及实施离岸养殖战略等重要措施。

发表论著近百篇（部）；获国际、国家与省部级奖10多项，其中有：国家科学技术进步奖一等奖、中国科学院科学技术进步奖一等奖、1996年陈嘉庚农业科学奖、2000年度第三世界科学组织网络奖等。（吴绩新）

侯锋（Hou Feng） 中国山东省人，1928年2月3日生于山东平度。*蔬菜育种工程、园艺学。*

1954年北京农业大学园艺系蔬菜专业毕业。任或曾任天津农业科学院副院长、名誉院长，天津市黄瓜研究所所长、名誉所长，国家科委黄瓜新品种技术研究推广中心主任。兼任国家农业部科学技术委员会委员、蔬菜专家顾问组成员，天津黄瓜研究会主任，天津园艺学会理事长等职。1999年当选为中国工程院院士。

20世纪60年代以来，率先在中国开展黄瓜F_1遗传性状规律研究，系统研究耐低温、耐弱光、抗病害的生理生化机理及其鉴定方法；主持国家"六五"计划中黄瓜育种攻关项目，采用杂交-回交育种方法，培育出抗霜霉病、白粉病和枯萎病等病害的多种新黄瓜系列；利用和改造多方引进的国内外品种资源，成功培育出多抗、丰产、优质的早、中、晚熟和保护地栽培4大系列、19个品种；育成"津研"、"津杂"、"津春"三代黄瓜新品种12个，在30个省市大面积推广，占全国黄瓜栽培面积的80%以上，年创利5亿元，累计创社会经济效益60亿元以上；培育的优质黄瓜品种在国际上享有盛誉，美国、日本、朝鲜、韩国等10余国已先后引种，部分品种出口东南亚等地；创建中国第一个黄瓜研究所，"八五"期间被农业部评估为"全国农业科技开发十强研究所之一"；主持建立的黄瓜繁育推广产业化工程体系，已成为中国农业科技成果转化的先进典范。

著有《优质黄瓜高产栽培技术》等专著4部。获国家与省部级奖励近20项，其中有1978年全国科学大会奖、1984年国家发明奖二等奖、1991年国家科学技术进步奖二等奖等。获1998年中国工程科学技术光华奖等。（吴绩新）

龚岳亭（Gong Yueting） 中国上海市人，1928年4月5日生于中国上海，2014年12月27日卒于同地。*多肽生物化学、生物工程、生殖学。*

1949年毕业于上海圣约翰大学化学系。历任中国科学院上海图书馆馆长，中国科学院上海生物化学研究所研究员兼任上海市计划生育科学研究所所长、名誉所长，《生殖与避孕》杂志主编。1993年当选为中国科学院学部委员（院士）。

1965年在国际上首次实现人工合成结晶牛胰岛素的研究工作中，主持该项目中的胰岛素B链合成，提出保护基选择与去除方案，解决了一些关键技术；最后参与制定A链合成以及A、B链组合工作。胰岛素全合成的实验证明主要由一级结构决定蛋白质高级结构的理论，开辟采用合成方法对蛋白质结构和功能关系进行研究新途径。这一重大突破引起世界科学界极大反响，被誉为"诺贝尔奖级重大成果"，获1978年全国科学大会重大成果奖、1982年国家自然科学奖一等奖。此外，利用多肽合成技术开展多种肽类激素合成和结构功能研究；开展多肽激素（下丘脑、肠胃道激素）化学合成和结构功能等方面研究，广泛应用于临床医学、计划生育和畜牧业、渔业取得成效；人工合成的促性腺释放素及其高效类似物，获1978年全国科学大会重大成果奖；主持用液相法合成催产素，以及促性腺激素释放激素及其高效类似物合成、药理研究和工业生产，获国家计划生育委员会科学技术进步奖二等奖；应用改进了的片断固相缩合法合成胰高血糖素、人胃泌素、生长激素、释放抑制素等。发表“结晶胰岛素的全合成”等论文近百篇。

（熊志化）

沃森，J. D.（Watson, James Dewey）　美国人，1928年4月6日生于美国伊利诺伊州芝加哥。分子生物学、遗传学、人类基因组工程。

1947年在芝加哥大学获动物学学士学位。1950年在印第安纳大学获动物学博士学位。在印第安纳大学时深受遗传学家H. J. 马勒和T. M. 索恩本以及微生物学家S. E. 卢里亚的影响。在卢里亚指导下研究硬X射线对噬菌体繁殖的影响，完成学位论文。1950～1951年作为美国国家科学研究委员会研究员在丹麦哥本哈根大学工作，在生物化学家卡尔卡（Herman Kalckar）和微生物学家马洛（Ole Maalöe）的领导下从事细菌病毒研究。1951年加盟英国剑桥大学卡文迪什实验室，与H. C. 克里克合作。1953～1955年任加利福尼亚理工学院生物学高级研究员。1955～1956年在剑桥大学卡文迪什实验室再次与克里克合作。1956年末任哈佛大学生物学助理教授，1958年任副教授，1961年任教授直到1976年。1968年任长岛冷泉港实验室主任。1988～1992年先后任美国国家人类基因组研究中心副主任、主任。1962年入选美国国家科学院院士。

1951年春，在意大利那不勒斯认识M. H. F. 威尔金斯并首次看到结晶脱氧核糖核酸（DNA）的X射线衍射图谱。从而促使他改变原来研究计划而去研究核酸和蛋白质的结构化学。1951年10月在英国剑桥大学与F. H. C. 克里克相识，他们的研究兴趣都在于想解决DNA的结构，认为根据已有的威尔金斯实验证据再加上对多核苷酸链的立体化学构型的精细测定，就有可能正确推测DNA的结构。他与克里克第一次认真地探讨是在1951年末，但结果不能令人满意。接着进行第二次艰难的尝试。基于更多的实验证据和有关核酸文献，1953年在《自然》杂志同共发表论文“核酸的分子结构”，提出DNA是互补双螺旋结构。因此，他们两人与威尔金斯共获1962年诺贝尔生理学或医学奖。

1968年撰写的有关DNA结构的《双螺旋》普及本已被译成20余种文字。1965年的著作《基因分子生物学》（1976年第3版，1987年修订本）在全世界普遍使用，有10余种译本。此外还出版有《关于DNA的故事》（1981年，与他人合著）、《细胞分子生物学》（1983年，与他人合著）、《DNA重组简明教程》（1983年，与他人合著）、《人类基因组工程：过去、现在和未来》（1990年）等。1974年获美国国家科学院卡蒂奖章。1977年获总统自由勋章（最高平民奖）。

（张承圭　吕慧梅）

吴新智（Wu Xinzhi）　中国安徽省人，1928年6月2日生于安徽合肥。古人类学、人类学、生物进化论。

1953年上海医科大学本科毕业。同年到大连医学院任教。1957～1961年在中国科学院古脊椎动物与古人类研究所做研究生。毕业后一直留所工作，任研究员兼副所长等职。兼任中国解剖学会副理事长等职。1999年当选为中国科学院院士。

参与创立“多地区进化说”，成为当今关于现代人起源争论的两大学说之一。1984年，与美国的沃尔波夫（M. H. Wolpoff）、澳大利亚的索恩（A. G. Thorne）共同主张：现代人是在四个地区出现并连续进化，而且在地区之间有基因交流，才造成今天的人种格局。总结研究中国人类化石共同特征及其形成原因。20世纪70年代起，从中国历年发现的大量人类化石中逐步总结出10余项共同特征，发现中国直立人与智人之间存在镶嵌现象，为连续进化提供有力证据。80年代，发现少量中国人类化石与主流特征的不融洽性，认为这表明在基本连续中存在与其他人群的低水平杂交。提出东亚人类“连续进化附带杂交”新模式。1998年，主张东亚地区古人类以连续进化为主，杂交为辅；而欧洲则可能以杂交和替代为主，连续为辅。领导或参与领导的野外队发现湖北郧西直立人化石，河南淅川直立人和早期智人化石，以及山西丁村早期智人化石等。

发表论文百余篇；与他人合撰《人类发展史》（1978年）、《海南岛少数民族人类学考察》（1993年）、《中国古人类遗址》（1999年）等专著多部。多次获奖，其中“中国远古人类”的研究获1991年中国科学院自然科学奖一等奖等。

（李啸虎）

津德，N. D.（Zinder, Norton David）　美国人，1928年11月7日生于美国纽约，2012年2月3日卒于同地。微生物学、遗传学、分子生物学。

1949年获威斯康星大学医学微生物学硕士学位，1952年获博士学位。同年入纽约洛克菲勒医学研究院（今洛克菲勒大学前身），后任助理教授、副教授和教授、遗传学实验室主任。1969年入选美国国家科学院院士。是美国微生物学会等6个学术团体的成员。

在噬菌体遗传学上有重要成就，提出可用选择性增菌法来分离细菌的突变体。在沙门氏菌接合试验中发现了细菌转导现象。和助手详尽地研究了嗜菌体F2和F1的化学和遗传组成，利用F2的核糖核酸（RNA）可直接证明信使RNA参与蛋白质的合成，以及起始码和终止码的存在。还利用F1从多方面研究基因的结构和功能。

代表作有《核糖核酸唾菌体》（1975年）、《新颖的生命形式》（1982年，与他人合著）等。1962年获美国微生物学会利利奖。1966年获美国国家科学院分子生物学斯蒂尔奖。1969年获哥伦比亚大学奖章。

（孙炳寅）

伦世仪（Lun Shiyi）　中国山东省人，1928年11月9日生于山东诸城。发酵工程、环境生物工程。

1954年南京工学院（今东南大学）食品工程系发酵

专业毕业。先后在南京工学院、无锡轻工学院任教，1984年任无锡轻工学院(后易名无锡轻工大学)发酵工程系主任，1986年起为无锡轻工大学(今江南大学)教授。兼任国务院学位委员会纺织轻工学科评议组召集人。1995年当选为中国工程院院士。

“七五”期间，研制成功100升气升式内环流反应器模型化研究和50立方米反应器放大，广泛应用于面包酵母和单细胞蛋白生产、甘油发酵等工业生产中；在中国率先提出菌株筛选培育技术的工程化放大方法，建立动力学参数评价法，成功用于酒精废水生产单细胞蛋白等工业生产；在中国首次将细胞连续培养理论、细胞部分反馈技术加以应用，显著提高反应器生产强度；提出流加发酵优化控制策略与工艺，广泛用于赖氨酸、可降解塑料、L-异亮氨酸、透明质酸等发酵生产；开展环境厌氧微生物学应用研究，先后开发出第一代、第二代废水厌氧生物处理反应器，实现颗粒污泥培养的高效可控化，在淮河、太湖和长江流域等工业废水污染治理中发挥了重要作用，并用于指导多项国家项目研究；创造高效两相厌氧处理新技术，主持完成多个食品有机废水高效处理工程；主持研究处理生物难降解毒害性化合物的生物技术应用基础研究。

发表论文近百篇；编撰《生化工程》(1997年)等著作4部。多次获国家和省部级奖励。（李啸虎）

刘更另(Liu Gengling) 原名刘赓麟。中国湖南省人，1929年2月15日生于湖南桃源，2010年6月30日卒于北京。农业化学、植物营养学、土壤学。

1952年毕业于武汉大学农业化学系。任河南农事实验场土肥室主任。1955年赴苏联留学，1959年获季米里亚捷夫农学院农业科学博士学位。同年回国，历任中国农业科学院土肥所土壤室、肥料室副主任，湖南祁阳站站长，北京农业大学副教授，中国科学院长沙现代化研究所副所长，中国农业科学院土肥所研究员、副所长、所长、副院长，《中国农业科学》杂志主编。中国土肥研究会、中国植物营养与肥料学会理事长，国家农业部科学技术委员会第三、四届常委。1994年选聘为中国工程院院士。

长期从事土壤肥料和植物营养学研究，先后在湖南祁阳办点28年，冷水滩7年，河北迁西3年，尤其对稻田施肥、水稻增产等方面颇有建树。20世纪60年代，通过实地调查和科学实验相结合，首次找到水稻移栽后成活率下降的原因，并采用磷肥防治有效解决了这一难题；综合考虑土壤、气候、作物条件诸因素，探索双季稻绿肥制度取得成功，既提高资源利用率，又保护生态环境。70年代，首次研究出用钾肥提高绿肥田稻谷产量的措施。80年代，研究出用硫酸锌防治水稻“僵苗”的方法；首次揭示亚砷酸根在土壤中的化学作用，为改良“砷毒田”提供理论根据与方法。90年代，总结出“水平浅沟、沟坑相连、分散蓄水”的农田灌溉工程措施，解决了红壤地区旱坡地季节性干旱缺水问题；首次研究出北方板栗专用肥、栗蘑人工栽培产业化，经济效益明显。

撰有“长期施用硫酸盐肥料对土壤性质和水稻生产的影响”等论文百余篇；译著有《化学在农业和生理学上的应用》等；专著有《中国有机肥料》(1991年)、《矿质微量元素与食物链》(1994年)等。研究成果多次获国家和农业部科学技术进步奖；第三届2000年中国工程科学光华奖。（李啸虎）

李博(Li Bo) 中国山东省人，1929年4月15日生于山东夏津，1998年5月21日卒于匈牙利。植物生态学、植物生理学。

1953年北京农业大学农学系毕业。同年到北京大学生物系任教。1959年到内蒙古大学生物系工作，先后任地植物学教研室主任，草原生态教研室主任，生物系主任，自然资源研究所所长，生命科学院名誉院长，教授。曾兼任中国农业科学院草原研究所所长、农业部草地资源生态重点开放实验室主任、中国草原学会副理事长、中国生态学会副理事长、中国自然资源学会副理事长、《中国草地》杂志主编等职。期间1980～1981年在美国爱达荷大学任高级访问学者。1993年当选为中国科学院学部委员(院士)。1998年受邀赴欧洲考察欧亚大草原西部时，在匈牙利因车祸不幸遇难。

1977年率先建立和主持中国第一个植物生态学专业；首次系统研究和阐述中国草原区、沙漠区植被基本类型与分布规律；多因素多层面调研内蒙古植被垂直分布和水平分布规律；创造性提出中国植被分类原则、单位与系统；在中国率先进行大范围草原植被制图、资源评价、生态分区与草原定位研究；利用植被指标成功评价土地资源与环境；利用遥感与地理信息系统构建了中国草地资源数字地图库；建立中国北方草地估产、草畜平衡预报、草地退化等动态监测的技术系统。

发表论文百余篇；出版专著4部、专题地图5套，主编科学文集9部，主持翻译教材5部。先后获国家和省部级奖励10余项，其中有1978年全国科学大会奖，“六五”国家科学技术攻关表彰奖，国家自然科学奖二等奖，国家科学技术进步奖二等奖。1992年获乌兰夫基金会自然科学奖特等奖。（杨　静）

罗依兹曼，B.(Roizman, Bernard) 美国人，1929年4月17日生于罗马尼亚。分子病毒学、基因工程、传染病学、肿瘤学。

1952年、1954年先后获美国费城坦普尔大学理科学士、硕士学位。1956年在美国约翰斯·霍普金斯大学获理学博士学位。美国芝加哥大学微生物系教授，先后任分子遗传学与细胞生物学系主任、卡弗勒病毒肿瘤学实验室主任。担任世界多所大学名誉教授，获多个荣誉博士学位。美国科学院院士、美国文理科学院院士。2000年当选为中国工程院外籍院士。

长期致力于分子生物学研究，尤其在疱疹病毒研究领域有重大贡献，被国际上誉为“疱疹病毒之父”。20世纪70年代，他主持的实验室在国际上首次阐明了单纯疱疹病毒50多个结构与非结构蛋白形态；首次揭示感染细胞中病毒基因表达的调控程序及其动力学特征；1975年首次查明单纯疱疹病毒DNA(脱氧核糖核酸)序列、结构和功能；先后发现DNA和蛋白质的多态性，并利用这种多态性在临床水平上追踪人与人传染途径与模式;确证疱疹病毒在医院内部的医源性感染。80～90年代,1981年最早提出大DNA基因组的基因工程技术,并在此基础上发展出疱疹病毒、痘病毒基因工程;将新一代基因重组疱疹病毒用于人类神经胶质恶性肿瘤治疗;首次研究某些与已知蛋白均无同源性的独特蛋白的结构与功能。

已发表论文逾500篇;出版《疱疹病毒》(3卷,1982～1985年)、《变化时代的传染病》(1995年)等专著17部,其中参与主编的《场所病毒学》被公认为世界病毒学经典之作。已获专利近20项。培养专家近百名,其中不乏一流人才。1980年以来,他热心支持中国的病毒学研究,多次赴中国进行国际合作研究、学术交流和专业指导。获多种荣誉和奖励。 (李啸虎)

阿尔伯,W.(Arber,Werner) 瑞士人,1929年6月3日生于瑞士格雷尼兴。微生物学、分子生物学、遗传学、生物化学。

1953年毕业于瑞士苏黎世联邦理工学院,获生物学理学学士学位。同年在日内瓦大学生物物理实验室任电子显微镜助理。1958年获日内瓦大学博士学位。1958～1959年在洛杉矶南加利福尼亚大学从事医学微生物学博士后研究。1960年回日内瓦大学任教,1965年任分子遗传学系特邀教授。1963年、1970～1971年两度任伯克利加利福尼亚大学分子生物学系客座研究教授。1971年任瑞士巴塞尔大学分子生物学系神经生物学教授。

1962年与多斯索伊克斯(D. Dussoix)发现寄主控制的修饰作用涉及噬菌体DNA(脱氧核糖核酸)的变化,而寄主控制的限制作用又涉及DNA的分解。虽然DNA的分解阻止了噬菌体的侵染,但有些噬菌体基因未被细菌侵染成功而存活下来。同样的一对菌株当用来进行接合实验时,表明同样的限制和修饰效应都作用于细胞DNA。因此,修饰和分解DNA的能力是宿主细菌的一种特性,它既能作用于病毒DNA,也能作用于外来细菌DNA。据此,他和同事提出了一种解释限制和修饰作用的模型:某种菌株含限制性内切酶,该酶能在DNA分子特定核苷酸序列位置上切断DNA分子。此菌株同时含有菌株特异的修饰酶,该酶能识别相同的核苷酸序列并将它甲基化,阻止限制性内切酶对它的酶解作用。当未保护的噬菌体侵染这些菌株时,噬菌体DNA就被限制性酶分解,但有少量DNA在限制酶的作用之前已被甲基化,于是此种被修饰的噬菌体再次侵染另一菌株时能正常生长。

他和库恩莱因(U. Kühnlein)分离出在识别位置受到突变的菌株,而限制酶和修饰酶对它不起作用。一系列研究工作进一步证实了这个模型的正确性。他和库恩莱因以及史密斯(J. Smith)对噬菌体突变体的进一步研究,指出DNA甲基化与宿主控制的修饰作用之间直接关联。他和库恩莱因、林(S. Linn)还从大肠杆菌菌株B中,分离一种修饰DNA甲基化酶。限制性酶的发现,使人们有可能利用这些酶来制备适于测定DNA核苷酸序列的片段,研究遗传结构并在试管中进行操作。

阿尔伯等人发现的限制性酶属于)型酶,它能识别特定的DNA核苷酸序列,因此这种酶不能用于研究和处理基因结构。后来H. O. 史密斯和他的同事首先分离出Ⅱ型限制性酶,能识别并裂解某一个特定位置;而内森斯和他的同事使用这类酶去研究DNA的结构,导致分子遗传学和分子生物学的革命。但这些成就都是在阿尔伯和他的同事提出的受宿主控制的限制-修饰模型的基础上才取得的。

由于发现限制性酶,与H. O. 史密斯和D. 内森斯共获1978年诺贝尔生理学或医学奖。

(张承圭 吕慧梅)

威尔逊,E. O.(Wilson,Edward Osborne) 美国人,1929年6月10日生于美国亚拉巴马州伯明翰。昆虫学、社会生物学、动物生态学、行为科学。

会计师之子,父母在他8岁时离异,跟随父亲在许多城市流动生活。1949年获亚拉巴马-塔斯卡卢萨大学学士学位,1950年获硕士学位。1954～1955年参加考察队,在新几内亚研究蚁类。1955年获哈佛大学生物学博士学位。留校任教,1958年任副教授,1964年任动物学教授、兼任该校比较动物学博物馆昆虫学分馆馆长。是美国国家科学院、美国文理科学院院士。

主要研究昆虫学和蚁类生物学,是探索社会行为的生物学基础的社会生物学权威学者之一。在生态学和动物行为学方面作出了贡献。从撰写博士论文开始,就把蚁类作为社会生物学模型进行系统性研究,发现存在"特性变位"倾向,即两种近系物种为减少种间竞争或杂交为新物种,存在迅速进行异种进化的可能。早年曾把进化论原理和分类技术结合起来建立"新分类学",和W. L. 布朗(William L. Brown)合作撰写关于动物分类学中使用亚种的评论,使许多分类学家纷纷进行重新分类。1963年通过对蚂蚁的观察研究,首次建立了动物通信中的外激素(信息素)转移的一般理论。还描绘了全球范围的生物分类圈,将各种物种的形成和解体与其生态环境联系起来。他通过蚁类社会性行为的研究,综合为社会生物学新学科,并尝试将生物学原则推广到对人类社会行为的解释。在《社会生物学:新的综合》(1975年)一书中,对广泛物种(包括人)的社会行为提出了一系列生物学原理;在《论人的本性》(1978年)中,尝试将人类特性(如道德和性等)和基因论、社会生物学联系起来理解,1979年获普利策奖。

发表180多篇论文,大多关于群栖昆虫和进化理论。出版的书很多,其他还有《昆虫社会》(1971年)、《地球上的生命》(1971年)、《群体生物学入门》(1973年)、《生命》(1977年)、《去蚂蚁王国旅行》(1994年)等;此外出版有自传《博物学家》(1994年)一书。1977年被授予美国国家科学奖章。1990年获世界自然基金会金奖、瑞士克拉福德奖。1993年获日本国际生物学奖。

(敬元虎 李啸虎)

埃德曼，G. M.（Edelman，Gerald Maurice） 美国人，1929年7月1日生于美国纽约，2014年5月17日卒于加利福尼亚州拉乔拉。分子生物学、免疫学、肿瘤学、脑与神经生理学。

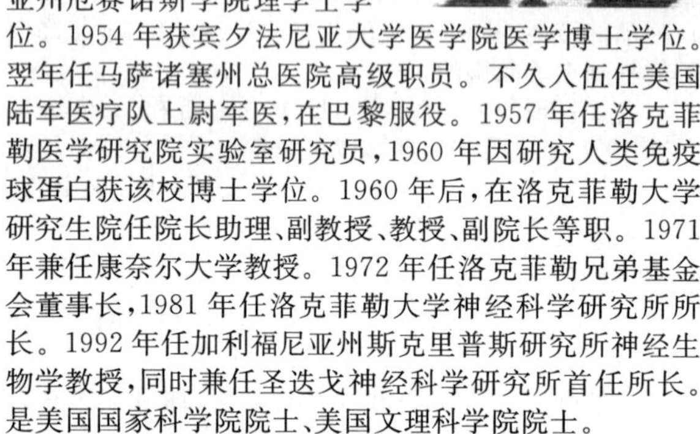

1950年获美国宾夕法尼亚州厄赛诺斯学院理学士学位。1954年获宾夕法尼亚大学医学院医学博士学位。翌年任马萨诸塞州总医院高级职员。不久入伍任美国陆军医疗队上尉军医，在巴黎服役。1957年任洛克菲勒医学研究院实验室研究员，1960年因研究人类免疫球蛋白获该校博士学位。1960年后，在洛克菲勒大学研究生院任院长助理、副教授、教授、副院长等职。1971年兼任康奈尔大学教授。1972年任洛克菲勒兄弟基金会董事长，1981年任洛克菲勒大学神经科学研究所所长。1992年任加利福尼亚州斯克里普斯研究所神经生物学教授，同时兼任圣迭戈神经科学研究所首任所长。是美国国家科学院院士、美国文理科学院院士。

1957年开始从事抗体结构的研究。这个课题的难点是抗体分子量极大，极不均一。1958年前 R. R. 波特等人曾应用木瓜蛋白酶和胃蛋白酶来降解抗体分子，但酶解法所得片断只是人为产物，活体细胞合成的抗体显然不用这些片断来拼接。

埃德曼应用巯基乙醇还原法研究免疫球蛋白的结构。他指出免疫球蛋白不是由单一的多肽链组成的，而是由二硫键连接的多肽链组成。由于二硫键的断裂，可使免疫球蛋白分解为轻链和重链。波特随即应用抗体酶解实验和抗体还原实验进行比较，提出四肽链抗体分子模型。由于还原法所得到的两种肽链发生了变性，失去了抗体活性，因而无法测定抗体肽链的氨基酸序列。埃德曼转向“异常的”免疫球蛋白——骨髓瘤蛋白和本周氏蛋白。由于多发性骨髓瘤（即淋巴细胞瘤）病人所产生的骨髓瘤蛋白，其结构都不同，因此可以通过它来考察正常个体中免疫球蛋白分子多样性特征。1961年他用这种蛋白质做电泳实验，发现这种蛋白质是均一的。从来自不同骨髓瘤病人的抗体蛋白的氨基酸序列，可以了解正常人体产生免疫球蛋白轻链结构的变异情况。1962年他们利用骨髓瘤蛋白和本周氏蛋白进行电泳实验，并进行肽图的比较分析，实验证明抗体的不均一性是有限的。1965年后，埃德曼等人终于先后查明了免疫球蛋白G轻链的氨基酸结构。

关于抗体重链的结构，他与合作者进行了一系列实验分析，证实每条重链含有446个氨基酸残基，还查明轻、重链之间有4个二硫键把它们连接起来。其中，每一轻、重链对之间有一个，两个重链之间有两个；每一轻链内还有两个二硫键，每一重链内有四个二硫键。根据分析，认为肽链的构型与抗体的结合能力密切相关，而肽链的氨基酸序列是抗体特异性的根源。与抗体识别功能有关的是它的可变区，可变区的氨基酸序列不同，从而使抗体表现出特异性。

埃德曼以自己的实验数据为基础，参考波特的实验数据，把抗体（免疫球蛋白）分子的整个氨基酸序列查清了。1969年4月，在大西洋城举行的第53次美国实验生理学会年会上，他宣布了抗体分子最详尽的化学结构即其氨基酸序列，轰动了整个会场。因他与波特在抗体结构研究中作出的突出贡献，他们两人分享了1972年诺贝尔生理学或医学奖。

此外研究蛋白质免疫荧光技术、分子和细胞的分馏分离法、球蛋白以外的一些蛋白质的初级结构和三维结构、植物的基因结构和功能，以及有关抗体生物合成的遗传学问题。发表200多篇论文，著有《免疫应答中的细胞性选择与调节》（1974年）等。

他还是一位杰出的神经生理学家，以提出他的心智学说而著称。出版一系专著和通俗读物，其中，《拓扑生物学》（1988年）描述了胚胎发育的过程和新生儿大脑的神经网络起源。代表作还有《神经科学中的达尔文主义》（1987年）、《明亮天穹，辉煌头颅》（1992年）、《比天空更加浩瀚》（2004年）、《第二自然：脑科学与人类知识》（2006年）等。 （张慰丰）

庞雄飞（Pang Xiongfei） 中国广东省人，1929年8月生于广东佛山，2004年3月25日卒于广东广州。昆虫生态学、植物保护工程。

1953年华南农学院植物保护系毕业。同年考上该校研究生，1955年公派赴苏联莫斯科季米里亚捷夫农学院深造，1959年获副博士学位。同年回国至去世前，一直在华南农学院（今华南农业大学）工作，教授，历任昆虫学教研室主任，昆虫生态研究室主任，植物保护系副主任，农业部昆虫生态、毒理重点开放实验室主任，华南农业大学副校长等职。曾兼任中国生态学会种群生态专业委员会主任、《昆虫天敌》杂志主编等职。1997年当选为中国科学院院士。

长期从事害虫生态控制的理论和方法研究。改进和发展原有的生命表方法，首次提出用种群控制指数作为算子，建立适应于种群控制研究的状态空间方程，打下种群生态控制研究方法的基础；重新整理中国瓢虫分类系统，考察和描述分布于中国及邻近地区的瓢虫近700种，发表瓢虫新种近百个，建立一个新亚科，成果获国家农牧渔业部技术改造奖一等奖；发表赤眼蜂属、缨小蜂属新种10余个；引进系统科学理论和方法，提出害虫种群控制系统理论和研究技术；后期提出利用异源植物次生化合物防治害虫新思路。此外，主持创办集教学、科研和科技示范于一体的深圳龙岗生态农业示范基地；组建和主持农业部昆虫生态、毒理重点实验室。

出版《中国经济昆虫志·瓢虫科（二）》、《中国经济昆虫志·小蜂总科》（与他人合著）、《系统科学在植物保护研究中的应用》（1990年，与他人合著）、《昆虫群落生态学》（1996年，与他人合著）等专著、教材10余部，其中《水稻害虫综合防治》获国家科学技术进步奖三等奖，《水稻害虫天敌图说》获国家教委科学技术进步奖二等奖等。 （李孙演）

朱之悌（Zhu Zhiti） 中国湖南省人，1929年10月1日生于湖南长沙，2005年1月22日卒于北京。林木遗传育种学、森林学、经济林开发工程。

1950年考入武汉大学园艺系，两个月后转读北京林学院(今北京农业大学)森林系，1954年毕业。留校任教。1957年公派留学苏联，1961年获莫斯科林业技术学院生物学副博士学位。同年回国，历任北京林业大学讲师、副教授、教授，林木遗传育种教研室主任，毛白杨研究所所长。曾兼任中国林学会林木育种分会副主任、国家林业部科学技术委员会委员等职。1999年当选为中国工程院院士。

中国毛白杨研究开发的首席专家，长期从事林木遗传育种教学与科研，在保存林木基因库资源，解决中国造纸原料品种等方面有重要贡献。①开拓纸浆木新资源。经近20年潜心探索，以毛新杨为母本，毛白杨为父本进行回交，再用γ射线照射花粉后授粉，从后代中成功选育出优质速生的三倍体毛白杨(三毛杨)系列新品种。这些培育的新品种适应性强，生长迅速，轮伐期短，材质洁白，纤维细长，木浆率高，缓解中国北方森林工业用材。②解决白杨规模繁殖世界难题。在毛白杨大田育苗过程中，巧妙应用幼化理论和组培快繁思路，开发出多圃配套系列育苗技术，做到“当年出圃，一年成树，三年成林，五年成材”，3年时间可由1株扩繁至100万株，为三毛杨产业化开发奠定坚实基础。③提出“南桉北毛、黄河纸业”新思路。认为中国纸材资源在南方应以桉树为主，在北方应以毛白杨树为主，率先倡议用三毛杨绿化黄河滩，创建北方纸浆林新基地。1998年1月通过成果鉴定验收，三倍体毛白杨系列新品种，2000年被确定为全国十大重点林业推广首选项目。至2002年，三倍体毛白杨已推广种植2亿余株，创产值50亿元以上。

撰有论文70余篇；出版《林木遗传学基础》等教材与专著。获国家科学技术进步奖二等奖2项，部级一、二等奖3项，以及国务院黄淮海农业开发奖，国家科学技术委员会金桥奖等多项奖励。(吴绩新)

刘筠(Liu Yun) 中国湖南省人，1929年11月17日生于湖南武冈，2015年1月21日卒于湖南长沙。鱼类学、水产养殖工程、生物工程。

1953年湖南大学生物学系毕业。1956～1958年在中国科学院实验生物研究所进修实验胚胎学。历任湖南师范大学(原湖南师范学院)生物学系副教授、教授，系副主任、生物研究所研究室主任、副校长。兼任中国水产学会副理事长、中国水产原种良种审定委员会副主任、湖南省水产学会理事长、湖南省科学技术协会副主席、《内陆水产》主编等职。1995年当选为中国工程院院士。

自20世纪50年代起，一直从事鱼类、其他水生经济动物的生殖生理和育种的教学与研究。主持国家和省部级项目10多项，取得一批重要成果，为中国鱼类和特种水产的发展做出突出贡献。先后进行长江流域家鱼的人工繁殖和技术推广应用、中华鳖的繁殖生理及人工养殖的研究。80年代后期，应用细胞工程和有性杂交相结合的综合技术，先后建立中国第一个鱼类多倍体基因库、世界上第一个遗传性状稳定的四倍体鱼类种群，成功地培育出三倍体鲫鱼“湘云鲫”和三倍体鲤鱼“湘云鲤”等的工程鱼。各类成果的推广应用，产生了显著的经济和社会效益。

发表“草鱼卵子受精细胞学的研究”等50余篇学术论文；编著出版《鳖和牛蛙的人工养殖》(1990年)、《中国养殖鱼类繁殖生理学》(1993年)等教材与著作。先后获得国家和省部级科技奖10余项，其中“鱼类及水生经济动物生殖生理研究”，获1987年国家教委科学技术进步奖一等奖；“青鱼自行产卵受精的研究”，获1992年湖南省科学技术进步奖一等奖；“中国养殖鱼类发展生物学”，获1995年国家科学技术进步奖二等奖。

(武光明)

唐崇惕(Tang Chongti) 中国福建省人，1929年11月26日生于福建福州。寄生虫学、流行病学。

中国科学院学部委员(院士)、著名寄生虫学家唐仲璋的女儿。1954年厦门大学生物学系毕业。曾在华东师范大学生物学系和福建师范学院生物学系工作多年。后调回母校厦门大学生物学系，历任副教授、教授，1980年任寄生动物研究室副主任，1995年任主任。曾兼任中国寄生虫学会副理事长等职。1991年当选为中国科学院学部委员(院士)。

长期研究与人类关系密切的各种寄生虫。阐明各寄生虫病原种类全程生活史、各发育世代的生物学特点、中间宿主种类，以及各种病原的生存、散播和流行的规律、人和各动植物宿主受感染的季节和地点等。主要工作有：①人畜(兽)共患寄生虫病研究，例如阐明鸟类血吸虫生活史及人体血吸虫性皮炎机理；人体日本血吸虫病病原异位寄生(脑，肺，心脏等)的原因、机理和预防；发现人体感染鼠类西里伯绦虫病的传播媒介是人居环境中的一种肉食性蚂蚁，阐明了该病原全程生活史及预防方法；在内蒙古草原发现多房棘球蚴病病原，查明其终宿主沙狐、中间宿主布氏田鼠。②中国牛羊胰脏、肝脏吸虫病研究，探明中国主要的3种胰脏吸虫病原、3种双腔吸虫病原全程生活史，传播媒介种类及宿主，在中国的地区分布，流行病学特点及其规律，开展防治措施的研究；详细研究内蒙古东部牛羊东毕血吸虫病病原生物学和流行病学。③经济贝类吸虫病研究，探明中国南方沿海双壳类经济贝类各种吸虫病原生活史，提出预防对策。

获国家及省部级奖励10余项，其中有1978年科学大会科学技术成果奖、2项国家自然科学奖三等奖、1988年国家教委科学技术进步奖一等奖、1999年教育部科学技术进步奖二等奖等。(陈　磊)

吴明珠(Wu Mingzhu) 中国湖北省人，1930年1月3日生于湖北武汉。瓜类育种学、遗传学、园艺学。

出身知识分子家庭。1953年西南农学院园艺系毕业。先后任西南农林局技术员、中共中央农村工作部干事。1955年到新疆工作，历任乌鲁木齐地委农工部秘书，鄯善县农技站站长，吐鲁番农校副校长、农技站站长、地区科委副主任、行政公署副专员，新疆农业科学院园艺研究所研究员。兼任新疆园艺学会副理事长等职。

1999 年当选为中国工程院院士。

中国当代杰出女科学家。先后培育出西瓜、甜瓜新品种逾 30 个，推广面积占新疆种植区 80%，创造经济效益数十亿元，被誉为"西部瓜王"。20 世纪 50 年代末起，收集整理新疆甜瓜地方品种，挽救一批濒临绝灭的优良种质资源，其中有驰名中外的"红心脆"等；1973 年起在海南岛开辟南繁北育基地，其中成功实现大陆性气候特产哈密瓜南移东进；在中国率先应用常规育种与现代转基因育种、航天育种及辐射育种等技术相结合，构建中国领先的西瓜甜瓜育种技术平台；在世界上首次转育成功单性花率 100%的脆肉型优质自交系，并建立脆肉型无土栽培体系；创造一批新种质资源，大幅度提高适应性、整齐度、抗病性和耐运性，开发出红 23 系、K6、K9 等甜瓜新品系，其中"皇后"(K9-1)是新疆甜瓜主栽品种，"伊选"和"早佳"分获全国早熟西瓜评比第一名(1984 年)和南方协作组早熟西瓜评比一等奖(1990 年)，推广种植于大半个中国。

出版《中国西瓜甜瓜》等 3 部专著。获国家和省部级奖励近 10 项。1999 年全国十大杰出专业技术人才奖章获得者。 (吴绩新)

范云六(Fan Yunliu) 中国湖南省人，1930 年 5 月 16 日生于湖南长沙。植物分子遗传学、农业基因工程。

1952 年武汉大学农业化学系毕业。1960 年获苏联列宁格勒大学生物学副博士学位。同年回国，任中国科学院微生物研究所遗传室副研究员。1980～1982 年在美国威斯康星大学、西北大学研究分子生物学。回国后，历任中国农业科学院分子生物学实验室主任、生物技术研究中心主任，研究员。兼任国际水稻遗传学会遗传工程常务委员、联合国粮农组织亚洲植物生物技术网顾问、中国农业生物技术学会副理事长、中国农学会新技术委员会副主任、《中国生物工程学报》和《中国农业生物技术学报》副主编等职。1997 年当选为中国工程院院士。

中国当代杰出女科学家。20 世纪 70 年代，在中国率先开展质粒的分子生物学研究，成功构建重组质粒；在国际上首次报道异属外源基因在小肠结肠炎耶氏菌中的转移和表达；揭示球形芽孢杆菌杀蚊蛋白基因定位，以及杀蚊与不杀蚊菌株在分子水平上的差别。80 年代起，完成水稻种子储存蛋白基因特异性表达序列的克隆、结构及功能研究；在中国最早开发出具有转抗虫基因的水稻和棉花；研制出高抗稻瘟病、小麦赤霉病、油菜菌核病等病原真菌的新基因；创建高抗二化螟、三化螟、卷叶螟的水稻新种质资源；在中国首次注意到植物转基因失效问题；成功地将不同杀虫机制的抗虫基因转入同一植物，首次在世界上获得多基因抗虫新品系；开发出球形芽孢杆菌 Bs-10 生物灭蚊剂；成功地将苏云金芽孢杆菌 S-内毒素基因导入水稻原生质体再生植株。

发表论文约 150 余篇；有《基因无性繁殖》、《微生物与分子遗传学》(与他人合著)等专著多部。多次获奖，其中有 1989 年国家科学技术进步奖二等奖、1990 年农业部科学技术进步奖二等奖等。 (武光明)

梅塞尔森，M. S.(Meselson, Matthew Stanley) 美国人，1930 年 5 月 24 日生于美国科罗拉多州丹佛。微生物学、免疫学、分子生物学、基因工程、传染病学。

1951 年获芝加哥大学化学学士学位。1957 年获加利福尼亚理工学院物理化学博士学位。留校任教，1958 年任该校物理化学助理教授，1959 年任化学生物学高级研究员。1960 年任哈佛大学生物学副教授，1964 年任教授。1936 年兼任美国政府武器控制与裁军署常务顾问，主要研究生物武器的监控与调查。是美国国家科学院院士。获奥克兰学院、哥伦比亚大学、芝加哥大学荣誉理学博士学位。

与分子生物学家斯塔尔(F. W. Stahl)一起，用氯化铯(CsCl)密度梯度超离心实验证明细菌脱氧核糖核酸(DNA)的遗传特征是"半保留性的"，即杂交体 DNA 的一半来自亲本，另一半系新合成。1961 年与生物学家 S. 布伦纳(Sidney Brenner)和 F. 雅各布用一系列实验证明：T_4 病毒侵入细菌细胞，病毒 DNA 释放出的信使 RNA 抵达细菌细胞的核糖体后就指导它们制造病毒蛋白，而不再合成各种细菌蛋白质。这些实验阐明了信使 RNA 的作用，证明核糖体必须得到指令才能合成蛋白质；同时也证明核糖体能制造不同于细胞中本来就有的蛋白质。另外，他还从事以下几项研究工作：在密度梯度溶液中大分子的行为；密度梯度超离心技术；病毒基因的重组细胞转导过程中病毒密度的变化；基因复制、转化和重组等。

他作为美国政府武器控制与裁军署的常务顾问，在冷战时期授命调查苏联发展生物武器的情况。20 世纪 80 年代，在美国本土发现"黄雨"异常现象，一时人心惶惶，以为是苏联动用了生物化学武器。他以第一手调查资料力排众议，弄清"黄雨"真相是蜂类的排泄物。1994 年前后，他提出调查报告，查清 1979 年在苏联斯维尔德洛夫斯克发生 64 人群体死亡事件的真相是：炭疽菌从生物化学武器试验的实验室发生轻微泄露而造成的。

1963 年在分子生物学方面获美国国家科学院奖。1964 年在微生物学和免疫学方面获美国化学会生物化学利利奖。此外获美国科学家联合会公共服务奖，纽约科学院雷曼奖，美国物理学会利奥西拉德奖，以及 2004 年拉斯克医学特别奖等。 (张承圭 吕慧梅)

熊远著(Xiong Yuanzhu) 中国湖北省人，1930 年 7 月 8 日生于湖北竹山。动物遗传育种学、养猪学。

出生于私塾教师家庭。1959 年华中农学院(今华中农业大学)毕业。留校任教。该校动物科技学院养猪科学研究所所长、教授，猪遗传改良农业部重点开放实验室主任。兼任武汉种猪测定中心主任，国家农业部种猪质量检测和测试中心主任。1999 年当选为中国工程院院士。

建立中国第一个种猪测定中心；系统提出瘦肉猪专门品系选育技术路线与方法，先后主持培育出适应市场需求变化的瘦肉猪多元配套系如湖北白猪 III 与 IV 系、中国瘦肉猪 DIV 系、HN-95 新品系、杜洛克猪新品系、英系大白猪新品系、华贸Ⅰ系等专门化父母本品系，它们的生长速度、瘦肉率居国内领先，产仔数和肉质性状达国际先进水平；其中杂优“杜湖猪”和DIV系尤为出名，多次获国家和省部级重奖；已推广到10余个省市，形成年产45万头商品瘦肉猪的产业化规模。近年来，采用现代分子生物学技术解决瘦肉型猪肉质退化等问题，初步筛选出与脂肪代谢和瘦肉生长有关的候选基因，同时采用氟烷测验、生化遗传标记和其他新技术，培育出中国瘦肉猪抗应激新品系；引进世界名优猪种资源，原种后代经系统测定选育，具有综合性优异性能，建立中国的良繁体系。

发表论文百余篇；主编《猪生化及分子遗传实验导论》、《猪的育种》(2000年)等专著6部。获国家和省部级奖励10余项，其中有1992年国家星火奖二等奖、1997年国家教委科学技术进步奖一等奖、1999年国家科学技术进步奖三等奖、2001年九五国家科学技术攻关重大成果奖、2001年何梁何利科学与技术进步奖等。

(吴绩新)

翟中和(Zhai Zhonghe)　中国江苏省人，1930年8月18日生于江苏溧阳。*细胞生物学、动物病毒学、兽医学。*

1950年考入清华大学生物学系。1951年被选派到苏联列宁格勒大学生物学系遗传学专业学习，1956年毕业。回国后到北京大学生物学系任教。1959～1961年到苏联科学院生物物理研究所做访问学者。历任北京大学生命科学学院副教授、教授，教研室主任。1985～1986年在美国马萨诸塞理工学院从事合作研究。兼任亚洲太平洋地区细胞生物学联盟副主席、中国细胞生物学会副理事长、中国电子显微镜学会副理事长等职。1991年当选为中国科学院学部委员(院士)。

在中国较早建立细胞超微结构技术，进行雄性生殖细胞发生与放射细胞研究；首次研制出鸭瘟细胞疫苗，改进几种兽用细胞疫苗；研究中国20多种重要家畜(禽)病毒形态及其在细胞内发生规律，促进了中国兽医病毒形态学的建立与发展；首次证实原始真核细胞存在染色体骨架与核骨架，植物细胞与原始真核细胞存在角蛋白中间纤维；首次证实染色质端粒与核纤层的关系；在中国首次建立非细胞体系核重建的实验模式；证明核骨架与核纤层在重建核形成过程中起重要作用，体外核装配并非必须核小体的构建；2003年证实丝裂原相关蛋白激酶的作用机理。

发表论文200余篇；主编和参与撰写专著、教材《细胞生物基础》(1985年)、《分子细胞生物学》(2001年)、《生物医学超微结构》等10余部。多次获奖，其中获国家自然科学奖3次、国家教委和农业部科学技术进步奖一等奖5次，还获何梁何利科学与技术进步奖、钱临照电子显微学奖等。

(秦跃娟)

袁隆平(Yuan Longping)　中国江西省人，1930年9月7日生于北平(今北京)。*作物遗传育种学、杂交水稻工程、遗传学。*

原籍江西德安。1953年西南农学院农学系毕业。同年到湖南省黔阳安江农校任教。1971年调至湖南省农业科学院工作，1978年升任研究员。后任国家杂交水稻工程技术研究中心暨湖南杂交水稻研究中心主任、中国国家高科学技术研究发展计划(“863”)“01-01-101”专题重大责任专家、湖南省农业科学院名誉院长。兼任联合国粮农组织首席顾问、湖南省农学会理事长、湖南农业大学教授等职。1995年当选为中国工程院院士。

中国研究和发展杂交水稻的开创者，世界上首位成功利用水稻杂交优势的科学家，被国际上誉为“杂交水稻之父”。1964年开始研究杂交水稻。1972年和助手攻克难关，率先育成第一组实用的水稻雄性不育系及其保持系“二九南1号A”和“二九南1号B”，并于1973年实现“三系”配套，育成第一个强优组合“南优2号”。继而他的研究小组攻克杂交水稻制种与高产的关键技术，使杂交水稻得以在大面积生产中应用。这项研究成果，打破“水稻等自花授粉作物没有杂种优势”的传统观念，大大丰富了作物遗传育种的理论和技术，具有很高学术价值。这一重大科研成果推广应用，使水稻单产和总产都跃上一个新台阶。杂交水稻一般可比常规稻增产20%左右，每亩增产约100千克。中国杂交水稻年种植面积已超过2亿亩，因此每年增产稻谷达200亿千克。

1986年，在更高起点上提出杂交水稻的育种战略，将杂交水稻的育种从选育方法上分为三系法、两系法和一系法三个战略发展阶段，即育种程序朝着由繁至简而效率越来越高的方向发展；从杂种优势水平的利用上分为品种间、亚种间和远缘杂种优势的利用三个战略发展阶段，即优势利用朝着越来越强的方向发展。根据这一设想，杂交水稻每进入一个新阶段都是一次新突破，都将水稻产量推向一个更高水平。这项战略构想的提出，为中国已取得三系法杂交水稻研究、开发成功后开展杂交水稻新探索指明了方向。1987年，国家“863”计划将两系法杂交水稻研究立为专题，他主持组建两系法杂交水稻研究协作组开展全国性协作攻关。1995年两系法杂交水稻取得成功，普遍比同熟期的三系杂交稻每亩增产50～100千克，而且米质较好。到2000年为止，在生产示范中，全国已累计种植两系杂交稻近5000多万亩，共增产稻谷25～50亿千克。两系法杂交水稻的成功，使中国的杂交水稻研究水平继续保持世界领先水平。

20世纪90年代后，提出旨在提高光合作用效率的超高产杂交水稻形态模式和选育的技术路线，开始“中国超级杂交水稻”的研究，计划育成每公顷日产100千克、米质达部颁二级、抗两种以上主要病虫害的超级杂交稻。1998年，这一项目受到国家高度重视，获总理基金1000万元资助。研究工作已取得阶段性成果。中国的超级杂交稻引起国际关注，著名国际期刊《科学》两次专文报道中国超级杂交水稻的研究；著名美国农业经济学家帕尔伯格(Don Paarlberg)则说：“袁(隆平)正引导我们走向一个丰衣足食的世界。”

1981年他所领导的研究小组获第一个中国特等发明奖。2000年获中国首届国家最高科学技术奖，还曾获联合国教科文组织科学奖等9项国际大奖，以及何梁何利科学与技术进步奖等。1992年获湖南省政府授予

的"功勋科学家"称号。 （辛业芸）

卢永根(Lu Yonggen) 中国广东省人，1930年12月2日生于中国香港。*水稻育种学、作物遗传学。*

原籍广东花县。1953年华南农学院（现华南农业大学）农学系毕业。一直留校任教。1978～1979年公派菲律宾国际水稻研究所进修。1980～1982年公派美国加利福尼亚大学留学。1983～1995年任华南农业大学校长、教授，后任植物分子育种研究中心主任。兼任国务院学位委员会学科评议组召集人、广东省科学技术协会副主席。1993年当选为中国科学院学部委员（院士），曾兼任生物学部副主任。

在水稻矮生性遗传、水稻不同类型杂种的雄性不育性及其遗传组成等方面，获得重要成果。20世纪60年代初参与中国"水稻品种对光温条件反应特性研究"，揭示中国各稻区品种光温特性与生态条件关系，划分了水稻品种的光温生态型和气候生态型；系统分析和估算中国早籼4个著名矮源对穗数、粒数、粒重和不实率等农艺性状影响的遗传力；根据矮生性基因遗传方式和等位关系，把中国现有的籼稻矮源划分为2类4群；对4个国内常用雄性不育系作了基因分析，发现存在剂量效应，并转育成"珍汕97A"等基因恢复系，成为研究胞质雄性不育系分子基础的理想材料；以花粉育性和小穗育性相结合作为衡量不育程度的指标，发现影响籼粳杂种不育性和亲和性至少由6个基因座花粉不育基因控制，并提出了特异亲和基因的新概念；首次建立中国3个野生稻种的粗线期核型，从细胞遗传学角度证实普通野生稻是栽培稻祖先。

发表论文逾百篇；出版《中国水稻品种的光温生态》（1978年）等专著。多次获奖。获1998年全国模范教师称号。 （熊志化）

郑儒永(Zheng Ruyong) 中国广东省人，1931年1月10日生于中国香港。*真菌分类学、植物病理学。*

原籍广东潮阳。1952年广州岭南大学农学院植物病理学系毕业。1952～1953年在华南农业大学植物保护系进修。1953年起一直在中国科学院微生物研究所工作，研究员，曾任研究所学术委员会副主任。期间1978年任中国-阿尔及利亚文化交流协定执行小组组长；1988年、1995年先后在日本、荷兰任访问学者。兼任国际真菌协会亚洲国家发展真菌学委员会副主席、国际植物分类协会真菌地衣委员会委员、国际刊物《系统真菌学》副主编等职。1999年当选为中国科学院院士。

中国当代杰出女科学家。对地球上至今已知的白粉菌目所有属种及其特征进行了详细研究，1985年提出一个更接近自然的白粉菌科属级分类系统，确立以形态为基础、寄主范围以一个科为最大极限的分类原则，首次澄清和纠正了分类学上许多长期争议问题，被国际上沿用至今；1987年与他人合作并主写中国第一本真菌志；在国际上首次对毛霉目整个属种进行分子系统学和全型（无性型和有性型）研究，取得一些突破；在国际上首次发现高等植物中的内生毛霉菌；鉴定中国人体病原毛霉菌，发现根毛霉属一个新种和一个新变种；参与主持实地考察和主编出版《西藏真菌》一书，引起国际学术界瞩目，获1986年中国科学院科学技术进步奖特等奖。

发表论文近百篇；主编《中国经济植物病原目录》（1958年）、《中国真菌志・白粉菌目》（1987年）、《孢子植物名词及名称》（1990年）等专著和工具书逾10部。多次获奖，其中还有中国科学院科学技术进步奖二等奖等。 （李啸虎）

洪孟民(Hong Mengmin) 中国浙江省人，1931年1月12日生于浙江临海，2012年11月13日卒于上海。*微生物学、植物学、分子遗传学、基因工程。*

1949年考入浙江大学药学系，1952年因院系调整转至上海第一医学院药学系，1953年毕业。1960年中国科学院上海植物生理研究所研究生毕业。中国科学院植物生理生态研究所植物分子遗传国家重点实验室研究员。1991年当选为中国科学院学部委员（院士）。

20世纪60～70年代，研究细菌氮代谢时查明芽孢杆菌属细菌氮同化的主要途径；参与金霉菌生理与生化研究，奠定金霉素生物合成高产的理论依据，获中国科学院自然科学奖一等奖。70年代后期开始，主持研究耐药细菌的遗传特性，分离了两种带抗药基因的转座因子，揭示它们的分子结构、变异机理与转座方式；从小猪致病性大肠肝菌中克隆两种伞毛抗原基因K88与K99，并制成能有效防治仔猪黄痢病的基因工程菌，获中国科学院科技进步奖一等奖。

1985年开始侧重植物分子遗传研究，主要成果有：成功地将玉米转座因子Ac引入水稻染色体，并证明它可在水稻细胞中发生位点转移；从粳稻、籼稻和东乡野生稻中分别克隆了负责在胚乳中合成直链淀粉的蜡质基因，并首次测定全序列，在其内含子中发现转座子样结构；揭示胚乳中直链淀粉的含量与蜡质基因转录后调控有关；揭示在低直链淀粉含量的水稻品种中，蜡质基因第1外显子与第1内含子之间联接位点上，自然发生的单碱基突变（G突变成T）是这些品种的蜡质基因第1内含子剪接效率低的主要原因。

已发表论文百余篇。获何梁何利科学与技术进步奖、863计划个人奖等。 （王长军）

石元春(Shi Yuanchun) 中国湖北省人，1931年2月18日生于湖北武汉。*土壤学、农业生态学。*

1953年北京农业大学农学系毕业，1956年该校土壤农业化学系研究生毕业。留校任教，后任教授，1985年任副校长兼研究生院院长，1987～1995年任校长。兼任中国科学技术协会副主席、国家科委"中国农业及农村科学技术专家咨询委员会"副主任、中国农学会副理事长、《中国农学通报》主编等职。1991年当选为中国科学院学部委员（院士）。1994年选聘为中国工程院院士。同年当选为第三世界科学院院士。1991年获日本东京农业大学荣誉农学博士学位。

20世纪50～60年代，参加中国科学院新疆综合考察队野外调查；从事北京郊区土壤普查和盐渍土动态研究。70～80年代，先后作为项目专家组组长和课题主持人，持续从事黄淮海平原旱涝盐碱综合治理、农业发展的国家科学技术攻关课题研究，提出“半湿润季风气候区水盐运动理论”，揭示黄淮海平原旱涝盐碱共存和交相为害的十分复杂自然现象；认为旱涝盐碱综合治理关键是对区域水盐运动的科学调节和管理，调节管理的枢纽和杠杆是浅层地下水的采补。80～90 年代，应用系统科学、遥感和地理信息系统技术，开发出“PWS(个人网站服务器)区域水盐运动监测预报体系”，运用信息网络化手段对区域水盐调节和旱涝盐碱进行实时监控和综合治理；主持国家自然科学基金重大项目“节水农业的基础性研究”。

发表论文逾百篇；出版《黄淮海平原的水盐运动和旱涝盐碱的综合治理》(1983 年)、《盐渍土的水盐运动》(1986 年)、《节水农业应用基础研究进展》(1995 年)等著作 7 部。获国家和省部级奖励 10 余项，其中主持黄淮海平原综合治理项目获 1993 年国家科学技术进步特等奖。此外还获陈嘉庚农业科学奖等。 (黎同炎)

李振声(Li Zhensheng) 中国山东省人，1931 年 2 月 25 日生于山东淄博。*植物遗传育种、小麦杂交工程、遗传学。*

1951 年山东农学院农学系毕业。同年任中国科学院遗传选种实验馆研究实习员。1956～1965 年任中国科学院西北农业生物研究所助理研究员、研究室副主任。1965～1987 年任中国科学院西北植物研究所助理研究员、研究员，历任研究室主任、副所长、所长。1983～1987 年兼任中国科学院西安分院与陕西省科学院院长。1987～1992 年任中国科学院副院长兼遗传研究所所长。1992～1997 年任遗传研究所植物细胞与染色体工程国家重点实验室主任，后任该实验室学术委员会主任。兼任中国科学技术协会副主席、中国科学院生物多样性委员会主任、中国遗传学会理事长等职。1990 年当选为第三世界科学院院士；1991 年当选为中国科学院学部委员(院士)。

开展小麦与偃麦草远缘杂交，将偃麦草的耐旱耐干耐热耐风、抗多种小麦病害的优良基因转移到小麦细胞中，育成小偃麦 8 倍体、异附加系、异代换系和异位系等杂种新类型；育成小麦良种小偃 4、5、6、54 等号小偃麦系列新品种，经推广获得大面积增产，其中“小偃 54”于 2001 年列为中国农业部科技跨越计划和中国科学院生物局支持项目，仅示范推广种植面积约 200 万亩；育成自花结实的缺体小麦，进而开创快速选育小麦异代换系的新方法——缺体回交法，为小麦染色体工程育种奠定了基础；利用偃麦草蓝色胚乳基因作为遗传标记性状，建立了小麦染色体工程育种新体系——蓝粒单体小麦系统；此外，20 世纪 90 年代起，在小麦重要经济性状遗传研究，小麦高效利用土壤营养元素(氮、磷)和光能的生理机制、分子标记、基因克隆与遗传与育种研究等方面，取得重要进展。他和他的团队的科学研究成果获得了巨大经济社会效益，现在中国北方的黄淮海小麦产区，约一半种植面积是他培育或以他的亲本培育出的小麦品种，对稳定和提高中国的粮食生产作出重大贡献。

发表论文近 70 篇；出版《植物远缘杂交概说》、《小麦远缘杂交》、《小麦育种学》等专著。多次获奖，其中有 1978 年全国科学大会奖、1985 年国家科学技术发明奖一等奖、1989 年陈嘉庚农业科学技术奖、1995 年何梁何利科学与技术进步奖、2006 年度国家最高科学技术奖(奖金 500 万)等。 (王长军 李啸虎)

魏江春(Wei Jiangchun) 中国陕西省人，1931 年 11 月 11 日生于陕西咸阳。*地衣学、真菌学、生态学。*

1955 年西北农学院毕业。1958～1962 年留学苏联科学院研究生院考玛诺夫植物研究所，获生物科学副博士学位。中国科学院微生物研究所研究员，历任副所长、学位委员会主任，院属真菌地衣系统学开放实验室主任、学术委员会主任等职。兼任中国菌物学会理事长等职。1995 年获俄罗斯生物科学博士学位。1997 年当选为中国科学院院士。

先后主持“中国地衣志・石蕊科”、“用地衣进行北京地区大气质量评定的研究”等国家重要课题；主持“世界范围石耳科地衣的综合研究”，首次以多性状综合分析法论述总结出新二属系统，得到国际承认，载入《世界子囊菌系统大纲》(1993 年)和《世界菌物辞典》(1995 年)；对地衣型真菌和某些疑难种核进行基因序列测定，结合形态学、解剖学、化学和地理学等多性状综合比较，进一步综合阐述石耳科地衣的科、属、种级分类学概念，并全面支持新二属系统存在；对珠穆朗玛峰地区的地衣进行实地考察，结合分子系统学进行综合研究，主编《西藏地衣》(1986 年)作为青藏高原大型系列丛书组成部分，获中国科学院 1986 年科学技术进步奖特等奖；参与主持国家“八五”攻关项目“南极菲尔德斯半岛生态系统的研究”，1996 获国家海洋局科学技术进步奖特等奖；主持完成中国与美国合作项目“东亚-北美地衣型与非地衣型真菌的间断分布及其遗传趋异性研究”；作为首席科学家主持国家“九五”重大项目子项目《中国孢子植物志》编撰与研究。

发表论文近百篇；主编和撰写《中国药用地衣》(1982 年)、《中国地衣综览》(1990 年)、《亚洲石耳科》(1993 年，英文)等专著 4 部。 (李孙演)

辛德惠(Xin Dehui) 中国辽宁省人，1931 年 12 月 24 日生于北京，1999 年 5 月 27 日卒于浙江宁波。*土壤学、农业生态学、农田生态工程。*

原籍辽宁开原。1954 年毕业于北京农业大学(今中国农业大学西区)土壤化学系。留校工作直至去世。1962 年获莫斯科大学生物土壤系副博士学位。1973 年起，历任北京农业大学曲周实验站站长，农业生态研究室主任、教授。1992 年后，历任农业生态和环境科学系学术委员会主任、农业生态研究所名誉所长。1995 年当选为中国工程院院士。1998 年兼任国家教育部第四届科学技术委员会副主任。在浙江宁波考察时，因心脏病突发去世。

在国家“六五”、“七五”、“八五”计划期间，长期负责和参加国家重点项目黄淮海平原盐渍化地区(曲周试验区)综合治理开发工作，建立浅井-深沟工程体系作为综合治理配套工程技术；1983 年创立农田生态系统理论，提出优化农田生态系统、农业生态系统、农业-农村生态经济系统的方法论；1985年正式提出农业工程生态系统设计，总结盐渍化低产区综合治理经验，探讨多层次人工控制系统；1990年正式构建普适性工程生态设计的方法和理论，建立综合性新学科——泛生态学，开辟工程科学技术新领域；1993年指导初步建立区域农业-农村持续发展系统决策和设计的现代信息工程系统；1997年主持完成国家自然科学基金重点项目“高产农业生态系统机理研究”。

撰有《农田生态系统概论》、《系统理论及其应用》等教材专著共7部。获1978年全国科学大会奖和国务院嘉奖，国家科学技术进步奖特等奖(1994年)1项、三等奖1项，省部级科学技术进步奖特等奖1项、一等奖2项、二等奖1项。1990年获国家教委、国家科委优秀科学技术工作者称号。 (李孙演)

田波(Tian Bo) 中国山东省人，1931年12月25日生于山东桓台。植物病毒学、生物基因工程、药物学。

1954年北京农业大学植保系毕业。中国科学院微生物研究所研究员，历任该所课题组长、研究室副主任、分子病毒学与生物工程研究室主任等职。1981年起先后在澳大利亚、德国、美国、英国等国大学和研究所任访问学者和客座教授。兼任国际类病毒工作委员会委员、中国病毒学会副理事长、武汉大学现代病毒学研究中心主任等职。1991年当选为中国科学院学部委员(院士)。

揭示温度对马铃薯病毒性退化影响，制定中国马铃薯无病毒种薯繁殖体系，取得重大经济效益；1983年在国际上首次报道用植物病毒卫星核糖核酸(RNA)生物防治制剂防治黄瓜花叶病毒(CMV)获得成功，这种病毒颗粒中的小分子量RNA依赖病毒才能侵染复制，被称为“病毒卫星”，开辟了病毒病防治新途径，提出病毒卫星RNA防病的分子机理；合成黄瓜花叶病毒卫星RNA的互补DNA(脱氧核糖核酸)基因，并构建成植物表达载体，成功获得高抗病黄瓜花叶病毒转基因烟草和番茄品种；在国际上首次在转基因马铃薯中获得具有抗类病毒活性的核酶基因；构建了水稻和马铃薯等作物抗病毒的外壳蛋白，并获转基因植株；发现和首次报道牛蒡矮化病毒，为国际所承认；用基因工程方法获得多种作物的雄性不育系和恢复系，为杂种优势利用奠定基础；构建和表达几种抗肿瘤的抗体基因，研制成功数种基因工程药物；构建胞内和表位多肽库并筛选到一些抗病毒多肽，其中，2003年5月宣布实验室研制成功世界首个对非典病毒(SARS)具有预防、治疗双重功效的多肽药物，并进入临床试验。

发表论文近200篇；与他人合撰《马铃薯无病毒原种生产技术和原理》(1980年)、《植物基因工程》(1995年)等著作8种。获国家和部委级奖励逾10项。1999年获何梁何利科学与技术进步奖。 (钟尚科)

布朗，D. D.(Brown, Donald David) 美国人，1931年12月30日生于美国俄亥俄州辛辛那提。胚胎学、发育生物学、遗传学生物化学。

由于父亲是医生，在少年时期就有机会接触科学和医学。1949年以医学预科生资格入达特茅思学院。3年后入芝加哥大学医学院，不久即对生物化学发生兴趣，1956年毕业获医学博士学位和生物化学硕士学位。1957年在美国国家卫生研究院任助理研究员和外科医师。1959～1960年在巴黎巴斯德研究院与J. 莫诺合作。1960年秋到华盛顿卡内基研究院胚胎学研究所作博士后研究，1962年成为该院第一个研究生物化学和遗传学的教员，后任胚胎学系主任与教授，兼任生物学系副教授。1981年他创建了美国生命科学基金会。1973年入选美国国家科学院院士。

在医学院学习时，大部分时间用于研究噬菌体侵染机制，进入生物化学遗传学领域，并以此研究胚胎发育。认为研究基因在发育中的作用必须分离基因直接产物并确定其特性，因此以RNA(核糖核酸)分子的合成作为基因活动的直接指标。用蛙胚为材料确定细胞大量合成的各种已知的RNA性质，其中包括3种核糖体RNA(28S，18S和5S)及转运RNA。还发现胚胎及生长中的卵母细胞在细胞发育不同阶段，以不同速率合成各种RNA。1963年和格登(J. B. Gurdon)合作，发现南非爪蛙无核仁突变型胚胎不能合成28S、18S核糖体核糖核酸(rRNA)，证明合成rRNA是在核仁内进行的。1971年他从爪蛙分离出5S rRNA基因，并将5种不同的5S RNA基因按顺序加以排列，试图在试管内控制这些基因活动的条件。1976年获罗奇研究所马蒂亚奖，1977年获纽约科学院生物学普雷盖尔奖。1976年获芝加哥大学荣誉理学博士学位和杰出校友奖。2009年获美国发育生物学学会终身成就奖。 (陈建秀)

李文华(Li Wenhua) 中国山东省人。1932年1月15日生于山东广饶。森林资源学、植物地理学、森林生态学。

1953年毕业于北京林学院(今北京林业大学)。同年留校任教。1961年获苏联科学院林业研究所副博士学位。同年回国，1961～1973年任北京林学院林业学教研室副主任、副教授。1973～1983年任中国科学院青藏高原综合科学考察队林业组负责人。1983～1990年任中国科学院自然资源综合考察委员会常务副主任，联合国“人与生物圈计划”国际协调理事会兼执行局主席、中国国家委员会秘书长，自然资源学会常务副理事长。1993年起，历任中国科学院自然资源综合考察委员会研究员、常务副主任，中国人民大学环境学院院长、名誉院长、教授；兼任长白山和西藏拉萨生态系统定位站学术委员会主任、联合国“人与生物圈计划”中国国家委员会副主席，国际科学联合会环境顾问委员会委员，中国生态学会理事长、中国农业环境保护学会副理事长、《自然资源学报》主编等职。1997年当选为中国工程院院士。1998年当选为国际欧亚科学院院士。

主持对西藏高原森林进行了较全面系统的勘察研究，率先提出青藏高原森林地理分布基本规律，主编《西藏森林》(1985年)填补了地区学科空白；主持国家攀登计划中的高原生态系统研究课题，建立高原森林、草地和农田生态系统可持续发展的优化模式；率先将计算机技术应用到生物量的制图上，开拓中国森林生物生产力研究；1983～1990年，主持“西南地理综合考察与发展战略研究”项目，组织400余名科技人员联合攻关，主编29部系列专著，为国家开发大西部战略提供科学依据；开辟红壤丘陵地区生态系统研究领域，创立红壤丘陵整治的典范“千烟洲模式”，推广面积达40万亩以上；首先系统总结农林复合经营的理论体系，提出中国农林复合经营应用模式，为中国可持续发展提供了一项重要技术支持。

已发表论文200余篇；撰写与合作主编出版《中国的自然保护区》（1984年，与他人合著）、《中国农林复合经营》（1994年）、《中国森林资源研究》（1996年）、《生态农业——中国可持续农业的理论与实践》（2003年）、《生态农业的技术与模式》（2005年）等著作与文集20余部；此外主编丛书40余部。先后获国家和省部级奖励10余项，曾获中国国务院“为科学事业做出突出贡献的科学家”称号。（李啸虎）

金鉴明（Jin Jianming） 中国浙江省人，1932年1月23日生于浙江杭州。环境生态学、环境工程学、科技管理。

1955年毕业于上海复旦大学生物学系。1960年获苏联列宁格勒大学副博士学位。归国后，一直从事环境保护工作，参与筹建国务院环境保护领导小组办公室。历任国家环境保护总局高级工程师、总工程师、副局長、科学技术顾问委员会副主任。兼任中国科学院生态环境研究中心研究员，中国生物多样性保护基金会常务副理事长，中国环境科学学会顾问，污染控制与资源化研究国家重点实验室学术委员会主任，中国环境与发展国际合作委员会生物多样性工作组成员，《环境科学学报》副主编等。1997年当选为中国工程院农业，轻纺与环境工程学部院士，2000年又兼为该院工程管理学部院士。

长期从事环境生态学和环境工程学研究，主持和参与中国生物多样性保护研究，物种移地、就地保护工程，自然保护区设计，生态建设工程等领域。参与策划、制定和实施中国环境生态保护与建设的战略、方针、政策与法规；在生态定量化研究和应用、自然保护区建设和管理、物种回归大自然的遗传生态工程设计研究等领域都有贡献，成果具有开创性、应用性和可操作性；多次以联合国生物多样性专家团成员、国家环境保护总局副局长、总工程师身份参与有关国际会议；参与中国加入国际《生物多样性公约》的全过程；参加编写、主持和组织专家评议并由国务院批准颁布“中国生物多样性国情研究报告”，得到国际专家好评，认为它详尽描述了中国生物多样性情况。曾主持“北京留民营生态农业研究”课题，获国家级科学技术进步奖一等奖。

发表论文近百篇；主编与合著有《自然保护概论》（1991年）、论文集《绿色的危机》（1994年）等10余部。曾获何梁何利科学与技术进步奖等多项奖励。

（黎同炎）

王明庥（Wang Mingxiu） 中国湖北省人，1932年3月12日生于湖北武汉。林木学、遗传育种学。

原籍湖北枝江。出身教师家庭。1954年毕业于华中农学院（现武汉大学农学院）林学系。1958年初赴苏联留学。1961年获莫斯科林业工程学院农学副博士学位。同年回国，一直在南京林学院（今南京林业大学）任教，后任教授，1984～1993年任校长。兼任国务院学位委员会林学学科评审组召集人、国家科学技术奖励委员会林业专业评委会副主任、中国林学会副理事长等职。1994年选聘为中国工程院院士。

被誉为“中国黑杨之父”。20世纪70年代起，为改良平原农区速生阔叶树种，把现代生物技术与常规育种方法相结合，将能在盐碱地生存但不易成材的中国南方青杨与原产北美洲的黑杨杂交，培育出一批速生高产、抗病耐旱、形质良好、适应性广的南方型改良杨树新系列；用最短时间解决大规模推广引种黑杨派改良品种问题，改变杨树栽培的传统方法，使试验区杨树的生长量和单位面积产量达到世界先进水平。该成果推广应用于黄淮、江淮平原已获得巨大综合效益，该地区人工用材林资源成倍增长，不仅成为农民脱贫致富的“摇钱树”，新建上千家胶合板厂，成为中国南方短周期工业原料林基地，而且抗风固沙，蓄水保土，改善生态环境。

发表论文近百篇；主编有《林业遗传育种学》（2001年）等专著多部。多次获奖，其中南方型杨树引种推广试验成果获1985年国家科学技术进步奖一等奖，2种欧美杨新无性系选育获1992年林业部科学技术进步奖二等奖。获1999年何梁何利科学与技术进步奖，2010年度江苏省科学技术突出贡献奖。（吴绩新）

韦斯巴赫，H.（Weissbach，Herbert） 美国人，1932年3月16日生于美国纽约。分子生物学、生物化学、酶化学。

1953年毕业于纽约市立学院。1957年在华盛顿大学获博士学位。1959年在美国国家卫生研究院心脏研究所临床生物化学实验室任酶与代谢组组长。1969年任罗奇分子生物学研究所副所长，生物化学研究室主任。后为佛罗里达大西洋大学分子生物学与生物化学中心教授，该校施密特自然科学学院院长、杰出研究教授。1982年当选为美国国家科学院院士。

其贡献主要是分离了维生素 B_{12}，阐明其在酶促反应中携带甲基作用，在此基础上深入研究了蛋白质生物合成中甲酰移换酶的作用、肽链延长因子 Tu、Ts 与 GTP（乌苷三磷酸）的相互作用。1977年参编《蛋白质生物合成的分子机理》。1978年参与主编《卫生研究领域：未来医学的探索》。1970年获美国化学会酶学奖。

（周忠勋）

吉尔伯特，W.（Gilbert，Walter） 美国人，1932年3月21日生于美国马萨诸塞州波士顿。生物化学、基因工程。

1953年哈佛大学毕业。后赴英国剑桥大学深造，1957年获数学博士学位。1959年返回美国后，在哈佛大学担任理论物理教学工作。他在 J. D. 沃森（1962年诺贝尔生理学或医学奖获得者）的影响下，于1960年改行研究分子生物学，1972～1981年任哈佛大学分子生物学教授。同年入选美国文理科学院院士。1978～1983年兼任拜奥金有限公司科学董事会主席，1981年出任该公司总经理。1987年当选为英国皇家学会外籍会员。同年聘任哈佛大学分子和细胞生物学系洛布讲座教授。1992年任迈里亚特基因公司副董事长。

他在刚转向分子生物学研究时，就作出了一项出色的研究工作。当时，人们已发现大肠杆菌若生长于含乳糖的培养基时将产生一种酶，但若生长于不含乳糖的培养基时就不产生酶。1961年，分子生物学家J. 莫诺和F. 雅各布提出一种信使核糖核酸和操纵子概念的模型来解释这种现象，为此他们荣获了1965年诺贝尔生理学或医学奖。20世纪60年代中期，吉尔伯特与B. 马勒-希尔(Benno Mulier-Hill)合作，设计了一套巧妙的生物化学实验，证实了莫诺与雅各布所提出的理论模型。20世纪70年代，吉尔伯特作出了另一项更出色的研究工作。他发现了用化学试剂使核酸分子在某点上断开的方法，以及如何对所得的片断进行分析，并由此来推断原来的分子长链的确切性质。他独立完成的上述方法重复了F. 桑格正在剑桥进行的研究工作。为此，吉尔伯特与桑格分享了1980年诺贝尔化学奖的一半，另一半由在分裂和重组核酸分子方面作出成绩的P. 伯格获得。

（朱啸宇）

戚正武(Qi Zhengwu)　中国浙江省人，1932年4月10日生于浙江鄞县。蛋白质化学、药物学、遗传医学。

1952年同济大学化学系毕业。1959年获苏联莫斯科医学科学院生物与医学研究所副博士学位。中国科学院上海生物化学与细胞生物学研究所研究员，研究室主任等职。1999年当选为中国科学院院士。2001年当选为第三世界科学院院士。

长期从事蛋白质、活性多肽、尤其是蛋白酶及其抑制剂的研究，取得多项重要成果。从不同植物中分离提纯到3种不同类型蛋白酶抑制剂，其中多功能双头慈菇蛋白酶抑制剂为首次发现的新抑制剂家族；利用多肽合成、蛋白酶限止性降解和蛋白质工程等手段，系统研究和阐明不同家族蛋白酶抑制剂的蛋白质、基因的结构与功能，确定了活性中心位置，研究居国际前沿；在基因水平上阐明异常人血清白蛋白、血小板无力症遗传性疾病的基因缺陷；协作克隆凝血因子FVIII、vWF的全长cDNA(互补性脱氧核糖核酸)，并在哺乳动物细胞中得到基因表达，获得生产重组凝血因子Ⅷ专利；20世纪90年代起，从天然生物中发现多种结构全新的神经毒素；解析中华马氏钳蝎毒素中多种钠离子(Na^+)通道毒素的氨基酸序列及其基因结构，通过基因突变研究其结构与功能的关系；开展对芋螺毒腺中各种如钾离子(K^+)、钙离子(Ca^{++})和氯离子(Cl^-)等通道及神经递质受体的神经毒素研究；在猪肝中分离纯化与体内重要生理功能相关的天然蛋白质前体加工酶的抑制剂。

发表论文百余篇。多次获奖，其中有国家自然科学奖三等奖2项，中国科学院自然科学奖一等奖一项、二等奖3项等。

（李啸虎）

史密斯，M.(Smith, Michael)　加拿大人，1932年4月26日生于英国布莱克浦，2000年10月4日卒于加拿大不列颠哥伦比亚省温哥华。分子生物学、生物化学、基因工程。

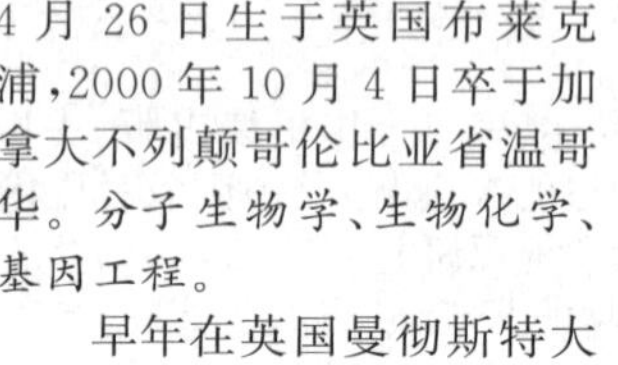

早年在英国曼彻斯特大学求学。20世纪50年代移居加拿大。1956～1960年在加拿大温哥华的不列颠哥伦比亚大学从事博士后研究。1960年到美国威斯康星大学从事酶学的研究。1961年任加拿大农业部渔业研究机构所属的温哥华实验室化学部主任。1966年任不列颠哥伦比亚大学生物化学系副教授，1971年升任教授，1987年任该校生物技术实验室首任主任，兼该校癌症研究部基因排序中心主任，1996年退休后为荣誉教授。1986年当选为英国皇家学会会员。

20世纪70年代初，史密斯和合作者发明了DNA(脱氧核糖核酸)体外点突变技术。在这之前，他在考察F. 桑格(1958年和1980年两次诺贝尔化学奖获得者)的实验室时，得到了噬菌体φ×174的核苷酸序列。φ×174是一种单链DNA噬菌体，它进入大肠杆菌后可合成一条互补链，形成双链DNA，进行复制后又能以单链DNA形式排出，因此获得了形成单链DNA的容易操作的生物系统。此外，史密斯自己的实验室又正好能设计和合成用于突变的寡核苷酸。这些为他发明DNA体外点突变技术提供了条件。这项技术的基本方法是：用带有突变的合成的寡核苷酸与单链DNA中的一段配对，经过DNA聚合酶延长，合成出一条带有突变的互补链，再以这条突变链为模板合成一条它的互补链，于是得到了与原先的DNA链有一个不同碱基的DNA链。使用这种技术，可以改变一段DNA序列中某一特定位置上的核苷酸，从而有可能将一段DNA分子所编码的蛋白质分子中的氨基酸换成另一个氨基酸，于是改变了该蛋白质的性质和功能，这就是所谓“DNA体外点突变技术”。使用这种技术，可用来设计和改造蛋白质，制造活性更高的蛋白质。它被视为一种新形成的生物技术——蛋白质工程。

体外点突变技术对遗传育种工程带来了广阔的前景。通过自然变异和进化选择产生新品种需要很长时间；用电磁辐射、化学诱变等方法育种，由于其突变是随机发生的，可能在多处同时发生变异，不经过艰苦的筛选工作，无法达到所确定的目标。而用这种体外点突变技术，可以十分明确地在一个基因的特定位置上进行改造，减少不必要的突变，从而大大加快育种过程。体外点突变技术在医学上也很有价值。在对人类基因和遗传病的认识越来越清楚后，它可以用来纠正人类的遗传病。因此可以说DNA体外点突变技术将对医学和生物制药带来革命性的变化。由于发明这一技术，他与发明聚合酶链反应技术的K. B. 穆利斯分享1993年的诺贝尔化学奖。 （宣焕灿）

蒋有绪(Jiang Youxu) 中国江苏省人，1932年5月21日生于上海。林木学、森林生态学。

回族，原籍江苏南京。1954年北京大学生物学系毕业。1957～1959年在苏联科学院森林研究所进修。中国林业科学研究院森林生态环境与保护研究所研究员。兼任国际林业研究机构联合会亚高山生态组主席、中国农业部生态农业领导小组专家组成员、中国生态学会秘书长等职。1999年当选为中国科学院院士。

20世纪50～60年代，参加勘查中国东北、西北、西南各主要天然林区；参与在四川西部米亚罗建立中国最早的森林生态定位研究站；提出亚高山针叶林群落分类原则；提出长江上游区川西高山森林经营应以水源涵养为主要方向。70～80年代，合作编撰《森林调查手册》(1978年)，奠定全面规范中国森林调查技术的基础；参与主持重建海南岛尖峰岭热带林生态定位观测研究站，取得多项成果，获1988年林业部科学技术进步奖一等奖；进行海南岛大农业与生态平衡的多学科考察。80～90年代，以群落学、区系学和土壤学为基础，提出中国第一个通适性的森林立地分类系统；在小兴安岭、江西等地开展人工生态系统定位研究，参与建立中国林业系统生态定位站网络；主持中国森林发展及其环境效益预测，以及林业生态学可持续发展战略研究，为构划中国未来林业环境工程提供重要论证；创造性采用亚建群层片和生态种组相结合的二元分类方法，建立中国森林生态学体系框架；参与起草"中国21世纪议程林业行动计划"等重要文件，其中"中国生物多样性国家报告"获1999年国家环境科学技术进步奖一等奖。

发表论文百余篇；出版专著12部、译著5部，其中《中国山地森林》(1981年，与他人合著)获1991年林业部科学技术进步奖二等奖等。 （李孙演　李啸虎）

梁栋材(Liang Dongcai) 中国广东省人，1932年5月29日生于广东广州。蛋白质晶体学、生物化学、生物物理学、X射线晶体学。

1955年毕业于中山大学化学系。1956年赴苏联科学院元素有机化合物研究所学习X射线晶体结构分析，1960年获副博士学位。同年回国，在中国科学院生物物理研究所工作。1965～1967年赴英国，先后在皇家研究院和牛津大学从事生物大分子晶体结构研究。回国后参与组建"北京胰岛素晶体结构研究组"。1970～1978年回广东家乡工作8年。1978年返回北京任中国科学院生物物理研究所蛋白质晶体学研究室主任，1983～1986年任该研究所所长。兼任国家自然科学基金委员会副主任、中国生物物理学会理事长、生物大分子国家重点实验室副主任等职。1980年当选为中国科学院学部委员(院士)，1985年当选为第三世界科学院院士。

1960年从苏联回国后，与中国科学院计算技术研究所合作，共同用中国建造电子管计算机建立中国第一套用于小分子结构分析的计算程序系统。此后几年中，与合作者利用该系统测定有机化合物胺三乙酸、二苯基次磷酸等晶体的分子结构。1967～1969年，主持北京胰岛素晶体结构研究组，测定了2.5埃分辨率的猪胰岛素晶体结构。20世纪80年代，带领课题组完成1.2埃高分辨率的胰岛素、1.5埃高分辨率去五肽胰岛素(胰岛素类似物)晶体结构研究，并将两者进行详细对比分析，该课题组又完成12个经过不同改造和修饰的胰岛素类似物的晶体结构测定；依据该课题组已测定的各种胰岛素类似物结构所提供的信息，从理论上探讨了胰岛素分子与受体的结合面和结合机理。90年代起，带领课题组应用分子密堆积法来分析、研究蛋白质晶体结构。

发表论文百余篇，著有《X射线晶体学基础》(2006年第2版)等专著。1978年获全国科学大会奖和该大会先进个人称号，1982年和1989年两次获国家自然科学奖二等奖，1987年获中国科学院科学技术成果奖一等奖，1995年获何梁何利科学与技术进步奖。2009年获中国生物物理学会首届贝时璋奖。

（高小东　宣焕灿）

埃利希，P. R.(Ehrlich, Paul Ralph) 美国人，1932年5月29日生于美国宾夕法尼亚州费城。昆虫学、生态学、人口学。

1953年获宾夕法尼亚大学动物学学士学位。1955年、1957年先后获堪萨斯大学昆虫学硕士、博士学位。1956年任阿拉斯加美国空军研究工程院副研究员。1957年任堪萨斯大学昆虫系副研究员。1959年起至退休一直在斯坦福大学任教，期间1962年、1966年先后任该校生物学系生物学副教授、教授，1976年任人口学教授，1988年任该校生物保护中心主任。是美国文理科学院院士。他的夫人安妮(Anne)是他的得力研究助手。2003年前，夫妇俩担任多年美国联邦政府移民改革咨询委员会成员。

国际人口控制运动的倡导者与组织者之一。20世纪50～60年代主要研究昆虫学，大学时代参与调查白令海和加拿大北极圈地区的昆虫活动；研究杀虫剂DDT对昆虫生存的影响；探讨蝴蝶种群的遗传学和生态学；研究昆虫进化问题。60年代末期起，主要关注人口增长与环境生态危机问题及其对策研究，重点探讨濒临绝灭的物种、文化演化和环境生态伦理。1967年发表文章呼吁国际社会立即着手应对"人口爆炸"趋势，否则不久就会发生全球性大饥荒；1968年夫妇俩参与创建"零人口增长"组织(ZPG)，在国际上致力于制止人口爆炸性增长；出版经典著作《人口炸弹》(1968年)一书，广泛取证和深入分析人口过剩引起的诸多负效应，特别强调生物多样性消失是其中最严重后果，警示国际社会尽快采取行动控制人口无序增长，以避免大规模饥荒、环境破坏和生态失衡，该书引起了激烈争议，也获得了广泛支持；出版第一本系统阐述人口与生态关系的通识教科书《人口、资源、环境：人类生态学问题》(1970年)；讨论技术发展和核战争造成的后果；在《鹳与犁》(1995年，埃利希夫妇与他人合著)一书中，提出了一整套应对人口增长的行动方案，特别指出要根本改变人类在生育行为、经济增长、技术发展、环境生态问题上的陈旧观念。

至20世纪90年代中期，他同安妮或他人合写著作已有30多部、论文600余篇。其中主要著作还有：《如何认识蝴蝶》(1960年)、《人类生态学》(1973年，与他人合著)、《生物学与社会》(1976年)、《种族炸弹》(1978年)、《严寒与黑暗：核战争之后的世界》(1987年，与他人合著)、《人口爆炸》(1990年，与安妮合著)、《伤痕累累的世界：生态学家与人类两难困境》(1997年)、《魔方纹蝶的翅膀：人口生物学的一种典型系统》(2004年，与他人合著)等。获奖甚多，其中有1980年世界野生动物国际基金金奖，1987年美国生物保护学会杰出成就奖，1990年瑞典皇家科学院克拉弗德奖，1993年国际生态学会沃尔沃环境奖，1994年联合国沙沙卡瓦环境奖，1995年海因茨环境奖，1998年泰勒环境贡献奖，1999年蓝色星球奖，2001年美国生态学会杰出生态学家奖、美国生物科学学会杰出科学家奖等。 (李啸虎)

朱兆良(Zhu Zhaoliang) 中国浙江省人，1932年8月21日生于山东青岛。土壤学、植物营养学、农业化学。

原籍浙江奉化。1953年山东大学化学系毕业。一直在中国科学院南京土壤研究所工作，1986年晋升研究员。兼任国际土壤学会水稻土肥力组主任、中国土壤学会理事长、江苏省土壤学会理事长等职。1993年当选为中国科学院学部委员(院士)。

在稻田土壤供氮量预测研究中，创造以土壤矿化铵的N-15丰度为参比值来测定水稻全生育期中非共生固氮量的新方法；首次对土壤供氮能力进行系统定量分析，发现土壤供氮量中约21%来自非共生固氮，其中翻耕犁起的底层土壤供氮量不容忽视且变幅较大，从根本上修正了用水稻累积氮量测定土壤供氮量的国际流行做法；在氮肥去向研究中，发现稻田氨挥发量主要由田面水中铵浓度和光照决定的规律，查明中国主要稻区氮挥发变幅、主要影响因素、在土壤失氮中权重，提出"力求减少施肥后留于田面水中的氮量"的合理施用原则，为改变中国农田氮肥利用率偏低、损失率偏高状况提供理论依据和技术对策；提出应以差值法利用率评价氮肥效用的观点及其理论依据，论证用"平均适宜施氮量法"推荐施氮量的可靠性；提出控制氮肥施用量，注意氮与磷、钾和硅等养分协调施用的建议；查明土壤供氮进程与双季稻需氮特点不相协调，三熟制作物高产对土壤养分供应速率要求明显高于两熟制，对策建议已初见成效。

发表论文百余篇；主编和撰写《中国土壤》、《中国土壤图集》、《中国水稻土》等专著多部。获国家与省部级成果奖10余项，其中有：1978年全国科学大会重大成果奖，1990年国家科学技术进步奖二等奖，1991年和1995年国家自然科学奖二等奖等。1993年获陈嘉庚奖农业科学奖。 (李啸虎)

冯宗炜(Feng Zongwei) 中国浙江人，1932年9月13日生于浙江嘉兴。林木学、森林生态学、环境科学与工程。

1954年毕业于南京林学院(现南京林业大学)。1957～1958年在苏联科学院森林研究所、植物研究所进修。先后任中国科学院林业土壤研究所副所长，生态环境研究中心副主任、研究员。兼任中国生态学会副理事长，中国林学会副理事长、《生态学报》主编等职。1999年当选为中国工程院院士。

20世纪60～70年代，创建中国科学院湖南会同森林生态站，首次揭示杉木纯林连栽地力退化原因，阐明改善林地生态环境的机理，经8年试验筛选出抗退化杉木火力楠混交林；是最早在中国倡导建立自然保护区的学者之一，呼吁保护东北红松天然林资源，率先提出改皆伐为择伐的理论依据；有关保护西双版纳热带森林，大兴安岭特大火灾后生态恢复工程等建议，受到国家高层领导的重视。80～90年代，主持多个国家级调研中国酸雨的课题，组织协调中国科学技术协会20余个学会多学科参与，首次定量估算中国南方10省市酸雨对农林生态系统的危害程度，开发成功重酸雨区受害森林恢复配套技术，为国家确定和防治酸雨控制区提供了科学依据，其中"西南地区酸雨来源影响和控制对策"获1991年中国科学院科学技术进步奖一等奖，"我国酸雨沉降及其生态环境影响研究"获1998年国家科学技术进步奖一等奖、国家环保局科学技术进步奖一等奖。主持中国科学院2000年环境与生态规划研究，为构建中国生态环境研究体系提供了新思路新措施。

已发表论文150余篇；出版专著《酸雨对生态系统的影响——西南区酸雨研究》(1991年)、《中国森林生态系统的生物量和生产力》(1999年，与他人合著)等8部。获国家科学技术进步奖一等奖1项，省部级科学技术进步奖一、二等奖多项。此外获中国科学院竺可桢野外工作奖、中国林学会梁希奖，以及2000年国家"环境保护杰出贡献者"称号等。 (吴绩新)

汪懋华(Wang Maohua) 中国广东人，1932年11月11日生于广东兴宁。农业工程学、农业电气化与自动化。

1956年毕业于北京农业机械化学院(后易名北京农业工程大学)农业机械系。1962年获苏联莫斯科季米里亚捷夫农学院电气化系科学技术副博士学位。归国后回母校农业电气化系任教。1984～1990年任北京农业工程大学(今中国农业大学)副校长，1987年任教授。1991～1993年受国家选派在泰国曼谷亚洲理工学院(国际性研究生院)讲学2年。后为中国农业大学精细农业研究中心教授、"现代精细农业系统集成研究"教育部重点开放实验室学术委员会主任。1990～1994年任联合国粮农组织农业工程专家组成员。1994～1998年当选为国际农业工程协会农村电气化与能源理事会副主席。中国《农业工程学报》主编等职。1995年当选为中国工程院院士。

20世纪80年代起，为中国农业工程学科、农业应用电子技术等新专业体系建立和发展作出重要贡献。跟踪国际科技动态，开拓电子信息技术在农业中的应用研究新领域，研制农用智能化仪器，建立农业设施与人工生物环境自动控制系统。根据90年代国际农业工程发展趋势，将学科发展方向定位在“农业生物图像模式识别理论与方法研究”和“精细农作”技术体系研究两个全新领域。其中，1995年开始指导博士生运用图像处理理论进行苹果品质检测与分级；1996年用小波算子优化图像处理算法并成功应用于奶牛体型评估；为提高智能机分选水果速度，指导学生研究并行遗传算法、基于人工神经网络与模糊控制的混合算法，引起国内外同行高度重视；领导开展中国精细农业技术体系研究；2004年后主持“中国农业机械化发展战略研究”项目，提出解决“三农”问题根本出路之一在于加速发展农业机械化。发表论文及著作百余篇(部)。（李啸虎）

山仑(Shan Lun) 中国山东省人，1933年1月19日生于山东龙口。作物生理学、作物栽培学、旱地农业生态学。

1954年山东农业大学农学系毕业。同年起一直在到西北农业生物研究所(今中国科学院水土保持研究所)工作，曾任副所长，中国科学院水土保持研究所研究员、黄土高原土壤侵蚀与旱地农业国家重点实验室学术委员会主任。1959～1962年在苏联科学院植物生理研究所留学，获副博士学位；1970～1973年先后在阿尔巴尼亚地拉那大学、古巴科学院水土保持研究所任援建专家。1995年当选为中国工程院院士。

先后深入山西、陕西、宁夏等中国北方旱区农业第一线开展调查研究，其中在宁夏固原县持续工作10年，促进了当地农业生产，形成了独特的旱农理论与方法。长期开展半干旱地区作物生理生态研究，提出作物对多变低水环境适应性的观点，证明有限水分亏缺对作物的补偿效应，发现不同营养元素提高水分利用效率的生理机制，对中国旱地农业与节水农业的发展有重要指导意义。建立黄土丘陵区旱地农田增产技术体系及其理论框架，制定了种植制度改革方案，提出了综合治理若干新论点，其中有：建设自给性农业、防护性林业和商品性畜牧业是发展目标；退耕改制种草还牧的中心是改制；防止水土流失和高效利用降水并举是综合治理基础等，据此在实践中取得显著经济效益和社会效益。此外，首创新型抗旱剂兼有激发作物生理活性和抗旱性双重功能。

发表论文200余篇；出版《旱地农业生理生态基础》等专著数部。获国家和省部级奖10余项。1988年获中国科学院竺可桢野外工作奖。（武光明）

沈韫芬(Shen Yunfen) 中国上海市人，1933年1月29日生于上海，2006年10月31日卒于武汉。原生动物学、生态学。

1953年南京大学生物学系毕业。1956～1960年留学苏联，获苏联科学院动物研究所副博士学位。此后一直在中国科学院水生生物研究所工作，任研究员、该所学位委员会主任。先后兼任华中科学技术大学环境科学研究所所长、环境科学与工程学院院长等职。1981～1982年在美国弗吉尼亚工程大学当高级访问学者。曾兼任中国动物学会副理事长，中国动物学会原生动物学分会理事长、名誉理事长，国际原生动物中国当代杰出女科学家。学会理事等职。1995年当选为中国科学院院士。

半个世纪来系统调查中国20余省原生动物分类区系分布，已鉴定淡水原生动物近2 000种，其中新种35个；主持开展中国不同温度带土壤原生动物普查，首次获得种类组成特点和季节变动规律；在《西藏水生无脊椎动物》(1983年，与他人合著)中描述西藏高原水生原生动物458种，其中80%为首次记录，含12个新种，被国际上誉为“原生动物领域的经典”；将原生动物学和生态学相结合，不断改进和推广简便实用的微型生物群落监测作为水质评价方法；首创《水质-微型生物群落监测：PFU法》1991年被定为国家标准，该标准是中国生物监测领域自行制定的首项国家标准，被国外同行誉为“建立微型生物群落评价的世界领导者之一”。此项技术获1992年国家环保局科学技术进步奖一等奖。经30余年跟踪观察，揭示武汉东湖富营养化过程中原生动物群落结构与功能的演变过程；在实践中修正麦克阿瑟-威尔逊(MacArthur-Wilson)“岛屿生物地理平衡模型”；对修建长江三峡电站和南水北调等重大工程决策提出科学建议；主持原生动物多样性与进化的原位研究等。

发表论文219篇；与他人合著《废水生物处理微型动物图志》(1976年)、《微型生物监测新技术》(1990年)、《河流污染监测》(1995年)和《原生动物学》(1999年)等专著7部，译著1部。多次获国家和省部级奖；1997年获国际科利斯纤毛虫学奖。（李啸虎）

周开达(Zhou Kaida) 中国重庆市人，1933年5月16日生于四川江津(今属重庆市)，2013年7月20卒于四川都江堰。作物遗传育种学、水稻育种工程。

1960年毕业于四川农学院农学系。留校任教。1978年后历任四川农学院、四川农业大学讲师、副教授、水稻研究室副主任、教授，水稻研究所所长、名誉所长。兼任四川省科学技术协会副主席。1999年当选为中国工程院院士。

长期致力于杂交水稻繁殖技术研究，开展水稻杂种优势利用研究，开辟杂交稻育种新途径，尤其是育成“超泰米”和“新型水稻”等独树一帜新品种，被誉为“东有袁隆平，西有周开达”。1976年以来，开创冈型杂交水稻及其不育系、籼亚种内品种间杂交培育雄性不育系研究，育成冈型、D型不育系及推广11个冈型、D型组合杂交水稻，其中5个获1978年全国科学大会奖、农业部一等奖、四川省科技进步奖特等奖和1988年国家发明奖一等奖等；80年代后期，开始亚种间重穗杂交稻研究，创建具有本生态特色的超高产育种理论，已育成II优6078、II优162、冈优881等重穗组合，取得较大幅度增产，大面积推广；开展四川SAR种质材料研究，拓广新型水稻及其育种新途径，育成四川无融合生殖水稻SAR-1、SAR-2等优质高产品种，并在田间大面积推广，获1993年四川省科学技术进步奖一等奖等。

主编有《作物良种繁育学》等著作。先后获国家和

省部级重大科学技术奖20余项。（吴绩新）

夏勒，G.B.（Schaller，George Beals） 美国人，1933年5月26日生于德国柏林。动物学、生态学。

德国裔，十几岁时随父母移民到美国密苏里州，后来加入美国籍。1955年获阿拉斯加大学文科学士、理科学士双学位。1955～1962年任威斯康星大学助理研究员，1962年获该校博士学位。1962～1963年任斯坦福大学行为科学前沿研究中心特别研究员。1963～1966年任约翰·霍普金斯大学病理生物学系教授。1966～1972年任纽约动物学协会研究员、洛克菲勒大学动物行为研究所教授。1972～1979年，先后任纽约动物学会的生态保护中心主任、野生动物保护国际部部长。1979年起，先后任世界野生生物保护协会科学主任、副主席等职。兼任美国国家自然博物馆、北京大学教授等。

将近半个世纪以来，长期在非洲、亚洲和南美洲等地考察研究野生动物，一直致力于野生动物的生态保护。1959年起，在中非数年跟踪研究大猩猩，其名著《山地大猩猩：生态和行为》（1963年）获世界野生生物基金会金奖，第一次向人们揭示了大猩猩的隐秘生活，也使这个人类近亲从濒临灭绝中被挽救过来。20世纪70年代，在世界各地协助建立了五个野生动物生态保护区，其中包括受石油开采威胁的阿拉斯加北极自然保护区。

是第一个受世界自然基金会委托在中国开展工作的西方科学家。1980年开始在中国四川卧龙研究大熊猫，提出很多宝贵意见和建议；1985年协助中国建立了西藏羌塘自然保护区，开始了他在藏北长达20多年的野外调查，深入研究了藏羚羊、西藏盘羊、岩羊、藏原羚、野牦牛、白唇鹿、野骆驼、藏野驴等有蹄类动物。率先指出藏羚羊数量急剧减少的根源在于血腥的国际绒毛贸易，在短短几十年中有90%的藏羚羊因此消失了。他的呼吁促使国际社会禁止这种野蛮贸易，推动对藏羚羊的保护。

此外，多次重新发现一度认为已灭绝的珍稀动物，其中有：老挝武广牛（1994年）、越南疣猪、西藏马鹿（1996年）等。

撰有学术论文、杂志文章数百篇。出版有《塞伦盖提的狮子》（1976年，获1982年美国国家图书奖）、《鹿和老虎》（1984年）、《最后的熊猫》（1993年）、《大猩猩年》（1997年）、《隐秘的西藏荒原》（1997年）和《青藏高原上的生灵》（1998年）等国际畅销书。获1980年世界自然基金会金质勋章、1996年国际波斯菊奖（日本）、1997年美国泰勒环境成就奖等。曾被美国《时代周刊》评为当代3位最杰出的野生动物研究学者之一。

（李啸虎）

杨弘远（Yang Hongyuan） 中国湖南省人，1933年9月26日生于湖北武汉，2010年11月18日卒于同地。植物生殖学、遗传学、细胞生物学。

原籍湖南长沙，教师家庭出身。1954年武汉大学生物学系毕业。一直留校任教，1982年任教授，后为生命科学学院教授。兼任国务院学位委员会学科评议组生物学组召集人、国家教委科学技术委员会委员等职。1991年当选为中国科学院学部委员（院士）。

20世纪50～60年代，以芝麻等作物为主要材料研究花粉与雌蕊生活力、人工授粉方法、胚胎发育与后代影响等课题。70～80年代开展离体雌核发育的实验研究，1979年首次由水稻未受精子房中培养出单倍体植株；在大麦、向日葵和韭菜的未传粉子房中培养出单倍体植株，首次揭示离体孤雌生殖、离体无配子生殖的发生与发育规律，受到中外同行重视；在国际上首次开展该领域超微结构的研究。80～90年代，主持水稻未传粉子房培养研究，获1985年国家教委科学技术进步奖一等奖；用植物胚囊酶法从金鱼草、向日葵、烟草的胚珠中分离出完整的胚囊，为90年代离体受精的突破奠定了基础，获1987年国家教委科学技术进步奖二等奖；对分离出的植物胚囊结构和功能进行超微结构研究，在雄性生殖细胞研究方面取得重要成果；主持植物高倍体雌核发育与胚囊分离的胚胎学研究，其系统性、先进性与权威性获得中外同行肯定。

发表论文200余篇；撰写和主编《高等植物的离体单倍体》（英文）、《植物有性生殖实验研究四十年》（2001年，与周嫦合作，获2003年中国图书奖）、《水稻生殖生物学》（2005年）等专著多部，另有杂文《勤思集》一部。多次获奖，其中"植物性细胞、受精及胚胎发生离体操作系统的创建与实验生物学研究"项目，获2004年国家自然科学奖二等奖。（李孙演）

格登，J.B.（Gurdon，Sir John Bertrand） 英国人，1933年10月2日生于英国英格兰汉普郡迪彭豪尔。细胞与分子生物学、发育生物学、遗传学、基因工程、医学。

15岁进著名的英国贵族学校伊顿公学。毕业后进牛津大学基督学院继续研读英国古典文学，后转读动物学，1956年获理学士学位。同年师从该校胚胎学家M.费希伯格（Michail Fischberg），1960年获生物学博士学位。同年赴美国加利福尼亚理工学院做博士后研究。1962年返回牛津大学动物学系任教。1971年加盟国家医学研究理事会剑桥大学分子生物学实验室，1979年任该实验室细胞生物学部主任。1983年任该校动物学系细胞生物学教授。1989年创办和主持维康信托基金会，并兼任其旗下的剑桥大学细胞生物学与抗癌研究所（2004年易名英国格登癌症研究所）所长。1995～2002年任剑桥大学马格达伦学院院长。1991～1995年任纳菲尔德生物伦理理事会理事。

1971年当选为英国皇家学会会员。1980年当选为美国国家科学院外籍院士。1995年封爵。

细胞核移植与克隆研究领域的世界领军人物之一。1962年他用非洲爪蟾的体细胞成功克隆出蝌蚪，从而第一次发现细胞的特化并非“绝对不可逆”。在这项用显微注入法进行蟾蜍克隆的经典实验中，起先他将蝌蚪肠道一个上皮细胞核取代未成熟卵细胞的核，竟发育成一条正常的蝌蚪；进而，他把成蛙不同组织的细胞进行体外培养，发现核移植后来源不同的杂合细胞都可以发育出蝌蚪。这一实验具有划时代的意义。他首次证实：每一个成体细胞核中的DNA(脱氧核糖核酸)仍然储存有发育成完整个体的所有信息；而原有卵细胞质具有对外来嵌入核进行重编程的潜在能力，能诱导卵细胞发育为性成熟成体。但由于核移植实验的高风险性和克隆技术的尖端性，致使当年这项突破极具争议性。

正是在他带动下，1996年英国的I.威尔默特和K.坎贝尔(Keith Campbell)克隆出多莉羊，2006年日本的山中伸弥用皮肤细胞制造出干细胞。期间，格登团队抽取成年狗肠细胞基因再植入去核卵细胞内，又成功培育出克隆狗。为进一步揭开核重组机制，2006年格登团队将成年小鼠成纤维细胞核移植到青蛙去核卵细胞中，用荧光标记法观察组蛋白及其在细胞内的分布，发现在卵母细胞中表达的H3.3组蛋白，可使细胞核恢复多能性；而改变DNA缠绕组蛋白的方式，可激活和关闭不同的细胞基因。这些开创性研究，不仅在理论上彻底颠覆了传统生物学关于细胞发育特化的认识，同时在临床医学上将为修复人体病变细胞或受损组织、治疗诸如帕金森氏综合症和硬化症等顽疾带来希望。

由于“发现成体细胞可被重编程而具有多能性”，他和日本的山中伸弥同获2012年诺贝尔生理学或医学奖。此外还获多种其他重要奖励，其中有：英国皇家学会1985年皇家奖章、2003年科普利奖章，1989年以色列沃尔夫医学奖，2009年美国拉斯克基础医学奖(与山中伸弥分享)等。 (李啸虎)

沈国舫(Shen Guofang) 中国浙江省人，1933年11月15日生于上海。林木学、森林生态学、造林工程。

原籍浙江嘉善。1950年考入北京农业大学森林系。次年公派留学苏联，1956年毕业于列宁格勒林学院。同年回国，历任北京林学院教研组主任、教务长、副院长，北京林业大学教授、校长，兼任中国林学会理事长、《林业科学》主编。1995年当选为中国工程院院士。1998年当选为中国工程院副院长。

1961年主编中国第一部通用统编教材《造林学》；首先提出分地区的林木速生丰产指标体系；主持起草的《发展速生丰产用材林技术政策》列入国家科委蓝皮书，获国家科学技术进步奖一等奖；较早采用立地因子，应用树种生长关系多元统计分析方法；创造性地进行多树种平行研究，以及混交林营造、石质山地造林技术等方面研究，使中国造林技术得到很大提高；主持起草“大兴安岭特大火灾后恢复森林资源考察报告”，指导确立火灾后森林资源和生态环境恢复工程；90年代后，发表“走向21世纪的林业学科发展趋势和高等人才的培养”、“中国森林可持续发展问题探讨”及“现代高效持续林业——中国林业发展道路的抉择”等一系列文章，前瞻性地指出中国林业学科科研与教育的发展方向。

发表论文近百篇；出版《中国主要树种造林技术》(1978年，与他人合著)、《林学概论》(1989年)、《中国造林技术》(1994年，与他人合著)等6部专著。获国家级和省部级科学技术进步奖近10项。 (李啸虎)

刘守仁(Liu Shouren) 中国江苏省人，1934年3月21日生于江苏靖江。家畜育种学、遗传学、生物基因工程。

1955年毕业于南京农学院(今南京农业大学)畜牧专业。同年到新疆农垦建设兵团第八师紫泥泉种羊场工作。1988年任新疆农垦科学院院长，研究员。1999年当选为中国工程院院士。

1959年培育出中国第一代军垦细毛羊。1985年育成驰名中外的中国美利奴羊(新疆军垦型)，后开发出细毛羊军垦A型、B型两大新品系，目前已拥有强毛、中毛、细毛、超细毛4种纤维类型和高繁殖率优秀种羊，使中国家畜繁育技术进入世界先进行列。他根据纺织工业指标设定细毛羊培育方案，使羊毛长度和细度大大超过新疆普通羊的水平，达到生产高档毛料产品的标准。1998年经杂交改良的肉羊肥羔肉质嫩、瘦肉多、膻味小、出栏快，市场前景看好。1999年起，主持国家农业科学技术跨越计划“新疆细型细毛羊生产体系试验示范”项目。2000年成功地从羊脑垂体中分离并克隆出两种肉用绵羊的生长素基因，并重组到质粒的基因表达载体中；超细毛羊多胎主控基因技术居全国领先地位，24小时就能准确断定常规2年才能确定的母羊多胎征状，并使培育优质品种时间缩短一半。自1973年以来，紫泥泉种羊场已向国内25个省(区)推广优秀良种羊10万只，仅提高羊毛产量一项已产生经济效益数十亿元。先后获国家和部级科学技术进步奖一等奖等10余项。 (吴绩新)

曹文宣(Cao Wenxuan) 中国四川省人，1934年5月19日生于四川彭州。鱼类学、动物地理学、生物进化论、生态学。

1955年四川大学生物学系动物学专业毕业。同年起一直在中国科学院水生生物研究所工作，研究员，任该所学术委员会主任等职。兼任中国海洋湖沼学会理事长、中国动物学会鱼类学分会理事长、湖北省自然资源研究会理事长等职。1997年当选为中国科学院院士。

曾九进西藏，率先开展青藏高原鱼类生物学研究，并尝试用生物进化解释地球进化，与他人合作发表论文“裂腹鱼类的起源和演化及其与青藏高原隆起的关系”，发现裂腹鱼类不同聚居高度现存三个等级类群形成从原始到特化的演化序列，推测反证青藏高原在第三纪晚期后曾经历三次急剧上升和相对稳定的交替阶段，已成为中国动物地理学经典文献。20世纪70年代起，主持完成葛洲坝水利枢纽工程对长江鱼类资源影响评价，科学论证主要救鱼对象中华鲟可以在坝下自然繁殖，力主不必修建过鱼设施，代之以繁殖群体保护和人工繁殖放流，既保护珍稀物种又节约国家投资；主持三峡工程对长江沿岸水域生态、长江流域生态的影响及其对策研究，为三峡工程决策和建设作出重要贡献；主持研究制定长江上游特有鱼类保护方法、自然保护区选址和建区等方案。开辟中国鱼类资源小型化现象及其资源恢复的对策研究新领域，探索长江中下游浅水湖泊综合开发和生态治理新途径，其中主持洪湖水体生物生产力综合开发试点及湖泊生态环境研究，取得显著生态效益；倡导并实现野生团头鲂的驯化和人工养殖；指出水生植被恢复是中国湖泊富营养化治理的关键；主持培育成功中国首个标准水生实验动物“稀有鮈鲫”，这种“测毒鱼”能测出1千克水中万亿分之二克的致癌物二恶英。撰有《中国动物志·硬骨鱼纲鲤形目（上）》、《长江鱼类早期资源》（2008年，与他人合著）等专著。多次获奖。

（李啸虎）

张新时（Zhang Xinshi） 中国山东省人，1934年6月30日生于河南开封。植被地理学、植被生态学、农业生态工程。

原籍山东高唐。1955年北京林学院森林系毕业。先后任新疆大学农林系森林教研室主任，新疆八一农学院林学系森林教研室主任、林学系主任，副教授。1979年赴美国留学，1985年获美国康奈尔大学生态学与系统学系博士学位，留任客座教授。1987年回国，一直在中国科学院植物研究所工作，研究员，先后任植被数量生态学开放实验室主任、植物研究所所长等职。兼任国家自然科学基金委员会副主任，中国植物学会、中国自然资源学会、中国林学会副理事长，北京生态学会理事长等职。1991年当选为中国科学院学部委员（院士），后任生物学部副主任。

20世纪50～70年代，参加中国科学院新疆综合科学考察，绘制10余幅新疆植被图，主编《新疆植被及其利用》专著，首次全面揭示中国荒漠区植被地带性分布规律，获1978年中国科学院科学技术成果奖一等奖等。70～80年代，参与中国科学院青藏高原综合科学考察，集体获1986年中国科学院自然科学奖特等奖、1987年国家自然科学奖一等奖；揭示青藏高原植被的高原地带性，以及高原隆起对中国植被地带形成与分布的影响；提出中国山地植被垂直带系统与地理类型。80～90年代起，主持建立中国第一个植被数量开放实验室；提出中国生态系统对全球气候变化反应的预测理论；主持完成中国北方草地优化生态模式研究，并创建鄂尔多斯沙地草地生态实验站等；倡导黄土高原、内蒙古草原与西北山盆系统的可持续农业生态-生产范式；提出信息生态学概念与结构，构建中国生态环境建设的科学体系。

发表论文百余篇；与他人合撰专著5部，有4部获奖，其中《中国植被》获1987国家自然科学奖二等奖；编剧和指导科教片“西藏的高山植物”获贝尔格莱德国际大众科教片金奖。

（李啸虎）

印象初（Yin Xiangchu） 中国江苏省人，1934年7月20日生于江苏海门。农业昆虫学、防蝗工程。

1958年山东农学院植物保护系毕业。历任中国科学院西北高原生物研究所动物研究室主任、副所长，研究员。期间先后在美国亚利桑那大学和亚利桑那州立大学任客座教授。1996年任河北大学终身教授。兼任青海省科学技术协会副主席等职。1995年当选为中国科学院院士。

长期致力于蝗虫分类研究，近半个世纪中发现蝗虫新属37个，新种103个。20世纪60～70年代，从事中国西北高原、青藏高原等地蝗虫调查和对策研究；提出蝗虫类的高原适应性、演化途径和形态变异特征等一系列新见解，其中阐明缺翅、缺发音器、缺听器的蝗虫种类是青藏高原特有种类，也是进化最明显的种类；发表“白边痂蝗在青藏高原上的地理变异”（1975年）一文，提出物种随海拔升高其形态特征出现种内（亚种内）梯度变异范例。80～90年代，1982年率先建立中国蝗总科新分类系统，后被中外誉为“印象初分类系统”；出版专著《青藏高原的蝗虫》（1984年），总结长期对该地区蝗虫研究的成果，为该地区防治蝗害对策和深入研究奠定基础，获青海省科学技术进步奖一等奖、中国科学院科学技术进步奖二等奖等；建立北美洲蝗亚目新分类系统，首次指出蚤向蝗进化的中间类型，揭示蝗虫进化规律，得到学术界高度评价；开展北美和欧亚大陆蝗虫区系组成对比研究，提出必须防止两者相互传播的建议。

出版专著多种，其中《世界蝗虫及其近缘种类分布目录》（1996年，英文）计200多万字，记录1758～1990年间人类已知蝗虫类2 261属、10 136种，是目前最全面、最系统的同类专著，1997年获全国优秀科学技术图书奖一等奖。多次获国家和省部级奖励。

（李啸虎）

李朝义（Li Chaoyi） 中国重庆市人，1934年7月28日生于重庆。视觉生理学、脑与神经科学。

1956年中国药科大学毕业。中国科学院上海生命科学研究院神经科学研究所研究员，视觉与认知实验室主任，中国科学院视觉信息加工重点实验室学术委员会主任。先后在德国、美国、加拿大、比利时、日本等国任客座科学家。兼任国际脑研究组织（IBRO）亚大地区委员会理事等职。1999年当选为中国科学院院士。

中国科学院重大交叉前沿研究项目“脑和意识研究”首席科学家。长期主要从事视觉中枢神经机制和视知觉研究，其中20世纪80～90年代期间，通过长期以猫、猴为模型的实验，系统研究非传统感受野，对统治视觉研究近20年的马尔（Marr）视觉计算理论提出质疑。研究视觉系统各级神经元的感受野动态特性，观察到在不同背景图像作用下，外膝体神经元感受野范围和结构有相当大改变，同时视皮层神经元速度选择性随背景运动速度改变而变化，首次从细胞水平上阐明认知运动目标与运动背景间相对速度的脑机制；确证在视网膜和外膝体神经元的传统感受野以外，还存在着一个比感受野面积大几十倍的“去抑制区”，其活动在传递图形的区域亮度、亮度梯度信息中起决定性作用；发现在初级视皮层神经元感受野外区，存在一个能调制感受野反应的“整合野”大区域，并详细研究其时空结构和调谐特性；提出感受野“三重结构”新理论模型，来说明视觉感受野的多种功能属性；发现在脑初级视皮层各层次中镶嵌有许许多多直径约300微米的小球，并确证这种球状结构具有处理大范围复杂图像信息的神经机制，意义重大；主持国家知识创新工程重大项目“脑智科学交叉前沿研究”，取得一系列重要进展。

多次获奖，其中有1991年中国科学院自然科学奖二等奖、1997年国家自然科学奖二等奖、2000年何梁何利科学与技术进步奖等。（李啸虎）

徐洵(Xu Xun) 中国福建省人，1934年10月11日生于福建建瓯。*生物化学、病毒学、海洋生物基因工程。*

1957年中国医科大学毕业。国家海洋局第三海洋研究所研究员，海洋生物工程实验室主任。兼任福建省科学技术协会副主席，1993年起任美国国际海洋环境研究所国际科学顾问。1999年当选中国工程院院士。

中国当代杰出女科学家。20世纪80年代，主持对尖吻蝮蛇毒蛋白质的生物化学分析，系统研究中国特产五步蛇蛇毒毒性组分的结构及其功能的关系，分离分析8种成分，其中两种成分（降压组分、碱性出血毒）为首次发现，并对降压、出血因子的作用机理作出全新的研究和阐述；先后主持并参与“脑的特异性基因表达”、“神经肽”、“葡萄糖异构酶的蛋白质工程”等国家级与省部级重要项目，取得重要进展。

90年代起，在海洋低等生物棘皮动物中发现脊椎动物纤维蛋白的原始基因，是分子进化研究的新突破；1991年创建海洋生物工程实验室，开拓了中国海洋生物基因工程研究新领域；在海水鱼生长激素基因工程，虾白斑杆状病毒、贝类环境病毒等基因组序列测定技术及分子生物学研究等方面，有一系列重要创新成果；利用生物遗传工程重组技术研究生物功能蛋白起源，有新的发现；发明的白斑杆状病毒PCR检测试剂盒、培育的鱼生长激素酵母基因工程菌，分别获国家专利。

撰写出版有《DNA重组技术》(1990年)等专著。多次获奖，其中“蛇毒的生物化学研究”获1994中国科学院自然科学奖二等奖，“鱼生长激素基因工程”获1997年国家海洋局科学技术进步奖一等奖。1997年获中国科学技术协会“全国优秀科技工作者”称号。

（吴绩新）

林浩然(Lin Haoran) 中国海南省人，1934年11月24日生于广东海南岛文昌（今属海南省）。*鱼类生理学、水产养殖工程、生物化学。*

1954年毕业于中山大学生物学系动物学专业。留校任教。1986年晋升为教授，历任生物学系主任，水生经济动物繁殖、营养和病害控制国家重点实验室主任，生命科学学院水生经济动物研究所所长。兼任中国动物学会常务理事及比较内分泌学分会理事长、广东省动物学会理事长等职。1997年当选为中国工程院院士。

20世纪70年代，和中国科学院动物研究所、上海生物化学研究所合作，在珠江三角洲实验证明下丘脑促黄体释放激素类似物是鱼类催产剂，有一定应用价值；阐明激素调节鳗鲡生殖活动的作用机理，建立埋植性类固醇激素诱导鳗鲡性腺发育成熟的新方法，为鳗鲡人工繁殖提供关键性技术路线。80年代后，与加拿大专家彼得(R. E. Peter)教授合作研究，阐明鱼类脑垂体促性腺激素的合成与分泌受神经-内分泌因子调节的作用机理，丰富了鱼类生殖内分泌学，为鱼类人工催产的新药物和新技术提供理论基础；首创使用多巴胺受体拮抗剂和促性腺激素释放激素诱导鱼类产卵新技术，开发出第三代新型高活性鱼类催产剂，国际上定名为“林-彼方法”，被誉为“鱼类人工催产的第三个里程碑”，按林-彼方法制成的鱼类催产注射液已销售世界各地，仅在中国就已创下逾10亿元经济效益。近年来，通过一系列在体和离体试验，证明鱼类生长激素分泌活动受到多种神经-内分泌因子的调控机理；通过对比试验，发现促性腺激素释放激素高活性类似物和多巴胺激动剂协同作用刺激生长激素分泌，则鱼体生长效果显著。

发表论文百余篇；出版《鱼类生理学》(1998年)等著作多部。获国家与省部级科学技术成果奖多项，其中有国家教委科学技术进步奖二等奖3项。（武光明）

匡廷云(Kuang Tingyun) 中国四川省人，1934年12月29日生于四川资阳。*植物生理学、生物化学。*

1956年北京农业大学土壤农业化学系毕业。1962年获苏联莫斯科大学生物土壤系副博士学位。同年回国，一直在中国科学院植物研究所工作，研究员，先后任副所长、生物膜与膜生物工程国家重点实验室学术委员会主任等职。期间1981～1982年在美国密歇根大学植物实验室做访问学者。兼任国际光合作用研究学会执行委员、中国植物学会理事长等职。1995年当选为中国科学院院士，后任生物学部副主任。

中国当代杰出女科学家。国家重点基础研究发展规划(973)“光合作用高效光能转化的机理及其在农业中的应用”项目首席科学家。20世纪60年代初，和同事首次证明锰在叶绿体中以结合状态参加希尔反应，比国际同类研究早5年。70年代，在中国率先研究叶绿素蛋白复合体，对其种类和构成多样性、结构和功能、调控机理等方面提出一系列独到见解。80年代，首次证明在国际上尚有争议的天线色素蛋白的实际存在；首次证明具有高度特异性、同源性的P21膜蛋白是光系统Ⅰ长波荧光发射最初来源；揭示捕光叶绿素蛋白在膜上横向迁移调节激发能分配规律，获1987年国家自然科学奖二等奖；提出光系统Ⅱ反应中心可能的动力学模型。90年代起，主持开展光合作用分子机理及其调控研究，在全国范围内组织大跨度学科交叉，取得一系列成果；1995年首次发现光系统Ⅱ反应中心去镁叶绿素蛋白受到光照破坏，提出反应中心第二条电子传递链具有光保护功能的假设。

发表论文300余篇；出版《作物光能利用效率与调控》(2004年)等书。（李啸虎）

谢联辉(Xie Lianhui) 中国福建省人，1935年3月9日生于福建龙岩。*植物病理学、作物病毒学、植物保护工程。*

1958年福建农学院（今福建农业大学）农学系毕业。一直留校任教。1960～1961年在北京农业大学进修。福建农业大学教授，该校学术委员会主任、病毒研究所所长、植物病理学系主任、福建省植物病毒学重点实验室主任。兼任福建省科学技术协会副主席、福建省植物病理学会与植物保护学会副理事长等职。1991年当选为中国科学院学部委员(院士)。

20世纪60年代，研究小麦、水稻和马铃薯病毒病，促进了农业生产；首次发现小麦秆锈病菌源在中国南方越冬基地。70年代起，系统研究中国水稻病毒的病原种类、分布、传播和影响，并建立行之有效的预测预报与治理体系，1980年被国家农业部采纳并向全国推广应用；1985年当选为在日本筑波召开的国际热带水稻和豆科作物病毒病学术讨论会主席，并作“中国水稻病毒病研究”的重要学术报告；在世界上首次发现水稻新病毒“簇矮病毒”；在中国首次报道水稻的齿矮病毒、东格鲁平状病毒等多种病害，及时弄清病原性质、传播途径和发病因子，有效控制了病害蔓延；论文“水稻矮缩病毒的一种新的介体昆虫——两点黑尾叶蝉”修正了国外权威学者结论，得到普遍确认；主持研究中国水仙、番茄、甘蔗、烟草和香蕉等植物病毒种类、发生、分布和防治对策，已报导12个中国新记录。

发表论文近200篇；主编全国统编教材2部，出版《植物病毒名称及其归属》、《植物病毒学》(1994年)、《水稻病害》(1996年)、《普通植物病理学》(2009年)等专著多部。获省部级科学技术进步奖一等奖、二等奖等多项。（钟尚科）

宋大祥(Song Daxiang)　中国浙江省人，1935年5月9日生于浙江绍兴，2008年1月25日卒于河北保定。*蛛形动物学、无脊椎动物学。*

1953年江苏师范学院(今苏州大学)生物学系毕业。1955年华东师范大学动物学研究班毕业。到哈尔滨师范学院生物系任教。1957年考取中国科学院动物研究所甲壳动物学研究生，1961年毕业留所工作，研究员，曾任无脊椎动物学研究室主任、副所长等职。期间到法、美、德、日等多国做访问学者或合作研究。兼任国际蛛形学会理事、中国动物学会副理事长、中国动物名词审定委员会主任、《动物分类学报》主编等职。1999年当选为中国科学院院士。

20世纪60年代，主要研究桡足类和枝角类甲壳动物、蛭类环节动物的分类区系及其生物学；揭示河蟹减产原因为生殖洄游受阻，提出移苗办法；首次阐明医蛭生殖全过程，发现吸血蚂蟥新种多个，提出防除驱避方法。70年代末起从事蛛形动物研究，迄今发现近300个蜘蛛新种，建立14个新属、2个新亚科；通过综合研究蛛形类各种性状，解决了若干分类难题，澄清国际上若干分类错误；参与创建中国蛛形学会。“七五”期间，主持中国西南武陵山地区动物资源调查，采集标本18万号，发表新种280余种；主持中国动物科学发展战略研究；主持完成动物学名词审定。八五期间，主要从事中国土壤动物、动物地理分布和蜘蛛目系统演化研究；主持国家重点项目中国生物学“三志”之一《中国动物志》编撰与研究，“三志”入选1997年中国十大科学技术进展。

发表论文200余篇；主编和参编《蚂蟥》(1978年)、《中国农区蜘蛛》(1987年)、《中国蜘蛛》(1999年，英文)等专著23部，《中国动物志・淡水桡足类》(1979年)、《中国动物志・蟹蛛科》(1997年)等工具书和译著11部。多次获奖。（李啸虎）

赵法箴(Zhao Fazhen)　中国山东省人，1935年5月13日生于山东掖县。*海水养殖学、对虾育苗工程。*

1958年毕业于山东大学水产系养殖专业。此后一直在中国水产科学研究院黄海水产研究所工作，历任技术员、助理研究员、副研究员、研究员，海水养殖研究室主任、国家农业部海水养殖病害与生态重点开放实验室主任。兼任中国水产学会副理事长等职。1995年当选为中国工程院院士。

1959年在天津北塘沽首获中国对虾人工培育虾苗并养殖成功，相继在人工控制条件下越冬培养成功，为以后对虾人工大量育苗提供了重要理论依据和技术基础。20世纪60年代，首次完成中国对虾幼体发育形态研究，并与他人合作完成虾幼体发育生态研究，为对虾人工育苗奠定了基础；经多年努力，在主持攻克小面积对虾人工养殖技术难关的同时，又突破对虾人工育苗及精养高产技术，取得中型和大型水面积养殖对虾研究成功。70年代，先后成功地开展对虾人工复合饵料、对虾配合饵料的研究工作，获1978年全国科学大会奖；80～90年代，主持国家攻关项目“对虾工厂化全人工育苗技术”研究获得成功，促进了中国对虾养殖业的发展；承担的“对虾爆发性流行病的防治技术研究”，列入国家基础研究攀登计划B课题并取得成果。

撰写和主编《对虾养殖》、《人工养殖对虾》、《对虾幼体发育形态》等专著。获1985年、1987年国家科学技术进步奖一、二等奖，1988年世界产权组织特别奖金奖等。（黎同炎）

科恩，S. N.(Cohen, Stanley Norman)美国人，1935年6月30日生于美国新泽西州佩思安博伊。*分子生物学、基因工程、遗传学。*

1956年获美国拉特格斯大学学士学位。1960年获宾夕法尼亚大学医学院医学博士学位。随后在纽约西奈医院、密歇根大学医院、马里兰州国立关节炎与代谢疾病研究所、杜克大学医院等多家机构工作。1967年在位于纽约的爱因斯坦医学院完成博士后研究。1968年到斯坦福大学医学院任研究员和内科医师，1975年升任遗传学与医学教授，1977年出任医学院遗传系主任。1975年当选为国际科学联合会遗传工程委员会委员。1979年当选为美国文理科学院院士。1985年当选为美国国家科学院院士。

基因工程是20世纪人类最重大发明之一，科恩和H. W. 博耶一起被誉为“基因工程之父”。20世纪60年代末，科恩开始探索一种细菌内特殊形式的DNA质粒是如何使之产生抗生素耐药性的，在质粒的提取、结构与功能、转化机理上进行了开创性研究。1972年11月，在美国和日本联合举办的夏威夷细菌质粒国际研讨会上，他报告了自己的研究成果：分离获得对抗生素具有抗性的细菌质粒，并通过大肠杆菌成功克隆。在会上，美国细菌遗传学家 H. W. 博耶也宣读了论文，提到使用限制性内切酶可切割获得 DNA 特定片断。他们意识到两种新技术结合将前途无量，于是在 4 个月后正式开始合作。联合研究小组采用博耶发现的限制性内切酶 EcoRⅠ，对科恩提纯的两种大肠杆菌质粒在体外进行特异性切割，然后用连接酶把两者重组成一种新质粒，并转移到大肠杆菌内，发现重组质粒仍可复制和功能表达。随后，他们又对葡萄球菌质粒成功进行切割、重组、转移和克隆。1973 年，两人公布了这项重大成果。这是人类第一次打破物种界限实现基因转移，宣告了基因工程的诞生。

1974 年科恩和博耶继续合作，又成功将含有非洲爪蟾基因的质粒整合到宿主菌中克隆，证明亲缘关系很远的物种之间也能实现基因转移，具有超强繁殖能力的大肠杆菌是高等生物目的蛋白质生产的"理想工厂"。1976 年博耶与他人成立基因工程技术公司(Genentech)，加速了基因工程工业化进程。1980 年美国高等法院力排众议，批准两人共同获得"生物功能 DNA 复制方法"专利(No. 4237224)。1985 年，Genentech 公司将第一个基因工程产品人胰岛素推向市场，开始了基因工程服务大众的新纪元。今天，基因工程已大大改变了人类生活，甚至改变了人类社会进程，而生命科学的基础领域，也因基因重组技术出现而发生根本变化。

获 1970 年巴勒斯-韦尔科姆奖；并同博耶分享如下奖项：1977 年马太奖，1980 年拉斯克基础研究奖，1981 年沃尔夫奖，1988 年亨尼西-武顿奖，1989 年美国国家技术奖章，1990 年美国国家科学奖章，1996 年勒梅逊-MIT 奖，2004 年邵逸夫奖、奥尔巴尼医学中心奖(生物医学专业最高奖)等。 (李啸虎)

吴常信(Wu Changxin) 中国浙江省人，1935 年 11 月 15 日生于浙江嵊县。*动物遗传育种学、畜牧学、数量遗传学。*

1957 年北京农业大学畜牧系毕业。留校任教，1988 年任教授，曾任畜牧系主任，1993 年任动物科技学院院长。1995～2004 年任中国农业大学动物科技学院院长。其间 1979～1981 年在英国爱丁堡大学遗传系进修。兼任世界家禽学会中国分会主席，中国遗传学会副理事长，中国畜牧兽医学会副理事长兼家禽学分会理事长、数量遗传学分会理事长，中国马业协会理事长，浙江大学动物科学学院院长，《畜牧兽医学报》主编。1995 年当选为中国科学院院士。

20 世纪 70～80 年代，参与主持北京地区黑白花奶牛育种，提出鉴定和选配方案，建立品种标准体系，获 1988 年国家科学技术进步奖一等奖等；对北京白鸡纯系与配套系进行 7 个世代系统选育，育成中国优良白壳蛋鸡种，获 1986 年北京市科学技术进步奖一等奖、1991 年国家星火奖一等奖；首次提出多胎动物"混合家系"概念、"数量性状隐性有利基因"假设，建立混合家系亲缘相关理论，获 1984 年农牧渔业部技术改进奖一等奖。80～90 年代起，参与主持中国美利奴羊新品种选育，担承建立中国第一个绵羊育种资料数据库，获 1987 年国家科学技术进步奖一等奖；建立蛋鸡合成系选育理论与方法，先后育成"农昌 2 号"浅褐壳蛋鸡、"农昌 1 号"褐壳蛋鸡，总指标居全国之首；系统阐明畜禽遗传资源保存理论，提出保种优化设计，解决了一系列群体遗传学问题，获 1999 年农业部科学技术进步奖一等奖；成功育成节粮小型蛋鸡纯系，获 1999 年国家科学技术进步奖二等奖；参与主持猪高产研究，发现高产仔 FSH-β 基因并进行开发，获 2003 年国家技术发明奖。

发表论文百余篇；主编撰写《数量遗传学》、《动物生产学》等专著。参与的"猪繁殖力的 DNA 标记"于 2001 年获美国专利。获国家和省部级奖励 10 余项；其中 1999 年、2001 年获国家科学技术进步奖二等奖，2002 年何梁何利科学与技术进步奖，2003 年国家发明奖二等奖等。 (李啸虎)

许根俊(Xu Genjun) 中国安徽省人，1935 年 11 月 23 日生于安徽歙县，2008 年 1 月 8 日卒于上海。*分子生物学、生物化学、酶化学。*

1957 年复旦大学化学系毕业。一直在中国科学院上海生物化学与细胞化学研究所工作，研究员，任所学术委员会副主任等职。兼任中国生物化学与分子生物学会理事长、北京生物大分子国家重点实验室主任等职。1991 年当选为中国科学院学部委员(院士)，后任生物学部副主任。

20 世纪 50～60 年代，参与人工合成催产素；率先提出天然肽用于蛋白质结构功能研究，开拓了用钠-氨法研究胰岛素结构功能关系新途径，对最后确定人工合成胰岛素的路线起到重要作用；研究胰蛋白酶、胰凝乳蛋白酶的动力学、构像变化与活力的关系。70 年代，研究菠萝蛋白酶的医学应用；人工合成烟草花叶病素；研究碳酸酐酶处理核潜艇二氧化碳废气。80～90 年代起，确定兔肝果糖-1，6-二磷酸酯酶的催化部位和别构部位；证明胸腺素 β-4 是由巨噬细胞而不是胸腺细胞合成的多肽；发现蛇肌果糖磷酸脂酶反应中存在磷酰化中间物、别构部位和催化部位信息传递的分子基础，认为该酶在天然状态下存在活性部位不完善性，并揭示新的动力学机制；首次发现烯醇化酶反常解离行为，和韦伯(G. Weber)教授一起提出寡聚体蛋白和解离亚基有不同稳定态构象状态的诠释，后为实验证实，为蛋白质解离聚合研究开辟了新方向；克隆蛇肌果糖-1，6-二磷酸酯酶晶体结构，系统研究带亚基结构蛋白质的结构和功能关系、催化机制和调节机制。

发表论文百余篇。多次获奖，其中全国科学大会重大成果奖 1 项，国家自然科学奖一等奖 2 项，中国科学院技术革新一等奖 1 项，还获 2001 年何梁何利科学与技术进步奖。 (邓小龙)

石玉林(Shi Yulin) 中国福建省人，1936 年 1 月 2 日生于福建长乐。*土地资源学、区域经济学、环境科学、地理探险。*

1957 年北京农业大学土壤农业化学系毕业。长期在中国科学院综合考察队工作。先后在新疆考察 10 年，在内蒙古考察 10 年，在黑龙江、甘肃、青海、宁夏、云贵高原、西藏以及南方山区等地又考察了 10 年。期间，1985 年出任中国科学院新疆资源开发综合考察队队长。后为中国科学院地理科学与资源研究所研究员，国家计委自然资源综合考察委员会研究员。兼任中国自然资源学会理事长、名誉理事长等职。1995 年当选为中国工程院院士，后任中国工程院农业、轻纺与环境工程学部主任，中国工程院环境委员会副主任。

20 世纪 50 年代和 80 年代，两次参加或领导多学科的新疆综合考察活动，踏遍天山南北，克服种种艰难险阻，为新疆制订资源开发与生产布局规划收集了大量第一手宝贵资料，丰富了区域开发研究的理论。70 年代，参与主持完成《中国宜农荒地资源》巨著，首次为国家农业经济发展决策提供可靠科学素材，填补中国在该领域学术空白。80 年代，参与主持“中国综合农业区划”等国家级重要课题调研，对中国农业自然资源性质与特征提出许多新观点新思路，为国家认识农业现状，制定正确政策，改变农业面貌起到重要作用。80～90 年代，首次提出资源工程学的理论框架，开辟资源科学研究新领域；组织全国 50 多个科研与教学单位，300 多位专家，经数十年工作积累，综合数十年来调查实践与最新遥感信息技术，参与主持完成《中国 1∶100 万土地资源图》编制工程；主持完成“中国土地资源生产能力与人口承载量”等重大研究工程，推动了土地资源承载力研究，开拓了土地资源工程学新学科领域。

21 世纪初年以来，主编或独撰著作有《中国农业需水与节水高效农业建设》(2001 年)、《中国农业土地利用》(2003 年)、《西北地区水资源配置、生态环境建设和可持续发展战略研究·土地荒漠化卷》(2004 年)、《资源科学》(2006 年)、《东北地区农业发展战略研究》(2007 年)等。多次获国家与省部级奖项。 (李啸虎)

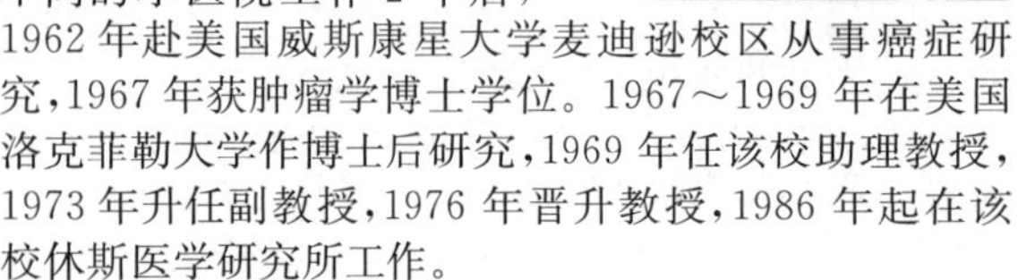

布洛贝尔，G. (Blobel, Günter) 美国人，1936 年 5 月 21 日生于德国西里西亚斯普罗托县沃尔塔斯多尔夫村(今属波兰)。*细胞生物学、分子生物学、肿瘤学。*

德国裔。1960 年毕业于德国蒂宾根大学医学院。在不同的小医院工作 2 年后，1962 年赴美国威斯康星大学麦迪逊校区从事癌症研究，1967 年获肿瘤学博士学位。1967～1969 年在美国洛克菲勒大学作博士后研究，1969 年任该校助理教授，1973 年升任副教授，1976 年晋升教授，1986 年起在该校休斯医学研究所工作。

一个成年人体内约有 100 万亿(10^{14})个细胞，每个细胞有膜包裹，内含各种功能的细胞器，如细胞核含有遗传物质 DNA(脱氧核糖核酸)，线粒体产生细胞需要的能量，内质网和核蛋白共同合成蛋白质。一个哺乳动物的细胞大约有 10 亿个蛋白质分子，细胞在新陈代谢过程中，蛋白质分子不断地进行分解合成。这些蛋白质分子或要转移出细胞，或要穿过细胞器膜转移到其他细胞器内。这个过程如何有序地发生？1971 年，布洛贝尔首次系统地提出蛋白质跨膜转运的“信号假说”，假定细胞分泌出的蛋白质内含有引导蛋白质穿越细胞器膜的信号。1975 年他对这一过程的各个阶段做了描述，阐明信号是由类似于“条码”的特殊排列的氨基酸链组成，蛋白质通过一个通路穿越细胞器。此后 20 年，他研究了这个过程各个阶段中的分子机理，1980 年总结出如何分类鉴别对应于不同细胞器的蛋白质分子，提出每个蛋白质分子都有指明其在细胞中正确位置的信息，氨基酸序列决定了一个蛋白质分子是否会穿过膜进入另一个细胞器，或者转移出细胞。正是由于这些信号决定了蛋白质的定位，才能使蛋白质完成不同的任务。“信号假说”对于酵母、植物和动物细胞来说，都具有这种运作机制。他的发现对现代分子生物学具有重大影响，有助于理解某些疾病的发病机理。人类的一些遗传疾病是由于蛋白质的内部信号与传输机制出现了问题，导致蛋白质的内部信号不能使蛋白质在细胞内准确定位，细胞就无法实现它的正常功能。这一发现为人类探索遗传性疾病的机制及其治疗方法开辟了新途径。这一成果有可能利用细胞作为“蛋白质工厂”来生产药品。由于发现了控制蛋白质在细胞内传输和定位的信号及其运作机制，他获得了 1999 年诺贝尔生理学或医学奖。

此外，自 1978 年起，先后获盖尔德纳基金奖、德国生化学会瓦尔堡奖章、美国细胞生物学会威尔逊奖章、拉斯克奖等 10 余项科学奖。

第二次世界大战末，他从德国东部西里西亚逃经德国名城德累斯顿，对其遭受战火摧毁深感震惊，且终身难忘。1944 年，他创办慈善性的“德累斯顿之友”公司并自任董事长，积极参与德国德累斯顿的重建工作，并把自己后来所得的诺贝尔奖金全部捐献出来。

(张慰丰)

王涛(Wang Tao) 中国山东省人，1936 年 6 月 1 日生于山东胶州，2011 年 8 月 10 日卒于北京。*植物生理学、生物工程、林业工程。*

1959 年毕业于北京林学院林业系造林专业。同年到中国林业科学研究院工作至今。中国林业科学研究院研究员，国家 ABT 生根粉技术研究推广中心主任。兼任亚太地区植物生长调节剂区域合作协会秘书长。1994 年选聘为中国工程院院士。

中国育苗与造林工程女专家。长期系统研究近千种植物的繁衍特性、生根机理及其模式、扦插育苗技术，取得一系列重要成果。1980 年开始，对新型复合型植物生长调节剂 ABT 生根粉系列进行长达 20 余年研究、开发与推广，取得巨大经济、社会与生态效益。ABT 生根粉系列通过调控植物内源激素含量、特定酶的活性，诱导植物不定根、芽的发育生长，突破单纯提供外源激素的传统方式，显著提高育苗、造林成活率和作物产量、质量与抗性。先后开发 10 多个系列的 ABT 产品，应用于千余品种的植物，在中国推广面积达 2000 多万公顷；创建研究、开发、示范、推广、生产、营销、国际交流与合作的良性循环运行机制，完成跨学科、跨领域、跨国界的成果转化系统工程；构成有五大洲 20 个国家参加的 ABT 国际合作网络；建立 ABT 基金会与国际研究培训中心，形成社会化、国际化服务体系。

撰有《植物扦插繁殖技术》(1989 年)、《ABT 生根粉作用原理及配套应用技术》(1991 年)等专著和论文集 17 部。先后获国家科学技术进步奖特等奖、二等奖、发明奖各 1 项，林业部科学技术进步奖特等奖、一等奖和省部级奖励 12 项，在国际上获 11 项金奖与特别奖。

(吴绩新)

雷文，P. H. (Raven, Peter Hamilton) 美国人，1936 年 6 月 13 日生于中国上海。植物学、园艺学、生态学。

美国伯克利加利福尼亚大学毕业。1960 年获美国洛杉矶加利福尼亚大学博士学位。后执教于斯坦福大学生物科学系。1971 年至今任美国密苏里植物园主任。社会兼职甚多，1994 年起任克林顿政府的美国总统科技顾问委员会委员，曾任美国科学促进协会主席、美国自然地理学会会长、美国国家研究委员会地球与生命研究部主任，兼任华盛顿大学植物学终身教授等职。1977 年当选为美国国家科学院院士，1987～1995 年任该院内务秘书长。1977 年当选为美国文理科学院院士。是 20 余个国家科学院的外籍院士。获美国和世界多所著名大学荣誉博士学位。1994 年当选为中国科学院外籍院士。

在植物进化、系统植物学领域颇有建树。在理论上，提出了生物协同进化的概念；提出并论证了物种群落之间的基因流范围不足以维持物种统一性的学说；提出了传粉植物学领域物种之间的能量关系；开拓了板块运动及其对生物地理和植物进化影响的研究等。在实践上，长期负责密苏里植物园，把该园建成植物学研究、教育和园艺展览的世界级中心；积极倡导和支持世界范围内的生物多样性保护研究与努力，为宣传和促进人类生态环境可持续发展思想作出了重要贡献。

发表论文近 500 篇。出版专著《人口与环境地图集》、《生物学》(2001 年)等 18 部，其中与他人合著《植物生物学》(1992 年初版)已再版 6 次，成为该领域世界最畅销书；与中国吴征镒院士合作主编英文版《中国植物志》，2006 年已出版 22 卷。获美国和国际大奖多项，其中有联合国 1982 年颁发的国际环境领导奖章、1986 年日本政府颁发的国际生物学杰出贡献奖、2000 年美国国家科学奖章等。美国《时代》周刊将其誉为“地球卫士”。

(李啸虎)

博耶，H. W. (Boyer, Herbert Wayne) 美国人，1936 年 7 月 10 日生于美国宾夕法尼亚州匹兹堡。基因工程、酶生物学、细菌遗传学、生物医药工程。

铁路工人之子。1958 年毕业于匹茨堡郊区拉特罗布的圣文森特学院，获生物学与化学学士学位。1963 年获匹茨堡大学遗传学博士学位。后在耶鲁大学进行了 3 年博士后研究。1966 年任旧金山加利福尼亚大学生物化学与生物物理系副教授，1976 年任生物化学教授，同年兼任霍华德·休斯医学研究所研究员，1991 年退休。期间，1976 年和 R. 斯旺逊(Robert Swanson)成立基因工程技术公司(Genentech)并任副总裁，1990 年辞去该职务，留任董事会成员。1979 年当选为美国文理科学院院士。1985 年当选为美国国家科学院院士。

基因工程是 20 世纪人类最重大发明之一，博耶和 S. N. 科恩一起被誉为“基因工程之父”。20 世纪 60 年代初，博耶开始研究酶学和蛋白质化学，1968 年他锁定大肠杆菌作为研究目标，从中分离限制酶。在年轻生物化学家 H. 古德曼(Howard Goodman)帮助下，博耶研究小组最终分离得到一种限制性内切酶 EcoR Ⅰ。深入研究其性质，他发现可在特定位置将 DNA 切开，获得具有黏性末端的 DNA 片段。1972 年 11 月，在美国和日本联合举办的夏威夷细菌质粒国际研讨会上，他报告了自己的研究成果。在会上，斯坦福大学医学院研究员、内科医师 S. N. 科恩也宣布：分离获得对抗生素具有抗性的细菌质粒，并通过大肠杆菌成功克隆。机遇际会，他们决定将两种新技术进行结合，并于 4 个月后正式开始合作。联合研究小组采用博耶发现的限制性内切酶 EcoR Ⅰ，对科恩提纯的两种大肠杆菌质粒在体外进行切割，然后用连接酶把两者重组成新质粒，并转移到大肠杆菌内，发现重组质粒仍可复制和功能表达。随后，他们又成功进行葡萄球菌质粒切割、重组、转移和克隆。1973 年，两人公布了这项重大成果。这是人类第一次打破物种界限实现基因转移，宣告了基因工程的诞生。1974 年两人继续合作，又将含有非洲爪蟾基因的质粒整合到宿主菌中克隆成功，证明亲缘关系很远的物种之间也能实现基因转移。

不久，博耶敏锐地看到了这项发现的商业价值，决定启动基因工程工业化进程。1976 年 4 月，他投资 5 万美元和 28 岁的投资者斯旺逊合伙组建公司。1977～1980 年，公司逐年成功克隆出人类生长激素抑制素、人胰岛素、生长素和干扰素等生物医药。1980 年美国高等法院力排众议，批准博耶和科恩两人共同获得“生物功能 DNA 复制方法”专利(No. 4237224)。同年，Genentech 公司股票上市不到一小时，就从每股 35 美元暴涨到 88 美元，创下证券史新纪录。1985 年，该公司将第一个基因工程产品人胰岛素推向市场，开始了基因工程直接服务大众的新纪元。但是，这一新事物引来了学术界、舆论界的如潮质疑和恶评，认为该技术“与上帝作对”、“威胁人类生存”者有之，认为生产和买卖人类蛋白质产品是一种“新的奴隶制度”者亦有之，不一而足。在巨大压力下，博耶开始从公众视线中消失，又重新回到实验室进行基础研究，重点探究 DNA 甲基化的修饰模式。与匹兹堡大学研究小组的合作，使他们在分子水平上阐明了限制性内切酶的作用机理。

他终于得到了国际科学界的认可。正如勒梅逊-MIT 奖颁奖时所评价的：两位科学家的贡献，不仅为我们的科学和社会发展开辟了新的道路，而且还为美国和全球提供了成千上万的工作岗位。目前，仅在美国就有几千家生物技术类公司，生产成千上万种基因工程药物，其年产值超过 2 000 亿美元。

他获得了大量荣誉，其中同科恩分享的奖项有：1977 年马太奖，1980 年拉斯克基础研究奖，1981 年沃尔夫奖，1988 年亨尼西-武顿奖，1989 年美国国家技术奖章，1990 年美国国家科学奖章，1996 年勒梅逊-MIT

奖，2004 年邵逸夫奖、奥尔巴尼医学中心奖（生物医学专业最高奖）等。1991 年耶鲁大学医学院成立博耶分子医学中心（次年命名“博耶之家”）。2007 年圣文森特学院宣布将该校原有的“自然科学、数学与计算机学院”改名为“博耶学院”。（李啸虎）

张春霆（Zhang Chunting） 中国山东省人，1936 年 9 月 19 日生于山东烟台。*生物信息学、病毒学、分子生物学。*

1961 年复旦大学物理系毕业，1965 年该校理论物理专业研究生毕业。下放工厂、农村工作 14 年。1979～1981 年经考试在法国国家科学院理论物理研究中心进修。1984 年起一直在天津大学工作，生命科学与工程研究院教授。期间 1991 年、1993～1994 年、1996 年任美国普强研究所客座教授。1995 年当选为中国科学院院士。2001 年当选为第三世界科学院院士。

20 世纪 80 年代初，转向研究计算生物学和生物信息学，填补了中国学术空白。首次将计算几何学和微分几何学引入基因组分析，开创了 DNA（脱氧核糖核酸）序列分析的几何学研究新途径，其中提出的 Z 曲线理论与方法可在计算机屏幕上三维显示 DNA 序列；确立蛋白质结构分类新标准，提出预测蛋白质结构类型的一系列新算法，准确度从 75%提高到 95%以上；提出 3 项有效方法预测人类免疫缺陷病毒（HIV）蛋白酶对蛋白质的剪切活性部位，已成为寻找治疗艾滋病有效药物的有力工具；提出用偏微分方程组模拟 DNA 分子转录和复制时碱基运动的动力学机制；提出新理论解释新发现的抗癌药物紫杉醇的抗癌机理；将图论方法成功用于揭示艾滋病毒、大肠杆菌等蛋白质遗传密码子选用策略，以及人类蛋白质编码 DNA 序列研究，发现蛋白质稳定性与密码子选用之间存在强关联性；2003 年主持研发出识别冠状病毒尤其是沙斯（SARS）病毒基因的计算机算法与软件，具有快速、准确和可靠等优点，并免费提供网上 SARS 病毒基因识别服务，受到国际间强烈关注。

发表论文百余篇。多次获奖，其中有 1996 年国家教委科学技术进步奖一等奖、1997 国家自然科学奖二等奖、2001 年何梁何利科学与技术进步奖等。

（李啸虎）

施莱辛格，D.（Schlessinger，David） 美国人，1936 年 9 月 20 日生于加拿大安大略省多伦多。*微生物学、分子生理学、人类遗传学。*

1955 年获芝加哥大学文学士学位，1957 年获该校化学理学士学位。1960 年获哈佛大学生物化学博士学位。1960～1962 年在巴黎巴斯德研究院从事博士后研究。1962 年任华盛顿大学医学院分子微生物系讲师，1963 年任助理教授，1968 年任副教授，1972 年升任微生物学和免疫学教授，1980 年任医学微生物学教授，1987 年任医学遗传学中心主任。1997 年任美国国家卫生研究院老龄化研究所遗传学实验室主任。期间 1980～1981 年在意大利那不勒斯国际遗传学与生物物理学研究院任客座研究员。1969～1976 年任《细菌学》杂志主编。1969～1983 年任《遗传学》杂志主编。1974～1986 年任《微生物学年鉴》总主编。1984～1985 年任美国微生物学会分子生物学部主任。1989～1991 年任美国癌症学会大评委主席。1994～1996 年任美国微生物学会会长。1995～1999 年任国际基因组调度委员会顾问委员会主席。1996 年任《基因组学》杂志主编。

在法国巴斯德研究院与格罗斯（F. Gros）及 J. 莫诺共事。他发现核糖体在低镁离子（Mg^{2+}）浓度下可分离为 30S 和 50S 两个亚单位。回国后，证明了存在于网状细胞中的多核糖体，并首次发现细菌的核酸酶。到华盛顿大学后，开始研究核糖体的生命周期。提出了核糖体循环说，即细胞库中的 30S 和 50S 亚基在 mRNA（信使核糖核酸）分子上结合成 70S，其后又离解为 30S 和 50S，重返细胞库，为此 1969 年获美国微生物学会利利奖。后来，根据核糖体循环理论对影响核糖体功能的抗生素作用进行分析。和同事还借助电子计算机，用动力学方法测定细胞中核糖体前体的数目。

发表论文 150 多篇。是国际性《微生物学研究方向》丛书（1982～1990 年）的美国主编。

（孙炳寅　李啸虎）

刘以训（Liu Yixun） 中国山东省人，1936 年 10 月 5 日生于山东安丘。*动物学、生殖生物学、分子生物学。*

1963 年复旦大学生物学系毕业。1966 年中国科学院研究生院研究生毕业。中国科学院动物研究所首席研究员，先后任该所内分泌研究室主任、计划生育生殖生物学国家重点实验室学术委员会主任等职。自 1974 年起，被英国、美国、瑞典等国多所大学聘为客座教授。兼任世界卫生组织胚胎植入研究中心中国中心主任、中国动物学会生殖学会理事长。1999 年当选为中国科学院院士。

20 世纪 80 年代，首先发现促性腺激素-释放激素（GnRH）对子宫有直接作用；发现卵巢颗粒细胞（GC）产生的孕酮可被膜细胞（TC）利用转化为雄激素，GC 和 TC 相互作用是卵巢产生雌激素的前提，由此建立两种细胞两种促性腺激素学说。90 年代起，发现 GC 产生纤溶酶原激活因子（tPA），而 TC 合成抑制因子（PAI-1），tPA 和 PAI-1 在卵巢中的协同表达可诱发卵泡破裂，并探讨了排卵机制；提出 GnRH 通过抑制蜕膜形成终止妊娠的新见解；在与他人合作研究文昌鱼时，认定其头部垂体原基“哈氏窝”的确切部位，揭示它的内分泌性腺调节机制；参加和完成多项重要国际合作项目，其中有灵长类动物胚胎着床和黄体萎缩的分子机制、长效睾酮和孕激素对灵长类精子发生的影响等，取得一系列重要成果；进行精子发生成熟的分子调控机理、特异基因筛选和克隆等研究，通过隐睾模型发现一个受温度制约而调控精子发生的新基因片段，在圆形精子中表达特异。

发表论文 200 余篇。多次获奖，其中有中国科学院自然科学奖一等奖 1 项、二等奖 5 项等；参与国际合作课题先后获美国生殖研究成就奖、美国奥本海默奖等。

（李啸虎）

洪德元（Hong Deyuan） 中国安徽省人，1936 年 12 月 1 日生于安徽绩溪。*植物分类学、植物生态学、生物*

进化论。

1962 年复旦大学生物系毕业。1966 年中国科学院植物研究所研究生毕业。留所工作。其间 1979～1981 年在瑞典隆德大学作访问学者。先后任中国科学院系统与进化植物学重点实验室主任、研究员，浙江大学生命科学学院院长、教授。兼任国家自然科学基金委员会生命科学部主任、中国植物学会副理事长等职。1991 年当选为中国科学院学部委员(院士)，后兼任生物学部副主任。2001 年当选为第三世界科学院院士。

20 世纪 70 年代，进行玄参科、桔梗科和鸭跖草科分类研究，发现 8 个新属、50 多个新种；建立了婆婆纳属、婆婆纳族、沙参属等类群的新系统。80 年代后，从事芍药科(属)野外考察研究，足迹遍布中国各地大山、高加索地区、中欧各地及地中海岛屿；澄清了中国和亚洲芍药科分类和生物学特性，推测了牡丹起源证据；首次提出种内同一细胞型有可能异地起源的观点，并发现某些类群核型由不对称向对称性的反演趋势。90 年代后，筹建植物分子系统学实验室；主持“中国主要濒危植物保护生物学研究”等重大国家项目；发起和主持稻属系统和进化研究，利用多基因测序勾划稻属全部 23 个种的系统发育关系，揭示一些多倍体起源；2000 年起主持“长江流域生物多样性变化、可持续利用与区域生态安全”重大项目。

发表论文近 300 篇；主编、撰写《婆婆纳族的分类和进化，兼论孢粉学》(1984 年，英文版)、《植物细胞分类学》(1990 年)等专著 15 部(其中外文版 4 部)。多次获奖，其中国家自然科学奖一等奖 2 项，中国科学院科学技术进步奖多项。获 2000 年何梁何利科学与技术进步奖。

(邓小龙　李孙演)

向仲怀(Xiang Zhonghuai)　中国重庆市人，1937 年 7 月 3 日生于四川重庆武隆(今属重庆市)。蚕桑学、遗传育种学、基因工程。

1958 年西南农学院(今西南农业大学)蚕桑系蚕学专业毕业。留校任教。1982～1984 年在日本信州大学纤维学部留学。历任西南农业大学蚕桑系主任、蚕桑丝绸学院院长、农业部蚕桑学重点实验室主任，西南农业大学校长，教授。兼任中国蚕丝学会理事长、重庆市蚕业研究所所长、重庆市科学技术协会主席等职。1995 年当选为中国工程院院士。

1959 年首次发现四川省流行性蚕病的壁虱疫源；创建当前国际上最大的家蚕基因库，将已故蒋同庆教授的 100 多系家蚕基因库增加到 700 多系，其中有中国独特的珍稀系统，如：桂灰卵、隐性灰色卵、第 5 白色卵、淡赤蚁、新黑色蚕等；建立基因连锁检索与定位系统；发现龙角(K)基因能提高饲料效率；利用杂种优势育成优质高产蚕品种，并将，基因导入 W+P 系，育成实用的早期雌雄鉴别品种，成果应用累计创经济效益数亿元以上；新发现 W-5、Gr-r、PBs 等 10 多个蚕种基因。

发表论文百余篇；与他人合撰专著 4 部，主编《中国蚕种学》、《中国蚕丝大全》等专著，其中主编全国统编教材《家蚕遗传育种学》获农业部优秀教材奖一等奖。获国家及省部级成果奖 10 余项，其中有 1978 年全国科学大会奖、1997 年国家农业部中华科学技术奖等。2001 年获全国农业科学技术先进工作者称号。

(吴绩新)

马建章(Ma Jianzhang)　中国辽宁省人，1937 年 7 月 20 日生于辽宁阜新。动物学、野生动物保护工程。

1960 年东北林学院(今东北林业大学)林学系毕业。留校任教，后任教授，历任林学系教研室主任，野生动物系副主任、主任，东北林业大学野生动物资源学院院长。兼任国家林业局科学技术委员会常委、黑龙江省动物学会理事长、《野生动物》杂志主编、国际自然与自然资源保护联盟物种存活委员会委员等职。1995 年当选为中国工程院院士。

20 世纪 60～70 年代，发表“护、养、猎辩证关系的探讨”论文，首次提出符合中国国情的管理方针，对当时中国野生动物保护管理的存在问题提出重要建言，后被国家《野生动物保护法》所采纳；1975 年建立中国高校第一个野生动物专业——森林动物繁殖与利用专业；主编出版中国第一部《野生动物管理学》专著，提出濒危物种管理、生境选择与改变、环境容纳量等概念和理论；创办中国第一份关于野生动物保护与利用的专业性杂志。80～90 年代，主持调查、规划和设计中国第一个开放性国际猎场和第一个湿地自然保护区；创建中国第一个野生动物保护与管理人才培训中心；主持“三北”防护林地区野生动物资源和自然保护区规划研究；主持黑龙江省乌裕尔河下游野生动物资源的调查报告；1988 年主持大兴安岭火烧区野生动物资源动态研究；主持中美合作“艾鼬生态学研究”等项目。

发表论文百余篇；主编与参编出版专著教材近 20 部。获国家与省部级奖励 10 余项，其中有国家科学技术进步奖二等奖 1 项，国家林业部科学技术进步奖二、三等奖 5 项等。获全国保护野生动物先进个人称号。

(吴绩新)

赫什科，A.(Hershko，Avram)　以色列人，1937 年 12 月 31 日生于匈牙利考尔曹格。分子生物学、细胞化学、医学。

犹太人。父亲是小学教师，母亲是保育员。1950 年他随全家从匈牙利移民以色列。1965 年、1969 年先后获以色列希伯来大学哈达萨医学院医学硕士、博士学位。期间 1965～1967 年在以色列国防军中任随军医生。1969～1972 年在美国旧金山加利福尼亚大学从事博士后研究。1972 年任以色列理工大学医学科学研究院生物化学系副教授，1980 年任教授。80 年代初，曾在 I. 罗斯主持的美国福克斯·蔡斯癌症研究中心做访问学者。兼任美国纽约大学病理学教授。有 3 个儿子。

在揭示人类细胞对体内无用蛋白质的“废物处理”过程，即蛋白质降解机制的研究方面作出了重大贡献。生命体内的蛋白质受新陈代谢功能的制约，它在完成一定功能作用后必须被及时降解，否则这些“垃圾”就会在体内堆积起来，致使个体得病。但同样的蛋白质在外降解无需能量，在细胞内降解却需要能量，个中原因长期困惑着科学界。70 年代后期，赫什科开始研究蛋白质在美国福克斯·蔡斯癌症研究中心，他和博士后学生

A. 切哈诺沃，以及 I. 罗斯合作进行了一系列合作研究。他们三人发现，一种被称为泛素的多肽在需要能量的蛋白质降解过程中扮演着重要角色。这种多肽分子量为8500、由 76 个氨基酸组成，在 70 年代中期首次从小牛胰脏中分离出来。他们进一步发现了蛋白质降解机理：原来细胞中存在着各有分工的 E1、E2 和 E3 三种酶。E1 负责激活泛素分子，并将之运送到 E2 上；E3 具有辨认报废蛋白质的功能；E2 在 E3 指引下把泛素分子绑在报废蛋白质上。这一过程不断重复，被绑泛素分子达到一定数量的泛素链后，就把报废蛋白质运往作为“垃圾处理厂”的细胞蛋白酶体进行降解。蛋白酶体是一个封闭桶状结构，通常一个人体细胞中含有 3 万个蛋白酶体，它将蛋白质切成 7～9 个氨基酸组成的短链供继续使用。因这项出色的研究工作，他与切哈诺沃、罗斯 3 人共享 2004 年诺贝尔化学奖。

近期，他继续研究泛素在真核细胞有丝分裂调控过程中所扮演的角色，据认为这一领域的研究将有助于发现预防或治疗癌症的新方法。

此外，他还获 1987 年以色列韦茨曼科学奖，1994 年以色列生物化学与医学奖，1999 年奥地利因斯布鲁克大学瓦赫特奖、加拿大盖特纳基金国际奖，2000 年拉斯克基础医学研究奖等。 （宣焕灿　李啸虎）

斯特赖耶，L.（Stryer，Lubert）　美国人，1938 年 3 月 2 日生于中国天津。*神经生物学、视觉生理学、分子生物学、生物化学。*

双亲是德国和俄国侨民，第二次世界大战爆发前逃亡到中国，1948 年在他 10 岁时又全家移民美国。1957 年获芝加哥大学生物学理学士学位。1961 年获哈佛大学医学院医学博士学位。1961～1963 年在哈佛大学物理系、英国国家分子生物学医学研究委员会剑桥大学实验室工作。1963 年任斯坦福大学医学院生物化学系助理教授，1966 年任副教授。1969 年任耶鲁大学分子生物物理学和生物化学教授。1976 年回斯坦福大学任细胞生物学文策尔讲座教授，并任新建的结构生物学系主任，1993 年任神经生物学教授。1975 年入选美国文理科学院院士。是美国国家科学院院士。

主要研究光和生命的相互作用，证实荧光分光技术可用来测定生物大分子中的距离，因此获 1970 年美国化学学会生物化学奖。他指出根据 X 射线衍射图的微小差异，可阐明小分子与蛋白质的结合方式。根据荧光偏振动力学，测定蛋白质内部分子的非常迅速的运动。证明视觉的最初活动是在光能转变为电子运动，一个电子穿过视网膜分子时，就会改变视网膜及有关蛋白质的形状，因而产生视觉。

已发表论文 130 余篇（部），其中有著名教材《生物化学》（1981 年初版，2006 年第 6 版）等。拥有 50 项美国专利。2006 年获美国国家科学奖章。此外获美国化学会生物化学奖，纽科姆-克里夫兰奖，知识产权拥有者协会杰出发明者奖，德国生物化学与分子生物学学会分子生物分析学奖等。 （张承圭　吕慧梅）

沈寅初（Shen Yinchu）　中国浙江省人，1938 年 7 月 7 日生于浙江嵊县。*微生物农药学、生物化学工程。*

1962 年复旦大学生物学系生物化学专业毕业。同年入复旦大学遗传研究所攻读研究生课程，1964 年因病辍学。先后任上海市农药研究所、化工部上海生物化工研究中心总工程师、教授级高级工程师。2000 年底起任浙江工业大学校长、名誉校长。兼任中国化工学会生物化工分会主任等职。1997 年当选为中国工程院院士。

20 世纪 60～70 年代，研制成功抗油菜菌核病的新农用抗生素；发现井冈山土壤里的井冈霉菌，能有效防治水稻纹枯病又对人畜无害，主持研制出的井冈霉素是中国第一个用量少、效率高、无公害的新农药，并在中国第一个实现微生物农药工业化生产，在全国普遍推广应用。80～90 年代，发现并开发成功杀螨抗生素浏阳霉素、农畜两用生物杀虫抗生素灭虫丁，这些无公害新药成为中国生物农药产业骨干品种，并大量出口创汇；1985 年发现泰安地区土壤中一种高活力的腈水解微生物，1995 年研究成功微生物催化法生产丙烯酰胺，建成中国第一套用生物技术生产大宗化工原料的工业化装置，开创生物催化在中国化工行业中应用的先河，1996 年该项成果及 7051 杀虫素均被评为国家八五重大科学技术成果。发表论文近百篇；著有《井冈霉素》一书。多次获奖，其中国家科学技术进步奖二等奖 2 项、化工部科学技术进步奖一等奖 1 项等。获 1998 年何梁何利科学与技术进步奖、2002 年中国化工学会侯德榜化工科学技术奖。1996 年被评为国家八五科学技术攻关重大成果先进个人、1998 年被评为上海市科学技术功臣。

（李啸虎）

傅廷栋（Fu Tingdong）　中国广东省人，1938 年 9 月 9 日生于广东郁南。*作物遗传育种学、油菜育种工程。*

1960 年武汉华中农学院农学系本科毕业，1965 年获该校遗传育种专业硕士学位。1981～1982 年在联邦德国格丁根大学从事油菜合作研究。后任华中农业大学作物遗传育种研究所教授兼所长。兼任作物遗传改良国家重点实验室学术委员会主任，中国作物学会副理事长，国际油菜研究咨询委员会理事等职。1995 年当选为中国工程院院士。

主要贡献：①油菜杂交制种。第一次在中国育成甘蓝型油菜自交不亲和系杂种，并培育出自交不亲和系的保持系和恢复系，实现自交不亲和系“三系化”制种，系统总结出油菜杂交繁殖、制种的原理和方法，该成果获 1978 年全国科学大会奖等多项奖励；主持育成优质杂交油菜品种系列，如低芥酸杂交种华油（杂）2 号，低芥酸、低硫苷杂交种“华杂 3 号”，“华杂 4 号”和“华协 1 号”等，至 2001 年累计推广面积逾 6 000 多万亩，创经济效益 20 余亿元；主持课题“西北地区麦后复种饲料油菜技术”2000 年通过专家鉴定，正在扩大示范推广。②油菜雄性不育株发现与利用。1972 年在世界上首次发现波里马油菜胞质雄性不育株，被公认为国际首例有实用价值的油菜雄性不育类型，已被广泛应用于中外育种实践。据 20 世纪 90 年代统计，在加拿大、澳大利亚等国注册的12个油菜三系杂种中，有9个是利用傅廷栋发现的品种育成。③ 油菜起源假说。在国际上首次系统提出“油菜起源中心与三系选育有密切关系”假说。此外，他与多个国家进行油菜育种合作研究。

发表论文50余篇；出版专著《杂交油菜的育种与应用》等。多次获奖，其中有：1991年国际油菜科学界最高荣誉奖“杰出科学家奖章”，1996年国家科学技术进步奖一等奖，省部级科学技术进步奖一等奖2项，亿利达基金科学技术进步奖，何梁何利科学与技术进步奖等。 （武光明）

奥尔特曼，S.（Altman, Sidney） 美国人，1939年5月7日生于加拿大蒙特利尔。*分子生物学、生物化学*。

东欧犹太族移民后裔。1960年获美国马萨诸塞理工学院理学士学位。在哥伦比亚大学攻读物理学研究生一年后退学，先后在科利尔出版公司任自然科学编辑，在国家大气研究中心工作。1967年在科罗拉多大学获生物物理学博士学位。随后在哈佛大学和剑桥大学医学院从事博士后研究工作。1971年任耶鲁大学助理教授，1980年任生物学教授。1985～1989年任耶鲁学院院长。1990年任耶鲁大学生物学斯特林讲座教授。1990～1995年在魏司曼科学研究院董事会兼职。1993年任联合国教科文组织国际生物伦理学委员会成员。1988年当选为美国文理科学院院士。1990年当选为美国国家科学院院士。

早在20世纪70年代，他曾注意到核糖核酸(RNA)的催化作用。和同事试验了核糖核酸酶P，发现这是一种不同寻常的酶，第一次观察到RNA具有催化作用。他最早认识到RNA的重要性不仅在于作为结构组分，更重要的是其催化功能。1978年发现RNaseP，这是一种5′-内切核酸酶，它存在于大肠杆菌、枯草杆菌等原核细胞及许多真核生物中。当纯化RNaseP时，一种由377个核苷酸组成的RNA总是与一种14K的蛋白质一起被纯化。同时又发现RNaseA或小球菌核酸酶可以使RNaseP失去活性。进一步的实验发现，蛋白质亚基在任何情况下均不具备催化活力，而RNaseP的活性部位主要是RNA亚基，由此推论RNA组分的催化作用可能是普遍存在的。由于这些发现，促使生物化学领域发生了根本的变化，对于人类认识生命的本质和生命进化的过程，对于人类的生存和发展，都有极为重要的意义。和T. R. 切赫因各自独立地发现了某些核糖核酸(RNA)分子具有酶的作用而共获1989年诺贝尔化学奖。 （朱啸宇）

管华诗（Guan Huashi） 中国山东省人，1939年8月28日生于山东夏津。*海洋药物与食品工程、药物学、高等教育管理*。

1964年山东海洋学院(后改名青岛海洋大学，今为中国海洋大学)水产品加工专业毕业。留校任教至今，教授，先后任水产系副系主任，水产学院副院长、副校长，中国海洋大学校长等职。兼任山东省科学技术协会主席等职。1995年当选为中国工程院院士。

承担一系列国家和省部级的海洋新药研究与开发项目，取得突破性进展，建立中国海洋药物研究开发、工程化、产业化的完整配套技术体系。20世纪60年代，参加完成“海带提碘新工艺规模生产”工程，为中国海带提碘工艺奠定基础。70年代，主持完成海带提碘联产品再生利用课题，开拓褐藻酸、甘露醇工业再利用的新途径，先后研制成功农业乳化剂、石油破乳剂、食用乳化增稠剂等多项新产品并相继投产。80年代，首创治疗缺血性心脑血管疾病的海洋新药藻酸双酯钠，具有国际先进水平，至2001年已创产值超20亿元。90年代，发明研制和投产多种海洋新药，其中有治疗心脑血管疾病的甘糖酯，保肝抗癌的海力特，治疗糖尿病辅助药降糖宁等；开发和投产藻维胶囊等4个系列的保健品；发明并正在研制的抗艾滋病海洋药物聚甘古酯，是该领域中国第一个拥有知识产权的国家一类药物，已获准进入临床试用。

获中外发明专利10余项。多次获奖，其中有1978年全国科学大会奖等，此外获第十五届国际博览会新发明金牌、1992年美国世界成就奖。 （吴绩新）

方智远（Fang Zhiyuan） 中国湖南省人，1939年9月3日生于湖南衡阳。*作物遗传育种学、蔬菜育种工程、园艺学*。

1964年武汉大学生物学系毕业。中国农业科学院蔬菜花卉研究所研究员，先后任副所长、所长、学术委员会主任。兼任中国园艺学会副理事长、北京市科学技术协会副主席等职。1995年当选为中国工程院院士。

1973年在中国率先利用自交不亲和系技术，配制育成中国第一个甘蓝杂交种“京丰一号”；相继育成自交不亲和系“中甘8号”、“中甘11号”等不同类型甘蓝、青花菜新品种20余个，早中晚熟配套的不同类型新品种15个；80年代在国际上首次发现并育成甘蓝显性雄性不育系，并进行利用研究；用新技术选育出5份甘蓝显性雄性不育系，不育株率100%，不育度99%以上，主要经济性状稳定，配合力好，拓广了育种新途径；对国外引进并改良的甘蓝经回交转育技术，配制出“中甘16号”、“中甘17号”等5个不同类型新品种，可增产5%～15%。他培育的各种甘蓝品种已占全国总栽培面积60%～70%，累计创收经济效益30多亿元。

发表论文近百篇；出版专著《中国主要蔬菜抗病育种进展》、《蔬菜采种技术》、《甘蓝栽培技术》(1991年)等15部。先后获国家和省部级奖励10余项，其中有1978年全国科学大会奖、1985年国家发明奖一等奖、1991年和1998年的国家科学技术进步奖二等奖等。获1995年何梁何利科学与技术进步奖。1999年被国家人事部授予“杰出专业人才”一等功。 （李啸虎）

强伯勤（Qiang Boqin） 中国上海市人，1939年9月11日生于上海。*酶学、分子生物学、生物工程*。

1957 年考入上海第二医学院医疗系；1960 年调入中国协和医科大学生物化学专业学习，1962 年毕业。留校任教，后任教授，历任生物化学及分子生物学研究室主任、系主任，医学分子生物学国家重点实验室主任，中国医学科学院副院长兼中国协和医科大学副校长，国家人类基因组北方研究中心主任，北京诺赛基因组研究中心有限公司董事长等职。期间 1982～1984 年、1988～1989 年先后在美国马萨诸塞州新英格兰分子生物实验室、芝加哥大学当访问学者。兼任国家自然科学基金委员会生命科学部主任，中国生物化学和分子生物学学会、中国医药生物技术协会副理事长，北京生物工程学会理事长等职。1991 年当选为中国科学院学部委员（院士）。

20 世纪 80 年代起，首次发现具有高识别性的八核苷酸限制酶 Sfi I，合作鉴定出第二种八核苷酸限制酶 Not I 的识别特异性并提高其切割特异性，提供了 DNA（脱氧核糖核酸）大片段剪切工具；发现 3 种新的限制酶；构成基因工程高产菌株，提高限制酶或甲基化酶产量 10～100 倍以上；克隆成功创新霉素产生的菌质粒基因；主持开展细胞因子和疟疾抗原等基因工程研究。1993 年以来，参与组织协调中国承担的人类基因组测序国际合作项目、微生物基因组测序项目；开展人脑发育以及神经系统疾病相关基因研究；新分离发现一批片段或全长 cDNA（互补性脱氧核糖核酸）已被国际数据库收录；参与主持构建与研究中国人基因组单核苷酸多态性系统目录等；参与建立中国疾病基因组学理论和技术体系。

有发明专利 6 项；发表论文近百篇；主编《基因组科学与人类疾病》（2001 年）等专著。多次获奖，其中国家卫生部科学技术进步奖一等奖 1 项、中华医学科学技术进步奖一等奖 2 项等。 （李孙演）

哈特韦尔，L. H.（Hartwell，Leland Harrison） 美国人，1939 年 10 月 30 日生于美国加利福尼亚州洛杉矶。细胞生物学、遗传学、医学。

1961 年获加利福尼亚理工学院理学士学位。1964 年获马萨诸塞理工学院博士学位。1965 年任加利福利亚大学副教授。1968 年起先后任华盛顿大学副教授、教授。1996 年到哈钦森癌症研究中心工作，1997 年出任总裁兼实验室主任。1987 年当选为美国国家科学院院士。

在“细胞周期的调控”研究领域作出了重大贡献。细胞根据其结构通常分为原核细胞和真核细胞两大类。只有支原体、细菌和蓝藻等的细胞为原核细胞，而原生动物、单细胞植物以及所有低等和高等动植物的细胞都属于真核细胞。真核细胞周而复始地通过有丝分裂增殖，从一次分裂结束到下一次分裂结束所经历的时间间隔称为细胞周期。细胞周期的一个核心任务，是将作为遗传物质的 DNA（脱氧核糖核酸）复制成两份完整的拷贝，并通过细胞分裂的方式将两份拷贝准确地分配到两个子细胞内。根据这一任务，细胞周期内的不同阶段又进一步划分为细胞进行有丝分裂的时期（M 期）和细胞内 DNA 合成期（S 期）以及两个间隙期 G_1 期和 G_2 期，前者是指 M 期结束后到 S 期开始前的间隙期，后者是指 S 期结束到下一个 M 期开始前的间隙期。20 世纪 60 年代末，主持研究小组把单细胞生物芽殖酵母放在不同温度下生长，得到多种温度敏感的突变株，其中有一些停止在细胞周期的某些特定阶段。70 年代初期，哈特韦尔等人从对这些温度敏感特变株的进一步研究中率先发现了一个控制细胞周期从 S 期向 M 期转换的特殊基因。这项工作开创了控制细胞周期的关键因子和调控机理的研究。因细胞周期调控领域的研究中作出的开创性工作，他与该领域研究中也有重大贡献的英国 P. M. 努尔斯和 R. T. 亨特分享 2001 年诺贝尔生理学或医学奖。

参与主编《遗传学：从基因到基因组》（2006 年）等。另外获 1991 年斯隆奖、1992 年加拿大盖德纳基金会国际奖、1994 年美国遗传学会奖章、1998 年美国拉斯克基础医学研究奖、2003 年华盛顿州政府最高奖洛克奖等。

（宣焕灿）

奥基夫，J.（O'Keefe，John） 美国和英国双重国籍，1939 年 11 月 18 日生于美国纽约。生理心理学、分子与细胞生物学、脑与神经科学、解剖学。

爱尔兰移民后裔。1963 年获美国纽约城市学院文学士学位。1964 年获加拿大麦吉尔大学文科硕士学位；师从 R. 梅尔扎克（Ronald Melzack），1967 年以论文“自由活动猫的杏仁核部位反应性”获该校心理学系生理心理学博士学位。作为美国国立精神卫生研究院博士后研究者，同年到英国伦敦大学学院解剖学系帕特里克实验室工作；一直留该校任教，1987 年升任解剖学系和认知神经学研究所教授，2008 年任圣斯伯里·韦尔科姆神经回路与行为中心首届主任。是英国皇家学会会员、英国医学科学院院士。

主要研究工作在生理心理学，尤以发现脑部海马体“位置细胞”而闻名。在 J. 杜斯特罗夫斯基（Jonathan Dostrovsky）等学生协助下，他持久观测研究了动物在自由活动中的脑内神经元单位放电现象。在系统分析环境因素对海马体单个神经元放电频率的影响时，记录到当动物处于不同空间位置时，这种神经元的放电频率就会明显变化，从而发现一种独特的位置细胞。1971 年在《脑研究》杂志上予以宣布；1976 年在《实验神经学》杂志上发表更详细的实验结果。1993 年，在《海马体》杂志上首次报告位置细胞放电的 θ(theta) 相位进动现象，并试图解释其生理意义。即：当大鼠刚开始进入会引起位置细胞反应的地域时，位置细胞在海马局部场电位 θ(theta) 相位后期阶段放电；而当大鼠穿过反应地域时，位置细胞逐渐过渡到 θ(theta) 相位早期阶段放电。他发表的许多相关报道和分析，被学术界高频率地引用；此外他和 L. 纳达尔（Lynn Nadel）合著一部颇有影响力的著作，提出了海马体具有空间定位和记忆功能的"认知地图"作用，海马体位置细胞正是以 θ 相移方式临时编码以记忆外界空间位置。1996 年他和 N. 伯吉斯(Neil Burgess)合作在《自然》杂志上发表论文，提出的数据表明，当实验设置的用来限定环境边界的障碍被移动后，位置细胞反应地域的位置和大小也随之变化。在此篇和后继论文中，他们给出的诠释模型预测了"边界矢量细胞"(boundary vector cells)的存在，即在离边界一定距离时会放电变化的未知神经元。

他的工作成果引起了一场经久不衰的研究热潮，至今已有数百篇论文对位置细胞进行分析实验或模型模拟。1994～1996 年间，挪威的梅-布里特和爱德华・莫泽曾在奥基夫实验室进行博士后研究，这对伉俪正是奥基夫"边界矢量细胞"假说的证实者。2005 年莫泽夫妇发现"网格细胞"，它们会产生某种坐标体系，从而让精确定位和路径搜寻成为可能。

因为在神经科学领域"发现了大脑中形成定位系统的细胞"，即大脑中内置的"GPS"，奥基夫和莫泽夫妇三人同获 2014 年诺贝尔生理学或医学奖(其中奥基夫分享 1/2)。诺贝尔奖委员会在颁奖声明中说：他们的发现解决了几个世纪以来困扰着哲学家和科学家的问题：大脑究竟如何创造出周围的空间地图，而我们又如何在复杂的环境中进行导向？另外，这一成果有助于更好地理解阿尔茨海默症之类疾病的机理。

获奖甚丰。另获：2001 年费尔德伯格基金奖，2006 年格劳迈耶心理学奖(与纳达尔分享)，2007 年英国神经科学会英国神经科学杰出贡献奖，2008 年欧盟神经科学联合会《欧洲神经科学》期刊奖，2008 年格鲁伯神经科学奖，2013 年霍维茨奖(与莫泽夫妇同获)，2014 年挪威文理科学院卡夫利奖(三人分享)等。 (李啸虎)

施立明(Shi Liming) 中国浙江省人，1939 年 12 月 18 日生于浙江乐清，1994 年 5 月 22 日卒于云南昆明。野生动物细胞学、细胞遗传学、核辐射防护医学。

小职员家庭出身。1964 年复旦大学生物学系毕业。此后至去世，一直在中国科学院昆明动物研究所工作，研究员，曾任该研究所所长、细胞与分子进化研究开放实验室主任等职。期间 1980～1982 年任美国得克萨斯大学安德逊肿瘤研究所访问教授。1991 年当选为中国科学院学部委员(院士)。

20 世纪 60～70 年代，参与国防"核武器的生物学效应"等项目，其中主持6 304药物对猕猴睾丸辐射操作防护、盐酸对氨基偶苯对狗的急性放射病预防等试验；改进染色体分带技术，在国际上首次完成植物染色体 G 带显示。70～80 年代，以小鼠和狗的骨髓有核细胞的微核测定作为筛选防护药物评价标准，为大规模筛选提供了简便实用新方法；总结以"整体给药，离体照射"为核心的防护药物评价新程序，提出根据染色体畸变率评定防护药作用，解决了不可能以正常人进行照射实验的难题；在中国率先建立染色体少且大的赤麂细胞株作为细胞遗传学研究新模型；1978 年推测小麂染色体可能通过多次串联易位方式演变为赤麂染色体，首次提出哺乳动物核型进化可能途径，有关论文 1980 年在美国权威杂志正式发表后引起国际反响，美国遗传学家 B. 麦克林托克博士在接受 1983 年度诺贝尔奖的演说中甚至特地引证他的发现。80～90 年代，总结和完善各种银染技术；首创将微核测定技术引入环境化学诱变剂对人类精液生殖细胞遗传危害评价；首倡和建成中国第一个规模最大、收藏最丰的野生动物细胞库；主攻野生动物的细胞进化和细胞分类学。1978 年后获国家级奖 5 项、省部级奖 6 项，其中麂类细胞株建立及生物学特性观察获 1980 年国家自然科学奖二等奖，中国特有珍稀若干动物类群的细胞与分子进化研究获 1996 国家自然科学奖一等奖。 (李孙演)

洪国藩(Hong Guofan) 中国浙江省人，1939 年 12 月 24 日生于浙江宁波。分子生物学、酶化学、基因工程。

1964 年复旦大学生物学系毕业。1979～1983 年在英国剑桥分子生物学实验室桑格中心进修。中国科学院上海生物化学与细胞生物学研究所研究员，中国科学院国家基因研究中心主任。兼任联合国教科文组织人类基因组国际科学协调委员会委员、国家攀登计划生物固氮项目首席科学家等职。1993 年当选为第三世界科学院院士。1997 年当选为中国科学院院士。

20 世纪 70～80 年代，创立测定脱氧核糖核酸(DNA)顺序的"系统战略"，成为目前国际酶学方法测定非随机 DNA 顺序的基础；自行设计圆板电泳仪，发现梯度电场抵抗核酸分子扩散的效应，提出并完成离子梯度电泳体系；将新发现用于 DNA 测序技术，使凝胶中 DNA 顺序的电泳阅读数提高 33%，被国际上广泛应用；成功利用酶学测序方法提高同位素 DNA 测序分辨率；提出并完成单链 DNA 双向测序方法，可直接有效地检定所得顺序；率先建立高温 DNA 测序体系，成功消除长期未能解决的由二级结构造成的 DNA 测序"堆积效应"。90 年代以来，发现控制植物根部生物固氮结瘤的核酸-蛋白复合体，提出结瘤基因控制的分子模型；发表"快速、精确的 BAC-指纹-锚标战略"(1997 年)一文，据此主持完成水稻基因组(12 条染色体、4.3 亿核苷酸)第一代物理图，重叠群覆盖率达 92%。入选 1997 年中国十大科学技术新闻、国家科学技术进步奖一等奖；20 世纪末以后，主要从事水稻基因组、固氮基因结构与调节等研究。

撰有《水稻基因组工程》等专著。多次获奖，其中还有 1980 年、1992 年中国科学院科学技术进步奖二等、一等奖，1993 年国家科学技术进步奖二等奖，1996 年第三世界科学院生物学奖章。 (李孙演)

霍克弗尔特，T.(Hökfelt, Tomas) 瑞典人，1940 年 6 月 29 日生于瑞典斯德哥尔摩。细胞生物学、神经组织学、医学。

1962 年获瑞典卡罗琳斯克研究院医学士学位，1968 年、1971 年先后获该校哲学博士、医学博士学位。1968 年留校任教，1979 年任细胞生物学教授，后任神经科学系副主任等职，2006 年退休。兼任斯德哥尔摩皇家理工学院生物技术系教授、诺贝尔生理学或医学奖总委员会委员、中国第四军医大学神经科学研究所名誉所长、北京医科大学名誉教授等职。1984年起,先后当选为美国国家科学院外籍院士、瑞典皇家科学院院士、欧洲科学院院士、意大利科学院外籍院士、美国文理科学院外籍院士、丹麦皇家科学与文学院外籍院士等,2000年当选为中国科学院外籍院士。

化学神经信息传递形态学研究的开拓者和奠基者之一。在揭示神经元递质的组织化学特征,以及神经元系统结构及其各类神经递质功能表达等方面,作出了学术界一致公认的重要贡献。他通过电子显微镜技术确定了中枢单胺类神经元的系统结构;首次用组织化学方法证明突触小泡里存在中枢神经元递质;研究了一系列精神药物和激素的生理作用,发现了多巴胺可以调控促黄体激素释放激素和分泌催乳素;开拓了神经系统免疫组织化学方法;与合作者共同详细描述了中枢肾上腺素能神经元系统,并在实验中揭示了儿茶酚胺在中枢与周围神经系统中的空间分布规律。近期主要研究神经肽的潜在功能,以及神经肽与递质共存的生物学意义,取得一些重要进展,其中有:首次发现在神经损伤后会在背根神经节部位诱发神经肽、神经肽受体及其他分子的显著变化;提出感觉神经元本身具有针对神经性疼痛的某种镇痛系统存在。

与他人合作主编《化学神经解剖学手册》(21卷,1983~2005年)。从1992年起,先后获荷兰、丹麦、意大利、中国、法国等国大学5个荣誉博士学位。2007年获法国科学院金奖。

(李孙演)

旭日干(Xu Rigan) 中国内蒙古自治区人,1940年8月24日生于内蒙古科右前旗。家畜学、组织胚胎学、生物工程。

蒙古族。1965年内蒙古大学毕业。同年供职于内蒙古农牧科学院。1968年起先后任内蒙古生产建设委员会科技组组长、伊盟准格尔旗沙圪堵公社科技干事。1972年底到内蒙古大学执教。1982年赴日本筑波留学,1984年获日本兽医畜产大学兽医学博士学位。回国后,任内蒙古大学实验动物研究中心首任主任、生命科学学院教授兼院长,1993年起任内蒙古大学校长。兼任中国科学技术协会副主席、中国畜牧兽医学会副理事长等职。1995年当选为中国工程院院士,后任学部主任。

20世纪70年代起,长期致力于家畜生殖生物学、现代生物工程研究,取得了多项重要研究成果。1982~1984年留学日本期间,进行山羊、绵羊的体外受精试验,在精子发育、卵子发育和环境对精子受精能力的影响等环节节取得了一系列突破,终于在1984年3月9日成功培育出世界第一胎试管山羊,被国际上誉为"试管山羊之父";在中国率先开展以牛、羊体外受精技术为中心的家畜胚胎工程技术研究,揭示了牛、羊卵巢卵细胞体外成熟、体外受精和早期发育的若干规律;1989年培育出中国首胎、首批试管绵羊和试管牛,开创中国家畜育种改良新途径;系统形成牛、羊等家畜试管胚胎工厂化生产的一整套技术体系,建立中试开发基地,实现"试管家畜"的工程化和产业化。此外,在担任内蒙古大学校长期间,全面主持学校行政工作,不断深化教育教学改革和管理体制改革,做了大量开创性工作。

发表学术论文130余篇;出版专著、译著9部。多次获国家和省部级、国际奖励,其中有乌兰夫奖金、光华科学技术基金奖、何梁何利科学和技术进步奖、美国杜邦科技创新奖、2000年国家"863"高科技计划突出贡献奖等,2002年获国家级"杰出专业技术人才"。

(江冬妮)

沃克,J. E.(Walker, John Ernest) 英国人,1941年1月7日生于英国约克郡哈利法克斯。分子生物学、化学。

石匠之子。1964年在英国牛津大学圣卡瑟琳学院获化学文学士学位。后又获文科硕士学位,1969年获博士学位。1969~1971年在威斯康星大学药学院、1971~1974年在法国巴黎巴斯德研究院等单位从事客座研究工作。1974年起任英国国家医学研究委员会剑桥大学分子生物学实验室研究员,1997年退休。1995年被选为英国皇家学会会员。1963年结婚,生育有两个女儿。

腺苷三磷酸(ATP)是生命体中能量的携带者和传输者,通过它的合成和分解,营养物质中的能量转移到各种需能反应中,供给生命活动以能量,因此它被视为生命的"能量通货"。ATP是在ATP合成酶的催化作用下由腺苷二磷酸(ADP)和无机磷结合而生成的。20世纪80年代初,沃克开始研究ATP合成酶的化学结构。在他之前已有人指出,ATP合成酶由F_0和F_1两部分构成,前者起氢离子的通道作用,后者则起催化中心的作用。沃克等人建立了F_1部分的结构模型,认为它的结构可分为外围和中心两层。外围层形如不对称的圆筒状,由3个α亚基和3个β亚基互相间隔构成;而中心层则由γ,δ和ε 3种亚基各1个组成。他还进一步测定了ATP合成酶中各组分蛋白质的氨基酸序列,并发现F_1的中心部分γ,δ和ε 3种亚基是不对称的。当P. D. 博耶提出F_1部分催化生成ATP的作用机制,即所谓"结合变化机制"时,他在90年代与德国晶体学家阿伯拉罕(J. P. Abrahams)以及英国晶体学家莱斯利(A. Leslie)合作,测出了牛的ATP合成酶F_1部分的晶体结构。该结构表明,α和β亚基有相关性,但又有明显的不同,因此结合ADP和ATP的能力也不同;γ亚基位于3个α亚基和3个β亚基形成的圆筒的不对称轴上,只与β亚基接触,并将3个β亚基的活性表面拉在一起形成不同的三维结构。这些结构能用博耶提出的作用机制来解释,因此也在某些程度上印证了博耶的理论。总之,他的工作在很大程度上充实了博耶的研究工作。由于他与博耶各自独立地研究ATP合成酶的结构以及它催化生成ATP的作用机制,因此他们两人与发现钠钾ATP酶的丹麦学者J. C. 斯科共享了1997年诺贝尔化学奖。

除诺贝尔奖外,还获1959年克莱金质奖章,1994年美国宾夕法尼亚大学约翰逊基金奖,1996年美国生

物化学会奖章、欧洲生物能量学会议米切尔奖章，1997年意大利巴里大学线粒体研究奖等。（宣焕灿）

唐守正(Tang Shouzheng) 中国湖南省人，1941年5月21日生于湖南邵阳。林业统计学、森林经理学。

1963年北京林学院林业系毕业。1964～1978年在吉林省林业部门任技术员。1981、1985年先后获北京师范大学数学系硕士、博士学位。1986年完成加拿大新布瑞斯克州立大学林学博士后研究。1981年起在中国林业科学研究院工作，后为研究员，曾任森林资源信息技术研究所森林经理与林业统计研究室主任。兼任中国农学会农业数学分会名誉理事长、中国林学会森林经理分会副理事长《林业科学》常务副主编等职。1995年当选为中国科学院院士。

主持设计航空照片数量化回归森林蓄积量调查方法，首次将定性因子数量化方法引进森林调查并被广泛应用；首次进行中国用材林资源及发展趋势预测，提出预测大面积森林资源动态的广龄转移矩阵模型；开发出森林资源调查专用卫星图像处理系统；首次把多元统计分析方法系统应用于林业调查与管理，研制出IBM-PC系列程序集；主持研究中国南方人工林现代化集约经营管理技术，提出定量评价经营措施的方法，获1995年国家林业部科学技术进步奖一等奖、1997年国家科学技术进步奖二等奖；主持开发廊坊市地籍计算机管理系统，获国家土地局1996年优秀科学技术成果奖一等奖；提出全林整体生长模型的概念及模型相容性原理，创立了林分生长模型的理论。近期从事森林资源监测指标体系和先进技术引进，以及东北过伐林区可持续发展研究等。

发表论文近百篇；撰有《多元统计分析方法》(1986年)、《IBM-PC系列程序集:数理统计调查规划经营管理》(1989年，与他人合著)等专著。获国家和部委级奖近10项。（李啸虎）

吉尔曼，A.G. (Gilman, Alfred Goodman) 美国人，1941年7月1日生于美国康涅狄格州纽黑文。分子生物学、药理学。

耶鲁大学药理学教授之子。1962年获耶鲁大学理学士学位。1969年在凯斯西储大学获医学博士学位和药理学博士学位。1969～1971年在美国国家卫生研究院心肺研究所从事博士后研究。1971～1977年任弗吉尼亚大学医学院药物学助理教授和副教授，1977年为教授。1981年任得克萨斯大学西南医学中心药理学系主任，2005年任该校西南医学院院长。1985年入选美国国家科学院院士。是美国文理科学院、美国国家医学科学院院士。1997年获耶鲁大学荣誉医学博士学位。

自M.罗德贝尔揭示了细胞之间的信号传递与G蛋白有关，吉尔曼从1975年开始用10多年时间，进一步发展了罗德贝尔的成果，阐明了G蛋白的化学性质，以及G蛋白失调怎样导致疾病的发生。他在导师小萨瑟兰(1971年诺贝尔生理学或医学奖获得者)的实验室里，采用基因和生物技术，从正常白细胞和白血病细胞中分离并提纯出G蛋白，揭示了G蛋白在细胞信息传递中的作用。第一信使(激素)并不直接参与细胞的物质和能量代谢，而是将信息传递给第二信使，间接地行使调控功能，生命信息传递过程为:第一信使—受体—G蛋白—第二信使—蛋白激酶，这个过程不仅准确地执行了传递激素信息的使命，而且构成了二级放大系统，使被处理的信息成百万倍地放大。G蛋白把细胞质膜上接受到的信息传递到细胞内，对机体的生物活性产生广泛的影响。当G蛋白功能失调时，是导致癌症、动脉粥样硬化、心力衰竭的重要原因。吉尔曼与罗德贝尔因发现G蛋白及其功能，共享1994年诺贝尔生理学或医学奖。

他是其父A.吉尔曼(Alfred Gilman)经典药理学教科书《治疗法的药理学基础》(2001年，第10版)的修订者。除诺贝尔奖外，还获1989年拉斯克基础医学研究奖、哥伦比亚大学霍维茨奖。（张慰丰）

朱作言(Zhu Zuoyan) 中国湖南省人，1941年9月30日生于湖南澧县。水生生物学、鱼类基因工程。

1965年北京大学生物学系毕业。一直在中国科学院水生生物研究所工作，研究员，1995年起历任所长、淡水生态和生物技术国家重点实验室主任等职。期间1980年中国科学院研究生院细胞及发育生物学专业研究生毕业。1980～1983年先后在英国南安普敦大学、伦敦帝国肿瘤研究所、美国波士顿遗传研究所进修；1988～1994年先后任美国明尼苏达大学和马里兰大学、英国阿伯丁大学访问教授。兼任国家自然科学基金委员会副主任、中国水产学会副理事长、湖北省科学技术协会副主席、《中国科学》和《科学通报》执行主编等职。1997年当选为中国科学院院士。1998年当选第三世界科学院院士。

在童第周教授指导下，合作培育出由鲤鱼细胞核和鲫鱼细胞质融合的杂种鱼；研制出世界第一批速生转基因鱼，其中有速生2.3～4.3倍的转基因鲤、鲫和泥鳅；1985年在国际上首次构建"全鱼"转基因表达载体，居当时国际领先地位；揭示外源基因整合的镶嵌性和不稳定性，提出克隆纯合转基因鱼品系对策；首次发现鲤科鱼类遗传基因DNA(脱氧核糖核酸)分子标记，阐明鱼类生长激素(GH)基因结构对脊椎动物早期演化特殊意义；评价转GH基因快速生长鲤鱼的生态及食用安全性；组建鲤、草鱼基因组文库，克隆并测序鲤科鱼类4个基因、6个特异DNA片段，后又克隆到鱼类早期发育基因6个全长cDNA(互补性脱氧核糖核酸)，分离到与胚胎早期发育相关的候选基因片段数十条，并进行功能分析；进行转基因鱼克隆和纯系培育。

发表论文百余篇。获国家和省部级奖近10项，其中有1978年全国科学大会奖，1979年、1988年、1996年中国科学院重大科学技术成果奖、科学技术进步奖二等奖、自然科学奖一等奖等。（李孙演）

杨雄里(Yang Xiongli) 中国浙江省人,1941年10月14日生于上海。视觉生理学、脑与神经科学。

原籍浙江镇海。1963年上海科学技术大学(今上海大学)生物学系毕业。1963～2000年在中国科学院上海生理研究所工作,历任副研究员、研究员,1988～1999年任所长等职。2000年任复旦大学神经生物学研究所所长,2006年任脑科学研究院院长。期间,1980～1982年在日本国立生理学研究所进修,获博士学位。1985～1987年先后在美国哈佛大学、贝勒医学院从事合作研究。兼任中国生理学会理事长、上海大学生命科学学院院长、《生理学报》和《中国神经科学》杂志主编。1991年当选为中国科学院学部委员(院士)。2006年当选为第三世界科学院院士。

中国国家重点基础研究规划(973)项目"脑功能和脑重大疾病的基础研究"首席科学家(1999～2004年)。长期从事视觉神经机制的研究,涉及色觉的心理物理、视网膜电图、视网膜信息处理等方面的工作。应用微电极细胞内记录、染色技术,并与药理、计算机技术相结合,从不同侧面对视网膜信息传递的调控在几个层次上进行了系统研究。与合作者首先报道视杆-视锥间电耦合因背景光而增强,修正了传统观点,被列为20世纪80年代国际视网膜研究突出成果,获1989年中国科学院自然科学奖一等奖;率先发现视觉信号在暗中受压抑现象,系统分析网间细胞及几种神经调质参与的机制,获1996年中国科学院自然科学奖二等奖。国际学术界评论其成果"对视网膜功能的认识作出了具有根本意义的贡献"。近年来,应用多种现代技术系统研究视网膜中水平细胞和双极细胞上神经传递物质的受体及其活动机制。

发表论文百余篇;《神经科学》、《视觉的神经机制》等专著5部,《人脑之谜》等译著多部。1991年当选为上海市十大科技精英之一。获2001年何梁何利科学与技术进步奖,2006年国家教育部自然科学奖一等奖。

(陈 磊)

苏尔斯顿,J. E.(Sulston, John Edward) 英国人,1942年3月27日生于英国白金汉郡富尔玛。分子生物学、生理学。

父亲是牧师,母亲是小学教师。1963年获英国剑桥大学彭布罗克学院理学士学位,1966年获该校化学系博士学位。1966～1969年在美国圣迭戈的萨克生物研究院做博士后研究。1969～1992年任英国医学研究理事会卡文迪许分子生物学实验室(剑桥大学)研究员。1992年任剑桥大学桑格研究中心首任主任。1986年入选英国皇家学会会员。2001年册封为爵士。

英国著名分子生物学家,被誉为"基因图谱之父"。20世纪60年代后期,先在美国研究地球生命起源,后跟随S.布伦纳研究线虫30余年。当时,布伦纳发现某种基因的突变会对线虫器官发育产生某种特别影响。苏尔斯顿据此进一步研究,1977年公布了第一个完整的多细胞生物体发育过程的细胞谱系,可对细胞每一个分裂和分化过程进行跟踪,并首次揭示了细胞分化过程中的"程序性细胞死亡"现象。他发现,线虫在一生中共产生1090个细胞,其中131个会在发育中逐渐死去,最后总是只有959个细胞构成成虫;这131个特定细胞的死亡数不仅完全恒定,而且总在特定阶段死去。生物学家们过去往往只看重细胞的增殖和分化,忽略了对细胞死亡的深究。苏尔斯顿却认为,"程序性细胞死亡"很可能在个体发育中扮演着重要角色。70年代中期,H. R.霍普茨也跟随布伦纳从事博士后研究,80年代他找到并克隆了线虫中操控细胞凋亡的头两个主要基因,并证实了人体内也存在相应的基因。1998年,苏尔斯顿又排列出线虫基因图谱,这是科学界首份动物基因图谱。目前,研究程序性细胞死亡已是科学界的热点,人们希望能模拟死亡基因向癌细胞和致命传染病病毒发出"自杀"指令。由于他和布伦纳、霍维茨对"个体发育和程序性细胞死亡过程的基因调节"所作的开创性研究,3人分享2002年诺贝尔生理学或医学奖。

他还被视为人类基因图谱之父之一。1992～2000年,他领导英国专家小组成功参与解读人类基因图谱国际计划。在大致完成破译人类基因组后,他又瞄准了研究人类"死亡基因"以及各个基因作用的新目标。他力主公开基因图谱,指责以基因图谱作为私人公司版权资产牟利的做法"完全不道德"。

此外,还获10余种其他奖项,其中有1986年斯宾塞奖,1991年加拿大盖特纳国际奖,1996年英国皇家学会达尔文奖章,1998年罗什斯提基础医学奖,2000年比德尔奖章、菲斯特创新科学奖、霍普金斯奖章,2001年爱丁堡奖章等。

(宣焕灿)

施蕴渝(Shi Yunyu) 中国上海市人,1942年4月生于江苏南京。结构生物学、分子生物物理学。

原籍上海崇明。1965年中国科学技术大学物理系毕业。一直留校任教,后任教授,先后任结构生物学开放研究实验室主任、分子生物物理研究所所长、生命科学学院院长等职。期间1969～1971年在意大利罗马大学物理化学研究所、CNR结构化学研究所,1984～1985年、1990年在荷兰格罗宁根大学进修和合作研究。兼任国家教育部生物科学与工程教学指导委员会主任等职。1997年当选为中国科学院院士。

中国当代著名的女生物物理学家。尤对蛋白质分子设计、药物设计的基础理论和方法学深有造诣。定量分析酶与底物、药物与靶分子结合自由能;在中国率先开展生物分子的计算机分子动力学模拟工作,其中完成去五肽胰岛素晶体环境下的分子动力学模拟,这是国际上同类条件下模拟的第四个蛋白质,结果优于前三个蛋白质;主持完成蛋白质分子的随机动力学模拟;在中国最早用二维、多维核磁共振波谱方法研究生物大分子的溶液构象、以及空间结构与功能的关系;开展蛋白质稳定性、静电相互作用、以及酶作用机理的计算机模拟研究;主持国家863计划"分子设计尖端技术的跟踪与研究”课题；领导和组织科研集体揭示了表面抗原及抗菌肽等分子结构；主持脑钠肽溶液构象的多维核磁共振研究，参与主持国家攀登计划“生命过程中的重要化学问题的研究”，2003～2007年主持“重要细胞活动和生物分子识别的结构生物学基础”项目。

发表论文120余篇；有译著《蛋白质结构分析：制备、鉴定与微量测序》(2000年)等著作。获1996年中国科学院自然科学奖二等奖等奖励。 (李啸虎)

萨克曼，B.(Sakmann, Bert) 德国人，1942年6月12日生于德国斯图加特。*细胞生物学、生物物理学。*

父亲是导演，母亲是医生。1967年毕业于德国慕尼黑理工大学。1968年任教于慕尼黑大学医学院，兼任该校马克斯·普朗克精神病学科学助理。同年起先后学医于德国蒂宾根大学、弗赖堡大学、柏林大学、法国巴黎大学、慕尼黑大学。1971年去英国伦敦大学学院生物物理学系卡茨实验室学习。1974年在格丁根大学医学院获医学博士学位。同年在马克斯·普朗克生物物理化学研究所工作，1979年加盟该研究所薄膜生物学研究组，后来升任该所细胞生物学部主任。退休前任海德堡大学教授，马克斯·普朗克医学研究所研究员。2008年任马克斯·普朗克神经生物学研究所主管退休研究员团队。

他的最大贡献是与该所同事E. 内尔合作，于1976年首创膜片钳技术，首次证实在细胞质膜上存在离子通道。他们发现，离子通道是活体细胞与外界进行物质与能量交换的重要途径，由细胞产生的特殊蛋白质构成，聚集并镶嵌在细胞膜上，中间形成水分子占据的孔隙，并调节使水深性物质由此进出的开关和速度。“膜片钳技术”经内尔于1980年改进之后，可以记录到穿过单个细胞质膜离子通道的极微弱电流(可小到10^{-12}安)。这项贡献意味着细胞生物学领域的一场革命。为此，他与内尔分享了1991年诺贝尔生理学或医学奖。

此外，获1982年以色列希伯来大学马格尼斯奖，1986年美国哥伦比亚大学霍维茨奖，1987年德国科学研究最高奖莱布尼茨奖，1991年哈维奖等。 (宣焕灿)

宋湛谦(Song Zhanqian) 中国上海市人，1942年7月22日生于上海。*林木学、林业工程、林产化学工程。*

原籍江苏苏州，父母都是化学家。他于1964年中国科学技术大学高分子化学系毕业。同年起一直在中国林业科学研究院林产化学工业研究所工作，历任副研究员、研究员，松脂化学利用研究室主任。期间，1983～1985年在美国伯克利加利福尼亚大学、北卡罗来纳大学做访问学者，1996年在美国农业部林产品研究所做高级访问学者。兼任国家林化专业指导委员会委员等职。1999年当选为中国工程院院士。

长期从事林业资源化学加工利用研究，重点是松脂化学利用和基础研究，为推动中国林产化学加工学科发展，创建松脂深加工产业作出突出贡献。善于从市场需求和生产实际中确定课题，先后主持完成国家、部省级项目30多项，应用性成果转化率达90%，产生显著的经济和社会效益，并实现替代进口和技术出口。主要成就有：聚合松香研制；松香悬浮床歧化工艺及钯或炭催化剂回收；松香连续高压氢化工艺；氢化松香酯类系列产品制备与应用研究；浅色松香松节油增粘树脂系列产品研制与开发研究等；近年从事纤维素和生物农药等材料的开发。在基础研究方面，作了大量系统工作，为松属化学分类提供重要依据。此外，受国家科技部和国家林业局委托，主持制订中国松香科研发展规划；参与有关省区的松脂发展规划等学术领导工作。

已发表论文逾百篇；著作1部；申报和获得中外发明专利近10项；获国家和省部级科学技术进步奖18项，其中国家科学技术进步奖二等奖2项等。(吴绩新)

许智宏(Xu Zhihong) 中国江苏省人，1942年10月14生于江苏无锡。*植物生理学、细胞生物学、生物工程、高等教育管理。*

1965年北京大学生物系毕业。1969年中国科学院上海植物生理研究所研究生毕业。留所工作至1994年，研究员，先后任副所长、所长兼植物分子遗传国家重点实验室主任。期间1979～1981年先后在英国约翰·英尼斯研究所、诺丁汉大学任访问学者。1992年起任中国科学院副院长，兼上海生命科学研究中心主任。1999～2008年任北京大学校长。兼任国际植物组织培养和生物技术协会主席，联合国教科文组织人与生物圈中国委员会主席，中国植物生理学会、中国细胞生物学会理事长，中国植物学会、中国生物工程学会副理事长。先后获英国诺丁汉大学、加拿大麦吉尔大学等校荣誉理学博士学位。1995年当选为第三世界科学院院士。1997年当选为中国科学院院士。

他发展了由植物组织分离和培养原生质体的技术，首次从10余种经济作物和林木原生质体中成功培养出再生植株；发现花药密度效应，证实花药中存在促进雄核发育的物质，并揭示吲哚乙酸代谢在花粉胚发育中的重要作用；首次揭示生长素极性运输在胚胎发育、两侧叶片对称生长中的调控作用；通过导入生长素结合蛋白(ABP)基因产生转基因植物来研究ABP的作用机理；发现脱落酸具有使兰科植物花芽形成的诱导作用。此外，在任北京大学校长期间，锐意推进和深化高等教育改革，为缩短与世界一流大学之间距离而努力。

发表论文和报告200余篇；参与主编《经济植物组织培养》(1988年)、《植物基因工程》(1996年)、《植物原生质体培养及遗传转化》(1997年)、《植物发育的分子机理》(1998年)、《植物生物技术》(1998年)等专著。多次获奖，其中有1990年中国科学院自然科学奖一等奖、1991年国家自然科学奖三等奖等。 (李啸虎)

尼斯莱因-福尔哈德，C.(Nüesslein-Volhard, Christiane) 德国人，1942年10月20日生于德国

马格德堡。胚胎学、遗传学、分子生物学。

建筑师之女，家中5个孩子中排行第二。曾先后在德国法兰克福大学、蒂宾根大学攻读生物学、物理学和化学。1973年获蒂宾根大学遗传学博士学位。随后她在德国海德堡大学的欧洲分子生物学实验室与E.F.维绍斯合作进行早期胚胎发育遗传机制的研究。曾赴美国任哈佛大学医学院和耶鲁大学的客座讲师。1985年任德国蒂宾根大学的马克斯·普朗克生物发育学研究所所长兼遗传部主任。2001年任德国国家道德委员会成员。2005年获英国牛津大学荣誉理学博士学位。

自从她在1978年听了E.B.刘易斯的报告后，决心与E.F.维绍斯合作进一步研究调控胚胎早期发育的机制，以了解胚胎图式形成的过程，他们采用饱和筛选法，找到了许多影响发育的基因，其中有影响特定器官的，也有影响整体的。例如他们发现影响头尾的这根轴是由几十个基因决定的，这些基因各个都有特定作用，有的基因决定头的位置，在尾部的基因确定尾的产生。这两个基因把头尾大方向定好，它们控制下面一组基因，决定何处是胸，何处是腹。再下面又一组基因决定胸、腹段中小段的划分，之下还有两个层次的基因，依此类推，使身体从头到尾每一个横排的细胞都不一样。当这些基因发生突变时，将影响胚胎的前后体轴或背腹轴的器官和组织发生变化。1980年他们将此发现发表在英国《自然》杂志上，引起了生物学界的震动。他们的发现确认控制发育的基因可系统地鉴定，其实验结果表明参与调控发育的基因有一定的数目，而且可分成不同功能组。

著有《生命的苏醒：基因如何驱动发育》(2005年)等书。由于她与刘易斯、维绍斯对早期胚胎发育的遗传控制作出了重要贡献，他们3人共享了1995年诺贝尔生理学或医学奖。此外获1986年德国科学研究最高奖莱布尼茨奖，1991年美国拉斯克基础医学研究奖。第15811号小行星以她命名。 (张慰丰)

亨特，R. T. (Hunt, Richard Timothy) 英国人，1943年2月19日生于英国柴郡利物浦附近的纳斯顿。细胞生物学、肿瘤医学。

1964年获剑桥大学克莱尔学院学士学位，1968年获该校生物化学系博士学位。同年去美国纽约，在爱因斯坦医学院从事研究工作。1981～1990年执教于剑桥大学。1990年到英国帝国癌症研究基金会(今英国癌症研究中心)实验室工作，1991年任该基金会霍尔实验室首席科学家。同年当选为英国皇家学会会员。1999年当选为美国国家科学院外籍院士。

在细胞周期的调控研究领域作出了重大贡献。真核细胞通过有丝分裂，作为遗传物质的DNA(脱氧核糖核酸)得以准确地在细胞世代间相传。所谓细胞周期是指真核细胞从一次有丝分裂结束到下一次有丝分裂结束所经历的时间间隔。一个细胞周期的不同阶段还可以划分为细胞进行有丝分裂的时期(M期)和细胞内DNA合成期(S期)以及两个间隙期G_1期和G_2期，前者是指M期结束后到S期开始前的间隙期，后者是指S期结束到下一个M期开始前的间隙期。20世纪60～70年代，美国细胞生物学家L.H.哈特韦尔通过芽殖酵母的研究，率先发现了一个控制细胞周期从S期向M期转换的特殊基因。此后，英国的P.M.努尔斯通过对裂殖酵母的研究，发现并克隆了一个调控裂殖酵母细胞周期的基因；努尔斯还发现该基因所编码的蛋白激酶，以及后者对调控细胞周期的作用。亨特也致力于细胞周期的关键调控因子的研究，他选择海胆卵细胞为研究对象，研究其蛋白质的合成。他给海胆卵细胞供以放射性标记的氨基酸后，看到了一种新合成的含量丰富的蛋白质在细胞周期中的M期快结束时突然消失，消失的原因是由于一种高度专一的蛋白酶在M期中期向后期转换时的激活。亨特将这种其浓度在细胞周期中剧烈波动的蛋白质称为周期蛋白(cyclin)，发现并纯化了这种周期蛋白。哈特韦尔、努尔斯和他在细胞周期的调控领域作出的不同的开创性发现为后继者的进一步研究铺下了奠基石，至今已弄清了控制细胞周期的关键因子和调控机理。由于这一重大贡献，他们三人分享2001年诺贝尔生理学或医学奖。此外亨特还获美国华盛顿大学怀特科学成就奖等。 (宣焕灿)

盖尔，M. D. (Gale, Michael Denis) 英国人，1943年8月25日生于英格兰西部农村，2009年7月18日卒于东英格兰。细胞遗传学、作物育种学。

1965年获英国伯明翰大学遗传学学士学位。1969年获英国威尔士大学博士学位。先后任剑桥大学作物育种研究所研究员、科学主管，植物科学研究所谷物研究部主任，1992年任剑桥实验室主任，1994年起任约翰·英尼斯植物科学研究中心副主任。1999年兼任东英格兰大学约翰·英尼斯讲座教授。1996年当选为英国皇家学会会员。1998年当选为中国工程院外籍院士。2001年任马尼拉国际谷物研究院理事会成员。

他是小麦"限制性片段长度多态性"(RFLP)技术及其应用的奠基人，在发展和利用分子标记辅助育种领域有杰出贡献。利用RFLP标记技术绘制了一套完整的小麦RFLP标记连锁图，将近1万个位点标记在RFLP图谱上；随后又绘制完成大麦、黑麦、谷子等作物RFLP连锁图。这些基因组连锁图的绘制，为改良重要作物农艺性状和克隆新基因奠定了重要基础。比较了禾本科作物麦类、玉米、高粱、甘蔗、谷子和水稻作物的RFLP连锁图，发现禾本科作物基因组之间相互关系及其进化上的保守性，不仅推动了国际上比较遗传学科的发展，而且对禾本科作物之间基因克隆及其转移、改良作物性状有重要意义。还对小麦矮秆基因的遗传机理，以及矮化小麦生理、农艺性状的影响作了深入全面研究。积极帮助中国发展作物基因组及分子标记研究，长期为中国培养高水平研究人员，多次到中国进行学术交流、传授技术和工作经验，建立了多项国际合作项目。

发表论文200余篇。获1994年英国皇家农学会研究奖章、1996年兰克营养学奖、1998年英国皇家学会达尔文奖章等。 （李啸虎）

罗伯茨，R. J.（Roberts，Richard John） 美国人，1943年9月6日生于英国达比。遗传学、分子生物学、生物化学、基因工程。

英国裔。汽车机械师之子。早年就读于英国设菲尔德大学，1965年获该校理学士学位，1968年获有机化学博士学位。1969～1972年在哈佛大学从事博士后研究。1972年到纽约冷泉港实验室工作，1986年升任该室主任助理。1992年到马萨诸塞州"新英格兰生物实验室"生物技术公司任研究主任，后任首席科学家，兼任《核酸研究》主编。是英国皇家学会外籍会员。2008年被封为爵士。

1953年J. D. 沃森和F. H. 克里克提出脱氧核糖核酸（DNA）双螺旋结构学说，1955年克里克又提出"中心法则"，即认为基因是DNA的连续延伸，DNA是mRNA（信使核糖核酸）的直接模板，mRNA又是蛋白质合成模板。1977年夏季，罗伯茨与P. A. 夏普在冷泉港学术讨论会上，分别报告了各自独立研究的结果。他们发现基因中的遗传信息是以不连续的方式排列的，他们称之为断裂基因。一个断裂基因主要是由外显子和内含子构成，外显子是编码序列，内含子则是不编码序列。内含子与外显子在基因中相间排列，复制时一起被转录下来，然后核糖核酸（RNA）在转录过程中将内含子剪接掉，把外显子连接起来形成成熟的mRNA，作为合成蛋白质的模板。间断基因存在于各种真核生物中，从酵母、植物到动物和人。迄今仅发现组蛋白和干扰素基因是例外。人的基因组只有约2%～3%的DNA序列用于编码蛋白质，其余皆为非编码区。基因断裂现象并非是结构基因所独有，个别维持细胞生活的功能基因以及参与翻译tRNA（转移核糖核酸）的某些基因也是断裂的。断裂基因及其剪接机制在生物进化中提供了极好的机制。断裂基因的发现对有关癌症和其他疾病的研究有十分重要的意义，他们的发现可在基因拼接错误的遗传性疾病的研究中得到应用。罗伯茨和夏普的工作，导致重新绘制出更具权威性的基本图谱。他们因发现了断裂基因，共享1993年诺贝尔生理学或医学奖。 （张慰丰）

唐启升（Tang Qisheng） 中国辽宁省人，1943年12月25日生于辽宁大连。海洋生物学、海洋生态学、海产资源工程。

1961年黄海水产学院毕业。中国水产科学研究院黄海水产研究所研究员，先后任所长、名誉所长，兼任中国水产学会理事长、中国科学技术协会副主席、山东少科学技术协会主席等职。1999年当选为中国工程院院士。

中国"国家重点基础研究发展规划"（973）海洋渔业资源与生态项目首席科学家。20世纪70年代末，在中国率先提出开发北太平洋狭鳕的建议。80年代，系统研究海洋渔业生物学，创造性地发展了不同环境条件下海洋鱼类亲体与补充量关系理论模式；出版中国第一部海洋渔业生物学专著，建立具有中国特色新学科体系；主持"渤海渔业增养殖技术"国家级攻关课题，其成果新增产值上亿元。90年代后，1993年率领北斗号科学调查船赴北太平洋白令海和鄂霍次克海考察，首次查明狭鳕当年生幼鱼分布状况，进行资源评估，建立狭鳕渔业信息网络，这一突破性进展得到国际公认，为中国维护远洋渔业重大利益和公海捕鱼合法权益发挥重要作用，保护和稳定中国北太平洋狭鳕远洋渔业，渔业增收总额已达20多亿元；发展大海洋生态系概念，开拓和推动中国大海洋生态学和海洋生态系统动力学研究，其中主持东海、黄海和渤海生态系统动力学与生物资源可持续利用等多个国家重要项目，为中国渔业生产带来巨大的经济、社会和生态效益。

撰有《中国海洋生态系统动力学研究》（2卷）等专著。获国家和省部级奖励10余项。 （吴绩新）

内尔，E.（Neher，Erwin） 德国人，1944年3月20日生于德国巴伐利亚州兰茨贝格。细胞生物学、生物物理学。

小食品公司业主之子。1963年就学于慕尼黑理工大学物理学系。1966年获奖学金赴美国留学，1967年在美国威斯康星大学获理科硕士学位。同年回国，1970年在慕尼黑理工大学获博士学位。同年在慕尼黑大学马克斯·普朗克精神病学研究所任职。1972年后在格丁根大学的马克斯·普朗克生物物理化学研究所所长兼隔膜生物物理学部主任，1983年任该校伯恩斯坦神经科学研究中心主任，1986年任格丁根大学名誉教授，期间在1975～1976年、1989～1990年分别在美国耶鲁大学、加利福尼亚理工学院任客座研究员。是德国巴伐利亚科学院院士、美国国家科学院外籍院士、英国皇家学会外籍会员。1993～1999年先后获西班牙阿利坎特大学、美国威星康星大学、意大利罗马大学等8个大学荣誉博士学位。

20世纪50年代，英国生物物理学家A. L. 霍奇金等人成功地完成了可兴奋膜生物物理学的基础工作。他们的研究表明，细胞质膜把离子成分和浓度不同的两种液体隔开，膜的离子通透性决定了跨膜电位，以及细胞的兴奋由膜的离子通透性变化而引起。到了60年代末，人们通过研究初步认识到：在细胞质膜上可能存在着离子通道，不同的离子是通过不同的离子通道进出细胞的。70年代中期，内尔与同事B. 萨克曼合作进一步研究可能存在的离子通道的本质和行为。为了记录流过单个离子道通的电流，他们用尖端直径约1微米的玻璃微管紧贴骨骼细胞终极区的表面膜，结果成功地记录到流过被激活的单个乙酰胆碱受体离子通道的离子流。1976年这项“膜片钳技术”发明公布时，得到了这样的评论：“这是人类在科学史上首次在毫秒级的时间尺度观测到单个分子在做什么。”1980年，他又对膜片钳技术作了重要改进，克服了细胞质膜与微管尖端间封接不够紧密、信号噪声较大的弱点，结果可以检测小到10^{-12}安的微弱电流。由于他与萨克曼对发现“细胞中离子通道的存在和作用方式”作出的重大贡献，两人分享了1991年诺贝尔生理学或医学奖。

发表论文400余篇；代表作有《生理学中的电子测量技术》(1974年)、《单一离子通道记录过程》(1983年初版，1995年第2版，与B. 萨克曼合著)等。除诺贝尔奖外，还获其他近20个奖项，其中获1987年德国科学研究最高奖莱布尼茨奖。 (宣焕灿)

陈宜瑜(Chen Yiyu) 中国福建省人，1944年4月22日生于福建仙游。淡水鱼类学、动物地理学、生物进化论。

1964年毕业于厦门大学生物学系。历任中国科学院水生生物研究所副研究员、研究员，副所长、所长，淡水生态与生物技术国家重点实验室主任。1995年调任中国科学院副院长。兼任国际地圈-生物圈计划中国委员会主席，国际生物多样性计划科学指导委员会委员，中国动物学会副理事长，中国海洋湖沼学会副理事长等职。1991年当选中国科学院学部委员(院士)。

主要成果有：①淡水鱼类系统分类。参与组建亚洲最大的淡水鱼类标本室；发现中国淡水鱼5个新属、2个新亚属和30多个新种(或亚种)；首次对平鳍鳅科鱼类作系统分类，详细描述分布中国的15属49种，成果被普遍引用；构建中国鲤科鱼类、鲤亚目鱼类系统发育分类新系统。②淡水鱼类区系与动物地理学。尝试用生物进化解释地球进化，使中国生物地理学从描述向解释发展。在青藏高原科学综合考察中，发现裂腹鱼类3个等级类群，认为指证第三纪晚期青藏高原曾经历三次急剧上升和相对稳定的交替阶段；用同样理论探讨伊洛瓦底江、怒江、澜沧江、红河、长江、黄河等水系上源地质历史关系。③物种形成和进化模式。研究泸沽湖和程湖鱼类区系形成历史，发现生态分离造成生殖隔离而逐步分化现象，提出同域物种形成进化模式，并用以解释云南高原许多湖泊的区系历史。④生物多样性及物种保护。开创珍稀濒危动物白暨豚研究；1983年呼吁重视和加强中国淡水生物自然资源保护；1986年起主持编写鱼类“红皮书”，全面开展对中国濒危珍稀淡水鱼类认定、析因和对策研究。⑤水体生物生产力开发及环境优化。主持中国科学院水体生态系统台站定位观测和示范研究；提出开发湖北省水体生物生产力战略设想；1986～1996年，主持洪湖水体生物生产力综合开发及湖泊优化实验与示范，取得明显的综合效益。

发表论文70余篇；出版《横断山区鱼类》(1998年)等专著11部，获国家或省部级科学技术成果奖10余项。 (李啸虎)

夏普，P. A. (Sharp, Phillip Allen) 美国人，1944年6月6日生于美国肯塔基州法尔茅斯。遗传学、分子生物学、基因工程。

1966年在肯塔基州巴伯维尔的肯塔基联合学院获化学与数学专业理学士学位。1969年获伊利诺伊大学化学博士学位。1969～1972年先后在加利福尼亚理工学院、纽约冷泉港实验室从事博士后研究工作。1974年在马萨诸塞理工学院任“癌症研究与生物学”副教授，1979年任分子生物学教授，1985年任科赫癌症调查研究所主任，1991年任生物学系主任，2000年任该校麦戈文脑科学研究所所长，2004年退休。是美国国家科学院、美国文理科学院、美国国家医学科学院院士。

他在RNA(核糖核酸)剪接方面做了大量工作。1977年在冷泉港学术讨论会上，和R. J. 罗伯茨分别报告了各自独立发现断裂基因的研究成果。1980年和1983年分别建立了来自全细胞和来自细胞核的无细胞体外转录系统，这为研究断裂基因的遗传信息传递创造了条件；1984年提出RNA剪接模式，居间序列通过两步转酯反应以套索状结构被除去；1985年又证明细胞核mRNA(信使核糖核酸)前体的剪接必须在一种称为剪接体的核蛋白复合体上进行。剪接体由多种含snRNA(核小分子核糖核酸)的核蛋白体及mRNA前体的核蛋白体组成。这种模式已经在酵母及动植物体内试验中得到证实。这是所有细胞核编码蛋白质的断裂基因在传递遗传信息过程中的通用模式，也是所有其他剪接方式的基础。他后来的研究涉及了很多种剪接方式。至1986年后，发现了多至8种以上的RNA的编辑方式。由于他与罗伯茨各自独立发现了断裂基因，还在后来的研究中取得令人瞩目的成果，他们两人共享1993年诺贝尔生理学或医学奖。

除发表论文外，出版主要专著有《DNA瘤病毒》(1986年，与他人合著)、《核工艺与致癌基因》(1992年)等。除诺贝尔奖外，还获1980年迪克森奖，1988年拉斯克奖、霍维茨奖，1999年美国哲学会富兰克林奖，2004年美国国家科学奖章。 (张慰丰)

穆利斯，K. B. (Mullis, Kary Banks) 美国人，1944年12月28日生于美国北卡罗来纳州勒诺。生物化学、分子生物学、基因工程。

农家子弟。1966年在佐治亚理工学院获化学理学士学位。毕业后成立家庭，并经商谋生。1972年任伯克利加利福尼亚大学生物化学讲师，1973年获该校生物化学博士学位。同年在堪萨斯大学医学院作博士后研究，1977年在旧金山加利福尼亚大学作博士后研究。

1979～1986 年在加利福尼亚州埃默里维尔的塞塔斯生物技术公司任高级研究员。1986 年在圣迭戈的齐特罗内克斯公司任分子生物学部主任。1988 年以后又相继在其他几个公司任职。1994 年获南加利福尼亚大学荣誉理学博士学位。2004 年获意大利博洛尼亚大学荣誉博士学位。

最大贡献是发明聚合酶链反应技术(PCR)。其原理是:先用加热方法使脱氧核糖核酸(DNA)的双链拆开,加入预定的两种寡核苷酸作引物分别与两条链配对,由 DNA 聚合酶从这两种引物开始合成出两条新链来。一次次反复进行这样的过程,每个循环可使这两个引物之间的 DNA 片断的数量按几何级数递增。于是,经过几十个循环,很少一点 DNA 可以扩增到所需要的足够数量的 DNA 片断。起初,PCR 技术中为使 DNA 双链拆开的温度高达 94℃,每一循环中都要补给 DNA 聚合酶,操作不便。但不久,高温 DNA 聚合酶的制备成功大大简化了这项技术的实施,甚至使整个操作过程有可能实现程序控制。

早在 1971 年,1968 年诺贝尔生理学或医学奖获得者H. G. 霍拉纳在一篇论文中就提出过如 PCR 技术那样的基本构想,但他没有致力于去实现这种构想,因而也未能作出这项发明。直到 1985 年,穆利斯才使 PCR 技术问世。该技术发明后,不仅广泛应用于分子生物学的实验研究中,而且还扩展到其他研究领域,如临床化验中检查艾滋病毒,食品检验中检查甲肝病毒,它甚至成为协助侦破刑事案件的法医学手段之一。正因为 PCR 技术的巨大科学价值和应用前景,他被授予 1993 年诺贝尔化学奖(与发明 DNA 体外点突变技术的M. 史密斯分享)。

主要著作有《聚合酶链反应》(1994 年,与他人合著)、自传体《心田里的裸舞》(1998 年)等。除诺贝尔奖外,还获 1990 年美国人类遗传学会艾伦纪念奖,1991 年美国国家生物技术奖、伽特纳奖、"年度研发著名科学家"称号,1992 年度加利福尼亚州著名科学家奖,1993 年日本国际奖、美国爱迪生奖,1998 年布朗美国发明家奖、同年入选国家发明家名人堂。 (宣焕灿)

阿克塞尔,R. H.(Axel, Richard H.) 美国人,1946 年 7 月 2 日生于美国纽约市。*嗅觉生理学、分子生物学、基因工程。*

波兰裔移民后代。1967 年获美国纽约哥伦比亚大学文学士学位。1970 年获约翰斯·霍普金斯大学医学院医学博士学位。后任教于哥伦比亚大学内科与外科学院病理学与生物化学系,1978 年任病理学教授;1984 年任该校霍华德·休斯医学研究院研究员、监察员;1999 年任哥伦比亚大学生物化学与分子生物物理学教授。1983 年当选为美国国家科学院院士、美国文理科学院院士。

在揭示哺乳动物和人体的嗅觉机理方面作出了开创性贡献。他的早期兴趣是研究大脑如何解读嗅觉,尤其是想详细而精确地绘制大脑嗅觉区。在人体的众多感官功能中,嗅觉一直是最难以理解的领域之一。当视觉系统研究获得长足进展时,科学界对嗅觉形成机制与原理仍是浑沌不明。1985 年,比他小 1 岁的免疫学女博士 L. B. 巴克来到他的实验室从事博士后研究,在他指导下于 1988 年完成了海兔神经元研究课题。进而,他们以大鼠为实验模型探索哺乳动物和人的嗅觉系统工作机理。1991 年两人在国际知名期刊《细胞》上共同发表论文"一个新的多基因家族可能编码气味受体:气体识别的分子基础",震撼了生理学界。该文深入地阐明了大鼠嗅觉机制,并从分子和基因水平上解读哺乳动物和人的嗅觉系统工作机理。他们发现了一个大型基因家族,约包含了 1 000 个不同的基因(约占人类基因 3%),能转译出相同数量的嗅觉受体。气味分子首先和位于鼻上皮细胞中的气味受体结合,气味受体细胞激活后就会产生电信号传输到大脑的嗅球区,进而传至大脑其他区域,由此人就能有意识地感受到气味,并在以后回想起这种气味。虽然人类嗅觉系统高度专业化,每个气味受体细胞只对有限种相关分子作出反应,但它们可以通过不同组合形成大量的气味模式,使人能够辨别和记忆约 1 万种不同气味。他们两人因此共享 2004 年诺贝尔生理学或医学奖。

此外,从 20 世纪 70 年代后期起,他在前人工作基础上研究转基因技术。1980 年 2 月,提出现被俗称为"阿克塞尔专利"的高新技术,能让外来的 DNA(脱氧核糖核酸)嵌入指定细胞以产生某种蛋白质,1983 年 8 月获得专利,专利保护期至 2000 年 8 月。在此期间,这种作为 DNA 重组的基本工艺深受制药、生物技术公司青睐,也使哥伦比亚大学收益不菲,有段时间每年有 1 亿美元利润,荣登美国大学纳税大户排行榜之首。

除诺贝尔奖外,他还获得其他奖励 10 余项,其中有:1969 年约翰斯·霍普金斯医学会研究奖、1984 年纽约科学院生物学与医学科学奖、1989 年美国国家科学院劳恩斯伯里奖、1997 年纽约市长杰出科技奖、1998 年布里斯托尔-斯奎布神经科学研究卓越成就奖、2003 年加拿大盖特纳基金会神经科学成就国际奖、2003 年珀尔神经科学奖等。 (宣焕灿)

巴克,L. B.(Buck, Linda Brown) 美国人,1947 年 1 月 29 日生于美国华盛顿州西雅图。*感觉生理学、分子生物学、免疫学。*

她的母亲是瑞典裔移民后代,父亲是爱尔兰裔移民后代、电气工程师。1975 年她获美国西雅图华盛顿大学心理学系、微生物系理学双学士学位。1980 年获得克萨斯大学西南医学中心免疫学博士学位。1980～1984 年在纽约哥伦比亚大学从事博士后研究;1984～1991 年在该校霍华德·休斯医学研究院阿克塞尔实验室继续进行博士后研究。1991 年任波士顿哈佛医学院神经生物学系副教授,2001 年任教授。期间 1994～2000 年兼任霍华德·休斯医学研究院副调研员,2001 年起兼任全职调研员。2002 年到西雅图任弗雷德·哈钦森癌症研究中心研究员。2003 年任华盛顿大学生理学与生物物理学系教授。同年当选为美国国家科学院院士。

在揭示哺乳动物和人体的嗅觉机理方面作出了开创性贡献。在人类诸种感觉中,嗅觉产生机理一直是难度极大的生理谜团之一。从1984年开始,她深入研究了哺乳动物和人的嗅觉系统怎样觉察数量众多独特气味的课题。此后三年中,她在R.阿克塞尔指导下完成了关于海免神经元的博士后研究课题,同时又以大鼠为实验模型开展嗅觉机理研究,但起初一再遭遇挫折。从1988年起,她又继续留在阿克塞尔实验室对该课题进行了三年博士后研究,终于在1991年与阿克塞尔共同发表了著名论文"一个新的多基因家族可能编码气味受体:气体识别的分子基础"。该文深入地阐明了大鼠的嗅觉机制,并从分子和基因的水平上对哺乳动物和人的嗅觉系统工作方式作出了开创性研究。他们发现,气味的物质首先和位于鼻上皮细胞中的气味受体结合,当气味受体被气味分子激活后,气味受体细胞就会产生电信号传输到大脑嗅球的微小区域,进而传至大脑其他区域,由此人就能有意识地感受到气味,并在以后回想起这种气味。人体约有1 000个基因(约占人体基因总数3%)用来编码气味受体细胞膜上的不同气味受体。虽然人类嗅觉系统具有高度专业化特征,每个气味受体细胞只对有限数种相关分子作出反应,但它们可以通过不同组合形成大量的气味模式,使人们能够辨别和记忆约1万种不同气味。由于这项出色的研究工作,他们两人共享2004年诺贝尔生理学或医学奖。

此外她还有不少其他奖项,其中有:1996年联合利华科学奖、R. H. 赖特嗅觉研究奖,1997年罗森斯蒂尔基础医学研究杰出成就奖,2003年珀尔神经科学奖、加拿大盖特纳基金会国际奖等。 (宣焕灿)

科恩伯格,R. D.(Kornberg, Roger David) 美国人,1947年4月24日生于美国密苏里州圣路易斯市。生物化学、分子生物学、生理学。

科恩伯格家族被誉为"科学之家":双亲都是生物化学家,父亲A.科恩伯格是1959年诺贝尔生理学或医学奖得主之一;他是家中长子,二弟是生物化学和生理学教授,三弟是建筑师。1967年获哈佛大学化学系理学学士学位。1972年获斯坦福大学生物化学博士学位。后在英国剑桥大学分子生物学实验室从事博士后研究。1976～1978年在哈佛医学院生物化学系任助理教授。1978年起任斯坦福大学结构生物学系教授,1984～1992年任系主任。现任斯坦福大学医学院结构生物学教授,同时任以色列希伯莱大学兼职教授。是美国国家科学院院士、美国文理科学院院士。

因在"真核转录的分子基础"研究领域卓越贡献,成为2006年诺贝尔化学奖唯一得主。12岁时曾陪父亲到斯德哥尔摩领取诺贝尔奖,如今是诺贝尔奖历史上第六对父子档。20世纪50年代中期,老科恩伯格用实验证明了脱氧核糖核酸(DNA)的复制机能,并首次分离出复制所需的酶。1965年,他年届18岁已和父亲、还有P.伯格合写论文"与结晶性酵母细胞色素b2相关的DNA异种性",三位作者先后都荣获诺贝尔奖。70年代他在英国做博士后研究时,在真核细胞的核中首次发现了一种蛋白复合体——核小体,上面缠绕着的染色体DNA大约含有200个碱基对。1981年,他和1982年度诺贝尔化学奖得主A.克卢格共同撰文介绍他们在核小体研究上的最新进展。此后,他的研究重点逐渐转向真核转录的分子基础。细菌是科学界第一个用于转录过程研究的生物模型,为了建立合适的真核生物模型,他和他的小组用了10年时间才培育出酵母细胞体系。

2001年,他在美国《科学》杂志上公布了世界上第一张核糖核酸(RNA)-聚合酶的全动态照片,第一次揭示了真核基因转录过程的真相。为了捕捉这一过程,他想了一个绝妙办法:在酵母细胞RNA链形成过程中,从溶液中取走一个必需的碱基对而使转录停止,采用X射线拍摄这些分子的晶体,再让计算机得出分子结构,再现了RNA链形成过程,以及DNA分子、聚合酶和RNA在转录过程中的精确位置。

他还发现了控制转录过程的"调节器"分子复合体,它是指挥特定遗传密码的开关,只转录生成特定组织的信息。诺贝尔奖公告称,调节器的发现是"认识转录过程的一个真正里程碑";而他所揭示的真核生物体内细胞基因的转录机制,具有医学上的"基础性"作用,不仅有助于进一步弄清人类多种疾病的成因,而且也深化了对于细胞发育机能的理解。

科恩伯格也指出,他的研究组中有来自欧洲、日本和中国的专家学者50多人,他的获奖也是科学界对研究集体智慧的承认。此外获1997年以色列哈维奖,2002年默克奖、帕塞罗癌症研究奖、梅耶奖,2005年斯隆奖等。 (李啸虎)

霍维茨,H. R.(Horvitz, Howard Robert) 美国人,1947年5月8日生于美国芝加哥。分子生物学、遗传学、医学。

双亲都是政府公务员。1968年获美国马萨诸塞理工学院数学与经济学学士学位。1972年获美国哈佛大学生物学硕士学位,1974年获该校博士学位。同年到英国卡文迪许分子生物学实验室从事博士后研究。1978年到美国马萨诸塞理工学院生物系执教,1986年任生物学教授;1988年任该校休斯医学研究所研究员和稽查员。2001年任麦克戈文人脑研究院研究员。1991年当选为美国国家科学院院士。1995年任美国遗传学会会长。

"细胞死亡"研究领域的领军人物之一。20世纪60年代末,英国卡文迪许分子生物学实验室的S.布伦纳通过10多年考察和研究后,决定选取新杆状线虫作为研究生命个体发育的实验模型。70年代,当时跟随布伦纳研究线虫的J. E.苏尔斯顿发现线虫存在"程序性细胞死亡"的奇特现象,但未能弄清其调控机制是什么。70年代中期,霍维茨也跟随布伦纳从事博士后研究,他接过了苏尔斯顿研究的接力棒,试图利用遗传突变方法去寻找负责“程序性细胞死亡”或“细胞凋亡”的基因。1978年回国后，继续深入研究这一课题。1986年宣告发现并克隆出线虫中控制细胞死亡的关键基因，描绘了这些基因的特征，揭示了这些基因怎样在细胞死亡过程中相互作用。此后，他又发现人体细胞也存在凋亡基因，并弄清楚了细胞凋亡是一个广泛存在于从低等生物到高等生物的活动机制。诺贝尔奖评审小组在评价他的贡献时指出，他确认了线虫的头两个“死亡基因”，并证明人类拥有和这两个“死亡基因”中的一个类似基因。在他的研究基础上，科学界目前已知道线虫中控制细胞死亡的大多数基因都在人体上存在。

由于布伦纳、苏尔斯顿和霍维茨相继对“个体发育和程序性细胞死亡过程的基因调节”所作的开创性研究，3人分享2002年诺贝尔生理学或医学奖。评审小组指出，三位科学家的这些发现对现代医学十分重要，有助于研究许多疾病的发病机理。

他还获得近20项其他奖励，其中有：1986年斯宾塞神经生物学奖、1993年马蒂亚奖、1999年盖尔德尼尔基金国际奖、2000年法国科学院迈尔奖、2001年美国遗传学会奖章等。（宣焕灿）

维绍斯，E. F.（Wieschaus, Eric Francis） 美国人，1947年6月8日生于美国印第安纳州南本特。胚胎学、遗传学、发育生物学、分子生物学。

1969年获美国圣母大学理学士学位。1974年获耶鲁大学生物学博士学位。1975～1978年在瑞士苏黎世大学从事博士后研究工作。1978～1981年在德国海德堡任欧洲分子生物学实验室研究组组长。1981～1987年为普林斯顿大学生物系助理教授和副教授，1987年任分子生物学教授，2005年任该校斯奎布讲座教授。他同时在杜克大学教授遗传学和指导基因组项目，又是新泽西牙科与医科大学、约翰逊医学院兼职教授。是美国文理科学院院士、美国国家科学院院士。他的妻子也是分子生物学家、普林斯顿大学教授，他们生育有3个女儿。

他的大部分研究都和果蝇有关。自从他与C. J. 尼斯莱因-福尔哈德合作对胚胎发育的遗传机制作进一步的研究，并将成果发表于1980年的《自然》杂志后，促使许多科学家在其他物种中寻找与发育有关的基因，进一步阐明胚胎发育的调控机制，例如人们发现类似或相同的基因，如“双胸复合体基因”在更高等的生物和人类中也同样存在，并证实它们在进化中起了相同或类似的功能。他们的发现不仅揭示了胚胎发育的机制，也使人们了解了一些先天畸形的原因，有些人类的疾病就是由于基因的变化造成的。由于维绍斯与E. B. 刘易斯、尼斯莱因-福尔哈德在早期胚胎发育的遗传控制研究中作出的重大发现，他们3人共享1995年诺贝尔生理学或医学奖。此外获1995年美国遗传学会奖章。（张慰丰）

切哈诺沃，A.（Ciechanover, Aaron） 以色列人，1947年10月1日生于以色列海法。生物化学、细胞化学、医学。

波兰裔犹太人，父亲是律师事务所办事员，母亲是英语教师。第二次世界大战后，双亲从波兰切哈诺沃移居以色列。1970年、1975年他先后获以色列希伯莱大学哈达萨医学院理学硕士、医学博士学位。1981年获以色列理工学院理学博士学位。期间，1972～1973年在以色列海法拉姆巴姆医疗中心任实习医生，1974～1977年在以色列海军服役，任随军医生。1978～1981年4次在美国费城福克斯·蔡斯癌症研究中心做访问学者。1984年在美国马萨诸塞理工学院生物学系、怀德海研究所从事博士后研究。1977年至今在以色列理工学院医学科学研究院生物化学系任教，1987年任副教授，1992年任教授，1993～2000年出任院长，2002年任杰出研究教授。1985年至今，在美国、日本、瑞典等多个国家的大学任客座教授。

在探索蛋白质降解机制方面作出了重大贡献。20世纪40年代，科学界已发现生命体的蛋白质在完成一定功能后会被降解，以避免变成体内“垃圾堆”而导致个体致病，但其中机理长期不明。70年代后期，A. 赫什科开始研究蛋白蛋降解机制，并取得阶段性成果。80年代初期，切哈诺沃跟随赫什科从事博士后研究，他们一起到美国和I. 罗斯进行一系列合作研究。他们三人发现，一种被称为泛素的多肽在需要能量的蛋白质降解过程中扮演着重要角色。这种多肽分子量为8500、由76个氨基酸组成，在70年代中期首次从小牛胰脏中分离出来。他们进一步发现了蛋白质降解机理：原来细胞中存在着各有分工的E_1、E_2和E_3三种酶。E_1负责激活泛素分子，并将之运送到E_2上；E_3具有辨认报废蛋白质的功能；E_2在E_3指引下把泛素分子绑在报废蛋白质上，当被绑泛素分子达到一定数量的泛素链后，就把报废蛋白质运往作为“垃圾处理厂”的细胞蛋白酶体进行降解。蛋白酶体是一个封闭桶状结构，通常一个人体细胞中含有3万个蛋白酶体，它将蛋白质切成7～9个氨基酸组成的短链供继续使用。1979年12月10日，美国《国家科学院学报》连续发表他们共同撰写的两篇文章，后被诺贝尔化学奖评选委员会称为“突破性成果”，奠定了获得诺贝尔奖的基础。因这项出色的研究工作，他和导师A. 赫什科以及合作者罗斯3人共享2004年诺贝尔化学奖。（宣焕灿）

切赫，T. R.（Cech, Thomas Robent） 美国人，1947年12月8日生于美国伊利诺伊州芝加哥。分子生物学、生物化学、酶学。

1970年在艾奥瓦州格林奈尔学院获化学文学士学位。1975年在伯克利加利福尼亚大学获化学博士学位。随后去马萨诸塞理工学院从事博士后研究。1978年任科罗拉多大学助理教授，1983年任教授，1988年兼任霍华德·休斯医学研究所调研员，1990年任杰出化学与生物学教授。2000年任马里兰州霍华德·休斯医学研究所董事长。1987年当选美国国家科学院院士。1988年当选美国文理科学院院士。

主要从事核糖核酸(RNA)剪接、染色体结构和转录调节、核酸与化学的光化学交联,以及四膜虫染色体外基因的结构等研究。1982年,和同事在研究四膜虫的一种RNA时,发现这种RNA能够催化切开和拼接,进而除去自己的一部分。这几乎就是一种酶具有的作用,他命名具有酶性质的RNA为核酸酶。随后又发现核酸酶还能催化其他RNA的装配,它是一种名副其实的酶。利用拼接基因技术,设计了用重组DNA(脱氧核糖核酸)模板合成截短的前体RNA。将DNA在大肠杆菌里增殖,然后加以纯化,再添加纯的大肠杆菌使之转录成RNA再从溶液中去掉这种酶。由此得到的RNA从未接近过细胞,因此不含其他的拼接酶。这个过程称之为自我剪接。这个发现迅速引起人们的极大兴趣。

1985年,他确认四膜虫rRNA(核糖体核糖核酸)的内含子是地地道道的酶,除能独自切除自己并接合两侧的外显子和催化两个以上的内含子寡聚化反应外,更重要的是它能如RNA聚合酶一样,以寡聚核苷酸为底物,在自己携带的分子内模板上合成出多聚核苷酸。由于和奥尔特曼从事的研究,使生物化学出现了一个崭新的领域——分子生物学,它为基因技术提供了一个新工具,从而可开创一种新的预防疾病的方法,就是用它来消除能引起感染(如感冒)而有害的核糖核酸分子,同时为研究生命起源提供了有力的线索。由于和S.奥尔特曼分别独立地发现了某些RNA分子具有酶的作用而共获1989年诺贝尔化学奖。

主要著作有《核糖核酸的世界》(1980年初版;1999年再版与他人合著)、《核糖核酸的双重生活》(1989年)、《核糖核酸分子生物学》(1995年)、《我们和酵母、苍蝇、蠕虫和老鼠共有的基因》(2003年,与他人合著)、《水资源原理》(2004年)、《文科学院的科学》(2005年)等。除诺贝尔奖外,还获1988年荷兰皇家科学院海内肯奖,1988年美国拉斯克基础医学研究奖,1995年美国国家科学奖章等。

(朱啸宇)

布莱克本,E. H.(Blackburn, Elizabeth Helen) 澳大利亚、美国双重国籍。1948年11月26日生于澳大利亚塔斯马尼亚岛的霍巴特。*遗传学、酶学、分子生物学、生物医学。*

双亲都是医师。1970年、1972年先后获墨尔本大学理学学士、理学硕士学位。1975年获英国剑桥大学达尔文学院哲学博士学位。同年到美国耶鲁大学高尔实验室从事博士后研究。1978年起任教于伯克利加利福尼亚大学分子生物学系。1990年任旧金山加利福尼亚大学分子生物学和免疫学系生物学与生理学教授,1993～1997年任该系妇女部主任。1997年任约翰斯·霍普金斯大学医学院教授。1998年任美国细胞生物学会会长。2001～2004年任美国总统生物伦理学顾问委员会成员。2010年任美国癌症研究会会长。1991年当选为美国文理科学院院士。1992年当选为英国皇家学会外籍会员。1993年当选为美国国家科学院院士。先后获哈佛大学、耶鲁大学荣誉理学博士学位。

1978年,她发现细胞染色体末端的"帽子"(端粒)是由6个碱基对串联并重复序列20～70次形成的。1980年起,她和哈佛大学医学院J. W.佐斯塔克合作,成功地将单细胞生物四膜虫的核糖体DNA端粒添加到酵母染色体末端,发现这些重复序列可随后者的复制得以保留,随后发现正常酵母染色体末端也存在短的端粒。1982年他们在《细胞》杂志上发表论文,宣布发现端粒的一种独特DNA序列能保护染色体免于退化,并推测细胞内存在负责添加端粒末端重复序列的酶。1984年圣诞节那天,她和自己研究生格雷德(C. Greider)在实验中证实端粒酶存在。端粒是细胞内染色体末端的"保护帽",而端粒酶在端粒受损时能够恢复其长度。1987年,她和格雷德发现,端粒酶含有RNA片段和蛋白质,RNA作为模板以延长染色体的端粒。这个出乎意料的发现表明,在生命起源的早期,细胞所有的核心活动将是由RNA而不是DNA主导。90年代起,人们发现端粒同医学领域三大难题,即癌症、特定遗传病和衰老都有密切联系,端粒变短同数种老化疾病有关;大多数癌细胞则利用端粒酶实现扩散。2004年,她又发现端粒变短和慢性压力也有关。

因发现端粒和端粒酶保护染色体机理,和J. W.佐斯塔克、C.格雷德分享2009年诺贝尔生理学或医学奖。此外3人分享2006年美国拉斯克基础医学奖。同格雷德分享的奖项还有:2006年威利生物医学科学奖,2007年霍维茨奖,2009年埃利希与达姆斯泰特尔奖。此外获其他奖项近10项,其中有1988年利利分子生物学和免疫学研究奖,1990年美国国家科学院分子生物学奖、1998年加拿大盖特纳国际奖,1999年哈维奖,2001年斯隆奖,2004年海内肯奖,2009年埃利希与达姆斯泰特尔奖等。

(李啸虎)

谢克曼,R. W.(Schekman, Randy Wayne) 美国人,1948年12月30日生于美国明尼苏达州圣保罗。*细胞与分子生物学、生物物理化学、分子遗传学、病理学。*

1971年获洛杉矶加利福尼亚大学分子科学文学士学位。随后3年中,作为交换生留学英国爱丁堡大学。师从A.科恩伯格(1959年诺贝尔生理学或医学奖得主),1975年以论文"一种多酶DNA复制反应的分解和重构"获斯坦福大学博士学位。进行两年博士后研究。1976年起先后任教于伯克利加利福尼亚大学生物化学系、分子与细胞生物学系,1984年任副教授,1994年任教授。1991年兼任霍华德·休斯医学院生物化学与分子生物学部资深调研员。曾任《美国国家科学院院刊》主编。2011年出任由霍华德·休斯医学院和德国普朗克学会联合出版的《生命网》(eLife)网络杂志主编。1992年当选为美国国家科学院院士。2013年当选为英国皇家学会外籍会员。

长期致力于从分子层次上研究和描述真核细胞进

行成膜装配和囊泡运输的过程和机理。他以酵母菌细胞作为生物模型，发现了能控制细胞传输系统不同功能的关键蛋白的基因编码。通过反复筛选、分离和克隆，获得在细胞转运机制上有明显缺陷的三类突变基因。揭示了由于相关基因的突变和遗传，导致囊泡因运输不畅和混乱而发生“拥堵”在细胞的某些部位，“类似于糟糕的公共交通系统的状况”。谢克曼及其研究团队的成果，极大地改变了分泌生理学领域的原有看法，从先前描述性和形态学的浅表深入到生物分子和物理化学层次的内里，并被进一步应用于有关蛋白质运输受阻的遗传病研究。在谢克曼之后，20 世纪 90 年代美国的 J. E. 罗思曼发现一种会使囊泡基座和目标细胞膜融合蛋白质复合物。基于前两人的研究，后来德国的 T. 祖德霍夫则发现并解释了囊泡如何在指令下精确释放运载物质的调节机理。

他们三人的研究表明，作为细胞中的一个主要交通控制系统，这种囊泡运输构成了许多重要生理功能的分子基础，包括影响细胞本身的分裂繁殖，大脑神经细胞间的信号联络，体内的胰岛素和其它激素的分泌，以及养分摄取和吸收等，避免了细胞内部的活动陷入无序和混乱。反之，这一过程的任何遗传基因缺陷和功能障碍，都会导致多种疾病的发生，例如糖尿病、红斑狼疮、重症癫痫、肉毒中毒等代谢病、免疫病、神经病和感染病等等。

获多项重要奖励，其中有：2002 年拉斯克基础医学研究奖（与罗思曼分享）、2002 年哥伦比亚大学霍维茨奖（与罗思曼分享）、2010 年南加利福尼亚大学凯克医学院马斯利奖等；因为“极其精确地揭示了细胞内物质运输的控制系统”，他和 J. E. 罗思曼、T. 祖德霍夫三人共享 2013 年诺贝尔生理学或医学奖。

诺贝尔奖评选委员会在声明中说，三位获奖者的研究成果解答了“细胞如何组织传输”之谜，揭示了细胞生理学的一个基本过程：细胞如何在准确的时间将其内部物质传输至准确的位置。这些发现对于我们深入理解细胞的认识“影响重大”。而对其机理的精确揭示，有助于研究人员更好地了解一系列疾病发生的病理学和毒理学原因，从而也为开发相关新药指明了方向。

（李啸虎）

努尔斯，P. M.（Nurse, Sir Paul Maxime） 一译纳斯。英国人，1949 年 1 月 25 日生于英国诺福克郡诺里奇。细胞生物学、肿瘤医学。

父亲是个机修工，母亲做过厨师和清洁工。他于 1970 年获英国伯明翰大学学士学位。1973 年获东英格兰大学博士学位。后在爱丁堡大学生物实验室做博士后研究。留校任研究员。1984 年任英国帝国癌症研究基金会（今英国癌症研究中心）实验室研究员。1987 年任牛津大学微生物系教授，1988 年任主任。1993 年重返英国帝国癌症研究基金会任细胞周期实验室研究主任，1996 年出任该基金会会长。2002 年任英国癌症研究中心行政主管。2003 年赴任美国纽约市洛克菲勒大学校长和教授，兼任酶遗传学与细胞生物学实验室主任。1989 年当选为英国皇家学会会员。1995 年当选为美国国家科学院外籍院士。1999 年被英国王室封爵。

在“细胞周期的调控”研究领域作出了重大贡献。以有丝分裂方式不断增殖的真核细胞，从一次分裂结束到下一次分裂结束所经历的时间间隔称为细胞周期。细胞周期的一个核心任务，是将作为遗传物质的 DNA（脱氧核糖核酸）复制成两份完整的拷贝，并通过细胞分裂的方式将两份拷贝准确地分配到两个子细胞内。一个细胞周期的不同阶段还可以划分为细胞进行有丝分裂的时期（M 期）和细胞内 DNA 合成期（S 期）以及两个间隙期 G_1 期和 G_2 期，前者是指 M 期结束后到 S 期开始前的间隙期，后者是指 S 期结束到下一个 M 期开始前的间隙期。20 世纪 60～70 年代，美国细胞生物学家 L. H. 哈特韦尔通过对单细胞生物芽殖酵母的研究，率先发现了一个控制芽殖酵母细胞周期从 S 期向 M 期转换的特殊基因。此后，努尔斯选择了裂殖酵母来寻找控制细胞周期的基因，他采用与哈特韦尔相似的研究方法发现并克隆了一个调控裂殖酵母的细胞周期的基因，还发现，该基因编码一个分子量为 34000 的蛋白激酶。1987 年，他又在人体细胞中找到了与调控芽殖酵母和裂殖酵母的细胞周期同源的基因。这一成果证明，从低等生物到高等生物，细胞周期都通过同样的机制进行调控，其简化的调控图景可以描述为：特定基因编码特定的蛋白激酶，后者启动并磷酸化特定的蛋白质，这些蛋白质性质由此而来的改变，使得整个细胞从 S 期进入 M 期。对复杂程度十分不同有机体而言，调控细胞周期的具体机理会有较大差别。

因对细胞周期关键调控因子特别是对蛋白激酶作用的发现，他与美国的哈特韦尔、英国的 R. T. 亨特共享 2001 诺贝尔生理学或医学奖。此外获 1992 年加拿大盖特纳基金会国际奖、1997 年美国癌症基金会小斯隆奖、美国 1998 年美国拉斯克基础医学奖。 （宣焕灿）

阿格雷，P.（Agre, Peter Courtland） 美国人，1949 年 1 月 30 日生于美国明尼苏达州诺斯菲尔得。细胞生物学、生物化学、医学。

化学教授的儿子。1970 年获美国明尼阿波利斯市奥格斯堡学院化学学士学位。1974 年获约翰斯·霍普金斯大学医学院医学博士学位，留校接受博士后训练一年。1975 年起在北卡罗莱纳大学从事博士后研究和担任研究员，并获得俄亥俄州凯斯西储大学内科住院医生职业资格。1981 年返回约翰斯·霍普金斯大学，先后在医药系和细胞生物学系任教，1993 年起任生物化学系全职教授。2005 年任杜克大学医学中心副主任。2000 年当选为美国国家科学院院士。2003 年当选为美国文理科学院院士。

在人体细胞中水通道的研究方面作出了开拓性的贡献。水约占人体重量的 70%，是人体中最重要的物质。早在一个世纪前，就有人猜测极其众多的人体细胞中应存在某种特殊的输送水分子的通道，但真正率先搞清楚人体细胞中水通道真相的则是阿格雷。1990 年，他在研究人体红细胞的几种膜蛋白时发现一种肾蛋白，通过测量这种肾蛋白的肽序列和相应的 DNA（脱氧核糖核酸）序列，首次发现了人体细胞中的水通道，它实际上是一种特殊的蛋白质。他设计了一个巧妙的实验，即将含水通道的蛋白质和不含水通道的蛋白质放在水溶液中，结果前者因吸水而膨胀而后者没有变化。接着，他又把含有水通道的蛋白质植到自己研制的一种不透水的人工细胞质膜上，结果水就通过含有水通道蛋白质穿过了这种人工细胞质膜。于是，他证实了自己对水通道蛋白质的发现，并将它命名为水孔（water pore）。1992 年他和同事格吉诺（Bill Guggino）将有关研究成果在美国《科学》杂志上首次公开发表。

此后又经过多年的努力，于 2000 年与他的合作者一起共同发表了第一张水通道的高清晰度立体照片。该照片揭示，狭窄的水通道上的蛋白质带正电荷，它能排斥带正电的质子或 H_3O^+ 粒子使之无法通过，但水分子由于不带荷电，所以可以顺利通过。由于阿格雷的上述杰出研究成果，他与揭示人体细胞内离子通道的美国科学家 R. 麦金农分享 2003 年诺贝尔化学奖。

（宣焕灿）

罗思曼，J. E.（Rothman，James Edward） 美国人，1950 年 11 月 3 日生于美国马萨诸塞州黑弗里尔。细胞与分子生物学、生物物理学、生物化学、生理学。

1971 年获美国耶鲁大学物理学文学士学位。1976 年获哈佛大学医学院生物化学博士学位。同年到马萨诸塞理工学院进行两年博士后研究。1978 年任教于斯坦福大学生物化学系。1988 年任教于普林斯顿大学。1991 年起任纽约市纪念斯隆-凯特林癌症研究中心细胞生物化学和生物物理学系首任系主任、斯隆-凯特林研究院董事会副主席。2003 年任哥伦比亚大学内科与外科医师学院生理学教授、哥伦比亚大学化学生物学研究中心主任。同年出任美国通用电气公司（GE）医疗保健集团首席科学顾问。2008 年任耶鲁大学医学院细胞生物学系主任、生物医学科学华莱士讲座教授，兼任耶鲁大学西校区纳米生物学研究所所长、耶鲁大学高通量细胞生物学中心执行主任、化学教授等职。同时兼任哥伦比亚大学生理学和细胞生物物理学客座教授。1993 年当选为美国国家科学院院士。1994 年当选为美国文理科学院院士。1995 年当选为美国国家科学院附属医学研究院院士。

20 世纪 70 年代后期起，从事膜蛋白的糖基化研究。长期以来，罗思曼及其研究团队致力于研究如何揭示细胞内囊泡运输和蛋白质分泌的内在机制，具体方向包括：(1)囊泡出芽和融合的生物化学和生物物理机制；(2)在胞外分泌（胞吐作用）和突触传递过程中对囊泡融合的细胞调节控制；(3)从细胞系统观角度考察高尔基体组织的结构和功能。在罗思曼之前，美国的 R. W. 谢克曼已发现了能够控制细胞传输系统不同方面的三类基因，从分子层次上为了解囊泡运输机制提供了新线索。20 世纪 90 年代，罗思曼发现了一种会使囊泡基座和特定目标细胞膜对接和融合的特异蛋白质复合物。在两者相互融合过程中，囊泡会以类似拉链的方式选择和目标膜上特定蛋白进行定向结合。他的研究详细地描述了微小囊泡状结构如何定向运载激素、生长因子和细胞内其他关键性物质到达它们的正确目的地，并适时在那里精准释放运载物。基于他们两人的研究，后来德国的 T. 祖德霍夫则发现并解释了囊泡如何在指令下精确释放运载物质的调节机理。

他们三人的研究表明，作为细胞中的一个主要交通控制系统，这种囊泡运输构成了许多重要生理功能的分子基础，包括影响细胞本身的分裂繁殖，大脑神经细胞间的通信联络，体内的胰岛素和其它激素的分泌，以及养分摄取和吸收等，避免了细胞内部的活动陷入无序和混乱。反之，这一过程的任何遗传基因缺陷和运输功能障碍，都会导致多种疾病的发生，包括如糖尿病、红斑狼疮、重症癫痫、肉毒中毒等等代谢病、免疫病、神经病和感染病等。

获近 20 项重要奖励，其中有：1989 年德国洪堡奖、1990 年德国维兰德生物化学奖、1994 年罗森斯蒂尔生物医学科学奖、1995 年德国李普曼奖、1996 年盖特纳国际奖、1997 年美国国家科学院劳恩斯伯里奖、2000 年海内肯奖、2002 年拉斯克基础医学研究奖（与谢克曼分享）、2010 年卡夫利神经科学奖（与 T. 祖德霍夫等三人分享）等；因为“极其精确地揭示了细胞内物质运输的控制系统”，他和 R. W. 谢克曼、T. 祖德霍夫三人共享 2013 年诺贝尔生理学或医学奖。

诺贝尔奖评选委员会在声明中说，三位获奖者的研究成果解答了“细胞如何组织传输”之谜。声明指出：“这些发现对于我们深入理解细胞内外物质如何适时精准投放的认识影响重大”；而对其机理的精确揭示，有助于研究人员更好地了解一系列疾病发生的原因，从而也为开发相关新药指明了方向。

（李啸虎）

佐斯塔克，J. W.（Szostak，Jack william） 美国人，1952 年 11 月 9 日生于英国伦敦。遗传学、酶学、基因重组工程、分子生物学、生命起源与进化。

工程师之子。在加拿大蒙特利尔和渥太华长大。15 岁高中毕业。1971 年获加拿大麦吉尔大学细胞生物学专业理学士学位。同年入读美国康奈尔大学，师从著名美籍华裔分子生物学家吴瑞（Ray Wu）教授，1977 年获生物化学博士学位。留校进行博士后研究。1979 年到美国哈佛大学医学院法伯癌症研究所组建佐斯塔克实验室，同时在生物化学系任助理教授，1984 年任遗传学系副教授，1988 年任遗传学教授。1984 年兼任马萨诸塞总医院分子生物学部研究员，2000 年任资深讲座研究员。1998 年兼任霍华德·休斯医学研究所研究员。1998 年当选为美国国家科学院院士。1999 年当选为纽约科学院院士。是美国文理科学院院士。

当代遗传学研究领域领军人物之一。在遗传学多个领域，如基因重组、端粒和染色体结构、核酶、体外筛选以及生命起源等都有卓越贡献。1971 年在吴瑞实验室开始早期研究，在 DNA（脱氧核糖核酸）和细胞色素 C 基因表达上获初步成就。1979 年起进行酵母转化实验以研究基因重组机理。1981 年发现 DNA 双链游离末端具有极高重组活性，随后又发现 DNA 双链断裂重组极似正常细胞减数分裂过程重组，据此提出著名的双链断裂修复模型，认为 DNA 双链断裂区以对应同源 DNA 链为模板进行修复而实现基因转化。1980 年起和 E. H. 布莱克本合作，成功将四膜虫核糖体 DNA 末端复序列添加到酵母染色体末端，发现这些序列可随后者的复制得以保留，随后发现正常酵母染色体也存在端粒。1982 年他们在《细胞》杂志上发表论文，宣布发现端粒的一种独特 DNA 序列能保护染色体免于退化，并推测细胞内存在负责添加端粒末端重复序列的酶。

研究催化 RNA（核糖核酸）的核酶，发现核酶中的鸟苷酸和其他核甘三磷酸的结合位点。1983 年，与学生默里（A. Murray）制备第一个人工真核生物体——人工酵母染色体。1984 年布莱克本和研究生格雷德（C. Greider）证实端粒酶存在。90 年代起，人们发现端粒同医学领域三大难题，即癌症、特定遗传病和衰老都有密切联系，端粒变短同数种老化疾病有关；大多数癌细胞则利用端粒酶实现扩散。

1990 年，他先后主持开发出基因序列的体外筛选技术、肽和蛋白质的定向筛选技术。他们从随机序列 RNA 中分离出大量新型核酶，可催化多种物质甚至蛋白质代谢，证明生命早期 RNA 发挥着关键作用。

21 世纪起，主要研究生命起源、早期进化和实验室合成，以及拥有特定功能的 RNA、DNA 和蛋白质的体外定向演化。

因发现端粒和端粒酶保护染色体机理，和 E. H 布莱克本、C. 格雷德分享 2009 年诺贝尔生理学或医学奖。此外 3 人分享 2006 年美国拉斯克基础医学奖。另获 1994 年美国国家科学奖章，2000 年美国遗传学会金奖，2008 年海内肯奖等。（李啸虎）

绍斯塔克，J. W.（Szostak, Jack William） 美国和加拿大双重国籍，1952 年 11 月 9 日生于英国伦敦。分子与细胞生物学、生物工程学、遗传学、医学。

在加拿大蒙特利尔和首都渥太华长大。15 岁高中毕业。19 岁获加拿大麦吉尔大学细胞生物学理学士学位。师从华裔生物学家吴瑞，1977 年获美国康奈尔大学生物化学博士学位，并留校开展博士后研究。1979 年到哈佛大学医学院悉尼·法伯癌症研究所（今为达纳—法伯癌症研究所）任助理教授，建立自己的实验室，1983 年升任副教授，1988 年起任遗传学终身教授。期间 1984 年受邀赴波士顿市马萨诸塞总医院分子生物学系任教 4 年。兼任马萨诸塞总医院亚历山大·里奇杰出调研员，美国霍华德·休斯医学研究院兼职研究员。是美国国家科学院、美国文理科学院、纽约科学院院士。

在生物工程学和遗传学领域做出了开创性贡献。1980 年，他和 E. H. 布莱克本合作检测细胞内染色体末端的根冠即端粒 DNA（脱氧核糖核酸）的功能，在将四膜虫端粒 DNA 接上酿酒酵母线性 DNA 两端以形成人工染色体时，发现外源 DNA 能够稳定存在，确认了端粒具有保护染色体作用，并首次测得酵母端粒 DNA 序列。1984 年底，布莱克本的博士生 C. W. 格雷德又进一步鉴别出了参与端粒 DNA 复制的一种逆转录酶——端粒酶。接着，他致力于人工构建一种遵循达尔文进化理论的、可自我复制的原生细胞，以此研究生命起源和初始演化轨迹。1983 年他和同事将酵母菌染色体着丝粒、自主复制序列和端粒连接在一个载体上，构建了世界上第一个酵母人工染色体，为后人绘制哺乳动物基因图、发展操控或重组基因技术创造了条件。他在该领域的成就，也是科学界完成宏大的人类基因测序计划的重要工具之一。20 世纪 90 年代，他专注于酶类的 RNA（核糖核酸）研究，有诸多新发现，并开发出一些相关的基因技术。

由于共同“发现端粒和端粒酶如何保护染色体”，他和布莱克本、格雷德分享 2009 年度诺贝尔生理学或医学奖。此外还获其他奖励多项，其中有：1994 年美国国家科学院分子生物学奖、2000 年美国遗传学会奖章、2006 年拉斯克基础医学研究奖（和布莱克本、格雷德分享）、2008 年海内肯奖等。（李啸虎）

王志新（Wang Zhixin） 中国江苏省人，1953 年 8 月 10 日生于北京。生物化学、生物物理学。

原籍江苏金坛。干部家庭出身。1969～1973 年在黑龙江生产建设兵团成边务农。1973～1977 年就读于清华大学化学与化学工程系。毕业留校任教。1981～1988 年在中国科学院生物物理研究所读研究生，先后获硕士、博士学位。留所工作至今，同年破格聘为副研究员，后历任研究员、所长、生物大分子国家重点实验室主任等职。1989～1993 年期间，先后在美国康奈尔大学、北达科他州立大学从事研究。兼任北京市生物化学会副理事长等职。1997 年当选为中国科学院院士，1999 年当选为第三世界科学院院士。

首次运用统计力学给出非解离-聚合的别构酶模型的统一理论框架；导出描述 pH-酶活性关系通式，提出确定寡聚酶分子最小功能单位数目的动力学方法，发展和完善酶活性不可逆抑制动力学理论体系，获 1990 年中国科学院自然科学奖一等奖、1993 年国家自然科学奖二等奖；提出确定蛋白质与配体结合的化学计量和解离常数的新方法，首次给出描述竞争性配体置换、三位点结合模型的解析表达式，比传统方法更简便和准确；

系统研究蛋白质分子磷酸化和去磷酸化过程中的底物反应动力学，提出测定蛋白磷酸酯酶活力、磷酸化酶激酶活力两个新方法，可对反应物进行高灵敏度连续监测；成功解决蛋白质二级结构预测中的若干重要理论问题，其中提出用信息量作为评价预测方法价值的客观指标，提出检索抽取蛋白质数据库信息新方法，制定最佳预测规则方案，以及用统计学方法估计蛋白质折叠类型总数仅为650种左右等。

多次获奖，其中还有1993年第三届中国科学院青年科学家奖一等奖、1994年第二届中国青年科学家奖、1997年香港求是基金会“杰出青年学者奖”等。

（李啸虎）

裴钢（Pei Gang） 中国辽宁省人，1953年12月11日生于辽宁沈阳。细胞生物学、分子药理学、生物化学。

1981年、1984年先后获沈阳药科大学学士、硕士学位。1985在比利时国立格恩特大学世界卫生组织学习班进修药物学。1986年在瑞典卡罗林斯卡研究所临床药理系进行访问研究。1991年获美国北卡罗来纳大学博士学位。其后在美国杜克大学进行博士后研究。1995年至今在中国科学院上海生物化学与细胞生物学研究所工作，研究员，曾任中国科学院和德国马普学会联办的中国青年科学家小组组长等职，2000年起任中国科学院上海生命科学研究院院长。2007年任同济大学校长。兼任中国细胞生物学会副理事长、理事长，亚太细胞生物学组织主席，中药全球化联盟副主席等职。1999年当选为中国科学院院士。2001年当选为第三世界科学院院士。

主要从事以阿片受体为模型研究细胞信号转导及其调控机理，获多项重要成果。利用阿片受体G蛋白偶联变异，验证了受体激活平衡态的假说；发现G蛋白偶联的C末端在激动剂作用下磷酸化会导致阿片受体脱敏；开展阿片类受体分子结构与功能研究；研究阿片受体的不同亚型信息传导特征；研究阿片类药品耐受性、依赖性和成瘾性的分子机理；揭示阿片受体信号脱敏和负反馈调节在阿片成瘾性形成中的重要作用；证明兴奋性氨基酸受体与阿片受体信号转导途径间存在互扰效应；发现氧化低密度脂蛋白可经过G蛋白途径激活蛋白激酶p38而抑制平滑肌细胞的生长；发现中药有效成分天花粉蛋白能与人类免疫缺陷病毒（HIV）共受体结合，增强受体的激活从而发挥抗HIV作用；揭示五次跨膜的趋化因子受体具有正常七次跨膜G蛋白偶联受体的功能。

发表论文百余篇。多次获奖，其中有1997年求是科学技术基金会杰出青年学者奖，1999年何梁何利科学与技术进步奖，2002年、2007年国家自然科学奖二等奖，2010年陈 庚生命科学奖等。 （李啸虎）

张启发（Zhang Qifa） 中国湖北省人，1953年12月19日生于湖北公安。作物遗传学、分子生物学、基因工程。

1976年华中农学院（今华中农业大学）农学系毕业。留校任教，后任教授，历任生物技术中心主任，作物遗传改良国家重点实验室副主任、主任，生命科学技术学院院长等职。期间1982～1985年在美国戴维斯加利福尼亚大学留学，获博士学位并从事博士后一年。兼任亚洲水稻生物技术合作网络指导委员会主席、中国科学技术协会副主席等职。1999年当选为中国科学院院士。2000年当选为第三世界科学院院士。2008年当选为美国国家科学院外籍院士。

在美国留学期间，引进离散多元分析等新统计方法，对世界各地350份大麦品种进行27项性状试验和数据分析；运用现代分子生物学技术探讨群体遗传和生物进化若干根本问题；首次提出“槽转移”研究重复基因拷贝方法。1986年回国后，主持完成中外20余项有关植物和作物遗传学重要项目，其中：系统分析世界大麦遗传多样性及其遗传变异重要特点，提出世界栽培大麦东方、西方独立起源的观点；主持光敏核不育水稻的分子标记鉴定和定位研究，确定两个基因染色体位置，分析其基因效应和作用方式；以中国优良杂交稻“汕优63”为材料，在国际上率先开展较系统的分子标记水稻杂种优势遗传基础研究，深入分析杂种优势与分子标记杂合度关系；揭示大量的上位性遗传效应，提出“上位性是杂种优势重要遗传基础”的观点；定位20余个水稻重要主效基因和大量数量性状基因，制成高密度分子标记连锁图；应用分子技术培育出抗白叶枯病的优良杂交稻恢复系、米质改良的不育系，以及显著提高产量的转基因水稻。

发表论文近百篇。获1998年中国青年科学家奖、中华农业科学技术教育奖，2003年何梁何利科学与技术进步奖等。 （李啸虎）

祖德霍夫，T. C.（Südhof, Thomas Christian） 德国和美国双重国籍，1955年12月22日生于德国格丁根。分子与细胞生理学、脑与神经科学、生物物理化学、医学。

1975年从中学毕业后，先后在德国亚琛大学、美国哈佛大学学习医学。1977年入读德国格丁根大学，1982年获医学博士学位；同年获马克斯·普朗克学会格丁根生物物理化学研究所神经化学博士学位。1983年赴美国得克萨斯大学保健科学中心（今西南医学中心）进行两年博士后研究。1986年留该校任研究员并组建自己的实验室，在那里研究了20余年。同年在霍华德·休斯医学院兼职，1991年任调研员。2008年供职斯坦福大学医学院，先后任分子与细胞生理学、精神病学、神经病学教授，是戈尔斯坦讲座教授。2002年当选为美国国家科学院院士。2007年当选为美国国家科学院附属医学研究院院士。

长期致力于研究分子与细胞生理学、神经科学和行为科学，尤以研究大脑突触前膜神经元递质传输机制而知名。1982年研究神经元突触的博士论文，描述的是负责释放多种激素的嗜铬细胞的结构和功能，探讨神经内分泌细胞释放神经递质相关激素的机制，从此奠定了科学生涯的基础。他的研究工作的独到之处，在于20余年如一日地集中精力专攻突触前膜神经元领域。而在他之前，神经科学界的研究大多是针对突触后膜神经元及其在学习和记忆中的作用。随着发现“突触结合蛋白”(synaptotagmins)及其可调控神经递质释放作用，他进而发现突触前膜神经元的可塑性及其分子机制：突触结合蛋白通过感受游离钙离子而启动突触囊泡融合和神经递质释放。21世纪初，他发现突触前膜和突触后膜可通过两者携带的细胞粘附因子在突触间隙中形成蛋白桥结构，而这些蛋白基因的突变会导致脑信号传递的种种障碍。他的诸多研究，有助于人们继续深入理解某些中枢神经系统疾病（如癫痫、痴呆、阿尔茨海默氏症、帕金森氏症、精神分裂症和自闭症等）的发病原因。

研究表明，囊泡运输作为细胞的一个主要交通控制系统，构成了许多重要生理功能的分子基础。其中，美国的R. W.谢克曼发现了能够控制细胞传输系统不同方面的三类基因；美国的J. E.罗思曼发现一种会使囊泡基座和目标细胞膜融合的蛋白质复合物；基于前两人的研究，祖德霍夫则发现并解释了囊泡如何在指令下精确释放运载物质的调节机理。囊泡运输在细胞的物质输送交流的调控系统中起决定性作用，它影响细胞本身的分裂繁殖，大脑神经元细胞间的信号联络，体内的胰岛素和其它激素的分泌，以及机体的养分摄取和吸收等，避免了细胞内部的活动陷入无序和混乱。反之，这一过程的任何功能缺失，都会导致多种疾病的发生，例如糖尿病、红斑狼疮、重症癫痫、肉毒中毒等等代谢病、免疫病、神经病和感染病等。

获10多项重要奖励，其中有：1993年哥伦比亚大学斯宾塞奖（与R.席勒(Richard Scheller)分享)、1994年德国费尔德伯格奖、1997年美国国家科学院分子生物学奖（与R.席勒分享）、2004年瑞典卡罗琳斯卡医学院尤勒讲演奖、2008年美国生物物理学会卡茨奖（与他人分享）、2010年卡夫利神经科学奖（与J. E.罗思曼等三人分享）、2013年拉斯克基础医学研究奖（与R.席勒分享）；因为“极其精确地揭示了细胞内物质运输的控制系统”，他和美国的J. E.罗思曼、R. W.谢克曼三人共享2013年诺贝尔生理学或医学奖。

诺贝尔奖评选委员会在声明中说，他们三人的研究成果解答了“细胞如何组织传输”之谜。声明说：“这些发现对于我们深入理解细胞内外物质如何适时精准投放的认识影响重大”；而对其机理的精确揭示，有助于研究人员更好地了解一系列疾病发生的原因，从而为开发相关新药指明了方向。 （李啸虎）

麦金农，R.（MacKinnon，Roderick） 美国人，1956年2月19日生于美国马萨诸塞州伯灵顿。分子生物学、生物化学、神经生物学、医学。

邮局职员的儿子。1978年获布朗戴斯大学化学系生物化学学士学位。1982年获波士顿塔夫茨大学医学院医学博士学位。毕业后在伊斯雷尔医院完成内科医生实习期，并在布朗戴斯大学从事博士后研究。1989年起供职于哈佛大学医学院，先后任副教授、教授。1996年任洛克菲勒大学休斯医学研究院教授，霍华德·休斯医学研究所分子神经生物学与生物物理学实验室主任、督查员。2000年入选美国国家科学院院士。他的妻子也是化学家。

在细胞膜离子通道的结构与功能研究领域有卓越贡献。20世纪50年代，英国的A. L.霍奇金和A. F.赫胥黎共同阐明了乌贼巨大轴突细胞膜上的离子传导机制，接着澳大利亚的J. C.爱克勒斯也独立作出了类似发现，三人因此共同分享了1963年诺贝尔生理学或医学奖。但是他们当时并未弄清离子通道的结构和工作原理。一些人的后续研究暗示，水通道普遍存在于各种器官组织，然而直到1987年，仍然无人能直接证明水通道蛋白的存在。1988年，美国的P.阿格雷从红细胞和肾小管中分离出第一个膜蛋白，他发现这可能是人们寻觅已久的水通道。80年代后期，麦金农采用X射线衍射法，研究与人体细胞离子通道相似的链霉菌膜蛋白的细胞功能，于1998年获得了第一张高清晰度的离子通道三维结构图。他发现，位于通道上缘的过滤器选择性地让钾离子通过，却拒斥了体积较小的钠离子，这种结构的离子通道蛋白对钾离子有高选择性，每秒可通过一亿个离子的高运输速度，并发现离子通道存在相当于“阀”和“门”作用的分子开关机制，揭示了它们的工作原理，从原子层级上揭示了离子通道的结构和作用机理。

2002年，他和研究小组又获得钙离子、活化型钾离子通道的三维空间结构图，后又陆续发表了内整流型钾离子通道、电位调控型钾离子通道的部分或完整结构图。他不但揭开了离子选择性、通道开关、通道去活化等概念的神秘面纱，让后来的科学家能够以原子层级研究膜通道蛋白，更提供了多种神经、肌肉、心脏血管疾病的分子机制及未来药物设计的可能性。

由于以上贡献，他与P.阿格雷分享2003年诺贝尔化学奖。此外还获1999年拉斯克基础医学奖、2000年罗森斯蒂尔奖、2001年加拿大盖特纳基金国际奖等。

（宣焕灿）

法尔，A. Z.（Fire，Andrew Zachary） 一译菲尔。美国人，1959年4月27日生于美国加利福尼亚州圣克拉拉。分子生物学、生物化学、胚胎学、病理学。

15岁中学毕业。1978年获美国伯克利加利福尼亚大学数学系学士学位。同年到马萨诸塞理工学院P. A.夏普教授（1993年诺贝尔生理学或医学奖获得者）的实验室从事细胞生物学研究，1983年获该校生物学博士学位。毕业后去英国剑桥大学做博士后研究。1986～2003年任卡内基研究院胚胎学部研究员。2003年任斯坦福大学医学院遗传学与病理学系教授。兼任约翰斯·霍普金斯大学教授、美国卫生研究院国家生物中心和科学顾问委员会成员等职。2004年当选为美国国家科学院院士。

2006年诺贝尔生理学或医学奖获得者之一。长期研究细胞生物学、胚胎学。20世纪90年代中期开始，和马萨诸塞大学医学院的C. C.梅洛合作，选择秀丽隐杆线虫为生物模型，通过试验来揭示核糖核酸(RNA)

在生物遗传中的独特作用。1998 年 2 月，他们两人携其他同事在英国《自然》杂志上发表论文“双链 RNA 在秀丽隐杆线虫中有力而独特的遗传干扰作用”，宣布首次通过实验发现 RNA 具有直接干扰基因遗传的机制。该文详细介绍了双链 RNA 如何以一种非常明确的方式关闭了特定基因表达，让目标基因的表达“沉默”。而此前科学界数十年来一直以为，RNA 分子只是充当基因“蓝图”从脱氧核糖核酸（DNA）传到细胞蛋白质“制造厂”的中间“信使”。这一现象在生物学上现称为 RNA 干扰（RNAi），它让人们首次认识到，RNA 作用不可小觑，它可以使特定基因开启、关闭、更活跃或更不活跃，从而影响生物的遗传和发育。RNAi 技术被美国《科学》杂志入选全球科学 2002 年度十大突破。

诺贝尔奖公告指出：“他们的发现澄清了许多令人困惑、相互矛盾的实验观察结果，揭示了控制遗传信息流动的自然机制，从而开创了一个崭新的研究领域。”自 1998 年发现以来，RNA 干扰（RNAi）已成为一种强大的“基因沉默”技术，被广泛用于确定各种病症的基因根源。以 RNAi 为基础的基因组学新领域正在崛起，酝酿着当代治疗学的一场新革命。因此，两人共同分享了 2006 年诺贝尔生理学或医学奖。

在 2006 年诺贝尔奖宣布之后不久，法尔及其研究组又在《分子细胞蛋白质组学》杂志上发表了他们的最新进展：他们研究出一种能帮助观测体内细胞质中蛋白与蛋白相互作用的分析方法，可用以检测线虫 RNAi 和无意义介导衰变途径过程中蛋白的相互作用。

除诺贝尔奖外，他与梅洛还共享多种其他大奖：2003 年美国国家科学院分子生物学奖、洛克菲勒大学威利生物医学奖，2005 年布兰代斯大学罗森斯蒂尔医学研究杰出成就奖、盖尔德纳基金会国际奖、马沙纳奖，2006 年埃利希-达姆斯泰特奖等；此外单独获 1997 年马里兰州杰出青年科学家奖，2004 年生物化学与生物物理学海内肯奖等。（李啸虎）

梅洛，C. C.（Mello，Craig Cameron） 美国人，1960 年 10 月 18 日生于美国康涅狄格州纽黑文。分子生物学、生物化学、医学。

古生物学家之子。1982 年获美国布朗大学生物化学学士学位。1990 年获哈佛大学生物学博士学位。后在福瑞德·哈钦森癌病研究中心从事博士后研究。1994 年任马萨诸塞大学医学院分子医学教授。2000 年起兼任霍华德·休斯医学研究所调研员。2005 年当选为美国国家科学院院士。

2006 年诺贝尔生理学或医学奖得主之一。学生时代常常在假期跟随父亲在美国西部寻找和挖掘恐龙化石，对古生物学和生命起源问题有极大兴趣。20 世纪 70 年代末，兴趣开始转向基因工程，关注生物遗传与人类防病治病之间的关系。90 年代中期，在马萨诸塞大学医学院建立了自己的生物化学实验室，选用秀丽隐杆线虫作为生物模型，通过观察其胚胎发育来研究特定基因的不同功能。当他把提取的核糖核酸（RNA）溶液注射入线虫幼虫时，惊讶地发现：RNA 的干扰从一个细胞传到另一个细胞，很快便扩展到线虫全身，全然与注射点位置无关，而且一代代相传下去。为了进一步揭开其内在奥秘，他和卡内基研究院的 A. Z. 法尔开展合作研究，1998 年两人在英国《自然》杂志上发表论文，详细介绍了极小片段的核糖核酸（RNA）是如何“愚弄”细胞，以有效关闭特定基因的方式，从而摧毁了信使核糖核酸（mRNA）制造蛋白质的能力。

数十年来，科学界在研究细胞中的遗传密码来回传送给蛋白质“制造厂”的机制方面，一直以为 RNA 分子只不过起到脱氧核糖核酸（DNA）指令蛋白质制造的中间信使作用。他们发现，双链 RNA 以一种非常明确的方式抑制了原有的基因表达，短短的片段就足以让目标基因的表达“沉默”。这一现象在生物学上称为 RNA 干扰。遗传学上的这一重大突破告诉人们：核糖核酸分子在基因遗传中的作用大大超乎人们的想象，在胚胎发育过程中成为基因调节的一个有机部分，特别是在癌症和其他疾病成因中起到重要作用。诺贝尔奖公告指出，他们“发现了控制遗传信息流的基本机制”，其意义十分重大。

自 1998 年发现以来，RNA 干扰（RNAi）已成为一种强大的“基因沉默”技术，被广泛用于确定各种病症的基因根源。此外，RNAi 还有望成为基因沉默疗法的基础。以 RNAi 为基础的基因组学新领域的崛起，标志着生物医学研究理念的根本转变，酝酿着当代治疗学的一场新革命。因此，两人共同分享了 2006 年诺贝尔生理学或医学奖。

除诺贝尔奖外，他与 A. Z. 法尔共同分享了其他多种大奖，其中有：2003 年美国国家科学院分子生物学奖、洛克菲勒大学威利生物医学奖，2005 年布兰代斯大学罗森斯蒂尔医学研究杰出成就奖、加拿大盖特纳基金会国际奖、马沙纳奖，2006 年埃利希-达姆斯泰特奖等；此外单独获 2006 年强生公司强生博士生物医学奖。

（李啸虎）

格雷德，C. W.（Greider，Carolyn Widney） 美国人，1961 年 4 月 15 日生于美国加利福尼亚州圣迭戈。遗传学、酶学、分子生物学、生物医学。

物理学教授之女。1983 年获圣巴巴拉加利福尼亚大学创意研究学院生物学文学士学位。后师从 E. 布莱克本，1987 年获伯克利加利福尼亚大学分子生物学博士学位。同年到纽约长岛科尔德·斯普林实验室从事博士后研究，留任研究员。1997 年任约翰斯·霍普金斯大学基础生物医学科学研究院分子生物学和遗传学系教授，后任系主任。2003 年当选为美国国家科学院院士。

1982 年，她的导师 E. 布莱克本和 J. W. 佐斯塔克在《细胞》杂志上公布细胞染色体端粒研究成果，并推测细胞内存在负责添加端粒末端重复序列的酶。1984 年圣诞节那天，她和布莱克本从四膜虫提取物中识别出一种特定的端粒末端转移酶活动。1985 年，她们在《细胞》杂志上联名发表论文，宣布证实端粒酶的存在。端粒是细胞内染色体末端的“保护帽”，它能够保护染色体，而端粒酶在端粒受损时能够恢复其长度。

1987 年，她和布莱克本发表论文指出，端粒酶含有

RNA片段和蛋白质，RNA作为模板以延长染色体的端粒。这个出乎意料的发现表明，在生命起源的早期，细胞所有的核心活动极有可能由RNA而不是DNA主导。90年代，人们发现端粒同医学领域三大难题，即癌症、特定遗传病和衰老都有密切联系，端粒变短同数种老化疾病有关，大多数癌细胞则利用端粒酶实现扩散。

因发现端粒和端粒酶保护染色体机理，和E. 布莱克本、J. W. 佐斯塔克分享2009年诺贝尔生理学或医学奖。3人还分享2006年美国拉斯克基础医学奖。同布莱克本分享的奖项还有：2006年威利生物医学科学奖，2007年霍维茨奖，2009年埃利希与达姆泰特尔奖。此外还获1998年加拿大盖特纳基金会国际奖，2003年美国国家科学院劳恩斯伯格奖，2006年迪克森奖等。

（李啸虎）

莫泽，I. E.（Moser，Ingjald Edvard） 又译爱德华·莫泽。挪威人，1962年4月27日生于挪威阿莱森特。分子与细胞生物学、脑与神经科学、生理心理学、解剖学。

德国移民后裔。1990年获挪威奥斯陆大学心理学学士学位，1995年获该校神经生理学博士学位。1994～1996年，和其妻梅-布里特·莫泽先后在英国爱丁堡大学神经科学中心、伦敦大学学院奥基夫实验室任访问学者、博士后客座研究员。1996年莫泽夫妇两人同任挪威科学技术大学心理学与神经科学副教授；他于1998年升任神经科学教授，2002年任该校记忆生物学中心创始主任，2007年任该校卡夫利系统神经科学研究所所长。当选为2006年欧洲神经科学会议（FENS论坛）规划委员会主席。是德国马克斯·普朗克研究会慕尼黑神经生物学研究所客座研究员，挪威皇家文理学会会员，挪威文理科学院院士，挪威技术科学院院士，爱丁堡大学医学院认知与神经系统研究中心名誉教授。2014年当选为美国国家科学院外籍院士。

在过去数十年中，他和妻子梅-布里特·莫泽主持了一系列脑机理的前沿研究课题，以研究神经元、位置细胞，发现网格细胞和边缘细胞而著称。莫泽夫妇组建的研究机构，其目标是要推进对神经回路与系统的了解。通过注重空间表征和记忆，他们希望揭示隐藏在哺乳动物大脑皮质中的神经网络计算的一般原理。

1971年，美国的J. 奥基夫在小鼠认路实验中首次发现，大脑海马体区域有一种奇特的“位置细胞”，它们会录制小鼠所在房间的“地图”；1996年，他又预言存在某种“边界矢量细胞”，它们在动物接近活动边界时会通过放电变化发出“警告”。奥基夫的成果引起了一场经久不衰的研究热潮。1994～1996年间，莫泽夫妇曾在奥基夫实验室进行博士后研究，他们是奥基夫的“铁杆粉丝”。2005年，莫泽夫妇在海马体中又发现了一种新见的“网格细胞”，其功能是专门产生某种定位坐标体系。他们随后进行的一系列研究，揭示了位置细胞和网格细胞是如何巧妙协调，从而让精确定位和路径导航搜寻成为可能。正是他们探明了另一项关键组成部分，才使大脑定位系统的细胞基础及其运作机制得以完整地凸现。

因为在神经科学领域“发现了大脑中形成定位系统的细胞”，即大脑中内置的“GPS”，莫泽夫妇和J. 奥基夫三人同获2014年诺贝尔生理学或医学奖（奥基夫分享1/2）。诺贝尔奖委员会颁奖声明称：他们的发现解决了几个世纪以来一直困扰着哲学家和科学家的问题：大脑究竟如何创造出周围的空间地图，而我们又如何在复杂的环境中进行导向？另外，这一成果有助于更好地理解阿尔茨海默症之类疾病的机理。

另获其他10余项奖励，多项和妻子同获。其中有：1999年挪威皇家文理学院青年科学家奖，2006年哥伦比亚大学斯宾塞奖、苏黎世大学凯特瑟尔脑研究奖，2008年隆德大学费恩斯特伦大北欧奖，2011年扬雷奖（与妻同获），2013年霍维茨奖（夫妇与奥基夫同获），2014年拉什利奖（与妻同获）等。

（李啸虎）

山中伸弥（Yamanaka，Shinya） 日本人，1962年9月4日生于日本大阪府东大阪市。细胞与分子生物学、发育生物学、遗传学、基因工程、医学。

1987年获日本神户大学医学部医学博士学位。同年任大阪国立外科医院矫形外科住院医师。1993年获大阪市立大学哲学博士学位。同年赴美国旧金山加利福尼亚大学附属格拉德斯通心血管病研究所进行博士后研究。1996年回国，任日本学术振兴会特别研究员。同年任大阪市立大学医学部药理学实验室助理教授。1999年任奈良先端科学技术大学遗传学教育研究中心副教授，2003年升任教授。2004年任京都大学再生医（前沿医学）科学研究所发育生物学教授，2008年任该校“物质-细胞统合系统”研究基地“诱导多能性干细胞”（iPS）研究与应用中心主任。兼任美国旧金山加利福尼亚大学解剖学教授、该校附属格拉德斯通心血管病研究所资深调研员，国际干细胞研究会会长。2010年当选为美国国家科学院外籍院士。同年获西奈山医学院荣誉理学博士学位。

成体干细胞研究的世界领军人物之一。当科学界主流致力于如何把胚胎多能干细胞定向分化成各种不同组织的细胞，以期取代受损或有病的组织细胞时，他却跟随J. B. 格登等人的足迹逆流而行，思考怎么把高度分化的体细胞逆转为原初的多能性干细胞。在山中伸弥出生的1962年，格登首次报道惊人发现：把蝌蚪的肠上皮细胞核移植到去核的蛙卵中，形成的新细胞仍然可以发育成蝌蚪。1996年英国的I. 威尔默特和K. 坎贝尔（Keith Campbell）克隆出多莉羊。2000年开始，从科学界已公布的无数案例中，山中伸弥研究团队筛选出24种转录因子以供实验之用。他们以逆转录病毒为载体进行多次实验，2006年确认其中4种转录因子可以将成体细胞逆向重组成干细胞。接着，又把4种基因一次性注入小鼠成纤维细胞核，得到“鸡尾酒”型即复合型的“诱导多能性干细胞”（iPS）。不久他便惊讶地发现，在这4种转录因子中竟有一种是致癌基因，于是加以剔除。但是数月后，又发现去除致癌基因的“三合一”复合干细胞仍然会发生癌变，在 121 只转基因实验鼠中有 20%患上肿瘤。他推断极有可能是作为载体的逆转录病毒使基因发生突变，从而引发严重副作用。2007 年，他的团队研发出可诱导人体表皮细胞逆转为干细胞的技术，并使诱导产生的多能性干细胞定向发育为心肌细胞和神经细胞，为多种心血管顽症的基因治疗奠定了科学基础。由于迴避了从人体胚胎提取干细胞方法的敏感伦理制约，这一研究成果很快便在全世界获得广泛应用。他表示下一步的研究目标是，开拓不使用逆转录酶实现细胞重组新途径。

他和英国的 J. B. 格登同获 2012 年诺贝尔生理学或医学奖。此外还获其他 20 余项重要奖励，其中有：2007 年德国梅因伯格癌症研究奖，2008 年同时获德国科赫奖、日本科学技术特别奖、肖氏生命科学与医学奖和中国香港邵逸夫生命科学与医学奖，2009 年同时获盖尔特纳基金国际奖、美国拉斯克基础医学奖（与格登分享）和罗森斯蒂尔国际奖，2010 年同时获日本京都生物技术与医学技术奖、巴尔赞生物学奖，2011 年同时获以色列沃尔夫医学奖（与他人分享）、麦克尤恩技术发明奖（与他人分享），2012 年同时获日本文化勋章、芬兰千禧年技术奖（与他人分享），2013 年生命科学突破奖等。入选美国《时代》杂志 2008 年度“世界百大最具影响力人物”。

（李啸虎）

莫泽，M. -B. (Moser, May-Britt)　又译梅-布里特·莫泽。挪威人，1963 年 1 月 4 日生于挪威福斯纳沃格。分子与细胞生物学、脑与神经科学、生理心理学、解剖学。

1990 年获挪威奥斯陆大学心理学学士学位；师从 P. 安德森(Per Andersen)，1995 年获该校神经生理学博士学位。1994～1996 年，和其夫君爱德华·莫泽先后在英国爱丁堡大学神经科学中心、伦敦大学学院奥基夫实验室任访问学者、博士后客座研究员。1996 年莫泽夫妇两人同任挪威科学技术大学心理学与神经科学副教授；她于 2000 年升任该校神经科学教授，2002 年任该校记忆生物学中心副主任（其夫为正主任），2007 年任该校卡夫利系统神经科学研究所副所长（其夫为正所长）。是挪威皇家文理学会会员、挪威文理科学院院士、挪威技术科学院院士。

在过去数十年中，梅-布里特·莫泽和她的丈夫爱德华·莫泽领导了一系列脑机理的前沿研究，尤以研究神经元、位置细胞，发现网格细胞和边缘细胞而著称。莫泽夫妇组建的研究机构，其目标是要推进对神经回路与系统的了解。通过注重空间表征和记忆，他们希望揭示隐藏在哺乳动物大脑皮质中的神经网络计算的一般原理。

大脑究竟如何对外界环境再造认知的“空间地图”？又如何在复杂环境下记忆回归之路？……几个世纪以来，这些问题一直困扰着哲学家和科学家。1971 年，美国的 J. 奥基夫在小鼠认路实验中首次发现，大脑海马体区域有一种奇特的“位置细胞”，它们会记录小鼠所在房间的“地图”；1996 年，他又预言存在某种“边界矢量细胞”，它们在动物接近活动边界时会通过放电变化发出“警告”。奥基夫的工作成果引起了一场经久不衰的研究热潮。1994～1996 年间，莫泽夫妇曾在奥基夫实验室进行博士后研究，他们后来成了奥基夫工作的发展者。2005 年，莫泽夫妇发现了另外一种神经细胞，他们称为“网格细胞”，其功能是专门产生某种定位坐标体系。他们随后进行的一系列研究，揭示了位置细胞和网格细胞是如何巧妙协调，从而让精确定位和路径导航搜寻成为可能。正是莫泽夫妇俩探明了另一项关键组成部分，才使大脑定位系统的细胞基础及其运作机制得以完整地凸现。

因为在神经科学领域“发现了大脑中形成定位系统的细胞”，即大脑内置的“GPS”，莫泽夫妇和 J. 奥基夫三人同获 2014 年诺贝尔生理学或医学奖（奥基夫分享 1/2）。另获其他 10 余项奖励，多项和丈夫爱德华·莫泽同获。其中有：1999 年挪威皇家文理科学院青年科学家奖，2005 年哥伦比亚大学斯宾塞奖，2006 年苏黎世大学凯特瑟尔脑研究奖，? 2006 年法国贝当古生命科学奖，2008 年隆德大学费恩斯特伦大北欧奖，2011 年扬雷奖（与夫同获），2013 年霍维茨奖（夫妇与奥基夫同获），2014 年拉什利奖（与夫同获）、科尔欧洲科学奖等。

（李啸虎）

世界科学家大辞典

Dictionary of World' s Scientific Biography

医学卷

伊姆霍特普(Imhotep；或 Imhetep)　古埃及人，生于古埃及孟斐斯近郊的安科托维(一说生于古代底比斯南部的吉伯莱因村)，鼎盛期约为公元前 2680～前 2650 年。临床医学、建筑学。

伊姆霍特普之名的含意是“带来和平的人”。据认为是有文字记载的第一位最著名的医学家、建筑师，第一位诗人、占星家和祭司。生平不详，但是有关他的业绩世代传颂，他的小雕像相继出土。父亲是皇家建筑师，母亲是贵族。他的一生可能经历了 4 个古埃及国王的统治。

医学史学家 W. 奥斯勒(William Osler)认为，“伊姆霍特普是透过古老迷雾而第一个凸现清晰身影的医学家”。他是古埃及宫廷御医。最有名的传世之作是写在纸草上的一份医学教案，上面有 90 多个解剖学术语，描述了 48 种伤痛。他在孟斐斯开办过一所医科学校，后成为祭祀中心的一部分，其声望保持了长达二千年之久。这一切都是发生在“西方医学之父”希波克拉底出生之前 2 200 年的事。据统计，他诊断和治疗过肺结核、胆结石、阑尾炎、痛风和关节炎等疾病 200 余种，其中包括涉及腹部的 15 种，泌尿系统的 11 种，直肠的 10 种，眼睛的 29 种，涉及皮肤、头发、指甲和舌头的 18 种。他大量采用草药治病，并做过一些包括牙科在内的外科手术。在他去世后大约一世纪，被尊为半神半人的神明，其墓地成了人们寻求灵丹妙药的圣地，其医术被夸大为巫术。到古埃及托勒密王朝时，人们开始把他奉为火神普塔(Ptah)之子。古希腊人把他的庙宇变成了医学教学中心，而他本人则成了古希腊医神埃斯科拉庇厄斯(Aesculapius)的原型。

他还是皇家首席建筑师。据古代手抄本记载，他曾为古埃及第三王朝(公元前 2570～前 2635 年)的第二位国王佐瑟(Djoser)法老在萨卡拉设计和建造了一座阶梯状、锥形的寝陵，这是古埃及第一座金字塔。在尼罗河连续 7 年无洪水泛滥造成干旱引发饥荒之后，他曾向法老建言应采取种种举措以平息上天之怒。

(李啸虎)

妙闻(Sushruta)　中国古代译名，音译名为“苏斯如塔”。印度人，生卒年不详，约活动于公元前 6 世纪。临床外科学、外科整形术。

年轻时曾在喜马拉雅山南麓一处休养地从师檀梵多利(Dhanvantari)，精研宗教，学贯医术。后作为外科医师在印度北域和今中国喀什一带行医。他医术独到，享有盛誉，精心设计制作各种外科器械，擅长外科整形和白内障摘除等数种外科手术，对后世影响深远。他会通过听取骨折的擦音来判断伤势与症状；注意区别化脓性和非化脓性肿胀；掌握中箭等体内异物取出法等绝技。据认为是他创立的鼻整形术、白内障摘除术、疝气手术、脱臼复位和夹板固定治疗骨折等方法，至今仍有参考价值。

印度外科学开山鼻祖。有传世之作《妙闻集》。该书是印度阿育吠陀系医学流派的外科经典著作，堪称是一部古代外科学百科全书，代表了古代印度外科学所达到的高度。原著标名《箭伤论》，以吠陀梵语写成。后经多人注释校对，最后在 11 世纪形成最早的注释本，即留传至今的《妙闻集》(英译本长达 1 700 余页)。全书共 184 章，描述了 1 120 种疾病，700 余种草药，64 种矿物药，57 种动物药。把外科学分为 8 个类别，介绍了 300 多种手术方法，120 多种外科器械。书中录有从准备工具到正式手术的具体程序；探测、切开、环钻、穿刺、挤压、缝合等基本手术操作；鼻整形术、白内障摘除术、膀胱截石术、腹腔穿刺术、排脓术和割痔术等多种外科手术；列陈以铁制品为主的各种外科器械，锐器有刀、斧、剪、锯、钩、针等，钝器有镊子、十字钳、探条、管状器等。还详细介绍外科师、助手和护理人员的选择标准和训练过程，重视从业者职业道德。此外，他还提及若干内科疾病及其诊治，其中有心绞痛、高血压、糖尿病、肥胖病，肾胆结石、麻风病、循环系统疾病等。

妙闻医术对古代阿拉伯和近代西方的医学有较大影响。在阿拉伯帝国的阿巴斯王朝(750～1258 年)，妙闻著作被译成阿拉伯语，后辗转传入欧洲。　(李啸虎)

阿尔克米翁(Alcmaeon of Crotona)　古希腊人，约公元前 535 年生于古希腊克罗托内。基础医学、解剖学、自然哲学。

是毕达哥拉斯的学生。据 D. 拉尔蒂乌斯(Diogenes Laerlius)说，他主要写有关医学的文章，但推测也写过涉及气象学、占星术和哲学等方面的著作。他首次分析了非创伤性内科病，认为健康是体内各种力(如寒、暖、苦、甘等)的平衡，而疾病则是由于其中某种力偏盛的结果。还将病因分为环境、营养和起居三大类。这些理论为以后的希波克拉底学说奠定了基础。他似曾进行过解剖，对眼的结构尤有详细的研究，还大致描画过视神经的通道。在羊身上发现耳咽管。对感觉、生理、血管、胚胎等方面也进行过研究。他猜测头脑是心智的器官，但认为人在睡觉时头脑充满了血液，而清醒时则放空了血液。他的著作《关于自然》可能是古希腊最早的医学文献之一。当时医学还未形成独立学科，在公元前 6 世纪左右的自然哲学家之中，他无疑是和医学关系最密切、最重要的人物。　(顾振海)

希波克拉底[科斯的](Hippocrates of Cos)　古希腊人，约公元前 460 年(或前 459 年)生于科斯岛，约公元前 370 年(一说公元前 364 年)卒于色撒利。基础医学、自然哲学。

他被西方尊为“医学之父”。关于他的传记在柏拉图与索兰纳斯等人的著作中均有记述。出身世医家族，被当时人尊崇为古希腊医神埃斯科拉庇厄斯的后代。其父赫拉克利德(Heracleids)是医生。早年随父学医，可能跟随德谟克里特和S. 哥尔吉亚(Siculus Gorgias)学过哲学。年轻时漫游整个希腊，曾到过萨索斯、色萨利、色雷斯和普罗蓬提斯等岛。有人认为他曾经到过埃及、利比亚等地。他生活于希腊最兴盛时期，当时希腊科学文化发达。他和他的门徒形成当时有名的医学学派，称希波克拉底学派，又称科斯学派。

希波克拉底及其学派最重要的功绩，是使医学与宗教、巫术脱离，并使医学从僧侣手中解放出来，成为一门科学技术。他一反过去把疾病归之于神鬼的宗教迷信观念，采用自然哲学家恩培多克勒的"水、火、气、土"四元素理论，进而提出四体液学说。认为人体由血液、粘液、黄胆汁、黑胆汁四种体液构成，健康是四种体液的正常配合，四体液配合失当(过多或过少)则导致疾病。四元素分别具有"湿、热、干、冷"四种特质的两两组合属性：水——湿与冷；火——干与热；土——干与冷；气——湿与热。它们分别相应于出自不同器官的四体液，每种体液又与两两相配的两种特质配合：血液——热湿；粘液——冷湿；黄胆——热干；黑胆——冷干。这种配合即在机体中产生四种气质类型：多血质、粘液质、急躁性、忧郁性。四种气质类型又决定了人的体质类型，某种体质类型易患某种疾病。认为发病是内外因素共同作用的结果，治疗则根据体液多寡而采取不同的疗法。

他还使医学脱离单纯的哲学思想，强调临床观察和对预后的判断。在他的文集中，对许多疾病有生动而翔实的记述，如肺炎、癫痫、疟疾、产褥热、腮腺炎等。对于病人临终前面容的描述，被人称为希波克拉底面容，一直为医家所称道。他采用听诊法(用耳俯于病人的胸廓)记述了胸膜炎时出现的"一种像皮带摩擦的声音"，胸膜积水时"像醋加热一样的水泡声"，脓胸时像鼾声似的杂音。描述过尿中有脓、血、屑片并带臭味的膀胱溃疡症状，尿中有沉沙的膀胱结石症状等。对于疾病的概念，认为身体每个器官都与其他器官相关联，并认为没有一种疾患不影响整个机体。注意到疾病与客观环境有密切关系，在"论空气、水和地域"一文中指出：医生进入一城市时，必须研究该城市的气候、土壤、水以及居民的生活方式，才能做好城市中的医疗工作。指出疾病是一个自然过程，医生的主要职责是帮助身体的自然痊愈力。要求医生与自然合作，不妨碍生理变化的自然过程，通过医生与自然的两者共同努力，以促使病人恢复健康。他在治疗时注意合理完善的护理，重视饮食、体操、锻炼、按摩等疗法，以维护和促进人体的自然痊愈力。治疗一般采取相反疗法，补其不足，除其多余。但也不忽视药物治疗，在文集中收集了数百种药物。对临床医学提出过许多合理主张，例如，外科用清洁水、煮沸水或酒来洗涤伤口；手术者的手必须洗净；认为外伤以保持干燥为好。还记述了环钻开颅术和放液穿刺术，注意到左颞部的伤害可导致右侧痉挛。对骨科也有相当经验，设计过牵引臼床，用夹板固定骨折，进行过肩膀、手臂、手指、下颌等关节的脱臼复位。对于绷带和敷裹绷带的方法也有正确的描述。在解剖学方面，由于当时不许进行人体解剖，主要是建立在动物解剖经验上。

十分重视医师的职业道德。在他的著述中有一篇著名的"希波克拉底哲言"；其他在"论法规"、"论技艺"、"论箴言"、"论礼仪"、"论医师"、"论古代医学"等论文中，均记述有医生的道德准则。主要内容有：第一，明确申述医生的首要目的是解除、减轻病人的痛苦，把病家的利益放在首位，不做有损病人健康的事，这是医生最高的行为准则；第二，强调医生要关心、同情和体谅病人，要求对病人宽容仁慈，对自身要求医行端庄、语言诚恳、医风廉正、衣着简朴、反应敏锐、应对自如、态度平和，医术上要精益求精、养成严谨作风，医生应有利他主义，切勿斤斤计较报酬；第三，保守职业上的秘密，不泄露病人的隐私。其他在处理医生之间关系时，要求尊师重道，同行相敬，反对庸医。"誓言"中明确规定："凡授我艺者敬之如父母"；"彼有急需我接济之。视彼儿女，犹我兄弟，如欲受业，当免费无条件传授之。"与会诊医生相处，不应尖苛争辩，彼此嘲笑。医生应具备哲学家的品质：大公无私、谦虚、高尚、有判断力、沉着、果断、博学、正义、嫉恶如仇和破除迷信。迄今西方医家仍把他提出的准则作为医德的基本原则。

《希波克拉底文集》是他及其学派的著述汇集，非出自一人一时之手。有些出自他的门徒及儿子帖萨勒斯(Thessalus)、女婿波立勃斯(Polybus)之手。这些作品当时是用希腊爱奥尼亚方言写成。著述不是完成于一个时期，最早在公元前5世纪至前4世纪以手抄本形式流传。至公元前3世纪，始用希波克拉底之名汇集在一起，藏于亚历山大图书馆。中世纪时曾将一些较晚期的材料纂入。现存最早的抄本是10世纪的库恩(Kuhn)氏本。最早的全集本是1545年罗马出版的拉丁文本。有关希波克拉底文集的篇目，各学者说法不一。医学史家利特雷(E. Littré)将之分为72书53题，伦德(Lund)将之分为76篇，至于哪些为其真迹，迄今说法不一。《希波克拉底文集》有拉丁文、希腊文、俄文、法文、意大利文、德文、英文等译本。1990年中国首次出版《希波克拉底文集》(32篇)中译本。　(张慰丰)

扁鹊(Bian Que)　姓秦，名越人，又号卢医。"扁鹊"系外号。中国战国时期渤海郡鄚(今河北任丘)人，约周威烈王十九年(公元前407年)生，赧王五年(公元前310年)卒。中医学、诊脉学。

中国战国时期杰出的医学家，被尊为中国传统医学的始祖，脉学创始人。中国历史上第一个有正式传记的医学家。据《史记·扁鹊仓公列传》记载，早年在故里的旅店作"舍长"，结识了当时旅居客馆的名叫长桑君的民间医生，遂从长桑君学医，尽得其术和禁方。学成后长期在民间行医，足迹遍及河北、河南、山东、山西、陕西等地。精通内、外、妇、儿、五官、针灸各科，是当时闻名的医生。

在医学上贡献甚大，首先运用望、闻、问、切四诊法，尤擅长望诊和切脉。在治疗上，善于应用汤药、针灸、蒸熨、按摩、手术等医疗技术。在行医过程中，能根据人们的需要"随俗为变"，过邯郸闻赵人贵妇人，即为带下医；过雒阳闻周人爱老人，即为耳目痹医；人咸阳闻秦人爱小儿，即为小儿医。在医学思想上，提出"六不治"原则，即"骄恣不论于理；轻身重财；衣食不能适；阴阳并，脏气不定；形羸不能服药；信巫不信医。"把"信巫不信医"列为六不治之一，反映他在医与巫的斗争中，是坚持朴素唯物主义思想的医学家。

在《史记》、《战国策》等书中，记载有许多有关他的医疗事迹。通过切脉诊断虢太子的"尸蹶"症，应用针灸、热敷、汤药等方法救活了虢太子。人皆谓越人有"起死回生"之术，越人曰："此自当生者，越人能使之起耳。"通过望诊，知道齐桓侯的疾病正由腠理逐步深入血脉、肠胃，最后到骨髓。他还认为疾病的不同发展阶段，应采取不同的治疗方法。据载他最后来到秦国，秦太医令李醯自知医术不及他，派人将他暗杀了。迄今河北、陕西一带尚保留有许多有关他的遗迹和文物。

在医学上所作出的一系列贡献，奠定了中国医学理论体系的基础。著有《扁鹊内经》九卷、《扁鹊外经》十二卷，均已佚。现存《难经》一书，题名秦越人撰，实为后人托名，约成书于东汉以前(一说在秦汉之际)。其弟子见之于史册的有子阳、子豹、子同、子明、子游、子仪、子越、子术、子容等人。 (张慰丰)

迪奥克利斯［**卡里斯塔的**］(Diocles of Carystus)　古希腊人，生于雅典埃维亚卡里斯塔斯，生活在公元前4世纪后期。基础医学、解剖学、药学。

是亚里士多德的学生，独断派的重要代表人物普拉克萨哥拉斯是他的学生和继承人。雅典人称他为"希波克拉底第二"。盖仑和塞尔苏斯把他同希波克拉底、赫罗菲勒斯和埃拉西斯塔特并提。

认为人体有两种重要因素：灵气和原素。盖仑说他是第一个写解剖学书和在书名中用"解剖学"这个名词的人。是收集希波克拉底著作的第一个医生，强调临床经验、观察和诊断及预后的重要性。他的卫生学著作写于公元前300年之后，献给马其顿亲王普莱斯塔丘斯；据传公元前305～前301年写信给国王安蒂冈曾谈及此书。该书在16世纪出版了拉丁文、法文和英文等多种版本。在西方第一个撰写草药性状的专著，因而被认为是药学的创始人。著作甚丰，有190多篇作品被保存下来，知名的有17种。他尚有两项发明，是关于头部绷带和用以拔箭的匙状器械。 (殷明德)

普拉克萨哥拉斯［**科斯的**］(Praxagoras of Cos)　古希腊人，约公元前340年生于希腊科斯岛，卒年不详。解剖学、生理学、自然哲学。

出身于医师世家，祖父和父亲都是医生。迪奥克利斯的学生和医术继承人。著名的赫罗菲勒斯是他的学生。

盖仑称他为医学史上有影响的人物，并被列为独断论的"逻辑医学派"代表人物之一。他写了许多著作，除自然哲学外，主要涉及疾病症状、病因和治疗等方面的著述。提出了体液变化的气质说。根据盖仑的记载，他不赞成当时大多数医生奉行的四体液说，而把体液分成11种，其中包括血液。认为人体的健康与疾病完全决定于体液。把消化看作是腐化和分解的过程，血液是该过程的最终产物。认为心脏是智力的中枢器官、精神的所在地，动脉是从心脏运输"精气"的管道，类似气管，而静脉是从肝脏运行血液的管道。是西方第一个重视脉搏对诊断疾病的重要性的人。还注意到脑子和脊髓之间有实质的联系。对希腊医学的发展有很大影响。 (张志练)

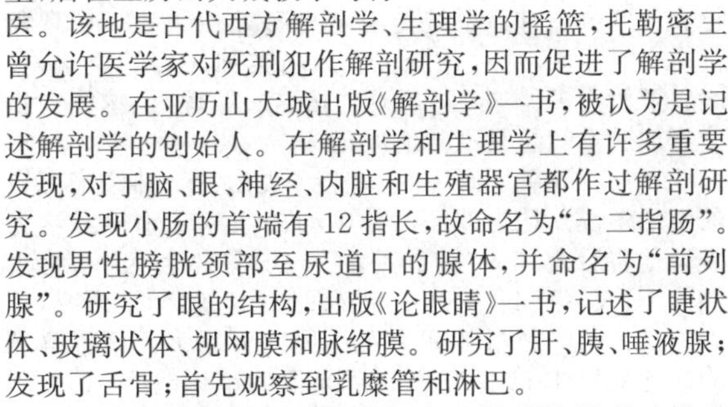

赫罗菲勒斯(Herophilus)　一译希罗菲勒斯。古希腊人，约公元前330年生于俾斯尼亚的卡尔西登(今土耳其卡德柯伊)，约公元前260年卒于亚历山大城(今属埃及)。解剖学、生理学、内科学、妇产科学。

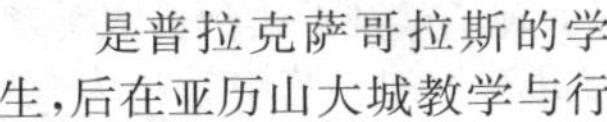

是普拉克萨哥拉斯的学生，后在亚历山大城教学与行医。该地是古代西方解剖学、生理学的摇篮，托勒密王曾允许医学家对死刑犯作解剖研究，因而促进了解剖学的发展。在亚历山大城出版《解剖学》一书，被认为是记述解剖学的创始人。在解剖学和生理学上有许多重要发现，对于脑、眼、神经、内脏和生殖器官都作过解剖研究。发现小肠的首端有12指长，故命名为"十二指肠"。发现男性膀胱颈部至尿道口的腺体，并命名为"前列腺"。研究了眼的结构，出版《论眼睛》一书，记述了睫状体、玻璃状体、视网膜和脉络膜。研究了肝、胰、唾液腺；发现了舌骨；首先观察到乳糜管和淋巴。

传统上认为他是最早研究脑和脊髓的学者。他查明了神经的径路、神经和大脑以及脊髓的联系；区别了感觉神经和运动神经，提出感觉神经和脑相连；记述了脑脊膜、第四脑室的脑沟(写翮)；记述了窦汇；认为第四脑室是智慧和神经系统的中心。

第一个将动脉和静脉加以区分；又把神经和血管区分开来，并将运动的原因归之于神经的作用；否定了普拉克萨哥拉斯有关动脉中只流动"灵气"的说法，主张动脉中既带有血液，也带有"灵气"。对心肌搏动和脉搏也进行了研究，认为脉搏与心脏搏动有关，根据脉搏的强弱、速率和节奏区分脉象，并试图根据病人的脉搏来诊断疾病。还发明了一种便携式水钟，用以测试脉率，把脉与各种音阶相类比。所记述的"山羊跳脉"至今仍为学者所称道。但是，他错误地认为血管的扩张是动脉恢复为正常状态。

可能是当时惟一研究女性器官的学者，记述了卵巢、子宫和输卵管。除解剖学著作外，还撰写过一本助产士手册，并探讨了某些妇女病。

此外，对切脉、治疗学、饮食疗法等也有专著。但著

作传世的很少，后人从其同时代人和继承者的著作中才得知他的贡献。（张慰丰）

埃拉西斯特拉图斯（Erasistratus） 古希腊人，约公元前304年生于希腊小亚细亚地区希俄斯岛的洛力斯，约公元前250年卒于小亚细亚爱奥尼亚的迈卡尔（今属土耳其）。生理学、病理学、解剖学、自然哲学。

出身医学世家，父、兄均行医。早年在雅典吕克昂学院学医，为亚里斯多德的女婿门托罗杜拉斯（Metrodorus）之弟子，深受消遥学派影响。约在公元前208年去科斯岛，进普拉克萨哥拉斯医学院求学。当时科斯岛与亚历山大城有密切的政治、文化关系，他是克里希波斯（Chrysippus）的学生，受其影响很大，特别是在解剖学、生理学和病理学方面。起初在叙利亚开业行医，后定居亚历山大行医兼教医学，晚年在亚历山大博物院从事研究工作，任赫罗菲勒斯的助手。后去希腊萨摩斯岛等地。传说因足部溃疡久治不愈而饮毒自杀。

著述甚多，涉及解剖学、腹部病理学、咯血、发热、痛风、水肿和卫生学等，但均已失传。主要贡献在解剖学与生理学方面，与赫罗菲勒斯共同奠定这两个学科的基础。4个多世纪后，名医盖仑的解剖学研究深受他的影响。在自然哲学上，将德谟克里特的"原子论"与"灵气"学说相结合，作为其生理学的理论基础。认为进入肺部的空气在心脏中形成"生命灵气"，并在脑中转化为"动物灵气"，再由神经系统传至全身各处。认为一切现象都有自然原因，反对有器官引力之类神秘力的说法，代之以亚里士多德"非空"原理。按这一原理，生物体内迅速形成的空间总是不断地被充满。

在赫罗菲勒斯研究的基础上，提出关于神经来源自前脑的学说。认为神经可分运动神经和交感神经两大类。他将后人称为"神经冲动"的现象命名为"动物个性"。对人、兔和鹿的脑室和脑回作比较解剖学研究，正确地认为脑回数量随智力发达程度而增多。还曾解剖刚病死的尸体，以探究病理情况下的结构改变，是病理解剖学的先驱。对脑结构的分析也比赫罗菲勒斯更为精确，区分了大脑和小脑，称小脑为"上脑"而不像后者称其为"副大脑"。他们两人都主张大脑为智力之中心，是一切神经的起始处，并认为感觉与运动神经有所区别。

肯定动物所有器官都包含静脉、动脉和神经组织。尽管生物体结构异常精细，但仍然是可知的。静脉充以血液，输营养；动脉充以"灵气"，输活力；神经充以"精气"，支配肌肉运动。由胃运动消化的食物糜通过血管入肝，转化成血液；灵气存在于空气，吸入肺内。首次发现静脉和动脉，通过心脏进行血液循环。心脏具有泵的功能，犹如风箱扩张、收缩，并不是当时普遍认为的是通过肝脏进行循环。按非空原理，扩张时肝内血液经腔静脉入右心室，肺中灵气经"静脉样动脉"即肺静脉入左心室。心脏收缩时，血液经"动脉样静脉"，即肺动脉压向肺部，再经静脉到全身。他首次接触到血循环的概念，不过把循环方向颠倒了。灵气由主动脉压向全身各处，在脑内生命之灵气转化为动物灵气，即精神之灵气（精气），通过神经系统输送全身，支配肌肉运动。相信呼吸过程是胸部肌肉运动，当胸部扩张时，肺部被动运动，空气按非空原理入肺。对心血管瓣膜的解剖机能亦有正确认识。第一次将心脏瓣膜命名为二尖瓣，认为其功能是阻止生命灵气直接离开心脏，它使生命灵气只有通过主动脉才能离开心脏。虽然把心房的功能错误地归于两个肺血管，但对心血管系统解剖和生理的认识远胜于前辈。

在病理学方面，不赞成希波克拉底的四体液理论。认为疾病的主因是多血质，即由于过度摄取营养，而使含血过多的静脉溢血，过量血液流入动脉被灵气压缩，血液集中到四肢动脉引起局部炎症并伴有发热。而且由于灵气为动脉中血液阻断产生另一些疾病，故主张用"饥饿疗法"。首次发现腹水和肝硬变之间有联系。还认识到预防应重于治疗，可用锻炼、饮食及蒸汽浴等调节机体方法进行防治。（杨方中）

菲利纳斯（Philinus of Cos） 古希腊人，生于科斯岛，生卒年不详，鼎盛期约在公元前250年前后。临床医学、药用植物学。

属于熟悉古希腊医学的希波克拉底学派。和老师赫罗菲勒斯都信奉怀疑主义哲学。他们共同创建以怀疑论为指导思想的经验医学学校。但是他本人的怀疑主义更为彻底。他把赫罗菲勒斯的病原怀疑论进一步发展成为病原虚无论，认为疾病的原因是不可能知道的。在医学诊断上甚至否认切脉的作用。由于钻研草药的功用，对植物学深有造诣。他的所有著作均未被保存下来，仅散见于其他人的历史文献中。（方正源）

淳于意（Chunyu Yi） 又称仓公或太仓公。中国西汉齐临菑（今山东淄博）人，约生于秦始皇三十二年（公元前215年），一说生于汉高祖二年（公元前205年），约卒于西汉建元元年（公元前140年），一说卒于西汉元光元年（公元前134年）。中医内科学。

曾任齐国太仓长（粮库长）之职，故又称为仓公或太仓公。少喜方术。早年拜公孙光为师，学习调理阴阳及《传语法》，尽授其禁方。高后八年（公元前180年），又师事公乘阳庆，学《黄帝扁鹊脉书》、《上经》、《下经》、《五色诊》、《奇咳术》、《揆度阴阳外变》、《药论石神》、《接阴阳禁书》，读解验之，事之三年许，尽得其术。汉文帝四年（公元前176年），因得罪权贵，被解送长安。其幼女缇萦随父至京，上书朝廷，愿以其身赎父罪，致使文帝下令废除部分肉刑，并因详辩自己从医经过和治病实效，于文帝十三年（公元前167年）才得免罪。后家居以诊病谋生。

医术高明，辨证审脉，尤精于脉法，治病每针药并用。《史记·扁鹊仓公列传》记载，受拘期间，文帝召见他，咨询其治疗始末。他列举其25个诊籍（其中有10例医治无效而死）以答之，所治之人上至王侯，下至奴仆，内中记述了病人的姓名、性别、里居、职业、病症、脉象、辨证、治疗以及疾病的转归、预后等，如实地记录了诊病的成功经验和失败教训。内中记载的病名有疟、气鬲、涌疝、热病、风痹、蛲瘕、牡疝、不乳、龋齿、沓风、服石中热、肾痹、伤脾气、肺伤、遗积瘕、迥风、风蹶、热蹶等。

所论病因有房事、饮酒、过劳汗出，风、寒、湿等外邪。诊断有望诊、脉诊等，记载有浮、沉、弦、紧、数、滑、涩、长、大、小、代、弱、实等近 20 种脉象。除了坚、平、小、鼓、静、躁等几种后世不见用外，其他脉象一直沿用至今。治疗除采用内服汤药外，还运用刺法、灸法、冷敷等法。方药剂型有汤剂、丸剂、散剂、含漱剂等。反对当时服石迷信，诊疗上不掩饰自己的短处，这种实事求是的科学态度是难能可贵的。《史记》中所载的"诊籍"，是迄今保存下来的西汉以前珍贵的历史文献，是中国最早的病案资料。其弟子有宋邑、高期、王禹、冯信、杜信、唐安和宦者平等人。 （张慰丰）

阿斯克莱庇亚迪斯（Asclepiades of Bithynia） 古罗马人，约公元前 130 年生于小亚细亚卑斯尼亚公国的普鲁萨，约公元前 40 年卒于罗马。病理学、临床医学。

原先接受过哲学家和演说家的训练，年轻时四处游学，后来却以医术闻名罗马。医疗业务很兴旺，当时许多富人都是他的病人。还和西塞罗（Cicero）、克拉苏斯（Crassus）等有影响人物交往。

主张固体病理学说，反对希波克拉底的体液病理学说。其理论源于伊壁鸠鲁和赫拉克利特的原子说。认为身体由许多微小孔道所组成，原子即在这些孔道中不停息地运动。反对希波克拉底的"自然痊愈力"说，认为疾病必须治疗。疗法简便而有效，主张因人施治，使用温和疗法，主要是饮食、运动、按摩、沐浴等法，尽可能避免用剧烈药物和手术治疗。但是，从他的脉理理论中可看到斯多葛灵气学派的影响。其著作现都已残缺不全。弟子众多，最有名的弟子是创建方法医学派学校的泰密森（Themison of Laodicea）。 （顾振海）

阿纳克西劳斯（Anaxilaus of Larissa） 古罗马人。生卒年不详。药物学、博物学、炼金术。

公元前 28 年，罗马皇帝奥古斯都（Augustus）将他逐出意大利。欧塞比乌斯（Eusebius）把他描述成毕达哥拉斯学派的术士。曾撰写过关于某些矿物、草本植物、动物物质和由这些东西制成的药物所具有的"魔术般的"功效。罗马帝国著名学者普林尼在其所著《博物学》一书中，多次援引过他的著述，伊皮范努斯（Epiphanius）和依莱努斯（Irenaeus）在他们所著的同名书《反异端论》中，称他为《诀窍》一书的作者。后世许多魔术和炼金术书的作者都以他的著作作为重要取材来源。

（高楚明）

塞尔苏斯，A. C.（Celsus，Aulus Cornelius） 古罗马人，约公元前 10 年生，鼎盛期约为公元 25 年前后。基础医学、博物学、知识传播。

古罗马的贵族。由于未找到他本人生活经历方面的详尽资料，因此有关他是不是医生的问题尚有争论。公元 1 世纪古罗马著名作家的书中，都带着莫大的赞誉引证他的话并把他视为作家而不是医生。在他生活的时代，医学知识是教育的重要内容，这可能使他具备汇编医学著作所必要的专业知识。

编写过一部题为《人文知识》的百科全书和其他一些专著。现存他汇编的 8 卷医学书，其中有 5 卷涉及农业和若干关于军事、修辞学、哲学、法学的章节。医学书分别介绍了医学的历史、营养学、病理学、普通疗法、特殊疗法、药理学、外科学、骨科方面的知识，这在当时是很大的科学成就。 （张相轮）

阿泰纳厄斯（Athenaeus of Attalia） 土耳其人，生卒年不详，生于潘非利亚的阿塔利亚（今土耳其安塔利亚）。基础医学、精神病学、自然哲学。

是古罗马帝国克劳狄斯一世（Claudius Ⅰ）统治时期（公元 41～54 年）在罗马行医的医生。生平不详。

是富有创见的思想家，以哲学丰富了医学理论，同时又是杰出的教师。因创立亚历山大灵气学派而闻名。这一学派的继承人有阿加蒂诺（Agathinos）、希罗多德、马格纳斯（Magnus）和阿希杰尼斯等人。该学派认为躯体拥有四属性——湿、热、干、冷，它们由渗透全身的灵气所统摄。"灵气"这一名词是他从斯多葛哲学理论中借用来的。这一理论虽然和亚里士多德的理论有联系，但"灵气"的含义更广。他也接受了斯多葛学派的观点，把灵气和寓居于心脏的"灵魂的主宰"合为一体，从而提出了精神病的某些治疗原则。从盖仑的著作中得知，他还写了一部至少有 30 卷的医书，内容涉及生理学、病理学、胚胎学、治疗学等，但现都已散佚。 （顾振海）

鲁弗斯（Rufus of Ephesus） 古希腊人，生卒年不详，鼎盛期在公元前 1 世纪末到公元 1 世纪中期。临床医学、病理学、解剖学、精神病学。

曾在亚历山大城学医和行医，长时间住在埃及。后定居于古希腊小亚细亚西岸重要贸易城市以弗所。

其医学观点既是希波克拉底医学派又是折衷主义医学派。著作中有丰富的临床观察记录，如对于忧郁症的研究。兴趣和知识面很广，反映在著作的题材上涉及 96 个方面。撰写的《人体各部分名称》一书，反映了盖伦时代之前的古希腊解剖学的发展水平，有一部分名称一直被沿用至今。从发展医学教育的角度评价了人体解剖学，对当时不能用人的尸体来解剖的现状感到遗憾。他指出神经的感觉受大脑支配，并将之分为两个等级。认为心脏是生命的寓所，首次注意到左心室比右心室小而厚。他的著作都是用希腊文写的，其中有些被翻译成拉丁文，还有一些如忧郁症等，经常被中世纪西方的医生所引用。阿拉伯人非常尊重他，经常引用他的著作。有的论著至今仅存阿拉伯文本。流传至今的论著还有《膀胱和肾脏的疾病》、《色情狂与淋病》、《论黄疸病》、《论痛风》等。 （张志练）

阿加蒂纳斯，C.（Agathinus，Claudius） 古罗马人，生于斯巴达，生卒年不详，鼎盛期在公元 50 年前后。病理学、临床医学。

是在罗马行医的斯巴达医生，和斯多葛派哲学家交往甚密。其医学体系属阿泰纳厄斯创立的灵气学派，但阿泰纳厄斯并不是他的直接老师。自称是兼收并蓄的折衷主义学派，并在罗马建立自己学派的医学专科学校。他的最有名门徒是阿希杰尼斯。著作大都已散佚，从残存的片断中可看出他是古罗马文化昌盛的第一世纪中很有影响的医生，其论述常被盖伦所引用。

（顾振海）

阿雷提乌斯（Aretaeus of Cappadocia） 古罗马人，生卒年不详，鼎盛期在公元 50 年前后。内科学、病理学、临床医学。

一度曾在罗马和亚历山大城居住过，生平不详。他擅长治疗肠胃疾病，并对病征作详尽而精确的描述。属于阿泰纳厄斯所创立的灵气学派医生，也是该学派中惟一有原著传世的人。写过 8 部著作，其中最著名的两种是《急性病和慢性病的病因和指征》和《急性病和慢性病的治疗》，每种都是以爱奥尼亚语写的 4 卷本。从中可以看到斯多葛派哲学对医学的影响。这些著作反映了灵气学派和早期基督教的接近之处，揭示了正统灵气学派对希波克拉底原则的重视和信奉。

（顾振海）

狄奥斯科里德（Dioscorides；或 Pedanius Dioscorides of Anazarbus） 古罗马人，生于小亚细亚的阿纳扎布斯（西西里的塔尔苏斯附近），生卒年不详，鼎盛期在公元 40～90 年。药学、临床医学、药物化学、药用植物学。

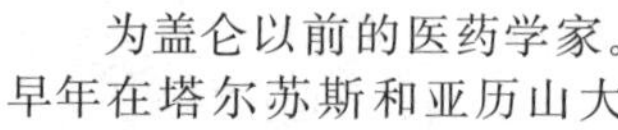

为盖仑以前的医药学家。早年在塔尔苏斯和亚历山大学医，后任罗马军队军医。公元 54～68 年侍奉过尼禄皇帝（Nero）。利用旅行的机会广泛搜集药物资料，成为著名药物学家。

被西方誉为古代药物学的先驱。约于公元 77 年写成《药物学》（5 卷）一书，书中记载了约 600 种植物药材，并逐一记述了药物的真伪、调剂、用途、剂量、单位、功能等。这部书由于在其后数世纪不断被增补和篡改，已难以鉴定哪些部分为原著。该书的希腊文原本已佚，现存最早的拉丁文版刊于 1478 年。其中第一卷记述香料、膏剂和油剂；第二卷记述动物和蔬菜；第三、四卷记述植物及其根茎；第五卷记述酒类和矿物药。是西方最早记述姜、乌头和芦荟治疗作用的医药学家；提出用棉马治疗绦虫；记述铁有收敛作用，并提出用铁治疗子宫出血。所记述的大多数药物直到现代仍为医药界所应用，如阿拉伯胶、芦荟、醋、明矾、氨水、淀粉、没食子、大麻根、斑蝥、豆蔻、桂皮、巴豆油、龙胆、藜芦、莨菪、水银、鸦片、欧伤牛根草、洋薄荷、食盐、芥子、麝香草等等。鸦片在他之前已为人所知，但他最早记述鸦片的作用，并推荐用鸦片治疗慢性咳嗽；说明鸦片、欧伤牛根草和莨菪的安眠作用。还提出"麻醉"的概念。建议用欧伤牛根草做灌肠剂以止痛；介绍用细碎孟非斯石涂抹于要切割或烧灼部位，可产生麻醉作用；并已提到全身、局部和直肠麻醉。

（张慰丰）

阿希杰尼斯（Archigences） 古罗马人，约公元 54 年生于叙利亚阿帕梅尼亚，鼎盛期是在罗马时的公元 98～117 年。病理学、外科学、临床医学。

是阿加蒂纳斯的学生，曾救过老师的性命。在古罗马皇帝图拉真（Trajan）统治时期，在罗马行医而出名。著作数量多且涉及面广，但都已散佚。现在从盖仑的著作中得知他属于折衷主义学派，主张对各派医家兼收并蓄，并受到灵气学派很大影响。主要贡献在病理学、外科学和治疗学等领域。发表过论脉动的论文，后来盖伦对之加以评注。

（顾振海）

索拉诺斯（Soranus of Fphesus） 古罗马人，生于小亚细亚的以弗所，生卒年不详，2 世纪时生活于罗马。妇科学、内科学、骨科学、药理学、医学史学。

是 2 世纪初罗马帝国的名医。据称系明德罗斯（Meandros）和福依布（Phoibe）之子。医学主要是在家乡以弗所学的。在古罗马皇帝图拉真（Trajan）、海德里安（Hadrian）统治时期（公元 98～138 年），曾先后在亚历山大城和罗马行医。

在医学上属以弗所学派（又称法规学派），在哲学上属方法论学派。该医学学派受伊壁鸠鲁的原子论学说影响，认为人体由可动的和不可动的原子组成，原子与原子由细孔相连。这些小孔的开合程度决定人体健康状况。到 2 世纪时，这一学说已不能解释当时对人体的新的了解，他就重新整理其基本原理，使之适应新的情况。曾写过《论灵气》一书，把灵气分为 7 个构成部分。首次给予鉴别诊断法以足够的重视，并对急性病和慢性病的区分更为严格，且有明确的临床依据。著有《论急性病与慢性病》、《论骨折征》等书。现存的主要著作是《妇科医学》。此书后世有多种版本和译本，在其后的 1 500 年中一直成为妇产科的范本。盖伦还提及他曾写过两部论制药学的书。他的知识包括了全部医学内容，并涉及哲学、文法等，在这些领域中有较深的造诣。由于他的著作在他死后几乎均遭散失，所以原子病理学说在以后的医学界未能得到应有的重视。还为希腊名医希波克拉底写了传记，后世对希波克拉底的了解，有赖于他的著作。

（顾振海）

盖仑，C.（Galen，Claudius） 古罗马人，129 年 9 月 1 日生于小亚细亚的帕加马，199 年卒于罗马（或帕加马）。临床医学、解剖学、自然哲学。

建筑师的儿子。17 岁开始学习医学。20 岁前后离开故乡到土耳其的士麦那学习。曾在希腊的科林斯短住。随后到埃及的亚历山大城居住 5 年，在那里接受了动物解剖的训练，据说曾研究过两具人体骨骼。157 年返回故乡帕加马，任角斗竞技场的外科医师，有机会接触到许多创伤病人，做了不少解剖生理学实验。162 年在罗马开业行医，164 年首次进行解剖演示，声名日盛。166 年离开罗马逃避瘟疫。168 年奉命任军医随罗马军队远征德国。169 年回罗马，被召至宫廷任御医。晚年行迹不清，曾回到帕加马从事写作。

在古代欧洲名医中，名次仅在希波克拉底之后。他的解剖观察和理论架构，形成了欧洲后来 1 500 多年医学生理学的基础。在那个时代，罗马人禁止人体解剖。他的全部解剖学研究(除骨学部分外)，主要是在动物身上进行的。曾经解剖过猴、牛、猪、犬等多种动物。对骨骼的记述是以人体骨骼为基础的，堪称古代解剖学的杰作。对于肌肉的起止和功能的记述也颇为正确，迄今使用的肌肉名称，有的就是从他传下来的。在神经系统方面，他已区分出脑的许多结构，在 12 对脑神经中，除第 4 对脑神经外，几乎都作了记述。关于循环系统，记述了心脏的 4 个腔和 4 个孔及其 3 个瓣。清楚地记述了卵圆孔和动脉导管。约 177 年撰写的 16 卷巨著《解剖程序》是西方古典解剖学的代表著作。

是西方最早应用实验方法进行生理学研究的学者，被人们尊崇为“实验生理学的奠基者”。首次用分段切割的方法证实了脊髓各节段的功能。发现两侧喉返神经有不同的走向，当切断喉返神经或结扎动物的肋间肌时，动物均不能嘶叫。这已把运动神经和感觉神经加以区分。还用实验证明大脑损害和小脑损害可导致不同的结果。正确地认为“灵魂”不在心脏而在脑。但错误地认为脑垂体是个过滤器，脑中的秽物通过垂体滤过而排出于鼻腔。用实验证明动脉内存在血液，纠正了亚历山大学派认为动脉内只有空气的错误见解。关于血液循环，认为肝产生“自然灵气”，是营养和代谢的中心；心产生“生命灵气”，是调节体热的中心；脑产生“动物灵气”，是感觉和活动的中心。认为血液产生于肝脏，存在于静脉中，当血液进入右心室后，通过肺动脉将秽物排至肺脏而呼出体外。右心室的血液又通过心室间隔的小孔流向左心室。想像血管内的血液似潮汐涨落一般前后进退地运动。这种“灵气说”严重地阻碍了后来解剖学的发展。曾写过 7 篇脉学著作，将脉搏分为五六十种之多，这种繁琐的分类给后世造成争论不休的难题。

著有《身体各部的机能》(2 卷，169～175 年)，发展了机体的解剖结构和器官生理学的概念，并指出研究和治疗疾病应以解剖学和生理学知识为基础。继承了希波克拉底的液体病理学说，认为四体液不平衡是疾病的原因。认为每一器官的功能改变与器官的损害相关，每一器官的损害也可以导致功能改变；在此基础上形成了他的疾病的病征学思想。对疾病的观察和诊断也有不少独到之处：根据尿的情况正确区分膀胱和肾的溃疡；已能区分胸膜炎和肺炎；观察到“肺痨”具有传染性。

在外科学上，讨论了骨折、脱臼、脓肿、疝瘘、创伤、截肢、颅骨环锯等问题。使用过压迫、扭折、烧灼、结扎等止血法。撰有《治疗方法》(172～197 年，1566 年英译本)。最早提出了炎症的红、肿、痛、热四大特征，却错误地把化脓看作是创伤愈合的必要条件，给后世外科造成不良的影响。

在药物学上，著作中记载了 540 种植物药、180 种动物药和 100 种矿物药。

他是西方古代医学的集大成者，被后世尊为“医学之王”。自称有 125 部著作，今存有 83 部真迹。身后他的著作被全部或部分地译为拉丁、阿拉伯、德、英等多种文字。盖仑在哲学思想上受柏拉图和亚里士多德的影响，坚信万物都是上帝为了一定的目的创造出来的，机体中各部分都是“神”安排来执行自己职能的，都与某种预定的目的相适应。这种唯心论倾向被中世纪基督教会所利用并奉为信条，严重地影响了医学的发展。

(张慰丰)

华佗(Hua Tuo)　名旉，字元化。中国东汉沛国谯(今安徽亳县)人，约东汉永和六年(141 年)生，东汉建安十三年(208 年)卒于许州(今河南许昌)。中医外科学。

东汉末年著名外科学家。医术精湛，不慕名利，朝廷曾多次征召他做官，都被谢绝。长期坚持在民间行医，足迹遍及江苏、山东、河南、安徽等地。晚年，曹操征召他去许昌为其治疗头风眩，并强留他做侍医。他托故告假归家，拒绝为曹操服务，触怒了曹操，惨遭杀害。

在医学上有很高的成就，通晓内、外、妇、儿、针灸等科，尤精于外科及针灸。据《后汉书》、《三国志》记载，他“精于方药，处剂不过数种，心识锱铢，不假称量；针灸不过数处。若病发结于内，针药所不能及者，乃令酒服麻沸散，既醉无所觉，因刳剖腹背，抽割积聚；若在胃肠，则断截湔洗，除去疾秽。既而缝合，敷以神膏，四五日创愈，一月之间皆平复。”表明华佗当时已发明用酒服麻沸散作全身麻醉。据载做过腹腔肿瘤切除及胃肠手术等。

还积极提倡体育锻炼，认为“人体欲得劳动，但不当使极耳。动摇则谷气得消，血脉流通，病不得生，臂犹户枢，终不朽也。”在继承古代气功导引的基础上，模仿虎、鹿、熊、猿、鸟等 5 种动物的动作姿态，创制了一套名叫“五禽戏”的医疗体操。他的弟子吴普坚持这种锻炼，结果活到 90 多岁，尚“耳目聪明，齿牙完坚”。华佗的五禽戏对后世的医疗体育产生了积极的影响。

在针灸方面，他总结创用沿脊柱两旁夹脊的穴位，称“华佗夹脊穴”，沿用至今。

在内科方面，能贯彻同病异治、异病同治的原则，据《三国志·华佗传》所记载的病案，证明他在疾病的诊治方面具有高超的水平。

据载华佗在临死前，“出一卷书与狱吏，曰：‘此可以活人’，吏畏法不敢受，佗亦不强与，乃索火烧之。”因此，他的著作未曾流传下来。现存《中藏经》，乃后人托名，疑为六朝人所作。传授弟子三人，樊阿善针灸，吴普著《吴普本草》，李当之著《李当之药录》。　(张慰丰)

王叔和(Wang Shuhe)　名熙。中国西晋高平(一说今山东济宁、邹县，一说今山西高平)人，约公元 180 年生，公元 260 年卒。中医学、诊脉学。

生平事迹不详，曾任太医令。是西晋著名医学家。在医学上的主要贡献有两项。一是将张仲景《伤寒杂病论》加以整编，对于保存古代医学文献、促进医学发展有一定贡献。后世医家对其整编工作评价不一，颇多争议。金代成无己说："《伤寒论》得显用于世，而不堕于地者，叔和之力也。"这确是公正的评论。二是总结了魏晋以前脉学成就。选取《内经》、《难经》以及扁鹊、华佗、张仲景等有关论脉的文献，并结合自己的临证经验，撰成《脉经》10卷，结合生理病理及证候，系统地阐述了脉学理论，将脉象归纳为24种，并论述三部九候脉法，对奇经八脉也有阐述。同时，又把《难经》中关于寸口脉法和脉应脏腑的方法肯定下来，从而使中医的切脉方法统一化和规范化。《脉经》是中国现存最早的一部脉学专著，对推动中国医学发展作出了贡献。另撰有《论病》10卷，至隋代亡佚。 （张慰丰）

董奉(Dong Feng)　一名董平，字君异，号拔墘。中国三国时吴人，建安五年(公元200年)生于闽中侯官县董墘(一说董厝)村(今福建长乐古槐镇)，西晋太康元年(公元280年)卒。中医学、中药学、道学。

少年学医，信奉道教。年青时曾任侯官县小吏，不久归隐其家村后山中练功。青年时云游南方各地，遍访医药名家，并集各家之长，汇创董家一派。他医术精湛，悬壶济世，治病救人，每见其效。中年后隐居于豫章(今江西)庐山南麓般若峰下(今星子县温泉镇境内)大中祥符观学道，采集各种草药制药炼丹行医。传说在晋永嘉年间高寿而终，活了119岁。死后被晋帝赐名为"升元真人"，葬于庐山南麓。

他与南阳张仲景、谯郡华佗并称"建安三神医"。北宋黄庭坚《董隐子传》谓董奉"狂而不悖"，又"面有孺子色"、"人以世俗重利要之，其不满一笑也"，文章赞美了董奉的宗教情怀和高尚医德。据《真仙道鉴》载："奉有道述，初在南中。交州刺史杜燮病死三日。奉以三丸药纳燮口中，令其举首而摇之，有倾苏，半日能起坐，后四日乃能语。"这有可能是传说，也有可能是病人假死现象碰上医术高手。《庐山志》记载，董奉在江西行医期间，有一县官女儿得了怪病，医疗无效，请董奉医治即愈，于是县令便把女儿嫁给董奉为妻，因董奉长年累月外出为人治病，便收养一女为她侍候。

据《集仙传》记载，董奉医术高明，乐善好施，为人治病不取酬，只要重病愈者在山中栽杏五株，轻病愈者栽杏一株，数年之后，有杏万株，郁然成林。规定凡要买杏子者，只须用等价谷物置于草舍内，自行换取杏子即可。每年货杏得谷，遂以之救贫病及供旅行不逮者，成了中国医药史一段千古佳话。后世唤中医为"杏林"，以"杏林春暖"，"誉满杏林"称誉医德高尚的医家，盖源于此。时至今日，董氏原行医处仍有杏林。后人为纪念他，在杏林故址建有董真人坛(又称杏坛、昭仙坛)；庐山上建有董奉馆；在长乐有董奉山和董奉草堂；在福州茶亭街河上村有明代纪念董奉的救生堂。 （朱素珍）

张仲景(Zhang Zhongjing)　名机。中国东汉南阳郡涅阳(今河南南阳)人，约生活于2世纪中期至3世纪。中医学。

东汉杰出的医学家。年轻时曾从同郡张伯祖学医。生平事迹不详，《后汉书》、《三国志》均未为他立传。宋代林亿等在《校正伤寒论·序》中引唐代甘伯宗《名医录》，说他曾经"举孝廉，官至长沙太守"。后世所刊《伤寒论·自序》题曰"汉长沙守南阳张机仲景著"。关于他是否做过长沙太守，历来有争论。在他的家乡南阳医圣祠，曾发现了他的墓碑和碑座。碑碣的正面刻着"汉长沙太守医圣张仲景墓"11个隶书大字，碑座上刻着"咸和五年"字样("咸和"是东晋成帝司马衍的年号，"咸和五年"即330年)。这一发现对确认他曾任长沙太守提供了有力的佐证。

他生活在东汉末年，当时政治黑暗，战火绵延，天灾频仍，疫病流行。据张仲景《伤寒杂病论·序》，他的家族原有200多人，自汉献帝建安元年(196年)以来，不到10年时间，就有三分之二的人因染疾病而死去，其中死于伤寒病的竟占了十分之七。他因此立志钻研医学，"勤求古训，博采众方"，刻苦攻读《素问》、《九卷》、《八十一难》、《阴阳大论》、《胎胪药录》等古典医籍，结合当时医家及自己长期积累的经验，创造性地撰成《伤寒杂病论》16卷。该书问世后，由于兵燹战乱，原著不久即告散失。曾经王叔和整理。到了宋代，只保留下《伤寒论》10卷本，该书未收杂病部分。北宋翰林学士王洙从翰林院的"蠹简"中找到一部《金匮玉函要略方》，共分3卷，上卷论伤寒，中卷论杂病，下卷载方剂及妇科理论。因上卷《伤寒论》部分文多简略，不及已存的10卷本，便把它删去，将中、下两卷编成《金匮玉函要略》。到宋代林亿校理时，把这仅存的2卷又分成3卷，改称《金匮方论》，即今存的《金匮要略》。

《伤寒杂病论》的主要贡献是总结了2世纪以前的中国临床实践经验。此书大大充实和发展了《内经》的热病学说，首倡太阳、少阳、阳明、太阴、少阴、厥阴等六经辨证纲领，又创六经传变、分经辨证、审因立法、依法定方等法，从而奠定了中医"辨证论治"的原则和方法。在内、外、妇、儿科杂病方面，阐述了阴阳、表里、虚实、寒热等八纲和汗、吐、下、和、温、清、补、泄等多种治疗法则。在病因方面，首先提出三因(内因、外因、不内外因)致病说，为中医的病因学说作出了贡献。在治疗方面，它保存了近300多个方剂，《伤寒论》载方113首，《金匮要略》载方262首，法度严谨，后世崇为"众方之祖"，至今仍是中医处方用药的基础。概括地说，《伤寒杂病论》确立了中医理、法、方、药的辨证论治原则，为中国临证医学的发展奠定了基础。

他的治学态度、学术思想和学术成就对中国医学的发展具有积极的影响，所创立的辨证施治与理、法、方、药之原则，为中医临床医学奠定了基础，至今仍行之有效。又精通针灸，倡用灌肠法以及坐药、薰法、水渍等治病方法，为中国医学的发展作出了杰出的贡献。后人因此尊他为"医圣"、"医方之祖"。 （张慰丰）

皇甫谧(Huangfu Mi) 字士安,幼年名静,自号玄晏先生。中国魏晋时代安定朝那(今甘肃灵台县朝那镇;一说在今宁夏固原县)人。东汉建安二十年(215年)生,西晋太康三年(282年)卒。中医学、针灸经络学、历史学。

汉太尉皇甫嵩曾孙。早年不务学业,终日游荡,20岁起才发奋读书。因家中贫困,常带书下地,边耕边读,终于成为著名学者。42岁时患风痹症,54岁又因服石致使身体极度瘦弱,辗转床侧,甚至一度有自杀之念。淡于仕途,多次坚辞为官。自得病后,潜心医学,致力著述。

在针灸学方面,将《素问》、《针经》、《明堂孔穴针灸治要》三书内容加以纂集,"使事类相从,删其浮辞,除其重复,论其精要,厘为十二卷",撰成《针灸甲乙经》一书。此书对阐述经络理论,统一古代针灸穴位的位置、名称、取穴法,介绍针灸手法、禁忌、病因病理及各类疾病证候等,总结晋代以前针灸学的成就,作出了重大贡献。是中国现存最早的一部针灸学专著,对后世针灸学的发展有很大影响。

另有《论寒石散方》两卷(今佚),在《巢氏病源》中保存了部分内容。

在史学方面,还著有《帝王世纪》、《高士传》、《烈女传》、《逸士传》、《玄晏春秋》等。 (张慰丰)

奥利巴西厄斯(Oribasius) 真实姓名也可能是Oreibasius。古罗马人,公元325年生于小亚细亚北部的帕加马,公元403年卒。临床医学、医学文献学。

生于一个显赫家庭。在埃及亚历山大城接受医学教育。在帕加马结识了未来的罗马皇帝朱利安,相交甚厚。355年被任命为御医和皇帝图书馆馆长,对朱利安皇帝有较大的政治影响,直至他在公元363年去世。后一度被放逐,当皇帝瓦伦斯(Valens)登基时才被召回。曾任君士坦丁堡(今土耳其伊斯坦布尔)的检察官。

是当时继承古希腊和罗马医学的代表人物。编纂了《盖仑著作摘要》和《医学集》。这两本书现今只保存了一部分。在《医学集》中摘录了当时比较著名的希腊医生的论述,尤其是古希腊外科手术中的细绳使用技巧介绍,对于研究医学史,了解古代医学的概况非常有益。还编辑过一本医疗手册,给不懂医学的人备用。极力推崇盖仑、亚里士多德,人称他为"盖仑的模仿者"。

(张志练)

尼梅休斯(Nemesius) 叙利亚人,生卒年不详,鼎盛期390~400年生活于埃美萨(今霍姆斯)。解剖学、人类学、脑科学、哲学。

是埃美萨地区的基督教主教。4世纪末,写了《人的本质》一书。该书从基督教教义出发,诠释希腊人关于人体科学的知识,虽有不少篇幅谈到盖仑的解剖学和生理学,但是实质上是企图把柏拉图的学说和基督教的"灵魂不死说"协调起来。其主要贡献在于确立了思维能力局限在大脑的观念。实际上这种观念早在4个世纪以前已被希腊医生波昔东尼(Posidonius)提出,只是比较零碎,缺乏系统。通过该书,这种观念才渐为人们熟悉。根据这种理论,所有感觉都汇聚到脑,各脑室起着接收、整理、判断、记忆等四种功能。并证明了其中某一部分受损伤后,会引起大脑该部位功能的障碍。 (张志练)

雷敩(Lei Xiao) 中国南北朝刘宋时人,生卒年不详,约生活于5世纪。中医药学。

擅长药物炮炙方法,撰有《雷公炮炙论》3卷,约成书于5世纪,是中国现存最早的制药专著。后由胡洽重订。据原书自序,该书分上、中、下三卷,上卷为玉石类,中卷为草木类,下卷为兽禽虫鱼果菜米类,记述总结了10世纪以前中国制药学的基本知识,收载约300种生药的炮炙加工方法,包括蒸、煮、炒、焙、炙、炮、煅、浸、水飞等10余种制法,已具备水制、火制、水火共制等古代制药基本原则。对炮炙过程的宜忌,生药真伪的鉴别,也有详论。此书总结了南北朝以前的中药炮炙学成果,对中药的制作和临床应用有开创性的贡献。

《雷公炮炙论》原书早佚,其内容散见于《证类本草》、《雷公炮炙药性赋介》、《本草纲目》等书中。1932年张骥根据上述各书重予补辑,分原叙及上、中、下3卷,共180余种炮炙加工方法,并加入其他古本草书中有关炮炙经验,书末有附卷,另记70余种药物的炮炙方法。现代中药的炮制方法,仍有不少沿用雷氏的操作方法。

(张慰丰)

陶弘景(Tao Hongjing) 字通明,自号华阳隐居,谥贞白先生,后人称为陶隐居。中国梁朝丹阳秣陵(今江苏南京句容)人,南朝宋孝武帝孝建三年(456年)生,梁武帝大同二年(536年)卒。中医药学、化学、博物学。

南北朝宋、齐、梁时期著名医药学家,一生经历了南朝的宋、齐、梁三个朝代。出身于名门望族,19岁被齐高帝诏为作诸王侍读,总管文笔记事,很受统治阶级赏识。齐武帝永明十年(492年)辞去官职,隐居句容茅山。梁武帝屡召不至,每有大事,使人咨询,时人称为"山中宰相"。通晓阴阳五行、风角星算、山川地理、方图产物、医术本草等学。自谓"读书万余卷,一事不知,深以为耻"。对于天文、历算、医药三者成就较大。

在医药上的主要贡献是对本草学的研究。根据魏晋以来吴普、李当之等所著的药物著作,选集成《名医别录》,后又从中选出365种,附入《神农本草经》,称《本草经集注》(7卷)。该书总结了南北朝以前的药物学成就,是《神农本草经》之后中国本草学的第二次总结。首先按药物的自然来源将药物分为玉石、草木、虫兽、果、菜、米谷及有名未用 7 类，这较《神农本草经》按上、中、下三品分类法要进步得多，后世中国药物学基本按此法分类。他又首先按药物治疗作用进行分类，倡“诸病通用药”分类法，将药物依主治作用分成 80 多类，为医家临床寻检药物提供了方便。对药物的性味、主治、产地、采集、形态、炮制、贮藏和鉴别诸方面的论述也有显著提高。但此书夹杂有道家唯心观点，对北方药物了解不足。《本草经集注》原书已佚，现存有敦煌残卷，主要内容在其后的《证类本草》和《本草纲目》中被引用和保存下来。

另撰有《效验方》、《药总诀》、《太清草木集要》、《陶隐居本草》等，还增补了葛洪的《肘后备急方》，称《补阙肘后百一方》。在导引养生方面，撰有《养生延命录》、《养生经》、《服饵方》等。

在炼丹方面，是继葛洪后的著名人物，著有《合丹法式》、《太清诸丹集要》、《炼化杂术》、《合丹节度》等。他的《古今刀剑录》，首载“杂炼生鍒”的灌钢炼钢法，在冶炼钢铁方面有一定历史价值。

一生著作颇丰，计 80 余种，内容涉及医学、药学、炼丹术外，还论及道教、儒家经典、天文、历算、地理、兵学、植物学、文学、艺术、史学等。 （张慰丰）

埃伊休斯（Aetius of Amida；**或** Aetius Amidenus） 生于美索不达米亚阿米达（今土耳其迪亚巴克尔），生卒年不详，鼎盛期约在 540 年前后。基础医学、临床医学。

在亚历山大城学习，生活于拜占廷帝国，曾为国王的侍医。主要著作是一套称为医学百科全书的《十六卷医书》。书中对眼、耳、喉等器官的疾病有详细描写；记述了白喉、甲状腺肿、恐水病、癫痫的症状；也提及某些手术如动脉瘤结扎法、扁桃腺摘除术等。但一般认为，他只是一名编纂者而独创性较少。 （顾振海）

徐之才（Xu Zhicai） 字士茂。中国北齐丹阳（今安徽当涂县小丹阳镇，又说今江苏镇江）人，北魏太和十七年（493 年）生，一说北魏正始二年（505 年）生，北齐武平三年（572 年）卒。中医学、中药学。

先族出于东莞姑幕（今山东即墨境内），后寄籍丹阳，曾仕于梁，至北齐仕尚书令。按史书记载，自五世祖徐熙以下，七代出名医 12 位。其父徐雄以医术名闻于时。他“幼而发”，有“神童”之称，13 岁被诏为太学生。526 年至沈阳，武定年间（543～550 年）授大将军、金紫光禄大夫等职。武平二年（571 年）封西阳郡王，故又称徐王。清光绪年间，于河北磁县发现徐之才墓志铭，1918 年被运至沈阳，今藏沈阳博物馆。

对于天文、医药都有研究。所撰《雷公药对》总结了古代药剂学的成就，对多种药物的炮炙，都有较详细的叙述。该书早已散佚，《本草纲目》内辑有 164 条。对妇科也有研究，作有《逐月养胎法》，对孕妇卫生及优生均有重要意义。还撰有《家传秘方》（2 卷）、《徐王八世家传效验方》（10 卷）、《小儿方》（3 卷）等，均佚。徐氏一家由南仕北，也促进了南北之间医药交流。 （张慰丰）

姚僧垣（Yao Sengyuan） 字法卫。中国南北朝时吴兴武康（今浙江德清）人，南齐永元元年（公元 499 年）生，隋开皇三年（公元 583 年）卒。中医学。

南北朝时著名医家。父姚菩提通医理，受梁武帝（502～549 年在位）所重用，为梁高平令。姚僧垣自幼博览文史，24 岁即传家业，其诊病“用意绵密”，为梁武帝所赏识，大同十一年（545 年）任太医正，并封文德（今广东封开）主帅，直阁将军。梁亡入北周，武成元年（559 年）起，先后授小畿伯下大夫、车骑大将军、遂伯中大夫、太医下大夫、上开府仪同大将军等职。隋开皇初，又进爵北绛郡公。卒后赠本官，加荆、湖二州刺史。

《北周书》本传称其“医术高妙，为当世所推，前后效验，不可胜记。”据史记载，梁武帝病，欲服大黄，阻谏不听，终无救；后梁元帝病，众太医均力主用平药，惟僧垣主张“非用大黄，必无差理”，服后愈，赐钱百万。从此医声大振，远达诸蕃外域。北周建德四年（575 年），他随武帝东讨，帝至河阳遇疾，口不能言，目不能视，足不能行。僧垣按军中缓急之序顺治其口、目和足，及至华州（今陕西华县），三病全除，遂任华州刺史，仍随入京师。

著有《集验方》十二卷，《行记》三卷，皆早佚。其大部分内容散存于唐、宋之间的几种医藉中，其中有唐《外台秘要》存 179 条，宋《证类本草》存 30 条；另有日本丹波康赖的《医心方》存 127 条。 （郭天玲）

亚历山大［特拉勒斯的］（Alexander of Tralles） 国籍不详。约 525 年生于小亚细亚吕底亚地区特拉勒斯，约 605 年卒。内科学、临床医学。

医生的儿子。一生历尽艰辛，曾在罗马行医，也到高卢和西班牙旅行和行医过。鼎盛时期在拜占廷帝国查士丁尼皇帝执政时。

主要著作是《十二卷医书》。自称在年老不能行医时才著书。书中主要讨论内科疾病的病理和治疗。由于毕生行医，积累了丰富的临床经验，所以书中全是自己行医经验的记录。从中可发现他非常自信，甚至敢于批评盖仑等名医，但也反映出缺乏解剖学和生理学知识。 （顾振海）

巢元方（Chao Yuanfang） 中国隋代人。籍贯与生卒年不详，一说今陕西华阴人，生活于 6 世纪后半叶至 7 世纪上半叶。中医学、传染病学、外科学、病理学。

史书未立传。隋大业（605～616 年）中曾任太医博士，后升为太医令。大业六年（610 年）曾主持集体编成《诸病源候论》50 卷，这是中国第一部论述疾病病因和证候的专著。

《诸病源候论》全书 67 门，载列证候 1739 条，叙述各种疾病的病因、病理、症候等。诸证之末多附导引法及手术疗法，但不记载治疗方药。全书内容涉及到传染病、寄生虫病、妇科、儿科病证、外科手术等，有不少精辟的论述。认为瘟疫是“戾气”所致，可以互相传染，又指出可以“预服药及为方法以防之”。确认寄生虫病系饮食不洁而感染；绦虫病是由于生食牛肉、鱼肉引起；明确疥疮是疥虫引起；炭疽是由于人先有疮而接触牲畜传染。对于漆疮,认为与人的禀性素质有关。对于疾病的症状,例如中风、麻风、天花、麻疹、结核、猩红热、痢疾、霍乱、脚气病、糖尿病、精神病、神经官能症等,也描写得十分细致翔实。妇科方面有月经不调、白带、子宫脱垂、乳腺炎、难产,妊娠恶露等。

该书在外科方面介绍了肛门瘘管、痈疽、丹毒、破伤风、金创、骨折等;其他尚有鼻息肉、兔唇、湿疹等。书中还记载了肠吻合术、创伤伤口缝合术、血管结扎术、人工流产、正骨手术、拔牙等。

《诸病源候论》是中国医学史上的一部重要文献,它总结了魏晋以来的医学成就,反映了中国隋代医学的很高水平。此书对后世医学的发展产生了积极的影响。唐代的《千金方》、《外台秘要》,宋代的《太平圣惠方》,以及日本的《医心方》,都引用了它的资料与论述。宋代曾据此书课试学生。该书流传到日本、朝鲜后,也被列为医家必读的医书,可见其影响之深远。 (张慰丰)

保罗[埃基纳的](Paul of Aegina) 鼎盛期约在公元 640 年期间。妇产科学、外科学、毒理学。

在亚历山大城学习和行医。公元 640 年阿拉伯人入侵之后尚在世。

最重要的、也是惟一保存下来的著作是百科全书式的 7 卷本《医学纲要》,把希腊经典医学思想传入穆斯林世界。书中第 6 卷详尽地记载了希腊外科治疗方法。在拜占庭帝国,该书多年被视为介绍西方医学之大全,其准确性与完备性至高无上。还写过两本书,其一为妇产科学,另一为毒物学。穆斯林医师认为他是最杰出的希腊医学权威之一。 (方正源)

孙思邈(Sun Simiao) 世称孙真人或孙处士。中国唐代京兆华原(今陕西耀县)人,生年有数说,大多认为隋代开皇元年二月二日(581 年 3 月 22 日)生,唐代永淳元年(682 年)卒。中医学、中药学。

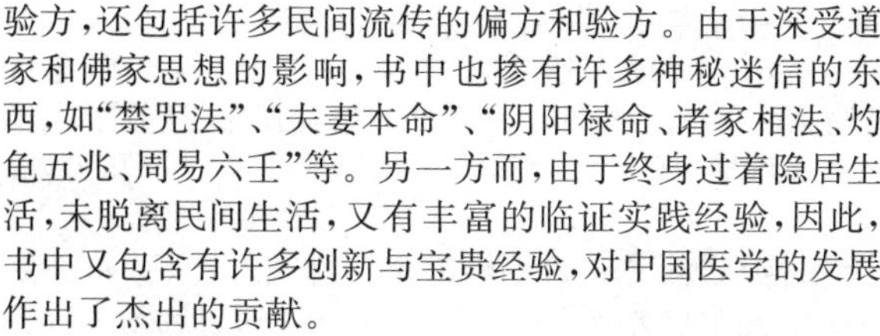

据《旧唐书》记载,7 岁就学,年轻时善谈老庄及百家之说,兼好释典。因看到王室多变故,遂隐居太白山、终南山等地,并多次坚辞做官。

鉴于古代诸家医方散乱浩繁,求检至难,他博采群经,勤求古今,删裁繁复,并结合个人的长期临证经验,约于唐代永徽三年(652 年)撰成《备急千金要方》30 卷,30 年后又撰成《千金翼方》30 卷。这两部书总结了中国唐以前医学成就,被尊为中国最早的实用临床百科全书。

《备急千金要方》简称《千金方》,全书共分 232 门,合方、论 5 300 首。内中搜集了唐以前历代著作的主要医论、医方、诊法、针灸等内容,兼及处方、用药等具体方法和服饵、食养、导引、按摩等养生方法。每一门疾病之下,先列举《内经》以下各家有关理论,然后根据不同证候附以大量方剂。这些方剂不仅搜罗自历代医家的经验方,还包括许多民间流传的偏方和验方。由于深受道家和佛家思想的影响,书中也掺有许多神秘迷信的东西,如"禁咒法"、"夫妻本命"、"阴阳禄命、诸家相法、灼龟五兆、周易六壬"等。另一方面,由于终身过着隐居生活,未脱离民间生活,又有丰富的临证实践经验,因此,书中又包含有许多创新与宝贵经验,对中国医学的发展作出了杰出的贡献。

《千金方》发展了张仲景的伤寒论学说,将六经辨证推向汤证分类诊治,统一阐述治疗的宜忌。该书对疾病的认识达到了新的水平,包括强调糖尿病要预防化脓性感染;霍乱无关鬼神,皆因饮食;骨关节结核的好发部位;麻风、营养缺乏性脚气、夜盲、甲状腺肿、结核等病的描述和治疗方法。还记述了丰富的外科医疗技术,如下颌骨关节脱臼整复术,葱叶导尿术等,在世界医学史上占有先进地位。

书中对妇产科和小儿科给予特别重视。卷一为总论,卷二至卷四为妇科病,卷五为儿科病。如有关新生儿处理,指出胎儿初生必须"先以绵裹指,拭儿口中及舌上青泥恶血",对"落地不作声"的假死亡,提出了种种急救法。对于断脐、浴儿、绷抱等也有详细说明。指出"乳儿不欲太饱"。对于乳母也有严格的选择标准。这些都是很合理的论述。

《千金方》发展了养生长寿学说,反对服石及长生不老等错误观点,提倡吐故纳新的"静功"和熊经鸱引的"动功"相结合,并辅以食治、劳动和卫生制度。《千金方》总结前代本草著述,重视"道地"药,强词药物的栽培、采集、炮制、保管、贮藏方法。在针灸方面,《千金方》重订了针灸明堂,创用"孔穴主对法"、"阿是"穴法。该书对医生的道德作风也有专论,对封建时代医生的医德有一定的指导意义,迄今尚有参考价值。

《千金方》中介绍了硫黄伏火法,是中国最早见之于文献的"火药"配方,对火药的发明作出了贡献。

另一部著作《千金翼方》,据说是为补《千金方》不足而著述的。其规模和体制与《千金方》大致相同。全书分 189 门,合方、论、法 2 900 首,记载药物 800 多种。所补充的主要内容有《药录》1 卷、《本草》3 卷和张仲景《伤寒论》的主要内容。对疾病的论述和方剂的著录也有所增补。但书中的道家迷信更为浓厚,除仍有《养性》1 卷外,又增加了《避谷》、《退居》、《补益》、《飞练》各 1 卷,最后还有《禁经》2 卷,完全是禁咒符录等迷信成分。

他对中国医学的发展作出了卓越的贡献,对后世医学的发展也有深远的影响。其著作不仅在中国广泛流传,对日本、朝鲜等许多亚洲国家医学的发展也有相当大的影响。 (张慰丰)

苏敬(Su Jing) 中国唐代湖北人,生于隋代开皇十九年(599 年),卒于唐代咸亨五年(674 年)。中医学、中药学。

唐代官吏兼医家。曾任右监门府长史等官职。显庆二年(657 年)奉命与李勣、长孙无忌、许孝宗、孔志约等 20 多人共同编辑《新修本草》(又名《唐本草》)。显庆四年(659 年)书成,由朝廷颁行全国。

《唐本草》全书 54 卷,包括本草学、药图、图经三部分。其中本草 20 卷(现残存 11 卷),目录 1 卷;本草图 25 卷,目录 1 卷;图经 7 卷(已佚)。共载药 844 种,是世界上第一部官方颁布的药典。又与徐思恭、唐临等人编有《三家脚气论》1 卷,已佚。 (张慰丰)

崔知悌(Cui Zhiti) 中国唐代许州鄢陵(今河南鄢陵)人,约隋代大业十一年(615 年)生,约唐武则天垂拱元年(685 年)卒。中医学、针灸经络学。

出身宦族。历任洛州(今河南)司马、度支郎中、户部员外郎,唐高宗(650～683 年)时任中书侍郎、尚书右丞、户部尚书。

撰《产图》1 卷、《纂要方》10 卷、《骨蒸病灸方》1 卷,均佚;《外台秘要》保留有部分资料。他认为:"骨蒸病者,亦名传尸,亦谓殗殜,亦称伏连,亦曰无辜。……无问少长,多染此疾。婴孺之流,传注更苦。其为状也,发乾而耸,或聚或分或腹中有块,或脑后颈上两边有小结,多者乃至五、六;或夜卧盗汗,虽目视分明,而四肢无力,或上气食少,渐就沉羸,纵延时日,终于溘尽。"可见对结核病的认识已相当深入。又说:"无辜闪癖,或头干瘰疬……或乍痢乍差……诸状既多,不可备述。"这是世界医学史上最早认识到瘰疬、腹腔淋巴结核或回盲部肠结核(腹中有块)与肺结核同源的医家。他创造的黄连解毒汤是一个著名的方剂,为历代医家所重视,迄今仍是治疗感染性疾病的常用方剂之一。 (张慰丰)

王焘(Wang Dao) 中国唐代郿县(今陕西郿县)人,约唐代咸亨元年(670 年)生,天宝十四年(755 年)卒。中医学、中医文献学、方剂学。

曾祖父王珪为太宗朝宰相,父王颢为北齐乐陵郡太守。他"幼多疾病,长好医术"。8 世纪初,曾任职尚书省兰台于弘文馆(国家藏书馆)20 余载,得以博览弘文馆图籍方书,采集诸家医方。天宝(742～755 年)年间因故贬守房陵、大宁,目睹僻地瘴疠盛行,因赖有经方而幸存。遂决意著书,广搜古方书五六十家,当今方书数千卷,"损众贤之砂砾,掇群英之翠羽",于天宝十一年(752 年)撰成《外台秘要》。

《外台秘要》共 40 卷,病征 1 104 门,载方 6 000 余首。先论后方,首例《诸病源候论》病证,随附各家方书。记述内、外、妇、儿、五官各科病证,又述采药、制药、服石、腧穴、灸法等治疗方法。此书采摭丰富、条理分明,所引资料一一注明书名和卷数,并注明校勘证误的意见,为中国整理医学文献树立了典范。书中收集唐以前大量方书,其中所引之《小品方》,以及姚僧垣、深师、陶隐居、崔知悌、许仁则、张文仲等人方书,于南宋末散佚,赖此书得以保存。故在保存古代医学文献方面,《外台秘要》功不可没。 (张慰丰)

陈藏器(Chen Cangqi) 中国唐代四明(今浙江鄞县)人,唐代永淳二年(683 年)生,至德二年(757 年)卒。中医学、中药学。

唐代本草学家。开元(713～741 年)年间,曾任京兆府三原(今陕西三原县)县尉。鉴于《新修本草》(《唐本草》)遗漏的药物颇多,决心搜集本草资料以"补不足,拾所遗、解纷争",撰成《本草拾遗》10 卷,今佚。

《本草拾遗》包括序例 1 卷,拾遗 6 卷,解纷 3 卷,博极群书,精核物类,纠正谬误,搜罗至广。对药物分类有突出贡献,首创中医方剂"宣、通、补、泄、轻、重、滑、涩、燥、湿"十剂分类法,又按药物的功用分为解毒、破气、疗温、理风、主脾等许多类,可说是今日中药分类的滥觞。本书搜集宏富,宋代的《证类本草》从本书收录的药品即达 509 种。敢于批判前人的错误,例如指出"今食姜处,未闻人愚。无姜者,未闻人皆为浪说",批判了《神农本草经》所言食姜能使人少智的观点。但是,在书中宣传人肉可以治羸疾,助长封建时代割股疗亲的腐俗,却不足为训。 (张慰丰)

鉴真(Jianzhen) 俗姓淳于。中国唐代人,唐武则天垂拱四年(688 年)生于广陵江阳(今江苏扬州),宝应二年(763 年 5 月 6 日)卒于日本奈良。中医学、中药学、佛学。

唐代著名高僧,律宗南山宗传人,医药家。14 岁于扬州大云寺出家。曾主持过大云寺的悲田院,为人治病。神龙三年(707 年)随师赴长安深造,对佛学、医学深有研究。715 年回到扬州,在大明寺修行,733 年任大明寺方丈,时人誉其"江淮之间,独为化主"。

天宝二年(743 年),接受日本留学僧荣睿、普照的邀请,决定东渡。前后历时 11 年,经过 5 次挫折,最后于天宝十二年(753 年)率领僧众 24 人,随日本第十次遣唐使船,历时 2 个多月到达日本九州太宰府,那时他已是 66 岁失明的老人。次年抵日本首都奈良,受到日本朝野僧俗的盛大欢迎。在日本生活 10 年。并在日本奈良建立了最有影响的唐招提寺。在该寺传布律宗,被誉为日本佛教"律宗"的开山祖师,授予"大僧都"封号。

他精通医药,在传戒之余为人治病。不但治愈了无数患者,并诊治了日本光明皇太后与圣武天皇的疾病,还把有关药物的鉴别、收藏、炮制、配伍、使用等知识传授给日本人民。至今日本东大寺正仓院还保存有他同时代携日的中药 60 种。据载他撰有《鉴上人秘方》1 卷,对日本汉方医学的发展有很大的影响,日本人民尊他为医药始祖。日本民间迄今流传的"奇效丸"、"万病药"、"丰心丹"等,即是当年他带往日本的。《医心方》中所载的"鉴真服钟乳随年齿方"、"脚气入腹方"及"呵梨勒丸"等,也是他传入的。由于在中日文化交流史上所作出的杰出贡献,日本人民尊他为"过海大师"。 (张慰丰)

宇陀·元丹贡布(Yutuo Yuandangongbu) 中国唐代西藏堆龙德庆地区人,公元 708 年生,公元 833 年(?)卒。中医学、藏医学、外科学、药物学。

唐代藏族著名医学家。家族世代业医,幼年开始学医,曾随入藏的汉族名医东松嘎瓦习医。又曾到过内地及尼泊尔、印度等邻近国家学习。曾任藏王赤松德赞的御医。据传活到125岁。

据载他的医术高明，熟谙人体生理及病理。治病主张首先要分清病情的虚实寒热，分别论治。诊断疾病强调应用脉诊及尿诊。他不仅精于内科，也擅长外科、妇科，还经常用精神疗法、针灸疗法，治病有良效。主持编写了《四部医典》（藏名《据悉》），分为《札据》、《协据》、《门阿据》和《亲玛据》4部。书中提到450余种药物，多种诊断方法和治疗方法，记载了许多外科治疗器械和外治疗法。该书总结了藏族人民丰富的医疗经验，是藏医学中著名的经典，对藏医的形成和发展作出了重要贡献。此书有俄文、英文等节译本，1983年出版汉文本。还著有《原药十八种》、《人体内针灸穴位》、《脉学师承记》等20多种著作。在藏医史上有“医圣”之称。

（张慰丰）

王冰（Wang Bing） 号启玄子、启元子。籍贯不详。约唐代景云元年（710年）生，约贞元二十一年（805年）卒。中医学。

早年任唐京兆府参军，宝应（762～763年）年间任太仆令。据自序，青年时笃好医方养生，曾师事郭子斋，以《内经》作为津梁。发现《素问》的“世本纰缪，篇目重叠，前后不伦，文义悬隔”，乃“精勤博访，历十二年”（750～762年），“兼旧藏之卷，合八十一篇”，于宝应元年（762年）撰成《注黄帝素问》24卷。

《注黄帝素问》是继南北朝齐梁间医家全元起注《黄帝素问》后又一次整理注释，世称《次注黄帝素问》。在篇目次序方面，他将原第九卷的“上古天真论”、“四气调神大论”等篇移至卷首，改以养生、阴阳、脏象、诊法、病能、经络、治法等类为序，强调治未病和预防思想。整理态度十分严谨，“凡所加字，皆朱书其文，使古今必分，字不杂揉”。又删除重出篇目，合并、调整内容相关篇目，使《素问》篇目更为清晰，便于后学。又将先师所藏之卷，补全元起注释时已散佚的第七卷，即现存的五运六气7篇。对此7篇大论，是否系《素问》原文，尚有疑义。但就此使运气学说得以流传，他的增补确实起了很大的作用。后世对于他整编《素问》之功过，评价殊不一致，然《素问》有今日之盛，其功不可没。另有《玄珠密语》、《元和纪用经》等书，据考为后人托名之作。 （张慰丰）

昝殷（Zan Yin） 中国唐末蜀地成都（今四川成都）人，约唐代贞元十三年（797年）生，大中十三年（859年）卒。中医学、妇产科学、营养学、中药学。

曾任唐代随军节度、医博士。大中六年（852年）剑南西川节度使白敏中守成都，其家有产育而病者，乃访问名医，正值昝殷居成都，拿出所辑《产宝》一书以献。这是他在宣宗大中年间（847～859年）所搜集的，有关妇产科所涉经闭、带下、妊娠、坐月、难产、产后诸症及医方378首。此书见录于《唐书·艺文志》，是中国第一部妇产科专著。乾宁四年（897年）由周颋作序，增辑成《经效产宝》3卷，今佚。现存本从《医方类聚》辑得，《证类本草》、《妇人大全良方》保存其部分内容。另撰有《食医心鉴》和《导养方》各3卷，为营养学专著，现存辑佚本。该书介绍以药物煮粥、制茶、作酒饮用等药方211首，其中有药粥57方，现有1924年东方会排印本。以上各书对后世妇产科学及饮食疗法有较大影响。

（张慰丰）

塔巴里（**简名** al-Tabari） 阿拉伯人，约808年生于波斯麦鲁（今伊朗德黑兰附近），约861年卒于巴格达。儿科学、皮肤病学、心理学、哲学、科学传播。

犹太裔望族出身。父亲是朝廷高官，对医学、哲学、神学和星相学都有较深造诣，对他的成长很重视，亲自教他各种学问。他原名阿里，10岁时随父赴塔巴里斯坦，在那里学习医学、宗教、哲学和自然科学。由于成绩优秀，在840年被塔巴里斯坦统治者封为顾问。在医学家马希尔（Abu Mahir）指导下学医成名，后在哈里发宫廷内任御医。工作中感到有必要编一部系统的阿拉伯文医书，于830年开始撰写，约于850年编成《智慧的乐园》（7卷）。

《智慧的乐园》全书共分30个部分，360章，内容涉及胚胎学、外科学、毒理学、精神疗法、星相学等，把希腊、叙利亚和印度的医术融成一体，并加入自己的临床经验，是当时最完整的阿拉伯文医学百科全书。在生理、病理和治疗方面，遵循希波克拉底和盖仑之说，药物则遵狄奥斯科里德。主张医生在未作出正确诊断之前，不应进行治疗；认为食物可滋养身体，药物可使身体起某些变化。强调医生除精通医理和实践外，必须富有同情心。医生应不慕钱财，不应轻浮和傲慢自大，也不应以同道的过失为己乐。此书资料丰富，直到13世纪，仍为阿拉伯世界权威的医学经典。

他的医学著述颇丰，其他还有《拔火罐疗法》、《食物配制法》、《正确的保健卫生》等专著。另外在著作《论宗教和政治》中，叙述了对人生、宗教、哲学的认识，在哲学上受新柏拉图主义和亚里士多德的影响。 （顾振海）

胡奈因·伊本·伊斯哈克·伊巴迪（Hunayn ibn Ishāq al-Ibādi） 阿拉伯人，808年生于伊拉克希拉附近，873年卒于巴格达。基础医学、哲学、科学传播。

药师的儿子。自幼就学习阿拉伯语和叙利亚语，又到巴士拉专攻阿拉伯语。后到巴格达向尤哈纳·伊本·马沙威（Yūhannā ibn Māsawayh）学医。后者出于藐视心理，并被他无休止的问题问得上了火，把他赶走了。后到拜占廷（也可能在亚历山大）进修希腊语。据说由于他杰出的才智，马沙威还是和他重归于好了。哈里发马蒙（al-Mamun）任命他主持一所学院，并组织人员翻译古希腊罗马的著作。

他也因此逐渐闻名，被允许参加宫廷内哲学家和医师的学术讨论，后来又任宫廷首席医师直至去世。他组织儿子伊沙克（Ishaq）、侄儿阿萨姆（al-Asam）等，将大量古希腊的科学和哲学著作译成阿拉伯语和叙利亚语，其中最重要的是科斯的希波克拉底、盖仑和狄奥斯科里德这3位医学奠基人的著作，对阿拉伯医学的发展具有重大的影响。在其著作中，有大量是译作和修订别人的译作，翻译的水平按照现在的标准来衡量也是相当高的。作品涉及的范围很广，除医学外，还有哲学、宗教、阿拉伯语语法和词典学，以及某些自然科学等。（顾振海）

拉兹（**简名** al-Rāzī） 在欧洲以拉塞斯（Rhazes）之名著称。波斯人，约 854 年生于波斯（今伊朗）赖伊，925 年卒于同地。临床医学、儿科学、流行病学、药物学、炼金术。

早年从事音乐、物理、炼金术等研究，40 岁始学医。据载 880 年前后访问了巴格达，在那里偶遇一个老药剂师，才决心学医。后一直在巴格达最大医院任主治医师。

被认为是伊斯兰最优秀的医生之一，也是中世纪时代最杰出的医家之一。学识渊博，著述多达 237 卷，涉及天文、哲学、数学、炼金术等，其中约一半是医学著述。遵循希波克拉底、盖仑的理论，但也有自己独立的见解。撰写的名著《医学纲要》是一部百科全书式的著作。据其《病案记述》一书，可证明他是一位出色的临床家。“论鼻炎之在春季玫瑰花飘香时发生的原因”一文，是有关枯草热的最早记述。《儿童疾病》一书，使后世尊他为“儿科之父”。《献给曼苏尔的书》是根据希波克拉底、盖仑等医家的著述编纂而成，从中可以窥知希腊医学传入阿拉伯的概况。在《论天花和麻疹》一书中，对天花和麻疹的临床症状、鉴别诊断和治疗作了出色的描述，被认为是首先明确区分天花和麻疹的医生。还写有许多涉及医学心理学、医生与病人的关系、医生专业化等问题的短论。有关解剖学则完全因袭盖仑，没有个人的实际观察。

中世纪的炼金术士都兼通医药学，他在化学上继承了格伯（Geber）的理论，写了不少炼金术著述，其中以《秘密的秘密》最为驰名。他首先是一位注重实际的化学家，把实验及炼金家所用的仪器作了详细描述。曾使用流体静力天平来测量物体的比重。把当时已知的物质分为 4 类：植物性、动物性、矿物性及衍生物，并相信金属衍变是可能的。炼金术多与医药结合，配制了今天所谓的熟石膏，叙述用石膏来固定骨折部位的方法。还描述了金属锑。（张志练　张慰丰）

李珣（Li Xun） 字德润。中国五代十国前蜀人，约唐代大中九年（855 年）生于梓州（今四川绵阳三台县），约后蜀孟知祥执政后第六年（相当于后唐明宗长兴元年，即 930 年）卒。本草学、中医药学、文学。

祖籍波斯，可能是波斯商人李苏沙之后，隋代由丝绸之路来华，唐代随国姓改姓李。安史之乱时，其父从僖宗亡命入蜀，定居梓州，事蜀主王衍，国亡后不仕。兄妹三人，询为长兄；其妹李舜絃为蜀主王衍昭仪；其弟李玹曾为王衍的太子率官。李珣好辞章，常作浣溪纱词，为词家所传诵。著有《琼瑶集》，其诗作今存《全唐诗》中尚有 54 首。晚年从事炼丹活动，耗尽家产，去世前仅只遗留书和药囊而已。其家素以经营香药为业，收集海药（海外引进的药材），故他对本草学造诣颇深。

著有《海药本草》（又名《南海药谱》）6 卷，已佚。据宋代蜀医唐慎微《证类本草》及明李时珍《本草纲目》所引，该书载药达 124 种（其中 96 种标注外国产地），“收集海药，甚为详明”，其中诸如海桐皮、天竺桂、没药等，均为该书所始载。本书对药物的气味和主治都有新发现，修正和发展了过去的本草书。如草犀一药，陈藏器认为“煮汁服之，能解诸毒”，而他则说：“研烧服之，受毒临死者亦得活。”再如迷迷香，陈藏器说“性温无毒，烧之去鬼”，李珣则纠正说“性平不温”，“合羌活丸烧之辟蚊蚋”。另对药物的相恶相须等也有新见解，如补骨脂恶甘草，延胡索与三棱、鳖甲、大黄为使甚良等。本书为研究古代外来药的一部重要专著，对本草学很有贡献，故常为后世本草所引用。（张慰丰）

库斯塔·伊本·路夸·巴拉巴基（Qustā ibn Lūqā al-Balabakki） 阿拉伯人，鼎盛期约为 860～900 年，生活于巴格达和亚美尼亚。临床医学、医学文献学、哲学、科学传播。

生活在伊拉克巴格达和亚美尼亚的医生，鼎盛期约为 860～900 年。又是阿拉伯著名的作家和翻译家，把古希腊的科学和哲学著作翻译成阿拉伯文和叙利亚文。精通哲学、几何、算术、音乐、天文、逻辑，尤擅长医学。写了 60 多本著作和 17 本译著，其中大部分是医学的，内容广泛涉及人体器官、疾病与治疗、饮食与卫生、以及医家导论等。他的翻译工作对希腊科学传到阿拉伯及传回西方的过程中起了重要的作用。（张志练）

伊沙克·伊本·胡奈因（Ishāq ibn Hunayn） 阿拉伯人，生于库法附近的阿尔希拉（今属伊拉克），910（或 911）年卒于巴格达。临床医学、眼科学、医学文献学。

父亲和兄弟都是医生。在父亲的监督下学习希腊科学和翻译训练，学会古叙利亚文、希腊文和阿拉伯文。曾进巴格达一所医师学校受教育。曾和父亲任宫廷医生。830 年，奉命负责专门翻译和研究古希腊教材和文献的学院“智慧之屋”。

最主要的贡献，是从希腊文和古叙利亚文翻译了许多著作，其中有柏拉图、亚里士多德等人的哲学著作，还有盖仑等人的一些医学著作，以及相当重要的数学著作，译成阿拉伯文共有 39 部（篇）。他也撰写和讨论一般医学问题，写过一系列关于眼科的论文，一直影响到 15 世纪。（张祝山）

以撒·伊斯雷利（Isaac Israeli） 埃及人，约 855 年生于埃及，约 955 年卒。内科学、药物学、哲学。

是一位犹太医生和哲学家。早期生活和学历不详。

约于900年后迁到伊弗里齐亚(今突尼斯),任宫廷医生。

撰写的医学著作中,《热症之书》、《食物和药物全书》和《尿》3本教科书受到高度评价,分别被译为拉丁文本和希伯来文本。还将数部古希腊哲学著作译成阿拉伯文。在哲学流派上属于新柏拉图主义,其理论是建立在亚里士多德学说基础上。 (张祝山)

希南·伊本·塔比特·伊本·库拉(Sinān ibn Thābit ibn Qurra) 阿拉伯人,约880年生,943年卒于巴格达(今属伊拉克)。内科学、医务管理、天文学、数学。

是当时的阿拉伯名医,毕生主要在巴格达活动。曾任数任哈里发(国王)的御医,曾主管巴格达的医院。

著作都已散佚,现在只是从别人的作品中了解到主要有三类:政治历史、数学和天文学,未见有医学著作。政治历史的著作主要记载当时的宫廷生活。数学方面有4篇论文。天文学方面的是论述气候问题和恒星有无关系的评论。 (顾振海)

和凝(He Ning) 字成绩。中国五代郓州须昌(今山东东平县)人,唐代乾宁五年(898年)生,五代后周显德二年(955年)卒。法医学、犯罪学、文学。

中国五代时法医学家、文学家。19岁举进士,好文学,长于短歌艳曲。后唐天成(926～929年)年间任殿中侍御史。历任礼部和刑部员外郎、主客员外郎、主客郎中、中书舍人、工部侍郎。后晋时官至中书侍郎平章事,加右仆射。后周初迁太子太傅,后封鲁国公。显德二年秋,患背痈卒。

尝汇集汉以后离奇疑案、古今史传所讼断狱、辨雪冤枉等事,著为《疑狱集》(2卷,951年)。后由其子和蒙(字显仁)又增益事类2卷,合成《疑狱集》4卷。此书涉及很多法医知识,在平反冤狱、抉摘奸慝中发挥了历史性作用。是中国第一部包括法医学内容的犯罪学著作,为宋慈《洗冤集录》的成书创造了条件,对中外法医学、犯罪学的发展有相当影响。

在人文和文学上有一定影响。有《演纶》、《游艺》、《孝悌》、《香奁》、《口金》等集,今多不传,现存有《宫词》百首。 (张慰丰)

迈朱西(al-Majūsī) 波斯人,拉丁名叫H.阿巴斯(Haly Abbas)。901～925年之间生于波斯(今伊朗)设拉子附近,994年卒于设拉子。临床外科学、皮肤病学、毒理学、心理学。

在名医指导下受过医学训练。曾为国王的御医。

其著作《医艺全书》(或称《皇家之书》)在东方和西方广为流行近500年。书中包含医术、医学进展、药物学等内容,反映了他研究及应用本地动植物和矿物质治疗疾病的经验,描述了动脉静脉、肺动脉瓣和主动脉瓣的功能,以及胸膜炎、胎儿分娩等。对外科的论述最为突出,曾记述了许多外科病及其精湛的疗法,其中记述了喉切开术、导尿法以及乳癌、四肢癌的切除法。对于皮肤病,记述有湿疹、疥疮、黄癣、皮脂性皮炎、麻风、天花、麻疹、水痘和丹毒等,并附有鉴别诊断和疗法。关于各种中毒及其症状、解毒药的一章,在中世纪毒理学史上占有重要地位。远早于伊本·西拿,强调精神治疗的意义,以及心理学与医学之间的关系。 (张祝山)

王怀隐(Wang Huaiyin) 中国宋代睢阳(今河南商丘)人,生卒年月不详,约生活于10世纪。中医学、医学文献学。

初为道士,居汴京(开封)建隆观,精通医药。宋太宗太平兴国初年,诏令还俗,为尚药奉御,后升任翰林医官使。太平兴国三年(978年),北宋王朝组织编修方书,命他与副使王祐、郑奇、医官陈昭遇等,广泛收集汉唐以来历代名方及家传验方。

淳化三年(992年),主持编成《太平圣惠方》100卷,由宋太宗作序,主要以隋代《诸病源候总论》冠其首,加以分类,附以方药,并刊刻颁行各州,置医学博士掌之。该书以唐代孙思邈的《千金要方》、《千金翼方》与《外台秘要》为蓝本,按腑脏病征分类,全书1 670门,载方16 834首,体例先论后方,每条下详注原书。由于博采各家方论,其中所引方书迄今不少已经佚失,得此书赖以保存,故此书对整理保存古代医学文献有一定贡献。今又再版刊行。 (张慰丰)

扎赫拉维(al-Zahrāwī) 西班牙人,约936年生于西班牙科尔多瓦附近宰赫拉,约1013年卒于同地。临床外科学、卫生学、医疗器械研制。

中世纪伊斯兰最伟大的外科医生之一、教育家和精神病学者。生活在西班牙摩尔人的黄金时代,一生大部分时间在故乡开业,为内外科医生兼药剂师。他的外科手术在中世纪最为先进。发明了许多医疗器械和手术方法,如产科钳、探针、手术刀、剪子、钳子、钩子、肠线、缝线,以及截石术、手术去除碎髌骨等。强调卫生学措施,尤其是饮食疗法。还是一位自然科学家和应用化学家,曾致力把医学与炼金术、神学和哲学区分开来。 (张祝山)

伊本·朱尔朱尔(Ibn Juljul) 西班牙人,944年生于西班牙科尔多瓦,约994年卒。临床医学、药理学、医学史学。

关于他的生平和研究道路的记载,后人是从其自传中了解到的。14岁就开始研究医学,曾任哈里发(国王)希法姆二世(Hishām Ⅱ)的宫廷医生。著名药理学家伊本·巴格胡尼什(Ibn al-Baghūnish)是他的门徒。

撰写的著作《医学家和圣人传》是最古老、最完整的历史人物传记著作之一,既包括了东方和西方的医学家、学者,如苏格拉底、柏拉图、亚里士多德、希波克拉底、盖仑、笛卡、阿布·马舍尔等人,又包括了非洲及西

班牙的学者。还把一些东方最古老的资料如笛卡的《药物学》等译为阿拉伯文。 （张祝山）

伊本·西拿（Ibn Sīnā） 拉丁名阿维森纳（Avicenna）。波斯人，980 年 8 月（或 9 月）生于波斯帝国布哈拉城附近的阿夫谢那（今属乌兹别克斯坦），1037 年 6 月（或 7 月）卒于波斯哈马丹（今属伊朗）。基础医学、药物学、百科全书、数学、自然哲学。

地方税吏之子。幼承家教。青年时期就已掌握各种科学知识。16 岁时开始行医和撰写论文。997 年由布哈拉埃米尔王任命为御医。约 1010 年在莱伊公主的宫中做教师兼医师，并开始撰写《医典》。约 1015 年任命为哈马丹王子的大臣，并开始撰写《治疗论》。约 1020 年因反对王子继承人被监禁，后不得不逃离哈马丹。约 1020～1030 年，在伊斯巴罕王子的宫中当宫廷学者和御医，撰写《治疗论》主体部分。1030 年伊斯巴罕被土耳其伽色尼王朝的马默德军队攻克，他和废黜的王子一起逃走。在以后 7 年中，他一直随王子的军队出征。1037 年他忽然腹痛不已，知自己无药可救，便放掉拥有的奴隶，并把遗产分给穷人。他的追随者们认为他是被政敌所毒死的，而诋毁者却诬蔑他的死是嗜酒成性所致，违反伊斯兰教规的天罚。终身未娶。伊朗庆祝建国千年之际，在哈马丹为他建造了一座宏伟的陵墓。

著述宏富，内容涉及医学、哲学、神学、数学、光学、水力学、天文表和历书、仪器与衡器制造等，其中最著名的是《医典》。该书分为 5 卷，共有 100 万字。第一卷是概论，分为 4 个分册，分别论述火、气、水、土 4 种元素与 4 种气质（多血质、胆汁质、忧郁质、粘液质）的关系，分别涉及人体解剖学；人体内的精神力（由大脑发出）、生殖力（由肝脏和睾丸发出）和运动力（由心脏发出）；病原学和症状学；卫生保健；健康和疾病的原因；医疗方法；摄生法、食疗；吐泻药物的应用；灌肠、涂抹剂、热敷、拔罐、烧灼、放血和外科术。第二卷论述药物的性质、功用和保存方法，附有各种药物及其功用的一览表。第三卷是疾病专论，包括脑、神经、眼睛、耳朵、关节、坐骨神经、指甲等处疾患的治疗。第四卷论述不属于某一特殊器官的疾患，包括各种热病的分类、症状、危险期、诊断、治疗和预后，以及对脓肿、脓疱、矫形术、伤科、毒药、毒虫、脱发、肥胖、消瘦的研究。第五卷论述解毒剂、锭剂、干药糖剂、泻药、丸药、搽剂以及它们的临床应用。《医典》自问世以来，声誉经久不衰，多次印刷再版，长期被阿拉伯语国家和欧洲的医学校作为教材，直到 19 世纪，许多大学还选用其中的篇章作为教学内容。其优美的文采和丰富的信息，至今仍吸引人们阅读和学习。

主要哲学著作是《治疗论》，副标题为“治疗愚昧的药物”。这是一部百科全书式的著作。全书包含 4 个部分，即逻辑学、物理学、数学和形而上学。物理学分为 8 个主要学科（科学原理、宇宙学、元素学、气象学、矿物学、植物学、动物学、心理学）和 7 个次要学科（医学、星占学、炼金术、看相术、圆梦术、避邪术、法术）；数学分为 4 个主要学科（算术、几何、地理学和天文学、音乐）和 4 个次要学科（印度算法和代数学、力学、天文历法、仪器）。他具有吸收他人成就加以发展，并传之于后世的惊人能力。然而，像大多数伊斯兰学者一样，在学术思想上只是继承了亚里士多德、托勒玫和欧几里得等人的观点。另有哲学著作《逻辑学文献》（英译本 1971 年版），非常出色地解决了在翻译宗教和哲学文献中所涉及的难题。 （李士土 李文华）

王惟一（Wang Weiyi） 又名王惟德。生平籍贯不详。约北宋雍熙四年（987 年）生，一说生于太平兴国六年（981 年），治平四年（1067 年）卒。中医学、医学教育。

北宋著名针灸学家。历任仁宗、英宗两朝太医局翰林医官、殿中省尚药奉御。天圣元年（1023 年）奉命编修针灸书，将古医书中有关针灸资料详加考订，匡正谬误，于天圣四年（1026 年）编成《铜人腧穴针灸图经》3 卷，由朝廷颁行各州。

《铜人腧穴针灸图经》（1026 年）的刊行，纠正了古本中有关经络腧穴的紊乱记载，对于统一和规范当时针灸经络学有很大的作用。天圣五年（1027 年），又铸成针灸铜人两具。据载铜人体型与成年男子相仿，躯壳可拆卸，内有脏器，外刻穴位 657 个，可以按穴论病，供针灸教学和考试医生之用。穴位外用蜡封，内注水银（一说水），针进汞（水）出。这是医学教育史上的一项创举。《铜人腧穴针灸图经》编成后，惟恐原书流传不能持久，将内容刻石置于当时汴京（开封）相国寺仁济殿内。此碑后移北京。碑刻残石已在北京出土。他当时所做的这些工作，对于中国针灸学的发展起了很大的推动作用。 （张慰丰）

伊本·理得旺（Ibn Ridwān） 埃及人，998 年生于埃及埃尔吉萨，约 1061 年卒于埃及开罗。临床医学、药理学、医务管理、天文学。

面包店雇员的儿子。10 岁到开罗谋生。15 岁开始给过路人算命挣钱自学医学。据说患偏瘫的国王曾征求他的治疗建议。自他被任命为全埃及医生总长后，即走上了成功的道路。

他注意把丰富的理论知识和临床实践结合起来。认为医生应首先考虑人体各部分的外部表现，如皮肤的颜色、温度和结构等，然后检查外部器官和内部器官的功能，最后决定治疗方案。对希波克拉底和盖仑的医学写了 14 本注释和总结。还写了治疗象皮病，以及关于泻剂、发热、回归热和气喘分类等论文。写了一本疾病治疗书、一本药理学笔记和一部按字母顺序排列的单方药草词典。

除了医学著作外，尚有物理学方面的论文，谈玄学的小册子，以及关于埃及的气候学和斑岩应用的著作。

他还是个占星术士和天文学家，以观察和记载了公元1006年的一颗超新星(SN1006)爆发而闻名。他把这件事记在翻译托勒玫一本著作的评注里。 (张志练)

伊本·奎菲特(Ibn al-Wāfid) 西班牙人，1008年生于托莱多(今属西班牙)，约1074年卒于同地。药理学、药用植物学、临床医学、眼科学。

应托莱多国王的要求，他在王室果园内开办了一个植物园，里面种植了许多药用植物。经过20余年的行医，编写了一本《简明医药学》，书中增加了狄奥斯科里德、盖仑等人未曾提及的许多新资料。积极提倡食物疗法。撰写的《药物学指南》一书，不仅是一本药典，而且也是一本治疗手册。其他著作有《医疗经验》、《眼病治疗》和《农业纲要》。在阿拉伯文手抄本中，还发现他记述了各种植物的药理特性及其栽培方法。1553年写了治疗学的论著。 (张志练)

伊本·布特兰(Ibn Butlān) 阿拉伯人，约11世纪初生于巴格达，1068年前后卒于安条克。临床医学、卫生学、哲学、博物学。

是最早在巴格达行医的基督教医生之一。后离开故乡，历游和行医于阿勒颇、安条克、拉塔基亚、埃及和君士坦丁堡等地。最后在安条克当修道士。知识面广，除医学外还涉猎哲学和自然科学等方面。其著作提及了亚里士多德和盖仑等人，提倡通过临床实验和观察来检验、修正和发展古代的医学遗产。主要著作有《卫生保健手册》等，在中东地区长期成为教科书，并一直影响到16世纪的欧洲。 (张祝山)

康斯坦丁(Constantine, The African) 迦太基人，约1020年生于北非迦太基，1087年卒于意大利蒙特卡西诺，鼎盛期在1065～1085年。临床医学、医学文献学、科学传播。

原是撒拉逊商人，是把希腊-阿拉伯科学传输到西方的一个重要人物。在一次到意大利南部萨勒诺隆的巴德王子宫廷出差时，通过一位基督教神甫兼医生了解到萨勒诺缺乏拉丁语医学文献。他立即返回北非学习3年，约在1065年携带阿拉伯语医书重返萨勒诺。后来成为基督教徒兼医师，并参加蒙特卡西诺附近的本尼迪克特教团。

他把古典派作家(如希波克拉底、盖仑等人)的一些著作从阿拉伯语译成拉丁语。1087年，在去世之前将波斯医学家迈朱西的《医艺全书》从阿拉伯文译为拉丁文。类似的译著有37部介绍给西方世界。现在以康斯坦丁自己的作品出现的一些较短的专题论文，也很可能是译著。署有他名字的拉丁语医书，大多标明是在修道院里写成的。其中两本献给男修道院院长，其他赠给门徒J.阿弗莱修斯(Johannes Afflacius)以及一位转变为基督教修道士的穆斯林。 (殷明德)

萨勒诺学派的解剖学者(Salernitan Anatmists) 鼎盛期在11～13世纪的意大利萨勒诺。解剖学。

盖仑死后的1 000年间，解剖学在西欧处于停顿状态，希波克拉底、亚里士多德和盖仑的解剖学著作一直无人问津。直到11世纪康斯坦丁来到意大利南部港区萨勒诺后，这种情况才有了根本转变。他将大量阿拉伯文著作译成拉丁文供教学使用。到11世纪中叶，萨勒诺医师学校发展成为西方医学教育的国际交流中心。

到11世纪末，意大利萨勒诺医师学校每年公开演示一次猪体解剖。有关记录现存4篇。第一篇名为"猪体解剖"，据称作者是科福(Copho，约1080～1115年)。此文讨论了颈、胸、腹部的构造，并简要地提及子宫和脑，该文后半部似为后人所写。关于颈部的结构中，提及了喉、气管、食道、会厌、甲状腺，并说明了喉返神经的作用；关于胸部，有胸膜、心包、心脏、横膈和肺等；关于腹部，列举了胃肠道的8个部分，分五叶的肝、脾、乳糜管、肾、输尿管、大网膜和腹膜。这篇不满千字的文献，行文简洁明快，在医学史上价值很高。第二篇称为"解剖演示"。其基本内容同第一篇，但文笔、方法和名词却大不相同。它实际上是对第一篇的评论。第三篇称为"毛鲁斯解剖学"，据称系12世纪后叶该校主要教师毛鲁斯(Maurus，卒于1214年)所著。此文在结构和方法上都与第一篇雷同，除名词略有修改外，并未添增新内容。第四篇由乌尔索(Urso of Calabria)所作。该文充满了经院哲学派的名词和方法，对解剖学却没有作实质性的探讨。另一篇值得一提的，是由萨勒诺学派的李嘉图(Ricardus Salernitanus，卒于1252年)所撰的解剖学著作。该文提及了许多当时该学派的解剖学者。总之，萨勒诺的解剖演示对医学及其他学科都曾产生了一定影响。 (顾振海)

林亿(Lin Yi) 中国北宋时人，生活于11世纪，生卒年不详。中医学、医学文献学。

北宋熙宁(1068～1077年)年间，曾任光禄卿直秘阁，精医术，尤长校勘学。嘉祐二年(1057年)，北宋朝廷于编集院设立校正医书局，与掌禹锡、苏颂等校定《嘉祐补注神农本草》20卷。又于熙宁年间，与高保衡、孙兆等校订医书，经10余年，完成《素问》、《灵枢》、《难经》、《伤寒论》、《金匮要略》、《金匮玉函经》、《脉经》、《针灸甲乙经》、《诸病源候论》、《千金要方》、《千金翼方》、《外台秘要》等古医书的校订工作，并刊印流传，对保存古代医学文献和促进医药学术的传播作出重大贡献。如对《素问》一书，采数十家之长，端本寻支，溯流讨源，改错6 000余字，增注2 000余条，使汉唐以来该书混乱和错漏的情况得到纠正。 (张慰丰)

钱乙(Qian Yi) 字仲阳。中国北宋郓州(今山东东平县)人，约北宋明道元年(1032年)生，政和三年(1113年)卒。中医儿科学。

祖籍原在浙江钱塘，曾祖时迁居郓州东平落户，始定居山东。父亲钱颢(一作钱颖)是一名针灸医生，因嗜酒出游未归。3岁丧母，由姑母抚养，后随姑父吕氏学医。及长悬壶，以儿科著名于山东。后赴东海寻父，迎父归乡。元丰年间(1078～1085年)，因治愈宋神宗长公主女儿的病，被任命为翰林医官；次年，又治愈皇子的“瘈疭”症，擢升为太医丞。不久因病归里。宋哲宗(1086～1101年在位)时又被朝廷征召，后因患“周痹”，再度辞归养病。这时已年逾古稀，左侧手足不能自用，但仍手不释卷，诊治病人。最后以82岁高龄谢世。

是北宋著名儿科学家。专业儿科60年，积累有丰富的临床经验，为中国古代儿科学的发展奠定了理、法、方、药基础。继承古代“体质”理论，根据小儿生理特点，概括了小儿的病理特征：“脏腑柔弱，易虚易实，易寒易热。”根据脏腑辨证的理论，总结了小儿五脏辨证方法。丰富与发展了儿科诊断方法，特别是对望诊，除了观察形体、发育状态、体表皮肤、指甲以及大小便等，对面部、眼珠色泽变化，提出“面上证”、“目内证”等特殊观察方法。此外，又归纳了儿科病证中常见的6种脉象。对于小儿麻疹、水痘、天花、猩红热等病的鉴别诊断，也有正确的描述。对小儿急慢惊风、癫痫的病因、症状、诊疗原则，都有正确的论述。对小儿疳症的病因、病机分类和治疗，也有翔实的论述，并有独特的治疗经验。治疗上主张柔润的原则，强调补泻并举。立法处方不拘泥于古人经验，善于化裁古方和创制新方。根据《金匮要略》的肾气丸化裁的六味地黄丸，给后世养阴派以很大的启发，开辟了养阴派的先河。

他的医学理论、临床经验和医案，经他的学生阎孝忠整理，约于1114年(政和四年)编成《小儿药证直诀》3卷。这是中国医学史上继《颅囟经》后的一部较系统的儿科专著，对中国儿科学的发展有很大的贡献。《四库全书提要》评论此书曰：“小儿经方，千古罕见，自乙始别为专门，而其书亦为幼科之鼻祖。后人得其绪论，往往有回生之功。”另有《伤寒论指微》(5卷)、《婴孺论》百篇、《小儿方》(8卷)等书，惜已失传。 (张慰丰)

庞安时(Pang Anshi) 字安常。中国北宋蕲州蕲水(今湖北浠水)人，约北宋庆历三年(1043年)生，元符三年(1100年)卒。中医学。

出身世医家庭。少年放荡不羁，后患病耳聋，专心医学，“乃益读《灵枢》、《太素》、《甲乙》诸秘书。凡经传百家涉其道者，靡不贯通。”悬壶活病十愈八九，当其不可为者必实告之。苏轼评论他谓：“术学精妙而有贤行”、“善疗奇疾”。

著《伤寒总病论》6卷，归纳83条文，34个方子，全面概括和阐发仲景理论。对有证无方者，参考古医书并结合自己的临证经验予以补充。对小儿伤寒、妊娠伤寒、暑病、斑痘等均有论述，是仲景学说的重要发展。强调伤寒和温病不同，对以后伤寒与温病分家有一定影响。书中还收入苏轼谪居黄州时所得之“圣散子”方。该书对《伤寒论》的整理、解释和补充有一定的贡献。还著有《难经解义》1卷、《庞氏家藏秘室方》5卷、《验方集》1卷、《主对集》1卷、《本草补遗》等，均佚。 (张慰丰)

董汲(Dong Ji) 字及之。中国北宋郓州(今山东东平)人，生卒年不详，生活于11世纪末。中医学、儿科学。

为钱乙同乡晚辈。早年业儒，进士落第后，弃儒从医。擅长治疗小儿疾病，尤精于痘疹，与钱乙齐名。

元祐八年(1093年)，采摭经效秘方，详明证候，撰成《小儿斑疹备急方论》1卷。钱乙为之撰《后序》，赞曰：“是予平昔之所究心者，而子乃不言传而得之。”此书重点论述斑疹的辨证施治，善用寒凉，反对滥施温热。对于斑疹的治疗原则和方药，多为后世医家所采用，后人称此书为痘疹专书的嚆矢。除此书外，还广泛采集自《内经》以来至唐宋医书、诸家本草、方书中有关脚气病的论述和方药，撰成《脚气治法总要》2卷，对脚气病及下肢关节一类疾患病因、治法记载颇详。另有《旅舍备要方》1卷，收载医方百余首，为行旅急病者提供简要验方，原书于明代失传，于《永乐大典》中辑出40余方，收入《四库全书》中。以上三书，近有《董汲医学论著三种》排印本。 (张慰丰)

杨介(Yang Jie) 字吉老。中国北宋泗州(今江苏盱眙)人，生卒年不详，生活于11世纪末至12世纪。中医学、解剖学。

世医出身。北宋“苏门四学士”之一、诗人张耒之甥。曾任州太医生，治病每多奇中。徽宗日食冰，尝苦脾疾，诸医用“理中汤”不效，他以冰水煎药与服，立愈；广州府判杨立好食鷓鴣，因鷓鴣喜食半夏，遗毒喉间患喉痈成流注，他以生姜一味释半夏毒获愈。北宋政和三年(1113年)，著有《存真环中图》(又名《存真图》)1卷。“存真”指五脏六腑图，“环中”指十二经图。有政和三年(1113年)贾伟节序。据杨介自序云：“崇宁中(1102～1106年)刑‘贼’于市，郡守李夷行遣医并图工往观，抉膜摘膏，曲折图之，尽得纤悉。介取以校之，其自喉咽而下，心、肺、肝、脾、胆、胃之关属，小肠、大肠、腰肾、膀胱之营叠，其中经络联附，水谷泌别，精血运输，源委流达，悉如古书，无少异者。”这部《存真图》虽没有流传下来，但其部分图谱，在元代孙焕《重刊玄门脉诀内照图》一书中保存了下来。后者不仅绘有整个内脏的正面图和背面图，而且还有“肺侧图”、“心气图”、“气海隔膜图”、“分水兰门图”、“命门大小肠膀胱之系图”等各系统的分图。这些图虽然疏略粗糙，且有不少谬误和想像之处，却反映了当时解剖学的水平，具有重要的历史价值。另著有《明堂针灸图》3卷、《四时伤寒总病论》6卷、《伤寒论脉诀》1卷，均佚。 (张慰丰)

唐慎微(Tang Shenwei) 字审元。中国宋代蜀川崇庆府晋原(今四川崇庆)人，生卒年月不详，活跃于北宋嘉祐年间(1056～1063年)至大观(1107～1110年)初年。中医药学、本草学。

世医出身。为人朴实，潜心医术，对经方更有所长，治病百不失一。哲宗元祐年间(1086～1094年)，蜀师李端伯召他到成都后，就在成都行医，遂称作华阳人。长期在民间行医，不论贵贱贫富，不避寒暑雨雪，有请必往。为了编写本草著作，治病常不取报酬，但以名方秘录为请，士人每于经史诸书中得一药名一方论，必录以告。

经过多年广泛搜集方药资料，编成60余万言《经史证类备急本草》32卷。本书集北宋以前本草药之大成，载药1 746种，新增药物620多种，征引经、史、方书近250家，每药之前均附有药图，还附有古今单方、验方3 000余首，以及药物的炮制方法。书中所载道地药材计有144种，而对四川道地药材记载尤为详实。对药物真伪的鉴别也颇为重视，这对确保药物的疗效是十分重要的。本书合并了宋代掌禹锡的《嘉祐本草》及苏颂的《图经本草》，且旁征博引，录辑了宋以前各家医药名著，从而为后世保存了大量的医药文献，如《神农本草经》、《本经集注》、《炮炙论》、《新修本草》、《开宝本草》等已散佚的本草文献，均赖《证类本草》得以保存。

书初成于元丰五年(1082年)前后，尚书左丞薄宗孟按朝廷恩例，奏与一官，但遭拒绝。后来，集贤学士孙升于元祐五年至八年(1090～1093年)获得此书本子，募工镂版刊刻，但未见流传。大观二年(1108年)十月，杭州仁和县尉艾晟据孙升刊本重新修订，上之朝廷，改名《大观经史证类备急本草》，简称《大观本草》。政和六年(1116年)由曹孝忠重新校订，又改名《政和新修经史证类备用本草》。此书前后流传500多年，在本草学史上有承先启后的作用，其后历朝多次重修本草著作，都是以此书为基础加以增补修订的。后来，此书又流传到日本、朝鲜，在国际上也有较大的影响。李时珍对他的《经史证类备急本草》给予很高评价："使诸家本草及各药单方，垂之千古不致沦没者，皆其功也。" （张慰丰）

成无己(Cheng Wuji) 中国金代聊摄(今山东聊城西)人，北宋嘉祐八年(1063年)生，金代贞元四年(1156年)卒。中医学。

出身世医家庭。精究仲景之学。根据《内经》、《难经》等古医书理论，对《伤寒论》作全面注解、辨析，著《注解伤寒论》(10卷，1144年)、《伤寒明理论》(3卷，1156年)及《伤寒论方》1卷。《注解伤寒论》为现存全面注解《伤寒论》的最早著作。该书注解和论述虽不免有自相矛盾和谬误之处，但800年来对于后人学习仲景著作，确有很大帮助，对伤寒学的发展有一定影响。他的著作今又再版刊行。 （张慰丰）

寇宗奭(Kou Zongshi) 中国宋代人，籍贯与生卒年不详，约生活在12世纪。中医药学、本草学。

北宋政和年间(1111～1117年)，官承直郎澧州(今湖南澧县)司户曹司，从宦南北，留意医药，历10余年。尝谓医者须"达药性之良毒，辨方宜之早晚"。《嘉祐本草》、《图经本草》对某些药物考订不够严谨，沿袭旧说。他"搜求访辑"，"考诸家之说，参之事实"，于北宋政和六年(116年)编成《本草衍义》20卷。宣和元年(1119年)，由其侄寇约刊行。

《本草衍义》前3卷为序例(药物总论)，后17卷为分论，按玉石、草、木、禽兽、虫鱼、果蔬、米谷顺序分类排序。书中未增新药，着重原来药品的考证与论述，辨证药品472种。后人认为发明良多。反对服食丹石，列举因服食丹药而丧命的事例，并予以批判。指出正确使用人工化学药品的方向和途径。对药物的性味、效验、真伪优劣之鉴别，以及对药物的临床应用及加工炮制，均有发挥。指出用药要根据患者年龄老少、体质强弱、疾病新久等不同情况加以调整。太医博士李康谓此书"委是用心研究，意义可采"，并申报朝廷。李时珍认为此书"参考事实，核其情理，援引辨证，发明良多"，又指出"以兰花为兰草，卷丹为百合，是其误也"。元朱震亨著《本草衍义补遗》，续加补正。金末张存惠将本书内容附入《政和本草》，现存《政和本草》实际上已包括《本草衍义》。此书对后世本草学的发展有一定影响。（张慰丰）

朱肱(Zhu Gong) 字翼中，号无求子，又名亦中，晚号大隐翁。中国北宋吴兴(今浙江吴兴)人，约北宋熙宁元年(1068年)生，约宣和七年(1125年)卒。中医学。

出身宦门世家。元祐三年(1088年)举进士，曾任奉议郎直秘阁等职。因进谏被黜，隐居杭州大隐坊，悉心仲景学说20余年(1089～1108年)。大观二年(1108年)撰成《伤寒百问》3卷，将《伤寒论》各证分类，设为百问加以解答。政和三年(1113年)加以增补，武夷张蒇为之作序，改名为《南阳活人书》，增为20卷。朱肱将此书呈献朝廷，遂再起用为医学博士。政和四年(1114年)主管朝廷医药政令，其书于当年由国子监刊行。政和八年(1118年)，他又加修订，重刊于世。

该书将《伤寒论》按经络、病因、传变、疑似等论述，条分缕析，以经络论六经，重视证脉合参和辨证处方，提出伤寒与温病有别，并汲取汉以后诸家方书加以补充，对伤寒学颇有发挥。朱肱另有《内外二景图》(3卷，1118年)、《北海酒经》(3卷)。

后王作肃据《南阳活人书》(1118年版)为蓝本，广搜前人各家之说，参附于各条下，改名为《增释南阳活人书》。明王肯堂、吴学勉将王作肃本收入《古今医统正脉全书》，称《类证活人书》。此书今又再版刊行。

（张慰丰）

伊本·蒂尔米德(Ibn al-Tilmīdh) 阿拉伯人，约1073年生于巴格达，1165年2月11日卒于同地。医学教育、药物学、文学。

自幼得到当医生的外祖父的良好教育，所以在外祖父死后就改随外祖父的姓名。在学医结业后，赴波斯当了数年开业医生。虔诚信仰叙利亚基督教，懂阿拉米语和希腊语。回巴格达后，曾当过数任哈里发(国王)的御医，也曾担任一家大医院阿杜迪医院院长，并受哈里发指定有权签发行医执照。还开办了当时巴格达最大的一所医学学校。共有14本著作，内容广泛，包括药物配方和医学评论等，此外还写了不少诗歌。 （顾振海）

许叔微(Xu Shuwei) 字知可，号近泉。中国宋代真州白沙(今江苏仪征)人，北宋元丰二年(1079年)生，绍兴二十四年(1154年)卒。中医学。

幼年家贫，元按五年(1090年)，父母相继病死，再加屡试不举，遂刻意方书，精心钻研医学。据载，"建炎初(1127年)疾疫大作，叔微遍历里门，十活八九"。绍兴二年(1132年)成进士，曾任集贤殿学士，故人称许学士。因不满朝廷苟安，退隐乡里，行医济人，与抗金名将韩世忠过往甚密。谢世后葬于马迹山檀溪村。

对《伤寒论》很有研究，著有《伤寒百证歌》5卷、《伤寒发微论》2卷、《伤寒九十论》等，对仲景的辨证论治理论有进一步阐发。善于化裁古方，创制新方，临诊强调辨证论治，主张重视脾胃，以益肾滋润为主。晚年，将平生应用的验方和医案整理编写成《类证普济本事方》10卷、《续本事方》10卷，均收入《四库全书》。此书所载病例，皆有年代、病人治疗经过。由于所载病例详细，选方精当，故风靡一时。据载，另有《治法》、《辨证》、《翼伤寒论》、《仲景脉法三十六图》等书，惜已佚。（张慰丰）

伊本·苏尔（Ibn Zuhr；拉丁名 Abhomeron 或 Avenzoar） 西班牙人，约1092年生于西班牙塞维利亚，1162年卒于同地。临床外科学、解剖学、人体寄生虫学。

西班牙摩尔人时期最杰出的医生之一。出身五代医家。初跟父亲学医。在西班牙科多巴大学学习。后跟父亲一样，为西班牙宫廷服务，曾任宫廷医生和大臣，还从事医学教育和实践。死于恶性肿瘤。

对希波克拉底和盖仑的理论有所发展，如关于饮食的治疗价值、解毒剂以及反对滥用泻药治疗疾病等。写有6部书，其中3部已佚。现存主要的是一部临床著述，其中详细地记述了浆液性心包炎和纵膈脓肿；最早记述了胃癌的症状；对眼病做了细致的记述，包括内障摘除术，讨论了瞳孔的缩小和放大；推荐用牛乳治痨瘵；记述了肾结石等病。

他被誉为"实验外科学之父"。将实验方法引入外科学；进行人体活体手术和尸体解剖；发明气管切开术；首次进行人体肠外营养法；发现人体寄生虫；发现炎症和疥疮的原因，描述了疥虫。是伊斯兰的先驱思想家，不信占星术，反对传统医学中的玄虚成分，拒绝古希腊的"四体液说"，认为观察和经验是医生惟一的方向。对西方医学的影响，持续到文艺复兴时期。

（张祝山　张慰丰）

海得卡尔德（Hildegard of Bingen） 德国人，1098年生于德国伯默沙姆，1179年9月17日卒于鲁珀茨堡。病理学、药物学、文学、音乐。

出身贵族家庭，从小体弱多病。1106年（8岁）进入女修道院。1113年开始写作，撰写过许多关于医学、哲学、宗教和博物学方面的著作。1136年当选为女修道院院长。1150年、1165年先后创建鲁珀茨堡修道院、爱宾根修道院。教皇、国王、教会和宫廷显贵都乐意与她交往，寻求指点。

她的著作使其蜚声欧洲，其思想影响甚至延续到文艺复兴时代。主要科学著作有《简明医学》和《综合医学》。前者是一部药物学，从医疗观点介绍了植物、动物、矿石和金属的性质及疗效。后者是一部病理学，讨论了疾病的性质、症状和病因，把水、火、气、土、风和星辰等自然因素都看成致病原因，显示出浓厚的天人合一观。其知识主要来自民间医学、秘方验方以及自己的临床经验和研究，如玉髓可以止血，蓝水晶可以治疗皮疹等。

文学著作有《老黄历》剧本等多部。她还是个作曲家，流传至今有70余部乐曲。（李文华）

刘完素（Liu Wansu） 又称刘河间，字守真，自号通玄处士，后人尊称为河间先生。中国金代河间（今河北河间县）人，约辽代乾统十年（1110年）生，约金代承安五年（1200年）卒。中医学。

因母病失治，立志学医。25岁开始研究《内经》，35年未辍。金章宗（完颜璟）三次聘他当官，都被他谢绝，后封其为"高尚先生"。长期在民间行医，深受人民爱戴。

为金元四大医家之首，"河间学派"创始人，火热学说的倡导者。治学严谨，学术上富有创新精神，对运气学说及阴阳五行学说均有精辟见解。一方面主张"不知运气而求医无失者鲜矣"，肯定五运主病六气为病的理论，并把五运六气与人体脏腑联系起来。另一方面也强调"主性命者在乎人"，并不认为人体发病全受五运六气的格式所支配，反对机械地搬用运气学说，把某年主某气发某病的格式固定下来。对《素问》病机19条作了深刻的研究，发现与火热有关的竟有15条之多。再者，六气中火、暑者其二，而风、寒、湿、燥在病理变化中都能化火生热，并且火热又往往是产生风、燥的原因。因此，在医理上强调"六气皆从火化"。在伤寒病证治疗中，以清热通利为主，善用寒凉药，创制许多辛凉之剂，故后世称之为"寒凉派"。治疗上提出降心火、益肾水为主的治火热病的一套方法，采用辛凉解表和清热养阴法，创制"双解散"、"防风通圣散"等方剂，为后世温病学派的发展开辟了道路。

一生著述颇丰，著有《黄帝素问宣明论方》（15卷，1172年）、《素问玄机原病式》（1186年）、《素问病机气宜保命集》（3卷）、《伤寒直格》（3卷，1186年）、《伤寒标本心法类萃》（2卷）、《三消论》、《运气要旨论》、《素问药注》、《保童秘要》、《图解素问要旨论》、《治病心印》、《十八剂》、《刘河间医案》等。知名的学生有穆子昭、荆山浮屠、马宗素、刘庭瑞、董系等，私淑弟子有张从正、葛雍、镏洪等。（张慰丰）

陈言（Chen Yan） 字无择，号鹤溪道人。中国南宋青田（今浙江青田）人，生卒年月不详，约生活于南宋绍兴、淳熙年间（1131～1189年）。中医学。

生平事迹不详，曾任四明医学提举。淳熙元年（1174年），刊出《三因极一病证方论》15卷。据载，绍兴三十一年（1161年）集方编成《依源指治》6卷，论病因病理，集注《脉经》，并附方若干，未刊行传世。

中医病因学说起源很早：春秋时期医和曾提出"六气致病说'；《内经》对病因也有记载；《金匮要略》则概括为"千般灾难，不越三条"，初步形成了三因致病说；巢元方《诸病源候论》对病因病理也有详细的计论。陈言的《三因极一病证方论》（1174年），可称为中国医学史上第一部系统的病因学专著。书中把复杂的病因分为三类。一为内因：喜、怒、忧、思、悲、恐、惊，内伤七情，"发自脏腑，形于肢体”；二为外因：风、寒、暑、湿、燥、火，外感六淫，“起于经络，舍于脏腑”；三为不内外因，包括饮食饥饱、呼叫伤气、虎狼虫毒、金疮压溺及其他偶然性因素。每类有证有论，有法有方，论从证出，法随论定，辨析严谨。这是对张仲景病因学说的发展，它使中医病因学说更加系统化、条理化。中医的三因分类原则，一直为后世医家所遵循。 （张慰丰）

张从正（Zhang Congzheng） 字子和，号戴人。中国金代睢州考城（今河南睢县、兰考一带）人，约金代正隆元年（1156年）生，正大五年（1228年）卒。中医学。

家世业医，自少好读《内经》。兴定年间（1217～1221年），曾被召入太医院供职，不久辞去。

金元四大医家之一，攻下（“攻邪”）派的倡导者。学宗刘完素，用药多寒凉。其医学思想认为各种疾病主要是由六淫邪气所致，将多种疾病按风、寒、暑、湿、燥、火六门分类，治病则以祛邪为主，或先攻后补，认为邪去则正自安；故采取汗、吐、下三法治之；此外，强调食补。他的学说主要内容可见之于《三法六门》中。其学说的形成，有历史背景：一是当时医界好用温补之剂，而攻下法（“攻邪”）对纠正时弊有一定积极意义；二是所接触的病人多属贫苦大众，所患以实证、热证为多；三是受刘河间火热学说影响。但不能认为他治病不分虚实，概用攻下。他在《五虚五实攻补悬绝法》中说：“岂有虚者不可补，实者不可泻之理哉？”除了亦用补益药之外，更主张邪去后宜用五谷、五肉、五菜等食养补益。

著作《儒门事亲》15卷，是由麻知己、常仲明将其手稿整理而成，一般认为前3卷为其亲撰。此外有《三复指迷》1卷、《张氏经验方》2卷、《伤寒心镜》1卷、《秘录奇方》2卷、《治病撮要》1卷，大多佚传。 （张慰丰）

张元素（Zhang Yuansu） 字洁古，号易老，世称张易水，又称易水先生。中国金代易州五迴（今河北易县）西古人。约金世宗完颜雍大定初年（1161年）生，金末元初之际卒。中医学、中药学。

早年攻读四书五经，27岁参加京考，试经义进士，犯皇帝讳落第，从此发愤学医。据记载，当时刘河间伤寒8日不愈，他为之诊治而愈，从此闻名。

中医易水学派创始人。他的医学思想渊源于《内经》，崇信运气学说，认为随着时间的推移，医学也相应发展，不应墨守陈规。倡导“运气不齐，古今异轨，古方新病不相能也”，对金元医学学术的革新与争鸣产生深刻的影响。虽推崇运气学说，但并不机械地搬用运气的格式，主张根据当时气候变化与患者体质灵活地用药，应适应临证实际需要，善于化裁古方，自制新方。毕生致力于药物研究，根据脏腑标本寒热虚实归纳用药，研究药物的四气五味、升降浮沉及归经作用。在掌握药物的效用上，确能执简驭繁，成为有名的“补土（脾胃）派”，即易水学派，对后世医家影响很大。李时珍赞扬他为“大扬医理，灵素以下，一人而已”。

著有《珍珠囊》、《脏腑标本药式》、《医学启源》、《洁古本草》、《洁古家珍》、《洁古注叙和脉诀》、《医方》、《产育保生方》等书。另有《药注难经》，疑托名。学生李杲、王好古均是当时著名医学家。 （张慰丰）

王执中（Wang Zhizhong） 字叔权。中国南宋瑞安（今浙江瑞安）人，约生活于12世纪后期至13世纪初期。针灸经络学。

出身官宦家庭。南宋乾道五年（1169年）进士，初任从政郎、将作丞等京官，后调任澧州（今属湖南）教授、澧阳郡博士，湖北峡州（今湖北宜昌）教授。对当时中医界重方药轻针灸的现象颇为不满，遂致力于针灸研究。根据自己的临证经验，参照《针灸甲乙经》，于南宋乾道元年（1165年）撰成《针灸资生经》7卷，嘉定十三年（1220年）再次刊行于嘉定，绍定四年（1231年）又重刊。

《针灸资生经》体例按头、胸、腹、背部位记载穴位，四肢则按十二经记载，便于临诊者按部位治疗相近脏腑疾病。书中记载穴位365个，附图46幅，针灸病案60例，方药病案27例，载内、外、妇、儿科各种病症195种。书中还记载了当时针灸家所罕言的“经外奇穴”，还论述了各种证的取穴与施治方法，并附有方药。提倡以中指第二节（同身寸）作为取穴标准，取穴时重视压痛点。书中所载灸法内容颇详，可谓集宋以前的灸法大成。对前人某些针灸禁穴提出不同意见，并反对行针应避忌年、月、日、时以及人神等说法，反映他具有客观的研究态度和科学的治学精神。宋朝徐正卿在该书序中评价说：“针灸之书，至是始略备，古圣贤活人之意，至是始无遗憾。”另撰有《既效方》，今佚。 （张慰丰）

萨马坎迪（Najib al-Din al-Samarqandī） 波斯人，生年不详，1222年卒于阿富汗赫拉特。临床医学、病理学、药物学。

生平不详，只知他是当时的波斯名医，死于蒙古人对赫拉特大肆劫掠时期。

主要著作有《病因和症状》，是一部综合性的医疗指南，见于伊本·纳菲斯的论著《评病因和症状》中。据称也曾写过一本有关饮食疗法、两本药物配方的书和《论调剂原则》。 （顾振海）

李杲（Li Gao） 即李东垣。字明之，晚年自号东垣老人。中国金代真定（今河北正定）人，金代大定二十年（1180年）生，蒙哥汗元年（1251年）卒。中医学。

出身“赀雄乡里”的大地主家庭。20多岁时母病死于庸医，因而立志学医。闻易水洁古老人张元素以医驰誉燕赵间，乃捐千金从其学，数年尽得其术。曾以进纳得官，任济源监税（盐税官）。1232年蒙古兵围汴梁（今开封），因避兵离梁，寓聊城东平，至1244年还故里。因“其家业富厚，无事于技，人不敢以医名之，士大夫或病，资性高骞，少所降屈，非危急之证，不敢谒也”。晚年将学术传给罗天益、王好古等。

金元四大医家之一，脾胃学说（补土派）的倡始人。他生活的年代正值战乱频繁，人民生活动荡不安，常遭受饥寒和精神刺激，他从长期的医疗实践中，体会到疾病多与脾胃受伤有关，“内伤脾胃，百病由生”，倡“内伤学说”。代表作《脾胃论》（1249年）3卷，共35论，开创了中医脾胃学说之先河。认为“土为万物之母，人以胃气为本，胃虚则元气不足而诸病生”。脾胃受伤的原因主要由于饮食不节、劳役过度以及不正常的精神因素所致。治疗上则以补脾胃为主，采取升阳、补中、益气等法。由于善于用温补脾胃之法，后世称之为“补土派”。所创制的“补中益气汤”、“升阳益胃汤”是治疗脾胃虚弱的主方，迄今尚为临床医家所采用。由于强调脾胃之阳，喜用升发温补之品，倡导“甘温除热”，在治法上有一定偏向。叶天士认为他重治脾而忽于胃，提出“养胃阴”之说，确能补他之不足。

著述颇丰。除《脾胃论》（1249年）3卷外，还著有《内外伤辨惑论》（1231年）3卷、《医学发明》（刊于1315年）1卷、《兰室秘藏》3卷（乃弟子罗天益在其殁后26年整理刊出）、《伤寒会要》（今佚）、《用药法象》1卷、《东垣试效方》等。另题为李杲撰者有《保婴集》、《伤寒治法举要》、《东垣心要》、《万愈方》、《医说辨惑论》、《医方便儒》、《李杲医书》、《李东垣药谱》、《医学法门》、《灵台秘藏》等。《珍珠囊补遗药性赋》亦题李杲著，系托名之作。

（张慰丰）

哈佩斯特拉昂，H.（Harpestraeng，Henrik） 丹麦人，出生年月不详，1244年4月2日卒于丹麦罗斯基勒。临床医学、药物学。

传说13世纪几本流行的医学专著可能是他所写，或是H.达卡斯（Henricus Dacus）的作品。他是罗斯基勒大教堂（后为丹麦首都大教堂）牧师会的成员，可能很富有。其著作的相对年表至今无从查考。第一本拉丁文著作是医用草药的专著，有许多章节曾被译成丹麦、挪威、瑞典、冰岛和德国等各种文本。《治疗学》论著在圣安东尼大火中遗失。有的论著在许多丹麦文和瑞典文的医学著作中至今尚在引用。人们推测，某些用拉丁文撰写的放血术和占星术等论文的某些章节，原是他的作品。两本丹麦文的关于宝石、矿石和烹调技术的著作，也曾被认为是他所著。主要贡献，是在斯堪的纳维亚半岛创建了欧洲医学中心。还促进了北欧药材向南传播，并促使民间草药与经典传统医学的结合。

（陈闻鹏 殷明德）

宋慈（Song Ci） 字惠父。中国南宋建阳（今福建建阳）人。南宋淳熙十三年（1186年）生，淳祐九年（1249年）卒于广州。法医学。

祖籍河北邢台。唐相宋璟后人，父宋巩做过广州节度推官。幼年随同乡吴稚（朱熹的弟子）学理学。20岁入太学。嘉定十年（1217年）中进士。先后任赣州主簿、长汀知县、邵武军通判和南剑州通判、湖南提刑、广东经略安抚使等职。曾参加镇压南安和汀州、剑州、邵武等处农民起义。在管刑狱期间，“听讼清明，决事刚果”，及时处理案件，能惩处违法的贪官污吏。卒于广州任内，次年葬于福建建阳。

宋代著名法医学家。由于一生从事司法刑狱，十分重视检验工作，从长期实践中积累了丰富的法医检验经验。据自序，“博采近世所传诸书，自《内恕录》以下凡数家，会而粹之，厘而正之，增以己见，总为一编”。于淳祐七年（1247年）撰成《洗冤集录》5卷，共53项，同年刊出。书中记有人体解剖、尸休检查、现场检查、鉴定死伤原因以及急救、解毒等内容，是中国历史上现存的第一部有系统的司法检验专著，也是世界上较早的法医专著。《洗冤集录》问世以来，成为中国历代刑狱官案头必备的参考书，前后沿用了600多年。后来，此书流传到国外，被译成朝、日、英、德、法、荷等国文字，在世界法医学史上也有一定的影响与地位。

（张慰丰）

施发（Shi Fa） 字政卿，号桂堂。中国南宋永嘉（今浙江温州）人，约南宋绍熙元年（1190年）生，卒年不详。中医学。

早年攻读医学并举子业，年长弃科举专心医学。取《灵枢》、《素问》、《甲乙经》、《难经》及诸家有关脉学内容，结合自己临诊实践，撰成《察病指南》（1241年）3卷。

《察病指南》论述了脉学的理论，沿用“七表八里九道”二十四脉分类法，并载有审诸病生死脉法。除脉诊外，尚有听声、察色、考味等诊法。尤其是书中创制的33种脉象图，以图示脉，别开生面，是十分可贵的科学探索，对后世脉学诊断有较大的影响。除《察病指南》外，另撰有《续简易方论》（1243年）6卷，这是针对王硕的《简易方》所撰的著作。认为《简易方》将医学理论简单化，且对“虚实冷热之证无所区别”，并对该书选方给予了评述，又补充了160余方。现存日本旧刊本。又著有《本草辨异》，今佚。

（张慰丰）

陈自明（Chen Ziming） 字良甫（或作良父）。中国南宋临川（今江西抚州）人，约南宋绍熙元年（1190年）生，咸淳六年（1270年）卒。中医学、妇产科学。

出身三代世医家庭。曾任建康府明道书院医学教授。对中医学理论、伤寒诸证以及痈疽外科等方面，均有独到研究，尤擅妇产科。

中国古代把妇科包括在大方脉内，没有形成独立的专科。唐宋以来出现的妇产科专书，均较简略。时至宋代，太医局才设立产科。出于产科发展的需要，他系统地分析整理历代有关妇产科著述，结合自己临证经验和家传验方，对南宋以前的妇产科进行较系统的总结，于嘉熙元年（1237年）撰成《妇人大全良方》24卷。这是当时最完整的一部妇产科专著，为其后的中医妇产科学发展奠定了基础。全书分九门，前三门为妇科，论述了正常月经、月经病、一般妇科常见病以及不育症等；后六门为产科，对胎儿形成、发育、孕期疾病的治疗及处理，以及妊娠用药禁忌等，也有较详细的记载。全书共200余论，分述其病因、证治，内容丰富，切于实用。

对外科也有研究。于景定四年（1263年）撰成《外科精要》3卷。认为外科用药亦应根据脏腑经络虚实因证施治，不可拘泥于热毒内攻之说，概用寒凉克伐之剂，这可说是中医外科强调辨证论治的内治法的滥觞。书中对痈疽等证的辨证也颇为详细。对后世中医外科发展也有相当影响。

另撰有《诊脉要决》1卷、《备急管见大全良方》10卷，均存于世。 (张慰丰)

伊本·拜塔·马拉基(Ibn al-Baytār al-Mālaqī) 西班牙人，约1190年生于西班牙马拉加，1248年卒于叙利亚大马士革。药物学、药用植物学、药用矿物学。

曾就读于塞维利亚，和老师们一起采集药草，喜读阿拉伯和古罗马的医药名著。约1220年穿越北非往东旅行，可能到过小亚细亚和叙利亚。最后定居于埃及开罗，在那里被苏丹任命为首席草药师。此后数次前往阿拉伯诸地如巴勒斯坦、叙利亚和伊拉克旅行和行医。

主要贡献，是将中世纪时阿拉伯人的有关医药成果加以整理，使之系统化。毕生撰写出版数种医药学著作，分别详述介绍了1400多种动植物和矿物药材。 (顾振海)

窦汉卿(Dou Hanqing) 字子声，原名窦杰，后改名窦默，后人尊称窦太师。中国金元时代广平肥乡(今河北肥乡)人，金代承安元年(1196年)生，元代至元十七年(1280年)卒。中医学、针灸学。

生活于战乱年代。元兵伐金，他南走渡河，转客蔡州(今河南汝南)，遇名医李浩，授以铜人针法。又走德安，后北归，隐于大名(今河北大名县)，继还肥乡，从事医疗和教学活动，以针灸闻名于时。元世祖忽必烈召聘，授翰林侍讲学士、昭文馆大学士，卒赠太师谥。生前与名医罗天益交游甚笃。

撰有《针经指南》、《流注指要赋》(又名《通玄指要赋》)、《六十六穴流注秘诀》和《标幽赋》等针灸专书，对针灸学有一定贡献。另有《疮疡经验全书》13卷，系明代隆庆三年(1569年)他的裔孙梦麟增订，后世有人谓该书系梦麟所撰，托名其祖以求见重。 (张慰丰)

王好古(Wang Haogu) 字进之，晚号海藏老人。中国金元间赵州(今河北省赵县)人，约金代承安五年(1200年)生，约元代至元元年(1264年)卒。中医学。

青年时即好医方，博通经史。先后学医于张元素和李东垣。曾以进士官赵州教授兼提举。

医论宗李东垣，但同中有异。李氏于病因多归于饮食劳倦，治疗重调理脾胃。他研究了《内经》、《伤寒论》的阴阳脉例和宋元医家有关阴证论述，结合自己的临诊实践，对阴证提出一系列新见解，创立阴证学说。其阴证学说既补充了仲景之学，又发挥了易水(张元素)之说，为临证实践开辟了新的门径。认为伤寒是"人之大疾"，而阴证尤为严重，阴证"难辨而难治"。"难辨"是因为阴证的变证复杂，"难治"是因为阴证缘由脾肾两虚(特别是肾虚)，乃先天后天之本虚损。治疗上强调温补脾肾，创制返阳丹、回阳丹、火焰散、霹雳散、正阳散等温肾方，以及附子散、白术散、肉桂散等脾肾双补之剂。

在临证上又扩大了六经病的治疗范围，打破伤寒与杂病的界限，既把六经辨证用于杂病，又把杂病方药用于六经诸证，将伤寒与杂病的治疗统一起来。在选方用药上善于化裁，灵活变通，体现了辨证施治的原则。他的《医垒元戎》根据张元素"脏腑标本药式"，按五脏六腑主治分类药物；同书又按三焦寒热、气血寒热区分病位，选用方药，对后世三焦辨证和卫气营血辨证的产生起了启蒙作用。学术上也有不足之处，如诊断上重于望诊、切脉，而疏于闻诊和问诊；治疗上重于温肾阳而略于滋肾阴。

平生著述甚丰。今存《医垒元戎》(12卷)、《阴证略例》(1卷)、《汤液本草》(3卷)、《癍疹论》(1卷)、《伊尹汤液广为大法》(4卷)。又《此事难知》(2卷)为裒集东垣医论所成，但他有所发挥，详论其阴证学说。以上各书今又相继刊行。另有《活人节要歌括》、《光明论》、《标本论》、《仲景详辨》、《伤寒辨惑论》、《医家大法》等，均佚。 (张慰丰)

博尔戈涅奥尼，T.(Borgognoni of Lucca, Theodoric) 意大利人。约1205年生于意大利帕尔马，1298年卒于博洛尼亚。外科学、皮肤病学。

他的父亲是意大利外科学的先驱之一。9岁时举家迁到中世纪欧洲医学之都——博洛尼亚。在父亲指导下学习内科学和外科学。1226年成为多明我会修道士。后在博洛尼亚大学执教33年。曾任教皇英诺森四世的忏悔教士。还曾被任命为比通托和切尔维亚的主教，但常住在博洛尼亚作外科医师。

1266年出版他最著名的著作《外科学》。该书1498～1546年出了5版，在中世纪被译为多种文字，1955年还被译成英文。提倡防腐手术，详述了清创、去除坏死组织和异物，以及缝合、保护创面的方法，还改进了制备和应用安眠药、纱布以及在手术前催眠的技术。应用汞油膏治疗皮肤病，主张不滥用烧灼术。可是他的无菌手术未能传下来，是医学史上的一大遗憾。 (张祝山)

伊本·纳菲斯(Ibn al-Nafīs) 阿拉伯人，1213年生于叙利亚大马士革附近，1288年12月17日卒于埃及开罗。解剖学、生理学、外科学。

早年在大马士革的医院学医。1236年去埃及的一所医院当医生，并讲授医学，曾任医院院长。还在开罗讲授过法医学。

最早描述了肺循环。在《阿维森纳解剖学评注》一书中，指出心室中隔不可能渗透血液，比塞尔维特或科隆博还早200年接近正确地记述了肺循环。还把手术分为诊断、手术操作以及术后护理三个阶段。并详细描述了外科医生的职责，以及医生、护士、病人之间的关系。主要著作《医学大全》(43卷，1243～1244年)出版时，年仅31岁，他想写300卷，但在去世时只出版了80卷。该书一度失传，现只留下几册手稿。发表了一些关

于希波克拉底、胡奈因等的医学著作的评注，以及逻辑学和神学著作。（张祝山）

阿尔德罗蒂，T.（Alderotti，Taddeo） 意大利人，1223年生于意大利佛罗伦萨，约1295年卒于博洛尼亚。保健卫生学、文学。

出身贫寒，成年后才受正规教育。入博洛尼亚大学后，进步极快。1260年留校任教医学，是该大学的医学教育奠基人之一。由于他的努力，致使该校医学院师生第一次获得当局确认的合法地位。

他是第一个用本国语言而非拉丁语写作医学著作的学者，撰有意大利文本《保健卫生》等教科书。也是第一个以医学为题材写作文学作品的作家。对各种经典的及伊斯兰作家的医学著作，写过多种评论，在这些评论中创立了该校医学院的辩证教育法。还写了《家庭诊疗顾问》一书，这是第一部家用的医学百科全书，也是临床病理和治疗的一种新型的医学文献。（顾振海）

伊本·库夫（Ibn al-Quff） 阿拉伯人，1233年8月22日生于约旦卡拉克，1286年卒于叙利亚大马士革。外科学、解剖学。

在大马士革学习了哲学、医学、自然科学和数学。后来在军队中任军医。不仅是中世纪穆斯林的著名医生，而且也是一个有声望的医学教育家。

撰写了许多著作，其中有哲学、自然科学和10本医学方面的论著。主编了一本外科学手册，包括20篇论文，是中世纪最大的阿拉伯文外科学手册。他说明了心瓣膜的作用、数量以及开闭的方向。呼吁阿拉伯国家在医药上推行度量标准化。（张志练）

阿纳尔德（Arnald of Villanova） 西班牙人，约1240年生于西班牙巴伦西亚的阿拉贡，1311年9月6日卒于意大利热那亚附近海中。基础医学、科学传播。

有关家庭情况及早期生活不详，很可能有犹太血统。约1260年曾在法国蒙彼利埃大学学医，是否在那不勒斯学习过尚存疑。由于精通医术，1281年起，先后任阿拉贡国王彼得三世（Peter Ⅲ）、阿方索三世（Alphonso Ⅲ）和詹姆斯二世（James Ⅱ）的御医。1291～1299年任蒙彼利埃大学的“医学大师”（相当于后来的教授），对蒙彼利埃医学派的发展有重要贡献。但其兴趣后来转移到了宗教改革问题上。1299年著文力主改革教会，为此而受到巴黎神学界人士的谴责。1299年、1305年先后任教皇博尼法斯八世（Boniface Ⅷ）、教皇克莱蒙五世（Clemon Ⅴ）的御医。1309年因宗教“异端”思想而失宠。曾几度代表西班牙履行外交使命，最后死于出使途中。

他对西欧的经验医学和希腊、阿拉伯的理论医学的融合起了很大作用。医术高明，但诊断和治疗方法较为保守。他翻译古希腊希波克拉底著作，把盖伦和阿乌森纳的著作从阿拉伯文译成拉丁语，并对它们进行讲解和评论。在1295年完成的《医学见解》一书中，主张医学不仅仅是可实践的技艺，而更应是可理解的科学。他受到阿拉伯医学家阿尔-金迪（al-Kindi）的启发，在《关于度的格言》（1299年）著作中，提出药效数学化思想，尝试根据药物的有效成分相对增量来确定其治疗效果。虽然许多具体解释使后世难以接受，但他的医学与医药数学化思想有重要意义，加快了医学科学化进程。曾有60篇（部）著作出版，部分内容涉及医学哲学和神学，其中还有《临床医学》（1295年）、《论身体的消耗量》（1304年）、《卫生管理》（1307年）等医学著述。（顾振海 李啸虎）

达巴诺，P.（D' Abano，Pietro） 意大利人，1257年生于意大利阿巴诺，约1315年卒于帕多瓦。基础医学、哲学。

早年在意大利帕多瓦学院学习。后多次旅行以学习自然科学和伦理学。后来在君士坦丁堡居住了一段时期。约1300年赴巴黎索邦神学院，可能还进行教学并写作。1307年回帕多瓦学院教医学和哲学，因他的反宗教思想体系而被解职。在生前虽然幸免于迫害，但在死后40年，他的著作被重新审查，发现其内容是违反基督教义的，故其尸体被掘焚毁。

在医学上，一反当时流行的偏见，认为神经的起点不在心脏而在大脑。在《哲学家是医生们分歧的调停者》一书中，他力图调和当时哲学界和医学界之间的争论，强调医生应有丰富的解剖学知识，并主张医生应取得病人的信任。在著作中强调医生应和旧传统决裂，并要求有独立思考能力。这些无疑为文艺复兴时期人文主义思想的兴起准备了思想基础。（顾振海）

亨利[蒙德维尔的]（Henry of Mondeville） 法国人，约1260年生于法国芒什省卡昂附近的蒙德维尔，约1320年卒于巴黎。外科学、解剖学、医疗器械研制。

在法国蒙彼利埃和巴黎、意大利博洛尼亚等地学习内科学和外科学，还学过神学和哲学。1301年在菲利普的军队中当外科医生，后来任菲利普及其兄弟查尔斯（即路易十世）的御医，并讲授外科学和解剖学。1304年在蒙彼利埃学院讲授解剖学。1306年在巴黎作讲演，并开始写作。1316年起患重病，可能是肺结核，4年后去世。终生未娶。

是当时意大利和法国外科学和解剖学界的关键人物。未能按计划完稿的《外科学》一书使他闻名于世。提出创伤面应保持清洁封闭，且不可用探针探查，不可用刺激性敷料，以使创伤迅速愈合。极力主张外科医生要保持器械清洁。在医疗器械研制方面，改进了缝针和持线镊子；发明拔取箭矢的器械；应用磁铁取出肌肉内的铁片。这些观念和技术在当时是一大贡献，而且沿用至今。（殷明德）

德卢齐，M.（de' Luzzi（或 Liucci；或 Liuzzi），Mondino） 意大利人，约1275年生于意大利博洛尼亚，1326年卒于同地。解剖学。

药剂师的儿子，被做医师的叔叔收为继子，并教其医学。后来到博洛尼亚大学学习医学和哲学，1300年获博士学位。留校任教解剖学。

是欧洲最早对人体进行系统解剖和阐述的学者之一。主要著作是1316年出版的《解剖学概要》。该书的特点是简明扼要，系统性强，因此在欧洲解剖学界沿用了200年，是维萨里以前的一部流行教科书。该书有六大部分：①人体总论；②自然器官：肝、脾以及腹腔中的其他器官；③生殖器官；④精神器官：心、肺、气管、食管以及从胸腔到口之间的其他器官；⑤动物器官：皮肤、脑子、眼睛和耳朵；⑥周围器官：骨骼、脊髓和四肢。（张志练）

危亦林（Wei Yilin） 字达斋。中国元代南丰（今江西南丰）人，元世祖至元十四年（1277年）生，元惠宗至正七年（1347年）卒。正骨学。

先祖自抚州迁至南丰，世代医家。他本人曾在南丰、杭州等地教授医学。对内、妇、儿、眼、正骨、金镞、口齿咽喉等科均有研究。因见古代医方浩若烟海，难于检索应用，遂参考元代医学十三科，将古代医方和家传五世积累的经验方剂分门整理。历时10年，于元惠宗至元三年（1337年）编成《世医得效方》19卷。经江西医学提举司送南丰州太医院审阅，至正五年（1345年）刊行。

中国古代骨伤科代表人物之一。《世医得效方》（1345年）内容结构为：1～10卷为大方脉杂病科；11～13卷为小方脉科、风科；14～15卷为产科和妇人杂病科；16卷为眼科；17卷为口齿及咽喉科；18～19卷为正骨兼金镞科、疮疡科、针灸科和祝由科。清《四库全书》本又为之增附孙思邈《养生方》节文一卷，自此以20卷本传世。书中保存了大量古方以及家传有效方剂，特别在正骨科方面达到较高的水平，如对骨折、脱臼的整复，跌打、损伤，箭伤的治疗，并记有所用器械，如剪、刀、钳、凿、麻线、桑白线等。对麻醉法的记载是本书的重要成就之一，书中介绍用乌头、曼陀罗（风茄儿）等药作麻醉，并指出必须按患者年龄、体质、出血情况决定剂量。这些要求与现代医学使用麻醉药的原则基本相同。又创造性地采用悬吊复位法治疗脊柱骨折。这些都居于当时世界医学的前列。（张慰丰）

忽思慧（Husihui） 一译和斯辉。中国元代人，生卒年不详，约生活于13世纪末至14世纪上半叶。营养学、公共卫生学。

蒙古族人，元代营养学家。于元延祐、天历年间（1314～1329年）任宫廷饮膳太医，主管宫廷饮食卫生、药物补益诸事，故对营养卫生、饮食疗法有较深入的研究。集诸家本草、名医方术、谷肉果菜等有关补益的内容，同时结合自己丰富的营养学经验，于天历三年（1330年）编成《饮膳正要》3卷。

《饮膳正要》是中国现存第一部完整的古代饮食卫生与食物治疗法专著，也是一部古代有价值的食谱。此书记述元代皇室贵族的饮食谱，卷一讲述各种食品；卷二讲述原料、饮料和“食疗”；卷三也收载食物本草的内容，分为米谷、兽、禽、鱼、果、菜和料物7类，约230余种，分别介绍其性味和主治，并附绘图。从营养学角度出发，制定了正常人的膳食标准和饮食卫生法则。如夜晚不可多食，食后要漱口，睡前刷牙比晨旦刷牙好等；条例妊娠和乳母饮食忌宜。列举各种营养食谱，各种点心、菜肴的成分和烹调方法。书中还具体阐发了饮食卫生、营养疗法以及食物中毒的防治等。内附版画20余幅，文图并茂。（张慰丰）

朱震亨（Zhu Zhenheng） 字彦修，号丹溪。中国元代婺州义乌（今浙江义乌）人，元初至元十八年十一月二十八日（1282年1月9日）生，至正十八年六月二十四日（1358年7月30日）卒。中医学。

自幼学举子业。30岁时，因母病久治不愈，发愤学医，攻读《素问》。36岁从朱熹四传弟子许谦学理学。当时因亲族中多人殁于药误，又加上许谦得病后对他的鼓励，遂立志学医。通过临诊实践，认为“采古方以治今病，其势不能以尽合”，于是，遍历吴中（苏州）、宛陵（镇江）、南徐（徐州）、建邺（南京）等地访师。闻杭州罗知悌名，先后拜谒10次，不得见面，每日拱立门外，3月之久，终于为罗知悌所纳，是年朱震亨已44岁。从学一年半，学成而归，声誉顿著。

金元四大医家之一，滋阴学说的倡导者，丹溪学派创始人。批判地吸取各家之长，参以《易经》太极之理，创立了丹溪学说。他的学说主旨有二，一是阳常有余，阴常不足。认为人体血液和精液常感不足，而人的情欲又最易发动，想“保全天和”，必须清心寡欲，节饮食戒色欲。二是相火论。认为“相火”有常有变，“相火”为肝肾两脏专司，人体有赖“相火”以温养脏腑和推动功能活动，但“相火”易于妄动，耗伤经血而致病。在养生方面，主张节制食欲、色欲，以保养阴分。治疗上主张滋阴降火，喜用滋阴降火药，故后世称其为滋阴派。所创用的越鞠丸、左金丸、太补阴丸、琼玉膏等，都有很好疗效，至今仍为临床常用的方剂。临证时重视辨证论治，主张灵活用药，“因病以制方”，攻补兼施，祛邪而不伤正，对气、血、痰、郁诸证的治疗，有独到的见解与卓越的成就。反对医生机械地搬用《局方》和滥用辛香燥热之剂；提出要慎用张从正的攻伐之法。

著有《格致余论》、《局方发挥》、《伤寒辨疑》、《本草衍义补遗》、《外科精要新论》等。此外尚有《脉因证治》、《丹溪心法》、《素问纠略》、《金匮钩玄》等，皆出自门人之手，或为后人编辑或伪托。另有《丹溪手镜》一书，谓其亲手所撰，记录了临症心得和秘旨，直至他离世300年后，由其裔孙朱文英交出藏稿，于1621年刊行问世。他的学说通过戴元礼、王履等对后世医学有较大影响。东传日本后，日本曾成立丹溪学社。他的滋阴学说与河间的主火论对温病学说的创立也有重大的影响。（张慰丰）

乔利亚克，G. de（Chauliac，Guy de） 法国人，约在1290年生于法国奥弗涅地区，1368年7月25日卒于阿维尼翁。外科学、解剖学、骨科学。

先后在法国图卢兹大学和蒙彼利埃大学、意大利博洛尼亚大学学医。在蒙彼利埃大学获医学硕士学位（相当于博洛尼亚大学的医学博士）。在里昂先后被任命为圣朱斯特、兰斯和芒德的大教堂牧师会的成员，先后兼任克莱门特六世（1342～1352年在位）、英诺森特六世（1352～1362年在位）和厄本五世（1362～1370年在位）

等教皇的御医。

是 14 世纪欧洲最有影响的外科医师之一。主要著作是《大外科学》(7 卷,1363 年),被译为多种文字,直到 17 世纪该书仍被奉为外科学的经典著作。为了强化自己的思想,他在书中广征博引,提及历代医著作者达 3 300 个。竭力主张外科医生要学习解剖学,甚至说对解剖学无知的外科医师在人体上进行手术,犹如盲人在木头上雕刻。曾经割治过肿瘤,做过疝与白内障手术,介绍了缝合、填塞、压迫、结扎、烧灼五种止血方法。对于骨折曾用吊索以重力加以牵引。认为一个合格的外科医师,必须具备丰富的学识、熟练的技术、良好的习惯和逢凶化吉的智慧四个条件。另著有 3 部书:《占星术》、《论疝》和《白内障治疗》。

(殷明德)

倪维德(Ni Weide)　字仲贤,晚号敕山老人。中国元末明初人,元代大德七年(1303 年)生于吴县(今属江苏苏州),明代洪武十年(1377 年)卒于敕山(今安徽铜陵)。中医眼科学、中医学。

祖籍大梁(今河南开封),后迁徙吴县。三世业医,均名噪一时。早年学儒于汤碧山。意不欲仕乱世,悟出"医为儒者之一事",于是承其家业,究心于医,以《内经》为宗,研其奥旨,又求金人刘完素、张从正、李杲三家读之。他重视脾胃,尤善治奇症异疾,独擅眼科,业医乡里,出而治疾,无不立效。"其治人,无问贵贱男女,内外大小,凡所治咸效,专以仁慈为意,未尝邀报谢,故施惠博而道益尊。"晚年建别墅于敕山,后去世于该地。被明太祖称为"开国文臣之首"的宋濂为其专撰《故倪府君墓碣铭》,可见他在当时医学界的地位、社会上的影响。

他主张医者应各科兼精,通习伤寒、内伤、妇女、小儿等治法,在医术思想上明显受金元四家影响。时至元末明初,眼科世无全书,仅散见于各种方书,内容也大多残缺不全,远不能满足当时临床急需,于是他下决心构建相对独立的、系统性的中医眼科。博集古今眼科确论,结合自己的丰富临床经验,苦心钻研,总结出治眼十法,终成专著。他根据道家《阴符经》中的"心生于物,死于物,机在目"有关理念,把这部著作题名为《原机启微》(2 卷,1370 年)。这是中国现存最早一部眼科专著。该书共九论,上卷论病疾之原,下卷论方剂之宜,附方 40 余首;在对眼科的共性内容贯通详述的同时,还对历史上不同中医学派的眼科见解一一加以客观述评和比较研究。他在序言中开诚言明:"余为是书,非异于目也,特为补同者之缺耳。"明代眼科专书《审视瑶函》将此书录为卷二内容,可见本书对后世眼科的影响。该书后又经明薛己校注,收入《薛氏医案》中,流传甚广。另著有《校订东垣度效方》等书。

(朱素珍)

葛乾孙(Ge Qiansun)　字可久。中国元代长州(今江苏苏州吴县)人,元代大德十年(1306 年)生,至正十四年(1354 年)卒。中医学。

世医出身,父、叔皆为当时名医。未冠喜武术、体貌魁硕,膂力过人,后折节读书,屡试不第,遂从父习医。兼通阴阳、律历、星命之术。考究方脉 30 余年,遍历江湖,为人治病,以治肺痨见长,辄著良效,与朱丹溪齐名。临诊能运用多种治疗手段,除药物、针灸、推拿外,颇重精神疗法。

著有《十药神书》(1348 年)、《医学启蒙》、《经络十二论》,后两书均佚。《十药神书》为现存最早的治疗虚痨病之专书,内记述 10 首良方,其中 2 方止血剂(甲字十灰散、乙字花蕊石散),2 方止咳剂(丁字保和汤、已字太平丸),1 方解热剂(戊字保真汤),1 方排痰剂(庚字沈香消化丸),4 方补养剂(丙字独参汤、辛字润肺膏、壬字白夙膏、癸字补髓丹)。书中阐述了证的分型和方的分类,为肺痨病提供了足资遵循的治法。清代名医周禹载、陈修园对该书推崇备至,叶天士治虚劳血证,皆采用其方,辄获良效。迄今尚为临床医家所采用。(张慰丰)

滑寿(Hua Shou)　字伯仁,晚号撄宁生。中国元代许州襄城(今属河南)人,生卒年月不详,元末生于仪真(今江苏仪征),明初洪武年间(1368～1398 年)卒于余姚(今属浙江),年 70 余岁。中医学。

《明史》方技有传。原籍河南襄城,祖迁仪真,后定居余姚。幼习儒学,擅长诗文,后从京口(今江苏镇江)名医王居中学习,精研《内经》、《难经》等古典医籍。后又随东平高洞阳学针法,精通针术,曾用针砭法治疗难产等多种病证,对经络理论很有研究。

现存著作有《读素问钞》3 卷、《难经本义》2 卷、《诊家枢要》1 卷、《十四经发挥》3 卷。《十四经发挥》撰于 1341 年,将督、任二脉与十二经相提并论,并对经络腧穴之考订有相当贡献,此书对后世针灸学发展有一定影响。另有《伤寒例钞》(一作《伤寒论钞》)3 卷、《本草发挥》1 卷、《脉诀》1 卷、《医韵》、《痔瘘篇》等,均佚。其治疗验案数十则,收入朱右《撄宁生传》。(张慰丰)

楼英(Lou Ying)　一名公爽,字全善,号全斋。中国元末明初浙江萧山人,元代延祐七年(1320 年)生,明代洪武二十二年(1389 年)卒。中医学。

少年时读《内经》等古典医籍,并通诗文、《周易》。后以医名。明洪武时临淮丞孟恪荐于朝,被太祖朱元璋召到南京治病,拟授为太医,以年迈力辞归乡。与名医戴原礼交好,共论医道。

积多年之功,编成《医学纲目》40 卷。卷下再分为 9 部,即阴阳脏腑部、肝胆部、心小肠部、脾胃部、肺大肠部、肾膀胱部、伤寒部、妇人部及小儿部,最末卷为运气部。以此为纲,对约 600 多种病征按部分叙。其主旨一遵《内经》理论,重视阴阳五行之说,主张"千变万化之病态"不离阴阳五行,所论涉及内、外、妇、儿、眼等科。选论治方颇有法度,汲取诸家之长。对病证按阴阳脏腑分类,收录历代验方颇多,选方严谨。尤重辨证论治,阐发同病异治等原则较详。全书纲目清晰,秩序井然,繁而有条,颇受后世医家之赞许。另有《运气类注》4 卷及《仙岩文集》2 卷。

(张慰丰)

戴思恭(Dai Sigong) 字原礼(一作元礼),号肃斋。中国元、明间婺州浦江(今浙江诸暨)人。元泰定元年(1324年)生,明永乐三年十一月二十一日(1405年12月12日)卒。中医学。

浦江望族,名医之子。受家学熏陶,自幼立志继承父业。少时拜义乌丹溪先生(朱震亨)为师,深得精髓,凡所诊治,则多见效,遂以医鸣世。平生与楼英等名医家过往甚密。明洪武十九年(1386年),太祖朱元璋因病诏他诊治,药到病除,被征召为太医院御医。后又相继治好四太子燕王朱棣、三太子晋王朱遣之疾,深得太祖宠信,想让他主持太医院,被以"年老多病"谢绝,于是授与他阶迪功郎御职医誉称。洪武三十一年(1398年),太祖病重,诊治无效,拿诸医下狱问罪,唯独抚慰他说:"汝仁义人也,毋恐!"太祖病卒,惠帝即位,还提升他为奉政大夫太医院使。永乐元年(1403年),他以年老不仕为由,四次坚请辞归乡里,方得成祖朱棣准许。永乐三年(1405年),时已高龄82岁,又特召入京,免其跪拜。是年冬辞归,返家十余日即病卒。成祖亲撰祭文,派人致祭。他临终前给后世留有"积善守法"的遗嘱。

撰有《证治要诀》12卷、《证治要诀类方》4卷、《推求师意》2卷等书传世。另有《类证用药》1卷,已佚。著述多以丹溪先生学术思想为本,阐明《内经》之旨,开诸家之悟,结合临床实践,均有发展。又校补其师丹溪先生《金匮钩玄》3卷,于元末至正十八年(1358年)刊行。该书每每加注按语,书末还附有自己所撰6篇医论,多有发挥。他在朱丹溪"阴虚生火论"的基础上,扩展为对气血生理、病理的广义探讨,主张"火之为病,无脏不有",指出气血失常和疾病的关系,并对气血盛衰的病机统于阴阴之变,从而发展为自成一家的"气血盛衰论",对后世气血理论发展影响深远。明辅臣朱国桢誉之为"国朝之圣医"。

(朱素珍)

齐德之(Qi Dezhi) 中国元代人,生卒年及生卒地不详,约生活于14世纪。中医外科学、皮肤病学。

曾任医学博士、御药院外科太医。善治痈疽、疮肿等外症。采集了《内经》至唐宋时期医书中有关外科疮肿等内容,结合自己多年的临证经验,于至元元年(1335年)编成《外科精义》2卷。

《外科精义》上卷为论辨及治法35篇,下卷为汤丸膏丹145方,附以论炮制诸药及单方主疗疮肿法。主张先求疡疾之本,而量其阴阳虚实、强弱浅深再作治疗。对于疮疽诊候,将护忌慎及用详增损之法,缕述详悉。从整体观来认识疮疡的病因,认为疮疡乃阴阳不和、气血凝滞所致,诊治则重视全身症状,结合脉证辨证论治。书中列举炙法、砭镰法、针烙法、追蚀法、内消法、托里法、止痛法等,十分详尽。主张内外结合,强调外科病的内治法。他的医学思想对以后中医外科学的发展有一定的影响。

(张慰丰)

王履(Wang Lü) 字安道,号畸叟,又号抱独老人、奋翁。中国元末明初昆山(今江苏昆山)人。元代至顺三年(1332年)生,约明代洪武二十四年(1391年)卒。中医学。

曾学医于朱震亨。通诗文画艺。洪武四年(1371年)至长安,任秦王府良医正10余年。

《昆山县志》称其著述有《伤寒三百九十七法辨》、《标题原病式》、《百病钩玄》20卷、《医韵统》100卷等。但留传行世的仅《医经溯洄集》(1368年)一书(今又再版刊行)。此为论辩性医著,载论21篇,对《内经》、《难经》及《伤寒论》等有关问题加以阐述与发挥,并对古代名医约20余家作了评述,对宋以来伤寒397法之说提出异议,认为对《伤寒论》等书,"读者当活法,勿拘执"。在医理上继承并发挥了朱震亨的"阴常不足,阳常有余"之说,吸收了刘完素的治病以泻火为主的思想。对热病提出应严格区分伤寒与温病,认为温病系"感天气恶毒异气",治伤寒用仲景桂枝汤、麻黄汤等辛温之剂,治温病则用辛凉之剂,此说奠定了温病治疗的清热养阴法则,对后世的温病学家有很大的影响。所论述的"真阴真阳"之说,对明代医家所论的"命门"说,亦有一定影响。

(张慰丰)

莱奥尼切诺,N.(Leoniceno Nicolò) 意大利人,1428年生于意大利维琴察,1524年6月9日卒于费拉拉。性病学、医学文献学。

出身贵族世家。父亲是医生,外祖父是教皇亚历山大五世的秘书,人文主义者。他在家乡受过全面的拉丁文和希腊文训练。后在帕多瓦大学学哲学和医学,1453年左右获得博士学位。1464年起,一直在费拉拉大学教书,讲授医学、数学和哲学。

费拉拉大学是当时研究古典文学的主要中心之一,他是著名希腊语学者之一。当时欧洲医学院校所教授的盖仑等希腊罗马医学著作,大多为阿拉伯语注译本,其中多有歪曲和讹误。直至15世纪晚期,人们才认真地尝试恢复希腊医学的本来面目。他首先提出恢复和出版希腊文医学著作并提供忠实的拉丁文译本。在他领导下,费拉拉大学成为研究恢复盖仑医学的中心。这场向阿拉伯语传统挑战的运动,逐渐扩展至全意大利和整个欧洲。他强调逐个研究词汇及其含意,是弄懂希腊医学著作的关键。找出了阿拉伯语学者鉴定药草方面的许多错误,并指出伊本·西拿和德卢齐等人对于盖仑解剖学术语和事实上的讹误。1500年发表了第一本真正盖仑著作的希腊文教科书,后又用拉丁文翻译了11篇盖仑的论文。1493年发表了很有影响的有关梅毒的论文。在16世纪医学方法学的讨论中,也有重要贡献。

(张祝山)

虞抟(Yu Tuan) 字天民,自号华溪恒德老人。中国明代浙江义乌人,明代正统三年(1438年)生,正德十二年(1517年)卒。中医学、医学文献学。

世医出身,曾叔祖曾受学同邑名医朱丹溪。父、兄皆精于歧黄之术。初习举子业，后攻医学。颇受朱丹溪医学思想之影响，又博采众长，自有独创，尤精于脉理，“诊人死生无不验”。78 岁时立志“采历代名医治验，总成一书”，编写《古今诸贤医案》，书成大半，2 年后去世。身后被朝廷追授八品冠带。

晚年撰《医学正传》(8 卷，1515 年)，纵横诸家学说，旁通己意及临证经验，论述较广。主旨宗《内经》、《难经》，伤寒宗仲景，脉法取叔和，内伤宗李杲，儿科遵钱乙，其他理论多宗朱丹溪，再选刘、张、朱三家之方列之，又附其祖父口传心授及个人历验之方，以备参考。治病主张不可固执古方以售今病，反对巫术和封建迷信，批判马宗素等人以病者之所生年月日，合得病之日期，推算五运六气之法。认为这是“以世之生灵为戏”，“杀人多矣”，劝人“勿蹈其覆辙”。是一个有独特见解的医家，提倡节嗜欲，戒性气，慎语言，谨服食为摄养之要。另撰《苍生司命真复方》8 卷，刊刻于世。还有《方脉发蒙》6 卷、《医案正宗》8 卷等，未见流传。 (张慰丰)

贝尼维埃尼，A. (Benivieni, Antonio)　意大利人，1443 年 11 月 3 日生于意大利佛罗伦萨，1502 年 11 月 11 日卒于同地。临床医学、病理解剖学、性病学。

生平不详，唯知曾在比萨大学学过医学，后在佛罗伦萨行医。其病人中有该市最著名的人物。与同行 B. 托尔尼(Bernardo Torni)和 L. 洛伦齐(Lorenzo Lorenzi)等人关系较为密切。

身后，由后人出版一部题为《论疾病的隐匿原因和治疗》(1507 年)的书，系病理学专著，内有 111 例临床记录。据称他至少做过 20 次尸检，已经试图将疾病的症状与尸体解剖的发现联系起来。首先描写梅毒症状，指出梅毒可以通过母体传给胎儿。书中还描写了胆结石、胃癌、纤维性心包炎、梅毒性骨膜炎、膀胱结石以及肠穿孔引起的腹膜炎等。 (顾振海)

薛铠 (Xue Kai)　字良武。中国明代江苏吴具(今江苏苏州)人，生卒年不详。中医学、儿科学。

明弘治年间(1488～1505 年)，征为太医院医士，擅长儿科，卒后追赠院使。

主张治病必求五行生克之理。著有《保婴撮要》，该书后由其子薛己整理和增补，刊于明嘉靖三十五年(1556 年)。书中记有丰富的临诊经验，立论推崇张洁古，兼重陈文中、钱仲阳两家，对疾病的论述颇有创见。该书自初诞法起始，终于痘身痛，论述 200 多种儿科常见证候，其子薛己附以验案。认为小儿体质“如草之萌”，用药必察其年龄，以免过剂之伤；又命方不宜峻攻。又谓乳儿疾病可通过母乳治疗，又称“未病则调治乳母，既病则审治婴儿，亦必兼治乳母为善”。认为破伤风由脐带传染，提出用烧断脐带法预防。书中对儿科外证论述甚详，诸如疔疮痈毒、跌扑外伤以及痘科诸症等。其论能发前人之所未发，为明代有所创新的一部儿科著作。薛铠还校刊元代滑寿《十四经发挥》及元末明初徐彦纯《本草发挥》。 (张慰丰)

洪特，M. (Hundt, Magnus)　德国人，1449 年生于德国马格德堡，1519 年卒于迈森。人体解剖学、医学。

33 岁上大学，1484 年获莱比锡大学学士学位，1487 年获硕士学位，1499 年获医学博士学位。1504 年被授予神学硕士学位，1510 年获神学博士学位。在莱比锡大学任教授多年，1487 年任该校文学院院长，1499 年任莱比锡大学校长。他还是一位伯爵的私人医生。

撰写的《人体解剖学》著作于 1501 年出版。该书包括 17 幅木刻画稿，封页有两个相同的人头像复制品。有一幅全身图像，列举了体表的各个部位，但未能与实际的解剖名词相对照。有一页附有手相学标记的手纹图像。还有胸腔和腹腔内脏的图像。本书是在达·卡尔皮的名著出版之前对人体解剖概念最为清晰的著作，带有 15 世纪后期作品的特征。 (陈闻鹃)

布伦斯维克，H. (Brunschwig, Hieronymus)　法国人，约 1450 年生于法国斯特拉斯堡，约 1512 年卒于同地。外科学。

接受了外科学教育后，获外科医生资格并获得制备药物特别是蒸馏的技术。远途旅行和行医，经阿尔萨斯、巴伐利亚和莱茵兰，远及德国的科隆。后定居在斯特拉斯堡任外科医生。

著作涉及解剖学、创伤的处理以及药物和草药的制备。撰写的《外科学》一书，成为外科学和医药学的重要文献和历史资料，代表了当时较落后的法国外科学发展的阶段。所汇编的术语很完整，适用于 16 世纪的药学。关于枪伤处理和外科学方面的经验也有重要价值，是中世纪和近代医学之间的桥梁。 (张祝山)

贝内代蒂，A. (Benedetti, Alessandro)　意大利人，约 1450 年生于意大利维罗纳省，1512 年 10 月 30 日卒于威尼斯。人体解剖学、临床医学。

出身医学世家。早年迁至帕多瓦。毕业于帕多瓦大学医学院，留校当教师。也曾在威尼斯附近行医。曾在军队中任军医，还到国外服过役。

对解剖学的贡献，大都记载在《人体解剖学史》著作中。该书有 5 卷，包括 1483 年以后撰写的论文。呼吁医师要从书本中解放出来，到解剖实践中去寻找真理。书中述及他建立圆形解剖室，邀请政界文化界人士观看解剖演示的情况，这对冲破中世纪对解剖学的禁锢有重要意义。还报道过胆结石、卒中等病及其诊疗方法。

(顾振海)

达维戈，G. (da Vigo, Giovanni)　意大利人，1450 年生于意大利拉帕洛，1525 年卒。临床外科学。

据说 1485～1486 年是萨卢佐侯爵领地的外科医生，但无法考证。行医于热那亚。约 1495 年到萨沃纳，受到天主教红衣主教 G. 罗韦雷的赏识。1503 年，G. 罗韦雷成为罗马教皇尤利乌斯二世时，他被召至教廷任御用外科医生。

1514 年在罗马出版《临床外科学》一书。书中论述了人体解剖学，外科病症如脓肿、创伤、溃疡、梅毒、骨折等，以及简单的医药和解毒剂等。1517年出版《外科学临床总结》。是中世纪第一个描述用冠锯移去骨盘的人。是首倡用汞油膏治疗梅毒者之一。 （张志练）

乌尔斯塔德，P.（Ulstad，Philipp） 德国人，生卒年不详，鼎盛期在16世纪初。*药物学、药物化学。*

生平不详，唯知其为德国纽伦堡的名医，曾在瑞士弗里堡学院教授医学。

最重要的科学著作是《哲学家的天空》（1526年），书中重视蒸馏技术和馏出液的医疗效果。认为第五要素是能通过化学方法从一切世间物体中蒸馏而得的，并特别重视精馏乙醇的治疗作用。由于用较通俗的语言叙述了提取方法，易为药剂师、外科医生所接受，因而影响较大。在蒸馏技术上，使用了水冷却法，并发明了一种原始的分馏装置。所做的工作对医药化学派的兴起有一定贡献。 （顾振海）

林内克尔，T.（Linacre或Lynaker，Thomas） 英国人，约1460年生于英国英格兰德贝郡切斯特菲尔德，1524年12月20日卒于伦敦。*内科学、医学教育。*

在英国坎特伯雷的基督教教会学校接受早期教育。1480年后在牛津大学、意大利佛罗伦萨大学学习希腊文。1496年于意大利帕多瓦大学获医学博士学位。又去维琴察跟意大利医学家N.莱奥尼切诺进修。后返回英格兰，获牛津大学医学博士学位。1501年任王子阿瑟的导师。1509年任亨利八世的御医。后主要住在伦敦，为上流社会看病。1520年任维冈教区长。创立伦敦内科学院，并任终生会长。

是医学人文主义者，当时最优秀的希腊文学者之一。向英国医生提供了一系列当时英国最好的经典医学教科书，如《医学方法论》（1519年）、《症状之差异与原因》（1524年）等多种。很出色地将盖仑的一些著作译为拉丁文。为后来几个世纪内建立英国医学的声誉做出了不朽的贡献。牛津大学林内克尔医学院以其命名。 （张祝山）

达·卡尔皮，G.B.（da Carpi，Giacomo Berengario） 意大利人，约1460年生于意大利卡尔皮；1530年11月24日（?）卒于意大利费拉拉。*外科学、人体解剖学。*

从当外科医生的父亲那里受到了初步的解剖学和外科学教育。15世纪80年代，在费拉拉大学、博洛尼亚大学接受系统教育。1489年获博洛尼亚大学医学院医学博士学位。此后任父亲的助手和上流社会私人医生。1502年任博洛尼亚大学外科讲师，后任教授，因讲课而闻名。多次被教皇和佛罗伦萨统治者美第奇家族召去诊治疾病。

他作过上百例尸体解剖。1514年始，编辑和评注13世纪意大利解剖学家蒙迪诺的文献。1518出版《颅骨折论》一书。1521年出版《蒙迪诺解剖学评注》，这是以自己临床经验对前人学术遗产的反思，是盖仑之后最重要的解剖学著作。另有医学院用书《人体解剖学概要》，其中叙述了多种解剖所见，纠正了以往的许多错误，还包括他对盖仑学说的异议，反映了文艺复兴的新趋势。 （顾振海）

马纳尔多，G.（Manardo，Giovanni） 意人利人，1462年7月24日生于意大利费拉拉，1536年3月8日卒于同地。*病理学、植物学。*

出身名门，父亲是公证人。他于1482年同时获费拉拉大学文学和医学博士学位。曾任该校讲师、医学教授。还曾任路易二世（Louis Ⅱ）的御医。

致力于把医学与占星术区分开来。应用新的方法，将疾病按性质与治疗进行了分类。着手解决当时科学术语混乱的问题，在病理学和植物学著作中提出统一的术语表。还研究了同种植物的变异及其在药物学和营养学上的意义。 （张祝山）

阿基利尼，A.（Achillini，Alessandro） 意大利人，1463年10月29日生于意大利博洛尼亚，1512年8月2日卒于同地。*人体解剖学、哲学。*

1484年毕业于博洛尼亚大学，同时获哲学和医学博士学位。毕业后留校任哲学讲师，1495年后兼授医学。1506年由于党派之争而被迫离开博洛尼亚去帕多瓦大学。1508年应邀回博洛尼亚大学执教。

生前以哲学家著称，而现今主要以对人体解剖学的贡献而为人所知。描述了组成跗骨的7块骨头、臂部的静脉、脑穹窿、脑室、动脉圆锥和滑车神经，也提及了颌下腺导管和回盲瓣。由于他的著作既无插图又不易读懂，所以流传不广。 （顾振海）

汪机（Wang Ji） 字省之，号石山居士。中国明代安徽祁门人，明代天顺七年（1463年）生，嘉靖十八年（1539年）卒。*中医学。*

出身世医家庭，祖父汪轮、父汪渭均为当地名医。初为诸生，后因母病而究心医学。随父行医几十年，对内外科、针灸、痘疹等都有独特见解和疗效。学识宏博，临诊经验丰富。

医理上主宗《内经》，参以《周易》，并及儒家性理奥论，精研李杲、朱震亨之学，尤推崇后者。治病强调补气血为主，偏于理气，不轻用寒凉攻利之剂。对朱震亨所倡的“相火论”和“阳有余”之说，认为是指卫气有余，故不主张补卫气；所谓“阴不足”，乃指营气。故汪机所言的补气，乃指补营气而言。治病强调辨证论治、四诊合参，取法博采众长。如病当升阳，治从东垣（李杲）；病当滋阴，法随丹溪（朱震亨）。创言新感温病，促进了明清温病学说的发展。对于外科，主张内、外结合，认为外科必本于内，力戒滥用刀针，以消为贵，以托为畏。推崇运气学说，偏于机械。以于针灸，认为针能泻有余之病，不能补不足之病；今人虚耗，病多在内，针灸不如汤液。其说虽可商榷，却反映了遵古而不泥古。

著述颇丰。有《医学原理》(13卷，撰年不详)、《石山医案》(由门人陈桷辑其临症医案而成)、《素问钞》(9卷，1519年)、《续素问钞》(3卷，1519年)、《运气易览》(3卷，1519年)、《外科理例》(8卷，1519年)、《推求师意》(2卷，与门人陈桷等校刊戴原礼之作)、《痘证理辨》(1卷，1519年)、《医读》(7卷，1519年)、《肺诀刊误集解》(2卷，1523年)、《针灸问对》(3卷，1530年)、《本草汇编》(20卷，已佚)、《内经外注》(已佚)、《伤寒选录》、《诊脉早晏法》(1卷)等。 (张慰丰)

皮雷斯，T.(Pires，Tome) 葡萄牙人，1470年生于葡萄牙里斯本，约1540年卒于中国。药物学、博物学。

他和父亲都是葡萄牙王室的药剂师。其前期生平不详。1511年随舰队赴科钦经商。1512～1515年在马六甲当药材贸易代理商，并担任葡萄牙驻该地的官员。而后又在赴爪哇的舰队中供职，曾随船访问过该地北部海岸。1515年返回科钦后，被葡属东印度(今印度尼西亚)政府任命为赴中国使节，随舰队抵达广州，但是遭到中国明朝显贵的拒绝，并被拘捕入狱。释放后一直未能离开中国。惟一为人所知的著作是《东方漫记》(2卷，1512～1515年)，这是16世纪初记述东方地理、人种和贸易的一部主要著作。 (方正源)

韩懋(Han Mao) 字天爵，号飞霞道人，又名白自虚人，人称白飞霞。中国明代四川泸州人，鼎盛期嘉靖元年(1522年)前后，生卒年不详。中医学、性病学。

出身官宦之家，因身体孱弱，父母多病，考科举不第，遂去峨嵋山等地求师学医。由峨嵋高人陈斗南教授，得秘传。正德年间(1505～1521年)抵京都，曾得武宗召见，赐号"抱一守正真人"，并诏筑"白云观"居处。后归蜀，晚年居成都。

1522年撰成《韩氏医通》2卷，强调四诊合参在鉴别病证上的重要性。并对书写病案做了较全面的规定，提出病案应包括"六法兼施"的内容，即望形色、闻声音、问情状、切脉理、论病源、治方术六大部分，具体项目有30余项，初步确定了病案格式，对中医书写病案有一定的参考指导意义。书中所载方剂，如"三子养亲汤"等，多简易有效，为后世医家所喜用。还有《杨梅疮论治方》1卷，为中国早期治疗梅毒专书。另有《方外奇方》、《滇壶简易方》、《韩氏有效方》等，均佚。 (张慰丰)

马吉，B.(Maggi，Bartolomeo) 意大利人，1477年生于意大利博洛尼亚，1552年卒。外科学、性病学。

曾任博洛尼亚大学外科学教授和教皇的御医。以擅长医治火枪创伤闻名于世。早在马加蒂(Magati)应用沸油止血法之前一世纪，他已用粘土和醋混合处理截肢残端。他的分层截肢法也很有名。是最早采用合理方法治疗枪伤的外科学家之一，1552年在博洛尼亚出版《论创伤治疗法》专著，影响很大。他还擅长治疗性病，1550年出版有关梅毒及其防治的著作。 (张祝山)

弗拉卡斯托罗，G.(Fracastoro，Girolamo) 意大利人，约1478年生于意大利维罗纳，1553年8月6日卒于维罗纳附近加尔达湖畔。性病学、流行病学、天文学。

自幼丧母，父亲对他进行文学和哲学的启蒙教育。后来进帕多瓦大学医学院学习医学，兼学文学、数学、天文学、哲学等学科，和哥白尼同窗。在1502年获哲学博士学位后，即在帕多瓦大学教逻辑学。约在1509年回维罗纳开业行医，并致力于研究工作。1545年应诏为教皇服务，任特伦特市议会医师等职。晚年隐居于自己建于加尔达湖畔的别墅。

他在1530年出版的一首长诗中，以一少年"西菲利斯"之名首次命名了梅毒(Syphilis)这一疾病，并描述了它的症状、病程和治疗方法。1546年出版《论传染与传染病及其治疗》，首次完整地描述了传染病的性质、病原体和传染病的传播方式，以及预防和治疗方法。把传染病分为三类：直接接触传染、通过衣物等媒介传染和直接通过空气传播。首创"病芽"学说，认为传染源来自于病原体种子或微粒的转移，即从被感染者传到其他个体。这种病芽微粒小得无法看到，但在体外却可生存，并在新的宿主体内繁殖，由此对传染病提出了一系列防治原则。这一概念为现代的细菌病因学说确定了轮廓。

他的研究领域广泛，知识渊博。在天文学上，1538年发表"同中心论或星论"，提出行星运动的"中心说"假说，对哥白尼启发很大。他对地质学很感兴趣，最早留意地球磁极。揭示光折射原理。晚年致力于药用植物研究。 (顾振海)

杜波依斯，J.(Dubois，Jacques；拉丁名 Jacobus Sylvius) 拉丁名J.希尔维斯。法国人，1478年生于法国亚眠，1555年1月13日卒于巴黎。人体解剖学。

曾跟随巴黎大学医学院教师J.塔戈尔(Jean Tagault)学习解剖学。后到法国蒙彼利埃大学学医，1529年获医学士学位，1530年获医学博士学位。后开业行医。1536年巴黎大学批准他在医学院讲课，很受欢迎。精通希腊语和拉丁语，对希波克拉底和盖仑的医学著作深有研究。

十分崇拜盖仑，自封为盖仑解剖学的保卫者。不惜任何代价捍卫盖仑学派，而排斥其他学说，敌视自己杰出的学生维萨里出版的《人体之构造》一书。重视解剖的系统描述，如用比较先进的方法给血管的分支和结构及其相互关系予以编号；提供识别肌肉起止的清晰图谱，为现代肌肉命名法打下基础。首次描述下腔静脉瓣、胎儿心内膜半月形皱襞。介绍了血管注射法。迄今以希尔维斯命名的解剖学名词，有希尔维斯氏沟、希尔维斯氏中脑动脉、希尔维斯氏大脑导水管、希尔维斯氏第五脑室、希尔维斯氏蹠方肌等。 (殷明德)

德拉托雷，M.(della Torre，Marcantonio) 意大

利人，1481年生于意大利维罗纳，1511年卒于里瓦。人体解剖学。

1497年获意大利帕多瓦大学哲学博士学位，1501年获医学博士学位。留校任教，先任解剖示范教师，后任医学教授。1510年转至帕维亚大学任解剖学教授。翌年染瘟疫而卒。

他的手稿及著作都已佚失。和达·芬奇在解剖学上曾有合作，他们俩人计划编写一部体系庞大的的解剖学著作，把人从生到死、从头到脚详加描述，不幸因他病死而未能实现这个计划。（顾振海）

马萨，N.（Massa，Niccolo） 意大利人，1485年生于意大利威尼斯，1569年卒于同地。人体解剖学、性病学。

意大利帕多瓦大学医学院的毕业生。后在威尼斯等地开业行医。多年后，在威尼斯大学任解剖学教授。

是临床医学家和梅毒专家。曾研究人体解剖结构，所著《解剖学导论》（1536年）是当时欧洲大学最好的简明解剖学教科书之一。他也研究当时流行起来的梅毒，考虑其感染的神经症状，建议采用汞剂和树脂的混合物进行治疗。（张祝山）

科达斯，E.（Cordus，Euricius；原名为：Solde，Heinrich Urban） 德国人，1486年生于德国黑森的辛晓森，1535年12月24日卒于不来梅。内科学、植物学。

据称曾在德国韦特和弗兰肯贝格的学校上学。约1505～1507年在爱尔福特大学学习文科课程，毕业留校任教和深造，1516年获文学硕士学位，1517年任爱尔福特大学圣玛丽学院院长。1519年转而学医。1521年赴费拉拉大学医学院，师从N.莱奥尼切诺教授，同年秋授予他医学博士学位。回到爱尔福特大学后，1523年受聘为不伦瑞克市政医生。1527年任新创办的马尔堡大学医学教授，还同时致力于植物学研究。由于与学校当局不和，于1533年辞职。后任不来梅市政医生和大学预科教授度过余生。

著作涉及医学、植物学和诗歌。1534年出版《植物学》。1543年出版一部著作，专门讽刺当时医学界种种迷信和荒诞做法，促进了医学科学化的进程。（殷明德）

薛己（Xue Ji） 字新甫，号立斋。中国明代吴县（今江苏苏州）人，约明代成化二十三年（1487年）生，嘉靖万历三十八年（1559年）卒。中医学。

出身世医家庭，父薛铠是当时名医，任职太医院，后为院使。他继承家业，通内、外、妇、儿、眼、齿、本草等科，尤精于疡科。明正德年初（1506年）被选入太医院，1514年升任御医。1519年继擢南京太医院院判。嘉靖九年（1530年）入北京太医院，官至奉政大夫、太医院院使。致仕归里。离职后仍在嘉兴、四明、下堡、横金一带行医。博览群书，上自《内经》，下至金元四大家，无不研究，同时勤于著书立说。

学术上推崇张元素、李东垣，又能兼融各家之说。主张治病务求其本，治疗多以调补脾气为先，善用甘温益中，补土培元之法。注重肾及命门学说，以命门为真阴真阳，但是用补真阴真阳之剂，立方多以六味地黄丸补真阴，以八味地黄丸滋真阳，对后世温补派有一定影响。在疡科方面，主张明本末虚实，然后用药。论学既熟悉前代医家理论，又不拘泥成方成法。如对宋以来外科痈疽托里内消之说，认为需要辨证治疗，“若毒气已结，勿泥此内消之法，当辨脓之有无深浅”，分别论治。对于宋以来外科所谓“五善七恶”，见四恶则属不治之说，也持异议，“不可因其恶而不治”，“法当纯补胃气”。足见对疾病的记述和治法有其独到的经验。

著述及编辑、校刊的医书颇多。著有《外科枢要》（4卷、）《内科摘要》（2卷）、《女科撮要》（2卷）、《外科发挥》（8卷）、《外科心法》（7卷）、《正体类要》（2卷）、《口齿类要》（1卷）、《疠疡机要》（3卷）、《外科经验方》（1卷）、《痘疹方论》（2卷）、《薛氏医案》（1卷）。另有校订和增补旧本附以己说者，如校注陈自明《妇人大全良方》（24卷）、《外科精要》（3卷）、王纶《明医杂著》（6卷）、钱乙《小儿药证直诀》（3卷）、陈文中《小儿痘疹方论》（1卷）、倪维德《原机启微》（3卷）、以及其父薛铠《保婴撮要》（20卷）等。另校刊的有滑寿《十四经发挥》（3卷）、杜本《伤寒金镜录》（1卷）、徐用诚《本草发挥》（4卷）、陶华《痈疽神秘验方》（1卷）。上述医书大部分收入《薛氏医案》（78卷）。各书特点是附有医案，以其临诊经验来阐释理、法、方、药。（张慰丰）

沃顿，E. E.（Wotton，Sir Edward Edward） 英国人，1492年生于英国牛津，1555年10月5日卒于伦敦。医学教育、动物学。

1514年毕业于牛津大学玛格达伦学院。1526年获意大利帕多瓦大学医学院医学博士学位。同年于牛津大学获医学博士学位。后去伦敦，任国王亨利八世的御医。曾任英国皇家内科学院评议员、院长、督察员。还是一些王公贵族的私人医生。1550年被封爵。主要著作《各种动物》（10卷）一书，涉及人、鸟、鱼、昆虫、四足动物、甲壳纲、软体动物等，对以后的博物学家有相当影响。（张祝山）

莫纳德斯，N. B.（Monardes，Nicolás Bautista） 西班牙人，约1493年生于西班牙塞维利亚，1588年10月10日卒于同地。内科学、植物学。

书商的儿子，外祖父是内科医生。曾在西班牙阿尔卡拉德的埃纳雷斯大学学习。1547年在塞维利亚大学获得医学博士学位。是16世纪欧洲最著名的西班牙内科医生、植物学家，生药学和实验药理学创始人之一。详细描述了各种药物，并通过动物实验确定药物的性质。（张祝山）

拉伯雷，F.（Rabelais，François） 法国人，约1494年11月生于法国希农附近，约1553年4月9日卒于巴黎。生理学、解剖学、文学。

律师之子。16岁入修道院。1525年参加本笃会修士高等修道团。同年在巴黎大学开始学医。后进入蒙

彼利埃大学医学院学习,1530年获学士学位。36岁时成为医生,同时继续从事文学活动,并参与政治、外交等活动。1532年任里昂主宫医院医生。1537年在蒙彼利埃大学医学院获医学博士学位。留校任教医学,并担任牧师圣职。

把大量医学术语以及解剖学和生理学概念引入法文中。还介绍了一种切开绞窄性疝的瘘管刀。不仅是位名医,而且还是文艺复兴时期法国著名的作家。著有长篇小说《巨人传》(一译《卡冈都亚和庞大固埃》)。 (张志练 张祝山)

万全(Wan Quan) 字事,号密斋。中国明代豫章(今江西南昌)人,约明代弘治八年(1495年)生于黄州府罗田(今湖北罗田),万历十三年(1585年)卒,一说卒于万历八年(1580年)。中医儿科学、中医妇科学。

医学世家。行医达50年,尤精于儿科,临证颇有良效。医理宗朱丹溪、钱乙,对钱乙的五脏辨证理论有进一步发挥。临床诊治重视小儿体质特点,倡小儿五脏有余不足说,尤重小儿脾胃不足之论,认为小儿"肝常有余,脾常不足",治疗重视调补脾胃。对小儿杂证、惊风、麻疹、痘疹等病证尤富经验,治疗方剂多简便实用。根据三代世医经验,总结出100多首验方,玉枢丹最早出于此。除药物治疗外,又提倡和采用推拿等法,并重视小儿的合理育养。其理论与经验对后世儿科医家有较大影响。

一生著述颇丰,达20余种。撰有《万密斋医书十种》(108卷,1549年),其中半数为妇、儿科著述。如《幼科发挥》2卷、《育婴秘诀》4卷、《广嗣纪要》16卷、《万氏女科》3卷、《痘疹心法》23卷、《片玉心书》5卷、《片玉痘诊》13卷、《伤寒摘锦》2卷、《养生四要》4卷、《保命歌括》35卷等书。 (张慰丰)

费尼尔,J. F.(Fernel,Jean François) 法国人,约1497年生于法国蒙迪埃,1558年4月26日卒于法国枫丹白露。临床医学、大地测量学。

旅店老板之子。先在克莱蒙上学,后又到巴黎考入圣巴布学院,1519年(22岁)获文学硕士学位。1527年出版第一本专著《一元天体论》。1528年出版《宇宙学论》。两本书都是天文学著作。对子午线的测量,足以同140年后J. 皮卡尔的工作相媲美,对地球物理学作出了重要贡献。以后认真学习医学,1530年于巴黎大学医学院毕业后行医,在6年内便成为法国最著名的医生之一。1534年受聘任巴黎大学医学教授,1536年在该校科努那学院讲授医学。并开始写作《医学中的自然科学》(1542年)一书,首次提出"生理学"一词。出版后流传达一个世纪。1547年任命为皇家医生。这一时期他出版过《事物的隐蔽原因》(1548年),以及一部探索人体神经系统的著作。另一著作《费尼尔医学》教科书于1554年出版,很快便成为16世纪流行的标准教材,尽管它重述盖伦生理学的不少传统说法,仍先后刊出30个版本,影响很大。法国与西班牙及英格兰的战争,迫使他陪同国王亨利二世随军辗转战场,并开写身后出版的《医学大全》(1567年)。战后带着妻子在枫丹白露宫廷定居。数月后妻子死于严重休克,不久他也病逝。 (殷明德)

欧斯塔基,B.(Eustachi,Bartolomeo) 意大利人,约1500～1510年生于意大利安科纳的圣塞韦里诺,1574年8月27日卒于经由弗拉米尼亚到福松布罗内的途中。人体解剖学。

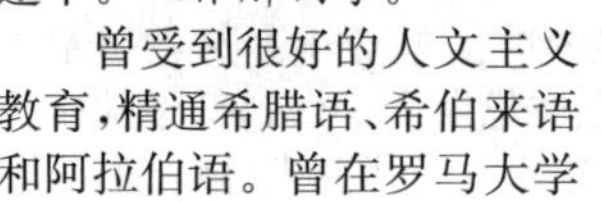

曾受到很好的人文主义教育,精通希腊语、希伯来语和阿拉伯语。曾在罗马大学学医。约1650年在出生地开始行医。担任过乌尔比诺(Urbino)公爵的保健医生。1547年又任公爵兄弟红衣主教德拉罗韦雷(C. G. della Rovere)的保健医生。1547年随后者去罗马,受聘任罗马大学萨皮恩扎医学院解剖学教授,获准从圣斯皮里托医院和孔索拉西翁医院对尸体进行解剖研究。

他的早期著作《骨的诊察》和《头部的肌肉》两书,均写于1561年。为了反对维萨里的反盖仑主义,1562年和1563年他撰写了关于肾脏、听觉器官、静脉系统和牙齿的论著,连同较早的两篇为盖仑辩护的著作,一起发表于《解剖学雕版图谱》(1552年完成,1561年出版)一书中。第一次正确描述了肾上腺和肾脏相对高度,首次强调解剖变异问题;正确描述了咽鼓管,至今还沿用欧斯塔基的名字命名此管。还描述了鼓膜张肌和蹬骨肌。1552年在P. M. 皮尼(Pier Matteo Pini)的帮助下,绘制成47幅解剖图谱,由罗马的G. 德穆西(Giulio de Musi)雕刻在铜版上。但在《解剖学雕版图谱》中只用了其中的8幅。18世纪初期,在皮尼一后裔的遗产中发现其余39幅铜版图,显然是欧斯塔基遗赠给皮尼的。教皇克莱芒十一世(Clement Ⅺ)把雕版图买下来,赠送给他的保健医生兰奇西(G.. M. Lancisi)。兰奇西又把这些雕版图连同1561年已出版的8幅较小的图一起出版(1714年)。这些图版足以说明欧斯塔基在解剖学史上的杰出地位。其图版先是腹部结构,后是胸部结构,接着是神经系统、血管系统、肌肉,最后是骨骼。若不是这些解剖学图谱遗失达一个世纪之久,可能解剖学的发展在17世纪就已经达到成熟期。 (殷明德)

富克斯,L.(Fuchs,Leonhart) 德国人,1501年1月17日生于德国巴伐利亚的韦姆丁,1566年5月10日卒于蒂宾根。临床医学、医学文献学、药用植物学。

父亲和祖父都是韦姆丁市长。4岁丧父,祖父把他抚养长大。从小跟祖父认花识草,培养了这方面的兴趣。1515年进爱尔福特大学。1519年进因戈尔施塔特大学,1524年获医学博士学位。此后曾在慕尼黑开业行医，教授医学，兼任安斯巴赫(Ansbach)总督的侍医。1533年后在蒂宾根大学任医学教授，直至去世。

由于受路德教派文艺复兴观点的影响，十分强调古希腊医学的重要性，致力于出版古希腊医学文献，并亲自翻译了希波克拉底和盖仑的著作。一生写作50余部(篇)著作和论战文章，除译作外，主要有：《新近医生所犯的失误》(1530年)、《眼睛的所有疾病》(1539年)、《眼科解剖学》(1539年)等；尤其是《新编草药集》(1542年拉丁文版，1543年德文版和荷兰文版)，书中记载了487种植物，其中100多种是在德国首次记录的，包括紫花洋地黄和玉米等，还有512幅精美插图。 (顾振海)

马蒂奥利，P. A. G.(Mattioli，Pietro Andrea Gregorio) 意大利人，1501年3月12日生于意大利锡耶纳，1577年1(或2月)卒于特伦托。*药物学、植物学。*

医生的儿子。1523年在帕多瓦大学获医学博士学位。曾开业行医，后任神圣罗马帝国皇帝斐迪南一世(Ferdinand Ⅰ)和马克西米里安二世(Maximilian Ⅱ)的御医。卒于鼠疫。

学识渊博，尤以植物学和药物学见长。最杰出的是用拉丁文翻译的药物学著作《狄奥斯科里德评注》，该书被译成德、法和波希米亚文，流行全欧洲。后来还不断补充新内容、修订再版，流传至18世纪。从此他的名字与狄奥斯科里德(Dioscorides)连在一起。 (张祝山)

卡尔达诺，G.(Cardano，Girolamo) 意大利人，1501年9月24日生于意大利帕维亚，1576年9月21日卒于罗马。*临床医学、数学、物理学。*

律师之子。1520年就读于帕维亚大学，1526年毕业于帕多瓦大学，获医学博士学位。同年起在米兰大学内科医师学院从教，同时开业行医。1543～1560年间一度在帕维亚大学教授医学。1562年转往博洛尼亚大学供职。1570年被罗马天主教宗教法庭指控持异端邪说而囚禁数月，出狱后被迫辞职去罗马。

著述有200多部(篇)，内容涉及医学、数学、物理学、哲学、宗教、音乐等。在医学上，他第一次详细描述了伤寒症；出版有《医学的近期进展》(1536年)等。在数学领域，在《大衍术》(1545年)一书中，记载了三次方程的求解法，指出除了正根之外，可有负根、虚根，且虚根必成对存在；还考察了根和系数的关系。在物理学方面，认为抛射物的运动轨迹是抛物线形；流管中流过某截面的液体量和该截面面积、水流速度呈正比；用实验法求得气体和水的密度比为1∶50。 (林 培)

爱德华兹，D.(Edwards，David) 英国人，1502年生于英国英格兰北安普敦郡，约1542年卒于英格兰剑桥(?)。*临床内科学、人体解剖学。*

1517年被接纳为牛津大学基督学院公费生，1521年获文学士学位，1525年获文科硕士学位。曾在牛津大学学医7年。后在布里斯托尔行医。1528～1529年在剑桥大学学医，毕业后一直留校任职。

1532年出版两本分别题为《指标和预测》及《简明解剖学入门》的小册子，后者是英格兰最早的人体解剖学著作。书中的解剖学内容大部分具有盖仑的特征，但与盖仑的观点不同的是，认为人的左肾比右肾高，显示出作者的独立观察和判断能力。 (殷明德)

江瓘(Jiang Guan) 字民莹，号篁南子。中国明代歙县篁南(今安徽歙县屯溪)人，明代弘治十六年(1503年)生，嘉靖四十四年(1565年)卒。*中医学。*

尚书郎江终慕的三子，曾做国子监学生。少时因母病故，其后自己又患呕血症，医治无效，遂弃仕途，钻研医学。遵《褚氏遗书》所论“博涉知病，多诊识脉”之训导。因居僻处，不克博历群书，遂决心广辑古今名医治法验案。参考《史记》、《三国志》、诸子列传、元明名医诊案等百余种文献，结合家藏禁方，进行分类编排，编成《名医类案》一书。用了20年时间，未及刊刻而殁。其子江应宿继承其业，又以个人医案以及游江、浙、鲁、冀等地所搜集之验方附入，又用了19年时间，五易其稿，刊刻于万历十九年(1591年)。

《名医类案》全书12卷，分205门，内容涉及内、外、妇、儿、五官等科，同时包括病情与治疗方剂，并对各家医案加以评述和发挥。是中国第一部内容丰富而较系统的医案专著，汇集了古代名医的临证治验，为研究疾病史和治疗学提供丰富资料，颇有参考价值，曾多次刊印。东传日本时，有日本元和九年(1623年)和宽文元年(1661年)两个版本。今又刊行，流传较广。 (张慰丰)

诺查丹玛斯，M. de(Nostradamus(或Nostredame)，Michael de) 法国人，1503年12月14日生于法国圣雷米，1566年7月2日卒于萨隆。*临床医学、流行病学、公共卫生学。*

生长在富有的犹太族粮商家庭，双亲皈依天主教。家中长子，从小受到良好教育。先在阿维尼翁大学学习文艺，1522年到蒙彼利埃大学学习医学，未毕业即应征到法国南方去扑灭鼠疫。鼠疫扑灭后，1529年10月获准回蒙彼利埃大学继续学习，同年获医学博士学位。留校任教，后升任教授。后又辞职去阿让、里昂和法国南部其他地方行医。1538年瘟疫爆发，妻子和两个孩子都死去。1546年在普罗旺斯地区艾克斯参与扑灭鼠疫。政府为了表彰他的功绩，奖给长期生活津贴。1555年出版著名的韵诗集《诺查丹玛斯世纪预言录》，根据星相学原理，按世纪对自然界和社会大事件作了骇人听闻的预言，使好奇的人们(包括一些政治家)为之着迷和疯狂。晚年任皇家医师。 (张志练)

埃斯蒂恩，C.(Estienne，Charles) 法国人，约1505年生于法国巴黎，1564年卒于同地。*人体解剖学、农艺学、知识传播、文学。*

著名出版商R.埃斯蒂恩之兄。学习希腊语后，在意大利帕多瓦大学学习古典语言学，1530～1534年转学植物学、园艺学和医学。回巴黎后，在巴黎大学特雷吉耶学院修习解剖学和医学。约于1538年同御医的女儿结婚。1540 年被授予学士学位,1542 年授予医学博士学位。毕业开业行医。1544～1547 年在巴黎大学医学院任讲师,教授解剖学。后改行随弟从事科学出版业,1551 年委任为钦定出版商。因负债累累而被控入狱,1561 年关押在沙特莱,度过他生命的最后 4 年。

主要科学著作《人体局部解剖图谱》(1545 年),虽然比维萨里的《人体之构造》晚 2 年出版,但实际写作时间却先于后者。在书中提出新的解剖学原则:"不要相信解剖学本本,而要相信自己的眼睛",书中记载了不少原始观察资料。其他主要著作有:《乡村备用手册》(1554 年),收集了古代以来对农学各分支的论述;1553 年出版《历史和政治辞典》,是法国第一部百科全书。此外还翻译了两部意大利喜剧本,影响了法国喜剧的发展。 (殷明德)

古特尔,J.(Guinter,Joannes) 德国人,约 1505 年生于德国安德纳赫,1574 年 10 月 4 日卒于法国斯特拉斯堡。人体解剖学、医学教育。

早年情况不详。12 岁时离德国安德纳赫赴荷兰乌得勒支大学和代芬特尔大学、德国马尔堡大学求学,并在马尔堡大学完成人文和哲学的学习。以后曾在比利时卢万大学和列日大学进修并教希腊语。可能在德国莱比锡大学学过医。1527 年又赴巴黎大学深造,1532 年获医学博士学位。翌年在巴黎大学医学院任总管医生,1534 年任医学教授。1538 年因宗教争斗而离巴黎赴梅斯,2 年后定居斯特拉斯堡。

其解剖学教学是中世纪式的。他的学生维萨里认为他不能算是解剖学者,但是他将解剖学和医学教学结合方面起了一定作用。是有名的希腊语学者,除著有《希腊语法》之外,还翻译了大量的古希腊医学著作,其中将盖伦的解剖学论著译成拉丁文。著有《解剖学指南》等书。 (顾振海)

圭迪,G.(Guidi,Guido) 意大利人,1508 年 2 月 10 日生于意大利佛罗伦萨,1569 年 5 月 26 日卒于比萨。比较解剖学,外科学。

父母分别出身医学和艺术世家。他起初在佛罗伦萨和罗马行医。受法国君主法兰西斯一世(Francis Ⅰ)之邀,1542 年赴巴黎枫丹白露,被委任为皇室医生和法兰西学院首任医学教授。1557 年回意大利,成为佛罗伦萨统治者美迪奇(Cosimo di Medici)私人医生,并任比萨大学哲学和医学教授,同时在教会内任神职,被封为贵族。

在解剖研究中应用活体解剖法。现在蝶骨的翼管仍以他的拉丁名命名。对直立位人体的关节和四足动物的关节进行了比较。描述了儿童所患水痘。发明了气管切开术。出版有《外科学》(1544 年)一书,代表了当时最高成果。《医术》一书只是未成稿,后由其侄子完成(约 1596～1611 年)。 (顾振海)

科隆博,R.(Colombo,Realdo) 意大利人,1510 年生于意大利伦巴第的克雷莫纳,1559 年卒于罗马。人体解剖学、生理学。

早年在米兰大学受教育。在威尼斯大学洛尼戈(G. A. Lonigo)手下学习 7 年外科学。1538 年去帕多瓦大学学习医学,做过维萨里的助手,1541 年获得博士学位。留校任教,因同年与维萨里竞争帕多瓦大学的外科学教席而发生龃龉,导致两人不和。1542 年任洛尼戈的助手。1543 年因维萨里去瑞士巴塞尔监印自己的《人体之构造》一书,他应召暂时代理帕多瓦大学的解剖学教席。1545 年离帕多瓦去比萨大学执教解剖学。1548 年去罗马大学任解剖学教授,颇得教廷好感,一直居留在罗马直到去世。在罗马与米开朗琪罗相处甚密,他们计划合作撰写一本解剖学图谱,以便与维萨里的著作相竞争,惜因米开朗琪罗年老体衰,未能实现这个宏愿。

是最早批评维萨里著作的解剖学家,指出维萨里关于喉头、舌、眼的解剖结构来自牛体。1559 年出版了一部没有插图的解剖学教科书。此书主要以维萨里的著作为基础,也修正了维萨里的某些错误,并增加了一些新发现。主要贡献是提出了肺循环的概念。根据动物实验和活体解剖结果,证明血液从右心室经肺动脉到肺,在那里与空气混合,然后经肺静脉回到左心。否认心室中隔存在有任何通路。同时,又正确地捕述了心脏收缩与动脉搏动的关系,指出心脏收缩时动脉扩张,心脏舒张时动脉收缩。该发现推翻了 1 000 多年来盖仑的谬见,为 17 世纪哈维发现血液循环奠定了基础。 (张慰丰)

杰米努斯,T.(Geminus,Thomas) 真名 T. 兰布赖特(Thomas Lambrit)。比利时人,约 1510 年生于比利时利克斯,1562 年 5 月卒于英国伦敦。医学教育、雕刻术、印刷术。

约于 1540 年迁至伦敦,以雕刻、印刷和制造仪器为业。似乎没有受过正规的医学教育,曾因无照行医而被罚。雕刻和制版的作品有人像、地图、星盘等,这些作品在现在西欧的大博物馆内还可以找到。其中最有价值的一种,是一套从维萨里作品中翻制的铜刻版解剖学图谱。1545 年初版伴有拉丁文说明,1553 年、1559 年改版时译成英文,后被译成其他多种文字,在法、德和荷兰等国出版发行。这对于普及维萨里先进的解剖学理论,起了重要的作用。 (顾振海)

斯特鲁茨,J.(Struss,Józef) 波兰人,1510 年生于波兰波兹南,1568 年 3 月 6 日卒于同地。理论医学。

生于富有的梳子制造商家庭。在当地中小学毕业后,赴克拉科夫大学学人文学科,1531 年毕业。同时学医,但由于该校不对该学科授予学位,故而赴意大利帕多瓦大学学医。1535 年毕业,留校教理论医学至 1537 年。1540 年后,曾在波兰宫廷内供职。1545 年回波兹南开业行医。

主要著作是《脉理学》。书中探讨了脉搏及其变异形式的临床生理学。在西方医学史上,这是首次把脉搏作为临床诊断的一种依据。 (顾振海)

凯厄斯,J.(Caius,John) 英国人,1510年10月6日生于英国英格兰诺里奇,1573年7月29日卒于伦敦。*解剖学、外科学、流行病学。*

在预科学习后,1529年就学于剑桥大学霍尔学院,1533年毕业,1535年获文科硕士学位。1539年转入意大利帕维亚大学学医,1541年获医学博士学位。曾在维萨里指导下进行解剖学训练。后游历意大利、德国和法国多地后回国。1547年参加伦敦皇家内科医师学院,1555年被选为院长,1571年再次当选。1546年受聘任理发外科医师行会的解剖学导师,任职17年。对该学科在英格兰的发展作出了重要贡献。他是英王爱德华六世、玛丽皇后的御医。1551年在出访什鲁斯伯里时,看到汗热病(可能是流行性感冒)在英格兰第五次大流行,他写了《汗热病防治指南》(1552年)。1557年受命在剑桥大学把老的学院重建为冈维尔与凯厄斯学院,为此筹募了大量捐款。1559年受聘为院长,1573年6月辞职。次月去世,葬在学院附属教堂内。 (殷明德)

因格拉西亚,G. F.(Ingrassia,Giovanni Filippo) 意大利人,约1510年生于西西里雷加尔布托,1580年11月6日卒于西西里首府巴勒莫。*人体解剖学、骨科学、公共卫生学、法医学。*

家族情况不详。早年到巴勒莫大学学医,后来去帕多瓦大学继续学习,1537年获医学博士学位。曾在那不勒斯大学讲授解剖学和临床医学。

最著名工作是根据维萨里的方法进行人体骨骼解剖学研究,详细地叙述了骨缝、蝶骨、蝶窦、筛窦、听觉器官的骨组织、寰椎、寰枕关节、男女耻骨的区别等。1546年首先发现把振动的音叉放在牙齿上,声音可以传到耳内。还参加制订一部最早的环境卫生法典。又是法医学研究的创始人之一。 (张祝山)

帕雷,A.(Paré,Ambroise) 又译巴雷、巴累。法国人,约1510年生于法国马耶纳省拉瓦勒附近布尔格-埃桑特,1590年12月22日卒于巴黎。*外科学、产科学、牙科学。*

出身微贱,父为侍者或理发师,兄和姐夫是理发师外科医生。早年在兄长手下当学徒。1532年去巴黎,在教会医院当了3年外科学徒。学成后成为一名军医,1536年起随法兰西斯一世(Francis Ⅰ)出征两次。1541年归来成为巴黎外科医师协会的正式会员。1545~1550年又随军出征两次。1552年被任命为亨利二世(Henry Ⅱ)的御医,再次出征。1553年被俘,后因救治敌方伤员有功而获释,回巴黎受嘉奖。1554年任圣科姆医学院的外科主任。1559年定居巴黎,先后任弗朗西斯二世(Francis Ⅱ)、查理九世(Charles Ⅸ)御医。1563年升为皇家首席外科医师和侍从官。1574年任亨利三世(Henry Ⅲ)御医。先后两次结婚,有9个子女。

近代外科学奠基人之一。由于历任四代法皇御医和长期从事军队外科工作,获得丰富的外科知识和技能。重视观察和经验,深信人体的自然痊愈力,深知解剖知识的重要性,并将新知识应用于外科,使外科摆脱了中世纪的落后状态,提高了外科医师的地位。在医学上的贡献有以下几项:①铳创疗法的改革。当时认为铳创有毒,化脓是排除毒物的必要反应,主张用赤热的烙铁烧灼或用沸油冲洗创口,给患者带来极大的痛苦。一次因沸油不敷应用,试用冷的混合油膏涂敷伤口,病人反应好过沸油冲洗,遂抛弃了这种错误处理方法。1545年发表《铳创疗法》,总结了处理铳创的经验。②血管结扎法的推广和截肢术的改进。1564年出版的《外科学教程》中总结了这方面的经验。③胎儿回转术的推广和应用。古代医家曾经应用此法,但被中世纪所遗忘,他是近代首先恢复和重新发明此术的医家,故被世人尊为近代产科学的奠基人。身后,《助产术》一书于1612年出版英文本。④倡议应用假肢、义眼,设计了许多外科器械及整形仪器,其中有人造四肢、带有齿轮的关节等,又发明了血管钳。著作中的插图丰富,推动了后世整形外科的进步。⑤总结介绍了多种外科手术的方法。是欧洲第一个记述股骨折、颈骨折的学者,简化和改良兔唇和狼咽手术,介绍过鼻成形术、气管切开术、前列腺切除术、骨折及脱臼整复术、疝气修补术、缚线处理肛瘘、经阴道截除子宫术及脱肠带的应用。⑥论述头部外伤及穿颅术的适应症,1561年出版《头部伤口和骨折治疗术》。

此外,又描述了鼠疫、天花、麻疹、麻风等传染病,猜测梅毒是动脉瘤的原因。曾介绍一氧化碳中毒、蛇咬伤的处理;描述了痛风的症状;发现排尿困难与前列腺肥大有关。对牙科也有许多新的倡议,介绍了多种牙粉和牙膏;描写了吸引和切开牙齿脓肿的工具;应用软木和铅来充填牙齿的空腔;采用骨或象牙制造人工齿;用金线或银线固定牙齿。另有尸体检验报告,是欧洲法医学最早的文献之一。

不谙拉丁文,著作都用法文写成。1564年出版《普通人体解剖学》。1575年《帕雷全集》在巴黎出版,汇集了一生的科学成果,不久即译成欧洲各国文字,对16~17世纪外科学产生了积极的影响。当时他的革新遭到巴黎医学界保守派的反对和压制,致使法国的外科学落后了整整两代。为人正直、关心人民的疾苦,医疗技术赢得了病人的信任与支持。80岁高龄时,呼吁把当时的巴黎人民从饥饿和战争中解脱出来。

(张志练 张慰丰)

卢西塔努斯,A.(Lusitanus,Amatus) 又名罗德里格斯,J.(Rodrigues,Jeão)。葡萄牙人,1511年生于葡萄牙布兰库堡,1568年1月21日(?)卒于希腊萨洛尼卡。*内科学、外科学、解剖学。*

犹太族。毕业于西班牙萨拉曼卡大学医学专业。

由于受到宗教迫害，无法回国，于是遍游欧洲各国。1532年回国行医。后定居意大利费拉拉，曾任费拉拉大学解剖学教授。曾任教皇尤利乌斯三世(Julius Ⅲ)、教皇保罗四世(Paul Ⅳ)的御医。因意大利开始排犹，被迫于1555年逃亡佩拉罗。1568年在鼠疫大流行中病故。

一生主要贡献是著作《医药治疗学》(7卷，1551年初版，1628年第11版)。该书涉及医学的许多分支：局部气候与流行病的关系、紧张性及精神疾病的社会因素等。治疗上也有所革新，尤其是外科学。1547年与卡纳诺共同发现了奇静脉瓣。还是应用腭裂充填器和胸部减压器的先驱。(张祝山)

舍克，J.(Schegk, Jakob) 以笔名"德根"(Degen)而知名。德国人，1511年6月7日生于德国绍恩多夫，1587年5月9日卒于蒂宾根。解剖学、胚胎学、理论医学、自然哲学。

年少时曾受拉丁文、希腊文、希伯莱文和修辞学教育。1527年进蒂宾根大学学哲学，兼修神学和医学，一年后获学士学位，1530年获硕士学位，1539年获医学博士学位。后开业行医。1558年起在蒂宾根大学教医学，开设讲座，同年起兼教哲学，1564年起兼教逻辑学，直至1577年退休。

在50年的教学生涯中，出版了30多部医学、哲学和神学著作。1561年出版《人体器官》。在斯0特拉斯堡印刷出版的《精子能力可塑论》(1580年)一书，是一部对后世有影响的胚胎学专著，以一种独特的方式，通过解释亚里士多德胚胎学，从而发展了"生殖可塑论"学说。在哲学上追随亚里士多德，强调研读希腊文原著，是16世纪德国经院哲学派的杰出代表。(顾振海)

塞尔维特，M.(Servetus, Michael; 或 Serveto, Miguel) 西班牙人，1511年9月29日(一说1509年)生于西班牙阿拉贡的土塞拉，1553年10月27日卒于瑞士日内瓦。解剖生理学、内科学、药物学。

父亲是皇家公证员，母亲为犹太后裔。家境殷实，有两个兄弟。14岁任圣方济各会修士的秘书，开始研究古版圣经。1526年进图卢兹大学读法律，在校参加过新教学生各种秘密活动。1528年游历考察德国和意大利，1530年访向瑞士巴塞尔，同一些著名宗教改革家有交往。为逃避教会迫害，用化名在德国出版《三位一体的谬误》(1531年)、《关于三位体的对话》(1532年)和《论基督主导的正义》(1532年)。其反对"三位一体"的主张，被天主教和新教同视为异端。在法国名医钱皮尔(S. Champier)长期资助下，得以在大学深造和出版著作。1533年在巴黎索邦神学院附属加尔维学院学习。1536年起在巴黎当过一些名医的助手，后在当地开业行医。1538年在鲁汶大学学习。后去里昂、蒙彼利埃等地行医15年，兼教地理学和占星术。期间1541年起兼任奥地利维也纳大主教和一些高官的私人医生。1553年在维也纳匿名出版《基督教之复兴》，顿时掀起轩然大波，很快遭当局查获判罪。同年8月越狱逃往日内瓦，又被拘捕。在该书出版前，他曾将手稿寄送日内瓦新教领袖加尔文(J. Calvin)审阅，被斥为"异端邪说"。正是在加尔文指使下，他被日内瓦宗教法庭判处火刑。两个多月后的日内瓦郊外，他被活活烤了两个钟点后才让死去，一同焚烧的还有一大堆禁书。有数部《基督教之复兴》流落民间而幸存，成为文艺复兴的利器。

欧洲第一个发现和描述心肺血液小循环的学者。研究涉及医学、天文学、气象学、地理学、数学和法学等学科，尤其在解剖学和神学发展史上有影响。16世纪30年代，翻译注释古希腊罗马托勒玫名著《地理学》，并撰写两部书评；出版药物学著作《糖浆》；在巴黎学习解剖学时，发现古代医圣盖伦关于"心脏隔膜存在小孔"论断不成立。在《基督教之复兴》一书中，他完整阐述这一发现："生命之魂由肺中之气和抵达右心室之血混合而成，再被用力打入左心室。但其过程不是经由心脏间壁传送的，而是十分微妙地由右心室进入肺脏。肺脏使血液变得新鲜而明亮，然后由动脉进入静脉，由此泵进左心室，再传至全身动脉。"

直至1616年W.哈维发现血液"大循环"，塞尔维特的"小循环"才开始被欧洲医学界接受。实际上，13世纪阿拉伯人已发现"小循环"，只是欧洲人因语言和文化阻隔不得而知。恩格斯在《自然辩证法》中高度评价塞尔维特的伟大医学贡献。(秦安舲　李啸虎)

萨尔维亚尼，I.(Salviani, Ippolito) 意大利人，1514年生于意大利卡斯泰洛城(?)，1572年卒于罗马。医学、博物学。

生平不详。和梵蒂冈教廷关系密切，是当时国王、红衣主教和教皇的御用医生。1551～1568年任罗马"智慧宫"的医学教授，该组织是文艺复兴时期罗马官方的最高学术机构。1564年被委任主持医学学位会议。曾任罗马大学医学院首席医生。医学著作有《盖仑指责的危机》等。但最闻名的著作，却是论述地中海鱼类的《鱼类》(2卷，1554年初版)。书中附有多幅美丽的铜刻版插图，都是当时艺术家的作品。但现在人们认为这些插图中的鱼缺乏特征，其科学价值还不如艺术价值高。(顾振海)

维萨里，A.(Vesalius, Andreas) 比利时人，1514年12月31日生于比利时布鲁塞尔，1564年10月15日卒于希腊撒地岛。人体解剖学、生理学、基础医学。

父亲是查理五世(Charles Ⅴ)的药剂师。他幼年在布鲁塞尔受初等教育。1530年2月进入比利时卢万大学学习人文学科。1533年后到法国蒙彼利埃大学和巴黎大学等校学医。当时巴黎大学的解剖学教学方法仍然墨守陈规：教学时教授高坐讲坛，宣读盖仑的著作，助手在下执棒指点，仆役则具体操作，学生绕桌旁观。

人们将盖仑的著作奉为经典，不允许有任何怀疑与异议。他对巴黎大学陈旧的教学方法深为不满，遂自己寻觅尸体进行研究。1536年因法国与神圣罗马帝国发生战争，他一度返回卢万。1537年秋，到欧洲最著名的意大利帕多瓦大学医学院学习，同年12月获得博士学位，旋被聘为该校的外科学和解剖学教授，在这里得到自由研究的机会。由于在解剖学中所进行的革新，遭到教会与保守派的猛烈攻击，被迫辞去教职。1543～1556年担任神圣罗马帝国查理五世的御医。1556～1558年可能在民间行医。1559～1564年任西班牙皇帝菲利普二世(Philip Ⅱ)的御医。即使在宫廷仍经常遭到保守势力的诘难，并受到宗教裁判所的传询。有人控告他解剖一个尚未死去的活人，罚去圣城耶路撒冷朝拜赎罪，在归途中遭到风暴袭击，漂落到希腊的一个荒凉的撒地岛，身罹重病，客死异乡。

早年与大画家铁馨(Titian)的门徒J.范卡尔喀(Jan Van Calcar)合作编绘《解剖学图谱》，此书仍属盖仑体系的解剖学。后来协助老师J.京特(Johannes Günther)校订盖仑的《解剖学程式》，发现盖仑的记载大多来自动物，主要是猴子与猪。于是在帕多瓦大学任教期间(1537～1542年)，致力于解剖学的研究，经过4年的艰苦工作，于1542年8月1日完成了一部划时代的巨著《人体之构造》。这是医学史上第一部全面而系统的解剖学著作，近代医学是在这个基础上发展成长起来的。为供学生使用，又编写了一部32页小册子《人体解剖学纲要》。将前者交人文主义者出版商奥波林(Oporin)在瑞士巴塞尔出版。此书于1543年发行，与哥白尼的《天体运行论》同年问世。

《人体之构造》为一部663页对褶版的巨著，内有278幅精美的木刻插图，所画尸体呈运动姿态，以大自然为背景，并辅以部分器官、肌肉的机能概念，充分反映了文艺复兴时代人文主义的精神。书中指出盖仑解剖学中200多处错误，特别是有关心脏的结构。盖仑断言心室中隔有孔，血液由此自右心室直接流入左心室。维萨里在第二版中指出，心室中隔是致密结实的组织，血液无论如何不能通过心室中隔。同时描述了心脏瓣膜，为血液循环的发现奠定了基础。是最早比较全面描述骨学系统的学者。肌学方面的绘图，显示了肌肉的结构与功能。血管方面，大体正确地描述了人体血管的分布，但并没有摆脱盖仑的观点，认为人体血流像潮水一样地涨落。神经系统描述了7对脑神经，正确地描绘了喉返神经，否定了当时流行的神经中空说。对腹腔脏器作了比较正确的报道，对男性生殖器官描绘得比较清晰，女性生殖器官却存在一些错误，将子宫绘成梨形，略呈分枝状态，但较盖仑的双角子宫则要正确得多。对胸腔及心肺脏器有出色的描绘。对人脑结构，以一系列优美的插图描绘了脑的位置、脑膜、脑室、大小脑、髓质、脑底及脑神经的起源，同时以一系列水平横切面图显示了脑的结构及灰白质成分。认为脑是感觉与运动的源泉。最后附有"论活体动物解剖"一文，继承和发展了盖仑的动物生理实验方法。

他的著作与教会的传统观点发生了不可调和的冲突，否定教会人士假想的人体中存在有一复活骨。据《圣经》夏娃是亚当的一根肋骨变成，谓男子肋骨应少一根，他却正确地描绘了男女肋骨都是相等的。尖锐地批评盲目崇拜古说的学风，在"序言"中提出：医生必须要有解剖学知识，并强调必须亲自操作，否则无法获得正确的知识。这种革新思想为教会及保守派所不容，遭到种种迫害，过早结束了辉煌的科学生涯，时年不过50岁。

（张慰丰　张祝山）

高武(Gao Wu)　字梅孤，号梅孤子。中国明代四明(今浙江鄞县)人。生卒年月不详。大致生活于16世纪的弘治、正德、嘉靖年间。*中医学、针灸学。*

幼好学，《鄞县志》称其"负奇好读书，凡天文、律吕、兵法、骑射、无不闲习。"嘉靖(1522～1566年)时，考中武举人，官至总兵，北上考察边塞关隘，因献策未受朝廷重视，晚年愤然弃官隐归乡里，专究医术，尤精针灸，治病多起沉疴，声名大振。

针对当时多数医生重药物轻针灸倾向，他指出"针、灸、药三者得兼，而后可与言医。"但又慨叹当时针灸取穴多误，乃"复取《素》、《难》而研精之，旁究诸家"，决心结束针灸学混乱局面，将之系统化、完善化。正德十四年(1519年)起，他节集《黄帝内经》、《难经》两书有关针灸的章节，重加整理、删繁和解释，辑成《针灸节要》(又名《针灸素难要旨》)3卷，嘉靖十六年(1537年)刊行。又穷究明代以前30多种医学著作精粹，提取其中的针灸学说，收集整理了《针灸甲乙经》、《明堂针灸》、《铜人经》等典籍和歌赋，并加按语阐发己见，于嘉靖八年(1529年)辑成《针灸聚英》(又名《针灸聚英发挥》)4卷，也在嘉靖十六年(1537年)刊行。该书卷一论五脏六腑经脉经穴；卷二论各家取穴方法，如骑竹马法、四花穴、灸痨穴、窦氏八穴、子午流注等；卷三为各种针灸法，涉及煮针、火针、温针、折针、艾炷、灸疮、禁忌等；卷四选编各种针灸歌赋80余首，最后用问答体叙述针灸治疗的关键问题和疑难问题。此外，为订正穴位，他还亲自监铸男、妇、童子铜人三具，以便教学，累试其穴，推之人体，所取毫发不差，惜未传世。

另有《痘疹正宗》4卷、《针灸大全》，军事著作《射学指南》和音乐著作《律吕辩》等，皆已佚。日本宽永十七年(1640年)、正保二年(1645年)，相继刊发《针灸聚英》复刻本(将原著分成8卷)，对日本针灸学发展有一定影响。

（李孙演）

卡纳诺，G. B.(Canano，Giovan Battista)　意大利人，1515年生于意大利费拉拉，1579年1月卒于同地。*人体解剖学、临床医学。*

1534年考取费拉拉大学，1543年在该校文学系和医学系毕业。1541年还是学生时，就是费拉拉大学的义务逻辑学助教。1544～1552年任实用内科学和外科学讲师。1552年放弃费拉拉大学的教职，去罗马当教皇尤利乌斯三世(Julius Ⅲ)的御医，并接受大教堂牧师的圣职。1555年教皇去世，他回到费拉拉任埃斯特公国的首席医师。

1541(或1543)年出版《人体肌肉解剖图谱》，附有费拉拉画家G.达卡尔皮(Girolamo da Carpi)新作的27

幅铜版图。另一重要贡献，是观察到深静脉瓣（奇静脉、肾静脉和骶静脉），并指出其作用是防止血液逆流。但当时仅作口头表述，未以论文形式公之于世。（殷明德）

阿科斯塔，C.（Acosta，Cristobal） 葡萄牙人，约1515年生于大西洋东部佛得角群岛圣安唐岛，约1594年卒于西班牙韦尔瓦。药物学、内科学。

流利的西班牙语和广博的医学知识，表明他可能在西班牙的萨拉曼卡学过语言和医学。1550年以前，作为一名士兵到过东印度群岛、波斯、印度、马来亚和中国。曾在孟加拉被当地土著人所俘，后回到葡萄牙首都里斯本。1569年被派到交趾（今越南）皇家医院当医生。1571年曾在印度一些地区采集植物标本。1572年从交趾航行绕过好望角返回里斯本。1576～1587年在西班牙布尔戈斯行医。

1578年所著《药物学与东印度医学》，对东方药物作了系统的介绍，并配有精心绘制的木刻插图，被译成意大利文、法文和拉丁文本。另一部论述波斯和中国动物和植物的巨著，现已失传。后人为纪念他，以他命名月球上的一个陨石坑。（高楚明）

多多恩斯，R.（Dodoens，Rembert） 荷兰人，1516年6月29日生于荷兰梅赫伦（今比利时马林），1585年3月10日卒于莱顿。生理学、内科学、药用植物学。

曾就学于市立梅赫伦学院，后到卢万大学学医，1535年毕业。1535～1546年先后在意大利、德国和法国开业行医。1548年出版了一本宇宙志的书。同年在梅赫伦市开始撰写生理学及植物学著作。较早期的著作是有关医用植物学的。1574年离梅赫伦去维也纳，被委任为马克西米里安二世（Maximilian Ⅱ）的御医，后为其继承人鲁道夫二世（Rudolph Ⅱ）效劳。1580年离开维也纳回国，因国内形势的变化，在德国科降停留了一年。在那里把关于酒的论文和医疗观察资料合成一卷出版（1580年），并出版了《生理学纲要》（1581年）。1582年接受莱顿大学的邀请，讲授病理学和一般治疗学。在莱顿大学工作直至亡故，葬在圣彼得教堂。（殷明德）

李时珍（Li Shizhen） 字东璧，晚年号濒湖山人。中国明代湖北蕲州（今湖北蕲春）人，明代正德十三年（1518年）生，万历二十一年（1593年）卒。本草学、中医学、博物学。

出身世医家庭，祖父为铃医，父李言闻（字子郁，号月池）为当时名医，曾任太医院吏目，著有《人参传》、《蕲艾传》、《四诊发明》、《医学八脉注》等书。李时珍幼年羸疾多病，在家庭影响下，自幼爱好医药，阅读有关医籍，并随父诊病帮抄药方。但当时医生社会地位低下，李言闻不愿他以医为业，要他走科举道路。嘉靖十年（1531年），13岁考中秀才，其后3次乡试均不第。20岁时患骨蒸发热，由其父治愈。23岁决心放弃科举道路，随父学医。由于刻苦钻研，认真学习前人经验，加上高尚的医德，为贫民治病多不取医资，因此名重一时。30岁时治好楚王朱英𤊨儿子的“虫病”，被楚王府聘为“奉祠”，掌管“良医所”事务。后又被荐到北京“太医院”任“院判”。因淡于功名利禄，任职一年后便托病辞归。

在行医过程中，发现以往的本草书“舛谬差讹，遗漏不可枚数”，而且分类不当，名目混乱，急待重新整理、修订和补充。曾多次上书，建议组织人力重新修订，但是明王朝根本不关心这件事，不予过问。在父亲的鼓励下，他决心自己来完成《本草》的修订工作。从34岁开始，“渔猎群书，搜罗百氏，凡子史经传，声韵农圃，医卜星相，乐府诸家，稍有得处，辄著数言”，同时，向药农、野老、樵夫、猎人、渔民等劳动群众请教，足迹遍及湖北、江西、安徽、江苏、河南等地，亲自到深山旷野考察和搜集各种植物、动物、矿物标本，对某些药物还亲自栽培、试服。经过27年辛勤努力，参考了800多种文献，以唐慎微《经史证类备急本草》为基础，进行了大量的整理、补充，并加入自己的发现与见解，动员了儿子、孙子及学生等参与，经过3次大的修改，至1578年60岁时完成了《本草纲目》这部巨著。书成后，64岁时亲赴太仓拜访当时的名士王世贞，73岁时再访王世贞请其为《本草纲目》作序，并将书稿交付金陵胡承龙梓行。

《本草纲目》全书52卷，190万字，载药1 892种，附图1 000余幅，收方剂11 096首，其中约8 000余首是亲自收集或以往医书所不载。它对16世纪以前中国药物学进行了全面的总结。《本草纲目》采用了比较科学的分类方法，按照“从贱至贵”的原则，即从无机到有机，从低等到高等的进化观点，把药物分为水、火、土、金石、草、谷、菜、果、木、器服、虫、鳞、介、禽、兽、人共16部60类，在记载总药物数中新增374种，是中国古代本草史上收集药物最多的一部巨著。每药标正名为纲，纲下列目，纲目清晰。《本草纲目》对每种药物的记述，包括校正、释名、集解、正误、修治、气味、主治、发明、附录、附方等项，从药物的历史、形态到功能、方剂等，叙述甚详。

《木草纲目》以科学的态度，纠正了古人的谬误，批判了方士服药可以长生不老，以及服食水银、雄黄、石芝可以成仙的邪说。该书不仅对药物学作了详细记载，也对人体生理、病理、疾病症状、卫生预防等作了不少正确的叙述。例如《本草纲目》载有奇验医案30余则。论三焦、命门之形质，独具卓见。所描述的病症，多合现代科学之认识（如煤气中毒，蛔虫所致嗜癖等）。《本草纲目》综合了大量的科学资料，内容涉及植物学、动物学、矿物学、物理学以及天文学、气象学等广泛论题，其中记载和描述的植物1 181种，动物462种，矿物265种，丰富了世界科学宝库。《本草纲目》自1596年第一版刊行后，屡经再版，对后世药物学的发展产生了深远的影响，是中国医药学的一份宝贵遗产。此书很早就流传到朝鲜、日本等国，后来又被全译或节译成日本、朝鲜、拉丁、英、法、德等文字，对世界医药学也有杰出的贡献。

他不仅是一位药学家，也是一位医学家，在中医脉学、经络学说和脏象学说方面，也有独特贡献。除《本草纲目》外,还著有《濒湖脉学》(1564 年)、《奇经八脉考》(1572 年)等,其中已佚医著有《五脏图论》、《三焦客难》、《痘科》、《命门考》、《濒湖医案》、《濒湖集简方》等。

(张慰丰)

博塔洛,L.(Botallo,Leonardo) 意大利人,约 1519 年生于意大利阿斯蒂,1587(或 1588)年卒于法国舍农索或布卢瓦。解剖学、外科学。

在意大利帕维亚大学学医,获得学位后又去帕多瓦大学继续学习。后回阿斯蒂行医。约 1544 年在意大利加入法国军队,任外科军医。后为法国皇室服务,1560 年在巴黎任查理九世(Charles Ⅸ)的御医。

拥护 A. 帕雷的观点,认为铳伤无毒,主张用温和疗法而不用粗暴方法处理。在解剖学上,发现博塔洛导管(动脉导管)和博塔洛孔(心脏卵圆孔),认为血液从左心到右心是通过心脏的卵圆孔,而不是如盖仑所想像的是通过心室间隔上的小孔。还附图详细描述了"马蹄肾"。实际上这几项发现早先已有人提及。对占星术的医学价值持怀疑态度。 (张祝山)

徐春甫(Xu Chunfu) 字汝源(一作汝元),号东皋、思敏、思鹤。中国明代安徽祁门人,明正德十五年(1520 年)生,万历二十四年(1596 年)卒。中医学。

明代嘉靖年间(1522～1566 年)名医。家世业儒,因体弱多病,乃从名医汪宦学医,博览医书,通内、妇、儿等科。早年在家乡行医,以济人为务,不计酬利,声震皖赣。后移居北京,求医者甚多,曾任太医院吏目。明隆庆二年(1568 年)春,在京师发起组织"一体堂宅仁医会",是中国医学史上最早的民间医学会。

在医理上颇重视李杲的脾胃学说。主张良医应兼通针灸、药物,认为用药不可泥守古方,应根据病证轻重,加减药味。于嘉靖三十五年(1556 年)撰成、次年刊行的《古今医统大全》(100 卷),近 320 万字,洋洋大观。这是一部类书性质的医著,内容丰富,有较大参考价值。其中收入《古今医统大全》的《内经要旨》、《妇科心镜》、《幼幼汇集》、《痘疹泄秘》、《医学未然金鉴》等书,曾印单行本刊行于世。针对王冰注《《内经》,写有《医学质疑》一书。另有《医学入门捷径六书》6 卷。 (张慰丰)

戈里,J.(Gohory,Jacques) 化名 O. 德苏亚弗(de Suave,Orlande)或 L. 苏亚乌斯(Suavius,Leo)。法国人,1520 年 1 月 20 日生于法国巴黎,1576 年 3 月 15 日卒于同地。药物学、药物化学、医学史学。

贵族出身,政府官员之子。早年在巴黎圣巴伯学院学习诗学和音乐。后在巴黎大学和地方性大学学习法学。根据他曾在法国最高法院任过律师的经历,可推测他获得过法学博士之类的学位。曾先后任法国驻英国、意大利使馆秘书。1556 年回国后,在为王公贵族授课的同时,致力于医学和博物学研究,退休后投身于炼金术。

是巴拉塞尔苏斯思想在法国的最早传播者之一,成为法国文艺复兴的重要人物。1572 年在巴黎家中创办一个私人学园,其作用相当于雏形的科学院,还附有植物园和化学实验室,成为巴黎药物制作中心。1568 年出版《巴拉塞尔苏斯医学哲学概述》,论述其生平事迹、主要学说、著作目录,以及对其《论长寿》一书的注疏。1572 年出版《烟草专论》,介绍从烟草中提取有用化学物以作为治病药物的方法,是同类论题中最早的论著之一。

(方福娟)

沈之问(Shen Zhiwen) 自号无为道人、花月无为道人。中国明代人,生平籍贯不详,生活于明代嘉靖年间(1522～1566 年)。中医学、传染病学。

其曾祖父沈怡梅曾在福建、河北等地搜集到不少关于治疗麻风的秘方,后经其父沈艾轩加以补充。之问在此基础上,又把自己在江湖各地搜集到的治疗麻风病的药方,结合多年临床经验,于嘉靖二十九年(1550 年)编撰成《解围元薮》四卷,成为中国现存一部最早系统记述麻风病的古代专著。书中肯定麻风是传染病,提出麻风证名 36 种,列风药 80 余种。其中记述大风子对麻风的疗效,反对过去所说的服大风子可使人瞽目的说法。书中附有医治麻风的病例,以及治疗方剂 249 首,并涉及饮食宜忌和预防等,对中国麻风病的诊治有一定贡献。他在学术上主张尊古不泥,"后人不可泥于纸上之语"。

《解围元薮》写成后湮没 260 多年,直到清代嘉庆年间被吴越名医黄钟(字乐亭)发现,乃集资于嘉庆二十一年(1816 年)刊刻行世,但流传不广。近人裘吉生校刊编入《三三医书》第三集(1924 年)。1959 年有据嘉庆孙敬堂本重校印行本问世。 (张慰丰)

瓦尔维德,J. de(Valverde,Juan de) 西班牙人,约 1520 年生于西班牙帕伦西亚省阿穆斯科,约 1588 年卒于意大利罗马。人体解剖学、卫生学、医学史学。

生平不详。据传曾在巴利亚多利德大学学希腊和拉丁古典文学和哲学。后赴意大利帕多瓦大学,随 A. 维萨里和 R.. 科隆博学习解剖学。1544 年曾在比萨大学当科隆博的助手。1548 年随科隆博赴罗马大学,并在该地定居。

著作《保护身心健康论》涉及个人卫生的原则。最著名的著作是以西班牙文写的《论认识人体结构的历史》(1552 年),在法国巴黎出版。该书是以维萨里的《人体之结构》为基础,而又有所发展的图解性著作。除 4 幅新增加的插图,还有 38 幅插图基本上直接引用维萨里的,不过他在此基础上也逐一举出维萨里解剖学著作的错误和不足之处。例如,他纠正了维萨里插图中对眼、鼻和喉部肌肉群描绘的错误,并纠正了维萨里著作第一版中的血液从右心室穿过纵隔膜流到左心室的错误等。该书问世后,很快出版有意大利、荷兰文译本和拉丁文译本,得以广泛流行。 (顾振海)

杨济时(Yang Jishi) 字继洲。中国明代三衢(今浙江衢县)人。明代嘉靖元年(1522 年)生,约泰昌元年(1620 年)卒。中医学、针灸经络学。

出身世医家庭,祖父曾任太医院太医。少攻举子业，屡课不第，遂业医。曾任嘉靖帝侍医。隆庆二年(1568年)任职于圣济殿太医院，万历年间(1573～1620年)仍任太医院医官。博览群书，行医40余年，临证经验丰富，尤精于针灸。人以疾病请诊治者，应手奏效，声名藉甚。曾以家传集验医方与诸家针灸参合汇考，著成《卫生针灸玄机秘要》3卷(约刊于1580年)。万历年间，山西监察御史赵文炳患痿痹之疾，医人莫能奏功，延其诊治三针而愈。赵文炳得观其家传《玄机秘要》，拟付梓人。又以诸家未备，复广求群书，采有关针灸之法，并将考绘而成之《铜人明堂图》合刊为《针灸大成》。晋阳人靳贤受赵文炳之托，为之选集校正，增广汇编。

万历二十九年，《针灸大成》(10卷，1601年)刊出，共录359个穴位，取材丰富，对穴位考订、经络循行、辨证取穴、临床治疗等，皆有详论，并附有按摩法。重视综合疗法，常针、灸、药并重，这是以往钊灸书所未强调的。《针灸大成》可称为集明代以前针灸学的主要精华，起到承先启后的作用。在清代300年间，它成为针灸学中的一部重要参考书。后流传到国外，全部或部分译成法、德、英、日等国文字，对中外针灸界有一定的影响。 张慰丰)

龚廷贤(Gong Tingxian) 字子才，号云林山人(又号悟真子)。中国明代江西金谿人。生活于明嘉靖万历年间(1522～1619年)。中医学。

出身世医之家，父龚信曾于太医院任职。少年业儒，后随父学医，并与名家研讨医术。博考历代医书，临证遵古而不拘泥，决死生多奇中。尝游于开封，适值疫疠肆行，时医循古法不效。他以己意立方，获佳效，名噪中州。尚书闻名荐为太医院吏目。时鲁王妃患疾，他诊之药下而愈，不受诊金，乃命刊刻其所著《禁方》，鲁王赐“医林状元”匾额，被誉为“天下医之魁首”。其弟、侄均业医且当过医官。

编述颇多，著作涉及诊断、内、外、妇、儿、五宫、本草等，内容系引述和折衷各家之说，并参以己见，方剂选辑较切实用，但杂有唯心观点。著有《种杏仙方》(4卷，1577年)、《万病回春》(8卷，1587年)、《云林神彀》(1591年)、《鲁府禁方》(4卷，1594年)、《寿世保元》(10卷，1615年)、《医学入门万病衡要》(1655年)、《复明眼方外科神验全书》(6卷，1591年)等。另有《古今医鉴》乃其父所撰，由他续成。《小儿推拿方脉全书》(3卷，1604年)为中国较早的小儿推拿专著。以上各书今皆重刊行世。此外，流传为龚氏所撰实为托名的有：《医学准绳》4卷、《经世全书》8卷、《痘疹辨疑全幼录》3卷、《本草炮制药性赋定衡》13卷等。《万病回春》、《寿世保元》后传到日本、朝鲜等国。 (张慰丰)

法罗比奥，G.(Falloppio，Gabriele) 意大利人，1523年生于意大利摩德纳，1562年10月9日卒于帕多瓦。人体解剖学、医学教育。

早年在摩德纳、帕多瓦、费拉拉等大学学习。毕业后任费拉拉大学药理学教职，1548年获费拉拉大学医学博士学位。1549年接受比萨大学解剖学教职。1551年赴帕多瓦大学任解剖学教授。成功的演讲吸引了众多学生，并培养了许多出色的学者。

虽不是维萨里的入室弟子，但认真地学习了维萨里的著作，是忠实继承者，并发展了维萨里的传统。从这两个解剖学者的著作中，可以发现他们具有这个时代的共同精神。著述甚丰，大多是手稿，生前惟一的出版物为《人体解剖观察》(1561年)。此书评注了维萨里的《人体之构造》，以尸检的临床材料纠正了维萨里的错误。曾经解剖了从胎儿、新生儿、小孩到成人的不同年龄的尸体。描写了枕骨、胸骨的骨化和髋骨的原发中心，观察了牙齿的生长、发育过程。对于听觉器官的描述超过了维萨里的著作，第一次明确地报道圆窗、椭圆窗、耳蜗、半规管、前庭阶、镫骨等。对肌学也有贡献，报道了头颅、颜面的皮下肌肉；第一次描述耳外肌、提睑肌、眼球上斜肌；并介绍了外翼状肌、嚼肌、眼窝肌等。对于颅脑神经，已经认识12对脑神经中的11对。对于泌尿系统，报道了肾的结构，首先观察到肾直小管，描写了肾盏、肾乳头。第一次描写膀胱由三层肌肉组成。在生殖系统方面，描写了子宫和输卵管(至今乃称法罗比奥氏管)，以及卵巢滤泡。但是也有失误，否认R.科隆博的肺循环，甚至否认静脉瓣的存在。 (张慰丰)

艾拉斯塔斯，T.(Erastus，Thomas) 瑞士人，1523年生于瑞士巴登，1583年1月1日卒于巴塞尔。内科学。

1540～1544年在瑞士巴塞尔大学学习神学和哲学。1544～1555年在博洛尼亚大学和帕多瓦大学学医，1552年获帕多瓦大学医学博士学位。1557年在迈宁根任亨纳伯格的威廉(William)伯爵的私人医生。次年任海德堡大学医学教授。因反加尔文派的观点而得宠于腓特烈三世(Frederick Ⅲ)，由此于1580年离海德堡大学去巴塞尔大学任神学和伦理学教授。

坚决反对星占学、自然幻术和炼金术疗法的迷信活动，如用人血或尸体的某些部分治病，用护身符治疗癫痫等。尽管他强烈反对化学疗法，与巴拉塞尔苏斯学派展开了无休止的论战，可是化学疗法还是在1618年的第一本英国药典中出现。 (陈闻鹏)

方有执(Fang Youzhi) 字仲行，号九山山人。中国明代歙县(今属安徽歙县)人，明代嘉靖二年(1523年)生，约万历二十一年(1593年)卒。中医学。

因前后两妻及子女5人病死而发愤学医，尤精于《伤寒论》。认为《伤寒论》经王叔和编次，多所篡乱；而成无己注释仅依文顺释，不明真义。于是经20余年努力，70岁时刊行《伤寒论条辨》(8卷，1592年)，将《伤寒论》全书重行编订，订为经11篇，397法，113方，逐条辨析考订。并对六经篇文详加注释，以图还仲景原著旧貌，并谓《伤寒论》不限于治伤寒。此书对后来的伤寒学家颇有影响，是伤寒错简重订派之始，喻昌曾据此编成《尚论篇》一书。 (张慰丰)

李梴(Li Yan) 字健斋。中国明代南丰(今江西南丰)人,生卒年月不详,生活于16世纪。中医学。

精医术,尤重考求医经奥义。立志编医学门径书,历时4年,类编分注成《医学入门》9卷。书成于万历三年(1575年)。全书以《医经小学》为蓝本,纂辑各家医书分类扩充,用歌赋形式为正文,以注文补充阐述。内容有医学略论、医家传略,经络、脏腑、诊法、针灸、本草、各科临证及急救方等。在诊法上除重视脉诊与望诊外,还强调了问诊的重要性,主张初学者必先学会问诊,列举了应询问的事项55条。习医规格记录了当时对习医者学习治病方法及医德上的要求。该书简明实用,对于医学普及有一定促进作用。 (张慰丰)

皮科洛米尼,A.(Piccolomini,Arcangelo) 意大利人,1525年生于意大利的费拉拉,1586年10月19日卒于罗马。临床医学、临床解剖学、生理学。

于费拉拉大学获得哲学和医学博士学位后,赴法国波尔多大学教哲学。后在罗马教皇驻法国使节的资助下转赴罗马,终生担任罗马教皇的御医。1575年获得罗马大学萨皮恩扎临床医学教授席位,并讲授解剖学。1582年任天主教国家首席医官。

主要著作是1586年出版的《临床解剖学》。该书描述了腹肌、听神经末梢、胎心吻合的解剖学结构,以及男性和女性骨盆的差异,并把许多病理现象联系在一起。他的描述性解剖学具有明显的新柏拉图主义观点,强调所谓生命现象"超自然力"的重要性。其生理学观点源自亚里士多德和盖仑,但又有其自身的特色。提出在脑和心脏中,脑是起主导作用的;反对R..科隆博的肺循环生理学说。《临床解剖学》一书,对16世纪末和17世纪初的生理学学术思想有一定影响。 (方正源)

亚当[博登斯坦的](Adam of Bodenstein) 瑞士人,1528年生,1577年卒于瑞士巴塞尔。药物学、化学医学、炼金术、文献学。

曾获巴塞尔大学文科和医学博士学位。在巴塞尔行医,追随巴拉塞尔苏斯,注重使用矿物药。自述原先并不对矿物药和炼金术有兴趣,是在读了阿纳德的论述炼金术的小册子《哲学家之桂冠》之后,才在思想上转而相信"哲人石"的存在,相信某些金属可以嬗变成金子。和当时的一些学者一起翻译、编辑和出版巴拉塞尔苏斯的著作。《哲学家之桂冠》一书也是他发现并加了导言出版的。据称另外一些著作如《论痛风》、《论药草和黄道十二宫的关系》是他的作品。 (顾振海)

阿兰齐奥,G.C.(Aranzio,Giulio Cesare) 意大利人,约1529(或1530)年生于意大利博洛尼亚,1589年4月7日卒于同地。整形外科学、解剖学、脑科学。

因家道贫寒而由舅舅供他学习。1548年在帕多瓦大学学习时,在解剖学上就有了第一个发现:上眼睑提升肌。1556年于博洛尼亚大学获医学博士学位。27岁时任博洛尼亚大学内科学和外科学讲师,1570年兼任该大学解剖学教授。

先后发现了人体头部的海马足、小脑池、第四脑室、动脉导管等。不但对胎儿的解剖深有研究,而且可能是西方第一个行鼻部整形手术的人。 (顾振海)

多恩,G.(Dorn,Gerard) 比利时人,约1530年生于比利时迈吉伦,1584年卒于德国法兰克福。医学化学、炼金术。

对其生平所知甚少。生活在瑞士巴塞尔和德国法兰克福等地。早期追随巴拉塞尔苏斯。

通过抢救和整理、翻译和注释其手稿和出版物,以及自己作品的宣传,对16世纪末巴拉塞尔苏斯学说的迅速传播起了重要作用。翻译巴拉塞尔苏斯的著作涉及外科学、治疗学、药理学以及化学、天文学、星占学等诸领域。编写的巴拉塞尔苏斯术语词典,除了拉丁文版(1584年),还有荷兰文(1614年)、德文(1618年)和英文(1650年、1674年)等译本,影响深远。十分重视化学在医学中的应用。捍卫巴拉塞尔苏斯的新医学,不遗余力地驳斥因循守旧者T.艾拉斯塔斯的无理攻击。

(殷明德)

科伊特,V.(Coiter,Volcher) 荷兰人,1534年生于荷兰格罗宁根,1576年6月2日卒于法国香槟地区。解剖学、生理学、临床医学。

在出生地的圣马丹学院受到极好的教育,对盖仑医学和解剖术发生兴趣。格罗宁根市市长赏识他的才华,并资助他在国外大学学习了5年。曾在德国的蒂宾根大学学习,1556年访问法国蒙彼利埃大学,G.法罗比奥及B.欧斯塔基都是他的老师。1562年在意大利博洛尼亚大学获医学博士学位。1566年秋回到德国,在安贝格为路德维希六世(Pfalzgraf Ludwig Ⅵ)服务,并执教到1569年,此时他已成为纽伦堡市政医生。1575年秋到1576年春,随P.J.卡西米尔远征法国支持胡格诺派教徒,一去不回,可能死于斑疹伤寒。

在其短暂的一生中,在医学和生物学方面取得较大成就。具有人体解剖学的坚实基础,为探索比较解剖学创造了条件。他的工作几乎涉及全部脊椎动物(两栖类、爬行类、鸟类、和哺乳类)。 (殷明德)

普拉特,F.(Platter,Félix) 瑞士人,1536年10月28日生于瑞士巴塞尔,1614年7月28日卒于同地。人体解剖学、基础医学、病理学、精神病学。

著名印刷家的儿子。早年去法国蒙彼利埃大学学医。21岁回瑞士入巴塞尔大学学习,1557年获博士学位。数年后在巴塞尔大学任教授,讲授应用医学。1571年被授予内科主任医生职称。

师从解剖学家A.维萨里。因著有《关于人体结构》一书而一举成名。爱好博物学,曾建立起一座受到人们称赞的植物标本室。通过实践,提出疾病分类法。在1614年出版的《人体感染的观察》中,对许多疾病症状做了详细分析,对病因作了探查。是最早用科学方法研究精神失常的医学家之一,认为精神病人必然有其自然根源,如情感受挫、饮食过度、生活放荡等。作为一个开

业的儿科医生，走在时代的前头。直到18世纪，他的著作仍具权威性。 （黄 旬）

法布里奇，G.（Fabrici，Girolamo） 意大利人，1537年5月20日生于意大利奥尔维耶托附近，1619年5月21日卒于帕多瓦。解剖学、生理学、胚胎学、外科学、医疗器械研制。

1550年被送往帕多瓦大学学习，曾在G.法罗比奥门下学习解剖学，1559年获该校医学与哲学博士学位。1565年在帕多瓦大学担任解剖学与外科学课程，1609年任专职解剖学教授，前后执教达55年之久，1613年退休。

在医学上有多方面建树。1594年在帕多瓦大学建立了欧洲最著名的解剖学演示厅，此厅迄今还在该校。在胚胎学上，先后出版《胎儿的形成》（1604年）与《鸟卵的发育》（1621年），被认为是胚胎学的最早著作之一。后一书研究胎生前期的发育变化；前一书是观察、研究胎儿在子宫内发育变化的记录，同时还对许多动物的胚胎发育进行比较研究，观察了妊娠子宫、胚胎、胎盘、脐带血管、脐尿管；对于内脏的发育，特别是胎儿心脏的形成作了首次报道；描述了胎儿心脏、卵圆孔、动脉导管、腔静脉和肺静脉等。书中附有34帧插图。1574年发现静脉瓣。1603年出版名著《论静脉瓣》，报道了静脉瓣的结构，内附8帧精美的插图。但对静脉瓣的作用仍未摆脱盖仑的错误观点，认为静脉血是供应肢体营养的，瓣膜的作用是阻止和减缓血流。然而，他的发现为哈维发现血液循环奠定了解剖学基础。在外科学著作中介绍了肿瘤、创伤、溃疡、漏管、骨折、脱臼等，还设计并介绍了外科器械，如气管切开术、胸腔穿刺引流术，以及矫正斜颈、脊柱弯曲的手术器械。 （张慰丰）

巴鲁，G. de（Baillou，Guillaume de） 法国人，1538年生于法国巴黎，1616年卒于同地。内科学、流行病学、预防医学。

一位数学家兼建筑师的儿子。在巴黎大学学习，1568年获文学士学位，1570年获医学博士学位。同年当医生。1580年任巴黎大学医学院院长。在该校担任了46年的解剖学示教员，直至去世。曾做过法王亨利四世（Henry Ⅳ）的御医。

近代流行病学奠基人，是希波克拉底以后西方第一位流行病学家。反对阿拉伯医学，主张希波克拉底的临床观察、疾病的整体概念和治疗方法。在1570～1579年瘟疫大流行中，对伤寒、鼠疫、麻疹和白喉作了近代首次详细记录和描述，出版了希波克拉底之后第一部关于流行病的最完整资料汇集。著作中首次提到了粘连性心包炎，还把风湿病归入疾病分类表中。1578年，他对百日咳的描述很可能是医学史上的首次记载。他也是第一个给风湿病下了现代定义的人。1640年，后人整理出版了他的2大卷《论流行病》著作。 （顾振海）

阿尔贝蒂，S.（Alberti，Salomon） 德国人，1540年9月30日生于德国瑙姆堡，1600年3月28日卒于德累斯顿。人体解剖学、耳鼻喉科学。

幼年丧父。在纽伦堡上小学、中学。后来进维滕堡大学学医，1564年获文学士学位，1574年获医学博士学位。留校任内科学教授，1577年任解剖学教授。

1579年公开演示解剖静脉瓣。静脉瓣是在1546年首次被发现的，但是他对它进行了研究并以图解说明，这为哈维以后发现血液循环系统解决了一大问题。对泪腺、回盲瓣、耳蜗进行了研究。还探讨了重听和耳聋的差别。 （顾振海）

梅尔卡蒂，M.（Mercati，Michele） 意大利人，1541年4月8日生于意大利圣米尼亚托，1593年6月25日卒于罗马。药用植物学、博物学、古人类学。

医生的儿子。早年受父亲教育。后进入比萨大学学习，获医学博士和哲学博士学位。曾被四任教皇任命管理梵蒂冈植物园。27岁时就因对发展植物园药草的重要贡献而闻名。后被册封为贵族。酷爱搜集矿石和化石。著作中除描述了梵蒂冈搜集的矿石外，还有来自动物体内的结石和教皇因诺森十一世（Innocent Ⅺ）的膀胱结石。还是古人类学的奠基人之一，收集来自亚洲和美洲等地各种人种的史前石器，发现了古代石器的真正起源。 （张祝山）

瓦洛利奥，C.（Varolio，Costanzo） 意大利人，1543年生于意大利博洛尼亚，1575年卒于罗马。人体解剖学、脑与神经科学。

在博洛尼亚大学学习期间，即对解剖学发生兴趣，1567年获医学博士学位。留校任教，1569年任外科特约教授，同时教解剖学。1572年赴罗马大学执教。在这三年期间，曾公开演示过解剖学。

著作有《论视神经》（1573年）和《论大脑》等。一反传统的方法，解剖大脑时，不从顶部而从底部开始。这对大脑的结构尤其是脑神经看得更清楚，从而得以首次对桥脑进行详细的观察和描述。至今，桥脑还以他的名字命名。 （顾振海）

范霍尔纳，J.（Van Heurne，Jan） 荷兰人，1543年生于荷兰乌得勒支，1601年卒于莱顿。内科学、临床医学教育。

先在比利时卢万大学学外科学。1567年到欧洲最著名的医学教育中心意大利帕多瓦大学深造，1571年毕业。后回到荷兰，在乌得勒支行医12年。1581年受聘为莱顿大学医学教授。

他的教学演讲材料主要来自希波克拉底和盖仑医书的经典著作，但无建树。在帕多瓦大学医学教育的影响下，首先在北欧大学倡导临床教学。1591年12月4日，以医学院的名义向学院董事会请求推行临床教学，未得支持。直到45年后，他的儿子O.范霍尔纳（Otto van Heurne)接替他在莱顿大学的医学教授职位时,才接到通知可以开展临床教学。身后出版有《论心绞痛》(1602 年)、《论脑炎》(1608 年)、《医学制度》(1609 年)、《论热症》(1610 年)等著作。 (陈闻鹏)

昆拉特,C.(Khunrath,Conrad) 德国人,生于德国莱比锡,生年不详,卒于 1614 年以前。*药理学、药物化学、营养学。*

是巴拉塞尔苏斯的门徒,生平不详。著名医生、炼金术士 H. 昆拉特很可能是他的兄弟。可能在 1562 年进莱比锡大学学习。曾在荷尔斯泰因(当时属丹麦)、代尼什和石勒苏益格等地行医。

主要著作《提纯蒸馏与医药》(1605 年)叙述了许多疾病及治疗方法,蒸馏过程的多种用途,以及谷类、橄榄和其他食物的营养价值,成为 17 世纪的重要医学文献。 (张祝山)

王肯堂(Wang Kentang) 字宇泰(一字损仲),号损庵(又号念西居士)。中国明代镇江府金坛(今江苏金坛)人,明代嘉靖二十八年(1549 年)生,万历四十一年(1613 年)卒。*中医学、法医学、文献学。*

出身官宦家庭,父王樵是律学家,官至右都御史,赠太子少保。自幼聪颖好学,少时喜阅医书。明万历十七年(1589 年)举进士,授翰林院检讨等职。因上书抗御倭寇事被降职,万历二十年(1592 年)引疾归里,悉心医术,博览群书,并以医名。万历三十四年(1606 年)被吏部重新录用,任南京行人司副。晚年转任福建布政使司右参政。

在总结临证经验、广泛搜集文献的基础上,经 11 年(1597～1608 年)编成《证治准绳》44 卷,220 余万字。内中包括杂病、类方、伤寒、疡医、幼科、女科共 6 科,又称《六科准绳》。其著述采摭丰富,条理分明,多以证论治,选方较精,立论平正,不偏于一家。为及早出版该书,节衣缩食,自费刻版,虽木板盈屋,却灶下无柴。因万历三十四年(1606 年)被吏部重新录用,此书遂传遍全国。晚年以整理祖国医学文献为己任,又主持编印《古今医统正脉全书》(1601 年)等 205 卷,在整理、保存中医古代文献方面做出了重要贡献。

另撰有《医镜》4 卷、《医辨》4 卷、《医论》4 卷、《灵兰要览》2 卷、《医学穷源集》6 卷,以及《郁冈斋笔麈》(1602 年)4 卷等书。后者主要为读书见闻札记,医药仅占十之二三,其中记载西方历算及与利玛窦等的交往,反映他在学术上有一定的开明思想。

另有法医学著作《洗冤录笺释》、《律例笺释》30 卷。主张"刑期无刑,用主不用",防止犯罪于未然,官员必须尽到宣教法纪之责,而不是不教而诛。他还参与过翰林院的国史编修,著有《尚书要旨》、《论语义府》。

(张慰丰)

陈司成(Chen Sicheng) 字九韶。中国明代浙江海宁州(今浙江海宁)人,约明嘉靖三十一年(1551 年)生,卒年不详。*中医外科学、性病学。*

出身八代世医家庭。初学举子业,后家贫弃儒学医,披览素、难、针经诸书,广游行医于江浙等地。

据考梅毒大约是 15 世纪前后从国外经由广东传入,最初称为"广疮",后因其外观似杨梅,故称为"杨梅疮"。他通过临证实践,在总结前人经验的基础上,对梅毒进行了深入调查研究,获得了许多新的认识。天启三年(1623 年)撰成、于崇祯五年(1632 年)刊行《霉疮秘录》一卷。全书包括凡例、总说、或问、治验、方法、宜忌等部分,而且收集各期梅毒典型案例 29 则。在书中,记述了梅毒不同病期的症状,明确到梅毒可通过性交传染与非性交传染,对先天梅毒、梅毒的遗传性以及梅毒的预防等,也提出许多新的见解。治疗上提出清热、解毒、杀虫等方法,并采用丹砂、雄黄等含砷、汞药物。这是世界医学史上最早应用砷剂治疗梅毒的记载。《霉疮秘录》可称为中国现存最早的梅毒学专著,也是世界上梅毒学的先河之作。 (张慰丰)

莫菲特,T.(Moffett,Thomas) 英国人。1553 年生于英国伦敦,1604 年 6 月 5 日卒于威尔特郡。*病理学、营养学、卫生学、博物学、显微术。*

1573 年入剑桥大学泰勒学院学医。毕业后去瑞士巴塞尔大学继续深造,1578 年获医学博士学位。游历西班牙、意大利、德国等国后,定居英格兰行医。曾任威尔特郡议会议员。

是最早用显微镜对人或动物的疾病进行病理研究的学者之一。主要贡献是两部遗著:一是有关饮食和食物的《健康的增进》;二是关于昆虫的系统性论著《昆虫园地》(1589 年),这是在 K. 格斯内等人遗作的基础上,又进行了大量搜集和研究后完成的。他还研究人身上的寄生虫如虱之类及其防治,研究农学中的蚕病起因及其防治。还是最早研究候鸟的人之一。 (张祝山)

陈实功(Chen Shigong) 字毓仁,号若虚。中国明代东海崇川(今江苏南通)人,明代嘉靖三十四年(1555 年)生,崇祯九年(1636 年)卒于故居。*中医外科学、肿瘤学。*

早年就从事中医外科,行医 40 余年,积累有丰富的临证经验。万历四十五年(1617 年)撰成《外科正宗》4 卷。

明代外科学的代表人物之一。《外科正宗》总结了自唐至明代的中医外科学成就、以及自己的临证经验,系统论述了外科疾病 150 余条,素有"列证详,论治精"之誉。认为"内之证或不及于其外,外之证则必根于其内也",因此,对于外科疾病主张内外并治。内治法多采用托、补两法,尤重视调理脾胃。对脓肿强调"开户逐贼","使毒外出为第一",运用刀、针扩创引流,或用竹筒拔吸脓汁,或采用腐蚀药清除坏死组织。书中记载了截肢、气管缝合、鼻息肉摘除、咽喉和食道内铁针等异物的取出、下颌骨脱臼整复等手术方法。对于皮肤病的记载也比较丰富。关于痔瘘的治疗,载有枯痔散、枯痔钉、挂线疗法等。在护理上则强调营养。

对于肿瘤的记载也较为精详,书中除描述筋瘤、血瘤、肉瘤、气瘤、骨瘤、粉瘤、发瘤外,对于乳腺癌的描述尤为精彩，认为乳瘤“不痛不红”，“坚硬如石，初如豆大，渐若棋子，半年一年，二年三载，不痛不痒，渐渐而大，始生疼痛，痛则无解”。“凡犯此者，百人必百死”。因此，提出早期发现早期治疗的原则。

1785年，经张鹭翼重订，析为12卷本，名《重订外科正宗》；1820年，徐灵胎出批注本12卷。《外科正宗》刊出后，一再复刊，流传很广，对中国古代外科学的发展有较大的影响。 （张慰丰）

缪希雍（Miao Xiyong） 字仲淳，号慕台。中国明代江苏常熟人，约明代嘉靖三十五年（1556年）生于常熟，天启七年（1627年）卒于金坛。中医学、中药学、本草学。

少时多病，好医术，在内、外、妇、儿等科临证都有心得，尤精于本草，为人疗病，每奏良效。因不满当时宦官专政，一生未仕。与东林党人交往，王绍微《东林党点将录》称他为“神医安道全”，后避祸徙居金坛终老。

一生旅游颇广，并注意搜集民间方药，对药物的辨认、炮炙、文字考证等均有独到见解。对五运六气认为不可机械对待。著有《先醒斋笔记》（1613年），主要为其医案和验方之汇集，由丁长孺选辑成书。后他又增益群方，扩充成《先醒斋广笔记》（4卷，1622年）。书中载列本草常用药400余种，详其炮炙，又增入伤寒、温病、时疫治法，反映了他不为一般法度所拘以及敢于创新的精神。另有《神农本草经疏》（30卷，1625年），主要是对《神农本草经》的注释与阐发，所论虽未尽妥，确能突破传统的看法，非泥古守旧之作。此书选药490种，阐释药理，详列病忌药忌，并列七方十剂，阐发五藏苦欲补泻，为明季本草注疏药理之先，影响甚广。吴仪洛以其《本草经疏》为蓝本，辑成《本草经疏辑要》。对医德亦很重视，写有“祝医五则”，对医德有较全面的论述。另撰《本草单方》，多摘自《神农本草经疏》，由庄继光整理，刊于崇祯六年（1633年）。 （张慰丰）

杜洛朗斯，A.（Du Laurens，Andre） 法国人，1558年12月9日生于法国阿尔勒附近塔拉斯孔，1609年8月16日卒于巴黎。解剖学。

父亲是医生，舅父是位显要的皇室医生。1578年在阿维尼翁大学获得医学博士学位。后又去巴黎大学学习。1583年又在蒙彼利埃大学获博士学位。后担任该校医学教授，执教10年。曾任亨利四世（Henry Ⅳ）的御医，1596年成为常任皇室医生。1603年成为蒙彼利埃大学校长。1606年任国王的首席御医。

撰写的主要著作《解剖学史》（1600年），是17世纪上半叶欧洲大学应用最广泛的解剖学教科书之一。该书贯穿了盖仑的正统观点并包罗了各种见解，内容丰富，简洁易懂，多次以拉丁文和法文出版，并被频繁引用。还写有多种其他医学著作。 （张祝山）

克罗利乌斯，O.（Crollius，Oswald） 德国人，约1560年生于德国马尔堡附近的韦特尔，1609年卒于波西米亚的布拉格（今属捷克）。药理学、化学。

在韦特尔修道院学校受过教育。约于1582年获马尔堡大学医学博士学位。1593年后云游东欧各地行医。1602年在布拉格定居。由于治好了安哈尔特-贝恩贝格王子克里斯蒂安一世（Christian Ⅰ）的病，被委任为御医，常为波西米亚皇帝鲁道夫二世（Rudolf Ⅱ）看病。与王子关系密切，被提拔为布拉格特使，同他讨论政治以及关于炼金术和医学化学等问题。

他的知识、实验和见解记载在《化学基础》一书中。该书力图诠释巴拉塞尔苏斯学派的化学宇宙论，并把它作为自己主张的化学医学的理论基础，具体确定了很多化学制剂的医疗价值，很受欢迎，并多次再版。（殷明德）

鲍亨，G.（Bauhin，Gaspard） 瑞士人，1560年1月17日生于瑞士巴塞尔，1624年12月5日卒于同地。解剖学、药物学、植物学。

父亲是法国亚眠地区的新教徒医生，因躲避宗教迫害而移居巴塞尔。自幼父亲教他医学，哥哥教他植物学。1572年进巴塞尔大学。1577年赴意大利帕多瓦大学，先后向G. 法布里奇、G. C. 阿兰齐奥等名师学解剖学。1581年初回巴塞尔，应瑞士内科学会邀请演示解剖。同年获巴塞尔大学医学院医学博士学位，并任该校医学院评议员，1582年任希腊语教授，1588年任解剖学与植物学教授，以后曾数次出任医学院院长和巴塞尔大学校长。

在解剖学上的主要贡献是统一命名，分别从形状、起止点、位置、功能等来命名肌肉、神经和血管，从而结束了名称的长期混乱。对植物名称的统一也作出了一定的贡献，是植物自然分类的先驱之一。还采集了大量植物，并把药物学从植物学中分离出来，使之成为独立的学科。对巴塞尔的植物进行普查，并编撰详细目录。编著《植物图解大全》（1596年），描述了6 000种植物，标志着16世纪描述植物学顶峰。书中废弃了以往按字母的罗列法而按亲缘关系分类。编写的多种有关植物学和解剖学的教科书，曾被长期作为规范的大学课本使用。 （顾振海）

昆拉特，H.（Khunrath，Heinrich） 德国人，约1560年生于德国萨克森，1605年9月9日卒于莱比锡。临床医学、医学化学、炼金术、自然哲学。

当时著名医生和化学家C. 昆拉特很可能是他的兄长。1588年获瑞士巴塞尔大学医学博士学位。先后在汉堡和德累斯顿开业行医。在贫病潦倒和默默无闻中死去，终年仅45岁。

他自认为是信仰巴拉塞尔苏斯医学、占卜学和炼金术行家。按当时所流行的新柏拉图主义观念，把上苍与现实结合起来，发展了他的基督教化自然法术观念（神学-魔法）。主张医学和化学操作必然首先在上帝指导下，然后在耶稣基督指导下，最后通过所谓“基督一神秘哲学、神学一魔法和物理一化学”的三种方法进行。有渊博的化学和医学知识。1595 年在汉堡出版了他的传世之作《竞技场上的永恒智慧》，是一部论述炼金术和医学化学的经典，混杂着科学、基督教神学和魔法，认为根据可导致普遍知识的七个阶段的所谓“所罗门智慧”，他相信一些矿物和金属通过神秘的炼金术嬗变，可以找到治病的“万灵药”。其中不乏有价值的医学化学成份。1609 年，他的友人沃尔福特(E. Wohlfahrt)重新编辑出版了这部著作，为之增加了序言和结束语部分。身后留下大量未出版或发表的手稿。 （张祝山 李啸虎）

赵献可(Zhao Xianke) 字养葵，自号医巫闾子。中国明代鄞县(今属浙江宁波)人，生活于 16 世纪下半叶明代万历、崇祯年间。中医学。

“好学淹贯，尤善于易而精于医”，曾游陕西、山西、河北、辽宁等地。是明末温补学派中坚人物之一，倡扬肾水命火学说。在医理上，主要推崇薛己之学，对“命门”说尤加发挥。认为“命门”是人生之君，人身脏腑之主，命门之火为人身之至宝，是性命之本。人体生机之盛衰，系于命门之火之强弱，故养生、治病注重在养命门之火。在辨证治疗上强调水火阴阳，喜用六味丸、八味丸，这是对刘河间、朱丹溪喜用寒凉的一种矫枉过正。此说对后世医家有相当影响，但也为后世医家所訾议。他的医学思想中包含有许多神秘色彩，有其局限性。著有《医贯》(6 卷，1617 年)、《邯郸遗稿》4 卷，以及《内经钞》、《素问注》、《经络考》、《正脉论》、《二本一例》等，其中《医贯》一书较为流行。 （张慰丰）

圣托里奥，S.(Santorio, Santorio) 又名圣克托留斯(Sanctorius)。意大利人，1561 年 3 月 29 日生于威尼斯共和国尤斯蒂诺波利斯(今斯洛文尼亚科佩尔)，1636 年 3 月 6 日卒于意大利威尼斯。基础医学、实验生理学、仪器研制。

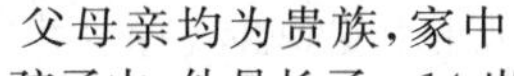

父母亲均为贵族，家中 4 个孩子中，他是长子。14 岁时赴帕多瓦大学学习哲学和医学，1582 年获博士学位。毕业后去波兰任马克西米里安(Maximilian)皇帝的御医，历时 14 年。1599 年迁居威尼斯开业行医。1611～1624 年任帕多瓦大学基础医学教授。后婉拒多个大学的邀请，1625 年回到威尼斯重新开业行医。1630 年参与防治威尼斯瘟疫流行。同年当选为威尼斯医生协会主席。终身未婚。死于泌尿系统疾病，葬于威尼斯塞维教堂，1812 年移遗骨于帕多瓦大学博物馆。

在帕多瓦大学与伽利略同事，颇受伽氏影响，也企图以机械学与力学的法则来解释人体的生命现象。1602 年出版首部著作《如何避免临床诊治错误的方法》，从医学物理派机械论观点批判传统生理学。一方面他仍忠实遵从希波克拉底的体液病理学，但又把机体看作像钟表一样运行，与各部分的位置、形状和各种物理数值有关。他用数学推算出人体疾病有 8 万种，对各种主要疾病临床征候作了很好描述，对典型病例作了临床诊断。1614 年发表的《静态医学》，是他最有影响的著作。该书从希波克拉底“健康在于体液”的理念出发，认为生物体和环境在物质交换失调时势必出现疾病，而正常有机体的吸收和代谢是平衡协调的。

在伽利略影响下，他把定量实验方法首次引入生理学，论述了人体由于摄食和排泄而引起的体重变化。专门设计了一种类似小屋的体重计，内置工作台、卧床及生活必需品。他在里面生活，测量机体在各种活动如饮食、睡眠、休息、精神感动前后的体重变化。经 30 年观测，发现人体排泄物的总重量始终是小于摄入量，认为这是不知觉出汗造成的，名之为外呼吸。描写了人体体液的 3 个变量：食物与饮料为可见的摄入；小便与大便为可见的排出；另为不可见的损失，即“不知觉出汗”。因此，常用发汗治疗法来解决皮肤或肺的功能障碍。是生物学中最早应用度量原则，确立定量实验法的先驱。这一工作是对人体基础代谢的最早控制性实验。人们把他的工作与哈维的血液循环并列为近代医学的两大支柱。

在南斯拉夫塞尼附近的亚得里亚海滨，他曾测试自己发明的风标、风力计和水力仪。还发明多种医用仪器，如体温表、脉搏计、湿度汁、水床以及各种外科器械(气管切开器、套管针、膀胱结石摘出器等)。在伽利略的温度计启发下，于 1597 年自制了一种温度计，用冰雪和蜡烛火焰确定基准点，将直形细管改成螺旋状细管，测量时令病人口含螺旋状管末端的玻璃球，医生则观察螺旋状管内水柱的高度来估计人的体温。由于这类温度计不够准确，不能在临床应用。他的脉搏计也是模仿伽利略的单摆，使用时先调节摆长，使摆动周期与脉搏一致，医生根据摆长来评定脉搏的速度。这种仪器也是十分粗陋，但却是近代医用仪器之原型。

另著有《盖仑医学评注》(1612 年)、《阿维森纳医典注释》(1625 年)两部著作。 （顾振海 张慰丰）

张介宾(Zhang Jiebin) 字会卿，号景岳，别号通一子。中国明代会稽山阴(今浙江绍兴)人，明代嘉靖四十二年(1563 年)生，明崇祯十三年(1640 年)卒。中医学、自然哲学。

先祖原籍四川绵竹，因军功被任命为绍兴卫指挥。14 岁随父至京师，学医于金英(号梦石)，尽得其传。壮年从戎幕府，遍历河北、东北各地，远致朝鲜，后以功名未就卸职回京师，专研医学和行医，医誉日增，“时人比之仲景、东垣”。1620 年返回乡里，埋头医学著述。

在医学思想上倡“医易同源”说，成为温补学派主要人物之一。认为“虽阴阳已备于《内经》，而变化莫大乎《周易》”，“易具医之理，医得易之用”，力主以《周易》作为医学的指导思想。又提出命门阴阳学说，认为“命门”“居于两肾之中，即人身之太极”。命门总主两肾，为“水火之府”、“阴阳之宅”，是生命的根本。命门之火，谓之元气(真阳)；命门之水，谓之元精(真阴)。“命门亏损，则五脏六腑，皆失所恃”。治病当求其本，真阴真阳必须保持不伤。初始信服朱震亨的“阳常有余，阴常不足”的理论；中年以后，则反对朱震亨的观点，提出“阳非有余”和“真阴不足”说，认为“人体虚多实少”，主张补益真阴、元阳。慎用寒凉攻伐之剂，临证常用熟地及温补方剂，人称“张熟地”。谓善补阴者必于阳中求阴，善补阳者必于阴中求阳，创制左归丸、右归丸，被称为温补派。《四库全书总目提要》对他这样评议：“专以温补为宗，颇足以纠卤莽灭裂之弊，于医术不为无功，至于沿其说者，不察证候标本，不究气血之盛衰，概补概温谓之王道，不知误施参桂亦足戕人，则矫枉过直，其失与寒凉攻伐等矣。”认为“阴阳不可偏重，攻补不可偏废，庶乎不至除一弊而生一弊也”，可谓持平之论。

著有《类经》32 卷，将《内经》内容以类分门，探索《内经》精义，详加注释，条理井然，阐发颇多，历 32 年始成。又编有《类经图翼》11 卷、《类经附翼》4 卷及《质疑录》1 卷(有人疑为托名之作)。晚年结合临床经验，辑成《景岳全书》64 卷，这是一部规模宏伟、内容全面的综合性医学著作。 (张慰丰)

贝勒瓦尔，P. R. de(Belleval, Pierre Richer de) 法国人，约 1564 年生于法国马恩河畔夏龙，1632 年 11 月 17 日卒于蒙彼利埃。*流行病学、药物学、药用植物学、园艺学。*

早年生活不详，惟知于 1584 年 10 月赴蒙彼利埃大学学医。1587 年在阿维尼翁大学获医学博士学位和内科医师职位。同年开业行医。因在法国南部佩泽纳斯等地流行病防治中有重要贡献，被法王亨利四世选为御医，后任法王路易十三(Louis ⅩⅢ)的御医。1593 年兼任蒙彼利埃大学医学院解剖学和植物学教授。1595 年获该校医学博士学位。1593 年奉命在蒙彼利埃筹建法国第一所皇家植物园。该植物园包括国王园(药用植物)、王后园(从国外引种的山林植物)和国王场(观赏植物)。后该园毁于 1622 年宗教战争，他不得不花余生精力加以重建，身后由侄子扩建。1598 年出版植物园目录集，1605 年出版一部法文专著加以介绍。生前曾计划编纂植物标本集，未竟。 (顾振海)

德斯帕涅，J.(Despagnet, Jean) 法国人，1564 年生，1637 年卒，生卒地点不详。*药物学、药物化学、炼金术。*

生平不详，如今只知道他于 1601～1611 年任法国波尔多议会的议长。作为炼金术士和哲学家赢得很大声誉。有关炼金术与药物学的经典著作尚存两本：《炼金术哲学的奥秘》和《康复药物指南》，都是 1623 年在巴黎首次出版的。 (殷明德)

哈特曼，J.(Hartmann, Johannes) 德国人，1568 年 1 月 14 日生于德国上普法尔茨地区安贝格；1631 年 12 月 7 日卒于卡塞尔。*药理学、医学化学、药物化学。*

曾当过装订工人，靠奖学金上了大学。在耶拿大学和维滕堡大学攻读文学和数学。1591 年在马尔堡大学获硕士学位。1592 年任该校数学教授。1606 年获医学博士学位。在卡塞尔曾执教于宫廷学院。1609 年在马尔堡大学讲授药物学、化学和矿物制备并指导实验，同年受聘为欧洲第一位医学化学和药物化学教授。曾多次担任马尔堡大学教务长和校长。1631 年在新卡塞尔大学任自然科学和医学教授，同年去世。

对数学、天文学和医学、炼金术感兴趣。主要贡献是把药物化学和医学化学引进大学，并亲自讲授和指导实验。主要著作《古典化学疗法实践》多次再版，很受欢迎。 (殷明德)

德阿布鲁，A.(de Abreu, Aleixo) 葡萄牙人，1568 年生于葡萄牙阿连特茹地区阿尔卡苏瓦什，1630 年卒于里斯本。*热带病学、寄生虫学、流行病学。*

1577 年进葡萄牙埃武拉大学，1583 年获文学士学位。后违背双亲意愿，进科英布拉大学学医，7 年后毕业。后来自行开业失败，就通过父亲的关系，于 1594 年到葡属安哥拉任总督的私人医生。1604～1606 年又到巴西当随行医生，因感染了阿米巴和黄热病而回里斯本。1612 年曾任财政官员的专职医生，1629 年因病去职。

1623 年著书描述自己患的及观察到的热带病，在著作中第一次详细描述了阿米巴肝病、疟疾、伤寒、坏血病、黄热病、鞭虫症、蝇蛆症、沙蚤症等，以及用蔬菜配合药物治疗的方法。还讨论了静脉切开术。 (顾振海)

迈尔，M.(Maier, Michael) 德国人，约 1568 年生于德国荷尔斯泰因的伦斯堡，1662 年卒于马格德堡。*临床医学、炼金术。*

1587 年进德国罗斯托克大学学哲学和医学。1592 年获法兰克福大学文科硕士学位。后曾在意大利博洛尼亚大学和瑞士巴塞尔大学学习，1596 年获巴塞尔大学医学博士及哲学博士学位。毕业后开业行医。1609 年任神圣罗马帝国皇帝鲁道夫二世(Rudolf Ⅱ)的御医和策士。被封为贵族。1611～1616 年在英国任詹姆士一世(James Ⅰ)的御医。1620 年移居德国马格德堡行医。

政治上属保皇派，学术上是新炼金术的代表人物。学识渊博。其著作在炼金术士中受到高度评价并广为流传，但在化学史上却代表倒退。终身是一位虔诚的路德派教徒。据认为对英国大科学家牛顿也有很大影响。 (张祝山)

鲁兰德，M.(Ruland, Martin) 德国人，1569 年 11 月 11 日生于德国巴伐利亚的劳英根，1611 年 4 月 23 日卒于波希米亚布拉格(今属捷克)。*流行病学、药物化学、医学化学、炼金术。*

是医生、炼金术士老鲁兰德(同名姓)之子。1587 年在瑞士巴塞尔大学获医学博士学位。后在雷根斯堡、布拉格等地行医。1607 年任波希米亚皇帝鲁道夫二世(Rudolf Ⅱ)的侍从和御医，1608 年被封为贵族。

对医学化学和炼金术很感兴趣。1600 年发表关于“匈牙利病”(很可能为伤寒)的性质、病因、症状和治疗的论著。提出了许多种药物，大多是用化学方法制备的。主要思想是以巴拉塞尔苏斯理论为基础的炼金术、自然哲学和医学化学派。认为人和自然就其组成和功能而言，本质上都是化学的，因此医生应该学习化学，用化学来治病。生前出版《完善哲人石之真法》(1606年)、《捍卫炼金术》(1607年)等，1612年出版了遗著《炼金术词典》。　(张志练)

胡慎柔(Hu Shenrou)　法名释住想。中国明代毗陵(今江苏常州)人，明代隆庆六年(1572年)生，崇祯九年(1636年)卒。中医学。

明末医僧。为儒家子，及长，削发为僧。博通经史儒学，因患痨病，经查了吾治愈，遂随了吾学医10余年，颇有所得。查氏因其好学，又荐给名医周慎斋(名之干)继续学医，曾扎记周慎斋语录及临证经验。后归里行医，疗效颇佳，且好施舍，平生清贫。

临终前将手扎及生平著述授与石震，由石氏订正刊刻，名《慎柔五书》，成书于崇祯九年(1636年)，共5卷。书中包括：师训第一，医劳历例第二，虚损第三，劳瘵第四，医案第五。其内容以内科虚损类疾病为主，兼及其他杂病证治，治法多本李杲而化裁宗薛己，以保护脾胃为主。此书可称为治疗虚痨病专著，又可为老人虚人调养指南。此书今又再版刊行。　(张慰丰)

森纳特，D.(Sennert, Daniel)　德国人，1572年11月25日生于德国布雷斯劳(今波兰弗罗茨瓦夫)，1637年7月21日卒于维滕堡。内科学、医学化学、基础化学。

鞋匠的儿子。在布雷斯劳受中等教育后，进维滕堡大学学哲学。后来到莱比锡、耶拿和法兰克福等大学学了3年医学。1601年在维滕堡大学获医学博士学位。翌年9月起，在维滕堡大学任医学教授。

是当时有名的教师和医生，并有多种科学著作。企图把亚里士多德、盖仑、巴拉塞尔苏斯和微粒学说理论全部调和在一起，所以其观点往往难于确定。在医学上，支持盖仑的体液病理学说，又立足于巴拉塞尔苏斯的三元素体系，但是不同意他关于天体影响人体等说法。在化学上，持亚里士多德逍遥学派的四元素说，认为天然物体都可由其组分合成，而反应由两阶段组成：第一阶段是物体分裂成最小的微粒；第二阶段则是微粒移动生成新物体。还认为化学研究的任务就是分解物质以供医用。生前出版著作《医学建制》(1611年)、《自然知识概要》(1618年)等。　(顾振海)

德马耶纳，T. T.(de Mayerne, Theodore Turquet)　瑞士人，1573年9月28日生于瑞士日内瓦附近的马耶纳，1655年3月15(或16)日卒于英国伦敦。药物学、化学医学、基础化学。

是一位有名的胡格诺教派历史学家和政治理论家的儿子。在日内瓦受初等教育后，即进德国海德堡大学学习。后又转到法国蒙彼利埃大学，1597年获医学博士学位。后到巴黎，结识了亨利四世(Henry Ⅳ)的御医里比特(J. Ribit)。他们使用化学药物，并培养了一批药剂师。为此和巴黎大学医学院有过一场论战。1611年因亨利四世被刺而移居伦敦，当了英王御医。在英国，他继续推行化学药物并培养药剂师，协助把药剂师从杂货商中分立出来，成立了自己的协会。在《伦敦药典》第一版(1618年)中，首次收录了一部分化学药物，这和他的努力和影响有关。　(顾振海)

弗拉德，R.(Fludd, Robert)　英国人，1574年生于英国肯特郡贝尔斯特德，1637年9月8日卒于伦敦。化学医学、炼金术、自然哲学。

出身名门望族。曾在牛津大学圣约翰学院学习，1596年毕业。后旅欧学习医学、化学和炼金术，历时6年。回国后获医学博士学位。后开业行医。

反对亚里士多德、盖仑以及大学中坚持古人传统的各个学派，但遵循巴拉塞尔苏斯的化学宇宙理论，宣扬肉体和精神一致的哲学思想。认为哲学可以按照圣经的模式来确立，即宇宙间万物都系上帝创造，上帝既是创始也是终结，既是万物也是万物的归宿；创世即是神体内消极因子黑暗和积极因子光明的区分。撰写的著作中充满了神秘的内容。　(顾振海)

龚居中(Gong Juzhong)　字应园，号如虚子、寿世主人。中国明代江西金豁人，生年不详，清代顺治三年(1646年)卒。中医学。

擅长内、外、儿各科，尤精于诊治肺痨。曾任太医院院司。

著有《痰火点雪》(一名《红炉点雪》)(4卷，1630年)。此书阐述肺痨病的证治，以为肺痨证由肺肾阴亏或心肺火炽而起，治以滋肾清肺、柔肝降火为主，并述病前之养生却疾术。另著有《外科活人定本》(4卷，1630年)、《外科百效全书》(4卷，1630年)，后者又名《外科百效秘授经验奇方》或《新刻秘授外科百效全书》，主张外科证当治于内，善治内者乃能不遗其患。又辑《女科百效全书》(4卷，1630年)、《小儿痘疹医镜》2卷、《幼科百效全书》3卷及《福寿丹书》(1624年)等，均刊刻于世。《福寿丹书》除介绍导引、服饵等传统养生及炼丹之术外，还大量叙述古代房中术。　(张慰丰)

萨拉，A.(Sala, Angelo)　意大利人，1576年生于意大利维琴察，1637年10月2日卒于德国比措。药物学、化学医学、无机化学。

出身纺织工人家庭。从未进过大学，自学成才。早年可能是在意大利威尼斯等地学的化学，并探索化学知识在药物学和医学上的应用。后随祖父至日内瓦。1602～1612年曾在德累斯顿、纽伦堡、日内瓦等地行医。1612年定居海牙，边行医边教化学。1617～1620

年任奥尔登堡伯爵的常任医生，同时督察伯爵领地内所有药房。后经人推荐到梅克伦堡工作。既做统治者的医生又作研究。1636 年移居德国比措。

身前最重要的著作是《胆矾的分析》，记载了将硫酸铜分析为“铜、硫酸雾和水”的实验。这是对硫酸铜定性定量分析的首次实验记录。认为这一过程是“还原”而不是“嬗变”。另一个还原的例子就是铁从铜盐溶液中置换出铜。1614 年，他还研究银盐在阳光下变黑的化学反应，为后来的照像显影术发明开辟了道路。作为一名以调制药剂为主的药师来说，当时在化学上达到这样的成就已颇为不易。身后出版有《医学化学操作》(1647 年初版，1682 年第 2 版)。

（顾振海）

哈维，W.（Harvey，William） 英国人，1578 年 4 月 1 日生于英国英格兰肯特郡福克斯通，1657 年 6 月 3 日卒于伦敦或萨里郡罗汉普顿。生理学、解剖学、胚胎学、临床医学。

父亲是自耕农出身的商人，生有 9 个孩子，他是兄长，5 个弟弟都是伦敦商人。早年在坎特伯雷公立学校上学。1593 年入剑桥大学冈维尔与凯厄斯学院学习艺术和医学，1597 年获文学士学位。同年赴意大利帕多瓦大学，在 H. 法布里奇门下学习，1602 年获医学博士学位。归国后在伦敦行医。1604 年与名医女儿 E. 布朗(Elizabeth Browne)结婚，无子嗣。1607 年被选为皇家内科医学院成员。1609～1643 年被聘为伦敦圣巴托罗缪医院内科医生。1615 年任皇家内科医学院解剖学教授。1618 年任皇家内科医生，1639 年升为皇家常任高级内科医生。1623 年、1632 年先后任詹姆士一世(James Ⅰ)、查理一世(Charles Ⅰ)御医。1636 年任查理一世派驻德国雷根斯堡神圣罗马帝国皇帝外交使团医生。1645 年任牛津大学默顿学院院长。1646 年查理一世被俘后，他仍陪伴着这位英王。后隐退寓居伦敦的兄弟家中。1654 年被选为皇家内科医学院院长，但坚辞不就。业余爱好哲学和文学艺术。性格坦率，有点急躁。晚年患痛风和肾结石，卒于中风。

最主要的贡献是发现血液循环。早年研读古典医学著作时，发现先辈对心脏及血液运动没有明晰的概念。在帕多瓦大学学习时，受法布里奇发现静脉瓣的深刻影响。1616 年形成初步的血液循环概念。为了使理论建立在事实的基础上，经过 12 年的努力，利用皇家动物园的条件，采用了 80 余种动物进行实验研究。终于在 1628 年发表《心血运动论》(直译《动物心脏与血管解剖研究》)，这虽是一本仅 72 页的小册子，却成为医学史上的一部经典著作。后又出版《血液循环系统的解剖实践》(1649 年)。通过解剖，了解到心脏瓣膜的结构，知道血液只能从心房流向心室，从心室流向动脉，但不能倒流。静脉血是向心性的，动脉血是离心性的。又计算了 1 小时心脏搏出的血量是人体重量的 3 倍。如血液不流回心脏，如此大量的血液，决不是消化的营养所能供给，遂断定血液是在一个封闭的环内循环不息地运动着的。推测动静脉在末梢部分是联结的，或由肌肉小孔渗透。认为心脏是肌性的，心脏类似水泵，当心脏收缩时，将血液挤压到动脉中去；当心脏弛缓时，血液又流入心脏。心脏收缩是主动性运动。对血液循环的描述，与现代血液循环的概念基本一致。后来，马尔比基和雷文虎克在显微镜下看到动静脉之间的毛细血管是吻合的，从而证实了哈维的推论。恩格斯对哈维的发现给予高度评价：“哈维由于发现血液循环而把生理学(人体生理学和动物生理学)确立为科学。”

又是近代胚胎学的奠基人之一。对动物在子宫内的发育进行了研究。1651 年出版《论动物的生殖》(直译《关于动物生殖器官的解剖实践)，记述了自高等哺乳动物至低等昆虫共 71 种动物的生长发育变化。指出鸡卵内的透明白点(胚层)是鸡雏发生的位置。是渐成论的倡导者，认为胚胎各部分是在卵中不断分化次第形成的。但是，又企图从卵中寻找生命“已经备就之物质”。曾提出一句名言：“一切生命皆来自卵。”

他把营养和呼吸合并成为第二循环系统，把运动和感觉器官称为第三系统。曾有一个庞大的出版计划，但最后只有心和生殖方面的研究成果出版。住房于 1642 年时遭到内战洗劫，其他手稿全部遗失。他的功绩是使生理学建立在实验基础上，从而使生理学成为一门科学。

（张慰丰　张志练）

海尔蒙特，J. B. van（Helmont，Joan Baptista van） 比利时人，1579 年 1 月 12 日生于比利时布鲁塞尔，1644 年 12 月 30 日卒于布鲁塞尔附近维尔福德。内科学、生理化学、气体化学。

生于贵族家庭。一岁时父亲病逝，母亲带着他改嫁另一贵族。1594 年进入鲁汶大学艺术系读美术。不久转向医学，1599 年毕业于鲁汶大学医学院。1609 年获鲁汶大学医学院博士学位。曾游历欧洲各国。1605 年比利时发生瘟疫，回国在安特卫普参与救治。他除在鲁汶大学少量兼课外，在鲁汶镇设立化学实验室日夜实验。致力于用化学实验反对当时医学界迷信和怪诞的治疗方法，成了闻名的“拒绝开业的医生”，所撰小册子流传甚广。1623 年统治当局下令焚烧他的著作，1624 年被法院判定监管，后又全家遭监管，直至 1642 年才解禁。

是中世纪医学向近代医学转变时期经典派医化学代表人物之一，强调以化学实验作为医学重要根基，后人誉为“生理化学之父”。长期研究猪胃液，发现胃酸具有消化食物功能。他利用动物生理反应来了解人体生理功能，提出医疗对策，成为后世医学研究重要方法。从化学原理出发，他选用碱性药物中和胃酸过多的胃病。他还认为根据病人尿液味道和比重，可判断病人身体消化代谢和健康程度。为了解释病人尿道结石之因，经长期观测，从酿酒工艺中获得启发，假设尿道有着与酿酒类似化学反应。他往尿液通入气体，果然产生几种不同颗粒沉淀，正确推断这是不同化学反应所致。他的尿道结石实验，被后人称为“无可比拟的发现”。他认为胃和肝以及身体其他各部分都有特殊的酵素，它们引起消化和其他生理变化，发酵经六个阶段才把死的食物转变为活机体成分，其酵素概念同近代酶学说相类似。他还认为身体不同味道代表不同性质疾病，是诊断疾病一个线索。主要著作有《结石病》、《医学精要》(1648年)等。

在生物学上，做过有名的"柳树实验"，开启了后来生理学与营养学的研究。他在盛有200磅干土的瓦罐中，栽上一棵5磅重柳树苗，瓦罐上罩后只用水灌溉，5年后树和落叶总重169磅3盎司，土壤只少了2盎司。他由此证明：生物生长组成中，水是最主要成分，但不知空气中二氧化碳所起作用。承认在当时尚属进步的自然发生学说；持有生命过程由"生命之灵"主宰的活力论观点

他还是炼金术向近代化学转变时期代表人物之一，被誉为"气体化学之父"。率先把"气体"一词引入化学；是历史上第一个提出"空气含有不同气体"的人；鉴定出二氧化碳，并区分蒸气和气体；分辨出燃烧产生的气体至少有15种以上；通过萜类试验和定量分析证明，金属溶于酸并不消失，还可复原。他燃烧62磅木炭获1磅灰烬，据此认为灰烬之外，其他部分都是气体。在不少同题上，仍坚持炼金术立场，认为点金石可把普通金属(汞、铅等)变成黄金。 (李啸虎)

马加蒂，C.(Magati，Cesare) 意大利人，1579年生于意大利摩德纳，1647年9月9日卒于博洛尼亚。外科学、康复医学。

1597年获博洛尼亚大学哲学和医学博士学位。后开业行医。卒于胆石症。

是最早使用合理的方法治疗创伤的外科医生之一。当时流行的治疗方法是勤换敷料、局部反复涂药膏。1616年出版《铳伤医疗法》一书，认为创伤痊愈是靠机体的生命力，而不止是药物，治疗创伤的最好方法是去除障碍物，用轻而平整的绷带不紧不松地包扎伤口，静置数天，让机体最好地发挥修复功能。这使他成为现代外科学的先驱之一。 (张祝山)

小里奥兰，J.(Riolan，Jean，Jr.) 法国人，1580年2月15日生于法国巴黎，1657年2月19日卒于同地。解剖学、病理学。

1604年获巴黎大学医学院医学博士学位。曾任巴黎大学解剖学和植物学教授、皇家学院医学教授。1633年任皇后之母的首席御医。从1640年起任皇家学院院长，直至去世。

1626年出版著名的《人体解剖图说》。1648年出版《解剖学手册》，包括正常的和病理的解剖学。反对哈维的血液循环学说，并提出了自己的循环概念。(张志练)

塞韦里诺，M. A.(Severino，Marco Aurelio) 意大利人，1580年11月2日生于意大利卡拉布里亚区塔尔西亚，1656年7月12日卒于那不勒斯。比较解剖学、病理学、治疗学。

父亲是律师，在他7岁时去世。初到那不勒斯大学学法律，后改学医。1606年在萨勒诺大学获医学博士学位。后回塔尔西亚开业行医。3年后重赴那不勒斯大学学外科学。1610年给私人教授外科学和解剖学。1615年任那不勒斯大学外科学和解剖学教授。

撰写出版的《德谟克利特的动物解剖学》，被认为是"最早的全面的比较解剖学论著"。认为解剖学者必须解剖各种动物，对小动物和昆虫都必须亲自动手，并亲自作了大量的动物解剖。另著有《脓疡论》(1632年)，内中描写了各种肿胀，包括赘瘤、新生物、肉芽肿、淋巴腺肿等，是病理学的一部代表作。和哈维的关系密切，哈维在1628年发表的《心血运动论》中曾论及他的观点。在哲学思想上，反对亚里士多德的逍遥学派，偏向德谟克利特的原子学说。另有《相克疗法》(2卷，1655～1659年)等多种著作在生前问世。 (顾振海)

阿塞利，G.(Aselli，Gaspare) 意大利人，1581年生于意大利克雷莫纳，1625年9月9日卒于米兰。解剖学、外科学、生理学。

古罗马贵族后裔。在帕维亚大学学医。后去米兰行医，在外科方面很出色，1612～1620年任西班牙驻意大利军队的首席外科医生。任帕维亚大学解剖学教授、米兰外科学会会长。44岁时死于急性恶性热病。

1622年首先发现了乳糜管，并系统研究了它的功能和意义。因发现乳糜管而赢得了米兰市荣誉市民称号，并在解剖学史上占有杰出地位。还首次发现胰腺，故胰腺又被称为"阿塞利腺"。著有《肠系膜的乳糜管》(1627年)，死后由其友人塔迪尼斯(Tadinis)和塞塔尔(Settal)编辑出版。该书首次应用了彩色解剖图谱。

(张祝山)

吴有性(Wu Youxing) 字又可，号澹斋。中国明末清初江苏吴县人，约明代万历十年(1582年)生，清代顺治九年(1652年)卒。中医学、传染病学。

明末动乱年代，瘟疫流行。据《明史》记载，从永乐六年至崇祯十六年(1408～1643年)，发生大瘟疫达19次之多，其中崇祯十四年(1641年)的一次流行，遍及河北、山东、江苏、浙江等省。疫病肆虐死尸枕藉，当时医生以伤寒法治之，往往无效。他通过亲自考察和临床实践，于1642年著成《温疫论》2卷，创立了"戾气"学说。

《温疫论》一书认为瘟疫病因与过去所说的"时气"和"伏邪"不同，也不同于一般外感和伤寒，"乃天地间别有一种异气所感"。把异气又称为杂气、戾气、疠气或疫气。认为戾气是物质性的东西，"夫物者气之化也，气者物之变也，气即是物，物即是气"。这种戾气可以采用药物制服之。戾气是通过口鼻传入人体。戾气的致病与否，与戾气的厚薄以及人体的正气盛衰有密切关系。戾气有多种，不同的戾气引起不同的疫病，侵犯不同的脏器。"为病种种，是知气之不一也"，"盖当其时，适有某气专入某脏腑经络，专发为某病"。人类的疫病和禽兽

的瘟疫是由不同的戾气所引起，即是戾气有“偏中”性。还指出戾气和某些外科感染疾患有关。对于瘟疫的传染途径，有空气传染和接触传染。对于传染病的治疗，认为“守古法不合今病”，提出“达原”、“三消”等疗法。由于在温病学上提出了卓越的创见和诊治经验，为后来温病学说的发展奠定了基础。《温疫论》一书创外感瘟疫病因及传染途径说，开中国传染病学之先河。尚著有《伤寒实录》(已佚)、《温疫合璧》(吴氏撰，请王嘉谟增删补辑)。（张慰丰）

喻昌(Yu Chang) 字嘉言，晚号西昌老人。中国明末清初江西新建(今江西南昌)人，约明代万历十三年(1585年)生，约清代康熙三年(1664年)卒于江苏常熟。中医学。

本姓朱，宁王后裔。崇祯三年(1630年)以贡生被选入京城，曾上书言国事不就。后值清兵入关，40岁时隐佛门为僧，研读医书。后复蓄发行医，游于南昌、靖安等地。1644～1661年在常熟行医。晚年潜心著述，致力于《伤寒论》研究。

与张路玉、吴谦齐名，号称清初杏林三大家。著有《寓意草》(1卷，1643年)，录治案60余例，谓治病当“先议病，后用药”。载有人痘接种以预防天花之病案，论述书写病案的重要性，并创立议病式(病案)。又撰《尚论篇》(8卷，1648年)，学崇方有执，力主《伤寒论》错简订正说。将《伤寒论》条文重加分类归纳，详论伤寒六经证治。在病因上明确地将伤寒与温病区分开来，对温病学说发展有一定促进作用。又有《医门法律》(6卷，1658年)，书中“大气论”、“秋燥论”两篇在医界享有盛誉。所创清燥救肺汤迄今仍为临床所使用。又谓四时不正之气所引起的病不叫疫，“因病致死，病气尸气，混合不正之气”而致病的才叫疫或温疫。邪由口鼻而入，治疗上以逐邪为第一义，首先提出按“三焦”分治，对以后温病学说的形成有一定影响。尝谓“温病之人，邪退而阴气犹存者，方可得生”，对后世温热派护阴说颇有影响。以上三书合刊为《喻氏三书》。（张慰丰）

阿罗马塔里，G. D.(Aromatari, Giuseppe Degli) 意大利人，1587年3月25日生于意大利阿西西，1660年7月16日卒于威尼斯。临床医学、胚胎学、生物学、文学。

由当医生的叔父抚养长大。曾先后在佩鲁贾、蒙彼利埃和帕多瓦等大学学哲学和医学。1605年于帕多瓦大学毕业，获医学博士学位。1610年移居威尼斯行医，逐渐成名。

1625年出版《关于种子植物起源的通信》，提出种子由胚芽和营养成分两部分组成，胚芽中包含了植物的雏形，从而否定了生物自生论，是胚胎学的一个重要概念起源的标志。同时又是一个文人，曾参与有关名诗人彼得拉基著作的争论，并出版过古典文学选集。（顾振海）

李中梓(Li Zhongzi) 字士材，号念莪(又号尽凡居士)。中国明末清初华亭(今上海松江)人，明代万历十六年(1588年)生，清代顺治十二年(1655年)卒。中医学。

出身官宦家庭。曾祖李府(字一兵)为地方武官，因抗倭而牺牲；父李尚衮(字补之)中进士，曾在兵部任职。早年博览群书，后因两亲及其子均为药误，自己又常患病，于是兼习岐黄之学，终成名医。

对《内经》、《伤寒论》等古籍以及宋元名家之说研读较深，受张元素、刘完素、李杲、朱震亨、薛己、张景岳等人影响，并常与王肯堂等名医交往切磋。在医理上认为“肾为先天之本，脾为后天之本”，故主张肾脾并重。又提出气血具要，而补气在补血之先；“阴阳并需，而养阳在滋阴之上”，“乙癸同源，肝肾同治”，迄今尚为医家所遵循。由于过分强调阳气，又主张古今元气厚薄不同，立论上或失之片面。

著述颇多，行于世的有《内经知要》、《士材三书》(内含《诊家正眼》、《病机沙篆》、《本草通玄》，后改名《删补颐生微论》)、《医宗必读》、《雷公炮炙药性解》、《伤寒括要》、《颐生微论》、《寿世青编》、《本草征要》、《药性解》、《李中梓医案》等书。由于立论审慎平正，常能由博返约、提要钩元，故流传很广。其中尤以《内经知要》(2卷)和《医宗必读》(10卷)最著名。前书初刊于崇祯十五年(1642年)，为历来选注《内经》诸家中最为简明扼要者，颇为初学者欢迎，影响较大，迄今乃为学习中医者参考书。后书初刊于崇祯十年(1637年)，亦以简明扼要为其特点，为其“究心三十余年”始成，后来的刊本达40余种之多。在医理上善于总结前人主张，结合自己临床经验，提出一些概括性意见，颇为后世医家所重视。撰写的著作深入浅出，文字精炼，便于初学，在医药普及上也有一定贡献。（张慰丰）

戴维森，W.(Davison, William) 英国人，1593年生于英国苏格兰阿伯丁郡，约1669年卒于法国巴黎。临床医学、医学化学、园艺学、药用植物学。

贵族家庭出身。幼年丧父。就学于阿伯丁长老会马里沙尔学院，1617年获文科硕士学位。不久移居法国，在蒙彼利埃大学获医学博士学位。后又学习了3年化学。1636年任英国驻巴黎使节的内科医生。1648年受聘为巴黎皇家植物园(今博物馆)总管兼化学教授。1651年成为波兰皇后玛丽·路易丝(Marie Louise)的御医、华沙皇家植物园总管。1667年皇后去世后，他回到巴黎。

尤其重视药用植物的栽培与研究。他引为自豪的著作，是对16世纪巴拉塞尔苏斯主义者P. 塞弗里纳斯的《医学哲学的概念》的评论(1660年)。这一著作表明他是巴拉塞尔苏斯派理论家。主要化学著述“花炮制造术的基本原理”(1644年)是一长篇论文。是英国的第一位化学教授(尽管是生活于法国)。（殷明德）

杜尔普，N.(Tulp, Nicolaas) 荷兰人，1593年10月9日生于荷兰阿姆斯特丹，1674年9月12日卒于海牙。人体解剖学、外科学、药物学、社会管理。

出身名门望族。1611年入莱顿大学，1614年获医学博士学位。此后即定居阿姆斯特丹开业行医。1628年被该市外科医师同业公会任命为解剖学演示员(人们习称为解剖学教授),其工作是给该市外科医生讲课并示范解剖。艺术大师伦勃朗有一幅名画《杜尔普博士的解剖课》(1632年1月16日画),即描绘这一历史情景。1628年妻子因病去世,留下5个年幼孩子;1630年再婚,娶奥托肖伦市市长之女为妻,又生有3个孩子。1654年起,曾任阿姆斯特丹市四任市长。1673年任海牙的荷兰共和国内阁官员。

1636年荷兰第一部药典《阿姆斯特丹药典》颁布,就是在他的倡导和参与、主持下编纂的。1641年出版了一部有影响著作《医学临床观察》,内记载和分析了231例疾病或死亡医案。其著作用现代的目光来看有很多缺陷,但是对人体某些结构的描述还是有价值的,如回盲瓣及其功能、小肠乳糜管等。 (顾振海)

傅仁宇(Fu Renyu) 字允科。中国明末清初江苏江宁人,一说秣陵(今江苏南京)人,生卒年月不详,生活于17世纪。中医眼科学、外科学。

家传眼科,执壶30余年。著有《审视瑶函》(又称《眼科大全》,1644年刊行)6卷。该书内容多辑录前人著述,主要根据王肯堂的《证治准绳》,病因则辑录倪维德的《原机启微》。然该书认为前人载160证失之滥,72证又失之简,遂定眼疾为108证。书中分证论述,并有医案、图说、歌括等。所载各证均附以治疗方剂,主为内服药,对手术亦较重视,但认为必须审慎,不可随意用之,介绍有割攀睛胬肉手法、拨内障法,并附有手术用器简图。由于中国眼科专书流传者甚少,本书总结眼科理论,对眼科辨证、方药、治法等论述较为详备,故为一般医家所重视,对中国眼科学发展有一定影响。(张慰丰)

格利森,F.(Glisson, Francis) 英国人,约1597年生于英国英格兰布里斯托尔,1677年10月14日卒于伦敦。儿科学、人体解剖学、病理学、自然哲学。

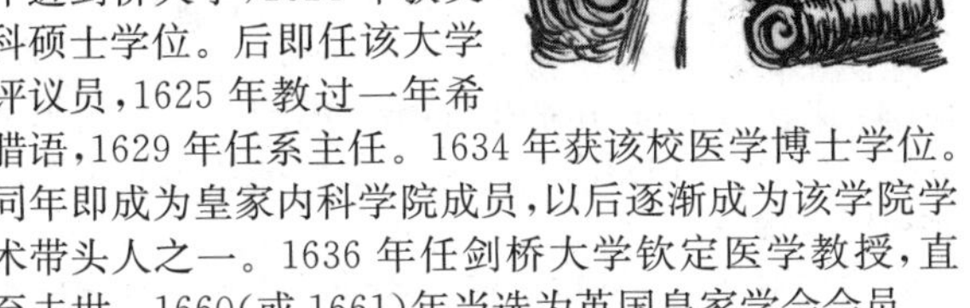

早年情况不详。1617年进剑桥大学,1624年获文科硕士学位。后即任该大学评议员,1625年教过一年希腊语,1629年任系主任。1634年获该校医学博士学位。同年即成为皇家内科学院成员,以后逐渐成为该学院学术带头人之一。1636年任剑桥大学钦定医学教授,直至去世。1660(或1661)年当选为英国皇家学会会员。

1645年以后,英国内科学院研讨儿科佝偻病,他负责主笔并以他的名义于1650年发表。这本以《论佝偻病》为名的专著,直到20世纪都是权威性的著作。1654年出版又一部重要著作《肝脏解剖学》,该书论述了肝的生理和病理,清楚地描述了被覆导管和血管的纤维结缔组织。这一结构以后就以他的名字命名。该书中提出,一切有机体都有其固有的"应激性",从而使有机体对外界产生各种反应。例如肌纤维有应激性,因而对神经刺激有反应。以后A. von哈勒对这一现象的深入研究,就是受此启示。此外,在哲学论著中企图证明一切物体中都有生命存在,故属物活论学派。 (顾振海)

费斯林.J.(Vesling, Johann; **拉丁名** Veslingius) 德国人,1598年生于德国明登,1649年8月30日卒于意大利帕多瓦。解剖学、生物学。

c uej r传记家都认为他是在威尼斯受的中等和大学医学教育,但威尼斯大学没有他的注册登记。据认为他幼年时随父亲到过奥地利的维也纳,后来在那里学过医。在莱顿大学查到了他20多岁即1619年11月的考试成绩。1627年冬在威尼斯行医并讲解剖学示教课,吸引了许多帕多瓦大学学生前来听课。1628年8月去埃及和耶路撒冷,任威尼斯共和国驻外领事私人医生。1632年被聘为帕多瓦大学解剖学和外科学教授,1638年兼任该校植物园园长。

以观察能力卓越而著称。所著《解剖学教程》(1641年)简明扼要,数次再版,并被译成多国文字。该书最早描述了淋巴系统;其中最重要的是对乳糜管的描述;对血液循环进行研究,确定进入左心房的肺静脉为4根;是首批描述脑动脉循环通道的医学家之一;是第一个发现胸导管的人。1628年8月去埃及,研究了埃及地区植物,并编写了植物志,精辟的观察超过了前人的记载,其中对咖啡作物的描述尤为突出。还研究了鸡胚胎发育。遗著由T.巴托林编辑出版,其中最突出的是蝰蛇性器官的发现,和对蛇臭腺的某些传统描述的修正。

(张志练)

特鲁利,G.(Trulli, Giovanni) 意大利人,1598年生于意大利弗罗西诺内省维罗利,1661年12月27日卒于罗马。外科学、眼科学、生理学。

早年情况不详。曾赴巴黎大学医学院学外科学。1636年定居罗马,任红衣主教F.巴尔贝里尼(Francesco Barberini)的外科医生,并任罗马大学外科学教授。

在当时欧洲外科学界享有很高声誉。特别擅长结石截除术。坚定地支持和宣扬哈维的血液循环学说,并在巴尔贝里尼和哈维的交往中起了一定作用。生前未出版过任何著述,但后人在他同伽利略的通信中发现,他已提出一种关于白内障的病理学理论。1637年底伽利略失明,他奉命在其诊断书上签署结论。 (顾振海)

罗尔芬克,G.(Rolfinck, Guerner) 德国人,1599年11月15日生于德国汉堡,1673年5月6日卒于耶拿。眼科学、人体解剖学、医学化学。

1616~1620年先后在德国维滕堡大学、荷兰莱顿大学学哲学和医学。后访问牛津大学和巴黎大学。1625年在意大利帕多瓦大学获哲学博士与医学博士学位。后在威尼斯行医和教授解剖学。1629~1673年在耶拿大学受聘为解剖学、外科学和植物学教授,培养了104个博士生,曾6次出任耶拿大学校长。

第一个揭示了白内障发生在晶状体中。1629年在耶拿大学建立了第一个解剖学讲堂；大胆革新，把两个刚被处死的罪犯作为解剖对象。1631年在耶拿大学建立植物园，1638年建立化学实验室。1655年以后主要从事化学研究。倡导医学与化学的结合，反对陈旧的炼金术和迷信邪说。（张志练）

恩特，G.（Ent，Sir George） 英国人，1604年11月6日生于英国肯特郡桑威奇，1689年10月13日卒于伦敦。生理学、内科学。

比利时移民后裔。在荷兰鹿特丹受启蒙教育。1624～1631年在英国剑桥大学苏赛克斯学院学习，1631年获文科硕士学位。后在意大利帕多瓦大学学医，1636年获医学博士学位。在同僚中颇受尊敬。1670～1684年任英国皇家内科医师学院院长。被封为爵士。1663年为英国皇家学会创始会员。

他把在科学上的成就归功于他与W.哈维的友谊。最早反击对“心血液运动论”的围攻打压，公开发表文章“为血液循环论辩解”（1641年）。1648年说服年老的哈维出版《论动物的生殖》，1651年他亲自主持编辑发行，并为该书写了前言。（殷明德）

傅山（Fu Shan） 初名鼎臣，原字青竹，后改字青主，号公之它，又号啬庐、石道人、朱衣道人等。中国明末清初山西阳曲（今山西太原）人，明代万历三十五年（1607年）生，清代康熙二十三年（1684年）卒。中医学、中医妇产科学。

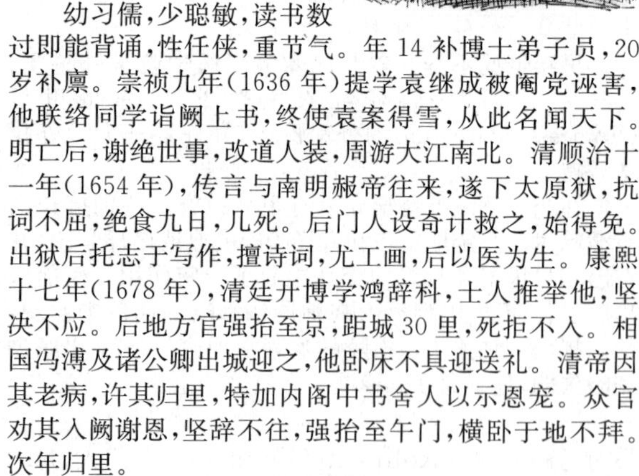

幼习儒，少聪敏，读书数过即能背诵，性任侠，重节气。年14补博士弟子员，20岁补廪。崇祯九年（1636年）提学袁继成被阉党诬害，他联络同学诣阙上书，终使袁案得雪，从此名闻天下。明亡后，谢绝世事，改道人装，周游大江南北。清顺治十一年（1654年），传言与南明赧帝往来，遂下太原狱，抗词不屈，绝食九日，几死。后门人设奇计救之，始得免。出狱后托志于写作，擅诗词，尤工画，后以医为生。康熙十七年（1678年），清廷开博学鸿辞科，士人推举他，坚决不应。后地方官强抬至京，距城30里，死拒不入。相国冯溥及诸公卿出城迎之，他卧床不具迎送礼。清帝因其老病，许其归里，特加内阁中书舍人以示恩宠。众官劝其入阙谢恩，坚辞不往，强抬至午门，横卧于地不拜。次年归里。

博学多识，经史外兼工佛道、书法、绘画、诗词及音韵训诂之学。家有禁方，谢绝世事后，以医问世，曾设“卫生馆”于太原三桥街，活人甚多。著有《霜江龛集》12卷。所著医学遗稿经后世整理，编为《傅青主女科》、《傅青主男科》、《傅氏幼科》。另著《大小诸症方论》，有顾炎武于康熙十二年（1673年）作序。在医理上辨证以肝、脾、肾立论，注重气血，主张调理脾胃，攻补并用。长于妇、内科杂证，并重视民间单方、验方。世传清陈士铎所撰《辨证录》、《石室秘录》、《洞天奥旨》等书，学人谓其原作即为傅氏。

他的主要医学成就在妇产科领域。《傅青主女科》全书2卷10门，简明而实用，涉及妇女科带下、月经、妊娠、生理和病理产科80证，83个方子。自道光年间付梓后，不到一个世纪已翻刻版本达40多种，一些方剂至今仍在采用。（张慰丰）

勒费弗尔，N.（Le Febvre，Nicaise） 法国人，约1610年生于法国色当，1669年卒于英国伦敦。药物学、基础化学、科学史学。

药商的儿子。1625年完成初级教育后，曾在父亲的店里当学徒。获得药剂师资格后，继承父业。1646～1647年间去巴黎求师学医。1652年经国家考试获得皇家药剂师资格，并任皇家植物园的化学示教者。1660年应邀去英国，任皇家化学教授和皇室的药剂师。1661年当选为英国皇家学会创始外籍会员，1664年被任命为学会的化学委员。

主要著作是著名的《化学史》，该书在17世纪法国化学教学中居主导地位。书中着重考察了化学对医学和药物学发展的重要作用和深远影响。（张祝山）

布代洛，P. M.（Bourdelot，Pierre Michon） 法国人，1610年2月2日生于法国桑斯，1685年2月9日卒于巴黎。临床内科学、科学传播。

一位理发师兼外科医生的儿子。约1629年开始在巴黎大学学医。1634年被两位舅舅收为养子，进入巴黎的知识阶层。一生为皇家和贵族服务，曾任亨利二世（Henry Ⅱ）及其家族的御医。

1640～1680年在巴黎科学界起了重要作用。创立了布代洛学会，参加该学会的是当时许多有名望的哲学家、科学家，有许多人后来成为英国皇家学会外籍会员。该学会为巴黎的科学活动提供了物质上的资助，为传播科学思想作出了贡献，并为与外国（特别是意大利）的科学知识交流创造了有利条件。（张祝山）

张志聪（Zhang Zhicong） 字隐庵。中国明末清初浙江钱塘（今杭州市西）人，约明代万历三十八年（1610年）生，约清代康熙十三年（1674年）卒。中医学。

幼年丧父，学医于张卿子门下，复受名医卢之颐的影响。业医数十年，在杭州胥山建侣山堂，自顺治中至康熙初（1644～1662年），聚同道及生徒数十人论医讲学，从学者甚众。

医理宗《内经》、《伤寒论》、《神农本草经》，强调以阴阳、五运六气之理论述伤寒、本草，注重药物之制化、升降浮沉。对前人如成无己、李东垣等的某些论述，能提出批评。并认为《伤寒论》仅由王叔和编写序例，余皆仲景原文，反对方（有执）、喻（嘉言）错简之说，故不同意前人归咎于王叔和之论。历时10年（1654～1663年）撰成《伤寒论宗印》（8卷），又撰《金匮要略注》（4卷，1664年）、《素问集注》（9卷，1670年）、《侣山堂类辨》（2卷，1670年）、《灵枢集注》（9卷，1672年）、《伤寒论集注》

(6卷,1683年)、《本草崇原》(3卷,1767年),后两书由高世栻(士宗)在他身后最后辑补完成。由于受尊经复古和宋明理学思想的影响,有关注释也有不切实际之处,然《黄帝内经素问集注》对后人学习《内经》,迄今仍不失为一本重要参考书。 (张慰丰)

皮索,W.(Piso,Willem) 荷兰人,1611年生于荷兰莱顿,1678年卒于阿姆斯特丹。热带病学、药物学、博物学、人类学。

1623年进莱顿大学学医。1633年在法国卡昂大学医学院取得医学博士学位。后回荷兰在阿姆斯特丹行医。1636~1644年在巴西当德国移民的医师。后返回阿姆斯特丹定居,任阿姆斯特丹大学医学院督察员,后任院长。

热带医学的先驱者。曾深入研究巴西土著的医学经验,介绍并引用他们的有效疗法,先后编辑出版《巴西博物志》和《热带药学手册》等著作。第一个阐明:接受土著生活方式的热带欧洲移民,能够保持良好的健康状态。还详细研讨了热带肠道疾病、美洲锥虫病、沙蚤病及其治疗,以及昼盲症和夜盲症的病因等;推荐巴西土族治痢疾的吐根疗法,以及雅司病的治疗。在当地采集草药标本,并且第一个将吐根引进到西方医学界。

(方正源)

海默尔,N.(Highmore,Mathaniel) 英国人,1613年2月6日生于英国福丁布里奇,1685年3月21日卒于多塞特郡舍伯恩。人体解剖学、临床医学。

受教于牛津大学三一学院。1635年和1638年分别获文学士和文科硕士学位。后又转学医学,1643年在牛津大学获医学博士学位。是以G.巴瑟斯特(George Bathurst)和W.哈维为首的三一学院科学家小组的成员之一。后回到舍伯恩行医40年。

是一位技术高超、受人尊敬的医生。主要著作是1651年的《人体解剖学研究》,该书首次描述了颌窦和睾丸纵隔,也是接受哈维血液循环学说的第一本解剖学专著。此书长期被公认为标准的解剖学教科书,受到国内外的好评。 (殷明德)

希尔维斯,F.B.(Sylvius,Franciscus de le Boë) 原名弗兰兹·德拉勃埃(Franz de le Boë),希尔维斯是拉丁化的姓。荷兰人,1614年3月15日生于德国哈瑙,1672年11月19日卒于荷兰莱顿。解剖生理学、临床医学、医学化学。

是南佛兰德人的后裔。父母是荷兰人,因西班牙军入侵而避居德国。为学习医学,先到色当大学,1633~1635年又至莱顿大学。在赴维滕堡大学和耶拿大学进修之后,于1637年在瑞士巴塞尔大学获医学博士学位。1639年回莱顿行医,又给私人讲授解剖学。1641年迁居阿姆斯特丹开业行医,业余从事解剖学和化学研究。1658年出任莱顿大学医学教授。1669年在该校首先建立第一个化学实验室,并开设临床医学讲座,吸引了欧洲各地的学生。1669~1670年任该校副校长。

是哈维血液循环理论的首批支持者和宣传者,自己也积极从事解剖生理学的研究。例如在神经解剖学上,至今将大脑外侧窝、大脑外侧裂、大脑导水管以他的名字命名(16世纪,J.希尔维斯也曾经研究过大脑解剖,迄今以希尔维斯命名的解剖名称,系概指两位希尔维斯。)

还是医学化学学派的代表人物,首先抛弃四体液病理学说,创立自己的医化学理论。企图用化学原理来说明人体的生理、病理现象,认为人体的生命活动完全服从于发酵的化学过程。所指的发酵实质上是指机体内的一切化学过程。还用酸和碱的理论来解释生理和病理现象,认为疾病是由于体内酸性体液或碱性体液过剩或不足所致,治疗就是恢复这一化学平衡或纠正失衡。常采取"相反疗法"或"以异攻异"的原则,即损其有余而补其不足。这种理论尽管不够完善,但确比四体液的老观念更接近现代的看法。虽然以后医学的发展超越了这种理论,但当时却风行一时。

他和追随者研究了消化液,正确地认为消化包含发酵过程。他对唾液腺,胰腺及胆囊均作过研究,令人惊奇的是他完全忽略了胃液。对不同的消化液分为酸性与碱性两类,认为唾液、胰液是酸性的,胆汁是碱性的,这两种不同性质的液体相合即引起发酵。据载利用杜松子酒治疗慢性肾病也是他的一大发明。

以他巨大的影响促进了医学科学的研究,培育了一大批英才。著有《医学辨证集》、《临床医学新观念》(1671年)等书。 (顾振海 张慰丰)

沃顿,T.(Wharton,Thomas) 英国人,1614年8月31日生于英国达勒姆,1673年11月15日卒于伦敦。人体解剖学、内分泌学、内科学。

先后在剑桥大学彭布罗克学院、牛津大学三一学院等处学习。1647年在牛津大学获医学博士学位。后在伦敦行医。1650年被选为英国皇家内科医师学院特别成员。1659年起任伦敦圣托马斯医院内科医生。

主要致力于人的腺体研究。发现了下颌下腺管(沃顿氏管)和脐带胶(沃顿氏胶),还命名了"甲状腺"。主要著作《腺论》是第一本全面叙述人体腺体的论著。

(张祝山)

格拉塞,C.(Glaser,Christopher) 瑞士人,约1615年生于瑞士巴塞尔,约1672年卒于法国巴黎。药物学、医学化学、基础化学。

早年情况不详。曾在东欧旅行调查矿产开发和矿物药用情况。后定居巴黎开设药房。是法王路易十四(Louis XIV)和奥尔良(Orleans)公爵的常任御用药师。1662年任巴黎皇家植物园的化学演示员。1672年被控告牵涉一桩谋杀案,从此隐退。

1663年出版《化学论》,适逢巴拉塞尔苏斯的医药化学学派兴起的时代,又因他的书中没有太多涉及理论而直截了当地描述操作过程，所以广受欢迎，出了14版，且有英文版和德文版问世。对化学的贡献，还包括对化学家N.莱默里等人的培养。（顾振海）

汪昂（Wang Ang） 字讱庵。中国明清时安徽休宁人，明代万历四十三年（1615年）生，约清代康熙三十七年（1698年）卒。中医学、养生学、中医文献学。

早年习儒，为邑诸生，著有《诗文集》。入清时已30余岁，由休宁迁居括苍（今浙江丽水），弃儒业医，前后40余年。博览诸子经史及各家医籍，潜心医药书籍的编辑整理。

医理宗《内经》，兼采诸家之长。对于明代传入中国的西医，态度比较开明，认为西医虽不明气化之理，对于形态方面的论述较为确凿。还记述"脑为元神之府"，"灵机记忆在脑"等说。撰述颇多。《医方集解》（3卷，1682年），收载方剂近700首（正方与附方），分病列方，注释扼要，影响颇大，后世刊本多达50余种，以后解方之书，大抵不出本书体例。《素问灵枢类纂约注》（2卷，1689年）分为9篇，采用唐王冰，明马莳、吴昆与清张志聪注解，是学习《内经》的一部参考书。《本草备要》（8卷，1681年辑成，1694年增补刊行），选常用药460种，简辑诸家本草，将药、证、病因加以联系，由博返约，既备且要，为医家喜用。《汤头歌诀》（1卷，1694年），选录常用方剂300余首，把方剂的组成、主治等编成七言歌诀200余首，为初学者欢迎，迄今仍是学习中医的入门书。由于著作简明扼要、浅显易懂，为后世学医者喜读，流传较广，对医学普及有一定贡献。此外对养生学亦颇有研究，撰有《勿药元诠》、《寿人经》等著作。（张慰丰）

巴托林，T.（Bartholin，Thomas） 丹麦人，1616年10月20日生于丹麦哥本哈根，1680年12月4日卒于同地。解剖学、生理学、药物学、科学传播。

哥本哈根大学解剖学和神学教授的儿子。对人文学科有强烈兴趣。1634年进入哥本哈根大学。1637年去莱顿大学学医，并决定以医生为职业。1640年因患肺结核，停学去巴黎、奥尔良、蒙彼利埃和帕多瓦等大学求师，康复后又访问罗马、那不勒斯、西西里和马耳他等地。后入瑞士巴塞尔大学学习，1645年取得医学博士学位。1646年10月返回哥本哈根大学任教，曾教过数学，1649年任解剖学教授。

在解剖学、生理学上最大的贡献是发现胸导管与淋巴系统，认为这是一相对独立的系统。在他之前，1647年J.佩克已发现胸导管与乳糜池；1650年瑞典的O.鲁德贝克也发现肠淋巴管与胸导管。巴托林几乎与鲁德贝克同时，并独立地发现胸导管，而且1652年再次考查了肠淋巴管与胸导管的联系。

3次修订出版他父亲编著的《解剖学纲要》，使此书成为当时流行的教科书，1611～1686年以拉丁、法、英、德、荷、意大利文发行达30多版。书内附有哈维的血液循环学说和G.阿塞利所发现的乳糜管（1622年）。1672年，丹麦国王授权他负责制订皇家医药法令，将他所著的《处方集》（1658年）钦定为丹麦第一部国家药典。在其后100多年中，丹麦的医学机构一直遵循该法令。1673年首倡在哥本哈根大学举办助产学考试。同年创办丹麦第一本科学杂志《医学与哲学学报》。

（高楚明 张慰丰）

张璐（Zhang Lu） 字路玉，晚号石顽老人。中国明末清初长州（今江苏吴县）人，明代万历四十五年（1617年）生，清代康熙三十九年（1700年）卒。中医学、中医文献学。

早年习儒，值明末战乱，隐居洞庭山中10余年，并钻研医学。清顺治十六年（1659年），返回乡里行医。后业医40年左右。

著述颇多，撰有《伤寒大成》、《伤寒缵论》（2卷）、《伤寒绪论》（2卷）、《诊宗三昧》（1卷，1680年）、《本经逢原》（4卷，1695年）、《千金方衍义》（30卷）、《张氏医通》（16卷）等。后书撰于晚年，采取历代60余家著述，参考百余种书籍，历时50年，十易其稿而成（眼科和痘疹部分分别由其子张倬、张以柔所补辑）。该书仿《证治准绳》体例，汇集古人方论，时贤名言、参以己见，附录医案纂成，内容包括内、外、妇、儿、五官等科，分门别类，内容丰富。著述颇切实用，有不少阐发，流传较广。

（张慰丰）

茨韦尔费尔，J.（Zwelfer，Johann） 德国人，1618年生于德国伦尼斯地区的巴拉蒂纳特，1668年卒于奥地利维也纳（?）。药物学、医学化学、基础化学。

在故乡做了16年药剂师后，又去意大利帕多瓦大学学医，获医学博士学位。后去维也纳行医和教学，在那里度过余生。

主要学术贡献为：1652年，最早著书修正《标准德国药典》；发明纯化甘汞及制备纯氧化铁的方法。

（张祝山）

波瑞尔，P.（Borel，Pierre） 法国人，约1620年生于法国朗格多克，1671年卒于巴黎。外科学、药物学、显微术、博物学、科学史学。

早年在法国蒙彼利埃大学学习，1641年获医学博士学位。后回原籍行医。约1653年移居巴黎，任皇家常任御医。

在医学上，曾描述过上百次医用显微镜观测；指出白内障是晶状体变暗造成的；倡导在鼻、咽喉诊断中采用凹面镜；还因第一次描述脑震荡而闻名。1667年出版最后一部著作《药苑》，对各种药用植物作了详细介绍。

爱好博物学，搜集动植物与矿物标本，1645年出版自己的收藏品目录。对科学史颇有研究，搜集了约4000份炼金术士或化学家手稿与著述，并于1653年在巴黎出版了这些收藏文献的目录。还搜集历史文物与古代钱币。1656 年研究了望远镜发明史，认为 Z. 詹森(Zacharias Janssen)是第一个发明者(1590 年)，H. 里帕席是第二个发明者(1608 年)。（林德宏）

盖扬，L.(Gayant，Louis) 法国人，生于法国博韦，生年不详，1673 年 10 月 19 日卒于荷兰马斯特里赫特。比较解剖学、实验生理学。

受过正规医学教育，是当时有名的解剖学者，去世时是军医。他的贡献完全和法国科学院的解剖学者们的成就融为一体。1667 年，他和 J. 佩克、C. 佩罗等人合作研究解剖学，其成果后来编集成《解剖学论文集》。当时伦敦和巴黎医学界热议输血问题，同年和科学院的解剖学者用狗做实验，证实输血会有危险后果，遂由政府明令禁止。还对哺乳动物进行了大量的比较解剖学研究。（顾振海）

查尔顿，W.(Charleton，Walter) 英国人，1620 年 2 月 13 日生于英国萨默塞特郡，1707 年 5 月 6 日卒于伦敦。生理学、自然哲学、考古学。

父亲是谢普顿教区长，希望他长大后成为医师。他于 1635 年就学于牛津大学，在 J. 威尔金斯的指导下，显露出哲学和逻辑方面的才华，1643 年获医学博士学位。是英国皇家学会的创始会员。1689～1691 年任英国皇家医学会会长。是英王查尔斯一世(Charles Ⅰ)和查尔斯二世(Charles Ⅱ)的御医。

对科学的主要贡献，是宣扬伽桑狄的原子论，并将这一学说纳入西方自然哲学范畴。1652 年出版《物理神学》。1654 年出版《伊壁鸠鲁—伽桑狄—查尔顿生理学》，牛顿和波义耳曾阅读过此书。1659 年发表一部有关营养、生命和意志活动的著作，是第一部英文版的生理学教材。1663 年出版考古学著作，推测英国巨石阵是古代丹麦酋长的会议旧址。（郑毓信）

韦普费尔，J.-J.(Wepfer，Johann-Jakob) 瑞士人，1620 年 12 月 23 日生于瑞士沙夫豪森，1695 年 1 月 26 日卒于同地。毒理学、脑科学。

曾在意大利帕多瓦大学医学院学习。1647 年在瑞士巴塞尔获医学博士学位。后在沙夫豪森等地开业行医。曾任一些德国王公贵族的私人医生和顾问。

是毒理学的先驱之一。在毒物及其防范和用途方面，有许多重要发现。如最先研究毒芹碱的药理学作用、中毒及治疗；发现其小剂量的解痉镇痛作用，并首先应用于外科小手术；研究汞中毒等。在脑的研究方面，首先应用染料注射法给颈血管染色；最早报道中风乃脑血管破裂出血所致。（张祝山）

威利斯，T.(Willis，Thomas) 英国人，1621 年 1 月 27 日生于英国威尔特郡大贝德温，1675 年 11 月 11 日卒于伦敦。解剖学、流行病学、医学化学。

曾在牛津大学学习，1642 年获硕士学位。毕业后在母校任教。1646 年获行医执照。1666 年在伦敦开业行医，成为当时上流社会受欢迎的医生。

是英国医学化学派的代表人物之一。早期著作《论热病》，系英国流行病学重要著作，首次对伤寒病做了可靠的临床描述。也是第一个描述重症肌无力和分娩期高热的人，将分娩期的感染高热按拉丁文命名为“产褥热”。1664 年撰写了一部最重要的著作《脑解剖学》，是中枢神经系统和自主神经系统的奠基性著作。书中提出自觉发自大脑并在大脑中有对应定位，而不自觉功能活动由“肋间”和“迷走”神经完成，现称这两种神经为交感神经和副交感神经。还描述了脑神经的分布，并研究了大脑血流，叙述了脑底动脉环(“威利斯氏环”)。发现根据病人尿中是否含糖可以区别糖尿病和尿崩症，故而至今仍有称糖尿病为“威利斯氏病”者。

以他为首创办的科学俱乐部，实际上是英国皇家学会的雏型，成员包括 J. 威尔金斯、R. 波义耳和 R. 胡克等著名科学家。（张祝山 顾振海）

范霍恩，J.(Van Horne(Hornius)，Johannes) 荷兰人，约 1621 年 9 月 2 日生于荷兰阿姆斯特丹，1670 年 1 月 5 日卒于莱顿。解剖学、外科学。

15 岁时被莱顿大学文科录取，后来转到医科。后到乌得勒支大学继续学医。后赴意大利深造，在帕多瓦大学获医学博士学位。还访问了那不勒斯大学。在回国途中，瑞士巴塞尔大学授予他荣誉博士学位。他还访问了奥尔良、蒙彼利埃和英格兰，在国外的学习时间不少于 6 年。回到荷兰后，在莱顿大学作解剖学示教，1651 年任解剖学编外教授，1653 年任解剖学和外科学教授。

1652 年首先描述了人的乳糜管(胸导管)；还研究了人的卵巢，有关的观察资料仅在一本导言性的小册子中发表。其《解剖学导论》(1660 年)销路甚广，被译成荷兰文、德文和法文出版。（殷明德）

佩克，J.(Pecquet，Jean) 法国人，1622 年 5 月 9 日生于法国迪耶普，1674 年 2 月卒于巴黎。解剖学。

青年时代生活在法国西北部。1642 年赴巴黎，加入法国科学院前身的一些科学团体，并参加福克(Fouquet)兄弟集团。1646 年加入巴黎医师公会。1651 年在蒙彼利埃大学学医，1652 年获医学博士学位。后返回巴黎任开业医师，并和不少巴黎科学家与外科医学家结识为友。

1647 年通过动物解剖学方法独立发现了人体胸导管与乳糜池；参加过 1666～1667 年法国科学院的输血实验；参加 1669 年关于肝寄生虫的辩论。（方正源）

西德纳姆，T.(Sydenham，Thomas) 英国人，1624 年 9 月 10 日生于英国多塞特郡温福特伊格尔，1689 年 12 月 29 日卒于伦敦。临床医学、内科学、基础医学。

地产商之子。1642 年赴牛津大学学习，当时正值

英国内战，入学不久即与父兄一起参加克伦威尔的国会军。1646 年重返牛津大学沃德姆学院，就学于 R. 波义耳门下，1649 年获学士学位。第二次国内战争时期，再次参加国会军。1659 年曾去法国蒙彼利埃大学学习一年。1660 年定居伦敦开业，因受皇室与贵族的排挤，1663 年始通过医学考试获得行医执照。1676 年(52 岁)才获得剑桥大学医学博士学位。

近代临床医学创始人之一，被誉为“英国的希波克拉底”。与波义耳一样，在哲学上都属于怀疑论学派，认为人对客观的认识仅限于现象的观察和根据经验进行的推理，所以特别重视对疾病的临床系统观察。主要功绩是恢复希波克拉底的传统，号召医生要面向病人，重视临床实践，反对盲从经典，认为经验与观察是医生获得知识的惟一源泉。医生的主要职责是治疗疾病而不是缔造理论。通过临床观察，对于天花、麻疹、猩红热、疟疾、丹毒、痢疾、舞蹈症、痛风、癫痫、梅毒、结核、风湿性关节炎、癔病等，均有过出色的描述与报道。特别对痛风，根据自身患病的体会与经历，给予了生动的描述，成为痛风病的经典文献。是第一个将猩红热与麻疹区别开来，并为猩红热命名的人。综合众多病人的症状，概括了各种疾病的病史、典型症状及其病理过程，确立了疾病的本体观念。经他的倡导，各国医家群起仿效，报道对疾病的观察。从此，医学史上逐个完成各种疾病的历史记载。

他认为疾病可有三种分类法：①按疾病的本质分，为物质性疾病(液体异常)与动力性疾病(生命力不调和)；②按疾病反应分，为急性与慢性疾病；③按流行特征分，为散发性与泛发性两类，散发性系气候(冷、热、干、湿)及季节变化所引起；泛发性系大气中有害因子(瘴气)及流行性因素所引起。在治疗学方面，重申希波克拉底的自然痊愈力学说，认为发热乃人体中和或清除血液中有害物质的自然反应。医生的责任在于诱导或授助自然过程，使机体重趋平衡。主张养生法，提倡体育疗法。主张结核病人呼吸新鲜空气和户外活动；对天花病人采用冷疗法；用铁剂治疗贫血症；对精神病患者，主张用合理的、简易的、人道的处理方法。排斥当时士人习用的丹方成药(内含数十甚至数百种药物)，代之以简单而有效药物。对金鸡纳树皮、鸦片酊等特殊药物的使用都有创见，常用饮食、休息、吐法、泻法、汗法、放血疗法，经他推崇风行于欧洲。

主要著作有《热病治疗法》(1666 年初版，1676 年第 3 版改名为《医学观察》)、《书信录》(2 卷，1680 年)、《专题演讲录》(1682 年)、《痛风与浮肿论文集》(1683 年)、《康复过程》(1692 年)等。 (顾振海　张慰丰)

马尔比基，M.（Malpighi，Marcello） 意大利人，1628 年 3 月 10 日在意大利博洛尼亚克雷瓦尔科雷受洗礼，1694 年 11 月 29 日卒于罗马。生理学、病理学、显微解剖学、组织胚胎学、生物学。

1646 年进意大利博洛尼亚大学，1653 年获医学和哲学博士双学位。留校任实践医学讲师。不久到比萨大学任理论医学教授。1662 年在西西里岛的墨西拿大学任首席医学教授。1666 年回母校博洛尼亚大学任教。1691 年至去世，任教皇英诺森十二世(Innocent Ⅻ)的首席医师等职。1669 年入选英国皇家学会外籍会员。

1661 年首次发现肺的基本结构：肺泡开口于终末支气管，并为毛细血管网所包绕。又在蛙的肠系膜与膀胱壁上，发现毛细血管的吻合，证明血液确由动脉毛细血管流入静脉毛细血管，从而弄清了多年悬而未决的问题——动脉静脉之间的联系，证实哈维血液循环学说。还提出氧合作用的机制。发现了舌味觉感受器乳头体，以及感受器的神经联系。提出从大脑皮层到外周神经末梢的神经机制。1666 年出版《论内脏结构》一书，对脾、肾和淋巴结等组织结构进行细致观察与报道，其中首先发现肾小体和脾淋巴滤泡；证明肾小球的血管丛连于小叶间动脉；提出肾小管的终末端包绕在血管丛内，明确了肾血管泌尿作用。至今仍称肾小体为马尔比基肾小体，称脾淋巴滤泡为马尔比基小体。对表皮的生发层也进行了研究，迄今称为马尔比基层。还首先发现肝小叶，指出胆汁由肝脏产生。首先阐明舌头乳状突起的味觉功能。发现节肢动物的排泄器官马尔比基管。

也是当时最著名的显微镜解剖病理学研究者。他擅于利用显微镜观察病理变化来研究正常现象。证明“心脏息肉”实际上是通过血液凝固的方式形成的产物。用显微镜观察血凝块的成分，从而发现了红细胞。通过显微解剖学研究疾病的原因和定位，发现临床表现与病变损害的部位和性质成比例。还强调临床医学实践与解剖学相结合。是最早应用显微镜研究胚胎发育的学者，在英国皇家学会会刊上发表“卵内鸡雏的形成”(1672 年)、“卵之孵化”(1673 年)。论文中描述了胚胎发育的各个阶段，并描述了终末窦包围的脉管区、心管及其分节、主动脉弓、体节、神经皱襞和神经管、脑泡、视泡、原肝等。但在胚胎发生学上，摇摆于“卵原说”和“胚胎预成说”矛盾状态。

还是显微镜动植物解剖学研究的创始人之一。在比萨大学任教时，潜心研究鱼类解剖，后又对蚕体构造与功能感兴趣。1675～1679 年出版两卷本《植物解剖学》，书中绘有许多精致插图，是植物解剖学的经典著作。对植物病理学，尤其对虫瘿的研究也有重要贡献。

(张祝山　顾振海)

米林顿，T.（Millington，Thomas） 英国人，1628 年生于英国伯克郡纽伯里，1704 年 1 月 5 日卒于伦敦。临床医学、解剖学、植物学。

1649 年在剑桥大学三一学院获文学士学位。1651 年在牛津大学获文科硕士学位，1659 年获神学学士和医学博士学位。曾任英国女王玛利(Mary)和女王安妮(Anne)的常任御医。被封为爵士。还曾任自然哲学教授、皇家内科学院院长等职。知识渊博、性情和蔼,不仅是可敬的医师,而且是知识阶层的积极活动家。植物性别的发现者。曾参加威廉三世(William Ⅲ)的遗体解剖。 (张祝山)

格拉塞,J. H.(Glaser, Johann Heinrich) 瑞士人,1629年10月6日生于瑞士巴塞尔,1679年2月5日卒于同地。解剖学、外科学、脑与神经科学。

巴塞尔著名画家和雕刻家的儿子。初学哲学,1648年赴日内瓦大学学医。后在巴黎自然博物馆学习植物学。曾在巴塞尔大学教物理学。1661年在巴塞尔大学获医学博士学位。留校任教,1665年任希腊语教授,1667年任该校医学院解剖学和植物学教授。1668年任巴塞尔最大的市立医院首席医师。在为人治病时感染而死。

精于教学,尤其是临床医学和解剖学现场教学。也是医院查病房制度的首创者之一。他曾公开向社会演示解剖。最著名的著作是《大脑论》,这是中枢神经系统生理学和病理学的经典著作之一。 (顾振海)

吕留良(Lü Liuliang) 初名光纶,字用晦(又字庄生),号晚村,又有耻翁、何求老人、南阳布衣、耐可、不昧、东庄等号。中国明末清初浙江崇州崇德(今浙江桐乡)人,明代崇祯二年(1629年)生,清代康熙二十二年(1683年)卒。中医学、文学。

明末清初思想家兼医学家。少攻举子,长于文学及程、朱理学,为邑诸生,曾与黄宗羲等交往。明亡时17岁,散财结友,图谋复明。晚年数次坚辞为官。1681年剪发为僧,遁迹吴兴县妙山,筑风雨庵,著书讲学,深研医学。殁后,湖南生员曾静崇拜他,派门生张熙去浙江访求其遗稿,阅后更激起反清情绪,遣张熙去游说清将岳钟琪反清。岳向清廷告发。清雍正十年(1732年),他已死49年,竟被剖棺戮尸枭示,并株亲属,无一幸免,其著作列为禁书,几至绝迹。

32岁时与名医高鼓峰相善,共论医术,研读医书,曾为人治病,但不以医名。颇推崇赵献可之命门学说,称之为"性命之名",治病重温补。但对赵氏之论也提出中肯的批评,谓赵氏之法"治败症则神效,而以治初病则多疏……欲执其一说而尽废诸法,亦不可行也。"他用药制方自有法度,主张就方以论药,不当执药以论方。著有《医贯注》、《东庄医案》,已编入杨乘六之《医宗已任编》)。

在诗文方面,著有《吕晚村文集》8卷、《东庄诗存》7卷及《续集》4卷、《惭书》1卷等。 (张慰丰)

鲁德贝克,O.(Rudbeck, Olof) 瑞典人,1630年12月12日生于瑞典韦斯特罗斯,1702年9月17日卒于乌普萨拉。解剖学、内分泌学、植物学。

1648年到乌普萨拉大学学医。毕业后留校任教,1655年受聘为乌普萨拉大学医学院助理教授,1660年任医学教授。

1650年秋首先报告发现了淋巴管。1652年在乌普萨拉皇宫向皇后用狗演示他的发现。但正式发表有关淋巴系统的论文却是在1653年夏天。当时T.巴托林等人却早在1653年春发表了这方面内容的论文,因此引起了谁先发现淋巴系统的争论。不仅是一个解剖学家,而且也是一个植物学家,自费创建了一个欧洲著名的植物园,内种植有大量的国内外药用植物。(张志练)

洛厄,R.(Lower, Richard) 英国人,1631年生于英国英格兰康沃尔郡,1691年1月17日卒于伦敦。生理学、心血管学。

家境富裕。1649年从威斯敏斯特学校毕业后,进入牛津大学基督学院,后获文科硕士、医学学士和物理学博士学位。1666年去伦敦开业行医。后成为英国皇家学会、皇家内科学院成员。

被誉为继哈维之后17世纪英国最杰出的生理学家、最著名医生之一。主要贡献是对输血和心肺功能的研究。1665年首先成功地把血液从一个动物的动脉输到另一动物的静脉。后又在人体输血成功。在此之前,人们认为动静脉血颜色不同是因血液流经心腔时引起血内化学颗粒沸腾所致。他经实验发现,动脉血为鲜红色是因血流经肺时,空气中亚硝气颗粒(即后来发现的氧)进入血液所致。还发现心脏在收缩期会自动将血液逐出,不停地发挥其泵功能。 (张祝山)

克鲁恩,W.(Croone, William) 英国人,1633年9月15日生于英国伦敦,1684年10月12日卒于同地。生理学、胚胎学、实验物理学。

1650年获剑桥大学伊曼纽尔学院文学士学位,后当选为评议员,12年后获医学博士学位。1670年结婚后,在该院任外科医师、学院解剖学讲师。1674年成为皇家内科医学院成员。

一直重视对肌肉活动和胚胎学的研究,1664年出版《肌肉活动的基本原理》,提出肌肉收缩可能是某种化学反应;神经冲动可能是沿着神经传导的某种震动,而不是物质流动。曾提出了胚胎发育过程的研究报告。还是最早用酒精作为动物组织标本防腐剂的科学家之一。在实验物理学方面,发现水在冰点以上的密度最大。 (殷明德)

拉马齐尼,B.(Ramazzini, Bernardino) 意大利人,1633年11月3日生于意大利摩德纳公国卡尔皮,1714年11月5日卒于意大利威尼斯共和国帕多瓦。流行病学、劳动卫生学、气象学、哲学。

1652年入意大利帕尔马大学学哲学,3年后改学医学,1659年获哲学与医学博士学位。后到罗马求师,任教皇御医之子、名医罗西(A. M. Rossi)的助手,在他帮助下谋得罗马郊外乡镇医生公职，在那里行医至1676年。1671年到刚建立的摩德纳大学任教，1682年被聘为理论医学教授，创建医学系并任首任系主任。1700年至去世前，任帕多瓦大学临床医学首席教授和医学院院长。1706年任罗马的阿尔卡迪学会会员、柏林普鲁士皇家学会外籍会员。是入选德国利奥波特科学院外籍院士首位意大利人。因中风去世。

近代流行病学主要奠基人之一、劳动卫生学创始人，被誉为“职业医学之父”。早期研究流行病学，因《流行性传染病》(1690年)一书而名扬欧洲。该书记载了多次肆虐于意大利地区的各种瘟疫，调研其产生原因、地理分布和控制对策。1690年，他首次调查和描述在意大利等地区爆发的山黧豆中毒事件，发现这种人畜共有过敏性疾病是因吃了某种未煮熟豆类所致，其临床征状为痉挛性瘫痪、皮肤感觉异常等。1690～1695年意大利疟疾大爆发，他主张用金鸡纳树皮(从中可以提取生物碱奎宁)做药专治疟疾病，被认为是医学史一个转折点。1694年出版关于摩德纳地区水源供应与疾病关系考察报告。在《论1710～1711年牛瘟病流行》(1711年)一书中，坚决谴责对任何传染病进行占星术迷信解释。

1690年起，他将流行病研究扩展到职业病领域。认为医生应亲自深入病人工作现场调查访问，门诊时应先询问病人从业和所处环境。但这种务实态度，却引来同行嘲笑和挖苦。1698年出版关于意大利蒙特津皮诺油矿从业者职业病调查。接着出版代表作《论手工业者疾病》(2卷，1700～1713年)，详细论述52种从业者工作情况、健康状态、常见职业病、致病原因和治疗方案。该书涉及既有体力从业者的名种手工业者、农林牧渔矿从业者和军队各兵种等等，也有脑力从业者如医生、药剂师、助产士和画家、作家、学者等。公元前4世纪科斯的希波克拉底第一个描述职业病，但《论手工业者疾病》是医学史上第一部全面论述职业病的经典，后多次再版转译。他归纳的主要原则，迄今仍被奉为劳动卫生学准则。 (李啸虎)

维厄桑，R. (Vieussens，Raymond) 法国人，约1635年生于法国洛特省维冈，1715年8月16日卒于蒙彼利埃。人体解剖学、心血病理学、脑与神经科学。

曾在蒙彼利埃大学学医，1670年获医学博士学位。毕业后在该市圣埃卢瓦主宫医院任医生、主任医生。1699年被选为法国科学院通信院士。1707年任国会议员。

研究了脑白质的纤维通路；详细描述了脑的橄榄核和维厄桑氏半卵圆中央；研究了小脑细微结构，发现了齿状核；最独到的是关于外周神经通路的研究。是心脏病研究的先驱之一，研究了心脏生理、病理及循环；首先从临床和病理解剖学角度描述了二尖瓣狭窄和主动脉瓣不全，并指明主动脉疾病有特征性的脉搏。把水银注入活动物和新鲜尸体的脉管和内脏中，以研究机体内的血流情况。发酵是其研究的另一领域。为表彰他出版关于神经系统(1684年)和关于发酵(1688年)的著作，皇帝授予他皇家医生称号并发给年金。 (张志练)

马丁内斯，C. (Martinez，Crisóstomo) 西班牙人，1638年生于西班牙巴伦西亚，1694年卒于佛兰德。人体解剖学、骨科学、显微术。

早期情况不详。1680年左右开始在巴伦西亚大学研究解剖学，在那里参加了一个解剖学家团体。后曾去过巴黎。

欧洲第一代显微镜学者中惟一的西班牙人。研究人骨的显微结构，包括从胚胎到成熟骨组织的骨化过程、韧带和肌肉的附着、骨膜、致密骨和疏松骨的结构、骨髓的功能等。还研究了脂肪从血液中的形成，贮存小泡、髓的形态和功能特征，以及脂肪循环等。他的人体解剖图谱包括了人体的大部分结构。 (张祝山)

德尼，J.-B. (Denis，Jean-Baptiste) 法国人，1640年(?)生于法国巴黎，1704年10月3日卒于同地。临床医学、血液学。

据称曾在法国蒙彼利埃大学学医。在巴黎大学教哲学和数学时获教授职称。1667年1月22日，L. 盖扬在巴黎用狗作了第一次输血试验，引起蒙莫特研究院的兴趣，遂指派他和P. 埃默雷兹(Paul Emmerez)进行独立研究。1667年6月15日，他首次给4例病人输血，用的是羊血。输血后第一例病情好转；第二例第2天恢复工作，未见任何反应；第三例和第四例分别在第二次和第三次输血时死亡。第四例是精神病患者，死后其妻提起控告，结果法院判决无罪，但规定此后若无巴黎大学医学院的许可，禁止他给人输血。1668年2月10日，还给一例瘫痪女病人输过血。此后，输血便无人问津。1673年，英王查尔斯二世(Charles Ⅱ)邀请他到英国传授输血和其他疗法。到英国后，治愈了法国大使和宫廷中几位名人的病。回到巴黎后，继续对其他科学和数学进行研究，但不再行医，不再过问输血。 (殷明德)

梅奥，J. (Mayow，John) 英国人，1640年5月24日生于英国英格兰卢港附近，1679年9月16日卒于伦敦。生理学、骨科学、医学化学、基础化学。

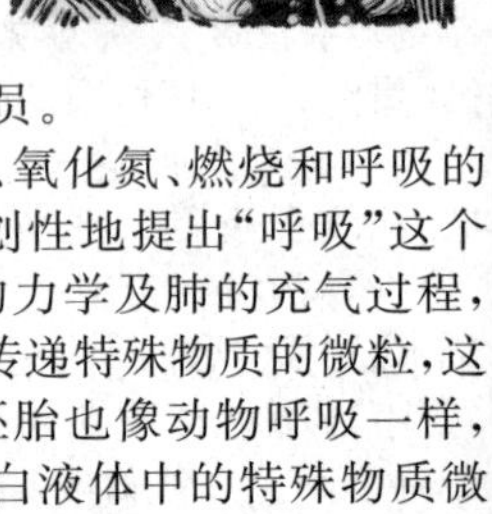

1658年入牛津大学沃德姆学院，1665年获法学士学位，1670年获医学博士学位。随后在巴斯等地行医。1678年当选为英国皇家学会会员。

最著名的是关于空气成分、氧化氮、燃烧和呼吸的研究。1668年出版论文集，独创性地提出“呼吸”这个生理学概念，叙述了胸部扩张的力学及肺的充气过程，认为呼吸主要是从空气向血液传递特殊物质的微粒，这种特殊物质是生命所必需的；胚胎也像动物呼吸一样，需要来自母体血流或卵的白蛋白液体中的特殊物质微粒。同年还发表有关佝偻病的研究论文。后来还鉴定了数种含亚硝基物质的作用及化学关系。对这一独创的见解及其意义，在19世纪至20世纪初一直有争议。

他的见解在本质上与18世纪的拉瓦锡不同。他们分别用不同方法描述了气体的状态。梅奥提出当时流行的牛津大学和英国皇家学会的观点,以独特的方法加以想像性解释。所研究的许多基本化学和生理现象,一百年后被拉瓦锡用新理论加以解释。尽管他们的实验装置和材料相似,但不可逾越的概念上的鸿沟,把他的17世纪概念与拉瓦锡的18世纪概念分隔开了。 (张祝山)

博恩,J.(Bohn,Johannes) 德国人,1640年7月20日生于德国莱比锡,1718年12月19日卒于同地。生理学、医学化学、法医学。

约于1665年在莱比锡大学医学院获医学博士学位。在解剖学和生理学、医化学以及法医学方面都有成就。1668～1677年发表了26篇论文,叙述了人体各部分的功能,并通过试验补充了历史文献记载中的不足。把生命过程给予物理解释;反对用古代的质量理论来说明化学过程;并用医化学的理论来解释消化过程。对法医学颇有贡献,是尸体剖检和法医学的奠基人之一。

(张志练)

德格拉夫,R.(de Graaf,Regnier) 荷兰人,1641年7月30日生于荷兰斯洪霍芬,1673年8月21日卒于代尔夫特。解剖学、生理学、内分泌学、生殖学。

1660年在荷兰乌得勒支大学开始学医,后转到莱顿大学,受业于F.希尔维斯。1665年在法国昂热大学获医学博士学位。一直在代尔夫特行医,从未在大学任过教。和列文虎克相处甚善,并将他举荐给英国皇家学会。不幸在鼠疫流行年间病死,年仅32岁。

是17世纪最出色的解剖学者之一。1664年发表关于胰液的著作,在医学界崭露头角。对男女性生殖器官作过系统的研究,描述了输精管、睾丸小管、卵巢、喇叭管等。对哺乳动物雌性生殖器官的解剖生理学研究,标志着生物学发展史上的重要一环。发现了卵巢中透明的囊状卵泡(即德格拉夫氏卵泡);描述了动物交配前后生殖腺的形态学变化和黄体的腺体性质。对其他腺体也进行了深入研究,制作了实验性瘘管,并应用导管插入成功地收集到纯粹的胰液、胆汁和唾液。此外,对动物标本的制作方法也有创造,应用血管注射法制备解剖标本。曾将水银注入精索管制成标本,此法后来被朋友和同事J.斯万默达姆、鲁什(F. Ruysch)等人进一步的改进与推广,遂大行于世。 (顾振海)

希亚纳,U.(Hiärne,Urban) 瑞典人,1641年12月20日生于瑞典英格里亚,1724年3月卒于斯德哥尔摩。临床医学、医学化学、工艺学、文学。

1661年开始在乌普萨拉大学学习医学和笛卡尔物理学。1666年毕业后,成为利夫兰德(Livland)总督的私人医生,因而有机会出国到荷兰、英国和法国学习,接受分析化学和实验化学的高级基础训练。1674年回到斯德哥尔摩定居,在行医同时,供职于政府矿物实验室。1675年当选为政府医学委员会委员,1696年任主席。1684年被委任为国王首席御医,1696年被授予荣誉御医称号。

17～18世纪瑞典著名医学家和医学化学先驱者。医疗实践促进了他对化学的兴趣。由于他对水质的分析研究,导致1678年瑞典首次发现著名的梅德维矿泉。研究矿物的疗效,改进了明矾和矾类的生产工艺。研究出树木防腐剂和防蚀剂。在理论化学方面,他因研究蚁酸的制备而闻名。还是一位有影响的诗人和剧作家,出版过诗集和剧本。

(殷明德)

贝利尼,L.(Bellini,Lorenzo) 意大利人,1643年9月3日生于意大利佛罗伦萨;1704年1月8日卒于同地。解剖学、生理学、病理学。

出身小商之家。曾在比萨大学学哲学和数学。20岁时任比萨大学理论医学教授,5年后任解剖学教授,直至50岁。随后成为托斯卡纳的科西莫三世(Cosimo Ⅲ)公爵的首席医师。

是意大利物理医学派的奠基人。19岁时发现输尿管,发表关于肾脏结构的论文,首次修正了盖仑对肾脏的概念。盖仑认为肾由致密实质组成,由一种"能"使尿从血液中析出。他研究了肾的解剖,发现它由纤维、空隙和小管等组成,血流经肾血管时,经过这些结构的筛滤作用而生成尿。该理论基础是流体力学。把血液看作是一种具有可运算数据的液体,例如密度、粘度和动量等。健康时血循环正常,患病就是因为循环不平衡所致,因而每种疾病的诊断,可由对血液流速变化的运算中推得。后来在著作《短篇论文集》中,进一步发展了这些理论,企图用力学原理来解释一切重要的生理病理现象,把发热归之于血球摩擦增加所致;而把炎症看作是血球停滞所造成的腐败。 (顾振海)

拉米,G.(Lamy,Guillaume) 法国人,1644年生于法国库唐斯,1683年卒于巴黎。解剖学、临床医学、药物学、自然哲学。

生平不详。由于对生命问题的兴趣而从事医学研究,1672年获巴黎大学医学院医学博士学位。留校任教,后为医学教授。

其最著名的医学著作是1675年出版的《解剖学论文集》,曾多次再版。认为人像动物一样,从大自然接受了同样的优势和不幸;人的有机化并不比动物更完备,人缺少某些器官,如翅膀等;原子的排列决定了物质的性质;心脏引起血液流动。在1677年的著作中,还批判了对理智、感情和自由意志的机械论解释。1682年出版的最后一部著作,总结了锑的医学应用,并希望医学能从解剖学和化学的新发现中获益。

1669年出版的3卷本《万物原理》,显示出他作为一位哲学家的才能。书中分别论述了逍遥学派、伊壁鸠鲁派和笛卡尔主义者的思想,述评了笛卡尔关于自然事物原理方面的论述,表明与德谟克利特和伊壁鸠鲁思想有密切联系,并特别指出伊壁鸠鲁思想中哪些重要论点已被近代科学所阐明和发展。 (肖 玲)

梅里,J.(Méry,Jean) 法国人,1645年1月6日生

于法国，1722 年 11 月 3 日卒于巴黎。比较解剖学、外科学、病理学。

一心继承父业，18 岁就前往巴黎的主宫医院学习外科，这是当时法国学习外科学最好的地方。完成学业后，开设私人外科诊所。曾任巴黎主宫医院的外科医生和主任医师、巴黎残老军人院的高级外科医师、以及皇后的皇室外科医生。1701 年当选为法国科学院院士。

以擅长截石术闻名，1700 年出版《两性体石观察与截石术》一书。研究比较解剖学和病理学，后者主要研究人的发育畸形。在动物解剖学上也有许多重要贡献。比考珀(Cowper)早几年就描述了考珀氏尿道腺。还在 J. 温斯洛之前描述了腔静脉瓣。（张祝山）

穆拉尔特，J. von(Muralt，Johannes von) 瑞士人，1645 年 2 月 18 日生于瑞士苏黎世，1733 年 1 月 12 日卒于同地。外科学、临床医学、解剖学。

出身家道中落的贵族世家。早年在苏黎世大学卡洛利南学院学习。20 岁外出，先后到巴塞尔、莱顿、伦敦、牛津、巴黎和蒙彼利埃等大学游学，跟随希尔维斯等名师学习解剖学、外科学和产科学。1671 年在巴塞尔大学获得医学博士学位。翌年定居苏黎世开业行医。1681 年当选为瑞士皇家科学院院士。1691 年任苏黎世负责医药卫生事务官员。同年任天主教大学自然科学教授。

为了争取立法许可公开解剖动物，和当地外科医生行会一起展开了历时 5 年的斗争，直至胜利。是当时有名望的医生。擅长外科，创造了一些新的手术方法，还讲授过解剖学等课程。在他带领下，苏黎世大学成了重要的解剖学和外科学研究中心。发表过解剖学、临床医学、生理学、矿物学、动物学及植物学的论文 34 篇。同时乐而不倦地普及交流科学知识。（张祝山 顾振海）

韦德尔，G. W.(Wedel，Georg Wolfgang) 德国人，1645 年 11 月 12 日生于德国戈尔森，1721 年 9 月 6 日(或 7 日)卒于耶拿。内科学、医学化学、文学。

牧师之子。1661 年到耶拿大学学习哲学和医学，1667 年获文学士学位，1669 年获医学博士学位。同年任哥达行政区公职医师。1673 年任耶拿大学解剖学、外科学和植物学教授，同年底任理论医学教授，1719 年至去世任临床医学和化学教授。期间 1679 年、1685 年先后任魏玛公爵(Duke of Weimar)、萨克森亲王(Prince of Saxony)的私人医生。1694 年封爵。1672 年人选德国利奥波德科学院院士。1716 年入选普鲁士柏林科学院院士。

是医学化学派的拥护者。培养了许多著名的医生，如 F. 霍夫曼和 G. E. 施塔尔等。出版过医学和炼金术方面的著作。又是一个著名的多产作家。（张志练）

坦赖恩，W.(Ten Rhyne，Willem) 荷兰人，1647 年生于荷兰代芬特尔，1700 年 6 月 1 日卒于荷属东印度巴塔维亚(今印度尼西亚雅加达)。流行病学、医学化学、农艺学。

早年在荷兰代芬特尔受初等教育。约 1664 年人弗拉纳克大学学医。1668 年入莱顿大学，向希尔维斯学习，成为医学化学派的忠实信徒，1668 年获医学博士学位。1673 年赴巴塔维亚荷兰东印度公司当医生。途径南非好望角时，研究了当地的动植物群落。1674～1676 年，被派往日本长崎，利用这一机会研究了茶树的形态、栽培、采制、饮用和对人体的作用；同时也研究了日本的汉传针灸术。1676 年回巴塔维亚，负责一麻风病人集中区。1687 年出版了《论亚洲麻风病》一书，对麻风病的病因、预防和治疗都有精彩的描述。（顾振海）

比德卢，G.(Bidloo，Govard；或 Bidloo，Govert) 荷兰人，1649 年 3 月 12 日生于荷兰阿姆斯特丹，1713 年 3 月 30 日卒于莱顿。解剖学、临床医学、寄生虫学、文学。

药剂师之子。早年学外科学。1682 年获弗兰尼克大学医学博士学位。1688 年在海牙大学任解剖学示教员。由于荷兰执政者威廉三世(William Ⅲ)赏识其才能，1690 年被任命为荷兰国立医院管理总署主管。1692 年兼任英国医院总监。1694 年至去世，任莱顿大学解剖学与医学教授。期间 1695 年被任命为威廉三世的御医。后又被选为英国皇学学会外籍会员。

开创了荷兰临床直观教学的先例，让学生观摩他进行难度很大的手术。主要著作是《人体解剖图集》，由画家莱利兹(Gerard de Lairesse)配制 105 幅插图，图大如实体，列出许多器官的显微图像，该书的拉丁文版于 1685 年出版，荷兰文版于 1690 年出版。此外，他对肝吸虫进行了深入的研究，并把这方面的研究成果函寄列文虎克代为发表，因此，有关论文有时被收集在列文虎克的书信集中。他还是一位诗人和剧作家，身后出版 3 卷本这方面的文集。（陆宝树）

皮凯恩，A.(Pitcairn，Archibald) 英国人，1652 年 12 月 25 日生于英国苏格兰爱丁堡，1713 年 10 月 20 日卒于同地。数理医学、生理学、血液学。

1668 年到爱丁堡大学学习，1671 年获文科硕士学位，1680 年获医学博士学位。1685 年受聘为爱丁堡大学医学院医学教授。1699 年在苏格兰阿伯丁大学获第二个医学博士学位。1701 年被选进爱丁堡皇家外科医师协会。

英国皇家内科医师协会创始人之一。与 D. 格雷戈里、牛顿等名人关系密切。主张把医学建立在严格的数学物理基础上。采用流体、血液流速、血管尺寸等可观察计算的参数和术语，建立了皮凯恩系统。认为生命的主要行为是血液循环，而疾病则是循环的液体力学发生故障所致。皮凯恩系统成为当时正在兴起的牛顿哲学的一部分，引起医学界的强烈反响和争论。身后出版有《皮凯恩全集》(1727 年)。（张志练）

阿尔宾诺斯一家(Albinus Family) 德裔荷兰人，18 世纪初由德国移居荷兰的一个著名的医学家庭。主要成员有 B. 阿尔宾诺斯和他的长子、次子和幼子。

他们一家有力地推动了18世纪荷兰医学的发展。

阿尔宾诺斯，B.（Albinus, Bernard） 1653年1月7日生于德国安哈尔特区德绍，1721年9月7日卒于荷兰莱顿。基础医学、医学教育。

德国德绍市市长的儿子。1675年进荷兰莱顿大学学医，1676年获医学博士学位。后即去法国等国大学进修解剖学、外科学和内科学。4年后回德绍，旋应邀至奥德河畔法兰克福大学任医学教授。1681年获该校哲学博士学位。教学生涯因两度被聘任御医而中断。1702年至莱顿大学教理论医学和应用医学。由于他和H.布尔哈夫的努力，莱顿大学逐渐成为当时欧洲医学教育的中心。1696年和S.C.林（Susanna Catherina Ring）结婚，所生4子中有3人都是有名的解剖学者。

阿尔宾诺斯，B.S.（Albinus, Bernard Siegried） 1697年2月24日生于德国奥德河畔法兰克福，1770年9月9日卒于荷兰莱顿。解剖学、外科学、产科学。

B.阿尔宾诺斯的长子，5岁时随父移居荷兰莱顿。1709年（12岁）进莱顿大学学习，1718年毕业。后到巴黎大学学习解剖学和外科学。1719年回母校任比较解剖学讲师，不久获医学博士学位。1721年父亲去世后不久，经H.布尔哈夫推荐继任解剖学和外科学教授。年仅24岁时即成为当时著名的解剖学者。直至去世，一直在该校供职。期间1742年、1753年先后到德国哈雷大学、格丁根大学兼职。

是阿尔宾诺斯医学世家中最重要的一员。为了教学和科学传播，重印了A.维萨里等人的人体解剖图谱，编辑了W.哈维的全集。自己也出版了一些解剖学图谱。1745年后，部分教学工作由其弟接替，从而有精力编印骨骼、肌肉和孕期子宫的最精美的图谱。1747年出版他最著名的《人体骨骼与肌肉图谱》一书，第一次揭示了孕妇与胎儿联系的血液供应系统。出版了8卷本生理学著作。

阿尔宾诺斯，C.B.（Albinus, Christiaan Bernard） 1700年3月20日生于德国柏林，1752年4月5日卒于荷兰乌得勒支。解剖学、外科学。

B.阿尔宾诺斯的次子。12岁入莱顿大学，1722年获哲学和医学博士学位。1733年任乌得勒支大学解剖学和外科学教授。1747年辞去教职任乌得勒支地方行政官。曾编辑W.考柏（Willian Cowper）的解剖学图谱。

阿尔宾诺斯，F.B.（Albinus, Frederik Bernard） 1715年6月20日生于荷兰莱顿，1778年5月23日卒于同地。解剖学、外科学、生理学。

B.阿尔宾诺斯的幼子。1731年入莱顿大学学文科，后又学数学、物理学、植物学和医学，1740年获哲学和医学博士学位。此后即在阿姆斯特丹行医。1745年到莱顿大学任解剖学和外科学讲师。大哥去世后，即将解剖学和外科学的教学交给别人，自己教生理学。最著名的著作也是有关生理学的。 （顾振海）

佩耶，J.C.（Peyer, Johann Conrad） 瑞士人，1653年12月26日生于瑞士沙夫豪森，1712年2月29日卒于同地。解剖学、病理学、心脏病学、兽医学。

出身贵族家庭。先在瑞士巴塞尔大学学医，后来在法国巴黎大学和蒙彼利埃大学学习，1681年获巴塞尔大学医学博士学位。返回故乡行医10年后，在沙夫豪森大学任逻辑学、修辞学和医学教授。

和老师韦普费尔（J.J.Wepfer）、老师的女婿布隆纳（J.C.Brunner）一起创立了称为“沙夫豪森三人法”的医学研究新方法：在解释症状时联系机体的损害；在探讨器官机能和治疗效果时，引进了病灶概念以及动物解剖实验法。1677年出版专著，首次描述了回肠壁中淋巴结的组织结构，直到现在该淋巴结还以他的名字命名。采用静脉充气或其他刺激的方法，成功地实现动物心脏的复跳。还出版过一部重要的兽医学专著。 （方正源）

兰奇西，G.M.（Lancisi, Giovanni Maria） 意大利人，1654年10月26日生于意大利罗马，1720年1月20日卒于同地。解剖学、心血管学、传染病学。

出生于中产阶级家庭。起初在罗马公学学哲学和神学，后进入罗马大学医学院学医，1672年毕业获医学博士学位。曾任开业医生、解剖学教授、教皇英诺森九世（Innocent Ⅸ）等三任教皇的御医。授权主持教廷的医学院学位授予委员会。

曾研究心脏病理学，证明猝死通常是由于心脏肥大扩张、以及各种类型的瓣膜缺陷与赘生物引起的；描述了梅毒对心脏的损害及其临床表现等；对主动脉瘤形成的各种原因和类型进行了探讨。对疟疾和流感等流行病也有重要研究。1717年出版《论有毒臭气的沼泽》一书，提出了疟疾是由蚊子传播的观点，并有力地推广了当时尚有争论的用金鸡纳树皮治疗疟疾的方法，还提出预防性卫生措施。对牛瘟病也进行了流行病学研究。1714年，他在教皇英诺森十一世的支持下，编辑出版长期遗忘于梵蒂冈图书馆无人过问的B.欧斯塔基1522年所绘的《解剖图谱》，使之得以传播。身后出版有《论动脉瘤》（1728年）一书。 （张祝山）

赞贝卡里，G.（Zambeccari, Giuseppe） 意大利人，1655年3月19日生于意大利索普拉自由堡，1728年12月13日卒于比萨。临床医学、实验生理学、病理学。

18岁进入比萨大学公爵学院学医，1679年毕业。后去佛罗伦萨大学继续学习，并在新圣玛丽亚医院做实习医生。曾任比萨大学的临床医学及解剖学首席教授。

进行了重要的生理学实验：用去除某个动物内脏器官的方法，以了解其对整个机体所起的作用，如通过结扎胆总管证明胆汁不是在胆囊内形成。 （张祝山）

哈弗斯，C.（Havers, Clopton） 英国人，约1657年生于英国埃塞克斯郡斯坦伯恩，1702年4月29日卒于同地。解剖学、病理学。

1685年毕业于荷兰乌得勒支大学医学院，获医学博士学位。后在英国伦敦等地开业行医。1686年当选为英国皇家学会会员。1696年在罗马大学任解剖学教授。

1691年出版《骨骼的一些新发现》，书中第一次提供了板骨和骨小管的密骨质显微结构，并且讨论了骨的生理学。该书分了五部分：骨显微结构；骨生长生理学和病理学；骨髓，滑液腺(现称哈弗斯氏腺)；风湿病和痛风；软骨。他第一个发现骨质滑液腺和骨纤维质。纠正了解剖学家 F. 格利森关于佝偻病中骨骼的不正常生长是在较硬一侧的观点。该书第一次系统地研究了骨骼，有多种文字版本，在医学界有较大的影响。修订了 J. 艾尔顿(John Ireton)的英文教科书，还自己编写了教科书。（张志练）

盖贝齐乌斯，M.（Cerbezius，Marcus） 斯洛文尼亚人，1658 年 10 月 24 日生于斯洛文尼亚斯蒂奇纳附近圣维德；1718 年 3 月 9 日卒于卢布尔雅那。临床医学、病理学、气象医学。

出身低微，因奖学金而获得受高等教育的机会。先在卢布尔雅那大学学哲学，后赴维也纳、帕多瓦和博洛尼亚等大学学医，并于 1684 年在博洛尼亚大学获哲学与医学博士学位。回国后任卡尼奥拉省首席医师，名声大振。1688 年当选为德国利奥波德科学院院士。

其学术思想是荷兰和德国医学化学派和英国的新希波克拉底思想的结合体。特别强调临床观察。1692 年首次报道了一例心脏房室传导阻滞症。1717 年又相继报道了一例完全性阻滞和一例间歇性阻滞症患者。对其他多种疾病也有详细观察。还逐年报道了气象因素和当地流行疾病的关系。（顾振海）

施塔尔，G. E.（Stahl，Georg Ernst） 德国人，1659 年 10 月 22 日生于德国安斯巴赫，1734 年 5 月 24 日卒于柏林。理论医学、病理学、精神病学、热力学。

童年生活不详。青年时代即对化学感兴趣。曾在耶拿大学习医，1683 年获医学博士学位。毕业后留校教化学，声誉渐起。1687 年应邀到魏玛公爵(Duke of Weimar)处当宫廷医生。1694 年任新开设的哈雷大学医学教授，主要教医学理论和化学。1716 年去柏林，任普鲁士腓特烈一世(Frederick Ⅰ)的御医，直至去世。

他的医学理论是和泛灵论哲学交织在一起的。认为无生命物质是没有活性的，因而不易起变化或分解；一切生命物质却是容易分解或腐败的。然而生物体却能在一段有限的时间内即生存期内保持稳定。这种稳定态是依靠生命的精髓即灵气来维持的。当“灵魂”离开肉体，机体即发生腐败变质而死亡。灵魂与身体之间的桥梁在于运动，生命依赖于运动。人体最重要的运动形式有二，即血液循环和分泌排泄。从体液病理观出发，谓所有疾病都源于血液。崇信希波克拉底的自然痊愈说。医学的任务是支持“灵魂”来恢复机体的健康。认为医学的目的即是防治疾病。为达到这个目的，就必须根据已往的经验辅助以有力的推理。巧妙的论证和实验都是无用的，进而认为详细的解剖学和化学研究是无济于事的。反复指出医学应从由灵气所支配的整个机体来考虑，而不应当只讨论具体部分的具体作用。生前虽未建立“活力论”学派，但是，后来的生机论或活力论学派即导源于他的理论。

是化学史上风行一时的“燃素说”的最主要的创始人。把贝歇尔学说中的第二种土质即“油土”改称为“燃素”。按照燃素说，燃素充塞于天地之间，流动于雷电风云之中。在地球上，动物、植物、矿物中都含有它。生物中含有燃素就富有生机；无生命物质含有燃素，就会燃烧。物体失去燃素，变成死的灰烬，灰烬获得燃素，可以还原成金属。但是，这一过程在动植物则是不可逆的。燃素说“曾足以说明当时所知道的大多数化学现象，虽然在某些场合不免有些牵强附会”(恩格斯语)，因而燃素说在结束炼金术的统治方面是起过积极作用的。但它毕竟不是真理，到 18 世纪末，拉瓦锡发现了氧，燃烧的本质被揭示，燃素说才宣告退出历史舞台。

撰写的著述不下 300 种，行文晦涩而繁冗。有关医学的有《医学原理》(1697 年)、《论精神病》、《药理学》(1707 年)等书。（顾振海）

贝格尔，J. G. von（Berger，Johann Gottfried von） 德国人，1659 年 11 月 11 日生于德国哈雷，1736 年 12 月 2 日卒于维滕堡。实验生理学、临床医学。

中学校长之子。最初学习数学和医学，是内科医学家 G. W. 韦德尔的学生，1682 年获耶拿大学医学院医学博士学位。曾游历法国和意大利等国。在莱比锡大学工作过 4 年，受 J. 博恩的影响较大，但对导师韦德尔信奉的医学化学派持批判态度。1688 年起直至去世，都在维滕堡大学工作，历任编外教授、教授和讲座主持人。

主要科学著作是《医学生理学》(1708 年)，以新的方法阐明器官和器官系统间的生理功能。认为呼吸不是冷却血液，而是通过接触空气使血液恢复正常和新鲜。做过如下实验：几分钟内放尽一条狗的血液，证实了血液循环，并确定了血液的总量。（黄　旬）

霍夫曼，F.（Hoffmann，Friedrich） 德国人，1660 年 2 月 19 日生于德国哈雷，1742 年 11 月 12 日卒于同地。病理学、医学化学、神经科学、自然哲学。

生于世医之家。1678 年赴耶拿大学学医，在 G. W. 韦德尔门下学习，与 G. E. 施塔尔同窗，1681 年获耶拿大学医学博士学位。毕业后留校执教化学，因杰出的才能遭到同僚妒忌，遂辞职去明登开业行医。随后又去比利时、荷兰、英国等地游学，在英国会见了 R. 波义耳。1684 年返回明登开业。1688 年被提名为哈尔伯施塔特地方医师。1693 年被聘为新建的哈雷大学第一位医学教授，讲授物理学、化学、解剖学和临床医学。1709 年被召去柏林，任普鲁士腓特烈一世(Frederick Ⅰ)的御医。1712 年重返哈雷大学执教，直到去世。

17 世纪，笛卡尔的机械论成为当时的显学，他也企图用机械学、化学的观点来说明人体的生理、病理活动。认为生命就是运动，疾病是运动的混乱，死亡是运动的终止。人体是由微粒构成的机械,人的体液和器官是由不同种类的化学微粒组成的,病理乃这些微粒成分的比例失调。认为血管、心脏、肌肉乃纤维所构成,纤维具有收缩与扩张之本性,称之为“张力”。纤维的张力由神经液所调节。接受 G. W. 莱布尼茨的单子学说,认为神经液是人体从大气中摄入的“以太”在脑中形成,神经液经脑膜的收缩与舒张,通过神经和血管输送到全身,以调节和控制各部分的运动与感觉。神经液分配不当(过量或不足),则引起纤维张力的改变(痉挛或弛缓)。据此主张用镇静、镇痉、止痛、泻药来治疗痉挛性疾病,应用刺激、兴奋剂来治疗弛缓性疾病。虽未摆脱神秘主义的思想影响,但是已把神经系统提高到生命功能重要的位置。把疾病归之于神经系统的失调,所提出的医学观念和假说,成为 18 世纪机械论生理学与医学的理论基础,在某些方面促进了医学的发展。 (张慰丰)

斯隆,H.(Sloane, Sir Hans) 英国人,1660 年 4 月 16 日生于英国北爱尔兰基利莱,1753 年 1 月 11 日卒于伦敦。临床医学、药物学、博物学。

少年时代即对博物学感兴趣。1679 年赴伦敦大学学医,兼学化学和植物学。1683 年赴欧洲大陆,在巴黎时常到慈善医院听名人讲授植物学和解剖学。1683 年获巴黎大学医学院医学博士学位。然后赴蒙彼利埃大学深造。由于宗教迫害,于 1684 年回伦敦。1685 年当选为英国皇家学会会员。1687 年为伦敦皇家内科医师协会会员。同年 9 月,作为随行医生随新任总督赴牙买加。不但写下了有关这次出使的航行记录,而且调查了当时还鲜为人知的岛屿上动植物群落的情况。1689 年回伦敦。1719 年当选为伦敦皇家内科医师协会主席。1727 年牛顿去世后,当选为英国皇家学会会长。

在职皇家内科医师协会主席期间,促使议会通过了《酒类法》,参与主编第四版《伦敦药典》的出版。生前收藏了大量动植物、化石、矿物、宝石的标本和东西方珍奇古玩,还有多种艺术珍品和大量书籍。这些均按照他的遗愿交给了国家。在他丰富收藏的基础上,加上其他人收藏的书稿,后来建立起了大不列颠博物馆。(顾振海)

加利亚尔迪,D.(Gagliardi, Domenico) 意大利人,1660 年生于意大利罗马(?),约 1725 年卒于同地。人体解剖学、骨科学、病理学。

生平不详。据说曾任罗马大学医学教授,也曾任梵蒂冈的宫廷主任医师。

对骨骼的解剖进行了形态学研究,还对颅骨进行了比较解剖学探讨。研究中曾使用化学试剂。1689 年首次描述了骨结核病。1720 年仔细研究了肺炎,这是一次以尸体检查为根据的病理解剖学研究。也很关心医学伦理学和科学普及。专门著文对初出茅庐的医生提出了许多科学信条,并要病家警惕江湖术士。(顾振海)

程国彭(Cheng Guopeng) 字钟龄(又字山龄),号恒阳子(又号普明子)。中国清代天都(今安徽歙县)人,生卒年不详,生活于清康熙、雍正年间(1662~1735 年)。中医学、中药学。

出生于贫寒之家。少年多病,立志学医,博览群书。经多年临诊,名噪一时。康熙十九年(1680 年),因一场命案牵累,隐居黄山普陀寺修行,法号普明子,同时深研医学。康熙四十二年(1703 年),以医问世,悬壶 30 余年,活人甚众。雍正十年(1732 年)冬,复归普陀修行,值朝廷修葺佛寺,僧人、工匠患病者甚多,多患疽疮疥癣,经他诊治应手而效。

1732 年完成《医学心悟》6 卷,次年由人捐助刻印出版。谓医学之道自《内经》、《难经》以下,以《伤寒论》最重要。推崇仲景为制方之祖,强调学贵沉潜,思贯专一,采各家之长,对宋元各家也颇注意。《医学心悟》以浅显实用、紧扣临床为特色。书中阐发医理提纲挈领,简明扼要。将《伤寒论》的病理概括归纳为“四诊”、“八纲”、“八法”,并列内、外、伤寒、瘟疫、妇、五官等科病症的病因、症候及诊治,为后世医家广泛采用。自拟方剂如止嗽散、半夏白术天麻汤等沿用至今。其中卷六为《外科十法》,列述外科常见病患疔疮、痈疽、梅毒、乳痈、疥癣等症 10 种治疗方法,条理清晰,论述切要,1733 年后多次单独刊印,为初学者所欢迎,常被采用为习医课本。另单独刊行有《医门八法》1 卷。他还创制了多种新方剂,其中有“消瘰丸”一项,专治“瘰疬”(颈淋巴结核),疗效灵验,至今为临床所沿用。教学严谨,以身作则,门生很多。 (张慰丰)

戴天章(Dai Tianzhang) 字麟郊,晚号北山。中国清代上元(今江苏江宁)人,生卒年不详,生活于 17 世纪中叶。中医学、传染病学。

少习举子业,后为诸生。博学强记,通天文、历数、地理等,尤精于医。学宗吴又可,主张瘟疫不同于伤寒。撰《广温疫论》(又名《广温热论》)(5 卷,1722 年),系据明末吴又可《温疫论》为蓝本,结合自己临床经验,予以增订删改而成。书中对瘟疫早期症候的鉴别、病因、受病、传经、兼症等均有论述;对于瘟疫的早期辨证如气、色、舌、神、脉等也有发挥;又介绍汗、下、清、和、补五大治法,并附载温病方 84 首。该书在温病学中有相当影响。曾经后人改名《温疫明辨》。光绪四年(1878 年)陆懋修予以删补,题名《广温热论》。清末何廉臣复予补订,定名为《重订广温热论》。并有《佛崖验方》刊本行世。另撰有《咳论注》、《疟论注》等书,惜未刊行。

(张慰丰)

周扬俊(Zhou Yangjun) 字禹载。中国清代苏州府(今江苏苏州)人,生卒年不详,生活于 17 世纪中叶。中医学。

少攻举子业,初为副贡生,后屡试不第。年近四十,弃儒学医,钻研仲景之学 10 余年。康熙十年(1671 年)

至京师，复从林北海学，延治者接踵，并为王公等所重视。

撰有《温热暑疫全书》(4 卷，1679 年)、《伤寒论三注》(16 卷，1683 年)、《金匮玉函经二注》(22 卷，1687 年)；另对葛可久《十药神书》加以注释，于康熙二十六年(1687 年)刊行。《温热暑疫全书》把温、热、暑、疫与伤寒分开，认为伤寒仅在一时，温热暑疫每发三季，为时既久，病者益多。力主此四证均为热证，治疗应以从寒凉为主。时疫病流行，认为"大疫之沿门阖境传染相同者，允在兵荒之后，尸浊秽气，充斥道路，人在气交，感之而病。气无所异，人病亦同。"治疗方法"舍吴又可之言，别无依傍也。"其治血证，视病伤何脏，脉伤何部，时值何季，而治疗不同，故每奏效。 (张慰丰)

柯琴(Ke Qin) 字韵伯，号似峰。中国清代浙江慈溪人，生卒年不详，一说 1662 年生，1735 年卒。中医学。

生活于明代万历末年至清代雍正年间(约 1620～1735 年)。长于诗文，明亡，弃儒学医。后迁居吴之虞山(江苏常熟)，以行医为生。

对《内经》、《伤寒论》尤有研究。曾对《内经》加以校正，著《内经合璧》(1666 年)，惜已佚。对伤寒学有独特的研究和见解，著有《伤寒论注》(4 卷，1669 年)、《伤寒论翼》(2 卷，1674 年)、《伤寒附翼》(2 卷，1706 年)，三书合称《伤寒来苏集》(8 卷)，为其代表作。认为《伤寒论》经王叔和编次多所窜乱，已失仲景原意，因对之重加校正注疏。倡六经为百病之法，认为张仲景之六经立法，不应限于伤寒，杂病亦包括在内。因采用六经分篇，以证分类，以类分方，将伤寒与杂病统一于六经分类，使辨证论治之法更切实用和易于遵循。这是继元代王好古之后，采用六经分类归纳某些杂证持有独特见解的医家，对其后医家有相当影响。由于过分推崇仲景而倾向保守，强调六经而忽视经络，时有拘泥于原文和牵强附会之处，这是其不足。但《伤寒来苏集》乃不失为学习《伤寒论》的一部较有价值的著作。 (张慰丰)

杜帕蒂，F. P.(Du Petit，François Pourfour) 法国人，1664 年 6 月 24 日生于法国巴黎，1741 年 6 月 18 日卒于同地。解剖学、生理学、眼科学、脑与神经科学。

1690 年在法国蒙彼利埃大学获医学博士学位。1713 年前在军队中任内外科医生。服役期间，做了许多重要的生理学调查。离开军队后在巴黎做眼科医生。1722 年当选为法国科学院院士。

在解剖学上有许多重要发现，如眼球晶体前后悬韧带间的沟道等。在狗身上做了许多重要的生理学试验；总结出四肢运动是受相对半脑控制的理论，并认为只有对侧纹状体受到损伤时，才会发生完全麻痹；提出了交感神经链并非起源于颅内的重要结论。可是直到 19 世纪，后一个重要结论才受到医学界的重视。 (张志练)

帕基奥尼，A.(Pacchioni，Antonio) 意大利人，1665 年 6 月 13 日生于意大利艾米利亚地区的雷焦，1726 年 11 月 5 日卒于罗马。解剖学、临床医学、脑科学。

1688 年在出生地艾米利亚的雷焦大学获医学博士学位。1689 年迁居罗马，曾任蒂沃利镇公职医师。1699 年返回罗马行医。由于医术高明，后来任罗马拉泰里奥的圣乔瓦尼等医院的主任医生。

1705 年发表关于硬脑脊膜结构及其功能的论文，对蛛网膜粒结构作了描述。认为蛛网膜粒能分泌出淋巴液，有利于脑和脑膜间的滑动，硬脑膜的收缩会压迫大脑皮层的腺体。蛛网膜粒现被称为帕基奥尼氏颗粒体。 (张志练)

巴多明(Parrenin，Dominique) 字克安。法国人，1665 年 9 月 1 日生于法国贝桑松附近的拉西，1741 年 9 月 29 日卒于中国北京。人体解剖学、中医药学、科学与文化传播、神学。

毕业于法国里昂一所耶稣会公学，后入耶稣会神学院学习。1685 年成为耶稣会士。曾任罗马教廷、葡萄牙和俄国使臣的译员。由于清朝康熙帝对西方事物有浓厚兴趣，1698 年底，巴多明等 10 位法国耶稣会士由首批赴华返法的白晋(J. Bouvet)引抵中国，从此在清朝宫廷为康熙、雍正、乾隆三帝服务长达 40 多年。

由于他学识渊博、世故练达，又通汉、满语言，博得清帝好感，常侍御侧，献策献计。向清帝介绍西方历史、物理学和医学等情况；在清宫教授拉丁文，为中国培养外交人才；说服康熙帝在清初举行一次全国性大地测量，重新绘制大清舆图，意义十分重大；以法国迪奥尼(P. Dionis)《人体解剖学》(1690 年)和丹麦巴托林(T. Bartholin)《解剖学》(1677 年)为底本，历时 5 年，用满文编译完成《人体解剖学》8 卷。

康熙帝去世后一年，雍正限制耶稣会士在华传教活动，也使他得以投入大量时间研究中医中药等中华文化。他研读过许多中医典籍，其中包括李时珍《本草纲目》。1723 年起，他和法国科学院、俄国圣彼得堡科学院频繁通信，介绍和探讨中国的科技成果。例如，向法国科学院陆续写信报告一些中国特产草药，其中详细描述过冬虫夏草、三七、大黄、当归、阿胶等药材，还寄去了样本，引起法国医学界很大关注，并被收录入杜赫德(J. B. du Halde)的《大中华帝国志》(1735 年)等书。他向法国学术界表明，中国医药比起西方有不少先进之处。例如：他认为早在《内经》问世时，中国人业已认识到血液循环的原理；在 15 世纪已知梅毒等性病的起源、症状、防治方法，其中含汞治疗法远早于西方，等等。1730 年 8 月，他在给法国科学院德梅朗(D. de Mairan)的信中，首次专题讨论了近代以来中国科学落后的原因。除《人体解剖学》外，巴多明还撰有《德行谱》、《济美篇》、《六经注释》、《圣教经言》及书信集等。 (李啸虎)

瓦尔萨尔瓦，A. M.(Valsalva，Anton Maria) 意大利人，1666 年 6 月 17 日生于意大利伊莫拉，1723 年 2 月 2 日卒于博洛尼亚。显微解剖学、耳鼻咽喉科学、外科学、精神病学。

出身富有而有名望的家庭。先在耶稣会学院学习古典文学、数学和自然科学，后又跟一些名人学习哲学、数学和地质学。1687 年获博洛尼亚大学医学院医学和哲学博士学位。留校任教，1697 年成为知名的解剖学示教员，一年后任解剖学讲师，1705 年任解剖学教授，1711 年任该校自然科学研究院院长。他像从事临床医学一样，献身于教学和科学研究，在解剖台上花去很多时间，1709 年(43 岁)才和一位贵族家庭的女儿结婚。因中风去世。

G.. A. 博雷利、M. 马尔比基等学者把他看成是伽利略式的显微解剖学的奠基者。对人类耳朵的研究颇为详尽，把耳朵分为内、中、外三部分，并进行细致描述，在内耳结构中第一个用“迷路”这个词。在身后 1740 年出版的论文集中，刊有他发现并描述了中耳的咽鼓管(即瓦尔萨尔瓦管)和主动脉窦的详细资料。是一位训练有素的优秀解剖学家、病理学家和生理学家，还是一位杰出的外科医生，在治疗精神病的历史上也占有一席地位。 (孙 勇)

博诺莫，G. C. (Bonomo，Giovan Cosimo) 意大利人，1666 年 11 月 30 日生于意大利里窝那，1696 年 1 月 13 日卒于佛罗伦萨。*皮肤病学、寄生虫学、公共卫生学。*

父亲是法国血统的药剂师。他于 1682 年在比萨大学获得哲学和医学博士学位。次年底在托斯卡纳通过了行医资格考试。1684 年后，常任大公科西莫三世(Cosimo Ⅲ)舰船上的医生。1691 年任大公女儿的医生。1695 年底因健康不佳回佛罗伦萨。

1687 年在与人通信中，提及自己对疥疮进行病理解剖和病原体研究，在显微镜下发现寄生虫卵，证实了疥疮系疥螨引起，并会通过直接接触或衣物污染在人际间传播。虽然同时代人也发现了这个事实，但是他们认为螨是疾病的结果而不是疾病的原因。出版有《人体皮肤病》(1687 年)等书。 (张祝山)

叶桂(Ye Qui) 字天士，号香岩，别号南阳先生，晚号上津老人。中国清代江苏吴县(今江苏苏州)人，清代康熙六年(1667 年)生，乾隆十一年(1746 年)卒。*中医学。*

出身世医家庭。14 岁丧父，从其父之门人朱氏学医，先后拜师 17 人，吸收各家之长，名噪大江南北。擅治时疫和痧痘，对温热病的诊治贡献卓越。

为温病学奠基人之一。在继承金元诸家学说的基础上，根据自己的临证实践，提出伤寒与温病证治不同。首倡“温邪上受，首先犯肺，逆传心包”之说，概括了温病的发展途径与传变规律，成为外感温病的提纲。在辨证方面，提出温病发展的卫、气、营、血 4 个阶段，表示病邪由浅入深的 4 个层次。在诊断上，发展了辨舌、验齿、辨斑疹等多种方法。在治疗上，根据卫、气、营、血辨证，提出辛凉解表、甘寒养阴、清热解毒、滋阴救液等方法，并创制了许多方药。《清史稿》称其“贯彻古今医术，而少著述”。

现传《临证指南医案》(10 卷，1746 年)，后附《幼科心法》及《温证论治》各 1 卷。《临证指南医案》系门人无锡华岫云搜集他晚年医案，加以分类编辑而成，是中国古代个人医案著作中最负盛名者，刊本达数十种之多。该书发展了李东垣《脾胃论》，倡言胃阴学说，使脾胃分治，阐发脾升胃降，同时又提出调补奇经八脉学说；《幼科心法》据传为其手定，后章楠改题为《三时伏气外感篇》；《温证论治》(又称《温热论》)传为口授，由门人顾景文记录而成，后章楠改题为《外感温热篇》。后两者王孟英收入其所著《温热经纬》中。另《叶案存真》、《未刻本叶氏医案》等，亦系由弟子或后人所辑。 (张慰丰)

泰伯，J. (Tabor，John) 英国人，1667 年生于英格兰汉普郡法康伯，约 1724 年卒。*生理学、数理医学。*

法康伯教区长的儿子。1687 年毕业于牛津大学默顿学院，1694 年获医学博士学位。后开业行医。

其理论体系属以 G. A. 博雷利为代表的数理医学学派，企图将泛灵论医学学派的理论纳入数学结构之中。认为灵气统制着有机体的一切过程，是生理活动的基本原因；灵气按照牛顿的力学定律使身体各部分和体液产生运动，因而医学理论的根本任务就是计算出有机体各结构的大小、形状和运动。还认为外来引力能影响生理过程而致病，灵气通过肌肉收缩、发热等抵消外力而达平衡。出版有《医学训练》(1724 年)等书。 (顾振海)

布尔哈夫，H. (Boerhaave，Hermann) 荷兰人，1668 年 12 月 31 日生于荷兰莱顿附近的福尔豪特，1738 年 9 月 23 日卒于莱顿。*临床医学、医学化学、医务管理与教育。*

乡村牧师的儿子。1684 年赴莱顿大学学习神学，同时又学习哲学、化学、植物学和医学，1690 年获哲学博士学位。后又继续学医。1693 年获哈尔德韦克大学医学博士学位。毕业后在莱顿行医。1701 年任莱顿大学理论医学讲师，1709 年任医学和生物学教授兼植物园主任，1718 年兼任化学教授，1714 年、1730 年两度任大学副校长，1729 年因健康不佳辞去生物学与化学教授职务。1728 年当选为法国科学院外籍院士。1730 年被选为英国皇家学会外藉会员。还被俄国沙皇封为贵族、宫廷医师。死于心脏衰竭，全欧洲科学界都哀悼他。

是 17～18 世纪之际荷兰最杰出的医师和医学教育家之一。希波克拉底的信徒，重视临床实践，号召医生回到病人床边，反对脱离实际的空洞理论，认为医生的首要任务是研究病人，理论应为医疗实践服务。在欧洲首创床边教学，改进了临床教学法，推动了临床医学的发展。在他的领导下，莱顿大学医学院闻名于世，吸引了国内外许多学生，培养了大批人才。在医学观方面，折衷了数理医学派和化学医学派的观点，试图用物理、化学、数学的定理来说明人体的生理功能和病理现象；

在病理学上兼采固体病理学与液体病理学说。推崇希波克拉底的自然痊愈力的观点，治疗上强调扶助肌体自身的痊愈力，主张适当的运动、饮食疗法及采用简单的有效药物。在临床医学上，曾经描写过胸膜炎、食管破裂、心脏扩大、胸腔脂肪瘤，并已认识到天花是通过接触传染的。提出医生接诊病人必须规范化的要求，严守一定的程序，其中设计了病史记录的经典格式。

将精确定量的方法引入化学，对气体化学和生物化学也有贡献。最早得到尿素，发现其利尿性质和溶解降温效应。还提出一种快速制醋方法——布尔哈夫氏法。出版有《基础化学》(1728 年)，是 18 世纪最好的教科书之一。

主要著作有《医学法典》(1708 年)和《疾病的诊断和治疗箴言》(1709 年)，两书曾刊行 10 余版，译成英、法、阿拉伯等文字，促进了现代医学课程强调重视自然科学、生理学、解剖学、病理学，特别是临床训练的进程。其他尚有生物学、神经病学、眼科学、性病学及教学法等论著。曾搜集到著名生物学家 J. 斯万默达姆的《自然圣经》一书手稿，并出资刊行，得以问世。1725 年又与 B. S. 阿尔宾诺斯共同编辑出版维萨里的著作。

(张祝山　张慰丰)

温斯洛，J.(Winsløw，Jacob；或 Winslow，Jacques-Benigne)　丹麦人，1669 年 4 月 17 日生于丹麦欧登塞，1760 年 4 月 3 日卒于法国巴黎。解剖学、生理学、病理学。

早年在哥本哈根大学学神学，后又去荷兰莱顿、法国巴黎等地大学学习解剖学、临床医学和外科学等。曾任巴黎皇家植物园的解剖学教授、法国科学院外籍院士。

是当时欧洲最著名的解剖学家之一。系统研究了解剖学，如各种肌肉的运动，并显示了肌群的协调与拮抗；最早精确地叙述了椎间关节及二腹肌的功能；还发现了大小腹膜囊之间的孔(温斯洛氏孔)。1732 年出版的《解剖学讲解》，不仅描述解剖学本身，而且和生理学、病理学结合起来考虑，有多种译本，流传甚广。

(张祝山)

尤怡(You Yi)　字在泾，号拙吾，又号北田，晚号饲鹤山人。中国清代长洲(今江苏吴县)人，生年不详，清代乾隆十四年(1749 年)卒。中医学、文学。

年轻时家贫而好学，能诗文，曾存寺院卖字为生。后学医于明末名医李士材再传弟子马俶(字元仪)。晚年医术益精，治病多验。

著有《伤寒贯珠集》(8 卷，1729 年)，以治法分类，分述六经正治、权变、斡旋、救逆、类病、明辨、杂治等七法，提纲挈领，简明扼要。所著《金匮要略心典》(2 卷，1732 年)，对杂病证治颇有发挥。另有《金匮翼》(8 卷，1768 年)专论杂病，广采前人之说，详述证候，分析治法，以补充《金匮要略》所未备，或备而不详者。上述书籍为研究仲景之学的有影响著述。另撰有《医学读书记》(3 卷，1729 年)，后有续记一卷，为读书札记，阐述古典医理及诸家之说；《静香楼医案》为临证医案；还撰有《北田诗稿》。其著作今又再版刊行。

(张慰丰)

切恩，G.(Cheyne，George)　英国人，1671 年生于英国苏格兰阿伯丁郡迈斯里克，1743 年 4 月 12 日卒于英格兰巴斯。临床内科学、精神病学、数学、自然哲学。

起初被培养为牧师，后来改学医学，1701 年获爱丁堡大学医学院医学博士学位。1702 年去伦敦开业行医。同年加入英国皇家学会。很快便成为著名的医学及科普作家。约在 1720 年定居巴斯。政治上是著名的贵格派人士。

英国当时最受欢迎的医学科普作家之一，英国“牛顿学说信奉者”的主要代表。在一些流行的医学小册子中，把医学格言传授给群众。他极力敦促牛顿出版《光与色》一书。牛顿后来主动提出资助切恩出版他的《反流数法》遭拒，从此牛顿再也不想看到他。曾出版《论痛风》(1720 年)、《论健康与长寿》(1724 年)、《论摄生法》(1740 年)和《治愈躯体疾病和精神疾病的天然疗法》(1742 年)等专著。在《论人体结构》(1725 年)一书中，对人体结构作了详尽的描述。此外出版有《自然神学的哲学原理》(1705 年)等书。

(陈闻鹃)

凯尔，J.(Keill，James)　一译詹姆斯·凯尔。英国人，1673 年 3 月 27 日生于英国苏格兰爱丁堡，1719 年 7 月 16 日卒于北安普敦。解剖学、生理学、内分泌学。

哥哥约翰·凯尔是著名的牛顿派物理学家和数学家。1688 年进爱丁堡大学学哲学，后到荷兰莱顿大学学自然科学和语言学，到巴黎学习化学及解剖学。1699 年在阿伯丁大学医学院获得医学博士学位。1705 年在剑桥大学获荣誉医学博士学位。曾在北安普敦一面行医一面进行研究。1712 年被选入英国皇家学会。死于口腔肿瘤。

1698 年，他把一部法国化学教程翻译成英文。后在英国皇家学会《哲学会刊》上发表多篇关于生理学与解剖学文章，其中 1708 年的文章标题为“论动物分泌物、人体血液量、以及肌肉运动”。研究动物和人的体液形成，以及各种腺体如何使之从血液中离析出来，并排泄出体外；同时探讨了肌肉运动和血液供应的关系。当时生命力说盛行，但他强调生理研究的价值，并把数学方法引入生理学和解剖学研究中，进行解剖学测量，然后用数学方法处理。他首先计算了血流经过主动脉和小血管的绝对速度，发现随动脉分支增加血流速度减慢。是最早研究机体的体液与固体成分比率者之一。为解剖学研究提供了可靠的知识，对生理学的定量研究进行了合理的尝试。出版专著《人体解剖学》(1717 年)。

(张祝山)

斯图尔特，A.(Stuart，Alexander)　英国人，1673 年生于英国苏格兰阿伯丁(?)，1742 年 9 月 15 日卒于伦敦。生理学、临床医学、海洋生物学。

1691 年在阿伯丁马歇尔学院获文科硕士学位。同年成为船上外科医生，期间 1701～1704 在“伦敦号”、

1704～1707年在“欧洲号”供职，1708年回到陆上工作。1709年进荷兰莱顿大学学医，1711年获医学博士学位。不久在英国驻外陆军中任军医。1714年被选为英国皇家学会会员，后又成为法国科学院外籍院士。1719年任伦敦威斯敏斯特医院医生。1728年任不伦瑞克的卡罗琳医院普通内科医师。同年入选英国皇家内科医师学院院士。

1738年作为第一个学者在英国皇家学会作关于肌肉生理学报告，1739年在英国皇家学会《哲学会刊》上刊登他的论著。以后又于1740年、1741年在英国皇家学会举行两次系列讲座。他提出胆汁是肠蠕动的刺激物，并对“动物体的活动”提出了一些普遍性的问题。为了解释肌肉运动，提出血液流动和“神经液”作用的设想。后来因“脊蛙”试验而闻名，所提出的设想为后来生理学家所借鉴，得出反射理论。

他还是一个博物学家。在海上工作期间，对海洋生物进行了大量收集和详细观察、记录，并把新发现的标本多次寄回英国，在英国皇家学会会刊上发表数篇相关报告。

1740年获英国皇家学会最高奖科普利奖章。

（左成慈　李啸虎）

道格拉斯，J.（Douglas，James）　英国人，1675年3月21日生于英国苏格兰巴德，1742年4月2日卒于伦敦。解剖学、妇产科学、博物学。

1694年获爱丁堡大学文科硕士学位。早就有志于妇产科学和解剖学事业。1699年获兰斯大学医学院医学博士学位。1700年起在伦敦行医。1705年在英国皇家学会宣读自己的第一篇论文，1706年被授予会员资格。1721年成为英国皇家医师学院成员。

主要著作是1730年关于腹膜的精彩论著，发现腹膜皱襞，后被命名为道格拉斯囊（直肠子宫窝）。还有以道格拉斯命名的韧带、腺体和半月状皱襞。在妇产科学方面，认真研究女性骨盆和胎儿的解剖。1719年宣传介绍弟弟约翰（John）采用耻骨上截石术，这是英国常规腹部外科手术最早的尝试之一。指导W.亨特致力于研究动脉瘤、骨骼、“细胞膜”和怀孕子宫的解剖学问题。W.亨特及其弟弟J.亨特之所以能对英国医学教育的发展作出重要贡献，是与他的指导和鼓励分不开的。在博物学方面，写有关于根西百合的专著和关于火烈鸟的论文（1714年）。

（殷明德）

黑尔斯，S.（Hales，Stephen）　英国人，1677年9月17日生于英国肯特郡贝凯斯邦，1761年1月4日卒于米德尔塞克斯郡特丁顿。实验生理学、心血管学、公共卫生学、气体化学。

1696年入剑桥大学贝尼特学院，学习牛顿的物理学与天文学，同时参与W.斯图克利（William Stukeley）的高年级生物学与解剖学的实验研究，1702年获文学士学位，次年获硕士学位。1709年被委派到米德尔塞克斯郡特丁顿教区任牧师，在传教之余从事科学研究。1717年当选为英国皇家学会会员。1733年获牛津大学博士学位。1753年当选为法国科学院外籍院士。是英国皇家艺术学会的创建人之一，1755年任该学会的副会长。一直生活在任职的教区内，直到84岁去世。

对卫生学有多种建树。为降低监狱内斑疹伤寒的发病率，设计了一种“通风风车”；对舰船和医院等公共场所的通风调节，也提出了合理的建议。1758年出版最后著作《通风论集》，是一部公共卫生学方面的早期文献。

在生理学上，完成了哈维和马尔比基以后有关血液循环的最重要实验之一。在1712年设计了一项实验装置，将一根铜管插入马的颈动脉内，上接一根长9英尺（约2.7米）的玻璃管，在玻璃管与铜管之间以一小段鹅的气管作衔接。马的血液随即从动脉内喷出，上升到玻璃管的8英尺（约2.4米）处。放掉60立方英寸（约1升）血液时，则见管内血液逐步下降。如此重复数次，直至母马死亡。又把管子插入静脉血管测量了各种动物的静脉压。还用牛、羊、鹿和狗等动物作实验。这是医学史上对血压的第一次测定。又测定了每次心跳的输出量及心脏每分钟的流量、大小动静脉及毛细血管的流速和阻力。首先陈述了毛细血管具有扩张与收缩的性能。1730年对神经“反射”运动进行了一项最基本的实验，用针扎一只去脑青蛙的腿部，每次针刺均可引起蛙腿的反射运动；当破坏脊索后，反射运动即消失。这些生理学史上的重要成果，对后世临床医学的发展有指导意义。

对植物生理学和气体化学也作过多方面研究。定量地研究了植物从根部吸收水分输送至叶片的流体动力学。还设计了研究气体化学的水槽收集装置，对布拉克、卡文迪许、普利斯特里的气体化学研究起了一定推动作用。50岁时才出版第一本著作《植物静力学》（1727年），后来把研究成果汇集在2卷本《静力学论文集》（1733年）中于伦敦出版，此书不久即译成德文、荷兰文、意大利文，赢得了广泛赞誉。

（张慰丰）

福夏尔，P.（Fauchard，Pierre）　法国人，1678年生于法国西海岸布列塔尼半岛，1761年3月22日卒于巴黎近郊。临床牙科学、口腔医学、医疗器械研制。

出身外科医师家庭，生活在法国路易十四（Louis ⅩⅣ）和路易十五（Louis ⅩⅤ）时代。不顾父母反对，15岁应募为海军外科医学生在海上勤务3年，担任舰队少校军医波特里特（A. Poteleret）的助手，受到口腔病诊治外科的指导。1696年由海军退役，首次在法国西部昂热市独立开设牙医诊疗所，或为最早的专业牙科医师，一改当时欧洲拔牙治牙等手术多由理发师包干的社会习俗。开业门庭若市，一时声望鹊起。还应患者要求，到法国南部的雷恩、南特、图尔等地出诊。1719年定居巴黎，1734年在巴黎近郊购置一幢豪华别墅，是当地标志性建筑，其家族从此长期居住此地。在第二次婚姻中生有一子，其子后来从业为律师和喜剧演员。在他退休后，牙科诊所由唯一弟子德谢曼(N. D. de Chemant)所继承，后者后来移居英国，开发出磁窑烧制的假牙。由于后裔无人从事牙科业，而且法国长期处于政治动荡，其名字被人遗忘将近一个世纪。直至19世纪中叶，欧洲人才从其著作中重新发现其价值。

被后人誉为"近代牙科医学之父"。主要学术成就是传世经典《牙医外科学》(2卷，1728年初版，1733年出德文本，1746年第2版，1786年第3版)。在对自己20多年临床诊治经验进行总结基础上，1723年写成这本厚达863页巨著。该书集18世纪牙科医学之大成，建欧洲医学史上第一部专论牙科学的开山之作，对后世影响甚大。它首次系统涵盖了近代牙科医学全部内容，首先从牙齿的解剖、生理和胚牙发育讲起，进而讲述各种牙病症状和病理，列举103种口腔和牙科疾病，其中包括外因引起牙齿显露部分疾病45种，牙颈和牙根隐性疾病17种，牙齿诱发疾病41种。

他以17世纪欧洲解剖学、药物学、工具器械改进为基础，在牙医学术和技术上有许多创新。例如：否定流行的"龋齿虫蛀说"，推测其病因系体液变质所致，并对龋齿进行分类；先用刮器刮除龋齿腐质，后以铅、锡或金等材料充填龋洞；采用浸油棉球法、烧灼法、髓腔穿通法等治疗已近牙髓的龋齿，有的沿用迄今；最早对牙周病作详细描述，在欧洲该病被称为"福夏尔氏病"，主张通过洁牙、含漱、按摩等法治疗；擅长移植牙术、再植牙术，发现切牙、单尖牙、双尖牙较易成功；创造错位牙快速矫治术；修复缺失牙，用人牙、河马牙、象牙、牛骨等为假牙材料，并用绢丝、亚麻丝、金银线等穿孔结扎；在全口总义齿上首创弹簧板作支撑；改进或发明多种牙钳、牙挺等牙科工具。他在医学史上首次把牙科学从外科学中独立出来，成为一门系统的医学分支。最为可贵的是，他一反传统的技术保密习俗，把自已的医术和经验毫无保留地公诸于世，造福人类。 (李啸虎)

俞茂鲲(Yu Maokun) 字天池，又字丽溟。中国清代句曲(今江苏句容)人，生活于18世纪上半叶。*中医学、流行病学。*

撰写并刊行《痘科金镜赋集解》(6卷，1727年)，是中国较早记载人痘接种术的一部文献。书中记载了16世纪早期推广人痘接种的史料："又闻种痘法起于明朝隆庆年间(注：1567～1572年)宁国府太平县(注：今安徽黄山市黄山区)，姓氏失考，得之异人丹传之家，由此蔓延天下，至今种花者，宁国人居多。"书中又主张选用"熟苗"，并认为痘苗递传愈久愈好，反对采用"败苗"(即天行痘痂苗)。对人痘接种的记述和主张有一定的科学性。此书后经于人龙重新整理补注。 (张慰丰)

卡萨尔·胡利安，G. R. F. N.(Casal Julian，Gaspar Roque Francisco Narciso) 西班牙人，1680年12月31日生于西班牙赫罗纳，1759年8月10日卒于马德里。*流行病学、皮肤病学、博物学。*

曾跟J. M. R. 德利马(Juan Manuel Rodriguez de Lima)学医。1713年获锡古恩萨大学文学士学位。后去马德里行医。1717年离马德里在阿斯图里亚斯地区奥维耶多任城市医官，后任地方医院医生。1751年回到马德里，被聘任为皇家医师。1752年成为主任医师委员会和皇家医学研究院成员。

编写的《阿斯图里亚斯的博物学和医学的历史》(1762年)，在他死后3年出版。书中第一部分描述该省的地理、气候、植物、动物和常见病；第二部分讨论希波克拉底教义，显示了他的洞察力；第三部分涉及1719～1750年在该省发生的几种流行病；第四部分描述疥疮，验证疥虫，并推荐硫磺软膏疗法；还描述了糙皮病的临床表现，并附雕刻图版说明。 (殷明德)

薛雪(Xue Xue) 字生白，号一瓢，又号槐云道人、磨剑道人，又称扫叶山人，晚号牧牛老朽。中国清代江苏吴县(今江苏苏州)人，清代康熙二十年(1681年)生，乾隆三十五年(1770年)卒。*中医学、文学。*

博学多才。少年善拳勇，性放诞风雅，工诗画，尤精墨兰，于医有独见，为康熙、乾隆年间名医。早年师事嘉善叶燮门下，又与袁子才(袁枚)相友好。乾隆初两举博学鸿词科，未遇，遂不求仕禄。与叶桂齐名，但生平与同乡里的叶桂不相容，自名所居为扫叶山庄。然每见叶桂处方，未尝不击节称善。

长于湿热病，临诊多奇验，治学不拘成说，亦不屑以医名。谓《素问》、《灵枢》虽多繁辞，"实万古不磨之作"。对张介宾著《类经》，疑信相半，认为未能去华存实。又谓《内经》既非圣经贤传，何妨割裂，于是重加删述，名为《医经原旨》(6卷，1754年)，其聚义注释，广集诸家之说，颇多阐发，而取张介宾之说为多。另有《湿热条辨》1卷，对湿热病之病因、证候、发展变化特点及其诊治原则，分为九种征型施治，以条文形式作简要阐述，并详陈己见。谓"湿热乃太阴、阳明同病"，"太阴内伤，湿饮停聚，客邪再至，内外相引，故病湿热"，明确脾胃乃湿热病变中心，治当明湿与热，孰轻孰重，细察人体正气盛衰，决定立法用方。后世多宗其说。王孟英谓此书尚难确认是他所著，然王孟英仍加按增补，名《薛生白湿热病篇》，收入其《温热经纬》中。另有《薛生白医案》、《扫叶庄医案》各4卷，系后人所辑编，多录时病、内科杂病及妇、儿诸证验案，述症简明。唐大烈《吴医汇讲》中录有他的《日讲杂记》8则，阐医理及用药等。另有《膏丸档子》、《伤科方》等，据考亦为他所撰。

在儒学和文学上，还著有《周易粹义》、《扫叶庄诗稿》、《一瓢斋诗存》、《吾以吾集》、《一瓢诗话》等。

(张慰丰)

圣托里尼，G. D.(Santorini，Giovanni Domenico) 意大利人，1681年6月6日生于意大利威尼斯，1737年5月7日卒于同地。*解剖学、临床医学。*

在意大利的博洛尼亚、帕多瓦和比萨等地的大学学医，1701年获比萨大学医学院医学博士学位。后开业行医。1703年始做解剖。1705～1728年先后任威尼斯大学的解剖演示员、医学教授。

被公认为当时杰出的解剖学者。由他第一次描绘，后以他命名的一些解剖结构有：环咽韧带、喉软骨小角结节、上鼻甲、副胰管、外耳道垂直裂隙软骨、十二指肠壶腹、嘴后部笑肌束、前列腺静脉丛等。最著名著作有《解剖学临床观察》(1724 年)等。 （顾振海）

莫尔加尼，G. B.（Morgagni，Giovanni Battista） 意大利人，1682 年 2 月 25 日生于意大利弗利，1771 年 12 月 5 日卒于帕多瓦。病理解剖学、基础医学。

1698 年入博洛尼亚大学，1701 年获哲学和医学博士学位。毕业后在家乡小镇开业行医。1711 年至去世，一直任教于帕多瓦大学，期间 1715 年任理论医学教授和解剖学教授。

被誉为“病理学之父”。1706 年在《解剖学概要》中阐述了一系列新发现，包括气管的腺体、男性尿道和女性生殖器的腺体等。因该书得以跻身于世界著名解剖学者之列。根据大量尸体解剖方面积累的资料，于 1761 年出版《从解剖学观点论疾病的部位和原因》的论著，书中记载了 640 具尸体解剖报告，发展了马尔比基的病理学理论，初次系统地记载了许多疾病的器官病理变化；认为每一种疾病都与一定的器官损害有关，有它独特的病变部位，并表现为功能损害和解剖学异常。这一指导思想使他有许多新发现，其中最早描述了大脑梅毒瘤，心、肺、肝、胆、肾、胃等脏器的各种病灶，还最先判定前人提出的一些病理猜测。另一方面，同时重视疾病的外因，包括环境、气候、精神刺激和职业因素等。这些研究为病理解剖学奠定了科学基础。从此，医生诊治病人时，开始寻求“病灶”以解释症状，临床上才逐渐应用器官分类法代替昔日的症状分类法和体液病理学。这种病理解剖概念，是近代诊断学的基础之一。解剖学上的一些器官组织结构和疾病术语以他命名，如莫尔加尼直肠漏，颅内骨质增生的莫尔加尼病，莫尔加尼结节（嗅觉球）等等。 （张祝山　顾振海）

科罗西，C. F.（Cogrossi，Carlo Francesco） 意大利人，1682 年 7 月 5 日生于意大利卡拉瓦焦，1769 年 1 月 13 日卒于克雷马。传染病学、医学微生物学、兽医学、公共卫生学。

就读于帕多瓦大学，1701 年获哲学和医学博士学位。先后在帕多瓦、威尼斯和克雷马行医。1721 年任帕多瓦大学医学教授。1733 年因健康原因退休，回到克雷马开业行医。

主要著作《牛传染病新论》(1714 年)。1711～1714 年在意大利牛疫的流行，给他的新学说提供了进一步完善的机会。推测并提出肉眼看不见的生物（莱温霍克的微生物），可能是高度传染性疾病的病原。关于传染病的免疫性问题，认为机体抵抗力的强弱取决于该地区的气候和卫生习惯，传染病是通过受感染动物的分泌物和排泄物传播的。这些观点显然是正确的。 （殷明德）

海斯特尔，L.（Heister，Lorenz） 德国人，1683 年 9 月 19 日生于德国美因河畔法兰克福，1758 年 4 月 18 日卒于柯尼希斯卢特附近博尔努姆。外科学、解剖学、眼科学、园艺学。

初在法兰克福文法学校学习法文和意大利文。1702～1703 年在吉森大学、1703～1706 年在韦茨拉尔大学学医。后到当时的世界植物学和解剖学中心荷兰阿姆斯特丹大学，聆听植物学名家的讲课并观摩解剖示范。后又在莱顿大学短期学习化学和眼科学课程。1708 年在哈尔德韦克大学获医学博士学位。1709 年入伍任战地外科医师，参加过两场大战役。1711 年和 1720 年，先后在瑞士阿尔特多夫大学、德国黑尔姆施泰特大学任解剖学及外科学教授，讲授理论医学、实用医学和植物学。在黑尔姆施泰特大学度过余生。

发现白内障的真正原因是透明的晶体发生混浊，而不是角膜云翳。1718 年发明气管切开术。又是研究阑尾炎病因的第一位医师。在阿尔特多夫大学和黑尔姆施泰特大学，培训了一批外科和内科医生。主要著作是《外科学》，该教科书为西欧各国广泛采用，维也纳大学医学院直至 1838 年还将之作为标准教程，期间被译成 7 种文字，包括拉丁语和日语。通过日文版《外科学》，成功地将西方的手术方法介绍给日本医学界。他还在黑尔姆施泰特大学建立了德国最美丽的植物园。

（陈闻鹃　殷明德）

阿斯特律克，J.（Astruc，Jean） 法国人，1684 年 3 月 19 日生于法国加尔省萨瓦，1766 年 5 月 5 日卒于巴黎。临床医学、性病学、药物学。

生于新徒牧师家庭。1703 年获蒙彼利埃大学医学院医学博士学位。后开业行医。1710 年任图卢兹大学解剖学示教员。1717～1728 年在蒙彼利埃大学医学院任医学教授。1721 年起兼任法国南部朗基多克省矿泉水总管。1729 年任波兰国王奥古斯都二世（Augustus Ⅱ）的御医。1730 年任图卢兹市行政长官。同年被任命为国王顾问和御医。1751 年任皇家法兰西学院药学教授。1743 年任巴黎大学医学院的总管医生。

最著名的著作是 1753 年以匿名出版的名著《论性病》，该书是西方首次系统论述梅毒和其他性病症状及其防治的专著，奠定了他在该领域的历史地位。该书法文第四版中使用的中医名词，是西方文献中首次出现的书写正确的汉字。教学效果很好，教学内容几乎涉及医学的各个方面。撰写的讲义被译成多种文字印刷出版。

（顾振海）

加莱亚齐，D. G.（Galeazzi，Domenico Gusmano） 意大利人，1686 年 8 月 4 日生于意大利博洛尼亚，1775 年 7 月 30 日卒于同地。解剖学、生理学、药理学。

早年入博洛尼亚的耶稣会学院，曾向 M. 巴扎尼

(Matteo Bazzani)学习医学。后入博洛尼亚大学医学院,师从解剖学教授 A. M. 瓦尔萨尔瓦,1709 年获哲学与医学博士学位。毕业后留校任实验物理学代理讲师,1716 年任哲学教授,1734 年任物理学教授,前后执教达 40 年之久。

虽然没有担任过解剖学教职,但因对解剖学的研究而留名史册。曾经写过水银温度计的设计论文。1746 年第一次确定人体血液中存在铁质。又报道用金鸡纳树皮治疗黄疸、胆结石与肾结石。对胃肠系统的解剖结构进行过研究,确定胃由三层肌纤维组成;确定小肠有两层肌纤维:内为环层,外为纵层;结肠有一环状肌层,且有三条纵向行走的肌纤维束。对小肠粘膜层的腺体、绒毛的结构均作过研究。 (张慰丰)

冯·布罗克豪森,J. T. E.(von Brockhausen, Johann Theodor Eller) 德国人,1689 年 11 月 29 日生于德国普罗茨考,1760 年 9 月 13 日卒于柏林。解剖学、医务管理、科学组织管理。

早年在奎德林堡学院学法律,后在耶拿大学学医。1711 年离开耶拿大学专修解剖学,1712 年抵荷兰阿姆斯特丹,知遇欧洲很有才华的解剖学家劳(Rau)和 F. 鲁什,同年作为劳的解剖学助手到莱顿大学工作,直到 1716 年。后又学习矿物学和化学。1721 年回到安哈尔特一贝恩贝格,被亲王任命为宫廷医生。1724 年腓特烈一世(Frederick Ⅰ)召他到柏林,任命他为柏林大学医学院解剖学教授、终身院长和军医。1740 年腓特烈大帝(Frederick the Great)任命他为御医和柏林科学院院长。1755 年起身生担任枢密院官员。在普鲁士赢得了最高医学地位,是一位很有才华的医生和管理人才。在理论化学上的贡献在于强调了热(火)在化学反应中的重要作用和意义。 (殷明德)

徐大椿(Xu Dachun) 又名大业,字灵胎,晚号洄溪老人。中国清代江苏吴县(今江苏苏州)人,清代康熙三十二年五月十五日(1693 年 6 月 18 日)生,乾隆三十六年十二月四日(1772 年 1 月 8 日)卒。中医学、音律学。

出身官宦家庭,祖父徐釚曾任翰林院检讨并参加纂修《明史》。幼年聪敏好学,擅长诗文书画,尤爱好医学。早年曾中秀才,后在应试时因题诗激愤学使,给予降革处分,从此发奋钻研医学。20 岁从学于周意庭,博览群书,上自《灵枢》、《素问》,下及历代各家名著,成为当时驰名大江南北的名医,行医 50 年。乾隆二十六年(1761 年),被召进京为皇室成员治病,宫内欲留他在太医院任职,被他谢绝。晚年隐居故乡七子山洄溪画眉泉,孜孜不倦地从事医疗与撰述。乾隆三十六年(1771 年)秋,又被召入京,其时他正病卧在床,稍愈,由其子陪同前往,抵京三日后病逝,赠儒林郎职。

学识渊博,临诊经验丰富,颇重视医理,能溯本求源,学术上具有卓见。临诊时反对单凭脉象诊病,并批判了太素脉的谬误。主张医生必须通晓药性,治病才能运用自如。又认为治病必须识病求因,根据病情适量用药,每病必有其主方、主药,反对滥使攻补。又提出治病不应专用汤药,单方、验方、针、砭、熨、引、按摩等法均应相宜使用。但思想倾向复古,极力推崇《内经》、《伤寒论》和《神农本草经》,认为"仲景《伤寒论》中诸方,字字金科玉律,不可增减一字"。对宋以后的医学,则大加诋毁。又信鬼神可以致病,扶乩能治病。

一生批阅的医书达 1 000 多种,敢于直言以斥时弊,然亦不免有偏颇之论。著作有《难经经释》(2 卷,1727 年)、《神农本草经百种录》(1 卷,1736 年)、《医贯砭》(2 卷,1741 年)、《医学源流论》(2 卷,1757 年)、《伤寒类方》(1 卷,1759 年)、《兰台轨范》(8 卷,1764 年)、《慎疾刍言》(1 卷,1769 年)。由后人整理或托名的有:《洄溪医案》、《内经诠释》、《洄溪脉学》、《脉诀启悟注释》、《六经并解》、《伤寒约编》、《舌鉴总论》、《杂病源》、《女科医案》等。《医学源流论》集中反映了他的学术见解,其中"元气存亡论"、"药性古今变迁"、"医学源流论"等篇颇名精辟之论。《伤寒类方》不以六经分类,使方以类从,证随方定,便于按证索方,不必循经求证。又对《外科正宗》、《临证指南》等书加以评定。另有未刊稿《管见集》等。所撰著作颇为世人所重,在中医界有一定影响。

对天文、音律、水利也有研究。著有《乐府传声》、《阴符经》、《道德经》、《洄溪道情》、《洄溪经义》、《画眉泉杂吟》、《待问编》、《述恩纪略》、《水利策稿》等。 (张慰丰)

德·瑟纳克,J.-B.(de Senac, Jean-Baptiste) 法国人,1693 年生于法国加斯科涅的隆贝附近,1770 年 12 月 20 日卒于巴黎。解剖学、生理学、药理学。

早年曾在荷兰莱顿大学、英国伦敦大学学医。1723 年开始在巴黎开业行医。以解剖学者身份当选为法国科学院院士。1752 年任法王路易十五(Louis ⅩⅤ)的首席御医和国务顾问。

主张以物理学而不是化学的原理来解释身体功能。对心脏有详细而深入的研究,在作了长期观察后,1749 年出版关于心脏解剖学、生理学和病理学的教科书,在当时颇有影响。他的许多发现,都来自尸体解剖。是第一个描述心房颤动和二尖瓣病变存在相关性的医学家,也是第一个全面研究心肌肥厚的学者。在药物学上,他还研究过金鸡纳霜的提纯方法,以及用大黄治疗心律不齐的临床试验。 (顾振海)

费朗,A.(Ferrein, Antoine) 一译费蓝。法国人,1693 年 10 月 25 日生于法国洛特-加龙省阿让附近,1769 年 2 月 28 日卒于巴黎。解剖学、生理学、外科学、语音学、药物学。

曾在卡奥尔学院学法律,后来又致力于医学和解剖学的研究。1714 年去蒙彼利埃大学医学院学习,师从 R. 维厄桑和 A. 代迪尔(Antoine Deidier),1716 年获学士学位。留校执教内科学。1728 年获该校医学博士学位。1732 年离蒙彼利埃大学去巴黎大学,但只讲授解剖学,未行医。1733～1735 年任驻意大利法军的主任医官。1741 年作为解剖学家入选法国科学院院士。1742 年任巴黎皇家法兰西学院医学院内科学与外科学教授，1745年被授予药学教授职位。1751年在罗伊的哈尔丁接替J.温斯洛任解剖学教授。死于中风。

他以语音生理学上的发现和研究而著称。发现并创制了"声带"术语，他假定喉部韧带（声带）的发声，其原理类似小提琴弦在空气中的振动。他还提出，一个人的声音响度同其声门尺寸大小有关。在解剖学上，1740～1750年是他最富有成果的时期，发表了关于几个人体器官的结构和功能的一系列研究报告。他发现并以他命名的器官或组织主要有：泪河（闭合的眼睑边缘所形成的隙缝，睡眠时可将眼泪导至泪点）、声带（或声襞）、面神经管裂孔、颞颌韧带、肾皮质小叶辐射部、肾曲小管等。（殷明德）

亚历山大·门罗家族（Alexander Monro's family） 英国人，系苏格兰医学世家，父、子、孙三代均为爱丁堡大学解剖学与外科学教授，在该校作为该学科掌门人长达126年。

亚历山大·普赖默斯·门罗（Monro, Alexander Primus） 1697年9月19日生于英国伦敦，1767年7月10日卒于苏格兰爱丁堡。解剖学、外科学、免疫学。

祖父和父亲均为军医出身，后开业行医。他于1710年进爱丁堡大学学人文科学，但最终决定子承父业，1713年辍学当父亲的助手。1717年、1718年先后到伦敦大学、巴黎大学学习物理学、解剖学和生物学，并在医院实习。同年秋赴父亲母校荷兰莱顿大学医学院学习，1719年秋回英国。同年加入爱丁堡皇家外科医师协会。1720年起任教爱丁堡大学医学院，次年任特邀教授，1725年任首任解剖学与外科学教授，1758年退休后继续临床教学。1723年当选为英国皇家学会会员。1783年前长期任爱丁堡医学知识促进协会（后改建为爱丁堡皇家学会）秘书长。1725年结婚，后育有三子一女。

1726年出版首部著作《人类骨骼解剖学》，1732年第2版起改名为《人类骨骼、神经、心脏和乳糜囊管解剖学专论》，1828年出版英文版第19版。在近一个世纪中，被译成多国文字，在欧洲影响很大。在他倡导下，1729年爱丁堡大学首次开设面向贫困病人的诊疗所，并规范病历登记制度。在此临床医学基础上，主编《医学观察和论文集》（6卷，1732～1744年），再版5次，有多种文字译本，成为当时医学界标准参考书。他首次指出黄疸病起因在于胆道梗阻；对外科手术用具和技术有不少改进。在世出版最后著作《关于苏格兰的天花接种》（1764年），回答了巴黎大学医学院提出的大量问题，为天花的接种作了强有力辩护。在教学上，大胆引用荷兰雷登大学的临床与实验室结合教学法，吸引了许多北美殖民地学生前来求学。生前出版两部专著，发表53篇论文，1781年由幼子汇编文集出版。

亚历山大·塞昆德斯·门罗（Monro, Alexander Secundus） 1733年3月10日生于苏格兰爱丁堡，1817年10月2日卒于同地。比较解剖学、外科学、生理学、动物学。

老门罗三个儿子中的幼子，门罗三代中堪称最优秀者。从小跟随父亲学习解剖学。1755年获爱丁堡大学医学博士学位。不久先后去伦敦大学、巴黎大学、柏林大学、莱顿大学听课。1759年继承父职任解剖学与外科学教授，1808年退休。1759年成为爱丁堡皇家内科医师学会成员。1760年～1783年任爱丁堡哲学会秘书长。他当过分工监管市容和照明的地区专员，也是爱丁堡皇家医院院长。1762年同一位银行家女儿结婚，生有三子二女。死于中风。

他的博士论文题目是"关于各种动物的睾丸和精子"（1755年），以若干原创性研究扩展了当时科学界对输精管的认识。其中他采用灌注水银的方法，首次揭示了输精管和附睾的联结，并指出精液和血液、淋巴密切相关。1757年在柏林发表关于淋巴管的论文，指出它与血液循环系统有显著差别，并同吸收机能有关。此文引起一场发现优先权的口水战，最后学术界认定他在该领域的研究领先其他人。1767年为排除病人体腔内液，发明用胃唧筒进行放液穿刺术。首次描述了人体的粘液囊。1783年出版专著《关于神经系统的结构与功能的观察报告》，首次准确描述了联接侧脑室和第三脑室的室间孔（即"门罗氏孔"）。另有比较解剖学教材《鱼的结构和生理及其与人类和其他动物的比较》（1785年），文集《关于脑、眼和耳的三篇论文》（1797年）等。

亚历山大·特尔修斯·门罗（Monro, Alexander Tertius） 1773年11月5日生于苏格兰爱丁堡，1859年3月10日卒于同地附近。解剖学、外科学、脑病理学。

老门罗之孙，塞昆德斯·门罗之子。1797年获爱丁堡大学医学博士学位。后到伦敦大学、巴黎大学听课，1800年回国。同年到爱丁堡大学任父亲助手，1808年接教父亲的全部课程，1817年升任解剖学与外科学教授，1846年退休。虽然他的学生中不乏有杰出科学家，如H.戴维、C.达尔文等，但同门罗家族前辈相比，其本人学术和教学都显得缺乏创新精神。主要著作有《人体解剖学概要》（1813年）、《脑病理解剖学》（1827年）等。（张志练 李啸虎）

普卢默，A.（Plummer, Andrew） 英国人，约1698年生于英国苏格兰，1756年4月16日卒于苏格兰爱丁堡。药物学、皮肤病学、临床医学。

早期在爱丁堡大学受教育。1720年进入荷兰莱顿大学医学院学习，1722年获医学博士学位。是爱丁堡大学医学系和爱丁堡皇家医师协会的创办人之一。1724年当选为英国皇家医师学院院士。

第一个在英国大学开展近代化学教学，并将之与药物学相结合。分析过矿泉水、煤炭等的化学成分。制作了含有锑硫化物和氯化汞等的"普卢默氏丸药"，用以治疗性病、皮疹和其他皮肤疾病，这种药在欧洲使用了200余年，经久不衰。在医学界享有盛名，作为医学界名人被收进欧洲药典。（张志练）

王惟德(Wang Weide) 字洪绪,别号林屋散人,又号定定子。中国清代江苏吴县人,生活于17世纪末至18世纪中叶。中医学、中医外科学、中药学。

幼承家教,继承曾祖若谷之学,兼通内、外、妇、儿等科,尤以外科疮疡闻名。行医40余年。

依据家传四代外科经验及个人临床实践,于乾隆五年(1740年)撰成《外科证治全生集》一书。强调辨证论治,主张辨证阴阳虚实,重视全身症状。将外科病证分为阴阳两类,如痈为阳、疽为阴,反对寒凉清火法治阴证。主张采用"阳和通腠,温补气血",创制"阳和汤"、"犀黄丸"等治疗属于阴证的外科疾患;用于消肿散结的小金丹确有一定的疗效,迄今尚在临床使用。所倡导的痈肿初起"以消为贵,以托为畏",具有独到的见解。但对脓肿等外科疾患,反对切刀引流和用腐蚀药治疗,反映了在学术上的局限性。 (张慰丰)

吴仪洛(Wu Yiluo) 字遵程。中国清代浙江海盐人,生活于17世纪末(或18世纪初)至18世纪中叶。中医学、中药学、药用植物学。

世居澉浦,早年攻举子学,乾隆初弃儒学医。后游学于楚、粤、燕、赵等地,留在四明(今浙江宁波)5年,阅天一阁藏书,学业益进。后归里业医。中年以良医济世,广读岐黄家言,名噪一时。

著述颇多。现存《本草从新》(1757年)是对汪昂《本草备要》的增补,收载常用药720种,补入药品近300种。冬虫夏草、太子参等药,均系本书首载。《成方切用》(1761年)以汪昂《医方集解》、吴鹤皋《医方考》为基础,选录古今成方1 300余首。以上两书今有新刊本。《伤寒分经》(1766年)是对喻嘉言《尚论篇》的订正,并参照周禹载《伤寒论二注》及程郊倩《后条辨》而成。另有《四诊须详》、《女科宜令》、《杂证条律》、《一源必彻》等书,已佚。著述一般较实用,故流传较广,对普及医药知识有一定贡献。 (张慰丰)

范斯威坦,G.(van Swieten, Gerard) 荷兰人,1700年5月7日生于荷兰莱顿,1772年6月18日卒于奥地利维也纳。临床医学、医学教育与管理、科学传播。

生于信仰天主教的贵族家庭。1714年进比利时卢万大学法尔康文学院。1717年入荷兰莱顿大学学医,为H. 布尔哈夫的精彩讲课所吸引,1725年获医学博士学位。后在莱顿开业行医,同时继续听布尔哈夫讲课,在学术上也同他建立了密切的联系。但意识到由于宗教信仰不同,在莱顿大学不可能当教授,因此于1745年应奥地利王后邀请赴维也纳任宫廷首席医师。赴任后改组了维也纳大学医学院,亲任院长。还改组了宫廷图书馆和修订了书籍检查制度。1751年当选为瑞典皇家科学院外籍院士。

一生虽主要从事政治和行政组织工作,但对维也纳医学学派的创建,传播布尔哈夫的学说,以及反对迷信、捍卫科学有着不可磨灭的功劳。他曾受命调查民间关于吸血鬼的传说,写了一份调查报告,以科学的态度和方法解释一些神秘现象,抨击了迷信思想,弘扬了科学精神,宣传了科学知识。撰有《医学评论》等书,是对布尔哈夫《医学格言》一书的评论和讲授的记录。

(顾振海)

勒卡,C.-N.(Le Cat, Claude-Nicolas) 法国人,1700年9月6日生于法国皮卡迪布莱朗库尔,1768年8月20日卒于鲁昂。外科学、解剖学、生理学、骨科学。

外科医生的儿子。先任教士圣职,后跟父亲学外科。去巴黎大学医学院、巴黎主宫医院等处听过课。1729年定居鲁昂,任主教的私人医生。1732年在兰斯大学获医学博士学位。1733年任鲁昂主宫医院第一个外科医师和解剖学与外科学教授。1736年创立鲁昂解剖学和外科学学校。1737年任皇家外科学示教者,并讲授解剖学、生理学和实验物理学等课程。后又获"外科大师"称号。还是许多学会的成员。1762年被册封为贵族。

是机械论研究生理学的最早拥护者之一。鲁昂科学会的创始人。发明并改善了几种截石术方法与装置,并为现代骨干部分切除术奠定了基础。最重要的著作是《论感觉》(2卷,1766年)。除医学论文外,他还发表有关军事建筑、哲学和数学等文章。 (张祝山)

马卢安,P.-J.(Malouin, Paul-Jacques) 法国人,1701年6月27日生于法国卡昂,1778年1月3日卒于凡尔赛。医学化学、药用植物学、卫生学、食品工艺学。

父母送他去巴黎大学学法律,但他却最终学习医学和自然科学,1730年获医学博士学位。留校从事医学教育和实践。1734年定居巴黎开业行医。1745年任巴黎皇家植物园主管、化学教授。1767年任皇家法兰西学院医学院医学教授。1742年当选为法国科学院院士。1753年当选为英国皇家学会外籍会员。

积极从事医学领域中的化学研究,探究草药的医疗效用和化学性质。强调卫生学的重要性、化学治疗理论及其应用。还将化学理论和方法应用于面粉食品的加工。主要著作有《化学》(1734年)等。 (张祝山)

利厄托,J.(Lieutaud, Joseph) 法国人,1703年6月21日生于法国普罗旺斯地区艾克斯,1780年12月6日卒于凡尔赛。解剖学、病理学、临床医学。

早期跟随医生和植物学家的叔父P.-J. 加里代尔(Pierre-Joseph Caridel),学习医学和药用植物学。后受邀任艾克斯主宫医院医师。1752年在巴黎大学获荣誉医学博士学位。在巴黎开始皇室医生的生涯,任路易十五(Louis XV)的宫廷儿科医师,后任路易十六首席御医。曾任巴黎大学校长、法国皇家医学会会长。1731年入选法国科学院院士。是英国皇家学会外籍会员。

毕生致力于临床医学实践,是新学派的领导人之一。注重尸体解剖与研究,曾经检查了1 200具人体及器官标本,利用尸检资料研究解剖学和病理学。发现了利厄托氏窦、利厄托氏悬雍垂(膀胱悬雍垂)和利厄托氏体(膀胱三角)等。被认为是法国病理解剖学和疾病的解剖一临床理念的先驱者之一，该理念逐渐取代了18世纪的各种医学体系。主要著作有《解剖学论文选》、《临床医学精要》(1760年初版，1776年第4版)和《药物学概要》。 (张祝山)

门吉尼，V. A.(Menghini，Vincenzo Antonio) 意大利人，1704年2月15日生于意大利布德里奥，1759年1月27日卒于博洛尼亚。血液学、临床医学、医学化学。

在意大利博洛尼亚大学学哲学和医学，1726年毕业。后在该校任逻辑学、理论医学和临床医学教授。曾任博洛尼亚科学院院长。

发展了加莱亚齐关于铁质存在于血液中的学说，1747年鉴定出红细胞是机体内铁质存在的主要载体。

(张祝山)

黄元御(Huang Yuanyu) 名玉璐，字元御，一字坤载，号研农，别号玉楸子。中国清代山东昌邑人。清代康熙四十四年(1705年)生，乾隆二十三年(1758年)卒。中医学、道学、儒学。

明代名臣黄福十一世孙。书香门第，少为诸生。30岁左右因目疾为庸医所误治，左目失明，遂发愤学医。师从金乡于子遽(字司铎)。行医各地，尝教学于北都(今山西太原)、清江(今属江西)、武林(今杭州)等地。乾隆帝南巡时奉诏侍从，制方调药，多有奇效，御赐“妙悟岐黄”匾额。

尊经派代表人物，被时人誉为“医门大宗”、“一代之大医”。曾对《内经》、《难经》、《伤寒论》等古典医籍加以注释。著有《素问悬解》、《灵枢悬解》、《素灵微蕴》、《难经悬解》、《长沙药解》、《伤寒悬解》、《伤寒说意》、《金匮悬解》、《玉楸药解》、《四圣心源》、《四圣悬枢》等11种。对于内、难、伤寒等学均有发挥。则《内经》以错简为名，颇多更易之处。因此，重加编纂，仍复81篇之旧，这不能不说是大胆的作法。持论颇有见地，为诸家所未及。但尊古思想浓厚，认为仲景后惟有孙思邈不失古圣之源，其余著作都无一线微通。在理论上受张景岳影响，治病偏主温补。

另有《道德经解》(1757年)、《周易悬象》(1757年)等道学、经学之作。 (张慰丰)

普朗西兹，M. A.(Plenčič，Marcus Antonius) 奥地利人，1705年4月28日生于奥地利索尔坎(今属斯洛文尼亚)，1786年11月25日卒于维也纳。传染病学、医学微生物学、病理学。

在奥地利维也纳大学、意大利帕多瓦大学学医，获医学博士学位。是开业医生。

在观察各种传染病的基础上，提出了著名的关于传染病本质的理论。1762年出版《医学物理学》，该书分4篇：第一篇疾病理论；第二、三篇天花和猩红热；第四篇关于1755年的大地震。这次地震使葡萄牙首都里斯本受到破坏。认为传染病是由微生物引起的。微生物通过空气传播，在适宜的介质中很快繁殖，故接种少量微生物便会引起疾病。该病原学理论不仅可以作为人、畜传染病的理论基础，也是植物传染病的理论基础。

(张志练)

哈特利，D.(Hartley，David) 英国人，约1705年6月21日生于英国约克郡哈利法克斯，1757年8月28日卒于巴斯。神经生理学、心理学、哲学。

牧师之子。出世3个月丧母，15岁丧父。曾在布拉德福德文法学校就学。1722年入剑桥大学耶稣学院学习古典文学、数学和神学，1726年、1729年分别获文学士和文科硕士学位。曾在纽瓦克学医，并在那里和伦敦、巴斯等地行医，但未得过医学学位。是英国皇家学会会员。

主要著作《对人的观察》(2卷，1749年)。该书第一卷中包含神经生理学、人类心理学、以及比较心理学的一些重要章节；而第二卷则把思想体系扩大到论述道德和来世的问题上。该书试图把各门自然科学直接地、或比拟地应用于研究人类和社会，是重要的历史文献。此外还有《联想》(1746年)等著作，以及不少医学论文。

(殷明德)

普林格尔，J.(Pringle，John) 英国人，1707年4月10日生于英国苏格兰罗克斯堡郡斯蒂奇尔，1782年1月18日卒于伦敦。军事医学、军营卫生学、科学组织管理。

爵士之子。先后在圣安德鲁大学、爱丁堡大学受教育。1730年在荷兰莱顿大学获医学博士学位。1734年在爱丁堡大学受聘为形而上学和道德哲学教授。1742年任英军在荷兰佛兰德的医院院长。后来任军医长和皇家医院医生。1745年被选为英国皇家学会会员，1772～1778年任英国皇家学会会长。1749年迁居伦敦，获准为皇后、皇帝和皇室人员看病，1774年起任英王乔治三世的御医。1766年被授予准男爵勋位。

是近代军医学的奠基人之一。最先拟定军营卫生的许多重要规则，积极主张军队医院应受交战双方的保护，脱离敌对行动而成为避难所，并提出“红十字”概念。军医学方面的主要著作有《军队疾病》(1752年)，这是一本军医学经典著作。此外，1750年出版《热症的本质及其医院治疗观察》。同年在英国皇家学会会刊连载3篇文章，论述有关脓毒症及抗炎症药物试验，因此获皇家学会最高奖科普利奖章。1783年出版论文集，收录了他当皇家学会会长时的6篇讲话。 (张志练)

休伯，J. J.(Huber，Johann Jacob) 瑞士人，1707年9月11日生于瑞士巴塞尔，1778年7月6日卒于德国卡塞尔。人体解剖学、脑与神经科学、植物学。

药剂师的儿子。初在巴塞尔大学学习哲学，后去波恩大学、斯特拉斯堡大学，跟著名生理学家A. von哈勒、解剖学家尼古拉(H. A. Nicolai)学习,1733年在巴塞尔大学获医学博士学位。在哈勒帮助下,1739年任格丁根大学解剖学编外教授。1742年起,一直任卡塞尔一卡罗琳学院的解剖学和外科学教授。是英国皇家学会外籍会员,许多欧洲学术团体的成员。晚年与哈勒不和。

主要贡献为脊髓神经解剖学研究。1741年出版《脊椎及其神经构成》一书,最先准确、详细地描述了脊髓的外观及副神经,尤其在脊髓前后根、齿状韧带等描述上有重要突破。还研究了肋间神经和低位脑神经等。

此外,是调研阿尔卑斯山中部和东部植物区系的专家。 (张祝山)

哈勒,V. A. von(Haller, Victor Albrecht von) 瑞士人,1708年10月16日生于瑞士伯尔尼,1777年12月12日卒于同地。解剖学、生理学、胚胎学、脑与神经科学、植物学。

法学家N. F. 哈勒(Niklaus Emanuel Haller)的儿子。幼年丧母,由继母照看;13岁又丧父,由任内科医生的继父抚养成人。1723年入德国蒂宾根大学学医。1725年转入荷兰莱顿大学学习解剖学和外科学,师从H. 布尔哈夫与B. S. 阿尔宾诺斯,1727年获医学博士学位。同年起到伦敦、牛津、巴黎、斯特拉斯堡、巴塞尔等地大学考察医学,期间1728年曾和著名数学家J. 伯努利一起进行数学研究。1729年回故乡伯尔尼行医,同时研究植物学。1736年被新建的德国格丁根大学聘为解剖学和医学教授,在该校工作17年,致力于解剖生理学研究,撰写大量著作。1753年又返回伯尔尼行医,同年入选州议会议员。结婚三次,生有三男三女。

被认为是近现代神经学的奠基者之一。主要贡献是在生理学方面,特别是对神经系统、胚胎和心脏的研究。在生理学史上,他有承先启后的作用,有些观点虽有局限性,但所提出的基本概念已具有近代生理学的思想特征。

在他之前,人们一直相信神经是中空的,内中流动着精气或液体,他通过实验观察,否定了这种神秘的精气。通过实验证明:各种组织经受刺激后,不外乎表现运动与感觉两方面的反应。肌肉组织具有应激性,神经系统具有易感性。通过神经系统的传递,使肌肉发生舒缩。发现神经皆集中于脑或脊髓。通过动物实验,毁坏或刺激其神经和脑的不同部位,证实了脑为神经中枢,是意识和运动的支配者。驳斥了腁胝体是"灵魂驻地"的观点,把意识归之于脑,深信大脑是生命的本质。

对胚胎学也作过广泛研究。发现胚胎期右心房血液经卵圆孔流向左心房。还发明了计算胎体各部分生长速度的方法。曾从事畸胎学研究。早期是新生论的拥护者,后来却成为预成论的信徒。认为受精作用是发动了卵的生长过程,使看不见的预先形成的结构在不同时期变为看得见。

他是近代血液力学的奠基人之一。用注射技术研究了人体血管分布,用力学观点说明血流在血管中运动时产热的机理。精确描述了心房与心室的交替收缩,提出心肌自律性的肌源假说——心脏活动起源于心脏结构内部,证明心脏活动和呼吸主要调节机制不在小脑。又研究了心脏搏动的肌性传导阻滞。还记载了主动脉弓瘤。

对实验病理学也作过研究。例如,把脓性物质注入体内,以了解化脓的原因等。

著作和论文估计有1 200种之多,内容涉及解剖学、生理学、生物学、传记、诗集、历史小说等各个领域。据自列的解剖生理学论著年表,即有195种之多。其中有关生物学、医学、外科学、解剖学、临床医学等提要,概括了哈勒以前的医学进展,是这些学科的重要文献。最著名的是8卷本《人体生理学纲要》(1757～1766年),此书概括了当时生理学的成就。

对植物学也作了大量观察研究,在格丁根大学创办植物园。1742年出版他的首部植物学著作《瑞士植物学纲要》,1768年出版《瑞士植物志》(2卷),1771～1772年出版2卷《植物学文献目录》。 (张慰丰 张志练)

拉美特利,J. O. de(La Mettrie, Julien Offray de) 法国人,1709年12月25日生于法国圣马洛,1751年11月11日卒于德国柏林。基础医学、生理学、心理学、自然哲学。

纺织品商的儿子。1728～1733年在巴黎大学学医。后在兰斯大学获医学博士学位。在荷兰莱顿大学进修期间,受到导师H. 布尔哈夫的决定性影响。1734年起在圣马洛行医。1742年底去巴黎,不久开始了终生颠沛的生涯。曾任军医、军医监察。1745年发表哲学著作《心灵博物学》,阐述关于精神的唯物主义理论。由于攻击了宗教神学和医学界,遭到教会强烈反对和官方谴责,被迫逃亡荷兰。1747年在荷兰又匿名出版《人是机器》,公开宣扬机械唯物主义和无神论。后又逃亡普鲁士。一生中不断撰写科学和哲学文章冲击正统思想,卷入不休的争执之中。当选为法国科学院院士。

对医学的主要贡献是,提倡和宣传了H. 布尔哈夫的机械派医学哲学学说。把导师的许多著作译为法文。不仅推动了18世纪法国落后的医学科学和实践,而且把医学问题带进了哲学论坛。该学说第一强调经验方法和临床观察;第二力图把医学建立在坚实的自然科学理论基础上,直接与解剖学、生理学、化学和力学联系起来。促进了生物学机械论学派的发展,反对生命力说。更重要的是采用生理学方法研究精神和人性,对心理学发展作出了有益的贡献。对人的行为进行决定论的解释,并与动物行为相比较,预示了现代行为心理学的两个原则。 (张祝山)

吴谦(Wu Qian) 字文吉。中国清代安徽歙县人,生卒年不详,生活于18世纪。*中医学、中医文献学。*

是清代的宫廷医生,乾隆年间(1736～1795年)在内廷供奉,任太医院院判。乾隆四年(1739年),和刘裕铎等奉命主编清代官修的综合性医学丛书。自乾隆五年夏开始,历时2年半(1740～1742年),编成《医宗金鉴》90卷。

《医宗金鉴》系编纂性丛书,计有《订正伤寒论注》17卷、《订正金匮要略注》8卷、《删补名医方论》8卷、《四诊要诀》1卷、《运气要诀》1卷、《伤寒心法要诀》3卷、《杂病心法要诀》5卷、《妇科心法要诀》6卷、《幼科心法要诀》6卷、《痘疹心法要诀》4卷、《种痘心法要旨》1卷、《外科心法要诀》16卷、《眼科心法要诀》2卷、《刺灸心法要诀》8卷、《正骨心法要旨》4卷,共15种。其中《订正伤寒论注》、《订正金匮要略注》2种为自编,除对原文订正并予注释外,征引了清以前伤寒各家论述。《四诊要诀》取宋崔嘉彦《脉诀》,参以《内经》而成。《外科心法要诀》则由祁坤之孙祁宏源根据祁坤《外科大成》纂辑而成。全书注重临证实际,图、说、方、论具备,并附有歌诀。由于内容丰富,编次清晰,论述扼要,选方平稳,因此流传很广,曾作为太医院教本,可称为中国近代综合性医书中最完备、最简要的一种,迄今还是中医各科的重要参考书。 (张慰丰)

卡伦,W.(Cullen,William) 英国人,1710年4月15日生于英国苏格兰汉密尔顿,1790年2月5日卒于爱丁堡。*临床医学、病理学、药物学、药物化学。*

律师之子。1726年入英国格拉斯哥大学学医。1729年去伦敦,受派担任去西印度群岛船上的外科医生。1730年回伦敦任助理药剂师。1732年起在汉密尔顿当私人医生。1734～1736年在爱丁堡大学医学院听课,并成为爱丁堡皇家医学会创始会员之一。1736年回汉密尔顿开业行医。1740年在格拉斯哥大学医学院获医学博士学位。1741年结婚。同年任汉密尔顿公爵的宫廷医生。1744年去格拉斯哥大学任教,真正开始医学研究生涯,教授生理学、化学、植物学和药物学,1747年担任英国历史上第一个独立的化学课教职,1751年任该校临床医学教授。1755年起任爱丁堡大学医学与化学教授,1757年起同时在爱丁堡皇家慈善医院讲授化学和药物学,1766年任该校唯一的内科学教授。1777年当选为英国皇家学会会员。

强调化学作为药物学的基础,以及对自然哲学(当时指自然科学)和实用性"技艺"的重要性。曾在创办爱丁堡皇家学会和爱丁堡皇家医学会中起过重要作用。主要著作有《药物治疗》(1771年初版,1789年再版)、《临床医学要义》(1777年)和《疾病分类法大纲》(1785年)。 (殷明德 李啸虎)

利贝屈恩,J. N.(Lieberkühn, Johannes Nathanael) 德国人,1711年9月5日生于德国柏林,1756年12月7日卒于同地。*解剖学、生理学、显微术、仪器研制。*

金匠的儿子。早年进入马格德堡哈雷大学预科学校。后在耶拿大学学习数学、力学、自然哲学,又学习了化学、解剖学和生理学。1733年毕业去罗斯托克任候补传教士。1735年回耶拿大学进修医学。1739年获荷兰莱顿大学医学博士学位。1740年成为英国皇家学会外藉会员。同年定居柏林开业行医。是普鲁士柏林科学院院士。

18世纪早期德国著名解剖学家之一。最先详述了肠绒毛和绒毛附属腺体(利贝屈恩氏腺)的结构和功能。发明了观察活体内液体运动的特殊显微镜,如观察蛙体液循环的解剖显微镜等。 (张祝山)

怀特,R.(Whytt,Robert) 英国人,1714年9月6日生于英国苏格兰爱丁堡,1766年4月15日卒于同地。*生理学、脑与神经科学、儿科学、药理学。*

父母早亡。在爱丁堡大学新建立的医学院、巴黎大学和莱顿大学学医。1736年、1737年先后获兰斯大学、圣安德鲁斯大学医学博士学位。毕业后开业行医。1747年任爱丁堡大学医学院临床医学及理论医学教授。1752年当选为英国皇家学会会员。1761年起任英王乔治三世的御医。1763～1766年任爱丁堡皇家内科医师学会会长。

是18世纪前叶最早的神经学家之一。首次提出并证明脊髓的反射动作,还对单纯反射(怀特氏反射)进行了定位。撰写出版的《动物的生命运动及其他本能运动》(1751年)一书,是神经生理学经典著作。1752年研究了石灰水和肥皂水的膀胱溶石作用。最早明确叙述了小儿结核性脑脊髓膜炎、脑震荡、急性脑水肿等病,主要著作还有《脑水肿观察报告》(1768年)等。(张祝山)

吉西,M.(Ghisi,Martino) 意大利人,1715年11月11日生于意大利索雷西纳,1794年5月11日卒于克雷莫纳。*流行病学、儿科学、病理学、公共卫生学。*

中学毕业后,即在P.瓦尔卡伦吉(Paolo Valcarenghi)所办的克雷莫纳医学校学习。后进佛罗伦萨大学学医,获医学博士学位。毕业后回克雷莫纳行医和从教。

1747～1748年间意大利儿科传染病大流行,积极投入抢救和治疗病儿。记录了流行病和气候的关系,以及疾病的临床特点。可能是第一个详尽描述白喉的人,对白喉伪膜的记载极为详细,并进行了尸检,对该病的病理解剖也有描述。 (顾振海)

林德,J.(Lind,James) 英国人,1716年10月4日生于英国苏格兰爱丁堡,1794年7月13日卒于英格兰汉普郡戈斯波特。*外科学、营养学、公共卫生学、航海医学。*

商人的儿子。在爱丁堡上完文法学校后,1731年跟朗兰斯(G. B. Langlands)医生学医。1739年加入英国海军,主要在地中海船上服役。1747年升为外科军医,并在"索尔兹伯里"号舰上开始研究坏血病。1748年离开海军,在爱丁堡大学获医学博士学位。1758～1783年在哈斯勒任新皇家海军医院的首席主任医师。

1750 年成为爱丁堡皇家外科医师学会成员。是爱丁堡哲学和医学学会会员，爱丁堡皇家学会早期会员。

被誉为“航海医学之父”。研究了上千名患坏血病病人，发现可用柠檬治疗坏血病。后来英国海军采纳了他的治疗法，从此坏血病在英国海军中消失。对于海员卫生、监狱卫生及海港检疫，也提出许多合理的建议和改革。为了防止监狱中伤寒病的流行，主张焚毁患者的衣服和寝具。著有《论坏血病》(1753 年)、《海员健康之最有效保护法》(1757 年)、《论欧洲热气候之易发病》(1768 年)，是相关领域的 3 部经典文献。（张祝山）

沈金鳌(Shen Jinao) 字芊绿，号汲门、再平，晚号尊生老人。中国清代无锡(今属江苏)人。清康熙五十六年(1717 年)生，清乾隆四十一年(1776 年)卒。中医学、中药学、儒学。

早年习儒，博通经史，兼工诗文，涉猎医卜星算，著有《芊绿草堂文稿》、《尚书随笔》等。乾隆年间中举，候选训导。因屡试不中，中年后乃潜心医学，研习《灵》、《素》、仲景之学以及历代名家医著，并得名医孙庆曾之传，精通内、外、妇、儿诸科，尤善治痘。专以医名世，又勤于思考和著述。医风医德高尚，自勉之“人之生至重，必知其重而有以尊之，庶不致草菅人命”。

清乾隆三十八年(1773 年)，将平生所撰医著总辑成《沈氏尊生书》计 72 卷付梓，内收《脉象统类》、《诸病主脉诗》、《杂病源流犀烛》(30 卷)、《伤寒论纲目》、《妇科玉尺》、《幼科释谜》及《要药分剂》等 7 种医著，内容涵括脉诊、药物、伤寒、杂病、妇科、儿科等。涉域广大，医术全面，论述精辟，立论允当，颇有影响，向为后学所宗，流传甚广，现有多种刊本行世。（郭天玲）

亨特，W.(Hunter，William) 一译威廉·亨特。英国人，1718 年 5 月 23 日生于英国苏格兰拉纳克郡东基尔布赖德附近，1783 年 3 月 30 日卒于伦敦。人体解剖学、外科学、骨科学、产科学。

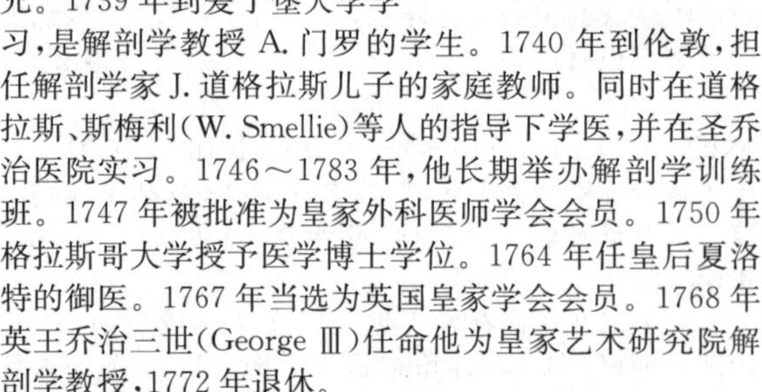

农场主的第七个孩子。著名医学家约翰·亨特之兄。1739 年到爱丁堡大学学习，是解剖学教授 A. 门罗的学生。1740 年到伦敦，担任解剖学家 J. 道格拉斯儿子的家庭教师。同时在道格拉斯、斯梅利(W. Smellie)等人的指导下学医，并在圣乔治医院实习。1746～1783 年，他长期举办解剖学训练班。1747 年被批准为皇家外科医师学会会员。1750 年格拉斯哥大学授予医学博士学位。1764 年任皇后夏洛特的御医。1767 年当选为英国皇家学会会员。1768 年英王乔治三世(George Ⅲ)任命他为皇家艺术研究院解剖学教授，1772 年退休。

以研究人体骨骼和软骨著称。1743 年发表关于软骨结构系统及其病理学的著名论文，一再被骨科学界所引用。1768 年在伦敦建立著名的解剖学示教厅和博物馆。为避免乏味的讲解，采用人体解剖学标本，边演示边讲解，并由此编辑了常态和病态的解剖学图谱。著作有《医学评论》(1762 年)、《妊娠子宫》(1774 年)等。根据遗愿，他的图书、图谱、手稿、搜集的古钱币和整座博物馆，均捐赠给格拉斯哥大学，并资助 8 000 英镑用于扩建用房。（张志练）

施米德尔，C. C.(Schmidel，Casimir Christoph) 德国人，1718 年 11 月 21 日生于德国拜罗伊特，1792 年 12 月 28 日卒于安斯巴赫。临床医学、药物学、植物学。

医生的儿子。自 1735 年起，先后在耶拿大学和哈雷大学学医，1742 年获耶拿大学医学博士学位。同年在拜罗伊特新建的弗里德里希专科学校任药理学和医学教授。1745 年任勃兰登堡王室医学顾问。1750 年当选为德国利奥波特科学院院士。1756～1758 年在萨克森、荷兰、瑞士研究植物学和矿物学及其在药物学中的应用。1760 年在埃朗根大学任教授，教过生理学、博物学、解剖学、外科学、营养学、法医学等课程。因和同事不合，1763 年离职任安斯巴赫总督的常任医生。1783 年获荣誉博士学位。除医学与药学外，以对隐花植物形态学的研究、编纂 K. 格斯纳的植物学著作而闻名于后世。（顾振海）

赵学敏(Zhao，Xuemin) 字恕轩，号依吉。中国清代钱塘(今浙江杭州)人，约清代康熙五十八年(1719 年)生，嘉庆十年(1805 年)卒。中药学、药用植物学。

父曾任福建永春、龙溪等地盐吏、知县等职。幼读经书，尤嗜好医学，常夜读家藏医书。除读书外，又在自家药圃养素园内实地栽培药物，并到平湖、本化等地访求民间医药。

撰有《医林集腋》、《养素园传信方》、《祝由录验》、《囊露集》、《本草话》、《串雅》、《花药小名录》、《升降秘要》、《摄生闲览》、《药性元解》、《奇药备考》、《本草纲目拾遗》，合称《利济十二种》，其中除《串雅》和《本草纲目拾遗》外，均佚。《串雅》(内、外篇，1758 年)系族人走方医赵柏云原著。乾隆二十三年(1758 年)赵柏云航海归，出所用效方授之，他重加删订，又合以平生所录奇方，撰成《串雅》内、外篇。此书的刊刻使民间医药步入“大雅”之堂。把走方医(铃医)的经验概括为简、便、验、廉等特点，内中包括多种民间药物和疗法，为保存和发扬民间医药经验作出了贡献，是中国少有的反映民间医药的专著。

《本草纲目拾遗》(1765 年)主在补《本草纲目》之遗阙，参考有关文献 280 余家，经书 340 余家，并结合实地观察、采访以及亲自栽种，总结了 1802 年以前中国药物学的成就，载药 921 种，其中 716 种是《本草纲日》所未载或叙述不详者，又订正原书 34 条。《本草纲目拾遗》对《本草纲目》的阙误作了某些纠正和补充，对药物的分类取消了“人”部，增加了‘藤”、“花”两类，把“金石”类分为“金”和“石”。该书收载了很多民间特效药物，如治疗蛔虫病的鹧鸪菜，治疗痢疾的鸦胆子，治跌打损伤的接骨仙桃，补血行血、舒筋活络的鸡血藤等。书中又收载了外国传入的药物，如金鸡纳、胖大海、各种药露和外用药等。此书于嘉庆八年(1803 年)续有增补,同治三年(1864 年)始由后人刊行。这是继《本草纲目》后最有价值的一部本草著作。（张慰丰）

魏之琇(Wei Zhixiu)　字玉璜,别号柳州。中国清代钱塘(今浙江杭州)人,清代康熙六十一年(1722 年)生,乾隆三十七年(1772 年)卒。中医学。

世代业医。幼时父母双亡,在作坊谋生,后在当铺任职。自学家中医书,并为人诊病。因见江瓘的《名医类案》不够完备,于是编成《续名医类案》(60 卷,1770 年),补辑历代名医治案,对明以后的资料增加尤多。

《续名医类案》今本整理为 36 卷,分 345 门,包括传染病、内、外、妇、儿、五官等病案,内容丰富,反映了各家流派的学术经验。另有《柳州医话》(又名《柳州医话良方》1 卷,系王孟英将他的《续名医类案》一书原按语 85 条、单方 100 余条予以汇编,并附加评语而成,王孟英的评按有所补充发挥,亦为后世所重。（张慰丰）

博尔德,T. de(Bordeu, Théophile de)　法国人,1722 年 2 月 22 日生于法国伊泽,1776 年 11 月 23 日卒于巴黎。生理学、内分泌学、组织学。

出身医生世家。早年在蒙彼利埃大学学医,1743 年获医学士学位。1747 年成为法国科学院通讯院士。1752 年入巴黎大学医学院深造,1754 年获医学博士学位。同年任拉沙里泰医院主治医师。兼任法国比利牛斯温泉等处的督察。

现代水疗法的创始人,内分泌学的先驱。在临床医学中,坚持认为温泉矿泉水可以治疗皮肤病等多种疾病。认为腺体和器官为双重神经(营养神经和机能神经)所支配。证明存在分泌神经,并显示分泌由腺体本身引起,指出腺体分泌的是从血液中某些成分中提炼而成的新物质。还描述了结缔组织的代谢和营养作用。发明用四指尖端放在病人桡动脉处测脉搏。认为每一个器官都具有活力,而整体的生命力就是各器官活力的总和。器官和腺体受到刺激(称易感性)后便发挥其功能。他的观点为"活力论"开辟了道路,在医学理论史上有重要意义。（张祝山）

坎珀尔,P.(Camper, Peter 或 Petrus)　荷兰人,1722 年 5 月 11 日生于荷兰莱顿,1789 年 4 月 7 日卒于海牙。比较解剖学、生理学、产科学、人类学、博物学。

传教士之子。12 岁到莱顿大学学习古典文学、自然科学和医学 12 年,1746 年获科学和医学博士双学位。毕业后开业行医。1748 年游学普鲁士、英国、法国和瑞士。1750 年任荷兰弗拉纳克大学哲学教授,1751 年被授予内科学和外科学教授职。1755 年任雅典娜学院(阿姆斯特丹大学前身)解剖学和外科学教授,1758 年任内科学教授。1761 年在妻子的强烈要求下辞去教授职位,在乡村定居,进行比较解剖学研究,完成专著《病理解剖学示教》(2 卷,1760～1762 年)。1763 年任格罗宁根大学理论医学、解剖学、外科学和植物学教授,1765～1766 年任该大学副校长。1773 年又辞职回到乡村。先后任沃尔克姆市市长、弗里斯兰省议员、海牙荷兰国会议长等职。是法国科学院外籍院士。

是西欧最早研究比较解剖学的学者之一。研究兴趣广泛,从研究狂犬病到爪哇犀牛、青蛙鸣声和古生物化石、岩石标本,无所不及。从事产科工作 30 年。在猪身上做过几次实验性耻骨联合切开术,但未用于人。在解剖学中描述过的结构鞘状突(腹膜和睾丸)、筋膜和指腱交叉,至今还沿用他的名字命名。他制作过许多精美的解剖图解。他以"变态"一词概括生物体受力学运动发生相互关系的基本原理。比较人类和兽类、鸟类和鱼类在解剖学上的异同,有诸多发现。在德国动物学家 T. 施旺之前,已通过显微镜观察发现动物和植物的构成要素(即后来确认的细胞)具有一致性。在人种学上,他发现艺术解剖学上的"颜面角"(在画人头像时,以鼻底为基础,一条线伸向耳底,一条线伸向前额,以 90°垂直为最佳形象),他声称古希腊罗马人为 100°～95°,欧洲人普遍为 90°,东方人 80°,黑人 70°,而猩猩仅 58°。另有《论人、兽、鸟、鱼的相似点》(1778 年)、《坎珀尔博物学论著选集》(3 卷,1803 年英译本)等。（殷明德）

奥恩布鲁格尔,J. L.(Auenbrugger, Joseph Leopold)　奥地利人,1722 年 11 月 19 日生于奥地利格拉茨,1809 年 5 月 18 日卒于维也纳。临床医学、内科学、临床诊断学。

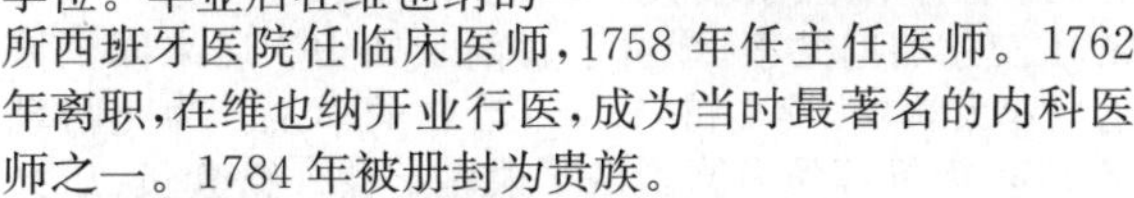

早年在维也纳大学医学院学医,1752 年获医学博士学位。毕业后在维也纳的一所西班牙医院任临床医师,1758 年任主任医师。1762 年离职,在维也纳开业行医,成为当时最著名的内科医师之一。1784 年被册封为贵族。

据载,他在解剖一具尸体时,发现胸腔内充满了积液,深悔未能在患者生前发现。当时,忽然想起他父亲在经营旅馆酒业时,常用手指叩击酒桶,以测量桶内酒量的多少。由此启发,他开始对胸部疾病与叩击音变化的关系作了深入探讨,并把临床诊断与病理解剖所见加以比较和对照,经过多年的研究,终于在 1761 年用拉丁文出版《用叩诊人体胸廓发现胸腔内部疾病的新方法》。这是一本 95 页的小册子,总结了他在 7 年中的临床观察成果,介绍了叩诊技术,描写了正常胸部的叩诊音,以及各种病理状态如胸腔积液、心包积液、心脏扩大等病的叩诊音。在医学史上第一次介绍这一物理诊断法。

当时这项研究并未引起人们的重视,甚至遭到轻视与嘲笑,因此被冷落了多年。18 世纪末,法国拿破仑一世的御医 J.-N. 高尔维沙重新发现了他的著作,认识到此法在临床诊断方面的价值,遂对叩诊法再次进行了 20 年的考验性研究,1808 年将他的著作译成法文出版,并附以详细的注释,还增补了自己的经验和病例。1818 年高尔维沙又将他的一篇叩诊论文附在心脏病著作内。从此,叩诊法在医学界得以普遍推广。

早在古希腊时代，希波克拉底学派的医学家已运用叩诊法鉴别腹水。但是，叩诊法被列入临床常规诊断法，则是在奥恩布鲁格尔的著作问世以后。他所创造的是直接叩诊法，即用四指末端直接叩击人体胸部。1818年高尔维沙创制了叩诊板与叩诊锤，为间接叩诊法。后来人们又将以上两种叩诊法加以改进，以左手中指背部作为叩诊板，然后用右手中指进行叩打，此法就成为目前普遍采用的叩诊法。（张慰丰）

余霖(Yu Lin) 字师愚。中国清代江苏常州人，生卒年不详，生活于18世纪清代雍正、乾隆年间(1723～1795年)。中医学、流行病学。

少业儒，屡试不第，遂弃儒习医，博览医书。乾隆年间(1736～1795年)曾旅居安徽桐城，其父染时疫，为群医所误而亡。归里检视所用方剂，皆治伤寒剂。因而研读本草，见石膏性寒，有清胃热、表肌热、泄实热之功，恍然大悟，遂用石膏重剂试治温疫，取得良效。后到京师，夏日大疫，诸医用张景岳补法，或吴又可疏解分消等法皆无效，他投与大剂石膏，创用清瘟败毒饮等方施治，活人甚多。这一事例，曾由纪晓岚《阅微草堂笔记》所载。经30年临证，于乾隆五十年(1785年)撰成《疫疹一得》，在温病学上有一定贡献。近来中医治疗乙型脑炎，主要重用石膏，取得良效，即继承其遗义。（张慰丰）

卡尔达尼，L. M.(Caldani，Leopoldo Marcantonio) 意大利人，1725年11月21日生于意大利博洛尼亚，1813年12月30日卒于帕多瓦。解剖学、生理学。

在家乡博洛尼亚大学受教，1750年获哲学博士和医学博士双学位。经过几年的训练和实践，成为博洛尼亚大学医学院医学教授。1758年初在帕多瓦大学与G. B. 莫尔加尼共事，增进了解剖学知识。后来回到博洛尼亚大学，继续支持A. von哈勒的学说。为此哈勒于1759年推荐他为德国格丁根科学会外籍会员，后又推荐他为英国皇家学会外籍会员。1764年被任命为帕多瓦大学理论医学教授。1773年经威尼斯参议院批准，任帕多瓦大学解剖学教授。

他坚决维护哈勒的动物组织和器官的感觉性和应激性差异学说，战胜了意大利生理学界的强烈反对，因而成名。（殷明德）

洛里，A.-C.(Lorry，Anne-Charles) 法国人，1726年10月10日生于法国克罗纳，1783年9月18日卒于波旁莱班。皮肤病学、精神病学、流行病学。

是巴黎一位著名法律学教授的儿子。受过很好的教育。1748年获巴黎大学医学院医学博士学位。后在巴黎开业行医，被引入巴黎上层社会为名流看病，曾任法王路易十五(Louis ⅩⅤ)的御医。1753年起在巴黎大学医学院教授外科学。是法国皇家医学会的创始人之一，曾任理事和副会长。

在精神病学和皮肤病学方面有重要贡献。1765年出版《忧郁症治疗》(2卷)一书，首次提出有神经性和情绪性两类忧郁症。还曾研究大脑和小脑的正常功能等。1777年，在法国最早发表关于皮肤病的论文，并最先尝试根据生理学、病理学和病因学对其进行分类。在卫生学、解剖学、生理学、医学史、医用病理学、流行病学、临床医学和天花接种等方面，也发表过研究论文或报告。（张祝山）

翁泽尔，J. A.(Unzer，Johann August) 德国人，1727年4月29日生于德国哈雷，1799年4月2日卒于阿尔托纳。生理学、心理学、动物学、脑与神经科学、科学传播。

12岁开始学医，1748年获哈雷大学医学院医学博士学位。1750年离开哈雷，先在汉堡，后在阿尔托纳开业行医。同时进行研究工作和编辑大众医学周刊《内科医生》，并把许多医学著作译成荷兰、丹麦和瑞典文。

创立“生理玄学”，研究生命的基本现象，特别是高等动物的机能，如神经系统在动物机能中的作用。1771年出版《动物有机体自然生理学原理》，试图建立动物学的基本原理，用广泛比较法，区别动物有意志的、无意志的、完全无知觉和无意志的三种运动形式。观察去脑的高等动物和无脑低等动物的区别，区分了传入和传出神经；通过对神经反应的研究，记录了神经系统对外界刺激的反射作用，即动物运动现象可能是外界刺激所引起的，区别了自觉和不自觉的运动，促使生理学的发展跨出了有价值的一步。另有《医学手册》(1770年第5版，1794年3卷)等专著出版。（钟觉民）

郑宏纲(Zheng Honggang) 字纪元，号梅涧，又号雪萼山人。中国清代安徽歙县人，约清代雍正五年(1727年)生，乾隆五十二年(1787年)卒。中医学、喉科学。

清代喉科名医。世医出身，其父郑于丰(字绥年)在外经商时，遇精于喉科的福建人黄明生，经几次携重礼恳求，始得其所传喉科秘本。带回令子侄研习，临证常奏良效。因此他自家学得喉科秘传，后来又专喉科多年，临证经验丰富。因见历代缺乏喉科专书，乃据家藏喉科秘本及经验心得，约于乾隆年间撰成《重楼玉钥》2卷，刊于乾隆三十三年(1768年)。其后复由人辗转传抄，传至天津，于道光十八年(1838年)由冯相棻等刻行。子承翰(字若溪)、孙钟寿(字祝三)等继家学，续有著述，世称“南园喉科”。

《重楼玉钥》论述咽喉生理、病理、辨证、预后，治法包括针刺、手法、吹喉、外敷、含漱等数种，而以养阴清热为特点。其中所记证候，如白缠风类似白喉。所用方剂，如养阴清肺汤等，多为后世医家所采用。其用针灸配合治疗喉科，亦为其特点之一。该书还对口、齿、耳部疾病的证治经验作了介绍，是一部切于实用的喉科医籍。（张慰丰）

亨特，J.(Hunter，John) 一译约翰·亨特。英国人，1728年2月13日生于英国苏格兰拉纳克郡朗考尔德伍德，1793年10月16日卒于伦敦。外科学、病理解剖学、胚胎学、性病学、牙科学、动物学。

农场主10个孩子(其中3个夭折)中最幼者,著名解剖学家威廉·亨特之弟,10岁丧父。幼年在家乡文法学校学习,后跟姐夫学木工。1748年到哥哥威廉在伦敦开办的解剖训练班学习和工作。1751年起先后在切尔西医院、圣巴托洛缪医院实习外科。1754年入圣乔治医院工作,1756年任助理外科医师。1760年任外科军医,次年随英军远征法国贝尔岛,1762年远征葡萄牙。1763年回伦敦开业行医,次年开办解剖学校。1768年回圣乔治医院任外科医师。1776年任英王乔治三世(George III)的御医。1786年任皇家外科军医,1789年任军医总监。1767年当选为英国皇家学会会员。1783年当选为法国科学院外籍院士。1787年当选为美国哲学会外籍会员。心脏病发作去世。

英国病理解剖学创始人,促进了外科由手艺向科学的转化。在医学上:首次提出人牙分类法,描述各种牙髓疾病和牙齿错合,设计治疗和矫正方法,作过把人牙移植到鸡冠上的著名实验,出版英国牙科学史首部著作《人类牙齿博物学》(1771年);1775年向皇家学会报告健康人体温恒定不变的发现;在外科中有重要革新:在动物实验基础上,1785年首次完成股动脉瘤血管结扎法手术,使患者从此免遭截肢之苦,被誉为“亨特氏手术”;1786年第一次完整研究胎儿发育过程,描述胎盘构造及子宫血液供应;发明皮下肌腱切割术;试验睾丸移植术,对动物进行自体和异体移植,把雄鸡睾丸移植到母鸡身上而证实睾丸内分泌功能;首次描述淋巴系统、人类泪道、嗅神经的鼻腔分布、第五对脑神经分支等;首次描述休克、静脉炎、脓血症和肠套叠等症状,并对炎症、枪伤和脉管系的外科病进行划时代研究,去世一年后由内弟整理出版相关文集《论血液、炎症和枪伤性质》(1794年)。此外,鉴于性病在当时欧洲流行,1767年他在自己身上大胆进行接种试验,得了硬下疳病(即“亨特氏症”),数月后试以汞剂进行自我治疗,历时三年基本治愈,但误将梅毒和淋病混为一谈,出版了《论性病》(1786年)一书。

在生物学领域,1764年在伦敦郊区建立私人动物园和植物园,后又花去7万多英镑设置动物标本陈列馆,举债收藏近14 000件动物、植物和人体标本,骨骼标本中最著名的是鲲鲸和2. 56米高的爱尔兰巨人伯恩(C. Byrne)。解剖和描述过500多种动物,将形态学和生理学结合起来重点研究结构与功能关系;发现比较生理学基本规律:生物胚胎在发育过程每个阶段酷似比它低级的生物的完整形象;出版有《动物机体之观察》(1786年)。1799年英国政府收购他的全部标本,至今在英国皇家外科学院亨特博物馆展出。

1783年他在伦敦莱斯特广场边购置大楼作为博物馆,并和福代斯(G. Fordyce)在此建立医科大学生协会,每周召开研讨会。长期从事解剖学教学,培养了E.琴纳等著名学者。1787年获英国皇家学会最高奖科普利奖章。为纪念他,在英国成立有伦敦亨特学会,在伦敦莱斯特广场竖有他的胸像;澳大利亚纽卡斯尔大学建有附属亨特医院。

(张志练)

怀特,C.(White,Charles)　英国人,1728年10月4日生于英国曼彻斯特,1813年2月20日卒于柴郡塞尔。产科学、外科学。

起初跟任外科医生的父亲学医,后去伦敦、爱丁堡寻师学习,曾师从威廉·亨特。1752年参与建立曼彻斯特大学附属医院,并任外科主任医师。1790年创办曼彻斯特圣玛丽妇幼医院。1761年(33岁)入选英国皇家学会会员。是伦敦皇家外科学会的成员。还参加创立曼彻斯特文学和哲学学会。

是18世纪英格兰北部最著名的外科医生之一。主要成就在产科学方面,是无菌助产学的先驱。1773年出版他最重要的著作,首次论述产妇的医疗管理,最早主张保持分娩时绝对清洁,早于巴斯德等人70余年。对产褥热的研究也有贡献,经21年临床试验,根除了产妇产后脓毒症的严重死亡威胁。还是人体测量学的创始人。

(张祝山)

维格莱布,J. C.(Wiegleb,Johann Christian)　德国人,1732年12月21日生于德国朗根萨尔察,1800年1月16日卒于同地。药物学、医学化学、基础化学。

自幼丧父,16岁离乡起跟药剂师学徒。1755年回乡,4年后自己开药店,并进行化学及生物碱研究。1770年入选家乡所在市议员,1783年起任该市财政局局长。1776年入选德国利奥波德科学院院士。1789年因汞爆炸几乎失明,晚年生活维艰。

18世纪下半叶化学药物兴盛时期的重要人物之一。反对炼金术,认为化学才是真正的科学,他的反对炼金术的调研报告在当时影响很大,但坚持燃素说观点。还改进了矿物分析及化学制备方法。1779年创建一所私人学校,培养训练药剂师,以自编的《普通化学》为教材,学生来自德国和欧洲其他国家,第一期就有40余人,闻名全欧洲,吸引了许多科学家来访。著作甚丰,其中1793年出版《德国药剂师指南》,后多次再版,成为当时欧洲药学界的标准读本。

(张祝山)

德尚博,J. J. M.(de Chambaud,Jean Jacques Menuret)　法国人,1733年生于法国蒙特利马尔,1815年12月15日卒于巴黎。流行病学、病理学、基础医学。

在蒙彼利埃大学医学院获得医学博士学位。后到巴黎行医,曾任皇室医生。晚年在巴黎从事慈善事业,为穷人提供无偿医疗服务。

1770年出版《关于天花和麻疹》,1781年出版《空气传染病》,对防治提出一系列忠告。拥护生命力说,反对机械论;强调医学实践,还提出医学需要科学与道德相结合。提出关于影响健康与疾病条件的医学调查报告,很有价值。

(张祝山)

梅斯梅尔,F. A.(Mesmer,Franz Anton)　德国人,1734年5月23日生于德国斯瓦比亚公国伊兹南,1815年3月5日卒于梅尔斯堡。临床医学、催眠术、心理学、磁学。

林务官的儿子。曾在巴伐利亚的耶稣会迪林根大学、因戈尔施塔特大学学习。1759年进入奥地利维也纳大学攻读法学，后转向医学，1766年获得医学博士学位。后长期在维也纳行医。1768年和一富孀结婚。为巴伐利亚科学院院士。

催眠术的创始人之一。1775年提出动物磁力说，认为身体与磁铁相似，液体按磁性吸引的定律而流动起落，体内液体流动障碍则致病。他认为可用自己的身体起动物磁铁作用，破除病人体内的液体流动障碍，恢复和谐，由于治愈了不少病人，动物磁力说也流行一时。1784年，法王路易十六任命一个9人委员会来调查此术，当时富兰克林、拉瓦锡等均参与其事，却未能证明有任何磁力流存在。科学界群起反对，迫使他于次年离开巴黎，退隐故乡。他的学说推动了后人的研究工作。例如：1784年，皮塞居尔(Chastenet de Puységur)兄弟以动物磁力诱导催眠。1842年，英国的布雷德(J. Braid)首创"催眠术"一词，认为暗示是催眠的要素。由于催眠术不断完善，成为一种可接受的医疗实践，对精神分析法的发展有一定影响。主要著作有《行星对人体的影响》(1766年)、《论磁体》(1775年)、《催眠术理论和动物磁性》(1814年)。 (张祝山)

科图格诺，D. F. A. (Cotugno, Domenico Felice Antonio) 意大利人，1736年1月29日生于意大利鲁沃迪普利亚，1822年10月6日卒于那不勒斯。解剖学、生理学、耳鼻咽喉科学、脑与神经科学。

爱好医学，在意大利那不勒斯大学学医，1755年获生理学和哲学博士学位。毕业在该校附属那不勒斯绝症医院任助理医师，1761年在该院任外科学教授。1765年访问罗马和意大利北部。1789年作为那不勒斯国王斐迪南四世(Ferdinnand Ⅳ)的御医访问奥地利和法国。1794年同巴尼亚拉女公爵I.卢福(Ippolita Ruffo)结婚。

主要贡献是把解剖学和生理学结合起来以揭示人体的秘密。1761年发表司喷嚏的鼻腭神经径路的图解，以及解剖学论文"人内耳导水管"。出版专著，提出如何鉴别关节性和神经性坐骨神经痛。1774年首次发现并系统描述了脑脊液，受到医学界普遍赞赏。此外还建立听力理论。描述过给水肿病人的尿加热可出现蛋白凝结现象。据传说，那不勒斯无人能够在没有得到他的死亡通行证而死去，可见当年人们对他的信任和赞许。1824年制作了纪念他的奖章，1931年第37届意大利内科学大会上使用了该奖章，1961年第十届国际风湿病学大会上也使用了该奖章。 (殷明德)

陈复正(Chen Fuzheng) 字飞霞。中国清代广东惠州府(今广东惠阳)人，生卒年不详，生活于乾隆年间(1736～1795年)。中医学、儿科学、道学。

广东罗浮山的道士。曾师从一名道士学气功，后云游天下，借医药以济世，尤擅长小儿科。采集过去有关文献，结合个人40余年临证经验，于1750年撰成《幼幼集成》6卷。

《幼幼集成》是中国近代儿科学的一部代表著作。书中对痘疹的叙述较详，用方也较简切，强调痘疹不应与小儿科分开。对小儿惊风、变蒸，历来认为系小儿纯阳之体的反应，他对此也提出独特的见解，对妄立小儿惊风名、轻用金石镇坠药者深恶痛绝。尝谓小儿脏气未充，若于幼科以"阳有余、阴不足"立说，滥用寒凉则败儿脾胃，贻害非浅。对于指纹在儿科疾病中的诊断价值也有正确的评价，认为既不可否定，也不能夸大其作用。认为小儿诊脉比较困难，可借助于指纹与面部望诊予以诊断。从"小儿脏腑未充，则药物不能多受"的观点出发，创立并吸取了不少民间的外治法，如按摩、热敷、贴药、针挑、刮痧、磁锋砭法、吹药、蜜导等；还搜集了民间有效的方药，如马齿苋、鸦胆子治痢等。 (张慰丰)

伽伐尼，L. (Galvani, Luigi) 意大利人，1737年9月9日生于意大利博洛尼亚，1798年12月4日卒于同地。比较解剖学、生理学、物理学。

出身于富足家庭。曾在博洛尼亚大学学医，当时J. B.贝卡里(Jacopo Bartolomeo Beccari)和D. G.加莱亚齐等有名教师都在该校执教，1759年获医学和哲学双博士学位。后即以研究解剖、行医和教学为生。1768年任母校的正式讲师，1775年任加莱亚齐的解剖学助手。1776年博洛尼亚市议会任命他为解剖博物馆馆长和演示员。1782年任博洛尼亚科学研究院的产科学教授。1790年后，因妻亡以及政治原因被解职，在贫困和凄凉中度过余生。

起初以研究鸟听觉和生殖器闻名。1762年发表第一篇论文，论述骨骼的结构和功能。1767年发表关于鸟类肾脏的论文。研究兴趣逐步从解剖学转到生理学，尤其关注神经和肌肉的功能。1771年发现切下的蛙腿碰到起电器发出的火花，或只用金属刀触一下，即可引起蛙腿收缩，后又发现挂在铁栅门上的蛙腿在雷电时也收缩。1772年向博洛尼亚科学研究院提交关于肌肉对电刺激反应的论文。1791年设计了可演示青蛙的肌肉神经在外界刺激下反应的装置，认为蛙腿的收缩是由于肌肉神经组织呈现瞬时电流的缘故。A.伏打却认为这是由于体外的两种不同金属接触而产生的电，不是生物电。和伽伐尼的这场争论，导致了发明伏打电池。虽经最终证明伽伐尼是错误的，但却对以后神经活动的生物电机制研究开辟了道路，所以后人将检测电流的仪器称为伽伐尼电流计。著作有《论肌肉运动之电效应》(1791年)。 (顾振海)

休森，W. (Hewson, William) 英国人，1739年11月14日生于英国诺森伯兰郡赫克瑟姆，1774年5月1日卒于伦敦。解剖学、血液学、内分泌学。

1753年起在英国泰恩河畔纽卡斯尔医院学医。1759年起先后到伦敦亨特解剖学院、圣托马斯医院和盖伊医院工作。1761～1762年在爱丁堡大学医学院修完冬季课程后，成为伦敦亨特解剖学院院长威廉·亨特的助手。1770年当选为英国皇家学会会员。1772年在伦敦克雷文街开办解剖学专科学校。

1768～1769年期间，向英国皇家学会宣读了关于研究低等脊椎动物淋巴系统的3篇论文，引起关于优先权的争论。事实上，他比上世纪的前辈作出了更完整的论证。1770年向英国皇家学会报告对血液的显微镜研究结果，提出纤维蛋白原的作用，并首次对凝血现象作了正确的解释。首先在胸腺和脾脏内观察到淋巴细胞，并断定产生淋巴细胞是这些腺体的功能。1774年初重新发表了关于淋巴管的论文。1770年获英国皇家学会最高奖科普利奖章。（殷明德）

威瑟林，W.（Withering，William） 英国人，1741年3月生于英国什罗普郡惠灵顿，1799年10月6日卒于伯明翰。*药物学、植物学、博物学。*

外科医生的儿子。1766年获爱丁堡大学医学博士学位。1767年到英格兰斯达福特开业行医，同时在当地医院兼任内科医生。1775年起在伯明翰等地行医，1779年始在伯明翰总医院工作，因病于1792年被迫退休。是伯明翰月光会社的活跃人物。1785年当选为英国皇家学会会员。是英国林耐学会成员、葡萄牙里斯本皇家科学院外籍通讯院士。

科学兴趣广泛，对植物、矿物、化学及医药都有重要著作。搜集了英国所有植物的标本，并于《大不列颠植物的分类》（1776年）一书中，对林耐分类系统做了一些重要修改。首先证明天然碳酸钡是与其他钡盐不同的化合物。由于对植物学的兴趣，能虚心倾听有关草药收集者的民间疗法，从中发掘了洋地黄的临床应用价值，了解到它对某些心力衰竭所致水肿的功效，以及使用该药的安全剂量。1785年发表了一篇有关他所发现的详细报告，使洋地黄成为医生常用药物并收入药典。（张祝山）

波塔尔，A.（Portal，Antoine） 法国人，1742年1月5日生于法国加亚克，1832年7月23日卒于巴黎。*解剖学、传染病学、神经病学、医学史学。*

1762～1765年在法国蒙彼利埃大学学医，获医学博士学位。后在巴黎等地开业行医。1776年任法国皇太子（后来的路易十六（Louis ⅩⅥ））的解剖学教师。1769年任法兰西学院解剖学教授。1778年任雅尔丹迪鲁瓦的解剖学教授。1818年任路易十八（Louis ⅩⅧ）的首席御医。1820年受聘为皇家医学科学院终身名誉院长。

是当时巴黎最受尊敬的医生之一。早期著作《解剖学和外科学的发展史》详述了1755年以前解剖学的发展及其在外科学上的应用，至今仍有参考价值。1792年出版《痨病及其治疗》。1803年出版《医用解剖学教程》（5卷）。1827年出版《癫痫病及其治疗》。还提倡口对口的急救复苏法。（张志练）

唐大烈（Tang Dalie） 字烈三（立三），号笠山，又号林嶝。中国清代长州（今江苏苏州）人，生年不详，清代嘉庆六年（1801年）卒。*中医学、中医文献学。*

曾任典狱官，并为狱中犯人诊病，后任苏州府医学正科。仿效康熙年间过绎之（孟起）所辑的《吴中医案》一书，将江浙地区40余名医家文章约百篇汇集起来，经反复细阅，与人商榷推敲，随后加以刊刻。1792年刊出第1卷，至1801年共出11卷，名为《吴医汇讲》。

《吴医汇讲》（11卷，1792～1801年）内容包括医学论述、专题评论、验方、考证、笔记等。据其凡例所述，“凡属医门佳话，发前人所未发，可以益人学问者，不拘内、外、女、幼各科无不辑入”。对于不同观点的医学论述，只要言之有理，均予采用刊出；文章的排列，不以作者年龄老少及地位高低分前后，而是文稿“随到随镌”。其中有叶桂《温症论治》、薛生白《日讲杂记》、顾雨田《书方宜人共识说》以及其他多家医学名论。从上述特点来看，《吴医汇讲》类似年刊性质的医学杂志，可称是最早的中医杂志，对保存医学文献、交流医疗经验，曾起过一定的作用。他去世后，门人周兆麟、孙唐庆耆于1814年春复将全书校订毕，刊布于世。（张慰丰）

弗兰克，J. P.（Frank，Johann Peter） 德国人，1745年3月19日生于德国罗塔宾，1821年4月24日卒于奥地利维也纳。*公共卫生学、妇产科学、社会医学、医学管理与教育。*

祖父是法国军人，战死疆场；父亲做过经销商。他是家中13个孩子中最小者。1763年获法国梅斯大学哲学学士学位。同年入读德国海德堡大学医学院，1765年转学法国斯特拉斯堡大学，1766年获海德堡大学医学院医学博士学位。不久又获法国蓬塔—谟森大学文学士学位。在法国比赤地区行医，并成立家庭。1772年任德国巴登地方医官。妻子在婚后一年死于产褥热，几个月的婴儿也夭折，这些不幸使他钻研公共卫生学，发起巴登产科学会并任首任会长。1773年被派往比晓普公国，后任比晓普王子御医，并创办一所产科学校。后任巴登侯爵拉斯塔特宫廷御医。自1779年出版百科全书《医务警察的完整体系》首卷后，声名大振，有数个大学同时邀请他任教。1784年任德国格丁根大学生物学与预防医学教授。1785年任意大利帕维亚大学教授兼附属医院院长，后兼任奥地利伦巴第和曼图亚公国医务总监。1795年任维也纳大学教授，兼任维也纳总医院院长。1803年与儿子（病理学教授）同赴俄国维尔纳大学任教。1805～1808年在圣彼得堡任沙皇亚历山大一世（Alexander Ⅰ）御医，兼任内外科研究院院长。1809年返奥地利重建维也纳总医院。多次拒绝当拿破仑御医的邀请，隐居弗赖堡完成百科全书《医务警察的完整体系》第5卷。1811年回维也纳开业行医，继续完成其他卷。

现代公共卫生学奠基人。最重要贡献是完成百科全书《医务警察的完整体系》（9卷，1779～1827年）。在巴登任职时开始编写该书，直至去世6年后才出齐。前6卷主要论述公共卫生学；后3卷为补充卷，主要论述医院管理。他在年轻时就主张保护居民健康是国家职责，国家应扮演“医务警察”角色，用政治力量推行预防医学，促进和监督公共卫生事业。1779年第1卷，主要讨论结婚、生殖、妊娠、发育等问题，其中主张凡有遗传病者,未经医学检查不得结婚。1780 年第 2 卷,讨论奸淫、卖淫、性病、流产、育婴堂、儿童卫生等问题,主张强制统管妓女。1783 年第 3 卷,讨论水源、空气污染、营养保障(食物、水和酒精控制),衣食住行卫生等。1788 年第 4 卷,讨论公共卫生安全制度和法医学问题。1812 年第 5 卷,讨论生理变化、殡葬问题。该卷触及宗教敏感话题,引起强烈抨击,最后被迫离开意大利。1816 年第 6 卷,讨论常用治疗技术、医学与国家关系、医学教育机构等问题。

他还是医院建设和医学教育的杰出管理专家。在百科全书《医务警察的完整体系》第 7～9 卷中,详述各种医院、各科的建设与管理。在帕维亚大学锐意改革医学教育制度,其中有:首次确立外科四年制和内科五年制,内外科课程适当交叉,建立病理解剖陈列馆,开办药剂师学校等等。在维也纳总医院积极改进管理,其中有制定正规查房制度,严格的医案记录与保存,强化助产士培训和无条件免费应诊助产,建立独立的外科诊所等新举措。1800 年天花流行,他在维也纳推广 E. 詹纳的牛痘接种法,引起奥地利政府重视,1808 年正式颁布疫苗接种法。另一重要论著是拉丁文教科书《人类疾病治疗概论》(7 卷,1791～1821 年)。他的理论与实践对后世公共卫生学、医学管理学与教育有深远影响。

(李啸虎)

克鲁克香克,W. C.(Cruikshank,William Cumberland) 英国人,1745 年生于英国爱丁堡,1800 年 6 月 27 日卒于伦敦。解剖学、实验神经科学、。

14 岁时被送到格拉斯哥大学攻读神学,1767 年获文科硕士学位。后由 J. 穆尔(John Moore)赞助而学医,专攻解剖学。经穆尔介绍,1771 年 4 月去伦敦,任著名解剖学家、医生 W. 亨特的助手。1773 年到圣乔治医院学习外科学。1783 年在格拉斯哥大学获医学博士学位。继 W. 亨特成为英国皇家艺术学会解剖学教授。是伦敦皇家医学会、爱丁堡皇家医学会和维也纳帝国研究院的名誉会员。1797 年当选为英国皇家学会会员。

1774 年,他在《医学与哲学评论》上首次报道水银注入肺淋巴管成功。1776 年 6 月 13 日,专著《神经再生及动物活体脊髓的实验》由 J. 亨特送到英国皇家学会审查,但直到 1795 年才出版。最有影响的著作是《人体有吸收功能的脉管解剖学》(1786 年)。1797 年,他首次发现并证实尿中存在某种可结晶物质,并用硝酸将之析出。1800 年他确证一氧化碳由碳和氧元素构成。同年开发出用氯气净化水的方法。 (殷明德)

皮内尔,P.(Pinel,Philippe) 法国人,1745 年 4 月 20 日生于法国卡斯特尔附近,1826 年 10 月 25 日卒于巴黎。流行病学、病理学、精神病学、临床医学。

出身医学世家。早期接受文科教育并从事宗教事业,后改学医学,还曾学习数学。1773 年在图卢兹大学医学院获医学博士学位。1774 年赴蒙彼利埃大学医学院和附属医院工作 4 年。1777 年因在数学应用于人体解剖学方面提出了 2 篇医用力学的论文,被接受为蒙彼利埃皇家科学院通讯院士。1778 年赴巴黎,在 15 年中以写作、翻译和编辑为生。虽然未能行医,但却接受了对他今后有极大影响的哲学家洛克和孔狄亚克感觉论学说。1783 年起,兴趣转向研究精神病学。1793 年进比赛特精神病医院工作,开始对精神病人实施人道主义治疗。从 1795 年起,终身任巴黎沙尔佩特里埃医院的内科主任医师,并任巴黎大学医学院病理学教授 20 年。1804 年当选为法国科学院院士。1820 年当选为新成立的法国医学科学院院士。

是 18 世纪疾病分类学权威之一。1798 年出版专著《病理学的哲学》,将疾病按体征分为 5 大类:发热病、体液病、出血病、神经官能症以及器官损伤引起的疾病;每一大类又分若干小类和等级。由于该书的巨大成功,被同时代人誉为医学大师。1799 年,他在沙尔佩特里埃医院建立了接种门诊所,1800 年 4 月,在巴黎进行了第一次疫苗接种。

还被公认为精神病学的奠基人之一。率先废除了精神病人身上的锁链。反对囚禁和粗暴对待精神病人,实行一种以温和、了解、友善为特点的精神疗法,并培养了一代精神病学专家。还出版相关专著《精神病治疗的观察和研究》和《精神病医治哲学》,论述了精神病的分类、病因和各种治疗方法等。后一部 1806 年出版有英译本,对法国仍至欧美医学界都有重要影响。

尝试将数学知识应用于医学,绘制出确定某些疾病发病频数的精确图表,提出测量各种药物效用的实验和数值评价方法。善于接受新技术,并应用于医疗实践。另有《临床医学》(1802 年)一书,对自己的临床经验作了全面总结,并发展了《病理学的哲学》一书的思想。为纪念他,巴黎沙尔佩特里埃医院门口屹立着他的一尊雕像。 (方正源)

特罗亚,M.(Troja,Michele) 意大利人,1747 年 6 月 23 日生于意大利普利亚区安德里亚,1827 年 4 月 12 日卒于那不勒斯。眼科学、骨科学、流行病学、科学传播。

在意大利那不勒斯大学学医,然后在该市某医院任外科助理。1774 年获奖学金到巴黎大学医学院进修。1779 年回国,任那不勒斯大学眼科教授。当选为法国科学院外籍通讯院士。

主要研究骨的营养和再生,因研究骨痂和骨再生而闻名,并对研究技术作了改进。对眼科疾病和泌尿系统疾病也有研究,并发明了柔软可屈曲的导尿管。1802 年为倡导和发动牛痘接种运动作出过贡献。应狄德罗邀请,为《百科全书》补编撰写条目。 (顾振海)

维克-达齐尔,F.(Vicq-d'Azyr,Félix) 法国人,1748 年 4 月 23 日生于法国诺曼底的瓦洛涅,1794 年 6 月 20 日卒于巴黎。解剖学、流行病学、兽医学、脑与神经科学。

医生之子。1765年到巴黎学医,1773年获巴黎大学医学院医学博士学位。同年到巴黎自然博物馆教解剖学。他是法国玛丽一安托瓦内特皇后(Queen Marie-Antoinette)的最后一位御医。是阿尔福特兽医学院教授、法国流行病总监。1774年入选法国科学院院士。1778年任法国皇家医学学会秘书长。1788年当选为法兰西学院院士。

曾研究神经解剖学中的颈丛,尤其是脊椎动物的脑,引入了脑重和体重间的相关数据;撰写了关于脑白质纤维结构的重要论文。还是一个著名的兽医,1775年写了关于扑灭兽疫流行病的报告,建议用军队封锁隔离兽疫流行地,并进行治疗,用化学药品消毒。曾着手写《脊椎动物解剖学体系》一书,但未完成,后由H.克洛克(Hippolyte Cloquet)完成并出版。在公共卫生和医学教育方面也是一位先驱者。 (张志练)

普罗查斯卡,G.(Procháska,Georgius) 捷克人,1749年4月10日生于当时奥地利摩拉维亚(今属捷克)布利日科维采,1820年7月17日卒于奥地利维也纳。*解剖学、眼科学、生理学、胚胎学、脑与神经科学。*

出身铁匠家庭。靠做私人教师读完大学预科。1770年起在维也纳大学医学系学医,在亲友资助下完成学业,1776年获医学博士学位。1778年任布拉格大学解剖学和眼科学教授。1791～1819年任维也纳大学解剖学和眼科学教授。1784年参与组建布拉格医学学会。是俄国圣彼得堡医学科学院外籍院士,德国威廉医学学会名誉会员。

1778年发表第一篇论文,用物理模型证明血液从大血管流向小血管时,随血管分支总截面积增加而血流变慢。1778年和1780年发表论肌肉、神经结构的论文。反对当时流行的畸胎形成学说,提出了自己的观点。主要著作是1784年的《论神经系统的功能》,提出了"神经力"的概念,与神经冲动的现代概念相似;还认为反射活动不依赖于意志和精神;并为大脑定位概念的形成提供了初步轮廓。还出版生理学教科书,发表一些论文,如关于人齿随年龄而磨损、血液循环与机体组织营养的关系等。先后在维也纳大学、布拉格大学创办解剖学陈列馆。在眼科外科学方面,曾做过3 000多例白内障手术。 (张志练 张祝山)

琴纳,E.(Jenner,Edward) 一译詹纳。英国人,1749年5月17日生于英国格洛斯特郡伯克利,1823年1月26日卒于同地。*流行病学、免疫学、临床医学、博物学。*

牧师的儿子,5岁丧父,由兄抚养,13岁被送到布里斯托尔附近索德伯利的一位开业医师罗德洛(D. Ludlow)的诊所当学徒。1770年赴伦敦圣乔治医院学医,师从约翰·亨特。期间协助库克船长整理太平洋远征所获标本。1772年谢绝库克船长邀请担任第二次探险的博物学家之职,返回故乡行医。1788年当选为英国皇家学会会员。同年结婚,生育有两个儿子。1792年获苏格兰圣安德鲁大学医学博士学位,始获正式外科医师资格。1803年组建皇家琴纳学会,免费提供天花接种疫苗,1806年停办。在他倡导下,1808年由英国政府成立国家疫苗管理总署。1813年获牛津大学荣誉理学博士学位。1815年妻子去世,同年琴纳退休。后因中风去世。

早年对博物学有浓厚兴趣。库克船长第一次太平洋远航后带回的动物标本,1771年由他协助整理制成标本。对杜鹃的生活史也作过周密细致的观察研究,发现杜鹃产卵于其他鸟巢,由其他鸟代其孵化并喂哺其幼雏。

最重要贡献是发明牛痘,被誉为"面向世界的疫苗学者"。在此以前,中国的人痘接种术已传入土耳其,随后又传入英国及欧洲各国。但人痘接种不能保证被接种者仅得一轻症天花,此术给欧洲人留下深刻的印象。他幼年时曾种过人痘。由于接种前采取放血、泄泻、减食等不适当处理,使接种者处于衰弱状态,有时接种人痘反酿成天花流行。他早年曾听到当地挤奶妇说起凡得过牛痘的人,不会再得天花。从此致力于牛痘研究,先后达20余年之久。1790年,他将天花痂皮给生过牛痘的人接种,以观察得过牛痘者是否对天花有免疫力;又采取猪身上的痘苗为他的儿子接种。1796年5月14日,首次在人身上进行牛痘接种试验,从一个名叫尼姆斯(Sarah Nelmes)的挤乳妇手上的牛痘脓疱中取出痘浆,接种到名叫菲浦斯(James Phipps)的8岁健康小儿的两臂,3天后接种处出现小脓疱,第7天腋下淋巴结肿大,第9天轻度发热,全身略感不舒,不久局部结痂,留下一小疤痕。接种后第7周,又给他接种天花患者的脓液,事后小孩安然无恙,证明该儿对天花确有抵抗力。从此,人们将1796年5月4日定为第一次成功接种牛痘的纪念日。后又经过多次试验,都收到良好效果。将研究结果写成报告呈递给英国皇家学会,当时医学界持怀疑态度,此文遭到拒绝,英国皇家学会建议由他自资出版。1798年《接种牛痘的原因和效果调查》一书在伦敦刊行。

牛痘发明后,曾遭到保守者的反对与攻击。为回答人们的质疑,他又写了两篇专论:"对天花接种或牛痘的深入观察"和"对天花接种或牛痘的深入观察(续篇)"。终因此法确实有效,遂在世界各国获得广泛推广。1802年,英国国会奖赠他10 000英镑(1807年又给20 000英镑)。1803年成立了以他为首的皇家琴纳学会,鼓励人们接种。然而,英国医学界却不给予荣誉,1813年被提名入选伦敦医学学会,学会却要对他进行考试,因拒绝考试而落选。他去世后,英国人民为表彰他的功绩,募捐集资并于1857年在伦敦居拉发加广场建立他的铜像,4年后铜像移至肯辛顿公园。

接种牛痘是预防天花惟一有效的方法,虽然当时并未明了其机理,但天花却是人类历史上首先被制服的一种烈性传染病。在琴纳之后,人类又经历了近200年的

斗争，直到1980年在日内瓦召开的第33届世界卫生大会，才正式宣告全球消灭了天花。（张慰丰）

斯卡尔帕，A.（Scarpa，Antonio） 意大利人，1752年5月19日生于意大利特雷维索省洛伦扎戈一莫塔，1832年10月31日卒于帕维亚。解剖学、耳鼻咽喉科学、病理学、神经科学。

船夫的儿子。1766年在亲友资助下进帕多瓦大学学医，不久成为G. B. 莫尔加尼的得意门生，1770年获医学博士学位。毕业后即任莫尔加尼的助手，至翌年后者去世。1772年任摩德纳大学解剖学与临床外科学教授。期间访问过荷兰、法国和英国。1783年至去世，任帕维亚大学解剖学教授。期间1784年夏赴维也纳演示解剖，1787～1812年主管临床外科教学。1805年在拿破仑直接干预下，恢复因政治歧见而被撤掉的职务，并任拿破仑的外科御医。1815年任帕维亚大学医学院院长。是英国皇家学会外藉会员，法国科学院、德国科奥波德科学院外藉院士。他十分富有，喜欢收藏文艺复兴时期的名画。终身未娶。死于慢性泌尿系统并发症。

在描述解剖学上的成就最为突出，是内耳和耳神经解剖的开拓者。对腹股沟管、股环等结构的描述尤为精细。在内耳、嗅觉器官构造以及两性畸形、眼病和动脉瘤的病理学上，都有较深的研究。还借助显微镜研究了神经节、脊神经、心神经和骨的解剖，取得相当大的成就。1772年发表关于内耳结构的第一篇论文“耳的圆窗结构，或第二鼓膜的解剖学观察”，引起与L. 伽伐尼一场旷日持久的发现优先权争议，时至20世纪才肯定斯卡尔帕是真正的最早发现者。1774年开始研究神经系统，1779年发表发现神经节、神经丛的论文，这是他的最重要工作之一。1794年出版经典之作《神经图谱》一书。

去世前，立遗嘱将自己的遗体贡献给帕维亚大学作解剖用，头颅被永久保存于该校博物馆。为纪念他的发现与研究，在耳鼻咽喉科术语中有多种结构或神经、内淋巴以他命名。（顾振海）

陈念祖（Chen Nianzu） 字修园，号慎修、良有。中国清代福建长乐人，约清代乾隆十八年（1753年）生，道光三年（1823年）卒于榕城（今福建福州）。中医学。

幼年丧父，家境贫寒，由博学通医的祖父抚养教育。半学儒半学医。曾从泉州名医蔡茗庄（宗玉）学医。19岁举秀才，20岁开始在乡里悬壶济世，兼课生徒。乾隆五十七年（1792年）中举，后应试不第而旅居京都，因治愈中风的京官而名噪一时。1800年上京会试后，曾任直隶省磁县、威县、枣强等县知县，又升同知、知州、代正定知府等官，到过保阳、高阳等地从事救灾工作。1819年老病归里，讲学于长乐县嵩山井山草堂。

博览医书，经验丰富，著述颇多。由后人辑成《陈修园医书十六种》（另有18种、23种、32种……甚至72种等版本，其中不一定都是他的原著）。其中较著名的有《时方歌括》（2卷）、《时方妙用》（4卷）、《神农本草经读》（4卷）、《医学三字经》（4卷）、《医学实在易》（8卷）、《医学从众录》（8卷）、《伤寒论浅注》（6卷）、《金匮要略浅注》（10卷）、《长沙方歌括》（6卷）、《金匮方歌括》（6卷）、《伤寒医诀串解》（1卷）、《伤寒真方歌括》（6卷）、《灵素节要浅注》（12卷）、《女科要注》（4卷）、《十药神书注解》（1卷）等16种，合刊为《南雅堂医书全集》，前后有20余个版本；另有《重订柯注伤寒论读》、《重订活人百问》、《新订喻嘉言医案》、《医医偶录》等。这些著作内容广泛，涉及基础理论和临床医学，文字通俗易懂，为初学医者喜读。

在注疏古典医著上，亦有独到之处。在医理上，以《内经》、《伤寒论》为根据，尤推崇张仲景学说。但复古思想相当严重，对唐宋以后的医学发展和医家（如金元四大家、温病学派、李时珍等）多予贬斥，失之偏执。主要贡献在普及医学知识，其著作曾风行一二百年，可见其影响之大。（张慰丰）

高秉钧（Gao Bingjun） 字锦庭，号心得。中国清代锡山（今江苏无锡）人，生卒年代不详，鼎盛期清代嘉庆年间（1796～1820年）。中医学、肿瘤学。

初为范圣学、杜云门高足，后由儒而医。对于《灵枢》、《素问》、金元四家无不参究，精内、外科，治病效如桴鼓，为人诊治不计利，名重一时。临证30余年，博通经方。

疗疾多推崇陈远公，谓“阳毒可用攻毒，阴毒必须补正。”另推崇朱丹溪，谓“痈疽未溃以疏托解毒为主，已溃以托补元气为主。”又提出“毒攻五脏说”。著《疡科心得集》（1809年）3卷，对病机的阐发、症状的描写及处方用药等，显受温病家影响，临证常以内治法处理外科疾患，如采用紫雪丹、至宝丹、犀角地黄汤治疗疔疮走黄。该书辨证详明，治病不胶于成见，每以两证互相发明，两治法昭然，或证同而治异，或证异而治同。本书还述及多种癌症，“疡科部亦有四绝症，谓失荣、舌疳（舌癌）、乳岩、肾岩翻花是也。”对“失荣”之症状及预后，论述最详。

还著有《谦益斋外科医案》（1805年）（由子鼎汾手辑，后为江阴杨道南所得，于1930年校勘付梓）、《高氏医案》、《疡科要录方汇》（抄自《疡科心得集》），以及与表兄吴辰灿合辑的《景岳新方歌》一卷传世。（张慰丰）

史蒂文斯，E.（Stevens，Edward） 美国人，约1755年生于美属维尔京群岛圣克罗伊岛，1834年9月26日卒于同地。临床内科学、消化生理学。

生于富商之家。幼年时举家迁至纽约。1774年毕业于国王学院（今哥伦比亚大学）。1775年进英国爱丁堡大学医学院，1777年毕业并获医学博士学位。1776年加入爱丁堡皇家医学会，1779年和1780年两度任该学会会长。此后曾回圣克罗伊岛行医。1795年任国王学院内科学教授。1799～1800年任美国驻圣多明各总领事。晚年活动不详。

主要医学贡献是1778年首次报道分离了人的胃液，通过10余次实验证实了胃液的消化能力。（顾振海）

塞梅林，S. T. von（Soemmerring，Samuel Thomas von） 德国人，1755年1月18日生于德国西普鲁

士托伦(今属波兰),1830 年 3 月 2 日卒于德国法兰克福。比较解剖学、生理学、胚胎学、人类学、通信工程。

他是家中第 9 个孩子。父亲虽是市政医生,但不支持他做解剖工作。在读完预科学校后,通过亲友资助进格丁根大学学医,1778 年获医学博士学位。翌年为了深造,出访荷兰和英国。同年回国,即在卡塞尔大学卡罗琳医学院教解剖学和外科学。1784 年任美因茨大学解剖学和生理学教授。1797 年移居法兰克福开业行医,同时继续科学研究。妻子死后迁居慕尼黑。去世前 10 年是在法兰克福度过的。1805 年当选为慕尼黑科学院院士。1808 年册封为贵族。

在美因茨大学期间,对黑人作了多次尸体解剖,1784 年出版《论黑人和欧洲人之间的生理差异》(1785 年第 2 版)一书,证实黑种人和白种人在生物学上是同种的。出版《论人体构造》(5 卷,1791~1796 年)。而最著名的还是《人类胚胎图谱》(1799 年)。1809 年出版 4 卷论述人体嗅觉器官的解剖学著作,刊有精美的插图,并附有德文和拉丁文说明。在迁居慕尼黑后,兴趣开始转移,1809 年发明电解质电报机。晚年还致力于研究比较解剖学、动物化石,并对太阳黑子进行观察。

(顾振海)

马斯卡尼,P.(Mascagni,Paolo) 意大利人,1755 年 1 月 25 日生于意大利沃尔泰拉附近的波马兰切,1815 年 10 月 19 日卒于锡耶纳的丘斯迪诺。人体解剖学、内分泌学、生理学、临床医学。

1775 年毕业于意大利锡耶纳大学,1778 年获该校哲学与医学双博士学位。留校任教,1779 年任该校教授,1798 年任该校医学院院长。在法国占领期间,因不同政见入狱 6 个月。1801 年任比萨大学解剖学教授,兼任佛罗伦萨大学解剖学、生理学与化学教授。还讲授过艺术解剖学。

由于当时人们怀疑整个淋巴系统的存在,法国科学院提出了"确定和证明淋巴管系统"的悬赏课题。他改进了技术,观察并描述了几乎人体所有的淋巴结和淋巴管,其中有 50%的淋巴管是他新发现的;还查明了淋巴系统起源于机体所有体腔和体表,与吸收功能有关。《论淋巴管》一书为解剖学、生理学和临床医学的发展铺平了道路,为此获法国科学院特别奖金。

(张祝山)

高尔维沙,J.-N.(Corvisart,Jean-Nicolas) 法国人,1755 年 2 月 15 日生于法国德里库特,1821 年 9 月 18 日卒于巴黎。临床医学、心肺学、诊断学。

就学于圣巴布学院,1773 年获文科硕士学位,时年仅 18 岁。后在巴黎大学医学院学医,1782 年获医学博士学位。后开业行医。1788 年任巴黎大学医学院附属慈善医院助理医师,1794 年任临床内科学教授。不久任法兰西学院教授。还主编过《内科学、外科学和药学》杂志。1801 年为当时是法兰西第一执政官的拿破仑看病,很快就被任命为外科总医师。拿破仑称帝时任命他为宫廷首席医师,几年后被册封为男爵,并入选法国科学院院士。波旁王室复辟后,不再过问政治,过着隐居的生活。1820 年当选为皇家医学科学院院士,其中很多成员都是他的学生。

在法国最早倡导用系统检查和体征分析以取代单凭经验诊断的医生之一,被认为是法国临床医学的创始人之一。他是首先发现 J.L.奥恩布鲁格尔有关叩诊法著作的医学家,并认识到此法在临床诊断方面的重要价值。对叩诊法进行了 20 年的实验性研究。1808 年将奥恩布鲁格尔的著作译成法文,并附以详细的注释,还增补了自己的经验和病例。1818 年又将一篇叩诊论文附在心脏病著作内。1818 年又创制了叩诊板与叩诊锤,确立了间接叩诊法,从此叩诊法在医学界得到普遍的推行。

(殷明德)

哈内曼,C.F.S.(Hahnemann,Christian Friedrich Samuel) 德国人,1755 年 4 月 4 日生于德国迈森,1843 年 7 月 2 日卒于法国巴黎。药理学、药物化学、临床医学、基础化学。

1775 年在莱比锡大学开始学医,1779 年在埃朗根大学获医学博士学位。毕业后在各地行医,1789 年回到莱比锡,以后 20 年一直从医。1821 年在莱比锡大学医学院任职。1821~1835 年到克滕行医,通过医疗实践发表论著,声名鹊起。1830 年 42 岁的妻子去世,1835 年同一位富裕病人结婚,后去巴黎行医。

1786 年出版的《关于砷中毒》一书,描述了砷中毒的病状、治疗和法律审查方法。此后转向药物化学和基础化学,1787~1792 年在化学杂志上发表了 11 篇论文,其中 1789 年发表关于用氧化亚汞和其他汞剂治疗性病的论文。

是顺势医疗论的创始人。1796 年发表了陈述自己医学哲学观点的第一篇论文,后来成为顺势医疗论的基础。在一次试用金鸡纳树皮时,发现金鸡纳可引起阵发性发热,而此药在病人身上却是退热药。于是经过多方面的试验,发现在健康人身上应用大剂量药物所产生的症状,若用小剂量时,正是能治愈这种症状的理想药物,提出了顺势疗法的原则:"类似病人由类似药物治疗。"由此与代表正统医学派的"对抗疗法"展开了一场大论战。在 19 世纪后半期,顺势疗法作为一种治疗方法出现在欧洲和美洲,它一方面赢得了不少信徒与病家的崇信,另一方面也遭到了非难与攻击。在 19 世纪它经历了发展与衰落阶段,迄今如何评价与正确对待这种医疗观点,仍是人们有待探讨的问题。

(殷明德)

帕金森,J.(Parkinson,James) 英国人,1755 年 4 月 11 日生于英国伦敦,1824 年 12 月 21 日卒于同地。外科学、神经病理学、药物化学、古生物学。

药剂师兼外科医师之子。早年跟随父亲学医。1784 年被伦敦市政府医务管理部门批准为正式外科医师。1783年结婚，后生有6个孩子。他不久继承了父亲的私人诊所，在伦敦霍克斯顿广场附近行医。早期在行医之外热衷于社会政治活动。

在学术上，1780年发表“对史密斯博士医药哲学的意见”的评论文章。1799年出版《袖珍化学手册》。同年出版关于大众健康的通俗读物《医学忠告》。1805年出版关于治疗痛风的著作。1812年首次发表关于坏疽性阑尾穿孔伴腹膜炎的报告。最重要医学著作是1817年的《震颤麻痹症》，首次系统研究了这一病症，故医学界称震颤麻痹症为帕金森氏病。在医学界，他是第一个系统地研究和描述6种疾病症状的学者，这些疾病后都以他命名。他对社会医学颇感兴趣，与他的政治主张密切相关的是，关心社会底层和大众的健康问题。

晚年对古生物学和地质学感兴趣。18世纪末期开始收集各种植物、动物的化石。1804年出版《古代世界有机物遗骸》第一卷，1808年和1811年出版第二、三卷。1807年和H. 戴维爵士等人组成伦敦地质学会。1822年出版《生物化石概要》。

他还是社会政治改革的一位著名人物。同情劳苦大众，拥护法国大革命，为此写过不下20本政论小册子，有时直接用自己姓名，有时用笔名“老休伯特”。

（张志练）

乌纳努埃，J. H.（Unanue，José Hipolito） 秘鲁人，1755年8月13日生于秘鲁阿里卡（今属智利），1833年7月15日卒于秘鲁卡涅特。气象医学、临床解剖学、气象学、科学传播。

父母亲西班牙裔。先在教会学习，后弃教行医。1777年移居利马，1783年获圣马科斯大学医学院医学博士学位。留校任教，后任该校解剖学教授，1811年创建该校圣费尔南多医学院，并任院长。担任过医学督学和内阁部长等职。是《秘鲁信使》杂志主编，传播自然科学知识。

秘鲁启蒙运动的杰出人物。主要著作《利马的气候及其影响研究》（1805年），是一部具有古代科斯的希波克拉底传统的论著，结合传统和当时的医学概念，把临床观察和气象资料结合起来，旨在阐明疾病与气候的关系，影响颇大。另出版有《临床解剖学》（1792年）等专著。

（李士土）

塞万提斯，V.（Cervantes，Vicente） 西班牙人，1755年生于西班牙巴达霍斯省萨夫拉，1829年7月26日卒于墨西哥墨西哥城。药物学、植物学、园艺学。

出身低微。在药店做学徒时，开始学习植物学和拉丁语，获得药剂师执照，并成为皇家药学院成员。有4个子女，其中一个是植物学家。1788年创建墨西哥城植物园，并任墨西哥大学植物学教授。1802年任植物园主任、御医团皇家评判委员会成员和药物视察员。还是马德里西班牙皇家医学研究院的成员。

对墨西哥植物学、尤其是药用植物学有渊博的知识。在《墨西哥园艺学》一书中，描述了1 400多种植物。

（张志练）

霍姆，E.（Home，Sir Everard） 英国人，1756年5月6日生于英国赫尔，1832年8月31日卒于伦敦。比较解剖学、外科学、古生物学、动物学。

先后在威斯敏斯特学院、剑桥大学三一学院学习。1773年为伦敦圣乔治医院附属外科学校学生，在他的姐夫约翰・亨特手下学习。1778年毕业，并通过外科医师公会考核取得行医资格。同年进入普利茅斯海军医院，任助理外科医师。1779～1784年在驻牙买加英军中服役。回到英国，当上约翰・亨特的助手。1785年当选为英国皇家学会会员。1787年任圣乔治医院助理外科医师。1793年春去荷兰当军医，在当年10月亨特猝死之前回到英国，接替亨特任圣乔治医院外科医生。1794年出版关于亨特的简要传记。被指定为遗嘱执行人和亨特博物馆馆长。1813年被封为男爵。1821年在切尔西退伍军人医院任外科医生，1827年退休。1822年任皇家外科医师学会第一任会长。

他出版了多种关于人和动物的解剖学著作。还在学生时代，时至1776年初已描述出约翰・亨特收藏的部分标本。1793～1829年在英国皇家学会多次作解剖学、古生物学报告。第一个描述了1812年由安宁（Joseph Anning）等人发现的古鱼类化石。是最早解剖和研究鸭嘴兽的学者之一。1823年他烧毁了亨特的部分手稿，但幸存的遗稿足以证明他曾将亨特的论著以自己的名义发表，有剽窃之嫌。

（殷明德）

卡巴尼斯，P.-J.-G.（Cabanis，Pierre-Jean-Georges） 法国人，1757年6月5日生于法国科雷兹，1808年5月5日卒于巴黎附近吕埃耶—马尔迈松。基础医学、生理心理学、医学史学、医学管理学。

农艺学家兼律师之子。早年在地方教会学校学习，14岁迁居巴黎。1773～1775年到波兰和德国游学。回巴黎后翻译荷马诗作，因未获法兰西学院奖项，转向学医。1784年获巴黎大学医学院医学博士学位。1789年因出版《试论医院》一书，被任命为管理巴黎各医院的医务官。1795年任巴黎大学医学院卫生学教授，1799年任该校医学史与法医学教授。1796年入选法兰西学院院士。积极参与政治，曾任波拿巴时代的参议员。

从纯理论的角度探讨了医学对哲学、以及哲学对医学的相互关系。作为一位医学家，他认为新的医学科学应当由观察和实验所建立的逻辑关系组成，而这种关系则由哲学的分析和归纳得出。还从医学史的事实出发，分析了传统的疾病分类学及其他科学（如物理、化学、数学等）在医学中的错误应用所造成的损害。作为一位机械唯物主义哲学家，他认为关于人体构造功能的知识是理解思维活动和社会现象的钥匙。把认识过程简单归结为纯生理的过程，宣称大脑产生思想，好似肠胃进行消化，肝脏制造胆汁和舌下腺分泌唾液一样。著有《人的肉体和精神的关系》（1802年）和《医学的进化和改革》（1804年）；身后出版有《卡巴尼斯全集》（5卷，1825年）。

（郑毓信）

吴瑭（Wu Tang） 字鞠通，又字配珩。中国清代江苏淮阴人,约清代乾隆二十三年(1758年)生,道光十六年(1836年)卒。中医学、流行病学。

少习儒,因父及侄相继病故,乃专事医术。1783年秋游京师,参与抄写检校《四库全书》,得览吴又可《温疫论》。1793年京师瘟疫流行,时医以伤寒法治之不效。他以温病法救治,存活者数十人,名声大噪。

温病学派主要代表人物之一。上溯《内经》、《伤寒论》之理,研读晋、唐以来诸名家之论,下承吴又可之说。颇推崇叶天士之论述与经验,但是感到叶天士之论述尚不够完备系统,应用也不够方便。于是"采集历代名贤著述,去其驳杂,取其精微,间附己意以及考验,合成一书,名曰《温病条辨》(6卷),刊于嘉庆三年(1798年)。在温病学中发展了叶天士的理论,首创三焦辨证大法。将温病分为风温、温热、温疫、温毒、暑温、湿温、秋燥、冬温、温疟九种,并按上、中、下三焦来论述治法。他认为,上焦为温病初期症状(类似呼吸系统病变);中焦以邪入胃府为主(类似于消化系统病变);下焦以温病后期及误治产生变症为主(相当于虚弱症候)。上焦篇列治法78条,方64首;中焦篇列治法102条,方91首;下焦篇列治法78条,方64首。对于温病的治法,谓阳邪伤阴,温热最易耗液,大力倡导养阴保液之法。总结出清络、清营、育阴等治疗温热病原则。以清络饮治暑温余邪;清营汤清热养阴;又制一甲、二甲、三甲复脉汤。还创制了银翘散、桑菊饮、白虎汤等辛凉之剂,收到很好的疗效。《温病条辨》以条文形式记述其病因、病机、证候、治法、方药以及注解说明,条理清晰,便于阅读与领会。此书简明扼要,颇切实用,遂成为温病学中的一部重要著作。

另著有《医医病书》(2卷,1831年),针砭时医弊端,阐论医德。又《吴鞠通先生医案》5卷,乃后人整理,总结了他的治疗经验,亦为世人所重。 (张慰丰)

加尔,F. J.(Gall,Franz Joseph) 法国人,1758年3月9日生于德国普福尔茨海姆附近蒂芬布龙,1828年8月22日卒于法国巴黎。解剖学、精神病学、脑与神经科学、颅相学。

祖籍意大利,商人之子。从叔父处接受了启蒙教育。1777年赴斯特拉斯堡大学学医。1781年迁居维也纳。1785年获维也纳大学医学院医学博士学位。旋即开业行医而闻名。1800年起与学生J. C.施普茨海姆合作研究颅相学,1805年两人出访德国、瑞士、荷兰和丹麦,从学校、医院、监狱和精神病院中收集实例来证明自己的理论。1807年迁居巴黎行医,1819年入法国籍。

是大脑机能定位学说的先驱。根据比较解剖学和病理学的零星材料,以及某些临床观察,对脑功能提出了新设想,认为人的各种精神特质都在大脑占有一定位置。某一部分脑子的发达与否,都在颅骨上有反映。因此,可以通过检查头骨的形状特点来确定每个人的智力和品性。建立近代颅相学,把人的颅骨划分为代表各种心理机能的37个区域。把人类复杂的心理现象简单地归结为大脑局部区域的固定机能,用颅骨外形来推断人的智力和品德,引起很大质疑。然而不可否认,他对于大脑皮层的特定部位具有特定功能的猜测,促进了人们对大脑皮层的分析和研究,从而形成了现代的脑科学。与施普茨海姆合著《神经系统的解剖学及生理学》(4卷,1810~1819年)。 (顾振海)

巴克利,J.(Barclay,John) 英国人,1758年12月10日生于英国苏格兰珀思郡,1826年8月21日卒于爱丁堡。解剖学、外科学、医学教育、医学史学。

基督教牧师的儿子。起初在圣安德鲁斯大学学神学,成为苏格兰教会的牧师。10年后转而学医,1796年在爱丁堡大学医学院获医学博士学位。毕业后到伦敦大学进修解剖学一年。1797~1825年在爱丁堡外科医师广场开设私人解剖学校,利用寒暑假为学生教授解剖学,期间1804年其学校学历获得爱丁堡皇家外科医师学院认可。1821年获爱丁堡皇家外科医师学会荣誉研究员称号。

是19世纪初爱丁堡非官办学校最受学生欢迎的解剖学教师,吸引了大量学生,1810年达到300人,培养了不少著名的英国解剖学家和外科医师。在人体解剖学和比较解剖学方面做出了许多有价值的贡献。代表作有《约翰·贝尔〈心脏与血管解剖学〉评注》(1799年)、《古今关于生命与组织的见解》(1822年)和《解剖学教程导读》(1827年)等。死后将自己的比较解剖学收藏遗赠给爱丁堡皇家外科医师学会。 (张祝山)

赖尔,J. C.(Reil,Johann Christian) 德国人,1759年2月20日生于德国劳德,1813年11月22日卒于哈雷。治疗学、解剖学、精神病学、心理学。

起初在格丁根大学学医,1780年转到哈雷大学,2年后毕业。1782年起在诺尔登开业行医。1787年任哈雷大学临床医学教师,后历任编外教授、教授和临床医学院院长,并一直任哈雷市政医生。1810年参加组建柏林大学医学院,成为柏林大学第一位心理学教授。在抵抗拿破仑入侵的莱比锡会战中,1813年任柏林野战医院院长。在防治伤员伤寒大流行中,不幸死于伤寒感染。

是著名的医生、医学教育家和医疗机构组织者、精神病治疗的革新者。1795年创办德国最早的生理学刊物《生理学文献》。同年发表一篇关于机体生命力的论文,文中提出"活力"的概念,引起医学界关注。是出色的教师,他执教的哈雷大学医学院成为德国最著名的医学教学中心。1803年提出用心理疗法治疗精神病,更人道地对待精神病患者。1808年首创"精神病学"一词。在脑解剖学上,发现赖尔氏岛的组织。主要著作有《关于热症的认识和治疗》(5卷,1799~1815年)、《普通治疗学遗稿》(1816年)等。 (张志练 张祝山)

贝多斯,T.(Beddoes,Thomas) 英国人,1760年4月13日生于英国希罗普郡希夫纳尔,1808年12月24日卒于英格兰克利夫登。临床医学、预防医学、医学化学、政治学。

出身于制革商家庭。1776年进牛津大学彭布罗克学院学医,期间又学习了化学、博物学,翻译和评注出版两部博物学著作。1784年到爱丁堡大学学医。1786年获牛津大学医学博士学位。1787年赴法国遇拉瓦锡，因受其影响而反对燃素说。1788年任牛津大学化学讲师，听课人数之多是该校自13世纪以来从未有过的。1792年因支持法国革命而被迫辞职。后开业行医。1799年在布里斯托尔港的福特维尔斯开设气疗所，并任命H.戴维为首任所长。正是在该所实验室，戴维研究了笑气（一氧化二氮）的性质。发现戴维的科学天才，是贝多斯对科学的最大贡献。

他以主张预防医学而闻名，还认为医学应以化学为基础。1793年出版《艾萨克·詹金斯的故事》一书，有力揭示了酗酒带来的一系列社会问题，一下子出售了4万本，创下出版纪录。他倡导和力行气疗法，尝试通过让患者吸进各种气体以治病。代表作有《关于结石、海洋败血症、肺病、粘膜炎、热症的性质与治疗的临床观察》（1793年）、《人体和医学知识汇编》（1799年）、《医学和道德文集》（1807年）；还发表有重要论文"论肺病"（1799年）、"论热症"（1807年）等；另有《政治评论集》（1795～1797年）。此外，1795年整理、编辑出版了J.布朗（John Brown）的《医学基础》一书。

（顾振海　李啸虎）

吉尔塔内，C.（Girtanner，Christoph） 德国人，1760年12月1日生于瑞士圣加尔，1800年5月17日卒于德国格丁根。性病学、儿科学、化学、社会科学。

出身于银行家家庭。先在瑞士洛桑大学学习，后转至德国格丁根大学，1782年获医学博士学位。后回家乡圣加尔开业行医，同时钻研儿科学。此后游学巴黎大学、爱丁堡大学和伦敦大学，最后定居格丁根开业行医。

曾分别写过一本儿科学和性病学的著作。认为梅毒起源于美洲。在化学上是拉瓦锡的早期信徒之一，并于1791年出版新化学命名法的德文本，但对非酸性氧化物、以及硫酸与亚硫酸的名称区分上有缺陷。还按拉瓦锡的模式写过化学教科书。对政治学甚感兴趣，写过一些政论文章，但反对法国大革命。（顾振海）

威斯塔，C.（Wistar，Caspar） 美国人，1761年9月13日生于美国宾夕法尼亚州费城，1818年1月22日卒于同地。解剖学、流行病学、博物学。

祖父是德国移民、玻璃厂主。他于1782年毕业于宾夕法尼亚州立大学，获医学士学位。后去伦敦大学学习解剖学，1786年获爱丁堡大学医学博士学位。曾任费城学院化学教授，宾夕法尼亚大学医学院解剖学系主任，解剖学、外科学和产科学教授。1787年入选美国哲学学会会员，1815～1818年任会长。还担任过美国废除奴隶制协会会长。

他是美国传染病疫苗接种的早期推动者之一。1793年费城流行黄热病，他在为病人治疗中也受到了感染。最早描述了蝶窦的解剖。出版《解剖学体系》（2卷，1811～1814年），是美国首部解剖学教科书。对植物学和古生物学也有研究。（张祝山）

贝利，M.（Baillie，Matthew） 英国人，1761年10月27日生于英国苏格兰拉纳克郡肖茨曼塞，1823年9月23日卒于英格兰格洛斯特郡邓蒂斯伯恩。解剖学、病理学、临床医学、医学文献学。

父亲是当地长老会牧师，后任格拉斯哥大学神学教授；两个舅舅约翰·亨特和威廉·亨特都是有名的外科医生。就读于哈密尔顿文法学校和格拉斯哥大学。后来在牛津大学学习一年，同时在舅舅威廉·亨特主办的解剖学学校任助理。威廉·亨特于1783年死后，他即继任校长。亨特不但留给他一笔财富，而且还将其医学博物馆供他使用了20年。1787年在圣乔治医院当医生。1789年获牛津大学医学博士学位。1790年当选为英国皇家内科医师学会成员、英国皇家学会会员。

学术上的最重要贡献是，1793年出版的著作《人体某些重要脏器的病理解剖学》，书中首次系统地描述了胸、腹和脑部各器官及其病理状态。该书作为一本标准的病理学教科书，被译成多种文字出版。1799年、1802年和1812年，又出版对该书的系列图解。1794年，他整理出版了威廉·亨特的《妊娠子宫解剖学》一书。1825年出版《贝利临床观察与讲演录》。（顾振海）

加尼特，T.（Garnett，Thomas） 英国人，1766年4月21日生于英国威斯特摩兰郡，1802年6月28日卒于伦敦。生理学、保健学、科学传播。

1785年进爱丁堡大学学习化学和医学，1788年获医学博士学位。1789年起在布拉德福和伦敦等地开业行医，同时做化学分析并用自制仪器上演示课。1796年任格拉斯哥大学安德森学院自然哲学系教授，讲授化学和物理学等自然科学。1799年到伦敦协助组建皇家研究院，是该院第一位教授，1800年开始授课，对该院的教学宗旨及管理方法有重大影响。1801年辞职自行授课，并编纂《哲学、博物学、化学、文学、农业、工艺和美术年鉴》。

主要著作有：《自然生理学与实验生理学讲义大纲》（1796年）、《化学讲义概要》（1797年）、《论矿泉水》（1799年）、《苏格兰高地旅行记》（1800年）、《保健讲演录》（1800年）和《动物在健康与疾病中所表现的生活规律》（1804年）等。（顾振海）

卡莱尔，A.（Carlisle，Anthony） 英国人，1768年2月15日生于英国英格兰达勒姆郡斯蒂灵顿，1840年11月2日卒于伦敦。解剖学、外科学、医疗器械研制、医学管理、电化学。

早年随舅舅A.哈巴克（Anthony Hubback）医生学习。哈巴克去世后，随W.格林（William Green）学医。后去伦敦亨特解剖学校，成为约翰·亨特的学生和助手，毕业后留校工作，很受器重。1793年任威斯敏斯特医院住院医生，次年开设外科学课程。1800年被选进英国皇家外科医师学会。1808年任皇家研究院解剖学教授。曾任命为格洛斯特（Gloucester）公爵和王子雷金特（Regent，后为乔治四世国王）的特聘外科医师。被册封为爵士。1815年起终生任职于英国皇家外科医师学会理事会，连任学会副会长4次，会长2次。1804年入选英国皇家学会会员。还是林耐学会、园艺学会和地质学会的会员。

是一位技术高超的外科医师。设计改进了几种外科器械,如截断术用刀等。取得科学声誉主要是电疗法方面的著名实验;在电疗法实验中,1800 年和 W. 尼科尔森一起首次把水电解为氢和氧。在医务管理上,主张系统地收集和及时地公布有关医院的统计数据。

(殷明德)

王清任(Wang Qingren) 又名全任,字勋臣。中国清代直隶玉田(今河北玉田)人,清代乾隆三十三年(1768年)生,道光十一年(1831年)卒。中医学、解剖学。

少时尚武,曾为武痒生,纳粟得千总衔。20 岁左右开始行医,后在北京开设“知一堂”药铺,名噪京师。在行医过程中,发现古医书中有关解剖的记载存在许多错误,认为“业医诊病,当先明脏腑”,“著书不明脏腑,岂非痴人说梦;治病不明脏腑,何异于盲子夜行”。立志研究人体解剖。30 岁时,在滦州稻地镇行医,当时正值小儿麻疹和痢疾流行,义冢处弃有许多被犬食后“破腹露脏”的儿尸,他不避污秽,亲自观察疫死小儿内脏 30 余具达 10 日。后又 3 次去刑场,观察刑余犯人尸体,并用动物作解剖实验。由此发现古书叙述的脏腑数目与结构形态和解剖所见大不一致,于是如实将所观察到的人体内脏绘成图形,连同其他医论,撰成《医林改错》(1830 年)一书。

《医林改错》纠正了古人的某些错误,提出了不少新的看法,肯定“灵机记性,不在心在脑”。又提出“痘非胎毒”说,批判了前人的错误,认为天花是一种传染病,是经口鼻传入的。由于条件的限制,记述难免有简陋与错误之处,如把卫总管(即主动脉)误认为气管,误以为心无血等。在临床医学方面,创新和化裁的 30 余个活血化瘀方,确有卓效,对后世医家有一定影响。 (张慰丰)

萨科,L.(Sacco, Luigi) 意大利人,1769 年 3 月 9 日生于意大利伦巴第地区瓦雷泽,1836 年 12 月 26 日卒于米兰。传染病学、免疫学、公共卫生学、预防医学。

1792 年在意大利帕维亚大学获内科学和外科学双博士学位。1798 年 E. 琴纳公布了牛痘接种以后,1800 年 9 月,萨科在瓦雷泽附近幸运地发现了一头自发患牛痘的牛。利用这头牛,先给自己和一批儿童接种,然后说服政府成立痘苗专门机构予以大规模推广。后来,他的牛被送往奥地利维也纳,并转送到伊拉克的巴格达。是牛痘接种的重要倡导人和推行者。 (顾振海)

勒加卢瓦,J. J. C.(Legallois, Julien Jean César) 法国人,1770 年 2 月 1 日生于法国谢吕埃,1814 年 2 月 10 日卒于巴黎。实验生理学、血液学、神经科学、临床医学。

出身于农民家庭。学生时代参加过政治运动,拥护共和制,失败后逃往家乡。后到巴黎大学医学院就读,除学医外,还学希腊文、意大利文和英文,1801 年毕业。作为一名医生,为巴黎第十二区贫民服务约 10 年,取得丰富的临床医学经验。

19 世纪初法国著名生理学家,而且是一位有高尚道德的科学家。通过临床观察和实验研究,认为生命是靠神经系统和血液循环来维持的,提出“如果持续供应天然或人工制备的动脉血,任何部位的生命就有可能无限延长”。并猜测在提供充足的含氧血液条件下,离体的大脑仍可存活。这种理念,后被发展为临床上的输血抢救术。另一贡献是证明脊髓的功能,即脊髓的每一节段是调控某一特定部位的感觉和运动的。1812 年第一个把呼吸中枢定位于延髓的髓质某一区域。发表一系列报告,探讨迷走神经与呼吸系统的关系,发现切断两侧迷走神经会引起肺炎。奠定了动物实验的基础,强调选用同种系、同性别、同年龄动物作为对照的必要性。代表作有《关于生命原理的实验》(1812 年)等。

(左成慈)

菲利普,A. P. W.(Philip, Alexander Philips Wilson) 英国人,1770 年 10 月 15 日生于英国苏格兰希尔德霍尔,1847 年卒于法国布洛涅。临床医学、实验生理学、药理学、显微术。

在爱丁堡大学医学院学医,1792 年取得医学博士学位。后赴伦敦大学学习。1795 年被聘为爱丁堡大学医学院研究员。后因健康原因离开爱丁堡任地方医院医师。1820 年再次去伦敦,成为一名市政首席医师。1826 年成为英国皇家学会会员。1834 年任伦敦皇家研究院研究员。1842 年退休后,移居法国布洛涅。

是英国很早就使用显微镜进行实验的医师,也是在生理学领域作出贡献的英国医师之一。毕生从事临床医疗,写了许多深受欢迎的临床医学著作。还进行神经系统和毛细血管循环的生理学研究。通过实验揭示了消化系统、心血管系统和神经系统的关系,纠正了以前认为毛细血管不能收缩的错误结论。主要著作有《伤寒论》(1813 年)、《生命机能规律的实验研究》(1817 年)、《微量汞剂的影响》(1834 年)等。 (方正源)

鲁道菲,K. A.(Rudolphi, Karl Asmund) 德国人,1771 年 7 月 14 日生于瑞典斯德哥尔摩,1832 年 11 月 29 日卒于德国柏林。比较解剖学、生理学、寄生虫学、植物学。

双亲都是旅居瑞典的德国人。他于 1795 年获瑞典格赖夫斯瓦尔德大学医学院医学博士学位。1801 年于柏林大学兽医学院毕业后,任格赖夫斯瓦尔德大学兽医学院教授,1808 年任该校医学院解剖学教授。1810 年直至去世,任柏林大学生理学和解剖学教授。期间两次任柏林大学校长。是柏林动物博物馆的创始人。

他对人和动物体内的寄生蠕虫进行了大量研究,被誉为“蠕虫学之父”。1819 年出版著作,列出 993 种寄生蠕虫,为以后的系统研究奠定了基础。在比较解剖学方面，研究了脊椎动物的肠绒毛，为吸收学说的建立作出了贡献。还根据自己的比较解剖学实验，编写了生理学教科书，摒弃了当时德国流行的虚构推测的生理学错误观点。该书影响很大。在从虚构的科学向现代生物学和医学的转变中起了重要作用。此外，1805 年因与德国生物学家 H. F. 林克共同建立植物形态学细胞研究新方向，获格丁根科学协会奖。（张志练）

比夏，M.-F.-X.（Bichat，Marie-François-Xavier） 法国人，1771 年 11 月 14 日生于法国汝拉省图瓦雷特，1802 年 7 月 22 日卒于巴黎。病理解剖学、生理学、组织学、生命科学。

出身医生家庭。先在楠蒂阿学院学习人文学科，后去里昂大学学哲学。1791 年在里昂主宫医院学外科学和解剖学。1794 年后去巴黎主宫医院（当时称大慈善收容院），成为著名医生 P. 德佐（Pierre Desault）的学生和助手。1801 年为该院医生。

近代组织学和病理组织学的创始人之一。他的研究重点不是人体器官，而是其组织结构及其成份。对近代解剖学的最重要贡献是，概括发展了 P. 皮内尔的学说：病理学应建立在膜（即构成器官的组织）结构的基础上。他将人体组织分为 21 种，认为每种组织都有它不同的生命特性，具有各自特异的感觉力和收缩力；疾病则是这些组织要素的改变和生活力的异常；还提出生命是许多抵抗死亡的功能之总和。19 世纪著名生理学家 C. 贝尔纳认为，建立在组织学基础上的近代生命观，来源于他的学说。此外，他在胚胎学上亦有造诣和贡献。主要著作有：《论膜》（1800 年）、《生与死的生理学研究》（1800 年）、《普通解剖学》（1801 年）、《描述解剖学》（1805 年）等。为纪念他，1882 年在巴黎建立了一所以他命名的医院。（张祝山）

布鲁塞，F.-J.-V.（Broussais，François-Joseph-Victor） 法国人，1772 年 12 月 17 日生于法国圣马洛附近，1838 年 11 月 18 日卒于巴黎。生理学、病理学、临床医学。

医生之子。17 岁中学毕业后参军入伍，因病退伍。19 岁起曾在圣马洛的主宫医院和布雷斯特的海军外科学校学医。1799 年去巴黎，1803 年在巴黎大学获医学博士学位。1805 年任军医，在德国和荷兰等国随军服务，1808 年回巴黎。不久随军去西班牙。1814 年回巴黎，任陆军医院医学助理教授。1831 年任巴黎大学医学院普通病理学教授。后兼任陆军卫生署监察长等职。获法国荣誉军团勋位。

认为刺激是所有疾病的原因，否认有不依赖于机体的非物质的原始基质存在，指出不能脱离器官和组织来观察疾病。在许多疾病中，炎症最初表现在胃肠道，即使是结核、梅毒、急性发热和癌症也不例外。代表作《炎症的历史》（1808 年），倡用“炎症”疗法来对抗炎症，采取放血、拔火罐、使用消炎药或饮食疗法等。对其理论，当时既有许多信徒，但也遭到医学界不少人的强烈反对。1816 年出版《对普遍接受的流行医学理论的审视》，引起巴黎医学界的强烈反响。（张慰丰）

博斯托克，J.（Bostock，John） 英国人，1773 年生于英国利物浦，1846 年 8 月 6 日卒于伦敦。传染病学、生理学、环境科学、科学传播。

医生的儿子。1789 年以“论胆汁分泌液”论文获爱丁堡大学医学院医学博士学位。毕业后在利物浦开业行医。1794 年进入爱丁堡大学医学院任教。1817 年移居伦敦行医，并在盖伊医院讲授化学。1826 年任伦敦地质学会会长。1832 年任英国皇家学会副会长。因霍乱症去世。

是英国 19 世纪初进行医学科学研究和对科学普及作出有益贡献的医学家。有好多年是各种杂志的医学科学文章的主要撰稿人。参加了多方面的科研活动。由于对生理学有兴趣，1804 年发表了有关呼吸的论文。1819 年第一个全面而精确地描述了上呼吸道传染病花粉热病。以后特约为《爱丁堡百科全书》撰写了不少医学方面的辞条。1825～1828 年出版他的最有名著作《生理学基本系统》（3 卷），曾风行一时，至 1844 年再版 4 次。1826 年出版他唯一的一部环境科学著作《论泰晤士河水的净化》。是首批化学病理学家之一，在体内流质和尿液成分研究方面，为医学和化学相结合作出了有价值的贡献。（汪天伟　李孙演）

罗兰多，L.（Rolando，Luigi） 意大利人，1773 年 6 月 16 日生于意大利都灵，1831 年 4 月 20 日卒于同地。比较解剖学、生理学、胚胎学、脑与神经科学。

幼年丧父。他和弟妹都由伯父抚养成人。在都灵大学医学院学习时，对解剖学特别感兴趣，1793 年获医学博士学位。毕业论文是关于不同动物肺的解剖学和生理学，以及结核性胸膜疾病。1804 年任萨萨里大学的实践医学教授。后拜师从事临床医学。因拿破仑入侵，他被迫从都灵撤退到撒丁自治区。1807 年任萨萨里大学医学院临床医学系主任，兼地区的主任医师。1814 年任都灵大学解剖学教授。1824 年访问伦敦和巴黎。

出版了大量著述，其中有普通生理学、病理学、昆虫学和动物学等。主要贡献在脑的解剖学、生理学和胚胎学，特别是对灰质的检查，认为纹状体和灰质不同。他还采用直流电刺激大脑皮层以进行实验观察。发现了脑的分支和纤维状突起。提出中枢神经系统胚胎发育第一阶段出现两个泡，代表延髓，由此再发展出大脑半球。发现区分大脑额叶和顶叶的沟。医学界把这条沟命名为罗兰多氏裂。还发现小脑管理肌肉运动，大脑和小脑有不同机能。

主要著作有:《比较解剖生理学》(1801 年初版共 1 卷,1819 年第 2 版 2 卷)、《机体生命赖以存在的根源》(1807 年)、《动物和人类的脑与神经系统的结构与功能》(1809 年初版,1828 年第 2 版 2 卷)、《胸膜和腹膜》(1818 年)、《脊髓解剖结构》(1824 年)、《大脑半球结构》(1830 年)等。　(张志练)

莫里基尼,D. L.(Morichini, Domenico Lino)　意大利人,1773 年 9 月 23 日生于意大利阿奎拉,1836 年 11 月 19 日卒于罗马。公共卫生学、牙科学、化学。

在罗马大学学习哲学和医学,1792 年毕业获医学博士学位。终生开业行医。曾任罗马大学化学教授。当过教皇派厄斯七世(Pope Pius Ⅶ)的御医。还在公共卫生与保健组织担任重要职务。

1802 年在检查象牙化石的化学成分时,发现其中含有二氧化碳和氟。后来发现了人类牙齿中的基本元素——氟。　(张祝山)

贝尔,C.(Bell, Sir Charles)　英国人,1774 年 11 月生于英国苏格兰爱丁堡,1842 年 4 月 28 日卒于伍斯特郡哈洛伯克。解剖学、生理学、外科学、脑与神经科学。

出身牧师家庭。5 岁丧父,受母亲启蒙教育。在爱丁堡中学学习 3 年。后在任外科医生的兄长约翰·贝尔(John Bell)指导下学习解剖学,并协助教课,同时在爱丁堡大学医学院旁听。1799 年入选英国皇家外科医师学会。1804 年迁至伦敦,开设解剖学学校,同时做开业外科医生。1809 年离开伦敦,奉命赴朴茨茅斯哈斯勒医院抢救英西战争中的伤员。1812～1836 年任米德尔塞克斯医院外科医师。1836 年回爱丁堡大学医学院任外科学教授。1831 年被封为爵士。

在解剖学上的成就主要在神经系统方面,尤其是中枢神经系统的发现。1798 年当他还是学生时,就在爱丁堡出版第一部专著《解剖学体系》,阐明展示各部分器官的方法,以及它们的各种病状,该书多年间成为临床解剖学的学生用书。1802 年起,他又出版印有一系列原创性精美雕版的《脑和神经系统图谱》(3 卷,1802～1804 年)。在 1811 年出版的主要著作《大脑解剖学的新概念》一书中,确定了大脑的各部分有不同的功能,与之联系的各组周围神经也有其不同的功能。该书记录并证明脊髓前根为运动根、后根为感觉根的著名实验。还指出,这两种纤维可以混合在一根神经内,只在和脊髓连接的时候才互相分离。

后来,他又指明某些神经为纯感觉的,某些为纯运动的,某些则为两者的混合体。例如,第五对脑神经(三叉神经)具有运动与感觉两种功能。面神经是运动性的,当面神经受损伤时可导致颜面瘫痪,故称之为贝尔氏面瘫。通过观察,知道运动神经从没有经过一个脊髓的神经节,由于这两种纤维在空间上和机能上存在这种差别,断言脑和脊髓一定有不同的区域掌理感觉和运动的机能。所提出的法则成为反射动作和反射弧概念的基础。又提出每种神经都有其特殊的性质或势力。除因袭五种感觉外,又加入第六种肌肉感觉。由于当时他的著作只印了 100 本,F. 马让迪并不知道他的工作,而马让迪的实验更为细致地证实了脊髓前后根神经的特性。为此,后人将脊髓前后根功能称为贝尔－马让迪定律。著述甚丰,其中还有《人体神经系统》(1830 年),收集了多年撰写的论文。　(顾振海　张慰丰)

克利夫特,W.(Clift, William)　英国人,1775 年 2 月 14 日生于英国康沃尔郡博特明,1849 年 6 月 20 日卒于伦敦。比较解剖学、古生物学、博物学、科学传播。

家中 7 个孩子中最幼者,幼年丧父。1792 年师从伦敦外科大师约翰·亨特。亨特于 1793 年猝死,其遗嘱写明将全部珍藏遗物出售给政府。在谈判期间(1793～1799 年),被指定的遗嘱执行人 M. 贝利和 E. 霍姆聘请他掌管这些遗物。他从此维护和发展亨特博物馆达 50 年之久,并通过比较解剖学的研究使亨特的医学教育法永存。1813 年他建立了一个新的博物馆(1834～1837 年重建),并建立科学图书馆。1823 年当选为英国皇家学会会员,1833～1834 年担任该学会理事。

主要成就是组织有教育意义的科学展览,通过受赠和购置获取新标本,并进行布置和描述;为学会讲演者提供解剖学和病理学资料;并经常向参观者作介绍。运用自己独创的工艺方法,使亨特的珍藏引起全世界的兴趣,他也成为公认的比较解剖学权威。尤其是在化石鉴定方面,他的研究方法与成果成为古生物学研究的科学基础。积极参与解剖学、地质学和动物学各学会、特别是动物化学学会的活动。　(殷明德)

格伦,A. F.(Gehlen, Adolph Ferdinand)　波兰人,1775 年 9 月 15 日生于波美拉尼亚布图夫(今为波兰贝图夫),1815 年 7 月 15 日卒于德国慕尼黑。药物学、药物化学、普通化学、科学传播。

药剂师的儿子。在家乡上中学时即掌握了数种古典语言。在东普鲁士柯尼斯堡(今俄罗斯加里宁格勒)经过了 3 年实际锻炼,进柯尼斯堡大学学习药学和现代语言,掌握了 8 种语言,毕业获博士学位。自幼患耳疾重听,喜欢从事实验室研究和写作。1803～1806 年和 V. 罗泽(Valentin Rose)合编 6 卷《新柏林药学年鉴》。同时接手《新普通化学》杂志的主编工作。在这些工作中,表现出非凡的编辑才能和严格的科学态度。1806 年赴哈雷大学临床研究所教动物化学。翌年在巴伐利亚科学院任高级化学师,几乎所有时间都花在解决工矿业的问题和分析土壤样品等事务上,但主要兴趣仍是药物化学。最后死于砷中毒。　(顾振海)

利马,T.(Rima, Tommaso)　瑞士人,1775 年 12

月 11 日生于瑞士提契诺州，1843 年 2 月 26 日卒于意大利威尼斯。外科学、血管病学、传染病学。

1793 年在罗马大学学习，1798 年获医学博士学位。同年通过外科医生资格考试。1799～1820 年在军队中任少校军医。期间 1808 年起任米兰陆军医院外科军医代理教授。1811 年在曼图亚任主任军医和外科学教授。

第一次对下肢静脉曲张的根治作了试验研究，发现腿上的曲张静脉中的血液回流及其外科治疗方法。他的革新奠定了静脉曲张的病理学和治疗方法。还研究了传染病，特别是揭示了眼炎的接触传染途径，从而提出有效防治方法。（张志练）

维里，J.-J.（Virey，Julien-Joseph） 法国人，1775 年 12 月 22 日生于法国上马恩省朗格勒，1846 年 3 月 9 日卒于巴黎。公共卫生学、生理学、药物学、博物学。

早年随叔父学习药剂学。后到巴黎寻师学医。1794 年进入法国巴黎陆军医院工作，1804 年任药剂师，1812 年任首席药剂师，1813 年退伍。1814 年在巴黎大学医学院获医学博士学位。1814～1815 年在巴黎自然博物馆学习博物学。1815 年主编《药物学》杂志。1823 年入选法国医学科学院院士。曾任巴黎大学药学院教授，后因政见被辞退教职。1831 年、1834 年两次在上马恩省当选为国会议员。

是一位多产作家。值得提及的是对生理节奏和公共卫生的研究。1814 年发表博士论文“人类生命的历书”，指出人体内昼夜重复的生理循环，好像一个“生物钟”一样；人体每日的健康状况受到周期性外源现象的影响。1828 年出版《卫生哲学》，书中指出社会因素（例如政治体制和政治事件等）影响个人和民族的健康。主要著作有《使人类完美的艺术》（1808 年）、《药物学》（1811 年）、《药物、食品和毒物的博物学》（1820 年）、《动物习性和本能的历史》（1822 年）、《生命力》（1823 年）、《博物学哲学》（1835 年）、《新博物学辞典》（1841 年）等。（张之沧）

爱德华兹，W.F.（Edwards，William Frédéric） 法国人，1776 年 4 月 6 日生于西印度群岛牙买加，1842 年 7 月 23 日卒于法国凡尔赛。眼科学、动物生态学、人类学、语言学。

种植园主之子。在布鲁日成长并受教育。1796 年任布鲁日第一个公共图书馆管理员。在那里对自然科学感兴趣，并开始学医。1808 年去巴黎继续学医，1815 年获巴黎大学医学院医学博士学位，时年已 38 岁。在此期间，和生理学家 F.马让迪一起工作。后开业行医。1832 年当选为法国科学院院士。1839 年创立巴黎人类学学会。

博士学位论文系统论述虹膜炎和黑色内障，属当时眼科学前沿课题，获得医学界好评，1820 年获法国科学院蒙蒂翁奖金。在短期学习矿物学之后，致力于研究环境因素对“动物结构”的影响，1824 年出版《物理因素对生命的影响》一书，该书是动物生态学的开拓性经典著作。不久又致力于研究某些语言学问题，出版有《凯尔特语研究》（1834 年）。（段明德）

布尔达赫，K.F.（Burdach，Karl Friedrich） 德国人，1776 年 6 月 12 日生于德国莱比锡，1847 年 7 月 16 日卒于东普鲁士柯尼斯堡（今俄罗斯加里宁格勒）。生理学、比较解剖学、脑与神经科学、卫生学。

医生的独子。1798 年获莱比锡大学哲学博士学位，1799 年又获该校医学博士学位。1811 年任多尔帕特大学生理学教授。1814 年任洪堡大学生理学教授，同年至 1826 年任该校解剖学研究所所长。

1818 年提出第一批关于神经系统的研究报告。为证明神经系统本身是一个协调的统一体，而不仅是各种解剖结构的混合，检查分析了脑的各个部分，尤其是大脑内连接通路及神经纤维束。对脑的各部分及相互关系提供了详尽的描述，查明了橄榄核与其周围的相互关系，以及许多神经束的性质，例如脊髓中目前称楔束的神经纤维就是他首先描述的。还描述了丘脑中若干神经核团，以及指出纹状体包括壳核和苍白球。带状核、结合臂、楔核也是以他命名的。主要著作有《健康食疗法》（1805 年）、《卫生科学大百科全书》（3 卷，1810～1812 年）、《脑结构与生命力》（3 卷，1819～1825 年）、《作为经验科学的生理学》（1826 年初版，1840 年再版）、《生命奇观》（4 卷）等。（吴馥梅）

施普茨海姆，J.C.K.（Spurzheim，Johann Christoph Kaspar） 德国人，1776 年 12 月 31 日生于德国特里尔附近，1832 年 11 月 10 日卒于美国马萨诸塞州波士顿。解剖学、精神病学、心理学、脑与神经科学、颅相学。

出身路德派教徒家庭，靠耕种教堂的土地为生。15 岁时进特里维（今特里尔）大学学习希伯来语、神学和哲学。约 1799 年迁居维也纳，边学医边做家教。从 1800 年开始，和 F.J.加尔合作研究神经解剖学共 13 年。1804 年获维也纳大学医学院医学士学位。1805 年起任加尔的秘书和助手，和他一起遍访德国、瑞士、荷兰和法国等地。1817 年获英国皇家内科医师学会开业医师执照。1821 年获巴黎大学医学院医学博士学位。后被选为爱尔兰科学院荣誉院士。1832 年赴北美，在波士顿作一系列讲演。

对行为科学的贡献是和加尔交织在一起的，但却把各种思维功能在大脑定位加以系统化，形成颅相学并广为宣传。把自己的观点从哲学的高度加以认识，并探讨了颅相学在教育和精神病学中的应用。科学的进展证明他的许多观点都有错误，但对精神病的论述对初期精神病学的发展尚有一定推动作用。他是个多产学者，与 F.J.加尔曾合著有《神经系统的解剖学与生理学》（4 卷，1810～1819 年）等，1808 年他们俩将该书初稿奉送给法兰西研究院。独撰有《精神病观察》（1818 年）、《基于人性研究的教育基本原理考察》（1821 年）、《精神病哲学原理考察》（1825 年）、《颅相学》（2 卷，1826 年）、《脑解剖学》（1826 年）、《精神病手册》（1832 年）等。（顾振海 李啸虎）

布雷托诺，P.-F.（Bretonneau，Pierre-Fidéle） 法国人，1778年4月3日生于法国谢尔河畔圣乔治，1862年2月18日卒于帕西。传染病学、公共卫生学、仪器研制。

外科医生的儿子。1795年去巴黎卫生学校学习。后辍学任市政公共卫生员。1803～1807年任雪侬梭堡市市长。1815年获图尔斯大学医学院附属医院医学博士学位。留校任教，后任图尔斯医院主任医生。1838年弃职投身贫民医疗事业。

认为损害是疾病定性、分类和认识的基础，体征和症状是损害的直接表现。1819年详述了伤寒，证明其局部损害在回肠以及发病的周期、独特热型，并阐明其接触传染性质。通过对白喉假膜的分析，确定其在咽喉部的局部感染和蔓延是导致窒息的根本原因。全身中毒症状，如发热的持续时间及疾病的轻重缓急，取决于特异性炎症本身的性质。1825年完成第一次成功的气管切开术，证明了白喉的传染性，应用气管切开术可以防止致命性窒息。1826年首次描述区分猩红热和白喉的不同症状。1855年，首次认为细菌会致病，但可惜他使用的显微镜质量太差，以致难以证实他的这一假说。他还发现同一种疾病在不同病人身上可以有不同表现。

他兴趣广泛，曾制成液压锤、气压计和温度计；还研究了蜂和蚁的习性；是当时第一流的植物学家和园艺家。（张祝山　林　培）

维尔布兰德，J. B.（Wilbrand，Johann Bernhard） 德国人，1779年3月8日生于德国克拉霍尔茨，1846年5月6日卒于吉森。比较解剖学、生理学、博物学、自然哲学。

出身修道院农奴家庭，曾在明斯特大学和维尔茨堡大学学习，1806年毕业获医学博士学位。1809年起任吉森大学的比较解剖学、生理学、博物学教授，1817年兼任吉森大学植物园主任等职。

是谢林自然哲学在医学界的最著名信徒之一。质疑新兴的机械论的生物物理学研究，甚至否认哈维关于血液循环及气体在肺内交换的科学论点。对植物学和动物学都有一定造诣。代表作有《比较解剖学指南》（1838年）等多种。（张祝山）

沃克，A.（Walker，Alexander） 英国人，1779年5月20日生于英国苏格兰利斯，1852年12月7日卒于同地。解剖学、生理学、神经科学、科学传播。

1797年可能在爱丁堡大学医学院学习。20岁去伦敦行医。1808年回到爱丁堡大学讲课，深受许多听讲的大学生和医生的欢迎。1809年创办《科学档案》期刊并任首任主编。此外，他还是当时著名的《欧洲观察》杂志的创刊人，1824～1826年亲任主编，该刊以英、法、德和意大利文发行，很有影响。

在《科学档案》期刊发表关于神经解剖学等学科14篇论文。1809年提出脊髓神经根有不同功能的观点：即前根是感觉根，后根是运动根。而实际恰恰相反。不管怎样，是第一次提出了一个根是感觉根而另一个根是运动根的推测。后来F.马让迪正确地描述了神经根的功能并提供了实验证明。回到伦敦后，从事科学传播事业，出版许多科普作品，主要学术著作有《基于生理学的面相学》（1834年）、《美：解剖学与女性美之分类》（1836年）、《女性生理学》（1839年）等。他是法国政治家、思想家康斯坦特（B. Constant）的友人，翻译过后者的著作。（张志练　李孙演）

雷奈克，T.-R.-H.（Laënnec，Théophile-Réne-Hyacinthe） 一译拉埃奈克。法国人，1781年2月17日生于法国布列塔尼省坎佩尔，1826年8月13日卒于布列塔尼省凯尔布拉纳。临床诊断学、病理解剖学、心肺学、医疗器械研制。

律师之子。5岁时母亲病逝。12岁便在任南特大学医学院院长的叔叔指导下学医。1799年任南特主宫医院外科医生。1800年去巴黎大学医学院学习解剖学和医学，师从J. N.高尔维沙等人，1804年获医学博士学位。初期开业行医，并在巴黎各大医院兼职同时研究解剖学和病理解剖学。后任巴黎大学医学院外科学教授、法兰西学院教授。曾任拿破仑叔叔、红衣主教费瑟（J. Fesch）私人医生。是《医学》杂志主编。当选法国医学科学院院士。获法国荣誉军团勋位。早年患肺结核，积劳成疾，45岁即去世。

1816年根据叩诊原理创制木质圆筒听诊器，并在临床诊断方面改进了间接听诊法。依靠这种方法，区分了支气管呼吸音、胸语音、肺羊鸣音、啰音、鼾音、捻发音、金属音等，他把这些体征归于不同的病变反应，并用病理解剖学加以求证，从而改革了对胸部疾病的研究方法。1819年出版《论间接听诊法》，这是一部有关肺与心脏疾病的物理诊断学专著。后对听诊法作了进一步的研究，对《论间接听诊法》一书作了修订、充实和改写，于1826年刊出第二版，书名改为《心肺疾病间接听诊法》。书中描述了肺结核、肺脓疡、肺坏疽、支气管扩张、肺气肿、肺水肿、肺梗塞、气胸、肺炎各期等肺部疾病的病理和临床症状。这一系列的发现，奠定了现代胸部疾病的病理学和物理诊断学基础。

还在肺结核病研究上取得不少成就，并发现结核病可发生于身体的任何器官。对慢性肝间质炎，即所谓雷奈克氏肝硬化，也曾作过精确的描述。此外为《医学科学词典》撰写了许多条目。与他人一起创办医科中专、法国医学科学院。（张祝山　顾振海）

梅克尔，J. F.（Meckel，Johann Friedrich） 德国人，1781年10月17日生于德国哈雷，1833年10月31日卒于同地。比较解剖学、外科学、胚胎学、病理学。

出身名医世家，祖父是解剖学家，父亲是著名外科和产科医生。曾在哈雷大学和格丁根大学学习，1802年获哈雷大学医学博士学位。毕业后在巴黎任著名动物学家G.居维叶的助手。1808年至去世，任哈雷大学病理解剖学、外科学、产科学教授。1826～1833年任《解剖学和生理学文献》杂志主编。

是当时著名解剖学家之一。最大贡献是关于胚胎发育异常的研究，他创立了畸胎学，对人类和动物先天性缺陷进行最早、最系统的叙述，并坚信生物无论是正常还是畸形的发育，都遵循同样的自然规律。发现了肠道与卵黄囊之间的退化器官——梅克尔氏憩室，目前发现在人口中仅2%人群还遗留这种退化特征。还曾研究过哺乳类中枢神经系统、肠、心和肺的进化，鸟类脑的解剖，人牙齿的发育，出血性素质，血管和肺的发育等问题。在比较解剖学和先天性畸形的研究等方面，留下了极有价值的材料，在下颚骨结构中，发现有以他命名的梅克尔软骨。在生物进化论上，他拥护J.B.拉马克的学说。1810年他完成把G.居维叶的5卷本《比较解剖学》从法文译成德文。主要著作有《病理解剖学手册》等。（张祝山）

杨，J.R.（Young，John Richardson） 美国人，约于1782年生于美国马里兰州黑格斯敦，1804年6月8日卒于同地。生理学、营养学、临床医学。

祖籍爱尔兰。早年就学于新泽西学院（现为普林斯顿大学）。1799年毕业后，跟随其父S.杨（Samuel Young）医师学医。1803年获宾夕法尼亚大学医学院医学博士学位。1804年患重病去世，年仅22岁。其母和两位姐姐分别在31岁、21岁、30岁时去世。据其父回忆揣测，她们母女3人和他的病情发展如此迅速，可能患的是结核病。一家数口只有其父长寿，享年108岁，直到1838年才离世。

博士学位论文"营养和消化过程原理的实地调研"（1803年）很有创见，对后人了解胃和十二指肠的消化生理及其实验方法有重要作用，并为后人的动物实验结果所证实。（陈闻鹃）

布罗迪，B.C.（Brodie，Sir Benjamin Collins） 英国人，1783年6月9日生于英国威尔特郡温特斯劳，1862年10月21日卒于萨里郡贝查华兹。外科学、病理解剖学、生理学、公共卫生学。

父亲是温特斯劳教区的教长，母亲是一位银行家的女儿。在家受早期教育。1801年去伦敦查特豪斯学院、圣乔治医院等处学医。1804年父病故后家庭陷人困境。叔父是著名的产科医生，使他有机会结识当时伦敦一些杰出的医务人员，并受到他们的赞赏和帮助。1805年任圣乔治医院外科住院医生，去世前一直在此工作。同年成为皇家外科医师学会成员，1819年任比较解剖学教授，1844年任会长。1810年26岁时当选为英国皇家学会会员，1858年被选为会长，外科医生居此职位者他是第一人。1816年结婚，有4个孩子，其中之一后来成为著名化学家。1828年任英王乔治四世的御医。1834年被授予爵位。

作为一个生理学家，1809～1814年之间在英国皇家学会的《哲学学报》上发表了6篇论文，论述有关"动物热"的问题，受到广泛的重视，从而崭露头角。作为一个外科医生的成就更是突出，很早就提出尽量保存病人肢体而不轻言截肢的意见。首先呼吁妇女们需要新鲜空气和运动，而不是闭锁深闺。指出许多关节病痛也许只是癔症性根源。临床医学上至今还有布罗迪氏脓肿、布罗迪氏囊、布罗迪氏病和布罗迪氏膝等术语，都是以他的名字命名的。除论文和讲演录外，主要著作有《江湖医生和骗术》（1842年）、《烟草的使用和滥用》（1860年）和《顺势疗法》（1816年）等。1811年获英国皇家学会科普利奖章，是当时获奖人中最年轻者。（黄 旬）

泽尔蒂纳，F.W.A.F.（Sertürner，Friedrich Wilhelm Adam Ferdinand） 德国人，1783年6月19日生于德国帕德博恩附近的诺伊豪斯，1841年2月20日卒于哈默尔恩。药物学、药物化学、传染病学、军械工程。

父母为奥地利人。15岁丧父。同年在宫廷药师克拉默（Cramer）处当学徒，1803年以优异成绩结业。1806年给爱恩贝克市药师欣克（Hink）当助手。1809年获准自开药房，但随着政局变迁又被吊销执照。1820年在哈默尔恩买下了一家药房，雇了一名得力助手帮助经营，自己埋头科学研究。晚年患有精神病。

他通过对鸦片的分析，发现吗啡并发明提纯吗啡的方法。自舍勒以来，人们只知植物体内含酸，而他鉴定吗啡是一种"植物碱"，并致力于寻找其他的植物碱。从此开创了生物碱化学的研究。还从理论上阐明了用乙醇和硫酸生产乙醚的方法。认为霍乱是由某种有毒力的、能繁殖的活体造成的。这些并未引起人们的重视。他在工程技术上亦有创新，曾热衷于研制兵器，设计有一种后膛炮；研制和试验合金子弹等。（顾振海）

劳伦斯，W.（Lawrence，Sir William） 英国人，1783年7月16日生于英国格洛斯特郡瑟伦切斯特尔，1867年7月5日卒于伦敦。解剖学、外科学、眼科学、生物学。

内科医师的儿子。1799年到伦敦圣巴托洛缪医院医学院跟J.艾伯内西（John Abernethy）博士学习。留医学院任教，是出色的解剖学和外科学教授。1805年获皇家外科医师学院的从业执照。是杰出的外科医师，在伦敦圣巴托洛缪医院活跃了65年。1813年人选英国皇家学会会员。1815年任英国皇家外科医师学会解剖学与外科学教授，1846年、1855年两次当选会长。伦敦内外科学会会长，维多利亚女王的特命外科医生，并被册封为男爵。

毕生从事医学和生物学工作，成绩卓著，并赢得许多荣誉。因对疝的研究，1806年获皇家外科医师学会杰克逊奖，相关著作被推选为标准参考书，并译为意、法文。还是英国眼外科学的先驱，当时英国最杰出的眼外科医师之一。在生物学上，他主张把物理化学规律应用于生物体研究，批判"生命力说"。（张祝山）

马让迪，F.（Magendie，François） 法国人，1783年10月6日生于法国波尔多，1855年10月7日卒于塞

纳一瓦兹省萨努瓦。解剖学、实验生理学、药理学、传染病学、脑与神经科学、营养学。

外科医生的儿子。16岁到巴黎一所医院当学徒。1803年考入圣路易斯医院学医，1808年在巴黎大学医学院获得医学博士学位。曾任巴黎大学医学院解剖示教员。1813年退职开私人诊所，并开设以活体解剖为基础的实验生理学课程，C. 贝尔纳称誉这是“新生理学”的开始。1821年入选法国科学院院士、皇家医学科学院院士。同年创办《实验生理学》杂志。1830～1855年任法兰西学院教授。曾任巴黎主宫医院科主任、法国政府公共卫生顾问委员会主任。

实验生理学的先驱。主张生理学应解释生命的基本现象——营养和运动，临床医学应建立在正常和病理生理学的基础上。1816年出版《基础生理学概要》，对19世纪前半叶的医学界和生物学界产生深远影响。在生理学上，1813～1821年有许多重要发现：胃在呕吐中的被动作用；吞咽机制；非氮物质的消化；胰液的消化作用；肝脏在解毒过程中的决定性作用；动脉血管弹性的血液动力学意义。在药物及其药理方面，1809年与拉芬诺一德利尔（A. Raffeneau-Delile）合作，对马钱子等几种药用植物毒性作用进行研究，标志着现代实验药理学的开始；他认为可以从生药中提纯有毒性或有治疗作用的化学物质；他们确定马钱子等是通过刺激脊髓而起作用的。他还研究催吐剂的作用机制，认为呕吐在于中枢和主要靶器官横膈的活动，胃内容物回流是由于横膈痉挛的结果；提出毒物或药物局部作用的原理；证明存在组织理化性吸收药物的另一途径；研究了土根碱及氢氰酸的毒性。在解剖学方面，研究吸收机制的比较解剖学；颅神经活体解剖观察；1822年发现贝尔一马让迪定律，并确定了脊髓运动根和感觉根的鉴别；1823年叙述了去大脑僵直；首先提供小脑维持机体平衡的证据；对脑脊液的发生、组成和循环也有重要发现；证明颅腔与蛛网膜下腔相通；描述了第四脑室顶的中央孔——马让迪氏孔。在传染病学方面，发明霍乱的对症疗法；证明狂犬的唾液中含有传染性颗粒。在营养学方面，首先应用纯化学物质进行比较解剖学研究；证明了血中有糖不一定是病理现象，从而导致C. 贝尔纳最终发现肝脏的糖原生成作用。

（张祝山）

佳季科夫斯基，И. Е.（Дядъковский，Иустин Евдокимович；Dyadkovsky，Iustin Evdokimovich） 俄国人，1784年6月12日生于俄国梁赞省佳季科沃，1841年8月2日卒于皮亚季戈尔斯克。*脑与神经科学、生物进化论、自然哲学。*

1809～1812年在莫斯科大学内科与外科医学院学医。毕业后先服兵役2年，然后回母校任植物学和药理学助教，2年后获医学博士学位，1824年升为该院教授。1831年后兼任莫斯科大学教授。因主张无神论于1835年被解职。

主要致力于神经系统及其对机体作用的研究，认为神经系统和大脑具有主宰人体的重要功能。在哲学上是唯物主义者，坚决反对唯心主义和生命力论。认为有机界是从无机界演变而来的，物种在一定条件下会变化；生命是机体和环境相互作用下连续的生理化学过程，而疾病不是症状的机械相加，必须把它和生活环境一起来考虑。

（顾振海）

布雷歇，G.（Breschet，Gilbert） 法国人，1784年7月7日生于法国克莱蒙一费朗，1845年5月10日卒于巴黎。*比较解剖学、病理学、儿科学、动物学。*

在巴黎的主宫医院学医，1812年获巴黎大学医学院医学博士学位。1819年任主宫医院外科医生并主持解剖学研究。1832年入选法国医学科学院院士。1835年入选法国科学院院士。1836年任巴黎大学医学院解剖学教授。是欧洲许多著名学会团体的成员。

研究工作涉及人体解剖学、比较解剖学及自然科学等方面，闻名欧洲。以研究脊柱、人颅骨的静脉、脊椎动物听觉系统和鲸目动物动脉丛而著名。与沃泽姆（Roussel de Vauzéme）一起发现汗腺。创造“静脉炎”这一术语。还研究人和其他脊椎动物的卵。1813年证实狂犬病也会从病人的唾液传染给犬类。在解剖学上发现多个组织器官并以他命名，其中有：布雷歇颅骨板障管、布雷歇蜗孔、布雷歇蝶顶窦、布雷歇板障静脉等。代表作有论文“脊髓的静脉”（1819年）；著作《儿科疾病治疗》（2卷，1833年）、《人体解剖学》（1834年，与他人合著）、《鲸类的血管》（1836年）等。把许多经典著作译为法文。

（张祝山）

博蒙特，W.（Beaumont，William） 美国人，1785年11月21日生于美国康涅狄格州莱巴嫩城，1853年4月25日卒于密苏里州圣路易斯。*临床医学、实验生理学、医学化学。*

农家子弟。1806年离家谋生，次年在纽约州尚普兰当了3年乡村教师。后决心从医，1810年起在佛蒙特州圣奥尔本斯拜师学医，1812年获开业执照。不久即入伍。1815年退伍后，在普拉茨堡行医5年。此后被任命为密歇根要塞驻军军医。1839年退职开业。最后因骨折化脓而死。

由于对胃的生理学和病理学作用的研究，成为对该领域的发展作出重要贡献的第一位美国人。1822年治愈猎人圣马丁（Alexis St. Martin）因枪走火受的伤，但在胃部留下了无法愈合的瘘管。1825年开始利用圣马丁做了一系列胃消化功能的实验。根据自己的临床实验，出版《胃液和消化生理学的实验和观察》（1833年）。该书的出版在欧洲医学界引起很大反响，它澄清了以往对消化过程的混乱认识，肯定了消化过程的化学性质。

（顾振海）

塞雷斯，A. é. R. A.（Serres，Antoine étienne

Reynaud Augustin) 法国人，1786 年 9 月 12 日生于法国克莱拉克，1868 年 1 月 22 日卒于巴黎。比较解剖学、生理学、胚胎学。

1810 年毕业于巴黎大学医学院。同年起至 1822 年在迪厄宾馆工作。1822 年任慈善医院主治医生，并当选为法国医学科学院院士。1828 年当选为法国科学院院士，1841 年任法国科学院院长。1839 年任巴黎植物园比较解剖学教授。

主要研究正常和畸形胎儿骨骼和牙齿的发育，以及脊椎动物比较解剖学。提出高等动物器官在其发育进程中重现低等动物相应器官的规律。这种观点与 J. F. 梅克尔类似，故称"塞雷斯一梅克尔法则"。后经 K. E. von 贝尔的评论，此法则逐渐被抛弃。但 1866 年海克尔提出的重演律，和塞雷斯一梅克尔法则却有许多相同之处。1820 年曾因研究生理学获法国科学院奖。1821 年又因《脊椎动物脑的比较解剖学》两卷著作，获法国科学院特别奖。（林文娜）

布莱克，J.（Black，James） 英国人，约 1787 年生于英国苏格兰，1867 年 4 月 30 日卒于爱丁堡。内科学、血管学、古生物学、地质学。

19 世纪 10 年代中期，英国与拿破仑作战期间，曾任海军军医，在西印度群岛服役。后在英国纽敦斯图尔特、博尔顿、曼彻斯特等地行医，1856 年退休回博尔顿。期间 1829 年访问美国。

1825 年前后研究"毛细血管循环"及"发炎"，1826 年出版著作《热症的性质》。1829 年访问美国后，著文评介其医疗、医学教育及公共机构等情况。还调查并撰文介绍博尔顿市的自然、社会、卫生等情况。是位业余地质学家和古生物学家，发表"森林沉陷与煤的形成"等论文。是曼彻斯特地质学会、英国地质学会的创始人之一。还参与筹建博尔顿市立第一图书馆。（张祝山）

浦肯野，J. E.（Purkyně 或 Purkinje，Jan Evangelista） 又译普金野。捷克人，1787 年 12 月 17 日生于波希米亚利博霍维采（现属捷克），1869 年 7 月 28 日卒于布拉格。生理学、组织学、胚胎学、显微术。

6 岁时父亲去世。10 岁到教会唱诗班学习。1806 年到布拉格大学哲学院学习神学、法律和医学。1818 年获布拉格大学医学博士学位。1823 年任布雷斯劳大学生理学教授，1839 年创办世界上第一所生理学研究所并任首任所长。1850 年起任布拉格大学生理学教授，1851 年任该校生理学研究所首任所长。当选为圣彼得堡医学科学院荣誉院士。

早期研究过声学，为后来研究生理学打下了坚实的物理基础。1818～1825 年研究视觉生理学，发现了视觉的"浦肯野氏现象"，为眼科检验法和视觉理论奠定了基础。1825 年起研究雌鸟体内卵子的早期发育，分离出细微的胚泡结构（未成熟卵的核），现称浦肯野氏泡。首先发现了小脑皮层中层内的"浦肯野氏细胞"。最先提出神经细胞普遍存在于脊椎动物的中枢神经系统和神经节中，在神经活动中起重要作用。1839 年提出"原生质"概念，对细胞理论的建立有促进作用。同年描述了特殊类型的心肌纤维，即浦肯野氏纤维。他最早使用切片机，改进了显微技术。创办第一种捷克语医学杂志。为建立捷克科学院进行了大量工作。在大学倡导捷克语教学。（张志练 张祝山）

吴其浚（Wu Jijun） 字瀹斋，一院季深，号吉兰，别号雩娄农。中国清代固始（今河南固始）人，生于清代乾隆五十四(1789 年)，卒于道光二十七(1847 年)。医药学、植物学。

出身官僚家庭。1817 年（嘉庆二十二年）获一甲一名进士，曾任翰林院修撰，江西、湖北学政，兵部侍郎，湖南、湖北、云南、贵州、福建、山西等地巡抚和总督。每到一地，利用公余之暇，致力搜集植物标本，虚心向当地老圃、草医和劳动群众请教有关植物本草知识，并根据实物绘制精美翔实的图谱。同时，又广泛参考了 800 多种古代文献，通过多年的积累，掌握了丰富的植物学知识，撰成《植物名实图考》38 卷。此书收载植物1 714种，比《本草纲目》所载的植物药增加了 519 种。它采用《本草纲目》的分类方法，也吸取《群芳谱》的内容，将植物药分为谷类、蔬类、山草、隰草、石草、水草、蔓草、芳草、毒草、群芦席、果类、木类共 12 类。书中对药物的名称、产地、品种、形态、性味、功用作了较详细的叙述，附图1 800余幅，其中1 500幅是根据实物描绘的图谱。《植物名实图考》对植物的名称与实物进行了考证，纠正了前人的许多错误，使之名实相符。本书最大的价值是把我国 19 个省的药用植物作了翔实的观察与记录，其中收载的云南、江西、湖南、贵州的植物相当丰富，这是以往本草著作所缺乏的，可称为我国第一部较大型的区域性植物志，为我们研究和鉴别药用植物提供了宝贵资料。另一方面，此书反映了本草学发展的新方向，因而也是一部科学水平较高的药用植物学专著。自 30 岁中进士后即着手《植物名实图考》一书的资料搜集工作，直到死后第二年(1848 年)始由继作抚陆应穀整理出版。

另有《植物名实图考长编》(1848 年)22 卷，书中收载植物 838 种，分谷类、蔬菜、山草、隰草、蔓草、芳草、石草、水草、毒草、果实、木类共 11 类。每类之下辑录了有关《神农本草经》、《别录》、《弘景集注》、《唐本草》、《药性论》、《日华子》、《救荒本草》、《本草纲目》以及诸子百家有关文献，此书可说是植物药的古代文献汇编。

《植物名实图考》不仅对我国的植物分类学和本草学作出了重要的贡献，不久还传至日本等国，在国际上也享有很高的声誉。（张慰丰）

布赖特，R.（Bright，Richard） 英国人，1789 年 9 月 28 日生于英国英格兰格洛斯特郡布里斯托尔，1858 年 12 月 16 日卒于伦敦。临床医学、病理学、医学教育。

出身金融之家。1808 年入爱丁堡大学学医，1813 年获医学博士学位。期间曾参加英国赴冰岛探险队和到伦敦盖伊医院实习，1820 年起一直在该院工作，历任医助、医师，讲授医学并进行广泛临床研究。1832 年当选为英国内科学医师会成员。

最先把肾脏疾病的 3 个独立特征（水肿、蛋白质和肾脏结构变化)联系起来,创用了最简便的方法鉴定尿蛋白,对肾脏疾病的研究作出了重要贡献。对神经系统、胰、肝、十二指肠等器官疾病,以及腹腔肿瘤、阑尾炎也有研究。把临床观察和尸检紧密联系起来,强调医学生应接触病人。被誉为"19世纪前叶杰出的医学天才"。（张祝山）

贝拉尔,J. F. (Bérard, Joseph Frédéric) 法国人,1789年11月8日生于法国蒙彼利埃,1828年4月16日卒于同地。医学教育、医学史学、科学传播。

1811年获蒙彼利埃大学医学院医学博士学位。开业行医并私人授课。后赴巴黎参与编纂《医学辞典》。1816年回蒙彼利埃大学执教。1823年任巴黎大学医学院教职。1826年任蒙彼利埃大学医学院公共卫生学教授。

是医学哲学家和医学史学家,1819年出版《蒙彼利埃医学派思想述评》,对蒙彼利埃医学派代表人物的生命哲学思想作了非常详细的介绍与精辟的分析。曾为《医学辞典》撰写许多条目,其中涉及颅检查术和肌力测定术等新诊断技术。（顾振海）

霍尔,M. (Hall, Marshall) 英国人,1790年2月18日生于英国诺丁汉附近,1857年8月11日卒于布赖顿。解剖学、实验生理学、神经病学、脑与神经科学。

父亲是棉纺织厂主,首次发明用氯气漂白织物的化工学家。1809年获爱丁堡大学医学院医学博士学位。在爱丁堡皇家医院当了2年住院医务官后,1814～1815年去欧洲大陆,参观访问巴黎、柏林、格丁根等大学。1816年起在诺丁汉开业,1825年被选为诺丁汉总医院名誉医师。1826年移居伦敦行医,在家中建立实验室进行临床观察与生理学研究。1832年被选为英国皇家学会会员。1841年成为英国皇家内科医师学会成员。1853年退休,1857年患食管狭窄病逝。

被誉为"近代神经病学之父"。自1832年起发表一系列有关神经反射活动的实验研究,发现去头的蝾螈在前肢和后肢之间横断后,用针刺激皮肤仍能引起运动,但破坏脊髓后,作用便消失;发现在蛙的前、后肢之间横断脊髓后,横断面以上的身体部位仍能随意运动,以下的部位则不能,且下肢下垂,但刺激下肢时却能引起强烈的反应。1850年首先应用反射弧这一术语来描述反射途径,并提出"脊髓休克"一词表示脊髓与高位中枢断离后暂时丧失反射活动能力进入反应亢奋的状态。根据实验,认为神经系统是由一系列分节的反射弧组成,刺激沿感觉神经进入脊髓后,不但能引起本节段效应器的反应,而且在神经系统中产生广泛影响。认为反射活动虽然可以在脊髓水平完成,但受意志的影响;去脑后反射性反应加强。

是一个多产作家,在1812～1857年间,发表论文150余篇,出版著作19部。主要工作是在神经生理学方面,但还广泛涉及其他领域,其中有:失血引起的生理变化;动静脉间前毛细血管和后毛细血管的观察;动物的冬眠;麦角、士的宁的作用;溺水窒息的人工呼吸;癫痫治疗等。主要著作有《神经系统特殊功能简报》(1832年)、《神经系统研究回忆录》(1837年)、《神经系统的疾病和精神紊乱》(1841年)。（张慰丰）

罗斯唐,L. L. (Rostan, Léon Louis) 法国人,1790年3月17日生于法国瓦尔省圣马克西曼,1866年10月4日卒于巴黎。临床解剖学、病理学、公共卫生学、脑与神经科学。

曾在法国马赛大学、巴黎大学学医,1812年获巴黎大学医学院医学博士学位。曾任巴黎主宫医院临床医学教授。

是巴黎临床解剖学派的典型代表。反对"生机论"和F. J. 布鲁塞的医学系统,捍卫和发展了所谓"唯器官变化论"。全部科学著作都是有关用器官的损伤来解释各种临床症状的。1820年出版《脑软化研究》,首次对脑炎的自发退行性软化进行准确的描述,并于1824年出版德文本。1820～1823年研究了中枢神经系统血管障碍,发展了对中风的认识。他还对动物磁性、梦游等进行了大量调查研究。论证了老年性气喘不是小支气管或肺功能障碍所致,而是器官(通常是心脏)受损的一种临床表现。按照他的"唯器官变化论",生命是机体各部分特殊结构与功能的集合,生命的性质由器官的状态而定;疾病则是器官机能不良的表现。其他主要著作还有《卫生学基础教程》(2卷,1821～1822年)、《诊断、治疗和预后的基本原理》(1826年)等。（张志练）

克律韦耶,J. (Cruveilhier, Jean) 法国人,1791年2月9日生于法国利摩日,1874年3月10日卒于上维埃纳省尤瑟克。解剖学、病理学、骨科学、血管病学。

外科军医之子。1823年获法国蒙彼利埃大学医学院外科学医学博士学位。1825年在巴黎大学医学院任解剖学教授,1826年兼任校附属医院医师。同年任法国解剖学会会长,直到1866年。1836年被选入法国医学科学院,1839年任院长。1836年任蒙彼利埃大学医学院病理解剖学教授。

在鸽子身上做骨折后骨痂形成实验,显示骨外组织(骨膜和肌肉)在骨的再生中的重要性;把水银注入血管和支气管系统以论证静脉炎的学说,提出静脉壁的改变可导致血栓形成。将1830年出版的《解剖学讲义》扩编为《描述解剖学》(4卷,1834～1836年)。《人体病理解剖学》(4卷,1829～1842年)和《普通病理解剖学》(5卷,1849～1864年),使他闻名于世。（殷明德）

诺克斯,R. (Knox, Robert) 英国人,1791年9月

4 日生于英国爱丁堡，1862 年 12 月 20 日卒于伦敦。解剖学、外科学、保健学、人类学、骨科学。

自然科学教师之子，在家中孩子中排行第八。1814 年获爱丁堡大学医学院医学博士学位。同年起在英军中任助理外科医师、外科医师，曾在伦敦圣巴塞洛缪医院、比利时布鲁塞尔医院，以及南非好望角驻军医院中服务。1820 年底回英国。后又去法国巴黎大学学习解剖学，1822 年回爱丁堡。1823 年入选爱丁堡皇家学会会员。同年为爱丁堡皇家外科医师学会负责组建比较解剖学博物馆。1826 年～1840 年在爱丁堡外科医师广场任巴克利解剖学学校校长。由于卷入一桩尸体来历可疑的案件，被剥夺外科医生资格。1842 年起在伦敦著书立说，开办医学讲座。1856 年才到伦敦肿瘤医院任解剖学家，直至去世。

博士论文是“酒精和其他兴奋剂对人体的影响”，并提出健康三准则：戒酒、早起和常换内衣。在南非解剖和研究了大量动物。回爱丁堡后，在苏格兰医学杂志上发表一系列论文，包括“班图人”、“绦虫”、“骨骼的坏死和再生”等。1823 年发表论文“关于眼睛解剖学上的一些观察”，提出接收由神经控制的影像是肌肉而不是韧带的论点。用解剖尸体来教学，得到学生的支持和赞誉，但由于尸体来源问题和一桩凶杀案纠缠在一起，受到了舆论和政府的谴责和调查，1842～1856 年间被剥夺了从事临床解剖学研究的权利。1850 年出版《人种》一书。（张志练　李啸虎）

阿狄森，T.（Addison，Thomas） 英国人，约 1793 年 4 月生于英国英格兰朗本顿，1860 年 6 月 29 日卒于英格兰布赖顿。临床医学、内分泌学、病理学。

幼年在朗本顿上学，后去泰恩河畔纽卡斯尔进文法学校。父亲本想让他当律师，但他却在 1812 年进爱丁堡大学学医，1815 年获医学博士学位。博士论文写的是梅毒的汞剂疗法。1817 年在伦敦盖伊医院实习。后在伦敦洛克医院任住院医师。数年后在该地开业行医。1824 年任伦敦盖伊医院助理内科医生，1827 年任医学讲师，1837 年任内科主任医师，1840～1855 年是该医院医学院唯一内科讲师。1819 年入选英国皇家内科医师学会成员。后入选英国皇家学会。

在 20 多年的教学生涯中，一直是盖伊医院的主要教师并深受学生爱戴。研究涉及脂肪肝、肺炎、阑尾炎、结核和黄色瘤等。但主要成就在恶性贫血和肾上腺皮质功能减退症，即通常所称的阿狄森氏病，对该病的研究为现代内分泌学奠定了基础。（顾振海）

舍恩莱因，J. L.（Schönlein，Johann Lucas） 德国人，1793 年 11 月 30 日生于德国班贝格，1864 年 1 月 23 日卒于同地。临床诊断学、医学真菌学、传染病学、医学史学。

出身制绳商之家。幼年就对动植物发生兴趣。1811 年进兰茨胡特大学学习自然科学，后在耶拿大学等多校学医学。1813 年转至维尔茨堡大学，1816 年毕业获医学博士学位。1819 年任维尔茨堡大学医学院附属朱利叶医院内科代主任，1824 年晋升为教授和正式主任。因信仰自由主义而被迫离开维尔茨堡，并被取消了学衔。1833 年到苏黎世大学任医学教授。1839 年发生宗教战争，因是天主教徒而被迫离开苏黎世。同年任柏林大学医学院内科学教授，兼沙里泰医院院长。曾任普鲁士皇帝威廉四世（F. William Ⅳ）的御医。1859 年退休回家乡班贝格。

在临床医学中重视科学的诊断学，综合使用叩诊法、听诊法、试剂和化验等精密方法。1839 年发表两篇文章，一片首次报道了风湿性紫斑病；一篇论黄癣菌，首次提出真菌可寄生于人体而致病的观点，从而扩展了传染病的概念。倡导和推行临床教学法，而且自 1840 年起在德国第一次用德语上医学课，一改拉丁语上课的悠久传统，在德国医学教育上开启了新的一页。T. A. 施旺、C. A. 比罗特、R.. C. 魏尔啸等著名学者都是他的学生。另出版有《医学史》（1859 年）。（顾振海）

梅奥，H.（Mayo，Herbert） 英国人，1796 年 4 月 3 日生于英国伦敦，1852 年 5 月 15 日卒于德国巴特魏尔巴赫。解剖学、神经生理学、病理学。

父亲和长兄都是著名医生。1814 年进伦敦米德尔塞克斯医院学习外科，1818 年毕业于荷兰莱顿大学，获医学博士学位。同年任米德尔塞克斯医院住院外科医师。为英国皇家外科医师学会成员。

主要成就在神经学方面。1821 年 C. 贝尔较含糊地提出脊髓前根司运动、后根司感觉功能的概念。梅奥研究发现第五对脑神经司面部感觉、第七对脑神经司面部运动。发现了神经系统的一个完整节段足可以产生肌肉动作，提出冲动可从一部分感觉神经通过神经系统传播到相应的运动神经。1833 年 M. 霍尔把这一现象命名为“反射”。梅奥还指出神经组成的纤维起传导作用。主要著作有《解剖学和生理学解说》（1822 年）、《人类生理学概要》（1833 年）、《直肠的伤害和疾病的观察》（1834 年）、《生命哲学》（1838 年）、《消化器官的运作》（1840 年）、《人类病理学概要》（1841 年）等。（张祝山）

章楠（Zhang Nan） 字虚谷。中国清代浙江会稽（今浙江绍兴）人，生卒年不详，生活于嘉庆、道光年间（1796～1850 年）、医学史学。中医学。

少羸多病，嗜岐黄之学，潜心研究，溯流穷源 20 余年。后又游历广东、河北、苏州等地，访友求师，以医术闻名。

著有《医门棒喝》（4 卷，1825 年），意在“阐明医理、评论诸家之流弊，以警动世”。临证部分以叶天士、薛生白温病学说为基础，并有所发挥：对温暑的论述颇有见地；对杂病的辨证论治有较丰富的经验。《医门棒喝》系杂论性质，对刘河间、李东垣、朱震亨、张景岳等说，善于撷取精粹，提出中肯的评论。但在立论上也有不少牵强和偏激之处。临床经验多见于注解叶天士《温证论治》及薛生白《温热病篇》中。前者论述外感温病治法；后者介绍暑病治法，以补《伤寒论》之不足。另著有《伤寒论本旨》（9 卷，1835 年），论宗方有执，强调伤寒与温病之不同，对六经、六气有所阐发，但把温病按四时分类，有其机械片面之处。（张慰丰）

范德科尔克，J. L. C. S.（van der Kolk, Jacobus Ludovicus Conradus Schroeder）　荷兰人，1797 年 3 月 14 日生于荷兰吕伐登，1862 年 5 月 1 日卒于乌得勒支。比较解剖学、病理学、精神病学、脑与神经科学。

1812 年进荷兰格罗宁根大学学医，1820 年获医学博士学位。翌年任阿姆斯特丹的彼滕加斯士斯医院住院医生。1827 年任乌得勒支大学解剖学和生理学教授。

荷兰近代神经学和精神病学的奠基者。对人类和其他脊椎动物作了精细的比较解剖学研究，尤其是在延髓和脊髓的结构与功能研究方面有重要发现和进展，并且在研究中使用了显微镜。最突出的是发现了延髓前根纤维和脊髓灰质前角大分支细胞的联系；发现了痰中出现弹力纤维和肺结核病的关系。此外，为改善精神病人的治疗和待遇，也作了不懈的努力。可是，他的思想体系还是摆脱不了"活力论"的影响。发表科学论著百余篇(部)；1826 年出版《解剖病理学观察和实证》，另有《延髓和脊髓的精细结构与功能，以及癫痫的起因与治疗》(1859 年)等著作。　（顾振海）

泊肃叶，J. L. M.（Poiseuille, Jean Léonard Marie）　法国人，1797 年 4 月 22 日生于法国巴黎，1869 年 12 月 26 日卒于同地。生理学、诊断学、生物力学、医疗器械研制。

木匠的儿子。1815～1816 年在巴黎综合工科学校学习；1828 年获该校理学博士学位。1842 年当选为法国医学科学院院士。还是斯德哥尔摩、柏林，布雷斯劳等医学学会外籍会员。

他的名字一直与动脉循环生理学联系在一起。首先采用垂直玻璃管测量血压，并用水银检压计改进了 S. 黑尔斯的测量方法，即让血液在一个长管子里升上去的测量技术。发现血压在呼气时升高、吸气时降低。发现动脉在心跳时扩张约 1/23。研究了蒸馏水在毛细管中的流动情况。1838 年开始进行管流实验，1840 年提出流量公式 $Q=k(D4p/L)$，公式中 D 为管子的直径，L 为管子长度，p 为管子两端的压力差，k 为与温度有关的系数；Q 为单位时间内的流量。1860 年 J. E. 哈根巴克(Jacob Eduard Hagenbach)命名这个定律为泊肃叶定律。因在生理学方面的杰出贡献，曾先后 4 次(1829 年、1831 年、1835 年和 1843 年)获法国科学院蒙特翁奖章。　（张志练　张祝山）

胡希克，E.（Huschke, Emil）　一译胡施克。德国人，1797 年 12 月 14 日生于德国魏玛，1858 年 6 月 19 日卒于耶拿。解剖学、胚胎学、生理学、博物学。

1813 年开始在耶拿大学医学院学习，1818 年获医学博士学位。留校任教，1823 年任编外教授，1827 年任解剖学教授，兼任该校解剖学研究所所长，1838 年任解剖学和生理学教授。1849 年当选为德国利奥波德科学院院士。

研究和教学领域广泛，涉及解剖学、胚胎学、生理学、博物学、动物学和医学人类学等。最感兴趣的研究课题是感官及其功能的起源和发育，尤其是耳和眼的发生。发现了耳和眼在胚胎时发源于皮肤的沟状皱襞。在研究鸟耳的发生时，叙述了耳蜗管的门齿样皱襞，并把螺旋缘前庭唇分成几个节段。至今这些皱襞，以及胃胰襞、鼻泪管襞、鼓环管等，仍以他的名字命名。主要著作有：《人类胚胎学》(1820 年)、《论动物的器官和机能》(1822 年)、《生理学和博物学论文集》(第 1 卷，1824 年)、《按年龄、性别和种类研究人和动物的头骨、脑和灵魂》(1854 年)等。　（殷明德）

勒雷，F.（Leuret, François）　法国人，1797 年 12 月 29 日生于法国南锡，1851 年 1 月 5 日卒于同地。比较解剖学、精神病学、脑与神经科学、法医学。

曾在巴黎大学医学院附属夏朗顿医院学医，1826 年获医学博士学位。毕生主要开业行医，进行比较解剖学和生理化学研究。曾任巴黎郊区比塞特医院精神病科主任医师。主编在欧洲有影响的《法医学和公共卫生学》杂志。

他在巴黎自然博物馆的格拉蒂奥莱(L. P. Gratiolet)协助下，对大脑比较解剖学作出较大贡献，两人详细绘制了大脑皮层的褶皱和裂缝，并进行了起名标记，其中大脑中央沟以意大利解剖学家 L. 罗兰多命名。勒雷是法国早期精神病学的重要人物，倡导对精神病患者进行合乎科学、合乎道德的人性化治疗，而当时世人和医学界对他们极其野蛮和残忍。在法医学上，他认为精神病患者在发病时犯罪不应该受到法律制裁，因为他们是在无自主能力的失控状态下产生的无意识行为。反对迷信的颅相学。也不赞成当时流行一时的脑尸检解剖与精神疾病之间机械联系的倾向。代表作有《神经系统比较解剖学及其与智力关系的审议》(2 卷，1839～1857 年)、《对精神病人进行合乎道德的治疗》(1840 年)。　（张祝山）

邓格利森，R.（Dunglison, Robley）　美国人，1798 年 1 月 4 日生于英国英格兰凯西克，1869 年 4 月 1 日卒于美国宾夕法尼亚州费城。生理学、医学教育、科学传播。

早年跟凯西克一位外科医生学医。1815～1818 年先后去爱丁堡大学、巴黎大学和伦敦大学接受高等医学教育，1823 年获埃朗根大学医学博士学位。通过英国皇家外科医师学会和药剂师协会的考试，1819 年起在伦敦开业行医。曾担任两种医学杂志的主编。1824 年结婚。同年携妻前往美国，1825 年任弗吉尼亚大学医学院医学教授，是美国第一位专职医学教授。1833 年任马里兰大学医学教授。1836 年任费城杰斐逊医学院医学与法医学研究所所长，在那里执教 32 年。曾任杰斐逊总统的私人医生。

对美国医学教育的主要贡献是，成功地把当时世界上主要医学文献资料编成教材，使医学生和医生们从中得到更多的新知识。是第一个编写医学辞典、生理学和医学史的美国学者，而且是出版公共卫生学、药物学、治疗学、法医学、毒理学、医学教育和内科学等方面专著的先驱，为美国医学教育与传播贡献了毕生精力。还是W. 博蒙特消化生理学经典研究工作的主要合作者。代表作有：《儿童胃肠病》(1824年)、《人体生理学》(2卷，1832年初版，1856年第8版)等；主编有医学词典多部，其中有《新编医学文理词典》(1833年)、《医学生专用辞典》(1837年)和《医学科学词典》(1842年)等。

(陈闻鹏　殷明德)

王泰林(Wang Tailin)　字旭高，晚号退思居士。中国清代锡山(今江苏无锡)人，约清代嘉庆三年(1798年)生，同治元年(1862年)卒。中医学。

早年从舅父高锦庭学医，精研各家医书，先以疡科闻名，后又专事内科，善于化裁古方，医理宗张仲景。擅长肝症证治，提出“治肝三十法”，其《西溪书屋夜话录》即论述肝病证治及用药大法。对温症证治亦有发挥，其《医门要诀》(又名《医学刍言》)详载风温、湿温、温热诸证辨证选药，兼及内、妇科杂证。对论治脾胃诸法，亦颇为周详。

一生著述颇丰，在世时皆未刊行。门人方仁渊(字耕霞)将其临证医案汇为《王旭高医案》，刊于1898年。陆晋笙、周小农等搜集王旭高著作，以《王旭高医书六种》刊于1897年，内中包括《退思集类方歌诀》、《医方证治汇编歌决》、《医方歌括》、《医方歌诀》、《薛氏湿热论歌诀》、《西溪书屋夜话录》(最后者现仅存《肝病症治》一篇，1965年重印)。其内科医案，先后被选刊于江阴柳宝诒之《柳选四家医案》及秦伯未之《清代名医医案精华》内，常熟中医院亦编选有《王旭高外科医案》问世。

(张慰丰)

瓦肯罗德，H. W. F.(Wackenroder, Heinrich Wilhelm Ferdinand)　德国人，1798年3月8日生于德国汉诺威附近布格多夫，1854年9月4日卒于耶拿。药理学、药物化学、分析化学。

1819年在格丁根大学学习数学、医学、药剂学和自然科学。1824年通过药剂师考试。1827年在埃朗根大学获哲学博士学位。1828年任耶拿大学教授，1836年任该校药学院院长。

1826年发现了块茎紫堇的紫堇碱、土豆芽中的龙葵碱；1831年首次发现和分离出胡萝卜中的胡萝卜素；1845年发现用硫化氢处理稀释的亚硫酸时产生多硫酸溶液，该溶液现称为瓦肯罗德液。1829年出版《无机化合物化学分析图表》，1843年前该书曾5次再版。

(张志练)

波尔塔，L.(Porta, Luigi)　意大利人，1800年1月4日生于意大利帕维亚，1875年9月9日卒于同地。心血管外科学、实验病理学、医疗器械研制。

幼年丧父。1822年毕业于帕维亚大学，1826年获该校医学博士学位。1832～1875年任帕维亚大学临床外科学教授40多年，曾任该校医学院外科学系主任、大学校长。终生未娶，还照顾患精神病的姐姐一生。

研究工作涉及外科学的许多领域，特别是实验病理外科学。1845年发表著名论文“结扎和扭转引起的动脉病理变化”，论述动脉和静脉手术，在心血管外科手术史上有重要地位。他对270种动物(如驴子、绵羊、山羊、马等)进行了约600次试验，发现部分血管闭塞后侧支循环的不同形式，为现代血管外科学奠定了基础。还研究了麻醉学、甲状腺病理学、泌尿病学、创伤学和自体造形术，并发明了特殊的碎石术器械。创建了一个博物馆，收集了许多解剖学和病理学标本，1860年把博物馆赠给帕维亚大学。

(张志练)

波伦德尔，A.(Pollender, Aloys)　德国人，1800年5月25日生于德国巴门，1879年8月15日卒于同地。细菌学、传染病学、农学、显微术。

1815年离开预科学校，到诺伊斯一家药店做学徒。1820年到波恩大学学医，1824年获医学博士学位。后开业行医。因在医学方面的杰出工作，出任普鲁士政府的卫生顾问。

最重要的工作是研究炭疽的病因学。1849年，他发现了炭疽病原体炭疽芽孢杆菌，为进一步防治这种严重致命的传染性疾病作出重要贡献。1855年出版了这方面的研究成果。为了纪念这一重大发现，1929年在他曾经行医过的维珀菲特住所门口建立了一个纪念碑，上面写着：“A. 波伦德尔博士(1800～1879年)在这间住宅里发现了炭疽杆菌(1849年)。”

对农业和畜牧业也有很大的兴趣，还研究了麻布纤维的显微结构，对花粉组成作了微量的化学分析，为此获柏林科学院科瑟尼斯奖金。

(张志练)

费伯雄(Fei Boxiong)　字晋卿。中国清代江苏武进人，清代嘉庆五年(1800年)生，光绪五年(1879年)卒。中医学。

祖籍江西，明代寄寓镇江，因避战乱，迁居武进孟河镇，以医为业，传七世至伯雄，为费氏家族操技最精、造诣最深的传人。咸丰、同治年间(1851～1874年)，以医术闻名大江南北。道光年间(1821～1851年)，两度奉诏入宫治病，先后为道光太后医治肺痈、为道光帝治失音，均获显效，为此获匾额和联幅，誉为“是活国手”。著有《医醇》24卷，咸丰时书稿同刻印版毁于战火。避战乱于苏北泰兴，追记其内容，仅得十之二三，同治二年(1863年)易名为《医醇賸义》4卷，刊刻于世。

《医醇賸义》立论以和缓为宗，师古而不泥古，制方用药，不趋奇立异，戒偏戒杂，多寓神奇于平淡，善于变通，化裁古方，创制新方。对慢性病尤有研究，称近代治虚劳之专家，有较高的临床造诣。另撰《医方论》(4卷，1865年)、《怪疾奇方》、《费氏食养三种》、《孟河费氏医案》及《费批医学心悟》等，均刊印于世。其子孙继承家学，以医名世。

(张慰丰)

米勒，J. P.（Müller，Johannes Peter） 一译弥勒，又译穆勒。德国人，1801年7月14日生于德国科布伦茨，1858年4月28日卒于柏林。*解剖学、实验生理学、病理学、动物学、脑与神经科学。*

制鞋业主的儿子。在学生时代就渴求知识，渐露才学。1819年冬进入当时以对新知识开放而著名的波恩大学学习，得到该校董事P. J. 雷菲施（Philipp Jakob Rehfues）在经济上的一定帮助，1822年12月获得医学学位。后又去柏林大学继续学习一年半，受到德国著名解剖学家C. 鲁道菲（Carl Rudolphi）的影响。1824年通过州的医学考试，获开业行医资格。同年在波恩大学任生理学和比较解剖学讲师，1826年成为编外生理学教授，1830年任正式教授。1827年与N. 蔡勒（Nanny Zeiller）结婚。1832年底鲁道菲去世后，他写信给普鲁士教育部长，自荐继任他的职位。1833年复活节被任命为柏林大学解剖学和生理学教授。1834年当选为普鲁士柏林科学院院士。1838～1839年和1847～1848年，两次当选为柏林大学校长。患有忧郁症，生前数次发作，临终前也是处于抑郁状态。

是实验生理学的创始人之一，在解剖学、生理学、病理解剖学、组织胚胎学和动物学这些领域都有许多重要发现。用活体解剖方法研究胎儿的呼吸问题，1823年相关论文获奖。1826年出版《关于面部感觉神经的比较生理学》一书，阐明"感觉神经特殊功能学说"，认为感觉的性质决定于感觉器官内部的特殊功能，而不决定于客观刺激的性质，还用蛙进行最初的电生理学研究。1830年率先叙述了分泌腺的显微解剖学和生殖系统的发生，发现了形成生殖器官的胚胎管，后称米勒氏管。研究了脑神经的感觉和运动部分，提出了神经系统作为整体单位的综合性概念。1831年通过蛙的实验证明了脊神经根的贝尔－马让迪法则。还研究了生理反射现象，对咳嗽、喷嚏、打嗝、呕吐和射精等现象提出了重要的新见解。是最早用显微镜检查病变组织的病理学家之一。研究了肿瘤的病理学，指出癌是由于不正常细胞的增长所造成的。另外还分离出软骨的一种重要成分——软骨胶。

1840年后主要致力于比较解剖学和动物学研究，尤其是海生动物文昌鱼和海星的研究。由于这方面的贡献，获英国皇家学会科普利奖章、法国科学院居维叶奖金。1832年发表关于两栖类和爬行动物的系统分类法。1834～1842年研究了圆口动物。首先认识到文昌鱼的分类学意义。晚年还致力于古生物学研究。

医学上最有影响的著作是《人体生理学纲要》（1833～1840年），1842年出版英译本。该书除验证他人的工作外，还阐明了自己研究的许多新发现，首次系统地把物理学、化学及比较解剖学的理论和方法运用于生理学研究，成为欧洲医学史上的里程碑。当时欧洲的生物学和医学仍然被自然哲学和其他理论体系统治着，但实验生理学在物理学、化学、解剖学的新方法和新资料的基础上开始建立起来。他以深刻的哲学理念和广泛的生物学实验，通过自己的讲座、著作和《米勒解剖学及生理学》杂志编辑与发行，推动了这一进步。19世纪中叶以后成名的德国著名医学家大都是或自认为是他的学生，或采用了他的方法和观点。其中亥姆霍兹、R. C. 魏尔啸、E. H. 杜布瓦－雷蒙和T. A. 施旺等，都是他最杰出的学生。 （张祝山）

沙比，W.（Sharpey，William） 英国人，1802年4月1日生于英国苏格兰阿布罗斯，1880年4月11日卒于伦敦。*解剖学、生理学、骨科学。*

1818年进爱丁堡大学学医，1823年毕业。期间去伦敦、巴黎等地医院实习临床医学和外科学。后在家乡阿布罗斯镇开业行医。1831年在爱丁堡大学教解剖学。1836年起在伦敦大学学院任解剖学、生理学教授，1840年任医学系主任，1874年退休任名誉教授。1834年当选为爱丁堡皇家学会会员。1839年当选为英国皇家学会会员，1853～1872年任学会秘书长。1876年任新成立的英国生理学会名誉会员。曾是英国皇家科学教育委员会普通医学委员会委员。他是C. 达尔文的朋友，两人通信甚密。

一般被人们看作为英国近代生理学派的真正奠基者。发表过几篇论述纤毛及其活动的论文；1846年发表了一篇描述首次发现的骨结蒂组识（后人称为"沙比氏骨纤维"）结构的论文；在1876年英国反活体解剖立法上起过重要作用。出版著作有《关于心室癌》（1823年）、《一项病理学试验和人工关节治疗法》（1830年）等。 （顾振海）

贝特霍尔德，A. A.（Berthold，Arnold Adolphe） 德国人，1803年2月26日生于德国索斯特，1861年1月3日卒于格丁根。*生理学、内分泌学、药物学、动物学。*

出身工匠家庭。1819年入格丁根大学医学院学医，1825年获医学博士学位。留校任教，先后任讲师、考试评议员，1835年任生理学编外教授，1836年任动物学与比较解剖学教授。

是内分泌学的奠基者之一，也是最早用实验手段证明动物的腺体与其内环境相互关系的生理学家之一。1829年出版《人体和生理学教程》，再版多次。1834年与R. W. 本生发现水合氧化铁可作砷中毒的解毒药。论述了近视、妊娠期、雄性两性体、第二性征的发育、指甲和毛发的形成等。在1849年的"睾丸的移植"一文中，报道了将一只小公鸡的睾丸移植到另一只小公鸡的腹腔中获得成功的实验。被移植的鸡仍有啼叫和好斗的副性征，可见睾丸可通过血液对整个鸡体发生作用。还研究过爬行类、两栖类和鸟类的生理学，出版相关论著。 （田金仙）

罗基坦斯基，K. F. von（Rokitansky，Karl Freiherr von） 奥地利人，1804年2月19日生于奥匈帝国波希米亚东部的柯尼希格雷茨（今属捷克德茨－克拉洛韦），1878年7月23日卒于奥地利维也纳。*病理解剖学、组织学、人类学。*

1821年入布拉格大学学医。1824年转学维也纳大学医学院，1828年获医学博士学位。留校终身任教病理解剖学，先后任第二助手、首席助手，1833年任副教授，1834年任编外教授兼维也纳总医院首席解剖员，1844年任教授，1853年起数度当选为维也纳大学医学院院长兼高级医务委员会主任，1875年退休。1848年当选为维也纳皇家科学院院士，1866年任副院长，1869年任院长至去世。1850年当选为维也纳内科医生协会主席至去世。1863年任奥匈帝国内政大臣医务顾问。1867年被皇帝约瑟夫一世（F. Joseph I）亲自推荐为上议院议员。1870年当选为法国科学院外籍院士。同年当选为维也纳人类学学会会长。一生从未开业行医。因老年性哮喘严重发作去世。

新维也纳学派的杰出代表，近代病理解剖学的主要奠基人之一。在19世纪后半叶，由于他的努力，病理学加速独立为一门学科，并使新维也纳学派位居世界医学中心。从他1827年开始解剖尸体算起到48年后退休，据认为亲手解剖的尸体不下30 000具，加上他直接指导助手所作的，有人统计为59 786具，另外他还为法医尸检至少解剖过25 000具尸体。多份资料表明，他直接或间接解剖的尸体肯定超过10 000例，可谓空前绝后。1832年，正是在他的竭力建议下，皇帝约瑟夫一世下令所有病死的患者都必须进行病理解剖，这一法令使病理解剖学大受其益。

通过解剖观察，他对人体病理有了许多崭新发现。例如：1839年他率先描写了脊椎滑脱症和骨盆畸变；1842年率先描写了胃的急性扩张；1843年率先描写了急性黄色肝萎缩病；首次鉴别了大叶性肺炎和小叶性肺炎；1852年发表关于动脉疾病的专论；1875年发表关于心隔膜缺陷的研究报告，提出主动脉中隔偏移的移位病变理论。鉴于他对病理解剖学的贡献巨大，早期不少病名冠有他的名字，有些沿用至今。尽管他从未接触过临床医学，但他通过大量病理解剖对临床医学产生了很大的影响。正如他在1875年离职告别中所说的，通过对病变机体的系统观察与描述，解剖学成为"病理生理学的真正基础"，从而奠定了"医学领域自然研究方法的基本原则"。主要传世之作有《病理解剖学手册》（3卷，1842～1846年）、《心内膜炎》（1875年）等。 （李啸虎）

瓦格纳，R.（Wagner，Rudolph） 德国人，1805年6月30日生于德国拜罗伊特，1864年5月13日卒于格丁根。比较解剖学、生理学、生殖学、脑与神经科学、哲学。

1822年在埃朗根大学学医。2年后转学到维尔茨堡大学，1826年获医学博士学位。后去巴黎，在博物学家G. 居维叶门下就读。1832年任埃朗根大学比较解剖学和动物学教授。1840年任格丁根大学生理学、比较解剖学和普通博物学教授，同时任巴赫颅骨收藏馆馆长，并讲授人类学。

1833年通过显微镜观察，证实红细胞是无核细胞。1835年发现了几种哺乳类卵子的重要结构，并定名为胚斑（现称此为细胞核的核仁）。1837年出版阐明精子结构的显微观察报告。1842～1853年以研究交感神经、神经节、神经末梢而闻名于世。1847年研究电鳐鱼的发电器官。1852年和德国生理学家G. 迈斯纳共同发现皮肤的触觉小体（现称迈斯纳氏小体）。1842～1853年出版重要著作《生理学和生理病理学手册》（5卷）。还研究精神和躯体、科学和社会、道义和唯物主义等哲学问题。晚年拥护基督教，反对无神论。

另有科学著作《比较解剖学教程》（2卷，1834～1835年）、《生理学教程》（1839年）、《动物解剖学教程》（1843～1847年）、《人脑形态学和生理学》（2卷，1860～1862年）；哲学著作《关于知识和信仰》（1854年）等。

（张志练）

斯科达，J.（Skoda，Josef） 捷克人，1805年12月10日生于波希米亚比尔森（今属捷克），1881年6月13日卒于奥地利维也纳。内科学、临床诊断学、心肺学、医学统计学。

幼年多病。1825年以优异成绩从中学毕业后，进维也纳大学医学院学医，1831年毕业。随即回比尔森行医。当时霍乱流行，在和霍乱斗争中认识到掌握的知识不够，而重回维也纳大学医学院深造。1846年任维也纳大学医学院内科学教授。

维也纳新医学派的重要代表。强调临床观察与经验，把疾病症状和器官变化的病理学紧密联系加以考虑。1836年前后，开始从事听诊和叩诊的研究，并把它们用于临床。对当时这方面混乱的概念加以整理，加进了自己的观察和体会，按声学原理简化并统一了名词。1839年，将研究成果汇成《论叩诊和听诊》出版。通过对心脏瓣膜和心包病变时的功能和疗状变化的研究，确定了心脏疾病的临床生理学原理，证实心脏杂音不仅同瓣膜疾患有关，也同血液流速有关。不但诊断技术高明，而且对疗法以及药物的使用都有改进。还将统计学的方法应用于医学，以对疗效作出客观的评价。 （顾振海）

吴尚先（Wu Shangxian） 原名樽，又名安业，字师机，晚年亦署杖仙，别号潜玉居士。中国清代浙江钱塘（今浙江杭州）人，约清代嘉庆十一年九月十二日（1806年10月21日）生，光绪十二年八月六日（1886年9月3日）卒。中医学、中药学。

文学世家。早年业儒，道光十四年（1834年）中举人，官至内阁中书。后随父迁居扬州，他弃儒业医。咸丰三年（1853年）太平军入扬州，移居泰县，以医自给。其时江浙战乱，其地卑湿，人多疾患。他眼见了很多病人因缺药或误治而丧生，认为古书大多用内服药，很少用外治法，遂致力于外治法研究。同治初年（1862年），重返扬州设"存济堂"药店，多用膏药治病，不但用以治外部疾病，也治内科热病、小儿疾病，日治数百人，获效迅捷，活人甚众。中年丧偶而独身。子和孙均承其志，以行医为业。

汇集前贤和古典医籍中有关外治的论述，广泛采摭民间的外治法，通过20多年临诊实践，积累了外治法的丰富经验。总结出敷、熨、熏、浸、洗、罨、擦、坐、嚏、缚、刮痧、拔罐、推拿、按摩以及蜡疗、泥疗、发泡疗法等10余种外治法，许多是属于现代物理疗法的内容。最常用的是膏药薄贴疗法，按辨证施治原则，将药膏贴在相应的穴位；温热疗法包括围罐发汗、煨坑出汗、熨斗、铁熨、瓦罐熨、热砂熨、热瓶吸、火熏等；水疗法包括水浴疗、水榻腹疗、热水熏蒸疗、冷水疗等；蜡疗法用黄腊加热敷患处；泥疗法用净黄泥调水敷贴；发泡疗法用蒜泥敷贴使局部发泡。关于外治法的理论，认为“外治之理，即内治之理”，外治可“与内治并行，而能补内之不及”，并指出外治要“先求其本”。把这些经验整理成书，初名为《外治医说》，成书于同治三年（1864年）。后经十数次修改，用骈体撰写，更名为《理瀹骈文》，刊于同治九年（1870年）。

《理瀹骈文》（1870年）记载膏药方剂百余首，创制数十种。其中记载内科膏药方94首，妇科13首，儿科7首，外科20首，五官科3首等，总计137首，尤以清阳膏、散阴膏、金仙膏、行水膏、云台膏、催生膏等为灵验。书末附有常用膏药方配制，以其简、便、廉、验而深受民间欢迎。这是中医学别树一帜的一部外治法专著，对收集与整理传统的民间疗法，具有重要意义。（张慰丰）

巴斯克，G.（Busk，George） 英国人，1807年8月12日生于俄国圣彼得堡，1886年8月10日卒于英国伦敦。*外科学、血液学、寄生虫学、古生物学。*

商人的儿子。早年在英国伦敦圣托马斯医院、圣巴托洛缪医院学习外科学。1832年任格林尼治医院助理外科医师。后在英国皇家海军“鲸”号战舰上任外科军医多年，曾参加著名的特拉法尔加战役，与法国、西班牙海军对抗。服役期间，主要研究霍乱和坏血病。1855年退伍，定居伦敦。1842年任《显微镜》杂志副主编。1853～1868年任《显微科学季刊》主编。1861～1865年任《博物学观察》杂志主编。他和妻子都是T.赫胥黎X俱乐部成员，致力于促进科学发展。1856年始，任英国皇家外科医师学会比较解剖学与生理学教授，1871年任会长。1850年入选英国皇家学会会员，后任副会长。1873～1874年任英国人类学会会长。是林耐学会副会长。为英国显微镜学会创始人之一，曾任该学会会长。

早年从事临床外科学和流行病研究，晚年转向生物学。发现巴斯克氏姜片虫病；对坏血病有重要研究。还发现巴斯克氏苔藓虫，并首先对苔藓虫进行系统科学分类。是古生物学头盖测量术的权威，对动物学和人类学的发展作出了贡献。曾获英国皇家学会皇家奖章，1878年地质学会赖尔奖章，1885年沃拉斯顿奖章。

（张祝山 李啸虎）

王士雄（Wang Shixiong） 字孟英，又字篯龙，晚字梦隐，号半痴山人、随息居士，堂号潜斋、归砚。中国清代浙江盐官（今浙江海宁）人，清代嘉庆十三年（1808年）生于浙江钱塘（今浙江杭州），约同治七年（1868年）卒。*中医学、传染病学。*

远祖居安化（今甘肃庆阳），后迁浙江盐官，乾隆间迁钱塘定居。出身世医家庭。14岁丧父，立志学医。早年至婺州（今金华）佐理盐务谋生，业余披览医书，学业益精。后离婺州返杭州，以医为业。咸丰元年（1852年）自杭州一度移居上海，时值疫病流行，遂着意研究温疫。1838年撰成《霍乱论》，1862年重订改名《随息居重订霍乱论》。

《随息居重订霍乱论》一书，上卷论述寒热二证及其防治法；下卷附古代及自己个人医案，并介绍霍乱常用药物及治疗方剂。已注意到霍乱的发病季节、流行与饮食、水源等因素以及卫生预防。1852年撰《温热经纬》，此书摘录《内经》、《伤寒论》中有关温病的记载，又收录叶天士《外感温病篇》与《三时伏气外感篇》、薛生白《湿热条辨》、余师愚《疫痧一得》及陈平伯《温热病指南集》等有关温病论述，以及章虚谷等人的注解及自己的见解，将温病分为新感与伏气两大辨证纲领，并就其病源、证候及诊治等进行阐述，辨证选方，切于实用。此书大部分内容为编纂性质，将温病诸家著作汇为一编，便于学习参考，因此流传颇广，为温病学者的必读书。

还编有《潜斋简效方》、《潜斋医话》、《归砚录》（1857年）、《随息居饮食谱》（1861年）。又将自己的临证医案整理成《王氏医案》（3卷）。还参注和编撰《女科辑要》、《四科简效方》。又曾整理、补充和校注其曾祖父王学权的《重庆堂随笔》。对当时传入的西方解剖生理学持开明态度，对中西脏腑不同的谬说曾加以批判。（张慰丰）

普吕纳·拜，F.I.（Pruner Bey，Franz Ignace） 德国人，1808年3月8日生于德国普夫雷德，1882年9月29日卒于意大利比萨。*流行病学、地理病理学、人类学、考古学。*

1830年在慕尼黑大学获医学博士学位。1831年9月任埃及阿布扎巴勒医科学校组织学和生理学系主任。1833年任开罗附近的军队医院院长。1836年被授予上尉军衔，任开罗军队医院院长。曾任开罗大学眼科学教授。1865年任人类学会会长。

在埃及期间，研究了阿拉伯民族、考古文物及古代医学；1835年到麦加帮助扑灭正在流行的霍乱。1846年在德国慕尼黑皇家学会作了埃及古代人种的报告。出版《开罗医学地理学》的研究报告，这是第一部地理病理学著作。根据对个体与环境关系的观察，进行疾病分类学的比较研究。把人类学称为“科学中的科学”，做了大量独创性工作。

（张志练）

亨勒，F.G.J.（Henle，Friedrich Gustav Jacob） 德国人，1809年7月19日生于德国纽伦堡附近，1885年5月13日卒于格丁根。*解剖生理学、病理学、细胞生物学。*

早年在德国梅因斯和科布伦茨学习古典语言和现代语言。后在J.P.米勒影响下，于1827年入波恩大学学医。1830年春转入海德堡大学继续深造，1832年获医学博士学位。1834年秋在波恩大学解剖学院担任米勒的解剖助手，并负责编辑由米勒创刊的《解剖生理学文献》，1837年任讲师。1840年秋至1844年夏，先后在瑞士苏黎世大学、海德堡大学担任解剖学及生理学教授，后接任解剖学会会长职务。1853年任格丁根大学生理学教授，在那里工作了33年。

是最先把“细胞”这一术语引用于医学的科学家之一。对表皮细胞、上皮细胞及结缔组织显微结构的研究，丰富和发展了细胞学说。 （林 培）

蒂尔克，L.（Türck，Ludwig） 奥地利人，1810年6月22日生于奥地利维也纳，1868年2月25日卒于同地。耳鼻咽喉科学、神经科学、医疗器械研制。

皇室珠宝匠的儿子，家道富裕，全家文化修养较高而且热爱音乐。先在维也纳大学进预科学校，后入医学院学习，1836年获医学博士学位。后开业行医。1844年赴巴黎大学医学院进修。回国后，杰出的才能受到维也纳大学医学院院长蒂尔克海姆（Türkheim）男爵的赏识，将他安排在维也纳总医院任新设的神经科主任。1857年维也纳最大的医院建成，任内科主任，1864年任教授。

1840年起从事神经系统解剖学和病理学的研究。对于脊髓的神经束、三叉神经根和皮肤感觉等都有论著发表。最重要的贡献是于1857年发明了喉镜并用于临床实践。主要著作有《喉镜的临床指南》（1860年）、《咽喉与支气管疾病的诊疗》（1866年）、《分开成对的脊神经的皮肤分布调查》（1869年，与他人合著）等。 （顾振海）

格拉拜，D.（Gruby，David） 一译格鲁比。匈牙利人，1810年8月20日生于匈牙利基什克尔（今塞尔维亚的巴科·多勃罗·波利耶），1898年11月14日卒于法国巴黎。显微病理学、医学真菌学、寄生虫学。

父亲是犹太裔农民，家境贫寒，子女众多。格拉拜自幼聪明好学。1824年（或1825年）赴佩斯学习。1828年在亲友支助下去维也纳大学医学院学医，1839年毕业获医学博士学位。1840年定居巴黎，在一所医院工作。

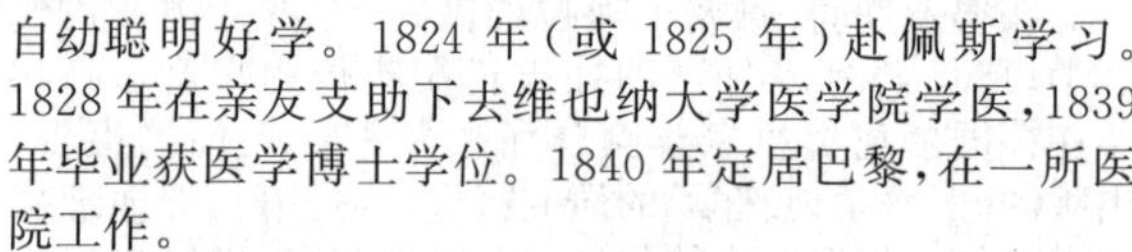

显微病理学的奠基者之一。早在大学生时期，就钻研了一些特殊技术，自己动手制造时钟和显微镜，用自制显微镜进行病理形态学的研究。观察粘液、痰、脓、伪膜、血凝块和唾液等病理标本和正常标本，发表了图文并茂的“论显微病理学”长篇博士论文，其中附有103幅插图，从而奠定了显微病理学基础。1841年发现毛囊癣致病真菌。1842年在人的胡须根部找到须疮致病真菌，后又陆续发现婴儿鹅口疮的白念珠菌体。1843年又发现秃发癣致病真菌。在当时，真菌寄生于人体是十分新奇的概念，曾遭到不少医生怀疑、反对甚至嘲笑，但他却置之度外。在寄生虫学方面也有贡献：1843年在蛙血中发现螺旋状的锥虫，在狗血中发现微丝蚴，1859年描述了秋季红斑皮肤病的寄生螨。 （孙炳寅）

比德尔，Ф. Х.（Биддер，Фридрих Хейнрих；Bidder，Friedrich Heinrich） 俄国人，1810年10月28日生于俄国库尔兰德，1894年8月27日卒于多尔帕特（今爱沙尼亚塔尔图）。解剖学、生理学、脑与神经科学。

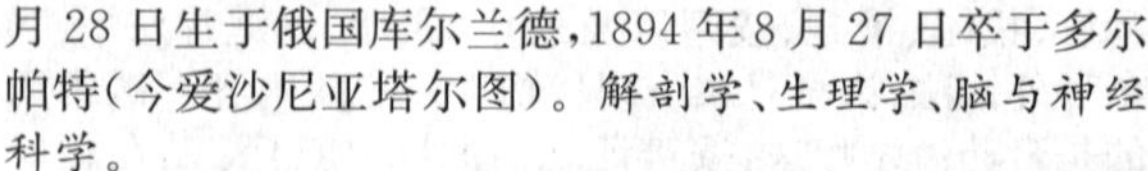

农学家的儿子。1834年从多尔帕特大学获医学博士学位。留校任教，后任解剖学编外教授。期间去柏林大学，跟J. P. 米勒等学习解剖学一年。1842年任解剖学正式教授，次年任生理学和病理学教授。1843～1845年任多尔帕特大学医学院院长，1858年任多尔帕特大学校长。

对中间代谢和神经生理学有重要贡献。1852年与C. 施密特（Carl Schmidt）共同阐明了消化酶引起食物的化学变化，并发现胆汁分泌有助于脂肪的吸收。1842年与A. W. 福尔克曼（Alfred W. Volkmann）合作研究，发现自主神经节后纤维均无髓鞘，并查明周围神经纤维多于脊髓及交感神经节，为“器官双重神经支配学说”提供了依据。1857年与库普费尔（C. Kupffer）证明脑灰质神经细胞的纤维延伸到脊髓，是神经元学说的倡导者。还发现了蛙心的房室及心房内的神经节（比德尔氏神经节），以及雄蛙的比德尔氏器（后查明为内分泌组织）等。1879年因对生物学的贡献获冯·贝尔奖章。

（张祝山）

皮罗戈夫，Н. И.（Пирогов，Николай Иванович；Pirogov，Nikolay Ivanovich） 俄国人，1810年11月25日生于俄国莫斯科，1881年12月5日卒于乌克兰文尼察州维什尼亚。病理解剖学、战地外科学、预防医学、教育学。

出身军官家庭，自幼受到良好教育。14岁丧父后家境清贫，在家庭医师的帮助下，进入莫斯科大学医学院学习外科专业，1828年毕业。同年赴多尔帕特大学（现为塔尔图大学）任教，并攻读外科学和解剖学研究生，1832年获医学博士学位。1833～1835年赴德国考察。1836年返回多尔帕特大学任外科学教授。1841～1856年任圣彼得堡外科医学院外科研究室主任兼外科门诊部主任，主持研究并讲授病理解剖学。在这期间入伍3年，进行战地医疗和研究。1856～1861年任敖德萨教育区和基辅教育区督学。1862年始负责俄国青年学者出国留学的培训工作。1866年定居南乌克兰文尼察州维什尼亚村庄园安度晚年，并任军医外科顾问，亲临前线巡视。

被公认为近现代外科学和拓扑图解剖学的奠基人之一。把外科学和解剖学、病理学紧密结合起来，曾讲解和施行了12 000例病理解剖，并提出解剖冻尸确定内部器官形态和相对位置的解剖学研究新方法。有代表作《干动脉和筋膜外科解剖学》（1837年）等；主编出版4卷本《局部解剖学图谱》（1852～1859年）。巴甫洛夫赞誉他赋予外科学以科学的基础。

在战地外科学的研究中，提出麻醉作用的理论，首创直肠麻醉和静脉乙醚麻醉；并在前线外科手术中大规模应用麻醉技术；首创外科石膏固定技术；取得伤口止血、防止化脓以及伤员饮食护理等多方面的经验和成果。1864年出版的《战地外科学基础》，成为当时该领域的必备参考书。

在教育学上，反对早期教育专业化；反对对贫民以及非俄罗斯人的教育限制；提倡发展中学和妇女教育。

身后出版的文集有《皮罗戈夫教育文选》(1953年)、《皮罗戈夫选集》(8卷，1957～1962年)。(方正源)

许特尔，J.(Hyrtl，Joseph) 奥地利人，1810年12月7日生于匈牙利基斯麦顿(今奥地利艾森施塔特)，1894年7月17日卒于奥地利维也纳附近佩希托尔茨多夫。*解剖学、生理学、显微术。*

1835年以医学史论文获维也纳大学医学院医学博士学位。留校任教，兼任校博物馆馆长。1837年任布拉格大学解剖学教授。1845年回到维也纳大学医学院，继承已故J.贝雷斯(Joseph Berres)的教授职位，1865年任维也纳大学校长。1879年退休后，在佩希托尔茨多夫定居。

是19世纪对发展解剖学有贡献的解剖学家之一。撰写的著作《实用生理学和人体解剖学教程》赢得科学声誉。1846年该书在布拉格首次出版，以后出了20版，并被译成多种文字。1847年出版的《局部解剖学手册》(2卷)，同样拥有广大读者。作为技术解剖学家，垄断了奥地利的特制解剖标本的生产和销售。将显微注射技术和标本注射技术应用到研究比较解剖学中去。把耳蜗听觉末稍装置的组织学研究任务交给学生A.G.科蒂，在他指导下，后者出色地完成耳蜗的结构研究而闻名。(殷明德)

瑟南，J.(Thurnam，John) 英国人，1810年12月28日生于英国约克市附近林格罗夫特，1873年9月24日卒于英格兰迪韦齐斯。*解剖学、心血管病理学、精神病学、脑与神经科学、人类学。*

1834年获伦敦大学医学院医学博士学位。同年入选英国皇家外科医师学会成员，并任威斯敏斯特医院住院医师。1838年任约克市里特精神病院院长。1843年获英国皇家内科医师学会开业证书。1846年获阿伯丁大学国王学院医学博士学位。1851年至去世，任威尔特郡精神病院院长。1841年、1855年两次当选为英国法医心理学会会长。1859年入选英国皇家内科医师学会成员。

早年研究解剖学，1832年发现耳神经节，次年在《伦敦医学公报》上介绍耳神经节解剖方法。后研究动脉瘤解剖学与病理学，出版有《论心脏动脉瘤》(1838年)一书。1838年后致力于精神病学及其与法医学的关系，在精神病学和人类学方面都深有造诣。将统计学应用于精神病学的研究，建立了统计学标准，设计了一种规范的调查表。在人类学方面，对颅骨尤有研究。出版有《英国人的头颅》(1856～1865年，与他人合著)、《古代英国人和法国人头颅的两种基本形式》(1865年)、《博物馆学会收藏的盎格鲁－撒克逊人的腓骨》(1867年)等；1866年在《精神科学》杂志发表论文“大脑的重量和环境对其影响”。(顾振海 李啸虎)

哈钦森，J.(Hutchinson，John) 英国人，1811年生于英国泰恩河畔纽卡斯尔附近，1861年7月卒于桑威奇群岛斐济。*解剖学、生理学、肺科学、医疗器械研制。*

煤矿主之子。早年入伦敦大学学院医学院学医。1836年成为英国皇家外科医师学会成员。1846年获吉森大学医学博士学位。后先后在南安普敦诊疗所、大英人寿保险公司、布罗姆普敦医院等处任医师。1852年移居澳大利亚开业行医。1861年3月旅行到斐济岛，意欲购置大片土地发展畜牧业，同年7月在岛上病故。

是肺科生理学和病理学研究的先驱。通过解剖尸体、测量胸廓和制作尸体筒形模型，研究肋间肌的作用，把物理学和数学应用到胸廓运动和肺通气功能的研究上。首先把肺容量区分为呼吸气(即潮气)、补吸气和残气。1846年最早发明水封肺量计，可准确测定单次深吸气后呼出的最大气量(即肺活量)，并指出肺活量与人的身高有关。科研成果主要记载在1844～1850年的一系列论文中，其中部分佳作于1846年再版并几经翻译，编入1849～1852年托德的百科全书。专著《肺量计、听诊器和标度天平》于1852年在伦敦出版，提供了生理学和临床医学的定量检查方法。(殷明德)

辛普森，J.Y.(Simpson，Sir James Young) 英国人，1811年6月7日生于英国苏格兰西部洛锡安区巴斯盖特，1870年5月6日卒于爱丁堡。*妇产科学、外科学、医疗器械研制、麻醉术、医学管理学。*

面包师之子，是8个孩子中最幼者。1825年(14岁)进英国爱丁堡大学学习人文科学，两年后转该校皇家外科学院学医，1830年通过实习和考试后获开业医生证书，1832年以“论炎症性死亡”毕业论文获医学博士学位。留校任教，1840年任产科学教授。1833年入选爱丁堡皇家医学学会会员。1844年当选为英国皇家妇科学会会长。1866年赐封为男爵。同年获牛津大学荣誉法学博士学位。曾任维多利亚女王御医。

发明氯仿麻醉法并在产科学中首次使用而享有盛名。1799年，英国化学家H.戴维最早发现“笑气”(一氧化二氮)是一种麻醉剂。1846年10月，美国医生W.T.莫顿在拔牙手术中首次成功使用乙醚麻醉。消息传到欧洲，J.利斯特于同年年底在伦敦首次进行乙醚麻醉手术，因当时乙醚纯度无法保证，病人肺部受强烈刺激而咳嗽不止，他被解除了麻醉师职务。1847年1月19日，辛普森率先将乙醚麻醉用于助产术。为了避免乙醚引起的复杂问题，促使他去寻找更合适的替代品，这时他想起了法国生理学家弗洛朗斯(M.-J.Flourens)曾证实氮仿有麻醉作用，但一直被视为危险品。为了确保万无一失，他和两个助手预先在自己身上试验，掌握了既能使人昏睡但又没有危险的剂量。1847年11月4日，辛普森首次将氯仿成功用于产科。一周以后，他在爱丁堡皇家医学学会上宣布了这一初步成果。1849年，他发表著名论文“麻醉：论外科与产科之类手术中氯仿与乙醚的应用”，详述分娩的氯仿麻醉新技术及其安全有效性。这使他声名大振，也引来宗教界某些人的攻击。1853年，维多利亚女王在分娩利奥波德王子(Prince Leopold)时，麻醉师J.斯诺首选的正是辛普森的氯仿麻醉法，它使女王免除了生育痛苦，也使这一新技术得以更广泛传播。1866年，当他被册封为英国医学界第一个男爵时，受赐的一件礼服双袖上都绣着一行拉丁文题辞："Victo Dolore"，其意是"征服疼痛"。

在外科和妇产科领域，他还发明一系列医疗器械，例如辛普森产钳、子宫探针、金属缝线、夹板、缠结塞条等等，改进了许多医疗方法，大大降低生育死亡率和手术失败率。他对麻风等皮肤病、胚胎病理学、医学史、考古学等也有所研究。此外，十分关心建立健全的医院制度，对当时医院混乱状态作过调研，其中收集对比医院和民间各2 000例截肢手术，发现医院因交叉感染造成死亡率高于民间且呈上升趋势。他发表"医院制度"(1869年)等许多文章，为此大声疾呼，促进了现代医院管理制度的确立。（李啸虎）

艾萨克斯，C. E.（Isaacs，Charles Edward） 美国人，1811年6月24日生于美国纽约州贝德福德。1860年6月16日卒于纽约州布鲁克林。*人体解剖学、病理学、肾生理学、组织学。*

商人兼农场主的儿子。12岁就懂拉丁、希腊、法、德文。1832年获马里兰大学医学院医学博士学位。早年还在纽约内科与外科医师学院学医。后入伍任军医，1846年因健康状态不佳退伍。同年任纽约大学医学院解剖学教授。是纽约病理学会创始人之一，历任副会长、会长。为纽约医学学会副会长。因胸膜炎、肺炎并发肾脏疾患病逝。

是第一位研究肾脏生理学的美国人。采用显微技术，经刻苦研究，解决了关于肾小球与肾小管之间连接的争端。还证明肾小球表面存在有核细胞；肾小球物质具有从血液中选择性分离并形成尿的能力。在纽约医学科学院会刊上发表"肾脏的结构和生理学"(1857年)等论文，引起国内外医学界的关注。（张祝山）

巴德，W.（Budd，William） 英国人，1811年9月14日生于英国德文郡诺斯塔敦，1880年1月9日卒于英格兰萨默塞特郡克利夫敦。*病理学、流行病学、公共卫生学、显微术。*

外科医生的儿子。在家中10个孩子中排行第五，有兄弟6人获医学博士学位。1837年毕业于巴黎大学医学院。1838年获爱丁堡大学医学院医学博士学位。毕业后在家乡诺斯塔敦开业行医，同时在格林尼治海员医院任助理医师。1842年移居布里斯托尔，先后任圣彼得医院、布里斯托尔皇家医院的全科医生，1873年退休。期间兼在布里斯托尔大学医学院任教。创立了布里斯托尔显微镜学和病理学学会。任德文郡内科与外科学会会长、英国医学学会理事。1871年当选为英国皇家学会会员。1847年结婚，后生有9个孩子。1873年中风致残，后在海边小镇去世。

流行病学和巴斯德派细菌致病论的先驱。当时医学界"瘴气说"流行。1839～1840年间，他在调查分析诺斯塔敦80余个病例基础上，最早提出特殊传染因子决定传染病的流行现象这一重要观点。该理论后来得到普遍证实，被誉为"伟大的天才"。还研究了伤寒、霍乱等流行病，结论是肠内释放"毒素"，强调病人排泄物消毒和净化水源等预防措施。据此，他奉命成功控制了1866年在布里斯托尔爆发的霍乱。（张祝山）

赖克特，K. B.（Reichert，Karl Bogislaus） 波兰人，1811年12月20日生于东普鲁士拉斯滕堡（今波兰肯琴），1883年12月21日卒于德国柏林。*比较解剖学、组织学、胚胎学、脑科学、细胞生物学。*

曾在军队医科学校和柏林大学学医，1836年获柏林大学威廉学院医学博士学位。后开业行医。1841年任多尔帕特大学解剖示教员，1843年任解剖学教授。1853年任布雷斯劳大学生理学教授。1858年任柏林大学医学院解剖学教授。晚年主编德国《解剖学》期刊。

最大成就是把细胞理论引进胚胎学。1836年的博士论文首次涉及胚胎学中的脊椎动物鳃弓，至今仍被视为奠基之作。还发现爬行类和其他低等脊椎动物的中耳听小骨与颅内脏原始结构是同源器官，把胚胎学和比较解剖学、生理学巧妙地联系起来。证明了一切结缔组织都密切相关，是从同一个原始结构发展起来的，具有许多共同的特征。此外研究过大脑解剖和颅骨的发育。对胚胎发育早期结构的转形变异的研究，对从比较的观点认识单个有机体的发育有重要的贡献。但由于晚年顽固地反对海克尔的生物发生定律和达尔文的物种起源理论，使威信下降。主要著作有《胚胎学》(1836年)、《脊椎动物的生命发育》(1840年)、《人脑结构》(1859年)。（张志练）

拉尔吉，B.（Larghi，Bernardino） 意大利人，1812年2月27日生于意大利维尔切利，1877年1月2日卒于同地。*外科学、骨科学。*

1833年毕业于意大利都灵大学医学院外科学专业。1836年获热那亚大学医学院医学博士学位。后返回家乡维尔切利当开业外科医生。1838年到圣安德烈医院外科任职，1844年起任外科主任。

主要学术贡献为：在引入防腐法之前，以擅长骨膜下切除术而著称；发明肱骨骨髓炎手术疗法。（张祝山）

达维纳，C. J.（Davaine，Casimir Joseph） 法国人，1812年3月19日生于法国圣阿芒莱索，1882年10月14日卒于加尔什。*细菌学、传染病学、寄生虫学、免疫学、植物病理学。*

1830年到巴黎大学医学院学医，1835年在附属医院当见习医生，1838年以关于鞘膜积血的论文获医学博士学位。1838年起在巴黎行医，同年起在P. 雷尔(Pierre Rayer)的指导下从事微生物学、寄生虫学、病理学和普通生物学的研究。1868年当选为法国医学科学院院士。1869年同一位英国籍女士结婚。晚年在加尔什度过。

其主要贡献在医学微生物学领域。早在1850年，就和P. 雷尔在患有炭疽的绵羊血中观察到小杆状体，但不理解其意义。1863年起在巴斯德对酪酸发酵研究的影响下，论证了该小杆状体是炭疽的惟一病原菌即炭疽杆菌。是最早认识细菌的致病作用并鉴别炭疽和牛败血症的学者之一。作为巴斯德细菌学说的先驱,巴斯德对他的研究工作给予了很高评价。其他方面的贡献是关于人和家畜体内寄生虫的研究。还是植物病理学研究的先驱者。早在1850年就注意到白细胞攻击阿米巴的行为。1869年证实白细胞能吞噬进入血液的异物,这比И.И.梅契尼科夫早14年观察到这一吞噬作用。1858年获法国荣誉军团骑士级十字勋章。他的遗产后作为达维纳基金。(殷明德)

帕西尼,F.(Pacini,Filippo) 意大利人,1812年5月25日生于意大利皮斯托亚,1883年7月9日卒于佛罗伦萨。显微解剖学、组织学、传染病学。

修鞋匠的儿子,受公助上学。1839年毕业于比萨大学医学院外科学专业,1840年又毕业于该校内科学专业。同年起在比萨大学、佛罗伦萨大学教解剖学。1849年任佛罗伦萨大学解剖学博物馆馆长、医学院解剖学教授,1859年起又执教显微解剖学。为人宽厚虔诚,终生未娶。死于贫民院。

主要从事显微解剖学研究与教学。1840年发表关于压觉的环层小体的研究成果,后被命名为帕西尼氏小体。另一重要贡献是:当霍乱在佛罗伦萨大流行时,1854年发现了霍乱弧菌,并叙述了霍乱的病因和病理,但遗憾的是,当时这篇极其重要论文"关于霍乱的显微镜观察和病理学推论"(1854年)被学术界所忽视。30年后,R.科赫也独立发现霍乱弧菌并被公认。帕西尼另发表有"人视网膜的内限膜"(1845年)、"人呼吸的肌肉力学"(1847年)等重要论文。所做的工作身前大多未被人们所认识。(张志练 张祝山)

斯诺,J.(Snow,John) 英国人,1813年3月15日生于英国约克,1858年6月16日卒于伦敦。麻醉学、流行病学、公共卫生学、医疗器械研制。

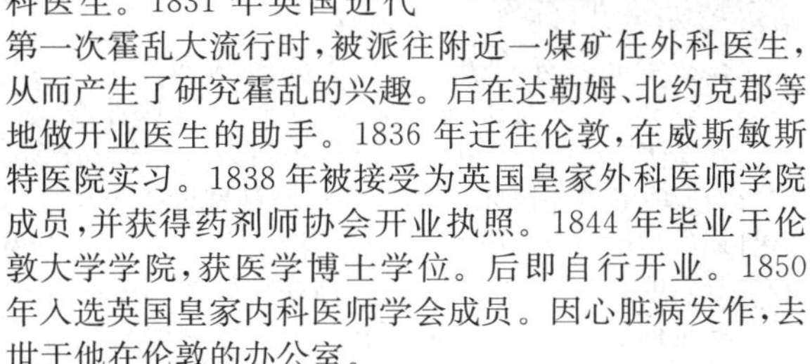

农民的儿子,家中9个孩子中排行老大。14岁受业于泰恩河畔纽卡斯尔一外科医生。1831年英国近代第一次霍乱大流行时,被派往附近一煤矿任外科医生,从而产生了研究霍乱的兴趣。后在达勒姆、北约克郡等地做开业医生的助手。1836年迁往伦敦,在威斯敏斯特医院实习。1838年被接受为英国皇家外科医师学院成员,并获药剂师协会开业执照。1844年毕业于伦敦大学学院,获医学博士学位。后即自行开业。1850年人选英国皇家内科医师学会成员。因心脏病发作,去世于他在伦敦的办公室。

在乙醚用于麻醉后,他于1846年发明了麻醉机,不久成了全国闻名的麻醉师。1847年氯仿用于麻醉,他又重新设计了麻醉机,使氯仿能在精确的低浓度下安全使用。同时对霍乱的流行原因进行研究。当时科学界对微生物和传染病的关系尚不明确,一般认为霍乱由"瘴气"引起。他通过周密的观察和详细的统计资料,证明它和水的污染有关,并提出了科学的预防措施。1849年出版《论霍乱的传播方式》一书。1854年伦敦霍乱大流行时,他详尽记录了受害者地址分布图,发现两个由不同水厂供水的地区发病率不同,这一事实有力地证实了自己的论点。在此之后,伦敦成为世界上第一批认真改进公共卫生问题的近代城市。是英国流行病学会的创办者之一。为纪念他,2001年英国达勒姆大学成立斯诺学院。(顾振海)

贝尔纳,C.(Bernard,Claude) 法国人,1813年7月12日生于法国博若莱地区维勒弗朗什附近圣于连,1878年2月10日卒于巴黎。解剖学、实验生理学、神经科学、病理学。

父母亲是种葡萄的园工,生活十分简朴。19岁时在一个药剂师处当学徒。1834年进巴黎大学医学院学医,从事生理学实验研究,1843年以"胃液在营养吸收中的作用"论文获医学博士学位。后在法兰西学院马让迪实验室工作。1848年当选法国生物学会第一副会长,1867年任会长。1853年以"论肝脏功能的新发现"论文获该院动物学博士学位。1854年任巴黎大学医学院实验医学教授、普通生理学部主任。同年被选为法国科学院院士。1855年任法兰西学院医学教授。1861年被选为医学科学院院士。1867年获法国荣誉军团勋位。1869年被选为议会议员、法兰西学院院士及院长。可能死于肾病,死后进行了国葬。

研究工作可分科学和哲学两个方面。在科学方面,奠定了现代实验生理学的基础。科学生涯始于两个研究领域——胃液与胰液消化的生理化学和神经的实验。1843年出版他的第一部著作,论述关于唾液腺分泌神经调控的解剖学和生理学研究新成果。在研究唾液、胃液和胆汁消化功能的实验中发现,胃液中存在有机酶因子、胃液分泌由神经调节,碳水化合物被吸收前均分解为单糖,胃壁对胃液消化有防御机制,胃液分泌的部位,胆汁的水解蛋白质性质等,很有科学价值。还研究发现胰腺的功能,特别是胰液对脂肪消化和吸收的重要作用(即皂化作用)。跨越流行的"静态动物学"概念,建立中间代谢的第一块里程碑,指出营养包括消化、运输、化合和氧化3个阶段。1848年又研究肝脏的生糖作用,为了解糖尿病提出了新观点。曾进行了离体器官第一次人工灌流——肝脏灌注实验,发现肝脏的糖原生成作用和糖原分解作用,并提出肝脏生糖作用是受神经系统调节控制的,从而发现"人工糖尿病"的实验方法。

1844年以后研究神经功能,从事脊髓和迷走神经破坏性试验,声带分布支配的研究,面神经麻痹后嗅觉变化的观察,查清副神经的作用和喉神经的分布等。最重要的是1853年发现血管运动神经,即交感神经系统的血管收缩功能，证实其参与全身血液循环调节和身体局部的血液供应，描述了著名的霍纳-贝尔纳症状群。还探讨了一氧化碳中毒机制、动物热的产生和调节机制，提出发热的病因学说、高温导致死亡和寒冷促进生命过程减慢的理论。建立“内环境”、“外环境”、“局部循环”和“反射性麻痹”、“调节功能”等新概念。1859年研究胎盘功能。还研究过麻醉剂和酒精，探讨箭毒、士的宁等药物对神经系统的作用。在毒物和药物研究中是名符其实的创新者。

在哲学上，他是一位实证论者，观点介于生机论和唯物论之间。强调科学研究要进行观察和实验，认为所有生命现象皆以物理-化学规律为基础，内环境保持恒定是生命的特征。认为生命是有机合成和有机破坏的现象、“生命在于创造”，细胞不是生命的代表而是化学组成的原生质。认为人的健康不光是生理上不生病，还有心理状态健康问题，为现代卫生学思想的建立指明了方向。他有不可知论倾向，认为观察、实验、证明只限于认识物质的第二性，而物质的第一性并不是人们所能探知的。

论著很多。在生理学领域，重要著作有：《活组织教程》(1864年)、《实验医学导论》(1865年)、《法国普通生理学进展报告》(1866年)、《实验科学》(1876年)、《实验生理学医用教程》(1878年)和《动植物共同生命现象教程》等。学术影响广泛，一生满载荣誉，德国、俄国、意大利、比利时等外国生理学家中，都有他的众多拥护者。

(刘鸿义　包建新)

卡彭特，W. B. (Carpenter，William Benjamin)　英国人，1813年10月29日生于英国英格兰埃克塞特，1885年11月19日卒于伦敦。*心理生理学、法医学、海洋生物学、显微术。*

父亲兰特·卡彭特(Lant Carpenter)是英国历史上一位重要的多明我会牧师，主张“上帝一位论”，对一些著名人物有影响。W. B. 卡彭特是家中长子，自幼在布里斯托尔上学，并跟眼外科开业医生J. B. 埃斯特林(John Bishop Estlin)当学徒，1833年随导师到过西印度群岛。1834～1835年在伦敦大学学院学医。1835年成为英国皇家外科医师学会成员。1835～1839年在爱丁堡大学医学院学习，获医学博士学位。1840～1844年在布里斯托尔开业行医。1845年起任伦敦皇家研究院生理学教授。1856年任伦敦大学学院法医学教授，长任注册部主任23年。1844年成为英国皇家学会会员。

1850年起致力于显微镜检查和动物学研究，撰写的《显微镜及其新发现》(1856年初版)，在1901年出版了第8版。是海洋生物学学会创始人之一。1868～1871年，发起和参与深海地质与生物调查，先后乘皇家海军舰艇“闪电”号和“挑战”号出洋探险。他是心理学领域“适应性潜意识”近代理论的奠基者之一。因在心理生理学和海洋生物学方面的独创性研究及其大量著作，成为19世纪科学界的重要人物。主要论文收集于《自然和人》(1888年)；著作有《普通生理学和比较生理学原理》(1839年)、《蒸馏酒的使用和滥用》(1853年)和《心理生理学原理》(1874年)等。1861年获英国皇家学会皇家奖章，1879年获巴斯勋章。　(殷明德　李啸虎)

杜比尼，A. (Dubini，Angelo)　意大利人，1813年12月8日生于意大利米兰，1902年3月28日卒于同地。*临床医学、病理学、寄生虫学。*

1837年在意大利帕维亚大学医学院获医学博士学位。毕业后在奥斯佩达莱·马焦雷医院工作，1865年任新建的皮肤科主任医师兼科主任。期间1839年回到帕维亚大学医学院任临床助教。1841年去法国、英国和德国旅行，1842年底回到米兰开业行医。

1838年5月，在解剖一名死于“格鲁布氏肺炎”的农妇时，发现了一种“新的人肠道蠕虫”，1842年11月再次证实，1843年4月公开报道，把这种新的蠕虫称为十二指肠钩口线虫。对蠕虫学的描述十分准确，并在1850年出版的《人体内寄生虫图谱》中有所发展。还诊断和描述了电击状舞蹈病，因而本病也以他的姓氏命名。

(殷德明)

古德瑟，J. (Goodsir，John)　英国人，1814年3月20日生于英国苏格兰法夫郡安斯特拉瑟，1867年3月6日卒于爱丁堡。*解剖学、病理学、细胞生物学。*

出身外科医生家庭。12岁进圣安德鲁斯大学学古典文学和博物学。在爱丁堡市做过牙科学徒。1830年进爱丁堡大学学习解剖学、外科学和博物学。1835年从爱丁堡皇家外科医师学会获开业执照，和父亲共同开业。1840年任爱丁堡皇家外科医师学会博物馆馆长，1842年起在该会讲授骨科疾病课程。1846年任爱丁堡大学医学院解剖学教授。同年当选为英国皇家学会会员。1850年起连续3年主编《解剖学和生理学年鉴》。自结识E. 福布斯(Edward Forbes)后，两人即结下终生友谊。

早期曾发表著名论文“论牙齿”。最重要的论著是1845年发表的《解剖学和病理学观察》，其中包括了对细胞的观察，认识到细胞分裂是生长和发育的基础，确定了细胞是腺体分泌中最活跃的结构。1839年以后，和E. 福布斯一起收集了大量人体解剖标本和动物标本，供教学和科研使用。此外，对海洋生物进行了详细的研究。

(顾振海)

韦尔斯，H. (Wells，Horace)　美国人，1815年1月21日生于美国佛蒙特州，1848年1月23日卒于纽约。*临床牙科学、外科麻醉学、药物学。*

在新罕布什尔州霍金顿、沃波尔两地读完中学。1833～1835年在波士顿向数个开业牙科医生学习。1836年定居康涅狄格州首府哈特福特，开办牙科诊所。1842年，马里兰州巴尔的摩牙外科学院肄业生W. T. 莫顿前来当他的助手，并入股合伙，半年后分手。1844年韦尔斯发明“笑气”麻醉拔牙法，但在公开演示中因麻醉剂量不足而失败，从此一蹶不振。4年后因严重精神分裂症自杀身亡。葬于康涅狄格州首府哈特福特雪松山墓地。

外科麻醉法创始人，最早在牙科手术中使用“笑气”麻醉法。19世纪前，外科手术没有麻醉剂，场面十分可怕：医生不得不用灌酒、放血、绞勒、压颈动脉等野蛮办法使患者暂时昏迷,用绳子捆绑在手术台上。1800 年,英国著名化学家 H. 戴维发现"笑气"(一氧化二氮)和乙醚会使人陶醉,但未引起人们足够重视。一次,韦尔斯从观看巡回魔术表演中注意到"笑气"有止痛作用。他学会制作"笑气"的化学方法,并进行自体试验。1844 年 12 月 10 日,他吸入一口"笑气"让人给他拔牙,毫无痛感。韦尔斯多次无痛拔牙成功,消息不胫而走。1845 年,哈佛大学医学院邀请他在马萨诸塞总医院大厅公开表演,因操作时笑气用量不足,被拔牙的儿童痛得惨叫。众人认为手术失败了,把他当作骗子轰出医院。韦尔斯身负恶名,只得于 1846 年离开美国去欧洲行医。

莫顿作为韦尔斯的演示助手,事后发现:麻醉剂量不足是这次失败原因,而"笑气"难以控制剂量,于是转而研究乙醚。1846 年 10 月 16 日,莫顿受邀在同一医院演示无痛外科手术,大获成功。同年 11 月 12 日,他以"莫顿氏力士昂"(Letheon)之名获麻醉术专利。但人们很快便发现:神秘的"力士昂"原是普通的乙醚。韦尔斯、杰克逊(C. T. Jackson)和 C. W. 朗等人闻讯,相继提出专利诉讼。医学界人士也纷纷指责:麻醉术申请发明专利有损治病救人的职业道德。同年 12 月,莫顿专利被取消。1847 年,韦尔斯在法国向数个学会公开声明:唯有他才是麻醉术发明者。同年回国,出版小册子《在外科手术中应用一氧化二氮、乙醚及其他吸入剂的发展史》,声称:在莫顿之前,自己已用乙醚做实验,坚称"笑气"比乙醚更安全;还自体试验过氯仿,并因此上瘾。

1848 年,他因向路边风尘女泼洒酸液被起诉,在拘禁中用剃须刀片割断自己动脉自杀身亡。原来,韦尔斯多年自体试验各种化学物麻醉效果,加以公演失败和专利诉讼,身心疲惫,精神失常。发表有重要论文"简论牙齿构成、患病和合适治疗"(1838 年)等。1848 年法国医学学会宣布他是麻醉术首位发现者。1864 年美国牙医师协会确认他是近代麻醉术发明人。1870 年美国医学学会高度评价他的贡献。 (李啸虎)

雷马克,R.(Remak,Robert) 德国人,1815 年 7 月 26 日生于德国波森(今波兰波兹南),1865 年 8 月 29 日卒于巴伐利亚的基辛根。人体解剖学、组织学、胚胎学、神经科学。

出身犹太家庭,父亲开烟店并经营彩票。1833 年进入柏林大学学医,受益于著名解剖生理学家 J. P. 米勒和生物学家 C. G. 埃伦贝格的指导,开始进行显微镜观察研究,1838 年获医学博士学位。毕业后留在米勒的实验室,一面进行研究,一面开业行医,并向私人授课以维持生计。希望从事大学教学,但因当时普鲁士政府歧视犹太人,几经波折,直至 1847 年底始获柏林大学编外讲师职务,成为在该校任教的第一位犹太人,1859 年任编外教授。他的儿子 E. J. 雷马克也是神经学家,孙子和他同姓名,是个数学家。

主要研究神经系统与胚胎学。1838 年发表论文,首次报道和证明有髓神经纤维由一种半透明物质包绕;还发现了交感神经的无髓纤维,证实其起源于神经节细胞。1845 年将 K. E. 贝尔的四胚层归纳为三胚层。发现人的心脏、肺、咽喉、舌及膀胱等都有神经节细胞。主要著作《脊椎动物发生研究》(1851～1855 年),该书首次提出几乎所有组织都是由胚胎细胞经分裂发育而成;还证明脊髓管、感觉器官、晶状体、毛发、指甲、羽毛等均起源于外胚层,体壁和肠壁起源于中胚层。1856 年应用直流电治疗精神错乱者,是最早倡导电疗法的学者之一,因此被人们尊为电疗法奠基人。也是第一个描述上行性神经炎(1861 年)病征的医学家。他还撰文介绍铅中毒、肌肉-脊神经瘫痪和其他神经性疾病。 (张祝山)

温德利希,C. R. A.(Wunderlich,Carl Reinhold August) 德国人,1815 年 8 月 4 日生于德国内卡河畔苏尔兹,1877 年 9 月 25 日卒于莱比锡。临床内科学、诊断学、精神病学、医务管理、医学史学。

父亲是地方首席民政医官,母亲是法国难民后裔。9 岁丧父,随母迁居斯图加特。1832 年中学毕业后,师从斯图加特市的神经科、外科两位医生。1833 年考入德国蒂宾根大学学医,1837 年通过考试获开业医生资格,1838 年获医学博士学位。同年任德国斯图加特市圣凯塞林医院助理医师。期间 1837 年去巴黎,在多家医院实习进修。1839 年再次到巴黎考察,并为法国军医上课。1840 年回德国蒂宾根大学任教,1841 年兼任蒂宾根总医院院长助理,1842～1859 年创办《生理医学档案》杂志,1843 年任该医院门诊所代理主任,1846 年任教授兼该医院门诊所主任。期间多次到奥地利维也纳考察医务。1850 年底任莱比锡大学医学教授,兼任附属圣雅各布门诊部主任。1859 年应邀出访布雷斯劳(今波兰弗罗茨瓦夫)。1871 年任皇家医生、国立德累斯顿大学医学院院长,兼任国家医务部组织委员会成员,参与规划设计精神病医院。儿子也是内科医生,早他 4 年去世。

检温诊断学的奠基者之一。原始温度计早在 16 世纪的意大利已经出现,但是体温变化是否可作为诊断疾病发生和发展的标记?一直是悬而未决的病理学关键问题。他从 1850 年开始研究这一课题,前后用体温表测定过 25 000 个病人,总读数 100 余万次,发表系列论文 20 余篇,1868 年出版经典之作《论疾病的体温反应》作为全面总结,奠定了现代体温诊断学的基础。据称当时他所用的体温表有 1 英尺(合 30.48 厘米)长,置于病人腋下 15 分钟才有一次读数。首次在医院临床引入体温记录曲线表,认为患者发热本身不是疾病,而是症状。

他还是现代医学临床教育法的积极倡导者。早在 1840 年,在多次实地考察基础上发表论文"维也纳与巴黎",用"他山之石"抨击德国医学界落后一面,提出许多锐意变革主张。1842 年和罗斯(Roser)等人创办《生理医学档案》杂志,在发刊词中宣布,必须使当时德国医学彻底摆脱重玄谈、轻临床的自然哲学风气,将之建立在自然科学实证基础上。另一方面,他在演讲中认为治疗学必须尽快结束临床"十足无秩序状态",走精密科学的道路。他长期参加医学院和医院的管理,尤其在 1866 年积极组织抗击德国霍乱病流行,随后又在普法战争中指挥救护伤病员,用行动树立了实践这些思想的典范。其深邃思想和有力实践,对德国和世界医学健康发展有深远影响。此外,以开设精神病学系列讲座而知名。另

撰有著作《特殊病例学手册》(1850年)、《医学史》(1859年)等。 (李啸虎)

朗,C. W.(Long,Crawford Williamson) 美国人,1815年11月1日生于美国佐治亚州麦迪逊县丹尼尔斯维尔,1878年6月16日卒于佐治亚州阿森斯。临床外科学、外科麻醉术、药物学。

种植园主之子。1829年(14岁)考入地处佐治亚州阿森斯的富兰克林学院(佐治亚州大学前身),1835年获学士学位。其时,曾和后来任联邦政府副总统的斯蒂芬斯(A. Stephens)同住一寝室。毕业后任家乡丹尼尔斯维尔镇一个学会负责人,同时向邻镇一位医生学医。1836年入读肯塔基州列克星敦的特兰西瓦尼亚学院医学系。1838年转学宾夕法尼亚大学医学系,1839年获医学博士学位。毕业后在纽约市医院实习外科18个月。1841年返回佐治亚州,在杰斐逊县当乡村外科医师。1842年夏结婚。1850年迁居阿森斯州立大学所在地,在此行医20余年。在美国内战中应征入伍,战后留任军医。死于中风。

在外科手术中施行乙醚麻醉术的首位发明者。19世纪前,外科手术没有麻醉剂,场面十分可怕:医生不得不用灌酒、放血、绞勒、压颈动脉等野蛮办法使患者暂时昏迷,用绳子捆绑在手术台上。1800年,英国著名化学家H.戴维发现"笑气"(一氧化二氮)和乙醚会使人麻醉,但未引起人们重视。19世纪30年代,当朗还是大学生时,就熟知费城学生各种游乐晚会上常有人用"笑气"和乙醚作乐,使人飘飘昏睡,性质近乎"吸毒"和"恶作剧"。任外科医师后,他一直考虑如何实现无痛手术,于是想到了乙醚。通过自体试验发现:适量乙醚会使痛感消失,以致意识暂时丧失,但无毒副作用。1842年3月30日,在佐治亚州杰斐逊市,他首次使用乙醚麻醉术,先后无痛切除同一个病人皮肤上的两个肿瘤,办法是用乙醚浸泡过的湿巾置于病人口鼻处让他昏迷。在场观看这历史一幕的,有医学院学生和其他旁观者。以后他多次施行乙醚麻醉,甚至用于截肢术和分娩术。然而,他生性谨慎,又地处偏僻,既没有申请专利,也没有及时发表报告,只想让技术更成熟后再公布。

想不到有人捷足先登:1846年10月16日,W. T.莫顿公开示范无痛手术获成功,一个月后获"力士昂"(Letheon)麻醉术发明专利。但人们很快发现:莫顿神秘的"力士昂"原是普通的乙醚。于是,一场争夺发明优先权的混战开始了。朗和H.韦尔斯、杰克逊(C. T. Jackson)等人闻讯,都提出专利诉讼。医学界人士也纷纷指责:麻醉术申请发明专利有损治病救人的职业道德。1846年12月底,莫顿专利在社会压力下被取消。1848年12月,在美国《南方内科学与外科学》杂志上,朗发表"首次使用吸入硫醚作为外科手术麻醉剂的报告"。为纪念他,1931年在佐治亚州首府亚特兰大建立埃默里大学附属克劳福特·朗医院。1957年杰斐逊市克劳福特·朗博物馆开馆。在美国国会大厦,他的塑像作为代表佐治亚州的两尊纪念像之一。 (李啸虎)

合信(Hobson,Benjamin) 英国人,但自取中国人名合信(He Xin)。1816年1月2日生于英国北安普敦郡威尔佛特,1873年2月16日卒于伦敦西顿哈姆区。内科学、医务管理、科学传播。

1835年伦敦大学学院医学院毕业,获开业医生资格证书。1839年作为医务传教士受伦敦布道会派遣中国,主持澳门教会医院。1843年、1847年两度到香港主持教会医院。1845年,他的夫人因病重返英,病逝于途。同年在香港参与成立中国内科学与外科学学会,并任秘书长。1847年续娶第一位来华新教传教士马礼逊(R. Morrison)之女为妻。1848年在广州西关外金利埠开设和主持惠爱医馆。1856年10月,第二次鸦片战争爆发,该医馆被民众焚毁,合信避难上海。1857年接办上海仁济医馆。1858年底因病离开上海,次年返回英国。终身清贫。

英国著名医务传教士,近代西方科技和医学知识在中国的重要传播者之一。在中国行医20余年,医术高明,"活人无算",而且免费医疗,为人谦和,"合信氏之名遂遍粤东人士之口"。仅1850年,他就诊治25 497人次,其中不少病人是接受戒烟的吸毒者。他培养的学生和助手如陈亚璜、陈亚泉、何敬文等,都是拥有精湛医术的中国第一代西医。

为向中国介绍近代西方科技和医学知识,在繁忙医务之余,先后编译著作6种,其中5种是医书(合辑为《西医五种》),在中国广为流传,并被译为日文、韩文。他编译西医书,采用自己口译,中国人笔述方式进行,其中身体、病症、方剂、药名等名目,尽量采用中医学名称。1849年(清道光29年)在广州刊行《天文略论》,全面介绍19世纪40年代前西方天文学进展,包括哥白尼、伽利略、牛顿学说,提及1846年新发现的海王星。他深感中医最缺解剖学基础,由此作为切入口,1851年(清咸丰元年)与陈修堂在广州共同编译出版《全体新论》。全书3卷39论,附图271幅,详细介绍人体的骨骼、肌肉、人脑、神经系统、五官、脏腑等结构与功能,尤其是首次介绍哈维血液循环学说,以及显微镜观察肌肉组织等技术。该书简明扼要,图文并茂,被誉为中国近代第一部系统介绍西方人体解剖学著作,一时"远近翕然称之,购者不惮重价",很快出有多种翻刻本。他与管嗣复在上海合译出版有3种医书:《西医略论》(3卷,1857年)、《妇婴新说》(1857年)和《内科新说》(2卷,1858年);编辑最早的英汉医学术语词典《医学英华字释》(1858年)。

1855年(清咸丰五年),他在广州出版中文著述《博物新编》(三集),全面介绍西方近代自然科学知识。第一集涉及化学、物理学、地理学、光学和电学等领域,第一次向中国介绍物质不灭定律、万有引力定律、化学元素知识等;第二集收录《天文略论》;第三集《鸟兽论略》介绍动物学。该书是中国近代科技史上最有影响著作之一。此外出版有英文版《广东方言对话》(1850年)。 (李啸虎)

鲍曼,W.(Bowman,William) 英国人,1816年7月20日生于英国英格兰楠特威奇,1892年3月29日卒于英格兰多金。组织解剖学、生理学、眼科学、显微术。

银行家和博物学家的儿子。受过早期教育,做过外科医生学徒。后去伦敦皇家研究院学医。1840 年任该学院附属医院外科助理医生，1848～1855 年任学院生理学和病理解剖学教授。同时在伦敦皇家眼科医院等处兼职。是英国眼科学会创始人，1880 年当选为第一任会长。又是英国皇家学会会员、英国皇家外科医师学会成员。被册封为从男爵。

被誉为英国组织解剖学和眼科学之父。主要贡献在组织学和眼外科两方面。坚持认为结构是功能的基础。利用显微镜等新技术，研究并描述了皮肤、肌肉、神经、感官、肾脏、骨和软骨的组织学细微结构，如各种动物的肌束直径、随意肌的横纹和纵纹、肌膜。发现了肾小囊(鲍曼氏囊)是肾小管的连续部分，把尿排入膀胱。提出泌尿学说，认为尿中的尿素、尿酸等是由肾小管细胞分泌出来的。首次描述了眼球角膜的组织学结构：鲍曼氏膜、鲍曼氏肌及鲍曼氏管等。还发明了鲍曼氏人工瞳孔术，鲍曼氏探针等，推动了对眼科疾病的研究。主要著作有《论随意肌的细微结构》(1840 年)、《论肾小体的结构与功能》(1842 年)、《关于眼球相关部位手术的讲座》(1848 年)、《生理解剖学与人类生理学》(1845～1856，与人合著)。曾获英国皇家学会皇家奖章。

(张祝山)

西蒙，J. (Simon, Sir John; 或 Simocattos, Sir John)　英国人，1816 年 10 月 10 日生于英国伦敦，1904 年 7 月 23 日卒。*公共卫生学、病理解剖学、外科学、社会医学、医务管理。*

祖父母都是法国移民。父亲在英国伦敦股票交易所当过多年主管人员，双亲均高寿近百。1832 年在英国格林尼治的伯尔尼中学毕业后，到普鲁士留学一年。1833 年回国，入读伦敦大学国王学院，在外科教授、圣托玛斯医院外科医生格林(J. H. Green)门下学习 6 年。1840 年毕业留校，任国王学院附属医院解剖学示教员、外科助手，1847 年任外科医生、病理学讲师。1848 年任伦敦市政府首任公共保健卫生官。1858 年任枢密院医学部首任医官，1876 年退休。期间兼任圣马托斯医院外科医师，并在国王学院讲授病理解剖学。1845 年入选英国皇家学会会员。1878 年任英国皇家外科医师学会会长。

英国近代卫生事业创建者之一，对卫生学、预防医学作出重要贡献。19 世纪 40 年代，主要研究临床外科学、解剖学和生理学，1844 年以论胸腺生理学论文获英国首个库珀奖，并因此入选英国皇家学会会员；1847 年在圣托马斯医院演讲"病理学研究的目的与哲学方法"，接着开设与诊断学原理、疾病治疗相关的普通病理学系列讲座，引起很大反响；发表重要论文"论炎症"，长期成为经典文献，促进了当时英国医学科学发展。

1848 年起转向研究公共卫生学这一新兴学科，成为英国近代公共卫生管理机构重要创建者、卫生法律法规积极推行者、社会卫生行为倡导者与组织者。当时英国正处于从第一次产业革命向电力革命转型期，城市化规模巨大、进展空前迅猛，城市人口过度密集，贫富两极分化，"城市病"十分严重：劳动者住房拥挤简陋，环境卫生恶劣，烟雾弥漫，垃圾成堆，污水横流，臭气熏天，蚊蝇乱飞，鼠害猖獗，霍乱、鼠疫、疟疾、伤寒、肺结核等传染病流行，严重威胁人们健康。他坚持深入底层调查取证第一手资料，定期向市议会呈报伦敦市民死亡原因，向伦敦市政府和议会提出整改思路和有力措施，为改善城市卫生环境尽了最大努力。在他参与起草和竭力呼吁下，1866 年英国议会通过了有历史意义的《卫生法案》。1890 年出版《英国卫生体制》，详细记述英国公共卫生发展的艰辛历程，精辟论述公共卫生水平与政治、法律、经济、社会、科学技术等要素的内在关系，是对公共卫生学和社会医学一大贡献。

(李啸虎)

沃勒，A. V. (Waller, Augustus Volney)　英国人，1816 年 12 月 21 日生于英国英格兰法弗舍姆，1870 年 9 月 18 日卒于瑞士日内瓦。*解剖学、生理学、眼科学、神经科学。*

1840 年在巴黎大学医学院获医学博士学位。1841 年回英国肯辛顿等地行医，并从事研究。1851 年当选为英国皇家学会会员。1851～1856 年去波恩大学从事研究。1858 年回英国，受聘为伯明翰大学皇家医学院生理学教授。

发明了神经继发性变性鉴定法——沃勒氏神经变性鉴定法，以阐明神经系统的复杂结构的状态。这是一项先驱性的技术突破，对神经系统的研究起了很大推进作用。1851～1852 年与巴奇(J. L. Budge)合作，发表了 3 篇关于神经系统对眼球虹膜运动作用的论文。证明颈交感神经能使瞳孔扩大。还证明了颈交感神经对头部血管的收缩作用。因成果卓著，1852 年和 1856 年两次获法国科学院蒙蒂翁奖。1860 年获英国皇家学会皇家奖章。

(张志练　张祝山)

路德维希，C. F. W. (Ludwig, Carl Friedrich Wilhelm)　德国人，1816 年 12 月 29 日生于德国卡塞尔附近维岑豪森，1895 年 4 月 23 日卒于莱比锡。*实验生理学、内分泌学、神经科学、仪器研制。*

1834 年进马尔堡大学医学院，1839 年获医学博士学位。留校任尸体解剖员，1842 年任生理学编外教授，1846 年任解剖学编外教授。1849 年任瑞士苏黎世大学解剖学和生理学教授。1855 年去维也纳在奥地利军事医学院工作，主要研究血液气体。1865 年任莱比锡大学生物学研究所所长。

19 世纪后半期现代生理学的开创者之一。他创立了生理学上的路德维希学派，不少俄国学者(包括 И. П. 巴甫洛夫)都在他的实验室里工作过。1846 年发展了肾脏分泌的物理学理论，为研究膜扩散的现代生理学知识奠定基础。研究分泌生理学，1851 年发现唾液的分泌是依赖于神经的刺激。编写了第一本现代生理学课本《人类生理学教程》(1852 年初版，1856 年再版)。

1859 年他的学生介绍了他发明的水银血泵，这种仪器可以直接从体内血液中分离出气体。1865 年在莱比锡开设生理学讲座，试图用物理学和化学概念解释生命现象。因此在他的实验室里创建了物理学、化学和解剖学(包括组织学)小组，成为生理学史上出色的实验家。在设计各种实验时发明多种仪器。1866 年与人共同发现发源于主动脉弓的向心神经，并证实其在心血管系统活动中的调节作用。还研究血液循环和呼吸生理学等。1884 年获英国皇家学会科普利奖章。1932 年起德国心脏病学会设立路德维希荣誉奖章。（申 勇 袁传宓）

布朗一塞奎德，C.-E.（Brown-Séquard，Charles-Edouard） 法国人，1817 年 4 月 8 日生于毛里求斯路易港，1894 年 4 月 1 日卒于法国巴黎。实验生理学、神经病理学、内分泌学。

是一位美国海军军官的遗腹子，母亲是旅居毛里求斯的法国人。在毛里求斯受基础教育。1838 年、1839 年先后获巴黎大学文学士、理学士学位，1846 年在巴黎大学医学院获医学博士学位。后回毛里求斯开业行医。不久到美国弗吉尼亚大学医学院任教，1858 年回巴黎。同年去英国皇家外科医师学会任教，并在伦敦国立麻痹病和癫痫病院行医。1864 年任美国哈佛大学医学院生理学与病理学教授。1869 年回到法国，在巴黎大学医学院讲授比较病理学和实验病理学。1870 年又去美国行医，在纽约创办医学期刊，建立生理学实验室，写了数十篇科学论文。1878 年任法兰西学院医学教授，直至去世。1861 年入选英国皇家学会外藉会员。1868 年成为法国科学院院士。

因在路易港战胜霍乱而闻名。观察研究了神经反射及通入大脑的交感神经传导途径(布氏束)。描述了“布朗一塞奎德综合症”(即脊髓半侧损害综合症)，这有助于医生的临床诊断；还证实移植肾上腺常导致动物死亡；1889 年以“返老还童”术的讲演激起后人对性腺的研究；以动物睾丸提取物的临床实验阐明人体细胞除受神经支配以外，还受内分泌的影响；进行过一系列动物热实验。主要著作有《神经生理学与病理学讲演录》(1860 年)、《关于神经病变的讲演》(1873 年)、《关于注射动物睾丸内物质的研究报告》(1890 年)等。

（吴馥梅 左成慈）

栋德，F. C.（Donders，Franciscus Cornelis） 一译唐特斯。荷兰人，1818 年 5 月 27 日生于荷兰蒂尔堡，1889 年 3 月 24 日卒于乌得勒支。眼科学、生理学、认知心理学。

他是全家 9 个孩子中最小者、唯一的男孩。7 岁时被送往外地一所寄宿学校学习。1835～1839 年在乌得勒支军医学校和乌得勒支大学医学院学习。1840 年获莱顿大学医学博士学位。1842 年回乌得勒支大学任教，1848 年任生理学编外教授，1852 年任眼科学教授，1863 年任生理学教授。1854 年创办《眼科学文献》杂志并任首任主编。成名后私人集资兴建慈善医院，免费收治贫苦民众。

国际公认的眼科学权威，眼科学奠基者之一。发现眼球运动的栋德定律，即眼球视物旋转定律。至今生理学和眼科学上以他的名字命名的，还有栋德氏青光眼(单纯性青光眼)、栋德氏压力(萎陷肺压力)、栋德氏环(见于青光眼)、栋德氏试验(检色彩视力)等。他最早引进棱柱和圆柱透镜来纠正眼睛的散光。此外，开创性地研究动物热和植物热，将热的控制主要归因于皮肤，并讨论了热能保存定律的原理。他还首次根据人类不同的反应时间来推断认知过程的差异性，这一概念现已成为认知心理学的中心法则之一。（黄 旬）

塞麦尔维斯，I. P.（Semmelweis，Ignaz Philipp） 匈牙利人，1818 年 7 月 1 日生于匈牙利布达，1865 年 8 月 13 日卒于奥地利维也纳。产科学、传染病学、公共卫生学、预防医学。

匈牙利马扎尔族裔，出身富有店主家庭。曾在当地大学预科学校学习。1835 年进布达佩斯大学学法律。1837 年赴维也纳大学学医，1844 年获医学博士和产科硕士学位。1846～1849 年在维也纳总医院产科任职。由于匈牙利政局变迁，1849 年离维也纳回到匈牙利，在布达佩斯的圣罗克斯医院任产科总医师。1855 年升任布达佩斯大学医学院产科教授。1864 年在心力交悴之下患了精神病。1865 年，在友人们带他住进维也纳一家精神病院之前，他坚持做完最后一具尸体解剖，因手指受伤感染，得了败血症，在两周后不幸去世。

据统计，19 世纪中叶，欧洲产妇患产褥热的死亡率竟高达 13.10%。他在维也纳总医院产科任职期间，从一位同事解剖尸体时割破伤口而感染败血症致死的事件中得到启示，认识到产褥热的病因是由于实习生将病原体从病妇带至健康产妇而引起败血症所致。于是规定进入产房的人必须先用漂白粉溶液洗手。这一措施使死亡率在一个月内从 12.24%下降到 2.38%，7 月份最低则为 1%。后来又扩展到对器械消毒。这一重大发现虽由朋友大力宣传，但官方学术机关拒绝承认，并遭到医学界大多数权威的反对。回匈牙利后，继续推广漂白粉溶液洗手并隔离患者，取得显著效果。1861 年，在德国出版名著《产褥热的病因、概念及预防》一书，可是有关成果仍遭到国内外保守势力的反对，但他坚信自己的研究结果是正确的。十多年后，链球菌被发现，继之产褥热的病因及传染途径得到阐明，他的见解和业绩终于获得了公认。后人赞誉他是“母亲的救星”。（顾振海）

杜布瓦-雷蒙，E. H.（Du Bois-Reymond，Emil Heinrich） 德国人，1818 年 11 月 7 日生于柏林，1896 年 12 月 26 日卒于同地。神经生理学、电生理学、生物电学、仪器研制。

祖籍瑞士，其父于 1804 年移居柏林，其母系移居柏

林的法国移民，他们在家中通常用法语，因此他取了法国的名字。早年就读于柏林的法国学校。1836 年进入柏林大学医学院，期间 1840 年任著名生理学家 J. P. 米勒的助手，1842 年毕业获医学博士学位。留校任教，1858 年继米勒之后任生理学教授，1877 年创建柏林大学生理学研究所并任首任所长，这是当时同类机构中最好的一个研究所。主编《解剖学、生理学和医学科学》杂志（1877 年改名为《解剖学与生理学》杂志）。1851 年被推选为柏林科学院院士，1867 年任秘书长。担任过德国物理学会会长、德国生理学会会长。

主要贡献是有关动物电的研究，利用电流计证明了神经的电冲动。1843 年 2 月 10 日刊布了他第一篇有关电鱼的历史性文献，从此开始了生物电学的研究。随后他的研究工作肯定了意大利生理学家 C. 马泰乌奇于 1841～1842 年的工作，用电流计直接证明蛙的肌肉有所谓的“肌肉电流”存在。这种电流现称为损伤电流，因为它实质上是存在于肌肉的损伤部位与完整部位之间的生物电流。以后，他又研究了兴奋时的电变化。发明了一种感应电刺激器，可以产生单个和重复电震，多年来一直广泛地应用于生理学实验。他用这种刺激器刺激蛙的神经使肌肉收缩，从而肯定了马泰乌奇的观察；同时发现在肌肉收缩时肌肉电流减小，而刺激停止后又恢复其原有强度，因而认为肌肉活动时可以产生一种负电变化。这种负电变化就是现在所谓的肌肉动作电流。由此，他提出所有的未损伤肌肉都有“休止电位”，活动时休止电位降低，于是产生负电变化。这里所说的休止电位实际上乃是损伤电位，但当时他并不了解，因而与他的学生赫尔曼（L. Hermann）发生了激烈的争论。赫尔曼坚持认为没有损伤就没有休止电位，肌肉和神经的全部电流都是由于损伤而产生的。后人的实验证明他们两人都各有正确和错误的方面。未损伤肌肉的膜内外确实有跨膜电位存在，但杜布瓦一雷蒙所观察到的却是损伤电位。

他还提出了刺激定律，指出恒定电流的有效刺激作用不决定于电流强度，而决定于强度变化率。指出神经活动时所产生的电变化可沿神经成波状传导。设计了一种灵敏的电流计，证明运动神经离心地传导电变化，而感觉神经则向心传导电变化。在神经肌肉间传递方面，也进行过一些工作。证明动物电沿着神经运行是促成运动和生命所特有的反应，生命活动也可以用无机界的知识和术语来解释，神经冲动与无生命的铜线中的电流有密切关系，宣称“有机体内除一般物理化学的力在起作用外，别无其他的力”。他的发现给活力论以沉重的打击。所进行的实验使神经冲动摆脱了动物精神和灵魂元气的神秘主义思想，给亥姆霍兹提供了启示，认为神经冲动的速率不是神速而是有限的、可测量的。

代表作有《关于动物电的研究》（3 卷，1848～1884 年），这是一部有关动物电的经典著作。经常发表演讲反对活力论观点，并对生命现象提出机械论的看法。晚年又成为达尔文进化论的重要支持者。他的工作对生理学特别是电生理学，以及德国的科学思想有重大影响。

（张慰丰）

布雷德福，J. T.（Bradford，Joshua Taylor） 美国人，1818 年 12 月 9 日生于美国肯塔基州布拉肯县，1871 年 10 月 31 日卒于该州奥古斯塔。肿瘤学、普通外科学、战地外科学、卫生学。

肯塔基州早期移民的儿子。1839 年毕业于肯塔基州特兰西瓦的法尼亚大学医学院，获医学博士学位。毕生大部分岁月在该州奥古斯塔及附近的区县行医。53 岁时死于肝癌。

最早成功地施行了卵巢切除术。19 世纪 40 年代初，人们因卵巢肿瘤切除术危险而放弃这种手术，但他的手术死亡率仅 10%。认为煮沸后的水才适宜作外科用。南北战争期间任外科军医，为战地外科学和改善军营卫生条件作出了贡献。晚年发明并推广应用了一种治疗皮肤癌的油膏。

（张祝山）

史密斯，E.（Smith，Edward） 英国人，1819 年生于英国德比郡希诺，1874 年 11 月 16 日卒于伦敦。生理学、营养学、公共卫生学、法医学、仪器研制。

出生富商之家。曾在伯明翰大学女王学院学习，毕业于伦敦大学学院医学院，1843 年获医学博士学位，1848 年获文学士与法学士双学位。1841～1848 年在伯明翰开业。1849 年奉命去美国得克萨斯州东北部，调查当地移民的生活状况，并发表调查报告。1851 年在伦敦开业。同年在伦敦大学教植物学并演示解剖。1853 年在伦敦查林十字医院医学院任解剖示教员和讲座办公室主任。1854 年加入伦敦皇家内科医师学会。1861 年任布朗顿结核病医院助理医师。1866 年任穷人法理事会的督察和医务官，后因和上司不合而离任，在默默无闻中度过晚年。因有关著作的发表，当选为英国皇家学会会员。

发明早期的肺活量计，较早采用定量测定法来研究人体温度、脉搏、尿量和运动的能量消耗，1856 年宣读首篇相关论文。利用监狱中惩罚犯人的踏车，测定了人体在休息和不同程度运动时的呼气和吸气量、脉搏和呼出的二氧化碳等指标，进而研究了饮食和能量代谢等问题。调查发现：英国犯人每天的食物中碳水化合物占 93%，并从事超负荷的惩罚性劳役，难以维生。1863 年在议会作证，要求改善犯人的生活条件，并废除踏车等惩罚工具。1862 年由于发生棉荒，应卫生部门要求对失业者的生活和经济情况进行调查。后对某些工种工人的营养和工作条件作过调查。主要著作有：《医务官卫生手册》（1873 年初版，1874 年第 2 版）、《卫生督查员应付不良事件对策指南》（1873 年）、《家庭与学校专用卫生手册》（1874 年）等。

（顾振海）

布吕克，E. W. R. von（Brücke，Ernst Wilhelm Ritter von） 德国人，1819 年 7 月 6 日生于德国柏

林,1892年1月7日卒于奥地利维也纳。*显微解剖学、生理学、眼科学、语音学。*

画家的儿子。1838年在柏林大学医学院学习,受教于德国生理学家J. P. 米勒,1842年毕业。同年留校任米勒的研究助手。1845年参与创办德国内科学学会。1848年任柯尼斯堡大学生理学教授。1849年任维也纳大学医学院生理学研究所首任所长,在那里工作到去世。1873年封爵。1885年入选瑞士皇家科学院外藉院士。

以眼睛为研究对象,其中发现了睫状肌。代表作有《人眼解剖学》(1847年),是当时眼科医生的标准参考书。他对眼感光的一系列研究,成为后人发明检眼镜的基础。还从事消化生理学的研究,观察过消化道,解释了乳糜转运的机理。用显微技术研究各种细胞组织的功能。在1867～1868年做过肌肉电刺激方面的实验。培养了许多生理学家,他们来自不同的欧洲国家,如奥地利、德国、俄国等。在维也纳通用的语种很多,因而使他有可能从事语言学与声学生理学的研究。先后发表论文143篇;另著有《生理学基础与语音系统学》(1856年)、《新高地德语诗歌艺术的生理学基础》(1871年)和《形体美和缺陷》(1891年)等。曾获得许多荣誉,被誉为多才多艺的生理学家。 (吴馥梅 刘鸿义)

莫顿,W. T. G.(Morton,William Thomas Green) 美国人,1819年8月9日生于美国马萨诸塞州伍斯特县查尔顿,1868年7月15日卒于纽约。*牙科学、外科麻醉学。*

贫困农家子弟。17岁中学辍学到波士顿谋生,当过银行小职员、邮递员、印刷工和推销员。1840年入读马里兰州巴尔的摩牙外科学院,这是世界第一个牙科学院。1842年又辍学,到康涅狄格州首府哈特福特谋生,在H. 韦尔斯的牙科诊所工作并参股,半年后独立行医。1844年结婚,后育有5个子女。同年进哈佛大学医学院学医,兼修杰克逊(C. T. Jackson)教授的化学课。因经济拮据,两年后离校做开业牙医。美国内战期间,作为外科医生志愿者参与抢救伤病员两千多人。1852年,因发明乙醚麻醉术获华盛顿大学巴尔的摩医学院荣誉医学博士学位。1868年7月,纽约市热浪滚滚,酷热难当。在当地行医的莫顿,到中央公园避暑时突发脑溢血,不久谢世,终年仅49岁。

美国著名牙科医生,独立发明外科手术乙醚麻醉术,并在世界上最早予以报道。19世纪前,动手术没有麻醉剂,医生不得不用灌酒、放血、绞勒、压颈动脉等野蛮办法使患者暂时昏迷,用绳子捆掷在手术台上,场面十分可怕。1800年,英国著名化学家H. 戴维发现"笑气"(一氧化二氮)和乙醚会使人陶醉,但未引起人们足够重视。1842年3月30日,美国佐治亚州外科医生C. W. 朗首次成功使用乙醚麻醉切除病人颈背囊肿,但他地处偏僻,又没有及时发布信息和申请专利,一时不为人知,1849年才发表报告。1844年,H. 韦尔斯率先用笑气麻醉拔牙成功。1845年,韦尔斯受邀在马萨诸塞总医院公开演示,操作时因笑气用量不足,患者痛得惨叫,手术失败,被当做骗子赶出医院。莫顿决定另辟蹊径,他想起C. T. 杰克逊说过乙醚气会使人暂时失去知觉。1846年春,他先在水猎犬身上、后又在自己身上试验,都证明适量乙醚麻醉无毒性反应,确是理想麻醉剂。当年9月30日,他首次实施乙醚麻醉无痛拔牙成功,消息传出,一时声名大振。波士顿外科医生比格洛(H. Bigelow)见报,决定验证传闻。同年10月16日,在马萨诸塞总医院大厅,他请莫顿当麻醉师、沃伦(J. C. Warren)主刀,在一群哈佛大学医学院师生见证下,不到10分钟就无痛摘除一位年轻患者颈部血管瘤。莫顿设计的麻醉液容器是个两头开孔的玻璃瓶,内装浸满乙醚的海绵,病人从玻璃瓶一端吸气。同年11月18日,比格洛在《波士顿内科学与外科学》杂志首次报道了现场实况。

当时,纯乙醚在医学上已用作抗痉挛剂和止痛剂。莫顿担心不被专利局受理,为掩盖真相,他在乙醚中添加香精和鸦片,取名"力士昂"(Letheon),发行的小册子《莫顿氏力士昂》大受欢迎,短时间内再版5次。1846年10月28日申请专利,11月12日便获批准。但人们很快便发现:神秘兮兮的"力士昂"原来是普普通通的乙醚。医学界人士纷纷指责,这一发明专利有损治病救人的职业道德;韦尔斯、杰克逊和朗等人闻讯也相继提出专利诉讼。同年12月,莫顿的专利被取消,从此陷入一场多年的混战。这一发明减轻了人们痛苦,可是发明者却陷入了无边苦海。1849年、1851年和1854年,莫顿3次向美国国会诉请10万美元国家赔偿,均因对手搅局而落空。

莫顿去世3年后,一个国会调查组发表《关于乙醚麻醉发现的历史备忘录》,确认莫顿是乙醚吸入麻醉法发明者和展示者。后人在他的墓碑上镌刻墓志铭:"W. T. G. 莫顿,麻醉剂吸入法的揭示者,因为他,外科手术中的疼痛被防止和消除,在他之前外科手术通常是极度痛苦的事,在他之后科学控制了疼痛。"1920年入选美国发明家名人堂。生平事迹成了1944年美国电影《伟大的瞬间》的题材。虽然乙醚后来被更新的麻醉剂所取代,但莫顿历史功绩不可磨灭。 (李啸虎)

赫拉帕思,W. B.(Herapath,William Bird) 英国人,1820年2月28日生于英国英格兰布里斯托尔,1868年10月12日卒于同地。*药理学、毒理学、医学化学、晶体学、仪器研制。*

毒理学家的长子。在伦敦大学接受高等教育,1843年毕业并领到开业药剂师执照。毕业后被选为英国皇家外科医师学会成员。开始在布里斯托尔大学医学院附属伊丽莎白女皇医院供职,1851年获医学博士学位。可惜因病早逝,年仅48岁。

十分重视化学与医学研究的结合,开创新的药理、毒理和病理研究技术。1852年,当他把碘酒滴入服用过奎宁的狗尿时,偶然间发现一种具有偏振光性质的奎宁碘硫酸盐结晶析出,他把这种化合物命名为"人工电氧石",并说明它的光学性质优于尼科耳棱镜,并获得应用于光学的专利权。这种晶体是透明的，但重叠的结晶物沿某一轴心方向可吸收偏振光，在互为直角重叠时则“黑如深夜”。还发明检测砷和其他物质的新方法；试验生物碱的药理和毒理；设计了用于有机物分析的燃烧吹管；开创用分光显微镜检测染血剂等技术。 （殷明德）

南丁格尔，F.（Nightingale, Florence） 英国人，1820年5月12日生于意大利佛罗伦萨，1910年8月13日卒于英国汉普郡。护理学、临床医学、医务管理。

出身于英国名门富家，受过高等教育，通晓历史、哲学、数学，能操希腊语、拉丁语、德语、法语、意大利语等多种语言，擅长音乐与绘画。青年时代曾跟随父亲的老友（牧师）学习医学、护理病人，对护理工作发生了兴趣。1850年去德国凯撒斯韦特学习护理。33岁时又去巴黎等地学习考察护理工作。1853年回国后，任伦敦妇女医院的护理主任。终身不嫁。

是近代护理学的奠基人，被誉为“伤员的天使”和“提灯女士”。1853年英法等国与俄国爆发了克里米亚战争。战争开始时，英国战地医院设备简陋，医疗救护条件十分低劣，伤员死亡率高达42%。1854年10月21日，她奉命率领38名护士离开伦敦到达前线。她重新组织野战医院，改善医疗条件与卫生环境，建立手术室，添置药品和器械，整顿化验室和厨房。每个夜晚，她都坚持提着油灯巡视伤病员。经过6个月的努力，战地医院发生巨大变化，伤病员的死亡率从42%下降到2%。护理工作从此受到了社会重视，打破了旧的传统观念，提高了妇女的地位，为妇女开辟了一个新的职业门类。1856年战争结束后，离开战地医院回国。她用英国各界人士捐赠的资金作为“南丁格尔基金”，1860年6月15日，她用政府奖励的4 000多英镑，在英国伦敦圣托马斯医院创办了世界上第一所正规的护士学校。此后，不少医院相继设立护士学校，培养了很多有专门技术的护理人才。在30余年的护理教育工作中，培训出1 000多名护理人才，从而使护理学成为一门科学。

撰有《护理札记》、《护理备忘录》（1858年）、《医院记录》（1859年）等著作，总结了护理工作的原则、经验、规则和培训方法等，为现代护理学奠定了基础。1863年，她制定了医疗统计标准模式，结束了当时英国各医院各自为政、病名与分类混乱的局面。1907年获英国政府最高荣誉勋章。1912年在华盛顿举行的第9届国际红十字大会上，批准设立南丁格尔奖章为国际护理界最高荣誉奖。人们把她的诞辰日5月12日定为南丁格尔纪念日，后改为国际护士节。 （张慰丰）

亥姆霍兹，H. L. F. von（Helmholtz, Hermann Ludwig Ferdinand von） 一译赫尔姆霍茨。德国人，1821年8月31日生于德国波茨坦，1894年9月8日卒于柏林附近的夏洛滕堡。感觉生理学、眼科学、神经科学、物理学、生物学、天体演化学、仪器研制。

哲学教授的儿子，家中5个孩子中最年长者。1838年进柏林大学威廉皇家医学院学习，期间还向柏林大学一些教授学习化学和生理学，并自学数学和康德哲学，1841年在J. P. 米勒的指导下从事生理学研究，1842年获医学博士学位。1843～1848年在波茨坦任普鲁士军队军医。1848年任柏林美术学院解剖学教师。1849年起任柯尼斯堡大学物理学编外教授、普通病理学教授。1855年任波恩大学解剖学和生理学教授。1858年任海德堡大学生理学教授。1871～1894年任柏林大学物理学教授，期间1887年任该校物理技术研究所所长。1860年被选为英国皇家学会外籍会员。因脑溢血去世。

在自然科学许多领域都有造诣，在生理学和物理学方面尤为突出。21岁时发表博士论文“论无脊椎动物神经系统的构造”，率先提出神经细胞和不同的神经节纤维相连，这一发现被认为是神经原说的先驱。在海德堡大学任教期间，致力于研究测量神经的传导速度，1850年用一种简单的装置首次成功测定青蛙运动神经传导速度约为每秒50～100米，这一数值至今仍被认为基本正确。1850年发明最初的检眼镜，在凹面镜中心挖一小孔，使医生能直接观察眼底，区别正常与异常的视网膜。1851年又发明屈光计，用以检查眼睛在光线不断变化下的适应能力，即眼的屈光是否正常。测定了晶状体表面曲度的变化，指出眼调节时，晶状体前表面的曲度明显增加，使晶状体变厚，向前突出，并对眼调节的机理作了令人满意的解释。在波恩期间，以物理学的方法致力于感觉生理学的研究。1856年刊布第1卷《生理光学手册》，随后于1860年、1866年分别刊出第2、3卷，1867年又出合订本。此书对视觉生理学作出了重要贡献。他发展了T. 杨于1801年提出的色觉的三原色假说，认为视网膜中含有分别对红、绿和蓝光敏感的3种不同组成的神经纤维，当这3种纤维分别受到不同程度的刺激时就可以引起不同的颜色感觉。这一学说能大体上解释色盲和色弱的发病机制，并获得实验的支持，现称杨－亥姆霍兹理论。1863年出版《论作为音乐理论生理基础的音觉》，这是声音心理生理学中的一部经典著作，书中载有对于听觉刺激、欧姆的听觉分析律、耳官的解剖及听觉的共鸣说。关于耳的共鸣说，他认为耳蜗基底膜是由若干横纤维组成，每一纤维只对一定的频率发生共振，而每一频率又刺激一个不同的神经纤维。他所提出的基底膜不同部位感受不同频率的概念，至今仍被认为是基本正确的。

在物理学上的重要贡献，是1847年发表世界上第一篇关于能量守恒原理的论述。在研究肌肉运动问题时，试图用能量守恒的思想来驳斥活力论，指出若有一种“活力”存在于有生命的机体中，而不存在于无生命的宇宙中，那么能量守恒就不适用于有机体，有机体就可以是永动机了，事实上有机体的能量来自食物。他用物理学和化学的方法来论证生命现象，第一个论证了动物的热量是由肌肉收缩产生的，在运动中的肌肉中形成一种酸(现知这种酸为乳酸)。而动物是从食物的化学能转化为等价的热量和机械力，所有的力都可还原为机械力，从而提出各种不同形式的能可以相互转化。1847年7月23日，在柏林物理学学会上宣读了论文“论力的守恒”。该文虽一度被看成是思辩性的，缺乏实验研究，未能在当时有国际声望的《物理学年鉴》上发表，仅能以小册子形式单独印行。但后来它被看成是近代科学有关能量守恒和转换定律的经典论著之一。1842年德国物理学家J. R. 迈耶提出能量守恒的概念，而亥姆霍兹在1847年独立地且更为深入地阐述了这一概念。19世纪40年代，英国物理学家J. P. 焦耳则进行了著名的热功当量实验。因此后人把能量守恒原理的发现主要归功于迈耶、亥姆霍兹和焦耳三人。此外，他对麦克斯韦的电磁辐射理论很有兴趣。1879年建议他的学生H. R. 赫兹对此理论进行实验验证，1888年赫兹用实验成功地证实这一理论，并发现波长远比可见光长得多的“赫兹波”，即现在所称的无线电波。

在天体演化学领域也有独特见解。他根据拉普拉斯的星云假说，认为当太阳星云收缩时，涌向太阳中心的质点的动能将转化为辐射能。1854年提出太阳的能量来自于太阳引力收缩的见解，并推算出太阳的年龄不高于2 500万年。当时，放射性及原子能尚不为人们所知，这一理论所推出的太阳年龄也过于短暂，但这一理论在探索太阳能源的过程中也有一定地位，太阳在其形成过程中也确实一度依靠引力收缩提供能量。现已得知，当引力收缩使太阳中心温度达到足够高时，便启动了氢聚变为氦的热核反应，这是太阳的主要能源。依靠这一能源，太阳的年龄已有52亿年，而且它今后还能继续稳定发光50多亿年。

还对水动力学、电动力学、物理光学以及将热力学原理应用于化学有所研究，对心理学以及数学也有一定研究。1873年获英国皇家学会科普利奖章。（张慰丰）

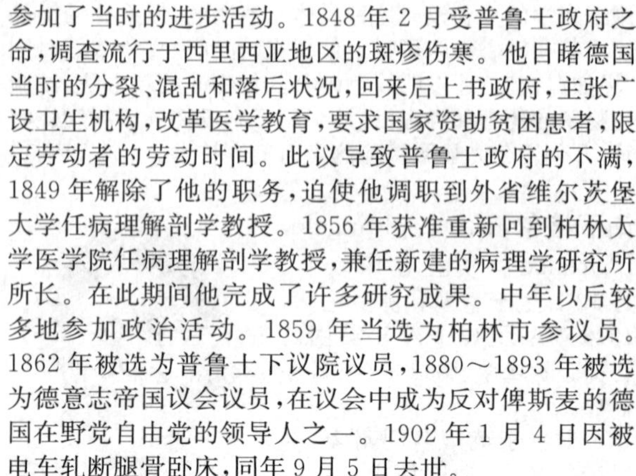

魏尔啸，R. C.（Virchow, Rudolf Carl） 一译菲尔肖。德国人，1821年10月13日生于德国波美拉尼亚地区施维尔拜恩(现波兰斯维德温)，1902年9月5日卒于柏林。*细胞生物学、病理解剖学、公共卫生学、人类学。*

农家子弟。1835年入柏林大学预科，1839年转入柏林普鲁士军事科学院，在J. P. 米勒门下学习，1842年获医学士学位。同年任柏林沙里泰慈善医院病理解剖学家弗洛利普(R. Froriep)的助手。1847年任柏林大学医学院病理解剖学讲师。同年与莱因哈特(B. Reinhardt)共同创办《病理解剖学、生理学和临床医学文献》杂志(简称《魏尔啸文献》)。1848年德国正经历着革命高潮，他参加了当时的进步活动。1848年2月受普鲁士政府之命，调查流行于西里西亚地区的斑疹伤寒。他目睹德国当时的分裂、混乱和落后状况，回来后上书政府，主张广设卫生机构，改革医学教育，要求国家资助贫困患者，限定劳动者的劳动时间。此议导致普鲁士政府的不满，1849年解除了他的职务，迫使他调职到外省维尔茨堡大学任病理解剖学教授。1856年获准重新回到柏林大学医学院任病理解剖学教授，兼任新建的病理学研究所所长。在此期间他完成了许多研究成果。中年以后较多地参加政治活动。1859年当选为柏林市参议员。1862年被选为普鲁士下议院议员，1880～1893年被选为德意志帝国议会议员，在议会中成为反对俾斯麦的德国在野党自由党的领导人之一。1902年1月4日因被电车轧断腿骨卧床，同年9月5日去世。

被誉为“病理学之父”。他系统论述了病理学的细胞基础和器官基础的模型，从而创立细胞病理学，是病理学史上的重要里程碑，奠定了现代医学的基础。描述了大量疾病的显微镜病理改变，创设了一系列疾病分类术语。首先区分出许多新的病理类型，例如各种器官的混浊性肿胀、淀粉样变性。1845年首次描述了白血病。描述过炎症，对脓毒血症和败血症作了区别；对血栓形成、钙代谢障碍、脂肪代谢障碍进行了研究；对各种肿瘤进行描写并命名；发现了狼疮与结核的关系；区别了风湿性关节炎与家族性痛风关节炎；研究了肺的旋毛虫和真菌感染；对斑疹伤寒、肠伤寒、霍乱、梅毒、佝偻病、克汀病、萎黄病、血管肿、磷中毒、硬脑膜血肿、肝棘球虫病等进行了研究。在组织学上，发现神经细胞及脑动脉的淋巴鞘；对神经胶质首先给予现代的描述；描写了骨软骨、结缔组织等等。率先用形态学的研究方法，获得疾病时组织细胞形态学变化的大量资料。他所创立的细胞病理学，强调生命过程(包括生理过程和病理过程)的物质基础，在当时标志着医学从活力论和自然哲学思想体系束缚下解放出来。此外，在公共卫生学和流行病方面也得到科学界的公认。

魏尔啸细胞论中最著名原则是：“一切细胞皆来自细胞。”此说否定了当时流行的自然发生说，补充和发展了L. 巴斯德的器官连续性原则。他认为细胞是机体最小的单位，机体是细胞“国家”的联邦，把细胞夸大成为一切生命现象的根源，认为细胞是生命全部特征的要素，把细胞放在机体之上，忽视整个机体的统一性。还认为疾病的本质在于特定细胞的损伤，疾病是由于致病刺激物直接作用于细胞的结果，因而一切病理是细胞的病理，一切疾病都是局部的，除局部疾病之外，没有别的疾病。由于片面强调局部细胞的病变，从而忽视了完整机体的复杂反应及神经、内分泌系统在疾病过程中的作用。尽管存在这种片面性，但他所发现的大量形态学资料取代了当时流行的对疾病的主观臆测，使临床治疗有了明确的目标，它对现代医学的发展无疑是起到了推动与促进作用的。

早年思想比较激进，中年后逐步倾向保守，在科学上反对达尔文的进化论，并拒绝接受巴斯德的细菌引起疾病的学说。1862年后主要从事人类学、考古学的研究。当德国发掘到尼安德特人的化石时，他否认这是早期人类化石，认为头骨粗大是不正常的病态现象。1869年创立德国人类学会。1885年提出人类学中的头盖骨测量学理论。

一生发表论文1 000余篇，汇编有《病理学讲演集》(1862～1872年)、《公共卫生与流行病学论文选》(1879年)等；代表作为《特殊病理学与治疗手册》(6卷，1854～1862年)、《细胞病理学》(1858年初版，1860年英译本，1963年中译本)、《肿瘤病》(3卷，1863～1867年)。晚年享有众多殊荣。1892年获英国皇家学会科普利奖章。 (张慰丰)

高尔顿，F.(Calton，Sir Francis) 英国人，1822年2月16日生于英国沃里克郡伯明翰，1911年1月17日卒于萨里郡黑斯尔米尔。*优生学、遗传学、精神病学、心理学、人类学、地球科学。*

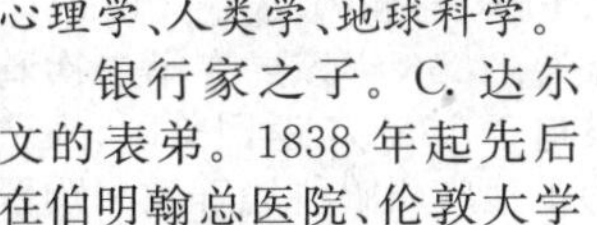

银行家之子。C.达尔文的表弟。1838年起先后在伯明翰总医院、伦敦大学国王学院医学院学医。1840年去剑桥大学三一学院学习数学，期间患上严重的神经官能症，1844年以文学士学位毕业，1847年获文科硕士学位。1844年父去世后继承大笔遗产，自1845年起漫游埃及和中东等地，1850～1852年自费组团深入西南非洲腹地进行地理探险，获得许多有价值资料。1850年当选为英国皇家地理学会会员。1856年被选为英国皇家学会会员。1857年定居伦敦。1904年在伦敦大学学院创办优生学讲座，1908年创立英国优生教育协会。1909年被册封为爵士。

他涉猎各个领域的知识，在地理学、气象学、统计学、指纹学、遗传学、心理学等方面均有贡献。

是首先用统计方法研究遗传学的学者、生物统计学的奠基者之一。1875年首先应用"回归"(regression)这个名词，用统计方法规画出最早的回归线，指出人类遗传特性具有向中心回归的趋势。他又用变量表示两种性状之间的相互关系，提出"相关指数"(又称"高尔顿函数")的概念。对指纹学也作了开创性工作，于1880年设计出一种按指纹形式分类并列成公式的方法，把指纹分成三大类。1892年出版《指纹学》一书，指出指纹终身不变，可以识别、分类，在几十亿人中不会找到一对完全相同的指纹，从而确立了指纹在生物学和犯罪学中的重要地位。1901年与K.皮尔逊等创办《生物统计学》杂志，影响很大。还是英国实验心理学的先驱、差异心理学的创始人。发明了许多简便实用的心理测验的仪器和方法。他关注于心理的遗传和种族的改善。还发现不同人之间心理意象的差异，最早进行"自由联想"的实验，发现"联觉"、"包觉联想"、"数目形"等心理现象。

最突出成就是在人类遗传学与优生学方面的工作。制定遗传的数学理论，提出"祖先遗传定律"，一个人从其父其母各接受一半的遗传组成，如此类推，一个人从其祖亲一方接受1/4的遗传物质，从曾祖亲接受1/8的遗传物质，并用数学术语作了定量描述。他认为"颗粒"是遗传的物质基础，采用了19世纪颗粒融合理论，并认为遗传物质是由生殖器官产生的。从事优生学研究主要是被他表兄C.达尔文发表《物种起源》而激发起来的，促使他后半生致力于改进人类的体质和智力，企图通过控制生育来提高素质。他确立"优生学"这个名词(1883年)，创立了"优生学"这一新分支学科，建议应用遗传规律方面的知识研究优生学。调查了300个人的家谱，发现有名望的家族中杰出人物出现的概率很高，因此断言杰出人物有家族遗传因素起作用。还率先调查80对同卵双生子，以之估量遗传与环境对人类智能的影响。他不否认同卵双生之间的差别是由环境所决定的，但同卵双生子具有相同的遗传结构，具有比其他亲兄弟、亲姐妹在体能、心理、智力上更为相似的特点，由此论证遗传对人类智能的决定性作用。因此，他鼓励富有天资者多生育，有缺陷的人不要生育。他认为可由人工选择的方法来改进人种，但他过份强调先天遗传对人类智能的作用，相对忽视了后天的生活环境、教育以及社会实践对人的素质的作用。20世纪初，他所倡导的优生运动很快风靡欧美。优生学的确立时期，正是生命科学(进化论、遗传学等)获得长足进步的时期，但也是种族主义盛行的时期。后来优生学为法西斯主义所利用，成为迫害、屠杀犹太等民族的理论工具，从此使优生学蒙上了伪科学的阴影。20世纪后半叶，优生学的科学基础和技术基础得到迅速发展，并且在理论上与实践上取得了一系列突破，人们终于搞清了许多遗传疾病的原因。为了控制人口数量，提高人口质量，优生学成为一门综合性的科学得以蓬勃发展。

在地学上，1853年因《热带南非探险记》一书获英国皇家地理学会金质奖章，同时获法国地理学会银质奖章。为探险者编写了一部《旅行艺术》。后又转向天气研究，1863年出版《气象图学》，首次发现"反旋风"现象，发展了气象图绘制技术，1875年在《泰晤士报》上发表第一个见报的天气图。并为英国建立气象局和国家地球物理实验室发挥了作用。

发表和出版340余篇(部)论著。其代表作还有《遗传天赋》(1869年)、《人类才能及其发展探究》(1883年)、《优生学论文集》(1909年)等。1886年获英国皇家学会金质奖章。1908年获伦敦林奈学会达尔文－华莱士奖章。 (张慰丰)

科尔蒂，A.G.G.(Corti，Alfonso Giacomo Gaspare) 意大利人，1822年6月22日生于意大利帕维亚附近拉纳，1876年10月2日卒于卡斯泰焦附近。*显微解剖学、生理学、耳鼻咽喉科学、生物学。*

1841～1845年在帕维亚大学学医。冲破家庭的阻碍，1845年9月继续在维也纳大学医学院跟J.许特尔从事解剖学工作，1847年获医学博士学位。1848年维也纳爆发革命，他去瑞典伯尔尼、英国伦敦和法国巴黎游学。1850年到德国维尔茨堡大学，在A.克利克(Albert Köliker)实验室工作，研究哺乳动物的听觉系统。期间曾访问荷兰乌得勒支大学。1851年他父亲去世，同年回意大利继承父亲的侯爵封号和遗产。当选为法国生物学学会外籍会员(1850年)、法国医学学会外籍会员(1851 年)、德国利奥波德科学院外籍院士(1854 年)。1855 年结婚,生有一女一子。1861 年妻子去世,留给他抚养子女的责任。晚年患有顽固的类风湿性关节炎,手足致残。

19 世纪中叶研究器官细微结构的著名解剖学家。将他所发现的卡红染色法应用于辨别膜蜗管组织学结构,详细加以描述,该组织结构后被称为科尔蒂氏器官,且致力于探索其组织结构与生理功能之间的联系;研究了视网膜的结构;完成了蛙和蟾蜍幼体消化器官纤毛上皮的研究。后又从事内耳的研究,描述过耳蜗螺旋神经节及其双极细胞、膜螺旋板、螺旋血管、柱状细胞、毛细胞和盖膜;甚至还看到蜗管血管纹的血管上皮,并认为它是内淋巴的来源。1850 年 9 月底在巴黎完成了这一研究工作,对耳蜗显微解剖学作出的成就使他名闻遐迩。 (殷明德)

摩莱肖特,J.(Moleschott,Jacob) 意大利人,1822 年 8 月 9 日生于荷兰黑尔托根博斯,1893 年 5 月 20 日卒于意大利罗马。临床内科学、实验生理学、生物学、哲学。

荷兰裔,内科医生的儿子。曾在德国海德堡大学医学院学医,并研究费尔巴哈、福格特、黑格尔等人的哲学,1845 年获医学博士学位。同年定居荷兰乌得勒支城行医。1847 年到海德堡大学医学院任教生理学,7 年后因讲课内容引起争议而辞职。1856 年任苏黎世大学生理学教授。后加入意大利籍。1861 年任都灵大学实验生理学和生理化学教授。1879 年任罗马大学智慧院教授、评议员。

在实验生理学上深有造诣。研究过心脏神经系统、呼吸系统、平滑肌、胚胎学以及动、植物生理代谢等。主张用物理原因解释生物的起源,生存状态和进化。著作《生命的循环》(1852 年初版,1887 年第 5 版),涉及了大脑的结构和功能,反映了唯物论观点。

哲学上是庸俗唯物主义的代表之一。承认物质是惟一的存在,坚持无神论,但把思维、意识看作是脑髓的分泌物,提出了"没有磷就没有思想"、"大脑分泌思想,就像肝脏分泌胆汁"之说。主张用自然科学具体研究成果来解决一切哲学问题,引伸出一些牵强附会,似是而非的结论。甚至探讨了食物与人的精神生活之间的关系。在认识论上,否认"自在之物"存在,认为"实物只因为对观察者发出关系时才存在",引起争议。

其他主要著作有:《食物生理学》(1850 年初版,1859 年第 2 版)、《植物和动物代谢生理学》(1851 年)、《生理学概要》(1861 年)等。 (张祝山 李啸虎)

泰希曼,L. K.(Teichmann,Ludwig Karol) 波兰人,1823 年 9 月 16 日生于波兰卢布林,1895 年 11 月 24 日卒于克拉科夫。解剖学、内分泌学、法医学。

医生之子,6 岁时父母双亡,由两位姑母资助完成中学学业。先学神学,但对自然科学更感兴趣。1850 年因决斗打死对手而逃往国外。同年底进德国海德堡大学医学院边工作边学习。1855 年在格丁根大学医学院获医学博士学位。毕业后出访西欧各大解剖学中心,在维也纳结识 J. 许特尔,结下了终生友谊。1861 年回克拉科夫大学医学院任病理解剖学教授,1868 年任描述解剖学教授。1862 年结婚,生有四女两男。

主要成就是发明了极敏感的检查血迹的方法,通过添加氯化物以检测是否出现氯化血红素结晶(即"泰希曼结晶")来判断是否存在血迹,该试验被称为"泰希曼试验"(检血),广泛用于法医学的破案、定案。研究了淋巴系统,首次证实淋巴管和毛细血管没有直接的通路,获巴黎大学、维也纳大学嘉奖。发现象皮病中淋巴管阻塞的现象。主要著作有《吸收系统的解剖学》(1861 年)等。 (顾振海)

嘉约翰(Kerr,John Glasgow) 美国人,1824 年生于美国俄亥俄州邓肯斯维尔,1901 年 8 月 10 日卒于中国广州。眼科学、外科学、精神病学、医学管理与教育。

受美国长老会派遣,1853 年携新婚妻子抵达中国,次年到广州行医传教。1855 年其妻因病去世。同年,他接掌由传教医士伯驾(P. Parker)和裨治文于 1835 年合办的广州眼科医局(医院)。1856 年该局在第二次鸦片战争中被战火焚毁,他被迫于 1857 年返回美国,入费城杰斐逊医学院进修,并为重建广州眼科局筹款和购置医疗器械。1858 年底,他携新夫人嘉马太回广州创办博济医院,1859 年 1 月正式开业。1865 年接管广州金利埠医院。1866 年在博济医院开办博济医学堂(1879 年更名南华医学校,1904 年更名华南医学院,1949 年后合并为广州中山医学院,即今中山医科大学)。1876 年回国休假。1887 年出任中华教会医学会第一任会长。1890 年参与成立宣传戒禁鸦片协会。1898 年在广州建立精神病医院惠爱医院。1901 年开办广东女医学校。同年因患痢疾去世,葬于广州近郊新教公墓。

著名美国传教医士,在中国传播和实施近代西医学的先驱者。在中国业医长达近半个世纪,积极传播西医西药,医术精良,救死扶伤,免费治疗,享有盛誉。1859 年创办中国最早的教会慈善医院博济医院,1865 年又配套扩建分部,成为中国历史最久远、影响最大、颇具规模的西医院之一。该医院当时以外科手术著称,据资料记载,仅 1874 年便成功完成 368 例结石手术,1875 年完成首例卵巢囊肿切除术,以后完成多种肿瘤切除术。嘉约翰的医疗手术十分辛劳,以 1875 年 7 月 1 日医疗记录为例,该日他完成的外科手术就有:摘除白内障两例,膀胱切除、眼肿瘤摘除、瘘管手术、腿骨坏死移植、包皮割除等各一例。他一生在华共医治门诊病人 74 万人次、住院病人 4 万人次;为 4.9 万人做外科手术(包括 1 300 例尿结石)。到 1935 年博济百年,该院已治疗病人 200 多万,施行外科手术 20 多万例。1898 年建立中国第一所精神病医院,使不少病人治愈。此外,还在中国大力倡导和参与开展牛痘接种,宣传戒禁鸦片,防治梅毒的行动。

1866 年他设立中国最早的教会西医学校,1879 年招收中国第一位医科女生。亲自编译教材、授课和临床示范。时至 1894 年前后,已培养中国第一代西医师约 200 位,其中有相当数量的中国西医奠基人材。在该校学生中,有 1886 年入读的孙中山先生,以及著名的"戊戊六君子”之一的康广仁等历史名人。致力于在中国推广西医知识，编译各种西医西药著述凡 34 种，几近涵盖西医所有领域，内中有：《化学初阶四卷》、《西医略释四卷》(1871 年)、《裹扎新法一卷》(1872 年)、《皮肤新编》(1874 年)、《内科阐微一卷》(1874 年)、《花柳指速一卷》(1875 年)、《眼科撮要一卷》(1880 年)、《炎症新伦一卷》(1881 年)、《割证全书七卷》(1881 年)、《热症一卷》(1881 年)、《内科全书》(1883 年)、《卫生要旨一卷》(1883 年)、《体质穷源》(1884 年)、《体用十章四卷》(1884 年)以及《全体阐微》、《全体通考》、《医理略述》、《病理摄要》、《儿科摄要》、《儿科论略》、《妇科精蕴》、《胎产举要》、《产科图说》、《皮肤证治》、《眼科证治》、《英汉病目》等，由博济医院出版，作为该院的教科书和参考书，对当时发展医学教育有一定的影响。1868 年编辑刊行《广州新报》，向广大民众宣传医疗卫生知识；1880 年编辑出版中国第一份西医专业杂志《西医新报》(两年后因经费而停刊)。他以自己的人道主义献身精神和医学成就，赢得了中国人民的崇敬。 (李啸虎)

居登，J. B. A. von (Gudden，Johann Bernhard Aloys von) 德国人，1824 年 6 月 7 日生于德国克莱沃，1886 年 6 月 13 日卒于施洛斯山附近。精神病学、脑与神经科学、皮肤病学、心理学。

庄园主之子，家中 7 个孩子中排行第三。1843 年中学毕业后在波恩大学、哈雷大学和柏林大学等地学医，1848 年获哈雷大学医学院医学博士学位。同年在柏林以优异成绩通过了医师资格国家考试。1851 年到巴登的一家精神病医院工作。1855 年任维尔茨堡附近韦尔纳克精神病院院长。1869 年任苏黎世附近的州精神病院院长，兼苏黎世大学精神病学教授。1872 年任慕尼黑地区精神病院院长，后兼慕尼黑大学精神病学教授。1886 年确诊了巴伐利亚国王路德维希二世(Ludwig Ⅱ)的精神分裂症，在陪同实施水疗法时，一起淹死于斯塔恩贝格湖中。

对精神病的治疗方法作了大胆改革，摒弃了暴力约束的方法。主张让病人自由活动，医生应和病人不断接触，必须培训有强烈责任感的工作人员。在神经解剖学方面，创造了部分毁坏一侧脑组织来观察其功能变化的方法，从而确定了许多神经通路、神经起止点和脑神经核。主要著作有《寄生虫致皮肤病研究》(1855 年)、《疥疮学》(1863 年第 2 版)、《韦尔内克精神病院日志》(1869 年)、《颅骨生长的实验研究》(1874 年)、《慕尼黑精神病院年报》(1885 年)。1889 年由其义子编辑出版有《居登发表论文与遗稿集》。 (顾振海)

布罗卡，P. P. (Broca，Pierre Paul) 法国人，1824 年 6 月 28 日生于法国吉伦特省波尔多附近圣福尔勒格兰特，1880 年 7 月 8 日卒于巴黎。人类学、病理解剖学、临床外科学、肿瘤学、脑与神经科学、仪器研制。

乡村外科医生之子。1841 年入巴黎大学医学院，1849 年获医学博士学位。1848 年任该校最年轻的解剖示教员，1853 年任助理教授、校附属医院外科医师，1858 年任世界首个人类学实验室主任，1868 年任临床外科学教授，1876 年任人类学学院院长。期间兼任多所医院临床外科医师主任。1848 年建立法国自由思想者协会。同年任法国解剖学会秘书长。1868 年入选法国医学科学院院士。1872 年任《人类学》杂志首任主编。1880 年入选法国参议院终身议员。曾任法国医院总理事会副理事长、法国外科学学会会长。

近代人类学、脑科学的先驱者和奠基人之一。早期主要从事临床外科学、病理解剖学和肿瘤学领域研究。对绞窄性疝、动脉瘤作过病理解剖和分析；临床上首次描述了肌肉萎缩症；早于 R. 魏尔啸描述了营养疾病佝偻病；研究癌病理解剖学时，独立发现癌细胞通过静脉扩散的现象。期间出版有《癌病理解剖学》(1856 年)、《论动脉瘤及其治疗》(1855 年)和《论肿瘤》(1866～1869 年)等专著。

后期主要致力于脑与神经科学、人类学研究。首次发现大脑左半球皮层的左额下回(布罗卡回)专司语言机能，对促进研究大脑皮层机能定位有重要意义。自此以后，失语症患者中凡是不能语言或书写，只能用手势表达情意特征的，均称为布罗卡失语症者。1859 年创建世界上第一个人类学会法国人类学会，同年在巴黎发起和主持召开第一届国际人类学大会。研制有多种人体测量仪器，并归纳出关于人体理想重量的经验公式(布罗卡公式)：一个完全成长的成人，其理想体重的公斤数应等于身长超过 1 米的厘米数。

一生发表 223 篇(部)论著。在人类学方面主要著作有：《论史前人类体形特征》(1869 年)、《人类学》(5 卷，1871～1875 年，1878 年英译本)、《颅解剖学和测颅法》(1875 年)等。在他死后，后人尊遗嘱将其头颅捐献给巴黎人类博物馆收藏。为纪念他，巴黎第 13 区建有布罗卡医院。 (张祝山 李啸虎)

鲁热，C. M. B. (Rouget，Charles Marie Benjamin) 一译鲁惹。法国人，1824 年 8 月 19 日生于法国日索尔，1904 年卒于巴黎。组织解剖学、生理学、眼科学、显微术。

外科军医之子。早年在圣巴尔贝学院学习，并在巴黎大学医学院附属教学医院学医，获医学博士学位。后开业行医。1860 年任蒙彼利埃大学生理学教职。1879 年后任巴黎自然博物馆教授，1893 年退休。

1856 年发表论文描述睾丸引带引导睾丸下降通过腹股沟管，还详细说明了勃起组织的血管充血，以及精液腺体的肌肉收缩的性现象。1859 年发表关于动物淀粉的论文。对眼睛、收缩组织和神经末梢做了大量研究，并提出“新的视觉学说”，认为视力的调节是通过调节晶状体的曲率自动进行的，以便在视网膜上形成清晰的图像；晶状体悬挂在增厚的睫状突起上，当环状的睫状肌收缩时，悬韧带上的张力减少，晶状体因本身的弹性回缩而更加向外突出。1866年发表关于肌肉收缩的学说。1866年和1868年发表关于皮肤感受器的论文。由于采用高放大率显微镜,1874年首次报告发现蛙眼毛细血管壁存在收缩细胞。1879年证实了刚出生的哺乳类动物的卵巢中,已有初始卵细胞存在。最后发表了关于骨骼肌上感觉神经末梢的论文。他的解剖学和生理学成果,得益于他对显微技术的改良,并较早引进特殊的摄影技术。在解剖学上以其姓氏命名的组织有卵巢血管丛、毛细血管壁收缩细胞、睫状肌环行部等。

(张志练　张祝山)

罗莱,J.-P.-M.(Rollet,Joseph-Pierre-Martin) 法国人,1824年11月12日生于法国拉尼约,1894年8月2日卒于里昂。性病学、公共卫生学、皮肤病学、血清学。

从里昂大学预科学校毕业后,到巴黎大学医学院学医,1845年任博让医院实习医生,1847年获医学博士学位。后在里昂行医。1877年任里昂大学卫生学院院长。兼任里昂市政府卫生顾问。是法兰西学院院士,法国科学院通讯院士。

1848年发表关于头颅外伤出血的博士论文,获得铜质奖章。经过9年的研究,推翻了著名教授P.里科尔(Philippe Ricord)声称第二期梅毒没有接触性传染的错误论点。分离了现在所谓的杜克雷氏(Ducrey's)杆菌和梅毒螺旋体。经过长期的临床观察,确定梅毒的潜伏期平均是25天。1861年出版专著《皮肤病研究》。证明患先天性梅毒的婴儿是通过口传染的。提出琴纳牛痘接种会传播梅毒,建议用动物血清代替臂一臂牛痘接种法。1879年出版著作,从医学上探讨古代亚历山大大帝的死因。其他主要专著有《论性病》(1865年)、《性病的国际预防》(1867年,与他人合著)等。(张志练)

道尔顿,J.C.(Dalton,John Call) 美国人,1825年2月2日生于美国马萨诸塞州切姆斯福德,1889年2月12日卒于纽约。显微解剖学、实验生理学、医学教育。

医生的儿子。1844年毕业于哈佛大学。1847年毕业于哈佛大学医学院。后在波士顿行医。1850年访问欧洲。1851年任布法罗大学医学院生理学教授。1854年转至弗蒙特大学和长岛学院医院任生理学教授。1855年任纽约内科与外科医师学院生理学与显微解剖学教授。1864年入选美国国家科学院院士。

1850年出访巴黎,在听了著名生理学家C.贝尔纳的讲课后,深受教益。此后即以贝尔纳为楷模,进行了大量而广泛的生理学实验。在教学中积极主张用活体演示。他的实验内容包括消化、营养、呼吸、神经等许多方面。尽管他的实验多半只是验证他人的发现,但是以实验为基础来进行生理学的教学,在美国生理学界开创了先河。代表著作有《人类生理学》(1859年)、《生理学和卫生学专论》(1869年)、《医学实验方法》(1882年)、《循环学说史》(1884年)和《脑的局部解剖学》(1885年)。(顾振海)

比尔哈茨,T.M.(Bilharz,Theodor Maximilian) 德国人,1825年3月23日生于德国锡格马林根,1862年5月9日卒于埃及开罗。解剖学、寄生虫学、病理学、鱼类学。

1843年入布赖斯高地区弗赖堡大学。1845年去蒂宾根大学,1849年获医学博士学位。次年去埃及工作,任开罗大学医学院外科诊所第一任所长,1853年任首席医学家,1856年任开罗大学医学院解剖学教授。1862年随探险队去埃塞俄比亚,在治疗病人时染上伤寒,同年于开罗去世。

1851年首先描述血吸虫病,次年发现病因,故本病以他姓氏命名。1853年发现了吸虫可引起粘膜癌症的病理变化——白色高度增生。还发现了热带血尿症的病因,从而开创了热带寄生虫学的新纪元。曾研究雷鱼的发电器官。发现了一种尼罗鱼。还研究过人类学及语源学。为纪念他,埃及吉萨大学成立有比尔哈茨研究所,月球上命名有比尔哈茨陨石坑。(张祝山)

夏科,J.-M.(Charcot,Jean-Martin) 法国人,1825年11月29日生于法国巴黎,1893年8月16日卒于涅夫勒省塞顿湖畔。临床病理学、神经病学、脑与神经科学。

就读于巴黎大学医学院,因关于痛风和慢性风湿病的论文于1853年获医学博士学位。后开业行医。1872年受聘为巴黎大学医学院解剖病理学教授。1882年任萨尔佩特里诊所神经病学研究教授。在研究工作中猝死。

现代神经病学创始人之一。与布尚(C.J.Bouchard)合作研究脊髓的继发性变性,描述了神经源性关节病,称夏科氏病;记载了肌萎缩性脊髓侧索硬化(亦称夏科氏病)的病史;发现了进行性神经性肌萎缩,后来命名为夏科一玛丽(Charcot-Marie)肌萎缩。坚决支持和捍卫人的大脑区域定位学说。1872年开始研究癔病和癔病性偏身麻木,以及创伤与局部癔病之间的联系。是最早提出心理学与生理学之间有内在联系的学者之一。

(殷明德)

霍佩-赛勒,F.(Hoppe-Seyler,Felix) 德国人,1825年12月26日生于德国萨克森地区弗赖堡,1895年8月10日卒于巴伐利亚公国维萨堡。生理学、血液学、生理化学。

6岁丧母,9岁丧父。原姓霍佩。1864年由保护人、姐夫赛勒收养,改姓霍佩一赛勒。1846年在哈雷孤儿院大学预科毕业后,入弗赖堡大学医学院学习。次年转到莱比锡大学,在生理化学家勒曼(K.G.Lehmann)的实验室工作。1850年在柏林大学医学院学医,1851年获医学博士学位。后到布拉格大学进修临床医学。一年后回柏林行医。1854年在格赖夫斯瓦尔德大学当尸体解剖者。后来到柏林大学医学院魏尔啸病理学研究所任化学实验室主任,1860年受聘为编外教授。次年去蒂宾根大学医学院任应用化学教授。普法战争后,于1872年去斯特拉斯堡大学任生理化学教授。

对血红蛋白作了重要研究。1862年应用R. W. 本生和G. R. 基尔霍夫发明的分光镜分析了血红蛋白的吸收光谱；证实血红蛋白能与氧松散地结合为氧合血红蛋白，从而把氧递送给体内各组织；一氧化碳能取代氧合血红蛋白中的氧而引起中毒。还对卵磷脂和胆固醇的生理效应作了深入研究。倡导把生理化学从医学生理学中划分出来。在他的努力下，1877年创办了《生理化学》杂志。（殷明德）

格雷，H.（Gray，Henry）　英国人，1827年生于英国英格兰伯克郡温莎堡，1861年6月8（或13）日卒于伦敦。解剖学、外科学、生理学。

1845年进圣乔治医院学习，1849年毕业。1850年提前转为住院外科医生。1848年当选为英国皇家外科医师学会成员。1852年当选为英国皇家学会会员，年仅25岁。1853年任圣乔治医院解剖学讲师，兼该医院博物馆馆长。在为侄子治病时不慎感染天花而去世，终年仅34岁。

研究某些感觉器官和内分泌腺的发生学，他的《脾脏的结构和用途》获1853年库珀奖。1858年出版巨著《描述解剖学和外科解剖学》（1938年改名为《格雷解剖学》，1995年第38版），厚达750余页，插图363份，不但当时被认为是解剖学杰作，在一个世纪之后的今天仍是规范的解剖学教科书。因论眼神经的文章，1848年获英国皇家外科医师学会特里尼尔奖。（顾振海）

利斯特，J.（Lister，Joseph）　英国人，1827年4月5日生于英国埃塞克斯郡厄普顿，1912年2月10日卒于肯特郡沃尔默。临床外科学、细菌学、康复工程。

精通光学的酒商的儿子。自幼对动物有兴趣，曾受到多方面教育。1847年获伦敦大学学院文学士学位，1852年获该校医学博士学位，并成为皇家外科医师学会研究员。1853年任伦敦大学学院附属医院住院医师。1854年去爱丁堡皇家医院工作。1861年任格拉斯哥大学皇家外科教授，并任格拉斯哥皇家疗养院外科医生，在那里工作8年。1869年回爱丁堡大学任临床外科学教授。1877～1892年任伦敦大学国王学院医学院外科学教授。1893年从国王学院医院退休后，帮助建立英国预防医学研究院，后命名为利斯特研究院。1895～1900年任英国皇家学会会长。1883年被封为爵士，1897年升为男爵。曾获牛津大学、剑桥大学等许多国内外大学荣誉博士学位，约60个科学会或医学会通讯或名誉会员等荣誉。

创造了外科消毒法，是现代医学和外科学的最重大进展之一。早年在爱丁堡和格拉斯哥研究炎症、脓肿的形成，伤口愈合中的血液凝固等各种外科学问题。采用保持手术及病房清洁的方法以减少术后感染，但效果不大。当时病人中外科的常见并发症——坏疽、脓毒血症、丹毒等发病率仍很惊人。当时某些医院的截肢手术死亡率高达60%，科学界许多人认为这是组织被氧化的结果，当时尚不知这是由于细菌污染了开放性伤口的缘故。1865年法国化学家L. 巴斯德确定了发酵和腐败与微生物有关。利斯特受到启迪，推论创伤感染也与微生物有关。以亚硫酸盐、氯化锌、石炭酸（苯酚）等进行实验，证明石炭酸的防腐效果最好。1865年8月12日，他首次用石炭酸溶液消毒11岁男孩的复杂性骨折创口表面，并用石炭酸溶液清洁手术器械和缝线，在手术室里，手术台上和整个手术过程中不断向周围的空气中喷洒稀释的石炭酸溶液。他创造的外科消毒法使伤口的脓毒性并发症显著下降，手术死亡率大大降低，在截肢术40例中，仅死亡6人（占15%），而2年前35例中死亡16人（占45.7%）。主要论文有在《柳叶刀》杂志发表的“论开放性骨折和脓肿等的新疗法”（1867年）、“论外科临床中的防腐原则”（1867年）等。获普鲁士政府勋章、布迪特奖金等。（张祝山）

绍沃，J.-B. A.（Chauveau，Jean-Baptiste Auguste）　法国人，1827年11月21日生于法国约讷，1917年1月4日卒于巴黎。比较解剖学、生理学、传染病学、兽医学。

1844年进巴黎附近的奥尔福德兽医学院学习。1848年在里昂大学兽医学院任教解剖学和生理学，1863年任解剖学和生理学教授，1875年任兽医学院院长。1886年离里昂去巴黎，任兽医学院监察主任、巴黎国家自然博物馆比较病理学教授。参与主编《普通病理学和生理学》杂志。1907年任法国科学院院长。1913年任农业科学院院长。1877年获里昂大学荣誉医学博士学位。

科学研究经历可分为心血管生理学、微生物学和生物能量学三个阶段。最初致力于动物比较解剖学的研究，所得资料收集在撰写的家畜解剖学教科书中。该书多次再版。在马身上进行了最早的心脏导管插入术；提出各种疫苗预防相应传染病的可能性，开发炭疽热疫苗；发现通过肌肉的动脉和静脉血中葡萄糖含量不同，而通过肺脏则无差别。还发现肌肉收缩时糖代谢增强，产热量增多。代表作有《驯化动物比较解剖学》（1903年，与他人合著）等。（殷明德）

杜南，J.-H.（Dunant，Jean-Henri）　一译迪南。瑞士人，1828年5月8日生于瑞士日内瓦，1910年10月30日卒于瑞士阿彭塞尔州海登村。战地急救医学、社会医学、科学传播、社会活动。

银行家兼慈善家长子，舅父是著名物理学家。1846年加入瑞士赈济协会。1847年组建松散性青年组织“星期四协会”，开展学圣经和济贫活动。因热衷社会活动导致荒废学业，1849年被迫从加尔文学院退学，到勒林—苏特尔外汇兑换公司实习，留任银行雇员。1852年建立瑞士基督教青年会。1853年，塞蒂夫日内瓦移民协会派他出访阿尔及利亚、突尼斯和意大利西西里等地。1855 年在法国巴黎参与成立国际基督教青年会，曾代表该组织游说法国、比利时和荷兰等国，开展赈济活动。1859 年在阿尔及利亚组建孟斯－贾米拉磨房有限公司，1867 年宣告破产。1875～1892 年，杜南因破产和躲债成了居无定所的流浪汉，在公众视野中消失了。靠亲友接济，1892 年人住瑞士阿彭塞尔州海登村养老院，并在该处去世。1895 年由于一位记者报道，他被国际社会重新发现。死后安葬瑞士苏黎世。

国际红十字会主要创始人之一，被誉为"红十字运动之父"。他笃信新教，在政治上坚决反对奴隶制。1858 年出版首部著作《关于突尼斯摄政的报道》。1859 年 6 月 24 日，他从日内瓦到意大利，正值拿破仑三世(Napoleon Ⅲ)统率法国、撒丁联军和奥地利血战于意大利北部索费林诺。这是 19 世纪最血腥的战争，在烈日蒸晒之下，双方死伤 4 万多人被遗弃战场。杜南目睹人间地狱惨状，十分震惊。他立即把当地居民动员和组织起来，抢救伤兵，掩埋尸体。自费购买急救物资和生活用品，把收容的 4 000 多名伤病员安置在附近教堂和村子里，进行了力所能及的救护。他到处呼吁人们向这些伤病员伸出救援之手。1862 年在日内瓦自费出版《索费林诺战场回忆录》，描述战场惨状，介绍自己的行动，最后提出大胆设想：人道对待战俘，伤员中立化，成立民间志愿救护者协会。他把该书印刷 1 600 册，游说欧洲各国君主和军政要员。

在杜南全力倡导和筹划下，1863 年 2 月 9 日，在日内瓦成立伤兵救护国际委员会，开始了国际红十字运动。在五人领导班子中，杜南担任秘书长。为了召开首届国际会议，他前往欧洲诸国游说，行程 3 000 余千米。1863 年 10 月 26～29 日在日内瓦雅典宫，16 个国家 36 名代表参加国际会议，成立"日内瓦委员会"。根据杜南设想，会议特别决定：①敦促各国建立伤兵救护委员会；②救护伤兵的机构和人员、伤兵本人都应中立化；③采用白底红十字臂章作为志愿救护人员识别标志。1864 年 8 月 22 日第二次会议，有 12 个国家签署《关于改善战地陆军伤者境遇之日内瓦公约》(即《日内瓦第一公约》)。1867 年在巴黎召开第一届国际红十字大会。1880 年"日内瓦委员会"更名"红十字国际委员会"。1899 年在海牙签署公约，使日内瓦公约原则适用于海战。1949 年外交会议修改和统一早先的公约文本，通过《关于战时保护军民的日内瓦公约》。1965 年维也纳第 20 届红十字国际大会，通过红十字原则：人道性，公正性，中立性，独立性，志愿服务性，统一性，普遍性。

1867 年起，杜南参与创办国际世界图书馆，出版几百种名人杰作，目标是把图书馆扩展至每个地方、每个家庭。1870 年 7 月普法战争爆发，他写信给法国欧仁妮皇后和陆军部长，提请注意日内瓦公约。1871 年，在英国的讲演引起巨大轰动，但在讲完后却饿昏在地。1875 年开始，用化名向人们呼吁普遍和平、宗教容忍和废除各种奴隶制，杜南这个名字在公众视野中消失了近 20 年。1895 年参加妇女裁军不同盟活动，积极支持禁止增加军备倡议。其时一位新闻记者上门采访，才发现他是国际红十字会创始人。消息报道后，轰动全世界，他得以再度辉煌：获瑞士联邦政府宾涅芬特奖、莫斯科国际医学大会莫斯科奖、法国尼斯市政府金质奖章，各国红十字会邀请他担任名誉会长。1901 年，杜南和法国和平主义者帕西(F. Passy)同获首届诺贝尔和平奖。他因负债在身未去领奖。晚年贫病交迫，始终没有动过这笔奖金，去世前的遗嘱写明把大部分捐给挪威和瑞士的慈善团体。他的墓碑是一幅大理石浮雕：一个救护者跪在一个垂死者身旁，喂他生命的甘露。1928 年瑞士发行世界首枚纪念杜南邮票。1948 年国际红十字会把杜南生日定为"世界红十字日"。 (李啸虎)

切尔马克，J. N. (Czermak，Johann Nepomuk) 德国人，1828 年 6 月 17 日生于布拉格(今属捷克)，1873 年 9 月 16 日卒于德国莱比锡。生理学、语音生理学、耳鼻咽喉科学、医疗器械研制。

祖父和父亲都是布拉格医师，一个伯父是维也纳大学医学教授。他先后在布拉格大学、维也纳大学(1845 年)、布雷斯劳大学(1847 年)和维尔茨堡大学(1849～1850 年)学习，1851 年获布拉格大学医学博士学位。1855～1860 年间，先后在格拉茨大学、克拉科夫大学和佩斯大学任生理学教授。后回布拉格开办私人研究所。1865 年任莱比锡大学编外生理学教授。患糖尿病去世。

很早就得到布雷斯劳大学生理学教授 J. E. 浦肯野的指点和资助。对语音的肌肉运动和某些异常声音(如阿拉伯颚音)产生的条件感兴趣，遂在研究中使用喉镜，并出色地改进了喉镜检查技术。到欧洲各国演讲、宣传喉镜检查的效用和重要性，开辟了实用喉科学的新领域。又首创鼻后镜检查方法。在感觉生理学方面，最早对皮肤感觉的空间定位作了系统研究。曾首先观察到压迫颈部可使心跳变慢，甚至神志丧失的现象。当时误认为是压迫迷走神经所引起，而今已知乃压迫颈动脉窦所致。主要论文收集于《切尔马克文集》(3 卷，1879 年)；代表作有《喉镜及其在生理学和康复医学中的作用》(1860 年)等。 (陆闻鹏　殷明德)

理查逊，B. W. (Richardson，Sir Benjamin Ward) 英国人，1828 年 10 月 31 日生于英国莱斯特郡萨默比，1896 年 11 月 21 日卒于伦敦。药理学、药物化学、有机化学。

1847 年进入安德森大学学习。1850 年获格拉斯哥内科与外科医师学会开业执照。1854 年获圣安德鲁斯产科医院医学院医学博士、文科硕士学位。后在伦敦的数家药房工作。1856 年人选英国皇家内科医师学会成员。1867 年成为英国皇家学会会员。1868 年当选英国医学学会会长。1892 年任伦敦禁酒医院内科医师。1893 年获爵士勋位。

研究了许多有机化合物的生理效应，对药理学作出了重要贡献。通过增加或者替换各种原子团的方法，改变其化学成分，探寻出这些原子团的生理意义。企图通过各个元素对生理的影响及其之间的相互关系，预测化合物的生理作用。虽然大多没有成功，但他的试验方法和分子的某部分有生理作用的假设，给后来的药理工作者留下了丰富的遗产。研究了戊基、乙基和甲基系列的化合物，并且发现了几种有治疗价值的药物，如亚硝酸戊酯和亚甲基二氯化物等。1854年获英国医学学会福瑟吉尔金奖，并因生理学论文获库珀奖。（张志练）

伯登-桑德森，J. S.（Burdon-Sanderson，John Scott） 英国人，1828年12月21日生于英国泰因河畔纽卡斯尔附近，1905年11月23同卒于牛津。细菌学、传染病学、生理学、病理学。

1847年入爱丁堡大学医学院，1851年获医学博士学位。曾在伦敦开业行医。1871年任兰贝斯的布朗研究所首任所长。1874年任伦敦大学学院生理学教授。1882年任牛津大学生理学教授，1895年任医学教授，1904年退休。1893年任英国科学促进协会主席。1899年封为男爵。是英国皇家学会会员、英国皇家内科医师学会成员。

在病理学方面，对传染病和传染途径进行了先驱性实验研究，是英国细菌致病理论的主要倡导者之一。1858年、1866年先后奉命调查在英国爆发的白喉、牛鼠疫和霍乱等流行病。1871年报告青霉菌会抑制细菌生长，成为A.弗莱明研究青霉素的先驱性观察。证明牛鼠疫传染因子的特殊性质；证实J.维莱明(Jean，Villemin)关于结核可给动物接种的试验。在生理学方面，早期研究呼吸运动对循环的影响，后致力于电生理学。发现刺激捕蝇草的可兴奋纤毛后，随叶瓣关闭同时有明显的电流，并与相应的动物肌肉活动过程做了比较。是英国建立独立生理学科的主要推动者之一，力主通过实验研究病理学和生理学。获英国皇家学会皇家奖章、巴利奖章。（张祝山）

黄宽（Huang Kuan） 字绰卿，号杰臣。中国清代广东香山(今中山)人，清代道光九年(1829年)生，光绪四年(1878年)10月12日卒。外科学、医学教育。

出身农家，父母早亡，由祖母抚养。12岁至澳门就读于马礼逊教会学堂。1842年随学校迁香港。1847年1月与容闳、黄胜一起随校长布朗赴美国，入马萨诸塞州曼松学校学习。1849年毕业后，1850年赴英国爱丁堡大学首年攻读文学系，次年改修医科，1855年获文学士学位和医学学士学位。1856～1857年继续留英在医院实习，研究病理学和解剖学，获博士学位，是中国最早获英国博士学位者，也是第一位留学的医学博士。1857年返香港，服务于香港伦敦传道会医院，兼任传教士职。1858年广州接办合信氏的惠爱医馆。1862年受李鸿章之聘至幕府任医官，未及半载即辞职，返广州自设诊所。1863年被聘为广州海关医务处医官。1866年在博济医院附设南华医学堂任解剖学、生理学和外科学教职。次年，嘉约翰因病离华，接任代理博济医院院长。这是中国最早系统培养西医的教会医学校，先是只招男生入学，1879年始招女生。1875年又兼任西南施医局主任。1878年秋因患项疽剧发去世。

精于医术，尤擅长外科学。1860年首先在中国施行胚胎截开术。1867年博济医院首次尸体解剖时由他执刀剖验。1873年广州霍乱流行，发表文章论真假霍乱的鉴别。1876年该校建立标本室。曾撰写医院报告及海关医务年刊多篇，未有专著行世。（张慰丰）

米切尔，S. W.（Mitchell，Silas Weir） 美国人，1829年2月15日生于美国费城，1914年1月4日卒于同地。临床医学、生理学、脑与神经科学、文学。

医生世家出身，是杰斐逊医学院医学教授的儿子。1851年获该校医学博士学位。同年到巴黎大学学医。次年访问意大利和瑞士。回国后随父亲终生行医。

是著名的美国神经病学家。南北战争期间，在一所陆军神经病医院积累了治疗神经损伤、创伤后癫痫和其他神经病症的丰富经验。研究了癔症、偏瘫后舞蹈症等神经疾患。发现一种罕见的肢端红痛症。在生理学方面，研究了小脑的生理、皮肤的神经分布以及提睾反射等。主要著作为《神经损伤及其后果》(1872年)。还写过小说、诗歌，晚年文学才华与医学成就齐名。（张祝山）

比尔罗特，C. A. T.（Billroth，Christian Albert Theodor） 德国人，1829年4月26日生于德国吕根岛贝尔根，1894年2月6日卒于意大利伊斯特里亚(今克罗地亚奥帕蒂亚)。临床外科学、病理解剖学、生理心理学。

幼年丧父。先后在格赖夫斯瓦尔德大学、格丁根大学、柏林大学学医，1852年获柏林大学医学博士学位。后在柏林大学外科门诊部工作，并讲授外科学。1860年起任瑞士苏黎世大学外科医院主任和教授。1868年任维也纳大学医学院外科学教授、外科门诊部主任。是维也纳科学院院士，32个科学学会的名誉会员。1886年起成为奥地利贵族院成员。

是现代外科学初期杰出的外科医生、教师和科学家，欧洲大陆上最早介绍防腐法的学者之一。首先成功完成食道切除术(1872年)、全喉切除术(1873年)、幽门癌切除术(1881年)，在医学界引起轰动。还从事整形外科。著有《外科学教程》(1863年)、《临床外科学》(1869～1876年)等。获16枚勋章和奖章。爱好音乐，擅长中小提琴，具有艺术家的气质。1887年患肺炎伴心衰，晚年心衰加剧，仍致力于撰写《音乐爱好者》这部生理一心理学遗著。（张祝山）

普夫吕格尔，E. F. W.（Pflüger，Eduard Friedrich Wilhelm） 德国人，1829年6月7日生于德国哈瑙，1910年3月16日卒于波恩。比较解剖学、生理学、电疗学。

青年时热衷于政治，1849年在海德堡大学被捕后放弃政法专业。1850年在马尔堡大学学医。1851年赴柏林大学继续学医，成为J.米勒的学生，1853年获医学博士学位。留校任教，1858 年底取得大学讲师职位。1859 年任波恩大学生理学系教授兼系主任，1889～1890 年任波恩大学校长。1868 年创办《系统生理学文献》杂志，是德国最著名的生理学期刊，在欧洲学术界颇有影响。是德国利奥波德科学院院士。

建立了电生理学中的普夫吕格尔痉挛定律，阐明神经敏感度在电流刺激下的变化规律，奠定了电疗学的基础。十分重视实验，作过著名的"盐蛙"实验，成功地揭示了细胞活动决定氧燃烧量这一事实。提出了"呼吸商"的概念，说明肺脏和组织中气体的交换过程。还研究了营养物质在机体内的新陈代谢过程，并改进了测定糖原的方法。主要著作有《脊椎动物脊髓的感觉功能》(1853 年)、《哺乳动物和人类的卵巢》(1863 年)、《关于血液中的二氧化碳》(1864 年)、《大自然和生理学的作用》(1878 年)、《医生和医学生精神病学用书》(1883 年)、《肌力的来源》(1891 年)、《肝糖及其与糖尿病的关系》(1905 年)等。曾获法国授予的勋章。 (方正源)

谢切诺夫，И. М.(Сеченов，Иван Михайлович；Sechenov，Ivan Mikhaylovich) 俄国人，1829 年 8 月 1 日生于俄国辛比尔斯克省捷普莱伊村(今高尔基州谢切诺夫村)，1905 年 11 月 2 日卒于莫斯科。实验生理学、脑与神经科学、生物进化论、物理化学、心理学、哲学。

出身贵族家庭。1848 年毕业于圣彼得堡中央工程学校。后在工兵营工作。1850 年进莫斯科大学医学院学医，1856 年毕业。后被派往国外进修，曾在德国著名生理学家亥姆霍兹、E. H. 杜布瓦-雷蒙和 C. 路德维希的实验室工作，1860 年回国。同年获圣彼得堡大学外科医学院医学博士学位。并被任命为外科医学院生理学副教授，生理学系主任。1871 年任敖德萨市新罗西斯克大学生理学教授，生理学系主任。1876 年任圣彼得堡大学生理学教授。1888 年任莫斯科大学生理学教授，1901 年退休。1904 年当选为圣彼得堡科学院名誉院士。

毕生在俄国科学界广泛宣传达尔文学说，并运用于生理学和心理学研究，成为俄国进化生理学先驱。1861 年提出了生物体与其生活条件统一的思想，并强调了实验生理学对于研究复杂生命现象的特殊意义。1863 年发表"脑的反射"，由于其明确的唯物主义立场，检查机关禁止刊登在普通刊物上，后出的单行本也遭查禁。文中提出，有意识生命和无意识生命的一切活动，按其发生方式来说都是反射。这一理论为以后俄国神经生理学和客观心理学的发展，为巴甫洛夫学说的创立奠定了基础。还提出，随意动作和无意动作一样是反射动作，但按其结构来说，却是复杂得多的动作。同年，发表了"蛙脑中阻止反射活动的中枢的研究"，该文判明蛙脑的中部有一个中枢，其兴奋可以抑制脊髓反射。还先后发现了神经系统的积聚现象、肌肉作为感觉器官的作用、中枢神经系统周期性有节奏的生物电现象等。并提出了关于血液气体及其在呼吸时代谢的实验论据。用自己设计的吸收计，研究了气体在不同盐类溶液中的溶解规律，对于溶液的物理化学作出了重要贡献。

热衷于教育事业，在培养的学生中有维金斯基、巴甫洛夫、塔尔哈诺夫(И. Р. Тарханов)、萨莫依洛夫等。对维护妇女接受高等教育权利方面也作了不少努力。在神经生理学方面的重要著作还有《神经系统生理学》(1866 年)、《神经中枢生理学》(1891 年)等。在心理学和认识论等领域也有一系列论著，其中有《印象和现实》(1890 年)、《从生理学观点看具体的思维》(1894 年)和《思维要素》(1903 年)、《哲学和心理学论文选》(1947 年)等。苏联科学院设立谢切诺夫生理学奖。莫斯科大学第一医学院、苏联科学院进化生理学和生物化学研究所、均冠以他的名字。 (顾振海)

菲克，A. E.(Fick，Adolf Eugen) 德国人，1829 年 9 月 3 日生于德国卡塞尔，1901 年 8 月 21 日卒于比利时布兰肯贝格。生理学、生物力学、医学物理学、仪器研制。

1847 年起在马尔堡大学学习数学和物理学，不久转向医学。1849 年在柏林大学学习期间，结识了亥姆霍兹、E. H. 杜布瓦一雷蒙。后返回马尔堡大学学习，1851 年获医学博士学位。1852 年在瑞士苏黎士大学任教，1862 年任解剖学与生理学教授。1868 年任维尔茨堡大学解剖学与生理学教授，1899 年退休。1907 年死于脑出血。

主张用数学定量法和物理化学原理解释生命现象。研究过晶体及胶体渗透压平衡、关节的几何学原理、肌肉的静力学和动力学、等长收缩和等张收缩、生物电等问题。确立了"菲克法则"——根据每分钟耗氧量和动静脉血氧浓度差计算心输出量。还研究过体热的产生及能量的贮存、转换，以及视网膜的电兴奋过程、生理盲点、双眼视界、色感觉理论、单眼视物多像症等课题。设计了多种测量仪器、如眼压计、无液血压计、呼吸运动描记器、体积描记器等。主要著作有《医学物理学》(1856 年)、《人体生理学》(1860 年)、《比较生理学》(1863 年)、《神经电刺激研究》(1864 年)、《机械功和肌肉活动时的热发生》(1882 年)等。1929 年其子设立菲克基金会，每 5 年授奖一次。 (林 培)

迈斯纳，G.(Meissner，Georg) 德国人，1829 年 11 月 19 日生于德国汉诺威，1905 年 3 月 30 日卒于格丁根。比较解剖学、生理学、神经科学、仪器研制、医学美术。

资深法官的儿子。学生时代并不出众，后对医学发生兴趣。1849 年起在格丁根大学学医，1852 年获医学博士学位。后到柏林大学、慕尼黑大学进修。1855 年任瑞士巴塞尔大学生理学和解剖学教授。1857 年任弗赖堡大学生理学、动物学和组织学教授。1860～1901 年任格丁根大学生理学教授。

大学时代，就积极参与老师 R. 瓦格纳的解剖学特别是显微解剖学的研究。擅长绘画，为研究结果画了许多图版。1852年研究了皮肤触觉小体——迈斯纳氏小体，并就此写了博士论文。但这项结果最初论文是以瓦格纳和他两人署名发表的，但博士论文出版时迈斯纳只提及自己，引起了优先权争执。发现了肠粘膜下神经丛——迈斯纳氏丛。对听神经细胞和纤维进行了广泛的比较解剖学显微镜研究。1861年发明了一种新的生理学实验用镜式电流计。其他著作有《皮肤解剖学和生理学》(1853年)、《眼生理学》(1854年)、《动物体中尿酸的形成》(1866年，与他人合著)等。著名细菌学家H. H. 科赫是他的学生。 （张祝山）

马雷，E.-J.（Marey，étienne-Jules） 法国人，1830年3月5日生于法国博纳，1904年5月15日卒于巴黎。*实验生理学、博物学、生物力学、仪器研制、电影技术。*

酒商之子。1850年入巴黎法兰西学院医学院学医，1857年获医学博士学位。1855年任该校附属医院外科助理，住院医生。1867年任法兰西学院博物学教授，1868年起任系主任，1872年入选法国医学科学院院士。1878年入选法国科学院院士，后任院长。

他的博士论文较早研究和论述血液循环的力学机理。1857年起进一步研究动脉弹性、血液中的波扩散等课题，历经10年时间，采用各种仪器对心脏和脉搏进行跟踪监测。对法国生理学发展的主要贡献是采用并倡导两种实验生理学技术：图线记录法和活动X线图像摄影法。在巴黎创立了第一个私人生理实验研究室，采用图线记录技术研究血液循环、呼吸、肌肉收缩等生理过程的机械力学及流体力学机理。1863年发明了第一具准确实用的脉搏描记器，是现代血压计的雏型。还发明了“马雷氏鼓形记录器”描记精细运动。

还是发明活动电影的先驱者。1881年改制了一种快速连续摄影照相机，起初一秒钟内能拍摄12张连续运动的照片，后改进为72张；次年又开发出一种定时摄影术；1888年又用一种感光纸带代替原有的玻璃感光片。他用这些先进摄影技术，成功地拍摄到动物运动时动态的形象，对发展活动图像摄影术有重要贡献。根据他的建议，第四届国际生理学会议成立了记录装置标准化委员会，并建立了马雷研究所。

主要著作有《血液循环的医学生理学》(1863年)、《生命功能的运动》(1869年)、《动物机器》(1872年)、《实验科学中的描记法》(4卷，1878年)、《通过定时摄影术研究动物的运动状态》(1887年)、《鸟的飞行》(1890年)、《运动论》(1894年)等。 （张祝山 李啸虎）

老希斯，W.（His，Wilhelm Sir） 瑞士和德国双重国籍。1831年7月9日生于瑞士巴塞尔，1904年5月1日卒于德国莱比锡。*解剖学、组织学、胚胎学、显微术。*

贵族家庭出身。易与儿子小希斯(Wilhelm Jr. His，1863～1934年)相混淆，小希斯是发现心脏房室传导系统(今称希斯氏束)而留名史册的学者。老希斯于1849年入巴塞尔大学学医。后相继转学到瑞士伯尔尼大学、奥地利维也纳大学、德国柏林大学和维尔茨堡大学学习。曾在柏林大学J. 米勒、R. 雷马克门下学习。最后返回巴塞尔大学，1854年获医学博士学位。1855～1856年在巴黎大学旁听C. 贝尔纳的演讲，会见布朗-塞奎德等名家。1856年到巴塞尔大学执教解剖学，1857年(26岁)任解剖学与生理学教授，后任解剖学研究所所长。1872年任莱比锡大学解剖学教授，曾任该校副校长(1882～1883年)。是德国解剖学会的创始者，多年来担任该学会会长。是德国《人类学文献》杂志和《解剖学》杂志创办人之一。1892年入选瑞士皇家科学院院士。

组织发生论的先驱。科学成就涉及解剖学、组织学和胚胎学等领域。研究并详述了淋巴管、淋巴腺以及胸腺等组织器官。1863年发现血管外膜的神经丛。是首先注意组织化学的学者。晚年悉心于胚胎学研究，1865年发明显微镜用薄片切片机和切片技术，采用酸类和盐类使动物体标本变硬的独特方法，可使切片非常薄；对正在发育的人体胚胎从三维方向连续切片观察；探索不同组织、器官的发生学起源和始基。1886年证明神经细胞发生于胚胎中轴，后来又证明神经胶质发生于外胚层。他第一个对E. 海克尔所绘制的胚胎图提出异议。1880～1885年撰写的《胚胎学》著作，是第一次系统研究人类胚胎发育的名著。 （张慰丰）

霍姆格伦，A. F.（Holmgren，Alarik Frithiof） 瑞典人，1831年10月22日生于瑞典西尼，1897年8月14日卒于乌普萨拉。*视觉生理学、眼科学、医学物理学、文学。*

教区长的12个孩子之一，他的长兄是斯德哥尔摩大学数学与力学教授。1849年入乌普萨拉大学医学院，期间因开业行医而辍学，1857年获该校医学博士学位。1861年出国到维也纳大学医学院学习，著名生理学家E. W. 布吕克送他到莱比锡大学路德维希研究所接受基本实验训练。1864年回到乌普萨拉大学，任北欧国家第一位生理学教授。1869～1870年先后在柏林大学、海德堡大学和巴黎大学进修和合作研究。1880年当选瑞典皇家科学院院士。

1864～1865年发现视网膜对光的电反应，即视网膜电图，因此成为瑞典第一个生理学教授。怀疑1876年4月拉格隆达的严重铁路事故系因驾驶员患色盲引起的，由于驾驶员在事故中丧生，遂对乌普萨拉-耶夫勒铁路线上266名雇员进行色盲普查，结果发现13名色盲，其中6名绿色盲。7月把调查结果向北欧医师会议提出报告，会议认可了他的结论。同年底，瑞典政府作出铁路和海运从业人员应作色盲检查的决定，从此成为某些行业的行规。撰写的色盲著作被译成好几种欧洲文字，各国相继效仿瑞典进行色盲检查。关于视网膜电反应的论著后被译成德文再版。他还是一位著名的演说家和诗人。 （陈闻鹃 殷明德）

福伊特，C. von（Voit，Carl von） 德国人，1831年10月31日生于德国巴伐利亚州安贝格，1908年1月31日卒于慕尼黑。*生理学、营养学、医用化学、动物学。*

1854年毕业于慕尼黑大学医学院。1855年在格丁根大学学习化学。翌年任慕尼黑大学医学院生理学系T. L. 比朔夫的助教，1860年起任生理学教授，兼生理学收藏馆馆长。晚年任巴伐利亚科学院数学物理部秘书长。

德国新陈代谢研究主要学派的领导者，被誉为“近代营养学之父”。1852年开始研究动物营养规律，和比朔夫一起发现体内含氮物质的分解速率依赖于动物的营养状况。1860年出版《食肉动物的营养规律》，提出确定动物含氮与非氮食物最经济配合比例的方法。1863年与化学家M. J. von培顿科弗合作，首次成功地使纯肉饮食狗每日摄入和排出的各种成分（碳、氢、氧、氮等）达到平衡，实现了许多学者奋斗了25年未能达到的目标。还测定了健康人和糖尿病、白血病患者的营养物质分解速率，为后人研究健康和疾病时的代谢情况奠定了基础。他的实验室培养出19世纪许多著名的学者，如M.鲁布纳等。

主要著作还有《盐和咖啡对肌肉代谢与运动的效应》（1860年）、《关于动物机体的营养理论》（1868年）、《普通新陈代谢和营养生理学》（1881年）等。为纪念他，1961年德国营养学会设立福伊特奖章。

（张志练　张祝山）

曼泰加扎，P.（Mantegazza，Paolo）　意大利人，1831年12月31日生于意大利蒙扎，1910年8月17日卒于意大利拉斯佩齐亚地区的圣特伦佐。生理学、流行病学、人类学、社会医学、卫生学、文学。

母亲是意大利著名爱国者。在她鼓励下，参加了1848年驱逐奥地利占领军的起义，时年仅16岁。曾就读于比萨大学和米兰大学，1854年获帕维亚大学医学院医学博士学位。在游历欧洲、印度和南北美洲等地后，在阿根廷和巴拉圭开业行医。1858年从南美洲回意大利，同年任帕维亚大学普通病理学教授，兼任米兰医院外科医师。1869年任意大利人类学会首任会长。1870年任佛罗伦萨大学高级研究院人类学教授，后在该校建立意大利第一个人类学与人种学博物馆，创办《人类学》杂志。1865～1876年由蒙扎地区当选为意大利国会众议员，后又当选为国会参议员。

他对生殖、内分泌等领域的生理学深有造诣。在卫生保健学方面，深研过水疗法的作用。在流行病学领域，证明肺结核病有传染性，首先发现结核菌通过芽孢繁殖。由于受南美洲土著人的影响，他实验研究并推荐过古柯叶的药理作用，而当时尚不知可卡因的毒瘾作用。

他的研究促进了现代人类学的建立。1868～1875年间，他同C.达尔文保持着频繁通信。在他生活的时代，意大利公众和官方的科学文化仍然受到罗马天主教会的严重影响，他因实施动物活体解剖和捍卫达尔文学说，遭到谴责和攻击。另一方面，他有强烈的社会（种族）达尔文主义的倾向。他提出的“人种形态树”谱系，反映出所谓人类学三原则：建立单一的欧洲文化，作为世界所有文化的“元叙事”（议论中心）；人类史呈现为不断进步的过程，而欧洲人是人类进步和发展的顶峰；不同种族构成不同等级层次的序列，雅利安人处于人种分支最顶端，波利尼西亚人、闪米特人和日本人次之，下移到最底层处是黑人。与此相对应，他还提出“美学树”谱系来说明艺术发展史及其与人种的关系。他出版的科学小说《公元3000年》（1897年），坚信未来科学可以借助食物和药物改变人类本身。

主要著作有《古柯叶药性与健康问题》（1858年）、《卫生学基础》（1875年）、《疼痛生理学》（1880年）、《人类的两性关系》（1885年）、《憎恨生理学》（1889年）、《妇女生理学》（1893年）、《恋爱生理学》（1896年）等。其中《人性众生相：欢宴和醉酒》（1871年）厚达1 200页，详细阐述了自己对吸毒、酗酒等陋习的社会医学观点，倡导人们过健康、理性、积极的生活，被认为是他的一部杰作。著有小说《马德拉的一天》（1876年），描写人和病的“浪漫”关系，一时引起轰动。　（李啸虎　张祝山）

巴克切利，G.（Baccelli，Guido）　意大利人，1832年11月25日生于意大利罗马，1916年1月10日卒于同地。心肺内科学、传染病学、医疗管理。

出身望族，医师之子。1852年和1853年分别通过内科和外科考试，从罗马大学医学院毕业。后开业行医。1863年任罗马大学内科诊所所长。1870年开始活跃于政界，1874年当选为意大利国会议员。曾任国家教育部长等多个政府部门部长。

研究过心脏杂音的传导和胸膜病，胸膜腔积液引起的低音胸语音即称为“巴克切利征”。还研究过疟疾和破伤风症的治疗。证明了疟疾对红细胞的影响，并且大胆地应用当时鲜为人知的静脉注射氯化奎宁治疗疟疾等疾病。

任政府高官期间，致力于庞贝古迹发掘和保护、改良沼泽、制订卫生法规、创办卫生杂志、建立医疗中心等。为纪念他，罗马一条街道以他命名，在罗马萨勒诺广场立有纪念碑。　（顾振海）

雷丰（Lei feng）　字少逸。中国清代福建浦城人，清代道光十三年（1833年）生，光绪十四年（1888年）卒。中医学。

随父徙居浙江衢州。父雷逸仙学医于程芝田。丰承家业，长于温病、时症。父殁后，悬壶于衢州，世人不知其技，门可罗雀。举人程大廉素知其父之术，乃荐丰主管官医局，月支官帑，得以自给。后刘国光主衢州府事，亦盛赞其术，一时仕宦之家争先延诊，医名大振。为人重医德，无自高矜之色，不分贫富，不计诊金，人皆高其行。

撰有《时病论》（8卷，1882年），主论四时温病，对伤风、伤暑、伤湿、伤寒的辩证论治颇具特色，兼及泄泻、中暑、痢疾、疟疾等时令病，对病因、病理、症状、特点、立法依据，叙述颇详，并介绍自拟诸法及常用成方，多有实效，末附个人验案。内容简明扼要，颇切实用，故流传很广。子大震及学生江诚、程子曦等，亦以医闻名。

（张慰丰）

贝尔，P.（Bert，Paul）　法国人，1833年10月19日生于法国欧塞尔，1886年11月11日卒于安南（今越南）河内。实验生理学、大气医学、外科麻醉学、动物学、科学传播。

苏格兰血统。1843～1852年在欧塞尔接受基础教育。1853年到巴黎综合工科学校学习工程学。不久转入巴黎大学医学院学法医,毕业取得律师资格,1857年继读深造医学和自然科学,1860年获自然科学硕士学位,1863年获医学博士学位。同年到法兰西学院做C.贝尔纳的学生和实验助理,1866年被授予自然科学博士学位。1865年与苏格兰女子J.克莱顿(Josephina Clayton)结婚。1866年任法国波尔多大学动物学和生理学教授,1868年为比较生理学教授。1869年到巴黎大学医学院接任贝尔纳的生理学教授职务。1882年入选法国科学院院士。是法国生物学学会等多种学术组织的成员。1874年入选国会议员,1881年底起做过2个多月的教育大臣。1886年初出任安南总督,同年底因痢疾去世。

科学活动可以分为三个时期:19世纪60年代,从学生到任动物学和生理学教授的时期,在波尔多大学和巴黎大学研究普通生理学、比较解剖生理学等领域,研究开发动物组织移植术,出版移植组织活力及呼吸作用的比较生理学等方面的著作;法俄战争以后,进行气压对人体影响试验,1875年获法国科学院2万法朗奖金,1878年出版巨著《气压效应》;后期从事麻醉实验和临床研究,以及观察高空条件下的血液特性。

是航空医学、潜水医学的创始人。权威性著作《气压效应》是对一系列实验的总结,广泛阐述大气与环境医学问题。研究大气压变化如何作用于机体、高空的低气压效应、高压对潜水员的影响、高压或低压时血液内环境情况,以及高山病机制等一系列生理学问题。为了研究低气压对人体的作用,在压力舱内用自己身体进行实验,当氧压降到400毫米水银柱时,发现脉搏增加、头痛、视力模糊、恶心等不良感觉,从而认识到氧压降低时,飞行员的高空病、登山运动员的高山病就可能发生。阐述了减压病的生理机制,同时发现后称为“保罗·贝尔效应”的高压氧中毒现象及其机理。还将大气压生理效应方面的知识应用于麻醉领域,推论一氧化氮(笑气)用于麻醉的压力约为1个大气压。为避免纯笑气产生窒息,制备了1/6氧气和5/6笑气的混合物,经动物实验后应用于临床。创立了“强制性吸入麻醉室”用于外科手术。

他还是个杰出的教育家,锐意推进法国的教育改革。其中的新思维有:主张小学免费义务教育;教学大纲不受宗教约束;教师不能当牧师;课程必须包括自然科学(如物理学、化学、生物学等);支持女孩普及中等教育等。他本人在巴黎大学索邦神学院为女学生讲授生物学和动物学多年。积极参与组织和编撰博物学、动物学和物理学等中小学教科书。1879～1885年主编《趣味科学》杂志,努力使科学大众化。

科学著作主要有:《关于动物组织生命力和组织移植试验研究》(1870年)、《呼吸生理学教程》(1870年)、《实验生理学研究》(1878年)、《动物学基础教程》(1885年,与他人合编)等。 (吴馥梅 刘鸿义)

芬利,C.J.(Finlay,Caros Juan) 古巴人,1833年12月3日生于古巴普林西比港(今卡马圭),1915年8月20日卒于哈瓦那。医学微生物学、传染病学、公共卫生学。

父亲是苏格兰人,母亲是法国人,家住特立尼达。11岁去巴黎接受正规教育。在巴黎患严重舞蹈病,终身口齿不清。1851年回到古巴,险些死于伤寒。1853年入美国费城的杰斐逊医学院,受业于R.邓格利森和J.K.米歇尔(John K. Michell)及其子韦尔(Weir),1855年毕业。后定居哈瓦那,开业行医,从事普通内科学和眼科诊疗工作。1902～1909年出任古巴首席医务官。是古巴皇家科学院院士。

他和驻哈瓦那美国黄热病调查委员会密切合作,在大量调研的基础上,于1881年提出在古巴流行的黄热病是由黄热蚊(现称埃及伊蚊)引起的假说,但一时得不到重视。1900年,被美国军医W.里德率领的考察队所最终证实,从而发现防止该病传染流行的根本对策和措施。他致力于黄热病防治,为此发表过40余篇论文,但是有关学说多年来遭到许多人的嘲笑。曾7次被同行提名竞争诺贝尔生理学或医学奖,最终都落选了。医学上除普通内科学外,还研究眼科学,以及麻风病、霍乱等传染病。

兴趣爱好广泛,对万有引力学说、植物病虫害防治等领域也有涉及。会流利使用法语、德语、西班牙语和英语,能阅读拉丁文本。

古巴人民尊他为民族英雄。为纪念他,古巴哈瓦那和巴拿马运河区各建有他的纪念碑,1981年古巴发行纪念邮票,联合国教科文组织设立芬利奖。 (殷明德)

海登海恩,R.P.H.(Heidenhain, Rudolf Peter Heinrich) 德国人,1834年1月29日生于东普鲁士的马林沃达(今波兰昆德津),1897年10月13日卒于德国布雷斯劳(今波兰弗罗茨瓦夫)。生理学、组织学、内分泌学、细胞生物学。

内科医师之子,家中22个孩子中排行第一。早年在柯尼斯堡大学学医。毕业后在哈雷大学学医2年,后又去柏林大学师从E.H.杜布瓦—雷蒙,1854年(20岁)获医学博士学位。1856年到哈雷大学福尔克曼实验室工作。1859年至去世,在布雷斯劳大学先后任生理学编外教授、正式教授。

19世纪50年代,研究骨骼肌张力及其他神经肌肉的生理学问题;研究如何用改良的韦尔克尔氏法测定动物或人的血容量。用灵敏的电热仪器测得肌肉一次单收缩后,温度上升0.001～0.005℃。60年代,发现了肌肉负重作功时,能量的总消耗量(热能+机械能)与负载重量呈正比的规律。1867年开始系统研究腺体，发现浆液性腺和粘液性腺的分泌量并不完全取决于血流量，刺激植物神经能引起分泌变化。由此断言，分泌不是一种简单的物理现象，而是腺细胞的生理活动。把胃腺细胞分为两种，一种分泌胃蛋白酶，一种分泌盐酸。研究了胃、胰、肝、肠管的分泌和吸收活动，发现吸收可逆浓度差进行，还发现肾小管上皮细胞亦具有主动运输功能。1883年还发现运动神经变性或切断后，刺激感觉神经亦能引起肌肉收缩的所谓"假运动现象"。

他反对用简单的化学、物理学原理解释复杂的生命现象；反对盲从，主张用实验和归纳法寻求真理。曾经在他实验室工作过的巴甫洛夫、斯塔林、W. B. 坎农等人，都深受其影响。

主要著作有《生理学研究》(1856年)、《肌肉运动的加热和代谢过程的机理》(1864年)、《关于分泌理论论文集》(1868年)、《从生理学观点看所谓的动物磁性》(1879年)、《分泌生理学》(1880年)等。 (林 培)

赫林，K. E. K. (Hering，Karl Ewald Konstantin) 德国人，1834年8月5日生于德国阿尔特—格斯多尔夫，1918年1月26日卒于莱比锡。视觉生理学、脑与神经科学、心理学、生理光学。

先在莱比锡大学医学院学医，1858～1859年冬，和动物学家J. V. 卡鲁斯到西西里岛研究浮沙蚕的生殖和排泄器官，并以此完成博士学位论文。1860～1865年任助理医师，1862年起兼任母校生理学讲师。1865年被召到维也纳，继C. 路德维希任军事医学及外科学研究院生理学教授。1870年被任命继承布拉格大学医学院J. 浦肯野的教授职位，留任25年。1895年回莱比锡大学医学院，接替C. 路德维希教授职，并在那里度过余生。

是当时德国生理学界的重要人物。和奥地利生理学家J. 伯劳共同发现起源于肺经迷走神经传入纤维引起的反射，即肺充氧可引出呼氧；肺排氧将激发吸氧。前者对调节呼吸运动起重要作用。研究肝脏的结构机能，1869年发现延脑呼吸中枢的周期性活动引起的呼吸性血压变化(赫林氏波)的机理。1861年出版对视觉空间感的研究论文，赞成视觉先天论学说，反对亥姆霍兹和其他经验论者，提出了色觉理论，描述了光学错觉，发明了双眼视觉的检查方法。强调感觉的生理机制，对当代感觉生理学和现代心理学的发展产生很大影响，特别是格式塔心理学的发展，在很大程度上应归功于他。

在《生理学纲要》一书中执笔躯体觉部分；著作还有《生理学概论：专论视觉的空间知觉问题》(1861～1864年)、《双眼视觉学说》(1868年)、《光觉学说》(1872年)、《光觉学说要义》(1920年)等。 (殷明德)

戈尔茨，F. L. (Goltz，Friedrich Leopold) 德国人，1834年8月14日生于德国波森(今波兰波兹南)，1902年5月4日卒于法国斯特拉斯堡。实验生理学、脑与神经科学、医学教育。

12岁时丧父，举家迁至叔父B. 戈尔茨(Bogumil Goltz)处。叔父是哲学家、博物学家和作家，对他的影响很深。1853年到柯尼斯堡大学医学院学习，1858年获医学博士学位。留校任教，2年后在A. 米勒(August Müller)手下工作。1865年升为解剖学编外教授。1870年任哈雷大学生理学教授。1872年应召至斯特拉斯堡大学任教，1888年任该校校长。

研究了一系列神经反射，尤其是脊髓反射现象。为教学演示设计了许多著名的试验，例如，去大脑青蛙的"烹煮试验"，试验迷走神经作用的"叩腹试验"，以及"拥抱反射"、"蛙鸣反射"等等，1869年出版《青蛙的神经中枢》一书。还研究了大脑的功能定位，确证大脑分成许多功能区，而且脑神经也有可塑性，可以相互代偿。1881年出版《关于大脑机能论文集》。同年在伦敦国际医学会议上用狗进行了演示。为人机智而富有活力，即使在当时德、法民族矛盾极为尖锐的情况下，和斯特拉斯堡当地不同民族人士都能融洽相处，被选为该地校长，实为众望所归。 (顾振海)

朗格，C. G. (Lange，Carl Georg) 丹麦人，1834年12月4日生于丹麦沃尔丁堡，1900年5月29日卒于哥本哈根。临床医学、神经病理学、心理学。

教育学教授的儿子。在哥本哈根大学医学院学医，1859年获医学博士学位。留校任教，曾任实习医生、病理解剖学教授。一度开业行医。是丹麦医学理事会理事、生物学学会的创始人。

率先描述了急性延髓性麻痹，证明脊髓膜炎引起脊髓后柱继发性退变，促进了后来的神经元学说的提出。和W. 詹姆斯(William James)各自独立地提出情感理论，认为激动不是精神本质的结果，而是血管运动的表现，后称为詹姆斯—朗格情感学说。这方面的经典之作，朗格首次出版于1885年，1887年又被译成德文出版。1922年，邓纳普(K. Dunlap)把两人的论文汇集于一册，题为《情感论》出版。 (张祝山)

林格，S. (Ringer，Sydney) 英国人，1835年生于英国诺里奇，1910年10月14日卒于约克郡。临床医学、药理学、生理化学。

1854年入伦敦大学学院附属医院学习，1860年获医学学士学位，1863年获医学博士学位。同年任该医院医生。后来相继任伦敦大学学院医学院药物学、药理学、治疗学和医学原理及实践教授，1887年任临床医学教授。1870年成为英国皇家内科医师学会成员。1885年成为英国皇家学会成员。

主编的《治疗手册》在1869～1897年间再版13次。其中揭示了洋地黄、阿托品、毒蕈碱和毛果芸香碱等药物的作用。第一个研究了麻醉剂对心脏的影响。1875～1895年发表了30多篇关于无机盐对活组织影响的论文。发现氯化钠溶液中加入少量钾、钙，对维持心脏正常收缩是必需的，并研制出生理实验室必需的林格氏溶液。首先提出钙对于正常血液凝固机制是必不可少的。 (张志练)

亨森，V. (Hensen，Victor) 德国人，1835年2月

10 日生于德国石勒苏益格，1924 年 4 月 5 日卒于基尔。比较解剖学、生理学、耳鼻咽喉科学、海洋生物学。

1854～1856 年在维尔茨堡大学学医。然后在柏林大学、基尔大学学习，1858 年获基尔大学医学博士学位。毕业后在基尔大学解剖学研究所担任尸体解剖员，1859 年任解剖学和组织学讲师，1864 年任生理学编外教授和生理学研究室主任，1871 年任生理学教授，曾任医学院院长和基尔大学校长，1911 年退休。1867 年当选普鲁士众议员，并倡议成立普鲁士皇家海洋勘探委员会。是德国利奥波德科学院院士，巴伐利亚科学院和普鲁士柏林科学院通讯院士。

善于运用组织学和生理学方法研究听觉和视觉生理问题。1863 年出版《人类和哺乳动物耳蜗形态学》(1863 年)，研究了十足目动物的听觉器官和人耳蜗的形态，首次描述了现在称为亨森氏细胞和亨森氏管的结构。发现耳蜗内基底膜的纤维是能振动的共振纤维，并提出从耳蜗底部到耳蜗顶部这些纤维的长度是增长而不是逐步变短。

另一研究领域是海洋生物学，主要研究海洋中微小的浮游生物和鱼群。曾任普鲁士海洋生物考察团团长，勘查过波罗的海、北海和大西洋的渔业资源。首次提出浮游生物学的概念，是定量研究海洋鱼群的创始人，奠定了德国海洋生物学的基础。（殷明德）

杰克逊，J. H.（Jackson，John Hughlings） 英国人，1835 年 3 月 4 日生于英国约克郡哈罗盖特附近，1911 年 10 月 7 日卒于伦敦。神经病学、生理学、眼科学、脑与神经科学。

自耕农的儿子。15 岁求师学医。1855～1860 年在伦敦圣巴托洛缪医院医学院完成医学学业。1860 年获圣安德鲁斯大学医学博士学位。曾任伦敦医院内科医师、顾问医师，以及国立医院麻痹和癫痫科医师、顾问医师。还曾在眼科医院任职及私人开业。是英国皇家学会会员、英国皇家内科医师学会成员、英国皇家医学学会会员。1885 年任英国神经病学会会长。

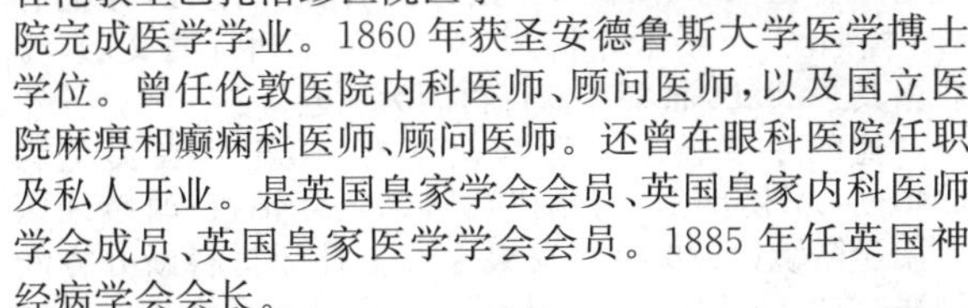

毕生为创立现代神经病学的基础做出杰出贡献。对 19～20 世纪临床神经病学、神经生理学和心理学的发展有深远影响。最杰出贡献之一，是关于大脑皮层机能定位的论点。还提出了小脑机能定位、小脑参与张力活动的观点。对语言生理学及其中枢机制的研究也有重要贡献。提出语言分为理性语言和感性语言两种。以前认为癫痫起源于延髓。他最先将癫痫与大脑皮层联系起来，提出其病因为脑细胞营养障碍，还详细分析了一种局限型癫痫。后来这种癫痫被命名为“杰克逊氏癫痫”。

早期从事眼科学，强调应用检眼镜进行诊断和研究。最早提出了眼与脑疾病之间的联系，叙述了视乳头水肿和视神经炎。（张祝山）

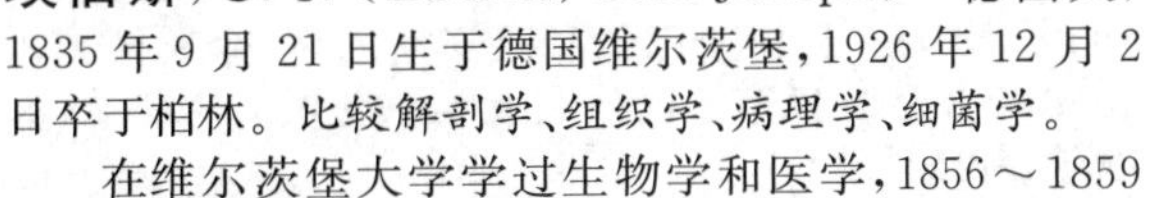

埃伯斯，C. J.（Eberth，Carl Joseph） 德国人，1835 年 9 月 21 日生于德国维尔茨堡，1926 年 12 月 2 日卒于柏林。比较解剖学、组织学、病理学、细菌学。

在维尔茨堡大学学过生物学和医学，1856～1859 年在该校病理学研究所当助教，1859 年通过有关鞭虫生物学和寄生特性的论文而获医学博士学位。留校任教。1865 年去瑞士苏黎世大学任病理学客座教授，1869 年任专职教授。1874～1881 年在哈雷大学任比较解剖学和组织学教授，1895 年任病理学研究所所长，1911 年退休。1870 年结婚。热爱登山运动，一直坚持到 70 多岁。

对纤毛上皮及其功能，对肝脏的正常和病理的显微解剖学描述，对角膜上皮变性和再生的鉴别，对微生物引起炎症的观察，均受到同行赞许。是最早的实验细菌学家之一，也是认真从事细菌学研究的病理学家。1879 年对 23 例伤寒病人进行组织病理学检查时，发现脾脏与淋巴结有病理变性，其中 12 例有伤寒杆菌(1880 年刊于《魏尔啸文献》杂志)。还与 H. H.. 科赫等人用显微镜发现了肺炎双球菌。在病理学方面的另一重要贡献是，对血栓形成机理的阐述。（殷明德）

朗维埃，L.-A.（Ranvier，Louis-Antoine） 法国人，1835 年 10 月 2 日生于法国里昂，1922 年 3 月 22 日卒于卢瓦尔省旺德朗杰斯。人体解剖学、组织学、生理学、神经科学、显微术。

商人的儿子。初在里昂大学学医。1860 年通过考试进入巴黎医院。1865 年获里昂大学医学院医学博士学位。1867 年成为法兰西学院 C. 贝尔纳的助手，1875 年任该校人体解剖学教授，1900 年退休。1887 年当选为法国科学院院士。1897 年与 E.-G. 巴尔比亚尼创立法国最早的《显微解剖学》杂志。终生未娶。

是 19 世纪后半叶法国最早的组织学家之一。是著名生理学家贝尔纳的学生，把德国的组织学传统与法国生理学传统结合起来。将电刺激、运动图描记等生理学方法应用于组织学研究，以精确、全面、技术简约有效而著称。他研究了人体全部器官和系统，最著名的是关于外周神经系统的研究。1878 年首先发现了有髓神经纤维的特殊髓鞘结构——朗维埃氏结。还研究了皮肤、肌肉、角膜及感官的神经末梢，叙述了神经束膜，发现了哺乳类脊髓神经节细胞呈 T 形分叉。许多工作后被用作支持神经元学说的证据。在神经的退化及再生、随意和不随意肌神经末梢的区别、瘢痕形成及淋巴管发育等方面也作了深入研究。还从显微水平研究了唾液腺分泌。1869 年出版《病理组织学手册》(与 V. A. 科尼尔合著)，该书数十年一直为当时医学界最主要的组织学教科书。他和科尼尔共同建立一所私人实验室，用以培训医校学生。1875～1890 年，他的实验室吸引了许多国内外学生，有些后来成为著名的学者。

另有《组织学技术论文集(1875～1882 年)》、《神经系统组织学的经验教训》(1878 年，与他人合著)、《关于肌肉系统的普通解剖学》(1880 年，与他人合著)等。（张祝山）

贝佐尔德,A. von(Bezold, Albert von) 德国人,1836年1月7日生于巴伐利亚安斯巴赫(今属德国),1868年3月2日卒于巴伐利亚维尔茨堡。生理学、药理学、神经科学。

出身于古老的名门望族,生理学家的儿子。1853年起先后在慕尼黑大学、维尔茨堡大学、柏林大学医学院学医,曾任柏林大学著名神经生理学家E. H. 杜布瓦一雷蒙的助手。1859年以论文"脊椎的交叉效应"获维尔茨堡大学医学院医学博士学位。同年任耶拿大学生理学编外教授。1865年任维尔茨堡大学生理学教授,工作3年,促使该校成为生理学研究中心。后因患风湿性心肌炎去世,年仅32岁。

早期研究神经肌肉生理学及心脏生理学,后又从事药理学研究,特别是研究藜芦碱、阿托品、箭毒对肌肉、神经及心血管系统的影响,证实了弗勒格定律。在研究神经冲动对心脏活动的影响时,发现了神经节(即贝佐尔德节),证实迷走神经兴奋会使心跳速率降低,减少心脏血液总输出。还进行了交感神经功能的实验,得出颈交感神经兴奋能增加心跳频率的结论。证实藜芦碱对血液循环有影响,能使心搏缓慢和血压降低,其机理是刺激了迷走神经,反射性地减少心跳,通过血管舒缩中枢,降低血管紧张性与血压,属保护性反射,又称贝佐尔德一贾里西反射。1937年,医学界通过实验再次确认他的早先发现的正确性。 (吴馥梅 刘鸿义)

福斯特,M.(Foster, Sir Michael) 英国人,1836年3月8日生于英国剑桥郡亨廷顿,1907年1月28日卒于伦敦。生理学、心脏学、科学组织管理、科学史学。

祖辈为自耕农,父亲是医生。1852年进伦敦大学学院学习,1854年获文学学士学位,1859年以优异成绩获医学博士学位。后去巴黎大学学习2年。后在家乡亨廷顿开业行医。1867年回伦敦大学学院教生理学,1869年任教授。1870年任剑桥大学三一学院生理学讲师,1883～1903年任剑桥大学医学院的首席生理学教授。1872年被选入英国皇家学会,1881～1903年任秘书长,1903～1904年任副会长。1878～1894年任英国《生理学》杂志首任主编。1899年任英国科学促进协会主席。1901年任皇家结核病委员会主席。1900～1906年代表伦敦大学任英国议会议员。是英国内外许多科学团体成员。曾获剑桥、格拉斯哥、都柏林、圣安德鲁斯等大学的荣誉博士学位。1899年被封爵。

生理学剑桥学派的创始人。领导研究了心脏搏动的起源,用肌源性学说取代了神经源性学说。他本人在这方面也发表了一系列论文。作为教师,首次将生物学家T. H. 赫胥黎强调生物科学实验室训练的方法引入剑桥大学,建立了剑桥学派的教学与研究传统。

他是英国和国际生理学科学组织的发起者和领导者之一。1876年为创立英国生理学会作出重要贡献。在召开国际生理学代表大会、建立国际学术协会,以及筹编《国际生理学文献目录》等工作中,都起了重要作用。主要著作有《C. 贝尔纳传记》(1899年)、《16～18世纪生理学史》(1901年)等。最著名的是《生理学教程》(1877年),被作为范本译成俄文、意大利文、德文等多国版本。在园艺方面也有论著。 (张祝山)

布莱克,G. V.(Black, Greene Vardiman) 美国人,1836年8月3日生于美国伊利诺伊州温切斯特附近农场,1915年8月31日卒于美国芝加哥。牙科学、口腔病理学、医疗器械研制。

拓荒农民之子。在农场长大,自学成才。17岁起在内科开业医师的兄长指导下学医。1857年师从伊利诺伊州牙医斯皮尔(J. C. Speer)。在美国内战期间,担任联邦侦察员。1863年迁居伊利诺伊州杰克逊维尔,开办牙科诊所行医。1870～1880年任密苏里大学牙医学院病理学教授。1883～1889年任芝加哥大学牙医学院病理学教授。1891年任芝加哥西北大学牙科治疗学与病理学教授,1897年任该校牙医学院首任院长至去世。身后所有职务均由其子A. D. 布莱克继承。

美国现代牙科学奠基人之一。临床经验与理论著述俱丰,发明和推广牙科新技术、新器械和新材料,促进了牙医学的解剖学、病理学、手术学和治疗学各分支发展。在牙科解剖学上,首次将龋齿窝洞按形态归纳为五类:Ⅰ～Ⅴ类洞,百年来这一经典分类基本沿用至今;出版《牙科解剖学》(1890年)。在牙科病理学上,1884年发表论文"细菌产生的毒素",提出"细菌说"以反对"虫蛀说",较早探讨口腔卫生与龋齿、牙周炎等相关性;20世纪初,首次描述和命名"斑釉症",调查美国科罗拉多州等多地流行情况,正确推测其病因和当地饮用水质有关(20世纪30年代经饮水光谱分析,才具体证实是水源氟浓度过高导致的慢性牙氟中毒症);在《手术牙科学》(2卷,1908年初版,1924年第6版)第1卷《牙齿硬组织病理》中,以319页系统论述牙科病理学,其中配有187幅插图;临终前数月出版《牙科病理学专论》(1915年)。在牙科手术操作上,1891年发表连载论文"釉质边缘的处理";1896年发表论文"窝洞的预防扩大";在《手术牙科学》第2卷《填牙技术操作》中,以442页详细说明牙科临床手术基本原则和各种操作过程,并配有478幅插图。《手术牙科学》于1914年刊行德文版,身后由其子A. D. 布莱克修订再版为4卷。

他的重要技术发明与改革有:1871年在莫里森(Morrison)协助下,研制成功脚踏式牙钻机;改装牙医专用显微镜;1896年开发银汞合金补牙材料新处方新制法,首次使银汞充填法标准化;发明测试修复材料性能和牙齿咬力的咬合力计等。

1910年获首个国际牙科学米勒奖。为纪念他,1918年在芝加哥林肯公园竖立塑像;1995年入选福夏尔牙医科学院国际牙科名人堂。他的名言之一是:"专家没有别的权利,他继续只是一个学生。" (李啸虎)

瓦耳代尔-哈尔茨,W. von(Waldeyer-Hartz, Wilhelm von) 德国人,1836年10月6日生于德国海伦,1921年1月23日卒于柏林。比较解剖学、生理学、脑与神经科学。

房地产经理之子。1856年在格丁根大学学习数学和自然科学,后转为医学。又到柏林大学深造,1861年获医学博士学位。后赴东普鲁士柯尼斯堡大学生理学系任教。1865年任布雷斯劳大学病理学教授和尸检部主任，1868年任病理学系主任。1872年任斯特拉斯堡大学解剖学教授。1883年任柏林大学解剖学系主任，1898～1899年任柏林大学校长，1916年退休。同年册封为贵族，但他从未公开使用过贵族封号。

1862年发表关于锁骨结构及功能的博士论文。发表关于泌尿生殖系统、人类学、大猩猩脊髓（1888年）等论文。1888年首创“染色体”术语。1891年创造“神经元”一词用以描述神经系统的细胞功能单位，建立了神经元学说。首先描述了鼻口咽的淋巴组织——由舌、咽和腭扁桃体形成的环，即瓦耳代尔氏扁桃体环。以擅讲解剖学课而著名，一生培养的学生超过2万人。主要著作有《人类和动物毛发图集》（1884年）、《如何进行解剖学教学》（1884年）、《女性盆腔器官》（1892年）、《三角锁骨》（1903年）和《达尔文理论》（1910年）等。

（张志练 张祝山）

库恩，W.F.（Kühne，Wilhelm Friedrich） 德国人，1837年3月28日生于德国汉堡，1900年6月10日卒于海德堡。生理学、神经科学、细胞生物学、生理化学。

商人的儿子。在格丁根大学学习化学、解剖学和神经组织学，是R.C.魏尔啸的学生，1856年获哲学博士学位。后到柏林大学、巴黎大学和维也纳大学进修医学。1863年任柏林大学病理学实验室化学部主任。1868年任荷兰阿姆斯特丹大学生理学教授。1871年任海德堡大学生理学教授。1898年当选为瑞士皇家科学院外藉院士。获耶拿大学荣誉医学博士学位。63岁死于肺炎后遗症。

采用各种技术进行独创性研究，推进了代谢和消化（糖、蛋白质、胆汁酸、胰蛋白酶），生理学、肌肉和神经生理学、原生动物生理学和视觉生理学的研究。在蛋白质等生物化学方面，研究了蛋白质在消化发酵时的大分子片断、胰蛋白酶分解蛋白质的作用；提出存在未活化的蛋白质“酶原”；观察发现胰细胞活动变化；研究了可凝性的肌凝蛋白，证明活的肌肉为粘稠性的，肌肉的热强硬是个凝固过程；证明食物中的苯甲酸在肝中转变为马尿酸。在神经科学领域，发现了运动神经末梢的终末装置——运动终板；确证神经纤维为双向传导，并可被电和化学刺激直接兴奋；证明单细胞动物的电兴奋性；利用兔视网膜研究“视像”，被认为是生理学中的一项著名实验；首先发现活体视网膜色素的色移，并证明在视神经兴奋前有一基本化学过程。此外，倡导将医学道德作为医学教育的必修课。

（张祝山）

巴斯蒂恩，H.C.（Bastian，Henry Charlton） 英国人，1837年4月26日生于英国英格兰康沃尔郡特鲁罗，1915年11月17日卒于英格兰白金汉郡切舍姆博伊斯。神经病学、语言生理学、脑与神经科学、微生物学。

1863年毕业于伦敦大学学院医学院。后即在圣玛利医院工作。1866年获母校医学博士学位。留校任教病理解剖学，1887～1898年任临床医学教授。1868～1902年在伦敦国家医院兼职。1868年入选英国皇家学会会员。

英国神经病学先驱者之一。对言语障碍如失语症、失读症和皮质感觉性失语症等都有论著，对中枢神经系统的解剖和临床病理都有研究。在生物起源问题上，坚持“无生源说”即“自然发生说”，反对生物从卵孵化而得的观点。所以也是巴斯德学说的最后反对者。否认巴斯德加热灭菌的理论，却导致了耐热芽孢的发现，从而从反面推动了微生物学的发展。代表作有《鳗形线虫》（1865年）、《最低等生物起源模式》（1871年）、《生命之初》（2卷，1872年）、《作为心智器官的大脑》（1880年）、《歇斯底里和脑功能瘫痪各种形式》（1893年）。

（顾振海）

希齐格，E.（Hitzig，Eduard） 德国人，1838年2月6日生于德国柏林，1907年8月20日卒于圣布拉森。神经生理学、精神病学、脑与神经科学。

出身一个显贵的犹太家族。早年在柏林大学学习法律，后在该校和维尔茨堡大学医学院就读，在E.H.杜布瓦一雷蒙、R.C.魏尔啸等名师门下学习，1862年获柏林大学医学博士学位。同年起在柏林和维尔茨堡等地开业行医。1875年任瑞士苏黎世附近的精神病院院长和苏黎世大学教授。1879年转任德国哈雷大学精神病学教授、兼尼特莱本精神病院院长，1885年又成为哈雷大学另一所新建的精神病院院长，一直工作到1903年因病退休。

19世纪初，颅相学者把心灵的官能和心能均定位于脑内。但是，M.J.弗洛朗斯以实验驳斥了颅相学者的理论，提出神经系统各部分统一性的观点。不久，P.P.布洛卡、J.H.杰克逊等在临床上发现大脑皮层损伤出现的功能性障碍患者。1870年希齐格与G.T.弗里希合作，用电刺激大脑皮层的某些区域，引起对侧肢体运动，若切除该区域，肢体运动即变弱或消失，从此开始了大脑皮层的电生理学实验，并提出大脑皮层功能局部定位说。与弗里希在1870年发表的“关于大脑的电刺激”一文，被认为是神经生理学的重要文献。1874年进一步用电刺激和切除皮层的方法，确定了视觉区域；切除左右两侧相应皮层可导致失明，如果切除一侧则引起对侧一半视野的缺损。后又企图寻找脑内的智能定位问题，发现额叶是司智能的区域。因所用的方法是比较手术切除前后皮层局部的功能改变，结论往往建立在印象的基础上，不无偏颇之处。但他的工作对19世纪的心理学、精神病学发生了广泛的影响，使精神病学建立在科学的基础上。

（张慰丰）

弗里希，G.T.（Fritsch，Gustav Theodor） 德国人，1838年3月5日生于德国科特布斯，1927年6月

12 日卒于柏林。比较解剖学、实验生理学、人类学、动物学、观测天文学、摄影术。

建筑监理员的儿子。在布雷斯劳大学预科学校学习时,就决心从事生理学研究。曾在柏林大学读医科和理科,后入布雷斯劳大学和海德堡大学医学院学习,1862 年获医学博士学位。1863～1866 年随 K. B. 赖歇特到南非进行人类学和地理学调查。1869 年通过解剖学教师资格国家考试。同年,参加普鲁士日食考察队至亚丁和埃及。1874 年任柏林大学医学院比较解剖学编外教授。不久即参加普鲁士金星观测队到波斯的伊斯法罕和士麦那。1878 年在柏林大学 E. H. 杜布瓦－雷蒙的病理学研究所任组织学和摄影学负责人,1899 年获名誉教授,1921 年退休。由于兴趣广泛,同时在多个领域内工作,这种离经叛道的做法使之终生未能晋升为正式教授。

1870 年和 E. 希齐格共同以实验证实:狗大脑皮层存在着不同的功能区,并确认了运动中枢的存在。他对电鳗的研究,在电生理学上颇有价值。改进立体镜和显微摄影技术,用于显微解剖学和人类学的研究,从而发展了医学科研的手段。1904～1905 年周游世界,搜集人类学各种标本和资料。痛恶因循守旧,强调系统性的方法,喜欢同时在多个领域内工作。主要著作有《南非三年》(1868 年)、《南非人种学和解剖学研究》(1972 年)、《电鳗比较解剖学》(1881 年)、《我们的体形》(1893 年)、《人类的头发》(1912～1915 年)等。 (顾振海)

克罗内克,H.(Kronecker,Hugo) 德国人,1839 年 1 月 27 日生于德国利格尼茨(今波兰的莱格尼察),1914 年 6 月 6 日卒于德国巴特瑙海姆。血液学、心血管学、生理学。

是数学家 L. 克罗内克的弟弟。曾在柏林大学、海德堡大学和意大利比萨大学医学院学医,1863 年获得医学博士学位。先后在 C. 路德维希和 E. H. 杜布瓦－雷蒙的指导下进行生理学研究。1868 年起在莱比锡大学生理学研究所工作,1872 年任生理学讲师。1878 年任柏林大学医学院生理学研究所所长。1885 年任瑞士伯尔尼大学生理学系主任。1889 年参加创立国际生理学大会并一直任主席。因主动脉瘤破裂突然去世。

主要研究肌肉、心脏和循环、吞咽机制、盐水输液和高山病等。擅长方法学,改进了证明心脏适用全或无定律的方法;发明了灌流和测量离体心脏压力的装置。1872 年发表"关于疲劳和骨骼肌的痊愈"的有影响论文。1874 年与 E.-J. 马雷同时描述了心脏的不应期;发现生理盐水可作为血液代用品;对发明间接测血压的方法有重要贡献。先后指导、帮助了许多外国年轻生理学家。 (张祝山)

利塞亚加,E.(Liceaga,Eduardo) 墨西哥人,1839 年 10 月 13 日生于墨西哥瓜纳华托,1920 年 1 月 14 日卒于墨西哥城。流行病学、公共卫生学、医疗管理。

医生的儿子。在墨西哥城大学医学院学医,1866 年获医学博士学位。留校任教,后任外科学教授。1879 年、1906 年两次出任国家医学科学院院长,兼国家公共卫生委员会主席等职。曾任第一、二届墨西哥医学代表会议主席,第三届泛美环境卫生会议主席。

被誉为"墨西哥现代公共卫生事业之父"。因成功地与鼠疫、黄热病、疟疾斗争,以及呼吁公众与结核病斗争而闻名于世。帮助建立了墨西哥的全国公共卫生组织,起草墨西哥第一部环境卫生法典。在他筹划下,1905 年墨西哥城成立了总医院。1941 年墨西哥政府设利塞亚加奖章作为国家公共卫生界最高荣誉奖。

(张祝山)

鲍迪奇,H.P.(Bowditch,Henry Pickering) 美国人,1840 年 4 月 9 日生于美国马萨诸塞州波士顿,1911 年 3 月 13 日卒于同地。生理学、药理学、儿科学、心肺学、神经科学。

祖父是著名航海家和数学家。他早年就读于哈佛大学劳伦斯自然科学学院。在美国内战中因参加联邦军队而中断学业,获少校军衔。1861 年毕业于哈佛大学,1866 年获该校文科硕士学位,1868 年获该校医学院医学博士学位。同年去法国巴黎大学求学,在巴纳德实验室从事博士后研究。后又到德国波恩大学、莱比锡大学深造和研究生理学。1871 年娶莱比锡女子为妻,结婚同日携妻回美国波士顿。同年任哈佛大学医学院生理学助理教授,1876 年任教授,1883～1893 年任哈佛大学医学院院长,1906 年退休。是美国生理学学会主要创始人之一,1888 年任该学会会长。1887 年成为美国国家科学院院士。是欧洲多个科学院的外籍院士。曾获剑桥大学、爱丁堡大学、多伦多大学、宾夕法尼亚大学和哈佛大学荣誉博士学位。

其博士论文探讨了溴化钾的生理作用。在 C. 路德维希的指导下,完成了几篇重要论文,其中有关于心肌应激性的特点,以及关于动脉血压变异对于心脏加速神经和抑制神经的影响等。1879～1880 年和加兰(G. M. Garland)共同研究了呼吸运动对心肺血液循环的影响。1883～1886 年研究了神经末梢刺激的强度和速率对血管收缩和扩张的影响。证明了神经干的相对不疲劳性。在美国建立了第一个生理学教学实验室。主要著作有《儿童的发育》(1877 年)、《对生理学教师的提示》(1899 年)等。

(张志练 李啸虎)

伯恩海姆,H.(Bernheim,Hippolyte) 法国人,1840 年 4 月 27 日生于法国阿尔萨斯的米卢斯,1919 年 2 月 2 日卒于巴黎。心理学、精神病学、心脏病学、临床内科学。

早年在家乡受教育。1867 年获法国斯特拉斯堡大学医学院医学博士学位。同年留校任讲师,普法战争前兼任斯特拉斯堡医院医生。普法战争后,1871 年斯特拉斯堡易手于德国,他被迫离开原校去南锡大学医学系任临床学教授,后任精神病学教授至退休。

医学南锡学派主要代表人物之一,被誉为心理疗法大师和心身相关思想的先驱。对一些特殊病症很感兴趣,其中之一,有心脏病学上被南锡学派称为伯恩海姆综合症。讲授临床课多年后,1880 年因听说催眠治病而拜访了南锡郊区开业医师李厄保(Liebault),遂涉足催眠术、暗示和癔症研究,成为著名的精神病医疗专家和南锡学派领导人。他不同意夏尔科及其巴黎学派的催眠观点,首先指出这是一种完全可以用暗示来解释的“文化催眠”。其名望导致了奥地利医生弗洛伊德1889年夏的南锡之行,给后者的精神分析法以很大启发,强烈地感受到可以用这种隐藏在意识中的强有力心理过程来治疗疾病。

著述颇丰。主要著作有:《热病总论》(1868年)、《临床内科学教程》(1877年)、《关于催眠状态和觉醒状态的暗示》(1884年)、《关于治疗学实际应用的建议》(1887年)、《催眠术、暗示和心理疗法》(1890年)、《南锡学派的新研究》(1891年)等多种。 (肖 玲 李啸虎)

克拉夫特-埃宾,R. von(Krafft-Ebing, Richard von) 奥地利人,1840年8月14日生于德国巴登的曼海姆。1902年12月22日卒于奥地利格拉茨。神经-精神病学、性学、法医学。

德国贵族家庭出身。在德国海德堡受基础教育。叔父是当地著名律师,受其影响,他先后在海德堡大学、瑞士苏黎世大学、奥地利维也纳大学医学院学习精神医学。毕业后在多家精神病院当助手,后在巴登医院任精神科临床医生。普法战争(1870～1871年)期间,在普鲁士军队担任军医。战争结束后,回巴登开业行医。1872年任斯特拉斯堡大学精神病学教授,兼任附属医院精神科临床指导。1873～1889年任奥地利格拉茨大学精神病学教授。1886年前兼任国立精神病院院长,后兼任新建私立精神病院院长。1889年任维也纳大学医学院教授。1901年退休时,带着两万份病案回到格拉茨继续进行研究。曾任维也纳神经病学学会会长。

现代性病理学、性心理学奠基人之一。研究领域广泛,率先把性问题同进化论、遗传学、精神医学、社会科学等领域进行综合研究,开创了现代性科学。19世纪70年代开始,他成为全欧洲法庭上鉴定性犯罪的权威证人。1875年出版教材《法学的精神病理学》,曾引起争议,C. G. 荣格在它影响下选择精神病学专业,后成了一代宗师。当时在德国和奥匈帝国等多数国家,法律规定同性恋者有罪,但必须先将他们送交精神科医生鉴定。由于多年鉴定活动,他有机会接触许多性欲异常者,在此基础上出版《性心理病态》(1886年初版,1901年第12版)。他采用传统临床精神病学方法,搜集各种性变态行为病例,加以系统组织和分类,经多次再版扩充,成为性变态研究权威著作。该书原为医学、法学工作者而写,为避免在公众中流传,所有关键段落均用拉丁文写成,仍不胫而走。书中首次引入施疟狂、受虐狂、同性恋等术语。他把各种异常性行为,诸如施虐症、受虐症、同性恋、动物恋、自恋、女性色情狂、男子性欲亢进症等通称为性倒错,认为都是“病”,而不是“罪”,要求废除处罚同性恋者的法律条文。生前再版12次,翻译成多种语言。首次对性病态的系统研究,一时引起轩然大波,使他差点失去英国医学心理学会外藉会员资格。这部著作在西方首次打破了基督教会在该领域垄断训导地位,标志着医学对人类性生活干预的开始,该书初版年被视为现代性学肇始之年。

此外,在早期工作中,研究过催眠术;在现在通用的瓦塞尔曼氏血清实验之前,在临床上证实梅毒和麻痹性痴呆之间的联系;在1897年莫斯科国际会议上作关于“文明与梅毒化”的学术报告。一生著述400余种,包括《临床精神病学》等几部大型教科书,他的书多次再版,被译成多种语言。他的著作对S. 弗洛伊德的研究产生了影响。 (李啸虎)

卢恰尼,L.(Luciani, Luigi) 意大利人,1840年11月23日生于意大利阿斯科利皮切诺,1919年6月23日卒于罗马。实验生理学、病理学、脑与神经科学。

舅舅是著名传记作家。1862年入意大利博洛尼亚大学攻读医学,1868年毕业获医学博士学位。期间1864年在那不勒斯大学进修眼科学。毕业后留校,在L. 韦拉(Luigi Vella)生理实验室工作。1872～1873年在德国莱比锡大学生理学研究所进修,指导教师为C. F. W. 路德维希。接着回博洛尼亚大学任普通生理学讲师。先后在锡耶纳大学(1880～1882年)、佛罗伦萨大学(1882～1893年)、罗马大学(1893～1917年)任生理学教授。1895年入选意大利科学院院士。同年任罗马大学校长。1905年至去世,当选为意大利国会议员。

不仅研究生理学各个分支学科(普通生理学、人类生理学、比较生理学和语言生理学等),还在其他许多领域中从事研究,如实验语音学、自我麻醉理论等。1873年研究离体蛙心,首次观察到一些规律性搏动现象,发现脉动的阶段性特征,并用小型水银压力计测定青蛙心室在搏动时的内部压力变化。但其中最重要的是对小脑生理学的研究,探索呼吸和长期饥饿对其影响,并通过活体解剖,成功地移去狗和猴的小脑,却使它们存活近一年。1891年出版相关专著,记录了这一重大成果,对发展神经系统生理学有重要贡献。指出小脑切除后可分三个临床阶段:第一,冲动信号有明显区别;第二,动力不足;第三,具补偿现象。他根据延缓、衰弱、不能起立的试验,推测小脑的运动失调。这种试验后以他的名字命名。他随后以大量临床观察和实验证实:小脑是大脑半球的辅助组织,具有协调运动的机能。这是对人类生理学的一大贡献。由于小脑病变引起肌乏力、动作不协调等征状,被称为卢恰尼综合征。代表作还有《人类生理学》(5卷,1911～1921年)。 (吴劲梓)

伍德,H. C.(Wood, Horatio Curtis) 美国人,1841年1月13日生于美国宾夕法尼亚州费城,1920年1月3日卒于同地。药理学、治疗学、药用植物学、医药管理、生物学。

商人的儿子。1862年获宾夕法尼亚大学医学院医学博士学位。先后在两所医院任住院医生,后在军队医疗队服役、私人开业。1866～1876年任宾夕法尼亚大学医学院植物学首席教授,1875～1901年任临床神经病学教授,期间1876～1907年兼任治疗学教授。先后任《新治疗法》、《医学时报》、《治疗公报》和《美国药房》等报刊杂志主编。曾任美国药典委员会主席。1879年入选美国国家科学院院士。

是美国实验药理学和治疗学的先驱，在美国最早倡导实验研究药物的生理作用者之一。对大麻、东莨菪碱的治疗作用，中暑及发热的机制与治疗、麻醉意外的处理等方面都有重要贡献。在任美国药典委员会主席期间，主持制定了《美国药典》。在生物学方面，研究北美淡水藻、节肢动物等。主要著作有《治疗学、本草集和毒理学》(1874年初版，1908年第14版由他的儿子小伍德修订)、《热征》(1800年)、《神经病及其诊断》(1887年)、《梅毒对神经系统的影响》(1889年)等。 （张祝山）

奥利弗，G.（Oliver，George） 英国人，1841年4月13日生于英国达勒姆郡，1915年12月27日卒于萨里郡。实验生理学、内分泌学、生理化学、仪器研制。

先在约克郡的预科学校学习。后到伦敦大学学院学医，1873年获医学博士学位，同时获金质奖章。后在伦敦郊区开业行医。是英国皇家生理学会、医学学会和显微镜学会的会员。

设计了许多精确而简便的试验方法，如血和尿的分析、循环现象的测量和药液疗效的评价等。研发的仪器中，最突出的有尿试纸、血球计数器、血红蛋白计、动脉口径计和血压计等。最重要的贡献，是1893～1895年与伦敦大学教授谢弗(Edward A. Schäfer)合作，1894年发现肾上腺髓质和脑垂体提取物的心血管效应，致使血管收缩，血压上升；他们还指出动物的支气管平滑肌因此放松；首次详细研究了无管腺所分泌有效成分的作用。他们提出某些无管腺如甲状腺和肾上腺等的基本功能，就是产生特殊有效成分，并通过血液扩散，初步形成了内分泌的概念，为以后的研究打下了基础。后来，1899年J. J. 阿贝尔从肾上腺髓质中分离出有效成分，并命名为肾上腺素。1901年，T. B. 奥尔德里奇(Thomas Bell Aldrich)等人制成肾上腺素结晶体。

（张志练 张祝山）

普赖尔，T. W.（Preyer，Thierry William） 英国与德国双重国籍，1841年7月4日生于英国曼彻斯特附近，1897年7月15日卒于德国威斯巴登。生理学、心理学、生理化学。

1859年在德国海德堡大学学习化学和生理学，1862年获博士学位。1866年获波恩大学医学院医学博士学位。1869年继承J. N. 切尔马克任耶拿大学生理学教授和生理学研究所所长。

主要研究生理化学(血红蛋白、血液中的气体和箭毒)和感觉生理学(肌物理定律)。1876年发表了著名的睡眠乳酸理论。主要著作有《儿童的心智》(1882年)和《胚胎生理学》，两书使他成为现代发育学的创始人之一。1880年出版《自然事实和问题》，探索了无机物形成生命系统的可能性。1883年出版《普通生理学基础》，对原生质是均匀物质的观点提出异议，认为原生质是固体和液体的混合，是一种复杂的化合物，原生质在生命期间不断地分解和重新合成。在耶拿大学，他把科学实验方法和课堂讲授紧密结合，并开办生理学研讨班。主要著作还有：《血红蛋白的实验与观察》(1866年)、《写作心理学》(1895年)等。为纪念他，2007年欧洲发育心理学会设立普赖尔奖。 （张志练）

汉森，G. H. A.（Hansen，Gerhard Henrik Armauer） 挪威人，1841年7月29日生于挪威卑尔根，1912年2月12日卒于弗卢勒。组织病理学、细菌学、传染病学、医务管理。

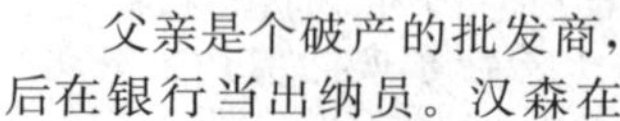

父亲是个破产的批发商，后在银行当出纳员。汉森在家中15个孩子中排行第九。1859～1866年在克里斯蒂安尼亚(今奥斯陆)大学学医，获医学博士学位。先后任克里斯蒂安尼亚国立医院实习医师、罗弗敦群岛医师。1868年在卑尔根挪威麻风研究中心工作。1870～1871年得到奖学金出国进修组织病理学，先后到德国波恩大学、奥地利维也纳大学。由于在未得到许可情况下在病人身上做实验，汉森受到法律制裁，1880年5月被免去卑尔根麻风病院任院医师职务，但仍保留挪威国家麻风医官的职位，这个职位自1875年起终身连任。1897年在柏林召开的第一届国际麻风病会议上，他当选为名誉主席；1909年在卑尔根召开的第二届国际会议上，医学界肯定了汉森作出的贡献，又当选为主席。后任国际麻风委员会名誉主席。是国内外许多科学团体的通讯会员或名誉会员。1912年2月，他到卑尔根以北的渔区视察，住在弗卢勒地区的一个友人家中，因心脏病复发去世。国家为他举行了隆重的葬礼。

根据流行病学调查结果，他推测麻风不是遗传病，而有其“传染物质”，特殊病原。回挪威后用原始染色法检查取自麻风病人的活组织标本，1873年宣布发现杆状体——麻风分支杆菌(又称为汉森氏杆菌)。他相信这种杆菌是麻风病的病原体，成为提出慢性病可由微生物引起的第一个科学家。尽管当时他尚未确证这是一种细菌，而支持者亦寥寥。为了论证这一发现，做了杆菌培养和动物接种实验，均未成功。汉森将从皮肤型病人的麻风结节中取得的材料，接种到神经型麻风病人的眼结膜内，也未取得临床结果。1879年，他把组织样本送给德国的A. 奈瑟去检定，后者于1880年宣布发现是一种细菌，但引起了两人对发现优先权的争议。作为终身制的国家麻风医官，在他的努力下，挪威颁布了1877年麻风病法令和1885年修正法。这些法令导致麻风病在挪威迅速而稳定地减少，从1875年的1752例骤降至1901年的575例。

关于麻风杆菌的主要论文有“关于麻风病原学的研究”(1874年)、“关于麻风病的病原学”(1875年)、“麻风病杆菌”(1880年)、“麻风杆菌的研究”(1882年)、“麻风及其临床和病理”(1895年)等。他还是达尔文学说的拥护者，1886年出版一部介绍达尔文生物进化论的著作。数次被授勋。1900年为筹建汉森半身像发起了国际捐款，次年隆重举行了塑像揭幕式。

（陈闻鹃 殷明德）

科歇尔，E. T.（Kocher，Emil Theodor） 瑞士人，1841年8月25日生于瑞士伯尔尼，1917年7月27日卒于同地。外科学、生理学、病理学、医疗器械研制。

1865年毕业于瑞士伯尔尼大学医学院，获医学博士学位。次年任该校外科医院助教。随后又去柏林、伦敦、巴黎、维也纳等地留学，向利斯特、C. A. 比罗特等名师请教。1872年返回瑞士，任伯尔尼大学医学院外科学教授、该校附属外科诊疗所所长。

在外科学上有多种贡献。1878年成功实施第一例甲状腺切除手术。时至1912年，做了2 000多例甲状腺肿手术。在手术方法方面，改进了肩脱臼复位术、甲状腺手术的横切口、胆道手术的右肋下切口、十二指肠松解术、胃大部切除术、胆总管十二指肠吻合术、十二指肠切开胆总管结石取除术、骨髓炎手术的切割方法、骨关节病切除术和形成手术，以及打开硬脑膜进行颞下减压术治疗癫痫等。在手术实施中坚持无菌法。还发明了许多外科手术器械，如胃钳、玻璃引流管、甲状腺手术的带钩探子，以及迄今以他的名字命名的科歇尔止血钳。撰写的《外科手术大全》（1892年），被译成多种文字。

最主要的贡献是对甲状腺功能的研究及甲状腺手术的改进。甲状腺手术切除术后，病人往往可能出现手术后恶液质。从临床观察入手，对100例甲状腺切除的病人进行随访，发现其中30例出现典型的后遗症，另外70例没有出现后遗症或仅出现一过性症状。经研究证明，不出现后遗症的患者是由于手术时还遗留了一小块甲状腺组织，因而保留了内分泌功能。因此，主张以甲状腺大部切除来代替全切除。连续做了300例大部切除，无一例死亡。随后又观察到，甲状腺全切除后，恶液质与粘液性水肿、呆小病的临床征状十分相似，应用甲状腺制剂进行试验性治疗，获得一定疗效。由此证明这3种疾病都是甲状腺功能低下的表现。

代表著作有《甲状腺缺失性恶液质》（1883年）、《甲状腺疾病》（1895年）、《关于粘液性水肿的研究》等。由于对甲状腺生理、病理的研究及甲状腺手术的改进，获1909年诺贝尔生理学或医学奖，系第一位获此殊荣的外科医师。 （张慰丰）

刘易斯，T. R.（Lewis，Timothy Richards） 英国人，1841年10月31日生于英国威尔士卡马森郡，1886年5月7日卒于南安普敦。医学微生物学、寄生虫学、公共卫生学。

在英国彭布罗克郡的一个小村庄度过童年，在那里读完小学和中学。继4年药剂师学徒后，迁住伦敦，在德国人办的达尔斯顿医院当药剂员，精通德文。1866年因工作出色获临床医学银质奖章。同时在阿伯丁大学医学院完成学业，1867年获医学学士学位。有了资历后立即申请进入军医部门，首先考进南安普敦附近的军医学院。在那里由于成绩优异连续被委任为助理外科医生、外科医生、外科少校军医，1883年获病理学助理教授职称。期间在完成军医学校的学业后，被派往德国留学。后前往印度参加霍乱病因的研究。在去世前2周，英国皇家学会委员会推荐他为1886年会员候选人之一，但在选举日之前不幸因实验中受到感染而死于肺炎。

1870年发表了一系列关于霍乱病因的论文，论证了病人的座垫上有显微镜可以看见的细菌存在。在以后的14年中除了研究霍乱之外，还研究麻风、真菌病、东方疖、猪和牛的囊虫病，以及印度监狱犯人的饮食问题、人和动物血液中的寄生虫等。1874年发现了人和动物血丝虫病病原体，并命名为人血丝虫。1875年再度到中国研究血丝虫病病原体的生活史，于1877年报道了血丝虫在蚊子体内发育的情况。1878年和1884年发表了关于微丝蚴、回归热螺旋体以及鼠血中锥虫的论文。代表作有《关于霍乱发生根本动因的显微镜观察和生理学研究的报告》（1872年）、《关于印度麻风病的报告》（1877年，与他人合著）等。 （陈闻鹏）

伯劳，J.（Breuer，Josef） 奥地利人，1842年1月15日生于奥地利维也纳，1925年6月20日卒于同地。临床内科学、生理学、心理学。

犹太教士之子，幼年丧母，由外婆抚养成人，9岁前由父亲进行家教。1867年毕业于维也纳大学医学院，获医学博士学位。留校任内科学教师。1868年结婚，生有5个孩子。1871年开业行医。1875年回维也纳大学医学院任教。1885年辞职，再度开业行医。1894年入选维也纳科学院院士。

19世纪著名生理学家，维也纳杰出的医生和科学家。对哺乳类生理学研究有两项重要贡献。一是于1868年同维也纳军事医学院生理学教授K. E. 赫林共同发现呼吸的反射性调节——肺牵张反射（又称赫林—伯劳氏反射）。这是在哺乳类中获得证明的第一个“反馈机制”，使人们彻底改变了对迷走神经与呼吸运动关系的认识。二是对内耳迷路功能的研究，1873年和物理学家E. 马赫共同发现感觉的平衡功能，分析了半规管与耳石的不同功能，并描述了内耳迷路反射与眼球震颤的关系。与弗洛伊德密切合作，确立了“精神分析学”。 （张祝山）

塞尔托利，E.（Sertoli，Enrico） 意大利人，1842年6月6日生于意大利桑德里奥，1910年1月28日卒于同地。显微解剖学、生理学、组织学。

曾在帕维亚大学学医，随当时在该大学从事显微解剖学和组织学系统研究的E. 奥耳（Eusebio Oehl）学习。后到维也纳大学医学院学生理学。1867年到德国蒂宾根大学，在F. 霍佩—赛勒的实验室工作。1870～1907年在米兰大学皇家兽医学院任解剖学、生理学教授，1907年以后专教生理学，创办实验生理学实验室并任主任。

是显微解剖学的杰出倡导者。1865年首次发现并描述了人睾丸输精管中的分枝细胞，即“塞尔托利氏细胞”。1867年和F.霍佩－赛勒共同报道了血液蛋白（尤其是球蛋白）在交换和清除二氧化碳过程中作为碱介质的作用，并发现该过程是分别在大、小循环的毛细血管床中进行的。在米兰时，研究了平滑肌的持续兴奋性和热敏感性，并首次描记了平滑肌电图。（顾振海）

雷济厄斯，M. G.（Retzius，Magnus Gustaf） 瑞典人，1842年10月17日生于瑞典斯德哥尔摩，1919年7月21日卒于同地。组织解剖学、脑与神经科学、人类学、细胞生物学。

出身著名瑞典科学家家族。父亲A. A.雷济厄斯是卡罗琳斯卡学院的著名解剖学教授，早年受父亲的熏陶对解剖学发生兴趣。1860年入读乌普萨拉大学医学院，1866年获相当于医学硕士学位（副博士），后到斯德哥尔摩大学医学院继续学习。1871年在隆德大学医学院获医学博士学位。同年任卡罗琳斯卡学院解剖学讲师，1877年任组织学编外教授，1889年任解剖学教授。1901年入选瑞典皇家科学院院士。是诺贝尔文学奖、生理学或医学奖的评选委员会成员。

研究领域涉及普通解剖学、显微解剖学、比较解剖学、病理解剖学、胚胎学、人类学、动物学和植物学等，享有盛名。1876年对神经传导单元、神经鞘及感觉神经末梢的显微结构研究，大大推动了实验神经生理学的发展。应用高尔基氏硝酸银法和埃尔利希氏亚甲蓝染色法，进一步区分各类动物细胞成分和感觉神经末梢，从而建立起神经元学说。描述了中枢神经系统中灰结节上的囊状隆起、杏仁核；并发现了嗅脑回（为纪念父亲，把这命名为雷济厄斯氏脑回）。还发现了蛛网膜粒的意义：脑淋巴液经此流入硬脑膜窦。此外，对细胞分裂、骨和软骨、结缔组织和肌肉、肝和脾、卵和卵膜、精子等均做了大量研究。

在人类学方面，曾在欧美多国研究古人类化石，解剖现代各人种头脑，其中研究了北芬兰拉普人；比较研究和描述了古代瑞典人、芬兰人和印第安人的头颅化石；调查男女脑结构的差别；试图确立智力与脑结构之间的关系。

发表300多篇论文，大部分刊登于1890～1914年德文版《生物学研究》丛书中。此外有《人类头脑》、《人类学》（1902年）等专著；1875～1876年与凯（E. A. Key）合作出版2卷《神经系统和结缔组织的解剖学研究》，获法国科学院蒙特翁奖。（张志练　张祝山）

费里尔，D.（Ferrier，David） 英国人，1843年1月13日生于英国苏格兰阿伯丁，1928年3月19日卒于伦敦。生理学、神经病学、脑与神经科学。

1863年获阿伯丁学院学士学位。1864年去德国海德堡大学学习一年心理学。次年入爱丁堡大学医学院，1868年获硕士学位。曾作过临床医师的助手。1871年进入伦敦大学国王学院附属医院，同时兼任国立瘫痪与癫痫病医院神经科医师。1889年被任命为神经生理学教授，这是学院专门为他设立的教职，终生在那里工作。1876年参与创立生理学会。是《脑》杂志的主编之一。英国癫痫病学会创始人之一。1876年（33岁）当选为英国皇家学会会员。次年又被选为英国皇家医师学院成员。获法兰西学院、剑桥大学和伯明翰大学荣誉博士学位。1911年获爵位。因肺炎去世。

主要业绩在大脑生理学方面。1860年英国神经学家J. H.杰克逊曾提出大脑皮层一定以有规律的形式表现肉体的功能。1870年，德国两位生理学家G.．T.弗里希和E.希齐格用电刺激大脑皮层额叶的中央沟的某些部位，发现对侧肢体的相应部位发生运动。1873年费里尔就大脑皮层的定位问题作了进一步的研究，改进与发展了实验方法。他以猿猴和狗作实验，应用感应电来刺激大脑皮层的各个部位，或用部分切除的方法来探索大脑皮层各个部位的功能。1876年出版名著《脑的功能》，阐述了大脑皮层不同部位的功能，并图示大脑皮层的运动、感觉的定位。1886年他又对该书作了较大修改和扩展，出版了修订版，至今仍是经典之作。他的研究工作在1880年伦敦召开的国际医学会议上赢得广泛赞誉。他的著作对早期脑手术也有重要的指导意义，促使脑外科医生针对大脑的病灶进行手术。还对小脑、四叠体等作过研究，取得一定成果。1888年出版《脑病的地方化》一书，对临床神经学与实验神经学皆有重要影响。（张慰丰）

高尔基，C. B. E.（Golgi，Camillo Bartolomeo Emilio） 一译戈尔吉，意大利人，1843年7月7日生于意大利布雷西亚附近的科尔泰诺，1926年1月21日卒于帕维亚。病理学、组织学、脑与神经科学、流行病学、显微术。

出身医生家庭。幼承家训喜欢医学。1865年毕业于帕维亚大学医学院，获医学博士学位。同年在精神病院工作。1872年任绝症研究所主治医师。1872年任阿彼亚特的格拉索绝症研究所主治医师。1875年任帕维亚大学组织学教授。1879年任锡耶纳大学解剖学教授。次年回帕维亚大学，先后任组织学、病理学教授。1900年当选参议员。同年任帕维亚大学校长和医学院院长，1918年退休。是多种科学社团的会员。

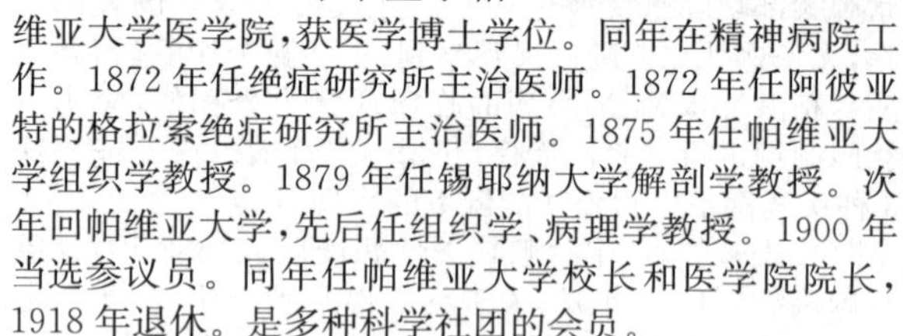

当时学者认为医学必须建立在解剖学与生理学基础上，他接受了这种思想，第一篇论文即认为要从解剖学和病理学的角度来研究精神失常问题。后受R. C.魏尔啸著作的影响，将研究工作转向组织学和病理学。1873年发明了神经组织的铬酸盐－硝酸银染色法，使细胞的组成部分能很好地显示出来。所创立的染色法为研究神经系统的结构提供了极其有用的实验手段，被认为是研究神经系统显微结构的一次革命。西班牙的S.拉蒙－卡哈尔即应用他的铬银染色法，发现了神经系统的结构特征，提出了神经元学说，认为神经细胞彼此是分离的神经单位，它们之间存在着微小的间隙，称之为“突触”。神经元学说迄今仍是神经科学中的一个基本理论。还发明了锇酸法和氯化金法，因此发现了肌腱中有高尔基氏腱感受器的存在。还识别出在中枢神经系统中存在一种非常纤细的连续不断的网络，具有调节神经机能的作用，称之为“弥散神经网”。描述了两种类型的神经细胞：高尔基Ⅰ型细胞和高尔基Ⅱ型细胞。对嗅球的结构和小脑颗粒层中的大神经细胞进行了较细致的观察。还描述了一种位于指端皮下组织内的触觉小体，后称高尔基－马仲尼小体。1888 年又发现存在于细胞浆内的“内网器”，即高尔基体，此体对细胞的功能活动有重要作用，可能是他最著名的重大发现。

1885～1893 年，对疟疾进行了重要的研究，发现疟原虫染色的特征，指出疟疾的发热和孢子形成期是一致的，不同的发热间隔取决于不同的疟原虫。描述了三日疟原虫生活史中经过人血的周期，称为高尔基周期。据此将三日疟与间日疟区分开来，并指出每日发热可能是由于三日疟重复感染所致，这个观点后来被其他学者所证实。证实奎宁对疟原虫有破坏作用，对疟疾的防治工作作出了重要的贡献。

主要著作有《中枢神经系统精细解剖》(2 卷，1885～1886 年)、《神经元学说的理论和事实》等；出版有《C. B. E. 高尔基全集》(4 卷，1903～1929 年)。因发明铬银染色法并开展神经系统的研究，1906 年与拉蒙－卡哈尔共获诺贝尔生理学或医学奖。 （陈闻鹃 张慰丰）

恩格尔曼，T. W. (Engelmann, Theodor Wilhelm) 德国人，1843 年 11 月 14 日生于德国莱比锡，1909 年 5 月 20 日卒于柏林。生理学、微生物学、植物学、仪器研制。

1861～1862 年在德国耶拿大学攻读自然科学和医学，后在海德堡大学和格丁根大学深造。1867 年在莱比锡大学眼科学家 T. 鲁特(Theodor Ruete)的指导下，完成关于角膜的学位论文，获医学博士学位。1867 年初去荷兰乌得勒支大学，由鲁特介绍当生理学家兼眼科学家 F. C. 栋德的助手。2 年后成为栋德的女婿。1871 年任乌得勒支大学普通生物学和组织学副教授，1877 年任乌得勒支大学校长，1888 年继栋德任生理学教授。1894 年牛津大学授予他荣誉博士学位。1897 年任柏林大学生理学教授，兼任《解剖学和生理学文献》主编，1908 年退休。次年死于动脉硬化症。身前爱好音乐，其住宅是著名音乐家经常聚会的地方。

细胞生理学的创始人之一。主要研究神经系统和肌肉系统生理学，还研究眼和心脏生理学。在 1873～1897 年期间，重点研究生理学长达 20 余年，尤其对肌肉系统的纤维舒缩活动进行了系统研究，发现不少规律；其中 1875 年进行青蛙解剖实验，发现其心脏的收缩搏动不是外部的神经支配造成，而是源于心肌本身。

他还把微生物学与植物学结合起来进行研究。1881 年在实验中观察到水中的细菌向着水绵的叶绿体部分运动，他推测其原因是藻类叶绿体在光合作用中释放氧气所致，是生物史上第一次对趋氧性细菌的记载。1882 年，他对显微镜进行改装，加上棱镜成为一座微型光谱仪，用以观察载片上不同细菌的可见光谱。他还研究植物中不同色素与光合作用关系，并发现紫细菌会利用紫外线进行光合反应。 （殷明德）

科赫，H. H. R. (Koch, Heinrich Hermann Robert) 德国人，1843 年 12 月 11 日生于德国普鲁士克劳斯塔尔，1910 年 5 月 27 日卒于巴登－巴登。细菌学、传染病学、公共卫生学。

矿务员之子，在家中 13 个孩子中排行第三。1862 年进入格丁根大学学习自然科学，后转向医学，深受解剖学家 F. G. J. 亨勒影响，1866 年毕业，获医学博士学位。同年起在汉堡总医院等处任医学助理。1867 年与 E. 弗拉茨(Emmy Fraatz)结婚。1870～1871 年普法战争期间，任外科军医。1872 年任沃尔斯泰因(今波兰沃尔什登)地方医务官，并开业行医。1880 年去柏林任帝国卫生总署顾问。1883 年任德国霍乱病调查委员会主席。1885 年任柏林大学细菌学与卫生学教授，1891 年兼任传染病研究所所长，1904 年退休。1901 年因对军队卫生防疫的贡献而授予少将军衔。1897 年当选为英国皇家学会外籍会员。1902 年成为法国科学院外籍院士。退休后访问美国、日本等世界各国，受到热烈欢迎。1910 年因过度劳累，心脏病严重发作而去世，骨灰安放在研究所的陵墓内。

现代细菌学的主要奠基人，被誉为“现代细菌学之父”。分离出炭疽杆菌、结核杆菌和霍乱弧菌，同时确证这些细菌与疾病的关系。提出“科赫原则”，作为确定某种微生物是否为某种疾病的病原的准则，因而赢得世界范围的声誉，并成为细菌学德国学派的领导人。1873 年开始独自研究炭疽热，1876 年由妻子协助研发琼脂培养基，分离出炭疽杆菌，并发现能形成芽孢，证明其为致病因子。1880 年起在帝国卫生总署领导一个实验室继续从事研究，1883 年发表一种预防炭疽病的接种方法，成为建立现代疾病细菌学理论的里程碑。1878 年证明了细菌在创伤感染中所起的作用。1880 年和 J. E. 卡尔(Joseph Eberth Karl)分离出伤寒杆菌。1881 年研究了消毒物质，发现氯化汞比石炭酸消毒作用更强；提出高压蒸汽比热空气灭菌效果更好，革新了医院手术室的常规制度。1881 年开始研究肺结核病因，使用各种染色方法证明感染的肺部存在细菌，而且培养菌能在豚鼠身上引起同样疾病。1882 年 3 月 24 日成功地分离出结核杆菌，确认为结核病的病原体，是 19 世纪医学的重大突破。1883 年发现传染性结膜炎的两种致病菌：淋球菌和一种后来称为“科赫－威克氏杆菌”的微生物。同年领导德国调查委员会，在埃及亚历山大和一个法国研究小组共同调查当地疫情；后又到印度，成功地鉴定出霍乱弧菌为亚洲型霍乱的致病菌。1884 年回国，此项重大成就获德国政府 10 万马克奖金。

在 1907 年前，他先后 9 次去非洲各地、印度、意大利、印度尼西亚和新几内亚等地，考察研究鼠疫、锥虫病和疟疾等流行病，并提出各种防疫措施。在此期间改进了过滤公共用水的方法；在南非研究了牛瘟，1896 年发表一种预防牛瘟的接种法；1897 年在孟买研究腹股沟腺鼠疫；发现马恶性贫血病和得克萨斯州家畜热；研究疟疾和黑尿热；1903～1906年在非洲研究回归热和昏睡病，证明它们分别通过蜱和采采蝇传播；发现了非洲海岸热这种牛地方病。

在他的倡导和影响下，许多国家纷纷采纳了根据细菌学知识制定的公共卫生法规。他的细菌学发现在很大程度上依赖于他所发展的新细菌学技术，如改进显微镜装置、新的组织切片染色法（首先应用苯胺染料对细菌进行染色），以及用明胶固体培养基分离细菌等方法。否定了微生物形态变幻莫测的多态性学派的观点，但同时又走向极端，认为微生物的形态是永恒不变的。

代表作有《创伤感染致病的病原学探究》（1878年，1880年英译本）、《细菌保藏与摄影方法研究》等著作。1901年获哈本奖章。因对结核病研究的贡献，获1905年诺贝尔生理学或医学奖。1906年德国政府给他授勋，并成立科赫基金会。（张祝山 顾振海）

邦奇，G. von（Bunge，Gustav von） 俄国人，1844年1月19日生于俄国多尔帕特（今爱沙尼亚塔尔图），1920年11月5日卒于瑞士巴塞尔。营养学、生理学、生理化学、社会医学。

植物学教授的儿子；叔叔是多尔帕特大学法学教授；弟弟是一名医生、动物学家和探险家。他因研究无机盐的机体代谢作用，于1874年获多尔帕特大学生理学博士学位。留校任教，后为生理学副教授。1882年又获莱比锡大学医学博士学位。1884年基辅大学授予他荣誉博士学位。1885年任瑞士巴塞尔大学特约医学教授，1886年任该校生理化学教授至去世。

是第一流的营养学家。曾研究矿物盐对食草动物、食肉动物和人体的作用，并推论到人类学及社会学。证明脊椎动物体内的盐分具有种系发生的特点。对人及多种动物的乳汁含盐量进行了分析，研究了矿物质与机体生长的相关性。还研究了铁在机体内的代谢，1889年与贾克特（Jaquet）一起精确地测定了血色素的铁含量，为后人阐明血红蛋白的分子结构打下基础。他不仅是一位营养生理学家，而且是美国禁酒运动及禁酒法令的支持者。出版《酒精问题》（1887年）一书，从生理学角度指出酗酒的危害及引起的社会问题，被译成16国文字。此外，出版有《生理学与病理化学》（1887年）等著作。（吴馥梅 左成慈）

布伦顿，T. L.（Brunton，Sir Thomas Lauder） 英国人，1844年3月14日生于英国苏格兰罗克斯堡，1916年9月16日卒于伦敦。生理学、临床内科学、药理学。

早年在爱丁堡大学学习，1868年获医学博士学位，1870年获理科博士学位。后又去奥地利、荷兰和德国学医2年。回国后在伦敦大学学院任教药物学，同时在圣巴塞洛缪医院任临床医师。1874年成为英国皇家学会会员。1876年成为皇家内科医师学会成员。1900年被授予爵士勋位，1908年被授予准男爵封号。

一生主要集中研究生理学、心血管系统和消化系统的治疗学。1867年第一个确认亚硝酸戊脂是解除心绞痛的有效疗法，在临床上一直沿用至今。1874年以“器官疗法”的设想治疗糖尿病，为以后用甲状腺浸出物治疗粘液性水肿获得成功开辟了道路。1885年出版的《药理学教程》一书，曾被译为法、德、意大利和西班牙等各种文字。药理学上的布伦顿公式，至今仍为临床医生用药参考。除了重视药物外，也强调疾病治疗和预防的其他方法，如按摩、沐浴、运动等，力主改进公共保健机构。主要著作还有《内服药作用的实验研究》（1875年）、《药理学和治疗学》（1880年）、《论消化紊乱的后果与治疗》（1886年）和《循环系统疗法》（1915年）。（黄 旬）

曼森，P.（Manson，Sir Patrick） 一译梅森。英国人，1844年10月3日生于英国苏格兰阿伯丁郡奥特梅尔德伦，1922年4月9日卒于伦敦。寄生虫学、传染病学、热带医学、公共卫生学。

银行家的儿子。小时不爱学习，后对科学发生兴趣，决定献身医学。1865年毕业于阿伯丁大学医学院，获医学士、化学硕士学位，次年获医学博士学位。同年起在中国的台湾、厦门和香港做医生。1887年他医好了清廷高官李鸿章的舌症，使西医在中国名声大振。同年创办“香港西医书院”（香港大学前身）并任院长。该校1892年毕业的第一批医学生中有孙中山先生。1889年回英国，任利文斯通学院教授。1897年任英国政府海外殖民地办公室首席医务官，1912年退休。1900年当选为英国皇家学会会员。1903年被册封为爵士。1907年任英国皇家热带医学学会首任会长。

热带医学奠基人之一。发现了许多重要的致病性寄生虫，如曼森氏血吸虫、肺并殖吸虫、曼森氏幼绦虫、罗阿丝虫、曼森氏眼丝虫等。最著名的是发现象皮病的幼丝虫经蚊子传播，而且晚上血中出现丝蚴比白天多。还证明疟疾是由蚊子传播的，并使R. 罗斯和格拉西（Grassi）的发现为人们所重视，使疟疾得到控制。主要著作《热带病教程》（1905年）为经典教科书，发行了11版；此外还出版有《曼森热带病手册》（1898年）、《热带病饮食须知》（1908年，与他人合著）等著作。他在死前所立的遗嘱中，言明所有财产都设立奖学金，用以资助研究热带医学的学生。（张祝山 李啸虎）

雷诺，J.-L.（Renaut，Joseph-Louis） 法国人，1844年12月7日生于法国安德尔-卢瓦尔省海叶-德什卡特。1917年12月26日卒于里昂。皮肤学、组织解剖学、毒理学。

1866年到巴黎大学医学院学医，师从L.-A. 朗维埃。1877年任里昂大学新医学院普通解剖学和组织学系教授兼系主任。1904年创办《正常组织学》杂志并任主编。是法国医学科学院院士，法国解剖学学会和生物学学会会员。

法国19世纪杰出的组织学家。早年研究毒理学，1874年发表丹毒方面的论文，1875年发表铅中毒的论文，因而获得2枚银质奖章。主要贡献是研究了真皮和表皮之间的纤维透明膜（现称为雷诺氏层）、结缔组织和肠上皮的分泌功能、肺中的纤毛上皮、穿过肠上皮的血细胞渗出，以及毛细淋巴管系统的连续性等。还发现雷诺氏小体，即肌肉营养不良时，变性神经纤维中出现的浅色颗粒。主要著作《临床组织学》（1889年初版，1899年再版）和《结缔组织的物质基础》（1903年）等。

（张志练）

魏克塞尔鲍姆，A.（Weichselbaum，Anton） 奥地利人，1845年2月8日生于奥地利希尔滕，1920年10月23日卒于维也纳。*病理组织学、细菌学、寄生虫学、流行病学。*

制桶匠的儿子。曾在维也纳帝国陆军内外科医院学医，1869年获维也纳大学医学院医学博士学位。留校任病理解剖学家J.恩格尔（Josef Engel）的助手。1893～1916年任维也纳大学病理解剖学研究所所长、大学校长等职。

是最早认识到细菌学对于病理解剖学重要性的医学家之一。1887年发现并首次分离出魏克塞尔鲍姆氏脑膜炎球菌。后又发现和分离出肺炎双球菌，并由此成立了奥地利第一所肺卫生研究所。是强调“体质病理学”的先驱者之一。第一次详细记录和描述了关节炎中的地方性骨磨损。主要著作有《病理组织学基础》（1892年）、《与结核病作斗争》（1896年）、《寄生虫学》（1899年）、《人类肺结核的感染途径》（1907年）和《体质和疾病的关系》（1912年）。 （张祝山 李孙演）

魏格特，C.（Weigert，Carl） 德国人，1845年3月19日生于西里西亚地区蒙斯特贝格（今属波兰），1904年8月4日卒于德国美因河畔法兰克福。*病理学、组织解剖学、脑与神经科学、显微术。*

犹太族裔。德国医学家、化疗奠基人P.埃尔利希的表兄。先后在维也纳大学、布雷斯劳大学学医，1868年于柏林大学医学院获医学博士学位。1870～1871年普法战争期间，定居布雷斯劳，任外科助理医师。1879年任莱比锡大学病理学助理教授。1884年任法兰克福森肯贝格基金会病理解剖学研究所教授兼所长。

对神经组织学的最大贡献是，1895年发明髓鞘染色法，使科学家能研究中枢神经系统的微细结构；从对天花发疹的研究中，1874～1875年发明了使细菌在组织切片中显现的技术。1886年发明纤维蛋白及弹性纤维的染色方法等。

（张祝山）

拉弗朗，C.L.A.（Laveran，Charles Louis Alphonse） 法国人，1845年6月18日生于法国巴黎，1922年5月18日卒于同地。*医学微生物学、寄生虫学、热带病学、动物学、军事医学。*

军队医务监督兼军医学校校长的儿子。早年在帝国陆军卫生学校学医。1863年入斯特拉斯堡公共卫生学院学习，1867年毕业。1870～1871年普法战争时期任军医。战争结束后，先后在里尔市和巴黎市的医院工作。1874年经过考试，聘任为巴黎瓦德尔格拉斯陆军军医学校教官。1878～1883年在法国驻阿尔及利亚军中服务。在此期间完成了人体疟原虫研究工作的主要部分。1884年返回巴黎，任军医学校卫生学和临床医学教授。1894年出任军队医院院长，以后又担任军卫生部部长。对于行政职务感到厌倦，终于摆脱了军务，1896年入巴黎巴斯德研究院工作，1907年任热带医学实验室主任。后赴非洲考察睡眠病和利什曼病的病因和流行情况。1908年创建法国海外病理学学会，研究法国殖民地多发的热带病，并主持该学会工作达12年。1912年获法国荣誉军团勋位。

原虫病原体研究的开拓者。主要贡献是发现疟疾病原体。1880年在阿尔及利亚和君士坦丁堡工作时，从疟疾病人的血液里找到了黑色颗粒，推测这些小体就是疟疾的病原体。但由于“病原菌说”在当时科学界占主流地位，他的研究成果一时遭到人们忽视达4年之久。1882年到罗马作短期考察，也发现了疟疾病人血液中的类似小体。到1884年积累了480例标本，将疟原虫在人体内的各个发育阶段的主要形态都描绘了下来。1891年出版《论疟疾和它的病原虫》；1897年出版《论疟疾》。又利用P.曼森提出的蚊子传播丝虫的假说，1894年提出疟原虫也可能通过蚊子叮咬进入人体的假说。因发现疟疾病原体，获1907年诺贝尔生理学或医学奖。

另一个贡献是对昏睡病等锥虫的研究。从1890年起大量研究了各种动物体内的锥虫，前后描述了30种锥虫。赴非洲考察睡眠病和利什曼病的病因和流行情况，查明了非洲等地的牛、马、骆驼、驴等家畜，象、狮、鹿、羚羊以及鼠类、鸟类、鱼类、爬虫类等野生动物，也是锥虫的宿主。1912年出版《锥虫和锥虫病》。1917年发现利什曼病的利什曼原虫，同年出版《论利什曼病》。

（张慰丰 张祝山）

比佐泽罗，G.C.（Bizzozero，Giulio Cesare） 意大利人，1846年3月20日生于意大利瓦雷泽，1901年4月8日卒于都灵。*组织学、实验病理学、临床显微术。*

出身小工厂主家庭。早年学习古典文学和医学。1866年获帕维亚大学医学院医学博士学位。毕业后当过军医。1868年任教都灵大学，1872年任普通病理学教授。1876年创办《医学科学文献》杂志。1878年起先后在帕维亚大学、瑞士苏黎世大学和德国柏林大学任组织学教授。1890年当选为意大利国会参议员。

很重视将显微镜术用于医学实践，曾开设临床显微镜检法课程及正常组织学。最重要的贡献是对上皮组织的研究。1864年发表论文“马尔比基氏表皮网状结构的带纤毛细胞”；1888～1893年发表对哺乳动物胃腺和肠腺的一系列研究结果。其次是对结缔组织的研究，指出脑膜瘤源于脑膜结缔组织细胞、腱细胞直接与胶原纤维相连，阐明网状组织细胞和纤维之间的关系。1868年证明骨髓有产生红血球的功能；1882年发现血小板是血液的正常成分，并与血栓形成有关。曾断言淋巴结

的网状组织细胞也起抗感染作用；发现巨核细胞。著有《临床显微镜检法手册》等书。（田金仙）

莫拉特，J.-P.（Morat，Jean-Pierre） 法国人，1846年4月18日生于法国索恩一卢瓦尔省圣索尔兰，1920年7月25日卒于圣索尔兰附近。实验生理学、心血管学、神经科学。

早年在里昂大学学习。后来在巴黎大学医学院著名生理学家C.贝尔纳的实验室工作和学习，1873年获医学博士学位。曾任里昂大学医学院生理学教授、法国医学科学院内科学部和外科学部联系人等。

对生理学的贡献，主要在对自主神经系统方面的研究。特别是和A.达斯特尔（Albert Dastre）在1880年发现了刺激颈部交感神经导致家犬齿龈和硬腭的血管扩张。他们后来的研究强调了舒血管神经调节器官功能的普遍意义，共同提出“达斯特尔一莫拉特定律”，即体表血管的收缩通常伴随着内脏血管的扩张，反之亦然。还研究过肌肉生理学，以及自主神经对心脏纤颤的影响等问题。主要著作有《生理学》（1899年）、《神经系统生理学》（1906年）等。1899年获拉卡兹奖。

（张祝山）

莫索，A.（Mosso，Angelo） 意大利人，1846年5月30日生于意大利都灵，1910年11月24日卒于同地。临床诊断学、生理学、考古学、人类学、仪器研制。

1870年以优异成绩毕业于都灵大学医学院。后获奖学金在佛罗伦萨大学、莱比锡大学和巴黎大学进修2年。后回都灵大学医学院任教，1876年任药理学教授，1879年任生理学教授兼生理学研究所所长。1882年创办意大利《生物学》杂志。1900～1901年访问美国。1897年入选瑞典皇家科学院外籍院士。

对生理学研究的重要贡献，在于强调尽可能直接在人体和动物上进行实验，即“真正的人体生理学研究”。研究了运动功能，以及生理与心理现象之间的关系。发明了许多生理学仪器，最著名的是用来测定血管容积缓慢变化的体积描记仪，还有莫氏肌功描记仪和痛觉描记仪。还研究了睡眠时的呼吸，以及高原人体生理学，证明呼吸困难是由于低碳酸血症、器官中缺少二氧化碳的缘故。他领导下的都灵大学生理学研究所是极活跃的研究中心，吸引了许多外国学者。1904年起致力于人类学和考古学，在这方面与生理学一样享有盛誉。

著作颇丰。出版有《脉搏诊断学》（1879年）、《论恐惧心理》（1884年初版，1891年第2版；1896年英译本）、《论疲劳》（1891年初版，1904年英译本）、《大脑的温度》（1894年）、《阿尔卑斯山人生理学》（1897年初版，1909年第3版）、《现代生活的意大利人》（1905年）、《克里特岛和地中海游览》（1907年初版，1910年第2版）、《史前地中海文明》（1910年初版，1911年纽约英译本）等。（张祝山）

马尔其亚法瓦，E.（Marchiafava，Ettore） 意大利人，1847年1月3日生于意大利罗马，1935年10月23日卒于同地。病理解剖学、传染病学、心肺病理学、公共卫生学。

1869年、1872年先后在罗马大学获学士和医学博士学位。期间曾去柏林大学医学院进修，在科赫指导下研究细菌学。留校任教，1881年任副教授，1883年任该校病理解剖学教授，1917年任临床医学教授，1922年退休。1913年入选罗马参议员、意大利政府卫生顾问等职。

著名的病理解剖学家、杰出的临床医生。1880～1891年，当时传染病尤其是疟疾和结核病大流行，导致他投身这方面研究。发现了疟疾感染是经血液传递的；通过临床观察和用显微镜检查血液，证明疟原虫生长、增殖引起红细胞发生变化；提出鉴定区分恶性疟、间日疟与三日疟的临床方法；1884年与切利（A. Celli）合作，鉴定出流行性脑脊髓膜炎的致病因子为脑膜炎球菌，1890年两人共同出版研究成果。是心肺病理学的先驱。发现冠状动脉硬化在心肌梗塞发病中的重要性，并建议使用可可碱治疗；证明细菌引起心内膜溃疡；研究了结核病时支气管与肺相连部位的结构变化，以及结核病的临床流行病学；还研究了与感染（如猩红热）有关的肾小球肾炎；1897年，首次发现酗酒者大脑胼胝体存在变性，即马一比氏（Marchiafava-Bignami）综合症；此外还发现了马尔其亚法瓦氏肺后尖三联症、马一米氏（Marchiafava-Micheli）综合症。

主要著作有：《关于疟疾本质的新研究》（1881年，与他人合著）、《夏秋季寄生虫引起的热症》（1889年）、《夏秋季疟疾引起的热症》（1892年初版，1894年英文版）、《疟疾传染》（1903年初版，1931年第2版）、《恶性疟疾》（1928年）、《疟疾病理学》（1930年）。1926年获曼森奖章。（张祝山）

唐宗海（Tang Zonghai） 字容川。中国清代四川彭县人，清代道光二十七年（1847年）生，光绪二十三年（1897年）卒于彭县。中医学。

早年学文。同治十二年（1873年）因其父患吐血、下血症，经查找各书，延请名医施治无效，遂致力于学医，遍览方书。光绪十五年（1889年）中进士，授礼部主事，并应诏为慈禧太后治病。1888～1892年先后游历上海、广州等地行医。暮年返乡行医。

清代著名医学家，为中西医汇通派较早期的代表人物之一。1884年著成《血证论》（8卷）。后又陆续撰成《中西汇通医经精义》（2卷，1892年）、《金匮要略浅注补正》（9卷，1893年）、《伤寒论浅注补正》（7卷）、《本草问答》（2卷，1893年）、《中西医学入门》（2卷），合称《中西医汇通医书五种》，曾经官方示谕刊印，广为流传。在临床上有丰富的经验，尤其在治疗血证，运用止血、消瘀、宁血、补血四大法，有独到之处，对后世中医学有相当影响。另撰有《医易通论》1卷、《医学一见能》4卷、《痢症三字诀》1卷、《医易详解》（附《医案类录》）1卷，以及《医柄》、《六经方证中西通解》等。

他明确提出“中西汇通”之说，意在保存和发扬中国传统医药学，力图证明中医并非不科学。认为中西医各有所长，各有所短，谓“西洋剖视，只知层析，而不知经脉；只知形迹而不知气化，与中国近医互有优劣”。遂主张“损益乎古今”，“参酌乎中外”，以求尽美尽善之医学。曾说：“盖西医初出，未尽周详，中医沿讹，率多差谬，……因摘灵素诸经，录其要义，兼中西之说解之，不存疆域异同之见，但求折衷归于一是。”吸收了一些西方解剖生理学知识，所主张的中西医汇通，主要是用西医来印证和解释中医，尽管存在牵强附会处，但看到中西医相通的一面，从而驳斥了“中医取消论”，在当时实难能可贵，有积极的历史作用。因而后人在划分中医学派时，认为他是中西医汇通派的代表人物之一。 （张慰丰）

佩罗西托，E.（Perroncito，Edoardo） 意大利人，1847年3月1日生于意大利维亚莱达斯蒂，1936年11月4日卒于帕维亚。传染病学、寄生虫学、兽医学。

鞋匠家庭出身。1867年到都灵大学学习，毕业获兽医学博士学位。留校任教，1873年任都灵大学兽医病理解剖系主任，1874年（27岁）任教授，1875年被授予寄生虫学首席教授，这一职称是专为他而设立的。一些国家的科学院、大学和社会团体授予他外籍院士、荣誉博士学位或荣誉会员称号。

主要研究棘球属和囊尾蚴病、以及其他寄生虫对人和动物的感染。指出感染牛的结核菌和感染人的结核菌相同。在研究传染病病理学和动物寄生虫学过程中，有许多重要发现。1878年，他在法国图林地区发现，当地在山上放养的家禽，原来出现的温和性临床症状，不久变为高病原性，以致该地区家禽全部死去。这是兽医史上关于家禽流感的最早报道。他还发现，参与建造圣戈特哈德铁路的工人中，患贫血症的很普遍，研究的结果是由于体内的钩虫造成的，因此对症下药，获得奇效。由于在寄生虫学方面的成就，1932年法兰西学院授予他蒙蒂翁奖。 （张承圭 吕慧梅）

弗勒西格，P. E.（Flechsig，Paul Emil） 德国人，1847年6月29日生于德国萨克森的茨维考，1929年7月22日卒于莱比锡。解剖学、精神病学、胚胎学、脑与神经科学。

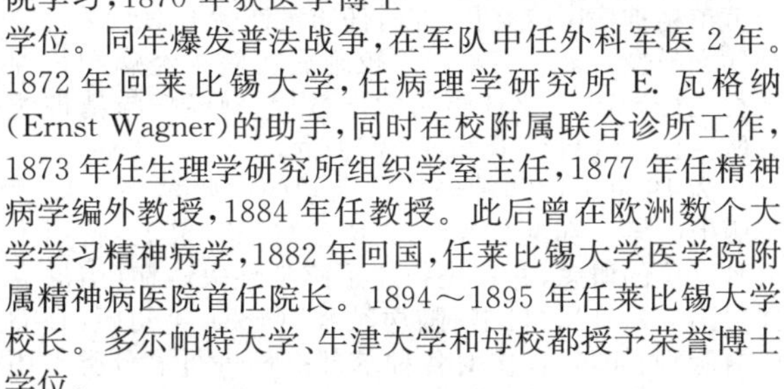

新教徒教堂执事之子。1865年入莱比锡大学医学院学习，1870年获医学博士学位。同年爆发普法战争，在军队中任外科军医2年。1872年回莱比锡大学，任病理学研究所E. 瓦格纳(Ernst Wagner)的助手，同时在校附属联合诊所工作，1873年任生理学研究所组织学室主任，1877年任精神病学编外教授，1884年任教授。此后曾在欧洲数个大学学习精神病学，1882年回国，任莱比锡大学医学院附属精神病医院首任院长。1894～1895年任莱比锡大学校长。多尔帕特大学、牛津大学和母校都授予荣誉博士学位。

对癔病、癫痫、神经梅毒和舞蹈病等的病理学和临床都有研究。1876年首创以髓鞘发生的进化顺序来确定大脑的功能区和脊髓中神经通路的方法，并确定神经在长满髓鞘后才有功能。确定了人出生前就有的12个大脑皮质区和24个出生后才有的功能区，从而明确了感觉和运动的投射区大都在出生前长成，而司智能的联合区则是出生后才成熟的，1883年并以此为根据绘制了脑功能图。1886年发明对中枢神经系统进行染色研究新方法，进一步研究神经节细胞和神经纤维的关系。

主要著作有《梅毒性脑膜炎》(1870年，博士论文)、《在进化基础上对脊髓和大脑神经通道的研究》(1876年)、《人脑功能区图研究》(1883年)、《精神病学和神经病学教程》(1891年)、《心理健康和疾病防治》(1896年)、《以髓鞘发育为基础的人脑与脊髓解剖学》(1920年)等。 （顾振海）

朗格罕，P.（Langerhans，Paul） 德国人，1847年7月25日生于德国柏林，1888年7月20日卒于马德拉群岛（今属葡萄牙）丰沙尔。显微解剖学、病理学、细胞生物学、海洋生物学。

柏林名医的儿子。曾先后在耶拿大学和柏林大学学医，1869年获柏林大学病理学研究所医学博士学位。受魏尔啸和科恩海姆 (Cohnheim)影响较深。毕业后曾随地理考察队去过中东地区叙利亚、巴勒斯坦和约旦等地。回欧洲正遇普法战争进行中，在法国战场任普鲁士救护队军医。1871年任弗赖堡大学病理解剖学示教员，1873年任教授。1874年在实验室不慎感染肺结核，只好去意大利和瑞士疗养。1875年起在马德拉岛疗养时，开始研究海洋蠕虫。后在丰沙尔开业行医，主要为患肺结核病人治疗。1885年娶病人中的一位寡妇为妻。卒于肾感染。

主要贡献是对人和动物的显微解剖研究。是采用新方法和染色技术探索新领域的先驱者之一。1868年当他仍是大学生时，在使用氯化金染色法处理人体皮肤样本时，发现了支配皮肤的神经细胞（朗格罕氏细胞）。1869年首次在博士论文中报告，在胰脏中发现不同于胰腺主体的细胞群（朗格罕氏岛）。后来F. G.. 班廷发现该细胞能分泌胰岛素。与F. 霍夫曼一起研究巨噬系统，引出后来的网状内皮系统概念。还发现皮肤内的颗粒细胞层（朗格罕氏层）。研究了脊椎动物心肌纤维和人副生殖腺的显微结构。对结核病原学和人类学亦有研究。此外，他对海洋蠕虫的收集和描述，以及对海洋无脊椎动物的分类研究，是他一生对科学事业的第三大贡献，1887年曾在柏林皇家科学院作过报告。

（张祝山 顾振海）

加斯克尔，W. H.（Gaskell，Walter Holbrook） 英国人，1847年11月1日生于意大利那不勒斯，1914年9月7日卒于英国剑桥附近。血管学、心脏学、生理学、神经科学、生物进化论。

律师的儿子。1865年进剑桥大学三一学院，1869年获文学士学位。留校生理学实验室工作。1872年到伦敦大学学院医院学习临床医学，1878年获医学博士学位。毕业后回剑桥大学任教，1883年至去世任生理学讲师。1881 年被英国皇家学会任命为克鲁宁讲座讲师，翌年成为该会会员。1889 年当选为三一学院评议员。

生理学研究工作分三个阶段。1874～1879 年以狗和蛙作为生理学模型研究血管运动，发现支配肌肉血管运动的神经纤维为舒血管纤维；还提出血管周围淋巴液呈碱(酸)性时，血管收缩(舒张)的新机制。1880～1883 年研究心脏搏动。当时流行的观点认为所有生理节律均依赖于神经的作用，他利用小条心肌标本进行研究，证明心脏搏动的节律和顺序取决于心肌的固有性质，而不是神经的影响；心搏起自节律最高的窦部，依次传到心房及心室，收缩波在房室交界部传导缓慢并发生延搁。这一学说成为心脏活动理论的基础。1884～1887 年研究神经系统。发现并证实心加速神经和抑制神经在功能和形态上有明显差别；还发现中枢神经系统与交感链之间为单向联系。晚年研究哺乳动物的进化，出版有《脊髓动物的起源》(1908 年)。身后出版有《无意识神经系统》(1916 年)。获得多种荣誉称号和奖励，其中 1889 年获英国皇家学会皇家奖章。（张祝山　顾振海）

克赖顿，C.（Creighton，Charles）　英国人，1847 年 11 月 22 日生于英国苏格兰阿伯丁郡彼得海特，1927 年 7 月 18 日卒于英格兰北安普敦郡上博丁顿。*解剖学、病理学、医学史学。*

出生于一个海港城镇，曾在当地学校和奥德阿伯丁中等学校上学。1864 年获奖学金入阿伯丁大学国王学院，1867 年获文科硕士学位。后入该校附属的马利沙尔学院学医，并在爱丁堡大学医学院附属医院实习，1871 年获医学士和理科硕士学位，1878 年获医学博士学位。毕业后在维也纳大学 K. von 罗基坦斯基、柏林大学医学院魏尔啸指导下学习一年。1876 年受聘为剑桥大学解剖学示教员。1879 年任《解剖学和病理学》杂志副主编。1881 年不知何故离开剑桥大学去伦敦。晚年过着孤独的生活。1918 年移居北安普敦郡，最后死于脑溢血。

1881 年出版《人的牛型结核》一书。在《解剖学和病理》杂志上发表 11 篇关于正常和病理解剖学的论文。1883～1886 年出色地翻译 A. 赫希（August Hirsch)的 3 卷《历史、地理病理学手册》。此后几年致力于主编《英国流行病史》(2 卷，1891～1894 年)。他因医史学著作而广为知名，但又因怀疑传染病的细菌理论和疫苗接种的效力而受到指责。1885 年、1888 年为英国大百科全书撰写两篇有关病理学、种痘疫苗的文章，引起主流医学杂志的抨击，但他仍坚持自己的观点，并继续发表不同意见。（陈闻鹍）

萨洛蒙森，C. J.（Salomonsen，Carl Julius）　丹麦人，1847 年 12 月 6 日生于丹麦哥本哈根，1924 年 11 月 14 日卒于同地。*临床医学、细菌学、传染病学、免疫学。*

出身医学世家。1871 年获哥本哈根大学医学院医学博士学位。后周游德国，并到过法国巴黎。1873 年任哥本哈根市政医院助理。后在哥本哈根大学任细菌学讲师，1893 年任病理学教授，1895 年任血清疗法实验室首任主任，1919 年任校长，1920 年退休。1891 年当选为丹麦皇家科学院院士。获英国曼彻斯特的维多利亚大学、挪威奥斯陆的克利蒂安尼亚大学(今奥斯陆大学)荣誉博士学位。

在德国布雷斯劳大学和 J. 科恩海姆（Julius Cohnheim)共同证实了结核病的特异性。1878 年研究了人体脓液中的细菌，从中鉴别了链球菌。1884 年和克里斯塔马斯(Christamas)共同发表了假感染和相思豆所致眼炎的研究报告。1885 年出版《细菌学技术指南》，该书后来被译成多种文字出版。对教育事业也有贡献，在他建议下设立了免费学校，供经济困难的学生就读。他创立的血清疗法实验室，为后来的丹麦国家血清免疫研究所奠定了基础，在国际上享有声誉。（顾振海）

维德斯海姆，R.（Wiedersheim，Robert）　德国人，1848 年 4 月 21 日生于德国巴登-符腾堡州尼尔廷根，1923 年 7 月 23 日卒于博登湖畔林道。*比较解剖学、胚胎学、动物学、生物进化论。*

自幼丧母，受到父亲(医生和博物学家)的很大影响，喜爱研究动植物。先后在蒂宾根大学、维尔茨堡大学和弗赖堡大学学医。1876～1918 年在弗赖堡大学任教，先后任解剖学编外教授、教授，解剖学和比较解剖学研究所所长。

主要致力于脊椎动物的比较解剖学研究，在学术观点上坚定拥护达尔文的生物进化论学说。出版《人的结构：其过去历史的标志》(1893 年)一书，内罗列有 86 种“退化器官遗迹”的一览表，后又扩展到 180 种，令学术界瞩目。出版一系列教科书，其中著名的《脊椎动物比较解剖学》一书，吸引了无数欧美学生前往他的研究所学习。（张祝山）

韦尼克，C.（Wernicke，Carl）　德国人，1848 年 5 月 15 日生于德国普鲁士上西里西亚地区塔尔诺维茨(今波兰的塔尔诺夫斯克山)，1905 年 6 月 15 日卒于格来塔尔的德尔贝格。*解剖学、精神病学、外科学、脑与神经科学。*

出生于中产阶级家庭。1870 年在布雷斯劳大学获医学博士学位。同年普法战争爆发，任外科军医。1871 年任布雷斯劳市政医院精神病科助理。1875 年任柏林夏立特诊所助理。1878 年开业行医。1885 年出任布雷斯劳市精神病医院院长，同时任布雷斯劳大学医学院精神病学教授，1890 年兼任该校附属医院神经病和精神病科主任。1904 年任哈雷大学教授、神经病与精神病诊所主任。因自行车车祸受伤去世。

为 19 世纪德国神经精神病学的中坚之一。26 岁出版他的第一部重要著作《失语症》(1874 年)。提出了大脑定位的概念，并首先叙述了感觉性失语症(韦尼克氏失语症)。以教科书《脑病教程》(1881 年初版，1883 年再版)而知名，首次对各种脑部疾病进行了分类。还发现了出血性急性脑灰白质炎(韦尼克氏脑病)。1882 年他报告了首例外科手术治疗脑脓肿病例。（张祝山）

佩克哈林，C. A.（Pekelharing，Cornelis Adrianus） 荷兰人，1848年7月19日生于荷兰赞丹，1922年9月18日卒于乌得勒支。组织解剖学、病理学、细菌学、营养学、生理化学。

1866年进入莱顿大学学医，1871～1876年任生理学家A. 海泽厄斯（Adriaan Heysius）的助手，1877年取得医学博士学位。1878年任维特里纳医科学校讲师。1881年任乌得勒支大学病理学和解剖学教授。曾两次就任荷兰皇家医学促进协会主席。是荷兰皇家科学院院士。

毕生从事医学研究和教学。早年曾深入地研究了蛋白质在胃中的消化过程及其产物，并将这种产物命名为蛋白胨，其理论在欧洲具有代表性。还研究了白细胞在发炎和吞噬中的作用、炭疽杆菌和芽孢的生物化学、细菌学和组织学等方面的课题。1886年开始从事营养学研究，出版关于蛋白质食物的专论。 （方正源）

劳埃德，J. U.（Lloyd，John Uri） 美国人，1849年4月19日生于美国纽约州西布卢姆菲尔德，1936年4月9日卒于加利福尼亚州范努伊斯。药理学、药物化学、药用植物学、科学传播、文学。

工程师和教师的儿子。身材矮小但思想活跃。14岁起当药剂师的学徒，后成为药剂师。他的两个弟弟N. A. 劳埃德和C. G. 劳埃德也跟他走同样的道路。1886年，三个兄弟合伙购并梅里尔与索普制药公司并更名为“药剂师劳埃德兄弟公司”。虽未受过高等教育，但曾任药学院化学教授。

是把物理化学应用于制药技术的先驱。发明并享有许多实用技术的专利，如植物液汁提取的“冷馏法”、“劳埃德试剂”（含水硅酸铝）等。研究了许多美国本地植物的药学和化学性质。1919年，他和两位弟弟创立劳氏图书馆与博物馆，至今被许多人认为是世界著名的医药文献收藏馆，其中展示了大量药用植物标本、制药工艺、医史文献，兼收并储了各种民族民间医药成果。发表过科学文章、历史著作和极具地方色彩的一系列小说。主要医药著作有《实用药物化学》（1881年）、《药物制剂》（1883年）、《美国药典草药史》（1911年）、《狭叶紫锥菊》（1923年）等。获美国药学会的雷明顿奖章。1973年，他在辛辛那提德的故居被定为美国历史文物予以保护。 （张祝山）

普鲁登，T. M.（Prudden，Theophil Mitchell） 美国人，1849年7月7日生于美国康涅狄格州米德尔贝里，1924年4月10日卒于纽约。病理学、细菌学、传染病学、公共卫生学、考古学。

幼时因病常辍学，靠自学考入马萨诸塞州威尔布里厄姆学院学习。毕业于耶鲁大学谢菲尔德学院，1875年获该校医学院医学博士学位。1879年任教纽约内科和外科医师学院（今纽约大学医学院），1882年任病理学和组织学实验室主任。为1885年在柏林大学受教于科赫的首批美国人之一。回国后开展细菌学研究。是纽约市卫生局细菌学顾问。1892年起任哥伦比亚大学医学院病理学教授。1897年在耶鲁大学获法学博士学位。1901年起任纽约洛克菲勒医学研究院（今洛克菲勒大学）院长。是美国国家科学院院士。

美国病理学创始人之一。积极献身公共卫生事业的改进，经常参加鼠疫、霍乱等流行病的调研和防治。曾和德拉菲尔德（Delafield）合著第一本英文病理学教科书，还写了组织学手册及许多学术论文。经常到各地旅游考察，收集各种材料，写了不少考古学论文。收集的实物后来献给了耶鲁大学的皮博迪博物馆。主要著作有《正常组织学指南》（1881年）、《病理解剖学和组织学手册》（1885年初版，1911年第9版，与他人合著）、《细菌的故事》（1889年）、《灰尘及其风险》（1891年）、《饮水和冰的供应》（1891年）等。 （张志练 张祝山）

奥斯勒，W.（Osler，Sir William） 加拿大人，1849年7月12日生于加拿大安大略省西蒙克湖畔邦德海德，1919年12月29日卒于英国牛津。内科诊断学、病理解剖学、医学史学、医学教育。

祖籍英格兰康瓦尔。英国传教士之子，家中9个孩子中最幼者。1857年全家从邦德海德迁居当达斯。1865年入加拿大多伦多大学三一学院学艺术，1868年转该校医学院学医。1871年转读蒙特利尔的麦吉尔大学医学院，1872年获医学博士学位。1873年去英国伦敦大学生理实验室进行博士后工作。1874年回加拿大任麦吉尔大学医学院生理学讲师，次年任内科学教授，1876年兼任蒙特利尔总医院病理学医师。1884年任美国宾夕法尼亚大学医学院临床内科学教授，兼任费城临床医学会会长。1888年任美国约翰斯·霍普金斯大学医学院内科学教授，次年兼任该校附属医院首席内科医师。1901年任北美医学图书馆协会主席。1904年至去世，任英国牛津大学钦定内科学讲座教授、该校博德利图书馆馆长，兼任大不列颠与爱尔兰医学图书馆协会主席。1908年、1910年任《内科学季刊》、《现代医学》杂志主编。1884年入选英国皇家医学学会外藉会员。1890年入选英国皇家学会外藉会员。1911年赐封准男爵。在西班牙大流感全球传播期间，患肺炎去世。

近现代内科学奠基人之一。倡导临床观察和实验研究相结合方法。1873年证实血小板是血液中第三种血球状成分，研究血小板与血栓形成的关系。19世纪80年代起，解剖大量尸体，在费城病理学会作关于肺炎尸解100例专题报告。90年代，出版《临床内科学原理》（1892年初版），根据病理学和解剖学进行疾病分类，长期为临床内科学标准教程，多次再版，有法、德、意、西、中等多种译本；1895年首次描述红斑狼疮的全身系统反应。1901年首次报道遗传出血性毛细血管扩张症主要表现。1903年首次报道真性红细胞增多症（即“奥斯勒氏病”），临床主要表现为红细胞增多、慢性紫绀与脾肿大。1908年首次观察到亚急性细菌性心内膜炎患者手足皮肤出现疼痛性肿胀小结。有10余种疾病或病征以他的姓氏命名。

他善于吸收世界各国优秀医学成果。在“现代医学的演化”论文中，高度评价中医脉学在诊断中的作用，推荐用中国针灸治疗坐骨神经痛、腰痛等疾病；19世纪80

年代起，参考德国科学教育方法，倡导临床教学与基础学科、自然科学与人文科学结合，改革传统英国式临床教学组织形式和课程结构，改革临床教学医院管理制度，促进医学教育和医院正规化发展，有些制度沿用迄今。此外收集整理大量医学史文献，对医学史重大人事有精辟评论。还撰有《近代医学之进展》(1901 年)、《科学与不朽》(1904 年)、《生命之途》(1926 年)等著作。

（李啸虎）

巴甫洛夫，И. П.（Павлов, Иван Петрович；Pavlov, Ivan Petrovich） 苏联人，1849 年 9 月 27 日生于俄国梁赞。1936 年 2 月 27 日卒于列宁格勒(今圣彼得堡)。实验临床医学、生理学、心理学、脑与神经科学。

一个贫穷东正教神父的儿子，7 岁跌伤后病了 4 年，11 岁入梁赞教会中学。1864 年上梁赞神学院。1870 年末以优异成绩和清寒证书获圣彼得堡大学奖学金，就读于该校数理系生物科学部，受“俄罗斯生理学之父”谢切诺夫《脑的反射》一书影响，师从著名生理学教授齐昂(E. F. Uyon)，1875 年获硕士学位。留校被齐昂聘为助教。同年考入圣彼得堡医学科学院(后改为军事医学科学院)，同时在兽医学研究院学习生理学。1876～1878 年在 K. H. 乌斯莫维奇教授的实验室工作，独立完成许多血液循环生理学方面的重要工作，注重于在自然条件下用完整的机体来研究机体机能的方法。期间 1877 年去德国布雷斯劳大学(今波兰弗罗茨瓦夫大学)学习消化生理学。1878 年应邀到俄国著名临床医师博特金(С. П. Боткин)的临床生理学实验室工作。1879 年以优异成绩修完军事医学科学院课程，获金质奖章。1883 年发表心脏离心神经的论文，获医学博士学位、金质奖章和讲师职称。同年再次去布雷斯劳大学，1890 年回国。期间 1884～1886 年研究离体心肺的新方法，完成血液循环系统中的生理学及药理学等方面许多重要课题，这为以后发现调节胰腺分泌活动的神经和实现他的经典性的假饲实验奠定了基础。1890 年任军事医学科学院药理学教授，1891 年任新建立的实验医学研究所生理学部主任，1895 年任生理学系主任，1924 年因抗议学院开除所有神职人员子弟而辞去主任职务。1929 年任列宁格勒(今圣彼得堡)巴甫洛夫科学站主任，1935 年任新建的巴甫洛夫实验室主任。1901 年当选为圣彼得堡科学院通讯院士，1907 年被选为院士。

所创立的高级神经活动学说，对于医学、心理学、教育学以及哲学都有巨大的影响。毕生研究可分为三个阶段，对科学贡献大致涉及三大领域。

1874～1883 年，主要从事血液循环研究，尤其重视神经系统对心脏活动的影响。率先证明心肌功能受 4 条神经支配，即减慢神经、加速神经、减弱神经和加强神经；探讨调节血压的神经机制，阐述血管适应活动中的神经机制和作为血压调节者的迷走神经的作用；证明神经调节心脏活动的机制；断定神经系统存在着营养性机能。

1879～1897 年，主要从事对消化生理的研究。创造许多外科手术，改进实验方法，其中制成各种类型导管，从唾液腺、胃和胰腺中接出来，称之为假食道；设计胃小室手术及假饲；以慢性实验代替急性实验，证明动物所有主要消化腺都有专门的分泌神经，揭示了神经系统在调节消化过程中的主导作用。因这个领域所作出的贡献，获 1904 年诺贝尔生理学或医学奖。

1902～1936 年，集中研究大脑和高级神经活动的生理机制。在研究消化过程中发现所谓的“心理性分泌”，导致巴甫洛夫提出条件反射学说。继承和发展了谢切诺夫的反射论思想，提出了条件反射的三项基本原则，即决定论原则、分析与综合统一原则、机能与结构统一原则；把机体看成一个完整的系统，研究在环境条件作用下，大脑皮层对机体的调控作用；以大量的实验研究，揭示了形成条件反射的基本条件、方式和程序；研究了形成条件反射的大脑高级神经活动的机制，以及中枢神经系统的基本活动过程(兴奋和抑制)和它们的主要活动规律(扩散、集中、相互诱导等)；进而研究高级神经活动的动力定型、动物神经类型，以及实验性神经官能症的机制；晚年提出两种信号系统学说，力图说明人与动物的区别，用第二信号系统的概念来表示人特有的抽象思维能力和语言能力。

主要著作有《胰腺的神经支配》(1875 年)、《心脏的传出神经》(1885 年)、《主要消化腺功能讲义》(1897 年)、《消化腺功能》(1902 年英文版，1910 年第 2 版)、《动物实验性心理学及精神病理学》(1903 年)、《消化腺的外分泌功能及其机制》(1907 年)、《研究消化腺的手术方法》(1911 年)、《动物高级神经活动(行为)客观研究 20 年经验》(1923 年)、《大脑两半球机能讲义》(1927 年)、《条件反射》(1927 年英文版)等；《巴甫洛夫全集》(5 卷，1940～1949 年；第 2 版 6 卷)。

（陈闻鹃　张慰丰）

朱沛文(Zhu Peiwen) 字少廉，又字绍溪。中国清代广东南海人，生卒年不详，约生于 19 世纪中叶。中医学、解剖学、中西医结合。

出身世医之家，其父兄均以医名。生当清末，又生活在岭南一带，正是西方医学在中国广为传播之地。自幼随父学医，除苦读《内经》、《难经》以下多种医书外，还学习了当时传入的一些西医书籍，曾到西医院亲眼观看人体解剖，对形成中西汇通思想有较大影响。

中国近代中西汇通派的代表人物之一。积多年观察，于 1892 年撰成《华洋脏象约纂》(又名《中西脏腑图像合纂》)3 卷。书中汇集《内经》、《难经》、《医林改错》等书中有关人体结构、脏腑图像，与西方生理解剖知识及解剖图谱相互参照，并加以论述，集中反映了自己中西汇通的学术思想。书中对于中西医学提出了较为中肯的见解。认为中西医“各有是非，不能偏主”。西医“长于格物，而短于穷理”，解剖生理知识较详确，但西医“逐物太过，而或涉于固”；中医“精于穷理，而拙于格物”，但又“信理太过，而故涉于虚”。并认为用西洋解剖学、生理学来疏证《内经》，可使《内经》之理更加彰著。认为中医与西医之间，虽有可通之点，但也存在不同之处，主张通其可通，存其互异，这种见解是值得重视的。在反对封建礼教和评价前人方面，也持比较正确的态度，对宋以后的医学家如刘完素、李时珍、吴有性等都予以肯定；对王清任在《医林改错》中的错误也予以指出；对陈念祖等人的尊古思想则持批判态度。被后世称为中西汇通派的开明医家之一。著有《医论》、《医学管见》及针灸论著等，未见刊行。（张慰丰）

格夫基，G. T. A.（Gaffky，Georg Theodor August）　德国人，1850年2月17日生于德国汉诺威，1918年9月23日卒于同地。病理学、细菌学、传染病学、公共卫生学。

航运代理商的儿子。从预科学校毕业后进柏林大学医学院学医，虽因普法战争而中断学业，但仍于1873年获医学博士学位。后在柏林夏里特医院工作。1875年通过国家考试后任外科军医。1880年和F. 勒夫勒(Friedrich Löffler)一同，在皇家卫生理事会中任R. 科赫的助手。1883～1884年参加科赫领导的霍乱考察队到埃及和印度。1888年任吉森大学卫生学教授。1894～1913年继科赫任柏林大学医学院传染病研究所所长。

1873年博士论文研究铅中毒与肾病之间关系。1884年发表研究成果，报告从28例病案中26例成功分离伤寒杆菌。以往曾有人观察到伤寒病人体内有此种杆菌存在，但未确定两者之间的关系。他多年来致力于改进实验室培养细菌的方法，首次对伤寒杆菌成功进行了纯培养，并制定了鉴别它的标准，描述了它的形态。这一成功和1881年人工诱发败血症的实验一起，为病原菌特异性提供了证据。

1892年汉堡霍乱大流行，任政府流行病防治顾问，及时控制了局面。1897年印度爆发腺鼠疫大流行，他主持了德国调查组现场视察并提出对策。（顾振海）

韦尔奇，W. H.（Welch，William Henry）　美国人，1850年4月8日生于美国康涅狄格州诺福克，1934年4月30日卒于马里兰州巴尔的摩。病理学、细菌学、公共卫生学、医学史学。

出身医家，自幼丧母。1870年获耶鲁大学文学士学位。短期留校任教。后跟父亲学医。1875年获纽约市内科与外科医师学院医学博士学位。后又去欧洲斯特拉斯堡、莱比锡、布雷斯劳、维也纳等大学医学院学习和研究。曾任约翰斯·霍普金斯大学病理学教授，该校医学院第一任院长，1916年任公共卫生学院第一任院长。1890年参与发起成立约翰斯·霍普金斯医史学会。1901～1903年任洛克菲勒医学研究院科学理事会理事长。是美国医学学会会长、《实验医学》杂志主编。1913～1917年任美国国家科学院院长。

鉴定出气疽杆菌；分离出产气荚膜杆菌。还曾研究发热、血栓形成等。致力于改善城市卫生状况。1929年他倡议由洛克菲勒基金会资助，在约翰斯·霍普金斯大学内创办医学史研究所，该所不仅开展广泛的研究工作，而且编辑杂志，出版专著，并培养了一批医学史人才，著名医史学家如西格里斯（Sigerist）、加利逊（Garrison）等均曾在该所任职。（张祝山）

沙比-谢弗，E. A.（Sharpey-Schfer，Edward Albert）　英国人，1850年6月2日生于英国米德尔塞克斯郡霍恩塞，1935年3月29日卒于苏格兰北贝里克。组织学、实验生理学、内分泌学。

德国裔。1918年，他将恩师沙比的姓加在原有姓之前，不仅表示感恩，同时也避免了第一次世界大战期间因德国姓氏而在英国引起的麻烦。父亲是德国移民，在英国经商。他是家中第三个儿子。1868年入伦敦大学学院学医，师从W. 沙比，1871年获首份沙比奖学金，1874年留校任临床生理学助理教授，后任教授。1878年被选为英国皇家学会会员。1899年任爱丁堡大学生理学教授，1933年退休。1908年创办《实验生理学》季刊并任主编，该刊一直持续出版到1933年。1912年任英国医学学会会长，并任第十一届国际生理学学会会长。1913年被封为爵士。1933年任爱丁堡皇家学会会长。获多所大学荣誉博士学位。

早期研究组织学和胚胎学，所著的《组织学基础》(1885年初版，1902年第6版)是被欧美大学广泛采用的英文版教材之一。对神经纤维之间的相互关系，以及中枢神经生理学其他问题，亦有过研究。但最重要的贡献是在内分泌领域内，首次将肾上腺素提取物引入临床医学实验与应用，在肾上腺和垂体生理作用方面的研究，对推动生理学发展起了积极作用。早在1894年，就指出胰岛从组织形态上像一个内分泌器官，其产物可能对血糖浓度有影响，1913年他建议将这种物质命名为胰岛素。并将“内分泌腺”、“自体有效物质”及“抑素”等术语引入内分泌学。他还发明了著名的沙比-谢弗人工呼吸法。

主要著作还有《临床组织学教程》(1877年)、《英国生理学家撰述的高级生理学教程》(1898年)、《实验生理学》(1910年)；主编奎恩(R. Quain)的《解剖学基础》(其中第8～10版与他人合作编辑)。1924年获英国皇家学会最高奖科普利奖章。（吴馥梅　刘洪义）

里歇，C. R.（Richet，Charles Robert）　法国人，1850年8月26日生于法国巴黎，1935年12月4日卒于同地。生理学、毒理学、免疫学、心理学、心灵学、文学。

巴黎大学医学院临床外科学教授A. 里歇(Alfred Richet)的儿子。1869年获巴黎大学医学院医学博士学位，1878年获该校理学博士学位。期间1873～1875年任实习医生。1876～1882年在法国大学多个著名生理学家实验室工作，得到他们的指导和帮助，特别是受C. 贝尔纳的影响很大。1877年结婚，后生有5个儿子。1878～1902年任法国《科学》杂志主编。1887年任巴黎大学医学院生理学教授。1891年创办《心灵科学年鉴》。1898年当选为法国医学科学院院士。1905年当选为英国心灵研究会名誉会长。1914年当选为法国科学院院士,1933年任院长。1917年任《普通病理学和生理学》杂志联合主编。1919年、1929年先后任巴黎国际超灵学研究会名誉会长、会长。

早期进行过催眠治病研究,认为催眠不可能用一种假象来解释,其根本现象如同疾病一样也是一个规律的过程。由此激发出将心理学和生理学现象联系起来的毕生兴趣,并放弃外科医生职业而转向生理学研究。对胃的消化、肌肉收缩的性质、无机盐的毒性和动物热的产生与调节等方面均有建树。1876年分析纯净胃液在水与乙醚中的分配系数,证明胃酸主要是一种无机酸(盐酸)。胃液分泌是神经反射性分泌。1878年证明肌肉收缩潜伏期是可变的,尤其在疲劳时潜伏期延长,因而认为机体对一种刺激的反应受以前刺激影响的制约。1883年后,开始对动物热量进行实验研究。认为狗急促呼吸的特点是降温手段而并非为增加气体交换所必需,可称为"热性气喘反应",便于用来研究体温调节机制的一般特征。1884年自制直接测热的虹吸式热量计,用它进行的实验结果表明:在体温调节上,产热的变化比血管舒缩调节散热更重要;脑的高级部位也参与控制热的产生;动物体重越大,单位体重产热量 越低;最重要的结论是产热量几乎与体表面积成正比(里歇—吕勒内定律);发现颤抖也是一种体热调节的方式,并受外因影响或直接受中枢控制。因而充分证明,物理原理也适用于动物。

最重要的科学成就是发现了动物对毒物的过敏性反应现象,并提出它的机理理论,从而发展了毒理学。由于受L.巴斯德的微生物免疫研究影响,1888年提出血清疗法原理。1890年首次将血清用于人体临床治疗,同年试图用注射免疫动物血清或给肌浆的方法治疗结核病,虽未获成功却发现注射异体血液或肌浆会对接受者产生毒性。1900年通过实验表明,对患结核病的实验狗喂养牛奶和生肉,有望治愈它们,从而发现营养补充对结核病人的重要性。1901年发现,通过减少食物中的盐份,可将治疗癫痫的溴化钾剂量从原有规定的10克降低到2克。同年测定肌浆的中毒剂量,采用的方法与20年前使用的测定各种金属盐类中毒剂量的方法相类似。1902年在测定僧帽水母触须提取液毒性剂量时,发现作过一次毒素注射而存活下来的狗,对第二次注射极为敏感,因为第二次注射的亚致死剂量降低了机体的抗御能力,他称这种生理特性为"过敏性",具有重大的理论价值。1905～1907年,他对多种物质的广泛研究证明,过敏性是对医学实践具有重要意义的普遍现象,可用以解释花粉热、哮喘、某些中毒和猝死现象等过敏性反应。由于他的带动,时至1913年,世界医学界已有4 000余篇关于这一论题的研究记录出版物问世。他还认为,体内存在某种无毒物质——过敏毒反应质,它能与一种毒物起反应,产生高毒性的第三者——过敏毒素。将疾病看作为慢性中毒过程,动物体内微生物产生的毒素激发生成更直接的毒素。解释这种对动物个体有害的过敏作用,认为是生物保存种的稳定性所必须的。

主要著作有《感觉的实验和临床研究》(1871年)、《大脑的结构》(1878年)、《肌肉和神经生理学》(1882年)、《普通心理学》(1884年)、《过敏症》(1911年)等;主编《生理学辞典》(9卷,1895～1912年)。因发现和研究过敏反应,1913年获诺贝尔生理学或医学奖。1926年获法国荣誉军团十字勋章。

兴趣广泛。曾参与法国最早的飞机设计和制造;写过多种历史、社会学和哲学著作,以及诗歌、小说和剧本等。此外,对人体特异感知和灵学颇有兴趣,进行了多年探索,首创"超灵学"(Metapsychique)等词,出版有《超灵学》(1922年)、《我们的第六感觉》(1928年)、《未来和预兆》(1931年)、《大希望》(1933年)等,有强烈的唯灵论倾向。 (杨方中)

尚贝朗,C. E.(Chamberland,Charles Edouard) 一译尚伯郎,法国人,1851年3月12日生于法国侏罗省,1908年5月2日卒于巴黎。病理学、细菌学、传染病学、免疫学、公共卫生学。

巴斯德最著名的同事之一。先后任法国巴黎巴斯德研究院实验室助理、助理主任,1904年起任巴斯德研究院副院长。是法国医学科学院院士。

受巴斯德委托论证巴斯蒂思实验错误产生的原因,以驳斥自然发生论;证明酸性有机溶液加温到100℃,即使碱化,也可长期保存;发现只有把液体加热到115℃,保持20分钟,才能消灭芽胞,从而完善了培养基消毒常规;1884年开发出高压灭菌器;进而发明无釉陶瓷细菌过滤器。根据他的思路,后来人们用稍加温的瓷制滤器发现了微生物外毒素和第一批病毒。他直接参与了巴斯德的研究工作,其中有:病毒毒性的减弱法和预防接种;炭疽的病原学和预防;抗猪霍乱预防接种;抗狂犬病的预防接种等。1877年和巴斯德共同发现炭疽热的病原体——炭疽杆菌,并合作开发出炭疽疫苗接种法。主要著作有《微生物起源与生长研究》(1879年)、《论巴斯德关于炭疽与炭疽病疫苗接种新成果》(1883年)、《卫生学和传染病供水》(1885年)等。 (殷明德)

梅尔策,S. J.(Meltzer,Samuel James) 美国人,1851年3月22日生于俄国波涅维耶茨(今立陶宛帕涅韦日斯),1920年11月7日卒于美国纽约。生理学、药理学、病理学、临床外科学。

出身俄国裔犹太家庭,父亲是教师。1876年进入柏林大学学哲学和医学,1882年获该校医学博士学位。后迁居美国纽约市行医,并兼任哈伦医院顾问医师。1906年任洛克菲勒医学研究院生理学和药理学系教授兼系主任。第一次世界大战中,任美国医疗救护队少校军医。曾任美国哈维学会会长。1909年任美国临床研究促进协会主席。1915年任美国生理学家协会主席。1918年任美国胸外科学会首任会长。

1882年首先提出呼吸生理学的抑制学说。在研究吞咽反射时,发现吸气肌的反射性兴奋伴随呼气肌的反射性抑制,从而推测:机体为了有效地运动,必然存在拮抗肌的交互抑制;生理现象是由兴奋与抑制协调的结果。发现镁盐可使动物麻醉和肌肉松弛,注射氯化钙可缓解。和J. 奥尔(John Auer)发明气管内吹气术,以保持开胸手术时肺不塌陷。还提出支气管哮喘是一种过敏现象。 (张祝山)

马尔基,V.(Marchi,Vittorio) 意大利人,1851年5月30日生于意大利雷焦艾米利亚附近,1908年5月12日卒于安科纳附近。*解剖学、组织学、病理学、脑与神经科学。*

1873年在意大利摩德纳大学获化学和药剂学学士学位,1882年获内科学和外科学硕士学位,后获医学博士和药理学博士学位。留校任解剖学讲师4年,同时以解剖学家和病理学家的身份在精神病诊疗所供职。因在本校晋级中失利,又在向佩鲁贾大学求职中竞争失败,在1887年辞职开业行医。后在叶西医院任外科主任至去世。

1885年在佛罗伦萨出版《小脑脚的起源与过程》研究报告,一时声名大振,并获意大利伦巴第文理研究院奖金。他在书中介绍在解剖学中首次引入著名的马尔基染色法研究神经退化变性,首次采用锇酸使标本变色的独特方法,发现许多新组织、新现象。成功地证明了高尔基腱器官(包括眼运动肌的腱器官)的存在;1886年建立一种证明神经纤维近期退化的方法,神经细胞破坏或纤维阻断后,其远端纤维发生退化,表现为髓脂质变为可被二氯化锇染黑的脂肪小滴——马尔基氏小体;研究纹状体和视丘的精细结构、锥体束二次交叉及环状隆凸的损伤;研究部分及全部摘除小脑导致退行性变化;阐明了小脑脚的结构;发现从小脑到脊髓的传出纤维——马尔基氏束。 (张祝山)

达松伐尔,J.-A.(d'Arsonval,Arséne) 法国人,1851年6月8日生于法国圣日耳曼－莱贝勒,1940年12月31日卒于同地。*物理治疗学、电生理学、微电子技术、仪器研制。*

出身贵族家庭。早年学习文科,1869年在法国普瓦蒂埃大学获学士学位。1870年到巴黎大学医学院继续学习,1873年获医学博士学位。留校任教,当C. 贝尔纳的助手,从事电生理学研究;1878年贝尔纳去世后,他成为布朗－塞奎德的助手。后任法兰西学院的教授,1882年任该院生物物理实验室主任,从1910年起又指导一个新的实验室,1931年退休。1918年当选为法国放射线学会会长。是电疗医学、物理学、电子学、民用工程、电焊等多种学会的活跃人物,生物学家协会名誉会员,法国医学科学院院士、法国科学院院士。第一次世界大战期间,任法国国家科学顾问。1884年被封为法国荣誉军团勋爵。

在生理学上,C. 贝尔纳学术思想对他影响很大,后者坚信电位是细胞的一个重要理化特征,并相信生命充满着"活力"而不是"宿命论"决定的。早年研究肌肉收缩的电性质,发现一种重要的电生理学现象:频率为每秒10 000次以上的交流电,不会导致肌肉收缩,也不会影响感觉神经,这一现象后被称为"达松伐尔电流"(或"特斯拉电流")。还参加过内分泌提取物的试验。

他的国际声誉也是与物理治疗及电子技术的应用密切相关的。1881年他提出利用海洋热能温差发电的设想。在他指导下,1930年他的学生G. 克劳德(Georges Claude)在古巴建立了世界上第一座海洋热能转换系统(OTEC)。1882年因研制精密热量计,获法国科学院蒙特翁奖。还有一系列的发明创造,如传声器、肌动描记仪、电控恒温孵育箱、三极管、热电偶式安培计等。他的发明创造对临床医学亦有贡献,1894年发明简便型临床测热计;1895年主持试制了世界上第一个高频电热治疗器,利用高频电流的热效应治疗肌肉疼痛、痉挛、肿大、关节炎以及妇科疾病等,还注意到频率范围与治疗所需温度的相关性。因此,电疗法被人称为"达松伐尔作用",后来才逐渐被称为"透热疗法"。可以说,是他打开了物理治疗领域的大门。此外,和G. 克劳德一起研究的气体液化技术,在工业上起了革新作用。1931年被授予十字勋章。1933年,法国教育部为他召开了隆重的从教60周年庆祝会。 (吴馥梅 左成慈)

弗雷德里克,L.(Fredericq,Léon) 比利时人,1851年8月24日生于比利时根特,1935年9月2日卒于列日。*血液学、生理学、动物学。*

在根特读完中学。1868年入根特大学,1871年获博士学位。留校任医学院的生理学课示教员,同时听医学课,1875年获医学博士学位。此后3年即在巴黎大学、斯特拉斯堡大学霍普－赛勒(Hoppe-Seyler)实验室、根特大学和罗斯科夫海洋生物实验室内进行多项研究。1879年任列日大学生理学教授。1931年册封为男爵。

在血液学上,研究血液凝固机制,分离了纤维蛋白原;在马血浆中分离了纤维蛋白原、球蛋白和白蛋白。在呼吸生理学领域,探讨了肺中气体交换的原理,确定了它的基础是气体扩散;进行了交叉循环实验,证实呼吸中枢的部位在延髓。对海洋动物如海胆、章鱼等的生理,哺乳动物的体温调节等也都有研究。 (顾振海)

里德,W.(Reed,Walter) 美国人,1851年9月13日生于美国弗吉尼亚州格洛斯特附近贝尔罗,1902年11月23日卒于华盛顿。*传染病学、细菌学、病毒学、公共卫生学。*

牧师之子。15岁到弗吉尼亚大学学习,1869年(17岁)获医学博士学位。后到纽约大学贝尔维尤医院医学院学习,1870年第二次获医学博士学位。1871年起到数个纽约城市医院工作。1873年任纽约市卫生局卫生监察员。1874年任中尉军医,1893年晋升为陆军少校军医,在华盛顿任陆军医学博物馆(后易名国家卫生与医学博物馆)馆长、陆军医学院细菌学与临床显微学教授。1900年任美国军队黄热病研究委员会主席。

1898年西班牙－美利坚战争爆发,军队中流行伤寒,他被任命为伤寒病研究委员会主席。经过调查研究提出,不是水而是和患者粪便接触的苍蝇才是传染的主要媒介。1899年率调查组到古巴研究美国驻军中发生的黄热病,与J. W. 拉齐尔(Jesse W. Lazear)一起证实了黄热病是由蚊叮咬后传播的,拉齐尔因此而献出了生命。他们据此提出利用蚊帐防止蚊咬,从而控制了黄热病。由于这一重大医学突破，使得巴拿马运河工程得以顺利进行。而早在30年前，法国人因为黄热病死亡率之高，不得不放弃工程建设。1901年他又证明蚊子所带的黄热病致病因子是一种滤过性病毒，因此，黄热病成为人类第一个被认证的病毒所致的疾病。尽管他获得了许多荣誉，但仍承认C.芬利是第一个发现黄热病传染途径的人，因此才有可能控制该种疾病。里德常在自己的论文中引用芬利30年前早被人们怀疑和遗忘的阐述。（张志练）

维金斯基，H.E.（Введенский，Николай Евгеньевич；Vvedensky，Nikolay Evgenievich） 俄国人，1852年4月28日生于俄国沃洛格达州科奇科沃村，1922年9月16日卒于同地。*神经-精神病学、生理学、组织学、脑与神经科学。*

出身乡村牧师家庭。在沃洛格达州的教会学校毕业后，1872年进入圣彼得堡大学数学物理系，1874年秋因从事革命活动被捕入狱3年余。1878年出狱后又回到圣彼得堡大学，并开始在И.М.谢切诺夫的生理学实验室工作和学习，1879年毕业。后去德国（1881～1882年）、奥地利（1884年）和瑞士（1887年）的生理学实验室进修和研究。1884年通过硕士论文答辩，在圣彼得堡大学任讲师，1887年获得博士学位。1889年以副教授职位接替谢切诺夫任生理学实验室主任，1895年成为教授；同时在精神-神经病学院讲授生理学。1900年当选为法国医学学会名誉会长。是俄罗斯人民保健协会生物学部主任。1909年当选为圣彼得堡科学院通讯院士。参加了许多慈善组织。独身生活。晚年回故乡照料孤独患病的兄弟；自己亦虚弱患病，去世于古老的家乡住宅中。

现代神经生理学的先驱之一。致力于神经肌肉标本的研究，主要研究了活组织对各种刺激的反应规律。在生理学中首次引入时间的概念，以便揭开最复杂的兴奋过程之谜。他采用听诊器诊听兴奋神经的独特方法，严格而细致地论证了关于神经及其运动末梢中兴奋的节律性过程的学说；提出关于肌肉收缩和神经疲劳的周期性学说；提出各种组织成分的相对灵活性法则；提出刺激强度及频率的良性和劣性，以及把抑制看作“间生态”（牢固而不波动的兴奋状态）的抑制理论。还尝试把这些观点应用于神经中枢部分。

出版主要著作有《肌肉和神经中电现象的听诊研究》（1884年，硕士论文）、《论患破伤风时刺激与兴奋间的关系》（1886年，博士论文）和《兴奋、抑制与麻醉》（1901年）等；身后出版有《维金斯基全集》（7卷，1951～1963年）。（张祝山 张志练）

拉蒙-卡哈尔，S.（Ramón Y Cajal，Santiago） 西班牙人，1852年5月1日生于西班牙佩蒂利亚—德阿拉贡，1934年10月17日卒于马德里。*解剖学、细胞生理学、脑与神经科学、显微术。*

生于一个贫穷偏僻的村庄，父亲是理发师兼外科医生。1873年毕业于萨拉戈萨大学医学院。同年入伍服役，去古巴执勤时染上疟疾，1874年回国。1877年获马德里大学医学博士学位。后开业行医。1883年任巴伦西亚大学教授。1887年任巴塞罗那大学组织学系主任。1899年访问美国，在克拉克大学发表演讲。1892～1922年任马德里大学组织学和病理解剖学系主任。1909年成为英国皇家学会外籍会员。

成功地创立了西班牙组织学派，培养了许多著名的学者。1873年意大利的C.高尔基创建一种铬银染色法。他改进了这种染色法，可清楚地显示完整的神经细胞，这项创造给脑结构的形态学研究带来了巨大的变化。1886～1906年奠定了现代神经系统理论的组织学基础。采用高尔基的新技术，从组织学上阐明了神经元之间的关系。确定了轴突以许多不同的形式各自终止于中枢神经系统的灰质，而不是轴突间形成网状联系。轴突末梢与其他神经细胞的胞体或树突紧密接触，但两细胞之间并无胞体上的连续性。还提出了“动态极化学说”，即神经冲动的传递总是从胞体到轴突。根据神经末梢纤维的形式和方向，对神经元进行分类。1897～1900年研究了人的大脑皮层，在坚实的组织学基础上，提出了大脑皮层机能定位的概念，对大脑的描述至今仍有权威性，对小脑的研究也很有价值。1889年起出版多部著作和教材，为现代神经学奠定了细胞学和组织学的基础。后来研究了神经结构的创伤性退化和再生问题。1913年发明金升华法用于神经胶质细胞的染色，为中枢神经系统肿瘤病理学奠定了基础。因发展了用硝酸银镀染神经的方法，系统地研究了脑和神经系统的结构，1906年与C.高尔基共获诺贝尔生理学或医学奖。

发表论文300余篇；出版著作15部。全部著作几乎都用西班牙文出版，其中代表作有《普通组织学和显微术教程》（1889年，英译本1933年）、《人类和脊髓动物神经系统结构新论》（1897年第1卷）等。西班牙政府为了表彰他在医学上的功绩，建立了以他的名字命名的学校。（张志练 张祝山）

班替，G.（Banti，Guido） 意大利人，1852年6月8日生于意大利托斯卡纳区蒙特比基耶里，1925年1月8日卒于佛罗伦萨。*心肺病理学、血液学、细菌学、临床医学。*

内科医生的儿子。起先进比萨大学学医，后于1877年毕业于佛罗伦萨大学医学院。在当地医院任职，同时在病理解剖研究室任助手，1882年任医院医学服务部主任。1890年任佛罗伦萨大学医学院病理解剖学临时教授，1895年晋升为教授。

是20世纪初著名的病理学家，也是一名有敏锐观察力的临床医生、细菌学家、组织学家和解剖学家。阐明了白血病病因；解释了肺炎球菌感染；研究了心内膜炎（1886年）和肾动脉硬化等疾病的性质；记录了手术治疗增生性胃炎（1898年）、急性阑尾炎（1905年）等临床过程，1890～1893年研究过癌细胞；最突出的贡献是1882～1914年描述并研究了“班替氏综合症”，该疾病的特征是贫血合并脾肿大、白血球减少、出血，晚期则出现腹水。出版有《细菌技术手册》（1885年）、《心内膜炎和肾炎》（1895年）、《肺病理学》（1902年）等。（顾振海）

勒夫勒，F. A. J.（Loeffler，Friedrich August Johannes） 德国人，1852年6月24日生于德国奥得河畔法兰克福，1915年4月9日卒于柏林。*传染病学、医学微生物学、公共卫生学。*

普鲁士军队著名军医的儿子。早期进柏林法文大学预科，奠定了法文基础，这是当时研究微生物学的重要工具。后入维尔茨堡大学医学院。普法战争爆发前，转入其父主办的学校，1874年获医学学位。后在柏林一家医院当助理医生。1876～1879年，先后任汉诺威外科军医和波茨坦公共卫生官员。1879年10月被派到柏林帝国卫生部工作，这是他一生的转折点。1880年著名细菌学家R.科克（Rober Koch）奉命在该部建立细菌学实验室，并选勒夫勒为助手。1886年，他去柏林大学医学院卫生学系任教，翌年和同事创办《细菌学和寄生虫学导报》。1888年任格赖夫斯瓦尔德大学公共卫生学教授，1903～1907年任校长。期间1897年任德国牛口蹄疫委员会主席。1905年被提升为陆军主治医师。

19世纪80年代初，他遵从R.科克的教导，成功地分离出马鼻疽杆菌。后又用其纯培养物感染实验动物，从实验动物体内再次分离出鼻疽杆菌。1884年发表论文介绍他对人类白喉杆菌的研究成果，不仅获得纯培养的白喉杆菌，还提出产生毒素的现象和“健康带菌者”的概念，后者在公共卫生学中有极为重要的意义。他在格赖夫斯瓦尔德大学研究鼠伤寒及其致病病菌，试图用鼠伤寒菌来控制农田及草原上的啮齿类。1892年应邀赴希腊灭鼠，收到一定效果。后发现鼠伤寒菌也影响人类健康，故此法未推广。1898年和助手P.弗罗施（Paul Frosch）证实牛口蹄疫致病因子为病毒。

此外，对当时细菌学的发展作出了许多贡献。如发现多种细菌；改进培养微生物的培养基；推广碱性甲基蓝染色技术，以及纤毛和鞭毛的特异染色法；改进分离和鉴别粪便细菌的方法；在消毒、牛奶和饮水卫生、污染物处理等方面的研究工作，也闻名于世。（孙炳寅）

霍尔斯特德，W. S.（Halsted，William Stewart） 美国人，1852年9月23日生于美国纽约，1922年9月7日卒于马里兰州巴尔的摩。*解剖学、生理学、临床外科学、康复工程。*

商人家庭出身。1870年入耶鲁大学，并担任美国第一个11人足球队队长，1874年毕业。转入纽约哥伦比亚大学内科与外科医师学院（今纽约大学医学院），1877年毕业。1876年在汉密尔顿（F. H. Hamilton）的指导下，在纽约贝尔维尤医院培训18个月后，转到纽约医院任住院医师。1878年底到奥地利维也纳大学医学院，1879年到德国，在E.朱克坎德尔（Emil Zuckerkandl）和M.霍尔（Moriz Holl）的指导下进修解剖学2年。1880年回纽约，在内科与外科医师学院任解剖学示教员。1884年在用盐酸可卡因作手术麻醉剂研究时，与几位同事和学生一起上了毒瘾，而使工作中断。身体康复后，于1886年12月动身去马里兰州巴尔的摩，在约翰斯·霍普金斯大学病理学实验室工作，1890年被聘为该校附属医院第一位外科主任医师，1892年任外科学教授。1918年当选为马里兰州外科医学会会长。1919年经受了胆囊切除术，1922年复发，再度手术后次日死亡。

精通解剖学、生理学和病理学，其工作特点是以实验研究为基础，通过大量动物实验设计各种手术。他是美国第一批成功进行手术中输血的医生。1881年他的妹妹难产大出血，他闻讯赶到现场时，发现已生命垂危，迅速将自己的血输给她，救了妹妹一命。这是发生于不同血型发现之前20年的事，幸亏他们俩的血型相同。1882年开发出霍尔斯特德乳癌切除术。同年，他完成了美国第一例胆囊手术。某日凌晨2时，他的母亲急性胆囊炎突发，痛不欲生。他急中生智，就在自家厨房的餐桌上为母亲成功施行了胆囊摘除术，救了她老人家一命，消息传出，轰动了社会。

1889年设计出腹股沟疝的著名手术。1890年创用消毒橡皮手套于外科手术。1892年最先成功地采用锁骨下动脉第一部分结扎法治疗动脉瘤。1898年最早成功地做了肝胰管壶腹原发性癌手术。对甲状腺、甲状旁腺生理学研究，以及甲状腺切除术操作方法也有贡献。倡用丝线缝合创伤，是近代外科学史上最早倡导精细外科手术的学者之一，强调仔细止血、严格无菌、精细操作、保护组织等，被誉为采用住院医师培养外科医生的创始人、局部浸润麻醉的首倡者。1884年所创用的注射盐酸可卡因于神经干的阻滞麻醉，其优先权一度引起争论，后终于在32年后，经美国牙医学会深入调查而加以肯定，并获金质奖章。主要著作有《创伤愈合和康复研究》、《外科学论文集》等。（殷明德 张慰丰）

兰利，J. N.（Langley，John Newport） 英国人，1852年11月2日生于英国纽伯里，1925年11月5日卒于剑桥。*生理学、组织学、药物化学、神经科学。*

私立学校校长之子。1871年进剑桥大学圣约翰学院，先学数学与历史，1873年在三一学院选修生物学基础课程，1874年获一等荣誉奖章，1875年毕业获文学士学位。1877年在德国海德堡大学W.F.库恩的实验室工作，研究猫和狗的唾液腺分泌问题。1878年获剑桥大学文科硕士学位，1896年获理学博士学位。1883～1903年任剑桥大学三一学院自然科学、生理学讲师，1903年至去世任生理学教授，1914年在剑桥大学指导建立生理学实验室。1883年入选英国皇家学会会员，1904～1905年任副会长。1893年任英国神经学会会长。1899年任英国生理学会会长。获都柏林大学、圣安德鲁斯大学、格罗宁根大学、斯特拉斯堡大学等校荣誉博士学位。

以研究腺体分泌及自主神经系统而著称。科学研究工作可分两个时期：1875～1890年，主要研究腺体分泌，也研究心搏问题及毛果芸香的生理作用；1890年至去世，着重研究自主神经系统。

1875年起集中研究毛果芸香对心脏的影响，结论是该药对心脏的影响，不是通过神经而是直接作用于心脏组织本身。毛果芸香的显著作用是引起颌下腺大量分泌。为阐明唾液腺分泌与一般分泌作用的本质，对分泌器官进行了系统研究。19世纪80年代，对狗脑解剖及切除大脑皮层后的神经退变进行过观察。对当时流行的和有争论的催眠术亦颇有兴趣。

19世纪90年代，先与著名生理学家C. S.谢灵顿合作，后来又单独完成交感神经纤维对皮肤的支配图，以及与脊神经相应传入纤维的关系，从而阐明了毛发运动机制，弄清临床上某些内脏疾病产生皮肤疼痛的原因。另一个贡献是介绍一套新的名词术语，例如，以“自主神经”取代了以前种种不严格的说法（“有机的”、“植物的”、“内脏的”或“不随意的”神经等）。又将从中枢不同部位发出的神经分为交感神经和副交感神经。还对虹膜的神经肌肉机制、骨盆器官的神经分布进行过研究。

1905年，他转向神经冲动及其他刺激向各效应细胞（肌肉、腺体等）传递的研究。当时，尼古丁及一些药物（特别是箭毒和肾上腺素）已被作为一种分析工具，他也对箭毒的生理效应进行过观察。1906年在英国皇家学会讲演中提出“可接受物质”新概念：与传出纤维相连的每个细胞都含有一种完成该细胞生理功能（或是收缩、或是分泌、或是发出神经冲动）的物质，同时还有一种“可接受物质”能与化学物质（药物）或神经冲动起特殊反应。这种“化学可接受物”的理论，为后来的神经体液传递学说奠定了基础。第一次世界大战期间，他的研究方向转入临床医学。战争结束后，主要研究血管舒缩作用等问题。1921年将大量研究结果收集于《自主神经系统》（第一部分）一书中，该书很快被译成法文和德文。

获1892年英国皇家学会皇家奖章，1903年英国皇家内科医师学会巴利奖章，1912年瑞典内科医师学会雷蒂斯奖章等。 （吴馥梅 刘鸿义）

弗赖，M. R. F. von（Frey，Maximilian Ruppert Franz von） 奥地利人，1852年11月16日生于奥地利萨尔茨堡，1932年1月25日卒于德国维尔茨堡。生理学、生物化学。

商人的儿子。先在奥地利维也纳大学，后转至德国莱比锡大学、弗赖堡大学等校学医，1877年毕业。曾两度在莱比锡大学C.路德维希生理学实验室工作，1882年任莱比锡大学生理学讲师，1891年任副教授。1897年任瑞士苏黎世大学生理学教授。1899年任维尔茨堡大学教授。

早年研究肌肉收缩后氧的消耗和该过程中乳酸的作用。后转而研究血液循环机制。后期在研究皮肤和深部感受器方面取得一定成就，鉴别了压力和温痛觉感受点，测定了感受器的阈值、总和和刺激强度的关系，并证实了肌肉感受器的存在，这些都为深部感受理论奠定了基础。 （顾振海）

迈诺特，C. S.（Minot，Charles Sedgwick） 美国人，1852年12月23日生于美国马萨诸塞州罗克斯伯里，1914年11月19日卒于马萨诸塞州米尔顿。解剖学、胚胎学、细胞生物学、医疗器械研制。

早期对博物学发生兴趣。1872年毕业于马萨诸塞理工学院。后进入哈佛大学研究生院，1878年获理学博士学位。曾在哈佛大学医学院组织胚胎学系工作。被选为美国国家科学院院士。曾任美国博物学家协会、美国解剖学学会、美国科学促进协会等学术团体的主席。并获耶鲁、多伦多、圣安德鲁和牛津等大学的荣誉博士学位。为柏林大学客座教授。

对美国生物学和解剖学的发展有重要贡献。在哈佛大学医学院工作期间，以对脊椎动物胚胎的收集和研究工作而著称。1886年发明了自动旋转式切片机，一直沿用至今。研究了人胎盘的显微结构。将肝脏内的血流通道命名为“血窦”。还研究了动物的生长发育，从生到死细胞结构的变化过程。主要著作为《人类胚胎学》。 （张祝山）

北里柴三郎（Kitasato，Shibasaburo） 日本人，1853年1月29日生于日本肥后国（今熊本县）阿苏郡北里村（今小国町），1931年6月13日卒于群马县中之条。细菌学、病毒学、血清学、免疫学。

村长的儿子。1872年进熊本医学院学习。后在日本内务省公共卫生署工作。1874年赴东京医学校（今东京大学医学院）学习，1883年毕业。1886年去德国柏林大学著名细菌学家H. H..科赫的实验室学习。1891年历访欧美诸国。1892年回国，在福泽谕吉等资助下创办传染病研究所，任所长。1914年大隈内阁将该所划归为东京大学，他愤然辞职。1917年任东京庆应义塾大学医学部首任部长，兼附属医院院长。1918年创办北里细菌学研究所并任所长。1906年当选为日本学士院院士。1917年任日本上议院议员。1923年任日本医学会首任会长。1924年被册封为男爵——当时日本科学家最高荣誉。被选为许多国家的科学院和科学学会的名誉成员。

日本最著名的细菌学家之一，被誉为“日本细菌学之父”。撰写的许多论文是细菌学史上的里程碑。在德国科赫实验室期间，1889年发表牛脚炭疽病原菌——

厌气性气鸣疽梭状芽胞杆菌的培养法。同年首先成功地得到了纯培养的破伤风杆菌。1890 年和 E. von 贝林共同发表关于白喉和破伤风免疫的论文,从而开辟了一个新的学科——血清学,并首次提供了免疫血清可用于治疗传染病的证据。他首先发现破伤风毒素存在于破伤风杆菌培养物滤过液中。以非致死剂量的稀释毒素,逐步增量重复注射,使兔子产生免疫,随后动物就能抵抗远超过正常致死剂量的毒素而不死亡。还证明从免疫动物体内提取的含抗毒素血清可以中和毒素,把这种血清注入非免疫动物有对抗破伤风感染的预防和治疗作用,从而成为血清疗法的创始人之一。1892 年他们又共同制成白喉抗毒素。1894 年香港传染病流行期间,他与英国海军军医劳森(J. A. Lowson)共同发现并报道:流行病原菌是一种腺鼠疫杆菌。指导学生志贺洁从痢疾病人的粪便中分离出痢疾杆菌——志贺氏菌。他还研究结核菌素。1893 年创办日本最早的结核病疗养所养生园。

获英国皇家公共卫生学会的哈伯金质勋章,以及普鲁士、挪威和法国政府的授勋。待人谦虚宽厚,对事业百折不挠。与老师科赫的高尚友谊,在日本推为师生关系亲密无间的典范。科赫去世后,他在实验室前为尊敬的老师建立了圣龛。他自己中风去世后,也被学生安置在科赫老师的圣龛中,每年有许多人前去瞻仰。为纪念他,1967 年成立北里大学;2003 年日本发行纪念邮票。

(张祝山　顾振海)

拉布尔,C.(Rabl,Cari)　奥地利人,1853 年 5 月 2 日生于奥地利上奥地利州韦尔斯,1917 年 12 月 24 日卒于德国莱比锡。*解剖学、比较胚胎学、细胞生物学。*

1882 年在维也纳大学医学院获医学博士学位。1886 年任布拉格费迪南多大学解剖学教授,1903～1904 年任校长。后来任莱比锡大学解剖学院院长。

1885 年发表"细胞分裂"的论文,首先提出细胞分裂过程中染色体连续性的概念。对未成熟胚胎胚层的形成作了研究。反对渐成说,认为没有分裂的卵已经包含了有差异的原生质微粒。详细论述了细胞的分裂和染色体被等分后分配到子细胞的过程。除研究细胞外,还对两栖动物心脏的发育、脊椎动物眼晶状体的形成、颅的分裂和骨骼的衍化等作了研究。　(张志练)

格鲁伯,M. von(Gruber,Max von)　奥地利人,1853 年 7 月 6 日生于奥地利维也纳,1927 年 9 月 16 日卒于德国贝希特斯加登。*细菌学、血清学、公共卫生学。*

父亲是耳科专家,著有 2 卷化学著作。他自预科学校毕业后,进维也纳大学医学院学医,同时在该校第一化学研究所任演示员,1882 年任讲师。1879～1883 年间,随 M. J. von 培顿科弗、C. F. 路德维希等进修化学和生理学。1884 年任格拉茨大学卫生研究所编外教授兼所长。1891 年任维也纳大学医学院卫生学教授,后因工作条件差而去职。1902 年任德国慕尼黑大学卫生研究所所长。1923 年任德国巴伐利亚科学院院长。

19 世纪 80 年代初,他确认了细菌具有变异性,这种变异性在一定范围内由培养基所决定,由此使他后来能将霍乱弧菌和其他弧菌相区别。1896 年和学生达勒姆(H. E. Durham)发现了凝集现象,即用伤寒或霍乱弧菌接种动物,经一段时间后该动物血清可使这种细菌凝集。同年,威达尔(旧译肥达)(Ferdinand Widal)在巴黎也发表了伤寒的血清学诊断法。现称此法为格鲁伯一威达尔氏试验。

(顾振海)

米勒,W. D.(Miller,Willoughby Dayton)　美国人,1853 年 8 月 1 日生于美国俄亥俄州亚历山德里亚,1907 年 7 月 27 日卒于原地。*牙科医学、口腔微生物学。*

曾祖父是德裔移民。米勒从小随父亲在出生地干农活,在附近乡村小学(仅有一个教室)读书。13 岁全家移居新泽西州纽瓦克,6 年读完中学。1872 年入密歇根大学,1875 年获文学士学位。同年到英国爱丁堡大学留学,进修化学、数学和博物学。1876 年在柏林大学进修医学,因经济拮据而辍学。期间,和在柏林开牙科诊所的美国牙医艾博特(F. P. Abbot)博士认识,在其影响下转研牙科学。在艾博特资助下,1877 年入美国宾夕法尼亚大学牙科医学院,1879 年获牙医学博士学位。同年重返柏林,成为艾博特的女婿和助手。1881 年进柏林大学科赫细菌研究所工作,后任该校牙科学讲座教授。1892 年委托侄子在出生地美国亚历山德里亚购置家族农场。1904 年当选为国际牙科联盟第二届主席。1906 兼任德国医学枢密顾问官。同年接受密歇根大学牙科医学院院长职务,1907 年全家离德返美。上任前先回到亚历山德里亚农场看望姐姐,在当地因阑尾炎急性发作去世。身前入选美国和世界各国 39 个学会荣誉会员。获密歇根大学、宾夕法尼亚大学等多校荣誉博士学位。

口腔微生物学开创者,将自然科学和基础医学成功引入口腔医学的先驱者。最重要贡献是积 20 余年牙科临床经验与基础研究,首次将细菌学与口腔医学相结合,1885 年提出龋齿成因的"化学细菌说"(后人称为"酸原学说"),以驳斥古老的"虫蛀说"、P. 福夏尔"体液变质说"和 W. 布里奇曼"电解说"(1863 年)。他设计过一项对照实验:一组将牙齿样品置于混有唾液的淀粉中,在暖箱里培养两周,发现淀粉发酵、牙面脱钙;一组将唾液加热至 150℃,再与淀粉混合,没有出现上述现象。由此证明:唾液中存有活的微生物,会使淀粉食物发酵成酸,致牙面脱钙成龋。为寻找嗜酸产酸的菌种,他拍摄了 200 余种微生物显微镜像,逐一记载其培养过程;从口腔中分离出 22 种细菌,发现其中 16 种能产酸。出版《人类口腔微生物学》(1889 年德文版,1890 年英文版),第一次准确地描述了牙齿腐蚀过程:碳水化合物+口腔细菌作用→产生酸,并腐蚀牙面釉质→细菌沿牙本质小孔进入→能分泌蛋白溶解酶的细菌溶解牙本质基质中的胶原→开始产生龋齿。

发表论著 164 篇(部),著作还有《牙科保存治疗学》、《细菌学技术辞典》等。1908 年国际牙科联盟设立国际米勒奖。1915 年、1940 年俄亥俄大学、密歇根大学先后为他竖立塑像,2006 年哥伦比亚牙科学会、米勒牙科学会和俄亥俄历史学会联合为他重塑塑像。

(李啸虎)

马里，P.（Marie，Pierre） 法国人，1853 年 9 月 9 日生于法国巴黎，1940 年 4 月 13 日卒于诺曼底。*病理解剖学、神经病学、内分泌学。*

出身法国中上层家庭。先学法律，1878 年毕业于巴黎大学医学院，获内科医生资格。是著名神经病学家 J.-M. 夏科最杰出的学生之一。毕业后曾在沙尔比特里尔医院、巴萨特里医院等处工作。1883 年获巴黎大学医学院医学博士学位。留校任教，1907 年任病理解剖学教授，1917 年任临床神经病学教授，1925 年退休。他还是法国《神经学观察》杂志共同发起人之一，法国神经病学会第一任秘书长。1911 年当选为法国医学科学院院士。

是世界闻名的神经病学医生、杰出的临床家和教师。首先发现了许多疾病，如肢端肥大症、夏科－马里型肌萎缩、肺性肥大性骨关节病、遗传性小脑运动失调、锁骨颅骨成骨不全、关节粘连性脊椎炎等，有多种神经性疾病至今仍以他命名。对垂休腺疾病的分析，为刚开辟的内分泌学领域做了重要贡献。写了许多论著，并培养了大批杰出学生。（张祝山）

革兰，H. C. J.（Gram，Hans Christian Joachim） 丹麦人，1853 年 9 月 13 日生于丹麦哥本哈根，1938 年 11 月 14 日卒于同地。*临床治疗学、细菌学、药理学。*

法学教授的儿子。早年在哥本哈根大学学习植物学，并任动物学家斯蒂恩施特鲁伯（J. Steenstrup）的植物学助手，1878 年毕业。同年又入读该校医学院，1883 年获医学博士学位。1883～1885 年游学欧洲大陆柏林大学等多所学校，研究药理学和细菌学。回丹麦后，任教于哥本哈根大学医学院，1891 年任药理学教授，1900 年任医学教授，1923 年退休。1892 年兼任皇家弗雷特里克医院内科主任医师。1901～1921 年任丹麦国家药典委员会主席。曾获丹麦、挪威、瑞典、德国等多国学会荣誉会员、多所大学荣誉博士学位。

1882 年发表关于萎黄病红细胞数量和体积的论文，荣获金质奖章。1884 年在柏林大学发表著名的微生物染色法，即革兰氏染色法，至今仍为临床上广泛应用；发现一些新种类细菌。1902～1909 年出版《临床治疗教程》（4 卷），说明对临床科学合理用药的重视。1901～1921 年任丹麦国家药典委员会主席期间，清除了许多过时的药物疗法。受到国家的多次褒奖。（黄 旬）

科塞尔，A.（Kossel，Albrecht） 德国人，1853 年 9 月 16 日生于德国罗斯托克，1927 年 7 月 5 日卒于海德堡。*生物化学、生理学。*。

出身商人家族，父亲曾任普鲁士的领事。早年热衷于植物学，因父母反对转而学医。1872 年秋入斯特拉斯堡大学学习医学，在该校深受 F. 霍珀-西拉（Hoppe-Seyler）的影响，开始研究酵母菌的化学成分。后来他转到基础更雄厚的罗斯托克大学医学院学习，他的部门研究是在罗斯托克大学完成的。1877 年通过国家医学考试，1878 年获得医学博士学位。1877 年秋，他在斯特拉斯堡大学生理化学研究所当了霍珀-西拉 4 年助手。在这之前，霍珀-西拉的学生 F. 米歇尔（Friedrich Miescher）于 1868 年从脓细胞核中分离出核酸，他将这种物质命名为核质。1879 年，科塞尔开始对核质进行研究，他采用米歇尔的分离方法制取核质，修正了认为蛋白质和核质是同类物质的认识。他证明只有在核质中才存在黄嘌呤，证明核质与蛋白质不一样，核质不能充当储存营养的作用，也不能释放出磷来，他认为核质与新组织的形成有关。他在孵化着的鸡蛋中发现核质和由此所产生的分裂物质，其中含有吹黄嘌呤和鸟粪嘌呤，发现腺嘌呤和鸟粪嘌呤是核质的成分，而次黄嘌呤和黄嘌呤是组织中存在的物质，科塞尔以此诊断它们在代谢中的关系。接着他又从小牛的胸腺组织中分离出胸腺嘌呤。科塞尔最后认为核质中共有 4 种核酸存在。稍后，科塞尔和努曼（A. Neumann）又发现了胸嘧啶。科塞尔当时并没有意识到核酸的重要意义，但他的工作给后人以深刻的启发，为今后弄清核酸的化学结构开创了前提，进而在后继者的一系列工作中揭开了核酸是遗传的物质基础。

1883 年，科塞尔受杜布瓦-雷蒙（Du Bois-Beymond）之邀，成为柏林生理研究所化学部主任，并在 1887 年成为医学院特聘教授。1895 年霍珀-西拉逝世后，他继任其创办的《德国生理化学》杂志主编，1895 年，他被委任为马尔堡大学生理学教授以及该地生理研究所主任。1901 年春，出任海德堡大学教授及生理研究所所长。1907 年，他主持了在海德堡召开的第七届国际生理学家大会。1908～1909 年，兼任海德堡大学校长。1924 年，他作为海德堡大学荣誉教授退休。获剑桥大学、都柏林大学、格赖夫斯瓦尔德大学、圣安德鲁斯大学和爱丁堡大学的名誉博士学位。是瑞典皇家科学院院士。1927 年死于心脏病。

19 世纪 90 年代，科塞尔转向研究蛋白质，转化为蛋白胨过程中蛋白质的改变，含苯乙醚食物对尿液的影响，细胞的含胨成分，最简单的蛋白质等等。在对鱼仔的探索中，他研究了鱼精蛋白的异己酮碱。1896 年，他发现了精氨酸酶，还制定了一种对异己酮碱进行定量分离的方法。他和他的学生达肯（H. D. Dakin）一起研究了精氨酸酶，后者是将精氨酸水解成尿素和鸟氨酸的酵素。之后他还发现了青鱼卵中的鲱精氨（胍基丁胺），并发明了一种制备方法。

科塞尔的研究成果主要发表在《德国生理化学》杂志上。他的主要著作有《对核蛋白及其裂解产物的研究》（1881 年）、《人体组织及其显微研究》（1889—1891 年，两卷本，与他人合著），他还是《化学与生理学的关系》（1913 年）一书的撰稿人。

在科学史中，核酸的发现是生命科学史中最重要的发现。1868 年米歇尔发现了核酸。但揭露核酸的化学成分应归功于科塞尔，他是第一个系列研究核酸分子结构的人，因而荣获 1910 年的诺贝尔生理学或医学奖。（张慰丰）

鲁，P. P. E.（Roux，Pierre Parl Emile） 法国人，1853 年 12 月 17 日生于法国夏朗德省，1933 年 11 月 3

日卒于巴黎。细菌学、传染病学、免疫学、病理学。

在欧里亚克等地接受中等教育。1871 年获法国克莱蒙费朗医学院化学学士学位。次年留校工作。1874 年去巴黎,先后在德迪厄宾馆诊疗所、军事学校做医生。1878 年起在巴黎高等师范学校任巴斯德的研究助手。1883 年获巴黎高等师范学校博士学位。1888 年参与创建巴斯德研究院,任服务部主任兼任院刊编委会成员,1904 年至去世任院长。1900 年当选为瑞士皇家科学院外籍院士。

细菌学的创始人之一。是巴斯德的杰出学生和合作者,也是巴斯德研究院的创建者之一。主要研究微生物引起的传染性疾病及其疫苗开发,取得不少突破性进展。1879～1880 年随巴斯德研究禽霍乱,制成抗鸡霍乱疫苗。1879～1890 年随巴斯德研究炭疽症的疫苗接种实验,发现了羊抗炭疽预防接种疫苗。1881 年起参与巴斯德对狂犬病病毒的著名减毒试验,第一次开发预防这种极其可怕传染病的疫苗,并在 1883 年的博士论文中加以详细介绍,并导致以研究狂犬病为初衷的巴斯德研究院在数年后建立。1883 年他与耶尔森(A. Yersin)共同分离出白喉杆菌毒素。用白喉杆菌在豚鼠上做麻痹试验,最后得到重要的结论:白喉杆菌的致病力不仅由于其本身的存在,更重要的是由于它产生的毒素。1888 年他和耶尔森共同出版第一部经典性专著,予以详述。从此,他开始考虑使用抗毒素治疗,指出它们与酶的作用类似,1893 年后在临床推广使用抗白喉血清治疗法,并指出可从马匹身上提取部分血清加以利用。

(张志练)

康斯尔曼,W. T.(Councilman, William Thomas) 美国人,1854 年 1 月 1 日生于美国马里兰州派克斯维尔,1933 年 5 月 26 同卒于缅因州约克村。病理解剖学、传染病学、内科学。

乡村医生之子。16 岁毕业于安纳波利斯的圣约翰学院。后入马里兰大学医学院,师从生理学家 H. N. 马丁,1878 年毕业获医学博士学位。在巴尔的摩海军医院、贝维乌救济院从事短期医疗工作后,1880 年起赴维也纳大学、莱比锡大学、布拉格大学和斯特拉斯堡大学进修病理学。1883 年回到巴尔的摩,在约翰斯·霍普金斯大学医学院任研究员,期间协助肖比林兹(J. S. Billings)编撰《国家医学辞典》,并在贝维市兼任一年验尸官,1886 年任病理学副教授。1892 年到哈佛大学医学院任病理解剖学教授,1922 年退休。是美国病理学家和细菌学家协会的主要创始人之一,任第一任会长。

早期研究关于疟疾的病理学。1885 年与细菌学家艾博特(A. C. Abbott)合作发表论文“对疟疾病理学的贡献”,声誉鹊起。1891 年与拉弗勒(H. A. Lafleur)合作出版《阿米巴痢疾》的专著,确定阿米巴痢疾是一个独立的病种,是这个专题最经典的论述。1900 年同马洛里(F. B. Mallory)和皮尔斯(R. M. Pearce)合作出版关于白喉的专著。还同马洛里和赖特(J. H. Wright)合作发表关于脑脊髓膜炎和慢性肾炎的几篇重要论文。1904 年和同事合作出版关于天花的病理学专著,被认为是一佳作。

(殷明德)

埃尔利希,P.(Ehrlich, Paul) 德国人,1854 年 3 月 14 日生于普鲁士(今为德国)西里西亚的斯特雷伦(今波兰斯切林),1915 年 8 月 20 日卒于德国巴德的霍姆堡。细菌学、血液学、免疫学、药物化学、细胞生物学。

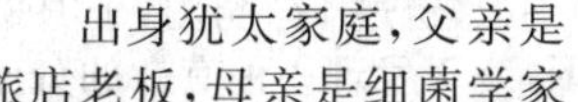

出身犹太家庭,父亲是旅店老板,母亲是细菌学家 C. 魏格特的姨妈。1872 年起先后入布雷斯劳大学、斯特拉斯堡大学、弗赖堡大学和莱比锡大学学习医学。1878 年获布雷斯劳大学医学博士学位。同年被推荐为柏林大学医学院附属医院 F. von 弗雷里希斯(Friedrich von Frerichs)教授的助手。1882 年开始在柏林慈善医院与 R.. 科赫一起研究结核杆菌。1883 年结婚,后生有二女。1887 年因研究工作而染上轻度肺结核病,去埃及疗养。1889 年回国,建立自己的实验室。同年到科赫新建的柏林大学传染病研究所工作,1890～1896 年任该所教授、副所长。1896 年出任柏林附近新建的血清研究与检验所所长。1899 年任法兰克福皇家实验治疗研究所所长。1904 年任格丁根大学名誉教授。1906 年兼任一个私人资助的化学疗法研究所所长。1910 年当选为英国皇家学会外籍会员。因中风去世。

早年从事细胞、组织的染色法研究。1878 年他的表兄 C. 魏格特发现不同种类的细菌对于各种染料有不同的接受能力。他也发现生物体内的组织也有不同染色能力。他把甲基蓝染料注射到一只活老鼠体内,发现只有老鼠的神经末梢和神经节染上蓝色,而肌肉和骨髓不染色。据此,提出用染色法来鉴别有机体细胞和组织。对科赫使用染料染色细菌的方法也有极大兴趣,改进了由科赫创用的结核杆菌染色法。1896 年发现重氮化合物可以和许多有机化合物产生颜色反应(后称“埃尔利希反应”),用它来对尿液、血液或血浆的提取物进行染色试验。通过比色,可以区别人体、动物体内的病菌和正常细胞、组织。用这种染色法鉴别了髓细胞性白血病的各种类型,研究血液的正常细胞和病态细胞。对于白细胞中颗粒的染色也可相应地分为 3 类,由此第一次提出白细胞分类法。他还用染色法发现了肥大细胞。

又被誉为“免疫化学”的先驱。从发现染料对不同细胞和组织具有选择性染色的特性,推想不同细胞、组织可能具有不同的化学亲和力,据此 1897 年提出有机体和化学物质结合的学说——侧链说。认为抗原具有结合基或“侧链”,他称之为“结合簇”。机体细胞受抗原刺激后所产生的抗体,也具有侧链或结合簇,能与抗原的结合簇作特殊的结合。1897 年他把抗体叫做受体,推想细胞受到抗原或毒素作用后便产生大量的受体,它们从细胞上脱落下来进入血液,与抗原发生反应而中和毒素,从而保护机体细胞,他把这种受体称之为抗毒素。1904 年完成白喉毒素的研究,发现了中和白喉毒素的抗毒素。认为淋巴细胞是参与形成受体的,多形核白血球及巨噬细胞则起协助作用。他率先定量地研究毒素与抗毒素的沉淀反应,计算出安全有效的疫苗剂量,进行了成功的临床试验，从而建立起抗体理论，确立了免疫化学，成为现代免疫学的先导。

晚年投入化学药物的研制。由于染料对细胞的选择性染色，力图找到单为寄生虫所吸收的物质，可以杀死寄生虫而不伤害宿主。1904年找到第一种能杀死会引起嗜睡病的锥虫的染料“阿托克西尔”（“锥虫红”），即对氨基苯胂。但这种染料会伤害视神经，于是决定改变其化学结构，从数千种胂苯化合物中筛选，与日本助手秦佐八郎（Hata Sahachiro）一起，经过4年努力，于1909年试验到第606种化合物时，终于发现一种有效的分子“胂凡纳明”（即二氨基二氧偶胂苯），把它命名为“洒尔弗散”（Salvarsan）（商品名“606”）。1910年宣布发现606能有效杀灭梅毒螺旋体，1912年获专利，是性病治疗史上的巨大进步，并于1912年再次被提名参选诺贝尔奖。他的工作开辟了近代化学治疗学的先河。

主要著作有《组织染色的治疗与实验》（1878年）、《化学治疗锥虫的研究》（1907年）、《螺旋菌的实验化学疗法》（1910年）；论文集有《免疫力研究论文集》（1904年）、《埃尔利希论文集》（3卷，1956年）等。因细菌学和免疫学方面的贡献，与梅契尼科夫分享1908年诺贝尔生理学或医学奖。1940年美国好莱坞电影以他的生平事迹为素材，出品《埃尔利希博士的魔弹》。（张慰丰）

贝林，E. A. von（Behring, Emil Adolf von） 德国人，1854年3月15日生于德国汉斯多夫，1917年3月31日卒于马尔堡。*传染病学、免疫学、药理学。*

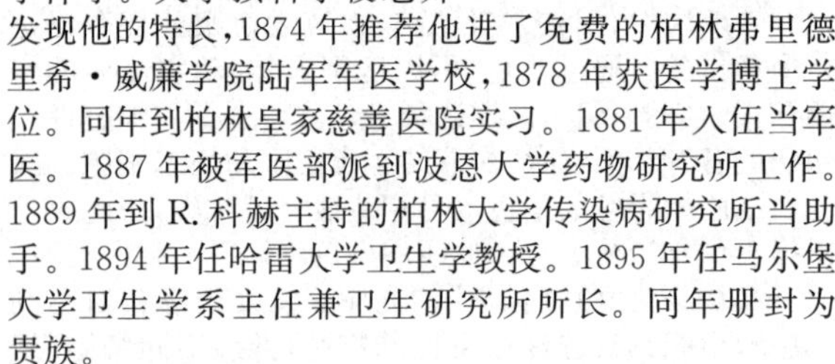

生于有13个子女的小学教师家庭。早年对医学就有兴趣，但因家庭经济原因准备学神学。大学预科学校老师发现他的特长，1874年推荐他进了免费的柏林弗里德里希·威廉学院陆军军医学校，1878年获医学博士学位。同年到柏林皇家慈善医院实习。1881年入伍当军医。1887年被军医部派到波恩大学药物研究所工作。1889年到R.科赫主持的柏林大学传染病研究所当助手。1894年任哈雷大学卫生学教授。1895年任马尔堡大学卫生学系主任兼卫生研究所所长。同年册封为贵族。

免疫学奠基人之一。1884年F.勒夫勒发现白喉杆菌，并证实有些动物对白喉有天然免疫力。1888年P. P.鲁和叶辛（Yersin）发现白喉杆菌和破伤风菌都会产生毒素。贝林认为如果这类毒素能在人体内被中和，就可以避免其对机体的损害。1890年将灭活的和减毒的白喉毒素以递增的剂量注入豚鼠，使豚鼠产生对白喉的免疫力。他认为这是由于动物血清内出现了能中和白喉毒素的物质之故，称这种物质为“抗毒素”。用破伤风菌做的实验也取得相同结果。又和北里柴三郎将含破伤风的抗毒素血清注入动物体内，发现这些动物产生了对破伤风菌的强大免疫力。在用白喉杆菌抗毒素做实验时也取得了相同结果。1891年，白喉抗毒素首次用于人体。后来发现，注射含白喉抗毒素的血清在患白喉后也有免疫效果，而破伤风抗毒素却必须在感染之前或感染之后立即注入才有效。后来他又将毒素和抗毒素混合注入动物体内，这样动物不但产生了被动免疫，而且可诱发持续时间更长的自动免疫。

1891年12月25日，贝林在柏林的贝格曼医院首次给白喉患儿注入白喉抗毒素血清获得成功。1892年白喉抗毒素开始大量生产，使白喉死亡率显著下降，因此获“儿童救星”的美称。因发现并应用白喉和破伤风的抗毒素血清，1901年获得第一个诺贝尔生理学或医学奖。同年被交战国法国授予荣誉军团勋位。1913年将毒素和抗毒素混合药物给儿童注射，使儿童获得抗白喉的自动免疫力。他的发现启发许多科学家都去找寻抵御各种疾病的抗毒素。因劳累过度染上了结核病，为此又研制出一种牛结核疫苗。最重要的著作有《血清疗法》（1892年）和《控制传染病的科学导论》（1912年）等。（顾振海）

格拉西，G. B.（Grassi, Giovanni Battista） 意大利人，1854年3月27日生于意大利罗维拉斯卡，1925年5月4日卒于罗马。*传染病学、公共卫生学、寄生虫学、应用昆虫学、生物学。*

市政官员的儿子。1872年起在帕维亚大学学医，1878年毕业。后到德国海德堡大学工作，在这里遇到了未来的妻子M.克南（Maria Koenen）。1883年任卡塔尼亚大学动物学和比较解剖学教授。1895年任罗马大学比较解剖学教授，直至退休。1908年任罗马参议员。选择死后安葬在菲乌米奇诺公墓，因为这里是他早期坚持消灭疟疾的地方。

科学研究工作涉及领域较广泛。在解剖学方面，1883年研究了硬骨鱼脊柱的发育。在病理学方面，1903～1917年研究了地方性甲状腺肿。在昆虫学方面，研究了蜜蜂（1877～1884年）、多足类（1886～1889年）、白蚁（1885～1893年）等，后一项研究工作获英国皇家学会达尔文奖 。主要贡献在于寄生虫学和应用昆虫学领域。1876年在家乡罗维拉斯卡调研猫的死亡率，发现其肠内生有大量吸血性的寄生虫，从而又发展了蠕虫学。还对病原原生动物、苍蝇等进行了研究，指出苍蝇是传播病菌的主要途径，首先提出开展消灭苍蝇的卫生运动。还和其他学者合作研究疟疾病的成因、传染途径及防治方法，首次发现人类疟疾病寄生虫孢子生殖周期。后来又转向新领域，结合农业病虫害的防治开展研究工作。应意大利政府农业大臣的要求，对意大利和欧洲其他地区葡萄虫害的形态学和生物学作了深入研究，为消灭农业害虫做出了重要贡献。（孙　勇）

霍巴齐乌斯基，J.（Horbaczewski, Jan） 乌克兰人，1854年5月15日生于奥匈帝国捷尔诺波尔附近的扎鲁宾斯（今属乌克兰），1942年5月24日卒于捷克布拉格。*生物化学、公共卫生学、医学教育与管理。*

1877年获维也纳大学医学院医学博士学位。留校任教于医学化学研究所。1889年任布拉格捷克大学医学院第一个医学化学特约教授，一年后任教授，曾4次担任医学院院长，1902～1903 年任该校校长。鉴于他的成就和声望，当选为捷克王国、奥匈帝国最高卫生委员会成员，后任主席。1918 年任奥地利首任卫生部长。在政治上，他坚决支持乌克兰独立，积极参与在乌克兰利沃夫组建乌克兰大学。是乌克兰医学联合会的首任会长。1925 年入选乌克兰科学院院士。并于 1926 年、1932 年先后组织和主持乌克兰第一届、第二届科学大会。1931～1934 年任布拉格乌克兰自由大学校长，

他是世界上第一个国家级卫生部长，由此英、法等国纷纷仿效。20 世纪前叶，他为改善捷克和奥地利的公共卫生环境作出了重要贡献。在任大学校长、医学院院长多年，培养了大量科学和医学人才，其中包括乌克兰人、捷克人和斯洛伐克人等。

在学术上，虽然对营养学、毒理学甚至工业化学感兴趣，然而主要贡献却在尿酸化学等生物化学方面。1882 年将甘氨酸和尿素加热至 200～230℃，首次合成尿酸，受到国际学术界的极大关注，对有机物“活力论”神秘思想是个有力否证。1828 年，德国的 F. 维勒首次人工合成尿素，但是却无法合成出尿酸，因而尿酸的成功合成是医学化学上的重大突破。1890 年又对哺乳动物包括人尿酸的由来进行研究，发现尿酸是在脾的髓质中形成的。将白细胞增生和尿酸的形成联系起来，并且确信尿酸最终来源于脾髓质淋巴组成成分中的核。按瑞士生理学家 J. F. 米歇尔二世分离细胞核的方法进行实验，首次证明尿酸不是蛋白质的组成成分，而是细胞核的代谢产物。主要著作有《医学化学》(4 卷，1904～1909 年)，其中涉及无机化学、有机化学和生物化学，一开始便成为捷克大学等校教科书。

鉴于他的成就，2004 年联合国教科文组织在第 32 届大会上宣布开展纪念他诞辰 150 周年的活动。

(张承圭　吕慧梅)

鲁布纳，M.（Rubner，Max） 德国人，1854 年 6 月 2 日生于德国慕尼黑，1932 年 4 月 27 日卒于柏林。生理学、营养学、卫生学、化学。

1873 年起在慕尼黑大学医学院学医，1878 年获医学博士学位。1885 年在马尔堡大学任卫生学编外教授。1891 年任柏林大学卫生学教授，1909 年任生理学教授，1910～1911 年任柏林大学校长，1913 年任凯泽-威廉劳动生理学研究所所长，1924 年退休。同年入选美国国家科学院外籍院士。是慕尼黑科学院院士，维也纳、奥斯陆等地科学院外籍院士。

研究了营养物质在人体内的能量价值，开辟了生物能量学的新领域。撰写的大量著作，涉及生理学中营养和代谢的各个方面，其中最重要的是阐明了食物的特殊动力作用。1880 年发表重要论文“食物在人肠道中的吸收和利用”。1883 年提出“能量的维持”、“机体中能量守恒”、“营养物质之间的能量等效关系”、“能量按体表面积定律辐射蒸发丢失”等新学术观点。1885 年发表各种营养物质的热值表。1894 年提出生物体内能量守恒定理。还提出寿命是能量消耗的函数。

(张志练　张祝山)

卡罗尔，J.（Carroll，James） 美国人，1854 年 6 月 5 日生于英国英格兰伍尔威奇，1907 年 9 月 16 日卒于美国华盛顿。病理学、细菌学、病毒学、流行病学。

15 岁时由英国移居加拿大。1874 年 20 岁时参加美军，任陆军第七军护理员，并终生服役。1883～1898 年任军队医院管理员。西班牙－美国战争期间，任代理助理外科医师。1886～1887 年入纽约大学医学院学习。1889 年转学马里兰大学，1891 年获医学博士学位。1891～1893 年在约翰斯·霍普金斯大学进修细菌学和病理学。1902 年接替 W. 里德任美国军医博物馆馆长。1903 年在乔治·华盛顿大学任病理学和细菌学副教授，1905 年任教授。1907 年晋升少校。马里兰大学、内布拉斯加大学授予他荣誉博士学位。

1899 年和里德驳斥了 G. 萨纳雷利的类黄疸杆菌为黄热病特殊病原体的学说。他不很相信芬利蚊是黄热病媒介的学说。他作为美军黄热病委员会委员，在古巴证明该病是由埃及蚊传播的滤过性病毒引起。1900 年 8 月 27 日，有意让有传染性蚊叮咬自己的手臂，4 天后成为黄热病的第一个实验性病例而病例，险些丧生。但其同事拉齐尔(J. W. Lazear)却没有痊愈。然而黄热病给他留下了心脏损害，7 年后去世。是一位真正的科学献身者。最大贡献是在里德的建议下证明黄热病的病原体是滤过性病毒，首次证实了人类疾病的病毒病原学。身后有《黄热病历史、病因与传播方式》(2007 年)等书出版。

(殷明德)

比弗，C. E.（Beevor，Charles Edward） 英国人，1854 年 6 月 12 日生于英国伦敦，1908 年 12 月 5 日卒于同地。生理学、肿瘤学、脑与神经科学。

外科医生之子。在伦敦大学学院学医，1879 年获医学士学位，1881 年获医学博士学位。留校任教，1882 年获行医资格证书。1888 年当选为英国皇家内科医师学会成员。1882～1883 年到奥地利、德国、法国学习。回英国后，在伦敦国立医院、皇家北部中心医院任医师和医务官，同时进行神经生理学研究。后在伦敦大学布朗兽医学院任教授。1907 年任英国神经学会会长。

在临床方面，对神经系统疾病的诊断和脑肿瘤的定位很有研究。在生理学方面，在伦敦大学布朗兽医学院研究了大脑皮质运动区和内囊的功能，以及与此有关的健康和疾病状态下的肌群运动，并对大脑的 5 条动脉的走向首次作了精确的描述。

(顾振海)

奈瑟，A. L. S.（Neisser，Albert Ludwig Sigesmund） 德国人，1855 年 1 月 22 日生于德国施维德尼茨(今波兰斯维德尼查)，1916 年 7 月 30 日卒于布雷斯劳(今波兰弗罗茨瓦夫)。皮肤病学、性病学、传染病学、血清学。

犹太族内科医生之子。1872 年起在布雷斯劳大学医学院学医，1877 年在内科学家 A. 比尔默(Anton Biermer)的指导下完成包虫病的博士论文，同年获埃朗根大学(今埃朗根－纽伦堡大学)医学博士学位。1882 年任布雷斯劳大学编外教授，同时任大学附属医院皮肤

科医师，1907年任皮肤病学教授。参与筹建德国性病防治协会，1901年任该协会主席。在当选为帝国卫生理事会理事后不久，因败血症去世。

1879年发现淋球菌，同年发表关于淋病的论文，为阐明性病病因作出了重要贡献。1880年首先鉴定出麻风病原菌——麻风杆菌。在他的筹划下，1892年建立了一个新的皮肤病诊疗所，后来成为著名的皮肤病国际研究中心。1898年出版有关对患梅毒病人进行临床血清学试验的重要成果。1905～1906年赴印度尼西亚爪哇岛，实地考察研究梅毒由猿向人传播的可能性。出版多种关于皮肤瘤、传染病(包括炭疽、鼻疽和白喉等)、牛皮癣、蕈状肉芽肿和各种天疱疮的专著。（张志练）

布鲁斯，D.（Bruce，Sir David） 英国人，1855年5月29日生于澳大利亚墨尔本，1931年11月27日卒于英国伦敦。病原微生物学、传染病学、兽医学。

双亲均系英国苏格兰人，19世纪50年代移居澳大利亚。5岁时随父母回苏格兰定居。1876年入爱丁堡大学医学院，1881年获医学学士学位。1883年入伍，任上尉军医。翌年偕同妻子往马耳他等非洲国家工作。1903年晋升上校军医，并封为爵士。他的妻子一直是他的得力助手，和他一道深入到疫病最多的地方进行防疫和研究工作，两人同患难达30年之久。是英国皇家学会会员，伦敦大学学院皇家医学院研究员。获格拉斯哥大学、利物浦大学、都柏林大学和加拿大多伦多大学等校荣誉博士学位。是一些国外学术团体的名誉会员。

对马耳他热症的研究作出了重大贡献。在马耳他首都医院，他首次成功地分离出马耳他热病原菌，并对其形态特征作了详尽研究，定名为马耳他微球菌。后又陆续发现一些与其相似的病原微生物，1920年定为一个新属——布鲁斯杆菌属。凡由该属引起的疫病，均称为布鲁斯氏菌病，取代了马耳他热、地中海热和波状热等旧病名。

另一重大贡献是，发现南非一种危害极大的家畜疾病那加那病，其病因是由寄生在家畜血液中的锥虫所引起，传播媒介是采采蝇(舌蝇属)，传染源是羚羊等野生动物。后来这种锥虫被命名为布鲁斯锥虫。在莱迪史密斯战役2年后，昏睡病笼罩着赤道中非国(今中非共和国)，夺去了当地几十万人的生命，其中也包括英国的一些传教士和官兵。1903年他奉命前往调查该病病因，经过艰辛的努力，首次查明其病因也是由锥虫引起的。

为人戆直、坦率、自负。当他还是上尉军医时，就敢于反对上校不合理的决定。体魄健壮，精力充沛，毕生献给了人类健康，但自己却在贫困中死去。曾荣获不少奖章，其中获1915年荷兰列文虎克奖章。（孙炳寅）

克雷佩林，E.（Kraepelin，Emil） 德国人，1856年2月15日生于德国梅克伦堡的纽施特雷利茨，1926年10月7日卒于慕尼黑。实验精神病学、药理学、临床心理学、遗传学。

公务员之子。1874年进莱比锡大学学医，曾在W.冯特指导下学习心理学。1878年获维尔茨堡大学医学院医学士学位。1879年任教于慕尼黑大学。1882年任莱比锡大学讲师，先后供职厄尔布(W. Erb)神经病诊所、冯特精神病理学实验室。1884年获高级医师资格。1885年任德累斯顿大学治疗与护理研究所主任。1886年任塔图大学(后为爱沙尼亚多尔帕特大学)精神病学教授。1891年任海德堡大学教授、精神病学系主任。1904年任慕尼黑大学临床精神病学教授、附属精神病诊所主任，1921年退休。1922年任慕尼黑精神病学研究所(后为慕尼黑大学威廉皇帝精神病学研究所)首任所长。曾任《心理学工作》主编。第一次世界大战后德国经济危机期间，4个孩子因病夭折。

实验精神病学创始人之一。首次在精神病学领域采用心理调查和实验方法。19世纪80年代，首次建立精神病学现代分类系统，引入并定义一系列新术语。1883年出版《精神病学纲要》(4卷，后作为教材《精神病学》第1版)，生前修订8版，1927年出版第9版，在44年里信息量增加10倍。该书主张精神病学是医学分支，应以观察和实验为研究手段，认为精神病发展趋势可预测，其方法是综合考察案例病史、鉴别疾病类型，个体人格差异以及发病年龄；依据长期大量临床观察，首次制定精神病现代分类体系，结束了长期混乱状态。在分析数以千计案例后，将精神病分为外源性(由外因引起，可以治疗)和内源性(遗传性，不能治愈)两大类；1893年《精神病学》第4版中，提出“早老性痴呆”(精神分裂症)和“躁狂－抑郁精神病”的区别；1899年该书第6版中，指出早发性痴呆3种类型：以运动障碍为特征的紧张型；以不适当情绪反应和行为为特征的青春型；以夸大或迫害妄想为特征的偏执型。至今精神分裂症仍沿袭此种分型法。但他拒绝接受弗洛伊德心理分析理论。

还是精神药理学、临床心理学创始人之一。首次采用实验方法研究酒精、尼古丁、吗啡等麻醉药物影响中枢神经系统、从而影响人类行为。发现精神病患者产生的虚幻联想，与疲劳的或醉酒的被试者感受很相似。是跨文化精神病学先驱者，20世纪初到爪哇等热带地区调查精神错乱、麻痹症发病率，出版《比较精神病学》。作为冯特高足，10余年主编实验心理学杂志，探讨睡眠本质，出版《论梦中的语言纷乱》。现代精神病学各学派都受到他的不同影响。参与发现阿尔茨海默氏症。他主张社会改革，创立展览馆揭露精神病院普遍存在的野蛮治疗方法，积极投身禁酒运动，反对死刑。（李啸虎）

奇坦登，R. H.（Chittenden，Russell Henry） 美国人，1856年2月18日生于美国康涅狄格州纽黑文，1943年12月26日卒于同地。生理学、生物化学、营养学、毒理学。

1875年毕业于耶鲁大学设菲尔德理学院。1878～

1879 年在德国海德堡大学进修。1880 年获耶鲁大学生理化学博士学位。留校任教,1882 年任设菲尔德理学院生物化学教授,不久成为该学院董事会成员和常务秘书长,1898～1922 年任该院院长。1900 年起兼任耶鲁大学医学院生理学教授。创建美国第一个生理化学实验室。同时在哥伦比亚大学兼课。1893 年任美国博物学会会长。1895～1904 年任美国生理学学会会长。1907 年任美国生物化学学会会长。第一次世界大战中,兼任美国国家食物利用顾问委员会、国家研究委员会执行委员会成员。

他常被誉为"美国生物化学之父"。导师 S. W. 约翰逊(Samuel W. Johnson)教授给他的毕业论文课题是,揭示为何吃剩下来的扇贝加热后变得更甜。他在实验中发现扇贝肉中含有糖原和甘氨酸,从而首次发现在自然界中存在游离甘氨酸。该论文的德文本投寄到德国利比希的《纪事》杂志发表。1878 年 W. F. 库恩读到该文,邀请他去德国海德堡大学兼任助教一年。

在库恩的影响下,对研究酶的作用发生兴趣,证实酶可使食物变为可溶性以利机体吸收。对生物化学的主要贡献是研究人对蛋白质的需要量。另一研究领域是重金属和酒精的毒理学。主要著作有《消化性蛋白质分解》(1895 年)、《生理化学研究》(1884～1901 年)、《营养学的生理性节约》(1905 年)和《人的营养》(1907 年)等。

(殷明德)

弗洛伊德,S. (Freud, Sigmund) 奥地利人,1856 年 5 月 6 日生于奥匈帝国摩拉维亚的弗赖堡(今捷克普日博尔),1939 年 9 月 23 日卒于英国伦敦。精神病学、心理病理学、脑与神经科学。

出身犹太家庭,1860 年(4 岁)时全家迁入维也纳。1873 年入维也纳大学医学院,1881 年获医学博士学位。1882 年任维也纳总医院住院医师。1883 年起在维也纳大学任教。1885～1886 年,在法国巴黎大学师从 J. - M. 夏科学习精神病学。1886 年结婚,后生育有 6 个孩子。1923 年被诊断患有口腔癌。1938 年希特勒纳粹德国入侵奥地利后,流亡伦敦,次年病逝于伦敦。

精神分析学派创始人。在维也纳大学学习期间,参与布吕克(E. Brücke)领导的生理研究所工作,当时他深受布吕克物理主义与机械论思想影响,认为心理学是有关中枢神经系统的活动,人的心理能力是一种物质的能力,因此早期致力于神经系统的研究,企图寻找神经病疾患的解剖学上的器质性变化。毕业后与维也纳医学院的讲师布洛伊尔(J. Breuer)合作开设一家诊疗所。1882 年布洛伊尔应用催眠术治疗一个歇斯底里女病人,当患者在催眠状态下诉说了受压抑的经历后,使她的被阻塞的心理压力得到了宣泄,患者的症状也就消失了。此事件在精神分析学派的形成中起了重要的作用。1885～1886 年间,巴黎大学神经病学家 J. -M. 夏科应用催眠术和暗示疗法治愈癔病患者,给他以深刻的印象。夏科认为癔症是一种机能性的神经症,即神经系统并无器质性损伤,而是由于机能错乱即动力创伤致病,因此可以用适当的观念或心理学方法来治疗。从此弗洛伊德改弦易辙,从神经生理学转向心理学研究。在巴黎一次晚会上,听到夏科的讲话,认为神经症患者的障碍总是涉及有关性欲成分,从此启发他重视性在精神病患者发病学上的重要作用。1889 年又到法国南锡参观学习数周,他向李厄保(A. A. Liebeault)和伯恩海姆(H. Berheim)学习催眠术,发现病人在催眠期间回忆并说出过去发生的情况,病人发泄了情绪,病也就好了。他开始意识到心理意识后面潜藏着强烈的心理活动,促使他后来形成"潜意识论"的学说。

1887 年,他采用催眠术治疗癔症。1891 年与布洛伊尔共同出版《论失语症》一书。1895 年他们又共同出版《癔症研究》。当时,他们俩人发生了学术上的分歧,布洛伊尔不同意弗洛伊德有关性在癔病发病学上的作用;另一方面,布洛伊尔因病人出现移情现象以及应用催眠术所发生的困难,放弃了催眠术。从此两人分道扬镳。

弗洛伊德发现催眠术疗效不能持久,或不能得到根本治疗,加上病人出现的移情现象,对医生会产生爱情或憎恨。他在治病时发现患者在清醒状态下,如不加任何限制,使患者身心完全放松,也能使患者追忆过去被压抑的经历。1896 年起,他放弃催眠术改用自由联想法,认为此法更为优越,他称之为心理分析或精神疏泄。当他应用自由联想法时,发现病人经常会报告入睡时所做的梦,促使他对梦进行研究。他认为梦是人的心理活动的组成部分,是人的心理世界潜意识的反映。梦的本质是人的愿望的达成或是被压抑愿望的满足。通过梦的解析,可以了解精神病患者的心理性病源。梦不仅是神经症的症状,通过梦的解析,也可以成为治疗精神病的一种方法。1900 年出版重要著作《梦的解析》。1901 年出版《日常生活的心理病理学》。1905 年发表《关于性作用的三篇论文》。从此他的学说引起人们的广泛重视。从 1902 年起,一群青年人开始聚集到他的周围。1906 年他创立维也纳精神分析学会,嗣后又创办年鉴、杂志和出版社。1910 年成立国际心理分析学者协会。1909 年美国克拉克大学邀请他和弟子参加该校 20 周年校庆活动,并授予他名誉博士学位。他在该校所作的演讲,于 1910 年刊于《美国心理学》杂志。同年还出版著作《精神分析引论》。

1913 年,在精神分析派召开的国际会议上,弗洛伊德学派分裂为 3 个营垒,他的门徒阿德勒 (A. Adler)和 C. G. 荣格分别于 1911 年和 1914 年分裂出来另创自己的学派。1914 年弗洛伊德发表《心理分析运动的发展史》,提出了人类发展观的见解。20 世纪 20 年代是弗洛伊德学说成熟和声誉日隆时期。这时他除继续沿用潜意识、抵抗、压抑、倒退、幼儿性欲、里比多(Libido,又译性力)、恋母情结等概念,又创用自恋、生和死的本能以及人格的超我、自我、本我(id,又译作伊底)等概念。那时的精神分析不仅继续影响精神病学,而且迅速变成一种了解人类动机和人格的方法。最后 20 年,弗洛伊德在修订他的早期理论基础上，进一步形成了他的晚期理论。那时他的主要著作有：《超越唯乐原则》(1920年)、《文明及其不满》(1920年)、《群众心理学和自我分析》(1921年)、《自我和本我》(1923年)、《抑制、症状和焦虑》(1926年)。社会科学的代表著作有《图腾和禁忌》(1913年)、《摩西和一神教》(1939年)等。他的晚期理论已形成一个完整体系，变成一种人生哲学，企图解决生活和社会的一系列重要问题。

早期精神分析学不为心理学界所认同，复为医学界所不容。但是，弗洛伊德精神分析学是在神经症患者的治疗实践中产生形成的，它所注重的是精神病的分析和治疗，他提出了许多新概念，是传统心理学所未备的，这种理论强调人的行为动机，重视情绪的发展，注意心理冲突的动力过程、精神分析或疏泄疗法，在治疗神经症患者时收到一定疗效。后来，精神分析学派逐渐为心理学界和医学界所承以和接纳。这个理论后来扩展到社会科学各个领域，逐渐变成一种心理学的体系和人生哲学。

对于弗洛伊德和精神分析学派的评价，人们褒贬不一。有人把弗洛伊德学说视为异端邪说，对于他的泛性论，认为他把性本能夸大到人性的最根本的动力，贬低了人的社会性与人的理性思维。他用本能来解释人的一切行为，用生物学观点解释一切社会现象，使他陷入心理化的唯心主义泥淖。但是，有的学者认为弗洛伊德首先把性作为科学研究的对象，重视性心理对正常人、神经症形成及其对社会生活的影响，具有学术价值和开创意义。他强调人格的内在层次性、动力性和发展性，这无疑也是有一定价值的。他的精神分析方法迄今在精神病学上具有指导意义。有的学者甚至把达尔文研究生物演化的进化论、爱因斯坦研究时空的相对论以及弗洛伊德研究人类心理活动的精神分析论相提并论，视为近现代最有影响的三大学术成果。 （张慰丰）

柯尼希，A.（König，Arthur） 德国人，1856年9月13日生于德国克雷菲尔德，1901年10月26日卒于柏林。感觉生理学、生理光学、仪器研制、科学传播。

1874年在当地上中学，毕业后经商。1878年开始在波恩大学、海德堡大学和柏林大学等校学习自然科学，1882年在柏林大学物理研究所成为亥姆霍兹的助手，并取得理学博士学位。留校任教，1889年成为教授，并任该校生理学研究所物理部主任。同年任德国物理学学会会刊《议事纪要》主编。1891～1901年主编《年代文献》(后更名为《感觉生理学文献》)杂志。还与埃宾豪斯(H. Ebbinghaus)一起合作主编《感觉心理学和生理学》杂志。

是亥姆霍兹杰出的学生，生理光学最主要代表人物之一。致力于研究生理光学，特别是心理物理学和感觉生理学。改进了亥姆霍兹的观察白血球镜，并制成一种分光光度计。研究颜色理论，是杨一亥姆霍兹色觉理论的积极支持者。研究颜色的混合，光谱中不同颜色的亮度分布；研究视紫质在视觉上的重要功能。采用混色装置，1886年同迪特里奇(C. Dieterici)一起，研究了不正常视觉的二色系统(蓝一黄色盲、红一绿色盲)的结构。1894年，他用实验证实和演示了暗视力的光谱感光度(杆体细胞光敏性)，与采用微辐射探测仪所测量到的吸收光谱十分类似。沿着生理光学的道路，进而研究心理物理学。亥姆霍兹去世后，他成为其手稿的编辑人之一，并监修其《生理光学手册》第二版。 （唐玄之　周衍勋）

别赫杰列夫，B. M.（Бехтерев，Владимир Михайлович；Bekhterev，Vladimir Mikhailovich） 苏联人，1857年1月20日生于俄国维亚茨卡亚省，1927年12月24日卒于列宁格勒(今圣彼得堡)。生理学、精神病学、心理学、脑与神经科学。

于维亚特卡亚大学预科学校毕业后，入圣彼得堡内科与外科医学院学习，1881年获医学博士学位。1885年任喀山大学精神病学教授。1894年任军医学院神经病理学和精神病学教授。1897年任女子医学院教授。1903年创立精神病学与神经病理学研究所。1918年任苏联国立大脑研究所首任所长。

对神经系统的病理学和生理学都有研究。精确确定了脊髓后根的通路，发现了后角神经干上的一群细胞，描述了脑干大束和大脑底部软脑膜结节。1885年详细研究并描述了大脑神经元网状结构，还精确确定了味觉中枢的位置。在临床方面，确定了许多反射性和神经疾病的重要症状；记载了脊髓麻木、中风后偏侧肌紧张，运动共济失调等疾病。反对盛行一时的主观心理学，赞成客观心理学，并称之为“行为科学”。但后期从机械论出发用“反射学”来代替心理学。 （顾振海）

瓦格纳-贾雷格，J.（Wagner-Jauregg，Julius；或 Wagner von Jauregg，Julius） 奥地利人，1857年3月7日生于奥地利韦尔斯，1940年9月27日卒于维也纳。流行病学、内分泌病理学、精神病学。

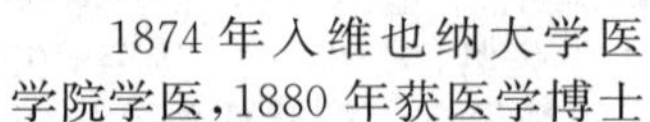

1874年入维也纳大学医学院学医，1880年获医学博士学位。1883年入维也纳大学附属精神病院工作，1887年任该院院长。1889年任格拉茨大学医学院教授，兼附属精神病院院长。1892年任国立精神病院院长。1893年该院拆建，改任维也纳精神病和神经病院院长。1902年任维也纳总医院精神诊疗科主任。1911年国立精神病院重建，重返该院任院长。1928年退休后，仍坚持从事研究和著述。

大学毕业后，开始从事疟疾的病理研究及防治工作，在总结前人经验的基础上，使用奎宁治疗疟疾获得成功，有效地控制了疟疾的流行。1884年发现切除猫的甲状腺后，猫有袭击、惊厥和痉挛等异常表现。通过深入研究甲状腺的功能，提出甲状腺损伤和丧失会引起呆小病的观点。曾到施蒂里亚旅行，调查甲状腺肿的情况，并发表用碘片治疗的经验。1898年向政府提出，在市售的食盐中加碘，可以预防这种疾病的发生。这项建议被奥地利和瑞士政府所采纳，从而大幅度地降低了发病率。

1887 年开始研究麻痹性痴呆（梅毒晚期的神经精神损害），发现这类患者如果有传染性发热疾病（如丹毒、斑疹伤寒）时，一旦热退病人的精神状态大有改善，有 1%的患者能够自愈。1887 年在医学期刊上撰文，提出人为地用发热的方法来治疗麻痹性痴呆患者，然后再用药物治疗导致发热的感染。此说当时并未引起医学界的重视。初试一例未获效果，长期不敢试治。直到 1917 年 6 月 14 日，第一次把三日疟患者的血注入 9 名麻痹性痴呆患者体内，结果使其中 3 人完全治愈。1919 年进行了大范围治疗。1920 年在汉堡国际精神病学会的年会上报道了这项成果，这种方法立即在欧美及日本广泛应用，数以千计的患者接受了发热疗法，平均疗效 30%～50%。因这项发现获 1927 年诺贝尔生理学或医学奖。

发热疗法在 20 世纪 20～40 年代非常盛行。自从 40 年代中期出现了抗生素，特别是出现青霉素以后，使梅毒治疗有了更有效的药物，才取代了发热疗法。但此法后来成为多种精神疾病休克疗法的前驱。

重要著作有《粘液水肿与呆小病》（1912 年）、《以疟疾接种预防和治疗进行性麻痹》（1931 年）；主要论文人编《瓦格纳－贾雷格选集》（1887～1935 年）等。

（张志练　张慰丰）

霍斯利，V. A. H.（Horsley，Victor Alexander Haden）　英国人，1857 年 4 月 14 日生于英国伦敦，1916 年 7 月 16 日卒于美索不达米亚（今伊拉克）巴格达附近阿马拉。神经外科学、生理学、病理学、脑与神经科学、仪器研制。

其名“维克托·亚历山大”是由维多利亚女王赠与。先后在英国伦敦大学学院、柏林大学医学院求学。1881 年到伦敦大学学院医院任住院外科医生和登记部主任。1884～1890 年在布朗研究所任教授和所长。1886 年任国立麻痹与癫痫医院外科学助理教授。1887 年任伦敦大学学院病理学教授，1899 年任临床外科学教授。曾任英国全国禁酒联盟副主席，也是英国《病理学》杂志创刊人和主编。1883 年加入英国皇家外科医师学会。1886 年被选入英国皇家学会。1902 年被册封为爵士。在第一次世界大战中，1915 年任英军驻埃及医务处上校军医兼外科主任，因中暑和重症高热而去世。

实验研究工作是从甲状腺的生理学和病理学开始的。1884 年在猴的实验中发现地方性呆小病及粘液水肿与甲状腺切除的后果基本相同。在英国创始了甲状腺生理和病理的研究，并首先提出采用移植替代疗法治疗甲状腺机能减退。是垂体切除术的先驱者。1886 年证实了巴斯德发现的防止动物狂犬病的方法。同年开始研究脑的功能定位。1884～1886 年，首先引入电击法治疗癫痫病人，用电刺激病人脑部皮层特定位置。1886～1891 年和同事研究了关于大脑皮层运动区的定位。1908 年同克拉克（R. H. Clarke）一起研制成功霍斯利－克拉克脑定向仪。是脑外科的先驱者之一，1887 年同高尔斯（W. R. Gowers）一起第一次实施脊髓肿瘤切除术，后病人从截瘫中恢复。还倡用手术治疗三叉神经痛的新方法。主要著作有《边缘脑回的功能》（1884 年）、《大脑皮层功能的实验》（1888 年）、《酒精和人体》（1902 年）等。

（陈闻鹃　殷明德）

布洛伊勒，P. E.（Bleuler，Paul Eugen）　瑞士人，1857 年 4 月 30 日生于瑞士苏黎世郊外佐利康，1939 年 7 月 15 日卒于同地。精神病理学、心理学、精神康复工程。

农场主之子。先后在瑞士苏黎世伯尔尼大学、法国巴黎大学、英国伦敦大学和德国慕尼黑大学的医学院学习医学，获医学博士学位。1886 年任瑞士莱茵精神病诊疗所所长。1898～1927 年任瑞士苏黎世大学医学院精神病学教授，兼任附属布尔格赫尔兹利精神病院院长。

近现代欧洲著名精神病学家。19 世纪 90 年代起成为弗洛伊德精神分析学说的早期重要支持者，但在 1911 年后开始转向。著名心理学家 C. G. 荣格曾是他的助手。1908 年复活节那天，他相约荣格等人到奥地利北部萨尔茨堡访问弗洛伊德，商定定期举行这种非正式研讨会，并由荣格任主编出版《精神病理学与精神分析学研究年鉴》。在弗洛伊德和布洛伊勒共同指导下，该刊发行至第一次世界大战爆发，在学术界影响甚大。正如弗洛伊德一样，布洛伊勒也认为极其复杂的精神过程是潜意识的。他于 1908 年首创“精神分裂症”术语，取代德国精神医学家 E. 克雷佩林先前所用“早老性痴呆”一词，因而精神分裂症也称为“布洛伊勒氏症”。1910 年又首创“孤独症”一词。1911 年出版《早发性痴呆或精神分裂病群》一书，指出“早发性痴呆”并非单一疾病，而是一组病症即“精神分裂病群”。书中将精神分裂症概括为四大原发性症状：“联想松弛”、“自闭式思考”、“不当的情感表现”和“矛盾意向”，中心问题是“人格分裂”，多数病例隐伏。他侧重考察患者比正常行为“缺乏”的阴性症状，其后德国同行 K. 施奈德（Kurt Schneider）提出比正常行为“多余”的阳性症状作为该病“首级症状群”。在精神病理学上，布洛伊勒不同意将精神病仅归因于脑器质性病变，认为心理原因也会致病。他坚信精神疾病并非绝对不可治愈，结局也不总是退化为完全痴呆。1919 年著名乌克兰芭蕾舞蹈家 V. 尼金斯基（Vaslav Nijinsky）精神崩溃，后来正是在他的悉心治疗下康复。

主要著作还有：《作为机体发育基础的心理学》（1925 年）、《感情·暗示·妄想狂》（1926 年）、《机械论－生机论－记忆论》（1931 年）、《精神及其意识的博物学》（1932 年）等，多次再版；其中《精神病学教程》（1916 年）长期成为大学标准教科书。布洛伊勒首创的一些概念和思想，后来被学术界所认同或发展。　（李啸虎）

卢斯蒂格，A.（Lustig，Alessandro）　意大利人，1857 年 5 月 5 日生于奥匈帝国的里雅斯特（今属意大利），1937 年 9 月 23 日卒于意大利卢卡地区。细菌学、传染病学、免疫学、公共卫生学、社会医学。

1882 年在维也纳大学医学院获医学博士学位。后又在意大利都灵大学获医学博士学位。曾任佛罗伦萨大学普通病理学教授。

在细菌学和免疫学史上,最早尝试用化学方法鉴定细菌抗原,并应用其诱导主动免疫。从鼠疫菌中提取具有核蛋白化学特性和免疫性质的物质,并给免疫动物接种以获得免疫血清以治疗鼠疫病人。还是霍乱病的最早研究者之一。后兴趣转向社会医学和卫生学。主要著作有《结核病预防》(1899 年)、《普通病理学》(1901 年初版,1938 年第 9 版)、《传染病和动物》)(1913 年初版,1923 年第 2 版)、《战时毒气及其影响》(1921 年)等。

(张祝山)

唐纳森,H. H. (Donaldson, Henry Herbert) 美国人,1857 年 5 月 12 日生于美国纽约州扬克斯,1938 年 1 月 23 日卒于宾夕法尼亚州费城。药理学、生理学、神经病学、脑与神经科学。

银行家之子。早年在菲利普·安多弗学院和耶鲁大学学习。1879 年到纽黑文在设菲尔德理学院 R. H. 奇坦登的指导下研究砷的检测。1880 年在纽约内科与外科医师学院学医。一年后在约翰斯·霍普金斯大学任研究员,1885 年获该校医学院医学博士学位。1886~1887 年到欧洲一些知名的神经病治疗中心,向福雷尔(A.-H. Forel)、J. B. von 居登、T. 迈纳特(Theodor Meynert)和 C. 高尔基等大师学习。1889 年任克拉克大学神经病学助理教授。1892 年到芝加哥大学任神经病学教授和奥格登研究生院院长,1898 年因膝关节结核中断教学生涯。1905 年起,终生任费城的威斯塔解剖学和生物学研究院院长。1906 年起为美国哲学家学会会员。1914 年入选美国国家科学院院士。历任美国解剖学家协会(1916~1918 年)、美国博物学家协会(1927 年)和美国神经病学会(1937 年)的会长。耶鲁大学和克拉克大学曾授予他荣誉理学博士学位。

1879 年在设菲尔德理学院 R. H. 奇坦登的指导下研究砷的检测;1881~1883 年研究了洋地黄甙对心脏的作用;在心理学家 G.. S. 霍耳的指导下研究可卡因的神经调节体温作用,并以此为题撰写了博士学位论文。1889 年起对盲聋哑人的脑作了系统的研究。此后便致力于研究人从出生到成熟期脑的生长和发育问题。早年的论著汇编在 1895 年出版的专著《脑的发育:神经系统与教育关系的研究》中。

(殷明德)

罗斯,R. (Ross, Sir Ronald) 英国人,1857 年 5 月 13 日生于印度阿尔莫拉,1932 年 9 月 16 日卒于英国伦敦。寄生虫学、传染病学、热带医学、公共卫生学、文学。

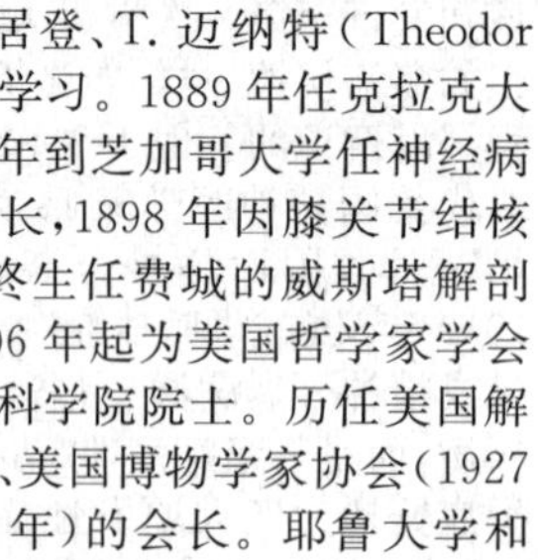

父亲是在印度服役的英国军官,有 10 个孩子,他是长子。8 岁回到英国。1875 年起在伦敦圣巴托洛缪医院学医。1880 年获英国皇家外科医师学院证书,在伦敦—纽约大西洋航线的轮船上任外科医师。1881~1888 年在印度英军医疗署工作。1888 年第一次回英国休假,听了克莱因(E. E. Klein)讲授的细菌学课程。1899 年回英国,被任命为利物浦大学医学院热带医学讲师,1902 年晋升为教授。1912 年迁居伦敦。晚年主要从事预防疟疾的公共卫生工作。第一次世界大战期间,任英军作战部疟疾顾问。1901 年入选英国皇家学会。1911 年册封为爵士。1926 年成立以他命名的罗斯热带病研究院,任第一任院长。

1892 年返回印度后,开始研究疟疾。1894 年第二次回英国休假,受到 P. 曼森的巨大影响,决心证实曼森关于蚊子传染疟疾的假设。1895~1898 年在印度做了大量实地调查和试验研究,证实了疟蚊污染的空气和水不是疟疾流行的原因,注意到疟疾可能由蚊子叮咬传播。此观点金(A. F. King)在 1883 年就已提出,但没有确切证据。发现感染疟疾的按蚊胃壁上有囊胞,囊胞中有与疟疾患者血中相同的黑色素寄生虫颗粒,并通过观察受感染的鸟类揭示了疟疾寄生虫(现知道是疟原虫)的生活周期,包括在蚊唾液腺中的生活时期,为有效防治疟疾奠定了基础。因此获 1902 年诺贝尔生理学或医学奖。

1910 年在伦敦出版《疟疾的预防》一书。1922 年出版自传。虽然从事医学,但是非常爱好文学艺术和数学,自己出版剧本、故事、寓言和诗歌,其中不少作品受到桂冠诗人 J. 梅斯菲尔德(John Masefield)的称赞。

(张志练)

阿贝尔,J. J. (Abel, John Jacob) 美国人,1857 年 5 月 19 日生于美国俄亥俄州克利夫兰附近,1938 年 5 月 26 日卒于马里兰州巴尔的摩。药理学、内分泌学、生物化学、医疗器械研制。

1876 年进密歇根大学,1883 年获博士学位。期间有 3 年因经济拮据而到中学工作。毕业后进约翰斯·霍普金斯大学工作。1884~1890 年在德国求学,先后在莱比锡、斯特拉斯堡、维尔茨堡、海德堡等大学学习和研究,也到过维也纳大学和伯尔尼大学,开始对生物化学和药理学感兴趣。1888 年在斯特拉斯堡大学获医学博士学位。回国后即在密歇根大学任教,1891 年在该校创办美国第一个药理学系并任系主任。1893 年任约翰斯·霍普金斯大学药理学系教授兼系主任,1932 年退休。1905 年共同创办《生物化学》杂志,1909 年共同创办《药理学和实验治疗学》杂志。

1895~1905 年期间主要研究肾上腺髓质的活性物质,1897 年作为第二个学者独立发现了肾上腺素,但不是纯激素而是其单苯甲酰衍生物。1912 年设计了一种“人工肾”,提出它在处理肾功能衰竭时的潜在用途。1914 年首次从血液中分离出氨基酸。1924 年后集中精力研究胰岛素,1925 年成功地分离了结晶型胰岛素。对动植物组织和体液的化学成分也有数种发现。研究了许多物质的毒性和治疗作用。

(顾振海)

谢灵顿,C. S. (Sherrington, Sir Charles Scott) 英国人,1857 年 11 月 27 日生于英国伦敦,1952 年 3 月 4 日卒于苏塞克斯的伊斯特本。解剖学、外科学、生理学、脑与神经科学。

幼年丧父，母亲改嫁，继父罗斯(C. Rose)医生家中是当地文人聚会处，使他自幼在潜移默化中培养了对科学、哲学、历史和诗歌的兴趣。1875 年于当地文法学校毕业后，即进伦敦圣托马斯医院学医。1879 年进剑桥大学学生理学，1884 年获医学博士学位。同年获皇家外科医师学会成员资格。1884～1887 年间赴欧洲，在著名科学家科赫、魏尔啸等人的指导下进修，并赴西班牙、意大利调研和防治霍乱。回英国后，即在圣托马斯医院任教。1887 年任剑桥大学冈维茨和凯厄斯学院评议员。1891 年任伦敦大学布朗兽医学院督察。1895 年、1913 年先后在利物浦大学、牛津大学任生理学教授。1893 年当选为英国皇家学会会员，1920～1925 年任会长。1922 年被册封为爵士。还是 40 个科学院或学术团体的名誉院士或会员，并获得 22 所大学的荣誉博士学位。

主要研究中枢神经生理学，重点是关于脊髓反射活动的研究。研究工作以 1906 年为界可分为两个阶段。在第一阶段(1880～1906 年)，主要研究脊髓生理学。1880 年起精细地解剖了人体每一根脊髓神经感觉纤维与运动纤维的分节配置，填补了生理反射解剖学知识的空白。从看来很简单的膝腱反射开始，广泛探讨了一系列问题，包括对抗性肌群动作的机制和性质，去大脑强直状态的产生和保持，脊休克的性质及其意义等。从这些研究中发现了许多有关神经生理功能的基本原理，如交互神经支配；高级中枢和低级中枢在运动控制中的相互关系；脊髓水平上肌肉活动的 3 个关键性机制，即肌肉的感觉、抑制和易化。在当时就已认识到：反射通路的许多特性是可以从突触的活动中得到合理解释的。后来又从深入研究中枢神经的传入和传出途径之间相互的关系着手，揭示了中枢神经中协调关系的机制，并确定了末端的共同通路的原则。这是一切反射赖以实现的基础，而支配这种活动的又是神经细胞接合部——突触处所产生的抑制作用和兴奋作用的关键过程。通过脊髓反射的研究，逐步形成了神经系统整合作用的极其重要的概念。1906 年出版《神经系统的整合作用》。该书讨论了简单反射的协调作用，同时发生的和接连发生的反射组合中反射间的协调作用，适应性反应中的反射作用和整合运动作用中的大脑作用等问题。

他的研究工作的第二阶段(1906～1935 年)，在此期间进一步完善了自己的理论。通过更深入的研究，肯定了神经中枢协调关系中突触的作用，发现并研究了关于本体感觉的学说，阐明了本体感觉的冲动在形成姿式反射、屈曲反射和伸展反射等器官反应中的作用。同时还对中枢性抑制和兴奋状态在突触上发生的相互关系进行了探讨。系统地陈述了中枢兴奋与抑制状态在突触处以代数和方式相互作用，以争夺最后共同通路。提出运动单位概念并进行了研究，这一概念是共同通路原理的发展。这个时期主要著作有《肌感受性问题》(1924 年)、《脊髓的反射作用》(1932 年)、《脑及其机能》(1933 年)等。

在研究工作中，还创造了许多新方法和新仪器，例如连续性变性法，哺乳动物去大脑手术，记录反射用的肌电图，以及设计和进行实验的一整套方法学。在中枢神经系统生理学方面所作出的贡献，奠定了现代神经生理学的基础。1924 年获大英帝国荣誉勋章。因神经生理学方面的贡献，与 E. D. 艾德里安分享 1932 年诺贝尔生理学或医学奖。

在哲学上认为人是自然的产物，但是其中却包含了神经生理学无法攻占的领域即思想，所以也就无法跨越物质的大脑和精神的思想之间的鸿沟。他的这种观点被人认为是二元论的。　　(顾振海)

埃舍里希，T.(Escherich，Theodor)　德国人，1857 年 11 月 29 日生于德国安斯巴赫，1911 年 2 月 15 日卒于奥地利维也纳。*儿科学、细菌学、病理学、预防医学、医务管理与教育。*

1876 年在斯特拉斯堡大学学习医学，后转入基尔、柏林和维尔茨堡等地大学学习。1881 年于慕尼黑大学获博士学位。1882 年在维尔茨堡大学的朱利斯医院诊疗所任 K. 格哈特(Karl Gerhardt)的助手。开始对儿科学发生兴趣，为此专门在彼腾科费尔等著名学者的实验室或研究所学习细菌学。1890 年任格拉茨的卡尔一弗兰茨大学儿科学教授。1902 年任维也纳大学医学院儿科学教授，兼任圣安娜儿童医院院长。1903 年任德国婴幼儿保护协会会长。1908 年任德国儿科学会会长。

1884 年在研究霍乱时，注意到儿童肠道菌群。1885 年发现大肠杆菌(在他身后的 1919 年，医学界以他命名这一肠道细菌)。几年后发表了关于肠道细菌与儿童消化生理的论著，确立了在儿科学领域中细菌学权威的地位。1892～1895 年连续发表 2 篇白喉研究论文。1909 年发表论甲状旁腺素不足致小儿强直性痉挛的专论。还报道了舞蹈病、淋巴细胞瘤等病例。具有非凡的组织才能，为了筹集资金，向政府申请资助，向慈善组织发起募捐，创建了儿童护理示范学校、儿童保健协会和皇家母子保健研究所等多种儿童卫生保健机构。

(林　培)

赫里克兄弟(Herrick Brothers)　美国人，他们是 H. N. 赫里克(Henry Nathan Herrick)和第二任妻子 A. 斯特里克(Anna Strickler)所生 4 个儿子中的长子和幼子。他们的主要贡献是和 G.. E. 科格布尔一起开创了生物心理学的研究。在此之前，对精神和肉体的研究，比较解剖学家、生理学家和精神病学家都是独立地进行研究。他们的工作使这三者的研究趋于统一。

赫里克，C. L.(Herrick，Clarence Luther)　1858 年 6 月 22 日生于美国明尼苏达州明尼阿波利斯，1904 年 9 月 15 日卒于新墨西哥州索科罗。*比较神经病学、生物心理学、动物学、高等教育管理。*

1875 年入明尼苏达大学，1880 年获该校文学士学位。同年任教丹尼森大学，1885 年任地质学和博物学教授，创办《丹尼森大学实验室公报》。1888 年任职于辛辛那提大学，并创办《比较神经病学》杂志。后返丹尼森大学任生物学教授。期间曾任芝加哥大学神经病学教授。后因患肺结核辞去丹尼森大学职位，去新墨西哥疗养。1897年任新墨西哥大学校长。1901年起任索科罗金矿经理。出版有《明尼苏达哺乳动物志》(1892年)等。

赫里克，C. J.（Herrick, Charles Judson） 1868年10月6日生于美国明尼苏达州明尼阿波利斯，1960年1月29日卒于密歇根州大急流城。比较神经病学、生理心理学、博物学。

在辛辛那提大学受教于其兄，1891年获该校学士学位。1892年任教奥塔瓦大学，讲授物理学、化学、生物学、地质学和心理学。1893年在丹尼森大学成为其兄的研究生。1900年获哥伦比亚大学博士学位。其兄去世后，接任《比较神经病学》杂志主编及丹尼森大学教授职位。1907年任芝加哥大学神经病学教授，1934年退休。主要著作有《神经病学导论》(1915年)、《人类性格的演变》(1956年)等。 （陈闻鹃 殷明德）

艾克曼，C.（Eijkman, Christiaan） 荷兰人，1858年8月11日生于荷兰奈凯尔克，1930年11月5日卒于乌得勒支。营养学、生理学、热带医学、公共卫生学、预防医学。

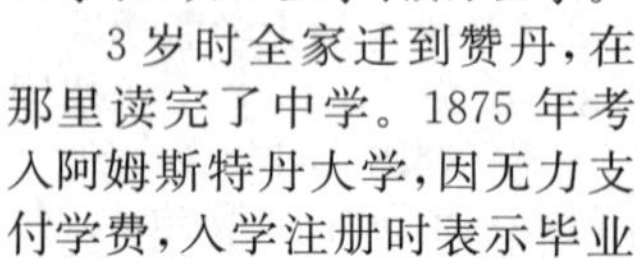

3岁时全家迁到赞丹，在那里读完了中学。1875年考入阿姆斯特丹大学，因无力支付学费，入学注册时表示毕业后愿当军医，这才让他公费就学。学生时期就为生理学教授T.普莱斯(Thomas Place)当了2年助手。1883年通过关于神经极化作用的论文答辩，取得医师资格和医学博士学位。毕业后被派往荷属东印度群岛(今印度尼西亚)当医官，在爪哇和苏门答腊工作了2年。1885年11月，因重症疟疾遣返回国病休。1886年初，刚结婚3年的妻子病故。他康复后立志专攻细菌学，在阿姆斯特丹大学师从J.福斯特(Josef F? rster)。后到柏林大学，在R.科赫指导下工作。1898年任乌得勒支大学公共卫生学和法医学教授，1928年退休。是一些国内外公共卫生学学术团体的成员。是荷兰皇家科学院院士，美国国家科学院外籍院士。

当时，在东印度群岛和其他东方国家流行脚气病。1886年10月，他随荷兰政府的脚气病研究委员会去东印度群岛。2年后该委员会指出，通过临床及显微镜检查证明脚气病人有多发性神经炎，并认为是一种微球菌的毒素引起的。当委员会的成员班师回国时，他总感到没有得到完全解答，决定留在巴达维亚(今雅加达)继续研究。当时他也曾认为脚气病是一种传染病，可是用上述微球菌接种动物并不能产生脚气病。1890年6月10日，运来一批供实验用的小鸡，由实验室的一位饲养员喂养，但从7月10日开始，鸡群中突然爆发了一种"疫病"，表现为腿部麻痹，伴有呼吸困难和发绀，显微镜检查证实有相当于人脚气病的多发性神经炎。为了进一步研究此病，他把家禽转移到别处饲养。11月20日，实验室来了一位新的厨师接替了喂鸡的工作，出乎意料的是，家禽的病状莫名其妙地消失了。此时他注意到家禽的饲料已有改变，先前的饲养员用餐桌上剩下的精白大米作饲料，后一位饲养员是用糙米喂鸡。因此，他推测致病因素应在食物中寻找。

根据大量饲料实验，他对一组小鸡喂以精白米，另一组喂给糙米，两组对照，三四周后发现前者发生了脚气病，后者安然无恙。从而证明糙米对家禽多发性神经炎既有预防又有治疗的效果。但未能得出正确的解释，继续相信某种化学物质(细菌同精白米作用后产生的毒素)是多发性神经炎的病原，甚至在1901年G.格里因斯已经提出营养缺乏的概念时，还坚持这种假设。然而他的观察是科学研究航道的起点。1911年与同事从米糠中提出可以预防和治疗脚气病的浓缩液体，从而发现硫胺(维生素B_1)，并证实这种物质是比蛋白质小的分子。1897年公布了他的研究成果。他的发现成为维生素营养学的基础。

主要代表著作有《抗神经炎维生素和脚气病》(1898年)、《关于热带地区的健康和疾病》(1898年)等。是约翰斯特奖获得者。因发现脚气病系缺乏维生素B_1引起的，与F.G.霍普金斯分享1929年诺贝尔生理学或医学奖。当时由于健康原因未能亲自接受诺贝尔奖，但他的致词发表在《诺贝尔奖》专刊上。 （殷明德 张慰丰）

吕费尔，M. A.（Ruffer, Sir Marc Armand） 法国人，1859年生于法国里昂，约1917年5月2日卒于东地中海附近海域。传染病学、预防医学、古生物病理学、古人类学、医务管理。

父亲系著名银行家家族成员，母亲是德国裔。早期教育完成于法国和德国。1882年毕业于剑桥大学，获文学士学位。1887年又毕业于伦敦大学学院医学院，获医学学士学位。后在巴黎巴斯德研究院进行过短期研究，受到巴斯德本人和俄国学者梅契尼科夫的学术指导。1891年出任英国预防医学学院(今为利斯特预防医学学院)首任院长。在调查地方上流行的白喉时，不慎受到感染，到埃及疗养期间，任开罗大学医学院细菌学教授，兼任埃及政府卫生、海事与检疫委员会主席。第一次世界大战爆发时，任埃及红十字会会长。他曾在印度瘟疫防治委员会供职。为表彰在细菌学和卫生学方面的贡献及在红十字会中的杰出工作，1916年被册封为爵士。第一次世界大战期间，在从希腊的萨洛尼卡返回埃及的路途中，因船舶触雷而罹难。他的妻子是一位英国军官的女儿，在他死后仍留在埃及亚历山大港直至去世，终年80岁。

19世纪末至20世纪初，为防治白喉、霍乱、鼠疫等传染病在英国、埃及、印度和希腊等地流行，进行了大量的医学指导和社会组织动员工作，有重要贡献。1916年受国际红十字会委托和派遣，协助希腊临时政府重组国家卫生总署。

他是古生物病理学的先驱者。根据当时的埃及学(指对埃及古物、建筑等方面的研究)的丰富材料，用显微镜观察古人的躯体组织，取得很大成绩。出版了埃及各个时期木乃伊的正常组织学和病理组织学的论著。

从木乃伊的肾脏中发现了血吸虫卵，以及退化性动脉硬化等病理现象，证明一种重要而普遍的疾病可能影响人类近5 000年。1921年出版自己的论文集，对古生物病理学的发展起了很大推动作用。（张志练）

加马列亚，Н. Ф.（Гамалея，Николай Фёдорович；Gamaleya，Nikolay Fyodorovich） 苏联人，1859年2月29日生于俄国敖德萨（今属乌克兰），1949年3月29日卒于莫斯科。医学微生物学、流行病学、免疫学、药理学、公共卫生学。

出身于乌克兰贵族世家，父亲是高级军官，母亲具波兰血统。1876年入敖德萨新罗西斯基大学学习物理和数学，但特别喜爱生物学，1880年大学毕业。后又入圣彼得堡军事医学科学院，1883年毕业，以内科医生身份回敖德萨。1885年被敖德萨内科医师协会派去巴黎巴斯德研究院学习狂犬病预防接种技术。1886年和梅契尼科夫等人在敖德萨建立世界上第二个细菌学研究机构（细菌站）。1892年，以论文“从实验病理学观点出发的霍乱病原学”获圣彼得堡军事医学科学院医学博士学位，1893年出版该论文单行本。1912～1928年任圣彼得堡（苏维埃时代为列宁格勒）种痘研究所业务所长。1930～1938年任莫斯科中央流行病学和细菌学研究所业务所长。1938年任莫斯科第二医学院微生物学系主任。1939年任苏联医学科学院流行病学与微生物学研究所实验室主任。全苏流行病学、微生物学和传染病学联合会终身主席。1940年为苏联科学院名誉院士。1945年为苏联医学科学院院士。

他在许多领域里均作出重要贡献。在捍卫巴斯德学说的斗争中，与巴斯德结下了深厚的友谊。为证明狂犬病疫苗对健康人无害，他首次把狂犬病疫苗接种在自己身上。1886年任巴斯德助手时，改进了巴斯德预防接种法，提出预防狂犬病强化接种法，受到巴斯德高度赞扬，并很快被广泛用于临床。按照梅契尼科夫提出的吞噬细胞理论，研究炭疽病免疫机制，发现预防接种后机体发烧与抗体产生之间的规律性。在流行病学研究中，发现灰鼠是淋巴腺鼠疫病原体携带者，通过鼠蚤传播给人；还证明流行性黄疸病、癞疥和斑疹伤寒也是通过鼠类传播的。在结核病研究中，他创立了在人工培养基上培养结核杆菌的方法。早在1886年，他就认为过滤性病毒是多种疾病的病原体。同年起和梅契尼科夫等人在俄国首次成功地进行了狂犬病的预防接种，并阐明其理论基础，在应用方面作出重要改进。1887年，他在鸟的肠道内发现一种霍乱弧菌，后命名为梅契尼科夫弧形菌；并开发出抗霍乱疫苗，提出预防霍乱的综合卫生措施。在炎症研究中，提出了体液和细胞免疫概念，并于1898年发现某种可分解细菌的溶菌物质（后来证实是噬菌体）。在《普通细菌学基础》（1889年）一书中，首次提出癌症的病因是病毒这一独特见解。1908年证明斑疹伤寒是由虱类传染的。1910年阐明改善卫生条件，扑灭人体寄生虫和传染性昆虫宿主对消灭斑疹伤寒和回归热等传染病的重要意义。他针对十月革命前俄国卫生条件恶劣、流行病蔓延的状况，提出全面实行霍乱菌苗预防接种。这一提议得以采纳和坚持下去，使苏联扑灭了20世纪20年代的霍乱病大流行。

先后发表350余篇论文，身后出版有《加马列亚文集》（1951～1964年）。1943年获苏联国家奖金，曾获两枚列宁勋章，一枚劳动红旗勋章，数枚奖章。（孙炳寅）

史密斯，T.（Smith，Theobald） 美国人，1859年7月31日生于美国纽约州奥尔巴尼，1934年12月10日卒于纽约。微生物学、寄生虫学、免疫学、兽医学、公共卫生学。

双亲是德国人。他是独生子。早期在私立德语学校念书，后入教会学校学习。1872年进奥尔巴尼大学自由学院学习，学业全优。1881年获康奈尔大学学士学位。1883年在奥尔巴尼大学医学院获医学博士学位。1886～1895年任位于华盛顿特区的哥伦比亚大学医学院细菌学教授。1883年起在美国农业部兽医署兼职，1884年任动物产业局稽查员。1895年任马萨诸塞州卫生委员会抗毒实验室主任，兼任哈佛大学比较病理学教授，后兼任该校督学至1909年。1912年赴柏林大学讲学。1914年任纽约洛克菲勒医学研究院动物病理学部主任，1929年退休。1924年任美国科学促进会副理事长，1933年任理事长。1934年患肠癌去世。

是美国早期著名微生物学家与比较病理学家。他在细菌学、免疫学、寄生虫学方面的研究成果，对公共卫生与预防医学均具重要的理论意义及应用价值。

在公共卫生学上，1885～1886年间研究饮水细菌学。1892年系统地检查了哈德孙河水中粪便微生物区系。他建议卫生机关以大肠杆菌的数目为肠道菌污染指标，并采用发酵管确定产气大肠杆菌的存在。1895年制备成活性极强的白喉抗毒素。是北美第一位采用埃利希标准抗毒素单位的科学家，对滴定法作了很多改进，还发现血清过敏现象（即史密斯现象）。他还是沙门氏菌的发现者。

在兽医学上，他对科赫（Koch）平板培养法进行了改进，并借助此法将猪霍乱与复合猪肺疫区分开。1886年，最先观察猪霍乱菌的变异；用高温灭菌培养物接种鸽子产生免疫性，后者预示一种生产疫苗的新方法即将建立。后来知道猪霍乱的病原实际上是病毒，而杆菌则是继发性侵入物。最突出的成就是阐明了得克萨斯牛瘟致病因子与传播方式。1893年出版专著《得克萨斯牛瘟即南方牛瘟的性质、病因及预防的研究》，指出该病是由于寄生在血液中的双芽巴贝斯虫（焦虫）破坏红血球所引起的，其传播方式是通过牛蜱，这促使人们认识疟疾和黄热病均由蚊虫传播。

获得各种荣誉较晚，后半生才成为欧美许多大学的荣誉博士。尽管他的成就可获诺贝尔奖金，但几经推荐均未获准。1933 年获英国皇家学会科普利奖章。

（孙炳寅）

豪厄尔，W. H.（Howell，William Henry） 美国人，1860 年 2 月 20 日生于美国马里兰州巴尔的摩，1945 年 2 月 6 日卒于同地。生理学、血液学、生物化学。

1876 年入约翰斯·霍普金斯大学学习，1881 年获文学士学位，1884 年获哲学博士学位。留校任教，1889 年任副教授。同年任密歇根大学教授。1892 年任哈佛大学生理学副教授。1893 年回到巴尔的摩，任新建约翰斯·霍普金斯大学医学院首任心理学教授，1899～1911 年任该院院长。1898 年任《美国生理学》杂志副主编。27 岁参与创办美国生理学学会，1905～1910 年任会长，1929 年主持在美国召开的第一届国际生理学大会。1917 年和 W. H. 韦尔奇组建美国国家公共卫生学院，1926～1931 年任院长。1934 年任国家科研工作委员会主席。嗣后又回到约翰斯·霍普金斯大学实验室继续从事科研工作，不久突然死亡。在美国和国外获得许多荣誉博士学位，包括密歇根大学医学博士、爱丁堡大学法学博士学位等。为美国国家科学院院士，美国哲学学会会员。

是 20 世纪初叶国际上著名的生理学家。学位论文“在血液凝固中形成的纤维蛋白的来源”成为后来科研工作的先导。早期对生理学的贡献涉及循环系统、神经组织和血液成分等方面。在约翰斯·霍普金斯大学医学院期间，继续研究血液凝固问题。1910 年分离出凝血酶；1918 年发现抗凝剂；后期提出血小板在肺内形成的学说；分离出凝血致活酶，其纯度足可用之于临床；在临床上率先采用肝磷脂作为抗凝血剂。最著名的著作是 1905 年出版的《生理学教程》，先后出版 14 版。最受欢迎的讲演是“心搏的起因”（1906 年）、“血液凝固”（1916 年）、“血凝问题”（1925 年）和“血友病”（1939 年）。

（殷明德）

张锡纯（Zhang Xichun） 字寿甫。中国清代直隶（今河北省）人，清代咸丰十年二月八日（1860 年 2 月 29 日）生于直隶盐山，1933 年 9 月 27 日卒于天津。中医学、中药学、中医教育、中西医结合。

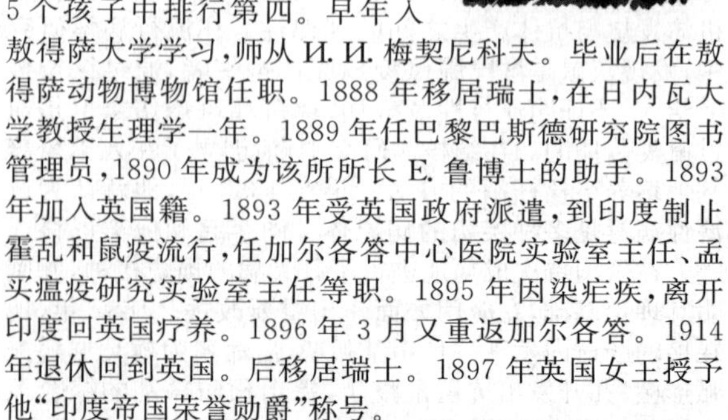

原籍山东诸城。家世业儒，幼读经书，两次应试落第。遵父嘱学医，勤奋攻读 10 余年，医业益精。在东北、天津等地颇有名气。辛亥革命后，1912 年应德州驻军统领之聘，任军医正。1918 年抵沈阳创办立达中医院，为中国近代第一所中医医院，并任院长。直奉战事后，1923 年回沧州挂牌行医。1928 年后定居天津。1933 年春在天津举办四年制国医函授学校，并设立“中西汇通医社”诊所，门徒遍及全国各省市。

为近代中西医汇通派的代表人物之一。自谓 30 岁以后读西医书籍，颇喜其讲解新异，多出中医之外；后又 10 余年，于医学研究功深，乃知西医新异之理，多包括在中医之中，遂致力于沟通中西医，认为“沟通中西原非难事”，主张以中医为主体，取西医之长，补中医之短，无畛域之见，为中西医结合开辟新途径。师古不泥古，参西不背中，为其中西汇通之主导思想。将中医脏象学说与西医解剖生理学互证，力图沟通中西医。注重实际，勇于探索，医术精湛，疗效卓著。临证讲究细察详记病情，要求病历记载完整。治病主张脾阳与胃阴并重，升降兼施，补养与开破相结合，对大气下陷之喘，寒饮结胸、气郁诸证治疗别具匠心。尝试中西药并用，认为以西药治病之标；以中药治病之本，有相得益彰之效。在临证上大胆试用新方，自创方剂 160 余首。为验明药性，不惜亲自尝药，且重视炮制，辨真伪，有用药纯、剂量大等特点。还注重食治，采用 30 余种食物，结合药物治疗某些顽症。所创方剂，经后人验证，确有显效。

撰有《医学衷中参西录》（30 卷，1918～1934 年），逾百万言，共 7 期（即 7 分册），其中 4～7 期为其子及门人编成。全书出版近 20 次。1949 年后，又多次再版。本书大半是验案介绍，载案逾千，其中是他多年学术经验总结。书中结合中西医理论和实践阐发医理，颇多独到见解。所载病案，辨证精细，施治得当，理法方药具备。所列方剂，为一般中医所喜用，迄今对临床尚有参考价值。因受历史条条件限制，在沟通中西医时，难免有牵强之处，但开拓了中西医结合的新路。1957～1985 年，河北省四次整理印行该全书，总发行量约 40 万套，为近代任何一家之言的医著所不及。

（张慰丰）

哈夫金，W. M. W.（Haffkine，Waldemar Mordecai Wolff） 英国人，1860 年 3 月 15 日生于俄国敖得萨（今属乌克兰），1930 年 10 月 26 日卒于瑞士洛桑。细菌学、流行病学、免疫学、预防医学、公共卫生学。

犹太族小学校长之子，家中 5 个孩子中排行第四。早年入敖得萨大学学习，师从 И. И. 梅契尼科夫。毕业后在敖得萨动物博物馆任职。1888 年移居瑞士，在日内瓦大学教授生理学一年。1889 年任巴黎巴斯德研究院图书管理员，1890 年成为该所所长 E. 鲁博士的助手。1893 年加入英国籍。1893 年受英国政府派遣，到印度制止霍乱和鼠疫流行，任加尔各答中心医院实验室主任、孟买瘟疫研究实验室主任等职。1895 年因染疟疾，离开印度回英国疗养。1896 年 3 月又重返加尔各答。1914 年退休回到英国。后移居瑞士。1897 年英国女王授予他“印度帝国荣誉勋爵”称号。

1888 年开始用经加热处理后的霍乱强毒株作为动物实验，1892 年获得成功。首先用 4 倍于常用量的疫苗自身试种，证明安全可用。1893 年 3 月到达正处于霍乱流行的印度加尔各答，在极其艰苦的条件下，2 年内免费为 45 000 人接种，霍乱病死率因此下降了 70%。1896 年 6 月前往鼠疫流行区孟买，研究制作鼠疫疫苗，12 月动物实验成功。1897 年再次自身接种并获得成功，旋即向公众推广，迅速得到响应。在孟买创建并主持的瘟疫研究实验室吸引了大批专家学者，世界各地纷纷要求索取疫苗。1902 年旁遮普有 19 位村民接种鼠疫疫苗后感染破伤风死亡，他被指控使用污染疫苗而受到传讯。1907 年由 R. 罗斯起草、10 位著名细菌学家联名给英国《泰晤士报》写信，证明他无罪，指控最终撤销。同年 9 月重新在加尔各答中心医院实验室工作。1925 年，孟买瘟疫实验室改名为哈夫金研究所。1929 年他捐献出 50 万美元设立哈夫金基金会，以促进流行病学研究。20 世纪 60 年代，以色列专门开辟了哈夫金公园以示纪念。

（林 培）

斯图尔特，G. N.（Stewart，George Neil） 美国人，1860 年 4 月 18 日生于加拿大安大略省伦敦，1930 年 5 月 28 日卒于美国俄亥俄州克利夫兰。*临床内科学、生理学、心血管学。*

在英国爱丁堡大学攻读古典文学、哲学、历史、数学和物理，后又学习生理学。1887 年在英国爱丁堡大学获文科硕士和理学士学位，1889 年、1891 年又分别获医学学士和医学博士学位。1890 年在剑桥大学获哲学博士学位。1894 年在美国克利夫兰任西储大学医学院生理学与组织学教授，除其中 4 年（1903～1907 年）担任芝加哥大学生理学教授以外，一直定居在克利夫兰。1920 年获爱丁堡大学荣誉法学博士学位。

主要贡献是把生理学研究与现代教育法融进美国医学教育中。撰写出版的《生理学及其临床应用手册》（1895 年）流传各校，成为当时美国的一本经典教科书。还从事色觉、电生理、心脏神经、肌蛋白以及血细胞渗透性的研究。后来又研究脑贫血、苏醒、心脏血液输出等临床问题。是一位有才华和充满活力的教师，并具有惊人的记忆力。

（吴馥梅）

贝利斯，W. M.（Bayliss，William Maddock） 英国人，1860 年 5 月 2 日生于英国斯塔福德郡温斯伯里，1924 年 8 月 27 日卒于伦敦。*生理学、酶学、生物化学、康复医学。*

电镀品制造商的儿子。早年在英国伍尔弗汉普顿私立学校学习，后来当医生的学徒。1880 年举家迁至伦敦，就读于伦敦大学学院，当时对他影响较大的有生理学教授 J. 伯登－桑德森（John Burdon-Sanderson）和动物学教授 E. R. 兰开斯特。1885 年随伯登－桑德森进牛津大学学习，1887 年毕业于该校沃德敏学院。留校任教。1888 年回伦敦大学工作，1912～1924 年任普通生理学教授。1890 年成为英国生理学学会会员。1903 年当选为英国皇家学会会员。1922 年被册封为爵士。还获国内外许多大学和科学院授予的荣誉称号。

早期和布雷德福（R. Bradford）合作，研究唾液腺分泌时的电位变化。1891 年起和 E. H. 斯塔林进行多项长期合作：首先是哺乳动物心脏电流的变化；1894 年出版有关静脉压和毛细血管压的著作；1898～1899 年发表论小肠神经支配的论文；1902 年共同发现肠促胰液素，确认体内存在着一种化学信使，并经斯塔林命名为激素。因为斯塔林担负着繁重的教学行政工作，所以后期的研究工作，如对静脉系统的研究是他单独进行的。1900 年以后，从物理化学的观点研究了酶的性质和作用。在多年研究工作的基础上，1915 年写成了《普通生理学原理》这一巨著。对胶体渗透压和战伤休克等问题也有研究。证明了胶态物质在生理过程中的重要作用。研制开发出可预防外伤性休克的林格氏溶液注射剂（内含阿拉伯胶），在第一次世界大战中为抢救伤员发挥了重要医疗作用。另有著作《酶作用的本质》（1908 年）、《血管舒缩系统》（1923 年）等。曾获英国皇家学会皇家奖章和科普利奖章。

（顾振海）

霍尔丹，J. S.（Haldane，John Scott） 英国人，1860 年 5 月 3 日生于英国爱丁堡，1936 年 3 月 15 日卒于牛津。*呼吸生理学、血液学、潜水医学、医学器械研制。*

姑父是生理学家。1884 年毕业于爱丁堡大学医学院。同年起到德国耶拿大学、柏林大学学习生理学。1887 年为牛津大学生理学示教员，1907 年任生理学讲师。1916 年起，先后任教于美国耶鲁大学、英国格拉斯哥大学、爱尔兰都柏林大学。1897 年当选为英国皇家学会会员。1924～1928 年当选为英国矿业工程师协会主席。生有两个孩子，一位是著名生理学家 J. B. 霍尔丹，另一位是作家。1897 年当选为英国皇家学会会员。

现代呼吸生理学的先驱者。1896 年对煤矿灾难事故中的死亡原因分析作出了重要发现和对策思路，对煤矿安全生产作出重要贡献。强调一氧化碳的毒性及其致死作用；证明一氧化碳与血红蛋白结合阻止血红蛋白作为体内的递氧体。1898 年设计了著名的霍尔丹氏呼吸气体分析器。几年后，同 J. 巴克罗夫特研究出从少量血液中测定血液气体含量的方法。1905 年同 J. G.. 普里斯特利合写著名论文，首次发现肺的通气调控是受动脉血中二氧化碳分压对中脑呼吸中枢的作用。他的研究工作证实，在一般情况下，呼吸的调节主要取决于吸入气中二氧化碳的含量，其次才是氧的含量。

对后世最有影响的成果，是其 1907 年发明的分阶段减压法，至今还应用于深海潜水及水下建筑作业，保证了深水作业人员安全返回水面。1911 年和同事登上美国科罗拉多州派克斯克峰顶考察，研究高山低压对人体的生理效应。在第一次世界大战中，德国对英军首次使用毒气，致使人员伤亡极大。他奉命赴前线主持调查，识别出毒气性质与成份，并研制开发出第一具防毒面罩，在化学战中起了重大作用。部分科研成果刊登在《耶鲁大学讲演集》（1916 年）中，1922 年又以专著的形式发表。

1935 年同普里斯特利修订的新版《呼吸》一书，是广为采用的呼吸生理学教科书。此外有《机械论、生命和人格》（1913 年）、《机体和环境》（1917 年）、《生物学的哲学基础》（1931 年）等专著，以及自传《一个生物学家的哲学》（1936 年）等。1916 年获英国皇家学会皇家奖

章,1934年获科普利奖章。 (殷明德 李啸虎)

艾因托文,W.(Einthoven, Willem) 荷兰人,1860年5月21日生于爪哇岛三宝垄(今属印度尼西亚),1927年9月28日卒于荷兰莱顿。*诊断学、电生理学、心脏学、心电图学、仪器研制。*

父亲是三宝垄市的开业医生。6岁丧父,4年后母携6个子女返回荷兰,定居于乌得勒支。1879年入乌得勒支大学医学院学医,1882年获医学士学位,1885年获医学博士学位。1886年任莱顿大学生理学教授。是荷兰皇家科学院院士。1886年与表妹结婚,生三女一子。

学生时代爱好运动,曾因跌伤而致手腕骨折,由此发表前臂旋前和旋后运动的硕士论文“肘关节的某些特征”(1882年)。1885年完成关于分色实体镜检查的博士论文“色差体镜”。1892年发表在莱顿大学任教后的第一项研究成果:“用一种新方法研究支气管肌的功能和神经性哮喘”,获得很高的评价。

被誉为“心电图学之父”。1887年英国生理学家沃勒(A. D. Waller)提出能从体表引导记录到心动电流图,但无法确定其真实图形。1901年开始,艾因托文决心重复此项研究,应用李普曼记录到的毛细管静电计的物理参数,描记到心动电流曲线,并命名为心电图。1896年又借鉴了达松瓦尔(D. d'Arsonval)的“转动线圈式微电流计”,经过3年艰苦试验,改掉了其中转动部分(线圈和镜子),改用直径只有0.002毫米的镀银石英丝。儿子帮助他设计了一个放在真空磁场中转动的指针,用一束光使弦线经透镜放大投影在感光纸上以记录心电图。经过这一改进,使这具仪器成为重量较轻、灵敏度高的良好的心电图仪器。1903年又确定了心电图的标准测量,确定影线在纵坐标上下移动1厘米为1毫伏,横坐标走纸速度为0.4秒走1厘米。1906年又搞清了P、Q、R、S、T各波的生理意义,而且规定了至今仍在沿用的标准肢导联方法和心电轴。同年,又阐明了所记录的正负波与各种类型心脏病的关系,还用双导弦线式电流计同时记录到病人的心音图和心电图,将心音与心电相对照来说明心电图和心脏活动的关系。同年又设计成功第一台遥测心电图仪,用1.5千米长的电缆对远处心脏病人进行心电图检查,这项研究当时未引起学术界的重视。上述研究使他成为心电图学的奠基人。

1912年研究了正常心电图的变动范围,并提出“艾因托文三角”运算理论。1926年4月28日,用电子管弦线式电流计成功地记录到器官受激惹时所诱发的颈交感神经紧张性电活动。后来和儿子合作用特制弦线电流汁,成功地接收到从爪哇播出的无线电报信号。他开发的第一台心电仪需要用水冷却大功率的电磁铁,5个人操作设备,全重达600多磅。虽然人们后来逐步提高灵敏度而大大减轻重量,还可以便携使用,但基本原理和技术路线,以及专用术语仍然沿袭了他的初创。晚年他主要研究生理声学,特别是与心脏声音有关的诊断学。

因1903年发明成功第一台实用型心电仪,获1924年诺贝尔生理学或医学奖。获奖后发表题为“石英丝电流计和心脏活动电流的测量”的诺贝尔奖演讲。最后著作是有关心动电流的论文,死后发表在贝蒂(Bethe)所著的《正常与病理生理学手册》一书中。

(陈闻鹏 殷明德)

尼斯尔,F.(Nissl, Franz) 德国人,1860年9月9日生于德国巴伐利亚的弗兰肯塔尔,1919年8月11日卒于慕尼黑。*精神-神经病学、组织病理学、脑与神经科学。*

父亲是天主教教会学校拉丁语教师,曾要他学做神甫,可是他违背父母的意愿到慕尼黑大学学医,1885年获医学博士学位。同年在上巴伐利亚地区精神病医院供职。1889年在法兰克福市立精神病医院任助理,在那里认识杰出的神经精神病学家A.阿尔茨海默,成为亲密朋友,并合作共事7年。1895年到海德堡大学医学院任讲师兼助理内科医师,1901年任精神病学编外教授,1904年任正式教授和精神病学系主任。第一次世界大战中,兼任一所大型军方医院院长。1918年任慕尼黑大学医学院精神病学研究所所长。次年因肾病去世。

1884年发明采用苯胺蓝染色神经细胞体核糖核酸的尼斯尔方法,并因运用该法发现存在于神经细胞体和网状树突中的大颗粒嗜碱性物质——尼斯尔氏体而著名。发现神经断离后神经细胞所引起的变性,即尼斯尔变性。还详细研究了麻痹性痴呆。和阿尔茨海默共同编辑出版《大脑皮层组织和组织病理学》(1908年初版)一书。另有在身后出版的名著《组织学和组织病理学》(1921年,与阿尔茨海默合著)。 (张志练)

芬森,N. R.(Finsen, Niels Ryberg) 丹麦和冰岛双重国籍,1860年12月15日生于丹麦法罗群岛托尔斯港,1904年9月24日卒于哥本哈根。*治疗学、光生理学、公共卫生学、医学物理学、康复工程。*

父亲是冰岛人后裔,法罗群岛的地方官;芬森原在家中4个孩子中排行第二,4岁丧母;父亲继娶他的母亲堂妹为第二任妻子,又生有6个孩子。1876年去冰岛的雷克雅未克上学。1882年到哥本哈根大学学医,1890年获医学博士学位。毕业后留校任外科学院解剖示教员。23岁时患上慢性病,30岁时由于缩窄性心包炎几乎丧失工作能力。带病顽强地工作,在自己身上研究水盐代谢问题。1893年因病辞职,开业行医和从事私人医学教学,并在家中进行科学研究。1896年依靠私人捐助和丹麦政府资助,在哥本哈根大学建成芬森光疗研究所。1898年任哥本哈根大学医学院生理学教授。1899 年受册封爵位。

早年在冰岛上学，因地处高纬度，冬无白昼，夏无黑夜，光线影响有机体问题很快就吸引了他。1882 年染上了胞虫囊病，加上贫血与疲劳，认为这与住朝北房子有关，如果多晒阳光，对健康会有利。根据直觉提出光线可以治病的设想。自 1884 年开始搜集文献，从中寻找光线对机体的作用。提出大胆的假想，认为光谱中不同性质的光线对有机体会产生不同的影响，并通过实验和临床试验来证实设想。发现用光谱中高折射的紫端光线照射天花病人后，皮肤即起疱发炎，这种病人易受继发感染和发热，且瘢痕形成增多。发现光谱中的蓝光和紫光有致伤作用，尤其是紫外线的所谓光化作用。又用光谱中的低折射红光和红外线治疗天花，发现这些热射线的光学性影响极小，可促进天花病变迅速愈合，并能防止结痂脱落后形成麻脸后遗症。当时已有文献报道阳光可以阻止细菌生长，也有人提出高折射与低折射有不同的生物效应。他设计成一种含有高折射光的强力光束弧光灯(芬森灯)治疗普通狼疮，1895 年 11 月治疗第一例获得成功，赢得了很大的声誉。1893～1894 年发表了光生理学的研究成果，包括天花的红外线光疗法，研究成果表明光蕴藏着直接的治疗效应。

他的研究工作开创了光疗法的新时代，并对后来的紫外线消毒应用有不可低估的促进作用。后来和同事们报道了许多光浴疗法的临床经验。获 1903 年诺贝尔生理学或医学奖。代表著作有《化学射线和天花》(1894 年)、《作为刺激物的光线》(1895 年)、《集聚化学光辐射在医学中的应用》(1896 年)、《光疗法》(1899 年)等。

(张慰丰 殷明德)

赖特，A. E. (Wright, Sir Almroth Edward) 英国人，1861 年 8 月 10 日生于英国约克郡，1947 年 4 月 30 日卒于白金汉郡。病理学、细菌学、免疫学、生物医药工程、预防医学。

牧师的儿子。17 岁入都柏林大学三一学院，1882 年获文学士及医学士双学位。曾去莱比锡大学学医。1892 年任内特利陆军医学院病理学教授。1902～1946 年任伦敦大学学院实验病理学教授，兼任伦敦圣玛丽医院医学院病理学研究所所长。

是现代免疫学奠基人之一，毕生对免疫学有重要研究与贡献。发明了伤寒疫苗、肠结核疫苗和肺炎疫苗，并证明了用死菌预防接种的功效。1896 年发明一种抗伤寒接种血清的配制方法。在 1903 年又发明一种可测量人血中的保护性血清调理素含量的方法。在第一次世界大战中，在法国北部战场的 10 万英军接种了赖特开发的疫苗，基本上制止了伤寒在军中的大流行。他早就警告说，滥用抗生素会造成抗药性的细菌，这种危险势头不断在增长，但鲜有人重视他的这一告诫。在他去世之后半个世纪，其思想在预防医学中日显重要，当代的研究人员在各种科学期刊中都报道了越来越多的医案。在医学方法论上，他主张将逻辑学引入医学训练过程，作为医学教育必要部分。还训练了一支免疫学研究队伍，其中就有后来发现青霉素的 A. 弗莱明。

主要著作有《病理学和战伤治疗》(1942 年)、《临床生理学研究》(1943 年)和《免疫学研究》(2 卷，1943～1944 年)等。曾获法国科学院勒库特奖、英国皇家学会布坎南奖章、英国皇家医学会的特别奖章。 (张祝山)

古尔斯特兰德，A. (Gullstrand, Allvar) 瑞典人，1862 年 6 月 5 日生于瑞典兰斯克鲁纳，1930 年 7 月 28 日卒于斯德哥尔摩。眼科学、生理光学、几何光学、医学器械研制。

父亲是有名的眼科医生。在父亲影响下，于 1880 年考入乌普萨拉大学医学院，1884 年毕业。旋即赴维也纳大学、斯德哥尔摩大学进修，专攻光生理学，1890 年获医学博士学位。期间 1888 年在斯德哥尔摩大学通过国家考试获行医执照，回到父亲诊所工作。1891 年任瑞典皇家卡罗琳医学院讲师，1892 年任该院眼科诊疗所所长。1894 年任乌普萨拉大学眼科学教授，1927 年退休为荣誉教授。1905 年入选瑞士皇家科学院院士，1911 年任瑞典皇家科学院诺贝尔物理学奖委员会委员，1922～1929 年任该委员会主席。期间利用他的地位阻止爱因斯坦的相对论获诺贝尔奖，因为他认为相对论是错的。

他在眼科理论上的成就，集中记载在亥姆霍兹第三版《生理光学手册》(1908 年)中。他受邀为该书撰写了“近视调节的机理”一文。1896～1908 年发表一系列论文，探索光学成像、角膜的结构和功能、近视、散光和单色性像差，尤其详尽地描述了眼的调节作用。其中最突出的是修改了当时公认的亥姆霍兹调节理论。亥姆霍兹认为折射率的提高是由于晶状体表面凸出度提高的缘故，他则发现这类调节——他称为眼球囊外调节——只占全部调节作用的三分之二，而其余的三分之一是由眼球囊内调节所完成的。

对临床和眼科手术也有贡献：改进了视觉敏度测定，从而可确定受损肌肉的部位；设计了测定散光和角膜畸形的方法，1892 年提出鉴别诊断斜视眼的方法；1894 年完成第一例割翳手术，使病人盲而复明。发明多种眼科器械，其中 1911 年发明可以给眼内异物立体定位的裂隙灯(与显微镜结合使用)；1911 年设计并由蔡司光仪器公司制造无反射的古尔斯特兰德氏眼底镜。

主要著作有《单色像差的一般原理及其在眼科学上的应用》(1900 年)、《人眼屈光学方法导论》(1911 年)和《普通光学成像系统》(1915 年)等。由于在眼屈光学以及眼科疾病治疗方法上的贡献，获 1911 年诺贝尔生理学或医学奖。此外 1927 年获德国眼科学会格雷夫奖章等。 (顾振海)

瓦萨莱，G. (Vassale, Giulio) 意大利人，1862 年 6 月 22 日生于意大利莱里奇，1913 年 1 月 3 日卒于摩德纳。病理解剖学、内分泌学、生理学。

先在摩德纳大学学医，后转都灵大学，1887 年毕业。同年任摩德纳大学普通病理学和病理解剖学助教。1889年在一所救济院内任尸解员。1894年任摩德纳大学普通病理学代课教师，1898年升任正教授。死于癌症。

对意大利内分泌学发展作出了重要的贡献。最初研究胃粘膜的再生和神经学。1890年后对胰腺、甲状腺、甲状旁腺和肾上腺作了深入的研究。证明胰岛在胰腺中的独立性；发现甲状腺提取液对甲状腺功能衰竭的治疗作用；研究甲状旁腺全切除后手足搐搦的机理；研究肾上腺的病理生理学；确认了肾上腺皮质和髓质的不同作用。 （顾振海）

马尔，F. P.（Mall，Franklin Paine） 美国人，1862年9月28日生于美国艾奥瓦州贝尔普莱恩，1917年11月17日卒于马里兰州巴尔的摩。*解剖学、生理学、胚胎学。*

农场主的儿子，父母是德国移民，10岁丧母。1880年进密歇根大学医学院学医，1883年获医学博士学位。同年去德国海德堡大学进修眼科。因对解剖学更感兴趣，遂于1884年去莱比锡大学，师从著名胚胎学家W.希斯，完成对胸腺发育的研究。1885年底又去C.路德维希的实验室研究小肠结构，受到后者赞赏。1886年到美国约翰斯·霍普金斯大学附属医院病理学实验室，研究胃肠解剖学和生理学。1889年任马萨诸塞州克拉克大学解剖学副教授。后任芝加哥大学医学院解剖学教授。1893年起任新建约翰斯·霍普金斯大学医学院第一任解剖学教授。1894和学生M.格洛弗（Mabel Glover）结婚。1913年起至去世，一直领导着当时世界上最大的华盛顿卡内基研究院胚胎学研究所（设在约翰斯·霍普金斯大学医学院内）。1906～1908年任美国解剖学学会会长，参加创办美国《解剖学》杂志。

早期主要研究肝脏和脾脏的结构，奠定了脾作为储血器官的现代概念基础。对肝脏提出两个重要概念：管状内皮细胞是脉管系统的主要结构，构成毛细血管和动静脉内壁；肝脏由基本结构单位——肝细胞、血管和胆管组成。在胚胎学方面，对肠管、体腔、横膈和腹壁的发育的研究很有成就。1889～1892年在克拉克大学期间，发现门静脉的血管运动神经。在芝加哥大学时，制成美国第一个人胚胎模型并用于教学。为卡内基研究院主编《胚胎学论文集》前6卷。锐意改革解剖学教学，注意临床实践，培养出了许多杰出学者，其中如R. G.哈里森、F. R.萨宾、G. I.斯特里特等人。 （张祝山）

魏因贝格，W.（Weinberg，Wilhelm） 德国人，1862年12月25日生于德国斯图加特，1937年11月27日卒于蒂宾根。*产科学、人类遗传学、医学统计学。*

犹太族裔。父母早年病故。青年时期在德国蒂宾根大学、慕尼黑大学学医，1886年获医学博士学位。通过在柏林、维也纳和法兰克福的临床实践，成为一位内科医生和产科医生。1889年回家乡斯图加特开业行医。在去世前数年，退休去蒂宾根。

在4个方面有重要发现：多胎学、人口遗传学、实验医学方法论和医学统计学。是人口遗传学的奠基者；1908年，和英国的G. H.哈迪各自独立地发现单性杂种种群平衡定律，现称哈迪－魏因贝格定律。他的关于亲属间关系的推算源于孟德尔遗传理论，是第一个把不同表型分成既来自遗传又来自环境作用的人。是以已知的死亡率为模式，制成发病率表的首创者。一生中为贫穷病人做了不少社会公益工作。给3 500个新生儿接生，其中包括120对双胞胎。 （黄　旬）

阿帕西，S.（Apáthy，Stephan） 原名姓为István Apáthy。匈牙利人，1863年1月4日生于奥匈帝国布达佩斯（今属匈牙利），1922年9月27日卒于匈牙利塞格德。*解剖学、神经组织学、动物学。*

国际法学家的儿子。先在布达佩斯大学学医，1883～1884年在病理学研究所学习，1885年获博士学位。留校在动物学和比较解剖学研究所工作。1886～1889年获奖学金赴意大利那不勒斯大学，在动物学家F. A.多恩领导下工作。1890年回国，任科罗斯堡（今罗马尼亚克罗日）大学组织学和胚胎学教授，兼生理学研究所首任所长。1895年当选为匈牙利科学院通讯院士。1905年当选为比利时皇家医学科学院外籍院士。第一次世界大战后，特兰西瓦尼亚地区划归罗马尼亚，为此受政府委派往罗马尼亚交涉而遭囚禁，后因尊重其爱国热忱及其科学界的声望而获释。回塞格德大学任动物学教授，并再度创建研究所，不久病死。

成就主要在动物学、神经组织学和显微镜检查技术这三方面。研究了水蛭的系统解剖和比较解剖，尤其是它的神经系统，发现了神经纤维把一个个神经元连结成网。同时，对显微镜检查技术作了改进，使用石蜡、明胶等包埋，对切片和染色方法也有创新。 （顾振海）

弗莱克斯纳，S.（Flexner，Simon） 美国人，1863年3月25日生于美国肯塔基州路易斯维尔，1946年5月2日卒于纽约市。*实验病理学、细菌学、传染病学、免疫学。*

移居美国的捷克裔犹太商人的儿子，在家中9个孩子中排行第四。早年在药店当学徒，后店主送他进路易斯维尔大学药学院学习，1882年毕业。后即在长兄开的药店工作，并在路易斯维尔大学学医，1889年获医学博士学位。翌年又赴巴尔的摩，在约翰斯·霍普金斯大学医学院任W. H.韦尔奇的助手，1899年任该校病理学教授。期间1893年起旅欧学习，同年任宾夕法尼亚大学病理学教授。1903年任新建的纽约洛克菲勒医学院（后为洛克菲勒大学）院长，兼任病理学和细菌学部主任，1935年退休。1905～1946年任《实验医学》杂志主编。1937年任英国牛津大学教授。1908年入选美国国家科学院院士。1919年入选英国皇家学会外籍会员。他还是中国北京协和医学院创建者之一。

1893年在马里兰州卫生局要求下，约翰斯·霍普金斯大学派遣他去调查一个煤矿区的传染病，通过尸体解剖和组织取样，很快确定是由双球菌引起的脑脊髓膜炎，并得以及时制止。1899年奉命领队去菲律宾调查研究当地正在流行热带疾病，成功分离出一种细菌，即弗氏痢疾杆菌，很快制止了大流行。1901年又奉命调查旧金山唐人街流行病，在一个月内弄清这是鼠疫所致。1906年流行性脑膜炎疫情笼罩纽约市，他迅速主持开发出血清疗法，一年中监督制造几万瓶来自马的血清的接种疫苗，使死亡率下降一半。直至30年代磺胺类药物问世之前，这是治疗脑炎的最佳疗法。1910年，小儿麻痹症(脊髓灰质炎)在纽约市流行，他和助手对其性质、病因和传播方式进行了研究，尽管未能发现治愈的方法，却确认了这是一种病毒，并在实验中使猴子得以感染和在猴子间传染，后来启发了50年代的科学家得以成功利用这一"病毒库"开发成功接种疫苗。此外还研究过伤寒、疟疾、登革热、麻风病和肺结核等流行病。洛克菲勒医学院很快闻名于世，他作出了重要贡献。 (顾振海)

赫克坦，L.(Hektoen，Ludvig) 美国人，1863年7月2日生于美国威斯康星州韦斯特比，1951年7月5日卒于芝加哥。*病理解剖学、微生物学、免疫学、血液学、法医学、医学史学。*

路德教会学校教师兼农场主之子。在艾奥瓦州迪科拉的路德学院学习6年，1883年获文学士学位。次年在威斯康星大学攻读理科课程。1885年开始在芝加哥内科与外科医师学院学医，1888年毕业获医学博士学位。后在库克县医院当实习医生，1889年转正。同年任拉什医学院博物馆馆长，1890年任病理学讲师。同年任库克县验尸官。1892年任芝加哥内科与外科医师学院病理学教授。1890～1895年间去国外进修，到过乌普萨拉大学、布拉格大学和柏林大学。1895年回拉什医学院任解剖学教授，1898年任病理学教授。1901～1933年被聘为芝加哥大学医学院病理系主任，1930年任该校癌症研究所所长。期间，1902年兼任新创建的麦考密克传染病研究所所长，1903年任宾夕法尼亚大学病理学名誉教授。1904～1941年任《传染病》杂志主编，1926～1950年任《病理学文档》主编。期间1915年创建芝加哥医学研究院，1921～1940年任院董事会主席。1924年、1926年和1929年3次任美国国家研究委员会医学科学部主任，1936～1938年任该委员会主席。1937～1944年任美国国家癌症顾问委员会执行主任。期间，1898～1902年任芝加哥病理学会会长。1901年任美国病理学家与细菌学家联合会主席。1919～1921年任芝加哥医学会会长。1927年任美国免疫学家协会主席。1929年任美国细菌学家协会主席。1918年入选美国国家科学院院士。还被8个大学授予荣誉博士学位。

从事过许多重要的科研工作，尤其是对猩红热的研究。由于在麦考密克研究所的出色工作和讲授新兴的病理学，促进了该地区的医学研究，使芝加哥大学成为重要的医学中心。20世纪初研究工作转到免疫学。1905年首先证实：在出疹后30小时内血液循环中存在麻疹病毒。发现注射能传播病毒，并首先采用血液培养辅助临床诊断。70岁时还和同事研究出一种后来被广泛应用的方法，即把抗原吸附于氢氧化铝上，从而增加抗原的免疫原性。倡议供血者与受血者血型必须相配，以避免发生输血反应。由此协助库克县医院建立了美国第一所血库。在60多年的科学生涯中，发表300多篇论文；出版有《验尸技术》(1894年)、《美国病理学教程》(1901年，与他人合著)、《作为一个内科医师的林奈》(1902年)等书。 (殷明德)

卡尔梅特，L.C.A.(Calmette，Léon Charles Albert) 法国人，1863年7月12日生于法国尼斯，1933年10月29日卒于巴黎。*毒理学、细菌学、预防医学、免疫学、公共卫生学。*

1881年进布雷斯特海军内科医师学院学习，1883年参加海军医疗队，作过几次远航。1886年获巴黎大学医学院医学博士学位。1889年在巴黎巴斯德研究院学习P.P.鲁的微生物学课程。1891年巴斯德聘请他担任越南西贡细菌研究院院长。1894年回法国，任初建于里尔大学的巴斯德研究所所长，同时兼任该大学医学系卫生学与细菌学教授。1918年任巴黎巴斯德研究院副院长。1919年当选为法国医学科学院院士。1927年当选为法国科学院院士。

研究蛇毒等毒液，并发现用这些毒液能使动物获得免疫，是制备蛇毒血清的先驱者之一。发明了抗动物毒素和抗鼠疫的血清疗法。在里尔大学，和同事C.盖兰(Camille Guérin)用同一种减毒牛型结核杆菌变种研制出预防结核病的卡介苗，1921年首次向初生儿注射接种获得成功，为预防结核病作出重大贡献。此外，还研究天花等其他传染病防治，发明污水的生物净化技术。出版有《结核病的实验研究》(1907～1914年)、《人和动物的结核病实验报告》(1920年初版，1923年英译本)、以及《卡介苗的疫苗接种》(1927年)等专著。 (殷明德)

里瓦-罗奇，S.(Riva-Rocci，Seipione) 意大利人，1863年8月7日生于意大利皮埃蒙特阿尔梅塞，1937年3月15日卒于利古里亚的拉巴洛。*临床内科学、呼吸病理学、仪器研制。*

1888年获都灵大学内科学与外科学专业医学博士学位。毕业后留校任教临床医学，1894年任病理学讲师。1900～1928年任瓦雷泽医院院长。期间1908～1921年在帕维亚大学儿科临床学科兼课。

主要贡献是在1896年发明了易于使用的水银血压计。他原来的设计利用的基本是日常用品，如墨水瓶、铜管、自行车内胎和一定量的水银。有时医生用RR缩写字母表示血压，正表明了里瓦一罗奇本人和该项技术的渊源关系。神经外科医生H.柯兴(Harvey Cushing)进而改进了这种装置，使水银血压计引起全世界医生的关注上发挥了重要作用。此外，里瓦一罗奇在研究肺结核和呼吸系统医学领域，亦有所贡献。年青时他担任过C.福拉尼尼(Carlo Forlanini)的助手，协助开发了防治肺结核手术引起医源性气胸症的技术。 (张志练)

叶辛,A. E. J.(Yersin,Alexandre Emile Jean) 一译耶尔森。法国人,1863年9月22日生于瑞士沃州摩尔日地区的澳本恩,1943年3月1日卒于越南芽庄。*传染病学、细菌学、免疫学、医学管理与教育。*

祖籍法国,原籍瑞士。1883～1884年在瑞士洛桑大学学医。后到德国马尔堡大学学医。1884年进巴黎大学医学院。因染狂犬病获救,认识了著名细菌学家P. P. 鲁。1886年转学巴黎高等师范学校巴斯德研究实验室,1888年以"结核发展的实验研究"论文获医学博士学位。为能在法国开业行医,同年加入法国籍,并留校新成立的巴斯德研究院工作,1889年担任鲁的助手,并讲授微生物学。同年去德国柏林大学,随R. 科赫研究结核菌。1890年去法属印度支那殖民地研究流行病,供职于法国邮轮公司,往返于西贡—马尼拉、西贡—海防等航线。1892年任法国殖民地卫生机构官员。1902年在越南河内建立医学院,任首任院长至1904年。在越南沿海城市芽庄建立实验室,1905年成为巴斯德研究院分部。1934年任巴黎巴斯德研究院名誉院长,每年回国主持巴斯德研究院年会。去世前,一直往返于芽庄—西贡—巴黎之间。

在1888年博士论文中提出"叶辛型结核"概念。1889年和鲁一起发现由白喉芽孢杆菌产生的毒素。1894年受法国政府和巴斯德研究院委派,研究当时在东南亚流行的瘟疫,同年6月20日在香港发现腺鼠疫,即"叶辛鼠疫",与日本细菌学家北里柴三郎各自分离出腺鼠疫的病原菌——鼠疫杆菌。1895年返回巴黎巴斯德研究院,和P. P. 鲁、A. 卡尔梅特、A. 博雷尔等人共同开发出抗鼠疫血清,使该病死亡率从90%下降为7%。经多年工作,东南亚印度支那已能控制疟疾等流行病。还从事农业发展研究,十分关心当地人民的疾苦,反对剥削下层人民。 (张祝山)

弗沃恩,M. R. C.(Verworn,Max Richard Constantin) 德国人,1863年11月4日生于德国柏林,1921年11月23日卒于波恩。*实验生理学、细胞生物学、遗传学、心理学、科学哲学。*

1884年进柏林大学学习动物学、其他自然科学和医学,是E. 海克尔的学生,1887年获动物学博士学位。1889年在耶拿大学获医学博士学位。1891年任耶拿大学讲师,1895年任生理学教授。1901年任格丁根大学生理学研究所教授。1910年任波恩大学生理学教授。1902年创办《普通生理学》杂志,任主编至去世。

是细胞生物学的主要倡导者之一。研究了生理学的基本现象,把每一种功能都归结为细胞的作用。实验研究主要涉及肌肉组织、神经纤维和感觉器官的基本生理过程。1895年出版《普通生理学》,该书阐述了生理学原理,以及当时生物学界所争论的活力说与机械论、一元论和心理物理学等问题。他还进行了系统发育和个体发生的研究,引入"条件学说"来描述一种状态或过程的总体背景制约机制。深受海克尔的进化理论的影响,假设较高等动物的生理现象可还原为低等动物的简单的生命形式。他还对人类的创造力和思维过程进行考察,认为艺术表现具有两大类型的风格和表现目的,即由感觉器官对对象的直接复制与摹写并内存于记忆中的"生理塑造"(physioplastic),以及企图对眼见的东西进行直觉性创造的"心理塑造"(ideoplastic)。还研究了人体与精神之间的关系。

发表的重要论文有"原生生物的再生现象"(1888年)、"精神与细胞核之间的关系"(1890年)、"生物电流的刺激及其反应现象"、"直流电的极化效应"(1894年)、"兴奋和麻痹"(1914年)等。主要著作有《心理生理学与原生生物关系研究》(1889年)、《生命的物质运动》(1892年)、《生物遗传假说》(1903年)、《科学和哲学》(1904年)、《精神生活的机制》(1907年)、《论心理学和原始艺术》(1907年)、《认知的前沿问题》(1908年)等。 (张志练 张祝山)

韦特海姆,E.(Wertheim,Ernst) 奥地利人,1864年2月21日生于奥地利格拉茨,1920年2月15日卒于维也纳。*妇科学、肿瘤外科学、医学教育。*

化学教授的儿子。在格拉茨大学学医,1888年获得医学博士学位。留校普通与实验病理学系任教,并学习细菌学和组织学技术。1889年在维也纳大学医学院第二妇科诊疗所工作。1890年在布拉格大学医学院妇科诊疗所工作。1891年回维也纳大学医学院,在第一妇科门诊部工作,1892年获妇产科医师资格。1897年任伊丽莎白医院妇科部外科主任,兼任医学教授。1910年任维也纳大学医学院第一妇产科门诊部主任,兼任医学教授等职。是许多外国知名学会的名誉或通讯会员。

毕生致力妇科学研究。因发展了宫颈癌腹部根治术而闻名于世,对淋病的研究、子宫脱垂的治疗也有重要贡献。1898年,成功进行了妇科史上第一例子宫颈癌的子宫切除术。时至1911年,他用此法治疗了500名病人,死亡率由38%降至10%。这一手术十分复杂,因而风险很大,它必须清除子宫及周围组织、阴道周围及盆腔的淋巴结等。由于他的技术精湛和效果显著,被称为"韦特海姆手术法"迅速推广,甚为普遍,挽救了不少妇女的性命。他对妇女的生殖道淋病有重要研究,是确证腹膜淋菌存在的第一位医生,并发现人血血清与琼脂混合是淋球菌的最佳培养基。还在维也纳创建了一所著名的妇外科医师学校。

主要著作有《阴道和腹腔手术治疗》(1906年,另有英译本)、《子宫颈癌切除手术》(1911年,同时在柏林和维也纳出版)、《以手术治疗干预和中止子宫脱垂》(1919年)等。 (张祝山)

詹森,C. O.(Jensen,Carl Olaf) 丹麦人,1864年3月18日生于丹麦哥本哈根,1934年9月3日卒于米泽尔法特。*兽医学、传染病学、肿瘤学、卫生学。*

管道工的儿子。18岁时成为兽医。后去哥本哈根大学学习。1885年创办《兽医与外科医生评论月刊》并任主编。1887年在柏林大学科赫研究所研究细菌学。1889年任丹麦皇家兽医学和农学院讲师,1903年升任病理学和病理解剖学教授,国家兽医学实验室首任主任。1922年任丹麦国家首席兽医官(1931年改称兽医总监)，直到去世前一年。1903 年成为丹麦皇家科学院院士。1910 年获哥本哈根大学荣誉医学博士学位。1912 年获柏林兽医学院荣誉兽医博士学位。还是世界许多兽医学会的通信会员或荣誉会员。1928 年任丹麦癌肿委员会主席。

第一个把 X 线检查用于兽医外科学；对防治丹麦口蹄病流行有重要贡献；发现了腺疫病原体马链球菌；解决了乳脂制取过程中的败坏问题，主要著作《牛奶卫生学要义》(1907 年)是世界上第一部对奶和奶制品卫生控制的专著。更为杰出的是，取大鼠体内癌肿组织移植于健康同种动物，癌细胞可以累代存活，医学中至今尊称之为詹森氏瘤。1901 年他首次以此在哥本哈根大学演讲，并于 1903 年发表论文详述。1906 年获沃克奖。

(黄 旬)

皮亚内塞，G. (Pianese，Giuseppe)　意大利人，1864 年 3 月 19 日生于意大利坎波巴索省雷吉奥，1933 年 3 月 22 日卒于那不勒斯。解剖学、病理组织学、肿瘤学、寄生虫学。

1887 年在那不勒斯大学完成内科学和外科学学业。同年开业行医。1890 年进那不勒斯大学解剖学与病理学研究所深造。1896 年留校任教，1906 年任病理组织学教授，1910 年任病理解剖学教授，1917 年后终生任那不勒斯大学解剖学与病理学研究所所长。1932 年当选为意大利科学院院士。

对病理组织学有深入研究。1903 年研究了豚鼠脾切除后的机体发育、对感染的抵抗力及其他内脏器官的反应等变化。通过对恶性肿瘤的细胞学分析，证实了瘤细胞的异常形态，并指出其增殖性强且有很大的变异性，但退化和坏死的倾向也很明显。确定了婴儿传染性脾性贫血是由一种利什曼原虫引起的。发明了一些组织染色方法如三色染等技术。

(顾振海)

萨纳雷利，G. (Sanarelli，Giuseppe)　意大利人，1864 年 4 月 24 日生于意大利蒙特圣萨维诺，1940 年 4 月 6 日卒于罗马。细菌学、传染病学、免疫学、公共卫生学。

1889 年在锡耶纳大学获医学博士学位。后赴巴黎巴斯德研究院工作。1893 年任锡耶纳大学卫生学教授。1895 年应乌拉圭政府邀请，到蒙得维的亚大学筹建实验卫生学研究所。1898 年回国，1901 年任博洛尼亚大学卫生学教授。1914 年任罗马大学卫生学教授。1904 年当选为意大利国会众议员，1906～1909 年参加内阁工作，1920 年当选为意大利国会参议员。获巴黎大学和图卢兹大学的荣誉博士学位。当选为法国科学院、法国医学科学院和比利时皇家医学科学院外籍院士。

第一个提出伤寒是全身感染合并肠局部感染的概念；对霍乱的发病机理作了研究；在此基础上，发现出血性变态反应；还分离出类黄疸沙门氏菌；发现家兔粘液瘤病毒；是第一个胶体膜超微过滤法的应用者，并用此法研究了结节性病毒的生长；证明螺旋菌和纺锤形菌实际上只是一种细菌的两种形态；探索过鼻部接种。

(顾振海)

金韵梅(Jin Yunmei)　原名金阿美，又名金雅妹。中国浙江省人，1864 年(清代同治 3 年)5 月 9 日生于浙江鄞县(今属宁波)，1934 年 3 月 4 日卒于北平(今北京)。护理学、显微术、医学管理与教育。

是中国最早出国留学医学的女性。出身牧师家庭。3 岁时父母染疫双亡，她本人和弟弟两人均为美国长老会麦加梯博士夫妇收养。1872 年，麦氏离开宁波去日本任东京帝国大学法学兼博物学教授，携带年仅 8 岁的金韵梅同往，在日本东京度过少年时代，并在那里接受基础教育。1881～1885 年赴美入纽约女子医科大学学习。毕业后在费城、华盛顿、纽约等地医院供职。长于微体摄影术，1887 年在纽约《医学》杂志发表论文“显微镜照相机的研究”。后在各种医学刊物上发表“论照相显微术在有机体组织研究中的作用”等论文，在纽约医学界负有盛名。

1888 年随荷兰复兴会妇女部回厦门行医。1889 年赴日本，曾在南监会供职。1905 年往成都，居住 2 年。1907 年由中国政府任命为北洋女医院首任院长兼总教习。1908 年受资助在天津开设公立护士学校，即北洋女医院附设长芦女医学堂(天津医学高等专科学校前身)，任职达 8 年，开近代中国公立护理教育之先河。1915 年再度赴美国，回国后定居北平。1934 年病逝于北平协和医院。

(张慰丰)

阿尔茨海默，A. (Alzheimer，Alois)　德国人，1864 年 6 月 14 日生于德国巴伐利亚州马克特布赖特，1915 年 12 月 19 日卒于德国布雷斯劳(今波兰弗罗茨瓦夫)。神经病理学、解剖学、脑与神经科学。

犹太血统，小镇公证员的儿子。从小喜欢在显微镜下观察各种植物。中学毕业后，曾在阿莎芬堡大学、格丁根大学、柏林大学等校求学，1887 年获维尔茨堡大学医学学位。毕业后作为私人医生陪伴一位女精神病人旅行了 5 个月。1888 年任法兰克福市精神病医院门诊部医生。他在那里遇到了著名神经病学家 F. 尼斯(Franz Nissl)，两人成了莫逆之交。1903 年到慕尼黑大学医学院从事教学和研究，1908 年任副教授，并担任该校临床解剖学实验室主任。1912 年普鲁士国王威廉二世任命他为弗里德里希・威廉大学(后为布雷斯劳大学)医学教授。1913 年他在赴任的火车上病倒了，从此健康状况日趋恶化，最终死于心内膜炎，年仅 51 岁，后葬于法兰克福犹太人公墓。

19 世纪 80 年代后期开始，着手对死去的精神病患者进行大脑皮层病变的解剖学分析。1904 年发表相关论文，详细论述了患者大脑病变的解剖学证据。他归纳了自己在7年中从320具尸体解剖中选择出的170个案例，发现有的死者大脑动脉血管硬化和神经细胞明显凋亡。在1906年德国西南部精神病学家协会的学术年会上，他报告了自己确诊的第一例老年性痴呆症，即后来命名的阿尔茨海默症。这是一位死在慕尼黑精神病医院的51岁妇女，生前记忆衰退、读写困难、语言障碍，解剖发现她的大脑皮质比正常人要薄些，而且有斑块和神经纤维缠结的奇特现象。他的实验室在国际上的声誉越来越高，成了知名神经医学家的聚会之地，吸引了许多来自世界各地的学生。

与F.尼斯共同主编有《大脑皮质组织与病理学研究》(6卷，1906～1018年)；身后留有未出版的《脑病解剖学》手稿一部。 (李啸虎)

塞耶，W.S.(Thayer，William Sydney) 美国人，1864年6月23日生于美国马萨诸塞州米尔顿，1932年12月10日卒于华盛顿。流行病学、诊断学、临床医学。

出身名门。16岁进哈佛大学，1885年毕业获文学士学位。同年秋再进哈佛大学医学院学医，1889年获医学博士学位。旋即赴柏林大学、维也纳大学等校著名研究所短期进修。1890年回波士顿，到约翰斯·霍普金斯大学附属医院工作，此后除大战期间外始终在此任职，1891年任住院医师，1898年任主治医师兼医务处主任，1905年W.奥斯勒离开美国，他继任临床医学教授职务，1918年任内科学教授和内科主任医师，1921年退休任荣誉教授。

在W.奥斯勒(William Osler)的影响下，将实验室技术和临床观察结合起来，充分利用显微镜手段，严格地确定了疟疾和伤寒的鉴别诊断方法。并在总结自己多年经验的基础上，区别了不同种疟原虫引起的不同发热周期。杰出的工作证明，他既是出色的诊断专家又是优秀的临床教师。1917年妻子病危时，仍应红十字会要求出使俄罗斯防治瘟疫大流行，回家时妻子已病故。 (顾振海)

奥迪，R.(Oddi，Ruggero) 意大利人，1864年7月20日生于意大利佩鲁贾，1913年3月22日卒于突尼斯突尼斯城。解剖学、生理学、药理学。

先在佩鲁贾大学学习4年，后在博洛尼亚大学、佛罗伦萨大学学习各1年，1889年毕业于佛罗伦萨大学内医学与外科学专业。毕业后在佛罗伦萨大学生理学研究所任教，期间到法国斯特拉斯堡大学实验药理学研究所作访问研究。在那里从淀粉样物质中分离出硫酸软骨素。1894～1900年任热那亚大学生理学研究所所长。后到比利时属殖民地刚果做医生。

1886～1887年在佩鲁贾大学4年级时，发现了胆总管与十二指肠交接处的括约肌，后被命名为奥迪氏括约肌，他不是第一个发现者，但正是他首次指出其生理特性。在法国斯特拉斯堡大学访问研究期间，从淀粉样物质中分离出硫酸软骨素。 (张志练)

诺维，F.G.(Novy，Frederick George) 美国人，1864年12月9日生于美国芝加哥，1957年8月8日卒于密歇根州安阿伯。医学微生物学、细菌学、传染病学。

父亲是裁缝，母亲是帽商，1864年从波希米亚(今属捷克)移居美国。1886年在密歇根大学毕业。留校任教，1887年获化学硕士学位。后来兴趣逐渐转向生理化学和细菌学。1890年获理学博士学位。翌年任密歇根大学助理教授，1902年任教授，兼任细菌学系首任主任，直至1935年退休。期间1933～1935年兼任该校医学院院长。美国细菌学家协会创始人，1904年任该会会长。是美国国家科学院院士、美国哲学学会会员。1920年、1936年先后获辛辛那提大学、密歇根大学荣誉博士学位。

是美国细菌学先驱者之一。早年从事细菌毒素研究，认为细菌毒素是一种复合蛋白质。在对厌氧细菌的研究中，设计了一种培养厌氧细菌的装置，被称为诺维瓶。1894年发现并分离出一种气生坏疽杆菌，定名为诺维氏梭状芽孢杆菌。最著名的工作是第一个在人工培养基上培养出锥虫。1901年作为美国政府一个专门委员会委员，参与调查在东亚发生的黑死病。1906年通过实验发现美国回归热病原体——诺维氏螺旋体。 (孙炳寅)

丁甘仁(Ding Ganren) 名泽周，以字行世。中国清末民初江苏省人，1865年(清同治四年)生于江苏武进孟河镇，1926年夏卒于上海。中医学、医学教育。

家世业医。12岁志向学医，始随圩塘马绍成学岐黄之术，后又拜名医马培之为师，尽得马氏内外两科真传，又广采各家之长。16岁去无锡、苏州行医。几年后，经人推荐在上海仁济堂药号坐堂设诊，外侨求诊者亦慕名而至，一时名震大江南北。自1916年始，联络中医界同仁集资创办上海中医专门学校(今上海中医药大学)，自任总主任(校长)。接着又在市南、市北创办二所上海广益中医院，兼任院长。1919年任上海女子中医专门学校首任校长。1920年任上海市国医学会首任会长，兼任江苏省中医联合会副会长、《国医》杂志主编。去世后葬于故乡孟河高桥之凤山，参加殡礼者无数，其中有6个国家公使以及华侨代表。

中国清末民初孟河医派杰出代表。擅治湿温伤寒时症，兼精外、喉两科，旁及内、妇、儿各科及疑难杂症。早年对《内经》尤有心得，晚年攻研金元四大家。在医术上开中医学术界伤寒、温病统一论之先河，临床上经方、时方并用治疗急症热病。治病因人而异，不墨守成规。对外感热病的研究，宗《伤寒论》而不拘泥于伤寒方，宗温病学说而不拘于四时温病。对当时西医西药渐入中国，认为“医为仁术，择善而从，不分畛域”。1885年上海一带喉痧症大流行，其时沪上中西医生千余人，唯丁氏门诊率最高，治愈喉痧症病人达万余人，连在沪西方人也重金争相请他治病，其“诊室人满，日愈数大症其常事”，一时医声远播。

开创从学校培养中医专业人材的新途径，造就大批高水平中医人才，程门雪、黄文东、王一仁、张伯臾、秦伯未、许半龙、章次公、王慎轩等中医名家，均为早年毕业于上海中医专门学校高材生。他又乐善好施，在上海和家乡资助慈善事业。1924年，大总统孙中山赠予“博施济众”金字匾额以示褒奖。

医著颇丰，出版著作10余种。主要论著有《药性辑要》(1917年)、《脉学辑要》(1917年)、《喉痧症治概要》(2卷，1927年)、《孟河丁甘仁医案》(8卷，1927年)、《丸散膏丹用药配制法》等；身后由门人整理的有《丁甘仁用药一百十三法(丁氏套方)》(1941年)、《丁甘仁晚年出诊医案》、《丁甘仁医案续编》(1989年)等。 (张慰丰)

奥弗顿，C. E. (Overton, Charles Ernest) 瑞典人，1865年2月25日生于英国柴郡斯特雷顿，1933年1月27日卒于瑞典隆德。*细胞生理学、药理学、生物化学*。

在瑞士苏黎世大学学习生物学，1889年获该校生理学博士学位。1890年在苏黎世大学任教。1901年在德国维尔茨堡大学任教。1907年起任瑞典隆德大学药理学系教授兼系主任。

1890～1893年开始研究植物细胞，认为单倍染色体的数量不仅是性细胞的特征，而且是整个配子体的特征。发现各种动植物细胞的渗透特性都是相同的。1896年提出动植物细胞都能逆浓度梯度主动运输溶质的学说。1899年提出不同物质的渗透力与其脂溶性相平行。这一胞浆渗透性的奥弗顿氏脂质学说，后来为实验所证实。还提出收缩的肌纤维表面对钠、钾离子发生短暂的可通透变化。50年后，A. L. 霍奇金和A. F. 赫胥黎根据这一思想创立了神经－肌肉冲动传播学说，并因此获1963年诺贝尔生理学或医学奖。还与H. H. 迈耶(Hans Horst Meyer)同时提出了迈耶－奥弗顿麻醉学说：麻醉剂的麻醉效果在某些程度上取决于其脂溶性。 (张志练 张祝山)

格里因斯，G. (Grijns, Gerrit) 荷兰人，1865年5月28日生于荷兰莱尔丹，1944年11月11日卒于乌得勒支。*营养学、病理学、生理学*。

出身于商人家庭。少时在代尔夫特上预科学校。1885年进乌得勒支大学学医，期间参加工作，1901年获医学博士学位。1893年结婚。旋即赴荷属东印度群岛(今印度尼西亚)工作。在那里，曾短期参加C. 艾克曼对脚气病病因的研究，1896年艾克曼回国，他仍留下继续研究。1912年任国立农业大学动物生理学教授，曾任副校长。1926年任瓦赫宁根大学动物生理学教授。

艾克曼发现了人的脚气病和家禽多发性神经炎有相似之处，单一喂食精白米可诱发家禽多发性神经炎，而喂食糙米可治愈此病，从而排除脚气病是细菌感染所致。早于艾克曼多年前，1901年格里因斯指出食物营养中除蛋白质、碳水化合物、脂肪和无机盐之外还有其他物质，缺少这些“预防性物质”可致脚气病，并提出了“部分饥饿”的概念。1926年、1927年曾获诺贝尔奖提名。1940年获斯瓦默丹奖章。 (顾振海)

曹颖甫 (Cao Yingfu) 名家达，字尹孚，号鹏南，晚署拙巢老人。中国江苏省人，清代同治五年(1866年)生于江苏江阴，1938年卒于同地。*中医学、中医教育*。

善词章。清代光绪二十一年(1895年)举孝廉，诗文书画俱佳。同年入南菁书院，从黄以周、秦芍舲学习汉学与医学，医宗张仲景。1904年诏罢科举，居家潜心学中医，业医为生。1919年底迁上海行医，先后任上海中医专门学校伤寒教员、教务长，秦伯未、丁济华、章次公、许半龙、王慎轩、严苍山均为该校学生。除教学外，他又兼任慈善团体上海同仁辅元堂诊务。执医之初，因拙于言辞，不善修饰，业务清淡，后以其渊博之知识及朴实之作风为人所推崇。1937年“八一三”事变后避居故乡，因拒绝出任维持会会长而被日本侵略军杀害，表现了崇高的民族气节。

近代“经方派”代表人物之一。临诊40余年，致力于伤寒、金匮之研究，一生治学专宗仲景，以善用经方闻名。对金元医家提倡的革新，以至晋唐以后对仲景的发挥，均持异议；对西医则一知半解，以致附会下焦为输尿管，上中焦即胸淋巴系统。著有《曹颖甫医案》(1925年)、《伤寒发微》(1931年)、《金匮发微》(1931年)、《经方实验录》(3卷，1937年)等书。学术观点虽倾向保守，然《金匮发微》乃同仁辅元堂的施诊记录，确是经验所得。《经方实验录》是运用经方经验，颇有学术价值。该书由门人姜佐景整理刊行，共收92案，内有16案为附列门人医案，其中大多医案有一剂知，二剂已，甚则覆杯而愈的灵验效果。所撰著作在1949年后又重新刊行。门生秦伯未、章次公、姜佐景等，均为现代名医。

(张慰丰)

基思，A. (Keith, Sir Arthur) 英国人，1866年2月5日生于英国苏格兰阿伯丁，1955年1月7日卒于肯特郡。*解剖学、心脏病学、植物学、人类学、生物进化论*。

1888年在阿伯丁大学获医学学士学位。次年任英国马来半岛植物勘探队植物收集助理，赴泰国等地为伦敦皇家植物园收集植物新品种和标本。1892年回国，先后在伦敦大学学院、阿伯丁大学学习解剖学。1894年成为英国皇家外科医师学会成员，并获医学博士学位。1932年在肯特郡唐纳成立人类学研究所，在那里工作至去世。1914～1917年任英国皇家人类学研究会会长。1915～1936年主编《解剖学》杂志。1918年任英国解剖学会会长。是英国皇家学会成员。1921年被册封为爵士。

因为比较论证了类人猿与人类的韧带，1893年在阿伯丁大学获首届斯特拉瑟斯奖。1902年出版《人类胚胎学和形态学》(1949年第6版)。1906年第一次描述了窦房结，这对于20世纪40年代心脏病学的发展起了很大的推动作用。后来从事人类学的研究。出版了许多著作，其中有《类人猿研究导论》(1897年)、《古代的人类》(1915年)、《关于人的起源》(1927年)、《新的发现》(1931年)、《人类进化的新理论》(1948年)等。热心于科学普及工作，1919年写的科普读物“残疾人的修复”，是一篇有历史意义的矫形外科学评论文章。

(张志练)

勒斯克，G. (Lusk, Graham) 美国人，1866年2月

15 日生于美国康涅狄格州布里奇波特，1932 年 7 月 18 日卒于纽约。生理学、营养学、临床诊断学、仪器研制。

是教师和产科医生的儿子。1888 年获纽约哥伦比亚矿业学院化学学士学位。同年赴德国留学，1891 年获慕尼黑大学生理学博士学位。期间有两年在著名营养学家 C. 冯 · 福伊特的实验室进修，深受其影响。毕业后即回国，同年任耶鲁大学医学院生理学示教员，1895 年任教授。1898 年任纽约大学和纽约贝尔维尤医院医学院生理学教授。1909 年任美国康奈尔大学纽约医学院生理学系教授兼系主任，1932 年退休。是许多科学学会的成员，包括美国国家科学院院士、英国皇家学会外籍会员等。还是美国实验生物学与医学学会(1903 年)、纽约哈维学会(1905 年)、美国生物化学家协会(1906 年)的创始者和组织者。在第一次世界大战期间，担任过美国政府营养学顾问。

由于不完全性耳聋而放弃临床医学，选择了实验科学事业。在营养和代谢方面做过很多研究工作，涉及呼吸指数确定；指出测定基础代谢率时体表面积的重要性；广泛使用并改进了测热计等多种测量仪器。撰写的《营养科学基础》(1917 年)一书，多次再版，成为营养学界经典之作；另有专著《营养科学》(1906 年)、《营养学的主要基础》(1914 年)等。 (黄 旬)

瓦塞尔曼，A. P. von(Wassermann，August Paul von) 德国人，1866 年 2 月 21 日生于德国班贝格，1925 年 3 月 16 日卒于柏林。细菌学、性病学、血清学、免疫学、肿瘤学。

巴伐利亚银行家的儿子。在班贝格读完大学预科学校后，先后在埃朗根、维也纳、慕尼黑等大学学医。1888 年在斯特拉斯堡大学获医学博士学位。1890 年进柏林大学 H. H. 科赫刚创建的传染病研究所工作，1902 年任编外教授，1906 年任该所实验治疗和血清研究室主任，1911 年为名誉教授。1913 年转至凯瑟 · 威廉科学促进学会的实验治疗研究所任所长，1920 年该所扩充，继任所长。1924 年患肾炎，但仍坚持工作直至临终。

近代免疫学的奠基者之一。最主要的贡献是，1906 年和 A. L. 奈瑟、C. 布鲁克(Carl Bruck)共同发明了补体结合法，将它用于诊断梅毒的血液检查，后被称为“瓦氏反应”。由于其敏感性高，因而是梅毒诊断的一大进步。他还研究过白喉抗血清治疗，证明在许多人体内有不同程度的白喉抗血清存在。对伤寒、霍乱和破伤风的接种预防、结核病的补体结合反应，以及通过血循环治疗癌症等都作过探讨。

主要著作有《致病微生物手册》(6 卷，1903～1909 年)、《血球裂溶作用和沉淀素》(1902 年)等。曾获普鲁士、比利时、日本、罗马尼亚、西班牙、土耳其等国学术机构的荣誉称号或奖项，并是阿朗森基金奖的第一个获得者(1921 年)。 (顾振海)

库希尼，A. R. (Cushny，Arthur Robertson) 英国人，1866 年 3 月 6 日生于英国马里郡福哈伯斯，1926 年 2 月 25 日卒于爱丁堡。生理学、药理学、药物学、生物化学。

曾在阿伯丁大学学习，1886 年毕业获文学士学位。毕业前一年已进阿伯丁大学医学院学医，1889 年获内科学硕士和外科学学士学位，1892 年获医学博士学位。毕业时得到一笔奖学金到欧洲大陆旅行学习，先后去过伯尔尼、维尔茨堡、斯特拉斯堡等大学。1893 年春赴美国密歇根大学任药理学教授。1905 年英国伦敦大学学院首次开设药理学与药物学课程，他即回国执教。1918 年赴爱丁堡大学任药物学教授，直至 1926 年死于脑溢血。1906 年成为英国皇家学会会员，1919 年成为爱丁堡皇家学会会员。

主要成就是研究了洋地黄的治疗作用、尿的生成、光学异构体的作用及其与生物学的关系。发现并研究了洋地黄对心脏作用的两个阶段：第一阶段使心搏减慢，心室收缩更为有力；第二阶段心率加速。认为这是洋地黄既有刺激迷走神经和延髓迷走中枢，又有增强心肌收缩力作用的缘故。还明确了洋地黄的利尿作用是由于循环功能改善，从而增加了肾血流量的继发性作用。明确了“心谵妄”即是心房纤颤，并为用洋地黄治疗确定了基本原则。在尿液生成机理方面，重新肯定了路德维希的过滤-重吸收理论，并进一步阐明了肾小管上皮细胞具有重吸收作用，而原尿中不同离子有它自己固有的渗透“阈”。在光学异构体的研究方面，首次肯定一对光学异构体对高等生物的细胞可能有完全不同且异常复杂的药理作用。

代表作有《药理学和治疗学教程》(1893 年)、《尿的分泌》(1917 年)、《洋地黄及其配伍在医学上的功用和使用》(1925 年)、《与生物学相关的光学同质异构体》(1926 年)等。 (顾振海)

斯塔林，E. H. (Starling，Ernest Henry) 英国人，1866 年 4 月 17 日生于英国伦敦，1927 年 5 月 2 日卒于牙买加金斯敦。内分泌生理学、心肺学、生物化学。

长期在印度孟买工作的英国律师之子。1882 年进盖伊医院医学院学习，1890 年获医学博士学位。留校任生理学讲师。1891 年和他的生理学教师的年轻遗孀结婚，生有 4 个孩子。1899 年入选英国皇家学会会员。1900 年任伦敦大学学院生理学教授。1922 年任英国皇家研究院研究教授。在伦敦大学期间结识 W. M. 贝利斯，结下了终生友谊，后者后来成了他的姐夫。

从化学和物理学的角度研究生理学的多项课题，有关动物实验技术也为后世所推崇。研究了毛细血管和淋巴管的渗透情况，证实了管内流体静力压和渗透压的平衡，1896 年提出“斯塔林方程”，并据此来说明体内组织液和淋巴的生成。和贝利斯合作研究了小肠的神经支配机制，并发现在刺激点上方引起肠管收缩，下方引起舒张，称为肠肌反射。又共同发现当胃内酸性食物排至小肠时，胰腺就立即分泌消化液。按巴甫洛夫的学说来解释，这是由于神经的主导作用。可是当他们切除胰腺的神经时，它仍旧继续分泌。1902 年发现在胃酸的影响下小肠壁分泌一种物质，他们称之为肠促胰激素。从中发现了人体功能不但是由神经支配的，也是由某些化学信使(体液)来调节的。1905 年，他首先提出“激素”(hormone，音译为“荷尔蒙”)这一名词，从而开创了内分泌研究的先声。

最突出的成果是对心脏的研究。他创立了称作心肺制备的实验方法。把动物(例如犬)的心、肺同时摘出体外，在保持肺循环和冠状动脉供血的条件下，观察腔静脉回流、主动脉血压和心率改变对左心室输出量的影响。发现心脏除神经系统外，可以通过心肌自身存在的机械调节机制，来适应循环系统本身的波动而改变其泵血功能。证明肌纤维的张力是它长度的函数，即是心肌收缩能力在一定范围内和心肌纤维初长，即心室舒张末期的容积或压力成正比。后来被称为“弗兰克－斯塔林心脏定律”(1915 年)，即心脏每搏输出量与回流量成正比。这项发现被认为是自哈维以来对心脏的最成功的研究。后来还用心肺制备灌注离体肾脏，研究排泄功能。

此外，第一次世界大战期间，参与研究毒气的攻防技术。在临床教育中摒弃了经验主义，强调基础学科的指导作用，大力主张教育改革，推动了当时英国的医学教育。代表作有《人类生理学原理》(1912 年)等。

(顾振海　张慰丰)

乔丹，E. O. (Jordan，Edwin Oakes)　美国人，1866 年 7 月 28 日生于美国缅因州托马斯顿，1936 年 9 月 2 日卒于缅因州刘易斯顿。*细菌学、流行病学、公共卫生学。*

祖父和父亲都当过商船船长，是家中 9 个孩子中的老大。1888 年毕业于马萨诸塞理工学院。1892 年在克拉克大学获哲学博士学位。同年任教卫生学于新成立的芝加哥大学，1895 年任助理教授。同年在巴黎巴斯德研究院进修。1897 年在芝加哥大学首次开设细菌学课，1899 年任副教授，1906 年任细菌学教授，1912 年任卫生学和细菌学系主任，1913 年当选杰出教授，1933 年退休。1905 年任美国细菌学家协会主席。曾任美国传染病学会会长。兼任洛克菲勒基金会国际卫生理事会理事、美国国家研究委员会医学委员、《预防医学》主编等职。1936 年当选为美国国家科学院院士。

是美国第二代细菌学家的中坚，最早研究细菌变异的学者之一。所著《普通细菌学》(1908 年初版)为标准教科书，发行了 11 版，并译成多种文字。帮助创建了美国细菌学会和美国流行病学会。1904～1914 年主要从事公共卫生学研究。1904 年发表调查报告，指出牛奶市场的污染问题及其引发的肠胃疾病；实地调查了美国底特律等多个大城市卫生原因及对策，其中重点研究了河水自净和饮水传染病等方面，成为国际国内的权威咨询顾问。另有代表作《食物中毒与食物源传染》(1917 年初版，1931 年再版)等。1934 年获美国公共卫生协会塞奇威克奖章。

(张祝山)

尼科尔，C. J. H. (Nicolle，Charles Jules Henri)　法国人，1866 年 9 月 21 日生于法国鲁昂，1936 年 2 月 28 日卒于突尼斯突尼斯城。*细菌学、医学微生物学、传染病学、公共卫生学、文学。*

医生的儿子。早年和几个兄弟一起跟父亲学习生物学。先在鲁昂大学医学院学习 3 年，后到在巴黎医院工作的长兄莫里斯(Maurice)处实习，1889 年通过住院医生考试。后进巴斯德研究院，在 P. P. 鲁和梅契尼科夫指导下学习。1893 年完成“关于软性下疳的研究”论文，取得医学博士学位。随后回到鲁昂大学医学院任教，1896 年任细菌学实验室主任。1895 年结婚，生有两个孩子。1903 年赴任突尼斯巴斯德研究所所长，直至去世。1932 年起兼任法兰西学院实验医学教授。是法国医学科学院院士。1928 年入选法国科学院院士。

早期研究过癌症。在鲁昂大学任教时，研究过白喉血清的制备方法。在北非，他主持的突尼斯巴德研究所成了热带病研究和培训中心。最主要的成就是，1909 年以实验证实了斑疹伤寒的传播媒介是体虱。后来又弄清了由体虱传播的流行性斑疹伤寒和由鼠蚤传播的地方性斑疹伤寒的区别。因斑疹伤寒传播方式的发现，获 1928 年诺贝尔生理学或医学奖。

还对利什曼病进行了研究。描述了非洲婴儿利什曼病，并将它和黑热病加以鉴别。发现了狗利什曼病并分离了鼠弓形体。还阐明了虱在传播奥伯曼氏螺菌感染中的作用。确定了蜱在螺旋体病流行中的作用、蝇类在沙眼传播中的作用。在麻疹的预防方面，也作出了一定贡献。还证实了微生物在宿主体内完成生活史周期而宿主却无症状的隐性感染。晚年对科学的方法学和疾病概念的历史发展也作了一定的研究。

代表作有《关于斑疹伤寒的实验研究》(1912 年)、《对斑疹伤寒的研究》(1928 年)、《传染病的转归》(1939 年)等。还出版过数部小说。

(顾振海)

博尔克，L. (Bolk，Lodewijk)　亦称路易斯·博尔克(Louis Bolk)。荷兰人，1866 年 12 月 10 日生于荷兰奥弗斯奇，1930 年 6 月 17 日卒于阿姆斯特丹。*比较解剖学、系统发育学、脑与神经科学、人类学、生物进化论。*

牧师之子。1888 年起在阿姆斯特丹大学医学院学医，1896 年获医学博士学位。留校解剖学实验室工作，1898 年任解剖学教授，不久任该实验室主任，1917～1918 年任校长。1903 年入选荷兰皇家科学院院士。被册封为爵士。获莱顿大学荣誉博士学位。

在读大学期间的 1894 年，已发表关于皮肤和大腿肌肉神经支配的论文，并获金奖。1900～1907 年研究了小脑及其神经的比较解剖学，把肌肉运动的协调定位于小脑并证明其临床意义。接着比较研究了不同动物和人的牙齿发育，以及左利手、右利手、不同人种的身长、眼和毛发的颜色、内分泌学和一般个体发育。1921年首先提出"胎型化"学说，试图重新描述和解释生物进化树谱系，认为猿是幼稚态的人，成年猿保留许多人类胎儿特征，生理学上是由内分泌腺的激素所引起。获瑞典雷济厄斯奖章。

（张祝山）

尤因，J. S.（Ewing，James Stephen） 美国人，1866年12月25日生于美国宾夕法尼亚州匹兹堡，1943年5月16日卒于纽约。病理学、肿瘤学、血液病学、组织学。

1888年获阿默斯特学院文科硕士学位。1891年获纽约内科与外科医师学院医学博士学位。留校任教组织学，1897年任临床病理学讲师。在美国与西班牙战争中，志愿参军当外科医生。1899年任康奈尔大学医学院第一位临床病理学教授，1932年任新设的肿瘤学教授，1939年退休。期间曾在卢米斯实验室从事实验病理学研究。1913年兼任纽约纪念总医院肿瘤治疗部主任，后来又担任该院研究所首任主任和院长（1931～1939年）。监督创办最早的癌肿防治机构，即纽约纪念医院斯隆—凯特林肿瘤治疗中心。1902年妻子早逝，引起性格改变而脾气古怪。1908年任哈维学会会长。是美国癌瘤研究协会、美国癌瘤学会的创始人之一。1937年任第一届美国癌瘤顾问委员会顾问。被选为美国国家科学院院士。

1902年起从事实验性癌症研究。1906年和同事首次发现狗淋巴肉瘤可在性交时通过活肿瘤细胞将病传播到另一动物。为此，他很快成为美国第一流实验肿瘤学家之一。他撰写的《血液临床病理学》（1901年）是血液病学的原创性著作；《肿瘤病》（1919年初版，1940年第4版）是现代肿瘤学的基础，记载了肿瘤形态学的许多重要发现，以及如何识别现在称之为"尤因氏肉瘤"的类型。此外出版有《癌症的成因、诊断和治疗》（1931年）等。

（殷明德）

福林，O. K. O.（Folin，Otto Knut Olof） 美国人，1867年4月4日生于瑞典阿什达，1934年10月25日卒于美国马萨诸塞州波士顿。生理学、分子生物学、生物化学。

出身瑞典制革商家庭。因姑母定居美国，他于15岁时也随两个兄弟迁居美国。1888年进明尼苏达大学，1892年获理学士学位。1890年加入美国籍。1892年进芝加哥大学，1898年获哲学博士学位。1896年旅欧学习2年。1899年任西弗吉尼亚大学分析化学助理教授。1907年任哈佛大学医学院生物化学副教授，1909年任教授。

起初研究尿液含氮物质，后转向对血液的微量分析。首创用比色法进行含量测定，并肯定氨基酸是以游离方式被小肠吸收的。

（顾振海）

萨莫伊洛夫，А. Ф.（Самойлов，Александр Филиппович；Samoylov，Aleksandr Filippovich） 苏联人，1867年4月7日生于俄国敖德萨（今属乌克兰），1930年7月22日卒于喀山。电生理学、心电图学、脑与神经科学。

曾在新罗西斯克大学数理学院博物学系学习。1891年毕业于多尔帕特大学（今塔尔图大学）医学院，获医学博士学位。1892～1896年在巴甫洛夫实验医学研究所生理学实验室工作。1896～1903年在莫斯科大学谢切诺夫生理学实验室工作。1903年任喀山大学生理学教授。1924年任莫斯科大学生理学系主任。以后又回喀山大学工作，直到去世。

他被公认是电生理学权威，发展了莫斯科大学生物学物理化学学派，也是心电图学创始人之一。在电生理学、心电图学、感官生理学、临床生理学及科学史方面，深有造诣，陆续发表了120多篇（部）研究报告和著作。在1924年的"论兴奋从运动神经向肌肉传递"一文中，提出了神经兴奋的化学传递理论；改进了毛细管静电计、弦线电流计等电生理学仪器；1925年确定了肌肉神经冲动供给过程的温度系数；1927年与苏联生理学家M. A. 基谢廖夫合作，在实验中证实中枢神经系统抑制的体液性质；在中枢神经系统及复杂反射活动的协调机制方面，进行了电生理学研究，给反射理论增加了"兴奋环路"与"闭合反射弧"等新概念，并于1930年发表"兴奋性的环路节律"。身后出版有《萨莫伊洛夫文集》（1946年）。1930年获苏联政府列宁奖金。

（吴馥梅　包建新）

菲比格，J. A. G.（Fibiger，Johannes Andreas Grib） 丹麦人，1867年4月23日生于丹麦锡尔克堡，1928年1月30日卒于哥本哈根。细菌学、病理学、肿瘤学、动物学。

出身医师家庭。早年在柏林大学学医，后转到哥本哈根大学医学院，1883年获学士学位。因丧偶一度去德国访问学习，曾向H. H. 科赫和E. von贝林学习细菌学。1890年获得内科医师从业执照，在首都近郊挂牌行医。1891年到哥本哈根大学细菌学系任教。1894年到哥本哈根传染病院工作。1895年获该校医学院医学博士学位。1897年到该校病理解剖学研究所工作，1900年任教授兼所长。1905年兼任军队中央化验室主任。1926年任哥本哈根大学校长。因心脏病发作而去世。

1907年在3只野鼠的胃底发现了广泛性乳头状瘤，经显微镜检查，瘤体表面覆盖的上皮细胞层中发现了线虫,后又在鼠体内找到了线虫。开始怀疑线虫可能是乳头状瘤的病因。又检查了1200只野鼠和实验室用鼠,未有所获。将上述野鼠胃中的瘤组织注入健康大鼠,结果出现了阳性,对照组则呈阴性。后来从一家糖厂里捕获的大家鼠中找到了线虫,又从该厂捕获的蟑螂的肌组织中发现线虫的幼虫。原来大鼠吃了这种蟑螂,幼虫在胃上皮层成熟为成虫。这些成虫产卵后随粪便排出,蟑螂吃了这种含有虫卵的鼠粪,虫卵转化为胚再侵入肌组织发育成幼虫。从糖厂中捕获的61只大家鼠中,发现60只鼠胃中有线虫,在18只鼠的胃底具有病理变化,其中9只呈广泛的乳头状瘤。这似乎提供了一个证据,癌是由慢性刺激引起的,由虫的代谢产物的机械和化学刺激所引起。首先作成使老鼠致癌的实验,把癌瘤移植到其他老鼠身上。这种人工致癌方法在当时认为是一个很大的进展。代表作有"关于线虫及大鼠胃乳头瘤和癌性新生物激发因素的研究"、"螺旋虫性癌以及寄生虫引起的其他癌症"等重要论文。由此获1926年诺贝尔生理学或医学奖。

在他去世后,由寄生虫引起恶性肿瘤的学说没有获得进展,人们对这次授奖颇有非议,认为这是最明显的错误之一。但是,也有人认为,迄今癌症的原因未完全搞清,虽然他的研究结论不具有普遍意义,但是能大胆揭示癌症的一个侧面,并认为癌症并非不治之症,这也可称之为一个功绩。自此以后,诺贝尔奖委员会对恶性肿瘤的授奖持十分慎重的态度,几乎中断了40年之久。后来的进一步研究提示,虫类致癌与其说是一种巧合,不如说虫类很可能携带了一种致癌病毒。正是在菲比格研究发表3年后,美国病理学家P.劳斯发现病毒致癌现象,而他不得不等到1966年才拿到诺贝尔奖。

(张慰丰)

斯泰尔斯,C. W.(Stiles,Charles Wardell) 美国人,1867年5月15日生于美国纽约州斯普林万利,1941年1月24日卒于马里兰州。流行病学、寄生虫学、公共卫生学、动物学。

父母都属于古老的新英格兰家族。他主要在国外受大学教育。1890年在莱比锡大学获博士学位。后曾在欧洲几个实验室从事研究工作。1891年回美国,在华盛顿美国农业部动物产业局工作,调查研究门类众多的动物寄生虫,成为公共卫生专家。1895年被选入国际动物学命名法委员会,1898～1936年任该会秘书长。1902～1931年任美国公共卫生与海运医院服务署首席动物学家。参与创建洛克菲勒根除钩虫病卫生保健理事会。曾在约翰斯·霍普金斯大学医学院、华盛顿特区乔治敦大学任教动物学。曾被委派为美国驻柏林大使馆外交使节科学随员。

研究地方性流行病钩虫病有重大发现,确立了一个新种——美洲钩虫;为有效地消灭这种寄生虫作了很大的努力,促使成立国家环境卫生委员会。系统地整理了美国主要的蠕虫标本,鉴定和报道了许多新种。对旋毛虫病的研究有贡献。用了近20年时间,与A.哈索尔(Albert Hassall)合作,出版《医学和兽医动物学目录索引》(1902～1920年),对基础动物学与应用动物学都具有重要意义。

(童远瑞)

本斯利,R. R.(Bensley,Robert Russell) 加拿大人,1867年11月13日生于加拿大安大略省汉密尔顿,1956年6月11日卒于美国伊利诺伊州芝加哥。解剖学、生理学、细胞生物学。

农场主的儿子。1884年进加拿大多伦多大学,后因左腿受伤辍学一年。1889年进该大学医学院,3年后毕业。留校任生物学助理演示员。1901年任芝加哥大学解剖学与人类学系教授,1907年任该系主任。

主要成就:1906年成功地给朗格罕氏小岛细胞染色,为班廷发现胰岛素铺平了道路;1910年证实了高尔基氏体的存在;1912年和哈维(B. C. H. Harvey)共同确定了胃分泌盐酸的机理;1934年和学生格什(I. Gersh)共同改进了染色法,从而使线粒体可以分离并进行微量分析。

(顾振海)

兰兹泰纳,K.(Landsteiner,Karl) 美国人,1868年6月14日生于奥地利维也纳(或附近的巴登),1943年6月26日卒于美国纽约。病理解剖学、血液学、免疫学、医学微生物学、分子遗传学。

著名奥地利新闻记者之子。6岁丧父,由其母亲抚育成人。1885年入维也纳大学医学院学医,1891年获医学博士学位。先后在维也纳大学医学院第二、第一门诊部、卫生系工作。期间1892～1894年在瑞士苏黎世大学、德国维尔茨堡大学和慕尼黑大学研究化学。1908年任维也纳大学医学院病理解剖学研究所编外教授。1908～1919年在维也纳皇家威廉医院工作。后因工作条件差,去荷兰海牙一所医院任解剖员。1922年应邀去美国,任纽约洛克菲勒医学研究院(今洛克菲勒大学)研究教授,直至去世。1929年入美国籍。1916年与H.弗拉斯托(Helene Wlasto)结婚。1929年任美国免疫学学会会长。先后获芝加哥大学、剑桥大学、布鲁塞尔大学、哈佛大学荣誉博士学位。在实验室工作时,因心脏病突发去世。

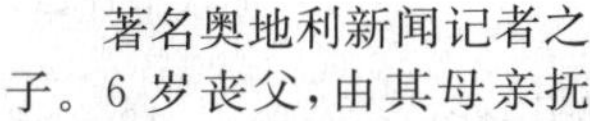

早在学生时代就开始从事化学研究。1897～1908年,在A.魏克塞尔鲍姆指导下完成了3 639例尸检,从而成为具有广泛医学知识和丰富经验的病理解剖学家。

在维也纳大学卫生系任M. von格鲁伯的助手期间,开始对血清学和免疫学产生兴趣,此后在此领域做出了许多重要贡献,被誉为"免疫学之父"。1900年首先提出:不同人的血球与血清之间发生凝集,是由个体差异所造成的生理现象。1901年发表权威性论文"论正常人血液的凝集",介绍了一种实验新技术,把人的血型分为A型、B型和C(后改为O)型3种;后来学生德卡斯特罗(Decastello)和施特利(Sturdi)又补充了AB型。血型的发现,使临床上能够安全地进行异体输血。

还预见到人血型的特异性反映为抗原的不同，这些差别可以描绘为血清学“指纹”，用来鉴别个人，这种预见已被证实。血型与遗传有关，约99%以上的血缘问题都是用血清学方法解决的。1926年和莱文(P. Levine)发现了不规则凝集素α1和α2。次年他们又发现存在另外的血型(M、N和M N型)。1934年与斯特拉顿(Strutton)和蔡斯(Chase)共同发现黑人中的一种特殊血液因子，即亨特-亨肖(Hunter-Henshaw)系统。1940年与维纳(A. S. Wiener)和P. 莱文发现人血液中的一种新的因子——Rh因子，该因子与某种新生儿黄疸有关，而且对输血具有重要意义。

他的许多发现推动了免疫学的发展。用化学和血清学技术分离了各种血红蛋白。1904年和多纳特(Donath)开发出一种诊断阵发性冷血红蛋白尿的检验方法。1905～1906年对梅毒的病原学，以及诊断该病的华氏血清学反应机制的研究做出了贡献。1908～1912年提出脊髓灰质炎是由病毒引起的，并和勒瓦迪蒂(Levaditi)发明一种血清学诊断技术和保存该病毒的方法。1921年证明了抗原的特殊结构——半抗原的存在。1930～1932年和尼格(Nigg)成功地培养出斑疹伤寒的致病因子——鞭毛虫属立克次体。还对新生儿疾病——胎粪性肠梗阻的病原学有重要贡献。

主要著作有《血清反应的特异性》(1933年德文本，1936年英译本)、《论人类血液的个体差异》等。因发现人的血型而获1930年诺贝尔生理学或医学奖。

（张祝山）

布洛克，W.（Bulloch，William） 英国人，1868年8月19日生于英国苏格兰阿伯丁，1941年2月11日卒于伦敦。*细菌学、病理学、血液学、免疫学、科学史学。*

父亲是会计，兄长是伦敦著名新闻记者。1886年进阿伯丁大学医学院，1890年获医学学士学位，1894年获该校医学博士学位。毕业后在阿伯丁、莱比锡和维也纳等地开业行医，曾在伦敦大学的国王学院、大学学院实验室任研究助理。1897年起在伦敦医院任细菌学家。1913年当选为英国皇家学会会员。1919年任伦敦大学史密斯学院细菌学教授，1934年退休后为荣誉教授，同时任伦敦医院顾问细菌学家。1920年获伦敦大学荣誉法学博士学位。是英国帝国癌症研究基金会执行委员会委员。1932年任利斯特预防医学研究院管理委员会主任。晚年患震颤性麻痹，在一次手术后卒于伦敦医院。

研究课题主要是当时一些重要的应用性问题，如细菌滤器，白喉毒素及抗毒素、调理素和疫苗疗法，梅毒检验等。是一位出色的科学史学家，一生发表科学家传记100余篇，并致力于编撰专著。代表作有：《病理学研究》(1906年)、《血友病》(1911年，与他人合著)、《外科备用肠线》(1929年，与他人合著)、《系统细菌学》(3卷，1929～1931年)和《细菌学史》(1938年)等。（孙炳寅）

柯兴，H. W.（Cushing，Harvey Williams） 一译库欣。美国人，1869年4月8日生于美国俄亥俄州克利夫兰，1939年10月7日卒于康涅狄格州纽黑文。*神经外科学、生理学、肿瘤学、脑与神经科学。*

出身于三代医师之家，是家中10个孩子中最小者。1887年入耶鲁大学，1891年入哈佛大学医学院，1895年获医学博士学位。1896年起供职于约翰斯·霍普金斯大学附属医院。期间1900年起在瑞士、意大利、法国和英国进行长达16个月考察与合作研究。1902年结婚，后生育有5个孩子。1904年起在约翰斯·霍普金斯大学和哈佛大学分别筹建动物实验室，以实验结果指导临床实践，同时培养了一批杰出的神经外科学家。1909～1933年任布勒汉医院主任外科医生，做完第2 000次脑外科手术后退休。1933年任耶鲁大学神经学与医学史教授。1934年起在罗斯福政府中担任总统委员会委员，调研全国卫生计划的制定与实施。是美国哲学学会会员、美国文理科学院院士。美国9所大学、欧洲13所大学均授予他荣誉博士学位。

1900～1901年在瑞士专门研究了脑脊液压和血压之间的关系，发现脑压上升能引起迷走神经兴奋、心率减慢，继而导致血压上升。1907年开发出神经外科手术新技术，提高了肿瘤的诊断、定位、病理和治疗效果。1911年创制V型止血夹。在第一次世界大战期间，率领一支外科医疗队在欧洲战场为伤员进行外科手术，使用巨大电磁铁吸取大脑中的弹片。1925年率先将高频电烙术应用于脑手术止血。由于他对外科手术的改进，脑肿瘤手术死亡率由100%下降到6%。对垂体肿瘤的研究导致一系列内分泌学的重要发现，1930年发现并命名脑垂体肿瘤产生的“柯兴综合征”。主要著作有《垂体及其紊乱》(1912年)等；医学家传记《威廉·奥斯勒爵士生平》(2卷，1926年)获当年普利策奖。

（林　培　李啸虎）

洛布，L.（Loeb，Leo） 美国人，1869年9月21日生于德国莱茵省迈恩，1959年12月28日卒于美国密苏里州圣路易斯。*内分泌学、病理学、肿瘤学、生物化学。*

德国裔。父母早亡，由外祖父、姨母扶养成人。曾先后短期在德国海德堡大学、柏林大学、弗赖堡大学和瑞士巴塞尔大学学习。后在瑞士苏黎世大学学医，1897年获医学博士学位。其兄J. 洛布为芝加哥大学著名生物学家，在他影响下移居美国。曾任巴纳德·弗里皮肤肿瘤医院研究主管。1915～1937年任圣路易斯的华盛顿大学医学院比较病理学教授等职。获华盛顿大学荣誉理学博士学位。并被选为国家和国际一些医学和科学组织的成员及官员。

率先注意到激素对人体生长发育的影响，研究其反应作用过程的生物化学本质。发现卵巢和乳腺的周期性变化由脑垂体支配和调节。并进而发现甲状腺和脑垂体分泌活动的关系，实验和临床证明脑垂体可缓解甲状腺机能亢进。是研究同种和异种组织移植宿主相容反应的先驱之一。详细研究了正常组织和肿瘤组织移植。还参与开创美国对癌症的实验研究，临床发现乳房癌生长与激素的相关性，探索了某些恶性肿瘤的激素疗法。代表作《个性的生物学基础》(1945年)等。获美国内科学学会菲利普斯纪念奖。（张祝山）

萧龙友(Xiao Longyou) 原名方骏,字龙友,以字行,别号蛰蛰公、息园老人、息翁,晚号不息翁。中国四川省人,1870年(清代同治九年)2月13日生于四川雅安县,1960年10月20日卒于北京。中医学、医学教育、中西医结合。

祖籍江西吉安。早年攻文史。自幼酷爱医药,捧读书籍之余,去药铺识药,学业日进。清光绪二十三年(1897年)中丁酉科拔贡,入京充任八旗教习,后分发山东,先后任淄川、济阳两县知县。辛亥革命后,1914年奉调入京,历任财政、农商两部秘书及府院参事,农商部有奖实业债券局总办,以及执政府顾问等职。清光绪十八年(1892年)成都流行霍乱,即以医药救人。自入仕途后,虽忙于公务,乃涉猎医籍,并在公余免费为人治病,求诊者接踵不绝。素感官海浮沉,无济国事。1928年民国政府南迁,毅然弃官从医。1934年,为挽救后继乏人局面,与孔伯华、瞿文楼等创办北平国医学院,前后15年,培养了许多中医人才。1955年起被聘任为国家卫生部中医研究院学术委员会委员,后任名誉院长、顾问。同年选聘为中国科学院学部委员(院士)。曾兼任中华医学会副会长、中央文史馆馆员、中央人民医院顾问、北京医学院附属人民医院顾问等职。

与施今墨、孔伯华、汪逢春齐名,人称现代北京四大名中医之首。主张医生必须熟读医籍,尤推崇《伤寒论》。擅长内、妇、儿科,临证重视辨证施治,强调四诊合参,极重问诊,诊病必先知平脉,然后知病脉,重视七情内因致病。治病注意因人而异,立法处方圆通灵活。早年就提倡中西汇参,主张医药结合,并有穴位注射想法。著有《整理中国医学意见书》、《息园医隐记》、《天病论》等;又编选《现代医案选》多卷。 (张慰丰)

布勒德尔,M.(Brödel,Max) 德国人,1870年6月8日生于德国莱比锡,1941年10月26日卒于美国马里兰州巴尔的摩。解剖学、外科学、医用美术。

1885~1890年在莱比锡美术专科学校学习,同时利用假期在莱比锡大学解剖学研究所和生理学研究所工作。服了2年兵役后,无固定职业。1892年到莱比锡大学,任解剖学和生理学专职绘图员。1894年到约翰斯·霍普金斯大学医学院工作,在朋友的鼓励和资助下,1910年他在学校任新开设的医用美术系主任。

精通解剖学,对肾结石的手术切口和肾下垂的固定提出过独到的见解。1892~1893年期间,在解剖学和生理学插图上发明碳粉画技法。1910年创建世界上第一个医用美术系,培养出一批著名的医用美术工作者。 (顾振海)

布安,P. A.(Bouin,Pol André) 法国人,1870年6月11日生于法国阿登省旺德莱斯,1962年2月5日卒于同地。生殖生理学、组织学、比较解剖学。

兽医的儿子。曾在法国南锡大学学习组织学,1897年获医学博士学位。翌年起,先后任阿尔及尔大学医学院组织学和病理解剖学教授、南锡大学医学院组织学教授、斯特拉斯堡组织学教授。是法国科学院、法国国家医学科学院院士,比利时皇家医学科学院外籍院士。

他的科学成就卓著,享有很高的威望。早在1895年就注意到哺乳动物和人的睾丸退化现象,1897年以此为题写成医学博士论文。从1903年起和P. A. 安瑟尔长期合作,为生殖内分泌学的发展奠定了基础。他们对许多实验动物进行了各种实验,比较了性腺、生殖系统和第二性征的形态,成为生殖生理学的先驱。他们还研究睾丸的双重功能:精液形成和激素分泌;研究卵巢尤其是黄体的生理学。所著《组织学原理》中的一些插图,至今仍被复制。获得3次科学奖章。 (张承圭 吕慧梅)

波尔台,J.-J.-B.-V.(Bordet, Jules-Jean-Baptiste-Vincent) 一译博尔代。比利时人,1870年6月13日生于比利时苏瓦尼,1961年4月6日卒于布鲁塞尔。细菌学、免疫学、血清学、传染病学。

一位中学教员的次子。从小聪慧过人,在皇家布鲁塞尔中学求学时就是高材生。16岁进入布鲁塞尔大学后,就开始了研究工作,1892年获医学博士学位。1894~1900年在巴黎巴斯德研究院深造和合作研究。1901~1940年任布鲁塞尔巴斯德研究院院长。1907~1935年兼任布鲁塞尔自由大学医学院细菌学系主任、教授。1930年当选第一届国际微生物学大会主席。1933年任巴黎巴斯德研究院科学理事会主席。1899年结婚,生一子二女;儿子保罗(Paul)从事实验医学研究,1940年接任他的职务。1916年入选英国皇家学会外籍会员。是美国国家科学院外籍院士。

在巴黎巴斯德研究院的5年中,在体液免疫力问题上有重要发现,在研究溶菌作用机制过程中得出有创见的结论。早在1894年,法伊弗(R. Pfeiffer)等人发现:霍乱弧菌注射进免疫动物腹膜内出现菌体溶解现象。波尔台证实大肠杆菌可被抗菌血清杀死,认为这是因为两种物质作用的结果,一种叫做介体的特异性抗体,存在于免疫动物的血清中,能耐55℃;另一种是不耐热的非特异性物质,存在于经预防接种和未经预防接种的动物血清中,他称之为巴克纳补体(即对抗体进行补充性免疫反应),通常不具活性,只在抗原—抗体复合物出现等情况下才被激活。现已知这种互补系统并非单一物质,而是由30多种蛋白质组成。其后,证明了溶血血清的作用方式类似于溶菌作用方式。1895年,他证实霍乱弧菌与抗霍乱免疫血清凝集作用的特异性,应用溶血血清引伸出细胞结构抗原特异性的概念。后继续研究有关免疫力问题,证明了如果一种抗体能结合一种抗原的话,那么补体就只能被这种抗原—抗体复合物吸附(即抗原被抗体致敏),这种抗原—抗体复合物能引起新鲜血清内补体结合,因此,补体不再引起被溶血素致敏的红血球溶解,这就是补体结合反应。

1901年和弟弟一起,把这种补体结合反应方法用于伤寒、痢疸、猪霍乱和其他一些疾病的血清学诊断。1906年，这一方法被A.瓦塞尔曼用于梅毒诊断。此外，还被用来诊断病毒感染。1906年他们兄弟两人从百日咳杆菌中提取一种内毒素，制备出百日咳菌苗。与斯利斯威克合作，研究百日咳杆菌的抗原变性。1909年独自分离到牛胸膜肺炎病原菌、鸟类白喉病原菌。1920年后，主攻噬菌体。代表作有论文集《免疫学研究》(1909年英文版)，专著《论传染病的免疫学治疗》(1920年)等。因创立了血清学，并将其应用于某些传染病的临床诊断，获1919年诺贝尔生理学或医学奖。

(孙炳寅)

瓦斯塔里尼-克雷西，G.(Vastarini-Cresi，Giovanni) 意大利人，1870年生于意大利塔兰托，1924年4月14日卒于那不勒斯。显微解剖学、组织学、临床外科学、胚胎学。

曾任意大利那不勒斯大学解剖学研究所讲师、副教授，1905年任显微解剖学教授，后被任命为该所所长。

在组织学及其显微解剖技术方面作出卓越贡献。曾研究人的动脉、静脉吻合术；特别是首创以他命名的糖原染色法。在味觉器官舌部组织方面，指出轮廓乳头起自舌的后部，证明复轮廓乳头来自莫尔加尼氏盲孔下倾的斜面；首次描述了舌神经对味觉细胞的支配情况。还解剖和比较研究过各种动物的胚胎。(吴玉璋)

贝内迪克特，F. G.(Benedict，Francis Gano) 美国人，1870年10月3日生于美国威斯康星州密尔沃基，1957年4月14日卒于缅因州马柴厄斯波特。营养学、生理学、食品化学、动物学、仪器研制。

出身商人家庭。1888年进马萨诸塞药学院学习化学，一年后到哈佛大学继续学习，1893年获学士学位，1894年获硕士学位。随后又去德国海德堡大学，跟V.迈尔学习一年，1895年以优异成绩获得博士学位。同年回国，任教于韦斯利安大学化学系，1905年任讲师，1907年任教授。1895～1907年兼任美国农业部生理化学家，期间1896～1900年在康涅狄格州斯托尔斯实验站任化学家。1897年结婚，妻子是他事业上的得力助手。1907年任华盛顿卡内基研究院波士顿营养学实验室首任主任，直至1937年退休。是美国国家科学院院士，美国哲学学会会员，美国文理科学院院士。还是国内外多个医学和科学协会的名誉会员。

是世界上第一流的动物量热学和动物呼吸气体分析专家。主要贡献包括：1909年在美国国家科学院院刊上发表关于酒精生理作用的详细实验报告；1910年证实了糖尿病人新陈代谢速率比正常人高；1911年绘制了解剖结构温度变化图；建立了食物的热值表；1919年制定了人体基础新陈代谢速率标准；1924年发明能同时直接测定氧消耗量、呼出的气体量和热量的呼吸器；1926年发现无知觉排汗是与基础新陈代谢和体重成比例；测定过从8克重的矮鼠到4 000磅重的大象等各种哺乳动物的代谢过程；1937年研究了动物脂肪的成因。出版有《有关人类食物消化的实验》(1897年，与他人合著)、《新陈代谢虚乏的影响》(1907年)、《新陈代谢与健康人在休息时的能量转换》(1910年)、《人体不同部位体温波动的比较研究》(1910年，与他人合著)、《大型爬行动物生理学》(1932年)、《动物体内的脂肪形成》(1938年，与他人合著)等。获得过一些奖章和名誉学位。

(李 郇)

立克次，H. T.(Ricketts，Howard Taylor) 美国人，1871年2月9日生于美国俄亥俄州芬德利，1910年5月3日卒于墨西哥墨西哥城。医学微生物学、传染病学、病理学。

粮商之子。1890年到芝加哥西北大学学习，2年后转学到内布拉斯加大学，1894年毕业。后到西北大学医学院深造，1897年获医学博士学位。后任拉什医学院皮肤病理学讲师。1901年赴伦敦大学、柏林大学和维也纳大学的医学院从事病理学研究。1902年回国，先后任麦库克医院医师、芝加哥大学和宾夕法尼亚大学病理学教授。1909～1910年在墨西哥从事鼠疫性斑疹伤寒研究，因感染去世，年仅39岁。墨西哥城有关各界为他进行了三天悼念活动。

1906年发表关于芽生霉菌的论文。1906年春，当斑疹热在美国蒙大拿州落基山地区流行时，认为梨浆虫是斑疹热的传染因子。经过3年研究，没有找到这种梨浆虫，却揭示了红棕色壁虱(安氏革蜱)在该流行病中起媒介和宿主双重作用；并于患者血液及其传染媒介壁虱中，发现一种介于细菌和病毒之间的杆形小体，这是最先发现的立克次体。1909年，墨西哥城爆发流行病。当地人称“铠甲病”。他和助手怀尔德(R. M. Wilder)应邀去墨西哥谷调查真相，在患者血液及曾吸食患者血液之体虱标本上发现同样的小体。1910年他们共同发表两篇重要论文：“墨西哥斑疹伤寒(铠甲病)的衣虱传播”，“墨西哥斑疹伤寒病因学的进一步研究”。除确认这种介于细菌与病毒之间的微生物存在外，还从血清学上将落基山斑疹热和墨西哥鼠性斑疹伤寒加以区别。因密切接触重症病人，不幸染上斑疹伤寒死亡。在短暂而卓越的科学生涯中，对后来人们以他命名的一类疾病——立克次体病，做了先驱性研究。立克次体病是由一些寄生在细胞内的多形性微生物——立克次体引起的疾病。他的研究为充分了解立克次体奠定了基础。此外，他也是用动物做接种试验以鉴定疾病的先驱。

(张志练 张祝山)

绍丁，F. R.(Schaudinn，Fritz Richard) 德国人，1871年9月19日生于德国东普鲁士的罗森宁肯，1906年6月22日卒于汉堡。传染病学、寄生虫学、性病学、公共卫生学、地理探险。

出身农民家庭。少年好学，喜收集植物、昆虫和其他小动物。1894年在柏林洪堡大学获动物学博士学位。基本上都在柏林查里特诊所供职。两次参加北极探险队。1905年当选为圣彼得堡科学院外籍通讯院士。1906年,他去葡萄牙首都里斯本参加一次国际医学会议,因肠胃急病在当地动了手术,回德国后,不幸死于直肠脓肿和全身脓毒症,年龄不到35岁。

一生主要从事寄生虫学的研究。观察到疟原虫的孢子如何进入血红细胞;通过实验性的自身感染,成功地区别开无害的结肠内阿米巴和致病的溶组织内阿米巴(痢疾阿米巴);由于对昏睡症锥虫和球虫的研究,在1903年获蒂德曼奖;第一个发现寄生虫的幼虫能自行穿透两脚或小腿的皮肤进入人体;1905年和E.霍夫曼(Erich Hoffmann)共同发现梅毒的病原体,从此使人们能够有效地控制和治疗梅毒病,因而得到广泛的赞扬。2002年始,德国设立年度绍丁医学奖。 (黄 旬)

坎农,W. B.(Cannon, Walter Bradford) 美国人,1871年10月19日生于美国威斯康星州普雷里德欣,1945年10月19日卒于新罕布什尔州富兰克林。生理学、急救医学、胃肠学、神经科学、生物化学。

父亲是铁路工人,母亲是小学教师。10岁丧母。1892年考入哈佛大学,1896年以优异成绩毕业获学士学位,1897年获硕士学位。同年入哈佛大学医学院,1900年获医学博士学位。留校任教,1902年为副教授,1906年任教授,同年任生理学系主任至1942年退休。1914～1916年任美国生理学学会会长。1916年任美国派遣军外科研究实验室主任。1935年以后在北京协和医学院、援助西班牙医疗局、美国援华署医疗局、联合国救济中国总署工作。1941年任美国胃肠学会会长。1943年任美国－苏联医学交流协会主席。妻子是著名作家,生育有5个子女。

1896年伦琴公布发现X射线后不到一年,他首先使用X射线观察研究消化道运动功能,首创以亚硝酸铋胶丸做动物试验,并在美国生理学会议上进行表演。在这期间测定了吞咽、胃肠运动、以及各种食物由胃进入十二指肠所需的时间,还分析了幽门的调节作用和小肠的蠕动状况。发现异常兴奋能抑制胃肠运动,这促使他进一步研究感情冲动对身体功能和疾病的影响,从而发现交感神经系统。1909年发表"情绪状态对消化道活动的影响"一文,指出交感神经系统在其中的作用。1911年在《消化活动的机械因素》一书中,总结了这项研究工作。1915年完成《机体在疼痛、饥饿、恐惧和盛怒状态下的变化》(1915年)一书,提出"应激学说",指出肾上腺髓质在应激状态下分泌大量增加。

第一次世界大战期间,在英、法等国的战伤研究部门协助工作,研究"失血性休克"的防治。1923年出版《创伤性休克》一书。第一次世界大战后开始研究交感神经与迷走神经对心脏的作用,当移去迷走神经后刺激交感神经,发现心脏跳动加快。还提出体液内环境保持稳定状态的观点。在这方面的研究有:胰岛素引起低血糖时交感神经和肾上腺的作用机制;水盐平衡问题;糖、蛋白质、脂肪和钙在自身稳定中的作用等。这些研究在生物学领域里产生了一定影响。1930年后又研究神经冲动的化学传导递质。1937年和他人合著有《自主神经效应系统》。该书假定存在两种交感素,一种有兴奋作用,另一种有抑制作用,这就是今天公认的肾上腺素和去甲肾上腺素。他在从事研究工作过程中,曾与苏联著名生理学家巴甫洛夫有书信来往和协作关系。第二次世界大战期间,他又研究输血法以预防和治疗休克。

在医学教育事业上是一位改革者。1900年制定了医学病历书写规范,使医疗实践与医学教育相结合。在政治上是一位民主自由的捍卫者。支持和声援世界反法西斯斗争,同情中国人民的抗日战争。在第二次大战期间,为反法西斯而安排科学研究事宜,曾写了"科学研究和自由的关系"等有影响文章。

另外著有《生理学实验室教程》(1910年)、《躯体的智慧》(1932年)、《消化与健康》(1936年),以及自传《一个调研者的道路》(1945年)等。1941年获美国胃肠学会首届弗里登-瓦尔德奖。曾为诺贝尔奖提名者。在纪念他诞辰100周年大会上,人们列举了他多方面的贡献。虽未获诺贝尔奖,但国际科学界公认他是美国现代最卓越的生理学家之一。 (刘鸿义 高菊芳)

萨宾,F. R.(Sabin, Florence Rena) 美国人,1871年11月9日生于美国科罗拉多州森特勒尔城,1953年10月3日卒于科罗拉多州丹佛。解剖学、细胞免疫学、脑科学、公共卫生学。

父亲原学医,后任采矿工程师。她是家中第二个女儿。中学毕业后进史密斯学院学数学。在校期间即对女权运动感兴趣并决心学医,1893年获理学士学位。同年在丹佛市一寄宿学校教数学。1895年回史密斯学院教动物学。1896年进约翰斯·霍普金斯大学医学院,1901年获医学博士学位。留校任教,1905年任解剖学副教授,1917年任组织学教授,系该医学院第一位女教授。1925年转到洛克菲勒医学研究院工作,任新建的细胞研究部主任,1938年退休任名誉研究员。1944年任科罗拉多州战后计划委员会公共卫生委员会主任。1947～1951年任丹佛市卫生与福利部主管。是美国解剖学学会第一名女会长,美国国家科学院第一名女院士,洛克菲勒医学研究院第一名正式女研究员。退休后定居丹佛,晚年仍努力为公众的卫生事业奋斗不已。

早年在约翰斯·霍普金斯大学医学院从事研究血细胞和淋巴细胞的起源;对免疫学有过研究,她发现在胚胎发育过程中,淋巴管形成于静脉并向组织生长,澄清了当时有争议的小淋巴管和组织间隙的关系,以及淋巴管在胚胎中的起源问题;在细胞免疫学方面,确定了抗原－抗体反应中大单核细胞的作用。1901年出版《延髓和中脑图谱》。因公共卫生方面的贡献,1951年获拉斯克奖。 (顾振海)

巴克罗夫特,J.(Barcroft, Joseph) 英国人,1872年

7月26日生于爱尔兰邓恩郡纽里，1947年3月21日卒于英国剑桥。实验生理学、血液学、军事医学、仪器研制。

出身于从英格兰移居爱尔兰的贵格教派家庭，其父曾经营纺织业和有轨电车公司，并有所发明。1888年入剑桥大学莱斯学院，在学期间获伦敦大学理学士学位。后又进剑桥大学国王学院学习自然科学，1896年同时获医学博士和理学博士双学位。毕业后留校，在M.福斯特生理学实验室工作，1899年当选为国王学院评议员，1905年任讲师，1925～1937年任生理学教授。期间1917年出任英国政府化学委员会委员，在波通(Porton)实验室负责生理学研究。

曾研究刺激鼓索神经及颈交感神经对下颌腺分泌唾液及其代谢的影响。还研究了肾和肝的代谢，并检测其他各种器官的气体交换、氧的消耗及其与活动量之间的关系等专题。发现温度从36℃上升到41℃时，以及血液中二氧化碳分压及乳酸含量改变时，均可影响氧的离解曲线。1901年和J.S.霍尔丹合作，共同设计一种可以在短时间内精确测定1毫升血液中氧和二氧化碳含量的方法，建立了经典的血液气体分析方法，沿用至今。为了研究人体在高原低压环境下的生物化学效应，尤其是大气中氧含量变化的影响，他组织了3次高山探险科学实验，其中有西班牙特内里费岛(1910年)、欧洲阿尔卑斯山第二高峰蒙特罗萨峰(1911年)和秘鲁的安第斯山(1922年)，收集到大量数据和资料。1913年在《血液的呼吸功能》专著中总结了16年的研究成果，该书被认为是呼吸生理学发展中的里程碑。

第一次世界大战期间，奉命在皇家工程试验站从事军事医学实验。他亲身体验处于窒息性气体、有毒气体(如氰化氢等)中的生理效应。有一次还把自己关在封闭的玻璃房中长达7天7夜，以测量人体耐受力的生理极限，结果以昏迷才完成实验。曾多年对脾脏进行观察研究，认为脾脏是一血量调节器官。还对胎儿生理学进行长期的研究。在第二次世界大战中，奉命参与研制化学武器。代表作为《生理机能结构的特征》(1934年)、《大脑及其环境》(1938年)等。 (高楚明　陈闻鹃)

克鲁斯，O. G.(Cruz，Oswaldo Gonçalves) 巴西人，1872年8月5日生于巴西圣保罗州圣路易斯，1917年2月11日卒于里约热内卢州彼得罗波利斯。流行病学、免疫学、医务管理与教育、公共卫生学。

父亲B.G..克鲁斯(Bento Gonçalves Guz)是积极参与政府公共卫生工作的医生，1877年举家迁至里约热内卢。1887年(15岁)进里约热内卢大学医学院，1892年以研究水媒传播微生物的论文获博士学位。1896年后赴巴黎巴斯德研究院专攻细菌学。1899年秋回里约热内卢，1900年任巴西联邦血清疗法研究所技术主管，在疾病流行时生产疫苗和血清。1902年巴西新任总统雄心勃勃地要振兴巴西文化并消灭流行病，采纳了他的卫生规划，任命他为血清研究所所长、负责全国卫生工作的总干事(相当于卫生部长)。1907年，他将血清研究所按巴斯德研究的模式扩大为实验病理研究院，1908年该研究院被命名为克鲁斯研究院。1913年当选为巴西文理科学院院士。1916年当选彼得罗波利斯市市长。因肾功能衰竭去世，年仅44岁。

他首先策划、组织和指导巴西全国大规模预防和抗御黄热病。1897～1906年，巴西有4 000多欧洲移民死于这种瘟疫。克鲁斯采取一系列措施，包括隔离病人，接种疫苗，血清疗法，开展全民消灭老鼠、管理垃圾的卫生运动，大获成效。到1906年，报道黄热病已在里约热内卢消灭。1904年，天花开始威胁首都。同年6月9日，在克鲁斯提议下，巴西政府提出一项法案，要求国会强制性推行全国接种天花疫苗，结果引发暴力骚乱的抗议浪潮，甚至出现抗免疫接种的联合组织，巴西军事科学院都卷入动乱，于是政府宣布戒严管制。“疫苗起义”事件迫使接种法案一时搁浅。但是到1908年，一场更猖獗的天花瘟疫席卷而来，在死神的严重威胁下，人们纷纷涌向接种机构求助，克鲁斯的声誉终于获得昭雪，科学的价值得到社会的最终承认，但已付出沉重代价。

发表论文30余篇，但和组织工作及教学上的成就相比还是第二位的。他把原来只为生产血清的小研究所扩展为基础研究与应用研究并重的科学机构，创建了巴西第一个科学研究基地，为巴西培养了一大批医学人才。1907年在柏林国际卫生和人口统计学大会上获金质奖章。 (顾振海)

帕加诺，G.(Pagano，Giusepe) 意大利人，1872年9月21日生于意大利西西里区巴勒莫，1959年8月9日卒于同地。生理学、心血管学、科学史学。

早年在意大利巴勒莫大学医学院学习，1895年毕业。留校任教，1900年任生理学讲师，1908年成为特种医学病理学讲师。讲授生理化学课程多年，由于各种原因始终未成为正式教授。1950年获巴勒莫大学人类生理学荣誉教授称号。

在前人研究的基础上，1897年起开始对心脏与血管的感受性问题进行系统研究。1898年对人体颈部敏感区域的总动脉及其局部分岔受机械性抑制时进行血压变化测试，发现心率和血压都发生相应变化，这一发现引起医学界的关注。而当时流行观点却认为，颈动脉与大脑相关，与心脏无关。其著作有《巴勒莫自然与经济科学记事》(1899年)、《药理学与治疗学卷宗》(1900年)、《意大利生物学卷宗》(1900年)等。1900年法国医学学会授奖表彰他对心脏与血管感受性的研究。1912～1923年，先后有人对他的研究结果提出质疑和反对意见。虽曾两次被提名为诺贝尔奖候选人，但均未能获奖。 (吴馥梅　包建新)

莱维，G.(Levi，Giuseppe) 意大利人，1872年10月14日生于奥匈帝国的里雅斯特(今属意大利)，1965年2月3日卒于意大利都灵。解剖学、组织学、胚胎学、神经科学。

富有的犹太银行家的儿子。1889 年入佛罗伦萨大学医学院学医，不久转学维也纳大学医学院，1895 年以论文“氯化钠诱发病变”获医学博士学位。毕业后到佛罗伦萨圣萨尔维精神病院工作。1904 年去佛罗伦萨大学人体解剖研究所研究神经组织和人体发育。1910 年到意大利萨萨利大学任解剖学教授。1915 年到巴勒莫大学任解剖学教授。第一次世界大战中短期担任军医。1919 年任都灵大学正常解剖学研究所所长，直至退休。曾任意大利国家研究委员会发育和老年研究中心主任。是博洛尼亚科学院院士，多国科学院外籍院士。曾获列日大学、蒙特维的亚大学和圣地亚哥大学荣誉博士学位。

多年为意大利生理学界的主要权威之一。是离体组织培养的先驱，最早研究细胞内线粒体的学者之一，对神经细胞核结构的研究尤为出色。采用“电影摄像法”拍摄生理组织变化过程。研究了尼斯尔氏物质、海马神经背腹侧的形态学和组织发生学、人和哺乳类软骨性颅的形态学。提出“莱维氏定律”(神经元大小与身体成比例)。研究了离体神经元生长、轴突再生等。

（张祝山　李孙演）

张寿颐(Zhang Shouyi)　字山雷。中国上海市人，清代同治十二年(1873 年)生于江苏嘉定(今属上海)，1934 年卒。中医学、中西医结合、医学教育。

先学文，精小学训诂。清代光绪十八年(1892 年)为秀才。因母病而究心医学，博览医籍。先向本地名医俞德琈、侯春林及上海黄醴泉学内科 3 年，后至黄墙师从疡科名医朱阆仙，学业益精。1910～1914 年在上海、嘉定开业行医。1914 年协助朱阆仙举办黄墙朱氏私立中国医药学校，任教务主任。2 年后因朱阆仙病逝，该校中辍。后去沪行医，1918 年在神州中医专门学校任教。1920 年应聘任浙江兰溪中医学校教务主任，先后主持该校教务 15 年，受业学生 600 多人，分布在江、浙、皖、赣、沪等省市，对近代中医教育事业作出一定贡献。20 世纪 30 年代初中央国医馆成立，当选为常务理事兼教材编审委员会委员。

治学主张研读经典文献，然遵古而不泥古，信今而不盲从。对各家学说，能兼收并蓄，融会贯通，取精用宏，主张“融洽中西”。临诊时四诊并重，尤重舌诊。对临床各科均有造诣，尤对中风症有较深入的研究。主张中西合参，吸收现代医学以丰富中医学内容。于临床各科颇多创见，自成一家言，对近代中医学界有相当影响。

著作等身，一生勤奋，日间诊病授课，夜则编纂著述，编有讲义及专著 20 多种。1917 年所著《中风斠诠》3 卷，吸收历代医家精华，辨析疑难，颇有发挥。《难经汇注笺正》(4 卷，1919 年)，汇选历代《难经》注家精华，加以阐发，间或引述现代医学加以印证，但也不无牵强附会之处。另有《疡科纲要》(2 卷)、《沈氏女科辑要笺正》(2 卷)、《钱氏小儿药证直诀笺正》(2 卷)、《经脉俞穴新考正》、《谈医考证集》、《籀簃医话》、《本章正义》、《张氏脏腑药式补正》、《脉学正义》(6 卷)、《全体新论疏正》(2 卷)、《湿温病医案平议》、《病理学读本》等，以上各书列入《体仁堂医药丛刊》中。尚未刊行的有《古今医案平议》、《皇汉医学平议》和内科时病杂病类著作。

（张慰丰）

裘庆元(Qiu Qingyuan)　字激声，后改吉生。中国浙江省人，清代同治十二年(1873 年)生于浙江绍兴，1947 年卒。中医学、中西医结合、医学文献学。

祖籍浙江嵊县。16 岁进钱庄学徒，因患肺病，工暇自学医籍。入徐锡麟、秋瑾等人的光复会。后徐、秋二人就义，离绍兴去上海，加入同盟会，以行医为掩护。后去奉天(今沈阳)悬壶应世，广撰医书，结识日医多人，托其搜购海外汉医书籍，共得孤本、善本、稿本、精抄本及东瀛版本达 3 000 余种，20 000 余册。1911 年后回绍兴从医，与张锡纯、何廉臣、张山雷、时逸人、傅嬾园、周小农、恽铁樵、曹炳章等海内名医交往至密。1916 年与曹炳章等续办《绍兴医药学报》(后改名《绍兴医药月报》)，自任副总编，又任神州医药会绍兴分会会长。1921 年迁居杭州，成立“三三医社”，出版《三三丛书》、《三三医报》和《医报增刊》。又兴办三三医院，设病床数十张，聘中西医师十数人，共事诊务，紧密配合，制定治疗方案，堪称合作之楷模。1928 年当选为浙江中医协会常务监委。

行医 40 年，治学不拘一家一派，兼采各家之长，擅长内科虚损。一生收入除购书外一无所蓄。主张中西医汇通，尝谓“取彼之长，补我之短，其结果必冶于一炉，无所谓中也，西也。然后得以名曰新医学，亦得名之曰现代医学。”毕生编撰、校刊中医书无数。1936 年出珍藏珍本、善本、稀有本，精选 90 种，经批校交上海世界书局刊行《珍本医书集成》。后又续编《珍本医书集成续编》97 种，《皇汉医学丛书续编》75 种，正待付印，抗日战争爆发，焚于战火。另编有《三三医书》99 种、《医药丛书》11 种、《解溪医述》20 种、《读有用书楼医书》33 种、《寿世医书》13 种。自著之书有《医药论文》、《国医百家》、《医士道》、《医药杂著》、《医话集腋》、《古今医学评论》、《杏林文苑》、《皇汉医学书目一览》、《三三医书书目提要》、《珍本医书集成总目》等。另编有《学医方针》、《诊断学》、《治疗学》、《药物便览》、《女科治疗学》等函授教材多种。

（张慰丰）

亨德森，Y.(Henderson, Yandell)　美国人，1873 年 4 月 23 日生于美国肯塔基州路易斯维尔，1944 年 2 月 18 日卒于加利福尼亚州拉霍亚。生理学、毒理学、生理化学、康复工程、空间医学。

工程承包商长子。1895 年获耶鲁大学文学士学位；后在 R. H. 奇坦登的指导下攻读生理化学，1898 年获该校哲学博士学位。然后去德国跟马尔堡大学 K. M. 科塞尔、C. von 伏伊特进修 2 年。1900 年回到耶鲁大学医学院任生理学讲师，1911 年任生理学教授，1938 年退休任名誉教授。曾任美国航空总署医学研究委员会主席。当选美国国家科学院院士。获康涅狄格州医学院荣誉医学博士学位。

主要致力于呼吸和循环生理学的研究。1903 年研究哺乳动物心脏血容量变化时，发现心血输出量主要取决于静脉回流，并发现通气过度时二氧化碳的过度减少是休克的原因。对康复科学的主要贡献是，提倡复苏时用二氧化碳和氧的混合气体取代纯氧。确信二氧化碳能兴奋循环呼吸中枢，因而提倡吸入二氧化碳和氧作为一氧化碳中毒、外科性休克、新生儿窒息和类似情况的救治措施。这项技术成功地挽救了无数生命。此外主持过数百次的毒气试验；开发出美国第一种军用防毒面罩。

主要著作有《缺碳酸血症与休克》(1908 年)、《血液一呼吸功能》(1919 年)、《有害气体和影响其作用的呼吸原理》(1927 年)、《呼吸中的奇遇》(1938 年)等。曾荣获很多奖赏和荣誉。 (陈闻鹃 殷明德)

戴雷尔，F. (D′Hérelle，Félix) 法国一加拿大双重国籍。1873 年 4 月 25 日生于加拿大蒙特利尔，1949 年 2 月 22 日卒于法国巴黎。噬菌体学、微生物学、传染病学、酿造工艺。

父亲是法国人，母亲是德国人。6 岁丧父。16 岁那年骑自行车穿越西欧。17 岁在巴黎完成中等教育后学医。1897 年携家人移居加拿大，建立家庭实验室研究微生物学，在加拿大政府资助下开发研究酿酒工艺发酵技术。1901 年赴南美洲，任危地马拉市市立医院细菌学实验室主任。1911 年移居法国，在巴黎巴斯德研究院工作。1921 年任荷兰莱顿大学编外教授。1923 年任埃及政府卫生与检疫委员会细菌学部主任。1928～1934 年在美国耶鲁大学讲授噬菌体学。1935 年应苏联政府邀请去基辅、哈尔科夫等地筹建噬菌体研究所。后回巴黎继续研究噬菌体直至去世。先后获耶鲁大学、蒙特利尔大学、拉瓦尔大学、莱顿大学荣誉博士学位。

对噬菌体的发现和研究作出了重要贡献。早年研究开发农产品加工后废弃下脚料的新发酵技术，发展了酿酒工艺，其中 1907 年去墨西哥研究过剑麻纤维发酵。在巴黎巴斯德研究院期间，1911 年他发现产气气杆菌固体平板培养物的噬菌现象；1916 年研究痢疾杆菌时，再次发现固体平板培养物的噬菌现象；1919 年从鸡伤寒杆菌中分离出该菌的噬菌体。1920 年巴斯德研究所派他去印度支那，研究和防治人痢疾和水牛败毒性胸膜肺炎。1927 年受英国政府委托，去印度防治霍乱病大流行。1921 年出版专著《噬菌体及其免疫作用》，首次阐明噬菌体是一种颗粒状物质(后证明是细菌病毒)，描述了噬菌体裂解细菌后的复制过程。先后获列文虎克奖章、绍丁奖章等。时至 20 世纪 60 年代，学术界不少人认为他完全有资格获诺贝尔奖。 (孙炳寅)

贝格尔，H. (Berger，Hans) 德国人，1873 年 5 月 21 日生于德国图林根州科堡附近诺塞斯，1941 年 6 月 1 日卒于耶拿。生理学、精神病学、诊断学、心理学、脑与神经科学。

1892 年进耶拿大学学习天文学，半年后转学医学，1897 年获医学博士学位。同年到该校医学院附属精神病诊疗所工作，1906 年任精神病学教授，1912 年成为主任医师，1919 年任所长。1927～1928 年任耶拿大学校长，1938 年退休。因纳粹迫害而上吊自杀。

早期研究脑血循环，并研究各种药物对脑血管的影响。后来主要研究脑的客观生理活动与主观精神现象之间的关系。1902 年开始从事脑电活动测量技术研究。1924 年改进测试方法，始测得脑的正常电活动，并命名为脑电图。1929 年公开发表关于人的脑电图的论文，从头颅表面记录到大脑皮层的脑电波 α、β 两种波型。随后又广泛观察和描述了正常脑电图，以及癫痫、脑瘤和其他精神病变脑电图，他的发现对于诊断和治疗精神疾病具有重要意义。这一历史性贡献直到 1934 年才得到国际上的承认，被誉为脑电图的创始人。还研究了刺激大脑皮层运动区与对侧身体运动反应的时间关系。 (张祝山)

勒维，O. (Loewi，Otto) 一译洛韦。美国人，1873 年 6 月 3 日生于德国美因河畔法兰克福，1961 年 12 月 25 日卒于美国纽约。临床内科学、神经生理学、药理学、生物化学。

父亲是富有的德国犹太族酒商。他于青年时代对艺术史兴趣浓厚，而物理学和数学成绩平平。其父执意要他学医，1891 年入斯特拉斯堡大学攻读医学，1896 年获医学博士学位。1897～1898 年为法兰克福市立医院内科医生，分管重症肺结核和流行性肺炎病房。1898～1904 年在马尔堡大学任 H. H. 迈耶(Hans Horst Meyer)的助手。1902～1903 年在英国伦敦大学学院进修，深感德国在世界生理学界的领导地位已为英国所取代。这次访问对后来的研究方向和取得的成就有重要影响。1904 年在马尔堡大学任助理教授。1905 年随迈耶赴维也纳大学任教。1909 年任格拉茨大学药理学教授和系主任，直至 1938 年被纳粹驱逐出境。同年 3 月和 4 个孩子同遭监禁，2 个月后获释。盖世太保迫使他将诺贝尔奖金从斯德哥尔摩转到一家纳粹银行后，方允许他出境。同时纳粹还扣压了他的夫人戈德施米特(G. Goldschmidt)，并剥夺了她在意大利的不动产，全家陷入了困境。1939 年应弗兰奎伊基金会邀请前往布鲁塞尔，后转赴牛津大学纳菲尔德学院。1940 年去美国，任纽约大学医学院药理学教授，直至去世。1941 年同妻子团聚。1946 年入美国籍。在马萨诸塞州伍兹霍尔海洋生物研究所度过余生。1954 年当选为英国皇家学会外籍会员。

对神经冲动化学传递的研究声誉卓著，但并未使他对其他领域的贡献相形失色。1901 年证实了可卡因可增强受自主神经支配的器官对肾上腺素的敏感性。研究了各种药物对迷走神经作用的影响。1902 年论证了动物体内可合成蛋白质。1902～1905 年和同事研究了肾功能和利尿剂的作用。1907～1918 年研究胰腺的功能、糖尿病患者的糖代谢、胰岛素及其拮抗剂的作用方式等。创立了勒维诊测胰腺病症的试验法。他对“植物”神经系统或称自主神经系统的研究，确立了在生理学界不可动摇的权威地位。1913～1921 年研究阳离子(尤其是钙离子)对心脏的生理作用，以及钙离子和洋地黄的生理相关性，强调指出洋地黄主要是通过改变心脏对钙的敏感性而影响其活动的。

最杰出的成就是证实了神经冲动的化学传递。1904年他已提出化学传递假说，但直至1920年尚无确凿实验依据。他之所以取得突破性的成功，是由于设计了第一流的实验方法。1921年，他分离了两个蛙心，前者连着神经，后者则无神经支配。两个心脏都插有充满林格液的斯特劳布套管。刺激前一蛙心的迷走神经数分钟后，吸出林格液灌注到后一蛙心，可使后者心脏搏动立即减慢。反之，当刺激前者的加速神经时，同样可使后者的心脏搏动加速。这一结果明确表明，神经通过其末梢释放某种特殊化学物质而引起心脏收缩活动的变化。后来，进一步研究了迷走物质(他称为迷走素)的化学本质，发现迷走素的作用可为阿托品所阻断，并可为胆碱脂酶所破坏，而该酶又可为毒扁豆碱所抑制。后经和同事纳夫拉蒂尔(E. Navratil)论证，认为迷走素就是乙酰胆碱。当时要重复他的这一著名实验决非易事，故众多评论对此持怀疑态度。他指出，实验的成功与否取决于错综复杂的实验条件，如蛙品种的差异和实验季节的不同等。据说他所用的匈牙利蛙心仅含少量胆碱脂酶，故刺激迷走神经所释放的乙酰胆碱的作用可持续较长时间。第12届斯德哥尔摩国际生理学会议前，应邀演示实验，结果非常成功。1934年生理学界权威W. B. 坎农对他的工作给以大力支持。主要著作有《生理学研究之回顾》(1954年)和《神经作用的化学传递》等。因证实神经冲动的化学传递以及发现其物质基础，与英国H. H戴尔分享1936年诺贝尔生理学或医学奖。

(陈闻鹃　斐曙光)

卡雷尔，A. (Carrel, Alexis)　法国人，1873年6月28日生于法国里昂，1944年11月5日卒于巴黎。血管外科学、器官移植术、战伤外科学、细胞生物学、人类学。

制造商的长子，5岁丧父，他和两个弟妹由母亲养育成人。早年进家乡附近里昂的耶稣会学院学习，获学士学位。1890年入里昂大学学医。1893～1900年在里昂主宫医院工作。这期间在阿尔卑斯山法军轻骑兵中当了一年外科军医。1898年到著名解剖学家J. L. 特斯塔特实验室研究解剖学和外科学。1900年在里昂大学获医学博士学位。1904年到美国芝加哥大学任教。1906年～1938年供职于洛克菲勒医学研究院(今洛克菲勒大学)，任研究教授。第一次世界大战期间，1914年应召在法军部队中服役，领导一所医院和研究中心。第二次世界大战爆发后回到巴黎，在德国占领期间仍留在巴黎，领导他所创建的人类问题研究中心。死后被葬在圣吉尔达斯岛家乡的小教堂里。

据称由于卡诺特总统被暗杀时子弹击中大血管而身亡，激起他研究缝合血管的新技术。为了防止血管缝合常出现的出血、血栓形成和管腔变窄，创用了“三线缝合”的血管缝合法。以丝线代替肠线，以细小的缝针代替粗大的缝针；用手持血管代替外科器械夹持血管，并设法在手术中保持血管壁的湿润。倡用将血管断端外翻作端端吻合，并在器械、缝针和缝线上涂石蜡胶，以防止发生可能导致血液阻塞的动脉或静脉血管内血栓的形成。还采用无菌技术以防止细菌的感染。1902年首次宣布血管缝合手术成功，引起医学界的重视。该项创举，为器官移植解决了手术技术问题。但是，他在进行动物实验时，接受移植器官的动物均先后死亡。从而开始认识到机体对异体组织的“排斥”作用。1896～1904年用法文发表24篇有关血管缝合的论文，并未引起当时法国医学界的应有重视。1904年在美国芝加哥大学把血管缝合技术应用于动物的肾移植研究。1906年在洛克菲勒医学研究院(今洛克菲勒大学)继续实验研究，为心血管外科和器官移植打下了基础。器官移植的成功使他一心想培养人体组织和器官，作为受害机体器官和组织的替代物。在抗生素问世之前，他采用无菌手术操作成功地使细胞和器官连续传代或长期生存而不遭受细菌污染。后来，终于在体外培养温血动物的细胞获得成功。由于在外科手术学和细胞培养研究方面的贡献，获1912年诺贝尔生理学或医学奖。

为了拯救无数伤病员的生命，解决战伤外科的消毒问题，与化学家达金(Dakin)共同提出用次氯酸钠溶液洗涤创口以达到消毒目的。因对战伤外科方面的贡献，获美国、比利时、英国和瑞典的政府授予的奖章。1930年又从事另一项重大的研究计划，开展整个器官的培养。在这次研究中，著名的飞行员林德伯格(Charles A. Lindbergh)帮助他设计一只可消毒的玻璃泵，使培养液可通过灌流的器官环流，从而保证培养的器官如甲状腺和肾脏的存活，并可维持数天乃至数周之久。20世纪40年代，在法国提出采用符合科学的营养、卫生和优生措施以保护和控制人口的宏伟计划。

主要代表作有《器官的培养》、《血管缝合和器官移植》等；还有哲学著作《人是未知的》(1935年)。为纪念他，1972年瑞典发行一套包括他在内的诺贝尔奖得主的邮票。1979年，月球上的一个陨石坑以他命名。2002年美国南卡罗来纳医科大学设立林德伯格—卡雷奖。

(陈闻鹃)

桑伯格，T. L. (Thunberg, Thorsten Ludvig)　瑞典人，1873年6月30日生于瑞典托绍克尔，1952年12月4日卒于隆德。生理学、细胞生物学、生物化学。

商人的儿子。1891年入乌普萨拉大学医学院，1900年获医学博士学位。1897年在该校任生理学讲师。1904年赴隆德大学医学院任编外生理学与胚胎学教授，次年任生理学教授，1938年退休。1928年入选瑞典皇家学会会员。是国外许多学术团体的成员。

广泛研究了浅表感觉生理学。1903年着手研究新陈代谢的基本过程，后来用微量呼吸仪记录了神经组织的呼吸作用。1905年为《人类生理学手册》写了“压力、温度与痛觉生理”一章。1908年开始研究细胞利用各种有机酸的能力。从1910年起，深入探讨琥珀酸的生物氧化问题,1912年提出"氢供体"与"氢受体"的概念,"供体"与"受体"这两个名词一直沿用至今。在学生时代就以自己的著作和文章等,向瑞典政府提出不少关于健康和医药方面的建议。（吴馥梅　左成慈）

奥佩,E. L. (Opie,Eugene Lindsay)　美国人,1873年7月5日生于美国弗吉尼亚州斯汤顿,1971年3月12日卒于宾夕法尼亚州布林莫尔。*结核病学、传染病学、内分泌病学、免疫学、病理学。*

父亲为外科学家,任美国马里兰大学医学院院长达30年之久。他于1893年获约翰斯·霍普金斯大学学士学位,1897年获该校医学院医学博士学位。留校任教。1904年到纽约洛克菲勒医学研究院工作。1919～1923年任教于圣路易斯的华盛顿大学医学院,期间曾任3年院长。第一次世界大战中,在法国战场的美军医疗团服役。1923年任宾夕法尼亚大学菲普斯防治与研究肺结核病研究所所长,不久任病理学系病理学教授兼系主任。1932年任康奈尔大学医学院病理学系主任,兼任纽约医院病理学家。期间1939年任中国北平协和医学院访问教授。1941年回国,在纽约洛克菲勒医学研究院任特邀调研员28年,直至96岁去世。1917年任美国病理学家与细菌学家联合会主席。1924年任美国实验病理学学会会长。1928年任美国全国肺结核病联合会主席。1929年任美国免疫学学会会长。1936～1938年任美国哈维学会会长。1923年当选为美国国家科学院院士。

1923～1931年主持对结核病进行了大规模研究,证实该病通过接触传播。根据流行病学调查发现,儿童在感染后病变常从肺部延伸到局部淋巴结,而成人由于获得免疫而常局限于肺部;发现结核菌素试验是判断结核流行程度的准确方法;证明X线检查为检出无症状结核病患者的可靠方法,痰菌检查可作为家庭内结核传播概率的指数;认为结核菌素阴性者由于缺乏免疫易罹患结核病;证实注射灭活菌苗可有效地预防结核感染。有名著《胰腺病》(1903年)等著作。多次获奖,其中1946年获加拿大多伦多大学班廷奖章,1959年获科瓦兰科奖章。（叶蒙福　李啸虎）

普拉特,F. H. (Pratt,Frederick Haven)　美国人,1873年7月19日生于美国马萨诸塞州伍斯特,1958年7月11日卒于马萨诸塞州韦尔斯利山。*肌生理学、心脏学、显微术。*

幼年在家乡受教育。后来到哈佛大学学习,1896年获文学士学位,1898年获文科硕士学位。1901年起任教于哈佛大学伍斯特学院生理学系。1906年获哈佛大学医学院医学博士学位。1912年至退休,任波士顿大学医学院生理学教授。期间1921年任布法罗大学医学院生理学教授。是美国生理学学会和其他一些科学协会的成员。

主要从事心脏和肌肉生理学研究。对肌纤维收缩现象的研究成为当时的经典工作。1917年发表论文,介绍用一根孔径8微米的毛细管电极刺激一根肌纤维的实验方法。这种技术为直接进行显微观察和显微照相创造了条件。这一试验标志着现代肌生理学的开始。（张志练）

弗莱彻,W. M. (Fletcher,Walter Morley)　英国人,1873年7月21日生于英国利物浦,1933年6月7日卒于伦敦。*生理学、医务管理。*

化学家的儿子。起初在伦敦大学学院学习。1891年进剑桥大学三一学院学医,1894年毕业。留校执教,1897年任该学院评议员,1903年任生理学高级示教员。1908年获该校医学博士学位,1914年获理学博士学位。同年起任英国国家医学研究委员会秘书长。以后在政府医务管理机构中供职。1915年当选为英国皇家学会会员。

研究了肌肉疲劳现象,发现肌肉不断收缩时其中乳酸含量不断上升至峰值,此时应激性消失;如这时将肌肉置于氧中,则乳酸含量下降,应激性恢复,二氧化碳出现。所以二氧化碳的释放和肌肉收缩无直接联系,从而否定了流行的"肌收缩原"理论。此外,他作为英国政府医学研究委员会主要负责人,在第一次世界大战后指导国家发展生物医学基础研究,以及临床科学研究上有重要贡献。（顾振海）

马格努斯,R. (Magnus,Rudolf)　德国人,1873年9月2日生于德国不伦瑞克,1927年7月25日卒于瑞士蓬特雷西纳。*实验生理学、药理学、脑与神经科学、毒理学。*

律师的儿子,最初致力于文学与哲学,后去海德堡大学学医,主攻药理学,1898年获医学博士学位。留校任教,1904年任副教授。1908年任荷兰乌得勒支大学第一位药理学教授,直至去世。生有一子一女。

1901年发现脑垂体会分泌出一种利尿作用的物质。1904年发明了一种标准的药理学技术,即把一段肠襻悬于加温充氧的洛克－林格(Locke-Ringer)氏液中,研究离体肠肌对碱性物质的反应、局部反射、自律性等问题。此技术沿用至今。研究了前庭器官和迷路反射,其他姿势反射和翻正反射,以及这些反射的神经通路和调节机制。研究运动病,其中最著名的是关于姿势的反射调节,代表作有神经学名著《姿势》(1924年)。他和研究组发表了300多篇论文,奠定了关于脑干和颈脊髓调节肌群的整合反射方面的理论。还研究麻醉药的临场效应。第一次世界大战中,在德军中任军医,参与过军用毒气研制。由于对神经生理学的重要贡献,和同事克莱因(A. de Kleijn)曾被提名为1927年诺贝尔生理学或医学奖的候选者,但因他突然去世而中止。对历史、哲学及植物学也有广泛的兴趣。（张祝山）

克里斯托弗斯,R. (Christophers,Samuel Rickard)　英国人,1873年11月27日生于英国利物浦,1978年2月19日卒于多塞特。*寄生虫学、流行病学、公共卫生学、药理学。*

毕业于利物浦大学。1898～1902年在英国皇家学会疟疾委员会工作。后赴印度调研流行病。1932年返回英国,任伦敦大学学院医学院教授。1931 年被册封为爵士。

1904 年首次描述了利什曼原虫在宿主体内的分布,为此 1916 年获巴西政府的达斯帕奖章。1907 年首次描述了犬梨浆虫在蜱内的生活史。但主要研究与疟疾有关的课题,发现疟疾流行区儿童的红细胞有带虫现象,并将带虫儿童的百分率称流行指数或儿童寄生虫率,被广泛运用。还研究了印度按蚊的寄生率、分类、结构和生活习性;抗疟药物分解常数;研究猴疟原虫的呼吸代谢机制;研制开发驱蚊剂等,对印度的疟疾预防作出了重要贡献。出版著作有《英属印度双翅目志》(第 5 卷)等。获 1915 年印度帝国勋章、1918 年大英帝国勋章、1952 年英国皇家学会布坎南奖章等。 (叶蒙福)

厄兰格,J.(Erlanger,Joseph) 美国人,1874 年 1 月 5 日生于美国加利福尼亚州旧金山,1965 年 12 月 5 日卒于密苏里州圣路易斯。实验生理学、病理学、血清学、神经科学、仪器研制。

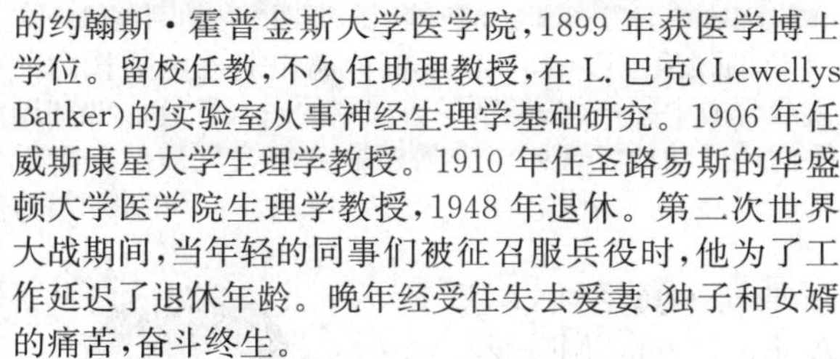

1895 年获旧金山加利福尼亚大学化学学院理学士学位。后进巴尔的摩新创建的约翰斯·霍普金斯大学医学院,1899 年获医学博士学位。留校任教,不久任助理教授,在 L. 巴克(Lewellys Barker)的实验室从事神经生理学基础研究。1906 年任威斯康星大学生理学教授。1910 年任圣路易斯的华盛顿大学医学院生理学教授,1948 年退休。第二次世界大战期间,当年轻的同事们被征召服兵役时,他为了工作延迟了退休年龄。晚年经受住失去爱妻、独子和女婿的痛苦,奋斗终生。

1900 年成功地确定某一肌肉的运动神经原在脊髓内的精确部位。1901 年发表的第一篇论文"狗小肠缩短后代谢的研究",引起医学界关注。1904 年设计制作了一个可供记录用的血压计。证明蛋白尿病人蛋白的排出量与脉压大小的关系,远比动脉血压的值为显著。同年从事心脏兴奋传导的研究,证明亚当斯一斯托克斯综合征是由于房室传导失常所致。设计一种工具夹,对跳动着的狗心脏的希氏束可逆地施加压力,从而产生不同程度的房室传导阻滞。

第一次世界大战时,为了治疗创伤性休克,建议注射用葡萄糖和阿拉伯树胶液,成功地应用于出征法国的美军伤员。这是人造血清疗法的最早范例。战争一结束,又恢复对循环的研究,探讨听诊时科罗特科夫(Korofkoff)音产生的机理,提出了该声音产生的流体力学原理。

1921 年和华盛顿大学药理学教授 H. S. 加塞合作从事新的研究,10 年内他们同 C. 毕晓普利用阴极射线示波器,创立了现代神经生理学。和加塞在示波器上对单根神经纤维的动作电位进行了测定和研究。他们将神经纤维按其动作电位传导的速度区分为 A、B、C 三类,并发现痛觉的传导纤维是由细而传导速度较慢的纤维传导的;而触觉和肌肉本体感觉、以及人体的运动神经纤维,则是由传导速度较快的神经纤维实现的。实验结果证明了神经动作电位的传导速度与神经纤维的直径成正比的规律。和加塞合著的《神经活动的电现象》(1937 年),是极有影响的名著。由于在神经纤维分类和功能研究上的重要贡献,与加塞共获 1944 年诺贝尔生理学或医学奖。诺贝尔奖获奖演讲题为"对单根神经纤维反应的一些观察"。 (陈闻鹏 叶蒙福)

戈德伯格,J.(Goldberger,Joseph) 美国人,1874 年 7 月 16 日生于匈牙利吉拉尔特(今斯洛伐克吉拉尔托维斯),1929 年 1 月 27 日卒于美国华盛顿。医学微生物学、流行病学、营养学、公共卫生学。

父母均是匈牙利裔犹太人。家中 6 个孩子中最小者。9 岁时全家移居美国。先学工,后于 1892 年进贝尔维尤医院医学院(今纽约大学医学院)学医,1895 年获医学博士学位。毕业后开业行医。2 年后任美国公共卫生服务署外科助理,被派往古巴、墨西哥和美国南部各州调查麻疹、斑疹伤寒、黄热病和登革热。1904 年在公共卫生服务署的卫生学研究室工作。

1909 年出版《沙姆伯格氏病》,报告调研城市贫困人口中由螨类引起的疾病。1913 年冬赴美国南部各州调查研究糙皮病,曾亲自吞食和注射糙皮病患者的分泌物等,证实了它不是传染病。通过对照试验,确定糙皮病是由于偏食导致的营养缺乏病,又提出新鲜奶类、肉类和酵母可治该病。认为这些食物富含他当时称为 p-p 因子的物质,后来证明即是菸酸,是 B 族维生素中的一种。 (顾振海)

莱瓦迪蒂,C.(Levaditi,Constantin) 罗马尼亚人,1874 年 7 月 19 日生于罗马尼亚加拉茨,1953 年 9 月 5 日卒于法国巴黎。医学微生物学、传染病学、性病学、免疫学、药理学。

8 岁成为孤儿,由姑母养育。在布加勒斯特完成中学和医学学业。1902 年在巴黎大学医学院获医学博士学位。曾任巴斯德研究院实验室主任等职。后在富尼埃研究所工作。是法国医学科学院院士,法国和外国多个学会的成员。

自人们发现梅毒螺旋体后,他主持巴斯德研究院对梅毒的研究。实验与临床都证明,可用正常肝诊断以补充瓦塞尔曼一波尔德特氏反应,成为研究抗原的先驱者之一。和别人合作用铋剂治疗梅毒取得疗效。对昏睡性脑炎有重要研究。与 K. 兰兹泰纳共同确定脊髓灰质炎病原体为超滤病毒。后研究磺胺及其衍生物、抗生素及其作用机制,还发现某些药物化学成分对病毒的"干扰现象",即现在所谓的"干扰素"。曾获法国荣誉军团勋位、卡梅伦奖、埃尔利希奖及法国科学院 8 次奖金。 (张祝山)

盖伊,F. P.(Gay,Frederick Parker) 美国人,1874 年 7 月 22 日生于美国马萨诸塞州波士顿,1939 年 7 月 14 日卒于康涅狄格州新哈特福德。病理学、细菌学、流行病学、免疫学、公共卫生学。

1897～1901 年在约翰斯·霍普金斯大学医学院学医。1901 年在宾夕法尼亚大学任病理学助理示教员。1903 年赴比利时布鲁塞尔波尔台研究所。1907 年任哈佛大学医学院病理学讲师。1910 年任伯克利加里福尼亚大学病理学教授。1923 年任哥伦比亚大学内科与外科医师学院细菌学教授。

19 世纪 90 年代大学期间，曾随 S. 弗莱克斯纳赴菲律宾调查霍乱和痢疾。回国时途经巴黎，在巴斯德研究院短期逗留，结识 J. 波尔台并深受其影响，对萌芽时期的免疫学产生兴趣。1903 年起研究过敏性和补体结合等课题。1909 年翻译了波尔台等著的《免疫学研究》。最有影响的著作是《病原体和宿主防御》(1935 年)。

（顾振海）

丁福保(Ding Fubao) 字仲祜，一字梅轩，别号畴隐居士，一号济阳破衲。中国江苏省人，1874 年(清代同治十三年)8 月 4 日生于江苏无锡，1952 年卒于上海。中医学、中西医结合、文献学、辞书学、佛学、古钱学。

原籍江苏常州。出生书香门第。清代光绪二十一年(1895 年)肄业江阴南菁书院。次年补无锡县生员，1898 年任无锡竢实学堂算学教习 3 年。清代光绪二十七年(1901 年)苏州东吴大学肄业，又转上海江南制造局工艺学堂学化学。1902 年在上海东文学堂学习日文、算学和医学。因患病辍学，从师赵元益(字静涵)。1903 年应京师大学堂译学馆聘，任算学兼生理卫生学教习。宣统元年(1909 年)赴南京应医科考试，获得优等证书。同年 5 月奉两江总督端方与盛宣怀之委，赴日考察医学并搜集医籍和古佚书。回国后致力于中西医汇通，并开始信佛。1910 年在上海成立中西医学研究会。1913 年创办丁氏医院，后又创办疗养院及医学书局，发行《中西医学报》，兼办函授教育。

是中国医学界首先从日文转译西医著作的学者，对普及西医知识，沟通中西医学术有贡献。先后转译日文医书 68 种，又自撰医书多种，共 140 种，内容包括西医临床各科和基础理论知识，名曰《丁氏医学丛书》，曾获罗马万国卫生会优等奖。复致力于古籍之整理，由门人襄助，编纂和著译多卷集、丛书、工具书，以及大小著述 300 余种，其中有医学书 75 种、健康长寿法书 26 种、算学书 10 种、文字学 9 种、文学诗词 8 种、古泉学(古钱)8 种、佛学 34 种、杂著 9 种等，以《说文解字诂林》(1036 卷、《正编》1928 年刊行，《补编》1932 年刊行)、《佛学大辞典》(1920 年)、《古钱大辞典》(1938 年)等为著名。去世前将所有财产(包括房屋、书籍、古钱、文物等)捐献给多个文化与教育单位。

（张慰丰）

彭萨，A. (Pensa, Antonio) 意大利人，1874 年 9 月 15 日生于意大利米兰，1970 年 8 月 17 日卒于帕维亚。解剖学、组织学、胚胎学、细胞生物学。

1898 年在帕维亚大学内科学与外科学系毕业，获医学博士学位。留校任教，1900 年起在该校教人体解剖学，1915 升任教授。1915 年任萨萨里大学解剖学与医学教授。1921 年任帕尔马大学教授，曾任该校校长。1930 年到帕维亚大学任教，曾任医学院院长，1938～1970 年兼任该校历史博物馆首任馆长，1950～1970 年任该校神经解剖学研究中心主任。

在人体和比较形态学、组织学、显微解剖学以及细胞学和胚胎学方面都作出了重要贡献。率先证实在非神经细胞中存在高尔基氏“内网器”。他的广泛性研究，也为阐明神经系统结构，特别是高尔基氏的弥散性网状结构学说、凯贾尔(Cajal)氏的神经元学说积累了知识。身后出版回忆录《大学生涯回忆录(1892～1970 年)》(1991 年)。

（林文娜）

恩伯登，G. G. (Embden, Gustav Georg) 德国人，1874 年 11 月 10 日生于德国汉堡，1933 年 7 月 25 日卒于法兰克福。代谢生理学、营养学、生物化学。

先后在德国布赖斯高地区弗赖堡、慕尼黑、柏林和斯特拉斯堡各大学学医。1903 年受聘为生理学研究所助教。1904 年任法兰克福－萨克森豪森市立医院化学实验室主任，1907 年实验室扩充为生理学研究所。1914 年创建营养生理学研究所并任所长。1907 年任波恩大学讲师，1909 年任生理学教授，1925～1926 年任大学校长。

十分注意活体中化学过程在生物学上的特殊意义，着重研究其中间代谢的各个阶段。1924 年成功地分离出中间产物己糖双磷酸脂，并命名为乳酸原。1927 年在肌细胞中发现单磷酸己糖，即所谓“恩伯登酯”。在 20 年的顽强工作中，和助手们分离出肌肉糖类代谢的重要含磷中间产物，发现了肌肉中的磷酸腺苷。他和助手们还成功地发现肌肉中的糖原分解为乳酸的各个过程。

（殷明德）

埃加斯·莫尼斯，A. C. de A. F. (Egas Moniz, Antonio Caetano de Abreu Freire) 葡萄牙人，1874 年 11 月 29 日生于葡萄牙阿万卡，1955 年 12 月 13 日卒于里斯本。生理学、神经-精神病学、脑与神经科学、医学史学、政治活动。

1891 年进入科英布拉大学学医，1899 获医学博士学位。选定神经病学为专业，到巴黎大学和波尔多大学向知名学者如巴宾斯基(J. F. Babinski)、德杰林(J. J. Dejerine)、P. 马里和西卡德(J. A. Sicard)学习神经病学和精神病学。1902 年在科英布拉大学任教授。1911 年任里斯本大学神经病学教授，1945 年退休。曾获波尔多大学和里昂大学的荣誉博士学位。曾任葡萄牙科学院院长。还是英国皇家医学会、巴黎医学科学院和美国神经病学学会等多个科学团体外籍成员。1900 年起为葡萄牙议会的议员，1917 年任葡萄牙驻西班牙大使；1918 年任外交部长，率领葡萄牙代表团出席 1919 年巴黎和会。1919 年离开政坛，继续从事医学科学研究。

1927～1937年，他对医学作出了两项杰出贡献：一是创立用于脑肿瘤定位诊断的脑血管造影术；二是首创精神病外科手术疗法。他认为脑前区——额前叶——是没有明确功能的“静区”，是脑的一个协调中心。某些精神病患者的额前叶已处于病理状态。当对他们实行通常的精神疗法和物理疗法都毫不奏效时，可采用额页白质切除术治疗。他对首批病人进行此项手术后，发现其中大多数人有明显疗效。因对精神病患者这项开创性的外科手术疗法，他与W.R.赫斯分享1949年诺贝尔生理学或医学奖。由于所开创的这项手术疗法往往会产生副作用，此后一直谨慎地采用。而且后人还作了很大改进：涉及的手术区域更小，操作则更为精细。

著述甚丰，主要著作有《白喉的解剖与病理变化》(1900年)、《性生活的生理学和病理学》(1901年，第19版)、《战时神经学》(1917年)、《催眠史上的法利亚神甫》(1925年)、《脑肿瘤和脑部动脉诊断学应用》(1931年)、《某些精神病治疗方法的试验》(1936年)、《某些精神病手术疗法》(1937年)、《临床脑血管造影术》(1938年)等。除医学成就外，又是有造诣的历史学家、文学评论家和作曲家。获葡萄牙、西班牙、意大利和法国政府的多项奖励。 (殷明德)

卡尔森，A.J.(Carlson，Anton Julius) 瑞典人，1875年1月29日生于瑞典布胡斯省，1956年9月2日卒于美国芝加哥。比较生理学、心脏学、神经科学、动物学、环境科学。

1891年独自去美国学神学，后学神经生理学。1899年开始在斯坦福大学攻读研究生，1902年因神经传导速度研究的学位论文获斯坦福大学哲学博士学位。1904年任芝加哥大学生理学系副教授，1914年晋升为教授，1916年任系主任，1946年退休任名誉教授。1923～1925年当选为美国生理学学会会长。

1904年开始研究马蹄形蟹的心脏生理，研究了这种蟹心脏的自律性和兴奋传导的神经机理。后继续研究心脏自律性的比较生理学和兴奋传导机理，发表论文37篇。通过观察证明胰脏的抗糖尿病物质由血流输送，并能通过胎盘屏障。还证明用砷酸铅作杀虫剂可造成环境生态的铅中毒效应，成为反污染法的早期拥护者。主要著作有《饥饿控制和健康与疾病》(1916年)、《身体的机理》(1941年，与他人合著)等。 (殷明德)

费拉托夫，В.П.(Филатов，Владимир Петрович；Filatov，Vladimir Petrovich) 苏联人，1875年3月10日生于俄国伏尔加河奔萨省沙兰斯克，1956年10月30日卒于乌克兰敖德萨。眼科学、整形外科学、病理学、医疗器械研制。

出身医生家庭。1897年毕业于莫斯科大学医学院。后留校任附属医院眼科住院医生。1899年任莫斯科眼科医院住院医师。1903年去敖德萨担任新俄罗斯大学医学系(今敖德萨医学院)眼科医师，1909年任副教授，1911年任眼科教研室主任、教授，在该院主持眼科达40余年之久。1936～1950年兼任敖德萨实验眼科学研究所所长。1946年创办《眼科学》杂志并任主编。1939年当选为乌克兰科学院院士。

在医学上的贡献主要有3项。一是在1916年发明圆形皮瓣成形手术，这是一种整形外科手术方法，对于战伤外科所引起的各种伤残毁容病人，在鼻、唇、眼睑、面颊、手指等部的矫形外科具有很大的临床治疗价值。二是角膜移植术，1922～1950年间，和学生一起移植角膜1 700例以上。开始是用活人的角膜进行移植，1931年用尸体角膜移植获得成功。因为尸体角膜易得，施行手术的机会大大地增加，使许多失明的病人重见光明。与此同时，对眼科器械发明和手术改进也有贡献。三是组织疗法，通过对各种疾病的医疗和病理研究，创立了生物原刺激素学说与疗法。认为一块和机体脱离的组织，经过冷藏以后，就能产生一种刺激素，如果把这种刺激素应用于人体，就可以提高人体的生活机能，促进细胞代谢增加再生能力与抵抗疾病的能力，从而促进疾病的治疗。

主要著作有《眼科学上的圆形皮瓣》(1917年)、《光学角膜移植及组织疗法》(1945年)、《组织疗法》(1948年)。获1941年苏联国家奖金，1950年苏联社会主义劳动英雄称号，1951年苏联科学院谢切诺夫金质奖章，另获4枚列宁勋章、2枚其他勋章、多枚奖章。 (张慰丰)

佩扎尔，A.(Pezard，Albert) 法国人，1875年4月1日生于法国阿登省，1927年11月21日卒于巴黎。比较生理学、内分泌学、生殖学、鸟类学。

农民的儿子。先后在沙勒维尔学校和圣克劳德学校学习。在巴黎大学获得物理学和自然科学双硕士学位，取得在巴黎两所著名学院任教的资格。1911年开始在巴黎大学医学院学习。后来长期在法兰西学院生理学研究站工作。

以鸟类为研究模型，研究了第二性征的生理，揭示了第二性征与内分泌的关系，首次阐述了内分泌的抑制作用，因而获得博士学位。还提出产生第二性征的激素分泌阈值的概念，并通过实验得出如下结论：性腺激素具有调节遗传显性的作用，但不影响基本遗传物质。

(方正源)

戴尔，H.H.(Dale，Sir Henry Hallett) 英国人，1875年6月9日生于英国伦敦，1968年7月23日卒于剑桥。药理学、生理学、生物化学。

商人的儿子。1894年入剑桥大学三一学院攻读生理学和动物学，1898年毕业并获得奖学金，留校继续深

造2年生理学。1900年到圣巴托罗缪医院临床实习。1902年又到伦敦大学学院进修生理学2年,得到E. H.. 斯塔林的指导,1904年在韦尔科姆实验室从事药理学研究,1909年获剑桥大学医学博士学位。1914年任英国国家医学研究院生理学系主任,1928年任院长。1932年封为爵士。1938～1960年任韦尔科姆信托公司董事长。1942～1946年任英国皇家研究院化学教授、戴维－弗拉德研究中心主任。1940～1945年任英国皇家学会会长、英国战时内阁最高科学顾问委员会主席。1947年任英国科学促进协会会长。1948～1950年任英国皇家医学会会长。1940年成为美国国家科学院外籍院士。

20世纪初,进入韦尔科姆实验室即从事麦角碱研究,发现它具有使肾上腺素升压作用的逆转效应。1909年为探索麦角的新用途,试用脑垂体后叶提取物作抑制剂,发现两者配伍应用,既能收缩子宫又不致血压升高,在此基础上与同事在脑垂体后叶分离出催产素。1910年与同事又从麦角提取物中分离出组胺,并阐明了组胺在休克中的作用。1914年又从麦角提取物中发现有两种作用相反的毒蕈碱样作用和烟碱样作用的物质。当这种物质进入动物体时,它的作用酷似毒蕈样作用,能引起神经末梢的副交感神经的效应,这种效应能为阿托品所抵销,随即出现烟碱样作用,经研究证明该物质是人们已经明了并已经合成的乙酰胆碱,但他在动物体内没有找到这种物质。1922年O. 勒维成功地分离出植物性神经末梢释放出来的某种化学物质,戴尔立即推测这种毒蕈样作用的物质即是乙酰胆碱。1929年与达德利(H. W. Dudley)从哺乳类动物器官中提取到乙酰胆碱。1933年他们又证实副交感神经节后都能释放乙酰胆碱。1936年查明神经－肌肉接点的传递作用也是借助神经末梢释放乙酰胆碱实现的,而且内脏大神经末梢通过乙酰胆碱的释放支配肾上腺等器官,肯定了乙酰胆碱是植物性神经节前纤维和躯体运动神经末梢的神经递质。

发表过许多论文;有自传体《生理学奇遇》(1953年)和《秋令拾零》(1954年)。由于发现神经冲动的化学递质,和O. 勒维分享1936年诺贝尔生理学或医学奖。还荣获英国皇家学会1924年皇家奖章、1937年科普利奖章,1944年英国功勋奖章,1948年大英帝国大十字勋章等。 (叶蒙福　张慰丰)

韦尔斯,H. G.(Wells, Harry Gideon)　美国人,1875年7月21日生于美国康涅狄格州费尔黑文(今纽黑文郊区),1943年4月26日卒于伊利诺伊州芝加哥。病理学、肿瘤学、免疫学、生物化学。

1895年毕业于耶鲁大学设菲尔德理学院。1898年在芝加哥大学拉什医学院获医学博士学位。留校任教,历任芝加哥大学病理学系教授、系主任,芝加哥大学斯普拉格研究所医学研究部主任等职。

广泛研究了脂肪坏死、组织细胞自溶、病理性钙化、肝脂肪变性等。还对癌症进行了一系列研究,为现代肿瘤医学研究奠定了基础,从而成为化学病理学及免疫学方面的权威。主要著作有《化学病理学》(1907年)、《肺结核化学》(1923年)、《免疫性的化学原理》(1929年)等。 (张祝山)

乌赫托姆斯基,A. A.(Ухтомский, Алексей Алексеевич; Ukhtomsky, Alexei Alexeivich)　苏联人,1875年9月20日生于俄国鲁里克地区沃斯洛马村(今属雅罗斯拉夫州),1942年8月31日卒于苏联列宁格勒(今俄罗斯圣彼得堡)。电生理学、心理学、脑与神经科学。

在军事学校接受中等教育后,作为预备军官到部队服役。后来因强烈的宗教信仰,离开军队进入莫斯科神学院,对神学、宗教历史、心理学、哲学和修辞学都有兴趣。受维金斯基(Н. В. Вегенский)的影响,1902年进入圣彼得堡大学数理学院学习,同时在维金斯基指导下专攻动物生理学,1906年获学士学位,1912年获硕士学位。留校生理学系终身任教,主要讲授感觉器官生理学和中枢神经生理学。十月革命期间被捕入狱,在彼得格勒大学许多朋友的保释下重新获得了自由,并恢复原职。1919年被选为彼得堡工人和红军苏维埃代表。1922年维金斯基去世,他升任生理学教授,兼任人与动物生理学教研室终身主任。1937年起任苏联科学院电生理学实验室主任。1932年当选为苏联科学院通讯院士,1935年为正式院士。

他是一位虔诚的东正教徒。在教学与研究之余从不放弃宗教活动,平时无论在家或在实验室都奉行宗教礼仪;1912年参加了全俄东正教老教徒会议,在会上做了报告。他又是一位狂热的科学工作者。第二次世界大战期间,当列宁格勒被德军围攻时,乌赫托姆斯基生理学研究所撤到伏尔加的萨拉托夫,但他却留在大学里继续从事科学研究工作。他从未结婚,住在两间一套的公寓里,生活简朴,喜欢农民式的衣着,留着长发,也不刮胡须。因长期患高血压、喉癌和腿部坏疽于1942年去世。

俄国维金斯基学派的主要骨干人物,主要贡献是提出中枢神经系统的"优势灶"概念和"优势法则"。早年在维金斯基指导下研究缺血、缺氧和疲劳对神经肌肉的影响,以及"拮抗肌对电刺激感觉神经的反射"等课题的研究。早在1912年,就以题为"论皮层运动效应与继发中枢影响的依赖关系"的论文通过了硕士学位的答辩。在整个教学与研究过程中,坚持维金斯基学派的观点与方法。他的理论是在И. М. 谢切诺夫和维金斯基工作的基础上发展起来的。1863年被誉为"俄罗斯生理学之父"的谢切诺夫发表了"脑反射"理论,给反射概念以新的涵义,并且发现了中枢抑制现象。谢切诺夫的学生维金斯基则对神经、肌肉及神经系统内兴奋与抑制的内在联系及相互转化规律作了精辟论述。乌赫托姆斯基进一步发展了维金斯基的学说,1923年发表重要论文"优势是神经中枢的工作原则",提出了"优势原则"来解释反射的变异或反射颠倒的情况。也就是说,当中枢存在"优势灶"的时候,任何冲动都趋向于它,从而改变神经中枢当时所进行的活动。"优势理论"很快被广泛应用于医学、心理学和教育学，使他闻名于世。主要著作有《神经系统生理学纲要》(1945年)等。获1923年度列宁奖金。列宁格勒大学(今圣彼得堡大学)乌赫托姆斯基生理学研究所即以他命名。 (吴馥梅 包建新)

普劳瓦茨克，S. von L. (Prowazek 或 Provázek, Stanislaus von Lanov) 捷克人，1875年11月12日生于波希米亚(今属捷克)，1915年2月17日卒于德国科特布斯。*传染病学、医学微生物学、寄生虫学、预防医学。*

农家后裔，奥匈联军军官的儿子。1895年在布拉格大学学习自然科学。1897年入维也纳大学，1899年获博士学位。1901年赴法兰克福普鲁士皇家实验治疗研究所工作。1902年在慕尼黑大学赫尔维希研究实验室研究鞭毛虫的细胞学和纤毛虫的繁殖方式。1903年接受F. R. 绍丁的邀请，到柏林大学动物学系任其助手。1907年起在德国汉堡航海病与热带病研究所工作。1913～1914年到塞尔维亚和伊斯坦布尔旅行，适逢斑疹伤寒流行，立即投身于该病的防治研究。1915年，被派往科特布斯附近俄罗斯俘虏集中营调查斑疹伤寒，不幸自身也感染此病去世。

在短暂的一生中，研究课题极为广泛，包括细菌鞭毛的轴丝、原虫核构造、原虫有性生殖过程、微生物疾病传播方式等。主要研究寄生原虫(阿米巴虫、毛滴虫、锥虫等等)，以及研究病毒性疾病(天花、狂犬病、沙眼等)传染病灶及其病原体。他首次证明寄生性路氏锥虫在鼠蚤体内的特殊生长阶段。他还做了许多原生生物的移植试验，对原虫学及其应用作出很多贡献。1906年参加爪哇考察队，在巴达维亚和L. 哈尔贝斯塔特尔(Ludwig Halberstadter)共同发现人砂眼结膜上皮细胞内包涵体(现称普氏小体，或哈－普氏小体)。1908年去巴西里约热内卢研究牛痘和天花病原学。1910年赴德国当时的殖民地西萨摩亚群岛、雅浦群岛和塞班岛，考察砂眼、禽痘、新生牛疾病、蚕黄病、脱屑性结膜上皮增殖病、触染性软疣等传染病。1913～1914年在衣虱肠内发现了斑疹伤寒的病原体。

兴趣广泛，实验技能娴熟，且善于写作。主要科学著作有《单细胞生理学入门》(1900年)、《原生生物检查的显微术袖珍手册》(1922年)等。除科学著作外，还发表了一部小说。为纪念他和另一位献身于斑疹伤寒研究的美国医生H. T. 立克次，医学界特将此病病原体命名为普劳瓦茨克－立克次氏体。 (孙炳寅)

埃德蒙·塞尔让(Sergent, Edmond) 法国人，1876年3月23日生于阿尔及利亚菲利普维尔(今斯基克达)，1969年8月20日卒于法国昂迪伊昂巴西尼。*流行病学、医学昆虫学、免疫学、公共卫生学、预防医学。*

在阿尔及尔大学开始学医。1900年起在巴黎巴斯德研究院工作，是E. 鲁的学生和助手。1912年任阿尔及尔巴斯德研究所所长，直至1963年离任。是法国医学科学院院士、法国农业科学院院士。

他主持的研究机构，对阿尔及利亚的疟疾等传染病作了长期而广泛的调查研究和对策研究，取得了一系列成果。一生发表了大量著述，其中许多是有关疟疾研究的。他作了大量实验室和野外的研究工作，在阿尔及尔附近疟疾猖獗的无人区建立了一个实验站。强调预防的概念，并将之从疟疾扩展到其他流行性疾病。他和他的兄弟艾蒂安·塞尔让(Etienne Sergent)以及研究团队，在阿尔及利亚各地成功地组织和推广对疟疾等病的防治活动。除疟疾外，还研究了其他由昆虫为媒介的一些疾病，例如回归热、巴贝西虫病等。其中于1908年，塞尔让兄弟俩首次发现虱子会传播回归热；他主持的研究机构人员还发现沙蝇是传播利什曼寄生虫的媒介；兄弟俩还发现一种新型的蝇蛆病。“预免疫”这一概念也是他首次使用的。此外，塞尔让兄弟还领导了全阿尔及利亚的卡介苗接种抗结核病的有效活动；指导研究所开展动植物病理学研究。曾获多种荣誉，其中包括曼逊奖章。 (顾振海)

巴拉尼，R. (Bárány, Robert) 奥地利和瑞典双重国籍，1876年4月22日生于奥地利维也纳，1936年4月8日卒于瑞典乌普萨拉。*听觉生理学、病理学、耳鼻喉科学、临床医学。*

祖籍匈牙利犹太裔，农场主之子。1900年从维也纳大学医学院毕业后，在德国进修了2年内科学和神经科学。1903年回维也纳总医院学外科学，同年9月被维也纳大学医学院耳科诊疗所聘为实验助教。1914年入伍任军医，被俄军所俘，1916年获释。1917年被聘为瑞典乌普萨拉大学耳鼻喉科诊疗所所长兼教授，直至去世。

最主要的成就是，将人体平衡器官的研究推进到新的高度。发现了温热性眼球震颤；应用热检验法检查耳前庭装置的功能；成功开创了有关颞骨、耳蜗、额窦等器官组织的系列手术方法。他在临床中发现：用低于或高于体温的冷热水冲灌耳道，可引起受试者的眩晕和眼球震颤现象，还可造成平衡障碍；如受试者曾患中耳炎而致前庭装置受损者，则无反应。用此法不仅可以研究人类平衡系统的正常机能，在临床上也可以用来诊断前庭功能，被称为“巴拉尼检验”。当热水灌注使半规管中的内淋巴液比重减小，上升到半规管的壶腹，引起眼球向受试一侧方向震颤；相反，当冷水灌注使内淋巴液比重增大，下降而离开半规管的壶腹，引起眼球向受试对侧震颤。这一理论人们称为“巴拉尼原理”。它揭示了眩晕病及平衡障碍与内耳的前庭器官及神经系统有密切关系，同时为研究相关的功能障碍找到较好的客观诊断指标。这项试验成为耳科及神经科检查的常规方法，一直沿用至今。

19世纪，人们已发现旋转可引起人的眼球震颤和眩晕。他应用旋转椅作为一种检查前庭器官功能的方法，被人们命名为“巴拉尼转椅”。在眩晕病及平衡功能障碍治疗方面，他也作了较多的探索。首先试作从内耳迷路后壁开窗的手术，用以缓解某些病人迷路内偏高的淋巴液压力；最先在检查听力时用噪声掩蔽对侧耳，指出用此方法可避免因刺激患耳的声音通过耳间传导为对侧健耳接受而造成的误诊。

主要著作有《人类前庭器官的生理学和病理学》(1907年)、《前庭器官的临床研究》(1913年)等。因相关成果,获1914年诺贝尔生理学或医学奖。

(顾振海　张慰丰)

布尔坚科,H. H. (Бурденко, Николай Нилович; Burdenko, Nicolai Nilovich)　苏联人,1876年6月3日生于俄国下罗蒙斯基县卡缅卡村(今属奔萨州),1946年11月11日卒于莫斯科。*神经外科学、神经病学、野战外科学、肿瘤学。*

出身于农家。1906年毕业于尤里耶夫大学(今塔尔图大学)医学院。留校任教,1909年获该校医学博士学位。曾到欧洲其他国家大学如瑞士苏黎世大学学习解剖学、中枢神经组织学和神经外科学。1910年任尤里耶夫大学教授。1918年任沃罗涅日大学教授。1923年任莫斯科大学医学系教授。1930年任莫斯科第一医学院(由莫斯科大学医学系扩建)外科学与解剖学首席教授。1929年起任苏联卫生人民委员部X射线学研究所(后为苏联医学科学院布尔坚科神经外科学研究所)所长,兼神经病学门诊部主任。1937年起任苏军外科学总顾问。1939年当选为苏联科学院院士。1944年当选为苏联医学科学院院士。1944～1946年任苏联医学科学院第一任院长。曾任苏联外科学学会会长、苏联卫生人民委员会医学科学委员会主任。还是国际外科学学会、英国皇家外科医师学院、法国外科学学会荣誉会员,英国皇家学会外籍会员。

是苏联神经外科学的先驱,奠定了苏联野战外科学基础,苏联第一代神经外科医生的导师。把中枢和周围神经外科学理论运用于临床医学,创立中枢和植物神经系统的肿瘤学、脑血液和脑脊液循环病理学,对脑水肿、神经系统各种急性严重病变的手术治疗都有贡献。首次制定脊髓高位延髓切断术。发表300余篇有关临床医学和理论医学的论文。另出版有《布尔坚科文集》(7卷,1950～1952年)。获1941年苏联国家奖金,1943年苏联社会主义劳动英雄称号。获列宁勋章3枚,其他勋章3枚,奖章多枚。为纪念他,苏军总医院、沃罗涅日大学医学院以他命名;苏联医学科学院设立布尔坚科奖金。

(张祝山)

内格里,A. (Negri, Adelchi)　意大利人,1876年8月2日生于意大利佩鲁贾,1912年2月19日卒于帕维亚。*组织病理学、传染病学、医学微生物学。*

1900年以优异成绩毕业于帕维亚大学,留校病理学研究所工作,任著名生理学家C.高尔基的助手,1909年任细菌学教授,是该校第一位正式任命的细菌学导师。死于肺结核病,终年仅35岁。他被安葬于帕维亚纪念公墓,身边还有两位著名医学家葬于此地,其中一位是他的恩师、诺贝尔奖获得者C.高尔基。

1903年3月27日,在帕维亚医学学会上报告发现了狂犬病包涵体,见于患狂犬病的人和动物的神经细胞内和大脑皮层神经细胞突中的卵圆形或圆形包涵体,即著名的"内格里氏小体"。当时他误以为这是一种狂犬病寄生虫的病原体。数个月后,在君士坦丁堡帝国细菌学研究所工作的P..瑞姆林格(Paul Remlinger)对此作了鉴定,正确指出这是一种过滤性狂犬病毒。因其病理特征及对狂犬病诊断的重要价值,受到世界医学界的公认。

(张志练　李孙演)

莫斯,W. L. (Moss, William Lorenzo)　美国人,1876年8月23日生于美国佐治亚州阿森斯,1957年8月12日卒于同地。*血液学、病理学、传染病学、免疫学、预防医学。*

1897年在佐治亚大学获理学士学位。1905年在约翰斯·霍普金斯大学获医学博士学位。毕业后留校任医学示教员等职。1914年任纽约州布法罗市恶性疾病研究所研究员兼内科医师。后在耶鲁大学、哈佛大学的医学院任教,1926年任哈佛大学公共卫生学院代理院长。1931年任佐治亚大学医学系(后为医学院)主任、预防医学教授。第一次世界大战期间,在法国战场服役,曾获法国政府的勋章。

对医学的重要贡献是对4种血型的莫斯分类法(Ⅰ、Ⅱ、Ⅲ、Ⅳ型)。这四种血型分别对应为后来的兰兹泰纳分型系统的AB、A、B和O型。在1921年前,90%的美国医院采用莫斯血型分类法;时至1934年,仍有78%的美国医院沿用该分类法。莫斯分类在全世界长期普遍采用的势态,直至第二次世界大战期间K.兰兹泰纳的现代分类法流行起来才开始衰落。他还研究过结核、白喉以及导致过敏性休克的变态反应。(张祝山)

麦克劳德,J. J. R. (Macleod, John James Rickard)　英国人,1876年9月6日生于英国苏格兰珀斯郡邓凯尔德附近,1935年3月16日卒于苏格兰阿伯丁。*病理生理学、药物学、临床医学。*

曾在英国阿伯丁大学马里斯查尔学院上学,1898年获内科学与外科学双学士学位。同年到德国莱比锡大学生理学研究所进修一年。1899年任伦敦医院医学院生理学助教,1902年在任生物化学讲师。1903～1918年任美国克利夫兰西储大学(今凯斯西储大学)生理学教授。1918年起任加拿大多伦多大学生理学教授。1925～1926年任加拿大皇家研究院院长。1928年回苏格兰任阿伯丁大学生理学讲座教授,兼生理学实验室主任、医学系主任助理。1919年当选为加拿大皇家学会外籍会员。1923年当选为英国皇家学会会员。1921～1923年任美国生理学学会会长。是意大利医学科学院外籍院士,德国利奥波德科学院外籍院士。多伦多大学、西储大学、阿伯丁大学等多所学校授予他荣誉博士学位。

在伦敦时期,在希尔(L. Hill)指导下,完成颅内循环和潜函病的实验工作。1902～1922年发表许多关于呼吸控制的论文。在克利夫兰时期,发表一系列关于氨基甲酸的论文,和一篇关于嘌呤代谢的论文。1905年开始从事糖类代谢研究,前后发表相关论文37篇,其中12篇涉及实验性糖尿病。1907年在《美国生理学》杂志上发表"实验糖尿病研究"的长篇论文。1913年又出版关于糖尿病及其病理生理学方面的著作。在加拿大多伦多大学时期，主要研究去大脑动物呼吸的特征，以及缺氧和氧过量时的特征。还研究动物的碳水化合物代谢，并取得了显著的成绩。1921年，他同意接纳加拿大外科医师F.G.班廷一起进行研究，旨在确定胰岛素的功能和临床应用。胰岛素制剂的发明，使得糖尿病患者寿命大大延长。

著有《实用生理学》(1903年)、《现代医学中的生理学和生物化学》(1918年)、《糖尿病的病理生理学》(1925年)等11种专著。1922年因发现并首次成功地分离出胰岛素，与班廷共获1923年诺贝尔生理学或医学奖。 (田金仙)

野口英世(Noguchi, Hideyo) 原名野口正作(Noguchi, Seisaku)。日本人，1876年11月9日生于日本本州福岛县猪苗代町，1928年5月21日卒于非洲黄金海岸(今加纳)阿克拉。医学微生物学、性病学、热带医学、流行病学。

贫农家庭出身。幼时左手被火烧伤，手指都粘在一起。后来在所读小学全体师生资助下动了手术，他深受感动，从此立志学医报效社会。在家乡小学毕业后，进东京高山齿科医学院打杂谋生，并在东京济生学舍学医。1896年获开业执照。1898年改名野口英世。同年供职北里传染病研究所，专攻细菌学。1900年到美国宾夕法尼亚大学，在病理学教授S.弗莱克斯纳指导下研究蛇毒。1903年任卡内基医学研究院助理研究员，又去丹麦哥本哈根大学医学院血清研究所工作一年。1904年任纽约洛克菲勒医学研究院助理，研究梅毒螺旋体。1918年赴厄瓜多尔研究黄热病。1927年又赴西非研究黄热病，不幸感染而殉职。遗体运回纽约安葬。身前，多个国家的大学授予他荣誉博士学位。

在微生物学上作出重要贡献。与弗莱克斯纳最早证实F.R.绍丁所发现的梅毒螺旋体。1909～1913年，用人造培养基培养了梅毒螺旋体及其他多种螺旋体。1911年8月发表论文，首次宣布梅毒螺旋菌在实验室培养成功，得到学术界高度重视。首次在麻痹性痴呆者脑部、脊髓痨病人组织内发现梅毒螺旋体。揭开了卡里翁氏病(奥罗亚热)与秘鲁疣两者关系之谜。利用特制的钩端螺旋体培养基，从卡里翁氏病患者血液和秘鲁疣中分离出杆菌状巴尔通氏体。后者注射到猕猴静脉中能引起急性发热性贫血，但如在真皮内接种则形成局部性的秘鲁疣，从而确定上述两种病的病原体相同。此外，对破伤风、黄热病和沙眼等也进行了研究。

先后发表20余篇论文；出版一部关于血清学诊断法的著作。获多种奖项，其中包括日本帝国奖金及旭日勋章。三度被提名为诺贝尔生理学或医学奖候选人，但均未如愿(最后一次很有可能获奖，却因第一次世界大战爆发而取消评奖)。在他的墓碑上镌刻着："他献身科学，他为人类而生，为人类而死！"日本政府为纪念他，在2004年最新版1 000日元纸币上印有他的头像。

(孙炳寅)

曹炳章(Cao Bingzhang) 又名彬章、琳笙，字赤电。中国浙江省人，清代光绪三年(1877年)生于浙江鄞县，1956年卒。中医学、中医文献学、科学传播。

14岁随父迁居绍兴，进当地中药铺习业。1898年师从名医方晓安，暇时诵读医学经典，历七载而悟医理。年20余应聘任春成、致大药栈经理。清光绪二十八年(1902年)开业行医。1908年与何廉臣(炳元)等组织"绍兴医学会"，创办《绍兴医药月报》任主编，并向何廉臣学习，医道益进。先后应诊于同义、同善药局。1913年创设"和济药局"，日治病百余人，多应手奏效。上海神州医学总会成立后，出任绍兴分会评议，并创办《医药学卫生报》。1931年任中央国医馆名誉理事。1953年聘为《浙江中医月刊》名誉总编辑。

除行医施诊外，主张博览群书，以"发前人所未发"，提倡吸收新鲜事物，反对保守固执，认为临证要随机应变，不可墨守一家之法，以应付变化无穷之症。又主张改进中药炮制方法，注重真伪药物的鉴别。毕生搜集整理医籍文献，所入不置产业，喜购藏医书。对善本、抄本或以重金购得，或设法借抄，日积月累，藏书逾万册。1914年所藏5 800余种医书毁于火灾。又重振旗鼓，广罗博采，复得3 500余种，其中善本甚多。1949年后，将珍藏的善本献给国家；殁后藏书由浙江中医研究所征集保存。

1903年受上海大东书局之聘，从医药藏书中上自轩岐神农下迄近代选定365种2 000余卷，编选《中国医学大成》，分为医经、药物、诊断、方剂、临床各科、医案、杂著13类，共2 088卷，计4 000余万字，此丛书被誉为"医学之渊府"。为每书撰写提要，当时刊出128种，因抗日战争爆发而中辍。将各书提要刊出，名《中国医学大成总目提要》。这部丛书对保存和普及中医文献贡献很大，在医药界评价极高。

殚心著述，数十年如一日，著作等身，已刊行者10种，稿成未刊者23种。对药物也颇有研究，原拟编纂《本草》，因战事突起未果，但所撰《人参考》、《珍珠谱》、《鹿茸考》、《燕窝考》、《冬虫夏草》等药物的考证，是中药文献研究中的佳作。另一部名著为《彩色辨舌指南》(6卷)，此书不仅总结前人经验，且有个人发挥，被认为是舌诊的一部代表著作。另著有《鸦片戒除法》(2卷)、《规定药品之商榷》(2卷)、《增订伪药条辨》(4卷)、《增订医医病书补注》(2卷)、《瘟痧证治要略》(1卷)、《医界新智囊》(1卷)、《曹氏医药论文集》等。 (张慰丰)

布兰普，A.J.é.(Brumpt, Alexandre Joseph émile) 法国人，1877年3月10日生于法国巴黎，1951年7月8日卒于同地。寄生虫学、热带传染病学、公共卫生学。

1895年入巴黎大学医学院学习动物学和寄生虫学，兼任实验室助理，1901年获理学士学位，1906年获医学博士学位。留校任教，1919年任该校医学院寄生虫学教授，同年任寄生虫学实验室主任。是法国医学科学院院士。

法国医学寄生虫学的创始人、动物学家和医生。其学术生涯大部分时间都在非洲和拉丁美洲进行寄生虫调研，把病媒接种诊断法引入寄生虫学研究。全面研究了非洲和南美的锥虫、犬属黎浆虫、丝虫和血吸虫等。在锡兰(今斯里兰卡)进行野外考察中，首次发现鸟类疟原虫。对非洲锥虫病(昏睡症)的生物宿主采采蝇(舌蝇)作了重要研究。首先证明蛙和鱼的锥虫在马丝菌病虫中的发育周期，并叙述了克鲁兹氏锥虫的生活史。证明许多体内的阿米巴囊胞为非病原性的，与痢疾阿米巴不同。对真菌学也有重要贡献。还研究了回归热和斑疹伤寒。他对科西嘉的库蚊，以及传染疟疾的按蚊进行了大量的研究，自己染上落矶山热几乎丧生。代表作《寄生虫学大纲》(1910 年初版，1949 年第 6 版)，影响甚广。为纪念他，一些新发现的寄生虫和蚊子种类以他冠名。 (张祝山　李孙演)

艾弗里，O. T.(Avery，Oswald Theodore) 美国人，1877 年 10 月 21 日生于加拿大新斯科舍省哈利法克斯，1955 年 2 月 20 日卒于美国田纳西州纳什维尔。*细菌学、免疫学、传染病学、分子生物学。*

其父原是英国浸礼会牧师，后移居加拿大。10 岁时全家移居美国纽约。1900 年获美国科尔盖特大学文学士学位。1904 年获哥伦比亚大学内科与外科学院医学博士学位。随后任临床外科医师。1907 年供职于设菲尔德牛奶公司实验室。1907～1913 年任纽约州布鲁克林的霍格兰实验室细菌部助理。1913～1948 年在洛克菲勒医学研究院(后为洛克菲勒大学)及附属医院工作，1919 年任副教授，1923 年任教授，1948 年退休。期间，1917～1919 年在美国陆军服役，曾任上尉医官；1918 年加入美国籍。曾获美国科尔盖特大学、纽约大学、芝加哥大学、加拿大麦吉尔大学等校荣誉博士学位。因患肝癌去世。他的一个兄弟也是细菌学家。

是最早一批用生物化学方法描述免疫学的研究者之一，并开拓了免疫学的新方向。早年参加肺炎双球菌免疫分类研究工作。1917 年发表“急性大叶性肺炎的预防和血清疗法”论文，说明肺炎双球菌在培养基中生长时，能产生一种特异免疫学可溶性化学物质，并证实患大叶肺炎的动物和人类的血清和尿中，也存在这种物质。1922 年起开始研究这些“特异可溶性物质”的化学性质。1932 年起又研究肺炎双球菌的转化作用，分离和分析引起转化作用的活性因子，并于 1944 年发表文章断定该活性物质主要由高聚合的 DNA(脱氧核糖核酸)组成，第一次确证遗传物质是 DNA 而不是蛋白质。由于艾弗里及其同事的工作，导致 10 年后 J. D. 沃森 和 F. H. 克里克对 DNA 双螺旋结构的提出。

艾弗里对肺炎双球菌的系统研究，得到如下重要结论：细菌毒性决定于它们是否具有产生一种外膜层(荚膜)的能力，丧失这一能力就变成无毒性；有荚膜保护的细菌免受机体的攻击而表现出毒性；根据荚膜化学构成不同，使肺炎双球菌具有不同免疫学特性，从而成为分类的依据；不同类型化学结构的荚膜可产生不同抗体，而抗体对机体的保护是特异的。

奖项颇丰，其中有：1930 年哥伦比亚大学史密斯奖、1932 年美国国家医师学院菲利浦纪念奖章、1933 年德国埃利奇金质奖章、1944 年纽约医学科学院奖章、1945 年英国皇家学会科普利奖章、1946 年美国内科医师协会科伯奖章、1947 年美国公共卫生学院腊斯克奖、1949 年帕斯诺基金会帕斯诺奖、1950 年瑞典医学学会巴斯德金质奖章等。 (张承圭　吕慧梅)

图尔特，F. W.(Twort，Frederick William) 英国人，1877 年 10 月 22 日生于英国萨里郡坎伯利，1950 年 3 月 20 日卒于同地。*细菌学、病毒学、病理学、兽医学。*

医生的儿子。在伦敦圣托马斯医院医学院毕业。1900 年成为英国皇家外科医师学会成员，并取得皇家内科医师学会开业证书。1902 年起在伦敦医院随细菌学家 W. 布洛克从事微生物学研究。1907 年任布朗动物研究所所长，在职长达 35 年。1915 年应征入伍，参加第一次世界大战。1919 年兼任伦敦大学学院细菌学教授。1929 年当选为英国皇家学会会员。

最重要的贡献是：1915 年首次发现会吞食细菌的病毒即噬菌体；同年发现了培养麻风杆菌等细菌必不可少的维生素 K。此外研究家畜的肠道疾病。关于病毒学方面的重要论文，均以通讯形式发表于《柳叶刀》杂志上。在细菌的适应性和变异性、影响细菌的生长因素等方面也有深入研究，促进了细菌学的发展。1944 年，他创建的实验室在战争中被炸弹摧毁。 (孙炳寅)

惠普尔，G. H.(Whipple，George Hoyt) 美国人，1878 年 8 月 28 日生于美国新罕布什尔州阿什兰，1976 年 2 月 1 日卒于纽约州罗彻斯特。*肝胆病理学、血液学、药理学、生物化学。*

出身世医之家，祖父、父亲都是医生。1900 年进耶鲁大学医学院，1903 年获医学学士学位。1905 年获约翰斯·霍普金斯大学医学博士学位。毕业后留校，师从 W. H. 韦尔奇研究病理学，10 年中从助教、讲师晋升为副教授。1914 年聘为加利福尼亚大学医学研究教授，兼该校霍帕医学科研基金会主席，1920～1921 年任该校医学院院长。1921 年去罗彻斯特大学，任病理学教授兼该校内科与口腔医学院院长，1953 年退休。

主要研究肝胆的生理学和病理学。早年在耶鲁大学时就研究寄生虫病引起的贫血。到约翰斯·霍普金斯大学后，开始研究狗因氯仿麻醉所引起的肝坏死，搜集到不少有关肝细胞损害和修复的第一手资料，认为肝细胞具有强大的修复能力。在氯仿中毒和肝损害时往往出现黄疸，又研究了黄疸。首先研究了胆色素进入血液造成黄疸的原因，排除了淋巴系统在胆色素运转过程中的作用。后来利用胆瘘等方法研究了肝外胆色素形成的机制，研究中认识到只有更好理解血红蛋白的形成机制，才能了解胆色素的代谢，如果没有关于机体内血红蛋白结构的知识，就不能了解胆色素代谢的机制及贫血产生的原因。用同位素标记法，研究胆色素和血红蛋白形成的关系。指出造成贫血的原因之一，是机体中有毒剂的存在，它破坏了骨髓的造血功能，使骨髓供给血液的红细胞不足，形成每单位体积血液中红细胞数目大量减少，或血红蛋白量低于正常值。

1918年起在狗身上做成了放血造成的短期贫血模型，应用这一模型研究了各种食物（特别是肝脏）和血液再生的关系。到罗彻斯特大学后，改进了实验模型，用这种模型来研究食物和贫血的关系。1925年发表文章，认为贫血病人只是缺乏产生红细胞所必需的物质，这些物质正好存在于肝脏中，它能刺激骨髓加速制造和形成红细胞，因此肝脏是治疗贫血最有效的因子。当时哈佛大学医学院G. R. 迈诺特和W. P. 墨菲也在研究这一课题，用实验方法进一步证明了他的理论，用肝脏治疗恶性贫血获得显效。他们还将肝提取物制成针剂使贫血治疗达到疗效高、成本低、简单易行。由于他们共同作出利用肝脏治疗贫血的贡献，3人共享1934年诺贝尔生理学或医学奖。

还研究过结核、胰腺炎、动物的氯仿中毒；色素和铁的代谢、胆汁的成分、血浆蛋白的再生；应用同位素标记法研究赖氨酸和维生素B_{12}的代谢、分布及功能等。

发表论文200余篇；主要著作有《关于由氯仿麻醉所造成的肝损害之研究》（1909年）、《食物对血液再生之影响》（1918年）和《恶性贫血》（1922年）等。

（张慰丰　朱　劢）

津泽，H.（Zinsser，Hans）　美国人，1878年11月27日生于美国纽约，1940年9月4日卒于波士顿。*流行病学、医学微生物学、病理学、免疫学。*

德国移民后代，父亲在纽约开化学品公司。他在德国威斯巴登市完成中学教育。1899年获美国哥伦比亚学院文学士学位。1903年同时获哥伦比亚大学内科与外科医学院医学硕士、医学博士学位。在纽约罗斯福医院完成实习后，曾短期开业行医。1910年任斯坦福大学副教授，次年升任教授。1913～1923年任哥伦比亚大学内科与外科医学院细菌学和免疫学教授。1924年起一直任教于哈佛大学医学院。因患淋巴性白血病去世。

研究与治疗斑疹伤寒的世界权威。研究广泛涉及麻风、结核、梅毒等传染病，以及过敏性反应症，尤对斑疹伤寒防治、流行病规律研究上有重要贡献。斑疹伤寒症是病原体经老鼠、跳蚤、虱子等宿主传播给人类，易发生于人口过度拥挤、卫生条件落后地区，来势猖獗凶恶，致人死命仅9～18天，20世纪初死亡率高达60%～70%。1915年受美国红十字卫生委员会派遣，赴塞尔维亚参与扑灭斑疹伤寒大流行。1917年任美国远征军医疗队上校医官，再次赴欧洲，在驻法国、塞尔维亚野战部队中开展卫生防护工作，获法国荣誉军团骑士勋章、美军卓越服务奖等。后以国际联盟卫生部卫生专员身份，1923年去苏联、1931年去墨西哥、1938年去中国，还去过伊朗和日本等地，调研和指导防治斑疹伤寒和霍乱等传染病。

1932年他和卡斯坦纳达（M. Ruiz Castañeda）首次发现斑疹伤寒患者血清中存在抗体。1934年他对发生于纽约、波士顿的538例布里尔氏病进行调研，发现患者几乎都来自东欧斑疹伤寒流行区。这种病是1896年由美国细菌学家布里尔（N. Brill）在纽约发现，患者发热头痛，皮肤斑丘疹，接触者多不感染。津泽提出“内源性复发理论”，认为是既往潜伏病原体复发的非典型斑疹伤寒症，后被实验所证实。为纪念他的贡献，1952年后医学界也将此病称为布里尔－津泽氏病。1937年他研制出斜面琼脂组织培养法，在实验室首次从被感染鸡胚组织中成功分离培养出斑疹伤寒病原体“普氏立克次体”，后进而指导开发出防治斑疹伤寒的疫苗。在免疫学实验中，发现机体变态反应，用生物化学方法探索抗原抗体反应机理。例如在结核菌素研究中，发现机体局部反应和全身反应不一致性；在检测肺炎感染者血尿中发现多糖体物质。为此提出过敏症假说和一系列防治原则。此外，系统研究疾病流行病学规律，其中包括疾病自然史、流行原因、传播方式、复发条件、病原生存特点、流行规律、防治对策等等。

重要著作有《鼠、虱和历史》（1935年初版，2007年再版）、《立克次体病的流行病学和免疫学》（1940年），与他人合编教材《细菌学教程》（1910年初版；后改名《微生物学》，1964年第13版）。（张祝山）

斯克里亚宾，К. И.（Скрябин，Константин Иванович；Skryabin，Konstantin Ivanovich）　苏联人，1878年12月7日生于俄国圣彼得堡，1972年10月17日卒于莫斯科。*寄生虫学、传染病学、公共卫生学。*

曾在多尔帕特大学（今塔尔图大学）兽医学院学习，同时在多尔帕特大学生物学系旁听。1905年毕业后，赴哈萨克斯坦当兽医。曾被派出国研究蠕虫学。1917年在新切尔卡斯克顿河兽医学院任寄生虫学教授。1920年任莫斯科大学兽医学院教授。1942年任苏联科学院蠕虫学实验室主任，直至去世。1935年当选为全苏列宁农业科学院院士。1939年当选为苏联科学院院士。1943～1952年任苏联科学院吉尔吉斯分院主席团主席。1944年当选为苏联医学科学院院士。1956～1961年任全苏列宁农业科学院副院长。是法国、波兰、匈牙利、捷克斯洛伐克、保加利亚、南斯拉夫等国科学院外籍院士。

领导筹建了莫斯科3所主要的蠕虫研究所。一生发表700多篇论文，广泛涉及形态学、生物学、种族发生学、分类学、蠕虫地理学、流行病学、蠕虫病、临床病理学，以及消灭寄生蠕虫的原理和方法等。除了对许多分类学类别进行订正之外，还对200多个新种和100个新属的蠕虫作了描述。先后组织了340个考察队，在普及人体和动物蠕虫的知识和防治寄生虫病上起了重要作用。由于他的努力，在苏联许多地区多种蠕虫病已被消灭。

主要著作有《普通蠕虫学基础》（1940年，与他人合著）等；主编《动物和人体吸虫病》（23卷，1947～1970年）、《苏联的蠕虫科学建设与实践》（5卷，1962～1969年）；另有自传《我的科学生涯》（1969年）。1941年、1951年获苏联国家奖金，1957年获列宁奖金。此外获6枚列宁勋章、4枚其他勋章、多枚奖章。（顾振海）

杜自明(Du Ziming) 中国四川省人,清代光绪四年(1878年)生于四川成都,1961年11月15日卒于北京。中医正骨学。

满族。自幼习武,宗少林派武功,以猴拳见长。得家传伤科秘方,光绪二十八年(1902年)始于成都悬壶,专治跌打损伤,所愈甚众。1951年应聘任成渝铁路工地特约医生。1953年任成都铁路医院医师,兼四川医学院特级医师。1957年应聘赴京任国家卫生部中医研究院内外科研究所伤骨科主任、兼广安门医院伤骨科主任。

现代骨伤科名中医。擅长治疗软组织损伤证及骨关节病,对骨伤科有独特经验,归纳外伤性疾病为"卡、抵、掤、碰、忍、揌、闪、凝"8个方面,治疗手段则采用牵、卡、挤、靠等,以及分筋理筋、弹筋拨络、点穴按摩、滚摆升降等,辅以药物和机体局部功能锻炼。尤擅长治疗骨关节损伤,以分筋法、弹筋法等手法治疗筋伤,消疼散结。对骨折治疗,认为骨折筋必受损,致使气血阻滞,故提出"筋骨并治"的原则,并根据少林拳术衍化出一套体功锻炼方法。对先天性小儿斜颈及马蹄内翻足畸形,也有很好的治疗办法。认为人身是一个整体,骨折只是局部,治疗骨伤病必需兼顾整体与局部,不可偏废。强调中医骨伤科大夫必须练功,练功才能使体格强健,手劲有力,提高正骨手法的疗效。晚年致力于培养学生,先后培养的学生有20多名。其学术著作均系口述,由学生整理成篇,计有《杜自明正骨经验概述》(1960年)、《扭挫伤治疗常规》、《增补少林十二式》等问世。 (张慰丰)

恽铁樵(Yun Tieqiao) 名树钰,以字行,别名冷风、焦木。中国江苏省人,清代光绪四年(1878年)生于福建台州,1935年卒于上海。中医学、医学教育、中西医结合、文学。

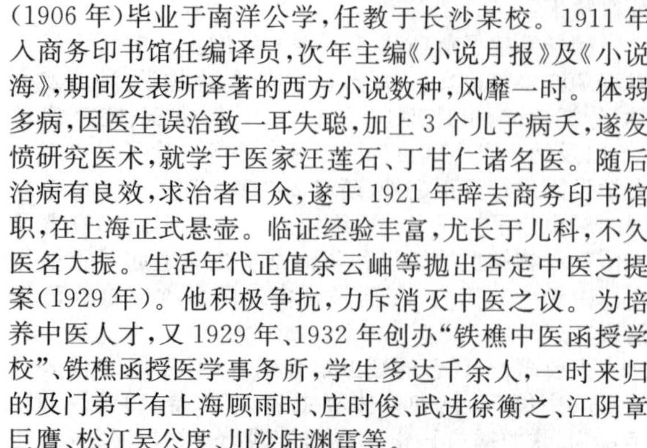

原籍江苏武进。幼年父母双亡,由族人抚养。16岁中秀才。光绪三十二年(1906年)毕业于南洋公学,任教于长沙某校。1911年入商务印书馆任编译员,次年主编《小说月报》及《小说海》,期间发表所译著的西方小说数种,风靡一时。体弱多病,因医生误治致一耳失聪,加上3个儿子病夭,遂发愤研究医术,就学于医家汪莲石、丁甘仁诸名医。随后治病有良效,求治者日众,遂于1921年辞去商务印书馆职,在上海正式悬壶。临证经验丰富,尤长于儿科,不久医名大振。生活年代正值余云岫等抛出否定中医之提案(1929年)。他积极争抗,力斥消灭中医之议。为培养中医人才,又1929年、1932年创办"铁樵中医函授学校"、铁樵函授医学事务所,学生多达千余人,一时来归的及门弟子有上海顾雨时、庄时俊、武进徐衡之、江阴章巨膺、松汀吴公度、川沙陆渊雷等。

是中西医汇通派的重要人物之一,有志于沟通中西医学术。在学术上推崇《内经》、《伤寒论》,但又认为"医者不当以《内经》为止"。主张"取西医学理,补助中医",并指出"欲昌明中医学,自当沟通中西,取长补短",认为"今后中医如循之轨道","必须吸取西医之长,与之化合,以产生新中医",还提出"新中医"是"渐与古说相离,不中不西,亦中亦西",要改造中医,须先"发皇古义","万不可舍本逐末"。极力反对当时有人企图取消中医病名,以西医病名取代的主张。由于历史条件的限制,对西医缺乏全面理解,不免有牵强附会之处。

撰有《论医集》、《伤寒论研究》、《伤寒后按》、《伤寒论辑义按》、《金匮翼方选按》、《金匮方论》、《温病明理》、《群经见智录》、《热病讲义》、《生理新语》、《保赤新书》、《脉学发微》、《病理概论》、《病理各论》、《霍乱新论》、《梅疮见垣录》、《药盦医案》等22种,其中大部分辑入《药盦医学丛书》。另有函授讲义20种及演讲集。《群经见智录》为其代表作。又主办《铁樵医学双月刊》,发行20期,当时也有一定影响。 (张慰丰)

卢卡斯,K.(Lucas,Keith) 英国人,1879年3月8日生于英国格林尼治,1916年10月5日卒于英格兰威尔特郡索尔兹伯里。生理化学、神经科学、医疗器械研制、航空工程。

一位工程师的次子。1898年考入剑桥大学三一学院,1905年获文科硕士学位。留校任教,1908年任神学院自然科学讲师。后又获剑桥大学理学博士学位。1913年被选为英国皇家学会会员。后任剑桥大学科学仪器公司董事长。1914年他新建生理学实验室。第一次世界大战时,被派到皇家飞机制造厂实验研究部门工作。1916年在皇家飞行学校一次单独飞行中碰撞而死。生有3个儿子,后都成为大学教授。

在神经科学方面,致力于研究神经和肌肉兴奋波的特性;1905年、1909年相继发表两篇论文,支持并建立了心肌神经冲动的"全或无"法则;提出骨骼肌"全或无"定律;测定了神经传导的温度系数;比较了通过肌肉接头传导、心脏房室束传导和神经末梢向中枢的传导;证实存在冲动减弱的"衰减区";研究神经传递的化学和放大生物电活动,在神经生理学领域树立了重要的里程碑。在生理化学方面,研究蛄和蛙的神经肌肉生理,提出同一个动物不同组织兴奋程度不一,不同动物相同的组织兴奋程度也不一样的论点。

此外,设计研制有多种医疗器械和特种显微镜等仪器;在航空工程方面,研发有早期的飞机导航设备等。

(刘鸿义 高菊芳)

伍连德(Wu Liande) 字星联。中国广东省人,1879年3月10日出生于马来亚槟榔屿(今属马来西亚),1960年1月21日卒于同地。传染病学、公共卫生学、医务管理与教育、医学史学。

祖籍中国广东新宁(今台山)。出身于马来亚华侨之家。16岁以前在当地英国学

校学习。1896年获英国皇家奖学金入剑桥大学学习，先后选读数种学科，1899年获文学士学位，1903年获文科硕士、外科学士和医学士学位，1905年获医学博士学位。旋即到德国海勒卫生研究所、法国巴斯德研究院继续深造，研究微生物学、传染病学与卫生学。1907年曾在马来亚行医。1908年回中国后，被聘为天津军医学堂协办，负责医学教育工作。1910年清廷委任为东北三省鼠疫防治总管，特赏为"医科进士"。辛亥革命后，1912年被聘为总统府侍从医官，不久在哈尔滨设立东北三省防疫总局，被委任为防疫总官。1915～1916年参加筹建北平中央医院。1916年与颜福庆、俞凤宾等在上海创立中华医学会，被推选为中华医学会第二、三届会长，兼任《中华医学》杂志总编辑。1920年到美国约翰斯·霍布金斯大学医学院留学，1923年获公共卫生学硕士学位。同年参加檀香山的太平洋食物保全大会。回国后，继续担任东三省总防疫处总办，兼营口临时防疫处名誉总办。期间1921年参与北平协和医院创建。1926年创办哈尔滨医学专门学校（今哈尔滨医科大学），为首任校长。因东北防治鼠疫的成果，同年日本东京帝国大学授予荣誉博士学位。入选苏联科学院名誉院士。1927年出席国际联盟在印度召开的远东热带病学会议。1930年受国民政府卫生部委派，任上海全国海港检疫总管理处处长。从此，中国正式从外人手中收回海港检疫权。9月，卫生部委派他兼任上海港检疫所所长。八一三事变，日军侵占上海，他辞职退休，移居香港。1946年回到出生地，创建吉隆坡医学研究中心。

在防疫事业上作出卓越贡献。1910年秋，西伯利亚肺鼠疫流行，不久即蔓延入满洲里、哈尔滨，并向华北扩展，几个月内病死6万余人。他临危受命为东北三省鼠疫防治总管，历时4个月终于控制与消灭了鼠疫。1911年4月在奉天（今沈阳）举行万国鼠疫研究会，中国、英国、美国、俄国、德国、法国、奥地利、意大利、荷兰、日本、印度等11国代表参加，他被选为大会会长，进行了近一个月讨论，会后发表长达500页的英文《1911年国际鼠疫会议报告》，受国内外称誉。1920年东北再次流行鼠疫，因他事先向国民政府建议在东北地区滨江、满洲里、齐齐哈尔、拉哈苏苏开设医院和建立防疫机构，疫情很快得到控制和扑灭。1919年1月，代表中国外交部查验上海海关封存的1 200箱鸦片并监督销毁。主张禁绝鸦片。力陈人口统计对发展医学、增进人民健康的意义。

用中文或英文发表的论文150多篇，内容涉及鼠疫、霍乱、传染病、海港检疫、公共卫生、个人卫生、营养学、禁烟、医学教育、医学史、医德、医疗机构、医学团体、外科学、杂文等。早年对科学史有浓厚兴趣，与王吉民合撰英文版《中国医史》（1932年初版，1939年再版）。1959年在英国出版用英文写的《鼠疫战士——一位中国现代医生的自传》。专著《论肺型鼠疫》、《鼠疫概论》、《霍乱概论》等，已成为公共卫生医学领域经典之作。1983年，他的姓名入编拉斯特（J. M. Last）主编的《流行病学词典》，是入选的唯一中国医学家。早在20世纪20年代，著名学者梁启超已赞语道："科学输入垂五十年，国内能以学者资格与世界相见者，伍星联博士一人而已！"

（张慰丰）

查加斯，C. R. J.（Chagas, Carlos Ribeiro Justiniano） 巴西人，1879年7月9日生于巴西米纳斯吉拉斯州奥利维拉，1934年11月8日卒于里约热内卢。传染病学、寄生虫学、公共卫生学。

在舅父、外科医生卡斯特罗（Carlos Ribeiro de Castor）的影响下立志学医。1896年开始在里约热内卢大学医学院学习，1902年结业。1903年在奥斯瓦尔杜—克鲁斯研究所完成论文"疟疾的血液学研究"，获医学博士学位。1907年成为该研究所的专职人员。是被哈佛大学、巴黎大学授予荣誉博士学位的第一个巴西人。

1905年接受了在桑多斯的疟疾防治任务，成功地用除虫菊进行家庭消毒。1909年受克鲁斯研究所委派，去拉桑斯村从事新的抗疟任务。在铁路车厢内住了两年，发现那里有大量臭虫，检验发现这些臭虫是锥虫的宿主，鉴定后认为是一种新的锥虫种属，为了对朋友和老师表示敬意，特命名为克鲁斯锥虫。为了证实这种锥虫对人的致病作用，他终于在有急性感染症状的婴儿血中发现了锥虫。并描述了锥虫病的感染和病原体、媒介、临床表现、流行病学及其宿主之间的关系。1922年在斯特拉斯堡召开的巴斯德诞生100周年纪念会上获奖。

（殷明德）

罗，A. W.（Rowe, Allan Winter） 美国人，1879年7月31日生于美国马萨诸塞州格洛斯特，1934年12月6日卒于波士顿。内分泌学、病理学、生理化学、化学。

1901年在马萨诸塞理工学院获化学学士学位。1904年在韦斯利安大学获理科硕士学位。1906年在德国格丁根大学获哲学博士学位。同年到波士顿大学医学院任教，1908年任化学教授。1933年任美国内分泌学会会长。是美国医学科学院成员，美国医学学会名誉会员，国际麻醉学会名誉秘书长。

主要研究领域是生理生化，特别是对于内分泌疾病的研究。1929～1934年发表47篇论文，内容涉及内分泌腺、半乳糖代谢和生命机能。还发表了"妊娠引起的变化"、"尿的化学"和"青年人的行为问题"等论文。1932年出版《内分泌疾病的鉴别诊断》一书，受到医学界的好评。

在电解质热化学方面的研究成果和数据，经常被有关手册所引用。曾研究稀释热，特别是强酸和碱中和时产生的热。化学知识非常渊博，曾在波士顿大学教过无机化学、有机化学、生理化学、生物化学、病理化学、定性定量分析、饮食学和毒物学等。培养了一批博士研究生。

（张志练）

劳斯，F. P.（Rous, Francis Peyton） 美国人，1879年10月5日生于美国马里兰州巴尔的摩，1970年2月16日卒于纽约。肿瘤病毒学、病理生理学、血液学、临床医学。

粮食出口商人的儿子。早年父亲去世，生活贫困。1900年毕业于约翰斯·霍普金斯大学，获文学士学位。

旋即转入该校的医学院就读，1905年毕业获医学博士学位，在附属医院任实习医师。一年后去密歇根大学任病理学讲师。1907年暑期被派往德国德累斯顿医院讲授病理学。回国后，1909年转到洛克菲勒医学研究院主持肿瘤研究实验室工作，1920年晋升研究员，1945年退休为名誉研究员。曾任《实验医学》杂志主编。1927年当选为美国国家科学院院士。是英国皇家学会、英国皇家医学学会、丹麦皇家医学学会的外籍会员，挪威文理科学院外籍院士，法国医学科学院外籍通讯院士。

1909年开始研究肿瘤，发现普利茅斯火鸡的某些肿瘤可由病毒引起。在一只患肉瘤的母鸡身上取出了瘤体，提取浸液将其中的细胞全部滤去，然后注射到健康的鸡体内，结果这些雏鸡也长了肉瘤。发现母鸡的其他恶性肿瘤也能用同样的方法传给小鸡。1910年发表"恶性新生物通过离体细胞滤液播散"的论文。但是其他学者试图用此法来接种肿瘤均未成功。学术界认为他的雏鸡肿瘤实验是一种特殊状况，不能用来解释哺乳动物发生肿瘤的一般病因。

1915年转向研究生理病理学，研究血液和肝脏。第一次世界大战期间，对输血问题进行了研究。研制出"R-T溶液"，对输血用的红血球贮藏方法作了改进，建立起全世界第一座血库。发现胆囊具有收缩胆汁的功能，所采用的胆道插管法至今仍用于胆囊造影术中。又证明正常肝脏的大小取决于其工作负荷。还用无害染料注入血管的方法研究不同血管壁的通透性。

1932年洛克菲勒研究院的肖普（Shope）发现美国西南部一种野兔皮肤表面的乳头状瘤，也可由无细胞的浸出液传播。1934年劳斯又回到肿瘤研究课题上，不久证明这类良性肿瘤在微量化学致癌物质的刺激下，可以变为恶性。指出潜在的癌细胞原先处于"休眠"状态，而化学物质、病毒或内分泌刺激可使其"激活"。这观点很快被学者们接受，但病毒致癌学说则遭到人们的怀疑。直到20世纪50年代，由于微生物遗传学的进展，改变了人们对病毒的传统概念，有些病毒能够将其遗传物质送进细胞，使两者的遗传物质互相结合，成为新的遗传因子，肿瘤病毒能将正常细胞的正常生理功能转变为癌细胞恶性增殖的病理状态。另一原因是人们又发现一些新的病毒，它们能引起哺乳动物的恶性肿瘤。1951年又发现一种能引起鼠类白血病的病毒，后又分离出十几种新的肿瘤病毒。于是人们才承认，许多动物和人的恶性肿瘤可能是由滤过性病毒引起的。迄今的认识，病毒并不是肿瘤发生的惟一原因，但是他的功绩在于首次发现了肿瘤病毒，从而开辟了与病毒和瘤有关的领域，这对于研究肿瘤的病因及正常细胞转为癌细胞，具有极其重要的意义。

因1910年论文提出的观点受到普遍质疑，1926年被提名为诺贝尔奖候选人遭到否定，后来由于他的进一步工作和人们认识的发展，他获得了1966年的诺贝尔生理学或医学奖。在授奖仪式上发表演讲"新生物细胞对人类的挑战"。另获1966年美国国家科学奖章等多种奖励。

（张慰丰）

普里斯特利，J. G.（Priestley, John Gillies） 英国人，1879年12月10日生于英国约克郡，1941年2月9日卒于牛津。*呼吸生理学、化学病理学、医学文献学。*

在伊顿公学、克赖斯特彻奇学院和牛津大学受教育。曾任伦敦圣巴托洛缪医院医学院化学病理学实验室主任。第一次世界大战期间，参加英国皇家军队医疗队，因功获军人十字勋章。

在科学上的成就，与牛津大学新学院研究员J.S.霍尔丹的合作密切相关。1905年在英国《生理学》杂志上共同发表"肺脏通气的调节"重要论文，第一次发现人体根据外界环境变化和体内组织需要而调节呼吸速率的工作系统。1906年，两人又揭示出血液中的二氧化碳（这取决于肺泡空气中的二氧化碳浓度）主要和呼吸的深度、频率有关。进而和霍尔丹研究了机体缺氧反应和呼吸肌在呼吸中的运行机理。此外，还研究化学物质在体内生理过程中的变化规律，以及在病理学中的影响作用。他还是一位医学文献学家，曾主编《生物学》杂志（1～60卷）的索引和《生理学摘要》。主要著作有《人类生理学》（1924年初版，1948年第3版，与他人合著）等。

（张志练）

莫特拉姆，J. C.（Mottram, James Cecil） 英国人，1879年12月12日生于英国诺福克郡，1945年10月4日卒于伦敦。*肿瘤学、放射医学、细胞生物学、水产养殖工程。*

1903年毕业于伦敦大学学院医学院，同年获该校附属医院医生资格。1908年起供职于米德尔塞克斯医院。1919年任伦敦镭研究所实验室主任。1937年任芒特弗农医院研究实验室主任等职。

主要致力癌症的研究，在X线和镭对正常和恶性组织的影响、癌的发生及治疗等方面作出了重要贡献。1913年首先发现动植物组织细胞在分裂期比静息期更易受β和γ射线损害，最终导致细胞核的基因突变；还发现X射线及镭的β射线可阻止细胞分裂，抑制肿瘤生长。这不仅对治疗肿瘤，而且对指导保护接触X射线和镭的工作人员有重要意义。20世纪30～40年代，多次进行化学物质致癌实验。曾就淋巴细胞在癌的生成和免疫方面的作用发表过重要论文。还研究过动物的天然保护色及人工养鱼等。主要著作有《肿瘤疑难问题》（1942年）；此外有《自然选择控制和价值营销》（1914年）、《飞鱼》（1921年）、《鳟鱼养殖场》（1928年）等。

（张祝山）

谢观（Xie Guan） 字利恒，晚号澄斋老人。中国江苏省人，清光绪六年（1880年）生于江苏武进孟河，1950年卒。*中医学、医学教育、辞书学、医学史学。*

祖父为当地名医。幼承家学，读经史古文及医经、医方，及长入龙城书院。光绪二十七年（1901年）肄业于苏州东吴大学，致力于史志、舆地之学。光绪三十一年(1905 年)后任两广督学，任教于两广优级师范、广东政法学院，3 年后辞归。1911 年前后两度供职于上海商务印书馆编译，编纂地理、医学书籍 30 余种。旋即任上海澄衷学校校长。1917 年丁甘仁创办上海中医专门学校，受聘任校长。1925 年神州医药总会设中医大学，受聘掌其校。1929 年参与发起中医协会，发表宣言反对余云岫的废止中医提案，任赴南京政府请愿争抗的首席代表。一度出任中央国医馆常务理事。1935 年辞去一切职务，潜心著述。1941 年再次出任上海商务印书馆编辑。

其学术见解，重视养生防病之道；治杂病重在调理脾胃；治时病突出祛湿邪痰浊；治妇科病重在调肝。临证经验丰富，用药处方，重于法度。谢氏著述颇多，涉及医案等，自恐不逮，未付梓。主编《中国医学大辞典》(1921 年初版竣事，随又修订增补，1926 年刊行)，为中国近代第一套大型中医辞书，取材广泛，收罗词目约 70 000余条，350 万言，内容包括中医基础理论、生理、病理、诊断、临床各科、治法、中药、方剂、针灸以及著名医药学家、中医典籍等。有《谢利恒先生全书》，内中包括《澄斋医案》、《澄斋杂著》、《澄斋验方》、《澄斋年谱》、《家用单方》、《中国医话》、《中国药话》、《中国医学源流论》(1935 年)等专著。后者为谢氏医学思想之代表作，阐发中国学术演变与医学变迁之关系，评说各流派、各家之得失，有独到见解。对中国近代中医教育、传播中医学术做出一定的贡献。 (张慰丰)

格塞尔，A. L. (Gesell, Arnold Lucius) 美国人，1880 年 6 月 21 日生于美国威斯康星州阿尔马，1961 年 5 月 29 日卒于康涅狄格州纽黑文。*儿童发育生理学、儿童卫生学、儿科学、心理学。*

教师兼摄影师之子，家中 5 个孩子中老大。1896 年高中毕业后曾进家乡斯蒂文斯·波因特师范学院培训，做过短期中学教师。曾在威斯康星大学学习，1903 年获哲学学士学位。毕业后做高中教师。后再进克拉克大学，1906 年获哲学博士学位。后在洛杉矶加利福尼亚州立师范学院等校教心理学。1911 年在耶鲁大学教育系任助理教授，同时在该校医学院学医和在校附属儿科门诊部实习。1915 年获该校医学博士学位。留校任教，1911 年创立并领导耶鲁大学医学院附属儿童发育临床医学中心，1915 年任儿童卫生学教授，1948 年退休，1950 年任新成立的格塞尔儿童发育研究所顾问。是美国国家科学院院士，美国科学促进协会会员。美国儿科研究院在未得美国儿科理事会批准之前即破格接收他为研究员。还有数种名誉头衔。

首次对人在出生后经青少年期到成年的发育过程进行定量研究。对儿童进行大量观察所得的资料，经整理编入格塞尔发育量表，从该表可推算得各年龄阶段某儿童的发育商数。最初发表于 1925 年，后多次修订，1974 年修订版包括幼儿行为五大方面：适应性、大运动、精细运动、言语、个人-社会互动行为。发育商概念广泛用于衡量儿童智力发育程度。还在著作中提出了儿童在不同发育阶段行为的正常范围，尤其重视学龄前阶段的发育状况。这在 20 世纪 40～50 年代对欧美儿童的教育和培养产生了巨大影响。对测试儿童智力发育程度的一些理论，在现在儿科临床中仍被广泛采用。

他在研究中不仅使用传统的追踪法，而且率先采用一些最新技术，如录音、摄影和视频等，甚至发明所谓的“格塞尔圆顶屋”，利用单向透视镜观察自然状态下的儿童行为和表情。他也研究动物幼仔、猩猩和狼女孩卡玛拉。作为一个心理学家，他深知先天的自然素质和后天教养条件两者的极端重要性。他的核心思想是“成熟理论”，认为支配儿童心理发展的两大要素是内环境生理成熟和外环境后天学习，但成熟更为重要。认为个体的生理和心理发展，都是按基因规定的顺序在环境条件下有规则、螺旋状逐步上升的过程。他一直主张建立全国性的幼儿园系统，坚信这将造福于美国。他的诊疗所不但培养研究人员，而且为家长提供儿童教育的咨询。

一生出版 30 多部著作，其中主要有《学龄前儿童的公共卫生和教育》(1923 年)、《学龄前儿童的心理成长》(1925 年；曾以电影形式发行)、《婴儿行为图解》(1934 年)、《当今婴儿和儿童的培养》(1943 年，与他人合著)和《5～10 岁儿童》(1946 年)等。 (顾振海)

维克塞梅，E. (Wickersheimer, Ernest) 法国人，1880 年 7 月 12 日生于法国巴勒迪克，1965 年 8 月 6 日卒于斯特拉斯堡。*医学史学、医学文献学。*

军医的儿子。在巴黎大学医学院学医，后致力于医学史研究，1905 年获医学博士学位，并获巴黎大学医学院银质奖章。先后在巴黎大学医学院图书馆、德国耶拿大学等处进修学习。曾任法国医学科学院图书馆管理员、斯特拉斯堡地方和大学藏书馆(后改为国家和大学藏书馆)管理员等职。曾任法国医学图书馆联合会荣誉理事，国际医学史学会、法国医学史学会的名誉会长等。

全面研究了中世纪和文艺复兴时期的欧洲医学历史。1906 年出版博士论文《文艺复兴时期的法国医药和医生》。主要著作为《中世纪法国医学传记辞典》(2 卷，1936 年；后人扩展为 3 卷)、《中世纪初期法国图书馆收藏的医药拉丁手稿》(1966 年)等书。身后被追授法国医学科学院奖金。 (张祝山)

赫斯，W. R. (Hess, Walter Rudolf) 瑞士人，1881 年 3 月 17 日生于瑞士弗劳恩费尔德，1973 年 8 月 12 日卒于洛迦诺。*实验生理学、脑与神经科学。*

物理教师的儿子。1906 年在苏黎世大学医学院获医学博士学位。毕业后任外科和眼科医生开业行医。1912 年起放弃行医业务，到苏黎世大学从事生理学研究工作，1917 年任生理学教授兼系主任，1951 年退休。

1925 年运用自己创建的电刺激技术系统研究间脑的生理功能。在猫的间脑放置微电极，观察用弱电流刺激处于清醒状态下猫的行为改变；采用透热凝结法破坏刺激点，以观察其功能缺损表现；并用连续切片法鉴定刺激点的正确位置，据此分析判定控制身体各种功能的中枢定位。发现间脑是植物性神经系统的控制中枢，并对骨骼肌具有整合作用，调节肌张力和自动矫正肌体动作。从而证明间脑上部是运动功能的调节中枢，它使机体对外界的刺激反应更为有效。

主要著作有《间脑的功能定位》(1948年)、《下丘脑和丘脑》(1956年)和《心理的生物学》(1962年)等。由于在脑功能及其对内脏控制作用的研究上有重要成就，与埃加斯·莫尼斯分享1949年诺贝尔生理学或医学奖。（叶蒙福）

施今墨(Shi Jinmo) 原名毓黔，字奖生。中国浙江省人，1881年(清代光绪七年)3月28日生于贵州，1969年8月22日卒于北京。中医学、中医学教育。

祖籍浙江萧山。13岁从舅父、河南安阳名医李可亭学医。1902年入山西大学堂就读。1903年转入山西政法学堂。1906年由黄兴介绍加入中国同盟会。同年转入北京京师法政学堂，1911年毕业。1913年回山西行医，兼从事社会教育，曾与范源濂、汤化龙等在北京和山西创办尚志学会和尚志学校。1917年任湖南教育厅长，不久即引退。同年协助熊希龄创办香山慈幼院，任副院长。不久弃政行医，往来于南北大都，师各地名医之长，正式在京开办诊所。1920年在北京和平门内设中西医院。1922年在马蜂桥创设中医疗养院。30年代医名大振。1931年设中央国医馆，任副馆长并主持学术整理委员会。同年创办华北国医学院，任院长。该院以讲授中医课程为主，同时设西医课程，1949年后该校并入国家卫生部中医进修学校。1941年任上海复兴中医专科学校董事长。1949年后，兼任中华医学会副会长等职。

被誉为现代北京四大名中医之一。从事临床工作数十年，积有丰富经验。早在20世纪20年代，就已主张中西医结合，借用西医之生理学、病理学与中医相互佐诊。1931年在中央国医馆主持草拟《整理国医药学术标准大纲》；1936年倡导以西医病名为主，中西医对照统一疾病名词；诊病时结合中医辨证参照西医病名；应用西医器械(如血压计、听诊器、体温表等)检查；尝试进行中药剂型改革，其研制成药如气管炎丸、神经衰弱丸等，均有较好的疗效。

主张以科学方法研究中医，曾提出以"气"、"血"补充八纲为"十纲"辨证。对外感病认为内有蓄热则易感外邪，提出"七清三解"、"六清四解"等辨证立法。临症灵活善变，不拘成方。善治内科各种杂病，尤擅长治疗肠胃病和妇科病。晚年研究冠心病、糖尿病及防治老年病。曾拟治脾胃十法，组方时计算各类功效药(如扶正与祛邪药)之间比例，常以双药合用，世称"施氏药对"。生前无暇著述，其医疗经验由其门人整理成《施今墨医案》(1940年)、《施今墨临床经验集》(1982年)等。

（张慰丰）

弗莱明，A.(Fleming, Sir Alexander) 英国人，1881年8月6日生于英国苏格兰埃尔郡洛克菲尔德，1955年3月11日卒于伦敦。免疫学、生理学、细菌学、药物化学。

农民的儿子，4个孩子中排行第三，7岁丧父，童年和少年时代在乡村受教育。13岁时随兄到伦敦，进摄政街技术学校学了2年，后进一家航运公司当职员。1900年应征入伍。20岁时得了一小笔遗产而决心学医，1901年进伦敦大学圣玛丽医院，因考试成绩优异获奖学金，1906年进该医院所属医学院深造，并任A. E. 赖特的助手，1908年获医学士和理学士学位，并获金质奖章。留校任讲师至1914年。第一次世界大战时参加皇家军医部队，在此期间研究抗战伤感染。1918年回圣玛丽医院任接种部主任，1928年细菌学教授。1932年任英国皇家医学会病理学部主任。1943年当选为英国皇家学会会员。1944年被册封为爵士。1945年被选为英国微生物学会会长。1947年赖特去世后，接任赖特－弗莱明研究所所长。1951年任爱丁堡大学校长。死于心脏病。

毕生致力于研究人体抵御细菌感染的机理，发现溶菌酶和青霉素。在第一次世界大战中，发现当时通用的防腐剂消毒时毒性太大，在杀死病菌的同时也伤害了弥合创伤的活细胞。战后即寻找能杀死病菌但又无毒性而不损伤人体组织的物质。1921年，他在眼泪、唾液、粘液分泌物、蛋清和其他天然物质中分离出一种物质，称之为"溶菌酶"，可破坏某些非致病菌，但是对致病菌却无能为力。这一发现促使他继续寻找抗菌物质。1928年秋，在对葡萄球菌培养时，偶然发现其中一只敞开的培养皿已被绿色霉菌污染，霉菌周围的细菌被溶化而无法生长。他称这株霉菌为青霉菌，并从中提取了一种强力杀菌的"霉菌汁"，定名为青霉素。这种物质是青霉菌生长的副产物，它对活细胞无毒但能抑制多种病菌生长。实验证明，1∶1000浓度的培养液仍可抑制葡萄球菌的生长。又经动物试验，证明这种滤液对动物没有损害。这件事一直被认为是科学发展史中关注偶然机遇的一个典型，但是他花了多少年的时间和精力才找到它却又不是偶然的。1929年在英国《实验病理学学报》上，发表"论青霉素培养物的抗菌作用"一文，公开宣布了这一发现。但因当时不具备充分分离提纯和浓缩的条件，所以无法进行人体试验与临床应用。1940年H. W. 弗洛里和E. R.. 钱恩成功浓缩了青霉素并进行了临床试验，发现有巨大疗效。1941年，弗洛里带着他的成果到美国寻找工业化生产青霉素的国际合作。1944年盟军在法国诺曼底海滩发动D日反攻，青霉素首次在受伤人员抗菌康复中发挥了重大作用。

主要著作有《溶菌酶》(1932年)和《青霉素》等。由于青霉素的发现,和弗洛里、钱恩共享1945年诺贝尔生理学或医学奖。此外获1945年巴斯德勋章、1946年英国外科医师学会金奖、1947年英国皇家医学会金奖等。

(顾振海)

菲辛格,N.(Fiessinger,Noël) 法国人,1881年12月24日生于法国唐莱孚日,1946年1月15日卒于巴黎。*血液学、病理学、创伤生理学、生物化学。*

著名心脏科医生和作家的儿子。曾就读于法国里昂大学和巴黎大学医学院,1908年获巴黎大学医学博士学位。1910年任巴黎大学附属博荣医院门诊部主任。1920年任巴黎大学医学院教授兼附属博荣医院实验室主任,1931年任实验病理学教授,1939年任该校附属主宫医院临床医学部主任。

主张临床医学必须与生物学的研究紧密结合。1908年阐明了肝硬化的组织病变,探讨其退化过程中肝细胞的变化条件和方式;证实了血液中的白细胞内含有蛋白酶或脂酶;揭示了蛋白酶使体内血块或积脓溶解,而脂酶可消除结核杆菌的脂膜,以便白细胞中的蛋白酶予以消灭。第一次世界大战中,致力于战伤生理学的研究,战后成为杰出的生理学家。在生理学和医学方面的成就并驾齐驱。菲辛格—勒鲁瓦—雷特(Fiessinger-Leroy-Rotter)氏病的发现,使他闻名于世。此外,他还是一名杰出的医学教育家,许多国家的著名医生受过他的指导。

(殷明德)

刘易斯,T.(Lewis,Sir Thomas) 英国人,1881年12月26日生于英国威尔士卡迪夫,1945年3月17日卒于英格兰赫特福德郡里克曼斯沃思。*生理学、心脏病学、临床心电图学、临床医学。*

煤矿工程师兼煤矿主的儿子。家中拥有一个藏书几千册的图书馆。由母亲和一位家庭教师培养教育至16岁。年幼时对读书不感兴趣,大量时间都耗费在体育活动和原野森林中。1902年进伦敦大学学院医院攻读医学,1905年获医学士、理学士双学位,并获大学金质奖章;1907年获医学博士学位。留校医院工作。1913年当选为英国皇家医师学会成员。1916年被任命为国家医学研究委员会干事。1918年成为英国皇家学会会员。1921年被册封为爵士。1930年任英国医学研究会首任会长。1943～1945年任英国皇家学会副会长。

在学生时代,19岁起就发表了数篇有关血液、淋巴腺的论文。在著名生理学家F. H.斯塔林的实验室工作一年后,对心脏生理学发生兴趣。与L.希尔(Leonard Hill)共同研究呼吸对静脉和动脉搏动的影响。1906年起,他和荷兰生理学家W.艾因托文频繁通信,1908年首次在英国将后者发明的心电图仪用于临床诊断,从而被誉为"临床心电图之父"。1908年与以研究脉搏而闻名的J.麦肯齐(James Mackenzie)会见,开始研究心律失常。1909年两人创刊《心脏》(后易名为《临床科学》)医学杂志,并由刘易斯任主编。1911年出版《心律失常的机理》,被誉为心电描记法的经典之作。书中指出心房颤动是心律失常的常见类型,并提出环行运动学说,可以解释心房颤动的发生机理。1913年出版《临床心电图学》,是该领域第一部力作,后多次再版。第一次世界大战干扰了研究工作,但在军队心脏病科医院工作期间,随访观察1 000名患有瓣膜疾病的士兵,长达10年以上,对器质性心脏病的诊断和预后问题提出了重要的见解。同时还做了皮肤血管反应的研究,1924年提出皮肤受到损害性刺激所产生的三重反应是由组织胺类物质即H-物质所引起的。还对雷诺氏病及痛觉进行了研究,认为痛觉可能是缺血产生的疼痛因子所致,心绞痛就是很好的例证。

一生发表论文229篇;出版专著12部。撰写的《临床心搏失常》(1912年)和《临床心电图学》(1913年)均多次出版,《心脏的疾病》(1933年)一书被广泛翻译出版,《临床科学》(1934年)是介绍个人临床经验的专著,《肢体的血管疾病》(1936年)和最后一本著作《人体生理学的实践》(1945年)提供了极好的教材。获1920年大英帝国勋章,1927年英国皇家学会皇家奖章、1941年科普利奖章。

(陈闻鹏)

卢纳,E.(Luna,Emerico) 意大利人,1882年1月6日生于意大利巴勒莫,1963年12月4日卒于同地。*解剖学、组织学、心脏外科学、脑与神经科学。*

出身名门。在巴勒莫大学组织学研究所学习,获医学博士学位。留校任教,1919年任解剖学教授,1920年任所长,1952年退休。创立了意大利解剖学会,任终身秘书长。

为最早成功地缝合心脏、介绍放射解剖学的医学家之一。早期研究小脑形态学及小脑核团的表面投射。证明了退行束的途径;证明单纯小叶发出纤维沿脑脊髓束支配犬颈部运动;发现运动中枢定位于前半月叶的内段;研究了网状组织的微细结构和性质;研究器官大小与毛细血管直径的关系;研究肺的淋巴和肾上腺的形态学;研究肌肉和血管异常等。热心发展贫民卫生事业。

(张祝山)

里奥—奥尔特加,P. D.(Pío-Hortega,Pío Del) 西班牙人,1882年5月5日生于西班牙巴利亚多利德省波蒂略,1945年6月1日卒于阿根廷布宜诺斯艾利斯。*解剖学、神经组织学、病理学、肿瘤学。*

1905年在西班牙巴利亚多利德大学获医学学位。留校任教,1907年任研究员,后任该校的组织学助理教授,1915年任组织学实验室主任。1920年任拉普拉塔大学生理学实验室主任。1926年任西班牙皇家博物学会会长。1928～1936年任马德里大学医学院癌症研究所所长。西班牙国内战争爆发后,到牛津大学、巴黎大学的神经病理学实验室工作。1940年迁居阿根廷,在布宜诺斯艾利斯大学医学院建立组织学实验室,创办《正常组织学和病理学》期刊,并任首任主编。

1914～1916年研究癌细胞的细微结构、卵巢结构。1916年后研究神经系统的间质细胞,发现"第三要素"由小胶质细胞和少突胶质细胞组成。此外,研究肿瘤生成的神经系统,骨骺和松果腺。

(张志练)

福布斯，A.（Forbes，Alexander） 美国人，1882年5月14日生于美国马萨诸塞州米尔顿，1965年3月27日卒于同地。生理学、脑与神经科学。

1899年进哈佛大学，1905年获学士学位，1906年获生物学硕士学位，1910年获医学博士学位。后赴英国利物浦、剑桥等大学进修。1912年回哈佛大学医学院工作，1936年任教授，1948年退休任名誉教授，但仍继续做研究工作。

1915年和A. 格雷格(Alan Gregg)共同测定了去大脑猫的屈曲反射时间。独立验证了由E. D. 艾德里安提出但未获精确验证的全或无定律。发表医学论文百余篇。

喜爱户外运动，用空中摄影法绘制了拉布拉多半岛的海岸地图，为此获美国地理学学会奖。 （顾振海）

奥尔别利，Л. А.（Орбели，Леоц Абгарович；Orbeli，Leon Abgarovich） 苏联人，1882年7月7日生于俄国察克卡佐，1958年12月9日卒于列宁格勒（今圣彼得堡）。进化生理学，神经病理学，脑与神经科学，心理学。

1899年毕业于第比利斯大学预科学校。1904年毕业于圣彼得堡军事医学研究院。1907～1920在实验医学研究所工作，成为巴甫洛夫最亲密的学生和助手。1920～1930年任列宁格勒第一医学院教授兼院长。1925～1950年先后任基洛夫军事医学院生理学系主任、院长、上将军医。巴甫洛夫去世后，1936～1950年任苏联科学院巴甫洛夫生理学研究所所长。1939～1950年同时任苏联医学科学院巴甫洛夫进化生理学与高级神经活动病理学研究所所长。1942～1946年任苏联科学院副院长。1956年创办谢切诺夫进化生理学研究所（后易名为苏联科学院进化生理学和生物化学研究所）。1932年为苏联科学院通讯院士，1935年为院士，1939～1948年任生物科学部秘书长。1944年为苏联医学科学院院士。

发表了200多篇论文，涉及生理学和理论医学的各个领域。其中主要的是有关高级神经活动和感觉器官生理学、脑脊髓的协调规律性和自由神经系统生理学。1903年在巴甫洛夫实验室作了迷走神经切断前后胃蛋白酶铁活动度变化的实验。1908年发表“狗眼条件反射”的论文。1923年创立经典的奥尔别利—金得斯基现象的理论。1956年发表“进化生理学的基本问题和方法”的报告。创办了一所大型生理学专门学校，培养了一批著名的学者。1937年获苏联科学院巴甫洛夫奖。1941年获苏联国家奖金。1945年被授予苏联社会主义劳动英雄称号。1946年获苏联科学院谢切诺夫金质奖章。此外获4枚列宁勋章、4枚其他勋章、多枚奖章。 （张志练）

颜福庆（Yan Fuqing） 字克卿。中国上海市人，1882年（清光绪八年）7月28日生于上海江湾，1970年11月29日卒于上海。传染病学、寄生虫病学、公共卫生学、医学管理与教育。

出身牧师家庭。早年丧父，7岁起寄养在伯父家中，由伯父资助念完中学。1904年毕业于上海圣约翰大学医学院。毕业后赴南非多本金矿任华工医生，矿工们曾赠以金质奖章，一年后回国。1906年被选送到美国耶鲁大学医学院深造，1909年获医学博士学位。同年赴英国利物浦热带病学院学习，次年获热带病学学位证书。1910年归国，应聘任湖南长沙雅礼医院外科医师。1914年创办长沙湘雅医学专门学校（今湖南医科大学前身）。同年赴美国哈佛大学医学院攻读，获公共卫生学学位证书。1915年回国后，参与组建中华医学会并任首任会长，后又将被外国人把持的博医会合并过来。同年起至1927年间，任长沙湘雅医学院院长兼公共卫生学教授。1926年被聘为北平协和医学院副院长。1927年9月，在上海吴淞成立第四中山大学医学院，被任命为院长。1928年创建吴淞卫生公所。1932年中山大学医学院脱离大学本部，迁到上海枫林桥命名为国立上海医学院，1936年建成附属中山医院。1937年七七事变后，任上海市救护委员会主任委员，把中山医院改为第六救护医院，把红十字医院改为特约医院。上海失守后，转入内地继续从事救护医疗工作。1938年被调到武汉出任国民政府卫生署署长，1939年辞去该职，由香港辗转返回上海，深居简出，拒绝汪伪政府的诱逼。抗战胜利后，回到上海医学院继续担任公共卫生教职。1949年后，历任上海第一医学院（今复旦大学上海医学院）副院长、中华医学会名誉副会长等职。

致力于医学管理与教育达60年之久，是中国最早设立公共卫生教学实验区的医学教育家之一。1911年在京汉铁路沿线从事鼠疫防治工作，1916年在萍乡煤矿进行钩虫病调查和防治工作；1918～1920年，在《中华医学》杂志（英文版）连续发表钩虫病论文，赢得中外医学界的好评。1937年七七事变后，积极投入抗日救亡运动，救治伤病员。培养了大批医学卫生人才，为中国的医学教育事业作出了贡献。 （张慰丰）

贝卡里，N.（Beccari，Nello） 意大利人，1883年1月11日生于意大利佛罗伦萨附近巴尼奥厄雷波里，1957年3月20日卒于佛罗伦萨。比较解剖学、细胞学、脑与神经科学、动物学。

博物学家的儿子。1907年获佛罗伦萨大学医学博士学位。后在该校人体解剖学研究所做研究工作，1911年获人体解剖学教学证书，当解剖学代课教师。在第一次世界大战中入伍受伤，1919年退伍。1921年任卡塔尼亚大学人体解剖学研究所所长。1925年任佛罗伦萨大学比较解剖学研究所所长，1953年退休。1929年后一直任意大利解剖学会秘书长，也是意大利实验生物学会组织者之一。

以研究比较解剖学为主，其成就总结在著作《脊椎动物比较解剖学》（1955年）中。在细胞学方面，通过对绿蟾蜍的研究，从形态学上描述了胚细胞的发生过程，以及性细胞的早期分化。对菱脑（脊椎动物后脑）也进行了研究，证明了延脑和桥脑的各类中枢的重要性。其他主要著作有《比较神经病学》（1943年）、《遗传学》（1945年）等。 （顾振海）

赵燏黄(Zhao Yuhuang) 又名一黄,字午乔,号药农、去非、老迟、高翁。中国江苏省人,1883年(清光绪九年)2月27日生于江苏武进,1960年7月8日卒于北京。*生药学、药物化学、中医学。*

生于商人家庭,早年习儒。1900年起在常州延陵书院院长家任家庭教师。1904年就学于上海实学通艺馆附设理化传习所,受业于顾观光。1905年任苏州同里学校物理学、化学教师。同年留学日本,入上野东京药学专门学校。1908年在东京参加创建中华药学会。次年入东京帝国大学药学科深造,随下山顺一郎、长井长义博士攻读生药学及药物化学。1911年归国,先后在浙军、沪军两都督府作医药救护。1912年任南京临时政府卫生局科长,后任北洋政府内务部卫生司科长、代理司长。1915年任浙江省立医药专科学校药科生药学教授。1929年任中央研究院上海化学研究所研究员。1934年任北平研究院生理学研究所研究员。1938~1946年任上海新亚制药厂北平分厂厂长、总技师,同时兼任北京大学医学院药学系教授,并任该院中药研究所研究员、所长。1946~1948年兼任陆军总医院特约研究员。1949年后,重返北京大学医学院(1952年改称北京医学院)药学系生药学教授。1951年兼任中央卫生研究院中国医药研究所顾问、研究员。1955年任中医研究院中药研究所生药研究室研究员、国家药典委员会委员。

毕生致力于药学研究与教育。1934年和徐伯鋆合著中国第一部生药学教科书《现代本草生药学》(上册)。从事药学研究50余年,酷爱古代遗产本草学。1928年提出要研究本草药品的名实,调查秘方草药的效验,应用药理、化学方法研究药物品种、产地、采收、加工、炮制、储藏的质量和中药剂型的改进等。认为中药含有复杂的有效成分,每一种中药就是一个复方,含有君臣佐使各种成分,在人体生理上起协同作用,要研究中药成分,就应研究全成分,并谓中药可以沟通中西医之桥梁。提出要应用现代科学方法系统整理研究中药学,注意实地考察,曾多次亲赴药市、产区调查。注意本草文献与生药研究密切结合,经其专门整理研究的药物有地黄、黄芪、当归、鹤虱等多种。早在20世纪30~40年代,主张自力更生振兴实业,研究国药。当时利用华北麻黄资源,提取麻黄素,不仅满足国内需要,而且远销欧美。为中国培养了一批药学人才,如当代著名的药学家黄鸣龙、黄鸣驹、叶三多、朱晟等。鉴于在药学事业上作出了杰出贡献,被人们尊为中国的生药学泰斗。

一生发表论著80余种。其中,著有《中国新本草图志》(2卷,1932~1934年),这是应用现代科学方法整理本草的代表作;《祁州药志》(1936年)专述祁州所采集的菊科和川续断科药物50余种,鉴定其植物来源,描述其植物和生药形态;《本草药品实地之观察》(2卷,1936~1937年)是中国最早研究中药易混品种的专著;另有专著《药用黄耆的本草学及生药学的研究》(1959年,与他人合著)等;晚年又以《国药与本草之检讨》稿为基础,撰写巨著《本草新诠》,(1988年),在他去世28年后出版。

(张慰丰)

范斯莱克,D. D.(Van Slyke, Donald Dexter) 美国人,1883年3月29日生于美国纽约州派克,1971年5月4日卒于纽约州加登城。*病理学、代谢医学、生物化学。*

密歇根大学化学教授之子。1905年毕业于密歇根大学化学系。后在华盛顿生物化学局工作。1907年获密歇根大学哲学博士学位。同年在洛克菲勒医学研究院生物化学实验室任化学研究员,期间1911年在柏林大学进修,师承诺贝尔化学奖(1902年)得主E.费歇尔。1914~1949年任洛克菲勒医学研究院附属医院首席化学家。1949年入布鲁克黑文国家实验室工作,直至去世。1914~1925年任美国《生物化学》杂志主编。1923~1924年任美国生物化学与分子化学学会会长。

主要研究领域是蛋白质化学及其派生的临床生物化学问题,酸一碱、气体、流体、电解质平衡及它们和人体疾病之间的关系。在临床病理学诸多课题中,如酶在体内的各种效应、血液化学、糖尿病和肾病的代谢病理学等领域,均有重要贡献。其中有关酸中毒的研究是他的第一个成果。对肾炎的研究结果发现,尿氨主要来自谷氨酰胺而不是脲,所发展的脲清除力试验,对临床及实验室研究都颇有价值。他首次引进测量氨基酸、以及肝脏中蛋白质转化为尿素的技术手段,在理解人体酸度基准和电解质等问题上取得重要进展,包括测量血液中的尿素含量,并指出电解质疗法在病理学中的作用。他还引进测量血液中气体含量的技术,有助于呼吸生理学的进一步研究。他的大部分生物化学方法是在1912~1930年期间提出的。一生发表论文317篇;出版5部专著。

(诸葛健)

巴巴尼科拉乌,G. N.(Papanicolaou, George Nicholas) 美国人,1883年5月13日生于希腊基米,1962年2月18日卒于美国佛罗里达州迈阿密。*解剖学、细胞学、肿瘤学、妇产科学。*

希腊裔。1904年毕业于雅典大学,获医学博士学位。1910年获动物学博士学位。巴尔干战争期间,任希腊军队医疗队少尉。1913年移居美国。1914年任教康奈尔大学医学院解剖学,后任教授,1951年退休任临床解剖学名誉教授。1961年迁居佛罗里达州,任迈阿密大学癌症研究所所长。

对癌症特别是子宫癌的诊断作出了贡献。现称这种诊断技术为巴巴尼科拉乌涂片试验,或"巴氏试验"。1933年出版专著《用阴道涂片诊断女性生殖周期》,注意到检出子宫中的癌细胞。1943年,与H.特劳特(Herbert Traut)共同出版名著《用阴道涂片诊断子宫癌》,该技术现已广泛用于普查早期子宫癌。子宫癌早期发现,其治愈率几乎达百分之百。另有专著《脱落细胞学图谱》(1954年)。

(张志练)

丹福思,C. H. (Danforth, Charles Haskell) 美国人,1883年11月30日生于美国缅因州奥克斯福德,1969年1月10日卒于加利福尼亚州帕洛阿尔托。解剖学、内分泌学、遗传学、人类学。

就学于塔夫茨学院,1908年获文学学士、1910年获文科硕士、1941年获荣誉理学博士学位。1912年在圣路易斯华盛顿大学获哲学博士学位。1908年在华盛顿大学任解剖学讲师,1916～1922年任副教授。期间1910～1911年兼任哈佛大学医学院讲师。1922年任斯坦福大学解剖学副教授,1923年晋升为教授,1938年起任解剖学系主任,直到1949年退休。

1907～1967年间,共写了125篇论文。其中大量研究工作涉及遗传学问题。精通内分泌学和人类形态学。一项重大贡献是主持对第一次世界大战退役的10 4000名美国士兵进行了全面体检,并将所得结果发表于《军队人类学》中。 (殷明德)

史密斯,P. E. (Smith, Philip Edward) 美国人,1884年1月1日生于美国南达科他州迪斯梅特,1970年12月8日卒于马萨诸塞州弗洛伦斯。解剖学、内分泌学、动物学。

中、小学时代都在加利福尼亚州度过。后进波莫纳学院学习,1908年毕业。1910年获康奈尔大学昆虫学硕士学位,1912年获解剖学博士学位。同年夏季任加利福尼亚大学解剖学系讲师。1913年和帕谢特(I. A. Patchett)结婚,当时她是史密斯的助教,因研究青蛙脑垂体发育获硕士学位。1921年任加利福尼亚大学解剖学副教授。1927年任哥伦比亚大学内科与外科医师学院解剖学教授,1952年退休任解剖学名誉教授,但仍继续在哥伦比亚大学讲课至1954年。1956年夫妇俩重返斯坦福大学研究了7年,把对两栖类垂体腺的研究扩展到哺乳动物,直至灵长类。1963年被授予英国内分泌学会戴尔奖章。 (顾振海)

芬克,C. (Funk, Casimir) 美国人,1884年2月23日生于波兰华沙,1967年11月20日卒于美国纽约。生理学、营养学、病理学、生物化学。

有名的波兰皮肤病专家的儿子。1904年在瑞士伯尔尼大学获有机化学的哲学博士学位。先后在法国巴斯德研究院、威斯巴登市立医院和柏林大学短期工作。后赴英国伦敦大学学院李斯特研究所研究脚气病。1915年迁居纽约,后入美国籍。1923年受洛克菲勒基金会的资助,回波兰任国家卫生研究院生物化学实验室主任。1928～1939年在巴黎创办一所私营生化研究所并任顾问,后因德军入侵而回美国。1940年任芬克医学研究基金会主席。

提出脚气病、坏血病、糙皮病和佝偻病都是由于饮食中缺乏某些基本物质所致。虽然未能提取出抗脚气病的物质,但认为这些物质都是胺类。1912年首创维生素(Vitamine)术语,用意为"维持生命的胺"。尽管以后证明只有维生素 B_1 是胺,但是该词在去掉词尾的"e"后被广泛采纳。1912年首次分离出了烟酸,但并不知它和糙皮病有关。1936年独立确定了维生素 B_1 的分子结构,尽管不是第一个。后来还研究了性激素、癌症、溃疡病等的生物化学。 (顾振海)

梅兰比,E. (Mellanby, Edward) 英国人,1884年4月8日生于英国西哈特尔浦,1955年1月30日卒于伦敦附近。营养学、药理学、生理学、生物化学、公共卫生学。

造船业主的最小儿子。两个兄长都是教授。在剑桥大学攻读生理学,1905年获文学士学位。1907年起在伦敦圣托马斯医院实习。期间曾获剑桥大学的沃尔辛厄姆奖章、R·霍顿一史密斯奖金。1910年获剑桥大学文学硕士和医学硕士学位,1915年获医学博士学位。1909～1911年在圣托马斯医院生理学系任示范教师。1913～1920年在伦敦大学国王学院教授生理学。1920年在设菲尔德大学任药理学教授。1933～1949年任英国医学研究委员会秘书长。1925年被选为英国皇家学会会员。1928年被选为英国皇家医师学会成员。1914年结婚,妻子也是生理学家。

一生从未停止过有关食品营养与人类健康关系的研究,对英国和平时期和战时都起了很大作用。1907～1908年发表第一篇论文"关于胚胎、健康和致病条件下肌酸和肌酸酐的代谢研究"。1913年发表哺乳期妇女代谢的研究论文。长期从事食品营养方面的研究。是研究佝偻病与营养关系的先驱者,后在诺贝尔奖获得者F. G. 霍普金斯指导下进行有关代谢紊乱的研究。1914年应医学研究委员会的要求,再次重点研究佝偻病。早就推论非饮食因素在佝偻病的起因中仅是次要的。1918～1921年,用狗做实验,只喂食苏格兰人的主食麦片粥,不给其他营养,也不给光照,结果那些狗都患上佝偻症。接着,他确认肉类和某些蔬菜汁、一些动物脂肪如鱼肝油、黄油等,都具显著的预防作用,而增加室外活动接受日光浴,更是一项方便可行的措施。1919年发现抗佝偻病因子是维生素D和与此相关的物质,这对当时英国防治佝偻病起了重要作用。第一次世界大战末,又进行了另一重要研究课题,如不同种类饮料中酒精被血液吸收的相对速率和与不同类食品引起的不同关系等。很注意从基础研究中所得到的结果去促进临床和实验工作。30年代,和同事又进行癌症研究,取得一些成果。以后由于他进行了化学药物处理面粉产生毒性的研究,引起当时社会的深切注意。第二次世界大战中,主持英国战时军民饮食结构研究课题。

代表作有《营养和疾病》(1934年)等。1937年被授予大英帝国骑士最高勋章。1948年被授予巴斯骑士勋章。 (诸葛健)

汪逢春 (Wang Fengchun) 名朝甲,字凤椿。中国江苏省人,1884年(清光绪十年)5月29日生于江苏苏州,1949年8月14日卒于北京。中医学、医学教育。

出身吴门望族。受业吴中名医艾步蟾,博学多识,能书擅文,精究医学。在北京行医50年。1938年北京成立国医职业公会,被选为会长。1939年1月《北京医药月刊》创刊,任主编。1942年在北京天安门内侧朝房设施诊所，并兴办中药讲习所、医学讲习班，聘请瞿文楼、杨叔澄、赵树屏等为教席，培养了许多中医药人才。

被誉为现代北京四大名中医之一。治病重整体观念，强调辨证施治。善治时令病、胃肠病，又擅长温病、伤寒及妇、儿诸科，对于湿温病尤多阐发，注意宣扬三焦以化湿浊，采用清热化湿，结合宣透、舒郁、淡渗、缓泻等法分解病势。处方用药，独有心得，虽循规前哲，但必应乎气候方土体质。用药讲究炮制，善用粉剂胶囊，喜用曲类及鲜品药物，且十分重视饮食禁忌。

生前忙于诊务，未暇著述，仅见有《中医病理学》(1942年北平医学讲习所铅印本)。诸弟子将平素随师学习记录成册，题名为《泊庐医案》(1941年，华北国医学院铅印本)。北京中医学院温病教研室编写的《温病纵横》中，有相当篇幅介绍汪逢春治疗温热病的经验及临床病案。 (张慰丰)

墨菲，J.B.(Murphy，James Bumgardner) 美国人，1884年8月4日生于美国北卡罗来纳州摩根敦，1950年8月24日卒于缅因州巴哈伯。*肿瘤学、生理学、免疫学、细胞生物学。*

疗养院院长的儿子。1905年获北卡罗来纳大学理学士学位。1909年获约翰斯·霍普金斯大学医学院医学博士学位。后在沃德岛精神病院研究神经生理学。1911年回母校约翰斯·霍普金斯大学医学院从教。第一次世界大战中，任华盛顿将级外科军医的助手、少校医官。1919年结婚，到中国度蜜月，后生有两子。1923年至1950年去世，一直任洛克菲勒医学研究院(今洛克菲勒大学)癌症研究所所长，对于确定该院的癌症研究方向起了重要作用。是美国国家科学院院士，国家研究理事会发育委员会主任，纽约纪念医院董事会董事，美国肿瘤学会理事。1921～1922年任美国实验病理学学会会长。曾任《肿瘤研究》杂志主编。也是一些外国科学学会的成员。获北卡罗来纳大学等校荣誉博士学位。因脑溢血去世。

终生从事肿瘤学研究，主要贡献：首创冷冻干燥法成功地应用于癌症研究，证明鸡肉瘤母细胞组织抽提液的冻干制剂，能传播肿瘤；后来改进这种技术，将鸡肿瘤病毒感染到受精卵中去，此法对研究病毒极为重要。

(张承圭 吕慧梅)

赫斯泽菲尔德，L.(Hirszfeld，Ludwig) 波兰人，1884年8月5日生于波兰华沙，1954年3月7日卒于波兰弗罗茨瓦夫。*血液学、细菌学、血清学、传染病学、公共卫生学。*

先在罗兹大学预科学习。后回国行医。1902年入德国维尔茨堡大学。1904年转到柏林大学学习医学和哲学，1907年完成"论血液凝集"论文获医学博士学位。同年在海德堡大学实验癌症研究所任助理研究员。1911年新婚后，接受苏黎世大学卫生学研究所助理研究员职务。战后偕妻子回华沙，创建了波兰血清研究所。不久任华沙国家卫生研究院副院长和科学部主任，1924年任教授。1931年兼任华沙大学教授。第二次大战期间德军占领波兰，1941年2月全家迁入华沙犹太人区，1943年和家人一起出逃，才幸免于难。1944年波兰部分地区解放，主持创办卢布林大学，并任代校长。1945年任弗罗茨瓦夫大学医学院微生物学研究所所长和医学院院长，在研究所执教直至去世。现在该研究所以他的名字命名，附属于波兰科学院。布拉格大学、苏黎世大学授予他荣誉博士学位。

对动物和人的血型作了最早的综合研究。和邓格恩(E. von Dungern)把血型分为A、B、AB和O四型，并首先预见母亲与子女之间可出现血清学拮抗，这为后来Rh因子的发现所证实。第一次世界大战爆发后，塞尔维亚流行斑疹伤寒和细菌性痢疾，1915年申请去那里参与防治工作，在塞萨洛尼基传染病医院，首次发现了副伤寒沙门氏菌C(现称赫斯泽菲尔德一沙门氏菌)。先后用德、法、英文和波兰文写了近400篇论文。

(殷明德)

孔伯华(Kong Bohua)

原名繁棣，别号不龟手庐主人。中国山东省人，清光绪十一年(1885年)生于山东曲阜，1955年11月23日卒于北京。*中医学、医学教育。*

幼承家学，因母病立志学医，精读古典医书，对清以来温病学说尤有研究。1908年开始在河北各地应诊。1910年在北京就职外城官医院，1917年曾参加晋绥防疫会议，次年夏秋又随防疫队去廊房一带防治霍乱，对当时疫病防治作出了一定贡献。不久，辞去医官职，在京悬壶，誉满京师。当时深感中医药界当务之急是培养人才，遂于1930年与萧龙友合办北平国医学院，任院长，前后15年先后培养学生700余人，分布在全国各地。1949年后，历任国家卫生部顾问、中医研究院名誉副院长、中国医学科学院学术委员、中华医学会中西医学术委员会副主任等职。

被誉为现代北京四大名中医之一。在学术上，主张医生临诊不但要看局部，更要熟悉病人整体，特别强调"元气"。治学要求熟读《内经》，但又不泥于古说。病机方面强调"肾为先天之本"，治病以保元气为主。又谓"脾为后天之本"，故又重视肝脾关系。对外感温热，认为人体内郁热伏气是感受温热病的主因，倡寒能胜热、辛凉解表、辛凉祛邪、辛凉芳化等法。推崇徐灵胎"病因人异论"，谓医者必细审其人之种种不同，轻重缓急、大小先后之法因之而定，故主张治病先认症，而后议药，是冀病以就方，非处方以治病。关于祛邪扶正孰先孰后问题，孔氏谓须临证参机应变，辨证论治。治湿温症善用"生石膏"，故有"石膏孔"之称，又善用鲜药。著有《时斋医话》、《传染病证治析疑》、《脏腑发挥》、《中风说》等。他的学术经验由三子孔嗣伯整理刊于《中医》杂志(1962年7～8月号)。 (张慰丰)

巴伯，H. G.(Barbour，Henry Gray) 美国人，1885年3月28日生于美国康涅狄格州哈特福德，1943

年9月23日卒于纽黑文。实验生理学、毒理学、药理学、脑与神经科学。

1906年毕业于哈特福德的三一学院，获文学士学位。1910年毕业于约翰斯·霍普金斯大学，获医学博士学位，并在该校当了一年病理学研究员。1911～1912年访问德国弗赖堡大学、奥地利维也纳大学和英国伦敦大学的实验室。回美国后，1912年任耶鲁大学药理学助理教授。1921年任加拿大麦吉尔大学药理学教授。1923年任美国肯德基的路易斯维尔大学生理学与药理学教授。1931年任耶鲁大学医学院药理学与毒理学副教授，1940～1943年在该校任副研究员。

在第一次世界大战(1914～1918年)期间，奉美国政府之命参与研制军用毒气剂。后对重水(氧化氘)的生物学效应进行了广泛实验与研究，发现将饱和重水稀释至五分之一，会使哺乳动物的生命过程加速。是药物学家，但对生理学也作出了一定贡献。发现用46℃～49℃的温水管刺激大脑的体温调节中枢，可使体温降低1.5℃左右，而用冷水管刺激则可使体温升高。同时证明调节体温的散热中枢位于下丘脑的前部，而其产热中枢则位于下丘脑的后部。主要著作有《实验药理学和毒理学》(1932年)等。（高楚明）

迈诺特，G. R.（Minot，George Richards） 美国人，1885年12月2日生于美国马萨诸塞州波士顿，1950年2月25日卒于纽约州布鲁克林。营养学、血液学、生理学。

医生的儿子。1908年获哈佛大学文学士学位，1912年在该校医学院获医学博士学位。后在马萨诸塞总医院、约翰斯·霍普金斯医院等处实习。1915年任教于哈佛大学医学院，并兼任马萨诸塞总医院助理医师。1922年任哈佛医学院附属亨廷顿纪念医院内科主任，后任布里格姆医院内科主任。1928～1948年任哈佛大学医学院教授，1928～1950年兼任桑代克纪念实验室主任，同时任波士顿市立医院特邀内科医师。1915年结婚，生有二女一子。1928年获哈佛大学荣誉理学博士学位。

对医学的杰出贡献是与W. P. 墨菲合作，应用G. H. 惠普尔的理论，在1926年对患者喂食牛肝，成功地治疗恶性贫血症。试验中，45例病人食用生牛肝后，竟有41人病情明显缓解。此后，他们又在哈佛大学化学家科恩(Edwin J. Cohn)的协助下，从鲜肝中提取肝制剂，供恶性贫血症患者口服，其效果比直接服用牛肝更佳。直至1948年，这种能够治疗恶性贫血的物质才得以确定其化学结构，并被命名为维生素B_{12}，随后他又进一步发现，患恶性贫血主要原因在于人体胃液中缺乏一种能消化吸收肉食中维生素的物质。

其他重要贡献有：对输血、血液凝固、血小板的早期研究；照射法对慢性白血病、淋巴瘤的血液学作用；成功地治疗低血色素贫血，以及证明血友病是由于缺少正常血浆中的某种球蛋白物质所致。他的工作推动了血液学和血液病的研究。主要著作有《恶性贫血的脾切除对骨髓刺激的研究》(1916年)、《贫血的病理生理学与临床表现》(1936年)和《恶性贫血肝疗法的发展》等。当时恶性贫血症是无可救药的，他们的新治疗方法成了救星。为此他和墨菲、惠普尔三人共享1934年诺贝尔生理学或医学奖。（张祝山）

考恩霍文，W. B.（Kouwenhoven，William Bennett） 美国人，1886年1月13日生于纽约州布鲁克林，1975的11月10日卒于巴尔的摩。电生理学、心肺复苏工程、电子工程学。

1906年和1907年在纽约市布鲁克林工学院分别获工学士、电气工程学硕士学位。1913年在德国卡尔思鲁厄理工学院获哲学博士学位。1914年在约翰斯·霍普金斯大学任电气工程学教授，1938～1954年任该校电气工程学院院长。1956～1975年在该校医学院外科学系合作开发电疗医学工程。

在电气绝缘、电气测量和电科学在医学领域内的应用，特别是研究电对人体的效应、用电击消除心脏纤颤所作的贡献尤为卓越。1928年在约翰斯·霍普金斯大学任教电子工程学时，即参加了约翰斯·霍普金斯医院的医学研究工作，实验研究证明心室颤动是可以用电击除颤器予以消除的。1956年应用麻醉狗作实验，先使狗的心脏搏动停止，而后在其胸前挤压可使血液循环恢复。1959年提出的心肺复苏法，可有效地使心跳或呼吸停止的病人复苏。发现当心脏停跳后，呼吸往往只能维持20～30秒钟；而呼吸停止后，一般在2分钟之后心跳才停止，此时应及时予以抢救，进行心肺复苏。提出口对口(或口对鼻)的人工呼吸法和心脏挤压法是简单易行的心肺复苏法。为了普及这一技术，首先为约翰斯·霍普金斯医院全体医生、医学生和护士举办心肺复苏技术培训班，并为巴尔的摩市消防协会举办心肺复苏技术培训班。从1961年11月到1964年3月，他们应用复苏技术对突然和意外死亡的153名病人进行救治，其中52例在到达医院时已被心肺复苏成功。1961年上半年，约翰斯·霍普金斯医院以美国心脏学会名义组织了讲学团，在该学会的14个中心举办心肺复苏技术培训班，取得很好成绩，受到社会好评。获1961年美国电气工程师协会爱迪生奖章，1972年美国医学会科技成果奖，1973年拉斯克临床研究奖。（许可钦 陈闻鹃）

肯德尔，E. C.（Kendall，Edward Calvin） 美国人，1886年3月8日生于美国康涅狄格州南诺沃克，1972年5月4日卒于新泽西州普林斯顿。内分泌学、生物化学、药理学、生物医药工程。

牙科医生的儿子。1908年获哥伦比亚大学化学系理学士学位，1909年获该校硕士学位，1910年获博士学

位。同年任底特律的戴维斯药厂研究实验室化学师，从事甲状腺激素分离的研究。1911 年到纽约圣约克医院化学病理实验室工作。1914 年在明尼苏达大学附属梅奥医院任生物化学教授、该校研究生院生物化学部主任。1931 年任美国内分泌腺研究会会长。1951 年退休后，先后任普林斯顿大学客座教授、新泽西州默克尔医药公司研究员。1950 年成为美国国家科学院院士。先后获哥伦比亚大学等 8 所大学荣誉博士学位。

早期从事甲状腺素的研究，1914 年成功提取甲状腺素结晶(T_4)，此后 10 年中确定了甲状腺素的化学结构。1930～1940 年，全世界有 3 个实验室致力于肾上腺皮质激素研究，肯德尔等人的实验室为其中之一。他们从牛的肾上腺皮质分离和结晶出 28 种化合物，其中有 4 种试用于切除肾上腺的动物时有生理效应，肯德尔分别称之为 A、B、E、F 化合物。这 4 种化合物对糖与蛋白质代谢有很强作用，而对水盐代谢作用却很小。他曾推测这 4 种化合物均可用于治疗阿狄森病，并认为对休克、创伤、烧伤及某些感染也有效用。由于当时的方法不能生产出大量肾上腺皮质激素，1 吨牛肾上腺提取的化合物 A 只够制 1 粒药丸，因此不可能在临床应用。第二次世界大战期间，谣传德国用肾上腺提取物供空军飞行员使用，对治疗休克与战场疲劳有用，这促使美国于 1941 年将大量生产肾上腺皮质激素的方法列入美国国家科学研究委员会重点项目，肯德尔参加了这一人工合成工程开发。1944 年他率先研究出人工合成化合物 A(即 11-脱氢皮质甾酮)的方法，于 1945 年大量生产，1946 年试用于实验动物，证明它与从肾上腺皮质提取的化合物 A 有一样效应，然而在治疗阿狄森病却没有疗效。1948 年与 P. S. 亨奇合作，用所合成的可的松治疗 14 例较严重的关节炎患者，取得显著疗效。20 世纪 50 年代，与默克尔药厂的化学家合作研究出大量合成化合物 E(即可的松，或 17-羟-11-去氢皮质酮)的方法。他与亨奇以及 T. 赖克斯坦三人因肾上腺皮质激素的人工合成和临床应用，共享 1950 年诺贝尔生理学或医学奖。此外，对生物氧化以及谷胱甘肽也很有研究。

毕生发表论文 200 余篇；主要著作有《甲状腺对动物机体氧化的影响》(1925 年)、《氧化催化》(1927 年)、《甲状腺素》(1929 年)、《肾上腺皮质》(1941 年)、《肾上腺类固醇化学和部分合成》(1949 年)、《可的松》(1971 年)等。 (张慰丰　朱啸宇)

马文昭(Ma Wenzhao) 中国河北省人，1886 年(清光绪十二年)5 月 31 日生于河北保定，1965 年 12 月 13 日卒于北京。病理学、细胞生理学、组织解剖学、临床医学。

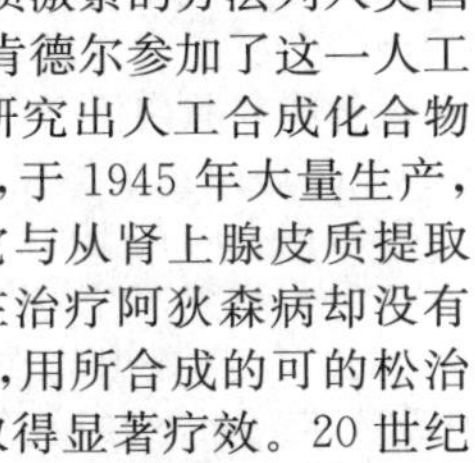

出身贫农家庭。早年在教会学校半工半读。1905 年被保送到河北通县协和书院学习，1910 年升入北京协和医学院，继续半工半读，1915 年毕业。曾在山西汾阳医院和河北通县潞河医院作临床医师 4 年。1919 年返回协和医学院，在细胞学家考德里(E. V. Cowdry)教授门下学习。因成绩优异，次年被选送到美国芝加哥大学，在本斯利(R. R. Bensley)教授指导下，完成了胰腺和甲状腺细胞内线粒体在不同生理条件下形态变化的研究，3 篇论文发表于美国《解剖记录》和《解剖学》杂志。1921 年回国后，在协和医学院解剖科任教。1928 年再度去美国芝加哥大学进修。应美国圣路易华盛顿大学考德里教授的邀请，1940 年以客座教授身份赴美国讲学，1941 年返回协和医学院。1942 年应聘任北京大学医学院解剖学教授，并在该校重建组织学实验室。1947 年起任中国解剖学会常务理事、理事长。1949 年任北京医学院组织胚胎学教研室主任。1955 年选聘为中国科学院学部委员(院士)。

从事线粒体和高尔基体的研究，结合机体的生理和病理的不同条件，用细胞学方法显示两种细胞器的形态学改变。研究了甲状腺、胃和胰腺等分泌细胞内线粒体、高尔基体和分泌颗粒三者的关系，提出这两种细胞器是分泌过程中最主要结构的论断。进一步探讨线粒体和高尔基体的本质，提出磷脂是两者的主要化学成分，它随着细胞机能的亢进和衰退而增长或减少，如增加机体卵磷脂的摄入，可以增强这两种细胞器的结构和机能。从这一结构出发，设计了医治鸦片瘾的方案。1931 年开始吗啡中毒的动物实验，发现动物在犯瘾时期，各种细胞的高尔基体减少或完全消失。注射吗啡后动物机能亢奋，各种细胞的高尔基体增多，如在动物饲料中加喂卵磷脂，则在犯瘾期可以减少高尔基体的损失，从而减轻患病动物的症状，使动物迅速恢复到健康时的机能状态。在南京戒烟委员会附设医院中进行了试验，取得了预期的效果。随后，对造血器官在吗啡中毒和解毒过程的结构变化进行了观察，提出关于脾、淋巴结和骨髓结构的动态变化学说。认为造血器官的组成部分，特别是血管分布处于不断消失、再建和相互转变之中，以适应机能变化的需要。

建立细胞学研究室，培养了一批专业骨干。探讨了磷脂对皮肤、软骨、骨、肝、血液、血管、造血器官、神经组织和内外分泌腺的作用；并做了有关皮肤病、肝病、骨折愈合、动脉硬化、神经衰弱和肺结核等卵磷脂治疗的实验，为卵磷脂在临床应用开辟了途径。1963 年编写《磷脂类对于组织的作用》一书。 (张慰丰)

黄竹斋(Huang Zhuzhai) 名谦、维翰，字竹斋、吉人，号诚中子、中南山人，以字行世。中国陕西省人，1886 年(清光绪十二年)7 月 13 日生于陕西长安(今西安)，1960 年 5 月卒于北京。中医内科学、经络针灸学、中医文献学、医史学。

祖籍陕西临潼。少时家贫，14 岁随父打铁为生。自习经史、数理知识，尤喜钻研中医典籍。1911 年参加辛亥革命，襄办军需。后参与创办“日新学社”，编印《日新丛刊》。20 世纪 20～30 年代，先后任陕西红十字会附设女子职业学校校长、河南国民二军医官、陕西省天文馆馆长和陕西省国学讲习馆副馆长等职。1940 年归隐长安樊川，开业行医和潜心著述。1954 年任西安医学院附属医院中医科主任。1955 年任国家卫生部中医研究院附属医院针灸科主任。

1907 年写出"三阳三阴提纲"，对仲景学说提出独到见解。在广搜博引、多方考证基础上，1925 年发表《医圣张仲景传》(后多次增订，50 年代出单行本)，弥补中医学史研究空白，后刻石立于南阳医圣祠；出版《伤寒杂病论集注》(1925 年初版，1936 年第 3 版)，"发前人所未发"。20 世纪 30 年代，参与审查统一中医病名；提出多项发展中医教育议案，主张突出中医特色，吸取现代科学成就，中西医团结合作；力作《针灸经穴图考》(1936 年)，参考诸多史籍，撷精删芜，正讹补缺，图谱以正常人体点穴摄影制为铜版刊印，每穴必考证，列其主治证候与医案，冠以针灸要法，终成经典；积极筹划将新发现张仲景《伤寒杂病论》(桂林古本)、白云阁藏本《难经》于 1939 年以木刻版印行公世。40 年代，撰成《伤寒杂病论会通》(18 卷，1948 年)凡 70 万言，购旧石印机自印行世；中医史学撰述颇丰，有《孙思邈传》、《陕西医家圣贤考》、《关中历代名医传》等。50 年代，奉命成功抢救患心脑血管病疾的外国大使和国际友人，博得中外赞誉。

一生著述 50 余种，广泛涉及中医药理论、临床各科和医史文献，以及哲学、天文、数学等领域。中医药主要著作还有：《伤寒杂病论集注》(1925 年)、《竹斋医学丛刊》(1936 年)、《针灸经穴歌赋读本》(1936 年)、《校订白云阁藏本伤寒杂病论》(1939 年)、《校订白云阁藏本难经》(1939 年)、《医事丛刊》(1939 年)、《难经会通》(1948 年)、《重订针灸铜人腧穴图经》(1957 年)、《伤寒论集注》(1957 年)和《金匮要略方论集注》(1957 年)等。

(朱素珍　李啸虎)

希尔，A. V. (Hill，Archibald Vivian)　英国人，1886 年 9 月 26 日生于英国格罗斯特郡布里斯托尔，1977 年 6 月 3 日卒于剑桥。*肌肉生理学、生物物理学、仪器研制、科学组织管理。*

早年长于数学，入剑桥大学三一学院数理系学习，1908 年毕业后在原校转向研究生理学，1910 年成为剑桥大学三一学院评议员。后赴德国作短期研究，1911 年回到剑桥大学，1914 年任物理化学讲师。第一次世界大战时，应征任英军军需发明部防空实验处处长，1918 年退役。同年被选为英国皇家学会会员，并获大英帝国勋章。1920 年任曼彻斯特大学生理学教授兼系主任。1923 年任伦敦大学学院生理学教授，1926～1952 年兼任英国皇家学会研究教授、伦敦大学学院生物物理学实验室主任。1935～1946 年兼任英国皇家学会秘书长。第二次世界大战时，1940～1945 年入选英国议会议员。1940～1946 年任英国战时内阁科学咨询委员会主席。1940～1945 年任英国国家物理实验室执行委员会主席。1940～1951 年当选英国防务研究会会长。1947 年当选大英博物馆董事。1948 年封爵。1952 年任英国科学促进会会长。同年退休，回到伦敦大学学院生理学系实验室继续科学研究。获国内外多所大学荣誉博士学位。1913 年结婚，生有二子二女。

早年受剑桥大学生理学家 W. M. 弗莱彻、生物化学家 F. G. 霍普金斯的影响，他们正从事肌肉生理研究，发现肌肉收缩产生大量乳酸，当肌肉中乳酸逐渐减少后才恢复工作，但必须提供氧气。当时人们尚无法测定肌肉活动产生的热量，亥姆霍兹也没能测出来。希尔研制成灵敏的热电偶，称之为"希尔测热计"，可以在数百分之一秒内测出小于 0.003℃的温度变化引起的温差电流，从而能迅速和精确地记录热量的变化。发现肌肉收缩时产热有两个时相：第一个时相在肌肉收缩的同时产生，称"初发热"，其特点是产热速度快；第二时相在收缩后的恢复过程中产生，称"迟发热"，产热量为初发热的 1～1.5 倍。证明若将肌肉置于纯氮中收缩，初发热不受影响，但肌肉容易疲劳，且不能恢复。在纯氮中第二时相时则不产热。因此，指出产热的第一时相中，氧不是必须的(称为无氧反应)，即肌肉收缩时的化学反应并不需要氧，但和肌内收缩恢复过程中，迟发热的产生和乳酸的消失则一定需要氧气。从乳酸氧化产生的热量与迟发热的热量比较中，发现只有一小部分乳酸被彻底氧化成为二氧化碳和水，大部分乳酸则可能在有氧条件下重新合成肌肉内的碳水化合物。这项研究揭示了碳水化合物在肌肉活动时的化学反应，结果与德国生理学家 O. F. 迈尔霍夫的结论相同。因研究肌肉产热机制，与迈尔霍夫同获 1922 年诺贝尔生理学或医学奖。

为了研究神经的产热活动，不断改进测热计。1926 年和助手们测出青蛙神经静息时产热量为每分钟 0.004 卡，而神经经受刺激兴奋和传导冲动时产热量增加，其产热也分初发热和迟发热。他们测出了神经兴奋后耗氧量增加。他曾运用数学方法推导出血红蛋白和氧结合的方程式——"希尔公式"。

主要著作有《肌肉活动》(1926 年)、《人体肌肉运动》(1927 年)、《活机器》(1927 年)、《科学和其他著述的道德困境》(1960 年)、《生理学的试验与特征》(1965 年)等。另获 1947 年美国银棕榈自由勋章，1948 年英国皇家学会科普利奖章，1950 年法国荣誉军团骑士勋章等。

(张慰丰)

拉蒙，G. (Ramon，Gaston)　法国人，1886 年 9 月 30 日生于法国约讷省贝勒绍姆，1963 年 6 月 8 日卒于巴黎。*毒理学、传染病学、免疫学、兽医学、药物学。*

面包店主之子。1910 年毕业于瓦勒德马恩省阿尔福尔兽医学院。1911 年到巴黎附近的巴斯德学院研究畜牧类传染病，1926 年任该院院长。1949～1958 年任巴黎国际兽疫局兽疫流行病处处长。1934 年当选法国医学科学院院士。

1915 年找到免疫血清的合适防腐剂，并改进细菌实验室培养法。1921 年开发出抗毒血清的纯化方法，具有减少毒副作用的治疗效果。1922～1925 年有以下三方面的重要发现：一是 1922 年发现毒素凝絮反应，革新了滴定类毒素和微生物毒素的方法；二是 1923 年根据"类毒素原理",论证了一种产生无害类毒素疫苗的新方法,后用于生产抗白喉、破伤风及脊髓灰质炎等的疫苗;三是1925年发现所谓"免疫催化剂和兴奋剂"的辅助物质,包括氯化钙、明矾和木薯淀粉,能增加抗原活性,可用于实验室产生含丰富抗体的血清,这些物质在免疫学研究中起着很重要的作用。1926年还发明了在一个疫苗中联合接种几种抗原物质的方法。他免疫接种了成千上万的马匹,负责征收抗破伤风、抗白喉、抗坏疽等血清,为法国防治人畜传染病的疫苗开发,作出了重要贡献。 (张志练)

古德帕斯丘,E. W.(Goodpasture, Ernest William) 美国人,1886年10月17日生于美国田纳西州克拉克斯维尔,1960年9月20日卒于田纳西州纳什维尔。*病毒学、病理学、免疫学、临床医学。*

1908年获范德比尔特大学文学士学位。1912年获约翰斯·霍普金斯大学医学院医学博士学位。后任洛克菲勒基金会病理学评议员。1915~1921年在哈佛大学医学院工作。期间兼任布里格姆医院病理学家、波士顿大学病理学助理教授。第一次世界大战中,在美国海军服役,当了2年医务官。1921年到菲律宾大学医学院工作,次年回美国,出任匹兹堡辛格纪念医院院长。1924年任范德比尔特大学医学院病理学教授和病理学系主任,1945~1950年任该校医学院院长,1955年退休。后出任美国军队病理学研究所所长。是美国国家科学院院士。获多所美国大学荣誉博士学位。因心脏病发作去世。

在范德比尔特大学医学院工作期间,致力于鸟痘的研究,1931年报道了一种用鸡胚繁殖无污染的鸟痘病毒的新方法,该法为开展病毒学研究、病毒疫苗的制作开辟了新途径,为此获1946年帕萨诺基金奖,1958年美国国家科学院科瓦兰科奖章。还发现牛痘病毒和单纯疱疹病毒也像鸟痘病毒一样,能感染鸡胚绒毛尿囊膜,但不能感染幼鸡或成鸡,从而强调了胚胎细胞在病毒发育上的价值,并可用于天花疫苗的制作。他还发明过氧化酶染色法,即后来所称的古德帕斯丘染剂。此外在临床上总结出肾小球性肾炎咯血综合症(即古德帕斯丘综合症),该病主要发生于男性青年,始为呼吸道感染、肺浸润、咯血和贫血,继而迅速转变为进行性肾病。 (叶蒙福)

戴尔,R. E.(Dyer, Rolla Eugene) 美国人,1886年11月4日生于美国俄亥俄州特拉华县,1971年6月2日卒于佐治亚州亚特兰大市。*传染病学、医学微生物学、免疫学、药理学。*

1915年在得克萨斯大学获医学博士学位。1916~1920年在美国政府公共卫生署任职。1921在美国国家卫生研究院传染病实验室工作,1936年任该院流行病部主任,1942~1950年任美国国家卫生研究院院长。

1930年与巴杰尔(L. F. Badger) 等人从鼠蚤中分离出一种能使豚鼠患斑疹伤寒的立克次氏体。次年,用实验证明该立克次氏体是通过跳蚤在鼠间传播的,这种病后来被命名为鼠型斑疹伤寒。此外他还对猩红热、落矶山斑疹热和Q热进行了研究。第二次世界大战时,领导生产和试制黄热病及斑疹伤寒疫苗;进行血液替代物、航空医学的研究工作;合成并在临床试用抗疟药物;领导对新的合成爆炸物质的毒性研究等。获1948年拉斯克奖等奖项。 (叶蒙福)

罗斯,W. C.(Rose, William Curnming) 美国人,1887年4月4日生于美国南卡罗来纳州格林维尔,1985年9月25日卒于伊利诺伊州厄巴纳。*营养学、生物化学、高分子化学。*

1911年获耶鲁大学设菲尔德理学院哲学博士学位。1911~1913年任宾夕法尼亚大学生理化学讲师。1913年曾在德国弗赖堡大学任克诺普(F. Knoop)的助手。同年回国,任得克萨斯大学医学院生物化学副教授,1914年任生物化学系首任主任与教授。1922年到伊利诺伊大学任生物化学教授、化学系生物化学部主任,1953年任生物化学研究教授,1955年以荣誉教授退休。1935~1939年参与主编《营养学》杂志。1936年入选美国国家科学院院士。1945~1946年任美国营养学学会会长。曾获耶鲁大学戴维森学院、芝加哥大学、伊利诺伊大学荣誉理学博士学位。

主要成就是研究氨基酸的作用及合成,是氨基酸研究的第一人。系统地研究了啮齿目动物和人类食物中必要的氨基酸成份和含量,确定了8种人体必需的氨基酸,进而研究了它们的最低需求量。后来又围绕人体必需的氨基酸可否由其他结构相似的化合物来代替这一问题作过大量研究工作。此外,对肌酸酐代谢、肌酸酐嘌呤的生物化学有深入研究。多次获奖,其中有美国营养学会1949年门德尔奖章,1961年营养学基金会成立20周年纪念奖,美国化学会1952年吉布斯奖章,1957年斯潘塞奖章,1966年美国国家科学奖章。

(董晨空 李孙演)

豪塞,B. A.(Houssay, Bernardo Alberto) 一译奥赛。阿根廷人,1887年4月10日生于阿根廷布宜诺斯艾利斯,1971年9月21日卒于同地。*内分泌学、生理学、毒理学。*

一位法国律师的儿子。17岁就在布宜诺斯艾利斯大学获药学学士学位,1910年获医学博士学位。1907年任克利尼卡医院实验室助理、助理药剂师。1911年任阿尔韦阿医院临床内科主任。1912年任母校兽医学系教授。1915年任阿尔韦阿医院实验病理学主任。1919年任布宜诺斯艾利斯大学医学院生理学系主任,不久任该校医学院新成立的生理学研究所所长。此后20多年中,他把该所建成世界生理学研究的中心之一。1944年创立生物学和实验医学学院。由于学术和政治观点不容于当时阿根廷的庇隆

(J. D. Perón)政权，1943年以后曾两次被解职。但他谢绝了许多国家的邀请，仍留在阿根廷。1955年，庇隆政权被推翻，官方再次任命他为生物学和实验医学学院院长，后又主管阿根廷国家科学技术研究委员会，当选为阿根廷医学科学院院士。此外，他还获得27所大学的荣誉博士学位。是38个国家的科学院外籍院士和许多国家40多个科学团体的成员。1940年成为美国国家科学院外籍院士。1920年结婚，妻子是化学家，生有3个男孩。

1923～1927年间，与同事致力于研究垂体前叶与糖代谢的关系。用狗或蟾蜍为实验动物，选择性地切除垂体不同部位或其他器官，以观察血糖和其他生理特征的改变，发现垂体前叶参与糖代谢，其中的生长激素、促肾上腺皮质激素和催乳素均有致糖尿病作用，前两者还有协同作用，因此，他指出垂体的分泌物和胰岛分泌的胰岛素是两种作用相反的激素。还描述了内分泌腺及其激素在糖代谢过程中的互相关系，并找到了许多新的致糖尿病的原因。此外，他还研究了循环与呼吸、血液与免疫过程、消化和胆汁分泌与神经系统的生理，以及蛇、蜘蛛和蝎等动物的毒素及其生理效应和抗毒素的制作。

发表论文500余篇；出版有《脑垂体摘除作用研究》(1911年，博士论文著作)、《垂体前叶和胰岛之间功能的拮抗关系》(1937年)和《人体生理学》(1946年)等著作。由于研究垂体功能和垂体激素对糖代谢过程中作用的出色成果，他分享了1947年的诺贝尔生理学或医学奖，与他同时获奖的是美国生物化学家科里夫妇。

(叶蒙福 黄 旬)

梅纳德，L. A.(Maynard，Leonard Amby) 美国人，1887年11月8日生于美国纽约州哈特福特，1972年6月21日卒于纽约州伊萨尔。营养学、兽医学、生物化学。

从小在农场长大。1911年获康涅狄格州卫斯理大学文学士学位。毕业后曾在艾奥瓦州农业试验站任化学助理一年。1915年在康奈尔大学获化学博士学位。留校任教，参与组建动物营养实验室。同年任纽约州农学院畜牧学系动物营养学助理教授，1920年任教授。第一次世界大战中，1917～1919年在法国战场服役，主要研究化学战攻防。1926年在耶鲁大学合作研究。1939～1945年任美国农业部农业研究署驻康奈尔大学植物、土壤和营养实验室首任主任。1941年任该校营养学研究生院首任院长，1955年退休。第二次世界大战期间，为美国政府紧急食物营养委员会等多个组织的专员或技术顾问。1951～1955年任美国食物和营养理事会主席。是《营养学》杂志主编。1960年当选美国营养学研究院评议员。1944年被选为美国国家科学院院士，1955～1958年任该院农业和生物学部主任。

1916年开始研究喂养小牛的牛奶代用品，1923年获成功并被农场广泛使用，年销售量达1 200～15 000吨。1922年与戈德伯格(S. A. Goldburg)发现猪病“后麻痹”是由于缺钙引起；1923～1924年找到了室内喂养的猪易罹此病的原因，认为日光能使动物产生抗佝偻病的维生素，对骨正常发育是有益的。1928年开始研究奶牛泌乳的生物化学，发现饲料中的脂肪是调节牛奶产生的因素之一。第二次世界大战期间与战后，他参与美国政府制定美国人营养标准、食品政策，作出了重要贡献。获美国营养学研究院1947年博登奖、1954年奥斯本与门德尔奖。

(叶蒙福)

蒲辅周(Pu Fuzhou) 原名启宇。中国四川省人，1888年(清光绪十四年)1月12日生于四川梓潼，1975年4月29日卒于北京。中医学、中医学教育。

三代行医。在家居长，下有弟妹6人。少遵祖训，15岁学医，由祖父、父亲两代人面授，朝夕侍诊，尽得家传之秘。18岁应诊于乡，一次因误诊而险误病家，自思所疗尚不能十全，停业3年，发奋研读医籍，自《内经》、《伤寒论》以下以及《温病条辨》、《温热经纬》等书，探幽索微，深有领悟。1917年去成都开业行医，数年后返乡。1931年成立梓潼县同济施医药社(慈善机构)。1933年被选为区长，数月后因病辞职。1934年又离乡迁成都悬壶，医技益进，声誉日隆。1935年在成都开办同济施医药社，免费疗贫，历十余年，活人甚众。1955年调国家卫生部中医研究院任内科主任，1965年任副院长职。

治学严谨，知识渊博，以发展中医、培养中医人才为己任。临证讲究辨证论治，立法精当，选药轻灵，治病讲实效，对望舌和切脉尤有心得。立法用药轻灵纯正，讲求配伍，贯彻“汗而勿伤，下而勿损，温而勿燥，寒而勿凝，消而勿伐，补而勿滞”等原则，精通内、妇、儿科，尤以治疗急性病著名，对流行性乙型脑炎、腺病毒肺炎、急性传染性肝炎的治疗，独具风格，融伤寒、温病学说于一炉，经方与时方合宜而施，疗效显著。学术见解与临床经验载于门人整理的《蒲辅周医案》、《蒲辅周医疗经验》、《中医对几种急性传染病的辨证论治》等论著中。

(张慰丰)

海德尔伯格，M.(Heidelberger，Michael) 美国人，1888年4月29日生于美国纽约市，1991年6月25日卒于同地。药理学、免疫学、血液学、医学化学、医疗仪器研制。

德国犹太族贫困移民后裔。1911年在哥伦比亚大学获化学专业哲学博士学位。同年赴瑞士苏黎世理工大学深造有机化学。1912年起供职于纽约洛克菲勒医学研究院(后为洛克菲勒大学)，先后在雅各布斯实验室、洛克菲勒医院斯莱克尔实验室、艾弗里实验室工作。1927年任西奈山医院化学实验室主任。1928年转任哥伦比亚大学内科与外科学院教授，1955年退休。1947年、1949年两次当选美国免疫学家协会主席。1955～1964年为拉特格斯大学免疫化学客座教授。1964年后在纽约大学医学院病理系任职。1942年入选美国国家科学院院士。是丹麦、英国、意大利、法国等科学院的外籍院士。先后获国内外15所大学荣誉博士学位。

被誉为“现代免疫学之父”。1912～1921年间，和雅各布斯(W. A. Jacobs)合作发表44篇论文，他们合成了包括芳香砷在内的许多化疗药物，用以治疗梅毒、非洲昏睡病等烈性传染病。1919年他们在抗梅毒药洒尔佛散(即六0六)基础上开发出一种广谱抗锥虫的新药，对非洲昏睡病特别有效，对20世纪50年代防治该病在非洲流行发挥了重要作用，1953年比利时国王为此向两位发明者颁奖。1922～1923年设计了多种制备具有氧合功能的马氧合血红蛋白结晶的方法，并发明了冷冻离心机。1923年与O. T. 艾弗里合作，首次指出粘多糖在肺炎球菌免疫现象中的重要性。与肯德尔(F. E. Kendall)提出免疫沉淀反应的定量理论，并与E. A. 卡巴特将这种沉淀抗体定量测定法用于细菌凝集素的测定。他还将该法用于补体的研究，发现免疫反应的沉淀物内增加了补体的重量，从而结束了对补体性质的长期争论。在与迈耶(M. Mayer)等人研究免疫反应中补体的结合机制时，再次证实镁离子的重要性，并提出补体结合学说。第二次世界大战时，和C. 麦克弗森(Catherine Macpherson)用注射肺炎球菌粘多糖的方法控制了肺炎的流行。随后他研究免疫化学结构与免疫特异性的关系。

一生中获46项奖项，其中有1953年和1978年两次获拉斯克奖，1960年法国巴斯德奖章，1967年美国国家科学奖章，1977年霍维茨奖等。 （叶蒙福）

加塞，H. S.（Gasser, Herbert Spencer） 美国人，1888年7月5日生于美国威斯康星州普拉特维尔，1963年5月11日卒于纽约市。*神经生理学、神经病学、仪器研制、医学教育与管理。*

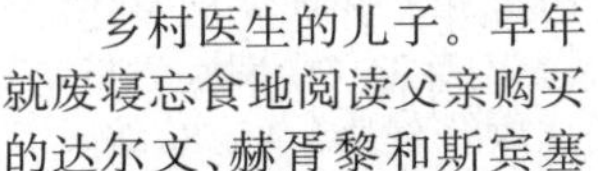

乡村医生的儿子。早年就废寝忘食地阅读父亲购买的达尔文、赫胥黎和斯宾塞等人的著作，得到了进步思想的熏陶。自州立师范学校毕业后，进威斯康星大学学习动物学，1910年获文学士学位，1911年获文科硕士学位。又转学至约翰斯·霍普金斯大学医学院，1915年获医学博士学位。翌年至圣路易斯的华盛顿大学教生理学。第一次世界大战期间，在美国战时化学服务部工作。1921年回华盛顿大学任药理学教授。1931年任康奈尔大学医学院生理学教授。1935年任洛克菲勒医学研究院院长，1953年退休。1922年当选为美国国家科学院院士。1936年任《实验医学》杂志主编之一。获国内外10余所大学荣誉博士学位。终身未娶。

1916年起，和J. 厄兰格合作研究神经的兴奋传递，共同探讨用阴极射线示波器研究神经动作电位、以及神经纤维的分类，发现每个神经冲动都伴有鞘膜电位的微小而快速的改变。1921年由于研制出了敏感的示波器，他们对神经冲动的本质进行了更精细的研究，描记了神经传导冲动时动作电位的变化，发现神经传导速度和神经粗细有关，神经越粗传导速度越快。他们依传导速度的快慢将神经纤维分为A、B、C三类。他们还研究了痛觉的感知、无髓鞘纤维的形态及其动作电位与直径和速度的关系。

主要著作有《神经活性的电信号》(1937年，与厄兰格合著)、《神经复合动作电位》(1938年)、《实验神经病理学》(1964年)等。由于在神经纤维分类和功能研究上的重大贡献，他和J. 厄兰格共享1944年诺贝尔生理学或医学奖。还得到美国许多学术团体授予的奖章。

（顾振海 叶蒙福）

瓦克斯曼，S. A.（Waksman, Selman Abraham） 美国人，1888年7月22日生于俄国基辅附近普里鲁卡(今属乌克兰)，1973年8月16日卒于美国马萨诸塞州海恩尼斯。*药物学、药理学、微生物学。*

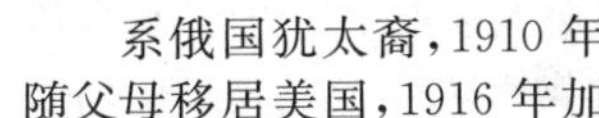

系俄国犹太裔，1910年随父母移居美国，1916年加入美国籍。入拉特格斯学院(后为拉特格斯大学)学习农学专业，1915年获理学士学位，1916年获理学硕士学位。1918年获加利福尼亚大学生物化学专业哲学博士学位。同年回到拉特格斯学院任土壤微生物学讲师，1925年任副教授，1930年晋升教授，1940年任该校微生物学系首任系主任，兼任伍兹霍尔海洋研究院海洋微生物学系主任。1949年任拉特格斯大学微生物研究所所长，1958年退休。后仍留校研究和教学。曾任美国微生物学会会长。获国内外10余所大学荣誉博士学位。

从1915年起从事土壤放线菌的研究，发表一系列关于放线菌生物学研究的论文和专著。1939年前的24年中，系统地研究了土壤中放线菌分类、分布等。1936年又研究放线菌和细菌及霉菌之间的促生和抗生作用，发现20%～50%的放线菌能拮抗细菌或霉菌。1939年起转变研究方向，集中力量从放线菌中寻找抗生素，1941年首次提出“抗生素”这一名词。1939～1943年，他所领导的研究团队从土壤中分离到10 000株放线菌，其中10株对病原菌有抑制作用。1940年发现放线菌素。1942年发现链丝菌素等。由于大部分毒性太大，无法应用于临床。1943年分离到一株灰色放线菌，后定名为灰色链霉菌，它能产生抑制多种革兰氏阴性杆菌和结核杆菌的抗生素。1944年正式宣布他们的发现，并把它命名为“链霉素”。临床试用证明这种抗生素毒性较低(副反应为耳聋)，而且确有疗效。因发明和制成链霉素，获1952年诺贝尔生理学或医学奖。

从土壤放线菌中寻找抗生素的研究方向为后来的科学实践所肯定，从而促进了放线菌素、土霉素、金霉素和新霉素等一系列抗生素的发现。迄今大部分临床应用的抗生素，都是放线菌所产生的。发表论文400余篇；独著或参编著作29部，科学小册子14本，其中主要著作有《酶》(1926年)、《腐殖质》(1936年初版，1938年再版)、《土壤微生物学原理》(1938年)、《拮抗性放线菌的控制》(1944年)等；另有自传《我的生活与微生物》(1954年)等。 （张慰丰）

陈邦贤（Chen Bangxian） 字治愚、也愚，晚号红杏老人。中国江苏省人，1889年(清光绪十五年)3月10

日生于江苏盐城(今属兴化镇),1976 年 2 月 5 日卒于北京。医学史学、医学文献学、医史教育。

出生书香门第,家道清贫。13 岁拜师攻读中医。1910 年江苏省简易师范学校毕业。同年起在丁福保西医函授学校学习。先后任江苏省镇江卫生医院中医内科医员,无锡中学、棲霞乡村师范、扬州江苏省立第五师范学校、省立第八中学校医兼生理卫生教员,棲霞医院院长等职。1934 年起任江苏省立医政学院医学史与疾病史教授。1939 年任国民政府教育部医学教育委员会中医教育专门委员会专职委员兼秘书。1944～1949 年任国立编译馆自然组编审。1945～1952 年任江苏医学院(今南京医科大学)医学史教授。1949 年后任镇江市卫生科科长,兼任江苏医学院医学史教授。1954 年起任中央卫生研究院中国医药研究所医史研究室、国家卫生部中医研究院医史研究室副主任。

20 世纪 10～20 年代,主张汇通中西医学术,辑成《中西汇通素灵摘要》一书;1914 年发起成立中国医史研究会;编撰历时近 10 年、自费梓刻刊行中国第一部《中国医学史》(1920 年初版,1937 年第 2 版,1954 年第 3 版;1941 年被译成日文版),对历代医政、名医、名著和学说、成就作系统介绍,在疾病史论述上亦多创见,开创中国医学通史的编年史体裁;研究中国疾病史(如脚气病、淋病和梅毒等),1924 年以论文"中国脚气病史"应邀出席在日本召开的远东热带病学会国际会议;接着整理编撰中外医事年表。30～40 年代,发表重要论文"中国医学之起源及其发达之状况"(1937 年);迁居四川后,撰写《新本草备要》,研究疟疾史,发表重要论文"清代三百年医学学术之鸟瞰"(1941 年)、"中国上古医药学的起源和演变"(1943 年)等;50 年代,出版《中国医学人名志》(1956 年,与他人合编);相继撰成《十三经医史资料汇编》(未出版)、《诸子集成医史资料汇编》(未出版)等;主编中医学院统编教材《中国医学史简编》(1956 年)。60～70 年代,完成书稿《中草药汇编》、《食疗本草》、《食疗方》、《简易方》、《中国疾病史稿》、《中国医史年表》、《近代医学书目》等。发表医学史论文近百篇;身后出版《二十六史医史资料汇编》(1982 年)等书。著名英国学者李约瑟博士在著作中对陈邦贤医史研究给予高度评价。

(朱素珍)

彼得斯,R. A.(Peters,Sir Rudolph Albert) 英国人,1889 年 4 月 13 日生于伦敦,1982 年 1 月 29 日卒于同地。营养学、毒理学、生物化学。

医生的儿子。在剑桥大学冈维尔与凯厄斯学院获理学士学位。继而在该校生理学系读研究生课程。并在圣巴塞洛缪医院实习。1915 年参加英国皇家陆军医疗团,在法国战场和英国化学战部门两地工作,1917 年获军务十字勋章。1919 年在剑桥大学获医学博士学位。留校任教。1923 年任牛津大学生物化学教授,1954 年退休。1952 年任英国农业研究理事会设于剑桥大学的动物生理学研究院生物化学部主任。1935 年入选英国皇家学会会员。1952 年被封爵。获多个大学荣誉博士学位。

阐明了试管实验与动物体内自然状态下研究相结合的重要性。提出"生化损伤"的概念,即在病理变化之前组织先发生的生化变化。研究了维生素 B_1 缺乏症,证明维生素 B_1 在体内存在形式及作用;研究了路易斯毒气的生化作用及其解毒药;发现含氟乙酸盐的植物对牛中毒的毒理作用;1951 年在英国皇家学会刊物上发表讲演录,提出"综合致死"的概念。1963 年出版《生化损伤及其综合致死》。1949 年获英国皇家学会皇家奖章。

(周忠勋)

王吉民(Wang Jimin) 又名嘉祥,号芸心。中国广东省人,1889 年(清光绪十五年)8 月 3 日生于香港,1972 年 2 月 13 日卒于上海。中医学史学、比较医学史学、科学传播。

祖籍广东东莞。早年获比利罗氏奖学金,宣统二年(1910 年)毕业于香港西医大学堂。后任外轮公司船医。1911 年,上海发生严重鼠疫,聘任创办于上海的"中国防疫医院"院长;同年 10 月,孙中山领导的辛亥革命爆发,王吉民担任中国红十字会第一救护队队长,积极救护革命军伤病员。其后曾任沪杭甬铁路管理局总医官,达 15 年之久。1931 年转任浙江邮政管理局医官。同时在杭州开业行医。1937 年被选任中华医学会副会长;抗日战争期间,是上海会务的主要负责人。先后任国立中央大学医学讲师、上海医学院医学史教授、浙江医师药剂师公会会长、教育部医学名词审查委员会委员、中央国医馆名誉理事等。1937 年起任第二、三、四届中华医史学会会长及第五届副理事长;1938 年倡议并主持中华医学会医史博物馆(今上海中医药大学中医药博物馆),任馆长直至 1966 年。此外先后兼任《医史》杂志主编、《中华医学》杂志副总编、《中国医界指南》主编、中华医学出版社社长、《中华健康》杂志总编辑等职。1941 年被接纳为国际医史学会会员。1949 年当选为国际科学史研究院通讯院士,1966 年任院士。

中国现代研究医学史之先驱。中国医学博大精深、源远流长,但是近现代西方医史学家的著述中,涉及中国者甚少,且多有谬误。为弘扬中国医学的贡献与传统,他遂发愤多方收集、潜心整理研究中国医学史,1928 年编写出版《中国历代医学之发明》一书,引发和促进了中国学术界对中医学史的研究热潮。后又历时 10 多年与伍连德合著英文版《》(1932 年初版,1936 年再版),被誉为"王伍中国医史",系中国第一部英文版中国医学史专著,在国际医学史界颇具影响。1976 年,英国科技史家李约瑟仍称该书"是西方医学史家所知道的(中国医史方面)几乎唯一的书"。该书迄今仍是世界各国医史界了解中国医学史料的重要参考书之一。

用中、英文写作发表论文与文章近 200 篇,广泛涉及医学药学事物的考证、医事制度沿革、中外医家传记、中西医药发明、中外医学药学交流、中外医学史话等。其他著作还有《中国医史外文文献索引》、《中文医史论文索引》、《中国医学外文著述书目》等。

(郭天玲)

艾德里安,E. D.(Adrian,Edgar Douglas) 英国人,1889 年 11 月 30 日生于英国伦敦,1977 年 8 月 4 日卒于剑桥。感觉生理学、医学物理学、脑电图学、脑与神经科学。

地方政府和王室法律顾问的儿子。1908 年获得科学奖学金，入剑桥大学三一学院学习生理学，1911 年获学士学位。在伦敦圣巴托洛缪医院进修后，又回到三一学院，随 K. 卢卡斯从事科学研究，1915 年获医学博士学位。第一次世界大战期间在军中服役，从事临床神经学工作。1920 年回剑桥大学任讲师。1923 年被选为英国皇家学会会员，1929 年被选为该学会富勒敦基金会的研究教授。兼任该学会的外交秘书。1937 年出任剑桥大学生理学教授，直到 1951 年。1950～1955 年任英国皇家学会会长。1951～1965 年任剑桥大学三一学院院长。1954 年任英国科学促进会主席。1955 年封爵。1960～1962 年兼任英国皇家医学会会长。1957～1971 年任莱斯特大学校长。1968～1975 年任剑桥大学校长。1923 年结婚，生有一女和一对混合双胞胎。

早年在 K. 卢卡斯的指导下研究控制肌肉活动的运动神经冲动，他们发现神经传导的“全或无”法则。1925 年他设计了一种装置，应用一台真空管放大器与一个灵敏的毛细管静电计配套，能把生物电放大 5 000 倍，能测出单根神经纤维的冲动和动作电位。从蛙的胸皮肌中分离出单根感觉神经纤维，当牵拉肌肉时，从单根感觉神经纤维发出一系列神经冲动。发现当刺激加强时，冲动频率比增强。这一发现已成为近代感觉生理学的基础。1926 年又发现，对感觉器进行持续稳定的刺激，尽管神经冲动的大小不变，其频率会逐步下降。这种现象称之为“感受器的适应”，这也成为感觉适应的生理基础。发现适应最快的是触觉，最慢的是肌肉感觉和痛觉。1927 年出版《感觉的基础》，总结了研究成果，阐明体内每一种感觉刺激，通常都作用于与几条感觉神经纤维联系的若干个感受器，传向神经中枢的神经冲动是混合的信息，随着刺激强度的增加，不仅每根感觉神经纤维会发放更多的冲动，而且还有更多根感觉神经纤维发放冲动，这样传入神经中枢的冲动频率就会更高，引起的感觉就更强。还研究了刺激外周的感受器，可以在大脑皮层的某些区域诱发起电活动，称诱发电位。用这种方法在不同动物身上探查大脑皮层的各种感觉投射区，发现人体不同的肢体投射在相应大脑触觉区，触觉越敏锐的肢体投射区所占的面积也较大。这项发现为感觉生理学奠定了神经信息分析的电生理学基础。1929 年与美国学者 D. 布朗克设计了一种仪器，能把神经与肌肉的电反应转变为可听到的声音，这种方法迄今仍广泛用于肌肉疾病的探查中。他们还研究了单根运动神经纤维的冲动，发现和感觉神经纤维的传导特性基本一致，从而又搞清了神经控制骨骼肌的随意活动的信息。1932 年出版《神经活动的机制》，总结了单根神经纤维的生物电研究。为了表彰他在神经生理学中所作的卓越贡献，和 C. S. 谢灵顿分享了 1932 年诺贝尔生理学或医学奖。

后来又研究脑的电活动，1934 年用当时先进的技术和方法，验证了 H. 贝格尔发现的人类脑电图及其不同种类的脑电波，又记录到脑处于不同活动状态时脑电活动特点。还研究了脑电图的临床应用，从而开辟了脑电图学的新领域。主要著作还有《神经的作用机理》(1932 年)、《决定人类行为的要素》(1937 年)和《感觉的物理基础》(1947 年)等。获英国皇家学会 1942 年皇家奖章、1946 年最高奖科普利奖章等。 （张慰丰）

卡斯塔尔迪，L.（Castaldi，Luigi） 意大利人，1890 年 2 月 14 日生于意大利皮斯托亚，1945 年 6 月 12 日卒于佛罗伦萨。人体解剖学、组织学、生理学、医学化学。

先在皮斯托亚上学，后在佛罗伦萨大学学医，1914 年毕业。在佛罗伦萨的新圣玛丽医院行医，后在抗奥地利战争中任军医。1919 年受聘为佛罗伦萨大学人体解剖学研究所示教员，1922 年开始讲授解剖学。1923 年任佩鲁贾大学人体解剖学教授。1926 年受聘为卡利亚里大学解剖学教授，由于同法西斯政府有矛盾，违心地留任到 1943 年。墨索里尼政府垮台后，调到热那亚大学，但政治和军事形势迫使他仍留在佛罗伦萨大学，长期患病后亡故。

对肝脏结缔组织作了系统的研究。阐明了锥体外束活动的重要性，证实了缺碘在呆小病（克汀病）和甲状腺肿中的作用，并发现甲状腺含碘量与其机能状态之间的依从关系，以及其对人体发育的影响。还证实肾上腺皮质能促进肌肉和骨骼系统的生长。 （殷明德）

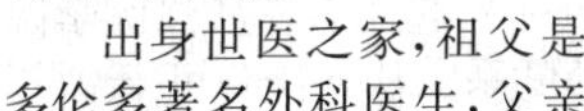

白求恩，H. N.（Bethune，Henry Norman） 加拿大人，1890 年 3 月 3 日生于加拿大安大略省格雷文赫斯特，1939 年 11 月 12 日卒于中国河北省完县。胸外科学、战地救护、医学器械研制、医学教育。

出身世医之家，祖父是多伦多著名外科医生，父亲是长老会牧师。1907 年毕业于安大略省欧文桑德镇专科学校。青年时代曾当过餐馆侍者、伐木工、教师和新闻记者。1909～1911 年在多伦多大学学医。第一次世界大战爆发后，应征到法国战场做救护兵。1915 年退役后再入多伦多大学完成学业，1916 年获学士学位。1917～1920 年，先后在英国皇家海军、加拿大空军任军医。后留在伦敦大学学院医学院深造。1922 年当选为爱丁堡皇家外科学会会员。1924 年冬在美国底特律开设诊疗所。后不幸染上肺结核，首先试行人工气胸疗法。病愈后，先后在美国和加拿大的多个医院从事胸外科工作，曾任蒙特利尔皇家维多利亚医院、赫曼·济弗医院外科医生，圣心医院胸外科主任。1935 年当选为美国胸外科学会外籍会员和理事。

对肺结核的外科治疗技术和理论有贡献，是世界上有影响的胸外科专家之一。1928 年在蒙特利尔研制和改良了人工气胸器、肋骨剪等30多种外科器械。1935年积极发起组织蒙特利尔人民保健会，从事改善人民医疗卫生条件的活动。1936年率领国际医疗队支持西班牙人民的反法西斯战争。1937年，为支援中国人民反日本法西斯侵略战争，率领由加拿大人和美国人组成的医疗队，于1938年4月抵达延安，后转赴晋察冀边区任军区卫生顾问。组织创办了"模范医院"、"特种外科医院"、"晋察冀军区卫生学校"等机构，亲自制定教学计划，编写通俗易懂的教材，如《游击战争中师野战区医院的组织和技术》、《战地救护须知》、《战伤治疗技术》等20多种；培养了大批医疗技术骨干；为战地救护系统制定了"消毒十三步法"；配制了防止伤口化脓感染的"毕普"药膏；还倡议并组织"军区卫生巡视团"，去各分区后方医院视察和指导工作。1939年10月，在抗日战争前线为抢救伤员不慎划破手指，后不幸伤口感染，医治无效而去世。晋察冀卫生学校和附属医院，后分别易名为白求恩卫生学校和白求恩国际和平医院，以资纪念。

（林　培）

朱恒璧(Zhu Hengbi)　中国江苏省人，1890年(清光绪十六年)5月28日生于江苏阜宁，1987年8月2日卒于浙江杭州。*中药药理学、数学药理学、医学教育与管理。*

小商人家庭出身。1916年毕业于中国哈佛医学校(原大清红十字会医学校)。同年入上海红十字会医院(今华山医院)任内科住院医生。1918～1919年在美国哈佛大学医学院进修病理学。1919～1927年任长沙湘雅医学院病理科教员兼内科住院医生、副教授；期间1923～1925年在美国西储大学医学院进修药理学。1927年任北平协和医学院药理科讲师、副教授。1928年任中央大学上海医学院教务主任兼药理科主任、教授。1939年任上海医学院(今复旦大学上海医学院)代理院长，1941～1949年任院长。在抗日战争中，迁校昆明、重庆办学。期间，1929年兼任中国生理学会会长，1932年兼任中华医学会总干事、1935年任会长。1953年任浙江省卫生厅技正。1954年起先后任浙江医学院教授、药理学教研室主任、药学系主任。1963年任浙江省卫生实验院药物研究所所长。1977年起兼任中国生理学会浙江分会、中国药学会浙江分会名誉理事长，中华医学会数学药理专业委员会名誉主任委员等职。

20世纪20年代，在中国高等院校首批开设和讲授药理学；参与创办上海医学院。30年代，1932年与牛惠生一起，极力促成英国人主持的"博医会"并入中国人主持的中华医学会，推进中国医学界自主、统一、团结和协作进程；发表一系列有关中国乌头(草乌头)、闹羊花毒、蚯蚓、麻黄素等中药药理作用论文；出版中国第一部药理学教材《药理学》(1939年)，其中"几种国药的研究"一章，逐一介绍近20种中药药理研究新成果。40年代，长期主持上海医学院工作，在抗日战争艰难条件下，坚持为国家培养急需高级医学人才。50年代起探讨现代科技、尤其是高等数学的医学应用，1959年发表"高等数学在医学上应用的我见"长篇连载论文；同年研究抗血吸虫病药物，率先运用数学方法对血锑浓度动态变化作定量分析，计算出半衰期、清除率等药物动力学指标。60年代，研究药理作用机制的受体学说，探讨统计力学、量子力学、量子生物化学的药理学应用前景；在全国生理学年会上宣读"药理学中量的问题"(1963年)一文，是中国药理学界首次对数学药理新方向的系统论述。1980年90岁高龄，在浙江省药学会年会上宣读"怎样向现代药理学进军"论文，鼓励中青年药理学者努力掌握新技术；撰写数万字讲义，介绍新技术的医学应用。

（朱素珍）

彭菲尔德，W. G.(Penfield，Wilder Graves)　加拿大人，1891年1月26日生于美国华盛顿州斯波坎，1976年4月5日卒于加拿大蒙特利尔。*神经外科学、生理学、病理学、脑与神经科学、心理学。*

美国裔。1918年在美国约翰斯·霍普金斯大学获医学博士学位。1935年在牛津大学获理学博士学位。先后在英国、德国、西班牙、波兰和美国学习与工作。1928年移居加拿大，在麦吉尔大学及其附属皇家维多利亚医院和蒙特利尔总医院工作，1934年任麦吉尔大学医学院蒙特利尔神经病学研究所首任所长，1960年退休。后共同创立瓦尼埃家庭研究所。1967年被册封为爵士。

运用电刺激法提高了切除致癫痫的脑回的精确性。首次描述了一些大脑皮层新功能区，如发音控制区、补充运动区、补充语言区、味觉区、胃肠区等。证实用微弱电流刺激优势半球的3个语言区的任何一个，均可产生失语症。提出了中央脑干整合系统概念，作为意识觉醒和目的行为的基础。认为神经元整合的最高层次在脑干，脑干内的中枢系统负责两个半球的功能整合。另一贡献是对记忆机制的研究，用电刺激病人暴露的颞叶皮层，导致病人出现幻想经验；刺激左右半球第一颞回的分布点，引起病人听觉经验；刺激右半球枕颞皮层一些分布点(左半球很少)，引起视觉经验。又发现为控制癫痫发作而广泛切除额前叶的病人，其智商反比手术前提高。首先提出"神经化学"一词。晚年关注公共福利等社会问题，特别是大学教育和家庭教育。主要著作有《人的大脑皮质》(1950年)、《精神之谜》(1975年)等。1994年入选加拿大医学名人堂。

（叶蒙福　张慰丰）

毕华德(Bi Huade)　字懋修。中国北京市人，1891年(清光绪十七年)6月13日生于中国北京，1966年12月31日卒于同地。*眼科学、眼屈光学、科学史学。*

出身城市贫民家庭。少时在教会学校半工半读。后在英文夜校任业余教师。1918年北平协和医学院毕业，获医学博士学位。留校任教眼科学。1924年留学奥地利，1925年获维也纳大学医学院眼科学博士学位。同年回国，先后任协和医学院讲师、襄教授(助理教授)。1932年创办北平眼科学会并任首任会长。1942年初因日军占领协和医学院，他被迫辞职开业行医。1946年起，历任北京大学医学院教授、附属医院眼科主任，北京医学院(北京医科大学前身)第一附属医院眼科主任。1950年起兼任中华医学学会眼科学会主任、《中华眼科》杂志主编等职。

专长眼屈光学及外眼病学，对沙眼、淋病性眼炎、梅毒性眼炎、青光眼和白内障等眼病诊治，皆有建树。20世纪20～30年代，在协和医学院积极协助李清茂教授开办数期眼科医师进修班，首倡汉语讲课；在外文杂志上介绍中医眼科文献，以宏扬传统医学；1930年起在《中华医学》杂志开始出刊《眼科专号》，直至抗日战争爆发；1932年在《中华医学》杂志发表“我国今日眼科之地位”一文，呼吁和倡导设立眼科研究院以培养专业人才，创办中文眼科杂志，各地分别成立眼科学会；同年创建中国最早的眼科学会；参译《梅氏眼科学》，编著《眼屈光学》(1925年第1版)一书，皆是中国流传最早的眼科经典之作。1950年开始主编《中华眼科》杂志，系中国最早专科杂志之一；开办数期全国眼科进修班；编写出版《眼屈光学》(第2～3版)；先后还主编和编写有《眼科学及护理》(第2版)、《眼科学》、《军医眼科学》、《眼科手册》(第1～2版)等；主编《眼科全书》原计划出刊12卷，仅1965年出版第一卷。所建立的许多眼科诊断、处理方法，至今仍为中国眼科界所遵循。

此外，重视研究中外眼科学史，撰有《我国西医眼科之起源及现状》(1930年)、“中国眼镜史”(1933年)、“我国青光眼历史考证”(1955年)、“中国眼科学史大纲”(1956年)等。发表论文近50篇，多篇被国际眼科界杂志、专著所收录或转载。（朱素珍）

杨崇瑞(Yang Chongrui)　中国北京市人，1891年(清代光绪十七年)9月6日生于河北通县(今属北京市)，1983年7月20日卒于北京。*妇产科学、妇婴卫生学、护理学、助产学教育。*

生于中农家庭，自幼随父耕读。1917年毕业于协和医学堂，获医学博士学位。后至山东德州博济医院、天津妇婴医院工作。1922年回协和医院妇产科工作。1925年被选送到美国约翰斯·霍普金斯大学进修妇产科。回国后任协和医学院公共卫生科讲师，兼第一卫生事务所保健科主任。1929年创办国立第一助产学校和附属产院，任首任校长兼院长。1931年任国民政府卫生署技正。1933年创办南京中央助产学校，任首任校长。1947年受聘联合国国际卫生组织妇婴卫生组副组长。1949年回国，出任国家卫生部妇幼卫生司首任司长等职，曾兼任《妇幼卫生》、《妇婴卫生学》两杂志主编。

中国妇幼卫生保健事业著名女专家和开创者之一，中国最早的妇产科女医学博士。20世纪20年代起，多次赴欧美、亚洲国家考察妇婴卫生及助产教育，在国内多处开办妇幼保健院和助产学校，开展妇婴教育，培训接生员、妇幼卫生员40余万人。20年代，致力于预防产褥热和新生儿破伤风工作；到河北遵化一带农村调查妇幼卫生状况；在北京灯市口慈善工厂、朝阳门外等处设立妇科检查所，专门从事孕期检查和女工妇科治疗；1928年在北京开办中国第一届“接生婆讲习班”，推广新法接生；1929年创办中国第一所助产学校，把“牺牲精神，造福人类”定为校训。30年代，在南京、武汉等地创办助产学校；30年代初，提出“限制人口数量，提高人口质量”的主张，主编《节育讯》和《北平晨报》的“人口副刊”，倡导节育；1935年创办并主持节育指导所。1937年抗日战争爆发时，她正在日内瓦访问，毅然回国参加中国红十字医疗队上前线救护；1949年放弃联合国高薪和要职辗转回国，为新中国妇幼卫生保健事业服务。50年代起，指导在全国相继建起60余所助产学校，培养大批妇幼卫生人才。1988年，北京市政府在东城区建立杨崇瑞助产学校。1989年，中国医学基金会设立杨崇瑞妇幼卫生奖励基金。（张慰丰）

班廷，F. G.(Banting, Frederick Grant)　加拿大人，1891年11月14日生于加拿大安大略省阿利斯顿，1941年2月21日卒于加拿大纽芬兰省马斯格雷夫港附近。*生理学、临床医学、内分泌学、空间医学。*

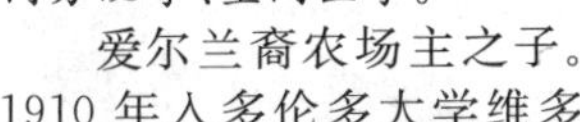

爱尔兰裔农场主之子。1910年入多伦多大学维多利亚学院人文科学系学神学，翌年改学医，1916年毕业。正值第一次世界大战，同年参军当中尉军医。1917～1919年主要在欧洲战场服役，获英国政府授予的皇家军队十字勋章。战后回国，先在多伦多儿童医院矫形外科工作，一年后到安大略省伦敦市开业当矫形外科医生。1920年在西安大略大学生理学系任演示员，教生理学和解剖学。1921年春回多伦多大学，在J. J. 麦克劳德实验室C. H. 贝斯特协助下分离胰岛素成功，1922年获多伦多大学医学博士学位。1923年起在多伦多大学任教授。1930年多伦多大学班廷—贝斯特研究所成立并任所长，同年任班廷—贝斯特医学研究系主任。1934年册封为爵士。第二次世界大战爆发后再度参军，任少校医官兼英国与加拿大军队医疗联络官，1941年在执行任务途中因飞机失事而殉职，卒年仅50岁。

主要成就是首次发现并成功分离胰岛素。当时已有人发现切除胰腺后会产生糖尿病，故认为胰腺分泌某种控制糖代谢的激素，并推测胰腺内散布的许多细胞团(“兰格罕氏岛”)可能是产生激素的地方。但是，当人们将胰腺切下研碎时，胰腺内的消化酶破坏了胰岛素分子。1920年10月，班廷看到M. 巴伦(Moses Barron)的论文，记述结扎胰腺管可引起胰腺退化，但并不发生糖尿病，萌发了他分离胰岛素的想法。他和贝斯特结扎了几只狗的胰管，7周后这些狗的胰腺都萎缩了，但兰格罕氏岛却不退化，他们从这些胰腺中分离出一种液体，给因切除胰腺而患糖尿病的狗，很快就制止了糖尿病的症状。接着麦克劳德又增派助手J. B. 科利普协助，并扩大实验室规模。1921年底，在美国生理学会纽黑文会议上，班廷和麦克劳德正式宣布胰岛素的发现，论文发表在1922年《美国生理学》杂志上。班廷接受麦克劳德的意见，改用乙醇提取经酸化的牛胰腺，1922年1月23日，他们将提取物用于一名患糖尿病的男孩，虽达到降低血糖和尿糖的疗效，但在皮下注射的局部出现了脓肿。又按照麦克劳德提出的方案，使用空气挥发法将提取物中的乙醇挥发，从而浓缩了其中的有效成分。1922年2月，胰岛素投入批量生产，并进入了临床试用阶段。他们在临床观察中还发现，胰岛素过量的最早反应是低血糖症状，只要饮用糖水即可缓解，并导致后来别人对高胰岛素的发现。和麦克劳德同获1923年诺贝尔生理学或医学奖，班廷将其奖金的一半分给了贝斯特，麦克劳德将其奖金的一半分给了科利普。

20世纪30年代后，他主要研究癌症和动脉硬化。第二次世界大战中，从事空间医学研究。代表作有论文“胰腺提取物用于糖尿病的治疗”（1922年，与他人合写）、著作《糖尿病和胰岛素》（1924年）等。（顾振海）

墨菲，W. P.（Murphy，William Parry） 美国人，1892年2月6日生于美国威斯康星州斯托顿，1987年10月9日卒于布鲁克林。血液病理学、药理学、营养学、临床医学。

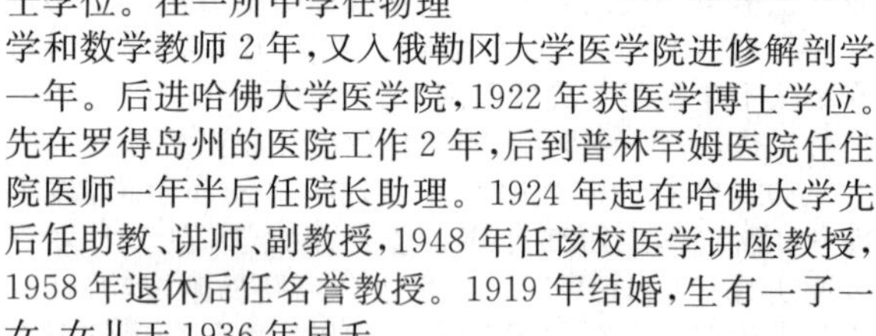

公理会牧师的儿子。1914年获俄勒冈大学文学士学位。在一所中学任物理学和数学教师2年，又入俄勒冈大学医学院进修解剖学一年。后进哈佛大学医学院，1922年获医学博士学位。先在罗得岛州的医院工作2年，后到普林罕姆医院任住院医师一年半后任院长助理。1924年起在哈佛大学先后任助教、讲师、副教授，1948年任该校医学讲座教授，1958年退休后任名誉教授。1919年结婚，生有一子一女，女儿于1936年早夭。

长期从事医学研究，主要的研究课题是糖尿病和血液病。探讨各种贫血病病理，发现维生素B_{12}、叶酸都是红血球形成所必需的物质。1926年结识G. R. 迈诺特教授，他们根据G. H. 惠普尔的理论，共同提出用鲜牛肝为主要食物来治疗恶性贫血症，同时用来治血红素不足的贫血和颗特性血球过少症患者。在45例病人中食用牛肝后，有41例效果显著。由于每个病人每天所需生肝数量甚多，不便临床推广应用，随后和迈诺特在莱汉医院研究了3年多，分析了肝的有效成分，摸索提取和分离的方法。在哈佛大学化学家协助下，他们提炼成功口服肝浸膏后又制成针剂制品。每100克鲜肝提取出3毫升肝制剂，此制品的疗效为口服鲜肝疗效的50倍。他们把网织红细胞作为考核治疗效果的一个重要指标。在一般情况下，使用肝剂后，几天内网织红细胞数可明显增加。以后又用此指标对比各种药物治疗恶性贫血及其他各型巨幼红细胞贫血的效果，为鉴定新药提供了手段。经临床试用，患者用药后骨髓处红细胞形成的活性增加，血液中异常细胞在消失，恶性贫血患者的症状也逐渐消失。临床实践证明，此药适用于伴有颗粒细胞减少症的各种疾病，如肺炎，急性传染病，粒性白血球缺乏症以及手术后血相异常的病症。

主要论文与著作有“用一种特殊的食物治疗恶性贫血”（1926年）和《恶性贫血》（1939年）等。与G. R. 迈诺特、G. H. 惠普尔三人共获1934年诺贝尔生理学或医学奖。此外，他还获1930年英国爱丁堡大学卡梅伦奖（与迈诺特共享）、1934年美国医学会铜牌、1934年芬兰白玫瑰勋章、1952年古巴国家勋章等。（张慰丰）

伯恩，J. H.（Burn，Joshua Harold） 英国人，1892年3月6日生于英国达勒姆郡，1981年7月13日卒。药理学、心血管学、神经生理学、内科治疗学。

早年在剑桥大学攻读化学，后在H. H. 戴尔影响下转向药理学，1925年获医学博士学位。先后在英国药物学会、牛津大学和美国华盛顿大学任职。1942年当选为英国皇家学会会员。

1930年发现酪胺的血管收缩作用是由于取代了血管壁上的肾上腺素和去甲肾上腺素，导致两者释放所引起的。1932年进一步证实血管壁上的交感神经末梢能从血液摄取肾上腺素和去甲肾上腺素，并在受到刺激时释放出来。与威廉斯（E. M. Williams）等人用离体狗心建立了心房纤颤的病理模型，并发现产生室颤的条件，还证实正常搏动的心脏释放乙酰胆碱和儿茶酚胺，当乙酰胆碱产生过少时，心肌细胞对钾离子的通透性下降而不能极化。还研究了交感神经节后纤维释放去甲肾上腺素的机制。

主要著作有《药理学演讲录》（1948年初版，1971年第11版）、《临床药理学》（1952年）、《治疗学原理》（1957年）、《药物、医学和人》（1962年初版，1963年再版）和《植物神经系统》（1963年初版，1975年第5版）等。获1960年盖尔德纳基金奖。（叶蒙福）

海曼斯，C.（Heymans，Corneille） 比利时人，1892年3月28日生于比利时根特，1968年7月18日卒于克诺克。心肺生理学、血管学、药理学。

根特大学校长、药理学教授海曼斯（G. Heymans）的儿子。第一次世界大战时为野战炮兵军官。退役后曾到巴黎、洛桑、伦敦、维也纳等大学进修学习。1920年获比利时根特大学医学搏士学位。留校工作，在其父指导下从事教学和研究，1922年任药理学讲师。1927～1928年在美国俄亥俄州西储大学工作。1930年接替其父成为根特大学药理系教授兼系主任、海曼斯研究所所长，1963年退休为荣誉教授。第二次世界大战时再次参军。战后1945年应邀赴斯德哥尔摩大学讲学。是国际生理科学会和国际药理学家协会主席，比利时国家科学政策委员会副主席，比利时皇家科学院院士。1959年曾到中国，在北京、上海作了3次学术报告。1921年结婚，生有4个孩子。

自20世纪20年代起，在父亲的指导下从事呼吸和血循环相互关系的研究。直到20世纪早期，生理学家尚认为由于血压和血液化学成分的变化，直接作用于脑内控制呼吸中枢，起着调节呼吸的作用。但是从呼吸兴奋药的研究中，已发现其中可能还有某种未知的生理过程，可能通过外周感受器起着反射性调节作用。他们父子俩首先研究主动脉弓区和颈动脉窦区的外周感受器在呼吸和肌血压调节中的作用。在麻醉的狗身上，设计了隔离的颈动脉窦区或主动脉弓区的交叉灌流实验制备，证实了颈动脉窦和主动脉弓的内壁上有压力感受器，颈动脉体和主动脉体中有化学感受器，它们能分别感受血压和血液中化学成分的变化，通过神经联系将信息传递到脑的呼吸中枢，反射性地改变呼吸活动。从而证明了呼吸和血压调节机制中，除了对中枢的直接作用外，还存在外周反射机制，尤其是外周的化学性反射机制。1932 年父亲去世，他总结了 10 多年来的研究成果，于 1933 年出版了专著《颈动脉窦》(与他人合著)。还带领研究所的同事进行了多项富有成果的研究，其中研究脑循环生理学；高血压的病理生理原理；肌肉运动时的血液循环；血液循环停止后神经中枢的生存和复活；细胞代谢刺激物的药理学；肺药理学等问题。

发表约 800 篇论文；主要著作还有《颈动脉窦及其他血管的敏感反射》(1920 年)、《化学刺激和血管敏感反射》(1934 年，与他人合著)、《呼吸中枢》(1933 年，与他人合著)等。因发现颈动脉窦和主动脉弓在呼吸和血压调节机制中的作用，获 1938 年诺贝尔生理学或医学奖。 (张慰丰)

艾伦，E.(Allen，Edgar) 美国人，1892 年 5 月 2 日生于美国科罗拉多州卡尼翁城，1943 年 2 月 3 日卒于康涅狄格州纽黑文。*解剖学、内分泌学、生殖生理学。*

内科医生的儿子。早年在罗得岛的波特基特和克兰斯顿学习。1915 年毕业于布朗大学。第一次世界大战中，在欧洲法国战场的美军医疗卫生队服役。得到过数种学位，其中最高的是生物学博士学位。1919 年任圣路易斯的华盛顿大学解剖学示教员。1923 年转至密苏里大学，先后任解剖学教授、解剖学系主任和大学医院院长。1933 年起任耶鲁大学医学院院长、解剖学教授。1936 年、1942 年先后获布朗大学、华盛顿大学荣誉博士学位。曾任美国解剖学家协会主席、美国内分泌学家协会主席。第二次世界大战爆发时，任海岸警卫队辅助队初级官员、707 艇作战指挥官，在长岛海峡巡逻时心脏病发作而去世。

毕生从事雌性生殖周期的研究。1923 年和 E. A. 多依西合作发现了雌激素，并研究了它对雌性生殖周期的控制机理，为内分泌学的进一步发展开拓了新领域。许多大学和学会授予他荣誉称号，其中包括 1937 年法国政府的荣誉军团勋章、英国皇家内科医师学会巴利奖章等。 (顾振海)

布默尔，F.(Bremer，Frédéric) 比利时人，1892 年 6 月 28 日生于比利时阿尔隆，1982 年卒于布鲁塞尔。*实验生理学、神经生理学、脑与神经科学。*

1919 年在布鲁塞尔大学获医学博士学位。后在巴黎、波士顿、牛津等大学深造。1932 年后在布鲁塞尔大学医学院任职。1958 年成为美国文理科学院外籍院士。

睡眠机理研究的先驱者之一。1935 年用切断动物脑干嘴侧部阻断上行到前脑的神经冲动，导致动物呈睡眠样状态，并认为这是由于阻断了传入冲动通过网状结构的强化作用所致，从而提出了"皮质紧张"和由传入阻滞引起的"紧张下降"两个概念。还分析了感觉冲动诱发皮层感觉区初级反应的各种成分，发现在这些诱发电位中出现晚期震荡，这对感觉性醒觉特别重要。还对阐明皮层与网状结构之间的往返关系作出很大贡献。 (叶蒙福)

蒂利特，W. S.(Tillett，William Smith) 美国人，1892 年 7 月 10 日生于美国北卡罗来纳州夏洛特，1974 年 4 月 4 日卒于康涅狄格州切斯特。*细菌学、传染病学、免疫学、血液学、临床内科学。*

律师之子，家中 4 个儿子中最幼者。1913 年毕业于北卡罗来纳州立大学。1917 年在约翰斯·霍普金斯大学医学院获医学博士学位。同年任美军医疗团医务官派遣欧洲战场。1919 年回约翰斯·霍普金斯大学医学院附属医院。1924～1930 年在纽约市洛克菲勒医学研究院(今洛克菲勒大学)附属医院任医师。1930 年任约翰斯·霍普金斯大学医学院副教授兼生物学部主任。1937 年任纽约大学医学院微生物学教授，1938 年又任医学系主任兼附属贝尔维医院第三医疗部主任，1958 年退休。1937 年任美国临床调研学会会长，1957 年任美国哈维学会会长，1958 年任美国内科医师协会主席。1951 年当选为美国国家科学院院士。先后获北卡罗来纳大学、芝加哥大学和西北大学荣誉理学博士学位。

一生主要致力于肺炎的临床研究，对肺炎双球菌作了详细观察。还研究了 β-溶血型链球菌的致病特征，1933 年发现由这种病菌所产生的两种酶(链激酶和链球菌脱氧核糖核酸酶)具有分解血液蛋白及其纤维的特征，后用这两种酶的纯化制剂治疗栓塞和血栓形成，被称为"神奇之药"。在第二次世界大战期间，非常成功地用青霉素治疗双球菌型肺炎和脓胸。获 1949 年拉斯克奖、1952 年博登奖。 (朱 劦)

拉夫连季耶夫，Б. И.(Лаврентъев，Борис Иннокентьевич；Lavrentiev，Boris Innokentievich) 苏联人，1892 年 8 月 13 日生于俄国喀山，1944 年 2 月 9 日卒于莫斯科。*组织解剖学、神经生理学、进化组织学。*

1914 年毕业于喀山大学医学系。同年任军医。1921 年到喀山大学教组织学。1925 年被派往荷兰乌得勒支大学进修，在博克(J. Boecke)领导的神经组织学实验室学习和研究。1927 年任莫斯科畜牧学院兽医系组织学教授。1929 年任莫斯科第一医学院组织学系主任。1933 年起任列宁格勒的全苏实验医学研究所形态学研究室主任。1934 年同时在莫斯科第二医学院兼任组织学教授。1941～1943 年实验医学研究所疏散到托木斯克时任代理所长。1943 年后在莫斯科继续从事研究和教学工作。1939 年当选为苏联科学院通讯院士。

主要成就是关于自主神经系统的组织生理学实验研究工作。改进了神经节和神经纤维切片的银染法，用以研究去神经组织的变性和再生现象，以及组织和器官中神经突触、自主神经节和神经末梢的变化过程。在这些研究的基础上，支持神经系统的营养作用的概念及其神经元结构的理论。还用实验论证了神经元之间突触结构的存在和功能，并阐明了支配内脏器官的感觉神经及内感受器的存在部位和来源，从而发展了进化组织学原理。

有多种论著，主要著作有《神经分布机制(突触)的组织生理学》(1936年)、《内部器官感觉神经分布形态》(1949年，与人合著)等。获1941年苏联国家奖金。

(张之沦　陈闻鹍)

霍尔丹，J. B. S.(Haldane, John Burdon Sanderson)　英裔印度人，1892年11月5日生于英国牛津，1964年12月1日卒于印度奥里萨。*病理生理学、遗传学、生物化学、生物进化论。*

牛津大学生理学教授的儿子。早年自牛津大学肄业。曾在第一次世界大战中参战受伤，在印度康复。1919年任牛津大学新学院生理学研究员，和戴维斯(P. Davis)一同工作。1923年在剑桥大学霍普金斯主持下作生化研究。1933年任伦敦大学学院遗传学教授，1937年任生物统计学教授。同年任《工人日报》科学记者，参加西班牙内战，后任该报主编。1942年加入英国共产党。1957年移居印度，任加尔各答印度统计研究所研究教授。1961年供职印度科学与工业研究联合会。1962年任布巴内斯瓦尔市遗传学与生物统计学实验室主任。1964年在任内患癌症去世。

20世纪20年代，主要研究血中二氧化碳浓度变化对肌肉调节呼吸运动的影响，以及血、尿中糖、磷酸盐浓度的测定。1931年他精确地计算出酶反应速率，并和布里格斯(G. F. Briggs)共同证明了酶的反应规律服从于热力学原理。在此期间，还研究了基因连锁等问题。发表第一篇关于自然选择的数学原理专论，后又陆续发表9篇，其中第一篇收入《进化的过程》一书附录中。提出了"霍尔丹法则"，以13种设想和必要公式来预言种群的进化速率，认为进化的根本原因是自然选择而不是突变。他对地球生命化学进化猜想，被称为奥巴林一霍尔丹假说。1935年在X染色体上标注了色盲、夜盲等病的基因位点。1936年和J. 贝尔(Julia Bell)发现血友病基因和色盲基因在染色体上连锁。

发表论文400多篇，科普文章大量；出版专著和科普著作23部，主要有《人工选择和自然选择的数学原理》(1924年)、《各种可能的世界》(1927年)、《生命的起源》(1929年)、《酶》(1930年)、《进化的原因》(1932年)等。1952年获英国皇家学会达尔文奖章。1956年获英国皇家人类学会赫胥黎纪念奖。还获有美国国家科学院金伯奖金等。

(林　培　张慰丰)

梅内盖蒂，E.(Meneghetti, Egidio)　意大利人，1892年11月14日生于意大利维罗纳，1961年3月4日卒于帕多瓦。*药理学、血液病学、药物化学、细胞生理学。*

祖父和父亲是医生。1916年以优异成绩毕业于帕多瓦大学。第一次世界大战中，从军受伤。1926年任卡梅里诺大学药理学教授、系主任。1927年任巴勒莫大学药理学研究所所长。1932年至去世，任帕多瓦大学医学院药理学研究所所长、药理学教授，1945～1947年任校长。第二次世界大战中，作为校长助理和校长一起领导该校成为地区反法西斯运动的中心。1951年创立帕多瓦大学化学治疗研究中心。

主张由实验生物化学和细胞生理学构成现代药理学的基础。主要贡献在于胶体和毒理学领域。证明可将难溶于水的物质以胶体状态注入循环系统(或局部注射)。还发现胶态硫化锑注入静脉后可聚集在骨髓的间质细胞内，阻碍红细胞生成，这对研究血液病的病因学是一重要贡献。证明肺泡中存在间质细胞，并发现其与肺吸收药物有关，从而找到了一种传染病化疗的新途径。还研究了磺胺药和抗生素的分子结构及药理作用，以及应用硫代硫酸盐等对抗汞、铅和氰化物中毒。曾4次获奖。

(张祝山)

科利普，J. B.(Collip, James Bertram)　加拿大人，1892年11月20日生于加拿大安大略省贝尔维尔附近，1965年6月19日卒于安大略省伦敦。*内分泌学、生物化学。*

15岁起在多伦多大学三一学院学习自然科学，1912年获文学士学位，1913年获文科硕士学位，1916年获生物化学博士学位。1915年任埃德蒙顿的艾伯塔大学生物化学讲师。1921年到北美和英国的实验室访问，1922年回到艾伯塔大学任生物化学教授。1928年任麦吉尔大学生物化学教授兼系主任，1941年任该校内分泌学研究所首任所长。1947年任西安大略大学医学院院长，1961年退休。1925年当选为加拿大皇家学会会员。1933年当选为英国皇家学会会员。获9所加拿大大学和哈佛、牛津及伦敦大学荣誉博士学位。

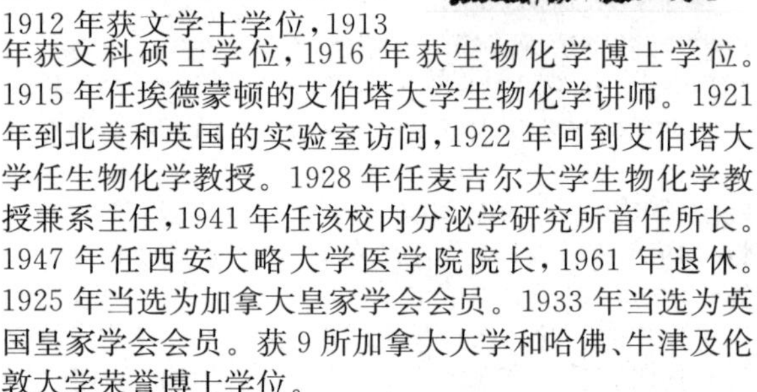

1921年应多伦多大学生理学系主任J. J. 麦克劳德之请，参与F. G. 班廷和C. H. 贝斯特对新发现的激素"胰岛素"的研究。当时提取胰岛素难度很大，因提取物中含有毒性杂质，而且制备困难，难以用于临床糖尿病人。不久，科利普发现可从牛或猪的胰腺中提取胰岛素，其纯度足以准许临床试用。1922年3月，首先发表题为"胰腺提取物治疗糖尿病"的临床应用报告。1923年班廷和麦克劳德共同获诺贝尔生理学或医学奖，他们让贝斯特和科利普分享这笔奖金。在埃德蒙顿5年期间，把钙、磷代谢的激素调节机制同甲状旁腺的一种活性物质联系了起来。1926年发表"防止或控制甲状旁腺性手足抽搐和调节血钙水平的甲状旁腺激素的提取"的论文。1927年起在麦吉尔大学生物化学系的11年，是他在事业上最有成就的时期，发表200多篇论文。对内分泌系统的各个方面均作出了贡献，特别是脑垂体。1933年他已经能把垂体生长激素从促肾上腺皮质激素(ACTH)和促甲状腺激素(TSH)中分离出来。获1943年大英帝国荣誉勋章，1947年美国银棕榈自由奖章，加拿大医学会斯塔尔奖，加拿大皇家学会弗拉维尔奖章，爱丁堡大学卡梅伦奖，1960 年美国糖尿病学会班廷奖章等。
（陈闻鹏 殷明德）

凯尔塞，R. A.（Kelser，Raymond Alexander） 美国人，1892 年 12 月 2 日生于美国华盛顿，1952 年 4 月 16 日卒于费城。医学微生物学、传染病学、兽医学、军事医学。

父亲是技工，生有 8 个孩子，他是长子。高中时进修商业课程。后任美国农业部动物产业局信使，同时在华盛顿大学兽医学院夜校学习，1914 年获兽医学博士学位，并通过公务员考试，又回到动物产业局工作。1918 年起在美国陆军兽医部队工作，1921～1925 年、1928～1933 年两次出任华盛顿陆军医学院兽医研究所所长，1942 年晋升陆军准将，成为该部队第一个将级军官，1946 年退役，转任国防部生物战顾问。后任宾夕法尼亚大学兽医学院教授兼院长。是许多科学团体成员。1948 年入选美国国家科学院院士。因患中风突然去世。

是 20 世纪 30 年代早期著名病毒学家，对病毒特征及传播进行了深入研究。1915～1918 年，和同事合作研究炭疽病免疫血清，改进了这种疫苗。1925～1928 年他在菲律宾服役时，研究出一种用氯仿使牛瘟病毒失去活性却又不破坏其免疫性的有效方法，终于控制住这种曾使菲律宾和世界许多地方遭受严重灾害的病疫。1928～1933 年完成几项重要研究工作，其中最著名的是对马脑脊髓炎病毒传播机制的论述，证明其病原体可由蚊子在豚鼠和马之间传播；还证明蚊子不仅是病毒传播者，而且还是病毒的潜伏宿主，病毒在蚊体内繁殖，因而增强了传染力。这个发现具有很大的实用价值，并引起病毒学界的巨大兴趣。与他人合著有《传染病媒介》（1922 年）、《兽医细菌学手册》（1927 年初版，1948 年第 5 版）。曾多次获各种奖励。
（陈建秀）

吉奥吉，P.（Gyorgy，Paul） 美国人，1893 年 4 月 7 日生于匈牙利大瓦德，1976 年 3 月 1 日卒于美国新泽西州莫里斯城。儿科学、营养学、生理学、生物化学。

匈牙利裔，医生之子。1951 年获布达佩斯大学医学博士学位。第一次世界大战中任军医。1920 年起在德国海德堡大学从事研究和教学工作，1927 年晋升为儿科教授。1933 年到剑桥大学营养学实验室从事研究。1935 年去美国，任克利夫兰西储大学医学院儿科系助理教授，1937 年任副教授。1944 年任宾夕法尼亚大学医学院儿科系副研究教授，1946 年任教授，1950 年任该校附属医院首席儿科专家。1957 年任费城总医院儿科主任，1963 年退休后任荣誉教授。1960～1964 年任世界卫生组织儿童基金会蛋白质咨询专家组组长。

1933 年在剑桥大学工作时，共同参与发现维生素 B_6，并对其进行离析提纯。后进一步研究核黄素、维生素 B_6、泛酸和胆碱的结构和代谢途径。40 年代起，在美国与同事发现双歧杆菌生长因子的活动性和抗金黄色葡萄球菌的性能；发现人乳具有高含量多胺物质。关于维生素 A 和 D 及其对儿童健康的影响、婴儿用母乳比用牛乳喂养有益等科学结论，对国际营养学界有重要影响。

发表论文 450 余篇；出版专著 13 部。由于卓越贡献，得到多种奖励与荣誉，其中有 1951 年美国营养学会博登奖，1958 年奥本斯－孟德尔奖，1954 年美国儿科学科学院博登营养奖，1956 年杰出现代医学奖，1957 年美国医学联合会食品与营养委员会戈德伯格奖，1968 年美国儿科学会豪兰奖，1975 年美国国家科学奖章。
（池贵法）

伯韦尔，C. S.（Burwell，Charles Sidney） 美国人，1893 年 4 月 10 日生于美国科罗拉多州丹佛，1967 年 9 月 3 日卒于马萨诸塞州伊普斯威奇。临床内科学、心脏病学、产科学。

1919 年毕业于哈佛大学医学院。后来到波士顿、巴尔的摩、奥地利维也纳等地大学深造。回国后，1928 年任范德比尔特大学医学院医学教授。1935～1949 年任哈佛大学医学院院长，后任医学研究教授、第一位莱文讲座教授，1959 年退休任该学院院长特别顾问。1939 年成为美国文理科学院院士。

与其同事用静脉插管研究缩窄性心包炎，发现该病的主要动力学异常在于心室舒张受限而使心搏输出减少，随访发现该病经手术可获改善，但极少治愈。1957 年与罗宾（E. D. Robin）研究弥漫性心肌纤维化的循环变化，发现该病引起的心力衰竭属低输出量型，是由舒张期充盈受限和收缩期排空不全所致。还研究过心脏病与妊娠的关系。获 1959 年菲利普斯纪念奖章。
（叶蒙福）

保罗，J. R.（Paul，John Rodman） 美国人，1893 年 4 月 18 日生于美国宾夕法尼亚州费城，1971 年 5 月 6 日卒于康涅狄格州纽黑文。临床内科学、流行病学、社会病理学、公共卫生学。

1919 年在约翰斯·霍普金斯大学医学院获医学博士学位。在宾夕法尼亚大学医学院及附属医院工作了 6 年。1928 年后为耶鲁大学医学院预防医学副教授和教授，1961 年退休。1945 年和 1951 年分别被选为美国国家科学院院士、美国文理科学院院士。

提出社会病理学的思想，即要从群体的观点考虑疾病。该思想促使临床医师和保健医师有共同的思考原则和共同感兴趣的学科，即实用流行病学或临床流行病学。这是在耶鲁大学 33 年教学与研究生涯的重点工作之一。20 世纪 40 年代，已将流行病学列入医学生的课程，并由美国公共卫生署成立流行病学情报站，给刚毕业医学生进行流行病学训练。主要著作有《风湿热的流行病学》（1930 年）、《临床流行病学》（1958 年）等。
（叶蒙福）

金宝善（Jin Baoshan） 字楚贞。中国浙江省人，1893 年（清光绪十九年）4 月 23 日生于浙江绍兴，1984 年 11 月 11 日卒于北京。传染病学、公共卫生学、医务管理、医学文献学。

出生贫寒，早年读私塾，14 岁入绍兴中学堂。17 岁考入南京水师学堂，后转入杭州医科专门学校。1911

年官费留学日本，先在千叶医科专科学校学习内科，1916年毕业后，进入东京帝国大学传染病研究所攻读传染病及生物制品专业。1919年回国，任北京中央防疫处技师，并在北京医学专门学校、军医学校教学。1926年去美国约翰斯·霍普金斯大学公共卫生学院进修，1927年获硕士学位。1927年回国任杭州市卫生局局长。1928年任中央防疫处处长，同年任卫生部保健司司长。1932年任中央卫生实验处副处长兼军医监理委员会委员。1934～1941年连任两届中华医学会会长。1941年主持成立医疗药品经理委员会。抗日战争胜利后，任卫生部次长。1948年去上海医学院任教。同年任联合国善后救济总署儿童急救基金会医务总顾问。1951年3月回国，在国家卫生部任技术室主任、参事室主任等职。1954年调任北京医学院一级教授、卫生系主任兼保健组织学科研室主任。兼中国红十字会常务理事、中华医学会常务理事、卫生学会主任委员，《中华卫生》杂志主编等职。

在卫生防疫方面，将从日本带回菌种制出白喉疫苗、鼠疫疫苗、抗毒素、免疫血清、牛痘等各种疫苗，从此中国始有自办的生物制品事业。1928年后，奔走各地建设地方、乡村和边疆卫生事业。1930年主持制定“全国海港检疫条例”，参与回收海港检疫权，建立中国自己的检疫机构。1935年主持建立蒙绥防疫处，进行扑灭传染病及兽用血清疫苗的制造。1937年主持在兰州建立西北防疫处，制造各种人用、畜用的生物制品，推动了青海、宁夏、新疆、陕西及川北地区的防疫事业。1937年主持设立汉渝宜检疫所，负责控制长江上游传染病的传播。又在滇缅公路上设立流动检疫站，在云南蒙自设立检疫所，以防止东南亚地区的流行病传入中国。第二次世界大战后，参与发起成立世界卫生组织。对中国现代医疗卫生制度的建立也起过推动作用，参与制定了医药卫生管理体制。

1962年起应中国医学科学院情报所要求，从事世界各国卫生情报和资料编写工作。1965年写成200多万字的世界各国公共卫生资料。著有《查阅医学外文期刊经验简介》、《中华民国医药卫生史料》、《中华民国时期的卫生保健工作》、《英汉预防医学词汇》等。

（张慰丰）

侯宝璋（Hou Paochang）　字又我。中国安徽省人，1893年（清光绪十九年）5月生于安徽凤台，1967年3月12日卒于北京。*病理学、肿瘤学、医学史学。*

出身中医之家。青年时在怀远教会民康医院化验室帮工。1916年保送入北京协和医学堂。1918年转山东齐鲁大学医学院学习，1920年毕业。留校医学编译部编辑《齐鲁医刊》。1926～1935年间，相继在美国芝加哥大学、德国柏林大学、伦敦大学热带病研究所进修与研究。回国后，任齐鲁大学医学院病理系教授、系主任。1937年抗日战争爆发，随校迁移成都，任华西齐鲁联合大学病理系教授、系主任，并代理齐鲁医学院院长。1938年任国民政府教育部部聘教授，参建贵阳医学院，兼任中央大学医学院病理学系教授。1946～1947年应邀赴美国和英国讲学。1948年任香港大学医学院病理学系主任、教授，曾代理院长，兼香港政府医务部病理学顾问。1962年回北京，任中国医科大学副校长兼病理学教研室主任。1958年入选英国肿瘤学会理事。1960年任东京第二届国际防癌会议主席团成员。1961年获香港大学荣誉理学博士学位。

20世纪30年代，1931年“9.18事变”日本军队入侵华北后，他组织和率领战地救护医疗队奔赴喜峰口等战区支援抗日军民，救治伤员；出版中国第一部《病理组织学图谱》（1934年）；出版中国第一部病理组织学教科书《实用病理组织学》（1939年）。30～40年代，在抗日战争中坚持艰苦办学；1941年在四川西北部调研黑热病传染媒介白蛉子分布，以及利什曼原虫感染流行病学；是发现绒癌组织有自然消退现象的最早学者之一，提出机体可能有天然抗绒癌机制的假说，引起医学界关注；从现代医学角度梳理研究中国医学史，发表一系列有关论文，涉及中国糖尿病史、中国牙医史、中国解剖学史等广泛领域，皆有独到见解。50～60年代，相继发表中国天花病史、疟疾史、性病史等论文；在200余例肝癌病理分析基础上，1956年发表“原发性肝癌与华枝睾吸虫感染的关系”论文，首次证明寄生虫在人体肝内可引起恶性肿瘤，而且揭示喜食生鱼者是高危人群，受到医学界重视；研究肝病变机理，与英国学者卡梅伦（R. Cameron）合著《胆汁性肝硬变》（1961年英文版）；参编雷文（R. W. Raven）主编《癌症百科全书》第2卷“肝癌病理学”部分。此外，他从香港回北京后，将多年收藏的中国流散海外珍贵文物，先后分五批尽赠国家故宫博物院珍藏，受到文化部国家文物局奖励。　（朱素珍）

威廉斯，R. J.（Williams，Roger John）　美国人，1893年8月14日生于印度乌塔卡蒙德，1988年2月20日卒于美国奥斯丁。*营养学、酶化学、生物化学。*

美国传教士之子。2岁时随家人由印度回美国。1918年和1919年在芝加哥大学先后获硕士和博士学位。1920年到俄勒冈大学任教，1921年任副教授，1928年任教授。1932年任俄勒冈州立大学教授。1939～1971年任得克萨斯大学教授，期间1941～1963年任得克萨斯大学克莱顿基金会生物化学研究所所长，1971年退休任荣誉教授。1946年入选美国国家科学院院士。1957年任美国化学学会会长。先后获哥伦比亚大学、俄勒冈州立大学、雷德兰斯大学荣誉理学博士学位。

在牛奶和得自动植物的其他物质中，他发现存在着大大促进酵母细胞生长的痕量未知物质，即维生素B1（硫胺素），是第一次描述维生素的学者。这一重大发现开辟了利用微生物（酵母和细菌）进行营养学研究的广阔前景。此项研究导致他又发现、分离和合成了泛酸，并提取了叶酸。他对B族维生素的研究引起生物化学家对微生物的关注，这才有酶学的进展，从而产生了酶遗传和分子生物学，并促进了医学对维生素等营养素在动物和人体代谢过程中独特作用的深入研究。他指出，因为缺乏对各种营养的正确评价，以往很少有人注意将现代营养知识应用于人类生活中去，很多人的疾病护理方法是不适当的。

出版著作10余部，其中有《有机化学导论》（1927

年)、《生物化学导论》(1931年)、《人类前沿》(1946年)、《维生素B的生物化学》(1950年,与他人合著)、《生物化学的特质》(1956年初版,1998年第4版,有俄罗斯、意大利和波兰文等译本)、《营养学概论》(1962年)、《生物化学百科全书》(1967年,与他人合编)、《内科医生营养科学手册》(1975年)和《通过营养以防酒精中毒》(1981年)等。获1941年美国营养学会米德－约翰逊奖,1942年哥伦比亚大学钱德勒奖。 (孟茂华)

芬恩,W. O. (Fenn, Wallace Osgood) 美国人,1893年8月27日生于美国马萨诸塞州莱恩斯伯勒,1971年9月21日卒于纽约州罗切斯特。生理学、毒理学、生物化学、科学史学。

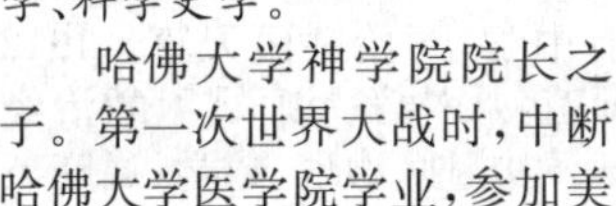

哈佛大学神学院院长之子。第一次世界大战时,中断哈佛大学医学院学业,参加美国陆军卫生部队。1919年在哈佛大学获哲学博士学位。留校任工业卫生系应用生理学示教员。1922年任洛克菲勒医学研究院研究员,到英国伦敦大学希尔实验室从事合作研究。1924～1971年在罗切斯特大学内科与牙科学院工作,期间1924～1959年任生理学系主任、空间与海底生理学研究中心第一任主任。1943年和1948年成为美国国家科学院院士、美国文理科学院院士。

1919年与德林克(C. K. Drinker)发现白细胞吞噬炭粒比石英容易。1922年与希尔(A. V. Hill)发现肌肉收缩时释放额外的能,该能相当于肌肉所做的功。这种热与功的关系,从此成为肌肉生理学的一个重要概念。后进一步研究氧耗与功的关系,发现氧耗量可预测肌肉所做的功。随后转向研究电解质的生物效应,发现钾离子在细胞与其周围环境之间运动的一些规律,以及与机体酸碱平衡的关系。在第二次世界大战时,他研究呼吸压力,确定了胸腔和肺的压力－容积相关图,发现了呼吸气体中的氧－二氧化碳相关图。还研究了有关机体氧中毒与惰性气体致坏死等课题。

一生发表著述267篇(部);撰写出版《美国生理学会史》(1963年)等。获1965年现代医学卓越成果奖,1967年美国心脏学会研究成果奖,费尔特里尼利国际奖等。 (叶蒙福)

森特-乔尔吉,A. von (Szent-Györgyi, Albert von) 美国人,1893年9月16日生于奥匈帝国布达佩斯(今属匈牙利),1986年10月22日卒于美国马萨诸塞州伍兹霍尔。生理学、营养学、肿瘤学、细胞生物学、生物化学。

匈牙利裔,庄园主之子。按母系计,他是一个解剖学者家族的第四代,其科学生涯也是从学习解剖学开始的。1911年入布达佩斯大学医学院学习。第一次世界大战中,1914～1916年任奥匈军队军医,在俄罗斯和意大利前线作战负伤。1917年在布达佩斯大学医学院获医学博士学位。同年结婚,携妻子同往意大利前线军队诊所就职。战后在布达佩斯大学医学院研究细菌学。后在荷兰格罗宁根大学、英国剑桥大学等校任教。1927年在剑桥大学获化学与生理学博士学位。随即去美国梅奥临床医学中心任教授。1930年回匈牙利,1932年任塞格德大学教授兼医学化学系主任。第二次世界大战中,因参与抵抗运动和代表匈牙利政府与盟军秘密和谈,受到希特勒亲令追杀。1947年移居美国,任伍兹霍尔海洋生物试验站肌肉研究所首任所长。1955年入美国籍。1956年入选美国国家科学院院士。1957年当选美国文理科学院院士。

毕生追求生命本质的探索,为此相继研究解剖学、生理学、药物学、细菌学、生物化学、量子力学等,这些阅历使他对生物化学全部领域有深刻理解。最著名的成就是:20世纪30年代,在研究氧化对植物能量代谢所起作用的过程中,发现在所有的植物中都含有一种强还原剂,首次从匈牙利红辣椒中提取约1千克纯净白色晶体,并命名它为抗坏血酸,证实它与1907年所发现的维生素C是同一物质,首次确定了它的分子结构,发现它在生物新陈代谢中的某些独特功能。还证明食物养料和氧在体内氧化时,两者都(而不是其一)被活化。还发现酶对含有两个羧基和四个或六个碳原子的物质起氧化作用,在动物的代谢中起着多方面 的催化作用。由于他的“与生物学氧化过程有关的发现,特别是对与维生素C和延胡索酸的催化作用有关的过程的发现”,获1937年诺贝尔生理学或医学奖。

20世纪30年代末开始研究肌肉生理学,在第二次世界大战期间仍坚持研究工作,战争初期他发现、分离出能引起肌肉收缩的蛋白质“肌动肮”,和肌球肮一起组成了第一块“人造肌肉”,加入腺苷三磷酸可使之收缩和跳动。1966年他在回忆当年的实验感受时说:“看到这些小小的人工肌肉第一次跳动起来,也许是我科学生涯中最令人激动的体验。”1948～1949年,他在美国发现维生素P,这是保持微血管通透性正常的柠檬素,并将之应用于放射性损伤治疗。后期研究细胞分裂的机理和癌细胞形成之因。

发表200多篇论文;主要专著有《氧化、发酵、维生素、健康和疾病》(1940年)、《肌肉收缩》(1947年)、《生命的本质:肌肉研究》(1948年)、《体肌和心肌收缩的化学生理学》(1953年)、《生物能学》(1957年)、《亚分子生物学导论》(1960年)、《科学、道德和政治》(1963年)、《生物电子学》(1968年)、《电子生理学和癌症》(1976年)等。由于他在心血管疾病方面的工作,1954年获美国心脏研究会拉斯克奖。他的座右铭是:“去看大家都看的,去想没人想到的。” (董晨空)

德拉格施泰特,L. R. (Dragstedt, Lester Reynold) 美国人,1893年10月2日生于美国蒙大拿州阿纳康达,1975年7月16日卒于密歇根州拉皮德城。外科学、内分泌生理学、消化病理学。

瑞典移民后裔。1915年、1916年和1920年在芝加哥大学先后获理学士、理硕士和生理学博士学位。1921

年在拉什医学院获医学博士学位。先后在艾奥瓦大学、芝加哥大学、西北大学和佛罗里达大学等校医学院工作。1925年任芝加哥大学外科系教授兼系主任，1959年退休。后在芝加哥大学和佛罗里达大学兼职。为英国皇家外科医师学院、加拿大皇家内外科医师学院、瑞典外科学会外籍会员，美国国家科学院院士。

认为消化性溃疡是由于胃液分泌过多、胃内容腐蚀性增加的结果。根据临床经验，认为胃液分泌过多可能是神经原性的，并在1942年介绍用迷走神经切断术来治疗十二指肠溃疡的方法。与伍德沃德(E. R. Woodward)用实验方法证实埃德金(Edkin)的假说，即食物对胃液分泌的刺激作用是由于幽门窦粘膜释放胃泌素所致。先后获美国医学会银质奖章(1945年)、金质奖章(1953年)和优秀服务奖(1963年)，1967年瑞典皇家北极星勋章。

(叶蒙福)

吴宪(Wu Xian) 字陶民。中国福建省人，1893年(清光绪十九年)11月24日生于中国福建闽侯(今福州市)，1959年8月8日卒于美国马萨诸塞州波士顿。临床诊断学、营养学、免疫化学、蛋白质化学。

出身书香门第。1911年考入清华留美预备学校。1912年赴美国留学，1916年获马萨诸塞理工学院理学士学位。1917年入读哈佛大学医学院生物化学系，师从O. 福林(Otto Folin)教授，1919年获博士学位。留校做博士后研究。1920年回国，任教于北平协和医学院生物化学系，1924年为襄教授(助理教授)兼生物化学科主任，1928年升任教授，1935～1937年为该院三人领导小组成员。期间1925年在美国纽约洛克菲勒研究院从事研究，同年夏赴欧洲考察。1942年初日军占领协和医学院时，隐退在家。1944年任重庆中央卫生实验院营养研究所首任所长。同年出任联合国善后救济总署中国代表。1946年任中央卫生实验院北平分院院长，兼营养研究所所长。1948年起先后任美国哥伦比亚大学、亚拉巴马大学医学院客座教授。1952年秋因心脏病辞职。1934～1938年先后任中国生理学会会长、中华医学会营养委员会主席。兼任联合国粮农组织营养顾问委员会常务委员。入选德国自然科学院名誉院士、美国亚拉巴马州科学院外籍院士。1948年入选中国中央研究院院士。终身保持中国国籍。

1919年在美国发表博士论文“一种血液系统分析法”，报道只需10毫升样品就可测定血液主要成分含量，该法被科学界称为“福林—吴分析法”，认为“引发了一场血液化学方面的革命”，沿用迄今；1922～1923年，与麦克林(F. C. Mclean)等人研究和解释人体内电解质与水、血浆与血细胞之间的迁移机理，被誉为经典性工作；首创用带色基团血红蛋白、碘化清蛋白作为标记抗原；1927年开始研究中国人营养状况；1929年首次提出蛋白质变性理论，认为天然可溶性蛋白质在一定物理、化学力作用下，会从有规则折叠排列变成不规则松散形式，10余年后才被学术界确认有重要价值。20世纪30～40年代，持续多年探讨血液、尿、唾液和脑脊液；通过数十代大白鼠遗传、饲养实验，比较纯素膳与荤杂膳的营养价值，以及对动物生理和寿命各方面影响；公布中国第一部《食物成分表》；采用独特的蛋白质标记法，确定抗原与抗体的定量关系，后又成功实现纯抗体分离；1938年主持制定“中国民众最低限度之营养需要”国家标准；1947年在国际生理学大会上宣读“脂醇类对蛋白质的变性率”论文；1948年在国际会议上提交关于中国和东南亚营养状况调研报告。1948年起，用氮同位素(^{15}N)标记法在美国进行氨基酸代谢实验；1949年起为构建“人类生物学”新学科发表多篇论文。毕生发表论文163篇；出版《营养概论》(1929年初版，1935年第5版)、《物理生物化学原理》(1934年，英文版)、《生物化学实验》(1941年)等。

(池贵法)

陆渊雷(Lu Yuanlei) 字彭年。中国上海市人。清光绪二十年(1894年)生于江苏川沙县(今属上海市)，1955年6月1日卒于上海。中医学、中西医结合、医学教育。

1906年就读于松江府中学，开始钻研天算。1912年就读于江苏省立第一师范，从朴学大师姚孟醺治经学、小学，遍览诸子百家，研读史、地、物理、数学，通晓英文、德文、日文等，喜好金文甲骨、碑帖、沙简，又善书法。1914年执教于武昌高等师范。1920年起在江苏省立师范学校、国学专修馆、暨南大学、上海持志大学、上海正风文学院等处任教数学。在此期间，研读医书不辍。其父震甫亦儒而知医，遂令陆渊雷学医，乃师事恽铁樵，问学章太炎。1925年协助恽铁樵先生办医学函授学校。1928年春执教于上海中医专门学校。同年秋任上海中国医学院教职。1929年与徐衡之、章次公创办上海国医学院，自任教务长，并自编讲义，于1931年出版《伤寒论今释》、《金匮要略今释》。应各地学者之请，1932年又主办函授部，弟子遍及国内外。1931～1933年，曾任中央国医馆学术整理委员会委员。1934年创刊《中医新生命》杂志，共出30余期，对促进中医学术交流颇有影响，后因“一·二八”战事停办。1949年后，任上海市中医学会主任委员，上海市卫生局中医顾问，上海市卫生局直属中医门诊所所长，上海市卫生工作者协会副主任委员，上海医学科学研究委员会副主任委员，上海市中医药学术研究委员会副主任委员等职。

长期从事临诊实践和中医教学工作，受中西汇通派影响，力倡中医科学化，试图以西医学说来印证中医学术，主张“方术则中土，理法则远西”，欲使中西医“糅合为一”。临诊治病，除运用中医诊断法，并参以日本汤本求真之腹诊，西医之叩诊。

主要著作还有《陆氏论医集》，另有《中医生理术语解》、《中医病理术语解》、《流行病须知》、《伤寒论概要》、《脉学新论》、《舌诊要旨》、《常见诸病中药治法》、《经验中药方》、《诊断治疗学》、《生理补证》、《病理补编》等。

(张慰丰)

洪式闾(Hong Shilü) 字百容。中国浙江省人，清光绪二十年(1894年)生于浙江乐清。1955年4月24日卒于杭州。热带病学、寄生虫学、病理学。

1917年毕业于北京医学专门学校。留校任教病理学。赴德国柏林大学医学院附属医院、汉堡热带病研究所留学。1923年回国，任北京医科大学校长兼病理学和寄生虫学教授。1925年受邀重返德国汉堡热带病研究所进行合作研究。后又去美国华盛顿国家农业部从事动物寄生虫研究。1927年回国，接办英国圣公会广济医院，任院务委员会主任。1928年创办杭州热带病研究所，并任所长。次年创办杭州医院。1929年应日本九洲医学会之聘，出席并演讲萧山姜片虫病的研究。同年获日本九洲大学医学博士学位。1935～1936年应聘任南通医学院寄生虫学教授兼医科主任。1938年转任江苏医学院寄生虫研究所主任等职，随学校迁四川重庆，直至1946年迁回镇江。1946年任台湾大学热带病研究所所长，1948年返回大陆。1949年重回镇江江苏医学院任教。1950年任浙江卫生实验院院长。曾任浙江省卫生厅厅长、浙江医学院院长、中央卫生研究院华东分院院长、卫生部医学科学委员会委员等职。

毕生致力于医学教育与科学研究工作，在寄生虫学方面作出卓越的贡献。1925年在德国汉堡热带病研究所进行合作研究，新发现两种寄生线虫。所发明的基础膜染色法、钩虫卵定量计数法，为世界各国所采用。在虫体形态学方面，认为姜片虫的形态变异与虫龄有关，否定了姜片虫有许多种的错误。发表论文百余篇；著有《病理总论》(1928年)、《病理各论》、《钩虫病及毛圆线虫病》等专著10种。 (张慰丰)

卡梅伦，T. W. M.（Cameron，Thomas Wright Moir） 加拿大人，1894年4月29日生于英国苏格兰格拉斯哥。1980年1月2日卒于美国马里兰州奥尔内。*寄生虫学、兽医学、生物进化论。*

1912年入格拉斯哥大学攻读化学，后改学医学。第一次世界大战中应征入伍。1923年前，在爱丁堡大学皇家兽医学院获理学士、文科硕士和寄生虫学博士学位，1926年又获动物学理学博士学位。期间1923年在伦敦大学农业寄生虫学研究所任教授，1925年在该校卫生与热带医学学院任教授。1929年在爱丁堡大学皇家兽医学院任教。1932年携妻子和女儿移民加拿大，创建麦吉尔大学寄生虫学研究所，直至退休。

20世纪30年代初，发现动物普遍有蠕虫寄生，因此认为寄生现象是生态学的一个分支，并肯定了大多数寄生蠕虫均有特异宿主，相关种族的宿主有相关种族的寄生虫。还发现地质上古老的动物种族即使无亲缘关系，其寄生虫却密切相关。这提示当时这些古老动物的内环境均被古老的同种蠕虫感染，而后随宿主的演化而演化。故可从寄生虫形态相似性来探索宿主的演化和迁移。这有力地支持所有南大陆曾紧密连在一起的假设，以及南极洲曾是南美洲和澳洲的动物扩散中心的见解。主要著作有《家畜寄生虫》(1934年初版，1952年第2版)、《温和气候下的人寄生虫》(1960年)等。1957年获弗拉维尔奖章。 (叶蒙福)

薛愚（Xue Yu） 字慕回。中国湖北省人，1894年(清光绪二十年)11月24日生于湖北襄阳，1988年1月17日卒于北京。*药理学、药物化学、科学史学。*

贫农家庭出身。一岁时，父亲抗租被通缉，外逃无音讯。全家靠母亲做活维持生计，由外祖父资助他读了3年私塾，后在教会免费学堂读完中小学。因成绩优异，保送齐鲁大学理学院，1925年获理学士学位。同年任教于清华大学。1930年赴法国留学，1933年获巴黎大学药学院理学博士学位。同年回国，任河南大学理学院教授。1935～1949年，历任上海暨南大学教授、兼同德医学院化学教授，西北农林专科学校(今西北农业大学)教授、农业化学系主任，国立药学专科学校(今中国药科大学)教授兼教务长、校长，成都齐鲁大学教授兼化学系主任、药学系主任、理学院院长，北京大学医学院药学系主任兼药厂厂长。1947年兼任中国药学会北京分会理事长。1950～1957年任北京医学院药学系(今北京医科大学药学院)教授兼系主任。曾任中国药学会理事长。

20世纪30年代，在巴黎大学研究药用植物化学成分，从中药醉鱼草中成功提取醉鱼草素甲、醉鱼草素乙，分别测定其化学结构和理化性质，相关论文获理学博士学位。40年代，分析研究多种中草药化学成分，其中测定四川产60余种中药挥发性成分；设计简易型挥发油含量测定器；提出较完整药学教育思想，对药学界有较大影响，其中提出"三三"制思路，即三级制：药学教育分初、中、高三级培养；三系制：药学院分药化学系、生药学系、药理系；三关制：学校、药房和药厂。50年代，在苏联、印度、巴基斯坦、日本等国召开的相关国际会议上，介绍中国药学发展状况；鉴定和测定数十种中药挥发油含量及其理化性质；出版中国第一部医药院校专用《医用有机化学》(1951年初版，后再版6次)；1957年后潜心著书立说，致力于中国药学史研究。80年代，发表多篇文章，提出中国药学建设长远规划和建设性意见，引起广泛重视；收集整理中国药学会史料。

发表论文50余篇；编撰《实用有机药物化学》(1941年)、《普通化学定性分析实验教程》(1941年)、《中国炼丹化学史》(1964年完成，未出版)、《中国药学会史略》(1987年)，主编《中国药学史料》(1984年)等。 (李啸虎)

史密斯，H. W.（Smith，Homer William） 美国人，1895年1月2日生于美国科罗拉多州丹佛，1962年3月25日卒于纽约。*肾生理学、生物化学、动物学。*

从小家庭就培养他对科学的兴趣。1917年在丹佛大学文科毕业，1921年在约翰斯·霍普金斯大学获理科博士学位。毕业后当过药剂师。1928～1961年任教于纽约大学，生理学系教授兼系主任。1961年退职，数月后死于脑溢血。

研究体液的化学生理学，特别是肾生理学。曾研究过非洲肺鱼、海豹等的肾功能，认为肾不仅能造尿，还能维持动物体内环境的平衡。发现菊粉(一种糖类)可被人和狗的肾小球过滤，而不被肾小管和收集管排泄和吸收，由此可用菊粉测定肾小球的过滤速率。还阐明"肾清除"作用，测定正常肾和病肾的差示血流，研究肾在高血压发病中的作用。这些研究具有直接的临床意义。主要著作有《肾生理学》(1937年)、《肾在健康和疾病时的结构和功能》(1951年)、《从鱼到哲学家》(1953年)、

《肾生理学原理》(1956年)等。 (田金仙)

达姆,H.(Dam,Henrik) 丹麦人,1895年2月21日生于丹麦哥本哈根,1976年4月17日卒于同地。营养学、生理学、生物化学。

1920年毕业于哥本哈根理工学院化学专业。1923年起在哥本哈根大学生理学系执教,1928年任生物化学系助理教授,次年晋升为副教授。1932～1933年获得洛克菲勒基金会的研究职位,曾到德国弗赖堡大学的鲁道夫·肖恩海默尔实验室研究固醇类的代谢。1934年在哥本哈根大学获生物化学博士学位。1940～1946年在美国多次巡回讲学。1941年任哥本哈根理工学院生物化学教授,1950年任生物化学和营养学教授。1942～1946年在罗切斯特大学和纽约洛克菲勒医学院任职。1956～1963年任丹麦脂肪研究所生物化学部主任。曾任国际营养科学联合会主席。被选为比利时皇家医学科学院外籍院士,英国爱丁堡皇家学会荣誉会员。

在研究不食用胆固醇的小鸡能否独立生存时发现,用人工食物饲养小鸡会出现与凝血能力低相联系的明显的出血现象,而这并非由食物中缺少胆固醇引起。因为实验表明,小鸡与许多其他动物一样也能合成胆固醇;在为追究其原因的系统研究中,他发现了一种新的脂溶性维生素,1935年定名为维生素K。由于这一发现,和E. A. 多依西共享1943年诺贝尔生理学或医学奖。

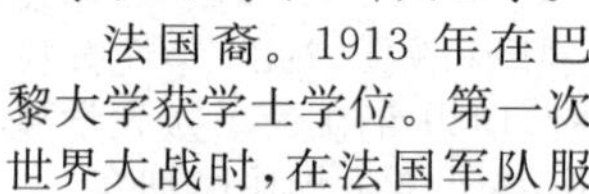

还曾研究过维生素K在人出血症中的作用。发现给予适量维生素K,可避免阻塞性黄疸病人在外科手术中因出血致死的危险,也可预防某些婴儿出生一周内的出血现象。还证明了维生素K与遗传的血友病无关。在研究用人工食物饲养动物的过程中,与同事观察到同时由多种因素造成的食物不均衡现象,例如,他们发现以前被认为是由维生素E缺乏引起的"营养性脑软化症",还直接与缺乏亚油酸类型脂肪酸有关;鸡的肌肉萎缩症是同时由维生素E缺乏和食物中硫氨基酸含量低引起的。还观察到因维生素E缺乏引起的大量血浆从毛细血管渗出的现象;对于鸡和鼠因维生素E不足引起的其他症状,他研究了它们与食用脂肪的关系以及维生素E的抗氧化剂作用。

他们还发现某些人工食物会引起仓鼠胆石的形成,当食物中缺少不饱和脂肪酸及给予碳水化合物时会大量形成胆石,这种现象与维生素E缺乏无关。他们的研究表明,仓鼠胆固醇胆石的形成,和胆酸与胆固醇浓度之间比率低有关,也和胆汁中磷脂与胆固醇比率低有关。在食物中添加淀粉和不饱和酸含量高的脂肪酸,可以提高这些比率。这些结果进一步导致对人类胆汁的研究,以及研究改变胆汁组成的可能性,胆汁中胆固醇含量通常接近饱和。

一生发表的生物化学论文多达315篇。多次获奖,其中包括诺尔曼奖章。 (周邦娴)

洛布,R. F.(Loeb,Robert Frederick) 美国人,1895年3月14日生于美国芝加哥,1973年10月21日卒于纽约市。临床内科学、生理学、病理学。

1919年从哈佛大学医学院获医学博士学位。先后在马萨诸塞总医院、约翰斯·霍普金斯医院以及纽约长老会医院工作4年。1924年去哥伦比亚大学内科与外科医学院任临床医学教师,后升任内科学系主任、教授等职,1960年退休任荣誉教授。1946年当选为美国国家科学院院士。1949年当选为美国文理科学院院士。1951年为美国哲学学会会员。曾任美国总统科学顾问委员会、美国国家科学基金会成员,美国内科医师协会、美国临床医学研究会、美国哈维学会会长等职。1951～1971年获国内外13所大学荣誉博士学位。

1920年在父亲的实验室工作时,就对水、电解质代谢发生兴趣,后与D. W. 阿奇利(Dana W. Atchley)等人合作,多年从事这方面生理学研究。发现肾上腺皮质危象伴有特征性的水盐丢失,从而建立了补充大量氯化钠和水的治疗方法;推论肾上腺皮质控制肾小管对钠、钾和水的排泄作用,后为别人所证实;发现脱氧皮质酮可通过肾脏升高血钠、降低血钾,并使血压升高。撰写有许多关于电解质生理学和代谢疾病论著,还是《希氏内科学》(1971年,第13版)和《内科学诊断原理和实践》(1962年,第3版)的合著者。1936～1973年间获10余项奖励。 (张祝山)

库尔南德,A. F.(Cournand,André Frédéric) 美国人,1895年9月24日生于法国巴黎,1988年2月19日卒于美国马萨诸塞州大巴林顿。临床内科学、生理学、血液学、心肺病理学。

法国裔。1913年在巴黎大学获学士学位。第一次世界大战时,在法国军队服役。战后在巴黎大学医学院攻读,1930年获医学博士学位。同年移居美国。1935年任哥伦比亚大学内科与外科医师学院讲师,1942年任助理教授,1951年任教授,1964年退休任荣誉教授。1941年入美国籍。1958年成为美国国家科学院院士。是法国科学院、法国医学科学院、比利时皇家医学科学院外籍院士。1957～1961年间先后获法国斯特拉斯堡大学、里昂大学、比利时布鲁塞尔大学、意大利比萨大学和英国伯明翰大学荣誉博士学位。

早年,运用心导管等新技术研究肺通气量、气体分布和弥散等功能。1941年阐明了大气和机体组织之间的气体交换机理。应用仪器正确地测量了心输出量、心腔内压和大血管的血流。第二次世界大战时,和理查兹等人研究各种类型的休克,证实其主要特征是由于静脉回流减少而引起的心输出量减少,并证明在治疗外伤性休克时输血优于输血浆。战后,运用心导管技术研究各种类型的心脏病,提高了先天性心脏病的诊断正确性。还分析了肺疾病对心功能和肺循环的影响。还研究了肺切除对残留肺功能的影响，提出一种慢性阻塞性肺疾患的生理分类方法。

主要成就是将福斯曼心导管插入术安全地运用于临床，以及血液循环病理变化研究，为此他与德国 W. T. 福斯曼、美国 D. W. 理查兹共享 1956 年诺贝尔生理学或医学奖。此外获 1946 年瑞典内科医学会银质奖章，1949 年美国公共卫生协会拉斯卡奖，1952 年美国内科医师学院菲利浦斯纪念奖，1956 年布鲁塞尔皇家医学院金质奖章，1971 年美国胸腔学会特鲁多奖章等。

（叶蒙福）

库里埃，R.（Courrier，Robert）　法国人，1895 年 10 月 6 日生于法国萨克森一锡永，1986 年 3 月 14 日卒于巴黎。*组织学、生殖生理学、内分泌学、生物化学。*

在南锡大学和斯特拉斯堡大学攻读医学。先后在阿尔及尔大学和法兰西学院任内科学教授。1944 年当选为法国科学院院士，1948 年任常任秘书长。是英国皇家学会外籍会员、美国文理科学院外籍院士。

早年研究甲状腺素，发现甲状腺功能与血中甲状腺素量之间有平衡关系。与 D. 博维特等人肯定氨基噻唑的抗甲状腺作用是由于阻止碘化激素的合成所致。后来主要研究性激素，肯定了雄性激素由睾丸间质细胞产生；卵泡成熟与性器官发育的关系；以及在人的羊水中存在卵泡激素，该激素可通过胎盘和乳腺强烈影响胎儿和新生儿，造成“生殖危象”；还研究了卵巢两类激素（对抗和协同）之间的功能关系；人工合成的雌激素和黄体酮的作用。获多种奖项。

（叶蒙福）

理查兹，D. W.（Richards，Dickinson Woodruff）美国人，1895 年 10 月 30 日生于美国新泽西州奥兰治，1973 年 2 月 23 日卒于康涅狄格州莱克维尔。*临床医学、心肺病理学、生理学。*

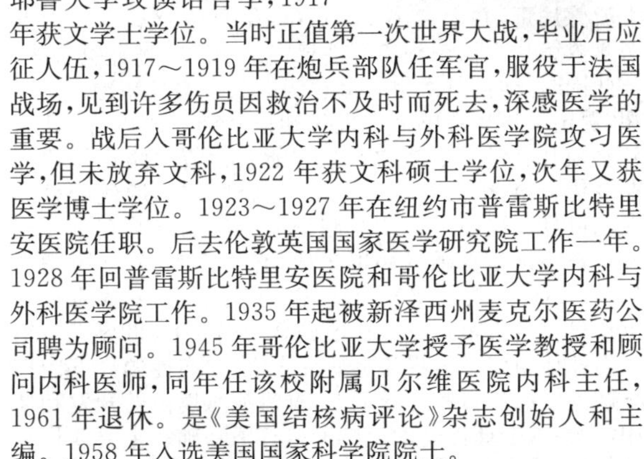

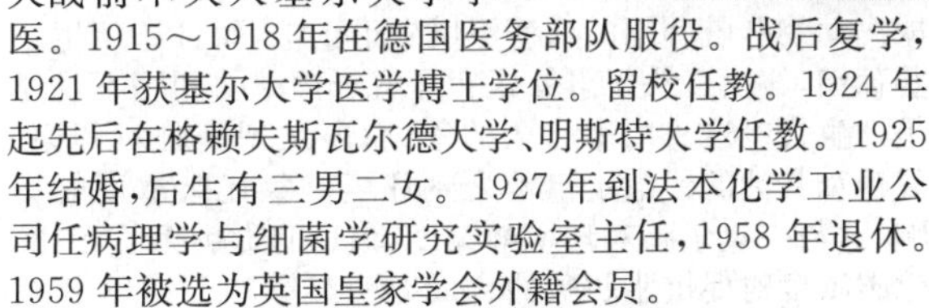

出身名医世家，父兄均在纽约行医。中学毕业后入耶鲁大学攻读语言学，1917 年获文学士学位。当时正值第一次世界大战，毕业后应征入伍，1917～1919 年在炮兵部队任军官，服役于法国战场，见到许多伤员因救治不及时而死去，深感医学的重要。战后入哥伦比亚大学内科与外科医学院攻习医学，但未放弃文科，1922 年获文科硕士学位，次年又获医学博士学位。1923～1927 年在纽约市普雷斯比特里安医院任职。后去伦敦英国国家医学研究院工作一年。1928 年回普雷斯比特里安医院和哥伦比亚大学内科与外科医学院工作。1935 年起被新泽西州麦克尔医药公司聘为顾问。1945 年哥伦比亚大学授予医学教授和顾问内科医师，同年任该校附属贝尔维医院内科主任，1961 年退休。是《美国结核病评论》杂志创始人和主编。1958 年入选美国国家科学院院士。

1929 年在哈佛大学亨德森（L. H. Henderson）教授指导下从事肺循环生理研究。恰在这年，德国青年医师 W. T. 福斯曼用“心导管”插入手臂静脉中进入右心房，测定了血液中气体（氧和二氧化碳分压）的组成以及心脏血液的排出量。但福斯曼的这项新技术并未引起人们重视。理查兹敏锐地意识到这项新技术的价值，立即把心导管技术应用到临床心肺疾病的研究治疗中，应用心导管对外伤性休克的血液动力学状况进行了研究，并取得圆满结果。1931 年与 A. F. 席尔南德开始富有成效的合作，在纽约贝尔维医院将此术推广到更多的研究课题中去，他侧重心肺疾病的研究，库尔南德主要从事心肺生理学的研究。他们先后对外伤性休克、先天性心脏病的诊断、心脏衰竭的生理学、心脏用药的含量测定，以及由于心脏和肺部慢性疾患所导致的各种功能失调和治疗，进行了广泛的研究，并获得较好疗效。

经他和库尔南德在临床的推广，心导管技术重新引起医学界的重视，从此该技术成为诊断、治疗心脏疾病的重要仪器和手段，随着医疗器械的进展，这项技术也日臻完善。为此，他们两人和福斯曼共享 1956 年诺贝尔生理学或医学奖。此外还获 1960 年美国内科医师学院菲利浦斯纪念奖，1963 年法国荣誉军团骑士勋章，1968 年特鲁多奖章，1970 年美国内科医师协会科伯奖章等。

（张慰丰　陈闻鹏）

多马克，G.（Domagk，Gerhard）　德国人，1895 年 10 月 30 日生于德国勃兰登堡附近的拉戈（今属波兰），1964 年 4 月 24 日卒于符腾堡一巴登州伯贝格。*细菌学、药物学、生物化学。*

教师之子。第一次世界大战前不久入基尔大学学医。1915～1918 年在德国医务部队服役。战后复学，1921 年获基尔大学医学博士学位。留校任教。1924 年起先后在格赖夫斯瓦尔德大学、明斯特大学任教。1925 年结婚，后生有三男二女。1927 年到法本化学工业公司任病理学与细菌学研究实验室主任，1958 年退休。1959 年被选为英国皇家学会外籍会员。

在法本化学工业公司工作时，开始化学治疗药物研究。1932 年发现橙色偶氮染料百浪多息（prontosil）能使老鼠抗链球菌感染，而且毒性低。在此基础上，又对 26 种动物作了重复试验，1935 年才在德国医学杂志发表这一惊人结果。这期间，他的女儿被针刺伤后受到链球菌感染，生命垂危，在危急中他给女儿注射了大量百浪多息，女儿竟奇迹般地恢复了健康。百浪多息的发现打开了化学治疗的广阔新天地，其他研究者很快发现，百浪多息还能抑制脑膜炎、肺炎和淋病，并导致对其他磺胺类制剂的合成研究开发，在英国很快制成了更强的新抗菌药物，如对氨基苯磺酰胺、磺胺吡嗪和磺胺噻唑等。磺胺类药物的出现，开创了医学领域新纪元。

第二次世界大战期间，他主要从事肺结核化学治疗的药物研究。1946 年报告缩氨基硫脲具有一定的治疗效果，但后来临床试用表明该药物对肝脏有损伤，妨碍了应用。几乎与此同时，S. A. 瓦克斯曼发现的另一种抗结核菌药物异菸酸酰肼，却无此缺点。多马克在晚年重点研究治癌药物，然而没有取得重大突破。

鉴于他在抗菌药物研究上的成就，1939 年获诺贝尔生理学或医学奖。但由于德国纳粹政权的禁阻，他被迫拒绝接受该奖，后在 1947 年接受该项无奖金的诺贝尔奖章。此外获 1937 年德国化学学会费歇尔奖章，1956 年法兰克福大学埃利希金奖，1960 年日本政府旭日勋章等。（孟茂华）

黑斯廷斯，A. B.（Hastings，Albert Baird） 美国人，1895 年 11 月 20 日生于美国肯塔基州代顿，1987 年 9 月 24 日卒。*代谢病理学、血液学、生物化学。*

1917 年获密歇根大学理学士学位。1921 年获哥伦比亚大学生理学博士学位。同年到洛克菲勒医学研究院任 D. D. 范斯莱克的第一助手。1926 年任芝加哥大学生物化学系研究教授。1935～1959 年为哈佛大学医学院生物化学系主任，退休后任荣誉教授。期间1941～1947 年在美国科学研究与发展局医学研究委员会等机构兼职，后在美国原子能委员会第一生物学与医学委员会等机构兼职。1959～1979 年在加利福尼亚克里斯普斯临床与研究基金会供职，1966 年任该基金会新陈代谢实验室主任。期间 1960 年任圣迭戈加利福尼亚大学医学院研究员。曾 4 次任美国公共卫生署国家卫生研究院顾问。1937 年当选为美国国家科学院院士。1945～1946 年任美国生物化学家协会主席。1952 年任美国《生理学》杂志主编。1956～1963 年任美国《生物化学》杂志主编。1963 年任美国《内分泌学》杂志主编。因心力衰竭去世。

主要贡献是：完成动脉血液酸碱平衡的权威性研究；采用同位素碳 14（^{14}C）标记，用肝脏培养物进行实验，进一步证实哺乳动物对二氧化碳的利用；发现患糖尿病动物肝脏利用的葡糖不仅少于正常，而且还产生一些葡糖，解决了关于患糖尿病是由于葡糖的利用不足还是产生过剩这一由来已久的争论；还发现肝脏对葡糖、果糖和甘油的代谢定量地受到环境二氧化碳浓度的影响，这与二氧化碳对环境酸碱度（pH）的影响无关，二氧化碳浓度对促进脂肪酸的合成有明显影响。1948 年获总统杰出贡献奖章。获 1962 年美国糖尿病学会班廷奖，1964 年美国内科医师协会奖，1965 年现代医学杰出成就奖。（周邦娴）

亨奇，P. S.（Hench，Philip Showalter） 美国人，1896 年 2 月 28 日生于美国宾夕法尼亚州匹兹堡，1965 年 3 月 30 日卒于牙买加奥乔里奥斯。*内分泌学、病理学、药理学、生物化学。*

1916 年获拉斐特学院文学士学位。1920 年在匹兹堡大学医学院获医学博士学位。1921 年起先后任明尼苏达大学医学院梅奥基金会圣弗兰西斯医院实习医生、梅奥诊所风湿病科主任、内科讲师，1932 年任助理教授，1935 年任副教授，1947 年任教授。第二次世界大战期间，1942 年在美军医疗团中任中校军医，成为医疗服务部主管、陆海军总医院风湿病治疗中心主任，1946 年以上校军医、陆军外科总监技术顾问职退役。1940～1941 年任美国风湿病学会会长。是英国皇家医学会荣誉外籍会员。获拉斐特学院、华盛顿大学、杰斐逊学院、西储大学、爱尔兰国立大学和匹兹堡大学荣誉理学博士学位。1927 年结婚，有二子二女。

1929 年，他发现类风湿性关节炎病人在患有黄疸或妊娠时其症状明显好转，认为可能是由于这些病人体内存在某种物质所致，该物质既非肝脏产生也不是某种性激素，而是男女均有的一种新的激素，该激素很可能来自肾上腺皮质。后来与美国生物化学家 E. C. 肯德尔合作，将肯德尔从肾上腺皮质提取出来的物质进行临床试验，但未成功。1948 年肯德尔从肾上腺中提取出少量的化合物 E，由亨奇用来治疗类风湿性关节炎病人，取得了神奇的疗效，并将该化合物命名为"可的松"。同时用促肾上腺皮质激素也获相似效果。此后他致力于各种可的松疗法的临床研究。

由于发现肾上腺皮质激素并将其成功地应用于临床，和肯德尔、瑞士 T. 赖克斯坦共享 1950 年诺贝尔生理学或医学奖。此外获英国赫伯登奖章，1949 年美国公共卫生协会拉斯克奖等。（叶蒙福）

安德鲁斯，C. H.（Andrewes，Sir Christopher Howard） 英国人，1896 年 6 月 7 日生于英国伦敦，1988 年 12 月 31 日卒于同地。*病毒学、流行病学、免疫学、公共卫生学。*

早年在伦敦大学附属圣巴托洛缪医院攻读医学，1921 年毕业。1927 年后在英国国家医学研究院工作，1952～1961 年任副院长。1948～1961 年任世界卫生组织世界流感研究中心主任。1939 年当选英国皇家学会会员。是美国国家科学院外籍院士。1961 年被册封为爵士。

1933 年与英国同事 W. 史密斯（Wilson Smith）、P. 莱德劳（Patrick Laidlaw）等人首次分离出第一种人类流感病毒，并命名为 H1N1（即甲型流感病毒），由此医学界第一次认识到流行性感冒是由流感病毒引起的；与此同时，他们首次将人流感病毒感染实验动物——雪貂，奠定了该病毒感染的现代知识基础。1947 年，认识到必须开展世界范围的研究才能获得流感病毒抗原周期变化资料，因为发现一旦出现新种，它即取代旧种而在全世界广泛蔓延。这对制作流感病毒疫苗有重要意义。曾尝试培养感冒病毒未成，直至 1960 年才由蒂雷尔（D. Tyrrel）等人培养成功，称为鼻病毒。对病毒分类也作过一定贡献。正是在他们全力倡导下，世界卫生组织委托他组建了世界流感研究中心，并在他领导下监控全球流感的流行和变异动向，推进流感疫苗的开发和使用，为建立全球性防治流感网络打下基础。主要著作有《病毒博物学》（1967 年）、《脊椎动物病毒学》（1972 年）、《追捕感冒》（1973 年）等。（叶蒙福）

胡正详(Hu Zhengxiang) 中国江苏省人，清光绪二十二年六月初四日(1896年7月14日)生于江苏无锡，1968年11月12日卒于北京。*病理学、传染病学、肿瘤学、医学教育。*

1916年考入上海哈佛医学校。翌年转入美国哈佛大学医学院学习，1921年获医学博士学位。毕业后在美国波士顿马萨诸塞总医院病理科从事博士后研究3年。1924年回国后，长期任教于北平协和医学院，历任助教、讲师、副教授、教授、教务长；1942～1946年任北京大学医学院教授、病理学系主任。期间，1932年赴德国阿少夫病理学实验室工作一年。1951～1957年任中国协和医学院一级教授、病理学系主任。1957～1968年任中国医学科学院实验医学研究所病理学系主任，1962年任副院长。曾兼任中华病理学学会主任委员、《中华病理学》杂志主编等职。

20世纪30～40年代，系统研究黑热病，在其传染媒介、途径、病情和危害等各方面都有新发现；证实白蛉传染利什曼一多诺万二氏体的途径；发现严重贫血会在颅骨内形成局灶性的髓外骨髓增生；进行和指导动脉粥样硬化、病毒性肝炎、肝硬变、淋巴系统肿瘤等领域研究，都取得公认研究成果；收集了千余件病理标本和数千幅标本照片。50年代，在长期积累的经验和资料基础上，合作出版中国第一部以本土病理资料为主的《病理学》(1951年)专著；主持开办8期全国病理高中级师资训练班，并组织北京地区医师每月一次病理讨论会；提出传染性肝炎病理指标，分析死亡原因，进行肝硬变形态分类等，对临床治疗具有重要意义。60年代，发现不同形态淋巴细胞构成的恶性淋巴瘤预后不同，1961年在莫斯科第8届国际肿瘤会议上报告，引起中外医学界重视；两次参与制定中国病理学发展规划。生前发表论文74篇。

(朱素珍)

叶橘泉(Ye Juquan) 字觉诠。中国浙江省人，1896年(清光绪二十二年)8月28日生于浙江吴兴县，1989年7月7日卒于江苏南京。*中药学、中医学、医学文献学。*

贫苦农家子弟。1913年师从名医张克明学习中医学，1917年学成回乡开诊。1918～1920年参加上海恽铁樵中医函授学校学习。1930年起在湖州双林镇行医，兼任当地医院医生。1935年在苏州参与创办国医研究院，先后任药物学、方剂学讲师、教授。1939～1953年在苏州开业行医。1954～1957年任江苏省中医院首任院长，兼江苏省中医学校副校长，期间还兼任江苏省中药研究所所长。1957年后，先后任江苏省卫生厅副厅长、中国医学科学院江苏分院副院长、南京药学院教授兼副院长、中国医科大学教授，1955～1989年任江苏省科学技术协会副主席。1955年选聘为中国科学院学部委员(院士)。

毕生致力于中医药整理研究、临床和教学、普及工作。20世纪30年代，出版《中国医药卫生常识》(1934年)、《合理的民间单方一百例》(1935年)；1935年发表"整理中国医药须设医院实验说"，提出整理中国医药必须开设医院进行科学实验研究的观点，受到日本汉方医学界的重视；1935年编著出版成名作《近世内科国药处方集》，共6集；1938年撰写出版《临证实用药物学》(1939年)、《实用方剂学》和《古方临床应用》等书。40年代又编著了《直觉诊断学》(1949年)、《中西病名对照表》。50年代，总结整理中国药物，出版《农村医疗丛书》(9册)、《近世妇科中药处方集》(1954年)、《实用经效单方》(1954年)等。60年代，编写《本草推陈》(正、续篇两册，1963年)。70年代初，爬山采药，深入农家搜集研究民间药方和验方；研制"感冒冲剂"、"气管炎冲剂"、"复方刺五加片"、"冻疮防治冲剂"、"珠光层粉丸"；完成《食物中药与便方》(1973年)，介绍食物中药300多种，便方900多条。80年代，编写《临床经验回忆录》、《古方今用》、《续本草推陈》(第三、四辑)、《抗癌食物与中药》等，存遗稿；1988年出版《本草钩沉》等。多年从事蜜源花粉的开发工作，撰文宣传、呼吁全社会重视这一重要资源的开发。给后人留下了28种36册编著、译著，30余篇学术论文，计500余万字。

(马永华 朱卫卫)

戴维斯，H.(Davis，Hallowell) 美国人，1896年8月31日生于美国纽约市，1992年8月卒于圣路易斯。*生理学、耳鼻喉科学、脑与神经科学、医用声学工程。*

1918年在哈佛大学获文学士学位，1922年获医学博士学位。同年赴英国剑桥大学从事一年博士后研究。1923年回哈佛大学医学院任教，1927年任生理学副教授。1946年任中央聋耳研究所所长，1965年任名誉所长，1985年退休。兼任华盛顿大学医学院生理学教授和耳鼻喉教授。曾任美国生理学会会长，美国脑电图测定学会会长，美国声学会会长。是美国国家科学院院士，美国文理科学院院士，美国哲学学会会员。

1926年，与A. 福布斯(Alexander Forbes)确认了神经传导的"全或无定律"。1933年运用同轴电极将听神经的动作电位和耳蜗电位分开，从而否定了韦弗一布雷(Wever-Bray)效应。同年与学生运用研究听神经动作电位的装置，在大西洋西岸首次正确辨认人脑的α节律。1935年发现癫痫小发作的脑电图特征。1940年与同事发现声音的持续时间、频率和强度与听力损害的严重程度和频率范围之间的关系。1946～1966年主持研究并确定暴露于噪音的安全范围和计算听力障碍的公式。1943年协助加兰布斯(Harvard R. Galambos)首次纪录到单个蜗神经单位的电输出。1950年，给豚鼠安装耳蜗内电极，发现螺旋器的直接双向反应、以及单根蜗神经纤维的动作电位。1958年，开始运用电脑改进电测听器。主要著作有《听力的心理学和生理学》(1938年)和《听力与耳聋》(1946年)等。获1975年美国国家科学奖章。

(叶蒙福)

钱潮(Qian Chao) 字君胥。中国浙江省人，1896年

(清光绪二十二年)11月20日生于浙江杭州,1994年1月18日卒于上海。儿科学、寄生虫病学、药物学、微循环病学。

中学教师之子。1913年入浙江医药专门学校(今浙江大学医学院)学习。同年赴日本留学。1914年考入东京帝国大学预科班公费生。1918年入读九州帝国大学医学部,1922年获医学学士学位。留该校附属医院进修临床。1924年回国,任浙江医药专门学校教授。1926年在日本九州帝国大学医学部进修。同年起先后任浙江省辖广济医院、杭州医院内儿科主任。1929年任杭州地方病医院院长。1937年去日本九州帝国大学医学部学习,获医学博士学位。同年回国,任杭州第十二辅助医院院长。同年底迁居上海开业。1951～1956年任上海康定联合诊所所长,兼西康联合诊所所长。期间兼任上海市卫生工作者协会秘书长。1956～1958年任苏北医学院特聘教授、寄生虫病研究所研究员。1958年任上海市新成区麻疹医院副院长。1959年起任新成区中心医院、静安区中心医院副院长兼儿科主任,兼市立儿童医院分院(静安区儿童保健院)院长,1987年退休。1977年任中国微循环与莨菪类药研究会会长。

20世纪20年代,在日本内科学会年会上宣读论文"尿色素原的意义和其临床检出法",获得奖励;调查研究绍兴、萧山一带流行姜片虫病,发现该病除引起肠道症状外,还会招致宿主身体发育障碍。30年代,以论文"姜片虫病对宿主身体的影响"获日本九州帝国大学医学博士学位。1958年主持并参与江苏震泽、洞庭东山等地血吸虫病防治会战,取得较好成绩;同年上海市麻疹大流行,他领导的医院系全市麻疹病死率最低者;鉴于当时中毒型菌痢病死率高居小儿急性传染病之首,自1959年起他开始钻研其发病机制和治疗,开创微循环障碍研究;通过动物实验和临床实践,初步证明大剂量阿托品具有解除血管痉挛的作用,但其观点一时遭到反对和抵制。1961年他和同事在世界上首次报告以阿托品为主对中毒型菌痢进行综合施治取得疗效;进而将阿托品疗法推广用于治疗其他各种感染性休克(如暴发型流行性脑膜炎、中毒性肺炎、乙型脑炎等),获得明显疗效。参编《寄生虫病学》(1958年)、《微循环障碍和莨菪类药》(1979年)等著作。

(朱素珍)

恩德斯,J. F.(Enders, John Franklin) 美国人,1897年2月10日生于美国康涅狄格州西哈特福德,1985年9月8日卒于康涅狄格州瓦特福特。医学微生物学、流行病学、免疫学、儿科学、公共卫生学。

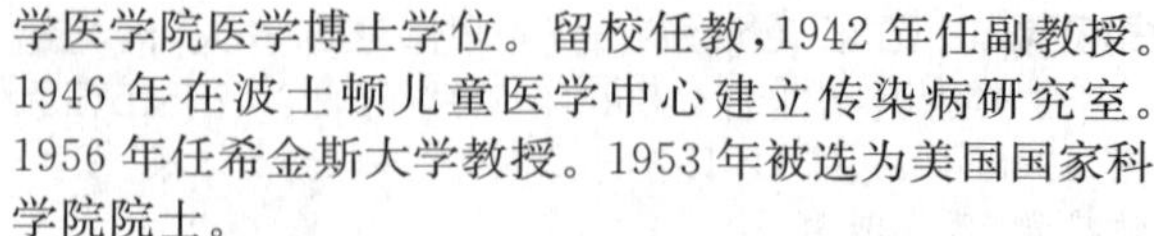

银行家的儿子。1915年考入耶鲁大学。不久第一次世界大战爆发,1917年从军当飞行员。战后回耶鲁大学继续学习,1919年获文学士学位。1922年获哈佛大学文科硕士学位。转而学习医学,1930年获哈佛大学医学院医学博士学位。留校任教,1942年任副教授。1946年在波士顿儿童医学中心建立传染病研究室。1956年任希金斯大学教授。1953年被选为美国国家科学院院士。

20世纪30年代,研究细菌引起的肺炎和肺结核病,以及单纯疱疹病毒引起的各种疾病。第二次世界大战中,重点研究腮腺病毒,开创了相关血清试验、皮肤试验和免疫疗法。在病毒学研究中,先前由于不能进行体外培养,使病毒的研究受到严重阻碍。但自1947年起,他和T. H. 韦勒、F. C. 罗宾斯利用组织培养技术,首次成功地培养出流行性腮腺炎病毒,开创了病毒学研究的新局面。1948年和同事转向脊髓灰质炎(小儿麻痹症)病毒的研究,成功地培养出脊髓灰质炎病毒。1949年发现病毒会引起细胞本质变化,称之为"细胞治病作用",并找出一种证实病毒繁殖的快速方法,指出可在培养物中测定脊髓灰质炎病毒的抗原型,后被广泛用于测验病毒的存在。后来和韦勒、罗宾斯直接从各种组织培养物中分离出脊髓灰质炎病毒,建立了病毒的组织培养技术。因此他们3人共获1954年诺贝尔生理学或医学奖。

1954年和皮普尔斯(T. C. Pebbles)利用组织培养法分离出麻疹病毒,这一成就奠定了大量制备弱毒麻疹疫苗的基础。后期研究肝炎病毒、癌症中病毒与组织变化之间关系。主要著作有《免疫原理及其医学与公共卫生应用》(1939年)、《病毒和立克次体疾病文集》(1940年)等。

(孙炳寅)

刘绍光(Liu Shaoguang) 字子书。中国湖北省人,1897年(清光绪二十三年)4月4日生于湖北嘉鱼(今属洪湖),1990年2月15日卒于北京。中药学、药理学、药物化学工程、生物化学。

出身官宦书香门第。1916年毕业于湖南雅礼大学预科。1924年毕业于北平协和医学院,获中国教育部和美国纽约大学医学博士双学位。考取湖北省公费留欧,1924年入英国剑桥大学进修。1925年入读德国柏林大学,就学于普朗克、爱因斯坦等著名科学家门下,进修量子力学和相对论,后在柏林大学第三医学院主攻理论医学、毒理学和心脏学等,1927年获医学博士学位。1929年获美国芝加哥大学博士学位。1930年到德国柏林大学做博士后研究。1932年回国,任国民政府中央卫生检验处中央药物研究室首任主任,1936～1950年任中央药物研究所所长。期间1938年将该所转移云南昆明西郊重建,并创办模范医药实验厂。1953年任云南省政府参事室顾问。1954～1990年任中国中医研究院研究员。

20世纪20～30年代,在欧美留学期间,分别在德国《实验医学》、《胶体化学》和美国《生物化学》等杂志发表论文20余篇,论及大脑水液中枢对于血液的反应、准量化学反应力学等前沿课题,引起科学界关注;1927年学位论文"血液化学的三度测量"获德国皇家科学院"最高荣誉奖"。30年代,1930年在美国发表毕业论文"电位测量溴的方法";创办中央药物研究室(所),为中药研究现代化和中成药研制科学化奠定了基础;对中药贝母、防己、远志、红花、牛膝、益母草、黄芩、当归等一系列常用中药进行药理和药化实验研究；研究药物分子、离子的药理演变，1935年发表长篇论文“准量化力学之初步报告”、“化学反应动力学之新进展及其结论”。40年代，先后从中草药中研制“瘴灵”、“新灵”等抗疟新药，经美国制药厂检验，其效力较奎宁大20倍；生产社会急需云南白药、保险子、抗疟药，以及维生胃、维生肝、安经露、发奶露、喘咳露、癣药水等产品，广受欢迎；探索大脑对药物作用机制的一元论研究。著名药学家张昌绍认为，50年代前，现代中国中药研究可分三个时期：第一时期陈克恢研究麻黄时期（麻黄时期），第二时期刘绍光研究常用中药时期（贝母时期），第三时期刘绍光研究防治疟疾高效药时期（瘴灵时期）。50年代后，1952年东北人民卫生出版社出版《医药学论文集》，辑录有他在第二、三时期发表的主要论文；在数十年深入研究量子力学、相对论、理论医学等科学理论基础上，创立一元数理论，出版《一元数理论初探》（1984年），获全国优秀科技图书奖。（朱素珍）

史密斯，W.（Smith，Wilson） 英国人，1897年6月21日生于英国兰开夏郡，1965年7月10日卒于伯克郡。病毒学、免疫学、流行病学、遗传学。

店主的儿子。幼年受严格教育。第一次世界大战期间，1916～1919年在西班牙和比利时等地参与抢救伤员。1923年毕业于曼彻斯特大学医学院。留校任教。后行医3年。1927年获曼彻斯特大学医学院细菌学硕士学位，1929年获医学博士学位。同年到伦敦国家医学研究理事会工作，研究病毒学。1939年任设菲尔德大学细菌学教授，1960年退休。1949年当选为英国皇家学会会员，1954年成为英国皇家内科医师学会成员。

英国著名病毒学家。早期研究牛痘和疱疹病毒，探索动物对病毒的免疫保护机制。1933年，他和莱德劳（P. Laidlaw）、安德鲁斯（C. Andrewes）首次从流感病人中分离出流感病毒，并命名为H1N1（H代表血凝素，N代表神经氨酸酶），从此人们才知道流行性感冒的病原体是流感病毒；同时证实流感病毒能在雪貂体内连续遗传给下一代，如果通过鼻腔接种可使大白鼠感染此种病毒。他们还证实病毒能在受精卵内和组织培养液中复制。（孙炳寅）

汤飞凡（Tang Feifan） 中国湖南省人，1897年（清光绪二十三年）7月23日生于湖南醴陵，1958年9月30日卒于北京。医学微生物学、病毒学、公共卫生学。

出身贫寒乡村教师家庭。早年考入湖南省立甲等工业学校金工科，学习2年。因对医学有强烈兴趣，重新考入湘雅医学院，通过半工半读，完成7年学业，于1921年毕业获医学博士学位。同年到北平协和医学院细菌学科进修，留校任助教，工作3年。1925年去美国哈佛大学医学院细菌学系进修和研究。1929年回国，在中央大学上海医学院任副教授。1932年任独立后的上海医学院教授，兼任上海雷士德医学研究所细菌学系主任。1938～1948年任国民政府中央防疫处技正、处长。1949～1958年，任国家卫生部生物制品研究所所长。期间1950～1952年主持组建中央生物制品鉴定所（今中国药品生物制品检定所）并任首任所长。兼任中国微生物学会理事长、国家卫生部生物制品委员会主任委员、国家菌种保藏委员会主任委员、中华医学会细菌战防御专门委员会主任委员。1957年当选为中国科学院学部委员（院士）。

20世纪20年代，在美国研究立克次体、病毒学微生物，取得了一系列成果，在《实验医学》、《细菌学》、《免疫学》等杂志上发表了多篇重要论文。抗日战争期间，1939年随校内迁到昆明，因战事急需血清和疫苗制品，他建成了昆明卫生防疫处和贵阳分处，成为中国最早的微生物制品研究和生产基地。抗日战争胜利后，昆明防疫处迁回北京，又主持了天坛卫生防疫实验处的建设。1949年后，建议并参建国家卫生部中央生物制品研究所，组建中国最早的生物制品质量管理机构——生物制品鉴定所。1954年初，与北京同仁医院张晓楼教授合作，领导和主持了沙眼病毒的研究。从文献中看到青霉素可以控制沙眼症状发展，遂将培养基内青霉素用量减少到原来的五分之一，于1956年首次分离出沙眼病毒。后来完全不用青霉素而把链霉素用量加倍，于同年7～8月又分别分离出2株沙眼病毒。2年后，世界各国报道用此法均成功地分离出沙眼病毒。1956年和张晓楼等发表“沙眼包涵体的研究”、“沙眼病原学研究：接种鸡胚，分离病毒”、“沙眼、猴体传染试验”、“沙眼病毒分离试验”等论文。1958年将分离出的沙眼病毒让张晓楼接种到他们两人的眼内，出现了典型的沙眼症状。1958年又发表“关于沙眼病毒的形态学，分离培养和生物学性质的研究”的论文。

迄今，人们仍把沙眼病毒称之为“汤氏病毒”。李约瑟称他为中国“杰出的科学公仆”。1981年国际沙眼防治组织在巴黎举行隆重仪式，追授予他和张晓楼教授金质奖章。1982年获国家自然科学奖二等奖。1992年中国国家邮电部发行了汤飞凡纪念邮票。（张慰丰）

蔡翘（Cai Qiao） 字卓夫。中国广东省人，1897年（清光绪二十三年）10月11日生于广东揭阳，1990年7月29日卒于北京。解剖学、生理学、航空医学、脑与神经生物学、医学教育与管理。

1918年到北京大学中文系学习。1919年赴美国留学，先后就读于加利福尼亚大学和印第安纳大学，1922年毕业。旋即进入哥伦比亚大学研究生院，后转入芝加哥大学，1925年获芝加哥大学哲学博士学位。同年秋回国，任复旦大学生理学教授。1927年应聘在中央大学上海医学院工作。1930年赴英国进修，先后在伦敦大学、剑桥大学与人合作研究。1931年到德国法兰克福大学等短期进修。1932年回上海，同年任上海雷士德医学研究所教授。1937年任中央大学医学院生理科主任教授。1941年在成都成立中国生理学会成都分会，并成立和主持生理学研究所。1948 年代理中央大学医学院院长。同年当选为中央研究院院士。1949 年任南京大学医学院院长。1954 年任军事医学科学院研究员兼副院长。1956～1957 年任中国军事医学代表团副团长，带队考察苏联半年。1987 年任中华医学会航空医学会名誉主任委员。1964 年、1978 年两度当选为中国生理科学会理事长，后任名誉理事长。1955 年选聘为中国科学院学部委员（院士）。

20 世纪 20 年代，在芝加哥大学以“大白鼠的记忆曲线”论文获博士学位；研究澳洲袋鼠视神经和视觉中枢的结构，发现在间脑和中脑间有一未被描述过的以小细胞为主的神经核团，现称为“蔡氏区”；1927 年与人一起进行甲状旁腺切除后肌肉抽搐和死亡原因的研究。1930 年在英国研究肝糖元代谢、麻醉剂对蛙趾单条神经纤维动作电位传导的影响；1932 年与助手从事肝的糖代谢研究；1937 年与人合著《生理学实验》一书。1939～1949 年，与人合作研究脾脏与红细胞渗透性的关系及其影响因素和机制、溶血物质与抗溶血物质、血清中缩血管物质、止血机制以及对中国人各种生理标准的调查统计等。1943 年，在哥伦比亚大学与美国学者合作进行了“血清中平滑肌收缩物质”的研究。

50 年代后，开拓中国航空医学研究，主持建成中国第一座混凝土人用低压舱、中国第一座人体离心机，以及高压减压舱、失重模拟装置等设备；1957 年起逐步建立并完善航空航海研究所的特殊环境实验室，并获得了一系列科研成果。1977 年后又筹建了研究基地，组织团队致力于神经细胞培养、神经元电生理及突触传递、神经元化学递质可塑性、神经递质的分离与测定以及胞浆转运等方面的探索，为中国神经生物学研究工作奠定了基础。此外，培养了不少人才，其中有冯德培、童第周等人。

发表论文和科普文章 100 多篇。著有《生理学》（1929 年）、《人类生理学》（1936 年）、《航空医学入门》（1951 年）、《航空与空间医学基础》（1979 年）等。

（张慰丰　朱思明）

林可胜（Lin Kesheng；英文名 Robert Kho-Seng Lim）　华裔美国人，1897 年（清光绪二十三年）10 月 15 日生于新加坡，1969 年 7 月 8 日卒于牙买加。消化生理学、循环生理学、痛觉生理学、内科学。

祖籍福建海澄（今龙海）。父亲林文庆系英国爱丁堡大学留学生、孙中山先生的机要秘书和随身医生，曾任厦门大学校长。著名防疫专家伍连德是可胜的姨夫。林可胜 8 岁被送至英国爱丁堡读书。1919 年毕业于爱丁堡大学医学院，翌年获哲学博士学位。留校聘任讲师。1923 年当选为英国皇家学会爱丁堡分会会员。翌年，获奖学金赴美国芝加哥大学进修，获理学博士学位。1925 年秋起，任北平协和医学院生理系主任教授 12 年，是该校第一个华人系主任。1927 年任《中国生理学》杂志（英文）主编。1928 年任中华医学会会长。1937 年七七事变后，他只身南下组织和领导西南大后方的中国红十字会总会救护总队，还在贵阳建立规模宏大的战时卫生人员训练所。1942 年奉命随中国远征军亲上缅甸前线救护盟军伤病员，任中缅印战区司令官史迪威将军的医药总监。抗战胜利后，他将各军医学校及战时卫生人员训练所调整改组为国防医学院，同时筹建中央研究院医学研究所。1948 年当选为中央研究院院士。同年，蒋介石拟委任他为国民政府卫生部部长，被坚辞不就。1949 年赴美国伊利诺伊大学芝加哥分校研究消化生理学，并任客座研究教授。翌年任克莱顿大学医学院生理学和药理学系主任教授。1952～1967 年任印第安纳州迈尔斯实验研究所医学科学研究室主任和高级研究员，主要致力于痛觉生理和镇痛药物的研究。1955 年加入美国籍。1942 年当选为美国国家科学院外籍院士。1956 年当选为美国国家科学院院士。1961 年获香港大学荣誉理学博士学位。

毕生研究消化生理学、循环生理学和痛觉生理学三个领域。在消化生理学方面，主要研究胃液分泌。1920～1936 年与同事共发表论文近 50 篇，其中最重要的是发现进食脂肪可抑制狗移植小胃的胃液分泌，认为这是通过血液传递的某种物质（激素）实现的，创用“肠抑胃素”这个名词来称谓这个假设的激素。曾试图提纯这个激素，但未成功。在循环生理学方面，于 1936～1938 年和同事发表了 6 篇论文，主要阐明延髓中有交感神经中枢存在。认为在第四脑室下凹上部有一加压区，在闩附近有一减压区，前者为交感中枢，后者为交感抑制中枢。还确定了这两个中枢的下行通道。在痛觉生理学方面，1956～1969 年，结合镇痛药的作用进行研究，发表论文约 20 篇，重要工作是关于阿斯匹林镇痛作用的研究。用动物交叉灌流实验，证明阿斯匹林能阻断传递痛觉的感觉神经末梢中冲动的发生，其镇痛作用是外周的，吗啡的作用则在中枢；最后的工作是想用荧光显微镜研究吸收阿斯匹林的痛觉感受器。

在抗日战争中，他参与创建和领导了中国军民救护系统，在战时组织和发挥了中国红十字会救护总队的重要作用。因为他积极投入对东南亚战场的盟军救护工作，两次获罗斯福总统授勋，1943 年获总统荣誉勋章，1946 年获总统自由勋章。此外，他还大力培养了生理学、公共卫生学人才。

（张慰丰）

孟目的（Meng Mudi）　原名广义，字目的，以字行世。中国北京市人，1897 年（清光绪二十三年）10 月 17 日生于河北保定，1983 年 5 月 21 日卒于北京。药物学、制药工程、药学教育、药品管理学。

原籍北京。牧师之子。1918 年毕业于北平协和医学院预科。1920 年到英国伦敦爱兰帕利药厂实习。1925 年毕业于伦敦大学药学院。同年成为英国药学会首个中国籍会员。同年回国，任北平协和医学院药房副主任兼在药理系任教，同时创办药学讲习所。1928 年任国民政府卫生署《中华药典》主编。1931 年任中央卫生实验处副处长兼药物化学室主任，后兼任军医学校药科主任。1936 年任南京国立药学专科学校（今中国药科大学）首任校长兼药剂学教授，1937 年迁校重庆。1940 年起先后任香港协和药品公司制药厂、重庆协和制药厂厂长，兼国立药学专科学校教授。1945 年起先后任国民政府卫生署药品生物化学药品实验处副处长、简任技正，上海市善后事业保管委员会委员兼制药厂厂长。1948年当选为中国药学会理事长。1949年起先后任华东人民制药公司经理，药典编委会总干事、副主任委员兼中央药品检验所所长。1962年任国家卫生部药品生物制品检定所所长。曾兼任中国药学会副理事长兼秘书长，中国药学会北京分会理事长等职。

20世纪20年代，1925年发起创办药学讲习所，至1949年该所培训了2 000余名学员，为社会输送大批中级调剂、制剂人才；1928年奉命组织编纂《中华药典》。30～40年代，在编写药典中初步统一药品名称；创建中国第一所药学专科学校（4年制），揭开中国正规化培养高级药学人才的历史；首次合成生产磺胺、葡萄糖等战时急需原料药品和制剂，为抗日战争服务；1946年受邀在晋察冀解放区指导筹办张家口药厂。50～60年代，1950年奉命组织编订药典，亲自草拟生物测定法；1950年倡导和创建中央药品检验所，1953年后全国各省市陆续设置药品检验所，逐步形成药品监督检定网；主持在上海生产磺胺噻唑、葡萄糖酸锑钠等原料和制剂，对抑制和扑灭当时流行华东数省的黑热病起了重大作用；多次主持修订《中华人民共和国药典》（1953年版、1957年版、1963年版），1979年82岁高龄继续为编制国家新药典贡献余生。 （朱素珍）

孟继懋（Meng Jimao） 原名孟公伟。中国天津人，1897年（清光绪二十三年）12月7日生于天津，1980年1月20日卒于北京。创伤骨科学、矫形外科学、医学管理。

小商人家庭出身。1920年清华学堂毕业。同年赴美国公费留学，入读芝加哥拉什医学院，1925年获医学博士学位。同年回国，任北平协和医院外科住院医师。1929年任天津南开大学校医。1930年赴美国波士顿马萨诸塞州总医院、艾奥瓦大学医学院专攻骨科。1931～1935年任北平协和医院骨科主治医师，1936年任骨科主任、副教授，1942年任副院长、骨科顾问。期间1935～1936年赴欧洲各国考察医学。1942年协和医院在战争中被迫关闭后，任中和医院骨科顾问，1948年任中和医院副院长兼外科主任。同年兼任北京大学医学院骨科临床教授。1951年起先后任北京大学医学院人民医院副院长、外科主任，兼任中国协和医学院骨科教授。1957～1980年任北京积水潭医院院长、创伤骨科研究所所长。曾兼任中华医学会外科学会名誉主任委员。

1936年在中国率先引进和开展三刃钉内固定治疗股骨颈骨折技术；1937年参与发起成立中华医学会骨科学组；1937年日本侵略者发动“芦沟桥事变”，他参与组建协和医院医疗抢救组为抗日将士治伤。1941年发现中国首例膝关节盘状半月板撕裂，并成功设计和创用“股骨粗隆下嵌插截骨术”（即孟氏截骨术），至今仍是治疗陈旧性股骨颈骨折或骨折不愈合的方法之一；1945年首创孟氏肩关节融合术，用以治疗肩关节结核、肩部肌肉麻痹引起的肩上举无力等。20世纪50年代，抗美援朝后期，为协和医院收治的近百名志愿军伤员进行重建手术治疗，复杂疑难病例都亲自手术，使伤员迅速康复，为此获国家嘉奖；1957年在北京积水潭医院创建中国规模最大、亚科专业最全的创伤骨科，1959年又建立创伤骨科研究所，开展创伤骨科的基础和应用研究；数次代表中国出席国际学术会议。此外为中国培养几代骨科专业人才。

重要论文有：“移植髌骨融合膝关节治疗膝结核”、“挠骨先天性脱位”、“陈旧性肩脱位的外科治疗”、“夏科氏脊椎病”、“颅骨结核”、“先天性膝关节盘状半月板”等。主要著作有：与外籍教授合著中国第一部现代骨折治疗教材《骨折与脱位》（1935年），参与编撰沈克非主编《外科学》（1958年）中全部骨科章节，主编《手部损伤早期处理》（1960年）、《骨与关节损伤》（1982年）、《中国医学百科全书·骨科》（1984年）等。 （朱素珍）

张孝骞（Zhang Xiaoqian） 字慎斋。中国湖南省人，1897年（清光绪二十三年）12月28日生于湖南长沙，1987年8月8日卒于北京。内科学、消化病学、病理生理学、医学教育。

出身清贫教员家庭。1921年毕业于湘雅医学院，同时获美国康涅狄格大学医学博士学位。留校任教，兼总住院医师。1924年到北平协和医学院进修。旋即留协和任内科助教和总住院医师。1926年被选送美国进修一年，在约翰斯·霍普金斯大学医学院从事研究工作。1932年晋升为副教授。1933年再次去美国进修，在斯坦福大学从事消化功能研究。1934年回国任北平协和医学院消化专业组组长。1937年回湘雅医学院任内科教授兼教务主任，继被选为代理院长。1947年应邀赴美讲学并考察。1948年到协和医学院任内科教授兼内科主任。1949年后，任协和医学院内科教授和医院内科主任。1962年任中国医科大学（即原协和医学院，今中国协和医科大学）副校长。1978年后任中国医学科学院副院长。长期任《中华内科》杂志主编、中华医学会内科学会主任委员、内科学会和消化系病学会名誉主任委员。1955年选聘为中国科学院学部委员（院士）。

早年从事生物化学、代谢方面的研究。1926年在美国进行人体血容量研究，首次证明糖尿病酸中毒患者的血容量降低及其与临床症状的关系。撰写的“测定循环血容量的一氧化碳法”和“糖尿病酸中毒时的血容量”两篇论文，在美国临床研究学会年会上宣读后，受到了医学界重视，并为教科书所采用。回国后，又对甲状腺机能亢进、肾病、营养不良性水肿等病的血容量作深入探索，提出甲亢病人的血容量增加及其临床意义，以及营养不良性水肿和肾病综合症病人的血容量下降的新观点，找到了血容量与血浆蛋白的关系，证明低蛋白血症不是血液稀释、血容量增加，而是由于血胶体渗透压降低，血容量随之减少，从而纠正了以往的错误概念。20世纪30年代初，又转入消化系统的研究，在协和医学院创建中国第一个临床消化专业团队；用组织胺方法对健康人和患者的胃分泌功能作了较详细的探讨，包括正常值和发热、贫血、维生素A缺乏等对胃酸的影响；证实发热时胃酸分泌降低，从病理生理学角度阐述了发热病人不愿进食的机理。撰写的“发热和传染病时的胃液分泌”于1933年发表在美国《临床研究》上。对阿米巴痢疾、溃疡性结肠炎、结核性腹膜炎、消化性溃疡等也作了大量的研究工作。50年代，在中国率先进行胃运动功能研究，这在当时国际上亦很少有人涉足。60年代，参与主持制定胃肠炎病领域的国家重点科研规划；在协和内科筹建遗传专业组，瞄准国际医学前沿发展趋势。70年代末，参与筹建中国消化协会。以大量的精力倾注于医学教育事业，培养出许多医界优秀骨干。在中外医学杂志上发表有关消化、代谢、血液等方面的论文50多篇；撰写出版有《内科学及护理》(1953年，与他人合作)等。（张慰丰）

沃伦，S.（Warren，Shields） 美国人，1898年2月26日生于美国马萨诸塞州坎布里奇，1980年7月1日卒于马萨诸塞州马什比。*放射医学、内分泌病学、肿瘤学、核防护工程。*

1918年毕业于波士顿大学。1923年在哈佛大学医学院获医学博士学位。留校任教。第二次世界大战期间及战后一段时间，曾在美国海军后备部队工作。1947年任美国原子能委员会生物学与医学部第一任主任。1955～1963年任美国驻联合国原子能放射作用科学委员会代表。退休前为哈佛大学医学院病理学教授。1962年入选美国国家科学院院士。

系第一代从事电离放射效应的病理学家。1945年，作为美国海军官员对广岛、长崎的原子弹放射性照射受害者，以及其他受到全身大剂量照射的病人作了长期的调查研究，详细描述和深入分析了急性放射病的症状，以及远期的致癌包括白血病的作用。他和其他学者的病理学观察，还为从事原子能辐射工作人员制定工作时所能接受的安全允许剂量提供了科学依据。

主要著作有《临床预防医学概要》(1929年)、《糖尿病病理学》(1930年初版，1966年第3版)、《甲状腺肿瘤》(1953年)、《致电离辐射病理学》(1961年)等。获1962年爱因斯坦奖章，1968年美国癌症学会国家奖，1971年美国原子能委员会费米奖等。（朱 劦）

陈克恢（Chen，Ko Kuei） 华裔美国人。1898年2月26日生于中国上海郊区，1988年12月12日卒于美国旧金山。*中药药理学、药物化学、药物合成工程。*

幼年丧父，由任中医师的舅父抚养成人。1918年留美预备学校清华学堂毕业。同年以公费生插班美国威斯康星大学药学系三年级，1920年获理学士学位，1923年获生理学博士学位。同年回国，任教于北平协和医学院药理系。1925年又赴美深造，1927年获约翰斯·霍普金斯大学医学院医学博士学位，并任该校药理学副教授。1929～1963年任美国礼来制药公司药理研究部主任。定居美国。1937～1968年兼任美国印第安那大学医学院药理学教授、印第安那波里斯医学院医事顾问。1948年当选为中国中央研究院院士。1951～1952年任美国药理学与实验治疗学学会会长。1952～1953年任美国实验生物学联合会主席。1972年当选为国际药理学联合会名誉主席。

1924年，与导师施密特(C. F. Schmidt)共同从中药麻黄中分离出左旋麻黄碱，发现对皮肤粘膜和内血管有收缩作用等多种生理活性，为推动交感胺类化合物合成奠定基础；将麻黄碱开发为新药，用于治疗支气管哮喘、干草热和其他过敏性疾病，并用于脊椎麻醉以防血压下降。1927年开始研究中药蟾酥，从中分离到华蟾蜍精和华蟾蜍毒素，发现这两种成分都含有洋地黄样强心甙；后又从蟾蜍毒中发现和分离出其他成分如儿茶酚胺类、5-羟色胺类和甾体类化合物等，坚持研究蟾酥长达40多年。20世纪30年代，合成一系列结构与麻黄碱相似化合物，开发出许多新药，用于呼吸系统疾病、鼻充血、疲劳、肥胖病和发作性睡症等治疗，也为后来α-及β-阻断剂的研究和开发打下基础；发现在抢救急性氰化物中毒时，可先静脉注射亚硝酸钠溶液，后注射硫代硫酸钠溶液，因其疗效而沿用迄今。40～50年代，在第二次世界大战期间，发现常山碱丙的抗疟作用为奎宁148倍，但致吐性很强，且易引起肝脏水肿，美国药物界据此很快合成千种以上衍生物和结构类似物；研究开发麦角、磺胺、维生素、雌激素、抗甲状腺药物和降血糖药物；研制合成瘾性较小的镇痛药丙氧芬，畅销近20年(但终被列为麻醉镇痛药加以限制)；研究中草药汉防己、元胡、吴茱萸、贝母、百部、夹竹桃和羊角拗等的成份与药理。50年代后，进行多种抗生素如红霉素、万古霉素和环丝氨酸等药理研究，开发出一些新药。此外，还对400多种强心甙和甾类化合物进行构效关系研究。

发表论文约350余篇。撰有自传《第一个60年(1908～1969年)》(1969年)。多次获美国和国际学术界奖项。1987年美国实验生物学联合会将该会新建会议中心命名为“陈克恢会堂”。（朱素珍）

沈克非（Shen Kefei） 原名贤亚。中国浙江省人，1898年(清光绪二十四年)3月2日生于浙江嵊县，1972年10月9日卒于上海。*普通外科学、医学管理与教育。*

小学教员之子。1916年考取北京清华大学庚子赔款奖学金预备生。1919年毕业后获公费留学美国，就读于美国俄亥俄州克利夫兰城西储大学医学院，1924年获医学博士学位，同时通过美国国家考试，留校任附属教学医院外科实习医师与助理住院医师。1926年回国，任北平协和医院外科助理住院医师、住院总医师。1929年任安徽芜湖弋矶山医院外科主任。后协助筹建南京中央医院，医院建成后任该院外科主任、副院长，1936年任院长。1937年随中央医院西迁长沙、贵阳、重庆，期间兼任湘雅医学院、贵阳医学院、重庆上海医学院教授。1941年任国民政府的中央卫生署副署长，兼任陆海空军总司令部医监。1943年当选为中华医学会理事长。1946年任上海医学院外科主任和教授，兼任附属中山医院院长。是国际外科学会中国分会负责人之一，并被英国皇家外科医师学会接纳为会员。1949年后，历任抗美援朝志愿医疗队技术顾问团主任顾问、中国人民解放军医学科学院副院长(1951～1958年)。1959年后历任上海中山医院外科主任、院长，上海第一医学院(今复旦大学上海医学院)副院长。

除专长普通外科外，对于骨科、泌尿外科、肿瘤外科等都有创见。曾设计肠道无菌吻合术，首创直肠摺叠术治疗直肠脱垂，以及大网膜腹膜后固定术治疗晚期血吸虫病等新手术。20世纪30～40年代，抢救大量伤病员，其中随远征军赴缅甸、印度战场救治。1950年首次成功切除病人右额叶脑瘤。1946年作为中国医学界的首席代表，参加第二次世界大战后联合国世界卫生组织的创建工作。在他的推动和支持下，上海第一医学院创建并发展了神经外科。曾多次参加国际学术会议。主编有《外科学》(1956年初版，1964年第2版)，获国家卫生部嘉奖；此外主编有《腹部外科手术学》(1965年)、《神经外科手术学》(1969年)等主要著作。

(张萱如 刘宇庆)

陶西格，H. B. (Taussing, Helen Brooke) 美国人，1898年5月24日生于美国马萨诸塞州坎布里奇，1986年5月20日卒于宾夕法尼亚州肯尼特场。心脏病学、内科学、儿科学。

哈佛大学经济学教授之女，11岁丧母。1921年在伯利克加利福尼亚大学获文学士学位。后在哈佛大学医学院、波士顿大学继续求学，1927年在约翰斯·霍普金斯大学医学院获医学博士学位。留校任教，1930～1963年一直任该校附属哈丽特·莱恩伤残儿童收容院心脏病诊疗所所长，1959年成为该校第一位女教授，1963年退休。1965年任美国心脏学会第一位女会长。

发现先天性心脏病的主要死因是缺氧，故与外科医生A.布莱洛克共同设计了一种手术方法，使低氧血症(蓝色婴儿综合症)患儿的肺循环血量增加，从而使患儿的寿命延长至接近正常人的水平。1944年11月9日，他们用这一手术抢救女婴成功，轰动了整个心脏病学界，使她多次获得美国科学界授予的荣誉。还对风湿热时心脏增大的原因作了详细研究。首创采用X射线和荧光检查法诊断先天性心脏畸形。1947年出版名著《心脏的先天性畸形》，第一次对这类疾病的临床表现、X线特征和心电图变化等的相互关系作了系统描述。64岁时还前往德国合作从事先天性心脏病发生学的研究。

她有顽强的毅力，早期教育时克服了严重的先天性诵读困难；后半生又攻克了耳聋带来的工作不便，掌握唇读术以了解患者的话语意思，练就将手指置于听诊器上以感知患者心跳节律的绝活。获1954年拉斯克临床医学研究奖，1964年美国总统授予的自由奖章等。2004年，美国好莱坞出品以她的生平事迹为素材的大片《上天安排的某些事情》(*Something the Lord Made*)。

(朱 淼)

万根斯廷，O. H. (Wangensteen, Owen Harding) 美国人，1898年9月21日生于美国明尼苏达州莱克帕克，1981年1月13日卒于明尼苏达州明尼阿波利斯。病理学、肿瘤学、消化外科学、医学史学。

农家子弟。由于自幼对病畜的治疗十分有兴趣，使其父下决心送他学医。先后在明尼苏达大学获文学士、医学学士学位，1925年获该校医学院外科学医学博士和哲学博士双学位。留校任教，1930年起任该校外科系主任，1960年任杰出外科学教授，1967年退休。

一生在消化外科学方面成绩显著。20世纪20年代中期，证明急性肠梗阻的死因主要是机械因素；30年代，证实了肠梗阻时的中毒病状是由于绞窄肠段血液回流障碍造成失血性休克所致；总结了不同部位肠梗阻的定位诊断特征。首创早期胃肠减压法治疗肠梗阻获得很大成功，使该病的死亡率大大降低。1937～1939年的研究还证实：坏疽性或穿孔性阑尾炎的主要发生机制是梗阻所致。在消化道溃疡的研究中，采用胃内低温液体灌注法制止胃出血。还对消化道肿瘤的早期诊断作了多年研究。

专著有《急性肠梗阻及其处理》(1942年)、《食道癌与胃癌》(1951年)、《外科手术的崛起：从经验性手艺到科学训练》(1978年)等。1961年获帕瑟诺基金会奖章。

(朱 淼)

弗洛里，H. W. (Florey, Howard Walter) 澳大利亚人，1898年9月24日生于澳大利亚阿德莱德，1968年2月21日卒于英国牛津。细菌学、免疫学、病理学、药理学、生物医药工程。

1917年进澳大利亚阿德莱德大学医学院，1922年毕业。获奖学金赴牛津大学生理学院学习，在这里和英国神经生理学家C. S.谢灵顿接触。后赴美国旅行。1927年获剑桥大学哲学博士学位。1931年任设菲尔德大学病理学教授。1935年到牛津大学任威廉·邓恩爵士病理学院教授，1962年任牛津大学女王学院院长。1941年当选为英国皇家学会会员，1960年任该会会长。1944年被册封为爵士。

在牛津大学领导包括E. B.钱恩在内的大批科学家，对有抗菌作用的物质进行了系统的研究。在文献中了解到1929年A.弗莱明发现的青霉素有强大的抗菌作用，坚信如能从青霉菌培养基中提出足够的有效物质，一定是强力抗菌药。1938年，从弗莱明处获得青霉素菌并开始研究，于1940年提取成功。翌年在积累了足量的青霉素后进行了首次动物试验，证实青霉素能治愈预先注射了致死量病菌的动物，而且没有中毒现象。接着，人体试验也取得了满意的结果。由于当时正值第二次世界大战，他和钱恩意识到在英国无法大规模生产，在洛克菲勒基金会的资助下，1941年6月，他们到美国去进行这项工作。1944年青霉素开始小批量生产供应，在临床应用时取得了奇迹般的疗效，挽救了病人生命。1944年6月6日，盟军强攻诺曼底海滩，事前已为这次行动准备了充足的青霉素供应。这是抗生素在战争中的首次应用,使受伤士兵95%得以痊愈康复。

他在病理学方面主要研究炎症、毛细管循环、粘液分泌和淋巴细胞的功能。由于受谢灵顿的影响,研究了病变细胞的功能变化。制作了动脉硬化的病理模型,对动脉硬化症进行了大量的研究。对眼泪和唾液中发现的溶菌酶进行提纯。

代表作有《青霉素的全身和局部使用》(1943年,与钱恩合著)、《青霉素治疗特性的发现》(1945年,与钱恩合著)、《抗生素》(1949年)及《普通病理学教程》(1954年)等。由于从青霉菌中成功地提取了青霉素,和弗莱明、钱恩共享1945年诺贝尔生理学或医学奖。1957年获英国皇家学会科普利奖章。1965年获苏联科学院罗蒙诺索夫勋章。 (顾振海 叶蒙福)

卡迈克尔,L.(Carmichael,Leonard) 美国人,1898年11月9日生于美国费城,1973年9月16日卒于华盛顿。胚胎学、电生理学、脑与神经科学。

1920年获美国塔夫茨大学理学士学位。1924年在哈佛大学获哲学博士学位。同年任教于普林斯顿大学生理学系,1926年任助理教授。1927年起任教于布朗大学。1936年到罗切斯特大学任教。1938~1952年任塔夫茨大学校长。1953~1964年为史密森研究会秘书长。1964年任美国国家地理学会副会长。为美国国家科学院院士,美国哲学会会员。曾任美国心理学会、国际灵长类学会会长,国际生物科学联合会心理学和动物行为部主席。

创建了一种在保持胎儿正常情况下研究其行为发生和发展的方法。通过蛙的胚胎研究,认为一些复杂适应性行为的发生发展取决于遗传密码和特定的环境,后来还对哺乳类动物行为发生进行过研究。与助手运用电生理技术研究大脑电位的发生等。1934年与贾斯珀(H. H. Jasper)在美国首次纪录人的脑电图,描述一些新发现的脑电现象。还运用电子技术纪录眼的运动来研究阅读和其他视觉工作,证实人能连续阅读6小时而不产生疲劳。主要著作有《基础心理学》(1957年)、《儿童心理学手册》(1970年)、《阅读与视觉疲劳》(1972年)等。曾接受许多奖励。 (叶蒙福)

章巨膺(Zhang Juying) 又名寿栋。中国江苏省人,清光绪二十五年(1899年)生于江苏江阴(今张家港市),1972年卒于上海。中医学、中西医结合、中医文献学、中医学教育。

早年拜师学医。1919年任上海商务印书馆编译所编辑,业余研治医经。1925年师从中医名家恽铁樵,医业大进。习医3年后,悬壶于上海市闸北区。1929年参与筹办上海国医学院,负责教学行政,并担任温病学教务。1933年襄助恽铁樵函授医学事务所教务,并主编《铁樵医学月刊》,后主持函授教学。1934年后任教于上海中国医学院、上海新中国医学院,后任该校教务长。1949年后,任上海市第一中医进修班副主任、第十一人民医院中医内科副主任、儿科主任。1956年参与筹建上海中医学院(今上海中医药大学),任教务长。

赞同"发皇古义,融会新知",坚信中医学有独特理论体系,具有丰富实践经验。提倡革新和折衷中西医学。一生致力于中医学教育。长期整理研究恽铁樵医学著作,并为之刊印流传。对伤寒、温病学说深有钻研,颇有发挥。温病多宗陆九芝,反对叶桂、吴鞠通之说。晚年研究《内经》理论和运气学说。编著出版有《温热辨惑》、《脉学新论》、《医林尚友录》、《痧子新论》、《伤寒疗养论》、《中医学修习题解》、《应用药物词典》等多部著作。 (张慰丰)

泰勒,M.(Theiler,Max) 一译蒂勒。美国人,1899年1月30日生于南非比勒陀利亚,1972年8月11日卒于美国康涅狄格州纽黑文。病毒学、传染病学、免疫学。

祖籍瑞士。南非著名兽医师的儿子。1916~1918年先后在南非格雷厄姆的罗德斯大学、开普敦大学医学院学习。1919年去英国伦敦,就读于圣托马斯医院和伦敦热带医学院,1922年获医学博士学位,并获准参加英国皇家内科医师学会、皇家外科医师学会。同年去美国,在波士顿哈佛大学医学院热带医学系任教。1928年结婚,生有一女。1930年去纽约洛克菲勒基金会国际保健部工作,1951年任该基金会医学和公共卫生部实验室主任。

早年在哈佛大学从事阿米巴痢疾和鼠咬热的研究。1925年参加美国西非黄热病调查组,1927年调查证明西非流行的丛林黄热病不是细菌性的,而是病毒性的,它与西欧、北美城镇地区流行的黄热病由同一类病毒引起,由埃及伊蚊和多种吸血类蚊子传播,猴子起着中间宿主的作用。意识到在广大农村及丛林地区,不能只依靠灭蚊虫来遏制黄热病,最简便有效的办法是研制黄热病的疫苗。在西非调查结束后,立即开始了黄热病疫苗的研制。1928年医学家已发现猕猴对黄热病病毒有敏感性,可以用它来进行实验研究,当时用猕猴分离到第一株病毒。1930年在洛克菲勒基金会国际卫生部病毒实验室工作,与同事经过反复探索,发现小白鼠脑内感染途径也是分离该病毒的敏感方法。但小白鼠脑内注射黄热病病毒后,仅发生脑脊髓炎,而心、肾、肝等内脏均不受损,而人和猕猴得病后,其内脏也会受到损害。又发现小白鼠接种病毒后会发生变异,把这种变异株给猕猴皮下注射,猕猴体内就能产生免疫力。它的内脏不受损害。如把变异株给人注射,不仅使肾脏受损害,对神经系统也有危害。后发现将这种变异株同取自黄热病后康复者的血清混合,再给人注射,可使人获得6个月的免疫力。由于人的免疫血清不可能大量制取,此非制备黄热病疫苗的良法。但未发生变异的黄热病病毒在组织培养基中很难存活。1936年发现在鼠胚胎粉碎组织的匀浆中,可使病毒存活。1937年用多次继代移植方法,使这种变异株在鸡胚胎粉碎组织中繁殖,这种先后经过两种胚胎组织培养的疫苗,亲内脏和亲神经性毒力都大为降低。用这种疫苗不仅安全有效,而且可以大量制备。这种疫苗被命名为17D变异株，也就是17D黄热病疫苗。人们应用这种疫苗在巴西大规模现场试用，结果证明的确安全有效。

主要代表著作有《人的病毒与立克次体传染》(1948年)、《黄热病》(1951年)、《洛克菲勒基金会病毒项目记录(1951～1970年)》(1973年，与他人合编)等。因发明与大量制备预防黄热病的疫苗，获1951年诺贝尔生理学或医学奖。此外获1939年英国皇家热带医学与卫生学会查尔默斯奖章，1945年哈佛大学佛拉特利奖章，1949年拉斯克基金会拉斯克奖。 (张慰丰 朱 焱)

谢志光(Xie Zhiguang) 中国广东省人，1899年(清光绪二十五年)2月10日生于广东东莞，1967年8月17日卒于广东广州。临床放射医学、肿瘤学、医学教育。

1922年毕业于湖南长沙湘雅医学专门学校。1923年供职于北平协和医学院放射科，1928年任协和医院放射科第一位华人主任，后升为教授。期间1925年到美国密歇根大学进修一年，获医学硕士学位，并取得美国放射学会外籍会员资格。1948年任广州岭南大学医学院院长兼放射科主任。1949年后，历任广州市第一人民医院放射科主任、中山医学院放射科主任，1964年任华南肿瘤医院(中山医学院附属肿瘤医院前身)院长等职。

20世纪30年代，为改变旧中国放射医学尚属空白的落后局面，1930～1937年多次走出国门，到欧美诸国考察和进修，引进先进技术和医疗设备；提出X线测量心脏表面积的独特方法，并归纳出符合中国人实况的正常值范围；在中国临床使用抗生素之前，1936年应用X线治疗疖和痈获得成功。40～50年代，第一个系统描述中国人患肠结核、长骨结核的X射线征象，否定了认为长骨结核罕见的流行观点；在中国首批报告原发性肺癌、肺与骨寄生虫病X射线表现；首创一个显示髋关节后脱位的特殊投照位置，被国际放射医学界誉为“谢氏位”，沿用迄今；在对白内障、角膜混浊病患者进行手术前，首创用X线测查视中心盲点、以及网膜有无萎缩的先进技术；深入研究恶性肿瘤，特别对鼻咽癌的早期诊断、临床规律、晚期病例分型分期和治疗方法等方面，经验丰富，见解独到。50～60年代，大力倡导和推行在中国南方建立肿瘤科和肿瘤医院，开展癌瘤统计和普查，制定立足早期诊断和治疗的有效防治规划，建立癌瘤防治机构网，促进了华南地区临床放射学和肿瘤学发展。此外培养了几代放射学专业人才。 (李啸虎)

梁伯强(Liang Boqiang) 中国广东省人，1899年2月15日生于广东梅县，1968年11月28日卒于广州。病理解剖学、肿瘤学。

1922年上海同济大学医学院毕业。留校任教。翌年赴德国留学，1924年获慕尼黑大学医学院医学博士学位。同年回国，先后任同济大学病理学副教授，广州中山大学医学院教授、病理学研究所所长，1937～1938年、1948～1949年两度出任中山大学医学院院长。1949年往美国约翰斯·霍普金斯等大学考察医学教育。1950年后，历任中山大学医学院教授、病理学研究所所长，华南医学院第一副院长，中山医学院肿瘤研究所首任所长。曾兼任中华病理学会副理事长、中华病理学会广东分会理事长、《中华病理学》杂志副主编等职。1955年选聘为中国科学院学部委员(院士)。

20世纪20年代起，发现不少原发性肝癌患者伴有肝吸虫感染，并提出这可能是原发性肝癌原因之一；“中国人正常白血球血象的研究”一文，在中国首次阐明了环境因素对人体血型的影响。50年代起，系统研究肝炎、肝硬化和肝癌，通过多年的尸体解剖实践，发现南方肝硬化发病率高；提出病毒性肝炎是产生坏死性肝硬化的原因；在“原发性肝癌的形态学、病因学和在我国发病率的研究”(1959年)一文中，提出病毒性肝炎一肝硬化一肝癌发病模式，后终为大量资料所证实。1959年起把鼻咽癌作为研究重点：发现广东西江沿岸和珠江三角洲为鼻咽癌高发区，居当地恶性肿瘤之首；首创在尸体上完整取出鼻咽癌组织的解剖方法，为研究鼻咽癌的组织发生学和早期癌创造了条件；与放射学家谢志光教授共同研究改进鼻咽癌患者治疗方法，用放射和化学治疗取代过去外科治疗，大大提高了患者生存率；提出“肿瘤间质反应”概念，认为肿瘤间质是机体抵抗力的反映，在一定程度上限制肿瘤的发展。此外，多次举办“高级病理师资班”，培养了许多病理学人才。主编出版中国通用教材《病理解剖学总论》(1960年)、《病理解剖学各论》(1964年)等著作。 (秦跃娟 朱素珍)

贝斯特，C. H.(Best，Charles Herbert) 加拿大人，1899年2月27日生于美国缅因州西彭布罗克，1978年3月31日卒于加拿大多伦多。生理学、内分泌学、血液学、药理学、生物化学。

双亲是加拿大人。1915年入多伦多大学学院攻读文学士学位。1918年应征入伍，在坦克营服役。战后继续完成生理学和生物化学课程，1922年和1932年在多伦多大学获文学硕士和医学博士学位。留校任教，后任康诺特实验室主任，1929年接替J.麦克劳德任生理学教授，后任班廷一贝斯特医学研究所副所长、所长等职。1950年被选为美国国家科学院外籍院士。是英国皇家学会外籍会员，加拿大皇家学会会员。

1921年5月，在学期间任F.班廷的助手，借用多伦多大学生理实验室，利用暑期夜以继日地工作，终于从实验狗的退变胰腺组织中提得一种中性或微酸性物质——胰岛素，将该物质注入去胰腺狗体内，发现有降血糖与尿糖的作用，其作用强度和持续时间与注射量有关。同年11月，在多伦多大学生理学会议上首次报道了这一发现。1922年1月首次用于临床，3月加拿大医学会杂志报道了临床使用结果。1923年，诺贝尔医学奖评选委员会只考虑班廷和J.麦克劳德，而忽略了贝斯特的贡献，让他落选。这件事激怒了班廷，他把自己所得奖金一半分给了贝斯特。贝斯特还介绍了第一种预防血栓形成的抗凝剂；发现了组织胺酶和新的维生素胆碱。第二次世界大战中，主持开发干性人血清素项目。主要著作有《医学实践的生理学基础》(1961年)等；主要论文入编《贝斯特选集》(1963年)。曾获得许多荣誉学位和奖励，其中有1967年加拿大荣誉勋章。

(叶蒙福)

布莱洛克，A.（Blalock，Alfred） 美国人，1899年4月5日生于美国佐治亚州卡洛登，1964年9月15日卒于马里兰州巴尔的摩。心血管学、心肺学、外科学。

14岁入佐治亚州陆军士官学校学习。1918年(19岁)获佐治亚大学文学士学位。1922年在约翰斯·霍普金斯大学医学院获医学博士学位。1925年任波士顿市布里格姆医院外科医师。同年任教范德比尔特大学医学院。1941年任约翰斯·霍普金斯大学外科学教授，兼附属医院首席外科师。1945年被选为美国国家科学院院士。

早期为了研究高血压与动脉硬化的关系，曾将体循环血管移入肺内造成肺动脉高压的动物模型，发现这些实验动物仍然健康良好。1941年H. B. 陶西格认为该手术对紫绀型先天性心脏病有治疗价值。1944年他们首次用该手术治疗了一例肺动脉闭锁的患者，尽管该病人仅存活9个月，但其后的手术病人均康复，于是这种被称为布莱洛克－陶西格肺动脉分流术得以推广。对外科休克也作了不少研究。获1948年帕萨诺基金奖、1954年拉斯克奖。 （叶蒙福）

张锡钧（Zhang Xijun） 中国天津市人，1899年(清光绪二十五年)4月25日生于天津，1988年3月20日卒于北京。实验生理学、脑与神经科学、生物化学。

天津名中医张文藻之子。1916年考入清华学堂。1920年毕业赴美国，就读于芝加哥大学医学预科，1922年获理学士学位，后进该校拉什医学院攻读，作为卡尔森(A. J. Carlson)教授的研究生，从事甲状腺对胃液分泌作用的研究，1926年获医学博士和哲学博士学位。同年回国，任北平协和医学院附属医院内科住院医师，同年与林可胜一起创建中国生理学会，曾任该学会常务理事和其会刊《中国生理学》杂志主编。1927年任协和医学院生理学系助教，以后5年中相继晋升讲师、助理教授。1932～1933年先后赴瑞士苏黎世大学、英国伦敦皇家医学院研究所进修。1934年任协和医学院襄教授(副教授)。太平洋战争爆发后，日本侵略军占领并停办协和医学院。1941年底回天津开业行医。1948年重返协和医学院任生理学系主任兼教授，1949年兼任该院教务长。1949年后，继续任生理学系主任。1957年协和医学院与中央卫生研究院合并为中国医学科学院，他兼任实验医学研究所副所长、生理学系主任。1960年任中国医科大学(今中国协和医科大学)生理学教研室主任。1963年兼任中医研究院针灸经络研究所所长、国家卫生部生理专题委员会主任。1955年选聘为中国科学院学部委员(院士)。

毕生致力于生理学研究，涉及内分泌、消化、神经和循环生理等不同领域。1927年起，在协和医学院和林可胜共同开展实验生理学研究。1932年赴英国进行神经化学介质的研究，在H. H. 戴尔的指导下，与加德姆(J. H. Gaddum)合作进行乙酰胆碱的实验研究，创造了用蛙腹直肌定量测定乙酰胆碱的生物学方法，应用此法与达德利(Dudley)的化学测定法结合鉴定，首次在哺乳动物牛、马的脾脏中提纯得乙酰胆碱的结晶，并测出不同动物多种器官组织中均有这种活性物质，而以交感神经节中的含量最高，从而证明交感神经节前纤维由乙酰胆碱传导，为研究乙酰胆碱的生理机制开辟了途径。1933年，他在罗马国际生理学会第14届年会上宣读"乙酰胆碱定量生物测定法"，并把和加德姆的研究论文发表于当年《英国生理学》杂志。后来戴尔进一步证实乙酰胆碱是神经传递的化学物质，荣获1936年诺贝尔生理学或医学奖。张锡钧在1934年回国后，对胎盘中乙酰胆碱的生成、释放、代谢及其与分娩和早产的关系进行了一系列研究，1936年在苏联列宁格勒召开的第15届国际生理学会上，宣读"胎盘乙酰胆碱出现地点、生成及意义"论文。1937年和合作者研究中枢神经系统释放的化学传递物质，通过研究证实刺激迷走神经中枢端可以促使垂体后叶加压素释放引起血压升高，而加压素的释放是通过脑内有关神经通路及乙酰胆碱介导实现的。据此他们提出了"迷走神经－垂体后叶反射"的理论，发表"中枢突触神经冲动的化学传递"等10多篇论文，阐明垂体后叶这一内分泌腺也受神经支配，否定了它是独立于神经系统之外起作用的组织的传统认识。

1949年后，继续开展生理学领域的研究。1955年在比利时布鲁塞尔召开的国际生理学会第20届年会上，宣读"组织胺对胃液分泌的反射作用"论文。同时积极参加与国防和国计民生有关课题的研究，如对康藏高原生理反应的调研，矿山硅肺早期诊断的研究，高血压发病机理的研究和针灸经络的基础理论研究，提出"经络－皮层－内脏相关"假说。 （张慰丰）

赵炳南(Zhao Bingnan) 原名德明，经名伊德雷斯。中国河北省人，1899年(清光绪二十五年)5月27日生于河北宛平(今属北京市)，1984年7月卒于北京。中医学、皮肤外科学、中西医结合。

回族。祖籍山东德州。贫苦家庭出身，父亲靠打短工维持一家生计。他少时生过多种传染性恶疾。13岁(1912年)开始在北京德善医室从丁德恩习外科。18岁起应诊。在此期间，博览历代外科名著，融各家之长，于皮肤、疮疡诸科有较深造诣。20岁考取中医士，获开业执照。3年后设医馆于北京西交民巷行医。1947年应聘出任华北国医学院名誉董事。1949年后，历任北京第二中医门诊部、和平医院、北京医院、北京皮肤性病研究所等顾问中医师，北京中医医院副院长、名誉院长，兼皮肤外科主任、北京中医研究所所长、北京第二医学院中医系教授。兼任中华全国中医学会副理事长、北京中医学会理事长等职。

从事临床工作67年，经验丰富，疗效显著。善治中医皮肤、外科的顽癣恶疮、痰核瘰疬、术后瘘管以及全身性感染等疑难病症。认为皮肤疮疡虽形于外，而实发于内，治疗应从整体着眼，辨证施治。治拟清热除湿、解毒排脓、托里生肌、调和阴阳、祛风止痒、养血润肤等法。晚年由其助手和弟子整理而成《赵炳南临床经验集》

(1975年),全书30万言,收入病种51个,病例137例,介绍了3种特殊疗法,有大量在临床上行之有效的验方、常用方,获1978年全国科学大会奖。先后参加审阅、指导、编著的书有《中西医结合临床外科手册》、《实用皮肤科学》、《简明中医皮肤病学》、《中医外科学》、《皮肤病中医治疗手册》、《皮肤病临床手册》等。 (张慰丰)

贝凯西,G. von(Békésy,Geory von) 美国人,1899年6月3日生于匈牙利布达佩斯,1972年6月13日卒于美国夏威夷。*生理声学*。

外交官的儿子。在瑞士伯尔尼大学学习化学。1923年在匈牙利布达佩斯大学获哲学博士学位。同年进入匈牙利电话系统研究实验室。1926～1927年在德国柏林的西门子中心实验室工作。1939～1946年任布达佩斯大学实验室的研究助理,1949年升为生理物理学高级研究员,1956年入选美国国家科学院院士。

主要贡献是对生理声学的研究,确定了发生在耳朵传输系统内所有关键性的物理事件。发展了精确诊断和处理耳病的方法。由于发现内耳机理而获得1961年诺贝尔生理学或医学奖。是获得这项荣誉的第一位物理学家。

关于听觉的最早理论是德国物理学家和生理学家亥姆霍兹在1857年提出的共振理论。1923年他在匈牙利电话系统研究实验室时开始生理声学的研究。经过20多年的努力,测量并绘制了作用于镫骨踏板上正弦力的振幅和位相,确定振动图案的物理常数,做成了耳的机械模型,证实透过耳蜗液体引起耳鼓振动会在耳底膜中建立行波。得知耳蜗的作用像一个神经机械频率分析器,还发展了一种新型听力计,1946年投入临床应用。著作有《听觉试验》(1960年)和《感觉抑止》(1967年)。 (欧阳容百 王广厚)

杨国亮(Yang Guoliang) 中国四川省人,1899年(清光绪二十五年)6月26日生于四川邛崃,2005年9月13日卒于上海。*皮肤病学、性病学、免疫学、肿瘤学*。

出身破落耕读人家。1932年毕业于上海医学院(上海医科大学前身,今复旦大学上海医学院)。留校并一直在附属华山医院皮肤科工作,1985年退休。抗战期间随学校内迁重庆,1941年任皮肤病学副教授,1944年任教授。1945～1947年在美国进修皮肤病学。1952～1984年任上海医学院皮肤病学研究室主任、上海医科大学皮肤病学研究所首任所长,兼任华山医院皮肤科主任。曾兼任中华医学会皮肤科学会第一副主任委员、名誉主任委员、上海分会主任委员,《中华皮肤科》(英文版)杂志第一副主编等职。

擅长诊治梅毒、麻风、雅司、疥疮等慢性传染性皮肤病;创用治疗白癜疯、冻疮、浅表真菌病、系统性红斑狼疮、排放疤痕疙瘩等疾病的有效方法,探索构建中国特色的皮肤病学体系。1934年、1940年相继编写该校首部中文和英文皮肤病学教材;1937年较早提出应用免疫学原理来诊断和治疗性病;1940年首次提出足癣和丹毒、象皮病发病的关系,引起医学界重视;在战争年代坚持科学研究,完成10余篇论文,其中国外发表7篇。20世纪50～60年代,1951年起在中国首次发现并报道隐球菌病、孢子丝菌病、锑剂皮炎等皮肤病;对核黄素缺乏病病因、临床表现和防治有独到见解和临床经验;首先提出"大性表皮松解萎缩型药疹"诊断,促使医学界重新评价这一危重疾病。70～80年代,研究开发音频电疗机临床新用途;协作研究马王堆汉墓古尸皮肤,发表报告;倡导和主持上海地区稻农皮炎和桑毛虫皮炎防治,成果获1978年全国医药卫生科技大会奖;70岁时参加上海市赴赣、滇、黔下乡知识青年皮炎防治队,实地考察研究皮炎发生发展规律,提出有效预防、诊治措施;擅长药物性皮炎防治研究,1980年主编《药物反应》一书受好评。此外,经数十年努力,主持建成中国第一流皮肤病学临床、学术与培训基地;1952年起受卫生部委托,每年接收进修医师,为全国各地培训大批专业人才。

发表论文数十篇;主编、参编著作还有《皮肤病学》(1958年初版,1992年第5版)、《麻风图谱》(1959年初版,1963年第2版)、《临床皮肤病手册》(1962年)、《音频电疗法》(1976年)、《中国医学百科全书·皮肤病学》(1984年)、《实用肿瘤学》(1979年)等专著。 (李啸虎)

卡梅伦,G. R.(Cameron,Sir Gordon Roy) 澳大利亚和英国双重国籍,1899年6月30日生于澳大利亚维多利亚州伊丘卡,1966年10月7日卒于英国英格兰海茨。*细胞病理学、毒理学、药理学、防化工程*。

澳大利亚卫理公会牧师之子。1922年在墨尔本大学女王学院毕业,获内科和外科双医学士学位。同年留校任附属墨尔本医院住医医生,1923年任病理学系讲师,1925任该校沃尔特—伊丽莎·霍尔医学研究所代理所长。1927年到德国弗赖堡大学进修病理学。同年到伦敦大学学院附属医院工作。师承该校病理学家博伊科特(A. E. Boycott)教授,1929年获理学博士学位。1932～1955年任《病理学与细菌学》杂志副主编。1934年任伦敦大学学院病理学高级讲师,兼附属玛丽皇后医院总住院医师。第二次世界大战期间,1939～1945年,在英国防化部埠敦实验站参与研发战场毒气攻防技术,并任英国政府化学战防御委员会、农业调研委员会咨询专家。1945年返回伦敦大学学院医学院任教,次年任格雷厄姆病理解剖学系教授兼系主任,1962年任该校皇家病理学院首任院长,1964年退休。1946年当选为英国皇家学会会员。1957年册封为爵士。退休那年因心脏病发作去世。

运用阻断血流、胆汁外流或使用毒剂如四氯化碳等方法产生肝损害来研究其修复,阐明了慢性肝脏疾病发生和发展的机制。1945年后与学生进行细胞损伤研究,如线粒体、溶酶体、内质网等损害的机制和生化研究。是第一个认清路易氏气及其衍生物对动物的作用;澄清芥子气、光气、硒盐等的中毒病理学。同时对杀虫剂滴滴涕(DDT)的毒理学、神经原性肺水肿、蚓蚯炎症和哺乳动物组织再生等也进行过研究。主要著作有《细胞病理学》(1952年)。由于对细胞病理学所作的贡献,1960年获英国皇家学会皇家奖章。 (叶蒙福)

伯内特,F. M.(Burnet,Sir Frank Macfarlane)

澳大利亚人，1899 年 9 月 3 日生于澳大利亚维多利亚州特拉拉尔根，1985 年 8 月 31 日卒于墨尔本。免疫学、病毒学、遗传学。

苏格兰移民后裔，父亲是银行经理。他早先在澳大利亚维多利亚州吉郎大学主攻生物学和医学，后在墨尔本大学奥尔蒙得学院继续学习，1922 年获内科学士与外科学士双学位。1924 年获该校医学博士学位。1925 年赴英国伦敦利斯特预防医学研究院从事噬菌体和病毒的研究，1928 年获伦敦大学公共卫生学博士学位。翌年回澳大利亚，在沃尔特—伊丽莎·霍尔研究院任院长助理，1944～1965 年任院长，并兼任墨尔本大学实验医学教授至 1978 年退休。期间，1932～1933 年在伦敦国家医学研究院工作；1965～1969 年任澳大利亚科学院院长；1966～1969 年任英联邦基金会首任主席。1942 年当选为英国皇家学会会员。1954 年成为美国国家科学院外籍院士。1951 年被册封为爵士。是世界各国 30 余个科学院的外籍院士或荣誉院士，获 10 余个大学荣誉博士学位。

20 世纪 30 年代起，他由噬菌体转向研究动物病毒，并在 1932 年完善了病毒的鸡胚培养方法。此法一直作为培养病毒的主要手段，直到 20 年后才有病毒的新组织培养方法问世。从 1933 年起用鸡胚培养病毒时，发现鸡胚不能产生抗病毒的抗体，认为胚胎时期机体对潜在抗原物质具有耐受性，故机体对自身物质也就不产生免疫反应。1949 年与芬纳(F. Fenner)发表论文，提出对胚胎期的动物注射某一抗原，该动物出生后，将不产生该抗原的抗体，也即是形成了免疫耐受性。他预料可用实验方法建立这种耐受性，但用鸡胚实验未获成功。1953 年 P. B. 梅达沃等人用小鼠胚胎做试验，证实了他的假说。这种获得性免疫耐受性的发现，对器官移植和肿瘤研究具有重要意义。1957 年起，他又致力于系统免疫学的理论研究，创立了抗体形成的克隆选择学说。该学说认为体内存在着识别不同抗原的淋巴细胞，一种抗原只能够产生与该抗原起反应的抗体细胞的无性增殖与分化。当抗原刺激后，相应的淋巴细胞能增殖并形成一个“克隆”，任一细胞“克隆”只能产生一种特异性抗体。当胚胎时期接受某种抗原时，此相应的克隆被抑制，出现免疫耐受性，因而机体能识别“自己”和“非己”物质。为此，与梅达沃两人共享 1960 年诺贝尔生理学或医学奖。该学说经过多年的争论，现已成为免疫理论的核心，并对促使实验免疫学着重研究遗传因子起了重要作用。

20 世纪 40 年代起，他还最早研制出一种有效疫苗来防治传染性极强的流感；发表大量有关脊髓灰质炎、Q 热、单纯性疱疹、鹦鹉热和流行性感冒的研究论文。1965 年退休后继续研究有关肿瘤、免疫和老年学方面的理论。

发表 500 余篇论文；出版 31 部著作，代表作有《抗体的产生》(1941 年，与他人合著)、《获得性免疫的克隆选择学说》(1959 年)、《细胞免疫学》(1969 年)、《自身免疫和自身免疫病》(1972 年)以及《生物学基础与人类本性》(1983 年)等；另有自传《不断变化中的图景》(1968 年)等。获 20 余个重要奖项，其中有英国 1947 年皇家学会皇家奖章和 1959 年科普利奖章，1978 年获澳大利亚骑士勋章。为纪念他，澳大利亚 1986 年成立该国最大传染病研究所伯内特研究所，1995 年发行纪念邮票，1999 年在他百年诞辰时竖立雕像。（叶蒙福　张慰丰）

承淡安(Cheng Danan)　原名澹盦，又名启桐。中国江苏省人，1899 年(清光绪二十五年)9 月 13 日生于江苏江阴，1957 年 7 月 10 日卒于江苏苏州。中医学、经络针灸学、中医教育。

出身世医家庭。少随父学医，又得同邑名医传授，通内外各科，尤擅长针灸。1920 年参加汪洋创办的上海西医学函授班。早年在苏州、望亭、无锡等地行医，颇得病者信赖。1928 年任苏州中医学校针灸教师。1930 年在无锡创办针灸研究社，进行函授教育。1931 年又创办《针灸》杂志，以促进针灸学术交流。1932 年赴日本考察针灸。1933 年回国后，将无锡原有学社扩建为针灸讲习所，1935 年改讲习所为中国针灸医学专门学校，并建针灸疗养院。1937 年针灸学校毁于日军战火，针灸杂志也被迫停刊，避乱入川，在成都、简阳、什邡一带行医与教学。1938 年于成都再创中国针灸讲习所及针灸函授学校，兼成都国医学校教授。抗日战争胜利后返回苏州，于 1947 年重建中国针灸研究社。1954 年出任江苏省中医学校(南京中医学院前身)校长。历任中华医学会副会长、《江苏中医》主编等职。1955 年选聘为中国科学院学部委员(院士)。

治病以针灸为主，针治不及，则与汤药，善用经方，所治多验。早在 20 世纪 20～30 年代，编发《中国针灸治疗学》(1928 年)，本书在中医传统针灸理论基础上，附以现代解剖学图谱，并按人体解剖部位标记各经腧穴所处位置，使读者一目了然；1932 年东渡日本考察针灸，在东京发现《古本十四经发挥》，携回国内得以流传；先后培养数千名针灸人才，学员遍及海内外。著述颇丰。其中主要著作，30 年代的有《增订针灸治疗学》(1932 年)、《人体经穴挂图》(1932 年)、《针灸学》(1933 年)、《十四经发挥浅注》(1934 年)、《铜人经穴图解》(1935 年)等。50 年代有《中国针灸学》(1954 年)、《伤寒论新注》(1954 年)、以及译述日本医学著作《针灸真髓》(1955 年)、《针灸经络治疗讲话》(1956 年)、《经络之研究》(1956 年)、《针灸译丛》、《运气论奥谚解》等。

（张慰丰）

富尔顿，J. F.(Fulton，John Farquhar)　美国人，1899 年 11 月 1 日生于美国明尼苏达州圣保罗，1960 年 5 月 28 日卒于康涅狄格州纽黑文。生理学、脑与神经科学、航空医学、医学史学。

眼科医生的儿子，和发明汽船 R. 富尔顿属于同一家族。16 岁中学毕业后，曾在美国西海岸勘察队短期工作。1917 年进明尼苏达大学。第一次世界大战中，在美国陆军服役。大战结束后转至哈佛大学，1921 年毕业。同年到英国牛津大学玛格达伦学院学习生理学，1923年获文学士学位，1925年获医学史博士学位，论文于1927年出版。1928年获哈佛大学医学院医学博士学位。1929年任耶鲁大学医学院生理学教授。1951年辞去该职而任医学史教授，并兼任哈佛大学医学院医史室主任。获国内外9所大学的荣誉博士学位。

早在哈佛大学本科阶段，就在百慕大生物站实习基础上发表5篇论文，涉及动物的血液、肌肉神经传导等生理学课题，进而重点研究神经生理学，不但对神经传导机制感兴趣，而且着重探讨了大脑皮层和皮层下区对脊髓运动神经通路的影响。确定了中央前、中央和中央后皮层区对运动的不同作用，并证实大脑皮层运动区在小脑受损时有代偿作用。第二次世界大战中，研究航空医学，并参与了对青霉素的首批临床试验。由于他所组建和领导的生理研究室在第二次世界大战中对航空医学的贡献，获得法国、比利时等国的褒奖。 （顾振海）

诸福棠（Zhu Futang） 中国江苏省人，1899年（清光绪二十五年）11月28日生于江苏无锡，1994年1月23日卒于北京。儿科学、流行病学、免疫学。

小学校长之子。1927年毕业于北平协和医学院，获美国纽约州立大学医学博士学位。留校任协和医院儿科医生、协和医学院儿科助教。1931年赴美国哈佛大学医学院儿科进修，并任该院住院总医师。1933年回国，历任协和医学院讲师、助理教授、襄教授（副教授）、儿科主任。1945年任北京大学医学院儿科教授。1949年后，将与人合办的一所儿童医院奉献给国家，并参与筹建北京儿童医院，1955年建成任院长。1958～1969年兼任中国医学科学院儿科研究所所长。1979年任北京儿童医院院长、1982年任名誉院长。20世纪50～80年代初期，一直是中华医学会常务理事、中华医学会儿科学会主任委员、《中华儿科》杂志主编。1979年当选为中国保卫儿童全国委员会副主席。1955年选聘为中国科学院学部委员（院士）。

中国现代儿科学奠基人之一。1931～1933年在美国哈佛大学研究成功提取胎盘球蛋白，应用于麻疹的被动免疫，闻名于中外儿科界。1949年后积极推广应用胎盘球蛋白，对易感儿接触麻疹后及早作肌肉注射，大大降低了麻疹的病死率。1960～1964年，配合北京、上海、长春的生物制品和儿童保健工作者，致力于麻疹自动免疫的研究，观察麻疹减毒活疫苗的临床反应，血清抗体滴度和流行病学效果。1964年北京召开的国际儿科学讨论会上，代表有关的7个研究单位宣读了论文，说明疫苗的预防效果。以后推广应用麻疹减毒活疫苗，使麻疹的发病率和病死率显著降低。

发表论文60余篇，主要论文有“胎盘浸出液的抗体”（1933年）、“甲醇沉淀的胎盘球蛋白的免疫效价”（1935年）、“胎盘球蛋白应用于麻疹接触者”（1943年）、“麻疹的预防问题”（1952年）、“麻疹减毒活疫苗致病性及免疫性的研究”（1961年）、“麻疹减毒活疫苗的效用”（在全苏儿科大会上报告，1962年）、“鸡胚和鸡胚细胞系统麻疹减毒活疫苗的研究”（1964年）、“麻疹人工自动免疫的研究”（1964年）等。主编出版大型儿科教本《实用儿科学》（1943年出版，1995年第6版），全书初版80万字，最后一版增至300多万字，成为全国医学院校通用的儿科参考书，其中第5版获1988年全国优秀科技图书一等奖。还主编《儿科学进展》（1964年），并参与编写《中国医学百科全书·儿科学》（1983年）。因科研上的成果，获1978年全国科学大会奖、全国医药卫生科学大会奖，以及1990年中国福利会妇幼事业“樟树奖”等。 （朱卫卫）

侯祥川（Hou Xiangchuan） 中国广东省人，1899年（清光绪二十五年）12月13日生于广东揭阳，1982年4月17日卒于天津。临床营养学、公共卫生学、预防医学、生物化学。

出身于牧师兼中小学教员家庭。家中长子，另有两弟三妹。1924年毕业于北平协和医学院，同时获美国纽约州大学医学博士学位。留校任教。1926年参与发起成立中国生理学会。1927年出国留学，1928年获加拿大麦吉尔大学理学硕士学位。同年任美国海洋生物研究所、华盛顿大学医学院等校访问研究员。同年回国，先后任北平协和医学院生理学系助教、药理学系副教授。1932～1948年任上海雷士德医学研究所营养学研究员。期间，1940年兼任上海公共卫生学会会长；1945～1948年兼任南京中央卫生实验院营养研究所所长；1948～1949年再次赴美考察，任美国威斯康星大学特约研究员。1949年任中华医学会上海分会会长。1949～1958年，先后任华东军区人民医学院（今第二军医大学）训练部副部长兼科学研究室主任，第二军医大学教授兼生物化学教研室主任、科学研究部部长。1953～1955年兼任中华医学会医史学会副主任、主任委员。1958～1982年任军事医学科学院军队卫生研究所研究员、军粮营养研究室主任。1961年授上校军衔。1962年入选美国纽约科学院外藉院士。1980年任国际营养科学联合会营养供给量专家委员会委员。是英国和美国多个学会外籍会员。

主持开展全军军用口粮制备与效用研究，开发出各种便于携带、储存、食用、适合实战条件的各军兵种口粮，其中包括舰艇远航食品装备和失事时备用口粮，奠定中国人民解放军第二代口粮基础；在中国率先应用辐照技术研究食物保存条件，实验证明稻米和小麦面经8万伦琴γ射线照射后，8种氨基酸无明显变化，动物实验未发现不良影响。此外，在食物营养成分、消化生理、中药药理等领域都有显著成就。1981年年过八旬，仍赴美参加第12届国际营养学大会。

发表论文200余篇；主要著作有《饮食与营养学》（1953年，与人合著）、《食物中毒》（1954年）、《营养缺乏病纲要及图谱》（1957年）、《营养学进展》（1966年）等。中国营养学会设立侯祥川基金。 （李孙演）

陈耀真(Chen Yaozhen) 中国广东省人,1899 年(清光绪二十五年)12 月 22 日生于福建福州,1986 年 5 月 4 日卒于广州。眼科学、医学教育与管理。

祖籍广东台山。化学教授之子。少年丧父。自幼勤奋好学,在香港读完中学后,因经济困难无力上大学,1918 年起在香港一眼镜店做店员。1920 年只身远渡重洋,到美国叔父开设的餐馆干活。1921 年考入美国波士顿大学医学院半工半读,1927 年毕业,先后获该校理学士和医学博士学位。旋即在美国医院工作。1929 年任约翰斯·霍普金斯大学威尔默眼科研究所研究员。这一期间在美国眼科杂志和美国生理学报上发表 9 篇论文。1934 年回到中国,在济南齐鲁大学医学院任眼科主任、教授,同时建立济南眼科学会并任会长,1936 年被选为全国眼科学会副会长。抗日战争爆发后,1939 年随学校迁往四川成都,任华西大学医学院教授,并使存仁医院成为中国最早的眼耳鼻喉专科医院,又在成都建立眼科分会,任会长。1949 年后,到广州先后任岭南大学医学院、中山医学院眼科主任教授、眼科医院院长。1951 年广州眼科学会建立,被选为会长。1950 年后,兼任中华医学会眼科学会副主任委员。1977 年退休后,任北京中国医学科学院首都医院眼科教授,兼任中山医学院眼科医院名誉院长。1979 年任中华医学会眼科学会名誉主任委员。

20 世纪 40 年代,在他努力下,《中华医学》(英文版)杂志在成都复刊,还在《华西通讯》编辑出版两期眼科专辑。抗日战争胜利后,他将历年眼科英文论文 50 余篇汇编成《眼科论文集》。是《荷兰眼科文献》、《英国眼科文献》杂志编委,他在这些杂志上发表文章介绍中国眼科研究的成果。1965 年在广州创办当时中国规模最大的眼科医院。1983 年在原有基础上成立中山眼科中心,首创眼科教学、医疗、科研和防盲研究的新型综合体。曾在美国、英国、德国、法国、西班牙、苏联、古巴、香港及国内的杂志发表 100 多篇论文,出版有《陈耀真教授论文集》。1953 年主译出版第 20 版美国《梅氏眼科学》。1964 年主编高等医学院眼科教材《眼科学》。努力发掘祖国医学遗产,整理了中国古代关于青光眼等病的资料。在 1965 年出版的《眼科全书》及《眼科学》教材中,编写了"中国眼科史",总结了中国在眼科学上的贡献。1986 年在美国召开的国际视觉及眼科研究会议上,被授予眼科学"特殊贡献奖",这是该会第一次给中国专家的殊荣。

(张慰丰)

达尔多夫,G.(Dalldorf,Gilbert) 美国人,1900 年 3 月 12 日生于美国艾奥瓦州达文波特,1979 年 12 月 21 日卒于纽约。实验病理学、病毒学、传染病学。

1921 年获艾奥瓦大学理学士学位。1924 年在纽约大学医学院获医学博士学位。后在纽约布鲁克林挪威医院、德国弗赖堡大学病理学研究所进修。1926 年到纽约医院任职。1926～1932 年任康奈尔大学医学院病理解剖学示教员。1929 年任纽约格拉斯兰斯医院病理学家,1943 年任纽约州卫生部威斯彻斯特县实验室与研究部主任。1945 年任纽约州卫生部实验室研究部主任。1958 年任美国国家基金会医学与科学研究部主任,兼任康奈尔大学医学院斯隆一凯特林研究所教授,1967 年退休。1953 年获德国不伦瑞克大学荣誉理学博士学位,1957 年获德国弗赖堡大学荣誉医学博士学位。1955 年入选美国国家科学院院士。

20 世纪 30 年代,在研究脊髓灰质炎的治疗和预防方法时,发现感染脉络丛脑膜病毒的猴能耐受脊髓灰质炎病毒感染,这被称为"宽容效应"即干扰现象。和西克尔斯(G. M. Sickles)将脊髓灰质炎病人的排泄物注入新生小鼠的颅内或腹膜内,发现了一株新的变种病毒。因为该病毒首先在纽约州柯萨奇镇的病人体内发现,故称柯萨奇病毒。主要著作有《病毒学导论》(1955 年)、《真菌和真菌病》(1962 年)和《维生素缺乏症》(1933 年初版、1944 年再版)等。获 1951 年费希尔纪念奖、1959 年拉斯克奖等。

(叶蒙福 李孙演)

岳美中(Yue Meizhong) 原名中秀,号锄云。中国河北省人,1900 年(清光绪二十六年)4 月 7 日生于河北滦县,1982 年 5 月 12 日卒于北京。中医学、中医学教育。

早年在私塾学习文史 8 年。后在滦县师范讲习所学习 2 年。17 岁在乡里教小学。幼年体弱多病,1925 年又患肺结核,遂自学中医,不仅自以疗疾,亦为人治病,疗效卓著。1928 年秋开始行医。同年入上海陆渊雷所办的函授学校学习。行医于冀东、鲁西一带,组织"锄云医社"和"尚志学社"。1935 年任山东省菏泽县医院中医部主任。1937 年辗转到唐山市行医。1949 年后,任唐山市中医公会主任,唐山市卫生局顾问,华北中医实验所医务主任等职。1955 年调任中医研究院工作,先后担任内科主任、教授。兼任中华医学会副会长、中华全国中医学会副会长、国家科学技术委员会中医专业组成员、国家卫生部科学技术委员会委员等职。

初学自张锡纯《医学衷中参西录》入手,转而学习清代吴鞠通、王孟英等人的温热著作,继而研习《伤寒论》、《金匮要略》,涉猎唐代《千金方》、《外台秘要》及宋元各家。对张仲景、李东垣及叶天士的学术思想有深入研究。尤对张仲景经方组织配伍,从理论到实际应用都有很高造诣。临诊也用时方治病,却是名副其实的经方派医家。重点研究内科,兼涉妇科、儿科、皮肤科和临床药物学,对泌尿系统、呼吸系统、消化系统疾病及热性病、老年病等,具有丰富的临诊经验。20 世纪 50 年代后期,提出专病专方专药与辨证论治结合原则,促进了中医治疗水平的提高。曾 9 次出国为胡志明、崔庸健、苏加诺等政要治病,苏加诺曾亲自授予他勋章一枚。他致力于中医事业,团结中西医,积极支持和推动中西医结合事业以及培养中医人才,成绩卓著,在国内外享有较高的威望。

发表论文近百篇。著有《锄云医案》、《锄云医话》、《岳美中医案集》(1978 年)、《岳美中论医集》(1978 年)、

《岳美中老中医治疗老年病的经验》(1978年)、《岳美中医话集》(1984年)、《中国麻疯病学辑要》等。其中《岳美中医案集》获1981年全国优秀科技图书奖,《岳美中医话集》获1983年国家卫生部科学技术进步奖乙级成果奖。 (张慰丰)

费萨尔,A. E.(Fessard,Alfred Eugéne) 法国人,1900年4月28日生于法国巴黎,1982年卒于同地。*生理学、生理心理学、脑与神经科学、生物电学。*

商人家庭出身。1926年在巴黎大学获理学博士学位。学生时代已参与该校心理学实验室工作,毕业后在精神病院实习。1926年任法兰西学院心理学实验室助理。1927年任巴黎高等研究实验学院生理学试验室副主任,1939年创建马雷研究所。20世纪40年代,创建神经生理学与电生理学研究中心,1947年起任该中心主任。1949年任法兰西学院教授。为法国科学院、法国医学科学院院士,巴西科学院、美国文理科学院外籍院士。

在法国,他首先将脑电图用于临床,发现α-节律的阻断反应是可以调节的。研究电鱼的生电器,证实放电时生电器内阻抗明显下降,但其本身无电兴奋性。1938年与费尔德格伯(W. Feldberg)在研究电鳗时,发现神经—生电器间兴奋传递的胆碱能性质。还研究了放电中枢的神经控制和皮肤电感受器的作用特点。1958年在建立国际大脑研究组织时起了重要作用。 (叶蒙福)

费尔,D. H. B.(Fell,Dame Honor Bridget) 英国人,1900年5月22日生于英国约克郡菲莱附近福瑟柏,1986年卒于剑桥。*骨科学、营养学、细胞生物学。*

1922年毕业于爱丁堡大学动物系,1924年在该校获哲学博士学位。留校任教,1932年又获该校理学博士学位。1923年起在剑桥大学医学研究所(后改为斯特兰奇韦斯实验室)当斯特兰奇韦斯(T. S. Strangeways)的助手。1928年斯特兰奇韦斯去世后,她被推为该实验室代理主任,1929年任主任。1970年去剑桥大学病理学系免疫实验室工作。1976年返回原来的实验室工作,直至去世。1953年当选为英国皇家学会会员。1957年入选美国文理科学院外籍院士。1963年任英国皇家学会研究教授。1977年兼任美国华盛顿大学教授。1963～1975年先后获牛津大学、哈佛大学、荷兰莱顿大学荣誉博士学位。

主要研究人工培养下各种离体组织的反应,并涉及骨骼发生与发育的机理。曾与生化学家E.梅兰比合作,研究过量维生素A对组织培养的效应。她试图阐明加入过量维生素A的骨骼组织培养物细胞间质迅速分解的生化机制。在J.丁格尔(John Dingle)提示和合作下,她发现维生素A能大大增加溶酶体酸性水解酶(蛋白酶)的合成和释放,而这种酶能消化软骨基质中蛋白—粘多糖复合物的蛋白质组分。从1970年起,将注意力从胚胎组织的研究转向胚后组织。为了阐明关节炎病因,研究各种因素对关节软骨的损伤作用。1965年获法兰西学院查尔斯—迈耶奖。 (王祥麟)

小弗朗西斯,T.(Francis,Thomas,Jr.) 美国人,1900年7月15日生于美国印第安纳州加斯市,1969年10月1日卒于密歇根州安阿伯。*流行病学、病毒学、血清学、生物工程。*

1921年毕业于宾夕法尼亚州阿利盖尼学院,获文学士学位。1925年在耶鲁大学医学院获医学博士学位。先后在纽约洛克菲勒医学研究院附属医院、洛克菲勒基金会国际卫生研究院工作。1938年任纽约大学医学院细菌学教授、生物学实验室主任。1941～1969年任密歇根大学公共卫生学院教授、流行病学系主任。第二次世界大战(1939～1945年)中,任美国政府高级医学顾问。1941～1955年任美国军方流行病委员会流感委员会主任。1948年被选为美国国家科学院院士。

20世纪20年代,与W. S.蒂利特发现肺炎球菌的多糖也可诱发抗体,从而打破了只有蛋白质具有抗原性的观点。1934年、1940年和1950年,相继分离出A、B和C型人流感病毒,并首次描述A型流感病毒各株之间的广泛血清学变异。1943年及1945年分别制成抗A和B型流感的高效多价疫苗,并阐明了该病毒抗原变异的机制。经大量的调查,肯定了灭活脊髓灰质炎疫苗的安全性和预防效果。著作有《病毒和立克次氏体病的诊断方法》(1948年初版,1956年第2版)等。获1947年拉斯克奖,1970年科瓦兰科奖章等。 (叶蒙福)

莱文,P.(Levine,Philip) 美国人,1900年8月10日生于俄国克列特斯克(今属白俄罗斯明斯克州),1987年10月18日卒于美国纽约。*血液学、免疫学、遗传学、临床病理学。*

俄国裔。8岁时随全家移居美国。1919年获纽约城市学院理学士学位。1923年毕业于康奈尔大学医学院;1925年获文科硕士学位。1923～1932年工作于纽约洛克菲勒医学研究院。1932年到威斯康星大学从事细菌学研究。1935年在新泽西州贝斯以色列医院工作。1944～1965年任奥索研究基金会免疫血液学会会长,后任名誉会长。并任斯隆—凯特林纪念研究院研究员。1966年被选为美国国家科学院院士。

1927～1928年,首次发现除ABO血型外的M、N和P血型系统抗原和其他尚未肯定的红细胞抗原;还描述了罕见的邦贝血型,即AB Hnull和Rhnull血型。1935年发现可能导致流产或新生儿溶血性贫血的血因子,即Rh因子,并阐述其机制。根据腺癌细胞表面抗原结构的不同造成对正常抗体的吸收,提出自我与非我观点。该观点也被运用于许多以前误称为自家免疫性的疾病。获奖甚丰,其中有1946年拉斯克奖、1951年帕萨诺奖等。1969年美国临床病理学会设立莱文奖。

(叶蒙福)

罗森布卢斯,A.(Rosenblueth,Arturo) 墨西哥人,1900年10月2日生于墨西哥格雷罗城,1970年9月20日卒于墨西哥城。*生理学、心脏学、脑与神经科学、控制论、科学哲学。*

在柏林大学、巴黎大学学医,1927年获巴黎大学医学院医学博士学位。同年回墨西哥城从事生理学教学和研究。1930年获奖学金去美国哈佛大学医学院生理学系深造。1934年在哈佛大学医学院任助理教授。1944年回到墨西哥城,任墨西哥国立自治大学医学院生理学教授,后任国家心脏病学研究所所长、生理学实验室主任、生理学系主任。1961年任墨西哥国立理工学院现代科学研究中心主任。

20世纪30年代,在哈佛大学和美国生理学家W. B. 坎农合作,在不影响猫生存的情况下切除其交感神经,揭示了交感神经的调节作用,充分肯定了化学递质作用的理论。1947~1949年、1951~1952年两次去哈佛大学,与著名控制论学家N. 维纳合作研究神经系统功能,他们发表的论文涉及用数学方法表示冲动在神经细胞网络中的传导过程、突触传递的统计分析、心理学、控制论以及科学美学等。1961年在墨西哥理工学院内创建现代研究中心,促进了各学科之间和国际间的科学交流。

还是一位哲学家。1970年在出版最后一本著作《思想和大脑》一书中指出,一切关于物质世界的知识,都是以神经冲动的编码为基础的,归结为世界的一切其他特征,本质上都是精神的。因此,给出了一个新颖而清晰的表示意志和大脑之间的经典二元论概念。

主要著作有《自主神经系统生理学》(1937年,与W. B. 坎农合著)、《行为、宗旨和目的论》(1943年,与N. 维纳等合著)、《科学研究中的模型作用》(1945年,与N. 维纳合著)、《灵与肉:科学哲学》(1967年)等。

(张志练)

杰勒德,R. W.(Gerard, Ralph Waldo) 美国人,1900年10月7日生于美国伊利诺伊州芝加哥地区哈维,1974年2月17日卒于加利福尼亚州纽波特比奇。生理学、精神病学、心理学、脑与神经科学。

工程师之子。15岁入芝加哥大学,1919年获理学士学位,1921年和1924年分别获该校拉什医学院生理学博士和医学博士学位。1922年任南达科他大学生理学教授。1925年作为美国国家研究委员会成员去英国伦敦大学、德国基尔大学进行合作研究2年。1928~1952年任芝加哥大学医学院生理学系教授。接着有2年任伊利诺伊大学医学院神经生理学与普通生理学教授。1954年任教于斯坦福大学行为科学高级研究中心。1955年任密歇根大学精神卫生研究所首任所长。后任欧文加利福尼亚大学校长,直至1970退休。1955年入选美国文理科学院院士;是美国国家科学院院士。1952年获马里兰大学荣誉理学博士学位。1962年获荷兰莱顿大学荣誉医学博士学位。

早年与同事证实神经活动也是机体活动的一种形式;1949年和林(G. Ling)一起发展了微电极技术,并运用该技术发现了大脑和小脑接收各种感觉信息的许多新区域;研究了神经纤维一旦与神经细胞分离即发生退行变性;证实再生是由神经细胞内某些酶以及原生质移向外周神经纤维而致;阐述学习、记忆与相应脑区的生理和生化变化的关系;大量调查了精神分裂症和其他精神病的生物学和精神社会学的特征,从而将这些精神病分为许多亚型;还较早将计算机及有关技术运用到教学领域。发表论文500余篇;出版著作9部。

(叶蒙福 李啸虎)

格拉尼特,R. A.(Granit, Ragnar Arthur) 芬兰和瑞典双重国籍,1900年10月30日生于芬兰赫尔辛基,1991年3月12日卒于瑞典斯德哥尔摩。视觉生理学、细胞生物学、脑与神经科学、医学物理学。

芬兰裔。毕业于瑞典赫尔辛基师范学校。1919年入赫尔辛基大学,1923年获哲学硕士学位,1927年获医学博士学位。1928年赴英国牛津大学,师从C. S. 谢灵顿。1935~1940年在该校任生理学教授。1940年移居瑞典,同年加入瑞典籍,在斯德哥尔摩皇家卡罗琳研究所工作,1946年任神经生理学教授,后兼所长,1967年退休为名誉教授。1963~1965年任瑞典科学院院长。又被选为英国皇家学会外籍会员,美国国家科学院、意大利科学院外籍院士。

1932年开始研究分析视网膜电图的判读。1934年证实光对视神经的冲动具有抑制作用,成为现代视觉生理学的基础。与霍姆伯格(T. Holmberg)研究证实强绿光能大大降低视网膜的敏感性。1937年首先运用视网膜电图证实视网膜的感受器有较大的光辨别性。1939年与斯维蒂钦(G. Svaetichin)首次将他们所创建的微电极技术用于感觉生理学研究,发现某些视神经纤维对所有光波均有反应,另一些则对三元色光波产生特异性反应,并得出三元色的基本光波敏感曲线。20世纪50年代之后,研究肌梭和腱器,发现能兴奋或抑制α-运动神经元的大脑和小脑的区域,也相应作用于γ-运动神经元,并详细解释这种α-和γ-神经元的联系及其意义,还根据细胞内和细胞外变化来研究腱器和肌梭对运动神经元的作用。

主要著作有《视网膜感觉机制》(1947年初版,1963年第2版)、《肌肉的信息传入和运动控制》(1966年)等。由于在视觉生理学研究上的成就,获1967年诺贝尔生理学或医学奖(与美国生理学家H. K哈特林和G. 沃尔德分享)。还获得唐德斯、普肯野、雷茨斯和谢灵顿奖章。

(叶蒙福)

刘士豪(Liu Shihao) 中国湖北省人,1900年(清光绪二十六年)12月24日生于湖北武昌,1974年6月2日卒于北京。临床内科学、内分泌学、营养学、生物化学。

木材商之子。1925年毕业于北平协和医学院,同时获美国纽约州立大学医学博士学位。历任协和医学院讲师、襄教授(助理教授)、副教授、教授,同时任附属协和医院住院医师、总住院医师。期间,1928年在美国纽约洛克菲勒医学研究院进修,1933年在英国伦敦大学柯氏生物化学研究所进修。1949年后,任北京同仁医院院长，中国协和医学院生物化学系教授、系主任，协和医院内分泌科主任等职。

20世纪30年代，他率先在中国建立协和医院代谢病房和相应的实验室；30～40年代，与中国内分泌专家朱宪彝以“骨软化症的钙磷代谢”为主题，发表论文13篇；同时对肾性骨营养不良、纤维性骨炎、败血症等的钙磷代谢作了系统研究，发表论著17篇（部）。骨软化症严重危及母亲和婴儿健康，他们以丰富的实验数据证明，该病主要病因是维生素D缺乏；在国际上首次证实维生素D可以通过母乳治愈乳儿佝偻病，预见到肾功能损害与维生素D之间可能存在某种重要的内在联系，30年后这一假说为国际许多学者所证实，首创将慢性肾功能不全所致骨病变命名为“肾性骨营养不良”，迄今仍被国际医学界广泛采用；首次运用双氢速变固醇治疗肾性骨营养不良症，并取得了疗效。50～60年代，相继开展糖尿病、甲状腺疾病、原发性醛固酮增多症、体液的酸碱平衡等大量研究；1961年在北京协和医院主持成立中国第一个内分泌科，学术水平长期处于国内领先地位；1965年首次在中国建立胰岛素放射免疫、醛固酮的测定方法。发表论文60余篇；主要著作有《生物化学与临床医学的联系》（1957年）等。（李孙演）

佩奇，I. H.（Page，Irvine Heinly） 美国人，1901年1月7日生于美国印第安纳州印第安纳波利斯，1991年6月10日卒。*心血管学、内分泌学、脑与神经科学、生理学、生物化学。*

内科医生之子。1921年、1926年先后从康奈尔大学获化学理学士、医学博士学位。留校任教。曾任慕尼黑大学皇家威廉精神病研究院脑化学系神经化学实验室主任。1931年回国，先后任纽约洛克菲勒医学研究院研究员、印第安纳波利斯的利利临床医学研究部主任。1945～1966年任克利夫兰大学医学院临床主任。任美国心脏学会实验生理学和医学会会长、美国科学促进协会副主席。1971年入选美国国家科学院院士。

主要工作为脑化学、动脉硬化及高血压的机制与治疗。与拉波特（M. M. Rapport）和格林（A. Green）发现了5-羟色胺，还证实肾素是一种酶，可作用于肝合成的底物，产生血管紧张素，后者与去甲肾上腺素、5-羟色胺一起参与循环调节。首先证实高血压降到正常水平不影响脑、肾的血液供应；恶性高血压是可逆的。还发现了一些抗高血压药，大部分的疗效可被氯噻嗪增强。提出高血压和动脉硬化为“调节性疾病”。

主要著作有《高血压的机理》（1935年）、《脑化学》（1937年）、《神经化学》（1955年）、《动脉高血压的诊断和治疗》（1945年）、《血管紧张肽》（1974年）、《高血压研究回忆录（1920～1960）》（1988年）等。曾获得多种奖励。（张祝山）

迪博，R. J.（Dubos，René Jules） 一译杜博斯。美国人，1901年2月20日生于法国圣布里斯，1982年2月20日卒于美国纽约。*药理学、微生物学、传染病学、社会医学、环境科学。*

出身一个殷实的法国家庭，幼年在法国乡村接受早期教育。1921年毕业于巴黎国立农学研究院。1922年赴罗马国际农业研究院工作2年。1924年移居美国，1938年入美国籍。1927年获美国拉特格斯大学土壤微生物学博士学位。同年到纽约洛克菲勒医学研究院（今洛克菲勒大学）病理学与细菌学系工作，后任教授，1971年退休为荣誉教授。期间1942～1944年任哈佛大学比较病理学和热带医学教授。1980年任迪博人类环境研究中心董事长。

虽然早年接受农业科学训练，但其大半生都在研究微生物所引起的疾病，以及影响人类健康的环境和社会因素。1930年从一种土壤细菌中分离出能水解Ⅲ型肺炎双球菌荚膜多糖的酶，此酶可用以治疗肺炎。又发现当土壤细菌被迫利用此种多糖作为能源时，才产生此酶，由此首次提出诱导酶的概念。1939年从土壤杆菌中分离出一种能杀死革兰氏菌的抗菌物质“酪菌素”，该酶对治疗人、畜的某些疾病有高效，是一种对土壤菌类进行研发和上市的抗菌素。他的研究成果引发了科学界对其他土壤菌（如链霉素等）的研究热潮。

第二次世界大战期间，从事战场医学。战后又深入研究结核病，建立培养结核菌在鼠身上产生实验性结核病和接种卡介苗的新方法。此后又集中研究各种抗病作用的环境因子，指出在寄主的生命初期所处的微生物学环境，对其自然菌群的组成影响极大。人的许多特性如身高、抗疾性等就是此种早期影响的表达，特别是胎儿期和婴儿期所处的环境因素，可能影响毕生的生物学和智力特性。

还注意贫困的社会医学问题，以及发达国家经济富裕所产生的某些医学问题。约自1968年起，日益注重关于生态环境质量和未来工业社会的理论和实际问题。

著述甚丰。主要论文收集于文集《迪博的世界》（1990年）；出版著作近20部，涉及细菌生态学、医学、环境学、社会学等领域。代表作有《细菌、霉菌对人类的感染》（1948年）、《白色瘟疫：肺结核、人和社会》（1952年）、《巴斯德和现代科学》（1960年）、《人类、医学和环境》（1968年）、《人也是一种动物》（1968年，获1969年美国非小说类普利策奖）、《只有一个地球》（1972年）、《探索医学、科学和人文的思考》（1980年）等。先后获10余项国家和国际奖。（孙炳寅 李啸虎）

胡传揆（Hu Chuankui） 字子方。中国湖北省人，1901年（清光绪二十七年）4月1日生于湖北江陵，1986年3月17日卒于北京。*皮肤病学、性病学、传染病学、公共卫生学。*

1927年毕业于北平协和医学院，获美国纽约州立大学医学博士学位。留校工作，任北平协和医院皮肤花柳病科住院医师、助教。1932～1934年、1939～1940年两次赴美国进修，先后在纽约洛克菲勒医学研究院、密歇根大学医学院从事皮肤病、性病实验研究。1940年任协和医学院皮肤花柳病学副教授。1942～1945年因协和停办而开业行医。1945年任北京大学医学院附属医院院长。自1948年后长期担任北京大学医学院院长兼皮肤科主任教授。1954年创建皮肤性病研究所并任所长。兼任中华医学会副会长、皮肤科学会理事长、《中华皮肤科》杂志主编、北京生物医学工程学会理事长等职务。1980年担任国家科学技术委员会委员。1981年担任国家卫生部医学科学委员会委员。1982年任北京医学院名誉院长、皮肤病研究所名誉所长,后改任北京医科大学名誉校长。

因感于当时梅毒病和头癣病的猖獗及其严重危害,选择了皮肤性病科作为终身从事的专业。1930年与协和医学院皮肤科主任傅瑞士合写了"维生素A缺乏性皮肤病",受到在丹麦召开的世界第八届皮肤病大会与会者高度评价。这是世界上第一篇论述维生素A缺乏与皮肤病关系的论文。早年从事梅毒的防治、雅司病螺旋体和梅毒螺旋体性质的研究。1932～1934年赴美进行梅毒螺旋体中国菌种的分离和外国梅毒菌种的对比研究,有关论文博得国际会议好评。1949年后,参与制定防治梅毒方案和控制性病的具体措施,找到了治疗梅毒比较有效的药物——青霉素和链霉素。他的足迹遍及内蒙、甘肃、新疆、西藏、青海、安徽和江西等地,深入现场进行调查和防治,并建立专业性病防治网点,为消灭梅毒等性病做出了贡献。

对头癣的防治进行多方面研究。以口服醋酸鉈或以X射线照射脱发部位的方法,治愈了300多例头癣患儿。20世纪60年代中期,试用口服灰黄霉素治疗头癣。1976年后制定简便易行的中西医结合治疗头癣的方案,以灰黄霉素为主,外用中药加服茵陈酮,在短期内共治愈患者50余万人。经卫生部推广,共治疗头癣患者200万人以上,取得巨大成绩。

对麻风病的防治也进行过多方面研究。对麻风病的研究、防治、管理等一系列问题作了大量的工作,并培训了各地的防治人员,使麻风病患者大为减少。

先后发表论著有80多种(篇),主编或参编的有《皮肤病及性病学》(1952年初版,1954年再版)、《性病、麻风、雅司病防治手册》、《常见皮肤病图谱》(1976年)等。他去世后,遵其遗嘱,遗体制成骨架,巍然屹立于北京医科大学解剖学实验室,如同他生前站在讲台上讲课一样,面对着学生,寄托着无言的殷切期望。

(张慰丰　朱卫卫)

李涛(Li Tao)　中国北京市人,1901年(清光绪二十七年)4月2日生于河北良乡(今北京房山),1959年11月20日卒于北京。*医学史学、医学教育、科学传播。*

1925年毕业于北平医科专门学校(北京医科大学前身)。曾短期从军担任军医。1929年到北平协和医学院细菌科工作,不久调至该校中文部专门负责收集历代中医典籍与资料,兼教中国医学史、世界医学史课程。1942年北平协和医学院被日军占领,他离开该校创办北平清源医院并任院长。1946年起任北京大学医学院医史学科主任、教授,1955年兼任中医研究院医史研究室主任。历任《中华医学》杂志、《中华医史》杂志主编,中华医史学会委员会主任等职。

1935年他和伍连德等人发起成立中华医学会医史委员会,1937年该会改组更名为中华医史学会,并编辑出版《中华医学杂志医史专号》。1940年出版《医学史纲》,是中国第一部将中医史纳入世界医学史的医学通史著作。1946年创建北京大学医学院医史学科,这是中国最早的医学史教学与研究专门机构。主译、校订多种西医书籍如《秦氏细菌学》(1930年)、《罗氏卫生学》等,对当时中国医学界有影响。1949年后,他重新关注收集整理和研究中国历代中医典籍与资料。在进行中国传统医学通史和断代史研究时,注意社会背景与医学发展的互动关系。

在研究中国传统医学史过程中,有诸多重要发现,改写了世界医学史学。例如,最先查明世界上最早的医科专门学校是中国唐代的太医署;最先查明世界上第一部由国家制定的药典,是公元659年中国唐代《新修本草》,它比欧洲最早的《佛罗伦萨药典》(1498年)早839年。他还十分注意培养医史研究与教学人才,1956年与中医研究院共同承办卫生部全国医史高级师资班,组建中国第一批医学史教师队伍。发表论文近百篇。

(李啸虎)

兰迪斯,E. M.(Landis,Eugene Markley)　美国人,1901年4月4日生于美国宾夕法尼亚州纽霍普,1987年2月14日卒。*心血管学、实验生理学。*

费城高等生物学校教师的儿子。1922年毕业于宾夕法尼亚大学动物学专业,1926年、1927年先后获该校哲学博士与生理学博士学位。留校任教。1939年任弗吉尼亚大学教授和内科学系主任。1943年任哈佛大学医学院教授和生理学系主任,直至1967年退休。1943年任美国临床调研学会会长。1952～1953年任美国生理学会会长。1962～1966年任《循环研究》杂志主编。1954年被选为美国国家科学院院士。

1925年起,采用尖端直径为2～20微米的玻璃导管测量多种动物和人的毛细血管压,并测量单一毛细血管的液体滤过和吸收容量,从而得出毛细血管壁的滤过常数,定量地描述了在生理状态及损伤或炎症等病理状态下毛细血管壁对血浆中液体成分的通透性。这一工作证实了英国生理学家E. H. 斯塔林关于动物和人的循环血量的恒定取决于血浆蛋白渗透压和毛细血管压平衡的假设。发表论文百余篇,获1936年美国医师协会菲利普奖,1966年美国心脏学会金心奖。　(陈闻鹏)

腊斯克,H. A.(Rusk,Howard Archibald)　美国人,1901年4月9日生于美国密苏里州布鲁克菲尔德,1989年11月4日卒于纽约市。*整形外科学、康复医学、临床内科学。*

1923年毕业于美国密苏里大学。1925年获宾夕法尼亚大学医学院医学博士学位。后供职华盛顿州贝尔维尤医院,历任内科住院医生、物理医学与康复科主任、康复中心主任等职。第二次世界大战期间,主持美国空军医疗队伤残病人康复训练工程。1946～1978年任纽约大学医学院康复医学系主任。1950年创建纽约大学医疗中心物理医学与康复医学研究所(今腊斯克康复医学研究所),任首任所长,获该校“杰出教授”称号,1978年退休。1954年任美国-韩国基金会主席。1955～1982年任世界康复基金会首任会长,后由其子小腊斯克继任。1959年被授予美国空军准将军衔。担任过联合国秘书长康复医学顾问,世界卫生组织顾问,国际残疾人联合会主席等职。

被誉为“现代综合康复医学之父”。率先提出全面康复的概念和措施,为现代康复医学奠定了基础。他认为,治疗对象是一个“整体的人”,必须进行全面康复,既要解决躯体致残问题,还要解决其心理的、社会的、职业的和教育的问题,最大限度地使他们恢复功能,重返社会。20世纪30年代,在美国贝尔维尤医院创立世界第一个物理医学与康复科。在第二次世界大战期间,将物理医学、内科医学与康复紧密结合,开发出多种新技术、新疗法,创造性设计恢复伤员功能的综合训练原则和方法,对伤残飞行员进行较全面的身心康复治疗,其中不少做法成为世界通行的临床康复医疗标准,促进了现代康复医学的形成。1949～1969年,倡导并协助在《纽约时报》每周开辟专栏,向大众宣传普及有关康复医学和其他医学知识。从50年代起,积极参与国际“健康为和平运动”;创建世界康复基金会,让全世界400多万伤残者配备上假肢和背带之类装置,大大改善了他们的生命质量;在世界康复基金会支持下,腊斯克康复医学研究所至今为150余个国家培养6 000多名康复医学博士、心理学家和其他高级康复技术专家。在他积极推动下,世界卫生组织医疗康复专家委员会不断把“康复”的内涵更趋合理化。其中,1969年的定义是:“综合地和协调地应用医学的、社会的、教育的和职业的措施,对患者进行训练和再训练使其能力达到尽可能高的水平。”1981年的定义为:“康复是指应用各种有用的措施,以减轻残疾的影响和使残疾人重返社会。”

发表论文500余篇;代表作《康复医学》颇负盛名;出版有自传《一个需要护理的世界》(1972年)。获美国特殊贡献奖章等多种奖项。 (李啸虎)

埃尔维耶姆,C. A. (Elvehjem, Conrad Arnold) 美国人,1901年5月27日生于美国威斯康星州麦克法兰,1962年7月27日卒于威斯康星州麦迪逊。营养学、代谢病理学、生物化学。

农民之子。1923～1927年在威斯康星大学获农业化学理学士、理科硕士及博士学位。1926年结婚。留校任农业化学系讲师,1936年任教授,1944年任系主任(当时农业化学系改称生物化学系),1958年任校长至1962年退休,并曾兼任研究生院院长。1942年入选美国国家科学院院士。1953年入选美国文理科学院院士。还是一些国际组织的成员。

一生主要研究动物营养学。最初研究哺乳动物钙磷代谢过程中的光的影响。1937年起研究糙皮症的新治疗方法,发现鲜肉和酵母中存在一种新型维生素烟酸。后来又研究微量元素在动物代谢过程中的作用,指出铜对动物吸收铁来合成血红素是必要的。在了解维生素B族化合物的作用方面,也作出了贡献。研究兴趣广泛,一生共发表800余篇论文。曾获许多奖项,其中有1943年吉伯斯奖章、1952年拉斯卡奖等。 (张承圭)

毛燮均(Mao Xiejun) 中国四川省人,1901年(清光绪二十七年)7月15日生于四川仁寿,1979年6月4日卒于北京。牙医学、口腔矫形学、医疗器械研制、医学教育。

宗教家庭出身。1919年中学毕业后,因家贫未能投考大学,先任小学教师,后又在牙科医院从事护理工作。1922年考入成都华西协和大学牙医学系,1930年毕业。同年在北平协和医学院任教,1939年任副教授。期间1935～1936年在美国明尼苏达大学、塔夫兹大学进修。1942年任北平市第一卫生事务所牙科主任。1945年任北京大学医学院牙医学系教授、系主任。1947～1949年在美国哈佛大学医学院进修。1949年回国,任北京医学院口腔医学系主任兼口腔正畸科主任、一级教授。兼任《中华口腔科》杂志主编、国家卫生部医学科学委员会口腔医学专题委员会主任委员等职。

在中国高等院校创建第一个口腔正畸学科,在教学计划中对基础医学、临床医学和口腔专业作了较合理配置,多年来培养许多专业人才;探讨口腔医学教育及发展问题,写过多篇文章,向各级主管部门提出详尽建议,力求将中国旧式牙医学教学改革成为现代口腔医学教育;发表“从口腔正畸学方面理解大自然”、“演化途中的人类口腔”等论文,提出从人类演化角度研究错合畸形发生发展的理论;根据人类演化过程中牙量与骨量的比例关系,考虑到合、颌、面在长、宽、高三方面协调关系,统一考虑症状、机理和矫治,1959年提出毛氏错合畸形分类法,在中外牙科界现有数十种错合畸形分类法中,该分类法在中国进行了长期临床使用,表明它既有科学基础又能指导临床实践,获1978年全国科学大会一等奖。与他人共同主编中国第一部《口腔矫形学》(1962年初版,1985年第2版),被选为全国高等医药院校统编教材;研究设计多种性能良好的矫正器,临床沿用至今,其中1973～1979年间创制“环托式活动矫治器”,亲自进行临床应用的病例观察,并写下他最后一篇论文,该项创新获1983年国家科学技术发明奖。 (李孙演)

麦克法兰,R. A. (McFarland, Ross Armstrong) 美国人,1901年7月18日生于美国科罗拉多州丹佛,1976年11月7日卒于新罕布什尔州都柏林。航空医学、生理学、代谢心理学、人体工效学。

1928年在哈佛大学获哲学博士学位。1928～1937年在哥伦比亚大学执教。1937年后在哈佛大学疲劳实验室、公共卫生学院任教授。1953年入选美国文理科学院院士。

1927年在模拟飞行中发现缺氧可导致行为减少、缺乏洞察力和丧失判断力。1929～1937年用低浓度氧舱和视觉试验来研究高度效应,首次证实不适应的人在1 200米高度就可能出现上述变化。还用视觉机理和血气资料来测定真正的生理高度。这些资料可用作飞行员在飞行中调节氧气的参考。提供的有价值的生理实验数据资料,有助于压力舱的设计制造。还研究了长时间飞行的疲劳效应。第二次世界大战时，又研究人体工效学，是该领域的权威之一。还从事老年人工作能力的研究。1947 年开始研究地面和空间的健康和安全等问题。

主要著作有《航空在现代生活中的影响》(1942 年)、《公路运输中的人的因素》(1955 年)、《上年纪的汽车驾驶员须知》(1964 年)、《与开发加压舱相关的人的因素》(1971 年)等。获 1953 年飞行安全基金奖，1956 年杰弗里斯奖，1962 年布思比奖等。（叶蒙福）

秦伯未(Qin Bowei) 原名秦之济，号谦斋。中国上海市人，1901 年(清光绪二十七年)7 月 21 日生于上海陈行镇，1970 年 1 月 27 日卒于北京。中医学、医学教育、文学艺术。

原籍上海浦东，出生中医世家。初学医于曹颖甫。1919～1923 年就读于上海中医专门学校(今上海中医药大学)。留校任教。1928 年参与创办上海中国医学院。1930 年参与创办中医指导社。1930～1949 年在上海开业行医。1950 年在上海市第十一人民医院应诊，1954 年任该院中医内科主任。1954 年任国家卫生部中医顾问。1959～1970 年任北京中医学院教务长，同时在附属东直门医院、北京医院等地从事内科临床诊治。期间 1953 年赴苏联、1960 年赴蒙古会诊和讲学。曾兼任中华医学会副会长、国家科学技术委员会中药组组长等职。

从医 50 余年，在临床方面，宗法丁甘仁，善于吸收各家之精论效方。辨证细致，诊病思虑精审，处方善于变通，不拘于经方、时方，尤其擅长治疗温热病、肝病、水肿病、血液病、心脏疾患、溃疡病等内科杂病。在临床实践中，多参考西医诊断，而以中医理论为指导进行辨证论治，常收到很好疗效。在中医学术上有独到见解。例如：总结治疗水肿病 6 个基本法则，即发汗、利尿、燥湿、温化、逐水、理气，并列举代表方剂及兼证变化的应变原则；提出温病当以风温为纲的观点，根据个人临床体会分为恶风、化热、入营、伤阴 4 个时期，总结出温病 12 个治法；在治疗西医诊断的神经衰弱疾患中，根据中医理论分析临床表现，总结出其发病机制主要在肝，病性有虚有实，也有虚实夹杂，确定了 14 种基本治法；提出“肝气和肝郁”、“肝火和肝热”、“肝风和肝阳”等几个重要概念的差别。20 世纪 20～30 年代，开中医函授、刊授教育之先河，亲自编著切合临床实际的《国医讲义》6 种、《实用中医学》12 种等多种讲义，至今仍有重要参考价值，并授课和指导实习。50～60 年代，与有关单位合作，用中西医结合治疗白血病、脊髓痨等疑难病症，获得良效；任全国高等中医院校系列教材总编审之一。

邃精岐黄，著作等身。论文数百篇，论著 60 余部，计千万余字。代表作有《清代名医医案精华》(1928 年)、《百病通论》(1929 年)、《实用中医学》(1930 年)、《痨病指南》(1930 年)、《内经病机十九条之研究》(1932 年)、《秦氏内经学》(1934 年)、《金匮要略简释》(1957 年)、《中医临证备要》(1963 年，与他人合著)、《谦斋医学讲稿》(1964 年)等。

此外，又擅长诗、书、画、金石，有《印谱》、《谦斋诗词集》(7 卷，1941 年)等刊行；书法行笔工整，上海城隍庙大殿上有一副对联，即是他早年墨迹，其笔力跃然可见。（张慰丰）

钟惠澜(Zhong Huilan) 又名亮畴。中国广东省人，1901 年(清光绪二十七年)8 月 8 日生于葡属东帝汶的叻利岛，1987 年 2 月 6 日卒于中国北京。热带病学、传染病学、医学寄生虫学、公共卫生学。

原籍广东梅县。4 岁丧父，家境贫寒，12 岁开始上学。1916 年于广东梅县广益中学毕业。1921 年在上海沪江大学理学院医预系学习。1922 年考入北平协和医学院，1929 年毕业，同时获美国纽约州立大学医学博士学位。在协和医院先后担任内科住院医师、住院首席医师、主治医师兼内科助教。1934 年赴英、德、法、美、意、埃及、印度等国考察，从事热带病的科研工作，并成为英国皇家热带病医学学会、卫生学学会外籍会员。1936 年回国后，在协和医院任内科助理教授、襄教授(副教授)，并兼任热带病研究室主任。1942 年在北平中央医院任内科主任兼医监，1945 年任该医院院长兼内科主任，并兼热带医学研究室主任，又兼北京大学医学院内科临床教授及名誉主任。1950～1960 年任北京中央人民医院院长兼内科主任。1957 年起一直任北京友谊医院院长兼内科主任教授、热带医学研究室主任，1982 年任名誉院长。1958 年起兼任北京热带医学研究所所长。曾是中华医学会副会长，中华医学会内科学会主任委员，国家科学技术委员会医学组副组长。1955 年选聘为中国科学院学部委员(院士)。1956 年当选为苏联科学院外籍院士。

研究热带病学成绩卓著。在肺吸虫病研究方面，1953～1963 年创造了诊断肺吸虫病的特异抗原，提出了新的免疫诊断方法——肺吸虫皮内试验和肺吸虫病血清及脑脊髓补体结合试验；在他领导下，热带医学研究室发现 8 种新型肺吸虫及 5 种新型肺吸虫病；在治疗方面，发现氯喹对肺吸虫病及中华分枝睾吸虫病有特效。1961 年首次发现和提出合成硫双二氯酚治疗肺吸虫病。1963 年又发现六氯对位二甲苯是治疗肺吸虫病的较优越的特效药。在钩端螺旋体病方面，自 1955 年起经过 3 年的艰苦钻研，对该病病因学(病原体的分离和种类鉴别)、10 余种动物储存宿主、暴发流行因素、发病机制、病理生理、死亡因素、组织病理、同期诊断、早期治疗与预防等方面，都作了比较深入详尽的观察研究。和助手们还发现了不少新的钩端螺旋体菌株及各类病型，并初步制成了无毒活疫苗。在血吸虫病方面，和助手探讨了此病的免疫诊断方法和治疗新药，特别是创制了血吸虫病的肝脏虫卵新抗原，经使用证明对此病的普查、预防和大面积治疗起了重大作用。钟氏对疟疾、麻风病、绦虫病、囊虫病和包虫病等也进行了研究，并取得优异成果。发表论文 300 多篇；主编有《热带病学》(1986 年)等专著。1962 年获巴西政府授予的奖状和奖章。（朱卫卫　张慰丰）

维斯切尔，M. B.(Visscher，Maurice Bolks) 美国人，1901 年 8 月 25 日生于美国密歇根州霍兰，1983

年5月1日卒于明尼苏达州。生理学、心肺病理学、临床内科学。

荷兰移民后裔，家中6个孩子中排行第四。1922年毕业于密歇根州霍兰学院。1925年在明尼苏达大学获哲学博士学位。留校任教，并在附属医院实习。1931年又获该校医学院医学博士学位。同年任南加利福尼亚大学代谢生理学与药理学系主任。1925～1926年任美国国家研究委员会成员，先后在英国伦敦大学学院、芝加哥大学从事研究。后任田纳西大学生理学系副教授兼系主任。1929年回南加利福尼亚大学任教。1931年任位于芝加哥的伊利诺伊大学医学院生理学系主任。1936～1968年任明尼苏达大学医学院生理学教授、系主任。1970年退休后，仍坚持生理学实验研究。1956年入选美国国家科学院院士。是美国文理科学院院士。曾任国际生理科学联合会秘书长。1952～1965年任国际医学科学组织委员会主席。在麦卡锡时代任美国科学促进协会国民解放特别委员会主席，后又任明尼苏达州立原子能委员会主席。因患癌症去世。

博士论文是研究肝醣的酶解动力学。后来对心脏收缩能力进行了一系列研究，较早发现心力衰退与心肌病变的关系，并采用强心药修复其效能。关于肠道吸收问题也发表过多篇论文，最早采用同位素原子示踪法定义和测量小肠对电解质的吸收能力。始终认为生理科学具有双重性：既是一门自然科学又是临床医学的一个分支。因此，除研究基础理论外，还研究一些临床生理学方面的问题，如肺气肿、肺栓塞、中毒性休克和高血压等。发表论文200余篇。 （吴馥梅）

哈金斯，C. B.（Huggins, Charles Brenton） 美国人，1901年9月22日生于加拿大新斯科舍省哈利法克斯，1997年1月12日卒于美国芝加哥。泌尿生殖外科学、生理学、肿瘤学、生物化学。

加拿大裔，家中长子。1920年获加拿大阿卡迪亚大学文学士学位。1924年在哈佛大学医学院获医学博士学位。同年到密歇根大学医学院外科系任教。1927年结婚，生有一子一女。同年到芝加哥大学医学院外科系任教，1933年任副教授，1936～1962年任外科学教授，1962年任奥格登杰出服务教授。期间1951～1969年任芝加哥大学医学院本·梅癌症研究所所长。1972年任阿卡迪亚大学校长。1949年当选为美国国家科学院院士。1956年成为英国皇家医学会荣誉会员。先后获多国10余所大学荣誉博士学位。

1940年在研究狗前列腺代谢时，发现狗常患前列腺肿瘤，切除睾丸或使用小剂量雌激素可使肿瘤迅速缩小，用此方法来治疗前列腺癌患者也产生同样效果，延长存活期。经血清碱性和酸性磷酸酶的测定，证实人前列腺癌具有激素反应性。激素疗法目前已广泛用于激素反应性肿瘤的治疗，如前列腺癌、甲状腺癌、淋巴系统的恶性肿瘤、肾癌、子宫内膜癌和精囊腺癌等。还研究了骨的生成以及骨髓、血清酶和蛋白质的化学。

主要著作是《实验性白血病和乳腺癌》等。由于发现内分泌对癌细胞消长的影响作用，以及在肿瘤的激素治疗方面的研究成果，他与发现肿瘤病毒的F. P. 劳斯分享1966年诺贝尔生理学或医学奖。此外还获其他近30项奖励，其中如1948年国际泌尿生殖学会金质奖章，1953年美国癌症学会奖，1963年拉斯克医学研究奖，1970年美国医学会希恩奖，1972年美国腹外科医师协会杰出贡献奖等。 （叶蒙福）

拉什顿，W. A. H.（Rushton, William Albert Hugh） 英国人，1901年12月8日生于英国伦敦，1980年6月21日卒于剑桥。视觉生理学、眼科学、神经科学、仪器研制。

牙科医生的儿子。曾在剑桥大学医学院、伦敦大学学院附属医院学医。1931～1968年长期在剑桥大学任教，先后任该校伊曼纽尔学院研究员、三一学院讲师、1966年任视觉生理学教授。1968年去美国，任佛罗里达州立大学心理生物学研究教授，1976年退休。曾作为客座教授去澳大利亚的悉尼和堪培拉。1948年被选入英国皇家学会。1963年成为美国文理科学院外籍院士。也是澳大利亚皇家学会荣誉会员。1970年任英国灵学会会长。

主要从事视觉生理学的研究。在研究视杆色素的过程中，曾与协作者共同试制了一种光密度计，用于测定人眼视紫质。他在研究色盲过程中，发现红色色盲者缺乏视红素。曾在《生理学》杂志及其他期刊上发表多篇有影响的研究论文，如“红色色盲者的视锥色素”（1963年）、“视觉适应性”（1965年）等。此外，在电生理学方面，也做过一些实验。出版《人的视觉色素》（1962年）等专著；身后出版有《历史的伟大时刻》（1985年）。1970年获英国皇家学会皇家奖章。 （吴馥梅）

林巧稚（Lin Qiaozhi） 又名丽咪。中国福建省人，1901年（清光绪二十七年）12月23日生于福建思明州（今厦门）鼓浪屿，1983年4月22日卒于北京。妇产科学、妇婴卫生保健学、肿瘤学、医学教育与管理。

自幼生活在基督教家庭。父亲林良英是当地最早接受西方文化影响的开明知识分子。她5岁丧母，由大哥大嫂照顾。少年时代就读于厦门女子师范学校，养成了独立生活、自我奋斗和倔强的性格。1921年夏，北平协和医学院在上海招生，应试时因照顾晕倒在考场的女友来不及答完考卷，但以其娴熟的英语、良好的数理化基础加之忘我的行动而被破格录取。1929年获医本科医科学士学位、同时获美国纽约州立大学医学博士学位。留校成为协和医院第一位女医师。当时协和医院有一条不成文规定，凡女子结婚、生育即作自动退职处理，为替妇女争气，决定追求事业，遂牺牲爱情，终生未婚。1932～1933年被派往英国曼彻斯特大学、伦敦大学医学院进修，又到奥地利维也纳考察。1939年任协和医院妇产科系助理教授。1939～1940年，赴美国芝加哥大学医学院进修。回国后晋升为襄教授(副教授)、协和医院妇产科代理主任。太平洋战争爆发，1942年日本侵略军占领和停办协和医学院，离开协和医院自行开业，参办中和医院(今北京大学医学部附属人民医院)任妇产科主任。1946～1948年兼北京大学医学院妇产科主任教授。1948～1951年又复任协和医学院教授兼妇产科主任。1956年任中国医学科学院妇产科系主任。曾任中国医学科学院教授兼副院长、中国协和医科大学副校长、首都医院妇产科主任。又是中华医学会妇产科学会主任委员、《妇产科学》杂志主编。1973～1977年被聘为世界卫生组织医学研究顾问委员会顾问。1955年被选为中国科学院第一个女学部委员(院士)。

是中国现代妇产科学的主要奠基人之一。积累有丰富的临床经验，擅长于疑难病例的诊断与处理。20世纪30年代起，学习、引进和改革西方现代妇科学，使之与中国国情相结合，探索有中国特色的妇产临床实践与理论。30年代，对胎儿宫内呼吸、女性盆腔器疾病等进行研究。40年代，开始对滋养细胞肿瘤和其他妇科肿瘤进行研究。50年代，参与性病、滴虫性阴道炎防治；参与妇女闭经治疗；提出并两次参加全国规模普查普治子宫颈癌等妇科病；对新生儿溶血症诊治获成功。60年代，积极倡导和实施计划生育；亲自接生50 000多个婴孩；研究探讨绒毛膜上皮癌及其治疗问题，并攻克了治愈绒癌的难关；在对滋养细胞肿瘤的化疗方面取得了重要成果，受到国家奖励。

发表了不少论文；主编《妇科肿瘤》(1982年)专著；主编科普读物《农村妇幼卫生常识问答》(1957年)、《家庭卫生顾问》(1981年)、《家庭育儿百科大全》(1981年)等。为纪念她，1984年厦门市政府在鼓浪屿建造“毓园”林巧稚纪念馆；1990年国家邮电部颁发林巧稚纪念邮票和首日封。 (朱卫卫)

周泽昭(Zhou Zezhao) 中国四川省人，1902年(清光绪二十八年)1月18日生于四川江津，1990年4月12日卒于重庆市。*普通外科学、卫生保健学、医学教育与管理。*

1927年中山大学医学院毕业。留校任教。后历任广西军医学校教务长、外科主任，武汉国民政府军政部第八重伤医院院长，八路军第一后方医院院长、外科主任。1945年赴延安，先后任延安中央医院外科主任、陕甘宁军区第一后方医院医务主任、河北平山中央医院院长兼外科主任。1950年后，历任第一军医大学校长兼外科主任、教授，北京医院院长兼外科主任，中央保健处第一副处长，四川重庆医学院院长，四川省卫生厅副厅长等职。曾兼任中华医学会常务理事及外科学会主任、《中华外科》杂志主编等职。1955年选聘为中国科学院学部委员(院士)。

在抗日战争年代，冒着枪林弹雨全力投入战地救护；战时适时编印了《救护手册》、《战争毒气病的病理治疗》、《战争外科学》等一系列普及手册，对救死扶伤起到了重要启蒙和指导作用；在延安开展毒气的病理和防治、以及野战外科的研究，参与创建中央医院，为战地救护和保证中央领导同志的健康作出了重要贡献。1949年后，长期从事普通外科临床工作，坚持开展教学、医疗、科研三结合，取得了显著成绩；一段时期奉命全力从事毛泽东主席的保健工作，并为中外领袖人物诊治疾病；认真贯彻执行中西医团结的政策，推进中医事业的发展；1973年与人合作，设计出治疗成年先天性斜颈的新方法，创造了“完全性纤维中间切断术”用于手术方法矫正斜颈，摒弃了手术后石膏固定而改做早期运动，临床应用效果较好；主持医学院院长工作，为培养医学卫生专业人才作出了突出贡献。 (陈　磊)

陈文贵(Cheng Wengui) 中国四川省人，1902年(清光绪二十八年)8月23日生于四川永川(今属重庆)，1974年6月15日卒于四川成都。*流行病学、医学微生物学、公共卫生学、生物医药工程。*

花纱商家庭出身。1923年入长沙湘雅医学院学习。1927年参加八一南昌起义。1928年转学成都华西协和大学医科，1929年获医学博士学位。同年至1934年，任教于北平协和医学院病理科。1936年起，任国际联盟卫生部鼠疫考察员，国民政府军政部第一防疫大队长，贵阳图云关战时卫生人员训练所检验兼疫苗血清制造室主任，中国红十字会总队部检验学指导员，宽仁医院副院长兼贵阳医学院细菌学系教授。1949年后，历任西南军政委员会卫生部副部长兼中华医学会西南分会理事长，中央卫生部卫生防疫司司长，中国医学科学院流行病学微生物学研究所所长，四川医学院(后并入四川大学)教授兼副院长。1955年选聘为中国科学院学部委员(院士)。

他研究了疫苗血清制造技术，为制造中国生物制品积累了经验；在中国一些地区进行了鼠疫调查和防治工作；1936年以世界卫生组织公共卫生视察员身份，赴印度、东南亚一带考察鼠疫疫情和防治措施，撰写了《参观访问印度防治鼠疫的报告》；“七·七”事变后，他在战时克服种种困难，研制出单纯霍乱疫苗、破伤风类毒素、伤寒菌混合疫苗和伤寒、副伤寒、霍乱四联菌菌苗，以及狂犬病疫苗等，开始了中国自行研制和生产生物制品的历史；40年代初，率队前往中国湖南常德等地，对日本侵略军的细菌战进行了实地调查，向全世界展示了著名的《湖南常德鼠疫报告书》，以大量事实和科学鉴定揭露日本军国主义从事细菌战的罪行。50年代，调查、揭露与控诉了美国侵朝战争期间实施细菌武器的罪行，获朝鲜授予的二级国旗自由勋章。为新中国的流行病学研究和公共卫生防疫事业作出了重要贡献。 (谢　源)

邝安堃(Kuang Ankun) 中国广东省人，1902年(清光绪二十八年)11月2日生于广东番禺，1992年8月2日卒于上海。*临床内科学、内分泌学、中西医结合、医学教育。*

1919年赴法国留学，先在里昂大学、里昂化工学院攻读化学，1923 年转巴黎大学医学院，1924 年法国里昂大学医学院毕业。1929 年考取法国国立医院住院医师。1931 年获巴黎大学医学院医学博士学位。同年回国，任上海震旦大学医学院教授。1935～1951 年任广慈医院(今瑞金医院)儿科主任、皮肤科主任和内科主任。1952 年后，历任上海第二医学院(今上海交通大学医学院)教授兼内科主任、临床医学系主任、副院长，上海市高血压研究所所长，上海市内分泌研究所所长。曾兼任中国中西医结合研究会副理事长、上海分会理事长，国务院学位委员会中西医结合学科评议组组长，中华医学会内分泌学会名誉主任委员、《中华内分泌代谢》杂志主编等职。

他率先用内分泌学研究中国传统医学基础理论和临床实践，探索具有中国特色的中西医结合医学体系。在中国最早诊断和治愈系统性红斑狼疮、血紫质病、西蒙-希恩(原译席汉)二氏综合征、原发性醛固酮增多症等疑难杂症，引起国际医学界重视；发现使用异烟肼过量会引起男性乳房增大；在国际上首次发现回归热特殊临床类型"氮质血症型"；用现代医学研究中医阴阳学说和虚症理论，首次用动物模型论证"阳虚"本质与肾上腺皮质功能之间的关系。1958 年参加中国医疗组，奉命专程去红海地区为某国国王治疗顽疾，采用中西医结合治疗方案，一周后使症状消失，受到中国国家领导人"不辱使命"的高度评价。60 年代起，成功建立阴虚和阳虚高血压大鼠模型；提出"复方降压片"的配伍原则和处方构成，在中国高血压防治中发挥重要作用；探索气功治疗高血压症的新途径。此外，他致力于内科专业化建设，创立心血管、血液、内分泌、肾脏、消化等 5 个学科专业，后都成为博士点，有的成为国家级重点学科，选拔和培养一批优秀学科带头人。

发表论文 212 篇；主编《内科手册诊疗学》、《实用内分泌学》(上册)；中国中西医现代丛书的《高血压病在中国》、《糖尿病在中国》、《烧伤医学在中国》等。在研究医药方面，获国家科学技术进步奖三等奖 1 项，国家卫生部科技成果甲等奖 5 项、乙等奖 1 项等；1956 年获全国先进工作者称号。1979 年被评为全国劳动模范。1985 年获法国国家骑士荣誉勋章。 (李孙演)

程门雪(Cheng Menxue) 又名振辉，字九如，号壶公等。中国江西省人，1902 年(清光绪二十八年)11 月 7 日生于江西婺源，1972 年 9 月 9 日卒于上海。中医学、医学教育。

出身书香门第。15 岁始从歙县名医汪莲石学医，后拜孟河名医丁甘仁为师。1921 年上海中医专门学校第一届毕业。留校工作，1926 年聘任该校教员，次年任教务长兼广益中医院医务主任。1935 年开始自设诊所开业。1949 年后，1954 年任上海市第十一人民医院中医内科主任，1956 年任上海中医学院院长，兼任上海市中医学会主任委员、上海市卫生局中医顾问、国家卫生部科学技术委员会委员等职。

擅长中医内科，对《伤寒论》和温病学说颇有研究，主张把伤寒、温病学说综合运用于临床。学术上能博采众长，取精用宏，治病能取古方精华以为己用。认为"医者不但要知常，贵在知变"。治病认真细致，对察舌候脉有丰富经验。早年临证用药以骠猛见长；晚年则以简洁轻灵为主，擅长复方多法，临证应变敏捷，能守善攻，疗效显著，每能挽逆症而起沉疴。此外，为继承发扬中国医药学和培养中医后继人才作出了贡献。

撰著和出版有《妇女经带胎产歌诀》、《伤寒论歌诀》、《程门雪医案》(1982 年)和《金匮篇解》(1986 年)。曾批注各种版本，已出版的有校注《未刻本叶氏医案》(1963 年)等；未刊的有《藏心方歌诀》、《脉学述要》、《医论辑要》、《女科摘释》等。又精于书法、诗词，国画也见功力。由弟子辑有《程门雪诗书画集》(2 集)。

(张慰丰)

杨铭鼎(Yang Mingding) 中国浙江省人，1902 年(清光绪二十八年)11 月 25 日生于山东青岛，1997 年卒于上海。卫生工程学、劳动保健学、环境科学。

原籍浙江上虞。出身商人家庭。1929 年获南京中央大学工学院工学士学位。同年起，任国民政府卫生署保健司科员，先后兼任南京中央医院筹备处、南京汤山卫生院、江苏江宁县卫生院、全国救济水灾委员会卫生防疫组工程师。1932 年任国民政府卫生署技士，1934 年任荐任技士，兼公共卫生人员训练所教务主任。1932 年公派美国留学，1933 年获哈佛大学卫生工程学硕士学位。同年赴欧洲、北非、亚洲 18 个国家和地区考察。1934 年任国民政府军医署驻赣办事处卫生工程组主任。1937 年起，先后任内迁昆明的清华大学工学院教授，贵州省卫生委员会技正兼贵阳市水道工程处处长，贵阳医学院教授、卫生工程专修科主任，贵阳市水利林牧局局长。1945 年起，先后任云南大学工学院教授，南京中央卫生实验院卫生工程系研究员，上海市卫生局环境卫生处处长。1948 年起，历任上海医学院教授、环境卫生教研组主任、预防医学研究所副所长，复旦大学公共卫生学院教授。1951 年起先后兼任国家卫生部环境标准委员会主任、中华医学会环境卫生学会主任、世界卫生组织专家咨询团成员等。1988～1989 年任美国约翰斯·霍普金斯大学客座教授。

设计监造当时中国最先进的南京中央医院；1931 年、1938 年两次奉命主持扑灭长江洪水后以及贵阳市的霍乱大流行；设计建造中国特色乡村卫生院，改善农村住房、环境卫生；克服日本军队封锁等种种困难，在贵阳、安顺负责设计建造不用电动机的重力输水自来水工程，改善居民饮水卫生条件。1950～1985 年间，受国家卫生部派遣，每年暑假大多在基层矿区、工厂现场调查工人生产和生活状况，对问题及时提出改进方案；指导建立城乡工矿劳动保健教学基地 10 余处，培养大批专业人员；研制成功多种改进厂矿劳动条件和生活环境的技术，使工伤事故、职业病和传染病得到有效控制。此外，10 余次出国参加国际专业会议，考察 30 余个国家和地区 110 多个乡镇卫生情况。

发表论文近百篇；主编《环境卫生学》(1934 年初版，1966 年第 20 版)、《水磨石粉的卫生学研究》(1954 年)、《劳动保健学》、《淮南煤矿卫生调查研究专辑》(1986 年)、《公共卫生工程学》(1986 年)等。获 1982 年哈佛大学“在工业环境卫生中作出卓越贡献”奖，国家卫生部1983年甲级科学技术奖、1987年重大科学技术成果奖等。 （李孙演）

章次公（Zhang Cigong） 名成之，字次公，号之庵，以字行世。中国江苏省人，1903年（清光绪二十九年）生于江苏镇江大港村，1959年11月16日卒于北京。中医学、本草药物学、医学教育。

幼年丧父，由母亲抚育成长。16岁入丁甘仁所办上海中医专门学校，又在丁氏所办广益中医院实习3年。还师从经方大家曹颖甫，复亲炙章太炎聆教国学与因明学。1925年毕业后悬壶于上海斜桥，兼任广益中医院中医师，一度任上海红十字会医院中医部主任。1930年与人创办上海国医学院，教授药物学及历代名医医案选评等课，又执教于上海中医学门学校、中国医学院、新中国医学院、苏州国医学院。1949年后，在上海市卫生局中医门诊部任特约医师兼中医进修班教师。1955年调至北京任国家卫生部中医顾问。1958年兼任北京医院中医科主任、中国医学科学院院务委员。

与程门雪、秦伯未并称上海中医界“沪上三杰”。学术上善于吸收各家之长，主张博采众方，兼收并蓄，对伤寒学深有研究，承江阴曹颖甫经方学之余绪，并受孟河学派之陶冶，又推崇丁甘仁、余听鸿之学术。临诊注重辨证，但又主张双重诊断，既辨证又辨病，立法用药机动灵活，药随症转，颇有胆识，处方博采经方、时方、单方，常以重剂起危疾，治病重视营养疗法，擅长应用虫类药，每获显效。对中西医学，主张“发皇古义，融会新知”，崇尚中西医团结，取长补短，努力继承发扬祖国医学。对本草深有研究，早年讲授药物学，编有《中国药物学》四卷，大部分资料收入《中国医药大辞典》。

另著有《杂病医案》、《中国医学史话》、《诊余抄》、《中西医学名词对照》等；又与徐衡之合辑《章太炎先生论医集》；《杂病广要续编》10卷，拟门人为之校订出版；另有门生整理成《章次公医案》（1980年）、《章次公医术经验集》（1999年）出版。 （张慰丰）

朱宪彝（Zhu Xianyi） 字良初。中国天津市人，1903年（清光绪二十九年）1月3日生于中国天津，1984年12月25日卒于同地。内分泌学、骨代谢学、内科学、医学管理与教育。

出身书香门第。1930年毕业于北平协和医学院，获医学博士学位。留校任职。1936年秋赴美国留学，在哈佛大学医学院生物化学系进修。1937年秋回国，先后任协和医学院内科学系讲师、襄教授（副教授）。1942年因协和医学院遭日军查封，遂在北京开业行医。1943年在唐山开滦矿区任内科主治医师。1945年又在天津开业，兼任天津妇婴医院院长。1949年起兼任天津总医院内科主任，河北医学院内科学教授。1951年建议并参加创建天津医学院（今天津医科大学），任院长。1978年创建天津市内分泌研究所，兼任所长。为中华医学会内分泌学会会长、中华医学会天津分会会长、国家卫生部科学技术委员会委员、中共中央地方病领导小组学术委员会副主任、天津市科学技术协会副主席、《天津医药》杂志主编等职。1982年在日本东京举行的第二届亚太地区甲状腺学会年会上，被推举为会议主席。

中国临床内分泌学创始人和奠基人之一。从事医务工作50余年，对内科学、临床内分泌学有较深的造诣，尤其在代谢性骨病研究上有国际影响。在哈佛大学医学院进修期间，从事肌肉细胞内液电解质、血清钙离子测定等研究。1934～1942年，在协和医院工作期间，与刘士豪教授合作，对软骨病和其他代谢性骨病的钙磷代谢、营养不良性水肿、蛋白质代谢等作过深入研究，发表30余篇论文，其中“软骨病钙磷代谢Ⅰ：维生素D的作用及其显效期”等享有国际声誉，被誉为“代谢性骨病的现代知识之父”。他首先阐明软骨病与佝偻病的发病机制中钙、磷、维生素D的变化规律，确定了维生素D的最佳治疗方案。还提出肾性骨病可以用铁胺枸橼盐减少磷酸盐的肠吸收以治疗高血磷。

1959年起开展临床内分泌的研究，对地方甲状腺肿、地方性克汀病提出有效的防治方法，使地方甲状腺肿患病率从1962年的25.36%下降到10.44%，基本控制了地方克汀病的发生。1977～1978年对切除结节型甲状腺肿的1 000例标本作了病理形态学观察，从997例标本中发现12例甲状腺癌，癌变率为1.2%。因这方面的成果获1978年全国科学大会奖励。80年代末又对氟中毒的防治进行研究，对地方性氟中毒的早期诊断、发病机制以及治疗方法等方面取得了明显成绩。

发表论文近60篇，代表作有“有关地方性甲状腺与地方克汀病的几个问题”、“大剂量维生素D对软骨病钙磷代谢的影响”等；主编30多万字《内科学》，以及《内分泌学》、《代谢性骨病学》等专著；身后门生整理出版有《朱宪彝医案》（2000年）。 （朱卫卫）

爱克勒斯，J.C.（Eccles, Sir John Carew） 一译埃克尔斯。澳大利亚人，1903年1月27日生于澳大利亚墨尔本，1997年5月2日卒于瑞士洛迦诺。生理学、脑与神经科学、细胞生物学。

1925年在墨尔本大学医学院获医学士和外科学士双学位。1929年在牛津大学获哲学博士学位。1927～1937年先后工作于该校的埃克塞特学院和马格达伦学院。1937年返回澳大利亚后，在悉尼医院医学研究实验室工作。1944～1951年在新西兰奥塔戈大学医学院任生理学教授。1952～1966年回国在澳大利亚国立大学工作。1957～1961年任澳大利亚科学院院长。1966

年去美国合作研究，先后工作于芝加哥大学生物医学研究所和纽约州立大学。1941年当选为英国皇家学会会员。1958年册封为爵士。1959年当选为美国文理科学院外籍院士。1966年当选为美国国家科学院外籍院士。获国内外10余个大学荣誉博士学位。

1925年与同事证实兴奋性神经突触的作用是使它所作用的神经元表面去极化，而抑制性突触则为超极化。进一步发现：在静息状态下，细胞膜表面正电荷的增加是由于细胞膜仅开放直径约为3纳米的小孔，使钾离子(K^+)和氯离子(Cl^-)可以通过，而不允许较大的离子，如水合的钠离子(Na^+)和钙离子(Ca^{2+})通过。兴奋性突触可使细胞膜的小孔增大2倍，使各种离子均能通过，因而细胞膜出现内正外负的去极化。这一研究揭示了突触传递中突触后神经元电变化的离子机制，发现了兴奋性突触后电位是递质与受体结合引起膜对钠、钾离子及其他阳离子通透性升高的结果，而抑制性突触后电位则是递质与受体结合后突触后膜对氯离子和钾离子通透性增加所致。1963年开始通过发现突触的兴奋性或抑制性作用来阐明中枢神经系统的神经元机制。还研究了小脑功能的神经机制。1967～1975年进一步研究小脑传入和传出途径的作用方式。后又研究大脑皮层与意识，以及其与新皮层特定区域之间相互作用等哲学和心理学问题。

出版有15部著作，其中主要著作有《意识的神经生理学基础》(1953年)、《神经细胞生理学》(1957年)、《突触生理学》(1964年)、《中枢神经系统的抑制途径》(1969年，与他人合著)、《认识大脑》(1973年)、《精神和大脑》(1985年)、《脑的进化》(1989年)、《自我如何控制大脑》(1994年)等。由于在神经兴奋传递方面的研究成就，他和英国生理学家A. L. 霍奇金、A. F. 赫胥黎分享1963年诺贝尔生理学或医学奖。此外获英国皇家学会皇家奖章等。

（叶蒙福）

阿姆奎斯特，H. J.（Almquist，Herman James） 美国人，1903年3月3日生于美国蒙大拿州海伦娜，1994年1月15日卒。*临床营养学、血液病理学、生物化学、有机合成化学。*

1920年入美国蒙大拿州立大学读电气工程，一年后转学化学，1925年获工业化学理学士学位。留校任教。1929年入伯克利加利福尼亚大学深造，1932年获有机化学博士学位。留校供职于农学院家禽饲养部实验室。1944年任加利福尼亚州沙丁鱼罐头与鱼肝油制造商布斯公司研究主管，1948年任格兰其公司研究主管、副董事长，1967年退休。期间兼任美国营养研究院研究教授；1952年任蒙大拿州立大学兼职教授，同年获荣誉理学博士学位。

发现、鉴定和合成维生素K的开创者之一。1929年，丹麦哥本哈根大学的C. P. 达姆首次观察到：只喂非脂类饲料的小鸡会出现肌肉和皮下出血症状。由此营养学界对这种出血症产生两种病理学推测："类坏血病说"和"毒素作用说"。阿姆奎斯特奉命对此进行调查，发现病鸡不缺维生素C，于是否定了"类坏血病说"，并推测是由某种不同于维生素C的抗出血因子缺乏所致。他进而调查"毒素作用说"的证据，发现用腐败沙丁鱼粉喂鸡，要比干净沙丁鱼粉更不易患出血症，而且在出血症病鸡粪便中有大量抗出血新物质，从而发现细菌会合成某种抗出血因子(维生素K_2)，因而"毒素作用说"也不成立。他又研究新鲜卷心菜、苜蓿粉等绿叶植物抗出血作用，用已烷萃取到一种与维生素C不同、性质不被加热所破坏的未知物质(维生素K_1)。然而校方领导坚信"毒素作用说"，在几经争辨后才同意发表这一研究成果。

1935年，他在英国《自然》杂志发表论文，报道新型维生素K可治鸡出血症，比达姆论文迟了10周发表。要不是校方耽误，否则应比达姆早发表8～10个月。1939年，当美国圣路易斯的华盛顿大学多伊西小组宣布合成维生素K时，阿氏已确证维生素K活性由其结构中的甲基决定，并最先鉴定了比K_1活性高数倍的活性基团结核萘醌(第一个被鉴定的维生素K形式)，同时也完成了K_1合成。但是，最后由达姆和多伊西两人获得1943年度诺贝尔生理学或医学奖。对此，加州大学表示了强烈不满，而阿氏本人却写信给达姆祝贺获奖。达姆也承认，阿氏完全有资格分享奖项。1967年，加州大学当局为尊重史实和深表歉意，专门为阿氏颁发发现和发明证书。长期对发现经历保持沉默的阿氏，直至1975年才在同事劝说下公开了早年真相。发表论文200余篇；主要著作有《动物营养中的蛋白质和氨基酸》(1972年)等。1939年因发现和合成维生素K获博登奖。

（李啸虎）

博伊德，W. C.（Boyd，William Clouser） 美国人，1903年3月4日生于美国密苏里州迪尔伯恩，1983年2月19日卒于马萨诸塞州福尔茅斯。*血液学、免疫化学、人类学。*

1926年在哈佛大学获文科硕士学位。1930年在波士顿大学医学院获医学博士学位。第二次世界大战时，在哈佛大学医学院血浆成份实验室工作。1948年后任波士顿大学免疫化学教授。他是美国文理科学院院士等许多学术团体成员。

20世纪30年代，和妻子莉莉(Lyle)对人类血液类型的分布进行全球性调查，发现血型是由遗传而不是环境影响造成的；并根据不同血型的基因配置，将世界人口分为13个不同种族。1945年发现大棉豆内有一种能与人血型A抗原产生特异反应的物质即植物血凝素(又称外源凝集素)。该物质被用以将A和AB型分为A1和A2与A1B和A2B亚型的试剂，为研究抗体特异性反应基团的化学性质开辟了新路。与其同事测定了大棉豆凝集素与血型A抗原特异反应部分的氨基酸组成，以及在A型红细胞上的特异性反应A点的数目。后来将凝集素与放射碘结合来计算与红细胞结合的数量；与发色染料结合，发现在蜗牛体液内有强特异性的抗A凝集素。他们的发现已被广泛运用，按其方法提取的各种凝集素也已进入市场。

发表300余篇论文；还著有《血型分型技术》(1942年)、《免疫学基础》(1943年初版，1966年再版)、《人的基因和种族》(1950年)、《民众和种族》(1958年，与他人

合著)、《免疫化学特异性导论》(1962 年)等。此外出版过多部科学幻想小说。（叶蒙福）

平卡斯，G．．G．．(Pincus，Gregory Goodwin) 美国人，1903 年 4 月 9 日生于美国新泽西州伍德拜恩，1967 年 8 月 22 日卒于马萨诸塞州波士顿。*内分泌学、生殖生理学、动物学、药理学、生物化学。*

犹太裔。两位叔伯是农学家。1924 年在康奈尔大学获农学学士学位。1927 年获哈佛大学获理学硕士和理学博士学位。同时在校任教动物学。1929～1930 年先后在英国剑桥大学、德国柏林凯撒·威廉生物研究所学习。后返回哈佛大学任普通生理学讲师，1931 年任助理教授。1938 年任马萨诸塞州克拉克大学客座教授。1951 年任波士顿大学教授。1963 年任国际计划生育联合会口服咨询组首任组长。1965 年成为美国国家科学院院士。因患一种罕见的血液病而去世。

从事哺乳动物生殖生理学和内分泌学的研究达 35 年之久。20 世纪 30 年代初期，开始以兔子为生物模型研究哺乳动物的卵细胞受精和胚胎生成过程。40 年代初期，集中研究类固醇激素的一般生理作用，尤其是类固醇激素对生殖的作用。1951 年，和华裔美国学者张明慎(Min-Chuen Chang)一起进行动物实验，发现一些口服孕激素复合物能够抑制排卵，具有阻止妊娠的作用。1953～1954 年和洛克(J. Rock)、加西亚(C. R. Garcia)一起，创制了女用口服避孕片“爱诺维特”(Enovid，商品名；化学名为异炔诺酮－炔雌醇甲醚片)。1956 年，在政府相关部门的严密监控下，在临床中对一些妇女志愿者进行口服避孕药试验，很快见效。1960 年，美国食品药物管理局(FDA)批准推广应用。

他还于 1944 年共同创建世界闻名的类固醇激素和哺乳动物生殖研究中心——华斯特实验生物学基金会；组织劳伦丁激素年会，连续主编该会 23 卷会刊《激素研究近展》。先后发表生殖生理学论文约 350 多篇；主要著作有《哺乳动物的卵子》(1936 年)、《受孕控制》(1965 年)、《激素》(5 卷，与他人合著)等。（方正源）

聂毓禅(Nie Yuchan) 原名玉蟾。中国河北省人，1903 年(清光绪二十九年)5 月 11 日生于直隶(今河北)抚宁，1998 年 8 月 22 日卒于北京。*护理学、公共卫生学、护理教育与管理。*

开明士绅家庭之女。1927 年毕业于北平协和医学院护士学校。留校任附属医院病房副护士长，1931 年起任学院护理系教师，兼第一卫生事务所公共卫生护理科主任，1938 年任该院护士学校校长助理，1940～1953 年任护士学校第一位中国籍校长，兼任协和医院护理部主任。期间，1929～1930 年在加拿大多伦多大学医学院公共卫生系进修，获卫生护理证书；1930～1931 年在美国哥伦比亚大学师范学院深造，获理学士学位。1935～1936 年任国民政府护士教育委员会秘书。1936～1938 年到美国密歇根大学医学院公共卫生系进修，获理科硕士学位。1942 年日军占领协和医学院，她主持护士学校迁至成都坚持办学，抗日战争胜利后迁回北平。期间，1937 年任国际护士会公共卫生委员会中国代表；1946～1948 年任中国护士学会理事长。1954～1957 年任北京军队总医院(今 301 医院)副院长。1959 年下放安徽省立医院护理部，1966 年退休。1962 年任中华护理学会安徽分会理事长。1988 年任中国协和医科大学护理系名誉系主任。终生未婚。

被誉为“中国从事高等护理教育领导工作第一人”。20 世纪 20 年代，她深知护理工作的重要性和培养中国护理人才的紧迫性，毅然改医学护，立志以护理专业为终身职业；坚持到艰苦的基层和社区第一线开展公共卫生护理工作。30～40 年代，3 次远涉重洋深造，学成归来承担培养中国早期公共卫生护士工作，由此开创中国人主持的公共卫生护理教育的历史；最早提出和建立中国现代护理工作规章制度和高等护理教育体系，抗日战争期间坚持办学，在极艰难境遇下保存中国唯一的护理高等教育机构；1947 年率领中国护士学会代表团，到美国参加第九届国际护士会会员国代表大会。40～50 年代，在她主持下，协和医院护理质量成为全中国典范，协和护校培养出一批批优秀的护理师资和护理行政管理人才。1987 年居留美国的协和护校校友捐资设立聂毓禅奖学金。（朱素珍）

冯兰洲(Feng Lanzhou) 中国山东省人，1903 年(清光绪二十九年)8 月 24 日生于山东临朐，1972 年 1 月 29 日卒于北京。*寄生虫学、医学昆虫学、公共卫生学、预防医学。*

1929 年毕业于山东齐鲁大学医学院。后在北平协和医学院寄生物学系任教。1933 年赴英国利物浦大学热带病与热带卫生学院进修，获热带医学和卫生学医师证书。回国后，任北平协和医学院副教授。1942 年任北京大学医学院寄生虫学系教授兼系主任。1949 年后，历任中国协和医学院副教授、教授。1958 年兼任中国医学科学院寄生虫病研究所所长。1957 年选聘为中国科学院学部委员(院士)。

20 世纪 30 年代，首次发现和鉴别确证中国存在着班氏丝虫和马来丝虫两种丝虫；确定中华按蚊是马来丝虫的主要传播媒介，并仔细研究了其幼虫在中华按蚊体内发育情况；发表厦门、广西等地疟疾及其传染的调研成果；1938 年在国际昆虫学会年会上报告了“中国蚊虫地理分布”论文，同年又在国际热带病与疟疾学会年会上报告了“中国丝虫病的分布与传染”、“中国疟疾流行病学”和“钝缘蜱对回归热螺旋体的传染方法”3 篇论文，为中国获得了国际声誉。1943 年以实验方法证明蝇子在传播阿米巴病中重要作用；报道了有关阿米巴肝脓肿、肺脓肿，以及皮肤、生殖器与泌尿器阿米巴病的许多病例；与他人合作研究了传播黑热病的白蛉媒介，证实中华白蛉是北京附近传播黑热病的主要媒介，而蒙古白蛉则因进食后形成牢固的食物外膜而不能传播此病。参加拟订《寄生物学名词》、《无脊椎动物名词》、《昆虫学名词》、《蜱螨学名词》等工作。著有《中国蚊虫描述汇编》、《寄生虫病学》、《医学昆虫学》(1983 年)等多部专著。获国家和省部级奖励多项。（秦跃娟）

谢少文(Xie Shaowen) 又名绍文。中国浙江省人，1903年(清光绪二十九年)9月15日生于上海，1995年7月20日卒于北京。*医学微生物学、细菌学、免疫学、血液学。*

原籍浙江绍兴。商务印书馆著名编译家谢鸿来的儿子。1919年到东吴大学医学预科学习。1921年入长沙湘雅医学院，1926年毕业获医学博士学位。同年赴京在北平协和医学院工作，任助理住院医师、总住院医师，1928年任传染病学讲师，不久转到细菌科工作。1932年赴美国，在哈佛大学医学院H.津泽教授指导下进修。1934年回国，任北平协和医学院教授兼细菌学血清学实验室主任。太平洋战争爆发后，该校被迫停办，1942年到天津女医院任内科医师，创办临床病理检验所。1945年任北平中央防疫处技正。1947年重返协和，任细菌科主任教授到1956年。1956年调任军事医学科学院微生物流行病学研究所所长。1959年任首都医科大学微生物教研室主任。1962年兼任中国医学科学院基础医学研究所研究员。兼任中华医学会微生物学和免疫学会主任委员、《微生物学报》和《中华微生物和免疫学》杂志主编等职。1980年当选为中国科学院学部委员(院士)。

1927～1928年，改进诊断伤寒、副伤寒的肥达氏反应及其他多项技术。在国际上首次成功地用鸡胚培养立克次氏体，为大量制备斑疹伤寒疫苗打下了基础。40年代，对伤寒、痢疾、布氏杆菌、脊髓灰质炎、回归热、疟疾等病原体进行免疫学和血清学研究；发明了双糖半固体培养基；参与中国首次分离到布氏杆菌的工作；发现破伤风抗毒素可以通过胎盘防治胎儿破伤风的方法。1950年以确凿证据揭露美国在朝鲜战争中使用细菌武器。在细胞免疫学领域中开展了多方面的研究，其中包括检测机体免疫淋巴细胞的E-玫瑰花试验。80年代后，在他建议与指导下应用免疫核糖核酸治疗肝炎，倡用植物血凝素皮试法，用体外细胞免疫力的测定指导急性坏死性乙型肝炎的治疗；从分子水平研究免疫学机理，观察E-玫瑰花形成过程中号称第二信使的环磷腺苷含量的改变。

发表论文和综述性文章200余篇；主编多种专著，其中有《细菌学》(1953年)、《微生物学》(1955年)、《医学微生物学进展》(1960年)、《免疫学进展》(2卷，1962～1963年)、《免疫学》(1965年)，以及其他《免疫学专辑》(1980年)等。

(张慰丰)

小吉本，J.H.(Gibbon，John Heysham，Jr.) 美国人，1903年9月29日生于美国费城，1973年2月5日卒于同地。*心脏外科学、心肺学、人工器官研制。*

出生于五代医学博士之家。1923年获普林斯顿大学文学士学位。1927年在费城杰斐逊医学院获医学博士学位。1929～1942年先后在马萨诸塞州总医院、宾夕法尼亚大学医学院供职。第二次世界大战中，曾在缅甸、中国和印度战区任盟军军医。战后返回杰斐逊医学院任教授。为英国皇家外科医师学院外藉成员、大不列颠和爱尔兰胸腔外科学会荣誉会员。

1934年开始实验研究心肺机，1937年在一次专业会议上报告了研究成果，但遭到嘲笑。后来用血液湍流法和德巴基的血液动力泵制成第一台心肺机，解决了充分氧合和不损伤红细胞的难题，使动物试验取得成功。1953年5月，首次运用心肺机成功地为一名19岁的房间隔缺损病人施行心脏直视手术，开创了心脏手术的新领域。测定了猫大脑耐缺氧的时间。研究了婴儿心脏手术时的心包内心脏解剖，证实适当的肺通气可预防呼吸性酸中毒，并研制成功杰斐逊人工呼吸机。

毕生发表100余篇论文；出版《胸腔外科学》(1950年)等书。获1960年盖尔德纳奖、1968年拉斯克医学研究奖等。

(叶蒙福)

法伯，S.(Farber，Sidney) 美国人，1903年9月30日生于美国纽约州布法罗，1973年3月30日卒于波士顿。*病理学、肿瘤学、儿科学。*

在家中14个孩子中排行第三。1923年毕业于布法罗大学。1927年在哈佛大学医学院获医学博士学位。期间有一年时间在德国海德堡大学、弗赖堡大学医学院进修。后在哈佛大学医学院和波士顿儿童医院任职。

第二次世界大战后不久，他发现叶酸及其轭合物对儿童急性白血病具有“加速作用”，预料叶酸拮抗剂可能对该病有效。1947年将该拮抗剂用于临床，获得满意疗效，为此被称为“现代肿瘤化疗之父”。同年，与W.S.科斯特(William S. Koster)和G.E.弗利(George E. Foley)组织世界闻名的儿童癌症研究基金会，该会从事儿童肿瘤研究、护理和治疗等工作，使某些肿瘤的治疗取得了明显进展。1971年该会服务对象扩展到成人。1973年他去世不久，该会更名为达纳－法伯癌症研究院。发表过270余篇论文。曾获20余次奖励。

(叶蒙福)

科诺尔斯基，J.(Konorski，Jerzy) 波兰人，1903年12月1日生于波兰罗兹，1973年11月14日卒于华沙。*生理学、心理学、脑与神经科学、实验生物学。*

1929年毕业于华沙大学医学院。后在华沙附近一家精神病院工作。1928年起与同事S.米勒(Stefan Miller)一起开始从事Ⅱ型条件反射的研究，从而引起巴甫洛夫的兴趣，1931年邀请他们前往列宁格勒的巴甫洛夫研究所工作2年。1933年回国后，任华沙大学能斯基实验生物学研究所神经生理学部主任。第二次世界大战中，实验室被破坏，米勒被杀。由于无法去哥哥已定居的英国，只得疏散到苏联黑海边南高加索的苏呼米继续从事神经生理学研究。战后他在华沙大学医学院重建实验室，并成为能斯基实验生物学研究所代理所长，1968年任所长。1945～1955年任罗兹大学生理学教授。被选为波兰科学院院士，罗马尼亚科学院外籍院士，1965年入选美国国家科学院外籍院士。

一生的主要贡献是，证明了经典的巴甫洛夫条件反射学说不能解释动物所有的后天获得性行为，从而提出了Ⅱ型条件反射，并将其分为4个亚型；分析了两型条件反射的相互关系；在Ⅱ型条件反射的产生机制方面也作出了贡献；还从现代生理学角度对巴甫洛夫学说作了评价。主要著作有《条件反射和神经组织》(1948年)、

《脑的整合作用》(1967年)等。(陈闻鹏)

斯内尔，G. D.（Snell，George Davis） 美国人，1903年12月19日生于美国马萨诸塞州布拉德福德，1996年6月6日卒于缅因州。*移植免疫学、遗传学、细胞生物学。*

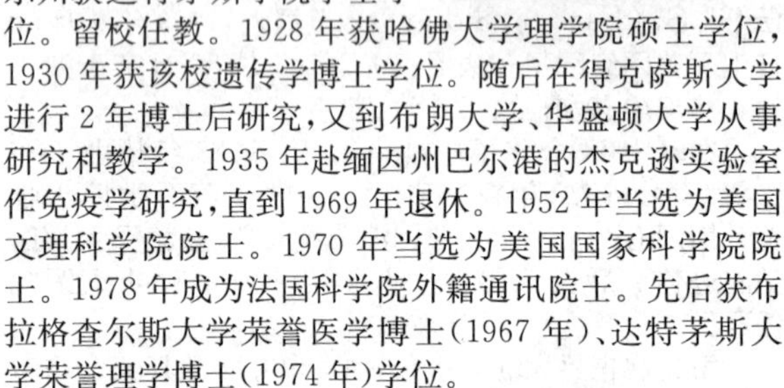

1926年在美国新罕布什尔州获达特茅斯学院学士学位。留校任教。1928年获哈佛大学理学院硕士学位，1930年获该校遗传学博士学位。随后在得克萨斯大学进行2年博士后研究，又到布朗大学、华盛顿大学从事研究和教学。1935年赴缅因州巴尔港的杰克逊实验室作免疫学研究，直到1969年退休。1952年当选为美国文理科学院院士。1970年当选为美国国家科学院院士。1978年成为法国科学院外籍通讯院士。先后获布拉格查尔斯大学荣誉医学博士(1967年)、达特茅斯大学荣誉理学博士(1974年)学位。

20世纪30年代初在得克萨斯大学工作期间，率先指出X射线能引起哺乳动物细胞突变，还证实了X射线能引起小鼠染色体的易位。在缅因州杰克逊实验室工作期间，1953年开始进行器官移植中的遗传学和免疫学研究。该实验室的创始人李特(C. C. Little)曾提出，器官移植能否成功，与其染色体中的许多基因密切相关。器官移植抗原，究竟由哪一个染色体上的哪个位点来传递信息？斯内尔决定寻找一种方法来逐个研究单个基因。1937年伦敦大学的戈罗(P. Gorer)已发现影响小鼠体内移植器官存活的基因中的一个位点，他给这个基因取名为“组织相容性基因”。斯内尔也参与了这一工作，他培养出纯品系小鼠，通过一系列与另一品系小鼠适当地回交，建立小鼠的近交系。还用这类小鼠进行试验性的器官或组织移植，使这种品系小鼠的染色体中出现一个新的、与同一品系其他小鼠不同的组织相容性基因的段落。

他培育出了69种所需纯品系的小鼠，在小鼠染色体上找到11个位点与组织相容性相关联，其中有一个位点取名为H-2(即组织相容性-2位点)，后来发现这正是戈罗原先发现的位点。他最后鉴定出10对不同的等位基因。对H-2这个位点进一步研究，发现H-2也不是一个单纯的位点，而是由3个密切相连的多位点所组成，是一个复合体。人类的染色体都有这种复合体，只是小鼠的复合体位于第17对染色体上。于是他提出了一个所谓“主要组织相容性复合体”(MHC)概念。1969年其他学者报告，在H-2复合体内，还包括有不寻常的一群基因，它与生物体的免疫应答机制有关，决定着一个机体对于外来的抗原是否产生排斥反应。

在研究组织相容性的过程中，他发现了杂交系抵抗现象。还进行了有关免疫强化现象的研究，因为用一般方法来抑制细胞免疫性以提高移植组织的存活率，却抑制了身体整个免疫机制。而用免疫强化手段，只是降低由于H-2复合体所造成的对移植组织的障碍，它的作用是特异性的，而不抑制整个免疫机制。他对有关器官组织移植的相容性基因及免疫强化现象的研究，创建了移植免疫学和免疫遗传学，因此与J. 多塞、B. 贝纳塞拉夫共获1980年诺贝尔生理学或医学奖。

主要著作有《实验室小鼠生物学》(1941年)、《细胞表面抗原》(1973年)和《组织相容性》(1976年，与多塞等合著)等。另外，获1962年伯特纳基金会奖，1967年捷克斯洛伐克科学院孟德尔奖章，1976年盖得纳尔基金会奖，1978年沃尔夫医学奖等。(张慰丰)

魏曦(Wei Xi) 字东升。中国湖南省人，1903年(清光绪二十九年)12月25日生于湖南巴陵(今属岳阳)，1989年5月20日卒于北京。*医学微生物学、微生态学、流行病学、公共卫生学。*

1921～1926年先后在雅礼大学、金陵大学和湘雅医科大学学习。1926年任北伐军第四集团军军警卫团三等军医正。1927年在长沙广雅中学任教一年。1928年入读上海医学院，1933年获医学博士学位。同年入上海雷士德医学研究院，先后任副研究员、研究员。1937～1939年在美国哈佛大学医学院任客座研究员。回国后，任国民政府卫生署中央防疫处技正、处长。1947年任上海医学院教授，兼国民政府卫生署中央防疫处上海分处处长。1949年后，历任大连医学院教授、系主任，大连生物制品研究所副所长，中国预防医学科学院流行病学研究所副所长、流行病学微生物学研究所所长。曾兼任中国微生物学会副理事长、中华预防医学会微生态学学会名誉主任等职。1955年选聘为中国科学院学部委员(院士)。

他首次用鸡胚培养回归热螺旋体，并对其生活史做了详细观察；从中国南方某些地区的水体、黄胸鼠和狗体中分离到钩端螺旋体；在美国进修期间，培养出斑疹伤寒立克次疫苗，获哈佛大学奖励；确证第二次世界大战期间滇缅英军中流行的“不时热”为恙虫病，获哈佛大学考察团战时学术功绩勋章。他任中国政府组织的美军细菌战争罪行调查团检验队队长，从美军投掷细菌武器中分离出鼠疫和霍乱菌；考察钩端螺旋体病自然疫源地，发现黑线姬鼠是长江沿岸贮存宿主，中国北方以猪为主要疫源；试制成功中国第一代钩端螺旋体菌苗，在防治上起到很大作用；提出抗生素引起菌群失调的概念，率先开发生态制剂，用菌群调整疗法治疗菌群失调症获良好效果。有《钩端螺旋体病学》(1982年)、《医用立克次体学》(1984年)、《正常菌群与健康》(1985年)等专著。(秦跃娟)

皮克林，G. W.（Pickering，Sir George White） 英国人，1904年6月26日生于英国诺森伯兰郡，1980年9月3日卒于牛津。*心脑血管学、血液学、心脏病理学。*

曾在剑桥大学生理学院受训。1930年从伦敦大学学院附属圣托马斯医院获医学博士学位。同年留大学学院医院工作。后曾任牛津大学医学教授。1957年被册封爵士。曾任英国皇家医学会会长。是英国皇家学会会员、美国文理科学院外籍院士、美国国家科学院外籍院士。

主要研究人类血管疾病，尤其是高血压和冠状动脉、脑血管等疾病。当时医学界对高血压原因的解释较混乱。他发现，静脉灌注肾素可致高血压，肾素对促进肾小管重吸收钠和氯有强大作用。与汉密尔顿(M. Hamilton)等人调查发现，动脉血压随年龄增大而增高，并为原发性高血压多基因遗传提供了证据。他首先主张原发性高血压为一种疾病。他的研究组提出与中风有关的脑血管疾病有两类病因：动脉瘤破裂出血与动脉粥样硬化血栓形成。他们为血栓性病因提供了许多实验和临床证据。

(张祝山)

鲍尔，E. G. (Ball，Eric Glendinning) 美国人，1904年7月12日生于英国英格兰考文垂，1979年9月4日卒于美国。*内科医学、代谢生理学、生物化学。*

1925年获哈佛大学福德学院学士学位，翌年获硕士学位。1926～1928年任宾夕法尼亚大学医学院助理，1930年获该校医学博士学位。1929～1940年以国家研究委员会研究员身份在约翰斯·霍普金斯大学医学院供职，1933年任生物化学副教授。1940年起执教于哈佛大学医学院，1946年任教授，1952年任医学科学部主任，1962年任爱德华·伍德生物化学讲座教授，1971年退休为荣誉教授。1945年当选为美国文理科学院院士。1948年当选为美国国家科学院院士。1942年被授于哈佛大学荣誉博士学位。

在多个领域中均有建树。早年致力于生物系统氧化—还原势的研究。第二次世界大战期间，曾研究过芥子气毒气和疟疾寄生原虫。战后继续从事生物氧化和中间代谢的研究。1958年开始研究动物脂肪组织，发现胰岛素除了能调节一些脂肪组织对葡萄糖的吸收作用外，还能抑制环3′,5′-磷酸腺苷的生成。1945年获巴西政府南十字勋章，1948年获美国政府功勋证书。

(戴有为 朱啸宇)

麦克迈克尔，J. (McMichael，Sir John) 英国人，1904年7月25日生于英国苏格兰盖特豪斯厄夫弗利特，1993年3月3日卒于伦敦。*临床内科学、心脏病学、心血管学、肝脏病学。*

1927年毕业于爱丁堡大学医学院。1934～1937年为该校生理学讲师。1939年任伦敦大学医学院内科学系主任。1957年被选为英国皇家学会会员。

1939年已注意到心力衰竭早期的静息心输出最保持正常：早期静脉压升高并不一定是郁血，而可能是静脉张力增加所致。后来这种观点被心导管检查所证实，从而提示大部分心力衰竭的原因是负荷过度。在研究毛地黄作用时，发现该药最恒定的作用是使心充盈压下降，所以认为它主要影响静脉张力。第二次世界大战时，研究出血性休克，发现该休克常伴有心跳缓慢、血压明显下降的迷走神经反应性昏厥，此时血管的作用是由支配四肢血管的交感神经纤维调控的。研究过高血压并探讨降压药的作用机理。还用肝穿刺来研究流行性黄疸的病理学。获1960年盖尔德纳基金奖，1968年芬兰的威赫里国际奖。

(叶蒙福)

福斯曼，W. T. O. (Forssmann，Werner Theodor Otto) 德国人，1904年8月29日生于德国柏林，1979年6月1日卒于黑林山的绍普夫海姆。*心脏学、心血管外科学、泌尿科学、放射诊断学。*

12岁时，父亲在第一次世界大战中战死。1929年获柏林大学医学院医学博士学位。先后任职于德累斯顿—腓特烈施塔特市立医院、柏林的罗伯特·科赫医院。1933年结婚，妻子是泌尿科医生，生有6个孩子。第二次世界大战中任德军卫生官员。1945年从盟军的战俘营释放后，移居德国黑林山开业行医。1950年又移居莱茵州巴特克罗伊茨纳赫行医，专治泌尿科疾病。1958年任杜塞尔多夫的福音医院外科主任，1970年退休。期间1956年在美因兹任古滕堡大学外科学和泌尿外科学名誉教授；1961年任阿根廷国立科尔多瓦大学名誉教授。1962年任德国外科学会理事。1954年获阿根廷国立科尔多瓦大学荣誉博士学位。

1929年开始研究心导管插入术，将心导管经自己肘部静脉插入右心房，并在X线下见到该导管在心内，从而开辟了研究循环系统病理变化和用X线研究心肺血管的新途径。两次将X线对比剂注入自己心内来拍摄心脏及其大血管的X线显像。在狗的实验中，将导管经右心房插入下腔静脉上部来采集肝静脉血标本。但由于当时的技术条件和遭到强烈的批评，被迫中断了进一步对心血管像的研究工作，而转向泌尿科学。后来因A. F. 库尔南德和D. W. 理查兹进一步改进了这项技术，才受到人们的重视与推广应用。

由于在心导管插入技术上的成就，与库尔南德、理查兹共享1956年诺贝尔生理学或医学奖。还获得1954年柏林科学院莱布尼茨奖章，1968年外科学会弗拉拉金质奖章。著有自传《在自己身上实验：一个德国外科医师的回忆》。

(叶蒙福)

格罗斯，L. (Gross，Ludwik) 美国人，1904年9月11日生于波兰克拉科夫，1999年7月9日卒于美国纽约。*肿瘤学、血液学、病毒学、遗传学、细胞生物学。*

犹太裔，双亲都是法学家，父亲还是奥匈帝国的国会议员。格罗斯于1929年在家乡的伊格龙大学获医学博士学位。同年到波兰圣拉扎尔总医院实习。1932～1937年在法国巴黎巴斯德研究院工作。1939年德国入侵波兰，他逃亡罗马尼亚。1940年移居美国，先后在犹太人医院、辛辛那提基督医院工作。第二次世界大战时在美国陆军服役。1946年起任纽约市布朗克斯退伍军人医院癌症研究部主任。1973年当选为美国国家科学院院士。

1951年首次用实验方法证实：小鼠自然形成或放射线诱发的白血病都是病毒所致，并从病鼠脏器中分离出病毒，而在此之前，科学界一直认为这种疾病是遗传基因所致。根据临床观察和实验结果，认为这种致癌病毒可传递给子代，在多数情况下对宿主无害，但在某些内外因素的刺激下可被激活而致癌。并首次证实肿瘤细胞具有特异性抗原。

他还是医学新闻记者，在《纽约时报》发表过许多文章。发表200余篇有关癌症和白血病的论文；著有《致瘤病毒》(1961年初版，1970年第2版)。获1962年巴斯德银质奖章、1962年联合国癌症研究奖、1963年沃尔克奖、1974年拉斯克基础医学研究奖等。 (叶蒙福)

粟宗华(Su Zonghua) 中国湖南省人，1904年(清光绪三十年)11月21日生于湖南邵阳，1970年8月14日卒于上海。精神病学、神经外科学、脑与神经科学。

1924年考入湖南长沙湘雅医学专门学校(今中南大学湘雅医学院)。1927年转入上海医学院(上海医科大学前身，今复旦大学上海医学院)，1932年毕业。同年供职于北平协和医学院。1935年赴美国深造，先后在约翰斯·霍普金斯大学医学院、哈佛大学医学院神经精神科进修。1938年回国，任上海医学院神经精神科讲师，兼任上海红十字会第一医院(今华山医院)神经精神科主任医师。太平洋战争爆发后，上海医学院内迁，他留沪开业行医。1944年主持开办虹桥疗养院(精神科)。1954年起参与筹建上海市精神病医院，任医务主任。1958年任上海市精神病防治院院长。曾兼任中华医学会上海分会神经精神科学会主任委员。

1939年在美国发表"人类脊髓的血液供应问题"一文，纠正了解剖学上的错误，提供了外科手术的理论依据。40年代，在美国又发表论文10篇，成为当时国内公认的神经精神病学专家；率先引进电休克治疗法。开展脊髓与脑的外科手术，是中国国内第一个对严重的精神病人施行额叶白质切断术的医生；创用静脉注射副醛以代替巴比妥类药物鼻饲等流行疗法，治疗癫痫大发作病人收到良效；对精神病人开展"心理治疗"、"文娱治疗"。提倡中西医结合治疗。1951年出版《精神病学概论》，是中国第一本精神病学专著；重视公共精神卫生及精神病的防治，主持上海市的精神病普查工作并建立三级防治网，被中外医学界誉为"上海模式"。

(张萱如 刘宇庆)

欧勒-切尔平，U. S. von (Euler-Chelpin, Ulf Svante von) 瑞典人，1905年2月7日生于瑞典斯德哥尔摩，1983年3月9日卒于同地。内分泌学、神经生理学、药理学、生物化学。

出身名门，外祖父是化学教授，父亲H. K. A. S. von欧勒—切尔平是1929年诺贝尔化学奖获得者，母亲是植物学和地质学教授。1930年获瑞典卡罗琳医学院医学博士学位。1926年任该院药理教研室助理员，1930年任助理教授，1932年任生理学副教授，1939年任生理学教授，1971年退休为荣誉教授。1953～1960年为诺贝尔生理学与医学奖评定委员会委员，1960～1965年为该委员会秘书长，1965年任诺贝尔基金会董事长。1965～1971年任国际生理科学联合会副主席。青年时期多次出国深造。其中，1930～1931年先后向英国的H. 戴尔、比利时的C. 海曼斯、德国的G. 恩伯登等名家学习，在生理学和药理学方面打下了良好基础；1934年在伦敦A. V. 希尔实验室进修和合作研究，对生物物理学疑难问题和研究有了认识；1938年在伦敦大学的布朗(G. L. Brown)处学到神经肌肉传递研究方法；1946～1947年在阿根廷的B. A. 豪塞实验室学习内分泌学和实验性肾性高血压的技术技能。是瑞典皇家科学院院士，丹麦皇家科学院外藉院士、荷兰皇家科学院外藉院士、西班牙皇家医学科学院外籍院士。是国内外多个科学团体的荣誉成员，还被授予多所大学的荣誉博士学位。

1930年在伦敦大学戴尔实验室学习期间，他在肠组织浸出物中发现了一种生物活性因子——P物质，具有抗阿托品样的作用，能引起小肠收缩并有降压作用，结果导致在1935年发现了前列腺素和一种猴体内的前列腺素样物质。提纯的前列腺素能刺激许多器官内的平滑肌，特别是对子宫和肠，因而被用来引产或人工流产。1942年从尿中提出一种菸碱样作用的物质哌啶。1946年从许多脏器中提取出去甲肾上腺素。以后大部分工作一直以此为课题，研究了去甲肾上腺素在神经和器官中的分布，及其在各种生理和病理情况下的分泌情况，同时对该物质作了定量分析。又与同事希拉尔普(N. A. Hillarp)一起发现：这种递质存贮或合成于亚细胞微粒中，这种颗粒(直径约0.1毫米)即是突触小泡。1958年起，除研究神经传递过程外，还研究许多涉及递质吸收、贮存及从神经颗粒中释出等课题。在神经冲动的传递方面，当时人们已经认识到两条途径：一条是戴尔和O. 勒维发现的化学传递途径(主要是乙酰胆碱)；另一条是J. C. 爱克勒斯、A. L. 霍奇金、A. F. 赫胥黎阐明的电传导途径。他的贡献在于发展了化学传递途径，在1946年证明，交感神经终端在受到刺激而兴奋时，弥散到突触隙裂上去的传递物质是一种儿茶酚胺——去甲肾上腺素。还研究循环和呼吸调节、实验性高血压和肺循环。

主要著作有《去甲肾上腺素》(1956年)和《前列腺素》(1968年)等。因发现神经递质去甲肾上腺素，成为1970年诺贝尔生理学或医学奖3位获奖者之一。在诺贝尔授奖仪式上作了题为"肾上腺素能神经递质的功能"演讲。此外获1961年加拿大盖尔德纳奖、1965年挪威雅文奖、1967年美国斯托弗奖、1953年德国路德维希奖章、1969年德国施米德贝格奖章、1970年意大利圣母奖章等。 (张慰丰 叶蒙福)

希钦斯，G. H. (Hitchings, George Herbert) 美国人，1905年4月18日生于美国华盛顿州霍奎厄姆，1998年2月27日卒于纽约。药理学、生物化学、药物工程。

造船技师之子，12岁丧父。1923年进入华盛顿大学医预科，1927年获化学理学士学位，1928年获化学硕士学位。在剑桥大学化学系工作1年后，进入哈佛大学医学院生物化学系，1933年获化学博士学位。留校研究。1939年在西储大学工作。1942年到纽约大学韦尔科姆研究所工作，1946～1965年任生物化学科主任，1955年任副所长，1963～1965年任负责科研的副董事长，1975年退休后任名誉教授兼顾问。1983年任大三角共同体基金会终身主席。1974年入选英国皇家学会外籍会员。1977年入选美国国家科学院院士。

早在攻读博士学位的时候，就开始对三磷酸腺苷的代谢问题感兴趣，在此基础上开始从药学的角度关注抗代谢物。1940年，伍兹(D. Woods)和菲尔兹(P. Fields)提出用于解释磺胺类药物对细菌作用的抗代谢物学说。希钦斯从该学说中吸取了这样一条思路：磺胺类药物干扰了一种必需营养物对氨基苯甲酸的利用。他还进一步提出了自己的学说："由于所有的细胞都需要核酸，那些迅速分裂着的细胞（例如细菌、肿瘤、原虫）的生长很可能为核酸碱基的拮抗剂所中止。"同时，又建立起一种新的筛选体系——干酪乳杆菌系统，该系统大大提高了筛选药物的机率。1947年发现了抗动物肉瘤的新化合物，翌年与G. B. 伊莱昂将新合成的2,6-二巯基嘌呤送至斯隆—凯特琳肿瘤研究所试用，获得较满意效果。同时与另一助手法尔科(E. Falco)开展二氢叶酸还原酶选择性抑制剂的研究，也取得一系列成就。在此基础上，他又发现了磺胺增效剂，能够抑制叶酸的合成。20世纪50年代，还发现乙胺嘧啶可杀死疟原虫，甲氧苄氨嘧啶可用于高效杀菌。1963年找到治疗痛风和使用抗癌药后尿酸积累的别嘌呤醇。70年代，选择性阻滞核酸代谢（其中一个环节）还导致用无环鸟苷治疗疱疹病毒感染。后人于1985年遵循这一思路，推出了对艾滋病治疗有一定疗效的叠氮胸苷(AZT)。

代表作有"化学疗法的设计及其成就"，"二氢叶酸还原酶的选择性抑制剂"等重要论文。由于上述成就，与伊莱昂以及在药学方面另有贡献的英国学者J. W. 布莱克分享1988年诺贝尔生理学或医学奖。一生获得许多其他奖项和学术荣誉。 （傅杰青）

李聪甫(Li Congfu)　名明，幼名凤池，号老聪，以字行世。中国湖北省人，1905年（清光绪三十一年）5月27日生于湖北黄梅，1990年4月卒于湖南长沙。中医学、中药学、医学文献学、中西医结合。

出身小手工业者家庭。只读过5年私塾和1年小学，家贫辍学。13岁到江西九江当中药铺学徒，工余自习医药书籍。1922年回家乡黄梅县，随石椿山学医。1925～1951年在湖北黄梅、江西九江以及湖南湘潭、湘乡、新化、沅陵、长沙等地行医。1952年任湖南省中医院院长，1953年兼任省中医进修学校校长。1957年任湖南省中医药研究所所长，兼湖南省血吸虫病研究委员会副主任。1966年任湖南省中医学院副院长兼省中医药研究所所长。1976～1980年任湖南省中医药研究所副所长、所长，1979年获中医研究员职称。兼任湖南省中医学会会长等职。

致力于中医药事业70年，对外感热病和内伤杂病，均有自己独特见解和临床灵验，在中医药界颇有影响。他开始潜心研究《内经》和李东垣脾胃理论。1940年湘西南麻疹流行，将自己临床经验撰成《麻疹专论》印制成册广为传布，救活婴儿无数；抗战胜利后，发表多篇文章批判废止中医的社会思潮。50年代，刊行《对余岩〈中医问题处理草案〉的批判》一书，维护和促进中医药发展；参与指导和总结湖南省中医药抗血吸虫病行动，研究治疗晚期腹水的中医疗效机制；1956年参与《全国十二年科学远景规划》制定；发表多篇文章呼吁尊重中医自身发展规律，提倡中西医结合创立中国统一的新医学新药学。60年代，总结一整套中医药研究思路和方法，提出"形神合一"学说；采用气功配合中药治疗胃及十二指肠溃疡，对疗效、发病机理予以研讨。1973年主持分析考证长沙马王堆一号汉墓出土药物及其作用；完成数部著作，其中主撰《〈脾胃论〉注释》(1976年)获1978年全国科学大会奖；1985年主持历史文献《中藏经》整理研究。

发表论文70余篇，有医案与论文集《李聪甫医案》(1979年)、《李聪甫医论》(1980年)；出版专著10部，其中独撰有《麻疹专论》(1940年初版，1957年第2版)、《中医生理学之研究》(1956年)，与他人合著还有《金元四大医家学术思想之研究》(1983年)、《传统老年医学》(1986年)、《中藏经校注本》(1990年)等。 （朱素珍）

伊格尔，H.(Eagle，Harry)　美国人，1905年7月13日生于美国纽约，1992年6月12日卒于同地。性病学、免疫学、药理学、生物化学、细胞生物学。

1927年在约翰斯·霍普金斯大学医学院获医学博士学位。后在该校附属医院任实习医师。1932年任哈佛大学医学院研究员。1933年任宾夕法尼亚大学医学院微生物学助理教授。1936年任母校公共卫生学院试验疗法实验室主任，后任性病研究实验室主任。1936～1961年在美国国家公共卫生署兼职。1947年任国家癌症研究院研究部主任。1949～1959年先后任国家微生物研究所研究员、国家卫生研究院试验疗法部主任。1959年任国家过敏与传染病研究所细胞生物学实验室主任。1961～1971年任纽约大学爱因斯坦医学院细胞生物学系教授兼系主任，1971年起任癌症研究中心主任。是美国文理科学院院士、美国国家科学院院士。

1930～1948年研究梅毒的免疫学，证实病人血清内存在与华氏反应及其他特异性抗原抗体反应类似的特异抗体。1935年证实凝血酶原和纤维蛋白原转化为凝血酶和纤维蛋白均属蛋白水解反应。1938年与同事合成了许多氧苯砷衍化物，并鉴定了其对梅毒的疗效，发现其中一种对锥虫有明显杀伤作用，并运用于临床；还证实二巯基丙醇对急性砷、汞、铅中毒的解毒作用。1944～1955年对一系列抗生素特别是青霉素的作用机制进行研究。1955 年以后，转向动物细胞培养的研究，发表了许多有关动物细胞发育生理学的论文，提出在细胞培养过程中药物毒性可作为抗肿瘤药物的筛选手段。

（叶蒙福）

李承祜(Li Chenghu) 中国安徽省人，1905 年（清光绪三十一年）11 月 1 日生于安徽枞阳，1995 年 12 月 29 日卒于上海。*生药学、中药学、药用植物学。*

出身耕读之家。杭州甲农中学农科毕业后，就读济南农学院园艺系。1924 年考取公费留日，1930 年毕业于广岛高等师范学院理学部，继续在广岛文理科大学（今广岛大学）研究部深造。1933 年回国，先后任安庆女子中学教员、保定农学院教授、安徽大学农学院教授。1938 年任陆军军医学校药科生药学系主任、教授，抗日战争中迁校贵州安顺。1947 年任国防医学院药科生药学系教授、系主任兼生药科科长。1949 年后，历任华东人民医学院教授，第二军医大学药学系教授、副系主任兼生药学教研室主任，第二军医大学药学院教授。曾兼任全军药学专业组组长，中国药学会上海分会理事长，中国药学会生药分会主任委员，国家卫生部药典委员会中药组组长，《药学学报》主编等职。

20 世纪 30～40 年代，编印多种生药学相关学科讲义和实验指导书；抗战期间，调查贵州安顺地区药用植物分布和生态环境，试种重要药用植物；出版中国第一部以现代观点编写的《药用植物学》(1949 年)，其中着重介绍国产药用植物，被中国药学院系普遍用为教材。50 年代，参与中药材标准规格制订，整理大量中药混乱品种，其中从原产地查明治疗血吸虫病要药“藜芦”为有剧毒的野金针菜或萱草根，纠正数十年文献误导；系统研究数十种中药，为制定中药质量标准提供科学依据；深入中国南方调查生药资源，其中比较研究多种萝芙木根叶，开拓利血平类等药物资源，引起中外关注；出版大学教材《生药学》，紧密结合中医药特色，引进国际新成果新方法。60 年代初，主编出版《中国药用植物图鉴》（第一集，1960 年初版，1962 年再版），收载 169 科 947 种植物，约 90 万字，获得好评；参加制订《全国十二年科学远景规划》，积极倡导发展中国新药学体系；1965 年底完成主编《中国药用植物图鉴》（第二集，因“文革”未出版），收载 1 000 余种药用植物，百余万字，插图 1 000 余幅。70 年代，参与组织制定中药质量标准。80 年代，在生药学研究中引进许多现代先进技术。与他人合编还有《药用植物的经济栽培》(2 卷，1951～1953 年)、《中草药制剂汇编》(1981 年)等。（朱素珍）

格雷厄姆，C. H.(Graham, Clarence Henry) 美国人，1906 年 1 月 6 日生于美国马萨诸塞州伍斯特，1971 年 7 月 25 日卒于纽约市。*视觉生理学、精神病学、心理学。*

双亲都是爱尔兰移民，父亲是金属制造工。格雷厄姆是家中 4 个孩子中最年长者。在克拉克大学 1927 年获文学士学位，1928 年获文科硕士学位，1930 年获哲学博士学位。先后在坦普尔大学、宾夕法尼亚大学和哥伦比亚大学等处任职。1932 年回母校克拉克大学任教。1936 年去布朗大学任教。1945 年至 1971 年去世，在哥伦比亚大学任教授。1946 年成为美国国家科学院院士。

利用单眼色盲病人来研究视觉的辨别力和敏感性，发现色盲眼从紫到橙色光范围内敏感性下降，并将紫、蓝和蓝绿色视为纯蓝色，将绿、黄和橙色视为纯黄色，类似一般绿色盲。认为该病人的绿色盲是由于红、绿色感受器敏感度相似而使中枢产生红绿混合的黄色感所致，该机制也可能发生于一般绿色盲病人。主要著作有《视力和视觉》(1965 年，与他人合著)等。获 1941 年沃伦奖章、1948 年总统功勋证书、1963 年蒂利尔奖等。

（叶蒙福）

索恩，G. W.(Thorn, George Widmer) 美国人，1906 年 1 月 15 日生于美国纽约州布法罗，2004 年 6 月 26 日卒于波士顿。*内分泌生理学、肿瘤学、临床内科学、生物化学。*

1925 年进入布法罗大学医学院，不久即加入生理学系 F. A. 哈特曼(Frank A. Hartman)教授的科研组，从事肾上腺皮质提取物生物检验方法的研究，1929 年获医学博士学位。毕业后开业行医，同时在哈特曼处继续参加研究课题。1934 年任洛克菲勒基金会研究员，在马萨诸塞总医院、俄亥俄州、马里兰州巴尔的摩等处医院从事临床医学研究。1938 年任约翰斯·霍普金斯大学医学院副教授，该校附属医院助理内科医师。在第二次世界大战中，任美军医疗团少校军医。1942 年任哈佛大学医学院理论与临床内科学教授，兼任附属医院波士顿布里格姆医院（今妇科医院）内科主任，一直在此岗位上工作了 30 余年；期间 1953 年始任休斯内科研究所首任所长，直至 1990 年退休。

20 世纪 20 年代始，与哈特曼教授一起证明了肾上腺皮质激素的生物效应受糖类和无机物的调节，1932 年同获美国医学会金质奖章。后继续进行此领域的临床研究。战后，又对人工合成的肾上腺皮质激素 11-去氧皮质酮进行研究，并在阿狄森氏病的治疗上取得重大突破。用激素丸粒植入皮下的方法，使体内激素水平保持在一个正常生理范围内，以代偿机体肾上腺皮质激素的缺乏。为此，1939 年再次获美国医学会金质奖章。20 世纪 50 年代，在他领导下，布里格姆医院成了世界上研究肾上腺疾病的权威性中心。他参与建立的雷迪—索恩测定法已成为医学界通用标准。由此，肾上腺激素对前列腺及其他与性有关的恶性肿瘤的指标作用，逐渐标准化。一生发表论文 400 多篇；主编《内科学原理》(1977 年)等书。还获得过美国内科学会菲利普奖章。

（朱 劦）

邓家栋(Deng Jiadong) 中国广东省人，1906 年（光绪三十二年）2 月 9 日生于广东蕉岭，2004 年 5 月 22 日卒于北京。*血液病学、临床诊断学、热带病学。*

小镇烟茶店主之子。1924 年入苏州东吴大学。1926 年转学燕京大学，主修化学和医预科，1928 年获理学士学位。1933 年毕业于北平协和医学院，同时获美国纽约州立大学医学博士学位。留校工作，先后任附属医院住院医师、住院总医师；内科助教、内科主治医师、讲师、血液学实验室主任。期间1938～1940年在美国哈佛大学医学院桑代克研究所进修。1942年协和医学院被日军占领，他退职任北平道济医院内科主任。1943～1948年任天津天和医院内科主任、院长。1948～1957年任北京协和医学院（今中国协和医科大学）内科副主任、襄教授（助理教授）、教授。1956年参加军事医学考察团赴苏联考察。1957年起先后任天津输血及血液学研究所所长，北京医院副院长兼国家卫生部保健局副局长，人民卫生出版社总编辑，中国医学科学院副院长、血液学研究所所长。1981～1983年任中国首都医科大学（今中国协和医科大学）副校长，兼任血液学研究所所长。

20世纪30～40年代，1937年和福克纳（Forkner）等人共同报告中国首例世界罕见的嗜酸粒细胞白血病；发现黑热病人尿液和前列腺液中存在病原体（即利杜体）；证明利杜体及其培养液对实验动物血像没有直接影响；发现动物骨髓提取液不含刺激造血的因子；在美国进修期间，发现在血流阻滞和血氧缺乏条件下，正常红细胞会变成球状直至自行溶解。50年代，1957年创建和主持中国第一个输血及血液学研究所；研制成功冻干血浆、右旋糖酐并投产供临床应用；水解蛋白研究、再生障碍性贫血和白血病临床治疗有所进展；为全国各地举办各种进修班。60年代，重点进行再生障碍性贫血的临床和实验研究；1964年在第十届国际血液学会议上，发表关于睾丸酮、氯化钴治疗慢性再生障碍性贫血的两篇研究报告。70年代末至80年代初，研究白血病病因、机理与防治方法；1980年在国际会议上介绍两种中药对血小板和血液凝固影响的实验研究；与黄家驷等人克服种种阻力，参与重建协和医学院。

主编《内科学基础》（1960年）、《诊断学基础》（1964年）、《临床血液学》（1985年）、《血液病实验诊断》（1985年）、《热带病学》（1986年）等专著。（李孙演）

方先之（Fang Xianzhi） 中国浙江省人，1906年（清光绪三十二年）2月24日生于浙江诸暨，1968年6月29日卒于天津。骨科学、矫形外科学、普通外科学。

1928年上海沪江大学生物学系医学预科毕业。1933年毕业于北平协和医学院，同时获美国纽约州立大学医学博士学位。留校工作，先后任住院医师兼助教、讲师，住院总医师兼襄教授（助理教授）。期间1938～1939年在美国波士顿大学进修骨科。1942年北平协和医学院被日军占领，同年他选择开业行医，在天津创办私立天和医院，1944年又创办私立天津骨科医院并自任医师和院长。1950～1951年参加抗美援朝医疗队救护伤员。1952年起任天津市人民医院骨科主任、院长兼外科主任，兼天津医学院一级骨科教授。

在《中华医学》杂志（英文版）发表中国现代最早一批普通外科和骨科论文。1947年开始探索骨结核病灶清除法，应用抗结核新药与手术相结合；1949年发表论文，在中国首次介绍腰椎间盘突出手术，将之归类为腰椎间盘纤维环破裂症。1950年率先推广骨关节结核病灶清除术，探寻许多新切口，对全身主要大关节制定一整套操作规程，同时又据患者不同情况分别采取不同措施，经不断改进，时至50年代中期，四肢大关节和单纯脊柱结核治愈率达95%以上，脊柱结核合并截瘫者90%得到恢复；提出简明扼要的骨肿瘤分类方法，50～60年代被中国骨科界广泛采用，誉为“方氏分类法”；1961年创刊《天津医药杂志骨科附刊》，是当时中国唯一骨科学术刊物；主持创建一套完整的中西医结合治疗骨折体系，根据“动静结合”、“筋骨并重”等原则，包括对肱骨、股骨干、胫腓骨以及邻近关节等部位骨折的各种独特治疗方法，1962年通过国家鉴定并得以推广。

他一专多能，还能熟练进行肠、胃、肾、前列腺和开胸手术。发表论文80余篇；出版专著《骨关节结核病灶清除疗法》（956年，与他人合著），1978年获全国科学大会发明奖；出版《中西医结合治疗骨折》（1966年，与他人合著），此外参编黄家驷主编《外科学》（1963年）。1956年被评为全国先进工作者。1996年欧洲著名《临床整形外科》杂志作为百年经典文献，重刊他的“中西医结合治疗前臂骨折”（1963年）论文。（李孙演）

沈其震（Shen Qizhen） 中国湖南省人，原籍湖南长沙，1906年（清光绪三十二年）2月24日生于四川重庆，1993年6月16日卒于云南昆明。传染病学、公共卫生学、医务管理。

开明士绅家庭出身。1923年起先后入上海同济大学医学院、中山大学医学院学习；1927年赴日本留学，1931年获东京帝国大学医学院医学博士学位。同年回国，任北平协和医学院研究员。1933年后，在天津开业行医，并任《大公报》医学顾问，《医学周刊》和《医学知识》杂志主编。1937年在汉口参加新四军，1939年后任新四军军医处处长、卫生部部长。1943年到延安，先后任中央军委卫生部第一副部长、解放区救济委员会副主任等职。1946年后，在上海、香港等地做地下工作，募集医药器材和动员组织医务人员。1949年后，历任大连医学院院长，中央卫生研究院院长，中国医学科学院教授、副院长、名誉院长。曾兼任中国国际文化交流中心副理事长等职。1955年选聘为中国科学院学部委员（院士）。

主要贡献：主编医学刊物积极介绍苏俄的卫生保健成就，创办由中国共产党北方局领导的天津诊疗所；在抗日战争和解放战争中，参与领导革命军队卫生工作；在极端困难条件下募集和向前方输送大批急需医药器材物资，动员高级专业人才到解放区工作。1949年后，先后组织创建劳动卫生研究所、寄生虫病研究所、抗菌素研究所、医学生物学研究所等10余个国家级研究机构；中国南方突然爆发小儿麻痹症，使千百万儿童致残，1960年他亲自领导医学生物研究所完成了2 000万份脊髓灰质炎疫苗的生产任务，成功地预防了脊髓灰质炎（小儿麻痹症）的再次流行。此外，他还对矽肺等职业病以及对恶性疟疾、血吸虫病等传染病的防治做了大量工作。（陈 磊）

钱悳（Qian De） 原名保民，字孟修。1906年（清光绪三十二年）6月13日生于江苏江阴，2006年1月21日卒于重庆。传染病学、医学寄生虫学、临床诊断学、内科学。

出身书香门第，家境清贫，弟妹5人。小学毕业当过两年学徒。1927年毕业于江苏医科大学预科。1932年毕业于中央大学上海医学院后独立，获医学博士学位。同年供职于上海同仁医院。1933年起任南京中央医院住院医师、总住院医师、主治医师，1938年抗战初期随医院内迁长沙、贵阳。妻子和弟妹等4人在逃难返乡途中惨遭日军杀害。1939～1944年任重庆中央医院内科副主任、代理主任。1941年任上海医学院副教授，1946年任教授兼附属中山医院内科主任。期间1944～1945年在美国波士顿大学附属伊文斯纪念医院进修。1951～1958年任上海第一医学院（今复旦大学上海医学院）附属华山医院副院长、院长，1956年任上海第一医学院副院长。期间1951年任上海市抗美援朝第二志愿医疗大队副大队长。1958～1983年任重庆医学院（今重庆医科大学）副院长、院长。曾先后兼任中央血吸虫病研究委员会副主任兼临床组组长，中华医学会内科学会副会长，四川省血吸虫病研究委员会主任、重庆市科学技术协会主席等职。

首批报道当时病死率极高的肺炎链球菌脑膜炎，提出诊断和治疗思路；首次总结重庆伤寒病数百例及其多种罕见并发症，受中外医学界关注；首次报道常被误诊的肠道阿米巴病异常征象；首创以吐根素注射后穿刺吸引排脓主治阿米巴肝脓肿，病死率低于手术治疗，在中国沿用至今；在中国首次报道亚急性细菌性心内膜炎诊断和治疗。1950年报道氯霉素治疗伤寒、副伤寒临床观察，发现可将常用日剂量减少一半不影响疗效，后被普遍采纳；参加上海市郊部队血吸虫病防治，多次去湘、鄂、滇、川检查和指导工作，被授予“模范教授”称号，并出席首届全国英模代表大会；探索酒石酸锑钾治疗血吸虫病最佳剂量和疗程；参与筹建重庆医学院，培养大量专业人才。60年代后，主持对低毒性非锑剂抗血吸虫药“血防846”进行基础和临床研究，使之在全国推广；综述大叶性肺炎、急性播散性红斑狼疮、药物毒副作用、肝肿大等临床问题。

主编和参与编撰《实用内科学》（1952年）、《内科临床手册》（1955年）、《临床症状鉴别诊断学》（1955年初版，1987年第3版）、《传染病学》（1956年初版，1985年第3版）、《实用血吸虫病学》（1982年）、《中国医学百科全书·传染病学》等。（李孙演）

钱恩，E. B.（Chain，Sir Ernst Boris） 英国人，1906年6月19日生于德国柏林，1979年8月12日卒于爱尔兰卡斯尔巴。*传染病学、病理学、药理学、生物化学、药物工程。*

父亲是犹太族俄国人，母亲是德国人。化学家的儿子，从小因参观父亲的工厂和实验室而对化学产生了兴趣。1930年毕业于柏林威廉大学化学系。在柏林慈善医院从事酶的研究。1933年因逃避纳粹政权种族迫害而移居英国，在剑桥大学生物化学系工作2年，在F. G. 霍普金斯指导下研究磷脂。1935年到牛津大学病理学系任职，次年成为化学病理学讲师。第二次世界大战后移居意大利罗马，在高级卫生研究院供职，1948年任罗马化学微生物学国际研究中心科学主任。1964年回英国，任伦敦大学帝国学院生物化学系教授兼系主任，1973年退休任该院荣誉教授，1976年任高级研究员。1949年当选为英国皇家学会会员。1969年封爵。1976年当选为苏联科学院外藉通讯院士。1963年被选为英国皇家艺术学会会员。退休后移居爱尔兰西部，在那里去世。

青霉素是治疗人类传染病的有效而珍贵的抗生素，他是对研制青霉素有特殊贡献的研究开发小组负责人之一。A. 弗莱明发现青霉素后，预言此物质可用于传染病人的治疗，但因不能足够量的生产而无法完成这一试验，1931年再次试图人工制造和提纯仍未能成功。1938年钱恩和H. W. 弗洛里开始对微生物产生抗菌物质系统地进行研究，证明青霉素是一种新的抗菌物质。他们首先建立了一种测定含有青霉素的液体相对强度的方法，把1毫升标准溶液中青霉素的含量定义为一个牛津单位。他们设法把产生青霉素的霉菌在尽可能无菌的条件下进行培养，一星期后培养液中的青霉素达到最佳状态时进行提取。游离的青霉素是一种酸，比水更易溶于某些有机溶剂。他们通过摇晃青霉素培养液与酸化过的乙醚或乙酸戊脂混合物的方法使其溶解，并除去了许多杂质，纯化后的溶液在低温下脱水，得到稳定的干燥活性物质。经测定，每毫克这种物质含40～50牛津单位青霉素，稀释100万倍后仍可破坏葡萄球菌，然而这种物质还不是纯的青霉素，后者达1 650牛津单位。经动物实验，受气性坏疽菌感染的小鼠经使用青霉素有90%康复，而未用青霉素治疗的小鼠全部死亡。他与E. P. 亚伯拉罕揭示了青霉素晶体的化学结构，发现事实上有4种不同的青霉素，其相对的元素组成略有不同。在第二次世界大战后期，青霉素在美国实现了工业化生产，为盟军在法国诺曼底登陆、顺利开辟欧洲第二战场提供了强有力医疗保障。由于对青霉素分子结构的阐述并把这种物质首先用于临床试验，和澳大利亚H. W. 弗洛里、英国A. 弗莱明同获1945年诺贝尔生理学或医学奖。此外获法国荣誉军团勋位、埃利希奖等。

多才多艺，具有音乐才能，是卓越的钢琴演奏家。1961年5月曾到过中国，在北京作了“化学微生物学在医学中的成就”的科学报告，给中国同行留下了深刻的印象。（周邦娴）

苏德隆（Su Delong） 中国江苏省人，1906年（清光绪三十二年）7月9日生于江苏南京，1985年4月3日卒于上海。*寄生虫学、流行病学、肿瘤学、公共卫生学。*

出生贫寒小摊贩家庭。早年就读于南京中央大学医学预科，1927年该校并入上海医学院，1935年毕业获医学博士学位。留校任助教、讲师，1943年任副教授、1948年任教授，1943年任卫生系主任。期间，1938～1942年先后任国民政府卫生署医疗队防疫大队长、贵阳卫生人员训练所教务长；1942年～1943年在印度孟买霍普金斯细菌研究所进修和研究鼠疫防治学；1944年去美国约翰斯·霍普金斯大学公共卫生学院攻读，1945年获硕士学位；1945年赴英国牛津大学病理研究所作研究，1947年获哲学博士学位。回国后一直在上海医学院（上海医科大学前身，今复旦大学上海医学院）执教，任流行病学教研室主任、卫生系主任，1978年任预防医学研究所所长，1980年为副院长。兼任全国血吸虫病研究委员会副主任委员、全国流行病学会主任委员、中华医学会上海分会副会长、上海市流行病学会主任委员等。

主要从事血吸虫病及肝癌的公共卫生学研究，作出重要贡献。20世纪50～70年代，长期进行血吸虫流行病学和钉螺生态学的研究。1950年起，作为上海市"沪郊血吸虫病防治委员会"副秘书长，积极参与动员和组织医务人员投入相关活动，取得显著效果；1954年发现人尿可杀灭粪中血吸虫卵，在水网型流行区加以推广；首创"纸钱法"筛选灭钉螺药物。1963年发表"钉螺的负二项分布"，是世界上首次阐述钉螺分布规律，对消灭钉螺具有指导意义。60年代，以浸有氯硝柳胺药物的布条在自己身上进行试验，创用"防蚴衣"。70年代创制成功涂肤防护剂"防蚴笔"，对预防血吸虫病及稻田皮炎有特效。1972年又对肝癌高发区进行调查，发现肝癌高发区与居民饮水不洁有关，提出改水建议，使肝癌发病率显著下降；1979年发表"饮水与肿瘤"论文。1972年运用流行病学理论和方法，找出上海近郊皮炎流行的原因——是寄生在灌木树上的桑毛虫的毒毛引起的，称为"桑毛虫皮炎"。1982年发表的"中国血吸虫病生态学"，创立了"地域性防治血吸虫病"的理论。

发表论文100余篇；编著的著作有《农村卫生学》（1962年）、全国通用教材《流行病学》（1964年），主编《辞海·预防医学》，参与主编《中国医学百科全书·流行病学》等。因对血吸虫病预防所取得的成果，获1978年国家卫生部医学科学大会奖。因研究桑毛虫皮炎流行因素，获上海市卫生局授予的优异奖。（张慰丰　李孙演）

黄家驷（Huang Jiasi）字午峰。中国江西省人，1906年（清光绪三十二年）7月14日生于江西玉山，1984年5月14日卒于北京。*胸腔外科学、医学教育。*

1926年进入燕京大学学习，获理学士学位。1933年毕业于北平协和医学院，获医学博士学位。留校工作，任外科住院医师。1932年参加林可胜教授组织的医疗队，奔赴热河抗日前线。1935年就职于国立上海医学院，历任住院医师、总住院医师、助教、讲师、副教授。1937年任医疗队副队长，并筹建无锡伤兵医院。上海沦陷后，随学校迁往昆明。1940年留学美国，1941年入密歇根大学医学院进修胸外科，1943年通过美国全国专家考试，取得外科专家与外科硕士两项证书。1945年回国，任上海医学院教授，并在中山医院和红十字医院创建胸外科。1951年参加抗美援朝医疗队，任总队长兼第一大队大队长。1952年任上海第一医学院（上海医科大学前身，今复旦大学上海医学院）副院长兼中山医院院长。1956年倡议成立上海市胸科医院，任第一任院长。1958年调任中国医学科学院院长。1959年筹建中国首都医科大学并任首任校长。1983年起任中国医学科学院名誉院长、中国首都医科大学名誉校长。兼任国家科学技术委员会医学组副组长，卫生部医学科学委员会副主任，中国科学技术协会副主席，中华医学会副会长、中华医学会外科学会主任委员，中华医学教育学会副理事长，中国生物医学工程学会理事长，《中华医学》（外文版）、《中华外科》、《中国生物医学工程学报》杂志主编，《中国医学百科全书》编委会副主任委员等。曾当选为苏联医学科学院外籍院士。1955年选聘为中国科学院学部委员（院士），是中国科学院主席团成员。

1943年在美国结合临床研究结核性支气管炎的病理学问题。1951年在中国首先报告食管一胃颈部吻合术，扩大根治范围，减低了手术病死率；1954年在上海着手开展胸外科手术；1956年组织上海市胸外科医师总结千余例肺切除术治疗肺结核病的临床经验，提出对肺癌早期诊断、早期治疗的原则，对肺切除术建立了正规的手术方法，对胸外科的发展起到了很大的作用；为了贯彻中西医结合，1958年带头参加西医学习中医班。1960年首先研究支气管成形术和心脏外科，开展低温麻醉和体外循环心脏直视手术；对先天性心脏病动脉导管未闭的切断缝合方法做了改进。长期担任医学教育的领导工作。晚年积极扶持在中国还处于初创阶段的生物医学工程学。

著述丰富。先后用中、英、俄文发表100多篇论文；主编教科书《外科学》（3卷，1960年初版，2008年第7版），主译《军阵外科》（1951年）、《胸部外科学》（1954年）、《辅助循环》等。1979年获美国医学会优秀医学教育家奖。（张慰丰）

萨宾，A.B.（Sabin，Albert Bruce）　美国人，1906年8月26日生于俄国比亚韦斯托克（今属波兰），1993年3月3日卒于美国华盛顿。*病毒学、流行病学、免疫学、生物工程、儿科学。*

1921年随家人移居美国，1930年加入美国籍。1931年在纽约大学医学院获医学博士学位。同年到纽约市贝尔维尤医院实习。1934年在英国利斯特预防研究所主持研究项目。后进洛克菲勒医学研究院（今洛克菲勒大学）。1939年到辛辛那提儿童医院工作。第二次世界大战中，任美国陆军医疗团中校医官。1946年任辛辛那提大学医学院儿科学教授，1960年任儿科学杰出教授。1970～1972年任以色列魏茨曼科学研究院院长。1974年任美国南卡罗来纳医科大学生物医学杰出教授。1951年当选为美国国家科学院院士。

在其漫长的研究生涯中，发现并研究了许多新病毒，其中包括B病毒和再生性病毒；深入探讨日本脑炎以及其致病病毒的特征，开发出相关疫苗；分离并阐明了白蛉热病毒；分离并制造出一种抗登革热病毒的保护性疫苗；还对埃可病毒肠性细胞致病人类弧独型病毒及其在人类疾病中所起的作用作了研究。因对人类脊髓灰质炎的特征、传播方式以及流行病学特点所作的研究，使其成为著名科学家。1954 年底研制出一种口服用脊髓灰质炎疫苗，为在世界范围内根除小儿麻痹症创造了条件。

由于对病毒学等方面的卓越贡献，获得美国和国际科学界多种奖项，其中有 1970 年美国国家科学奖章，1986 年美国总统自由勋章。为纪念他，1999 年辛辛那提儿童医院建立萨宾教育与会议中心；2006 年美国邮政管理局发行 87 美分的萨宾头像邮票。（朱　劼）

张昌绍(Zhang Changshao)　中国上海市人，1906 年(清光绪三十二年)10 月 6 日生于江苏嘉定(今属上海市)，1967 年 12 月 20 日卒于上海。药理学、中药学、中西医结合。

经自学于 1928 年考入南京中央大学医学院(后该院成为独立的上海医学院)，1934 年毕业。留校任教药理学。1937 年考取公费生留学英国，在伦敦大学医学院药理学系学习，1940 年获医学博士学位。同年去美国哈佛大学医学院从事博士后研究。1941 年回国，任内迁重庆的上海医学院药理学副教授，兼任中央卫生实验院药理研究室主任；1946～1949 年任上海医学院药理学教授兼科主任。1949～1967 年任上海医学院(今复旦大学上海医学院)教授兼药理学教研室主任。兼任国家卫生部药典委员会委员兼新药组组长、全国血吸虫病研究委员会药物组组长等职。

20 世纪 30 年代后期，在英国从事植物神经系统药理研究。最早发现钙离子是肾上腺素能神经传递的重要因素，60 年代末才被学术界重新关注；发现肾上腺素受体阻断剂具有加强肾上腺素能神经传递作用，其重要性直到 80 年代才被学术界充分认识；对副交感神经的递质乙酰胆碱进行了研究，其中关于吗啡受体方面的创见领先于同行 12 年。40 年代，向中国及时介绍世界医学中的磺胺类、抗生素两大发现及其应用，先后出版《磺胺类化学治疗学》(1943 年初版，1947 年第 3 版)、《青霉素治疗学》(1944 年初版，1947 年第 2 版)、《青霉素、链霉素及其他抗生素》(1948 年)等多种著作，对当时中国医药界有相当影响；率先在动物实验和临床上证明粗制常山浸膏对治疗疟疾有效；出版中国第一部《现代药理学》(3 卷，1943～1949 年)，同时在重庆和延安印刷发行。50 年代，1950 年发现中药鸦胆子有抗疟作用；探索用现代科学整理中医药，开展中西医结合临床实践，并著有《中药的现代研究》(1953 年)；主持血吸虫病的实验治疗研究，尤其对锑剂进行了持续 10 余年系统研究；主持制定国家卫生部颁布的药理学教学大纲，主编全国高等医药院校统编教材《药理学》(1958 年初版，1965 年第 3 版)；受国家卫生部委托，相继主办多届全国药理学高级师资培训班；作为中国科学家代表团成员，先后访问捷克斯洛伐克和苏联。60 年代，用实验首次证明麻黄碱对单胺氧化酶并无抑制作用；确证或发现影响儿茶酚胺体内代谢的一些药物，深入研究肾上腺素能神经药理；指导学生从事吗啡镇痛机理及其镇痛中枢部位的探索；原计划出版 5 卷本大型药理学专著，由于过早去世，生前仅出第一卷《药理学总论》(1965 年)。发表论文百余篇。（张萱如）

沃尔德，G.(Wald，George)　美国人，1906 年 11 月 18 日生于美国纽约，1997 年 4 月 12 日卒于马萨诸塞州坎布里奇。视觉生理学、眼科学、营养学、生物化学、光化学。

出身德国移民家庭。在布鲁克林度过了青少年时代。1927 年毕业于纽约大学，获理学士学位。后进入哥伦比亚大学攻读动物学研究生，成为视觉生理学权威赫希特(S. Hecht)教授的学生和助手，1932 年获博士学位。后作为美国国家研究委员会研究员在国外度过 2 年，在柏林大学、苏黎世大学从事博士后研究，1934 年回美国，在哈佛大学任生物学示教员，1948 年任生物学教授。1950 年当选为美国国家科学院院士。获美国和亚洲、欧洲 10 余所著名大学荣誉博士学位。

毕生从事视网膜感光细胞中的视色素的研究。20 世纪 30 年代，1932 年以关于果蝇视锐度和亮度辨别的研究论文获博士学位；1932～1933 年，先在柏林大学 O. H. 瓦尔堡实验室中首次鉴定了视网膜中的维生素 A，随后在访问苏黎世大学的卡雷实验室时完成这项研究；1934 年到德国海德堡大学迈尔霍夫实验室学习数月，发现视紫红在受光照射而变色的过程中，生成一种中间产物视黄醛(几年后，英国科学家证明视黄醛实际上是维生素 A 的醛类)。进而阐明了视色素的基本结构：所有视色素由两部分组成，一部分为维生素 A(视黄醛)，一部分是一种特殊的蛋白质——视蛋白。并对视色素受光照后所发生的一系列光化学变化过程进行了研究。在明和暗的变化过程中，视黄醛不可逆地发生了变化而逐渐消失，比较稳定的维生素 A 则生成更多的视黄醛。当食物中长期缺乏维生素 A，又当体内贮存的这种化合物已经耗尽时，就无法生成视黄醛，视黄膜细胞杆状体将不再有正常的功能，眼睛对暗淡的光线就没有反应。因此，当缺乏维生素 A 时，就会发生夜盲症。这一研究大大加深了人们对视觉兴奋机理的认识，是从心理物理方法来研究视觉活动。早在 20 世纪 40 年代，就证实摘除眼球水晶体的人，能够看到常人不可见到的紫外线，因为水晶体吸收了紫外线。

主要著作有《人类的视觉和色谱》(1945 年)和《视觉兴奋的分子基础》等。由于对视觉生理的研究，特别是阐明了视色素的光化学机制，与 R. A. 格拉尼特、H. K. 哈特林共获 1967 年诺贝尔生理学或医学奖。他在诺贝尔授奖仪式上的演讲，题为“视觉兴奋的分子基础”。此外获得多种其他奖励。（张慰丰）

威尔金斯，R. W.(Wilkins，Robert Wallace)　美国人，1906 年 12 月 4 日生于美国田纳西州查塔努加，2003 年 4 月 9 日卒于新贝雷浦特。心血管病学、生理学、药理学、精神病学。

1928年毕业于北卡罗来纳大学。1933年获哈佛大学医学院博士学位。1940年任教于波士顿大学医学院,1955年任教授,1960年任内科系主任,后任医学中心主任。1957年任美国心脏学会会长。同年入选美国文理科学院院士。

主要从事高血压病和动脉硬化症的生理学、病理学和药理学研究。发现高血压病人的血管收缩是可逆性的,从而又研究了降血压药物的药理机制及其特征。临床结果表明,降压药和利尿剂联合使用有良好协同疗效,这一方案成为高血压的经典治疗方法。还对动脉硬化的发生机制作了探讨。对高胆固醇血症的药物治疗作了研究。1950年,他把印度人用以治疗高血压病的一种灌木根引入美国,经提制后在马萨诸塞纪念医院进行临床试验和评价。1952年,他报道了这种被称为利血平的药的镇定精神和降血压作用,是当时一种最好的镇静剂,不影响人的神智或引起昏睡,因而很快成为治疗精神病的一种重要辅助剂,这使他更享有盛誉。此外,大力倡导将第一流的教学和科研、以及对病人的高水平治疗护理结合成一个整体,并获得成功。由于他的贡献,获波士顿大学杰出服务奖章,1962年获美国金心奖。（朱　劦）

哈多,A.(Haddow, Sir Alexander)　英国人,1907年1月18日生于英国苏格兰西洛锡安耶郡,1976年1月21日卒于英格兰阿默舍姆。肿瘤学、毒理学、实验病理学、药物工程。

1937年在爱丁堡大学获哲学和医学博士双学位,次年获理学博士学位。留校教细菌学,并研究肿瘤免疫和细菌变异。曾任伦敦皇家肿瘤医院切斯特·贝蒂研究所所长,伦敦大学实验病理学教授。1958年被选入英国皇家学会。1960年成为美国文理科学院外藉院士。

主要致力于癌的研究。20世纪30年代初,发现了哈多氏现象——致癌性与抑制生长之间的关系,烃致癌是由于早期干扰了细胞分裂和生长。还发现嘌呤和嘧啶与器官大小的生理调节有关。40年代后期,与同事开辟了新的领域:合成氮芥衍生物,并应用于临床治疗慢性白血病、骨髓瘤及卵巢癌等。晚年研究金属的致癌作用以及鼠内脏反位现象。（张祝山）

西利,H.H.B.(Selye, Hans Hugo Bruno)　又译塞里、塞耶。加拿大人,1907年1月26日生于奥地利维也纳,1982年10月16日卒于加拿大魁北克省蒙特利尔。病理学、内分泌学、免疫学、心理学、社会医学。

原藉匈牙利,祖辈四代行医。1925～1926年在法国巴黎大学学医。1927年获意大利罗马大学医学博士学位。1929年获布拉格日耳曼大学化学与医学博士学位。1931年到美国约翰斯·霍普金斯大学生物化学系做博士后研究。1932年到加拿大麦吉尔大学生物化学内分泌研究所工作,先后任讲师、副教授,1937年获该校理学博士学位,1941年任教授、实验医学与外科研究所所长。1945年任加拿大蒙特利尔大学实验内科学与外科学研究所所长和教授。获世界多所大学名誉教授职称或荣誉博士学位。是美国纽约科学院院士。

病理学与内分泌学应激学派的奠基人。研究领域主要集中于医学和生物学,但也涉及哲学、社会学和心理学等领域。首创应激学说,用以探索紧张和压力对生物体的效应,促进了病理学和内分泌学的发展。1936年在英国《自然》杂志发表论文“由广泛致病因子引起的综合征”,首次报告发现各种不同强刺激都会引起机体相同的非特异反应,例如小鼠肾上腺、胸腺、淋巴系统和胃肠道出现相似变化,受到学术界关注。由此提出应激学说,认为应激是致病因子与机体功能活动共同作用产生的全部非特异变化的综合,其中包括损伤和机体重建正常生理状态必须的反应,可分为全身性和局部性适应综合征。基于25年动物实验和临床观察,他发现应激与内分泌系统,主要是垂体一肾上腺皮质系统为轴心的调节机制有关,严重者会由此影响胸腺淋巴组织萎缩和血液成分变化,导致全身器官退行性变化,而医生往往习惯于过分关注不同疾病的特异性。他进而研究开发各种抗应激药物。还发展了由体内电解质和类固醇激素的平衡障碍引起心肌坏死的实验模型,改进防治这种疾病的化学方法。但有评论者认为,他把应激概念不适当地推广到社会学领域。

著述颇丰。发表论文、报告和文章1 700余篇;专著15部,主要有《生命的应激状态》(1956年)、《心肌坏死的化学预防》(1958年)、《肥大细胞》(1965年)、《生物体内:超分子生物学状况》(1967年)、《激素与抵抗力》(1971年)、《癌症、应激和死亡》(1979年,与他人合著)、《西利应激研究要览》(2卷,1980～1981年)等。有通俗读物《从梦想到发现》(1964年)、自传体《我生活中的压力》(1977年)等7部。获1940年麦吉尔大学凯斯葛林一卡波尼奖、1948年美国临床与气象学会哥顿一威尔逊奖章、1950年意大利科学院奖章、1955年日本北海道大学奖章、1964年美国老年病学会汉德森奖章、1974年蒙特利尔大学年度突出科学家奖、1977年英国百科全书终生成就奖等。（李孙演）

兰锡纯(Lan Xichun)　中国山西省人,1907年(清光绪三十三年)2月3日生于山西河津(今山西万荣),1995年4月12日卒于上海。普通外科学、心血管外科学、医疗器械研制。

1925年考取济南齐鲁大学医学院,1933年春参加抗日救护队为伤病员治病,同年毕业于齐鲁大学医学院,并获加拿大多伦多大学医学博士学位。先后任齐鲁大学附属医院、上海仁济医院、上海雷士德医学研究所外科医师,历时5年。1938年赴英国利物浦大学医学院学习外科,次年回国。1939～1952年,历任上海仁济医院、宏仁医院外科主任,圣约翰大学医学院临床教授等职。1952年起,历任上海第二医学院外科教授、医学系第二部第二主任、临床外科教研室主任、心血管疾病研究室第一主任。1957年任上海市胸科医院副院长、兼心脏外科主任等职。1978年起任上海第二医学院(今上海交通大学医学院)院长,上海生物医学工程研究所所长、名誉所长等职。1981年任日本大阪齿科大学名誉教授。

中国心脏血管外科主要奠基人之一。对晚期血吸虫病引起的门静脉高压症进行了系统的外科治疗研究,1952 年 8 月首次成功实施脾肾静脉吻合术,降低了门静脉的压力,使很多出血的危重病人免于死亡,不仅提高了门静脉高压症的疗效,更重要的是使血管疾病的治疗由结扎术进展到血管缝合术的新阶段。在《中华医学》杂志(英文版)发表的"门静脉高压症的分流术疗法"、"上消化道静脉曲张大量出血的紧急处理"等论文,被多家外国医学杂志转载,引起世界医学界广泛关注。1953 年发表"胆道结石症"等论文,提出独创性治疗方案,改进手术方法,提高了胆石症治愈率。1954 年 2 月,与助手首次成功施行二尖瓣分离术,这是中国第一例心脏手术,并获奖。还组织、参与各种心脏血管手术器械的研制工作,共同制成国产二尖瓣扩张器、人工心肺机、人工瓣膜等,为改进和开展各种复杂心脏手术,创造了有利条件。

发表论文 50 多篇;和黄家驷共编高校教材《外科学》(1960 年),主编《心脏外科学》(1959 年初版,1964 年第 2 版)、《血管外科学》(1983 年)、《心脏血管外科学》(2 卷,1984～1985 年)等著作。 (张慰丰)

冯德培(Feng Depei) 中国浙江省人,1907 年(清光绪三十三年)2 月 20 日生于浙江临海县,1995 年 4 月 10 日卒于上海。*生理学、神经科学。*

1922 年考入复旦大学文科,次年转入心理学系,1926 年从生物学系毕业。留校任生理学助教。1927 年在北平协和医学院做林可胜的研究生,主要作胃分泌方面的研究。1929 年夏考取公费生留学美国,在芝加哥大学生理学系 R. W. 杰勒德的实验室进行神经代谢方面的研究,1930 年春获硕士学位。同年秋到英国伦敦大学诺贝尔奖获得者 A. V. 希尔教授的实验室进行学习和研究,部分时间又去剑桥大学、牛津大学生理实验室和普利茅斯海洋生物实验室工作。1933 年获伦敦大学博士学位。后又到美国费城约翰逊基金会医学物理研究所进修一年。1934 年夏回国,重返协和医学院生理学系工作,在那里建立起自己的实验室。1943 年到重庆,先被聘为上海医学院生理系教授,后任中央研究院医学研究所筹备处研究员兼代主任。1946 年到纽约洛克菲勒医学研究院,与洛伦特蒂诺(Lorente de No)进行神经生理方面的合作研究。1948 年当选为中央研究院院士。1950 年起,先后担任中国科学院生理生化研究所研究员兼所长,中国科学院生理研究所研究员兼所长,中国科学院华东分院及上海分院副院长,中国科学院副院长兼生物学部主任,中国科学院学位委员会主任,中国科学院上海生理研究所研究员、名誉所长。曾兼任中国生理学会理事长、名誉理事长,《生理学报》主编,《中国生理科学》(英文)杂志名誉主编。1984 年任美国哥伦比亚大学医学中心客座教授。1986 年当选为美国国家科学院外籍院士。同年入选第三世界科学院院士。1955 年选聘为中国科学院学部委员(院士)。

20 世纪 30 年代,在英国 3 年完成了不少关于神经和肌肉生理的重要研究,发表 10 篇文章,其中一篇报告的肌肉代谢因拉长而增加的新现象,被希尔称为"冯氏效应";在关于神经肌肉接头的研究领域中,与协和医学院合作者进行了 6 年的研究,在《中国生理学》杂志上发表 26 篇论文,作出了很多开创性研究,被公认为这个领域的先驱者。1949 年后,对发展中枢神经系统生理学的研究作出了贡献,同时培养了许多人才。20 世纪 60 年代初,带领同事们开辟了神经肌肉系统细胞间营养性关系的研究,发现鸡慢肌纤维去神经后肥大的新现象。80 年代初,他们利用双神经支配的肌纤维,研究了成年哺乳动物上运动神经元如何决定骨骼肌纤维类型的问题,首次证明:运动神经元决定肌纤维类型的途径,除通过神经冲动的活动外,还有特殊的营养性因素。

(张慰丰)

威纳,A. S.(Wiener, Alexander Solomon) 美国人,1907 年 3 月 16 日生于美国纽约州布鲁克林,1976 年 11 月 6 日卒于纽约市。*免疫学、血液学、临床病理学、法医学。*

15 岁入康奈尔大学攻读生物学,1926 年毕业。1930 年获纽约长岛大学医学院(今纽约大学医学院)医学博士学位。同年起在布鲁克林犹太医院工作,1933～1935 年任该院遗传学与生物测定学科主任,1932～1952 年任输血科主任,其后任免疫血清学家。1949～1952 年兼任亚特尔菲医院输血科主任。1938 年起长期兼任纽约市首席医务检查官办公室的血清学家。同年兼课于纽约大学医学院法医学系,1968 年任教授。因白血病去世。

1935 年,他作为美国医学会法律委员会成员,参与起草在美国所有州允许推行血液检测法的提案报告,并和父亲 G.. 威纳协助纽约州起草了一系列关于血液测试等医学法案。系血液中 Rh 因子的发现者之一。1937 年与 K. 兰兹泰纳用恒河猴的红细胞与兔血清起免疫反应,制备了一种抗血清,它可以与大约 85%的白种人红细胞起凝集反应,这就是 Rh 阳性者,其余无此反应者为 Rh 阴性,从而揭示了一些血型相同患者输血发生凝集反应的秘密。为此,1946 年获美国公共卫生协会拉斯克奖章,1951 年帕沙诺基金会奖章。一生发表的关于血液分型和输血方面的论文达 500 篇以上;有专著《血型和输血》(1962 年)等 5 部。 (朱 劦)

林兆耆(Lin Zhaoqi) 中国上海市人,1907 年(清光绪三十三年)3 月 22 日生于上海,1992 年 2 月卒于同地。*内科学、消化病学、传染病学、肿瘤学。*

1924 年入上海沪江大学理学院半工半读。1925 年转入上海圣约翰大学理学院及医学院。1927 年再转入第四中山大学上海医学院(上海医学院前身)攻读,1931 年毕业。同年任上海中国红十字总医院助理住院医师。1932 年任北平协和医院内科助理住院医师。1933 年赴英留学,先后在利物浦大学热带病及卫生学院、伦敦大学学院各教学医院学习。1936 年回国后在上海医学院任内科学讲师,1937 年任副教授,1945 年任教授。历任上海中山医院和上海中国红十字会第一医院(今华山医院)内科主任、副院长、中山医院院长,兼任上海第一医学院(上海医科大学前身)教授兼内科系主任、上海医科大学(今复旦大学上海医学院)内科学院副院长。兼任中华医学会内科学会主任委员、《消化疾病文摘》主编等职。

早年从事传染病和寄生虫病的研究。1940 年首创用骨髓培养法诊断伤寒、副伤寒、葡萄球菌败血症及其他全身性细菌感染;与此同时,对回归热的抗菌治疗、炭疽杆菌脑膜炎、中华分支睾吸虫病、氨苯磺胺临床应用、消化性溃疡以及多发性胃甲滑肌肉瘤等,发表过多种研究报告。1949 年后,研究血吸虫病、胃癌、肝癌等消化系统疾病,并发表一系列论文。20 世纪 60 年代,对原发性肝癌进行了研究,为中山医院肝癌研究奠定了基础。期间发表重要论文"原发性肝癌 207 例的临床观察";参加 1962 年莫斯科第 8 届国际肿瘤会议。主编《实用内科学》(1952 年初版,2002 年第 11 版)、《内科学》(1964 年)、《急性传染病手册》等。

(张萱如 刘宇庆)

博维特,D.(Bovet,Daniel) 意大利人,1907 年 3 月 23 日生于瑞士纳沙泰尔,1992 年 4 月 8 日卒于意大利罗马。药理学、生物化学、生物医药工程、心理生物学。

瑞士裔。教育学教授的儿子。1927 年获瑞士日内瓦大学理学士学位,1929 年获理学博士学位。同年去巴黎巴斯德研究院治疗化学实验室任助理研究员,1936 年晋升为主任。1947 年应意大利国家卫生研究院邀请,在罗马组建医疗化学研究所,并任所长。同年加入意大利国籍。1964 年任塞萨瑞大学药理学教授。1971 年任罗马大学心理生物学教授。1969~1975 年任罗马国家研究委员会心理生物学和心理药理学实验室主任。1958 年被选为意大利科学院院士。1960 年被选为美国文理科学院外籍院士。1962 年成为英国皇家学会外籍会员。获意大利巴勒莫大学,巴西里约热内卢大学,瑞士日内瓦大学,法国蒙彼利埃大学、巴黎大学、南锡大学和斯特拉斯堡大学,以及捷克布拉格大学等校荣誉博士学位。

1932 年对多马克发现用来治疗链球菌感染性疾病的百浪多息进行药理活性分析,发现百浪多息在体内分解出对位氨苯磺胺,它的结构与细菌所需的养料对氨基苯甲酸相似,被细菌吸收后并不起营养作用,却抑制了细菌生长,从而揭开磺胺药抗感染的奥秘。据此他们合成了上百种对位氨苯磺胺的衍生物,从中筛选出疗效好、抗菌强、低毒副的药物。1933 年在 E. 福尔诺教授的指导下从事抗组织胺药物的研究,1939 年筛选出第一个抗组胺药物(929F),以后又找到了 157F 等抗过敏药,并合成了许多抗组织胺的变体,成为世界各地广泛应用的抗过敏药。20 世纪 40 年代初研究麦角碱,获得多种具有明显抗交感神经功能的药物,它们对子宫的效应酷似麦角碱。40 年代主要研究肌肉松弛药,想在浅麻醉的基础上辅以美洲箭毒来松弛肌肉。为此曾去南美巴西腹地丛林地区探险与考察。回来后用了 8 年时间,弄清了美洲箭毒的基本成分。在此基础上,合成了 400 种可引起不同程度的箭毒效应的化合物。从中筛选出某些胆碱衍生物,其中最佳的一种是毒性较小的琥珀酰胆碱。这种生物碱能阻断运动神经向肌肉的兴奋性传递,使肌肉麻痹,但不易引起呼吸肌麻痹,应用于外科手术病人,可使病人肌肉松弛,增加手术的安全性。又研究短效的肌内松弛剂,找到了丁二酰胆碱,静脉点滴时可以维持长效,一次注射于局部则可出现短期的肌松效果。

发表论文 300 多篇;主要著作有《植物性神经系统药物的化学结构及药效活性》(1948 年)、《箭毒与类箭毒药物》(1959 年,与妻子和托洛合著)等。因发明抗组胺药物和肌肉松弛剂,获 1957 年诺贝尔生理学或医学奖。此外还获多种其他奖项与荣誉,其中包括 1946 年法国骑士荣誉勋章,1959 年意大利大勋章等。

(张慰丰 叶蒙福)

吕富华(Lü Fuhua) 中国山东省人,1907 年(清光绪三十三年)7 月 31 日生于山东黄县(今属龙口),2004 年 4 月 20 日卒于湖北武汉。药理毒理学、中药学、心血管药理学、药用植物学、分析化学。

出身贫寒家庭,9 岁才入读小学。1932 年毕业于上海国立同济大学医学院。留校任微生物学助教。1933 年留学德国,1936 年获弗赖堡大学医学院医学博士学位。同年回国,历任同济大学医学院副教授兼药理学馆代主任、教授。1952 年任中南同济医学院(今同济医科大学)教授、药理教研室主任。1955 年兼任全国血吸虫病研究委员会委员。1979 年兼任中国药理学会副主任委员、1984 年任该学会顾问委员会主任委员。1980 年起兼任中国心血管药理学研究会主任、湖北省药理学会主任委员。

20 世纪 30 年代,留学德国期间,在国际上首次用实验证明烟草焦油对家兔有致癌性,成果发表于 1934 年《法兰克福病理学》杂志;在德国刊物上发表百里香有解痉作用、洋地黄毒甙有蓄积作用等实验结果。50 年代,用动物实验表明酒石酸锑钾(中国当时治疗血吸虫病唯一有效药物)对心肌有兴奋性和不应性,首次指出临床应用应注意对心脏毒性;1955 年起,实验发现羊角拗有效成分羊角拗甙含有强心甙,临床证明毒性较低,是中国植物资源中第一个被发现并应用于临床的强心甙,首次收入 1963 年版《中国药典》,成果获 1978 年全国科学大会奖;动物实验首次发现粉防己有效成分粉防己碱(汉防己甲素)除有消炎、镇痛作用外,可用于治疗高血压,成果获 1978 年全国科学大会奖;中药白头翁有 20 多个品种,实验发现唯滁州白头翁有抗阿米巴作用;五加皮有六七个品种,酿造业常将北五加皮(杠柳)的根皮用于制作五加皮酒,动物实验证明其所含强心甙会致中毒,为科学制作药酒提供重要依据;此外,对当归、益母草、荠草实、延胡索、神仙果等进行药理毒理分析;参编 1949 年后中国高等院校第一部《药理学》(1958 年初版,1965 年第 3 版)统编教材。60~70 年代,主持对有强心作用的植物或强心甙进行大量实验研究，其中有中国产黄麻和洋地黄，以及七里黄、葶苈子、桂竹香、马利筋、海芒果、夹竹桃等，发表相关论文 20 余篇。80 年代起，研究粉防已碱、苦参碱、甲基莲心碱、铁筷子甙等对心律失常的影响。（朱素珍）

英格尔，D. J.（Ingle，Dwight Joyce） 美国人，1907 年 9 月 4 日生于爱达荷州肯德里克，1978 年 7 月 28 日卒于密歇根州拉皮德城附近。*内分泌学、生理学、药理学。*

1941 年在明尼苏达大学获哲学博士学位。1941～1953 年在厄普-约翰公司从事生理学研究。1953 年后任芝加哥大学生理学教授。创办《医学和生物学展望》杂志并任主编。1956 年和 1963 年分别入选美国国家科学院、美国文理科学院院士。

1934 年与 E. C. 肯德尔等人运用肌肉作功法来测定肾上腺提取物的生物效应。1935 年首次报道具有明显生物效应的“化合物 E”（即可的松）。1936 年和希金斯（George Higgins）证实，肾上腺皮质与垂体前叶分泌活动之间存在相互关系。1940 年在实验动物身上发现类固醇性糖尿病，并证实肾上腺皮质类固醇类的生物效应具有量与质的特征。1941～1953 年报道了不少新发现的肾上腺类同醇及其相似物；研究了实验性糖尿病；提出了激素的允许作用，并研究了肾上腺皮质在稳定内环境中的作用和应激理论。代表作有《促肾上腺皮质激素和可的松的生理和治疗作用》（1953 年）等。曾获厄普-约翰奖、科克奖、1965 年医学杂志优秀服务荣誉奖等。（叶蒙福）

王善源（Wang Shanyuan） 中国福建省人，1907 年 11 月 11 日生于印度尼西亚，1981 年卒于荷兰。*医学微生物学、生物物理学、放射生物学、流行病学。*

1929 年获荷兰莱顿大学医疗系医学博士学位。1938 年获法国巴黎大学物理数学系物理学博士学位。1948 年获英国伦敦大学学院电子仪器系电子工程学学士学位。1948～1956 年先后任荷兰莱顿大学生物物理试验所所长、校附属结核病医院门诊部主任。1956 年携荷兰籍夫人回国，去世前一直任中国医学科学院流行病学与微生物学研究所一级研究员。1971 年回荷兰探亲，一直未归。1957 年当选为中国科学院学部委员（院士）。

毕生致力于医学与物理学、数学、电子学、化学等跨学科广泛领域的交叉研究，在中国开辟了宇宙辐射与肺结核、肿瘤关系研究的新领域。曾多次深入云南、河北小五台山、山西五台山和大同等山区进行肺结核和肿瘤的实地调查和防治；为了探索肺结核、肿瘤与宇宙辐射的相关性，曾先后两次登上山西五台山，在海拔 2 400～3 000 米高山上开展宇宙射线对各种生物影响的实验，取得了实验室难以得到的大量第一手宝贵材料。精通英语、法语、德语、日语、荷兰语、西班牙语和马来西亚语等多种语言。发表有关医学微生物学、生物物理学、胶体化学及统计学论文百余篇，其中有“某些元素对流感病毒的抑制作用”、“无机化合物硫酸钒以及氯化铬治疗流感”、“宇宙辐射与肺结核”等有影响论文数十余篇。（谢　源）

张香桐（Zhang Xiangtong） 中国河北省人，1907 年（清光绪三十三年）11 月 27 日生于直隶（今河北）正定，2007 年 11 月 4 日卒于上海。*视觉生理学、脑与神经科学。*

1933 年毕业于北京大学心理学系，在母校当了一年助教后，去中央研究院心理学研究所任助理员。1943 年赴美国耶鲁大学医学院研究生理学，1946 年获博士学位。后相继在美国耶鲁大学医学院、纽约航空医学研究所、洛克菲勒医学研究院任神经生理学研究员。1956 年回国，任中国科学院上海生理研究所一级研究员、脑研究室主任。1980 年起任上海脑研究所所长、研究员兼名誉所长。1999 年任中国科学院神经科学研究所名誉所长。1956～1966 年任美国神经病学会联合委员。1978 年任国际痛研究协会组织委员会委员。1979 年任国际脑研究组织中央理事会无任所理事。1980 年任世界卫生组织神经科学专家顾问。兼任上海生理科学会理事长。1982 年当选比利时皇家医学科学院外籍院士。1957 年被选为中国科学院学部委员（院士）。

在 1947 年发表的博士论文中，提出“大脑皮质运动区代表肌肉而不是代表运动”的理论，该理论至今还被引用。还创立视觉通路中三色传递学说，即红、绿、蓝觉信号各自有传导纤维，以红色传导速度最快。20 世纪 50 年代初，发现光线照射视网膜可以提高大脑兴奋性的现象，被称为光强化效应或“张氏效应”。是树突电位研究的先驱者，最早阐述树突在中枢神经系统活动中的功能，第一个发现树突电位，并在研究中发展了中枢神经系统内两种突触兴奋的理论。1964 年后从事针麻原理的神经机制的研究，提出针刺镇痛是由于来自痛源部位的神经冲动和来自穴位处的神经冲动在中枢神经内相互作用而产生的，此说受到国内外学者的重视。

发表论文 100 余篇；主编《针灸针麻研究》等专著，撰有《脑研究的崎岖道路》（1995 年）医学史著作。因在针麻研究中的贡献，获 1978 年全国科学大会奖、1980 年中国科学院科学技术成果奖一等奖、1980 年英国茨列休尔德奖、1992 年国际神经网络学会终身成就奖。（张萱如　刘宇庆）

王琇瑛（Wang Xiuying） 中国北京市人，1908 年 5 月 28 日生于北京，2000 年 9 月 4 日卒于同地。*护理学、医学教育与管理。*

1926 年毕业于贝满女子高中，考入北平协和医学院和燕京大学合办的五年制高级护理专业，1931 年获理学士学位和护理专业文凭。毕业后在协和医院护理学校任教。1935～1936 年夏在美国哥伦比亚大学师范学院护理系进修护理教育、公共卫生护理、健康教育、营养学等，1936 年获理科硕士学位。回国后，任北平协和医学院公共卫生教学区第一卫生事务所讲师、副护理主任、主任等职，1943 年秋任副教授，1946～1949 年任公共卫生护理主任，兼任中华护士学会北平分会理事长。1950 年任中华护理学会副理事长。1954 年参与创办《护理》杂志，并任副主编。同年调北京市卫生局教育科任技正，协助整顿中级卫生专业教育，开办北京市护士长进修班，创办第三护士学校并任校长。1961 年调北京第二医学院（首都医科大学前身），任新中国第一个护理系的系主任，晋升为主任护师。兼任中华护理学会科普委员会主任委员，后任该会荣誉理事长。1983 年当选为第五届全国妇联副主任。

1933 年编译《公共卫生护士进化史及原理概要》。1949 年后，主编《家庭护理》、《医院护理管理》，参与主编和撰写《医学百科全书·护理学》等著作。1983 年国际红十字会授予她第 29 届国际护士最高荣誉奖——南丁格尔奖章。（张慰丰）

巴尔，M. L.（Barr，Murray Llewellyn）　加拿大人，1908 年 6 月 20 日生于加拿大安大略省贝尔蒙特附近，1995 年 5 月 4 日卒于安大略省伦敦。*生殖医学、遗传学、细胞生物学。*

1930 年、1933 年和 1938 年在加拿大西安大略大学分别获文学士、医学博士和理学硕士学位。留校任教，后任解剖学系教授兼系主任。1972 年当选为英国皇家学会外籍会员。

1949 年与学生伯特伦（E. G. Bertram）在研究长期活动对神经细胞结构的作用时，发现雌猫神经细胞核内有一个雄性没有的染色质，后来还发现大多数哺乳动物包括人的组织内均有这种性差异。该染色质称为性染色质或巴尔氏小体，并成为研究生殖系发育缺陷方法的基础。1956 年与同事发现克莱恩费尔特（Klinefelter）氏综合症男性患者的体细胞有性染色体，而特纳（Turner）氏综合症的女性患者则无性染色体。曾获 1959 年加拿大皇家学会弗拉维尔奖章、1963 年盖尔德纳基金会国际奖、1968 年加拿大荣誉勋章等。曾提名为诺贝尔生理学或医学奖候选人。1998 年入选加拿大医学名人堂。（叶蒙福）

姜春华（Jiang Chunhua）　中国江苏省人，1908 年（清光绪末年）8 月生于江苏南通，1992 年 3 月 14 日卒于上海。*中医学、中西医结合、医学史学。*

18 岁到上海边行医边自学。1932 年始师从陆渊雷，并自学西医学全部教材，认为中西医之间不应有门户之见。1937～1948 年在新中国医学院、上海复兴中医专科学校任教，兼多种医学杂志编辑。1954 年任上海第一医学院（上海医科大学前身，今复旦大学上海医学院）中医教研室主任兼华山医院中医科主任。1972 年任上海第一医学院附属中山医院中医科主任。是国家科学技术委员会中医专业组成员、卫生部医学科学委员会委员。

努力探索肝硬化腹水的治疗，创用巴漆丸及其他方法，用攻补兼施或先攻后补等方药，结合活血化瘀等辨证论治提高疗效。以后又对哮喘、肾炎、心脏病等加以研究，总结了不少有效的药方。结合自己的治病经验钻研温病学说，提出“扭转截断”的学术观点，认为对于温病（指各种急性传染病）必须抓住早期治疗。快速控制病原，必要时可以早期截断卫→气→营→血的传变，不必因循等待，到气方可清气，到血才能凉血。对于温热病，提倡重用清热解毒，“早用苦寒泄下”，“不失时机的清营凉血”，使疾病不再发展，早期治愈。还用“扭转截断”的观点治疗其他疾病，也取得很好疗效。他治病不用常规套方，用药简便有效，经方、时方灵活应用。在他的倡议下，上海第一医学院成立“活血化瘀”研究组，从微循环、血液流变学、电子显微镜观察、动物实验、药物、临床等方面进行综合研究，1958 年获国家卫生部颁发的继承发扬祖国医学金质奖章，1978 年获全国科学大会重大科技成果奖。

发表论文 100 多篇；撰写出版专著 10 余部，其中 20 世纪 30～40 年代的有《中医学基础》、《中医诊断学》和《中医病理学》等书；后又有《中医治疗法则概论》（1960 年，与他人合作）、《肾的研究》（1964 年）、《活血化瘀研究》（1981 年）、《伤寒论识义》（1985 年）、《姜春华论医集》（1986 年）、《历代中医学家评析》（1989 年）和《活血化瘀研究新编》（1990 年）等。（张慰丰）

德巴基，M. E.（DeBakey，Michael Ellis）　美国人，1908 年 9 月 7 日生于美国路易斯安那州莱克查尔斯，2008 年 7 月 11 日卒于休斯顿。*心血管病理学、心肺外科学、医疗器械研制。*

1932 年和 1935 年在塔莱恩大学分别获医学博士和外科学理学硕士学位。第二次世界大战后，在塔莱恩大学医学院和贝勒大学等处工作。

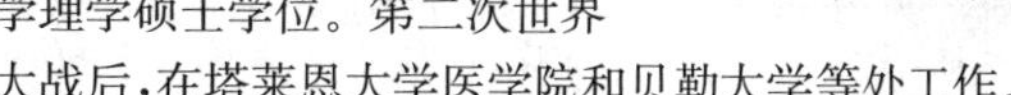

早在大学时代就从事实验外科研究工作，设计了一种无损伤性血液动力泵，该泵被 J. H. 小吉本用来制成了第一台人工心肺机。研究了用人血管或合成材料置换病变血管的方法；还研究了血管损伤的病理特点及其对血液动力的影响；提出了闭塞性动脉疾病的新分类方法。1951～1964 年，创用许多新手术成功地治疗了威胁生命的多种心血管疾病，如胸主动脉瘤切除术，胸主动脉、主动脉弓或主动脉胸腹段动脉瘤切除加同种移植；在体外循环下切除升主动脉或整个主动脉弓动脉瘤加同种移植；片块移植血管成形术；主动脉冠状动脉分流术等。20 世纪 60 年代开始研制人工心脏，1966 年 8 月首次成功地运用于临床。

发表 1 000 多篇论文；主要著作有《血库和输血技术与治疗》（1942 年）、《克氏小外科》（1959 年，第 8 版）等。多次获奖，如 1959 年莱里克奖、1963 年拉斯克奖、手术刀金质奖章等。（叶蒙福）

皮茨，R. F.（Pitts，Robert Franklin）　美国人，

1908年10月24日生于美国印第安纳州印第安纳波利斯，1977年6月6日卒于佛罗里达州利夫奥克。肾生理学、泌尿病理学、脑与神经科学。

1932年在约翰斯·霍普金斯大学获哲学博士学位。1938年在纽约大学医学院获医学博士学位。25年长任康奈尔大学医学院生理学系主任，去世前为佛罗里达大学医学院研究教授。1959～1960年任美国生理学会会长。曾任美国哈维学会会长。1956年和1957年分别当选为美国国家科学院、美国文理科学院院士。

1938～1942年，与同事发现了脑部呼吸中枢的位置，以及控制呼吸节律的两个反馈和控制心跳、血压的神经通路。1945年与R. S. 亚历山大(Robert S. Alexander)首次证实尿中与钠离子交换的氢离子来自肾小管所分泌的碳酸，碳酸氧根离子则滤入肾小管脱水成二氧化碳，然后弥散入肾小管被再利用。他还认为肾小管分泌氨是被动的。20世纪60年代，用放射性同位素示踪来研究肾脏产氨的机理。还研究了肾的许多调节功能及电介质、肌酐、酚红等的运转机理，这些对利尿剂作用方式的研究很有帮助。主要著作有《肾和体液生理学》(1963年初版，1974年第3版)等。获1960年博登奖、1970年美国内科医师学会奖等。 (叶蒙福)

麦克劳德，C. M. (MacLeod, Colin Munro) 美国人，1909年1月28日生于加拿大新斯科舍省黑斯廷斯港，1972年2月11日卒于英国伦敦。医学微生物学、免疫学、药理学、分子生物学、科技管理。

加拿大裔。1932年获加拿大麦吉尔大学医学院医学博士学位。毕业后在蒙特利尔总医院实习2年。后移居美国纽约，在洛克菲勒医学研究院(今洛克菲勒大学)研究流行病。1938年结婚，生有一女。1941年加入美国籍。同年任纽约大学医学院微生物学系主任、医学教授。1956年任宾夕法尼亚大学医学院研究教授。1960～1966年回纽约大学医学院任医学研究教授。1947～1955年任陆军流行病学委员会主席。1960～1970年任纽约市卫生研究委员会主任。1961年任肯尼迪总统科学顾问委员会生命科学组组长，1963～1966年任总统行政办公室科学技术办公室副主任。1955年入选美国国家科学院院士。是美国文理科学院院士。

分子生物学奠基者之一。毕生从事微生物遗传、传染病和免疫学的研究工作。1941～1942年间，和O. T. 艾弗里等人发现了脱氧核糖核酸(DNA)在肺炎球菌类型基因转变中的作用，使微生物遗传学和分子微生物学跨入新纪元。他证明了注射减毒肺炎球菌多糖包膜可使人产生免疫，预防该病流行；肺炎球菌可对磺胺类药物产生抗药性；并阐明了应用磺胺药成功地治疗肺炎球菌感染的特殊免疫反应的本质。还发现硅酸盐的聚合程度决定其对细菌和红血球的毒性作用。 (张祝山)

朱壬葆(Zhu Renbao) 中国浙江省人，1909年2月22日生于浙江金华，1987年10月24日卒于北京。生理学、放射医学、药物学、生物基因工程。

出身普通农民家庭。1932年浙江大学理学院心理学系毕业。1936年赴英国爱丁堡大学攻读生理学，1938年获博士学位。同年在英国伦敦国立医学研究所从事博士后研究。1939年回国后，先后在成都金陵大学农学院、中央大学医学院和上海医学院任生理学教授。1951年至去世，一直在中国军事医学科学院工作，历任生理学系研究员，放射医学研究所研究员、副所长，院学术委员会主任。1980年当选为中国科学院学部委员(院士)。

在内分泌生理和消化生理、放射生物学和试验血液学领域有重要研究成果。20世纪30～40年代，发现除性激素外还存在其他内分泌对家禽副性征的控制和调节作用；发现雄性激素不但存在于雄性动物中，也存在于雌性动物中；实验证明甲状腺素对卵泡生长有抑制作用，同时又通过影响垂体前叶分泌物对排卵有刺激作用，提出了甲状腺在卵巢周期性活动中双向调节作用的理论。50年代，研究和阐明空胃运动和消化性运动的规律及其神经机制；研究辐射对胃分泌、胰腺分泌的影响。60年代后，主持研制成功中国第一代抗辐射药物，并探讨了其作用机理。70～80年代，开创了中国造血干细胞及其移植的实验研究，探讨其性能及测试方法、在放射损伤中的数量变化和恢复机制等；在国际上首次成功地体外培养和繁殖了胎肝造血干细胞，并成功治愈了重度急性骨髓型放射病等；主持"战时特种武器伤害的医学防护研究"，获1986年国家科学技术进步奖特别奖，表明中国军事医学防护研究已跻身世界先进行列。 (陈 斌)

莱维-蒙塔尔奇尼，R. (Levi-Montalcini, Rita) 意大利和美国双重国籍。1909年4月22日生于意大利都灵，1999年4月29日卒于罗马。神经科学、发育生物学、细胞生物学、免疫学。

犹太裔孪生姐妹。父亲是工程师，母亲是画家。1930年她不顾父亲反对而进入都灵大学医学院，受到著名生物学家朱塞普·莱维(Giuseppe Levi)的严格训练，1936年获医学博士学位。毕业留校任研究助手。1938年意大利法西斯政府颁布排犹法令。1939年在比利时布鲁塞尔大学神经病学研究院工作。1940年返回都灵，在家中继续进行实验研究。1941年迁至佛罗伦萨乡间，直至1945年5月才回到都灵大学，在该校继续同导师合作进行科研工作。1947年秋应聘到美国圣路易斯的华盛顿大学，1956年任副教授，1958年升为教授，1977年退休。期间1952～1953年在巴西里约热内卢生物生理学研究所工作；1953～1959年在华盛顿大学与S. 科恩一起进行研究。1962年返回意大利，在罗马大学卫生学院组建细胞生物学实验室，从此开始两地奔波的科研生涯。1969～1978年兼任意大利国家研究理事会细胞生物学研究所所长，1979年改任该所的荣誉教授。在此期间获得了美国和意大利的双重国籍。

人体在胚胎期的生长和分化的调控机理本是一个

空白的研究领域，她率先打开了一个缺口。1948 年她在华盛顿大学和一位同事发现，将小鼠肉瘤 180 的片段移植到 3 日龄鸡胚的体壁上，3～5 天后从邻近的背根神经节中发生的感觉神经纤维已经进入了肉瘤组织。1952 年在巴西期间，她利用自己建立的方法重新检验了这一现象，不仅肯定了原来的观察，而且还发现了其他效应。在正常情况下鸡胚的内脏(如中肾)是没有神经分布的，或者要到发育的后期才有少量的神经分布。可是将小鼠肉瘤 180 或肉瘤 37 的片段移植于这些内脏后，即使在发育早期也会出现交感神经纤维。在半固体培养基中取自 8 日龄鸡胚的感觉神经节和交感神经节，与肉瘤 180 或 37 的片段放在一起，两者不相接触，但彼此相邻。经过 24 小时的培养，神经纤维在面向肉瘤组织的一侧长出一个密度很大的纤维晕环。当时她推测，这一效应是由某种特殊体液促成的。

1953 年她从巴西回到华盛顿大学，与生物化学家 S. 科恩合作。他们进而发现，小鼠肿瘤里的物质(现称神经生长因子)，也存在于蛇的毒液、啮齿动物唾液腺和其他许多组织中。1959 年，他们把神经生长因子(NGF)注入兔子体内，获得抗体，再提取血清。当向新出生小鼠注射这种抗体血清时，几乎完全阻碍了神经生长。这种生长因子是人类最早发现的生长因子，而神经生长因子的发现，大大增加了人们对神经系统发育过程的深入认识。

主要论文有“小鼠肉瘤对鸡胚感觉神经和交感神经系统的生长刺激效应”、“小鼠肿瘤移植物对神经系统的效应”、“神经生长因子”等。因首次发现神经生长因子，与美国的 S. 科恩分享 1986 年诺贝尔生理学或医学奖。1987 年获美国国家科学奖章。（傅杰青）

周金黄(Zhou Jinhuang) 中国湖北省人，1909 年 6 月 9 日生于湖北黄冈(今新洲)，1999 年 7 月 11 日卒于北京。*药理毒理学、中药药理学、抗炎免疫学、防化医学。*

乡村医生家庭出身。1924～1930 年先后肄业于长沙雅礼大学、南京金陵大学、上海沪江大学、中央大学上海医学院。1932～1933 年冬春之际参加中国红十字会华北抗日医疗救护队。1934 年毕业于北平协和医学院，获医学博士学位。留校任教。1935～1936 年先后在美国宾夕法尼亚大学医学院、德国弗赖堡大学药理学研究所进修。1937 年起历任广州孙逸仙医学院副教授，贵阳医学院副教授、贵州省制药厂厂长，成都中央大学医学院教授。1946 年起先后任武汉大学医学院教授、代理院长、院长，兼附属医院院长。1950 年任北京协和医学院药理学科主任、教授。在抗美援朝战争中，任军事医学防护毒理学专家组组长。1958～1989 年任军事医学科学院防化医学药理毒理研究所教授，副所长、所长。1980 年任中国生理科学会药理学会理事长。1982 年任中国药理学会抗炎免疫学会主任委员。

20 世纪 30 年代，1933～1937 年研究动物大脑垂体前叶激素生理效应，在中国首次分离出生长激素、促甲状腺分泌激素、促性腺激素等有效物质，动物实验确定其生物活性，成果连续在中外刊物发表，并被载入美国权威教材；1936 年在美国研究中枢神经兴奋剂对神经与血管反应的耐受性。1942 年首次发现吗啡通过迷走神经使其外周神经末梢释放乙酰胆碱，从而对内脏功能发生作用。50 年代，用现代药理学方法对中药人参、五味子、甘草等进行实验研究；1959 年研究成功解磷注射液，对有机磷农药中毒急救治愈率达 96.9%，后在全国推广应用。60～70 年代，用现代药理学研究中药补益药功效，证实多种常用补益药对神经和免疫功能调节等作用；主持建立中国军队防化医学、化学战剂毒理学、精神神经药理学与毒理学等专业队伍；研制和装备部队多种防毒急救针剂与药品；在某些神经毒剂和抗毒剂研究开发上有重要突破，获个人二等功、国家科学技术进步奖特等奖(集体)。80 年代，研究衰老生理和抗衰老药理、慢性炎症与抗炎免疫药作用机理；1984 年提出神经、内分泌激素与免疫功能网络三结合作为中医药整体思想；研究抗肿瘤化学药免疫调节作用，开拓补益中药有效活性成分的免疫应用；关注新兴的海洋药物药理学。

主要论著有《药理学手册》(1943 年)、《中药药理学》(1985 年，与他人合著)等；主编《药理学》(1952 年初版，1982 年再版)、《中药药理与临床研究进展》(第一册，1992 年)等。（李孙演）

巴斯基，G.(Barski, Georges) 法国人，1909 年 7 月 9 日生于波兰华沙，1985 年卒于法国巴黎。*病毒学、肿瘤学、药理学、免疫学、细胞生物学。*

波兰裔。毕业于华沙大学数理学院微生物学系。1945 年移居法国，1946 年获巴黎大学博士学位。1947 年进入法国巴斯德研究院病毒研究所。同年进入法国国家科学研究中心，1963 年任该中心主任。1958 年起任古斯塔夫—鲁瑟国家癌症研究所维勒瑞夫分部组织培养与病毒实验室首任主任。1965～1966 年在美国纽约市斯隆—凯特林癌症研究所工作。

早期研究动物细胞和微生物与病毒之间的相互作用，特别探讨了多种抗生素(尤其是金霉素和氯霉素)的作用。接着研究人和动物细胞“自然恶性转变”问题。在实验室里长期培养各种细胞，1960 年在混合培养中首次观察到出现一种新型细胞，叫做体细胞杂种。1960～1961 年，和同事索利尔(S. Sorieul)、康奈福(F. Cornefer)共同发表一系列相关论文，首次报道有关细胞聚合现象，提出不同体细胞在一定条件下能够融合和“交配”(接合)而形成杂种核的新细胞，引起国际科学界极大关注，引发了新一轮研究热潮。这种新的杂交程序，为实验细胞生物学、癌症研究、病毒学及遗传学等领域开辟了新途径。后又从事细胞免疫作用的研究。获 1963 年法国科学院奖、1971 年卡缪癌症研究基金会年度奖、1973 年癌症研究国家奖、1976 年埃利希奖等。

（王祥麟）

麦克德莫特，W.(McDermott, Walsh) 美国人，1909 年 10 月 24 日生于美国康涅狄格州纽黑文，1981 年 10 月 17 日卒于纽约。*医学微生物学、内科学、传染病学、公共卫生学。*

家庭医生之子。1930 年从普林斯顿大学获文学士学位。1934 年从哥伦比亚大学内科与外科医师学院获医学博士学位。后在纽约医院一康奈尔大学医学中心长期工作。1967 年入选美国国家科学院院士。是英国皇家内科医师学院荣誉成员。

曾研究关于梅毒、伤寒、结核病等的现代治疗方法。最重要的是关于“微生物残留”现象的研究，提出组织内微生物对药物有适应能力，强调宿主因素对抗菌治疗成功的影响，否定了“抗菌治疗是从体内清除全部感染微生物”的传统概念。这一论点对阐明疾病的复发、治疗和预防都有重要意义。还研究了国际社会经济发展中不同文化地区的医疗保健问题，阐明医疗保健机构的组成必须适应于当地发病人群。主要著作有《内科学教程》(1975 年，与人合著)等。 (张祝山)

阿斯特伍德，E. B. (Astwood，Edwin Bennett) 美国人，1909 年 12 月 29 日生于百慕大群岛汉密尔顿，1976 年 2 月 17 日卒于同地。*内科学、药理学、内分泌生理学。*

1934 年在加拿大麦吉尔大学医学院获医学博士学位。1939 年在哈佛大学获哲学博士学位。先后在皇家维多利亚医院、约翰斯·霍普金斯医院任医师。1935 年供职于约翰斯·霍普金斯大学外科病理学实验室。1939 年任布赖汉姆医院主治内科医师、哈佛大学医学院药理学系助理教授。1944 年任塔夫茨大学医学院研究教授、兼任新英格兰医学中心附属医院资深医师。1957 年入选美国国家科学院院士。

主要贡献是阐明了某些化学品引起甲状腺肿大的机制，认为大多数单纯性甲状腺肿是甲状腺功能低下的代偿结果，促使人们放弃对该病的手术疗法。1939 年还描述了大鼠的第三种促性腺激素——催乳素的特性；发现妊娠大鼠的黄体功能靠胎盘分泌的一种激素维持；改良了促肾上腺皮质激素的提取方法，提高了该激素的纯度和活性，并被广泛地用于临床。曾获得 1944 年巴西奖、1949 年菲力普斯奖章、1952 年博登奖、1954 年拉斯克奖和 1959 年科克奖等。 (叶蒙福)

勒布隆，C. P. (Leblond，Charles Philippe) 加拿大人，1910 年 2 月 5 日生于法国里尔，2007 年 4 月 10 日卒于加拿大蒙特利尔。*解剖学、实验生理学、细胞生物学、生物化学。*

1934 年获巴黎大学医学院医学博士学位。1935～1936 年在美国耶鲁大学解剖学系进行博士后研究。1937 年回法国，供职于法国原子能合成实验室，进行分子生物学的同位素研究。1941 年去加拿大麦吉尔大学解剖学系任教，1946 年任副教授，1948 年任教授，1957～1974 年任系主任。第二次世界大战中参加自由法国部队，在伦敦任军医。1962～1963 年任美国解剖学家协会主席。是英国皇家学会、加拿大皇家学会会员。获加拿大 5 所大学荣誉博士学位。

在学生时代，创造了一种使组织内维生素 C 染色的方法。1946 年与贝朗格(L. F. Bélanger)改进了拉卡萨涅(Lacassagne)的放射性自显影术，使该技术具有实用价值。他们首先用放射性碘来研究甲状腺的功能，随后又运用多种放射性同位素如磷 32(^{32}P)、氚(^{3}H)和碳 14(^{14}C)等作为示踪原子，研制生物试剂如^{3}H-胞嘧啶核苷、^{14}C-腺嘌呤等，对骨生长、细胞蛋白、RNA(核糖核酸)和 DNA(脱氧核糖核酸)合成等过程进行研究，发现了骨生长的方式、细胞合成蛋白质、碳水化合物、RNA 和 DNA 的部位、速率及其迁移等，以及细胞机能和更新之间的关系。他还发现，干细胞仍存在于成人的器官中；活细胞仍在进行不断的蛋白质合成；高尔基体在蛋白质糖基化中发挥关键作用。发表 450 余篇论文。获 1961 年弗拉维尔奖章等 10 余奖项。 (叶蒙福 李孙演)

黄祯祥(Huang Zhenxiang) 中国福建省人，1910 年 2 月 10 日生于福建厦门，1987 年 3 月 25 日卒于北京。*病毒学、传染病学、免疫学、公共卫生学。*

1930 年获燕京大学学士学位。1934 年获北平协和医学院医学博士学位。留校从事传染病教学与研究。1941 年赴美国，在普林斯顿的洛克菲勒医学研究院进修病毒学。1942～1943 年在纽约哥伦比亚医科大学任内科及微生物学讲师。1944 年回国，任重庆中央卫生实验院实验医理组主任，1947 年任该院北平分院院长。1949 年任中央卫生研究院副院长兼病毒学室主任。1952 年起任中国医学科学院微生物学系主任、病毒学研究所教授兼副所长，中国预防医学中心病毒学研究所名誉所长，兼中国协和医科大学教授。兼任国际比较病毒学组织顾问委员会委员等职。1980 年当选为中国科学院学部委员(院士)。1984 年当选为美国传染病学会名誉会员。

从事医学病毒学研究 50 余年，在基础理论和病毒性疾病的防治等方面做了大量工作。1942～1943 年在美国首创病毒体外组织培养新技术。1952 年在东北建立中国第一个病毒监测哨。1954 年首先在国内应用组织培养技术进行脊髓灰质炎病毒的研究，从不同地区分离到各型病毒。1951～1958 年调查乙型脑炎流行情况，首次发现自然界存在不同毒力的毒株，为乙脑病毒生态学与流行的关系提供了合理的解释。还发现嗜神经性的乙型脑炎病毒存在神经外繁殖的事实。又进行成蚊携毒越冬和经卵传播的研究，发现乙脑流行过程中，猪先于人发生广泛感染，猪是扩散乙脑的重要宿主。还研究了乙脑病毒变异的一些规律，为控制乙脑流行做出了贡献。进而从事灭活疫苗的研究，为制备灭活疫苗提供了抗原性较好的乙型脑炎病毒毒株。又进行麻疹减毒活疫苗的研究，用福尔马林处理麻疹病毒，得到了快速部分灭活减毒活疫苗，开辟了制备活疫苗的又一途径。他的发现获 1978 年全国科学大会奖。

主要著作有《医学病毒学总论》、《常见病毒病实验技术》、《医学病毒学基础及实验技术》等；主编《中国医学百科全书·病毒学》和《医学病毒学词典》等工具书。

(张慰丰)

小伍德，W. B. (Wood，William Barry，Jr.) 美国人，1910 年 5 月 4 日生于美国马萨诸塞州米尔顿，1971 年 3 月 9 日卒于波士顿。*医学微生物学、传染病*

学、免疫学、生物化学。

信托公司董事之子。1932年毕业于哈佛大学医学院。1936年在约翰斯·霍普金斯大学医学院获医学博士学位。1942～1955年任华盛顿大学医学院教授和内科系主任。1955年任约翰斯·霍普金斯大学医学院附属医院副院长。1958年入选美国文理科学院院士。1959年入选美国国家科学院院士。

长期从事感染性疾病时白细胞功能的研究。20世纪40年代,发现了多核和单核白细胞的吞噬作用是细菌性肺炎早期机体的主要防御反应。50年代中期,又转向对发热机制的研究,发现结核病、粒细胞缺乏症、病毒性感染等疾病的发热,主要是由于单核细胞释放内源性致热原,阐明了它的化学结构和引起发热的机制。1965年获美国传染性疾病学会布里斯托奖章。他还是著名足球运动员,1980年入选美国高校足球名人堂。

(朱 劦)

吴英恺(Wu Yingkai) 中国辽宁省人,1910年5月8日生于辽宁新民,2003年11月13日卒于北京。*心肺血管外科学、心血管病学、肿瘤学。*

1933年毕业于辽宁医学院。同年起至1941年,先后任北平协和医院外科住院医师、研究生、助教、讲师。1941年赴美留学,在美国圣路易城华盛顿大学医学中心进修胸外科。1943年秋回国,次年任重庆中央医院外科主任。1946年任天津中央医院外科主任。1948～1956年任北京协和医学院教授、外科学系主任。1956年创建军队胸科医院,任院长兼外科主任。1958年任中国医学科学院阜外医院院长,兼心血管病研究所所长。1981年任北京心肺血管医疗研究中心主任。1984年任北京安贞医院院长。1987年任北京市心肺血管疾病研究所名誉所长。曾任中华医学会外科学会主任委员、中华医学会心血管病学会主任委员、《中华心血管病》杂志主编、国际外科学会副会长。1974年任世界卫生组织心血管病专家委员会委员。1980年成为美国外科医师学院名誉院士。1955年选聘为中国科学院学部委员(院士)。

20世纪40年代,在中国首次切除食管癌并作食管胃吻合术;首次进行动肺导管结扎术、缩窄性心包炎的心包切除术。50年代初期,采用切除交感神经治疗高血压。60年代,为推动中国体外循环心脏外科做出了贡献;开展了肾血管性高血压的外科治疗;开展对大动脉炎、肾动脉狭窄以及主动脉瘤的手术治疗,获重要进展。1978年建立中国第一个心血管病流行预防研究室,开展高血压、心血管病的流行学与人群防治的研究,并培养了专业人员。

发表论文200余篇;编写专著10余种,其中有《临床外科手册》、《胸部疾病》、《食管癌与贲门癌》、《野战外科学》、《现代外科基本问题》、《军医外科手术学》、《临床外科指导》等;1985年主编《国际心胸外科实践》(中文、英文两版),是由12个国家157名专家合作撰写的医学巨著。1998年获中国医学科学最高奖"中国医学科学奖"。2001年获中国医学基金会"医德医风奖"。

(张慰丰 朱卫卫)

莫鲁齐,G.(Moruzzi,Giuseppe) 意大利人,1910年7月30日生于意大利雷焦艾米利亚省堪帕格诺拉附近,1986年3月11日卒于比萨。*生理学、病理学、脑与神经科学。*

1933年获意大利帕尔马大学医学博士学位。1937～1939年在布鲁塞尔大学布来梅实验室、剑桥大学艾德里安实验室工作。1942～1945年先后到锡耶纳大学、帕尔马大学任生理学代理教授。1948～1980年任比萨大学生理学教授,兼生理学研究所所长。是意大利国家科学院院士。1973年成为瑞典皇家学会外籍会员。是美国生理学学会、美国神经学学会的荣誉会员。曾获宾夕法尼亚大学(1963年)、里昂大学(1963年)、卢万大学(1964年)、奥斯陆大学(1965年)、慕尼黑大学(1972年)等校荣誉博士学位。

主要从事中枢神经生理学的研究。早期从事运动皮层电生理学的研究。后又研究小脑和大脑相互关系,指出小脑产生的冲动可影响运动皮层神经元的活动。1949年与马古恩(Magoun)共同证实了顶核—网状—皮层通路。出版的论著有《癫痫实验》(1946年)、《脑干网状结构与脑电图》、《小脑生理学问题》(1950年)、《小脑生理学与病理学》(1958年,与他人合著)、《亲缘关系的生命生理学》(1975年)、《植物生理学》(1978年)等。

(吴馥梅)

王志均(Wang Zhijun) 中国山西省人,1910年8月3日生于山西乐平(今昔阳),2000年12月24日卒于北京。*消化生理学、实验外科学。*

1936年清华大学生物学系毕业。1937～1939年在北京协和医学院进修生理学。战时随新建的医学院辗转于昆明、贵州、重庆等地。1946年赴美国留学,1950年获芝加哥伊利诺伊大学医学院博士学位。同年回国,一直执教于北京医学院(后更名为北京医科大学、北京大学医学部),生理学教授,曾任基础医学研究所所长。曾兼任中国生理学会理事长、中国生理科学会副理事长、《生物科学进展》杂志主编等职。1980年当选为中国科学院学部委员(院士)。

在美国发表博士论文"移植胰脏狗的小肠释放的促胰液素和促胰酶素的生理学测定"(1951年),第一次定量分析了各种食物刺激小肠黏膜释放胃肠激素的反应,被誉为消化生理学经典文献,至今仍被引用。10余年实验研究消化器官活动对代谢的影响,较全面阐明迷走—胰岛素系统及其神经反射性调节,发现交感神经对胰高血糖素的释放作用,后获1978年全国科学大会优秀论文奖;设计狗胃肠四通瘘进行大量的相关胃体、胃窦、十二指肠对胃液分泌的作用,证明了迷走—胃泌素机制在胃液分泌神经反射期中的重要性。提出细胞保护可能是胃肠激素生理功能之一的假说，并发现胰多肽对实验性急性胰腺炎、十二指肠溃疡有明显的细胞保护作用，提出脑内肽能神经可能具有参与消化器官活动对代谢影响的中枢机制；证实胃肠激素、前列腺素对预防胰岛B细胞损伤和糖尿病发病的作用。

发表论文200余篇；合作编写出版《慢性实验外科技术》(1955年)、《胃肠激素》(1985年)、《中国近代生理学六十年》(1986年)等专著6部。 (李孙演)

马海德(Ma Haide) 原名乔治·海德姆(George Hatem)。美国裔中国人，1910年9月26日生于美国纽约州布法罗市，1988年10月3日卒于中国北京。皮肤病学、传染病学、公共卫生学。

黎巴嫩贫困移民后裔。1927年入读美国北卡罗来纳大学医学预科。1929年去黎巴嫩贝鲁特美国大学继续学习。1931年到瑞士日内瓦大学攻读临床诊断，1933年获医学博士学位。同年到中国上海考察热带病，先后在上海广慈医院、雷士德医院工作，后合伙开办私人诊所。1936年和斯诺(E. Snow)前往陕甘宁边区访问，在保安受到毛泽东接见。1937年在延安加入中国共产党。先后任红军随军医生、革命军事委员会卫生顾问、中共中央外事组和新华通讯社顾问。1942年到延安国际和平医院工作。1946年后任中国解放区救济总会医疗顾问。1949年加入中国籍。历任中央人民政府卫生部顾问、中央皮肤性病研究所麻风病研究室主任、北京阜外医院皮肤科主任医生、中国麻风病防治研究中心主任等职。曾兼任中国麻风病防治协会理事长、中国麻风病福利基金会主席、中国肿瘤基金会名誉主席、国家卫生部顾问等职。1987年获美国纽约州立大学荣誉博士学位。

20世纪30～40年代，他投身中国革命和抗日战争，参与指导陕甘宁边区医疗卫生事业发展；争取到国际援助的许多急需医疗器材和药品；仅在1944～1947年，诊治伤病员4万余人次，受到多次奖励。50～60年代，1953年参与组建中央皮肤性病研究所(中国医学科学院皮肤性病研究所前身)；主持制订了防治和消灭中国性病计划；先后到内蒙古、云南、西藏和新疆等10余省份开展调研和防治性病；找到适合中国国情的用青霉素治疗梅毒的有效方法。1964年中国基本消灭了性病，震惊了世界。60～70年代，建立和主持江苏海安、广东潮安的麻风病综合防治研究基地；率先提出麻风病防治"四个转变"，即由住院隔离治疗转变为社会防治，由单一药物治疗转变为多种化学药物联合治疗，由单纯治疗转变为治疗与康复并重，由专业队伍孤军作战转变为动员全社会力量共同作战，成果获1978年全国科学大会奖。80年代，1980年首次引进治疗麻风病新技术"强杀菌联合药疗"，大大提高了疗效；1985年主持召开中国第一届国际麻风病学术交流会；出访10几个国家，争取到上千万美元国际援助。至"九五"末，中国99%的县(市)达到了基本消灭麻风病的国际标准(患病率≤1/10万人)，患者由1949年前的50余万人下降至1 000余人，控制与防治成效居全球流行国家领先水平。

获1979年美国北卡罗来纳大学"突出服务奖"、1982年美国达米恩－杜顿麻风奖、1985年美国国际公共卫生及麻风病防治成就奖、1986年黎巴嫩国家勋章和美国艾伯特－腊斯克医学奖、1988年印度甘地国际麻风奖等。获国家卫生部"新中国卫生事业的先驱"荣誉称号。 (李啸虎)

柯棣华，D. S. (Kotnis, Dwarhanath Shantaram) 印度人，1910年10月10日生于印度泰米尔纳社邦绍拉普尔市，1942年12月9日卒于中国河北省唐县葛公村。临床外科学、野战外科学、医学管理与教育。

1936年毕业于印度孟买格兰特医学院，获内科学和外科学双学士学位。1937年任格兰特医学院附属医院住院医师，并担任外科手术课的教学工作，同时积极参加印度国大党组织的声援中国抗日战争运动。1938年9月1日，他随印度援华医疗队一行5人乘英国轮船离开孟买，9月17日到达广州。开始在武汉、重庆等地工作，1939年2月到达延安，任八路军军医院外科主治医生，1940年任晋察冀边区白求恩学校外科学教员，1941年1月任白求恩国际和平医院第一任院长。1942年加入中国共产党。在艰苦的战争环境中，以极端负责的工作态度和精湛的医疗技术，拯救了许多伤病员的生命，发扬了伟大的国际主义精神。其中1940年"百团大战"中，在前线工作了13天，共接收伤员800余名，为其中585人动了手术。后因积劳成疾，时有癫痫发作。1942年12月8日晚8时许，他正在伏案编写《外科学概论》教材，突然又发病摔倒在地。当晚不治去世，年仅32岁。次年移葬于唐县军城南关晋察冀边区烈士陵园。

中国人民为了纪念他，1976年在唐县县城同时兴建白求恩和柯棣华纪念馆，1986年又在钟鸣山下另建新馆。石家庄市建有柯棣华医学院，是一所培养护理人才的特色学校。 (林　培)

伯基特，D. P. (Burkitt, Denis Parsons) 爱尔兰人，1911年2月28日生于爱尔兰恩尼斯基林，1993年3月23日卒于英国格罗斯特。肿瘤学、流行病学、病理学、营养学。

11岁时因事故不幸右眼失明。1935年在爱尔兰都柏林三一学院获医学博士学位。1938年通过英国爱丁堡皇家外科医师学院资格考试。第二次世界大战中参加爱尔兰皇家军队医疗队，先在英国，后在非洲的肯尼亚、索马里等国服役。战后，他决定为发展中国家改善医疗条件效力，移居乌干达首都坎帕拉，在乌干达工作20余年，直至1964年退休。曾任爱尔兰基督教医学会会长。

在乌干达时，1957年发现儿童罹患的肿瘤有很多相似之处。通过临床分析和流行病学调查证实，这是一种具有不同临床表现的、先前医学界未知的肿瘤，并发现该病易在温暖和潮湿地区流行，因此推测该病可能是由昆虫传播的病毒所致。进一步研究发现该肿瘤对细胞毒制剂很敏感，易治愈。后来该肿瘤被称为非洲伯基特淋巴瘤，并证实乃EB病毒所致。1958年，他在英国《外科学》杂志上首次发表文章予以报道。1970年他和同事D.赖特(Dennis Wright)共同出版《伯基特淋巴瘤》一书，展示了他们的研究成果。1966年退休回英国与克利夫(T. L. Cleave)合作，将西方人疾病和非洲人疾病进行比较研究，发现与饮食和生活方式特点有很大关系，其中发现西方食品在制作过程中除去了粗纤维素，认为这也是造成西方国家许多疾病的一个重要原因。1979年出版《毋忘你食物中的纤维素》，成为国际畅销书。（叶蒙福）

谢明，D.（Shemin，David） 美国人，1911年3月18日生于美国纽约，1991年11月26日卒于伊利诺伊州埃文斯顿。*生理学、免疫学、分子生物学、生物化学。*

1932年毕业于纽约市立学院，获理学士学位。1933年在哥伦比亚大学获文科硕士学位，1938年获该校医学院医学博士学位。留校病理系研究免疫学和病毒化学，1941年回到生物化学系，1945年任助理教授，1953年任教授。1958～1959年曾在巴黎巴斯德研究院工作。1968年任西北大学化学系教授，1974～1979年任该校文理学院新成立的生物化学与分子生物学系主任，1975年任该校医学院基础科学部癌症中心副主任，1987年退休。曾任《生理学评论》、《生物化学制品》杂志主编。1958年当选为美国国家科学院院士。是美国文理科学院院士。

对人体氨基酸和蛋白质转换、代谢进行了开创性研究，阐明了卟啉、铁、血红素和甘氨酸之间的转化关系，分析了血红蛋白中碳原子的来源、红细胞的寿命等一系列重要问题。发表论文百余篇；出版有《卟啉的生物合成》(1955年)、《生物化学制品》等专著。获1951年巴黎巴斯德研究院巴斯德奖章，1952年哥伦比亚大学斯蒂文斯奖，1982年纽约市立学院哈里斯奖等。

（董晨空）

卡茨，B.（Katz，Sir Bernard） 英国人，1911年3月26日生于德国莱比锡，2003年4月20日卒于英国伦敦。*神经生理学、生物物理学。*

1934年在莱比锡大学医学院获医学博士学位。因纳粹政权上台，1935年2月逃亡英国，到伦敦大学学院研究神经兴奋性，1938年获理学博士学位。1939年去澳大利亚悉尼医院任研究员，与J. C.爱克勒斯一起研究神经－肌肉的传递。1941年加入英国籍。1942～1945年任澳大利亚皇家空军雷达站官员。1946年返回英国伦敦大学学院任院长助理，1952年任生物物理学教授兼生物物理学系主任，1978年退休。是英国皇家学会会员，1968年任秘书长，1970～1976年任副会长。1969年被册封为爵士。1969年当选为美国文理科学院外籍院士。1976年当选为美国国家科学院外籍院士。

1950年与法特(P. Fatt)在研究终板电位时发现微终板电位，认为这是由于神经末梢自发性释放一定量的乙酰胆碱小泡或量子所致，而正常终板电位是大量量子性释放的结果，且用实验证实了他们的假设。1955年与德尔·卡斯蒂洛(J. del Castillo)提出乙酰胆碱聚集在神经末梢的突触小泡内，释放过程可能涉及到突触与神经末梢膜之间的相互作用。20世纪60年代，与米尔迪(R. Miledi)证实：神经末梢去极化可使钙离子流入末梢内，在短暂的延搁后引起递质大量释放。他们假设这是由于递质小泡与神经膜发生频繁的碰撞，在钙离子存在下融合所致。他们还估计了一个量子内的乙酰胆碱分子数，并测定了每个分子的作用强度和时间。

主要著作有《神经电兴奋》(1939年)、《神经、肌肉和突触》(1966年)和《神经递质的释放》(1969年)。由于在神经递质释放机理研究方面的成就，他与J.阿克塞尔罗德、U. S. von欧勒－切尔平共享1970年诺贝尔生理学或医学奖。还获得1965年费尔德伯格基金奖，1967年英国皇家内科医师学院巴利奖章，1967年英国皇家学会科普利奖章。（叶蒙福）

小拉梅尔坎普，C. H.（Rammelkamp，Charles Henry，Jr.） 美国人，1911年5月24日生于美国伊利诺伊州杰克逊维尔，1981年12月5日卒于俄亥俄州克里夫兰。*临床内科学、细菌学、流行病学、预防医学、医学史学。*

父亲是伊利诺伊学院院长。他和父亲同名姓。于1933年获伊利诺伊学院文学士学位。1937年在芝加哥大学医学院获医学博士学位。留校附属医院工作。1939年到圣路易斯的华盛顿大学医学院任教。同年任哈佛大学医学院研究员。1940～1946年任波士顿大学医学院讲师。第二次世界大战中，任美国军队急性呼吸道疾病防治委员会成员。1946年后在西储大学医学院任内科学和预防医学助理教授。1947年任预防医学副教授，1950年任医学教授，1960年任预防医学教授，1980年退休任荣誉教授。1948年任美国陆军夏安野战实验室主任；1950年兼任市立医院研究主任，1957～1980年兼任该医院内科主任。曾任美国传染病学会会长、美国心脏学联合会副会长、美国临床研究联合会会长、美国流行病学会副会长等职。是美国国家科学院院士、美国文理科学院院士。

1946年证实仅甲组链球菌的某些亚型可引起急性肾炎。1949年与助手对链球菌感染的流行病学，特别是预防医学方面作出了不少贡献。目前对这些病的防治方案，主要根据他们的研究成果。1958年与沃林斯基(E. Wolinsky)等证实，医院内的葡萄球菌感染主要通过人手传递。他还研究地区医学史，出版有《北美的诊疗所》(1963年)等著作。获1954年拉斯克奖、1973年布里斯托尔奖等。 (叶蒙福 李孙演)

盛彤笙(Sheng Tongsheng) 中国江西省人，1911年6月4日生于湖南长沙，1987年5月9日卒于江苏南京。兽医学、家畜传染病学、畜牧生态学。

原籍江西永新。小职员家庭出身。1932年获中央大学理学院动物学系理学士学位。1934年赴德国留学，1936年、1938年相继获德国柏林大学医学院医学博士、兽医学博士学位。回国后，先后任江西省立兽医专科学校教授、西北农学院教授兼畜牧兽医系主任、中央大学农学院畜牧兽医系教授、兰州国立兽医学院院长。1950年后，历任西北畜牧兽医学院院长、西北军政委员会畜牧部副部长、中国科学院西北分院筹备委员会第一副主任、中国农业科学院兰州兽医研究所研究员、江苏省农业科学院研究员等职。曾兼任中国畜牧兽医学会副理事长、名誉理事长等职。1955年选聘为中国科学院学部委员(院士)。

20世纪30～40年代，首先证实四川成都的水牛"四脚寒"为脑脊髓炎，并在国际上首次发现和报道牛脑脊髓炎系由病毒所致；在对马鼻疽病的研究中，首先提出一定浓度的磺胺药物对鼻疽杆菌有杀灭作用；1946年主持创建了中国第一所兽医学院——兰州国立兽医学院，奠定了中国畜牧兽医研究和教学的主要基地。50～60年代，赴新疆、青海等地考察和指导畜牧业生产，及时有效防治了当地羔羊痢疾、牛口蹄疫等畜牧流行性疾病；根据考察结果，倡导牧区实行"划区轮牧，储草备冬，改良畜种"，促进了西北地区畜牧业发展；参与建立中国科学院西北分院，积极从事选址和基建、组织队伍和筹建各研究所等大量开拓性工作。1981年他再次提出"大畜牧业"思想，得到了政府的重视。

撰写出版有《家畜病理剖检技术》、《兽医微生物学实习指导》等专著；主编工具书《畜牧兽医词典》；翻译《兽医细菌学》、《家畜特殊病理学与治疗学》、《家畜传染病学》和《家畜内科学》等数种经典巨著。 (钟尚科)

麦卡蒂，M.(McCarty，Maclyn) 美国人，1911年6月9日生于美国印第安纳州南本德，2005年1月2日卒于纽约。传染病学、免疫学、分子遗传学、医务管理。

车辆公司部门经理之子，家中4个男孩中排行第二。在斯坦福大学获生物化学学士学位。1937年在约翰斯·霍普金斯大学医学院获医学博士学位。留校附属医院从事儿科临床实习。后短期在纽约大学任教。1941年到洛克菲勒医学研究院工作，1946年任链球菌与风湿热实验室主任，1965～1978年为该院副院长。1965～1974年兼任洛克菲勒医院首席内科医师。兼任纽约市卫生研究委员会主任，惠特尼基金会主席。1976年、1977年先后获哥伦比亚大学、佛罗里达大学荣誉博士学位。1963年入选美国国家科学院院士。

自1928年英国的F.格里菲思(Fred Griffith)发现肺炎球菌类型的转化现象后，引起很多学者的兴趣。后来经研究分析，发现导致该现象的物质是DNA(脱氧核糖核酸)。麦卡蒂从牛胰内提取了DNA酶，该酶能迅速破坏转化物质的活性，从而确证该物质就是DNA，1944年和两位同事在《实验医学》杂志上报道了这一发现。1946年转向研究甲组链球菌的生物学特性，用从白色链球菌叶提出的酶复合物来分解细菌壁，发现其主要成分为组特异性抗原，该抗原由乙酰氨基葡萄糖和鼠李糖等组成。他还在洛克菲勒医院临床研究风湿热等疾病起因与治疗。获1946年利利微生物学奖，1977年第一届沃特福特生物医学奖。 (叶蒙福 李孙演)

杨简(Yang Jian) 中国广东省人，1911年8月8日生于广东梅县，1981年5月10日卒于北京。病理学、实验肿瘤学。

出身书香门第。1934年国立中山大学医学院毕业。留校任教，1942年破格晋升教授。抗日战争时期，兼任江西医学专科学校、孙逸仙医学院、光华医学院等校病理学教授。1945～1948年在美国费城宾夕法尼亚大学医学院病理学系和癌症研究所进修。1949年回国后，历任中山大学医学院副院长、代理院长，大连医学院教研室主任，中国医学科学院实验医学研究所病理学系副主任、研究员。兼任国家卫生部医学委员会委员、中华病理学会主任委员、联邦德国《病理研究与实践》杂志国外编辑等职。1980年当选为中国科学院学部委员(院士)。

1953年在中国首次利用芳香烃类化合物诱发小鼠皮下纤维肉瘤获成功；先后建立9个可移植的纤维肉瘤瘤株，创建了中国第一个"瘤株保种传代室"；对宫颈癌、食管癌的病因进行研究，创立了宫颈癌综合病因学说；根据"表面染色法"原理，1963年设计应用铁苏木素液直接宫颈局部染色法，辅助诊断早期宫颈癌，其原理是当癌细胞的核染色质增多与染液中的铁苏木碱相结合，能在1～2分钟内即被染成深黑色，而正常粘膜则不着色或仅着浅灰色，两者呈鲜明对比，肉眼可做出初步判断；20世纪60年代初，带领研究组深入河南林县等地调查食管癌病因，首次提出食管癌霉菌病因问题；在70年代研究基础上，1980年出版《食管癌的实验研究》专著，内容十分丰富而系统；70～80年代，开辟了实验肿瘤学的新领域——肿瘤侵袭和转移，填补了恶性肿瘤侵袭和转移研究方向的空白。主编《病理学》、《实用肿瘤学》、《医学百科全书·肿瘤分册》等书；主译《肿瘤的科学基础》和《癌的病理生理》等。 (秦跃娟)

波特二世，V. R.(Potter Ⅱ，Van Rensselaer) 美国人，1911年8月27日生于美国南达科他州，2001年9月6日卒于麦迪逊。肿瘤学、生物化学、细胞生物学、生物伦理学、仪器研制。

1933年获南达科他学院学士学位。1936年和1938年分别获威斯康星大学硕士和博士学位。1940年起一直在威斯康星大学麦迪逊分校麦卡德尔癌症研究实验室从事癌的生化研究，1947年任教授，在那里工作了半个多世纪。1964～1965年任美国细胞生物学学会会长。1974～1975年任美国癌症研究会会长。1959年入选美国文理科学院院士。1975年入选美国国家科学院院士。1957 年获南达科他州立大学荣誉科学博士学位。

毕生致力于生化技术的研究，并以此研究癌症的基本特性。发明国际上普遍使用的波特－埃尔维耶姆匀浆器，因而获 1947 年美国化学学会酶化学的刘易斯奖。与其他科学家合作，成功地利用差速离心法，分离细胞核和线粒体，从此该法便成为分离各种亚细胞器的主要手段。他利用离子交换技术分离核酸的水解组分，发现核糖核酸的构造成分为单核苷酸，获得克萨斯大学伯特纳基金奖。

发表 300 多篇论文；著作有《医学研究方法》（第 1 卷，1948 年）、《酶、瘤和癌》（1959 年）、《核酸概要》（1960 年）、《生物伦理学：通向未来的桥梁》（1971 年）、《全球生物伦理学》（1988 年）等。从事癌生物化学的多方面工作，成绩卓著，因而获美国癌症研究会克洛斯奖章。

（周忠勋）

雅各布森，L. O.（Jacobson，Leon Orris） 美国人，1911 年 12 月 16 日生于美国北达科他州锡姆斯，1992 年 9 月 20 日卒于芝加哥。*血液学、放射医学、医学化学。*

1939 年获芝加哥大学医学院医学博士学位。毕业后即在该校任医学研究员，后任医学教授至去世。1965 年和 1967 年被选为美国国家科学院院士、美国文理科学院院士。

1939 年曾用放射性磷治疗实验动物的血液病，虽未获成功，但却是医学上使用同位素的先驱者之一。第二次世界大战时，介绍用氮芥治疗何杰金氏病取得成功。1949 年发现脾防护可保护受致死量照射的小鼠，注射未照射鼠的脾细胞或胚胎性血液生成细胞能使放射鼠存活。根据这些实验创立了用输骨髓来治疗受照射动物的方法。后来该方法被法国用来治疗南斯拉夫核电厂事故中致伤的工人和再生不良性贫血。还发现受照射后的小鼠缺乏对外来组织的排斥反应，从而有可能形成混合系嵌合鼠；还证实促红血细胞生成素为糖蛋白，主要由肾产生，可被氯化钴激活；还介绍了测定红细胞生成素的方法。获 1963 年博登奖、现代医学奖，1975 年菲力普斯纪念奖，1976 年拉夫雷德尔奖。 （叶蒙福）

杰尼，N. K.（Jerne，Niels Kaj） 丹麦－英国双重国籍。1911 年 12 月 23 日生于英国伦敦，1994 年 10 月 7 日卒于法国蓬德加尔。*免疫学、血液学、细胞生物学。*

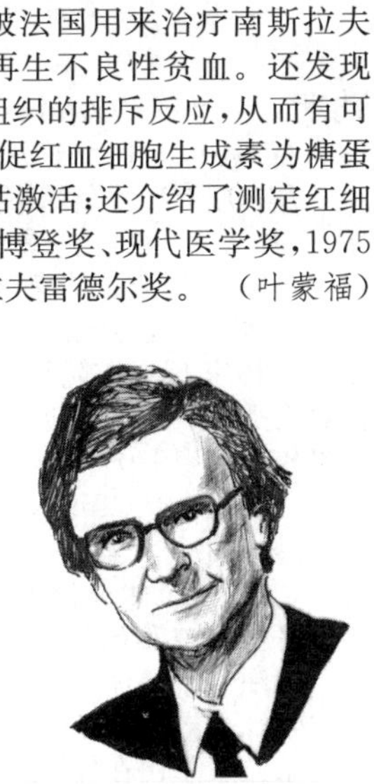

祖辈长期居住于丹麦，1910 年父母移居伦敦，第一次世界大战中又移居荷兰。他始终保持丹麦和英国双重国籍。1928 年获荷兰鹿特丹伊拉兹马斯大学学士学位。后在莱顿大学学习两年物理学。曾在哥本哈根大学医学院学医，1947 年获医学硕士学位，1951 年完成关于抗体活性研究的医学博士论文。1943～1956 年在丹麦国家免疫血清学研究所工作。1956～1962 年在日内瓦任世界卫生组织生物标准和免疫学部主任，后一直任该组织免疫学专家顾问团成员。1962 年任美国匹兹堡大学微生物学教授兼系主任。1966 年任德国哥特大学埃尔利希学院院长。1969 年任瑞士巴塞尔大学免疫学研究所所长，直至 1980 年退休。后任该所顾问委员会主任、法国巴斯德研究院免疫学顾问。1967 年当选为美国文理科学院外籍院士。1969 年当选为丹麦皇家文理科学院院士。1975 年当选为美国国家科学院外籍院士。1980 年当选为英国皇家学会会员。1981 年当选为法国科学院外籍院士。1972～1983 年间先后获芝加哥大学、哥伦比亚大学、哥本哈根大学、巴塞尔大学和鹿特丹伊拉兹马斯大学荣誉理学博士学位。

主要贡献是提出了三个免疫学理论。①1955 年提出关于免疫的天然抗体选择学说，其代表作为“关于抗体形成的自然选择学说”。认为能够识别异种分子的免疫防御能力是体内某种先天决定的、当机体第一次和异体结构发生接触时就已经存在的东西，此后仅仅是对于天然发生的抗体群体进行选择，结果十分符合该结构的那些抗体产量增加。这一理论很快得到支持并为其他学者所发展，如 1960 年诺贝尔生理学或医学奖获得者 F. M. 伯内特，就是在此基础上提出了著名的“获得性免疫的克隆选择学说”。②1971 年提出个体对移植组织的排异反应是免疫系统细胞特异性的驱动力，它所产生的大量细胞中，许多专门适合于保护宿主组织的细胞（例如胸腺）被选择出来。该理论预见到细胞介导的免疫特异性的形成机制。其代表作为论文“免疫识别的体发生”。③1973 年提出“免疫系统网络学说”。认为某些抗体能模拟异种分子，而拮抗这些异种分子的其他抗体可能是在免疫接种过程中正常地产生出来的。抗体和它们的镜面影像的对子是在免疫系统发生过程中天然形成的，从而提供了交流网络和调节平衡形成的可能性。

此外，1963 年与匹兹堡大学的诺丁（Albert Nordin）共同发明“杰尼血小板检测法”，成为一种标准的计算抗体生成细胞的方法。

因在免疫学理论方面的显著成就，获 1984 年诺贝尔生理学或医学奖（与德国的 G. J. F. 克勒以及阿根廷的 C. 米尔斯坦分享）。

（傅杰青）

汪堃仁（Wang Kunren） 中国安徽省人，1912 年 4 月 23 日生于湖北嘉鱼，1993 年 9 月 18 日卒于北京。*生理学、肿瘤学、细胞生物学。*

1934 年北京师范大学生物学系毕业。后留系任教。1937 年到北平协和医学院生理学系进修并兼任助教。1939 年到陕西固城任西北师范学院生物学系副教授、教授。1947 年赴美国留学，翌年获伊利诺伊大学医学院硕士学位。1949 年回国后直至去世，长期任北京师范大学生物学系主任、教授，期间，1953 年兼任中央卫生研究院病理学系研究员、系主任；1975～1980 年调任北京市肿瘤防治研究所细胞生物学研究室主任兼该所副所长。曾兼任中国细胞生物学会副理事长等职。

1980 年当选为中国科学院学部委员(院士)。

20 世纪 30 年代后期在北平协和医学院进修期间,在张锡钧、林可胜指导下,发现刺激狗的迷走神经中枢端后,脑垂体后叶细胞发生变化,证明脑垂体后叶细胞中颗粒为其分泌物。40 年代末至 60 年代前期,他用组织化学方法发现胃腺壁细胞内有丰富的三磷酸腺苷酶,胃腺壁细胞制造盐酸及分泌盐酸均需这种酶分解三磷酸腺苷(ATP)以释放能量才能进行;通过动物实验指出,胰岛 A 细胞不太可能是产生抗脂肪肝因素的部位,从而否定了国外一些学者主张胰岛 A 细胞有抗脂肪肝因子的看法;与同事合作,共同发现丙种球蛋白对大白鼠的四氯化碳中毒有预防作用。70～80 年代,发现抗癌的复方中草药与单方猪苓提取物对癌细胞的增殖均有抑制作用,这与细胞内的磷酸二脂酶受到抑制,环腺苷酸(cAMP)水平升高有关;发现正常细胞和肿瘤细胞在细胞周期的间期内,微管分布具有差异;还对癌变原理和肿瘤细胞生物学基础理论进行了许多研究。主编和参撰有《细胞生物学》(1990 年初版,1998 年第 2 版)等专著。 (高小东 宣焕灿)

阿克塞尔罗德,J.(Axelrod,Julius) 美国人,1912 年 5 月 30 日生于美国纽约,2004 年 12 月 29 日卒于马里兰州贝塞斯达。*生理学、药理学、酶学、脑与神经科学。*

波兰移民后裔。1933 年获纽约市立学院理学士学位。1941 年获纽约大学理学硕士学位。1955 年在华盛顿大学获药理学博士学位。1933 年起在纽约大学医学院附属戈德华特纪念医院、该校细菌系实验室工作。1935 年到纽约大学工业卫生实验室工作。1938 年结婚,后育有两个儿子。1946 年任纽约大学研究部副研究员。1949～1955 年在美国国家心脏病研究所任药剂师。1955 年任国家精神病研究所临床科学实验室药理部主任、研究员,1984 年起为荣誉退休研究员。1971 年入选美国国家科学院院士、美国文理科学院院士。是英国皇家学会外籍会员。

1946 年发现醋胺酚(乙酰氨基酚)。20 世纪 50 年代早期,发现抗体内有代谢药物的酶。1955 年研究去甲肾上腺素和肾上腺素的代谢,发现并分离出一种与儿茶酚胺代谢有关的酶——儿茶酚-O-甲基转移酶,并阐明了去甲肾上腺素和肾上腺素的代谢和转化过程。还与同事一起发现与生物源胺代谢有关的其他甲基转移酶。后又利用氚化的去甲肾上腺素和肾上腺素来研究它们在动物体内的分布、合成和灭活过程;通过测定氚化肾上腺素的摄入和释放率来证实药物对交感神经的作用,如可卡因能阻断神经对去甲肾上腺素的摄入,而利血平却促使该素释放。通过侧脑室内注射标记的儿茶酚胺,以研究精神活性药物对脑内肾上腺素的作用,以及神经活动对肾上腺素代谢率的影响。1966 年证明在脑室注射丙咪嗪后可降低去甲肾上腺素的积累,而氯丙嗪则不能。还研究了肾上腺素能促使神经调节松果体的机制,以及某些类脂对细胞膜的作用等。

与他人合著《松果体》(1968 年)、《激素的生物化学作用》(1970 年)。由于在研究儿茶酚胺神经递质方面的成就,与 U. S. von 欧勒—切尔平和 B. 卡茨共享 1970 年诺贝尔生理学或医学奖,发表题为“去甲肾上腺素的转归和对其生物合成的调控”的诺贝尔演讲。还获 1965 年优秀服务奖、1967 年盖尔德纳基金会国际奖、1971 年爱因斯坦奖、1973 年美国药理学与实验治疗学会索尔曼奖等。 (叶蒙福)

里格斯,L. A.(Riggs,Lorrin Andrews) 美国人,1912 年 6 月 11 日生于土耳其哈尔波特,2008 年 4 月 10 日卒于美国汉诺威的坎特尔。*视觉生理学、眼科学、心理学。*

土耳其一所美国学院校长的儿子。1933 年在达特茅斯学院获学士学位。1936 年在克拉克大学获生理心理学博士学位。1938 年起任教于布朗大学心理学系,1977 年退休。后任巴洛大学心理学教授。1961 年当选为美国国家科学院院士。曾任美国东部心理学联合会会长。2001 年获布朗大学荣誉博士学位。

主要贡献是发展了人类视觉研究的客观性检查方法。对先刺激视细胞后产生的视网膜电图作了充分的研究。20 世纪 60 年代早期,和同事发明了视觉刺激光栅的方法,它不仅可作为检查人眼对颜色、运动和刺激模式敏感性的一种客观性指标,而且可用于反映视觉中枢的兴奋性。还从事眼动在人类视觉生理中作用的研究。1972 年起,他又在视觉中枢的知感性学习效应方面作了一些探讨并获得结果。由于在视觉研究中的成就,曾多次获得美国心理学会、美国眼科学会等学术团体的奖励,其中有 1957 年实验生理学家协会沃伦奖。 (陈闻鹏)

孔斯,A. H.(Coons,Albert Hewett) 美国人,1912 年 6 月 28 日生于美国纽约州格洛弗斯维尔,1978 年 9 月 30 日卒于马萨诸塞州布鲁克莱恩。*医学微生物学、流行病学、免疫学、病理学。*

1933 年毕业于威廉斯学院。1937 年在哈佛大学医学院获医学博士学位。后在波士顿市立医院实验室工作。1940 年后在该院细菌学和免疫学系工作。第二次世界大战中,在美国陆军医疗队任上尉军医。1946 年回母校工作,1970 年任细菌学与免疫学教授,次年任病理学系教授。1962 年入选美国国家科学院院士。

1941 年和克里奇(Creech)等人用蒽标记肺炎球菌抗体,发现该抗体选择性地与肺炎球菌结合,在荧光显微镜下极易被发现。1942 年他首次用荧光素标记抗体来示踪注入小鼠体内的肺炎球菌的归宿。后来与卡普兰(M. H. Kaplan)将该方法用来研究肺炎球菌粘多糖和外来血浆蛋白在体内的分布,还用于寻找被腮腺病毒和斑疹伤寒立克次氏体感染的动物细胞。这就是免疫荧光技术,现已被医学界广泛用来作为临床诊断和科研的重要手段。获 1959 年拉斯克奖、1962 年帕萨诺基金奖。 (叶蒙福)

毛守白(Mao Shoubai)　中国上海市人,1912 年 12 月 30 日生于上海,1992 年 4 月 21 日卒于同地。医学寄生虫学、传染病学、公共卫生学。

1937 年毕业于上海震旦大学医学系,获医学博士学位。1938～1939 年赴法国巴黎大学医学院进修。1940 年回国,任上海信谊血清疫苗厂厂长。1941 年任国立上海医学院寄生虫学讲师,次年随校迁往重庆,任寄生虫学与细菌学副教授。1944 年任中央卫生实验院寄生虫学技师。1947 年任南京中央大学医学院教授。期间 1947～1948 年赴美国、英国和埃及进修与考察,与美国国家卫生研究院合作研究血吸虫病。1950 年起,先后任中央卫生研究院(中国医学科学院前身)华东分院技师、研究员。1956 年任中国医学科学院寄生虫病研究所研究员,1959 年任副所长,1978 年任所长。兼任国家科学技术委员会预防医学专业组成员、全国血吸虫病研究委员会主任委员、中国医学科学院学术委员会委员、上海市寄生虫学会理事长、世界卫生组织全球医学咨询委员会委员、世界卫生组织血吸虫病专家咨询小组成员、世界卫生组织疟疾、血吸虫病和丝虫病合作中心主任、《寄生虫学与寄生虫病》杂志主编等。1989 年获法国佩皮尼昂大学荣誉博士学位。

主要从事血吸虫病的流行病学、免疫诊断、实验治疗、灭螺方法以及血吸虫病生物学等方面的研究。1954 年发表"日本血吸虫中间宿主钉螺的分类问题",澄清了多年来国际寄生虫学家的错误论点。1956 年创用肝卵抗原作皮内试验,在一年内参与主持完成了流行区 6 000万人的普查任务,摸清了全国血吸虫病的流行情况。

发表论著有 50 多种;主编和合作主编的书有《血吸虫病学》(1963 年)、《寄生虫病学》(1964 年)、《中国医学百科全书·寄生虫学和寄生虫病学》(1984 年)等;其中《寄生虫病学》获 1978 年全国科学大会重要著作奖。获 1984 年在日内瓦召开的世界卫生大会里昂·伯尔纳基金奖。

(张慰丰)

亚伯拉罕,E. P.(Abraham,Edward Penley)　英国人,1913 年 6 月 10 日生于英国汉普郡南安普敦,1999 年 5 月 8 日卒于牛津。病理学、药物化学、生物医药工程、生物化学。

1941 年在牛津大学女王学院获化学硕士和博士学位。留校医学院工作,1948 年入选牛津大学林肯学院评议员,1964 年任化学与病理学教授,1980 年退休。期间曾任斯德哥尔摩大学、加利福尼亚大学、悉尼大学和威斯康星大学等校客座研究员或客座教授。1958 年入选英国皇家学会会员。

第二次世界大战中,参加 H. 弗洛里主持的青霉素研究开发团队,1941 年和 E. B. 钱恩等人合作研究分离提纯青霉素获得成功,并能制备应用于临床治疗。以后又同美国科学家合作,参与测定了青霉素的化学结构,并用化学合成法进行生产。

第二次世界大战后,承担了其他抗菌素的研究与开发项目。与同事合作,分离出抗细菌的杆菌肽。1953 年首次发现头孢菌素,与同事一起将它提纯,命名为青霉素 N。1953 年发现第三个抗菌素——头孢菌素 C,1959 年提出它的 β-内酰胺结构,后由 X 射线结晶分析确证。与同事研究发现分子内乙酰氧基易被其他基因取代,生成不同程度活性的头孢菌素。他在利利实验室中开发成功适合于大规模生产头孢菌素的工艺,使它能应用于医疗事业上。

主要著作有《普通病理学》、《一些肽和甾族抗菌素的生物化学》(1957 年)和《青霉素与头孢菌素的生物合成与酶水解》(1974 年)。先后获 1973 年英国皇家学会皇家奖章,1975 年瑞典谢勒奖章,1976 年英国化学学会医学化学奖,1980 年英国皇家学会马拉德奖章等。

(周志高)

罗西特,R. J.(Rossiter,Roger James)　加拿大人,1913 年 7 月 24 日生于澳大利亚格莱纳尔格,1976 年 2 月 21 日卒于芬兰赫尔辛基。生理学、脑与神经科学、生物化学。

中学校长之子。1935 年取得西澳大利亚大学理学士学位。1938 年获牛津大学默顿学院生物化学与生理学学士学位,1941 年获该校化学学士学位,1942 年获文科硕士学位,1940 年和 1946 年先后获牛津大学哲学博士和医学博士学位。第二次世界大战时任英军军医,研究疟疾、烧伤和营养学等课题。移居加拿大安大略省伦敦后,1947 年任西安大略大学生物化学系教授和系主任,后又任该校研究生院院长、副校长和教务长。曾任加拿大国家生物化学委员会主席,加拿大国家癌症研究院专家顾问团主席,加拿大生理学学会会长,加拿大生物化学学会会长等。1954 年入选加拿大皇家学会会员。在访问芬兰时因脑溢血去世。

研究兴趣集中在神经系统的化学成分及代谢作用方面。研究并概括了末梢神经切断后而变性(称做"沃勒变性")时发生的化学和代谢作用过程。1955 年还对脑和神经中的磷脂代谢作用及生理合成进行了研究,取得出色成绩。获加拿大、英国、澳大利亚等国多种科学奖。

(董晨空)

斯佩里,R. W.(Sperry,Roger Wolcott)　美国人,1913 年 8 月 20 日生于美国康涅狄格州哈特福德,1994 年 4 月 17 日卒于加利福尼亚州帕萨迪纳。脑与神经科学、心理生物学、哲学。

1935 年获奥伯林学院文学士学位,1937 年获硕士学位。1941 年在芝加哥大学获哲学博士学位。1942～1946 年在哈佛大学耶基斯灵长类生物学研究所工作。期间服兵役,参与美国神经损伤医学研究计划。1946 年任芝加哥大学解剖学系助理教授,1952 年任心理学副教授,兼任美国国家卫生研究院神经性疾病与失明研究所实验室主任。1954 年任加利福尼亚理工学院心理生物学教授,1984 年退休后为名誉教授。1960年入选美国国家科学院院士。1963年入选美国文理科学院院士。1974年入选美国哲学会会员。1976年入选英国皇家学会外籍会员。获洛克菲勒大学、剑桥大学等校荣誉博士学位。

致力于脑神经科学的研究，力图将心理学与生物学结合起来。早在1939年作为芝加哥大学P. A. 威斯(Paul Alfred Weiss)的研究生时，在探索神经胚胎发育过程中，对神经元之间如何形成特定型式的连结进行了研究。通过精心的设计与细致的观察，对两栖类视神经的再生现象进行了研究，并向威斯的"功能先于形态"的理论进行了挑战。发现神经组织在功能上是不能互变的，而脑连接组织也不能发生相应的变化。在对神经网状系统功能特异性的发生起源的研究中，证实了中枢神经连接组织的生长是受到某种既定模式的调控并具有高度的选择特异性。提出影响深远的"化学亲和力"假说，强调脑内神经元之间的连接是在遗传因素的控制下，通过脑发育早期阶段形成的化学标记物的互相识别，精确有序地建立起来的。主要贡献是成功地揭示了大脑两半球功能的专门化。1952年用新的手术方法切断猫与猴的大脑连合部(胼胝体)和视交叉后，用特别设计的一侧行为检测技术，第一次获得了惊人的裂脑效应，建立了裂脑动物的意识分离的双重脑系统模型。

20世纪60年代初期，在他的启发下，洛杉矶神经外科医师博根(J. Bogen)与沃格尔(P. Vogel)切断大脑连合部以控制重症癫痫的发作获得成功。裂脑人的出现，为他探索两半球功能的专门化提供了条件。采用独特的实验方法分别考察裂脑人两半球的功能，获得了大量的新资料，建立了大脑两半球功能专门化的理论。通过实验表明，左半球在抽象思维、演绎推理、言语功能、逻辑分析以及数学计算、控制神经系统方面起主导作用；右半球在具体思想能力、形象的学习和记忆、图形感觉、听觉印象、几何空间和重现三维结构的辨认能力具有优势，因此，对音乐、美术等视觉、听觉能力优于左半球。这一发现有力地修正了一个多世纪来认为左半球占优势、右半球处于从属地位的传统观念。认为两半球是两套具有不同功能的信息加工系统，它们之间分工合作、相辅相成组成一个统一的控制系统。

在20多年裂脑研究基础上，提出精神一脑相互作用论，主要内容为：意识是大脑过程的多元结合的突现特性；大脑在正常情况下，不论在结构与功能方面都是统一的，反之当大脑两半球被分离时，意识经验也分裂为两个独立活动领域；精神事件是因果性的，不仅仅是相关性的，对大脑事件可以行使调控的功能；大脑生理过程是精神现象的物质基础，但精神现象具有下向性控制，对神经生理产生原因性影响；精神一脑相互作用，上向因果链与下向因果链同时起作用，脑内神经元事件的激发不仅取决于物理一化学过程，而且主要取决于编制精神程序的高级规律和非线性动力学。他的发现使人们能够深入地了解大脑的内部世界，为进一步探索大脑的更高级功能提供了一个全新的概念，对神经科学、认识科学、临床医学、心理学、教育学、哲学都有深远的影响和积极的意义。

主要著作有《大脑机能结构与行为》(1961年)、《割裂大脑的意识统一性》(1968年)、《割裂半球的一侧功能的专门化》(1974年)、《精神一脑相互作用：是精神论，非二元论》(1980年)等。由于在揭示大脑两半球功能专门化方面作出卓越贡献，他与揭示大脑处理视觉信息方面有重要贡献的D. 胡贝尔和T. N. 威塞尔分享1981年诺贝尔生理学或医学奖。还多次获得美国和国际科学界的各种奖励，其中有1969年美国实验心理学会沃伦奖、1971年美国心理学会杰出科学贡献奖、1972年美国国家截瘫基金会韦克曼研究奖、1976年美国哲学会拉什利奖、1979年以色列沃尔夫医学奖、1979年国际视觉认读协会特殊奖、1989年美国国家科学奖章等。

(张慰丰　朱　劦)

姜泗长(Jiang Sichang)　中国天津市人，1913年9月15日生于天津，2001年9月9日卒于北京。解剖学、临床外科学、耳鼻咽喉科学、医疗器械研制、医学史学。

1931年北平大学医学院毕业。1950年前一直在中央大学医学院耳鼻喉科工作，曾任教授、院长兼耳鼻喉教研室主任。期间1947～1949年在美国芝加哥大学医学院进修。1949年回国后，历任南京大学医学院附属医院院长兼耳鼻喉教研室主任、第四军医大学附属医院耳鼻喉科主任、副院长，北京解放军总医院耳鼻喉科主任、副院长、耳鼻喉科研究所所长，主任医师、教授。曾兼任解放军总后勤部卫生部专家组组长、科学技术委员会副主任，中华耳鼻喉科学会主任，法国波特曼基金会中国主席，《中华耳鼻喉科》杂志主编等职，1998年任国际聋病学会名誉会长。1994年选聘为中国工程院院士。

确诊和治愈中国首例耳硬化症聋；在中国率先成功开展局部麻醉的内耳开窗术、镫骨底板切除术共4 000余例，有效率达到国际先进水平，综合成果获国家科学技术进步奖二等奖；创制内耳、中耳手术系列器械，在国内广泛应用；制作第一套中国成人颞骨切片和一批人类内耳标本；在中国率先开展细胞和分子水平上的感音神经性耳聋发病机理研究；首次全面测量中国人听小骨各种参数，为临床治疗提供科学依据；运用现代综合技术研究爆震(冲击波)对听觉器官致伤机理及防治，获军队科学技术进步奖一等奖、国家科学技术进步奖二等奖；首次证明听觉敏锐度、分辨力与耳蜗毛细胞有密切关系，并发现AP调谐曲线可评估其功能变化；率先开展内耳迷路电凝破坏术治疗顽固眩晕的美尼尔氏病。

发表论文100余篇；主编和撰写《临床耳鼻咽喉科学》(1954年)、《中国耳鼻咽喉科学史》(1992年)、《耳鼻咽喉科手术学》(1994年)和《临床听力学》(1998年)等专著8部。获全国科学大会奖3项，国家和军队科学技术进步奖二等奖以上18项；荣立军队二等功3次、三等功3次。1993年被中央军委授予"模范医学教授"荣誉称号。

(朱素珍)

张晓楼(Zhang Xiaolou)　中国河北省人，1914年1月26日生于直隶(今河北)正定，1990年9月14日卒于北京。眼科学、流行病学、医学微生物学、公共卫生学。

生于农村。曾就学于满洲医科大学、上海同济大学、清华大学、燕京大学和北平协和医学院。1940年毕业于北平协和医学院,获医学博士学位。1946年起任同仁医院眼科主任、医务主任,1954～1985年任副院长,协和医学院教授。1959年筹建并先后任北京眼科研究所副所长、所长。长期担任中华眼科学会主任委员、《中华眼科》杂志主编等职。1979年任世界卫生组织国际防盲组咨询委员。1984年入选美国视觉与眼科协会荣誉会员。

1954年和汤飞凡合作,在国际上首次用鸡胚分离得沙眼病原体(当时称为沙眼病毒,1973年定名为沙眼衣原体),是世界上第一次找到分离和繁殖沙眼病原体的方法。后继续研究防治沙眼的方法。20世纪60年代,和同事一起对220多种中草药和成方进行筛选。1972年国外报道指出,衣原体含有脱氧核糖核酸(DNA)的核糖核酸(RNA)的聚合酶。他们在实验室证实抗结核药利福平具有阻断此酶的作用,从此利福平眼药水得以普及推广。20世纪80年代及后,积极宣传和开展公共卫生眼科学,组织和推动防盲治盲工作,并与世界卫生组织协作,在北京市眼科研究所成立防盲协作中心。他看到众多失明者很大一部分是角膜病所致,遂倡导成立死后志愿捐献角膜的眼库。1990年6月12日成立北京同仁医院眼库,他第一个签名死后捐献角膜。1990年病逝后,他奉献的角膜使两名患者重获光明。

主编有《国外医学·眼科分册》、《眼底病》等,主译有《盖氏眼科学》。多次获奖,其中有1978年全国科学大会奖,1981年国际防治沙眼组织金质奖章,1981年亚洲太平洋眼科学会卓越工作奖,1982年国家自然科学奖二等奖等。 (张慰丰)

杜尔贝科,R.(Dulbecco, Renato) 意大利与美国双重国籍,1914年2月22日生于意大利卡坦扎罗,2012年2月19日卒于美国加利福尼亚州拉霍亚。病毒学、肿瘤学、免疫学、细胞遗传学、分子生物学。

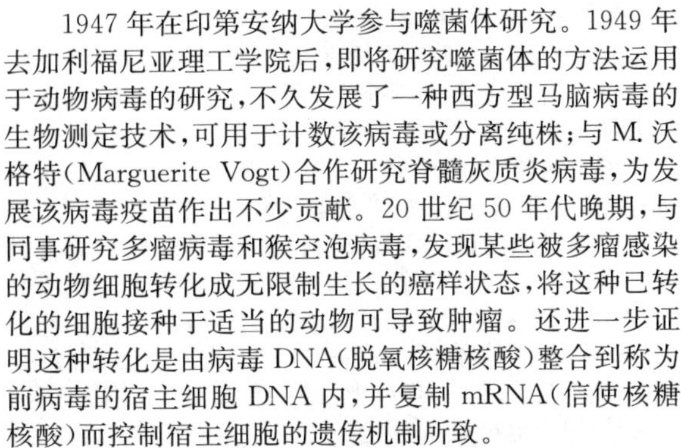

意大利裔,土木工程师之子。1936年在都灵大学获医学博士学位。1936年和1938年两次应征入伍为医官。战后在都灵大学进修2年物理学。第二次世界大战中,1940～1942年在法国和俄国战场做随军医生,1942年因受重伤治疗数月,后回意大利参与抵抗运动。战后任都灵市政务员。1947年移居美国,工作于印第安纳大学。1952年任加利福尼亚理工学院生物学副教授,1955年任教授,1963年任索克研究所高级研究员,1977年任杰出研究教授,1982年任所长,1992年退休。1953年入美国籍。1972年后在英国帝国癌症研究基金会兼职。1993年回意大利定居,任意大利国家研究理事会米兰生物化学技术研究院董事长。是美国国家科学院院士,英国皇家学会外籍会员,意大利国家科学院外籍院士。

1947年在印第安纳大学参与噬菌体研究。1949年去加利福尼亚理工学院后,即将研究噬菌体的方法运用于动物病毒的研究,不久发展了一种西方型马脑病毒的生物测定技术,可用于计数该病毒或分离纯株;与M.沃格特(Marguerite Vogt)合作研究脊髓灰质炎病毒,为发展该病毒疫苗作出不少贡献。20世纪50年代晚期,与同事研究多瘤病毒和猴空泡病毒,发现某些被多瘤感染的动物细胞转化成无限制生长的癌样状态,将这种已转化的细胞接种于适当的动物可导致肿瘤。还进一步证明这种转化是由病毒DNA(脱氧核糖核酸)整合到称为前病毒的宿主细胞DNA内,并复制mRNA(信使核糖核酸)而控制宿主细胞的遗传机制所致。

主要著作有《由病毒诱发的癌变》(1967年)、《诱发宿主系统,整合和切除》(1975年)、《病毒学》(1980年)、《生命设计》(1987年)等。因证实致癌病毒使宿主细胞产生癌变的机制,与也在病毒学方面作出了卓越贡献的H.M.特明、D.巴尔蒂摩共享1975年诺贝尔生理学或医学奖。还获得1964年艾伯特和马利·拉斯克奖、1965年里基茨奖、1974年瓦克斯曼奖、2011年印第安纳大学校长奖章等。 (叶蒙福)

梁植权(Liang Zhiquan) 中国广东省人,1914年3月5日生于山东烟台,2006年6月14日卒于北京。血液学、遗传病学、分子生物学、基因工程。

原籍广东中山。1937年和1941年先后获燕京大学化学系理学士、理学硕士学位。1950年获美国宾夕法尼亚大学生物化学博士学位。同年回国,历任中国协和医学院生物化学系副教授,教授兼副主任。1958年起到中国医学科学院实验医学研究所工作,1978年起任基础医学研究所生物化学及分子生物学研究室主任、名誉主任,协和医科大学基础部生物化学教授等职。兼任中国生理学会副理事长、中国生物化学学会副理事长、联合国世界卫生组织免疫学专家小组成员等职。1980年当选为中国科学院学部委员(院士)。

20世纪70年代开始,主要研究蛋白质的结构与功能,核酸结构及基因工程。研究针刺麻醉的机制原理及其分子基础,获1978年全国科学大会奖;在蛋白质结构与抗原性关系方面获重要研究成果,先后研制成"实研二号"、"实研三号"代血浆,其独到的抗原性达到了国际水平;研究中国异常血红蛋白类型、分布以及血浆蛋白质多态性,获重要发现,其中发现6种中国人异常血红蛋白新变异体,3种中国人血清蛋白变异体,3种A1-抗胰蛋白酶新变异体,先后获国家卫生部科学技术进步奖1982年甲级成果奖、1986年乙级成果奖;发现马利兰能重新开启g珠蛋白基因,可用于治疗重型β-地中海贫血症;对核酸结构与功能的研究,转运核糖核酸的一级结构分析,内切酶的分子克隆,γ-珠蛋白基因的重新开启等,也达到一定的水平。发表学术论文近300篇,主编和参编专著10余种。 (秦跃娟)

加兰布斯,R.(Galambos, Robert) 美国人,1914年4月20日生于美国俄亥俄州洛雷恩,2010年6月18日卒于加利福尼亚州圣迭戈。耳鼻咽喉科学、实验生理学、脑与神经科学、动物学。

1937年获美国奥伯林学院文学士和文科硕士学位。1941年在哈佛大学获哲学博士学位。1946年在罗切斯特大学获医学博士学位。先后在埃默里大学、哈佛大学听觉实验室、沃尔特·里德军事研究所、耶鲁大学工作，1962年任耶鲁大学心理学和生理学教授。1975年从圣迭戈加利福尼亚大学退休后，任神经科学荣誉教授。是美国文理科学院、美国国家科学院院士。获瑞典哥德堡大学、美国耶鲁大学荣誉博士学位。

1941年首次纪录到蝙蝠在飞行时发出的超声波，证实该声波与它在黑暗中飞行能回避障碍物有关。1942年用微电极技术研究猫蜗神经核内单个细胞的活动，发现它们在静止状态和在声音刺激下的活动规律。1958年发现双耳定向机制。还研究从脑到内耳的神经纤维系统，发现这些反馈纤维能降低内耳对声音刺激的敏感性，从而使脑对声音进行有选择性的分析。发表论著200余篇(部)。 （叶蒙福）

任应秋(Ren Yingqiu) 字鸿宾。1914年8月5日生于四川江津，1984年11月17日卒于北京。中医学、医学文献学、医学史学、医学教育。

1931年江津县国医专修馆毕业。同年入江津医学研究社学习，并聘请当地著名老中医家教，又设立“济世诊脉所”免费服务社会。1936年就读上海中国医学院，因战事骤起，翌年转入湖南国医专科学校。1938年毕业后，自设诊所行医，并执教于江津县立女子中学兼任校医。20世纪40年代，任《华西医药》杂志主编。1946～1949年任全国中医联合公会联合会常务理事。1954～1957年任重庆市中医进修学校教务主任、重庆市中医学会秘书长。1981年任中华全国中医学会医古文研究会会长。

先后出版《仲景脉法学案》(1944年)、《任氏传染病学》(1945年)、《中医各科精华》(2卷，1947～1949年)等书。主编、点校和撰述重要著作《伤寒论语译》(1957年)、《金匮要略语译》(1959年)、《中医各家学说及医案选(宋元明清)》(1961年)、《病机临证分析》(1963年)等。1976年后，校点金代张元素《医学启源》(1978年)，先后出版《运气学说》(1982年)、《任应秋论医集》(1984年)等著作。 （朱素珍）

卡巴特，E. A.(Kabat，Elvin Abraham) 美国人，1914年9月1日生于美国纽约，2000年6月16日卒于马萨诸塞州福尔茅斯。传染病学、医学微生物学、免疫学、血液学、生物化学。

1932年毕业于纽约城市学院。1937年在哥伦比亚大学内科与外科学院获哲学博士学位。后在瑞典乌普萨拉大学生理化学研究所从事博士后研究。1938年回纽约，任康奈尔大学医学院病理学示教员。1941年去哥伦比亚大学内科与外科学院，不久任微生物学、人类遗传学与发育学教授，直至退休。1966年入选美国国家科学院院士。

1933年与M.海德尔伯格运用灭活肺炎球菌悬液精确测定了马和兔抗肺炎球菌血清的抗体量。1937～1938年，与A. W.蒂塞留斯等人测定了免疫球蛋白G(IgG)和免疫球蛋白M(IgM)的分子量、电泳动度和等电位点。1941年应用蒂塞留斯装置首次电泳浓缩脑脊液，发现多发性硬化症和神经梅毒病人的脑脊液内IgG量增加。还首次测出引起豚鼠、大鼠和兔被动致敏所需的抗体量。第二次世界大战期间，发展了流行性脑膜炎预防接种法；对血型物质的提纯方法及其理化性质进行了研究。20世纪50年代起，发现血浆代用物葡聚糖是一种抗原，会引起某些人群的过敏反应；研究具有抗碳水化合物特性的骨髓瘤抗体，测定了抗体的大小、形态等。70年代及后，他的生物化学分析代表了当时科学界的学科前沿水平；对多肽系列的大量免疫球蛋白和抗体的分子结构进行了分析研究，提出估计其变异性的方程式。

发表论文400余篇；主要著作有《实验免疫化学》(1961年)、《免疫学和免疫化学的结构观点》(1976年)等。获1949年利利奖、1966年兰兹泰纳纪念奖、1977年霍维兹奖等。曾获美国国家科学奖章。

（叶蒙福 李孙演）

曾宪九(Zeng Xianjiu) 中国湖北省人，1914年9月2日生于湖北武昌，1985年5月30日卒于北京。普通外科学、肿瘤学、康复工程、医学教育。

1940年毕业于北平协和医学院，同时获美国纽约州立大学医学博士学位。留校任外科住院医师、讲师。由于协和医学院被日军占领，1942年起在北京中和医院任职。1948年回协和医学院工作，历任副教授、教授。1956年任中国协和医学院外科学系主任。曾兼任中华外科学会主任委员、《中华外科》杂志主编等职。

20世纪50年代，他发现当时流行的肠侧侧吻合术违反肠道运动生理规律，于是在动物实验基础上提出更为科学的手术方法，防止了肠侧侧吻合术后综合症的频繁发生，很快在临床上得以推广。60年代，从测量研究人体水和血容量入手，开始研究创伤后体液和代谢反应等课题，率先引进重水稀释灌滴测定法、放射性核素红细胞量测定法等具有国际先进水平的测量方法。70年代，初期率先在中国开展胃肠外营养临床应用，救治许多高位肠瘘、坏死性胰腺炎等外科危重病人；70年代末，系统研究创伤和外科感染病人的代谢和营养支持。70～80年代，在协和医院倡导并主持成立多科系参与的胰腺疾病研究团队，对胰岛B细胞瘤、胰头癌等进行综合研究；他在胰腺疾病领域的论著，以独特见解和丰富材料博得中外医学界关注和好评；80年代初，在他倡议下协和医院建立中国最早的重症监护病房。此外，十分重视外科人才队伍培养与建设。

发表中英文学术论文170余篇，主要论文收集于《曾宪九论文选集》(1986年)；主编《医学百科全书·腹部外科分册》等。 （李孙演）

罗元恺(Luo Yuankai) 字世弘。中国广东省人，1914年10月7日生于广东南海，1995年2月卒于广州。中医内科学、中医妇科学、医学教育。

出身书香门第。父以儒通医，他幼承家训。1935年毕业于广东中医药专门学校(夜校)。同年留任该校附属广东中医院住院医师，1939 年任该校香港分教处教师。1941 年该校因日军入侵而停办，次年到广东韶关开业行医。1943 年在广东连县开办中医讲习所。1947 年广东中医药专门学校复建，任儿科学教师，1950 年任校长，1951 年兼任附属广东中医院院长。1953 年原校改名广东省中医进修学校，出任副校长，兼任广州中医学院金匮要略教研组组长。1958 年任广州中医学院进修部主任兼妇儿科教研室主任，1977 年任该校首位中医学教授，1980 年任副院长。曾兼任广东省中医学会副主任委员等职。

早年主治内科杂病和温病，稍后兼治妇儿科，后专于妇科，被誉为"女同胞救星"、"送子观音"。具体继承和发展明代名医张景岳基本理念，重视肾脾气血。探讨肾脾学说与妇科及其虚证的关系，有独到之处。总结出女性生殖调节轴为：肾气→天癸→冲任→胞宫，与西医的生殖内分泌轴，即下丘脑→垂体→卵巢→子宫，似不谋而合；发表"论肾与生殖"、"不孕不育症的临床体会"、"闭经的调治"、"更年期综合征的调治"等一系列论文，从各个侧面详尽探讨肾脾与生殖功能、妇科疾病的关系；晚年研究妇科血瘀证治法，撰有"活血化瘀法对妇产科疾病的疗效"、"痛经的证治"、"盆腔炎的中医治疗"和"子宫肌瘤的中药治疗"等文；对妇女先兆流产和习惯性流产诊疗有奇效，自创"补肾固冲丸"，1983 年改方研制"滋肾育胎丸"，经临床验证，安胎有效率达 94.35%，鉴定后正式投产，获 1984 年国家卫生部科学技术成果奖乙等奖；将治疗先兆流产和痛经的经验，编制成电脑专家系统软件予以推广。长期从事中医教育事业，学生遍布中外，大多已成中医骨干；在改革开放年代，频繁参加国际学术交流。

主要论文收于《罗元恺医著选》(1980 年)、《罗元恺论医集》(1990 年)等；主编《中医儿科学讲义》(1962 年第 1 版，1964 年第 2 版)、《中医妇科学》(1988 年第 6 版)、《〈妇人规〉点注》(1984 年)等。(朱素珍　李啸虎)

索尔克，J. E.(Salk，Jonas Edward)　美国人，1914 年 10 月 28 日生于美国纽约，1995 年 6 月 23 日卒于加利福尼亚州。病毒学、肿瘤学、免疫学、儿科学。

1939 年获纽约大学医学院医学博士学位。1947 年任匹兹堡大学医学院细菌学副教授、病毒研究实验室主任，1949 年升任病毒学教授，1954 年任预防医学教授，1957 年任实验医学教授。1963 年任圣迭戈加利福尼亚大学索尔克生物学研究所首任所长。

在大学学习期间，即开始从事流感的病毒学和免疫学研究。1947 年转入匹兹堡大学后，开始从事脊髓灰质炎病毒的研究。据统计，1952 年当年美国全国患小儿麻痹症(脊髓灰质炎)病例超过 30 万，死亡 5.8 万人，大大超过其他儿科疾病。他总结出引起脊髓灰质炎的病毒共有 3 个类型，后将这 3 类病毒制成一种安全的、可产生抗体的灭活病毒疫苗。经过一系列实验后，由于他的疫苗在美国普种，时至 1961 年，全美国脊髓灰质炎病减少了 96%。20 世纪 60 年代起，从事自身免疫性疾病和肿瘤疾病的研究。在去世前数年，一直在寻找艾滋病疫苗。

后期主要著作有《人的不断展示》(1972 年)、《最明智的生存》(1973 年)、《世界人口和人类价值观》(1981 年)、《实用解剖学》(1983 年)等。他的工作为消灭脊髓灰质炎这一危害严重的流行性传染病作出了巨大贡献，从而获得了多项美国医学科学界奖项和荣誉称号。

(朱　劦　李孙演)

裘法祖(Qiu Fazu)　中国浙江省人，1914 年 12 月 6 日生于浙江杭州，2008 年 6 月 14 日卒于湖北武汉。普通外科学、器官移植学、科学传播。

1936 年上海同济大学医学院前期结业。次年赴德国留学，1939 年获慕尼黑大学医学院医学博士学位。曾任该医学院副主任医师、托尔兹市立医院外科主任。1946 年回国，历任上海同济大学医学院附属中美医院(今同济医院)外科副主任、主任、教授。1952 年参加抗美援朝医疗队并任顾问。1956 年后，历任武汉医学院第二附属医院外科主任、教授、副院长、院长，同济医科大学名誉校长、华中科技大学同济医学院名誉院长。曾兼任中德医学协会理事长、中华医学会外科学会副主任、中华医学会器官移植学会主任等职，是《德国医学》(中文版)、《中华器官移植》、《同济医科大学学报》(英文、德文版)等多种刊物主编。1993 年当选为中国科学院院士。

在外科学广泛领域均有较深造诣和丰富成果。改进外科手术操作达 20 多种，其中突出的有：局部麻醉下甲状腺大部切除术、胃大部切除术、门静脉高压症的外科治疗等。20 世纪 50 年代，深入研究了晚期血吸虫病和肝炎后肝硬变引起的门静脉高压症的外科治疗，创建了贲门周围血管离断术，有效治疗了食管胃底曲张静脉破裂大出血。70 年代，在中国最早开展从动物实验到临床的肝移植研究。80～90 年代，致力于胆道流体力学、胆结石成因研究，研制出体外牛胆汁培育牛黄的方法。此外，积极开展医学知识传播与教育，1948 年创办中国第一本医学普及刊物《大众医学》。

发表论文 200 余篇；主编《临床医学免疫学丛书》，《中国医学百科全书》中《外科学基础》(1987 年)和《普通外科学》(1989 年)两个分卷，全国高等医药院校通用教材《外科学》(1979 年初版，1991 年第 5 版)，以及《一般外科手术学》(1973 年)、《黄家驷外科学》(1991 年第 5 版)、《腹部外科临床解剖学》等著作 40 余部。1985 年获联邦德国大十字勋章，2004 年获德国宝隆奖章。获 2000 年中国医学科学院中国医学科学奖，2001 年中国医学基金会医德风范终身奖，2003 年何梁何利科学技术进步奖，2004 年中国肝胆外科突出贡献金质奖章等。2004 年获"人民医学家"称号。(熊志化)

梅达沃，P. B.(Medawar，Sir Peter Brian)　英国人，1915 年 2 月 28 日生于巴西里约热内卢州彼得罗波

利斯,1987 年 10 月 2 日卒于伦敦。创伤外科学、免疫学、遗传学、科学哲学。

1932 年入牛津大学马格德林学院,1936 年获学士学位,留校任教和继续深造研究生,获博士学位。1947 年任伯明翰大学动物学教授。1951 年任伦敦大学学院动物学系主任。1962 年任英国国家医学研究院院长。1977～1983 年任英国皇家研究院实验医学教授。1981～1987 年任英国皇家研究生医学院(1988 年后部分为帝国学院医学院)院长。1965 年封爵。1968～1969 年任英国科学促进会主席。先后被选入许多学会和各种科学团体,如英国皇家学会(1949 年)、美国文理科学院(1959 年)、英国皇家外科医师学会(1967 年)、美国国家科学院(1969 年)和英国皇家内科医师学会(1971 年)等。

在研究神经愈合过程中,首次发现"生物胶",可供实验和临床上用来粘合断裂神经等。皮肤烧伤后的移植是战时最急迫需要解决的医学问题之一,促使他研究用病人残存的皮肤覆盖烧伤区的方法,发明用胰蛋白酶分离上皮和真皮的方法。试图用活上皮细胞悬浮液覆盖烧伤区和移植捐献者皮肤,但均告失败,于是决心弄清为什么同种异体不能移植和如何消除其障碍。经大量试验,证明兔皮肤同种异体移植而产生排斥的现象,是获得性免疫反应引起的。第二次世界大战结束后,与比林汉(R. E. Billingham)合作,进一步研究同种异体移植问题,他们发现在孪生牛之间移植皮肤,甚至不同性别的双胞胎(不是同卵孪生牛))也能互相接受对方的皮肤。随后他又和其他科学工作者合作,证明激活移植免疫性的抗原可从细胞中提取,提出成体动物诱导耐受性理论。他还对人口统计学、遗传学交叉学科作过研究。

著有《生物学尚未解决的问题》(1952 年)、《个体独特性》(1965 年)、《人类未来》(1960 年)、《解决问题的艺术》(1967 年)、《科学思想中的归纳和直觉》(1969 年)、《展望》(1972 年)等。因发现获得性免疫耐受性,和 F. M. 伯内特共获 1960 年诺贝尔生理学或医学奖。还获大英帝国奖章(1958 年),英国皇家学会科普利奖章(1949 年)和皇家奖章(1959 年),皇家内科医师学会费尔比奖章(1971 年),英国荣誉勋章(1982 年)等。(陈建秀)

尼尔,J. V. G.(Neel, James Van Gundia) 美国人,1915 年 3 月 22 日生于美国俄亥俄州汉密尔顿,2000 年 2 月 1 日卒于密歇根州安阿帕。辐射病理学、遗传流行病学、人类遗传学。

1939 年获罗彻斯特大学博士学位。1939～1941 年任达特茅斯学院动物学研究员。1944 年获博士学位。1947～1948 年任原子弹受害者委员会野外研究负责人。1949 年任密歇根大学医学院内科助理教授,1951 年任副教授,1956 年任人类遗传学教授、人类遗传学系首任主任,1957 年任内科学教授。1963 年当选为美国国家科学院院士。

和沙尔(W. J. Shull)共同研究曾受原子弹辐射与未受原子弹辐射的双亲,在所生子女的数目、性别比、死产频率、出生率、先天缺陷频率、存活率以及婴儿发育特征各方面有无差异。他还进行镰形细胞贫血症的遗传基础研究,证实它受一个不完全隐性基因控制。对美洲原始的印第安人群体的研究,揭示了现代人类正处于一个明显的遗传上不平衡状态。曾获美国公共卫生学学会拉斯克奖,美国人类遗传学学会阿伦奖,国家科学与工程奖章。(王爵渊)

韦勒,T. H.(Weller, Thomas Huckle) 美国人,1915 年 6 月 15 日生于美国密歇根州安阿伯,2008 年 8 月 23 日卒于马萨诸塞州尼达姆。寄生虫病学、病毒学、免疫学、比较病理学、预防医学。

1932 年入密歇根大学,主修医学动物学,1936 年获理学士学位。在母校继续学习,研究鱼类寄生虫,1937 年获理科硕士学位。后去哈佛大学医学院学习比较病理学和热带医学,1940 年获医学博士学位。期间 1939 年始向 J. F. 恩德斯学习病毒的组织培养方法。留校研究和讲授比较病理学、热带医学和细菌学。1941 年到波士顿儿童医院进行临床实习,独立进行水痘病毒培养。第二次世界大战中,1942 年参加美国陆军医务团任军医,在波多黎各的安蒂勒斯医学实验室从事研究。1946 年任波士顿儿童医院内科副主任。1947 年与恩德斯一起参与传染病研究所的建设,并合作研究病毒培养。1948 年被任命为传染病研究所副所长。期间兼任哈佛大学医学院热带公共卫生部讲师,1949 年任助理教授,1950 年为副教授,1954 年晋升为教授。1953～1959 年兼任美国陆军流行病和寄生虫病学委员会主任。旋即又担任世界卫生组织、泛美卫生组织、国际开发总署和美国国家过敏症和传染病研究所咨询顾问。1964 年入选美国国家科学院院士。

研究工作主要涉及寄生虫病学和病毒学两方面。对于蛲虫病和血吸虫病的研究成绩卓著,其中对血吸虫病体外培养及虫卵计算方法的改进,早为医学界所公认。对流行性腮腺炎病毒、风疹病毒、水痘和带状疱疹病毒等均作过研究。证明水痘疱疹浆液与带状疱疹浆液中的病毒是完全相同的;通过凝集试验及补体结合试验,也证明是同一病原体,只是由于患者机体免疫反应性不同而表现为两种不同临床类型。在波士顿儿童医院与恩德斯、F. C. 罗宾斯合作,完成了许多重要课题。1948 年起他们开始研究在非神经组织中培养脊髓灰质炎病毒,为研究病毒性疾病提供了有价值的方法,这使病毒性疾病早期快速的实验室诊断成为可能。1949 年在试管内培养得脊髓灰质炎病毒,因此与恩德斯、罗宾斯 3 人共获 1954 年诺贝尔生理学或医学奖。

1955 年他发现胎儿宫内感染巨细胞病毒,出生后往往大脑和神经组织受到侵犯而引起智力低下及麻痹症状。1960 年人们建议将这种病毒命名为巨细胞包涵体病毒，后来通称为巨细胞病毒。这种病也命名为巨细胞包涵体病或巨细胞病毒感染。他曾提出，流行性胸膜痛是由柯萨病毒感染所致。（张慰丰　朱　焱）

宋鸿钊(Song Hongzhao)　中国江苏省人，1915 年 8 月 13 日生于江苏苏州，2000 年 2 月 17 日卒于北京。妇产科学、生育保健学、肿瘤学、科学传播。

出生书香门第；著名药物化学家宋鸿锵之兄。1937 年、1938 年先后毕业于苏州东吴大学医预科和生物学系。1943 年获北平协和医学院医学博士学位。1942～1944 年在上海医学院学习并获毕业文凭。先后任上海孙克基妇产科医院、苏州医院医师。1948 年至去世，一直在中国协和医科大学北京协和医院妇产科工作，主任医师、教授。曾兼任国际滋养细胞肿瘤学会执行委员会主席、国务院计划生育领导小组专家组成员、中华妇产科学会主任、《中华妇产科》杂志主编等职。1994 年选聘为中国工程院院士。1996 年入选英国皇家妇产科医师学院院士。

中国当代著名的妇科专家。编写中国第一本计划生育教材《避孕指导手册》；合作研制金属塑料混合避孕环，效果良好；主持口服避孕药标准用量研究，率先将中国标准科学地降至国外的 1/4；在国际上首创大剂量 5-FU 化学药物治疗绒癌，初治病人死亡率由 90%以上降至 15%以下，并首次实现药物根治；使全身多处癌转移濒临晚期病人获得再生和仍能生育；提出绒癌临床分期方法，已被国际上定为统一临床分期标准，被誉为“宋氏标准”；80 年代，组织全国性妇女葡萄胎(绒癌前期)普查，为预防提供了依据；90 年代重点攻关绒癌耐药及危重病例治疗，获满意疗效；70 年代起坚持举办多种讲习班推广经验，年挽救病人生命数以千计。

发表论文 200 余篇；主编和参编《实用肿瘤学》(1981 年)、《肿瘤的化学治疗》(1982 年)等专著；编撰科普读物数十种、科普文章百余篇，参编科普电影电视 5 部。获国家和省部级奖 10 余项，其中有 1978 年全国科学大会奖、1981 年国家卫生部科学技术进步奖一等奖、1985 年国家科学技术进步奖一等奖等；获 1990 年首届陈嘉庚医学奖、1995 年何梁何利科学与技术进步奖。

（朱素珍）

凯蒂，S. S. (Kety，Seymour Solomon)　美国人，1915 年 8 月 25 日生于美国费城，2000 年 5 月 25 日卒于马萨诸塞州威斯伍德。精神病学、生理学、脑与神经科学、心理学。

1936 年毕业于宾夕法尼亚大学，1940 年获该校医学院医学博士学位。留校任教。1942 年以国家研究委员会成员身份进哈佛大学医学院心理卫生研究所工作。20 世纪 60 年代中期，短期任约翰斯·霍普金斯大学医学院精神病诊疗所主任。1967 年回哈佛大学医学院，并兼任马萨诸塞总医院精神病研究实验室主任。1977 年起任麦尔曼研究中心主任。1962 年当选为美国国家科学院院士。

创造用笑气测量脑血流量的方法。利用该法与同事测得脑接受全身血输出量的 1/6，全身耗氧量的 1/5；正常清醒状态下脑的能量利用率为 20 瓦，麻醉或昏迷时降为原来的 50%，但睡眠时未见下降，因而睡眠不是脑功能活动下降而是能量的重新分布。该方法还被用于药物研究以及判断脑血管病治疗的效果等。还研究了脑微血管的惰性物质扩散性交换原则，以解释不同麻醉剂的诱导和复苏速度不同的原因，成为研究局部血流和能量代谢新方法的基础。主要著作有《精神分裂症的传递》(1968 年，与他人合著)等。曾获优秀服务奖、科瓦兰科奖章、1999 年拉斯克特别贡献医学奖等。

（叶蒙福　李孙演）

姚鑫(Yao Xin)　中国江苏省人，1915 年 10 月 18 日生于江苏常熟虞山镇，2005 年 11 月 4 日卒于上海。组织化学、肿瘤学、实验生物学、基因工程。

1937 年毕业于浙江大学理学院生物学系。留校任教，先后任助教、讲师和副教授。1947 年赴英国留学，1949 年获爱丁堡大学动物遗传研究所博士学位。1949 年回国，任浙江大学生物学系教授。1951 年后，历任中国科学院实验生物学研究所研究员、室主任、副所长，中国科学院上海细胞生物学研究所研究员等职。曾任亚太地区细胞生物学联合会第一届主席、第二届副主席，中国细胞生物学学会副理事长兼秘书长、理事长，《细胞研究》主编等职。1980 年当选为中国科学院学部委员(院士)。

早期从事实验形态学和胚胎学研究，曾研究线虫染色质，在国际上第一次观察到受精卵早期发育中丢失的染色质属于异染色质；也曾从事果蝇发育的细胞化学研究。后致力于组织化学和实验肿瘤学研究，在实验肝癌和人体肝癌研究方面深有造诣。建立肝癌模型，发现肝癌组织学类型的性差别和营养因素直接影响化学物质诱发肝癌的发生率；和合作者建立了甲胎蛋白分离提纯和免疫检测法，并首先用于人群普查以发现早期肝癌，为早诊早治癌症作出了贡献；率先发现人体肝癌细胞具有一种新的膜相关胚胎抗原；1983 年组织和主持了抗人体肝癌单克隆抗体研究，在国际上首次获得有较好选择性的抗人体肝癌单抗，经用放射性碘标记后，已成功地用于无手术指征肝癌患者定位诊断和临床治疗。开展对小鼠胚胎癌细胞和干细胞的研究，建立许多细胞系和克隆株；进行体外诱导分化和转基因研究，首次发现转化生长因子 b 1 基因过分表达的胚胎干细胞可定向诱导分化为内皮细胞及微血管，可作为研究血管发生的实验模型。后期开展异种移植的基础工作，主持猪胚胎干细胞建系研究，2003 年实现中国第一例嵌合体猪的培育；探索临床细胞移植治疗的客观规律及实施途径。

（李赣平）

帕彭海姆，J. R. (Pappenheimer，John Richard)　美国人，1915 年 10 月 25 日生于美国纽约，2007 年 12 月 9 日卒于波士顿。生理学、脑与神经科学、骨科学、生物化学。

病理学教授之子。1940 年获英国剑桥大学生理学博士学位。同年回国，任哥伦比亚大学内科与外科学院研究员、生理学示教员。第二次世界大战中，在费城约翰逊基金会从事医学物理学研究，为空军开发高空供氧设备和夜视装置。1946 年进哈佛大学医学院，1949 年任助理教授，1953 年任教授，1987 年退休。后去该校生物学系工作。1964～1965 年任美国生理学学会会长。1954 年入选美国文理科学院院士。1965 年入选美国国家科学院院士。他的姐姐是哈佛大学医学院医学教授，哥哥是该校生物化学与生物学教授。

他是 1941 年最早研究骨骼肌双重血循环的学者之一。1946 年和同事创立测量毛细血管压、蛋白渗透压和骨骼肌内通过毛细管超滤率的方法。这些方法后来用于测量透毛细管的扩散性交换，从而首次提供有关非脂溶性小分子的毛细管通渗定量资料。这些结果成为渗透理论的基础。后来他又研究大脑细胞外液的生成、组成和功能，发现肺通气量与脑细胞外液的氢离子浓度有关。他们还从不让睡眠动物的脑内提出了一种促睡眠因子，该因子为一小肽，脑室内注射极微量即可使动物睡眠数小时。获 1979 年美国生理学学会达格斯奖。

（叶蒙福）

夏镇夷（Xia Zhenyi） 中国浙江省人，1915 年 12 月 17 日生于浙江桐乡，2004 年 10 月 12 日卒于上海。*神经精神病学、公共精神卫生学。*

1939 年毕业于国立上海医学院。留校任教，从事神经精神病工作，任助教、住院医师、讲师、主治医师。1947 年赴美国康奈尔大学医学院附属纽约医院进修。1948 年回国，在上海第一医学院（今复旦大学上海医学院）附属教学医院工作。历任上海第一医学院精神病学教研室主任、教授，上海市精神病防治院名誉院长，上海市精神卫生研究所所长。兼任中华医学会神经精神科学会和上海分会的主任委员，国家卫生部医学科学委员会委员及精神病学专题委员会委员。1979 年起任世界卫生组织精神卫生咨询团成员。曾任《中国神经精神疾病》杂志主编。

在儿童精神病、器质性精神病、情感性精神病、分裂情感性精神病等方面，做了许多开拓性工作。20 世纪 50 年代，开展对躯体疾病引起的精神障碍的研究。60 年代，对抑郁症患者的自杀倾向的研究，引起人们重视对此病的诊断，他与粟宗华一起倡导和主持建立的上海市精神病防治三级网络系统，被中外同行誉为“上海模式”。70 年代，注意到抗精神病药物对人体的疗效与副反应两方面的影响。晚年，对老年精神医学发生兴趣。

发表论文 60 余篇，涉及精神病、精神药理、精神病防治、精神病遗传等领域。主编《中国医学百科全书·精神病学》（1982 年）、《临床精神医学》（1984 年）、《实用精神病学》（1990 年）等。 （张萱如 刘宇庆）

马斯特斯，W. H.（Masters, William Howell） 美国人，1915 年 12 月 27 日生于美国俄亥俄州克利夫兰，2001 年 2 月 16 日卒于亚利桑那州图森。*临床妇产科学、生殖生理学、性心理学。*

1938 年获汉密尔顿学院理学士学位。1943 年获罗切斯特大学医学院医学博士学位。在校期间，在康纳尔实验室学习研究发育生理学。毕业后相继在圣路易斯市立医院、该市巴恩斯医院任实习医生、住院医生。1947 年任圣路易斯的华盛顿大学医学院生理学系示教员，后历任临床妇产科学系副教授、教授，1954 年任生殖生物学研究中心主任，1973 年任马斯特斯与约翰逊研究所所长，1981 年任圣路易斯的马斯特斯与约翰逊实验室主任。

现代性生理学和性治疗实验研究的先驱者。20 世纪 40 年代末至 50 年代初，金赛（Alfred Kinsey）在美国首次发表关于性行为的调查报告，为现代性科学研究打破了第一块坚冰。马斯特斯原从事临床妇产科学，其中在临床上对绝经期妇女进行激素疗法取得进展。1954 年起他转向研究性生理学，为避免社会误解，还专门成立一个以华盛顿大学校长领衔的监督委员会，其成员中有警官和当地报界重要人士。1957 年开始，他与在本校研读社会学的 V. E. 约翰逊（Virginia E. Johnson）女士长期合作，调查了许多性工作者、不同性倾向受试者，采用各种现代精密仪器，对各种真实性生理反应过程进行详细观察、测量和记录，陆续发表研究报告，在学术界产生一次次冲击。1966 年两人首次合作出版《人类性反应》一书，一时轰动西方社会。该书纠正了不少流行的错误看法，使人们的性观念发生了重大改变，被认为是一部标志着人类性研究里程碑式的著作。1970 年两人又合作出版《人类性障碍》，着重阐述性活动中关系和谐的重要作用，针对各种性功能障碍，倡导精神动力学和行为疗法相结合的性治疗方法，提出可操作、疗程短、疗效高的性治疗技术，开创了性治疗的新阶段。

在他们的不懈努力下，学术界和舆论界开始愿意公开讨论性问题；大多数西方医学院设置有关性行为课程；充分肯定性对婚姻的重要作用；提出目前已被广泛接受的性反应四期分法（兴奋期、平台期、高潮期和消退期）；证实了女性性欲和性高潮；修正了阳萎的精神病说；推翻了月经期不能性交的禁忌；肯定了各种正常的性交方式；认识到手淫并非有害；开创由夫妇双方同时接受性治疗方式；延长了性活动能力的年龄等等。

他们两人合作出版的著作，另有《欢愉的纽带》（1975 年）、《同性恋纵览》（1979 年）、《人类之性》（1982 年）、《危机：艾滋病时代的异性恋行为》（1988 年，两人与他人合著）等。共同获 1971 年美国精神病理学学会霍克奖，1972 年美国性信息与教育理事会奖等。 （李啸虎）

贝格斯特隆，S. K.（Bergström, Sune Karl） 瑞典人，1916 年 1 月 10 日生于瑞典斯德哥尔摩，2004 年 8 月 15 日卒于同地。*生理学、生物化学、药物工程。*

在瑞典斯德哥尔摩大学卡罗琳研究院学习，1944 年同时获医学博士和生物化学博士学位。期间 1938 年在英国伦敦大学任研究员。1940～1942 年先后在美国纽约哥伦比亚大学、新泽西州新不伦瑞克斯奎布医学研究院任研究员。1942～1947 年在瑞典斯德哥尔摩大学诺贝尔医学院、卡罗琳研究院工作。期间 1946～1947 年任瑞士巴塞尔大学研究员。1947 年任瑞典隆德大学生物化学系主任、教授。1958 年回到卡罗琳医学院任化学教授，1963 年任该院内科系主任，1969 年任院长，1980 年退休。1965 年当选为瑞典皇家科学院院士，1983 年任院长。1965 年又当选为瑞典皇家工程院院士。同年当选为美国文理科学院外籍院士。1973 年当选为美国国家科学院外籍院士。1976 年当选为苏联科学院外籍院士。1975 年起兼任诺贝尔基金会董事长。1977～1982 年任世界卫生组织医学研究全球顾问委员会主席。获瑞典、美国、波兰等国多所大学荣誉博士学位。

20 世纪 30 年代初，美国、英国和瑞典等国的医生发现，男性的新鲜精液中含有一种未知成分，这种物质能引起妇女子宫收缩或松弛，精液还有降低血压的效果。1935 年瑞典的 U. S. 欧勒-切尔平初步鉴定这种物质是一种脂溶性的有机酸，并命名为前列腺素（实际是由精囊分泌的）。由于当时分离技术的限制，未能给予分离提纯。1947 年贝格斯特隆继承这一研究课题，对前列腺素的研究长达 35 年，揭示了前列腺素并非单一物质，而是由多种物质构成，进而发现有几种类型。1957 年他和同事纯化出两种前列腺素的结晶。随后与 B. I. 萨米埃尔松等人借助于气体层析、质谱仪及 X 射线分析等，1962 年测定了这两种物质的化学结构，并把它命名为前列腺素 E1 和 F1a。1963 年他们又分离出前列腺素系列中其他一些成分。同时和萨米埃尔松一起证实，前列腺素是由体内一些非饱和脂肪酸经过酶的氧化作用而形成的，其中研究得比较清楚的是花生油烯酸衍生的系列。这是人体不能自行合成的脂肪酸，必须仰赖外界供给，即从食油中摄取，它是由非饱和性植物油中的亚麻仁油酸经人体吸收后代谢而成。和萨米埃尔松合作，并在荷兰药厂多帕(D. V. Dorp)的协作下，从花生四烯酸合成前列腺素获得成功。

主要论文有“前列腺素之分离”（1957 年）、“前列腺素 E1、F1 和 F3 的结构”（1962 年）和“前列腺素是新的激素系统中的成员”（1967 年）等。因在分离、测定和合成前列腺素方面所取得的成果，他与萨米埃尔松、英国的 J. R. 万恩 3 人共享 1982 年诺贝尔生理学或医学奖。此外还获其他奖励 10 余项。（张慰丰　李啸虎）

王世真（Wang Shizhen）　中国福建省人，1916 年 3 月 7 日生于日本千叶，2016 年 5 月 27 日卒于中国北京。核医学、肿瘤学、核生物学。

原籍福建福州。出身名门望族，父母曾在南京行医。1938 年毕业于清华大学化学系。曾任中央大学研究助理、贵州大学副教授。1948 年和 1949 年在美国艾奥瓦大学分别获化学硕士、博士学位。毕业后留校任放射性研究所研究员。1951 年回国后，历任北京协和医学院（今中国协和医科大学）生物化学系副教授、教授，中国医学科学院首都核医学中心主任、放射医学研究所第一研究室主任、副所长、名誉所长。兼任中华医学会放射学会首任理事长，国家卫生部原子医学专题委员会主任，核医学国家重点实验室学术委员会主任，《中华核医学》杂志首任主编、名誉主编等职。1980 年当选为中国科学院学部委员（院士）。

主要贡献有：20 世纪 40 年代起，对甲状腺素做了大量系统研究；留美期间，用碳 14（^{14}C）标记合成天门冬氨酸、甲状腺素等新的标记化合物，系国际上最早一批放射性标记化合物。50 年代起，采用碳 14、碘 131（^{131}I）等同位素标记，在中国率先开展放射性标记化合物研制；1956～1957 年创办中国第一个同位素应用训练班，以及核仪器研制、使用学习班，培训了第一批核医学专业技术骨干；在中国创建开发或引进推广一系列核医学新技术，他领导的研究室共合成了 200 多种同位素标记化合物；此外还开展液内测量、放免分析、医用活化分析、稳定核素医学应用、酶的放化分析、放射受体分析、微生物放射测定、放免显像等研究和应用；系统进行了甲状腺激素及一系列代谢物的核素示踪研究，其中包括甲状腺激素标记、多种甲状腺类似物合成及其生物活性研究、甲状腺激素生物合成、甲状腺激素的作用及其机理等；1985 年主持国际原子能机构与中国合办的国际放射免疫分析师资培训班。90 年代末以后，研究开发适用于肿瘤诊断显像剂的奥曲肽合成；21 世纪初年起，主持筹建正电子发射 X 线体层摄影中心。

发表论文 200 余篇；主编《核医学与核生物学》、《中国医学百科全书·核医学卷》等 17 部著作，其中《同位素技术及其在生物医学中的应用》丛书，获 1978 年全国科学大会一级成果奖。先后获奖励数十项，其中有：1986 年美国核医学会“优异成就奖”金质奖章，加拿大邦丁奖，中国“五个一工程”优秀作品奖，中华核医学会杰出贡献奖、终身成就奖等。（陈　斌）

弗奇戈特，R. F.（Furchgott, Robert Francis）　美国人，1916 年 6 月 4 日生于美国南卡罗来纳州查尔斯顿，2009 年 5 月 19 日卒于华盛顿州西雅图。药理学、生物化学。

犹太族后裔，服装店主之子。1937 年获美国北卡罗来纳大学化学学士学位。1940 年获美国西北大学生物化学博士学位。同年到康奈尔大学医学院肖尔(E. Shorr)实验室工作。1949 年任教于华盛顿大学医学院。1956 年任纽约大学布鲁克林卫生科学中心药理学教授，1988 年退休后为名誉教授。1989～2004 年任迈阿密大学医学院药理学教授。曾任美国药理学和实验治疗学会会长。1990 年当选为美国国家科学院院士。

1978 年他在实验中发现：当乙酰胆碱作用于血管内皮细胞时可使血管舒张，当血管内皮细胞受损后，乙酰胆碱反使血管收缩。1980 年他进一步证明，血管内皮细胞的完整性是血管对乙酰胆碱产生舒张反应的必要条件。1983 年他撰文指出，血管内皮细胞释放有一种松弛因子(EDRF)，这种物质应是血管舒张的重要介质。1986年他和L.J.伊格纳罗通过实验研究，各自独立地证明这种神秘的松弛因子就是一氧化氮(NO)，并探明其作用机制：松弛因子和一氧化氮都具有激活鸟苷酸环化酶从而增加环鸟苷酸浓度的作用；血红蛋白对这两者都具有选择性的拮抗作用；而亚甲基也可抑制细胞内鸟苷酸环化酶的活性。伊格纳罗意识到只有一种化学物质即一氧化氮，它的生物学活性既可被亚甲基又可被血红蛋白抑制。

1987～1993年间，有许多实验室从事一氧化氮的研究，使人们进一步认识到一氧化氮的生物活性。血管内皮细胞合成的一氧化氮，具有舒张血管、抑制血小板聚集并粘附于血管内皮的作用。当体内一氧化氮合成障碍时，可导致高血压和动脉粥样硬化。在一氧化氮研究早期，他和伊格纳罗曾用牛阴茎缩肌作为标本，证明一氧化氮是一种可调节阴茎勃起的强效神经传导因子。1992年，美国《科学》杂志报道一氧化氮是阴茎勃起的生理介质。20世纪80年代后期一氧化氮研究热开始前，辉瑞公司就尝试用这类药物缓解心绞痛，但临床试治却失败了。精明的药商辉瑞公司很快便意识到可将这类药物作为治疗阳痿的特效药。1998年，美国食品和药品管理局(FDA)正式批准辉瑞公司生产口服的阳痿治疗药物"Viagra"(译名"万艾可"，旧译"伟哥")。"万艾可"热对一氧化氮研究入选1998年诺贝尔生理学和医学奖，无疑起到了推波助澜的作用。

弗奇戈特、伊格纳罗和F.穆拉德因发现一氧化氮是心血管系统中的重要信使，3人共享1998年诺贝尔生理学或医学奖。此外，获1991年特纳基金会国际奖，1996年拉斯克基础医学研究奖(与穆拉德分享)等。(张慰丰)

张涤生(Zhang Disheng)　中国江苏省人，1916年6月12日生于吉林长春，2015年8月19日卒于上海。整复外科学、显微外科学、康复医学。

原藉江苏无锡。出身小职员家庭。1941年中央大学医学院毕业。先后任贵阳中国红十字会救护总队部、盟军第143战地流动手术组医师，在印缅抗日战场救治战伤。1946～1948年在美国宾夕法尼亚大学进修整形外科。同年回国，先后任国防医学院副教授，上海同济大学医学院副教授、教授；期间1950～1951年任上海市抗美援朝医疗手术队一大队副大队长。1955年调往上海第二医学院附属广慈医院(今上海交通大学医学院附属瑞金医院)，先后任口腔颌面外科主任、整形外科主任。1966年起，历任上海第九人民医院整形外科主任、院长，上海市整形外科研究所所长等职。兼任国际显微外科学会执行局理事，中华整形外科学会副主任，中国康复医学会修复重建外科学会主任，《中国修复重建外科》杂志主编，美国《整形外科学报》特邀主编等职。1996年当选为中国工程院院士。

20世纪50～60年代，在长春建立中国第一个烧伤整形治疗中心；1958年参加抢救钢水烧伤工人邱财康，在世界上首创成功医治大面积烧伤病人先例；首创微波烘绑疗法治疗肢体慢性淋巴水肿病"橡皮肿"，有效率达96%；1966年与陈中伟合作，成功进行世界第一例断指再植。70年代，在中国最早成功应用吻合血管的肠段移植修复食道缺损技术；发明眼睑睑板缺损整形新方法；用开颅凿骨术成功矫治中国第一例眶距增宽症；应用大网膜游离移植加植皮修复广范围人体头皮缺损。80～90年代，1982年在临床上首创并成功实现前臂皮瓣游离移植阴茎再造术，达到世界先进水平，被国际医学界誉为"张氏再造法"，获中国国家发明奖二等奖；成功施行中国首例胸骨裂形修复术；提出以外形修正与功能恢复统一的"整复外科"新概念取代"整形外科"传统观念。

发表论文130余篇；主编中国第一部《唇裂与腭裂的整复术》(1959年)、《整复外科学》(1979年)、《中国烧伤和整形外科经验》(1984年英文版，与他人合编)、《显微修复外科学》(1986年)、《实用美容外科学》(1990年)、《颅面外科学》(1999年)等专著逾10部；参编中外著作30余部。先后获国家和省部级奖近30项，其中获2000年何梁何利科学与技术进步奖，2008年中国工程院光华工程科技奖工程奖。(朱素珍)

陆宝麟(Lu Baolin)　中国江苏省人，1916年6月19日生于江苏常熟，2004年4月9日卒于北京。医学昆虫学、流行病学、预防医学。

1934年入读东吴大学生物学系，因抗日战争爆发，1937年秋转至四川成都华西大学生物学系，1938年毕业。1941年获清华大学生物学系理学硕士学位。1941～1951年，历任清华大学农业研究所教员，华西大学、北京大学农学院、北京农业大学讲师、副教授。1952年至去世前，在军事医学科学院微生物流行病研究所工作，1962年晋升研究员，先后任医学昆虫动物研究室主任、全军预防医学中心副主任、全军媒介生物学重点实验室主任等职。曾兼任国家卫生部疟疾防治组副主任，中国昆虫学会副理事长，《中国寄生虫与医学昆虫学报》主编等职。1980年当选为中国科学院学部委员(院士)。

对蚊媒病如疟疾、淋巴丝虫病、流行性乙型脑炎和登革热等，做过深入的防治研究。20世纪40年代，1941年起就对中国蚊类的区系分类、生态习性、媒介关系和综合治理作系统研究。在世界上首次发现了许多新蚊种，纠正了生物界以往不少错误记载，丰富和发展了中国蚊虫生物学和生态学。70年代，华南某地暴发登革热，发现源于当地居民水缸隐藏有埃及伊蚊和白纹伊蚊，提出防治办法，有效控制了疾病流行；主持伊蚊及其防治项目，获国家卫生部科学技术进步奖一等奖；倡导和主持中国蚊类区系研究。80～90年代及以后，提出和推广综合防治农村蚊虫、稻田蚊虫的一系列新措施，获国家卫生部科学技术进步奖二等奖等；制定城市灭蚊的方针策略；提出和建立有害生物控制信息管理系统和自动测控系统；历时20余年，主编出版中国第一部蚊虫百科全书《中国蚊科志》(1997年)，记述中国蚊科17属350余种，附图1000余幅，具有很高学术价值和应用价值；发现重要医学双翅目昆虫47个新种，获全军科学技术进步奖二等奖。

发表论文300余篇；主编《中国按蚊鉴定手册》(1974年第2版)、《中国伊蚊鉴定手册》、《中国重要医学动物鉴定手册》(1997 年)等工具书多种;出版《蚊虫综合防治》(1984 年初版,1999 年再版)、《中国登革热媒介及其防治 》(1990 年)、《城市灭蚊》(1992 年)等专著 10 余种。 (吴绩新)

罗宾斯,F. C.(Robbins, Frederick Chapman) 美国人,1916 年 8 月 25 日生于美国亚拉巴马州奥本,2003 年 8 月 4 日卒于俄亥俄州克利夫兰。病毒学、流行病学、免疫学、儿科学。

纽约植物园园长的儿子。1936 年和 1938 年分别获密苏里大学文学士和理学士学位。1940 年获哈佛大学医学院医学博士学位。同年任波士顿儿童医院医学中心细菌学住院医师。1943～1946 年任军医,委任为军方第 15 医学综合实验室病毒与立克次氏体病科科长,退伍时为少校军医,获杰出服务铜星奖章。1946 年重返波士顿儿童医院医学中心,同时在哈佛大学医学院儿科系任教。1948～1950 年任国家病毒病研究委员会理事。1952 年任西储大学医学院儿科教授,1966 年任该校医学院院长,兼任克利夫兰市立中心医院儿科主任。1961 年任美国儿科学研究会会长。1962 年当选为美国文理科学院院士。曾获克利夫兰大学、密苏里大学、新墨西哥州立大学荣誉博士学位。1948 年结婚,生有两女。

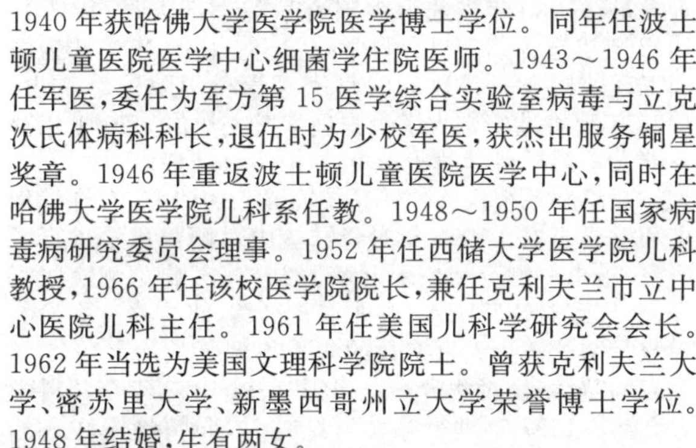

第二次世界大战期间,他在美国、北非、意大利和加拿大等地调查研究传染性疾病如肝炎、斑疹伤寒和地中海 Q 热等。战后在波士顿儿童医院医学中心工作时,调查研究流行性病毒病腮腺炎、单纯疱疹病毒和天花病毒等;1948～1950 年间,与 J. F. 恩德斯共同研究开发脊髓灰质炎病毒(小儿麻痹症病原体)的组织培养技术及其应用。这一技术不仅使研制预防小儿麻痹症疫苗成为可能,是儿科预防学上的一次重大突破,而且改进了病毒学的基本实验技术和临床诊断方法,具有基础性意义。因为共同发明脊髓灰质炎病毒的组织培养技术并应用于临床,他与 J. F. 恩德斯、T. H. 韦勒共获 1954 年诺贝尔生理学或医学奖。 (孙炳寅)

多塞,J. B.-G..-J.(Dausset, Jean Baptiste-Gabriel-Joachim) 一译杜塞。法国人,1916 年 10 月 19 日生于法国图卢兹,2009 年 6 月 6 日卒于西班牙马略卡岛帕尔马。病理学、血液学、器官移植学、免疫遗传学。

医生的儿子。20 世纪 30～40 年代,曾两度在巴黎大学医学院学医,1945 年获医学博士学位。第二次世界大战期间,在突尼斯输血站服务。1946～1963 年任法国国家输血中心实验室主任。期间 1948 年到哈佛大学医学院做博士后研究。1958 年起任巴黎大学医学院血液免疫系副教授、教授、系主任。1966～1970 年任法国移植学会秘书长。1977 年任法兰西学院实验医学教授,人体移植免疫遗传学研究所所长等职。1984 年创建法国人类多态研究中心并任主任,1993 年该中心更名为多塞人类多态研究中心基金会。1969 年当选为比利时皇家医学院外藉院士。1977 年当选为法国科学院院士、法国医学科学院院士。1979 年当选为美国文理科学院外籍院士。

世界上第一个研究组织相容性抗原与疾病关系的学者。20 世纪 40 年代在军中服务时,发现当给伤病员输 O 型血(俗称“万能供血者”)后,有的伤病员发生剧烈反应甚至死亡。1951 年他发现,在做过白喉和破伤风免疫接种的 O 型血捐献者的血浆中,含有高浓度的免疫抗 A 抗体,这些抗体可使 A 型、AB 型血的病人带来严重反应。1952 年他发表论文首次予以报道。多塞的发现和研究,开创了对献血者和接受输血者都要进行事先血液检测的先河。后来又发现自家免疫性溶血性贫血的患者,是病人血清中产生自家抗体之故。他发现人体内有多种抗体,而不仅仅有一种自家抗体。后来又发现抗体不只在红细胞上有,在白细胞和血小板上也附有自家抗体。1958 年他发现白细胞表面存在 MAC 抗原,这是人类发现的第一个白细胞抗原。他对白细胞所含抗原系统进行研究,发现白细胞和血小板表面含有和 A、B、O 血型系统同样的抗原。1965 年他发现白细胞存在 10 种(1965～1991 年间,确定有 161 种)不同的抗原,从遗传学来说,可能属于一种独特的复合系统,他建议叫 Hu-1 系统(意为“人类一号”,相当于 G. D. 斯内尔 1958 年发现的小鼠的 H-2 系统),后来改称为人类白细胞抗原(HLA)系统。1967 年提出 HLA 抗原与急性淋巴型白血病有密功关系的见解。后来,人们终于发现白细胞抗原与人体免疫的关系,而某些疾病如幼年性糖尿病、强直性脊椎炎、多发性硬化病、类风湿性关节炎等 30 多种疾病,是与特定的白细胞抗原密切相关的。1972 年通过大量调查研究,对全世界 54 个居民点的人群作了 HLA 系统的分型,发现 HLA 是一个庞大复杂的系统,并建立了病毒诱发肿瘤表达的 ELA 抗原系统的人类学分布状况资料库。他测定白细胞抗原的方法后来也有所改进,创立了能快捷准确判定器官移植时供体和受体相容性的 HLA 组织分类血液测定法。他的研究工作表明,在进行器官移植时,事先要选择白细胞抗原的互相匹配,这是器官移植成功的关键。他呼吁组织国际性的器官交换网,自己则率先建立法国移植中心。曾两次访华,1971 年赠送给中国第一批 HLA 标准血清;1983 年 8 月随国际免疫学会代表团在北京作了关于 HLA 进展的学术报告。

主要著作有《生物及临床免疫血液学》(1956 年)、《组织分型》(1965 年)、《人类的移植》(1968 年)、《移植的进展》(1968 年)、《人类白细胞抗原(HLA)与疾病》(1972 年)、《组织相容性》(1976 年)和《免疫学》(1980 年)等。由于发现人类白细胞抗原,对器官移植减少排异性起到关键作用,因此他与美国 B. 贝纳塞拉夫和 G. D. 斯内尔共享 1980 年诺贝尔生理学或医学奖。此外,先后获法国荣誉军团勋位(1969年)、美国血库协会兰兹泰纳奖(1970年)、多伦多盖得纳基金会奖(1977年)、柯赫奖(1978年)、以色列沃尔夫医学奖(1978年)等。

(张慰丰)

邓铁涛(Deng Tietao) 名锡才,以字行世。中国广东省人,1916年11月6日生于广东开平。*中医内科学、中医药学、中医药教育。*

1932年就读于广东中医药专门学校,1937年毕业。1938～1941年参与合办香港南国新中医学院(夜校),并在九龙芝兰堂药店坐堂行医。1941～1949年在广州、香港、武汉等地开业行医。1950年任教于广东中医药专科学校(后改为广东省中医药进修学校),后任教务主任。1956年起,历任广州中医学院教师、教研组主任、教务处副处长、副院长、中医内科教授,广州中医药大学教授。曾兼任中华全国中医学会中医基础理论整理委员会副主任委员,中华医学会广东分会医史学会主任委员,广东省中医药学会疑难病专业委员会主任委员等职。

在长达70余年的中医学临床、教学和科研实践中,精研中医理论,融古贯今,主张伤寒、温病统一辨证论治,提出对现代中医药有影响的系列理论。临床尤擅治消化、心血管系统疾病,并善于论治多个系统疾病和各种疑难杂症,如西医重症如肌无力、萎缩性胃炎、肝炎与肝硬化、再生障碍性贫血、硬皮病、风湿性心脏病、红斑狼疮等。运用中医"脾肾虚损"理论,指导治疗被称为神经科"绝症"的肌萎缩侧索硬化症,疗法疗效独特,大大缓解患者临床症状,吸引了世界各地病人。20世纪80年代,提出"五脏相关学说",为当时学术界注入一股新风;1986年开始主持重症肌无力临床实验研究,1990年获国家科学技术进步奖二等奖。研究开发许多特色验方,如治冠心病的"温胆加参汤",治肝硬化的"软肝煎",治慢性乙型、丙型肝炎的"慢肝六味饮",治咳喘的"咳嗽方",治硬皮病的"软皮方",治泌感的"珍凤汤",治疼痛的"五灵止痛散"等,疗效良好,有的已是常规用药。此外,在养生保健、抗衰老方面有丰富经验;培养了一大批中医人才。

发表论文近百篇,有论文集《邓铁涛医集》(2000年);著述和主编著作10余部,主要有《中医诊断学》(1961年初版,1987年第6版)、《中医学新编》(1971年)、《学说探讨与临证》(1981年)、《中医大辞典·基础理论卷》(1982年)、《实用中医内科学》(1985年)、《实用中医诊断学》(1988年)、《奇难杂证新编》(1989年)、《中医证候规范》(1990年)、《邓铁涛医话集》(1991年)、《八段锦与健康》(2004年再版)等,其中一些成果获1978年全国科学大会奖。

(朱素珍)

吴阶平(Wu Jieping) 中国江苏省人,1917年1月22日生于江苏常州,2011年3月2日卒于北京。*泌尿外科学、医学教育与管理。*

1933年(16岁)考入燕京大学医预科,1937年获该校理学士学位。1936年考入北平协和医学院,1942年获医学博士学位。后任中和医院(北京医科大学人民医院前身)住院医生、住院总医生,兼任北京大学医学院外科讲师。1947～1948年在美国芝加哥大学医学院进修。1949年回国后,历任北京医学院副教授、教授,北京医学院第一附属医院副院长,北京第二医学院副院长、院长,中国医学科学院副院长、院长、名誉院长,中国首都医科大学校长,中国协和医科大学名誉校长等职。曾兼任中华医学会会长,中国科学技术协会副主席、名誉主席,泌尿外科学会主任委员、《中华泌尿外科》杂志主编,中国计划生育协会副会长,《中国医学百科全书》编委会副主任,第30届国际外科学会副主席(1983～1989年)。当选为第八、九届全国人民代表大会常务委员会副委员长。被美国、英国、加拿大等国学术团体选为名誉会员。1980年当选为中国科学院学部委员(院士)。1992年当选为第三世界科学院院士。1994年当选为中国工程院院士。是比利时皇家医学科学院外籍院士。1997年获香港中文大学荣誉理学博士学位。2001年获香港大学荣誉科学博士学位。

对泌尿系统疾病作了系统而深入的研究,有许多创见和重要成果。1953年对肾结核中对侧肾积水进行了研究,指出一侧肾结核引起膀胱结核,影响对侧输尿管开口,导致对侧肾积水,并非双肾结核,使一些过去诊断为双肾结核认为无可挽救的病人得到了救治。1954年发表的"肾结核对侧肾积水问题"获得1978年全国科学大会奖。1957年进行输精管结扎时,向精囊内注入醋酸苯汞,使手术后立即可达到绝育效果。1961年起对肾上腺髓质增生作了系统研究,1977年发表"肾上腺髓质增生",最先确立这是一种独立的疾病,该成果被评为1979年国家卫生部科学技术成果奖二等奖,此文被选入美国1979年的《泌尿外科年鉴》。还注意到中老年患者切除一侧肾可死于慢性肾功能不全,因中老年留存的肾是"低代偿肾",特别是动脉硬化、高血压、糖尿病的患者,容易出现肾功能不全。这一结论对肾切除时考虑适应症有指导意义。后来又从事尿流动力学方面的研究。

发表论文近200篇;主编有《泌尿外科学》、《泌尿外科进展》、《外科学》和主译《性医学》等书20余部。获国家级科学技术奖逾7次;获国际性荣誉和奖励6项以上,其中包括世界卫生组织授予的金质奖章。(张慰丰)

周廷冲(Zhou Tingchong) 中国浙江省人,1917年3月6日生于浙江富阳,1996年10月20日卒于北京。*药理毒理学、生物化学、军事防化工程。*

1941年毕业于上海医学院。1942～1944年在重庆歌乐山中央卫生实验院药理学室工作。1945年赴英国留学,1947年获牛津大学贝利奥学院药理学博士学位。1948～1949年,先后在美国康奈尔大学酶化学实验室、波士顿马萨诸塞州立医院从事博士后研究。1950年回国,任山东白求恩医学院(今山东医科大学)药理室教授兼主任。1953年起,先后任中国军事医学科学院药理学系主任、药理毒理研究所副所长。1970年出任国防科委十三院四所副所长。1978年任中国军事医学科学院基础医学研究所首任所长兼生化药理研究室主任、院学术委员会主任。期间，1956年参加中国军事医学代表团赴苏联考察，1979年、1981年和1984年三次出访法国、比利时、美国和日本。曾兼任中国药学会副理事长、中国药理学会副主任等职。1980年当选为中国科学院学部委员（院士）。

毕生从事生物活性因子药理毒理分子生物学研究。20世纪40年代末，受到1953年诺贝尔生理学或医学奖获得者李普曼的指导，参与他所发现的辅酶A的中间代谢辨析，分离了乙酰硫激酶，成功地证明了细菌供体酶系统可代替三磷酸腺苷一辅酶A一乙酸盐一乙酰硫激酶供体系统，与鸽肝接受体酶系统杂交，完成了芳香胺的乙酰化反应，受到李普曼高度评价；与他人一起首次发现氨基葡萄糖乙酰化反应，阐明了乙酰基活化的两步酶催化反应。回国后，建立家兔血吸虫病虫卵的实验模型；参与组建毒理学实验室，培养了中国第一批军事防化毒理学专业人才；主持开展了军事医学中的迫切课题，其中有芥子气预防与治疗，火箭推进剂毒理学及防治，神经性毒剂和糜烂性毒剂生化作用机理，抗疟药研究等；首次发现有机磷毒剂中毒的离体膈肌功能的老化现象；主持实验首次阐明梭曼膦酰化乙酰胆碱酯酶的老化机制，证明其实质是毒剂残基上特己氧基的去烷基反应，为军用毒剂防治的药物设计指明了方向，成果获1987年国家自然科学奖二等奖。（陈 磊）

黎鳌（Li Ao） 中国湖南省人，1917年5月4日生于湖南浏阳，1999年9月21日卒于重庆。烧伤治疗学、创伤外科学、康复医学。

出身中学教员家庭。他与大弟介寿、二弟磊石都是入选中国工程院的医学家。1941年国立上海医学院毕业。供职于中正医学院，曾任医学院副总教务长。1949年后，历任第六军医大学外科副教授，第七军医大学副教授、教授、普通外科教研室主任、野战外科研究所烧伤研究室主任，第三军医大学第一附属医院烧伤中心主任、全军烧伤研究所所长，1986年起任第三军医大学副校长。先后兼任中华医学会烧伤外科学会副主任，中华医学会创伤学会主任，全军医学科技委员会副主任等职。1994年选聘为中国工程院院士。

早年从事医疗教学和胃脾、血管外科研究。20世纪60年代起，完成烧伤医学30多项课题，救治万余例烧伤病人。倡导扶持机体整体抗病能力的观点，整理了一套行之有效的烧伤抢救方案，总结出针对中国人体特点的“中国九分法”（计算烧伤面积）和中国输液公式，主持“烧伤的研究”获1985年国家科学技术进步奖一等奖。组织多学科研究吸入性损伤发病机理及早期诊治，其中“吸入性损伤早期肺水肿研究”获1989年国家科学技术进步奖二等奖。率先揭示肠源性感染是烧伤全身性感染重要途径，并提出有效对策，成果获1991年全军科学技术进步奖一等奖、1992年国家科学技术进步奖二等奖。弄清烧伤后免疫功能一般规律；探明多种中草药免疫调理作用；率先在中国培养出人上皮细胞片并用于临床；统计6万多例烧伤，发现死亡病人大多死于内脏并发症，主编了相关巨著。

发表论文300多篇；主编参编专著19部，其中《烧伤治疗学》（1971年）、《外科手术学》（1975年）均获1978年全国科学大会奖。获国家和全军奖励近20项。获1994年美国国际烧伤学术奖伊文思奖，1996年中国工程科学技术光华奖，1996年全军重大科学技术贡献奖。（李孙演）

朱既明（Zhu Jiming） 中国江苏省人，1917年9月12日生于江苏宜兴，1998年1月6日卒于北京。医学微生物学、病毒学、流行病学、生物医药工程。

1939年毕业于上海医学院。留校任教，任昆明上海医学院公共卫生系助教。1940年在昆明任中央防疫处检定室主任、技士。1945年去英国剑桥大学病理学系进修，1948年获医学博士学位。1948～1950年在伦敦国立医学研究院工作。回国后，1951年任北京中央生物制品研究所主任技师，1955年任国家卫生部长春生物制品研究所副所长，后任中国医学科学院病毒研究所研究员、副所长、所长、名誉所长等职。曾任国家卫生部传染病专家咨询委员会主任委员、药品审评委员会副主任委员。中国微生物学会理事长、《病毒学报》主编。1980年当选为中国科学院学部委员（院士）。1985年当选为英国皇家内科医师学院外籍院士。

1942年从“小川型”与“稻叶型”霍乱弧菌型别和流行病学资料中推论了它们不同的来源，这对交通检疫及选择制备菌苗的菌型有一定意义。1943～1944年用分离的菌种研制青霉素并进行临床试用观察，成为中国研制抗生素的开端。1948年在英国国立医学研究院对病毒形态进行电子显微镜观察研究，发现了流感病毒丝状体，并为鉴别新分离的病毒和实验室污染的病毒提供了一个简单的方法；1949年首次在试管中将一个流感病毒裂解成为有生物活性的亚单位，为研制亚单位疫苗开辟了道路；1949年发现流感病的β抑制素，被命名为“朱氏抑制素”；1959年又发现γ抑制素。在流感病毒变异规律的研究中，先后于1957年、1968年和1977年发现引起世界性流行的甲型流感病毒的3个亚型。1954年发现一感染小鼠和豚鼠的新病毒，命名为“小鼠类流感病毒”（即仙台病毒）。还研究提供了选育流感活疫苗株的两种方法，即“鸡胚传代减毒法”和“温度敏感株重组减毒法”。1958～1960年查明婴儿中毒性肺炎的病原（3型、7型腺病毒），并研发了精制腺病毒血清。1962年研制成功高度减毒麻疹活疫苗，1966年投产，对控制麻疹流行、降低麻疹死亡率发挥了重要作用。1972～1974年建立和运用流感病毒重组技术。1977年首次证明自然界中存在温度敏感性和毒力强弱不同的流感病毒。1980年以后从事乙型肝炎表面抗原基因工程的研究，在小鼠和猴肾细胞中均获得了表达，并成功应用天坛株痘苗病毒载体表达乙型肝炎表面抗原，成果获1993年国家科学技术进步奖一等奖。

发表论文170余篇；主要著作有《生物制品的发展与应用》、《病毒的遗传与变异》和《干扰素》等，参与编写的著作有《病毒学总论》、《微生物学进展》、《免疫学》、《流行病学》和《热带病学》等。多次获奖，其中还有3项全国科学大会奖，2项国家卫生部科学技术进步奖一等奖等。 （张慰丰）

德迪弗，C. R.（de Duve，Christian René） 比利时人，1917年10月2日生于英国英格兰萨里郡泰晤士-迪顿，2013年5月4日卒于比利时的格雷杜瓦索。分子病理学、药理学、酶学、生物化学、细胞生物学。

1941年获卢万天主教大学医学院医学博士学位。纳粹德国入侵比利时后，被关进战俘集中营，后设法逃回卢万大学实验室。1945年由于对胰岛素的研究，获该校哲学博士学位。1946年获该校化学理学硕士学位。后在4位诺贝尔奖获得者处进行博士后研究，其中为：瑞典诺贝尔医学院的A. H. 西奥雷尔，美国华盛顿大学的C. F. 科里、G. T. 科里和E. W. 小萨瑟兰。1947年始在卢万天主教大学任教，1951年任教授，后任生理化学系主任，1985年退休后任荣誉教授。期间1962年应邀在纽约洛克菲勒医学研究院（后为洛克菲勒大学）兼任讲座教授，1988年退休任荣誉教授。后在布鲁塞尔创建国际细胞学与分子病理学研究所并任所长，该所附属于布鲁塞尔的新卢万大学医学院。是比利时皇家科学院院士、梵蒂冈教皇科学院院士。1975年当选为美国国家科学院外籍院士。获世界各国10多个大学荣誉博士学位。

从20世纪40年代起，研究抗糖尿病的激素胰岛素对肝组织作用的机制，通过实验证实自己的观点；研究遗传病、动脉硬化、多发性动脉炎和其他炎症、免疫紊乱、热带病、白血病和癌症等，并开发治疗这些病症的新药物。与助手赫斯（G. Hers）、伯塞特（J. Berthet）一道，首先鉴定肝脏中特有的酶（6-磷酸葡糖酶），他们怀疑它干扰胰岛素对游离肝组织的作用。当赫斯用等电沉淀纯化这种酶时，注意到当酸碱度pH＝5时沉淀是不可逆的。德迪弗受美国A. 克劳德对粉碎性的细胞进行类似研究的启示，采用经克劳德长期探索用于分离细胞不同部分的离心分离技术来研究6-磷酸葡糖酶的亚细胞定域。1949年12月16日进行的第一次实验取得了双重成功，6-磷酸葡糖酶成为第一个为人所知的与微粒体有联系的酶，同时也使他最先隐约看到溶酶体潜在酸性磷酸酶。这成为他以后15年新探索的开端，其实验室成为第一流的研究细胞分级分离方法的中心。

此后15年中，发现和鉴定了2种新的亚细胞的细胞器：溶酶体和过氧化物酶体。1955年在研究老鼠肝脏细胞时，发现细胞质内存在球状细胞器——溶酶体。他还研制出分级离心分离技术，分离和提纯出这些细胞器并详细说明其特征和功能。

代表作有《葡萄糖、胰岛素和糖尿病》（1945年）、《活细胞导游》（1984年）、《生命之尘》（1995年）等。与克劳德和G. E. 帕拉德一道，由于发现细胞的结构和功能，获1974年诺贝尔生理学或医学奖。此外获得很多国家的奖励和荣誉称号，其中有：1957年比利时皇家科学院费兹奖，1989年美国细胞学学会威尔逊奖等。 （周邦娴）

赫胥黎，A. F.（Huxley，Sir Andrew Fielding） 英国人，1917年11月22日生于英国伦敦，2012年5月30日卒于剑桥。生理学、神经科学、生物化学、显微术。

祖父是著名生物学家T. 赫胥黎，父亲是作家L. 赫胥黎（Leonard Huxley）。1935年入剑桥大学三一学院，先学物理、化学和数学，后学生理学和解剖学，1939年在普利茅斯海洋生物实验室实习研究，获文科硕士学位。第二次世界大战中，为防空部队、英国海军部研究火炮自动化。1941～1960年任剑桥大学研究员，1946年起在生理学系任教。1960～1969年任伦敦大学学院生理学教授、系主任。1950～1957年任《生理学》杂志主编。也是《分子生物学》杂志主编。为英国皇家学会、美国哲学会、比利时皇家医学会和比利时皇家学会成员。1974年被册封为爵士。1980年当选为英国皇家学会会长。

1939年，与A. L. 霍奇金合作，用微电极植入枪乌贼的粗大神经纤维内来研究神经冲动的传递，证实神经冲动的传递与轴突膜的瞬时渗透性改变是一致的。当动作电位产生时，膜电位不仅下降到零，而且反了过来，膜内变为正电位。膜的渗透性变化开始主要有利于钠离子流入胞内，使膜内局限性的正电位增加，继而变为有利于钾离子流向胞外而恢复到原来状态。和同事还证实了动作电位是通过肌纤维横纹处的某些结构传入肌纤维内刺激肌内收缩的。他利用干扰显微镜观察肌纤维，提出了解释横纹肌收缩机制的滑行理论，对收缩动力学作出了贡献。

主要著述有"神经传导的电过程"（1954年）、"神经活性过程中的离子运动"（1959年）和"神经兴奋和传导的定量分析"等重要论文。因阐明神经传导的离子机制，和A. L. 霍奇金、澳大利亚J. C. 爱克勒斯共享1963年诺贝尔生理学或医学奖。还获1973年英国皇家学会科普利奖章。 （叶蒙福）

伊莱昂，G. B.（Elion，Gertrude Belle） 一译埃莉昂。美国人，1918年1月23日生于美国纽约，1999年2月21日卒于北卡罗来纳州查珀尔希尔。药理学、细胞生物学、生物化学、药物工程。

1937年获亨特学院化学学士学位。1941年获纽约大学化学硕士学位。迫于生计，白天在工厂化验室从事分析化学工作，晚间攻读博士学位。1944年进入韦尔科姆公司的研究所，在G. H. 希钦斯领导下从事科研工作，1950年为该所高级研究员，1955年任负责科研的副所长，1963年任化学疗法研究室副主任，1967～1983年任实验疗法分部主任。1960年起在美国国家癌症研究所兼任研究员和顾问。1983年退休后仍担任韦尔科姆研究所的名誉研究员兼顾问，并任杜克大学研究教授、美国癌症研究会会长、纽约科学院院士。获3所著名大学荣誉博士学位。1990年入选美国国家科学院院士。终身未嫁。

早在20世纪50年代，就和斯隆—凯特琳肿瘤研究所合作，检验6-巯基嘌呤(6-MP)对白血病的疗效。初步临床试用结果表明，6-MP可以缓解患儿病情至少在1年以上。1953年美国食品和药物管理局批准该药上市。后改用6-MP与甲氨蝶呤联合疗法，几乎可使80%的急性白血病患儿得到长期的缓解。稍后发现的蛋杂鸟嘌呤(TG)，作用机制与6-MP相似；当TG与阿糖胞苷合用时，可以有效地治疗成人的急性粒细胞白血病。以后她通过药物动力学和代谢的研究，了解到减慢6-MP的代谢速度可以提高疗效，据此找到了抗代谢活性更大的硫唑嘌呤(AT)。后来又发现AT还具有强大的免疫抑制作用，1962年将AT与强的松合用，成功地实现了人的异体肾移植。接着还发现免疫抑制剂可有助于自身免疫病的治疗，例如AT就是治疗重症类风湿性关节炎的理想药物。在研究6-MP代谢过程中，发现黄嘌呤氧化酶还参加尿酸形成过程。在此基础上找到了别嘌呤醇(AP)，可以治疗痛风和其他各型高尿酸血症，并且可以长期安全使用。接着又发现AP可以抑制杜氏利什曼原虫和克氏锥虫，从而为治疗这两种原虫病提供了新药。1968年又研究抗病毒药物，找到无环鸟苷(ACV)，不仅具有高效抗病毒的效应，而且对疱疹等病毒具有高选择性；并且阐明了它的作用机制。1982年投入市场，成为该公司拳头产品，用于生殖器疱疹病毒感染的预防和治疗，获得显效。

由于她与G. H. 希钦斯研制出抗白血病药物6-MP与治疗疱疹病毒的ACV，为许多新药物开发打下了基础，与希饮斯以及在药学研究方面另有重要贡献的J. W. 布莱克共享1988年诺贝尔生理学或医学奖。1991年入选美国国家发明家名人堂，为第一位女科学家获选者。

（傅杰青）

托拜厄斯，C. A.（Tobias，Cornelius Anthony） 美国人，1918年5月28日生于匈牙利布达佩斯，2000年5月2日卒于美国俄勒冈州尤金。*医学物理学、放射医学、放射生物学。*

幼年在匈牙利布达佩斯上学。1939年到美国伯克利加利福尼亚大学学习，1942年获核物理学博士学位。第二次世界大战期间，从事航空医学工作。后相继在瑞典卡罗林斯卡研究所、美国哈佛大学任职。1955年开始任伯克利加利福尼亚大学医学物理学教授、医学物理学系主任，1987年退休。兼任美国辐射研究学会会长、国际纯粹与应用生物物理学联合会放射生物物理学委员会副主任等职。参加《生物学和医学物理学进展》、《生物物理、辐射和环境生物物理学》(季刊)等杂志的主编工作。

1940年他用回旋加速器加速氮、氧、氖的原子核取得成功，以后又找出使更重的原子核加速得到更高能量的方法。1946年起研究加速的质子等粒子照射机体的深度与剂量的关系，发现质子和其他重离子与X射线不同，在机体表面只引起轻微电离，在深层组织才引起大量电离而致机体辐射损伤。它们的损伤是无血的、干净的，很少形成坏死组织，因此可像解剖刀一样用来对深层组织“动手术”，被称为“原子刀”。人们通过这种辐射损伤可对动物中枢神经系统和脑内部进行研究，例如研究丘脑下部在体内平衡中的作用、嗅脑在学习行为中的作用等。

他和他的团队进而研究用质子和重离子照射来治疗肿瘤病、肢端巨大症、先天性糖尿病和帕金森病取得成效；研究这些粒子对单细胞和多细胞机体的作用机制，例如提出迁移模型以说明对酵母细胞的辐射效应，提出隐性致死和显性致死模型以说明细胞的辐射死亡现象。由于他在重离子放射生物学等方面的贡献，1963年获美国原子能委员会劳伦斯奖，1972年获美国核学会奖等。

（田金仙）

帕特，H. M.（Patt，Harvey Milton） 美国人，1918年8月2日生于美国芝加哥，1982年11月4日卒于旧金山。*血液生理学、放射医学、细胞生物学、环境科学。*

1942年在芝加哥大学获哲学博士学位。第二次世界大战时，在该校位于北卡罗来纳州的医学研究实验室从事化学中毒和应用生理学研究。1946年起供职于阿尔贡国家实验室。1964年起任旧金山加利福尼亚大学放射学与环境卫生实验室主任。曾任美国放射研究会第9届会长。1962～1970年任美国原子能委员会生物学与医学顾问委员会科学秘书。

1942年的博士论文首次指出甲状旁腺受血钙的直接负反馈控制。后来研究机体放射照射后的反应机制，并尝试用化学制剂来阻断该反应。1949年发现半胱氨酸具有放射防护作用，并引起人们对放射防护或增强剂的兴趣。这些研究将有助于进一步了解放射的生物学机制和临床放射治疗的运用，为此获得美国原子能委员会劳伦斯奖。同年还发现，雌激素能增进血液颗粒细胞的恢复，从而增加照射后小鼠的生存率。在解释对各细胞更新系统的放射作用时，强调细胞群体动力学的重要性，并进而研究血液细胞动力学以及放射对动力学的影响。

（叶蒙福）

董建华（Dong Jianhua） 中国上海市人，1918年12月9日生于上海青浦，2001年1月26日卒于北京。*中医内科学、中医教育。*

出生于中医世家。16岁师从上海名医严二陵先生。1942年始，在家乡青浦县城厢镇开业行医。1955～1957年在江苏省中医师资进修学校(后并入南京中医药大学)学习。毕业留校，在伤寒与温病教研室执教。同年调北京中医学院(今北京中医药大学)，历任温病教研室主任，东直门医院内科主任医师兼内科教研室主任、副院长，北京中医药大学教授。曾兼任中国中医药学会内科学会主任、中央保健委员会特聘专家等职。1994 年选聘为中国工程院院士。

精通中医内、妇、儿科，尤擅长诊治温热病、脾胃病。创立了三期廿一候辨治温热病方法；发展了中医学脾胃论治理论，提出了通降论、气血论、虚实论等新理论，总结出了通降十法；建立了中医心理学新学科，填补了学术空白；创建了热病、脑病研究室；发明和开发出医治胃病的系列中药 4 种，其中胃苏冲剂、荜铃冲剂已评为国家级新药；在联合国第 27 届世界卫生大会上宣读论文，向世界系统介绍中国传统医学在保障健康、改善环境卫生中的重要作用；作为全国人大常委参与国家中医中药、卫生保健等政策法规的决策与制定，提出了中医立法等一系列重要议案，在他倡导下设立了国家中医药管理局。此外，他还是著名中医教育家。

发表论文 100 余篇；著有《董建华医案选》、《临证治验》、《内科心法》、《温热病论治》、《中医内科急症医案辑要》、《实用中医心理学》、《中国当代名医医案精华》等专著 10 余部。获国家和省部级科学技术成果奖多项。

（朱素珍）

布罗奎斯特，H. P.（Broquist，Harry Pearson） 美国人，1919 年 1 月 23 日生于美国伊利诺伊州芝加哥，2010 年 11 月 29 日卒于田纳西州纳什维尔。营养学、生理学、分子毒理学、生物工程。

1949 年获威斯康星大学生物化学博士学位。1949～1958 年在莱德利药厂实验室营养学和生理学研究室工作。1958 年到伊利诺伊大学农学院工作。1969 年任范德比尔特大学药学院教授，兼任分子毒理学研究中心主任。

在研究某些低等植物生理合成赖氨酸时发现，赖氨酸参与肉毒碱的生理合成。肉毒碱是一种生理催化剂，它对脂肪酸的氧化作用是必需的。这项发现使蛋白质代谢与类脂和能量代谢之间建立了联系。发现普通酵母与 α-氨基己二酸或中间体 α-己酮酸共生可产生食用的赖氨酸。参与主编 1985 年、1987 年、1988 年和 1989 年《营养学年鉴》。由于对赖氨酸的研究及其对营养学的重要意义，1969 年获美国营养学研究院营养学研究博登奖。

（董晨空）

祝寿河（Zhu Shouhe） 中国江苏省人，1919 年 2 月 26 日生于江苏苏州，1987 年 7 月 26 日卒于北京。儿科学、急救医学、药理学、微循环病学。

1946 年毕业于上海医学院（今复旦大学上海医学院）。先后在北京大学医学院附属医院、协和医院工作，1958 年任北京友谊医院儿科主任、院长兼北京市临床医学研究所所长。1974 年任中国微循环与莨菪类药研究会会长，1987 年该会转为中国中西医结合研究会微循环专业委员会后，当选为主任委员。

20 世纪 50 年代，1956 年作为中国儿科代表团成员，赴丹麦哥本哈根参加第八届国际儿科会议；1958 年首创人工冬眠疗法治疗儿童中毒性痢疾，使病死率由 22.3%降为 4.2%，挽救了大批危重患儿。60 年代，1964 年北京暴发流行性脑膜炎期间，他发现病人均有主要脏器淤血等表现，从而把爆发性流脑并发急性肺损伤（休克肺）定义为急性肺微循环障碍，认为发病机理类同中毒性痢疾，微循环停滞的机制是机体对细菌、细菌产物或介质信号遏制作用的失败而产生的一种非特异性反应，故大胆倡用大剂量阿托品，临床疗效甚佳；同年与中国医学科学院药物研究所合作，从民间草药唐古特山莨菪植物的茎叶中提炼分离出抗休克药山莨菪碱（即"654-2"），1965 年首用该药代替阿托品抢救小儿大叶性肺炎、爆发性流脑，将感染性休克病死率由通常的 50%降至 14%。60～70 年代，进而提出微循环障碍也是出血性肠炎、过敏性休克、急性肾炎等疾病主要病理环节之一，促进了对多种疾病发病机理的重新认识和治疗上的重大突破；与钱潮、杨国栋共同主编《微循环障碍和莨菪类药》（1979 年）专著。70～80 年代，进行"内毒素促成呼吸窘迫综合征主要途径"的实验研究。微循环障碍症治疗研究成果，获 1978 年全国科学大会一等奖，"654-2"药获国家发明奖二等奖。

（朱素珍）

默里，J. E.（Murray，Joseph Edward） 美国人，1919 年 4 月 1 日生于美国马萨诸塞州米尔福德，2012 年 11 月 26 日卒于该州波士登。外科移植术、整形外科学、免疫学、病理学。

爱尔兰移民后裔。1940 年获霍利克罗斯学院文学士学位。1943 年在哈佛大学医学院获医学博士学位。1965 年和 1966 年分别在霍利克罗斯学院、伊利诺伊州的罗克福德学院获理学博士学位。1951～1986 年在波士顿的布里格姆医院任首席整形外科医师，1986 年退休后为荣誉主任医师。1972～1985 年兼任儿童医院内科中心主任医师。1970～1986 年兼任哈佛大学医学院外科学教授。是美国文理科学院院士、美国国家科学院院士。

在 20 世纪 50 年代初以前，把一个人的器官移植到另一个人身上还只是科学幻想，他率先把这种幻想变成了现实。1954 年 12 月，把同卵双胞胎中一人的一个肾移植到另一人身上获得成功，结果使被移植的患者生命延长了 8 年；1959 年，他又在非同卵的双胞胎之间成功地进行了肾移植。这以后又进一步在没有亲属关系的供体与受体之间进行器官移植。为解决移植器官的排异问题，他起初用高剂量 X 射线照射病人，通过杀死受体免疫系统的 T 细胞来抑制排斥反应。20 世纪 60～70 年代，又用药物硫唑嘌呤（1961 年）和环孢素（1978 年）以达到此目的，取得了良好的效果。由于在肾移植方面的开创性工作，他与另一位美国医生 E. D. 托马斯分享 1990 年诺贝尔生理学或医学奖。

（孙天宇　宣焕灿）

江绍基（Jiang Shaoji） 中国江苏省人，1919 年 4 月 12 日生于江苏无锡，1995 年 5 月 16 日卒于上海。内科消化学、血吸虫病防治、肿瘤学。

1945 年获上海圣约翰大学医学院医学博士学位。

留校任教，并任附属上海宏仁医院住院医师、内科副主任，1952 年任上海宏仁医院副院长、副教授。1957 年起任上海第二医学院医学系二部副主任、主任，附属仁济医院副院长。1984 年起任上海市消化疾病研究所首任所长，上海第二医科大学(今上海交通大学医学院)终身教授，国家卫生部内科消化疾病重点实验室学术委员会主任。曾先后兼任全国消化病学会副主任、中华医学会上海分会副会长、《中华消化》杂志主编等职。1994 年选聘为中国工程院院士。

从医执教半亇世纪，尤其在消化疾病、血吸虫病防治等领域成果卓著。1950 年起从事血吸虫病防治研究，首先提出并证实血吸虫病侏儒症经治疗仍可生长发育；主编中国最早的血吸虫病专著《血吸虫与血吸虫病》；最早用乙状结肠镜研究血吸虫病结肠病变；率先用大剂量阿托品治疗锑剂所致的严重心律紊乱。在消化性疾病防治研究中，解决了许多基础和临床难题：率先建立实验狼犬胃癌模型，研究胃癌的癌前变化和体内外环境对其影响；率先证实中国存在慢性胃炎恶性贫血症；对慢性胃炎发病特点、机制与分型等进行了综合研究；在中国率先研究胃炎、消化性溃疡与幽门螺杆菌的关系；率先研究维生素与胃癌的关系，发现叶酸、硒、维甲酸能对胃癌癌前病变诱导分化，开辟了胃癌防治新途径。此外，1981 年主持建立聚二乙醇浓缩胶水治疗顽固性腹水的简便有效疗法。

发表论文 200 余篇；主编《临床肝胆系病学》(1992 年)、《临床胃肠病学》、《胃癌》、《内科理论与实践》(5 卷)、《国外医学・消化系疾病分册》等著作。多次获国家和省部级奖励。1992 被评为全国卫生系统模范工作者。(朱素珍)

翁心植(Weng Xinzhi)　中国浙江省人，1919 年 5 月 10 日生于浙江宁波鄞县，2012 年 7 月 7 日卒于北京。内科学、呼吸病学、心血管病学。

1940 年北平(今北京)燕京大学毕业。1943 年前先后就读于北平协和医学院、上海圣约翰大学医学院、上海医学院。1945 年获成都华西协和大学医学院医学博士学位。1949 年前先后任重庆相国寺陆军医院内科住院医师、北京大学医学院附属医院住院总医师。1949 年后，相继任中央人民医院、中苏友谊医院内科副主任。1965 年起，一直在首都医科大学附属北京朝阳医院工作，历任内科教授、主任医师，名誉院长，北京呼吸疾病研究所所长。兼任联合国世界卫生组织烟草或健康合作中心(北京)主任、中国吸烟与健康协会常务副会长、《英国医学》杂志(中文版)主编等职。1997 年当选为中国工程院院士。

20 世纪 40 年代，发现和诊断中国首例遗传性磷脂代谢病高雪病。50 年代，致力于研究吸虫病防治，创立诊断黑热病、血吸虫病的简易抗原方法。60 年代，在世界上报道了首例白塞病(眼、口腔、外生殖器三联症)并发心脏瓣膜损害，后又发现该病伴存肺结核、结核性淋巴结炎及肠结核等临床表现，并提出结核自家免疫是病因之一；发现并诊断缺乏雄激素是老年男性冠心病患者一个独立危险因素。70 年代，在慢性阻塞性肺疾病、肺心病方面进行了大量研究，其中率先将肝素用于肺心病治疗，创建呼吸重症监护室，达到国际水平；70 年代末在中国最早倡导和推动控烟运动。80 年代后，主持中国首次 50 余万人吸烟情况调查，其数据长期被中外引用，获国家卫生部科学技术进步奖二等奖；与世界卫生组织合作致力于国际控烟运动，被国外誉为"中国控烟之父"，获 1989 年世界卫生组织"吸烟与健康"金质奖章。

发表论文 200 余篇，编有《翁心植学术论文集》(1995 年)；主编《慢性肺心病的防治研究》、《内科学辞典》等专著和工具书 8 部；编写医学保健科普读物多部。获国家和省部级奖励 10 余项，其中 1999 年获何梁何利科学与技术进步奖。(李孙演)

埃斯蒂斯，W. K.(Estes，William Kaye)　美国人，1919 年 6 月 17 日生于美国明尼苏达州明尼阿波利斯，2011 年 8 月 17 日卒于美国。物理治疗学、心理学、教育学。

1943 年在明尼苏达大学获哲学博士学位。第二次世界大战中，在美国陆军服役。1946～1961 年任教于印第安纳大学心理学系。1968 年任洛克菲勒大学数学心理学实验室主任。1963 年被选为美国国家科学院院士。

大学生时代，与 B. F. 斯金纳发展一种实验技术来阐明抑制性、条件性情绪反射，该技术已被广泛运用于分析镇静剂、电痉挛休克和各种脑损伤的作用。他运用该技术研究了惩罚对行为的影响，发现根据条件不同，惩罚的损害性刺激的行为反应有二：可被抑制，也可呈现出来，支持了修正的矛盾学说。20 世纪 50 年代，引用大量数学模式和技术，提出基础学习过程的统计学说。其中被广泛运用的是机率相配原则，即在一定条件下，个体预测不确切事件的概率来自于反复的经验。他的一些数学模型与理论，奠定了现代人工智能和人工神经网络发展的基础。

主要著作有《惩罚的实验研究》、《学习理论和心智发展》(1970 年)、《学习与认知过程指南》(1975 年)、《认知理论中的语言功能》(1978 年)、《分类和认知》(1994 年)等；另有论文集《学习、记忆和选择的模型》(1982 年)等。曾获卓越科学贡献奖、沃伦奖章。(叶蒙福)

彭司勋(Peng Sixun)　中国湖南人。1919 年 7 月 28 日生于湖南保靖。药理学、药物化学、药物工程。

出身土家族知识分子家庭。1942 年重庆国立药学专科学校毕业。1942～1948 年，历任中央卫生实验院(中国医学科学院前身)化学药物组技术员、药剂师，上海药物食品检验局技士、代理室主任。1948 年获世界卫生组织奖学金去美国深造，1950 年获哥伦比亚大学药学院硕士学位。同年回国，历任南京药学院(今中国药科大学)副教授、教务长、教授、副院长、顾问、学术委员会主任；先后兼任江苏省药品检验所所长，南京药物研究所所长，中国药学会药物化学学会副主任，江苏省及南京市药学会副理事长、理事长，国家医药管理局新药研究基金评审委员会主任，《药学教育》、《中国药科大学学报》、《中国药学年鉴》杂志主编，中国医药教育协会副会长等职。1996 年当选为中国工程院院士。

专长研究开发中老年心脑血管病药物、中枢系统药物、抗癌药物和计划生育药物。重视药物设计理论，创建新药研究中心，积极倡导发掘中草药资源，研制具有中国特色的新药。前期重点开发安定药、镇痛药和降压药，创制多种吲哚类化合物如爱卡眠、5,6-次甲二氧吲哚-3-乙基甲基哌嗪等；系统研究了具有心血管活性的异喹啉类化合物，总体水平国内领先，部分达到国际水平，例如发现和开发出有抗室颤和心律失常作用的氯苄律定“CPU-86017”新药，申请了中外专利；试制成功并投产的六甲密胺（HMM）等抗癌药物，获江苏省 1980 年科学技术成果奖；结合指导研究生，重点研究作用于钙或钾通道的化合物、血管紧张素转化酶（ACE）抑制剂及其分子模型；多次出国考察国外药学进展，对中国高等药学教育改革、医药工业发展，以及新药研究方向，提出了重要意见和建议。

发表论文 140 余篇；1959 年主编出版中国第一本药学高校教材《药物化学》，后多次修订再版，其中 1988 年版获 1992 年全国优秀教材奖；主编、撰写和出版《药学化学进展》丛书（1999 年～）、《中国现代科学全书·药物化学卷》（2000 年）等多部。多次获奖，其中获 1999 年何梁何利科学与技术进步奖。（李孙演）

楼之岑（Lou Zhicen） 中国浙江省人，1920 年 1 月 28 日生于浙江孝丰（今属安吉县），1995 年 3 月 23 日卒于北京。生药学、药剂学、药用植物学。

原籍浙江东阳。中医世家。初中毕业后当过一年小学教员。1936 年考入浙江省立湘湖乡村师范学校。1939 年转入浙江省立联合师范学校。同年考入内迁贵州的陆军军医学校大学部药科，1942 年毕业，留校任教。1945 年赴英国留学，1947 年、1950 年先后获英国伦敦大学药学院学士、博士学位。1951 年回国至去世前，一直执教于北京医学院药学系（今北京医科大学药学院），历任生药学教研室主任、药学系副主任等职，教授。兼任中国药学会理事长，中国药学会中药和天然药物学会主任，《药学学报》、《中国中药》、《中国药学》（英文版）等刊物主编等职。1979 年出任世界卫生组织药用植物顾问。1994 年选聘为中国工程院院士。

20 世纪 40 年代，研究中药常山和蜀漆等的形态组织，开中国学者研究中药材形态组织学之先河；建立新的植物性泻药生物测定法，被国际药学界称为“楼氏法”；发现大黄的泻下成分是结合性大黄醇，并建立了测定大黄中蒽醌类成分含量的分光光度法；1944 年编译、1947 年出版中国第一部《医药拉丁语》。20 世纪 50～60 年代，先后完成数十种生药材鉴定整理；研究多种进口生药如阿拉伯胶、胡黄连、安息香等的国产代用品，为国家节约大量外汇；主持编写中国药学教育的第一份《生药学教育大纲》，并主编中国第一部《生药学》（上册 1955 年，下册 1956 年；1965 年改版为全国统编教材）；主编《中药志》（第一版 4 册，1958～1961 年；第二版 6 册，1979～1992 年），受到国际赞誉，获 1978 年全国科学大会奖。70 年代，从中药材黄花败酱中开发出镇静安眠新药“眠尔静”；为世界卫生组织起草植物性生药一般检验法，受到普遍好评。80～90 年代，系统研究中药材同名异物品种（大黄类），获国家级多项奖励；建立测定生物碱的高效液相色谱法；主持完成国家“七五”重点项目“常用中药材品种整理和质量研究”共 61 个专题，促进了中药标准化，为修订《中国药典》奠定了基础。发表论文近 200 篇；主编和参编著作 21 部。1989 年获全国优秀教师奖。（朱素珍）

托马斯，E. D.（Thomas, Edward Donnall） 美国人，1920 年 3 月 15 日生于美国得克萨斯州马特，2012 年 10 月 20 日卒于西雅图。外科移植术、血液学、免疫学、放射医学。

父亲是医生，母亲是教师。他于 1941 年在得克萨斯大学获文学士学位，1943 年获该校文科硕士学位。1946 年获哈佛大学医学院医学博士学位。1946～1955 年在波士顿的布里格姆医院工作，1951 年任主任住院医师。期间 1948～1950 年在美国陆军服役任内科军医，1950～1951 年在马萨诸塞理工学院做生物学博士后研究，1953～1955 年在哈佛大学医学院兼教。1955～1963 年在纽约州库珀斯敦的巴西特医院任主任内科医生，兼任哥伦比亚大学内外科医学院临床医学副教授。1963～1990 年在西雅图的华盛顿大学医学院任医学教授、外科医生，1990 年退休后为荣誉医学教授。期间 1974～1989 年兼任西雅图的哈钦森癌症研究中心主任。是美国国家科学院院士。妻子原是记者，后成为他的实验室技术骨干，是他事业成功的得力助手，生育有 3 个孩子。

20 世纪 50 年代中期，J. E. 默里率先成功进行第一例器官移植。这启发了托马斯，认为可用类似方法进行骨髓移植以治疗白血病、再生障碍性贫血之类病患。1956 年，他首次对同卵双胞胎实施骨髓移植遭失败，但仍继续研究。1957 年他已研究出贮存大量骨髓的方法，他必须解决移植术面临的两个主要问题：一是移植骨髓中的免疫细胞会不停地攻击宿主，这被称为“移植体抗宿主”反应；二是移植的骨髓在受体内所产生的严重的受体排斥反应。托马斯和他的外科团队找到全身放射疗法解决了第一个难题：适量辐射破坏了受体免疫系统，同时也破坏了白血病细胞，使同卵双胞胎之间得以成功移植。60 年代早期，他开始利用组织配型新技术，发现并使用免疫压抑药物以减少移植体抗宿主反应。1969 年，他和研究小组成功实施了非同卵双胞胎兄弟之间的首例骨髓移植。他成功地解决了两方面问题，最后使 50% 的成人白血病病例和 80% 的儿童白血病病例得以治愈。

由于成功地开创了骨髓移植手术，他与成功地开创肾移植手术的默里共享 1990 年诺贝尔生理学或医学奖。同年获美国国家科学奖章。此外获 1987 年兰斯泰纳纪念奖，1990 年福克斯奖、盖尔德纳基金国际奖等。（宣焕灿）

盛志勇(Sheng Zhiyong)　中国浙江省人，1920年7月1日生于上海。烧伤治疗学、创伤外科学、康复医学。

原籍浙江德清。出生于医生家庭。1942年国立上海医学院毕业。历任上海红十字会第一医院(今华山医院)、中山医院外科医师、主治医师。1947年在美国得克萨斯大学医学院研修一年。1949年后，先后任军事医学科学院实验外科系副主任、副研究员，解放军总医院第304医院创伤外科、烧伤科主任、主任医师、医院副院长、创伤中心主任，全军烧伤研究所所长、名誉所长，医院临床部专家组组长、教授。兼任国际烧伤学会实验诊断委员会委员，中华烧伤外科学会主任委员，《解放军医学》杂志主编等职。1996年当选为中国工程院院士。

20世纪50～60年代，在中国率先开展放射复合烧伤治疗和研究，初步掌握了治疗过程的规律，建立起有特色的治疗方法。70～80年代，他和合作者率先在中国开展液氮储存皮肤研究，建成中国第一个低温异体皮库，使皮肤移植存活率稳定在95%左右；提出双相预激学说，用以解释创(烧)伤后多器官功能衰竭发病机理，并采用独特的治疗方法，使大面积烧伤病人中多器官功能衰竭发生率由17.3%下降到6.9%，病死率由87.5%下降到40%；开展烧伤患者功能康复研究，大大提高了烧伤患者的生活质量；90年代，研制出适用于烧伤患者涂用的化妆油彩，以解决浅度烧伤愈合后皮肤色素沉着问题；总结出一套不同手法的体疗按摩和系列功能康复疗法。在他率领下，304医院烧伤研究所30年来收治烧伤患者8 000余例，其中大面积烧伤治愈率达99.63%，高于美国的85.7%文献记载。

发表论文400余篇；主编和参编《现代烧伤治疗学》、《危重烧伤治疗与康复学》、《多器官功能障碍综合征》等中、英文专著27部。至2007年底，获各级科学技术成果奖58项，其中国家科学技术进步奖一等奖2项，二、三等奖7项，全军科学技术进步奖一、二等奖23项；其中获1996年首届军队专业技术重大贡献奖，1999年何梁何利科学与技术进步奖，2000年中央军委授予的一等功。

(李孙演)

张金哲(Zhang Jinzhe)　中国天津市人，1920年9月25日生于河北宁河(今属天津市)。小儿外科学、医疗器械研制、科学传播。

1938年考入燕京大学医预科。1941年考入北平协和医学院。由于战乱，曾转学同德医学院、圣约翰大学，1946年毕业于上海医学院。1947年起任北京大学附属医院外科住院医师、总住院医师。1955年起，先后任北京儿童医院首任外科主任、副院长，首都医科大学北京儿童医院儿科系教授。兼任亚洲小儿外科学会执行理事，太平洋地区小儿外科学会地区主席，中华医学会小儿外科学会名誉主任等职。1997年当选为中国工程院院士。是罗马尼亚科学院外籍院士。

在小儿感染、创伤、急腹症等方面造诣高深，在国际上享有盛誉。首次发现了当时新生儿死亡率最高的“婴儿皮下坏疽”症，有效地控制了该病的严重威胁；在手术器械研发上，有不少具有中国特色的技术创新，例如张氏钳(先天性巨结肠手术)，张氏瓣(先天性胆道扩张手术)，张氏膜(先天性无肛门手术)等，均为国内外同行所引用和推崇；此外还有许多简易手术改进；培养了不少小儿外科骨干人才。

撰有学术论文近200篇；主编和参编《实用小儿外科新型手术图解》、《张金哲小儿外科手术专辑》(共4辑)等专著、教材和电子出版物近30部。此外，一向热心于科学普及工作，著有《名医谈百病》、《婴幼儿疾病》等科普书籍10余种，科普文章50余篇，常在各种媒体上宣传，社会影响颇大，1991年获中国科学技术协会“突出贡献科普工作者”称号。2000年获英国小儿外科学会丹尼斯·布朗奖。

(朱素珍)

贝纳塞拉夫，B.(Benacerraf，Baruj)　美国人，1920年10月29日生于委内瑞拉加拉加斯，2011年8月2日卒于美国马萨诸塞州。病理学、免疫学、遗传学。

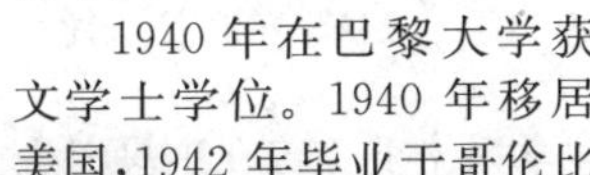

1940年在巴黎大学获文学士学位。1940年移居美国，1942年毕业于哥伦比亚大学，取得理学士学位。随后又转攻医学，1945年获弗吉尼亚大学医学院医学博士学位。1943年加入美国籍。此后在美国军队服役3年。1948～1950年间，先后在哥伦比亚大学内科与外科学院微生物学系、纽约大学医学院病理学系、美国国家卫生研究院变态反应及传染病研究所免疫实验室任职。后又回到法国，1950～1956年在巴黎国家科学研究中心任研究员。1956年返回美国，在纽约大学医学院任教，1960～1968年任病理学教授。后任国家卫生研究院传染病研究所免疫学实验室主任。1970～1991年任哈佛大学医学院病理学系主任和比较病理学教授，兼任波士顿大学法伯尔肿瘤研究所所长。1973～1974年任美国免疫学家协会主席。1974～1975年任美国实验生物学会联合会主席。1977年任国际免疫学会联合会主席。曾任世界卫生组织免疫学顾问，美国《病理学》、《实验医学》、《免疫学》及《免疫遗传学》杂志主编。

20世纪60代初期，他在纽约大学与美国分子生物学家G..M.埃德曼共同研究外来抗原的抗体应答反应的基因控制。他们以豚鼠作试验，发现动物的应答反应因遗传品种不同而不同。还揭示了由G.D.斯内尔描述的组织相容性H-2位点系统的某些复杂的活性，尤其是发现在H-2片段上有一种称为Ir基因(免疫应答基因)，这种基因决定小鼠对外来抗原的反应能力。此后，这些不同的反应已经揭示出在H-2复合体上有30种以上的免疫应答基因。这些基因都是显性基因，它们决定生物体的免疫应答，其中包括细胞免疫和体液免疫两方面。他的后期工作显示所有免疫系统的反应，不论对植物、癌细胞、细菌和病毒的所有反应，实际上是怎样受H-2位点控制的。他和同事们继续探索H-2的遗传学和免疫学特性，并把其研究工作扩展到与人类相似的白细胞抗原系统，指出人的白细胞抗原(HLA)系统中的

HLA-D区包含有Ir基因。他和B.卡茨的研究表明，T细胞和B细胞的配合是由Ir基因调节的，因此染色体内必须有一致的Ir基因。此外，T细胞和其他负责免疫活动有关的巨噬细胞的互相配合，也需要某些基因来调节。在正常情况下，免疫应答反应对进入身体的异物抗原，将会动员起有效的生理反应予以抵抗。然而，当体内自身组织或细胞的抗原性质发生变化，就会产生自家体内的免疫应答反应，引起自家免疫性疾病。例如，强直性脊椎炎、牛皮癣、多发性硬化病、类风湿性关节炎等，都是因为体内免疫应答反应发生故障的缘故。

主要著作有：《免疫耐受性》(1974年)、《免疫遗传学与免疫缺陷》(1975年)、《组织相容性基因复合体产物在免疫应答中的作用》(1976年)及《免疫学教程》(1979年)等。由于他发现免疫应答基因(Ir)以及对免疫应答反应的研究，他与斯内尔以及率先发现人类HLA系统的J.多塞共获1980年诺贝尔生理学或医学奖。1990年美国国家科学奖章等。 (张慰丰)

黄翠芬(Huang Cuifen) 中国广东省人，1921年3月6日生于广东台山，2011年8月9日卒于北京。*微生物学、免疫学、遗传工程。*

1944年广州岭南大学化学系毕业。曾在中央卫生实验院流行病微生物研究所工作。1948～1949年留学美国康奈尔大学农学院细菌学系，获理科硕士学位。此后在美国波士顿突夫斯医学院进修。1950年回国，任山东医学院细菌学教研室副主任、副教授。1954年入伍，调军事医学科学院工作，先后任研究室主任、生物工程研究所副所长、分子遗传学研究中心主任、全军分子遗传重点实验室主任、名誉所长，研究员。1996年当选中国工程院院士。

中国当代著名微生物学女专家。长期从事细菌毒素研究，在毒素结构功能，性能改造与利用等方面深有造诣。20世纪50～60年代，研制成功四联创伤类毒素、甲型乙型二联肉毒类毒素和气性坏疽类毒素，1978年获全国科学大会重大成果奖。70年代，在中国率先采用分子生物学技术研究细菌毒素，研制出高保护率的幼畜大肠菌腹泻预防基因工程疫苗、人用腹泻预防基因工程疫苗；组建全军第一个分子遗传学研究室。80～90年代，在中国首次主持完成乙型肝炎病毒核心抗原基因克隆表达研究，并在临床推广应用；在中国首先获得尿激酶原基因克隆及表达，并通过改造人组织型纤溶酶原激活剂结构，自主开发出当前国际上心肌梗塞溶血栓首选多肽药物；主持完成预防仔猪腹泻基因工程活菌苗，达到国际先进水平，获国家科学技术进步奖一等奖；2000年起开展分子肿瘤学研究。

主编和撰写出版《细菌学》、《分子细菌学的进展》、《遗传工程原理与技术》等多部教材和专著。多次获国家、全军和部委级奖励，其中荣立二等功2次，获解放军一级英雄奖章等；1984年被中央军委授予"模范科学工作者"称号。2000年获何梁何利科技奖。 (李孙演)

耶洛夫人，R. S.(Yalow, Rosalyn Sussman) 美国人，1921年7月19日生于美国纽约，2011年5月30日卒于纽约。*内分泌学、放射医学、免疫学、临床诊断学、医学物理学。*

1941年毕业于亨特学院。1942年、1945年在伊利诺伊大学先后获硕士、核物理学博士学位，是该校物理系1917年成立以后第一个女生。1946年任亨特学院物理学助理教授。1950～1980年任纽约退伍军人管理局医院贝森研究室主任，1970年起负责核医学部，1972年任高级医学检验师。期间1968年任西奈山医学院研究教授，1974年任杰出贡献教授。1979～1985年任爱因斯坦医学院杰出教授。还是芒特希纳医学院的杰出服务教授。1975年入选美国国家科学院院士。1978年入选美国文理科学院院士。

1950～1972年间与贝森长期合作，从事放射免疫检测方法的研究，并将它用于生物医学检查诊断，获得许多重要成果。首先他们用碘131诊断甲状腺疾病，研究甲状腺激素的释放，代谢过程及碘化物的体内动力学；用碘131标记红细胞、血浆蛋白等，以了解它们在体内的代谢和分布。20世纪50年代，他们用标记的胰岛素发现了接受胰岛素治疗的病人体内胰岛素抗体的存在，并对抗体作定量检测。他们还用放射免疫法测定未知抗原性物质的浓度以及其他肽类激素，如生长激素、促肾上腺皮质激素、甲状旁腺素和胃泌素等的含量及各种代谢中间产物。她还发现，肥胖者的食欲亢进是由于脑内胆囊收缩素缺乏。由于放射免疫检测方法的发明与应用，使过去其他方法无法检定的抗体及体内其他微量生物活性物质，得以精密地检测，提高了临床的诊断水平，同时，促使内分泌生理学与病理学研究进入一个新领域。

主要论文有"血浆ACTH的放射免疫检测"(1964年)、"放射免疫测定法的实践及其缺陷"等；代表著作有《放射免疫检测学》(1983年)、《放射性和公众认知：福与祸》(1995年，与他人合著)等。鉴于在放射免疫检测的方法学及在医学应用所取得的卓越成果，她与研究垂体激素的R.吉尔曼和A.V.沙利分享1977年诺贝尔生理学或医学奖。此外还获得多种其他奖励和荣誉，其中有1988年美国国家科学奖章。 (朱 劢)

程莘农(Cheng Shennong) 中国江苏省人，1921年8月24日生于江苏淮阴，2015年5月9日卒于广东珠海。*中医学、针灸学。*

1954年入江苏省中医学校(南京中医药大学前身)本科进修班学习，毕业留校任针灸教研组组长。1957年调任北京中医学院针灸教研组组长，兼附属医院针灸科副主任。1975年机构并转中国中医研究院，历任针灸研究所教研室主任，针灸研究所所长，中国中医研究院名誉院长，主任医师、教授。兼任中国针灸学会副会长、国际针灸培训中心副主任、中央文史研究馆馆员等职。1994年选聘为中国工程院院士。

中国国家攀登计划"经络研究"项目首席科学家。数十年潜心研究中医针灸理论，诊治患者数十万人次，擅长治疗内科和妇科疾病等各种疑难杂症，疗效显著，中外享誉。20 世纪 50 年代开始，主攻功能性子宫出血、中风、面瘫、坐骨神经痛等顽症，临床治愈率、有效率很高；完成“中风偏瘫 64 例观察”等课题。60 年代后重点研究经络问题，完成“体表循行 81 例研究”；多次主持国家和部委级课题，获重要成果，其中“循经感传和可见的经络现象的研究”获国家中医药管理局科学技术进步奖一等奖。此外，亲躬教学数百班次，培训和带教出大批中外针灸医师，努力推动中国针灸走向世界。学术上主张临证贯彻“理、法、方、穴、术统一”；“取穴以证为凭，以精为准，以适为度，以效为信”；运针讲求“指实腕虚、气随人意”；改良“程氏三才法”，简巧便利，气至速达。

编撰出版《中国针灸学》（中、英文本）、《针灸精义》（英文版）、《难经语译》等教材和专著 7 部。多次获奖，其中 1990 年获世界文化理事会爱因斯坦世界科学奖。业余爱好书法国画篆刻，有《程莘农篆刻偶存》等作品问世。（朱素珍）

沈家祥（Shen Jiaxiang） 中国江苏省人，1921 年 11 月 11 日生于江苏扬州，2015 年 7 月 30 日卒于天津。药理学、药物化学、药物合成工程。

中药店商家庭出身。1942 年国立药学专科学校毕业。后相继供职于陆军制药研究所、大众药厂。1945 年赴英国伦敦大学药学院留学，1947 年和 1949 年先后获药学学士、博士学位。1949 年回国，先后任大连科学研究所（今中国科学院大连化学物理研究所）副研究员、研究员兼大连工学院有机化学教授，沈阳东北化学制药厂（今东北制药总厂）中心实验室主任兼沈阳药学院教授，国家化工部华北化工设计研究分院（天津）药物研究室副主任，化工部北京医药工业研究院副总工程师，国家医药管理局副总工程师、中国医药研究开发中心主任，北京市集才药物研究所所长、研究员等职。兼任中国药学会抗生素分学会主任委员，《药学学报》、《中草药》杂志主编等职。1983 年当选为法国国家药学科学院外籍通讯院士。1999 年当选为中国工程院院士。

20 世纪 50～60 年代，在西方禁运下打通氯霉素化学合成新路线，首创催化氧化法生产关键中间体并精简工艺，成为中国科学院成立后第一个实现产业化的研究成果；主持全面改造完成合霉素旋光体分拆和合成新工艺并用于生产；率先利用本国资源合成结晶维生素 A 和 D；指导多种甾族激素类药物的合成和投产，其中开拓了雌性酮、三烯高诺酮、前列腺素类等药物全合成生产新途径。70 年代后开始以中药有效成分为基础的新药研究，主持完成有独特化学结构的鹤草酚等药物全合成。80～90 年代，参与主持国家医药管理局全系统科技决策和开展国际交流合作；积极创办药物研究机构和组织研究队伍；主持研究开发出阿奇霉素新晶型、阿法骨化醇等一系列新产品。多次获国家和省部级奖励，以及各种荣誉称号。（李孙演）

史济湘（Shi Jixiang） 中国上海市人，1921 年 12 月 10 日生于上海，2007 年 9 月 13 日卒于同地。烧伤治疗学、整形外科学、康复工程。

1947 年上海震旦大学医学院毕业。留校任附属医院上海广慈医院（今上海交通大学附属交通大学附属瑞金医院）外科住院医师，1950 年起历任外科住院总医师、主治医师、讲师、外科和麻醉科副主任、烧伤科副主任，1963 年任烧伤科主任、烧伤研究室主任，1974 年晋升外科学教授。1988 年任上海烧伤研究所所长，瑞金医院终身教授。兼任国际烧伤学会中国国家代表（1978～2000 年），国家卫生部医学科学委员会外科医学专题委员会副主任，中华医学会外科学会副会长，1986 年起连任第一、二、三届中华医学会烧伤外科分会会长。1980 年当选为法国外科科学院外籍通讯院士。1990 年应聘为惠特克国际烧伤奖评委会委员。

他和研究团队在中国逐步建立起一整套烧伤临床治疗方法，突破性贡献有：烧伤休克期补液公式与冬眠疗法，早期分期分批切除焦痂，大张异体皮或异种皮打洞嵌植自体小皮片覆盖创面，以及头皮作为主要供皮区等多种治疗技术，其中救治大面积深度烧伤病人的混合移植法被国际医学界誉为“中国法”，使中国烧伤治疗水平跃居世界先进行列。20 世纪 40～50 年代，先后从事过骨科、妇产科、小儿外科、神经外科、麻醉科等临床工作；50 年代中期起致力于整形烧伤外科临床与研究，1958 年成功组织和参与抢救严重烧伤的钢铁工人邱财康（烧伤总面积 89%，三度烧伤达 23%），打破当时“烧伤总面积超过 80%无法治愈”的禁区，引起中外医学界高度关注，1959 年获国家卫生部记功奖励。60～70 年代，1966 年首创大张打洞异体皮与自体小皮片嵌植的技术，并应用分期分批的方法，首次成功抢救一例极重危病人（烧伤总面积 98%、三度烧伤面积达 90%）；研究皮肤混合移植后异体或异种皮的演变规律。80 年代，应用皮肤混合移植法，成功抢救极危重病例累计已达 6 例（烧伤总面积大于等于 95%、且三度烧伤面积大于等于 90%），创下烧伤史世界纪录；总结和发展大面积三度烧伤治疗的临床技术，获 1985 年国家科学技术进步奖二等奖。90 年代，1992 年起主持“烧伤早期损害发病机理及创面愈合机理研究”，获 1999 年国家卫生部科学技术进步奖二等奖，2000 年国家科学技术进步奖二等奖。此外，获 1988 年美国烧伤学会国际烧伤学术奖伊文思奖，1989 年意大利惠特克基金会惠特克国际烧伤奖，1997 年何梁何利基金科学技术进步奖等。（李孙演）

黄志强（Huang Zhiqiang） 中国广东省人，1922 年 1 月 1 日 生于广东新会，2015 年 4 月 24 日卒于北京。肝胆外科学、普通外科学。

1944 年中正医学院毕业。历任贵州遵义县卫生院医生，重庆中央医院（西南医院前身）外科住院医生，重庆西南医院肝胆外科主任。1952 年赴抗美援朝前线。1978 年任西南医院副院长，兼全军肝胆外科医学专科中心主任。后任中国人民解放军总医院普通外科、肝胆外科主任医师，全军肝胆外科研究所所长、教授。兼任西南肝胆外科医院名誉院长、美国医学会杂志《JAMA》（中文版）等刊物主编等职。1997 年当选为中国工程院院士。

半个多世纪致力于普通外科临床、科研和教学，开创用肝脏外科手术解决复杂胆道疾病的先河，建立具有中国特色的胆道外科学，被誉为中国“胆道之父”。在中国最早开展胆结石病临床流行病学调查与实验、外科基础与临床研究；在国际上首次系统论述中国常见疑难病症“肝胆管结石病”；率先提出“外科微创化”、“微创外科”等理念，倡导在中国推广应用腹腔镜等损伤度较小的外科技术；组建中国第一个肝胆外科和全军第一个肝胆外科技术中心；首创肝部分切除术治疗肝胆管结石病；提出并完善肝门胆管切形、重建、扩大修复等几十项高难度手术，突破一系列手术禁区，创建较为完整的肝胆管结石诊治的理论和技术体系；其大量成果改善了肝胆管结石病治疗现状，提高了对损伤性胆道狭窄、肝门部胆管癌等其它肝胆疾病诊治水平，形成具有中国特色的肝胆外科学理论与临床实践系统。

发表论文 200 余篇；至 2007 年，已主编和编著《现代基础外科学》(1992 年)、《当代胆道外科学》(1998 年)、《黄志强胆道外科学》(1999 年新版)和《肝脏外科手术学》(1999 年)等专著 16 部。多次获奖，其中有国家科学技术进步奖一等奖、二等奖各 1 项。2007 年中央军委授予一等功。 (李孙演)

于维汉(Yu Weihan) 中国辽宁省人，1922 年 1 月 28 日生于辽宁大连，2011 年 11 月 17 日卒于哈尔滨。*地方病学、心血管病学、营养学。*

1945 年国立满洲医学院毕业。先后任哈尔滨医科大学克山病研究所教授兼所长，哈尔滨医科大学校长、名誉校长。1997 年当选为中国工程院院士。曾兼任中华医学会地方病学会理事长、《中国地方病学》杂志主编等职。1997 年当选为中国工程院院士。

克山病是一种地区流行的原发性心肌病，因 1935 年在黑龙江省克山县首先发现而得名，临床表现主要有心脏增大、急性或慢性心功能不全和各种类型的心律失常，急重病人可发生猝死，亚急型病死率约 50%。20 世纪 50 年代以来，他常年坚持在黑龙江省等地乡村病区第一线，指导和参加现场抢救和预防宣传；曾奔赴全国近 20 个省市自治区 200 多个县病区进行实地比较普查；首次揭示了克山病分布区域、发病时间、人群分布等特点与规律；首次确定全国统一的克山病分型标准、诊断指标、区划标准和防治对策；早在 60 年代初便提出克山病营养性生物地球化学病因学说，目前这一学说已进入分子生物学研究水平，并进一步证实克山病发病与病区生态环境中硒、钼、锰等元素比例异常，以及蛋白质和维生素 E 缺乏，亚硝酸盐摄入等综合因素有关；倡导用大豆及其制品预防克山病，使发病率明显降低。

发表论文近百篇；主编《中国克山病》等专著 5 部。获国家和省部级奖励逾 10 项，其中包括 1978 年全国科学大会奖、全国医药卫生大会奖、2002 年中国“心电学功勋奖”等。 (李孙演)

古德，R. A. (Good, Robert Alan) 美国人，1922 年 5 月 21 日生于美国明尼苏达州克罗斯比，2003 年 6 月 13 日卒于佛罗里达州彼得斯堡。*病理学、免疫学、血液学、营养学、细胞工程。*

1944 年在明尼苏达大学获文学士学位，1947 年获该校医学博士和哲学博士双学位。1946 年任该校附属医院儿科实习医生和住院医生。1949 年任纽约洛克菲勒医学研究院研究员，同时兼任惠特尼基金会风湿热病研究员。1950～1972 年供职于明尼苏达大学医学院，期间 1950 年任儿科首席住院医师，1952 年任儿科助理教授，1953 年任儿科副教授，1962 年任微生物学教授。1973～1982 年在康奈尔大学医学院斯隆－凯特林癌症研究所任病理学教授，1981 年前兼任所长。同时在纽约纪念医院、纽约医院兼任内科和儿科医师，在洛克菲勒大学医学院任兼职教授和特邀内科医师。1982 年任俄克拉荷马大学医学院卫生科学中心微生物学与免疫学教授、该校文理学院兼职教授。1985～2003 年供职于南佛罗里达大学医学院，1992 年前任儿科系主任。先后获美国、意大利、瑞士和日本等国大学医学院荣誉理学博士学位 10 余个。是美国国家科学院院士，美国文理科学院院士，英国皇家医学会外籍会员。

首次描述了许多原发性免疫缺陷病和免疫缺陷综合症；发现了免疫缺陷与自身免疫的关系，并认为禁忌抗原和免疫缺陷是自身免疫的基础。还研究了营养与免疫的关系，补体成分缺陷与传染性血管、肾和系膜疾病的关系，胸腺在发展体液免疫和细胞免疫过程中的重要作用等。还首先运用骨髓移植法来治疗免疫缺陷病、再生障碍性贫血、全血细胞减少等疾病。

发表 2 500 余篇论文和文章；出版 50 余部专著。一生获数十项奖励，其中有终身奖 6 项，国家级和国际性奖项 30 余项，如 1970 年拉斯克临床医学研究奖，1975 年美国国家癌症研究院科利奖，1987 年贝尔纳世界医学通信奖，1994 年国际实验血液学会奖等。

(叶蒙福)

吴孟超(Wu Mengchao) 中国福建省人，1922 年 8 月 31 日生于福建闽清。*肝胆外科学、肿瘤学。*

5 岁随母亲去马来西亚寻找在那里做苦工的父亲。童年历尽艰辛。1940 年回国。1949 年同济大学医学院毕业。历任上海第二军医大学外科教研室副主任，普通外科副主任、主任，肝胆外科主任，第二军医大学副校长，第二军医大学附属东方肝胆外科医院院长、全军肝胆外科研究所所长，一级教授。兼任解放军总后勤部专家组副组长、中国癌症基金会副主席、中华医学会副会长、中德医学协会副理事长、《中华外科》、《肝胆外科》等多种医学专业杂志主编、副主编。1991 年当选为中国科学院学部委员(院士)。

中国肝胆外科开拓者和主要创始人之一，形成一套世界领先的肝癌外科诊治体系。20 世纪 50 年代，率先提出中国人肝脏五叶四段临床解剖学新理论。60 年代，率先打破中肝叶手术禁区，首创常温下间歇肝门阻断切肝法等新术式新方法。70 年代，建立起完整的肝脏海绵状血管瘤和小肝癌的早期诊治体系；在中国首先应用肝动脉结扎法和栓塞法治疗中晚期肝癌。80年代，建立了常温下无血切肝术、肝癌复发再切除和肝癌二期手术技术；研究出一系列肝癌标记物；进行免疫治疗及单抗导向定位与导向治疗等研究。90年代后，首创腹腔镜下肝切除和肝动脉结扎等方法；在肝癌免疫治疗、肝癌疫苗、肝移植等领域取得重大进展。他曾开展18万人次肝癌普查；实施了世界最大系列肝脏切除手术，迄今施行4 000余例；肝癌切除后5年生存率总体水平达到30.4%，小于3厘米的小肝癌则达到了82.4%，最长者已存活逾30年。

至2008年，主编和参编《手术学全集·普通外科卷》，出版《肝脏外科学》（1982年）等专著15部，其中《腹部外科学》获1992年华东优秀图书奖。多次获奖，其中全国、全军科学大会奖各1项，国家科学技术进步奖一等奖1项、二等奖3项，全军科学技术进步奖一等奖2项、二等奖5项、三等奖9项等。此外，1993年获美国旧金山东华医院荣誉奖，陈嘉庚医学科学奖，1997年全军医疗特殊贡献奖，1998年全国百名名医奖。1996年被中央军委授予“模范医学专家”荣誉称号。获2005年中国国家最高科学技术奖。（陈 斌）

埃尔金德，M. M.（Elkind，Mortimer Murray） 美国人，1922年10月25日生于美国纽约，2000年12月10日卒于同地。*肿瘤学、放射医学、康复医学、生物物理学。*

1943年毕业于库珀联合工程学校。1953年获马萨诸塞理工学院物理学博士学位。1954年进入美国国家癌症研究院工作。1973年成为伊利诺伊州立实验室高级生物物理学家。后在阿尔贡国家实验室生物学与医学研究部从事核武器生物效应与防核医学研究。曾任科罗拉多大学放射卫生科学系主任、放射学与放射生物学教授。

1956年T. T.帕克等人第一次发表在辐射线照射下单个细胞的幸存曲线。这一工作引起了他的兴趣，于是从纯物理学转向生物物理学的研究。认为辐射线的伤害作用具有累积的性质。一个幸存细胞就是一个非致死伤害的细胞，它能够自动修复这种伤害。于是他设计了一个实验来测试对非致死伤害的修复，实验的结果证实了这一假说。和助手们的痊愈实验的结果发表于1959年。他还从理论上把结果扩展到正常组织和恶性组织对辐射线的响应上。主要著作有《哺乳动物细胞培养的放射生物学》（1968年，与他人合著）等。获奖甚多，其中有1967年劳伦斯生命科学奖，1983年美国放射肿瘤学会金质奖章，1989年美国通用汽车公司凯特琳癌症研究奖，1996年与威瑟斯（H. R. Withers）同获物理学费米奖。（唐玄之）

巴纳德，C. N.（Barnard，Christiaan Neethling） 南非人，1922年11月8日生于南非西博福特，2001年9月2日卒于塞浦路斯的帕福斯。*器官移植术、心胸外科学。*

1946年获南非开普敦大学医学士学位，1953年同获该校医学硕士、博士学位。期间，大学毕业后在开普敦市郊任全科实习医师，1951年任开普敦市立医院高级住院医生，1953在开普敦格罗特·舒尔医院任外科医师兼医务处注册科主任。1956年到美国进修，1958年同获明尼苏达大学医学院医学硕士、博士学位。同年回国，任开普敦大学医学院外科学系研究室主任、讲师，1962年任副教授，1968年任心胸外科研究所所长，1972年任外科学教授，后任心胸外科学系主任，1984年退休为荣誉教授。后任美国俄克拉荷马州器官移植研究所顾问。因哮喘病去世。

世界首例人体心脏移植手术成功开创者。20世纪50年代，设计矫正和治疗先天性肠闭锁症的新手术方法；实施先天性心脏病外科手术治疗，在南非率先开展体外循环心脏手术；研究外科大手术后的重症监护措施。60年代，以实验犬为模型进行动物心脏移植试验研究；研制开发出“巴纳德瓣”，即人工心脏三尖瓣和主动脉瓣，沿用迄今；首创矫正大血管完全转位、三尖瓣畸形的新技术；1967年10月，成功实施南非首例肾脏移植术；1967年12月3日，在其弟马里厄斯（Marius）协助下，主持一个30人医疗团队，手术耗时9小时，将年轻车祸死者心脏移植给一位54岁、药物治疗无效的糖尿病并发心力衰竭患者，虽然18天后患者死于肺炎，但这一世界首例人心脏移植医案具有里程碑式意义；1969年世界首例黑人患者接受心脏移植，存活12年6个月。一位于1971年接受心脏移植患者，创下存活期23年以上的世界记录；1974年12月3日，成功进行世界首例异位双重心脏移植术。据统计，1967～1973年，他施行原位器官移植10例；1975～1984年施行异位心脏移植49例。此外，研究抗衰老机制；在美国参与建立心脏移植中心；晚年在奥地利建立巴纳德基金会，以帮助全球贫困儿童。

著有医学著作《常见先天性心脏畸形的外科治疗》、《冠心病须知》（1971年）、《夜阑时分》（1977年，与他人合著）、《最好的药剂》（1979年）、《好生好死》（1980年）等；此外有科普读物《人体机器》，纪实《南非：锐利剖析》（1977年），小说《多余的人》等；两部自传：《一生》（1969年）和《第二次生命》（1993年）。（李孙演）

徐国钧（Xu Guojun） 中国江苏省人，1922年11月17日生于江苏常熟，2005年6月17日卒于江苏南京。*生药学、药学教育。*

贫农子弟，因家贫未能读完中学。1938年聘任重庆国立药学专科学校生药室技术助理员。1941年考入国立药学专科学校本科，1945年毕业。一直留校任教，后升任教授。1951年后该校多次易名，现为中国药科大学，历任生药学系代系主任、中草药学教研室主任、中药系主任、中药研究所所长等职。期间1957年因患未分化筛窦癌症失去左眼。兼任国际中草药学会（日本）常务理事、中国药学会中药和天然药物分会副主任、江苏省药学会副理事长等职。1995年当选为中国科学院院士。

半个多世纪以来，致力于生药鉴定、评价、开发和学科建设。20世纪50～60年代，在中国倡导和率先开展粉末药材显微鉴定，首次整理并发表101种植物类《粉末生药检索表》;先后复核鉴定了灵应痧药、六味地黄丸等20余种著名中成药商品成分;与他人合作出版中国第一部《生药学》(1953年),主持编写中、高级教材多部,初步建立起中国生药学教学体系。70年代,在湖南长沙马王堆一号汉墓出土随葬物中发现9种药材,获1978年全国科学大会协作成果奖;出版《粉末药材显微鉴定》一书,内含100种中药材分析,获1978年全国科学大会成果奖;首次报道13种贝母都有多脐点单粒淀粉,具脐点2~10个不等,引起中外同行关注。80~90年代,对中国药典中最复杂的"再造丸"进行鉴定,逐一检出58味动植物和矿物药;出版含380种中药的《中药材粉末显微鉴定》(1986年),获1987年国家教委科学技术进步奖二等奖、1988年全国优秀科技图书一等奖;七五、八五期间,任国家重点课题"常用中药材品种整理和质量研究"南方组组长,对百余类多来源中药进行10余项系统研究,其中获国家科学技术进步一等、三等奖。发表论文300多篇;主编和参编著作46部,多部获奖。获国家和省部级奖近20项。此外获日本岐阜药科大学特别荣誉奖等。

(朱素珍)

科恩,S.(Cohen,Stanley) 美国人,1922年11月17日生于美国纽约州布鲁克林。生理学、发育生物学、分子遗传学、生物化学。

20世纪初移居美国。他完成中学学业后,考入布鲁克林学院,主攻生物学和化学。毕业后进奥伯林学院,1945年获动物学文科硕士学位。1948年获密歇根大学生物化学系哲学博士学位。后应邀到科罗拉多大学生物化学系和该校医学院儿科系从事早产儿的代谢研究。1952年受美国癌症研究会资助,到华盛顿大学放射系进行博士后研究,掌握了用放射性同位素研究动物胚胎发育的技术。1953年到该校动物学系任助理研究员,参加R.莱维一蒙塔尔奇尼的神经生长因子的研究工作。1959年到范德比尔特大学生物化学系任助理教授,在那里发现了另一种生长因子——表皮生长因子。1976年任美国癌症学会研究教授,1986年退休任名誉教授。1980年当选为美国国家科学院院士。1984年当选为美国文理科学院院士。

20世纪50年代,在协助莱维一蒙塔尔奇尼工作时,从两种小鼠肉瘤中分离到一种核蛋白组分,具有在离体条件下刺激神经生长的活性。他为了把这种活性组分中存在的核酸加以降解,偶然选择了蛇毒。结果不仅从两种肉瘤中,而且从蛇毒中都分离到一种不能透析、不耐热、具有促进神经生长活性、分子量为20 000道尔顿的蛋白分子,这就是提纯了的神经生长因子。1962年他在神经生长因子的分离中发现一种特殊现象:将雄性小鼠的颌下腺粗提取物注入新生小鼠后,出现了一种预料之外的副反应,表现为眼睑提前张开,牙齿提前长出。经鉴定为一种小分子量的蛋白质,1965年将其取名为表皮生长因子。实验结果表明,表皮生长因子对鸡胚皮肤有直接刺激表皮细胞增生的作用。发现表皮生长因子在促进生长时伴随一系列代谢改变,如促进家兔受损角膜再度上皮化的作用。进而揭示小鼠的表皮生长因子是一个由53个氨基酸残基组成的多肽。和同事应用两种方法从人尿中分离到了人的表皮生长因子,其功能与小鼠的相同,但多肽结构略有差异。不久有人证实,人的表皮生长因子即尿抑胃素。20世纪70年代,和同事在细胞水平和分子水平上阐明了表皮生长因子的作用机理,其中包括表皮生长因子的受体。该受体是指细胞膜外的那一部分表皮生长因子(即捕捉表皮生长因子的部分),而细胞内的另一部分表皮生长因子则起到酶活性的作用。认为该酶活性是引起生长因子作用的通道。

发表的重要论文有"使新生小鼠牙齿提前生长和眼睑提前张开的小鼠颌下腺蛋白质的分离"、"表皮生长因子的化学与生物学的鉴定"、"人的表皮生长因子的分离及其化学与生物学特性"等。因上述工作,他与莱维-蒙塔尔奇尼分享1986年诺贝尔生理学或医学奖。此外还获20余个奖项,其中有1969年美国国家卫生研究院研究生涯发展奖,1985年加特纳基金会国际奖,1986年美国国家科学奖章,1986年拉斯克基础医学研究奖等。

(傅杰青)

葛宝丰(Ge Baofeng) 中国河北省人,1922年12月26日生于河北乐亭,2014年7月10日卒于甘肃兰州。临床骨科学、创伤外科学、康复工程。

1945年中正医学院毕业。后到兰州中央医院工作。兰州军区总医院骨科主任医师、教授、骨科研究所所长。兼任全军骨科专业组组长,中华医学会甘肃分会会长、名誉会长等职。1999年当选为中国工程院院士。

20世纪50年代初,首次将髓内穿针术引进中国的带血循环骨移植;发现了髋关节后脱位新类型;在实验中掌握淋巴再生规律并用以指导临床,提高了断肢再植成活率和功能优良率。60年代及后,在中国全军首次成功进行前臂全断再植手术,其后相继成功进行了接活冷缺血54小时断掌、59小时断指,以及连体热缺血36小时等再植手术;进行系统的生物力学、自发生机制等理论研究,不断总结骨科临床实践,在骨牵引、内外固定、促进骨愈合和合并症防治等方面,有30余项创新成果,形成了自有特色的骨科临床体系,治疗骨折2 000余例,优良结果达95%;1989年率先将异种骨形成蛋白应用于临床修复骨缺损获成功;研制成功专治粉碎性骨折的半环式梯形加压钢板,手术操作简便,一改过去单钢板技术,性能超过中外同类产品的评定标准,从根本上解决了骨折散碎片复位和固定的难题,获1999年国家医疗发明奖;2004年在研究骨质疏松症中,确定了西北地区居民的骨密度峰值,初步查明藏民的峰值骨量。他还无私地推广自已的先进技术,培养了大量专业技术人才。

发表论文200余篇;出版专著《创伤外科学》(1985年)、《实用骨科学》(1991年初版,后6次再版)、《现代创伤治疗学》(2001年)等8部,其中《手术学会集·矫形外科卷》获国家图书二等奖、全军首届图书奖、军队科学技术进步奖一等奖。获50多项国家、全军和省部级

奖励，其中二等奖以上20余项。 （朱素珍）

沈荣显(Shen Rongxian) 中国辽宁省人，1923年1月12日生于辽宁辽阳，2012年6月30日卒于哈尔滨。病毒学、家畜传染病学、免疫学。

1944年沈阳农业大学兽医系毕业。1948年起，一直在哈尔滨东北农业部家畜防疫所（今中国农业科学院哈尔滨兽医研究所）工作，研究员，曾任马传染性贫血病研究室主任等职。1963～1967年在罗马尼亚科学院病毒研究所进修。1995年当选为中国工程院院士。

20世纪50～60年代，1951年主持研制出山羊化兔化牛瘟弱毒疫苗，1952年又研制出绵羊化兔化牛瘟弱毒疫苗，在全国推广应用后，于1956年彻底消灭了牛瘟病在中国各地流行，1956年获中国首次颁发的科学奖；主持培育成功羊痘鸡胚化弱毒疫苗、猪瘟兔化牛体反应疫苗，使全国羊痘病和猪瘟病流行基本得以控制。70～80年代，受命主持研究并首次解决马传染性贫血病免疫的世界难题。1956年中国发现引进的种马中有马传贫病毒，1959～1970年相继死去与杀掉的病马有100多万匹。沈荣显经千百次实验，1976年研制成功世界第一支马传贫驴白细胞弱毒疫苗，1989年首次在中国完全控制了马传贫烈性顽症流行。据中国农业部畜牧兽医司统计，应用马传贫疫苗使中国在10年间减少了65亿元损失。由于马传贫病毒和艾滋病病毒很相似，而且马传贫疫苗是慢病毒领域罕见的成功典范，因此为人畜慢病毒病免疫预防研究提供了理论依据，也给艾滋病预防带来了希望。90年代以后，他与中国预防医学科学院艾滋病参比实验室合作，开展艾滋病免疫等研究。多次获奖，包括1978年全国科学大会奖、国家发明奖一等奖、陈嘉庚农业科学奖、何梁何利科学与技术进步奖、黑龙江省最高科学技术奖等。 （李孙演）

卡尔森，A.（Carlsson, Arvid） 瑞典人，1923年1月25日生于瑞典乌普萨拉。脑与神经科学、生物化学、药物合成工程、公共卫生学。

1941年进隆德大学医学院学习。第二次世界大战中，在军队服役。1944年起任教于隆德大学医学院药理学系，1951年获该校医学博士和哲学博士双学位，同年任该校药理学助理教授，1956年任副教授。1959年任瑞典哥德堡大学药理学教授，同年兼任药理学系主任至1976年，1989年退休。期间，1955～1956年在美国国家心脏学研究所化学药理学实验室做访问科学家；1978～1980年任国际神经一精神病药理学会会长。1975年入选瑞典皇家科学院院士。1996年入选美国国家科学院外藉院士。

最著名成就是发现脑内神经递质多巴胺，以及研究该物质生理过程及其在帕金森氏症中的治疗作用。1957年，他发现多巴胺物质不仅仅是过去人们认为的去甲肾上腺素前体，也是脑内极为重要的一种神经递质。人类大脑约有10^{10}～10^{11}个神经细胞（神经元）和更多的神经胶质细胞组成，而神经元之间的信息传递，主要靠神经细胞膜上微小突触释放化学物质来实现，现已知脑内神经递质多达数十种。他的研究表明，脑内多巴胺缺失会导致帕金森氏病，过多则会产生多动症和肌紧张不全等症状。他进而发明一种测量脑组织中多巴胺含量的方法，并据此发现控制运动的脑基底核中多巴胺水平特别高。接着，他给实验动物服用药物利血平，结果导致多巴胺水平下降并引起运动失控，出现类帕金森氏症征状；而在这些实验动物饮食中添加左旋多巴（多巴胺前体），能够减轻相应症状。他的发现揭示了脑神经元之间信号传递活动的工作原理，对理解和治疗神经一精神疾病发生有关键性意义。

20世纪50年代，他在参与瑞典阿斯利康制药公司药品研发工作期间，和同事利用溴苯那敏合成了苯吡烯胺，这是国际上第一个上市的选择性血清再吸收抑制剂。在公共卫生学上，他是饮用水氟化的坚决反对者，认为这种做法严重违反根据个人情况进行医学治疗的原则，曾与1 700多名卫生学家共同签署停止氟化饮用水的请愿书。

因神经递质多巴胺研究，与P.格林加德、E.R.坎德尔分享2000年度诺贝尔生理学或医学奖。此外，1970～1999年间还获国内外35种奖项，其中有：1978年瑞典国王奖章，1979年以色列沃尔夫医学奖，1985年瑞典皇家科学院希尔达与埃里克松奖，1990年美国精神病理学会霍克奖，1992年法国詹森研究基金会精神病学开放心智奖，1994年日本科学技术基金会心理学和精神病学奖，1998年加拿大生物精神病理学会金质奖章，1999年意大利国家科学院费尔特里纳利国际奖等。 （寿天德）

厄普顿，A.C.（Upton, Arhur Canfield） 美国人，1923年2月27日生于美国密歇根州安阿伯，2015年2月14日卒。肿瘤学、实验病理学、环境毒理学、放射医学。

1944年获密歇根大学文学士学位，1946年获该校医学院医学博士学位。1954年任橡树岭国家实验室病理生理学部主任。1969年任纽约大学医学院病理学教授兼病理学系主任，1970～1975年任该校基础卫生学学院院长。1977～1979年任国家癌症研究院院长。是美国实验生理学与医学学会理事，美国比较肿瘤学研究会理事，国际辐射保健效应联合会理事；曾任美国癌症研究会会长，美国实验病理学会会长，美国辐射研究会会长等职。

主要贡献是通过对实验动物电离放射效应的研究，揭示了放射性物质所致癌症的发病机制，以及其他放射线长期照射引起损伤的原理。在辐射损伤、癌病变和环境毒理学领域，撰有300余篇论文；代表著作有《辐射损伤》（1969年）等。1965年获美国原子能学会劳伦斯奖章。 （朱 劢）

刘玉清(Liu Yuqing) 中国天津市人，1923年3月

14 日生于河北丰润(今属天津宁河)。放射医学、医学影像学、临床诊断学。

农家子弟。1948 年沈阳医学院本科毕业。1950 年入读北京协和医学院放射科研究生班,1951 年毕业。留校任教。1956 年起,先后在解放军胸科医院、北京阜外医院工作。历任中国医学科学院协和医科大学附属阜外医院副院长兼放射科主任,协和医科大学心血管病研究所副所长、医学影像中心主任等职,放射学教授。1984 年任美国哈佛大学医学院放射学客座教授。兼任世界卫生组织专家咨询委员,中华医学会放射学会主任、名誉主任,1994 年选聘为中国工程院院士。

早期主要研究消化、泌尿生殖和骨骼系统的 X 线诊断,后侧重心血管和胸部放射学。半个多世纪来,对诸如支气管和心血管造影、大动脉炎和主动脉病患、肺脓肿、食管癌、心肌病、肺心病、冠心病和先天性心脏病等的放射诊断,以及数字减影血管造影、心血管磁共振成像等应用研究中,填补了中国国内空白和处于国内领先地位,某些达到国际先进水平,其中大动脉炎研究居当时国际领先。20 世纪 50～60 年代,1956 年后在中国率先开展胸心 X 线—手术—病理对照;1960 年后逐步建立以 X 线为基础的"X 线—临床—心电图"心脏诊断思路和程序。70 年代,率先提出"医学影像学"新概念;主持起草肺心病 X 线国家标准,在全国推广应用;率先在中国内地倡导 CT(电子计算机断层成像)技术。80～90 年代,推广临床应用数字减影血管造影和磁共振成像技术;倡导影像学综合诊断优选应用。

发表论文近 300 篇,主要论文收入《刘玉清著述选编》(2009 年);出版《支气管造影术》、《心血管造影术及诊断》和《临床心脏 X 线诊断学》等专著 8 部,参编《国际心脏病学教材》(英文,美国出版)等教材专著 17 部。获国家和省部级奖逾 10 项。 (徐维普 李啸虎)

胡亚美(Hu Yamei) 中国北京市人,1923 年 4 月 27 日生于北京。儿科学、血液病学。

1947 年北京大学医学院毕业。先后任北京第二儿童医院住院总医师、主治医师,北京儿童医院内科主任、副院长,院长、名誉院长;1960 年后兼任首都医科大学儿科系主任,教授。还兼任中华医学会副会长、全国小儿白血病专项基金会主任等职。1994 年选聘为中国工程院院士。

中国当代著名的儿科女专家。20 世纪 50～60 年代,总结中国小儿营养性缺铁性贫血、大细胞贫血临床特点和规律,主持制订治疗方案和预防措施,向全国推广取得显著疗效;研究小儿中毒性消化不良的病因、临床特点和病理生理,制定和推广合理的输液方案,使病死率由 20%下降至 1%。70～80 年代,系统研究和诊治小儿组织细胞增生症、小儿特发性血小板减少性紫癜,在中国居领先地位;主持对小儿急性淋巴细胞白血病系统研究,取得突破性进展,不断完善治疗方案,至 90 年代时 5 年无病存活率达 74.4%;建立新的白血病分类系统,从形态、免疫、遗传和分子生物学上分类,有助于准确快速诊断各种混合性白血病;发起和创立儿童白血病全国联网,制定统一化疗方案,提高了全国治疗水平。

发表论文数十篇;主编和参编《新编儿科临床手册》、《婴幼儿保健全书》、《小儿血液病学》等专著,其中与诸福棠一起主编的《实用儿科学》(1996 年,第 6 版),是一部 360 万字大型儿科参考书,代表了当代中国儿科最高水平,该书先后获国家优秀科学技术图书奖一等奖、国家卫生部科学技术进步奖一等奖、国家科学技术进步奖二等奖。 (朱素珍)

盖杜塞克,D. C.(Gajdusek,Daniel Carleton) 美国人,1923 年 9 月 9 日生于美国纽约州扬克斯,2008 年 12 月 12 日卒于挪威特罗姆瑟。儿科学、病毒学、免疫学、脑与神经科学。

1943 年获罗切斯特大学化学学士学位。1946 年获哈佛大学医学院医学博士学位。先后在哥伦比亚大学、加利福尼亚理工学院、哈佛大学医学院、里德陆军研究所、伊朗巴斯德研究所和澳大利亚墨尔本的霍尔研究所深造和合作研究儿科学、物理化学、病毒学和免疫学。1958 年任美国国家卫生研究院儿童生长发育和行为研究室主任,同时兼任慢性潜伏与非烈性病毒感染实验室主任,1970 年任该校中枢神经系统研究实验室主任。1974 年当选为美国国家科学院院士。是美国文理科学院院士。

在霍尔研究所期间,曾多次访问新几内亚岛,对当地一种原因不明的神经系统疾病库鲁病(当地佛族语"颤抖"之意)进行了为期 10 个月的实地调查。1957 年着手分离该病的病原体。1963 年与吉布斯(C. J. Gibbs)首次在实验上使猩猩以及其他动物染上库鲁病,证实该病由病毒引起,并发现该病毒在脑组织内的浓度最高。由于该病毒的潜伏期长,不产生炎症或特异性免疫反应,能对抗紫外线和离子辐射,并能抵抗许多化学药品和蛋白酶、核酸酶的水解作用,所以称为非传统病毒或慢病毒。后来又从一种类似库鲁病的早老性痴呆病患者身上分离出具有类似特性的病毒,并研究了这类会引起海绵状大脑病(包括疯牛病等)的病毒分子组成和特征,为寻找治疗方法迈出重要的第一步。

代表作有"新几内亚的一种中枢神经系统的退行性疾病,在原始部落中地方性流行的'库鲁病'"(1957 年)、"不寻常的病毒和库鲁病的病原及该病的消失"等。因在研究非传统病毒上的成就,和 B. S. 布卢姆伯格共享 1976 年诺贝尔生理学或医学奖。还获 1963 年美国儿科学会约翰逊奖,1976 年的多特里班德奖,1978 年美国神经病学会科兹阿斯奖等。 (叶蒙福)

肖碧莲(Xiao Bilian) 中国广东省人,1923 年 10 月 31 日生于上海。妇产科学、生殖内分泌学。

原籍广东中山。出身于殷实家庭。1946 年、1949 年先后获上海圣约翰大学医学硕士、博士学位。毕业后在上海宏仁医院妇产科工作。1952年起任上海第二医学院(今上海交通大学医学院)附属医院兼职讲师、主治医师。1956年公派留学苏联,1959年获莫斯科大学第一医学院副博士学位。回国后,1960年起任上海第二医学院附属仁济医院妇产科内分泌实验室主任。1978年调往北京筹建国家计划生育委员会科学技术研究所,后为研究员、名誉所长。1991年该所被确定为世界卫生组织人类生殖研究合作中心,任中心主任。兼任《生殖医学》杂志常务副主编等职。1994年选聘为中国工程院院士。

1960年在上海创建中国第一个计划生育实验室——妇产科内分泌实验室;在中国率先开展国产避孕药临床应用和作用机理研究,为确定中国口服避孕药低剂量和合理配伍奠定了基础,居当时国际领先地位;研究各种激素避孕药具临床作用机理,为探索避孕新途径提供了科学依据。20世纪70～80年代,参与筹建和主持国家计划生育委员会科学技术研究所、世界卫生组织人类生殖研究合作中心;主持正常月经周期内分泌研究。80～90年代,开展卵巢功能调控和避孕药影响研究,获1991年国家七五攻关成果奖;主持甾体避孕药具临床药代动力学研究,获国家计划生育委员会科学技术进步奖二等奖、国家八五科研攻关奖;主持米非司酮用于妇女紧急避孕、黄体期避孕及催经作用研究,严格按国际、国内临床研究规范化条例进行近万例临床试验,致使国家药政局批准米非司酮10、25毫克用于紧急避孕,在临床广泛使用。主编和撰写《计划生育技术手册》(1991年)、《婚育与健康》等著作。获1995年中华人口奖科学奖。 (朱素珍)

吉尔曼,R. C. L.(Guillemin, Roger Charles Louis) 美国人,1924年1月11日生于法国第戎市。内分泌学、脑与神经科学、药物工程、生物化学。

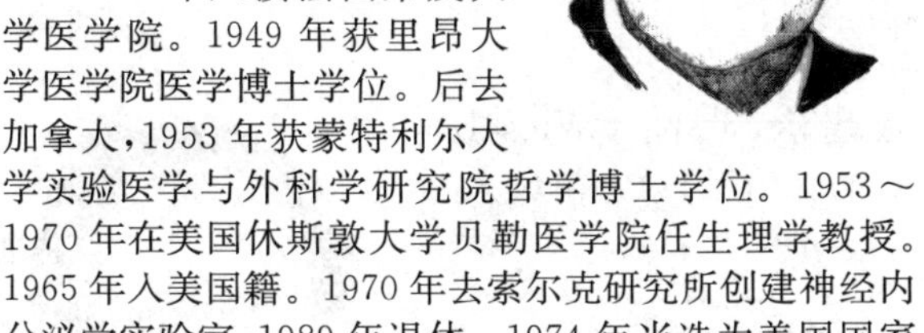

1943年入读法国第戎大学医学院。1949年获里昂大学医学院医学博士学位。后去加拿大,1953年获蒙特利尔大学实验医学与外科学研究院哲学博士学位。1953～1970年在美国休斯敦大学贝勒医学院任生理学教授。1965年入美国籍。1970年去索尔克研究所创建神经内分泌学实验室,1989年退休。1974年当选为美国国家科学院院士。1976年当选为美国文理科学院院士。

1954年开始研究控制垂体分泌的生理机制。用组织培养的方法,证实控制垂体功能的信息来自丘脑下部,该信息不是神经冲动而是体液因子。为了研究这未知的丘脑下部分泌的物质,先后收集500万只绵羊脑,处理了45吨以上的脑组织。经过7年努力,终于在1968年分离出1毫克的第一种下丘脑激素——促甲状腺释放激素(TRF)。1969年成功地合成了TRF,现已广泛用于甲状腺疾病的研究和诊断。1970年和1972年又相继分离和合成了黄体生成素释放激素(LRF)和生长素释放抑制激素(GIH)。前者已被运用于治疗不孕症,并着手合成LRF的拮抗剂,为避孕药物开辟新路。与同事还从下丘脑分离了一种新型的神经递质内啡肽,测定了3种内啡肽的分予结构,并合成了这些化合物。这些发现使神经内分泌学进入了一个新阶段。

因在垂体激素研究上的卓越成就,与美国医学家R. S. 耶洛以及A. V. 沙利同获1977年诺贝尔生理学或医学奖。此外获1975年拉斯克基础科学奖,1976年美国国家科学奖章等。 (叶蒙福)

沈渔邨(Shen Yucun) 中国浙江省人,1924年2月15日生于浙江杭州。精神病学、精神卫生学。

1944年就读于西南联合大学生物学系,1946年转入北京大学医学院。1951年大学毕业后赴苏联留学,1955年获苏联医学科学院精神病学副博士学位。先后任北京医学院第三附属医院精神科主任、教授兼副院长,北京大学医学部精神卫生研究所名誉所长,国家卫生部精神卫生学重点实验室主任,世界卫生组织(WHO)北京精神卫生研究与培训合作中心主任。兼任WHO总部精神卫生专家组成员,世界心理康复协会亚太地区副主席,国家卫生部精神卫生咨询委员会主任,中华精神科学会、中国心理卫生协会副理事长,《中华精神科》杂志主编、《中国心理卫生》杂志社社长等职。1986年当选为挪威文理科学院外籍院士。1997年入选中国工程院院士。

中国当代著名女专家。20世纪50年代,创立人工冬眠疗法,率先为精神病院实行开放性管理创造条件;70～80年代,率先在中国农村建立家庭一社区精神病防治康复新模式,成果在国内推广且为国际公认;首次组织领导中国六大行政区12个单位的大范围横断面检查,规模和信息之大为国际罕见,获1985年国家卫生部乙级科学技术成果奖,1995年世界卫生组织用英文出版全部资料;建立中国最早的精神病生化实验室,开展精神药物药代动力学研究。80～90年代及后,率先对老年痴呆症筛查和诊断工具、发病率、患病率与诱病危险因素进行系统研究;开展抑郁症生化基础和药物治疗机理研究;首次发现中国蒙族人种体内具有升压素(ADH)多态不同类型,并提出了遗传生化机理新解释;进行精神疾病分子遗传学研究。

发表论文150余篇;主编《精神病学》(1980年初版,2001年第4版),获多个奖项;《精神病防治与康复》获全国首届精神文明图书奖二等奖。多次获奖,2006年获中国医师协会首届杰出精神科医师奖。 (李孙演)

费尔南德斯-莫兰, H. (Fernández-Morán, Humberto) 委内瑞拉人,1924年2月18日生于委内瑞拉马拉开波,1999年3月17日卒于瑞典斯德哥尔摩。组织学、分子生物学、脑与神经科学、显微术、仪器研制。

1945年获德国慕尼黑大学医学院医学博士学位。1952年在瑞典斯德哥尔摩大学获生物物理学博士学位。曾在委内瑞拉希门尼斯政府内阁中任科学部长。该届政府倒台后，1958年他被新政府驱逐出国。后参加美国航天航空局阿波罗登月计划，并先后工作于瑞典诺贝尔物理研究所、加拉加斯大学、马萨诸塞州总医院、马萨诸塞理工学院和芝加哥大学，以及瑞典斯德哥尔摩大学等处。是美国文理科学院外籍院士，委内瑞拉科学院院士。妻子是瑞典人，生有两个女儿。晚年他随妻子返乡，并在那里谢世和安葬。

1950年首次用电子显微镜观察髓鞘和感光层的液晶排列。1954年组建委内瑞拉脑与神经研究所，并继续研究神经纤维的亚微结构和提高电子显微镜分辨力。在南美洲首次将液态氦用于生物医学研究，发现昆虫眼内的偏振光感受器。20世纪50～60年代之交在诺贝尔物理研究所工作期间，成功地设计和制成金刚石刀，使电子显微镜能直接观察到分子水平的生物组织。1959～1966年，首次观察到线粒体内膜上酶的排列，并用电子显微镜观察到DNA(脱氧核糖核酸)的分子结构。1961年与S.柯林斯制成和试验运用于电子透镜的第一个超液氦闭路循环系统，1965～1974年研制开发适用于高分辨超导电子显微镜的超液氦闭路系统。还与E.范布吕根(Ernest van Bruggen)详细描述血蓝蛋白分子。

代表著有《脊椎动物神经纤维的亚微结构》(1952年)等。获伯尔纳奖章、斯科特奖和委内瑞拉贝洛奖章等多种奖项。在美国期间曾被提名为诺贝尔奖候选人，但遭到他的婉拒，因为这意味着必须加入美国籍，而他想保留委内瑞拉国籍。

（叶蒙福）

科马克，A. M.(Cormack, Allan Mcleod) 美国人，1924年2月23日生于南非约翰内斯堡，1998年5月7日卒于美国马萨诸塞州温切斯特。*放射医学、肿瘤学、物理治疗学。*

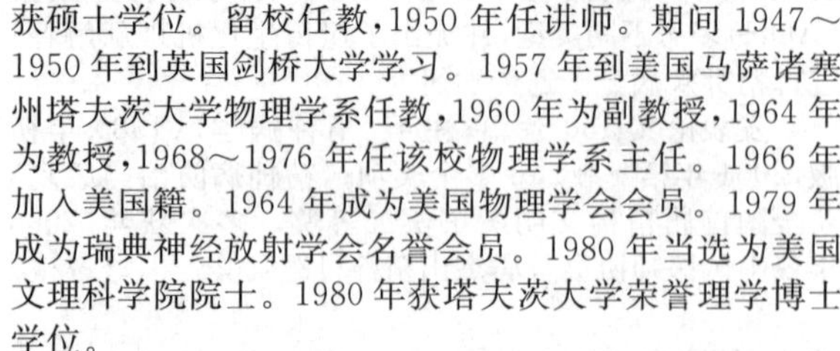

早年进南非开普敦大学学习工程学和物理学，1944年获理学学士学位，1945年获硕士学位。留校任教，1950年任讲师。期间1947～1950年到英国剑桥大学学习。1957年到美国马萨诸塞州塔夫茨大学物理学系任教，1960年为副教授，1964年为教授，1968～1976年任该校物理学系主任。1966年加入美国籍。1964年成为美国物理学会会员。1979年成为瑞典神经放射学会名誉会员。1980年当选为美国文理科学院院士。1980年获塔夫茨大学荣誉理学博士学位。

1955年在开普敦大学任教时，受聘到开普敦市格鲁特·舒尔医院兼职，为期只6个月，很快对癌的放射治疗和诊断发生兴趣。当时医生在计算放射剂量时，把非均质的人体当作均质来对待。如果人们不知道放射线透过的是什么物质，又怎能确定恰当的放射剂量呢？这促使他改进放射治疗的程序设计，首先在体外测定身体的衰减系数分布。设想身体衰减系数分布的信息终将构成一个或一系列断层图像，这对疾病的诊断具有极大的意义。在塔夫茨大学任教期间，始用铝和木质构成的圆柱体作实验，然后逐渐过渡到人体模型实验。同时进行理论计算。1963～1964年在《应用物理》杂志上，先后发表计算身体不同组织对X线吸收量的数学公式。经过10余年的努力，解决了计算机断层扫描技术的理论问题。用电子计算机操纵的X射线断层扫描仪(简称CT扫描仪)来检查疾病，能使人体的各种内脏器官的横断图像在几秒钟内显示在荧光屏上，因而能准确地诊断许多疾病。虽然没有最终发明这项技术，但为这项技术的开拓奠定了基础。主要论文有“由线积分表示的一个函数及其某些放射学应用”(1964年)、“关于二维图像重构的算法”(1977年)等。

诺贝尔奖评选委员会原先通过的是3位对免疫遗传学有重大贡献的学者，但当名单最后审议时，经过激烈的争论，决定把1979年奖金授予他和另一位对计算机断层扫描技术作出重大贡献的英国电气工程师G. N.亨斯菲尔德。此外，2002年获南非最高国家奖。

（张慰丰）

高万斯，J. L.(Gowans, James Learmonth) 英国人，1924年5月7日生于英国英格兰设菲尔德。*内分泌学、免疫学、细胞生物学。*

1947年毕业于金斯学院附属医院。后在牛津大学获哲学博士学位。1962～1977年成为英国皇家学会研究教授。任英国医学研究委员会细胞免疫部主任，1977年任该委员会秘书长。

1953年用放射性标记法发现了淋巴细胞的再循环，并发现小淋巴细胞能与外来组织相互作用产生移植物宿主反应，与抗原的作用还能使淋巴细胞增大、分裂并分化成体液免疫的浆细胞和细胞免疫的效应细胞。与同事还证实了T淋巴细胞和B淋巴细胞均须再循环，但两者在淋巴结内所占的位置不同。因与米勒(J. F. Miller)共同奠定了细胞免疫学基础，共享1974年埃利希一达姆施塔特奖。他还获得1968年盖尔德纳基金奖、1976年英国皇家学会皇家奖章。1980年获沃尔夫医学奖。

（叶蒙福）

威塞尔，T. N.(Wiesel, Torsten Nils) 瑞典人，1924年6月3日生于瑞典乌普萨拉。*视觉生理学、细胞生物学、心理学、脑与神经科学。*

精神病科主任医生之子，因第二次世界大战耽误学业。1954年(30岁)时始获瑞典斯德哥尔摩的卡罗琳研究院医学博士学位。旋即任皇家卡罗琳内科与外科学院生理学讲师。1955年去美国约翰斯·霍普金斯大学任眼科生理学助理教授。1959年起历任哈佛大学医学院神经生理学与神经药理学助理教授、精神病学系神经生理学副教授,1967年任生理学教授,1968～1974年任神经生物学教授,1973年起任神经生物学系主任,同时任美国国家卫生研究院顾问。是美国文理科学院院士。

1958～1981年与D.胡贝尔密切合作,从事视觉生理学研究,在三个主要领域作出了显著成就。首先研究神经细胞对视觉刺激的反应,将微电极插入猫和猴的大脑皮层视觉区,发现这里的细胞与视觉通路上较低水平的细胞(如视网膜和外膝状体的细胞)迥然不同。认为视觉信息在脑内于逐级串联式地传递和加工,又仔细研究了皮层的功能结构,通过实验证实视皮层上同时镶嵌着两套互相重叠而功能各自独立的细胞柱系统,即取向选择和眼优势柱。这项工作暗示着还有其他类型的细胞柱,不同的柱系统分别加工处理视觉的不同信息。

另一课题是:探讨大脑皮层中高度专门化的神经元的形成,以及视觉环境或经验对这些神经元的正常发育的影响。他们将刚生下来的小猫的一只眼缝合,另一只眼不缝合作对照。经过一段时间,发现小猫出生后3个月内缝眼,眼皮打开后似同瞎眼,用微电极记录视皮层细胞活动,表明绝大多数细胞仅能通过正常眼起反应。研究后认为,单眼剥夺的影响首先发生在外膝状体与视皮层连接的突触区;皮层细胞对刺激剥夺眼没有反应,并非这些细胞失去反应能力,只是由于正常眼的竞争,使细胞原来与剥夺眼的联系中断,转而与正常眼建立了新的联系。为了证明所谓竞争假说,他们将初生的动物双眼视觉剥夺,结果表明皮层细胞的反应接近于正常。后又发现在生命早期,将经过单眼剥夺的动物做"反缝"试验,即将原来缝上的眼打开,将原来未缝的眼缝合,过一段时间后,可使原来单眼剥夺造成的异常得到某种程度的纠正。这表明单眼剥夺引起的细胞反应的变化,不是由于它们被废置不用之故,否则双眼剥夺后细胞应该没有反应。

由此,他们指出:先天机制使视觉系统建立了高度特异性的联系,视觉经验对这些联系的保持和完善是必要的。视觉剥夺实验说明,在早期生活中,视觉系统有一定的可塑性,环境影响可以凋制视觉系统的联系。这一研究不但有理论意义,对婴幼儿的早期教育也有实际指导意义。主要论文有"猕猴的立体视觉"(1970年)、"视皮质的生后发育及环境影响"等。他与胡贝尔因在揭示大脑处理视觉信息的复杂方式方面作出了重要贡献,与揭示大脑两半球功能专门化的R. W. 斯佩里分享1981年诺贝尔生理学或医学奖。 (张慰丰)

布莱克,J. W.(Black, James Whyte) 英国人,1924年6月14日生于英国苏格兰巴尔惠德,2010年3月22日卒于伦敦。药理学、药物化学、制药工程。

煤矿工程师之子。1946年毕业于圣安德鲁斯大学医学院。留校任教,并在该校生理学系攻读硕士学位。为偿付结婚和求学所欠债务,于1947年底到新加坡马来亚大学执教生理学。1950年回英国,由于工作难找,不得已进入格拉斯哥大学兽医学院生理学系工作8年,任高级讲师、系主任。1958～1964年在英国帝国化学工业公司工作,任高级药理学家。1964年后转入葛兰素一史克制药公司研究所工作。1973年任伦敦大学学院药理系教授、系主任。1978年应J.万恩邀请,到韦尔科姆基金会所属研究所任治疗学研究部主任。1984年在伦敦大学国王学院医学院任分析药理学教授。1992～2006年任英国邓迪大学名誉校长。1976年当选为英国皇家学会会员。1981年封为爵士。

20世纪50年代初,开始对人类冠状动脉狭窄的心肌增加供氧问题产生兴趣,设想通过阻滞心脏的交感神经来减少心脏对氧的需求。1956年根据阿尔奎斯特(P. Ahlquist)的双重肾上腺素能假说,决定寻找特异性肾上腺素能β-受体阻滞剂。他用牛心浸膏保护家兔免受加压素对冠状动脉的收缩作用,证明在心肌中存在着"抗肾上腺素活性"。由此推断,对冠心病的治疗采取降低心肌耗氧的方案会优于增加冠脉供氧的方案,阻滞肾上腺素对心脏的作用可能为冠心病的治疗开辟一个新的途径。根据这一思路,帝国化学公司合成出新药心得安,经他检验,证明其疗效高,毒副反应又较轻,而且不会使小鼠致癌。该药成为标准的β-肾上腺素能受体阻滞剂。

早在1953年,他就注意到组胺促进酸分泌和5-羟色胺对胃酸的影响。1963年他探索H2-组胺受体阻滞剂治疗消化性溃疡的可能性。1964年从事H2-组胺受体阻滞剂的研究。和同事一共合成出700多种化合物,1975年筛选出了有效的H2-组胺受体阻滞剂——西米替丁,该药从不同于制酸的机制上有效地治疗消化性溃疡。1973年起注意力开始转移到药学理论问题的探索,想把药物化学和生物检测结合起来。

因在受体阻滞剂方面的成就获1988年诺贝尔生理学或医学奖,与他同时获此奖的是两位美国药学家G. H.希钦斯和G. B.伊莱昂。此外获多种其他国际奖项。 (傅杰青)

黎介寿(Li Jieshou) 中国湖南省人,1924年10月11日生于湖南浏阳。腹部外科学、普通外科学、康复医学。

1949年国立中正医学院毕业。历任南京中央医院外科住院医师,华东军区医院外科主治医师,南京军区南京总医院外一科副主任、外二科主任医师、腹部外科专科中心主任、南京军区南京总医院副院长,南京大学医学院临床学院副院长,第二军医大学临床学院副院长、全军普通外科研究所所长,全军器官移植重点实验室主任,外科学教授。兼任全军医学科学委员会副主任、江苏省医学会副会长、《肠外与肠内营养》杂志主编等职。1996年当选为中国工程院院士。他的哥哥黎鳌,弟弟、著名肾脏病专家黎磊石也是中国工程院院士。

擅长于腹部外科及其临床营养支持,对治疗肠外瘘、短肠综合症等复杂疑难疾病与危重病人经验丰富、疗效卓越。独创一系列国际最佳水平的肠外瘘治疗原则与方法,使肠外瘘手术成功率达98.8%以上在防治肠胃术后感染、排斥反应监控等方面创造了许多新技术、新经验；在中国率先研究外科营养支持疗法，特别是提出一系列全胃肠外营养促进功能恢复的改进措施，提高了中国危重病人的抢救水平；1994 年成功进行了亚洲首例人同种异体全小肠移植术，使中国成为国际上少数能开展肠移植的国家之一。研究成果曾获全国科学大会奖，全国科技进步二等奖 2 项，全军科技进步奖 1 项、二等奖 4 项、三等奖 4 项。

发表论文 500 余篇；担任 13 卷巨著《手术学全集》总主编，主编和参编《临床肠内及肠外营养支持》(1993 年)、《肠外瘘》(1995 年)等 21 部著作。获国家和省部级奖励近 30 项。获 1997 年何梁何利科学与技术进步奖。 (朱家安 李啸虎)

陈灏珠(Chen Haozhu) 中国广东省人，1924 年 11 月 6 日生于广东新会。*心脏病学、心血管病学、普通内科学、心电学。*

1949 年国立中正医学院毕业。复旦大学上海医学院(原上海医科大学)附属中山医院内科教授，上海市心血管病研究所所长。兼任世界卫生组织心血管病研究与培训合作中心主任，国家卫生部全国心血管病防治研究领导小组成员，中华医学会心血管病学会副主任，上海心血管病学会主任等职。1997 年当选为中国工程院院士。

20 世纪 50 年代，率先提出中国心脏病病种变迁、流行趋势和防治对策，经半个世纪跟踪证明其正确；在中国率先采用血管腔内超声检查；率先用活血化瘀法治疗冠心病，并深入阐明其机理； 1973 年实现中国第一例选择性冠状动脉造影；1974 年在国际上首次以静脉滴注超大剂量异丙肾上腺素成功救治"奎尼丁晕厥"病人；在中国率先用电复律和电起搏治疗快速心律失常；主持研究中国健康人群血脂值，现公认为标准正常值；研究中国健康人血脂水平与冠心病关系，心肌梗塞危险因素，急性期血栓形成及溶栓机制，获重要进展；多次会诊抢救成功濒死心肌梗塞的外宾和重要病人，受到立功嘉奖。

发表论文 300 余篇；主编《实用内科学》(2 卷，2001 年第 11 版)、《实用心脏病学》、《心血管病的鉴别诊断》等著作 11 部，参编 30 余部，主译《心脏病学》(2001 年第 5 版)等 5 部，多部获奖。获国家和省部级奖励 10 余项，其中 1978 年全国科学大会重大贡献奖 2 项，国家科学技术进步奖二等奖、国家卫生部科学技术进步奖一等奖各 1 项；此外，获 1990 年国家教委高校科研 40 年成绩卓著奖，1991 年国务院卫生事业突出贡献奖，中华医学会心电学终身成就奖等。 (李孙演)

池志强(Chi Zhiqiang) 中国浙江省人，1924 年 11 月 16 日生于浙江黄岩。*神经药理学、药物化学。*

1949 年浙江大学理学院药学系毕业。一直在上海药物研究所(原国立北平研究院药物研究所)工作。1959 年获苏联列宁格勒儿科医学院药理学系副博士学位。1960 年回国，先后任中国科学院上海药物研究所副研究员、研究员、副所长，中国科学院上海分院副院长等职。兼任国际麻醉剂研究会执行委员会委员，《生命科学》杂志主编等职。1997 年当选为中国工程院院士。

20 世纪 50 年代，研究血吸虫病化学治疗、抗虫药锑剂毒理机制及其解毒剂研究，首先采用二巯基丙磺酸钠解锑毒获显著疗效。60 年代主要研究放射损伤化学防护，找到一系列对实验动物有防护作用的药物，并系统研究其防护机理。70～80 年代，从事分子神经药理和镇痛剂研究，在中国领先开展阿片受体及其亚型高选择配体研究，主持集体研究发现并证明镇痛剂羟甲基芬太尼(OMF)为一高亲和力、高选择性 μ 阿片受体激动剂，得到国际学术界高度评价和推广应用，成果获 1991 年国家自然科学奖二等奖；他领导的研究室是国际公认的能成功分离纯化阿片受体的少数机构之一；主持独创性设计合成多种 OMF，进一步实验证明其中的顺-A-OMF 镇痛作用最强，比吗啡强 6 000 倍左右，但副作用较小，有开发为一类新药的广阔前景。90 年代及后，对阿片受体结构一功能进行了系统深入的研究，取得重要进展。发表论文数十篇。多次获国家和省部级奖励，其中获 2005 年度何梁何利科学与技术进步奖。(李孙演)

王振义(Wang Zhenyi) 中国江苏省人，1924 年 11 月 30 日生于江苏兴化。*内科血液学、肿瘤学、药理学。*

1948 年获上海震旦大学医学院医学系博士学位。毕业后，历任上海广慈医院(今上海交通大学附属瑞金医院)主治医生、白血病病房主任，上海第二医学院(上海第二医科大学前身)附属上海嘉定半农半读医务专科学校临床组组长，上海第二医学院病理生理教研室副主任、主任，基础医学部主任，1980 年任教授。1984 年出任上海第二医科大学(今上海交通大学医学院)校长；1988 年始一直任上海血液学研究所所长、名誉所长，上海交通大学医学院终身教授。兼任国际心血管学联合会血栓止血委员会理事、中华医学会血液学会副主任、《中华血液学》杂志主编等职。2000 年获美国哥伦比亚大学荣誉理学博士学位。1992 年当选为法国科学院外籍院士。1994 年选聘为中国工程院院士。

20 世纪 50～60 年代，在中国首次提出 A 型、B 型和轻型血友病诊断方法；首次发现中药生蒲黄有防止家兔动脉粥样硬化功效。80～90 年代，1986 年在国际上首创用全反式维甲酸诱导分化治疗急性早幼粒细胞白血病，成功地提高了这种最凶险白血病患者的存活率，该法缓解率高、副反应少、口服治疗、价格低廉，成为癌肿诱导分化疗法的范例，引起中外重视；合作从生蒲黄中分离出 4 种有效成分，揭示其防治食饵性动脉粥样硬化的机理；在中国首次提纯血管性血友病因子，建立检测该因子抗原及其携带者的方法；首先发现蛋白 S 缺乏症。

发表论文 300 余篇，其中 1988 年发表于国际《血液》杂志一篇论文，创下至今中国论文被国际引证次数最高纪录；主编《血栓与止血：基础理论与临床》等专著 5 部，与他人合作编写著作 17 部，其中与陈竺合作主编《肿瘤的诱导分化和凋亡疗法》(1998 年)获 1999 年国家出版奖一等奖。先后获国家和省部级奖励 10 余项，其中有 1995 年国家科学技术进步奖二等奖等；获 1994

年何梁何利科学与技术进步奖，上海科技功臣奖，1996年求是科学技术基金杰出科学家奖，2010年中国国家科学技术最高奖等；获国际奖励6项，其中有1993年瑞士布鲁巴赫肿瘤研究奖、1994年国际癌症研究大奖凯特林医学奖、2003年美国血液病学会哈姆·沃瑟曼大奖等。（李孙演）

王澍寰（Wang Shuhuan） 中国北京市人，1924年12月12日生于北京。显微血管外科学、手外科学、创伤骨科学、康复医学。

1950年北京大学医学院医学系毕业。先后任北京医科大学人民医院、北京积水潭医院住院医师、主治医师、手外科主任，北京医科大学副教授，北京市创伤骨科研究所副所长。1980年起，历任北京医科大学主任医师、教授、研究员，北京积水潭医院院长、名誉院长。期间1981年任美国巴尔的摩联合纪念医院手外科中心客座教授。兼任中华医学会手外科学会主任、名誉主任，中华医学会骨科学会主任委员，《中华手外科》杂志主编等职。1997年当选为中国工程院院士。

1959年创建中国第一个具有医疗、教学、研究高起点的手外科专业；1963年在中国最早开展直径1毫米以下的显微血管外科实验研究及临床应用，成功取得家兔断耳再植，走在手外科发源地美国的前列；1964年，他在放大镜下成功吻合一位4岁小男孩直径0.4毫米的断指动脉血管，保住了离断的第二、三截食指，成果于1965年分别在《北京医学》和《中华外科》杂志发表，系该领域国际上最早报道，并被国外同行称为"世界上最早成功的断指再植"；在中国率先精心设计并实施血管大网膜轴型皮瓣移植，1979年获国家发明奖；创造性地设计和改进了多种骨科和手外科手术方法。

发表论文近百篇；主编和合编《手外科学》（1978年）、《手部损伤的修复》（1996年）等专著12部，与他人合译著作3部。获国家和省部级奖励14项，其中国家发明奖、全国科学大会奖、国家卫生部奖5项。1999年获何梁何利科学与技术进步奖。（李孙演）

许文思（Xu Wensi） 中国台湾省人，1925年3月5日生于台湾高雄，2004年8月18日卒于上海。药物学、生物医药工程。

1942～1944年在日本东京星药专门学校学习。1947年获日本北海道帝国大学理学部植物生理系理学士学位。1950年回国，在北京中央生物制品研究所抗生素室工作。1952年参与组建上海第三制药厂，1956年任厂总工程师。70年代中期调至上海医药工业研究所（后为研究院）工作至去世，研究员，历任副院长、院长、名誉院长。曾兼任上海市政协副主席。1994年选聘为中国工程院院士。

长期从事多种抗细菌、抗霉菌、抗肿瘤等抗生素和农业抗生素的自主研究开发，使之在短期内实现工程化和产业化。20世纪50年代，参与组建中国第一个抗生素工厂；筛选和培养出耐噬性的链霉菌菌种，采用天然培养基培养金霉菌孢子的工艺，研究开发成功链霉素和金霉素；1957年研究成功青霉素代乳糖发酵控制工艺，解决了青霉素扩大生产的关键技术问题，降低了成本且提高了质量和产量，同时该项技术很快被苏联推广应用于工业生产，成果获1960年国家发明奖。60～70年代，采用细菌酰胺酶裂解提取法研制成功半合成青霉素母核6APA，制成了不同疗效的新型青毒素，开辟了中国新型的半合成抗生素生产的新领域；研制成功半合成头孢菌素母核7ACA，制得许多具有特殊疗效的半合成头孢菌素；发明沉淀一溶媒法新工艺和相应的沉淀剂，使中国产的四环素产品质量达到了美国药典标准，促进了大量出口，在国际上获得了"中国黄"的声誉。80年代后，重点研究一系列抗肿瘤抗生素，以及有毒微生物产品生产过程的劳动保护对策，使阿霉素、丝裂霉素和博莱霉素（培罗霉素）等几大抗肿瘤抗生素都实现了国产化。多次获国家和省部级奖励。（朱家安）

史密西斯，O.（Smithies，Oliver） 美国人，1925年6月23日生于英国英格兰西约克郡哈利法克斯。遗传学、基因工程、分子生物学。

1946年获生理学和化学双学士学位，1951年同获文科硕士、生物化学博士学位。同年到美国威斯康星大学生理化学实验室进行博士后研究。1953年任加拿大多伦多大学康诺特医学研究实验室助理。1960年回威斯康星大学任遗传学和医学遗传学助理教授，1971年任讲座教授。1988年任北卡罗来纳大学教堂山分校病理学和实验医学杰出教授。1995年退休后，仍然坚持一周7天很早就到实验室进行生命科学研究。1975年任美国遗传学会会长。1971年当选为美国国家科学院院士。1978年当选为美国文理科学院院士。1998年当选为英国皇家学会外籍会员。1991年获美国芝加哥大学荣誉博士学位。

20世纪50年代，主要从事胰岛素研究和蛋白质分离技术开发。在制备纯净蛋白质过程中，他发现当时的自由电泳方法需要大大改进，1955年发明一种高分辨率、便捷快速的淀粉凝胶电泳技术。随后通过改进支持介质而扩大凝胶电泳应用范围，至今成为实验室研究蛋白质和核酸的基本方法。60年代，他进一步完善电泳技术，并进行蛋白质遗传突变研究，发现健康人群血清蛋白在氨基酸组成上有一定差异，后和医学界同事陆续发现转铁蛋白、g-球蛋白等一系列新类型蛋白质，从而确认蛋白质多态性和抗体多样性。他因这项研究获1964年艾伦纪念奖、1990年盖尔德纳国际奖。

20世纪70年代，他将分子遗传学理论用于研究哺乳动物基因的结构和进化。1982年开始研究人类细胞基因突变。经历3年多艰苦探索，1985年5月18日，他和助手利用同源重组实现将外源b-球蛋白基因插入内源细胞DNA（脱氧核糖核酸）的特异位置。1987年，他和研究小组以小鼠胚胎为材料，成功实现改变特定基因的专一性。与此同时，犹他大学卡佩奇发明基因打靶技术，也取得类似成果。基因剔除技术经多方改进，现已成为分子生物学研究最基本方法之一。1988年，他利用这一技术对多种哺乳动物基因进行研究，并以小鼠为材料建立许多人类疾病如囊性纤维化、b-地中海贫血和高血压等的理想模型。

由于成功开发基因剔除技术，与美国 M. 卡佩奇、英国 M. 埃文斯分享 2007 年诺贝尔生理学或医学奖。3 人还同获 2001 年美国拉斯克基础医学奖。另获其他 10 余项大奖，其中有 1998 年美国医学院联合会杰出研究奖(分享)，2003 年沃尔夫医学奖(分享)等。 (李孙演)

布卢姆伯格，B. S. (Blumberg, Baruch Samuel) 美国人，1925 年 7 月 28 日生于美国纽约，2011 年 4 月 5 日卒于加利福尼亚州。*病毒学、肝胆内科学、血清免疫学、分子生物学、药理学。*

1946 年在美国纽约联合学院获理学士学位。1951 年在哥伦比亚大学内科与外科医师学院获医学博士学位。同年在纽约长老会医院任实习医师和住院医师，4 年后去英国留学。1957 年在英国牛津大学巴利奥尔学院获生物化学博士学位。返回美国后，在美国国家卫生研究院工作，到过美国阿拉斯加、非洲、大洋洲、南美洲、澳大利亚等地进行医学调研。1964 年转到费城蔡斯癌症研究中心。1977 年任宾夕法尼亚大学医学院医学和人类学教授。1989～1994 年任英国牛津大学巴利奥尔学院院长。1999～2002 年任美国航天航空局(NASA)埃姆斯研究中心宇宙生物学研究所所长。

当他还是医学生在南非苏里南实习时，就发现移民对疾病和感染的易感性与土著人有很大差异。1956 年开始研究人血清蛋白的生物化学和免疫学差异性，认为这种差异性可能与对疾病的易感性有关。经世界各地大量调查发现，人血清低密度脂蛋白有遗传特异性抗原系统，因而推测某些大量受血的病人可能产生抗低密度脂蛋白抗体。经过进一步调查，终于在 1962 年发现部分病人血清中有抗低密度脂蛋白抗体。1964 年又在一例贫血患者的血清中发现一种新抗体，该抗体能与一名土著澳大利亚人的血清即澳大利亚抗原发生沉淀反应。经大量调查发现澳抗在正常人群中较为罕见，但生活在热带的健康人、白血病患者和唐氏综合症病人中有较高的阳性率，并且该抗原的存在较为恒定。但 1967 年发现一例患者的澳抗从阴性转为阳性，还注意到该病人在这段时间内得了无黄疸性肝炎，所以假设澳抗与病毒性肝炎有关，该抗原位于肌炎病毒表面。随后经许多学者大量研究，肯定澳抗即为乙型肝炎病毒的表面抗原。后来他与米尔曼(I. Millman)试制乙型肝炎灭活疫苗，在 1978 年试用于动物和人。

著名论文有“澳大利亚抗原病毒性肝炎研究现状”(1969 年)和“澳大利亚抗原和乙型肝炎病毒的生物学”等。因在肝炎病毒研究上的成就，与发现库鲁病病毒的 D. C. 盖杜塞克共享 1976 年诺贝尔生理学或医学奖。还获 1974 年帕萨诺奖，1975 年现代医学卓越成就奖，1975 年盖尔德纳基金国际奖，1975 年兰兹坦纳纪念奖，1990 年加拿大肝脏基金会金质奖章等。 (叶蒙福)

李载平(Li Zaiping) 中国福建省人，1925 年 8 月 17 日生于福建福州。*病毒学、基因工程、分子生物学。*

1947 年毕业于北京大学化学系。留校医学院生物化学科工作。1960 年中国科学院上海生物化学研究所(今生物化学细胞研究所)研究生毕业。一直留该所工作，后为研究员。兼任中国遗传学会副理事长等职。1996 年当选为中国工程院院士。

20 世纪 50 年代末，开始研究 DNA(脱氧核糖核酸)大分子的结构与功能，发现了 DNA 分子受 X-射线隐藏破坏的现象，提出了 DNA 的辐射损伤修复概念；发现了蓖麻蚕染色质 rRNA(核糖体核糖核酸)基因转录起始区的核骨架结合顺序和其中的拓扑变异结构顺序；在国际上率先克隆了乙肝病毒(HBV)中国流行株 adr 亚型全基因组 DNA，报导了全顺序分析，阐明了 adr 亚型内还有基因组的多态性，提出了可能有致病性不同的乙肝病毒存在；首次发现了乙肝病毒的免疫逃避型变异株，并检定出其中重要的基因组表达调控的元件增强子 ENⅡ；主持研制成功并投入生产的基因工程乙肝疫苗，设计独特，效果优异，获两项中国专利和一项美国专利；发展了家蚕核多角体病毒的表达系统；主持研制和投入生产的表皮生长因子、粒细胞巨噬细胞集落刺激因子等基因工程药物，为烧伤、溃疡、角膜保健和提高白细胞增强免疫，提供了新的基因工程药物。

发表论文近 200 余篇。获国家和省部级奖励 10 余项，其中有国家科学技术进步奖一等奖、国家自然科学奖二等奖各 1 项。此外获 1990 年国际国泰奖。获 1994 年上海市科技功臣称号。 (朱家安)

吴咸中(Wu Xianzhong) 中国辽宁省人，1925 年 8 月 28 日(农历)生于辽宁新民县城。*腹部外科学、普通外科学、中西医结合。*

兄姐和子侄中有多人从医且具声望。他自 1948 年沈阳医学院毕业后，历任天津市立总医院(原天津中央医院)外科住院医师，天津医学院附属医院外科主治医师、外科学副教授，天津市南开医院院长兼外科主任，天津医学院副院长、院长、名誉院长，天津市中西医结合急腹症研究所所长，天津医科大学外科学教授、名誉校长。兼任中国中西医结合学会会长、名誉会长，中华医学会副会长及天津分会会长，天津市科学技术协会名誉主席，美国克里夫兰医学中心客座教授等职。1996 年当选为中国工程院院士。

1959 年开创了中西医结合治疗急腹症的先例；创造性地总结出中西医结合治疗急腹症的核心思想、辨证论治原则和基本方法，确立了它的临床地位；提出“以法为突破口，抓法求理”的研究思路，运用现代医学理论和手段不断深入研究通里攻下、清热解毒、活血化瘀、理气开郁等中医传统治疗原则，促进了中西医结合临床研究与基础研究；进行了中药的一系列剂型改革；运用中西医结合治疗危重急腹症如急性肠梗阻、急性阑尾炎、重症胆管炎、重症胰腺炎、溃疡病急性穿孔等获重大进展，在疗效上有明显提高；首倡在高层次上发展中西医结合，组织各学科协作攻关，取得大批科研成果；倡导并建立了全国性中西医结合急腹症研究的协作网络。

发表论文100余篇；主编和参编出版《新急腹症学》(1975年)、《中西医结合治疗急腹症》等专著20余部。获国家和省部级奖励近20项。（朱家安）

钟世镇(Zhong Shizhen) 中国广东省人，1925年9月24日生于广东五华。临床解剖学、创伤外科学、生物力学。

1952年中山大学医学院毕业。历任第一军医大学临床解剖学研究室副主任、主任，该校临床解剖学研究所所长，全军和广东省医学生物力学重点实验室主任，广东省创伤救治科学研究中心主任。兼任中国解剖学会名誉理事长，中国神经伤残研究会副理事长，解放军总后勤部卫生部医学科技委员会副主任委员、《中国临床解剖学》杂志主编，美国《临床解剖学》期刊助理主编等。1997年当选为中国工程院院士。

长期从事人体解剖学研究，在解剖学领域中开拓医工结合的生物力学研究方向，形成面向临床外科发展需要的解剖学研究体系，为中国现代临床解剖学这一新兴分支学科奠定了基础。建立当时有国际先进水平的人体标本陈列馆；创办《中国临床解剖学》杂志；创建全军医学生物力学重点实验室，取得有关战创伤、撞击性损伤和脊柱稳定性等机理研究的系列成果；在国外出版两部英文版著作《显微外科解剖学》和《临床显微外科解剖学》，为中国显微外科跻身国际先进行列作出贡献；提出“皮瓣共区血管类型”、“组织瓣设计解剖学基础”和“神经干结构特点与术式关系”等理论，已成为中外显微外科界的经典指导原则；他有许多构思新颖的应用解剖学设计，为临床术式创新提供了形态学依据；建立有效的“人体解剖学跨学科培养外科学博士新模式”，取得显著成绩。

发表论文140余篇；担任总主编出版《临床解剖学》丛书，主编和参编出版专著16部。曾获国家科学技术进步奖二等奖5项，国家教委科学技术进步奖一等奖1项，军队科学技术进步奖二等奖13项，国家优秀图书奖二等奖1项，全军优秀教材一等奖1项。获1996年何梁何利科学与技术进步奖。（江冬妮）

爱德华兹，R. G. (Edwards, Robert Geoffrey) 英国人，1925年9月27日生于英国英格兰曼彻斯特附近一位工人的家庭中，2013年4月10日在家中去世。生理学、生殖医学。

中学毕业后参军，为第二次世界大战中打败德国法西斯作出了贡献。战后就读于北威尔士大学，1948年毕业于该校农业和动物学专业。1955年在爱丁堡大学因完成小鼠胚胎发育的研究课题而获动物学博士学位。毕业后从事生殖生理学的研究，1958年成为英国国立医学研究所的研究人员，1963年起相继在英国剑桥大学和伯恩-霍尔诊所(该所拥有世界上首个试管授精中心)工作。1967年，他得悉英国奥海姆一家医院的妇产科医生P. 斯特普托(Patrick Steptoe)发明了腹腔镜技术，可以在不损伤妇女身体的情况下观察女性生殖道。他意识到这种技术在从女性体内获取卵子方面具有巨大的潜力。于是他和斯特普托在翌年开始合作研究。1969年，两人成功地从不育妇女卵巢内获得有活体的卵子，并首先实现了体外授精。1970年，又获得了有活性的人类胚胎。但关键的是，如何将有活性的人类胚胎植入母体并最终产下健康的婴儿，这才是体外授精技术(俗称试管婴儿技术)的核心。在这一点上，两人整整花了7年时间，遭受了102次失败。直到1977年11月，因输卵管异常不能自然受孕的莱斯莉·布朗(Lesley Brown)接受体外授精试验。受精卵在试管内发育成8个细胞的胚胎，他们在将此胚胎植入布朗太太时作了某些手术上的改变。于是，到了1978年7月25日23时47分，布朗太太生下了世界上第一个试管婴儿技术的女婴。这是第一个降生的试管婴儿。他们两人后来也被称为“试管婴儿之父”。1980年，两人在剑桥大学率先成立了世界上首个试管婴儿中心——伯恩霍尔生殖医学中心。爱德华兹还担任了该中心主任多年。1983～1984年，爱德华兹创立了欧洲人类生殖技术胚胎学研究会，并创办《人类生殖》杂志。他不仅努力地继续开展试管婴儿的实际工作，还努力对试管婴儿技术进行推广。2001年，由于在不育症治疗领域的突出成就获美国拉斯克临床医学奖。2010年，他还因创立体外受精技术而独享2010年诺贝尔生理学或医学奖。

到本世纪10年代，全世界使用“试管婴儿”技术降生的人已有400多万，他们完全正常，有些人现已当上父亲或母亲。“试管婴儿”技术开辟了人类生殖方式的新篇章，为约占10%或15%的无法自然生育的女性带来了福音。但此项诺贝尔生理学或医学奖也许太迟了一点，因为爱德华兹的合作者P. 斯特普托早在1988年去世，因而与获奖无缘。就是爱德华兹本人，他也因患老年痴呆症而卧病在床，连颁奖者打来的长途电话都无法接听，甚至连获此奖项的意义也已搞不清楚了。（宣焕灿）

石坂公成(Ishizaka Kimishige) 美国人，1925年12月3日生于日本东京。生理学、免疫学、病理学。

1948年毕业于东京大学医学院，1954年获博士学位。1950～1962年工作于东京国家预防卫生研究院，1953年任该院血清系免疫血清部主任。1962年定居美国，任科罗拉多大学医学院助理教授，1965年任副教授，兼任丹佛儿童医院哮喘研究所免疫室主任。1970年任约翰斯·霍普金斯大学医学院医学与微生物学教授，兼任该校文理学院生物学教授。1989年任加利福尼亚州拉荷亚过敏症免疫学研究所业务所长，1990年任董事长。1996年退休后回日本。1983年入选美国国家科学院院士。

早年研究可溶性抗原抗体复合物的生物活性。根据复合物的组成，推测由抗原桥连两个抗体分子可能导致过敏反应。后用3年时间来确定与抗体有关的免疫蛋白，1966年从枯草热病人血清中分离出一种特异免疫球蛋白，即免疫球蛋白E(IgE)。它对肥大细胞和嗜碱颗粒细胞有高度亲和性。当过敏原和细胞结合的免疫球蛋白E起反应时，触发这些细胞释放组织胺和慢反应物质，产生过敏或变态反应。免疫球蛋白E的发现，对变态反应性疾病的研究有很大推动作用，据认为是过敏症病理学上的一次重大突破，其放射免疫测定已被常规地用于变态反应病的诊断和治疗。获 1972 年帕萨诺基金奖，1973 年加拿大的盖尔德纳基金国际奖，1973 年国际过敏学联合会首届科学成就奖，1974 年日本学士院天皇奖，2000 年日本免疫学奖等。（叶蒙福）

格林加德，P.（Greengard, Paul） 美国人，1925 年 12 月 11 日生于纽约。神经科学、细胞生物学、药理学。

1953 年获美国约翰斯·霍普金斯大学医学院医学博士学位。同年开始在英国伦敦大学、剑桥大学、英国国家医学研究院，以及美国国家卫生研究院做生物化学方面的博士后研究。1959～1967 年任纽约州阿兹利的嘉基研究实验室生物化学部主任。1968 年任耶鲁大学医学院药理学和精神病学教授。1983 年任洛克菲勒大学教授、兼分子与细胞神经科学实验室主任。

他首次发现，所有慢速突触传递过程，最终必须经过蛋白质磷酸化或去磷酸化才能实现：细胞膜上的蛋白激酶将磷酸基加到许多不同的靶蛋白分子上，使靶蛋白分子的结构和功能发生改变，从而引发生理效应，实现跨膜信号传导。神经元细胞膜上的离子通道和胞浆内突触小泡上的调控蛋白，就是这类靶蛋白。磷酸化可以改变离子通道开闭的程度和时间，从而控制突触前膜释放递质的多寡和速度。此外，细胞核内调节蛋白的磷酸化可导致 RNA（核糖核酸）合成的变化，产生新的蛋白质分子。因此，蛋白质磷酸化是脑内慢速突触传递过程中普遍存在的生物化学机制，对该机制的阐明具有重大理论意义和广阔应用前景。目前临床上治疗帕金森氏症、忧郁症等神经疾患的药物开发和使用，均得益于科学家对慢速突触传递过程原理的阐明。

由于他发现了慢速突触传递过程中的蛋白质磷酸化机制，揭示了神经细胞间特殊的信号传递形式，因此与 A. 卡尔森、E. R. 坎德尔分享 2000 年诺贝尔生理学或医学奖。此前 1977～1999 年间，已获得 17 项奖励。

（寿天德　张慰丰）

吴旻（Wu Min） 原名铭祖。中国江苏省人，1925 年 12 月 16 日生于江苏常州。分子肿瘤学、细胞遗传学、基因治疗工程。

祖籍江苏武进。1950 年同济大学医学院毕业。留校任教。1957 年赴苏联留学，1961 年获莫斯科医学科学院实验和临床肿瘤研究所医学博士学位。同年回国，历任中央流行病研究所助理研究员，中国医学科学院实验医学研究所助理研究员，青海夏日哈卫生所医生，中国医学科学院肿瘤研究所细胞生物学室主任、副研究员、研究员，分子肿瘤学国家重点实验室主任。兼任国家自然科学基金委员会生命科学部主任、中国遗传学会副理事长、国家人类基因组北方研究中心学术委员会名誉主任等职。1980 年当选为中国科学院学部委员（院士），后又兼任生物学部副主任。1991 年入选美国纽约科学院外籍院士。

20 世纪 50 年代在苏联留学期间，开始了中国人首次应用现代技术进行动物和人体肿瘤细胞克隆和染色体研究。1961 年创建中国第一个医学细胞遗传学研究组，形成一套中国特色的淋巴细胞培养方法和染色体技术；提供了中国正常人染色体的数据，并应用于产前诊断、临床诊断和生物医学研究。70 年代，深入食管癌高发现场进行大量的系统调查，首次提出中国食管癌高发区遗传病因和规模预防策略。80 年代后，开始进行人体恶性肿瘤分子生物学研究，主持建立各种检出易感个体的细胞遗传学和分子遗传学方法；在中国首倡和开展对人类疾病进行基因治疗，在食管癌研究中取得首创性进展；1961～1985 年主持“人类和哺乳动物细胞遗传学在我国的创建、发展和主要成就”课题，获 1985 年国家科学技术进步奖二等奖；主持建立人体成纤维细胞、上皮细胞体外恶性转化系统，并应用于病因和癌变研究，获 1986 年国家卫生部科学技术进步奖二等奖；倡导、推进和组织落实中国人类基因组研究重大项目；率先打开中国优生优育研究的禁区。发表学术论文 300 余篇。1990 年、1994 年两次获国家重点实验室金牛奖。

（陈　磊）

王忠诚（Wang Zhongcheng） 中国山东省人，1925 年 12 月 20 日生于山东烟台，2012 年 9 月 30 日卒于北京。临床外科学、肿瘤学、脑与神经科学。

1950 年北京大学医学院（今北京大学医学部）医疗系毕业。赴东北参加抗美援朝医疗队。1953 年起历任天津总医院脑系科住院医师，北京同仁医院主治医师，北京宣武医院副主任医师、院长，北京天坛医院院长、名誉院长，北京市神经外科研究所所长、教授，中国医学科学院神经科学研究所所长。兼任世界卫生组织神经学专家咨询团委员、欧亚神经外科学会名誉主席、中华医学会神经外科学会主任等职。1994 年选聘为中国工程院院士。

对神经外科的诊断、治疗和预防进行了系统研究和实践，尤其在中枢神经系统肿瘤、脑血管疾病等颅脑外科方面有重要贡献。1954 年率先在中国成功开展脑血管造影，填补了国内空白；撰写出版中国第一部神经外科专著《脑血管造影术》（1965 年）；1976 年在中国首次成功应用显微外科技术施行枕动脉、小脑下动脉吻合术；70 年代末起，在中国先后运用显微神经外科技术治疗颅内肿瘤万余例，个人手术量创下“世界之最”；1981 年起在中国率先开展对脑干肿瘤的临床与基础研究，打破传统手术禁区，在国际上首次提出脑干血管网状细胞瘤术后“正常灌注压突综合症”防治理论，手术例数和存活率均居世界之首；施行颅内动脉瘤和脑血管畸形等各类相关手术 3 000 余例，同时开创了 10 余个“神经外科第一”，手术难度和成功率均达国际领先水平。

发表论文 300 余篇；主编和参编《神经外科学·颅脑损伤》（1978 年）、《神经外科学·颅内肿瘤》（1979 年）、《神经外科学·脊髓疾病》（1983 年）、《神经外科手术图谱》(1997年)等专著20余部。获国家和省部级奖励20余项。此外获1997年何梁何利科学与技术成就奖、全国优秀科学技术工作者称号;获2001年第12届世界神经外科最高奖,2008年中国国家最高科学技术奖。 (李孙演)

胡贝尔,D. H.(Hubel, David Hunter) 一译休伯尔。美国人,1926年2月27日生于加拿大安大略省温索尔,2013年9月22日卒于美国马萨诸塞州。视觉生理学、细胞生物学、脑与神经科学。

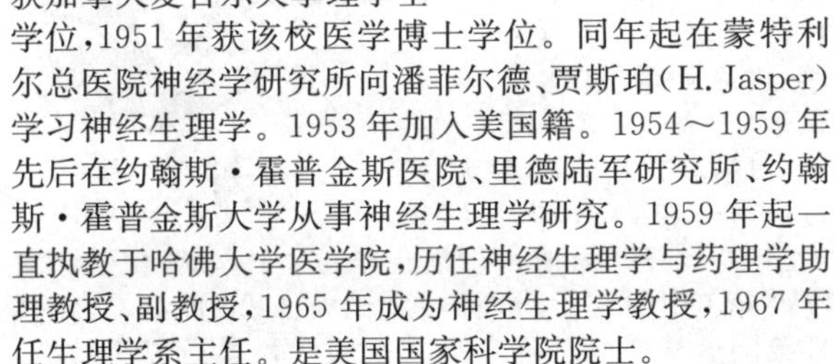

化学家之子。1947年获加拿大麦吉尔大学理学士学位,1951年获该校医学博士学位。同年起在蒙特利尔总医院神经学研究所向潘菲尔德、贾斯珀(H. Jasper)学习神经生理学。1953年加入美国籍。1954～1959年先后在约翰斯·霍普金斯医院、里德陆军研究所、约翰斯·霍普金斯大学从事神经生理学研究。1959年起一直执教于哈佛大学医学院,历任神经生理学与药理学助理教授、副教授,1965年成为神经生理学教授,1967年任生理学系主任。是美国国家科学院院士。

20世纪50年代,应库费尔(S. W. Kuffer)之邀到约翰斯·霍普金斯医院眼科研究所与T. N. 威塞尔合作研究大脑视皮层,以后两人又在哈佛大学医学院继续共事,致力于视觉神经生理学研究。50年代末,在对蛙、猫视觉外周感受野研究的基础上,将视觉研究从外周扩大到大脑视觉皮层(纹状皮层)。将微电极插进猫外膝体核内(外膝体是视网膜到大脑皮层通路上的中间站),记录单个细胞的电活动。后来用猫与猴作实验,用微电极记录从视网膜到视皮层的各级神经细胞的电活动,观察其在各种严格控制的特定视觉刺激下的放电效应,确定其感受野特征,发现大脑视觉皮层神经细胞的感受野与视网膜神经节细胞和外侧膝状体细胞的同心圆式的感受野完全不同,呈现极端复杂的型式。提出皮层结构的分级或串联学说,认为皮层细胞的输入是通过逐级连接得到的,视觉通道由低级到高级,各水平上的细胞感受野及反应性质越来越复杂。他们关于3种皮层细胞的报道及分级结构学说,引起了科学界极大兴趣。他们进一步用生理学方法揭示大脑皮层处理视觉信息的功能结构——功能柱单位,研究表明皮层神经细胞呈高度有序的组织结构,其功能单位是由一些相互重叠而又各自独立的、垂直于皮层表面的柱状体所组成。后又进行视觉系统的发育及其可塑性方向的研究,提出在视觉系统内,几乎所有的联系在出生时就已形成,大脑视觉皮层的有序结构与神经连结绝大部分是在出生前由遗传机制控制完成的,但不很精确和牢固,而出生后数月内的视觉经验对视觉功能正常形成是十分重要的。

主要著作有《脑的视觉皮层》、《脑》、《视觉的脑机制》等。因揭示大脑处理视觉信息的复杂方式作出了重要贡献,与威塞尔以及揭示大脑两半球功能专门化的R. W. 斯佩里分享1981年诺贝尔生理学或医学奖。1972年与T. N. 威塞尔同获美国防盲协会朱尔斯·斯坦奖、布拉特斯大学罗森斯塔尔奖;此外获1977年美国哲学学会拉什利奖,1979年匹兹堡大学迪克森医学奖,1990年美国国家生物医学研究院杰出科学领导才能奖等。 (张慰丰)

殷震(Yin Zhen) 原名殷之士。中国江苏省人,1926年6月28日生于江苏吴县,2000年7月18日卒。预防兽医学、动物病毒学、基因工程、农学。

出生书香门第。1949年江苏南通医学院畜牧兽医系毕业。1956年入伍,曾任华东军区兽医学校教员,全军军需大学(原兽医大学、农牧大学)副教授、教授、校专家组组长、基因工程实验室主任。曾兼任国家攀登计划项目专家委员会顾问、全军医学科学技术委员会常委等职。1995年当选为中国工程院院士。在赴外地开会途中,因车祸不幸以身殉职。

率先在中国同类院校中开展基因工程、细胞工程、动物病毒分子生物学等前沿研究;主编中国第一部《动物病毒学》专著,计130多万字,获得中外学术界好评;建立和主持了中国农业院校中第一个具有领先水平的分子病毒学实验室,开展了多种外源基因在原核细胞、真核细胞和动物体内转移及表达的研究,并首次在实验室内实现了不同属病毒基因的细胞内重组;在国际上首创转基因家兔的自体植入技术,在转基因动物研究领域形成了自己的特色;进行家禽家畜的病原、流行病学、诊断与防治研究,开发出鸡新城疫病毒CHR株等多种显效疫苗;在动物病毒的分离与鉴定研究中取得显著成果,其中"13种动物病毒的分离与鉴定"项目获国家科学技术进步奖二等奖;创立"培养高水平人才群体立体式教学法",为培养高水平的梯队和合理结构的跨世纪人才群体作出了贡献。

发表论文100余篇;编著、译著20余部。曾先后取得科研成果20多项,承担国家863计划、国家攀登计划项目等重大课题10余项,其中获国家和省部级科学技术进步奖一、二等奖6项,军队科学技术进步奖一、二等奖7项;获"全国优秀科技工作者"称号,并获1999年军队专业技术重大贡献奖。 (武光明)

黎磊石(Li Leishi) 中国湖南省人,1926年10月26日生于湖南浏阳,2010年3月16日卒于南京。肾脏病学、普通内科学、药理学、中西医结合。

1948年国立中正医学院医疗系毕业。留校任教。历任南京中央医院内科住院医师,华东军区医院内科、热带病科住院医师,南京军区南京总医院主治医师、主任医师、副院长,全军肾脏病研究所所长,南京大学医学院临床学院副院长,教授。1986年任澳大利亚墨尔本大学皇家医院客座教授。兼任国际肾脏病学会理事、亚洲太平洋地区肾脏病学会理事、中华内科学会副主任、中华肾脏病学会第一副主任、《肾脏病与透析肾移植》杂志主编等职。1994年选聘为中国工程院院士。2000年任香港内科医学院荣誉院士。其兄黎鳌和黎介寿都是著名医学专家、中国工程院院士。

早年致力于中草药防治疟疾、丝虫病、肺吸虫病、血吸虫病等寄生虫病，发现藜芦可有效破坏雌血吸虫生殖系统，引起医学界的强烈反响。20世纪70年代起从事肾脏病研究，80年代先后发现草药雷公藤有治疗免疫性肾炎、狼疮性肾炎作用，被国家列入治疗肾炎的重点药物；进而系统研究雷公藤甲素作用机理，并在动物器官移植实验中证明有良好预防急性排异作用；应用现代实验诊断方法探索中国A型免疫球蛋白(IgA)肾病发病机理，首创分型诊断治疗，大幅提高了疗效；发现中药大黄有调节细胞代谢作用，成功应用于治疗尿毒症、早期糖尿病肾病、慢性肾功能衰竭等症，受到国际上高度重视；根据基因多态性分析，论证了IgA肾病与紫癜性肾炎在发病机理上的联系；首先将霉酚酸酯用于重症狼疮性肾炎治疗，提高了救治水平。

发表论文400余篇；主编专著12部。获国家和省部级奖励10余项，其中国家科学技术进步奖二等奖5次，军队科学技术进步奖一等奖3次；先后立二等功5次、三等功8次。获1996年军队专业技术重大贡献奖，1999年"全国百佳医生"称号，2000年何梁何利科学与技术进步奖。

（朱家安）

沙利，A. V.（Schally，Andrew Victor） 美国人，1926年11月30日生于波兰威尔诺（今属立陶宛维尔纽斯）。内分泌学、脑与神经科学、生物化学。

1949年毕业于伦敦大学，获学士学位。1949年在伦敦国家医学研究院工作。1952年去加拿大麦吉尔大学学习，1955年毕业，1957年获该校生理学博士学位。后在美国休斯敦贝勒大学医学院任助理教授。1962年转至美国路易斯安那州新奥尔良退伍军人管理局医院任高级医学研究员，后为该院内分泌与肽类研究所所长。1966年任杜兰大学医学院内科学教授。

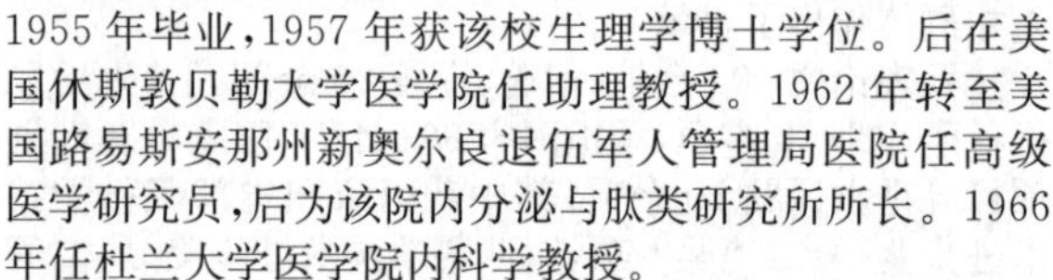

1952年去麦吉尔大学从事下丘脑调节腺垂体激素的研究，首先从下丘脑提取出促肾上腺皮质素释放因子(CRF)。1957年去休斯敦贝勒大学医学院，与R.吉尔曼合作鉴定CRF的化学结构，未获成功。1962年去新奥尔良退伍军人医院工作后，继续从事这方面的研究，并与吉尔曼展开了竞赛。1962年以后，与吉尔曼各自用猪和羊的下丘脑提取调节腺垂体功能的激素，沙利再次提取出促肾上腺皮质释放因子，随后又发现了许多其他释放因子。1966年和同事成功地分离出促甲状腺素释放因子(TRH)，并分析出它是由3个氨基酸组成。与吉尔曼同时报道了TRH的结构与功能。1971年他从猪下丘脑提取出促性腺素释放激素(Gn-RH)，分析其结构与功能，并将它用于临床治疗。在英国化学家科伊(D. H. Coy)的帮助下，合成了促黄体素释放激素。他发现这一激素可以抑制黄体生成素和卵泡刺激素的分泌，从而可能提供一种新的控制生育的方法。1973年又报道从下丘脑提取出生长释放抑制激素(GIH)的结构和功能，发现GIH对生长激素、甲状腺刺激素、胃泌素、胰岛素等皆有抑制效应，不久把这一激素加以人工合成，用于临床内分泌疾病的治疗。

合作或单独发表1 000多篇论文；主要著作有《从猪下丘脑分离甲状腺素释放因子》(1966年)和《下丘脑调控的激素》(1973年)等。因从下丘脑提取出一系列激素并揭示这些激素的结构与功能，与吉尔曼以及在放射免疫检测方面卓有贡献的R. S.耶洛分享1977年诺贝尔生理学或医学奖。此外获其他诸多奖项，其中包括1975年拉斯克基础医学研究奖。

（张慰丰　朱　焱）

万恩，J. R.（Vane，Sir John Robert） 一译范恩。英国人，1927年3月29日生于英国伍斯特郡塔德比格，2004年11月19日卒于肯特郡奥平顿。实验生理学、内分泌学、药理学、生物化学。

1944年入伯明翰大学攻读化学。1946年去牛津大学学习药理学，取得理学士学位。1953年获牛津大学设菲尔德研究所药理学博士学位。20世纪60年代任英国皇家外科医师学会基础医学科学研究所教授。1973年出任韦尔科姆基金会研究主任。1984年封爵。1985年起在哈维研究会圣巴塞洛缪医院医学院工作。获国内外多所大学授予的荣誉博士学位。

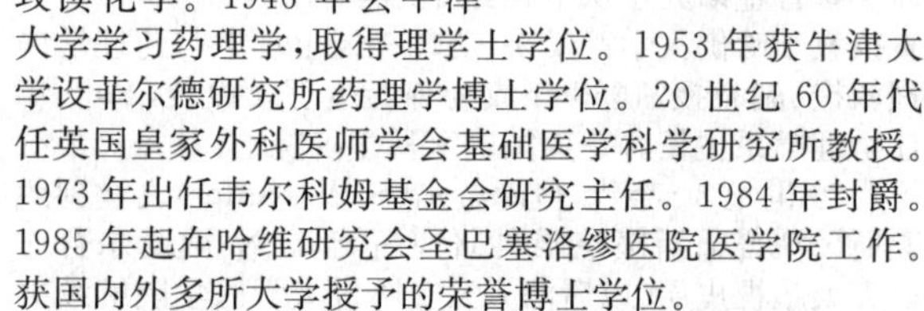

20世纪60年代，创立动态生物学测定系统——表面灌流法，可以对循环血液和器官灌流液中的若干种物质同时进行测量。表面灌流法即是把待测物质直接灌流到胃壁肌上，记录肌肉收缩情况。这一方法能测到许多极不稳定的中间产物活性，还能测定、鉴别各种前列腺素。1969年在过敏性休克症的兔子肺部分离了一种能使动脉收缩的极不稳定的物质（在几分钟内即失去活性），称之为"家兔主动脉收缩物质"。又证明阿斯匹林和某些其他消炎药能够抑制该物质的释放，又发现这类物质能引起血小板凝集。瑞典的B. I.萨米埃尔松证实，"兔子动脉收缩物质"是前列腺素H和凝血腺素的混合物。1971年万恩提出假说：因为前列腺素参与炎症过程，阿斯匹林等消炎药的药物作用在于抑制花生四烯酸向前列腺素的转化，不久得到证实。这一研究成果说明了阿斯匹林一类非甾体消炎药的消炎机制，对了解风湿性关节炎的成因有一定帮助，而且阐明了前列腺素参与了一系列的生物学活动。

1976年万恩研究小组再度获得重大突破，他们发现前列腺素H在血管壁上会被转变为另一种前列腺素，其作用与凝血腺素正好相反，不仅能放松血管，还会抑制血小板凝集，他们称之为前列腺素I2，即前列环素，也叫抗凝血腺素。这种新物质的水溶液，半衰期仅为3分钟。据此实验又提出新的论点：血管内皮细胞可产生前列环素，在血管内皮细胞表面抑制血小板的凝集。这表明，前列环素是一种比阿斯匹林作用更强的抑制血小板凝集的物质。

主要论文有"对前列腺素合成的抑制是阿斯匹林药物的作用机制"(1971 年)、"前列腺素和心血管系统"等。由于阐明了前列腺素的生物学活性,与萨米埃尔松、S. K. 贝格斯特隆分享 1982 年诺贝尔生理学或医学奖。此外获多种其他奖励,如 1977 年英国皇家内科医师学院培利奖,1977 年美国拉斯克基础医学研究奖,1979 年美国风湿病学会布尼姆奖章,1980 年荷兰马斯特里希特大学德拜奖等。(张慰丰)

尼伦伯格,M. W.(Nirenberg, Marshall Warten) 美国人,1927 年 4 月 10 日生于美国纽约,2010 年 1 月 15 日卒于同地。*生理学、生化遗传学、分子生物学。*

早年对生物学感兴趣。1948 年获佛罗里达大学理学士学位,1952 年获动物学理科硕士学位。这期间他对生物化学发生兴趣,去安阿伯的密歇根大学学习生物化学,1957 年获生物化学哲学博士学位。1957—1959 年,在美国国立卫生研究院由 D. W. 小斯蒂汀(De Witt Stetten Jr.)和雅各比(W. Jakoby)指导做博士后研究工作,并成为美国癌症学会的研究员。1962 年成为美国国立卫生研究院生化遗传部的领导人。获得众多荣誉和奖励,其中有美国国家科学院分子生物奖(1962 年)、美国化学学会路易斯酶化学奖(1964 年)、国家科学勋章(1965 年)、研究组合奖(1966 年)、希尔德布兰德奖(1966 年)、盖尔德纳基金会功绩奖(1967 年)、法国科学院麦耶奖与普里斯特利奖(1966 年)、富兰克林奖章(1968 年),并与 H. G. 霍拉纳合获哥伦比亚大学霍维茨奖和拉斯克奖(1968 年)。是美国艺术与科学学院及美国国家科学院院士。1956 年开始研究脱氧核糖核酸(DNA)、核糖核酸(RNA)和蛋白质有关的生物化学过程。1961 年在研究 DNA 三联体与氨基酸相对应的问题中取得了突破性的进展。利用 S. 奥乔亚合成的 RNA 作信使核糖核酸(mRNA),它只有一种核苷酸——尿嘧啶核苷酸,结构为……UUUUUU……。其中惟一可能的核苷酸三联体是 UUU,当它形成只含有苯丙氨酸这种氨基酸时,显然表示 UUU 三联体就与苯丙氨酸相对应。这样就破译了密码"字典"中的第一条目。这项突破促使其他生物化学家参与了这项探索,相继确定了别的三联体和各氨基酸之译,在不到 10 年的时间里,整个密码"字典"全部破译了。为此,尼伦伯格、霍拉纳和 R. W. 霍利一起分享了 1968 年的诺贝乐生理学和医学奖。

发表过许多论文。1961 年与马太(J. H. Matthaei)共同发表论文"大肠杆菌无细胞系统蛋白质合成对天然或合成多聚核糖核苷酸的依赖作用"。在诺贝尔授奖会上的演讲论文是"遗传密码"。(张慰丰)

高守一(Gao Shouyi) 中国辽宁省人,1927 年 4 月 29 日生于辽宁新民,2011 年 5 月 21 日卒于北京。*医学微生物学、分子流行病学、预防医学。*

1945 年考入满州医科大学(次年改名国立沈阳医学院),院系调整后,1950 年获中国医科大学医学学士学位。留校执教于微生物教研室。1954 年起一直在中央流行病学研究所(今中国预防医学科学院流行病学微生物学研究所)工作,1966 年任副研究员兼研究室主任,1978 年升任研究员,1979 年起历任霍乱弧菌专业实验室主任、副所长、所长。期间 1959~1960 年作为交换学者在印度卫生研究院进修。兼任世界卫生组织专家咨询团成员,国家卫生部科学技术委员会霍乱专题委员会主任、腹泻病专题委员会主任等职。1994 年选聘为中国工程院院士。

20 世纪 60 年代,他在印度发现第 IV 组霍乱噬菌体能鉴别古典型和埃尔托型霍乱弧菌,据此确诊 1961 年广东霍乱为外来的埃尔托型(副霍乱),最早证实该疾病由印度尼西亚发源而引发世界大流行。70 年代,1971 年提出和确证埃尔托型霍乱弧菌有流行株、非流行株两类,并创立检别技术,在防疫中效益显著,先后获 1978 年全国科学大会奖、1991 年国家科学技术进步奖一等奖;1973 年起主持研制庆大霉素琼脂作为霍乱弧菌选择性培养基,生长快、易识别,便于快速检菌和普及推广;1978 年将菌种区分法发展为噬菌体-生物分型,区分两类菌株更为准确,集中力量加强对流行株的监控,对非流行株则按一般腹泻病菌处理,提高了防疫效果,降低了社会成本。80 年代后,在分子生物学、分子流行病学水平上开展霍乱研究,取得中国霍乱弧菌 MEE 分型、核糖体基因分型、中国 O139 群霍乱弧菌分子特征及分子流行病学等多种成果;"霍乱弧菌两类菌株基因组差异的分子遗传学研究"作为国家重点基础研究发展规划(973)项目课题,取得阶段性成果。

发表论文百余篇;主编和参编《热带医学》(1986 年)、《医学细菌学》(1989 年)、《新发现的传染病》(1997 年)等专著 15 部。多次获奖,其中还有 1989 年国家卫生部科学技术进步奖一等奖、1997 年何梁何利科学与技术进步奖等。1993 年获全国卫生防疫防治先进个人称号。(李孙演)

陈宜张(Chen Yizhang) 中国浙江省人,1927 年 9 月 28 日生于浙江余姚(今属慈溪)。*生理学、分子生物学、脑与神经科学。*

1946 年考入浙江大学机械工程系,1947 年转读浙江大学医学院,全国院系调整后,1952 年毕业于浙江医学院。1953 年起,历任第二军医大学助教、讲师、副教授、教授,生理教研室主任、神经科学研究所所长;浙江大学医学院院长等职。兼任中国神经科学学会副理事长、中国生理学会副理事长、《中国神经科学》主编等职。1995 年当选为中国科学院院士。

长期从事下丘脑、中脑神经生理学研究,有多项重要成就。20 世纪 50~60 年代,发现单个电刺激可使幼兔大脑皮层树突电位长时间易化现象;参与烧伤后输液的实验研究,提出与当时国际通用的伊文思(Evans)公式不同的观点,对发展临床输液术有一定意义。80~90 年代及后,在实验和临床基础上提出下丘脑及边缘系统参与针刺镇痛的设想;阐明下丘脑-中脑相互连接的意义,下丘脑室旁核在损伤性应激反应中的作用,以及脑内氨基酸和下丘脑神经肽与心理应激的关系;为解释长期困扰科学界的糖皮质激素快速作用于神经元现象,1987 年率先提出非基因组机制的细胞膜受体假说,这对传统的细胞内受体学说是重要修正与挑战，为解释临床病理变化、筛选临床药物提供了新的理论基础，受到国际学术界重视；主持国家重点项目“神经元质膜上糖皮质激素受体的研究”，在电生理学，生物化学和形态学方面取得了许多证据，部分实验结果一再被国际权威论著所引用，其中通过大鼠肾上腺嗜铬细胞瘤细胞实验，更明确地提出糖皮质激素可能是通过G蛋白－蛋白激酶C这一信号转导途径，对膜受体发挥快速作用；进一步发现甾体激素对神经细胞分泌也有快速的非基因组机制作用。

主编和撰写《神经系统电生理学》(1983年)、《分子神经生物学》(1995年)、《生命科学中的单分子行为及细胞内实时检测》(2005年，与他人合著)、《神经科学的历史发展和思考》(2008年)等专著多部。获国家和军队奖励近10项。

（李孙演）

米尔斯坦，C.（Milstein，César） 阿根廷－英国双重国籍，1927年10月8日生于阿根廷布兰卡港，2002年3月24日卒于英国剑桥。*肿瘤学、免疫学、遗传学、酶学、生物化学。*

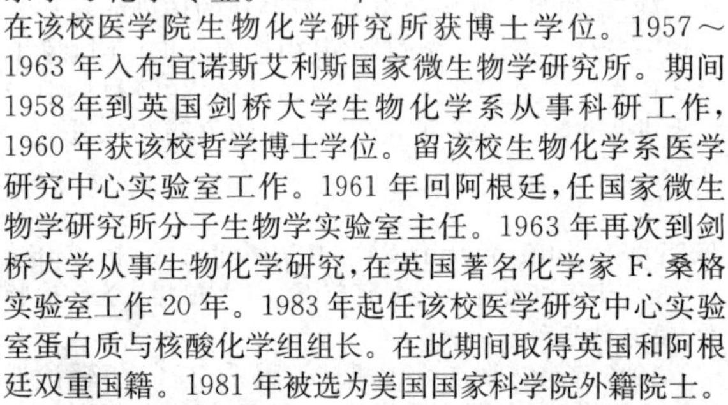

1945～1951年在阿根廷布宜诺斯艾利斯大学科学系学习化学专业。1957年在该校医学院生物化学研究所获博士学位。1957～1963年入布宜诺斯艾利斯国家微生物学研究所。期间1958年到英国剑桥大学生物化学系从事科研工作，1960年获该校哲学博士学位。留该校生物化学系医学研究中心实验室工作。1961年回阿根廷，任国家微生物学研究所分子生物学实验室主任。1963年再次到剑桥大学从事生物化学研究，在英国著名化学家F.桑格实验室工作20年。1983年起任该校医学研究中心实验室蛋白质与核酸化学组组长。在此期间取得英国和阿根廷双重国籍。1981年被选为美国国家科学院外籍院士。

早期从事酶学研究。20世纪60年代起，从事抗体分子的化学结构、合成和遗传调控问题的研究。1972年在英国《自然》杂志发表“前单克隆”的著名论文，证明小鼠骨髓瘤的轻键是以前体分子的形式合成的，其额外的结构顺序是粘附于淋巴细胞的“信号部分”。在粘附过程中，前体分子发生了裂解，分子量较小的抗体与“信号部分”相脱离。并提出设想：抽出构成一特定抗原的细胞，用人工培养生长。曾和同事通过大鼠和小鼠细胞的融合，已经证明免疫球蛋白分子不变区和可变区拼接必须通过某些防止种间杂交的机制。但大鼠－小鼠的杂交免疫球蛋白未制备成功，因当时并未想到单克隆抗体。1974年起，与来自瑞士的G.J.克勒合作，第一次制备成功的单克隆抗体，是用绵羊红细胞注射小鼠使之免疫，然后取免疫鼠的脾细胞作为融合的一方，另一方作为亲代骨髓瘤株选的是耐氮鸟嘌呤的P3株。在细胞融合后几天，就出现了杂交细胞(杂交瘤)，并检测出它们分泌的正是特异性单一的单克隆抗体。1975年发表了该项成果，引起全世界关注。70年代后期，他改进了研究方法，用化学试剂代替病毒，使制备杂交瘤的方法更简便有效，受到广泛采用。80年代初，开发出的单克隆抗体诊断盒进入临床应用，成为生物技术最早开发的项目。后期致力于研究抗体多样性的遗传学基础。

与G.J.克勒因研究并制得单克隆抗体，和在免疫学理论方面作出卓越贡献的N.K.杰尼三人分享1984年诺贝尔生理学或医学奖。还获得多种奖励，其中有1980年以色列沃尔夫医学奖，1981年盖尔德纳基金国际奖，1982年英国皇家学会皇家奖章，1984年美国拉斯克基础医学研究奖、1984年英国内分泌学会戴尔奖章等。

（傅杰青）

吴德昌（Wu Dechang） 中国江苏省人，1927年10月22日生于北京。*放射毒理学、肿瘤学、辐射防护学、环境科学。*

1949年北京大学化学系毕业。同年到北京协和医学院生物化学科从事研究与教学。1956年入苏联医学科学院进修辐射医学防护，次年回国。军事医学科学院放射医学研究所研究员，曾任该院放射毒理实验室主任、军事医学科学院院长等职。兼任国际放射防护委员会专家委员、联合国原子辐射效应科学委员会中国政府副代表、中国毒理学会理事长、中国辐射防护学会副理事长、中国放射医学与防护学会主任、全军医学科学技术委员会常委等职。1994年选聘为中国工程院院士。

1958年主持筹建中国第一个放射毒理学实验室。1964年后研究特种武器损伤的医学防护，先后9次到西北核试验场，采集核爆数小时后的生命效应物和落下灰标本。在中国首次揭示了核爆落下灰的沾染规律及其伤害特点，提出了高效消除粮食、蔬菜、水等放射尘沾染的有效方法；研制出人体阻抗吸收和加速排出的药物，课题成果具有国际水平，获国家科学技术进步奖特等奖。20世纪70年代末以来，在中国率先研究钚放射性危害及其医学防护，进行了大鼠钚气溶胶吸入模型等多种实验，提出了钚致肺癌评估危险系数及其简易防护措施，在肺微剂量学、致癌机理等方面有重要发现，成果获军队科学技术进步奖一等奖、国家科学技术进步奖二等奖；组织全国百余科技人员协同攻关，完成“核事故受照射人员的应急医学处理”和“安全法规”等国家“七五”研究项目，获国家科学技术进步奖二等奖。1999年后从事恶性肿瘤(肺癌)发生与发展的基础性研究，系国务院《中国重大研究课题计划》中15个选题之一。

发表学术论文百余篇；主编、编撰《辐射生物学》、《放射性的监测与防护》和《裂变产物放化分析手册》等专著6本；译著10余部。还获1991年“七五国家科学技术攻关有突出贡献个人”称号，1995年光华科学技术奖一等奖，2003年何梁何利科学与技术进步奖等。

（李孙演）

程天民（Cheng Tianmin） 中国江苏省人，1927年12月27日生于江苏宜兴。*核防护医学、放射病理学、军事预防医学、医学教育与管理。*

1951年第六军医大学毕业。留校任教，后任教授，历任病理学与防原医学教研室、复合伤研究室主任，卫生防疫系主任。1983～1988 年任第三军医大学副校长、校长。后任全军复合伤研究所名誉所长、第三军医大学学位委员会主任。兼任全军总后勤部科技咨询委员会副主任委员、全军医学科学技术委员会副主任委员、中华医学会创伤分会主任委员、重庆市科学技术协会副主席等职。1996 年当选为中国工程院医药卫生工程学部院士，2000 年又兼为工程院工程管理学部院士。

长期主持现代战争下的复合伤研究与教学，建立了中国当时唯一的复合创伤研究所；主动要求去核试验现场进行实地防原医学(核试验医学)研究，1965 年春以后，14 次在茫茫戈壁滩上临阵观察核试验过程与后果，开创了中国核试验动物效应研究的先河；系统研究了核武器杀伤作用、各类损伤临床病理特点、发病规律、救治措施和防护原则等，为建立中国自己的防原医学作出了杰出贡献；多次担任核爆现场医学研究技术指挥，首次在国际上总结出复合创伤的基本病变特点，发现并命名了“骨髓巨核细胞被嗟现象”，揭示了这是严重创伤、烧伤时血小板数量与质量下降的主要原因；主持复合伤研究，阐明了放烧、烧冲复合伤的发生机理，提出新的防治理论。

发表论文 250 余篇；主编中国第一部以本国实证材料为依据的专著《核武器损伤及其防护》，此外还主编、参编《防原医学》、《创伤战伤病理学》、《军事预防医学》等专著 10 余部。多次获奖，其中有国家科学技术进步奖一等奖 1 项，军队科学技术进步奖一等奖 2 项、二等奖 5 项等。2000 年获何梁何利科学与技术进步奖。2001 年中央军委授予一等功。(李孙演)

沈自尹(Shen Ziyin) 中国浙江省人，1928 年 3 月 22 日生于浙江镇海。中医学、中西医结合。

1952 年上海医学院医疗系毕业。一直留校工作。上海医科大学(今复旦大学上海医学院)附属华山医院教授，1985 年起历任中医教研室主任、华山医院中医科主任，中西医结合研究所所长、名誉所长，中西医结合博士后流动站站长等职。1990 年聘为日本国立富山医科药科大学客座教授。兼任国家卫生部中药审评委员会主任、中国中西医结合学会副理事长及虚证与老年病专业委员会主任、上海市中西医结合学会理事长等职。1997 年当选为中国科学院院士。

长期致力于运用现代科学方法整理、研究、发展传统中医药学尤其是肾本质理论和老年医学，擅长治疗顽固性哮喘、肾病综合症、肝硬化腹水等疑难病症。20 世纪 50～60 年代，根据“异病同治”原理，率先研究中医谓之“命门之火”的肾阳，发现在西医看来全然不同的病种只要符合中医“肾阳虚症”，经补肾中药治疗可恢复正常，获 1959 年国家卫生部金质奖章；率先对中医“肾”本质作了长期、大量临床和实验研究。70 年代，采用同病异证组进行下丘脑－垂体－靶腺轴功能对比观察，推断肾阳虚症是下丘脑功能紊乱某种表现，在国际上首次证实肾阳虚证的特定物质基础，获 1979 年全国医学卫生科学大会重大科学技术成果奖。80～90 年代，进一步采用分子水平的检测方法，证明唯有补肾药才能提高下丘脑双氢睾酮受体亲和力，以及慢性肾功能衰竭的信使核糖核酸(mRNA)的基因表达，首次实现肾阳虚证诊断的定性、定量化。

发表论文百余篇；主编《肾的研究》、《肾的研究续集》、《中医治疗法则概论》、《中医治则研究》、《中医理论现代研究》、《虚证研究》等专著多部。获国家和省部级奖励 20 余项。(朱素珍)

韩济生(Han Jisheng) 中国浙江省人，1928 年 7 月 12 日生于浙江萧山。针灸学、脑与神经科学。

1953 年上海医学院(后易名上海医科大学，今复旦大学上海医学院)医疗系毕业。先后在哈尔滨医科大学、北京卫生干部进修学院、北京中医学院等校任教；后历任北京医学院(今北京医科大学)讲师、教授，神经科学研究所所长，国家卫生部神经科学研究重点实验室主任。兼任国际疼痛学会中国分会主席、中华医学会疼痛学会主任、《生理科学进展》和《中国疼痛医学》杂志主编。是瑞典皇家科学院外籍院士。1993 年当选为中国科学院学部委员(院士)。

主要学术贡献在于不断探索和基本阐明中国传统针灸镇痛的神经化学原理。20 世纪 60 年代中期始，首创中枢微量注射抗体法等多种方法，并有一系列重要发现，其中有：利用针刺可动员人体内的镇痛系统，释放出阿片肽、单胺类神经递质等镇痛物质；不同频率的电针可释放出不同种类阿片肽，且有不同的中枢神经通路；发现脊髓是强啡肽的中枢镇痛部位；存在于脑内的“中脑－边缘环形镇痛回路”有助于长时程镇痛；脑内不仅有类似鸦片的物质(内啡肽、脑啡肽、强啡肽等)，还有抗阿片物质，而胆囊收缩素是作用最强的抗阿片物质，两者消长决定了针刺镇痛作用的有效性。此外，研制成功韩氏穴位神经刺激仪，用于镇痛和治疗海洛因等药物成瘾有良效。

发表论文 400 余篇；主编《针刺镇痛神经化学原理》(2 卷，1987～1998 年)、《人类生理学》(1989 年，英文)、《针刺镇痛原理》(1999 年)等多部，其中《神经科学纲要》获国家教委科学技术图书特等奖、1999 年国家科学技术进步奖三等奖。多次获奖，其中有国家自然科学奖二、三等奖各 1 项，部委级科学技术进步奖一等奖 4 项等；此外获 1994 年光华科学技术进步奖一等奖，1995 年何梁何利科学与技术进步奖等。(陈 磊)

李瑞麟(Li Ruilin) 中国上海市人，1928 年 9 月 4 日生于上海，2012 年 4 月 12 日卒于同于。生育学、肿瘤学、药理学、药物合成工程。

1950 年上海大夏大学(今华东师范大学)化学系毕业。上海市计划生育科学研究所研究员，曾任发展研究室主任等职。1996 年当选为中国工程院院士。

他研究开发的药物安全、有效、简便、经济、具有中国特色，已成为中国避孕药系列的主要品种。20 世纪 50 年代，开始从事血吸虫病药、抗癌药、抗疟疾药以及避孕药的化学合成与筛选研究。60 年代，1964 年研制成功 1 号避孕药(炔诺酮)、2 号避孕药(甲地孕酮)，填补了中国国内空白；1969 年研制成功国际首创的 53 号探亲避孕药(双炔失碳酯)，以上 3 项避孕药开发成果获

1978 年全国科学大会奖等。80 年代，大胆改进当时国际最新抗早孕药物米非司酮（RU486）合成的国外设计思路，形成的新工艺具有专一性强、工艺简化、收率高、试剂国产化等优势，于 1988 年自主研制成功 RU486，使中国成为世界上第二个生产国，获中国发明专利和 1993 年国家科学技术进步奖二等奖；首次研制出 AC-7619 抗癌新药，临床试用数千例，疗效明显，1991 年获得美国发明专利。90 年代，研制成功复方抗早孕药，副作用明显减少，用药量可大幅下降，已逐步替代人工流产手术给妊娠妇女带来的痛苦和后遗症，1996 年获得中国发明专利；1998 年开发有治疗前列腺增生药效的化合物及制备方法，2002 年获中国发明专利。2001 年研究开发出一种简便的复方口服避孕药，每月仅需服药一次，进而确立制备方法，2003 年获中国发明专利。

1996 年被评为国家计划生育委员会以及上海市科技功臣。2001 年获第四届中华人口奖。 （朱家安）

内森斯，D.（Nathans，Daniel） 美国人，1928 年 10 月 30 日生于美国特拉华州威尔明顿，1999 年 11 月 16 日卒于马里兰州巴尔的摩。肿瘤学、细胞遗传学、基因工程、分子生物学。

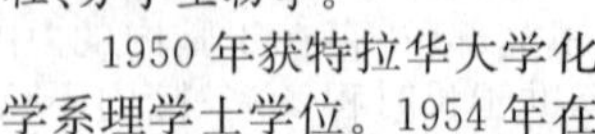

1950 年获特拉华大学化学系理学士学位。1954 年在圣路易斯的华盛顿大学获医学博士学位。1955 年在纽约市哥伦比亚长老会医疗中心任实习医生，1958 年任住院医生。期间 1956 年任国家卫生研究院临床助理。1959 年到洛克菲勒医学研究院（今洛克菲勒大学）研究生物化学。1962 年到约翰斯·霍普金斯大学医学院遗传学部工作，1965 年任副教授，1967 年任教授，1972 年任微生物系主任，1995～1996 年任该校校长。1977 年当选为美国文理科学院院士。

1969 年研究猿猴肿瘤病毒（SV40）的 DNA（脱氧核糖核酸）结构，为了得到 DNA 分子片段而钻研新技术。1970 年证明史密斯发现的限制性内切酶能够切割 SV40 的 DNA 分子。这一成就为广泛研究 DNA 的结构与功能开辟了新途径，从而得到 DNA 的限制图、转录图和单个限制片段的核苷酸序列。和他人利用限制性酶技术不仅得到肿瘤病毒的基因图，而且还阐明这些基因与蛋白质如何编码而将正常细胞转变为肿瘤细胞。1974 年又联合其他生物学家一同呼吁推迟某些类型的 DNA 重组试验，因这类试验蕴藏着预测到的产生新病原体的危险。

由于他利用限制内切酶研究 DNA 结构与功能取得的成就，与 W. 阿尔伯和 H. O. 史密斯共同获 1978 年诺贝尔生理学或医学奖。此外还获 1976 年美国国家科学院斯蒂尔基金会分子生物学奖，1993 年美国国家科学奖章。 （王祥麟）

史轶蘩（Shi Yifan） 中国江苏省人，1928 年 11 月 1 日生于江苏溧阳，2013 年 2 月 13 日卒于北京。内分泌学、肿瘤学、普通内科学。

1954 年北京协和医学院医疗系毕业。一直在北京协和医院工作，主任医师、教授，历任内科住院医师，内分泌科总住院医师、科主任，中国医学科学院内分泌研究中心主任，北京协和医院国家新药临床实验研究中心主任，国家卫生部内分泌重点实验室主任等职。兼任中华医学会内分泌学会主任、《中华内分泌代谢》杂志主编等职。1996 年当选为中国工程院院士。

中国当代著名女专家。20 世纪 50～60 年代，在中国率先总结和报道了多种内分泌疑难杂症，如甲状腺功能亢进、特发性甲状旁腺功能亢进、原发性甲状旁腺功能低减、库欣综合症、糖尿病酮症酸中毒、嗜铬细胞瘤等，其诊断和治疗方法至今仍被医学界所采用。80 年代后，主持男性内分泌性性腺功能减退症的临床研究，建立 3 项男性性功能试验，提出临床和实验鉴别诊断指标，进行血清性激素结合蛋白容量测定，建立血睾酮、双氧睾酮、卵泡刺激素、黄体生成素的放免法；主持普查了北京地区 10 万余中小学生中的特发性生长激素缺乏症患病率，并建立一系列筛选和确认试验；主持激素分泌性垂体瘤的临床及基础研究，分析总结了国际最大系列 1 041 例垂体瘤的临床表现，在中国率先建立 7 种垂体激素检测方法、11 种下丘脑一垂体一靶腺功能试验，其中垂体瘤分类、发病机制、治疗原则和预后等研究居国际先进水平，获 1992 年国家科学技术进步奖一等奖。发表论文 200 余篇；参与主编《现代内科学》（1995 年）、《协和内分泌学》（1999 年）等专著。 （李孙演）

艾姆斯，B. N.（Ames，Bruce Nathan） 美国人，1928 年 12 月 16 日生于美国纽约。肿瘤学、基因毒物学、生物化学、遗传学、环境科学。

1950 年获康奈尔大学生物化学学士学位。1953 年在加利福尼亚理工学院获生物学博士学位。同年起在美国国家卫生研究院任研究员 15 年，1962 年任该院生物学与微生物遗传学部主任。1968 年任伯克利加利福尼亚大学生物化学系教授，1984～1989 年任系主任，期间 1979 年兼任该校国家环境卫生科学研究所所长。1961 年兼任美国国家科学基金会评议员。1972 年入选美国国家科学院院士。是美国文理科学院院士。

早期研究关节炎和代谢性疾病。20 世纪 60 年代，建立了环境诱变剂的艾姆斯检测方法，经试验发现 90%致癌的有机物都是诱变剂，这不仅验证了致癌的突变理论，而且给许多实验室和工厂鉴别环境诱变剂提供了一个快速有效的方法，这项工作开始了基因毒物学的革命。在组氨酸操纵子调节、组氨酸 tRNA（转移核糖核酸）在调节中的作用等方面，也作了开创性研究。与马丁（R. G. Martin）合作，发表利用蔗糖梯度离心测定混合物中蛋白质分子量的论文，成为引用最多的文献之一。70 年代，他强烈主张政府严格控制人工合成化学品。80 年代，他发现许多天然物质也会引起细胞基因突变，并建立动物癌症测试数据库。后期研究抗衰老等领域，如延迟细胞内线粒体老化过程，以及多种老年病的分子生物学根源，环境诱变癌症因素研究等课题。

已发表250余篇(部)论著。获得多种奖项,其中包括1964年美国化学学会利利奖,美国实验生物科学家联合会的第一个研究奖,1995年泰勒环境成就奖、1997年日本国际奖、1998年美国国家科学奖章等。

(周忠勋　李啸虎)

孙燕(Sun Yan)　中国河北省人,1929年2月1日生于河北乐亭。内科肿瘤学、临床免疫学、中西医结合。

1952年获燕京大学医学士学位。1956年毕业于北京协和医学院,获医学博士学位。中国医学科学院协和医科大学肿瘤医院内科主任医师,国家抗肿瘤药临床试验研究中心主任,协和医科大学教授。期间1979～1981年任美国安德森肿瘤中心客座教授。兼任世界卫生组织癌症部顾问、亚洲临床肿瘤学会副会长、中国癌症研究基金会副理事长等职。1999年当选为中国工程院院士。

20世纪50年代起,参与创建和主持中国第一个肿瘤内科治疗专业,经半个世纪艰苦努力,在国内外享有盛名。70年代后,将中国传统医学中"扶正培本"治疗法则与现代临床免疫学相结合,与中外专家合作开展扶正中药促免疫作用的实验和临床研究,应用现代科学方法证实传统中药黄芪、女贞子、芦笋、仙灵脾等可促进病人免疫功能恢复,祛除T抑制细胞活性,保护肾上腺和骨髓功能,辅助放射化疗应用,能提高病人远期结果;参与或主持对中外研制的新型抗肿瘤药物进行临床试验;开展淋巴瘤、肺癌和睾丸肿瘤的综合治疗,卓有建树。

发表论文300余篇;主编和参编《肿瘤学进展:化学治疗》(1966年)、《恶性肿瘤化学治疗学》(1981年)、《肿瘤内科临床手册》(1987年初版,1996年第3版)等专著近30部。多次获奖,其中有1978年全国科学大会奖,国家卫生部甲级科学研究成果奖等。

(李孙演)

安静娴(An Jingxian)　中国山东省人,1929年2月12日生于山东烟台,2015年7月10卒于北京。药理学、药物化学、医药合成工程。

1952年北京大学医学院药学系毕业。一直在沈阳东北制药总厂从事药物合成工作,教授级高级工程师。兼任《中国药物化学杂志》副主编等职。1997年当选为中国工程院院士。

中国当代著名女专家。研制开发一大批合成医药新技术、新产品,为中国药物化学学科和医药工业发展作出重要贡献,取得巨大经济效益和社会效益。20世纪50～60年代,主持攻克抗生素药磺胺嘧啶合成生产新路线新工艺,填补了中国磺胺药物生产的空白,以后又组织实施重大技术路线改进和工艺创新,使厂房面积减少三分之一,成果获1978年全国科学大会奖。70年代,与中国军事医学科学院微生物流行病学研究所合作,主持研制抗疟疾药物,从5800种化合物中筛选出有效的抗疟新药"脑疟佳",其疗效优于当时王牌抗疟药氯奎,她继而负责该化合物合成路线选择,经反复试验最后确定较易控制的合成方法,获国家发明专利、1978年全国科学大会奖;在世界上首创全化学合成黄连素,结束了中国黄连素只能从植物中提取的历史,获国家发明奖。80年代及后,开创中国头孢类药物研制与生产的先河,其中头孢菌素C菌种发酵、提取、裂解新工艺达到国际先进水平,头孢氨噻肟钠、头孢三嗪、头孢他啶等填补中国国内空白;陆续主持开发成功磷霉素、脑复康等一系列脑血管用药并投入生产,其中开拓长春西汀新用途并改进生产技术,成果获国家发明专利。获多种国家和省部级荣誉称号。

(李孙演)

曾毅(Zeng Yi)　中国广东省人,1929年3月8日生于广东揭西。肿瘤病毒学、免疫学、预防医学、医学管理与教育。

1952年毕业于上海第一医学院(今复旦大学上海医学院)医疗系。先后任中央卫生研究院微生物学系病毒学室、中国医学科学院病毒学研究所、中国预防医学科学院病毒学研究所肿瘤病毒研究室主任,艾滋病毒研究室(所)主任、副所长、所长;是中国预防医学科学院教授、院长。1974～1975年在英国格拉斯哥大学病毒研究所任客座研究员,1987年、1989年先后在法国里昂国家科学研究中心、格拉斯塔夫—罗西肿瘤研究所任客座研究员。兼任中华预防医学会副会长、会长等。1993年当选为中国科学院学部委员(院士);同年当选为俄罗斯医学科学院外籍院士。是法国医学科学院外籍院士。

长期研究肿瘤病毒和逆转录病毒。1973年起研究EB病毒与鼻咽癌关系,在国际上率先建立高分化、低分化鼻咽癌细胞株(带有EB病毒的DNA和蛋白);创立了一系列鼻咽癌血清学诊断方法并得到推广应用,可预测发病前5～10年鼻咽癌发生几率,使早期诊断率从20%～30%提高到80%～90%,从而挽救了无数病人生命;发现鼻咽癌高发区一些中草药、植物和食物带有促癌物;发现人鼻咽部的厌氧杆菌能产生丁酸,在国际上首次找到在促癌物和丁酸协同作用下EB病毒能诱发人鼻咽癌的直接证据。1984年起开展艾滋病毒及艾滋病研究,证明当年艾滋病毒(HIV)已随血液制品从国外传入中国,并于1987年分离得到中国第一个HIV-1毒株;建立了HIV的快速诊断方法,发现一些中草药有较高的抑制HIV复制的作用。

发表论文400余篇;著书6部。与他人合著《鼻咽癌病因和发病原理的研究》(1985年,中、英文版)。获国家和部委级奖20余项,其中有1978年全国科学大会奖,陈嘉庚医药科学奖,2006年英国贝利—马丁基金会艾滋病防治贡献奖等。

(熊志化)

劳特布尔,P. C.(Lauterbur, Paul Christian)　美国人,1929年5月6日生于美国俄亥俄州西德尼,卒于2007年3月27日。医学成像术仪器研制。

1951年获美国凯斯理工学院理学士学位。同年起在卡内基-梅隆大学任实验室助理研究员等职。1962年获匹茨堡大学化学博士学位。1969～1985年任纽约州立大学石溪分校教授。1985年起任伊利诺伊大学教授、该校生物学与医学磁共振实验室主任。是美国国家科学院院士。

在核磁共振成像技术领域取得突破性成就。1945年美国物理学家E. M. 珀塞尔发现了置于强磁场中的石蜡显示的共振吸收谱线。翌年美国物理学家F. 布洛赫独立发现在强磁场中液体水分子中的氢核共振吸收谱线。在恒定磁场中,具有磁矩的原子核受射频场激励而产生磁能级间的这种共振跃迁现象,被称为核磁共振,此后逐渐成为波谱学重要分支。以上两人因此分享1952年诺贝尔物理学奖。在此研究基础上,劳特布尔发展了核磁共振成像技术,并应用于医学诊断领域。1973年他在英国《自然》杂志上发表论文,公布了人类第一幅水中质子核磁共振成像二维图,从此磁共振科学分为核磁共振波谱、核磁共振成像两大分支,开辟了医学成像领域新纪元。该文阐述了他首创的一个实验:将普通水灌满两个毛细管,然后置于装有重水的大试管中,并在周围施加梯度磁场,结果发现了普通水和重水中的氢原子核磁共振不同图像。该文还预测它有可能用于人体癌变组织的无创性检查。接着,他又用海蛤做实验,根据海蛤不同部分含水量差别而获得不同的二维核磁共振图像。但是劳特布尔的成果当时受到科学界不少人怀疑,所以他的专利申请没有被批准。而在其基础上,1974年英国物理学家P. 曼斯菲尔德却开发出用剪裁的射频脉冲激发成像平面的选择性激发技术,研究和发表了核磁共振成像的完整理论。以后劳特布尔与通用电气公司合作,借助于电子计算机,首次采用梯度场概念对被成像物进行位置编码,使所获核磁共振图像和被成像物具体位置一一对应,于1981年研制成功第一台医用的全身核磁共振成像仪,引起很大震动。

由于核磁共振技术首次实现了对人体器官组织结构的快速成像,导致了医学诊断和治疗,特别是对肿瘤的诊断和治疗发生了革命性变化。这是目前临床广泛应用的四大影像模态中唯一可实现多参数、多层面、多核素成像的技术,能够采集人体解剖学、生理学和脑认知心理学信息,在分子水平、组织水平以及人体整体水平上实现功能和高分辨率解剖学成像,其发展潜力巨大。鉴于这一重大突破,他与P. 曼斯菲尔德共享2003年诺贝尔生理学或医学奖。此外他还曾获得美国莱因基金会技术奖、美国物理学会生物物理学奖、拉斯克临床研究奖、美国国家科学奖章、美国国家科学院化学服务社会奖等。

(宣焕灿)

侯云德(Hou Yunde) 中国江苏省人,1929年7月13日生于江苏常州。*病毒学、免疫学、药物学、基因工程、预防医学。*

1955年毕业于同济大学医学院。后到北京中央卫生研究院微生物学系病毒学室工作。1958年公派苏联留学,1962年在苏联医学科学院伊凡诺夫斯基病毒学研究所破格同时获副博士、博士学位。同年回国,一直在中国预防医学科学院病毒学研究所工作,历任研究员兼抗病毒治疗研究室主任、副所长,1986年任所长。兼任世界卫生组织病毒参考和研究中心主任、国际干扰素协会理事、北京三元基因工程有限公司董事长等职。1994年选聘为中国工程院院士,1998年任中国工程院副院长。

长期从事医学病毒学研究和基因工程药物开发,多次连任国家高技术发展规划(863)生物技术首席科学家。20世纪50～60年代,发现鼠类副流感仙台病毒对人有致病性,不同变异株有不同急性细胞融合活性,受到国际上广泛重视;分离出中国副流感病毒Ⅰ、Ⅱ、Ⅳ型。70～80年代,发现传统中药黄芪有抗病毒感染、预防和治疗感冒之效,首次以现代科学方法证明其调节免疫系统功能;1987年首次发现中国人白细胞受病毒攻击时诱生出α1干扰素;出版专著《干扰素及其临床应用》(1981年)和《病毒基因工程原理与方法》(1985年),填补了中国学术空白;研制基因工程干扰素多肽药物。90年代后,主持研制和生产亚型干扰素及其他细胞素系列产品,其中国际首创的α1b型人干扰素获1993年国家科学技术进步奖一等奖;发现中国人群多种特质干扰素等位基因;研制肿瘤细胞导向性脑啡肽干扰素等导向干扰素等;经10年努力,于1994年完成最大的动物病毒——痘苗病毒的全基因组测序与分析,并有多项重要发现,受到国际上高度评价;在2003年冬春中国内地非典型肺炎流行时期,他研制的干扰素在防治SARS病毒中获得再次肯定。

发表论文近300篇;出版《分子病毒学》(1990年)等著作7部。获国家和省部级奖励10余项。1994年获第三届亚太医学病毒大会奖励。(朱家安 李啸虎)

陈中伟(Chen Zhongwei) 中国浙江省人,1929年10月1日生于浙江杭州,2004年3月23日卒于上海。*创伤骨科学、断肢再植术、显微外科学。*

1954年毕业于上海第二医学院(今上海交通大学医学院)。旋即任上海第六人民医院住院医师,1973年任骨科主任、主任医师。1982年任中山医院骨科主任。1986年任上海医科大学(今复旦大学上海医学院)教授,外科教研室主任。曾兼任国际显微重建外科学会会长、中华医学会外科学会副主任、中华医学会上海分会副会长等职。1980年当选为中国科学院学部委员(院士),1985年当选为第三世界科学院院士。

主要从事骨科断肢再植、显微外科的实验研究及临床工作,被国际医学界誉为"世界断肢再植之父"。1963年1月接活一位工人完全断离的右手。首先将显微外科技术应用于再植和移植手术,使断指再植成功率从50%提高到90%。1973年7月,成功地为一例前臂屈肌严重缺血性挛缩的病人施行带血管神经的游离胸大肌移位再植手术。1977年成功开展带血管的游离腓骨移植手术,治疗先天性胫骨假关节以及其他原因造成的长骨缺损。还先后成功开展复合皮瓣移植和游离第二足趾再造拇指手术。与同事一起解决了断肢再植手术中血管痉挛、肢体肿胀等问题，将减压性筋膜切开术成功地应用于肢体血管创伤中。他通过冷藏和高氧方法，使缺血 36 小时的断臂再植成功。将断肢再植技术创造性地应用于上肢低度恶性肿瘤患者，将肿瘤部分彻底切除后，将远端断肢再植成功。1996 年首创手臂残端再造指控制的电子假手。

发表论文 100 余篇，其中代表作有"前臂创伤性完全性截肢的再植"(1963 年)、"肿瘤段切除远端肢体再植术"(1973 年)、"游离肌肉移位再植"(1975 年)、"带血管游离腓骨移值 30 例报告"(1979 年)等；主编《断肢再植》(1966 年)、《创伤骨科与断肢再植》(1974 年)、《显微外科》(1978 年)等著作 7 部。获多种荣誉称号和奖项，其中有 1994 年求是基金杰出科学家奖。 (张慰丰 宣焕灿)

王琳芳(Wang Linfang) 中国山东省人，1929 年 11 月 3 日生于黑龙江哈尔滨。*生殖医学、免疫学、分子生物学。*

1951 年哈尔滨医学院毕业。1959 年北京协和医学院生物化学系研究生毕业。留校任教。中国协和医科大学教授，中国医学科学院基础医学研究所所长、研究员，医学分子生物学国家重点实验室主任，病毒基因工程国家重点实验室学术委员会主任。期间，20 世纪 60 年代、80 年代，先后赴苏联科学院生物物理研究所、美国人口委员会生物医学研究中心进修与研究。兼任国际南一南生殖健康协作医德委员会副主任，中国生物化学与分子生物学会医学专业委员会主任、理事长等职。1997 年当选为中国工程院院士。

中国当代著名女专家。20 世纪 50 年代起，长期致力于蛋白质结构与抗原性关系的研究。60 年代，协助梁植权教授参与主持研制成功两种国防急需的动物血清代血浆。70 年代，进行深入系统地研究针刺麻醉的分子基础；深入系统研究精子膜蛋白的分离纯化、组织定位、结构功能、抗体的抗生育作用、基因克隆筛选与表达。80～90 年代，先后首次发现和分离出 8 种有强免疫原性的特异精子膜蛋白，均已编入美国基因数据库；发现信使核糖核酸(mRNA)前体存在选择性剪接；在理论上提出精子膜蛋白跨膜终止信号的结构特点，后为国际同行的研究所证实；在中国率先实现精子膜蛋白基因在大肠杆菌中转录与转译的高表达，不仅对生殖分子生物学发展有重要理论意义，而且为研制新型抗生育疫苗奠定了基础，获 1993 年国家卫生部科学技术进步奖一等奖，1995 年国家自然科学奖二等奖；此外获 1996 年光华科学技术基金一等奖、1998 年五一劳动奖章等。

(李孙演)

坎德尔，E. R.(Kandel，Eric Richard) 美国人，1929 年 11 月 7 日生于奥地利维也纳。*生理学、脑与神经科学、生物化学。*

1939 年随全家移居美国，后来加入美国籍。1956 年获纽约大学医学院医学博士学位。1960～1964 年在哈佛大学医学院任附属医院住院医生。1965 年任纽约大学医学院生理学和精神病学系副教授。1974 年任哥伦比亚大学内科与外科学院生理学和精神病学教授，期间在 1974～1983 年兼任该校神经生物学和行为学部主任。曾任《记忆探索》杂志主编。1974 年入选美国国家科学院院士。

20 世纪 60 年代初，他以低等海洋动物海兔的简单神经系统为模型，深入研究了动物学习记忆的细胞和行为水平的变化。重复机械刺激海兔的喷水管，使其产生的缩鳃反应变得逐渐习惯化，即突触后的运动神经元兴奋性突触后电位逐渐变小，缩鳃动作减弱直至消失。若施加伤害性刺激于头部，可引起头部神经元的突触前膜释放递质 5-羟色胺，则导致缩鳃反应敏感化，即重复刺激喷水管引起的缩鳃反应大为增强。习惯化和敏感化均可作为长时间记忆而保持住。他发现，习惯化和敏感化都是经由特殊的神经递质 5-羟色胺介导的慢速突触传递机制，在突触后产生第二信使 cAMP(环腺苷酸)分子并最后使蛋白质磷酸化的过程。现已证明，短时记忆不需要蛋白质合成，长时记忆则与新蛋白质的合成有关。这项实验把学习记忆与神经递质、第二信使、新蛋白的合成等神经活动基本过程联系起来，阐明了慢速突触传递的基本过程在脑的高级功能中发挥作用的机理。

由于以上重要成果，他与另有贡献的 A. 卡尔森、P. 格林加德分享 2000 年诺贝尔生理学或医学奖。出版著名教材《神经科学原理》(1981 年初版，2010 年第 5 版)等；2006 年出版自传《探索记忆：一门新的心智科学的突现》。另获有多种其他奖项，其中包括 1999 年沃尔夫医学奖、2008 年维也纳市弗兰克尔奖等。

(寿天德 张慰丰)

刘彤华(Liu Tonghua) 中国江苏省人，1929 年 11 月 13 日生于江苏无锡。*诊断病理学、肿瘤学、分子病理学。*

1953 年获上海圣约翰大学医学院医疗系医学博士学位。曾在第六军医大学、第七军医大学、中国协和医学院病理学系任教。历任中国医学科学院实验医学研究所病理学系助理研究员，北京协和医院病理科助理研究员、副研究员、研究员，副主任、主任，中国协和医科大学教授。兼任国际外科病学中国地区分会司库等职务。1999 年当选为中国工程院院士。

中国当代著名女专家。半个世纪从事诊断病理学、分子病理学研究和教学，尤专长诊断淋巴结、消化道和内分泌等病理。20 世纪 70 年代初在中国首先开展纤维胃镜检查，率先制订胃粘膜活检诊断标准，一直沿用至今；在中国首先开展细针穿刺活检取代手术冰冻切片，快速准确诊断胰岛细胞瘤；建立胰岛增生和胰岛素瘤的形态诊断标准，获 1980 年国家卫生部科学技术进步奖甲级奖。80 年代起长期系统深入研究胰腺肿瘤，尤其综合运用形态学、细胞学和分子生物学技术诊断人胰腺癌，成果居国内领先，部分达到国际先进水平；在国际上首次提出"胰内绵脆管环形壁内浸润是胰头癌的一种特殊的生物学行为”，1985 年获国家卫生部科学技术进步奖乙级奖；建立 4 株人胰腺癌细胞系、7 株胰腺癌裸鼠移植模型；研究证实人胰腺癌具有上皮生长因子的自分泌循环；研究人胰腺癌临床基因诊断、癌基因表达和点突变；进行一系列人胰腺癌实验性基因治疗，获明显抑制癌细胞生长效果，为临床基因治疗提供了实验依据。

发表论文近 200 篇；主编和参编《诊断病理学》、《肿瘤病理学》等专著 20 余部。获国家和部委级奖励多项，其中还有 1995 年国家科学技术进步奖二等奖等。

(李孙演)

鞠躬(Ju Gong) 中国安徽省人，1929 年 11 月 22 日生于上海。*临床解剖学、内分泌学、脑与神经科学。*

1952 年湘雅医学院解剖学专业毕业。历任第四军医大学副教授、教授，神经生物学教研室主任、神经科学研究所所长。1992 年任全军神经科学研究所所长。1991 年当选为中国科学院学部委员(院士)。

多年来主要从事神经解剖学和神经内分泌学等的脑科学前沿研究。在脊髓与脑干的联系、终纹床核以及脑下垂体前叶、后叶的神经支配、下丘脑大细胞神经分泌系统结构与功能等研究中，有许多重要发现。具有突破性意义的是，首次发现哺乳动物垂体前叶肽可受神经支配，提出垂体前叶受神经一体液双重调节假说，打破了半个世纪来学术界认为垂体前叶不受神经直接调节的“定论”，开辟了研究内分泌功能、病因及其治疗的新方向。该成果逐渐受到国际上的重视，曾应邀在许多国家和地区作过数十次报告，多次接受国际权威杂志约稿。此外，在神经损伤后背根节神经元神经调质和受体与慢性痛、显示辣根过氧化物酶和生物凝集素技术、脊神经和脊髓免疫组化、大鼠垂体后叶多种神经纤维起源追踪与免疫组织化学相结合技术等方面，取得一系列创造性科研成果。

完成和承担各类国家和省部级课题 10 余项，其中主持 8 项。发表论文 200 余篇；出版专著 3 部。获军队科学技术进步奖二等奖以上奖励 6 项，其中有：1995 年“八五”全军后勤重大科技成果奖，1996 年解放军专业技术重大贡献奖，1996 年何梁何利科学与技术进步奖等。

(李孙演)

陆士新(Lu Shixin) 中国江苏省人，1929 年 12 月 12 日生于上海。*病理生理学、肿瘤学、流行病学。*

祖籍江苏盐城。1956 年大连医学院医疗系毕业。1956 年赴罗马尼亚留学，1961 年获布加勒斯特大学医学院内分泌研究所副博士学位。同年回国，一直在中国医学科学院肿瘤研究所工作，后任研究员，曾任化学病因及癌变研究室主任、院(所)长等职。1997 年当选为中国科学院院士。

自 20 世纪 60 年代起，坚持在中国食管癌高发区河南省林县等地进行大量艰苦的人群代谢、流行病学与分子流行病学调查和实验，历时 15 年，获得系统、完整的人群资料，在 70～80 年代终于发现和证明：亚硝胺是食管癌高发区主要潜在致癌因素。其中，从霉变食品中发现一种新的致癌亚硝胺 N-3-甲基丁基-N-1-甲基丙酮基亚硝胺；首次在河南林县人胃液与膳食中分离与鉴定出致癌物 N-甲基-N-苄基亚硝胺(NMBzA)和促癌物亚硝基化合物鲁森氏红甲酯，并在实验中首次用 NMBzA 成功诱发出人胎儿食管上皮癌，证明亚硝胺能特异地诱发动物食管癌；发现和证实维生素 C、E 与锌可阻断动物和人体内亚硝胺合成，为预防食管癌提供了预防措施与科学基础。以上成果获 1987 年国家自然科学奖三等奖。80～90 年代及后，系统研究食管癌组织中癌基因和抗癌基因；进一步证明环境亚硝胺引起猴食管上皮中癌基因与抗癌基因变化与人相同；开展人食管癌症相关基因 ECRG1 功能研究，从人食管癌基因中克隆出 4 个新片段，其中一片段已克隆出基因的互补性脱氧核糖核酸(cDNA)全长；进行食管癌遗传易感性研究。发表论文 140 余篇；参与主编和撰写《中国癌症研究进展》(1994 年)等专著 5 部。多次获奖。 (李孙演)

卢世璧(Lu Shibi) 中国湖北省人，1930 年 7 月 8 日生于湖北宜昌。*骨外科学、人工关节学、康复医学。*

1956 年中国协和医学院医疗系毕业。留校任教。1958 年起一直工作于解放军总医院骨科，后任主任医师、教授，1979 年任骨科主任，1995 年任全军骨科研究所所长等职。兼任全军骨科专业委员会主任，中国残疾人康复协会副理事长，《腰腿痛》杂志主编等职。1996 年当选为中国工程院院士。

20 世纪 60～70 年代，在中国率先系统进行火器性神经损伤修复研究，首创自体神经束间移植术；1972 年研制成功钛制人工关节并在临床应用，获 1978 年全国科学大会成果奖；1979 年研制成功固定人工关节的 TJ 骨水泥，填补了国内空白。80～90 年代，运用显微技术进行四肢创伤功能修复；主持完成火器性周围神经伤研究及临床应用，获 1989 年军队科学技术进步奖一等奖；研制出珍珠面铝铬钼合金人工髋关节，获 1990 年军队科学技术进步奖一等奖；1982 年研制出骨水泥固定、珍珠面无骨水泥固定人工关节系列，1991 年获国家科学技术进步奖一等奖；首创形状记忆合棒治疗脊柱侧弯取得良效；首次采用微波热疗骨肿瘤；主持研制中国第一台持续被动运动机(CPM)，并开展 CPM 机康复研究；建立中国第一个冷冻干燥骨库；在中国率先开展引导性长骨再生实验，以及软骨组织工程研究。

发表论文近 200 篇；主编《骨科显微手术学》(1985 年)、《实用骨科学》(1991 年)和《人工关节的基础与临床研究》(1993 年)等专著，其中主编《手术学全集·矫形外科卷》(1996 年)，获 1998 年全国优秀科学技术图书奖一等奖、1999 年军队科学技术进步奖一等奖，此外参编专著 10 余部，主译《坎贝尔手术学》。获国家和军队奖励近 20 项；还获 1995 年光华科学技术基金二等奖，1996 年军队首届专业技术重大贡献奖，1997 年何梁何利科学与技术进步奖等；荣立二等功 1 次、三等功 4 次。

(李孙演)

小达内尔，J. E.(Darnell，James Edwin，Jr.) 美国人，1930 年 9 月 9 日生于美国密西西比州哥伦布。

病毒学、肿瘤学、分子生物学。

1955 年在华盛顿大学医学院获医学博士学位。先后工作于美国国家卫生研究院、马萨诸塞理工学院、爱因斯坦医学院、哥伦比亚大学和洛克菲勒大学。1973 年当选为美国国家科学院院士。是美国文理科学院院士。

在大学生时代，与 R. J. 格拉泽(Robert J. Glaser)等人共同研究青霉素的作用机理。1961 年开始研究病毒感染对宿主细胞蛋白质和核糖核酸(RNA)合成的阻断作用，发现宿主细胞的信使核糖核酸(mRNA)被病毒的 RNA 取代。后来转向对 RNA 的研究，首次发现细胞先合成大分子 RNA，然后分解为较小的功能单位；还发现感染的宿主细胞内的 mRNA 先由 DNA 病毒的 DNA 复制成大分子 RNA，然后经分裂和拼接而成。

主要著作有《普通病毒学》(1977 年第 3 版，与他人合著)、《分子生物学与细胞生物学》等。获 1955 年博登学生研究奖，国家癌症研究院的 3 次专业研究奖(1962 年、1964 年和 1999 年科利奖)，2002 年美国国家科学奖章，2002 年拉斯克特别成就奖等。 (叶蒙福)

陈可冀(Chen Keji) 中国福建省人，1930 年 9 月 30 日生于福建福州。中医学、中西医结合、康复医学、中医文献学。

1954 年毕业于福建医学院。留校任内科助教及住院医师。1956 年起，历任中国中医研究院西苑医院医师、主治医师、副研究员、研究员，心血管病研究室主任、老年医学研究室主任、副院长。兼任世界卫生组织传统医学顾问，中国中西医结合学会副理事长、理事长，中国老年学学会副理事长等职。1991 年当选为中国科学院学部委员(院士)。

长期从事中医学、中西医结合治疗心血管病、老年医学和康复医学的研究，在学术上博采诸名家之长，自成一体。20 世纪 50 年代，在马大猷院士协助下研制成功压电晶体式脉象仪，总结出 17 种脉象图，并与心冲击图、心电图、心音图作同步描绘对比，促进了中医脉象的现代定量检测研究；总结高血压病的中医辨证分型论治。60～70 年代，总结中医治疗冠心病的“辨证论治”、“活血化瘀”、“芳香温通”、“宣痹通阳”、“补肾助阳”及“含黄酮类中药”等若干途径，制成冠心Ⅱ号复方、宽胸气雾剂、益气活血复方等，获 1978 年全国科学大会奖等项奖励；首次成功采用含活血药成分的川芎嗪治疗缺血性脑血管病；研究去甲乌药碱治疗病态窦房结综合症疗效及其 β 受体兴奋作用，获 1981 年国家卫生部科学技术成果奖一等奖；70～80 年代，系统总结著名老中医冉雪峰、岳美中、赵锡武等的宝贵学术思想和临床经验，主持整理出版多部名医医案集和论医集；倡议和主持系统整理清代宫廷医药原始档案 30 000 余件。

发表论文百余篇；主编《抗衰老中药学》(1989 年)、《中国传统康复医学》(1990 年)等 10 余种专著，其中《清宫医案研究》获 1992 年全国中医工具书金奖。获国家及部委级奖 10 余项；1989 年获爱因斯坦世界科学奖。 (陈 斌)

赵铠(Zhao Kai) 中国江苏省人，1930 年 12 月 6 日生于江苏苏州。医学病毒学、疫苗学、生物医药工程。

1954 年复旦大学生物系毕业。一直在国家卫生部北京生物制品研究所工作，研究员，历任检定科副主任、病毒疫苗室主任、肝炎研究室主任、北京生物制品研究所所长，中国生物制品总公司科学技术委员会主任等职。兼任国家卫生部生物技术专家咨询委员会副主任、卫生部艾滋病预防与控制专家咨询委员会疫苗研究指导委员会主任、中国医药生物技术协会副理事长等职。1997 年当选为中国工程院院士。

20 世纪 60 年代，主持研制成功细胞培养痘苗，建立的生产技术在中国各地生物制品研究所广泛推广应用。70～80 年代，主持研制成功风疹活疫苗，获得 BRD-2 株疫苗毒种，其免疫原性强、反应性和传播性符合活疫苗减毒标准，填补了中国国内该领域空白，获新药证书。80～90 年代及以后，主持开发血源性乙肝疫苗并进行中间试验，在全国推广应用后取得显著社会效益和经济效益，获 1988 年国家科学技术进步奖一等奖；参与主持推广应用乙肝疫苗生产技术，获 1991 年国家卫生部科学技术进步奖一等奖；主持重组痘苗产乙肝疫苗的中间试验，获 1993 年国家科学技术进步奖一等奖；2003 年参与研制抗非典型肺炎冠状病毒(SARS)的药物和疫苗，取得阶段性重要突破。发表论文百余篇；主编专著 3 部。获国家和部委级奖励逾 10 项；1986 年获国家科学技术攻关先进个人奖等。 (李孙演 李啸虎)

汤钊猷(Tang Zhaoyou) 中国广东省人，1930 年 12 月 26 日生于广东新会。肿瘤外科学、肝脏病理学、医学教育。

1954 年上海第一医学院(上海医科大学前身)医疗系毕业。一直留校工作，先后任附属中山医院肝癌研究室主任，1988～1993 年任上海医科大学(今复旦大学上海医学院)校长，1994 年起先后任上海医科大学、复旦大学上海医学院肝癌研究所教授兼所长。兼任国际抗癌联盟理事，国家教育委员会科学技术委员会副主任，中华医学会副会长，中国抗癌协会肝癌专业委员会主任等职。1994 年选聘为中国工程院院士，后兼任医药与卫生工程学部副主任、主任。

早年从事血管外科研究。1968 年起至 70 年代，主持完成对中国小肝癌大规模普查、早期发现和局部切除等多项重大临床课题，使小肝癌手术切除后 5 年生存率达 60%～70%。80 年代，最早系统提出“亚临床肝癌”(即早期无症状肝癌)的概念和理论，被国际上誉为“人类对肝癌的认识与治疗上的巨大进展”，获 1979 年美国纽约癌症研究所“早治早愈”金奖、1985 年国家科学技术进步奖一等奖；率先提出“手术证实不能切除肝癌的缩小后切除”思路，在中国最早系统开展肝癌导向治疗研究，5 年生存率可达 68.4%，当时居国际领先；研制成功基因工程人一鼠嵌合抗体。90 年代以来，在国际上首先建成裸鼠人肝癌高转移模型、高转移潜能人肝癌细胞系；开展多种干预治疗、多个预防术后复发转移的临床研究。

发表论文近500篇，有论文集《汤钊猷临床肝癌学》；主编《亚临床肝癌》(1985年，英文版)、《原发性肝癌》(1989年，英文版)、《现代肿瘤学》(1993年)等专著8部，多部获奖。获国家和省部级奖近20项，其中有1990年建国以来卫生系统成果金杯奖、1996年中国医学科学奖、2000年中国工程科学技术光华奖、2004年国家人事部与卫生部白求恩医学奖等。(李孙演)

姚开泰(Yao Kaitai) 曾用名姚果寿。中国江苏省人，1931年4月11日生于四川。*病理生理学、肿瘤学。*

原籍江苏昆山。1954年上海第一医学院(今复旦大学上海医学院)医疗系毕业。同年到山东大学医学院任教。1956年调至湖南医学院(湖南医科大学前身，今并为中南大学医学院)，历任肿瘤研究室副教授、教授、室主任，1994年起历任中南大学肿瘤研究所所长。1992年起兼任国家卫生部癌变病理重点实验室主任。期间，1983～1986年在美国国家癌症研究院病毒致癌机理实验室做访问学者。兼任中国抗癌协会常务理事、中国病理生理学会肿瘤与白血病专业委员会主任、湖南省抗癌协会理事长、湖南省科学技术协会副主席等职。1991年当选为中国科学院学部委员(院士)。

长期从事人类恶性肿瘤研究，尤其是鼻咽癌的流行病学、细胞生物学、分子遗传学等方面的发病机理研究。20世纪60年代，参与实验性宫颈癌研究，成功改进方法，使动物手术死亡率显著降低。70年代，首次在国际上证实了亚硝胺类化学致癌物对鼻咽上皮有一定的器官亲和性。80年代后，在大鼠实验中发现二亚硝基哌嗪诱发鼻咽癌的机理；建立了稳定的人胚鼻咽上皮细胞培养方法，实现了人胚鼻咽上皮的体外恶性转化；连续建立了4株鼻咽癌上皮细胞株，其中有世界上首次报道的EB病毒持续长期表达的鼻咽癌上皮细胞株；深入进行鼻咽癌促癌基因、转化基因、活性基因的研究，从分子水平探讨EB病毒与鼻咽癌的关系；研究了鼻咽癌发病的分子机理和鼻咽癌易感性的分子机理。

撰有"一株新的鼻咽癌上皮细胞株的建立"、"促瘤基因、转移基因和抗癌基因"等论文百余篇。完成30多项科研课题。多次获得国家和省部级奖励，其中参与主持的"大白鼠实验性鼻咽癌模型的建立"获1978年全国科学大会奖，"人胚鼻咽细胞的培养、化学转化及鼻咽癌恶性转化基因的克隆"获1996年国家科学技术进步奖二等奖。(陈 磊)

洪涛(Hong Tao) 中国山东省人，1931年7月26日生于山东荣成。*病毒学、医学超微技术、公共卫生学。*

1955年山东医学院毕业。1960年获罗马尼亚科学院病毒所副博士学位。中国疾病预防与控制中心研究员、病毒形态学研究室主任。兼任中华医学会医学病毒学会第二、第三届主任，太平洋科学协会公共卫生与医学科学委员会主席，《中华试验和临床病毒学》杂志主编。1996年当选为中国工程院院士。2001年入选第三世界科学院院士。

20世纪60年代，主持建立中国第一个病毒病理和生物医学超微结构实验室，开创一整套生物医学电子显微镜研究方法；参与创立中国电镜协会；主编《医学生物学电子显微镜图谱》和《生物医学超微结构与电子显微镜技术》两书，是中国在该领域中最早的研究成果，并长期作为中国医学界主要参考书和教科书而广泛使用；1982年底，首次发现了人类B组轮状病毒，即成人腹泻轮状病毒，查明其水源瀑发流规律，提出有效防治对策，进行DNA(脱氧核糖核酸)破译和建立全基因文库，组织力量于16年间在中外权威杂志发表40多篇论文进行专题研究，一直居于国际领先地位；首次发现肾病综合症出血热病毒，解开了长期困扰人类的"流行性出血热之谜"；先后对鹦鹉一鸟疫衣原体、沙眼衣原体、人传染性软疣病毒、疱疹病毒、白血病病毒、肝炎病毒、艾滋病毒等进行了深入研究，取得显著成果；进行各种病毒疫苗和基因工程药物等开发，获多项重要成果；多次在中国组织国际性病毒学学术会议，不断提高中国在国际病毒学界的地位与影响。

发表论文200余篇；出版专著8部。获美国专利2项；世界卫生组织、国家及省部级奖励16项；获何梁何利科学与技术进步奖。(李孙演)

孙曼霁(Sun Manji) 中国河南省人，1931年8月3日生于河南开封。*毒理学、肿瘤学、防化医学、生物化学。*

1948年考入中央大学医学院，1954年毕业于第五军医大学。同年起一直在军事医学科学院毒物药物研究所工作，后为研究员，曾任研究室主任等职。期间1973～1975年在英国伦敦大学精神病研究所当访问学者；1987～1988年任德国柏林技术大学客座教授。兼任国家新药研究与开发常务专家委员会常委、南京大学医药生物技术国家重点实验室学术委员会主任等职。1991年当选为中国科学院学部委员(院士)。

长期从事防化医学研究。参与"战时特种武器伤害的医学防护"课题有关研究，与合作者共获国家科学技术进步奖特等奖；研究神经毒剂有机磷梭曼中毒难以防治原因，发现梭曼对人体内乙酰胆碱酯酶(AchE)有强烈抑制作用且在体内降解迅速，首次揭示梭曼与膦酰化AchE老化的分子基础，同时发现一氧化氮参予梭曼中毒，获国家自然科学奖二等奖、军队科学技术进步奖二等奖；发现G类有机磷毒剂的酶促合成效应和中毒动物体内游离毒剂的存在，提纯人G类毒剂水解酶并研究其生化性质；揭示V类毒剂有类似G类毒剂对AchE的膦酰化方式，但代谢酶类却有需氧与不需氧之分；提出电鳐AchE活力中心具有催化、诱导抗体产生的双功能假说；揭示了人AchE全部抗原表位；建立分泌抗AchE单克隆抗体的杂交瘤细胞系，获得14株单克隆抗体，发现其中一株能封闭AchE活力中心，两株能抑制AchE催化的水解反应，"用单克隆抗体研究乙酰胆碱酯活性区域"研究成果获军队科学技术进步奖二等奖；系统研究了塔崩的生化毒理作用；阐明了人与动物皮肤硫芥染毒病程的分子基础。发表论文近200篇；主编和参编专著8部。获国家、军队和省部级奖10余项。荣立

二等功1次,三等功2次。（李孙演）

史密斯,H. O.（Smith, Hamilton Othanel） 美国人,1931年8月23日生于美国纽约。*医学微生物学、肿瘤学、免疫学、分子遗传学、基因工程。*

教育学教授之子。曾在伊利诺伊大学攻读数学,1950年转入伯克利加利福尼亚大学,1952年获数学专业学士学位。同年进入约翰斯·霍普金斯大学医学院,1956年获医学博士学位。毕业后在圣路易斯的巴恩斯医院当医师。1957年起在海军服役2年,继续关心生物学特别是群体遗传学的进展。1959年退役后在底特律福特医院任医师,但始终关心和研究分子生物学。1962年受聘前往密歇根大学人类遗传学系工作。1967年任约翰斯·霍普金斯大学微生物学助理教授,1973年任教授。1975～1976年在瑞士苏黎世大学从事合作研究。1992年到基因学研究院(后为克雷格·文特尔研究院)任项目主管,1998年参加人类基因组解码工作,2005年任合成基因组科学主任。是美国国家科学院院士。

20世纪60年代初,遇到了研究沙门菌噬菌体P22溶原性的遗传学家迈克(Mike),两人共同研究控制溶原性的C基因,1965年发现了控制原噬菌体吸附的int基因。自W.阿尔伯提出关于限制性内切酶假说后,他即着手分离这种酶。但和M.S.梅塞尔森等人所分离到的Ⅰ型限制酶,并不完全符合阿尔伯假说的要求,因为它虽然能识别DNA(脱氧核糖核酸)中的专一位点,却又在离识别点相当距离之处进行随机切割,这样就没有特定的专一性。1968年初着手研究嗜血流感杆菌Rd株的遗传重组,在实验中选用了P22的噬菌体,发现P22噬菌体可以被寄主嗜血流感杆菌的分离产物大幅度地降解,而嗜血流感杆菌的脱氧核酸却不被其分离产物降解。这显然是微生物的寄主限制修饰现象。经过多次分析纯化,1970年分离鉴定并提纯了Ⅱ型限制酶。这种酶能识别脱氧核酸分子上特定的顺序,只切割在这个特定的顺序上,因此它就能很好地完成切割SV40肿瘤病毒基因的任务,绘制了第一张核糖核酸基因图。这一发现有可能按人们的要求"裁剪"核酸片段,研究其性质和传送遗传信息的能力。利用Ⅱ型内切酶,人们对脱氧核酸的遗传结构进行更深入、细致、准确的分析研究,搞清了不少脱氧核酸的序列;进而对它的遗传结构进行人工操纵、改造、增殖,组建新的遗传物质,这就是所谓遗传工程。因发现并应用内切酶制成肿瘤病毒的基因图谱,与W.阿尔伯、D.内森斯3人共获1978年诺贝尔生理学或医学奖。获奖后发表题为"限制性内切酶的核苷酶顺序专一性"的演讲。

1995年和他的研究团队在基因学研究院第一次查明了流行性感冒杆菌的基因排序。后带领团队进行实验室人工合成细菌和支原体的试验。2003年,同一个研究小组通过基因工程技术"装配"出一种病毒PhiX174。后从事产业等级上的生物燃料研究开发。

（张慰丰）

陆道培(Lu Daopei) 中国浙江省人,1931年10月30日生于中国上海。*血液病学、免疫学、基因工程。*

原籍浙江宁波。出身医师世家。1955年中南同济医学院(今同济医科大学)医疗系毕业。同年到北京中央人民医院内科工作。1958年起一直在北京医学院(后易名北京医科大学,今北京大学医学部)任教。历任北京医科大学血液病研究所所长,该校附属人民医院内科主任,北京大学医学部内科学专业主任、教授。期间1980年在英国皇家医师进修学院研修。兼任国际骨髓移植登记组专家指导委员会委员、中华医学会副会长等职。1996年当选为中国工程院院士。

20世纪50～60年代,在中国率先发现3种遗传性血液病;首例报告紫草提取物对血管性紫癜与静脉炎有显著疗效;1964年成功进行亚洲首例同基因骨髓移植,治愈重症再生障碍性贫血,创下世界首例以孕妇供骨髓的骨髓移植记录,并在世界上首先确定骨髓细胞重建骨髓的最低数据。80～90年代,在骨髓移植领域创下6项世界记录保持至今,其中1981年首次成功持久植活异基因骨髓移植,获1985年国家科学进步奖二等奖;1986年在中国首先完成A、B、O主要血型不相合的骨髓移植;在国际上首先证实大蒜中有抗巨细胞毒成分,并首次用于防治骨髓移植间质性肺炎;1991年首先在国际上报道了诱导免疫耐受的一种新技术;至今他所领导的血液病研究所已完成异基因骨髓移植300余例,患者长期存活率达到国际先进水平;此外,在防止血液制品蔓延艾滋病途径、治疗遗传性血液病和再生障碍性贫血方面均获重要进展。

发表论文近400篇;主编《白血病治疗学》、《血液病进展》等多部专著。多次获国家和省部级奖。获1997年何梁何利科学与技术进步奖。（朱家安）

甄永苏(Zhen Yongsu) 中国广东省人,1931年11月10日生于广东台山。*肿瘤药理学、微生物药物学、生物工程学。*

原籍广东开平。1954年广州中山医学院医疗系毕业。同年到中央卫生研究院(中国医学科学院前身)北京协和医学院(今中国协和医科大学)工作,历任该校抗菌素研究所和药物研究所的研究实习员、助理研究员、副研究员,医药生物技术研究所肿瘤研究室主任、研究员。期间1978～1982年先后在美国约翰斯·霍普金斯大学医学院、印第安纳大学医学院任客座教授。兼任国家卫生部生物技术专家咨询委员会副主任委员、中国药理学会肿瘤药理专业委员会主任委员、中国医药生物技术协会单克隆抗体专业委员会主任委员等职。是美国纽约科学院外籍院士。1997年当选为中国工程院院士。

长期从事肿瘤药理学、微生物药学研究与开发,获多项重要成果。主持研制出平阳霉素、争光霉素、光辉霉素、博安霉素等6种抗肿瘤抗生素,皆列为国家临床常用抗癌基本药物,其中争光霉素获1978年全国科学大会成果奖，平阳霉素获国家发明奖二等奖；在国际上首次提出以“核苷转运”作为肿瘤化疗靶点，并研制出治疗肿瘤的新型生化调节剂，为研制抗肿瘤新药开辟了新途径，获1994年国家教委科学技术进步奖一等奖；创建抗肿瘤药物筛选方法“精原细胞法”，并将其应用于筛选微生物代谢产物；发现新型抗肿瘤抗生素C1027；采取新的筛选路线与方法，发现新抗肿瘤抗生素云南霉素；研制出数种抗肿瘤单克隆抗体导向药物，并开展分子小型化研究。

有国家专利多项。发表论文200余篇；主编《现代生物技术制药》丛书，其中包括与他人合著的《抗体工程药物》(2002年)，主编《抗肿瘤药物研究与开发》(2004年)等。多次获国家和省部级奖。2001年获何梁何利科学与技术进步奖。

(李孙演)

顾健人(Gu Jianren) 中国江苏省人，1932年1月13日生于江苏苏州。分子肿瘤学、基因治疗学。

1954年上海第一医学院(今复旦大学上海医学院)毕业。先后任上海市肿瘤研究所研究员、医药组组长，国家863生物技术领域基因治疗重大项目责任专家，1987年起先后任癌基因及相关基因国家重点实验室首任主任、学术委员会主任，上海交通大学医学院教授、肿瘤研究所名誉所长等职。期间，1979～1981年任英国比特生肿瘤研究所访问学者，1986～1995年任美国国家卫生研究院肿瘤学科学顾问，1995～1999年任美国通用汽车公司癌症基金委员会评奖委员会成员。1994年选聘为中国工程院院士。

长期系统研究人体原发性肝癌基因、抑癌基因与癌变分子机理、肝癌生物治疗等领域，取得重要进展。20世纪60年代，证明正常细胞核酸可抑制癌细胞生长，并在生物化学方面发生逆转。80年代，发现人体肝癌有N型大鼠肉瘤癌基因(N-ras)的过量表达，并发现N-ras有转化活性；在世界上首次报道人体肝癌活化癌基因谱，以及肝癌的自泌—邻泌系统，为深入研究癌病因与演化、基因治疗提供了理论依据；发现肝癌至少有7种原癌基因、生长因子和生长因子受体基因的异常表达；在中国率先开展对肿瘤的基因治疗的基础研究，目前恶性脑瘤基因治疗已进入临床试验；发现反意N-ras基因逆转录病毒对肝癌生长有抑制作用；发现江苏启东鸭肝癌中存在人类乙型肝炎病毒突变体；提出转甲状腺素基因是肝癌新抑癌基因的重要候选者之一；建立靶向性导入肿瘤细胞的载体系统等一系列有自主知识产权的平台技术，为将来攻克恶性肿瘤打下坚实基础；1998年起主持高通量功能基因筛选，发现300余个具有影响细胞生长的新基因全长互补脱氧核糖核酸(cDNA)。

获中国发明专利60余项、美国专利4项。发表论文200余篇。先后获国家和省部级奖多项，其中有国家科学技术进步奖二等奖2项，全国“五一”劳动奖章、1997年何梁何利科学与技术进步奖、2004年光华工程科学技术奖。

(李孙演)

邹冈(Zou Gang) 中国江苏省人，1932年1月27日生于江苏苏州，1999年2月24日卒于上海。药理学、脑与神经科学。

医生家庭出身。1954年上海第一医学院(今复旦大学上海医学院)医疗系毕业。1954～1957年在上海第二医学院(今上海交通大学医学院)药理系执教。1961年中国科学院上海药物研究所研究生毕业。留所工作至去世，研究员，先后任药理三室副主任、主任，药物研究所学术委员会主任。期间1979～1982年在美国旧金山加利福尼亚大学、密歇根大学和耶鲁大学做访问学者。曾兼任中国科学院生物科学与技术局神经科学专业委员会主任等职。1980年当选为中国科学院学部委员(院士)。

20世纪50年代末，他在张昌绍教授指导下，通过实验发现：向清醒家兔的脑部中央灰质注射微量吗啡可产生强效镇痛作用，而注射吗啡的特异拮抗剂烯丙吗啡，则可阻断全身注射吗啡的镇痛效应；1961年他在研究生毕业论文中第一次提出：吗啡镇痛主要作用部位在第三脑室和大脑导水管周围中央灰质，后被国际上誉为吗啡作用机理研究的“里程碑”，获1982年全国自然科学奖二等奖。1964年首次发现江苏北部产的玄胡中有一种生物碱会引起动物强烈而短暂的惊厥，且具有拮抗中枢抑制性递质的特异作用，后查明是荷包生物碱(Bicuculline)。70～80年代，首次发现针刺使脑部纹状体及下丘脑中脑啡肽释放增加，合成加速，抑制其降解，还能延长针刺镇痛的效应，证明有两种脑啡肽参与了针刺镇痛；再次证明中央灰质是阿片受体的密集区域，脑内存在一个以中央灰质为核心的内源性痛觉调制系统。90年代及后，首次用拮抗剂触发大麻耐受动物的戒断症状；首次证明大多数中枢大麻受体存在于中枢抑制性递质神经原。

发表论文近百篇；主编、参编《神经肽》(1980年，与他人合撰)、《基础神经药理学》(1988年)等专著。多次获奖。

(李赣平)

肖培根(Xiao Peigen) 中国上海市人，1932年2月2日生于上海。中医药学、藏医药学、药用植物学。

高级工程师的儿子。1953年厦门大学生物学系毕业后，一直在中央卫生研究院(今中国医学科学院)工作，1958年任该院药物研究所药用植物研究室主任，1983年起任药用植物资源研究所所长、名誉所长，国家中医药管理局中药资源利用与保护研究中心主任，研究员。兼任国际传统药物学会会长，世界卫生组织传统医学合作中心主任，北京中医药大学中药学院名誉院长，中国中医药学会中药学会副理事长、《中国中药》杂志主编等职。1994年选聘为中国工程院院士。2003年获香港浸会大学荣誉理学博士学位。

中国中药攀登计划首席科学家。历半个世纪，足迹遍及中国各地和世界50多个国家，发现药用植物1个新属(人字果属)、32个新种和11个新变种，其中4味中药作为常用中药基原首次收入《中华人民共和国药典》；六进西藏，对传统藏医藏药进行实地调查和科学整理，出版《藏医藏药的初步整理》一书；拜中草药师傅为师，对近500种常用中药概况逐一进行产地调查，完成中华人民共和国第一部《中药志》(6卷，1961年)，被国际上誉为“中国近代本草代表作”，获 1979 年全国科学大会奖；创建了专论植物亲缘一化学成分一疗效相关性的新学科“药用植物亲缘学”；20 世纪 80 年代起，建立专业研究机构，创办中药厂开发出 10 余种产品，取得了学术、经济和社会效益三丰收；提出了发展原料、药品制剂、新药为主的“三级开发理论”，探索中国药用植物研究开发道路；近年来致力于扩大中草药的国际影响。

发表论文 400 余篇；出版专著 20 余部(卷)，其中主编《中国本草图录》(12 卷)获 1992 年全国优秀科学技术图书特别奖、1998 年国家中医药基础研究成果奖一等奖。获国家及省部级奖励 10 余项，其中获 1991 年美国国际文献研究所“杰出领导者”奖，2001 年求是科技基金会中医药现代化杰出科学技术成就奖，2007 年度中国中医科学院唐氏中药发展奖等；此外获 2002 年“全国杰出专业技术人才” 等荣誉称号。 (朱家安)

周俊(Zhou Jun) 中国江苏省人，1932 年 2 月 5 日生于江苏东台。*中药化学、药用植物学、制药工程。*

1958 年华东化工学院制药工程专业毕业。一直在中国科学院昆明植物研究所工作，研究员，历任研究室主任、副所长、所长，植物化学与西部植物资源持续利用国家重点实验室学术委员会主任，中国科学院西南基地抗病毒天然药物联合实验室主任等职。兼任中国植物学会副理事长、中国科学院新药专家委员会副主任等职。1999 年当选为中国科学院院士。

近半个世纪来，将植物化学与亲缘系统及地理分布相结合，系统研究多属种药用植物及其化学构成，发现新化学成分 350 个，其中新类型 5 个。20 世纪 60～70 年代，分析出云南白药、三七和天麻等中药的活性成分；阐明了重楼属宫血宁有效成分偏诺皂甙结构与活性的关系。80～90 年代，在国际上首创快速检测植物环肽新方法，其中发现石竹科植物新环肽化合物 66 个；率先在中国系统开展药用植物水溶性配糖体研究，其中发现白薇含有新型甾体配糖体；1990 年首次发现植物环肽配糖体；发现 18 个有重要应用前景的生物活性化合物，其中盾叶薯蓣、秋水仙碱、天麻素、宫血宁等成果已在生产上长期应用；在中国率先提出中药复方是多靶机理的组合天然化学库的新观点。2000 年后，参与主持研制的抗老年痴呆症、抗肿瘤、溶栓、抗人类免疫缺陷病毒(HIV)等中药新制剂已进入临床研究；参与主持开发出世界上第一个通过严格科学实验的抗艾滋病中药制剂 SH；共同从植物种子中筛选到具有强抗非典型性肺炎病毒沙斯(SARS)活性化合物 X-61，并对其系列衍生物、抗病毒活性、作用机理等进行深入研究。

发表论文 200 余篇；共同主编的《中国油脂植物》获 1990 年国家自然科学奖。先后获国家和省部级奖 10 余项。 (李孙演)

刘耕陶(Liu Gengtao) 中国湖南省人，1932 年 5 月 6 日生于湖南双峰，2010 年 2 月 27 日卒于北京。*药理学、生物化学、药物合成工程。*

出身贫苦农家。1956 年毕业于湖南医学院(湖南医科大学前身)。同年起一直在中国医学科学院药物研究所工作，研究室主任、研究员。期间 1980～1981 年，在法国国家基础药理与病理研究所任访问学者，1989 年、1994 年去日本、美国从事合作研究。1994 年选聘为中国工程院院士。1995 年当选为美国纽约科学院外籍院士。

早年在著名药理学家宋振玉、雷海鹏教授指导下从事多项研究，参与抗糖尿病、关节炎、肿瘤和动脉粥样硬化，以及涉及内分泌，避孕药及人参补剂等中药的药理学研究；在中国率先开辟肝脏生化药理学研究领域，对肝细胞损伤与修复、药物代谢酶的诱导及其生物学意义、自由基损伤与抗氧化剂等方面进行了研究，在国际上首创了多种动物模型，部分内容达到国际先进水平；作为主要发明人之一，首次研制开发成功具有治疗慢性肝炎的新药联苯双酯，经 10 余年临床广泛应用，疗效优于国内外同类药物，未见副反应且发现有抗癌作用，已进入国际市场；五味子和灵芝等中草药药理特性的研究成果，引起国际同行关注；研制成功药理活性更强的第二代的慢性肝炎新药双环醇(商品名“百赛诺”)，取得较好临床效果，并已在 10 多个国家申请了专利保护。

拥有中外发明专利 15 项以上；发表论文近 200 篇；主编与撰写《当代药理学》(1995 年第 1 版，2004 年第 2 版)等书。多次获国家和部级奖项。2007 年获中国药物发展奖天士力创新药物奖。 (徐维普)

何凤生(He Fengsheng) 中国贵州省人，1932 年 6 月 26 日生于江苏南京，2004 年 11 月 16 日卒于北京。*毒理学、职业神经病学、环境科学。*

原籍贵州贵定。1955 年南京医学院毕业。1955～1960 年任北京和平医院神经内科住院医师。1961 年调中国医学科学院卫生研究所工作，后任该所所长。1979～1982 年在伦敦大学神经病学研究所进修和研究。去世前任中国疾病预防控制中心职业卫生与中毒控制研究所名誉所长，研究员。1988 年起被世界卫生组织聘为职业卫生合作中心(北京)主任。兼任国家卫生部公共卫生专家咨询委员会副主任，中华医学会卫生学会副主任，《中国工业医学》杂志主编等。1988 年获英国皇家内科医师学院职业医学名誉院士称号。1991～1994 年当选为亚洲职业医学会会长，兼任世界卫生组织日内瓦总部职业卫生顾问。1994 年选聘为中国工程院院士。

中国当代著名女专家。长期应用神经病学、神经病理学和神经流行病学的先进方法，以及神经电生理、生物化学、神经行为学和神经放射学等新技术，研究多种毒物和有害因素引起的职业性神经系统疾病取得卓越成果，开创了中国职业神经病学新学科，推动了全国的职业神经系统疾病防治工作。20 世纪 80 年代初，通过工厂调查和实验，首次发现和证实氯丙烯中毒性神经病属于中枢一周围性远端型轴突病，主持慢性氯丙烯中毒的流行病学、临床、毒理与神经病理研究，获 1984 年意大利劳动医学基金会的西比昂 · 卡古利国际奖；参与主持氯丙烯的卫生标准及慢性氯丙烯中毒诊断标准的制订，被国家卫生部批准为国家标准，获 1987 年国家科委科学技术进步奖二等奖；主持变质甘蔗中毒的病因学研究，获 1987 年国家卫生部科学技术进步奖一等奖。

发表论文百余篇；参与主编大型《中华职业医学》(1999 年)、《神经系统中毒及代谢性疾病》(2002 年)等著作多部。获全国先进科技工作者称号。获 2001 年中华医学科学技术奖二等奖。 (杨　静)

陈冀胜(Chen Jisheng)　中国天津市人，1932 年 7 月 15 日生于天津。*生物毒理学、药物化学、分子药理学、防化工程学。*

1952 年清华大学化学系毕业。历任国防科学技术委员会某研究院研究室主任、研究所副所长，全军医学防护防化研究院药物化学研究所所长、院总工程师、院科学技术委员会主任、研究员，全军环境科学研究中心主任等职。兼任国际科学技术数据委员会中国委员会委员等职。1999 年当选为中国工程院院士。

长期从事军事化学的科学研究，主持和参与完成该领域多个技术方向的重大国防项目，为中国国防防化装备发展做出了重要贡献。长期参与国家和军队国防防护防化规划制定；在元素有机化学、神经系统药物化学、药物构效关系与分子设计、天然生物毒素等领域进行了开拓性研究，取得了一系列创新成果；参与建立了中国化学武器医学防护和防化装备器材防护目标谱系；主编出版中国第一部《中国有毒植物》(1989 年)，首次分析介绍了生长在中国的 943 种可致人过敏、神经中毒、皮肤糜烂或致癌等威胁的有毒植物，引起国际瞩目。

发表论文百余篇；主编工具书《英汉生命科学词典》(1992 年)，主编与参编《分子药理学》、《海洋生物毒素学》、《生命科学中的化学问题》、《毒素的研究和利用》、《中毒性疾病：源于动植物毒素及其损害》(英文)和《反化学恐怖对策与技术》等专著。多次立功受奖，其中获国家科学技术进步奖二等奖 1 项，全军科学技术进步一等奖 2 项、二等奖 5 项。 (李孙演)

蒙塔尼，L. A.(Montagnier，Luc Antoine)　法国人，1932 年 8 月 18 日生于法国安德尔省图尔斯附近夏伯里斯。*病毒学、肿瘤学、免疫学、细胞遗传学。*

爱好科学实验的会计师之子，因祖父死于结肠癌，促使他决定投身医学。入法国沙泰勒罗学院求学，后转学普瓦提埃大学并于 1953 年获理学士学位。留校做研究生，并在巴黎大学进修医学。1955 年在巴黎大学索邦学院任教生理学，1960 年获该校医学博士学位。同年任法国国家科学研究中心研究员，旋即派往英国伦敦大学卡肖尔顿学院进行合作研究。1963 年供职于格拉斯哥大学病毒学研究所。1965 年到法国奥赛任镭学研究所(后为居里研究所)实验室主任。1972 年首任巴黎巴斯德研究院病毒肿瘤学部主任、教授，2000 年退休任荣誉教授。1993 年首任世界艾滋病研究与防治基金会副会长、国际病毒合作项目副主任。是法国国家科学研究中心名誉研究主任，法国医学科学院院士。

对人类艾滋病病毒发现、研究与预防有重要贡献。1964 年他发明一种红藻琼脂作为优越的癌细胞培养基，后又合作开发筛查致癌基因新方法，现已成为实验室标准技术。20 世纪 60～70 年代，致力于使用新技术寻找人类致癌病毒。1983 年 1 月，他接到巴黎一家医院送来的淋巴结组织活检标本，病人是一名同性恋男青年，因早期艾滋病致全身淋巴结肿大。他为此亲自率领一个团队进行研究，下属中有 F. 巴尔－西诺西等人。先是发现其淋巴细胞中有反转录酶，表明感染了反转录病毒，随后在电子显微镜下看到了病毒实体。1983 年 5 月 20 日，他们在美国《科学》杂志率先报告了这个发现，将之命名为“淋巴结病相关病毒(LAV)”。同年 9 月，他们开发出筛查艾滋病毒的血液检测法，并申请英国专利；12 月，又在美国申请专利。1985 年，医学界将艾滋病毒称为“人类免疫缺陷病毒(HIV)”。

20 世纪 90 年代后，参与组织全球力量寻找艾滋病疫苗和疗法。1993 年，他和联合国教科文组织总干事梅耶(F. Mayor)共同创立和负责“世界艾滋病研究与预防基金会”；1996 年起，在科特迪瓦成立“阿比让生物临床研究整合中心”；在科麦隆成立国际艾滋病预防与研究中心；同时在美国和法国成立多所生物技术公司，以开发抗艾滋病疫苗。2000 年后，学术上主要致力于探测、判别和研究从细菌 DNA(脱氧核糖核酸)发出的极弱电磁信号。

因首次发现人类艾滋病病毒，与下属巴尔－西诺西和发现人类乳头状瘤病毒的德国医生 H. 楚尔豪森分享 2008 年诺贝尔生理学或医学奖。此外还获其他 20 余项大奖，其中有 1986 年拉斯克奖，1987 年盖尔德纳奖，1993 年费萨尔国王基金会国际奖(称为阿拉伯诺贝尔奖)，2000 年阿斯图里亚斯王子奖等。2009 年获法国荣誉军团最高勋位。 (李啸虎)

李绍珍(Li Shaozhen)　中国广东省人，1932 年 9 月 16 日生于广东广州，2001 年 3 月 14 日卒于同地。*眼外科学、眼病理学。*

原籍广东台山。1954 年华南医学院毕业。1962 年中山医学院(中山医科大学前身)眼科研究生毕业。留校工作直至去世，主任医师、教授，曾任中山医科大学中山眼科中心主任，眼科医院院长、名誉院长。曾兼任美国海伦凯勒国际防盲组织中国顾问、美国眼科学会国际委员、中华医学会眼科学会副主任、《眼科学报》主编等职。1999 年当选为中国工程院院士。

中国当代著名的眼科学女专家。毕生从事眼科临床、科研、教学和防盲治盲工作，尤其在白内障防治领域有显著成果。创立和改进了多项眼科手术；在中国率先开展人工晶体二期植入术等技术；创造激光断线和综合控制法防治手术角膜散光；改进小切口超声乳化术；主持白内障防治研究，发现白内障形成与人晶体蛋白亚基变化、凋亡基因表达有关；进行人工晶体手术源性角膜散光自然演变及其控制研究；参与主持人类葡萄膜视网膜炎发病机制的系列实验研究，发现该病与视网膜抗原自身免疫有关；主持国家卫生部“十年百项技术”规划中的白内障防治推广项目，并在广东省建立 5 个防治点站；为创建和主持当时中国唯一的眼科重点学科点、卫生部重点实验室作出了重要贡献。

发表论文 150 余篇；主编《眼科手术学》(2005 年第 2 版)获 1999 年国家卫生部科学技术进步奖二等奖。

多次获国家与省部级奖励。此外获 1997 年美中眼科学会优秀服务、教育与科研特别奖，1999 年亚洲太平洋眼科学会杰出服务奖。（李孙演）

朱晓东(Zhu Xiaodong) 中国河南省人，1932 年 9 月 21 日生于河南开封。*心血管外科学、科技管理。*

1950 年服兵役。1956 年哈尔滨医科大学毕业。同年任全军胸科医院军医。1958 年起一直在中国医学科学院附属阜外医院工作。1965 年获中国医学科学院硕士学位。20 世纪 70 年代中期到英国、80 年代初期到澳大利亚进修心脏外科。历任中国医学科学院附属阜外医院心外科住院医师、主任医师、教授，阜外医院院长、心血管病研究所所长等职。兼任中华医学会胸心血管外科学会主任等职。2004 年、2005 年任世界胸心外科医生协会第 14 届、15 届国际会议主席。1996 年当选为中国工程院医药卫生工程学部院士，2000 年又兼为该院工程管理学部院士。

半个世纪来，施行各类心脏与大血管手术 4 000 余例，开拓性攻克诸多疑难重症，对血液动力学、心脏外科解剖学、人工心脏瓣膜等深有造诣。早期从事心导管检查与血流动力学研究。1972 年始，主持研究组率先开展心脏外科一系列新技术；1976 年参与主持研制中国首个生物瓣膜(BN 型牛心包瓣)并成功用于临床。80 年代，1983 年实现第一例主动脉－左心房联合切口双瓣替换术；1985 年完成第一例主动脉行无缝金属环吻合术；1988 年研制出可塑型房室瓣成形环，成功开展二尖瓣腱索移植术；1989 年完成第一例婴儿出生后 13 日行假性共干根治术。90 年代，1990 年在西藏成功开展首例体外循环下心脏直视手术；参与全国心脏外科技术协作网建设；主持国家“七五”、“八五”重大课题研究，其中研制的 PERFEOT 心包瓣等获 1997 年国家发明奖；领导阜外医院外科成为“中国第一，亚洲领先，国际先进”的心外科基地。

发表论文百余篇；主编和参编《心脏外科基础图解》(1980 年)、《心脏外科指南》等著作多部。获国家和部委级奖励多项。（李孙演）

于德泉(Yu Dequan) 中国山东省人，1932 年 10 月 22 日生于山东蓬莱。*药物化学、生物药物工程。*

1956 年北京医学院(今北京医科大学)药学系药物化学专业毕业。同年起一直在中国医学科学院药物研究所天然产物化学研究室工作，研究员。兼任国家卫生部药学专家咨询委员会委员、中国化学会理事兼天然有机专业委员会副主任、《亚洲天然产物化学研究》(英文版)杂志副主编。是美国纽约科学院外籍院士。1999 年当选为中国工程院院士。

在中国率先运用和推广现代各种谱学技术，综合研究天然产物化学结构，先后完成对 50 多种中草药化学成分的定量分析，发现 200 多种新的化合物，揭示了它们的化学结构并探索其功能，其中不少显示生物活性，为提取有效成分和人工合成新药物提供了科学依据。其中，首次发现过氧键是抗疟疾的有效基因团；系统研究了 3 种中药藁本(伞形科植物藁本)的化学成分及其药理作用，发现其中含有明显保肝和免疫抑制成分 4 种，进而主持完成全合成和构效关系研究，获 1997 年卫生部科学技术进步奖二等奖。研究发现番荔枝科植物含有抗癌有效成分，获 1998 年国家卫生部科学技术进步奖二等奖。参与主持完成研制人工麝香这一国家重要攻关项目并正式投产，部分缓解了天然麝香紧缺问题，创造了可观的经济效益和生态效益，获 1997 年国家中医药局科学技术进步奖一等奖、1998 年国家科学技术进步奖一等奖。发表论文 260 多篇；合作编撰《紫外光谱在有机化学中的应用》(2 卷，1988 年)等专著多部。有国家专利近 10 项。（李孙演）

秦伯益(Qin Boyi) 中国江苏省人，1932 年 11 月 6 日生于江苏无锡。*药理毒理学、防化医学。*

1955 年上海第一医学院(今复旦大学上海医学院)毕业。1956 年赴苏联留学，1959 年获列宁格勒儿科医学院医学副博士学位。1960 年回国后，到中国军事医学科学院从事防化医学研究工作，历任研究实习员、助理研究员、副研究员、研究员，药理毒理研究所副所长，1987 年任军事医学科学院院长、院学术委员会主任，少将军衔。兼任中国医学基金会副会长、中国药理学会副理事长、全军药品审评委员会主任委员等职。1994 年选聘为中国工程院院士。

长期从事药物的药理毒理研究和开发。主持研究成功神经性毒剂预防片(85 号)，有突出预防效果，先后获全军科学技术大会一等奖、军队科学技术进步奖一等奖、国家科学技术进步奖二等奖、首届国家医药科学技术成果展金杯奖；主持研制成功并获得批准生产的中国第一个麻醉性镇痛药盐酸二氢埃托啡，分别获国家、军队科学技术进步奖二等奖；对华南马尾杉活性单体新药福定碱进行了药理研究，发现它具有选择性真性胆碱酯酶抑制剂作用，获得国家发明奖二等奖；主持“八五”国家科技攻关课题阿片类戒毒药物的研究，提出了梯度戒毒的理论假设，并主持研究成功国产防复吸药纳曲酮。发表论文百余篇；主编《新药评价概论》等专著。主持完成的课题多项获奖。此外，获 1995 年光华科学技术奖一等奖。（朱家安）

周后元(Zhou Houyuan) 中国湖南省人，1932 年 12 月 22 日生于湖南衡阳，2013 年 10 月 29 日卒于上海。*药理学、药物化学、药物合成工程。*

1956 年沈阳药学院(今沈阳药科大学)化学制药工程系毕业。历任上海第三制药厂技术员，上海医药工业研究院化学制药研究部(原化学合成室)工程师、副研究员、研究员。兼任《中国药物化学》杂志副主编等职。1994 年选聘为中国工程院院士。

20 世纪 50～60 年代，主持改进邻苯二甲酸酐合成糖精工艺技术，获重要进展；主持研究有机合成维生素 A，突破了关键性工艺技术，在中国首次实现结晶性维生素 A 工业化生产，接近国际水平，获 1964 年国家工业新产品奖二等奖。70～80 年代，主持开发研制合成维生素 B_6，创立具有国际先进水平的噁唑法合成新工艺，已推广成为中国生产维生素 B_6 普遍采用的方法，成果获1985年国家发明奖三等奖、1991年国家专利局中国专利优秀奖。研制的化学药品投入工业合成生产，产生了显著的社会效益和经济效益。90年代及以后，从事金刚乙胺、屈他维林、左氧氟沙星、麻黄素、伪麻黄素等药物的工业化合成研究，研究结果均已工业化和市场化。多次获国家和省部级奖励；此外，1994年获首届吴阶平医药研究奖、保罗·杨森药学研究二等奖等。（李孙演）

王士雯(Wang Shiwen) 中国山东省人，1933年1月29日生于山东峄县，2012年1月30日卒于北京。老年医学、心血管病理学。

1955年第四军医大学(原南京大学医学院)医疗系毕业。长期在北京解放军总医院工作。1984～1986年在美国哈佛大学医学院、加利福尼亚大学医学院学习心血管病理，获加利福尼亚大学医学院博士学位。先后任解放军总医院老年医学研究所所长、老年心血管病研究所所长，教授。《中华老年多器官疾病》杂志主编。被聘为美国老年心脏病学会理事，美国《心血管病理》、美国《心血管生物学》等杂志国际编委。1996年当选为中国工程院院士。

中国当代著名女专家。擅长抢救、治疗和预防老年多器官功能衰竭、老年冠心病、不同类型心绞痛、老年人无症状心肌缺血、老年心房颤动等老年心血管疾病。在国际上率先提出并深入研究了"老年多器官衰竭"这一新的临床综合征，使救治成功率由29.7%提高到59.6%，挽救了大批危重患者生命。国际上认为"4个以上器官衰竭者死亡率100%"，而她成功抢救4个以上器官衰竭患者已达数百例次，甚至有6个器官先后9次衰竭者获救的典型，令国际同行瞩目。在中国率先成功推行和及时总结了对老年心脏病施行大手术前的内科保障，具有丰富的临床救治经验，使3 000余例老年患者安全承受重大手术，得以延长生命。她建立和领导的老年心血管病研究所，是集医疗、科研、教学、保健于一体的综合性学术机构，也是全军重点医学实验室。近期致力于衰老机制和老年疾病防治的基础研究。

已出版《老年心脏病学》、《妇女心脏病学》、《无症状心肌缺血》等专著6部。获国家科学技术进步奖二等奖1项，军队科学技术进步奖一等奖1项、二等奖4项，军队医疗成果奖一等奖1项；7次受到中央保健委员会和军委保健领导小组表彰，并获"特殊贡献奖"；2004年中央军委为她记一等功。此外获1996年光华科学技术基金奖一等奖、1999年何梁何利科学与技术进步奖。

（朱素珍）

陈洪铎(Chen Hongduo) 中国浙江省人，1933年2月18日生于浙江绍兴。皮肤病学、免疫学。

1949年考入同济大学数学系。1950年转读中国医科大学，1956年毕业。留校任教，后任主任医师、教授，先后任第一临床学院皮肤病科主任、临床医学系主任，第一临床学院院长，国家卫生部免疫皮肤病学重点实验室主任等职。期间1979～1982年任美国宾夕法尼亚大学访问学者。兼任国际皮肤科学会执行理事、副会长，国际美容皮肤科学会副会长，亚洲皮肤科学会名誉理事，中华医学会皮肤性病学会主任委员，名誉主任委员，《中华皮肤科》杂志总编，欧洲《应用美容学》杂志副总编，美国《国际生物医学科学》杂志副总编等职。2004年任第9届国际皮肤科大会主席。意大利科学院外籍院士。1999年当选为中国工程院院士。

对皮肤肿瘤、真菌病、性传播疾病等各种疑难皮肤病深有造诣，特别在皮肤免疫系统研究中有创造性贡献，是国际公认的研究郎格罕细胞(LC)的权威学者。在国际上首次证实成年个体即使不用免疫抑制剂也可导致对弱移植抗原的耐受，在理论上解决了器官移植时"弱不相容性"问题；发现人体内树枝状的郎格罕细胞(LC)可来源于脾脏，并探明其在人体中的分布规律；发现LC在皮肤内的转换规律，以及在皮肤肿瘤发生、发展过程中的消长；创立一种检测嵌合体的新技术；首次发现皮肤移植物内LC在免疫排斥过程中的作用，以及对主要组织相容性抗原的制约性，为器官移植和肿瘤治疗开辟了新途径；首次发现家兔是须癣毛癣菌的传染源；发现某些白细胞分化抗原在角朊细胞中的异常表现；发现维甲酸可促使受紫外线损伤的结缔组织恢复；研究了性激素对某种树突状表皮细胞的影响，光化学疗法对LC的影响等。发表论文逾300篇；与他人合编专著4部。先后获国家和省部级奖励近10项。获全国"五一"劳动奖章。

（李孙演）

曼斯菲尔德，P.(Mansfield, Sir Peter) 英国人，1933年10月9日生于英国伦敦。医学成像术、医用波谱学、仪器研制。

1956年经自学考上伦敦大学玛丽女王学院，1959年获理学士学位，1962年获物理学博士学位。1962～1964年在美国伊利诺伊大学物理系任助理研究员。1964年起在英国诺丁汉大学物理学与天文学学院波谱学中心任教，1979年升任教授，1994年退休。期间1972～1973年，在德国马普学会医学研究所做资深访问学者。1987～1988年任英国医用波谱学会会长。1995年起先后获法国斯特拉斯堡大学，英国肯特大学、波兰杰格隆尼大学、英国诺丁汉大学等校荣誉博士学位。

核磁共振成像技术与理论的主要发展者。早在1945年和1946年，美国物理学家E.P.珀塞尔和F.布洛赫各自独立地发现：在恒定磁场中，磁矩不为零的原子核受射频场的激励，将会产生磁能级之间共振跃迁现象，即核磁共振，此后逐渐成为波谱学一个重要分支。两人因此分享1952年诺贝尔物理学奖。20世纪70年代，曼斯菲尔德和美国的P.C.劳特布尔都在从事核磁共振成像研究。1973年，劳特布尔发表了第一篇有关核磁共振成像论文，率先引入梯度磁场概念，但其方法采集一帧图像的时间很长，大大限制了它的应用。1974年，曼斯菲尔德不仅像前者那样引入梯度磁场概念，而且进一步使磁场梯度快速变化；他发展了用于分析核磁共振信号空间分布的数学方法，提出了平面刻蚀扫描技术，使检测信号获得快速有效分析并转变为影像，实现了人体器官组织结构的快速成像，为核磁共振成像技术从理论到应用奠定了基础。以后10多年中，他逐步将这一技术用于临床医学检查，最后批量生产了自己研制的医用核磁共振成像仪。同时，随着电子计算机辅助技术的采用，他的仪器不仅可以快速获得人体器官二维切片图像，还能使某些局部组织呈现三维图像。

上述成果导致了医学诊断和治疗，特别是肿瘤的诊断和治疗手段发生了革命性变化。由于这一重大成就，他与劳特布尔共享2003年诺贝尔生理学或医学奖。此外获其他奖励10余项，其中有：1983年英国医用波谱学会金质奖章，英国皇家学会1984年卫康基金金质奖章、1990年马拉德奖章，1992年国际波谱学会奖金，1995年欧洲放射学联合会金质奖章等。（宣焕灿）

毛江森（Mao Jiangsen） 中国浙江省人，1934年1月生于浙江江山。临床病毒学、免疫学、传染病学、生物医药工程。

出身农民家庭。1956年上海第一医学院（今复旦大学上海医学院）医疗系毕业。1957～1970年先后在中国医学科学院病毒学系、病毒学研究所从事研究，任助理研究员。1970～1978年下放甘肃省陇南农村和兰州工作。1978年起一直在浙江省医学科学院工作，研究员，后任院长、名誉院长等职。兼任浙江省科学技术协会副主席、浙江省医学会副理事长等职。1991年当选为中国科学院学部委员（院士）。

20世纪50年代，从事脊髓灰质炎等病毒、活疫苗和细胞培养技术研究，获重要进展。60年代，发现重水对减毒株病毒有保护和增殖作用，并提出了可能机制；率先在中国开展干扰素研究，建立了乙型脑炎病毒—鸡胚细胞干扰素产生系统；在1965年撰文提出“遗传信息有可能从RNA（核糖核酸）传给DNA（脱氧核糖核酸）”的逆转录推测，被后来遗传学发展所证实。70年代末分离出甲型肝炎病毒，并实验证明甲肝有隐性感染效应；完成脊髓灰质减毒活疫苗的免疫学效果和病毒增殖动态研究。经15年系统研究，1988年培养出甲肝减毒活疫苗毒种（H2减毒株），1991年制成安全有效的活疫苗，1992年正式在临床推广，注射1～2次即可获得持久甚至终身免疫，成为国际公认的第一个“甲肝克星”专利，获1993年国家发明奖二等奖、国家“七五”攻关荣誉奖、国家卫生部科学技术成果奖一等奖，入选“八五期间中国科学技术十大成就”；1992年创建公司实现工业化生产，10年里已有1亿以上中国人接种甲肝减毒活疫苗，中国甲肝发病率正以每年约22%速度下降，在普遍接种区发病减少99%以上。2003年春参与发起院士联名建议：以非典型肺炎防治为切入点构筑中国预防医学创新体系，受到中央政府高度重视。发表论文近百篇。

（李孙演）

闻玉梅（Wen Yumei） 中国北京市人，1934年1月16日生于北京市。医学微生物学、分子病毒学、免疫学、预防医学。

1956年上海第一医学院（上海医科大学前身）毕业。同年录取为上海第二医学院（今上海交通大学医学院）微生物免疫学研究生。1963～1964年在中国医学科学院免疫系进修。历任上海医科大学（今复旦大学上海医学院）讲师、副教授、教授；复旦大学上海医学院（原上海医科大学）教授，分子病毒研究室主任，国家教育部与卫生部医学分子病毒学联合重点实验室主任、学术委员会主任。期间1980～1982年曾赴英国伦敦大学、美国国家卫生研究院进修。兼任中国微生物学会理事长等职。1999年当选为中国工程院院士。

在乙型肝炎（简称乙肝）病毒的分子生物学与免疫学领域有重要成果。乙肝是现代中国最严重的微生物感染性疾病之一。她发现了中国乙肝病毒多种变异毒株，系统研究其生物学特征和持续感染机理；提出中国大多数乙肝患者具有免疫耐受性的观点，并研究了治疗策略；建立模拟人体幼龄感染乙肝的鸭子免疫耐受动物模型，由此探索了5种不同治疗方法，筛选了多种治疗性乙肝疫苗；设计和开发乙肝抗原—抗体复合型治疗性疫苗，可有效消除人体免疫耐受性；针对目前药物及干扰素均无明显疗效的乙肝“小三阳”问题，开发出三重复合物乙肝治疗性疫苗“乙克”（YIC），并解决了生产工艺问题。

发表论文160余篇；主编、参编《中国病毒性肝炎：问题与对策》（英文版）、《医学分子病毒学》、《现代微生物学》、《病毒性肝炎进展》等专著多部；获中国、美国等国发明专利多项。多次获国家和省部级奖励，其中有1996年国家八五863计划先进个人一等奖、1997年国家自然科学奖等。此外获程思远肝炎研究基金会生命科学终身成就奖、1998年何梁何利科学与技术进步奖等。

（李孙演）

吴建屏（Wu Jianping） 中国江苏省人，1934年4月4日生于上海市，2012年12月23日卒于同地。实验生理学、脑与神经科学。

原籍江苏太仓。1958年上海第一医学院（今复旦大学上海医学院）医疗系毕业。先后任中国科学院上海生理研究所副研究员，中国科学院上海脑研究所所长、研究员，上海生命科学研究中心常务副主任、上海生命科学研究院学术委员会主任。兼任国际脑研究组织理事、亚太地区神经科学学会联合会理事、中国神经科学学会理事长、上海市神经科学学会理事长、上海市科学技术协会副主席、国际《脑研究》杂志顾问编委等职。1991年当选为中国科学院学部委员（院士）。

主要从事大脑皮层运动区的组构功能的研究，特别是大脑皮层运动区神经元的功能和形态的研究。在国际上首次证明：来自丘脑腹外侧核神经元的纤维末梢与大脑皮层快锥体束神经元有直接突触联系；实验发现如果刺激猫十字沟旁4区、6区皮层，可在快传导的网脊神经元上引起单突触反应；发现猫肌肉 **I** 类传入纤维的传入冲动可以兴奋运动皮层中大多数锥体束神经元；在灵长类动物的神经实验中发现，刺激运动皮层所引起的锥体束 **D** 和锥体束 **I** 的反应，和快传导的锥体束神经元重复放电的结果具有相同效应，从而修正了传统观点；在针刺镇痛的神经机制研究方面，证明初级传入能抑制疼痛引起的脊髓神经元放电，抑制效应的强弱与针刺部位和疼痛部位间的神经节段性关系有关，为针刺镇痛提供了选穴依据；主持国家重点基础研究项目“脑发育和可塑性的基础研究”。多次获奖，其中“辣根氧化物酶逆引标记和细胞内染色”研究成果获中国科学院科学技术成果奖等。　　（邓小龙）

萨米埃尔松，B. I.（Samuelsson，Bengt Ingemar）　瑞典人，1934年5月21日生于瑞典哈尔姆斯塔德。内分泌学、药物化学、生物化学。

中学毕业后考入瑞典隆德大学攻读医学。大学毕业后在卡罗琳医学院S. K.贝格斯特隆的实验室从事前列腺素化学结构的鉴定工作，1961年获生物化学博士学位。留校任助理教授。1961～1962年期间，去美国哈佛大学医学院深造，获医学博士学位。回国后，在卡罗琳医学院继续从事前列腺素的转化研究。1967年任斯德哥尔摩大学皇家兽医学院药物化学教授。1973年返回卡罗琳医学院任药物与生理化学教授，兼任化学系主任，1978年接替贝格斯特隆担任医学系主任，1983年任卡罗琳医学院院长。是瑞典皇家科学院院士，美国文理科学院外籍院士。

20世纪50年代，大学毕业后就参加到其导师贝格斯特隆领导的前列腺素研究小组，经过多年努力，与导师一起分离出两种纯前列腺素结晶，1962年又测定出前列腺素的分子结构。1964年，又进而研究前列腺素合成机理，阐明了花生四烯酸的酶氧合作用是从碳13位上去掉一个氢开始的。所有的前列腺素D、E、F是来自一个共同的中间体。接着与汉伯格（M. Hamberg）一起研究清楚了该中间体的生物合成通路。他们发现两种胞内过氧化物是前列腺素D、E、F的前体，而且这些中间体的鉴定还为嗣后发现的血栓素A2和前列环素奠定了基础。70年代初，J. R.万恩发现“家兔主动脉收缩物质”（RCS），又阐明阿斯匹林抑制血小板凝集机制并非源自前列腺素。萨米埃尔松与汉伯格合作研究证明，RCS就是前列腺素H和凝血腺素。凝血腺素是一种比过氧化物作用更强的血小板凝集物质，它的发现使人们对血小板凝集机理有了进一步的认识，还使人们了解凝血腺素的释放可以使血管收缩。自此前列腺素开始被人们广泛应用于临床，如将前列腺素E治疗一种罕见的先天性心脏病，或将前列腺素E2作为产妇的引产药等。

20世纪70年代后期，他还研究了花生四烯酸在白细胞中的转归，发现其代谢主要在一种5-脂氧合酶作用下进行，并生成一系列三烯结构的化合物，他统称为“白细胞三烯”。这一发现使人们对过敏性哮喘等疾病病理有了更深入认识，并为开发新药提供了依据。

主要论文有“从人的精液中分离和鉴定前列腺素”（1963年）、“前列腺素的化学、所在和代谢”（1970年）等。因阐明前列腺素生物合成的机理，与万恩、贝格斯特隆三人共享1982年诺贝尔生理学或医学奖。此外获有其他10余项国内国际奖励。　　（张慰丰）

姚新生（Yao Xinsheng）　中国上海市人，1934年10月24日生于上海。天然药物化学、中药学、生物医药工程。

1955年东北药学院（今沈阳药科大学）药学系毕业。一直留校任教，后任教授。1981～1983年公派日本东京大学药学部留学，获药学博士学位。曾任东北药学院天然药物化学教研室主任，1996年担任沈阳药科大学校长。兼任国务院学位委员会药物评议组组长，中国药学会副理事长，辽宁省药学会理事长，辽宁省科学技术协会副主席等职。1996年当选为中国工程院院士。

1960年从中国人参中首次分离出第一个人参皂甙，以后又分离鉴定了40余种化学成分，其中8种新化合物；主持研制出专治肠梗阻的中药线麻叶注射液，获1978年全国科学大会奖；在日本留学时首次从软紫草中分离测定5种抗炎活性成分结构，发现3种新化合物，获日本专利2项；多年来还研究了银杏叶、淫羊霍、板蓝根、薤白、独活、粉背萆薢、龙葵等10余种中草药抗血栓及抗癌活性成分，追踪分离鉴定了100余种活性成分结构，其中新化合物30余种；开发和投产治心血管病的羊霍片、治肝炎的板兰根注射液等新药；银杏叶口服液、银杏液冻干粉针剂被列入国家重大科学研究项目；主持中药和天然药物抑瘤活性物质研究，利用抗稻瘟霉菌、细胞周期抑制、细胞凋亡和细胞毒等抗癌活性筛选体系，对中国传统抗癌中草药进行大量筛选，分离到许多有明显抑制肿瘤细胞的活性物质，其中多个化合物通过美国癌症研究中心审查。

拥有专利30余项；开发新药4种；发表论文近200篇；主编全国统编教材《天然药物化学》、《有机化合物波谱解析》、专著《超导核磁共振波谱分析》（1991年）等9部，获部级优秀教材和著作奖4次。获国家和省部级奖励10余项，其中有2001年香港求是杰出科学技术成就集体奖。　　（李孙演）

胡之璧（Hu Zhibi）　中国安徽省人，1934年11月3日生于江苏南京。中药学、中药生物工程、基因工程。

原籍安徽潜山。1956年毕业于华东药学院（今中国药科大学），1959年该校研究生毕业。1984年在德国蒂宾根大学做访问学者，同时获理学博士学位。1959～1963年任华东药学院助教。1963～1985年任中国科学院上海药物研究所助理研究员、副研究员。1985年起历任上海中医药大学中药研究所所长、名誉所长，国家中药生物工程重点研究室主任，研究员。兼任上海市药学会副理事长等职。1994年选聘为中国工程院院士。

中国当代著名女专家。长期从事现代生物技术研究中药生物活性成分与细胞培养技术。应用现代植物基因工程和细胞工程高新技术，培育出当时国际上转化率最高的洋地黄强心甙细胞株，即著名的“胡氏细胞株”；率先将农杆菌Ri质粒成功地植入几十种中草药细胞基因组中，培养出多种转化器官培养系列，其中所含的有效成分量是天然中草药材的数十倍，开创了中草药研究与生产的新局面；“黄芪活性产物代谢调控的基因工程关键技术研究”课题，获2008年国家科学技术进步奖二等奖。

发表“三尖杉培养细胞中抗癌活性成分的研究”(1995年)等论文百余篇。多次获国家和省部级奖励，其中“抗菌药博落回的研究”获1978年全国科学大会奖，“洋地黄细胞培养与强心甙生物转化”获1994年国家中医药管理局科学技术进步奖一等奖等。获全国“五一”劳动奖章。 （朱家安）

蒂奥莱，P.（Tiollais，Pierre） 法国人，1934年12月8日生于法国。*医学病毒学、分子生物学、基因工程。*

1968年获巴黎大学医学院医学博士学位。后任法国巴黎巴斯德研究院教授，兼任欧洲分子生物学组织的委员等职。法国科学院院士、法国医学科学院院士。1998年当选为中国工程院外籍院士。获瑞典乌普萨拉大学荣誉博士学位。

法国当代著名的医学病毒学家，专长于乙肝病毒及其防治研究，是国际公认的该领域权威。在国际上首次将乙型肝炎病毒（HBV）的基因组全克隆成功，并第一个阐明表面抗原、核心抗原等HBV基因的全序列和基因组的组织结构，将乙肝病毒的研究深入到分子水平的新阶段；在分子生物学水平上，系统研究了乙型肝炎与肝癌之间的相关性，提出了预防恶性转化的有效措施；进行表面抗原的免疫学研究，率先建立乙肝病毒转基因动物模型；首先研制开发出乙型肝炎基因工程疫苗，在国际上享有盛誉；十分关心中国对乙型肝炎病毒的研究进展，自1980年开始到中国讲学交流40余次，并先后多次组织数十位法国科学家来华举办短期学习班，带来最新的研究信息和实验技术；他与北京、上海、广州等地的科研单位、医学院校保持长期密切的合作关系，其中在上海“中法生命科学与基因组研究中心”组建HBV合作研究实验室，指导和参与中国国家863课题“新型乙肝基因工程疫苗研制”、973课题“乙肝病毒基因复制与表达调控规律的研究”等，取得了显著成绩，对中国健康大敌乙型肝炎病毒的研究作出了重要贡献。（朱素珍）

特明，H. M.（Temin，Howard Martin） 美国人，1934年12月10日生于美国宾夕法尼亚州费城，1994年2月9日卒于同地。*病毒肿瘤学、细胞遗传学、分子生物学。*

1955年毕业于斯沃莫尔学院，获生物学学士学位。1956年起作为加利福尼亚理工学院生物学部研究生，开始从事病毒学研究，1959年获哲学博士学位。1960年任威斯康星大学（麦迪逊校区）医学院肿瘤学系癌症研究实验室助理教授，1964年任副教授，1969年任教授。1974年成为美国病毒肿瘤学和细胞生物学癌症学会教授。他的妻子也是遗传学家，弟弟是马萨诸塞理工学院经济学系主任。他不吸烟，但最后却死于肺癌。

20世纪70年代初，发现劳斯肉瘤的主要复制特征是遗传信息由核糖核酸（RNA）转移至脱氧核糖核酸（DNA），后又发现促使这一过程完成的酶——逆转录酶。按当时传统的理论，认为DNA将遗传信息传递给RNA，然后再传递给蛋白质，称这个理论为“中心法则”，他提出了与“中心法则”相反的遗传信息传递通路，从而进一步了解到各种生物遗传信息传递的基本方式。

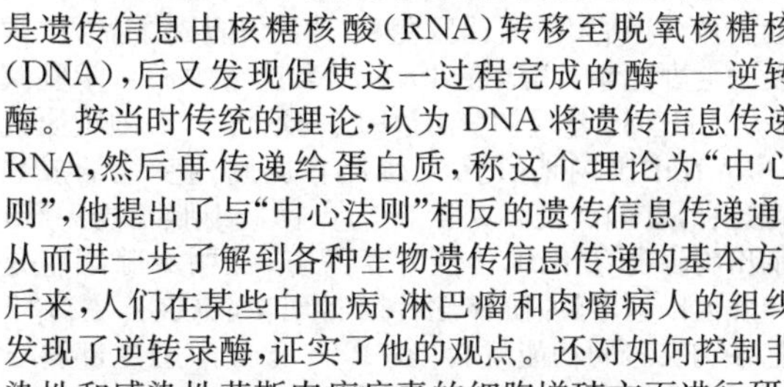

后来，人们在某些白血病、淋巴瘤和肉瘤病人的组织中发现了逆转录酶，证实了他的观点。还对如何控制非感染性和感染性劳斯肉瘤病毒的细胞增殖方面进行研究。发现了某些能控制细胞增殖的特异性血清蛋白。

代表作是论文“DNA原病毒假说——RNA引导DNA合成的证实及其意义”。因发现逆转录酶，与D.巴尔蒂摩和R.杜尔贝科共获1975年诺贝尔生理学或医学奖。还获1992年美国国家科学奖章。 （朱 劦）

吴祖泽（Wu Zuze） 中国浙江省人，1935年10月19日生于浙江镇海。*实验血液学、细胞生物学、基因工程。*

1957年山东大学化学系毕业。同年起一直在中国军事医学科学院工作，历任放射医学研究所副所长、所长，全军实验血液学重点实验室主任，军事医学科学院副院长、院长，少将军衔，研究员。期间1973年赴英国曼彻斯特大学医学院进修。兼任国际辐射研究协会中国理事，中国病理生理学会实验血液学专业委员会主任，全军总后勤部卫生部医学科学技术委员会副主任等职。1993年当选为中国科学院学部委员（院士）。

20世纪60年代，提出了DNP（脱氧核糖核蛋白）中的蛋白质通过能量传递加重DNA（脱氧核糖核酸）大分子辐射损伤的实验依据。70年代以后致力于造血干细胞的研究，主持完成10余项科研课题。在中国率先引入和推广造血干细胞理论和技术；利用天然性染色体和性别决定基因作为遗传学标志，揭示了造血干细胞群的不均一性和动力学特征，获国家自然科学奖二等奖；研究长期低剂量率伽玛射线连续照射下对造血干细胞、造血微环境的幅射损伤与恢复机理，获军队科学技术进步奖一等奖；发现4～5月龄胎肝中含有最丰富的造血干细胞，并据此合作完成了世界首例胎肝移植对急性重度骨髓型放射病人治疗；证实并深入研究了胎儿肝脏中存在的造血刺激因子、肝细胞生长因子和低分子抑瘤物等三类因子。20世纪末以来，开展腺病毒载体介导的多种多基因肿瘤实验治疗，显示了良好的前景。

发表论文200余篇，编有《吴祖泽院士科技文选》（2005年）；撰有《造血细胞动力学概论》（1978年），主编《造血干细胞移植基础》、《血液生理》等专著。获国家和省部级奖励20余项。1995年获光华科学基金奖一等奖。 （陈 斌）

陈慰峰（Chen Weifeng） 中国江苏省人，1935年11月22日生于上海，2009年1月26日卒于北京。免疫学、肿瘤学、医学生物学。

1958 年北京医学院(北京医科大学前身,今北京大学医学部)医疗系毕业。一直留校任教,后任免疫学系教授。1979～1982 年留学澳大利亚墨尔本大学,获医学生物学博士学位。兼任世界免疫学会联合会执行委员会委员、亚洲大洋洲地区免疫学会联盟副主席、中国免疫学会副理事长等职。1995 年当选为中国科学院院士。20 世纪 80 年代初,创建中国内地首家 T 细胞研究室;率先在中国内地研究 T 细胞在胸腺内功能的成熟发育过程,首创两类高克隆效应单个 T 细胞培养系统,揭示出胸腺内 T 细胞功能发育规律,证明胸腺细胞是在髓质区以程序性、阶梯性特征实现功能成熟,主持"T 细胞在胸腺内的功能发育"获 1984 年国家卫生部科学技术进步成果奖甲等奖;证明胸腺基质细胞在 T 细胞受体蛋白表达、胸腺细胞功能成熟和细胞凋亡中的诱导作用;将研究领域扩展到分子免疫学这一内地薄弱的研究领域,积极推进国际合作研究;开展细胞因子基因克隆、表达、纯化及功能研究,其中证明 IL-10 是杀伤 T 细胞分化因子,IL-7 诱导早期 T 细胞表达,IL-4-LAK 具有抑制人淋巴白血病细胞在裸鼠实验中的致癌作用,原发性肾病的发病可能与 IL-4 产生过多相关等等;克隆多个全长及片断的胸腺发育相关新基因、肝癌抗原编码新基因;开发研制肝癌多肽疫苗作临床免疫治疗试用。1996 年亚太地区首届免疫学大会上,他率领的代表团集中展示了中国医学免疫学的开拓性成果,赢得国际同行高度评价。

发表论文 300 余篇;主编《医学免疫学》(2000 年第 3 版)等专著。多次获国家和部委级奖励,曾获何梁何利科学与技术进步奖。 (李孙演)

王正国(Wang Zhengguo) 中国安徽省人,1935 年 12 月 12 日生于福建漳州。野战外科学、创伤外科学、交通医学。

1956 年沈阳中国医科大学军医系毕业。第三军医大学交通医学研究所所长,研究员。1964 年前在北京军事医学科学院野战外科研究所工作,后该所并入重庆第三军医大学。1982～1983 年在美国宾夕法尼亚大学做访问学者。兼任国际意外灾害与交通医学协会南亚地区秘书长,全军战创伤外科专家组负责人,中华医学会创伤学会副主任,重庆市科学技术协会副主席,《中华创伤》杂志主编,《国际交通医学》杂志、《国际车祸预防与创伤控制》杂志副主编。1994 年选聘为中国工程院院士。

20 世纪 70 年代,在国际上首次系统阐述冲击波致伤机理和防治理论;在中国率先进行了创伤弹道学系列研究,共同提出高速武器致伤机理与防治原则。80 年代中期,与中国科学院力学研究所合作研制世界先进水平的系列生物激波管;建立居国际领先的系列生物激波管实验室;首次发现伤道肌原纤维"Z"线呈阶梯形分布等现象,查明与压力波方向有关,为延期缝合提供重要理论依据;在中国率先开展交通事故伤系统研究,创建和领导具有国际先进水平的大型撞击伤实验室;建立中国首家交通事故伤数据库,成立中国首家医一工结合,科研一教学一救治一体的交通医学研究所。

至 2001 年,发表学术论文 200 余篇;主编和参编《创伤学基础与临床》(2006 年)等专著近 30 部。获奖 10 余项,其中有 1992 年国家科学技术进步奖一等奖,1996 年首批全军专业技术重大贡献奖,1997 年何梁何利科学与技术进步奖,1998 年狄贝克国际军医奖(是获奖的第一个亚洲人)。1999 年中央军委通令为他记一等功。 (李孙演)

毕晓普,J. M.(Bishop, John Michael) 美国人,1936 年 2 月 22 日生于美国宾夕法尼亚州约克市。病毒学、肿瘤学、分子生物学。

1957 年在宾夕法尼亚州获葛底斯堡学院文学士学位。同年入读哈佛大学医学院。1959～1960 年在波士顿的马萨诸塞总医院任病毒学研究助理。1961 年入哈佛大学医学院细菌学和免疫学科复读,1962 年获医学博士学位。同年回马萨诸塞总医院做内科临床工作。1964 年转入国家卫生研究院细胞生物学部任研究助理。1967～1968 年到联邦德国汉堡市海因里希一彼得研究所任访问学者。返回美国后,进入旧金山加利福尼亚大学医学院,在微生物学系任助理教授,1970 年为副教授,1972 年任微生物学与免疫学系教授。1981 年兼任胡珀研究基金会主任。1982～1985 年兼任国立癌症研究所顾问。1982 年兼任马萨诸塞总医院学术顾问。1985 年兼任著名的霍华德·休斯研究所医学顾问。1986～1988 年兼任国家卫生研究院顾问。是美国国家科学院、美国文理科学院院士。

20 世纪 70 年代,与 H. 瓦穆斯等人致力于癌基因研究。当时已有人提出"癌病毒"、"前病毒"和"病毒基因一癌基因"等假说,他和瓦穆斯也开始同一方向的研究工作。他们使用劳斯肉瘤病毒作为开始阶段的实验模型,主要应用的是各种分子生物学方法。1976 年发现病毒中的癌基因并不表达真正的病毒基因,而是表达病毒在细胞内复制期间早已获得且长期携带的细胞基因。这种细胞基因在细胞内具有调控细胞生长和分裂的功能。这样的细胞基因一癌基因现在已经发现有 40 种之多。这表明,病毒基因一癌基因的假说必须作一修正,癌基因并非细胞的外来之物,而是细胞遗传器的主要构成部分;它们只是在其结构或其自身的控制受到致癌因子激活后才背叛细胞的。在这样一些癌基因中,确有一部分存在于逆转录病毒之中,但这一事实只能说明肿瘤病毒学仍应继续研究下去,只是观念应该有所改变。

1976 年与瓦穆斯合写论文"和禽类肉瘤病毒转化基因相关的 DNA 存在于正常的禽类 DNA 之中"。1982 年发表论文"癌基因"等。因发现癌基因与瓦穆斯两人共享 1989 年诺贝尔生理学或医学奖。获得至少 15 项科学奖励和荣誉称号。 (赵家业 傅杰青)

楚尔·豪森，H.（Zur Hausen，Harald） 德国人，1936年3月11日生于德国盖尔森基兴。*病毒学、肿瘤学、免疫学、妇科学、细胞生物学。*

先后在德国波恩大学、汉堡大学和杜塞尔多夫大学学医，1960年获杜塞尔多夫大学医学博士学位。留校任教，1962年任微生物研究所实验室助理。1966年在美国费城儿童医院病毒学实验室工作，随后成为宾夕法尼亚大学助理教授。1969年回国，任维尔茨堡大学病毒学研究所教授。1972年任埃尔朗根－纽伦堡大学病毒学教授。1977年任弗赖堡大学病毒学与卫生学系主任。1983年任海德堡大学医学教授、德国癌症研究中心科学顾问委员会主任，2003年退休任荣誉教授。是《国际癌症》杂志主编。2002年当选为美国国家科学院外籍院士。先后获美国、瑞典、捷克、英国、芬兰和德国多所大学荣誉博士学位。

国际病毒学权威之一，毕生致力于人类乳头状瘤病毒（HPV）研究。20世纪70年代初，他和L.吉斯曼（Lutz Gissmann）首次分离出导致生殖器疣的HPV-6亚型；后又发现猴子淋巴细胞瘤病毒是新近发现的人类口腔细胞瘤病毒的近亲。1976年，他发表论文推测宫颈癌很可能与人类乳头状瘤病毒有关。宫颈癌是妇女第二大多发癌症，全世界每年新增50万患者。鉴于HPV病毒家族变种繁杂而庞大，而且其中某些致癌类型的DNA（脱氧核糖核酸）仅有部分进入癌细胞基因组，造成筛查研判过程难度很大。1983年他在宫颈癌切片中发现可致癌的HPV-16型病毒，1984年又从患宫颈癌病人处克隆到HPV-16和HPV-18型病毒。后来，在全世界各地70%的宫颈癌切片中，都发现存在这两种类型病毒。他进而发现，第三、第四大病毒亚型HPV-45和HPV-31也可能导致宫颈癌。至今已知的100多种HPV中，近40种影响生殖道，有15种可引发妇女患宫颈癌的高风险。临床证实，99.7%患宫颈癌患者可检到该病毒多型变种，其中95%病例可归咎于豪森发现的四大亚型。豪森的重大发现，使得宫颈癌成为迄今病因最明确的一种癌症，在此基础上开发的疫苗使之成为人类可预防和根除的第一种恶性肿瘤。2006年，据此开发的疫苗保护率超过95%，保护期超过6年。疫苗降低了进行手术的必要性，减轻了全球卫生体系的负担。

代表作有《感染所致的人类癌症》（2006年）。鉴于发现人乳头状瘤病毒是子宫颈癌成因，与法国两位病毒学家F.巴尔－西诺西和L.蒙塔尼分享2008年诺贝尔生理学或医学奖。此外，1975～2008年还获其他大奖近10项，其中有1975年科赫奖、1986年莫特奖、2004年德国大十字勋章、2006年科利奖、2008年盖尔德纳国际奖等。（李啸虎）

俞梦孙（Yu Mengsun） 中国浙江省人，1936年4月3日生于上海。*航空医学、生物医学工程、仪器研制。*

1954年空军军医学校毕业。空军航空医学研究所研究员、高级工程师、医学工程研究中心主任，解放军北京新兴生物医学工程研究中心总工程师。兼任中国生物医学工程学会副理事长、名誉理事长等职。1999年当选为中国工程院院士。

先后研制出三大类20余种型号生理、物理遥测和磁记录系统，广泛用于医学临床监护、航空工程和地质地震监测等领域。1958年研制出中国第一台航空生物医学遥测装置，成功遥测了处于3 500米高空的飞行员身体状况。20世纪60年代初，研制出航空生物遥测、生理示波记录系列装置，遥测12千米高度和300千米飞行半径内的飞行员，获得加速度、心电图、脑电图、呼吸等12种生理、物理信息，使中国成为继美国、苏联之后拥有该技术的国家。70年代，研制歼击机火箭弹射救生装置，在国际上首次建立冲击载荷下人体脊柱动态响应模型，取得火箭弹射过载曲线，成功解决零高度弹射跳伞救生难题。80～90年代，开发出的19种医学测量仪器与技术，作为“军事航空医学研究”重要构成，同获1985年国家科学技术进步奖一等奖；将当年他为中国国家领导人设计和使用过的心电遥测监护仪，改进为全信息动态心电图记录分析系统，获军队科学技术进步奖一等奖；开发多种高抗干扰电生理仪器，其中“群浮地全隔离插件式病人监护网络”获1998年国家科学技术进步奖二等奖；率先在国际上实现仅用心动周期的睡眠分析，并发展成无电极检测技术。

撰有《生物医学工程的今天与明天》（1998年）等专著。获国家和部委级奖励10余项，其中有2002年何梁何利科学与技术进步奖。（李孙演）

简悦威（Kan，Yuet-Wai） 华裔美国人，1936年6月11日生于中国香港。*血液学、基因诊断学、分子生物学。*

1958年香港大学医学院毕业。留校任教。1981年获该校理学博士学位。1970年起历任美国哈佛大学医学院小儿科副教授、旧金山加利福尼亚大学医学与实验医学系教授、戴蒙德讲座教授等职。1981年当选为英国皇家学会会员。1988～1990年兼任美国总统科学奖评审委员。1989年当选美国血液学会会长。1990年起兼任香港大学分子生物学研究所所长。先后当选为美国国家科学院院士、第三世界科学院院士、中国台湾“中央研究院”院士。1996年当选为中国科学院外籍院士。

1976年在国际上首次应用液相DNA（脱氧核糖核酸）分子杂交法诊断血红蛋白巴氏水肿胎儿，开创了基因诊断之先河；1978年发明利用限制性内切酶片断多态性跟踪人类基因变异新技术，并将此应用于基因诊断和产前诊断，首次从羊水细胞中成功诊断出镰形细胞贫血遗传疾病，自此越来越多的致病基因及其连锁DNA标记被克隆，基因诊断以惊人速度向前发展；对α与β地中海贫血基因定位分型与表达调控等规律进行了大量深入研究，其中率先通过测定α地中海贫血患者的珠蛋白链杂交程度以确定其基因缺失情况；他也是细胞特异性基因转移技术的创始人，首先采用红细胞生成素多肽与反转录病毒载体外壳蛋白组成嵌合蛋白，实现红细胞特异性基因转移，在国际基因治疗研究领域引起了广泛关注，产生了深远影响。此外，主持资助中国学者的专门基金会，多次到中国访问讲学，帮助建立转基因动物实验室等。发表论文200余篇。1991年获拉斯

克奖。 （李孙演）

陈亚珠（Chen Yazhu） 中国浙江省人，1936年7月23日生于浙江宁波鄞县。生物医学工程、医学仪器研制。

1962年上海交通大学电机系毕业。一直留校任教，上海交通大学生命科学技术学院教授、生物医学仪器研究所所长。1996年当选为中国工程院院士。

中国当代著名女专家。早期从事过电压防雷保护、高电压绝缘设计、静电场数值计算等领域的研究，其中"防雷配电变压器研究与推广应用"获1985年国家科学技术进步奖三等奖。20世纪80年代及后，在中国率先将新兴科学及工程技术应用于无创伤医疗领域，取得了一系列实质性进展。1985年底，主持研制的肾结石体外粉碎机临床试验获得成功，达到国际先进水平，现已治疗患者上百万人次，替代进口产品节约外汇数千万美元，在中外推广应用中赢得了声誉，产生了可观的社会效益和经济效益，其中液电冲击波体外粉碎肾结石技术获1987年国家科学技术进步奖一等奖，肾结石粉碎机推广应用获1993年国家教委成果推广奖二等奖。90年代以后，她又研制成功良性前列腺射频热疗仪、尿流动力学检查仪等高科技医疗设备，取得优良的临床效果；主持户内220 千伏配电装置的最小净距的研究；研制成功SCL环氧浇铸变压器；进而致力于超声领域的肿瘤治疗设备关键技术研究，主持开发一系列新型生物医学仪器，其中有平面阵列相控聚焦超声治疗系统、多元阵列相控高强度聚焦超声辐射治癌系统、口腔癌超声热疗系统、多极射频治癌系统、热疗－化疗－放疗联合治癌系统等大型治癌设备，已经完成或正在进行临床研究。发表论文100余篇；拥有发明专利近20项。获国家和省部级科学技术奖多项。 （朱家安）

穆拉德，F.（Murad，Ferid） 美国人，1936年9月14日生于美国印第安纳州怀廷。药理学、药物化学、生物化学。。

父亲是阿尔巴尼亚移民，在怀廷开饭馆，父母在饭馆内长期辛勤劳累，穆拉德意识到唯有获得高等教育，才能改变这种处境。12岁时立志成为一名医生。1954—1958年在印地安那州绿湾的一所大学学习，因成绩优异，获该校的奖学金。1958年进凯斯西储大学攻读双博士学位，1965年毕业获医学博士和药理学博士学位。1967年在麻萨诸塞总医院作实习医师与住院医师。1970年任弗吉尼亚大学药理学副教授，并组建一个新的临床药理学研究室，1975年升任教授。1981—1989年任斯坦福大学医学院内科学和药理学教授。1990年加盟美国制药公司任副董事长。1993年成为一个新的生物技术公司的创始人、首席执行官。1995年起任德克萨斯大学休斯顿医学院综合生物学和药理学系教授兼系主任，并在该校建立一个临床药理学研究室。1997年当选美国国家科学院院士，1998年成为美国国农业用地医学科学院院士。

1977年，他在弗吉尼亚大学工作时已经开展了一氧化氮（NO）的生物学作用的研究。他研究了硝酸甘油等血管舒张药物所引起的人体生理反应机制，发现这些药物会释放NO，从而使血管平滑肌松驰。由此推测内源性因子例如激素可能也通过NO发生作用。提示NO可能作为一种信使传递物质对神经系统起作用。在正常情况下，神经元合成和释放适量NO，参与多种神经功能，若合成释放过多，则会诱发细胞毒作用，导致细胞损伤，加速神经元调亡或死亡。于是在1977年当年发表论文，认为NO可以激活鸟苷酸环化酶，而血红蛋白可抑制这些活性。因此他是一氧化氮-环鸟苷酸（NO-cGMP）早期研究的开拓者。1986年，R. 弗奇戈特和L. J. 伊格纳罗通过一系列实验分析，证明血管内皮舒长因子（EDRF）即是NO。

这一发现在药物学上的应用，便是壮阳药"伟哥"的发明。诺贝尔评奖委员会在颁奖颂辞中评价说："这是第一次发现一种气体可在人体中成为信号因子"。一氧化氮竟对人体器官行使重要的功能，这项发现带动了全球各地许多实验室的研究活动。因此，穆拉德与弗奇戈特、伊格纳罗共享1998年诺贝尔生理学或医学奖。此外，1996年，他曾与弗奇戈特共获拉斯克奖。

1998年获诺贝尔奖之后，美国德克萨斯州和俄亥俄州的多所大学聘任他为医学和生物化学领域的教授或研究所主任。2000年，他当选为美国艺术与科学院院士；2007年，他被聘为中国科学院外籍院士。 （张慰丰）

钟南山（Zhong Nanshan） 中国福建省人，1936年10月20日生于江苏南京。呼吸内科学、传染病学、公共卫生学。

1960年北京医学院（今北京大学医学部）医疗系毕业。留校任教。1971年调到广州医学院第一附属医院工作。1979～1981年在伦敦大学医学院进修和合作研究。1985年后被指定为中央领导保健医生。1992～2002年任广州医学院院长，后任广州呼吸疾病研究所所长，教授。兼任联合国世界卫生组织医学顾问，中华医学会呼吸学会副主任、中华医学会会长，广东省科学技术协会副主席，广东省防治非典型肺炎医疗救护专家指导小组组长等职。1996年当选为中国工程院院士。

早期参与对慢支炎病人进行中西医结合分型诊治研究，获1978年全国科学大会一等奖；在英国合作研究期间，冒险用自身作试验阐明了吸烟（肺内一氧化碳增加）对慢支炎病人血红蛋白解离曲线的作用规律，以及高（低）氧对人工通气病人肺内分流作用特点，先后取得6项研究成果；创立简易气道反应性测定法，首次证实并发展了"隐匿型哮喘"概念，阐明支气管哮喘和气道高反应性恶性循环的内在关系；首次证明低剂量茶碱联合皮质类固醇吸入治疗哮喘的优越性；参与起草联合国《哮喘防治全球战略》文件；研制电脑化膈肌功能测定仪，首次证实早中期慢阻肺病膈肌耐力减低，探讨了无创通气恢复膈肌张力的途径；创建运动隔肌功能测定法，揭示慢阻肺及肺心病人不良营养状态；制定中国人基础耗能校正公式，研制出中国特色的全营养素"优特力生"；推广科学研究成果，将各类型呼吸衰竭抢救成功率提高到85%以上；在2003年沙斯(SARS)病毒引起非典型肺炎流行期间，大胆否定权威机构"病因是典型衣原体"的误判，提出一套行之有效救治方法，为广东卫生行政部门及时制定救治方案提供了决策依据，大大提高危重病人抢救成功率，明显缩短治疗时间，世界卫生组织专家组认为其经验有世界性指导意义。

发表论文100余篇；出版专著两部。获国家和省部级奖励10余项。2004年获国家人事部、卫生部白求恩医学奖。此外获伦敦大学医学院、墨西哥国际变态反应边缘科学协会"荣誉学者"等多种荣誉称号。（朱孙演）

夏家辉(Xia Jiahui)　中国湖南省人，1937年2月生于湖南桃江(今属湖南益阳市)。医学遗传学、基因工程、分子生物学。

1961年湖南师范大学生物学系毕业。中南大学湘雅医学院(原湖南医科大学)教授，医学遗传学国家重点实验室学术委员会主任。兼任"国际人类染色体异常目录"顾问、国际《人类遗传学》杂志编委、中国《遗传》杂志副主编等职。1999年当选为中国工程院院士。

20世纪70年代，1972年以来为10 000余名遗传病患者鉴定染色体或基因，发现中国人世界首报染色体异常核型1 000余种；1976年发现一条与鼻咽癌相关的标记染色体。80年代，1981年在国际上首次定位人类睾丸决定基因，受到中外专家高度关注；建立早期产前遗传性疾病诊断技术；在中国首创寡核苷酸介导的人类高分辨染色体显微切割、聚合酶链反应基因定位微克隆技术。90年代及后，建立中国人体染色体异常数据库；1997年在中国首建"基因家族－候选疾病基因克隆"计算机克隆成套技术，至今已克隆出近10个与遗传病相关的基因全长，并在国际基因库登记；1998年在世界上首次克隆成功位于1号染色体短臂上的神经性高频性耳聋致病基因(GJB3)，在中国本土实现了克隆遗传病疾病基因"零的突破"；2000年在世界上首次定位一种遗传性皮肤病基因。

主编或与他人合撰《染色体病》(1989年)、《世界首报中国人染色体异常核型图谱》(1993年)、《中国人类染色体异常核型数据库》(1996年)等5部著作。1996年至今获10余项国际发明专利。多次获奖，其中全国科学大会奖1项，2000年国家自然科学奖二等奖1项，国家科学技术进步奖二等奖5项，国家卫生部科学技术成果奖一等奖4项；1999年获国家教育部首届长江学者成就一等奖，何梁何利科学与技术进步奖。（李孙演）

沃伦，J. R.(Warren, J. Robin)　澳大利亚人，1937年6月11日生于澳大利亚阿德莱德。病理学、微生物学。

1961年获澳大利亚阿德莱德大学理学士、医学士双学位。同年任伊丽莎白女王医院初级医务官。1962年成为阿德莱德大学医学与兽医学研究所血液学和临床病理学专科住院医生。1964年到皇家墨尔本医院任临床病理学专科住院医生。1968～1999年任皇家珀思医院病理医师。期间1967年入选澳大利亚皇identifier医学科学院院士。1997年获西澳大利亚大学荣誉医学博士学位。

最突出的贡献是发现了幽门螺杆菌在人胃中的存在，以及它在胃炎、胃溃疡等疾病中所起的作用。1979年，他在皇家珀思医院任病理医师，已从胃炎病人的活体检查材料中发现了一种细菌，但受到同行的质疑，认为充满强酸性胃液的胃内不可能允许此种细菌的生存。此后两年中，他进一步发现此种细菌同某种类型的胃炎有关，但因未能从病人的活体材料中分离出此种细菌的纯培养物，而使此项研究停顿下来。1981年，同院的消化科住院医师B. J. 马歇尔主动与他合作，继续这一课题的研究。1982年，马歇尔成功地分离出此菌的纯培养物，后经细菌学家精确鉴定，此菌被定名为幽门螺杆菌。翌年，他们两人共同在英国著名的医学期刊《柳叶刀》上发表论文，提出幽门螺杆菌可以感染人类个体从而引起胃炎和胃溃疡。此后，沃伦发现了这种细菌之所以能在人体胃内强酸环境中生存，是由于它生长于胃的内表面上皮细胞中，一方面受到一层厚厚的胃黏液的保护，另一方面它所产生的尿素酶又能迅速将尿素分解成氨和二氧化碳，使这种细菌周围形成起保护作用的碱性层。而马歇尔一方面勇敢地用自身进行试验，证实了幽门螺杆菌确有他们论述的那种致病作用，另一方面又提出了这种病的快速诊断法和较高疗效的治疗方法。上述工作此后逐渐在医学界得到广泛认可，人们的进一步研究还发现讲究个人卫生和公共卫生能减少幽门螺杆菌在人际之间传播，降低由这种细菌引起的胃炎和胃溃疡的发病率。

由于他和马歇尔的上述突出贡献，两人分享了2005年诺贝尔生理学或医学奖。他还获得其他奖励多项，其中和马歇尔分享了1994年阿尔伯特奖、1995年澳大利亚医学协会医学奖、1997年埃利希奖；此外单独获1995年澳大利亚皇家医学科学院杰出院士奖，1996年的首届西太平洋幽门螺杆菌会议讲演奖、日本广岛大学奖章、阿德莱德大学杰出校友奖，以及1998年弗洛里百年奖章等。（宣焕灿）

卡佩奇，M. R.(Capecchi, Mario Renato)　美国人，1937年10月6日生于意大利维罗纳。遗传学、基因工程、分子生物学、生物医学。

1961年获美国俄亥俄州安蒂奥克学院化学和物理学双学士学位。同年进马萨诸塞理工学院，学习物理学和数学。不久转读哈佛大学，师从J. 沃森(1962年诺贝尔生理学或医学奖得主之一)，1967年获生物物理学博士学位。留校任教，1969年任该校医学院生物化学系助理教授，1971年任副教授。1973年任犹他大学医学院遗传学实验室主任，1977年任人类遗传学与生物学教授，后任杰出教授、人类基因系主任。1988年兼任霍华德·休斯医学研究院研究员。1991年入选美国国家科学院院士。2002年入选欧洲科学院外籍院士。

20世纪60年代，他在哈佛大学发现导致蛋白质合成的分子机制。1977年始，在犹他大学进行一系列实验研究，在分子层次上探索细胞基因的结构与功能关系。80年代，分子生物学基础理论和基因测序技术逐步建立，如何确定一个基因的基本功能，已成了学科主要课题。他提议在体外构建体内的基因缺陷模式，然后通过观察异常表现来反证正常基因的功能。可是这种合理思路却遭到了许多科学家怀疑，美国国家卫生研究院甚至撤消对他的项目资金支持。然而他说服了大学同窗创办的生物公司投入资金，继续开发基因打靶技术。1986年，英国的M.J.埃文斯在体外培养成功早期胚胎干细胞，这给了卡佩奇极大灵感。1987年，他尝试用老鼠胚胎干细胞进行同源重组，然后用重组干细胞移植到胚胎中得到活体基因缺陷小鼠，以便进行各种基因功能测试，使基因打靶技术初见雏形。1989年，他发表论文介绍小鼠基因打靶技术，立刻引起科学界轰动。自此，全球数千名科学家先后运用基因打靶法，在各自领域研究老鼠体内上万种基因，并对照攻克人类各种基因缺陷疾病。

1990年5月，在美国国家卫生研究院安德森(Anderson)教授吁请下，卡佩奇决定采用基因打靶技术治疗一位患严重复合型先天性免疫缺陷症的4岁女孩，她出生后一直待在一个无菌罩内生活，否则就会感染致死。当年7月，美国药物和食品管理局批准了这一基因治疗方案。经过数月上百次电穿透打靶试验，卡佩奇和安德森最终确定：病孩身上的ADA基因缺陷导致免疫系统缺失。在卡佩奇建议下，安德森用腺苷酸脱氨酶注入女孩细胞的方法来弥补这个致命的免疫缺陷。经两个月治疗后，女孩体内的免疫系统指标、白血球数量、淋巴细胞指数都接近正常人水准。这是全球第一例真正意义上的基因治疗，也是医学史上划时代事件。自此，基因打靶技术逐渐成为一项研究人体内特定基因功能的基本技术，并在内分泌学、肿瘤学、免疫学、神经生物学和人类遗传学等诸多领域取得重要突破。

由于上述重大突破，他与英国的M.埃文斯和美国的O.史密西斯三人同获2007年诺贝尔生理学或医学奖。他们还同获2001年美国拉斯克基础医学奖。此外，1992年起还获逾20项其他大奖，其中有1993年盖尔德纳国际奖，1994年斯隆癌症研究奖，2001年美国国家科学奖章，2002年沃尔夫医学奖等。

富有传奇色彩的是，2007年当诺贝尔奖评奖委员发布这一授奖信息时，一位68岁的奥地利妇女闻讯声称卡佩奇是她多年走失的同父异母兄弟。2008年，他在意大利同其相遇，证实确是他的妹妹。 （李啸虎）

顾玉东(Gu Yudong) 中国山东省人，1937年10月19日生于山东章邱。手外科学、整形外科学、显微外科学、康复医学。

1961年上海第一医学院(上海医科大学前身)医疗系毕业。留校在附属华山医院手外科工作，1986年任上海医科大学教授。复旦大学上海医学院(原上海医科大学)教授，附属华山医院手外科主任、国家卫生部手功能重点实验室主任、上海市手外科研究所所长。兼任中华医学会手外科学会主任、《中华手外科》杂志主编等职。1994年选聘为中国工程院院士。

1966年参与实现世界第一例足趾移植再造拇指；提出判断足趾移植后血循环危象的分类法。20世纪70年代后，在诊治臂丛神经损伤中首创膈神经移位术，居当时国际领先地位；创立肢体创面皮瓣修复术。80～90年代，首创静脉蒂动脉化游离腓肠神经移植简易方法治疗长段神经缺损，被中外广泛应用；在足趾移植中设计二套血供方法，明显提高手术成功率；开发多组神经位移治疗法，优良率达84.6%以上，居当时国际领先地位；首创健侧颈神经移位术，开辟了难治性臂丛根性撕脱伤治疗新途径；在四肢软组织缺损治疗中，先后首创小腿外侧皮瓣、静脉干动脉化皮瓣新方法；采用神经再接术全部或部分恢复产瘫儿肢体功能，使数百个新生儿重新获得健康；在显微外科基础研究中，揭示血管内皮细胞愈合机制、平滑肌酶变化规律、组织移植血循机制。

发表论文近200篇；主编撰写《臂丛损伤与疾病的诊治》(1993年)、《手的修复与再造》(1996年)、《显微外科手术图谱》(1997年)等专著。1985年至今获国家和省部级奖逾20项，其中国家科学技术进步奖二等奖4项，国家发明奖二等奖1项；此外获白求恩奖章等。1996年被评为上海市科技功臣。 （李孙演）

巴尔的摩，D.(Baltimore, David) 美国人，1938年3月7日生于美国纽约。病毒学、肿瘤学、免疫学。

1960年获斯沃思莫尔学院学士学位。1964年获洛克菲勒大学生物学博士学位。1964～1968年在索尔克病毒学研究所研究病毒。1968年任马萨诸塞理工学院微生物学系副教授，1972年升为教授。1979～1982年在美国国家卫生研究院重组脱氧核糖核酸(DNA)顾问委员会工作。1982～1990年任怀黑德研究所所长。1990～1991年任洛克菲勒大学校长。1994年任马萨诸塞理工学院科特雷讲座教授。1996年出任美国艾滋病疫苗研究委员会主席。1997年出任加利福尼亚理工学院院长。是美国癌症学会终身研究教授。1974年入选美国国家科学院院士。是美国文理科学院院士。妻子艾丽斯·黄(Alice Huang)是同事和合作者。

早在学生时代，为了探索细胞内的核糖核酸(RNA)病毒如何在没有脱氧核糖核酸(DNA)的参与下繁殖，就开始研究非肿瘤RNA病毒如脊髓灰质炎病毒和门果(Mengo)病毒。发现病毒基因组RNA就是病毒蛋白合成所需的信使RNA。毕业后和同事在索尼研究所和马萨诸塞理工学院继续研究该病毒，发现这些病毒内有许多活性基因系统。在研究另一种RNA病毒水泡性口炎病毒时，发现该病毒的信使RNA顺序与病毒颗粒内的RNA顺序互补，并证实复制这种信使RNA所需的聚合酶是由病毒颗粒带人宿主细胞内的。后来他集中研究逆转录病毒，即RNA肿瘤病毒，发现劳谢病毒和劳斯肉瘤病毒有一种核糖核酸酶敏感的DNA聚合酶，即逆转录酶，它能将遗传信息从RNA传递给

DNA;并证实该酶能复制具有传染性的 RNA 病毒。还创立了一些方法来研究细胞培养过程中白血病病毒如何促使白血病细胞产生的。

参与主编《动物病毒学》(1976 年)、《分子细胞生物学》(1986 年)等著作。因独立发现逆转录酶,并阐明 RNA 病毒在动物细胞内繁殖的机制以及与肿瘤的关系,与 R. 杜尔贝科和 H. M. 特明分享 1975 年诺贝尔生理学或医学奖。还获 1971 年的科利奖。 (叶蒙福)

石学敏(Shi Xuemin) 中国天津市人,1938 年 6 月 6 日生于天津。中医学、针灸学。

1962 年天津中医学院毕业。一直留校任教,教授、主任医师,天津中医学院副院长,天津中医学院第一附属医院院长、名誉院长,天津市针灸研究所所长。兼任中国针灸学会副会长、德国巴伐利亚州中国传统医学院第一副院长、美洲中医学院及中医研究院名誉院长、天津针灸学会会长、天津市石天药业有限责任公司董事长等职。1999 年当选为中国工程院院士。

20 世纪 60 年代,开始潜心研究中风病临床治疗,博览古籍,博采众长。70 年代初创立"醒脑开窍针刺法",开现代针灸治疗脑血管疾病的先河,享誉海内外。石氏针法构思新颖、配穴严谨、大胆创新,疗效明显优于传统针法和药物疗法,至今治疗中外患者达百万余人次,挽救无数生命于垂危,成果获 1995 年国家科学技术进步奖三等奖(系针灸界至今最高奖项),1998 年入选国家中医药十大科学技术成果推广项目。

他率先提出针刺手法量学理论,并开展相关研究,确立捻转补泻手法新定义和量化操作,使传统针刺手法向规范化、定量化发展;应用针刺治疗血管性痴呆,疗效明显优于药物对照组;从生物化学基因水平等多角度、多层次探索和揭示了针刺机制;研制开发治疗中风的国家三类新药"丹芪偏瘫胶囊",使中药结合针灸疗效提高到新水平;在某些急、危、难、重症治疗和研究、腧穴及经络病研究等方面有多项成果。此外,在针灸人才培养,推动针灸走向世界等方面做了大量卓有成效工作。

发表论文数十篇;出版著作近 20 部。获国家和省部级奖励近 20 项,是国家"七五"、"八五"、"九五"立功奖章获得者;此外获 2000 年何梁何利科学与技术进步奖、2001 年中国科学技术协会"求是杰出科学技术成就集体奖"。 (朱素珍)

王永炎(Wang Yongyan) 中国天津市人,1938 年 9 月 29 日生于天津。中医内科学、中药学、中医学管理。

1962 年北京中医学院(今北京中医药大学)医疗系毕业。留校任教,后任主任医师、教授,曾任附属东直门医院脑病研究室主任;1982 年起先后任北京中医学院院长,北京中医药大学第一副校长、校長,中央医疗保健会诊医师。1998 年起出任中国中医研究院(今中国中医科学院)院长、名誉院长,兼北京针灸骨伤学院院长。兼任中华中医药学会副会长及内科学会主任、中国民族医药学会常务副会长等职。1997 年当选为中国工程院院士。

专长防治中风病和脑病等急症,先后主持部局级以上课题 20 余项。师从老中医董建华教授,广采医林各家所长,总结多年临床经验,逐步在理、法、方、药各方面自成体系。提出证候演变、辨证治疗、调摄护理方案;归纳"气血逆乱犯脑"病机特点,创立中风病急性期的通腑化痰法,主持研制化痰通腑饮、清开灵注射液,率先用于治疗缺血性、出血性中风,疗效显著,抢救危重病人常有起死回生之功,其中清开灵注射液是中国急诊科室必备用药;主持制定"中风病中医诊断、疗效评定标准",首次采用医学计量学记分法评价疗效,开中医标准化管理之先河;主持制定全国中医药基本名词术语、中医病案书写、以及中医诊疗技术标准规范化研究工作;与世界卫生组织合作开展"脑血管的中医康复"项目;被国家科学技术部聘为首席科学家,承担国家重点基础研究发展规划(973)项目"方剂关键科学问题的基础研究",创建了以方剂组分配伍研制现代中药的新模式,提出了 4 种设计方法,搭建了 3 种公共技术平台,研制了多种现代中药,取得重要进展。

发表论文 120 余篇;主编和参编《脑血管病》、《中风病要览》、《临床中医内科学》等专著教材 15 部。获奖励 10 余项。获全国五一劳动奖章;此外获香港求是科学技术基金中医药现代化杰出科技成就奖,1998 年何梁何利科学与技术进步奖等。 (朱素珍)

巴德年(Ba Denian) 中国吉林省人,1938 年 10 月 27 日生于吉林四平。肿瘤免疫学、生物医学工程、医学管理。

1962 年哈尔滨医科大学医疗系毕业。1968 年北京医科大学(今北京大学医学部)研究生毕业。1982 年获日本北海道大学医学院癌症研究所博士学位。历任黑龙江省肿瘤研究所副所长、教授兼所长,哈尔滨医科大学副校长,黑龙江省医学科学院院长,中国地方病防治研究中心主任,中国驻日本大使馆教育参赞等职。1992 年出任中国医学科学院院长、中国协和医科大学校长。兼任中华医学会副会长、中国免疫学会理事长、中国生物医学工程学会名誉理事长、黑龙江省科学技术协会副主席等职。1994 年选聘为中国工程院医药卫生工程学部院士,2000 年又当选为该院工程管理学部院士。是美国国家科学院外籍院士。

长期从事肿瘤免疫学研究和医务管理工作。在中国较早开展癌转移机理及其防治途径研究,建立 5 种高转移动物模型;从人肺腺癌分离出一种具有稳定高转移性能的细胞株;20 世纪 80 年代初,在世界上首次发现抗胸腺自家抗体,找到了高血压大鼠免疫功能低下的原因,用胸腺移植等免疫重建方法,在国际上首次提示免疫功能异常与高血压发生的关系;在中国率先开展淋巴因子激活的杀伤细胞(LAK)研究,将 LAK 疗法用于临床,在防止癌转移方面取得良好效果。

发表论文百余篇;主编《当代免疫学技术与应用》、《当代医学进展与应用》等丛书,参编《癌症免疫学》(英文)等专著。获国家和省部级奖励多项。此外,获日本高桑荣松医学业绩优秀奖,1997 年北美华人生命科学成就奖,1998 年美国中华医学基金会医学杰出贡献奖

等。（李孙演）

曾溢滔(Zeng Yitao) 中国广东省人，1939年5月27日生于广东顺德。*血液学、医学遗传学、基因工程。*

早年在广东省仲恺农业学校学习蚕桑专业。1962年毕业于复旦大学生物学系，1966年复旦大学遗传学研究所研究生毕业。上海市儿童医院上海医学遗传研究所所长、研究员，上海交通大学医学院教授、医学遗传研究所所长，附属上海市儿童医院主任医师；同时任国家卫生部医学胚胎分子生物学重点实验室主任，上海市胚胎与生殖工程重点实验室主任。1994年选聘为中国工程院院士。

长期从事遗传病的基因诊断与基因治疗、胚胎工程和转基因动物的研究，在防治遗传性疾病和发展生殖工程领域有所建树。先后发现8种世界新型异常血红蛋白类型，并进行血红蛋白病的分子结构分析和基因诊断；攻克血友病等5种主要遗传病的基因诊断和产前诊断；通过珠蛋白基因表达的遗传控制，进行β地中海贫血的基因治疗；1991年在国际上首次测定了牛的性别决定基因的DNA(脱氧核糖核酸)序列，并成功地通过鉴定奶牛胚胎性别决定基因来控制其性别选择，成为当年中国农业科学技术十大新闻之一。20世纪90年代末后，将基因工程与胚胎工程有机结合，开展前沿性的转基因家畜和乳腺生物反应器研究，在国际上有广泛影响，其中有：创立了基因整合胚胎移植的转基因羊新技术路线，并与复旦大学遗传学研究所合作，于1997年底获得了转基因山羊，羊奶中含有人凝血因子蛋白表达的基因，被评为1998年中国十大科技进展之一；2000年又应用该技术路线，获得一头携带有人血清白蛋白基因的转基因试管牛。

发表论文400多篇；主编《基因和转基因动物》(1999年)、《人类血红蛋白》(2002年)等专著6部。先后获国家和省部级奖励30余次，其中国家科学技术进步奖二等奖3项，国家卫生部科学技术进步奖甲等奖3次。此外获全国五一劳动奖章、何梁何利科学与技术进步奖。（朱家安）

王威琪(Wang Weiqi) 中国江苏省人，1939年5月30日生于上海。*血液学、医疗器械研制、医学超声电子学。*

1961年复旦大学物理学系毕业。一直留校任教，后为首席教授，任校学术委员会工程技术分委员会主任、校学位委员会信息学科分委员会主任、电子工程系学术委员会主任等职。兼任国家医疗器械专家委员会委员、中国仪器仪表学会医疗器械分会副理事长、上海市生物医学工程学会副理事长等职。曾为东京工业大学等日本多所国立大学客座教授。是美国纽约科学院外籍院士。1999年当选为中国工程院院士。

长期从事研究医学超声信号的特征提取理论方法，以及超声成像基础理论、测量方法、测量系统等领域，取得多项首创或先进成果。20世纪80年代起，研究无创伤定量测定血流速度的方法和仪器，发明超声多普勒血流速度测量仪，用相互独立的双超声束多普勒效应定量检测量血流速度技术，获1985年国家发明奖二等奖；将超声和心电技术计算机信息化，发明微机自动测定的超声多普勒技术，建立无创伤评估肺动脉压、肺血流量、肺血管阻力的系统，与心导管术相关性好。90年代及后，发明S-1型医用超声多普勒技术分析仪、血流伪彩色实时声谱仪等一系列具有创新性的医疗器械和医学研究仪器。

发表论文200余篇；与他人合作出版专著7部。先后获国家和省部级奖励近20项；1988年获世界医学生物超声联盟和美国医学超声学会联合颁发的先驱奖。（李孙演）

阮长耿(Ruan Changgeng) 中国江苏省人，1939年8月14日生于上海。*血液病学、放射医学、仪器研制。*

原籍江苏苏州。1964年北京大学生物学系毕业。同年起一直在苏州医学院(今苏州大学医学院)工作，后任教授。1981年获巴黎第七大学国家博士学位。历任苏州医学院血栓与止血研究室主任、江苏省血液研究所所长、苏州医学院院长、中国核工业总公司核医学生物技术重点实验室主任等职。兼任国际原子能机构生物分子导向诊治研究顾问组成员、中国卫生部脑血管病防治领导小组成员、中国实验血液学会副主任委员、江苏省科学技术协会副主席等职。曾为美国南佛罗里达大学等校客座教授。1997年当选为中国工程院院士。

先后承担和完成中国和国际重点项目30余项。研制成功中国第一组抗人血小板等多种单克隆抗体；开发抗纤维蛋白单克隆抗体用于测定静脉血栓；研究富集铀对中心和周边免疫细胞的放射免疫毒性影响，并研制出具有抗辐射保护作用的IL-1和IL-2等系列细胞因子药物；主持研究烙铁头蛇毒血小板聚集。20世纪90年代及后，主持研究血小板膜糖蛋白结构与功能，血管壁的抗凝与纤溶，蛋白C系统抗凝血机理，抗人血小板单抗的研制及应用，以及血管性血友病及其相关基因等，取得一系列重要成果；此外发明放射免疫分析盒等仪器设备。

发表论文200余篇；主编《血小板：基础与临床》(1987年)、《血栓与止血：现代理论和临床实践》(1994年)、《血液学：现代理论及临床实践》(1997年)等专著4部。获国家和省部级成果奖逾20项。1994年获法国功勋骑士勋章。（朱素珍）

利根川进(Tonegawa, Susumu) 日本人，1939年9月5日生于日本名古屋。*免疫学、遗传学、分子生物学、脑与神经科学。*

1963年获日本京都大学化学专业理学士学位。同年赴美国圣迭戈加利福尼亚大学生物学系深造，1968年获博士学位。留校做博士后研究。1969年转至索尔克研究所工作，在R.杜尔贝科的领导下从事癌病毒研究。1971年由杜尔贝科介绍到瑞士巴塞尔大学免疫学研究所任研究员。1981年离开瑞士再次赴美国，在马萨诸塞理工学院癌症研究中心和生物学系任生物学教授，后任神经系统遗传学研究中心主任。2009年回日本任脑科学研究所所长。是美国国家科学院外籍院士，美国文理科学院外籍院士。

主要贡献是发现抗体多样性生成的遗传原理。人体可能遇到的抗原种类繁多，不下数十亿种。但是能够识别这些抗原的同样众多的特异性抗体，却由100万个左右基因所调控。机体对待抗原的这种巨大的变化能力，人们已经知道20余年，但其遗传背景一直没有得到合理解释。他利用分子生物学技术解释了抗体多样性：抗体(即免疫球蛋白)是由长链和短链组成的，它们又分别具有可变区与不变区两个部分。有3组基因(V、D、J)参加了长链可变区的产生；短链则只有V和J基因。在人类的长链中，各种V基因数大约为200，D基因为20，J基因为4。在抗体的功能基因即将产生时，V、D、J基因随机决定的基因组大约为200×20×4＝16 000个不同的可变区。加上从双亲得来的基因不同，以及短链上端还可形成上万种变异。这样抗体的种数就可能达到数十亿。在胚胎期细胞里，彼此远离的不同基因在B淋巴细胞的发育过程中逐渐移近，形成免疫球蛋白的基因也相应作了重新布置。他的试验具体地阐明了基因组中不同片段是怎样移近和重组、甚至“丢失”的。这样，最终形成了在成熟的B细胞中所见到的脱氧核糖核酸。因这方面的工作，获1987年诺贝尔生理学或医学奖。

代表作是“抗体多样性体发生的证据”、“为可变区和稳定区编码的免疫球蛋白基因的体重新排列之证据”、“抗体多样性体发生”等重要论文。除诺贝尔奖外，获得过多种国际奖励，包括科赫奖和拉斯克奖等。

(傅杰青)

程书钧(Cheng Shujun) 中国浙江省人，1939年12月2日生于江西玉山。肿瘤学、遗传毒理学。

1962年北京医学院(今北京大学医学部)毕业。1965年中国协和医科大学病理学系实验肿瘤专业研究生毕业。中国医学科学院肿瘤研究所研究员，任副所长兼北京协和肿瘤医院副院长等职。期间1978～1981年、1986～1987年先后在法国国家肿瘤研究所、美国俄亥俄大学医学院任访问学者；1992年、1996年先后在荷兰肿瘤研究所、美国安达生肿瘤研究中心任访问教授。兼任中国环境诱变剂学会副理事长、理事长，中国抗癌协会副理事长等职。1999年当选为中国工程院院士。

长期致力于肿瘤早诊、癌变机理及其预防等研究，对发展中国致癌物检测和遗传毒理学作出了重要贡献。主持建立了先进的致癌物快速检测系统；率先在中国系统研究食管癌、肺癌的致癌因素，并提出对策思路和举措；寻找和研究天然抗癌物质，其中发现绿茶及其主要成分儿茶素具有明显抑制癌变作用，同时发现天然儿茶素对人类尖锐湿疣和炎症增生有明显疗效，经美国食品和药物管理局(FDA)批准首次在美国成功进行了临床试验，并已获得国际发明专利，产生了重要的社会、经济效益和国际影响；建立了具有中国特色、可用于培养多人种、先进水平的上皮细胞无血清培养技术；首次建立4株中国人的永生化支气管上皮细胞系，并构建了人肺癌变前的病变模型；倡导以癌前病变发生与逆转机理作为中国当前肿瘤研究的主攻方向，成为国家重点基础研究首批入选项目；近期担任“恶性肿瘤发生与发展的基础性研究”首席科学家。发表论文百余篇。多次获国家和省部级奖励。

(李孙演)

瓦穆斯，H. E.(Varmus, Harold Eliot) 美国人，1939年12月18日生于美国纽约市长岛。病毒学、肿瘤学、分子生物学。

1961年获阿默斯特学院文学士学位。1962年获哈佛大学文科硕士学位。1966年获哥伦比亚大学内科与外科医学院医学博士学位。1966年到哥伦比亚一长老会医院做内科医生和医务管理。1968年进入美国国家卫生研究院任临床实验助理。1970年到旧金山加利福尼亚大学医学中心从事博士后研究，1972年为该医学中心微生物学和免疫学副教授，1979年为教授。1984年成为美国癌症学会分子病毒学教授。1993～1999年任美国国家卫生研究院院长。2000年任纽约市斯隆一凯特林肿瘤医院院长、董事长。2008年任奥巴马政府科学技术顾问委员会联合主席之一。是美国国家科学院院士、美国文理科学院院士。妻子是新闻记者，生有两个儿子。

1970年起与M.毕晓普研究两株不同的劳斯肉瘤病毒，其中一株含有癌基因(后来被命名为SRC基因)，另一株则不含癌基因。创用了一种能选择性地确认基因的核酸探针，检测到在简单的有机体中也存在着癌基因蛋白质。后又证实癌基因在染色体上占有固定的位置。具有不同特性的细胞癌基因产物，可作用于复杂信号的不同位置。信号从一个细胞传送到另一个细胞，或在细胞本身中传递，都需要生长因子，而有些癌基因产物就起到生长因子的作用。要使生长因子能与细胞相互作用，又必须具备能够结合生长因子的受体(膜结构)，而受体具有独特的酶活性。有些不含癌基因的逆转录病毒亦可导致癌基因，这是由于该病毒将其非常接近正常癌基因的遗传物质以脱氧核糖核酸的形式掺入细胞的遗传物质中，从而导致异常的细胞生长。鉴于在人类逆转录病毒感染促使癌症发生的确切例子不多，所以可以认为该病毒在自然条件下对人类癌症的发生所起作用有限，但这并不否定肿瘤病毒学的进一步研究仍会给人以新的启发。1976年，他和同事发表研究结果，认为病毒中所谓的“癌基因”存在于所有物种的正常细胞中，经历漫长的进化，成为细胞的构成部分，可以调控细胞的正常生长与分裂，若一个或几个这种基因功能失常，则会使细胞产生癌瘤。因上述工作，他与M.毕晓普共享1989年诺贝尔生理学或医学奖。

20世纪80年代后，致力于研究导致艾滋病的逆转录病毒，并参与提议将其病源命名为人类免疫缺陷病毒(HIV)。出版有《基因与癌生物学》(1993年，与他人合著)、《逆转录病毒》(1997年，与他人合著)、《科学之艺术与政治》(2009年)等。除诺贝尔奖外，还获得多种其他奖励和荣誉称号，其中有2001年美国国家科学奖章。

（傅杰青　赵家业）

戈德斯坦，J.（Goldstein, Joseph） 美国人，1940年4月18日生于美国南卡罗来纳州萨姆特。心血管学、代谢病理学、遗传学。

1962年获弗吉尼亚华盛顿与李将军大学化学学士学位。1966年获得克萨斯大学西南医学卫生科学中心医学博士学位。1966年任马萨诸塞州总医院内科医师，结识了M.布朗。1968年到美国国家卫生研究院尼伦伯格实验室工作，同时在美国国家心脏病研究所任临床助理。1970年任美国国家卫生研究院医学遗传学研究员，和布朗在两地分别研究纯合子型家族性高胆固醇血症。1972年说服了布朗一起到得克萨斯大学卫生科学中心共同进行胆固醇代谢的遗传调控研究，从此开始长达10余年亲密合作。1977年任分子遗传学研究室主任兼内科学和遗传学教授。1980年当选为美国国家科学院院士。

研究方向是人类动脉粥样硬化发病机制。他选择纯合子型家族性高胆固醇血症病患者的群体作遗传学研究，以测定一个未经选择的心脏病发作后存活群体中遗传性脂质代谢疾病的发病率。结果表明，在心脏病发作后全部存活者中，20%具有3个单基因决定型遗传性高脂血症中的一个型。有一型是杂合子型家族性高胆固醇血症。该病在一般居民中大约每500名出现一例，而在心脏病发作者中则每25名出现一例。1971年到达拉斯与布朗合作，不久即成功地部分提纯了β-羟基-β-甲基戊二酰辅酶A(HMG-CoA)还原酶。在此基础上他们进行了一系列研究，提出假说：这种酶的调节失常是家族性高胆固醇血症的病因。他们发现，纯合子型家族性高胆固醇血症患者，成纤维细胞的培养细胞内HMG-CoA还原酶活性比正常人高40～60倍；低密度脂蛋白(LDL)完全不能与这类患者的成纤维细胞相结合，或存在着结合缺陷；低密度脂蛋白不能抑制HMG-CoA还原酶的活性。结果导致了低密度脂蛋白受体的发现：在这类患者体内低密度脂蛋白受体没有功能，或者功能严重缺陷。低密度脂蛋白受体的发现及其在许多体细胞(尤其是肝细胞)中的存在，深刻地变革了人们对胆固醇与脂蛋白代谢的认识。

代表作为与布朗合作撰写的论文"低密度脂蛋白的代谢途径及其与动脉粥样硬化的关系"、"家族性高胆固醇血症"等。因阐明了胆固醇代谢中的一系列问题和动脉粥样硬化发病机理的关键问题，与布朗共获1985年诺贝尔生理学或医学奖。他与布朗还获得其他近20个奖项。

（傅杰青）

侯惠民（Hou Huimin） 中国上海市人，1940年10月13日生于上海。药理学、制药工程。

1963年上海第一医学院药学系(复旦大学药学院前身)毕业。同年起一直在上海医药工业研究院工作。1984年在日本北海道医疗大学药学院进修，1990年获该校药学博士学位。历任上海医药工业研究院工程师、副研究员、研究员，药物制剂国家工程研究中心主任，中国科学院生物物理研究所蛋白质与多肽药物实验室主任。兼任国家新药研究与开发常务专家委员会委员等职。1996年当选为中国工程院院士。

20世纪70时代，在中国率先开发成功膜剂这一新剂型，其中首创速效长效氨哮素膜剂、载药半透明接触镜救护眼膜、以及硝酸甘油贴膜等新产品，该剂型已收载于《中国药典》(1995年)。80～90年代，研制成功控释氯化钾和硫酸亚铁片剂并投入生产；开发出药用聚氯乙烯无毒硬片，质量达到国际同类产品水平；主持盐酸地尔硫胃漂浮控释片研究，以亲水性凝胶为控释材料，通过一般的制粒压片技术成功制得缓释片，开拓了中国控释制剂高效生产新途径；10多年中开发出治疗青光眼的药膜、硝酸甘油透皮贴膜片、头孢氨苄缓释胶囊等20多种控制释放的药物制剂品种，缩短了与先进国家的差距；1995年负责建成并主持药物制剂国家工程研究中心，已成为中国专业研制生产新型给药系统产品的基地。完成30多项课题；发表论文近百篇。获国家和省部级奖励10余项，被授予多种荣誉称号。（李孙演）

多尔蒂，P.C.（Doherty, Peter Charles） 澳大利亚人，1940年10月15日生于澳大利亚昆士兰州布里斯班。病毒学、免疫学、实验病理学、细胞遗传学、生物工程。

1962年、1966年先后获澳大利亚昆士兰大学兽医学院兽医学学士、硕士学位。在当地农业供应站任外科兽医师。1963年任职于布里斯班动物研究所。1967～1971年，在英国爱丁堡大学莫雷邓研究所从事研究工作，期间1970年获爱丁堡大学博士学位。1972年到堪培拉的澳大利亚国立大学柯廷医学院从事博士后研究。1975年到美国费城威斯特研究所任副教授，后任教授。1982年回澳大利亚，任堪培拉大学实验病理学系教授兼系主任。1988年再度赴美国，1992年任美国田纳西大学医学院卫生科学中心儿科病理学教授，兼任费城威 斯特研究所教授。后每年有9个月在澳大利亚墨尔本大学任教，另3个月在美国田纳西大学医学院卫生科学中心从事研究。是澳大利亚科学院院士、英国皇家学会外籍会员。

机体如何识别"自己"与"非己"是免疫学研究的中心问题。一旦当"非己"的物质如病毒、细菌、癌细胞甚至更小的蛋白质进入机体内，就会被免疫系统识别出来并排除出去。免疫系统由不同部分组成，其中T淋巴细胞和B淋巴细胞起着主要的特异性防御作用。但有些病毒侵入到细胞内，此时细胞释放的抗体就不能杀灭细胞内的病毒，要清除它们只有杀死被感染细胞。20世纪70年代前期，多尔蒂和R.M.津克耐格尔在堪培拉的澳大利亚国立大学开始合作，着手研究细胞介导的免疫反应。免疫系统能不能控制T细胞，让它们有目的地去杀伤那些被感染了的细胞？1973～1975年他和津克耐格尔用病毒感染小鼠，诱导其生成杀伤性T细胞（Tc细胞）。体外实验发现这些Tc细胞能杀死病毒或被其感染的细胞，而这类Tc细胞却不能杀死异种小鼠的感染细胞。1974年他们在《自然》杂志上公布了重要发现：Tc细胞在识别靶细胞时，靶细胞上必须同时具备自身组织相容性抗原和病毒分子片断。首先提出细胞免疫系统是同时识别外源性分子和自身分子的防御系统。他们发现的Tc细胞，不仅在遇见带有真正的自身标志，并联接着由病毒分泌的外来蛋白时，Tc细胞才能识别它们并将其排除。这项发现解释了免疫系统是如何攻击移植器官，以及为什么同样的免疫细胞有时会出差错，导致破坏正常组织，造成自身免疫病。同时也解释了为什么慢性炎症性疾病的发生与个体所携带的组织相容性抗原有关。

他与R.M.津克耐格尔因发现细胞中介免疫保护机制，共获1996年诺贝尔生理学或医学奖。此外获1995年美国拉斯克基础医学研究奖等。出版有自传《赢得诺贝尔奖的初学者》（2005年）。（张慰丰）

埃文斯，M. J.（Evans，Sir Martin John） 英国人，1941年1月1日生于英国英格兰格洛斯特郡斯特罗德。实验胚胎学、遗传学、基因工程、发育生物学、生物医学。

1963年毕业于剑桥大学基督学院。1969年获伦敦大学学院解剖学与胚胎学系博士学位。留校任讲师。1978年任教于剑桥大学遗传学系，90年代转教于该校圣埃德蒙学院。1999年到位于威尔士的卡迪夫大学任哺乳动物遗传学教授、生物科学学院院长，直至2007年退休。1993年当选为英国皇家学会会员。1998年当选为英国医学科学院院士。2004年封爵。2002年起先后获美国纽约西奈山医学院、英国巴斯大学和伦敦大学学院荣誉博士学位。

20世纪60年代起，从事研究细胞基因对肢体发育控制的机理。80年代起，他在剑桥大学和科夫曼（M. Kaufman）共同研究实验胚胎学。1981年，他们联合发表实验报告，宣布从小鼠受精卵分裂发育形成的囊胚内层细胞团中分离获得胚胎干细胞，并在体外培养成功。同年，美国旧金山加利福尼亚大学女学者马丁（G. R. Martin）也独立获得这种干细胞。干细胞是一种未充分分化、有待成熟的细胞，按照生存阶段分为胚胎干细胞和成体干细胞，具有自我更新和再生为体内各种组织器官的潜在功能，被誉为“万能细胞”。随后他和助手在实验中证实，这些后来被称为“胚胎干细胞”的细胞，可用以修复囊胚组织内层畸变细胞而全面恢复小鼠的生育能力。他和合作者进而证明，可以引入体外培养的胚胎干细胞的新基因，然后利用这些基因转化细胞进行胚胎嵌合，把人工诱变的特定基因成功植入实验鼠，产生新种系的转基因小鼠。与此同时，美国两位科学家M.卡佩奇和O.史密西斯也独立地进行原创性研究，他们三人共同发现和开辟了哺乳动物转基因的新途径。其后，埃文斯一直运用基因剔除法和基因陷阱法来建立人类疾病的动物模型，有不少新的发现。

因发现“利用胚胎干细胞把特定基因改性引入实验鼠的原理”，他和M.卡佩奇、O.史密西斯分享2007年度诺贝尔生理学或医学奖。3人还同获2001年美国拉斯克基础医学奖。另获2009年英国皇家医学会金奖、2009年英国皇家学会科普利奖等。（李啸虎）

杨胜利（Yang Shengli） 中国江苏省人，1941年1月5日生于上海。酶工程、基因工程、生物医药工程、分子药理学。

1962年上海华东化工学院（今华东理工大学）有机化工系毕业。同年到中国科学院上海药物研究所工作。1980～1982年在美国加利福尼亚大学从事分子生物学博士后研究。1992～1996年任中国科学院上海生物工程研究中心主任，研究员。2000年任大连化学物理研究所研究员、生物技术部主任。兼任中国科学院生物技术专家委员会主任委员、中国科学院新药专家委员会副主任委员、中国生物工程学会副理事长等职。1997年当选为中国工程院院士。

长期从事酶工程、代谢工程和分子药理学研究，以及基因工程在酶、发酵和制药工业中的应用开发，有多项重要成果。主持青霉素酰化酶基因工程研究，建立基因克隆、定位、表达系统，并采用DNA（脱氧核糖核酸）体内重组提高质粒的稳定性，优化宿主和表达条件，构建高稳定性、高表达的基因工程菌；以后又进一步发展基因工程菌膜反应器，完成中试并用于工业生产，经鉴定技术指标达到当时国际领先水平。2000年后，主持开展酶和药物的基因工程、蛋白质工程、原核基因调控、分子伴侣和分子药理学等多项研究，推动了现代生物技术在酶和医药产业的应用；在中国开拓了分子药理学、微生物血红蛋白、蛇毒基因工程、蛋白酶工程等领域的创新研究，取得了一系列成果。发表论文逾百篇。多次获奖，其中有1988年中国科学院科学技术进步奖一等奖，1989年中国科学院第二届亿利达科学技术奖等。

（李孙演）

布朗，M. S.（Brown，Michael Stuart） 美国人，1941年4月13日生于美国纽约州布鲁克林。心血管学、分子遗传学、酶化学、生物化学。

1962年获宾夕法尼亚大学化学学士学位，1966年获该校医学院医学博士学位。1964～1966年间在波士顿的马萨诸塞州总医院任内科医师，结识J.戈德斯坦。1968～1971年在美国国家卫生研究院任胃肠学和遗传学临床助理，后调到生物化学实验室任研究员。1971年到得克萨斯大学西南医学院内科系胃肠病学分部，不久即开始与戈德斯坦长达10余年的亲密而真挚的合作，1974年两人将各自领导的实验室合并，1976年为内科学教授，1977年任内科学和遗传学教授、遗传病研究中心主任。1980年当选为美国国家科学院院士。

20世纪70年代初开始与戈德斯坦合作，选择纯合子型家族性高胆固醇血症作为研究的突破口，发现这类病人的一种胆固醇生物合成限速酶——β-羟基-β-甲基戊二酰辅酶A(HMG-CoA)还原酶数十倍地高于正常人。在进一步研究低密度脂蛋白(LDL)与胆固醇含量的关系时，发现LDL释放出的胆固醇量控制着细胞的胆固醇代谢，并阐明了其作用机理：①胆固醇的积累会停止HMG-CoA还原酶的合成，从而削弱细胞制造其自身胆固醇的能力。这种酶被抑制以后，细胞就要依靠受体吸收的LDL中获得的外源性胆固醇。②从LDL中获得的ACAT酶可促进细胞内胆固醇的贮存。ACAT酶使脂肪酸再次附着到多余的胆固醇分子上，形成胆固醇酯而沉积在贮存滴上。③胆固醇在细胞内的积累，能启动使细胞停止合成新LDL受体的反馈机制。从而阐明了LDL受体的缺乏为其病因；接着又对一般高胆固醇血症患者及动物进行了研究，指出LDL受体在动脉粥样硬化发病中起重要作用。非遗传性高胆固醇血症患者体内不能产生足量的LDL受体，以致血中LDL的量增加到了危害性的程度。其中既有遗传因素的微妙作用，也有环境因素的重要作用，例如通过饮食摄取大量的胆固醇和饱和性脂肪酸。

代表作是与戈德斯坦合撰的论文"脂蛋白对人成纤维细胞中HMG-CoA还原酶活性的调节"等。由于胆固醇代谢的调节机制的发现，与戈德斯坦共获1985年诺贝尔生理学或医学奖。此外还获其他多种奖励，其中包括1976年美国化学学会菲泽尔奖，1985年拉斯克医学研究奖，1988年美国国家科学奖章，2003年奥尔巴尼医学中心奖等。 （傅杰青）

高润霖(Gao Runlin) 中国河北省人，1941年5月4日生于河北丰南(今属唐山市)。*心血管病学、心内科学、医疗器械研制。*

1965年北京医科大学毕业。分配到陕西省宝鸡市中心医院工作，任住院医师、主治医师。1981年获中国协和医科大学硕士学位。同年起一直在中国医学科学院阜外心血管病医院工作，历任主治医师、内科副主任、内科主任，心血管病研究所所长、副院长、院长，研究员。期间1985～1986年在美国罗马林达大学医学院进修。兼任中华医学会心血管病学会副主任、主任委员，《中华心血管病》杂志主编等职。1999年当选为中国工程院院士。2000年任亚太介入心脏病学会会长。2004年当选为美国国家心脏病学院外籍院士。

尤其在冠心病、急性心肌梗塞、心绞痛等心血管病理生理和治疗等领域深有造诣，有多项重要成果。主持急性心肌梗塞时冠状动脉再通临床指标评价研究，被推荐为该领域中国第一个参考标准；是中国最早倡导和开展冠心病介入治疗法的专家之一，组织推行经皮冠状动脉腔内成形术(PTCA)、冠状动脉内支架置入术等新技术，已使阜外医院完成冠心病介入性治疗病例数2 000余例，在国内遥遥领先，成功率和并发症发生率均达国际先进水平；在中国率先开展急性心肌梗塞、并发心原性休克的急诊PTCA，使病死率降至内科药物治疗病死率一半(45.5%)，达国际先进水平；进而致力于介入性治疗再狭窄机制及预防研究，研制蛋白涂层支架用于局部转基因预防再狭窄，获中国和美国发明专利。先后获国家和省部级奖近10项，其中"心血管介入性治疗技术及应用研究"获1997年国家科学技术进步奖二等奖。发表论文逾百篇；参编专著6部。 （李孙演）

郭应禄(Guo Yinglu) 中国山西省人，1941年5月4日生于山西定襄。*泌尿外科学、肿瘤学、医疗器械研制。*

1956年、1963年先后毕业于北京医学院(今北京大学医学部)医学系本科、医疗系泌尿外科研究生。一直留校工作，后为主任医师、教授，历任北京医学院第一医院外科副主任、泌尿外科主任、第一医院副院长。1991年始，任北京大学医学部泌尿外科研究所所长、名誉所长，兼泌尿外科医师培训学院院长、男科病防治中心主任。期间先后在加拿大、美国和英国多家医院考察和研修。兼任中华泌尿外科学会主任、名誉主任，中华医学会男科学会主任、名誉主任，中国计划生育协会副会长等职。1999年当选为中国工程院院士。

20世纪60～70年代，参与完成中国首例肾移植手术；参与建立中国第一个泌尿外科研究所；开展推广肾移植、膀胱癌生物导向治疗临床研究等多项国家级课题。80年代，合作研制中国第一台体外冲击波碎石机，首次成功用于临床治疗肾结石；首创俯卧位治疗输尿管结石；在中国率先开展经尿道输尿管镜、经皮肾镜和腹腔镜的微创手术；1985年完成首例同卵双生者之间的肾移植。90年代及后，主持完成促凋亡基因FAS与肾癌相关性研究，在国际上首次证实存在肾癌发生的关键信号通路；主持克隆肾癌内信号传导与肾癌特异表达基因，受到国际同行关注；提出腔内热疗三个温度段观点，澄清了国际上某些模糊概念，提高了有关疗效；完成肾上腺手术200余例，其中嗜铬细胞瘤百余例，居国际领先地位；他领导的研究所全国培训了大量专业骨干。

完成课题20余项；发表论文300余篇；主编、参编《肾移植》(1980年)、《腔内泌尿外科学》(1991年)等著作25部。获首届吴阶平－杨森医药学研究一等奖。 （李孙演）

伊格纳罗，L. J.(Ignarro, Louis J.) 美国人，1941年5月31日生于美国纽约州布鲁克林。*药理学、生理学、分子生物学。*

意大利裔。1962年美国哥伦比亚大学化学和药学专业本科毕业。1966年获美国明尼苏达大学药理学博士学位，后在美国国家卫生研究院作心脏化学药物学博士后研究。1973年任图兰大学医学院药理学副教授，1979年任教授。1985年起任洛杉矶加利福尼亚大学医学院药理学教授、该校药学院院长等职。是《一氧化氮、生物学和化学》杂志主编。美国一氧化氮学会创立者。

1980 年 R. F. 弗奇戈特提出血管内皮细胞释放一种内皮衍生松弛因子(EDRF)。伊格纳罗研究一氧化氮始于 1978 年。1985 年他通过实验证明，由动脉和静脉释放的内皮衍生松弛因子可以激活鸟苷酸环化酶，又亚甲基蓝和血红蛋白可选择性地抑制血管舒张，据此立即意识到内皮衍生松弛因子即是一氧化氮(NO)。他于 1986 年的国际学术会议上，在弗奇戈特发言之后，论证松弛因子和一氧化氮的生物学和药理学的活性相似。他又和弗奇戈特用实验证明一氧化氮是一种可调节阴茎勃起的强效神经传导因子。由此掀起一场研究热，医学界逐步了解神奇的一氧化氮具有许多生物功能，在包括对付炎症、血流量调节、细胞生长、平滑肌松弛、维持记忆力等生理过程中，起到关键作用。因此，他和弗奇戈特、F. 穆拉德共享 1998 年诺贝尔生理学或医学奖。

主编《核苷酸循环国际研讨会文集(1977 年)》(1978 年)；出版有《一氧化氮：生物学和病理学》(2000 年)、《不再有心脏病：一氧化氮如何能预防心脏病》(2005 年)等专著。 (张慰丰)

霍夫曼，J. A. (Hoffmann, Jules Alphonse) 法国人，1941 年 8 月 2 日生于卢森堡埃希特纳赫。*免疫学、内分泌学、细胞与分子生物学、昆虫学。*

1964 年获法国斯特拉斯堡大学生物学与化学理学士学位，1969 年获该校生物学博士学位。1970 年加入法国籍。1973～1974 年在德国马尔堡大学生理化学研究所从事博士后研究。1964 年大学毕业后留校工作，任法国国家科学研究中心(CNRS)附属斯特拉斯堡大学细胞与分子生物学研究所研究助理，1969 年任副研究员，1974 年任研究员，1978～2005 年任乔利实验室主任，1994～2005 年任研究所所长。1992 年当选为法国科学院院士，2005～2008 年先后出任副院长、院长。2012 年当选为法兰西学院院士。是欧洲科学院院士；德国利奥波德科学院、美国国家科学院、美国文理科学院、俄罗斯科学院等外籍院士。

早年研究蝗虫的生理系统，发现心血管附近的造血组织，捕获到体内的类固醇类蜕皮激素；后分析感染蝗虫的生物和生化环境。从 1978 年起，长期致力于昆虫内分泌学和免疫学领域，继续两个方向的工作：①内分泌研究集中于蜕皮激素的生物合成和代谢作用，及其在生殖和发育中的生物学地位；②抗菌防御研究逐步转移到诱导抗菌肽分子的生化鉴定，并解读其基因表达的调控。接着，他开始选择果蝇作为模型，因为这种简化的生命系统和哺乳动物具有很多相似性。历经近 30 年的持久研究，取得许多令人瞩目的成果，其中 1996 年首次在果蝇中发现前所未知的蛋白受体，其基因具有强大的先天免疫功能。

由于“先天免疫机制激活的发现”，与加拿大的 R. M. 斯坦曼、美国的 B. 博伊特勒三人同获 2011 年诺贝尔生理学或医学奖；其中斯坦曼因在“树状细胞及其在后天适应性免疫系统方面作用的发现”，获全部奖金的一半。诺贝尔奖评委会认为，他们各自独立地“发现免疫系统激活的关键原理，革命性地改变了人们对免疫系统的理解”；他们的成果“为预防和治疗传染病、癌症和炎症性疾病开辟了新的途径”。其中，霍夫曼和博伊特勒所作贡献，是认定免疫系统中的“受体蛋白”，可确认微生物侵袭并激活先天免疫功能，构成免疫反应的第一步；斯坦曼所作贡献，是发现免疫系统中的树突状细胞及其在适应性免疫反应过程中的作用，即以自身调控方式适应并清除体内微生物，构成免疫反应的后续步骤。目前科学界以此为基础，已开发出治疗肿瘤类、炎症类(如风湿性关节炎)等疾病的一些新型疫苗，即“治疗性疫苗”(以别于“预防性疫苗”)。

此外还获多种其他奖项，其中有：2003 年美国癌症研究院科利基础与肿瘤免疫学杰出贡献奖，2004 年德国科赫奖，2007 年巴尔赞免疫学奖(与博伊特勒分享)，2010 年同时获罗森斯蒂尔免疫学奖(与他人分享)、日本庆应义塾医学科学奖，2011 年同时获法国国家科学研究中心金质奖章、盖尔特纳基金会国际医学科学奖(与他人分享)、中国香港邵逸夫生命科学与医学奖(与博伊特勒等三人分享)等。 (李啸虎)

桑国卫(Sang Guowei) 中国浙江省人，1941 年 11 月 11 日生于上海。*临床药理学、生殖药物工程。*

1962 年、1966 年先后毕业于上海第一医学院(今复旦大学上海医学院)药学系本科、医学系研究生。研究员，历任浙江卫生实验院(今浙江省医学科学院)临床药理室主任、计划生育研究所兼药物研究所所长、副院长，浙江省卫生厅副厅长、浙江省省长助理，国家食品药品监督管理局副局长，兼中国药品生物制品检定所所长，国家新药安全评价研究重点实验室主任。期间 1979～1981 年在英国剑桥大学生理学系、伦敦大学皇家医学院进修；1989～1990 年任美国康奈尔大学医学院客座教授。兼任世界卫生组织(WHO)人类生殖研究合作中心主任、WHO 药品质量保证中心主任、国际药理联合会理事、中华医学会计划生育学会副主任、《中国药事》与《中国新药》杂志主编等职。1999 年当选为中国工程院院士。

中国当代著名的生殖临床药理学家、药品管理专家。长期系统研究长效甾体避孕药的药代动力学、种族差异及其临床药理；主持研制成功复方庚炔酮避孕针剂，1994 年被 WHO 推荐为国际上两种最佳注射避孕药之一；负责对抗孕激素米非司酮实施多项随机对照临床试验，系统研究其药代动力学和代谢产物、终止早孕最佳剂量、与不同前列腺素配伍的效应、以及人口学因素影响等等；主持制订药物流产常规，对在中国大规模安全推广使用药物终止早期妊娠起指导和规范作用；首次提出男性抗生育棉酚可能会导致低血钾副作用的假设；是中国药品临床试验管理规范的主要起草人之一。

发表论文近百篇；合著 2 部。获国家和省部级奖逾 10 项，其中全国科学大会奖、国家科学技术进步奖二等奖各 2 项。1997 年获何梁何利科学与技术进步奖医学药学奖。获国家计划生育科学技术功臣等荣誉称号。获全国五一劳动奖章。 (李孙演)

普鲁西纳，S. B.（Prusiner，Stanley Ben） 美国人，1942年5月28日生于美国艾奥瓦州达斯莫伊尼斯。传染病学、病理学、遗传学、生物化学、神经病学。

1964年和1968年分别获宾夕法尼亚大学文学士和医学博士学位。1968年到旧金山加利福尼亚大学医学院工作，1974年任该院神经病学助理教授，1980年和1984年相继升任神经病学副教授和教授，1988年后为该院生物化学教授。期间1971～1973年在美国国家卫生研究院工作。1992年当选为美国国家科学院院士。1993年当选为美国文理科学院院士。1996年当选为英国皇家学会外籍会员。1998年当选为美国哲学学会会员。

通常认为感染性疾病的病原体包括有细菌、病毒、真菌和寄生虫。普鲁西纳提出了一种全新的理论，认为朊病毒（又译毒蛋白）是传染病的另一种致病原。朊病毒在正常情况下是以无害的细胞蛋白质形式存在，但它具有把自己的结构变成有害粒子的形式，从而导致人和动物患有好几种与痴呆症有关的脑病。这种设想与分子生物学中核酸是传染和遗传的惟一因素的基本信条相悖。20世纪70年代以后，他在研究克－雅氏病时，证实这种传染因子的主要组分为蛋白质（它不含有核酸，但是却能复制、增殖和引起致命的传染病）。1982年他在羊搔痒病致病原感染的仓鼠脑内发现一种异常蛋白质，一年后与合作者分离和鉴定了这种蛋白质，称之为传染粒子蛋白（PrP）。在健康动物的脑神经细胞中也发现有这种蛋白质，称之为细胞型粒子蛋白（PrPc），当这种正常的蛋白发生构象上的变化，称之为致病型粒子蛋白（PrPsc），这种致病型粒子蛋白在细胞内沉积，最后导致细胞胀破，形成空洞。这种粒子蛋白可以再感染其他正常细胞，引起神经系统坏死，危及人和动物的生命。

普鲁西纳因发现朊病毒，提出蛋白质传染粒子学说，获得了1997年诺贝尔生理学或医学奖。此外获1994年拉斯克基础医学研究奖，1996年沃尔夫医学奖等近10项。

（张慰丰）

孔祥复（Kong Xiangfu） 中国湖北省人，1942年9月4日生于四川重庆。药理学、肿瘤学、分子生物学、药物工程。

原籍湖北阳新。1963年台湾中兴大学毕业。1969年获美国范德比尔特大学药学院博士学位。历任美国国家卫生研究院肿瘤研究所生化生理科主任，香港大学分子生物学研究所所长、讲座教授等职。兼任中山大学基因工程教育部重点实验室学术委员会主任、北京协和医院名誉教授等职。1999年当选为中国科学院院士。

主要贡献有：成功实现β-半乳糖苷酸的生物合成，深入研究并阐明其调控机理；在国际上首次阐明甲硫氨酰－转移核糖核酸合成酶（Met-tRNA）的修饰及转录终止因子，揭示了它们在细菌生物合成中的作用和机理；纯化了基因重组的人干扰素，提纯结晶了第一个由转基因获得的蛋白质α-干扰素，该项发明的获益者包括爱滋病病人，乙型和丙型肝病病人等；研究Ras基因与肿瘤发生的关系，发现原癌基因之一的Ras基因引起癌变需要磷脂酶C及神经生长因子对Ras信号起作用；以非洲爪蟾胚胎发育系统为模型，研究了骨形成蛋白（BMP-4）的信号转导途径，揭示了它们和起开关作用的蛋白质转录因子GATA对中胚层形成的影响，指出BMP-4具有抑制神经外胚层形成的作用；研究了多种中药和植物类的抗病毒、抗肿瘤药物的结构与功能，阐明了人绒毛膜促性腺激素类制品抗人类免疫缺陷病毒（HIV）的作用机理，开拓了研制抗艾滋病病毒药物的新途径；在人类基因组测序工作完成基础上，主持建立基因功能的多种研究平台，其中有细菌及酵母模型系统、组织培养研究系统、细胞显微注射平台等，并从功能基因组学转移到应用基因组学，建立研究抗肿瘤药物筛选、抗乙肝药物筛选等平台。获多项美国等国发明专利。发表论文200余篇。多次获奖，其中获美国国家卫生研究院杰出成就奖等。

（李孙演）

斯坦曼，R. M.（Steinman，Ralph Marvin） 加拿大人，1943年1月14日生于加拿大蒙特利尔，2011年9月30日卒于美国纽约市曼哈顿。免疫学、细胞生物学、解剖学、肿瘤临床医学。

在加拿大麦吉尔大学毕业，获生物学与化学理学士学位。1968年获哈佛大学医学院医学博士学位。后在马萨诸塞总医院完成实习医师和住院医生训练。1970年到洛克菲勒大学科恩实验室做博士后研究；留校工作，1988年升任免疫学与细胞生物学教授，同时担任免疫学和免疫疾病中心主任。2001年当选为美国国家科学院院士。2002年当选为美国医学研究院院士。

主要成就是发现树突状细胞及其在后天免疫中的作用。他在科恩实验室做博士后研究期间，1973年首次发现一种形态奇特的新型细胞，因其成熟时会伸展出许多树枝状或伪足样突起，故取名为“树突状细胞”（Dendritic Cells）；它在未成熟时未现树枝状，是一种隐匿性细胞。从他开始，显微解剖相继发现人体树突状细胞主要分布于皮肤、鼻腔、肺部和胃肠内层以及外露皮肤黏膜处，血液中也可见其未成熟态。皮肤部位树突状细胞别名“朗格汉斯细胞”（Langerhans Cells）。他通过细胞培养实验，又发现树突细胞未成熟者具有很强迁移能力，成熟者能有效激活未致敏的初始型T细胞，引发对肿瘤细胞、入侵微生物的强烈免疫应答。而T细胞在获得性免疫中起关键作用，能发展出强大的免疫记忆能力。进一步的研究表明，尽管树突状细胞数量不足外周血单核细胞的1%，却是机体功能最强的专职抗原递呈细胞，表面具有丰富的多种抗原递呈分子、共刺激因子和粘附因子等。它们是影响免疫的关键调节器，能高效地摄取、加工处理和递呈抗原，处于机体启动、调控、并维持免疫应答的中心环节。

由于“树突状细胞及其在后天适应性免疫系统方面作用的发现”，他与法国的霍夫曼、美国的B. 博伊特勒三人同获 2011 年诺贝尔生理学或医学奖；其中斯坦曼获全部奖金的一半。其时发生了一件令人十分遗憾而又值得庆幸的事：在当年 10 月 3 日诺贝尔奖评委会公布获奖名单时，斯坦曼已于三天前因胰脏癌病逝。按规定该奖项不追授已逝者，但因事发突然，事前未知，最后评委会经审定仍维持原来决定。

此外还获多种其他奖项，其中有：1998 年美国癌症研究院科利基础与肿瘤免疫学杰出贡献奖，1999 年德国科赫奖，2003 年盖尔特纳基金会国际医学科学奖（与他人分享）、2007 年同时获拉斯克基础医学研究奖、巴尔赞免疫学奖（与博伊特勒分享），2010 年海内肯奖等。

（李啸虎）

沈倍奋（Shen Beifen） 中国江苏省人，1943 年 5 月 1 日生于上海。分子免疫学、生物化学、生物医药工程。

1965 年复旦大学生物学系毕业。1967 年军事医学科学院放射医学研究所研究生毕业。一直留院工作，后任研究员，该院基础医学研究所分子免疫学研究室主任等职。期间 1980～1982 年获洪堡奖学金在西柏林技术大学生物化学研究所攻读博士学位，完成学业。1988 年在美国国家卫生研究院进行合作研究。兼任国家 863 计划生物技术领域专家委员会委员及抗体工程专题项目负责人，分子免疫学全军重点实验室主任等职。1997 年当选为中国工程院院士。

在中国最早开展和推广免疫沉淀、加成指数等测定方法分析鉴定单克隆抗体；在中国最早研制成功白血病免疫分型试剂，提高了白血病诊断水平；用单克隆抗体分析特发性血小板减少性紫癜，填补了中国特异性诊断方法的空白；研制出抗人白细胞分化抗原的单克隆抗体 17 类 43 株，全部被国际学术界所确认；在中国率先进行白血病导向治疗研究，研制成功 3 种抗急性淋巴细胞白血病的免疫毒素，以及 4 种抗 T 淋巴细胞的免疫毒素，都是中国最早通过新药评审进入临床的单克隆抗体及衍生物制品；主持克隆出粒细胞和巨噬细胞集落刺激因子基因，并研究利用其升白细胞作用，在中国最先通过了新药评审。

发表论文 200 余篇；参编《分子文库》（2001 年）等专著 6 部。已获国家、军队和部委级奖励近 20 项，其中国家科学技术进步奖二等奖 1 项，全军科学技术进步奖二等奖 8 项，2002 年获第三届全军专业技术重大贡献奖。

（朱素珍）

津克耐格尔，R. M.（Zinkernagel，Rolf Martin） 瑞士人，1944 年 1 月 6 日生于瑞士巴塞尔。病毒学、免疫学、遗传学、分子生物学。

1968 年获巴塞尔大学医学院医学博士学位。1970～1972 年在瑞士洛桑大学生物化学研究所作博士后研究，1975 年获该校哲学博士学位。同年在堪培拉的澳大利亚国立大学微生物学系工作。1975 年赴美国加利福尼亚州拉霍亚，任斯克里普斯大学免疫病理学系助理教授。1979 年任瑞士苏黎世大学病理学系副教授，1992 年任该系实验免疫学教授，并兼任该校实验免疫学研究所所长。

20 世纪 70 年代前期，他在堪培拉的澳大利亚国立大学工作期间，就与澳大利亚免疫学家 P. C. 多尔蒂开始合作，研究细胞介导的免疫反应。免疫系统由不同部分组成，其中 T 淋巴细胞和 B 淋巴细胞起着主要的特异性防御作用。1973～1975 年，他和多尔蒂用病毒感染小鼠，诱导其生成杀伤性 T 细胞（称 Tc 细胞）。他们通过实验发现，这些 Tc 细胞能杀死这种小鼠中的病毒或被病毒感染的细胞，却不能杀死异种小鼠中被病毒感染的细胞。1974 年，他们共同在《自然》杂志上发表论文指出，Tc 细胞在识别靶细胞时，靶细胞上必须同时具备自身组织相容抗原和病毒分子片断，从而提出细胞免疫系统是同时识别外源性分子和自身分子的。由于他们共同发现了机体免疫系统识别被病毒感染的细胞及清除这些细胞的机理，两人共获 1996 年诺贝尔生理学或医学奖。此外获 1987 年美国癌症研究院科利奖，1995 年拉斯克医学研究奖等。

（张慰丰 宣焕灿）

韩启德（Han Qide） 中国浙江省人，1945 年 7 月 19 日生于上海。心血管病学、病理生理学、高等教育管理。

1968 年上海第一医学院（今复旦大学上海医学院）医学系毕业。先后在陕西省临潼县多所基层医院任临床医师。1979 年考入西安医学院研究生，1982 年获硕士学位。毕业后到北京医学院（今北京大学医学部）病理生理教研室任教。期间 1985～1987 年在美国埃默里大学药理学系做访问学者。回国后，历任北京医科大学第三医院心血管研究室主任、血管医学研究所副所长，副校长兼研究生院院长、心血管基础研究所所长，教授。2000 年该校与北京大学合并后，担任北京大学常务副校长兼研究生院院长、医学部主任、生物医学跨学科研究中心主任等职。2003 年当选为第十届全国人民代表大会常委会副委员长。兼任国际心脏研究学会中国分会主席，中国科学技术协会副主席、主席，中国病理生理学会理事长等职。1997 年当选为中国科学院院士。

20 世纪 70～80 年代，参与建立大鼠心肌梗塞模型和测定心功能方法，推广沿用至今；进行神经肽 Y 研究，成功制备兔离体冠状动脉灌流标本，观察到若干重要作用；在国际上率先发现 α1 肾上腺素受体 A、B 两种亚型，各有不同选择性药物亲和力、信号传导机制和不同组织不同含量比例，这一突破性成果在《自然》等国际权威刊物发表后引起很大反响。90 年代及后，系统研究 α1 肾上腺素受体三种亚型不同特征性表达取得重要进展，获 1993 年国家教委科学技术进步奖一等奖、1995 年国家自然科学奖三等奖；开展神经肽与降钙素基因相关肽对心血管作用及病理生理研究，获国家教委科学技术进步奖一、二等奖等。此外，促进学科交叉创新，大力推进高等教育改革。

发表论文200余篇；主编《血管生物学》、《心血管药理学进展》等专著。获1998年何梁何利科学与技术进步奖，2000年高校自然科学奖一等奖等。（李孙演）

克勒，G. J. F.（Köhler, Georges Jean Franz） 一译柯勒。德国人，1946年4月17日生于德国慕尼黑，1995年3月1日卒于弗赖堡。肿瘤学、免疫学、分子生物学、遗传学、基因工程。

1965年进弗赖堡大学学习生物学，1971年毕业。后留校从事大肠杆菌缺陷株修复的研究，1974年在该校获哲学博士学位。但博士生的研究工作是在瑞士巴塞尔大学免疫学研究所进行的。后到英国剑桥大学分子生物学研究所C. 米尔斯坦的实验室进行博士后研究，一直到1976年。在此期间，与米尔斯坦解决了单克隆抗体生产技术中的关键问题。后回德国从事淋巴细胞杂交的分子水平和细胞水平的研究工作。1984年起任普朗克学会免疫学研究所所长。获比利时中央大学荣誉博士学位。

20世纪70年代，开始研究抗体专一化的基因突变。特意来到长期研究免疫球蛋白的遗传学的剑桥大学米尔斯坦实验室，研究P3株骨髓瘤，获得了一株抗氮鸟嘌呤（抗氮鸟嘌呤为细胞融合所必需的特性）的P3株。后与米尔斯坦一起研究抗原专一性的细胞株的获得问题。他将一个淋巴细胞和一个骨髓瘤细胞融合，从而建立一个具有两个亲代细胞特性的杂交细胞。这样的杂交细胞既能像淋巴细胞那样生产同种简单抗体，又能像骨髓瘤细胞那样永久地生长。经过7周的试验，终于在1974年圣诞节初试获得成功。撰写了论文“可分泌具有预定特异性抗体的融合细胞的连续培养物”。这里所指的“预定特异性抗体”即嗣后所称的“单克隆抗体”，可广泛用于诊断和治疗许多致命疾病，如艾滋病、癌症和白血病等。由于这一技术的意义非同一般，他们并没有为之申请专利。这一技术迅速得到了免疫学界的热烈关注。由于这一成果，与米尔斯坦共获1984年诺贝尔生理学或医学奖，分享此奖的还有对免疫学理论作出重要贡献的N. K. 杰尼。（傅杰青）

巴尔-西诺西，F.（Barré-Sinoussi, Françoise） 法国人，1947年7月30日生于法国巴黎。病毒学、肿瘤学、免疫学、细胞遗传学。

1974年获法国科学院理学博士学位。1975年任法国国家卫生研究院研究员。1983年入巴黎巴斯德研究院工作，1988年任病毒学教授、逆转录病毒感染调控研究室主任，1998年任该院病毒学实验室主任。兼任联合国世界卫生组织艾滋病规划署顾问、法国国家艾滋病暨病毒性肝炎研究署顾问、法国国家卫生暨医学研究中心荣誉研究主任等职。2009年获杜兰大学荣誉理学博士学位。

1983年5月20日，他们在美国《科学》杂志报告了这个发现，将之命名为“淋巴结病相关病毒（LAV）”。同年9月，他们开发出筛查艾滋病毒的血液检测法，并申请英国专利；12月，又向美国专利局申请专利。1985年，医学界将艾滋病毒称为“人类免疫缺陷病毒”（HIV）。巴尔—西诺西的研究经历和知识背景，使她在发现、检定艾滋病病毒过程中起到了关键作用。

1988～1998年，她又参与主持研制开发艾滋病病毒疫苗的项目，用灵长类动物做试验。80年代以来，着手同发展中国家建立多学科的合作网络，将基础研究和临床研究紧密结合，以实现预防为主、临床护理和改善治疗的具体目标。2008年后，她率领由20多人组成的研究团队，主要研究病毒由母体到婴儿的传染模式、感染调节的先天机制，以及由猴类病毒所引发的感染迹象。

时至2008年，她已独立或与人共同发表200多篇论文，获17项专利，与L. 蒙塔尼尔和发现人类乳头状瘤病毒的德国医生H. 楚尔豪森分享2008年诺贝尔生理学或医学奖。此外，1988～2008年间还获国内外其他奖项14项，其中1994年、2006年两次获颁法国荣誉军团勋位。（李啸虎）

苏国辉（Su Guohui） 中国广东省人，1948年1月1日生于香港。解剖学、视觉生理学、脑与神经科学。

1968年赴美国留学，1973年美国东北大学生物学系毕业，1977年获美国马萨诸塞理工学院博士学位。香港大学医学院解剖学系教授、系主任、神经科学研究中心主任。兼任香港神经科学学会会长、香港学者协会主席、香港脑基金会司库、北京大学医学部和第四军医大学等校兼职教授等职。1999年当选为中国科学院院士。

长期从事哺乳动物视觉系发育、可塑性与再生性研究，有多项开创性实验成果与重要发现。20世纪70年代，研究视觉传导路的发育，发现了双眼视网膜在其靶区（上丘及外侧膝状体）投射的一些重要规律；开拓性研究了外侧膝状体中视神经和靶细胞间突触的发生学变化、视神经纤维数量变化等，论文广为引用，已成经典。80年代后，成为视网膜再生研究领域先驱者之一：创建了外周神经视网膜移植模型，在国际上首次证明成年鼠视网膜节细胞受损轴突可在外周神经中长距离再生，其模型已成为国际学术界中枢神经再生研究常用模型之一；研究了不同条件对视网膜节细胞纤维再生、节细胞形态改变、生长相关蛋白的表达调控、视觉功能恢复等的影响。近期研究各种细胞成分眼内移植；首次发现将睫状神经营养因子注射到动物受损眼内能促进视网膜节细胞轴突再生；2002年发现西洋参、银杏和贯叶连翘的混合制剂有保护视神经和增加视力的功效。多次获奖，其中有1973年美国东北大学协作教育奖、1995年国家自然科学奖等。（李孙演）

刘德培（Liu Depei） 中国安徽省人，1950年5月4

日生于安徽阜南。基因工程、医学分子生物学、生物化学、医务管理与教育。

1975年安徽医学院蚌埠分院医疗系毕业。留校任教至1984年；期间1981年获湖南医学院硕士学位。1986年获中国协和医科大学医学博士学位。一直留校任教。1987～1990年在美国旧金山加利福尼亚大学做博士后研究。医学分子生物学国家重点实验室研究员，历任中国医学科学院、中国协和医科大学基础医学研究所副所长，该院副院长、院长，该校副校长、校长。兼任中国生物医学工程学会理事长、中国医师协会副理事长、北京市生物化学和分子生物学会理事长、《中国生物医学工程学报》主编等职。1996年当选为中国工程院医药卫生工程学部院士，后兼任中国工程院副院长，2000年又兼为工程院工程管理学部院士。

主要从事基因调控和基因治疗研究，取得多项重要成果。在成年贫血恒河猴、β-地中海贫血患者基因治疗中，首次发现抗肿瘤化疗药物马利兰可显著增加胎儿型珠蛋白基因表达；首次发现β-基因红系增强子及其关键部位点；发现不同长度的红系增强子在反转录病毒载体介导的基因转移中增强β-基因的表达；发现TC1转座子元件在哺乳动物细胞中发生高频倒位；实验证明基因座控制区与近端调节元件共同指导β珠蛋白基因簇的发育调控；率先建立转E基因、珠蛋白基因簇和人载脂蛋白基因簇3类转基因动物模型，获国家卫生部科学技术进步奖一等奖；用杂合寡核苷酸介导实现β-基因定点修复。此外，积极参与国家重大战略问题研究与策划；探索与创建中国高等医学教育新模式。

发表论文百余篇。获国家和省部级奖多项；此外获1995年求是基金会杰出青年学者奖，2002年中华医学科学技术奖一等奖等。获荣誉称号多项。 （李孙演）

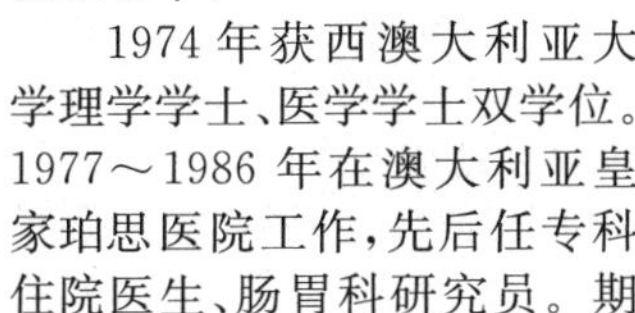

马歇尔，B. J.（Marshall, Barry J.） 澳大利亚人，1951年9月30日生于澳大利亚卡尔古利。临床医学、医学微生物学。

1974年获西澳大利亚大学理学学士、医学学士双学位。1977～1986年在澳大利亚皇家珀思医院工作，先后任专科住院医生、肠胃科研究员。期间1980年左右曾去美国短期深造。1986～1996年在美国弗吉尼亚大学医学院从事医学研究，任研究员和医学教授。1996年回澳大利亚，1997年起在西澳大利亚大学任教，先后任临床医学教授、临床微生物学教授，2003年任设在该校的国家健康与医学研究理事会资深首席研究员。2005年后主持澳大利亚尼德兰兹的幽门螺杆菌研究实验室。2006年任上海交通大学名誉教授。

长期从事胃溃疡发病机理、临床诊断与治疗等领域的研究，尤其对幽门螺杆菌及其在胃病中所起作用有重大发现。1980年前后他在美国短期进修，在美国国立医学图书馆偶尔读到他的同事J. R. 沃伦一份研究报告，后者发现了胃内存在一种不寻常细菌及其致病作用。1981年回国后立即与沃伦接触，两人对此研究课题开始了长期合作。1982年，他成功地分离出该菌的纯培养物，后经细菌学家精确鉴定，这种螺旋状细菌被定名为幽门螺杆菌。1983年，他与沃伦共同在国际医学权威杂志英国《柳叶刀》上发表论文，提出胃溃疡是由幽门螺杆菌感染引起的。此后，沃伦探讨了此菌之所以能在人体胃内强酸环境中生存的原因；而马歇尔则用亲身实验证明他们的见解是正确的：1985年他大胆吞服了该菌纯培养物，果然出现了重症的急性胃炎，所幸后来很快治愈。1985～1987年，他提出将抗生素和胃酸抑制剂（如铋剂等）联合使用，使治疗幽门螺杆菌所引起的胃炎、胃溃疡和十二指肠溃疡疗效大为提高。20世纪90年代，他又首创一种简易诊断法，可快速诊断病人胃部是否存在幽门螺杆菌。他们的工作以后渐为医学界所广泛认可，人们进一步研究还发现讲究个人卫生和公共卫生能减少幽门螺杆菌的人际传播，降低胃病发病率。鉴于上述重大贡献，他与沃伦分享了2005年诺贝尔生理学或医学奖。

发表重要论文百余篇，编有《发现幽门螺杆菌的先驱者（1892～1982年）》（2002年）一书。他还获得其他奖励多项，其中与J. R. 沃伦分享了1994年阿尔伯特奖、1995年澳大利亚医学学会奖、1997年埃利希奖；此外单独获得1995年拉斯克奖、1996年盖尔德纳奖、1998年英国皇家学会布坎南奖章、1999年富兰克林生命科学奖章、2003年澳大利亚联邦建国百年特殊贡献奖等。 （宣焕灿）

何大一（He Dayi；英文名 Ho, David D.） 华裔美国人，1952年11月3日生于中国台湾省台中市。病毒学、传染病学、艾滋病防治。

1970～1971年在马萨诸塞理工学院学习。1974年获加利福尼亚理工学院物理学系学士学位。1978年获哈佛大学医学院医学博士学位。先后供职于马萨诸塞州总医院、哈佛大学医学院、锡达—西奈医疗中心、洛杉矶加利福尼亚大学医学院、纽约大学医学院等。1990年出任美国纽约市艾伦·戴蒙艾滋病研究中心主任、教授。1996年起兼任洛克菲勒大学教授。获美国哥伦比亚大学等多校荣誉博士学位。是清华大学、武汉大学等校名誉教授。1997年当选为美国国家科学院院士。是中国台湾"中央研究院"院士，中国工程院外籍院士。

多年来致力于艾滋病研究，取得许多重要进展。他的动力病原论为现代艾滋病毒的研究奠定了基石，尤以

1996 年发明称为“鸡尾酒疗法”的联合抗逆转录病毒疗法而闻名于世。21 世纪初年，全球艾滋病带菌者和患者已超 4 000 万，而且每年在增长。首创的艾滋病“合并用药”疗法，有效抑制了早期感染的艾滋病病毒蔓延，大大减缓了患者病情发展，可使死亡率从 100%降到 20%，挽救和延长了无数艾滋病病人生命。他因此当选美国《时代》周刊 1996 年度“风云人物”，是该刊 1960 年以来当选的首位科学家。美国《科学》杂志把“鸡尾酒疗法”评为 1996 年全球十大科学研究突破之首，称其为“对付艾滋病的新武器”。但他仍然认为需要研制便宜而强效的疫苗。继鸡尾酒疗法后，2000 年他完成 C 型艾滋病疫苗动物实验，可有效阻断病毒进入细胞，并着手开展人体实验计划。2002 年 9 月 26 日，他又宣布艾伦・戴蒙德研究中心已在人体免疫细胞内找到了可有效对抗和控制艾滋病毒的 CD8 物质，开辟了一条治疗艾滋病新途径。

发表论文近 300 篇。获 1991 年厄恩斯特・琼一普里斯・富医学奖、1993 年梅厄科学技术杰出奖、1998 年美国国家科学院成就金盘奖、2001 年度美国“总统国民勋章”、2004 年美国华裔名人百人会“推动美国进步的先锋奖”等。（李孙演）

陈竺（Chen Zhu） 中国江苏省人，1953 年 8 月 17 日生于江苏镇江。内科学、血液学、分子生物学、公共卫生管理。

1981 年获上海第二医学院（今上海交通大学医学院）医学硕士学位。一直留校工作。期间 1989 年获法国巴黎第七大学附属圣路易医院血液研究所博士学位，从事博士后研究半年。同年回国，历任上海第二医学院附属瑞金医院内科住院医师、主治医师，上海市血液学研究所分子生物学实验室主任、所长等职。兼任国际科学院组织主席，中国遗传学会人类遗传专业委员会主任，国家人类基因组南方研究中心主任，国家卫生部和上海市人类基因组研究重点实验室主任，上海市科学技术协会副主席，意大利热那亚大学名誉教授等职。1995 年当选为中国科学院院士，2000 年起任中国科学院副院长。1999 年当选为第三世界科学院院士。2007 年出任国家卫生部部长。2013 年 12 月任全国人大常委会副委员长。

中国高科技研究发展计划（“863”）重大项目“重大疾病相关基因的研究”责任专家，中国人类基因组研究项目两负责人之一。主持了 20 余项国家重点项目和国际合作项目，取得一系列重要成果，得到科学界高度评价。首创中国血友病分型、血友病甲携带者检测和遗传咨询；创造性研究人类 T 细胞受体（TCR）基因结构和表达，发现数个 γ 链基因可变区新成员（包括一个新的家系），报道了人群中 Vγ 区的整体多态性，揭示了 TCR 基因在人类白血病淋巴细胞中重组、表达的规律；在国际上首次建立伴 Ph 染色体急性白血病中 RCH - ABL 重组的分子模型，第一次阐明了它在 22 号染色体断裂点丛集区域位置并进行命名；在国际上首次发现并克隆了早幼粒白血病中染色体异位形成的融合基因，这是中国学者在国内发现的首个人类疾病相关基因；对急性早幼粒细胞白血病进行有效的全反式维甲酸诱导分化治疗；主持获得若干新的维甲酸靶甲酸，以及数十个造血系统功能基因的全长 cDNA（互补脱氧核糖核酸）；参与主持中国人类基因组研究项目筹划、协调和管理，建立中国一欧盟合作的酵母人工染色体基因库筛选中心，有力推动了中国人类基因组计划实施。

发表论文近 200 篇；主编《分子生物学与疾病》、《血液细胞图谱》等专著。多次获奖，其中有国家自然科学奖三等奖 1 项，国家教委科学技术进步奖一等奖、二等奖各 2 项，国家卫生部科学技术进步奖一等奖 1 项；1994 年中国青年科学家奖，1996 年何梁何利科学与技术进步奖，1997 年法国卢瓦兹奖等。获 1995 年上海市科技精英称号。（李孙演）

博伊特勒，B. A.（Beutler，Bruce Alan） 美国人，1957 年 12 月 29 日生于美国伊利诺伊州芝加哥。免疫学、细胞与分子生物学、遗传学、药理学、医学。

犹太裔；父亲是遗传学教授，母亲是记者。因受父亲影响，少时就对生物学产生了浓厚兴趣，经常到父亲的实验室学习。1976 年获圣迭戈加利福尼亚大学生物学学士学位。1981 年获芝加哥大学医学院医学博士学位。后在得克萨斯大学西南医学中心内科部进行实习医生和驻院医生训练。1983 年在洛克菲勒大学医学院切拉米实验室从事博士后研究，1984 年留校医院任助理医师，1985 年任助理教授。1986 年回到得克萨斯大学西南医学中心内科部任助理教授。同年到霍华德・休斯医学研究院任助理研究员，1990 年任副研究员，1996 年任教授。2000 年任位于拉贺亚市的斯克里普斯医学院免疫学系教授，2007 年任遗传学系首任系主任。2011 年回得克萨斯大学西南医学中心，任宿主防御遗传研究中心主任、校务委员。是美国国家科学院、美国国家医学研究院院士。2007 年获德国慕尼黑理工大学荣誉医学博士学位。

由于“先天免疫机制激活的发现”，与加拿大的 R. M. 斯坦曼、法国的 J. A. 霍夫曼三人同获 2011 年诺贝尔生理学或医学奖；其中斯坦曼因在“树状细胞及其在后天适应性免疫系统方面作用的发现”，获全部奖金的一半。诺贝尔奖评委会认为，他们各自独立地“发现免疫系统激活的关键原理，革命性地改变人们对免疫系统的理解”；他们的成果“为预防和治疗传染病、癌症和炎症性疾病开辟了新的途径”。

此外还获多种其他奖项，其中有：2004 年德国科赫奖（与霍夫曼等三人分享），2006 年同获法国科学院查尔斯一迈耶奖、美国癌症研究院科利基础与肿瘤免疫学杰出贡献奖（与他人分享），2007 年巴尔赞免疫学奖（与霍夫曼分享），2009 年奥尔巴尼医学中心奖（与斯坦曼等三人分享），2011 年中国香港邵逸夫生命科学与医学奖（与霍夫曼等三人分享）等。（李啸虎）

世界科学家大辞典

Dictionary of World' s Scientific Biography

工程技术学卷

欧冶子(Ou Yezi) 中国春秋越国人,籍贯、生卒年不详,约生活于春秋末期到战国初期(公元前6世纪初叶至公元前5世纪初叶)。兵器技术、冶金工程。

中国古代铸剑鼻祖,开创中国冷兵器研制之先河。据称他铸造了中国历史上有文字记载的第一把铁剑"龙渊"(又称龙泉宝剑)。据《越绝书·越绝外传记宝剑第十三》记载:传说他少时与干将同师,从母舅处学得冶金术,研究过铜和铁等金属的不同性能,以冶铸青铜剑和铁锄、铁斧等生产工具为生。

越王勾践有五把青铜宝剑:湛卢、纯钧、胜邪、鱼肠和巨阙,都是欧冶子所铸。当时正值东周列国诸侯纷争,楚先后吞并长江以南诸多小国,其中越国成了楚灵王的属国。该书又录有"楚王见剑"的记载:由于欧冶子铸剑名气很大,楚王派人到越地找他铸造宝剑。欧冶子奉命,和干将一起走遍江南名山大川,在龙泉的秦溪山寻觅到同时出产铁英(优质铁矿)、寒泉(用以淬水)和亮石(用为磨砺)的地方,"凿茨山,泄其溪,取铁英",经两年之久,终于铸造铁剑三把:"一曰龙渊、二曰泰阿、三曰工布(一作工市)。"楚王见剑大喜,曾引铁剑"泰阿"大破晋郑王三军。为了纪念欧冶子,后人在楚王当年赐封的秦溪山下"剑池湖"畔建有"剑池亭"和"欧冶子将军庙",成一方千年古迹。

1965年底,在湖北江陵出土越王勾践剑,但见锋刃锐利,完好如新,剑身满布菱形花纹,用鸟篆刻镂的铭文为"越王勾践自作",铸造工艺高超非凡。经用现代冶金学化验分析,该剑由相当纯粹的高锡青铜铸成,黑色花纹处含有锡、铜、铁、铅、硫等成分。这一考古发现提供了一个有力的实物佐证,说明欧冶子铸剑并非神话虚构。

(李啸虎)

鲁班(Lu Ban) 姓公输,名般,或称公输班、公输子、公输盘、鲁般、班输等。中国春秋末期鲁国(今山东)人,约周敬王十三年(公元前507年)生于鲁国曲阜(另说滕州),约周贞定王二十五年(公元前444年)后卒。手工工艺、土木工程、机械技术、兵器制造。

因系鲁国人,而且"般"与"班"同音,故后世常称他为鲁班。出身工匠世家,从小习艺,一生发明创造甚多,记载散见于战国之后诸多古书如《事物绀珠》、《物原》、《古史考》、《鲁班经》等中,民间传说尤为普及而久远。

他十分重视工具创新,主要有木工制作工具和农产品加工机具。据记载,木工使用的不少常用器械,均源出其手,其中包括:锯、刨、钻、凿、曲尺(鲁班尺)、墨斗等,不仅使当时十分原始繁重的工匠劳动得以减轻,而且开创了中国土木工艺新面貌。《古史考》记载他首制铲子;《世本》记载他首制硙(石磨);《物原·器原》说鲁班发明了砻(谷物脱壳器)和碾子等。这些都是当时相当先进的农具和粮食加工机具,显著提高了生产水平和生活质量。

他还是一个技艺高明的机械发明家。制造的锁具内藏机关,非用特配精巧钥匙无法开启;《墨子》记载,"公输子削竹木以为鹊,成而飞之,三日不下";东汉王充著《论衡》转述,他改进车辆结构,制成由木人驾驭的机动木车马。他对兵器作过重要的改进和发明。《墨子·鲁问》记述,鲁班将钩改制成水战用的"钩强"(又称"钩拒"),楚国军队在和越国军队舟战时曾用此器,越船退则钩之,越船进则拒之;《墨子·公输》又记,他将平常梯子改制成可以凌空而立的云梯,用以攻城;《渚宫旧事》记载,"尝为木鸢,乘之以窥宋城",这简直是侦察机的始祖了。

他还是雕刻家和土木建筑师。《述异记》记载,他石刻立体的"九州图",这可能是世界最早的石刻地图;《列子》转述过,他曾雕刻有石头凤凰,栩栩如生。《事物纪原》和《物原·室原》都说,鲁班创制安装门环的底座("铺首")。古时民间传说他主持过造桥。据《玉屑》记述,伞是他的妻子云氏发明的,使工匠免于日晒雨淋。

鲁班的一些发明真相已无从查考,但是他是中国古代技艺高超的能工巧匠,却是没有疑问的。2000多年来,他的故事世代相传,经久不衰,被土木工匠尊为祖师,成了中国古代技术创新的化身。 (陈良瑞)

科台西比阿斯(Ctesibius或Ktesibios) 一译克特西比乌斯。古希腊人,鼎盛年约于公元前285～前222年,生卒年及地点不详。机械技术、仪器研制、水力学、气动力学、计时学。

长期生活于古希腊亚历山大城(今属埃及),很可能担任过亚历山大博物馆首任馆长。据传他从事的第一个职业是理发师,发明过可调节方向和距离的"聪明镜子"。晚年贫病潦倒。他的所有著述,至今无一留存。但是他的发明,一直受到人们的称颂。

尽管生平不详,但是他的许多发明很出名,不同文献都有所提及。据史料记载,他撰写了历史上第一篇关于压缩空气的科学论文"论气动力学"。在文中,他首次研究了压缩空气的弹性作用,还大胆提议可利用这种属性研制各种泵甚至"气动大炮"。他因此被科技史家誉为"气动力学之父"。他曾写过一部记述自己种种发明的书。据读过该书的人转述,其发明有浮水圆柱筒、活塞、水泵和水钟、水琴等等机械装置,构思奇特,设计巧妙,制作精美、功能各异。他还描述过一种欧洲最早使用的压力泵,会在施压下喷射水流,可用于从井里汲水,这种机械装置后来在罗马时代使用普遍。虹吸管原理的发现,也归功于他。他还发明了吹奏乐器"水琴",据认为这是后来管风琴的雏形。

最为脍炙人口的发明,是经他改进了的水钟(即"水漏"):水从漏壶底的小孔稳定流进下置的一圆柱容器,其内中有浮标用以指示时间,并能驱动齿条使齿轮转动,以带动一些报鸣配件,通过鸟鸣、狗跑、铃响等动作报时。据认为,在17世纪荷兰科学家H.惠更斯发明摆钟之前,它在相当长时期内是欧洲最准确的一种计时器。

(屈大壮)

李冰(Li Bing) 中国战国末期人,籍贯和生卒年不详。水利工程、桥梁工程、制盐工艺、工程管理。

约在秦昭襄王五十一年(公元前256年)被任命为蜀郡(今四川成都附近)太守。发源于成都平原北部的岷江,水流湍急,到灌县附近,常冲决堤岸泛滥成灾。特别是灌县城西南面的玉垒山,阻碍着江水东流,每年夏秋洪水期,往往造成西边江水泛滥,东边却干旱缺水的局面。他到任不久,即征发民工在岷江流域兴办了许多水利工程,其中以与其子二郎主持设计和兴建的都江堰大型水利工程最为著名。

都江堰工程位于四川省中部岷江中游,古时因在都安县境内,称都安堰;宋、元以后,称都江堰。整个工程由分水堰(鱼嘴)、飞沙堰和宝瓶口三个主要部分及渠道网组成。首先凿开玉垒山一个20米宽的口子,即"宝瓶口",又在江心中构筑分水堰,使岷江在灌县处分为内外两江。外江是岷江正流,内江流进宝瓶口,形成灌溉渠系的总干渠,渠首即宝瓶口。从此,受内江灌溉的成都平原就很少有水旱灾害发生。外江沿途也分引多条灌溉干流,兼具排洪作用。内外两江由各干支流分出的堰共526道,各堰的分堰共2 200道。内外两江干支各河流的总长,合计为1170千米,其中内江各干支流的总长为587千米,外江干支流总长为583千米。

都江堰水利工程虽然修建在2 000多年前,但因其布局合理,兼有分洪、灌溉、航运作用,至今发挥着巨大作用,在世界水利工程史上亦属罕见。在修建工程中,多数采用竹笼卵石构筑堤堰,费用较低,补充方便。在都江堰附近,还兴建了分洪用的平水槽和飞沙堰等工程,使进入内江过多的洪水,经由平水槽漫过飞沙堰而流入外江,确保了内江灌溉区的安全。由于都江堰附近的河底常易被沙砾卵石填淤,李冰父子还提出了"深淘滩,低作堰"的岁修原则,坚持每年水量最小的霜降时节,在外江截流,使江水全部流入内江,淘挖外江及外江各灌溉渠道淤积的泥沙。到次年立春前后,再截内江,淘挖内江河槽,进行平水槽和飞沙堰的岁修工程。后人已将其六字岁修原则刻在内江东岸的二王庙石壁之上。

他在蜀郡还主持兴办了岷江流域其他水利工程和桥梁建筑。其中在成都大干渠上修建了7座桥;主持凿平沬水(又名青衣水)的溷崖(今四川夹江县境);治导什邡等县的洛水和邛崃等县的汶井江。还在广都(今双流县境)开凿盐井,创造汲卤煮盐法,结束了巴蜀盐业生产的原始状态。他为蜀地发展作出了不可磨灭的贡献,产生深远影响,两千多年来,四川人民一直把李冰尊为"川主"。

(陈良瑞 钟金春)

郑国(Zheng Guo) 中国战国末期韩国人,生卒年不详。水利工程、工程管理。

任韩国水工。秦王政元年(公元前246年),一说是秦王政十年(公元前237年),韩国为了阻止并延缓秦国对韩国及其盟国的进攻,策划了"疲秦"之计,"毋令东伐",乃派郑国到秦,游说秦王兴修大型水利工程,以消耗秦之国力。秦王纳其建议,征集大量民工,由郑国主持开凿西引泾水、东注洛河的灌溉渠。渠长300余里,自中山西瓠口(今陕西泾阳)分泾水东流,经三原、富平、蒲城等县,入沮洛。其间横穿九道天然河流,解决了既能彼此隔开,避免干扰,又能各行其道,通流行水的问题。且在干渠的测量施工、渠系的布置运用、灌水的组织管理等方面,亦显示出较高的技术水平。工程进行中,秦王察觉郑国之意图,欲加诛戮,但他以开渠对秦有万世之利说之,乃使工程得以继续施工。渠成之后,果然使4万余顷盐碱性土地得肥效丰富的泾水灌溉而旱涝保收,自此,关中平原成为膏腴之田,"秦以富强,卒并诸侯,因命曰'郑国渠'"。

(陈良瑞)

维特鲁维(Marcus Vitruvius Pollio; Vitruvii) 又译维特鲁维乌斯。古罗马人。约公元前80~前70年生于意大利,公元前15年后卒。建筑学、机械技术、军事工程、建筑史学。

罗马帝国的自由民。曾在凯撒大帝的罗马军队中任军事工程师,据认为是凯撒的总工程师巴尔巴斯(L. C. Balbus)的助手,跟随军队到过北非、西班牙、高卢、黑海南岸的本都国等许多地方。在凯撒去世后,他为皇帝奥古斯都(Emperor Augustus)服务,更加受到重用和善待。

约公元前27年,撰成《建筑十书》巨著10卷,是欧洲现存最早的一部完整的建筑学著作,详细记述了古希腊和古罗马时期的建筑成就,并阐明了自己的建筑学思想,主张把建筑技术、功能和美观三者有机统一起来。第一卷为建筑学的定义和建筑师的基本训练,并广泛讨论了城市规划问题;第二卷为建筑材料(包括砖、砂、石灰、石料、木材等)和建筑方法;第三、四卷专门介绍宗教建筑结构,详尽地讨论了古典式样;第五卷介绍其他公用建筑,特别着重于剧院建筑的论述;第六卷讨论民居建筑;第七卷介绍装潢施工的实际内容,如地板、毛粉饰、上油漆与色彩等;第八卷为水源及供水系统,还以较长篇幅补充了天文学知识;第九卷描述不同形式的时钟与日规;第十卷介绍机械工具,特别是水力机械、比重计、火炮和其他军用机械等。该书在中世纪曾失传,15世纪重新发现后,对文艺复兴至18世纪的圆柱式建筑形式有很大影响。

(屈大壮)

召信臣(Zhao Xinchen) 字翁卿。中国西汉九江郡寿春(今安徽寿县)人。生卒年不详,鼎盛期为西汉初元至竟宁年间(公元前48~前33年)。水利工程、机械技术、工程管理。

西汉大臣、水利家。元帝时,历任零陵、南阳、河南郡等地太守。躬耕劝农,"好为民兴利,务在富之"。多次受朝廷升级嘉奖,竟宁元年(公元前33年)被征为少府,列于九卿,在任上去世。

他所主持修建的诸多水利工程中,最有名的要算任南阳太守时期,不辞辛劳巡视各处水泉,征发民工开挖渠道,筑堤建闸数十处,灌溉农田多达三万余顷,其功用千余年经久不衰,废于清代前期。在这一水利工程中,最有影响的是六门堨(今河南邓县城西1.5千米)与钳卢陂两处。六门堨壅遏汉水支流湍水而形成水库,元始五年(公元5年)引水闸由3处增至6处,沿途形成29

个陂塘，织成“长藤结瓜式”灌溉系统，可灌溉穰县（今邓县）、新野和涅阳（今邓县东北）3县5000多顷农田。钳卢陂位于邓县城南30千米处，号称“灌田万顷”。同时，他又注重水务管理，“为民作均水约束，刻石立于田畔，以防纷争”。由于大办水利使百姓勤于农耕，经济有了保障，生活得以安定，近悦远来，户口倍增，而盗贼绝迹，社会风气良好。召信臣因此深得民众信爱，尊为“召父”。此外，他还发明了在水利机械史上有重大意义的“水排”，用以鼓风炼铁，冶铸农具。东汉张衡的《南都赋》生动描绘了南阳水利的盛景。清代齐召南评述说，召信臣对南阳农田水利的贡献足以和李冰修都江堰的业绩相媲美。（李啸虎）

贾让（Jia Rang） 中国西汉末期人，生卒年与籍贯不详。水利工程、工程管理。

汉哀帝（公元前6～前1年在位）时任待诏。为治理经常决口的黄河东段，朝廷征求治水能人。他于汉成帝绥和二年（公元前7年）上言治河策。

其治理黄河的办法，分上、中、下三策。上策主张不与水争地，顺水流势从黎阳（今河南浚县东）改道北行入海，迁走冀州（包括今河北中南部、山东西端及河南北端）遭水淹的百姓，疏导水流，沿河设置一定的蓄洪区，汛期可以多蓄洪水，分减水势，枯水期可以用来灌溉。中策主张从淇口至漳水沿河多筑石堤，设闸开渠，引流灌溉，旱则开东方下闸门灌溉冀州，水大则开西方高闸门分流减洪，并在冀州多穿漕渠，既可分散水势，更利灌溉。而不问堤防是否合理，不顺水情被动地加宽、加高、培厚故堤，他认为这种方法要经常花费劳力资财，是为下策。他指出，如照上策去做，给黄河留一个宽广的区域，保证黄河“左右游波，宽缓而不迫”，则可以“河定安民，千载无患”。至今，这种观点仍有一定的参考价值。除此，他还提出了补偿时间的概念，“出数年治河之费，以业所徙之民”。这在当时水利经营管理方面是个创见。（谢庚华 陈良瑞）

杜诗（Du Shi） 字公君。中国东汉初期河内汲县（今河南汲县）人，生年不详，汉光武帝建武十四年（公元38年）卒于南阳郡（今河南南阳）。机械技术、农田水利。

历任功曹、侍御史、成皋令、沛郡（今江苏沛县一带）都尉、汝南都尉等职。建武七年（公元31年）调任南阳太守。公元31年后，主持设计制造结构新颖的水力鼓风机——水排。即用水力通过传动机构，使皮制鼓风囊连续开合，将空气压入冶铁炉，取代了冶铸业中的人力和畜力鼓风的方法，提高了工效。水排在构造上具有动力机构、传动机构和工作机构3个主要部分，实际上是一种自动机的雏形，对后来的机械设计制造具有较深影响。在欧洲，水力鼓风设备到11～12世纪才出现，真正普遍使用则迟到14世纪。因此，水排的发明在世界科技史上也占有重要地位。他还修治陂池，开拓耕地，以利于农业发展，有“杜母”之称。（陈良瑞）

王景（Wang Jing） 字仲通。中国东汉时代人，建武六年（公元30年）之前生，约建初八年（公元83年）后数年卒于庐江（今安徽庐江西南）。水利工程、工程管理、农学。

祖辈原居琅邪郡不其县（今山东即墨西南）。八世祖王仲因避祸举家渡海东迁乐浪郡䛁邯（今朝鲜平壤西北）定居。王景很可能生于该地，少年时学过《易经》，爱好天文术数，学识广博，多技艺。以功任河堤谒者。汉建初八年（公元83年）任庐江太守。

明帝时，奉旨与将作谒者王吴修浚仪渠，他采用“墕流法”根治了浚仪渠，使之不再为害。西汉平帝时（公元1～5年在位）黄河决口，汴渠一带泛滥达60余年，兖（治今山东金乡东北）、豫（治今安徽亳县）多被水患。东汉永平十二年（公元69年），朝廷派他征集民工数十万治理黄河。他排除任水自流、恢复“禹河”故道等保守思想，根据地势开凿山阜，采取筑堤、护岸、疏导三法同时并进，系统地修建自荥阳东至千乘海口的千里黄河大堤，稳定了河床。同时整修汴渠，发展了前代的水门技术，使黄河、汴渠分流，起到防洪、航运和稳定河道的巨大作用。汉建初八年（公元83年），在安徽寿县修复春秋时建造的蓄水灌溉工程“芍陂”（现安丰塘即其遗迹）。他还提倡牛耕，推广养蚕织帛，有利于发展当地农业生产。著作有《王景蚕织法》、《金人论》、《大衍玄基》等。（陈良瑞 谢庚华）

蔡伦（Cai Lun） 字敬仲。中国东汉桂阳郡耒阳（今湖南耒阳）人，约东汉永平四年（公元61年）生，建光元年（公元121年）卒。轻工技术、传播学、材料科学。

出身农家。15岁入选洛阳宫内为宦者，于建初元年（公元76年）任小黄门。和帝刘肇即位（公元89年），由窦太后临朝听政，升为中常侍，随侍幼帝左右而出入宫禁，上下传递信息，参与军机国务，位尊九卿，权势极大，开中国史宦官干预国政之先例。后自请兼任尚方令，掌管制造宫廷御用器物的手工作坊。安帝刘祜即位（107年）初期由邓太后柄政，被加封龙亭侯，食邑三百户。不久又升为长乐太仆，成为邓太后首席近侍官。建光元年（121年）邓太后卒，安帝亲政，追究当年参与窦太后诬陷安帝祖母宋贵人一事，他自知死罪，遂自尽而亡。

据《后汉书·蔡伦传》记载，他兼任工官时，每有空暇即闭门谢客，亲至工场实察，“监作秘剑及诸器械，莫不精工坚密，为后世法”。可见他对推动当时的金属冶炼铸造和机械加工的作用不小。但他的最大历史贡献在于革新造纸术。中国造纸术始于西汉（公元前206～公元25年）初期，当时已出现以麻类植物纤维制造的麻纸，但纸质粗劣，无法书写。蔡伦掌管宫内文书档案时，深感“帛贵而简重，并不便于人”，同时又因邓皇后喜舞文弄墨，于是决心利用工官身份研究造纸术。他首先总结改进了西汉以来的麻纸制造技术，组织生产宫廷专用的优质麻纸；接着主持研制楮皮纸，对传统工艺进行大胆革新，终于实现以木本韧皮纤维为主造纸的重大技术突破。其方法是：先将树皮、破布、麻头、旧鱼网等多种纤维用水浸泡和切碎，用草木灰蒸煮，用清水洗去杂质，用石臼将原料舂碎，配成浆液置于槽中，再用带网格的抄纸器将纸浆捞起，漏去水分便成薄片，晾干后压平，就成了纸张。这种纸成本低廉，原料丰富，质薄耐用，色浅面光，时人誉为“蔡侯纸”。永元十七年(105 年)，他把这种纸张及其制法上奏朝廷，和帝大悦，在嘉奖同时，通令全国推广。元初元年(114 年)，邓太后诏刘珍等人校订内廷所藏经传，命蔡伦监典。蔡伦首创钦定经传纸写本，并将所抄副本颁发各地方官，促成全国纸抄儒家经典的热潮。

中国是世界造纸术的故乡。蔡伦虽非造纸术最早的发明者，但他作为造纸术革新者和组织推广者，使纸张成为传播文化的最有力工具，当功居魁首。至晋代(4 世纪前后)时，纸张已最终取代帛简成为中国社会主要的书写材料。中国造纸术最先传到朝鲜和越南，约 610 年传至日本，751 年传入阿拉伯，11 世纪又由阿拉伯人传到欧洲。1150 年，西班牙建立了欧洲第一座造纸厂。1690 年，美国费城建立了美洲第一个造纸工场。19 世纪初，澳洲的墨尔本也出现造纸工场。至此，中国造纸术的福荫遍及五大洲。 (钟金春)

希罗(Hero of Alexandria) 又名 L. 希隆(Lancien Heron)，旧译海伦。古希腊人，生卒年争议颇多，一说约公元 62 年生于古希腊亚历山大城(今属埃及)，约公元 150 年卒。机械技术、机械学、数学、力学、光学。

古希腊著名发明家和数学家，以发明第一台蒸汽动力装置、发现求三角形面积的海伦公式(旧译)而著称于世。撰有关于机械学、几何光学、流体力学和几何学等论著多部。

《机械学》一书留有阿拉伯文译本，该书归纳和发展了阿基米德杠杆原理；第一次全面描述当时的六大简单机械，如杠杆、滑轮组、绞车、轮子、尖劈和螺旋等的原理与应用；详尽介绍运输与起重重物、加工制作机械(如切削螺纹等)用的工具；探讨求解物体重心的问题；展示多种兵器如投射器等的结构与性能；尤其是发明各种测量仪器，其中有通过齿轮将战车轮子运行变为指针旋转的计程器，以及由水准仪和经纬仪构成的测位仪等。

《气动力学》一书远远超越了他的时代。该书研究空气和水的压力，通过演示水不能进入充气容器的实验以证明空气的物质性，推测它的可压缩性和微粒性；设计用风力、水力或热空气驱动的种种机械、玩具和魔术。其中最有名的发明是后人称为“希罗球”的汽转球，盛水球体因加热产生的蒸汽从两段反向弯管喷出而旋转。此外还有借风力和水压奏鸣的风琴、推动庙门启闭和神祇转动的热空气机、形态各异的虹吸注水器和水钟等等。他还写过一本有关镜子和光的书，认为视觉由眼睛发射光而形成，光线以无限大速度传播，光线的反射角等于入射角。

也是著名的几何学家。1896 年在君士坦丁堡发现他的手稿《测量术》3 卷，由引理、理论和实例三部分组成，充分表明他通晓当时的全部数学知识。书中引用和推广欧多克斯和阿基米德的成果；建立多种求图形面积和体积的定理与公式；提出一个求$\sqrt{n}$至任意精度的迭代技巧；最著名的是已知三边之长求三角形面积的海伦公式。据阿拉伯文献记载，他对欧几里得的《几何原本》作过注释。他的著作曾广为流传，在古代阿拉伯数学家论著中屡屡提及。现存著作还有《几何学》等。 (沈 铁)

蒲元(Pu Yuan) 中国三国时蜀汉人。籍贯、生卒年不详，鼎盛期约在 3 世纪前期。冶金技术、兵器制造。

三国时期(公元 220～280 年)闻名遐迩的造刀专家。据隋代虞世南《北堂书钞》第一百二十三卷记载，他曾在斜谷(今陕西眉县)为诸葛亮一次造刀三千口。又有梁代陶弘景《刀剑录》提及，蜀汉造刀五万口，采用“七十二炼”技术铸就，相传是蒲元所为。

中国早在战国时已发明对钢铁热处理的方法即淬火技术，汉代时已发明百练钢工艺，至三国时广泛用于制作优质兵器。蒲元不仅熟知这些方法，更对淬火技术和淬火剂的规律掌握达到了炉火纯青的地步。据说，他造刀剑的淬火剂非成都的江水不用，造好的刀剑用装满铁珠的竹筒试锋，轻轻一刀截为两段，形同割草。《北堂书钞》引《蒲元别传》说：有一次，专程赴成都取水者返至涪津渡时不慎泼了水，于是就偷偷掺入八升涪水充数，但还是瞒不过蒲元。他试刀淬火以检验取来的水质，马上发现不符合要求，且点出了掺和数量，让作假者大惊失色，只得如实招来。虽然这是传说，不无夸张之处，但足见时人对他造刀的高超技艺和严格要求深表敬畏。

(李啸虎)

马钧(Ma Jun) 字德衡。中国三国时魏国扶风(今陕西兴平东南)人，生卒年不详。机械技术、农业机械、兵器制造。

工匠出身，不好言谈，长于思索，注重实践，尤善机械制造。早年贫困，居乡间，刻苦自学。据《三国志・魏书》记载，马钧“巧思绝世”。他见当时织绫机笨重繁复，操作不便，效率甚低，于是将五十综者五十蹑(踏具)、六十综者六十蹑的都改成十二蹑，既简化了工具结构，减轻了劳动强度，又使生产效率提高数倍，质量亦有改进。又研究东汉以前的灌溉工具，制成提水机翻车，又称龙骨车、水车、踏车，能将水由低处引向高处，结构轻巧灵便，效率比原来的提水工具高许多。

魏明帝青龙年间(233～237 年)在京城任给事，受古史书记载的启发，制成已失传的指南车，受到满朝大臣的钦佩，“天下服其巧”。又制成壮观多姿，变化无穷的“水转百戏”，以水力驱动水轮，通过传动装置使各种木偶活动，栩栩如生。他还善制兵器，设计制成攻城机械轮转式连续抛石机，能连续发射砖石，远至数百步；研

究过诸葛亮所造的连弩，认为可以改进，使效率提高 5 倍。 （徐柏春）

伊西多斯（Isidorus of Miletus） 希腊人，生于小亚细亚的米利都，大约生活在 6 世纪繁荣时期的君士坦丁堡（今土耳其伊斯坦布尔），约公元 558 年前卒。土木工程、建筑学、数学、科学传播。

早年在埃及亚历山大港教物理学。后到君士坦丁堡生活。很可能卒于公元 558 年前，因为那年年底教堂在地震中受损，负责修复的已是他的侄子小伊西多斯。

对早期的一部建筑学著作进行过评注。因与安西缪斯一同建造君士坦丁堡的圣索非亚大教堂而崭露头角。该教堂原建于 4 世纪，于公元 532 年毁于“尼卡”暴动。拜占庭皇帝查士丁尼一世（Justinian Ⅰ）下令重建，先由安西缪斯负责重建工程，据认为后者于公元 534 年前后去世，就由伊西多斯主持该工程。教堂于公元 537 年 12 月 27 日落成，其底面积为 77 米×71 米，内外装饰极其华丽，圆穹顶是已建教堂中最大的一个，且在结构上有所创新。该教堂历经长期风化及 30 次以上地震，但现有教堂的主体仍然是建成时的样子。

他还被认为是数学家，办过学校，编校注释过阿基米德的《关于球体与圆柱体》和《圆周的测量》两书，并将其由古希腊的多利安语译成本国语言。他收集出版古希腊数学家欧托西斯的著作。他还找出两种比例中项的第二种解法。发明描绘抛物线的仪器，但已失传。 （陈良瑞）

安西缪斯（Anthemius of Tralles） 小亚细亚人，约公元 474 年生于小亚细亚米诺，公元 558 年前卒于君士坦丁堡（今土耳其伊斯坦布尔）。土木工程、建筑学、数学、光学、仪器研制。

出身于西亚米诺的一个书香门第。医师之子，是家中 5 个男孩之一，弟兄中有学者、法学家和医生。他是君士坦丁堡大学的几何学教授。

公元 532 年，与伊西多斯为拜占庭皇帝查士丁尼一世（Justinian Ⅰ，527～565 年在位）重建君士坦丁堡的圣索菲亚大教堂，建筑极其恢弘华丽。对二次曲线及反光镜很有研究，可能发明了抛物面反光镜。他设计的一种光学装置，使阳光一年四季都能通过一个小孔投到固定的地方；还描述过当透光孔在椭圆反光镜的一个焦点上时，另一焦点就在反射光会聚处。他提出了用绳圈环绕焦点的椭圆作图法；还用作图法表明平行光怎样在抛物面反射镜中反射到其焦点。他又提到：连接椭圆焦点到它上面两条切线交点的直线，等分连接该焦点到这两个切点的直线的夹角。 （陈良瑞）

宇文恺（Yuwen Kai） 字安乐。中国隋朝朔方夏州（今陕西靖边红柊界白城子）人，后迁居长安。西魏恭帝二年生，即梁敬帝绍泰元年（公元 555 年），隋炀帝大业八年（公元 612 年）卒于大兴城（今西安）。土木建筑、城市规划、水利工程。

出身贵族世家，祖上是鲜卑人。因为是功臣之子，3 岁赐爵双泉县伯，7 岁晋封为安平郡公。自幼不喜武而好读书，特别喜爱钻研建筑学。历任营建宗庙副监、营建新都副监、检校将作大匠、仁寿宫监、将作少监、营造东都副监、将作大匠以及工部尚书等职，还一度担任过莱州刺史。

一生中最大功绩是主持规划、修建长安城和洛阳城。隋朝建立之初，仍以北周的旧长安城为都城。但自汉末以来，长安城已颓败不堪，非但宫室狭小，宫室、官署、闾里混杂，不利防御，而且城里水质变咸，不堪食用。开皇二年（公元 582 年），隋文帝下令营建新都，命左仆射高颖主持，宇文恺为营建新都副监。在这以前他已主持过隋朝宗庙建造，故此次“凡所规划，皆出于恺”。为营建新都，他首先对汉朝长安城的周围地势进行了勘查，选定原长安城东南龙首川一带平原作为新城址，定名大兴城。据史载及考古发掘，大兴城外廓城南北长 8 651 米，东西长 9 721 米，周长达 36.7 千米，大体呈方形，总面积约 83 平方千米。周围有宽 5 米、高约 6 米的城墙环绕，共设城门 12 座，每面开 3 门，一般每门开 3 个门洞。工程自开皇二年六月破土动工，于翌年三月初步竣工。城区规划完整严谨，街道宽直，整齐划一，宫殿、衙署、住宅、商业店铺等均各有不同的功能区域。此外，城里水源丰富，有引自浐水的龙首渠，引自潏水的清明渠，引自交水的永安渠等，渠水入城，既便利了航运交通，也利于排除城内积水。其规划布局对后世的中国城市及一些邻国城市的兴建，有深远的影响。

隋炀帝杀父即位，认为大兴城地处西北，既不利于物资转运，也不利于对全国的控制，下令在洛阳营建新都。大业元年（公元 605 年），他已升任将作大匠，又主持规划建造了另一座大型都市洛阳城。东都洛阳，外城南北长 7 300 米，东西最宽 7 200 米，规模略小于大兴城。城门共有 10 座，东、南各 3 门，西、北各 2 门。洛水横穿全城，把城市分成南北两个大区。宫城、皇城居北，是行政区。南部为官民住宅区。

除擅长于城市规划设计之外，他对大型宫殿建筑技术也有独到研究。隋炀帝北巡时，他建造的大帐可坐数千人；又造“观风行殿”，能任意集合和分散，可容侍卫数百人，且大殿下装有轮轴可推移，是座活动大殿。

他负责过水利工程。隋文帝开皇四年（公元 584 年），受命主持开凿广通渠，把渭水导入黄河，以利运输。该渠全长 300 余华里，流经许多崇山峻岭，是隋朝开凿大运河的先声，并为以后大运河各段的开凿积累了经验。

著有《东都图记》（20 卷）、《明堂图议》（2 卷）及《释疑》（1 卷），其中除《明堂图议》的部分内容保存在《隋史》中外，其余均佚。 （陈良瑞　钟金春）

綦毋怀文（Qiwu Huaiwen） 中国南北朝时期东魏北齐人，约生活于 6 世纪下半叶，籍贯、生卒年不详。冶金工程、热处理技术、兵器制造。

曾做过北齐信州（今四川奉节县一带）刺史。他总结了历代炼钢工匠的丰富经验，采用了新的炼钢工艺——后人称之为“灌钢法”，或称“团钢法”。这种炼钢方法的原理和近代平炉炼钢法相似，把液态生铁浇注在熟铁上，经过几度熔炼，使铁渗碳而成为钢。由于是让生铁与熟铁“宿”在一起，所以炼出的钢又称为“宿铁”，后人称生熟炼，或称灌钢法。宋应星在《天工开物》中详细记述了灌钢工艺：“凡钢铁炼法，用熟铁打成薄片，如指头阔，长半寸许，以铁片束包尖紧，生铁安置其上，又用破草覆盖其上，泥涂其底下。洪炉鼓鞴，火力到时，生钢（铁）先化，渗淋熟铁之中，两情投合，取出加锤。再炼再锤，不一而足。俗名团钢，亦曰灌钢者是也。”用草鞋涂泥盖在生铁上，其作用是使大部分火焰反射入炉中，提高冶炼温度，加速生铁熔化。把熟铁加工成薄片，则增大了生铁和熟铁的接触面积，利于生铁中碳分的渗入。灌钢冶炼法的采用和推广，对增加钢产量、改善农具与手工工具的质量，促进社会生产力的发展起了积极作用，且对后世的炼钢生产亦有深远影响。

他还创造了一套新的制刀工艺和热处理技术。其制刀方法是先把生铁和熟铁以灌钢法烧炼成钢，做成刃口，然后“以柔铁为刀脊，浴以五牲之溺，淬以五牲之脂”，即先以动物尿、后用动物油进行双液淬火，不但扩大了淬火介质的范围，还由于依次运用不同液体淬火而得到了性能较好的钢刀。这种刀极其锋利，名“宿铁刀”，史称能“斩甲过三十札”。（陈良瑞 钟金春）

李春（Li Chun） 中国隋代人。籍贯、生卒年不详，鼎盛期隋大业（公元 605～618 年）年间。桥梁工程、建筑学。

出身工匠，因建赵州安济桥而闻名于世，但生平已无法得知。安济桥又称赵州桥，俗称大石桥，位于今河北省赵县城南五里，横跨洨河南北，约建于隋大业（公元605～618 年）年间。唐代有《赵州桥铭》文称：“赵郡洨河石桥，隋匠李春之迹也，制造奇特，人不知其所以为。”明代重修的《赵州志》称其“奇巧固护，甲于天下”；明代诗人祝万祉赞美它“百尺高虹横水面，一弯新月出云霄”。

赵州桥是世界上现存最早、当时跨度世界之最的敞肩圆弧拱桥，是中国和世界桥梁工程技术史上的一项伟大成就。李春有极其丰富的施工经验，桥址选择合理，桥基坚实稳固。他经周密勘查，大胆把桥台建于河床密实粗沙层上，桥台由五层石料砌成，具有低拱脚、浅桥基、短桥台的特点。据测量，自建桥至今一千多年间，两边桥基下沉水平差仅五厘米。他摒弃传统的半圆形桥形，大胆采用平缓圆弧状“坦拱”。桥长 50.83 米，两端宽 9.6 米，中部宽 9 米，主孔净跨距 37.02 米，拱矢（石拱两脚连线至拱顶的高度）净高 7.25 米，两者之比为 0.19，拱腹半径 27.31 米，桥高比拱弧半径小得多，降低坡度，方便交通。桥身全部采用石块铺砌，主拱券由 28 条各自独立的并列石拱券组成，每拱用石约 40 块，皆厚 1.03 米，重约 1 吨；桥两端肩部各开有二个对称小拱孔（故称敞肩型，没有小拱的称为满肩或实肩型），净跨各为 3.8 米、2.85 米，四个小石拱留下空洞可减少填料 700 多吨，起到减轻重量、节省材料、利于排洪和造型美观的作用；四个小拱也都采用各自独立的 28 道并列纵券，与主拱一样采取护拱石以增强横向拉力。他充分考虑到洨河水文和施工进度的矛盾，大胆采用纵向并列砌筑法，为加强各券之间横向联系，采取了一系列有效措施，其中至少有：①每券都是下宽上狭，略有收分；②借用桥身重量压往拱券；③两侧护拱石各设 6 块勾头石；④主券上均匀设有 5 根铁拉杆，让拉杆两端有半圆形杆头露出石外；⑤两侧外券、各道券的相邻石块之间都穿有铁腰，且用石灰粘砌。

李春独创的这种低桥面、大跨度、敞肩型的圆弧拱桥，是中国在世界造桥史中的一大创造。据英国李约瑟博士研究，在公元 1～18 世纪先后传到欧洲和其他地区的中国科学技术成果至少有 26 项，其中就包括了“弧形拱桥”。在欧洲这种桥型最早见于 14 世纪法国泰克河上的赛雷桥，比赵州桥晚了 700 多年，而且早在 1809 年毁坏了。在漫长岁月里，赵州桥历尽洪水冲荡、地震摇撼、车马重压、兵灾战火和风化侵蚀等考验，至今巍然屹立，这在世界桥梁建筑史上堪称奇迹。（陈良瑞）

姜师度（Jiang Shidu） 中国唐代魏州魏县（今河北省大名西南）人。约于唐永徽元年（650 年）生，开元十一年（723 年）卒。水利工程、工程管理。

唐代有名的官员和水利家，官至将作大匠。为政清廉勤勉，非常重视大办水利，防灾兴农，任职所到之处，每每“一心穿地”。神龙（705～707 年）初年，他在易州（今河北易县）刺史任上，为防备北方契丹民族的骑兵突袭，在蓟门附近（今居庸关）开沟引水为壑。在蓟州（今蓟县）沿海地区上任时，为开辟北方边防的新给养线，沿着曹操当年的旧渠遗迹凿通了具有战略意义的平虏渠。开元六年（718 年）任蒲州（今山西永济西南韩阳镇）河中府府尹，为抗洪水保盐业，他亲自主持开浚排水沟渠，合理设置盐屯，使财政收入大增。不久迁同州（今陕西大荔）刺史，他开渠引洛水、黄河之水灌溉荒地二千多顷，设十余屯，农产收获甚丰。此外，他曾在贝州经城（今河北巨鹿东 25 千米）疏通张甲旧河；在沧州清池（今沧州东南 20 千米）开渠引浮水入毛氏河和漳河以消内涝；在郑县（今陕西华县）修利俗、罗文两渠并筑堤防洪；主持长安城引水工程，使京城供水和运输一举两得。尽管当时有不少人批评他“不惜民力”，失败工程虽也偶尔有之，但实际上后来证明大多数工程有长远的作用。

（李啸虎）

伊本·菲那斯（Abbas Ibn Firnas；或 Abbas Qasim Ibn Firnas） 西班牙人，公元 810 年生于西班牙阿尔安达勒斯（今龙达地区），公元 887 年卒于西班牙科尔多瓦的埃米尔。工艺学、天文学、仪器研制、科学传播。

非洲北部柏柏尔族人后裔。早期经历不详，长期生活于西班牙科尔多瓦的埃米尔并卒于该地。是埃米尔·拉赫曼二世、穆罕默德一世的政治顾问、占星术士和宫廷诗人。

中世纪西班牙著名博学家和发明家，东西方文化与科学交流的积极推动者。发明制作无色透明玻璃的工艺；制造过各种玻璃版的平面天球星座图；研制可用来纠正视力透镜，是后来眼镜的锥形；开发出切割水晶石的工艺，结束了当地原要将石英材料送到埃及加工的历史；制作过最早一批节拍器，用于调控音乐演奏的节律；建造过天象仪、浑天仪和水钟等天文和计时仪器。他把自己的实验室建立在地下室里，其中特辟一个房间安放一套构思巧妙的机械和光学装置，专门用以模拟各种各样的天象和气象，其中有天上的星座、云彩和雷电等等，模仿得惟妙惟肖，令人有身临其境之感。

科学技术史家认为，他是历史上第一个采用比较科学的方式进行滑翔试飞的人。公元 875 年，时年 65 岁仍壮心不已，仿照鸟儿翅膀的构造和飞行原理，用羽毛粘制了一架带双翅的最早"滑翔机"（实质上是个翼状大风筝），并亲自作滑翔飞行试验，背负着从一个小山岗上迎风跳下来，落地时背部只受了点轻微擦伤，一时声名大振，但也招来批评，说他忘了鸟儿尾巴在飞行中的平衡作用。

他还积极向西方传播东方的文化和科学成就，其中将波斯天文学家花剌子密的《信德及印度天文表》翻译为拉丁文介绍给西方，对欧洲天文学的发展有很大影响。此外，还是一位著名诗人，是熟悉哈里·伊本·阿马德诗体学韵律的第一个安达卢西亚人。

为纪念他，月球上有以他命名的"伊本·菲那斯陨星坑"。 （高楚明）

喻皓(Yu Hao) 亦作预浩、预皓、喻晧、喻浩。中国北宋初浙江杭州一带人。生年不详，宋太宗端拱二年（公元 989 年）卒。*土木工程、建筑学*。

曾任杭州都料匠，擅长木结构，特别是建筑多层的宝塔和楼阁。他受命在京城汴梁（今开封）建造开宝寺木塔时，先做模型而后施工。塔高 110 米，八角十三层，琉璃瓦顶，是当地几座塔中最高的一座，也是当时最精巧的建筑物。京师地平无山，多刮西北风，故塔身稍向西北倾斜以抗风力。该塔施工历时八年，于宋太宗端拱二年（989 年）建成，后于北宋庆历四年（1044 年）焚于火。他在杭州建造梵天寺塔时，曾科学地解释了木塔的稳定问题。

晚年写成中国历史上第一部木结构建筑手册《木经》3 卷。该书对建筑物各部分的规格及各构件之间的比例关系作了详细规定，对后来的建筑技术发展有较大影响，已佚，沈括在《梦溪笔谈》中作过介绍。 （陈良瑞）

燕肃(Yan Su) 字穆之。中国北宋青州益都（今山东益都）人。北宋建隆二年（961 年）生，康定元年（1040 年）卒。*机械技术、计时学、潮汐学*。

五代时为避战乱，举家迁居曹州（今山东曹县西北）。幼年丧父，家境贫困，游学天下。善诗画，通乐律。考中进士后，曾在南北各地为官。宋仁宗时，任龙图阁直学士；官至礼部侍郎后，辞官告老还乡。

宋仁宗天圣五年（1027 年），他根据史书上的简记，复原并改进了早已失传的指南车和计里鼓车。所制造的指南车为双轮独辕，由于齿轮系统啮合作用，不管车向何方行驶，车上一个木人的手臂始终指南。所制成的计里鼓车亦为双轮独辕，车分两层，上层置执锤木人与鼓，每行一里，木人击鼓；下层设执锤木人与钟，每行十里，木人击钟。这两种仪器都是根据差速齿轮原理制成，而该原理在欧洲直到 19 世纪才发现和运用，较燕肃晚了近一千年。

天圣八年（1030 年），他为了准确测定潮候，发明精巧的"莲花漏"。莲花漏用上下两柜盛水，上柜的水漏入下柜，再漏入石壶；石壶上有莲叶盖，盖中插入上端刻有莲花、有刻度标示的木质浮箭；水浮箭升，视刻度即知时间。浮箭共 48 支，视二十四节气、各地纬度和昼夜长短不同而更换。经反复改进和试验，至景佑三年（1036 年），朝廷终因"世服其精"而颁行全国使用。在中国古代漏壶中，莲花漏率先采用漫流原理，即在下柜漏壶上部一侧开有一孔，使从上柜流入的流量稍大的余额水从此孔溢出，以保持水位恒定。于是从下柜流入石壶的水便更均匀，因而计时精度显著提高。他为官每到一地，都把制造莲花漏的技法刻在碑石上加以推广。苏轼在《徐州莲花漏并序》中说他"以创物之智闻天下"。

此外，为发展渔业生产和海上交通而深研潮汐学。约在北宋大中祥符五年至乾兴元年（1012～1022 年），他在越州（今浙江绍兴）、明州（今浙江宁波）任职期间，为了对每日潮候作出准确预告，进行了长达 10 年的实地观察，积累了大量第一手资料。他发现，潮汐变化大小与太阳无关，但与月亮盈亏有对应关系，朔月、望月潮大，上弦、下弦潮小。他研究钱塘江大潮成因，认为是河口南北互连的沙滩阻碍了潮水所致。乾兴元年（公元 1022 年），他在明州将研究成果编成《海潮图》和《海潮论》等书，并且勒石昭示世人，以指导航运和渔业生产。

（李啸虎）

毕昇(Bi Sheng) 中国北宋中期人，籍贯与生年不详，约北宋皇佑三年（1051 年）卒。*印刷技术、雕刻术、知识传播*。

世界上发明活字印刷术的第一人。一介"布衣"，生平已无从查考。中国隋唐之际，作为人类历史上最早印刷术的雕板印刷，已从印章、拓石脱胎而出。到了北宋初期，雕板印刷发展到鼎盛时期，成都、福州、杭州等地，刻书坊遍地林立。在杭州谋生的刻书工匠毕昇，深感雕板印刷弊病不少：费工费时，一部巨著往往刻上数年甚至十数年；木印板体积庞大又易霉变虫蛀，堆放和保管皆费事；发现印板有误，如不重雕，就得错印。毕昇总结了历代雕板印刷的丰富经验，在凿换错别字的操作中得到灵感，经反复试验，于北宋庆历年间（1041～1048 年）制成胶泥活字，试行排版印刷，从而完成了印刷史上一项重大革命。

据沈括《梦溪笔谈》记载，毕昇活字印刷术分三道工序：①制字。用胶泥刻成铜钱厚薄的单字，用火陶化变硬。一般字各备数枚，常用字各备 20 余枚，冷僻生字则临写临刻临焚。字印按韵目分类，置于木格内备用；②排版。将松脂、蜡和纸灰等合剂敷在一铁板上，又安放一铁框，按稿本把所需活字排满于框内，置火上烘烤使药剂稍熔，再用一铁板压平字面，冷却后活字即被凝固；

③印刷。在胶版上施墨，就像雕板一样印刷；活字板能边排边印，可合可分，经济方便。

毕昇用胶泥活字印刷过的书，现已无从查考。流传至今最早用泥活字印刷的一部书，是南宋文人周必大仿毕昇遗法自印的《玉堂杂记》。毕昇的泥活字较德国J.古滕堡发明铅活字要早400多年，其基本原理和方法一直沿用至今。从13世纪起，这一技术先传到朝鲜，被称为"陶活字"；又由朝鲜传至日本，被称为"植板字"。

（钟金春）

曾公亮(Zeng Gongliang)　字明仲，号乐正。中国北宋泉州晋江（今福建泉州）人。北宋咸平二年（999年）生，元丰元年（1078年）卒。军事装备技术、兵器制造。

北宋大臣，著名的军事专家。父亲曾会官至刑部郎中，封楚国公。曾公亮幼时聪慧好学，有神童之誉。天圣二年（1024年）考中进士。会稽县（今浙江绍兴）任上，镜湖泛滥，他立斗门上，泄水入曹娥江。历任翰林学士、参知政事、吏部侍郎、吏部尚书等职。仁宗嘉佑六年起（1061年）任宰相，先后辅仁宗，英宗，神宗执政，被誉为"三朝元老"、"三代宰相"。神宗熙宁二年（1069年），累封鲁国公，因年迈避位，推荐王安石为相。死后宋神宗追赠太师、中书令，谥号"宣靖"，配享英宗庙庭。

他主编和参与撰写的《武经总要》成书于仁宗庆历四年（1044年），是中国第一部官修兵书大全。该书分为前后两集，各20卷；前集包括各种军事制度15卷、边防5卷；后集包括历史案例15卷、阴阳占候5卷。该书最大特色是在前集卷十至卷十三中，全面介绍军事上的"器械名数，攻取之具，守拒之用"，图文并茂地记录了数十种适应各种作战需要的冷兵器；在《守城》和《攻城法》中，系统研究了筑城技术与城战攻防器械；专题辑录各种战船、战车的制法与使用。尤为珍贵的是，该书第一次记载了中国最早的有关火球、毒药烟球和蒺藜火球等3个完整的火药配方，以及第一批军用火器。该书介绍的宋代军事技术与兵书的编写体裁，对后世兵家文献编纂产生了深远影响，在中国和世界军事技术发展史上占有重要的地位。

（李啸虎）

蔡襄(Cai Xiang)　字君谟。中国北宋兴化仙游（今福建仙游）人。北宋大中祥符五年（1012年）生，治平四年（1067年）卒。桥梁工程、工程管理、农学、书法。

父早逝，在外祖父、惠安名士卢仁家中长大，受到严格良好的家教。天圣八年（1030年）举进士，历任漳州军事推官、福建路转运使、三司使等职，还出任福州、开封和泉州等地知府，卒后赠吏部侍郎，谥号忠惠。他为官刚正忠直，辟邪扶正，针砭时弊，政绩斐然。庆历三年（1043年）任谏官，"直声震天下"；任三司使主管全国财务时，建立一整套规章制度；出任福州知府时，极力移风易俗，反对巫术，提倡医学。

他是中国第一座大型石构梁桥万安桥（因跨于洛阳江入海口处，故又称洛阳桥）的主持建造者。泉州为当时中国南部主要港市，但北上通道被洛阳江入海口湍流所阻，只能搭舟渡水，虽多次尝试造桥皆失败。皇佑五年（1053年），蔡襄舅父卢锡等人再次发起造桥之举，在工程严重受阻时，蔡襄于至和二年（1055年）和嘉祐三年（1058年）两次出任泉州知府，亲自主持建桥工程，大胆革新建桥工艺，终于在嘉祐四年十二月辛未（1060年1月16日）建成万安桥。该桥"飞梁遥跨海西东"，气势磅礴如长虹。当时桥长1200米，宽5米；花岗岩石料砌就，桥面用七道大石条纵列安置而成；桥洞47孔，两侧石栏置石狮28座，石亭7座，石塔9座，桥两端立有石象和石将军，蔚为壮观。他不仅苦心监管，且有技术突破：首创筏形桥基新工艺，用船装载大石块沉入水底，筑成一条长约500余米、宽约25米的水下石堤作为桥梁基础；采用菱形石桥墩，以减弱潮汐冲力；利用潮汐涨落，用船浮运和架设石梁；水下种殖牡蛎，以固结桥墩石块。万安桥被誉为世界桥梁史上一座里程碑式的建筑。它的建成促使中国南方兴起一股造桥热，先后涌现大中型石梁桥数十座之多。

此外，他善于总结民间栽培经验。所撰《荔枝谱》是中国乃至世界果树栽培学第一部专著，详述荔枝生长特性、品质鉴别、食用功效和加工储存方法，具有很高的科学价值。所撰《茶录》一书，记述茶叶品种、质地判别，加工、收藏和保管方法，药用价值，烹茶技巧和茶具制作等。他与苏轼、黄庭坚、米芾并称宋代四大书法家，现存有《蔡忠惠公集》和一些石刻题词。

（李啸虎）

单锷(Shan E)　中国北宋四川眉山人，后迁居晋陵（今江苏常州）宜兴。天圣九年（1031年）生，建中靖国元年（1101年）卒。水利工程、工程管理。

嘉祐四年（1059年）考取进士，不乐为官，穷居宜兴。宜兴地处太湖之滨，为吴中咽喉，他目睹太湖周围水涝不断，便留心于吴中水利。凡一沟一渎，无不周览其源流，考察其形势。尝乘小舟，往来于常州、湖州、苏州之间30余年。还在紫砂陶盘中，用五色土捏塑成假山、平原、底洼，然后在其间划线，称之为河道，以便观察和研究。

元祐六年（1091年），撰成《吴中水利书》，提出了行洪、排涝、航运等具体治水措施。书中把吴中水利比作人体："西自溧阳五堰，东至吴江岸，犹人之一身也。五堰则首也，荆溪则咽喉也，百渎则心也，震泽则腹也，旁通震泽众渎，则脉络众窍也，吴江则足也。"他主张治水的重点是西复五堰，以捍西来之水，中疏常州、宜兴百渎，引水分入长江和太湖，东开吴江岸、疏吴淞江，使水东流入海。苏东坡闻讯，与之商谈，并写了"进单锷《吴中水利书》状"的奏文，上达朝廷，请求施行，未受朝廷重视，但在民间广为流传。至明、清两朝，《吴中水利书》被奉为治理三吴水利的基本方针。

（徐柏春）

郏亶(Jia Dan)　字正夫。中国北宋苏州昆山县太仓（今江苏昆山）人，宝元元年（1038年）生，崇宁二年（1103年）卒。水利工程、工程管理、农学。

出身农家。19岁考取进士，授为睦州团练。留心于农田水利的考察和研究，常雇小舟先后考察了260多条河流和沟渠，足迹遍及湖州、嘉兴、苏州、常州等府县。1067年神宗继位，启用王安石实行变法，颁发《农田利害条约》，鼓励各界人士议兴水利。熙宁三年（1070年），他上《吴门水利书》，陈述治理太湖流域水利的主张。认为治水应辨地形高下之殊，求古人蓄泄之迹，提出了治水和治田相结合的主张。在“治田利害大概”一文中，既论古人治低田、高田之规，又论后世废低田、高田之法。深得王安石的赞许，熙宁五年（1072年），授为司农寺丞，提举兴修两浙水利，负责治理太湖水系。翌年，他将自己的治水主张镂版下达州、县，并调动6郡34县民工兴修水利，因遭地方豪绅和保守派的攻击被罢司农寺丞职。后回太仓乡下，在大泗瀼试行自己的治水主张，建圩堤、沟渠、场圃，终于获得丰收。又重绘图呈文朝廷，复任司农寺丞职，后升任江东转运判官，哲宗时调京为太府丞，晚年出任温州知府，卒于任。

（徐柏春）

李诫（Li Jie） 字明仲。中国北宋新郑（今河南新郑）人，约宋仁宗嘉祐五年（1060年）生，宋徽宗大观四年（1110年）二月壬申卒。*土木建筑、建筑学、工程管理、书画艺术。*

出身官吏家族，历任主管营造的将作监主簿、监丞、少监和将作监等职。主持营建不少有名的城门、宫殿、府第、寺庙等大型土木工程。

宋哲宗绍圣四年（1097年）受命编纂《营造法式》，元符三年（1100年）完成，徽宗崇宁二年（1103年）颁行。全书正文34卷，附“看详”（即编修说明）1卷，目录1卷，共36卷。正文共357篇3555条。其中除解释名词的2卷283条外，其余3272条是来自工匠的实际经验，占全书的百分之九十以上，几乎包括了当时建筑工程以及与之有关的工程管理等各个方面。体系严谨，内容丰富，是当时建筑科学技术的一部百科全书。全书包括四大内容：①“总释”2卷，整理汇编北宋以前有关建筑工程技术的史料；②不同工种操作规程的“各作制度”共13卷，其中包括大木作、小木作、石作、壕寨、彩画作、雕作、旋作、锯作、竹作、瓦作、砖作、泥作、窑作等13种工种“制度”；③各工种用工、用料定额标准，共15卷；④书中各作制度附图193幅占6卷，凡是各种木制构件、屋架、雕刻、彩画、装修等均有详图。图样细腻逼真，既有工程图，也有彩画稿；既有分件图，也有总体图。《营造法式》的出现，标志着中国古代建筑工程技术、工程制图学和工艺美术发展到了相当高的水平。

他还精于书法、绘画和著述。另著有《续山海经》（10卷）、《续同姓名录》（2卷）、《琵琶录》（3卷）、《马经》（3卷）、《六博经》（3卷）、《古篆说文》（10卷）等，可惜都已失传了。

（陈良瑞　钟金春）

维拉德（Villard de Honnecourt） 法国人，约1190年生于法国北部皮卡第地区，1260年卒。*土木工程、机械技术、建筑学、美术。*

他整理记载了中世纪最重要的工艺美术史和建筑史资料。所收集建筑师行会的约250幅图样中，集中了各种典型建筑图案、实用艺术作品、机械装置、雕塑绘画、比例图与基本施工用具图等，并一一加以详细的说明，至今保存于巴黎国家文献档案馆。他还绘制赛吕兹大教堂平面图，设计沙特尔的玫瑰式花窗、拉昂大教堂的钟塔楼、皮利什修道院，并建造1213年被害的艾格尼丝王后的陵墓。在他草绘的机械设计图中，包括永动机、水轮驱动的锯子、以及一些自动机械设备，其中有一种西方首次知道的简单擒纵装置，还有起重机、军用器械等等，应有尽有。还有许多解剖图和人像的几何结构草图。他的肖像画法，从抽象线条与几何图形方面发展了哥特式图像法。由于他的草图如此丰富多彩，人们往往把他看作为法国的达·芬奇。

（朱逸农）

贝拉克（Baylak，al-Qibjāqī） 阿拉伯人，生卒年不详，鼎年约1250年前后生活在埃及开罗附近。*工艺学、矿物学、数学。*

生平不详。留存的书中有本是1244年前写就的《矿物知识是经商的财富》。他所生活的年代，就是根据他1282年在该书上的签名确定的。1242年，他在从黎巴嫩的黎波里港口前往埃及亚历山大港的航海旅途中，看到船长将磁针横插入麦杆浮在水上来指示方向，或将空心鱼形磁铁漂浮在水上，作为原始的指南针。后来他在《商旅专用之书》中对此作了详细描述，成为第一个报道磁针制作及其应用于航海的阿拉伯人。这些著作于1904年前后被译成法文和德文。据考证，他还可能于1260年写过关于时钟知识及其应用的论文；1269～1270年写过数学手稿。

（杨惠民）

贾扎里（Al-Jazari；全称 al-Jazarī，Abū al-'Iz Ibn Ismā'īl ibn al-Razāz） 土耳其人，1136年生于美索不达米亚北部的贾扎里，约1206年后卒于迪亚巴克尔（今属土耳其）。*机械技术、工艺学、机械学、自动控制。*

生平不详，以出生地为名。贾扎里地处两河流域之间，即今伊拉克西北部和今叙利亚东北部交界地区。父亲是土耳其阿图基德王朝御用首席工程师。他后来世袭父职，是个多才多艺的穆斯林学者、发明家、机械师、工匠、艺术家、数学家和天文学家。

因传世之作《精巧机械装置的知识之书》（1206年）而闻名于史。这部阿拉伯文的机械大典，写于他为国王纳赛尔·丁（Nasir al-Din）效劳之时，详尽记载50种机械用具，附有173幅设计图，遍及生产、生活和娱乐等各个领域，逐一说明其操作方法和制作工艺，风格有如现代“自己动手”之类的制作指南。书中收集的器械，大部分是流行于美索不达米亚地区的传统用具；其中经他改进的有巨型水钟、人造喷泉、蜡烛座钟、自鸣音乐等；还有一些可能是他原创的，未见于前人记载。首次在书中介绍了凸轮轴，并在自己研制的自控水钟、水驱机器等机械中应用了这一重要机件。凸轮及其轮轴，在欧洲要到14世纪才出现。双缸水泵等汲水机使用了早期的曲轴，据认为是首次发明了曲柄滑块机构，这种曲柄连杆机构将连续的旋转运动转变为线性往复运动，直至近代才被广泛用于动力机和自动控制方面。其他发明还有：一种可控制转轮速度的擒纵机构；描绘过密码锁等机械控制器；铸造黄铜构件的砂箱闭式压模工艺等等。他在喷泉、水钟设计中巧妙地采用音乐机器人造型，如乐队齐奏、鸟兽报时，栩栩如生。很多发明从现在看来似乎微不足道，但其机理、构件、理念、方法和设计构思在机械技术发展史上有重要地位。据认为，他的自动机思想，对文艺复兴时代达·芬奇等人有重要影响。

（杨惠民）

薛景石(Xue Jingshi) 字叔矩。中国金末元初河中万泉(今山西万荣)人。生活于13世纪中期，生卒年不详。机械制造、工艺学、制图学。

生平事迹未见于正史与地方志，但从金末元初稷山文人段成己为其书《梓人遗志》作序中可知一二。他出身当地望族，早年受过较好教育，但家境日渐败落，也没有走上宦途，只是一介平民。自幼爱好机械制造，终身乐此不疲，且以此为业。他用心钻研历代流传的官家和私家手工劳作传习图谱，相当重视制作的传统工艺和器械的结构造型，但又善于进行创新变化，设计和制造了各种异常精致的木质器具和巧妙实用的加工机械，以致段成己在序介中称赞他“夙习是业，而有智思，其所制不失古法，而间出新意”。

他的代表作《梓人遗志》定稿于元世祖忽必烈中统二年(1261年)，原书整理收录了当时110种机械工具、日用器具的标准与制造方法，种类齐全，图文并茂，具有很高的历史价值和科学价值。该书在元代似乎并未刊印，民间有手抄本流传。现仅见于《永乐大典》第18245卷匠字部摘抄本，只剩“车制”与“织具”两部分共14种机械，其余均佚。该书编写方法科学，各种机械的描述顺序为：一是“叙事”，即对各类机械的历史沿革与概况评述；二是“用材”，即机械所有部件的规格尺寸与装配方法；三是“功限”，即制造的时间要求。尤其是书中绘有大量精美详细的机械图，既有总体装配图又有零部件图，已具有现代制图学的一些基本概念。残存抄本保存了许多早已失传的中国古代各种手工纺织机具等资料，十分珍贵。他身为工匠，却能一反技术诀窍不传外人的陋习，主张技术广传于世，大力提倡工艺规范化，在当时更是难能可贵。

（李啸虎）

赛典赤·赡思丁(Sayid Edjel Samsudin) 一名乌马儿。中国元朝初期人，金大安三年(1211年)生于西域布哈拉(今乌兹别克斯坦布哈拉)，元至元十六年(1279年)卒于中国昆明。水利工程、工程管理、社会管理。

“赛典赤”，贵族之意，赡思丁为其名，当时人习惯于用赛典赤称呼他而不叫他的名字。他是伊斯兰教教主穆罕默德的三十一世孙，父亲是一个小部族首领。成吉思汗西征时，他率千余骑归顺，收为宿卫，随军东返。因政绩显著，曾任四川、陕西等地行省长官。至元十年(1273年)，忽必烈任命他为云南行省平章政事。在滇六年，政绩颇多。建立机构，统一政令；整治昆明六河，推广先进农艺；建孔庙，创庙学，倡导儒学；招安各路酋长，稳定南疆政局；设立驿站，加强与中原联系。这些措施有力地促进了云南经济、社会和文化的发展。在任时去世，封号咸阳王；儿子纳速剌丁继为行省长官。

为了解决多年失控扰民的水灾，使荒废的大片农田得以复耕，他通过周密调查，全面规划和大规模整治开发滇池。修昆明六河的工程浩大，分为上下两段进行。他调遣久在云南的巡行劝农使张立道负责下段工程，主要疏通扩展滇池出水口海口河道。自己亲自监管上段，首先疏浚滇池上游年久失修、沙泥堆积的盘龙江河道并加筑堤岸，然后修渠将昆明东北邵甸一带充沛而无去路的泉水引入盘龙江，接着兴建昆明城东9千米处的松花坝，将部分盘龙江水分入东岸长70余千米的金汁河支流，通过两河入滇以加强上游泄洪能力。至元十五年(1278年)滇池工程竣工，面貌为之一新。约于至元二十四年(1287年)，著名意大利旅行家马可·波罗到过昆明(时称押赤)，在游记里生动描绘了该城当时的繁华景况，显然这同赛典赤的治理分不开。

（李啸虎）

阿尼哥(Aniko；Araniko) 尼泊尔人，1244年生于尼波罗国(今尼泊尔)，元成宗大德十年(1306年)卒于大都(今中国北京)。土木工程、建筑学、雕塑、工艺美术。

尼波罗国王室后裔。自幼通习梵文，诵读佛经，稍长又拜师学艺，擅长绘画、雕塑、铜铸、织锦、建筑等技艺。中统元年(1260年)，元世祖忽必烈即位，下令在吐蕃的乌思藏营造金塔，国师八思巴从尼波罗国征召工匠80人，17岁的阿尼哥因奇才被选为领队，受命督役。次年塔成，八思巴劝其削发出家，收为弟子；至元四年(1267年)携至大都，入觐世祖。忽必烈让他去修补明堂里的破损针灸铜人像，其技艺令京城的金工们佩服不已。至元十年(1273年)任铸泻等铜局官。至元十二年(1275年)，设立诸色人匠总管府，下统管11个司局，命他任总管。至元十五年(1278年)，诏命阿尼哥还俗。因成就显著，厚加赏赐，并先后授光禄大夫、大司徒兼领将作院。后病死大都。至大四年(1311年)，加赠开府仪同三司、太师、凉国公，谥敏慧。有子六人。

入仕元朝40余年，先后营建大型土木工程有道宫1座、祠祀2座、佛塔3座、大寺庙9座，巧思绝人；内部像设器物的铸镂绘织多出其手，无不精妙。其中最有名的，是至元八年(1271年)～至元十六年(1279年)建造的大都圣寿万安寺(今北京白塔寺)释迦舍利灵通之塔。高50.9米的尼波罗式砖塔，通体以石灰粉饰，故俗称“白塔”，是中国现存最早、最高、最大的藏式佛塔。塔基上建两层平面呈“亞”字形的须弥座，其上为巨大砖雕莲花座承托圆瓶形硕大塔身，塔颈作圆锥形相轮状，顶端铜制华盖直径9.9米，其周边悬挂36个铜质透雕的流苏和风铃，在华盖上面作为刹顶的，是一座5米高的铜制鎏金覆钵式小塔。元贞元年(1295年)，建成五台山万圣佑国寺。

他传入尼波罗国的梵式造像术(“西天梵相”)，使之逐渐盛行。其中有：大都护国仁王寺之庄严佛像；大都东花园寺所铸丈六金身佛像；圣寿万宁寺所塑千手千眼菩萨及所铸五方如来；大都和上都国学文庙所祀之孔夫子及十哲肖像；元世祖和察必皇后之织像等，皆称绝艺。凡所制作天文仪器及其他工艺品，精湛无比。同时还培养了许多弟子，其中有汉族巧匠刘元等人。

在其后近500年间，他在中国佛教艺术中一直享有盛誉。2010年在中国上海举办的世界博览会中，尼泊尔馆被命名为“阿尼哥中心”，以纪念他在建筑领域以及历史上增进中尼两国友好交往所作出的杰出贡献。

（李啸虎）

贾鲁(Jia Lu)　字友恒。中国元代泽州(今属山西)人，元大德元年(1297年)生于泽州高平(今山西高平)，至正十三年五月十六日(1353年6月17日)卒于濠州(今安徽凤阳东北临淮关)。水利工程、工程管理。

元代延佑、至治年间(1314～1323年)，两次中举。泰定初年(1324年)起，先后任东平路儒学教授、潞城县尹、户部主事(服父丧未及上任)、太医院都事。奉诏调任宋史局官，为朝廷编修宋辽金三史。书成后，升迁燕南山东道奉使宣抚幕官。因考绩优异，历任中书省检校、检察御史、山北道廉访副史、工部郎中等职。至正九年(1349年)受命主持山东、河南等地行都水监。至正十一年(1351年)，诏命为工部尚书、充总治河防使。至正十二年(1352年)升任中书左丞。次年病卒。

多次领导治黄工程，载于史册。“黄河决溢，千里蒙害”。为拯救灾民于洪水之中，他受命担任行都水监使，循行河道，常往返数千里，“考察地形，备其要害”，实地绘图，提出方案，一线指挥。采取的治河方略是：疏塞并举，先疏后塞，先易后难。疏浚中，凡生地新开，凿之以通；故道高低，取之以平；河身广狭，导之以直；淤塞之道，浚之以深；泽水之地，开渠以排洪。塞堵中，凡薄垒之堤，增之以固；决河之口，筑堤坝以塞其流。其中，以堵塞黄河白茅决口工程最为范例。至正四年(1344年)五月，黄河决河改道，今河南、山东、安徽、江苏交界地区成为千里泽国，数年未治。至正十一年(1351年)四月，诏命贾鲁为工部尚书充总治河防使，进秩二品。他征发民工15万，军士2万，在300余华里治黄工地上亲临指挥。其时，在堵截山东曹县白茅黄菱岗大堤决口时，因秋汛势大，难以堵截。贾鲁首先采用船堤障水法，下令每27艘大船作一“方舟”，装石依次下沉，层层筑起“石船大堤”，终于成功截流。整个治河工程从四月二十二日兴工，七月凿成280多华里河道，八月将河水决流引入新挖河道，九月舟楫通行，十一月诸堤筑成，全线完工计190天，使河复归故道，南流合淮入海。该工程之浩大，在中国古代治河史上尚不多见。

贾鲁治河受到时人和后人高度评价。元顺帝授予荣禄大夫、集贤大学士，并命翰林学士欧阳玄撰《河平碑》文以记其事，赞扬他“心思智计之巧”、“精神胆气之壮”。清人徐乾曾说：“古之善言河者，莫如汉之贾让，元之贾鲁。”世人为纪念他，山东、河南有两条河均名“贾鲁河”。

（李啸虎）

德·唐迪家族(the de'Dondi family)　意大利人，父子俩均是活跃于14世纪的帕多瓦学者，擅长设计和制作时钟和各种天文仪器。机械技术、计时学、天文学、医学、仪器研制。

雅各布·德·唐迪(Jacopo de'Dondi)　1290年生于意大利，1359年卒于意大利。

从帕多瓦大学医学院毕业后，任意大利基奥贾市政医生。1342年回帕多瓦大学医学院任教授。

曾应卡拉拉的乌贝蒂诺亲王(Prince Ubertino of Carrara)的要求，受命参与设计和监理建造一个大型的公共时钟，1344年安装在帕多瓦的卡帕塔纳多宫塔楼上。有历史文献表明，这个时钟不仅能在一昼夜中准确指出1～24小时，而且每隔一小时敲钟报时一次，同时可显示年份、月相和太阳在黄道上的位置，在当时堪称上乘之作。1390年，该塔楼和时钟毁于米兰人入侵。

乔瓦尼·德·唐迪(Giovanni de'Dondi)　1318年生于意大利基奥贾，1389年6月22日卒于米兰。

从意大利帕多瓦大学医学院毕业后，开业行医。1349年就任皇帝查理四世(Charles Ⅳ)的御医。1350～1352年任佩达大学天文学教授。1367～1370年任佛罗伦萨大学医学教授。1371年被帕多瓦公国委任为驻威尼斯大使。次年因帕多瓦和威尼斯断交，转任帕维亚大学教授，长期身兼外交家和学者的双重身份。

自独立谋生后，仍有一段时间(1348～1359年)和父亲住在一起，受到父亲在天文学和钟表制造方面兴趣的深刻影响。在父亲的指导和参与下，1348年开始设计和建造天象仪，历时16年建成集星盘、日历表、天文钟和赤道仪于一体的大型仪器，显示了他尝试用精确模型以表现托勒玫宇宙体系的雄心壮志。该仪器以结构复杂、制作精致而闻名于世，离欧洲第一座机械钟问世仅60年左右，是最早用时钟机构驱动的赤道式装置之一，被誉为当时机械技术的“奇迹”。整个装置高约1米，以铜或铁为材料的七边形框架装饰有7只兽足；下端配置有24小时表盘和一个鼓型大日历表盘，不仅展示了定期和不定期宗教节日，还标出日出日没、月亮轨道升交点的黄道位置；上端配置有7个盘面，每个直径约30厘米，可标出太阳、水星、金星、月亮、火星、木星和土星在恒星天球上的相对位置数据；时钟机构拥有手工制作的107个齿轮和擒纵装置，值得注意的是，个别场合还用了近乎椭圆的轮子以准确描绘行星的不规则运动；不用一根螺丝钉，各个元件之间均由300余个锥形销和楔形销来衔接和固定。他留传于世的手稿提供了天象仪的设计详图，其资料的完整足以让后来的钟表师重新复制，至今仍有7个复制模型保存在美国史密森学会、伊利诺伊州计时博物馆和英国伦敦科学博物馆等处。

（屈大壮）

宋礼(Song Li)　字大本。中国明代河南人，元代至正十八年(1358年)生于河南永宁(今洛宁)马村，明代永乐二十年七月(1422年8月)卒于北京。水利工程、土木工程、工程管理。

元、明两朝老臣宋彬之子。明洪武年间(1368～1398年)，宋礼以国子生任山西按察司佥事，因执法严明、性情刚直而得罪权贵，遭两次降职。明成祖朱棣即位，命宋礼署礼部事，后升迁礼部侍郎。永乐二年(1404年)出任工部尚书，18年后在任病故。明穆宗追赐太子太保、谥“康惠公”；清雍正帝追封“宁漕公”。

在任工部尚书期间，为筹建故宫、迁都北京，疏浚运河、分水南旺而殚精竭虑，功业卓著。统领建造北京紫禁城和天安门，为大明迁都彪立巨功；主持疏浚运河工程，尤以开浚会通河（京杭运河山东段）最为脍炙人口。明成祖朱棣即位，永乐初年建都北京，物资运输压力骤增，传统海运和陆运已力不从心。永乐九年（1411 年）二月，宋礼和刑部侍郎金纯、都督周长受命，发军卒、民夫 30 万，疏浚被黄河决口淤断的河道，由济宁至临清 385 华里，深 1.3 丈，宽 3.2 丈，历时约 100 天竣工。为解决水源问题，他重修汶河堽城坝，引水至济宁入运河；采纳汶上老人白英建议，在堽城坝之西建戴村坝，引汶水至会通河段最高点南旺，向南北分水（后取代济宁分水），南流设闸 21 座接通淮河，北流设闸 17 座至临清接通卫河；引安山湖水接济运河，自开河闸北的袁家口开挖新河道 50 华里，至沙湾接旧运河。第二年，他又在清平县魏家湾开会通河的减河泄洪水入土河，又在德州西北开河泄卫河洪水。同年上奏朝廷，改海运为漕运。不久，平江伯陈瑄主持疏浚江、淮间河道，使南北衔接，大运河便全程通航，永乐 13 年（1415 年）遂罢海运。

宋礼一生功勋卓著，为官清廉，“镃镠亿兆经其用，棉帛毫丝不曾吞”。《明史》称：“卒之日，家无余财。”正德七年（1512 年），汶上、南旺建宋公祠和庙，供人祭祀。

（李啸虎）

黄道婆（Huang Dao Po）　又称黄婆。中国宋末元初松江人，南宋末年淳祐年间（1241～1252 年）生于松江乌泥泾镇（今上海市徐汇区华泾镇），约元仁宗延祐七年（1320 年）卒于同地。机械工程、纺织技术。

出身贫苦农家。十二三岁被卖作童养媳。因不堪虐待，躲入海船逃至海南岛南端的崖州（今海南省崖县）。当时，黎族人民已掌握了比较先进的棉纺织生产技术，她融合黎汉两族纺织技术的长处，逐渐成为出色的纺织能手。元成宗元贞年间（1295～1296 年），她带着踏车和椎弓等黎族先进的纺织工具回到家乡，致力于改革当地落后的棉纺织生产方式，传授有关轧花车、弹棉椎弓、纺车和织机等技术，并将原用于纺麻的脚踏纺车改成三锭棉纺车，创造了一整套擀、弹、纺、织工具，提高了纺纱效率，又总结成一套较先进的错纱、配色、综线、挈花织造技术，使织出的被、褥、带、佩巾等棉织品上有折枝、团凤、棋局、字样等图案。一时松江布“衣被天下”，成为全国棉纺织业中心，历数百年而不衰。18 世纪乃至 19 世纪，松江布更远销欧美。

元惠宗至元三年（1337 年），人们为她建造黄母祠；1957 年又建墓园并立纪念碑，现墓址为上海市徐汇区华泾镇东湾村 13 号。

（陈良瑞　钟金春）

白英（Bai Ying）　中国明代汶上（今山东汶上县）人，生卒年不详。水利工程、工程管理。

明初在大运河上负责养护水利设施，引导过往船只，人称“老人”。对山东境内大运河附近地势和水情十分熟悉。明永乐九年（1411 年），工部尚书宋礼奉命率领民工 16 万 5 千人（一说 30 万人），疏通元代开凿之大运河的会通河段（即东平到临清一段），以利漕运。由于此河段地处山东丘陵地带，地势高，水源不足，多数河道不能通行重载船只，且受黄河决口影响，河床经常淤塞，使运河航运时断时续。白英提出改变分水点及筑坝作闸等改造会通河的计划。建议把位于会通河道最高点的南旺镇作为分水点，改建元朝建筑的堽城坝，阻止汶水南支流入洸水；同时在东平县的戴村筑坝，阻止汶水北支入海。因而以汶河作为水源，引入南旺水库，再分流南北济运。他建议在南旺修建分水闸，使六分之水北流至临清，接通卫河；四分之水南流至济宁，会同沂、泗、洸三水入黄淮（当时黄河至淮阴与淮河汇合入海）。还建议在南旺南北建闸 38 座。东岸设水库，西岸设斗门，节节控制，分段延缓水势，以利船只顺利地越过南旺分水脊，经临清直达京师。宋礼采纳了他的建议，从而科学地解决了运河中段水源不足的问题，保证了大运河全线的航运畅通。

（陈良瑞）

布鲁内莱斯基，F.（Brunelleschi，Filippo）　意大利人，1377 年生于意大利佛罗伦萨，1446 年 4 月 16 日卒于同地。土木建筑、建筑学、工程管理、雕塑艺术。

公证人的儿子，家境富裕，受到良好教育。从小喜欢绘画，按其爱好，父亲遂送他到皮斯托亚一名珠宝匠的作坊学艺，学会珠宝加工和绘画、石雕技艺，在工艺上崭露头角。期间去罗马学习建筑学，考察古希腊罗马艺术遗址。1401 年移居佛罗伦萨，成为该公国专职建筑师，后任总建筑师，1418 年入选众议员。1429 年他被派到卢卡城近郊主持围攻该城的工事，因战役失利而受到当局审查和公众责难。1432 年在议会选举中落选。去世后葬于圣玛丽亚大教堂。

15 世纪意大利建筑大师、著名雕塑家，欧洲文艺复兴初期建筑界启蒙运动的主要倡导者。作为佛罗伦萨共和国议会任命的总建筑师，他往往同时负责政府委托的好几个大工程，并担任许多城市的建筑工程顾问。他奉命指导和监造共和国所属许多城市的一系列郊外防御工事。1418 年，他在圣玛丽亚鲜花大教堂圆穹顶设计招标中取胜。这个大教堂原来担纲建筑师数易其手，从 1295 年开始动工，至 1367 年基本建成，但要为它建造圆穹顶一直是个技术难题。1420～1434 年，他设计并成功建造了这座教堂大圆顶，高 91 米，最大直径 45.52 米，内呈双层薄壳形，双层之间留有空隙，上端略呈尖形，圆顶内有螺旋梯直通穹顶灯亭，使整座教堂总高达 107 米，可鸟瞰全市风光。在完成这一空中巨构时，这位巨匠大胆放弃流行的拱架，而是发明一种相连的鱼骨结构和以椽固瓦的工艺，从下往上逐次砌成。这座当今名列世界第四的大教堂，是世界上第一座大圆顶教堂，其造型在文艺复兴时期风靡一时。1421～1428 年，他同时又建造了圣洛伦佐教堂圣器保管室，这是文艺复兴时期大圆筒形建筑空间结构的第一个典范，圆拱和弧拱给人以简洁而明快的感觉。在他的晚期作品中，1430 年开始在佛罗伦萨圣克罗切教堂回廊院内建造帕齐小教堂，内部装饰运用穹拱凸缘结构特征，将横向发展与圆柱结构结合起来；1434年奠基的佛罗伦萨圣玛丽亚钟楼，是他最后的未完成的工程。他的建筑理念、方法与作品对后世影响深远。（邱凤昌）

塔科拉，M. J.（Taccola，Mariano di Jacopo detto il） 意大利人，1382年2月4日生于意大利锡耶纳，约1453年卒于同地。机械工程、建筑工程、机械学、建筑学、雕塑艺术。

葡萄酒酿造师之子。其姓“Taccola”在意大利文中意为“乌鸦”，引申指谓“木雕术天才”。早年生活不详，继承了父亲的雕刻手艺。成年后，在家乡锡耶纳从事过各种职业，1417年当上公证员。还担任过锡耶纳大学秘书、雕刻家、修路监管官和水利工程师等职。1432～1433年参加反对土耳其入侵的战争。15世纪40年代从公职退休。

在意大利文艺复兴早期，被誉为“锡耶纳的阿基米德”。他参与设计建造的公共建筑工程，有锡耶纳教堂、罗马台伯河大桥、热那亚港口、锡耶纳城饮用水供水系统等。留下两部传世之作，详细记录和分析了当时的机械装置。第一部是《论动力机》（De ingeneis），共有4卷，1419年开始撰写，1433年完成书稿，接着修订大量插图和注释，1449年出齐第4卷本。1449年完成第二部专著《论机器》（De machini），是为锡耶纳未来君主编写的机械图解集，绘图十分精美，涉及各种各样有关水利工程、制造业、建筑物和军事等器械装置及其长期开发过程。其著作手抄本被文艺复兴时期的工程师和工艺家所一再引述，其中包括达·芬奇等大师级人物。书中提及的最重要设计是：以链条传输系统和带连杆的曲柄复合装置，特别是后者把转动变成往复来回运动；另外介绍了F. 布鲁内莱斯基为佛罗伦萨大教堂穹顶结构设计的升降设备和可逆转齿轮系统等。虽然他是一个过渡人物，机械图仍沿用中世纪那种透视法来远近写实，但其著作对西方近代机械技术发展仍有重要影响。他还是意大利文艺复兴时期第一批技师学校创办人之一。（马见慈）

米开罗佐（Michelozzo di Bartolomeo） 亦作米开罗齐（Michelozzi），全名米开罗佐·迪·巴尔托洛梅奥。意大利人，1396年生于意大利佛罗伦萨，1472年卒于同地。土木建筑、建筑学、雕塑艺术、工程管理。

裁缝的儿子。早年师从L. 吉贝尔蒂（Lorenzo Ghiberti）等名师学习建筑学和雕塑艺术。1423～1428年，和雕塑家多纳泰洛（Donatello）合办雕塑工场。因才艺出众，佛罗伦萨统治者美第奇（Cosimo de'Medici）成了他的资助人。1433年佛罗伦萨内乱，他陪同美第奇去威尼斯短暂流亡。1434年回佛罗伦萨，以土木建筑设计为主业。1446年布鲁内莱斯基去世，继任佛罗伦萨总建筑师。

15世纪意大利文艺复兴初期的著名建筑师、雕塑家，声名仅次于布鲁内莱斯基。文艺复兴早期的佛罗伦萨建筑传统，是由布鲁内莱斯基首创而由米开罗佐发展而形成的。1433年前主要以雕塑为业，擅长加工大理石、青铜和白银等材质。主要作品有：1420年和吉贝尔蒂共同塑造佛罗伦萨圣米开尔教堂的圣马太像；1425年为多纳泰洛所塑圣米开尔教堂圣路易像设计背景；1428年和多纳泰洛共同设计普拉托教堂露天布道坛；圣约翰大教堂大门雕像、祭坛银雕像等。1433年起，主要以土木建筑为业。同年在威尼斯设计建造圣马乔利教堂图书馆和其他建筑；1437年改建佛罗伦萨圣马可修道院；1445年修建圣十字教堂修士见习所和美第奇礼拜堂；1446年起监造佛罗伦萨大教堂圆顶；1452年重建佛罗伦萨城堡和要塞；在耶路撒冷建造佛罗伦萨朝圣者宾馆；以及设计美第奇家族的夏宫、别墅等。他最有代表性的建筑作品，是为美第奇家族设计的佛罗伦萨宫（1444～1459年），平面俯视为方形轮廓，中央有方形露天庭院，外立面用横的腰线画分三层，以粗面光边、琢石石工著称，各层砌石粗细不同，成了早期文艺复兴建筑最佳样板之一，显示了理性、秩序和开放的文艺复兴精神。（李　烨）

古滕堡，J.（Gutenberg，Johannes Gensfleisch Zum） 一译谷登堡。德国人，约1398年（?）生于德国美因茨市，1468年2月3日卒于同地。铸造工艺、印刷技术、传播学。

欧洲金属活字印刷术的发明者。古滕堡原不是他的姓，而是因祖居老屋“朱姆·古滕堡”冠名而得的外号。祖上经商，父亲为贵族，是美因茨市四大会计师之一。古滕堡少年丧父，为谋生而去学艺，1413年成为一名金匠和铸造师。约1428～1430年迁居斯特拉斯堡（今属法国）近郊，以加工金银珠宝首饰为业。1436年起业余进行印刷技术研究。1438年开办印刷与雕刻设备制造厂。1448年他带着技术成熟的活字印刷机返回美因茨，次年向当地富商富斯特（J. Fust）借贷巨款筹办活字印刷厂。1451年合伙经营，印刷出版《土耳其历书》（1454年）等书。1455年两人拆伙，对簿公堂，结果富斯特胜诉，后者全面控制了印刷设备和正在排印著作的活字。富斯特早在古滕堡身边安插女婿掌握印刷技术，因此印刷厂得以继续开业。1460年他成立古滕堡印刷厂，印制有《基督徒》等书。1462年他因不同政见遭当局驱逐，不久返回。

古滕堡在1445年前后大体完成他的活字印刷发明。其主要构成为：①活字铸造：以铅为主、混合少量锑和锡的合金为材料，熔点300℃，极易铸造；②铸字模板与冲压字模：在黄铜厚板上镌刻阴文反体字母作为母模，铸出大量活字，然后冲压排在固定框内的字模；③制作能双面印刷的新式印刷机；④使用油脂性印刷油墨。这一金属活字印刷术，一直沿用至20世纪末电脑激光排印技术问世。1456年以古滕堡印刷术出版的《42行圣经》（又称《古滕堡圣经》），以印刷精美而著称于世，是欧洲流传至今最早的活字印刷品，完整的书籍仅存22部，其中一部在1978年以240万美元拍卖成交，创下当时印刷物价位世界之最。1457年印制的《祷告诗篇》，装帧华丽，每个词的首字母一律双色印制，书的边缘以多彩的油墨套色。后代大多数研究者认为，尽管该书冠以富斯特及其女婿之名，但如此复杂的技术定然离不开古滕堡，而他的名字倒因财产诉讼被埋没了。1957年国际古滕堡研究会成立。1962年古滕堡博物馆在德国美因茨市重建。 （李啸虎）

阿尔伯蒂，L.-B.（Alberti，Leon-Battista） 意大利人，1404年2月18日生于意大利热那亚，1472年4月20日卒于罗马。建筑工程、建筑学、工程管理、艺术、文学。

父亲出身意大利佛罗伦萨名门望族，后成为富有商人，和博洛尼亚一位贵族寡妇暗结连理，生有两子，阿尔伯蒂是长子。佛罗伦萨爆发大瘟疫，致使他幼年丧母。由于是非婚生子，他的一家被贵族家族逐出佛罗伦萨，只好随父亲投靠在威尼斯开办银行的叔叔。1421年进博洛尼亚大学学法学，1424年学哲学和自然科学，1428年获教会法博士学位。同年家族禁令解除，一家人才得以回佛罗伦萨定居。1431年任罗马教皇秘书。15世纪30年代中期被任命为佛罗伦萨大教堂教士，1448年任教区长兼任建造罗马教廷纪念碑总监。后一直兼任意大利教会修建和改建教堂的建筑师与监管。

被誉为意大利文艺复兴时期建筑师的真正代表。他的建筑设计偏好仿古，手法严谨纯正，但经典之中不乏大胆创新。主张根据数学原理对基本几何图形进行不同比例的巧妙组合，喜欢采用经过精心构思的各种比例的柱式，追求建筑中"美的黄金分割"。1446～1451年在建造佛罗伦萨的鲁奇兰府第时，立面分为三层，每层饰有壁柱和水平线脚；第二、三层采用半圆券窗；顶部是独创的深出檐口，使建筑外观保持完整的方形。这种典雅庄重的风格，一时被业界所仿效，成为流行样式。此外，代表作品还有里米尼的圣弗朗西斯科教堂改建工程（1447～1450年），佛罗伦萨圣玛利亚新教堂立面改建工程（1456～1470年），曼图亚的圣塞巴斯主教堂（1458年）和圣安德烈教堂（1471年）等。

他的名著《论建筑》（10卷）完成于1452年，直到1485年才全文出版。原版是拉丁文，1546年出版首部意大利文本。该书对古希腊罗马以来的营造经验和理论进行了总结，是当时第一部系统的建筑学理论著作，推动了文艺复兴时期建筑学的发展。在18世纪，该书被译为法文、西班牙文和英文，在欧洲广为流传。

爱好广泛，多才多艺，是当时的一位通才。除建筑学外，还擅长骑术、音乐、写作、赋诗、雕塑和绘画，对哲学、语言学、数学和密码学亦有造诣，在各领域有多种著述，其中有《论绘画》（1435年）、《论雕塑》、《密码学》（1467年）等。 （李啸虎）

蒯祥（Kuai Xiang） 字廷瑞。中国明代江苏吴县人，洪武三十年（1397年）生，成化十七年（1481年）三月卒。土木建筑、工程管理。

出身工匠世家。父亲蒯福为著名工匠，"能主大营缮"，明洪武年间曾参与南京明宫城建造。他自小从父学艺，苦练本领。长于尺度计算和榫卯技巧，能两手同时握笔画龙，画成合之，双龙为一。青年时已闻名江南。永乐十五年（1417年），明成祖迁都北京，他以从员随往，接替父亲任"营缮所丞"（相当于今总设计师兼工程师），负责设计营造北京的宫殿，被尊称为"蒯鲁班"。

正统年间（1436～1449年），奉诏负责修造故宫三大殿——太和殿、中和殿、保和殿。三大殿规模巨大，气派雄伟，集中体现了中国古代建筑技艺的高度成就。天顺末年（1464年），规划建造裕陵（十三陵之一）。先后营造的还有两宫（乾清宫、坤宁宫）、五王府、六部，技艺绝人，无不称道。

景泰七年（1456年）从太仆寺少卿升为工部左侍郎。成化时，已是七八十岁老人，仍"执技供奉"，俸禄食从一品，并负责设计和组织施工建造承天门（清初改为天安门）。北京宫殿的平面图上，画有他的人像，此图现存于南京博物院。最后归葬古里香山。 （徐柏春）

瓦尔图里奥，R.（Valturio，Roberto） 意大利人，1405年2月10日生于意大利里米尼，1475年8月30日卒于同地。军事工程、军事学。

生平不详。贵族家庭出身，在里米尼受过良好教育，1427～1437年在意大利博洛尼亚学院（后为大学）求学，会希腊语和拉丁语。1438年，父亲曾为他在罗马教皇尤金四世（Eugene Ⅳ）身边谋一个秘书职位。1446～1447年任里米尼的统治者马拉泰斯塔（S. Malatesta）的顾问，曾应后者的要求编过一套战术著作《论军事艺术》（1455年），共12卷，以古今观点论述战争艺术，主要是罗马和中世纪的军事攻防技术。在第10卷里，有关于各种进攻和防御武器的精美木刻插图。第11卷里则包括海战及其舰船、浮桥和救生设备等。其著作拉丁文版最早于1472年出版，1483年出版意大利文版。 （戴成勋）

马蒂尼，F. di G.（Martini，Francesco di Giorgio 或 Francesco di Siena） 又译弗朗切斯科-迪乔治。意大利人，1439年9月23日生于意大利锡耶纳，1501年11月卒于同地。军事工程、土木工程、雕塑与美术、工艺学。

早年情况不详，显然出身微贱，可能在锡耶纳学过绘画。曾与人合伙承接改造该城供水系统。此后的活动较清楚，当时的记载称他为画师。1477年去乌尔比诺，除从事费得里戈公爵府邸的装潢修缮外，还参与了该府的扩建设计和施。不久成了公爵的军事总工程师。

早年曾创作《圣母加冕》（1471年）和《耶稣降生》（1475年），现存锡耶纳国家美术馆；晚年可能又执笔作画。他于1484年建成的科托纳的圣玛丽亚·卡尔西纳教堂，是建筑杰作之一。1490年去米兰建成了米兰大教堂的拱顶，还可能做了佛罗伦萨大教堂的外观设计。他的雕刻名作有：锡耶纳大教堂高圣坛上的4座青铜雕像（1489～1497年）等。在军事工程上，他设计制造武器装备和炸药；建筑了136座军事工事和城堡；在军事工程学思想上有重大突破和影响，其成就之一，就是以棱堡和护墙所构成的防御工事体系取代了中世纪的塔楼式城堡。1485年后主要在锡耶纳，但足迹遍及各地，并以其娴熟高超的技艺而闻名全国。1495年在那不勒斯首次采用挖地道布炸药的方法，成功地摧毁了入侵法军在卡斯特洛沃的堡垒。

后来发现的大量佚名但出自他手笔的技术文献，证明他的成就还涉及了勘测、水力工程和机械工艺等学科。他翻译了维特鲁威的《建筑十书》，并著有《民用和军事建筑》一书。他的工艺学思想很早就流传到远东，1627 年由天主教传教士约翰·施雷克和王澄(译音)印行的《奇器图说》中，有许多装置显然源出于他；他的观点还渗入了 18 世纪甚至 19 世纪初的机械书中。

(陈良瑞)

布拉曼特，D.(Bramante，Donato)　原名 P. 丹东尼奥(Pascuccio d'Antonio)。意大利人，1444 年生于乌尔比诺附近的阿斯特鲁瓦尔多，1514 年 3 月 11 日卒于罗马。土木建筑、建筑学、美术。

意大利文艺复兴时期的建筑大师。15 世纪 60 年代在乌尔比诺的作坊学艺，曾在建筑大师曼蒂格纳尔(Mantegna)、大画家 P. 德拉·弗朗西斯卡(Piero Della Francesca)门下学习。1474 年移居米兰，结识并师从达·芬奇学画。1476 年被米兰公爵任命为庭院建筑师。1482～1486 年受命主持重建圣玛利亚大教堂，一个八角型圣器收藏室大厅的穹顶，第一次采用中央大圆形屋顶造型；将美术透视艺术与罗马风格的细部相结合，浅浮雕半圆形后殿匠心独具。在米兰，1492～1499 年他改建了圣玛丽亚感恩教堂；1497～1498 年修建的圣安布罗焦教堂，是第一个使用拱肋来加强交叉拱顶的宗教建筑，典型的伦巴第风格给人以很强的节奏感；在帕维亚、莱尼亚诺等处建造了其他较小建筑。1499 年米兰被法国军队侵占，米兰公爵带着他逃往罗马。1503 年初到梵蒂冈为教皇朱利安二世(Julius Ⅱ)工作。同年 11 月，他在完成带有柱廊的平台庭院之后，受命重新设计和建造主建筑群梵蒂冈圣彼得大教堂。1504 年建造和平圣玛利亚修道院，此外建造罗马豪华宫殿卡普里尼宫。1506 年 4 月 18 日，举行圣彼得大教堂小圣殿第一块墙角基石的放置仪式。

圣彼得大教堂是文艺复兴时期最宏大的建筑，它从筹划设计到最终竣工历时一个多世纪，先后有 10 余位建筑大师主持工程，而布拉曼特是该工程的总体设计师和开启者。其中亲自施工建造的"小圣殿"，具有近乎完美的比例，由苗条的托斯卡纳式圆柱围绕，拱顶为大圆形屋顶。生前没有完成这一工程，但其古典、和谐、严谨、庄重的建筑风格，尤其是中央大圆顶建筑造型，充分体现于意大利等国家公共、宗教建筑中，从巴黎万神庙到华盛顿白宫，都有布拉曼特建筑理念的影子。

主张绘画应如建筑那样比例完美、透视准确，建筑应再现绘画那种赏心悦目的视觉形象。创造了一种"插图"透视，插图中既有古代建筑实例，又表现理想中的建筑形象。他用鸟瞰图表现建筑布局，并通过切割建筑空间，将剖面图引入透视图。力求将唯理主义古典精神推向极致，追求建筑的完美比例，对后世影响深远。他被安葬在圣彼得大教堂。

(陈　茜)

达·芬奇(Leonardo da Vinci；全称 Leonardo di Ser Piero da Vinci)　一译列奥纳多·达·芬奇。意大利人，1452 年 4 月 15 日出生于佛罗伦萨附近芬奇镇安奇亚诺村，1519 年 5 月 2 日卒于法国昂布瓦斯城克鲁克斯庄园。机械工程、建筑工程、机械学、解剖学、博物学、宇宙学、美术。

父亲皮耶罗·达·芬奇(Piero da Vinci)是佛罗伦萨有名的公证人，家境富有。他是私生子，生父承认并抚养了他。幼年在祖父庄园里度过。1460 年随父亲来到佛罗伦萨学画。不肯循规蹈矩地学习经院哲学，总是转移兴趣，师从著名雕塑家、画家韦罗基奥(A. Verrocchio)。1482～1499 年服务于米兰宫廷。其后为避战乱，在曼图亚、威尼斯、佛罗伦萨等地旅游和创作。1500 年后又回到米兰。1513 年移居罗马。1515 年移居法国，最后定居于昂布瓦斯。他虽然因未受传统经典式教育，不懂拉丁文和希腊文，但是却摆脱了中世纪基督教的精神枷锁，对宇宙怀有无穷的疑问、本能的恐惧和不倦的追求精神，以新奇目光重新审视世界上的一切事物。

意大利文艺复兴早期三杰之一。16 世纪著名的人文主义者、杰出的艺术家和诗人，也是出色的工程师、数学家、物理学家、生物学家、地质学家、解剖学家。

他首先是一位杰出的机械工程师，设计制造了许多超过当时见识的装备。其中发明了活动扳手、锯齿轮、千斤顶、起重机、车床等工具；还设计了汽压活塞和防止打滑的带有圆齿的锁齿轮；为了使马车转向方便，发明了使内侧车轮比外侧车轮转动慢的差动变速器；设计了各种各样的机械装置如齿轮、滑轮、轴承、链条、弹簧等。创造了记录天气变化的气象装置、自动供墨式印刷机、单手剪刀、充气小艇等。他观察了大气和鸟的飞翔，是最早想把空气作为动力的人，指出"鸟是根据数学原理进行飞翔的，人类可以利用这一原理"。通过探讨空气的浮力，设计出了第一个飞行机。他还提出了机器人、内燃机、空调机、计步器、计程器、温度计等的设想。他又设计了许多战争的武器，如原始坦克、天车、潜水艇、双层战舰、子母弹、三管大炮、簧轮枪、滑翔机、降落伞、直升飞机和旋式浮桥的设想。他研制了修建米兰天主教堂的第一部升降机。他还是个建筑工程师，曾任督建军事工程、供水工程、灌溉工程等基础设施的总工程师，设计过教堂、桥梁、城堡和城市建筑，从事过城市规划。由于他把军事工程才能和超凡的美术技巧融合在一起，使他赢得了一批有势力的保护人，其中包括罗马教皇亚历山大六世的儿子等。

在科学上也有很多发现。他观察天体，在笔记中写道："太阳是不动的"；认为月亮在本质上是泥土，靠反射阳光而发光；地球并非宇宙的中心，地球也是和月亮一样的星球，并绕其轴不断旋转。他几乎和哥白尼同时发现了"太阳中心说"。甚至在 J. 赫顿前 200 年就认为地球结构可能存在着长期连续的变化。具有惊人的洞察力，几乎在伽利略前一世纪就意识到物体在下落时具有加速度，并认为永恒运动是不可能的。他观察山石树林，像地质学家分析岩层和植物学家记录标本一样地画出精密的图解；指出树干年轮表示树龄和每年的降雨状况；对化石本质也持有正确的见解。他是光学、声学和水利学的先驱，指出声音是波状传播的，光的传播速度一定比声的传播速度快。他观察光与色，提出阴影中有色彩，并且提出由于物体的相互反射，“没有一件物体能够完全显出原来的颜色”。

他为了正确地表达现实生活，描绘人的肉体美，需要了解人体的解剖结构与各部的比例关系。早年曾在佛罗伦萨的圣丹玛利亚诺瓦医院学习解剖学，后来结识了帕维亚大学解剖学教授 M. 德拉托雷，两人合作研究解剖学，计划编写一部体系庞大的解剖学著作，把人从生到死、从头到脚详加描述。不幸德拉托雷因患鼠疫病死，但是他并未放弃研究工作。晚年迁居罗马，罗马教皇认为他的解剖工作是亵渎神灵的行为，禁止他去医院从事解剖研究，使他的夙愿未能实现。据载他解剖过30多具尸体，在解剖学上所取得的成就几乎可与艺术上的创作相媲美。曾介绍一套切剖骨骼和器官的方法，第一个用流水和石灰水洗涤器官，创造性地采用蜡液注入血管、脑室、心脏等各种体腔，查明血管走向和体腔形态。他采取不同方向的切面来观察人体器官结构及其相互关系。指出心脏是肌肉器官，血管的根源在心脏；探明心脏瓣膜的结构与功能，只容许血液单向流动。据说他所指出的静脉瓣膜曾引起意大利费拉拉大学卡纳诺(G. B. Canano)的注意，这对以后血液循环的发现有一定的影响。他曾试验将空气吹入肺内，发现空气不能直接输入心脏，否定了盖仑关于肺的气管直接与心相通的谬见。曾经想到血液运动与人体的新陈代谢有关，甚至还提出造成动脉硬化的原因是缺乏运动。正确地描绘了人体骨骼图，首次揭示脊椎的弯曲外形。首次报道上颌窦、额窦。出色地描绘了人体体表肌肉，正确报道横膈膜。第一个正确地描绘子宫形态及胎儿在母体子宫内的位置，已知道有三层胎膜包裹着胎儿。他描绘了一张《人体比例标准图》，指出“一个人的标准身高等于自己两臂侧平伸的长度。从伸开的两臂、两腿的手指尖、脚尖的圆的中心是这个人的脐，两腿间的空间是一个正三角形”。通过测量，得出人体各部分之间的比例都是呈整数的比例。还用精湛的绘画艺术真实细致地描绘了许多人体解剖图，可惜他的著作未能公之于世，在当时未能产生广泛的影响。

其壁画作品《蒙娜·丽莎》、《最后的晚餐》和《安吉里之战》是他的三大杰作，尤其是前两幅，是文艺复兴时期绘画作品的高峰，美术史上最伟大的杰作。

去世后，他的120卷手稿(长达1万多页，现存6 000多页)历经磨难，散失于欧洲各地，后来在英国温莎皇家图书馆中发现了他的大部分手稿，1784年由亨特主持出版；1898～1901年又先后在巴黎等地相继发表了他的手稿，并译成英、德、法等国文字，从此他的伟大功绩始为世人所知。恩格斯称文艺复兴为“产生巨人的时代”，他正是这个时代产生的人类历史上最富有才能和智慧的巨人之一。

(张慰丰)

米开朗琪罗，B.-S.(Michelangelo，Buonarroti-Simoni) 意大利人，1475年3月6日生于佛罗伦萨附近的卡普莱斯，1564年2月18日卒于罗马。*土木建筑、建筑学、雕塑、绘画。*

文艺复兴早期意大利艺坛三杰之一。父亲当过镇长。他在四兄弟中排行第二。在他6个月时，举家迁往佛罗伦萨；6岁丧母，寄养在一个石匠家里。13岁开始跟名师学画画和雕塑，在佛罗伦萨名门望族美第奇家族的府第当过2年多的艺术学徒，但主要靠自学成才。1496年，他从佛罗伦萨来到罗马，创作了第一批代表作《哀悼基督》和《酒神巴库斯》等雕像。1501年回到佛罗伦萨，耗时2年半雕刻了举世闻名的《大卫》。1505～1506年奉命到罗马负责建造教皇陵墓。1508年又奉命回罗马，在西斯廷教堂完成《创世纪》巨幅天顶画，历时4年半，人物343个。1513年，教皇陵墓复工，他雕塑了《摩西》、《奴隶》等杰作。1519～1534年，创作了美第奇家族陵墓群雕《晨》、《暮》、《昼》、《夜》，标志着他的艺术成就到达了巅峰。1536年又回西斯廷教堂，耗时6年完成了壁画《最后的审判》。晚年一直生活在罗马，终身不娶，在孤寂中奋战了一生。他的艺术作品深受人文主义思想和宗教改革运动的影响，在史诗般宏伟壮阔的题材、栩栩如生的血肉造型下，涌动着人性的悲壮激情和神圣的终极关怀，代表了文艺复兴时期雕塑艺术的最高峰。

在他的余生最后20年，主要致力于建筑设计。其建筑作品虽然不多，但构思独特，层次丰富，刚柔相济，动感十足，喜欢让建筑和雕刻浑然一体、严谨而和谐，成为后来巴洛克建筑风格的一代宗师。其代表作有：罗马卡比多广场行政建筑群(1540～1544年)，这里建有孔谢尔瓦托里宫殿、卡比多博物馆大厦等建筑，广场上立有雕像，铺有统一中心花纹的灰色华石板，下层是一个纵深柱廊，充分表达了空间与结构的统一；改建圣彼得大教堂，尤以其圣坛和圆盖穹顶(1547～1564年)驰名天下，高耸的圆顶稳居于圆盖筒上，在两侧半圆室的衬托下直冲向上，教堂各个部分构成了优美而统一的整体；此外有劳仑齐阿图书馆前厅(1523～1526年)，美第奇家庙(1521～1534年，未完成)等。他的遗体最后被安葬在佛罗伦萨的圣克罗切教堂。另有辑本、诗集传世。

(李啸虎)

比林古锡，V.(Biringuccio，Vannoccio) 一译比林古乔。意大利人，1480年10月20日生于意大利锡耶纳黑山，不晚于1539年4月卒于罗马。*矿冶工程、手工工艺、冶金学、无机化学。*

建筑师之子。长期任锡耶纳统治者彼得鲁奇家族首领的冶金师，1513年任造币厂厂长。年轻时考察过意大利和德国等地冶金业。1515年和1523年，锡耶纳发生两次反抗彼得鲁奇家族暴政起义，他因卷入政治，只得两次出逃，在意大利各地旅行，1517年访问过西西里岛。时局平稳后，1524年被委任为锡耶纳附近博凯贾诺铁矿矿长，并负责铸造厂和兵工厂。同年获得在锡耶纳生产硝石（火药主要原料）的垄断权。1526～1529年第二次考察德国。1530年回锡耶纳，翌年当上该市元老院议员。1531～1535年，在威尼斯、佛罗伦萨等地主持铸造火炮、修建城堡和大教堂。1538年出任教皇的铸造厂和兵工厂主管。

首次对冶金学作了全面而清晰的研究和阐述。身后出版的《火法技艺》（1540年）一书，又译《火工术》，共有10卷：第一卷：金属矿；第二卷：半矿产品，包括硝石、硫黄、水银、明矾、矾石（硫酸盐）、颜料、宝石和玻璃等；第三卷：试金术、矿石熔炼预备；第四卷：金、银分离术（用硝酸和硫化锑或硫）；第五卷：金、银、铜、铅、锡等的合金；第六卷：大炮和巨型塑像的铸造；第七卷：熔炉和金属熔炼法；第八卷：小型铸件制作；第九卷：其他火工术，包括炼金术，酸、酒精等的蒸馏，造币，金工、银工和铁工，锡镴制品，拉丝，制镜，制陶和制砖；第十卷：硝石、火药和烟火的制造。书中附有83幅精美的木刻插图。他较少引用其他专家的方法，更多使用第一手观察和操作资料，详尽描述会看到发生什么，但并不解释为什么。该书一反当时炼金术士那种含糊而隐晦的写作风格，令人耳目一新，很快便传遍欧洲各国，成了当时一部标准的火工参考指南或百科全书。该书问世后的138年里，共刊行了9个版本。它保存了早期冶金学和无机化学的许多历史资料，是15～16世纪科学技术发展的宝贵资源。（王漪昆　杨惠民）

拉斐尔（Raphael）　原名拉斐洛·桑蒂（Raffaello Santi）。意大利人，1483年4月6日生于意大利乌尔比诺公国，1520年4月6日卒于罗马。土木建筑、建筑学、美术。

父亲任宫廷画家，是他的启蒙教师。7岁丧母，11岁丧父。自幼在家乡一个有声望的画室当学徒。16岁到北意大利佩鲁贾，师从佩鲁基诺（Perugino）等名画家。1504年到佛罗伦萨，潜心观摩研习达·芬奇、米开朗琪罗等大师名作，融会贯通当时各家画技，开始走上了独创的艺术道路。他在那里完成了第一幅成名作《童贞的婚礼》（1504年），接着又创作了格调清新的圣母像系列，从此声名大振。1508年到罗马，奉教皇之命参与装饰梵蒂冈全城。不久，教皇辞退了其余所有的画家，只留下拉斐尔和米开朗琪罗两人，因为他认为罗马只要有这两位大师就足够了。他为教皇居室创作的大型壁画《雅典学派》，将柏拉图和亚里士多德、基督教徒和异教徒，统统融合在一起，和而不同，场面热烈而壮阔，形象祥和而细腻，充分体现了他的人文主义精神。

1514年，他接替著名建筑师布拉曼特的职位，负责罗马圣彼得大教堂的修建和壁画装饰。这一大型综合工程集中了建筑、雕刻、绘画等多种艺术，并使艺术与工程技术融为一体，要求高，难度大，包括他在内前后历时120年（1506～1626年）才得以完全竣工。这座长方形的大教堂，整栋建筑呈现出一个十字架的结构，造型传统而神圣，高度为137.7米，圆顶直径42米，全部用石料建造，是意大利文艺复兴建筑的最重要代表，也是世界上最大的天主教堂。他主持设计建造的其他教堂还有：圣埃利吉奥·德格利·奥雷菲锡教堂、基吉教堂、帕多尔菲尼教堂等。因积劳成疾，他在37岁生日那天溘然长逝，后葬于罗马的万神殿。

拉斐尔的作品无论是绘画还是建筑，都以洗练、优雅、秀美、和谐的艺术特色著称，把文艺复兴的新柏拉图主义的艺术理想形象化到了极致。他在短暂的37年生命中创作了不少传世之作，成为后世古典主义者难以逾越的经典。在欧洲文艺复兴早期，他在艺术上和达·芬奇、米开朗琪罗齐名，并称意大利“艺坛三杰”。（李啸虎）

阿格里帕，H. C.（Agrippa，Heinrich Cornelius）　德国人，1486年9月14日生于德国科隆附近，1535年2月18日卒于法国格勒诺布尔。铸造工程、冶金学、炼金术、哲学、医学。

1499年7月进科隆大学学习法律、医学、“魔法科学”和神学，曾获文科学士、医学硕士学位。1506年从军，同年去巴黎求学，他声称在那里获得医学博士学位，但后人深表怀疑。在此期间他周游考察了西班牙巴塞罗纳、意大利那不勒斯、法国的阿维尼翁等地。1509年，他在法国多勒建立了一个实验室从事炼金术和冶金术，企图把贱金属变成黄金，同时也积累了丰富的冶金技术。1510年去伦敦访问，后回科隆研究神学。1511～1518年住在意大利北部，成为职业炼金术士。接着在意大利梅斯市任公共律师和法学家。1520年去日内瓦、弗里堡等地行医。1524年后，在法国里昂任弗兰西斯一世的宫廷医师兼占星术师，并为君王写过一部系统论述火炮制造的著作，提出了冶金学和铸造术的基本原理。1528年应奥地利王后玛格丽特邀请，到安特卫普从事整理史料和文献图书管理。后移居安特卫普的梅赫伦。1532年定居波恩。1535年初，他去法国里昂旅行，因旧时债务未清遭人起诉入狱，他设法逃往格勒诺布尔，不久病死在该处。

传世之作主要有三卷本《神秘的哲学》，认为只有人的精神才能揭示物质中蕴藏的神秘力量，在欧洲文艺复兴时期影响甚大。该书写于1509～1510年，出版于1533年，包括《自然的魔力》、《天空的魔力》和《仪式的魔力》三卷，后人伪托其名出过所谓的第四卷。炼金术并没有为他带来财富，却负债累累，晚境凄凉，在贫病交加中离世。（朱逸农）

哈特曼，G.（Hartmann，Georg）　德国人，1489年2月9日生于德国巴伐利亚公国福希海姆附近的埃戈尔斯海姆，1564年4月9日卒于纽伦堡。机械技术、仪器研制、观测天文学、地磁学、占星学。

1506年到德国科隆大学学习神学和数学。1510年毕业后，去意大利各地旅行。1518 年回国，定居于纽伦堡。自此作为机械师，在当地开设一家专门制作出售天文和航海仪器的工场。担任过多种教会圣职，晚年任纽伦堡圣赛伯尔达斯教堂的牧师。

1518 年夏，他在意大利开始设计日规。1520 年移居纽伦堡后，在自办的科学仪器工场中设计制作过不少仪器，大部分是各种各样的日规，此外还有星盘、地球仪、象限仪、浑天仪、恒星测高仪、时计和罗盘等，已开始进行在劳动分工基础上的批量生产。1540 年后，也生产一些用于其他领域的仪器，例如炮手测距仪等。1542 年，注释和重印出版了 J. 佩卡姆(John Peckham)的《光学概览》(1292 年)。出版占星学的著作《天示》(1554 年)，发表过不少这方面的论文。身后留有数部未出版的手稿，其中一部论述带有罗盘和标尺的日规和星盘的制作手册(写于 1518～1528 年)，在 2002 年第一次由拉丁文译为英文出版。

他很可能是第一个发现地球磁场有倾斜现象的人。1544 年 3 月，在给普鲁士艾伯特公爵(Duke Albert)的信中，他指出无论将磁针如何小心翼翼地平衡放置于水平轴上，还是会发生一定的倾斜，磁倾角因地而异，在意大利罗马的地磁倾角为 6 度。 (屈大壮)

沈启(Shen Qi) 字子由。中国明代松陵(今江苏吴江县)人，弘治三年(1490 年)生，隆庆二年(1568 年)卒。*水利工程、地理学、文献学。*

少年好学，博览多才，无所不窥。嘉靖十七年(1538 年)进士，授南京工部缮司主事。后任绍兴知府、湖广按察使副使，嘉靖三十二年(1553 年)罢官归乡。

晚年专心于水利事业，74 岁撰成《吴江水考》近百万字，分 5 卷。第一卷水图考、水道考、水源考，叙述吴江的地理位置和水利特点。第二卷水官考、水侧考、水年考、堤水岸式水蚀考、水治考、水栅考，论述治理水利的重要性和有效措施。水侧考中有宋元两次特大水灾水位的记载，为国内外罕见。第三至第五卷水议考，系统而全面地介绍南朝以来历代治理太湖流域水利的学说。为后人提供了系统而丰富的水利资料，后世《三吴水利考》、《吴中水利全书》等著作均以此书为基础而引申发展的。 (徐柏春)

维尼奥拉，G. B. da(Vignola，Giacomo Barozzi da) 真名叫 G. 巴罗齐(Giacomo Barozzi)或者巴罗克(Barocchio)。意大利人，1507 年 10 月 1 日生于意大利艾米利亚—罗马涅，1573 年 7 月 7 日卒于罗马。*土木建筑、建筑学、美术。*

青少年时代在博洛尼亚学习建筑、绘画和雕塑。1534 年去罗马，为古罗马建筑大师维特鲁威的重版《建筑十书》等著作绘制插图，并从事建筑方面的学习和工作。1541～1543 年为法国皇帝弗兰西斯一世在巴黎、枫丹白露的宫廷进行改建、修缮和装潢。1543～1546 年在博洛尼亚建造波契府第。约 1550 年回罗马，被教皇朱利安三世(Julius Ⅲ)任命为教皇建筑师，为教皇建造朱丽亚别墅。1555 年后为一位红衣主教的家族在卡普拉罗拉建造别墅。米开朗琪罗死后，1564 年他继任负责圣彼得大教堂的建筑师。晚年在罗马度过。

意大利文艺复兴晚期主要建筑大师之一，米开朗琪罗的学生和继承者，对巴洛克建筑风格的发展作出了重大贡献。他的创作力求使建筑物外形庄严宏伟，空间结构纵深发展。传世作品甚多，其中对后世有重要影响的有：1554 年在罗马建造了圣安德列教堂，是第一座穹顶为椭圆形、地基为长方形的教堂；1558～1573 年在维特尔博附近建造法尔奈斯宫，外貌是一个大型五角形的堡垒，内部则是文艺复兴风格的精致宫廷，建筑风格深受他的法国之旅的影响；从 1564 开始，继续米开朗琪罗圣彼得教堂的建筑，并且建造了两座附属拱形建筑，这两座建筑虽然按照米开朗琪罗的构思设计，但仍然不失其独创性；1568 年主持设计建造了罗马最早的耶稣会基督教堂，他大胆把中世纪教堂的中殿与文艺复兴的拱形圆顶相结合，使得中央空间产生一种格外威慑和肃穆的效果，门廊的精美装饰，各层之间联合螺旋式样，以及用教堂一排建筑取代以往狭窄的侧廊，不仅上承简洁拘谨的意大利古风，又下启富丽新颖的巴洛克风格，从而成为后世教堂建筑的典范；1572 年始建圣安娜·帕拉弗兰尼埃里教堂，沿袭了圣安德列教堂的造型风格。

他的两本经典名著《建筑五柱式规范》(1562 年)、《实用透视画法》(1583 年)经久不衰地影响了后人几个世纪，原因一是他把古典建筑各要素间严格的秩序和完美的联系富有技巧地表现出来，二是他提供了初学者易于入门的创作原则。 (李啸虎)

帕拉第奥，A. di P.(Palladio，Andrea di Pietro) 意大利人，1508 年 11 月 30 日生于意大利帕多瓦，1580 年 8 月卒于意大利维琴察。*建筑工程、建筑学。*

早年当过木匠和石匠，在建筑工地做帮工，自学成才。1540 年起开始主持设计建造宅邸、别墅和宫廷，很快就成为当时最受欢迎的建筑师之一。期间数次游历罗马，系统考察和测绘古罗马建筑遗址。1570 年起主要在威尼斯从事教堂的设计和修建。

欧洲建筑史上最有影响的建筑大师之一，16 世纪后期最著名的建筑理论家，人文主义者。他主张建筑要服从理性，尊崇古罗马维特鲁威等建筑大师的经典原则，从而形成了世界建筑史上著名的帕拉第奥主义建筑风格：清晰明了，井井有条，均匀对称，典雅古朴。其作品以宅邸和别墅为主，在西方最早将住宅建筑平面布置系统化，先后设计建造了数种不同类型的 20 余座乡间别墅，成为后人学习的经典之作，其中有：处女作戈迪别墅(1540 年)选址于阿尔卑斯山麓，建筑外形只是简简单单的立方体，中央部分向后缩进，留下空间建造通向平台和凉廊的宽台阶，里面拥有金碧辉煌的九个房间，是第一个拥有一层接待大厅而且满墙都是画的别墅；他在维琴察建成了风格迥然的科尔纳罗(圆厅)别墅(1550～1551 年)，平面布局对称，正面仿古希腊罗马神庙，中央圆厅白色装饰、拥有拱顶、柱子粗大，给人一种庄严感，四面各有六柱走廊，周围花园环绕，房间绘有色彩鲜艳的圣经题材壁画；此外，还修建完成拉贾宫殿(1545 年)、蒂埃纳宫殿(1556 年)、卡皮塔尼奥地道(1571 年)，以及奥林匹克大剧院工程(1571年动工)等;晚年在威尼斯修建了不少教堂,例如圣乔治·奥马乔尔莱教堂、圣弗朗西斯科教堂等。

他的《古罗马遗迹》(1554年)在其后200年间成为罗马导游指南的范本。4卷本《建筑四书》(1570年起),是对古典建筑独到研究和数十年实践探索的总结:第一卷是关于古典柱式和装饰的素材研究;第二卷是关于宅邸和别墅的设计图、古典建筑复原图;第三卷是有关桥梁、地道设计,以及古代城市规划、古罗马会堂设计复原图;第四卷是有关古希腊罗马神殿的复原图。其著述和作品影响了后世400余年。 (李啸虎)

黄成(Huang Cheng) 字大成,号平沙。中国明代安徽新安(今安徽黄山)人。生卒年不详,鼎盛期为明穆宗隆庆年间(1567～1572年)。漆器工艺、工艺美术。

明代著名油漆匠师。未见正史。据明代高廉《遵生八笺》记载:他用绝技所造的剔红漆器,“花果人物之妙,刀法圆活清朗”,可同专造御用漆器的北京果园厂作品媲美。由于他的作品精良,所以价格昂贵,“一合三千文值”,相当于当时雇工一年有余的工钱。他专擅油漆和雕刻技艺,而且身怀剔红绝技,被誉为“一时名匠,精明古今之髹法”,后世工匠“效法颇多”,可见影响之大。

他所著的《髹饰录》一书,是中国现存唯一的古代漆工技术最完备的专著。初版日期不详,在明代天启五年(1625年)又经嘉兴西塘的杨明撰序且逐条加注,内容更为充实。该书分乾、坤两集共18章186条目,书中全面介绍漆器的分类品种与形态,首创漆器分类标准与命名法则,系统总结了当时的漆器制作原料、工具和方法,尤其是第十七章,详细阐述了制作漆器的棬榡、合缝、捎当、布漆、垸漆、糙漆等6道工序。他还在书中强调工匠要有认真的工作态度和严肃的职业道德,反对粗制滥造、违反操作、“独巧不传”和造假牟利。该书还比较了各朝的漆器工艺风格变迁,也是研究漆工技术史的重要文献。《髹饰录》在日本流传了300余年,对日本油漆技术发展产生了深远影响。这期间在中国却很少有人知之。直至1926年中国学者朱启钤在日本发现此书,才又在“绝学就湮、奇书失野”300余年后在中国刊印行世。 (李啸虎)

帕利西,B.(Palissy,Bernard) 法国人,约1510年生于法国加贝勒-比隆,约1590年卒于巴黎。制陶工艺、美术、地质学、博物学。

玻璃画匠之子。未受过正规教育。早年就跟随父亲实习窗玻璃画作,靠自学掌握了多门科学知识。学徒满期后,按当时风俗,必须外出卖艺,成为游方手艺人,到过法国许多地方,还到过“低地国家”荷兰等,去过意大利和德国,手艺日进,见多识广。约1539年回到家乡结婚。据他的自传可知,他是一个肖像画家、玻璃画匠和土地测量员。约在1539年对陶器制作技术发生兴趣,经过16年对中国瓷器的艰苦试验与分析,甚至烧坏家具和地板,虽然仍未解开中国人制陶的秘技,但却发明了以他命名的独树一帜的帕利西制陶烧瓷法。1550年成功烧制出第一幅绘有田园风光的雕刻瓷器画,图案艳丽、形象逼真,被亨利二世封为“皇家匠师”。1562年到巴黎皇宫专职从事制陶。曾设计制作埃古昂宫花园(1977年改建为法国文艺复兴博物馆)、杜勒里伊宫地下珐琅岩洞等。他的一些作品至今还收藏在巴黎卢浮宫、伦敦大不列颠博物馆。

1575年开始在巴黎举办博物学讲座,很受欢迎。据说他是法国第一个用事实和标本,而不是用思辨的假说来宣传自然科学的人。1580年发表《令人钦佩的谈话》,内容涉及自然科学的许多领域,甚至包括耕作、制陶等技艺。书中还根据观察而不是根据书本提出了一些先进的观点,如化石是动植物的遗骸,河流的起源来自渗透,金属晶体是在水中结晶而成的,沉积岩是叠加而成的,服用毒物产生的抗毒性有害无益等。从1546年起转奉新教,并因此而受到许多迫害。1559年在波尔多被捕入狱,1589年再次被捕,同年死于巴士底狱。其他著作还有《泥土的艺术》、《关于河水和泉水的属性》和《关于泥土的属性》。 (林德宏)

潘季驯(Pan Jixun) 字时良,号印川。中国明代浙江乌程(今湖州)人,明武宗正德十六年三月六日(1521年4月23日)生,明神宗万历二十三年三月三日(1595年4月12日)卒。水利工程、工程管理。

世代书香家庭出身,兄弟4人中排行第四,13岁为高才生廪于学。嘉靖二十九年(1550年)考中进士,出任九江府推官,以御史巡按广东。从嘉靖四十四年(1565年)到万历二十年(1592年),他4次出任总理河道大臣,负责治理黄河达12年之久。他还担任过大理寺丞、工部左侍郎、工部尚书、刑部尚书等官职。

他提出的“塞旁决以挽正流,以堤束水、以水攻沙”的理论,在当时的治黄实践中取得了突出成绩,对以后近400年的治河方针有很大影响。还针对黄河夺淮入海的情况,采取了“筑堰障淮,逼淮注黄”,“借淮之清,以刷河之浊”的方针,提高了黄河水挟沙的能力。但他极力反对以改进航运为目的的开泇河、胶莱河,通海运的建议。其在治河理论和实践方面的重要贡献,记录于所著《河防一览》(14卷)(以10卷《宸断大工录》为基础改编)中,书中有详细的治河全图、有关治河的200余道奏章和关于河防险要的论述。其他河工著作还有《潘司空奏议》、《河防榷》、《两河经略》、《两河管见》等,但内容大多重复。另有《留余堂尺牍》等书信集,内容不少涉及治河。 (陈良瑞 钟金春)

梅修斯家族(Metius family) 荷兰人,是一个生活于16～17世纪、具有科学技术传统的家族,父亲和两个儿子都是工程师兼数学家。梅修斯(Metius)之名源于荷兰语的“测量”(meten),因而含有“测量员”、“勘查员”之意。

安东尼茨·梅修斯,A.(Metius,Adriaan Anthonisz) 1543年生于荷兰阿尔克马尔(?),1620年11月20日卒于同地(?)。军事工程、大地测量学、天文仪器研制、数学。

荷兰军事工程师、地图学家和数学家。1582～1601年间担任过阿尔克马尔市市长。他精于大地测绘技术,制作过当时精确度很高的城建地图。在抗击西班牙军队入侵的战争中，他设计过城堡、工事等军事工程图，亲自监管军事工程的施工建造，在欧洲享有盛誉。撰写论文探讨天文学问题和日晷等天文仪器的研制。1585年，他发现任何圆的圆周与其半径之比（后称为 π）约为355/113，误差小于 10^{-5}，身后由他的儿子阿德里安佐恩·梅修斯予以发表。由于他是欧洲第一个发现这一较精确关系的人，欧洲人在传统上习惯称 π 为"梅修斯数"。由于家庭的影响，两个儿子也继承了科学传统。

雅各布·梅修斯，J.（Metius，Jacob 或 James） 生于荷兰阿尔克马尔，1628 年 6 月卒于同地。光学仪器研制、数学。

安东尼茨·梅修斯的长子。原是一个光学仪器制作商。据 C. 赫顿（Charles Hutton）在所编的《数学与哲学辞典》（1795 年）中介绍，他后来成了荷兰弗兰内克大学的数学教授。性格内向，有多种研究发明，但很少公之于世。他擅长研磨制作透镜，是最早把凹凸透镜置于管中制成望远镜的几位发明者之一。1608 年 10 月，他向荷兰议会报告说，自己深谙眼镜制作的工艺秘密，发明了一种可放大 3～4 倍的神奇光学仪器，会使人"看远物有如近在咫尺"，如果能得到政府的支持，他会改进得更为出色。荷兰议会很快审议了他的有关望远镜专利的申请。但当他得知 H. 里帕席比他早数星期已提出类似申请时，不禁大失所望，于是拒绝任何人观看他的望远镜，生前从不公开示人。实际上，荷兰议会考虑到"这项技术简单得无法保密"，最终没有批准任何人获取这项专利。由于申请人之间有争议，议会终止了原先聘用里帕席制作双筒望远镜的合同，并给了雅各布·梅修斯少量奖金。曾和其弟一起发展了一种称为"雅各布标杆"的天文仪器，专用于观察太阳黑子。晚年得了忧郁症，为了防止身后有人欺世盗名，他在死前彻底摧毁了自己的发明。

阿德里安佐恩·梅修斯，A.（Metius，Adriaan Adriaanszoon） 1571 年 12 月 9 日生于荷兰阿尔克马尔，1635 年 9 月 6 日卒于荷兰弗兰内克。军事工程、测量学、天文学、教育学、仪器研制。

安东尼茨·梅修斯的次子。在阿尔克马尔拉丁文学校毕业后，1589 年进弗兰内克大学学习哲学。1594 年又进莱顿大学继续深造。他曾在著名天文学家第谷手下短期工作过，在丹麦汶岛天文台作过天文观察。后在德国的罗斯托克、耶拿等地工作，1595 年还在耶拿大学讲过课。返回故乡阿尔克马尔之后，一段时间内担任军事工程师，成了他父亲设计建筑城堡要塞的得力助手。随后，他在荷兰与德国交界的福利斯亚地区的弗兰内克任数学教员，从事测量员的培训工作。1598 年任弗兰内克大学编外教授，1600～1635 年任正式教授，讲授数学、航海学、测量学、军事工程学和天文学，在 1603 年和 1632 年两次担任大学校长。

他提倡用本国语言代替拉丁语授课并获得当局首次批准，这是当时欧洲大学的一次重大教育改革。虽然他嘲笑占星术的荒谬，但却舍得花许多时间去研究炼金术，特别是寻找传说中的"哲人石"。他设计制造过一些天文仪器，其中和其兄一起发展了一种称为"雅可布标尺"的仪器，专用于观察太阳黑子。

发表过有关星盘制作和论述测量方法的论文，出版有《算术与几何学运算》（1611 年）、《航海测量仪器设计制作图解》（1624 年）、《地理学的天文学原理》（1640 年）等著作。正是他整理发表了父亲生前对 π 的研究成果，才使这一重大数学进展不致埋没。为纪念他的科学贡献，月球上有以他的名字命名的"梅修斯环形山"。

（王翼勋 张镜清）

李，W.（Lee，William） 英国人，1550 年生于英国诺丁汉郡，约 1610 年前后卒于法国巴黎。机械工程、纺织技术。

第一台手摇针织机的发明者。毕业于剑桥大学圣约翰学院，获神学硕士学位。后任牧师，但业绩平平。由于妻子从事手工编织，引起了他对针织机械的浓厚兴趣。1589 年，他在业余之际发明了世界上第一台手摇针织机，将钩针法和阿拉伯人的框编法结合起来，可以织制粗毛袜子。1598 年又把它改制成一台可编织较精细丝袜的针织机。该机由 3 500 个零部件构成，手工磨制的钩针排列成行，每摇动织机一次可织 16 个线圈，生产效率大大高于手工针织。

他提出过两次发明专利申请，都被英国女王伊丽莎白一世（Elizabeth Ⅰ）严词拒绝，指责他身为神职人士竟敢如此"不务正业"。李连续遭受沉重打击，无奈之中只好离开英国寻求法国国王亨利四世（Henry Ⅳ）的庇护，在法国里昂开设了一家针织制袜厂。但事业并不顺遂，因为机器针织极大地威胁了传统手工纺织的生存，他受到传统势力数不清的围攻与恐吓。由于英、法之间爆发战争，在晚年他被法国当局当作英国间谍嫌疑犯受到通缉追捕，只得改名换姓隐居巴黎贫民窟，最后在贫病交困之中默默无闻地死去。

在身后，他发明的针织机终于受到欧洲各国的普遍重视和应用，为欧洲针织业的兴旺发达奠定了基础。李氏针织机成为以后一切针织机的基本雏形，虽历经无数次的改良和变化，但织机钩针技术沿用了 200 余年，线圈串套基本原理一直运用至今。（李啸虎）

维兰蒂乌斯，F.（Verantius，Faustus；或 Veranzio，Fausto） 克罗地亚人，1551 年生于达尔马提亚地区希贝尼克（今属克罗地亚），1617 年 1 月 20 日卒于意大利威尼斯。机械工程、结构工程、机械学、语言学。

出身贵族。1568～1572 年在意大利帕多瓦大学学法律和哲学。在政治和工程两方面均受其叔父影响。毕业后一直在意大利活动，1575 年加入罗马的克罗地亚兄弟会。1579 年委任为主教在匈牙利维斯普雷姆庄园的管理员。1581 年任布拉格皇帝鲁道夫二世（Rudolph Ⅱ）的枢密官。1594 年离职后，先居住在达尔马提亚和意大利的威尼斯等地。1595 年出版一部五种欧洲文字对照词典，包括拉丁语、意大利语、德语、克罗地亚语和匈牙利语，各种语言收 5 000 个单词，是首部克罗地亚词典，尤其对数学和自然科学术语的规范翻译有重要意义。此时虽然鲁道夫皇帝封他为乔纳迪主教这一名誉称号,他仍在匈牙利和特兰西瓦尼亚等地行使皇家顾问的权责。业余则从事自然科学、数学和技术科学等研究。1605年后政治上失意,在罗马对机械学和建筑学发生了兴趣。

受达·芬奇技术构图的启示,自己也设计绘制了许多“新机器”。决心出版《新机器》一书,并获得出版特许,但迟至1616年他病危之际才在威尼斯出版。该书包括49份草图和规划项目,用蚀刻板画表示56种机械和技术造型,同时采用拉丁语、意大利语、西班牙语、法语和德语加以说明,涉及计时漏壶、日晷、磨坊、压力机、桥梁和各种船舶等。他预见了生产装配线的优越性,设计了当时生产技术还无法做到的风车、缆索铁道、悬链桥和利用潮汐作原动力的磨坊等。在罗马,他还致力于解决当地的河水泛滥问题;在威尼斯,着手改进供水问题。 (杨惠民)

巴尔第,B.(Baldi, Bernardino) 意大利人,1553年6月5日生于意大利乌尔比诺,1617年10月12日卒于同地。*机械学、力学、科学传播、科学史学。*

出身于名门望族。1570年开始师从F.科曼迪诺(Federico Commandino)学数学。1573年入帕多瓦大学,主修语言和文学。因当地蔓延瘟疫,被迫返回出生地,未得学位,但一生掌握各种文字不下于16种。做过家庭教师。后在伊米利亚的古斯塔拉修道院做了25年的修道士。晚年归故里,1612年作为外交官派驻威尼斯。1601年起,作为一个历史学家和传记作家,在乌尔比诺工作到去世。

在物理学上的突出贡献是,1588～1589年对亚里士多德的《力学问题》作了注解,这本著作于身后的1621年出版。1589年注译出版古罗马希罗的《自动机》。他在力学研究上的重大成就,是发展和应用重心概念,讨论了稳定和不稳定的平衡问题。身后留有100多篇(本)未出版的著述,涉及机械学、神学、数学、地理学、考古学、历史学和诗歌等广泛领域。1707年出版他的《数学史》一书。 (戴成勋)

巴尔巴,A.A.(Barba, Alvaro Alonso) 西班牙人,1569年11月15日生于西班牙韦尔瓦省勒伯,约1640年卒于秘鲁玻托西(今属玻利维亚)。*矿冶工程、矿物学、冶金学。*

家庭出身和学历不详。1588年被西班牙教会派往秘鲁。他一面传教,一面研究矿床和采矿,着重研究银矿的处理。1609年发明混汞法提炼白银,把银矿石放在铜质容器内,加汞后边加热边用机械搅拌。他强调要针对矿石品种寻找合适的添加剂品种和数量,以改进用汞对银的提取,并防止其粉化。

1640年在西班牙马德里出版著作《金属工艺学》,该书是用西班牙文撰写,最早介绍了南美洲的矿物和矿产资源,是17世纪一部重要的冶金学文献,相继出版过法文和英文版。 (王天运)

里帕席,H.(Lippershey, Hans) 荷兰人,1570年生于德国西部韦塞尔,1619年卒于荷兰米德尔堡。*光学、仪器研制、透镜技术。*

16～17世纪德裔荷兰眼镜制造商,望远镜的第一个发明申请者。长年生活在尼德兰西南边陲泽兰省省会米德尔堡,以制作眼镜为生,1594年在当地结婚。1602年加入荷兰籍。16世纪90年代,意大利眼镜制作新技术传入尼德兰。据说,有一天两个孩子在他的店里玩镜片,无意间透过两层镜片望去,惊讶地发现附近教堂上的风标显得更大更清晰了。里帕席自己试了一下,马上意识到其中惊人的潜在价值,于是立即在两层镜片之间安上一个金属筒管,他称之为“瞭望器”。1608年他向政府申请望远镜专利。留存至今的最早记录,是1608年9月25日一封泽兰省政府致尼德兰国家议会的推荐信,信中希望给持信者里帕席以帮助,“他的新发明是通过镜片能使相当远的事物就像在近处一样”。10月2日,议会讨论了他的专利申请,终因其技术无法保密而被否决了。但他还是受邀为议会制作了一些双筒望远镜,并得到相当可观的酬金。

之后不久,尼德兰北部阿尔克马尔市的雅各布·梅修斯也向议会提出此项发明申请;几十年后,米德尔堡眼镜商S.詹森(Sacharias Janssen)仍坚称早于里帕席多年发明了望远镜。也许将镜片组合起来很容易,因此很难确定第一个发明者。早在16世纪,欧洲已有“神奇的望远器”的传说。一些史学家认为,意大利那不勒斯的波尔塔(G. Della Porta)在1589年已发现镜片的望远性能。绝大多数历史学家认为,伽利略研制望远镜时已经知道里帕席的发明。历史文献无法肯定谁是望远镜确切的第一个发明者,但里帕席的专利申请是望远镜确切存在的最早记载,他至少是第一位书面描述望远镜的制作者。 (江冬妮 宣焕灿)

茅元仪(Mao Yuanyi) 字止生,号石民。中国明代浙江归安(今浙江吴兴)人。约隆庆四年(1570年)生,约崇祯十年(1637年)卒。*军事技术、兵器制造、航海术、制图学。*

出身将门,少好谈兵,科举应试不第,遂研习韬略武备,涉猎文史,博览群书。祖父茅坤文武双全,官至吏部主事。万历末年,清兵南下,茅元仪从军,天启二年(1622年)投抗清名将孙承宗幕下。崇祯二年(1629年)清兵逼近京师,他因佐孙承宗获胜有功,升至副总兵官。后孙承宗受阉奸魏忠贤排挤,罢官归故里,在清兵破城时殉国。茅元仪忧国而不得志,在福建漳浦请募死勤王,为庸奸所忌,乃悲愤纵酒而卒。

博学多才,文武兼备,著述不少,以晚年所作军事科学巨著《武备志》(1621年)最为重要,是继宋代曾公亮主编《武经总要》(1044年)之后又一军事百科全书,为中外所罕见。明末抗击清兵时,该书曾由崇祯帝朱批后发至各镇将士参考,深受好评。全书共240卷,博采历代兵书史书2000余种,资料丰富,体系严谨,图文并茂。

内容分为五大部分：《兵诀评》18卷，收《孙子》、《吴子》等兵书9家；《战略考》31卷，收历代用兵得失事例；《陈练制》41卷，收历代兵家战阵图；《军资乘》55卷，论军事后勤各类供应；《占度载》96卷，记述江海防御、航海术等事。与科学技术知识直接有关的内容，当推最后两大部分。其中《军资乘》火攻篇卷记述火药及火器，系统地介绍分门别类、构造尺寸、制作技术和使用方法，充分反映了中国传统火器技术的高水平。值得注意的是，《占度载》卷240所载"郑和航海图"，是中国现存最系统完备的古代海图，绘出郑和15世纪出使西洋各国时庞大舰队的详尽航线、所经地点的地理形势，具有很高的科学价值和历史文献价值。《武备志》于1664年翻刻了日本版，18世纪又被介绍到欧洲，受到高度评价。

（李啸虎）

赵士桢(Zhao Shizhen)　字常吉，号后湖。中国明代浙江人，明嘉靖三十二年(1553年)生于浙江乐清，约万历三十九年(1611年)卒。军械技术、火器研制、书法艺术。

祖父官至大理寺副，曾参与撰修《大明会典》。他自幼受祖父熏陶。早岁为太学生，游学京师。因善书能诗，书法"声施当世"，得明神宗赏识，遂以布衣召入，任鸿胪寺主簿(即国宾馆负责人)。因"生平甚好口讦，与公卿亦抗不为礼"，又因研造火器，得罪不少人。历18年之久，始晋升为武英殿中书舍人。后因发生"妖书案"，涉案者被杀，他亦受污而身心劳瘁，终于抑郁病亡。

为了防止外族入侵，一生孜孜矻矻研制改进火器10余种。明万历二十四年(1596年)、万历二十五年(1597年)，他相继研究西洋鸟铳和土耳其噜密铳两种火绳枪，改进结构，提高功能，探索制法，万历二十六年(1598年)将改制成的单管火铳进献朝廷。万历三十年(1602年)夏，刑部尚书萧大亨等奉旨试验，认为"其器械委果铦利，其制度委果精巧"，建议"依法成造"，后被军工部门大量复制，装备明军。他继而制造出各式性能的火绳枪，其中如：鹰扬铳可置于战车，震叠铳拥有双管，掣电铳能连续发射，三长铳集轻便、快捷、平稳于一身。最具创新的是五管迅雷铳，可一铳多用，攻防兼备：将小斧插在地上架好铳身，套好盾牌，将其5根铳管装填弹药，射手左腿前踞，右腿后跪，左手把住机匣，右臂夹住铳杆，用右手控制扳机点火发射。一管射完，把铳管盘转动使第二根铳管对准机匣，继续瞄准发射，依次发射完5根铳管。如果此时仍有敌兵逼近，还可点燃铳杆中的火球"喷焰灼敌"；当来不及重新装填弹药时，还可将倒转的铳杆、小斧和盾牌分别当作武器使用。创制的"火箭溜"，有导轨机关以提高命中率，亦是中国古代火箭技术一大飞跃。此外还设计战车、防御器械等。

有多部关于火器(即神器)研制与使用的论著，其中有《神器谱》、《续神器谱》、《神器杂说》、《神器谱或问》、《防虏车铳议》等；另有遗著《用兵八害》、《东事剩言》和《续草》等。

（李啸虎）

王徵(Wang Zhi)　字良甫，号葵心，自号了一道人，圣名斐理伯(Philippe)。中国明代陕西泾阳人。明代隆庆五年四月十九日(1571年5月12日)生，崇祯十七年三月四日(1644年4月10日)卒。机械技术、科技传播。

生于教员家庭，舅父奉议大夫张鉴是名儒。他于万历二十二年(1594年)中举人。因热衷探究古时奇人奇器而耽误科举学业，9次进京考进士未中。在京城与传教士有交往，对西方机械产生极大兴趣，还加入耶稣会。天启二年(1622年)中进士，历任广平府推官、扬州府推官、山东按察司佥事等职。天启五年(1625年)，向法国耶稣会传教士金尼阁(Nicolas Trigault)学拉丁文；后在京向西方传教士邓玉函、汤若望等人请教西方科学。崇祯六年(1633年)二月，因登州陷落而论罪发配戍边，不久遇赦归家，创办"仁会"慈善机构。崇祯十六年(1643年)李自成攻占陕西，派人征召被拒。翌年，李自成攻占北京，崇祯自杀，他绝食七日而卒。

王徵结合中西技术，制造或设计了不少新颖奇巧的实用机械。中举之后，曾将研究成果整理成《新制诸器图说》一卷，内有引水器虹吸和鹤饮、计时器轮壶、风动自转磨、自动农具"代耕"、兵器连弩、自行车等，设法利用自然力代替人力和畜力。其中"轮壶"计时器以重力驱动"十字微机"控制齿轮转速并防止倒转，已具现代钟表雏形。天启六年(1626年)，由邓玉函口授，王徵笔译绘图，编译《远西奇器图说录最》3卷。第一卷"重解"介绍重力、比重、重心、浮力等力学知识；第二卷"器解"介绍杠杆、斜面、天平、滑轮、齿轮、螺纹等机械原理；第三卷"图说"介绍起重机械、汲水机械、粮食加工机械、木料加工机械等实用机械工具的构造和应用，配图54幅。以上两部书均于天启七年(1627年)刻印出版，清代收录于《四库全书》子部谱录类。一生著述颇丰，共撰有60余种书。他道艺并重，认为"学原不问精粗，总期有济于世；亦不问中西，总期不违于天"。

（李啸虎）

布莱厄，W. J. (Blaeu，Willem Janszoon)　荷兰人，1571年生于荷兰阿尔克马尔，1638年10月21日卒于阿姆斯特丹。印刷术、制图学、地学、科学传播。

出身于小康的鲱鱼推销商家庭。青年时当过木工和商业办事员，热衷于天文学和航海术。曾在著名丹麦天文学家第谷手下学习天文学和仪器制作。由于当时荷兰航海事业发展而使制图学飞跃进步，1599年在阿姆斯特丹成立印刷公司，专门经营地图和地球仪。1633年任荷兰东印度公司的官方制图员。

他设计制造了当时欧洲最精良的印刷设备，其技术集当时印刷术之大成。他自己绘制地球仪，并使其日益精美。他的第一个地球仪、天球仪、世界分区航道图、海洋图和一度闻名的《世界地图集》于1599～1634年问世。他还是当时许多名人著作的编辑和出版者。两个儿子继承了他的事业，这个印刷家族延续至今，数百年来经久不衰，闻名天下。

（杨惠民）

德雷贝尔，C. J. (Drebbel，Cornelis Jacobszoon)　荷兰人，1572年生于荷兰阿尔克马尔，1633年11月7日卒于英国伦敦。机械工程、军用船舶工程、仪器研制、化学工艺。

殷实农场主家庭出身，在荷兰受过小学教育。年轻时在荷兰哈勒姆跟一位著名雕刻师学过手艺和炼金术。1595年回家乡定居，致力于雕刻、绘画和出版地图。不久转向研制机械装置，为阿尔克马尔镇设计过供水系统。他制作了不少机械工具，其中有一台神奇的"永动钟"，内部有一个密封玻璃管，管里液体受大气压和温差变化而产生收缩或膨胀的应力，使时钟能够一直重绕发条，1598年与抽水泵一起获得发明专利，一时声名大振。1602年获得自动调节化学反应炉专利。1604年到英国，受到英王詹姆斯一世(James Ⅰ)接见，并成了威尔士王子的烟火表演技师。他先后在波希米亚逗留了近10年，担任A.费迪南大公(Archduke Ferdinand)的儿子、后来的"神圣罗马皇帝"的宫廷教师。期间1610年在布拉格受到鲁道夫二世(Rudolf Ⅱ)皇帝接见，欣赏了他的永动钟，授予首席炼金术士封号。在三十年战争初期，鲁道夫兄弟发动宫廷政变占领了布拉格，他被监禁和剥夺了所有财产。在威尔士王子干预下，1613年他返回了英国，随后数年基本住在伦敦。1629年后，因失宠于王室，他只得靠出售麦酒为生，晚年贫困潦倒。

多产发明家，尤以研制世界上第一艘早期潜水艇而著称于世。1620年他制作了一艘用防水皮革紧紧包裹的木船，12支船桨穿透船身上的垫圈伸入水中，用浮筒固定在水面上的两根通气管向舱内提供空气。一天，12个划桨者和一些乘客上了这条船，从威斯敏斯特下水，在泰晤士河4～5米深处续航了3个小时到达格林尼治。英国王室对此大加赞赏。随后几年受雇于英国海军，但军方对发展潜水艇不感兴趣，主要难题是无法使用爆炸装置来袭击敌方船只。其他发明还有：在仪器制作上，1619年制作了使用两副凸透镜的复合显微镜；研制望远镜并改进了打磨透镜的机器；可温控的孵化器等。

在化学工艺上，发现通过加热硫磺和硝酸盐制取硫酸的方法；用锡媒染剂制取胭脂虫红颜料的染色工艺；制造爆炸剂雷汞；发现硝酸钠加热释放氧气的反应，成了当今生产氧气的标准方法。传世之作是一本关于炼金术元素变化的小册子，1608年在荷兰莱顿出版。

（陈 茜）

邓玉函（拉丁名 Johann Terrentius；原德文名 Johannes Schreck） 字涵璞。德国人，1576年生于德国康斯坦茨（今属瑞士），1630年5月11日卒于中国北京。机械学、力学、天文历法、博物学、医学、仪器研制、科学传播。

律师家庭出身。先入纽伦堡附近的阿尔特道夫大学学医。后就读于意大利帕多瓦大学，此时与伽利略相识。1604年，加入不久前在罗马成立的林赛（猞猁）科学院，1611年5月，继伽利略之后一月成为该院第七名院士。同年加入耶稣会。1618年4月16日，在法国传教士金尼阁(N. Trigault)带领下从葡萄牙的里斯本启程东渡，1619年7月22日，和汤若望、罗雅谷(G. Rho)等8人先后抵达中国澳门。他先入广东，后辗转江西、杭州、南京等地，1623年到达北京。1629年9月，经徐光启奏请，朝廷诏邓玉函等人赴北京协助编纂《崇祯历书》。未及编成，第二年因病去世。

研究领域广泛，而且通晓多种文字，堪称是明末赴华传教士中学识最渊博者。1626年冬由他口授、王徵笔译绘成的《远西奇器图说录最》(4卷)，该书次年在北京刊行，是中国第一部系统介绍西方机械学和力学知识的著作。第一卷《重解》61款，叙述力学基本原理与知识，包括地心引力、重心、各种几何图形重心求法、各种物体的比重、浮力等。第二卷《器解》92款，叙述各种简单机械的原理与计算，包括杠杆、滑轮、螺旋、斜面等一般知识。第三卷《力解》有41图39说，介绍各种实用机械，包括起重、引重、转重、取水、转磨等图解。第四卷《动解》有13图说，包括解木、解石、转碓、书架、水日晷、代耕和水铳。为修历作准备，他亲自制作过6个大四分仪、3个测角仪、3座浑天仪、1架地球仪、3架分别由铜、铁、木做成的望远镜等天文测量仪器和装置。撰写《测天约说》(2卷)、《黄赤正球》(2卷)、《大测》(与汤若望合著)和《八线表》天文学著作，全部入编《崇祯历书》。

对博物学和医学素有研究，在罗马时，曾诠释考订西班牙人写的《墨西哥植物志》。在来华航行途中，采集标本，绘制图形，详为记述，在印度果阿逗留期间，收集植物500余种，草成书《印度植物志》(2卷)，但未出版。曾在华解剖意大利和日本两教士尸体，这是西方医学家在中国所作最早病理解剖。在杭州期间，撰译成《泰西人身说概》(2卷)，是在中国最早介绍西方生理学、解剖学知识的书籍。该书上卷有11部，分述骨部、皮部、肉部、血部等；下卷用问答体分述五司感觉器官、行动及语言等。译成10多年后，1634年由毕拱辰润色和作序，得以付梓。

（李啸虎）

冈特，E.（Gunter，Edmund） 英国人，1581年生于英国英格兰赫特福德郡，1626年12月10日卒于伦敦。仪器研制、航海技术、初等数学、测量学。

祖籍威尔士。在牛津威斯敏斯特学校和基督堂学院受教育后，1603年和1605年获文学士和硕士学位。1615年担任教区长，同年获神学士学位。1619年任伦敦格雷厄姆学院天文学教授，同时保留教区长之职直至突然去世。

其贡献主要在实用性科学方面，发明制作有多种天文、航海和测绘方面的计算工具。1618年创制了一种便携式的象限仪。1606年，他改进了前人发明的函数尺，其中包括正弦、正切、对数和子午线倍值的刻度，可以用来求解平面、球面和航海三角问题。他的著作用拉丁文描述该仪器用法，16年后才出版英文版，英国海军曾沿用了两个世纪，是计算尺的前身。1620年发表的第一本著作《标准三角学》，是一本篇幅不大的正弦、正切的常用对数表。通过在航海直角仪上加上类似的刻度，他解决了由太阳的倾斜及观察者的纬度而求得太阳的视方位角等问题。1622 年首次发现了罗经磁偏角的变化，后由他的继任 H. 吉利布兰德进一步研究提出。1624 年出版论文集，内有对各种数学仪器和测量仪器的详细说明，引人注目的是此书不用拉丁语而用英语表述，因而在社会上影响更大，被广泛应用。还发明了船舶测程仪，以及可用十进制计量英亩数的测绘工具测链（20 米长）；把子午线 1°定为 352 000 英尺（107 289.6 米），使英国航海者受益匪浅。（陈良瑞）

计成（Ji Cheng） 字无否，号否道人。中国明代松陵（今江苏吴江）人，明万历十年（1582 年）生，卒年不详。建筑工程、园林建筑学、美术。

自小习画，擅长山水，喜园林名胜。中岁以前，业游燕楚。中年后回江苏，在镇江偶叠一山出名。先后在扬州、仪征、常州等地为士绅世家造园叠山筑林。东第园、寤园、影园等均为杰作，名驰江南。崇祯八年（1635 年）后，行踪无考。

造园之余，总结经验，崇祯四年（1631 年），撰成传世名著《园冶》，崇祯七年（1634 年）刻板发行。全书分 3 卷，第一卷首列兴造论、园说，分相地、立基、屋宇、装折四篇；第二卷专讲栏杆，有栏杆图说；第三卷设门窗、墙垣、铺地、掇山、选石、借景六篇。其中相地、立基、铺地、掇山、选石、借景诸篇为造园艺术之精华。行文多以骈四骊六形式，充满古典文学骈体散文风格。全书绘有各式插图 232 幅，典雅古朴，式样新颖，国内外罕见。其理论概括，以“巧于因借，精在体宜”为原则，力求“虽由人作，宛自天开”。此书是研究中国建筑史、园林史、美术史极其重要的参考资料。传入日本，备受重视，改称《夺天工》，尊计成为造园之鼻祖。后又传入欧洲，备受推崇，誉为世界园林科学最古的名著。（徐柏春）

韦尼埃，P.（Vernier，Pierre） 法国人，1584 年 8 月 19 日生于西班牙奥尔南（今属法国），1638 年 9 月 14 日卒于同地。军事工程、仪器研制、测量学、应用数学。

工程师兼律师之子。早年在父亲指导下钻研科学著作和测量仪器原理。后为西班牙哈普斯堡部队军事工程师，曾任当时西班牙统治的多尔和贝桑松两城的国库司司长，在西班牙政府中担任工程顾问。

长期从事工程师工作，生涯大部分时间致力于建造多个城市的军事防御城堡，此外还从事过民用建筑设计。1623 年，因保卫贝桑松城有功，被授予“荣誉市民”称号。擅长土地测量和测绘地图，发明测绘学的新仪器和新方法，其中有读取角度的新方法。在他之前，一些科学家为了提高天文观象仪的精度，曾研制出一种同心圆弧度盘，其中一共有 60 个同心圆弧。他仅用一个活动的同心圆弧就代替了 59 个内圆弧，并设计出一种活动度盘，为此荣获优秀工程师称号。1631 年出版《新式象限仪与数学表》一书，详述他的发明成果，书中附有他所编的正弦表，介绍了已知三角形三边长求角度的快速方法，其原理至今仍用于游标卡尺等量具的读数装置。他的姓“韦尼埃”在欧美成为游标卡尺的同义词。

（王天运）

宋应星（Song Yingxing） 字长庚。中国明代江西奉新县人，明万历十五年（1587 年）生，清顺治末年或康熙初年（1662 年左右）卒。工艺学、机械技术、矿冶工程、兵器制造、农学、百科全书。

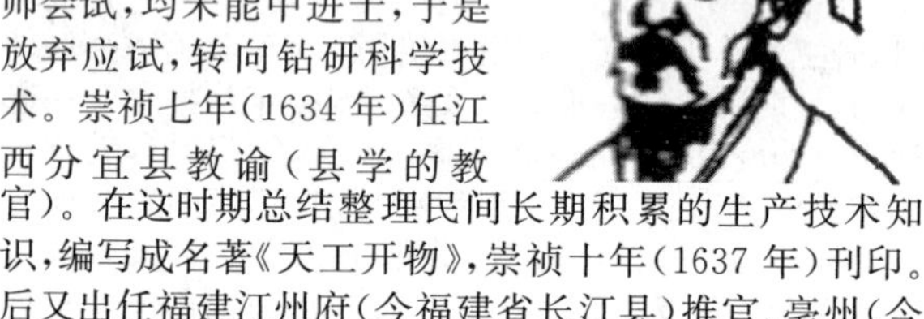

出身封建士大夫家庭，曾祖做过大官，后家境渐趋衰落。明万历四十三年（1615 年）和其兄宋应昇同时考中举人。此后 5 次参加京师会试，均未能中进士，于是放弃应试，转向钻研科学技术。崇祯七年（1634 年）任江西分宜县教谕（县学的教官）。在这时期总结整理民间长期积累的生产技术知识，编写成名著《天工开物》，崇祯十年（1637 年）刊印。后又出任福建汀州府（今福建省长汀县）推官、亳州（今安徽省亳县）知府，明亡后弃官回乡。

他生活在 16～17 世纪，正是资本主义经济在中国开始萌芽的时期，手工业分工日益细致，出现了手工工场，社会生产力有所提高，科学技术有较大的进步，商品经济开始发展，《天工开物》应运而生。《天工开物》分上、中、下三册，计 18 卷，每卷一目，共 18 个专题，每个专题又细分为若干细目，几乎概括了当时农业和手工业的各个方面。其编写顺序按照书中序文所说的“贵五谷而贱金玉”的观点排列，体现了中国农业第一的传统见解。上册记述谷物豆麻栽培和加工，缫丝、纺织和染色技术，制盐、制糖工艺；中册记述砖瓦陶瓷制作，车船制造，金属铸锻，煤炭、石灰、硫磺、白矾等的开采和烧制，以及榨油、造纸方法；下册记述金属矿物开采冶炼，兵器制造，颜料和酒曲的生产以及珠玉的采集加工等。

全书详述了各种农作物和手工业原料的种类、产地、生产技术、工艺装备及生产组织经验。书中有大量确切的数据，如农作物的单位面积产量、油料作物的出油率、冶炼方面各种合金的配合比等。书中还绘制了 123 幅插图，画面生动，有立体感，看后有如临当时的生产现场之感。在农业方面，该书介绍了选育推广良种、精耕细作、水利灌溉、肥田改土、防治病虫害等方面的经验。例如，其中介绍的冷浸田使用“骨灰蘸秧根”，是中国古代合理使用磷肥的最早记录；而其中记述的甘蔗移植方法，则为我们保存了后来失传的一种技术。在纺织方面，书中所记载的精致复杂的提花机，结构合理，操作简便，能织出各种精美的丝绸，是当时世界上最先进的纺织机械。在采矿方面，书中介绍了排除煤矿瓦斯的方法；还介绍了作者自己通过研究提出的煤的硬度和分类法。在铸造、冶炼方面，书中介绍了锌的冶炼技术，这在世界上是首屈一指的；还介绍了采取渗碳热处理工艺以提高生产工具硬度的方法。在兵器制造方面，书中记载了当时西洋大炮、地雷、混江龙（一种水雷）等新式武器的制造和性能。总之，该书详细而广泛地记载了中国明代农业和手工业生产技术各个方面的卓越成就，这样的著作在世界上也十分罕见，它被誉为世界上第一部有关农业和手工业生产的百科全书。

《天工开物》刊行后，很快传到日本，并被翻刻，成为日本德川时代人们普遍阅读的书籍。1869 年该书被节译成法文,题名为《中华帝国古今工业》,后该书又先后被节译成英文和德文。1952 年,东京恒星社以《天工开物之研究》为名出版日本科学史家薮内清教授的全译本。1966 年,美国出版了英文的全译本。此书已被各国学者广为研究和引用,成为世界科技史学重要著作。

除《天工开物》外,还著有《卮言十种》、《画音归正》、《杂色文》、《原耗》等,但均已失传。后来,在江西发现了他著的四篇佚著的明刻本:《野议》、《论气》、《谈天》和《思怜诗》。《野议》是议论时局的政论著作;《思怜诗》反映了作者愤世忧民的感情。《论气》、《谈天》是自然科学著作,可能是《卮言十种》的一部分。(宣焕灿　谢庚华)

吉利布兰德,H.(Gellibrand,Henry)　英国人,1597 年 11 月 17 日生于英国伦敦,1637 年 2 月 16 日卒于同地。航海技术、地磁学、天文学、应用数学。

父亲是牛津大学评议员,他是家中长子。1616 年入牛津大学三一学院,1619 年、1623 年先后获文学士和文科硕士学位。曾任副牧师之职。由于听了 H. 萨维尔爵士的讲座而钻研数学,还爱好天文,在学院的院子里装了一台日晷仪。伦敦大学格雷厄姆学院天文学教授 E. 冈特去世后,他于 1627 年经推举补缺。患热病而死,英年早逝,年仅 39 岁。

他续完了教父 H. 布里格斯的《大英三角学》的第 2 卷(1630 年因原作者去世而未完成),于 1633 年付印。最有影响的科学发现是磁偏角的长期缓慢变化,这一发现是与 J. 马尔(John Marr)共同作出的,并在 1635 年发表的"对磁针变化的数学论述以及最近发现的奇妙递减"一文中公布。他还研究数学和航海学。曾根据月食观测算出了另一在不同地方的观察者的经度。

他的主要著作和教材大多在身后由人整理出版,其中有《三角学基本原理》(1638 年)、《三角学基本原理及其在天文学和航海学中的应用》(1658 年)和《航海学概要》(1699 年)等,其中《航海学概要》中附有相当篇幅的附录,包括数表及十字测角仪、象限仪、天体观测仪等仪器在航海中的使用。该书曾多次再版,可以说他是相当高明的计算者和优秀的教材作者。他的书促使英国的航海水平提到了新的高度。(陈良瑞)

贝尔尼尼,G.L.(Bernini,Giovanni Lorenzo;或Bernini,Gian Lorenzo)　意大利人,1598 年 12 月 7 日生于意大利那不勒斯,1680 年 11 月 28 日卒于罗马。土木建筑、建筑学、城市规划、雕塑、绘画。

佛罗伦萨雕塑家之子,自幼受到父亲的艺术指导。7 岁随全家迁至罗马。8 岁已能塑造十分逼真的儿童头像。17 岁为一位大主教制作胸像,从此成为独立雕塑家,声誉鹊起。1617 年,为红衣主教 M. 巴尔贝里尼(Maffeo Barberini)雕塑作品《圣塞巴斯蒂安》,其人后来当选为教皇乌尔班八世(Urban Ⅷ,1623～1644 年在位),成了他最主要的资助人。1629 年,他受命接任罗马总建筑师,负责监管罗马城的改建工程。先后为 8 位教皇服务,历时 60 余年。

意大利巴洛克式建筑大师、雕塑艺术大师。擅长将雕塑和建筑有机结合、希腊化风格的作品,充满了人文思想和宗教精神,深刻影响了 17、18 世纪欧洲的建筑思潮。1619 年受红衣主教博盖塞(S. Borghese)之托,用系列人物雕像装饰花园,其中组雕《阿波罗和达芙妮》(1622～1625 年)、《大卫》(1623～1624 年)等,赢得了广泛的赞誉。而后期在胜利圣母堂的汉白玉雕塑《圣特雷萨的沉迷》,更是雕塑艺术的炉火纯青之作。1630 年起,在罗马负责改建和修建许多教堂、宫殿和府宅。第一次受命主持的建筑工程,是改建罗马圣毕比纳教堂正面(1624～1626 年)。在罗马圣彼得大教堂内的墓园顶上,建成巨型镀金青铜华盖(1624～1633 年),神圣肃穆,美轮美奂;4 根支承大教堂穹顶的圆柱用巨型雕像装饰,他设计其中之一的"圣朗吉努斯";在圣彼得大教堂门前两侧建造半圆回廊(1656～1667 年),犹如双臂环抱广阔的圣皮特罗广场,造型动感,装潢精美,气势恢弘,与大教堂圆顶上下呼应,交汇成罗马最壮丽的景观。他在罗马修建了许多宫殿,主要作品有巴伯雷涅宫(1630 年动工)、路多维西宫(今蒙地卡罗宫,1650 年动工)和奇吉宫(1664 年动工)等。此外,在罗马建造一系列陵墓和喷泉,其中最有名是:乌尔班八世陵墓(1628～1647 年)和玛丽亚·拉吉陵墓(1643 年)以及西班牙广场的《破船》喷泉、那沃纳广场的《四河喷泉》、《海神》喷泉等。1665 年受法王路易十四之邀,设计卢浮宫东正面。

多才多艺,颇具文艺复兴时代的遗风。不但是著名雕塑家、建筑师,还是杰出的画家、剧作家和舞台设计师。对 16 世纪初文艺复兴鼎盛时期的绘画研究造诣很深。留有绘画 100 多幅,优秀之作甚多。另有一些漫画作品。舞台设计现有少量存世。当时的传记作家曾这样写道:"上演了一出大众戏,其中布景是他画的,雕像是他塑的,机械是他发明的,音乐是他谱曲的,戏剧脚本是他写的,就连剧院也是他建造的。"(李啸虎)

博罗米尼,F.(Borromini,Francesco)　一译普罗密尼。原名弗朗西斯科·卡斯捷利(Francesco Castelli)。意大利人,1599 年 9 月 25 日生于意大利卢加诺湖畔的比索纳(今属瑞士提契诺州),1667 年 8 月 2 日卒于罗马。土木建筑、建筑学、雕塑艺术。

建筑师的儿子。9 岁去米兰学雕塑手艺。1615 年到罗马学建筑,在他的伯父、名建筑师 C. 马代尔诺(Carlo Maderno)处当石匠和测绘员。1619 年作为助手参与马代尔诺主持的圣彼得大教堂改建项目。1629 年伯父去世后,他同接任主持后续工程的名建筑师 G. L. 贝尔尼尼(Gian L. Bernini)合作。几年后,因意见不合而分手。1646 年受教皇英诺森十世(Innocent Ⅹ)委任,主持重建被大火毁坏的圣乔万尼大教堂大殿,於 1649 年完工。他最终取代贝尔尼尼,成为罗马首席建筑师。他有急躁、率直和狂热的性格特点,后自杀身亡。

17 世纪盛期巴洛克建筑艺术的最杰出大师之一。他的建筑作品标志着巴洛克建筑变化莫测的顶峰,从整体布局到细部安排都独具匠心,令人叹为观止。以人体各部分比例作为设计准则,是文艺复兴以来建筑理论核心思想。他大胆挑战这一流行传统,提出以空间和采光作为设计主要因素,用凹凸多变的曲线和复杂交错的几何形体作为建筑主要表现。他单独设计的第一件作品是罗马圣卡罗教堂,大胆采用波浪式的异形底部、正十字形平面的中部、富有动感的椭圆形穹顶,几个连锁三角形和椭圆形侧厅的平面布局,在欧洲引起轰动。他对圣乔万尼大教堂原有结构作了重大修改,在典雅的大殿侧上开出 5 个大拱,间以巨大的双柱,其间建了 12 个柱龛,内置十二信徒雕像,被后人称为"天下教堂之母",是罗马四大宗座教堂之一。此外代表作还有:圣夏尔修道院(1634 年)、四泉圣卡尔洛教堂(1638～1641 年,1665～1667 年)、圣伊沃教堂(1642～1650 年)、装修圣菲力浦·内里礼拜堂和圣约翰·德·拉特朗教堂(1647～1649 年)、圣安热教堂正门(1654～1655 年)、圣法拉特教堂钟楼(1653～1657 年)和传教公学(1662～1666 年)等。

他个性倔犟,不善与人合作,也不带徒弟,临死前把自己的设计手稿毁之一炬。但在他和贝尔尼尼影响下,罗马出现了一大批巴洛克建筑大师。他的作品和思想对 18 世纪风靡中欧的洛可可式建筑风格有巨大影响。

(李啸虎)

范兰伦,M. F.(van Langren, Michael Florent) 比利时人,约 1600 年生于比利时梅奇林,1675 年 5 月初卒于布鲁塞尔。*结构工程、制图学、天文学。*

父亲是一位经验丰富的工程师。因宗教冲突,他的家庭被迫移居。没有进过大学,靠自学成才,终成为一名制图师和工程师,后成为西班牙国王的宫廷宇宙学家和数学家。

负责规划法国北部敦克尔克等港口建设,发表过城堡要塞建筑、运河和防止山洪等有关著作。是荷兰在工程学、制图学和雕刻图版方面的先驱。在天文学方面,他主要研究在海洋中测定经度的方法。1621 年试图用观测月亮的方法来确定经度,这种方法促使他绘制精确的月面图。1645 年 2 月 15 日完成了完整的月面图,并给月貌命名和自己刻制图版,但由于资助者死亡和发生战争未能出版。他观察过 1652 年出现的彗星,并发表了研究成果。他还绘制和出版地图。为纪念他的业绩,月球上有以他命名的"范兰伦环形山"。 (杨惠民)

薄珏(Bo Jue) 字子珏。中国明代末年长洲(今江苏苏州吴县)人,生卒年不详,鼎盛期崇祯年间(17 世纪中叶)。*机械工程、兵器技术、仪器研制、天文学、测量学。*

幼家贫,好读书,中秀才。后屡试不第,又目睹官场腐败,决心钻研天文算学和机械制造。为人正直,安贫乐道。崇祯年间,奉安庆府中丞张国维之令研制兵器,抗御流寇进犯,立下大功。因此受荐朝廷任用,但其不愿做官,要求回归故里,后病死于家。

明朝天启、崇祯年间,西学东渐蔚然成风,他从中获得丰富的科学知识。尤重实践,家中专设实验室,配置锻造、冶炼、镂刻、研磨等各种工具设备,刻苦钻研各种机械装置。崇祯年间,流寇屡侵安庆。崇祯四年(1631 年),安庆府中丞张国维聘他到军营试验兵器,他研制的远程铜炮,构造先进,精度提高,首创在炮上安装"千里镜"(即望远镜)作为瞄准器,大幅提高射程和命中率;又制作火铳、地雷、地弩等兵器,以及水车、起重负担机等机械。据认为,他是世界上最早一批将望远镜用于军事装备的人。后世有中国学者认为,他的望远镜有可能独立完成,因为明朝时苏州眼镜制造业已享誉全国;而且他用的是折射望远镜(开普勒式),比伽利略式望远镜更复杂。

在天文、数学和测量方面也卓有建树。其学精微奥博,又尝造算筹、手仪、浑天仪等仪器和模型。据明代邹漪《启祯野乘》记载,薄珏制作的小型天球仪"周围不逾尺,而环以铜尺",上有日月星辰。《崇祯历书》采用西方传教士引入的第谷体系后,很快被薄珏接受,据此著有《各重天有本动、有推动、有带动论》加以诠释。研读唐宋诸历法家著述,计算过岁差的变化。明末的长篇歌诀《经天该》,代替已沿用一千多年的《步天歌》,用 420 句七言诗句讲授三垣二十八宿的分布,其作者何人有几种说法,梅文鼎及《四库简明目录标注》认为是薄珏所撰。另撰有《格物论》百卷、《素问天倾西北之妄辨》、《浑天仪图说》、《网度窥天说》、《行海测天法》、《天体无色辨》、《天形北高南下辨》、《察南北二极星辰运说》、《荧惑守心论》、《格物测地论》等,大多失传。 (徐柏春)

居里克,O. von(Guericke, Otto von) 一译盖利克。德国人,1602 年 11 月 20 日生于德国马德堡,1686 年 5 月 11 日卒于汉堡。*仪器研制、大气物理学、气象学、社会活动。*

贵族后裔。1617 年入莱比锡大学文学院。1621 年在耶拿大学学习法律。1623 年在莱顿大学学习数学和工程学。学成回国后不久,就被选为马德堡市参议员。1646～1678 年任马德堡市市长。虽长期忙于政治和外交活动,然而他几乎把全部业余时间用于科学实验,在物理学和工程学领域广泛开展研究工作。1681 年退休后,一直住在汉堡直至去世。

早在学生时代,就致力于探索太空的奥秘,后来成了终身研究的课题。他发现空气的弹性,又研究空气的密度随高度的变化,进而提出大气之外是真空的论断。为验证真空的存在,设想了一个从容器中把空气抽空的实验方案。1647 年,他发明由气缸、活塞和两个阀门做成的抽气泵,后即着手开展这项研究。1657 年进行了著名的马德堡半球实验,即将两个铜质半球壳的边缘磨平使之密合,形成一个直径约 35.5 厘米的空心球体,然后把里面的空气抽出,两边各用 8 匹马向外拉,也未把球拉开,以证明大气压力的存在。同年又证实真空不能传播声音。1657 年还发明第一个水气压计以预报天气变化。1663 年发明第一台起电机,让手掌与转动的硫磺球摩擦产生静电。根据大气压强随气候变化的现象,于 1660 年提出气象预报的主张,设想通过观察网进行系统的天气预报。

(邱凤昌)

米什里尼,F.(Michelini, Famiano) 意大利人,

1604年8月31日生于意大利罗马，1665年1月20日卒于佛罗伦萨。*水利工程、水力学、保健医学。*

15岁时进修道院当打杂的小僧侣。17岁去热那亚大学学习数学。1629年在佛罗伦萨开办教会免费学校，并被推荐给伽利略。1635年应召去佛罗伦萨宫廷，为斐迪南德二世（Ferdinand de' Medici）的兄弟教授数学、天文学和物理学。1636年任教堂祭司。1648年获比萨大学数学讲座教授职位。1657年去西西里任副主教，不久返回佛罗伦萨。此后疾病缠身，手头拮据。

他宣称所有的知识都来自精确的科学。把实验的方法用于医学，介绍了柑橘和柠檬汁对许多疾病的治疗作用；告诫人们要控制体重，但在当时却遭到了嘲笑。还是水利学专家，在临终前出版的书中有许多很好的见解，如用装满石块的箱笼或筑围堰以整修保护河床，认为河床坡度对水流速度有影响等。他提出的河流中间流速比两边流速要大是由于水有粘滞性的概念，在当时还不易为人所接受。不过他在静水压力分布的认识上也有错误。直至1664年底，由于得到资助才得以出版《河流之管理》一书，数周后病情恶化而去世。一生不大情愿发表著述，虽留下一些著作，也多已失传。

（陈良瑞）

迪维尼，E.（Divini，Eustachio） 意大利人，1610年10月4日生于意大利圣塞韦里诺—马尔凯，1685年2月22日卒于同地。*光学工程、仪器研制、天文学。*

少时成为孤儿，不得不从学校退学从军谋生。后在两个哥哥帮助下，到罗马读书。曾受教于伽利略的弟子B.卡斯泰利，学习欧氏几何和天文学。后在罗马开设光学仪器工场，生产和出售各种望远镜和显微镜，很有声誉。晚年回到故乡。

是开发光学仪器生产技术的先驱者之一。1646年在罗马制作时钟和透镜。1648年造出改进型显微镜，由凸透镜构成物镜和目镜，镜筒可伸缩。几年后又为显微镜配制双透镜，同时研制长焦距望远镜。他做出的长筒望远镜具有4个透镜，其中一个焦距长为633英寸（约16米）。在透镜消色差、消象差上也取得了某些成功。并利用自制仪器进行过大量天文观测。1649年出版了月亮的铜版图。在天文观测研究中与惠更斯进行过论战，并出版了若干专论，声称比后者更早发现了土星的卫星。今伦敦大英博物馆、意大利的若干博物馆还保留有迪维尼制作的显微镜和望远镜。（屈大壮）

梅里特，C.（Merret，Christopher；或 Merrett，Christopher） 英国人，1614年2月16日生于英格兰格洛斯特郡温什科姆，1695年8月19日卒于伦敦。*玻璃工艺、酿造工艺、鸟类学、博物学。*

1632年入读英国牛津大学，1635年获奥丽尔学院文学士学位，1636年和1643年先后获该校格洛斯特馆（后易名伍斯特学院）医学硕士、医学博士学位。后在伦敦开私人诊所行医。1651年供职于英国皇家内科医师学院，1654～1665年任该学院图书馆首任馆长。是英国皇家学会创始会员，1685年前任该学会商贸史研究委员会主席。

擅长在学术上总结和改进各种制作工艺。对具有工业用途的矿产特别感兴趣，曾发表有关锡矿和冶炼的论文。1662年，他翻译了意大利A.内里（Antonio Neri）的《玻璃工艺》（1611年）一书，并在书中添加了147页自己和其他作者的意见作为评注。他对玻璃工艺的详尽描述，包括玻璃熔炉结构、熔制配料和操作、玻璃种类等等，表明他对该行相当精通。但是他在现代重新声名鹊起，却是在另一个完全不同的领域：酿造业。1662年12月17日，他在向皇家学会提交的论文中表明了对酒类法令的一些看法，文中第一次披露了制作汽酒的工艺诀窍，酿造者通过添加一定量的糖和糖蜜，使葡萄酒之类果酒激发二次发酵，制得的汽酒饮时不断冒泡，十分爽口，风味独特。虽然他原来主要对如何增加汽酒瓶玻璃牢度以减少爆裂概率感兴趣，但是英国酒业很快用他的名字“梅里特”作为英国汽酒的通称。

他还是个博物学家。开辟了一个植物园，搜集和种植各种新发现的植物。编纂英国最早一批的植物志、动物志和矿物志。1666年出版多卷本巨著《大英博物图集》，是一套按字母顺序排列而没有评论的博览，虽其内容尚欠完整，但毕竟是建立英国动物区系和矿物系的首次尝试。它公布了第一份英国鸟类名单，记下了一个英国学者对化石的生物起源的首次说明。以后，格雷（S. F. Gray）把单细胞海藻取名为梅里特科系，以志纪念。

（王天运　李啸虎）

布隆代尔，N.-F. de（Blondel，Nicolas-François de） 法国人，1618年6月10日出生，受洗于法国皮卡尔迪地区的里布蒙，1686年1月21日卒于巴黎。*军事工程、建筑学、城市规划、几何学。*

17岁进入陆军士官军校学习。1640～1652年在皇家海军工程部门任职，为法国东南部普罗旺斯军港筹建委员会成员。1640年起在巴黎参加法国科学院的筹建工作。1656年任法兰西学院数学讲师。后来，他参加了法国对欧洲各国、埃及和土耳其的广泛外交与考察活动，1664年回到军队工程部门参与建筑城防和边防要塞。1666年被派往法属安的列斯群岛监建要塞堡垒的防御工事。1667年起规划设计罗尔福什城及其建筑，并修复了德罗普圣特大桥。1669年主管巴黎城市规划建设。同年入选法国科学院院士，并以几何学家身份成为英国皇家学会外籍会员。1671年法国皇家建筑学院成立，他被法国皇帝路易十四（Louis XIV）委任为讲座教授、首任院长，兼任法兰西学院数学教授。

17世纪法国著名建筑大师、军事工程师和几何学家。他主张大力发掘古代优秀的建筑艺术传统，尤其是研究和弘扬意大利文艺复兴时期的建筑风格。在汲取意大利罗马的建筑传统基础上，1670～1671年先后设计巴黎著名的圣德尼斯门、圣贝尔纳门和圣安托万门，成为法国永久的名胜古迹。1671～1673年，在学生P.布列特（Pierre Bullet）的协助下，设计建造了巴黎的圣德尼斯港口。曾主持和参与罗米莱饭店、圣劳伦斯大教堂祭坛等著名建筑的建设。生前出版有《论建筑学的四个原则问题》（1673年）、《建筑学教程》（6卷，1675年）。

后一著作在1675～1685年间再版4次，直至18世纪中叶仍是法国建筑学院培养建筑师的唯一教材。

他在法兰西学院的教学内容广泛，涉及平面几何、立体几何及其投影法、建筑学、力学、军事筑城术、日晷制作等等，在当时皆处于欧洲学术的前沿。他对弹道力学也深有研究，在"炮弹发射技术"一文中，首次建立了不计空气阻力条件下的实用射击公式，作为军事秘密，该文直至1683年才被准予解密公开发表。此外，在文学领域也有很高造诣。 （戴成勋）

样式雷(Yang Shi Lei) 又名样子雷、样房雷。中国清代著名营造工匠雷氏世家的俗称。雷氏祖居江西，为江右巨族，后代散居江西、江苏等地。在200余年中，雷氏世家7代有9人在中国建筑历史上具有重要影响。样式雷氏世代在"样式房"、"楠木作"业务机构主持工程，以制作按比例缩小的纸硬样立体模型(部件能拆卸以观内部结构)、小木装修雕刻为辅助设计手段。皇家工程设计程序一般是：先选址，由算房丈量，内廷提出建筑要求，再由样式房总体设计，确定轴线，据总地盘图绘出草图，再由样式房协调其他相关机构提出完整详细的设计方案，反复修改后定出详图。其中包括总平面图、局部平面图、透视图、平面与透视结合图、局部放大图、装修花纹大样图等分图，由粗图到精图；图样尺寸规格有一分样、二分样、三分样3种。雷氏图样的设计过程已与现代设计十分相似。自康熙中叶以后近二个半世纪里，在营造清代皇家宫廷、园林、陵墓的土木活动中，雷氏世家表现出了高度的建筑设计艺术成就。

雷发达(Lei Fada) 字明所。中国明末清初人，明神宗万历四十七年(1619年)生于南康建昌(今江西永修)，清圣祖康熙三十二年(1693年)卒于金陵(今南京)。土木建筑、工程管理、建筑学。

他是雷氏世家的始祖，木匠出身。明末随父迁居南京，沿途考察各地建筑，见识大长。康熙初年，他与堂兄雷发宣被征入京，以南匠供役于工部样房，参与设计建造皇家园林建筑工程，职衔至营造所长班，70岁时解役，诸多情况不详。雷氏北迁是"样式雷"一门形成的开始。康熙中叶，曾参与三大殿等修建和重建工程。民间流传有雷发达太和殿上梁的佳话，史学家对此有争议，一种观点认为尚无资料表明他参加了太和殿工程。他入京30多年，首创独特的"样式雷"设计模式。

雷金玉(Lei Jinyu) 字良生。清代顺治十六年(1659年)生，雍正七年(1729年)卒于北京。土木建筑、工程管理、建筑学。

雷发达长子。始开"样式雷"在清代的显世声名，有雷氏北迁支祖之称。入仕以监生考授州同。康熙二十八年(1689年)，其父解役，子承父业，继任营造所长班。后投充内务府包衣旗，供役圆明园楠木作、样式房掌案。康熙年间，领楠木作在海淀修建完成清代第一座皇家园林——畅春园，康熙帝亲临上梁典礼，并召见他面赏七品官。任楠木作样式席掌，参加雍正朝圆明园再建工程，圆满完成工程设计施工，受到朝廷重视。七十寿辰时，雍正命太子书赐"古稀"二字匾。翌年去世，朝廷赏赐盘费，奉旨归葬江苏。他一生六娶，生子五人。

雷声澂(Lei Shengcheng) 字藻亭。清代雍正七年(1729年)生于北京，乾隆五十七年(1792年)卒于同地。土木建筑、工程管理、建筑学。

雷金玉幼子。父亲去世时，其他四子护灵南归，惟出世三日的幼子声澂随母张氏留居北京。但不久，同僚欺负张氏母子势弱，攘夺样式房掌案之职。张氏抱声澂到工部泣诉，朝廷"恩准以声澂嗣业"，为样式雷世家第三代传人。雷声澂接班时，正值乾隆中叶大兴土木之际，但文献有关其生平事迹语焉不详。雷声澂有子家玮、家玺、家瑞三人，第四代通力合作，重振世祖事业，先后"继武供事于乾嘉两朝工役繁兴之世"，使样式雷世家再次兴盛起来，颇负盛名。

雷家玮(Lei Jiawei) 字席珍。清代乾隆二十三年(1758年)生于北京，道光二十五年(1845年)卒于同地。土木建筑、工程管理、建筑学。

雷声澂长子。继承父业，接任样式房掌案之职。乾隆帝南巡，沿途各省竞相修建行宫。雷家玮奉朝廷之命稽查外省各路行宫、堤工等工程，以及淮内盐务、私开官地等舞弊之事。主持对圆明园东路的设计与施工。参与万寿山颐和园、玉泉山静明园、香山静宜园等建造。

雷家玺(Lei Jiaxi) 字国贤。清代乾隆二十九年(1764年)生于北京，道光五年(1825年)元宵节卒于同地。土木建筑、工程管理、建筑学。

雷声澂次子。从其兄长家玮手中接任样式房掌案之职。乾隆五十七年(1792年)，奉旨承办万寿山颐和园、玉泉山静明园、香山静宜园、热河避暑山庄等处皇家工程的设计。中途赴办昌陵工程。还承办其他庆贺典礼工程，如宫中年例灯彩以及西厂焰火等。后主持圆明园楠木作事，直至元宵节猝然谢世。

雷家瑞(Lei Jiarui) 字征祥。清代乾隆三十五年(1770年)生于北京，道光十年(1830年)卒于同地。土木建筑、工程管理、雕刻艺术、建筑学。

雷声澂幼子。参与万寿山颐和园、玉泉山静明园、香山静宜园等建造。因兄家玺赴办昌陵工程，他便接任圆明园掌案一职，在样式房料理一切官事，后为样式房掌案头目。嘉庆年间营造南苑工程，分工主持楠木作内檐硬木装修，采办紫檀红木、檀香等名贵材料，在南京雕镂完毕。返回北京又主持"料木归公安拢"，竣工后辞归回家。

雷景修(Lei Jingxiu) 字先文，号白璧，又号鸣远。清代嘉庆八年(1803年)生于北京，同治五年(1866年)卒于同地。土木建筑、工程管理、建筑学。

雷家玺第三子。16岁时随父在圆明园样式房学习"世传差务"。父亲突然辞世时，因他年纪较小，按照遗嘱，将掌案名目请伙伴郭九承办十余年，于道光二十九年(1849年)"正回"自办。生逢乱世，土木兴造远不如前代，直到咸丰八年(1858年)才"恩赏九品职衔"。后因营建定陵有功，于同治二年(1863年)封"诰授奉政大夫之职"。《样式雷考》云："景修一生中工作最勤，家中裒集图稿、烫样模型甚多，筑室三楹为储藏之所，经营生理，积赀数十万。"其中一部分保存至今。由于国运日衰，咸丰十年(1860年)样式雷几代经营过的著名园林建筑圆明园被焚毁。去世后，于光绪六年(1875年)受敕赠"通奉大夫、赐之诰命,为二品封典"。

雷思起(Lei Siqi) 字永荣,号禹门。道光六年(1826年)生于北京,光绪二年(1876年)卒于同地。土木建筑、工程管理、建筑学。

雷景修第三子。因参办定陵工程有功,同治四年以监生赏盐大使衔。后来众议修复圆明园,他进呈图样,与其子廷昌受同治帝召见五次。具体不详。

雷廷昌(Lei Tingchang) 字辅臣,又字恩绶。道光二十五年(1845年)生于北京,光绪三十三年(1907年)卒于同地。土木建筑、工程管理、建筑学。

雷思起长子,供职于样式房。同治时,主持对"万园之园"圆明园工程的重建设计工作。光绪三年,设计惠陵、慈安太后陵、慈禧太后陵,成功解决难度很大的地下宫殿主室金券合拢等技术,以及隆恩殿上梁等,朝廷以候造大理寺丞列保赏加员外郎衔。随后又主持建造普祥、普陀二陵,以及重修北海、中海和南海,筹办万寿山庆典工程。随着清王朝灭亡,样式雷世家也零落了。但样式雷在中国建筑史上的辉煌业迹,以及对世界建筑史的贡献,却永存于世。 (孙 剑 徐柏春)

鲍尔,H.(Power,Henry) 英国人,1623年生于英国英格兰约克郡哈利福克斯,1668年12月23日卒于约克郡纽霍尔。显微术、金相学、物理学、医学。

商人之子。1641年入读英国剑桥大学基督学院,1644年、1648年和1655年先后获文学士、文科硕士和医学博士学位。毕业后,先在哈利福克斯开办私人诊疗所,最后移居欧兰附近的纽霍尔,并在那里去世。1663年7月当选为英国皇家学会会员,是第一批入选的创始会员之一。他和父亲的老友、学者T.布朗(Sir Thomas Browne)过往甚密,通信频繁,经常受到后者的鼓励和指点,讨论的话题大多涉及自然科学领域。

在世出版的唯一著作,是1661年8月完成、1664年付梓的3卷本《实验哲学》。书中论及显微镜、大气压力、磁学和药学等内容。这是至今已知的第一部介绍显微镜的英文版书籍,也是第一次用普通语言(而不是当时学术界惯用的拉丁文)描述了在显微镜下观察到的各种金属的结构形态。书中竭力主张用"微粒说"解释物质结构,驳斥对其质疑的对立观点;还记述了自己验证意大利物理学家E.托里拆利"空气压力"假说所进行的实验。他在书中充分阐明了精确仪器和精心控制对科学实验的重要意义。曾寄给布朗一首短篇史诗式科学诗,热情洋溢地歌颂了显微镜在科学中的丰功伟绩。

身后留下许多未发表的手稿,其中有著作类的《皇家学会委托进行的各种实验》、《化学教程》、《磁的哲学》(1659年)、《自然科学与解剖学的历史》(7卷)等;以及"关于汞的实验"、"显微镜观察"(1661年)、"气泵实验"(1661年)、"依据太阳黑子来发现地球运动"、"反对占星术的若干理由"等大量论文。 (屈大壮)

莫兰,S.(Morland 或 Moreland,Sir Samuel) 英国人,1625年生于英国伯克郡萨尔汉姆斯蒂特,1695年12月30日卒于伦敦。仪器研制、工艺学、数学。

在温切斯特受中等教育后,1644年入剑桥大学马格达丽学院,1649年毕业留校任评议员,研究数学至1653年。由于他精通拉丁语、希腊语、希伯来语和法语等多种语言,1653～1660年间曾先后出任英国驻瑞典和意大利两国使节。1681年被英王任命为御用机械师。

1660年后,致力于科学实验和技术发明。发明了一架能作加减法的计算器。1666年发明一架能作乘法的计算器,还制造了几种气压表。约于1675年,他主持改善温莎城堡的供水工程,发明他的最著名的机器——密封水塔,又称"水力引擎",试验用火药爆炸产生真空来吸水,它像真空水泵一样能把水从低处提升到高处,具有第一台内燃机的那种动力效应。这种早期的"水泵"显示了在实际中应用蒸汽压力的可能性,对研究流体力学非常有用。莫兰泵经改进,有广泛用途。他的其他发明有:非十进制加法器(用于计算英镑、先令和便士);可进行三角函数运算的计算器;能进行简单四则运算的"算术机"(样本现存于南肯辛顿科学博物馆);火炉前金属地板,1666年获专利;1671年发明一种早期的传声筒;还有新式气压器和密码机等。 (张镜清)

孙云球(Sun Yunqiu) 字文玉,又字泗滨。明末清初江苏吴江人,约明崇祯二年(1629年)前后生,约清康熙元年(1662年)前后卒。仪器制造、光学工程。

原籍吴江县,后迁苏州虎丘。13岁考上秀才。两三年后,父亡家境衰落,始以卖草药,后又磨镜片来维持家庭生活。

喜欢制造器械,精于测量,曾设计制造"自然晷"来测定时间,在当时算是十分准确的。又善于磨制眼镜,后遂以磨制眼镜等为业。当时眼镜多从国外输入,国内制造眼镜业主要在广东与苏州,苏州制造眼镜则是他创始的。国外眼镜用玻璃制造,他则以水晶为原料,用手工磨制,又能根据眼睛的情况"随目对光"磨制合适的镜片,既能制造近视眼镜又能制造远视眼镜。在磨制凸透镜(远视眼镜)和凹透镜(近视眼镜)的基础上,他制造出望远镜(当时称千里镜),是中国民间制造望远镜最早的人。他制造的望远镜以凹透镜为目镜以凸透镜为物镜,即为伽利略式望远镜。

除了制造望远镜外,他还制造了70多种光学仪器。现在知道名称的有存目镜(可能是单放大镜)、察微镜(复式显微镜)、万花筒、多面镜、放光镜、夜明镜、幻容镜(哈哈镜)、鸳镜、夕阳镜、半镜、火镜等。他总结自己造镜的经验,写成《镜史》一书,其母为之作序。该书虽已失传,但当时它对中国苏州等地的光学仪器制造有很大影响,使苏州后来成为人们所赞美的"光学之乡"。

(唐玄之)

朱彝尊(Zhu Yizun) 字锡鬯,号竹垞,又号醧舫,晚称小长庐钓鱼师。中国明末清初浙江秀水(今嘉兴)人。明崇祯二年(1629年)生,清康熙四十八年(1709年)卒。食品工艺、营养学、饮食科学。

出身于相门家庭,自幼受到良好的家庭教育;他勤奋好学,博览群书,早岁能文。于清康熙中举博学鸿儒科授检讨。擅长诗词古文,曾奉命参加纂修《明史》。胞弟朱彝鉴是清朝著名书画家。

中国清代著名文学家、食品工艺学家。在饮食文化和饮食科学方面有较深广的研究，著有《食宪鸿秘》及《日下旧闻考》等书。其中《食宪鸿秘》写于康熙年间，全书分上、下卷，分类相当细致，有饼、饭、粉、饵、肉、鱼、禽、蔬、酱等类属；内容广泛，共著录了400多种饮料、调味品、点心、菜肴等。其中对闻名中外的江苏太仓糟油的生产工艺方法，腐乳、糟腐乳生产的详细工艺过程，以及浙江金华火腿的详细生产工艺，都作了最早的记录。这些记录对中国食品工艺的传承和发展作出了不小的贡献。在该书总论中，还对中国古代的饮食"宜忌"做了系统的总结，并且对许多食品科技问题进行了理论探讨。在"君子远庖厨"的封建意识相当浓厚的那个时代，一个地位颇高的人能够无视社会偏见，潜心研究饮食文化，并将它提到科学的高度来认识，这是相当难能可贵的。他的研究，不仅在食品工艺，而且在世界食品科技史和营养史上都有重要价值。（江冬妮）

雷恩，C.（Wren，Sir Christopher） 英国人，1632年10月20日生于英格兰威尔特郡东诺伊尔，1723年2月25日卒于伦敦。*土木建筑、建筑学、城市规划、天文学、数学。*

其父早期任英国国教教区长，后任温莎市教长。1651年、1653年，雷恩先后获牛津大学沃德姆学院文学士、文科硕士学位。毕业留校任教于万灵学院。1657年任牛津大学格雷厄姆学院天文学教授。1660年始转向建筑学，1669～1718年任国王的工程稽查官，期间于1673年被册封为爵士。

英国皇家学会创始人之一。1660年他参与起草皇家学会章程，年仅28岁。1662年7月15日学会获准正式成立，1680～1682年他被选为会长。英国皇家学会后来成为世界上最著名的学术团体之一，英国和世界各国科学家皆以当选为该会会员为殊荣。

雷恩早年研究天文学。17世纪70～80年代中期，他和R.胡克、E.哈雷等人常在一起讨论天体运动的动力学问题。受惠更斯《摆钟论》(1673年)的启发，并结合开普勒第三定律，他们推导出了行星所受太阳引力与其离太阳距离的平方成反比，1684年又试图证明该规律必然形成行星运动的椭圆轨迹，但由于缺乏足够的数学功底，均未能从平方反比律得出椭圆轨道。当哈雷就此求教于牛顿时，牛顿说他已用数学证明了这个问题。在哈雷鼓励下，牛顿撰写了划时代巨著《自然哲学的数学原理》(1687年)，书中提出了完整的万有引力定律，但也引发了一场发现优先权的争议。在该书第三版序言中，牛顿被迫补充肯定了他们三人在平方反比律上所作过的先驱性工作。此外，雷恩对几何学颇有研究，他最早获得了一种求解摆线长度的方法。

雷恩毕生最重要贡献在建筑学方面，是英国古典主义建筑艺术流派的杰出代表。1662年负责设计牛津的希尔顿剧院，将古罗马马塞留斯剧场的古典形式同当时木桁架结构屋顶的新颖构思结合起来，受到人们的好评。1665年他访问法国巴黎半年，从当时正在建造的罗浮宫、凡尔赛宫等著名建筑中吸取了许多新东西。1666年秋伦敦大火后，他负责查勘并提出重建计划，是领导伦敦重建的6人委员会成员。从1670年起，他在英国共设计建造了52座教堂，风格多变，不拘一格。其中最著名的是圣保罗大教堂，这是一座古典式和哥特式混合的建筑，其造型后被英国建筑界定为教堂的标准设计。该教堂从1675年始建，历经40年才于1716年完成。此外他还设计建造了剑桥大学等许多学院大楼，切尔西皇家医院和格林尼治皇家医院，肯辛顿皇宫和汉普顿宫廷，无数幢居民住宅以及伦敦大火纪念碑等。他去世后安葬在圣保罗大教堂，墓碑上刻着一句意味深长的墓志铭："您若想看他留下的业绩，请先看一下您的周围吧。"（宣焕灿 李啸虎）

沃邦，S.L.P.de（Vauban，Sébastien Le Prestre de） 通常被称为"沃邦侯爵"(Marquis de Vauban)。法国人，1633年5月15日生于法国勃艮第地区约讷省圣莱热—德福彻内特（后易名圣莱热—沃邦），1707年3月30日卒于巴黎。*军事工程、军械装备、筑城学、工程管理。*

生于乡村小贵族家庭，10岁时成了贫苦无依的孤儿，幸得教会修士塞米尔(Semur)在生活上给予照顾，并教他学习数学和自然科学知识，为以后的职业生涯打下了坚实基础。1651年以军校生身份加入孔代亲王(de Condé)的反叛部队，不到一年便获嘉奖和重用，受命协助建造防御工事。不久被皇家军队俘虏，受到善待，成了效忠皇室的年轻工程师。多次负伤，多次获嘉奖。在围攻圣梅内乌尔德时，任勃艮第团中尉。1655年升任皇室工程师，并任当时法国最有名工程师C.德克莱维勒(Chevalier de Clerville)的助手。1662年内战重起时升任上校，1676年获准将衔，1678年任法国全国筑城总监，1703年晋升为法国元帅。期间，参加过1667～1668年遗产继承战争，1672～1678年法荷战争，1688～1697年普法选帝侯继承战争，1701年西班牙王位继承战争等。1699年当选为法国科学院通讯院士。因肺炎去世。法国大革命期间，他的遗体被肢解，1808年发现他的心脏标本，拿破仑下令将之保存在荣军院教堂。

17世纪法国最著名的军事工程师。他认真总结实战经验，提出军事要塞攻防指导原则和方法，把筑城分为野战筑城和永备筑城，对欧洲筑城学的发展曾产生重大影响，在相当长时间内一直被后人所忠实遵循。他建立起近代第一支工程兵部队。一生共主持修建新要塞和军事港口37座，其中斯特拉斯堡要塞、兰道要塞和新布里萨克要塞等，是当时欧洲最坚固的要塞；1667～1707年间，指挥改建约300个旧工事和要塞，提升了它们的档次；指挥过对53座要塞的围攻战。1669年主持制定《防御工事建筑备忘录》，提出统一的军事工程建造技术标准，在他去世后33年(1740年)，该文件才获准在荷兰莱顿公开出版。1673年法军围攻荷兰马斯特里赫特要塞时，首次采用他创造的平行攻城法，在敌方要塞周边挖掘平行或同心堑壕、伸向要塞的蛇形交通壕，掩护步兵接近要塞护墙，用炮火或炸药打开突破口，迅速攻克敌方要塞。1688年法军围攻莱茵河畔菲利普斯堡时，首次采用他组建的投弹兵种，用跳弹射击法杀伤隐蔽之敌，被誉为“投弹兵之父”。此外还发明或改进插座式刺刀、手榴弹和炸药包等装备。主要论文入编《筑城论文集》；有《论要塞的攻击和防御》和《围城论》等著作传世。 （戴成勋）

靳辅(Jin Fu)　字紫垣。中国清代辽阳人。明末崇祯六年(1633年)生于辽阳；清康熙三十一年十一月十九日(1692年12月26日)卒于淮安。水利工程、工程管理。

祖籍济南历城；9岁丧母。顺治九年(1652年)以官学生选入翰林院为编修。后历任内阁中书、兵部员外郎、通政使司右通政、内阁学士、安徽巡抚、兵部尚书、河道总督等职。后因治河问题与朝廷意见不合，康熙二十七年(1688年)被革职，但仍受命勘视河工。康熙三十一年(1692年)重任河道总督，同年卒于官署。

由于明末战乱，清初黄河、淮河和运河多年失修，几乎年年遭灾。康熙十五年(1676年)，黄淮并涨，河堤决口几十处。次年三月，靳辅任河道总督，费时两月余亲自勘察了徐州以下黄河两岸和附近运河河道，后向朝廷多次奏上，指出必须改变以前治河服从治运的错误方针，视河道运道为一体全面治理，并具体提出先下游、后上游、疏堵结合的8项方案。康熙十七年(1678年)初其计划被批准，治理工程全面展开。在他的主持下，至康熙十八年(1679年)洪泽湖一带30多处决口堵口工程竣工，同时将南运口改移到七里闸，使黄河水不易内灌运河；至同年，完成对长江北岸江都(今扬州)到黄河南岸清河(今淮阴)的运河河道大规模挑浚，并堵塞运河堤决口几十处；康熙十九年(1680年)初开始皂河工程，利用宿迁西北皂河集旧河道加以挑浚，又开新河连接泇河和黄河，大大方便了航运；康熙二十二年(1683年)，黄河两岸大小决口全部堵塞，黄河复归故道，淮河出流顺畅，漕运畅通无阻。靳辅在幕客陈潢的鼎力协助下，“排众议而不挠，竭精勤以自效”，解除了千百万百姓身受其害的洪涝灾害，促进了社会安定，被康熙评为“有大建树于国家”。撰有《治河方略》和《靳文襄公奏疏》，反映了他的治河思想和治理过程。 （江冬妮）

陈潢(Chen Huang)　字天一(又作天裔)，号省斋。中国清朝浙江秀水(今嘉兴)人，一说钱塘(今杭州)人，明崇祯十年(1637年)生，清康熙二十七年(1688年)卒。水利工程、工程管理。

平民知识分子出身。青年时对黄河作过实地考察，学识广博，但几经科举未中。后因题壁一诗，而为内阁学士靳辅所赏识，遂成为其家庭教师。康熙十六年(1677年)，靳辅赴任河道总督，陈潢随之。凡治河之事，靳氏必相垂问，潢亦竭诚解答。康熙二十七年(1688年)，御史高琇劾靳辅治河无绩，靳被革职，黄遭牵连。同年潢死于狱中。

靳辅初莅河干时，黄河决堤数处，尤以杨家庄之患为大。宿迁以东，北岸民田皆遭水淹。潢先导南岸淮水，从清口畅流，以涤下游入海之淤浅，使故道得以疏浚。然后溯决口之上游，从南岸开凿河，引流入故道。这样，清口既不倒灌，故道又得疏通，河水已半归故道，于是决口之势稍杀，随卷巨埽塞决。在高邮北，运道之所由处有一段名清水潭，淮水东溃将堤防尽决，数十里略无畔岸，湍波冲激，旋为深渊，故为潭。初期因漕船经此辄被漂泊，运道中阻，势在必修，然塞之必随水而泻，屡修屡溃，茫无津涯，估工者计费百万讫无效。潢周视形势，遂估计其费为十万即可塞，并躬自治之，竟如数成。运艘行乎其间，永无漂涨之患，故名之曰永安河。漕船自淮清出口，溯流而上，尚有一百八十里之遥，重载逆水，固属难行，而黄水湍急，于徐州以东更甚。潢因修建遥堤，乃于宿迁以下，如七里沟、上渡口诸处取土筑堤，开凿了运料小河。后因而规度于黄河北岸之内，另疏一渠，泻北运河之水。从拦马河起，至仲家庄止，凡一百八十里，就运料小河通而浚之，扩而深广之，所费颇节，而中河之运道则成。康熙二十三年(1684年)，帝南巡阅工，靳辅推举潢。赐参赞河务，按察司佥事衔。康熙四十六年(1707年)加赠靳辅太子太保，仍给世职拜他喇布勒哈番黄圣谕中，特奖中河之功，有云：“至于创开中河，以避黄河一百八十里波涛之险，因而漕挽安流，商民利济，其有功于运道民生至远且大。”可见其效。

在治黄方法上，他继承发展了明代治黄专家潘季驯“筑堤束水，以水攻沙”的治河思想，主张“分流”、“合流”结合，把“分流杀势”作为河水暴涨时的应急措施，把“合流攻沙”作为长远安排，体现了在治黄方法上的深谋远虑和辩证思想。他还发明“测水法”测量流速流量，把“束水攻沙”理论建立在更加科学的基础上，是世界水利史上的一项重要发明创造。主要著作有《河防摘要》与《河防述言》，附载于靳辅所著之《治河方略》中。 （陈良瑞）

托姆平，T.(Tompion，Thomas)　英国人，1639年7月25日生于英国诺斯希尔，1713年11月20日卒于伦敦。精密机械、钟表技术、仪器研制、计时学。

1671年加入英国钟表师行业公会。1676年任格林尼治皇家天文台特聘制钟师。1701年与人合开钟表店，不久散伙。1704年获“制钟名师”称号。1711年和得意门生G.格雷厄姆合办钟表商行，直至去世。

17世纪英国最著名的钟表技师，当时不少钟表名师皆出自他的门下。他对摆钟进行了多方面的改进，使之更加准确、轻便而坚固，便于调节。他为格林尼治天文台成立时定制的2座天文观测用时钟，经运行后证明是台里所有时钟中走时最准确的；为英王威廉三世(William Ⅲ)制作过上一次发条可走上一年的座钟。他更以革新制表技术而著称于世。1675年在实验物理学家R.胡克等人的密切合作下，他第一个研制出用游丝调节的英国大怀表；1695年和巴洛(E. Barlow)、霍尔顿(W. Holton)一道获得圆柱形擒纵机构的专利权，并利用这一新技术开发出第一只外形扁平、结构紧凑、走时准确的怀表；他设计制造的打簧表，只要按下伸出表壳侧边的两个插杆机件，就能在一小时或一刻钟后发出正点报时音响。他把制作的所有表具都编上序号，并按普通表、打簧表和特制表三种分类在序号前标以缩写字母。此外，还制作过气压表和日晷。他留存于世的数台座钟和数枚怀表，不仅制作精美绝伦，而且在300余年

后的今天照样运行，且走时基本准确，使观者无不啧啧称奇。（李啸虎）

戴梓(Dai Zi) 中国明末清初浙江仁和(今杭州)人，生卒年不详，鼎盛期约在17世纪80年代。机械技术、军械制造、水利工程。

父亲戴苍，任明朝监军，擅长军械制造，又是有名画家。他从小酷爱学习，11岁即能诗文。对天文、算术、水利等都有研究，尤潜心钻研军事书籍，反复琢磨兵器机械。康熙十二年(1673年)，吴三桂叛乱。次年，他应征入伍。长期任职军中，官至威远将军。晚年，遭传教士及赃官诬谄，以"私通东洋(日本)"罪充军黑龙江。后获赦回乡，病逝于途中，终年78岁。

致力于机械技术，尤其是军械及武器研制。设计发明"连珠铳"，又称"连珠炮"，状如琵琶，火铳背部装火药、铅丸，点燃火药，能连续发射28发，威力很大。但清政府不予重视，至乾隆年间失传。康熙十九年(1680年)调京任翰林院侍讲。外国使臣进献一支叫"蟠肠"的新式鸟枪，狂称中国须待一二百年才能造成。康熙命其仿造，很快就造出10支，后又改进技艺，选用优质材料，仿造五支，比洋枪更精巧、更新颖。比利时传教士南怀仁造"子母炮"(又称冲天炮)，一年未成。他主动承担试制，月余即成。"子母炮"体积小，射程远，杀伤力强。在沙俄策动葛尔丹叛乱时，"子母炮"和"连珠炮"在反击沙俄入侵、平定葛尔丹叛乱中发挥了巨大作用。为了表彰其卓越功绩，康熙皇帝将"冲天炮"封为"威远将军"，并将其名刻于炮体。

此外，曾创制大小四轮车，可装可拆，可前可后，利于山区运输，效率倍增；制造过鸟钟(自鸣钟)、木偶人等；注重兴建水利，提出"治河十策"。（徐柏春）

布尔，A.-C.(Boulle, Andre-Charles) 法国人，1642年11月11日生于法国巴黎，1732年2月29日卒于同地。木器工艺、建筑装潢。

荷兰移民后裔，出身木匠家庭，年轻时学过绘画和雕塑。后在巴黎从事家具设计和建筑装潢，声誉蜚然，1666年前获行业协会"家具大师"称号。1672年被法国国王路易十四(Louis XIV)钦定为皇家家具师和雕刻家，首次破除17世纪欧洲行会制定的一身不得跨两行的行规，并享有长住卢浮宫的王室特权。他生有7个子女，其中4个儿子全部承继父业。

17～18世纪之际被誉为"巴黎首席家具师"。凡尔赛宫许多精美华贵的家具，皆出自布尔之手。他的工艺倾倒欧洲各国的王公显贵，波旁公爵、西班牙国王、巴伐利亚和科隆的选帝侯等，都少不了他设计制作的家具杰作。也是出色的装潢建筑师，凡尔赛宫的地板和护墙板，尤其是1681～1683年建造的皇太子书房(现已毁)，全部用镶木细工装饰，匠心独具，精美绝伦。"布尔工艺"的风格，以精致的黄铜、白铜和珍贵的棕色玳瑁、进口木为装饰材料，擅用颜色的搭配和反差，将源于16世纪意大利的螺钿镶嵌技艺发挥到了极至，让技术与艺术获得最完美的结合。布尔的名字在工艺史上成了贴面家具和嵌木细工的同义词，其高超独特的木镶嵌技艺被称为"布尔工艺"，风靡18、19世纪的欧美各国。

此外，他还是个艺术品鉴赏家和收藏家，为了从艺术大师的作品中汲取不竭的创作灵感，他不惜花巨资收购艺术珍品，特别是文艺复兴时代的绘画，因而虽说收入不菲，但常常因此而负债。1720年的一个夏夜，一场大火吞没了卢浮宫庭院，也烧毁了他的工场和部分收藏品。（李啸虎）

帕潘，D.(Papin, Denis) 英国人，1647年8月22日生于法国布卢瓦，1712年(?)卒于英国伦敦。动力工程、机械技术、食品加工、军械装备。

1661年入法国安格斯大学学医，1669年获医学硕士学位。他有志于钻研工程技术，毕业后去了巴黎，1671～1674年间做著名物理学家惠更斯的助手。由于路易十四迫害新教徒，1675年他被迫离开法国去了英国伦敦，任著名化学家波义耳的助手。1679年受邀任胡克的助手，在英国皇家学会工作，次年被选为该学会会员。1681～1684年，他受邀在意大利威尼斯科学院任实验部主任，他原想将该学院改造成如英国皇家学会或法国科学院那样的科学机构，由于资金不够而作罢。1687年去德国，任马尔堡大学数学教授。1695年去了德国黑森—卡塞尔，在黑森伯爵手下任职。1707年，他离开德国妻子孤身一人回到英国。此时老友多已去世，只由英国皇家学会会长牛顿安排了一个临时性差使。他在去世前向皇家学会递交过数篇论文，但不被重视。有人怀疑，因为帕潘同莱布尼茨交情甚笃，而牛顿和莱布尼茨是死对头，牵连到了帕潘。他在伦敦深居简出，形影相吊，晚景凄凉，不知谢世具体日子，但找到他写的最后一封通信，日期为1712年1月23日。人们不知道他被葬于伦敦何地，很可能被人当作病死街头的乞丐被埋在某个荒人滩，连墓碑也没有。

1671～1674年在巴黎，在惠更斯指导下，他的科研成果累累，其中包括空气泵，以及用真空贮存食物的设想。1675年起在伦敦，在波义耳指导下，他继续研制空气泵，又发明了一种压力炊具——蒸汽锅，并设计了配用的安全阀，1679年5月在英国皇家学会上表演过。据说，他发明蒸汽锅的原动力，起因于一次他在高山上生火煮马铃薯，经久不熟，令他十分恼火，突然想到这是由于空气较地面稀薄而气压不足所致，于是来了灵感。现代厨房用的高压锅，除造型轻巧度和用材大有进步外，基本原理和设计要件与300多年前的帕潘蒸缸大同小异。1684年自意大利回伦敦后，从事过水力学、气体动力学试验研究。1690年发表关于单缸蒸汽发动机的设计报告，这是历史上第一个采用大气压力的活塞蒸汽机。在黑森期间，同莱布尼茨讨论过有关蒸汽机的改进问题，还发明和设计过潜水艇、气枪、枪榴弹发射器等，其中还因水泵提水成功，1707年撰写的论文"一种用于提水的空气泵新工艺"获大奖。同年，他设计建造了第一艘明轮船。正是这在他去世那年，T.纽可门发明了实用型的纽可门蒸汽机，类似于帕潘蒸汽机设计，并引发了瓦特对它的根本性改造，从而促进了英国工业革命的到来。（戴成勋）

比翁，N.（Bion，Nicolas） 法国人，约1652年生，1733年卒于巴黎。仪器研制、实测天文学、应用数学。

几乎没有他的传记资料，只知道他在法国巴黎长期拥有作坊，并享有法国国王路易十四（Louis XIV）的皇家数学仪器制作师称号。

所造设备如地球仪、日晷、数学仪器等尤为出色。现存有巴特菲尔德型日晷、卡尺、比例尺、罗盘、炮兵校准罗盘、经纬仪、记录仪及特种水准仪。1700年在巴黎出版过一本图解天球仪和地球仪用法的书《天球仪与地球仪》；后又出版反映法国科学院最新观测成果的《星座图》；还有3篇关于地球仪与宇宙图、星盘和通用精密仪器的论文；1709年出版图文并茂的著作《数学仪器的结构和用法》（1723年被译成英文版），被科学史家认为是“论及仪器的最有名之作”。这些著作均获得很大成功并多次再版。 （朱逸农）

黄履庄（Huang Lüzhuang） 中国清代江苏人，清顺治十三年（1656年）生于扬州，卒年不详。仪器制造、机械技术、车辆工程、应用光学。

家境贫寒，10岁丧父，后投靠外祖父。从小喜欢制作新颖玩具。自学几何学、光学、力学、机械等知识，使其制造技术更精进。发明过许多新奇器具，人称“奇器”。著作《奇器目略》已佚，现只能从清代笔记《虞初新记》和《旷园杂记》等书中，了解到他在28岁以前的部分贡献（27种机械器具名称）。

他的发明创造可分为六大类：验器（测量仪器）、诸镜（光学仪器）、诸画、玩器、水法（水车和喷泉）、造器之器（工具）。他的“奇器”中的“验冷热器”即是温度计。“验燥湿器”可能是湿度计或气压计。“千里镜”为望远镜。“取火镜”是凹面镜或凸透镜。“瑞光镜”相当于探照灯。也制造过显微镜。他制作的“双轮小车”，“长三尺余，可坐一人，不烦推挽能自行。行时，以手挽轴旁曲拐，则复行如初，随住随挽，日足行八十里”。在他以后一世纪，1790年法国才出现欧洲最早的木制自行车。制作的“龙尾车，一人能转多车”。是一种多级螺旋水车。他制造的“灯衢”可能是利用多面平面镜成复像的装置。据记载，他“作小屋一间，内悬灯数盏，人入其中，如至通衢大市，人烟稠杂，灯火连绵，一望数里”。还制作有“自动戏”、“自动驱暑扇”、“木人掌扇”、“一支泉”、“木狗”、“木鸟”等。制作的工具有“方圆规矩”、“就小画大规矩”、“就大画小规矩”、“画八角六角规矩”、“造诸镜规矩”等。 （唐玄之）

德科特，R.（De Cotte，Robert） 一译科特。法国人，1656年生于法国巴黎，1735年7月15日卒于同地。土木工程、建筑装潢、建筑学。

是17世纪法国建筑大师J. H.芒萨尔（Jules Hardouin Mansarts）的第一个学生和助手，随后成为其亲密的合作者和妹夫，后来其整个家族发展成为一个建筑世家。他从意大利学成回国后，在1689年被评为宫廷建筑师。1699年任巴黎建筑研究院院长，兼任巴黎哥白林地毯厂经理。芒萨尔去世后，1708年他接任皇家首席建筑师一职。

17世纪末至18世纪初欧洲早期洛可可派建筑大师之一。他的建筑标志着从路易十三式的豪华风格、路易十四式的庄重风格到路易十五式美奂优雅沙龙和舒适起居室的转变。17世纪建筑的平面布置流行强调主体部分的纵轴线，横向则由连接庭院和花园的门厅与纵轴线相垂直。他的创新之处，是将这种纵向的通道切断，在外观上保留对称的立面，但让内部空间拥有更多变化。德科特留传至今的这种洛可可式宫廷，要算位于斯特拉斯堡的圣公会罗汉大主教宫邸（1731～1742年）最有名。

1700年以后，他在巴黎等地设计和建造了多处宫殿、教堂、府邸和饭店。作为J. H.芒萨尔的学生、助手和后继者，他首先完成了芒萨尔生前未竣工的一些建筑工程，其中有：荣军院礼拜堂、巴黎凡尔赛宫小礼拜堂、大特里阿农城堡列柱廊、以及拥有著名画廊的维里利亚大饭店等。在他的早期作品中，最引人注目的巴黎旅馆建筑还有：吕德旅馆（1710年）、埃斯特雷旅馆（1713年）、布瓦利莎旅馆（1717年）等。负责设计里昂的贝尔库尔广场、波尔多皇家广场、巴黎圣罗克广场，以及具有晚期巴洛克风格的花卉广场。建造了具有早期巴洛克时代风格的一系列城市宫邸，其中有马恩河畔的夏龙主教宫邸、凡尔登主教宫邸、萨弗尔恩主教宫邸、第戎公爵宫邸，以及凡尔赛城堡、梅斯弗拉斯卡蒂城堡等。还为法国的邻国设计了不少建筑，其中有：为德国兴建波恩宫、施莱斯海姆宫和图尔—埃塔克西宫；为西班牙马德里皇宫和意大利一些建筑绘制施工蓝图。

除了对于建筑艺术的深刻理解，还为室内装饰设计家具、金属制品和壁饰挂毯等摆设。著有八大卷精美的设计书籍保存在今天的巴黎国家图书馆。 （王雯娜）

波尔海姆，C.（Polhem，Sir Christopher） 原姓波哈马尔（Polhammar），1716年封爵后改为波尔海姆。瑞典人，1661年12月18日生于瑞典维斯比市哥特兰岛，1751年8月30日卒于斯德哥尔摩。动力机械、采矿工程、机械学、工业管理。

1687年进入乌普萨拉大学学习力学、数学和物理学等学科。毕业后从业机械工程技术，因成功修复乌普萨拉大教堂的中世纪天文钟，受到瑞典国王查理六世（Charles VI）的重视。1697年，他在斯德哥尔摩建立瑞典第一个机械实验馆，这是一个近代化的力学实验室，是一个培养工程师的摇篮。后来这个实验室搬迁了好几个地方，1748年它又被搬回到斯德哥尔摩。他十分重视为国家培养各类人才，一生中先后建立了几所学校。

被誉为“瑞典机械学之父”。当时在瑞典法伦地区发生了矿难，导致整个大矿场瘫痪，查理六世下令他研制挖矿机械。他很快建造了一种像绞车一样的机器，用以“一条龙”挖掘、运输和装卸矿石，查理六世在现场观看了演示后大为惊喜。为感谢他对国家的贡献，国王旋即授予他享受终生养老金待遇。他十分重视研究开发动力机械，例如在他的实验室里设有一个水轮模型，用它配上附随的图表，就可以按比例定出需要制造的水轮实际尺寸。此外在运输、农业等领域，都有一些机械工具发明。

最大成就是在斯塔吉恩桑特建立规模颇大的完整工业区，为当时新登基的瑞典国王查理七世(Charles Ⅶ)所赞赏。这个工业区采用他所研制的水轮，主要以水力带动机械，比同时期其他工业区有更高的自动化程度，大量的各种各样货物都从这个工业区产出。然而1734年的一场大火几乎把整个工业区烧毁了，只有钟表制造业幸存了下来。此地大规模生产的钟表质量好、价格低，畅销欧美各地。还是现代挂锁的主要发明者之一，"波尔海姆锁"是该地重要出口产品之一。

在瑞典，人们把他在机械学领域的成就同阿基米德、达·芬奇等人相比。但是当时他在欧洲并不很出名，一个重要原因是他不会拉丁语，崇尚拉丁语写作的欧洲学术界尚不知道他有那么多重要贡献。在500瑞典克朗的货币上，正面是查理六世肖像，反面则是波尔海姆肖像，可见他在瑞典人心中的地位。（牛希娴）

纽可门，T.(Newcomen，Thomas) 一译纽克曼。英国人，1663年2月24日生于英国德文郡达特茅斯，1729年8月5日卒于伦敦。*动力机械工程、机械学。*

贵族后裔，祖父和父亲都是新教小商人。由于家道渐落，他幼年时只受过初等教育，很早就在铁匠铺谋生，靠自学成为地方上的新教领袖。约1680年和工匠卡利(J. Caley)合伙生产经营铁制品，后共同研制过蒸汽机。

世界上第一台实用型常压蒸汽机发明者。1705年纽可门首次取得了一项蒸汽机专利权，其工作原理是：将蒸汽充入气缸中，用冷水喷射使其凝缩以减压，然后利用外部大气压力使活塞向下作功。几经试验后，1712年第一台实用型大气式常压蒸汽机在米德兰茨制成，被称为纽可门蒸汽机。该样机汽缸活塞直径为12英寸(合30.48厘米)，每分钟抽动12次，功率约5.5马力(4.04千瓦)。这种蒸汽机原为矿井抽水而设计的，在一根长长的枢臂两端各连接水泵抽吸杆和汽缸活塞杆；汽缸中装有一个直径5～6英尺(合1.5～1.8米)的大活塞；汽缸壁上开有3个孔：蒸汽进气口、进冷水口和排废水口。当大气压力将活塞压至最低点时，水泵抽吸杆提升至最高点；抽吸机件靠重量使杠杆连接抽吸杆的那端下降时，活塞便被提升，又能使蒸汽充注汽缸，如此循环往复。同年，纽可门蒸汽机首次在英格兰南部煤矿区使用。几年后几乎遍及全英国，并很快传至欧洲大陆和北欧各国。

但纽可门蒸汽机热效率低，燃料消耗量大，适用于燃料充足的地方，可用于煤矿区排水和供水。1763年冬，当J.瓦特受命去修理一台小型纽可门机时，全世界有一半地区在使用这种机器。他被纽可门机的明显缺陷所激怒，才萌生了自制蒸汽机的念头。因而关于瓦特面对茶壶沸水喷出的蒸汽得到创造灵感的传说，并非历史事实。1775年瓦特完成他的第一台蒸汽机实样，与纽可门机发明前后相隔约60年。在瓦特蒸汽机问世后，许多地方仍在大量使用纽可门机，它最后消声匿迹大约在1934年。（邱凤昌）

巴尔，G.(Bähr，George；Bähr，Georg) 德国人，1666年3月15日生于德国菲斯滕瓦尔德(今属萨克森州盖辛市)，1738年3月16日卒于德累斯顿。*土木建筑、机械技术、乐器工艺、建筑学。*

贫苦织工之子。在乡村牧师助学下受过小学教育。后到萨克森公国的霍恩斯泰因做木工学徒。1690年去德累斯顿做木匠为生，业余时间都用来学习研究建筑学和机械学。自学成才为一名土木建筑师、工艺师和机械师，设计建造的不仅有城堡和宫殿，还研制管风琴等多种乐器。由于名气不小，1705年获德累斯顿市"木工大师"荣誉称号，尽管当时他尚未办理木工师营业执照。1730年，他成为德国第一个有官方证书的"建筑师"。

以设计建造教堂而闻名于世。他将居住地德累斯顿市的教堂改建更新，使它们更富有新教特色和时代精神。他建造的第一座建筑物，是住于德累斯顿市洛施维茨教区教堂(1705～1708年)，八角状伸展的造形，令人耳目一新。1710年左右，建造了孤儿院教堂。接着，又建造了位于矿石山施米特堡的三一教堂(1713～1716年)、福希海姆教堂(1719～1726年)。1725年起，在萨克森公国又接连造了3座教堂。还在德累斯顿市建造了数目可观的住宅，代表作是雄伟的萨克森宫殿(1720年毁于战火)。

一生设计的许多建筑物中，最著名的是德累斯顿圣母教堂，被视为德国巴洛克时代最重要标志性建筑之一，在德国人心目中有着重要的地位。1722年受德累斯顿市政会委托，1726年设计方案获得通过，直至1743年他去世5年后才建成。巴尔一反意大利天主教堂的传统式样，首次将圣母教堂中最主要的圣坛、讲道坛和洗礼盘都摆放在中央，对日后欧美新教教堂内部设计有着重要影响。圣母教堂最醒目特征是被称为"石钟"的96米高圆顶，为之动用了12 000吨沙岩，完全不靠内部支撑，以极其精密的堆栈方式建造，其壮严和雄伟，堪与米开朗琪罗所盖的罗马圣彼得大教堂媲美。1760年，圣母教堂虽遭普鲁士军队百枚炮弹重击，仍未能撼动。1945年，由于盟军的狂轰滥炸，圣母教堂的圆顶从该市天际线中消失了45年。1992～2005年得以重建，再度成为该市地标。（李啸虎）

格雷厄姆，G.(Graham，George) 英国人，1673年7月7日生于英国坎伯兰郡霍斯吉尔，1751年11月16日卒于伦敦。*钟表机械、天文仪器研制、计时学。*

14岁起在伦敦制表名师T.托姆平的钟表铺当学徒，1695年成为合伙人。同年加入英国钟匠公会，1719～1721年任理事，1722年升任会长。1720年入选英国皇家学会成员，1722年任学会理事。

近代英国著名钟表家与天文观测仪器制作家。他和托姆平为一位伯爵定制带有时钟机构的日心天球仪(现称太阳系仪)，能演示各大行星绕日运行的景况，一时传为佳话。为了克服温度对时钟走时精确度的影响，他进行了长期的技术探索。1715年改进托姆平钟表机构，发明改进型圆柱式擒纵机构和直进式擒纵机构。"格雷厄姆机构"有不受驱动功率变化影响的优越性，其精确度直至170年后才被人超过，其技术沿用至20世纪初期。1721年发明水银补偿校正摆，经反复调整测试后，于1726年在英国皇家学会展示和发表论文。1725年又改进了工字轮擒纵机构，使手表更为实用化。

他所研制的天文观测装置更是享誉国内外，成为国际公认的基准仪器。当时英国格林尼治皇家天文台的重要观测仪器都出自他或他的徒弟之手。1725年他为该台建造一架8英尺（合2.44米）象限仪，第一次对双座标作了统一视读，并用测微螺旋来划分游标刻度。E.哈雷任台长时使用的2.4米墙式象限仪，1727年制7.3米天顶四分仪等结构特殊的望远镜（J.布拉得雷用以发现光行差和章动）都是他制作的。1742年，布拉得雷任台长时的第一件事，就是要求海军部拨款更新仪器设备，向格雷厄姆定购新的象限仪和望远镜。

格雷厄姆曾慷慨资助J.哈里森研制不用单摆的航海钟，终使海上测定经度的世纪难题得以解决。此外，当时著名的仪器制作家如约翰·伯德（J. Bird）等人都是他的门生。据不完全统计，他在一生中制作了不下3000只表和175台座钟，以及各种各样的天文观测仪器。（屈大壮）

哈德利，J.（Hadley，John） 英国人，1682年4月16日生于英国伦敦中心区布卢姆斯伯利，1744年2月14日卒于赫特福德郡东巴纳特。仪器研制、应用光学、观测天文学。

早年的生活和教育不详。一个弟弟乔治·哈德利（George Hadley）是气象学家。1717年入选英国皇家学会会员，从1726年起直至去世，每年都被选为皇家学会的评议员，1728年当选为副会长。

牛顿于1668年制成反射望远镜以后，他是第一个加以改进的。1719年他用铜锡合金制成抛物面反射镜，成像质量是当时伦敦最好的。1721年，他向英国皇家学会展示了第一台抛物型牛顿式反射望远镜，主镜为6英寸（约合15厘米），比当时的大型折射望远镜观察效果更好。1726年制成一个小型的格雷戈里型的反射望远镜，能形成精确的镜像。后来他送了一架牛顿型反射望远镜给英国皇家学会，引起很大的兴趣。他开发出磨制反射望远镜极其精密的非球面和抛物面物镜的新方法。他把磨制镜片和抛光的方法告诉了J.布拉得雷和S.莫利纽克斯。又帮助光学仪器商J.肖特，于是肖特便成了伦敦的格雷戈里型反射望远镜的制造者。1731年哈德利研制成八分仪天文观测仪器。其时，美国的戈弗雷（Thomas Godfrey）也独立发明了八分仪。于是这种仪器很快便被普遍使用。他还是研制六分仪的先驱者之一。为纪念他，月球上有以他命名的哈德利山、哈德利月溪。（唐玄之）

唐英（Tang Ying） 字俊公，又字叔子，晚年自号蜗寄居士。中国清代关东沈阳人，隶汉军正白旗。清康熙二十一年五月五日（1682年6月10日）生，乾隆二十一年（1756年）下半年卒。陶瓷工艺、技术管理、文学。

6岁起读乡塾，16岁供役于宫廷养心殿，从事御用手工艺品制作。雍正元年（1723年）官封内务府员外郎，3年后兼任景德镇御器驻厂协理陶务。乾隆二年（1737年）起历任淮安、九江、广东等地关使，同时兼理陶务。乾隆二十一年（1756年）九江关任满，奏请退职，不久卒。

清代著名的陶瓷工艺总结者与管理者。他有近30年管理陶务的丰富经验，身体力行，由外行变为专家，监督烧造出无数精美绝伦的瓷器。据《陶录》卷五“唐窑”（下）说：“公深谙土脉火性，慎选诸料，所造俱精莹纯全”。当时景德镇御器厂仅仿古创新的各色瓷釉就不下57种，可见陶艺的高超水平和陶业的盛况非常，而唐英当为头功。他在科学技术史上的贡献在于对景德镇制陶工艺的科学总结。雍正八年（1730年）编就《陶成图》一书；乾隆元年（1736年）完成《陶成纪事》，汇编《瓷务事宜示谕稿》，且刻其序于碑石。乾隆八年（1743年）完成名著《陶冶图编次》，呈送乾隆皇帝审阅。该书图文并茂，请名画家孙祜、周鲲等人绘图20幅，书法家戴临抄写；全书行文简炼，仅4500字，按造瓷工序逐项阐述，对采石、制泥、淘泥、炼灰、配釉、吹釉、成坯、入窑、烧窑、彩洋、束草和装桶等作了形象而准确的科学记录。该书流传到欧洲，影响颇大。

此外，他还是一位诗人和剧作家，身前由幕僚顾栋高编订诗文集《陶人心语》（19卷）；所撰剧本流传至今。（李啸虎）

列奥米尔，R.-A.F. de（Réaumur，René-Antoine Ferchault de） 法国人，1683年2月28日生于法国旺代省拉罗谢尔，1757年10月17日卒于圣胡安—图泰鲁。冶金工程、陶瓷工艺、仪器研制、冶金学、生物学、农学、数学。

出身名门世家，法学家之子。幼年丧父，由母亲抚育成人，早期教育包括物理和数学一类的课程。早年在普瓦捷的耶稣会基督学院学哲学。1699年在叔父的建议下，去布尔日大学学了3年民法和数学。1703年移居巴黎，继续学习数学和物理学，师从几何学家吉斯赖（M. Guisnée）和著名数学家P.瓦里尼翁。1708年，后者推荐他作为法国科学院的“见习几何学家”。1711年当选为法国科学院院士，时年仅27岁。1735年，因家族世袭之因，他被任命为皇家海军中校和督察官，并获军队圣路易斯勋章，但拒绝领取薪金。18世纪上半叶，他是法国科学院里最受尊敬的成员，12次被任命为法国科学院的领导。还是英国皇家学会外籍会员，普鲁士、俄国和瑞典的科学院外籍院士。一心献身于科学事业，终生未娶。

1708～1709年，他3次向法国科学院提出有关几何方面的论文。1709年11月，他读了一篇有关动物外壳生长的文章之后，改变了科学研究方向。从此他的科研和著作所涉及的领域宽广而多变，但再也没有回到年轻时入迷的纯数学研究领域。法国科学院成立后，路易十四（Louis XIV）的财政部长科尔贝尔（Colbert）委托该院搜集当时的工业、技术和工艺情况，以汇编成一套工业百科全书，他被指定为该书的主编。

1713年开始涉足技术领域，发表有关抽取金丝工艺的文章。贡献最大的是在钢铁工业方面，1720～1722年在科学院发表了这方面的论文。1722年出版相关著作，很快被译成英文和德文。他认识到铁和钢的性能差别，研究过钢在加工后的回火处理和表面渗碳而形成高碳钢的工艺，完成了一些很有价值的实验，发现最好的渗碳剂是烟囱油烟、木炭、炉灰和食盐的混合物。提出过检查试件断口晶粒结构来确定钢性能的方法。用7种不同的材料来规定7级硬度标准，以测定金属的相对硬度。还研究过可锻铸铁，目的是为了提高其韧性以代替青铜制造炮管。他对铸铁进行加热实验，用氧化铁粉包裹铸铁置于坩埚内加热，数天后铁已变软，从而发现了可锻铸铁的加工方法，1722年生产出欧洲最早的可锻铸铁（此法中国早在公元前5世纪战国初期已发明）。但他对自己的发现并未给以足够重视，直到19世纪，这一发现才被大规模应用到工业生产上去。

1717年起他转向瓷器工业。那时中国瓷器在欧洲早已享有盛誉，需要量日增，欧洲国家争相仿制，均未成功。仿制者深感困惑的是中国瓷器原料里是否加入了某种玻璃材料。1717年，到过中国的传教士昂特科尔（Entrecolles）发表了一封信，讲述在中国景德镇见到的一家有名瓷器工厂的生产过程，这事引起了列奥米尔的注意。他还从这个传教士手里得到了中国的瓷器原料：瓷石和高岭土。他用了两年时间对这两种原料进行分析，但未能查明它们的成分。法国有关当局命令搜集全国的砂、石、黏土和各种矿物标本，也没有找到类似的材料。尽管他没有完全揭开这种原料的秘密，却为后继者铺设了前进的道路。后来他的学生盖塔尔在法国找到类似这两种原料，参与其事的还有化学家麦奎尔和埃洛特（Hellot）等人。此后法国瓷器生产的问题才算基本解决。在这项实验过程中，列奥米尔还发现了一种新型的结晶陶瓷。这种材料在200多年后被用于防护火箭头部过热效应。

1731年，他开始研究气象学，由此关注温度计，发明温度计的刻度法。那时温度计虽已使用了一个多世纪，但还缺少一个公认的刻度标准。华氏温标尽管已在英国和荷兰开始使用，但在刻度方法上，要求温度计管部的内径非常精确。他以温度计内一定量的液体体积为刻度依据。这就带来很大方便。他还用水的冰点来校正0度，并规定在标准大气压下沸点为80度。这就是以他的名字命名的列氏温标。列氏温标曾一度广泛应用。

他还从事博物学、生物学和农学方面的研究，颇有建树。被认为是行为科学的先驱者之一。1710年撰写农学论文，论及有可能培育和利用蜘蛛产丝，其想像力之丰富令康熙皇帝吃惊，赶快命令法国传教士将之译成中文。还出版有《家禽饲养法》（2卷，1749年法文版，1750年英文版），特别是在1734～1742年出版《昆虫志》（6卷）。该书虽未全部完成，但仍为昆虫学史上一部划时代的著作。（戴成勋）

德扎古利埃，J. T.（Desaguliers，John Theophilus）

英国人，1683年3月13日生于法国拉罗谢尔，1744年2月29日卒于英国伦敦。机械工程、仪器研制、实验物理学、电学、科学传播。

法国裔。幼年随父学习。因宗教迫害，11岁（1694年）时全家跟随新教徒的父亲逃往英国。1705年入牛津大学，1709年获文学士和硕士学位，1714年获法学博士学位。曾任牛顿的实验助手，1713年经牛顿推荐重做牛顿的热学实验。1714年成为英国皇家学会会员。

是18世纪宣传牛顿学说的重要人物，也是英国工业革命的先驱之一。第一个根据统计学原理对机械进行理论分析。发明了离心气泵。并对高温计、气压计、声音计量器、蒸汽机、力泵等进行了改进。再次用实验证实了牛顿光学实验的准确性。研究了充电、传导、相吸和相斥和放电效应。1716～1742年，先后为英国皇家学会会刊《哲学学报》写过52篇关于光学、力学和电学的论文，其中以1726年的“地球的外形”最为重要。出版有《实验哲学教程》（2卷，1734～1744年），第一卷通过解释牛顿物理学的基础来阐述理论力学和应用力学；第二卷包括各种科学发现的实际应用。热心于科学技术普及工作。到1734年，总计作了120多次有关天文学、力学、光学和电学的报告。因在实验中有创造性发现，1734年、1736年和1741年3次获英国皇家学会最高奖科普利奖章，其中1741年是因为“发现电的性质”而得奖。（苏诚基）

华伦海特，D. G.（Fahrenheit，Daniel Gabriel）

德国人，1686年5月24日生于波兰但泽（今格但斯克），1736年9月16日卒于荷兰海牙。仪器研制、计量学、实验物理学。

富商的儿子。1701年双亲猝死，他被监护人送往荷兰阿姆斯特丹学手艺。1707年开始漫游欧洲，遍访各国仪器制造业，虚心学习知识和技艺。他没有受过正规教育，毕生以制作科学仪器为业。1724年当选为英国皇家学会外籍会员。

毕生主要贡献是温度计精密化和华氏温标设定。1708年在丹麦哥本哈根向天文学家O. C. 罗默请教过温度计制作技术。1709年发明酒精温度计。1714年研制出第一支玻璃管水银温度计。华伦海特创造了华氏（℉）温度标记法。他将温度计浸入冰、水和食盐混合物以确定其低温度点，又将温度计置于健康男人腋下得出高温度点（又称“人体正常温度”）。他根据罗默创立的温标（刻度22.5°为水的沸点）修改自己的第一个温标；还将罗默温标每1度4等分，使最高温度点变成90°；于是最低温度点（冰点）就变成30°。1717年试验用玻璃管水银温度计取代酒精温度计，为了不出现分数，他确定了32°～96°之间的温标。同年制造商用水银温度计。后人在他去世后修改了华氏温标，仍以32°为冰点，但沸点定为212°，其间相隔180°，则人体正常体温为98.6°。时至今日，华氏温标通常已不用于科学研究，但仍继续在美国、加拿大等地社会上使用。

他首次发现其他液体和水一样也有固定沸点，而且其沸点随大气压强而变化；并发现当气压变化时，水在冰点以下仍可处于液体状态。由此他发明了一种测高温度计，可根据一定高度上水沸点温度推算出大气压强大小。此外，他发明了华氏液体比重计；1736年获得适用于荷兰低地排水的水泵发明专利。1724年为英国皇家学会《哲学学报》撰写了5篇论文。（夏元复）

勒梅尔父子(Jacques Lemaire and his son) 法国人,在18世纪中叶,父子俩在法国巴黎合作开设仪器制造工场,从事科学仪器、航海仪器、特别是天文仪器的设计与制造。光学工程、机械技术、仪器研制、观测天文学。

雅克·勒梅尔(Lemaire,Jacques) 出卒年不详,鼎盛期1720~1740年。是法国工艺学会的成员,该学会会长J. 勒鲁瓦(Julien Le Roy)的助手。长于制造日晷,还发明一种望远镜,改进了望远镜的一种机械装置。

皮埃尔·勒梅尔(Lemaire,Pierre) 生卒年不详,鼎盛期1733~1760年。继承父亲的事业,在勒梅尔工场继续制造多种科学仪器,有"杰出的法兰西罗盘制造者"之称。是第一个制造哈德利八分仪的法国人。法国科学院的仪器中有许多来自勒梅尔的工场,推动了法国的科学仪器制造事业。 (朱逸农)

哈里森,J.(Harrison,John) 一译哈里逊。英国人,1693年3月24日(?)生于英国约克郡韦克菲尔德附近的福尔拜,1776年3月24日卒于伦敦。钟表机械、计时学、航海学。

出身木匠家庭,幼年时全家移居林肯郡巴罗。由于家庭贫寒,他几乎没有受过什么正规教育。早年子从父业,兼修时钟。1713年20岁时开始制作他的第一台长壳钟,机械装置全部是木质的。他于1717年前制作的3台木钟留传至今。在18世纪20年代中期,他同弟弟詹姆斯(James)两人首次共同合作的项目是林肯郡布罗克莱斯拜公园塔楼时钟,以后设计制造了一系列当时伦敦最为精确的长壳时钟。由于他们发明了带有无摩擦而能连续转动的弹簧擒纵机构,以及由黄铜和钢铁双金属构成的栅形补偿摆,时钟机件在运行时不需要涂上润滑油,而且哈里森校准器攻克了季节性温差变化影响走速的难题,使得时钟误差一个月仅为一秒,这在当时是一个革命性的技术突破。

被誉为"时钟之父"。从16世纪以来,欧洲市场经济的大发展与航海业大发展互相促进,并引起了海上霸权的争夺。寻找在海上测定经度的方法以确定船只方位,成了当务之急。由于海难事故不断发生,促使英国政府步荷兰等国之后也成立了经度局,并以更巨大的赏金鼓励民间参与。政府授权该局悬赏2万英镑,奖励第一个解决海上测经问题的人。而问题的关键,是制作更为精密的航海天文钟。英国经度局要求在使用这种钟计算经度时,能使航船从英国开往西印度群岛终点时误差不超过半度。从1728年起,哈里森开始全力以赴研制精密的航海钟。1730年,他撰写了时钟实验和机件发明的手稿,概述了航船测定经度用的便携式计时装置及其原理。1735年,他制作完成第一台航海天文钟,次年带着它去葡萄牙首都里斯本,在一条名为"百夫长"的船上进行试验。以后,又接连制成3台更轻巧、更精确的天文钟,其中1762年研制的第四号航海天文钟,在一次开往牙买加的航行中误差只有5秒(经度差为11/4分)。但是经度局对其性能稳定性仍有看法,认为其中有侥幸因素,而哈里森拒绝这种说法,于是决定成立一个中立的专业评审委员会进行裁决。陪审团要求他公开时钟内部结构以接受审查,在僵持了数周以后,哈里森终于同意了。1765年底,他终于一次性获得了一半赏金即1万英镑。后来,他和助手还制作过第5台航海钟。时至今日,在英国格林尼治天文台的零度经度线位置上,还放着哈里森制作的一台航海钟,它仍然准确地走动着,滴哒声仿佛在细说着当年的故事。 (王天运)

皮托,H.(Pitot,Henri) 法国人,1695年5月3日生于法国朗格多克—鲁西荣地区的阿拉莫,1771年12月27日卒于同地。仪器研制、船舶力学、水力学、土木工程。

出身贵族家庭。自幼厌恶学习,父母在绝望中把他送入军队。后因在书店里偶然发现一本几何教科书而产生兴趣,并离开军队花了3年时间研究数学和天文学。1718年9月来到法国科学院,得到列奥米尔的培养并在化学实验室成为其助手,但未放弃对几何学的兴趣。1724年提升为助理机械师,1733年成为领津贴的几何学家。1740年至1756年退休前,一直是土木工程师。1781年当选为法国科学院院士。

曾发表许多论文,涉及天文、几何、力学,特别是水力学。其中《军舰操作理论》曾译成英文,并因此被推选为英国皇家学会外籍会员。他在塞纳河上进行了多次试验,深入研究了不同深度水的流速,以大量数据否定了当时流行的"流速随深度而递增"的错误结论。1732年他首次发现"流体柱体高度与流速平方成正比"的定量关系,并据此设计了称为"皮托管"的流速仪,至今仍是流体力学的基本测量工具。 (陈良瑞 李孙演)

贝利多尔,B. F. de(Bélidor,Bernard Forest de) 法国人,1698年生于西班牙加泰罗尼亚,1761年9月8日卒于法国巴黎。水利航运、大地测量学、军事技术、土木建筑、应用数学。

擅长数学。年轻时从军,对工程技术十分感兴趣。1718年以前,参加过从巴黎至英吉利海峡子午线的测量。当局赏识其才干,任命为拉费尔新炮兵学校数学教授。1720~1730年代,编写出版了若干教科书和技术手册。其中著名的有《新数学教程》(1725年),首次采用"正弦曲线"这一术语;以及论述火炮战斗使用并包含系列射表的《法国炮兵》(1731年)。为满足工程设计和施工人员的需要,撰写了《工程师简明辞典》(1758年)和《水利设施》两书,后者有四大卷,在1737~1753年间陆续出版,是他最有名的著述。他的著作广泛论及运输、造船、航道、供水、装饰用喷泉等土木工程问题。

(戴成勋)

迪维斯,V. P.(Diviš,Vaclav Prokop) 捷克人,1698年3月26日生于波西米亚的海尔维科维塞(今属捷克),1765年12月25日卒于摩拉维亚(今属捷克)。电气工程、电学、自然哲学。

1719年在洛基修道院学哲学,1726年授神职。1733年在萨尔茨堡学院获神学博士学位,约于1745年在奥尔米茨学院获哲学博士学位。

18世纪中叶捷克著名学者之一。其主要贡献是对大气电学的研究和避雷装置的发明。1754年6月15日，他独立于B.富兰克林安装了欧洲第一个可以有效防止雷击的避雷针。但是一些学者对此的真实性尚有存疑。对电气医疗和实践也很有兴趣。曾对电气现象的理论解释付出很大精力，但由于他在很多方面受亚里士多德和苏格拉底的影响较深，加上当时人们对避雷针还不信任，所以在那时他并未获得更高的评价。还发明了历史上第一件电声乐器，他称为“丹尼斯·德俄”的电气奏鸣器，上有14个调风管。 （屈大壮）

贝克，H.（Baker，Henry） 英国人，1698年5月8日生于英国伦敦，1774年11月25日卒于同地。光学工程、仪器研制、显微技术。

早年当过书店学徒。因为发明一种能提示聋哑人的设备，赚了大钱。这引起了著名小说家、《鲁滨逊飘流记》作者笛福(Daniel Defoe)的注目，1728年成了笛福创办《宇宙观众》周刊的助手，并于1729年娶了他的最小女儿。由于他向英国皇家学会的学报写了不少论文，1740年入选该会会员，同年还加入考古学会。1754年参与成立英国皇家工艺学会，并长任秘书长。

1743年他的《显微镜指南》一书问世，书中介绍了各种显微镜的调节和使用，以及对自然界各种物体的观察。后来又出版了《显微镜用法》(1753年)一书，书中介绍了他用显微镜对各种晶体的观察结果。最主要的科学成就是用显微镜观察晶体的形态。由于用显微镜观察到盐溶液中微小粒子的结晶结构，1744年获英国皇家学会最高奖科普利奖章。身后留有数卷诗篇、论文和译作。为纪念他，英国皇家学会设有“贝克讲座”。

（屈大壮）

朗格卢瓦，C.（Langlois，Claude） 法国人，约1700年生，1756年卒。仪器研制、天文学、大地测量学。

18世纪法国有名的仪器制造技师。1730年为巴黎天文台制造1.83米半径的墙式象限仪；1738年制成1米半径、1.83米扇形弧长的墙式象限仪；1742年制成1.83米携带式象限仪；1750年建成大型六分仪；1756年设计制作0.9米携带式象限仪。为了求证地球形状，1733年巴黎科学院组织两支考察队分别去秘鲁和北极的拉普兰，委托他制造5台象限仪带到两地。1744年修复巴黎圣絮尔皮斯教堂的子午线日晷的指针。

（朱逸农）

马丁，B.（Martin，Benjamin） 英国人，1704年2月生于英国萨里郡沃伯莱斯顿，1782年2月9日卒于伦敦。显微技术、仪器研制、应用光学、科学传播。

早年经历不详，似未受过专门教育，靠自学掌握数学和自然科学等知识。手头尚有数百英镑遗产，得以购置书籍和仪器设备。1729年结婚。不久任奇切斯特寄宿学校数学教师，后任校长。1737年开设一家文学图书馆。1739年开始做“巡回讲师”，在社会各界宣讲自然科学知识。1754年底移居伦敦。1755年1月创办月刊《文理科集粹》并任主编，1765年停刊。1756年在伦敦舰队街开设科学仪器专卖店，其址离英国皇家学会所在地不远，经常受到科学界人士的光顾。1776年从商业活动中退休。因债务缠身，1782年宣告破产，自杀未遂，不久去世。

18世纪欧洲最有名的光学仪器研制者和科学普及者之一。1735年出版他的第一部著作《自然哲学入门》，介绍科学知识，该书印了8版。尤以研发显微镜而著称于世。1738年研制第一台多功能、便携式显微镜，引人注目。发明的袖珍式显微镜，完全展开仅有15厘米高，接着又衍生出“鼓形”显微镜，大受欢迎，很快便被欧洲各国广泛仿制和改型。1740年，首次将千分尺安装在显微镜上。1942年研制第二台多功能显微镜，标本可自由移动，亮度大为增加，视觉效果明显超过第一台。1756年出版他的第一本介绍光学仪器及其光学玻璃性能的小册子，在出售仪器时搭送，1760年前重印了4次。1759年，制造由相距1英寸(2.54厘米)的两片透镜组成的物镜，成像更为清晰。1764年起，成为美国哈佛大学、马萨诸塞理工学院等校光学仪器主要供应商。1774年，他将霍耳(C. M. Hall)于1733年发明的消色差透镜技术首次用于显微镜，大大提高了成像质量，是显微技术史上重要事件。1780年制造的大型多功能显微镜，是其最精密仪器之一，设置有许多调节旋钮和操控配件，可对61厘米高的仪器进行微调。他还发明日光式显微镜，阳光通过大反射镜照亮标本。（辜晓进）

戈弗雷，T.（Godfrey，Thomas） 美国人，1704年12月生于美国宾夕法尼亚州布里斯托尔镇，1749年12月卒于宾夕法尼亚州费城。光学工程、仪器研制、应用数学。

农家子弟，在农场长大。早年为装配窗玻璃的工人，曾装设过费城州议会大厦(今独立厅)的窗户。由于他擅长数学，后来成了费城知识界有影响的人物，1743年以数学家的身份被吸收为美国哲学学会会员。B.富兰克林在自传里提及戈弗雷，说他是一位“杰出的数学家”，但“不是容易相处的同事”，因为他“样样要追求精确性”。

主要贡献是发明双反射象限仪(八分仪)。1730年他制成这种仪器，在一次航海中试用，取得成功。大约在同一时间，英国的哈雷发明与此完全相同的八分仪而且发表在先，这种仪器被称为哈雷象限仪，就是今天仍在使用的导航八分仪。 （邱凤昌）

伍德父子（John Wood the Elder & Younger） 18世纪英国著名的父子建筑家，两人都是16世纪意大利帕拉第奥风格在18世纪英国的主要代表，他们的建筑风格曾在英国风行一时。

老伍德（Wood，the Elder John） 又名“巴斯的伍德”。英国人，1704年生于英格兰约克郡，1754年5月23日卒于萨默塞特郡巴斯。建筑工程、建筑学、城市规划。

建筑师之子。曾在家乡一所慈善学校接受过基础教育。1727年自英格兰约克郡移居萨默塞特郡巴斯，此后主要在该地从事城市设计和建造。是巴斯城建的主要规划者，率先将16世纪意大利帕拉第奥的风格用于英国的建筑设计和城市规划，使该城成为英国乃至世界城市建设史上综合规划的典范，对后世有经久不衰的影响。其作品主要以规划设计巴斯的街道和住宅建筑群而著称。他制定的第一个城市景观规划作品，是1728年竣工的巴斯南广场和北广场。随后，设计建造女王广场(1735年)、普赖尔公园(1735～1748年)、皇家矿泉医院(1738年)等建筑；晚年和其子小伍德共同设计但生前未竟的重大工程，身后均由其子小伍德最终完成的有：利物浦交易所大楼(1748～1755年)、圆形广场(1764年)和皇家新月宫(1767～1775年)。此外，他在巴斯城以外的著名作品有：兰达夫大教堂(1735年开始重建)、布里斯托尔交易所大楼(1740～1743年)、巴斯—布里斯托尔运河等。著有《布里斯托尔交易所大楼建筑图解》(1745年初版，1969年重版)。

小伍德(Wood，the Younger John) 英国人，1728年2月25日生于英国萨默塞特郡巴斯，1782年6月18日卒于萨默塞特郡巴斯的伊斯顿。建筑工程、建筑学、城市规划。

著名建筑师老伍德的儿子。开始作为父亲的得力助手；父亲去世后，接替老伍德成为巴斯城建的主要规划者和建筑师，完成了父亲未竟的工程，进一步发展了老伍德的建筑思想和技术。他和父亲生前一起设计、并在父亲去世后顺利竣工的著名作品有：利物浦交易所大楼(1748～1755年)、圆形广场(1764年)；尤其是皇家新月宫(1767～1775年)，系由30套邸宅相连排成一组半圆形建筑群，正面环抱着花园，气势宏伟而壮观，开英国城市建筑之一代新风，为后人竞相效尤。他独立设计和建造巴斯市政厅(1769～1771年)、皇室浴场(1776年)等建筑；此外，规划建造3条全街：凯尔斯顿公园街(1764年)、艾尔弗雷德街(1768年)和贝尔蒙特街(1770年)。其作品代表了18世纪英国帕拉第奥建筑风格的顶峰。 (李啸虎)

亨茨曼，B.(Huntsman，Benjamin) 英国人，1704年6月4日生于英格兰林肯郡，1776年6月20日卒于约克郡阿特克里夫。冶金工程、机械制造、冶金学。

德国移民后代。年轻时在约克郡设菲尔德附近的唐克斯特从事钟表和仪表制作，此外还是个出色的业余外科和眼科医生。当时英国大多数钢材都从德国进口，他发现德国钢不适于制作钟表发条和钟摆。为了寻找更好材质，他开始不断实验。1740年他在设菲尔德开了一家炼钢实验厂。从他家附近一些玻璃厂里，他得到了可移用于炼钢的许多启发。为了炼出韧性更高的钢材，必须让炉膛温度保持在1 600℃以上，这是钢铁业从未达到的。他制作了能经受高温和熔融金属影响的陶土坩埚，并用焦炭代替木炭作燃料，完善了铸锭钢(坩埚钢)冶炼工艺。1742年他用坩埚炼出了第一炉优质铸钢，同时还开发出可把“生钢”或“炮钢”变成铸钢的工艺。这种渗碳钢比过去任何钢种成分更均匀，杂质更少，可做成更精致耐用的机械工具。但当地制刀商大都拒绝采用他的钢材，因为它比常用的德国钢硬得多，增加了加工难度和成本。很长一段时间，这种硬钢没有获得英国政府认可，一直出口法国。结果设菲尔德的刀商一朝发现，他们在市场上节节败退于法国刀具之下，于是竭力请求政府禁止亨茨曼继续开发坩埚钢，但这种图谋失败了。正当他打算迁往伯明翰时，设菲尔德制刀商们终于改变了主意，纷纷同意采用他的钢材。

铸钢使设菲尔德成了欧洲著名钢城，也为英国工业革命发生作出了巨大贡献。随着机械制造业发展，对亨茨曼钢的需求越来越大。1770年他把工厂迁到了唐峡谷的阿特克里夫，把它变成了设菲尔德特种钢园区。英国皇家学会也开始认识到了亨茨曼坩埚钢工艺的巨大价值，想接纳他为一名会员，但被他婉言谢绝。他的炼钢业后来被儿孙们发展壮大，也以开发铸钢享誉于世。1740年设菲尔德仅生产200吨钢；由于推广应用亨茨曼技术，1860年该地的年钢产量80 000吨，几乎占当时欧洲年产钢总量一半。在后来上百年间，铸钢一直是世界上机械制造最优质钢种。他用铸钢制成发条的第一台座钟，报时精确，运行延长，被人称为亨茨曼式座钟，至今仍在凯尔汉姆岛博物馆主廊内准确报时。(孟 佳)

凯，J.(Kay，John) 英国人，1704年7月14日生于英国兰开夏郡佩里，1770年卒于法国。纺织工程、机械技术、纺织学。

18世纪英国著名的纺织技师，手工织机飞梭的发明者。曾在法国巴黎受过技术教育。年轻时就已在父亲开办的一家毛纺织厂担任技师，并参与经营管理。

他在生产中十分重视对纺织机械进行不断的技术革新和技术改造，较早使传统织机的木制结构逐步金属化，例如用金属筘齿取代竹筘齿等。1730年取得加工马海毛等原料的捻纱机专利。1733年5月26日获得手动织机飞梭发明专利，成为人类纺织史上的重要事件。凯氏手动织机的筘座两端各装有一个梭箱，织工牵动一根控制两头筘座上传动附件的绳带，就能将梭子从箱中弹出，靠4只轮子在梭道里不断来回运行穿越，梭子拖曳的纱线便成了不断穿越经线的纬线。这一技术不仅比用手抛接梭子的传统织法高效快速，而且便于宽幅织物的编织生产。

飞梭发明是迈向织布机自动化的起点。这一发明早期用于毛织物制造，18世纪60年代以后才普及到棉织业。这项发明使织机工效大为提高，增加了对纱锭的需求，从而进一步促进了纺纱机械的改进；同时，也遭到担心失业的织布工的强烈反对，使他的作坊屡遭骚扰和袭击；接踵而来的是关于飞梭专利权的无尽争议，采用这一技术的业主联手反对支付任何费用，诸多诉讼使他濒临破产。出于无奈，他于1745年只身渡海赴法国寻找出路，最后死于孤独和贫病之中。 (李啸虎)

博尔索夫，T.(Boulsover，Thomas) 英国人，1705年生于英格兰索菲尔德附近的埃克勒斯菲尔德，1788年9月9日卒于索菲尔德。金属加工、工艺学。

18世纪英国著名的金属饰品工匠，索菲尔德熔镀法发明人。1726年底在当地刀匠铺完成学徒生涯。两年后结婚成家。1740年起，在位于索菲尔德都铎街和萨里街十字路口的一家作坊当刀匠师傅。

1743年,他在修理一把刀柄时出了点差错,想不到这反而改变了他的未来。那个装饰精美的刀柄是用银包着铜制成的。他无意间发现:在修理过程中,由于加热过度,银和铜竟熔合在一起了。由此突生灵感,做了更深入的试验:把一片薄银层放到一块厚铜锭上,或一起加热,或锤击、滚轧变薄,都可以制成坚固的双金属片。用这种银包铜新材料制作工艺品,成本只是全银制品的几分之一。他设法借到一笔政府贷款来开发这项金属饰品新技术,形成了驰名欧美的索菲尔德熔镀法。

曾经和名匠J.威尔逊(Joseph Wilson)合伙用此法生产包银钮扣、皮带扣、马刺和小箱子等各种日常用具,价廉物美,销路很好。由于工艺并不复杂,这种技巧很快便被多家制造商所模仿。后来,威尔逊也自立门户办起工厂,以制造颇为有名的包银铜鼻烟壶而发了财。博尔索夫发明的这一项技术,使索菲尔德很快成为英国金属饰品制造中心。1757年,为了解决交通问题,他提议修建一条从索菲尔德通往利兹的收费公路,这一提案当年就在英国议会获得通过,并于两年后建成,此举大大促进了他的家乡的经济繁荣。 (兰必丰)

多隆德,J.(Dollond,John) 又译多朗德、杜兰。英国人,1706年6月21日生于英国伦敦,1761年11月30日卒于同地。*光学工程、仪器研制、应用光学。*

丝绸商之子。子承父业,业余喜欢钻研数学、物理学、天文学、解剖学和语言学等各科知识。1750年,他的长子彼得(Peter Dollond)在伦敦开办光学仪器商店。1752年,他毅然放弃经营多年的丝绸业,和儿子一起工作。生意兴隆,声名鹊起。1761年当选为英国皇家学会会员。同年被任命为皇家光学仪器师。

消色差双合透镜系统发明者。牛顿曾经认为,以日光为光源,由于内含各色光的折射率不同,透镜成像时周边产生扩散性色斑(即色差)是不可避免的,也是无法消除的。1747年,数学家L.欧拉曾建议组合采用玻璃质和水质两种透镜,极有可能消除色差。1757~1758年,多隆德为了证伪牛顿的见解,用各种类型透镜作了一系列实验。1757年,他用玻璃和水作为组合透镜,成功实现了欧拉的理论预言。数月后的1758年,他将冕玻璃(一种钠钙玻璃)和燧石玻璃(一种含铅玻璃)各制成透镜,两者一组合便得到消色差物镜,由此成功制造了第一台消色差折射望远镜,并申请了组合物镜专利。同年,他在英国皇家学会会刊《哲学学报》上发表论文"关于光的不同折射率的实验报告",首次公开这一发现。由于这一重大贡献,同年英国皇家学会授予他最高奖科普利奖章。此外,1753年、1754年相继在《哲学学报》上发表两篇论文,介绍可精确测定微小角度的量角器。

多隆德是第一个发明消色差双合透镜系统的人,但绝不是第一个尝试者。例如早在1733年,在霍耳(C. M. Hall)指导下眼镜商巴斯(G. Bass)曾研制和出售过色差较淡的透镜。多隆德显然知道这些人所做的前期工作,所以他一开始十分克制,并不严格维护和实施其专利权。但是他的竞争对手并不如此善罢甘休,他们一起把他告上法庭。法庭经反复调查,判决多隆德有足够理由拥有该项专利,因为最后也是最关键的一步是由他迈出的。1772年多隆德的专利期届满,市场价格随之降低一半。 (沙振舜)

佩罗内特,J.-R.(Perronet,Jean-Rodolphe) 法国人,1708年10月25日生于法国上塞纳省叙雷讷,1794年2月27日卒于巴黎。*土木建筑、路桥工程、城市规划、工程教育。*

在法国服务的瑞士近卫官之子。舅父是数学家,使他很早就对数学有浓厚兴趣。17岁进巴黎"首席建筑师"J.博赛尔(Jean Beausire)的建筑事务所实习。1735年加入法国工程兵团,先后任副工程师、工程师、总工程师。1747年任法国皇家制图师事务所主任,后受命将之改建为土木工程学校,1775年至去世任重命名的巴黎道路与桥梁学院的院长。期间1763年任国王首席工程师。1765年当选为法国科学院通讯院士。1772年当选为瑞士皇家科学院外籍院士。

1725年起,开始参加巴黎市政建设,设计、建造和维修规模巨大的下水道、河堤和道路。1735年起,参与和主持诺曼底阿朗松地区的道路修建。1747年至去世,在长达半个世纪中主持巴黎道路与桥梁学院。

法国新古典主义建筑学派创立人,巴黎道路与桥梁学院奠基人。这个学校是世界上最早的工程学校之一。他推行崭新的工程教育体制与方法,一些做法至今仍值得学习和借鉴。1750~1791年,设计建造13座桥梁,以石拱桥而著称。1763年,他在建造芒特石桥时,现场发现椭圆拱的水平推力由桥两端的桥台承受,因此尽量把石拱桥设计得扁平些,桥拱用木架支承于变窄的桥墩上。发展了古典石拱桥的建造技术,通过增加单拱跨度、减少桥墩宽度,扩大了航道,减弱了水流冲刷,节省了用工用材;在造型上,使拱曲线由几个圆弧合成,简洁、精巧而典雅。建造的纳伊大桥,被誉为"最美的石桥"。最有名的是巴黎协和大桥,指挥施工时已是80岁老者,历时1787~1791年,经历了法国大革命仍然不停工。1747~1791年间,除造桥外,主持新建和修理的道路长达2 500千米。1782年出版回忆录,详谈自己的工程师生涯。 (陈良瑞)

伯德,J.(Bird,John) 英国人,1709年生于英国毕晓普奥克兰,1776年3月31日卒于伦敦。*仪器研制、应用光学、实测天文学。*

早年是纺织工人。自学成才,未受过正规教育。是数学家爱默生(W. Emerson)的好友。在伦敦开业,以制作精密的数学和天文仪器而闻名欧洲。为格林尼治天文台、巴黎皇家天文台、圣彼得堡科学院等处提供过许多天文仪器。

1757年研制成功世界上第一支航海用六分仪。他所制作的5支六分仪，有4支至今保存于美国、英国和荷兰的博物馆，还有1支由私人保管着。还有半径从40英寸(约合101.6厘米)到8英尺(约合2.44米)的象限仪，直径为6英尺(约合1.83米)的壁式象限仪等。还制作过长达5英尺(约合1.52米)的经纬仪，以及标准码、标准容器等。从事过反射式望远镜、气压计、温度计等仪器的商业生产。这些仪器制作精密，校正了温差引起的误差，精度很高，对促进天文学的发展起了一定作用。 (吴茂庆)

肖特，J.(Short，James) 英国人，1710年6月21日生于英国爱丁堡，1768年6月15日卒于埃塞克斯郡。仪器研制、应用光学、应用数学、实测天文学。

10岁时成了贫苦孤儿。在教会慈善学校皇家高级学校受教育。1726年进爱丁堡大学。由于成绩优异，当了爱丁堡大学数学教授。先后在爱丁堡、伦敦开业制作天文望远镜等科学仪器，生意兴隆。1733年在圣安德鲁斯大学获文科硕士学位。1737年被选为英国皇家学会会员。1738年定居伦敦。1760年当选为英国皇家学会理事。1757年当选为瑞典皇家科学院外籍院士。

受到J.麦克劳林教授的鼓励和帮助，1732年借用他在学院的房间开始制作反射望远镜。最初用玻璃，后来改用锡铜合金(得到过J.哈里森的帮助)。他的制作技巧立即得到公认，为后来的成功奠定了技术基础，从此制造望远镜也就成了这个单身汉的终生事业。一生制造了1370架望远镜，基本上都是格雷戈里型反射望远镜，积累了2万英镑的财富。还是一位数学家，1762年和1763年发表过两篇关于太阳视差的长篇论文。折射望远镜的制作者J.多隆德是他的有力竞争对手，但他却在1758年把多隆德在校正折射望远镜色差方面的实验结果慷慨地推荐给英国皇家学会。由于多隆德的成功，肖特在世时，折射望远镜的观测效果已超过反射望远镜了。 (唐玄之)

金纳斯利，E.(Kinnersley，Ebenezer) 美国人，1711年11月30日生于英国格洛斯特，1778年7月4日卒于美国宾夕法尼亚州费城。仪器研制、电学、科学传播。

父亲为英国浸礼教牧师，1714年随父母移民美国，定居费城。他随父做教会工作，1743年授圣职。1747年脱离宗教活动，在富兰克林的帮助与鼓励下研究电学，并在美国南方作关于电学的巡回演讲。1753年在富兰克林邀请下，担任费城科学院英语学校校长。1755～1772年任新建的费城学院(宾夕法尼亚大学前身)的第一个英语与修辞学教授。

1751年，他在纽约、波士顿和纽波特等地宣讲“电火的新发现”，首次声称避雷针的用途，公然违抗教会对其抵制。其为人所知的贡献是静电空气热电计，该仪器以静电闪光通过固定容积的空气，从而测定其压力的增长。1764年出版关于电学实验及其所用仪器介绍的讲演录。曾提出两个带相同电荷的物体并不存在电的互斥，而是空气通过中性体和带电体间的引力才使之相分离的概念，为18世纪静电理论的一个流派。 (屈大壮)

马奇，T.(Mudge，Thomas) 英国人，1715年生于英国伦敦，1794年卒于英格兰普利茅斯。钟表技术、计时学。

出身贫苦家庭，曾在钟表名匠G.格雷厄姆门下学艺和受雇。1738年加入钟表技师同业公会。1750年研制出一种会报分钟的计时表。1751年格雷厄姆去世后，他在伦敦舰队街开设了一家表店，因造型新颖、制作精美和质量上乘，欧洲各国要人名流纷纷前来定制。1754年和另一名匠W.达顿(William Dutton)合伙经营制表商行。1766年主持钟表技师同业公会。1771年将伦敦的表店迁至英格兰西南部的普利茅斯港，自此开始专门制作航海钟表。1776年任英王乔治三世(George Ⅲ)的皇家钟表师。

18世纪英国最杰出的钟表技师之一。1757年他为英国王后定制了一只带有操纵杆节摆件的新颖怀表。1765年对格雷厄姆原先用于时钟的直进式擒纵构件进行改造，发明了一种自由式擒纵机构以调节机械表走动。同年在伦敦发表论文“关于改进手表、尤其是航海表的技术构思”。在他设计的这种机构中，擒纵叉有两个叉瓦，每个叉瓦上有一个锁面和一个冲面，擒纵机构通过叉瓦向摆轮传递所需要的冲量。马奇擒纵轮技术是现代宝石叉瓦式擒纵机构前身，19世纪中叶以前被广泛应用于机械式手表和小型时钟。他还首创用各种珍贵石材做表的托盘和推动杆。1774年为格林尼治皇家天文台研制成功第一台空前精确的航海时钟，价值高达3000英镑。此后长期为该台定做天文观测和航海用各种精密钟表。 (李啸虎)

布林德利，J.(Brindley，James) 英国人，1716年生于英格兰德比郡巴克斯顿附近坦斯特德，1772年9月28日卒于斯塔福德郡特恩赫斯特。运河工程、机械技术。

17岁前跟随父亲在自家农场干活，全靠自修学会读写。49岁结婚，娶一位19岁少女为妻。1733年起在著名技师贝内特(A. Bennett)的磨坊与车轮设备修造厂当学徒，1742年自办一家磨坊修造厂。1759年始，以设计和主持修建运河为主业。1772年夏，他在野外勘探途中被暴雨浸湿而得重病，医生检查时发现他患糖尿病已7年以上，2个月后因并发症去世。

英国运河工程的先驱者。1752年为克利夫顿煤矿设计制造过排水发动机。当时要把沃斯利的煤炭运往曼彻斯特纺织中心，8匹壮马一次只能驮走1吨。1759年夏，他着手为当地一位公爵修造16千米长沃斯利—曼彻斯特运河，设计从煤矿至运河口驳船停泊港挖一条地下渠道，并建造巴顿高架石渠跨越伊尔韦尔河谷，于1761年7月17日竣工。英国第一条具有重大经济意义的运河开掘成功，使英国掀起了一股“运河热”：穿过英格兰中部高地的大运河、斯塔福德郡—伍斯特郡运河、考文垂运河、牛津运河、老伯明翰运河、切斯特菲尔德运河等，除一条外都由他设计和主持开凿。为解决制陶业原料和成品的运输问题，1766年他开始修建已被议会停建8年的特伦特—默西运河。该运河后继工程由其小舅子H.亨歇尔(Hugh Henshall)接手，完成于

1777年，全长150千米，沟通两条大河，共有5条隧道，76处水闸，160条导水渠和213座桥梁。布林德利生前负责开凿的运河网总长约580千米，对加速英国产业革命作出重要贡献。（李啸虎）

林曼，S.（Rinman，Sven） 瑞典人，1720年6月12日生于瑞典乌普萨拉，1792年12月20日卒于厄斯基尔斯特拉。*矿冶工程、冶金学、物理化学、工程管理。*

县财务人员之子。家族里接连出了几代矿冶专家。1740年（20岁）毕业于瑞典乌普萨拉大学。同年任瑞典皇家矿冶学院教师，后任学院院长。1746～1747年，考察了荷兰、德国和法国等数个欧洲国家的采矿业和冶金业。回国后，1749年起兼任多个矿区和冶炼厂的督查员。长期任瑞典皇家矿业管理局、瑞典全国铁厂业主联合会顾问。1753年当选为瑞典皇家科学院院士。

被誉为"瑞典炼铁工业之父"，其采矿学和冶金学研究对18世纪瑞典工业有重大影响。一生致力于将采矿学和冶金学理论研究和解决工业实际问题紧密结合，为改进铁和钢的生产方法、增加产品种类、提高产品质量和劳动生产率作出了重要贡献。其中特别是对木炭高炉技术进行了重要改革。第一个确定碳（至少是石墨）可作为生铁炼钢的添加剂。他的著述（包括发表和未发表的）表明，18世纪瑞典和他访问过的国家所采用的生铁炼钢技术，其知识极有可能源于他。是铁水吹管分析法最重要先驱之一。他也以发现天然颜料钴绿而知名。

1745～1781年，在瑞典皇家科学院会刊上发表26篇论文。出版主要著作有：《炼钢工艺改进的原因与知识》（1777年初版，1790年德文版，1829年第2版）、《炼铁用铁的历史》（2卷，1782年）、《矿业辞典》（2卷，1788～1789年）和《论机械化》（1794年，身后由儿子整理出版）等，其中《矿业辞典》词条采用瑞典、德国和法国三种文字对照，成为当时瑞典和欧洲矿冶工程人员必读的标准工具书。（陈良瑞）

哈格里夫斯，J.（Hargreaves，James） 英国人，约1720年前后生于英国兰开夏郡布莱克本，1778年4月22日卒于英国诺丁汉郡。*纺织机械工程。*

英国第一台实用型多锭纺纱机的发明者。他原是兰开郡布莱克本附近斯坦希尔的一名纺织工。据传约在1764年，他无意中看到女儿珍妮不慎碰倒在地的手纺车，还在运转的纱锭由原来的水平位置变为垂直位置，这一下子触发了他的发明灵感，促使他酝酿手摇式多锭纺纱机的设计与试制。他推想，当纱锭处于垂直位置而不是水平位置时，可以设置多个纱锭转动，也就是说，一个人可以同时纺几条纱线。1764年他研制成功了第一台实用的手摇多锭纺纱机，并用女儿的芳名命名为"珍妮纺纱机"。这种新式纺纱机用手操作，结构简单，造价低廉，易于普及。起初可以同时纺8只纺锤，后来达到18个，最后增加到80个，工作效率大幅度提高。而且纺织工只要用右手摇动纺车，左手仅起到移动托架的支撑作用，很容易操作。

但是好事多磨，当地一些以操作旧纺纱机为生的纺织工人闻讯冲进了他的家，愤怒地捣毁了这种新型纺纱机，原来他们十分害怕新技术会抢走自己的饭碗。这一事件迫使哈格里夫斯于1768年举家迁居诺丁汉。1769年他申请了专利，但由于他在此前曾出卖过数台机器，结果申请无效。后来他与人合伙开办了一家小工厂，用珍妮纺纱机纺制织袜专用的纱料。1770年7月12日，他终于盼来了想望已久的一项珍妮纺纱机专利权。据统计，到1790年为止，英国大约有2万台珍妮机在使用，在英国产业革命中起到了重大作用。（李啸虎）

斯米顿，J.（Smeaton，John） 英国人，1724年6月8日生于英国英格兰利兹的奥斯索普，1792年10月28日卒于同地。*结构工程、动力机械、建筑学、材料学、机械力学、仪器研制。*

律师之子。从利兹文法学校毕业后，到父亲开办的法律事务所实习。由于对科学技术感兴趣，不久去一家数学仪器作坊工作。后自办工场，生产航海和天文等仪器仪表。1753年当选为英国皇家学会会员。1754年出访考察欧洲荷兰等地国家的基础设施建设，1756年在伦敦开办土木工程建筑事务所。1771年创建民用工程师协会，1792年去世后易名为斯米顿学会，是1818年建立的英国土木工程师协会前身。

从18世纪50年代中期始，35年中在英国设计建造许多大型工程，被誉为"土木工程之父"。首创"civil engineering"一词（直译民用工程，通译土木工程），以示同军用工程相区别。受英国皇家学会委托，1756～1759年负责设计重建著名的埃迪斯通灯塔，一直服役到1877年。在建造该灯塔期间，1756年发明一种水硬性水泥，以粘土含量高的石灰石为原料制作灰浆，最适宜建造水下建筑，最终促成了硅酸盐水泥的开发；首次采用楔形花岗岩石块切合，有效增强了水工台基抵御海浪冲击力，后成为建筑界技术标准。设计建造的海港有班夫港（1770～1775年）、彼得赫德港（1775年）、拉姆斯盖特港（1776～1792年）等；桥梁有特威德河科尔德斯特里姆大桥（1762～1767年）、泰河珀斯大桥（1766～1771年）、诺丁汉郡斯米顿高架桥（1768～1770年）、阿伯丁大桥（1775～1780年）、赫克萨海姆大桥（1777～1790年）等；河道有里彭运河（1766～1773年）、福斯—克莱德运河（1768～1777年）、伯明翰—法兹莱运河（1782～1789年）等。1791年出版著作《埃迪斯通灯塔工程纪事》一书。

还是有成就的机械工程师、物理学家。18世纪50年代前期研发一系列仪器，其中最著名的是用于研究材料膨胀性的高温计，以及航海水平陀螺仪等。1759～1782年进行一系列水车实验和测试。1759年发表论文"利用水力和风力推动碾磨机等绕转机器的实验探讨"，其中阐明了在空气中移动的物体速度与所受气压的关系，后又提出"斯米顿系数"。证明上击水轮的效率高于下击水轮。提出物体质量与速度平方乘积 mv^2（运动力）作为机械功的一种量度，是能量守恒定律的早期形式，在莱布尼茨派和笛卡尔派关于运动量表征的论战中支持了前者。1761年为皇家植物园设计水力机。1767年在阿尔斯通建造水力磨坊。把铸铁用于制作水车、风车的轮轴和齿轮。1775年起，为多个英国矿山和俄国喀琅施塔得船坞建造经改制的大型纽可门蒸汽机。因对风车和水车的机械学研究，1759年获英国皇家学会最高奖科普利奖章。（陈良瑞）

亚当，R.（Adam，Robert） 英国人，1728年7月3日生于苏格兰法夫柯科迪，1792年3月3日卒于伦敦。土木工程、建筑学、家具制造。

苏格兰著名建筑师威廉·亚当的儿子。1743～1745年就读于爱丁堡学院，后辍学做父亲的助手。1748年起和哥哥约翰·亚当共同经营父亡后留下的建筑事务所。1754～1758年初，遍游欧洲各地，认真考察和测绘古代建筑遗址，重点研究意大利文艺复兴时期的建筑技术、艺术风格及其基本理论。回国后潜心从事建筑学的再创造。

18世纪英国第一流的建筑师和设计师，亚当式新古典主义艺术风格的创始人。18世纪60年代中期，他一扫当时英国建筑模式一成不变的沉闷格调，建立起独树一格的亚当风格，纤巧华丽的新古典主义融会贯通了意大利、法国等地的建筑传统，同时又有充满想像力的大胆创新，令人耳目一新。从事建筑设计30余年，留下了大量作品。其中主要有：皇家艺术学会大厦（1772～1774年），大胆将爱奥尼亚式壁柱和多利斯式顶部相配；18世纪70年代在伦敦建造的3座豪华的贵族宅邸；在苏格兰建造了许多充满浪漫气息的新哥特式城堡；带有穹顶大厅的爱丁堡注册大厦；伦敦菲茨罗伊街区和爱丁堡夏洛特街区高低起伏、前后进退和形式多样的"动感"建筑群；自认为"最成功作品"的爱丁堡大学校门（1789年）等。亚当风格对各派风格兼收并储，熔汇一炉，既有佛罗伦萨和威尼斯文艺复兴时期的特色，罗马艺术的精髓，又有18世纪法国建筑的格调，以及帕拉第奥主义的影响，并在此基础上进行再提炼、再创造。他同时又是一个室内装璜和家具设计大师，极其重视建筑物外观与内装的和谐统一。

陆续编撰出版3卷本《亚当兄弟建筑作品集》（1773年初版，1779年再版，1822年第3版），系统而形象地阐述了亚当式新古典主义的建筑理论。伦敦索恩博物馆现收藏有他遗留的近9000份设计图纸。（李啸虎）

博尔顿，M.（Boulton，Matthew） 英国人，1728年9月3日生于英国沃里克郡伯明翰，1809年8月17日卒于同地。动力与机械工程、企业管理。

1759年他继承和改建父亲的铁工厂。1761年又在伯明翰附近的索霍创办一家生产金属小饰品的工厂，在珠宝、银器和镀金物加工制造的银匠业中享有高度商誉。该厂很快成为当时英国最大和最著名的工厂之一，鼎盛期工人超过800人。他兼有企业家的精明和工程师的务实，同许多科学界名人交往甚密，成了伯明翰名人"月光协会"的核心人物之一。1785年当选为英国皇家学会会员。

18世纪英国工业革命的中心人物之一，对推动瓦特蒸汽机研制和产业化作出了重要贡献。1768年首次结识青年J.瓦特，由于工厂动力和矿井排水的普遍急需，对其蒸汽机试验深表关切。博尔顿预见到蒸汽动力的辉煌前景，力促瓦特改制旧式蒸汽机，设计往复式旋转发动机。1775年他和瓦特组建了博尔顿—瓦特商会，通力合作发展蒸汽机事业，世界由此而彻底改观。他把自己的工厂作为蒸汽机的试验基地，在世界上首次将瓦特式发动机用作研磨机动力。1786年他还将瓦特机装在造币机上，不仅为英国和欧州各国造币厂提供新颖高效的机械设备，并因此催生了在线制造工艺即"生产流水线"。由于博尔顿等人的大力推广应用，至1800年其子继承父业时，英伦三岛和欧美各国所安装的瓦特蒸汽机已近500台。（李啸虎）

韦奇伍德，J.（Wedgwood，Josiah） 英国人，1730年7月12日生于英国斯塔福德郡伯斯勒姆，1795年1月3日卒于伊特鲁里亚。制陶工艺、物理化学、工艺美术、仪器研制。

陶工世家出身，是家中幼子，幼年丧父，跟长兄在家庭作坊学手艺，因事故而伤残。没有受过正规教育，工余自学。一次他有机会观赏到庞培和罗马瓷器，深受震撼，顿生仿古灵感，自此倡导新古典主义，大批生产各种仿古瓷器，成为英国陶艺一代宗师。1754年与人合伙经营制陶业。1759年在伯斯勒姆独资开设陶瓷厂，采用分工协作制，大幅提高了生产率，很快使该地区成为闻名遐迩的英国瓷都。1768年与人合伙办新厂，制造基本不上釉的各色陶瓷饰品。1771～1773年期间，他在伊特鲁里亚设新厂开发碧玉炻陶饰品，聘用一位著名雕刻家翻制各种腊雕像和浮雕花样。1783年当选为英国皇家学会会员。

英国产业革命时期的制陶技艺大师，英国近代陶器业奠基人。1765年，他试制成功的米黄釉陶受到夏洛特王后青睐，遂命名为"王后陶器"。这种陶器质地细腻、坚固耐用、造型雅致、装饰精美，很快进入世界市场，声誉经久不衰。1768年后制作基本不上釉的各色陶瓷饰品中，最出名的是黑炻器和碧玉炻器，同米黄陶器一起，被誉为"韦奇伍德陶瓷"。坚硬的人造黑炻能和钢铁碰出火花来，能被抛光、镌刻成图章、瓷版、胸像、珠宝饰物和花瓶等，是仿古制品极好材料，一时成为古董收藏家抢手珍品。碧玉炻是一种含硫酸的坯料经高温烧制而成，为乳白无光素瓷，具有容易着色、玻化坯体、质地致密等特色。1774年，他专为俄国女皇叶卡捷琳娜二世（Екатерина Ⅱ，Алексеевна）制作了一套美轮美奂的米黄釉陶瓷餐具，共952件，一时传为佳话。1775年后，又创制了红色、甘蔗色、黄褐色、巧克力色、橄榄色等品种。这些英国彩瓷蜚声欧美，使法国制陶业受到严重挑战。因烧陶需要而发明高温计。他生产的化学实验器皿、测量高温的仪器，曾供应给英、法等国的著名科学家，如普里斯特利、拉瓦锡等人。对自己的技术发明难得申请专利，只接受了仿古陶瓷着色法专利（英国专利第939号）。著有《实验记》等书，记录了他的制陶工艺技术。（池贵法）

雅斯，A. G.（Jars，Antoine Gabriel） 法国人，1732年1月26日生于法国里昂，1769年8月20日卒于奥弗涅省克莱蒙特—弗伦特。采矿工程、冶金工程、冶金学、工程管理、科技传播。

铜矿主之子。早年在里昂大学攻读化学。后在父亲所拥有的里昂地区圣贝尔、切西铜矿区工作数年。1754年入读巴黎国立道路与桥梁学院。1757年奉法国政府之命考察中欧地区的矿业，特别是德国萨克森公国和奥地利的几个省份，以及波西米亚（今属捷克）、匈牙利、蒂罗尔、克恩顿和施蒂利亚等地。1759年回到切西矿区，一直工作到1764年（期间有一年在弗朗什—孔泰煤矿）。同年，被派往英国学习煤矿开采、焦炭生产及其冶金应用，此外还参与铅矿开采、黏固法制钢和浓硫酸制备等更高级工艺开发。1765年当选为英国皇家工艺学会通讯会员。同年9月回国，其调研报告被法国政府视为工业机密，禁止公开发表以免被第三国知悉。1766年，访问低地国家、德国和斯堪的纳维亚半岛。在考察中东地区后回国不久，任政府专员受命对从香槟到弗朗什—孔泰一带厂矿进行督察，并就改进工艺和管理方法进行现场指导，大大提高了当地的制造水平和劳动效率。在考察指导法国中部从奥尔良到奥弗涅一带厂矿时，不幸中暑，不久因并发症而病逝。1761年当选为法国科学院通讯院士，1768年为院士。

很可能是近代法国第一个专业的冶金学家，在学习英国技术以促进法国近代冶金工业建立的过程中起到重要作用。一生除了进行漫长而艰苦的考察旅程之外，1754年设计和建成用于炼铜的熔炉；18世纪60年代，在圣贝尔铜矿区首次试验用焦炭炼铜技术并取得成功；1769年1月，首次在法国用焦炭炼铁，在圣贝尔和其他矿区推广这一技术，尽管这一工艺并非立即被人广泛接受。1774～1781年，他的兄弟获准陆续公布他生前的访英系列报告，才加快了法国引进英国专家和先进技术的进程。主要著述有《雅斯采矿与冶金调研报告集(1757～1769年)》(3卷，1774～1781年)。 （邱凤昌）

阿克赖特，R.（Arkwright，Sir Richard） 英国人，1732年12月23日生于英国普雷斯顿，1792年8月3日卒于英国德比郡。纺织机械、企业管理。

出身贫寒，少年时便在普雷斯顿附近柯尔卡姆一家理发店当学徒，成年后才学习读书识字。1750年到博尔顿一家假发店工作。研制过染发剂，曾试图设计"永动机"。1758年开始研制纺纱机。1768年在诺丁汉城建立了一家小型纺织厂；至1789年在克罗姆福德等地共开办了8家大型纺纱厂。1786年获英王授予的爵士封号。1787年起任英国德比郡郡长。

近代英国纺织机改革家和工业家。1738年J. 怀亚特(John Wyatt)和L. 保罗(Lewis Paul)发明第一台动力纺纱机。1767年J. 哈格里夫斯发明珍妮纺纱机。1758年、1768年阿克赖特将它们的优点加以综合，并进行两次重大改进，1769年获得制造薄呢绒翼锭精纱机和水力纺织机的发明专利。珍妮纺纱机只能纺纬纱，而阿克赖特纺纱机可以制得强度更高的经纱，适于大规模生产纯棉织物。出于过度竞争的驱使，当时有不少纺织厂商对其发明进行围攻，他的一家纺织厂甚至遭人破坏而停产。尽管如此，他仍然很快成为英国最大的纺织机器制造商之一。他在诺丁汉和克罗姆福德开办的大型纺纱厂，数年之内把水力驱动改由蒸汽机推动，从梳棉到纺纱的全部工序都用机器操作，大大提高了生产效率。1773年他改变了用亚麻作经线的传统工艺，开始生产全棉平纹布，使棉布生产一举成为英国北部的主要产业。1775年取得棉纱梳理、并纺和浸浆的专利权，后被指控在专利中盗用他人的设计思想，于1785年败诉。但是，他作为英国产业革命先驱者的地位并没有受到削弱。 （李啸虎）

杜比阿，P.-L.-G.（Du Buat，Pierre-Louis-Georges） 一译迪比亚。法国人，1734年4月23日生于法国诺曼底的多蒂桑巴尔特，1809年10月17日卒于佛兰德地区的维厄克斯—康迪。水利工程、河口海岸工程、水力学。

出身小贵族家庭，是第二个儿子。早年求学巴黎。17岁任军事工程师，1787年晋升上校。初期管理过河道、海防和港口，在法国北部负责过构筑工事。1758年结婚，生有11个孩子。1787年大哥去世，他承袭了父亲的伯爵勋位，时至1789年法国大革命。1793年因政治形势被迫全家逃亡国外，先后去比利时、荷兰和德国。1802年回国，方收回部分财产。

1776年开始从事水利工程建设，研究水力学。1779年出版主要著作《水力学原理》，很快被译为英文（现找不到副本）和德文版；1786年再扩充为2卷，第一卷是理论分析，第二卷是试验成果；1816年出第3版，书名被改为《爆发力学与水力学原理》(3卷)。第三卷《爆发力学》早已写于他在流放时期，但直至身后，遗稿才被后人收入《水力学原理》合为3卷出版。他的著作广泛涉及界面阻力、速度分布、地下水、溢流和水的循环等问题。擅长试验技术，在流管、人工水道和天然的小河里做过200多次试验，取得大量第一手数据，并归纳为一般原理，其结果多为后来的工程界所引用。

（戴成勋）

拉姆斯登，J.（Ramsden，Jesse） 英国人，1735年10月6日生于英国西约克郡哈利法克斯附近萨尔塔哈贝尔，1800年11月5日卒于布赖顿。仪器研制、精密机械加工、光学工程、大地测量学、观测天文学。

出身贫寒。少时在哈利法克斯当织布工学徒。1755年去伦敦谋生，1758年起学仪器制作。曾在数学家C. M. 霍尔处学习4年。1762年自行开业，制作和出售各种仪器，生意日渐兴旺。1786年当选为英国皇家学会会员。1794年当选为圣彼得堡科学院外籍院士。

18世纪欧洲高精度的分度机、光学仪器的发明者之一。1758年，皇家眼镜师J. 多隆德获得了第一个消色差透镜的专利。受其启发，18世纪60年代研制了著名的"拉姆斯登消色差目镜"（即R镜）。该系统将两块平凸透镜的凸面相对，有效地降低了球面像差和彗形像差；两透镜间的距离比消色差条件所要求的小得多；目镜物方焦点位于目镜外，可在焦面上设置分划板，使目镜适用于瞄准、测量等系统。目镜出口瞳孔，今称为"拉姆斯登盘"。

1777年发表重要论文"数学仪器分度机详介"，报道自己的相关成果。由于他研制的分度机能够空前精确地等分圆周，误差小于0.5秒，大大改进了显微镜测微精度，第一次实现用显微镜螺旋测微法测量两线间距以读出夹角度数的技术。1785年左右，为英国皇家工程师协会制作一台新式的大型经纬仪，用于重新测量格林尼治、伦敦和巴黎之间距离。后来，该仪器成了英国陆地测量署在各郡进行大地丈量的基础设备。1789年完成5英尺(约合1.53米)直径的地平经圈，被用于观测天象和编制恒星图。还设计过新型的静电发生器。

主要著作有《新宇宙赤道仪》等。因多次参与重要的测绘活动并起到关键作用，1795年获英国皇家学会最高奖科普利奖章。研制的许多科学仪器，至今仍保存在伦敦、巴黎等地的科学博物馆中。（高岳兴）

瓦特，J.(Watt，James) 英国人，1736年1月19日生于英国苏格兰格里诺克，1819年8月19日卒于英格兰希思菲尔德。*动力机械工程、机械学、化学工程、无机化学。*

祖父托马斯(Thomas)是数学教授，长于测量及航海技术；父亲詹姆斯(James)是船体装配工，兼制航海设备；母亲A.米尔黑德(Agnes Muirhead)出身名门。他少年时因健康欠佳，所受正规教育甚少，大部分知识和技能从父亲作坊获得。由此学会了木工、金工、锻工及工具和模型制造。18岁那年决定从事科学仪器的研制，离开格里诺克前往现在已成为工商业中心的格拉斯哥附近。1757年在伦敦当了一年学徒，掌握了全套航海和科学仪器的制造技术，由于伦敦不宜于他的健康，又回到苏格兰。在格拉斯哥大学找到一个制造教学仪器的工作，在那里认识了J.罗比森和J.布莱克，罗比森帮助他掌握了蒸汽机技术。1766年离开大学，在格拉斯哥开设土木工程公司。1774年移居伯明翰，与投资人M.博尔顿合作，把他改进的蒸汽机商品化。18世纪90年代，他为了保护冷凝器的专利权而忙于诉讼。1800年退休，才把商务传给儿子。1784年当选为爱丁堡皇家学会会员。1785年当选为英国皇家学会会员。1814年当选为法国科学院外籍院士，是其中8位之一。前妻M.米勒(Margaret Miller)于1773年死后，1776年又与格拉斯哥商人之女A.麦克格雷戈尔(Ann MacGregor)结婚，生一子名詹姆斯(James)。

第一台实用高效蒸汽机发明者，开创了瓦特蒸汽机时代，引发了英国和世界的第一次产业革命。那时候T.纽可门发明的蒸汽机比较原始，热效率很低，燃料消耗量很大，适用于煤矿区排水和供水。1763年冬，瓦特受格拉斯哥大学指派去修理一台小型纽可门机，被其明显缺陷所激怒，才萌生了自制蒸汽机的念头。因而关于瓦特受茶壶蒸汽喷出而得创造灵感的传说，并非历史事实。1768年瓦特完成了与汽缸分离的冷凝器，大大提高了热机的效率。同年运用这一发明制造出了热效率远比纽可门蒸汽机高得多的蒸汽机，1769年获得他第一项蒸汽发动机专利。往后的20多年中，他继续发明许多蒸汽机的辅助设备，如行星齿轮机构、平行连杆机构和汽缸示功器等。1782年获得了刚发明的双动作蒸汽机的专利。还发明了投影绘图仪、测定液体酸度的指示器，并提出了蒸汽轮机的设想。

在化学工程方面也有建树。与当时第一流化学家布莱克和普里斯特利等人过从甚密，做了大量化学实验。1784年他在英国皇家学会会刊上发表两篇论文，提出水是一种化合物的见解，不过对这种化合物的性质还解释不清楚。19世纪，人们曾对究竟是瓦特还是卡文迪什或拉瓦锡发现了水的组成问题有过激烈的争论。化学史学家帕廷顿(J. R. Partington)在严密考证资料的基础上认为，虽然瓦特有获得首先提出水是化合物的荣誉，但只有拉瓦锡才明确揭示了水的成分。18世纪80年代，他还为工业上应用氯化物漂白纺织品的方法做出了贡献。工艺方法是化学家C. L.贝托莱发明的，并在刚具有工业应用可能时就发表了论文。瓦特也开展这方面的试验研究，但重点放在工业应用的成效和经济性上。当时他的岳父也在经营漂白行业，瓦特希望保守秘密以拥有技术专利，他与岳父向贝托莱提出合作时遭到漠视，后者对他们说，热爱的应该是科学而不是钱财。18世纪60年代，他研究碱的工业生产过程，使用的原料是普通的盐和石灰，原理是J.布莱克提出的，瓦特的贡献是完善了适用于工业生产的工艺方法。

无论在机械或化学方面，他的贡献都属于工程的范畴。然而，正是由于有了他的发明，才促使数学家和自然科学家去从事关于热的理论和动能理论的研究，他的膨胀原理被卡诺利用来建立了卡诺循环的绝热膨胀过程就是一例。他的工作为18世纪工程技术与理论科学的结合，以及为迎接蒸汽时代的到来，起了重要的历史作用。为了纪念这位伟大的发明家，人们把功率单位定名为"瓦特"(W)。在英国西敏寺竖有他的雕像，其碑文为："他，利用自己的天赋和才能，为完善蒸汽发动机进行了早期物理学研究，由此扩展了祖国的资源，提高了人们的工作效率。他鹤立于那些最杰出的科学家之中，成为真正的救世者。"（戴成勋）

贝克曼，J.(Beckmann，Johann) 德国人，1739年6月4日生于德国汉诺威的霍亚，1811年2月3日卒于格丁根。*技术学、技术史学、农业经济学、科学文献学。*

地区邮政局长兼收税员之子。幼年丧父。1759年入德国格丁根大学学习。1762年毕业后，到德国不伦瑞克、荷兰等地旅行，考察矿山、工厂和自然博物馆。1762年赴俄国圣彼得堡路德教会学院教博物学。1765～1766年访问丹麦和瑞典。回国后，任格丁根大学哲学与经济学编外教授，讲授过工艺学、矿物学、材料学、农业和行政管理学等多种课程，1770年任正式教授。1770～1806年任《自然科学—经济学文献目录》季刊主编。1772年当选为格丁根皇家学会会员。是德国各地、荷兰、瑞典、俄国等多个科学协会成员。1784年任汉诺威宫廷顾问。1790年当选为瑞典皇家科学院外籍院士。

技术学、技术史学的创始人之一。1772年首创"技术学”(technology)这一术语，出版《技术学导论》(1777年初版，1823年第7版)、《普通技术学书稿》(1806年)等书，尝试建立技术学这一崭新的学科体系。1766～1782年出版一系列著作，强调基础科学如博物学、矿物学、化学、物理学、数学等学科对工艺学、农学的重要作用。是18世纪后期德国农业经济学领域最重要的代表人物之一。开创技术史学研究，出版名著《发明、发现和原创的历史》(1780年德文初版，1805年再版)，该书详尽介绍了各种机器、器具在历史上的发明和应用，被认为是开技术史研究之先河。此外，在教学中注重组织学生下车间和矿区实习活动，开一代教育新风。

其他重要著作有：《德国农业的基础》(1769年初版，1896年再版)、《商学导论》(1789年)、《商品科学入门》(2卷，1795～1800年)等。主编《自然科学—经济学文献目录》(23卷，1770～1806年)。（朱逸农）

蒙哥尔费兄弟(Montgolfier brothers) 法国人。航空工程、机械工程、机械学。

约瑟夫·蒙哥尔费(Montgolfier, Joseph-Michel de) 1740年8月26日生于法国维达隆莱地区昂纳内，1810年6月26日卒于巴拉吕克莱班。

雅克·蒙哥尔费(Montgolfier, Jacques-Étienne de) 1745年1月6日生于法国维达隆莱地区昂纳内，1799年8月2日卒于塞里耶尔。

他们的父亲开设造纸厂，有子女16人。弟弟雅克，在家中排行第15个。擅长数学，在巴黎学过建筑，有经商头脑，大哥雷蒙德(Raymond)于1772年意外去世后，由他主管家族厂，成为法国造纸业的样板。哥哥约瑟夫在家中排行第12个，有发明天赋，研制过降落伞和水泵等；1789年法国革命后，约瑟夫移居巴黎，1807年被选为法兰西学院院士。

兄弟俩早有气球可载人升空的信念。1782年他们用丝和纸做了一个小型气球，充以氢气，气球果然上升，但很快泄漏殆尽。后来他们发现大约100℃的热空气稀薄得足以举起气球，又不易渗漏。1782年11月，制成40立方英尺(约合1.13立方米)的气球升高70英尺(约合21米)；1783年6月5日，用纸和亚麻布制成的直径35英尺(约合11米)的气球腾空6 000英尺(约合1 830米)。同年8月雅克到巴黎，1783年11月20日，“蒙哥尔费”号开创了带人上天的纪录。两人均被选为法国科学院通讯院士。1783年12月，雅克向法国科学院提交关于气球飞行数学问题的论文。哥哥约瑟夫在里昂制造一个直径大于100英尺(约合30.5米)的气球，1784年1月19日带着他和另外6人同时升空。此后，他们就基本上脱离航空事业。（戴成勋）

郭大昌(Guo Dachang) 字禹修。中国清代江苏人，乾隆七年(1742年)生于江苏山阳(今淮安)南乡高良涧(今洪泽)，嘉庆二十年(1815年)卒于清江浦(今淮阴)。水利工程、水文学、工程管理。

16岁入河库道作贴书(文书)，历时3年，很快掌握工程核算和料物管理知识，熟习河工技术，深受器重。后被淮扬道聘为幕僚，因业务精湛，谋略过人，人称“老坝工”。一生“讷于言而拙于文”，秉性刚直不阿，不屑与河道贪官同流合污，一直得不到重用。乾隆三十九年(1774年)，因与南河总督不和，被迫辞职，迁居清江浦五圣庙。老年时，“赤颧披颐，髯长七八寸，连鬓皆苍白”。岳父王全一也是老河工，刊有《安澜纪要》《回澜纪要》两书，对其影响较大。郭大昌将自己的河工经验悉数传授给治河学者包世臣，为包氏以后撰写著作《中衢一勺》奠定了基础，而郭氏的事迹也因该书卷二《郭君传》而得以流传后世。

在黄河修防工程中，有过多次杰出表现。乾隆三十九年八月十九日(1774年9月24日)，黄河决清江浦老坝口(今淮阴市东北2.5千米)，口门一夜之间塌宽125丈，跌塘深5丈，洪水冲入运河，“滨运之淮(安)、扬(州)、高(邮)、宝(应)四城官民皆乘屋”，形势十分险峻。江南河道总督吴嗣爵“恇惧无所措”，只得亲自登门请郭大昌主持堵口。原计划堵口需银50万两，50天完工，在郭大昌指挥下，官方只派文武汛官各一人维持工地秩序，工期20天合龙，工款用银仅10.2万两。嘉庆十三年(1808年)，邀包世臣一起考察江苏、安徽一带的黄河、淮河和运河，历时两个月。提议不必改黄河下游入海口，只需在清口筑盖坝助淮水入黄，并修缮以下黄河两岸堤防使之畅泄入海即可。该议几经周折，实施后果然奏效。包世臣在考察河道途中，亲眼看到百姓为郭大昌立的牌位不下二三十处，对他十分敬仰。包氏在所著《中衢一勺·郭君传》中说：“河自生民以来，为患中国。神禹之后数千年而有潘氏(潘季驯)；潘氏后百年而得陈君(陈潢)；陈君后百年而得郭君。贤才之生，如是其难。”（李啸虎）

卡特赖特，E.(Cartwright, Edmund) 英国人，1743年4月24日生于英国诺丁汉郡曼汉姆，1823年10月30日卒于英国苏塞克斯郡黑斯廷斯。纺织机械技术、动力机械工程。

早年为谋求牧师神职进牛津大学深造。毕业后成为马格德林学院评议员，因发表一篇宗教诗文而声名大振。1772年始在西约克郡首府附近任副牧师。1785年在约克郡唐卡斯特建立一家纺织厂。1786年至去世一直任林肯大教堂受俸牧师。期间1796年移居伦敦。

第一台动力织机和羊毛精梳机的发明者。40岁前钻研文学。1784年他获悉R.阿克赖特改革手动纺纱机，于当年夏专程参观了后者在德比郡克罗姆福德的棉纱厂，从中大受启发。1785年在工匠帮助下制成一台动力织布机模型，并获得专利。该动力织布机造型十分粗糙，梭子竖直旋转，耗能很大，需要两人同时踏轮运作，试验没有成功。1786年制造了一台由弹簧推动的织布机，开创了动力织布的新时代。同年他在唐卡斯特新建的纺织厂中采用蒸汽机驱动纺织机，梭子水平旋转，节能增效。在1788年前取得一系列改进型的新专利。1789年获得羊毛精梳机专利。但这一切并没有给他带来好处，反而不得不应对更多的世俗困扰。1791年，他决定在曼彻斯特开办一家拥有400台蒸汽动力织布机的工厂，只安装了24台便被失业的织布工放火烧毁了。1793年他终因债台高筑被迫将工厂破产抵债。

因其发明的动力织机对国家经济发展有贡献，1809 年英国下议院决定授予他 1 万英镑奖金。

他的发明专利还有制绳机（1792 年）、组合砌砖法（1795 年）和酒精蒸汽机等。他同 R. 富尔顿一起钻研过汽动船。1800～1807 年在沃伯恩经营过一个实验农场。他生前最后一项计划是研制用火药作动力的发动机，这项试验万分危险，不过在可怕的样机问世之前他已病故。（李啸虎）

布雷盖，A.-L.（Breguet，Abraham-Louis） 法国人，1747 年 1 月 10 日生于瑞士纳沙泰尔，1823 年 9 月 17 日卒于法国巴黎。钟表机械、计时学。

17 世纪末，原籍法国的布雷盖家族为逃避宗教战争而移居瑞士西部。11 岁时，开乡村旅店的生父去世。继父是生父堂兄弟、钟表匠。15 岁被送到法国凡尔赛一位钟表匠处学手艺。3 年后师从著名的皇家海军钟表师贝尔图（F. Berthoud）等人，并在巴黎大学马赞琳学院攻读物理学、光学、天文学、机械学和数学等课程。18 世纪 70 年代末，他在巴黎创办布雷盖钟表商行，制造了许多有特色的钟表，誉满欧美。1814 年聘为法国国家经度局成员。1815 年被钦定为法国皇家海军钟表师。1819 年入选法国科学院院士。

被近代欧洲誉为“有史以来最伟大的钟表制作大师之一”。1780 年他创制精美的“永久”系列手表，其中第一块由巴黎一位公爵购得，从此声名鹊起，用户遍及欧洲大陆。1784 年获法国钟表行会“钟表大师”称号，成为欧洲各国科学界、外交界、财经界和军政界的特聘钟表技术顾问。他是雅各宾派首领马拉（Jean-Paul Marat）的朋友，在法国大革命时加入他的团体。1793 年 4 月，他生计将马拉救出保皇党人围攻的险境。同年 7 月 13 日夜，马拉被人刺杀于浴缸之中。不久布雷盖携子逃往瑞士，在纳沙泰尔附近村庄建立临时小工场，潜心钻研钟表技术。1795 年 5 月，他结束了流亡生活返回巴黎，重操布雷盖商行旧业，向社会新贵阶层销售“预约”系列手表。在 1819 年巴黎万国博览会上，这位钟表大师向世界全面展示了他的风采。

他对钟表技术有许多发明革新，最早采用红宝石做表的轴承，尤其是改进了游丝和摆轮，推动了欧美制表业发展，对天文测量和航海业有重要贡献。1819 年被授予法国荣誉军团勋章。鉴于他的成就和声望，法国和瑞士都争相宣称他是自己最优秀的儿子。（李啸虎）

布拉默，J.（Bramah，Joseph） 英国人，1748 年 4 月 13 日生于英国约克郡斯坦布鲁戈，1814 年 12 月 9 日卒于伦敦。精密加工技术、动力机械工程、机械学。

出身农家。16 岁发生事故，不幸成为跛子。后弃农到伦敦学木工，以制造家具为业，不久改学机械技术。1778 年取得第一项专利“水冲式厕所结构改进法”，渐露头角。1784 年发明移动机件闭锁装置，即安全锁“布拉默锁”，取得专利，一举成名。同年他在比卡德里店铺橱窗陈列展出他的新锁，标明对有本事开锁者悬赏 200 几尼（英国古币），但在 67 年中始终无人如愿，直至 1851 年美国一位机械工用了 51 个小时才将这把锁打开。“布拉默锁”构造复杂，设计精巧，唯有用一整套精密的特种机床方能大批生产。因而，他的制锁厂是英国机床工业的发源地。著名发明家 H. 莫兹利年轻时曾是他的助手，两人共同研制的制锁机样机，为 19 世纪英国制造业的大发展奠定了基础。

他是产业革命中最有影响的发明家之一，其机械发明不断翻新。1785 年提出用螺旋桨作船舶推进器，这一设想直到 19 世纪才得以实现；1795 年在莫兹利的协助下发明了水压机，其独到之处是安装了法兰盘，确保了滑阀与缸体间不透水，次年获得专利；1802 年提出液压传动装置的设计思路；1806 年为英格兰银行发明纸币编号印刷机；此外还发明啤酒压榨机、旋转式木工刨床，滚针切削机、造纸机和制笔机，改造蒸汽机和锅炉等。他发明的机械大都新颖而精巧，直至今日，当人们在伦敦科学博物馆里目睹他当年的杰作时，都会由衷地发出阵阵惊叹。（李啸虎）

史蒂文斯父子（John Stevens and his sons） 指约翰·史蒂文斯和他的第二个儿子。他们是美国近代著名的父子发明家，美国近代水路和陆路交通运输中蒸汽机械与动力工程的主要倡导者。

约翰·史蒂文斯（Stevens，John） 又称史蒂文斯三世。美国人，1749 年生于美国纽约，1838 年 3 月 6 日卒于新泽西州霍布肯。机械与动力工程、交通工程、军械工程、科技法学。

祖父史蒂文斯一世 1699 年来自英国，是一位名律师和地产所有者；父亲史蒂文斯二世是大陆会议新泽西州代表，主持了批准宪法的新泽西大会。他从小生活优裕，在新泽西州长大。1768 年毕业于美国国王学院（哥伦比亚大学前身）。参加过独立战争，27 岁起先后任华盛顿军队的陆军上尉、陆军上校。在革命期间主持过纽约市政府，后任美国联邦政府新泽西州司库。生育有 9 个子女，其中 4 个儿子都是工程师。

被誉为美国专利法之父、汽船海运之父、美国铁路之父。他设计制造多种蒸汽发动机和锅炉，1771 年发明多管汽缸。1790 年，美国国会通过他提出的专利权法案，从此专利法成了美国现行专利制度不可动摇的基石。1802 年，他着手建造第一艘用双螺旋桨推进的实验性蒸汽船，首次采用多管汽缸。经过一年多不断改进，1804 年在哈得孙河上试航成功。鉴于船用高压蒸汽机潜在危险很大，于是他着手研制低压蒸汽机，并开始建造 30 米长的“凤凰”号明轮船。1807 年，R. 富尔顿的“克莱蒙特”号明轮船比“凤凰”号稍早下水，成为第一艘商业化实用蒸汽船。不过前者发动机是从英国进口的，而后者发动机是在美国制造的。由于富尔顿已获得哈得孙河航行垄断权，1808 年 6 月，“凤凰”号被迫从纽约下海，虽然半途遇上大风，仍安全抵达费城，揭开了蒸汽船航海史第一页。1812 年，他设计了一种被称为“水上堡垒”的装甲汽船，后被英国人所仿制。其碟形船体覆盖着一层足够厚度的钢板，用来抵挡猛烈的炮火；船上安装有旋转式大炮，必要时锚定在水道中进行防卫；船身下安装有一组由蒸汽机驱动的螺旋桨，使得船体能够以塔楼方式工作，沿着中心快速旋转；每门火炮进入射区内完成发射，旋转过来时已经卸去弹壳并重新装好弹药。俄国海军引进了一条这种最早的装甲舰。

1812年，他出版了《关于铁路运输优于运河航行的论文集》，竭力倡导在美国发展铁路交通，但遭到水上运输业的坚决反对。1815年，他从新泽西州立法机关争取到北美第一份铁路营业特许执照。1824～1825年，他研制出美国第一台蒸汽机车，采用分段式高压汽缸。1826年在几个儿子帮助下，在自己霍布肯庄园修建的800米环形铁路上演示了实验性蒸汽火车，时速12英里(约合19.3千米)，比G.斯蒂文森在英格兰行驶的改进型实用火车早3年，但从未投入商业营运。他一度得到修建宾夕法尼亚铁路的建设权，但由于受制于各方阻力，从未成立过铁路公司。

罗伯特·史蒂文斯(Stevens, Robert Livingston) 美国人，1787年10月18日生于美国新泽西州，1856年4月20日卒。*机械与动力工程、交通工程、军械工程。*

J.史蒂文斯的次子。从小受到良好的私人教育，对机械工程有浓厚兴趣。成年后成了父亲的得力助手，毕生致力于改进陆路和水路运输工具。他帮助设计和建造了硕大的"凤凰"号明轮船，并于1808年指挥了它的历史性的海上首航，开辟了纽约—费城等蒸汽船海上航线。他设计了一种能加速入港的新式船只，提出了增加船壳的硬度和中心龙骨的偏离张力，加深吃水线，改变船尾形状等新技术。1815～1840年，在他的努力下，美国的蒸汽船速度和效率都得到了惊人的提高。

他是卡姆登—安布尔铁路建设的总指挥，弟弟E.A.史蒂文斯(Edwin A. Stevens)任财务主管和经理，于1831年通车，运行的第一辆火车是由英国G.斯蒂文森制造的"约翰牛"号。最早的火车是在用带状铁皮包裹的木头轨道上运行的，这种轨道端部都不够牢固，铁皮常常翘起来穿透火车底盘而引起车祸。现在广泛应用的T型钢铁轨道，就是由他设计并且最早在卡姆登-安布尔铁路线上使用的，通过道钉和鱼尾板连接，把铁轨铺在枕木上。这一工艺当时成了美国和世界多数国家修建铁路的标准技术。他还发明了旋转式运货卡车，车前防撞网，以及许多铁路技术的改进，都最早在他设计的铁道路上使用。

此外，他在海军武器发展上也有所贡献，制造了一种新式的炮弹，能安全地从炮舰上发射出去。(吕 源)

阿佩尔，N.(Appert, Nicolas) 法国人，1749年11月17日生于法国马恩河畔沙隆，1841年6月3日卒于巴黎附近马西。*食品保藏技术、食品加工工程。*

罐头食品保藏法的发明者。出身贫寒，从小在果品店当学徒，工余刻苦自学。后成为一名厨师，还经营过糖果店和酿酒厂，1790年创办一家食品加工厂。1795年法国政府为了解决陆军和海军粮食长期贮藏问题，专门成立一个科学研究委员会，并设立一项12000法朗的发明奖金，向民间悬赏良策。这促使他在巴黎附近的马西建立一座实验室，开始长达14年的食品保藏试验。他的基本设想是：高温会摧毁或中和使食品致腐的"酵素"。经过无数次的摸索，1809年终于找到多种有效方法，其中最有名的是发明瓶装罐头，把不同食物——装进玻璃容器，用软木塞封口，置于沸水中经受时间不等的高温处理，用铁丝将木塞加固后蜡封保存。他用这种方法保藏的食品有：水果、果汁、果酱、蔬菜、羹汤、糖浆、乳制品和胶冻品等等，使军队和其他野外作业人员在不同季节和地点都能享用到新鲜而丰富的食品。1810年发表论文"长年保藏各种动植物物品的技巧"，同年获得法国政府悬赏的全部奖金。

1812年，他用以上这笔奖金在巴黎郊外建立世界上第一个商业罐头厂——阿佩尔食品厂，该厂一直经营至1933年。由于这种高温处理的瓶装法简便易行且颇有成效，不久便在法国和欧洲其他国家风行起来。出版有《保藏的技巧》(1820年)一书。此外，他还改进了压力锅，发明一种无酸明胶提取法，研制成汤粉片等。他因此被誉为"罐头之父"，并获得法国政府最高奖励——拿破仑勋章。

1810年英国的P.杜兰德(Peter Durand)考虑到玻璃瓶笨重、昂贵且易脆，就改用了白铁罐头密封，并申请到专利。但在1847年罐头压印机问世以前，白铁罐头都用手工制作，成本高，工效低，一天仅能生产60个左右。1819年罐头食品刚传入美国时少有人问津，南北战争一打响，美国的罐头业跟着迅速发展起来，同时机器生产也应运而生。(李啸虎)

雅卡尔，J. M.(Jacquard, Joseph Marie) 一译贾卡。法国人，1752年7月7日生于法国里昂，1834年8月7日卒于法国奥林斯。*纺织机械、纺织学、自动控制、工艺美术。*

一个贫穷的里昂丝织工的儿子。12岁在装订工场当童工，后到活字铸造所当学徒。母亲去世后，回到家传丝织工场从事织机改造。不久父亲去世，丝织工场也因经营不善而倒闭了，于是不得不当石灰窑工为生，一面坚持研究织机。他在参加了法国大革命后回到里昂。1790年因发明鱼网编织机而获得第一项专利，工效翻了一番，开初未被人们接受，后逐渐得到普及，至1801年仅里昂一地就有4000台。他因此获得工艺协会所设奖项，一时名声大振。奉波拿巴政府之召到巴黎继续研究织机。他将前人发明的穿孔卡链和筒形装置结合成梳理机，把这种装置安装在脚踏操作的织机上端。在1801年巴黎工业博览会上，经他改进的手工提花织机样机获得铜奖。当他在里昂展出样机时，受到纺织工人愤怒围攻，他们害怕失业，于是彻底烧毁了机器。

1804年雅卡尔提花织机有了突破性进展，只需一人操作便能织出精美的大型图案。"雅卡尔装置"中的梳理机很关键，它根据图案的设计被打孔眼，带着丝线的编织钩针遇到相应的孔眼就穿过，没有孔眼就弹回，以这样的方式分离特别的线，便构成不同的图案。这是一项用简单操作完成复杂工程的划时代发明，一时轰动了欧美。他的发明不仅促进了当地丝织业，不久还用到棉、毛、麻的纺织上。1806年他将产权转让给法国政府，获得3000法郎津贴。法国政府宣布其为公共财产，并收取每台织机专利权的少量使用费。约于1825年左右，这种织机传到了美国。

他在生前看到自己的发明应用遍及欧美纺织业，甚为欣慰。在他的织机曾被烧毁的地方,1840 年矗立起了雅卡尔的塑像。更始料未及的是,雅卡尔的穿孔卡系统还催生了早期计算器,给 C. 巴贝奇发明穿卡式计算器以启示。 (江冬妮)

克朗普顿,S. (Crompton,Samuel) 英国人,1753 年 12 月 3 日生于英国博尔顿附近的菲尔伍德, 1827 年 6 月 26 日卒于博尔顿。*纺织机械工程、纺织学。*

小农场主的儿子。幼年丧父,15 岁进纺纱厂谋生,仍难以养活自己。后来他换过多种职业,最后决定对 J. 哈格利夫斯发明的移动式珍妮纺纱机进行改制,因它纺出的棉纱很容易断线。1775 年他开始秘密构思和设计,在历经艰辛探索之后,1779 年研制成功"走锭纺纱机"(Spinning Mule)。这种纺纱机有多个纺锭,可以持续生产,兼有珍妮纺纱机和 R. 阿克赖特水力纺纱机两者的优点,纺出的纱非常结实、精细和柔软,可以在各种纺织物中使用,尤其适合纺织细棉布,为英国生产平纹细布奠定了基础。走锭精纺机问世的消息不胫而走,顿时轰动了英国社会,许多人都想刺探这种新式纺纱机的机密而发财致富。他由于太穷而无钱申请专利,结果上了当地一个棉纺商的圈套,只收了不多的钱就出卖了自己的专利权。

在英国棉纺工业由家庭手工转变为机器大生产的过程中,克朗普顿走锭纺纱机起到了革命性的作用。他制作的第一批纺纱机是手工操作的,可以在家里使用;到 1790 年底,更大型纺纱机制造出来了,由瓦特蒸汽机驱动,带有多达 400 个纺锭。生产商早就发现了这种纺纱机的潜力,所以供不应求,财源滚滚,但克朗普顿仍然家徒四壁,入不敷出。1796 年他的妻子去世,留下了 8 个需要照看的孩子。在悲痛之余,他转向音乐和宗教追求解脱。1812 年在一些有同情心的人士的努力下,英国下议院给他颁发了 5000 英镑奖金。他用这些钱办了一个棉纺厂,但是这一投资后来失败了。克朗普顿走锭精纺机为英国的繁荣作出了巨大贡献,生产了 4000 万磅的棉布,仅税收就给政府带来了 35 万英镑。1827 年他在贫困潦倒中溘然死去,而他出生的偏僻乡村早已成了棉纺工业的圣地。 (陈芳泽)

德·罗齐埃,J.-F. P. (de Rozier,Jean-François Pilâtre) 法国人,1754 年 3 月 30 日生于法国梅斯,1785 年 6 月 15 日卒于法国维米勒附近加来海峡。*航空工程、博物学。*

早年在法国梅斯军队医院学制药 3 年。18 岁去巴黎大学修数门自然科学。1776 年到巴黎附近的兰斯学院教化学和物理学。后任巴黎穆塞自然博物馆馆长。1781 年创建穆塞高等教育学院。同年在巴黎自行开办博物馆,并从事物理实验。

是历史上第一批航空先驱者之一。1783 年 10 月 15 日,和德·阿兰迪斯侯爵(Marquis d'Arlandes)一起乘热气球上升离地 80 英尺(约合 24.4 米)。同年 11 月 21 日,与一同伴乘气球在 3000 英尺(约合 914 米)高度上飞行 6 英里(约 9.7 千米),历时 25 分钟,是第一次成功的载人飞行。以后还制作了几个热气球。1784 年曾飞至 11000 英尺(约 3353 米)高空。1785 年,他在热气球上附加一个氢气球进行飞越英吉利海峡试验,不幸在 1700 英尺(约合 518 米)高度上失火坠毁,和同伴 P. 罗曼(Pierre Romain)一起罹难。这是航空史上已知的第一次空难事件。 (屈大壮)

普罗尼,G.-C.-F.-M. R. de (Prony,Gaspard-Clair-François-Marie Riche de) 法国人,1755 年 7 月 22 日生于法国查姆莱,1839 年 7 月 29 日卒于阿涅尔。*道路与桥梁工程、工程力学、仪器研制、应用数学。*

出生于律师家庭。1779 年毕业于法国巴黎国立道路与桥梁学院。留校工作,1780 年以工程师身份派往法国不同地区参加工程建设 3 年,1785 年任该校督学,1790 年任该校总工程师。1794 年任巴黎综合工科学校教授,1798 年任校长。1805 年兼任法国全国土木工程总监。1810 年当选为法国经度局成员。同年当选为瑞典皇家科学院外藉院士。拿破仑下台后,1816 年该校关闭不久又复课,但他已失去校长和教授职位,每年仅有一个月作为主考官参与学校行政管理。1818 年当选为英国皇家学会外籍会员。

1783 年在法国科学院刊物上发表他的第一篇重要论文"论桥梁拱洞的受力",给土木工程界留下深刻印象。1785 年到英国参加测量格林尼治天文台和巴黎天文台之间的相对位置,获得精确数据。1789 年参与完成建造巴黎路易十六大桥(今巴黎协和大桥)。1791 年开始研究几何学。在勒让德尔(Legendre)、卡诺(Carnot)等数学家的协助下,1792 年受命组织和负责一个 70 余人团队编制新的对数表和三角函数表,计算值为 14~29 位小数,于 1801 年完成。因为项目空前繁复浩大,要求极其严格,送审核查又经多年,终于在 1809 年部分出版,直至 19 世纪即将结束时才出齐。1795 年首创一种可将正弦曲线、指数曲线转换为线性方程组的独特方法,提出以复指数函数的线性方程组来描述等间隔采样的普罗尼数学模型,并给出了线性化的近似求解算法,在数学理论和实际应用上都有重要意义。他研制了诸多科学仪器,其中最重要的是 1821 年发明的测功器,可用于测定机器和发动机的运行状况。他在进行大量运算和反复实验基础上,把工程中常用的普通力学和流体力学等公式编制成几何图表供人查阅,大大简化了工程设计的计算工作,深受工程界欢迎。出版有《水力学教程》、《分析力学教程》(1811 年)、《力学课程大纲》(1811 年)等多部教材。 (杨惠民)

默多克,W. (Murdock,William) 英国人,1754 年 8 月 21 日生于英国苏格兰埃尔郡奥金莱克,1839 年 11 月 15 日卒于沃里克郡伯明翰。*燃气与照明工程、机械与动力工程。*

技工的儿子。1777 年进入由 M. 博尔顿和 J. 瓦特创办的伯明翰机械制造公司索霍工厂工作。1779 年被派往该公司的康维尔工厂,指挥安装和维修瓦特蒸汽发动机用于矿区抽水。他和当地矿区一个工头的女儿结婚，在雷德勒斯安家落户整整19年，在那里完成一些重大发明。

当时，博尔顿和瓦特都坚持使用大气压力推动活塞运动。1784年，默多克却用蒸汽压推动小型气缸内一个20毫米小活塞运动，其动力足以驱动他制作的小型蒸汽火车头模型，上面还携带着各种工具前行了1～2英里(1英里合1.6093千米)。试验成功后，他前往伦敦申请发明专利，路过埃克塞特时偶遇博尔顿。后者力劝他忘掉自己的高压蒸汽机车，集中精力改进他们现有的矿用蒸汽发动机，好让其他公司追赶不迭。博尔顿的这番话，让高压蒸汽机车实用化延迟了将近20年，才由R.特里维西克造出全尺寸的蒸汽火车头。

随后几年，他试验利用燃烧煤释放气体的可能性。在自家后院架起一个大容量铁制蒸馏罐，并引出一根20多米长的金属管道通向起居室。1792年7月29日，他终于在屋内获得煤气火焰。1799年回到伯明翰后，他继续完善煤气的生产、储存和净化工艺，进一步探索如何安全使用煤气来照明。1802年，他在索霍工厂门口安装了两盏煤气灯。第二年，整个厂区在夜间都被煤气灯照亮了。于是附近的一些纺织厂也开始用煤气照明作业。1808年，默多克在英国皇家学会宣读了有关煤气发明的详细设计。1812年，由此成立了国家照明和供热公司。两年后第一次用煤气灯照明街道。时至1819年，单是伦敦一地就已铺设了288英里管道，可为51000用户提供煤气。

他还有许多其他发明。例如，1799年发明了D形滑阀，还试验了压缩空气问题；1803年制成了第一支蒸汽枪；用机械把康维尔地区到处都有的花岗岩制成石质管道；当时的啤酒作坊惯用非常昂贵而难得的俄罗斯鲟鱼干鳔澄清酒液，他经试验发现可用英国鱼胶来替代并获得法定许可。此外还提出了有关保持蒸汽机均匀平稳旋转的“行星系运动理论”。 (吕　源)

马克当，J. L. (McAdam, John London)　一译麦克亚当。英国人，1756年9月21日生于英国埃尔郡埃尔，1836年11月26日卒于潘夫利斯郡莫菲特。道路工程、工程管理。

父亲去世后，1770年去美国纽约谋生。起初供职于叔父开设的一家商行，后来成为一名出售战利品的代理商，过着舒适的生活。1783年他回到苏格兰，在桑郡和埃尔郡购置地产，并当上该地区的道路托管人。1798年迁居福尔曼斯，在英国政府支持下继续从事公路研究。1806年被任命为布里斯托尔筑路长官，大力推行碎石铺路法。1815年升任该市道路总监。1827年任英国政府道路总监。

英国近代著名的铺路工程师。他发现自己居住地的路况很差，交通落后，给生活带来不便，也严重阻碍了经济发展，于是自已掏钱在索赫里等地方进行一系列的筑路试验。他在历史上第一次提出用碎石修路的方法，即马克当铺路法。他提出的新式铺路法基本要求是：提高路基，考虑到排水系统，加大路拱；用大块岩石铺底，再覆盖一层小石子，然后用细矿渣砂砾铺成路面；筑路碎石尺寸不得大于1.5英寸(合3.8厘米)，仅靠棱角相互锁结，免用一切土料；路拱拱度应为4～6英寸(合10.16～15.24厘米)比16～18英尺(合4.88～5.49米)，厚度为10英寸(合25.4厘米)，用行车使石子刮平和固结。这种碎石路面结构在专业上被称为“马克当路面”，多年来一直被世界各国所普遍采用。

他的主要论著有：《论当今筑路系统》(1816年)、《道路的科学修理与保养论集》(1819年)、《道路修建现状》(1820年)等。 (李啸虎)

特尔福德，T. (Telford, Thomas)　英国人，1757年8月9日生于英国苏格兰邓费里斯，1834年9月2日卒于伦敦。土木建筑、路桥工程、水利工程、材料科学。

出身贫寒，少年时就自立谋生，当过石匠学徒，但志向是做一名建筑师。由于他的才能与勤奋，终在建筑领域赢得声望，1786年被什罗普郡行政当局任命为建筑检查官，负责监督教堂和楼房等施工。1793年奉命任埃尔斯米尔运河公司代理人兼总工程师，专事运河、桥梁、道路和港口等公共设施的修建或改建。1818年任英国土木工程学会第一任会长。

早期主持建筑3座跨越塞文河的桥梁，其中1796年竣工的比尔德沃斯桥是世界上第一座全铸铁桥。由于产业革命的迅猛推进，修筑运河已成了当时英国经济发展的当务之急。为了让大运河跨过威尔士巨大的赛里奥格山谷和迪溪山谷，他大胆设计两座凌空飞越的大渡槽，用新型铸铁板固定在砖石建筑中。该项工程使他举世闻名。

1803年起从事苏格兰高地的开发工作。他主持开凿卡列多尼亚运河，修建阿伯丁和邓迪等地的海港工程，修筑了总长1450千米公路，以及许多座桥梁。在扩建从曼彻斯特、谢尔兹贝利通向霍利赫德的公路工程中，他在康韦河和梅奈海峡建造了两座技术难度很大的悬索桥，其中梅奈大吊桥是当时世界最大吊桥，总跨度为177米，施工期从1819年至1825年。为了提高悬索桥的可靠性，他动用水压机对铁链和铁缆索进行了近200次的拉力强度试验，并请数学家P.巴洛(Peter Barlow)在理论上对数据进行分析，标志着英国材料科学的诞生。

为了回应铁路业兴起对内陆航运业的严重挑战，他还负责开凿一条从伍尔弗汉普顿到南特威奇的新运河，并负责修建了伦敦圣凯瑟琳船坞、苏格兰低地公路、瑞典的约塔运河等。 (李啸虎)

德贝当古—莫利纳，A. (de Betancourt y Molina, Agustín)　西班牙人，1758年生于西班牙加那利群岛特内里费岛，1824年7月14日卒于俄国圣彼得堡。机械工程、交通工程、机械学、工程管理、科技传播。

航海家后裔。1778年进马德里大学圣伊西德罗学院学习。1783年毕业后，任西班牙阿拉贡大运河阿尔马登矿区巡视员。1784年到法国巴黎道路与桥梁学院深造。1788年毕业后，被西班牙政府派往英国、德国和荷兰考察。1792年任皇家马德里机器陈列馆首任馆长。1793～1796年再次到英国研究机械学。同年回国,任西班牙全国港口与道路建设总督察。1802年任新建的马德里土木工程师军团士官学校校长。1807年当选为法国科学院外籍通讯院士。同年底,受邀访问俄国。1808年至去世一直在俄国工作,被沙皇亚历山大一世授予俄国陆军元帅级军衔,负责俄国道路顾问委员会,1810年组建圣彼得堡土木工程师军团学院并任督学,1819年出任俄国道路管理部部长,1822年退休。

18～19世纪之际欧洲最著名工程师之一。1783年,奉命巡视西班牙阿拉贡大运河、阿尔马登矿区等地。1785～1792年,奉命考察法国、英国、德国和荷兰,收集到有关动力、机械、交通和矿山等大量资料、图纸和模型,以此成立皇家马德里机器陈列馆。1789～1795年,向法国科学院递交多篇研究报告,其中有:英国复动蒸汽机及其理论分析(1789年),蒸汽膨胀力研究(1790年)、铁炮铸造和加工(1791年)、研制疏浚河道的机械(1791年)等。1791年他在法国设计和安装新型水泵。1795年在英国设计河道剪草机。同年在法国设计新型铁路信号机及其通信语言。1797年和佩里尔(Perier)同获一种工业用水压机专利。1799年,在西班牙主持建立马德里—阿伦尤茨铁路线光信号通信系统。1801年发明适于陆上水道运输的新式水闸系统。1807年研制温度计。

在俄国逗留的16年中,他指导和参与改进军械工业,建造桥梁、道路和建筑物,开掘运河、清理水道和构筑供水系统,修建铁路和开通内河蒸汽动力航运,建立纸币厂等。

出版《论机器的构成》(1808年,与他人合著),被欧洲各国作为通用教材。2008年,俄罗斯发行一套邮票纪念他诞生250周年。(谈漱梅)

蒂洛赫,A.(Tilloch,Alexander) 英国人,1759年2月28日生于英国格拉斯哥,1825年1月26日卒于伦敦。印刷技术、动力机械工程、科学传播。

社区治安官兼烟草店主之子。1771年入读英国格拉斯哥大学,1775年获工学学士学位。毕业后,参与父亲的烟草买卖,并开始对印刷技术进行一系列试验。1787年迁居伦敦,收购一家晚报并自任总主编。1798年又在伦敦创办《哲学》月刊并自任主编,1814年并购《哲学年鉴》杂志,将两刊合并为《自然哲学、化学与工艺学》杂志,由于经营得法,十分畅销。他续编至1822年退休,后由他人主持,在他去世后一年的1826年停刊。

1781年独立地发明铅版印刷法,重新挖掘和改进了旧式的浇铸铅版的排版工艺,使业已淘汰的技术再次流行。1782年,为了继续改进工艺,他找了格拉斯哥大学印刷厂年轻工人A.福利斯(Andrew Foulis)做助手,1784年4月28日同获英国第1431号专利,这一发明意味着再次用浇制版取代活字版印刷书籍。接着,两人又在苏格兰取得另一项印刷工艺专利。1797年他研发出一种制币防伪印刷工艺,同年向英格兰银行推荐,不受重视。正当法国银行界对此感兴趣时,两国却爆发了战争,他为避嫌通敌而放弃联系。1810年,英国当局却采用了阿普尔加斯(A. Applegath)的同类技术。1820年,蒂洛赫向英国议会申诉,声明这一防伪工艺实际上是他率先开发的。在18世纪80～90年代,先后又取得有关研制新型蒸汽发动机、磨坊水车动力机械等多项专利。

还是科学技术知识的积极传播者。他创办和主编的《自然哲学、化学与工艺学》杂志,前后共出版68卷343期,对当时科学技术信息的传播起到了重要作用。(李士土)

赛明顿,W.(Symington,William) 英国人,1763年10月生于英国苏格兰邓弗里斯郡利德希尔斯,1831年3月22日卒于伦敦。动力与机械工程、交通工程。

父亲和哥哥都是矿场技师,虽受人尊敬却不富有。他先后就读于爱丁堡大学、格拉斯哥大学。1785年毕业后,到家乡附近的瓦洛克海特铅矿场当机械工程师,当时他的哥哥正在该处研制蒸汽机。同年,他改进了瓦特的设计,兄弟俩一起造了一台新型蒸汽机。在矿场老板推荐下,1786年他参加了爱丁堡大学一个短期科学进修班。通过改进瓦特的设计,他很快找到了一条兼顾瓦特蒸汽机的功率和纽科门蒸汽机的简单的新思路。1787年,他为改进型大气式蒸汽机申请了专利。瓦特闻讯,立即派人去绘制了这部新机器运行的草图,发现它的工作原理相当巧妙:蒸汽在第二个活塞下被压缩,当新的蒸汽进入气缸后,活塞被推下来将压缩气体排出;动力活塞依靠大气压力对排汽后的气缸真空加压来运作。以后几年间,他又取得了数项改进蒸汽机的专利,并在各个矿场和磨坊推广使用。1792年,他建造了一台大型抽水机,受到瓦特高度评价。1793年,他在活塞上安装十字头来带动曲柄,极为成功地用于吹风式采煤,当时就造了15台。同年,在卡伦机械制造公司担任发动机顾问,时至1808年已建造了32台蒸汽机。期间,1794～1800年任波尼斯附近一个煤矿的经理;1804年与人合营福尔柯克一个煤矿,几年后失败。晚年,他因投资失利而债务缠身,最后在贫病中去世。

还是英国汽船的第一个发明者。1788年10月14日,在邓弗里斯附近的一个湖面上,他试验用蒸汽机驱动船侧的轮桨航行,但遭失败。1789年12月2日,他把小号蒸汽机安装在一艘快艇上,轮桨因加速而损坏,经修理后于当月26日、27日两次试验成功,时速达到11.3千米。1800年,瓦特的蒸汽机专利保护到期。1801年,赛明顿又获得一项新型蒸汽机专利,该机采用连杆和曲轴相连,很适于安装在明轮船上,但是直到1825年才被工程界广泛接受。1802年3月,他建造的一艘汽船成功试航,但仍无法投入实际航运。在运河航运公司邓达斯勋爵(Lord Dundas)的支持下,由赛明顿设计了一条以航运主女儿的名字夏洛特·邓达斯(Charlotte Dundas)命名的新汽船,船体由著名造船师J.阿兰(John Allan)建造,发动机在卡伦公司定做。1803年1月4日,该新汽船在福思—克莱德运河上进行了历史性首航,抵达格拉斯哥。这是世界上第一批实用汽船之一。同年3月,该船拖着两艘满载的船通过了运河,在9.5小时中航行了30千米,成为世界上第一艘能够拖载的汽船。为了纪念他,1890年人们在爱丁堡为他竖起一尊半身像，现保存于英国国家博物馆。

（廖悦乔）

艾特魏因，J. A.（Eytelwein，Johann Albert） 德国人，1764 年 12 月 31 日生于德国美因河畔法兰克福，1848 年 8 月 18 日卒于柏林。水利工程、水文学、应用力学、工程管理与教育。

商人之子。15 岁当普鲁士炮兵，期间自学土木工程课程。1786 年通过国土测量员国家考试，1790 年取得土木工程师资格。同年以陆军中尉军衔退伍，在普鲁士政府民政署供职，任奥得河西岸低地屈斯特林（今波兰的科斯琴）地区河堤监察官。1794 年任柏林公共建设工程委员会主任。1797 年参与创办德国第一份工程学杂志《土木工程学报》。1799～1806 年任柏林建筑学院（后重组为柏林理工大学）首任院长。1803 年当选为普鲁士科学院院士。1809 年任普鲁士公共工程评审委员会主任。1810～1815 年任新成立的柏林大学兼职教授。1816 年任普鲁士全国水利工程首席专员，1830 年因健康恶化退休。80 岁时双目失明。

在 18～19 世纪期间，对德国东部水利工程规划建设、工程教育水平提高有重要贡献。18 世纪 90 年代开始，负责监管德国东部奥得河、瓦尔塔河（今属波兰）等许多河流水文变化，并领导开凿运河以连接水道；参与规划和设计梅梅尔、帕拉和斯维内明德等许多港口；在大学讲授普通力学、水力学、流体静力学、机械设计、堤坝防护和水流管理等课程，为德国培养了大量工程人才；所著《力学手册》（1801 年初版，1842 年第 3 版），首次将实践和理论相结合，被认为是那个时代工程界最重要著作，颇有影响。

除大量论文外，其他著作和教材还有：《测量师、工程师和建筑师应用数学题集》（1793 年）、《水力学基础教程》（1796 年）、《论引进马斯河水在普鲁士国家中的权重》（1798 年初版，1817 年第 2 版）、《制图法》（1799 年）、《固体静力学手册》（3 卷，1808 年初版，1832 年第 2 版）、《透视图法手册》（2 卷，1810 年）、《高等分析学基础教程》（2 卷，1824 年）、《流体静力学手册》（1826 年）、《流体静力学及其数值方程解》（1837 年）等。（杨惠民）

尼普斯，J. N.（Niepce，Joseph Nicéphore） 法国人，1765 年 3 月 7 日生于法国索恩河畔沙隆，1833 年 7 月 5 日卒于圣卢德瓦雷纳。摄影术、机械与动力工程、应用化学、机械学。

父亲是沙隆公国国王的随从和顾问。1786 年入读法国昂热的奥拉托利兄弟会学校，对物理和化学有浓厚兴趣。1788 年毕业后，应征加入沙隆国民卫队。法国大革命后，1792 年加入法国南部与撒丁岛运动的革命军队。1794 年离开军队，定居于尼斯，开始和哥哥合作从事一系列技术开发。

摄影术的第一个发明者。1797 年在游历撒丁岛时，萌生开发一种能记录和再现自然景物的技术。1813 年从事平版印刷工作。开始用氯化银做过摄像试验，因为这种化合物遇光会变黑，但最终还是放弃了。1817 年 3 月，换用朱迪亚沥青继续进行试验，发现它受光照部分会变硬，遮光处仍然柔软，并可用薰衣草油和石油的混合液溶去。他把这种沥青溶解于薰衣草油中，然后涂抹于白蜡版面上制成最原始的照相底片，并置于暗箱内曝光 8 小时以取得影像。他把这种最早的摄影术称为“日光胶版术”（heliography）。1822 年，他制作了据认为是世界上第一张蚀刻式黑白照片，照的是教皇庇护七世（Pope Pius Ⅶ）的一张油画像，可惜在复制时损坏了。1826 年，他在家中窗口拍摄了世界上第一张黑白风景照。他留传至今的最早摄影作品，是两张关于 17 世纪版画的蚀版照片，一张是牵马人，一张是纺纱女。1829 年，在 L. 达盖尔一再要求下，和他签订了 10 年合作研究合同。但是，4 年后尼普斯不幸因中风去世。1837 年，达盖尔采用碘化银作为感光材料，以汞蒸汽显影的方法，成功地得到永久性照片，而曝光时间减少到 20～30 分钟。1839 年 8 月 19 日，购买了尼普斯摄影术专利的法国政府宣告全世界无偿共享这一技术，这一天后来被定为摄影术诞生纪念日。

在机械与动力工程领域，他和哥哥也有一些重要的共同发明。其中包括：首次装有车座的改进型自行车；1807 年获得由拿破仑亲自签署的世界上第一个内燃机专利，运行时可对易燃易爆粉尘进行控制；同年在索恩河上试验安装有内燃机的 2 米长船模；1809 年在改进水泵过程中发明了液压泵；1817 年开发出世界上第一台采用喷油系统的内燃机。

为纪念他，月球上有以他命名的“尼普斯环形山”。

（唐玄之）

吉拉德，P. -S.（Girard，Pierre-Simon） 法国人，1765 年 11 月 4 日生于法国卡昂，1836 年 11 月 30 日卒于巴黎。水利与交通工程、市政工程、水文学、工程管理。

金匠兼钟表匠之子。1789 年毕业于法国国立道路与桥梁学院，获法国工程兵团工程师资格。留校工作。同年被派往勒阿弗尔市参加港口建设。1798 年奉命随拿破仑远征埃及，先后任道路与桥梁专家团助理团长、埃及内政大臣。1803 年回国，任巴黎供水系统主管，短期撤职后复职，1831 年退休。期间，因拿破仑下台，1813 年退位开办私营水务公司；1815 年，在拿破仑第二次上台的“百日王朝”中任道路与桥梁部督察；1819 年负责巴黎及邻近地区照明工程施工，同年去英国伦敦考察城市照明和供水工程。1813 年当选为法国科学院院士，1830 年任法国科学院院长。

科学生涯始于对结构工程的木材强度研究。1789 年参加勒阿弗尔港口建设，1790 年获得法国科学院关于水港和运河船闸理论与施工实践的竞赛奖，自此初露头角。1791 年起，和同事、数学家 G·德·普洛尼（Gaspard de Prony）一起研究过几何学问题；1793 年和他一起主编《桥梁与道路辞典》。1798～1803 年，在埃及对尼罗河的水面高程、水流规律和河床特性等进行了广泛而详尽的研究；主持和指导埃及亚历山大港的海岸规划建设；撰写发表了一系列有关埃及的地理、水文、历史和考古的论著。19 世纪初，受命负责开凿塞纳河和乌尔克河之间的通航运河工程等；同时悉心研究了管道和明渠内的水流阻力问题。1813 年，来自乌尔克的船队通过运河首航巴黎。但拿破仑的倒台和君主制的复辟，使这条 100 千米长的运河拖延到 1820 年才完工。

他的相关设计和计算，其中包括对城市地下水位某些不利影响的原因分析和对策思路，收于主要论著《关于乌尔克运河的备忘录》(2 卷，1831～1840 年)。除大量论文外，另出版有专著《固体阻力分析》(1798 年)等。1831 年获法国荣誉军团勋章。 (陈良瑞)

富尔顿，R. (Fulton，Robert) 美国人，1765 年 11 月 14 日生于美国宾夕法尼亚州兰克斯特，1815 年 2 月 24 日卒于纽约。*动力机械、船舶工程、水利航运。*

出身农家。少年时在首饰店当学徒，见习象牙微雕制作。17 岁到费城学绘画，同时在一家机械厂任制图员。1787 年赴英国伦敦学画，结识 J. 瓦特等人。1794 年开始研究运河工程和船舶技术，1796 年出版《论运河航行的改进》一书，提出内陆河道系统全面整修规划，但未被赏识。1797 年赴法国为拿破仑一世(Napoléon Ⅰ)研制小型人力潜艇，1800 年设计建造成功“诺蒂拉斯”号，但在实战攻击英国军舰时，因受潮水影响多次无法靠近目标，终被法国海军拒用。后游说于英国和美国，均无人问津。

实用蒸汽船发明者。1801 年他说服美国驻法公使利文斯顿(R. R. Livingston)，合资建造了一艘 20 米长的明轮蒸汽船，两年后在法国塞纳河上试航成功。1806 年返回纽约，翌年和已成岳父的利文斯顿合作建造蒸汽船“克拉蒙特”号。该汽船全长 40.6 米，用英国博尔顿—瓦特蒸汽机(即单缸凝汽式蒸汽机)为发动机，驱动两个直径 4.58 米的外桨明轮，是世界上第一艘商业化轮船。由纽约驶往哈得孙河上游的奥尔巴尼约 240 千米水路，帆船顺风也得 2 昼夜，而该船首航历时仅 32 小时。他随即又将船加固加宽，在两地间开设定期航班，每两周往返三次，垄断纽约州汽船商务达 20 年之久。1814 年 10 月，他为美国海军设计的世界上第一艘蒸汽机军舰“富尔顿”号下水，次年 6 月首次试航。该舰用于港口防御，是一艘铁甲包木的双体驱逐领舰，排水量 2745 吨，长 48 米，由夹在双体船中间的明轮推进，船上装有 32 门火炮，航速每小时超过 10 千米。富尔顿一生建成轮船 17 艘，为世界航运史揭开了崭新一页。

(李啸虎)

惠特尼，E. (Whitney，Eli) 美国人，1765 年 12 月 8 日生于美国马萨诸塞州韦斯特保罗，1825 年 1 月 8 日卒于康涅狄格州纽黑文。*农业机械、兵器工程。*

农场主的儿子。1792 年毕业于耶鲁学院。1793 年赴佐治亚州萨班那当教师。1794 年成立惠特尼轧棉机公司。1797 年任惠特尼步枪制造厂厂长。

手动式锯齿轧棉机的发明者、互换式标准化生产的首倡者。1793 年他因从教而顺道访问佐治亚州一个种植园，得知处理短绒棉纤维是棉植业老大难问题。这种内陆棉在美国南方产棉区很普遍，它的纤维紧紧缠附在青棉籽上，一个奴隶要花上 2～3 个小时才能手工剥离 1 磅棉花，枯燥乏味而且费力费时。他实地观察了手工剥棉过程，很快试制出一种模仿人手动作的剥籽轧棉机毛坯。后几经修改，1794 年 3 月 14 日获得发明专利权，不久成立惠特尼公司。惠特尼轧棉机构造简单紧凑，操作方便，由加料棉箱、梳毛轧筒、刻槽挡板和毛刷轧棍四个部分组成。该机与旧式滚动轧棉机的最大不同，是刻槽金属挡板空隙只让梳毛轧筒上的弯形铁丝齿和棉绒通过，从而不断剥离棉籽。想不到这种机器竟永久改变了美国传统的南方棉植业和北方纺织业的原有进程，并成为后来南北战争诱因之一。它给南方带来了繁荣，但种植园主并不想为此付钱，加上仿制品到处泛滥，至 1797 年惠特尼公司几近破产。1807 年专利到期，美国国会拒绝更新这一专利。惠特尼感慨地说“一种发明太有价值，就会对发明者全无价值。”从此他再也不申报发明专利，其中包括磨粉机。

1798 年惠特尼公司与美国政府签约，承诺 2 年内提供 12000 支毛瑟枪，由此惠特尼公司改建为惠特尼步枪制造厂。由于合同到期仍未完成生产任务，1801 年他向美国政府建议并获准采用统一型号的互换式零部件规模生产方法，对美国制造业发展有重大影响。

(丁 蕾)

珀金斯，J. (Perkins，Jacob) 美国人，1766 年 7 月 9 日生于美国马萨诸塞州纽伯里波特，1849 年 7 月 30 日卒于英国伦敦。*印刷术、动力工程、仪器研制。*

小时候跟随一个金匠学艺。15 岁出师后，在当地小镇上做金匠生意，并发明一种鞋扣电镀方法。因为小有名气，1787 年被马萨诸塞州政府聘为模子匠，专为造币厂浇铸和雕制铜币的硬模。期间，他对纸币制版技术进行了重大改进：首次采用钢版代替铜版，既降低生产成本，又提高了质量；创造一种独特的钞票雕版法，使防伪水平大幅度提高，1809 年珀金斯雕版法获得马萨诸塞州法律的正式承认。在波士顿、纽约分别居住了一段时间后，1814 年他搬到了费城，在一家银行票据制造公司担任雕版师。1818 年，他带了几个技术人员到英国伦敦开办票据印刷公司，其中和爱尔兰银行签订了印制货币的合同。在伦敦多年，珀金斯不断扩展了他的印钞业务，同时又发明了一种新的雕版工艺，可把一块钢版上的雕刻图复刻到另一块钢版上去。

他是一个多产的机械发明家。主要发明还有：1790 年，发明一台新型制钉机，能一次切断铁丝并压出钉头；1823 年起着手试制不同类型的蒸汽发动机，很快造出了工作蒸汽压力达 55～95 大气压的高压蒸汽锅炉，并在掌握水在锅炉中自然循环的规律的基础上，最终设计出了现代水管锅炉；发明一种可用于测量水深的水深测量仪；发明能精确测量船只航速的测速仪；研制伍尔夫式焊缝机；设计过一艘改进型的蒸汽明轮。还对研制火器感兴趣，造出不用黑色火药为推进剂的高压蒸汽枪，这种枪发射的子弹可穿透 11 块相隔排列、每块厚度为

1英寸(约合2.54厘米)的坚固木板;只需要加上65个大气压的压力,高压蒸汽枪子弹就可射穿1/4英寸(约合0.63厘米)厚的铁板;还在通常枪桶上拧上一个装满子弹的螺旋管,让子弹源源不断地掉进枪桶,每分钟发射的子弹可达1000发。

在他的家族里,次子A. M. 珀金斯(Angler March Perkins)于1827年来到英国,是高压蒸汽暖房系统的发明者;孙子L. 珀金斯(Loftus Perkins)也在英国度过大半生,1880年运用极高压蒸汽发动机建造了"安斯莱特"号游艇。 (张戌升)

卡斯顿,D. L. G. (Karsten, Dietrich Ludwig Gustav) 一译卡斯腾。德国人,1768年4月5日生于德国梅克兰堡州毕卓县,1810年5月20日卒于柏林。*采矿工程、矿冶学、矿物学。*

1782年起在德国弗赖堡大学矿冶学院学习,师承矿冶学家沃纳斯(A. G. Werners),曾跟随导师赴普鲁士埃莱夫山区进行矿产勘查。1786年转到哈雷大学学习。期间在沃纳斯的推荐下,1788年赴马尔堡大学协助整理和描述该校已故教授莱斯克(N. G. Leske)收藏的大量矿物标本。1789年返回,获哈雷大学矿冶学博士学位。同年任柏林大学矿业学院矿物学与矿冶学教授,兼任柏林矿产科学院皇家矿物收藏馆馆长。后又兼任普鲁士某大臣的私人秘书和旅行随员,1792年任顾问,1797年任高级顾问。1803年兼任普鲁士政府矿务大臣高级顾问。1810年4月,被普鲁士枢密院任命为国家矿山与矿冶局局长,上任不久便因病去世。生前是普鲁士科学院院士、15种专业学会会员。

对德国矿物学和矿冶工程学的建立与发展有重要贡献。他对马尔堡大学已故教授N. G. 莱斯克收藏的大量矿物标本进行整理和描述所写成的学术巨著,发展了一种基于外观特征的系统的矿物鉴定法,被誉为"德国开纪元的矿物学大全",奠定了德国近代矿物学的基础。在任柏林矿产科学院皇家矿物收藏馆馆长期间,不遗余力多种渠道收集扩充藏品,为德国矿物学、地质学教育和研究积累了丰富的宝贵资料。对德国矿产、矿冶业的长期调研和参与管理,对德国矿冶工程学发展有重要贡献。在矿石成因的学术思想上,师承弗赖堡学派宗师沃纳斯,以水成派取代火成派。

发表论文50余篇;出版著作有《莱斯克绅士收藏的矿物》(第一卷,1789年)、《富瓦县的铁矿和冶铁厂调查》(1789年,与他人合编)、《莱斯克博物馆矿物收藏品一览》(2卷,1798年,与他人合编)、《矿物图册》(1800年)等。 (李啸虎)

斯莱特,S. (Slater, Samuel) 美国人,1768年6月9日生于英国英格兰德比郡,1835年4月21日卒于美国马萨诸塞州。*纺织机械、企业管理。*

英国裔。父亲是英国一个中等富裕的农场主,还投资地产。他出生那年,正好是著名英国发明家R. 阿克赖特申请纺纱机专利的一年。幼年丧父。15岁进兰德比郡一家纺织厂当学徒,厂主原是阿克赖特的搭挡,成了斯莱特的师傅。他勤奋好学,思维敏捷,从普通纺织工提升为工厂物资主管。在结束了6年学徒生活之后,他已经对英国纺织工业概况、纺织机械操作及其所有工艺流程了如指掌。当时他认为英国纺织业已经到了顶峰,听说美国愿出巨资购买阿克赖特的专利,于是决定秘密移民去美国碰碰运气,因为当时英国法律严禁出口与纺织机械相关的任何东西(包括工程师)。1789年11月,在经过两个多月航行之后,他终于抵达纽约港,在纽约制造公司纺织工场打工。1793年,他帮助M. 布朗(Moses Brown)及其女婿W. 阿尔米(William Almy)在罗得岛波特基特建立了水力纺织厂。1797年,他在黑石河畔建立了自己更大的纺织厂;后来在新英格兰又建立了几座大纺织厂。

他被誉为"美国棉纺织业创始人"、"美国工业之父"、"美国工业革命奠基人"。他通过强记英国著名纺织机发明者阿克赖特、J. 哈格里夫斯和S. 克朗普顿等人的机器详图,在美国重新建造了纺纱机,而且带来了先进的操作技术秘诀。在斯莱特之前,移民美国的有纺织业经验的人不算少,但斯莱特是第一个既懂建造和操作纺织机,又懂企业管理的人。虽然他的纺纱机并不像有些人说的那样新颖独创,却是一种基于英国模式的、由美国人设计和建造的机器,在模仿中也不乏有自己的二次创新成果。他在罗得岛创办的水力纺织厂,是美国第一家成功的棉纺织厂,美国近代棉纺织工业正是从这里开步,该厂至今仍保留作为纪念。自1797年他在黑石河畔又建立了规模更大的棉纺厂,在随后的10年里,许多工厂和商店沿着黑石河两岸如雨后春笋般涌现,在罗得岛便形成了斯莱特—斯维尔城;而在美国,当时有80多家棉纺织厂相继建立。 (宋 芳)

布鲁内尔,M. I. (Brunel, Marc Isambard) 英国人,1769年4月25日生于法国诺曼底的阿克维尔,1849年12月12日卒于英国伦敦。*隧道工程、结构工程、机械工程。*

原籍法国,1787～1793年服役于法国海军,受到良好军械技术训练。法国大革命时因忠于波旁王朝遭清洗,1793年逃往美国,曾先后担任拟议中的钱普林运河勘探员、实习建筑师和纽约总工程师。1799年转赴英国,主持建造多项重要交通工程,发明多种机械工具,后加入英国籍。1841年受封为爵士。其子I. K. 布鲁内尔也是英国著名土木工程师和机械师。

英国近代著名发明家、机械师与建筑师,机械化生产的推动者。流亡美国期间,主持建造许多重要工程,其中如老鲍厄里剧院(1821年烧毁)、尚普兰湖—哈得孙港运河工程、改建纽约湾区海防设施和建立兵工厂等。在华盛顿新国会大厦设计招标中一举获胜(后因财政拨款困难而搁浅);并获得机械化生产船舶滑轮的专利。1799年来到英国朴次茅斯造船厂,在英国政府支持下第一次实施自己的机械发明,10个人操作43台机器,效率和产量显著胜过百余人手工劳动,而且质量保证、规格统一。1810年发明圆筒形织袜机。1818年获隧道掘进铠框发明专利,从此解决了水下安全作业难题。此外还发明和改进其他许多节省劳力的机械,如弯木机、锯木机、制靴机和印刷机等等。主持建造利物浦第一个浮动登陆码头、波旁岛索桥、以及泰晤士河罗瑟希斯-沃平隧道(1825 年开工,因资金短缺停建 7 年,1842 年竣工)。在这项工程中采用他发明的隧道掘进铠框,可使 36 台挖掘机在三层铁铠架上同时工作。

(李啸虎)

雷普索尔德家族(Repsold family) 德国人,三代均为杰出的天文仪器制造师。机械技术、仪器研制、实测天文学。

约翰·乔治·雷普索尔德(Repsold, Johann Georg) 1770 年 9 月 19 日生于德国不来梅附近弗雷门,1830 年 1 月 14 日卒于汉堡。

牧师之子。在斯塔特拉丁语学校毕业后,1788 年去库克斯港市学习数学和制图。1795 年任易北河领航员。1799 年起在汉堡港消防署工作,1808 年任消防队队长。1800 年自行建立机械工场,业余从事仪器研制。后在指挥救火时因公殉职。

1803 年为瑞士天文学家 J. K. 霍纳(Johann Kaspar Horner)制造便携式中星仪。1807～1821 年间,和大数学家高斯通信频繁,应其要求,1815 年为格丁根天文台制作子午环,1821 年制作日光回照仪。

阿道夫·雷普索尔德(Repsold, Adolf) 1806 年 8 月 31 日生于德国汉堡,1871 年 3 月 13 日卒于同地。

阿道夫·雷普索尔德第三子,在父亲去世后子承父业,1856 年任消防队队长,并继续经营家族机械工场。1858 年任汉堡消防总署负责人。因心脏病去世。

曾为贝塞尔造小型中星仪。1831 年为英国爱丁堡天文台制成一架焦距为 2.74 米的类似仪器。制造过标准测量仪器、灯塔灯具、环形分度机。1833 年起为汉堡天文台、普尔科沃天文台,1841 年为柯尼斯堡天文台制造大型子午环。1849 年为英国牛津大学建成日光回照仪。1855 年建立一个新工场,为葡萄牙里斯本天文台建造焦距 2.44 米的折射望远镜。同年,为德国哥达天文台制作赤道仪。

约翰·阿道夫·雷普索尔德(Repsold, Johann Adolf) 1838 年 2 月 3 日生于德国汉堡,1919 年 9 月 1 日卒于同地。

阿道夫·雷普索尔德之长子。1859 年起作为父亲的得力助手,1862 年成为家族业务的合伙人。当选为德国利奥波德科学院院士、圣彼得堡科学院外籍院士。1911 年获格丁根大学荣誉博士学位。1918 年汉堡市议会授予他教授头衔。是汉堡地理学会荣誉会员。

改进了多种天文仪器。1879 年发明可调节计时器的弹簧摆。1890 年设计测微计。 (朱逸农)

路斯,A.(Loos, Adolf) 一译卢斯。奥地利人,1870 年 12 月 10 日生于捷克莫拉维亚地区布尔诺,1933 年 8 月 23 日卒于奥地利维也纳附近卡尔克斯堡。土木建筑工程、建筑学。

石匠之子,9 岁丧父。1890 年起,先后在奥地利皇家帝国技术学院、德国德累斯顿技术学院学习建筑学。1893 年辍学前往美国考察建筑,观摹了芝加哥世界博览会,在纽约干建筑业零活。1896 年回到维也纳从事建筑设计,并积极为《新自由》杂志撰稿,很快进入维也纳知识界名人圈。1918 年胃癌动手术,至 50 岁时又听力失聪。1920～1922 年任维也纳市政住宅处首席建筑师。1922 年在法国任建筑师。1928 年回到维也纳,1930 年退休。1933 年因病去世时,身无分文。

欧洲现代主义建筑学派的先驱者之一。主张建筑以实用、舒适、质朴为贵,追求自然美,反对刻意装饰,认为建筑"不是依靠装饰而是以形体自身之美为美"。1908 年发表"装饰与罪恶"一文,尖锐抨击当时"新艺术主义"华丽装潢的主张,认为过度装饰是一种文化上的退化,既不经济又不实用。在具体设计中,他偏好简单的几何线条,强调建筑物作为立方体的组合,对内外墙面毫不装饰,重视墙面和窗子的比例关系,强调"有效率的空间组合"。他的"空间设计"构想包含两个要素:单个空间塑造和空间之间组合,其核心思想是"空间平面",被认为是路斯对于 20 世纪建筑空间的一个重要贡献。他设计的住宅楼,采用平顶宽窗混凝土结构形式,为现代建筑形式奠定了基础。由此,被众多追随者誉为"青春艺术风格"和"国际艺术风格"。他熟悉美国芝加哥学派的建筑风格,尤其深受 L. H. 沙利文著作和作品的影响。代表作品有:维也纳咖啡博物馆(1899 年),卡尔玛别墅(1906 年),维也纳斯坦纳宅邸(1910 年),米夏埃尔勒广场剧院(1911 年),干草山社区集合住宅(1920 年设计),布拉格穆勒住宅(1928 年)等。 (李啸虎)

特里维西克,R.(Trevithick, Richard) 英国人,1771 年 4 月 13 日生于英国康沃尔郡伊洛冈,1833 年 4 月 22 日卒于肯特郡达特福德。机械与动力工程、交通工程。

个子高大,曾是地方有名的摔跤运动员。中学毕业后到父亲开办的矿场做帮手。因改进布尔蒸汽机,他在另一个矿场当上工程师,后独立开设机械厂。1816 年聘任秘鲁一家银矿的工程师,后自办小型银矿。1826 年该国内战爆发,他逃到哥斯达黎加。后移居哥伦比亚,在当地建造铁路的罗伯特·斯蒂芬森慷慨资助下才返回英国。尽管乔治·斯蒂芬森极力推荐,1828 年英国众议院还是没有让他获得政府津贴。他在贫困潦倒中客死达特福德的旅店,当地工人自发募捐为他举行了隆重葬礼。

1796 年,他研制出一台小型高压移动式蒸汽机,让锅炉和机车相联,烧红的铁条插入锅炉底部一根管子内,由此产生蒸汽推动机车运行。1800 年首次制成横梁连接杆型高压复式蒸汽机,用于矿山起重作业,4 年后约有 50 台用于抽水、制糖、制铁和制面粉等行业。1801 年圣诞夜,他带上 7 个朋友乘坐大型移动蒸汽车试验,这种以"蒸汽魔王"著称的"汽"车,只能短程移动。1803 年他到伦敦展示这种移动机车,因发生故障,投资公司抽回了资金;J. 瓦特看后觉得太危险,甚至要议会通过一项议案:禁止试验移动蒸汽机。对此,特里维西克反驳了瓦特。

在一家钢铁厂厂主资助下,他研制出第一辆铁道蒸汽机车,带有一个立式汽缸、8 英尺(约合 2.44 米)直径惯性轮和一长条活塞杆,以及抽取锅炉排汽的大功率装置和烟囱，总重 7 吨。1804 年 2 月，这辆“彭达伦”号机车带着 70 位乘客、10 吨铁块和 5 辆货车，9 英里（约合 14.5 千米）花时不到 2 小时，但运行 3 天后铁轨严重磨损，于是投资又终止了。1808 年夏，他在康沃尔郡尤斯顿广场建造了环形铁路，把时速 12 英里的“谁能逮我”号蒸汽机车当成娱乐车招客，一次 1 先令，不到 2 个月铁轨又损坏了。这时一家公司雇他研制蒸汽挖掘机清除泰晤士河底的垃圾，酬金是每吨垃圾得 6 便士。

其他发明有：螺旋桨推进的蒸汽船、经改进的船用锅炉、能自动退弹壳的炮架、热水装置等。 （江冬妮）

莫兹利，H.（Maudslay，Henry） 英国人，1771 年 8 月 22 日生于英国肯特郡伍尔维奇，1831 年 2 月 14 日卒于伦敦。精密机械加工、动力机械工程、工程管理。

出身贫寒，12 岁就开始独立谋生，先后在当地兵工厂、木工和锻工作坊当学徒。18 岁时师从著名制锁专家 J. 布拉默，不久在该厂当领班，历时 8 年之久。1797 年他自设工场开展业务，长期为布鲁内尔船舶装置设备工厂制造机器。在 1801～1808 年间，为英国海军部加工制作大批起重滑车。1804 年与人合伙创办莫兹利—菲尔德公司，1810 年该公司在拉姆贝特建立起当时欧洲最先进的机械加工厂，首次全部采用金属车床。在英国工业革命中起到了重要的推动作用。

因发明金属车床等机械设备，被誉为“机床工业之父”，1794 年，他发明装有螺旋轴的十字刀架，大幅提高了机床加工精度。1797 年发明第一台加工螺丝的丝杠车床，很快便被普及，一时声名大振。此外，他还获得固定式船用发动机、船用锅炉海水脱盐法、铆钉冲压机、滑动刀架座、花布印染法等多项发明专利。他的机械设计思想是：注重工作母机的技术创新；追求提高精确度、操作方便和外形美观的统一；首次充分认识到精确平面在机械加工中的工具导向作用，他为工人研制的标准平面，平滑几近极至，叠放的两个平面紧密贴牢以致只有靠滑动才能分开。研制的一种量具测准仪，精确度可达 0.0025 毫米。

维多利亚时代一些杰出的英国工程师中，不少出自他的门下。两个儿子继承父业，亦专攻机械制造：长子 T. H. 莫兹利（Thomas Henry Maudslay）继父亲之后为英国海军制作船用发动机；次子 J. 莫兹利（Joseph Maudslay）为英国海军建造了最早的螺旋桨发动机，并有多项机械技术专利。 （李啸虎）

赖兴巴赫，G. F. von（Reichenbach，Georg Friedrich von） 德国人，1771 年 8 月 24 日生于德国巴登的杜拉赫（今属卡尔斯鲁厄），1826 年 5 月 21 日卒于慕尼黑。军械工程、光学工程、水利工程、仪器研制、天文学。

加农炮制造厂厂长之子。1786～1790 年就读于德国曼海姆陆军工程学校。期间结识曼海姆天文台台长，并在父亲车间里仿制天文仪器。毕业后，1791～1793 年两次赴英国学习机械工程，同时任铁工厂工程师。期间结识 J. 瓦特和 M. 博尔顿等著名人物。归国后，在巴伐利亚军队任技术军官，负责建立滑膛枪制造厂，1811 年退伍。1804～1814 年，先后合伙建立 3 家小型仪器公司，1821 年退休。1820 年出任巴伐利亚政府路桥中央局局长、顾问工程师。入选慕尼黑科学院院士。是法国科学院外籍院士。

德国工业化初期最杰出的工程师之一。在军械工程领域，改进和提高了德国的军械设计水平；发明一种后膛来复枪，并在德国批量生产；发明一种来复线火炮；研制火炮镗孔装置与加工技术。在科学仪器领域，1800 年开发出优于以往的分度机，空前提高等分圆周的加工精确度；研制和生产当时欧洲大陆精度最高、质量上乘的数学仪器和天文观测仪器，受到贝塞尔、高斯、拉普拉斯等著名科学家一致好评。其中最重要贡献，是首次实现将中星仪和墙式象限仪合一，研制出新型的子午仪系统，拥有当时最精密的圆环刻度，游标盘上装有 4 支游标卡尺，还配设有水平仪等仪器。1819 年，他为天文学家 F. W. 贝塞尔制作第一批赖氏子午仪，为其后来发现恒星视差提供了有效的观测工具，这种先进仪器很快就在欧洲大陆推广使用（英国仍沿袭旧法）。在水利工程领域，1806 年起，参与主持建造巴伐利亚一条长达 108 千米的运河，设计水压机和建成水动力泵站，其中一台水压机功率为当时世界之最，从 1817 年一直沿用至 1958 年才退役。曾获多枚奖章。 （屈大壮）

塞尼费尔德，A.（Senefelder，Aloys） 德国人，1771 年 11 月 6 日生于布拉格，1834 年 2 月 26 日卒于慕尼黑。印刷技术。

平版印刷术发明者。戏剧演员家庭出身。早年学习法律，父亲去世后因家庭经济拮据而辍学。曾想子承父业去当演员和戏剧作家，但未获赏识；又想去慕尼黑自印自卖乐谱和剧本，终因费用昂贵无功而返。无奈之下，他试图自己动手刻制印版，试验用油性墨汁在铜版上书写，然后用酸液浸蚀铜版，但效果并不好，却在实验中偶然发现可用较便宜的石版来代替铜版。他后来在回忆录中记载了当时经过：1796 年的一天，他随意挥起油笔把洗衣单上的项目匆匆写在一块巴伐利亚产的石灰石平板上，顿生灵感：如何使上面的书写痕迹像浮雕一样凸现出来呢？他为此进行了两年的不断实验，终于在 1798 年发现了石版印制法，这便是原始的平版法。

此后，他受奥芬巴赫一位印刷商的委托，筹建石版印刷工场。1806 年，他在维也纳将石版印刷术用于织物印染，后来还用来印制精确度要求很高的地图。他在维也纳和慕尼黑同时出版《石版印刷术大全》（1818 年），系统介绍了自己的发明和开发，包括石版翻印法、石版印刷机等，奠定了平版印刷的基础。不久便出现法文、英文和意大利文等译本，于是这种新式印刷方法很快便在欧洲风行一时，而以前流行的只是金属活字的凸版印刷和网版的凹版印刷。但是他并不满足于已有成就，1820 年试验以锌版取代笨重的石版，又发明了锌版印刷,自此石版印刷又渐为金属版印刷所取代。1826年,他首创彩色石版技术。接着他又研究在亚麻布上复制油画,但这项工作在世时来不及完成。生前荣获英国褒奖学会金质奖章等多种奖励。 (李啸虎)

康格里夫,W.(Congreve,William) 英国人,1772年5月20日生于英国肯特郡米德尔塞克斯,1828年5月16日卒于法国图卢兹。兵器工程、机械工程、火箭技术。

英国皇家兵工厂与皇家实验室审计长之子。入读剑桥大学三一学院,1793年获文学士学位,1795年获文科硕士学位。曾做过律师,办过报纸。1811年当选为英国皇家学会会员。同年任汉诺威炮兵部队名誉陆军中校。在1813年莱比锡战役中失去双腿,仍坚持技术创新。1814年父亲去世后接任其位,后晋升少将军衔。

近代欧洲火箭技术的先驱者之一。1804年左右,他开始研制铁壳固体燃料(火药)火箭。据考证,在1803年爱尔兰反叛英国的起义中,民族主义者R.埃米特(Robert Emmet)已经使用了火箭。康格里夫火箭很可能是以此为原型进一步开发的,但他并不承认这一点。1805年,他在皇家兵工厂首次成功演示火箭发射,接着批量生产。英国皇家海军用火箭两次袭击了停泊在布洛涅港的法国舰队。1809年,英国国会授权他为陆军组建两个火箭炮兵连。在1813年莱比锡战役中,亲自指挥了其中一支部队。在拿破仑战争末期,英国人动用了火箭;在1812年攻打美国麦克亨利要塞的争夺战中,英国人也用上了火箭。时至1830年,欧洲的大部分军队都装备有康格里夫火箭。

是一位多产发明家。除火箭技术外,还发明有:后座力枪托、定时炸弹引信、火箭降落伞附件、液压气动式水闸(1813年)、彩色印刷工艺(1821年开发,在德国广泛应用)、新式蒸汽机、消烟法(被皇家实验室采用)、以滚珠在之字斜面上运动而计时的闹钟、由金属材料镶嵌和连接的防火大楼、防伪钞票、捕鲸火箭等等。此外,还改进了火药、烟火、刻板印刷、煤气表等传统制作工艺。

先后获18项专利。主要论著有:《火箭系统的起源与进展简述》(1804年初版,1807年再版)、《海军军械装备基础》(1812年)、《火箭系统详解》(1814年)、《液压气动闸说明》(1815年)、《蒸汽机原理新解》(1819年)、《通货系统》(1819年)、《康格里夫火箭系统》(1827年)等。

(王天运)

马希特,D.(Mushet,David) 一译穆谢特。英国人,1772年10月2日生于英国爱丁堡达尔基斯,1847年6月7日卒于蒙茅斯。冶金工程、冶金学、物理化学、企业管理。

小铸造厂主之子。1791年毕业于达尔基斯文法学校。1792年到附近的克莱德炼铁厂当会计,工余广泛阅读冶金书籍,经许可利用厂里设备试验新工艺。1800年因出卖自己的专利权,被克莱德炼铁厂解雇。翌年他购买和重建考尔德炼铁厂,继续进行试验。1805年移居德贝郡,任阿尔弗兰顿炼铁厂经理。1810年任哈尔福德炼铁厂经理,半年后辞职从事煤矿业。1819年在达克希尔建立铸造厂。1826年任大不列颠炼铁公司总经理,该公司还经营铁矿、煤矿和铁路等庞大业务。1845年退休。是英国地质学会会员。

1793年起,他开始在受雇的炼铁厂利用工余进行一系列实验研究,经常留厂工作至凌晨。1798年在《哲学》杂志上接连发表3篇论文,一下子成了公认的炼铁权威。1800年获得用熟铁炼制铸钢的工艺专利,同年以3000英镑卖给设菲尔德一家公司。1801年,又有了第二个重要发现:证明以前普遍认为无用的一种"黑带铁石"(俗称"野煤")可用来炼铁。黑带铁矿石的开发利用,导致了苏格兰炼铁业的显著扩展。1815年,开发成功用鼓风炉直接生产精炼铁的工艺,其实他得到的某些铁已经是钢,有整整10年,他用以自制刮胡子的刀片。

一生获专利5项;在《哲学》等杂志上发表论文43篇;为权威性的不列颠百科全书等撰写有关炼铁技术与设备的条目。 (杨惠民)

凯利,G.(Cayley,George) 英国人,1773年12月27日生于英国约克郡斯卡伯勒,1857年12月15日卒于约克郡布鲁姆顿。航空工程、机械工程、空气动力学。

富有绅士家庭出身,早期受过良好正规教育,还聘请英国著名数学家做过家庭教师。24岁时父亲去世留下了可观遗产,为他的科学研究提供了物质基础。他是一位准男爵,一生关心英国的工程技术和社会政治问题,但主要研究重于空气的飞行。

第一架载人滑翔机发明者,空气动力学奠基人之一,被誉为"航空学之父"。1792年他开始用中国玩具"竹蜻蜓"作一系列飞行试验,1796年制作了第一个直升机模型。在伦敦科学博物馆,至今收藏有他于1799年制作的小银盘,一面刻着一架滑翔机草图,一面刻着机翼受力说明。他第一个分析飞行器受力及其相互关系:向下的重力、向上的升举力、向前的推动力和向后的拖曳力。1804年研制一种旋臂机械,测量过鸟型扑翼所受空气升力。他在试验中发现:如果将机翼稍稍折成两个面,就会造成侧向稳定性;如果在主翼后面装个尾翼面,就会产生纵向稳定性。同年研造和试飞了一架小滑翔机模型,已初具现代飞机雏形,机身带有固定机翼(翼尖上仍有仿鸟扑翼);尾翼有活动水平方向舵和垂直升降翼。1809年研究了鱼的流线型,制造了航空史上第一架全尺寸滑翔机。

其研究成果以"论空中航行"为总题,分3篇论文于1809年11月、1810年2月和3月连续刊登在《自然哲学》杂志上。他在文中第一次为固定翼取代扑翼进行辩解,并且正确指出:升力由翼面上表层形成的低压区产生;中凸的弯曲翼面比扁平翼面更能产生升力;内燃机将是未来可用的航空动力。19世纪40~50年代,由于无法制成轻质发动机,他设计和建造了多架滑翔机。1849年研制和试飞了一架全尺寸三翼滑翔机,一些人用绳子拉着它从小山坡上滑下来,吊篮里载着一名10岁男孩,飞机迎着微风飘飞了一段距离。这是历史上第一次载人滑翔机系留牵引飞行。1853年在另一架滑翔机上装配刹车杠杆,让家中的马车夫驾驶,是历史上滑翔机首次自由飞行,飞行距离没有明确记录。他在临终前不久写下遗言："给你，查看笔记的朋友！我已去了，愿您在这些涂鸦中寻找到智慧的火种。"一百多年后，莱特兄弟感激地说，他们的成功完全得益于这位英国绅士的飞行理论。

此外，凯利还发明有履带式推土机、铁道自动刹车装置、热力发动机、带辐条车轮等机械；为英国海军设计大炮炮弹，在拿破仑战争时期得到应用；在声学、光学、电学以及下水道工程等方面也有不少贡献。（宣焕灿）

贝拉尼，A.（Bellani，Angelo） 意大利人，1776年10月31日生于意大利蒙扎，1852年8月28日卒于米兰。*仪器研制、物理、化学、气象学、博物学。*

先后在蒙扎学院、米兰神学院等教会学校学习修辞学、哲学和神学，后任神父。是伦巴第文理研究院和意大利维罗纳科学学会的成员。1808年在米兰开办了一家温度计制造厂，一开始业务就很兴旺。

从研究和制造温度计开始其科学生涯。曾设计"温度记录仪"，制造能自动记录最低和最高温度的双刻度测热仪。1808年论证由于玻璃变形会引起温度计上零点刻度的变化。他对化学研究也很感兴趣，在研究磷的燃烧及液化和沸腾的温度时，制造了磷的气体燃化计，它能精确测定产生的气体。1815年后将科学研究的范围扩大到气象学和农学。1824年发现充满氢的铂绒的催化作用。1834年在实验和气象观测的基础上，建立了冰雹形成的理论。1836年用鱼泡制成湿度计。完善了兰德里亚尼（Landriani）的蒸发计。晚年又转到博物学研究领域。（谈漱梅）

布里森，B.（Brisson，Barnabé） 法国人，1777年10月11日生于法国里昂，1828年9月25日卒于讷韦尔。*水运工程、画法几何、偏微分方程、工程管理。*

土木工程师之子。1794年毕业于法国巴黎高等综合工科学校。1798年供职于巴黎道路与桥梁学院，同年获工程师证书。1808年任法国政府斯凯尔特河管理部总工程师。1814年任法国政府马恩河管理部总工程师。1820年任巴黎道路与桥梁学院测绘学与建筑学教授，次年任督学。1822年任法国全国道路与桥梁理事会秘书长。1824年任法国全国道路与桥梁督察官。1827年当选为法国科学院院士。其妻是法国著名应用数学家蒙日的侄女。因积劳成疾，英华早逝，年仅51岁。

1801～1809年，参与主持修建连接罗纳河与莱茵河的圣昆廷运河工程。1820年后，主持巴黎地区图尔与南特之间的运河修建工程。在画法几何学及其工程设计应用领域，有重要贡献。1801年，和同事托尔奇（Dupuy de Torcy）合作发表论文，介绍如何用画法几何的分割点方法确定渠道水位过程线和航道曲线，这一方法后来用于对法国内河航运系统的总测试。1818～1820年间，陆续发表介绍和注释蒙日名著《画法几何学》的文章，并于1820年主持修订出版该著作的第4版，根据工程界最新成果增加了投影理论、透视图论这两章。为肯定他对画法几何学的重要贡献，在拉普拉斯去世后，法国科学院增补他为几何学部门的院士。他还是个数学家，于1802年、1805年、1808年、1827年和1828年陆续发表一系列短文论述线性偏微分方程理论。他去世后，法国工程界决定建立布里森纪念奖项，当时全法国的工程师纷纷发起捐款活动，可见他的声誉之高，影响之大。（戴成勋）

穆尔，W.（Moore，William） 英国人，鼎盛期约1806～1823年，生卒年不详。*兵器工程、火箭技术、空气动力学、数学。*

由于在第二次世界大战期间德国对英国的轰炸，有关他的许多历史文献已被战火摧毁，生平不详。从1806年起在英国伍尔维奇皇家军事学院任数学教师。

1810年后从事火箭弹道等武器研究。曾研究火箭在有和无空气阻力条件下的运动。1813年发表论文，首次用牛顿第三运动定律解释了火箭运动原理，并对推力和比冲作过计算，是第一个不计距离和高度来研究火箭特性的科学家。为更精确的测定火箭特性，他还提出采用弹道摆的建议。著有论文"关于曲率半径问题的分析"、"论不稳定状态的学说"（1811年）和"论火箭运动"（1813年）等。后一篇论文尽管有不足之处，但它毕竟是世界上第一篇关于火箭动力学的理论文章。

（王天运）

栗毓美（Li Yumei） 字友梅，一字含辉；号朴园，又号箕山。中国清代山西人，清乾隆四十三年（1778年）生于山西浑源州（今浑源），道光二十年二月十七日（1840年3月20日）卒于河南郑州。*水利工程、工程管理。*

出身儒学世家。历任河南多县知县、知府、粮盐道，湖北按察使，河南布政使、护理巡抚、河南山东河道总督等职，病逝于抗灾巡工途中。

主要活动大都和治水有关。在任时坚持勘视灾县水情，钻研河防工程技术，亲自指挥疏浚水渠、修筑新堤，有不少创新成果。在河工技术上的最大成就是采用并大力推广砖工，也就是在险要堤段设砖坝工程取代传统的镶埽（植物茎秆）工程和抛石护堤。道光十五年（1835年）就任河道总督后，开始大规模试行砖坝工程。当时开封上下黄河北岸滩地有不少黄河支流顺堤脚而流，汛期对大堤威胁很大。当年八月，这些支流下泄至阳武境内重归主流，冲击大堤，岌岌可危。他决定在阳武十堡抛砌砖坝，挑水向外。当试砌的第一座砖坝伸出堤岸10余丈时，水流不再冲击大堤，于是沿堤抛投砖坝60多座，保护了大堤的安全。他全身心投入黄河修防，为证实砖工的效果，往往置危险于不顾，在砖坝刚高出水面时，就屹立坝头指挥施工。由于砖工较埽工坚固不朽，保存长久，又较抛石整齐无隙，取材容易，在当时无疑是一种务实的抗灾创新。在任五年，黄河没有决口。道光二十年春病逝巡工途中。百姓深感其治绩，其灵柩运离河南时，众人沿途哭拜，"千里不绝"。山东、河南不少州县建有他的纪念祠。（江冬妮）

克莱门特，J.（Clement，Joseph） 英国人，1779年

生于英国威斯特摩兰郡的大阿什拜，1844 年卒于伦敦。*精密加工、机床技术、仪器研制。*

织布机械工的儿子。因家境贫困，未受正规教育，从小就做父亲的帮手，还在铁匠铺里干过活，18 岁成了村里的茅屋建筑匠。这时，一位在伦敦做钟表匠的侄子回乡带来了一些机械学书籍，这无意中改变了克莱门特的生活道路。他初次试制成功一台木车床，开始离家闯荡天下。起初在附近小镇研制过动力织布机和一种切削螺丝的机床。1814 年春在伦敦受到名匠 J. 布拉默赏识，很快成为工场总制图员和总管事。布拉默去世后，1817 年克莱门特独自开设了一家小作坊。

他发明一种制图仪，可以精确便捷地画出圆和椭圆，1818 年获得英国工艺协会金奖。同年发明新车床，装配有自动切削螺丝的刀架和专用设备，在加工大直径工件面时可保持恒定切削线速度，翌年首创机床自动定心卡盘（即“克莱门特驱动”），先后获英国工艺协会 1827 年金质奖章、1828 年银质奖章。1829 年首次在车床上安装旋转切削刀具加工螺丝和板牙沟槽；同时还发明无头板牙。

1828 年他形成了螺距标准化的概念，认为特定长度的螺丝应有确定的螺距和螺纹数量。这个简单的革命性想法，迅速被普遍采用。在他之前，每个技师都有自己特定的螺距，当要修理一个一个工件时，修理人员总要按照偏好重新攻丝和改钻螺纹孔，十分费时费力费材。他指导手下工匠 J. 怀特沃斯（Joseph Whitworth）对这项惯例作了改进，结果后者获得了这项革新的冠名权。后来又发生了有关他的大刨床发明优先权的纠纷。许多人都声称自己是刨床的发明者，而实际上最早的刨床是法国钟表匠福克尔（N. Forquer）于 1751 年发明的，后经人们不断改进。但是“克莱门特大刨床”在当时是独一无二的，在相当长时间内，它是同类工具中唯一能加工大于 6 平方英尺工件的机器，而且精度极高。克莱门特工厂在当时成了英国培养优秀机械师和技术工的最好学校。（陈芳泽）

斯蒂芬森，G.（Stephenson，George） 英国人，1781 年 6 月 9 日生于英国诺森伯兰郡威兰姆，1848 年 8 月 12 日卒于英国切斯特菲尔德。*动力机械工程、铁路工程。*

生于煤矿矿工家庭，学徒出身，没有受过正规教育。19 岁当上纽科门蒸汽机操作工，工余在煤矿子弟夜校进修并坚持自学。1812 年升任基林沃斯煤矿机械长，因发明矿用防爆安全灯而声名远扬。1823 年他在纽卡斯尔建立世界上第一个机车制造厂，并在达灵顿和斯托克顿两地建造世界上最早的客用铁路线。1847 年，他在伯明翰创立以铁路技术人员为主、世界最早的英国机械学会，并任首任会长。

世界铁路运输事业奠基人，被誉为“火车之父”。1813 年他慕名到附近另一家煤矿参观布伦金索普（J. Blenkinsop）研制的“装有轮子的蒸汽锅炉”，后者把它放在木轨上做运煤牵引机，劳动效率提高不少，这使他萌发了发明更先进的矿井运输蒸汽机车的念头。1814 年 7 月 25 日，他研制成功第一台“布留赫尔”号蒸汽机车，外形像巨人国里的短靴，能牵引 8 辆总重 30 吨的货车，以时速 6.5 千米运行在矿区和港口之间 14 千米的轨道上；后经改进，不久又造出时速 24 千米的新型火车头。为提高机车功率，他采用蒸汽鼓风法，安装了排废气烟囱，强化了通风效果，首次使蒸汽机车进入实用阶段。

1821 年，煤矿业主原打算在达灵顿和斯托克顿两地修筑供马车用的铁轨，后经斯蒂芬森说服，决定改用机车。1825 年 9 月 27 日，他研制建造的世界第一列火车“旅行者”号列车运载着 450 名旅客，以每小时约 38 千米的速度从达灵顿驶到斯托克顿时，标志着铁路运输的新时代就此诞生了。他主持修建的利物浦—曼彻斯特铁路线长达 64 千米，1829 年 10 月 8 日竣工日举行了一次盛大的机车比赛，斯蒂芬森父子合作研造的新蒸汽机车“火箭”号以时速 58 千米夺冠。他毕生致力于研制新型机车和规划新的铁路线，兼任国内外许多铁路工程的顾问，解决了铁路建筑、桥梁设计、机车和车辆制造的种种技术难题。正是在他的大力倡导和指导下，英国、欧洲和北美洲掀起了兴修铁路的热潮。（李啸虎）

蒙热里，J.-P. M. de（Montgéry，Jacques-Philippe Mérigon de） 法国人，1781 年 7 月 25 日生于法国巴黎，1839 年 9 月 9 日卒于同地。*军械工程、舰船工程、机械学、化学。*

1794～1798 年在法国海军当水兵和二级候补生，1803 年起先后任炮舰和护卫舰舰长，后晋升为海军上校，曾获得军队荣誉勋章一枚。他是法国船舶工程委员会委员、瑞典皇家科学院外籍院士。终身未娶。

从事研究的范围较广，有烟火剂、康格里夫军用火箭、富尔顿潜水艇等。他积极主张使用喷火器、装有火箭的潜水艇、地雷、鱼雷等新式武器。1825 年出版《评注 R. 富尔顿〈鱼雷战〉》一书，提出进一步改进鱼雷开发技术的意见。主要著作有《军用火箭》及《炮弹的由来》等。（王天运）

卡斯顿，K. J. B.（Karsten，Karl Johann Bernhard） 德国人，1782 年 11 月 26 日生于德国梅克伦堡的比措，1853 年 8 月 22 日卒于柏林。*矿冶工程、采矿学、冶金学、科技文献学、工程管理。*

政治经济学教授之子。17 岁入德国罗斯托克大学攻读法律和医学，同时热衷于物理和化学，特别是矿物学和冶金学，获博士学位。后在勃兰登堡和上西里西亚掌握了炼铁技术。1804 年受政府委托，在格莱维茨为德国创建一座从金属矿加工中提取煤焦油的工厂。从此历任矿务总监助理、总监和铸造业上层领导。还因负责该地区工业发展有成绩受过奖励。1821 年为枢密顾问官，此后成功地管理了德国该地区的全部冶金业和盐矿业 30 年。其子是罗斯托克大学数学与物理学教授。

有“德国科学冶金学奠基者”之称。一生著作甚丰,包括《炼铁指南》(2卷,1816年初版,1841年第3版)、《冶金学体系》(5卷,1831～1833年)、《盐矿教程》(2卷,1846～1847年),主编《采矿学和冶金学文献》(20卷,1818～1831年)、《矿物学、地质学、采矿学和冶金学文献》(26卷,1829～1854年,与他人合编)等书。

(戴成勋)

斯特金,W.(Sturgeon,William) 英国人,1783年5月22日生于英国兰开夏郡惠廷顿,1850年12月4日卒于曼彻斯特的普雷斯特威奇。电气工程、电磁学、科学传播。

鞋匠的儿子。10岁丧母,辍学向皮匠学艺。1802年加入威斯特摩兰郡民兵组织。1804～1820年在皇家炮兵部队服役,业余自学语言基础、数学和物理,并常为军官学校学生开设讲座。退伍后在伍尔维奇经营靴子制作商行,晚上抽空自学自然科学。1824～1840年任英国皇家军事学院自然科学讲师。1836年创建伦敦电气学会。1836～1843年创办和主编英国第一份电学刊物《电学年鉴》。1840～1844年出任曼彻斯特英国皇家维多利亚应用科学陈列馆馆长。以后基本上靠不定期讲课为生,1847年皇家慈善基金会给了他一笔200英镑救济金,后英国政府给他每年50英镑养老金,最后在贫病交加中死去。

实用型电磁铁的最早发明者。这一发明引发了发电机、电动机和电报等其他一系列现代技术的发明。早在服兵役期间,他就研制科学仪器和设计科学实验,深受士官学校学员欢迎。一次严重雷暴发生,促使他开始研究电学。1820年H.C.奥斯特在实验中偶然发现通电导线会让磁针转动的现象,给斯特金极大启发。因皇家军事学院电学教学需要,他决定自制教具。经过多次试验,1825年他在课堂上展示自己发明的第一个实用型电磁铁。这是一个缠了16圈漆包铜线,全长30厘米的涂漆马蹄形软铁棒芯,自重200克,用单个电池供电就能吸起4 000克重的铁质物品,吸力是电磁铁自重的20倍。同年在伦敦展出,获英国皇家艺术、制造和商业促进学会银质奖章。1832年发明一台电磁转子的发动机,随后又发明整流器。1836年发明第一个悬圈检流计。1837年制造多种类型电磁机械设备,其中有医用电疗仪,以及电杀野兔的打猎装置。1840年根据自己对温差电的理论研究改进伏打电池,开发出一种更简易而长效的电池。通过对500多只风筝的现场观察,他首次发现:在天气平静时大气层相对于大地一定带正电,随着高度增加正电越强。

此外,他是当时社会知名度很高的科普演说家,其中1832～1840年在伦敦阿德莱黛应用科学陈列馆定期举办免费自然科学讲座。著有《实验研究》(1830年)、《磁学宣讲录》(1843年)和《科学研究文选》(1850年)等书。

(李啸虎)

索普,J.(Thorp,John) 美国人,1784年生于美国马萨诸塞州雷霍博特,1848年11月15日卒于罗得岛州普罗维登斯。机械工程、纺织技术。

出身贫寒农家。早年生活经历不详,后长期在美国罗得岛为纺织厂家安装和修理纺织机械为业。1812年发明一种可手动和水动的两用织布机,获得他的第一份专利。当时的欧美纺织业,普遍采用英国人S.克朗普顿于半个世纪以前发明的走锭纺纱机,他痛感这种机械的技术设计缺陷致使生产效率低下。1828～1829年间,在罗得岛经多次重新设计和试验,终于研制出一种新颖的环锭纺纱机,可自动换筒连续纺纱,效率大幅度提高。不久,罗得岛波塔基特的纺织机修工詹克斯(Jencks)又对其进一步改进,后者还将这种环锭纺纱机正式名命为索普纺纱机。

这种新型的索普纺纱机构思十分巧妙,它的加拈、卷绕机构由锭子、钢领和钢丝圈等简单元件组成,在纺纱过程中用钢丝圈和移动式滑环杆灵活控制细线的旋转缠绕运行,大大降低了断线率。由于结构简约合理,运行快捷,开停自如,操作方便,制造成本显著降低,生产率提高数倍,很快就在当地推广使用,后又扩散到欧美和世界各地。时至19世纪60年代,索普环锭纺纱机已经在世界纺织产业中大半取代了S.克朗普顿发明的走锭纺纱机。纺织业因此迅猛发展,纺织业主大发其财,但是索普生前只获得些微薄的酬报,最后在贫病交加中去世。

1928年,美国全国棉纺织品制造商协会隆重纪念索普发明环锭纺纱机一百周年,第一次正式肯定了他在纺织产业发展史上的重要作用与地位。

(李啸虎)

纳维,C.-L.-M.-H.(Navier,Claude-Louis-Marie-Henri) 法国人,1785年2月10日生于法国第戎,1836年8月21日卒于巴黎。桥梁工程、流体力学、材料力学、应用数学。

父亲是富裕的律师,在他14岁时去世,母亲把他留在巴黎托叔父戈泰(Emiland Gauthey)照管。戈泰是法国著名工程师,在巴黎桥梁和道路首脑机关任职。他在叔父的精心照管下,受到良好的初期教育。1802年进入巴黎高等综合工科学校学习,1804年毕业后又考入巴黎道路与桥梁学院。戈泰利用各种机会向他传授有关修建桥梁和渠道的实际知识,并在布洛涅参加实习。因此,在1808年他以优异成绩毕业时,已具有对实际问题作理论研究的能力。1819年起,他在道路与桥梁学院讲授应用力学,1830年任教授。1824年当选为法国科学院院士。1831年任巴黎高等综合工科学校数学和力学教授,兼任法国政府技术顾问。1831年获法国荣誉军团勋位。

1807年戈泰去世,生前正在编写的关于桥梁和渠道的论著,由他整理完成,先后出版3卷巨著,综合了19世纪初期弹性力学的进展。第一卷于1809年问世。内容是桥梁史和当时最重要桥梁的介绍,引起的反应不大。但当1813年和1816年出版第二和第三卷时,引起了科学界的瞩目。纳维在编辑过程中,详加注释,充实内容。从所增补的内容来看,弹性力学当时的主要成就应归功于他。特别在第二卷中,他写出的棱柱杆弯曲的全部理论,是弹性力学中十分重要的内容。1813～1819年,他修订贝利多尔(Belidor)1729年出版的《工程科学》,重编后者的《水工建筑》(第一卷,1737 年),也都作了重要的注释。

1820～1829 年,他在工程实际和理论研究中均作出了重要贡献。18 世纪末开始出现悬索桥,当时在技术上领先的首推英国,中心跨度达 550 英尺(约 168 米)的米纳依桥驰名于世。1821 年和 1823 年,法国政府两次派他赴英考察。1823 年他提出著名的"悬索桥研究报告",在理论上的成就又比英国人前进了一步。其内容包括史料综述、结构分析和理论方法。该理论作为悬索桥主要依据达 50 年之久,至今仍有一定参考价值。

在研究机械运动时,他引入了"作用量"的概念。并解释为,这是在一定时间间隔内,力与距离乘积的组合量,用以表示力对物体作用的效果。这一概念很快就由科勒阿里斯(Coroiolis)表达为机械功。纳维还认为"作用量"等于质量与速度平方乘积的一半$\left(\frac{1}{2}mv^2\right)$,其实这就是功能定理的形式,只不过当时他还不能提出机械能守恒的完整概念。1820 年,他向法国科学院递交了关于弹性薄板弯曲的一篇研究报告,提出著名的"纳维解法"。1821 年向法国科学院提交论文"弹性固体的平衡和运动法则的研究报告",从质点模型出发,最先导出了相关基本方程及其边界条件,被后人尊为弹性力学创始人之一。同年又提交"关于流体运动法则的研究报告",把 L. 欧拉的理想流体运动方程推广到粘性流体,从质点模型出发,建立了流体运动的基本方程,后经斯托克斯(G. G. Stokes)改进,1844 年形成纳维-斯托克斯方程,概括了粘性不可压缩流体流动规律,成为流体力学理论基础之一。晚年,他出版《力学在结构和机械方面的应用》(1826 年第 1 版,1833 年第 2 版,1864 年第 3 版),再次受到法国科学界的关注。（戴成勋）

塞甘,M.(Seguin,Marc) 法国人,1786 年 4 月 21 日生于法国里昂附近阿诺奈,1875 年 2 月 24 日卒于同地。*机械与动力工程、交通工程、物理学、科学传播。*

企业家的儿子。青年时受叔祖父、著名气球专家 M. J. de 蒙哥尔费的影响,热衷于科学和工程。1836 年获法国荣誉军团骑士勋位。1845 年当选为法国科学院通讯院士。

他是个出色的企业家,同他的四个兄弟和一个表弟接手父亲经营的企业,在纺织、造纸、煤气灯、煤矿、建筑等产业上经营有方,并创办了铁路公司和开展建桥业务。1822 年成功主持铁缆绳取代铁链条的试验,并得到当局允许应用于桥梁工程。1825 年由两个弟弟帮助,在法国罗讷河上建成欧洲大陆第一座钢索吊桥。他在法国各地前后建造和监督施工的收费桥梁总共有 186 座。1832 年建成法国第一条自圣艾蒂安到里昂的现代铁路。1827 年发明火管锅炉蒸汽发动机,改进了蒸汽机车,把速度从每小时 6 千米多提高到 40 千米以上。

在物理学上,主要贡献是建立了分子运动和分子引力的理论,提出了物质结构万有引力模型。他反对当时的热质理论,认为磁、电和热现象均由物质微粒运动所引起,并可用牛顿力学来解释。1839 年提出热的转换和守恒的论点,但因实验测量不够精确而未能证实,直到 1847 年才由焦耳完成。他写过许多书,论述物理学和数学在建桥和制造火车发动机上应用。他主编出版的《宇宙》是一本重要的科普杂志。

（杨惠民）

杜福尔,G.-H.(Dufour,Guillaume-Henri) 瑞士人,1787 年 9 月 15 日生于瑞士康斯坦茨,1875 年 7 月 14 日卒于日内瓦。*军事工程、结构工程、城市规划、测绘学。*

钟表匠之子。早年曾在瑞士日内瓦一所技工学校学习制图和制药。1807 年去法国,先后就读于巴黎综合工科学校、军事学院,跟名师学习过画法几何。1809 年毕业后,又去应用学院学习军事工程学。1810 年起,先后受命负责修建希腊科孚岛、法国里昂的防御工事,以抵御反法联盟的国家。前皇帝拿破仑一世的侄子路易—拿破仑·波拿巴(Louis-Napoleon Bonaparte)曾是他的部下。1817 年任法国皇家工程师。同年回瑞士,出任日内瓦军事工程兵团总指挥、将军级军衔。后任图恩军事学校主任教官,兼任日内瓦大学数学教授,仍保留将级军衔。1838～1865 年任瑞士联邦政府地图勘绘署首任署长。期间 1847 年,当瑞士有股分裂势力闹独立时,他出任上将指挥 10 万瑞士联邦军队,在短短 20 多天里打败了对手,维护了国家统一。

1810 年,被拿破仑一世派往希腊科孚岛帮助修筑工事以抵御英国,并绘制了全岛旧工事地图。1814 年受命主持修建法国里昂防御工事,获法国荣誉军团十字勋章。1817 年起,在瑞士负责重建被战争毁坏的抽水站、码头和桥梁;组织研制瑞士第一艘蒸汽船在日内瓦湖通航;指挥修筑格勒诺布防御工事;参与主持大规模的日内瓦城市改建工程,在日内瓦安装欧洲第一批煤气路灯;组织和参与绘制瑞士联邦全境地图,在欧洲较早采用先进的三角测量法进行大地测量。1822 年,M. 塞金(Marc Seguin)在瑞士阿诺奈首次用拉紧的吊缆绳修建了一座危桥,这是世界上第一座临时性简单吊桥。受其启发,同年底杜福尔改进原有设计,在日内瓦防御工事区建造一座新的铁缆绳双跨悬索桥,桥的每一边使用三股铁缆绳,铁木桥面,最大跨度虽然只有 109 英尺(约合 33.2 米),这可能是世界上第一座永久性的铁索桥。

他还是国际红十字会创始人之一。在 H. 杜南的倡议下,1864 年杜福尔主持了欧洲第一次日内瓦会议,签订日内瓦第一公约(即战时伤兵法),宣告成立国际红十字基金会。为纪念他的多方面贡献,瑞士将与意大利交界的最高山峰命名为杜福尔峰。（李啸虎　杨惠民）

甘贝,H.-P.(Gambey,Henri-Prudence) 法国人,1787 年 10 月 8 日生于法国特鲁瓦,1847 年 1 月 28 日卒于巴黎。*仪器研制、机械技术、光学工程。*

钟表匠之子。曾就读于法国马恩河畔沙隆一所学校。在巴黎圣但尼开仪器作坊。后曾任法国贡比涅技工学校督学。1831 年当选为法国经度局成员。1837 年入选法国科学院院士。

为物理学家和天文学家制造精密仪器,以质地精美、精度高超而为法国和欧洲科学界所瞩目。为巴黎博览会制造展品，1819年、1824年和1829年曾3次获得金质奖章。英国皇家学会认为他的仪器在欧洲位居上乘。此后为法国经度局制造携带式经纬仪和六分仪，为杜隆与珀替制作第一架高差计，为菲涅耳造定日镜，为哥伦布制成改进的罗盘。还为巴黎天文台制造了许多仪器，其中1827年研制的2.38米直径墙式赤道子午仪获法国科学院金质奖章。在他去世后，巴黎的一条街以他的名字命名。 （朱逸农）

达盖尔，L.-J.-M.（Daguerre，Louis-Jacques-Mandé） 法国人，1787年11月18日生于法国瓦勒德瓦兹省康梅利斯，1851年7月10日卒于马恩河畔布赖。摄影术、舞台设计、应用化学。

早年学过土木建筑、舞台设计和阔幕布景制作。由于手艺娴熟，不久成为巴黎一些剧院的舞台设计师，声誉鹊起。1922年7月，和布顿(Bouton)合作创造西洋景透视布景，把所绘背景图片用灯光投影于舞台屏幕上，营造一种近乎逼真的艺术效果，一时成为时尚。在舞台布置时，他常用暗箱来校正图片的透视位置。1724年，德国的舒尔茨(J. H. Schultz)发现银粉和粉笔灰(白垩土)混合物在曝光后变黑的现象。受其启发，1826年印刷工J. N. 尼普斯制作了世界第一张永久性照片，因为要在日光下曝光8小时，被称为"日光画"。达盖尔闻讯，一再写信要求合作。1829年12月，两人签定为期10年的合作协议。1833年尼普斯突然去世，达盖尔只好独自一人继续研究。

经过几年反复试验，开发出著名的达盖尔银板照相法，成了最早流行的照相术。其法为：将镀银铜板浸于碘液中，表面便产生碘化银感光材料，将其在日光下曝光数分钟，后又置于摄氏75°的汞蒸汽中，最后在盐水中显影，得到永久性正像照片。约在1838年底，他拍摄的第一张照片是巴黎庙街，曝光时间超过10分钟，快速移动的人流无法留影，只显出空旷街道的两旁建筑。1839年1月7日，向法国科学院报告和演示自己经改进的工艺。

在法国物理学家D. F. 阿喇戈游说下，1839年7月3日法国政府用1万法朗买下了这一专利，同年8月19日公开了这一发明，宣告这是一份"供全世界免费使用的礼物"。同月，S. 弗里尔斯(Susse Freres)在巴黎上市了世界第一台商业生产的达盖尔银板摄影机。接着，达盖尔妹夫吉鲁(A. Giroux)也开始生产这种摄影机。后来，达盖尔本人和尼普斯的儿子获得了法国政府的养老金。为纪念他，月球上有以他命名的"达盖尔环形山"。 （唐玄之）

阿斯普丁，J.（Aspdin，Joseph） 英国人，1788年生于英格兰约克郡利兹，1855年3月20日卒于同地。建筑材料工程、无机化学。

现代硅酸盐水泥的发明者。一个泥瓦匠的长子。子承父业，也成了泥瓦匠。在长年的建筑实践中，他执著地探索新的建筑材料。19世纪20年代，经过无数次试验，用立窑煅烧磨细的石灰石和粘土混合物至分解逸出碳酸气，最后将烧成物添加石膏磨细制成水泥。因为硬化后的水泥酷似英国波特兰石场天然建筑石料，故命名为波特兰水泥。1824年10月21日，他获得波特兰水泥制作工艺的专利权，从此被后人确定为现代水泥发明人。新水泥有着优于过去一切水泥的属性，除了外观好看，还有许多优点，例如更容易搅拌混合，在水中能够变硬，尤为重要的是可制作更高强度的混凝土。

1825年他在韦克菲尔特开办了第一家水泥公司，1838年因英国发生经济危机而关闭。1843年他在同一地点重建水泥厂，次年退休由大儿子詹姆士·阿斯普丁(James Aspdin)接管。詹姆士的弟弟威廉·阿斯普丁(William Aspdin)1841年在伦敦郊外罗瑟希塞建立了一家水泥公司，专门为修建泰晤士河隧道提供水泥，使它成为世界上第一个使用硅酸盐水泥的大规模土木工程。后来威廉在肯特郡北部思弗利特、斯旺斯扎相继建立较大的水泥厂，不久该公司和另外几家公司合并成著名的英国兰圈工业公司(2001年被兼并)。1859～1867年间，波特兰水泥用于建造伦敦下水道系统。1886年开始由立窑转用回转窑生产水泥。

水泥原是一种古代建筑原料，在中世纪时制作技术失传了。1756年，英国工程师J. 斯米顿(John Smeaton)在粘土状石灰石中加入小鹅卵石制作了近代最初的水泥，被用于重建英格兰康沃尔海岸的灯塔。史学家认为，阿斯普丁揭开了古代世界的一个最大秘密。但实际上他的波特兰水泥具有优于过去一切水泥的属性，是水泥制作史上第一次真正的革新。在阿普斯丁时代，这种新产品流行得很慢。由于水泥制作工艺较难，工作场所条件恶劣，废渣污染环境，当时建筑业里有些人士讽刺新水泥除了修建粗笨建筑设施外没有太大潜力。时至21世纪，硅酸盐水泥成了世界上最流行的建筑材料。 （谭　飞）

费尔贝恩，W.（Fairbairn，Sir William） 英国人，1789年2月19日生于苏格兰罗克斯巴勒郡凯尔索，1874年8月18日卒于萨里的莫尔公园。船舶工程、桥梁工程、机械工程、金属材料学。

农家子弟。小时候便显示出数学才能。在英格兰北部纽卡斯尔当水车机修工学徒时，同后来的机车发明者、青年G. 斯蒂芬森相识。1813年到曼彻斯特谋生，1817～1832年与人合伙开办磨坊水车制造厂。1830年加入英国土木工程师协会。1938年在伦敦米尔沃尔，与人合伙创办造船厂，率先用熟铁制造船壳，建造数百条船只，其中有许多大铁船。1840年起又移居曼彻斯特，开始生产蒸汽锅炉和蒸汽机。1855～1860年任曼彻斯特人文与哲学联合会主席。1869年被册封为准男爵。

19世纪英国最著名的工程师之一。他对铁的性能测试和开发应用作了一系列开拓性的工作，并和E.霍奇金森(Eaton Hodgkinson)共同研制出当时质量最好的十字型铁梁。1844年研制成功双烟道结构的兰开夏锅炉。他还拥有铆接机等数项专利。

他还是一个著名的建桥专家，一生中在英国建造的大小桥梁100余座，其中最有名的是1845年起与R.斯蒂芬森(G.斯蒂芬森的儿子)合作设计修建的威尔士两座管桁铁路桥梁，即跨越梅奈海峡的不列颠大桥和跨越康韦河的康韦大桥。他还发明水力铆钉机，不列颠大桥上的一部分铆钉就是用他的这种新式工具铆上的。该大桥的箱形截面梁技术后来被世界各地所广泛采用。1861年，应英国国会的要求，和霍奇金森各自独立地主持研究金属疲劳课题，用升降3吨的压力对锻铁气缸进行了300万次的反复试验，获得大量的第一手资料。

晚年，他讲演和撰写了大量有关历史、科学和哲学方面的论题，并出版了不少作品。在曼彻斯特市政厅，至今屹立着他的大理石塑像。(李啸虎)

霍奇金森，E. (Hodgkinson，Eaton) 英国人，1789年2月26日生于英国英格兰柴郡，1861年6月18日卒于曼彻斯特。结构工程、应用数学、材料力学。

自学了欧拉、拉格朗日和拉普拉斯等人的著作，集中研究应用数学和应用力学。1847年，任伦敦大学的工程力学教授，成为英国首批接受大学任命的自学成才之士。

1824年，发表首篇论文“横梁的弯曲与材料的强度”，导出了“负载横梁的任一截面上张力和压力的总和为零”的基本原理。还检验了铸铁的弯曲特性，发表了关于动态负载梁、锻铁的结构、空心梁及柱的理论等著作，几乎全是弹性理论和材料强度的实验与分析方面的成就。(沈 铁)

罗伯茨，R. (Roberts，Richard) 英国人，1789年4月22日生于英国蒙哥马利郡卡莱格福，1864年3月16日卒于曼彻斯特。机械与动力工程、精密加工技术。

鞋匠兼道路通行收税人的儿子。最初在家乡当采石工。16岁进位于布拉垂的一家铁工厂当制图工。以后相继在菲普顿近郊的一家工厂当制图工，在曼彻斯特一家机械厂制作模型。1814年去伦敦，在著名机械师H.莫兹利的工厂当车工和装配工，精通当时各种机械技术。1816年集资在曼彻斯特的迪斯凯特开办一个小型机械厂。1828～1842年，他成为托马斯公司夏普商行合伙人，专门生产他设计的各种机器设备。晚年因经营不善，生活陷入困境。

19世纪车床技术的最后完成者。1817年设计制作龙门刨床，首次配置有手动进给箱，可以水平、垂直和倾斜进给，现珍藏在伦敦科学博物馆。他大大革新了莫兹利车床：装备有背轮；在主轴箱后设一较大齿轮与两个减速齿轮相啮合，可用以强力切削；采用手动的特殊装置快捷控制刀架起动或停止；安装有刀架自动停止装置，在工件加工结束时自动停止进刀。1909年前，罗伯茨车床一直是车床的标准结构。他独创性地制作一种螺纹切削机床，可以很方便地加工螺纹。还是第一个使用塞规和环规的人，并在机床加工中首次使用了样板。1821年他在厂里全部安装了自制机床生产各种机械产品，其中一台车床长6英尺(约合1.8米)，最大回转直径为19英寸(约合48.3厘米)，现珍藏于伦敦科学博物馆。1824年，制出自动珍妮机。随着1830年利物浦和曼彻斯特铁路开通，他所在的公司自行制造运货机车。还第一个进行了机车部件标准化工作；首创差动齿轮装置的蒸汽驱动机车；1845年率先提出采用统一宽度的轨距。1848年他获得一种钻孔机床的专利，过去只能钻一个孔，经改进可一次钻2个以上相同的孔，很快用于铁桥构件和锅炉钢板打孔。

一生获专利30多项，其中有刨床、车床、织物机、纺织机、蒸汽机、钻孔机、剪切机、混合机、螺旋桨、汽船、锅炉、救生艇等各种机械设备。(李啸虎)

莫尔斯，S.F.B. (Morse，Samuel Finley Breese) 美国人，1791年4月27日生于美国马萨诸塞州查尔斯顿，1872年4月2日卒于纽约市。通信工程、无线电技术、电磁学、美术。

美国地理学家J.莫尔斯的长子。4岁开始上学，受家庭熏陶，自幼爱好绘画艺术和科学。在耶鲁学院(今耶鲁大学)求学，对电学课程深感兴趣，1810年毕业。翌年赴英国学习绘画，1815年返回美国。此后10年中巡游在美国许多城市靠绘肖像画谋生。1825年定居纽约，在该城所绘的几幅肖像画后来被列为美国绘画史上的佳作。1826～1845年任美国美术与设计学会首任会长。1827年参与创办纽约《商业日报》。1832年起转向电报的研究与发明。1836年、1841年作为印第安人候选人两次竞选纽约市长失败。晚年从事慈善事业。在政治上执狂热的土著居民保护主义立场，反天主教徒移民美国；又是个反废奴主义者，写过许多宣传小册子。

以发明有线电报和点划的莫尔斯电码而著称于世，从而迎来了电信新时代。19世纪20年代至30年代初，英国科学家M.法拉第和美国物理学家J.亨利各自独立地在电磁感应领域作出了许多重要发现。1832年旅欧归国途中，莫尔斯巧遇实验科学家杰克逊(C. T. Jackson)，受其影响，对电磁学及其应用产生浓厚兴趣，自此终结画家生涯，致力于利用电磁感应原理开创电报通信的构想。在亨利的帮助下，他与作为助手的机械师韦尔(A. L. Vail)共同研究，经历多次失败，1833年公开展示第一台可经电线传送信号的装置，1837年终于研制出一台实用的电磁式电报机，同年获得专利。在他之前，也有人从事电报研究，并提出了用许多条导线来传递电报信息的构想，但这种电报方案难于实际采用。而他的电报机只需用一对构成回路的导线便可收发信号。更重要的是，他在19世纪30年代中后期想出了一套用点和线的不同排列来表示英文字母或0，1，2…9十个自然数的系统，经改进后成为国际通用的“莫尔斯电码”，这项发明使电报进入了实际通信的阶段。1838年，他与维尔在纽约和华盛顿等地作了公开表演，一方发报，另一方收报，并立即根据移动纸带上所记下的点和划信号译出电报含义，引起了轰动。

在美国国会的资助下，他用了两年时间建成了从巴尔的摩到华盛顿长约64千米的有线电报线路。1844年5月24日，莫尔斯通过这条线路发送了一条电码："上帝创造了什么?"韦尔收到了这条信息，译码后又退给了莫尔斯，从而实现了世界上第一次长距离电报通信，翻开了人类通信史上新的一页。1854年，莫尔斯电码几经曲折后终获美国专利。1861年，在他倡导和参与下，连接大西洋和太平洋两岸的跨洲跨洋电报服务得以建立。在电信工程领域，主要著作有《电报设施的检测和电报的演进》(1869年)等。另有《莫尔斯书信与时文集》(1914年)。 (宣焕灿)

庞布尔，F. M. G. de(Pambour，François Marie Guyonneau de) 法国人，1795年生于法国努瓦永，卒年不详。*动力与机械工程、热力学。*

1813～1815年在读巴黎综合工科学校。后受委任进入炮兵及军界参谋本部。1834年、1836年两次访问英国，在E. 伍兹(Edward Woods)的帮助下试验蒸汽机车如何降低耗煤率，并进行了演示。由于他与法国数学家J. V. 蓬斯莱在学术上的分歧和个人之间的冲突，不仅影响了他进法国科学院，甚至在综合工科学校的百年纪念册里都没有他的名字，而这个册子却包括了远不如他著名的毕业生的传略。

基本贡献是蒸汽机和火车头的理论与实践。他计算了蒸气机在给定工作条件下所做的功，认识到蒸汽膨胀时压力的变化因而蒸汽温度也发生变化。据此他用一个包含有两个实验常数的经验公式对波义耳定律进行了修正。主要著作有《新的蒸汽机理论》(1838年)及《机车发动机实用理论》(1840年)等，前者曾连续出版并译成其他文字。 (陈良瑞)

怀南斯，R.(Winans，Ross) 美国人，1796年10月17日生于美国新泽西州苏塞克斯县，1877年4月11日卒于马里兰州巴尔的摩。*机械与动力工程、铁道与机车工程、企业管理。*

美国机车工程的奠基者之一。从小爱好机械制作，他最初的发明之一是一台改进型钢犁。1828年起，他为巴尔的摩—俄亥俄铁路公司研究开发机车头和车辆。同年发明摩擦车轮和外轴承支撑轴，建立了一个颇有特色的铁路车辆模型，其技术影响惠及此后的一个多世纪。1829年被公司派往英国学习和考察铁路运输。1830年回国后，他所撰写的考察报告深受公司重视，并被任命为著名机械师P. 库珀(Peter Cooper)的助手，协助制造第一台在该铁路上运行的试验性火车头"汤姆·瑟姆"号。1831年，他被聘任为巴尔的摩—俄亥俄铁路公司助理机械工程师。同年他发明一种改进型轴承结构，并申请了专利；同年又设计建造命名为"哥伦布"号的第一辆四轮双层卡车，并改建为铁路车辆，申请了专利。1835年与人合伙开办公司，次年与巴尔的摩—俄亥俄铁路公司成功续签合同，继续生产机车和各种铁路机械。

19世纪40年代初，他的一个重要成果是成功建造一列带有火车头和8个车厢的机车。1843年，他和合伙人建立该公司的专卖店以获取最大利润。同年，俄国政府通过中间人请求他前往参建莫斯科—圣彼得堡铁路，他派两个儿子前往俄国相助，自己留在巴尔的摩建立美国最大的铁路机械工厂，成批生产牵引力强大的"骆驼背"型号的机车。他的几个儿子后来也参与其中的管理。1860年他从机车业务中退休。

南北战争期间，积极投身政治活动。1861年获选巴尔的摩代表参加马里兰立法机构特别会议，但是他遭到当局的逮捕并一度监禁在麦克亨利堡。晚年，他收集并编辑大量杰出作家关于哲学题材的著作，自己也写了《一个宗教，许多信条》(1870年)等关于宗教方面的小册子。过世时，他留下了一笔价值2千万美元的遗产。1985年出版的《罗斯·怀南斯书信集(1850～1851年)》一书，收集了他的147封信件，涉及他对机车各种装置的制作和商业的内情。 (陈 茜)

亨利，J.(Henry，Joseph) 美国人，1797年12月17日生于美国纽约州奥尔巴尼，1878年5月13日卒于华盛顿。*电气工程、电磁学、科技管理。*

双亲是苏格兰贫困移民。幼年丧父，到纽约和祖母生活在一起。小学时已半工半读，课余在商店打杂，13岁在钟表铺和银匠铺当学徒，后做过演员、乡村教师。1819年免费入读纽约奥尔巴尼学院，靠做助教和家教维持生计，1824年毕业。同年任助理工程师，参与勘测和建造哈得孙河和伊利湖之间的国家道路。1826年任奥尔巴尼学院数学和自然哲学教授。1832年任新泽西学院(后易名普林斯顿大学)自然哲学教授。1837年访问欧洲并购置仪器。1846～1878年任史密森学会首任会长。1852年任美国政府灯塔委员会委员，1871年任主席。1868～1878年任美国国家科学院院长。

19世纪美国最重要的电气工程实验物理学家之一。1827年发表他的第一批论文，研究磁学和电学之间的关系，尤其是探讨变化磁场中的电流产生。1829年，改进W. 斯特金(William Sturgeon)发明的无绝缘导线松散盘绕的电磁铁，第一次采用绝缘线圈紧绕铁芯的方法，为耶鲁大学制作当时最强力的电磁铁。1831年设计制作了第一台实验型电动机，是近代直流电动机的最早雏形，它还没采用转子运动，而是让电磁铁在蓄电池一极来回摆动以造成磁极和磁场变化。同年发明电磁电报，并向学生演示电报的工作原理。与M. 法拉第几乎同时，独立发现电磁的互感应、自感应现象。他发现，只有当一个线圈的磁场改变时，在第二个线圈中才会产生感生电动势，即互感应现象；他还发现，在任何一个有变化电流的电路中，由自身磁场变化都能感生与最初电流方向相反的电动势，即自感应现象。法拉第先于亨利公布了互感现象的发现，而1832年亨利第一个宣告发现自感应现象。1835年发明机电式继电器。1838年发明变压器。1839～1844年，建议并支持S. 莫尔斯研究电报。1842年发现了电容器放电的振荡性。同年还发现电感应在远距离也能被探测到。为纪念他，1893年国际电气工程师代表大会以亨利命名电感单位。

研究涉及物理学广泛领域。发表的其他论文还有：毛细作用(1839年、1845年)、磷光(1841年)、分子内聚力(1844年)等。1845～1848年，他和S. 亚历山大(Stephen Alexander)教授合作，首次利用仪器温差电堆测定太阳盘面不同部分的相对温度，发现太阳黑子温度比周边地区低，为天体物理学的诞生准备了条件。还研究过室内声学，是美国应用声学奠基人之一。

是美国近代科学最杰出组织者之一。在他任职期间，史密森学会成为美国最重要的科学学会，而美国国家科学院开始成为美国科学界的代言人。

主要论文入编《约瑟夫·亨利科学作品集》(2卷，1886年)、《约瑟夫·亨利论文集》(11卷，1972～2007年)。1915年入选伟大美国人名人堂。 (李啸虎)

海尔，W. (Hale, William) 英国人，1797年10月21日生于英国英格兰科尔切斯特，1870年3月30日卒于伦敦。*动力与机械工程、船舶工程、火箭技术、流体力学。*

外祖父是科学作家。可能得其指教而自学成才。最初研究流体动力学。1827年获得他的第一个发明专利。研究了喷射推进的流体动力学。1832年用阿基米德螺旋原理制造船舶螺旋桨推进器，还制作了一个精确的模型为国王演示，相关论文后获巴黎皇家工艺学会一级金质奖章。

1844年取得旋转火箭专利权。他根据牛顿第三定律论证了火箭的运动，改进了早期的康格里夫火箭，发明一种新式旋转火箭。这种火箭重达60磅(约合27公斤)，以发动机喷火装置发出的怕人轰鸣声和火光迸发而名噪一时。主要论文“枪炮和旋转火箭的优缺点比较”是最早论述旋转和非旋转火箭外弹道文献之一。海尔火箭第一次被用于战场，是美国军队于1846～1848年墨西哥—美国战争。它被英国军队在克里米亚战争中也试用过，但是正式装备英军是在1867年后。

1970年国际天文联合会为表彰他的成就，将月球上的一个陨石坑命名为海尔环形山。 (王天运)

索莱尔，J.-B.-F. (Soleil, Jean-Baptiste-François) 法国人，1798年生于法国巴黎，1878年11月17日卒于同地。*光学工程、仪器研制、光学。*

1819年21岁时在法国巴黎开办科学仪器制造工场，为学术界制作各种各样仪器，特别是光学仪器，接到法国和欧洲其他国家许多科学名人如菲涅耳、阿拉戈、福柯、巴比涅等人的订单。1849年，该制造厂一分为二，各由他的儿子和女婿掌管。1850年被封为伦敦荣誉骑士。

1823～1827年与菲涅耳合作，并按后者的理论设计制成了用于灯塔的环形透镜及其旋转机构。其后又根据杨氏的光波动理论为菲涅耳制作了一系列验证和演示仪器。还制作发明了一些著名仪器，如衍射台、双轴晶体轴向角测量仪、显微镜摄像仪、改进型比奥糖量计等。1843年研制著名的定日镜。1851年在伦敦万国博览会中获奖章。 (屈大壮)

克拉佩隆，B.-P.-E (Clapeyron, Benoît-Paul-Émile) 一译克拉珀龙。法国人，1799年2月26日生于法国巴黎，1864年1月28日卒于同地。*路桥工程、动力与机械工程、工程力学、热力学、应用数学。*

1818年毕业于法国巴黎综合工科学校。同年入读巴黎矿冶学院，加入皇家矿业工程师兵团。1820年去俄国，在圣彼得堡公共工程学校教数学，同时兼任路桥工程师。1830年法国爆发“七月革命”，法俄关系变得紧张，他被迫返回法国，同年任教于圣安提尼矿冶学院。1835年、1837年相继任法国圣西莫尼恩铁路公司、法国北方铁路公司总工程师。1844年任巴黎路桥学院土木工程学教授。1848年当选为法国科学院通讯院士，1858年为院士。

19世纪20年代，随法国工程师拉梅(G. Lamé)去俄国，两人共同设计修建了俄国最早一批的两座悬索桥。1833年，和拉梅向法国科学院提交合作论文“关于均质固体内平衡的备忘录”，首次提出“椭圆形约束力”的概念；30年代初，倡导和修建法国第一条铁路线，1836年首次将巴黎和凡尔赛、圣杰曼等地连接起来；同年发明能调节控制蒸汽阀门的机构，研制能爬长坡的蒸汽机车，是法国蒸汽机车创始者之一；30年代后期，设计建造法国第一座铁路桥。40年代，设计建造多座大铁桥；研究理想气体特性、连续梁的静力学计算，尤其是提出三矩定理(即克拉佩隆定理)，发明支撑力矩计算法。50年代起，参与法国科学院调研苏伊士运河工程，以及开发蒸汽军舰；1852年负责实施法国南部米迪地区铁路项目，在计算中发展了桁梁和拱桥的弹性力学。

热力学第二定律的奠基者之一。1834年，S. 卡诺在热机研究上取得重大突破，但鲜有人问津。同年，克拉佩隆发表“关于发动机动力热”的重要论文，重新诠释和发展了卡诺的热机理论，赋予卡诺循环以简洁的数学形式，才使世人知晓卡诺其人，以及卡诺理论的巨大意义。采用瓦特发明的汽缸蒸汽压容图示法(即P-V图)，表示由两个等温过程和两个绝热过程组成的卡诺循环；用数学形式证明：卡诺热机一次循环做功在数值上等于循环曲线围成的面积；提出蒸汽机作功和供应热量之比，即为蒸汽机效率；重新发现埋没多年的瓦特压容图，使之得到广泛应用；由气体的实验定律归纳出理想气体状态方程，1874年由门捷列夫推广，被称为克拉佩隆-门捷列夫方程。1843年，根据卡诺原理得出有关液体汽化热、汽化时的体积增加量和温度之间关系的重要公式，1851年克劳修斯从热力学也导出这一方程，即克拉佩隆—克劳修斯方程。它是研究物质相变的基本方程，导向热力学第二定律的提出。

为纪念他，入选艾菲尔铁塔上镌刻的72名法国先贤之一；在巴黎第八区有克拉佩隆街。 (陈良瑞)

阿诺索夫，П. П. (Аносов, Павел Петрович; Anosov, Pavel Petrovich) 俄国人，1799年生于俄

国圣彼得堡,1851年5月25日卒于鄂木斯克。*矿冶工程、冶金学、金相学、企业管理。*

幼年时举家从圣彼得堡迁居佩尔姆。不久双亲相继去世,遂回圣彼得堡由当机械师的祖父抚养成人。1817年毕业于圣彼得堡武备技术学校(后改为圣彼得堡矿业工程学院)。同年进兹拉托乌斯托夫斯克一家工厂做工。1819年转任兹拉托乌斯托夫斯克兵工厂质量检验员,5年后升任管理员,1829年任该厂厂长。1831年出任兹拉托乌斯托夫斯克厂矿管理局局长。1847年起任阿尔泰矿冶厂厂长。

19世纪中叶俄国著名矿冶学家和企业家。19世纪20年代,他在俄国第一个研制成功耐火坩埚工艺,这种自行开发的耐火坩埚价格要比从德国引进的降低了98%;进行铁与硅、锰、铬、钛、金、铂等各种物质熔合试验,研究所得不同合金钢铁的性能,提出有关合金化学成分、晶体结构和加工流程影响金属性能的理论,奠定了生产优质钢的理论基础;第一个揭开了中世纪出现后来失传的剑钢(大马士革钢)的冶炼秘密;1827年发表"压缩空气炼钢新方法"一文,提出冶炼优质钢的新工艺。30年代,1831年他率先应用显微镜研究钢合金的内部结构,第一个证实金属的表面花纹反映它的内部结晶结构,指出金属的宏观组织会影响金属的机械性能,为显微镜广泛用于分析金属开了先河;组织并参与在兹拉托乌斯等地区开展矿产普查工作,找到金、铁等矿床;具体指导改进开采技术和提炼金属工艺,提高了生产效率;1837年发表"关于铸钢冶炼"的论文,总结自己首创的熔化金属和渗碳过程相结合制钢的新方法,并在实践中证明铁渗碳不必使金属和碳直接接触。这种由他发明的金属气体渗碳法,至今仍被世界各地冶炼厂广泛采用。40年代,发明新型采金机器,在乌拉尔矿区广泛应用;为了使繁重的采金过程机械化,大力倡导在矿区普遍推广蒸汽机;提议和采用铸钢制造武器的初步试验,后由俄国冶金学家奥布霍夫(П. М. Обухов)所完成。

1848年彼得堡矿业工程学院建立阿诺索夫奖金和奖学金制度。身后出有《阿诺索夫论文集》(1954年)。

(李啸虎)

萨克斯顿,J.(Saxton,Joseph) 美国人,1799年3月22日生于美国宾夕法尼亚州亨廷顿,1873年10月26日卒于华盛顿。*机械工程、电气工程、仪器研制、计量学、技术管理。*

12岁小学毕业后,进父亲开办的制钉厂工作。不久到当地钟表匠和银匠处当了两年学徒工。1818年到费城进一步接受钟表和雕刻技艺培训,当过机械师I.卢肯斯(Isaiah Lukens)的助手。后在费城自行开办钟表与雕刻店,加入富兰克林学院。1828年到伦敦开设钟表仪器店,深得法拉第等科学界名人赏识,应邀参加科学组织的会议和活动。1837年谢绝英格兰银行委任印钞机办公室主任职,同年回国任美国联邦政府费城造币厂官员,负责监管造币机械设备。1843～1873年,任美国度量衡管理署(今美国国家标准局)部门主管,监管过美国海岸线测绘。1837年当选为美国哲学会会员。1863年当选为美国国家科学院创始院士。

19世纪上半叶美国著名钟表和仪器发明家。早年学艺时,就已自制印刷机不定期出版小报。1818～1828年在费城期间,随卢肯斯建造精巧时钟,可显示行星运动;两人为费城独立宫钟塔建造安装大型时钟;发明可加工钟表摆线齿轮的机械;首次制成有温度补偿、无油擒纵机构的时钟,1824年获富兰克林学院银奖。1828～1837年在伦敦期间,为阿德莱德实用科学馆建造数件机械玩具;建成会迸发强烈电火花的电磁装置,1833年6月在剑桥英国科学促进协会公演;采用水平放置的强马蹄形磁铁,手动绕水平轴旋转的三个固定线圈,第一次产生交流电;研制带有光学杠杆的反射式高温计,可用于测量金属热膨胀,1834年获富兰克林学院斯科特金质奖章;1835年重建电磁机,可产生单向脉冲电流和强烈电击,能把水分解为氢气和氧气;发明机车级差滑轮、气枪子弹盒、船舶测速仪、电流计等。1837～1843年在造币厂期间,制造年检货币标准重量用的大型标准天平;1839年研制成功银版照相术,促使1844年J. W.德雷珀制成第一张衍射光谱银版照片。1843～1873年在美国度量衡管理署期间,参与监制和统一美国各州度量衡标准衡器;发明潮水高度自动记录仪、深海温度计、浸入式液体比重计等;1866年后,发明光学测微计,可区分百万分之一米的长度差;制作标准天平,获1851年伦敦世界博览会金质奖章。

(朱逸农)

卡伦,N. J.(Callan,Nicholas Joseph) 爱尔兰人,1799年12月22日生于爱尔兰劳斯郡达瓦尔,1864年1月10日卒于基尔代尔郡梅努斯。*电气电力工程、电磁学、电化学。*

早年先后在爱尔兰邓多尔专科学校、纳文神学院学习。1816年入读梅努斯学院,第三年师承C.丹弗(Cornelius Denvir)博士学习自然与实验哲学,其中包括电学和磁学。1823年毕业被任命为神父。同年去罗马大学深造,1826年获神学博士学位。同年起至去世,一直任梅努斯学院自然哲学(今称物理学)教授,并在该校地下室的实验室里进行电学实验。是爱尔兰皇家科学院院士。

科学史上一位长期被忽视了的人物,但确系开发电磁能源的先驱之一。19世纪20年代在罗马学习期间,他已熟知L.伽伐尼和A.伏打等人在电学领域的研究成果。1832年出版教材《电流和电流学》。在W.斯特金、M.法拉第等人的影响下,1836年开发出他的第一个感应线圈,低电压直流电源通过它会产生间歇性的高压交流电。当时他还以为自己创作的是一种新型电磁铁,实际上是世界上第一个感应变压器、第一个感应线圈。由于他为人低调,又迟缓发表自己的成果,人们往往将发明优先权归于H.伦可夫,其实后者是在1851年才独立发明感应线圈,迟于卡伦多年。1837年,他提出自激电机原理,并据此制作了一个巨大的异步感应电机模型,采用时钟中断机制,可产生38厘米长的电火花,估计有60万伏电压。

1848年,发明一种新型而廉价的伏打蓄电池,即"梅努斯蓄电池",利用廉价的铸铁代替铂或碳棒作为电极,不久便在伦敦上市。他试验过当时世界上最大的电池，把577个蓄电池连在一起，用了足足30加仑（约合136升）的酸液，共有两吨重。在电池设计和实验过程中，发明了一种早期形式的电解电镀法，在铸铁面上镀锌层以防止铁生锈，于1853年获得专利。为纪念他，今爱尔兰国立梅努斯大学建有卡伦大楼。（屈大壮）

格鲁伯，T.（Grubb，Thomas） 爱尔兰人，1800年2月4日生于爱尔兰沃特福德郡波特洛附近，1878年9月19日卒于都柏林。*光学工程、机械工程、仪器研制、观测天文学。*

出生于著名的爱尔兰贵格会教徒家族。从小喜欢钻研机械和光学仪器，自学成才。首次从业是在都柏林任办公室文员。1830年开始在都柏林做铸铁台球桌制造商，不久在上查尔蒙特大街1号开设望远镜制作工场，并在厂里建起一座对外开放的小型天文台。1840年任爱尔兰银行机械工程师，1868年退休。1866年，由其子H. 格鲁伯接承并改组建立新的望远镜公司（直至1985年才被兼并）。1864年当选为英国皇家学会会员。1870年当选为英国皇家天文学会会员。

著名爱尔兰格鲁伯望远镜公司的创始人。19世纪常被称为爱尔兰天文学黄金时代，这与格鲁伯父子的望远镜创新设计密切相关。作为维多利亚时代的一些最大和最知名望远镜的制造商，他的公司长期居世界光学机械工程界前列。为爱尔兰多个天文台制作望远镜，其中1834年为马克里天文台安装的望远镜，在多年中一直位居世界大望远镜之首，1835年用于观测记录哈雷彗星回归。1835年制成38.1厘米口径赤道式牛顿—卡塞格林反射望远镜，首先采用三角形杠杆平衡系统。1838年为英国格林威治天文台制作折射望远镜。为世界各地天文台制造过51厘米、91厘米和183厘米等口径的反射望远镜，其中包括英国奥尔德肖特、澳大利亚墨尔本、西班牙马德里和沙特阿拉伯麦加等地的天文台，享誉全球。1866年为澳大利亚墨尔本天文台制作122厘米赤道式卡塞格林反射望远镜，被誉为当时世界光学工程之最（后毁于一场大火）。1878年为维也纳天文台制作当时世界上最大的折射望远镜。

此外，研究开发印钞机及其雕版技术，以及其他机械设备；1840年后为都柏林三一学院制作精密仪器；研制的照相机镜头获专利；1858年首创一种新颖的便携式可折叠框架湿板相机，而当时连最小的照相机都很笨重，必须放在专设手提箱里托运；为全球地磁观测站网络制造了20余台磁力计等。（朱逸农）

普拉特内，K. F.（Plattner，Karl Friedrich） 德国人，1800年1月2日生于德国萨克森公国弗赖堡附近小瓦尔特斯多夫，1858年1月22日卒于同地。*冶金工程、化学工程、冶金学、化学分析。*

矿工的儿子。1817年毕业于弗朗西斯矿冶学校。1820年毕业于弗赖堡皇家矿冶学院。同年供职于萨克森皇家矿业与金属冶炼厂，主要任化学分析师。1838年去柏林大学，与H. 罗斯（Heinrich Rose）共事一年。1840年被任命为萨克森皇家化验署主任。1842年任弗赖堡皇家矿冶学院冶金学教授，1856年因健康不佳而停止授课。

1835年在莱比锡出版《吹管测定法》，介绍自己首创的金属分析法。用一支略带弯尖嘴的特制小管，取样在火焰中呈现特征颜色，或在木炭上出现有色外壳，根据颜色加以判断所含金属成份或含量。由于检测过程简易、准确和省时，用途十分广泛，自此一直是实验室必用手段，也是矿工和熔炼工快速测定矿石成分或金属产品质量的工具。他相继开发出定性分析和定量分析两类吹管法，成为一个权威专家。当他采用口吹管进行定量化验时，这是当时几乎没有人知道的想法，成功设计出适用于所有普通常用金属的可靠方法，特别是对镍和钴的含量测定方式，很受冶金界的青睐。

在化学工程领域，他开发出用氯气提炼黄金的方法，被推广到全世界。还提出利用冶炼硫化矿时所产生的二氧化硫制造硫酸的方法，但只完成了实验室过程，尚未进行中间试验和产业化就去世了，后来才由同事C. 温克勒（Clemens Winkler）继续完成。

除发表关于冶金学界的许多回忆录外，主要专著还有：《吹管法在测定矿石和金属中的应用》（1845年）、《运用吹管进行定性和定量分析》（1854年）、《冶金工艺学》（1856年）、《普通冶金学讲义》（2卷，1860～1863年）、《普氏吹管法定性和定量分析手册》（1875年，注释本）等。（戴成勋）

威利斯，R.（Willis，Robert） 英国人，1800年2月27日生于英国伦敦，1875年2月28日卒于剑桥。*机械学、建筑学、语音学、科技史学。*

著名内科医生F. 威利斯（Francis Willis）的孙子。1822年就读于英国剑桥大学冈维尔与凯厄斯学院，1826年毕业获文学士学位。留校任教，1827年兼任教会执事和牧师，1837～1875年任杰克逊自然哲学讲座教授。1830年当选为英国皇家学会会员。1843年参加英国皇家考古学会。1853年兼任皇家矿冶学院应用力学讲师。1855年任巴黎世界博览会副主席。1862年任英国科学促进协会主席。因肺气肿去世。

19世纪英国著名学者，第一个兼任机械工程师的剑桥大学教授。在读大学之前，已发明改进型竖琴踏板；1821年发表论文“试分析自动机棋手”，是近代最早一批关于自动控制和人工智能的文献之一。1837年发明画齿规等制图仪器，得到广泛应用。1841年试制转筒式声波记录器，但未成功。同年出版《机械学原理》一书，主张用系统分析方法设计机械结构，使机械工程由传统的经验性描述第一次进入系统性理论分析的阶段。1851年出版《运用机械哲学理论与实验制作设备系统》。

对建筑学进行广泛研究，其中对中世纪建筑、英国大教堂建筑写过大量论著，对其力学结构、功能和装饰进行了精辟的分析，1862年获英国皇家建筑学会金奖。他身后留下的4卷本巨著《剑桥大学建筑史》手稿，最终由其侄子J. W. 克拉克（John Willis Clark）整理出版。

他还是音乐声学和英语语音学的先驱者之一。1828年和1829年相继发表论文，探讨簧风琴管的奏鸣、人的喉部发音的机制，把人肺和风箱、声襞和簧片、

口腔和琴管、话语发声同乐器律音的产生进行类比；首次提出元音形成理论，对英语语音学的发展有重要贡献。（邱凤昌）

丁拱辰（Ding Gongchen） 又名君轸，字淑原，号星南。中国清代福建人，清嘉庆五年（1800年）生于福建泉州府晋江县（今泉州市），光绪元年（1875年）卒。机械工程、兵器技术、仪器研制。

回族，小商人家庭出身，元代著名政治家赛典赤·赡思丁后裔。11岁时，因家境窘迫而辍学，一边放牛一边自学。17岁随父赴浙东经商，20岁从叔父往广东经商。业余博览群书，尤喜研读兵法、天文历算和地理。1831年任外轮船员兼务商业，航程历经东南亚及中东诸国。1840年回国正遇鸦片战争爆发，毅然弃商，潜心研制火器以尽报国之志。1851年春受命赴广西监铸火炮，接着去福建办团练。后又出国经商。1861年，李鸿章向清廷举贤，要他随军襄理洋器，奏请授予广东候补县丞，赏给五品花翎顶戴（但未到职）。

他是中国最早系统比较研究中西方火炮的学者，首次提出中国火炮加表之法以提高炮弹命中率，试验成功；倾家所有而刊刻出版《演炮图说》（1841年），阐述火炮铸造演放、炮台修筑、火药配方等法；又捐献自铸大炮40门抗击英军。道光皇帝闻奏，赐予六品花翎。经反复实践，1843年修订出版《演炮图说辑要》四卷50篇，插图110幅，阐明各种炮式、炮弹、火箭及轮船、战舰的制法和运用。继撰《演炮图说后编》（1851年）、《西洋军火图编》（1863年）等书，受到各方高度评价。1850年赴桂林与丁守存合作，铸造各种火炮106门，还研制火箭、火喷筒、抬枪、鸟枪和火药等。

他的工作标志了中国机械工程技术新阶段。在积极介绍西洋军火技术同时，亦有不少创新，其中兵器技术有：设计火炮滑车绞架以调整射击角度，坚固灵巧，操作便捷；选用新配方铸成铁炮，性能良好；改西洋炮弹的泥型铸造为失蜡浇铸，光圆无痕；与丁守存研制成功后底有5个喷管的大型金属火箭筒，为中国近代火箭之始。此外，自制测晷、验星等天文仪器，能准确测量度数和计算时间；在中国率先设计蒸汽机、机车和轮船模型。

兴趣广泛，多才多艺，还撰有小说《荔镜西厢》等作品。（李啸虎）

雅科比，М. Г.（Якоби，Мориц Герман；德文名 Jacobi，Moritz Hermann von） 俄国人，1801年9月21日生于德国波茨坦，1874年2月27日卒于俄国圣彼得堡。电气工程、通信工程、电磁学。

德国裔。早年在德国格丁根大学学习建筑学。1833年起在柯尼斯堡等地参加建筑工程建设。后来又对物理学和化学感兴趣。1835年到多尔帕特大学任土木工程学教授。1837年迁居俄国，任圣彼得堡大学教授。1847年当选为圣彼得堡科学院院士。

最有成效的研究是在电磁功率方面。1834年5月制造了第一台实用的电动机。1838年用他制造的电动机带动一艘28英尺（8.5米）的船，在涅瓦河上以时速1.6～2.4千米航行。1838年宣布发现新式电镀术——电铸术，并在圣彼得堡科学院年会上作了详细叙述。1837年谢林（B. P. Schilling）为俄国政府设计建造一条试验性的电报线路，但同年去世，于是请他继续完成谢林的工作。1838～1844年间，他与俄国物理学家楞次共同研究了电磁铁，提出了电磁铁计算法。1839年改进谢林的设计，采用与莫尔斯相似的线路取得成功（但俄国的实用电报则是在1850年引进了西门子和霍尔斯克系统以后才实现的）。同年，他首次对电动机工作原理作了科学分析，同年并设计了第一台打字电报机——雅科比电报机，他设计的电报机有10余种，他还研制了一系列可变电阻和电气测量仪，制定测量标准。有著作《电磁机理论》（1850年）等。（马文蔚）

施泰因海尔，C. A. von（Steinheil，Carl August von） 德国人，1801年10月12日生于德国阿尔萨斯地区雷博维尔，1870年9月12日卒于慕尼黑。通信工程、光学工程、仪器研制、摄影术、天文学。

贵族后裔。1821年到德国埃尔兰根大学学法律。1823年转学，先后在格丁根大学、柯尼斯堡大学攻读天文学等自然科学学科，1825年获物理学博士学位。毕业后，在父亲的庄园继续研究天文学和物理学。1832～1849年任慕尼黑大学数学与物理学教授。1849～1851年应邀在奥地利组织电报通信网系统。1851年回慕尼黑大学，任数学物理文集总编审，同时兼任德国巴伐利亚贸易部秘书。1954年在慕尼黑合伙创办光学—天文学仪器公司，生意兴旺，1862年退休由儿子管理。其子阿道夫（Adolph）、孙子鲁道夫（Rudolf）都是光学家。

19世纪著名德国多产发明家。在通信工程领域，1836年，发明一种电报记录仪，电码信号通过仪器指针用墨水在移动纸带上留下小点和短线，一分钟可记6个德语单词，该项技术当时未予公开；1849年受奥地利贸易部电报委员会邀请，设计和组织帝国电报通信网，协助建立德国—奥地利电报学会；1851年主持建立瑞士电报网络。

在光学工程领域，和矿物学家F. von科贝尔（Franz von Kobell）合作，试验用氯化银底板和卡式照相机摄像，1839年4月成功获得图像的照相负片，后再由负片获得黑白正片图像，这一技术后被称为施泰因海尔摄影法；1840年制作一台能够使用圆形银板底片的小型照相机，并提高了底片的光敏性；同年试验显微摄影术，通过显微镜拍摄照片；1842年后发明光度计，用燧石玻璃透镜双组合改进消色差望远镜；1954年起设计生产望远镜、分光镜和光度计，1856年又首次研制带有镀银镜的反射望远镜，该项工艺主要由其友人J. 利比格（Justus Liebig）所开发，施泰因海尔是首次独立将该技术用于天文望远镜的两个人之一（另一位是法国的J. B. L傅科），促使反射望远镜东山再起。因参与编辑《柏林天文台星图》和出版《恒星亮度测量的基本原理》而享誉。儿子阿道夫后来改进了透镜的设计精度，1865年研制出第一个广角镜头，1866年发明第一个消球差透镜系统。

在其他领域，1839年发明第一台用直流电驱动的时钟，是现代电钟的雏形；1846年应邀到意大利那不勒斯大学，安装一种标准砝码系统，建立新的度量单位；研究过沉积电解法；开发防火技术等。（陆伟良）

库姆斯，C.-P.-M.（Combes，Charles-Pierre-Mathieu） 法国人，1801年12月26日生于法国卡奥尔，1872年1月11日卒于巴黎。*矿冶工程、矿山安全技术、采矿学、技术管理。*

宪兵长官之子。1817年入读法国巴黎综合工科学校，1820年毕业。1822年毕业于巴黎矿业学院，2年时间完成3年学业。1825年任教于圣艾蒂安国立高等矿业学校，讲授基础数学、制图、设计等，期间曾在矿山兼职。1832年任巴黎矿业学院教授，讲授矿山开发课程16年。1836年任法国国家矿业总工程师。1847年当选为法国科学院院士。1848年起历任法国矿业总监、国家矿业委员会主席、1868年任矿业总会会长等职。

他特别重视矿山的通风与安全，曾设计测量矿道通风的风速表；发明离心式通风机；制定矿山蒸汽机等设备使用的安全措施。他经常到比利时布鲁塞尔仲裁欧洲各国的矿业纠纷，监督矿山安全措施，追究事故责任。

出版有《矿山开采》(3卷)等著作。获1860年法国荣誉军团勋章，1868年意大利圣莫里兹—拉扎勒斯勋章，以及比利时利奥波德勋章等。因其生前贡献，入选埃菲尔铁塔上镌刻的法国72贤人之列。（杨惠民）

富尔内隆，B.（Fourneyron，Benoît） 法国人，1802年10月31日生于法国卢瓦尔地区圣艾蒂安，1867年7月31日卒于巴黎。*动力与机械工程、矿冶工程、水力学。*

几何学家之子。15岁入卢瓦尔圣艾蒂安国立高等矿业学校，1816年以优异成绩毕业。以后数年在矿山和炼铁厂供职。后以研制和生产水轮机等机械为业。

早期从事石油勘探和铁路铺设等矿山建设，最后决定研制高效水轮机。在矿业学校教授C.比尔丹(Claude Burdin)指导下，于1827年制成6马力、效率达80%的外流式水轮机，是水平的而非传统的那种垂直的采用双帖叶片。因研发第一台实用型水轮机，获法国工业促进会6 000法朗奖金。1832年他还得过3个水轮机装置的专利。至1837年，他已能够制造60马力、每分钟2 300转的水轮机。虽然那时的水轮机都采用自由喷射形式，但他已预见到引用喷管射流的可能。1855年又获沿蜗管流动的外流喷射管专利。他最终为世界各地制造了100多台水轮机。1895年，美国把富氏水轮机安装在尼亚加拉瀑布用以发电。发表过论述水压、设计管道和闸门等方面的著作多种。（戴成勋）

伦可夫，H.D.（Rühmkorff，Heinrich Daniel）一译鲁门阔夫。法国人，1803年1月15日生于德国汉诺威，1877年12月20日卒于法国巴黎。*电气工程、电力工程、电工学。*

青年时当过机械工，后在英格兰和法国工场工作。1839年在巴黎定居。1855年创立自己的工场，主要生产实验室用的高质量电气设备，远近闻名。

1851年他综合当时电学的各项成就，制造了一个能产生长火花的感应线圈。经改进后，1867年制作的最大线圈放出的火花长度达到30厘米。这种在次级电枢绕组上感生高压电气的线圈被称为“伦可夫感应线圈”，在巴黎万国博览会上获得金奖，很快使用于盖斯勒管、克鲁克斯管和爆震器件，推动了真空放电现象的研究，后来发展成交流变压器。为此，1864年获得法皇拿破仑第三于1852年设立的、给在电的应用上有重大成就者的50 000法朗奖金。（杨惠民）

埃里克森，J.（Ericsson，John） 美国人，1803年7月31日生于瑞典韦姆兰，1889年3月8日卒于美国纽约。*动力与机械工程、船舶工程、军械装备。*

瑞典裔。从小对机械有浓厚兴趣。13岁开始在瑞典海军军械部门当预备士官生，在瑞典约塔运河开凿中担任过地形测量员，10年后退伍。1826年移居英国伦敦。1839年移居美国纽约，为美国海军研制舰船等军械装备，1848年加入美国籍。去世后，美国政府遵其生前遗嘱，于1890年派遣他生前设计的低舷铁甲舰将遗体运回瑞典安葬。

第一艘铁甲军舰设计者，实用螺旋桨发明者之一。他在任瑞典海军军械官时，发明了一种新型的热力发动机，根据过热空气膨胀具有与蒸汽等效推动力的原理设计，并为此探索了一生。为了参加利物浦—曼彻斯特铁路竞赛，1829年4月他在伦敦和布雷思韦特(John Braithwaite)合作研制了蒸汽机车，比G.斯蒂芬森的发动机大约轻一半，速度达到每小时73千米，是所有参赛作品中重量最轻、速度最快的，但在试验时由于锅炉管过热而损坏，被迫退出比赛。1833年展出了热力发动机，但找不到赞助人，于是转向制造轮船。

1836年成功研制了一个实用螺旋桨，同年7月注册专利，次年首次用在伦敦建造的“奥格登”号舰船上。1839年，美国海军委托他设计建造的小型铁甲舰“普林斯顿”号，由伦敦抵达纽约。这是造船史上第一艘金属船身、以螺旋桨推进的军舰，发动机安装在吃水线以下，可防炮弹射击。在美国南北战争爆发时，他向北军海军提议建造新型军舰封锁南军海岸被拒，后得到林肯总统支持。1862年1月30日，他设计建造的“监视者”号军舰下水，工期只用了118天，造价27.5万美元。这是一艘全铁甲、全蒸汽动力船，一个回旋六角炮塔支撑着两门大炮。同年3月9日，该舰一举打败了南军装甲舰“弗吉尼亚”号，从此声名大振，订单不绝。时至20世纪，它仍是舰艇技术创新的典范。1878年，他建造了可以发射水下鱼雷的“摧毁者”号军舰。

他是个多产发明家，此外还研制有：第一台实用蒸汽救火车、通风用鼓风机、提取海盐设备、船舷测深仪、太阳能发动机等机械。（薛　雷）

斯蒂芬森，R.（Stephenson，Robert） 英国人，1803年10月16日生于英格兰德比郡威灵顿，1859年10月12日卒于英格兰泰恩河畔纽卡斯尔。*铁路与桥梁工程、工程管理。*

是铁路机车发明人G.斯蒂芬森的独生子。1820年曾在英国布鲁斯学院、爱丁堡大学短期学习工程技术。1821年起在父亲开办的机车制造厂工作。1822～1827年，跟随父亲考察南非矿山，遍游美国各地。回国后协助父亲测量和参与建造斯托克顿—达灵顿铁路、利物浦—曼彻斯特铁路。1833～1838年任切斯特—霍利黑德铁路公司总工程师，领导铺设伦敦—伯明翰铁路，亲自主持建筑了几项大型工程，如伦敦尤斯顿广场车站、布利斯沃思挖掘工程和基尔斯比隧道等。父亲去世后，1848～1853年他接任英国机械学会会长。

主要从事铁路和桥梁的设计和建造，对近代英国乃至世界交通发展作出了重大贡献。他专攻桥梁建筑技术，建造了许多座大跨度铁路桥梁。在建设纽卡斯尔—贝里克铁路干线时，采用J.内史密斯新发明的蒸汽锤夯筑桥基，在泰恩河上建筑了一座大跨度的6拱铁桥。其中最著名的是北威尔士梅奈海峡的布列塔尼亚大桥，1850年3月5日竣工，至今仍然是英国一座重要的铁路大桥。在梅奈海峡建造连接安格尔西岛和威尔士大陆的坚固铁路大桥，工程难度很大，他大胆设计了一座独特的管桁桥，一举解决了复杂的技术问题。受到成功的鼓舞，他在英国和其他国家又建造了几座管桁桥。加拿大蒙特利尔的圣劳伦斯河上架设的大维多利亚管桁桥，在他主持下于1854年动工，1859年竣工，长期以来一直是世界上最长的桥梁。在比利时、瑞士、丹麦、瑞典、德国和埃及等地，都有他担任顾问指导建造的铁路桥梁杰作。 （李啸虎）

惠特沃思，J.B.（Whitworth，Sir Joseph Baronet） 英国人，1803年12月21日生于英国柴郡斯托克波特，1887年1月22日卒于摩纳哥国蒙特卡洛。*机械工程、精密加工技术、兵器制造、工程教育。*

乡村穷教师的儿子。14岁进叔父开办的棉纺厂学机械。后到伦敦谋生，在著名机械师H.莫兹利处当机修工，深受其影响。1833年，他在曼彻斯特租用了一间纺纱厂车间开始研制机床，至1844年他已拥有一个200余人的机械厂。克里米亚战争（1853～1856年）结束那年，他赴美国考察机械工业。回国后设计来复枪，奉命筹建来复枪工厂。他的后半生主要从事工程教育，在曼彻斯特的欧文斯学院建立实验室，开办工程学讲座。1854年入选英国皇家学会会员。1866年出任英国机械工程学会会长。

他是第一个把工具机作为专业和产业的人。1835年开始设计制造箱形车床，首次实现由丝杠同时驱动轴向和横向进给。在以后的20多年间改进和研制了各种机床。1841年建立统一螺纹制，被称为“惠氏标准螺纹”，结束了以往机械零件因螺纹规格不一而无法通用的混乱局面。同年起致力于线规的标准化，在10年内建立和发展了工程学上实用的统一测量标准制度，加工零件的精确度达到百万分之一英寸（而当时一般加工精确度接近1/16英寸）。至1849年，已改进15种机械工具。1857年他改进了当时流行的六角筒步枪——埃菲尔德枪，造出被称为“惠特沃思枪”的新式步枪，其射程、穿透力和命中率都远远超过前者。他还发明大炮延性铸钢法，这种先进铸造方法很快得以推广。 （李啸虎）

克拉克家族（Clark family） 美国人，克拉克一家父子3人，包括父亲阿尔万·克拉克、长子乔治·克拉克和次子格雷厄姆·克拉克。*光学工程、仪器制造、观测天文学。*

19世纪下半叶，克拉克一家对天文仪器的发展有重要贡献。当时美国几乎所有天文台以及某些外国天文台，都装备有他们研制的赤道式折射望远镜和其他仪器。他们曾5次制造当时世界上最大的折射望远镜的物镜，其中第五台是威斯康星州叶凯士天文台的102厘米望远镜，镜筒长达18米，有6层楼房那么高，整台望远镜重量超过18吨，长期是折射望远镜口径中最大的。

阿尔万·克拉克（Clark，Alvan） 1804年3月8日生于美国马萨诸塞州阿斯菲尔德，1887年8月19日卒于马萨诸塞州坎布里奇。

农家子弟出身。早年从事绘画和雕刻工艺，在洛厄尔的一家印花布厂供职。1827～1836年以人像摄影师为业，被当局允许在美国各地营业，后定居波士顿，生意兴旺。在1844年起开始对光学深感兴趣，着手试制透镜和安装望远镜。1846年和两个儿子在坎布里奇港开办阿尔万·克拉克父子公司，是美国生产消色差透镜的第一人。他对望远镜技术作了许多改进，其中包括发明双目镜，以及一种测量天球小弧的独特方法。用他研制的望远镜所作出的一系列天文发现，曾列表刊登于《英国皇家天文学会学报》第17卷上。1862年研磨完成47厘米口径透镜，是当时世界上最大的透镜，一时订单大增。1871年他帮助美国海军天文台安装一台66厘米芝加哥折射望远镜。1877年，A.霍尔正是利用他生产的望远镜发现了火星的两个卫星。1884年、1886年先后为俄国圣彼得堡布可沃皇家天文台、美国加利福尼亚利克天文台研制和安装76厘米、91厘米折射望远镜。

乔治·克拉克（Clark，George Bassett） 1827年2月14日生于美国马萨诸塞州洛厄尔，1891年12月20日卒于马萨诸塞州坎布里奇。

老克拉克的长子。曾协助父亲设计、制作和安装多台当时世界一流的折射望远镜。在老克拉克主持的科学活动中，都包含有他的重要贡献。

格雷厄姆·克拉克（Clark，Alvan Graham） 1832年7月10日生于美国马萨诸塞州福尔里弗，1897年6月9日卒于马萨诸塞州坎布里奇。

老克拉克的次子。从文法中学毕业后，就在父亲开办的公司当助手，在折射望远镜上有许多新发明。协助父亲成功研制了许多著名的望远镜，其中包括美国海军天文台、俄国圣彼得堡布可沃皇家天文台的折射望远镜，并因后者而获俄国荣誉勋章，这是美国人中唯一获得这种殊荣。1886年，主持为旧金山附近汉密尔顿山利克天文台安装102厘米折射望远镜。1897年去世前,为美国威斯康星州耶基斯天文台设计制造102厘米折射望远镜。

1870年,参与美国赴西班牙赫雷斯的日全食远征队。1878年又参加赴美国怀俄明州作类似观测。作为一个独立观察者,一生发现14对双星,其中包括天狼星伴星。1862年,参与为芝加哥迪尔伯恩天文台研制当时世界上最大的47厘米折射望远镜,在主持安装测试时无意中发现由F.W.贝塞耳预言、但一直未能观察到的天狼星伴星,为此当年获法国科学院拉朗德金质奖章。 (朱逸农)

布雷盖,L.-F.-C.(Breguet,Louis-Francois-Clement) 一译宝玑。法国人,1804年12月22日生于法国巴黎,1883年10月27日卒于同地。电气电信工程、电工学、计时学、仪器研制。

出身于钟表世家,上两代均为巴黎著名钟表匠,父亲还是电工师。自幼在瑞士拜师学习钟表制作技艺,未受过正规教育,自学成才,业余喜欢钻研物理学等学科。后一直在巴黎经营家族钟表企业,是著名的法国宝玑钟表制造公司的首任总裁。1843年被任命为法国国家经度局机械师,1862年进入该局管理层。1845年当选为法国政府电报电信委员会委员。1870年,他将家族钟表厂出售给经理(该公司又持续经营了100年)。1873年和儿子安托尼(Antoine)合伙成立电信公司。1874年当选为法国科学院院士。

原是钟表匠,1830年开始设计研制电气电信设备和精密仪器。1839年,他的第一个电钟问世。1840年发表一篇有关电感应的重要研究论文,报道了他和两位物理学家梅森(Masson)、萨瓦特(Savart)合作开发出的第一个感应线圈及其原理,是现在通称为伦可夫(Ruhmkorff)感应线圈的第一个原型,后者于10年后对其进行了实用化。发明车载移动电报机和拨号电报机,1845年起广泛应用于法国铁路站点之间的通信与调度。1847年受大学委托,先后制作用以研究磁学的条形磁铁和马蹄形磁铁,并在1850年将其用于制作发电机。1856年,在电钟设计上取得重要进展,同年为里昂市制作安装城市公共电钟。此后数年内获得一系列相关专利,其中1866年获音叉电钟专利。这种电钟构思新颖,采用一支25厘米高的U型音叉作为频率振荡器来调节电枢电流。1870年转向电气电信业,致力于将电力用于电报等新兴的长途通信工程领域。1876年受贝尔电话公司委托,全面主持建立法国电话系统。

还有许多其他发明,其中有:1833年改进上发条的钟摆机件,获得他的第一份专利;1840年发明可用于测试电流的温度计;1843年研制带有旋转镜片的光速测量仪,转速可达9 000转/秒。1881年支持其子安托尼和C.里歇(Charles Richet)创办《科学评论》杂志,影响了欧美40年。因开发铁路电报通信,1845年获法国荣誉军团勋章。 (屈大壮)

诺贝特,F.A.(Nobert,Friedrich Adolph) 德国人,1806年1月17日生于波罗的海沿岸波美拉尼亚(今属德国)巴思镇,1881年2月21日卒于同地。光学工程、精密机械加工、计时学、仪器研制。

钟表匠的长子。在家乡巴思镇读完小学,便在父亲指导下在家族作坊干活,同时业余自学。获奖学金得以进入柏林-夏洛滕堡技术学院(后为柏林理工大学)深造,1833年毕业。1835年到格雷夫斯瓦尔德大学任实验室机械师。1850年从大学辞职,回家接手父亲去世留下的机械作坊。

21岁时研制一种新颖怀表,带有精确的秒针,还能补偿气温和地理位置带来的误差,在1827年柏林贸易展览会上获奖。这一展品引起了柏林天文台台长J.F.恩克的关注,开始同这位年轻的技工建立通信联系;诺贝特同格雷夫斯瓦尔德大学的几位教师也有联系,该校还允许他使用大学图书馆。1829年研制出一台天文摆钟,可用以测量他的家乡巴思镇的子午线一度之长。

19世纪30年代起,欧洲各国都在为制作更为精密的光学系统而加剧竞争,当务之急是确立统一的精度标准和发展精密加工技术。为此他转向研制超细测微标准所需的校准仪器,开发出一系列精密的刻度技术,研制更先进的圆盘刻度机,其声望在40年代达到鼎盛。1845年研制出第一台检测复合显微镜分辨率的光栅测试板,带有按一定距离分开的10条准线;时至1873年,已制出7种规格的测试板,精度越来越高。1846年,发表第一篇有关测微标准的论文,提出改进圆盘刻度机等分圆周的新方法,采用一个小引擎带动刻度机钻石刻头,在玻璃上刻画极其精细间距的平行线。到19世纪中期,他的光学精密加工技术已居于欧洲最前沿。1872年,他为显微镜测试板刻划的玻璃网格线间距仅0.11微米,其精度已达光学显微镜的分辨率极限,直至1966年这些划行间距才由电子望远镜看清楚。他还制作复合显微镜、航海天文钟等多种仪器,因其精确而广为使用,甚至远销美国等地。 (王天运)

理尔由,N.(Rillieux,Norbert) 美国人,1806年3月17日生于美国路易斯安那州新奥尔良,1894年10月8日卒于法国巴黎。制糖工程、机械技术。

炼糖用多效蒸发器的发明者。由于母亲拥有非洲和欧洲血统,他被当时美国法律划归"自由非洲裔"种族。早年,父亲看出他有技术天资和爱好,就送他去法国学习机械工程。1830年在巴黎中央工艺学校讲授应用力学,期间着手设计节能高效并大大降低成本和提高精糖质量的多效蒸发器。由于在法国找不到愿意合作的制造商,1833年他回到美国路易斯安那州,被聘为一家制糖厂的总工程师,不久便因父亲和厂主发生纠纷而辞去这一职务。1834年他想说服一些种植园主试装一台蒸发器,结果无人问津。1843年获得第一个多效蒸发器专利,总算说动两家种植园主用于加工甘蔗。1846年这两家生产的蔗糖样品在路易斯安那州交易会获得质量优等奖。同年理尔由获得改进型多效蒸发器专利,后来称理尔由蒸发器。时至1856年,路易斯安那州全境的种植园都安装上了理尔由蒸发器。

19世纪60年代,由于不满种族歧视,他离开美国赴任法国中央工艺学校校长,并在欧洲的工程杂志上经常发表文章。有一段时间他研究埃及学，1881年又重新研究机械工程。1891年提出制糖新工艺，在法国申报专利时被拒。

理尔由蒸发器加速了炼糖的产业化进程，由于价廉质高的食糖得以大规模生产，终使这种食品从上流社会享用的奢侈品变成大众的日用品，他因此被誉为“制糖工业最伟大的恩人之一”。他的发明成了当时制糖业的生产标准。除生产食糖以外，理尔由蒸发器在今天还广泛应用于纸张、肥皂、炼乳和制药等工艺过程。

（李啸虎）

布鲁内尔，I. K.（Brunel，Isambard Kingdom） 英国人，1806年4月9日生于英国英格兰汉普郡朴次茅斯，1859年9月15日卒于伦敦威斯敏斯特。结构工程、铁路与桥梁工程、船舶工程、军械装备。

发明家和工程师M. I. 布鲁内尔之子。14岁就读于巴黎亨利·夸特尔学院。1823～1828年参加父亲主持的泰晤士河隧道工程，任助手和施工工程师，在洪水泛滥时受重伤。休养期间参与埃文峡吊桥设计竞标，1831年击败著名工程师T. 特尔福德（Thomas Telford）的设计而初露锋芒。1833年任大西铁路工程师，1846年升任总工程师。曾任澳大利亚维多利亚铁路、印度东孟加拉铁路等工程高级顾问。1830年入选英国皇家学会会员。1857年被授予牛津大学荣誉法学博士学位。1858年任英国土木工程师协会主席。他长年积劳成疾，在自己设计建造的大东号启航前两天突然中风昏倒于船上，10日后在家去世。

19世纪上半叶，他在英国相继设计了芒克韦尔茅斯、布伦特福德、布里顿费里、米尔福德和普利茅斯等港口码头与船坞；力排众议，首次大胆采用2米宽轨使火车高速行驶，打赢了历史上著名的“轨距大战”；由他负责建造的英国西部铁路总长1 600千米以上，横贯米德兰平原、南威尔士和爱尔兰等地；他建造了一系列铁路大桥和隧道，著名的有博克斯隧道、汉威尔高架桥、皇家艾伯特大桥等，其中梅登黑德大桥的砖拱弧度为世界最小；他还在国外发展铁路，如在意大利开辟两条铁路干线，指导铺设澳大利亚维多利亚铁路、印度东孟加拉铁路等。

他设计建造了3艘当时世界上最庞大、最先进的轮船：1837年制造的“大西”号木制明轮船，是第一艘横渡大西洋的班轮，1838年布里斯顿—纽约航线首航成功；1843年制造的“大不列颠”号轮船，是第一艘铁壳轮船，第一次用螺旋桨推进，1845年夏开辟了利物浦—纽约航线；1859年9月启航的“大东”号客轮，是第一艘双层铁壳轮船，工期长达5年半，排水量在40年内居世界首位，并以敷设横跨大西洋的第一条海底电缆而知名。

此外，致力于军事装备的发明革新。如在克里米亚战争中，为英军改进大炮结构性能，设计带浮筒的装甲炮艇和战地医院活动房等。

（李啸虎）

罗布林，J. A.（Roebling，John Augustus） 一译约翰·罗布林。美国人，1806年6月12日生于德国图林根的穆尔豪森，1869年7月22日卒于美国纽约。桥梁工程、水利工程。

德国裔。约翰·罗布林在中学时代就对哲学、自然科学和桥梁建筑产生浓厚兴趣。1826年在柏林综合技术学校获土木工程学士学位。1831年移居美国宾夕法尼亚州，从事农业生产活动。后又接受该州工程师的职位，从事勘查地形地质并主持建造运河、大坝和疏浚河道的工作。1869年，当布鲁克林大桥开始建造时，一艘渡船不慎失去控制撞上了他正在指挥施工的桥墩，砸伤了他的脚，不幸患上破伤风症而在纽约去世。

约翰·罗布林和他的儿子华盛顿·罗布林俩人，都是建造钢悬索桥的先驱，19世纪美国最杰出的造桥工程师之一。1841年发明双绞线电缆，该发明预示着使用钢丝缆绳的开始。他首次提出用钢缆绳代替粗麻绳牵引运河船只，不久便应用于钢悬索桥。为此，他发明了一种绞制高强度钢缆的方法。6年后，在新泽西州建立罗布林缆绳制造公司，制造各种型号钢缆。因为这种缆绳支持大跨距和承受很大的负荷，他很快成为一个建筑高质量桥梁的工程师而美名远扬。此后完成4座钢悬索桥工程，两座在匹兹堡，一座在尼亚加拉瀑布城，一座跨俄亥俄河连接辛辛那提和卡文顿（主跨320米），并设计了一生中最大跨距的纽约布鲁克林大桥（主跨486米），后由其子华盛顿·罗布林主持最终完成工程。他的主要著作是《长跨距与短跨距的铁路桥》。（陈芳泽）

龚振麟（Gong Zhenlin） 中国清代江苏省人。清嘉庆年间（1796～1820年）生于江苏长州（今江苏吴县），卒年不详。造船工程、铸造技术、兵器制造。

从政前为长州监生，向有革新思想，好研习西学，尤对西方算学和火器有一定研究。道光十九年（1839年）任浙江省嘉兴县县丞。翌年鸦片战争爆发，奉调至宁波军营监制军械，多有建树。

他奉命去甬东参加抵御入侵舟山的英军，见到英军用蒸气机驱动的火轮船，便参考林则徐提供的《车轮船图》进行仿制，先用人力驱动叶轮，在湖中试航成功，后又制成可在海中行驶的更大舰只。道光二十一年（1841年）春，在林则徐指示下，龚奉命把原先只能直击的炮架改制成能改变射击角度和方位的新式炮车，坚固灵巧，战地使用颇有成效。是年夏，浙江省添设炮局，赶铸新炮，仍委派龚振麟监制。传统铸炮采用泥型，平常泥模干透时间长达一月左右。是年冬天雨雪连绵，若按常规做法，定难以如期完成任务。为争抢时间，龚振麟在继承和发扬中国传统陶艺、金属铸型定位技艺基础上，创议并采用铁模铸造铁炮，很快试制成功。他及时撰写《铸炮铁模论》一书（后收入魏源所编《海国图志》），刊印分发沿海各地普及推广这一出色的技术创新成就。他在书中详述了铁模铸炮工艺过程：分节作出泥炮；分制铁模泥型；用泥型遂节浇注分成两瓣的铁模；在铁模内表上双层涂料，装配泥芯，浇注铁水，凝固成型后脱去铁模。铁模铸炮具有一模多铸、工时少、成本低、少生气孔、保存长久、维修方便、投产快捷等优点。《铸炮铁模论》总结的一些主要技术措施，和现代金属铸造学基本认识一致，堪称中国最早系统论述金属定型铸造的专著。

（江冬妮）

史密斯，F. P. (Smith, Sir Francis Pettit) 英国人，1808年2月9日生于英国肯特郡奥尔丁顿，1874年2月卒于英国南肯辛顿。*动力机械工程、船舶工程。*

乡镇邮政局长儿子，从小对船舶有着强烈爱好。从位于阿什福德的私立学校毕业后，到农场放牧为生。1834年起，他在农场附近水库进行了多次船模试验，在船上安装弹簧驱动的木质螺旋桨。1836年5月，他获得用螺旋桨驱动船舶行驶的专利权。两个月后，瑞典的J. 埃里克森(后入美国籍)船长也注册了类似专利。早在1824年，戈登(C. Gordon)首次试验螺丝一样的船用螺旋桨，但因机器爆炸而中断。史密斯全然不知他人的尝试，他是独自完成的。不久，他在别人资助下建造了一艘10吨排水量的木船，在帕丁顿运河和泰晤士河上试验螺旋器推进。当时英国皇家海军全都用木制明轮蒸汽轮船，海军部闻讯，于1838年聘任他为开发推进器的技术顾问，一直至1850年。1856年史密斯的专利权到期，为了全家生计，他不得不回到根西岛农场重操放牧旧业。1860年，英国政府任命他为南肯辛顿专利博物馆馆长。1871年被授予爵士勋位。

1838年，一次他把试验船开到最高时速4节(1节为1海里，约1.85千米)，突然船底传来一声巨响，原来长长的扇叶螺旋桨绞到了一个玻璃瓶，被弄断了一大截，但船还得开回去，没想到船速竟然达到了13节。原来短的要比长的螺旋桨更能产生推力，这一发现导致了一种新型单轴螺旋桨的诞生。接着，他集资建立船舶推进公司。1839年，他建造一艘"阿基米德"号蒸汽船，由单轴四叶螺旋桨推进，排水量237吨，推力80马力，与当时最快的"火神"号明轮蒸汽船比赛，结果以时速10节而大获全胜。他又建造小型"阿基米德"号，先后在英国各大港口，荷兰的阿姆斯特丹、比利时的安特卫普、葡萄牙的波尔图等世界名港巡回展示，引起了不少轰动。英国海军部经过5年考虑，才同他签定了建造20艘螺旋桨军舰的合同。I. K. 布鲁内尔曾受其邀请参观演示并被深深打动，后来建造了第一艘螺旋桨驱动的铁壳远洋轮船。时至1856年，英国皇家海军各种型号舰船共327艘装备螺旋桨推进器。

鉴于其贡献，1855年帕默斯顿公爵(Lord Palmerston)赠予他每年200英镑奖金。1857年，他获得了国家证书、一个奖盘和3 000英镑奖金。 (王悦君)

波顿，E. (Bourdon, Eugène) 一译鲍登。法国人，1808年4月8日生于法国巴黎，1884年9月29日卒于同地。*动力机械工程、仪器制造。*

出身商人家庭。1835年在巴黎成立波顿—赛特默公司，拥有自己的仪器与机器工场，制造过约200台小型蒸汽机，但主要从事仪器和钟表制造。1849年6月18日，获无汞气压计专利。波顿压力计适于0.1～700毫巴(MPa)的压力指示，传感元件为一椭圆形截面弯曲成C形的波顿管，至今广泛应用于锅炉、机车和水泵等设备。1851年在伦敦国际博览会上获荣誉勋位奖励。在试验风速计时摔伤致死。 (朱逸农)

内史密斯，J. (Nasmyth, James) 英国人，1808年8月19日生于英国苏格兰爱丁堡，1890年5月7日卒于伦敦。*动力与机械工程、船舶工程、光学工程、观测天文学。*

画家之子。父亲是J. 瓦特的朋友，并拥有一个机器铺，使他从小就熟悉各种机械设备，学习制作机械模型。1820年从师学习化学、数学和自然哲学。1821年入爱丁堡工艺学校。17岁研制成蒸汽机模型；19岁造出蒸汽车，运行了数月。1829～1831年在伦敦任H. 莫兹利的助手，在后者去世后又回到爱丁堡开业。

他设计有研磨机，磨制六角螺帽。1836年发明了模制机。蒸汽锤是他最重要的发明。早先用蒸汽作动力的锻锤由连杆和凸轮带动，在传动关系上不能控制。他解决的办法是锤头由重力下落，蒸汽压力只是用来连续将锤头举起。1839年按他的设计为蒸汽船"大不列颠"号锻造了30英寸(约76厘米)直径的桨叶轴，也为后来英国海军锻造大口径炮提供了技术基础。还设计过工具机，制成蒸汽打桩机、铣槽机、磨床、水力冲床、通风机气泵等等。晚年建造反射望远镜，提出反射望远镜的内史密斯光学系统；发表过天文观测资料。 (戴成勋)

麦考密克，C. H. (McCormick, Cyrus Hall) 美国人，1809年2月15日生于美国弗吉尼亚州罗克布里奇县，1884年5月13日卒于芝加哥。*农机工程、机械学、工商管理。*

出身苏格兰移民的农民家庭。父亲是个铁匠，他从小在铁铺里长大，成为父亲好帮手，没有受过正规教育，靠自学成才。1824年，年仅15岁已设计一种带摇篮架的大镰刀，既轻便又安全。1827年，研制一些测量仪器。1831年，因坡地犁发明获得他的第一项专利。

收割机发明者，美国农机制造业奠基者，他的发明使19世纪美国的农业发生了革命。1831年设计制造第一台卷轴式马拉收割机，时称"弗吉尼亚收割机"，1834年获专利权。该机外形像一辆二轮马车，装有切割器动刀片、拨禾轮和集穗台，尚需专人把两旁割下的禾秆耙开，但已具备收割机雏形。1835年，他在邵斯河畔自家农场里设立农具试验场。翌年和父亲造起一个炼铁炉，打算通过炼铁筹集经营收割机的资金。1840年，他获得营业执照，开始为制造商们设计收割机。1841年，对收割机的切割器进行改革，掉转锯齿方向来切割庄稼秸秆，大获成功。1847年，建立麦考密克收割机械公司。同年，拓展了收割机的自动搂耙、割草和捆扎等功能。在1851年伦敦博览会上，这一发明轰动欧洲，因为使人看到了农业机械化的曙光。

他估计收割机有可能使美国中西部大草原开发为最大的产麦区，于是在建厂后在大草原流动推销，创新多种促销手段。1880年前后，他采用流水线批量生产，产品销遍美国，推向欧洲。他还发明了一些商业经营技术，如保证卡、分期付款和售后服务等，最早为客户提供一些在20世纪才成为标准服务的项目。1902年，他生前创立的公司重组为规模庞大、跨国经营的国际收割机公司，至今仍在世界农机制造业中独占鳌头。收割机发明获得了世界各国许多奖项。其中，1878年获得法国

荣誉军团勋章,并成为法国科学院外籍院士。法国科学院的赞辞说:麦考密克"对农业作出了超过一切人的最大贡献"。（李啸虎）

雷德滕巴切尔,F. J.（Redtenbacher,Ferdinand Jakob） 德国人,1809年7月25日生于奥地利施泰尔,1863年4月16日卒于德国卡尔斯鲁厄。*机械工程、机械学、应用数学、工程教育。*

奥地利裔,小五金商之子。11岁起到杂货店当两年学徒,后学会计。刻苦自学,立志要成为工程师。1825年在林茨的建筑管理局当助理绘图员和测量员。同年入维也纳综合工艺专科学校学习机械工程。1829年毕业后留校,当了4年机械原理和力学讲座教授的助手。1834年任瑞士苏黎世联邦理工学院数学教授。1841年在德国卡尔斯鲁厄理工学院任力学与机械工程教授,1841～1857年任院长。

机械工程学奠基者之一。其贡献主要是在工程教育方面。他注重理论联系实际,特别是工程师的科学理论教育,倡导和力行把先前那种经验性的工程教育置于精确数学的基础之上。在他的管理下,卡尔斯鲁厄理工学院开始成为享有国际声望的大学。著作大都是教科书。主要著作有《涡轮与风扇的理论与制造》(1844年)、《工程学的产生》(1844年)、《水车的理论与制作》(1846年)、《机械学原理》(1852年)、《吹风机》(1853年)、《机车制造原理》(1855年)、《动力系统》(1857年)和《机械制造》(1862年)等。（戴成勋）

梅纳布里雅,F. L.（Menabrea,Federico Luigi） 封爵后又称"第一瓦尔多拉侯爵"(1st Marquis of Valdora)。意大利人,1809年9月4日生于意大利萨伏伊公国尚贝里(今属法国),1896年5月24日卒于法国圣卡宾。*结构工程、结构力学、工程管理、政治活动。*

早年在意大利都灵大学学习工程学和数学,获工程师资格证书和数学博士学位。毕业后在工程部队和巴德要塞供职,1831年任工程官。继任都灵撒丁皇家军事学院、都灵大学力学和建筑学教授。他既是学者又是将军和政治家。从1848年起历任外交使团团长、参议员、少将、工程兵团总司令、中将、海军部长、外交部长、驻法国大使,1867～1869年任总理等职,1875年册封为侯爵。

19世纪50～60年代,负责监管意大利北部一些防御工事的修建工程。在科学上的主要贡献是在力学领域的弹性和结构理论方面。他根据"虚功"原理,1857年首次导出结构分析方法的第一个精确公式。1858年发表论文,阐述了弹性桁架的"最小功原理",后被科学界称为"梅纳布里雅原理"。此外,在军事工程、数学等方面也有所贡献。（王天运）

布朗,J. R.（Brown,Joseph Rogers） 美国人,1810年1月26日生于美国罗得岛州瓦伦,1876年7月23日卒于新罕布什尔州绍尔斯群岛。*机械工程、精密加工技术、仪器研制。*

钟表和仪器制作匠之子。从小随父学艺,1827年成为独当一面的机械师。1831年创办一家作坊,制作小型车床等机械工具。1841年父亲退休后,他接手主管父亲原来经营的机械修造厂,生产钟表、测量仪器和多种机械工具。

1850年研制成功美国第一台自动的长刻线机。1851年投产游标卡尺,读数精确至千分之一英寸,并用于精密加工分度规,为大批量精密计量器生产奠定了基础。1852年发明铣床、磨床和各种切削刀具,并对游标卡尺结构进行简化。1853年和他人合伙成立布朗与夏普机械制造公司。1855年发明可自动精密加工各种规格齿轮的机器。1858年着手制造缝纫机。1861年开始致力于设计和开发工作母机,当年建造可用于生产步枪等兵器的旋转式六角刀架。1862年研制成万能铣床,工作台可垂直升降和旋转、能铣削锥形螺旋槽和左螺旋等高难度工件,加工麻花钻头等机械工具,1865年加工齿轮用的成形铣刀获得专利。1867年开始大批量生产测微计(千分尺)。同年开始研制万能磨床,把砂轮安装在车床刀架上,1873年又将新出现的刚玉砂轮置于机床上进行试验,1876年春开发成功,在去世次年(1877年)获专利。（李啸虎）

弗劳德,W.（Froude,William） 旧译傅汝德。英国人,1810年11月28日生于英国德文郡达丁顿,1879年5月4日卒于好望角(今属南非联邦)西蒙斯顿。*船舶工程、船舶流体力学。*

就读于牛津大学奥利尔学院7年。毕业后参与大西铁路工程建造。1846年开始研究船舶技术。起初在河中试验一些螺旋桨炮舰模型。在英国海军部资助下,1870年他在托基建造了世界上第一个牵引式船模试验船池(后称托基船池),配备有各种自制的测试仪器,第三个儿子R. E. 弗劳德成了他的得力助手。1870年当选为英国皇家学会会员。同年获格拉斯哥大学荣誉法学博士学位。

现代船模试验技术的奠基者。1856年发明用缩尺模型法探索船舶运行规律,发现舭龙骨结构可以减轻船舶横摇作用。1871年秋,英国"首领"号双螺旋桨铁壳巨轮因设计有误而失事,近500人遇难,更促使他下决心通过科学实验来解决英国传统造船业的盲目性弊病。同年弗劳德父子在试验船池里测试"灰狗"号船模,逐一加以改进;一年后按尺寸放大的新船在海上试航成功,揭开了英国造船业新一页。托基船池对英国造船业居于世界前沿功不可没。1886年R. E. 弗劳德将实验中心搬到哈斯勒,在那里受测试的船模不计其数,时至1918年仅战舰模型就达500艘之多。

在船舶流体力学上的主要贡献有:将船舶受阻力分为摩擦阻力和剩余阻力(兴波阻力为主);提出船模阻力换算成实船阻力的相似理论;发明多种船模试验的测试仪器和设备;对螺旋推进器有一定研究。他发现当船速对长度平方根的比值相同时,其单位排水量的剩余阻力也相等,所揭示的表面长度效应与现代边界层理论几乎一致,从而提高了用船模试验以估计实船阻力的精确度。后来,工程界将水力学中描述惯性力与重力比值的

无量纲数 F_r 命名为弗劳德数(旧译"傅汝德数"),造船界常用的弗劳德数表述为 $F_r = v/\sqrt{gL}$(v 是船速,g 是重力加速度,L 是船身长度)。1855 年英国造船工程师协会出版了他的论文集。1876 年获英国皇家学会皇家奖章。 (杨惠民)

凯利,W(Kelly,William) 美国人,1811 年 7 月 22 日生于美国宾夕法尼亚州匹兹堡,1888 年 2 月 11 日卒于路易斯维尔。*冶金工程、冶金学、物理化学。*

毕业于宾夕法尼亚州的西部大学冶金学专业。后和哥哥、姐夫合办干货代理公司。由于一场大火烧毁了公司仓库,1846 年兄弟俩转而收购坎伯兰河畔里昂县埃迪维尔铁工厂,易名为凯利公司,从此进入冶炼行业。1857 年,凯利在金融危机中破产,靠出卖专利权赢利。余生在路易斯维尔开办轴承厂,同时在房地产和银行兼职。

转炉炼钢发明人之一,创造"凯利气沸法"炼钢工艺。在凯利和 H.贝塞麦发明转炉吹气炼钢技术之前,铁的形式有铸铁(生铁)和熟铁两种,前者硬而脆,可铸不可锻;后者韧而可锻,但硬度偏低。当时普遍以木炭为燃料,和铁矿石一起在鼓风炉中冶炼得到铸铁,在低氧条件下由铁矿石在炼铁炉中加热得到熟铁。1847 年,凯利原先试验吹入冷气降低炉温以节约昂贵的燃料,结果发现与预期完全相反:吹入空气反而和碳作用使铁水沸腾而剧烈燃烧,以致生铁碳含量大为减少,直接转化为钢。随后,他建造了一个转炉,秘密采用气沸法来生产平板轧钢。1854 年,凯利通过一个纽约茶馆介绍 10 个中国劳工来接替黑人奴隶,据说这是首次从中国正式引进劳工,在当时颇有争议。

1855 年,英国的贝塞麦获吹气炼钢法专利。不久凯利也在美国提出申请,但被拖延。当这个英国申请人出现在美国专利局时,当局才决定凯利是第一发明人,1857 年授予第 17628 号美国专利。其主要内容是:"将热空气或冷空气吹入铁水中,空气中的氧和铁中的碳结合,产生高热而使铁液沸腾,使其发生脱碳反应从而得到精炼的铁"。1857 年,凯利因金融危机破产,不得不出卖专利权。1863 年,铁器制造商财团组建凯利技术公司,在美国第一次使用凯利专利炼钢,同时着手在密歇根大学深入实验。1866 年,几位炼钢专利权所有人协调成立转炉钢协会。

在关于发明优先权问题上,双方发生了激烈的争执。凯利声称,是他厂里的英国工人将试验透露给了贝塞麦。几经诉讼,最后凯利在美国胜诉。1871 年,美国专利局将凯利的专利权再延长 7 年,同时中止了贝塞麦和 R.F.马希特两人的延长申请。据另一种说法,凯利和贝塞麦是各自独立发明炼钢技术的。该法在美国后来称为凯利—贝塞麦法,在欧洲仍习惯称为贝塞麦法。它大大缩减炼钢成本,提高了铁的质量,促进了美国工业的增长。时至 20 世纪初期,凯利—贝塞麦法逐步被平炉技术所取代。 (殷 莉)

辛格,I.M.(Singer,Isaac Merritt) 美国人,1811 年 10 月 26 日生于美国纽约州皮茨城沙吉蒂柯克,1875 年 7 月 23 日卒于英格兰德文郡托基附近帕安顿。*机械技术、日用轻工、企业管理。*

英国移民后代。19 岁在一家机械厂当学徒,数月后去当巡演演员,从此靠交替当机械工和演员为生。1830 年结婚,1835 年举家移居纽约,在一家报社印刷工场工作。1836 年移居巴尔的摩,作为演员公司先期代理人并在那里巡演。1839 年发明并获得凿岩机专利,转让了他的第一项专利后获利 2 000 美元。不久组建"梅里特演出者"剧团,巡演近 5 年。期间 1841 年又举家迁回纽约。1844 年到俄亥俄州弗雷德里克一家印刷工场工作。两年后在匹茨堡开设木标牌商店,1849 年发明并获得木料—金属雕刻机专利,次年在波士顿一家机械商店展示,但订单不多。店主希望他能改进当时弊病很多、难于推广的缝纫机。他经反复实验后发现,如果滑梭是直线移动而不是盘旋移动,使用直针而不是弯针,性能将大大提升。他的原型机成了第一台改进型实用缝纫机,1851 年 8 月 12 日获得专利。

当辛格牌缝纫机推向市场时,引发了一场专利诉讼战。因早在 1846 年 9 月 10 日,伊莱亚斯·豪已独立发明缝纫机并获得专利,1854 年法庭一审判定豪胜诉。时至 1856 年连同辛格在内不下 6 位研制者,都在相互控诉别人侵犯自己专利。制造商、发明家在纽约州奥尔巴尼不断对薄公堂,卷入无休止的诉讼混战。为了不再劳命伤财,他们最终同意共享专利权,成立美国缝纫机联合会,并促使豪也很快加盟,从此开创了缝纫机产业化新时代,商用大型机、家用小型机相继上市。1856 年辛格缝纫机公司生产了 2 564 台机器,1860 年在纽约蒙特大街新车间生产了 13 000 台。以后他多次改进技术,又获 20 多项专利。辛格公司是美国最早的、世界有名的跨国公司之一,不久打入欧洲市场,在英国格拉斯哥附近开设了一家分公司,在巴黎、里约热内卢等地设有代理处。1863 年重组为辛格制造公司,他成为董事会成员和主要股东。

辛格生性风流,私生活声名狼藉。1860 年发现他同时有 4 个老婆,育有 16 个孩子。风闻美国法庭要查办他的跳棋式婚姻,于是逃往伦敦,后定居于德文郡海岸附近,再也没有回过美国。因心脏病和呼吸道感染去世。 (顾志俊)

贝塞麦,H.(Bessemer,Sir Henry) 英国人,1813 年 1 月 19 日生于英国赫特福德郡查尔顿,1898 年 3 月 15 日卒于伦敦。*冶金工程、机械工程、冶金学、物理化学。*

法国裔。父亲原是铸字技工,法国大革命时逃亡英国,开设了一家排字工厂,兼做贵金属冶炼。贝塞麦未受过正规高等教育,幼年时期在父亲的铸字车间熟悉了金属加工过程,在查尔斯顿上学到 17 岁。18 岁去伦敦接受机械设计训练,并学习化学,从此走上了发明的道路。1830～1840 年在父亲厂里担任贵金属冶炼师。1840 年开办生产镀金画的企业。1859 年在英国设菲尔德成立贝塞麦炼钢厂。1871～1873 年任大英帝国钢铁学会会长。1879 年封爵。同年入选英国皇家学会会员。

他的第一项发明是铸造像花卉般精密的复制工艺品。1833年发明邮戳机，被英国政府用于将文件按时间排序登记，但未给予任何报酬。后又有多项发明，如制造铅笔芯的新方法、压力铸字机器、仿制乌得勒支丝绒、在纸板上用机械压花等。1840年开始建立机械化生产铜箔粉作为镀金涂料的生产线，成本降低，产品行销全世界。他将这项秘密保持了40年之久，从中获得大利。他还因用甘蔗榨糖得过金质奖章。19世纪50年代初，又获得过有关机车车轮、车轴、刹车及其他设备的若干专利。

克里米亚战争促使他去研究滑膛火炮加大射程的问题，找到一种更高强度的铁钢混合材料，以代替发脆的铸铁制造炮管。他用装有鼓风设备的炉子助燃熔化的铁水时，发现仅用空气便能脱去铁水中的碳，可以不用当时流行的成本很高的搅拌冶炼法生产可锻铸铁。1855年10月17日，获得了这项往铁水中吹空气炼钢法的专利。设计了装有风管的坩埚炉，随后在此基础上发展成为可倾动的底吹式贝塞麦转炉，于1856年2月5日申请专利。同年8月，他在英国科学促进协会上宣读论文，公开了"贝塞麦炼钢法"。但在后来的实际运用中，很快发现用贝塞麦转炉炼出的钢易冷脆，且不能进行热加工。这对他无疑是一个沉重打击。他花了两年时间才查明，主要是生铁中含有磷，而这种炉子使用的炉衬和炉渣都是酸性的，不能除去钢中这种有害的元素。英国的铁矿石大都含磷，碰巧他最初试验时所用的生铁都是用布拉莱文不含磷的矿石炼的。1856～1858年，除磷的尝试均无效果，贝塞麦法只能用来冶炼从瑞典来的无磷生铁。1859年他开始在设菲尔德经营自己的钢厂，进一步改进冶炼方法。他在用转炉冶炼的钢水中，加入镜铁，以提高钢的品质，因为镜铁中的碳可以满足钢中一定含碳量的要求。同时锰又可除去鼓风带来的氧气泡，以防止造成钢的热脆性。这个方法是冶金学家R. F. 马希特(Robert F. Mushet)提出来的，由于贝塞麦给了少量报酬，他放弃了专利申请权。

他发明的酸式转炉，将早期工业革命的"铁时代"推进到了现代的"钢时代"。使钢的广泛生产和使用成为可能。虽然用贝塞麦法可冶炼出高级钢，但较之19世纪60年代已完善起来的平炉法，尚有欠缺。不过当时这种酸性转炉炼的钢可用来生产钢轨，以及结构钢和普通钢材。这种炼钢法的除磷问题，于1878年才由他的后继者S. G. 托马斯和P. C. 西尔克里斯特(Percy Carlyle Cichrist)予以解决。美国的W. 凯利在1847年也独立发明"气沸法"转炉炼钢，但他在贝塞麦之后于1857年才获得美国专利。当双方就发明优先权发生诉讼时，凯利指责贝塞麦是从厂里雇佣的英国工人处获得信息。1871年美国法院确认凯利为第一发明人。此法在美国通常称为凯利-贝塞麦法，而欧洲惯称贝塞麦法。

主要著作有《论无燃料可锻钢铁的生产》(1856年)、《论铸钢生产、发展过程及其代替熟铁的运用》(1865年)、《酸式转炉炼钢法的起源》。 (戴成勋)

里贝罗·桑托斯，C.(Ribeiro Santos，Carlos) 葡萄牙人，1813年12月21日生于葡萄牙里斯本，1882年12月23日卒于同地。*探矿采矿工程、道路与桥梁工程、地质学、地图学、考古学。*

铸币厂银匠的长子。因家境清贫，只受过几年初小教育，10岁便在服装店打工。1833年内战中，应征入伍当炮兵。次年起，先后在里斯本皇家海军学院、皇家军事工程与制图学院(后易名陆军学院)学习。1837年毕业于陆军学院，获少尉军衔，同年派驻葡萄牙南部地区。1840年以军人身份入读波尔图理工学院，1844年毕业。同年供职于葡萄牙公共建设公司，任修路造桥总指挥。后因卷入政治纷争，降职任军火厂教官。1849年供职于华罗宝与达玛休探矿公司，探明了两个煤矿。1849～1852年，任葡萄牙公共建设总部技术部第四分部主任，主管探矿采矿工程与地质勘查。1857年任葡萄牙地质勘探总队队长。是葡萄牙政府公共建设与采矿委员会主要负责人之一，1859年任矿产地质与蒸汽机部主任。1870～1874年入选葡萄牙议会议员。是葡萄牙皇家科学院院士。去世前数周被授予将级军衔。

1840年起，主持里斯本与卡尔达斯达伦哈市道路、卡瓦柳什与沃加大桥、里斯本供水工程等基础设施建设。1952年，和里斯本理工学院地矿学教授P. 达科斯塔(Pereira da Costa)共同主持起草了葡萄牙采矿法案，同年颁布。和达科斯塔共同组织了首次葡萄牙国土地质普查，初步查清了全国地层和矿产分布。1858年出使欧洲各国，同当时矿业界和地质界最著名专家有交往。主持绘制了多幅葡萄牙地区图，其中第一幅全境地质图(1∶500 000)获巴黎世界博览会银奖，1876年正式出版。勘查里斯本地质基础，拟定其供水工程规划。他兴趣广泛，1866～1868年对葡萄牙古生物化石、古人类遗址进行挖掘研究。1880年在里斯本组织召开第九届国际考古学与古人类学大会。多次获国家和国际大奖。

(邱凤昌)

科尔特，S.(Colt，Samuel) 美国人，1814年7月19日生于美国康涅狄格州哈特福德，1862年1月10日卒于同地。*兵器技术、通信工程、企业管理。*

孩童时代，一边在当地小学就读，一边在父亲纺织作坊工作。从小喜欢拆装各种机械用品，包括他父亲的枪支。在父亲支持下，16岁时作为船东招募水手出海航行。船到新加坡时，他已制造出一把左轮手枪模型。传说各异，有人说轮船明轮的推进启发了他；还有人说甲板上绞盘的旋动提醒了他。无论灵感从何而来，他确实是在船上发明了左轮手枪。回到美国后，他又制作了几把样枪。这种手枪把传统的单发改进成了多发，是历史上第一种实用的旋转式火器。当扣动扳机射击时，弹膛会自动旋转而连射6发子弹。1835年在欧洲获得科尔特式左轮手枪第一项专利；1836年在美国也获得了专利。同年，他在新泽西州帕特森市成立一家枪械厂。但是这种枪开始并没有得到普遍认同，他的工厂也于1842年倒闭了。1843年他又发明了一种电引爆水雷，是历史上第一个可以远程遥控爆破的装置；同年在纽约港又发明一种潜水艇专用电池。稍后，他参与电报技术的开发，发明并经营第一条水下电报线缆。

1846～1848年墨西哥战争期间，由于科尔特左轮手枪的威力得以证明，美国军方决定订购1 000支科尔特左轮手枪。这种枪先是在康涅狄格州的惠特尼工厂生产的，为了满足政府的需求，1847年他在自己家乡恢复了武器生产。时至1855年，他在哈特福德河边建立的工厂已是当时世界上规模最大的私营兵工厂，一个新产业诞生改变了一座美国城市。他实施了包括可互换零件、建立生产流水线、采用高精度机械等一系列新的生产方法，因而他的枪械以高产量、高质量、可靠性和标准化而著称于世。与此同时，他在英格兰开设了一家枪械厂，提升了他的国际声誉。他成为一个很富有的人，但不幸英年早逝，47岁便因病去世。他的夫人伊丽莎白接管了企业，并使业务继续繁荣。科尔特武器广泛用于美国南北战争；其中科尔特45口径左轮手枪常见之于描写西部的小说与电影，也成了美国西部的同义词。

（王悦君）

盖斯勒，J. H. W.（Geissler，Johann Heinrich Wilhelm） 德国人，1815年5月26日生于德国图林吉，1879年1月24日卒于波恩。玻璃工艺、仪器研制。

出身于玻璃工艺世家，祖父是有才艺的玻璃匠，父亲是玻璃珠宝匠，几个兄弟在德国柏林和荷兰阿姆斯特丹做玻璃吹制师。早年学玻璃吹制技术，后到慕尼黑大学等多所高校制造玻璃质科学仪器，并在荷兰工作过。1852年左右在波恩大学当技师，创建了化学物理仪器工艺室，同一些著名科学家关系密切，合作研制过不少科学实验中急需的玻璃仪器。1854年在波恩开设玻璃器皿制造厂，专门生产供科学实验用仪器。1868年获波恩大学荣誉博士学位。

研制成空前精确的标准温度计。1852年发明蒸发计，可用以测定酒精浓度。1857年研制真空管，这种可用于真空放电的玻璃管即所谓“盖斯勒管”。为使这种真空管达到近乎真空的状态，他还由此发明手动曲柄水银真空泵，最终导向克鲁克斯阴极射线管的发明，从而为原子物理学诞生创造了条件。其他如冰膨胀测量计、鉴定矿物吸留液体用的真空管等，对促进科学发展有重要贡献。1873年获维也纳世界博览会艺术与科学十字金质奖章。

（王天运）

韦布，W. H.（Webb，William Henry） 美国人，1816年6月19日生于美国纽约，1899年10月30日卒于同地。船舶工程、动力机械工程、企业管理。

造船师之子。12岁时已能独自建造小艇。在纽约哥伦比亚学院附属文法学校受教育。不顾双亲反对，15岁辍学到父亲造船厂当学徒，20岁获得第一份造船转包合同。1840年专程前往英国苏格兰克莱特湾船坞考察学习。途中闻讯46岁的父亲猝死，立刻返家挑起家业重任，是年24岁。1843年回购企业股份，易名威廉·韦布船厂，事业日益兴旺。美国内战之后，造船业长期低迷，1869年停产。后转向房地产，最后投身公共与慈善事业。曾任纽约市议会政治改革委员会主席。是韦布科学院（今韦布研究院）创始人，还参与创建美国造船工程学会。

被誉为美国第一位真正的造船家。1840～1865年间，韦布船厂共造了133艘船只，其生产能力约为其他所有美国船厂总和（135艘）。设计的船只式样新颖，结构合理，功能超前，成本降低，给造船业带来了崭新工艺水平。建造了那个时代最快的帆船和邮轮，最大的轮船和军舰，在当时美国造船界遥遥领先。1836年（20岁）首次主持建造往返纽约—利物浦的“牛津”号邮船。在继承父业最初几年，主要制造渡轮、单桅纵帆船和多桅纵帆船等小型船，很快便转向生产更大、更快、工时更长、耗资更巨的船只，使船厂迅速成名。由于加州淘金热，他应时制造许多快速运输帆船，其中纽约—旧金山航线上的“箭鱼”号，排水量1 036吨，创下当时最快航速纪录；1853年出厂快速帆船“少年美国”号，排水量1 961吨，设计精美。建造了许多邮轮，1836～1869年，仅为纽约—利物浦的黑球航线就供应了16艘，包括1843年产的当时航速最快邮轮“约克郡”号；1849年建的1419吨“曼纳林”号和1435吨“加勒廷”号，1856年建的2 145吨“大洋之帝”号等，都是一再打破世界纪录的最大邮轮。建造带有明轮的蒸汽船（即早期轮船），其中通往法国勒阿弗尔的有10艘，为太平洋邮船公司建造的低成本船有16艘；“加利福尼亚”号是驶入金门湾的第一艘轮船，而最大、最豪华的是1867年产的“布里斯托尔”号和“普罗维登斯”号。此外，为美国、俄国、意大利和法国等定制了不少军舰，其中1859年建成当时最快的俄国蒸汽军舰“海军将领”号；1863年和1864年建成两艘意大利铁甲舰；为美国海军建造的“邓达贝格”号，长期保持最长木质铁甲船世界纪录。

（袁晓慧）

科尔丁，L. A.（Colding，Ludwig August） 丹麦人，1815年7月13日生于丹麦霍尔拜克，1888年3月21日卒于哥本哈根。土木建筑工程、工程管理、物理学。

出身经济拮据的虔诚宗教家庭。父亲曾任武装民船上的官员，在科尔丁出世时退休做农场管理员。科尔丁曾到哥本哈根学手艺。1836年满师后，入读哥本哈根理工学院。1841年毕业后留校任教。1845年兼任哥本哈根市道路与桥梁督查员。1857年任国家级工程师，1886年从职业工程师位置上退休。1872年参与成立丹麦气象学会。1875年当选为丹麦皇家科学院院士。

1857～1888年，负责督查哥本哈根公共建筑设施如房屋、港站、照明和卫生等工程建设，在丹麦享有很高威信。一生的研究丰富多彩，著述广泛涉及流体力学、水文学、海洋学、气象学、电磁学、热力学等，其中能量问题占据很大的比重，这些研究促进了对热力学第一定律即能量守恒原理意义的认识。1843年他提出沿金属轨道移动重物所需的机械功与摩擦热有关。1850年又研究热功当量，1853年获得的数据的误差值仅低于现代值3%。提出带有神秘色彩的“自然力不灭原理”。在科学思想上深受丹麦物理学家H. C. 奥斯特的影响，并获得他的帮助。在他的支持下，丹麦皇家文理科学院赞助科尔丁进行了一系列定量实验，1847年在该机构作了一次著名的报告。获得国内外多种荣誉与嘉奖。其中1886年获丹麦丹纳布劳格勋章。（邱凤昌）

西门子，E. W. von(Siemens, Ernst Werner von) 一译沃纳·西门子。德国人，1816年12月13日生于普鲁士北部汉诺威附近；1892年12月6日卒于柏林。通信工程、电气工程、交通工程、电工学。

农场主的儿子。1833年吕贝克文法学校毕业后，在普鲁士炮兵部队服役。1837年就读于柏林炮兵工程学校。因在一次军官决斗中充当帮手，被军事法庭判处短期坐牢，他获准在狱中进行电镀工艺实验，1841年获发明专利。同年任柏林火炮厂技师，1844年任厂长。1847年在柏林与人合办西门子—哈尔斯克商行（系西门子公司前身），生产指针式电报机，研制各种电器新产品。1850年后到俄国建立电报网，并任英国政府水下电报工程顾问。1860年获柏林大学荣誉博士学位。1873年当选为柏林科学院院士。1886年创办国立物理技术研究院。1888年封爵。

近代电报技术及其产业化发展的开拓者之一。1846年发明指针式电报机，很快被电报公司安装在第一条普鲁士国家电报线路上。1847年为普鲁士军队铺设地下电报电缆。同年发现产于马来群岛的杜仲胶具有极好绝缘性能，不久用于制作电缆绝缘层，发明杜仲胶电报导线无缝管压机。1848年任普鲁士电报线路施工总监，在柏林—法兰克福架设了第一条长距离电报路线。1850年着手在多佛—加莱铺设第一条海底电报电缆。后派其弟卡尔·西门子在伦敦、维也纳、巴黎和圣彼得堡等地遍设子公司。19世纪50年代在欧洲和俄国建立起广泛的电报网络。1867～1870年指导铺设印度—欧洲线路中横越地中海的海底电缆；1874年开始，他的公司在大西洋海底敷设6根越洋通信电缆。

在电机和电气交通工程上尤有不可磨灭贡献。1856年发明电机专用工字形电枢。1866年发明自励直流发电机，奠定了高电压工程基础。他最杰出的理论成就是发现了电动原理，1867年1月发表于柏林科学院月刊上，为开发低成本、大功率电源提供了理论依据。在1879年柏林贸易博览会上，他发明的世界上第一辆电气机车作了现场表演，引起轰动；同时参展的还有他研制的多种电动机床。同年设计炼钢电炉和织布机用电气传动装置。翌年着手在柏林修建第一条高架电气化铁路。1881年主持建立世界上第一个电力公共交通系统，历史上第一辆有轨电车行驶在柏林近郊。此外，1843年获金和银的电镀法专利；开发出电气设备测量技术；热心于创立电量单位；大力支持颁布统一的专利法；卓有成效地经营管理着国内外许多企业，使公司发展成为世界上最大的电气康采恩之一。著有论文集、报告汇编和著作数种。为纪念他，当今国际单位制中用"西门子"命名电导单位。（曹天守）

珀西，J.(Percy, John) 英国人，1817年3月23日生于英国诺丁汉，1889年6月19日卒于伦敦。冶金工程、矿冶学、物理化学。

律师之子。曾求学于巴黎大学和英国爱丁堡大学，1838年获医学博士学位。翌年在伯明翰一家医院任职。他无意于医学，而对当地冶金工业兴趣颇浓。1847年入选英国皇家学会会员。1851年为大都会理学院（后为皇家矿业学院）讲师，继而晋升教授。

1846年研究炉渣的性质。1848年发明从矿石提取银的湿法工艺，不久得到广泛应用。他改进了贝塞麦酸式转炉炼钢法，并成为第一个对英国铁矿藏量进行普查的人。曾培养出如托马斯和吉尔克里斯特等不少知名冶金学家，并使当时的冶金技术在理论上得以提高，对英国冶金工业的发展有深远影响。他的《冶金学》（5卷，1861～1880年）虽然没有全部完成原有计划，但很快成为冶金界的经典之作。该书详述冶炼各种金属的工艺方法，以及各种材料的制造应用。一生还喜爱收藏水彩、雕刻、矿物和冶金材料标本。1842年至去世，他持续收集各种冶金样品，林林总总超过4000份标本。1889年他去世后，南肯辛顿博物馆认识到其藏品的科学价值，购买下其中的绝大部分作为馆藏品。（戴成勋）

科利斯，G. H.(Corliss, George Henry) 美国人，1817年6月2日生于美国纽约伊斯顿，1888年2月21日卒于罗得岛州普罗维登斯。机械与动力工程、企业管理。

父亲是内科医生，1825年全家迁居纽约格林尼治镇。他在那里读完小学，随后在一家棉花加工厂做了7年办事员。在佛蒙特州卡斯尔顿高等专科学校学习3年。1838年，回格林尼治镇开设一家乡村商店。他首次展露机械技术才华是在一次抢修被洪水冲垮的桥梁，他分析说，那种桥梁结构设计是违反力学原理的。1844年移居罗得岛州普罗维登斯。1856年科利斯蒸汽机公司在普罗维登斯成立，他本人担任公司总裁。公司占地数英亩，数以百计的产品至今仍在使用。

早在著名的豪氏缝纫机于1845年问世之前，他已建造了一台用于缝纫皮革的机器。1846年开始着手改进当时的蒸汽机。由于发明了蒸汽发动机的新型汽缸阀门，1849年3月10日获得专利权。他巧妙地通过改进连接调节器和截止阀的齿轮来保证机器运行的协调性。过去的调节器是用来移动节流阀的，而结果却是造成一种有缺陷的效应，同时造成了巨大能源损失。在科利斯发动机中，调节器仅仅是使运行正常的指示阀而已。这种安排也避免了蒸汽的浪费，致使机器的工作非常一体化，如果工厂里有百分之一的纺织机突然停止，整个系统仍会以同样的速率继续工作。现在仍在使用的科利斯阀门发动机，被认为是瓦特时代以来蒸汽动力方面的一次革命。为了推广新机器，发明者和制造商采纳了一种新奇的促销策略:用在一定时间内节省下来的燃料作为支付使用新机器的回报。据估计,某种情况下一年节省下来的燃料价值4 000美元,这在当时是不少的一笔钱。他的这一发明在1867年巴黎世界博览会、1873年维也纳世界博览会上相继获奖。1876年,科利斯公司制作了一台巨无霸蒸汽发动机,它有一个直径9米的飞轮,整个发动机总重700吨。科林斯还发明了很多其他的精密机器,其中一种是改良型锅炉,它拥有船用发动机的冷凝装置和自来水厂用的水泵发动机。

获1870年美国文理科学院伦福德奖章、1878年法兰西学院法国机械类最高奖蒙蒂欧奖、1886年比利时国王授予的利奥波德勋章等。 (顾志俊)

韦勒,A.(Wöhler,August) 德国人,1819年6月22日生于德国索尔陶,1914年3月21日卒于汉诺威。铁路工程、材料测试技术、材料力学。

地区学校教师兼校长的儿子。进汉诺威技术学院攻读工学。1840年应聘柏林博尔西格工厂,从事铁轨制造。1843年去比利时学习机车操作,后成了第一条汉诺威铁路的工程师。1847年任西里西亚—勃兰登堡铁路车辆总管。1854年铁路国有化后,1874年任帝国铁路局长,1889年退休。曾获工程学荣誉博士学位。

他的科学成就起源于铁路工程调研,以首次系统研究金属疲劳课题而著称,创立了工程材料测试技术。1852年奉普鲁士政府通商大臣之令,调查铁路机车轮轴裂损的原因。同年开始发表论文论述材料弹性理论。1855年导出了计算格构梁的下垂挠度公式,同时建议桥梁的一端应用滚珠轴承支撑,用以解决热膨胀问题,这一方法现已被世界普遍采用。他首创的表征材料疲劳程度的S-N曲线,又称为韦勒曲线。他在设计制造材料疲劳弯曲试验仪器过程中提出了韦勒四个定律,这些定律用于被测材料在无负载、增加负载和变更负载的不同条件下,承受几百万次连续来回弯曲或旋转的应力时,均可得出普遍有效的结果。在1867年巴黎世界博览会上,他现场面对各国观众表演了对各种材料强度的检测。他主张对铁和钢制定国家技术标准。 (陆伟良)

豪,E.(Howe,Elias) 一译伊莱亚斯·豪。美国人,1819年7月9日生于美国马萨诸塞州斯班塞,1867年10月3日卒于纽约布鲁克林。机械工程、轻工制造。

新英格兰乡村贫苦农民的儿子。16岁之前一直在农场帮父亲干活,只在冬闲时上学,平时喜欢学些机械手艺。1835年到马萨诸塞州洛厄尔一家轧棉机械厂打工。1837年失业后到波士顿,在康桥一家机械仪表商店当机械工。此后一段时期,他利用全部业余时间构思研发机器缝纫机。

获美国专利的第一台实用缝纫机的发明者。约在1845年,他向公众展示了自己发明的双线连锁式缝纫机,其速度达到每分钟250次缝合,劳动生产率超过了5名手工缝纫者的总和,赢得了巨大声望。1846年9月10日,他在康涅狄格州新哈特福德申请了专利。但是这种缝纫机最初在美国打不开销路,于是他将专利卖给了英国人,自己也到英国去找下一步发展。经他在技术上继续改进后,缝纫机已能缝制皮革之类的材料。他在英国的名气不小,那些街头歌手在伦敦东区贫民窟里都在传唱他的故事:"一个衣衫褴褛的饿汉,躲在马萨诸塞远离康桥的一座钟楼里,正在力图实现他的照亮那些贫苦缝纫工生活的梦想……。"后因经济窘迫,他又返回美国,却发现这种缝纫机已在美国流行甚广,厂家可随意制造和出售。

为了保护专利权不受侵犯,他进行了多次艰难的诉讼,终于在1856年赢回了应得权益。美国法庭查明,在他之前,一些发明家对发明缝纫机都有不同程度的贡献,但都没有达到整体实用性的地步;他并不认识那些发明人,也没有任何证据表明他从前看过其他人的作品。这一时期,I. 辛格(Isaac Singer)发明了上下往复式缝纫机,A. 威尔逊(Allen Wilson)开发了旋转钩形梭,豪和他们两人一起成立了缝纫机联合公司,成功地占领缝纫机市场很多年。他的年收入也从300美元猛增至20万美元以上。在1854~1867年间,他从发明中获得近200万美元的财富。在南北战争期间,他捐献出部分财产为联军装备了一个步兵团,并且作为士兵加入该兵团征战。第一批缝纫机用于服装厂的生产线。直到1889年,家用缝纫机才得以设计并投放市场。到1905年,电动缝纫机已经广泛应用。 (林 蔚)

柯卡尔迪,D.(Kirkaldy,David) 英国人,1820年4月4日生于英国苏格兰邓迪,1897年1月25日卒于伦敦。材料测试、冶金工程、机械工程、材料科学。

童年受过一位博士的启蒙教育。先在其父的航运事务所工作,1843年进造船厂当学徒。后进格拉斯哥火神铸造厂,改学工程制图。因制图出色多次获奖,其中包括1862年获伦敦世界博览会金质奖章。1866年在伦敦南华克地区建立金属材料测试实验室,内置自行设计的大型液压拉伸试验机,并用显微镜观察材料的微观结构。

主要的成就还在于测试设备制造材料性能和试验方法的研究。成功地创立了材料试验科学。1858~1861年在格拉斯哥进行一系列新材料的拉伸、负荷等试验。1862年发表多份测试报告,提出各种熟铁和钢的性能如相对拉力强度等数据。还专门开辟"黑色博物馆",收集和展出失败的和劣质的产品和元件,加以逐一分析其原因。曾负责布莱克-弗里阿斯大桥的材料试验。1879年12月28日,英国泰河第一铁路桥塌折,造成灾难。他奉命主持调查,发现铸造材料及其不同材料(如熟铁与铸铁)间焊接都存在缺陷,这是他最有名的材料测试范例,载入史册。对船舶特征亦有所研究,提出了通过特征指标对比研究来改进船舶的方法。还提出改进钢性能的新方法,如已获专利权的油淬火法等。主要著作有《熟铁和钢的实验研究》等书。 (王天运)

兰金,W. J. M.(Rankine,William John Macquorn) 一译朗肯。英国人,1820年7月5日生于英国爱丁堡,1872年12月24日卒于格拉斯哥。动力机械工程、工程力学、热工机械学、船舶水力学。

父亲是陆军中尉,后任爱丁堡和达尔基斯铁路负责人。他幼年体弱,在家接受初等教育。1836 年入爱丁堡大学攻读自然哲学。1838 年辍学到爱尔兰铁路部门工作,4 年期满后返回爱丁堡在铁路公司从事土木工程。1850 年为爱丁堡皇家学会会员。1853 年为英国皇家学会会员。1855 年任格拉斯哥大学土木工程与力学钦定教授,直到去世。1857 年获爱尔兰都柏林三一学院荣誉法学博士学位。同年任苏格兰工程师协会首届主席。爱好音乐,喜欢唱歌并能自己作词谱曲。终身未娶。

早期从事铁路工作时就对热学和热机产生兴趣,终于成为著名的热工理论奠基者之一。他进行理论研究的特点是着眼于实际应用。1840 年建立应用科学讲座。认为纯科学在工程上的应用是一门单独的学科,相对独立于基础学科和实践学科的中间学科。1841 年在铁路测量中创造一种放样弧形曲线方法,后称为兰金方法。1843 年撰写关于机车车轴断裂及其工艺改进的论文,可能是英国最早研究金属疲劳的论文。最重要的成就是在研究蒸汽机工作过程方面,提出了蒸汽动力机的循环理论及其计算方法。1849 年发表了饱和蒸汽压与温度关系的公式。1851 年证明了按卡诺循环工作的热机,其效率仅取决于初、终的温度。后来,人们把蒸汽动力装置的基本循环称为"兰金循环"。1853 年,他提出能量的两种形式:"实能"(或"显能")与"潜能"(即势能),建立了物质在状态改变过程中能量转换的定律。1855 年,又把它统一于能量的普遍理论中,用实在能与潜在能的相互转换来描述各种物理现象,称为"力能学"。1869 年用热力学理论研究有限扰动在弹性介质中的传播,导出了激波方程。1887 年雨贡纽(Hugoniot)把它加以推广,得到著名的兰金—雨贡纽关系,全面给出了激波阵面前后的绝热突变条件,至今仍然是研究激波的一组基本方程。

发表论文 154 篇以上;1855 年后关注流体动力学和船舶水力学研究,约发表 30 篇左右论文和通讯。出版《造船的理论与实践》(1866 年,与他人合著),其中创造了流线图解法,分析了船舶的航行阻力并改进了设计方法。他在材料力学、结构理论和土力学方面的大部分成果,汇集于《应用力学教程》(1858 年)、《土木工程教程》(1862 年)和《机械与设计教程》(1869 年)等著作,都被誉为范本。《蒸汽机与其他原动机手册》(1859 年)一书也曾多次再版。1854 年获爱丁堡皇家学会基思奖章。

(邱凤昌)

杜蒙塞,T. A. L. (Du Moncel, Théodose Achille Louis) 法国人,1821 年 3 月 6 日生于法国巴黎,1884 年 2 月 16 日卒于同地。通信工程、电气工程、电工学、电磁学。

伯爵的儿子。1841 年进巴黎大学索邦学院学习数学和自然科学。1852 年起有志于电学,注重电气设备及应用。1860 年任法国电报局技术委员会委员。1874 年当选为法国科学院院士。是法兰西学院院士,伦敦电报工程师与电气学家协会外籍会员。1866 年获法国荣誉军团骑士勋位。被授予俄国圣符拉基米尔勋位。

一生出版约 65 部(篇)著作和论文,有的被译成英文、德文、葡萄牙文及意大利文。1853～1854 年著有 2 卷《电气应用概论》,后扩充成 5 卷(1872～1878 年),叙述了对电话的设想、电磁装置及其在电报、机械、医学中的应用,成为当时叙述电学发展的一部百科全书。还发表过有关电照明、电动机、电传打字电报、电磁应用、铁路信号、伦可夫感应线圈等著作,其中有《电磁场与磁性的研究》(1858 年)、《电话、话筒和留声机》(1878 年)、《电气照明》(1879 年)、《麦克风、留声机和无线电广播》(1882 年)等。

(朱逸农)

布里亚尔蒙特,H. -A. (Brialmont, Henri-Alexis) 比利时人,1821 年 5 月 25 日生于荷兰林堡省芬洛,1903 年 6 月 21 日卒于比利时布鲁塞尔。军事防御工程、结构工程、筑城术、建筑学。

将军之子。毕业于布鲁塞尔军事学校。1843 年以准尉军衔加入比利时陆军,1847 年升任中尉。1847～1850 年任军机大臣私人秘书。1850 年创刊《军队之本》杂志。1855 年进入参谋总部,1861 年升任少校,1864 年升任中校,1868 年升任上校。1874 年成为少将,同年 12 月任安特卫普要塞城建主管,9 个月后任国家筑城总监和工兵总指挥。1877 年升为陆军中将。1883 年曾为罗马尼亚政府策划和设计布加勒斯特要塞。1884 年返回比利时,复任安特卫普军区司令、总参谋团监察长。1886 年退役后,任罗马尼亚高级军事顾问。1888～1891 年返任工兵监督官负责比利时那慕尔、列日的城防工事。

比利时近代著名军事工程师、19 世纪欧洲筑城术领军人物之一。他发展了法国著名军事工程师蒙塔朗贝尔(M. M. de Montalembert)的筑城防御思想,其军事防御工事著作被历史学家评价为是划时代的。但他的远见卓识在当时却遭到坚持传统城防思想的人的不少非议。1859 年主持建造安特卫普要塞这一浩大军事防御工事,决然放弃法国著名军事工程师沃邦(Vauban)的筑城防御思想,即建筑具有复杂几何图形的防御工事,而转向赞同蒙塔朗贝尔倡导的那种简单的多角形筑城结构。19 世纪 70 年代,新式的长射程膛线大炮问世之后,他用自己的城堡建筑构想和规划坚决抵制那种自相矛盾的传统城防学说,形成了自己的体系。主张采用周边附设外围前哨碉堡所构成的环形防御系统,以取代传统的凸出棱堡,而前哨碉堡用砖石钢材筑成,将大炮隐蔽在装甲炮塔里,发挥对进攻的敌军倾泻压倒优势的火力。他把安特卫普地区极其分散的堡垒、列日和那慕尔的默兹河防御工事联成一体,为当时的比利时国防作出了巨大贡献。他所设计或建筑的城防工事,在第一次世界大战期间,尤其是在著名的凡尔登战役中,发挥了很大作用。

不仅是个杰出的军事工程师,还是个多产作家。除了在各种杂志上发表随笔、评论和其他文章以外,还出版了 23 部重要著作、49 本小册子,其中代表作有:《军炮概要》(1851 年)、《论国家防御与防御工事》(1864 年)、《论当代防御工事》(1885 年)、《论区域防御城堡》(1890 年)、《19 世纪以来要塞防御与国家防御》(1895 年)、《论自沃邦以来的国家防御与常规防御工事的发展》(1898 年)等。 (胡虹瑛)

库尔曼,K.(Culmann,Karl) 德国人,1821 年 7 月 10 日生于德国下巴拉蒂纳特地区巴特贝格扎本,1881 年 12 月 9 日卒于瑞士苏黎世。*铁路与桥梁工程、结构力学、应用数学。*

牧师之子,在父亲教授下完成初等教育。后入梅斯军事工程学校学习,师从庞舍里(J. V. Poncelet)。在患伤寒后经长时间休养,入读卡尔斯鲁厄综合技术学校。1841 年以实习桥梁工程师身份在巴伐利亚民用服务署铁路建筑部门供职,设计铁路桥梁。1847 年调至慕尼黑铁路局。1849~1851 年考察英国和美国的桥梁工程技术,以致开发新的结构分析技术。1855 年任新成立的瑞士苏黎世联邦理工学院的工程学教授兼系主任,直至去世;期间 1872~1875 年任该校教务长。

把近代几何学运用于静力学研究,发明一种用几何作图法分析各种超静结构的新方法,比当时流行的解分析力学方程组的方法节省时间。他还用图解法分析桥梁在各点处的结构应力强度,即库尔曼切点法,发展了单轴剪应力状态下的应力圆。主要著作有《图解静力学》(1866 年)等。虽然现代结构力学里已不都采用图解法,但其工作仍是现代进行结构分析的基础。

(卫瑞霞)

克拉克,J. L.(Clark,Josiah Latimer) 英国人,1822 年 3 月 10 日生于英国白金汉郡大马尔罗,1898 年 10 月 30 日卒于伦敦。*通信工程、电气工程、电工学。*

1848 年在兄长埃德温(Edwin Clark)手下任造桥助理工程师。1850 年当埃德温转任英国电报公司工程师时,他也随从担任助手,后接任其兄总工程师的职位。1859 年任英国政府海底电缆管理与咨询委员会委员。兼任几个公司的技术顾问。参与成立英国电报工程师与技师协会,任第四届主席。

专业经历和技术创新深受兄长埃德温的影响。原先对化学工业制造感兴趣,后转向其他工程领域。1848 年参建英国梅莱海峡大桥。他利用大气对真空的压力差运送邮局的信件和包裹,1854 年获技术专利。后来负责在伦敦邮电总局和该市埃斯顿邮站之间建设一条大型气动输送管道,大大提高了工作效率。在哥哥指导下开始钻研电报技术开发,1855 年出版小册子,介绍他对海底电缆电流输送的实验研究成果。1857 年协助天文学家 G. B. 艾里建成英国全国报时电报系统。十分关注电流测量研究,1863 年实验证明电流脉冲速度与所加电压无关,还指出电报电缆中的延迟效应系由电感应引起,这一推理后由法拉第所发展。除设计多种改进型电气技术和设备外,还成功研制克拉克锌—汞标准电池,广为应用。他是电学系统标准化的领军人物之一。1861 年和 C. 布赖特(Charles Bright)共同提议建立和推行标准电学单位。1868 年发表论文"论电学测量的基础"。1885 年建议用电学家伏特、安培和欧姆三人的英文姓首字母 V、A、R 作为代表电压、电流和电阻的符号,沿用迄今。后期致力于海底电缆铺设,其中和布赖特共同改进了海底电缆的绝缘技术。还参与指导水利工程建设。此外,出版过两部关于天文学的书和一本科学人物回忆录。 (戴成勋)

西门子,C. W.(Siemens,Charles William;原名 Siemens,Karl Wilhelm) 一译卡尔·西门子。英国人,1823 年 4 月 4 日生于德国汉诺威附近的伦特,1883 年 11 月 19 日卒于伦敦。*冶金工程、电气工程、机械学、热力学。*

著名电信工程专家沃纳·西门子的大弟。1843 年、1844 年两次去英国谋生。1846 年毕业于德国马德堡技术学院。后成为其兄在英国的电报公司代理人。1856 年加入英国籍。1862 年当选为英国皇家学会会员。1872~1882 年先后任英国机械工程师协会、钢铁协会、电报工程师协会和皇家技术协会主席。

他是哥哥沃纳·西门子推广指针式电报机发明的得力助手,19 世纪 50 年代协助在欧洲各国和俄国广泛建立电报网;1974 年设计电缆船"法拉第"号,协助铺设完成横跨大西洋的第一条海底电缆。他将其弟弗里德里希发现的玻璃业蓄热原理移用于制铁业,1856 年发明了蓄热式炼铁炉,1864 年将之应用于反射炉炼钢,称为西门子炼钢炉(即平炉)。1867 年取得生铁—矿石法炼钢专利,即向溶化的生铁中添加铁矿石,氧化生铁中的硅和碳而炼成钢。因 1864 年法国的 P. F. 马丁采用生铁—废钢法炼钢并获专利,即将屑铁和生铁混合熔化炼制成钢,所以平炉又称西门子—马丁炉,平炉炼钢法又称为西门子—马丁法。平炉法和转炉法一同构成近代的两大炼钢法,其中平炉法因能利用废热和废钢铁而长期成为炼钢法主流,直至第二次世界大战后,由于纯氧转炉法的发明,平炉法才被取而代之。此外还有多种其他发明,如改进电镀工艺,改进蒸汽机、调速器和印刷术,发明一种高效能水表等。

撰写出版有《关于热能与其他自然力的利用问题》(1878 年)、《发电机电流及其稳定性》(1881 年)、《关于太阳能量的守恒》(1889 年)等专著。 (戴成勋)

阿姆斯勒,J.(Amsler,Jakob) 瑞士人,1823 年 11 月 16 日生于瑞士布鲁克,1912 年 1 月 3 日卒于沙夫豪森。*仪器研制、数学物理。*

1848 年获博士学位后曾在日内瓦天文台工作后合伙开办科学仪器制造厂。当选为法国科学院通讯院士、苏黎士自然研究学会会员。

1845 年起,兴趣从天文学转到仪器研制和数学物理上,相继发表磁性分布、热传导、吸引理论等方面的文章,推广艾弗莱的椭圆引力定理和泊松延拓定理;研制极面积仪等精密仪器,到去世时,共生产 50 000 台极面积仪和 700 台动量面积仪。这些仪器可用来测定静力矩、惯性矩、傅立叶系数,对船舶制造和铁路工程很有用,且在维也纳(1873 年)和巴黎(1881 年,1889 年)的

世界博览会上多次获奖。 (徐平五)

格拉斯霍夫，F. (Grashof，Franz) 德国人，1826年7月11日生于德国杜塞尔多夫，1893年10月26日卒于卡尔斯鲁厄。机械工程、材料工程、应用力学、热力学。

1844～1847年在柏林大学皇家理工学院攻读数学、物理和机械设计，准备从事冶金专业。随后在海军服役3年，航行于荷兰、印度和澳大利亚等地，1851年退役。翌年回柏林大学继续学业，同时开设应用数学讲座，1854年任皇家理工学院数学和力学教师，兼任柏林计量局总监。1856年，他参与创建德国工程师协会，任协会理事，并负责主编定期刊物。1860年获罗斯托克大学荣誉博士学位。1863年任卡尔斯鲁厄理工大学应用力学和机械原理教授。

他研究和讲授材料强度、水力学、热力学和机械设计。在材料强度的教材里，他对弯曲、扭转、皱损、板和壳等的材料应力变化进行了较系统的定量研究，第一次提出弹性力学的基本理论。1871～1886年主编出版3卷《机械原理》。当时英国和法国还没有同类著作能与之媲美。他对蒸汽机时代出现的技术问题，用数学和科学原理加以解决，在同时代的科技界中颇有影响。在后来的工程科学中，还有多种概念冠以他的名字。如在自由对流系统中，从层流到湍流转换时热传的无量网系数，称为格拉斯霍夫数；格拉斯霍夫准则是用来判定四杆运动链中的一根连杆能否作整周回转。

为表彰他在技术上的辉煌成就，德国工程师协会在卡尔斯鲁厄理工大学为他建立纪念碑，并颁发一年一度的格拉斯霍夫奖章，这是技术成就的最高荣誉之一。

(戴成勋)

弗莱明，S. (Fleming，Sir Sandford) 加拿大人，1827年7月7日生于英国苏格兰的柯卡尔迪，1915年7月22日卒于加拿大诺瓦斯科夏的哈利法克斯。铁路工程、电信工程、测绘学、工程管理、高等教育管理。

英国裔。1845年4月，他在哥哥伴行下，以道路勘查员身份前往加拿大。他们曾在蒙特利尔、渥太华逗留，最后定居于安大略省彼得伯勒市。后任工程师，参与对多伦多海港、彼得伯勒市、科堡城等地的地形勘定和地图绘制。1849年在多伦多参与发起和创建加拿大皇家学会。1855年被指定为北方铁路公司总工程师。同年和彼得伯勒市市长女儿成婚。1867～1880年任加拿大自治领政府总工程师。期间1872～1876年任加拿大东部铁路建设总顾问。1880年退出铁路行业，出任加拿大女王大学校长35年，直至去世，对加拿大高等教育发展作出重要贡献。1897年授予爵士勋位。期间1885年任加拿大太平洋董事会董事长。

1855年主持勘查和绘制待建中的安大略—锡姆科—休伦铁路的沿线地质地形，负责修建以上铁路。他主张建立坚固、安全、耐久的铁路桥来取代原有的木制桥。1858年提议修建横跨加拿大东部和西部海岸的铁路工程。1872～1876年负责勘查可联系加拿大东西沿海诸省，以及魁北克殖民地之间的铁路线路。经过反复勘查，终于找到了一条合适路线，即横贯东西两岸的加拿大太平洋铁路线。1885年11月7日9时30分，加拿大太平洋铁路施工者在卑诗省克莱拉奇打下了最后一口道钉。先后有超过15700名华工参与修筑这条铁路，其中4000多人客死异乡。加拿大首任总理承认："没有中国工人，便没有铁路"。

他有"标准时间之父"的美称。1879年他向加拿大皇家学会建议：确立普适性的世界标准时间(即格林威治时间)，全世界按统一标准划分时区，实行分区计时。这一建议首先被加拿大和美国采纳试行，1884年后为多数国家普遍采用。此外，1851年设计加拿大第一份粘贴式邮票，是一张3便士邮资的海狸图像。

主张建立海底电缆，用电报把大英帝国所有民族都联系起来。1902年，他终于领导完成了加拿大到澳大利亚的太平洋海底电缆的铺设，也实现了他一生的梦想。

(李啸虎)

特列尔，L. A. C. (Tellier，Louis Abel Charles) 一译戴利埃。法国人，1828年6月19日生于法国索姆省亚眠，1913年卒于巴黎。制冷工程、食品保藏技术、低温物理学。

实业家的儿子，从小喜欢钻研机械技术。较早从事电动机和压缩空气的研究开发。1848年欧洲爆发普遍革命，由于其父在诺曼底开设的纺纱厂在社会动乱中被烧毁，他转而研究开发家用空气压缩机。

1856年，在法拉第于实验室获得低温－11℃的基础上，他通过压缩空气蒸发使气体液化技术，达到低温－79℃。原先他采用二甲醚和三甲胺作为冷凝剂，1858年开发出第一台用液化氨气驱动的制冷机，可供家庭日用和工业生产。他对这项改变世界文明的发明进行不断改进，1865年一台机械压缩液化气体的机器被安装于一家制造巧克力的食品厂。1869年，他在巴黎附近的奥图尔开办了世界上第一家食品冷冻厂，以人工制冷技术来保藏肉类和其他易腐食品。1876年，他设计的世界上第一艘远洋冷藏船，满载鲜肉从法国卢昂港启航赴南美洲阿根廷首都布宜诺斯艾利斯，横渡大西洋历时105天，报告称肉类抵岸时依然新鲜如故。在冷冻技术上，他业已发现梯度式逐级蒸发原理，并且开发出阶式蒸发器，使得如二氧化硫、氨气和二氧化碳之类气体更易于液化，致冷效果更好。

他还研究过氧气疗法在医疗保健中的作用。出版有自传《冷藏库：一个近代发明的故事》(1910年)。1911年获法兰西学院乔斯特奖。1912年获法国荣誉军团骑士勋位。为纪念他，法国的一艘客轮和一艘油轮分别命名为"特列尔-1"号和"特列尔-2"号。这位制冷工程的先驱者，去世时贫病交加，几乎被人遗忘。技术史家认为，他被誉为冷冻工程之父，当之无愧。 (李啸虎)

佐伊纳，G. A. (Zeuner，Gustav Anton) 德国人，1828年11月30日生于德国萨克森公国开姆尼茨，1907年10月17日卒于德累斯顿。动力机械工程、工程热力学、应用数学。

1845年入皇家开姆尼茨职业学院(今开姆尼茨理

工大学)学工科,1848 年毕业。同年入弗赖堡矿业学校(今弗赖堡理工大学)学习,和著名矿冶学家韦斯伯克(A. J. Weisbach)教授关系密切,参与他的一些课题研究,1851 年毕业。后去巴黎游学,结识法国工程界一些名流。1853 年,以有关傅科摆的论文获莱比锡大学博士学位。1853~1857 年任德国第一份力学杂志《土木工程》首任主编。1855 年任瑞士苏黎世联邦理工学院力学系教授,1859 年任代理系主任,1865 年任系主任。1871 年韦斯伯克去世,他回德国接任弗赖堡矿业学院力学与矿山机械学教授兼采矿系主任。1873~1889 年任皇家萨克森综合技术学院(今德累斯顿理工大学)力学系主任,1897 年退休任荣誉教授。同年参与建立德国工程师协会德累斯顿分会。

工程热力学的奠基者之一。毕生主要研究蒸汽机、内燃机等动力机及其热力学原理,首次提出“技术热力学”这一学科新概念并构建其理论体系。在瑞士从教期间,1858 年曾制作一台机车头模型,对其结构和功能进行理论分析。同年出版专著《滑阀控制》,副标题点明“特别同机车有关”;3 年后出版重要著作《机车》(1861 年)。1869 年首次提出用图解法描述阀门运动,发明三维曲线关系图(即佐伊纳图),简明而直观,受到当时国际工程学界的重视。该图后由莱克希斯(W. Lexis)略作修改,常被称为莱克希斯图。

主要著作还有《热的力学理论基础》(1860 年)、《基于数学统计的涡轮机理论讲义》(1869 年)和《技术热力学》(1887 年)等。1993 年,德国工程师协会设立佐伊纳奖,以表彰被评为德国高校年度最佳工程学论文的学生。(李啸虎　戴成勋)

勒洛,F.(Reuleaux,Franz) 德国人,1829 年 9 月 30 日生于德国亚琛附近的埃施韦勒,1905 年 8 月 20 日卒于柏林。机械工程、机械学、应用数学。

1852~1853 年在柏林大学和波恩大学学习。1856 年任瑞士苏黎世联邦理工学院教授。1864 年为柏林理工大学格韦伯学院机械工程教授,1868 年起任院长。

其主要成就在机构运动学方面。在 1875 年和 1900 年出版的两本书中,他以逻辑学和哲学的观点阐述了机械元件的分类和分析方法。首先提出运动链等概念,并制定了相应的表示符号。他不仅以此来分析机构,还企图用类似代数运算方法来合成机构。这些观点起初获得很大成功,但不久因完全忽视动力学现象而受到质疑。但他仍被公认为是运动学的杰出理论家和现代运动学的奠基者。1876 年作为德国代表参加美国费城举办的世界博览会,对当时德国产品价低质次的不良倾向提出大胆批评,推动了德国工业质量管理的进程。

他早期写的一本机械设计手册曾广受欢迎,但后来却被指责为捷径书。代表作有《理论运动学》(1875 年初版,1900 年再版),对机械元件的运行过程进行了系统分析,是机械工程学中的经典之作。(杨惠民)

斯塔利,J.(Starley,James) 英国人,1830 年 4 月 21 日生于英国苏塞克斯郡阿尔布恩,1881 年 6 月 17 日卒于考文垂。机械工程、车辆工程、日用轻工。

18 岁时离家徒步去伦敦谋生,在半途的肯特郡刘易斯哈姆找到一份园丁工作,在那里长住数年并成了家。一次,由于他将雇主家一部价格不菲的早期缝纫机很快修好,还作了结构改进,使雇主深为钦佩,就把他推荐给自己的朋友、伦敦一家缝纫机厂合伙人。于是,他当上了缝纫机厂技师,对厂里几种主要机器作了一些独创性革新,其中发明了一种新颖的臂式缝纫机,既可以直线缝制,又可以环状锁线作业。1857 年,他和一位姓特纳(Turner)的同事辞职迁居到英国中部城市考文垂工作。1861 年两人开办考文垂机械师公司,生产他已拥有专利权的多种新型缝纫机。他的儿子和侄子 J. K. 斯塔利也都进入他的公司工作。现代缝纫机的许多特点,大都源于斯塔利开发的这些缝纫机。

他还被誉为“自行车工业之父”。1868 年,特纳的外甥从法国带来了一种新式老爷车,即早期的自行车。斯塔利对其作了重大改造,制造出冠名“考文垂”牌的英国第一辆自行车。1871 年,他又研制了全金属的“爱丽尔”(Ariel)牌自行车,可通过轮轴齿轮操纵行车方向,并采用了金属丝轮辐。该车被认为是第一辆真正意义上的自行车,在以后 10 年中成了欧洲的通用标准。他和侄子对自行车径向辐条轮作了重大改进,发明了辐条沿切线方向接到轮毂上的切向辐条轮,1874 年获得专利权,沿用至今。1876 年,他为女士和双人骑设计考文垂三轮车,采用控制杆驱动,次年又在上面安装用链条传动的开放式差速齿轮。在他去世后,侄子继承了他的创新传统,1884 年设计制造了第一辆实用型安全自行车,冠名“漫游者”(Rover)。这是现代自行车的原型,以致于在一些欧洲国家,“Rover”至今仍是“自行车”的同义词。1888 年,他的侄子还试验过一种电动三轮车。很快地,发动机驱动的自行车就变成了机动脚踏车和摩托车,后来又有了汽车。正是斯塔利,考文垂成了世界上大型自行车和三轮车的发源地,也成了英国自行车工业中心。为此人们在考文垂为他建立了一座纪念碑。

(宋　芳)

普尔曼,G. M.(Pullman,George Mortimer) 美国人,1831 年 3 月 3 日生于纽约州布罗克顿,1897 年 10 月 19 日卒于芝加哥。交通工程、城建工程、工程管理。

14 岁辍学研习家具制作,成了一名木匠。1855 年去芝加哥谋生,1859 年做起了建筑承包商。当时芝加哥城开建新的下水道系统,但为了能将污水排进河流,新的管道和街道需要整体抬高 3 米。他发明了普尔曼作业法,指挥工人们巧妙地协同运用千斤顶整体抬高一幢幢大楼,抬升过程平稳到楼内活动都可照常进行,接着就重新加固地基。因为他在芝加哥城改建工程中贡献重大,被当地人尊为天才和英雄。

他是铁路客运卧铺车和餐车的首创者。在铁路交通发展史上,他的这一创造大大提高了铁路服务水准,促进了美国乃至世界铁路客运业和旅游业大发展。在他之前,乘坐长途火车是一种充满劳顿、厌倦和饥饿的艰苦旅程。1859 年他在芝加哥和奥尔顿线路上试着改装了两辆老式客车,明显改进了客运条件。他进而提出制造卧铺车,但未获得铁路运输公司支持。在友人帮助下,1863年他研制了第一辆卧铺车"先驱者"号,上铺可以折叠,下铺可以延伸坐垫,十分受人欢迎。1867年创办普尔曼豪华车厢制造公司。1868年研制成功就餐车厢。1887年发明了连廊列车,带有雅致的餐厅和舒适的卧室车厢,在各节车厢之间利用可折叠的连接器以减少风吹和噪音。他把卧铺车厢出租给铁路公司,赚了好多钱。时至1893年,有2000辆以上的普氏卧铺车运行在铁路上,普尔曼公司市值超过6200万美元。当美国总统林肯遇刺去世时,正是普尔曼用一辆普氏车厢将林肯遗体运回伊利诺伊州。 (王悦君)

休斯,D.E.(Hughes,David Edward) 英国和美国双重国籍,1831年5月16日生于英国伦敦,1900年1月22日卒于同地。通信工程、声乐工程、电工学。

1850年(19岁)任肯塔基州圣约瑟夫学院音乐教授。校方发现他多才多艺,便让他兼开自然科学讲座。1879年入选英国皇家学会。1886年出任英国电气工程师协会主席。

1855年他试制一种能当场复制音乐的装置,用振荡弹簧作为精确调谐声音的控制器,不经意间发明了第一台纸页式打字电报机,一举废除了莫尔斯电码,同年获得专利。当时的豪斯型打印机需要两人操作,其中一人负责转动曲柄以产生压缩空气驱动力。他的休斯型印字电报机只要一人掌控两台由重力驱动的时钟式机械机构即可;一个键盘将收到的电报打字输出(11年后才出现第一台实用型打字机);可同时发报和接报。纽约市商界买下它在北美地区专利,成立了美国电报公司,并让G.费尔普斯(George Phelps)作了两处较重要技术改进。现代电传打字机系统和计算机键盘直接源于他的这一发明。1858年他将改进型打字电报机带到欧洲,受到广泛欢迎,推广几乎遍及欧洲各国,一些地区甚至用到1939年,休斯电报系统长期成为欧洲统一的技术标准。

1876年他还发明了麦克风设备,这是现代各种碳质麦克风的始祖,对电话进一步开发作出了重大贡献。由于惠特斯通爵士(Sir Charles Wheatstone)早在1827年首用麦克风(Microphone)一词,休斯拒绝申报这一专利,1878年5月8日首次在英国皇家学会宣讲有关论文,6月9日向社会公开了这一技术。1879年他开始研制第一个无绳的移动电话机。后又发明了感应天平秆,通过实验研究磁学理论。

他没有子女,去世前留下遗嘱将47万英镑遗产全部捐给伦敦4家医院。 (李啸虎)

维什涅格拉得斯基,И.А.(Вышнеградский, Иван Алексеевич; Vyshnegradsky, Ivan Alekseevich) 俄国人,1831年12月20日生于俄国特维尔古贝尼亚,1895年4月6日卒于圣彼得堡。机械学、自动控制、仪器研制、工程管理、工程教育。

1851年毕业于圣彼得堡中央师范学院物理数学专业。先在圣彼得堡军事学校任数学教员,1854年获硕士学位。后在米哈依罗夫斯基炮兵学院任数学讲师。1860年出国进修机械工程。回国后历任大学应用力学和力学教授、圣彼得堡技术学院院长、炮兵总部力学和工程专家、财政部部长等职。1888年成为圣彼得堡科学院名誉院士。

他不但为俄国培养一代机械工程人才方面作出了重要贡献,还负责了许多炮兵部属工厂和铁路的建设工程。在学术上的主要贡献是,建立了自动调节原理的数学基础;提出了调节系统的稳定条件"维氏判则";设计出金属试验仪器和一些其他仪器。其主要著作有《直接作用调节器》等。 (王天运)

柯尼希,K.R.(Koenig,Karl Rudolph) 德国人,1832年生于东普鲁士的柯尼斯堡,1901年卒于法国巴黎。精密机械加工、仪器研制、音乐、声学。

在柯尼斯堡大学获博士学位。1851年到巴黎,在当时最有名的小提琴制作师处当学徒。1858年出师自行开业,开始设计制造和出售声学仪器。

他设计研制的各种声乐仪器精密而先进,因而闻名世界,尤其广泛用于声学研究,沿用迄今的有柯尼希风琴管、调音叉等。1862年展出用以分析声音的感压焰仪器,成为声音图像记录的先驱者。这一方法后在1887年被爱迪生用于发明留声机。最著名的仪器之一,是通过与标准钟作直接比较而确定声源频率的音叉,1859年用这种仪器建立音乐的定调标准。1891年,国际上采纳435周/秒作为A调。他制作的最大音叉长达8英尺(2.4米),共鸣器直径20英寸(50.8厘米)。1882～1884年,他研制的一支音叉被A. A.迈克耳孙用来测定光速。为制造精密仪器,对元音和组合音的特性、音色本质、可闻声频率极限等作了基础研究。当时亥姆霍兹的和音理论和他的差音理论都很出名。

(周永平)

迈布里奇,E.(Muybridge,Eadweard) 原名E.J.迈格里奇(Edward James Muggeridge)。美国人,1830年4月9日生于英国伦敦附近金斯顿,1904年5月8日卒于同地。摄影术、影视工程。

以最先从事动体摄影和电影放映研究而著称。他在家乡金斯顿学校上完学,便到家族开在伦敦的文具纸品店工作。后供职于伦敦印刷出版公司,1852年作为英方代表派驻美国,后加入美国籍。19世纪60年代初,他向旧金山一位银板照相师学过照相术,后做过一位风景摄影师助手,还为豪斯沃思公司、美国陆军部档案处做过摄影勘查。1867年他因拍摄约塞米蒂峡谷的巨幅照片而获大奖。次年聘为美国军方摄影师,派驻新购并的阿拉斯加,1868～1873年间在那里拍摄了2000多张精美照片。

他发明了一种被称为"动物实验镜"的动画幻灯机,能把印在一个旋转玻璃圆盘上的照片连续快速地投射到屏幕上去,这便是现代电影的雏形。在费城宾夕法尼亚大学资助下,拍摄许多重要的动体照片,包括各种各样的人体活动。在此期间,他改进摄影设备和技术。

1887年出版11卷巨著《动物的运动》,收集1872～

1885年拍摄的10万多张照片。去世前3年，出版《运动人体图像》(1901年)。 (牛希娴)

奥托，N. A.（Otto，Nikolaus August） 德国人，1832年6月14日(一说10日)生于德国纳塞，1891年1月26日卒于科隆。机械与动力工程、热力学、工程管理。

1860年法国技师勒努瓦(J. J. E. Renault)发明煤气发动机。1861年奥托受到启发研制出第一台四冲程煤气发动机模型，但在试运行中这种新式发动机发生了强烈爆震，一度被迫中止试验。于是他又转向研制活塞压缩式内燃机，并于1861～1864年间在欧美各国申请了专利。1864年他和德国发明家兰根(E. Langen)联手改进了压缩式内燃机结构和性能，同年两人合资创办奥托—切奇公司。在1867年巴黎世界博览会上，这种发动机因性能超过勒努瓦燃气发动机而一举夺魁，获得金质奖章。

奥托深受鼓舞，为了扩大销路，1872年成立多伊茨股份有限公司燃气发动机制造厂，德国发明家戴姆勒(G. Daimler)和迈巴赫(W. Maybach)也相继入伙。1876年由于改制常压燃气发动机未能如愿，他又回头研制四冲程内燃机，并于同年试制成功火花点火式高压缩四冲程循环煤气机。1877年8月4日这种高性能内燃机获得专利。同年，它在巴黎世界博览会上展出博得热烈好评。企业家很快发现，奥托发动机性能确实稳定可靠，效率高，噪声小，因而大受欢迎。在尔后10年内这种发动机生产了3万多台，可见它在当时的盛况。这种称为“奥托发动机”的煤气机，是最早获得实用化的内燃机，也是技术史上第一台能代替蒸汽机的实用动力机，并为汽车和飞机的问世准备了条件。

热机四冲程循环理论并非奥托首创，由于他根据这一原理造出了第一台实用的内燃机，所以现在一般称为“奥托循环”。可是在当时，奥托的专利权却遭致不少竞争者的诘难，最后还是被注销了。但他没有气馁，1884年又研制成功一种电磁点火式汽油发动机，提高了机器的实用性和可靠性。 (李啸虎)

巴布科克，G. H.（Babcock，George Herman） 美国人，1832年6月17日生于美国纽约州奥茨哥郊区，1893年12月16日卒于新泽西州普莱恩菲尔德。印刷技术、机械工程、锅炉工程。

12岁时随家人移居到罗德岛州韦斯特利。因家境不佳，很早就跟随父亲A. 巴布科克(Asher Babcock)一起谋生，从事用银板照相法印刷报纸的工作。1856年后，受雇于罗德岛州首府普罗维登斯的一家铁工厂。1867年合伙在纽约开办巴布科克—威尔科克斯公司，专门制造巴威式锅炉和蒸汽机。巴布科克从1881年起直至去世，一直担任该公司的总经理职务。曾任美国机械工程师协会第六届主席。

大约在1854年前，他和父亲一起发明了第一台多色印刷机，大大提高了套色印版的效率和效果。接着这对父子搭挡研制出一种便捷式印刷机，直至20世纪80年代，该型号还有人在制造和使用。

1856年，威尔科克斯(S. Wilcox)与斯蒂尔曼(O. M. Steelman)一同取得了一种安全锅炉的专利。当时，巴布科克和威尔科克斯都在同一家铁工厂工作，于是两人联手对安全锅炉进行改建，联手设计一种新的锅炉，火室上方的弯曲水管稍为倾斜，前后的水管汇集在一起，并带有会自动关闭的安全阀门。这种自然循环水管式的锅炉，又称为巴威(BW)式锅炉，在1867年取得专利。它具有结构合理、易于清扫、耐超高压性、安全性能可靠等优点。一百多年来，巴威公司坚持不断创新的优良传统，至今仍是世界上首屈一指的蒸汽锅炉制造厂家。 (李啸虎)

埃菲尔，A. G.（Eiffel，Alexandre Gustave） 法国人，1832年12月15日生于法国第戎，1923年12月28日卒于巴黎。结构工程、桥梁工程、空气动力学、结构力学。

1855年毕业于法国中央高等工艺制造学校。后在铁路修筑公司任工程师，专门研究金属建筑，尤其是桥梁。曾任内普旺公司经理，并创立埃菲尔金属建筑研究所。

金属结构建筑技术的开创者和奠基者。是率先采用气压沉箱技术造桥的工程师之一，并因解决了桥梁支柱稳定性难题而闻名。一生负责设计建造了许多铁拱桥和其他钢结构建筑物，其中代表作有：巴黎万国博览会的拱式机器展览馆(1867年)；法国加龙河上的波尔多大铁桥；跨度160米的葡萄牙杜罗河大铁桥(1877年)；1882年竣工的法国南部特吕耶尔河上加拉比钢拱桥，跨度162米，高出水面120米，多年保持世界纪录；纽约港自由女神像内部支撑骨架(1885年)等。

他更以埃菲尔铁塔而震惊世界，被誉为“用铁创造了奇迹的人”。1886年，为纪念法国大革命一百周年和迎接世界博览会，埃菲尔在应征标志性建筑的700多种方案中胜出，却引来一片质疑、责难和抗议声。一批文人雅士签名反对，嘲笑它是“无用的怪物”、“悲剧式蜡烛台”，“巨大的工业烟囱”。但法国政府被其独创魅力所折服。埃菲尔在40个助手帮助下，绘制了5300幅工程图，1887年1月26日动工，1889年3月31日竣工。动用劳力300余人，历时27个月。但见一座A字型镂空钢铁巨塔，耸立在巴黎市区塞纳河南岸的战神广场上，结构奇特，规模巨大，塔身入云，气势雄伟。原高300米(连天线长为320.75米)，在1930年之前是全球最高建筑；四脚用钢筋水泥，全身由钢铁构成；钻孔700多万个，构架15000个，铆钉250万只，耗铁7000吨，油漆40吨；阶梯1652级，分上中下3个平台，每一层设酒吧和饭馆，可同时容纳10000人。它逐渐为世人所认可和称颂，如今成了巴黎的象征、法兰西的骄傲。

此外，埃菲尔素有“空气动力学之父”美称。在造大铁塔之前，他已是欧洲空气动力学权威，对研究高空钢框架的风效应和空气动力学其他问题深有造诣。他预先计算出铁塔4根弯曲的基础钢柱完全能吸收风力折弯与切割效应，而事实表明它在风力最强时移动距离不超过115毫米。时至今日，许多建筑师在设计钢铁框架摩天大厦时都遵循埃菲尔设计原则。1912年他在巴黎郊外的昂蒂设立第一所空气动力学实验室，大大促进了初期飞行事业，1921年将之赠给法国科学院。著有《空气阻力》(1913年)一书。 (李啸虎)

詹金，H. C. F. (Jenkin, Henry Charles Fleeming) 英国人，1833年3月25日生于英国英格兰肯特郡邓吉尼斯，1885年6月12日卒于苏格兰爱丁堡。通信工程、电气工程、电学、经济学。

出身于海关缉私船船长家庭。1847年父亲退休后，全家先后短期移居德国法兰克福、法国巴黎和意大利热那亚。获热那亚大学文科硕士学位。1850年全家回到英国，定居曼彻斯特。1851年，他到曼彻斯特一家工厂实习机械工程。后到瑞士考察铁路。1856年起，先后任格林尼治佩恩造船工程公司绘图员，利特尔与戈登铁路公司、纽韦尔公司的工程师。1861年合伙开办工程公司。同年任英国电气标准联合委员会秘书长。1865年当选为英国皇家学会会员。1866年任伦敦大学学院工程学教授。1868年任爱丁堡大学工程系首任系主任。1869年当选为爱丁堡皇家学会会员，1879年任副会长。是英国保健卫生学会创始人之一。获格拉斯哥大学荣誉法学博士学位。

19世纪英国著名电气工程师。1855～1856年，两次参与试验横贯地中海铺设电缆，其中一次是连接意大利撒丁岛南端海角与阿尔及利亚波纳海岸之间。1857年起，参与铺设大西洋第一条海底电缆，设计制造电缆船等架设设备，并对用于海底电缆的各种材料的导电性质进行一系列实验和精确测试。作为英国电气标准联合委员会秘书长，1862～1869年间为该机构撰写了6份报告，其中最重要的是确定以欧姆作为电阻单位，建立测定电阻的精确方法，误差仅0.1%，还首次对电容进行了完整的测量。1870年发表论文"论供求关系的图示法"，第一次提出供应和需求的曲线，是经济学中最有名的图示之一。1873年发表著名论文"论电力与磁学"。一生获35项英国专利。其中最重要发明之一，是晚年开发出的空中电动缆车运输系统，可以运载人员和货物，1882年获专利，当该系统首次在苏塞克斯郡格林达向公众开放时，他已去世。获爱丁堡皇家学会基恩金质奖章。 (邱凤昌)

戴姆勒，G. W. (Daimler, Gottlieb Wilhelm) 德国人，1834年3月17日生于德国符滕堡州舍恩道尔夫，1900年3月6日卒于坎斯塔特。机械与动力工程、交通工程、企业管理。

因家道贫寒，很早就到工厂当学徒。1853～1856年在埃森一家机床厂当机修工。1857～1859年进入斯图加特工业学校学习。1861～1863年到英国考察机械工业，并在那里实习和进修。回国后，先后在盖斯林根、罗伊特林根、卡尔斯鲁厄等地机械厂工作。期间曾担任孤儿院附属机械厂督导员，并在那里结识孤儿W.迈巴赫，后者成了他的终生挚友和亲密合伙人。1872～1881年任多茨煤气发动机厂的技术经理。1882年秋，在坎斯塔特创办汽车试验厂。1890年成立戴姆勒发动机公司，1895年任公司董事。

和助手迈巴赫共同研究和开发轻型高速内燃发动机。迈巴赫发明了不规则热管点火系统，该系统是研发高速发动机的重要部分，后来才知道这一发明已被一位英国人申请过专利。1883年，他们在研制卧式汽油发动机的基础上，发明世界上第一台立式轻型汽车用汽油发动机，两年后获专利。1885年，两人又将立式单缸风冷式汽油发动机安装到一辆木制车上，后又在自行车上安装成功，从而诞生了世界第一辆摩托车；同年，密闭式曲轴箱、立式单缸高速汽油机和表面汽化器等发明获专利。1886年，他们用转速为900转/分的汽油发动机成功改制了一辆马车，从而诞生了世界第一辆试验性四轮汽车；同年又试验将发动机技术用于船舶航行。同年，本茨也独立研制成功高速汽油机并获专利。高速汽油机及其车辆化，对于交通工程乃至人类社会发展都堪称是一场技术革命。此后不久，法国两位机械师进一步改进了戴姆勒式汽车，将位于底盘前部的发动机通过离合器、变速器用链条带动后轮，成为现代汽车的雏形。1889年，发明的V型气缸发动机获专利。同年，他们和法国巴拿尔公司签订合作协议，开始批量生产汽车，从而揭开了汽车产业化和市场化的序幕。在1894年世界第一次汽车竞赛中，安装了戴姆勒式发动机的汽车荣获冠军，一时声名大振。在他身后，1926年戴姆勒公司与奔驰公司合并，组建戴姆勒-奔驰公司，至今驰名全球。作为汽车发明家、汽车制造业创始人，他被誉为"汽车之父"。在德国的坎斯塔特建有戴姆勒纪念碑。 (李啸虎)

莫尔，C. C. (Mohr, Christian Otto) 德国人，1835年10月8日生于荷尔斯坦(今属德国)地区韦塞尔布伦，1918年10月2日卒于德国德累斯顿。铁路桥梁工程、土木建筑工程、应用力学。

庄园主家庭出身。1851年进汉诺威工业专科学校。1855年起先后任汉诺威和奥尔登堡国家铁路局工程师。1867年任斯图加特理工学院力学与土木工程教授。1873年任德累斯顿理工学院教授，1900年退休后，仍在该校继续从事科学研究，直至去世。

19世纪最杰出的土木工程师之一。设计建造过德国的一些著名铁路桥梁，最早在欧洲应用钢桁架的专家之一。早期在工程实践中就已对研究力学理论和材料强度十分注重。1860年就连续梁理论，通过附加项以计量支座竖向变量的途径，首次提出三弯矩方程的一般形式。1868年研究出影响线法，据此，可以无需求解微分方程而求出受载梁甚至变截面的挠度。1874年他独立发现确定超静定结构应力的更佳方法。他偏爱以图形化工具直观处理工程力学问题，用图解法取代先前流行的列表法表示三维应力。1882年发表的"莫尔应力圆"是他最杰出的贡献，这是一个通过简单的图形表示某点应力的方法。从此，由应力圆概念提出基于剪应力的强度理论。他还开发出威林沃特-莫尔(Williot-Mohr)桁架位移图，以及分析超静定结构的麦克斯韦-

莫尔(Maxwell-Mohr)方法,还可用于确定桁架节点及其相互受力偏移量。这些成果在土木工程上得到了广泛应用。出版过一部教材,发表过许多关于结构理论和材料强度的论文。 (陈良瑞)

彼德罗夫,Н. П.(Петров,Николай Павлович;Petrov,Nikolay Pavlovich) 俄国人,1836年5月25日生于俄国奥廖尔州(今勃良斯克州)的特鲁布契夫斯克市,1920年1月15日卒于图阿普谢。铁路工程、工程力学、流体动力学。

出身军人家庭。1855年毕业于圣彼得堡康斯坦丁诺夫军事学院。继而进入尼古拉耶芙斯卡娅工程学院学习力学,1858年毕业留院讲授数学与力学。1871年起任彼得堡实用工艺学院教授。1888～1892年任俄国国家铁路局局长,1892年起任交通部工程委员会主席,1893年起任过数年的交通部副部长。1888年被选为圣彼得堡科学院院士、1894年任名誉院士。1896～1905年任俄罗斯技术协会主席。

学术上,在润滑的流体动力理论方面有重要贡献。他在研究火车车厢轴承摩擦的基础上,证明粘性流体内摩擦系数主要随温度变化;发现摩擦力与相对运动速度及接触面积成正比,并给出了精确计算公式;研究了圆柱轴承的润滑,提出彼德罗夫阻力定律;研究了火车的牵引计算法、车轮对钢轨的压力和两者的应力、制动系统状态等课题,有不少新发现。他参与领导跨越西伯利亚的铁路干线建设;倡导成立莫斯科交通工程学校(今莫斯科铁路运输工程学院)。所著《机器磨擦和润滑对磨擦的影响》(1883年)一书,获1884年圣彼得堡科学院罗蒙诺索夫奖金。身后出版有《润滑油的流体动力学论文选集》(1948年)获俄罗斯技术协会金质奖章。

(邱凤昌)

罗布林,W. A.(Roebling,Washington Augustus) 一译华盛顿·罗布林。美国人,1837年5月26日生于美国宾夕法尼亚州巴特勒县萨克森堡,1926年7月21日卒于新泽西州特伦顿。桥梁工程、土木工程、工程管理。

华盛顿·罗布林是著名桥梁专家约翰·罗布林的长子。早年就读于美国新泽西州特伦顿学院。在1857年伦塞勒高等综合技术学院毕业之前,他已协助父亲建造了匹兹堡的阿勒格尼斜拉索大桥。南北战争期间在北军炮兵部队服役,后任工程师指挥官,负责建造战时各种重要建筑,其中最著名的是横跨拉帕汉诺克河长达1 200英尺(约合366米)的悬索桥,以及横跨弗吉尼亚州希南多河的另一座大桥。此外,他还奉命每天一早乘热气球监视敌我双方阵地。因屡立战功而晋升三级,以上校军衔荣归。内战后返回父亲的建筑公司,参与建造横跨俄亥俄河连接辛辛那提和科文顿的悬索大桥(主跨320米)。

1870年接任病故父亲的总工程师职位,主持建造当时世界上最长桥梁——纽约布鲁克林大桥(主跨486米)。由于工作强度巨大,他的身体日见衰弱,视力急剧下降。这项工程最大难度是建筑桥基,他采用了气压沉箱法新技术,但又不知道人体在减压下会造成沉箱病。1872年的一天,为赶工程进度,他夜以继日地在高压沉箱里连续工作12小时,直到猝然晕死过去,虽被人抢救出了沉箱,但落得终身残疾。他坚持在病榻上指挥施工,由于担心自己会有不测之时,对后继工程作了详尽交代。历时13年后,1883年3月24日,这座世界上最长的悬索大桥终于正式开通了。

1893年他从纽约返回特伦顿,成为罗布林之子缆绳制造公司的总裁。上任伊始,他便果断地将厂里的蒸汽机全部换上电动机,还开发了导线电介质镀锌工艺。他的公司管理是现代成功企业的一个早期范例。业余最大爱好是收集和研究矿石,珍藏了约16 000个品种,堪称私人收藏之最。其子在他身后将所有矿石都送给了史密森研究会。 (陈芳泽)

毛瑟,P. P. von(Mauser,Peter Paul von) 原姓迈斯纳(Meisner)。德国人,1838年6月27日生于内卡河畔奥本多夫,1914年5月29日卒于同地。机械工程、兵器技术、工程管理。

德国工业家、毛瑟枪发明者,被誉为"世界近代步枪之父"。1866年,他和长兄W.毛瑟(Wilhelm Mauser)对普鲁士来复步枪进行初步改进,形成了当时的后膛枪原型。次年又在后膛枪上安装改进型螺旋式喷管器。1871年弟兄俩成功研制出口径11毫米、有枪机的单发后膛步枪,定为G1871型(简称G71)步枪。1870～1871年普鲁士—法国战争表明,G71明显胜过巴伐利亚人沃特尔(Werder)研制的M1869来复枪,被定为德军步兵团标准步枪。

在家乡奥本多夫,他们将原有机械作坊扩建为枪械工厂,开始大量生产枪管长850毫米、口径11毫米毛瑟步枪,后又生产管长700毫米短式毛瑟枪、500毫米骑兵卡宾枪。1880年他把单发式G71改为连发式,安装了一个可连续发射的圆筒形弹仓,内装8发枪弹,1884年被普鲁士军方定为基本步兵武器。稍经修改的型号,特别是9.5～11.5毫米口径毛瑟步枪,出口交易量非常大。与此同时,法国勒贝尔(Lebel)1886型步枪采用了无烟火药,在1 000米左右仍有小范围高杀伤力;1887年V.特利(Vetterli Vitali)设计了盒式弹仓,极大改进了再装次数和系统可靠性。毛瑟从中得到启发,尝试独立地把这两个特征引入7.92口径88型毛瑟枪。他开始设计盒式弹仓,但是遇到些问题。1892年他设计了新的退弹器,开火后小爪会把空弹壳拉出而不随螺栓旋转,还克服了"二次上弹"难题。他在G93型上采用自己独立发明的无烟火药,还在底部加上一个可装五发7.57毫米子弹的盒式弹仓。

1905年,毛瑟将圆头子弹改为尖头,显示了更好的弹道学性能。96型毛瑟枪进而分化出手枪系列设计,即俗称"盒子枪"的C96型等,在1896～1936年生产了100余万把。毛瑟的发明使近代战争大为改观。

(吴金勇)

齐伯林,F. von(Zeppelin,Ferdinand von) 德国

人，1838年7月8日生于德国巴登州康斯坦茨，1917年3月8日卒于柏林。航空工程、动力机械工程。

符腾堡公国大臣之子。1857年毕业于德国路德维希堡陆军士官学校。数月后入蒂宾根大学短期进修自然科学、工程学和化学课程。1858年入伍成为一名骑兵军官。美国南北战争期间，1863～1864年被派往北方联邦军队中任军事观察员。返回欧洲后，曾任符腾堡公国国王的侍卫官、王国驻柏林使节、骑兵旅长等职，1891年以陆军中将的军衔退伍。1908年创办齐伯林飞艇公司。1909年创办德国航空运输有限公司。

硬式飞艇的首创者。飞艇是一种有推进装置、可控制飞行的轻于空气的航空器。1852年，法国人H.吉法尔(Henri Giffard)率先在充有氢气等浮升气体的软气囊下面的吊舱中装上一台3马力的蒸汽机，用它带动三叶螺旋桨作推进装置，从而克服了气球随风而飘的缺陷，第一艘飞艇就这样诞生了。但这种软式飞艇艇体小、浮力也小，而且安全性能差。为了克服这些缺点，齐伯林率先研制硬式飞艇，艇体由刚性骨架外罩蒙布构成，整个艇体呈流线型，在艇体内部由隔框分割成许多小气室，每个气室内置由纤维织物制成的小气囊。这样的硬式飞艇可以做得很大，而且飞行过程中部分小气囊受损也不会使整个飞艇浮力完全丧失。1900年，他制成了一艘雪茄型、铝制硬壳的硬式飞艇，长128米，直径11.7米，气囊内可充氢气的总容积为11 300立方米，装有两台16马力的发动机，时速可达30千米。同年7月2日升空试飞成功，但由于操纵性能欠佳，着陆时飞艇撞毁。此后他对飞艇的结构作了许多改进，动力也加大。1906年又制成了两艘飞艇，并成功地进行了时速达60千米的试飞。

在他去世前，他所创办的公司共生产了约100艘军用飞艇，第一次世界大战中被用于空中侦察、巡逻甚至远程轰炸；与此同时，飞艇也成了最早用于正式空运旅客的商用交通工具。1909～1914年，他创办的德国航空运输有限公司作了1 600余次飞行，运送旅客37 250人，无一例事故。

硬式飞艇往往又称为齐伯林飞艇，曾经风光一时。他去世后，德国生产的“齐伯林伯爵”号硬式飞艇曾进行近150次的横越大西洋飞行，1929年又用21天时间实现了环球航行。然而，由于飞艇飞行速度较低，战时它的目标又太大，以氢气为浮升气体又易于爆炸，当飞机诞生且其性能不断改善之后，它就不可避免地被飞机所取代。尽管如此，硬式飞艇在世界航空史上的历史地位还是不容抹煞的。　　（宣焕灿）

瑟斯顿，R. H. (Thurston, Robert Henry)　美国人，1839年10月25日生于美国罗得岛州首府普罗维登斯，1903年10月25日卒于纽约州。动力与机械工程、冶金工程、军械工程、工程教育。

杰出的蒸汽机制造者之子。1859年以主科自然科学和副科土木工程在布朗大学毕业。同年回到父亲的公司工作。1861～1865年南北战争期间，任海军助理工程师。战争结束，到安纳波利斯美国海军学院任助理教授，后担任系主任。1871年负责筹建史蒂文斯工学院并任首任院长，是该校首位机械工程学教授。1885年任康奈尔大学西布莉机械工程学院院长。1880～1882年任美国机械工程学会首任会长。是美国和欧洲不少技术协会的成员或名誉会员。1885年获史蒂文斯学院荣誉工学博士学位。

组建了美国第一个机械工程实验室。设计并制造过信号灯，做过润滑油试验，还出版过有关海军装备、蒸汽机和钢铁冶炼方面的著作。19世纪70年代，他发明了材料检验机，获两项专利：测定材料扭力的启动检测记录机、润滑油性能检测机。写下了大量有关钢与铁冶炼、蒸汽锅炉和蒸汽机材料性能检测、热力学、摩擦学和能量学方面的权威著述，另有技术史专著《蒸汽机成长史》(1878年初版，1902年第4版)等。　　（戴成勋）

切尔诺夫，Д. К. (Чернов, Дмитрий Константинович; Chernov, Dmitry Konstantinovich)　俄国人，1839年11月1日生于俄国圣彼得堡，1921年1月2日卒于雅尔塔。冶金工程、冶金学、金相学、物理化学。

内科医生之子。1858年毕业于圣彼得堡实用工艺学院。同年到圣彼得堡造币厂机械车间工作。1859年任教于母校圣彼得堡实用工艺学院，兼任该校图书管理员。1866年在奥布霍夫斯基铸钢厂大锤车间任工程师，继任厂长助理。1880年参加地矿勘查队，发现巴赫穆茨基区岩盐矿床。1884年在沙俄政府海军部海军技术委员会工作。1886年任沙俄政府交通部监督冶金工厂执行定货情况的总检查员。1889年任圣彼得堡米哈伊洛夫斯基炮兵学院冶金学教授。曾任俄国冶金学会名誉会长，英国钢铁学会名誉副会长，美国矿务工程师协会名誉会员、伦敦皇家工艺学会外籍会员。

在苏联他被称为“金相学之父”。现代冶金学俄国学派创始人。1866～1868年，他在调查枪炮锻造加工出现废品的原因时，深入研究了前辈阿诺索夫等人关于钢锭的熔炼、浇铸和锻造的著作，指出可以通过机械压力加工和热处理来改变钢的结构，以提高材料性能。他发现钢在加热和冷却过程中存在引起相变的临界温度，并根据钢在灼热时的不同颜色来确定的这些温度点，即著名的“切尔诺夫点”(现在称为A_1点和A_3点)。同时指出，临界点取决于钢的化学成分，特别是含碳量，并可用图形描绘碳对于临界点位置的影响，亦即现在广为使用的铁-碳平衡图的雏形。1868年他发表这一重大研究成果，引起了世界冶金学界的关注，公认为是冶金工程和热处理的理论基础。随后他又研究钢锭的材料结构，查明了晶粒的起源和生长过程，其中发现树枝状结晶，后称为“切尔诺夫结晶”，提出了钢锭结晶的共格理论。全面研究了铸钢报废的原因，提出一系列有效防止措施。还证实了炼钢时充分脱氧的重要性，并提出了一套系统的测试方法，以得到无气泡高品质的钢材。还对当时的贝塞麦转炉炼钢法的改进有所贡献，如入炉前用化铁炉加热低硅铁水之法，在国内外得到推广。

著有《铸钢业》(1898年)、《贝氏炼钢法研究》(1915年)等。此外，他还写过不少有关数学和航空方面的著作。(戴成勋)

马克沁家族(Maxim family) 又译马克西姆家族。其两代3人都是著名技术发明家。他们主要致力于研制开发军用火器，不同程度地影响了近现代战争的进程；此外还有多种其他新发明。

海勒姆·史蒂文斯·马克沁(Maxim, Hiram Stevens) 美裔英国人，1840年2月5日生于美国缅因州桑格威利，1916年11月24日卒于英国伦敦。*军械工程、机械与动力工程、航空工程。*

因家境贫寒，14岁就进客车制造厂当学徒。后在多个厂家当机修工和机械师。1878年聘任美国第一家电力照明公司的总工程师。1881年后定居伦敦，开办马克沁军械公司，研发自动武器。1896年，马克沁公司和维克斯公司合并。1900年加入英国籍。1901年维多利亚女皇册封他为爵士。

1866年，他获得的第一项专利是毛状螺旋金属灯丝，可用于煤气灯和火车头前灯等照明装置。接着研发从捕鼠器、煤气发动机到定时保险丝等各种新发明。1881年发明的电流变压器在巴黎世界博览会上展出。

一生拥有发明专利上百项，其中最有名的是1884年研制成功的马克沁机关枪，因此被誉为“机关枪之父”。他巧妙利用了后座力原理，用枪管发射子弹产生的后座力来退出废弹壳，用弹簧装置回弹力把新子弹推上膛，如此周而复始，自动连续发射；为了提高机枪射击效果，他还和弟弟一起研制成功线状无烟火药。马克沁机枪成为19～20世纪之际性能最好、威力强大的全自动火器。英国军队从1912年起全面装备改进型马克沁机枪，直至1968年才全面退役。

19世纪90年代开始，他着手研究动力飞机。1894年研制成功180马力的轻型蒸汽发动机，后在一架双翼飞机上安装了2台，从带铁轨的试验平台起飞。他当时已强烈意识到蒸汽发动机太重，认为内燃机才是解决飞机动力的根本出路，但因病逝而壮志未酬。

赫德森·马克沁(Maxim, Hudson) 美国人，1853年2月3日生于美国缅因州奥恩威利，1927年5月6日卒于新泽西。*军械工程、爆炸化学。*

海勒姆·史蒂文斯·马克沁的弟弟。曾在缅因州肯特山区的韦斯利扬技术学校学过化学。1888年赴英国，在他哥哥开办的军械公司工作，兄弟俩共同研制出线状无烟火药，提高了马克沁机枪的射击威力。1890年回美国，在新泽西州创办火药与炸药工厂。同年，与人共同研制出快速、高爆的MS无烟炸药，被美国军方所采用。在第一次世界大战期间，他担任美国海军军械与炸药顾问委员会主席，研制出一种多孔柱形、快速燃烧的炮用无烟火药，广泛用于炮战。他还开发出数种高稳定性、高爆炸力的火药和炸药，其中一种“马克沁炸药”(Maximite)，以苦味酸为主要原料，爆炸力是普通炸药的1.5倍以上，需由引信定时引爆，可作为鱼雷装药。

海勒姆·珀西·马克沁(Maxim, Hiram Percy) 美国人，1869年9月2日生于美国纽约州布鲁克林，1936年2月17日卒于科罗拉多州拉朱恩塔。*车辆工程、军械工程、通信工程。*

海勒姆·史蒂文斯·马克沁的儿子。毕业于马萨诸塞理工学院。1890年在马萨诸塞州林恩的一家工厂任监督。1895年供职于哈特福特的波普制造公司。前期研制过三轮摩托车、电动车等机动车辆。后来主要致力于机械装置的消音减音问题。他发现当时的汽车排气管噪音惊人，于是发明了一种车辆消音器。接着又把它用在马克沁机枪等武器上，竟遭到公众舆论的强烈质疑，指责说安装消音器的手枪会增加社会犯罪率，结果当时美国许多州，以及一些国家都明令禁止生产马克沁消音器。不过，这一新技术用于诸如空气压缩机、鼓风机等许多工业生产设备的减音，却大受欢迎。晚年研究短波、超短波通信问题，1914年发起成立美国无线电转播联合会，极大促进了美国群众性的无线电活动。(李啸虎)

贝尔坦，L.-É.(Bertin, Louis-Émile) 法国人，1840年3月23日生于法国南锡，1924年10月22日卒于芒什省拉格拉瑟里。*舰艇工程、船舶水力学、海洋军事学。*

1858年进巴黎高等综合工科学校。1860年到舰船工程公司任职。1862年从巴黎海军工程学院结业后去瑟堡造船区。1871年获巴黎大学法学博士学位。1893年任海军工程学院院长，1895年任法国海军部舰船司司长兼总工程师直至1905年退休。1903年入选法兰西学院院士。

1865年设计骑兵运输船通风设备，1873年获法国科学院普卢梅奖。1866年研究开发出在静水中产生人工波浪的方法，经测量后归纳得出连续振幅的递减规律。次年在船上观测了涌浪，还用自制仪器测量了波动，并将结果整理成数学形式。普法战争时期，他提出了用分格式水密舱与装甲板结合，以保护吃水线附近的水平隔层的结构设计。法国第一艘分格式水密舱巡洋舰就是根据他的方案设计的。1881年他在布勒斯特设计的巡洋舰航速达18节，创下了当时世界纪录。1885年日本政府邀请他担任帝国海军造船顾问，是年仅45岁。1886～1890年协助日本设计建造舰只，在7艘大型战舰中有3艘巡洋舰，另有22艘鱼雷快艇，成为日本海军的海上核心战力，导致日本海军在1894年的中日甲午海战中取得了优势。

出版有《波浪和船只摇摆的实验资料》(1874年)、《海事在战争与贸易中的地位》(1875年)、《海军锅炉与蒸汽机教程》(1896年)、《海军防卫力量的革命》(1906年)、《现代海军》(1910年)、《古代史和新问题》(1920年)等。(陈良瑞)

贝克，B.(Baker, Benjamin) 英国人，1840年3月

31日生于英国萨默塞特郡弗罗麦附近基福德，1907年5月19日卒于伯克郡庞伯恩。交通工程、桥梁与隧道工程、结构力学。

16岁在下威斯敏斯特一家铁铺当学徒。自学成才。1862年成为著名土木工程师J. 福勒(John Fowler)的助手和合作者。1895～1896年任英国土木工程师协会主席。1896年出任英国皇家学会副会长。后担任建造伦敦地铁线路的顾问，负责过国内外许多重大交通和建筑工程的设计与施工，享誉国内外。

19世纪英国著名的土木工程师。1867年起，撰写了一系列关于悬臂梁应用于大跨度桥梁的学术论文。1869年开始和福勒共同负责设计修建伦敦的第一条地下铁路(伦敦-威斯敏斯特主干线)，在电源线路设置及其供电方式上显示了他的独创性思路。1879年苏格兰中部泰河大桥倒塌后，他担任建造苏格兰福斯湾铁路桥的总设计师，首次大胆采用低碳钢悬臂梁技术，两个悬臂的主跨各为1 710英尺(合521米)，因而一举成名。设计了英国埃文茅斯港船坞和赫尔港船坞；1898～1902年协助威尔科克斯(W. Wilcox)完成埃及阿斯旺水坝建筑工程；还专门设计了特种船只，设法将埃及克娄巴特拉方尖碑海运到伦敦修复重建，一时传为佳话。

他对美国的交通工程建设也作出过重要贡献，曾担任建造密西西比河圣路易斯大桥的顾问；当哈得孙河底第一条隧道工程面临塌方危险时，美国人首先想到了他，他负命于危难之际，以其智慧和气魄力挽狂澜，设计了巧妙的隧道铠框结构，终使工程得以顺利竣工。

(李啸虎)

阿代尔，C. (Ader，Clément)　法国人，1841年2月4日生于法国上加龙省米雷，1926年3月5日卒于图卢兹。航空工程、通信工程、电气技术。

自学成才，一生热衷于飞行事业。原是法国桥梁与公路局技师。1870年普法战争期间，他自制一只热气球升空观察战场动态；同年用木头和羊肠线制作过一只鸟型滑翔机，机翼由关节连接，翼展12米，浑身粘有数千根鹅毛。1876年毅然辞去原有职业，潜心发明电信技术和航空器。1880年主持建成巴黎第一个电话网；1881年发明剧院用立体声传声器和扩音器。

第一次进行重于空气的动力飞行的先驱者。1890年研制出第一架单层活动翼蝙蝠机“风神”号(Eole)，长6.5米，翼展14米，带有以酒精为燃料的20马力蒸汽发动机，竹制螺旋桨，空心木质骨架覆以绸布，四个轮子(中央两个，头尾各一个)，全机加上驾驶员总重296千克。当年10月9日下午4时，阿代尔在巴黎近郊一个庄园进行第一次试飞，离地面20厘米，飞行约50米，实现了零的突破。他的“飞机2号”(Avion Ⅱ)于1891年试飞，飞出200米，因起风而损坏。1892年法国作战部与他签订合同，但“飞机3号”(Avion Ⅲ)5年后才造成。这是他制作的最大一只蝙蝠式飞机，带有两部蒸汽发动机，总功率40马力，一对折叠式机翼像伞一样可以收放，但没有尾翼。1897年10月14日试飞，飞行员驾机行进300米后遇侧风而失控坠地，法国作战部终止了合同，他也只好结束了一切试验。“飞机3号”修理后送巴黎国家工艺博物馆陈列。虽然他的艰难探索并不成功，但绝非徒劳，它启示后人：第一次表明重于空气的载人机器依靠本身动力可以飞离地面；实践证明笨重的蒸汽机不适于作可操纵的长程飞行，必须开发其他轻型高效发动机；完全模仿鸟儿或蝙蝠上下拍动翅膀飞行的设想行不通。著有《军事航空》(1910年)一书，预言制空权将胜过制海权。

(李啸虎)

帕奇诺蒂，A. (Pacinotti，Antonio)　意大利人，1841年6月17日生于意大利比萨，1912年3月25日卒于同地。电机工程、动力机械工程、电工学。

比萨大学数学和物理学教授的儿子。在电学方面的研究深受父亲的影响。1859年参加了意大利的独立战争。1861年毕业于比萨大学数学专业。后任一位天文学家的助手，1862年7月成为独立发现斯维夫特-塔特尔彗星的几个观测者之一。1864年任博洛尼亚大学物理学和化学教授。1873年任卡利亚里大学物理学教授。1881年任比萨大学物理学教授。1883年成为林赛研究院院士。1906年当选为意大利国会议员。曾是意大利电工学会名誉会长。

他所发明的改进型直流发电机和电动机新型电枢使他获得很高的声誉。1858年开始研究电枢时，还是一名只有17岁的比萨大学学生。1860年研制出第一台实验模型，并进行了测试。这一电枢设计的论文发表于1864年6月意大利《新探索》杂志，受到国际电机界的强烈关注，认为它解决了发电机技术发展上的一个关键问题。论文先后被译成英文、法文、德文和拉丁文。跟这相类似的电枢，法国的格拉姆(Z. -T. Gramme)也于1869年独立研制出来。意大利人为纪念帕奇诺蒂，以他命名比萨市阿诺河堤岸。

(马文蔚)

舒曼，V (Schumann，Victor)　德国人，1841年12月21日生于德国莱比锡附近，1913年9月1日卒于同地。光学工程、摄影术、光谱学。

1864年毕业于开姆尼茨的皇家工程学院。毕业后在哈特曼与齐默尔曼公司任设计师。后在一家印刷机制造厂任机械师。接着与他人在莱比锡合办一家机械厂，自任技术主管，业余对光谱学和摄影术发生兴趣。因劳累过度、视力不佳，于1892年退职专注于摄影技术研发。但因健康不佳，1903年后基本上停止一切实验活动。

是一位出色的工程师和设计师，对于印刷机械特别内行。因摄影术上的成就享有国际声誉。1885年发表他的首篇论文，论述照像底片的光敏化处理。此后致力于光谱拍摄与分析，为此贡献了整个余生。1886年发表了他的第一篇关于氢光谱的论文。在常用的溴化银乳胶中掺加了一些碘化银，这样大大缩短了曝光时间，还改善了红黄两色的反差。潜心研究紫外线摄影术。当时可摄波长的下限是400纳米，但他研制出一种感光底板，1893年首次拍摄到短至127纳米的紫外光谱。为此，他发明用萤石而不是用石英来制造棱镜和透镜，自行制作一种特殊的薄层照像底片，同时把整个仪器置于真空状态，因为氧气会吸收低于195纳米的辐射。他的这些技术发明，曾详细登载于维也纳科学院的院刊《纪要》上。大多数元素都在紫外区中存在许多光谱线，因此这项研究的成功，大大推动了光谱学和原子物理学的发展。由于舒曼打开了原子发射光谱的大门，直接导致物理学家 T. 莱曼于 1914 年发现了氢谱线系列。

（张南海）

林德，C. P. G. von（Linde，Carl Paul Gottfried von） 德国人，1842 年 6 月 11 日生于德国贝恩多夫，1934 年 11 月 16 日卒于慕尼黑。*制冷工程、低温技术、物理化学、企业管理。*

1864 年获瑞士苏黎世理工大学工学士学位。毕业后曾任德国慕尼黑新克劳斯机车制造厂技术部主任。1868 年任新成立慕尼黑理工大学讲师，1872 年任机械工程学教授兼工程实验室主任。1879 年辞职办实业。1890 年回原校任教授，不久又回到企业，同时任兼职教授至 1910 年退休。期间，1879 年开设林德制冰机公司（后改制为林德空气与气体工业集团公司），1907 年成立美国林德空气制品公司（今美国联合碳化物集团普莱克斯公司）。是巴伐利亚文理科学院院士，维也纳科学院外籍通讯院士。

近现代工业制冷、气体分离技术的开拓者和奠基者。他还是一个成功的企业家，首次实现制冷与低温工程产业化。1873 年发明以二甲醚为制冷剂的第一个制冷系统，并首次用于啤酒厂。1875 年发明氨循环制冷压缩机，因其经济实用而获得迅速推广。据统计，林德公司在成立 10 年内销售了 747 台氨制冷机，受惠的有西欧 455 个啤酒厂，以及遍及欧洲各地的屠宰场和冷藏设施。1892 年起致力于研究低温致冷领域，1895 年开发第一台空气液化机及其新工艺，通过先压缩后迅速减压膨胀而成功获得低温液化空气，1896 年获瑞士和英国专利。1902 年、1903 年先后用分馏法液化从空气中获得纯氧和纯氮。1903 年纯氧分馏机及其工艺获美国两项专利，林德公司建立了第一家纯氧制造厂。1909 年从水煤气中制得纯氢。1910 年，其子弗里德里希（Friedrich）与林德的同事发展了林德双塔流程法，其变体至今仍在普遍使用。1912 年，林德公司首次同时进行氧气和氮气的工业化生产。

他的一系列发明和开发，促进了低温工程、化学工程和物理化学诸多领域的发展。其中，1904 年法国人首次将纯氧用于氧乙炔焊工艺，金属切割和焊接技术的重大突破，促进了造船和建筑等钢铁结构工程大发展；使大规模、低成本制造氨和化肥等含氮化工品成为可能。

（杨惠民）

雷诺，O.（Reynolds，Osborne） 英国人，1842 年 8 月 23 日生于爱尔兰贝尔法斯特，1912 年 2 月 21 日卒于英格兰萨默塞特郡沃切特。*船舶工程、机械工程、船舶水动力学、流体力学、热力学。*

父亲、祖父和曾祖父都是英国圣公会教区长；父亲曾任贝尔法斯特大学学院院长。1861～1863 年，随工程师 E. 海斯（Edward Hayes）学习机械工艺。1867 年获剑桥大学女王学院数学学士学位。同年供职于劳森土木工程公司。1868 年任曼彻斯特大学欧文斯学院（今维多利亚大学）首位工程学教授，1905 年退休。1877 年当选为英国皇家学会会员。1888～1889 年任曼彻斯特文学与哲学联合会主席。1884 年获格拉斯哥大学荣誉法学博士学位。

最重要贡献是在船舶水动力学和流体力学领域。1873～1875 年，连续发表关于船舶推进的水动力学论文，发现了流动相似律即雷诺相似准则，为小尺度船模模拟全尺度船舶实验提供了科学依据。1883 年进行管道水流实验，首次明确区分层流和湍流，研究两者转捩的条件。同年发表经典论文“决定平行渠道内水流或直或曲的条件及其阻力定律的实验研究”，首次引入一个表征流体特性的无量纲量即雷诺数（Re），其值取决于流体密度、粘性系数、平均流速和管道直径，实际上是流体运动的惯性力 F_g 和粘性力 F_m 之比，其大小决定了管道水流状态。1895 年发表“不可压缩流体的动力学理论和判据的确定”，是 20 世纪湍流理论奠基之作，首次引入“雷诺应力”概念，首次用统计平均的方法，把复杂的湍流瞬时量分解为平均量和脉动量，并导出雷诺平均运动方程。

在其他领域亦有研究。1868～1873 年致力于研究太阳和彗星的电磁现象。研究热功当量，首创根据用功测定水在冰点与沸点之间的平均比热，成为经典物理常数之一。研究金属表面的蒸汽凝结、热交换等定律。1886 年发表论文“关于润滑理论”，导出雷诺动压润滑方程，启发了美国金斯伯利（Kingsbury）发明止推轴承。

1869～1900 年发表 68 篇论文，汇编于《O. 雷诺力学与物理学论文集》（3 卷，1900～1903 年）。获 1885 年特尔福德奖章，1888 年英国皇家学会皇家奖章等。

（邱凤昌）

戈蒂埃，P. F.（Gautier，Paul Ferdinand） 法国人，1842 年 10 月 12 日生于法国巴黎，1909 年 12 月 7 日卒于同地。*光学工程、机械工程、仪器研制、天文学。*

出身于平民家庭，13 岁开始学手艺。18 岁起受雇于塞克雷坦-艾肯斯仪器公司，制造天文仪器。1876 年在巴黎天文台附近自行开设天文仪器制造工场。1880 年成为原受雇公司股东，1881 年任总裁。1897 年当选为法国经度局成员。

他研制的主要仪器有目视赤道仪、双筒天体照相仪、折射望远镜和折轴赤道仪等，采用精密螺旋、分度盘和伸缩式底座等装置，由于设计先进，制作精良，深受科学界欢迎，广泛用于法国、奥地利、希腊、荷兰、梵蒂冈城、西班牙、阿尔及利亚、阿根廷与巴西的主要天文台。其中 1887 年首次研制成功双筒天体照相仪，是现代同类仪器的原型。

由于戈蒂埃为巴黎天文台安装了折轴赤道仪，1896～1910 年，洛埃维（Loewy）和皮瑟（Puiseux）两人完成了《月球图册》，其照片的清晰度可与现代仪器所得相媲美。1900 年巴黎世界博览会上，展出他制造的当时最大折射望远镜，透镜直径 124.5 厘米，安装于长约 59.4 米水平管一端，并与巨大定星镜相连。制作仪器花费甚大，使他濒临破产。由于价格不菲，没有天文台承购，为了及时还贷，他不得不在展出结束后拆成零部件出售。
（朱逸农）

利兰，H. M.（Leland, Henry Martyn） 美国人，1843年2月16日生于美国佛蒙特州巴顿，1932年3月26日卒于密歇根州底特律。汽车工程、机械与动力工程、企业管理。

农家子弟，家中第八个孩子。未受过正规教育，自学成才。早年在罗得岛布朗-夏普织布机厂当学徒。美国南北战争时，在北军斯普林菲尔德军需库任军械员。战后在一家军械厂工作。19世纪70年代，在底特律合伙开办利兰-弗克耐尔机械设备厂。1902年在底特律参与组建凯迪拉克公司，1904年出任经理，不久利兰公司并入该公司。同年参与发起成立美国汽车制造商协会。1909年任通用汽车公司并购后的凯迪拉克公司总裁。1917年离开原公司，建立林肯飞机发动机公司。1922年任福特汽车公司并购后的林肯公司总裁，儿子任副总裁。后因自主权等问题和亨利·福特发生争执而辞职，余生陷入和福特公司的无休止诉讼。

20世纪初期被誉为美国底特律汽车城的“教父”，因设计和生产凯迪拉克、林肯两大品牌豪华轿车而闻名。19世纪70年代，主要设计和生产齿轮切削机床、以及各种机械工具和设备；90年代设计和生产汽油发动机。1901年首届底特律汽车博览会上，他研制的单缸汽油发动机性能首次超过著名的道奇发动机，转速更快、运转更平稳。此后，他加大进气、排气门和管的截面积，使功率达到7.7千瓦，超过功率4.4千瓦的道奇发动机；还研制汽车传动和转向机械。1903年批量生产两座位凯迪拉克A型车，采用单缸发动机，前悬架用半椭圆弹簧，仅第一年就生产了1875辆。1904年生产四座位凯迪拉克B型车，将车架由角钢改为槽钢。同年12月，出品凯迪拉克D型车，装备功率22千瓦4缸发动机。1906年，造价更便宜的凯迪拉克K型、M型车相继问世。

他的公司的口号是“技术是我们的信念，精度是我们的法律”。推行零件标准化和武器级精度，公差仅为0.05毫米，创下当时汽车业“世界之最”。1908年，英国人选出3辆刚到岸的凯迪拉克汽车，把零部件全部拆散相混后重新装车试验、结果所有参数与说明书完全相同，因此英国皇家汽车俱乐部向利兰颁发了证书和奖杯。自此，凯迪拉克车上出现一句新广告语：“世界标准”。1910年，凯迪拉克推出了第一辆全封闭式汽车，成为日后的标准车型和美国豪华车经典之一。1912年，凯迪拉克汽车装上世界第一台电动起动机。1914年凯迪莱克51型车面世，采用功率51.1千瓦8缸发动机。1920年第一辆林肯L型轿车问世，装备66.2千瓦8缸发动机，时速113千米，好评如潮。林肯系列轿车至今是福特公司品牌豪华车。
（李 烨）

罗伯茨-奥斯汀，W. C.（Roberts-Austen, Sir William Chandler） 英国人，1843年3月3日生于英国萨里郡肯辛顿，1902年11月22日卒于伦敦。冶金工程、金相学、仪器研制、冶金属材料学。

1865年毕业于英国皇家矿业学院，获冶金学助理工程师证书。同年任英国皇家铸币厂厂长T. 格雷厄姆(Thomas Graham)的私人助理，1870年任驻厂第二试金师，1882年任总试金师，去世前任铸币厂代理厂长。1874年任英国物理学会首任秘书长。1880年任南肯辛顿冶金局首任局长。1880～1902年兼任伦敦皇家矿业学院冶金学教授。1896年任英国贸易委员会钢轨磨损鉴定委员会主任。1897年任英国财政委员会委员、国家物理实验室首任理事长。1897～1902年任英国学会联合会名誉总秘书长。1899～1901年任英国钢铁学会会长。1875年当选为英国皇家学会会员。1899年封爵。

19世纪硬币铸造技术世界权威，英国当时最著名金相学家之一。早期在研究方向和方法上深受冶金学家T. 格雷厄姆的影响。1876年，和洛克耶(J. Lockyer)采用光谱仪对合金成分进行定量分析，改进了传统的试金法。1884～1890年，在英国工艺学会举办5期合金研究系列讲座，后陆续在该学会杂志上予以发表。1885年开始研究钢合金的强化工艺，以及外加杂质对纯金属力学性能的影响。1888年发表论文，首次用化学元素周期律解释杂质对黄金等纯金属拉伸强度的影响。1889年，他的相关研究促成了英国机械工程师协会合金研究委员会成立，1891～1899年定期向协会呈交5份研究报告，去世前不久还在修订第6份。

1891年，他在英国皇家学会首次展出新发现的深紫色金铝合金。较早用显微镜照相术研究金相学，1899年制得世界上第一幅完整的铁碳相图。是合金成分差热分析法的创始人之一，也是合金共晶结构理论的提出者。发明第一个自动记录高温计，即铂-铂铑热电偶高温计，可确切记录熔炉或金属块内的温度变化，测定高熔点物质的冷却速率，广泛用于冶金界。测定银铜合金的凝固点，首先用“冰点”曲线表示其实验结果。进行熔融态下金在铂中的扩散实验，是第一个定量验证菲克扩散定律的人。

1868～1902年发表论文和研究报告近百篇；代表作有《冶金学导论》(1891年初版，1910年第6版)、《合金》(1911年第11版)、《加拿大的金属矿产》等；此外为权威的《大不列颠百科全书》(第10版)撰写了“金相学”等多篇条目。1889年获法国荣誉军团骑士勋章。为纪念他，国际冶金界把γ-铁及其固溶体的金相组织命名为奥氏体。
（戴成勋）

德普雷，M.（Deprez, Marcel） 法国人，1843年12月21日生于法国卢瓦雷省米勒龙河畔艾伦特，1918年10月16日卒于万塞纳。电力工程、机械与动力工程、仪器研制、电工学。

早年入读法国巴黎国立矿业学院，一年后自行研究机械工程学，1866年肄业；在学期间受院长、法国科学院院士C. 库姆斯(Charles Combes)赏识，1865～1872年任其秘书。后在法国一些高等院校任教。1885年到法国巴黎中央高级工艺学校工作，1890年任电工学教授。1886 年当选为法国科学院院士。

率先研究开发远距离直流输电系统，将电力用于工业生产的先驱者之一。1876 年起，在克雷尔进行了多次远距离传输电力的实验。1881 年在巴黎首届国际电气工程师会议上，呈交关于输配电的论文，指出技术上完全有可能解决远距离送电的损耗问题。同年在巴黎国际电力博览会上，他介绍了远距离输送直流电的配电系统。在 1882 年慕尼黑博览会上，他展示了第一条试验性直流输电线路，即米斯巴赫-慕尼黑线路，由自制蒸汽机驱动发电机产生 1 500～2 000 伏直流电，通过电报线路输送给 57 公里外一台电动机以驱动离心水泵工作。恩格斯曾经高度评价这一技术创新的经济和社会意义。在投资集团的支持下，德普雷又在法国主持进行了多次试验性远程输电，其中线路有巴黎与附近的拉沙佩勒、格勒诺布尔与维济耶(14 公里)等；1885 年铺设的巴黎-克雷尔线路，全长 50 公里，采用自己研制的蒸汽驱动发电机，能产生 5 800 伏电压，功率约 45%。曾两次获法国科学院奖金。

在机械学与力学方面，研究过摩擦定律、热的机械当量、大炮的后座力与运动等。擅长研制各种仪器，其中有：法国-普鲁士战争期间(1870～1871 年)，开发出可测定炮弹出膛速度的测速仪；1878 年制作多种测试电力线路的电流计等仪表仪器。 (邱凤昌)

格鲁伯，H.(Grubb，Howard) 爱尔兰人，1844 年 2 月生于爱尔兰都柏林，1931 年 9 月 17 日卒于芒克斯镇。*光学工程、机械工程、仪器研制、天文学。*

光学工程师 T. 格鲁伯之子。早年在都柏林大学学土木工程。1868 年父亲退休后，接任格鲁伯望远镜公司总裁。1870 年加入英国皇家天文学会。1883 年被选为英国皇家学会会员。1887 年封爵。1889～1893 年任都柏林皇家学会荣誉秘书长，1893～1922 年任副会长。

1865 年休学协助父亲，为澳大利亚墨尔本天文台制造口径 122 厘米的卡塞格林反射望远镜。1887 年为维也纳皇家天文台制造口径 68 厘米的折射望远镜及 13.7 米圆顶。19 世纪 90 年代，为国际天文学会联合会的全天空照相测量项目制成 7 架相同的照相望远镜，其主镜口径为 33 厘米，导星镜口径为 25.4 厘米。还制造过 90 个口径 12.7～71 厘米的望远镜物镜、4 架口径为 61～67.3 厘米折射望远镜及反射望远镜，其中一架口径 101.6 厘米的反射望远镜安装在克里米亚锡美伊兹天文台。1900 年获光学瞄准器专利，并改进潜望镜，在第一次世界大战中均批量生产。他制造和安装的望远镜，100 多年后的今天仍在许多天文台继续工作。曾获多种奖章。 (朱逸农)

理查兹，R. H.(Richards，Robert Hallowell) 一译里恰兹。美国人，1844 年 8 月 26 日生于美国缅因州加迪纳，1945 年 3 月 27 日卒于坎布里奇。*矿山机械、矿冶工程、选矿学、冶金学。*

1868 年毕业于美国马萨诸塞理工学院。留校任教，1871 年任矿物学教授，1873 年任采矿工程系主任，1884 年兼任冶金学教授，1914 年退休。是多个美国科学技术协会成员。1886 年任美国矿冶工程师协会主席。他的妻子是个化学家，马萨诸塞理工学院第一个女毕业生。

著名美国采矿工程师、冶金学家和教育家。早期的研究倾向于矿物学及其化学分析，论文多次登载于美国《科学》杂志上。19 世纪 70 年代，创立美国第一个矿冶实验室，在全世界也名列前茅。1874 年，发明一种专供化学和物理实验室使用的喷射抽吸器，以及一种野外勘探用的目视测距仪棱镜。在选矿工程领域，其发明创新成果尤为突出。1895～1900 年，研制多种可将矿砂分级和重选的选矿机械设备。1883 年，他发明的矿石分离机率先被苏必利尔湖铜矿区所采用，很快又推广应用于弗吉尼亚州铁矿和美国西部 3 个矿区，大幅提高了劳动生产力。对重力选矿基础的沉降过程有深入研究，通过反复实验，他制定了物质在水中沉降的曲线图。20 世纪初年，建立起较系统的近现代选矿学体系。他也相当关注如何改进冶金工艺，尤其是炼铜，是这一领域公认的权威，其相关论文频繁出现在美国矿冶工程师协会会刊上。从事矿冶工程教育 46 年，始终致力于将实验室方法引入选矿学和冶金学教学过程。为美国培养了大批矿冶专家，促进了美国矿山产业持久发展。

发表论文 100 多篇；出版有《选矿学》(4 卷，1903～1909 年)、《选矿学教程》(1909 年)和《钢铁冶金学概论》等有影响的专著和教材。获 1915 年美国矿冶学会金质奖章。1996 年入选美国矿业名人堂。1948 年，美国矿冶工程师协会设立理查兹奖。 (李 烨)

本茨，K. F.(Benz，Karl Friedrich) 德国人，1844 年 11 月 25 日生于德国卡尔斯鲁厄，1929 年 4 月 4 日卒于拉登堡。*动力与机械工程、汽车技术、企业管理。*

汽油机发明人，世界第一辆实用内燃机汽车的创制者。自卡尔斯鲁厄理工大学毕业后，曾在当地一家锁厂工作。1871 年与人合办铁器与机器商行，主要经营钢材等建筑材料。1878 年研制出双冲程发动机，次年获发明专利。但是由于这种固定式发动机太重且震动过大，不宜用于车辆。1883 年他在德国曼海姆市创办本茨股份公司莱因燃气发动机厂，生产工业用发动机，后研制和生产、销售汽车，成为当时世界最大的汽车制造商。1903 年从公司退休。1926 年本茨公司与戴姆勒汽车公司合并，他任该公司高级顾问直至去世。1872 年结婚，生有 5 个孩子；夫人 B. 林格(Bertha Ringer)的理解与支持是他的事业取得成功的重要因素。

在 N. 奥托专利基础上，1885 年发明单气缸四冲程汽油发动机，进而研制开发出三轮汽车。1886 年 1 月 29 日，获汽车制造专利权，专利号为 No. 37435；同年 7 月上市销售。这是世界上第一辆实用的内燃机汽车，样车现存慕尼黑博物馆。这种汽油机气缸容量 958 毫升，功率 0.75 马力，用电点火发动，采用表面蒸发式汽化器、水冷却器和齿轮变速装置。1893 年由于传动和驾驶等问题得以彻底解决，他开始设计和制造四轮汽车，不久便批量生产。1899 年，本茨公司生产出世界上第一辆赛车，由此开始了赛车运动的历史。至 1900 年，本茨公司已售出 3 马力的汽车 4 000 辆，成为当时世界上

最大的汽车制造公司。该公司被中国人音译为“奔驰公司”，形象地构划出产业特征和发展状况。（李啸虎）

哈夫纳-阿尔坦奈克，F. F. von（Hefner-Alteneck, Friedrich Franz von） 德国人，1845年4月27日生于德国阿莎芬堡，1904年1月6日卒于柏林附近比斯多夫。*电气工程、通信工程、照明工程。*

出身于有文学艺术传统的家庭，文学史家之子。瑞士苏黎世联邦理工大学毕业，后即供职于西门子与哈尔施克电子仪器制造公司，是沃纳·冯·西门子最得力助手之一，作为设计工程师和发明家度过大部分职业生涯。1896年为瑞士皇家科学院外籍院士。1901年为普鲁士科学院院士。1897年获慕尼黑大学荣誉博士学位。45岁退休，60岁不到死于脑溢血。

他的发明很多，在国际上享有盛誉。第一项重要发明是发电机鼓形转子，使发电机效率和输出功率均显著提高。1872年发明传动带式功率计。1873年发明带莫尔斯码信号数码键的电传打字机。1878年发明弧光灯两线差动调压器。1884年发明乙酸戊酯灯，即“哈夫纳灯”，1890～1942年在德国、奥地利和北欧国家作为发光强度标准。还发明有船用电报机的电伺服机构、自动火警系统等。他的贡献推动了电气工业的发展。

（邱凤昌）

拉瓦尔，C. G. P. de（Laval, Carl Gustav Patrik de） 瑞典人，1845年5月9日生于瑞典奥尔沙，1913年2月2日卒于瑞典斯德哥尔摩。*动力与机械工程、食品加工技术。*

1872年毕业于乌普萨拉理工学院。1877年他和一个朋友合伙创办一家小型的机械工程公司。由于他的公司经营业绩很好，1883年扩展为一家较大的阿尔法·拉瓦尔有限公司，以生产经营离心分离机、白炽灯等产品而知名，历尽百年风霜而不凋。

早期研制过一些乳品业机器设备。1878年发明第一台可持续处理牛奶的高速奶油离心分离机，1894年终于获得他的第一个专利权。1913年，他又发明了真空挤奶机，大大提高了劳动生产率，对发展乳品业作出了重要贡献。

1882年开始集中钻研汽轮机，1889年建造小型单级冲动式蒸汽涡轮机，其中第一次采用扩散型喷管、软轴、速度高达419米/秒的等强度叶轮等新式部件。为了提高汽轮机运转速度，他专门研究了喷管理论与技术，1890年开发出可将蒸汽增大速度送入叶轮的特殊喷嘴，这是一种截面积先逐渐收缩后又逐渐扩张的喷嘴，会在出口处产生超声速的气流。由于他在喷管、喷嘴形状及其强度设计上的独创性，获得了膨胀式喷管的英国专利，这种喷管被誉为“拉瓦尔喷管”。虽然他研制的涡轮机在整体结构上有不少缺陷，功率也小，难以普及推广，但在涡轮机发展史上起过促进作用，占有一定的历史地位，他所设计的许多涡轮机部件仍然沿用迄今，其中拉瓦尔喷管广泛用于喷气发动机和火箭发动机。有关他的各种发明的详细文献，现珍藏于瑞典斯德哥尔摩技术博物馆。（李啸虎）

迈巴赫，W.（Maybach, Wilhelm） 德国人，1846年2月9日生于德国海尔布隆，1929年12月29日卒于斯图加特的巴特坎施塔特。*动力与机械工程、航空工程、汽车工程。*

贫寒家庭出身，10岁时成了孤儿。在媒体的报道和呼吁下，斯图加特一家慈善机构收养了他，并让他在罗伊特林根一所孤儿学校上了学。1865年，他在罗伊特林根孤儿院附属机械厂遇到了担任督导员的G. W. 戴姆勒，两人遭遇和性格都相似，惺惺相惜，结为终身好友，直到戴姆勒去世。1869年，他和戴姆勒一起去了卡尔斯鲁厄，在多茨煤气发动机厂工作。在那里，他产生了设计一种可以广泛应用于水、陆、空交通工具的轻型高速内燃机的灵感。戴姆勒后因和总经理意见不合而辞职，迈巴赫也跟着辞职，两人于1882年秋在坎斯塔达创办一家内燃机试验厂。1890年戴姆勒汽车发动机制造公司成立，迈巴赫被委任为总工程师。由于他违反了某些合同条款，1891年他在投资人的压力下离开了公司，在戴姆勒的个人资助下独自继续开发轻型内燃机。在英国工业家的有力干预下，1895年他重返戴姆勒公司继续任总工程师。1909年，在齐伯林伯爵的资助下，他和儿子组织了齐伯林飞艇发动机制造公司，后改名迈巴赫发动机制造公司，制造了包括齐伯林飞艇使用的全套动力设备。

由于他的技术成就一个接着一个，被欧洲工业界尊为“设计之王”。1882年他开发出一种不用校正的内燃机热管点火装置，这是高速发动机的关键部件之一，后来才知这一发明已由英国人沃森（Watson）申请了专利。1883年，发明了世界上第一台立式气缸、四冲程轻型高速汽油发动机，该装置特别适合安装在车辆等交通工具上，1885年获得专利。同年，新装置首次安装在木质小车上，一年后安装在马车上。但他很快意识到生产马车发动机并不是最终目的，于是进一步发明了钢轮汽车，并将联动齿轮系统引进了汽车工程。由于在1889年巴黎世界博览会上展示了钢轮汽车，首先直接促进了法国汽车工业的发展。1895～1907年，研制出变速齿轮传动器、管状和蜂窝状散热器、喷嘴汽化器等设备，并且提高了汽车驱动系统的性能。他是1900～1901年第一批梅塞德斯汽车的总设计师。1922～1939年，迈巴赫发动机制造公司主要生产24马力的豪华型迈巴赫牌汽车，对早期的梅塞德斯汽车作了重大改进。（马毓昭）

威斯汀豪斯，G.（Westinghouse, George） 美国人，1846年10月6日生于美国纽约森特勒尔布里奇，1914年3月12日卒于纽约市。*铁路机械工程、电气工程。*

出身于纽约农村一个小工匠家庭。1861年参加南北战争，在北军的陆军、海军中服役。退役后入美国联邦学院深造铁路机械技术。毕业后回父亲的作坊工作。1869年在匹兹堡建立威斯汀豪斯汽闸公司。1882年成立开关与信号联合公司。1886年创立威斯汀豪斯电气公司。1901年当选为美国工程师协会主席。

1865 年发明旋转式汽轮机，获得自己的第一个专利，但不实用难以推广；稍后他用相同原理制成水量计；同年发明能使出轨货车复轨的铁道辙叉、刹车手闸等装置。1869 年发明压缩空气制动器“汽闸”并取得专利，成为铁路安全运输史上的一个里程碑。1871 年，美国国会通过了全美列车一律安装汽闸的法案，使这项新技术得以迅速推广。1882 年又发明新型铁路转轨器（内锁开关）和铁路电气信号系统。1883 年把相关技术转用于天然气管道输送，两年内获 38 项专利。1887 年实现了汽闸自动化，后又改成汽车刹车装置，产品畅销全世界，大大减少了交通事故。

美国交流供电系统的主要倡导者。在 19 世纪 80 年代，美国社会有过一场“公共电网采用直流还是交流”的激烈论战，威斯汀豪斯是发展交流电的主将。他创办的电气公司，曾居美国综合电机企业第二。他着手改进变压器和西门子交流发电机，研制出恒压交流发电机，首创用变压输电法实现较长距离低损耗输电。1888 年，公司聘用的 N. 特斯拉发明了交流感应电机，威斯汀豪斯当即买下专利，加快实现了长距离高压输电，在匹茨堡建成了完整的交流电网。反对者纷纷指责交流电威胁人命，其一大证据是纽约州当局用一台标准威斯汀豪斯交流发电机作为死刑工具。反对者的“旗手”是大名鼎鼎的“发明大王”爱迪生，他在技术上完全知晓交流电的优势和作用，但他的全部资本都已投入开办十几家直流发电厂。然而，交流电的推广应用毕竟是大势所趋。1893 年，威斯汀豪斯电气公司获准为芝加哥世国博览会的 25 万只灯泡供电，又得到开发尼亚加拉大瀑布水电的权利。一生共获百余项专利，在世时他的声誉与 T. A. 爱迪生齐名。 （李啸虎）

茹科夫斯基，Н. Е.（Жуковский，Николай Егорович；Zhukovsky，Nikolay Egorovich） 俄国人，1847 年 1 月 17 日生于俄国弗拉基米尔州奥列霍沃，1921 年 3 月 17 日卒于莫斯科。航空工程、空气动力学、流体力学、应用数学。

出身工程师家庭。1868 年毕业于莫斯科大学数学物理系应用数学专业。1870 年任莫斯科第二女子中学教师。1872 年起在莫斯科高等技术学校讲授数学及理论力学。1876 年获莫斯科大学应用数学硕士学位。1882 年在莫斯科大学通过论文“论运动的稳定性”，获应用数学博士学位。1886 年任莫斯科大学力学教研室教授，1902 年任空气动力实验室主任。1904 年在莫斯科附近的库奇诺镇创办欧洲第一个空气动力学研究所。1894 年当选为圣彼得堡科学院通讯院士。1905 年当选为莫斯科数学学会会长。1918 年任莫斯科中央航空流体动力学研究院首任院长。

俄国流体力学和空气动力学的创始人，被誉为“俄国航空之父”，对俄国航空事业的发展作出了卓越贡献。1876 年运用几何解析法建立了质点在气流中运动的定律。1885 年因研究固体在均匀流体中运动的理论，获得布拉什曼奖章。其研究报告中提出的方法，可以用来解决有关行星运动规律等天文学问题，以及弹道和弹丸运动理论问题。1890 年研究了物体周围介质粘性所引起的涡流运动产生升力的可能性。1890～1891 年，通过一圆盘在空气中的旋转运动实验，研究了附着湍系这一升力理论基础。1891 年研究了比空气重的飞行器飞行动力学，从理论上证明了飞机进行复杂运动的可能性，出版关于飞行力学的第一部著作《论鸟的翱翔》，为飞机飞行动力学奠定了基础。1897 年发表了《飞机最佳倾角》的著作。1902 年，他在莫斯科大学建造了一座矩形风洞，是俄国第一个风洞，也是当时世界上最早的风洞之一。1906 年提出飞机机翼升力公式，建立了升力与环量的关系，成为飞行力学计算的基础。1911 年又运用复变函数方法从理论上确定了飞机翼型，被称为茹科夫斯基翼型。1912 年出版《航空理论基础》，是世界上第一部系统性的航空理论著作。1914～1918 年从事飞机轰炸理论和弹道学问题的研究，并开设了弹道学课程。1919 年研究了高速平面和球面波的分布理论，并论证了这一理论可以用于测定弹丸的阻力。

在水力学方面，创立了水锤理论，研究了地下水运动理论，河床形成和水坝建设等。在数学方面，研究了偏微分方程和方程近似积分法。最先将复变函数理论方法广泛应用到流体力学与气体动力学方面。对解析函数也有一定研究。边值问题中的定律之一就是以他的名字命名的。

发表论文和著作 200 多篇（部），内容广泛，涉及流体动力学、船舶理论、空气动力学、高速空气动力学、飞行力学、固体力学、材料力学和应用力学等方面。其《流体动力学讲义》是一部权威著作。在他身后，苏联曾出版《茹科夫斯基全集》（9 卷，1935～1937 年），另出版有《理论力学》（1952 年）等专著。为了表彰其功绩，苏联颁布了列宁签署的关于颁发茹科夫斯基奖金的决定，并在莫斯科大学、莫斯科高等技术学校和莫斯科航空学院中设立茹科夫斯基奖学金。此外，在莫斯科建立茹科夫斯基科学博物馆。 （王天运）

爱迪生，T. A.（Edison，Thomas Alva） 美国人，1847 年 2 月 11 日生于美国俄亥俄州米兰，1931 年 10 月 18 日卒于新泽西州西奥兰治。通信工程、电气与电力工程、技术发明、科技管理。

1837 年父母亲由加拿大迁居美国，在俄亥俄州一个小镇上经营木瓦厂。1854 年全家迁至密歇根州休伦港，父亲从事谷物和木材生意，母亲做教师。爱迪生是家中 7 个孩子中最幼者，只受过 3 个月正规教育，小时候主要在父母指导下自学。好奇心极强，对电学和化学尤感兴趣，特别喜爱科学实验，很小就把自家地窖布置成化学实验室。12 岁在火车上当报童，又把实验室搬上了火车。就在这一年他的听力逐渐减退,终至耳聋。这一打击使他经常闭门不出,以惊人的毅力读了大量科学著作。1863～1868年当巡回电报员,走遍美国中西部。1868年,在波士顿开始了职业发明家的生涯,次年移居纽约,广泛开展研究开发活动。1915～1918年任英国海军战时发明顾问委员会主席。1890年当选瑞典皇家科学院外籍院士。1927年当选为美国国家科学院院士。

先后完成2000多项发明,其中获美国专利1093项,此外在英国、法国和德国等国获得诸多专利,被人们誉为“发明大王”,对人类作出了重大贡献。

19世纪60年代,发明双工式和四工式电报系统。1870年完成电报自动打印机系统,获得一笔经费,立即在纽约建立起有50人规模的私营实验室。这是世界上第一所工业实验室。他打破了过去科学家单独从事研究的习惯,组织专门人才,共同致力于一项发明。以后欧美各大公司企业仿效他的做法,从而开辟了科学团队研究的新时代。1876年他把实验室迁至新泽西州门罗公园附近,在那里完成了一生中最集中、最富有成果的工作。1876～1878年,他发明锡箔录音留声机,轰动了世界;期间又发明碳粒电话机。1878～1880年,改进白炽灯照明系统和电力系统。在对7000多种材料进行试验后,选择炭化竹丝做灯泡的灯丝,使寿命达到1200小时。不久又发明钨丝灯泡,其亮度比竹丝灯泡提高3倍。还发明高电阻灯泡,为实现集中供电进行了许多工作;采用直流三线系统,制成当时容量最大的直流发电机,1882年利用该机在纽约曼哈顿建成第一座大型发电厂。1883年在灯泡中设置第二电极,发现灯丝发射出带电的碳粒子,称为“爱迪生效应”,即热电子发射现象,成为以后开发真空管的电子学基础。20年后,他又发现利用二极管的整流特性进行无线电检波的可能性。还发明了铁镍碱性蓄电池、磁铁矿分离法、X射线仪、电影摄影机、电报中继站等。此外,在矿业、建筑业、化工等方面也有不少重要发明。

其著述收集于《爱迪生论文集》(1989年)。1983年,美国国会立法规定爱迪生的生日为美国国定发明日。

(邱凤昌)

贝尔,A.G.(Bell,Alexander Graham) 美国人,1847年3月3日生于英国苏格兰爱丁堡,1922年8月2日卒于加拿大新斯科舍省布雷顿角岛巴德克。通信技术、电气工程、交通工程、仪器研制、语音学。

英国裔移民。祖父和父亲都是英国著名的语音学教师,创立了贝尔演说术体系。贝尔的早期教育大部分都是家庭教育,14岁毕业于英国爱丁堡皇家高级中学。1867年开始做父亲助手,专教聋童说话和音乐,业余在爱丁堡大学、伦敦大学攻读语言学、解剖学和生理学。由于英国流行肺结核病,两个兄弟不幸早逝,1870年8月举家从苏格兰迁到加拿大,翌年4月移居美国。1871年开始,父子俩在波士顿开办聋哑人教育的师资培训学校。1873～1877年任波士顿大学语音学教授。1877年创建贝尔电话公司。同年和一位聋哑学生结婚。1881年卖掉电话专利组建伏特实验室,开始更广泛的科学研究;后建立伏特管理局,专门研究为聋哑人服务项目。1882年成为美国公民。1883年创办《科学》杂志。同年当选为美国国家科学院院士。1898年任国际地理学联合会首任主席。

电话发明者和电话业创始人。母亲和妻子都是失聪者。贝尔子承父业,毕生致力于研究语音学和教聋人讲话。19世纪70年代中期,在研究如何使聋人看到发音声波振动的实验中,他开始想到用电流强度变化来模拟声波变化,这一设想后来成为电话发明的电声理论基础。在电学家J.亨利的鼓励下,贝尔在自学中进行电学实验。1875年获得多路电报专利权,其原理是用不同长度金属簧片产生不同振动频率,通过声电转换在一根导线上同时发送几个信息。1876年3月10日,受多路电报机启发,在青年技师T.沃森(Thomas Wadson)协助下发明贝尔电话机,当年获得专利,并在费城建城100周年纪念展览会上一举夺得发明金奖。1877年去英国蜜月旅行期间,受邀向维多利亚女王和皇室家族演示电话,一时轰动了欧洲。1878年,成功进行了从波士顿到纽约相距320千米的第一次长途通话。此后电话飞速发展,当年美国安装了约11000部电话,至1910年大约有1000万部电话运行。贝尔曾就电话发明优先权至少打过600起官司,虽经长期诉讼却坚挺不败。1880年因发明电话获法国伏特奖1万美元。

他的后期研究非常广泛,其中有:试验用光束传播声波的光电话;1881年发明金属检测器,找到被谋杀的詹姆斯·加菲尔德总统体内的子弹位置;1882年发明能在蜡筒上记录声音的留声机;1908年试验用大风筝进行载人飞行;1919年发明水翼船,刷新了水上航行速度纪录;以及从长寿研究到多乳头羊培育等各种课题。一生共获30多项发明专利。著有《可见语音导论》(1871年)等书。

(杨惠民)

艾尔顿,W.E.(Ayrton,William Edward) 英国人,1847年9月14日生于伦敦,1908年卒于同地。电气工程、铁路工程、仪器研制、电工学。

名律师的儿子。曾在伦敦大学学习数学。毕业后,1868年在印度担任电信局技师。不久回到英国,在格拉斯哥大学师从W.汤姆孙(开尔文勋爵)攻读电学。曾在大西铁路公司短期工作。1873年聘任日本新建的东京帝国工部大学物理学和电工学首席教授。1878年返回伦敦。1879年任伦敦大学物理学与电气工程学教授。1881年任芬斯堡理工学院教授。1884年任南肯辛顿中央理工学院教授,后任校长。1898年参与创刊英国电学工程师协会《科学摘要》杂志。是英国皇家学会会员。他的第一任夫人去世前是一位女医生先驱。他的第二任妻子赫莎·艾尔顿在电学领域颇有名望。

在1868年供职印度电信局期间,发明检测和排除电报故障的方法,为维护陆上电报正常通信带来了巨大效益。1873年第一个提出采用高压电进行动力传递的设想。19世纪70年代在日本，为东京帝国工部大学建立多个教学与研究实验室；和同事、同为汤姆孙门生而后来成了电工学教授的J. 佩里(John Perry)一起研究多项课题，取得一系列成果，其中包括测定气体的介电常数、电介质的黏性系数等，开展地磁学和地球重力学研究，还研究了日本魔镜(即中国古代传向日本的透光镜)的原理。1879年，他和佩里在芬斯堡理工学院再度相逢，在后者协助下，他发明了多种电学测量仪器，包括装有螺旋弹簧的电流计、电压计和电功率计等等。他们还着手研究如何实现铁路电气化，1881年为电气铁路发明了第一个绝对断路系统。1882年研制出第一辆电动三轮车。在英国海军部资助下，1904～1908年他和后妻赫莎共同研制了电探照灯。在他去世后，赫莎继续从事电弧和其他发明研究。

在1876～1891年间，他和J. 佩里一共合作发表约70篇科学和技术论文；代表作有《实用电学》(1877年)等。这些论著在世界电学界颇有影响。（江冬妮）

法拉里，G.(Ferraris，Galileo) 又译费拉里。意大利人，1847年10月31日生于意大利撒丁公国里窝那皮尔蒙特地区韦尔切列斯，1897年2月7日卒于都灵。*电气与电力工程、电工学、电磁学、几何光学。*

药剂师之子。1869年获意大利都灵高等技术学校工学士学位，同时获工程师资格证书，1872年继获工学博士学位。同年供职于都灵意大利皇家工业博物馆，任技术物理学助理教授，1877年任该博物馆附属都灵皇家应用学院物理学教授。1880年当选为都灵皇家科学院院士。1889年任都灵工业学院(后归并入都灵理工大学)物理学教授。1896年任意大利电气技术学会首任会长。1897年当选都灵市议员。

19世纪后期交流发电机的两个独立发明者之一。1884～1885年，第一次对变压器进行了实验和理论的研究。1885年首次发现旋转磁场的存在，由相关实验得到如下原理：若在两正交电磁绕组中通相位差近似为90°的电流，则会产生等价的旋转磁场，从而在电动机转子中感应出电流，由此得到的转矩将等效于交流电动机的功率。同年8～9月间，他进行了公开演示。基于此一原理，接着试制了一台双相异步、自启动交流发电机，无换向器和电刷，为以后进一步开发交流电奠定了坚实的科学基础。1888年，他在向都灵皇家科学院呈交的实验报告中，首次公开了该项发明。为了扩大影响，他有意放弃申请发明专利。同年，南斯拉夫裔美国人特斯拉获得交流发电机专利权。此外，还对几何光学、热力学、电磁学等基础理论进行了一系列研究，其中首次将光的相差原理应用于研究其他辐射现象。

主要论文入编《法拉里论文集》(2卷)；有《电气工程的科学基础》、《折射仪器：光学工程和物理学》等著作。（屈大壮）

李林达尔，O.(Lilienthal，Otto) 德国人，1848年5月23日生于普鲁士安卡拉姆，1896年8月10日卒于柏林。*航空工程、机械与动力工程、空气运动学。*

布料商之子。从小喜欢观察和模仿鸟儿飞翔，幻想人类有朝一日也能上天。自德国波茨坦理工大学机械工程专业毕业。1870～1871年普法战争期间在军队服役。先后任柏林韦伯机械厂、萨克森煤矿工程师，获取过蛇管锅炉、煤块破碎机等发明专利。曾开办过公司，制造和出售轻型蒸汽发动机和海上信号灯，生意不错。

第一架定翼滑翔机发明者，滑翔运动的伟大倡导者。在谋生中从未停止过飞行试验和研究，曾在德国飞艇航空促进会作过多次讲演。1889年自费出版巨著《鸟的飞翔：飞行技术的基础》，书中详析鸟翼结构与功能，探讨了一系列飞行问题，一些结论虽不尽正确，但该书在航空史上具有划时代意义，成了同时代很多航空先驱的必读经典，其中提出的拱形翼面理论是当时航空技术的重大突破。为了验证理论和为动力飞行作准备，他和弟弟G. 李林达尔制造过各种精巧的风筝和测量仪器，在1891～1896年间造过18架木质蒙布的单翼和双翼滑翔机。其中：第1号是蝙蝠状单翼滑翔机，翼展7米，翼面积14平方米，机长5米，净重20千克，首次飞行达30米；第6号装有可偏转的升降舵，滑翔距离达230米；第8号甚至有现代飞机那样的完整尾翼。他花钱雇工在柏林附近的格罗斯·里奇费尔德筑起一座高15米小山，在1893～1896年间进行约2 500次滑翔飞行，发现拱型翼比平行翼滑翔效果好。与此同时，他还模仿鸟类扑翼飞行，制造一台2马力、碳酸气驱动的发动机，带动滑翔机翼上下扑动，希望以此延长飞行距离。他成了世界第一位“飞机”出口商，制作的滑翔机远销俄国和美国。1896年8月9日，风力较大，他在当日第4次滑翔试飞时不慎坠机致重伤，次日在柏林矿工医院去世，临终遗言是：“必须有人为此作出牺牲。”（李啸虎）

洛赫金，В. М.(Лохтин，Владимир Михайлович；Lokhtin，Vladimir Mikhaylovich) 俄国人，1849年生于俄国圣彼得堡，1919年卒于彼得格勒(今圣彼得堡)。*水利与交通工程、水力学、水文学、工程管理。*

1875年毕业于圣彼得堡交通工程学院。同年从事卡马河支流的勘测工作。1882年带队勘测德涅斯特河，1884～1890年主管该河航道整治工程。1892～1899年任喀山地区交通总管，主持伏尔加河道及其浅滩的整治工程。1907年任彼得堡省公路监察。1915年为国家建设委员会成员，并主编《水道与公路》杂志。

河流水文学创始人之一。一生出版过许多著作，对河床结构、河床演变过程理论和航运管理的发展有重要贡献。主要著作有《德涅斯特河的航运、特性和整治》、《河床机理》等。除致力于分析稳定河流的河床现象外，他还对河流底冰的形成及其对航运的影响作了研究。

（陈良瑞）

奥斯蒙，F.(Osmond，Floris) 一译奥斯蒙德。法国人，1849年3月10日生于法国巴黎，1912年6月18日卒于塞纳-瓦兹省圣洛伊。*冶金工程、金相学、物理化学、显微分析。*

1872年毕业于法国中央高等工艺制造学校金相专

业。1880年任施奈德化学实验室主任，从事钢铁金相显微研究。1884年回巴黎后，任教于巴黎大学，从事铸钢回火和淬火效应的研究。是美国矿冶工程师协会荣誉会员。

主要贡献是得出同素异形β铁是钢在淬火后获得新特性的主要因素的结论；发现改变初始加热温度和冷却速度可以使钨钢达到不同硬度；还发现α、β和γ三种变态铁，他测定出铁中相变的临界点，以此作为区分的标志。他在钢铁结构显微研究方面所作出的贡献尤为卓著。1885年，用显微镜观察钢铁显微结构，先后鉴定出3种金相组织，并以金相学家索比、罗伯茨-奥斯汀和屈罗斯特的名字命名为索氏体、罗氏体和屈氏体钢，并重新命名钢淬火时产生的“硬化体”组织为马氏体，以纪念金相学家马登斯。他拍摄的珠光体的高倍显微像，即使在今天用先进的实验仪器和照相器材，要达到如此高精度观察水平也非易事。还开发出抛光防蚀技术。

论文有80多篇；代表作有《金属的显微分析》(1904年)等。先后获得国家工业奖励协会奖章、拉瓦锡奖章和英国钢铁学会贝塞麦奖章。 (王天运)

布拉什，C. F. (Brush，Charles Francies) 美国人，1849年3月17日生于美国密歇根州，1929年6月15日卒于俄亥俄州克利夫兰。电气工程、照明技术。

1869年美国密歇根大学采矿工程毕业后，在克利夫兰市担任药剂师。1873～1877年参与销售生铁和铁矿石的业务，业余坚持做电气试验。1877年到克利夫兰电报代理公司从事电气技术开发，获多种发明专利。1880年该公司重组为布拉什电气公司，1889年与汤普逊-豪斯顿电气公司合并，1891年又与爱迪生公司等合并，成立闻名于世的通用电气公司。布拉什在公司兼并中卖掉了他的股份，转移到其他领域，再也没有回到电气工业上来。

美国电气产业化先驱之一。1876年夏天在自家农场度假时，发明了他的第一台改进型直流发电机，使用一辆马拉的踏车驱动发电机产生电力，1877年获得第一个专利权。1878年发明一种采用电磁和机械双重调节的实用型弧光灯，解决了因缺少良好碳电极调节系统致使光度极不稳定的缺陷。还发明镀铜电极、路灯遥控开关、双碳电极，以及串联式多灯调节等一系列电气设备与技术。同年在一位医生的寓所阳台上，安装了第一盏家用弧光灯。1879年设计和开发一套完整的弧光路灯照明系统，其关键部件是发电机。当年4月29日夜晚8时，屹立在克利夫兰广场四周的12盏弧光灯一齐大放光芒，聚集在广场上的成千上万人目睹了这一历史性盛况，发出雷鸣般的欢呼声。克利夫兰市成为世界上第一个用电力照明街道的城市。由于布拉什弧光灯比爱迪生白炽灯更适合公共场所，很快便被美国各地和海外所采用。弧光灯的创新是电气商业化应用发展中的重要历史阶段。此外，他还拥有改进电镀工艺和设计蓄电池等多种专利。 (于 尔)

霍普金森，J. (Hopkinson，John) 英国人，1849年7月27日生于英国曼彻斯特，1898年8月27日卒于瑞士伊瓦罗纳。电气与电力工程、照明工程、电磁学、应用数学。

1865年就学于曼彻斯特欧文斯学院。1867年入读剑桥大学三一学院，1871年毕业。同时获伦敦大学理学士学位。同年在父亲开办的机械厂工作。1872年任伯明翰的钱斯兄弟公司灯塔工程部工程管理员。1877年移居伦敦，任顾问工程师。1878年任教于伦敦大学皇家科学学院(今帝国理工学院)。1890年任伦敦大学国王学院电气工程教授、该校西门子实验室主任。1878年当选为英国皇家学会会员。1890年、1896年两次当选为英国电气工程师协会主席。他是赛艇和长跑运动员。1898年，他和3个孩子(一子两女)在瑞士登山途中不幸全部遇难，去世后留有一子一女。

19世纪著名英国电气工程师，自觉运用电学与磁学理论指导研发发电机和电动机的典范。19世纪70年代，改进了灯塔电光源及所用透镜系统；受委托起草制订电光学标准；首次应用麦克斯韦电磁学理论分析静电电容和剩余电荷，这一贡献使他得以入选英国皇家学会会员。70年代末至80年代初，专注于设计改进型直流发电机以提高其功率，发明电力分配的三相电源系统，这是他对电气工程的最重要贡献，1882年获专利。1883年，用数学从理论上加以证明：并联耦合两台交流发电机是可能的，而这是一个长期困惑电气工程师的难题。1889年，在铁磁合金中观察到磁滞等磁现象，还发现导磁率对温度的依赖关系(即霍普金森效应)。在磁学中，磁路中的磁通(Φ)等于作用在该磁路上的磁动势(F)除以磁路的磁阻(R)，这一磁路欧姆定律，又称为霍普金森定律。

拥有专利近40项；发表论文60余篇。为纪念他，1899年剑桥大学新博物馆址内扩建的工程实验室以他命名，并设立霍普金森应用热力学讲座教授教席。 (屈大壮)

布里内尔，J. A. (Brinell，Johan August) 瑞典人，1849年11月21日生于瑞典布林格托夫塔，1925年11月17日卒于斯德哥尔摩。冶金工程、机械工程、仪器研制、金属材料学。

双亲都是农民。1871年毕业于瑞典布罗斯理工学院。同年供职于特罗尔海坦的尼奎斯特与霍尔姆钢铁公司。1872年任瓦姆兰县莱斯乔福斯钢铁公司工程师。1882年任福格斯塔钢铁公司首席工程师。1903～1914年，任斯德哥尔摩的瑞典钢铁产业协会首席工程师，兼任该机构行业年鉴杂志副主编。1908年参与成立瑞典皇家理工学院材料检测研究所(瑞典国家材料检测研究所前身)。1902年当选为瑞典皇家科学院院士。1919年当选为瑞典皇家工程院院士。1907年获瑞典乌普萨拉大学荣誉博士学位。

布氏金属硬度测量法创始人。他所发明的金属材料硬度测试仪，在1897年斯德哥尔摩展览会上首次亮相，接着又在1900年巴黎世界博览会上展出。布氏硬度计原理是：对直径为10毫米的硬质钢合金球压头施加3000千克试验力，使之压入试样表面，保持一定时间后除去载荷，用试验力与压痕表面积之比来表示试样硬度,称为布氏硬度数,沿用迄今。布氏硬度试验的优点是:压痕面积较大,硬度代表性好,能反映较大范围内金属各组成相综合影响的平均值,而不受个别组成相及微小不均匀度的影响;试验数据稳定,重现性好;布氏硬度值与抗拉强度值之间存在较好的对应关系。布氏硬度计主要用于组织不均匀的锻钢、铸铁的硬度测试,由于压痕较大,多用于原材料和半成品的检测。布氏硬度试验还可用于有色金属和软钢,采用小直径球压头可以测量小尺寸和较薄材料。

因抗磨损金属论文获1921年林曼金质奖章。此外,1900年获瑞典普尔海姆奖章、巴黎世界博览会大奖,1907年英国钢铁学会贝塞麦金质奖章,1914年瑞典钢铁产业协会金质奖章,法国荣誉军团骑士十字勋章等。 (邱凤昌)

弗莱明,J. A.(Fleming, Sir John Ambrose) 英国人,1849年11月29日生于英国兰开夏郡兰开斯特,1945年4月18日卒于德文郡锡德茅斯。通信工程、电气与电子工程、仪器研制、电磁学。

1870年获伦敦大学学院理学士学位。1874年获伦敦大学皇家科学学院(今帝国理工学院)化学系理学士学位。同年起先后在两所高中任自然科学教师。1877年入读剑桥大学圣约翰学院,听过J. C. 麦克斯韦的电磁学课,1881年获该校化学与物理学士学位。接着获伦敦大学学院理学博士学位。同年任剑桥大学机械工程示教员。不久任诺丁汉大学第一位物理学与数学教授。1882年任英国爱迪生电气照明公司电气工程师。1884年任伦敦大学学院英国第一位电气技术教授,1897年任该校新建彭德实验室主任,1927年退休。1884~1898年兼任英国爱迪生、斯旺、费伦蒂等电业公司的工程师和顾问,1899~1925年兼任马可尼无线电话公司科学顾问。是英国皇家学会会员。1927年任英国电视学会首任会长。1929年封爵。1887年第一次结婚;1928年第二次婚姻,娶一位30岁流行歌手为妻。因无子女,他把绝大部分财产捐给慈善团体以帮助穷人。

英国著名电学理论家和通信技术发明家,其工作连接了从麦克斯韦理论到微电子电视技术这段时期。19世纪70年代初大学期间,已就伏打电池研究在英国物理学会宣读他的第一篇论文。1882年起,改进白炽灯照明系统、计量表、发电机及其配电法,开发费伦蒂新型交流电系统等电气技术。1892年向英国电气工程师协会递交重要论文,提出交流电变压器理论。1896年出版《交流电变压器的理论与实践》一书。1899年起协助马可尼开发越洋通信技术,设计无线电发射机、配套的发电厂等设备。他受爱迪生效应(即白炽灯中丝极与绝缘极之间单向电流传导作用)的启发,1904年发明第一个热阴极电子管,即高压整流真空二极管,他当时称为“振荡管”,同年11月获英国第190424850号专利,1905年11月获美国专利。科学界往往将这一发明视为现代电子学的开始,自此开拓了巨大的电子产业。直至60余年后,其主宰地位才被晶体管固态电子技术所逐步取代,但在某些领域里仍然发挥作用。1906年,美国的L. 特福里斯特在二极管里加了一道控制“栅极”,不久又和E. H. 阿姆斯特朗一起开发出第一个电子放大器,即三极检波器(简称三极管)。这引起了一场旷日持久的诉讼,后来美国高级法院宣判弗莱明专利无效,认为其原理沿袭爱迪生。在第二次世界大战中,他对英国的无线电通信和雷达技术的开发应用有重要贡献。他也是电工学中右手定则的创立者,发现了磁场、导体运动和感应电动势三者方向判定的右手法则。

获多项专利;发表论文100余篇;出版著作、教材和手册20余部。其中关于电磁学和通信原理的著作有《磁体和电流》(1898年)、《波和涟漪在水、空气和以太中的传播》(1902年)、《电报电波原理》(1906年)、《电流在电话和电报导体中的传播》(1908年)、《无线电报和无线电话导论》(1924年)等;关于电器元件的著作有《热阴极电子管及其在无线电报和电话中的发展》(1919年)、《汞弧整流器和汞蒸汽灯》(1925年)等;教材和手册类有《电气实验室指南》(1901年)、《无线电报和无线电话基础》(1911年)、《电学教师用书》(3卷,1927年)、《工程师数学》(1938年)等;另有《电学50年》(1921年),自传《科学生涯回忆录》(1934年)。多次获奖,其中有1910年英国皇家学会休斯奖章、1928年英国电气工程师协会法拉第奖章、1933年英国无线电工程师协会金质奖章等。

他是一位虔诚的基督徒,有段时期热衷于在伦敦圣马丁教堂布道论证耶稣复活。1932年还和一些人主导了英国反达尔文进化论运动,出版过一本论战著作《是进化还是创生》(1938年)。 (朱逸农)

霍华德,E.(Howard, Ebenezer) 英国人,1850年1月29日生于英国伦敦,1928年5月1日卒于英国赫特福德郡韦林田园城。城建工程、城市规划学。

小店员家庭出身。因家境贫寒,15岁辍学谋生,当过杂务工和办事员。1871年移居美国,在内布拉斯加州经营农场亏损后,到芝加哥当专业速记记者,从此以此为业。1876年返回英国,发起新城建设运动。他是国际田园城与城市规划协会首任主席。

城市规划学的奠基人之一。早年在记者工作之余,热衷于改进打字机,研制速记机。以后更关注贫富差距等社会问题,逐步形成自己的社会改革理想和田园城市理论。1899年发起组织“田园城协会”(后相继易名为“田园城与城市规划协会”、“城乡规划协会”)。1903年集资组建私营发展有限公司,在伦敦以北50多千米的莱奇沃思启动第一个田园城建设工程。1919年筹措5 000英镑购得离伦敦30千米的韦林地产,开始了第二个田园城建设工程。这两个成功样板引起了国际上巨大反响,促使英国政府加快推行疏解人口和新城建设政策,通过了“新城法案”。1927年受封为爵士。

19世纪工业革命后,城市人口急剧膨胀,生活环境加速恶化,社会冲突日益严重。他以社会改革为目标,倡导建立适度规模、协调发展、重返自然的社区。1898年自费出版《明天:一条通向真正改革的和平之路》(1898年)一书,后改名《明天的田园城》(1902年)并多次再版。霍华德的城市田园化理论和实践,奠基了城市规划学科基础，至今仍有重大指导意义。其基本要素是：严格限制城市人口规模和密度；城市乡村化，居民住宅花园化；城郊设置农用的永久性绿带；产业发展多样化；全部地产由发展公司控制，超额利润用于公共服务设施；城市设计因地制宜；大都市由若干个田园城构成。他的具体设想是：一个田园城占地约 4 平方千米，人口限制在 3 万左右；城市中心建公园，各种功能区辐射环依次为市政中心、商业区、住宅区及其绿地、由农牧林场组成的城郊绿带、最后是工厂区。欧美、澳洲和南美在战后蓬勃兴起的新城建设规划中，到处可见霍华德理论影响。英国人民为纪念他，在莱奇沃思城设立了霍华德公园，韦林城建有霍华德门。 （李啸虎）

亥维赛，O.（Heaviside，Oliver） 英国人，1850 年 5 月 18 日生于伦敦卡姆登镇，1925 年 2 月 3 日卒于德文郡托尔克。*通信工程、电工技术、电磁学、地球物理学、应用数学。*

贫困艺术家之子。家中 4 个男孩中最幼者，红头发矮个子，少时患过猩红热，落下听力受损后遗症。中学成绩名列前茅（500 名学生中排行第五），因缴不起学费，16 岁辍学在家自学莫尔斯电码和电磁学，受到姑父 C. 惠斯通爵士（电报共同发明者）的指导。1868 年任丹麦大北电报公司报务员，先后在丹麦和英国泰恩河畔纽卡斯尔工作，不久升任首席电报员。1874 年因严重失聪而辞职，回到伦敦和父母一起生活，依靠兄长接济度日，潜心研究电磁学和有线通信技术。晚年因健康不佳，性格日渐古怪。终身不娶。1891 年当选为英国皇家学会会员。1905 年获德国格丁根大学荣誉博士学位。

最早理解和应用麦克斯韦电磁学理论的科学家之一。早期研究主要集中于有线电报远程通信领域，1872 年发表第一篇研究论文。1873 年，首次读到麦克斯韦新出版名著《电学与磁学》，开始深入研究其理论内涵和实际应用。同年提出双路电报传输法，即沿同一电报线路可双向传递信号，1876 年又证明此法可扩展为多路信号传送。1876 年，提出传输线理论即“电报员方程组”，以数学形式描述导波系统中的电磁波运动规律。1880 年研究电报传输上的集肤效应，即电流只沿导线表面传导的现象。将拉普拉斯变换应用于电气工程。1885 年，重新表述麦克斯韦方程组，由四元数改为向量表示，将原有 20 个方程简约为 4 个微分方程。1885～1887 年在《电学家》杂志发表一系列论文，探究能使导线的各种物理参数达到最佳值的传播模式，从理论上论证在远距离电报电缆中加载电感使之均匀分布可减少信号衰减和畸变，1887 年主张以感应线圈（电感器）来消除噪声。这些见解当时遭到一些权威的反对，但终为实践所确证。1888～1889 年，计算了移动电荷对电场和磁场的改变量，以及电磁质量等问题。1901 年，G. 马可尼首次成功进行跨大西洋无线电波传输实验。1902 年，为了解释无线电波可长距离传播的现象，亥维赛和 A. E. 肯内利各自独立地推测大气高层存在能反射无线电信号的导电层。1923 年实验证实了电离层的存在，并被命名为肯内利-亥维赛层。他首创了电磁理论中的大量新术语，例如阻抗、电感、导纳等等。

是向量分析的创始人之一，1885 年建立向量符号系统，发展出一套算符演算理论，创建了亥维赛展开和亥维赛函数。1880～1887 年，通过引入微分算子 D，研究并提出可将微分方程转换为普通代数方程的运算微积分方法。

主要论文收集于《电学论文集》（2 卷，1892 年）；出版著作《电磁学理论》（3 卷，1893～1912 年）。1923 年获英国电气工程师协会法拉第金质奖章。 （李啸虎）

马登斯，A.（Martens，Adolf） 一译马滕斯。德国人，1850 年 3 月 6 日生于德国梅克伦堡-什未林地区的巴肯道夫，1914 年 7 月 24 日卒于柏林。*金属材料科学、金相学、显微术、仪器研制。*

佃农之子。1868～1871 年在柏林工业大学学机械工程。在东普鲁士铁路局工作 10 年。后任教于柏林工业大学。1895 年参与创建国际材料试验学会并任副会长。1898 年他与 E. 海恩在柏林工业大学机械工艺研究所，建成金相实验室，后任该所所长，1903 年扩建为柏林工业大学皇家材料试验所。

在主管桥梁用钢结构的供应工作中，专注于当时刚发展起来的材料试验方法的研究。他和蔡司光学仪器厂合作设计适于金相观察的显微镜，观察钢铁断口表面和腐蚀表面及抛光表面，发现了钢铁在冷却过程中各种成分的规律排列，以及低碳钢的时效变脆现象。肯定和发挥了显微镜观察在钢铁分析中的作用。他发展了这门科学，金相中的马氏体组织就是以他的姓氏命名的。后期的工作涉及到材料试验的各个方面，特别是新的材料测试方法和设备的研究。

著有《铁的显微镜观察》（1878 年）、和《材料知识手册》（1899 年）。为纪念他在改进和传播金相技术方面的功绩，1895 年起用他的姓氏命名快速冷却的马氏体不锈钢。 （杨惠民）

托马斯，S. G.（Thomas，Sidney Gilchrist） 英国人，1850 年 4 月 16 日生于英国伦敦，1885 年 2 月 1 日卒于法国巴黎。*冶金工程、冶金学、物理化学。*

出身于文职公务员家庭。10～16 岁在伦敦达利奇学院读书。1867 年丧父，使他放弃了原有进大学学医的打算。当过短期的中学古典文学教师之后，在伦敦某警察法庭任文书。1868 年自愿到属于伦敦下层社会的斯特布勒依的泰晤士警察法庭工作。业余去皇家矿务学校和伯尔贝克学院听课，对冶金和应用化学特别喜爱。直至 1879 年他发明的炼钢法成功，才离职以全力从事冶金事业。因长期患气肿病不愈而客死他乡。没有结过婚，死时年仅 34 岁。临终前托他一位姐姐处理大笔遗产，代他行施善事。姐姐遵从弟弟的遗愿，将大部分遗产用于改善工人（特别是女工）的生活条件。

最杰出的贡献是发明能使生铁有效脱磷的碱性炼钢法。寻求能用贝塞麦炉冶炼含磷矿石的方法，这是使早期的冶金工作者一直感到困惑的问题。1875 年底他已在理论上作出论断：要脱磷，就必须使用一种强碱载体，能与炉内生成的磷酸化合而成炉渣。最早的试验主要是由石灰或石灰石制成的耐火材料砌成碱性炉衬来进行。随即又发现，为了防止炉衬过快熔损并产生高碱性炉渣，要在铁水中加进相当多的碱性物质作为添加剂。为克服管理不善和试验设备不足的困难，他与威尔斯布莱纳文铁工厂的化学家、堂兄P. C. 西尔克里斯特(Percy Carlyle Cilchrist)合作，果然取得成效。1877年他们获得了第一项专利。1878年3月，他在英国钢铁学会上报告了这项成就。1879年首次获得工业上应用，从此"托马斯-西尔克里斯特炼钢法"就驰名国内外。此法在工业上推广之后，使得大量从前无法处理的含高磷硫铁矿不论用贝塞麦转炉或平炉都能冶炼成高质量的钢。20世纪上半叶，西欧大多数国家钢的生产大都采用此碱性法。

随着他的专利大获成功，又面临专利权的争执。1872年英国冶金学家G. J. 斯内鲁(George James Snelus)对贝塞麦炉应用碱性炉衬得过专利，但斯内鲁未能完成新炼钢法的全过程。托马斯起初并不知道斯内鲁的专利，但他还是避开了用诉讼解决纠纷的办法，而是通过协商达成了协议：斯内鲁分享新炼钢法在英国和美国获得的权益。1883年他们共同接受钢铁学会颁发的贝塞麦金质奖章。

去世前数年，他还发现含高磷碱性炉渣可用作化肥，得过几项专利。不过这些技术的重要性也只在他死后才得到充分认识。

(戴成勋)

布劳恩，K. F.(Braun，Karl Ferdinand) 德国人，1850年6月6日生于德国黑森-卡塞尔地区富尔达，1918年4月20日卒于美国纽约州布鲁克林。通信工程、无线电技术、仪器研制、电子学。

曾就读于马尔堡大学。1872年获柏林大学博士学位。毕业后曾在中学任教数年。从1876年起，先后在卡尔斯鲁厄大学、马尔堡大学、斯特拉斯堡大学、格丁根大学、维尔茨堡大学任物理学教授。1895年又回到曾工作过的斯特拉斯堡大学，担任物理学教授和物理研究所所长。在64岁时奉命去美国，作为证人参加一项专利索赔诉讼。因不久第一次世界大战爆发，他成了敌国人员被拘留，只能限于在布鲁克林自由活动，他只好留在美国的儿子家里，在美国病逝。

他的第一个研究工作即博士学位论文，是关于弦和弹性棒的振动，尤其研究周围环境对振动的影响。在热力学方面做过一些工作，研究过压力对固体溶解度的影响等课题。但主要成就是在电学方面。1874年发表金属硫化物矿石的研究成果，指出有些晶体仅沿某一方向传导电流。这项成果对测量物质的一些物理性质和研究物质的电导率都是很重要的。但这项发现并没有立即应用到实际中去，直到20世纪初才用于晶体无线电话筒。为了研究高频交流电，1897年将交变电压作用在阴极射线管所发出的电子束上，于是管内所显示出的电子束的径迹，表示了交变电流的振幅和频率。这是第一个阴极射线示波管，也称布劳恩管，它是电子学实验和研究的基本仪器，也是现代电视显像管的基础。此外发明了布劳恩静电计。

1898年开始从事无线电报的研究开发，同年发明一种晶体二极管整流器(戏称为"猫胡须二极管")。他首先回答了为什么无线电报的发射范围难以超过15千米这个问题。研究了赫兹振荡器后指出，用增加火花隙距离这个办法来增加输出功率是有限度的，超过了这个限度还会导致输出功率降低。认为无火花的天线电路可解决这个问题，即在发射机和天线之间用变压器的磁耦合方式来发射功率，以替代直接由天线发射功率，1899年获得了这项专利。以后还进一步改进天线结构，使电磁波能定向传播，试验过以高频电流将莫尔斯电码经过水进行传播。1901年出版著作《通过水和空气的无线电报》。

因发明无线电报，与马可尼一起获得1909年诺贝尔物理学奖。诺贝尔基金会认为，他的工作大大地改进了马可尼的无线电报发射系统。

(马文蔚)

谬勒-布雷斯劳，F. H. B.(Müller-Breslau，Franz Heinrich Bernhard) 德国人，1851年5月13日生于德国布雷斯劳(今波兰弗罗茨瓦夫)，1925年4月23日卒于柏林。结构工程、航空工程、结构力学、应用数学、工程教育。

1869年中学毕业后，加入普鲁士工程兵团，参加过普法战争。1871年到柏林理工大学学习工程学，同时到柏林大学学习数学。1875年辍学在柏林开设土木工程师咨询事务所，主要设计铁桥等工程。1883年任汉诺威理工学院建筑学教授。1888年任柏林理工大学结构工程学教授，1895～1896年、1910～1911年两次出任该校校长，1921年退休。1900年当选为柏林科学院院士。1908年当选为瑞典皇家科学院外籍院士。1913年当选为普鲁士国会议员。第一次世界大战中，任德国凯撒-威廉皇帝基金会技术委员会主席、军方航空顾问。获德国达姆施塔特理工大学、柏林理工大学、卡尔斯鲁厄理工大学等校荣誉博士学位。

德国近代结构工程学奠基人之一。主要研究、设计与建造钢结构、钢筋混凝土建筑物，以框架结构分析著称。1883年后，设计建造过爱玛公路大桥、市场和钟塔，开发出建造大型储气罐的新设计方法并获专利。1897～1898年，设计建造柏林大教堂，对地基到穹顶进行整体结构分析，获土木建筑大奖。1898年修建施普雷河码头。为俄国建造喀山伏尔加河大桥。1895年起，设计和分析齐伯林硬式飞艇整体结构、飞行器翼梁内部结构，建造大型飞机库等。1907～1908年，设计热带住宅、地中海住宅。

著述甚丰，且有国际影响。论著不仅对悬臂、拱门、桁架、格构、护墙等建筑部位、构件进行详尽的静力学分析，而且对先前经典理论和方法进行系统化和标准化。主要有：《材料强度基础手册》(1875年)、《弹性、强度和结构力学》(1877年)、《桁梁铁桥的理论与计算方法》(1880年)、《楼房建筑的静力学理论与方法》(1886年)、

《楼房建筑的图解法静力学》(3卷,1887年第1卷,1891年第2卷,1908年第3卷)、《护墙地面压力分析》(1906年)、《反常受压条材和抗屈曲强度》(1911年)、《最新材料强度分析法和结构静力学》(1913年)、《齐伯林飞艇的历史》(1914年)等。 (朱逸农)

贝利纳,E.(Berliner,Emile) 美国人,1851年5月20日生于德国汉诺威,1929年8月3日卒于美国华盛顿。电气电子工程、音响技术、电工学。

1870年从德国移民美国,定居于华盛顿特区,当过印刷工和布店职员。后入库珀学院(今库珀联合科技大学)学习理工科。1877年任贝尔电话公司电气工程师。1881年加入美国籍。同年移居波士顿。1883年离开贝尔电话公司,在华盛顿特区哥伦比亚大街建立贝利纳实验室。1893年合伙创立美国留声机公司。1897年在英国伦敦成立英国留声机公司。1898年,和兄弟约瑟夫(E. Josef)引进英国资本在德国汉诺威成立德意志留声机公司。1899年在加拿大蒙特利尔成立加拿大留声机公司。1901年和机械师约翰逊(E. R. Johnson)合伙成立胜利者说话机器公司。第一次世界大战后,贝利纳公司得到巨大扩张。死于心脏病。

唱盘式留声机及其唱片的创始者,被誉为"唱片之父"。1877年贝利纳研制出一种实用的电话送话器(扩音器雏形),使声音更为清晰,同年申请了专利。贝尔电话公司很快购进这一专利,并受聘用。也是在1877年,爱迪生在研制自动电报中继装置时意外发明唱筒式留声机(他称为phonograph,希腊文意即"声音记录者"),这是历史上第一部留声机,锡箔滚筒,钢针播放,但因磨损太大,每个滚筒只能播放两、三次,1888年他又改用全蜡质滚筒。1886年贝利纳发明唱盘式留声机和圆片形唱片(碟形唱片),1887年9月29日获专利。该机使用扁圆形涂蜡锌版作为录音和播放的媒体,可用母版复制,便于量产;唱片行进方向系由内向外旋动(与现代唱片相反),成为今日圆形唱片的始祖。为了使唱针恒速运行和能够回放,在机械师约翰逊帮助下,给唱机安装了钟表发条式驱动马达。1888年,他在费城富兰克林学院首次公开演示。1891年他又发明用虫胶原料制作盘式唱片的工艺方法,1893年开始批量生产和发行。由此录音唱片公司纷纷建立,唱片产业发展迅猛。

贝尔纳公司生产有多种型号留声机和不同尺寸唱片,在加拿大蒙特利尔的公司建厂不到两年,仅1901年就销售了200万张唱片。早期唱片都是单面的,1908年他开始生产双面录音的唱片。贝尔纳唱片商标为hmv(英文"他的主人的声音"缩写),图案是一只小狗在聆听一架留声机中它主人的声音,从1900年起一直延用了70余年。随着光电子技术的不断发展,唱片的黄金时代渐成历史。其他发明还有:新式织布机、陶瓷音响设备、早期直升飞机等。 (李啸虎)

托里斯·奎维多,L.(Torres y Quevedo,Leonardo) 西班牙人,1852年12月28日生于西班牙桑坦德省莫列多,1936年12月18日卒于马德里。交通工程、机电工程、自动控制、计算机科学与技术。

1870年入读马德里皇家道路工程兵团士官学校,期间1873年停学参加第三次卡洛斯战争,1876年毕业。同年供职于父亲工作的桑坦德机车公司。不久奉命到欧洲各国考察科技动态,1893年出版著作报告欧洲考察成果。1899年任马德里大学应用力学实验室主任,致力于科学仪器研制。同年入选马德里皇家科学院院士,1910年任院长。1918年谢绝西班牙政府发展部部长之职。1920年当选为西班牙皇家科学院院士。同年当选为法国科学院外籍院士。1922年获巴黎大学荣誉博士学位。

在交通工程方面:1887年在莫列多建造空中索道运行第一台运木缆车,同年获第一个专利;1907年设计独特的多支撑缆绳系统,在乌里雅山区建造由马达驱动的第一个运人索道;在西班牙、法国、巴西和加拿大等国广建索道工程,1914～1916年,在跨度580米的加拿大尼亚加拉峡谷建成"西班牙飞行汽车"空中索道。1902年,开发并展示电动硬式飞艇样机。1905年主持研制西班牙第一艘实用型飞艇"埃斯珀那纳"号,交付陆军使用。1911年,法国阿斯特拉公司购得该专利,开始批量生产"阿斯特拉-托里斯"型飞艇,在第一次世界大战中被用于执行海军防护和巡视等各种任务。1918年,在工程师利纳雷斯(E. H. Linares)协助下,设计了第一艘跨大西洋的"伊伯利亚"号飞艇,项目因财政困难被推迟,结果让英国人首次实现跨洋飞行。在自动控制、自动机方面:他制作的一系列模拟计算器,在当时被视为西班牙科研作品的非凡成就。1893年研制模拟计算器"代数机器",同年在马德里科学院、1900年在法国科学院演示过。1903年在法国科学院示范世界上第一次无线电遥控机器人试验,同年在法国、西班牙、英国和美国获专利;1906年,当着西班牙国王和一大群人在场,他在毕尔巴鄂港口成功演示了无线电遥控导航船舶离岸;1910年研制由计算器控制机器人下国际象棋残局,1914年在巴黎首次演示,被认为是世界上第一台计算机游戏机。1916年获马德里皇家科学院埃切加莱奖章。 (邱凤昌)

汤姆孙,E.(Thomson,Elihu) 英国与美国双重国藉。1853年3月29日生于英国曼彻斯特,1937年3月13日卒于美国马萨诸塞州斯旺普斯科特。电气电力工程、仪器研制、电磁学、企业管理。

1870年从费城中央高级中学毕业后,留校在休斯顿(E. J. Houston)教授的实验室任化学分析师和助教,1876年任该校化学与力学教授,1880年辞职。期间在富兰克林学院兼教电学。1879年合伙在费城创办汤姆逊-休斯顿电气公司,后在英国和法国建立子公司。1892年,他的公司和爱迪生通用电气公司合并为美国通用电气公司,任首席工程师。1920～1923年任马萨诸塞理工学院代理院长、电气工程学教授。曾任美国电气工程师协会副主席、主席,英国土木工程师协会主席,国际电气技术联合会主席。是美国文理科学院院士,美国国家科学院院士。1890年获耶鲁大学荣誉文科硕士学位,1892年、1899年先后获塔夫特学院、哈佛大学荣誉博士学位。

多产发明家，美国通用电气公司创始人之一。19世纪70年代中期，他研制的第一项重要发明是三线圈直流发电机及其自动调节器，具有许多新颖性，使得他开发的电气照明系统在商业上一举成功。1890年，汤姆孙电表在巴黎首次国际仪表仪器大赛中获金奖。1895年伦琴发现X射线后，汤姆逊是最早通过自身实验证实X射线对人体有杀伤力的极少数科学家之一，并据此开发出安全的X光透视机。在赫兹用实验证实麦克斯韦电磁波预言后2年，1889年汤姆逊在实验中发现强的电磁波可穿透墙壁和地板，并建议用于信号通信。1900年，他用交流电进行的实验被定为美国的实验室标准，而当时爱迪生仍固守直流电技术。

拥有700余项发明专利(其中696项美国专利)，包括电弧灯、电灯系统、直流发电机稳流器、配电系统、磁铁自动补偿器、电阻法等，以及多种电焊工艺、工具制作模、电路开关、避雷针、高频交流发电机及其变压器、电动机冷却模式、静电式电动机、空气电钻等等。这些专利大多被他的公司采用，其中一些发明至今仍广泛应用于照明、铁路、电力输送等系统。他和爱迪生共同创建的通用电气公司，当时就是世界最大的电器制造商，其子公司遍布世界各地。

多次获奖，其中有：1889年法国荣誉军团勋章，1901年拉姆福德奖章，1899年、1900年两次获巴黎世界博览会大奖，1909年美国电气工程师协会第一届爱迪生奖章，1916年英国皇家学会电力实验研究休斯奖章，1916年弗里茨奖章等。1976年，他在斯旺普斯科特的故居被法定为美国国家历史遗址加以保护。

(朱逸农)

福普，A. O.(Föppl，August Otto) 一译弗普尔。德国人，1854年1月25日生于德国黑森地区格罗沙姆斯达特，1924年8月12日卒于阿默兰。结构工程、机械工程、材料科学、工程力学、电磁学。

1869年入读德国达姆施塔特理工学院，1874年毕业于卡尔斯鲁厄理工大学土木工程专业。同年任桥梁工程师。后相继在霍尔茨明顿建筑学校、莱比锡贸易职业学校任教。1886年获莱比锡大学博士学位。留校任教，1892年任农林机械学教授。1893～1922年任慕尼黑理工大学工程力学与图形静力学教研室教授兼主任、力学-机械工程实验室(今国家机械工程材料监测署)主任。退休后由儿子L.福普接任其位。老福普指导的最优秀博士生是L.普朗特，后来成为他的女婿，名气甚至超过了导师。

以首次引入桁架理论而著称，在结构工程向量分析、材料试验法等领域有卓越贡献。19世纪70年代，从事陀螺仪和机械振动等机械工程试验。80年代后期起研究电磁学，在莱比锡出版德国第一部介绍麦克斯韦电磁学理论的教材《电动力学》(1894年初版，1904年再版)。这一大学教程，是爱因斯坦后来对经典电动力学进行反思并提出狭义相对论的一个重要知识来源。90年代，通过实验研究房屋等结构工程中的悬臂梁的扭矩特性，对屋架结构的各构件相互作用进行向量应力分析，提出了著名的福普桁架理论。在工程力学上，福普-冯卡门方程是一组非线性偏微分方程组，用以描述弹性平板受力大幅偏斜时的屈曲状态。

主要著作和教材有：《拱顶和桁架建筑理论》(1880年)、《屋内桁架建筑》(1892年)、《拉伸与压缩》(2卷，和其子L.福普合著)等；巨著《工程力学教程》(1898年初版)在身后由儿子L.福普根据学科新进展不断进行修改和充实，修订本出版至第15版。2002年慕尼黑理工大学设立福普奖章。

(杨惠民)

汉普森，W.(Hampson，William) 英国人，1854年3月14日生于英国柴郡贝宾顿，1926年1月1日卒于伦敦。低温工程、医疗器械研制、物理化学、经济学。

1874年入读牛津大学三一学院，1881年获文科硕士学位。后成为一名开业律师。因发明空气液化器，1895年任英国布林制氧公司(后易名不列颠制氧公司)技术顾问。1906年获得辐射科医生开业证书，先后工作于伦敦多家医院。

“汉普森空气液化器”的发明者。1895年，他和德国的林德(Carl von Linde)各自独立地开发出液化空气技术。同年，汉普森申请到英国专利，比林德申请到德国专利早了两周。汉普森发明的阶梯式蒸发液化器，利用焦耳-汤姆孙效应使进入的空气在膨胀前预冷，从而一步步使气体液化。这一技术专利很快被位于威斯敏斯特的英国布林制氧公司所采用。他与当时从事惰性气体研究的W.拉姆齐等人密切合作，由他供应液化空气，导致后者于1898年在空气中首次发现氖气的存在。在20世纪初，英国大学的物理教材基本上都对汉普森空气液化器详加介绍。在英国之外，这一技术通常被称为“林德系统”，而实际上汉普森申请专利比林德早些。1906年后，致力于开拓X射线方法在临床医学诊断中的多种应用。他还是研制心脏起搏器的先驱者之一。

1904～1907年出版两卷通俗科学读物。他对社会学、经济学也有所研究，1907年出版过一部7万字篇幅的专著《现代奴役：一种新的社会分析》，主张建立一种新型的信贷体系作为现代经济学的基础。

(楼书聪)

艾尔顿，H. M.(Ayrton，Hertha Marks) 英国人，1854年4月28日生于英国英格兰朴次茅斯，1923年8月23日卒于英格兰的北兰星。电气照明工程、仪器研制、电工学、水文学。

出身钟表匠家庭，共有7个兄弟姐妹。7岁丧父，1863年迁往伦敦和姑妈一起生活。在亲朋好友资助下，1876年考入剑桥大学格顿学院数学系，毕业后回到伦敦。1884年进入菲恩斯伯瑞理工学院，深造当时最热门的电气专业。1885年嫁给她的电学老师W.艾尔顿(William Ayrton)，成为他女儿的继母，后生有一女。在1908年威廉去世前，夫妇两人合作从事电气研究。晚年她与英国女权运动组织关系密切。

是第一个在英国皇家学会宣读科学论文的女性。1884年发明一种线分割仪，可供制图时精确便捷地细分直线，在当时成了畅销品。她尤以电弧技术闻名于世。虽然弧光灯的强度和噪音不适于普通家用，但当时已在街灯、探照灯和灯塔中大显身手。在研究电弧电路装置时，她发现弧光灯电流和电压还与碳棒尺寸、缝隙距离和碳的性质有关，得出了比普通电路更复杂的电弧电路公式；通过反复实验和改进装置，她使碳电极的刺耳嘶嘶声和发光不稳定等缺陷得以逐步消除。1899 年在英国电气工程研究会年会上宣读论文"电弧的嘶嘶声"，并成为该组织第一位女工程师。1901 年在英国皇家学会宣读论文"电弧的形成过程"，这是该学会历史上破天荒第一次聆听一位女科学家宣讲学术报告。她当场被推荐为会员候选人，但议会在翌年审批时仍以"无历史先例"为由否决了她的入选资格。1902 年出版《电弧》一书，受到一致好评。此外对流体问题颇有研究。1901 年春天，有一日她在海滩上散步，蓦然对海浪留下的奇妙波痕有了浓厚兴趣，于是回去设计了一只储水箱进行模拟实验，揭开了沙滩波痕的形成机理，1904 年她在英国皇家学会宣读了自己的发现。因电弧和沙波领域的杰出成就，1906 年获英国皇家学会休斯奖章，成了得到如此殊荣的第一位女性。在第一次世界大战期间，她的流体研究成果竟有意想不到的收获：1915 年英军用"艾尔顿风扇"反吹德军在前沿阵地施放的芥子毒气，效果极好。 （李啸虎）

帕森斯，C. A.（Parsons，Charles Algernon） 英国人，1854 年 6 月 13 日生于英国伦敦，1931 年 2 月 11 日卒于牙买加金斯顿。电力工程、动力与机械工程、船舶工程。

出身在一个有科学传统的精英家庭：父亲 W. 帕森斯，即罗斯伯爵三世，是著名天文学家，曾任英国皇家学会会长；四兄弟中，大哥劳伦斯（Laurence）也是天文学家，二哥是英国商会会长，三哥是工程师。他曾就学于爱尔兰都柏林三一学院，毕业于剑桥大学圣约翰学院理科专业。曾任英国供电与工程公司工程师、顾问。1889 年开设帕森斯商行。1894 年成立帕森斯船用汽轮机制造公司。1898 年当选为英国皇家学会会员。1905～1906 年任英国航海工程师协会主席。1919～1920 年任英国科学促进协会主席。

反冲式汽轮机发明者。1877 年开始仿照水轮机原理制作汽轮机，不久发明轴流多级反冲式涡轮机，并同自制的高速发电机配套成汽轮机发电机组，于 1884 年获得专利权。1883 年德拉瓦尔（C. G. P. de Laval）第一次将涡轮机实用化，发明每分钟 26 000 转的高速冲击式涡轮机。帕森斯在次年设计制造的是反冲式涡轮机，让轴向高压蒸汽流推动一系列透平叶片高速旋转，采用减速齿轮控制转速，样机达到每分钟 18 000 转，电压 100 伏，功率 7.5 千瓦。他和德拉瓦尔等人一起变革了蒸汽动力转化形式和发电技术，加速了汽轮机取代往复式蒸汽机成为主要的大功率动力机的历史进程。1888 年他为英国纽卡斯尔发电站安装 75 千瓦发电用涡轮机，同年这种涡轮机生产约 300 台，由此逐渐占据了动力机的主导地位。3 年以后，他又在汽轮机上装配凝汽器，大大提高了热效率。1897 年最早的汽轮机战舰"透平尼亚"号参加竞赛，创下了时速 34.5 海里（约 64 千米/时）的世界纪录，开创了汽轮机作为船用动力机的新时代。该船系由帕森斯公司提供的 1 500 千瓦汽轮机发电机组所驱动，充分展示了汽轮机的技术优越性。1906 年装有 4 台汽轮机、共 70 000 马力输出功率的"露西达尼亚"号启航。自此，大型航船几乎全都使用汽轮机了。 （丁 蕾）

格迪斯，P.（Geddes，Patrick） 英国人，1854 年 10 月 20 日生于英国珀斯郡巴拉特尔，1931 年 4 月 17 日卒于法国蒙彼利埃。城市规划、城市学、园林学、社会学。

1874～1878 年在伦敦大学学习生物学，师承著名生物学家 T. H. 赫胥黎。1878 年在法国巴黎大学执教生物学，并接触到法国各派社会理论。在遍游欧洲和南美洲之后，1880 年回到英国，定居于爱丁堡。1889～1919 年任苏格兰敦提大学植物学教授兼系主任。1900 年后他把活动中心转到了伦敦，1903 年与别人共同创办社会学学会。1914～1924 年大部分时间在印度参与城镇规划工作；1919 年聘任孟买大学社会学和公民学教授。1924 年从印度返回欧洲，在法国南部蒙彼利埃定居，并建立一所国际性大学——苏格兰学院。去世前不久获爵士勋位。

现代城市研究和区域规划的理论先驱之一。十分关注社会变化以及环境与社会之间的相互关系，发展了"公民学"理论，以敢向传统挑战而闻名遐迩。他认为，单是社会进程和人居空间形式的互动就会引起社会显著变化。1887～1899 年间，发起并坚持每年举办著名的爱丁堡夏季论坛，开展一系列内容广泛的研讨，推动了公民学、社会学和地理学等学科的发展。他关于城市设计规划的第一部著作是《城市发展》（1904 年），其中融合了生物学、地理学、哲学和社会学等知识，独创性地建立了一种关于社会发展和城市规划的理论，从而名声大振。曾指导和参与爱丁堡旧城区的改建工程，尤以当地的拉姆齐花园综合设施和了望塔最为令人瞩目。1911 年在伦敦举办了第一次城镇规划展览。20 世纪初年，指导了位于耶路撒冷的希伯来大学、耶路撒冷和海法市郊的花园，以及巴勒斯坦其他地区定居点的规划建设。1925 年他再次回到巴勒斯坦，策划和构思大规模的城市建造计划。他在斯特拉思克莱德大学收藏有 45 米高的资料，除手稿、打印件、小册子和书籍外，还有 4 000 张地图、设计图、照片和图片等。 （徐 骎）

吉列特，K. C.（Gillette，King Camp） 一译吉列。美国人，1855 年 1 月 5 日生于美国威斯康星州丰迪拉克，1932 年 7 月 9 日卒。轻工发明、社会学。

17 世纪中期英格兰移民的后裔。父亲是机械修理工兼专利代理商；母亲于 1887 年出版过一本食谱，在一世纪里不断再版。1859 年吉列特一家从马萨诸塞州搬往芝加哥，开了一家五金器材店。1871 年的一场大火毁掉了他们的全部家产，于是搬到纽约市做起了流动商贩。吉列特在 17 岁成了一名旅行推销员。他习惯在每天早晨用一把当时流行的明星牌安全剃须刀修脸，这是一种将厚实的楔形刀片垂直安装在沉重的刀柄上的直刃剃刀，用钝了的刀刃必须频繁地在粗皮带上来回磨快，费力又费时。在旅途的飞驰火车上使用这种工具非常危险。1985 年一个早上，当时居住在波士顿的吉列特突然来了灵感：如果将一小片矩形薄钢片磨成双刃刀片，再像三明治一样夹在两块薄板中，然后用一个T形手柄固定起来，不就成了一把真正安全的轻便剃须刀吗？于是他向马萨诸塞理工学院的冶金学家们求援，但受到专家的质疑。他花费了6年时间，总算找到了能生产这种刀刃的工程师尼克森（W. E. Nickerson），这是一位受过马萨诸塞理工学院培训的发明家。1901年，两人组建了美国安全剃刀公司（不久更名为吉列特公司）。1903年首次售出51把剃刀和168张刀片。他在1904年获得了产品专利权，同年末已制造了9万把剃刀和1240万张刀片。同行也很快推出了类似产品。在一系列专利战争中，吉列特公司往往通过兼并竞争者的方式来结束争端。在短短数年里，他一下子成了国际名人，因为在全球销售的数以百亿计的吉列特刀片包装纸上都绘有他的肖像。

他还是一个著名的现代空想社会主义者。虽说担任公司经理，但自1913年起就不再具体管理企业，却专注于写作许多宣扬社会主义理想国度的书籍和文章。其代表作为《人类飘泊》（1894年）、《人的协作》（1924年）等。他宣称市场竞争是浪费和罪恶之源，设想一个有计划的社会必须由工程师合理地组织社会经济力量。他展示了后工业化时代那种有效率、无污染的城建思路：城市群具有蜂巢般结构的社区复合体，笼罩在一个带有玻璃穹顶的巨大区域中。为此，1910年他以100万美元年薪聘请前总统T.罗斯福出任亚利桑那一个实验性"世界公司"的经理，未获成功。他在社会重构工程中的努力从来没有取得进展，而个人财产在1929年经济危机中也损失殆尽了，他带着非常沮丧心态去世。

所幸吉列特公司却在经济大萧条中幸存了下来，他去世后该公司又重获生机，在以后数十年里不仅扩展了投资方向，而且主营业务也继续演进，先后推出了双刀片刮胡刀（1971年）、前端旋转式刮胡刀（1977年），以及三重刀片刮胡刀（1999年）等。1999年，吉列特公司在全球200多个国家的总销售额达99亿美元。（胡峻源）

勃朗宁，J. M.（Browning，John Moses） 美国人，1855年1月21日生于美国犹他州盐湖城奥格登镇，1926年11月26日卒于比利时。兵器工程、精密加工技术。

枪械工程师之子，排行老二。从少在父亲枪铺中学艺，13岁独自造出一支出色的猎枪。1875年研制出第一支枪机起落式单发步枪，改进型于1879年获专利。老勃朗宁去世后，1880年他和哥哥创办勃朗宁兄弟公司，4个弟弟也参与管理。1880～1882年制作了600多支单发步枪。1883年将专利出让给温彻斯特连发武器公司，开始了19年长期合作，设计了该公司几乎所有的武器。1887～1889年他按当时风俗做了两年传教士。后又重操旧业，3年间设计出20多种枪械产品，并申请了专利。以后还同科尔特、雷明顿、史蒂文斯等军械公司签有合同。1918年至50年代末，美国陆军一直采用的勃朗宁自动步枪，该型全长1.27米，重8.8千克，弹仓20发，可装不同口径子弹，射速每分钟650发，能单发、双发或三发点射，被许多国家用作轻机枪。此外还设计有双管猎枪等多种体育用射击武器。

勃朗宁手枪是世界上第一种自动手枪，外表普通，火力惊人，在许多国家广泛使用长达60余年，生产总量逾1000万支。1889年他用枪口火药气体作为自动能源，将1873式杠杆枪机型步枪改制成导气式结构自动手枪，1895年获专利。次年和科尔特公司正式签订合同，限在美国销售，其中有口径7.65毫米M1900式、M1902式，口径11.43毫米M1905式、M1910式等。1896～1897年他设计了自由枪机式袖珍手枪，因科尔特公司不感兴趣，于是同比利时赫斯塔尔国家兵工厂的FN公司签定合同，1899年生产出欧洲第一批M1899式勃郎宁手枪，次年起比利时军官一律配发改进型M1900式。1911年美军正式采用大火力M1911式军用手枪。1922年他设计出自己最后一种手枪——9毫米口径大威力手枪，采用枪管短后坐自动、偏移闭锁方式，但未能及时生产。1923年他将M1900式改制为M1911AI自动手枪，由斯普林菲尔德兵工厂生产。该型长219毫米，空枪重1.13公斤，弹仓7发，射速每分钟35发，有效射程70米，性能稳定，后长期作为美军制式自卫武器，被誉为"军用手枪之王"。1926年他在比利时监制枪械时，因突发心脏病殉职生产线上。

他去世后，FN公司1935年开始大量生产改进型9毫米勃郎宁手枪，命名M1935式（即GP35式），至今仍有70余个国家军队和警察装备使用。该枪长200毫米，空枪重0.88千克，弹仓13发，射速每分钟40发，有效射程50米。1920年至50年代末，美国军方几乎全部采用各种勃郎宁自动武器，除手枪和步枪外，还有海陆空不同军种的各型机枪。美国国防部祭文说："在自动武器史上，他对国家贡献之大无人可出其右。"

（李啸虎）

弗里斯-格林，W.（Friese-Greene，William） 原名W. E.格林（William Edward Green）。英国人，1855年9月7日生于英格兰布里斯托尔，1921年5月5日卒于伦敦。影视技术、传媒工程。

英国"动画电影之父"。钣金工的儿子。在女王伊丽莎白慈善学校受过小学教育。14岁（1869年）师从当地一位摄影师。1875年在巴斯、布里斯托尔开办照相馆，19世纪80年代又在伦敦和布赖顿扩展业务。摄影市场需求剧升，1851年全英国的专业摄影师还不到50人，1871年已增至8000人，20年翻了160倍。在巴斯，他和J. A.拉奇（John A. Rudge）相识，后者发明有一架魔术式幻灯机，能将7张玻璃幻灯片连续移动放映。受其启发，1885年他开始用油纸做实验，1886年又采用边缘打孔的纸底片。1888年在维也纳摄影学会年会上，他和拉奇一起研制的新颖动画摄影机获得了达盖尔奖章。后来他又采用赛珞璐上涂感光乳胶作为胶卷。1889年他和工程师M.埃文斯（Mortimer Evans）合作，发明了第一架实用动画摄影机，能用孔边赛珞璐胶卷每秒拍摄10张相片。

据他说，1889年他将摄影机详图寄给了爱迪生，并建议合作研制声音和移动图片同步传送的有声电影，但未收到回音；而爱迪生说对此一无所知。这成了技术史一个悬案。1890年5月10日，他和埃文斯获得了专利权。同年他做了一次公演，但因镜头移动太慢，装置性能不稳定，没给公众留下深刻印象。制造这个相机让他濒临破产，为了偿还债务，次年只好以500美元价格转让专利，由于付不起首次更新费，1894年该专利失效了。后来，吕米埃兄弟、爱迪生等人都在争夺这一专利，1910年美国巡回法院裁定弗里斯-格林的发明专利最早。

他是一个多产发明家，1889～1921年间申请了70多项专利。其中包括彩色印刷、用X光打印薄织物、无墨打印、电气播送图像和“空中汽车”(水平式陀螺飞艇)等。1898年他开始在布赖顿研制立体彩色电影，但进展不大，20年后他的儿子继续开发这一系统，成为一个有名的电影摄影师。

1921年在伦敦举行的一次胶片与电影产业会议上，他在发言中突然倒地去世。在举行葬礼时，英国所有电影院都暂停播映两分钟为他默哀。1951年他的传奇生平在英国被拍成电影《魔盒》。（袁理利）

艾奇逊，E. G.（Acheson，Edward Goodrich） 美国人，1856年3月9日生于美国宾夕法尼亚州华盛顿，1931年7月6日卒于纽约。照明工程、通信工程、冶炼工程、材料科学、物理化学。

因发现金刚砂性质与制法、改进人造石墨制造法而知名。1873年父亲去世后去工厂做工，同年获得钻石机发明专利。1880年供职于新泽西州门罗帕克的爱迪生公司实验部，担任绘图员，并协助爱迪生研制和改良白炽灯。1881～1882年作为爱迪生的全权代表，在意大利、比利时和法国安装了欧洲第一批直流电灯。回国后自立门户，发明抗导电话线。1886～1889年受聘在匹兹堡威斯汀豪斯公司工作。1896年在纽约州尼亚加拉瀑布城成立金刚砂公司。

他从1884年开始进行电炉生产人造金刚石的实验，1891年在用碳精电极产生的电弧加热铁钵中的粘土和焦炭混合物时，发现碳极上附着一些光泽闪烁的六角形晶体，坚硬无比，他当时误以为这是化合物氧化铝，于是仿照氧化铝的熔融矿物刚玉(corundum)的命名法，为这种奇特的化合物取的商品名为“金刚砂”(Carborundum)，并于1893年获得专利。进一步研究表明，这种新物质是碳化硅，硬度仅次于钻石，又耐化学腐蚀作用，除可作为性能优良的磨料外，还可充当电阻加热炉中的加热元件和加热棒的材料。有一次，他在电阻加热炉中试验用焦炭和石英制取金刚砂时，不经意发现在4 150℃时升华出硅而留下石墨碳，由此他创造了艾奇逊石墨制造法，并于1896年取得专利。一生中共获69项发明专利。（李啸虎）

泰勒，F. W.（Taylor，Frederick Winslow） 美国人，1856年3月20日生于美国宾夕法尼亚州费城杰曼顿，1915年3月21日卒于费城。机械工程、冶金工程、企业管理。

贵族后裔，律师之子。1874年毕业于埃克塞特市菲利普斯-埃克塞特专科学校。同年考入哈佛大学法律系，不久因眼疾辍学。家庭富有，但他决心自主，1875年到费城恩特普里斯水压设备厂当徒工。1878～1897年，供职于费城米德维尔钢铁公司，历任机械工、车间管理员、工长、技师、制图主任等职，1884年任总工程师。期间接受函授教育，1883年获新泽西州史蒂文斯技术学院机械工程学士学位。1890年任费城造纸业投资公司总经理。1893年在费城开设企业管理咨询事务所。1898～1901年任伯利恒钢铁公司顾问。后任达特默斯学院塔克商学院教授。1906～1907年，任美国机械工程师协会主席。1906年获宾夕法尼亚大学荣誉理学博士学位。因患肺炎去世。

1898年在美国伯利恒钢铁公司，他和M.怀特(Maunsel White)共同发明了高速工具钢，使金属切削速度成倍增长，被誉为“机械工艺的一次革命”。该发明获1900年巴黎世界博览会个人金奖、同年费城富兰克林学院克雷森奖章。此外从事过研究开发传动皮带系统、金属切削工艺、钢筋混凝土等多种项目，一生获得发明专利42项。机械工程领域的著作有《皮带传动》(1894年)、《金属切削工艺》(1906年)等。

被誉为“科学管理之父”。其核心思想是：通过科学化、标准化管理替代传统的经验管理以提高劳动生产率，最终实现利润和工资双赢。具体内容包括：确定最佳操作过程的基本动作，规定作业时间，编制生产规程，进行成本核算和编目控制，保存技术档案，建立生产管理责权和组织机构等。1881年，开始在米德维尔钢铁厂进行“金属切削试验”，两年后首次制定出一套“有科学根据”的工人作业量标准。后又在斯蒂尔公司创立成本会计法；在西蒙德滚轧机公司改革滚珠轴承检验程序；在伯利恒钢铁公司进行“搬运生铁块试验”和“铁锹试验”；在沃特顿兵工厂、罗克艾兰兵工厂进行全面试验。由于试验引起了罢工，1911年10月至1912年2月，美国国会举行关于泰勒制和其他工场管理制度的听证会。泰勒出庭作证，并于1912年正式出版《在美国国会听证会上的证词》，竭力为科学管理制辩护。管理类著作主要有：《计件工资制》(1895年)、《车间管理》(1903年)、《科学管理原理》(1912年)等。20世纪以来，泰勒制在欧美大受欢迎，由此催生福特汽车公司世界第一条流水生产线。实现了机械化的大工业，大幅度提高了劳动生产率，出现了高效率、低成本、高工资和高利润的局面。而科学管理思想的合理内核，至今仍然发挥着巨大作用。（杨惠民）

伍兹，G. T.（Woods，Granville Tailer） 美国人，1856年4月23日生于美国俄亥俄州哥伦布，1910年1月30日卒于纽约市。电气交通工程、通信工程、电工学。

10岁时因上课爱做小劳作被小学除名，开始边上夜校边在一家机械厂当学徒。1872年到密苏里州任铁路消防技师。1874年底受聘于一家铁轨厂，业余自学电工学。1876年初回到美国东部，在一家机械厂工作，业余进修2年制大学电学和机械工程学。1878～1880年受雇于丹维尔及南部铁路公司，在英国蒸汽机车“勇敢者”号上任工程师。1881年在辛辛那提开办电器公司。1890年迁居纽约市后，潜心于技术发明，是他的大部分专利成果收获期。

有"黑人爱迪生"之称的美国电气工程师。一生拥有65项专利，尤其是电器发明专利之多，在历史上也属罕见。其中最著名的有：1885年的录音电话机专利，它可以同时传送声音信号和莫尔斯码信号；1887年的同步复式铁路电报机专利，通过沿铁轨巧妙铺设电报线，可在行驶火车之间或火车与各车站之间传送信号，尤其能对铁路险情作出预警和通报；1888年架设第一个高架传导系统，可用电力驱动电气机车和有轨电车行驰；1901年实施地铁用的"第三轨"传导系统。其他许多发明中还有：剧院安全调光器、改进型蒸汽锅炉、电动机调节器、空气和电磁制动器、电流自动安全断电开关等。他的许多专利成为美国贝尔电话公司、通用电器公司、威斯汀豪斯有限公司等大企业的抢手货。由于他的第三轨和高架轨系统问世，美国国会通过了一项法律，规定所有的蒸汽火车在进城之前都要换上伍兹系统，从此公共运输和城市环境变得更清洁、安全和节约。也由于他的剧院灯光调节器能够防止火灾发生，娱乐场所也大大减少了火灾隐患。 （李啸虎）

诺斯勒普，J. H.（Northrop，James Henry） 美国人，1856年5月8日生于英国西约克郡凯夫莱尔，1940年12月12日卒于美国加利福尼亚州桑塔安娜。纺织工程、机械技术。

英国裔。原为英国纺织行业机修工和棉纺厂领班，善于技术发明。他在家乡凯夫莱尔娶妻，后生有5个女儿。1881年携妻移居美国马萨诸塞州波士顿，重操旧业。后到该州霍普代尔的德雷珀父子公司供职，中间曾一度退职开办养鸡场，但没有停止研究开发活动。当时该公司为了提高纺织生产率，组织人员对原有纺织机进行一系列改制和研发。1889年，该公司的罗兹（A. E. Rhoades）首先制成一台自动换梭织机的样机，但难以投入实际使用。受原公司委托，诺斯勒普也在养鸡的同时进行相关研发活动。同年5月5日，公司总裁O. 德雷珀（Otis Draper）亲临养鸡场考察他所研制的模型：一台木质的自动换纡补纬装置。7月5日，成型的诺斯勒普纺机试运行，看来比罗兹织机先进得多。10月，第一台实用型自动换纡织机送交福尔里弗一家工厂试车。这种新型织机的储纡盘一次可存14付纡子，大幅提高了生产效率；其断经自停装置使织物质量得以保证，缺点是在纺织平纹棉布时速度较慢。

不久他因经营养鸡业失败，又回到德雷珀父子公司供职，接着又发明"诺斯勒普筒子车导针"等多种装置。1894年O. 德雷珀首次让诺斯勒普织机成功进入市场，至1900年已卖出60 000余台，极大地促进了纺织业发展。由于该机在欧美销路一直很好，专利费财源滚滚，他在42岁就提前从德雷珀父子公司退休，在加利福尼亚州桑塔安娜购置一家果园，过着十分富足而悠闲的生活。据认为，时至1898年退休，他已拥有数百项专利，大部分有关纺织机械，其中一部分是从英国带往美国的，仅涉及诺斯勒普织机的技术专利也不少。（李啸虎）

特斯拉，N.（Tasla，Nikola） 美国人，1856年7月10日生于克罗地亚史密尔汉，1973年1月7日卒于美国纽约市。电力与电气工程、动力与机械工程、电工学。

塞尔维亚裔。父亲是东正教牧师；母亲虽是文盲，但在管理家务和农业技术上很有才能。他幼年就爱好自然科学。7岁时全家移居戈斯皮奇。在卡尔洛瓦茨高级预科学校毕业后，1875年到奥地利的格拉茨理工学院求学。1879年离开格拉茨改入布拉格大学，1881年因父亲去世中途辍学，以打工来维持生计。1881年供职于布达佩斯电报局。1882年去巴黎，在大陆爱迪生公司当工程师。1884年去美国宣传自己的新型交流发电机并寻求支持。到达纽约时，除了能说12种语言之外，口袋里只剩下4分钱、一本诗集和给爱迪生的一封介绍信。虽然爱迪生只制造直流发电机，不赞成交流发电机，但还是给了他一个工作。1885年离开爱迪生的工厂，从事开发与推广工业用弧光灯。1887年成立特斯拉电气公司，筹办私人实验室从事交流发电机研究。1889年取得美国国籍。1898年在科罗拉多州斯普林斯建立实验室，用于开发全球广播系统。1900年他关闭实验室，回纽约继续各种电力与电气工程研究。晚年得了忧郁症，隐居在纽约市一家旅店，后在贫病潦倒中去世。

多相交流发电机的发明者之一，大规模、长距离发电和送电工程的奠基者。早在19世纪70年代大学期间，就留心关于感应电机的各种问题。当看到一台演示用的电机运转时在集电环和电刷间发生有害的火花，他问教授能否设计一种没有集电环的电机，却遭到了嘲笑，但没有丧失信心而继续想下去。1881年发现了电机中的旋转磁场原理。为多相交流发电机的开发研制奠定了理论基础。1883年被派到斯特拉斯堡去修复一个电站时，造了一台没有集电环的交流发电机的原型机。1884～1885年在美国为爱迪生工厂的直流发电机作了不少改进。1886年发明一种改进型弧光灯。1888年取得由交流发电机、变压器和电动机所组成的三相系统的专利。同年，他的一项专利被G. 威斯汀豪斯买去，并聘任他为工程师。1893年，他的电力系统样机在芝加哥世界博览会展出，引起了轰动。同年主持启动尼亚加拉大瀑布发电工程。虽然爱迪生继续反对交流发电机，但特斯拉还是胜利地完成在尼亚加拉大瀑布建立世界上第一个水力发电厂的预定计划，它奠定了近代整个电力工业的基础，结束了爱迪生的直流电时代。

以后几年，除了频繁在美国和欧洲各地讲学外，他在自己的实验室里又取得许多研究成果，特别是1891年发明了"特斯拉线圈"（"特斯拉变压器"），研究了高频交流电及其医学应用的可能性。同年向美国电气工程师协会作了高频电流设备的演讲，这个演讲及其精彩演示，使他获得很高的声望。1906年，他设计了一种新型汽轮机，其功率之大足以使大型班轮3天就可横渡大西洋，但他找不到资金制造。此外，他还思考无线电波负载输送电能问题；1893年预言和论证了无线电通讯，先于马可尼描述了无线电广播原理；演示了第一个无线电遥控船模；发明往复式发电机(电子钟前身)等。

1917年获美国电气与电子工程师协会爱迪生奖章。此外还获富兰克林研究院克雷森奖章等。南斯拉夫独立后，他在自己的祖国受到英雄般的崇敬，在贝尔格莱德建立了特斯拉纪念馆。1956年为纪念他诞辰100周年，出版《特斯拉讲演录、专利和论文集》(1956年)；国际电气技术学会命名“特斯拉”为M. K. S制系统的磁感应强度单位。 (马文蔚)

沙利文，L. H. (Sullivan, Louis Henry) 美国人，1856年9月3日生于美国波士顿，1924年4月14日卒于芝加哥。土木工程、建筑学。

父亲是爱尔兰侨民，一位小提琴手和舞蹈老师。沙利文的童年在祖父的农场度过。1872年就读于马萨诸塞理工学院。一年后，先后供职于费城弗内斯建筑事务所、芝加哥詹尼建筑事务所。1874年赴法国留学，在巴黎艺术学院进修一年。1875年回芝加哥后，曾做过几个建筑师的助手。1879年在芝加哥建筑师艾德勒(D. Adler)处担任首席制图员，1881年和他合伙开办沙利文-艾德勒建筑公司，一直合作至1895年。此后独自开业，1919年设计完成他的最后一件作品。

是美国现代建筑、尤其是摩天大楼设计美学的奠基人、芝加哥现代主义建筑学派的主要代表。他设计的商业建筑被认为是开创了美国建筑史的新时期。他提出“形式服务功能”的理念，其设计特点是：注重功能，钢为骨架，装璜美观，宏伟坚固。在高层建筑造型上，他习惯采用三段法，即将建筑物分成基座、标准层和出檐阁楼，这种手法后来在建筑界流传甚广。他认为装饰是建筑的不可分割的有机构成部分，但他不采取古典主义形式，而是主张以简洁的几何形式和自然形式为主。一生的建筑作品颇多，其中代表作有：芝加哥会堂大厦(1889年)、世界第一座摩天大楼——圣路易斯的温赖特大厦(1891年)、哥伦比亚世界博览会交通馆(1893年)、芝加哥的卡森·皮尔·斯科特百货公司(1899年)、芝加哥的施莱辛格-迈耶百货公司大厦(1904年)，国家农民银行(1908年)、国家商贸银行(1914年)、国家农商联合银行(1919年)等。著有《幼稚园聊天》(1918年)、《一种理念的自传》(1924年)等。 (李 烨)

斯普拉格，F. J. (Sprague, Frank Julian) 美国人，1857年7月25日生于美国康涅狄格州米尔福德，1934年10月22日卒于弗吉尼亚州阿灵顿。机械与动力工程、铁道工程、电气电子工程。

1878年毕业于美国海军研究院。先后服役于美国里士满号军舰、明尼苏达号等军舰，任海军少尉。1881年和1882年受聘任巴黎电气展览会、英国水晶宫博览会评委。1883年退伍到新泽西州曼龙公园爱迪生实验室工作。1884年成立斯普拉格电气铁路与电动机公司。1892年成立斯普拉格电梯公司。1896～1900年在纽约中央铁路终端电气化委员会工作。1900年成立斯普拉格安全控制与信号公司。第一次世界大战期间，在美国海军顾问委员会任职。育有两子。

被誉为美国“电力牵引之父”。1881年，美国舰队在罗得岛新港停泊，他发明了可使电流反转的换流型发电机；转役至欧洲舰队的兰开斯特旗舰后，又成功安装了美国海军舰船第一台电子呼叫系统。1883年，改进了爱迪生中心配电站干线和馈电线路系统，同时首次将数学方法引入爱迪生的创新活动。1886年，发明了一种安装有固定电刷的恒速、无火花电动机，以及一种由电动机驱动、可将电能返还供电干线系统的装置。这种首次实现不同负荷下恒速转动的新型电机，被爱迪生认为是当时唯一实用电动机，广受欢迎。

1887年，他发明的高架线电车率先在弗吉尼亚州里士满街道上行驰。同年年末至1888年初，他又在该地成功组装第一批架空高压直流电的电气铁路系统。此后一年之中，很多美国城市纷纷用电车取代马车。时至1889年，在全世界有110条使用斯普拉格设备的电气铁路开始或预备运行。以后他又设计了一种电气铁路操控的多元系统，每节车厢都携带牵引电机分开驱动，而不是由一个机头带动。第一组通用多元系统被芝加哥南方高架铁路公司采用后，布鲁克林、纽约、波士顿和马萨诸塞州等也纷纷签定了合同。1896年后，设计机车制动器、道旁自动电气信号机。

还研究垂直运输。1892年，和普莱特(Charles R. Pratt)一起开发出一批基底控制、自动升降、可加速控制、安全可靠的公务电梯。电梯负荷高于水力或蒸汽升降机，短期内便在全世界安装了584个电梯。20世纪20年代，设计一种在加速或速度很大时会自动启动电梯安全系统的设备。

获1889年巴黎电气展览会金奖、1904年圣路易斯博览会大奖、1904年埃利奥特-克雷森奖章、1910年美国电气工程研究院爱迪生奖章、1921年富兰克林奖章、1935年约翰·弗里茨金奖(身后追授)。斯普拉格的一生都在全身心投入工作。其子罗伯特在1935年写道，“他拥有一个极其活跃和机敏的头脑，并且不能忍受任何半途而废。……在临终前数小时，他还让我们把他最新发明的模型拿到床边。” (马毓昭)

齐奥尔科夫斯基，K. Э. (Циолковский, Константин Эдуардович; Tsiolkovsky, Konstantin Eduardovich) 苏联人，1857年9月17日生于俄国梁赞省伊热夫斯克，1935年9月19日卒于苏联卡卢加。航空航天工程、动力与机械工程、火箭技术、空气动力学、宇宙航行学。

林务官的儿子，家中7个孩子中排行第五。9岁时因患猩红热导致耳聋，依靠自学成才。13岁开始系统自学自然科学。16岁从偏僻的林区去莫斯科在公共图书馆继续自学，学完全部中学课程和部分大学课程。1879年以校外自考生身份通过乡村中学教师职称考试。1780年被派往莫斯科西南卡卢加省博罗夫斯克县立中学教数学。1892年到卡卢加中学和女子中学任教数学。业余时间主要用于科研。1882年被破格纳为俄国物理化学学会会员。1918年当选为俄罗斯社会主义科学院院士。

研究星际航行的先驱者。从16岁开始对星际航行问题发生兴趣。1880年撰写《气体理论》一书。1883年在“自由空间”一文中，建立了第一个应用反作用原理使真空中飞行成为可能的公式。1890年完成“关于带翼飞行问题”的论文。1891年完成并部分发表“均匀流过机翼的流体对机翼的压强”。1894年出版《飞机或类鸟飞行器》一书。1897年建造俄国第一座敞开式风洞，研究风洞试验法。同年得出举世闻名的“齐奥尔科夫斯基火箭公式”，可以根据给定的燃气流速和火箭最初质量与最终质量之比求出火箭的终速。为了纪念这一成就，航空航天界把火箭的最初质量与最终质量之比称为齐奥尔科夫斯基数。1903年出版《利用喷气装置探测宇宙空间》一书，阐述火箭飞行理论（火箭动力）的基础，并在世界上首次发表关于液体燃料火箭发动机的见解，画出这种发动机工作原理示意图；还说明了火箭由地面起飞以及在星际空间飞行的条件，指出为了飞向其他行星必须设置地球卫星式的中间站。1903～1917年提出制造火箭船的几种设想，还考虑了诸如真空中火箭导航、耐燃元素的应用等问题。1920年研究出多级火箭（他谓之“火箭列车”）理论。同年在火箭发动机和宇宙飞行方面的工作赢得了国际上的承认。1929年又提出多级火箭的结构，建议利用多级火箭来克服地球引力获得进入宇宙空间所需的速度。他的工作为苏联的喷气技术在世界上取得重要地位奠定了基础。

撰写和发表论文与文章、设计方案近700篇，主要论文入编《齐奥尔科夫斯基火箭技术论文集》（1947年）、《齐奥尔科夫斯基论文集》（多卷，1951～1964年）等；除多部专著外，还出版有《关于大地和天空的幻想》（1895年）等多部科幻作品。1932年获苏联劳动红旗勋章。1954年苏联科学院设立齐奥尔科夫斯基金质奖章，以表彰航天工程领域的卓越贡献者。苏联和俄罗斯的一些科研机构和地区以他命名。（马见慈）

海恩斯，E.（Haynes，Elwood） 美国人，1857年10月14日生于美国印地安纳州波特兰，1925年4月13日卒于印地安纳州科科莫。*交通工程、油气输送工程、冶金工程。*

1876年从马萨诸塞州伍斯特县自由理工学院毕业后，回到家乡教书，曾任波特兰高级中学校长。后辞职去约翰斯·霍普金斯大学研究生院讲授化学、生物学和德语。闻悉在波特兰发现了天然气，1886年便辞去教学工作，赴任波特兰天然气与石油公司技术主管。1890年被印第安纳州天然气公司总部任命为芝加哥地区主管。1898年合伙在科科莫建立海恩斯-阿伯逊兄弟汽车制造公司。

最早建造和驾驶以汽油为动力的交通工具的美国人之一，也是美国汽车产业的先驱者之一。早在1891年工休期间，他就开始设计新型的“不用马拉的客车”。次年他被印第安纳州天然气公司总部派往该州的科科莫工作，在那里业余继续致力于研制以汽油燃料驱动的汽车。1893年底，他购置一台1马力的单缸汽油发动机，数月后又雇请阿伯逊（Apperson）两兄弟为助手，经反复试验，终于研制出第一辆单缸小轿车。1894年7月4日，他用马把这辆车拖到驻地城外进行首次试车。他亲自驾驭这辆被命名为“先驱”号的小汽车，在一小时中行驶10千米以上，成了美国当时速度最快的小轿车。接着，他们便联手设计和制造海恩斯-阿伯逊型汽车。1901年，阿伯逊兄弟驾着海恩斯主设计的一辆小轿车从科科莫开到纽约，全程1 680千米花了73小时，创下汽车制造史上的世界纪录。1910年，海恩斯将他的先驱号实验汽车捐献给华盛顿的史密森学会永久陈列。

此外，他在担任天然气与石油公司地区主管时，在技术上有不少创意和发明，其中在19世纪末开发出天然气输送过程的脱水技术，解决了北方管道容易在寒天冻结而阻塞的难题。他还是一个杰出的冶金专家，后期曾发表论文详细分析钨在钢铁中的作用，并发明用于制作切削刀具的钨铬钴硬质合金，这是一种非常坚硬、耐热和抗腐蚀的金属。（陈　茜）

狄塞尔，R.（Diesel，Rudolf） 德国人，1858年3月18日生于法国巴黎，1913年10月1日在航渡英吉利海峡途中失踪。*动力与机械工程、致冷工程、交通工程、社会科学。*

柴油机发明者。出身皮革小商家庭，原是旅居巴黎的德国侨民。1870年巴黎文法学校毕业后移居伦敦。普法战争时返回德国，先入商业学校，1876年进慕尼黑理工学院攻读机械制造专业，以该校创立以来最好成绩毕业；1879年成为著名机械学教授C. von林德的助手，合作研制冷冻机。1880～1890年任林德冷冻公司巴黎制冰厂工程师。1885年在巴黎设立第一个工厂实验室，研制新型制冰机和发动机。1890年移居柏林，供职于奥古斯堡机器制造厂。

他在1889年巴黎世界博览会上展出氨冷冻机，并在国际学术会议上作报告。1893年，设计的煤粉压燃式内燃机获德国专利。同年发表论文“合理的热机理论与设计”，首次提出压缩点火理论。同年8月，狄塞尔柴油内燃机模型试验失败。1894年2月17日再次试验，改装的机器仅运行一分钟气缸就熔化了，但被人称为“划时代的一分钟”。1896年除夕，世界上第一台柴油机样机试制成功。内燃机的理论机械效率为75.6%，而当时的蒸汽机效率仅10%，由此确立了狄塞尔发动机的地位。1897年正式投入商业生产。1898年与一位石油工业家合办公司。1912年排水量9 800吨的“塞兰迪亚”号下水，船上安装了两台狄塞尔发动机（计2 480马力），开辟了柴油机动力船舶新时代。

还是一个社会理论家、语言学家和艺术鉴赏家。他有自己的社会理想，宣布发明柴油机的目的原是为个体劳动提供自立的条件,以免他们沦为资本的奴隶。但他很快发现这种空想在残酷的现实面前破灭了,因为柴油机成为加速资本主义大生产的新工具。1913 年 9 月 29 日,他和一些朋友乘"德列斯顿"号去伦敦旅行,两天后的夜里在船上失踪。据查,9 月 14 日他烧掉了大量书籍,不久又将有关柴油机发明的重要文献送进博物馆,似有自杀预谋,但动因并不清楚,一说同他债台高筑而破产有关,一说同他的社会理想的幻灭不无关系。

(李啸虎)

普平,M. I.(Pupin,Michael Idvorsky) 美国人,1858 年 10 月 4 日生于匈牙利巴纳特省埃特瓦(今属塞尔维亚),1935 年 3 月 12 日卒于美国纽约。通信工程、X 射线学、电气电子技术。

塞尔维亚贫困农家子弟。父母虽不识字,但竭力创造条件让子女上学。在家庭支持下,他自当地乡村小学毕业后,便到潘切沃和布拉格去上中学。父亲去世后,1874 年(16 岁)他独自赴美国纽约打工谋生。1879 年终获奖学金进入哥伦比亚大学学习,1883 年获理学士学位。毕业前加入美国籍。1883～1885 年在剑桥大学进修。1885 年到柏林大学攻读数学物理和物理化学,曾在亥姆霍兹和基尔霍夫手下工作,1889 年获理学博士学位。同年返回美国,1889～1891 年在哥伦比亚大学新建的电气工程系任数学物理讲师,1892 年任力学副教授,1901～1931 年任电机学教授。1917 年出任美国无线电工程师协会主席;1925～1926 年任美国电气工程师协会主席。1919 年作为南斯拉夫代表团顾问出席巴黎和会。是美国国家科学院院士,先后获 18 个大学的荣誉博士学位。

美国多产的电气技术发明家、物理学家。他结合自己的教学活动开展电气技术的实验研究,取得许多发明专利,尤其对电信技术发展有重要贡献。1890 年他研究低压真空管放电现象,1893 年发明电谐振器,后应用于无线电调谐。1894 年发明沿传输电线每隔一定距离装置加感线圈的方法,攻克了原来长距离信号传输衰变和失真的难题,大大提高长途电话的质量。1901 年前后,贝尔电话公司、德国西门子公司等电信业都纷纷采用这一专利,使通话距离和范围迅速扩展。这种负载线圈后被命名为"普平线圈",其方法被称为"普平加感法",一直沿用迄今。他在此基础上,还开发出多路电信技术,以及发明能克服无线电通信中静电噪音干扰的新方法。1895 年 12 月伦琴宣布发现 X 射线。两周之内,普平也制作了一个 X 射线管,并发现 X 射线的二次发射现象,即被 X 射线辐射过的物质也会释放 X 射线。他把这一发现应用于拍摄快速暴光的 X 射线照片,并发明用荧光膜改良 X 射线照相术,在医学上显示了重大价值。

一生获专利 34 项;发表论文和报告约 70 篇。他不仅是一位出色的教师和专家,还是一位热心公益的社会活动家、深受大众欢迎的科普作家。自传《从移民到发明家》(1923 年初版,1980 年再版)获 1924 年度普利策奖。其他主要著作有:《电磁学》、《新变革:从自然物到精神现实》(1927 年)、《机械的传奇》(1930 年)、《无线电百位科学人:电子学和电视中的探险者传记》(1944 年)等。获得许多奖励和荣誉。1935 年哥伦比亚大学在他身后将校内物理楼命名为普平礼堂;1958 年该校工程学院设立普平奖。1959 年塞尔维亚科学院将它的电信研究所命名为普平研究所。

(周永平)

哈德菲尔德,R. A.(Hadfield,Sir Robert Abbott) 英国人,1858 年 11 月 28 日生于英国设菲尔德,1940 年 9 月 30 日卒于英国萨里。冶金工程、冶金学、物理化学、金属材料学、企业管理。

小炼钢厂主之子。早年在设菲尔德大学化学系学习,师承著名化学家 W. 贝克(William Baker)。1882 年,奉父之命到美国考察匹兹堡、芝加哥和费城等地钢铁厂。1888 年父亲去世后,接手的家族企业最终成为世界上最大铸造公司之一。1938 年,出资在设菲尔德大学建立哈德菲尔德冶金实验室。1908 年册封为爵士,1917 年晋升为男爵。1908 年当选为英国法拉第学会会长、英国钢铁学会会长。1909 年当选为英国皇家学会会员。1912 年当选为瑞典皇家科学院外籍院士。

1878 年,他在参观了巴黎世界博览会各国钢铁业新进展后,着手进行合金钢试验。1882 年开发出含锰耐磨钢(锰钢),以及淬火工艺,1884 年获专利。继续深入实验,1888 年在巡回讲演中公开宣传其发现。这种硬质钢由于生产成本太高而用途不明,当时几乎没有别的厂家考虑生产它。直至 1892 年,人们才认识到它可用于制造火车轨道岔口和挖掘机。1886 年获硅钢专利,起初只用于生产弹簧和优质刀片,后来发现它有低磁滞性能,一举成为电气变压器制造中不可或缺的重要材料。1888 年后,致力于改进炼钢工艺,增加合金钢品种。其业务随着铁路大发展而急剧上升,第一次世界大战中扩大到生产装甲钢板、穿甲弹和防弹头盔等。此外,用实验方法研究过公元 4 世纪印度锻造的德里铁柱,开拓了研究古代冶金史的新途径。

发表冶金学论文 200 余篇。1899 年获"刀具大师"荣誉称号。获 1921 年弗里茨奖章、1925 年法国荣誉军团勋章、1935 年艾伯特奖章等。

(邱凤昌)

玻色,J. C.(Bose,Sir Jagadish Chandra) 印度人,1858 年 11 月 30 日生于印度迈门辛(今孟加拉国纳西拉巴德),1937 年 11 月 23 日卒于吉里迪。通信工程、无线电技术、仪器研制、植物生理学。

文官家庭出身。童年在父亲开办的本地学校上学。1879 年获加尔各答大学圣泽维尔学院文学士学位。1880 年去英国伦敦大学学医,1881 年转学剑桥大学基督学院学习自然科学,1884 年获伦敦大学理学士学位。1885 年返回印度,任加尔各答大学总统学院物理学教授,1915 年退休。1917 年在该校创办玻色研究院,任校董直至去世。1917 年册封为大英帝国爵士。1920 年当选为英国皇家学会外籍会员。1927 年任印度科学协会会长。1928 年当选为维也纳科学院外籍院士。是印度国家研究院(今印度国家科学院)创始院士。

被誉为"无线电科学奠基人之一"。1888 年,德国的 H. 赫兹用实验证实了 J. C. 麦克斯韦关于电磁波的预言。1893年,南斯拉夫裔美国人N.特斯拉演示了第一次无线电通信。1894年,英国的O.洛奇出版讲演录,详细介绍自己发明的金属粉末检波器,引起科学界广泛关注。同年,玻色用孟加拉语发表论文,报道实验显示电磁波这种"不可见光"能够"轻易穿透砖墙和建筑物等东西",指出微波比长波更适于长距离传播,可用于无线传递信息。同年11月,他在加尔各答市政厅作公开演示,成功让毫米波在75英尺(约合23米)距离上发送和接收。1895年初,着手改进洛奇的粉末检波器,首次利用双折射冰晶石的偏振特性制造新型检波器,同年12月在英国《电气学家》杂志上发表论文公开了它的设计原理。这是世界上第一个可检测电波信号的半导体元件,其大规模开发应用在此60年之后。1899年发明可用于无线电话的铁汞铁检波器,同年向英国皇家学会递交了相关论文。他的各种发明不在少数,但对申请专利不感兴趣,唯有一次例外是在美国友人竭力劝说下申报的,1904年3月29日,"电气干扰探测器"获得美国专利,也是南亚次大陆第一次。主要论文收集于《J. C.玻色物理学论文选》(1927年)。

后期致力于研究植物生理学。1901年,他假定植物是介于动物和无机物之间的联系环节。发现无机物对外界作用反应性类似生物对刺激的敏感性。1902年起研制了一些精巧的植物生长显示仪,用以探测不同刺激引起植物组织和细胞的电生理反应。这方面的主要著作有:《植物生理学研究》(1906年)、《电生理学比较研究》(1907年)、《植物敏感性研究》(1913年)、《光合生理学》(1924年)、《植物的生长与迁移》(1928年)、《植物的动力机制》(1928年)等。为纪念他,2009年印度植物园重新命名为印度玻色植物园。

在诸多论文中,仅英国《自然》杂志就发表有27篇论文。此外,他还是第一个用孟加拉语写作科幻小说的科学家。获1903年印度皇帝勋章、1912年印度之星勋章等。

(陆伟良 周永平)

容克斯,H.(Junkers,Hugo) 德国人,1859年2月3日生于德国莱茵河畔赖特镇,1935年2月3日卒于德国慕尼黑附近高适。航空工程、动力与机械工程、空气动力学、金属材料学。

纺织作坊老板的第三个儿子。1878年中学毕业后,一边在父亲公司里工作,一边先后在柏林、卡尔斯鲁厄和亚琛的理工学院学习机械工程。1889年在德绍开办生产发动机和加热设备的工厂,同时组建煤气机研究所。1897~1912年在亚琛理工学院任热处理学教授,并参与创建空气动力研究中心,在自已建造的风洞中进行飞机结构与性能试验。1913年成立容克斯发动机制造股份公司。1919年又成立容克斯飞机制造股份公司。1921年开办ILAG航空公司,5年后和劳埃德航空公司合并为德国汉沙航空公司,1946年前容克斯飞机一直是该公司主力机种。由于他不与希特勒合作,1934年他的发动机公司和航空公司被收归国有。他隐居到巴伐利亚,后在慕尼黑建起一个开发金属建筑的研究中心。1898年结婚,生有12个子女。76岁生日那天在家中与世长辞。

早年有量热器、淋浴用煤气罐等发明,后主要研制与生产飞机。1907年设计制造双活塞发动机。1910年获得厚翼型无尾翼式飞机的专利。1915年研制出世界上第一架自由支承翼、全金属单翼飞机J-1型,采用0.2毫米薄钢板作蒙皮,速度为每小时170千米,是当时飞得最快的飞机之一,但因飞行品质有问题,没有投产。1916年制造的J-3改用轻质的杜拉铝,自此成为飞机主要建材。1919年研制出的F-13是世界上第一架全金属运输机,还可搭载4名乘客,至1932年已生产322架。美国人用F-13创下1 900千米远程飞行世界纪录,《纽约时报》惊呼:德国人"将给航空领域带来一场真正的革命"。容克斯接着设计了G-23/24和G-31等三发动机的大型运输机。1929年研制出对向活塞式柴油发动机。同年生产四发动机的G-38,翼展44米,总质量23吨,可乘34名旅客,机翼里有通道和座位,在10年中一直是世界最大飞机。1931年开发出三发动机Ju-52/3m,可搭乘20人,总重9吨,此后25年中在德国、法国和西班牙共生产5 000架以上,成为德国航空工业史上产量最大、出口最多的运输机,享誉全球。

(江冬妮 李孙演)

波波夫,A. C.(Попов,Александр Степанович;Popov,Aleksandr Stepanovich) 俄国人,1859年3月16日生于俄国彼尔姆省图林斯克,1906年1月13日卒于圣彼得堡。通信工程、电气工程、无线电技术、电磁学。

牧师的儿子。从彼尔姆神学院毕业后,1877年考入圣彼得堡大学物理和数学系。1881年还是学生时,就在电气劳动组合机构工作。1882年完成了学位论文答辩。未接受留在大学做纯学术研究的邀请,原因是当时的大学还缺乏进行电气工程实验的条件。1883~1900年在喀琅施塔海军综合技术学校任教,1888年任讲师,讲授电气机械、电动机、电磁学,并负责相关的实验课。1901年任圣彼得堡大学电气工程学教授,1905年任该校校长。

1888年赫兹发现电磁波以后,他对此也产生了极大兴趣。1890年布兰利(E. Branly)发现在放电影响下金属屑(如铁屑)的电阻变小。1894年O.洛奇利用这个发现制造了一个电磁波显示器,并称之为金属屑检波器。洛奇检波器有一些缺点,在电磁波作用下金属屑会粘在一起,从而显著地降低了检波器的灵敏度。他和洛奇先后改进了这种检波器,使它接受信号后可自动恢复灵敏度。1895年,他制成了第一个能连续工作的检波器,"能够记录下分散的与连续的振荡性放电"。1895年5月7日在圣彼得堡一次科学会议上,演示了自己发明的无线电接收机,距离为64米,首次使用了垂直天线。1896年1月,在俄国物理化学学会年会上,宣读了题为"金属屑与电磁振荡的关系"的论文,同时发表"探测和记录电振荡的一种装置"的报告,给出详细的线路图，提出远距离传输信号的设想，受到广泛报道。1895年夏天，改进自己发明的装置以自动记录大气的振荡放电，这个装置后来称为雷电指示器。还进行了大气对信号传输影响的实验研究。1896年初，改进了自己的接收器，并在传输和接受信号方面取得重大成果。1896年夏季以前，用改进了的装置在喀琅施塔得和圣彼得堡进行了3次公开表演。1897～1900年间，波波夫进一步修改了无电报设备，使之能实际应用于俄国海军，并推荐给陆军。但在当时俄国陆军中，无线电报的发展比其他国家要慢得多。1896年3月24日，正式传送了无线电讯号"Heinrich Hertz"（海因里希·赫兹），通讯距离为250米，接收器放在圣彼得大学物理实验室。1897年，在俄国波罗的海舰队进行了无线电报通信试验。

1896年秋，马可尼发明无线电报的消息公布。他于1896年6月2日申请专利，1897年取得专利权时发表了装置图。这个装置跟1896年1月波波夫所发表的几乎完全吻合。1908年俄国物理化学学会物理部成立专门委员会调查这项发明的优先权问题，断定无线电报的优先发明权应属于波波夫。但是由于此时波波夫已去世，1909年马可尼因发明无线电报获诺贝尔物理学奖。（马文蔚）

斯托多拉，A. B.（Stodola，Aurel Boleslav） 斯洛伐克人，1859年5月10日生于奥匈帝国利普托夫斯基-米库拉什（今属斯洛伐克），1942年12月25日卒于瑞士苏黎世。动力与机械工程、自动控制、工程热力学、流体力学。

皮具制造商之子。1878年毕业于匈牙利布达佩斯理工学院。1881年毕业于瑞士苏黎世高等技术学校（后易名苏黎世联邦理工大学），获工程师资格证书。1883～1884年相继在柏林大学、巴黎大学和柏林理工学院（今柏林理工大学）进修。1884年供职于布拉格机械厂，后任总工程师。1892～1929年任苏黎世联邦理工大学机械工程学教授。当选为法国科学院外籍院士。1905年、1908年和1929年，先后获德国汉诺威大学、捷克布尔诺理工大学和布拉格大学荣誉博士学位。

设计建造热叶轮机械的世界知名专家，工程热力学及其应用领域的先驱者。18世纪90年代初起，研究工程自动控制问题，其中在分析水电站调速系统的稳定性时，导出微分方程和稳定性判据；推广了前人将直接式调节器用于间接调节系统的计算方法。1903年出版名作《蒸汽和燃气涡轮机》，将热力学用于设计涡轮机，还从理论上讨论了流体流动和振荡，板块、薄壳和旋转圆盘的应力分析，以及圆孔和圆角的应力集中等一般工程问题。该书首版220页，1924年第6版扩展至1200页，1945年前多次再版和重印。20世纪20年代，该书被苏联火箭科学家F. 灿德尔一再引用；也是美国工程师开发第一代喷气推进发动机的基础参考书。

他深入研究了涡轮机的热力学过程，包括涡轮叶片工作的能量变化、蒸汽流动时的闭冷却等，进一步发展了燃烧科学；研究了汽轮机流体动力学过程，包括过渡状态下喷嘴工作情况、挡气装置漏气现象，以及蒸汽通过喷管流动状况等，揭示了产生超音速流动的条件，成为最早研究激波的学者之一；在机械工程方面，提出了高速蒸汽涡轮叶片、转轴、轮盘和转子等应力强度的计算方法。1939年，和企业合作开发出第一个以实用型燃气涡轮机为动力的发电机。不独于理论研究，1897～1900年建立大型实验室和实验车间，配置当时最先进实验设备，建立跨学科的大学和企业之间的联系，培养了大批人才，其中有爱因斯坦等人。

1915～1916年，与德国外科医生绍尔布鲁赫（F. Sauerbruch）合作，开发出先进的机械驱动假肢手臂。另有《以工程师立场进行世界观的思考》（1931年）等著作。获1908年德国工程师联合会格拉斯霍夫奖章、1941年英国机械工程师协会瓦特国际金奖等。1929年当他退休时，爱因斯坦在报上发表专文"感谢斯托多拉"，给予高度评价。斯托多拉诞辰150周年，斯洛伐克发行纪念银币，上面镌刻有他研制的涡轮机图案。（邱凤昌）

斯佩里，E. A.（Sperry，Elmer Ambrose） 美国人，1860年10月12日生于美国纽约州科特兰，1930年6月16日卒于纽约州布鲁克林。自动控制、机械工程、电气工程、仪器研制、企业管理。

农家子弟。幼年丧母，由祖父母抚养成人。1878年毕业于纽约州科特兰师范学校。同年入读康奈尔大学。一年后辍学。1880年移居芝加哥，创办斯佩里电气公司，生产和销售自制的弧光灯。一生共开办8个公司，其中还有：斯佩里矿山电力机械公司（1888年）、斯佩里电气铁路公司（1894年）、芝加哥保险丝公司（1900年）、斯佩里陀螺仪公司（1910年）、斯佩里铁路服务公司（1911年）等，这些公司最终都归并于斯佩里公司。1915年任美国海军顾问委员会成员。1918年后，当选为美国机械工程师协会主席。是美国国家科学院院士。

多产的发明家和企业家，以共同发明陀螺仪而著称。19岁时研制出一种带有调控器的弧光灯系统，不久便自行批量生产和上市。1900年在华盛顿建立电化学实验室，开发出从食盐中制备纯碱、从废金属中回收锡的工艺。1908年，H. 安施茨-卡普菲（Herman Anschütz-Kaempfe）发明第一个陀螺仪模型。在此基础上，斯佩里进一步研发了第一个实用型陀螺仪，并在船舶和飞机上进行安装柴油机、陀螺仪和稳定器的试验。1910年，第一只陀螺仪试用于美国海军新建战列舰"特拉华"号。在两次世界大战中，美国海军都采用他研制和生产的罗盘和稳定器。1918年，他生产的一种高强度弧光灯，被美国陆军和海军用作探照灯。1916年，他和P. 休伊特（Peter Hewitt）共同研发休伊特-斯佩里自动飞机，这是世界上第一架成功的无人机雏形。

一生共拥有400余项发明专利。获1929年美国富兰克林学院克里森奖章等。为纪念他，1941年美国海军的"斯佩里"号潜艇供应舰（AS-12）下水，并设立年度斯佩里先进运输工艺奖。（邱凤昌）

纪尧姆，C. É.（Guillaume，Charles Édouard） 瑞士和法国双重国籍，1861年2月15日生于瑞士弗勒里耶，1938年5月13日卒于法国塞夫勒。冶金工程、仪器研制、金属材料学、计量学。

1882 年获瑞士苏黎世联邦理工大学物理学博士学位。1883 年在巴黎附近塞夫勒的国际度量衡局工作，1902 年任助理局长，1915～1936 年任局长。同时在巴黎天文台兼职。1911 年被选为法国科学院通讯院士。

他的第一项研究成果是现在已被广泛应用的水银温度计。参与了米制的制订，1889 年在第一次国际度量衡会议上，为确定米制作为各国通用长度单位做了许多准备和基础工作。1890 年起研究合金，他研制的一种含镍 36%、具有很小膨胀系数的镍钢合金命名为“因瓦”(invar)合金，即“不胀钢”。经过适当加工之后，这种合金的膨胀系数甚至可以接近零，因而很快就广泛应用在很多方面，尤其是钟表工业中。他还发明“埃林瓦”(elinvar)，即镍铬恒弹性合金，接近于零的弹性模数的导热率，而且无磁性，可用于研制航海天文钟和防磁手表等仪器。这方面的成就使他成为 1900 年巴黎国际物理学会议上的显要人物。1896 年，他第一个精确地测定了太空的温度，并在《自然》杂志上予以报道。

主要著作有《检温学研究》(1886 年)、《度量单位和标准》(1894 年)、《镍及其合金的研究》(1898 年)、《镍钢合金的应用》(1904 年)、《米制系统的近期进展》(1907 年)、《力学导论》(1912 年)、《国际度量衡局的创造》(1927 年)等。因发明极低膨胀系数甚至零膨胀系数的合金，并研究了它的特性和应用，获 1920 年诺贝尔物理学奖。

(杨惠民)

詹天佑(Zhan Tianyou)　字眷诚，号达朝。中国广东南海人，清咸丰十一年三月十七日(1861 年 4 月 26 日)生，1919 年 4 月 24 日卒于汉口。铁路工程、土木工程、大地测绘学、工程管理。

原籍安徽婺源县(今属江西)，祖辈在广州以经销茶叶为业。到父亲一代，家境中落，靠务农为生。七八岁入私塾。清同治十一年(1872 年)考取幼童出洋预备班，官费赴美留学，光绪二年(1876 年)入纽海文的海滨中学，光绪四年(1878 年)考入耶鲁大学土木工程系学铁路工程，成绩优异，光绪七年(1881 年)毕业获学士学位。同年回国，派往福州船政局水师学堂学习驾驶，翌年以优异成绩毕业，任“扬武”号兵轮驾驶官。光绪十年(1884 年)参加中法马尾海战。同年 9 月，受张之洞的咨调，任广东博学馆教习，后又任水陆师学堂英语教员。光绪十二年(1886 年)，他完成了沿海险要图的测绘工作。光绪十四年(1888 年)任天津中国铁路公司工程师，从此致力于铁路事业。光绪三十一年(1905 年)任京张铁路会办兼总工程师，次年升任总办兼总工程师。1894 年当选为英国工程学会外籍会员。1912 年任中华工程师会首任会长。1914 年任汉粤川铁路督办。曾参加中东路谈判，与沙俄争路权，1919 年被任命为协约国监管远东铁路会议代表兼会议技术部中国代表，抱病参加，坚持正义，终因劳累过度，病情加重，回汉口后去世。

被誉为“中国铁路之父”、“中国近代工程之父”。光绪十九年(1893 年)筑关内外铁路，在修建津榆铁路滦河大铁桥时，英国、德国、日本工程师投标均遭失败，他却在中国首次采用压气沉箱法筑墩台基础建桥成功，该桥长 630 余米，为当时中国最长铁路钢桥。他修建的铁路有津沽路、萍醴路、新易路、津浦路、洛潼路、粤汉路，尤以京张铁路(北京-张家口)最著名。其铁路长约 200 千米，沿途大多是崇山峻岭，悬崖峭壁，洋人望之兴叹。他作为京张铁路总办兼总工程师，主持修建了中国自建的第一条铁路。他亲自勘测地形，画图设计，为使火车上山，因地制宜运用“人”字形线路，减少了工程量，并利用“竖井施工法”开挖隧道，4 年完成 6 年任务，节余白银 28 万余两，质量完全符合要求。同时，他统一了中国轨距，用 1.435 米作为标准轨距；培养了一支中国铁路工程队伍，逐步订立铁路行车、养路、机车、巡警、电报等规则。京张铁路的完工被欧美工程师视为奇迹，今天仍是世界上有名的铁路工程之一。

著作有《铁路名词表》、《京绥铁路工程纪略》等。为了纪念他，特在京绥铁路的青龙桥车站设立其铜像。中国土木工程学会 1998 年起设有詹天佑土木工程大奖。

(徐柏春)

肯内利，A. E.(Kennelly, Arthur Edwin)　美国人，1861 年 12 月 17 日生于印度孟买附近戈拉巴，1939 年 6 月 18 日卒于美国波士顿。电气工程、通信工程、电工学、应用数学。

爱尔兰海军舰长之子，3 岁丧母。在英国伦敦大学学院附属学校受过中等教育。14 岁离校，先为英国大东电报局练习生，15 岁为该公司电话操作员，工作 10 年，自学成才。1887 年移居美国，成为爱迪生的助手和顾问工程师。1894 年成立费城豪斯顿-肯内利公司并任总裁。1902～1930 年为哈佛大学电气工程学教授。1913～1924 年兼为马萨诸塞理工学院教授。曾任美国公制学会会长，美国电气工程师协会标准化委员会秘书长，国际电技术委员会美国全国委员会主席。1898～1900 年任美国电气工程师协会主席。1911 年任美国照明工程学会会长。1916 年任美国无线电工程师协会主席。1935 年任国际无线电科学联合会名誉主席。被选为美国国家科学院院士、瑞典皇家科学院外籍院士。

主要贡献有三方面。①电气工程的理论和实践。1893 年提出可用复数表示交流电量；稍后又在 O. 亥维赛以双曲函数描述导线电流、电压分布的基础上，用复双曲函数扩展了亥维赛的表达法，并引入极坐标 $re^{i\theta}$ 代替复数 $x+yi$ 的概念。②1901 年继马可尼之后通过大气层外不连续的电离层反射而实现了横跨大西洋的无线电话电波传输。经亥维赛独立地作出解释，此电离层被命名为肯内利-亥维赛层。③致力于电器符号、单位、标准的制订，在国际标准的采用方面也有贡献。

发表 350 余篇论文；出版 28 部著作，其中有《对电气工程学生的实践提示》(1890 年，与他人合编)、《无线电报与无线电话入门》(1913 年)、《双曲函数在电气工程问题中应用的讲演录》(1912 年)等。获得过若干荣誉学位和奖章，包括1917年富兰克林研究院波茨金质奖章，1933年美国电气与电子工程师协会爱迪生奖章。

（屈大壮）

多利沃-多布罗沃利斯基，M. O.（Доливо-Добровольский，Михаил Осипович；Dolivo-Dobrovolskiy，Mihail Osipovich） 俄国人，1862年1月2日生于圣彼得堡，1919年11月15日卒于德国海德堡。电气与电力工程、仪器研制、电工学。

1878年入里加综合技术学院就读，因参加大学生政治活动而被校方开除，并被当局明令规定永远不得再进俄国高等学校学习。他被迫赴德国留学，1884年毕业于达姆施塔特高等技术学校。同年任德国爱迪生电机工业公司（后改名为德国电气总公司）所属工厂的电气设计师，1909年出任该公司经理。第一次世界大战（1914～1918年）期间，他到瑞士避难了4年。

三相电流技术的发明人，在电工学领域有一系列重要发明和发现。1887～1888年，改进可测量直流电、交流电的电磁式电流表（安培计）和电压表（伏特计）。1888年，发明电工发展史上第一台旋转磁场式三相交流电发电机，功率为2.2千瓦，由3个单相交流电构成一个系统，每一相的相差为120°。1889年率先开发出三相交流电异步电动机，铸铁制造的转子外套空心铜质圆筒，由于采用这种鼠笼式转子，电动机的性能得以大大改善。1890年研制成功三相电流变压器、起动变阻器等配件装置。在1891年法兰克福世界电工技术博览会上，他现场演示了世界上第一个远距离三相输电系统，长达170千米，一时引起了轰动。

1892年将电动机的旋转磁场原理应用于开发各种电工仪表，其中成功发明能排除强电流电网对电话干扰的装置。1893年，以不动有感线圈为基础，提出直流电压分压法。1894年发明相位计等测量仪器。后又研究出发电机和电动机的三角形、星形电路接线法。1910～1914年间，最早提出开关电器中的猝熄电弧法，至今仍广为采用。

在他去世20多年后，苏联曾编辑出版他的论文集《三相电流论文选集》（1948年）。

（李啸虎）

吕米埃兄弟（The Lumière Brothers） 一译卢米埃兄弟。法国人，世界第一部电影的共同创始者。1824年，英国医生罗杰（P. M. Roger）首次注意到人眼的“视觉暂留”现象，会使人对姿态相似、连续快速移动的静止画面产生“运动”错觉。这一发现导致发明了许多装置，美国、英国、德国都有早期发明电影中某种装置、机械、投影、复制影像的文献记录，造成对电影源头长期众说纷纭。19世纪80年代，吕米埃兄弟系统开发了最初制作电影的设备及其技术，被公认为电影的真正始祖。

奥古斯特·吕米埃（Auguste Lumière） 1862年10月19日生于法国贝桑松，1954年4月10日卒于法国巴黎。摄影器材研制、影视技术。

在法国里昂的马蒂尼耶技术学校受过正规教育。其摄影术研究开发活动和弟弟路易斯密切配合，共同注册专利。

路易斯·让·吕米埃（Louis Jean Lumière） 1864年10月5日生于法国贝桑松，1948年6月6日卒于法国巴黎。摄影器材研制、影视技术、化学工程。

在法国里昂的马蒂尼耶技术学校受过正规教育。一生主要从事摄影术开发。就学期间，已在研究如何使大批照相底片充分显影的技术。18岁开设一家照相底片制造厂，大获成功，仅1894年一年生产的照相底片就超过1500万张。后和哥哥一起对各种照相用品特性进行系统研究。1904～1907年间研制成功彩色胶片，开始了彩色照相术新时代。还发明由汽油催化燃烧的加热系统，第一次世界大战中用于预热飞机发动机。入选法兰西学院院士。

吕米埃家族最后定居于法国里昂。父亲是照相器材店店主，前店后厂式经营。一次父亲应邀参观巴黎展览会，看到了爱迪生公司1891年发明的动画放映机。兄弟俩据他回家后的描述，决心把动画片制作和放映结合起来，路易斯找到了最后解决办法。他们研制了一架机器，可把一连串黑白画面清晰拍摄在连续软片带上，同时能将画面放映在一块屏幕上。1895年2月13日，以兄弟俩名义获得早期电影系统制作专利权。同年12月25日，在巴黎卡皮欣大街格拉咖啡馆地下室，他们首次为公众放映当年摄制的影片《工人们离开吕米埃工厂》、《火车到站》、《水浇园丁》等10部短片，每秒16个画面，为时共20分钟，引起了巨大反响。这是历史上第一次电影公映活动，这一天被定为电影诞生日。

1896年他们拍摄了40多部最早的影片，都是法国人日常生活记实，如婴儿哺食、围玩纸牌、士兵行军、铁匠打铁、消防队救火等等，还有搞笑的喜剧短片。世界第一部新闻纪录短片是他们对法国摄影学会开会的实录。1896年开始，他们将数十名训练有素的摄影师、电影放映员派到世界各地，一边拍摄异国风情，一边放映电影。1900年法国巴黎世界博览会上，吕米埃电影成了举世瞩目的重大事件之一。1901年全世界出品了1299部影片。由于吕米埃兄弟关键一步，电影时代终于到来了！

（李啸虎）

罗伊斯，F. H.（Royce，Sir Frederick Henry） 英国人，1863年3月27日生于英国英格兰阿尔沃尔顿，1933年4月22日卒于英格兰维特林。动力与机械工程、汽车工程、航空工程。

1882年成为电气工程师，后来又被任命为该公司利物浦子公司的电气总工程师，负责街道和剧院的照明。1884年在曼彻斯特与人合伙创办小企业，后发展成为罗伊斯有限公司，生产电动起重机、发电机和汽车等产品。1906年罗伊斯公司与专销汽车的罗尔斯公司合并成立罗尔斯-罗伊斯有限公司（简称罗·罗公司），1908年总部迁到德比以来至今不动。1930年受封准男爵。

世界著名的英国罗·罗发动机公司的创始人，其研制的发动机在汽车界称为“劳斯莱斯”，在航空界称为“罗·罗”，与美国通用电气、加拿大普拉特·惠特尼公司（普惠）并称“世界三大发动机品牌”。20 世纪初，法国在汽车制造业上处于领先地位，英国则远为落后。为了改变这种局面，他集中力量改进发动机，于 1903 年 9 月成功试车自己的第一台汽车发动机。接着，又制造了 3 台实验型双缸 7.35 千瓦轿车，是当时世界上同种级别汽车中最先进的，1904 年 4 月获巴黎世界博览会金奖。1914 年开始，设计和生产“鹰”、“隼”和“鹞”各型航空发动机。其中“鹰”型在 1916 年开始服役的初始功率为 183.75 千瓦，1918 年鹰-8 型在容积不变下将功率扩大到 268.28 千瓦。在第一次世界大战期间，这三种发动机装备了 40 多种不同型号、占英国半数以上的飞机。1919 年，英国维克斯公司的维米飞机装上“鹰”型发动机，完成了第一次跨越北大西洋的不着陆飞行，不久又完成了首航澳大利亚。1927～1931 年，英国参加水上飞机施奈德国际大奖赛，保持“三连冠”纪录，其中后两次 S.6 和 S.6B 型飞机都装备有罗·罗公司的 R 型发动机，时速各为 529 千米、547 千米。

他生前的最后决策，是在 R 型发动机基础上开发“灰背隼”PV12 发动机，容积为 27 升。他主持研制和开发的发动机是英国空军的主要发动机之一，对后来英国航空技术发展产生了重大影响。在第二次世界大战中，仅“灰背隼”就有 150 多种改型，安装在英国“喷火”、“飓风”和美国“野马”等著名战斗机上。今天，罗·罗公司已是世界三大航空发动机公司之一，装备了全球 5 万多架各种型号的飞机。（李啸虎）

埃鲁，P. L. -T.（Héroult, Paul Louis-Toussaint） 法国人，1863 年 4 月 10 日生于法国诺曼底的特利赫考特，1914 年 5 月 9 日卒于戛纳。冶金工程、金属材料学、物理化学。

制革作坊主之子。15 岁那年，读到法国化学家 H. S. -C. 德维尔的名著《铝的属性、生产和应用》，开始对制铝工艺着迷。当时的铝材价格贵比白银，主要用于配制珠宝等奢侈品，他希望这种银白色的金属能让平民百姓也享用得起。为此，1882 年入读法国巴黎高等矿业学校，师从冶金学家勒夏托列（Le Chtelier）学习炼铝技术。他一进大学，就着手寻找电解铝化合物的方法，结果无暇顾及功课，一年后被校方退学。1883 年父亲去世，他继承家族作坊，在家设立冶金实验室，动员大学同学一起试验电解炼铝，还说服母亲倾囊添置一台布雷盖式直流发电机。

1886 年 4 月 23 日，发现用坩埚电解熔融冰晶石（铝氟化钠）提炼铝金属只需 1 000 摄氏度即可，而理论上要求 3 000 摄氏度左右才能分解。他立即申请了专利，是年仅 23 岁。同年，美国的 C. M. 霍尔也独立发现本质相同的工艺。经过长时间专利诉讼，最后两人达成了协议。这一工艺被冶金界统称为霍尔-埃鲁炼铝法，一直沿用迄今。该法使生产成本大幅下降，致使铝材一下子由贵金属变为用途广泛的普通有色金属。1895 年，开始同德国的拜耳化学公司合作，筹划在法国和美国开办低成本的炼铝厂。1912 年，携妻带儿去美国北卡罗来纳州寻找可与炼铝厂配套的瀑布水电站厂址，因健康原因中途停顿回国。

在冶金领域还有其他发明，其中 1900 年研制出埃鲁电弧炉炼钢法。1905 年，应邀任美国钢铁公司等多家钢铁公司技术顾问，从此，各国钢铁厂开始采用埃鲁电弧炉生产各种规格钢材，原有低效率大型冶炼炉逐步被取代。（戴成勋）

苏华，A.（Sauveur, Albert） 美国人，1863 年 6 月 21 日生于比利时卢万，1939 年 1 月 26 日卒于美国马萨诸塞州。冶金工程、金相学、物理化学、材料科学。

1881～1886 年在比利时列日矿业学校学习。1887 年入读美国马萨诸塞理工学院采矿学与冶金学专业，1889 年获理学士学位。同年起先后在宾夕法尼亚钢铁公司化学实验室、伊利诺伊钢铁公司工作。1893 年后在波士顿建立私人冶金实验室。1898 年兼任《金相学家》季刊（后改为《钢铁》杂志）主编。1899 年任哈佛大学冶金学讲师，1901 年任助理教授，1905 年任教授，1924～1935 年任麦凯采矿学与冶金学讲座教授。是美国国家科学院院士、美国文理科学院院士。先后获哈佛大学等 5 所大学荣誉博士学位。

美国钢铁显微术的开创者。1893 年发表“钢的显微结构”一文，是美国在该领域的最早研究成果之一，后被译成法文、德文和俄文等多种文字。1898～1901 年，通过杂志开展金相学函授教育，招收的学生后来都成了钢铁公司急需人才。1912 年出版《钢铁的金相和热处理》，后多次再版，在冶金界有重要影响。主要学术贡献有四个方面：改进了金属显微摄影技术，提出内部结构比较法；研究了许多合金的成分性质，建立国际通用的系统命名法；发现钢的淬火过程中结构变化的内在物理化学机制，含碳量与淬火温度的定量关系等；研究热处理对铁合金晶粒度、因而强度和韧性的影响等。

多次获奖，其中有 1919 年富兰克林学院克里森金质奖章，1924 年英国钢铁学会贝塞麦奖章，1934 年美国金属学会第一枚苏华奖章等。1934 年美国金属学会设立苏华成就奖，以嘉奖材料科学与工程领域突出贡献者。（杨惠民）

福特，H.（Ford, Henry） 美国人，1863 年 7 月 30 日生于美国密歇根州韦恩县迪尔本村，1947 年 4 月 7 日卒于同地。汽车工程、动力与机械工程、企业管理。

出身农家，爱尔兰后裔。14 岁到美国底特律一家机器厂当机工学徒；做过钟表修理匠；在父亲的农场办过锯木厂。后入商业学校，兼在威斯汀豪斯公司研造发动机。1891～1899 年先后聘为底特律市爱迪生电力照明公司夜班工程师、主任工程师。1899 年、1901 年两次组建汽车公司都因与合伙人不和而倒闭。1903 年合伙成立福特汽车公司,1926 年起该公司成为世界最大的汽车公司之一。

美国汽车产业的创建人。1892～1893 年间他设计出第一辆福特汽车。1908 年 3 月 19 日第一辆 T 型车第一种型号“延利齐”汽车问世,同年 10 月上市。1926 年年产量达 180 万辆,员工超过 10 万人,成为世界最大的汽车公司,到 1927 年已销售了 1 500 万辆汽车,自公司创建时 10 万美元名义资本积累到 7 亿美元净利。1927 年后重新装备工厂生产 A 型汽车。1932 年制造 V 型 8 缸汽车并投入市场。他的成功源于独特的技术构思、生产方式和营销策略,人称“福特主义”。他在厂里建立实验室,不断进行技术创新试验,尽量汲取最新科学成果,例如第一次在 N 型车材料中使用钒钢,车重大为减轻而强度大为提高。生产管理有独到之处:一是工艺和产品的标准化,1909 年以后集中生产轻巧小型的 T 型车,一切零部件、加工设备和作业过程都实行标准化,供应系统集中,在各地建立装配工厂,为实施现代质量管理提供了可能;二是采用装配流水作业线使生产单纯化,1913 年受屠宰场吊式输送机启发而引入传送带,不仅大大提高生产率,还可以让非熟练工人上岗操作。他不断降低汽车价格,仅 1906～1916 年间从 850 美元降为 360 美元,还首次采用长期信贷销售办法。他最先实行职工参加分红制、8 小时工作制,以及雇佣残疾人上班。

其性格相当矛盾。他可以提高工人工资,却顽固地反对工人组织工会;他最终通过收购全部股份使股份公司名存实亡;在成功后无视管理部门忠告,错误估计了市场需求趋势。T 型车的成功使他不思进取,坚持用行星变速器而不用通用汽车公司新研发的变速器;用机械制动而不用液压制动;用 4 缸而不用 6 缸或 8 缸发动机;用单一黑色而不用多种色彩。由于对市场反馈信号变得迟钝,他最终在竞争中败给了通用汽车公司。但是在世界工业史上,他仍然功不可没。著作有《我的生涯与事业》(1922 年)、《今天与明天》(1926 年)、《前进》(1931 年)等。 (李啸虎)

拉托,A. C. -E.(Rateau,Auguste Camille-Edmond)
法国人,1863 年 10 月 13 日生于法国滨海夏朗德省鲁扬,1930 年 1 月 13 日卒于塞纳河畔讷伊。*机械与动力工程、采矿工程、航空工程、机械学、流体力学。*

建筑承包商之子。1883 年毕业于巴黎高等综合工科学校。同年任教于巴黎高等矿业学校。1885 年赴比利时、德国等国考察矿业。1887 年供职于法国矿业公司,1898 年晋升为一级工程师。1888～1897 年任圣安提尼矿业学院应用数学与电气技术教授。1902～1910 年任巴黎高等矿业学校工业电力教授。1903 年在巴黎成立拉托动力设备有限公司,后在欧洲各国工业中心遍设子公司。1911 年当选为法兰西学院院士。1918 年当选为法国科学院院士。1928 年任法国标准化协会首任会长。获多国大学荣誉博士学位。

在机械工程多个领域有所建树。开发新型的矿山通风设备,1887 年首次将涡轮机用于煤矿离心风扇装置;设计离心水泵、多级离心式空气压缩机、磨坊风箱系统;多级透平水轮机和透平蒸汽船;开发立体电影光电系统等;在机械设计的探讨上,论文广泛涉及弹簧形变、最小摩擦齿轮传动等理论分析。在航空工程方面,1900 年起研究飞机的结构和性能关系,其中尤对翼形剖面、螺旋桨等作了深入的理论分析,并通过风洞实验来验证。1901 年研制设计多级拉托式涡轮机,是现代涡轮机的原型,输出功率提高,级数减少,缩短了轴承之间的距离,具有透平伺服机构,被舰船、矿山等工业动力系统广为采用。第一次世界大战期间,发明飞机发动机自动增压器,开发功率更大的航空柴油发动机等。

主要著作有《在矿山通风中安装涡轮机的设想》(1892 年)、《涡轮发动机》(1900 年)、《高压离心风扇》(1907 年)、《蒸汽机的发展》(1908 年)和《关于科学技术工作的笔记》(1917 年)等。获 1899 年法国科学院富尔内隆奖,1925 年英国工程师协会霍克斯勒奖章,此外获法国荣誉军团勋章、拉普拉斯奖、庞塞勒提奖等。

(戴成勋)

费兰蒂,S. Z. de(Ferranti,Sebastian Ziani de)
英国人,1864 年 4 月 9 日生于英国利物浦,1930 年 1 月 13 日卒于瑞士苏黎世。*动力与机械工程、电力电气工程、电工学。*

早年毕业于圣奥古斯丁学院。1881 年在西门子兄弟公司供职,和 E. W. von 西门子一起试制直流发电机和电炉。1882 年创办费兰蒂-汤姆孙-英斯有限公司,因产品销路不好,次年公司解散。1883 年他在伦敦哈同花园独自建厂,生产和经营各种电器。1886 年起任加勒里供电公司(后为伦敦电力供应公司)总工程师。1891 年加入国际电气工程师协会(IEE),1895 年任理事,1910 年当选为主席。其子文森特·费兰蒂(Vincent Z. de Ferranti)后来也任 IEE 的主席。1896 年从伦敦移居霍林伍德。在第一次世界大战期间,他奉命监管霍林伍德的军需生产。1927 年入选英国皇家学会会员。

英国开发交流电系统的先驱。1881 年研制成功费氏直流发电机。1882 年和 W. 汤姆孙(即后来的开尔文勋爵)一起发明单相交流发电机,同获专利。这种费兰蒂-汤姆孙发电机结构紧凑合理,比同类电机功率大 5 倍。1887 年主持设计建造当时世界上最大的德特福德火电站,并提供全套电力设备,1890 年 10 月开始正式发电。该发电站设计总功率为 40 000 马力(约近 3 万千瓦),输出电压为 10 000 伏特,是当时一般电站电压 5 倍以上。他是主张将大型发电站置于密集人居之外的第一人,并积极倡导国家发展交流电网,扩大电能实际应用领域。约在 1891 年研制成功一台大型单相交流发电机,功率 100 千瓦,电压 10 000 伏特。

在电工制造方面,1891 年改进了吉布斯(J. D. Gibbs)等人发明的变压器结构,首次制成壳式变压器,采用铜扁线绕组,铁带卷成铁心,留有冷却通道,一直沿用了 30 年以上。他还试制成功 33 千伏三相电力电缆,开发出用于 2 400 伏线路的橡胶绝缘电缆;首创用苜蓿叶截面代替圆截面线芯,以节约绝缘材料。

一生发明有 176 种产品,并多数获得专利,其中除了各种电气设备外,还涉及纺织机和测量仪器等机械制

造。1924年获法拉第奖章。 （李啸虎）

洛伦茨，H.（Lorenz，Hans） 德国人，1865年3月24日生于德国维尔斯德鲁夫，1940年7月4日卒于奥地利因斯布鲁克附近锡斯特伦斯。机械工程、材料力学、天文学。

教师的儿子。在莱比锡长大。1885～1889年在德累斯顿理工学院学机械工程。毕业后，1890～1894年先后在奥格斯堡公司和苏黎世维斯公司供职，开发制冷机的压缩机。1894年在慕尼黑自己开业，成立洛伦茨工程咨询公司并任顾问工程师。创办并主编《制冷工业》杂志，很快成为国际上第一流的制冷技术杂志。1894年以关于能量转换的热力学极限的论文获慕尼黑大学工学博士学位。1896年在哈雷大学、1900年在格丁根大学任应用科学编外教授，兼任格丁根大学技术物理研究所所长。1904年任新成立的但泽工业大学力学讲座教授，1909年任该校材料测试实验室主任，1915～1917年任该校校长，1934年退休。

一生既从事工程实践又从事教学和科研。研究内容或来自工程实际（如气动传输线、弹道学、制冷机），或来自科学争论（如振动、陀螺仪、涡轮机、湍流等）。参与主持开发气动配电系统，提高制冷压缩机效率等许多课题和项目。晚年发表了相当数量的有关天体物理学和天文学的论文。 （马见慈）

斯坦迈茨，C. P.（Steinmetz，Charles Proteus；原姓名：Steinmetz，Carl August Rudolph） 一译施泰因梅茨。美国人，1865年4月9日生于德国布雷斯劳（今波兰弗罗茨瓦夫），1923年10月26日卒于美国纽约州斯克内克塔迪。电气工程、电磁学、应用数学。

德国裔。象他的父亲和祖父一样，患有先天性侏儒症、驼背和髋关节发育不良。早在德国约翰内斯文法学校求学时，其数学和物理的优异成绩已使老师惊讶。1883年入读布雷斯劳大学（今波兰弗罗茨瓦夫大学），期间担任过当地刊物《人民之声》代理主编，1888年在临近博士学位论文答辩时，因发表批评当局的文章而受到德国警方的调查。同年逃亡到瑞士苏黎世，入苏黎世联邦理工学院学习机械工程。1889年移居美国，供职于纽约州扬克斯的艾克迈耶电气公司。1894年加入美国籍，更为现名。1893年新成立的通用电气公司购并该公司，次年将总部迁至纽约州斯克内克塔迪市，他升任计算部主任，同时从事电气工程实验。曾任斯克内克塔迪市教育委员会主席、市议会议长。在通用电气公司供职同时，1902～1923年任纽约联合学院兼职教授。1901～1902年任美国电气工程师协会主席。1905年任美国照明工程学会会长。是美国文理科学院院士。1902年获哈佛大学荣誉文科硕士学位和尤尼恩学院荣誉博士学位。终身未娶。

1889年在美国发表关于发电机磁滞现象的论文。后开发各种机械、电气的装置，其中有用于电力传输的变压器。1893年发表演讲和文章，首次把数学原理应用于描述磁滞等交流电现象，使其电能消耗大大降低，而先前从未有人予以解释或掌握。1897年与伯格（E. J. Berg）合作出版教科书《交流电现象的理论与计算》。他用复数来分析交流电路的方法——相量法，现在仍通用，对澄清当时对交流与直流技术之间的模糊概念有重大作用。这是电工学史上的重大突破，也是他对科学技术的最大贡献之一。从此，电气工程师不再只靠试错法摸索着设计，而是在试制最佳可能的电机之前借助数学在纸上预先进行科学分析，促进了电力工业的大发展。以后20余年间，他继续从理论和应用上加以完善和推广。1895年获交流电配电系统技术专利。

一生中拥有200余项发明专利，其中包括弧灯电极、两相与三相电流的转换、电机和变压器的改进、汞弧光灯的研究和高压交流电的传输技术等，其中为尼亚加拉瀑布电站建造发电机。他还是关于污染控制、太阳能转换、全国电气网布局、铁路电气化、人工蛋白质和电气汽车研究的最早倡导者之一。主要著作还有《电气工程的理论基础》（1902年）、《普通电气工程学讲座》（1908年）、《辐射、光源和照明》（1909年）、《工程数学》（1910年初版，1917年再版）、《振动和瞬时电现象的理论与计算》（1911年）、《美国和新纪元》（1916年）、《电器的理论与计算》（1917年）、《科学与宗教随笔》（1922年）、《关于相对论和空间的四次讲演》（1923年）等。获富兰克林学会克雷松金质奖章。 （戴成勋 李啸虎）

夏比，G. A. A.（Charpy，Georges Augustin Albert） 法国人，1865年9月1日生于法国罗讷省奥林斯，1945年11月25日卒于巴黎。冶金工程、材料工程、冶金学、物理化学。

海军军官之子。长兄是铁路工程师。1885年入读巴黎高等综合工科学校，1887年以海军炮兵专业毕业。同年任巴黎大学蒙杰学院教师。1892年获巴黎大学理学博士学位。同年任海军铸炮厂工程师。1901年任沙蒂隆-康曼特里钢铁公司工程师，1916年任技术主管兼首席工程师。1918年当选为法国科学院院士。同年任海军奥梅库尔钢铁厂总裁助理。1920年任巴黎国立高等矿业学校冶金学教授。1922年任巴黎高等综合工科学校普通化学教授。因心脏病发作去世。

法国冶金科学奠基人之一，夏比材料强度冲击测试法发明人。对钢和含硅、铝或锑等铁基合金的冶炼、淬火、脆性测定等工艺有许多研究。1901年研制出检验钢材耐冲击性的夏比摆锤测试机，当年6月公开演示。夏比摆锤测试法可用于测定钢材随温度变化而引起的脆韧性变化，特别是确定工程材料的缺口（U型或V型）敏感性和冲击韧性。这一发明为制定钢的质量标准提供了科学依据，促进了炼钢工艺的改进，以避免因钢材脆弱性可能发生的重大设施事故。它首先迅速应用于船用蒸汽锅炉钢的耐冲击测试，继而扩大到石油和天然气等其他许多行业，从钢扩展到其他合金，仍至塑料、陶瓷、聚合物等非金属材料。1902年，他发现采用含硅量为2%～3%的硅钢制造变压器叠片，可以大幅限制磁路漏失。自那时以来，变压器技术已取得新的进展，但是基础材料仍然沿袭他的成果。此外，建造了第一台采用铂元件的电阻炉;发现钢的磁滞性随其晶粒度增大而降低;研究钢的淬火温度与其机械性能的相关性,指出临界点温度阀值等。获法国荣誉军团勋章。(王天运)

斯坦顿,T. E.(Stanton,Sir Thomas Edward) 英国人,1865年12月12日生于英国沃里克郡阿瑟斯顿,1931年8月30日卒于萨塞克斯郡。*结构工程、航空工程、流体力学、材料力学。*

1888年入读英国曼彻斯特大学欧文斯学院,师从惠特沃斯工程实验室主任雷诺兹(O. Reynolds)教授。1891年获维多利亚大学理学士学位。同年回欧文斯学院任雷诺兹实验室助理,1896年任资深示教员。1892~1896年期间,同时任曼彻斯特大学休谟学生公寓区数学与工程学住校教师。1896年任利物浦大学高级讲师。1899年任布里斯托尔大学土木与机械工程学教授。1901年任英国国家物理实验室工程部主任,1930年退休。

早年研究结构工程及其工程力学。1902~1907年,对桥梁、建筑物顶部等结构的受力情况进行了大量试验,在材料的交变应力、冲击承受力和弹塑性形变等领域有一系列成果。1908年莱特兄弟在欧洲进行首次公开巡回飞行表演后,他开始致力于飞机和飞艇的空气动力学研究,研制设计竖式风洞等多种空气动力学实验装置,在接近音速条件下对各种螺旋桨翼形进行风洞试验,以及研究提高空气冷却型发动机的散热效率等课题。进而,首次对各种流体在不同直径和材质制成的管道中的流动状态进行了大量试验,研究流体表面摩擦阻力、流体粘滞性、涡流阻力、以及相关的热传递等课题,出版权威著作《摩擦学》,书中提出了流体与管道接触部分的附面层(边界层)理论。基于他的研究成果,在流体力学中把强制热对流的无量纲准数称为斯坦顿数(St),其大小表征流体与固体壁面之间的强迫对流换热过程的强弱,可用以测定热流体的流动转入固体管壁面的热容量。因出版关于钢铁材料性能研究的著作,获英国土木工程师协会霍华德奖。(杨惠民)

皮尔彻,P. S.(Pilcher,Percy Sinclair) 英国人,1866年1月生于英国苏格兰巴斯,1899年10月2日卒于苏格兰莱斯特郡。*航空工程、空气动力学。*

19世纪英国航空界的先驱者之一。19岁参加英国皇家海军,服役6年,成为一名机械工程师。1891年起任教于格拉斯哥大学。

受德国飞行先驱O. 李林达尔的感召,他从无动力飞行着手研究,开始研制和试验重于空气的航空器。1895年,他改进了李林达尔的设想,设计制造了自己第一架“载人飞行风筝”——“蝙蝠”号单翼滑翔机,机重20.5千克,翼形采用明显的反角结构,从卡特洛斯一座小山上成功飞越克莱德峡湾。同年到德国访问李林达尔,回国不久,惊闻后者因飞行失事而遇难。但李林达尔的死没有吓阻、反而激励了他的飞天壮志。他又先后设计制造了“甲虫”号(1895年)、“海鸥”号(1896年)和“鹰”号(1897年)三架滑翔机,作了许多次成功飞行。他的滑翔机在直角翼中央均开有一个大孔,让驾驶员悬挂在两翼之间,头和肩高出机翼,采用李林达尔式操作:通过自身手脚动作来控制飞机的飞行。由他和妹妹埃拉(Ella)共同构建的鹰号,是他最后也是最成功的一架滑翔机,竹木结构,安装有垂直尾翼、水平尾翼和轮式起落架,驾驶员用自身的手脚动作来操控飞机。1897年6月20日,他成功地作了首次公开飞行表演,以相当可观高度从一座山上平稳地飞越了峡谷,续航距离超过230米。他再接再励,着手研制第一架动力飞机,自制了一台4马力、重18千克的发动机安装在鹰号上。1899年9月30日,在苏格兰莱斯特郡斯坦福公园里,一群人前来观看第一次动力试飞,但是不巧天下起了雨。为不负众望,他坚持试飞,当他的飞机升到10米左右时,尾部一个导航缆突然断裂,不幸机坠人伤,两天后因伤重死去。按计划,他本来还准备测试动力三翼飞机。10年后,英国才出现较为完善的滑翔机。1909年英国皇家航空学会重新修复了鹰号并捐献给苏格兰皇家博物馆,1993年转移到苏格兰飞行博物馆。(薛 蕾)

费森登,R. A.(Fessenden,Reginald Aubrey) 加拿大人,1866年10月6日生于加拿大魁北克省东米尔顿,1932年7月22日卒于百慕大群岛哈密尔顿。*通信工程、无电技术、仪器研制、电工学。*

双亲都是英国人。1884年他毕业于加拿大魁北克省毕晓普大学数学系。同年出任百慕大惠特尼学院院长。1886年辞职去纽约爱迪生机器制造厂当实验员,次年转任新泽西州爱迪生实验室首席化学家。1890年任西屋电气公司总工程师。1892~1893年任普渡大学电工学教授。1893年任宾夕法尼亚州西部大学(今匹兹堡大学)电工学教授。1900~1902年任美国国家气象局研究员。1903年合伙成立国家电气信号公司,出任总经理,在与美国马可尼公司竞标国际通信网络工程中失利。1904年起协助新建的安大略电力委员会培训尼亚加拉瀑布发电厂工程师。1906年参与成立加拿大蒙特利尔电力公司。1908年成立美国波士顿水下信号公司。第一次世界大战爆发后,作为加拿大志愿兵赴英国参战,1915年回波士顿。1928年至去世前一直生活于百慕大。

无线电广播和通话技术的主要发明者之一。1900年改进莫尔斯码电报技术用于气象预报;同年发明性能灵敏的电解检波器,在实验中首次用无线电将声音传播到1.6千米之外。1902年提出了调幅-解调原理,即利用声波信号对恒定高频无线电波作波幅调制后发射,而在收信时进行解调复原。这必须用特殊高频无线电发射机作为振荡源,同时还要有把高频无线电信号转换成较低频以便更易控制和放大的技术,这一外差式接收原理是无线电广播业发展的重大突破。1904年起指导美国通用电气公司E. 亚历山德森建造100千赫兹高频振荡器,并在马萨诸塞州布兰特·罗克海岸建立发射台,1906年在布兰特·罗克和苏格兰之间首次建立横渡大西洋的双路无线电信道;同年12月24日圣诞之夜9时,他用这套装置在世界上第一次用无线电播放音乐和歌曲,在大西洋中航行的船只从他提供的无线电接收机中听到了远方的圣诞祝福和音乐,大为惊喜。1914年发明回声测深仪,可探测到敌方大炮和潜水艇、以及飘浮冰山等位置，用途广泛。此外还发明无线电罗经、海底无线电通信装置，以及战列舰的涡轮机电力传动等。一生共获得约500项专利。 （朱逸农）

莱特兄弟（Wright brothers） 美国人。航空工程、机械与动力工程、空气动力学。

威尔伯·莱特（Wright, Wilbur） 1867年4月16日生于美国印第安纳州米尔维尔，1912年5月30日卒于俄亥俄州代顿。

奥维尔·莱特（Wright, Orville） 1871年8月19日生于美国俄亥俄州代顿，1948年1月30日卒于同地。

其父M.莱特（Milton Wright）为基督教兄弟会主教。莱特兄弟所受正规教育为高中肄业，靠自学成才。他们在少年时期就显示出机械工艺的才能、独创的思想，以及拓荒者的精神。1892年，他们在代顿市区开设前店后厂的自行车行，进行自行车的设计、制造和销售。1908年成立莱特兄弟飞机制造公司。飞机主宰了他们的生活，无暇顾及家庭，因而兄弟俩均终生未娶。哥哥威尔伯死于伤寒，年仅45岁。

1896年起，莱特俩兄弟通力合作，致力于飞行器研制。1900年制成一架能乘一人的滑翔机，并进行了试验，滑翔了2分钟。1901年制造双翼载人滑翔机，在19秒内通过96米水平距离。此后他们特别注意改进飞机的操纵和机翼的形状。还设计了一个简单的小风洞，进行了几百次机翼模型试验，获得许多可靠的基本数据。1901年9月18日，威尔伯·莱特应邀在芝加哥工程师协会年会上就飞机试验发言，指出前人关于机翼压力数据有误，引起轰动。1902年9～10月，进行1 000多次滑翔飞行，在强风中高度超过183米。同年开始制造一架用内燃机作动力的飞机。它具有可控制的副翼、水平舵和垂直舵，推进器是根据他们的理论设计制造的，发动机是在助手配合下自己制造的，是一台总重约77千克，每分钟1 200转，功率8 826瓦的轻型内燃机。包括驾驶员在内飞机全重340千克。1903年12月17日，这架双翼、双螺旋桨、双雪橇的动力飞机“飞行家1号”在北卡罗来纳州基蒂霍克弯海滩，靠近基尔德维尔山的平坦沙地上进行了4次成功的飞行。最佳的一次高度为260米，在空中停留59秒钟，飞行距离为260米。此次试验经报纸报道，立刻引起美国社会的轰动，媒体激动地欢呼：“飞天的时代开始了！”经过5年的改进和练习飞行之后，1905年制成第一架实用型飞机，1906年获美国专利。但把有关资料提交美国国防部时却遭到漠视，于是他们转向欧洲以扩大影响。经历许多困难之后，此后在国内外的多次飞行表演均获成功而闻名于世。直至1908年才受到法国企业界和美国政府的重视。同年成立的莱特兄弟飞机制造公司，接受美国陆军部第一份订单，开始了产业化生产。

在纪念第一次动力飞行成功25周年时，奥维尔·莱特亲自参加了建在基尔达维尔山的莱特兄弟国家纪念碑的奠基典礼。他是美国惟一活着时获得这一荣誉的人。他著有传记《我们如何发明飞机》。 （杨惠民）

丰田佐吉（Toyoda, Sakichi） 日本人，1867年生于日本国静冈县敷地郡吉津村（今浜名郡湖西町），1930年10月卒。纺织机械工程、纺织学、企业管理。

木匠之子。13岁小学毕业后，随即子从父业，成了父亲得力助手。18岁着手改制乡间传统的手工木织机，把劳动效率提高了40%～50%，乡人刮目相看。1890年，在参观东京、上野劝业博览会时深受外国机械启发，同年底研制出新式手工木织机，一时轰动乡里，次年获专利权。2年后，在浅草创办纺织机制造厂，因经营不善而倒闭。1895年，又贷款在名古屋开办丰田纺织机制造所。1897年与人合办乙川棉布合资公司，兼营制造纺织机和织布业。1898年与三井物产共建井桁商会。1902年成立丰田商会。1906年创办丰田纺织机股份有限公司，自任总工程师和董事。1910年辞职赴美国考察，次年回国后在名古屋开设丰田自动织布工场。1918年建立丰田纺织股份公司。1929年，他将丰田自动纺织机的专利转让给英国普拉德公司。

一生拥有84项专利，大日本誉为“发明王”。1896年发明用柴油机驱动的狭幅动力木织机——丰田织机。这是日本第一台木制动力纺织机，1898年获专利权。随后，他又对纺织机进行了一系列的技术创新：1901年发明经系输送装置；1904年发明自动换梭装置；1904年发明管换式自动纺织机；1906年发明环式纺织机；1924年研制成不停机换梭的丰田自动纺织机等。通过这些不断变革，丰田自动纺织机基本上具备了现代织机的形制，成为日本纺织技术赶上当时世界先进水平的标志，并推广到世界各国。在此期间，为了使自己的技术成果及时转化和加速积累资本，他采取了一系列有效的商务运作。由于大大提高了纺织业劳动生产率，日本生产的廉价棉布曾在中国市场倾销一时。

1929年，丰田佐吉将自己的自动纺织机专利出让给英国公司后，长子丰田喜一郎把所得资金用以发展汽车业，1933年在纺织机械制作所设立汽车部，开始了丰田汽车公司的历史。至2005年度，丰田年生产各式汽车828万辆，年销售逾800万辆。丰田汽车公司之所以有今天，丰田佐吉无疑也是它的奠基者。 （李啸虎）

赖特，F. L.（Wright, Frank Lloyd；原名Wright, Frank Lincoln） 美国人，1867年6月8日生于美国威斯康星州里奇兰，1959年4月9日卒于亚利桑那州菲尼克斯。土木建筑、建筑学。

父亲是乡村牧师兼音乐家，母亲是教师。他是长子，下有两个妹妹。1885年父母离异。同年，他高中未毕业就到威斯康星大学理工学院学民用建筑设计，半工半读两年。1887年起相继在芝加哥的两个建筑事务所，1889年起在沙里文建筑设计院供职。1893年在芝加哥独立开办建筑事务所；1898年将公司搬到住家所在地伊利诺伊州奥克派克营业。1909年去德国考察和工作。1911年回国至1914年，在祖居地斯普林格林农庄进行农村住宅设计。1915～1922年在日本设计建造东京帝国饭店。回国后仍经营建筑事务所。1932～1937年开办全日制建筑技术培训学校。1937年移居亚利桑那州菲尼克斯直至去世。

20世纪建筑界浪漫主义学派的代表人物之一。19世纪末的芝加哥是现代摩天大楼发祥地，但来自农村的赖特对过度城市化持批判态度，作品很少涉及摩天大楼。他的早期设计以带篷的草原住宅"塔里埃森"(Taliesin)著称，在威斯康星州、伊利诺伊州和密歇根州等地建造了许多形式多样的郊外小住宅和别墅，以传统的砖木和石头为材，有出檐很大的坡屋顶，充满田园牧歌式的情调，很适合美国中西部草原气候和地广人稀的特点。虽然他把这些传统建筑类型提高到了一个崭新的水平，但是当时的美国同行却拒绝承认他是一个建筑学家。1923年，他所设计的东京帝国饭店经受了大地震的严峻考验而安然无恙，从此声名大振。

一生共有1 141项建筑设计，其中建造完成的有532项。他发展了沙里文的"形式跟随功能"的思想，进一步强调"形式与功能合一"。他比别人更早地摆脱了盒子式建筑的单调，并使建筑内外空间既交融流通，又安静隐蔽。他的建筑作品的最大特色是建筑同自然环境的和谐，因而受到了普遍赞赏，被认为是现代建筑中的独特瑰宝。除了世界闻名的东京帝国饭店，代表作还有：位于布法罗的拉金公司总部(1903年)，蜗牛形的纽约古根海姆美术馆(1943年)，以及匹兹堡的考夫曼流水别墅、约翰逊制蜡公司总部、西部塔里埃森住宅、普赖斯大厦、唯一教堂、佛罗里达南方学院教堂等。代表著作有《两篇建筑学讲稿》(1931年)、《一座消失的城市》(1932年)等。 (李 烨)

海恩，F. E.（Heyn，Friedrich Emil） 德国人，1867年7月5日生于德国安纳贝格，1922年3月1日卒于柏林。冶金工程、金相学、金属材料学、物理化学。

矿山金属切削工之子。1890年毕业于德国弗赖堡皇家矿业学院。同年去瑞典考察钢铁冶金业。1891～1892年在德国鲁尔一家钢铁公司任工程师。后在上西里西亚格莱维茨(今属波兰)机械制造与冶金学院任教。1899年到柏林大学机械工艺研究所实验室工作，任A.马登斯的助手。1901年任柏林-夏洛滕堡理工大学通用机械工程学讲师，后升任教授。晚年创立德国金属学学会。1920年任威尔汉皇家金属研究院总监。

继A.马登斯之后，他也用显微镜研究金属和合金，提出了许多金相学新观点，其中强调要区分稳定的铁-碳体系和亚稳的铁-铁-碳化物体系，并纳入复合状态平衡图(即现在的铁碳平衡图)等。他在有色合金、钢的金相组织、以及金属内应力等方面的研究成果，为金相学的实际应用打下了基础。他还系统地调查了影响金属机械性能的各种物理、化学"病因"，并提出预防的对策思路。代表作《物理金相学》(1925年)等。此外，对发展德国高等技术教育有重要贡献。 (杨惠民)

奥斯汀，L. W.（Austin，Louis Winslow） 美国人，1867年10月30日生于美国佛蒙特州奥威尔，1932年6月27日卒于华盛顿。通信工程、无线电技术、微波电子学、地球物理学。

1889年毕业于美国佛蒙特州米德尔伯里学院。同年赴德国留学，1893年获当时属于德国的斯特拉斯堡大学博士学位。同年起先后任美国威斯康星大学物理学系助教、助理教授。1901年返回德国，在柏林大学技术物理学院研究热气体。1904年回国，供职美国国家标准局，1908年任该局海军无线电报实验室(海军研究实验室前身)首任主任，1923～1932年任该局无线电物理实验室主任。1914年任美国无线电工程师协会主席。1932年当选为国际无线电科学联合会主席。

以研究开发远程无线电传输技术而著称，在国际上享有盛名。其研究重点在于无线电波传播与天电干扰的关系，特别是温度、湿度、太阳磁暴和黑子等自然环境变化对远程无线电传输的影响。1909年和1910年，在他指导下，美国海军部开展了长距离的海上无线电测试，安排"伯明翰"号和"萨利姆"号两艘侦察巡航艇往返于利比里亚和美国马萨诸塞州布兰特洛克的费辛顿码头，通过接收和测量两船发出各为3 750米、1 000米波长无线电信号，以确定其频率、距离和接收信号强度之间的关系。这一大规模测试活动，导致他和来自美国电信号公司的合作者L.科恩(Louis Cohen)共同得出半经验性的奥斯汀-科恩公式，涉及一些基本要素如距离、波长、天线高度、以及发送与接收站点的电流强度等关系，用它可探测远距离的无线电信号强度。该公式被实际使用了许多年，对改进仪器研制有重要推动作用。后期工作侧重于研究大气扰动、地理环境等因素对无线电通信的影响。1927年获美国无线电工程师协会荣誉奖章。 (陆伟良)

贝伦斯，P.（Behrens，Peter） 德国人。1868年4月14日生于德国汉堡，1940年2月27日卒于柏林。工业设计、建筑学、美术。

贵族家庭出身。1886～1889年先后在德国汉堡、杜塞尔多夫、卡尔斯鲁厄等地学绘画。1890年成家后移居慕尼黑，初以绘画和装帧为业，后主要从事建筑设计。1903～1907年出任杜塞尔多夫工艺学校校长，积极改革设计教育。1907年起任德国通用电器公司(AEG)艺术顾问和董事。同年参与创立德意志工业同盟，提出"推进工业产品优质化"口号。1921～1922年任杜塞尔多夫美术学院教授。1922年聘任维也纳美术学院教授。1936年出任柏林普鲁士艺术研究院建筑学教授、院长。

德国现代主义设计学派重要奠基人之一，厂房建筑的先驱，并被誉为"历史上第一位工业设计大师"。他的事业跨过了"青年风格"新艺术、工艺美术运动、直线构成现代主义、新古典主义四个阶段。1889年，他接受黑森大公邀请，成为达姆施塔特艺术新村第二个成员，在那里建造房子，设计了屋内所有日常用品，这成了他的人生转折点。19～20世纪之交，他在应用艺术中架起了德国新艺术和传统工业之间的桥梁。设计1901年达姆施塔特博览会展馆、1902年都灵博览会德国馆入口，获一致好评。他率先提出构建“企业形象”的理念，设计了世界上第一个企业总体形象，内容涉及从厂房建筑到产品包装和商标广告等等所有环节。在建筑方面，他大胆抛弃传统式样，采用新材料新形式，钢架清晰可见，玻璃嵌板墙身，外形简洁明快，使厂区面貌一新。他第一个主张产品设计应适合工业化生产，奠定了功能主义风格，例如制定3种壶体、2种壶盖、2种手柄和2种底座，可组合出24种样式。更重要的是，他影响和教育了一大批新人，其中建筑大师勒·柯布西耶、范德罗厄和格罗佩斯等人，都是他的学生和助手。

主要建筑设计作品有：贝伦斯住宅（1900年）、德国通用电气公司涡轮机厂房（1909年）、赫希斯特颜料厂总部（1920年）、魏森霍夫住宅区（1927年）等。

（顾志俊）

兰彻斯特，F. W.（Lanchester，Frederick William） 英国人，1868年10月23日生于英国刘易舍姆，1946年3月8日卒于伯明翰。汽车工程、航空工程、空气动力学。

出身于建筑师家庭。毕业于哈特利学院（今南安普敦大学）和国立理科师范学院。1891年到伯明翰学习燃气机技术。1899年创办兰彻斯特发动机公司，历任总经理、总工程师、技术顾问等职。1909年任英国政府航空顾问委员会成员。1909～1929年兼任英国戴姆勒公司、伯明翰小型武器公司顾问。1928～1930年兼任威廉·比德莫尔制造公司顾问工程师，指导生产柴油机。

汽车工程和航空科学的先驱之一。1894年研制成功英国第一辆汽车，经多次试验和改进终于成批投产。1894年发表论文（1897年重新修订）阐明重于空气的飞行器原理，首次提出产生升力的旋涡理论。20世纪初叶，先于德国和俄国的航空科学家解决了二维机翼的举力计算。1915年发表论文进一步提出附着涡和自由涡的新概念，由于文章以定性描述为主，缺少定量分析和公式概括，这些重要思想当时并未得到英国皇家学会和英国物理学会的重视。但是航空科学历史进程表明，他正是空气动力学中这一学说的奠基者之一。1913～1918年著名航空科学家L.普朗特独立提出举力线理论和最小诱导阻力理论，他在1926年才知道兰彻斯特的论文内容。因而，科学界普遍把有限机翼举力线理论称为兰彻斯特-普朗特理论。此外，兰彻斯特还得出机翼表面阻力公式，阐明分离现象和边界层中的湍流现象。

主要著作有：两卷本《空气动力学》，包括第一卷的《航空飞行》（1907年）和第二卷的《滑翔力学》（1908年）；《战争中的飞机》（1916年）等。（杨惠民）

摩尔，D. M.（Moore，Daniel McFarlan） 美国人，1869年2月27日生于美国宾夕法尼亚州诺森伯兰，1936年6月15日卒于新泽西州东奥兰治。电气与照明工程、通信工程、电工学。

牧师之子。职业生涯开始于为爱迪生工作。他认为爱迪生白炽灯太小、太热且光线偏红，于是离开了爱迪生公司，独自成立摩尔照明公司，研制生产放电式新光源摩尔灯。由于改进型钨丝灯在美国上市，1910年摩尔公司受到沉重打击，于是加盟美国通用电气公司。67岁那年，他被人枪杀在自家门前的草坪上。谋杀者是一个失业发明家，当他发现自己申请的一项专利已授予摩尔时，情绪随之失控。

19世纪50年代，德国的J. H.盖斯勒首先提出真空放电生光的想法。受其启发，1896年摩尔展示了自己发明的放电式新光源，人称“摩尔灯”。他把直径2英寸（约合5厘米）、长10英尺（约合3米）的玻璃管内空气抽出，填充以氮气或二氧化碳气体，当电流接通两极时就会发出粉红色或白色的光，连接的最长灯管可达250英尺（约合76.2米）。后来的霓虹灯设计，就是源于“摩尔灯”带来的灵感。经过几年努力，他又发明了一种电磁控制阀，以使电子管内的气压保持稳定，从而延长了灯的使用寿命。尽管生产和安装摩尔灯的难度大，还需要高电压，因而价格不菲，但是光效几乎是爱迪生白炽灯的3倍，光线也更自然。从1904年起，摩尔照明系统被大量用于工厂、商店和办公室。1910年，当美国的钨丝灯在光效上赶上摩尔灯时，摩尔公司注定要在竞争中走向失败。

摩尔持久的技术遗产，是1920年开发的小辉光灯。这些低功率小巧器件，是利用一种被称为“冠状放电”的物理原理研制的。他在一个灯泡里安装了两个很靠近的电极，并在里面填充氖气或是氩气，这些气体在电极作用下会发出明亮的红色或蓝色的光芒。小辉光灯长期作为指示灯广泛用于仪表板和各种家用电器（如咖啡壶上的橙色指示灯）上。由于电极和灯管可取任何形状，用于装饰灯具颇受欢迎。直到20世纪70年代，摩尔辉光灯才逐步被发光二极管所取代。

1924年，他又发明了可用于照片传真的真空管，1925年经改进后很快用于电视机。1938年，摩尔身前在通用电气公司主持开发的不同尺寸荧光管形灯开始上市。翌年，该公司在纽约世界博览会上展示了摩尔新型灯。（易　力）

恰普雷金，C. A.（Чаплыгин，Сергей Алексеевич；Chaplygin，Sergei Alekseevich） 苏联人，1869年4月5日生于俄国梁赞省拉宁堡（今俄罗斯恰普雷金），1942年10月8日卒于新西伯利亚。航空航天工程、空气动力学、分析力学、应用数学。

出身店员家庭，2岁丧父。1890年以优异成绩毕业于莫斯科大学物理系。在H. E.茹科夫斯基要求下留校任教，4年后成为副教授。1893年任教莫斯科高等技术学校。1897年、1902年先后获莫斯科大学硕士、博士学位。1901年任莫斯科女子学院力学教授，1905～1918年任院长。1903年任莫斯科大学教授，1918年与茹科夫斯基一起参与筹建中央航空流体力学研究所，1931年任所长。1924年当选为苏联科学院通讯院士，1929年当选院士，同时被授予荣誉科学家称号。

学术思想深受茹科夫斯基的影响。在发表的一系列论文中，液体和气体力学的研究占有特殊地位。1894年发表论文“关于刚体在液体中运动的若干情况”，首次对以前的解析式给出几何解释。1897年首次导出非完整系统运动的普遍方程。因这两项经典性成果，1899年获圣彼得堡科学院金质奖章。从19世纪90年代末起对喷流发生极大兴趣。1902年博士论文“论气体射流”首次给出了研究任何亚音速下气流运动的方法，30年后成为空气动力学研究中心课题。一系列的研究成果开辟了高速空气动力学研究领域，发展了解决气体动力学问题的近似计算法，奠定了气体动力学的理论基础。从1910年起对机翼理论及其实施进行研究，首次精确地提出了与机翼周围涡流速度有关的基本原理(即绕翼型环量原理)，对茹科夫斯基定理作了补充和推广，被称为恰普雷金-茹科夫斯基原理。1914年提出“机翼叶栅理论”，成为计算螺旋桨、发动机和其他水力机械分析与设计的理论依据。后期致力于对机翼截面、外形、骨架和机翼不规则运动等进行研究，提出有效的近似计算法。这些研究工作对世界航空流体力学的发展具有重要意义。在数学上也有重要建树，1919年提出微分方程的近似积方法，后称恰普雷金方法和恰普雷金不等式。此外培养了一批著名学者。

主要论文汇集于《恰普雷金选集》(1948年)、《恰普雷金数学力学选集》(1954年)。1925年获茹科夫斯基基奖金。此外获两枚列宁勋章和两枚其他勋章。1941年被授予苏联社会主义劳动英雄称号。莫斯科的一处街道、他工作过的实验室、月球表面一个环形山，以他命名。　(宋玉亭)

波尔森，V.(Poulsen，Valdemar)　丹麦人，1869年11月23日生于丹麦哥本哈根，1942年7月23日卒于同地。音响工程、通信工程、无线电技术、电磁学。

法官的儿子。遵从父嘱入哥本哈根大学医学院学习，但他对医学不感兴趣，于是在24岁时退学，聘任哥本哈根电信公司技术员。1903年建立美国电磁式录音机公司。

他被誉为“丹麦的爱迪生”。1880年前后，美国机械工程师O.史密斯(Oberlin Smith)已有利用磁性来记录声音的想法。受其启发，1898年波尔森着手研制用钢带局部磁化来记录声音的记录仪。第一个演示装置只是一枚钢制尖针连接一个可移动的小螺旋探头。不久又找到了将铁丝缠绕到一个鼓状直立线圈上的办法，线圈由一个曲柄带动旋转，使得铁丝能够在一个固定记录或拾音的线圈下通过，这便是今天的收录机雏形，1898年年底申请了第一份专利。1900年，这台录音电话机在巴黎世界博览会上首次公开展出，获得最高金奖。他和另一位工程师佩德森(P. O. Pedersen)合作继续改进这种装置，并获得多项专利。后来，波尔森的兴趣转向了无线电领域。

在20世纪初，无线电只能传输电报码，而不能传输声音。1903年，波尔森发明了一种改进式持续电弧发射机用于无线电天线，可在较高的频率下(100千赫以上)运行，声音传输距离超过240千米，其成效在数年内位居远距离传输设备之首。他在好多个国家取得了这种专利。但是，他在激烈的办公用具市场竞争中几乎没有获得成功，只是一些美国铁路系统使用了这种设备。1911年哥本哈根电信公司才推出这项业务。1920年他又改进了1000千瓦波尔森电弧发射器的基础设计，能使声音传输到4000千米以外。他参与主持建设哥本哈根军港等地无线电发射台，建立了丹麦和英国等国的通信联系。然而，随着电子管发射机的发明，波尔森电弧发射机很快便落伍了。但是著名物理学家E. O.劳伦斯让它绝地逢生，1930年在伯克利加利福尼亚大学主持制造了世界第一台大型回旋加速器时，用到一台曾在第一次世界大战中服过役的大型波尔森电弧发射机的一些部件，从而为粒子物理学的诞生和原子弹的发明铺平了道路。1944年美国电磁式录音机公司宣布倒闭，但他的历史贡献功不可没。生前出版有《电报电波原理》、《无线电报基础手册》等著作。　(林　蔚)

达伦，N. G.(Dalén，Nils Gustaf)　瑞典人，1869年11月30日生于瑞典瓦斯特哥特兰郡斯卡拉堡斯滕斯托普村，1937年12月9日卒于瑞典利丁戈。照明工程、动力与机械工程、自动控制。

1892年考入哥德堡的查尔默斯理工学院机械工程系，1896年毕业获工程师证书。同年赴瑞士苏黎世联邦理工大学进修。1897年回国，在斯德哥尔摩勒瓦尔蒸汽涡轮机公司任机械工程师。1900年和同学合伙成立达伦-塞尔辛工程公司，次年易名瑞典碳化物与乙炔公司并任技术主管。1901年和童年女伴结婚，有两子两女。1906年加盟煤气储存器公司并任总工程师，1909年该公司扩建为瑞典煤气储存器公司(AGA)，任常务董事兼总工程师直至去世。1912年在实验室测试集气钢瓶所能承受最大压力时，因发生爆炸导致双目失明。1913年当选为瑞典皇家科学院院士。1919年当选为瑞典皇家工程院院士。

早年从事蒸汽涡轮机、制冷压缩机、气泵等的研制和改进，1901年后致力于海上照明自动化技术开发。当时，灯塔和航标灯通常采用石油燃气照明，亮度较低，还要专人看管。瑞典海岸线长、岛屿众多，急需发展新型海上照明系统。1895年，科学界发明了一种可大规模制备燃气的方法，即用碳化钙(电石)产生可燃的气态烃乙炔(电石气)。由于电石气点燃能产生强烈白炽光，这一发现对灯塔业显然意义重大。但是电石气在一定压力下高爆，形同烈性炸药。1896年，两位法国化学家发现将乙炔溶于丙酮后，生成的气体非爆炸性。1901年，达伦的公司购得这一专利，但仍无法直接实用。达伦解决了一系列技术难题，创造了新工艺：将一种多孔电石块密封于钢质容器内，其中一半盛着液态丙酮，保持10个大气压和摄氏15度。经测算得知，这样产生的非爆炸性电石气体积是容器的100倍。这一被通称为“AGA光”的技术，很快用于灯塔和航标灯，不久作为早期交通信号灯用于公共交通和航空照明系统。1904年，他开发出一种控制器，能够在瞬间开关燃气孔，让光源产生不同时间间隔的闪烁，可用于传递莫尔斯电码。1907年，他发明一种“太阳能阀”光控开关，日出熄灯，在傍晚、阴天或雾天开灯。阀门由4支金属杆控制，一支黑色，三支高抛光，均置于玻管内。白昼，黑杆吸收阳光发热而膨胀，自动关闭气阀；日光少或无时，黑杆冷却致使其他金属杆降温收缩，重开阀门。这一通称为“AGA 光”的技术，较前可节省燃料 93%，而且全年不用人管，成本大降、效率大增，还可用于海上人迹不到的礁石、荒岛。他因该项技术获 1912 年诺贝尔物理学奖。此外，1929 年发明 AGA 灶具和达伦照明系统等。一生获专利 100 余项。（宣焕灿）

王汝淮（Wang Ruhuai） 别号皖南。中国清代广东南海人。清同治九年（1870 年）生，卒年不详。*采矿学、矿物学、工程管理*。

光绪十六年（1890 年）由广州同文馆调至京师同文馆学英文。光绪二十二年（1896 年），被派往英国伦敦专攻矿务。回国后，先后任职于工部、京师实业学堂。辛亥革命（1911 年）时离职，在天津闭门撰写《矿学真诠》，1917 年脱稿。

一生中最大的学术贡献，是一部 13 卷、50 万字的矿务专著《矿学真诠》，这是中国人写的第一部采矿学教科书，确立了他作为中国近代采矿学创建人的历史地位。他认为中外开矿方式不同，收效相差很大，指出了中国传统采矿方式中的弊端。为改变中国的采矿状况，他将在英国所学的课程、世界各地学者关于采矿学的论文、以及自己的实地考察所得，一一写入书中，系统介绍了西方近代地质学、矿务学、矿床学和采矿学的研究成果。该书共 13 卷，第 1～5 卷阐述矿产成因和勘探挖掘方法，包括矿产、勘探、打钻、采矿工具和手段、矿井选址、挖矿；第 6～12 卷详介井中的各道工序，包括撑架、灯光、运输、通风、提升、排水方法；第 13 卷专论选矿技术和工具。该书所叙详尽具体，稍窥采矿学门径的人，不必拜师，只需读此书即能了解采矿的基本方法，具有很高的实用价值。此外，该书在矿石品名的译名上也有很大的贡献。同时期的科技翻译著作，凡遇品名往往采用音译，读者难以体会其意义，而《矿学真诠》中译名全是意译，明了易懂。他曾自述：“一名之立，往往苦思数日，总以文简意赅，不离其真为主。”可见工作难度之大和作者治学之严谨。（江冬妮）

本多光太郎（Honda，Kotaro） 日本人，1870 年 2 月 23 日生于日本爱知县碧海郡矢作町（今冈崎市），1954 年 2 月 12 日卒于东京。*冶金工程、材料科学、金属学、仪器研制*。

1898 年毕业于日本东京帝国大学（今东京大学）理学院物理系。同年起先后到德国格丁根大学和英国留学冶金学和金属磁学，1911 年回国。同年任东北帝国大学（今东北大学）新建的理学院物理系教授，1916 年任物理化学研究所第二研究部主任，1919 年任钢铁研究所首任所长，1922 年兼任金属材料研究所首任所长，1931 年任东京帝国大学副校长兼教务长，1940 年退休任名誉教授。同年参与成立兴亚工业大学（今千叶大学）并任顾问。1949 年任东京理工大学首任校长。1922 年当选为日本学士院院士。1924 年当选为美国金属学会荣誉会员。曾任日本电磁学会首任理事长、日本金属学会首任会长。1933 年获德国格丁根大学荣誉理学博士学位。

早在 20 世纪初年，他改变传统金相学主要靠显微镜观察进行热分析的单一方法，综合运用热膨胀、电阻和磁性异变等多种手段，精确地分析钢铁和合金的金相随温度而出现的细微变化。1915 年率先研制成功热天平，为差热分析提供了一种精确有效的分析仪器。1917 年，和助手高木弘共同发明钴钢，其大致成份为碳 1%、铬 2%、钨 6%、钴 35%，并将其加热到 930～970℃后即浸入油液进行淬火处理，大大提高了钴钢磁性，其强度超过了当时所有的钢种，成了世界最强的合金磁铁。为纪念赞助人，他将这种钴钢命名为“吉左卫门钢”（简称 KS 钢），其出现引起了科学界和实业界的广泛关注。1920 年和 1927 年，先后研究了铁钴合金、钴镍合金等的磁致伸缩特性。1934 年，又研制成磁强度更高的“NKS”新钢种。

出版著作《物理学的势力不灭论》（1907 年）、《铁与钢的研究》等。获 1922 年英国钢铁学会贝塞麦金质奖章，1931 年美国富兰克林学院艾略特金质奖章，1937 年日本文化勋章，1954 年一级旭日大绶章等；1951 年获日本“文化功劳者”荣誉称号。（李 烨）

巴顿，E. O.（Патон，Евгений Оскарович；Paton，Evgeny Oscarovich） 苏联乌克兰人，1870 年 3 月 4 日生于法国尼斯，1953 年 8 月 12 日卒于乌克兰基辅。*焊接技术、桥梁工程、材料科学*。

外交官家庭出身。1896 年毕业于圣彼得堡公路工程学院。1898 年到莫斯科理工学院任教。1904～1938 年在乌克兰基辅理工学院任教，并在该校升任教授。1929 年入选苏联乌克兰科学院院士。1930 年组建焊接试验室，同年在乌克兰科学院成立电焊专业委员会。1934 年将焊接试验室扩建为电焊科学研究所，并担任首任所长。1945 年，该研究所被国家命名为巴顿研究所。1945～1952 年，任苏联乌克兰科学院副院长。

焊接技术领域的世界级权威，金属焊接学的苏联学派奠基者。主要研究如何实现焊接过程的自动化，创立了熔剂层下的焊接方法，在工业中创新和推广各种新式焊接方法。在他的主持和参与下，研制出各种自动焊接装置，发明了管道和容器等的专用焊接方法，在苏联建立了世界上第一批焊接生产自动线，大大提高了劳动生产率和焊接质量。在第二次世界大战中，他开发出特种钢的自动焊接技术与设备；负责指导、制定和监管全苏联军事工业中的焊接标准，尤其是对坦克和炸弹等兵器的焊接作业实施作出了重大贡献。

桥梁工程方面，他创新了桥梁跨梁设计法，调查研究其施工作业条件，提出了快速优质抢修受损桥梁的独特工艺。1953 年，他在基辅领导设计建造了第聂伯河上一座全焊接结构的大铁桥。当年病逝后，人们以巴顿之名命名该桥，以纪念他的贡献。

主要著作有《铁桥》（4 卷，1902～1907 年）、《巴顿文选》（3 卷，1959～1961 年）等。（李啸虎）

克劳德，G.（Claude，Georges） 法国人，1870年9月24日生于法国巴黎，1960年5月23日卒于法国圣克卢。照明工程、低温工程、化学工程。

1889年毕业于巴黎市立高等工业物理化学学院。后成立克劳德氖照明公司等多家公司。第一次世界大战期间(1914～1918年)，在法国军方化学战部门工作。因在第二次世界大战期间同维希傀儡政权合作过，1945～1949年以勾结纳粹德国罪判处监禁。

氖气霓虹灯首创者，荧光灯主要发明者之一。1898年英国人W. 拉姆齐和M. W. 特拉弗斯发现大气中存在氖(Ne)。氖在地球上是一种惰性气体，在大气层中含量仅为1/65 000。他在开发液化空气技术时分馏制得液氖，首次发现密封玻璃管内的氖气通电激发后会发出美丽的红色荧光，1910年制作了世界上第一盏霓虹灯并获得法国专利。同年12月11日，红色氖气灯首次在巴黎机动车展览馆展出，引起轰动。1910～1914年他着手开发商用氖气灯管，试验弯曲成文字和装饰图样，1911年11月9日向美国专利局提出申请，1915年获美国专利。其时他发现若将一滴水银加入氖气管，通电后会发出耀眼的淡蓝光。1914年第一次世界大战爆发前夕，霓虹灯已在巴黎街头初次露面，因战争灯火管制被禁用。1917～1920年继续改进从液态空气中分离提纯氧、氮、氖等气体的工艺。1922年他的公司将两套霓虹灯广告牌卖给法国皮卡特汽车公司在美国洛杉矶、旧金山的代销店，接着数家美国标记公司加盟，这种被称为“液火”的彩灯很快风靡美国，1924～1929年美国标记产业年销售额从5万美元跃升至1 800万美元。

为了让霓虹灯色彩更鲜艳，1933年德国人E. 科克(Erich Koch)发明了灯管内壁加涂荧光粉层技术；几乎同时，克劳德也独立试制出加涂荧光粉层、内充水银蒸汽的荧光灯，不久获专利。1934年他攻克灯管用后不久出现污点和发黑等缺陷，1935年布鲁塞尔世界博览会因此大放异彩。20世纪30年代后期，美国通用电气公司花了数百万美元开发荧光灯，最后确认他的专利最为基础，同他签约大批量生产。这种发白光节能灯被称为“日光灯”，很快在工业和家用照明中取代了白炽灯的统治地位。

他的发明领域广泛。1895年德国化学家C. 林德(Carl von Linde)发明大气液化法，几乎同时他也独立开发出一种大量生产液化空气工艺流程，1902年首次披露。1897年发明乙炔气溶入丙酮的安全运输法，促进了乙炔工业大发展。试验利用海面与海底的温差来发电。1910年提出液态氧炼钢法，直至第二次世界大战后才被产业界采纳。第一次世界大战期间，研制含液氧的烈性炸药。1917年独立开发与德国化学家F. 哈伯方法类似的合成氨新工艺。试制过以少量液氮为润滑剂、以液氢为燃料的低温发动机。仅在霓虹灯标记产业，他就拥有18项专利。 （邱凤昌）

加廖尔金，Ь. Г.（Галёркин，Борис Григорьеэич；Galerkin，Boris Grigorievicj） 苏联人，1871年3月4日生于俄国波洛茨克，1945年7月12日卒于列宁格勒(今圣彼得堡)。水电工程、结构工程、结构力学、弹性理论。

在明斯克读完中学后于1893年考入圣彼得堡理工学院，1899年毕业获工程师证书。由于家庭清贫，期间靠课余当家庭教师和绘图员的收入来维持自己的生活和学习。毕业后在一些大型机械厂担任技术工作。因参加革命活动，1906年被判1年半徒刑。1909年起先后在圣彼得堡理工学院、列宁格勒交通工程学院、列宁格勒大学任教，担任结构力学系、结构工程系主任，是弹性理论和结构力学教授。1928年当选为苏联科学院通讯院士，1935年成为院士。去世前为苏军工程师-中将军衔。1940～1945年担任苏联科学院力学分院院长。多年来一直担任全苏建筑科学工程技术协会主席。

主要贡献是在弹性理论和结构力学方面，尤其是发展了有限元方法及其数学分析，是弯曲理论的创始人之一。1909年出版《纵向弯曲理论》，1910年出版《弯曲与压缩》专著。1915～1917年研究了薄板弯曲理论并应用于工程技术，有关研究成果收集在1934年出版的《弹性薄板》一书中。1934～1945年探讨薄壳理论，并应用于工业建筑。是苏联沃尔霍夫水电站等大型水电站建筑顾问。

1934年被授予荣誉科学家和技术专家称号。1942年获国家奖金。先后获2枚列宁勋章。为纪念他对科学事业的贡献，设立了以他命名的奖金，奖励在弹性理论、结构力学和塑性理论方面有显著成绩的人，并资助这方面的研究生。 （宋玉亭）

佩列杰里，Г. П.（Передерий，Григорий Петрович；Peredery，Grigory Petrovich） 苏联人，1871年9月29日生于叶伊斯克，1953年12月14日卒于莫斯科。路桥工程、焊接技术、结构力学、工程教育。

出生于教师家庭。1897年毕业于圣彼得堡路桥工程学院。同年起先后在丹科-斯摩棱斯克、高加索地区的铁路线上任工程师。1901年到第比利斯任《工程学》杂志首任主编。1902～1906年、1926～1930年在莫斯科理工学院桥梁系任教。1907～1914年、1919～1941年任教于圣彼得堡路桥工程学院、列宁格勒路桥工程学院，1919年升任教授，1920年任工程结构系主任，1921年任院长。期间曾兼任莫斯科-喀山等铁路线工程师。1941～1944年任新西伯利亚铁道学院桥梁系主任。1939年当选为苏联科学院通讯院士，1943年当选为院士。

苏联钢筋混凝土桥梁设计建造的开创者之一。在工业化装配桥梁钢结构、以及焊接钢材等领域，有多项技术创新和理论成果；参与主持苏联交通工程高等教育新体系的建立，培养了大批国家急需的各类交通工程技术人才；参与修建沃尔霍夫、莫斯科、第聂伯河和沃洛格达等地30余座铁路桥梁工程，对恢复和发展两次受大战破坏的苏联铁路运输有重要贡献。1904年发表他的第一篇论文，提出对钢铁材料焊接点硬度效应的一种新测试方法，简便而准确。据认为，这种方法直至30年后才在欧美得到普遍重视。1915年，主持俄国首批钢筋混凝土梁跨度示范性开发项目。不久，又率先提出在俄国建造预制混凝土桥梁的设想。1932～1938 年，主持在列宁格勒改建沃洛达尔斯基大桥，跨度达 101 米，采用筒形钢框架曲拱，是当时苏联最长的钢筋混凝土拱梁组合体系桥梁。

发表论文近百篇；主要著作有《无斜杆桁架理论》(1906 年)、《钢筋混凝土桥梁教程》(1912 年初版，1951 年第 6 版)等。1943 年获苏联国家奖金。此外获列宁勋章和 5 枚其他勋章与奖章。（李　烨）

乔吉，G.（Giorgi，Giovanni）　意大利人，1871 年 11 月 27 日生于意大利卢卡，1950 年 8 月 19 日卒于卡斯蒂利翁切洛。*电气工程、电工学、应用数学。*

1893 年在罗马技术学院获土木工程学位。1897～1906 年在多个电气与机械设备公司当经理。1906～1923 年担任罗马市技术局局长。自 1910 年起在许多大学的不同学科领域任讲师、副教授、教授，后来成为数学物理名誉教授。他任教的学校先后是：罗马大学、罗马航空建设学院、罗马皇家工程技术学院、皇家卡利亚里大学、巴勒莫大学等，其中 1934 年为罗马大学电气通信教授，1939 年为皇家高等数学学院副教授。

重要成就包括产生蒸汽的电气牵引设计、城市电车系统的改进、电热装置概念的倡导、分布网络等。1901 年向意大利电气学会提出一种新的电气测量系统：米-千克-秒-安制，1935 年被国际电工委员会所采纳，称为“乔吉制”。直至 1960 年第 11 届国际会议上，才接受国际制(SI)。完成了多种学科著作，特别在应用数学方面最为突出。发表论文 350 余篇。独著或合著有数部科学技术教材。（屈大壮）

胡贝尔，M. T.（Huber，Maksymilian Tytus）　波兰人，1872 年 1 月 4 日生于波兰克罗希钱科，1950 年 12 月 9 日卒于克拉科夫。*结构工程、材料力学、应用数学、高等教育管理。*

文物保管员之子。1894 年毕业于波兰利沃夫理工大学土木工程系。留校任教。1896 年到柏林大学进修数学一年。1898 年回校任数学教研室讲师和波兰国家设计院工程师。1899 年底任教克拉科夫理工大学，次年升为教授。1906 年任利沃夫理工大学理论力学教授，1908 年起先后任工程力学教研室主任、工程系主任，1914 年任利沃夫理工大学校长。在第一次世界大战中任奥匈帝国军官，1915 年 9 月在拉哈登战役中被俄国所俘，在战俘营里翻译俄国 S. P. 铁木辛柯的《材料力学》，1918 年遣返回国。同年回利沃夫理工大学任教，1921～1922 年再次出任校长，后任机械实验研究所所长。1922 年任波兰工程学会副会长，1928 年任会长。1925 年任波兰政府铁道部技术委员会委员。同年任波兰数学会会长。1927 年任波兰国际智力合作委员会组织委员会主席。同年当选为波兰智力科学院通讯院士，1934 年为院士。1928 年任华沙理工大学机械工程部力学系主任。同年任波兰技术科学院院长。1931 年当选为国际材料研究会理事。1936 年任波兰高等院校教材委员会主任。后主持波兰航天工业部技术工作。第二次世界大战期间，在华沙参加秘密抵抗运动，并在地下大学讲课，多次逃脱纳粹德国追捕。战后，1945 年 10 月起任格但斯克理工大学材料力学教研室主任、材料强度研究所所长。参与领导波兰高等学校战后重建，任波兰规范委员会主席。曾任多个国际学术团体理事和专业委员会主席。

国际工程力学界权威专家，成果涵盖多个领域。在变形体力学上：率先将各向正交异性理论从晶体结构拓广到工程材料，最早把钢筋水泥板、加筋板和波纹板等都近似地作为各向异性板来处理，引入基本假设，给出具体边值问题解法，直接应用于各种工程实际。在经典塑性力学上：1904 年发表重要论文“应变能作为材料临界态的一种量度”，提出在决定临界态时仅需考虑挠曲能量，最早确立材料强度屈服准则。德国的米泽斯(R. von Mises)和亨奇(H. Hencky)先后于 1913 年、1924 年也独立得出类似结论，因而工程界常统称为胡贝尔-米泽斯-亨奇强度理论。在弹性力学上，1906 年研究圆管内外壁受热不均的强度问题，其分析成了热弹性力学典范；所著两卷本《弹性力学》是经典之作。此外，对工字梁等结构系统稳定性、材料硬度绝对度量等方面，也有独创性建树。

发表论文 250 余篇。除学贡献外，他还是一位杰出教育家和优秀管理者，为波兰培养了几代高级科技人才，对波兰高等教育发展作出了重要贡献。多次获奖，其中有 1925 年波兰十字勋章、波兰航天学会一级功勋金质奖章、1946 年波兰胜利与自由勋章等。

（马见慈　沙振舜）

布莱里奥，L. C. J.（Bleriot，Louis Charles Joseph）　法国人，1872 年 7 月 1 日生于法国康布雷，1936 年 8 月 2 日卒于巴黎。*航空工程、飞行技术、工程管理。*

毕业于巴黎中央高等工艺学校技术与贸易专业。后开办制造和经营汽车头灯的商行，生意兴旺。1896 年起，他决定改行终身从事飞行和飞机制造事业。1907 年建立布莱里奥飞行学校。1909 年组建一家飞机制造公司，并开辟了一条高质量的新航线。1913 年收购斯帕德飞机公司。

法国航空事业创始人之一。他对自己研制的各种型号飞机，都坚持亲自驾机试飞，以便取得第一手资料不断改进设计和制造上存在的问题。1899 年研制扑翼机；1903 年开始和法国航空先驱之一的 G. 瓦赞(Gabriel Voisin)合作制造双翼机和水上滑翔机；1906 年开始研制螺旋桨单翼机，但都没有试飞成功。1907 年 4 月 5 日，他驾驭自制的串列式机翼的单翼机在法国巴格代拉首次完成短途越野飞行。1908 年试飞自制的布-3 型等飞机，先后完成 14 千米、27 千米等距离的往返飞行。他在历史上第一次成功地飞越英吉利海峡，这是当时最大胆的举动。1909 年 7 月 25 日清晨，他驾驭重 227 千克、装有 25 匹马力(18.4 千瓦)发动机的布-11 型单翼机，战胜多变的天气和可怕的大海，从法国北部的加莱直飞英国东南部的多佛尔，航程约 35.5 千米。36 分钟的飞行，不仅赢得了《伦敦每日邮报》1 000 英镑的预设赏金，而且获得了全世界的赞誉。1913 年，他的飞机制造公司通过兼并斯帕德飞机公司迅速扩大规模，一年里制造出各种军用、民用改型机近800架。在第一次世界大战中，布莱里奥公司共生产2500多架飞机，其中布氏单翼机改型为侦察机，S-7、S-12、S-13型等斯帕德驱逐机广为应用。一战后，他设计的布-110型飞机实现了横越大西洋的飞行；1933年又研制成功水上飞机。在1936年心脏病发作去世之前，他一直活跃在世界航空业前沿，为法国航空事业做出了重要贡献。（李啸虎）

西登托夫，H. F. W.（Siedentopf，Henry Friedrich Wilhelm） 德国人，1872年9月22日生于德国不来梅，1940年5月8日卒于耶拿。*光学工程、仪器研制、显微技术。*

1896年在格丁根大学获物理学博士学位。1899年接受E. 阿贝建议进耶拿蔡司光学工厂，先在阿贝的实验室中工作，1907～1938年期间为该公司显微学部主任。1918年任耶拿大学教授，讲授显微术。当选为德国利奥波德科学院院士。

对显微镜技术有许多改进，最重要的成就是与R. A. 席格蒙迪合作于1902～1903年间制成的“缝隙超显微镜”，通常叫做超显微镜，现在叫做暗场显微镜。这个装置可以观察到红宝石晶体中所含的金微粒。席格蒙迪后来把这种显微术方法发展到浸没显微镜，而他则创造心脏形聚光镜的 超显微镜。1907年转向研究显微电影术。1908年同著名德国物理学家A. 科勒一起研制了荧光显微镜。（唐玄之）

沙海昂（Sha Haiang） 字利农；原名夏里尼诺，A. J. H.（Charignon，Antoine Joseph Henry）。法裔中国人。1872年9月23日生于法国里昂，1930年8月17日卒于中国北京。*铁路工程、人文地理、文献学。*

沙海昂是夏里尼诺来中国后取的中文名字。先祖是西班牙人，后移居法国。1894年毕业于巴黎中央高等工艺学校。后任铁路工程师，在土耳其小亚细亚山区修建斯麦那-喀萨拉铁路3年多。光绪二十四年（1898年），受聘于法国利来公司到中国任滇越铁路工程师。这条铁路地处云南边陲，地形复杂，工程难度大。后先后任正太铁路、京汉铁路和陇海铁路工程师，足迹踏遍大半个中国，尤以修建京汉铁路黄河大铁桥而功绩卓著，受到清政府表彰。光绪三十四年（1908年），任清廷邮传部顾问。他在中国结婚，妻子为福州人氏，生有一女。宣统二年（1910年），他加入了中国籍，把自己算作大兴县人，看到中国是个农业大国，又为自己取字利农。民国后，他改任国民政府交通部顾问。1914年第一次世界大战爆发，毅然辞职返回法国参战，作为法军远征军军官赴土耳其参加了著名的加利波利战役，法军损失惨重，他得以生还。大战结束后，在贾宁（Janin）将军麾下任炮兵少将，奉命随英法联军到西伯利亚干涉苏俄十月革命。后不久重回北京任职。1918年辞职回家养病，潜心研究中国历史地理。

沙海昂作为近代西方来华工程师，爬山涉水、风餐露宿，为中国早期的铁路建设作出了奠基性的贡献。与此同时，他又实地考察了华南、华中、华北各地的历史地理和风土人情。因困惑于官场人际关系，对很多设想不能实现深感失望，于是辞职回家埋头潜心著述和收集图书资料。他放弃了购置产业的打算，不惜重金购取善本孤本，经多年积累，共有藏书3000余册2000余种，其中约一半为外国人写中国的书。这些珍贵藏书以前大多为中国所未见，后几经战乱和折腾，总算保存到现在。晚年完成3卷《马可·波罗游记新注释》（1924～1928年），一时名声大振，评价很高。法国政府曾授予他一等金质奖章。后又为明朝时的葡萄牙海盗的中国游记《平拖游记》做注释，只做了一半便不幸患脑溢血去世，享年58岁。该书注释工作后由一位法国人代为完成。此外出版有照片集《老街到云南府的铁路线》（1908年）、《中国铁路计划书》（1914年）等。另有手稿《从南宁至北京设计图》等。（李啸虎）

吉耶，L. A.（Guillet，Léon Alexandre） 法国人，1873年7月11日生于法国圣纳泽尔，1946年5月9日卒于巴黎。*冶金工程、金属学、材料科学。*

1897年毕业于法国中央高等工艺学院，1902年获物理学博士学位。1911年任该校冶金学系主任，1922年升任学院院长。1925年被选为法国科学院院士。

一生致力于合金理论的研究，对发展镍、锰、铬、钨等特种合金钢作出了贡献。1904年开始进行铁铬合金的深入广泛研究，推进了不锈钢的开发进程。其工作包括对现今所称的410、420、442、446和440-C等不同成份铁铬合金型号的研究。1906年，他接着分析和开发铁镍铬合金，被认为是后来300系列的基础。但是他把注意力集中于合金成份的分析，忽略了他的合金材料的耐腐蚀潜力。后又从事青铜和黄铜的研究。一贯主张不要把科学基础研究和应用与开发研究截然分离。（邱凤昌）

桑托斯-杜蒙特，A.（Santos-Dumont，Alberto） 巴西人，1873年7月20日生于巴西米纳斯吉拉斯州卡班古村，1932年7月23日卒于巴西圣保罗市瓜鲁亚。*航空工程、飞行技术、空气动力学。*

巴西圣保罗咖啡大王之子。从小喜欢摆弄机械和阅读凡尔纳科幻小说。1891年全家迁居法国。他在巴黎大学等校学习过化学、物理、天文学和机械学，研制各种航空器，旅居长达27年。1904年受邀访问美国，在圣路易斯市等地表演飞艇，期间T. 罗斯福总统同他讨论过飞艇用于海战可能性。1910年因病中断飞行业，仍热衷各种发明。1928年回巴西定居，4年后因忧郁症自缢身亡于家中浴室。其人身材瘦小，步伐敏捷，言谈有力，待人谦和。

旅法巴西“航空之父”。19世纪下半叶，巴黎号称“世界航空之都”。1898～1905年他在那里制造了14艘可控动力飞艇，有11艘试飞成功。1898年7月4日，他在巴黎乘上自己第一只小型圆气球“巴西”号升空。不久他的“美洲”号气球在科学界研究大气层气流项目竞标中胜出，体积500立方米，在空中停留22小时。同年9月18日，他研制的可控软式飞艇“桑氏第1号”升空，是最早采用内燃机的飞艇。1901 年 10 月 19 日，他驾驶第 6 号飞艇从巴黎郊外圣克卢升空，首次绕艾菲尔铁塔一周后又返回原地，续航 29 分 30 秒，航程 12 千米。同年获得巴黎航空俱乐部多伊奇奖等 10 万法郎，他悉数平分给了受雇工人和巴黎乞丐。

20 世纪初年，他在欧洲率先研究"重于空气"的动力飞机。在瓦赞兄弟协助下，1906 年他制成了一架有前翼的盒形风筝式双翼机，在铝材和竹子骨架上蒙贴丝绸，因用第 14 号飞艇悬吊它试验，故定名"双 14"，这是欧洲第一架动力飞机。从当年 9 月 13 日至 11 月 12 日，在巴黎西郊巴加泰勒公园试飞多次，内燃机功率从 17.7 千瓦改为 50 千瓦，航程从 7 米延至 220 米，高度从 2 米增至 6 米，第三次最高时速 37.36 千米，成为国际航空联合会成立后第一项飞行速度世界记录。1907 年 11 月造出第 19 号飞机，翼展 5 米，一根竹竿作机身，堪称现代超轻型飞机始祖。次年研制的"蜻蜓"号机身由三根竹竿构成，翼展 5.41 米，机长 7.92 米，质量 118 千克，驾驶员坐在机翼下一块用两根竹竿绷紧的帆布上，机翼上方装有 20.58 千瓦卧式双缸达拉克发动机。1909 年 3 月，改进型"蜻蜓"号飞上蓝天。

他去世时正逢巴西内战，交战双方闻讯停战一天以示哀悼。1932 年 12 月 21 日，巴西政府在里约热内卢为他举行了隆重国葬。他的遗体经防腐处理后存放于圣保罗大学医学实验室。12 年后，巴西一家航空公司获准将其心脏取出放进敞口镀金匣，外配一只水晶框，置于里约热内卢巴西航空部直属航校一个大理石座基上供人瞻仰。（李啸虎）

沙里宁，G. E.（Saarinen，Gottlieb Eliel） 美国人，1873 年 8 月 20 日生于芬兰的兰特沙尔米，1950 年 6 月 1 日卒于美国密歇根州克兰布鲁克。*土木建筑、家具设计、城市规划、建筑学。*

芬兰裔。建筑世家出身。1897 年毕业于芬兰赫尔辛基工业大学。就学期间，1896 年和两位同学合伙成立建筑事务所。1922 年赴美国，在芝加哥等地开办建筑等事务所。1923 年加入美国籍。1932～1948 年任底特律的克兰布鲁克艺术学院院长，去世前仍任该校建筑与城市规划系主任。

在 1900 年巴黎世界博览会中，他主持设计的芬兰馆受到国际上的赞赏；参与赫尔辛基扩建计划，形成了芬兰浪漫主义建筑学派风格，声名远扬；也因参与爱沙尼亚的雷瓦尔市（今塔林）等城市规划而享誉欧洲。20 世纪初，他还把自己的建筑哲学理念移植到家具创意设计上，匠心独具，造型别致。在《芝加哥论坛报》总部大厦的国际建筑设计竞赛中获二等奖，他的设计方案对后来美国摩天大楼的建造影响甚大。参与芝加哥的扩建计划，进一步发展了浪漫主义建筑学派风格。1926～1943 年间，他负责设计了自己主持的艺术学院及其附属学校的全部建筑，同时又专门设计制作了一些创意独特的配套家俱。

在城市规划上提出"有机疏散论"，认为今天的城市日益趋向衰败，产生了不少城市病难题，需要有一个以合理的城市规划原则为指导的革命性演变，使城市有良好的结构、齐全的功能，既要符合人类聚居的天性，又不脱离自然环境，才能使城市不断健康发展。主要设计作品还有：获大奖的赫尔辛基火车站（1914 年）、海牙和平大厦（1906 年）、美国布法罗音乐厅（1938 年）、哥伦比亚的大教堂（1942 年）、明尼阿波利斯教堂（1949 年）等。后期作品大多与儿子埃罗·沙里宁共同完成，其中 1947 年对华盛顿史密森学会会址的扩建设计，获美国建筑师学会最高奖。撰有《城市的生长、衰亡和未来》（1943 年）、《形式的探索》（1948 年）等著作。（李　烨）

德福雷斯特，L.（De Forest，Lee） 美国人，1873 年 8 月 26 日生于美国艾奥瓦州康斯尔布拉夫斯，1961 年 6 月 30 日卒于加利福尼亚州好莱坞。*通信工程、影视工程、无线电技术、电子学。*

公理会牧师之子。1896 年毕业于耶鲁大学设菲尔德理学院，1899 年因无线电波传播规律研究而获该校物理学博士学位。同年起在芝加哥西方电气公司长期任职，致力于无线电通信技术和电子学研究。是 1912 年美国无线电工程师协会发起人之一。第二次世界大战期间，主持美国贝尔电话实验室，负责组织研发军事通信设备。

被誉为"美国无线电之父"。早期热衷于无线电报通信，在日俄战争（1904～1905 年）期间，他参与研制的收发装置在及时发送欧美记者新闻报道上起到了重要作用。1906 年，他改装 J. A. 弗莱明 1904 年发明的二极真空管，发明三极真空管，能非常灵敏地接收微弱的无线电信号（但当时尚未完全弄清其工作原理），1907 年获得专利。同年，他用这种三极检波管在纽约进行了无线电转播试验。自此至 1947 年半导体晶体管问世之前，三极管一直是通信设备中的核心元件。1912 年，他将一组三极管串联起来，大大提高了放大高频信号的功能，从而奠定了远距离通信的技术基础。1915 年研制出洲际远距离电话通信设备。1916 年，他又开创了无线电新闻节目广播。20 世纪 30 年代，开发出三极管高频热疗仪等医用设备。

他还是有声电影的创始人。1920 年开始研究电影录音与放音技术，不久便开发出一种电影胶片光电录音装置，经在影剧场多次试验后大获成功，从而开创了有声电影的新时代。

一生获得过 300 余项专利，其中还包括改进磁带和温差电偶等成果，84 岁时还获得自动电话拨号装置专利。代表作《电视的今天和明天》（1942 年）。得过多枚勋章和奖章。（朱逸农）

捷尔皮戈列夫，A. M.（Терпигорев，Александр Митрофанович；Terpigorev，Alexander Mitrofanovich） 苏联人，1873 年 11 月 9 日生于坦波夫，1959 年 11 月 8 日卒于莫斯科。*矿山机械工程、采矿学、工程管理。*

1897 年毕业于俄国圣彼得堡矿冶学院。同年在顿巴斯矿区工厂任矿业工程师。1906 年起，在乌克兰先后任叶加特林诺高等矿冶学校、叶加特林诺矿冶学院

(今乌克兰国家矿业大学)矿山工艺学教授。1922～1959年任莫斯科矿冶学院教授,曾任矿山机械系首任主任,1933～1936年任院长。期间1922～1929年兼任苏联国家计划委员会成员。1938～1959年先后任苏联科学院矿冶研究院固体矿物开采工艺部主任、矿冶研究院院长。1935年当选为苏联科学院院士。

毕生主要致力于地下采矿作业机械及其自动化研究开发、矿业工程管理研究与教学。20世纪20年代率先在苏联矿业院校设置矿山机械化系列课程,30年代建立第一个矿山机械系,为苏联矿业机械化和自动化培养了大批专业人才。对不断提升苏联采矿业机械化、自动化程度,提高劳动生产率有重要贡献。

主要著作有:《顿巴斯煤田开采》(2卷,1914～1915年)、《有用矿物地下开采》(1929年)、《矿山作业机械化和自动化》、《矿山机械设计》、《矿井下运搬和运输》、《水力开采机械化》(1950年,与他人合著)、《地下煤气化》等;主编《金属矿采矿手册》(3卷)、《苏联矿业大百科全书》(11卷,1957～1960年)。1943年获苏联国家奖金;获列宁勋章3枚、其他勋章2枚和奖章多枚。(李　烨)

马可尼,G.(Marconi,Guglielmo)　意大利人,1874年4月25日生于意大利博洛尼亚。1937年7月20日卒于罗马。通信工程、无线电技术、微波电子学。

父亲是富有的庄园主,母亲是爱尔兰人。幼年受教于家庭教师,后来又上了几年学,显示出对物理和化学的特别爱好和天赋。1894年,他从H.赫兹逝世的讣告中首次知悉其人在实验室进行过电磁波传送实验。在双亲的支持下,他在自家阁楼里设立一个实验室,立即着手研究电磁波的传递距离。最初的实验仍用火花隙振荡器和单圈环形偶极子天线,成功检测到赫兹所观察到的现象。后又发明用粉末检波器代替了赫兹的环状火花探测器,并在其上连接电池和电铃,收到信号便发出铃声。他进而发现大的天线可以增加传播距离。他的第一项重要发明就是发射器和接收器都用高架大天线,并接地来改进赫兹的偶极子天线。1895年他已能把电磁波传送2.4千米的距离,并且设想用电磁波传递无线电报的电码。

他向意大利政府申请科研资金以开发功率更大的发报机,但得不到重视。于是在1896年2月,他移居伦敦,多次在学术会议上演示,同年在英国获得他的第一个无线电报专利。1897年成立马可尼无线电和信号有限公司。1898年,在英国举国瞩目的快艇比赛中,他在船上安装一台发报机随时报道赛事过程,现场为维多利亚女王演示了船上到岸上的无线电报传递。1900年在实验中信号传送距离已增到240千米,同时调谐了不同的无线电波频率。为了争取首先横跨大西洋通电报,他在英格兰康沃尔的波特胡建造一座25000瓦的发射站,并在美国马萨诸塞州科德角建立了高大的接收天线,不幸天线被暴风吹倒,实验未果。1901年12月11日,他在加拿大纽芬兰用装在风筝上的天线和电话耳机收到了从大西洋彼岸传来的无线电码(表示"S"的三点电码)信号。时年仅27岁的马可尼一举成名。

1902～1919年其精力主要用在公司的管理经营上。1912年发生"泰坦尼克"号海难事件,促成了一个国际协定,规定一切远洋航船都必须装配无线电通信设备。1918年主持实现英国往澳大利亚发送无线电报。1921年起,他将自己的蒸汽游轮"依莱脱拉号"作为流动的接收站和实验室。1927年开发成功全球短波电台系统。1932年他发现更高频的微波无线电能远远超过理论上的水平直线传播距离,同年发明用抛物面天线来为微波导向。1934年演示在浓雾中为船只进行微波导航,并为雷达的发明开启了道路。1935年,他建议用微波传播电视,虽因两年后去世未果,但为后人指明了方向。

他善于发现和使用人才,其中有发明热离子二极管的J. A.弗莱明,发展三极管振荡器和放大器的朗德(H. J. Round),火花式电台专家维维安(R. M. Vyvyan),方向性天线设计者富兰克林(C. S. Franklin)等。

主要著作有《无线电报天线的改进》(1899年)、《无线电报的进步》(1912年)、《无线电通信》(1925年)等。因发明无线电报,他与对无线电报发射系统作出重大改进的F.布劳恩分享1909年诺贝尔物理学奖。1929年被封为侯爵。还获得许多其他荣誉。(杨惠民)

法尔芒兄弟(The Farman Brothers)　英裔法国人,兄弟两人都是飞行家、发明家和企业家,法国航空事业的先驱者。父亲是英国伦敦一家报社驻巴黎新闻记者。

亨利·法尔芒(Farman,Henry)　1874年5月26日生于法国巴黎,1958年7月17日卒于同地。航空工程、空气动力学、企业管理。

曾入巴黎工艺美术学校学绘画,但对自行车运动更为爱好,一度成为欧洲自行车赛冠军。先和弟弟毛里斯合办自行车作坊,后和弟弟迪克经营汽车代理行。1903年莱特兄弟实现第一次动力飞行,激励他最终投身于"飞行热"。长期经营法尔芒飞机制造公司(法国航空公司前身),1936年被国有化。同年退休后重返画坛。1937年加入法国籍。

1907年,他向瓦赞兄弟订购了一架推进式双翼机,经226次试飞,于同年9月30日成功上天,飞了79.6米;11月10日,又在1分14秒内飞行1027米,成了欧洲第一个续航超过1分钟的人。他首次发现机翼攻角减小则升力增大的规律,从而颠覆了"机翼攻角是飞行必要条件"的流行看法。根据飞行经验,他大胆取消了原本用于横向控制的机翼扭曲系统,只由方向舵控制方向。1908年1月13日,在1分30秒中完成1千米封闭航线飞行,获法国航空俱乐部航空大奖。同年,在凡尔赛附近的布克创办世界上第一所仪表飞行航空学校。1909年法国在兰斯举办世界上第一次国际航空大赛,8月26日,他以飞行3小时5分、航程180千米创下续航时间、飞行速度两项世界纪录。同年建立飞机工厂,设计生产以HF为品牌的多种飞机,首次采用副翼装置,沿用至今。1910 年 3 月 1 日，他在机翼尖上绑挂中国纸灯笼作为导航灯，创下世界上第一次正式夜航纪录。

1912 年和弟弟毛里斯的飞机厂合并，在北部港市布洛涅建立了当时法国最大的法尔芒飞机制造公司。至 1936 年国有化为止，共设计生产了 50 多种型号军用、民用飞机。在第一次世界大战中，为 5 个国家生产 3 200 架 HF-20 型多用途推进式飞机，此外有 F-4 双翼教练机、F-40 推进式侦察机等型号。战后开发 F-50 轰炸机、以及有 21 个型别的 F-60“巨人歌里亚”系列。1919 年，兄弟俩创办了世界上最早的一家商业载人航空公司，由 F-60 轰炸机改型的世界第一架长距离民航客机，2 月 8 日带着 11 名旅客从巴黎飞抵伦敦，第二年正式营运。1932 年设计同温层单翼机未获成功，但推动了相关研发。第二次世界大战中，1940 年 6 月 NC223.4 型飞行 3 200 千米轰炸了柏林。1919 年获法国政府授与的荣誉军团骑士称号。

毛里斯·法尔芒（Farman, Maurice Alain）　1877 年 3 月 21 日生于法国巴黎，1964 年 2 月 25 日卒于同地。*航空工程、企业管理。*

亨利·法尔芒的胞弟。早期协助其长兄亨利对瓦赞推进式双翼飞机作了改进。1909 年建立一家飞机制造厂，生产以其名字缩写 MA 为品牌的双翼机。1912 年他的工厂和其长兄亨利的工厂合并，成立当时法国最大的飞机工厂。他的业绩同其长兄紧密相关。

（李啸虎）

斯科钦斯基，A. A.（Скочинский, Александр Александрович; Skochinsky, Alexander Alexanderovich）　苏联人，1874 年 7 月 1 日生于雅库特州沃勒克玛村，1960 年 10 月 6 日卒于莫斯科。*矿山安全工程、采矿学、工程管理。*

1900 年毕业于俄国圣彼得堡矿业学院。同年留校矿山工艺系任教，兼任矿业工程师，不久被派往欧洲考察矿业。1902 年回校，1905 年任副教授，1908 年任编外教授，1915 年任教授。1902～1917 年兼任俄国煤矿抗瓦斯与煤尘委员会科学秘书。1913 年任矿山安全与急救国际大会俄国分会荣誉会长。1917 年任顿河理工学院（后为新切尔卡斯克理工学院）教授。1920 年任莫斯科矿业学院教授，兼任苏联矿山委员会委员。1921～1930 年任苏联矿业局科学技术委员会主席。1930～1960 年任莫斯科矿业学院教授兼矿井通风实验室主任。1931～1937 年兼任苏联政府煤矿煤气化委员会委员。1934 年获莫斯科矿业学院荣誉工学博士学位。1935 年当选为苏联科学院院士兼副秘书长。1938～1960 年兼任苏联科学院采矿研究所所长。1941～1943 年任苏联乌拉尔、西伯利亚和哈萨克斯坦卫国战争资源动员委员会副主席。

矿井空气动力学、矿井热力学创立者之一。1904 年，应邀赴波兰杜姆伯罗夫斯克盘地，调查该地区 14 个矿山采矿条件和生产隐患，研究气尘状况和风险程度的关系。1905 年发表论文，提出测定煤层空隙率和瓦斯含量的新方法，并呼吁立法保障矿山安全生产。1917 年借调国家矿产部顿巴斯特别委员会，奉命在 3～5 年里查明该地区的矿产藏量和生产前景。第二次世界大战期间，大力参与组织和动员开发苏联乌拉尔、西伯利亚和哈萨克斯坦地区矿产资源以支援前线，1943 年获“保卫莫斯科”奖章。在半个多世纪中，参与组织指导俄国、苏联和国际矿业安全生产、矿井事故防范和救护，实施了大量实际工作，取得了重要学术贡献。

主要著作有《矿井大气》（1933 年）、《矿井火灾与防范》（1954 年）、《矿井通风》（1949 年）等。1950 年、1951 年两次获苏联国家奖金。1954 年获苏联社会主义劳动英雄称号。

（李　烨）

普罗托季亚科诺夫，M. M.（Протодьяконов, Михаил Михайлович; Protod'yakonov, Mikhail Mikhailov）　苏联人，1874 年 10 月 4 日生于俄国奥伦堡，1930 年 4 月 5 日卒于苏联乌兹别克斯坦塔什干。*采矿工程、矿冶学、岩石力学、工程管理。*

1893 年入俄国圣彼得堡大学物理与数学系学习。1894 年转学圣彼得堡矿业学院，1899 年毕业；1908 年在职获该校副博士学位。大学期间因参加革命活动遭拘捕，释放后受监视。后任北高加索萨顿斯基矿业公司铅矿场主任。1904 年执教于叶卡捷琳娜斯拉夫高等矿业学校（后易名第聂伯罗彼得罗夫斯克矿业学院），1908 年任编外教授。1914 年起 4 年中，因病在克里米亚、中亚的塔什干疗养，同时进行矿区调研。1918 年在塔什干参与组建土耳其斯坦人民大学。1918～1923 年任最高苏维埃经济委员会中亚矿业部负责人。1925 年任莫斯科矿业学院特邀教授。1926 年任苏联地质委员会中亚国家规划委员会主席团成员。1928 年任苏联政府中亚局工程部主任。因病早逝，年仅 56 岁。

19 世纪 90 年代，研究银矿、铅矿及其开采。1904 年，在《采矿》杂志发表他的首篇论文，讨论北高加索中部矿山开发如何利用溪水能源问题。1907 年建立矿山压力基本理论，提出相应的岩石力学计算公式，并对岩石坚固性进行分级。1908 年在圣彼得堡矿业学院通过《边缘线上的岩石压力》答辩论文。1908～1914 年参与主编与撰写多卷本丛书《顿巴斯盆地矿区概览》，写了其中重要的两卷，论述矿区地质岩石力学分析、矿井支架结构力学及其工艺改进，为他赢得了声誉。除矿冶学及其工程教育外，他对苏联中亚地区的矿区规划管理、工程技术等方面作出了重要贡献。主要著作有：《岩石压力和矿井支架》（2 卷，1930～1933 年），《矿场的通风》（1931 年），《矿山定额编制及其应用》（1932 年）等。是斯大林奖金获得者。

（李　烨）

普朗特，L.（Prandtl, Ludwig）　德国人，1875 年 2 月 4 日生于德国巴伐利亚弗赖辛，1953 年 8 月 15 日卒于格丁根。*航空工程、空气动力学、流体力学、应用数学。*

1898 年毕业于慕尼黑工业大学工程学专业。留校继续学习研究生课程，1900 年在著名教授 A. 福普指导下完成梁弯曲时侧向失稳的论文，获物理学博士学位。

毕业后在奥格斯堡-纽伦堡机械厂短期工作。1901年任汉诺威理工学院教授。1904年任格丁根大学教授，兼任该校技术物理研究所所长，1925年任威廉皇帝流体运动研究所(后易名为马克斯·普朗克流体力学研究所)所长。期间1909年与导师的女儿结婚。

现代空气动力学创立者之一。和他的学生创立边界层理论，阐明机翼理论中附着涡的作用，解释各种状态下的阻力系数和摩擦因子，提出紊流混合长度和尾迹理论的概念及其应用，形成了超音速空气动力学。

毕业后在机械厂改进一个吸气装置时，认识到当时的流体力学有重大缺陷，不能解释管道截面突然扩大时，流体会与管壁分离的现象。1904年在海德堡第三届国际数学家代表大会上宣读相关论文，翌年在会议汇编上发表，受到数学家克莱因等人的高度赞赏。该文分析阐述小粘性流体流动，指出了管壁上流体附面层的存在，而无粘性流体的古典理论则未考虑到这点，所以不能用于实际情况。流体附面层的发现，为他日后研究机翼的升力和阻力，以及几乎所有的其他空气动力问题打下了基础。他还将黎曼的理论结合马赫的纹影显示仪，对超音速喷管射流的特性作出解释，首次对绕细长体的超音速气流特性进行数学描述，这是对超音速气流研究的重大贡献。在他的指导下，1909年在格丁根大学建成德国第一个风洞。1909～1912年间，他指导制订风扇吹风试验细则。1914年又以边界层从层流到湍流的转捩，解开了流体速度增加时阻力系数突降之谜。

在机翼理论研究方面，他在较圆满的解决了机翼升力问题之后，又转向阻力的研究。1906年秋，冯·卡门来到格丁根大学跟随他从事研究工作。1911～1912年，在他的实验室里，冯·卡门研究了阻力的一个重要分支——型阻，提出著名的冯·卡门涡街。而普朗特通过对阻力的研究，提出诱导阻力问题。1918年、1919年普朗特先后发表连载的《机翼理论》第Ⅰ和第Ⅱ部分论文，这些研究导致机翼形状设计得到改进，飞机流线型化。在他的理论指导下，此后还陆续出现更加完善的翼型、大的展弦比、机翼整流物的采用和后掠翼机型。

20世纪20年代中期，他和冯·卡门均为解决难度很大的湍流问题而努力。1924年，冯·卡门致力于湍流的结构研究，但未能提出分析的方法。两年后普朗特为此提出了混合长度的概念。最后，冯·卡门在理论上而普朗特在实验方面均有重要贡献。1933年普朗特提出了这方面的总结性论文。1930～1940年，他已是气体动力学领域中的元老，仍继续在科研上做出贡献。在71岁高龄时，还进行过气象方面的研究。

他的性格带有天真的色彩。34岁时突然想到应该结婚了，但又不知该怎么办，于是直截了当地给原先的导师A.福普的夫人写了一封信，要娶她的一个女儿。夫人颇感为难，因为她有两个女儿，不知所指是谁。最后在家庭会议上才由夫人做主，把大女儿格鲁特(Gertrude)许给他。婚后生两女，家庭幸福美满。闲时他好摆弄玩具，戏法魔术也可使他高兴得入迷。不善演讲，但待人谦和有礼，通音律，弹得一手好钢琴。 (戴成勋)

卡彭特，H. C. H.(Carpenter, Sir Henry Cort Harold) 英国人，1875年2月6日生于英国布里斯托尔，1940年9月13日卒于南威尔士的斯旺西。冶金工程、金相学、金属学、物理化学。

1896年获牛津大学默顿学院理学士学位。1898年获德国莱比锡大学有机化学博士学位。同年回国，任曼彻斯特大学欧文斯学院研究员、化学示教员。1902年任初成立的英国国家物理实验室化学与冶金学部首任主任。1906年，回曼彻斯特大学任冶金系教授兼系主任。1914年起至退休，一直任伦敦皇家矿业学院冶金系教授兼系主任。担任过英国政府的技术事务顾问。1918年当选为英国皇家学会会员。先后任英国金属学会、英国钢铁学会、英国采矿与冶金学会会长。1929年封爵。是瑞典皇家科学院外籍通讯院士。获英国威尔士大学、设菲尔德大学荣誉博士学位。

20世纪前半叶英国冶金学界领军人物之一。早期研究有机化学。1902年起转向冶金学和金相学，在3年内进行了数项具有重要意义的研究，其中首要成果是同基林(B. F. E. Keeling)共同测定制作了铁碳合金的热平衡图，并被后来的工作所证实。1906年后，他用热平衡图方法研究铜合金及其在固溶液中的变化，调研高速工具钢和复杂铁合金的热处理，主要侧重于合金的结构和相变机理。1914年起，到美国调研许多冶炼厂，取得了大量的第一手宝贵资料；和埃兰(C. F. Elam)女士合作，研究金属在变形后退火时的晶粒生长过程；在调研电炉中加热元件镍丝的脆裂原因时，率先发现其中的晶体生长现象，这一工作导致了后来对铝和其他金属的单晶生产工艺的开发；揭示了铸铁反复加热和冷却时的晶体生长机理。

代表作有《金属学》(2卷，1939年，与他人合著)。获英国钢铁学会贝塞麦奖章、美国钢铁学会卡内基奖章、英国采矿与冶金学会特纳金质奖章、德国钢铁学会卢格金质奖章、英国金属学会白金奖章、日本金属学会本田奖章等。

(王天运)

本尼迪克斯，C. A. F.(Benedicks, Carl Axel Fredrik) 瑞典人，1875年5月27日生于瑞典斯德哥尔摩，1958年7月16日卒于同地。冶金工程、冶金学、金相学、物理化学。

1893年入读瑞典乌普萨拉大学，1904年获理学博士学位。留校任物理化学副教授。1910～1922年任瑞典斯德哥尔摩大学物理系教授，1920～1935年任该校金相学研究所首任所长，后任本尼迪克斯实验室主任20年，1955年退休。1919年当选为瑞典皇家工程院院士。1922年当选为乌普萨拉皇家学会会员。1924年当选为瑞典皇家科学院院士。

被誉为“瑞典金相学之父”。研究广泛涉及冶金学、地质学、矿物学、化学、物理学、天文学和数学等领域，其中尤以铁碳合金金相学、热电理论研究而著称。倡导开发和使用金相显微术,对铁碳合金晶粒结构进行显微研究,发明本尼迪克斯类显微照相术。很可能是第一个对金属结构进行超显微研究。擅长设计特制仪器进行冶金实验。20世纪初年,研究钢材在不同液体中淬火时的冷却效应,以及淬火速度对屈氏体、奥氏体等金相结构的影响,因此获1908年英国钢铁学会贝塞麦金质奖章。1910年分析铁陨石成分结构和含量,并在实验室里首次人工合成和重建自然陨铁。1916年开始对热电转换理论进行了一系列研究,论文“电热同质效应”(1921年)获1922年法国科学院王尔德奖。按现代物理学观点,他关于热电学的某些观点几乎已经过时,然而在当时引起了科学界高度重视,并在客观上推动了相关领域的发展。(杨惠民)

罗森海因,W.(Rosenhain,Walter) 澳大利亚人,1875年8月24日生于德国柏林,1934年3月17日卒于英国萨里。冶金工程、金相学、材料科学、物理化学。

1897年获墨尔本大学女王学院土木工程学士学位。1897年入读英国剑桥大学圣约翰学院,师从冶金学与力学教授尤因(J. A. Ewing)。1900年毕业后,到伯明翰钱斯兄弟公司任科学顾问,指导生产光学玻璃和灯塔设备。1906年起,一直任英国国家物理实验室冶金学与冶金化学部首任主任,1931年退休。后在伦敦任冶金工程顾问。1913年当选为英国皇家学会会员。1924年参加第4届索尔菲国际会议。是英国金属学会、英国光学会会长。1927年当选为国际材料测试联合会英国代表,1931年任该会主席。

尤其在轻合金、结晶化机理、金属变形机理、技术实施的工艺改进等方面颇有建树。1897~1900年,在J. A. 尤因指导下进行金属的金相显微检验,以及蒸汽射流动力学研究;在英国皇家铸币厂实习期间,按照索比(H. Sorby)指出的方法抛光和加工金属片,用显微镜观察时发现其变形后出现“滑移带”现象,后来又在铅和其他软性金属中发现自热退火现象。“滑移带”现象的发现揭示了金属塑性变形的晶层移位本质,对纠正变形机理的流行看法有重要意义。1900~1906年,研制光学玻璃和高纯度耐火坩埚材料,开始探索金属加工的硬化机理。他创建并长期主持的研究机构,很快成长为世界最重要的冶金研究实验室之一。

在英国皇家学会会刊、《钢铁》等杂志发表大量科技论文,全面涉及物理冶金学所有领域,其中有“论现代金属科学”(1917年)等。主要著作有《铅和锡的合金》(1908年,与他人合著)、《论玻璃制造》(1908年初版,1919年再版)、《铝和锌的合金构造方式》(1911年,与他人合著)、《物理冶金学导论》(1914年初版,1935年第3版)等。获1906年美国卡内基银质奖章、1930年英国钢铁学会贝塞麦奖章等。为纪念他,1984年英国钢铁学会设有罗森海因奖章。(戴成勋)

凯特林,C. F.(Kettering,Charles Franklin) 美国人,1876年8月29日生于美国俄亥俄州劳顿维勒,1958年11月25日卒于达赖。动力机电工程、汽车工程、制冷工程、企业管理、技术教育。

农家子弟。高中毕业后在一所简陋的乡村小学当老师。1896年、1898年两次进入大学,但都因视力严重下降而被迫回去教书。随后在一家电话机制造厂生产线上工作。1904年获俄亥俄州立大学电气工程学士学位。后任代顿市国家收银机公司研发部主任。1909年与迪兹(E. A. Deeds)合办代顿工程实验公司,1916年并入美国通用汽车公司,1917年任该公司研究分公司总裁和董事长,不久任总公司副总裁兼中心研发实验室主任直至1947年退休,后任顾问至去世。在第二次世界大战期间,兼任美国全国发明家理事会会长。

20世纪初年,主持设计制造成功第一台电动收银机,并配套发明小型马达;开发专供百货商店和其他公共场所使用的“OK”投币电话。在代顿工程实验公司,和C. 科尔曼(Clyde Coleman)一起发明世界上第一台汽车发动机电启动点火系统(即电动式起动装置),1911年2月17日第一次安装在一辆凯迪拉克牌汽车上,从此结束了以往用转动摇杆起动汽车的历史;发明了第一台实用型内燃机驱动发电机,为数以百万计的农场提供了电力;发明了德尔科(Delco)汽车照明系统,将汽车带入了电气化时代。在通用汽车公司中心研发实验室,和化学家杜邦(Du Pont)共同研制出一种汽车快干喷漆杜科(Duco)和抛光技术;1928年他和小米奇利(Thomas Midgley, Jr.)一起发明了一种被誉为“神奇化合物”的氟利昂制冷剂,虽然近年发现它会破坏地球臭氧层而声名狼藉,但长期来对制冷业也作出了重大贡献;20世纪30年代主持开发了轻型柴油发动机,为生产内燃机车铺平了道路;找到了在汽油中加四乙铅以防止发动机爆震的方法。

此外,他十分关心技术教育,先后倡导成立弗林特理工学院(1919年)、通用汽车学院(1926年);积极扶持各领域科学研究,成立凯特林基金会(1925年)、斯隆-凯特林癌症研究中心(1945年)。

生前申请专利300余项,涉及十分广泛领域,其中获得从早产儿保育器、磁诊断仪到安全玻璃等等在内的140多项专利权。为纪念这位20世纪最伟大的发明家之一,1998年通用汽车学院改名为凯特林大学。2002年入选美国国家发明家名人堂。(廖悦乔 戴成勋)

贝根,H.(Béghin,Henri) 又译贝甘、贝金。法国人,1876年9月16日生于法国里尔,1969年2月22日卒于巴黎。机械工程、机械学、力学、自动控制。

铁路工程师之子。1894年入读法国巴黎高等师范学校数学与力学专业,1897年毕业。先后在巴黎高等师范学校、蒙彼利埃大学、里尔理工学院任教数学。1908年开始在法国北方理工学院(今里尔中央理工学院)任教力学理论与应用课程,后升任力学教授。在第一次世界大战期间,参与组织培训法国无线电技术人员。1924年起先后任巴黎大学、巴黎综合工科学校力学教授。1946年当选为法国科学院院士。

著名力学理论家兼机械发明家。在经典力学领域,1903年,他把拉格朗日方程用于冲击问题的研究,首次讨论了非完整约束系统的情况,促进了非完整系统动力学的产生和发展,影响了后来的控制理论和机器人动力学;在热力学理论上推广了卡诺定理,赋于它更为优雅的形式,并推导出更为详尽的公式;推广了对佩里夫佯谬的解法。在机械技术领域,1921 年在里尔研发出一种高精密度的第二类陀螺罗盘,后又加以改进,可将航行器控制在一个固定的方向;1922 年出版《静力陀螺罗盘的理论研究》,开始探讨伺服机构及其原理,对自动控制理论的发展,以及开发各种航海航空的自动驾驶仪等诸多领域,都有重要的价值;研制高精密度的六分仪、投弹瞄准器等仪器仪表装置。主要著作还有《静力学和动力学》(1921 年)、《运动力学》(1930 年,与他人合著)、《力学理论与应用教程》(1952 年)等。 (邱凤昌)

卡里尔,W. H.(Carrier,Willis Haviland) 一译开利、凯利。美国人,1876 年 11 月 26 日生于美国纽约州安哥拉,1950 年 10 月 7 日卒于纽约市。电气工程、温控技术、企业管理。

1895 年获奖学金进入康奈尔大学,1901 年获该校电气工程硕士学位。同年进入著名的布法罗·福格公司,聘任工程师达 14 年。1915 年他在新泽西州创立卡里尔工程公司,长期任总裁(1915~1930 年)和董事长(1930~1948 年)。

美国著名电气工程师、发明家和工业家,被誉为“空调之父”。1902 年,他在第一年工作中就开发出除湿机,使印刷厂的四色套印工艺成为可能;同年发现冷水管上部循环空气不仅带走水份也起降温作用。1906 年他的第一台能调节温度和湿度的“空气处理机”获得专利,次年所在公司成立一家子公司开发该项技术。最早使用“空调”一词的是纺织工程师 S. H. 克拉默(Stuart H. Cramer),1906 年他早卡里尔数月注册了一项设备专利,可用水蒸气使纺织车间保湿以使纱线符合加工要求。但是,卡里尔发明的第一台真正意义上的实用型空调机,开创了现代空调技术新领域。1911 年他向美国机械工程师协会递交一篇论文,宣布发现“合理湿度”基本公式,奠定了空调技术基本理论。他说是在一个雾夜等候火车时,突然理解了温度、湿度和露点之间的关系,获得了如何控制气温和湿度方法的灵感。1915 年他和其他 6 位工程师以 35 000 美元资本建厂,如今已成为世界最有名的空调设备公司之一,1995 年销售额高达 5 亿美元。这一新技术促进了许多产业的繁荣,带动了胶片、烟草、肉类加工、医药、纺织和其他行业的显著增长。

1921 年他获得离心制冷机专利,这是大空间空调的第一项实用技术。以前的制冷机采用活塞压缩机来抽吸制冷剂(一般是有毒的、易燃的氨),他设计了一种类似水泵离心旋转扇片的离心压缩机,效率更高、更安全。1924 年底特律市一家百货商场首次安装了 3 台卡里尔式离心空调机,购物者蜂拥而至。纽约市里瓦利电影院是第一家使用空调的电影院,夏季场场爆满。1928 年他开发了第一台家用空调机,命名为“天气制造者”。大萧条和第二次世界大战减缓了非工业用空调的推广,但战后销售不断看涨。

他创造了人类享受冬暖夏凉的舒适历史。一生拥有发明专利 80 余项。他的座右铭是:“我只捕捉那些能吃的鱼儿,在实验室我只做那些实用的工作。”(王悦君)

科特雷尔,F. G.(Cottrell,Frederick Gardner) 美国人,1877 年 1 月 10 日生于美国加利福尼亚州奥克兰,1948 年 11 月 16 日卒于加利福尼亚州伯克利。静电工程、化学工程、物理化学、科学组织。

1893 年入读美国伯克利加利福尼亚大学,1896 年获理学士学位,1897 年获硕士学位。1897 年到奥克兰一所高中任教。1900 年赴德国留学,1901 年获柏林大学硕士学位,1902 年获莱比锡大学博士学位。1903 年任伯克利加利福尼亚大学物理化学讲师。1906 年兼任美国杜邦化学公司技术顾问。1911 年起先后任美国矿务局物理化学部主任、矿冶部主任,1919 年任矿务局局长,同时兼任伯克利加利福尼亚大学教授。1912 年创办命名为“研究社团”的科学基金会。1921 年任美国国家研究理事会化学化工部主任。1922~1930 年任美国农业部固氮实验室主任。1939 年入选美国国家科学院院士。

20 世纪初,他在教学之余着手开发一系列和清除空气污染、纯化工业产品有关的静电工艺。其中,研制出第一台可从烟雾流中去除悬浮微粒的实用型静电除尘器,1908 年获得专利。这一发明应用广泛,迄今仍是工业除尘的一项主要技术。1907 年起,他把静电工艺经改进用于水泥厂和冶炼厂除尘或回收贵金属微粒,取得显著效益。1910 年,他在美国化学会旧金山年会上进行了除尘表演,更使影响从国内扩大到国际。当时用接触法生产硫酸,最大问题是会造成催化剂砷中毒并使硫酸污染,他为杜邦化学公司开发出一种新工艺,先用离心机把砷污染物从硫酸雾中清除,然后用静电法让硫酸雾滴带上负电荷向正电极集聚而获纯化硫酸,这一工艺被称为“科特雷尔化”。在第一次世界大战中,由于当时美国尚未采用哈伯-博斯制氨法,他奉命开发可用于制造炸药的制氮工艺,并在战后由生产炸药转为生产氮肥;开发出从空气中提取氦气的工艺,用于飞艇充气。20 世纪 20 年代,成功开发出一种可用于哈伯型工艺的固氮催化剂。

是美国第一个科学基金会的创始人。1912 年,为了促进科技发展,他带头捐出自己的所有专利费,并动员其他热心公益的发明家参与,组织了一个非赢利性的“研究社团”,这是美国最先设立的私人科学基金会,它持续为许多科学试验提供急需的资助,其中最有名的受益项目有:哥达德火箭试验、劳伦斯回旋加速器、以及维生素 A 和 B_1 生产方法、利血平等药物的合成工艺等等。 (戴成勋)

尤西那斯,C. O.(Ursinus,Carl Oskar) 德国人,1877 年 3 月 11 日生于德国维本菲思,1952 年 7 月 6 日卒于德国。航空工程、机械工程、飞行运动。

1899 年毕业于德国米特韦达技术学院。毕业后任鲍斯格公司机械工程师,研制机车用空气压缩机等机械设备。以后一段时间在罗马尼亚一家公司开发生产采矿机械。1908 年回到德国,迷上了滑翔机设计和滑翔运动，主编出版《飞行运动》杂志。这个杂志帮助建立了德国航空技术爱好者之间的联系网络，导致了德国第一个国际航空展组织的诞生。第一次世界大战爆发后，1914年应征入伍，要求到航空设计部门工作，当局安排他到位于德国西南部的哥达机车车厢厂设计军用飞机。1915年，他设计出德国第一架轰炸机“哥达 G. I.”号。这是一种用来投掷炸弹的机型，德国在大战中首次启用改进型的哥达轰炸机系列，一时威振战场。1916年他研制出德国第一架可收回的水上飞机，不过还没有得到测试就被战火摧毁了。

德国战败后，凡尔赛条约禁止德国制造动力飞行器，所有的德国飞行员都转向滑翔运动。1920年他在德国朗山山脉的华瑟库波高原组织举行了德国第一场滑翔比赛。1924年，他在华瑟库波创建了德国第一个滑翔俱乐部，并因此被尊称为“朗山之父”，在德国家喻户晓。几十年之后，朗山华瑟库波已经成为著名的国际滑翔赛事地。在第二次世界大战期间，他主要从事滑翔机的研制开发。战后，再次禁止德国制造动力飞机，然而他在有生之年还是看到这个禁令的解除。今天，德国人尊称他为滑翔之父，尤西那斯自制航空器协会就是以他的名字命名的。（马毓昭）

皮尔斯，R. W.（Pearse，Richard William） 新西兰人，1877年12月3日生于新西兰南坎特伯雷的怀托伊，1953年7月29日卒于新西兰克莱斯特彻奇。*机械与动力工程、航空工程、空气动力学。*

1902年，他建造了一辆带有垂直曲柄齿轮和自充气轮胎的自行车，并获得专利。接着试制比空气重的飞行器，制造出一种双缸柴油机，把它装在三轮车车盘上，顶部有亚麻布封皮的竹制翼式结构和控制装置，很像现代的机动滑翔机。比起莱特兄弟的设计，他的设计原理更接近现代：单翼而非双翼；螺旋桨装在机翼前而不是机翼后；稳定和升降翼装在机尾而不是机头；副翼控制转向而不是扭转机翼。1902年，由于缺乏有效的发动机，他的多次尝试都失败了，于是将多个有双活塞的双端气缸合并在一起。后人根据复制品分析，这样做可产生15匹马力。1903年3月31日作了一次动力起飞，但由于发动机运转速度太慢以致无法控制。同年再次试飞，也不成功，飞机闯进了田头的树篱丛中。而且由于没有文献记载，也鲜见当时的报纸报道，只留下一些日期不明、景像模糊的照片，以致为了获得社会确认，皮尔斯本人极力抗辩了多年。

1911年他迁居到奥塔戈的米尔顿，因山地崎岖而无法试飞，便把许多试验机件都倒进了农场垃圾堆。20世纪20年代，他搬到克莱斯特彻奇，靠出租房子生活。30～40年代，他试制会飞的车辆，和旋翼飞机或者直升飞机很相似，但也包含了倾斜转子和单翼机翼。后来他产生妄想，怕这一发明会被外国间谍窃取，于是隐居起来，还把许多论文都烧掉了，最后死于精神病医院。

20世纪50年代中期，飞行先驱者 G. 波尔特（George Bolt）偶然看到了皮尔斯晚年的一篇遗稿，描述了一种风车和垃圾车的结合体飞行器。1958年，波尔特又挖掘了南坎特伯雷的垃圾场，找到了皮尔斯早年遗弃的螺旋桨、气缸之类飞机组件。这些证据强有力地表明，皮尔斯在继 C. 阿德尔（Clement Ader）和 S. P. 兰利等航空先驱的尝试失败之后，很可能已经完成了一次动力飞行，比莱特兄弟还早9个月，然而他没有达到莱特兄弟的可控持续飞行。在奥克兰的运输技术博物馆，现存有皮尔斯飞行器的复制品。（王悦君）

亚历山德森，E. F. W.（Alexanderson，Ernst Frederik Werner） 美国人，1878年1月25日生于瑞典乌普萨拉，1975年5月14日卒于美国纽约州斯克内克塔迪。*通信工程、电工学、自动控制。*

瑞典裔。语言学教授的儿子。从小随父学习多国语言。1896年中学毕业时，曾在伦德大学从事电工技术一年。1900年毕业于瑞典斯德哥尔摩皇家技术学院，获电气-机械工程师职称。同年到德国柏林工业大学进修研究生一年。1901年移居美国，1902～1947年在纽约州斯克内克塔迪的美国通用电气公司工作，期间1918年任该公司无线电工程部首任经理，兼任美国无线电公司首任总工程师至1924年。1948年退休，留任该公司工程顾问。1952年任美国无线电公司顾问。

无线电通信技术的先驱者之一。他进美国通用电气公司后，一开始便在著名电气工程师施泰因梅兹（C. P. Steinmetz）指导下工作。1906年，经两年努力研制成功100千赫兹高频振荡器。同年圣诞节之夜，费森登（R. A. Fessenden）应用这一装置，才得以在世界上第一次用无线电播放音乐和歌曲。1915年，马可尼访问通用电气公司，发现这一装置很先进，随即用它更新了自己的无线电台。在第一次世界大战期间，美国海军部下令在舰艇电台上一律安装这一设备。由于他的不断改进，至大战结束时这种振荡器功率已达到200千瓦。这一发明大大改善了越洋通信技术，特别是首次确立了无线电在航运和战争中的重要地位。这一时期，他还在改进无线电天线、电气铁路、轮船推进器和电动机等方面都有重要进展。1916年获得无线电接收机调频装置的专利权，从此调频器成了现代无线电系统的主要部件之一。开发了一种极其精密的自动控制系统——微场电机放大机，最早用于工厂生产过程自动化，并在第二次世界大战中用于高射炮火力自动化。1927年，在家中演示自己研制的电视机，并于1930年首次对外公开展出一台17英寸电视机，它的图象可通过一个系统投放到7英尺（约合2米）的大屏幕上。一生共获得344项发明专利，其中1955年美国无线电公司获得制造彩色电视机的专利，是他拥有的第321项专利权。

（李啸虎）

平贺让（Hiraga，Yuzuru） 日本人。1878年生于日本广岛县，1943年卒于日本东京。*舰船工程、机械与*

动力工程、工程管理。

1901年毕业于东京帝国大学工学部造船科。后任帝国海军造船中技士职。1905年日俄战争结束后，奉命前往英国海军大学留学，并考察欧洲造船业进展。归国后，在帝国海军舰政本部海军技术研究所工作。曾任该研究所研究员、所长，先后获军衔大佐直至帝国海军技术中将。1909年起兼任东京帝国大学工学部造船科教授。1935年出任该校工学部部长(理工学院院长)。1938年出任东京帝国大学总长(校长)。他深知日本与英美在技术和经济上的差距，自始对"大东亚战争"持相当悲观的看法。

生前素有"日本造船界至宝"的称誉。第二次世界大战之前，在日本帝国海军舰政本部长期从事军舰设计与建造，对日本海军舰力发展有重要影响。他采用当时世界上最先进的造船技术，主持设计建造了"山城"号、"长门"号和"陆奥"号等主力战舰，后两舰为32 000吨级，设计技术和吨位跃居当时世界第一，令欧美震惊。1921年，列强为了遏止过度扩军备战的势头，终于签订了国际军缩条约；日本海军被迫终止建造主力舰，转而发展巡洋舰之类舰只。平贺让又领导设计和建造了"古鹰"号、"妙高"号、"夕张"号等巡洋舰。其中，由佐世保造船厂建造、1923年春下水的"夕张"号轻型巡洋舰，是他的得意力作。

1935年，他和福田启二共同负责设计建造"大和"号和"武藏"号，两舰内部结构都采用蜂巢形钢质甲板，不仅能有效减轻船重，而且炮弹或炸弹不易穿透。其中的"武藏"号，满载排水量7.3万吨，舰身长263米，宽38.9米；有3座三联装460毫米口径主炮，最大射程40千米，炮弹重1460千克，还设有4座三联装155毫米火炮，6座双联装127毫米高炮。该舰于1944年10月菲律宾莱特湾大海战中受到多次攻击，舰首几乎没入水中，但仍能继续前进。1937年后，相继建成了日本海军第四舰队第五、第六水雷战队旗舰，全长140米，宽12米，燃重油锅炉8座，主机为汽旋发动机3部，出力57 900匹马力，速率35.5节，续航力5 000浬，乘员328人，设计排水量3141吨，火力设置超过5 000吨级。虽然它于1944年被美国潜水艇击沉，却是后来一系列万吨重巡洋舰的开山鼻祖。

身后，内藤初穗编辑了《平贺让遗稿集》。获奖甚多，其中有1928年日本帝国学士院奖，英国造船学会金质奖章等。 (李啸虎)

柯蒂斯，G. H. (Curtiss, Glenn Hammond) 美国人，1878年5月21日生于美国纽约州海蒙德斯港，1930年7月23日卒于纽约州布法罗。航空工程、空气动力学、飞行技术。

在公立学校受过中等教育。10多岁已开办一家后厂前店的自行车商行。后经营柯蒂斯摩托车制造公司。1907年起兼任美国航空试验协会试验部主任。1909年在海蒙德斯港、圣迭戈等地创办世界上第一批飞行学校。1916～1918年间，柯蒂斯公司由小厂迅速变成一个庞大的飞机与发动机工业集团。1920年他离开了苦心经营多年的公司，和家人在佛罗里达州一个牧场经营乳品生意。稍后在迈阿密等地投资房地产开发，建造了两个小城镇。1930年5月回到纽约原公司，策划研制"柯蒂斯之鹰"运输机。同年7月患急性阑尾炎住院，10多天后因手术后并发症去世。

美国航空业先驱之一，著名飞机设计师和飞行家。1904年为美国著名气球体育运动员鲍德温(T. Baldwin)的"加利福尼亚之箭"号飞艇定制一台柯蒂斯发动机，结果大获成功，从此柯蒂斯公司声名大振。1908年5月22日研制第一架双翼机"白翼"号，首次试飞1 017英尺(合310米)。他采用副翼结构进行飞机的横侧操纵，比莱特兄弟靠机翼卷角翼尖操纵有很大改进。1911年研制成功第一架实用的水上飞机。1914年第一次世界大战爆发，欧洲各国采购飞机和发动机的订单像雪片一样飞进柯蒂斯公司，其中需求最大的是"飞艇"号水上飞机和JN-4型双翼教练机。1919年他首次试验用4架NC型水上飞机分段飞越大西洋，最后NC-4型获得成功。大战一结束，他对航空业的热情也迅速减退。

他因驾驭自制摩托车和飞机竞赛而多次获奖。1905年驾驶自制摩托车穿越美国而出名。1908～1910年间，先后操纵自制双翼机"六月甲虫"号、"金甲虫"号和"奥尔巴尼飞鸟"号，相继在最长飞距、绕圈飞行和穿越美国等项比赛中连获三届"科学美国人大奖"；1909年在法国兰斯以74千米/小时速度夺得戈登·班尼特奖杯；1911年、1912年两次获美国航空俱乐部金质奖章；1913年被授予兰利奖章。 (李啸虎)

别利亚耶夫，H. T. (Беляев, Николай Тимофеевич; Belaiew, Nicholas Timothy) 法国人，1878年7月9日生于俄国圣彼得堡，1955年11月6日卒于法国巴黎。冶金工程、冶金学、金相学、材料科学。

俄国裔。1905年圣彼得堡米哈依罗夫斯基炮兵学院毕业留校任教，曾公派德国、英国和法国等欧洲实验室实习。1909年任冶金化学教授。1915年被俄国战时采购委员会派往英国负责弹药供给工作，1917年后留任英国政府工业顾问。1933年当选为苏联科学院外籍通讯院士。1934年迁居法国巴黎，任巴黎高等技术学校教授。

以研究工程结构钢中渗碳体聚集问题而著称。主要著作是《在缓慢冷却条件下钢的结晶、结构和特性》(1944年)，该书反映了他的主要科学贡献。书中指出，1804年在陨石中发现的魏氏几何组织，在一定冷却条件下也可在钢中出现。这一研究分析对发展金相学起了重要作用。1920年获英国钢铁学会贝塞麦金质奖章。 (王天运)

铁木辛柯，S. P. (Timoshenko, Stephen Prokofievitch) 美国人，1878年12月22日生于俄国科诺托普的什波托夫卡(今属乌克兰)，1972年5月28日卒于联邦德国(今属德国)。结构工程、桥梁工程、材料力学、应用数学。

俄国裔。工程测量员的儿子。1901年圣彼得堡交通道路工程学院毕业。留校任教。服一年兵役后，回母校力学实验室工作，1902 年获工程师职位。1903 年春到新建的圣彼得堡理工学院任讲师。1904～1906 年，每年夏季赴德国，在慕尼黑理工学院和格丁根大学进修。1906 年聘为乌克兰基辅理工学院教授，1909 年任该校土木工程学院院长。1912 年秋举家迁至圣彼得堡。翌年任俄国海军顾问工程师，参与设计无敌军舰。1913 年任圣彼得堡交通道路工程学院教授。第一次世界大战期间，担任军队技术顾问。1920 年赴任南斯拉夫萨格勒布工程学院力学研究所所长。1922 年移居美国，应聘于美国费城振动特制品公司。1923～1927 年在西屋电气制造公司从事力学研究。1927 年加入美国籍。同年任密歇根大学理工学院力学教授。1934～1935 年冬应邀在伯克利加利福尼亚大学讲学。1936 年任斯坦福大学机械工程系教授，1944 年退休后仍继续从教和著述，1949 年参与筹建该校工程力学部。1965 年迁居联邦德国，直至去世。是乌克兰、波兰、法国、意大利等国科学院外籍院士。1944 年入选英国皇家学会会员。获美国和多个国家名校荣誉博士学位。

1905 年发表"轴的共振现象"，首次顾及质量分布因素，把瑞利方法应用于结构工程问题；同年，首次以实验确定工字梁扭转刚度，得到扭矩-扭转角关系式；1906 年直接从板挠曲面微分方程出发，成功地由边界条件确定压应力的临界值；发展了弹性稳定性近似求解法，最早应用瑞利-里兹法解决梁和板的弯曲与受迫振动问题，1910 年获俄国茹可夫斯基奖；1911 年后，解决了半圆剖面梁和对称剖面悬臂梁剪应力分布等问题，构建了"铁木辛柯梁模型"；在美国西屋电气公司期间，研究了沟槽边缘和圆孔周围应力集中问题，以及铁轨应力问题，还设计成功光弹性设备和电气火车头；1928 年探讨了吊索桥刚度和振动等问题。此外，1927 年创建美国机械工程师协会力学部。他非常重视工程教育。

著述颇丰，一生出版《材料强度》(1930 年)、《弹性理论》(1934 年)、《结构理论》(1945 年)等著作 20 余种。一生中获得很多奖励。美国设有铁木辛柯奖。

(李啸虎)

王宠佑(Wang，Chungyu)　字佐臣。华裔美国人，1879 年(清光绪五年)生于中国香港，1958 年 8 月 31 日卒于美国纽约。*矿冶工程、冶金学、金属学、地质学、物理化学。*

祖籍中国广东东莞。1899 年天津北洋大学矿冶专业毕业。1901 年公费赴美国伯克利加利福尼亚大学留学，1904 年获纽约哥伦比亚大学采矿与地质学专业硕士学位。因成绩优异，当选为美国矿冶工程学会、美国采矿学会外藉会员。毕业后到英、法、德等国游学。1908 年回祖国，在广州担任工商部委员。1914 年起先后任大冶铁矿经理、华昌公司汉口炼锑公司总工程师、山东煤矿接收委员会主任。1922 年出任华盛顿会议中国代表团顾问。同年任日本东京世界工程大会副主席。同年起先后任汉冶萍铁厂厂长、六河沟煤矿经理、扬子江工程局工程师等职。1933 年起任南京国民政府军事委员会委员、资源委员会专门委员。1934 年兼任汉口商品检验局局长。1939 年任云南钢铁厂筹备委员会主任。1941 年赴美国，任华昌公司研究室主任等职，后加入美国籍。先后当选为中国地质学会副会长、会长。

中国现代炼锑技术的开拓者，被国际上誉为"锑王"。是世界最早的锑冶金专家、最早研究粉末冶金的专家之一。1908 年，为湖南华昌公司赴法国购买挥发焙烧炼锑技术的最新专利，在长沙南门外建立中国第一座炼锑厂，收集低品位锑矿石提炼纯锑。在英国出版国际上第一本专著《锑》(1909 年初版，1952 年第 3 版)，全面论述锑的认识史，物理、化学性质，选矿、采矿和冶炼，应用价值和经济评价等，被冶金界视为权威著作。1917 年、1925 年、1933 年三次出版《中国地质矿产目录》。1933 年起参与调查、指导湖南 10 多个锑矿和炼锑厂。1938～1939 年出国考察欧美锑锡工业动态。20 世纪 40～50 年代，在美国取得锑、钨冶金工程多项专利。与他人合作在美国出版英文专著《钨》(1943 年初版，1955 年第 3 版)，也是一本令学术界瞩目之作。

在国际上发表许多研究报告和学术论文。除冶金专业外，还撰有哲学、心理学和美食学等著作，又是一位书画文物收藏家。获美国哥伦比亚大学奖章，美国矿冶工程师协会荣誉奖章等。

(李啸虎)

安曼，O. H.(Ammann，Othmar Herman)　美国人，1879 年 3 月 26 日生于瑞士沙夫豪森，1965 年 9 月 22 日卒于美国纽约州拉伊。*桥梁与隧道工程、结构力学。*

瑞士裔。1902 年瑞士苏黎世联邦理工学院土木工程系毕业。1904 年移居美国，从事铁路桥梁设计。1905 年受聘于宾夕法尼亚钢铁公司，参建纽约市昆斯博罗桥工程。1912～1923 年任一位著名桥梁工程师的副手，建造纽约市赫尔盖特钢铁拱桥、赛欧托维尔的俄亥俄河大桥。1923 年在纽约市开设工程咨询公司。1930～1937 年任纽约港务局总工程师，负责建造新泽西州基尔范克尔河上的贝永桥，阿瑟基尔河上的戈瑟尔斯桥、奥特布里奇渡口，以及哈得孙河底的林肯隧道等。1937～1939 年任纽约港务局工程主任，负责建造纽约市布朗克斯-怀特斯通桥、特里巴勒桥。1939 年转入私营的工程咨询业，继续与人合作设计建造了不少桥梁和其他工程。

1924～1931 年为纽约港务局主持建造哈得孙大桥(后称为华盛顿大桥)。该桥沟通新泽西和上曼哈顿，主跨 1 066.80 米，首次破千米桥梁跨度纪录，竣工时是世界最长桥梁，几乎是先前最长桥的 2 倍，而且设计上多有创新。他还参与主持设计建造著名的旧金山金门大桥，该公路桥于 1937 年建成开放，主跨 1280.16 米，保持世界纪录近 30 年之久；钢桥塔高出水面 227.38 米，也是当时世界之最。1946 年起和惠特尼(C. S. Whitney)共同设计纽约市斯罗格斯海峡桥、华盛顿郊区杜勒斯国际机场，以及纽约市林肯表演艺术中心等 3 处著名建筑。他主持设计的维拉扎诺海峡悬索桥于 1965 年开通，这是一座双层公路桥，主跨 1 298.45 米，每层 6 车道，用钢 14.4 万吨，系当时世界上最长且最重的悬索桥。一生中得过不少奖项，其中包括 1964 年获得的美

国国家科学奖章。（李法顺）

阿伯克龙比，L. P.（Abercrombie, Sir Leslie Patrick） 英国人，1879年6月6日生于英国英格兰柴郡阿什顿，1957年3月23日卒于牛津。土木建筑、城市规划、建筑学。

1907年任教于利物浦大学，1915～1935年任该校建筑学院城市设计教授。1935～1946年任伦敦大学学院城市规划教授。1936年起兼任苏格兰卫生部顾问建筑师。曾兼任英国皇家建筑师协会副主席、英国城市规划学会会长、英国城乡规划协会副主席等职。1945年封爵。

英国城市规划的代表人物之一。创造性地发展了现代城市理论，把先驱者E. 霍华德、格迪斯（P. Geddes）和昂温（R. Unwin）等人思想和方法融炼于一炉，为大城市规划发展设计了一套行之有效的现代模式，综合治理住房、交通和环境等一系列城市通病。1913年后作为城市规划师多次参与都柏林城建规划，并获大奖。1926年发起成立英国田园保护理事会。在第二次世界大战期间及战后复兴时期，奉命主持英国许多城市的战后重建规划，最有影响的是1943年的伦敦郡规划和1944年的大伦敦规划。他主持的大伦敦规划被认为是城市规划史上一个创举，具体做法是：以伦敦郡为中心，建立4个同心环状地带；在过度密集的伦敦郡和城市内环迁出100万人口，并进行空前规模的旧城保护与改造；在邻接的第二圈郊区环内不再增加人口；在第三圈设置平均宽度为5英里（约8千米）的永久性绿带，作为游乐休憩区和阻断扩展带；在最外围的乡村外环内新建8个卫星城和扩建一批现有村镇，接纳从伦敦迁出的人口，并在住房、就业和社会服务设施等方面相对独立自足。阿伯克龙比的大伦敦规划原则至今仍有普遍的指导意义：抑制大城市无序扩展，有计划疏散过密人口和产业，保持平衡的社会和产业结构，建立均衡分布的卫星城镇体系。大伦敦不仅对英国战后城市发展和新城运动具有划时代意义，并在世界各国产生了广泛和深远的影响。

著述甚丰，代表作有《保护田园风韵的英格兰》（1926年）、《城乡规划》（1933年）、《大伦敦规划》（1944年）等专著。因其突出成就，1943年被授予霍华德纪念奖章，1946年获英国皇家建筑师协会金质奖章，1949年获美国建筑师协会金质奖章。（李啸虎）

李比诺，Л. С.（Лейбензон, Леонид Самуилович; Leybenzon, Leonid Samuilovich） 苏联人，1879年6月26日生于俄国哈尔科夫，1951年3月15日卒于莫斯科。航空工程、油气工程、地球物理、力学、应用数学。

医生之子。1901年毕业于莫斯科大学物理与数学系。1906年又从莫斯科高等技术学院毕业。1904年经老师茹可夫斯基推荐，担任库奇诺空气动力研究所的机械工程师。1915年和1917年分别获莫斯科大学应用数学硕士和博士学位。1916年任尤诺夫大学力学教授。1919～1929年任第比利斯理工学院应用数学教授。1921年任巴库理工学院教授，开始研究石油化工技术。翌年回莫斯科，担任莫斯科大学应用力学系主任。1933年当选为苏联科学院通讯院士，1943年成为院士。

研究领域包括空气动力学、弹性理论、水力学和地球物理等方面。20世纪初年，帮助建成俄国第一个风洞和实验螺旋桨的设备。设计了二维空气动力天平，制造出样品。在茹可夫斯基指导下，提出飞机空气动力和结构设计的方法。1933～1936年从事飞机设计，研究边界层和气体动力的理论。所创流体的润滑动力学理论和液滴在气体中的汽化理论，都很有价值。他在材料的弹性和强度方面也有贡献，著作有《塑性的数学理论原理》和《弹性理论中求解问题的变分方法》等。在石油开采方面，提出的重要研究论文有“深井泵的近似动力学”及“水、石油和天然气的地下水力学”，为油田和气田的合理开采以及液体的渗漏研究奠定了理论基础。其他著作是关于地球物理方面，特别是弹性理论在地球构造研究中的应用。（戴成勋）

弗雷西内，M. -E. -L.（Freyssinet, Marie-Eugène-Léon） 法国人，1879年7月13日生于法国科雷兹省奥布雅，1962年6月8日卒于法国尼斯附近圣马丁-德维苏伯。桥梁工程、结构工程、应用力学、建筑材料学。

1899年毕业于巴黎综合工科学校。1904年毕业于国立道路与桥梁学院，师承C. 拉布特（Charles Rabut）等人。同年在法国工程兵团服役。1907年在法国中部穆兰地区任市政土木工程师，后升任公共工程主管。在第一次世界大战（1914～1918年）期间，再次在法国工程兵团任道路工程师。1919～1929年在巴黎利穆赞建筑公司供职。1930年在巴黎开设弗雷西内建筑师事务所。1935年加盟西宝营建集团伯纳德公司。

高强度钢筋混凝土预应力技术的先驱者。1908年在普拉雷尔大桥施工中，首次采用千斤顶拱顶定心技术，因此获法国科学院卡默尔奖；1910～1912年在阿利埃河上建造3座三跨混凝土桥，采用中跨横向千斤顶、轻钢混凝土拱趾三铰链等技术，三桥总造价仅相当于一座石桥。期间1910～1911年之冬，发现混凝土桥有变形现象，除用千斤顶进行提升和纠偏外，萌发了创制更高强度预应力材料的想法。20世纪20年代，开始将钢筋混凝土作为主要土木建筑材料，建有数个大型薄壳混凝土屋顶，如法国奥利航空港飞艇库区（1921～1923年）、运输车库、集贸市场和厂房建筑等；主持建造多座混凝土桥，多次创下大跨度拱桥记录，其中有132米跨度、中空的圣皮埃尔-杜瓦夫内拱桥（1919～1923年）等。1888年，多林（Doehring）等人已获得轻型预应力混凝土专利。弗雷西内的主要贡献是，更准确估算出混凝土的蠕变程度，认识到只有高强度预应力钢筋才能抵消混凝土蠕变的影响，开发出锚固钢丝等技术，并使系统具有足够灵活性，以适用多种不同类型结构，1928年10月2日获专利。

1930年他主持建成三跨、净跨各180米的普卢加斯泰勒桥，创当时世界纪录；1933～1935年将预应力材料与技术首次应用于海港建设，加固和修复严重损坏的勒阿弗尔海洋观察站；1938 年发明一套可张拉和锚固钢丝的工具，1939 年 8 月 26 日获专利，自此预加应力法开始被全世界普遍采用。40 年代至 60 年代初去世前，他主要是在桥梁、港口和机场应用推广这一技术，其中主持和参与设计建造了 20 余座钢筋混凝土拱桥。著有《预应力混凝土的原理和应用》、《预应力混凝土技术的诞生》(1956 年)等。 （李啸虎）

朱厄特，F. B.（Jewett，Frank Baldwin） 美国人，1879 年 9 月 5 日生于美国加利福尼亚州帕萨迪纳，1949 年 11 月 18 日卒于新泽西州萨密特。*通信工程、电气工程、科技管理。*

1898 年获美国思鲁普理工学院(今加利福尼亚理工学院)文学士学位。1902 年获芝加哥大学物理学博士学位。同年任教马萨诸塞理工学院。1904 年任美国电话电报公司通信工程师，1906 年任公司电气部主任。1912 年任贝尔系统所属西方电气公司助理总工程师，1916 年任总工程师，1921 年任公司副总裁兼工程部主任。在第一次世界大战中，任美国国务院电缆专业委员会成员、陆军通信兵中校。1922 年任美国电气工程师协会主席。1923 年任美国国家研究理事会工程与工业研究部主席。1924 年任美国电话电报公司副总裁、贝尔电话实验室首任主任，1940 年任该实验室董事会董事长，1944 年退休。1933～1935 年任罗斯福总统的科学咨询委员会委员。1939 年任美国国防研究委员会第三部(有关通信、运输和潜海)主席。1918 年当选为美国国家科学院院士，1939～1947 年任美国国家科学院院长。是美国文理科学院院士。获美国 14 个大学荣誉博士学位。

20 世纪初年至 10 年代，他发现电气化铁路高电压会引起附近贝尔系统电话线路的噪音，并提出防护和改善长距离电话传输的对策报告；负责建立和维护纽约与旧金山电话线路。因发明分析和综合电波技术，1925 年获美国专利。20 年代起，主持和参与研发电话机、长途电话、无线电通信、有声电影、电子摄影、传真照片、电视传输等重要技术，将贝尔电话实验室建成世界第一流的通信技术研究开发中心。在两次世界大战中，主持开发研究各种军用通信设备，为保证美军战时通信作出了重要贡献。鉴于他的学术威望和影响，他成了第一个以工程师背景领导美国科学界的人。

获 1918 年美国杰出服务奖、1928 年爱迪生奖章、1935 年英国法拉第奖章、1936 年富兰克林奖章、1938 年华盛顿奖、1939 年弗里茨奖章、1946 年国家功勋奖章、1949 年胡佛奖章和工业研究院奖等。

（朱逸农　李啸虎）

萨维奇，J. L.（Savage，John Lucian） 一译萨凡奇。美国人，1879 年 12 月 5 日生于美国威斯康星州柯克斯菲尔，1967 年 12 月 28 日卒于科罗拉多州英格伍德。*水利水电工程、灌溉工程、结构力学、水力学。*

农家子弟，在农场长大。1903 年获美国威斯康星大学土木工程系理学士学位。期间曾参加美国国家地质局、威斯康星州地质局的地质勘测活动。同年进入美国国家垦务局爱达荷州分局从事工程援助工作，1916 年在该局总工程师办公室任首个设计工程师，1924 年任设计总工程师，主管该系统所有的土木、电气和机械设计，1945 年退休。期间 1908～1916 年，和工程师威利(A. J. Wiley)合伙开办坝工设计公司。退休后仍参与世界各地水坝建设的指导与咨询工作。1949 年当选为美国国家科学院院士。1934 年、1946 年和 1947 年，先后获威斯康星大学、丹佛大学和科罗拉多大学荣誉博士学位。

对混凝土大坝建筑技术有重要贡献。一生主持设计国内外 60 余座大型水坝，参与监督和咨询数十个国家数百个坝工项目，被誉为“全球工程师”。1908 年设计他的第一座水坝，即爱达荷州米尼多卡项目。主持设计的胡佛大坝高达 220 米，是当时世界上最高的混凝土重力拱坝，1931 年 3 月 11 日动工，1936 年交付使用。设计中首创高拱坝应力分析方法，指导研制坝体专用水泥，引入人工冷却大体积灌浆、分缝分块等浇筑技术，以及“拱坝分析的负荷测试法”，解决了一系列重大技术难题。在设计大古力坝中，他和助手引入了防止工程龟裂的调整性狭槽技术。其他代表作品还有：美国的帕克坝、沙斯塔坝，波多黎各的伊莎贝拉坝，圣多明戈的巴拉奥纳坝，巴拿马运河区的马登坝等。此外，还主持和参与设计了全美国运河系统、许多渠道和灌溉工程。1944 年和 1946 年，两次受邀率领中美专家对长江三峡进行实地勘测和复勘，提出兴建长江三峡工程的《扬子江三峡计划初步报告》，广泛宣传修建工程的巨大综合效益。60 年后中国人使“梦想坝”成真，长江三峡工程雄踞世界大坝之最。

获 1937 年科罗拉多工程理事会金奖，1944 年中国国家资源委员会金奖，1945 年弗里茨奖章，1946 年特纳金奖，1949 年华盛顿奖，1950 年美国内政部金奖等。1950 年入选美国垦务名人堂。为纪念他，美国曾发行纪念邮票。 （李啸虎）

布雷盖，L.-C.（Breguet，Louis-Charles） 法国人，1880 年 1 月 2 日生于法国巴黎，1955 年 5 月 4 日卒于同地。*航空工程、空气动力学、企业管理。*

电气工程师的儿子。从艾可勒电气高级技术学校毕业后，供职于父亲开办的电气工程公司。1911 年成立布雷盖飞机公司。1919 年重组一家商务航空运输公司，一直运营到 1971 年合并为达索-布雷盖飞机公司，在他身后，该公司扩展为法兰西航空公司，业务遍及全球。

直升机先驱者、越洋飞机建造者之一。

1905 年在 C. 里奇特(Charles Richet)教授指导下，他和弟弟雅克(Jacques)一起研制带固定翼的旋翼机(现代直升机前身)；同年又建造一个风洞测评气流对机翼的影响。布雷盖旋翼机 1 号由钢臂支撑中心底盘和动力装置，矩型底盘四角各伸出一支钢臂支撑 4 叶片双翼旋转器，共产生 32 个小的上升面。1907 年 8 月 24 日，该机在法国杜埃首次载人飞离地面，垂直上升了大约 0.60 米，水平移动了 1.50 米。次年和里奇特合作建造旋翼机 2 号，安装了 55 马力雷诺发动机。虽然由于这种旋翼机操纵性能太差而无法自由飞行，但它是直升机的雏形，为以后直升机的研制铺平了道路。

1909年研制成功他的第一架双翼机(有上下并列配置的两副机翼的飞机)，外表粗糙，但性能很好，它在1911年10千米竞赛中打破了世界速度纪录，后来又创下多项纪录。1911年新成立的布雷盖飞机公司首次一机运载了12名乘客。1912年研制成功自己第一架直升机，但仍以设计和建造轻型飞机为主。第一次世界大战中，他的公司为同盟国生产了大约8000架布雷盖-14型飞机，其中全铝金属外壳的法国白昼轰炸机威震天下，美国远征军的16个中队全用上这种飞机。1927年布雷盖-19型飞机创造了首次不间断飞过南大西洋的历史；1933年创下飞越大西洋7242千米的世界纪录。1935年与多兰特(R. Dorand)合作，研制成功称为“实验旋翼机”的直升机，同年创下每小时108千米的速度纪录，次年创下158米高度纪录。后致力于研制各种水上飞机。第二次世界大战中，他仍然是一位重要的飞机制造者。20世纪50年代初，研制成功名为“双层板”的军民两用运输机。 (李啸虎)

瓦赞兄弟(Voison brothers) 兄弟两人都是20世纪早期法国航空学家、法国航空工业创始人之一。两人的科技活动紧密相关，相得益彰。

加布里埃尔·瓦赞(Voison, Gabriel) 法国人，1880年生于法国孛恩省贝尔维尔，1973年卒于法国。航空工程、机械工程、空气动力学。

查尔斯·瓦赞的哥哥。1903年与飞行家L. 布莱里奥特(Louis Blèriot)合伙，成立布莱里奥特—瓦赞飞行器制造公司，两人一起制造一架双翼滑翔机，一架双翼动力机，前者很不合意，后者根本飞不起来。1905年为阿奇迪肯(E. Archdeacon)制造一架双翼水上飞机，机翼和尾翼都像巨大的盒式风筝，机身下装有浮筒，同年6月6日，经改进在塞纳河上由汽船牵引试飞成功，飞行高度150米，续航几分钟后降落。1906年，瓦赞兄弟制造了一架动力双翼水上飞机，但没有飞起来。同年11月，兄弟俩成立欧洲第一家商业飞机公司。他们在机上安装张线紧索装置、可推拉的方向舵，木材改用钢管做机翼骨架，推进器由钢轴加上铝片制成，上下翼间装的垂直侧帘组成一个个单元，尾翼部分是另一个盒式风筝的单元，其中单翼机在机身前部安装有升降舵，取得越来越大的成功。

1907年在比扬古，为香普兰航校制造成功世界上第一架自带动力的双翼水上滑翔机，由C. 瓦赞驾机飞行60米、高度4米，历时6秒；“瓦赞-德拉格伦杰1号”，在40秒内能飞1640英尺(合500米)；“瓦赞-法曼1号”更创下数项飞行记录。1908年春，瓦赞兄弟公司频频在广播、报纸中出现：接受制造飞机的订单。同年7月8日，在意大利都灵飞行表演赛上，他们的飞机还载着一名女乘客飞行了9英里(合14千米)；1909年这种飞机已向美国等地出售。1910年，瓦赞公司决定淘汰过时的盒形风筝式，加上副翼、简化尾翼，拆除前部的升降舵。在1914年前，瓦赞兄弟公司制造和出卖了20架瓦赞飞机，其中动力机功率50～60马力不等。瓦赞式飞机虽然没有特别性能，但是安全稳定，在几年里都没有什么大的结构改动。在第一次世界大战中，瓦赞兄弟为法国空军制造侦察机和轰炸机，此外还出口比利时、俄国和英国，共有数百架。以后，瓦赞兄弟除了造飞机，还从事飞艇制造修理、轻型轿车、活动房等制造业务。

查尔斯·瓦赞(Voison, Charles) 法国人，1882年生于法国里昂，1912年卒于法国罗纳省科尔塞尔。航空工程、机械工程、空气动力学。

加布里埃尔·瓦赞的弟弟和亲密助手。死于车祸。他的科学活动和其兄密切相关。 (牛希娴)

居特勒，W. M.(Guertler, William Minot) 德国人，1880年3月10日生于德国汉诺威，1959年3月21日卒于同地。冶金工程、冶金学、金相学。

医师之子。1899年起先后在汉诺威理工大学、慕尼黑大学攻读。1904年在格丁根大学获博士学位。留校任教。1906年任教于柏林理工大学，1909～1933年先后任冶金学院、应用冶金学院教授、副院长、院长。1936年兼任德累斯顿理工大学冶金和材料科学学院教授和院长。1945～1946年在土耳其伊斯坦布尔理工大学、美国马萨诸塞理工学院任客座教授。

毕生致力于应用冶金学和理论冶金学的研究。他系统地研究金属和合金的结构，提出许多新的冶金学概念，如离析、色析等，特别是深入研究了合金的导电性能。发现由几种金属构成的合金，其导电率往往小于各金属导电率的总和。他还是一位冶金科学组织的先驱者，创办《国际冶金学》杂志(后改为《金属学》杂志)，创建德国金相学学会、工业放射学学会。取得专利权约100项；发表论文300余篇。其代表著作为《冶金学手册》(1912年)、《金属系三维相图纲要》(1969年)。

(王天运)

斯托特，W. B.(Stout, William Bushnell) 美国人，1880年3月16日生于美国伊利诺伊州昆西，1956年3月20日卒于亚利桑那州菲尼克斯。航空工程、机械与动力工程、空气动力学。

1899年就读于美国哈姆林大学，1900年转学明尼苏达大学机械工程系，1903年春因视力极度减退而休学一年，1904年毕业。1907年，他在明尼阿波利斯工程师社团年会上发表航空演讲，展示了从莱特兄弟等人那里借来的飞机模型，讲解实际飞行中的原理，引起美国工程界瞩目。后制作一辆摩托车，游览欧洲6000英里。回国后又开发一种新型摩托车，聘任舒尔迈尔摩托汽车公司首席工程师，1912年成为该公司芝加哥地区汽车和航空主管。不久，他创办美国第一本航空杂志《航空时代》。1916年成为帕卡德摩托汽车公司航空开发部门首席工程师。一年后第一次世界大战爆发，他带领帕卡德公司的工程师们协助美国政府设计和建造发动机，并被任命为技术顾问。1919年春，美国政府建立统一的航空技术开发中心。他主持设计高机翼的单翼飞机，其所有的翼间支柱，联线和其他构型都使空气阻力明显削减，在设计和外形上具有革命性，由于它看起来非常像战争中的战壕毒虫，被戏称为“斯科特虱子”。试飞员驾驶这种外形不可思议的飞机，进行了好几次相当成功的飞行。但是军方主管官员对这种飞机的军用前景并不看好，在没有采取任何改进的情况下放弃了。

1920年他离开政府部门，成立斯托特工业研究所设计新款蝙蝠翼飞机。1922年成立斯托特航空工程公司。由于有多名底特律投资人参与，公司的资金有了很大增加，于是开始研制美国第一架全金属上单翼客机“斯科特空中轿车”。1923年2月，底特律和全国的报纸都在传播该机成功试飞的故事。在他的大力建议下，1924年“汽车大王”福特决定赞助斯科特建立全金属客机制造厂，还率先在芝加哥建造了美国第一个现代化机场。利用福特的赞助，他又研制出装有3台发动机的“三发福特”全金属上单翼客机，这是当时少有的金属结构、金属蒙皮飞机，人们因此给它一个外号叫“铁皮鹅”。当时，伦敦和巴黎的“帝国航线”早已成功开通，其他航线也把欧洲各首都联系起来了。斯科特制造的首批6架飞机全部被福特公司购进，于是首条美国航线也开通了！1926～1933年，“三发福特”飞机共制造了198架，一段时间里成为美国民用航空的主力。

1925年斯科特工厂被福特公司并购后，他又率领设计师开始研制福特全金属运输机，随后A.伯德(Admiral Byrd)就是利用这种班机飞往北极的。1926年，斯托特成立航空交通公司，1929年又将该公司卖给科内迪特公司。后期从事直升机、不锈钢飞机及其发动机等研制工作。尽管福特公司在航空飞行上已不再显赫活跃，而金属式单翼飞机也变得很普通了，但斯科特的成就将永远被历史所铭记。（王远远）

赫尔，A. W.（Hull, Albert Wallace） 美国人，1880年4月19日生于美国康涅狄格州索顿，1966年1月22日卒于纽约州斯克内克塔迪。通信工程、材料工程、光电子学、晶体学。

农家子弟出身。早年在美国耶鲁大学主攻希腊语，同时选修物理学课程。毕业后在位于纽约州首府的奥尔巴尼学院教过法语和德语。1909年在耶鲁大学获文科博士学位，1930年和1944年又相继获取理科和工程博士学位。期间1909～1914年在伍斯特综合技术学院一边教授物理学，一边进行光电子学实验研究。后转任美国通用电气公司研究实验室研究员，1928年升任实验室副主任。1949年退休后，任陆军弹道研究实验室咨询委员会顾问。1942年任美国物理学会会长。是美国国家科学院院士。

电子管发明与开发的先驱者之一。他长期从事光电子学和晶体学研究，突出成就有：1918年发明了整块阳极磁控管，由整块同轴圆柱体阳极和外部线圈产生轴向均匀磁场的阴极构成，很快便充任无线电接收器中的放大器，同时用作低频振荡器；20世纪30年代开发成功铁镍钴合金等新型材料；发明金属-玻璃真空密封技术；发明X射线晶体分析的粉末法等。由于他对电子工业和材料工业等的开创性贡献，曾获美国无线电工程师协会授予的利布曼奖、富兰克林研究院菠茨奖章等。（夏元复）

波特万，A. M. G. R.（Portevin, Albert Marcel Germain René） 一译波特文。法国人，1880年11月1日生于法国巴黎，1962年4月12日卒于意大利阿巴诺特尔梅。冶金科学与工程、材料工程、金属学。

毕业于法国中央工艺制造学校。留校任教，1907年任《冶金学》杂志主编。1912年在该校建立金属研究所并任首任所长，1925年任教授，1937年任院长。1942年当选为法国科学院院士，1959年任院长。

他对冶金学的发展有许多贡献。1905年研究铬钢时，发现铬的含量达到或超过9%～10%时，就有抗腐蚀性。1909年给出了回火铬钢的抗硝酸、苦味酸等氧化剂的腐蚀性曲线，并制定了这种不锈钢的相应热处理工艺。在钢的回火、轻合金的硬化、金属的铸造与焊接方法等方面，也做了开拓性的工作。在铝镁合金塑性不稳定的应力变化率试验中，与冶金学家勒夏忒(Le Châtelier)一起，提出了著名的波特万-勒夏忒效应。发表论文500余篇。获英国钢铁学会贝塞麦奖章、美国卡内基奖章、伦敦金属研究所奖章等。（邱凤昌）

维斯宁兄弟（Брат Веснины; Vesnini brothers） 苏联人，兄弟3人都是著名的苏联建筑师、建筑教育家，构成主义建筑学派代表，并与西欧现代主义建筑学派互有影响。

维斯宁，Л. А.（Веснин, Леонид Александрович; Vesnini, Leonid Aleksandrovich） 1880年12月10日生于诺夫戈罗德，1933年10月8日卒于莫斯科。土木建筑、建筑学。

是维斯宁三兄弟中的老大。1901～1909年在圣彼得堡伯努瓦艺术研究院学习。1923～1931年在莫斯科高等技术学院任教授。1925年加入苏联现代建筑家协会。1932～1933年在莫斯科建筑学院任教授。

维斯宁，В. А.（Веснин, Виктор Александрович; Vesnini, Viktor Aleksandrovich） 1882年4月9月生于伊凡诺沃州，1950年9月17日卒于莫斯科。土木建筑、城市规划、建筑学。

是维斯宁三兄弟中的老二。1912年毕业于圣彼得堡土工工程学院。1923～1931年任莫斯科国立高等技术学院教授。20世纪30年代后期至40年代前期约10年，任苏联政府重工业人民委员部建筑管理局总建筑师，领导全苏工业中心的城市规划和建筑设计工作。1936～1949年任苏联建筑科学院首任院长。曾兼任全苏建筑师协会首任主席。战后参与主持规划城市重建工作。曾获一枚列宁勋章，以及劳动红旗勋章等多枚其他勋章和奖章。

维斯宁，А. А.（Веснин, Александр Александрович; Vesnini, Aleksandr Aleksandrovich） 1883年5月28日生于尤里耶维茨，1959年9月7日卒于莫斯科。土木建筑、建筑学。

是维斯宁三兄弟中的老三。1901～1912年在圣彼得堡土木工程学院学习。1921～1924年在文化艺术学院任教。1921～1930年先后在莫斯科国立高等艺术技术工场、国立高等艺术技术专科学校任教。1925～1930

年任苏联现代建筑家协会主席、《现代建筑》杂志主编。1956年为苏联建筑科学院名誉院士。曾获一枚劳动红旗勋章和多枚奖章。

他们的创作活动始于十月革命前。20年代初至30年代中期，形成了构成主义建筑理念，倡导“功能设计方法”，把新造型看成是塑造新社会的“新模子”。他们探索有利于培养集体主义精神、具有多功能的建筑形制，主张在建筑中采用钢筋混凝土框架、轻质墙结构，开展大规模的工业化建筑，完全摆脱了传统建筑构思。主要作品有：沙土尔水电站（1919年）、莫斯科劳动宫（1923年设计）、莫斯科无产阶级区文化宫（1931年）、第聂伯水电站旁的扎波罗热城（1929～1931年）等。从1932年莫斯科苏维埃宫设计竞赛开始，俄罗斯古典主义风格又受到青睐，流行把大型公共建筑物当作艺术纪念碑，一般民用建筑也纷纷效法，于是构成主义、现代主义建筑思潮受到了批判，但他们仍然坚持认为“古典形式的语言不能表现今天”。 （李 烨）

弗莱明，A. P. M.（Fleming, Sir Arthur Percy Morris） 英国人，1881年1月16日生于英国怀特岛新港，1960年9月14日卒于怀特岛邦丘奇镇。通信工程、电气电子工程、雷达技术、技术教育。

毕业于英国芬斯伯里技术学院电气工程专业。先在伦敦电力供应公司当实习生，后被美国西屋电气与制造公司选中，1900年到美国东匹兹堡工厂受训。1902年回英国，任西屋电气与制造公司曼彻斯特分公司（后改为大都会-维克斯公司）工程师，主要研究绝缘技术，1913年任变压器部总工程师，1914年任公司中等职业学校首任校长，1917年任公司教育部经理，1920年任研究开发部首任主任，1931年出任公司研究与培训部主管，任职至1954年退休。1932年入选曼彻斯特市议会议员。1938年出任英国电气工程学会会长。曾兼任英国商务与产业教育联合会主席、英国工业海外奖学金联合会主席等职。获曼彻斯特大学、利物浦大学荣誉博士学位。1945年受封爵士勋位。有两儿一女。

英国无线电先驱，雷达技术主要发明者之一，工程教育与培训的倡导者。20世纪10年代始，他就十分重视基础研究、员工教育培训对企业发展重大意义，时至1908年，他倡导和负责的培训活动已遍及公司各成员，享有国际盛誉。在第一次世界大战中，为英国海军研制开发潜水艇探测器作出了重要贡献，1920年被委任为大英帝国勋位海军中校。1920年，公司在曼彻斯特的研发部首批大楼竣工，他将之改建成英国广播公司（BBC）的第二个广播电台，每天广播节目。时至1929年，他的研发部已拥有当时世界上最高电压技术的实验室之一。30年代，他成功开发可拆卸高功率热离子式电子管，为1936年1月在索夫克海岸建立英国第一个雷达站奠定了基础，在第二次世界大战中发挥了重要作用。50年代，作为英国代表团团长对加拿大等国的职工教育培训进行考察和交流。

发表有多篇论文。是《电气线圈设计与绝缘技术》（1913年）、《如何做一个专业工程师》（1913年）、《徒工培训原理》（1916年）、《美国的工业开发研究》（1917年初版、1972年再版）、《工业管理原理导论》（1925年）、《工程技术史》（1925年）等著作的合著者。获1937年英国机械工程学会霍克斯利奖章、1941年英国电机工程师协会法拉第奖章等。 （孟 佳）

冯·卡门，T.（von Kármán, Theodore） 美国人，1881年5月11日生于匈牙利布达佩斯，1963年5月7日卒于德国亚琛。航空航天工程、材料工程、流体力学、固体力学、科技管理。

匈牙利犹太族裔。父亲是著名教育学教授，母亲出身名门望族。他少时因擅长速算，被誉为“数学神童”。1902年毕业于匈牙利皇家约瑟夫综合技术大学（今布达佩斯理工大学）。服兵役一年后，留校任教。1906年公费留学德国格丁根大学，师承著名力学家L. 普朗特，1908年获理学博士学位。留校任教。1913年任德国亚琛理工大学航空学教授。在第一次世界大战中服役，任奥匈帝国空军上尉。战后重返亚琛理工大学，任空气动力学研究所所长。1926年首次访问美国，归程访问中国并任清华大学名誉顾问。1929年又应邀赴美，任教于加利福尼亚理工学院，1930年任该校古根海姆航空实验室主任，1938年任该校喷气推进实验室首任主任。1944年任美国国防部空军高级顾问、少将军衔。1951年任北大西洋集团航空研究与发展咨询局首任主席，后兼任该机构国际空气动力学实验中心（后易名冯·卡门流体力学研究所）主任。长期任国际理论力学与应用力学联合会主席。1956年后兼任国际航空科学理事会主席、国际航天学院院长。1963年入美国籍。终身未娶。因心脏病突发去世。

近世力学格丁根学派重要代表。一生始终重视将大学科研和产业、政府需求结合起来，体现了格丁根精神。在固体力学领域：1908年博士论文提出著名的双模量理论，修正了先前的理论；1910年首次给出板材大挠度微分方程组，被誉为冯·卡门微分方程；1924年提出屈曲板梁的承压“有效宽度”概念；1939～1941年和钱学森合作，应用大挠度理论研究薄壳屈曲问题，系列论文已成弹性稳定性领域经典；1941年和杜韦兹（P. Duwez）合作研究固体中塑性变形传播规律，成果被列为战时机密，1950年才公布。在流体力学领域：1911～1912年研究障碍物后流体涡旋系统稳定性及其尾流阻力，提出定量分析的卡门涡街理论，可广泛解释高速气流下机翼、大桥等颤振现象；1921年提出层流和湍流的卡门动量关系式；1930年提出湍流的力学相似性理论；1934年与密立根一起建立边界层双层理论；1937年起系统发展了湍流统计理论；晚年创立“磁流体力学”。在高速空气动力学领域：高亚声速、跨声速和超声速方面都有奠基性成果，其中1938年与钱学森一起发展了可压缩流体边界层理论，1941年又提出著名的“卡门-钱方法”。

主要论文入编《冯·卡门论文选集（1902～1951年）》（4卷，1956年）、《冯·卡门论文选集（1952～1963

年)》(1975年);出版主要著作有《普通空气动力学理论》(1935年,与他人合著)、《工程学中的数学方法》(1940年,与他人合著)、《空气动力学的发展》(1954年)、《从低速空气动力学到航天学》(1963年)和《风和超越》(1967年,与他人合著)等。获奖甚丰,其中有美国功绩勋章、富兰克林金质奖章,以及1963年获第一枚美国国家科学奖章等。 (杨惠民)

特纳,W. E. S.(Turner,William Ernest Stephen) 英国人,1881年9月22日生于英国斯塔福德郡韦特纳斯堡,1963年10月27日卒于英格兰设菲尔德。玻璃工艺、材料科学、物理化学、工程教育、技术史学。

劳工家庭出身,家中7个孩子中排行第二。1898年入读英国梅森大学(1900年易名伯明翰大学),1902年获理学士学位,1904年获化学理学硕士学位。同年任设菲尔德大学冶金系物理化学讲师,1915年任玻璃技术系首任系主任,直至1945年退休。1914年任设菲尔德应用冶金学会会长。1916年任英国玻璃工艺学会首任秘书长,1951年前一直兼任该学会杂志主编。1933～1953年任国际玻璃工艺委员会主席。1938年当选为英国皇家学会会员。

在玻璃制作原理与工艺领域有诸多成果,尤其对玻璃化学成分与性能关系,熔炉设计、玻璃金属封焊等工艺方面,进行了大量实验和研究。随着第一次世界大战爆发,德国和奥地利对英国实行冶金材料禁运。在这一背景下,他倡导英国大学应该积极主动地帮助本国工业发展。1915年在实地调查基础上,提出一份"关于约克郡玻璃制造业的报告",列陈种种不科学的经验操作和落后工艺。同年创建世界上最早的大学玻璃工艺专业,开始授予技术科学学士学位,由此培养了一批玻璃专业高级人才。为了提高劳动力素质,为来自英国各地的玻璃业人员开设短期培训班,促进了德比、阿洛亚、格拉斯哥和伦敦等地玻璃制造中心的出现。在第二次世界大战中,为玻璃电子真空管制造业开设进修课程,提供技术指导。1904～1914年,发表21篇物理化学论文,主要涉及溶液的溶解和分子量等问题;1917～1954年,大部分著述论及玻璃的化学和工艺。1943年,他建立了历代与现代玻璃收藏馆(即后来的特纳玻璃博物馆)。退休后,主编有关玻璃工艺史和玻璃考古学的系列丛书。鉴于促进了科学在玻璃工业上的指导与应用,1918年获大英帝国勋章。此外获得许多外国奖项和荣誉称号,其中获德国肖特奖章(当时德国之外唯一获奖者)。 (王天运)

波音,W. E.(Boeing,William Edward) 美国人,1881年10月1日生于美国密歇根州底特律,1956年9月28日卒于华盛顿州西雅图。航空工程、机械与动力工程、企业管理。

8岁丧父。1903年美国耶鲁大学机械工程专业肄业。次年到华盛顿州做木材生意,赚了钱后定居西雅图。1916年创办太平洋航空产品公司,次年改名波音飞机制造公司。1927年建立子公司波音空运公司,经营旧金山-芝加哥邮政业务。1928年兼并太平洋空运公司等几家小公司,成立美国联合航空及运输公司(即今美国最大的联合航空公司前身),获西雅图-阿拉斯加航线经营权。因美国政府出台"1934年空邮法案",原波音公司遭起诉犯有垄断行为,被强制肢解为波音飞机制造公司、联合飞行器公司、联合航空运输公司。同年波音辞去董事会主席职位,卖掉了自己拥有的波音公司全部股票,过起悠闲的隐居生活。在第二次世界大战中,波音重返公司协助研发和生产战时军工产品。

美国航空业的开拓者和主要奠基者之一。1911年波音开始练习飞行。1915年7月4日,他与海军军官威斯福特(G. C. Westervelt)合作制成了自己的第一架水上飞机,取两人姓中的首字母命名为B & W(也称"蓝色比尔"),他驾驶新研制的飞机在西雅图市湖面上多次出航试飞。因威斯福特军务调动离开了波音公司,便任命中国人王助为总工程师。他们对"蓝色比尔"进行了进一步改进,设计成功一种称为C型飞机的新型水上飞机,在美国介入欧洲战场前被海军订购50架作为教练机。一战后波音公司一度缺少订单,曾改产木器家具。1921年在招标中获胜,开始接受美国国防部军用飞机订货。1925年为美国邮政总署研制性能优良的40A型飞机,除可运540千克邮件外,还能带4名乘客。不久又设计出第一架真正的民用客机80型,该机有配备台灯的12个座位,机舱密封,供应暖气和冷热水。1930年波音从护士中选择女乘务员,首创"空中小姐"这一职业。当时波音公司占有全美国邮政与客运业务30%。他将赢利投向新飞机开发,先后出品XP-15战斗机、XF5B-1海军飞机、B-9轰炸机、P-26驱逐机等军用机,以及单翼邮政机、波音247等民用机,后者研制于1933年,系世界航空史上最早进行静力试验的飞机,也是世界上第一种现代旅客机,具备现代飞机所有特征。第二次世界大战中,波音飞机制造公司设计和制造了B-17、B-29等重型轰炸机。战后,该公司除继续研制B-47、B-52等军用飞机外,还设计生产波音707、波音727、波音737、波音747等一系列大型喷气运输机。据2002年统计,当时全世界使用最多的10种客机中,有9种是波音公司产品。1934年荣获美国航空顾问委员会颁发的白金汉奖章。 (徐 骎)

巴克豪森,H. G.(Barkhausen,Heinrich Georg) 德国人,1881年12月2日生于德国不来梅,1956年2月20日卒于德累斯顿。电气电子工程、仪器研制、微波电子学、水声学。

出身贵族。曾就学于不来梅理工学院、慕尼黑理工大学(1901年)、柏林理工大学(1902年)、慕尼黑大学(1903年)、柏林大学和格丁根大学,专攻物理学。1907年获格丁根大学博士学位。同年在柏林的西门子与哈尔斯凯实验室工作。1911年任德累斯顿理工大学电气工程学首任教授,是世界上该学科第一位教授,年仅29岁。1953年任德国无线电工程师协会副主席。

他较早在非线性开关元件和自激振荡理论方面做出贡献。首先导出计算电子管系数的公式及相关方程。写过4卷有关电子管及其应用方面的教科书,这些书后被沿用多年。1920年,与K. 库尔兹(Karl Kurz)共同发明用电子管产生超高频的连续波振荡器，称巴克豪森-库尔兹振荡器，为整个微波管系列的前驱，他还对其基本原理、速度调制等作了解释。1946 年参与德累斯顿大学重建，该校成为德国的电子研究中心，在很大程度上是他的功绩。此外，第一次世界大战中，为德国海军研制鱼雷和水雷，从而研究水声学及其应用。在声学中首先以“方”作为响度单位，并提出其主要测量方法。在磁学中，1919 年通过声学法发现了铁磁材料磁化后所出现的不连续性(称巴克豪森效应)，在理论上对磁的不连续本质做了阐述。1933 年获德国无线电工程师协会的莫里斯-黎曼纪念奖。 (屈大壮)

莫尔，F. R. H. C. (Moll，Friedrich Rudolf Heinrich Carl) 德国人，1882 年 1 月 31 日生于库尔姆。1951 年 5 月 8 日卒于德国柏林。*造船工程、木材防腐技术、应用化学、昆虫学。*

青年时期曾在船厂当装配工。1902～1907 年在柏林理工大学攻读造船工程。毕业后在英国拖网渔船任发动机操作员。1920 年获柏林大学工学博士学位。1911 年起，在数个国家开办私营木材处理厂，获得了广泛国际声誉。1922～1936 年，同时在柏林理工大学任教，讲授木材防腐等课程。

1907 年后逐步转向木材防腐处理的研究，提出过氯化汞浸渍处理等工艺方法。发表过许多关于木材生物、化学防腐的论文。由于在盐对霉菌的毒性效应研究方面取得成果，1920 年获柏林大学博士学位。第二次世界大战后，研究过船蛆等蛀虫在非洲森林的地理分布状况；和美国木材专家合作，发展了防止木材虫蛀的技术。

主要论文有“防止热带木材遭受白蚁破坏的方法”(1915 年)、“木材防腐防蛀的法律研究”(1920 年)、《英国博物馆里收藏的蛀虫》(1931 年)、《柏林自然博物馆里收藏的蛀虫》(1941 年)等。主要著作有《渔船出事的注定原因》(1909 年)、《在美术中的船舶》(1929 年)、《人造木材的烘干》(1930 年)、《木梁防护和灾害控制的化学方法》(1939 年)和《非洲船蛆的地理分布》(1949 年)等。 (邱凤昌)

戈达德，R. H. (Goddard，Robert Hutchings) 美国人，1882 年 10 月 5 日生于美国马萨诸塞州伍斯特，1945 年 8 月 10 日卒于马里兰州巴尔的摩。*火箭与航天工程、机械与动力工程、技术物理学、应用数学。*

制造商兼发明家的独子。幼时体弱多病，经常辍学疗养，直至 21 岁才中学毕业。1908 年获美国伍斯特理工学院理学士学位。留校任教物理学。1910 年、1911 年先后获克拉克大学物理学专业文学硕士、理学博士学位。1911 年当选为克拉克大学荣誉研究员。1912 年任普林斯顿大学研究员兼物理学讲师。1913 年发现患上肺结核病，竟终身缠随。1914 年结婚。同年回克拉克大学任讲师，后相继任助理教授、副教授，1919 年任教授兼物理实验室主任。1930 年受美国军方委托，率领一支研发团队到新墨西哥州罗斯韦尔秘密进行火箭研制和试射。1941 年开始为美国海军研发武器。4 年后因喉癌去世。

现代火箭工程奠基人之一，和俄国的 K. 齐奥尔科夫斯基、德国的 H. 奥伯特并称火箭技术先驱者中的“三杰”。1912 年对高空火箭能量和逃逸速度进行数学论证，以此探讨研制火箭发动机的原理。1914 年获液体燃料多级火箭的第一个专利。1919 年发表论文“到达极高空的方法”，提出关于火箭推进力和飞行的第一批数学研究，预言了喷气式飞机，讨论了火箭在高空研究中的价值以及飞到月球去的可能性。该文遭到了一些人的非难和嘲笑，却坚定了他不断改进火箭技术和工艺的决心。1920～1925 年，研制出第一台用液体燃料推进的火箭发动机。1926 年 3 月 16 日，成功发射世界上第一枚液体燃料火箭。1929 年起开发具有陀螺稳定器、涡轮泵和尾叶等结构的大型火箭，速度达到超声速。在 1930～1941 年间，研制了不同系列和型号的高空火箭，进行了 30 多次有记载的成功发射，其中最快速度可达 1130 千米/小时。1937 年 3 月 26 日，L-B 型火箭升到 25000～27000 米高空，这是他在所有试验中达到的最高度。

他的理想是宇宙航行，但他的发明最直接服务于军事。在第一次世界大战中，主持研发管道发射的火箭，并改制为当时的火箭炮。在第二次世界大战中，为美国海军研发大功率火箭发动机和喷气推进起飞装置。此外，还创下火箭开发史上另一些“世界第一”，例如：真空中火箭推进力的第一次试验(1915 年)；建立第一个火箭发射台(1918 年)；第一个陀螺稳定装置(1932 年)；用于制导和稳定的排气设备中第一个导向叶片装置；第一个自冷式和可变推力的火箭发动机、着陆装置和液体燃料泵等。在 20 世纪 30 年代后期德国启动庞大的火箭研发计划之前，他的工作无人能够超越。

一生共获 214 项火箭技术专利，其中一些早已应用于军事和航天工程。主要论文收集于《R. H. 戈达德论文集》(3 卷，1969 年)。 (谈漱梅)

法布尔，H. (Fabre，Henri) 法国人，1882 年 11 月 29 日生于法国马赛，1984 年 6 月 29 日卒于巴黎。*航空工程、流体力学、空气动力学。*

船主的儿子。从小跟随父亲在地中海上过着航海生活，常常幻想有朝一日航船能在惊涛骇浪中像海鸥那样展翅飞翔。他在巴黎大学取得理学士学位后，为研制水上飞机自学流体力学和空气动力学。

早在法布尔之前，1901 年奥地利人 W. 克雷斯(William Kress)造过一架水上飞机，但飞不起来；1905 年，法国的沃伊辛(G. Voisin)和阿奇迪肯(E. Archdeacon)在塞纳河上用汽船拖动水上滑翔机飞了数百米；法布尔利用优越的家庭经济条件，1907～1909 年先后在“飞跃”号研究船和一辆用螺旋桨驱动的小汽车上进行各种试验，探究不同翼面气流和浮筒水流的力学规律。1909 年，他制作了自己的第一架水上飞机(他简称为“水机”)，由 3 台发动机驱动一副螺旋桨，底部装有 3 个浮筒，但没有飞起来。1910 年初，他从船舶构造中得到启发，经改进又制作了一架取名“鸭子”的水上飞机。机头是一根纵轴连接一对上下舵(上为升降舵)和两个水平升力面,左右单翼、发动机和螺旋桨都装在飞机后部,翼梁和机身主梁均采用格栅梁结构,驾驭座椅位于上根平行梁中央,机头和左右翼下部各装有3个用胶合板制浮筒;材料采用岑树木贴布,总重475千克,机长8.5米,翼展14米,安装一台36.75千瓦的7缸旋转式内燃发动机。1910年3月28日,在法国南部马蒂格(马赛附近)的拉梅德海湾,蓝天丽日,风平浪静,法布尔驾驭水上飞机"鸭子"号实现了世界上第一次水上动力飞行。当日试飞4次,3次成功。第一次试飞时,飞机只以时速55千米在水上滑行;第二次试飞时,飞机首次离开水面以60千米时速直线飞行了500余米,发动机关车后安全降落水面。次日,他又连续飞行了6000米。同年10月,在巴黎航空展览会上展出了这种改进型水上飞机。

1908年,美国的柯蒂斯(G. H. Curtiss)研制水上飞机失败,专程赶来向法布尔请教和商讨问题,1911年1月26日终于在圣迭戈试飞成功。同年3月,在摩纳哥一次隆重的汽船赛会上,法布尔聘请著名飞行员贝居(Jean Bécu)表演水上飞机,第一次非常成功,第二次飞机着陆时因离岸太近而严重损坏。自此,法布尔停止开发新的水上飞机,但仍为别人设计水上飞机的浮筒,其中瓦赞双翼机作为世界上第一架水陆两用机,它的浮筒正是法布尔设计的。法布尔以102岁高龄谢世。

(李啸虎)

鲁登贝格,R.(Rüdenberg, Reinhold) 美国人,1883年2月4日生于德国汉诺威,1961年12月25日卒于美国波士顿。电气电力工程、动力机械工程、光电子工程、电工学。

德国犹太族裔,制造商之子。在汉诺威技术学院(今汉诺威理工大学)攻读电气与机械工程,获电气工程师证书,1906年获工学博士学位。同年到格丁根大学应用物理与力学研究所任教。1908年到柏林西门子公司电机制造部任设计工程师,不久任部门主管,1923年任科学部主任兼首席电气工程师。期间1913年起在柏林理工大学兼课,1919年任兼职教授。纳粹上台执政后,1936年去英国任伦敦大学教授,兼任伦敦通用电气公司顾问工程师。1939~1952年任美国哈佛大学工学院电气工程系教授兼系主任,一直至退休。后任伯克利加利福尼亚大学、洛杉矶加利福尼亚大学客座教授。1921年获德国卡尔斯鲁厄理工大学荣誉工学博士学位。

多产的电力电气设备发明家。早期专业生涯始于设计制造大型交流发电机,很快便扩展到包括输电线路、配电系统、保护性继电器和开关等各种电力设备的研究开发。1916年,为科伦主机发电站研制第一台60兆伏安涡轮发电机,是当时世界最大功率的发电机。1930年发明电子显微镜的静电透镜(不同于其他人采用的磁透镜),次年获专利并被西门子公司所使用,该公司还在德国之外的6个国家申请到专利。此外,主要发明还有:载波电流通信(获专利)、架空高压电源传输线路空心避雷器、船舶和螺旋桨换向或倒车技术、相控阵列雷达(获专利)、聚焦电子束的双曲型透镜、直接由原子辐射产生电力技术(获专利)等。他还首次分析了炸药爆炸的超压和能量负载,解释了造成电力系统大规模停电的原因等。

另有著作《用于产生高频交流电的德国第19068号原创专利》(1907年)、《电力系统的瞬态性能》(1950年初版,1969年再版)、《发电厂闭合线路中的电力转换操作》(1962年)、《电力系统的电流冲击波》(1968年)等。获1911年比利时蒙蒂菲奥里奖、1946年斯蒂文斯理工学院奖章与奖金、1949瑞典锡德格伦奖章、1957年联邦德国优秀服务大十字勋章、1961年美国富兰克林研究院克雷森奖章等。

(朱逸农)

格罗皮乌斯,W.(Gropius, Walter) 美国人,1883年5月18日生于德国柏林,1969年7月5日卒于美国波士顿。土木工程、建筑学、建筑教育。

德国裔。建筑师家庭出身。1903~1907年先后就读于慕尼黑理工学院、柏林-夏洛滕堡理工学院。1907~1910年在柏林一家建筑师事务所任职。1910~1914年自己独立开业。1915年在魏玛实用美术学校任教。1919年任国立建筑工艺学校(即"包豪斯")校长。1928~1933年在柏林做建筑师。1928年发起组织国际现代建筑学会,1929~1959年任副会长。因受纳粹迫害,1934年移居英国并在伦敦开业,同年加入英国籍。1937年去美国,任哈佛大学建筑系教授、系主任;1944年加入美国籍。1945年合伙开办协和建筑师事务所,后成为美国最大的建筑设计事务所。1952年任哈佛大学荣誉教授,次年出任该校建筑研究院院长。

20世纪最重要的建筑大师和建筑教育家之一,现代主义建筑学派主要倡导人,"包豪斯"教育的创始人。20世纪20~30年代,他建立了教学-研究-生产一体化的现代教育体系,倡导简洁实用的设计思路,形成了以他为代表的现代主义建筑学派("包豪斯"即其别称)。其创办的包豪斯学校成为当时欧洲最激进的艺术和建筑中心之一,推动了建筑革新运动。他倡导建筑设计与工艺的统一,艺术与技术的结合,讲究功能、技术和经济效益,追求直线造型,以建筑业大批量工业化生产为途径,适应快速城市化需要。其成名作是德国法古斯鞋楦工厂、1914年科隆展览会展出的示范工厂和办公楼。两幢建筑均为框架结构,与支柱脱开的外墙是大片连续轻质幕墙。以后影响较大的有:包豪斯校舍设计,楼内的一间间房屋面向走廊,走廊用向阳的玻璃环绕,被誉为"现代建筑设计史上的里程碑";德国西门子城住宅区(1929~1930年);美国匹兹堡铝城住宅区(20世纪40年代初)等。他在美国广泛传播新理念,促进了美国现代建筑大发展。第二次世界大战后,现代主义建筑理念和实践为各国建筑界所推崇,并在20世纪中叶成了世界建筑业主流思潮。

他的代表作有《新建筑学与包豪斯》(1965年)等。

曾获得英国、联邦德国、美国、巴西、澳大利亚等国的荣誉奖、荣誉学位和荣誉会员称号。 (李 烨)

阿诺德,H. de F.(Arnold,Harold de Forest) 美国人,1883年9月3日生于美国康涅狄格州,1933年7月10日卒于新泽西州。通信工程、微电子技术、电磁学、工程管理。

1906年、1907年在美国康涅狄格州卫斯理大学先后获哲学学士和理学硕士学位。师承著名物理学家R.A.密立根,1911年获芝加哥大学物理学博士学位。当贝尔电话公司开发横贯美洲大陆通信线路时,他被推荐到该系统工作。第一次世界大战时,任美国陆军通信兵上尉。1925年为贝尔电话实验室第一任研究主任,直到去世。

1914年,他首先研发设计汞弧增音器,改进了6年前由L.德福雷斯特发明的三极管的真空度,使洲际长途电话得以实用化。1915年9月29日开通第一条横贯美国大陆的无线电话示范线路,连接纽约、弗吉尼亚州阿灵顿、旧金山和檀香山。对电声学和电声重放用的新型铁磁合金(坡莫合金和坡明伐合金)的研发有重要贡献。他所领导的部门在世界工业试验室中长期处于领先地位。入选美国国家电子工业名人堂。 (朱逸农)

泰尔扎吉,K.(Terzaghi,Karl) 一译太沙基。美国人,1883年10月2日生于奥匈帝国布拉格(今属捷克),1963年10月25日卒于美国马萨诸塞州温切斯特。土木工程、水利工程、土壤力学。

奥地利军官世家出身。7岁亡父,10岁被祖父送进军事学校,5年后因不适应行伍生活而改进一般中学。1904年格拉茨理工大学机械工程系毕业,留校选修地质学课程并参加了格陵兰岛地质考察。1906年任维也纳一家土木工程公司工程师,参与奥匈帝国一些水电站建造。1912年获格拉茨理工大学技术科学博士学位。同年赴美国考察土坝工程,1913年底回奥地利。第一次世界大战中,在军方研究机构与冯·卡门共事;1916～1917年在土耳其伊斯坦布尔皇家理工学院任教。1918～1925年在罗伯特学院任教,业余进行土力学试验。1925～1929年在美国马萨诸塞理工学院作访问学者。1929～1938年任维也纳理工大学土壤力学讲座教授,到欧洲和俄国讲学。1938年秋定居美国,任哈佛大学工程研究院教授,兼任美国和国际上多个著名建筑工程顾问,后来又加入美国籍;1956年退休后仍在哈佛大学授课,并指导多个土坝设计。1954年应聘为埃及尼罗河阿斯旺大坝工程顾问委员会主席,1959年因不同意苏联方案而辞职。是美国国家科学院院士。

现代土壤力学的奠基人。率先对土壤的力学性质进行系统的科学实验,提出了一系列科学的地基设计理论,填补了地质学与土木工程之间的空白。1921～1923年间,形成了现代土力学的有效应力概念和土的固结理论,发表了关于饱和粘性土的一维固结理论及其微分方程式。1925年出版经典著作《土壤力学》,确立了他在国际土木工程界的权威地位。1928年后,经常受邀赴世界各地应急处理水坝、公路、铁路地基坍滑事故以及地面下沉问题;为苏联、法国、阿尔及利亚等国设计水坝;担任欧洲、北美、中东和北非不少国家的工程地质顾问。

一生发表论著256篇(种);代表性专著还有《理论土力学》(1942年)、《工程实用土力学》(1948年)等。先后获许多国家大学、学会和科学院的荣誉称号、奖金和奖章。 (李啸虎)

皮卡德,A. A.(Piccard,Auguste Antoine) 瑞士人,1884年1月28日生于瑞士巴塞尔,1962年3月24日卒于洛桑。海洋工程、航空工程、机械学、地理探险、地学。

出身于以求知和探险著称的沃多瓦家族。祖父是州长,父亲是巴塞尔大学化学系教授兼系主任,叔父是著名水轮机设计师。皮卡德是双胞胎,孪生兄弟后来成为化学家和业余飞行员。从小爱好科学,毕业于苏黎世联邦理工学院,获数学与物理博士学位。1922年任比利时布鲁塞尔自由大学物理学教授。1927年当选为索尔维国际物理学化学研究院成员。

1930年设计建造了一个带有加压铝吊舱的球形气球,乘员无需穿压力服便可上升到高空安全进行科学研究。1931～1937年间,他进行了27次气球飞行,在高度上一再刷新世界纪录。1931年5月27日,他和P.基伯霍尔(Paul Kipfer)从德国奥格斯堡出发升空至同温层,创下了15781米高度的世界纪录,在飞行中收集到大气上层的大量数据,还测量了宇宙射线。1932年8月18日,和M.科辛斯(Max Cosyns)从瑞士杜宾多夫升空,再次创下破纪录的16200米高度。他最终达到的高度是23000米。后来,其孙也成了气球探险家,参加了第一次世界环球飞行。

20世纪30年代中期,他的探险目光开始转向深海。1937年设计出一种可承受巨大外部压力的小型钢舱深潜器。1945年重启建造的这种气泡型驾驶舱,内部维持正常空气压力,外部可抵抗水的压强约为480千克每平方厘米以上;在沉重的钢舱上方系着大型特制浮筒,内部注满汽油,以使其随着压力增加而保持浮力。1948年这艘FNRS-2号在佛得角海域进行了许多次无人深潜试验,1950年交付法国海军部使用。接着,他和儿子雅克(Jacques Piccard)将FNRS-2号改建为可安全乘人的"里雅斯特"号深潜器。从1954年起,雅克乘着它多次从意大利海域潜水,最深达3100米。1960年1月23日,老皮卡德亲眼看到雅克和美国海军军士D.沃尔什(Don Walsh)乘着父子共同建造的第三个深潜器下水,潜到太平洋马里亚纳海沟10900米深处,创下又一个世界新纪录。老皮卡德的座右铭是:"探险是科学家的运动。" (宋玉亭)

弗格森,H. G.(Ferguson,Harry George) 英国人,1884年11月4日生于北爱尔兰唐县德罗莫,1960年10月25日卒于格罗斯特郡科兹沃尔德地区亚伯茨沃尔德。农业机械、车辆工程、航空工程、企业管理。

农家子弟。中学毕业后,到哥哥在贝法斯特的汽车修理厂工作,同时在夜校上课,不久便独自经营修理汽车的业务。因敢于驾驶早期汽车参加危险的越野比赛，获“贝法斯特疯子机械师”雅号。1909年，受L.布莱里奥首次飞越英吉利海峡的鼓舞，当年他也设计制造了一架飞机，驾机创下爱尔兰上空第一次历史性飞行的记录。第一次世界大战时，他已是汽车修理行会领导，并被英国政府任命为爱尔兰农用机械顾问。1938年，他在美国和亨利·福特签定合同，在整个二战期间为美国生产弗格森拖拉机。1946年回到英国，在考文垂的巴纳莱恩建立拖拉机制造中心。1953年与加拿大马西—哈里斯公司合作，1958年成立马西—弗格森公司。他拒绝了英国皇室授予的爵士勋位。退休后定居于科兹沃尔德丘陵地区，晚年饱受失眠和抑郁症折磨，因服药过量去世。

弗格森式轻型拖拉机发明者，英国农业机械业奠基者之一。在评估农用机械和拖拉机效率时，激发了他设计更轻型高效拖拉机的灵感。1936年，他设计的最早型号弗格森拖拉机在英国哈德斯菲尔德投产，性能可靠，轻型机动，成本低廉，很受欢迎，同时又实现了这种拖拉机与配套农机的系列化，从而在全世界享有声誉。1938～1946年在美国和福特汽车制造公司合作制造弗格森型拖拉机。二战后回英国研制新型号拖拉机，下线的第一种型号拖拉机是315TE20，以爱称“小灰弗吉斯”为人所熟知。他向探险家E.希拉里(Edmund Hilary)捐献3辆TE20拖拉机，赞助他到达南极洲。1952年，弗格森起诉福特公司在合同终止后仍侵权生产拖拉机，得到925万美元赔偿。与加拿大合营的马西-弗格森公司60～70年代为鼎盛期，有员工5 000余人，生产了数以万计不同型号拖拉机、联合收割机和其他农用机械，成为当时西方最大的拖拉机生产厂，但90年代被美国一家大公司兼并。他还研制一种四轮驱动汽车的传动系统，大大增强了车辆防滑行驶性能。

(廖悦乔)

斯特雷勒茨基，H. C.(Стрелецкий，Николай Станиславович；Streletsky，Nikolay Yeliseyev) 苏联人，1885年9月14日生于俄国别洛斯托克州奥谢韦茨(今属波兰)；1967年2月15日卒于莫斯科。*桥梁工程、土木工程、结构力学、技术管理。*

1911年圣彼得堡交通工程学院毕业。公派德国夏洛滕堡高等技术学校进修，1913年回国。1915年在莫斯科高等技术学校任教，1918年起任教授、桥梁教研室主任。1918～1930年在全苏人民交通运输委员会科学技术委员会领导桥梁结构试验。期间1924年获莫斯科铁道工程学院博士学位。1933年至去世，任教于莫斯科古比雪夫建筑工程学院。期间1933～1937年组建苏联中央工业建筑科学研究院，任首任院长。1941～1943年任莫斯科古比雪夫建筑工程学院新西伯利亚分院院长。1927～1956年任苏联建筑工业科学技术委员会主席。1931年入选苏联科学院通讯院士。1947年入选苏联建筑科学院院士。1948～1954年任全苏科学技术协会主席。1950～1954年任苏联科学院建筑委员会主席。1956年入选苏联建筑与艺术科学院院士。5次担任苏联钢结构标准与技术规范编制委员会主席。

苏联钢结构学派奠基人，按极限状态计算法首创者。他是苏联应用开启桥的首倡者，也是苏联采用大跨度郎格尔梁木桁架桥的创始人。其中如跨老第聂泊河的扎波罗热桥(1928年)，是一座有双层桥面(上层双线铁路桥，下层公路桥)的两铰桁架拱桥，主跨达224米，系当时欧洲第一大钢拱桥。在第二次世界大战期间，领导抢修多座大跨度铁路桥。在战后创立按极限状态计算强度新方法，突破原有经验型按容许应力计算法，考虑结构承载能力、结构正常使用功能和控制裂缝开展等3种极限状态，以保证结构物的可靠性和安全性。

一生发表近200篇论文，后人辑有《斯特雷勒茨基论文选集》(1975年)；主编出版《桥梁教程》(3卷，1926～1931年)、《钢结构教程》(1935～1944年)等，译成多种文字，多次再版。1966年被授予苏联社会主义劳动英雄称号。先后获3枚列宁勋章、2枚其他勋章和数枚奖章。

(李啸虎)

马丁，G. L.(Martin，Glenn Luther) 美国人，1886年1月17日生于美国艾奥瓦州麦克斯伯格，1955年12月5日卒于巴尔的摩。*航空工程、动力机械工程、空气动力学、企业管理。*

1905年前曾就读于堪萨斯州卫斯理商学院。后举家从堪萨斯州移居加利福尼亚州，在圣安娜担任福特和麦克斯韦公司的代理商。1912年成立马丁航空制造公司。1917年合伙成立莱特-马丁飞机制造股份有限公司。1929年成立独资的马丁飞机制造公司。晚年主要关注社会福利、教育、野生动植物保护事业。

美国飞机制造业奠基者之一。善于设计大型飞机，尤其是远航飞艇和巨型轰炸机。1909～1910年开始研制飞机和学习飞行。他的第一架飞机，是与他的汽车商店机械师一起设计，后在一间租借来的废弃教堂里建成的。这是当时最早一批带发动机的飞机。1909年，马丁实现了第一次成功的飞行；1910～1919年进行巡回特技飞行表演，成为当时屈指可数的“飞人先驱”之一，一时轰动了社会。1918～1919年研制出第一架马丁轰炸机，从此成为美国军用飞机主要制造商之一，到1960年制造的大型飞机超过11 000架。“马丁轰炸机”在20世纪20～30年代成为空中武装的先驱，并服役于第二次世界大战的各大战场。他设计制造的大型高速客机成了当时横越太平洋的美国民航主要机种。马丁公司雇佣训练有素的工程师设计飞机，聘请优秀的经理管理他的公司，为许多后来出色的航空制造商提供培训和经验。波音、道格拉斯、L.贝尔(Lawrence Bell)、麦克唐纳(J. S. McDonnell)等人都是马丁公司早期职员，以后都各自建立飞机制造公司。第一次世界大战期间任标准飞行器首席设计师的C.戴(Charles Day)，第二次世界大战时经营北美航空公司的金德尔伯格(J. H. Kindleberge)，布鲁斯特公司的范杜森(C. A. Van Dusen)，也都在马丁公司工作过。

1960年后，马丁公司决定停止生产飞机，专门生产导弹、空间装备、导航系统、声纳设备以及航空电子设备等，继续成为美国国防部的军火供应商。1995年马丁公司与洛克希德公司合并，又重新加入了飞行器制造行

列。1932年获克利尔奖。 (吕 源 费俊琳)

八木秀次(Yagi, Hidetsugu) 日本人,1886年1月28日生于日本大阪府,1976年1月19日卒。电子技术、无线电通信工程、高等教育管理。

1909年毕业于东京帝国大学工学院电气系。同年任仙台高等工业学校电气系讲师。同年底入伍,在中野电信队服役。翌年回仙台高等工业学校电气系任教授。1913年赴德国德累斯顿理工大学留学,1919年获工学博士学位。同年任日本东北帝国大学工学院教授。1931年参与创建大阪帝国大学理学院,1933年任该校物理系教授兼主任,1942年任理学院院长。同年任东京理工大学校长。1944年任日本内阁技术院总裁。1946年任大阪大学总长(校长)。同年任日本无线电协会会长。1952年任八木秀次株式会社社长。1953～1956年当选参议院议员。1955年任武藏工业大学(今东京都市大学)校长。1951年当选日本学士院院士。

1986年被评为日本现代十大发明家之一。20世纪20年代初,在日本东北帝国大学和学生宇田太郎共同研制成功引向天线(即八木宇田天线,简称八木天线)。1925年两人共同撰文在日本无线电杂志上介绍基本原理,但是反响不大。1926年该项技术获专利。1928年八木秀次访问美国,将该篇论文译成英文在美国无线电工程师协会会刊上发表,受到了欧美无线电行业的关注。这种引向天线从普通的偶极天线发展而来,由反射器、激励元和引向器等基本部件构成,具有增益率高、方向性强、结构简约的优点,很快被用于无线电测向和长距离无线电通信。第二次世界大战中,八木天线曾被盟军用作夜间战斗机使用的雷达等。然而在日本国内,它并未得到应有重视,直到日军在新加坡发现了英军雷达技术人员关于八木天线的技术资料,他们才意识到其价值所在。战后,经改进的八木天线被广泛用于电视信号接收器,因为这种天线使用较多的引向器,故被戏称为"鱼骨天线"。获日本1951年蓝绶奖章、1956年文化勋章、1976年一等旭日大勋章等。 (李啸虎)

泰勒,G. I.(Taylor, Sir Geoffrey Ingram) 英国人,1886年3月7日生于英国伦敦,1975年6月27日卒于剑桥。工程力学、流体力学、气象学、应用数学。

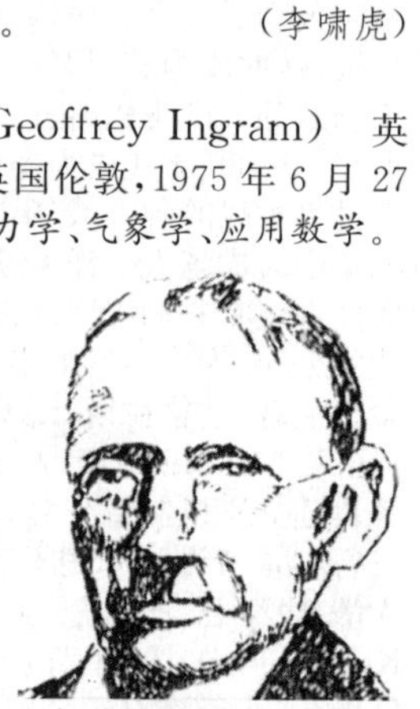

出生于知识精英家族。外祖父是数学教授、布尔代数奠基人G. 布尔,外祖母是英国驻印度总督、测地学家侄女,姨妈中有数学家、化学教授,小姨埃塞尔(Ethel)是名著《牛虻》的作者,父亲是画家兼室内装潢师。泰勒于1910年获剑桥大学三一学院数学学士学位。留校任教。第一次世界大战中,应征到位于法恩伯勒附近的皇家飞机厂研制飞机。1919年当选为英国皇家学会会员。同年回剑桥大学在卡文迪什实验室工作,1923年任皇家学会两名研究教授之一。第二次世界大战中,参与美国曼哈顿工程,1945年在新墨西哥州沙漠进行第一颗原子弹爆炸试验。1951年从剑桥大学退休,仍留校从事研究,直至1972年4月中风为止。1944年被授予爵位。是荷兰、美国、法国、挪威、意大利、印度、瑞典等国科学院外籍院士。获10余个国内外大学荣誉博士学位。

主要研究应用力学,涉及领域十分广泛。1909年,将照相底板在极弱光源下曝光3个月后,发现衍射图不受光源强度影响。1913年参加"斯科舍"号巡查船考察北极冰川与气象,测得大量数据,为日后构建空气湍流混合模型打下基础;发现风速随高度按埃克曼螺线变化的规律。在气体动力学方面,第一次世界大战中,首次对定常飞行时机翼压力分布、螺旋桨传动轴应力分布进行现场测试和理论分析;1933年研究了超声速圆锥绕流,获得一系列锥角的圆锥流动数值解;1921～1923年,从理论和实验上证明了反映旋转流体重要特性的普劳德曼-泰勒定理:在垂直于旋转轴的所有平面上流体运动状态都相同;1941年给出强爆炸波形成和传播的相似性解,并同1945年原子弹爆炸试验相比较。对流体力学最重要贡献之一是湍流理论。1919年发展了湍流可用相关函数的相关系数表示的概念;1921年提出了湍流积分尺度和湍流微尺度的概念;1922年建立扩散距离随时间变化的泰勒公式;1932年提出三维的涡输运理论,通过实验比较加以证实;1938年证明一维湍谱与相关函数之间互为傅里叶变换关系,理论推导与风洞测试十分吻合。在固体力学方面,1923年和伊拉姆(C. Elam)共同发现应变与晶体轴之间的对应关系;1934年首次提出位错的晶格点阵模型;提出刚塑性弹体撞击变形理论、尖弹体对靶板塑性扩孔理论、成型装药的射流理论等。

发表论文250余篇;出版《G. I.泰勒科学论文选》(4卷,1960～1971年),内容分别为:固体力学;气象学、海洋学和湍流;空气动力学、弹道学和爆炸力学;流体力学。专著有《流体的力学性质》(1923年)、《受压流体的力学性质》(1935年)、《电子流体动力学》(4卷,1963～1966年)等。多次获大奖,其中有英国皇家学会最高奖科普利奖章等。 (徐平五)

密斯·范德罗厄,L.(Mies van der Rohe, Ludwig) 又译罗厄。美国人,1886年3月27日生于德国亚琛,1969年8月17日卒于美国芝加哥。土木工程、建筑学、工业设计。

德国裔。泥瓦匠兼石匠之子。幼年随父学艺,未受过正规教育。1905～1907年在柏林布罗鲁·保尔建筑事务所工作。1908～1911年在贝伦斯建筑事务所任职。次年在柏林独自开设建筑事务所,并成为德国现代建筑家俱乐部核心人物。1926～1932年,参与发起成立德意志制造协会并任第一副会长。1930～1933年任德国国立建筑工艺学院最后一任院长。为逃避纳粹迫害,1937年流亡美国,后加入美国籍。1938～1958年任芝加哥伊利诺伊理工学院(原阿莫尔学院)建筑系主任。

现代主义建筑学派主要代表之一。早期作品体现了古典主义结构。后在著名建筑家P.贝伦斯影响下,转向拥护现代主义，批判复古主义，强调建筑必须适应现代大工业生产和快节奏文明生活的需要，力主建筑工业化、构件标准化、家具通用化，发展了一种基于现代结构技术和普鲁士古典主义的设计方法，在风格上追求简洁、明快、透视、精确。1920年首次发表钢框架结构、玻璃幕墙摩天大楼设计图，被誉为“密斯风格”；1923年开始同《G》建筑杂志合作，致力于探讨和宣传现代主义建筑哲学，1928年提出“少就是多”建筑哲学，后又提出“流动空间”、“全面空间”理论；1928～1929年设计西班牙巴塞罗那世界博览会德国馆，由钢框架、玻璃、木材和大理石构成，采用连续空间结构方式，墙壁成为可分可合的装饰部件，体现了他的技术与人文融合的理想。到美国后，他的作品渐趋抽象主义结构。

代表作品还有：德国的图根特哈特剧院（1928年）、捷克斯洛伐克的布尔诺民宅（1930年）、美国伊利诺伊理工学院建筑与设计系办公（1939年），普莱诺的法恩斯沃思玻璃盒式住宅（1950年）、伊利诺伊理工学院建筑馆（1950年）、芝加哥湖滨公寓（1951年）、拉斐特公园住宅区（1956年）、芝加哥皇冠礼堂（1956年）、全玻璃幕墙的纽约西格拉姆大厦（1958年）、西柏林新国家美术馆（1968年）等。还是一位家具设计家，对现代家具发展有一定影响。多次获大奖，其中有1959年英国皇家建筑师协会金质奖章、1960年美国建筑师协会金质奖章；1976年追授美国建筑师协会25周年纪念奖等。

（李　烨）

科安达，H. M.（Coandă，Henri Marie） 罗马尼亚人，1886年6月7日生于罗马尼亚布加勒斯特，1972年11月25日卒于同地。*航空工程、动力机械工程、空气动力学。*

父亲是陆军将领、军校数学教授；母亲是法国医师女儿。1899～1903年他在罗马尼亚雅西军事学院学习，毕业获军士长军衔。1903年进入父亲执教的布加勒斯特炮兵-陆军-海军工程学院学习，期间1904年到德国柏林技术学院夏洛滕堡分院留学。毕业后在炮兵团当士官。1907～1908年在比利时列日市蒙特菲里理工学院留学。毕业后回国，同年获准退伍，到国外旅行。1909～1910年就读法国国立高等工程师学院飞机设计制造班。1911～1914年在英国布里斯托尔飞机公司任技术主管。1915年起半个世纪旅居法国，在德拉艾-贝里维尔等多家科技公司任技术顾问。1965年返回罗马尼亚，任布加勒斯特科技创新学院院长。1971年参与将布加勒斯特理工大学机械工程系改建为航空工程系。

空气动力学先驱，被誉为“现代喷气式飞机之父”。1905年设计了一个由火箭推进的导弹式飞机模型，并开始空气动力学实验。1910年，他在时速90千米火车上分析飞机模型空气动力学性能，利用风洞对机翼外形进行平衡测试，设计制造了世界第一架热力喷气推进的“科安达-1910”号飞机，同年在第二届巴黎博览会上展出，引起轰动。该机是一架下翼短、上翼长的翼半双翼机，机翼用胶合板取代蒙布，一台36.75千瓦、四汽缸活塞式发动机为一台压缩机提供动力，驱动涵道风扇产生后推力，两个燃烧器取代一个螺旋桨，外形和现代装置相似。但在巴黎附近机场作进一步试验时，该机着火冲出了跑道，他受了轻伤死里逃生，放弃继续实验。直到30年后，以燃气涡轮为动力的第二架实用型喷气式飞机才在意大利问世。1911～1914年他在英国设计了数种飞机原型机，在1912年英国国际军用飞机比赛中，“布里斯托尔-科安达”号获一等奖，欧洲多个国家纷纷订购。1913年巴黎展览会展出他发明的轰炸机瞄准器，再次引人瞩目。该装置与炸弹投放系统联用，用活塞控制圆筒里的炸弹投向地面目标，这是航空史上“综合武器系统”第一种雏型。第一次世界大战期间，他在法国设计建造了“科安达-1916”号、两种尾部安装推进器的“快帆”号喷气运输机原型机（50年代初在法国重新启用改进型）。他还为军用飞机设计无后座力轻型火炮；发明了第一个喷气式雪橇、第一列豪华型空气动力火车。1932年发现著名的“科安达效应”，1934年获法国专利：若能将圆形装置上方空气吸到下方，则能产生上下方压力差而产生使之悬浮的升力。1935年利用同一原理设计了“飞碟”号两栖气垫船，形状十分类似旋转的盘子。第二次世界大战中，纳粹德国利用科安达效应秘密试制飞碟航空器。冷战时期，美国和苏联都把飞碟列为秘密研究开发项目。

（马毓昭）

斯坦曼，D. B.（Steinman，David Barnard） 美国人，1886年6月11日生于美国纽约曼哈顿，1960年8月21日卒于同地。*桥梁工程、结构力学、空气动力学、工程管理。*

出生于移民工人家庭。1906年毕业于纽约市立学院。同年入哥伦比亚大学，1909年获文科硕士学位，1911年获土木工程博士学位。留校任教。1910～1914年任教于爱达荷大学。回纽约后，参与多项造桥工程，并任纽约中央铁路工程的助理工程师。1921年合伙成立罗宾逊-斯坦曼工程公司。1934年任美国全国职业工程师协会首任主席。去世前任美国技术史学会会长。

1938年开始，从事空气动力对悬索桥梁影响的理论与试验研究。1940年，在对美国塔科玛峡谷桥因受暴风袭击倒塌的研究中，发现风通过桥面需花一定时间，因而形成桥梁结构自振周期的相位差。由于这个相位差，使一个截面的稳定性不仅依赖于其形状和特性，还依赖于风速。此外还发现如果抗扭条件不够时，风也会使桥梁产生扭曲振动。他通过风洞试验研究出风速函数的临界值，并测量了切面压力分布，由此得到了预测铅直和扭转振动下的临界风速，以及各种速度下的增强率、极限振幅和振幅响应的公式，使得可能应用空气动力学原理设计出保证桥梁基本稳定的截面。

一生设计建筑了400多座桥梁，其中较著名的有：巴西的弗卢西亚诺普利斯桥（1926年），澳大利亚悉尼港大桥（1932年）等，美国罗得岛的芒特霍普桥（1929年），圣约翰大桥（1931年），哈得孙大桥（1936年），密歇根州麦基诺岛的海峡大桥（1957年），以及美国—加拿大国际大桥等。主要著作有《悬索桥》（1929年，第2版）等。1957年获富兰克林学院利维奖章。（李法顺）

吉布斯，W. F.（Gibbs，William Francis） 美国

人，1886年8月24日生于美国宾夕法尼亚州费城，1967年9月6日卒于纽约。船舶与海洋工程、水动力学、工程管理。

金融家之子。1905年入美国哈佛大学学习自然科学和工程学，因喜欢在宿舍独自钻研英国战舰而偏废了学业，1910年离校时未取得学位。1911～1913年在读哥伦比亚大学法学院，先后获法学学士、经济学文科硕士学位。毕业后，尊父嘱在律师事务所工作了两年。1916年，和其弟F. H. 吉布斯(Frederic Herbert Gibbs)一起供职于摩根大通集团国际商船公司，1919年任首席造船师。1922年创建吉布斯兄弟造船公司(1929年易名为吉布斯与考克斯造船公司)。1965年当选为美国国家工程院院士。

20世纪著名美国造船师。1915年，他和弟弟开始筹划设计一对远洋大客轮，每艘船长1000英尺(约合305米)，各有功率18万匹马力，得到美国海军部和摩根大通集团的财政支持，获准在海军部泰勒船模水槽进行模型试验，后因第一次世界大战结束而终止原计划。1922年，吉布斯兄弟获得第一份重要合同，设计和建造了当时横渡大西洋的最成功豪华邮轮之一。1925年开始，为夏威夷马特森航线、格雷斯航线设计9艘白色船壳的远洋班轮系列，其中有“马洛洛”号(1925年)、“蒙特雷”号(1931年)、和“勒莱恩”号(1932年)等，后在二战中全部被征用为军务运输船。第二次世界大战期间，吉布斯与考克斯公司设计建造了上千艘各种型号美国军舰系列，例如驱逐舰、两栖登陆艇、扫雷舰、巡洋舰、油轮和货轮等等，其中包括2 751吨级著名的“自由女神”号货船，总吨位约占战争期间兴建的美国军舰的74%。战后，兄弟俩又开始设计“美国”号远洋客轮，历经5年设计和28个月建造才竣工，1952年成功首航。该船是美国有史以来最大班轮，船身长305米；平均航速35.59节，将原有航行时间缩短了10小时，是当时横渡大西洋的最快船只；1952～1969年间，实现了400次无故障航班。50～60年代，还设计了当时最先进的导弹驱逐舰和护卫舰。1953年获美国富兰克林奖章。在他去世后，美国国家科学院设有吉布斯兄弟奖章，以嘉奖在船舶和海洋工程领域有杰出贡献者。（李法顺）

亨萨克，J. C.(Hunsaker, Jerome Clarke) 美国人，1886年8月26日生于美国艾奥瓦州，1984年9月10日卒于克雷斯顿。航空工程、机械与动力工程、空气动力学、工程管理。

报纸出版商之子。1908年毕业于美国海军学院。同年入马萨诸塞理工学院学建筑，1912年和1916年先后获该院硕士和博士学位。留校任教。1912年派往欧洲调查航空工程现状，作过德国气体动力学家普朗特等人的助手。1914年回校，在D. W. 道格拉斯协助下建造美国第一座供航空试验用的风洞。1916年被海军召回华盛顿，在结构和修理局组建飞机科。1917年任美国陆军与海军技术联合委员会委员。1921年他属下的飞机科并入航空局，任总设计师。1925～1926年，在伦敦、巴黎、柏林和海牙任美国海军驻外武官助理。不久辞去海军职务，进入贝尔电话实验室，研究航线无线电通信联络和天气预报。1933年回到马萨诸塞理工学院，1939年任机械工程和航空工程系主任。1941年又回到海军，作为科学研究和发展办公室成员及其导弹组成员，1951年退休。是美国国家航空航天咨询委员会成员，1941～1956年担任该委员会主席。是美国国家科学院、美国国家工程院、美国文理科学院院士。

他承担的第一个重要工程项目，是设计建造美国第一艘能横渡大西洋的齐柏林式飞艇。该飞船服役2年后，于1923年在暴风中坠毁。此外还为美国海军建造C级和D级飞艇。研究过超音速空气动力学、气体弹性力学、振动及其测试、自动控制和喷气发动机。在他领导下，研制了弹射器、飞机起落架、轻型舰载飞机、气冷径向式发动机和鱼雷机等等。出版有《双翼机的稳定性处理》等著作。获1933年古根海姆奖章、1942年朗斯特雷思奖章，1946年总统荣誉勋章，1969年斯特拉顿文化贡献奖等。（戴成勋）

福普，L.(Föppl, Ludwig) 一译弗普尔。德国人，1887年2月27日生于德国莱比锡，1976年5月13日卒于慕尼黑。机械工程、工程力学、材料力学、应用数学。

德国著名工程力学家A. 福普的儿子。1910年毕业于慕尼黑理工大学数学系。1912年获格丁根大学理论力学博士学位。毕业后留校，任数学研究所所长C. F. 克莱因的助手2年。1914年在威尔兹堡大学做力学博士后研究，后留校当讲师。第一次世界大战期间，1914年12月起在西线战场参战。战后在慕尼黑理工大学讲授工程力学。1920年在德累斯顿理工大学任力学教授。1922年起执教于慕尼黑理工大学，1955年退休后聘为终身教授和研究员。期间作为父亲接班人，1922年应聘为该校工程力学教研室主任，1925年又兼任力学-机械工程实验室主任，长任两职直至退休；1947～1948年战后重建时期任该校校长；以后3次当选为机械工程系主任。他是德国巴伐利亚州科学院院士，西班牙等科学院外籍院士。

在工程力学的理论与试验方面做了许多基础性工作，尤其在光弹性学上有重要贡献。他建立的光弹性试验室，成为德国仍至国际的样板。第二次世界大战后困难时期，担任慕尼黑理工大学校长，对重建工作作出了重要贡献。有关著作成为权威性指南，如与诺伊伯(H. Neuber)合著《材料力学：光弹性法》，与门希(E. Monch)合著《实用光弹性法则》等。他寻找材料力学实际问题的简单解，以使工程师能快速抓住本质的东西。发表论文近百篇。和父亲合编两卷本《拉伸与压缩》，与松塔格(G. Sonntag)合著《材料力学图表》等。此外，根据学科新进展对父亲的巨著《工程力学教程》作了多次修订，一直出至第15版。曾获联邦德国大十字勋章。（李啸虎）

门德尔松，E.(Mendelsohn, Erich) 美国人，1887年3月21日生于德国东普鲁士阿连斯坦(今属波兰奥尔什丁)，1953年9月15日卒于美国旧金山。土木建筑工程、城市规划、建筑学。

德国犹太裔。制帽商之子。1906年入慕尼黑大学学习经济学,1908年入柏林理工大学建筑系,1910年转学慕尼黑大学赫克斯克尔理工学院建筑系,1912年毕业。同年在慕尼黑任独立建筑师。1914～1918年在德军服役参战。战后在柏林开设门德尔松建筑师事务所,著名建筑师R. J.诺伊特拉等人年轻时曾加盟其中。1924年,参与组织建筑师团体“环社”(Der Ring)。随着纳粹党上台执政,1933年春被迫移居英国。不久他在德国的全部财产被没收,并开除出普鲁士艺术研究院和德国建筑师行会。1935年在中东耶路撒冷、1936年在英国,先后与人合办建筑师事务所。1938年加入英国籍。1941年去美国伯克利加利福尼亚大学任教,兼任美国政府战时建筑工程顾问。1945年加入美国籍。同年定居旧金山。因癌症去世。

德国表现主义建筑流派代表人物之一。1917年设计、1920～1921年建造的波茨坦天文台爱因斯坦观测塔,形态夸张,观感怪异,被视为表现主义代表作而渐露头角。该建筑打破了过去着眼于屋顶、墙和门窗等实体元素进行设计的传统观念,为建筑学开辟了新境界。1927～1931年,在柏林选帝侯大街(今勒宁广场)建造一座商住大楼,尝试在4万平方米建筑中集中体现城市的全部功能。1934年开始在巴勒斯坦接手多项建筑工程,其中代表作有:希伯来大学校舍及其附属医院(1934～1940年)、特拉维夫的魏茨曼(C. Weizmann,后任以色列总统)别墅(1935～1936年)、英国巴勒斯坦银行(1936～1939年)等。1946年后,在美国主要参与规划和建设犹太人社区,建造多所犹太教堂、医院和私宅。

出版主要著作有《美国:建筑师的画卷》(1926年初版,1976年再版)、《俄国-欧洲-美国:一个建筑剖面》(1929年)、《新房新世界》(1932年)、《建筑学及其文明演进》(1940年)等。(李　烨)

灿德尔,Ф. А.(Цандер,Фридрих Артурович; Tsander,Fridrikh Arturovitch)　苏联人,1887年8月23日生于拉脱维亚首府里加,1933年3月28日卒于俄罗斯斯塔夫罗波尔边疆区基斯洛沃茨克。*航天工程、动力与机械工程、火箭技术。*

医生的儿子。1905年入里加理工学院学习,因为学潮停课和去航空发动机厂实习,直至1914年才毕业。同年到莫斯科橡胶厂工作。1919年到莫斯科“发动机”飞机制造厂工作。1924年兼任莫斯科星际交通研究协会科研部主任。1930年到中央航空发动机制造研究所工作,次年和科罗廖夫一起筹建著名的喷气推进研究室,曾任首任主任、第一课题组负责人等职,同时在新建不久的莫斯科航空学院兼课。因患伤寒病不治而终,年仅46岁。

苏联早期杰出的宇航科学家、苏联火箭技术的开创者之一。早在大学时代,他就热衷于研究航空航天问题,提出“向火星进军”的人类宏伟目标,参与发起和组织里加大学生航空技术协会,着手研究太空飞行中的反作用运动。在长期构思和计算基础上,1908年写成《实现星际飞行的宇宙飞船》一书。1909年率先提出在宇宙航行中可将用过的多级火箭金属材料变为补充燃烧剂的设想。1917年起着手飞船设计,1921年在发明家会议上提出星际飞船设计方案。1924年发表著名论文“飞向其他星球”,同年倡导成立莫斯科星际交通研究协会。他计算了飞行成本最低的最佳轨道运动,提出喷气发动机设计原理,设计把飞机和火箭合为一体的星际飞船,设想利用天体引力场增大飞行加速度和改变航天器飞行方向,还探讨了利用太阳光压助推飞船的可能。1930年开始致力于火箭发动机开发研究,同年成功研制出采用压缩空气和汽油、推力1.42牛顿的OP-1型喷气式发动机。1931年主持研制РЛ-1型试验火箭,在短期内设计出使用液态氧和汽油的OP-2型液体火箭发动机,不久又设计出推力为5.88千牛、49千牛的新型液体火箭发动机。他设计制造了гирд-09型和гирд-X型火箭,在他去世后数月进行了首次发射试验。正是他主持研制的火箭奠定了苏联航天工业发展的基础,为后来开发大型运载火箭开辟了道路。

他在遗书中写道:“前进,同志们,只有前进,将火箭升得更高、更高,才能更接近、更接近其他遥远的星球!”生前还出版有《借助喷气装置飞行》(1932年),身后出版有《灿德尔论文选集》(1964年)。为纪念他,苏联以其名命名月球背面的一个环形山。(李啸虎)

勒·柯布西耶(Le Corbusier)　原名C. -E.让纳雷(Charles-Edouard Jeanneret)。法国人,1887年10月6日生于瑞士拉绍德封镇,1965年8月27日卒于美国里维埃拉。*土木建筑、建筑学、城市规划。*

瑞士钟表匠的儿子。早年学过雕刻,青年时周游和考察欧洲各地建筑。曾师从柏林著名建筑师P.贝伦斯(Peter Behrens),深受其新思想影响。1917年移居法国,1920年启用笔名“勒·柯布西耶”,后来成了比他的原名更为人所知的名字。1928年共同发起组织国际现代建筑学会。1930年加入法国籍。曾获多所世界著名大学荣誉博士学位。

欧洲现代主义建筑学派主要代表人物之一。崇尚现代技术与造型艺术结合,主张建筑师既是工程师又是艺术家,住宅既是“居住的机器”又是“纯粹的精神创造”,其思想和作品对现代建筑的国际化发展有重要影响。1915年起相继展示一系列新颖而激进的建筑设计,以及现代城市规划草图,令人耳目一新。1920年创刊建筑评论杂志《创新之魂》,挑战学院派传统建筑思想。1926年归纳现代建筑五大特色要求:底层独立支柱;屋顶花园;自由平面;横向长窗;自由立面。这些原则成了现代主义建筑的经典。代表作有:巴黎近郊的别墅(1923年)、库克府宅(1926年)、巴黎大学城瑞士学生宿舍(1932年)、巴西教育卫生部大厦(1936～1945年)等。1940年后倾向于设计相互协调但不雷同的模块化空间系统。第二次世界大战后主要作品有:马赛公寓区(1946～1952年)、带有雕塑群的法国朗香教堂(1950～1955年)、里昂附近勒托雷特修道院(1955～1960年)、哈佛视觉艺术中心(1961～1962年)等。

在城市规划方面,他力主改革,创新开拓。1922年提出一个300万人规模的城市规划方案:由中心区向外幅射,依次为摩天大楼、高层、多层楼房,高楼之间留有宽阔绿地和整齐街道。1925年在巴黎旧城区改造中提出"伏瓦生规则",使新城具有功能分区、高层建筑、现代设施、立体道路和开阔绿地等特色。但是这些主张被时人讥为"空想"而束之高阁。第二次世界大战后欧洲重建,他的"垂直城市"计划才得以逐步实现,但建筑风格变得粗犷凝重。

撰有论文集《迈向新建筑》(1923年);出版《城市规划》(1925年)、《精确度》(1930年)和《发光的城市》(1935年)等著作。 (陈芳泽)

索普威思,T. O. M.(Sopwith, Sir Thomas Octave Murdoch) 英国人,1888年1月18日生于英国伦敦,1989年2月6日卒于金斯松博纳。航空工程、空气动力学、企业管理。

12岁时看到有生以来的第一架飞机,下决心要当个飞行员。数年后学飞行,只学了20天就考取飞行执照,从此成为一名出色的飞行员。1910年12月18日,他参加德福雷斯特国际飞行大奖赛,驾驭一架霍怀特式双翼机,以3小时40分飞越英吉利海峡,最远航程285千米,最后降落在比利时境内,刷新了当时飞行距离最远、续航时间最长的世界纪录,赢得4000英镑奖金。后周游法国和美国,考察当地飞机制造业,参加各种飞行竞赛,赢得不少冠军奖金,一时名扬欧美。1912年初,他从美国带回3架飞机,在布鲁克兰开办一家飞行学校,为英国培养了众多飞行人才。1912年创建索普威思航空有限公司,开始设计和生产飞机。1920年该公司并入霍克·西德利航空公司。1925～1927年任英国飞机制造商协会会长。1935年起任霍克·西德利航空公司董事长,1963年(75岁)辞去公司领导职务。后以101岁高龄谢世。

英国航空工业的奠基者之一,极负盛名的寿星飞机设计师。1912年,他设计的第一架飞机是萨布洛德单座机,次年参加国际竞赛夺得大奖,后改型为著名的"婴孩"式水上飞机。1916年,他设计出一种单座半支柱式飞机,轰炸和侦察兼用,生产了1000多架。此后,他主持设计的飞机多以动物命名,其中有"幼犬"、"海豚"、"天龙"、"小蚂蚱"、"蝾螈"、"布谷鸟"等等,被人戏称为"索普威思动物园"。但该公司最有名的战斗机出品,当属"骆驼"系列。1917年夏,"骆驼"F.1型问世。该机木结构、布蒙皮、短机头、粗机身、双层翼、双机枪,采用汽缸旋转式发动机,机动性能好,可兼作对地攻击、舰载和夜战。"骆驼"参战16个月,击落敌机1294架,创下协约国战斗机战绩之最。在第一次世界大战中,索普威思公司共设计17种飞机(不计改型),为英国生产11237架,另为盟国生产5000多架。在第二次世界大战中,该公司生产的"飓风"战斗机达14533架。战后,最有名的作品是"猎人"式喷气战斗机、"鹞"式垂直起落歼击机等。 (李啸虎)

亨克尔,E. H.(Heinkel, Ernst Heinrich) 德国人,1888年1月24日生于德国符滕堡地区格朗巴赫,1958年1月30日卒于斯图加特。航空工程、动力机械工程、工程管理。

手艺人之子。1911年德国斯图加特技术学院机械工程系毕业。先后任施奈德航空运输公司、信天翁飞机公司工程师。1914年～1918年任汉莎-勃兰登堡飞机制造公司总设计师。第一次世界大战后在斯图加特建立电气器材厂。1922年组建亨克尔飞机有限公司,拥有员工3000余人,1945年德国战败后被解散。1950年建立300余人的机械制造厂,生产汽车配件和摩托车。1955年联合国取消德国飞机生产禁令,他与人合伙成立联合航空技术公司(后被兼并)。

世界上第一架涡轮喷气式飞机的成功研制者。20世纪初期,他率先解决单翼机结构强度和操纵性能问题,实现双翼机(早期由上下并列配置两副机翼的飞机)向单翼机的转折,1913年研制的信天翁式单翼机在11分6秒内爬高到455米,一时声名大振;1914～1918年主持设计了40个型号,生产总量占奥匈帝国(1867年建立,1918年解体)服役飞机的70%,其中W29机身结构紧凑,最大时速180千米,战后被多国所仿制。20年代,亨克尔公司第一架高性能水上飞机He3在国际竞赛中一举夺魁,各国纷纷求购,美国买了生产专利;1925年发明飞机弹射坐椅;1928年试验成功舰载飞机弹射装置,生产舰载双翼机系列。30年代,首次研制成功流线型高速陆基飞机,其中4座运输机He70最大时速377千米,创下8项世界飞行纪录;他将He178装上冯·奥海因(H. von Ohain)研制的涡轮发动机,1938年8月27日世界第一架涡轮喷气式飞机首飞成功,时速800千米,宣告航空喷气时代的到来;在火箭专家冯·布劳恩合作下,在He112(后定名He176)上装备火箭发动机,1939年6月30日世界第一架火箭动力飞机秘密进行了首次成功飞行。40年代,他设计的He111重型轰炸机以结构坚固、性能高强、攻击猛烈著称,在第二次世界大战中生产了8000多架,成为德国空军主力机种之一。50年代,研制过三角翼飞机。此外,他的卓越管理才能和知人善任常被人称道。英国航空史家泰勒(J. Taylar)评价说:"亨克尔开创了现代飞机设计的新纪元"。 (李啸虎)

田中丰(Tanaka, Yutaka) 日本人,1888年1月29日生于日本长野市,1964年8月27日卒于东京。桥梁工程、焊接技术、结构力学。

1913年获东京帝国大学(今东京大学)工学学士学位。1929年获该校工学博士学位。1913年起一直从事铁路工程技术工作。1920～1922年在英国、德国和美国、加拿大等地考察研究高速铁路建造技术。1925年任东京大学桥梁工程学教授,曾任铁道技术研究所所长,1948年退休后任名誉教授。1934年前兼任帝都复兴院桥梁课长等职;1948年后兼任横河桥梁厂顾问、本州四国联络桥技术调查委员会委员长等职。是日本学士院院士、日本土木学会会长、日本焊接学会会长。

日本现代桥梁工程学的奠基者之一。20世纪20年代,参与1923年关东大地震后的重建工程,在隅田川上主持设计和建造了多架桥梁,从此声名大振。其中,永代桥是在日本首次采用系杆拱和悬臂梁的组合技术;清洲桥是自锚定式吊桥,把低锰结构钢吊锁技术应用于作为悬索的拉杆。30年代，在日本首次将抗震结构设计焊接技术应用于钢桥工程。1931年主持设计和建造东京地区的两国铁路钢桥，其主跨是刚性梁和柔性拱的巧妙组合；在同一铁路线上，首创日本当时最长（跨度为44米）的钢板梁桥。在第二次世界大战后，指导和主持建造日本西海桥、若户大桥，广岛的住吉桥、旭桥，伊豆的千岁桥等多项桥梁工程。他引进和发展了欧美的先进造桥技术，在日本首次采用低锰结构钢、压缩空气沉箱基础、抗震结构设计等技术，在研究变截面柱的强度问题、钢桥焊接技术等方面亦有不少创新成果。

著名论文有“焊接铁路桥的安全度”、“拱桥拱轴线的解法”等；代表著作有《变截面柱的强度理论》（获日本土木学会奖）等。是平井敦的名著《钢桥》一书的审订者。先后获日本政府紫绶奖章和旭日重光勋章。为了纪念田中丰和鼓励后来者，日本桥梁界设有田中奖。

（李　烨）

杰弗里斯，Z.（Jeffries，Zay）　美国人，1888年4月22日生于美国南达科他州，1965年5月21日卒于马萨诸塞州。冶金工程、合金材料工程、仪器研制、金相学。

1910年毕业于美国南达科他矿业与工艺学院。1918年获哈佛大学博士学位。1911年任克利夫兰市凯斯技术学院讲师，1916年任教授，同时兼任美国铝业公司克利夫兰研究实验室主任。后任美国通用电气公司克利夫兰全国照明器材研发部顾问工程师、开发部主任，以及其他多个公司的顾问。1929年任美国钢处理学会会长。是第一届、第二届国际冶金学大会主席。

最初研究测量金属晶粒度的新方法、晶粒度与金属特性的关系。后从事钨丝生产，乌钴硬质合金刀具开发，研究金属二次再结晶和杂质的作用，其成果促进了晶粒生长研究的开展。1924～1926年，与R. S.阿切尔共同研究开发出高强度、特异性的铝合金；开拓了对沉淀硬化的研究，奠定了用晶间滑移干扰解释硬化的理论。他是结构位错理论的先驱。此外，研发安装了美国工业界第一台X衍射机。因将科学研究与工业生产密切结合成绩卓著而深孚众望。获美国金属学会6个主要奖项。

（杨惠民）

贝尔德，J. L.（Baird，John Logie）　英国人，1888年8月13日生于英国苏格兰的赫林斯巴勒，1946年6月14日卒于苏塞克斯郡贝克斯希尔。通信工程、电视技术、光电子学。

先后就读于英国拉奇菲尔德高等学校、伦敦皇家理工学院和格拉斯哥大学，因第一次世界大战爆发而辍学。战时在克莱德山谷电力公司任督察工程师。战后一度开办过果酱工厂等实业。1922年回到伦敦，着手研制电视机，1927年成立贝尔德电视发展有限公司。1941年起担任美国无线电话与电报公司顾问。

电视播送与接收系统的首创者。他制作的第一套电视发射和接收装置十分简陋，利用了玩具马达、铁皮茶叶箱、食品锡纸、玩具透镜等废旧物品，外加钾光电管发射灯和扫描圆盘，最后用小木板、缝衣线和封腊把它们结合在一起。1924年，他完成了第一部可用的机电型样机，让十字架轮廓忽隐忽现地传输到数米距离之外。次年用电视播送了可辨认的人头像。1926年1月26日，他在顶楼工作室演示了世界上第一次电视播送运动物体的图象，在场大约有50个科学家见证了这个重大历史事件。同年，发明红外线摄像机，可供在暗处或雾中拍照。1927年，他在伦敦和格拉斯哥之间约705千米的电话线上成功传输了电视图象。1928年2月，建立在英国肯特郡库尔逊的贝尔德电视台播出的图象信号，被设在美国纽约哈茨代尔的接收机所接获，从而首次实现了伦敦-纽约越洋电视传播；同年，又首次成功将图象信号发射到位于大西洋中部的一条航船上。1929年，由德国邮电总局提供设备和资金，让他建立一个实验性电视台，后来这个电视系统成了可向全球转播的电视台。1930年开始，他解决了声音和视觉不同步的难题；同年在伦敦大剧院示范大荧屏电视。1939年，贝尔德采用阴极射线管演示彩色电视。其后进一步研究把电视用于无线电传真通信，曾试验过立体电视。

然而，在电子元件快速发展的形势下，贝尔德机电系统最终在竞争中败下阵来。1935年，英国广播公司（BBC）为了开播电视节目，决定在马可尼系统和贝尔德系统之间进行选择，便成立了一个质询委员会，结果发现马可尼系统每秒能扫描405行，而贝尔德系统仅能扫描240行，于是，在1937年2月BBC开播电视节目时，全部采用了马可尼电气与音乐工业公司的设备。但是贝尔德在电视发展史上仍然功不可没。

（李啸虎）

图波列夫，A. H.（Туполев，Андрей Николаевич；Tupolev，Andrey Nikolaevich）　苏联人，1888年11月10日生于俄国特维尔斯克省普斯托马佐沃村（今属加里宁州），1972年12月23日卒于莫斯科。航空工程、空气动力学、应用数学、工程管理。

是一位公证人的儿子。1900～1908年在特维尔斯克州立大学的预科学习。1908年进入莫斯科高等技术学校学习。在茹科夫斯基的影响下，对航空学产生兴趣，参加了航空爱好者俱乐部，曾设计、建造和驾驶过用于飞行训练的滑翔机，参与建设高等技术学校的空气动力学实验室。1916年与茹科夫斯基小组成员一起创建了航空设计试验所。这是俄国和苏联第一所航空科学研究机构。1918年在茹科夫斯基领导下参与筹建莫斯科中央航空流体动力学研究院，1918～1935年任副院长。1922年设立以他为首的飞机实验设计局，1936年起任156研究局局长，制定了一系列由他提出的飞机设计方案。1937年在大清洗中以莫须有的“叛国罪”被判无期徒刑，直至1941年德国入侵时被释放。1933年当选为苏联科学院通讯院士，1953年成为院士。获空军中将军衔。1968年为工程兵上将。儿子也是一位飞机设计师。

苏联第一位把全金属结构运用到民用和军用航空

方面的工程师。在他领导下，图波列夫设计局共设计出100余种各种型号的飞机，其中70种成批生产，从轻型战斗机、轰炸机、侦察机、水上飞机、运输机到巨型远程客机。他设计的飞机曾创下78项世界纪录，进行过28次特殊飞行。1924年领导设计制造了苏联第一架全金属结构飞机AHT-2。他设计的飞机在北极考察中曾发挥过重要作用，打破了多项飞行纪录，其中包括1937年一架安-25型飞机从莫斯科经北极上空到加拿大温哥华的不着陆飞行。在第二次世界大战中，以及战后相当长一段时间时，图波列夫设计局的主要机种都是轰炸机，从前线轰炸机图-2、重型轰炸机图-4、图-85，到苏联第一架喷气轰炸机图-12(1947年)、图-14，战略轰炸机图-26("逆火")、图-160("海盗旗")等。1955年制成苏联第一架喷气式客机图-104。1968年12月31日，进行了他设计的涡轮螺旋桨洲际大型超音速客机图-144的首航飞行。他发展了空气动力学原理和飞行稳定性计算理论。还精通数学计算，能透过数学公式看到物理实质和技术概念，并以深刻的洞察力给与恰如其分的评价，这一切使他有可能去解决诸如近代科学中的空气动力学、自动化、静态和动态结构强度及无线电技术等学科中的最复杂问题。

因在航空事业上的卓越贡献，在国内多次获奖，其中3次获社会主义劳动英雄称号，5次获苏联国家奖金，1957年获列宁奖金；获8枚列宁勋章、6枚其他勋章多枚奖章。在航空方面的贡献也得到国际上的承认。1970年，他设计的世界上第一架超音速客机图-144获意大利全国空运发展中心的达·芬奇奖。同年被英国皇家航空协会推选为名誉会员，并授予特别荣誉证书。此外获国际航空协会金质奖章、法国航空奠基者金质奖章等。 (宋玉亭)

舍维亚科夫，Л. Д. (Шевяков, Лев Дмитриевич; Shevyakov, Lev Dmitrievich) 苏联人，1889年1月15日生于俄国科斯特洛马省韦特卢加，1963年7月3日卒于莫斯科。矿山工艺程、采矿学、工程管理、应用数学。

1912年毕业于第聂伯罗彼得罗夫斯克矿业学院。留校任教，1920年任该院教授，1922年任矿山工艺系主任。1925年随同其他专家奉命考察德国、美国和英国的矿山设备。1929年任西伯利亚托木斯克技术学院教授。1932年任斯维尔德洛夫斯克矿业学院教授。1935年获技术科学博士学位。1944年任莫斯科矿冶学院教授，1950年任该校金属矿产系主任。1939年当选为苏联科学院院士。

苏联采矿工程学数学分析学派代表人物之一，在国际上有一定影响。将数学分析方法应用于矿山工程的勘查与建设，奠定了矿井设计的科学原理，提出了支撑矿柱等各种设施安全性的科学测定方法，参与主持制定了一系列有关矿山工艺的苏联国家技术标准，对苏联矿业现代化和采矿学发展都有重要贡献。

发表论文300余篇，有《矿山工艺论文集》(2卷，1928～1933年)；主要著作有《矿藏开发》(1928年)、《矿山工艺学数学分析概要》(1935年)、《煤田设计的理论基础》(1950年)、《矿井设计原理》(1958年)、《矿井排水工程》(1960年)、《有用矿物开采》(1963年)等。获列宁勋章2枚、其他勋章2枚、奖章多枚。 (李 烨)

谢文纳特，P. A. J. S. (Chevenard, Pierre Antoine Jean Sylvestre) 法国人，1888年12月31日生于法国罗讷省蒂齐，1960年8月15日卒于丰特奈-欧罗斯。冶金工程、金属学、物理化学、仪器研制。

1910年法国巴黎矿业学院毕业，获矿业土木工程师资格证书。后进入法国康曼特赖钢铁公司，自此一直在该公司任职。期间，1919～1935年兼任圣艾蒂安矿业学院冶金学教授；1942年起在巴黎矿业学院兼职教授金相学。1946年当选为法国科学院院士。曾任法国物理学会会长、法国土木工程师协会主席、法国矿物学会会长等职。

他在C. E. 吉罗姆研制出低膨胀系数合金之后，继续研究镍的物理性质，为钟表制造业提供了一系列合金材料。1917年发明的抗高温蠕变、高耐腐蚀的合金，可用于制造高温高压化工设备、内燃机阀门和蒸汽轮机叶片。为了精确研究这些合金的性质，他开创了精密冶金学，并创造了一系列用于测试的自动记录仪。在测量热膨胀、热量的设备和方法，以及对合金物理特性的测定上，均有所贡献。曾获法国荣誉军团勋章。 (杨惠民)

尼奎斯特，H. (Nyquist, Harry) 美国人，1889年2月7日生于瑞典尼尔斯贝，1976年4月4日卒于美国得克萨斯州哈林根。通信工程、电气工程、仪器研制、信息论、控制论。

瑞典裔。1907年移民美国求学，1914年、1915年先后获北达科他大学电气工程理学士和硕士学位。1917年获耶鲁大学物理学博士学位。同年起先后在美国电话电报公司工程部、研究与开发部任职，1934年加入贝尔实验室直至1954年退休。其后仍担任贝尔实验室系统研究部助理主任、军事通讯顾问。

一生建树颇多，是著名通信理论家和高产发明家。在电报学领域，1924年提出计算脉冲幅值编码所含信息量的基本公式，他指出：幅值量化为m级的每个电报脉冲所传送的信息量为$\log_2 m$。24年后，此概念成为新兴学科信息论的基石。他在研究通道带宽与电报速度之间的关系时，1928年又指出：若脉冲间的间隔小于2倍通道带宽的倒数$(1/2w)$，脉冲之间就不会相互干扰，这一间隔在现代的采样定理中称为尼奎斯特间隔或尼奎斯特频率，在近代通信的数字信号处理和采样系统等领域中，已成为重要理论基础。1927年H. S. 布莱克发明的负反馈放大器，设计不当会造成放大器的不稳定，于是1932年尼奎斯特提出了系统稳定性判据，可用几何图形表示，使用非常方便。尼奎斯特稳定性和尼奎斯特图至今仍是控制理论教科书中的重要内容。此外，在噪音定量分析中也有重要贡献。除了在理论方面做出许多杰出贡献外，还参加许多项目的开发和研究，例如至今在广播电视中广为使用的残留边带调制系统等。

一生共获138项专利，广泛涉及电报学、图像传输、电气测量、传输线均衡、回波抑制和电话保密等领域。曾获1960年美国无线电工程师协会荣誉奖章、1960年富兰克林学院巴兰坦奖章、1969年美国国家工程院创始人奖章等多种奖励。（杨静宇 许可钦）

格拉梅尔，R.（Grammel，Ricard） 德国人，1889年3月3日生于德国克洛斯特赖兴巴赫，1964年6月26日卒于联邦德国斯图加特（今属德国）。*动力与机械工程、航空工程、工程力学、应用数学。*

中学毕业后，先后就读于斯图加特高等工业学校、慕尼黑高等工业学校，主攻数学和物理学。1912年获蒂宾根大学哲学博士学位。1915年在但泽市高等工业学校进行陀螺动力学博士后研究。1917年任哈雷大学应用数学讲师。1920年任斯图加特高等工业学校工程力学和热力学教授，1928年任副校长，1929年选聘为校长。1921～1956年任《应用数学和力学》杂志主编。获瑞士苏黎世高等工业学校等校荣誉博士学位。入选多个国家科学院外籍院士。

长期致力于工程力学理论与应用的研究与教学，涉及领域甚为广泛。虽教学与行政工作繁重，著述仍然不少。博士论文为“n维空间向量符号”（1912年），揭示了数学-力学-工程的内在关系和更广阔前景。是陀螺理论和机翼理论的主要奠基人之一。早期探讨飞机螺旋桨的陀螺效应，《关于螺旋桨的作用》（1941年）第一次计算和解释了螺旋桨环流作用，理论分析与试验结果极为符合；20世纪50～60年代，研究宇航器的陀螺性质与惯性导航的关系。所著《飞行的流体力学基础》，第一次较完整而系统地阐述了机翼理论。在振动理论方面，发现了内燃机曲轴、汽轮机叶片旋转盘振动引起的整体效应规律。在弹性稳定方面，研究了杆和环的扭转失稳、翻转和回弹问题，特别是关于轴的临界失稳问题。他十分重视建立机械工程的基础理论，和比泽诺（C. Biezeno）合著巨著《工程动力学》，对学科发展有重要影响；为权威的德国《物理百科全书》主编3卷力学著作：《力学基础》、《质点群和刚体力学》和《弹性体和流体与气体力学》。此外，用塑性理论解释了旋转盘的爆破强度；提出与伽辽金法相对立的解本征值问题；探讨地球运动以及天文学中的三体问题等。曾获多个国际学术团体的奖章和荣誉称号。（李啸虎）

梅里卡，P. D.（Merica，Paul Dyer） 美国人，1889年3月17日生于美国印第安纳州华沙，1957年10月20日卒于纽约州塔立顿。*冶金工程、金属学、物理化学。*

进德波大学学习3年后，转学威斯康星大学，1908年获文学士学位。同年去中国杭州浙江大学任教化学。1910年回威斯康星大学任物理学示教员。1914年获柏林大学冶金与物理学专业博士学位。同年起先后任美国国家标准局研究物理学家、助理物理学家、物理学家。1919～1954年供职于加拿大国际镍材公司，1932年任总裁助理，1936年任副总裁，1949年任常务副总裁，1952年任总裁。曾任美国采矿、冶金与石油工程师协会副主席，美国电化学学会副会长。1942年当选为美国国家科学院院士。

早期从事新型铝铜镁合金的研究，发现合金铝的性质与沉淀硬化有关。他首先指出，沉淀硬化是由溶解度随温度的变化引起的。该理论对研究其他合金系列的硬化现象起了推动作用。他在国际镍公司任职期间，长期主管和从事技术开发工作，研制了几种沉淀硬化的镍合金、含镍铸铁和耐高温、抗腐蚀的铝合金板材。获奖甚多，其中有1929年美国采矿与冶金工程师协会道格拉斯金质奖章，美国矿物、金属与材料学会梅尔奖，1938年菲茨金质奖章，1941年英国金属学会白金奖章，1942年美国富兰克林奖章，1951年美国金属学会金质奖章等。（邱凤昌）

西科尔斯基，I. I.（Sikorsky，Igor Ivanovich） 美国人，1889年5月25日生于俄国乌克兰基辅（今属乌克兰），1972年10月26日卒于美国康涅狄格州伊斯顿。*航空工程、空气动力学、工程管理。*

俄国裔。父亲是心理学教授，母亲是医生。他从小受到科学的陶冶而有志于航空事业。1906年毕业于圣彼得堡海军学院。1909年在基辅机械工程学院学习，试制过直升飞机、固定翼飞机。1912年在俄国一家飞机制造厂任总设计师。他不仅绘图和制造，还亲自操作飞行，以便从一个飞行员的角度纠正设计中的错误，还把早期建造的一种大型四发动机客机改为轰炸机，用于第一次世界大战中。1919年移居美国。1928年加入美国籍。1923年在长岛朋友的农场里建立早期的西科尔斯基飞机公司。1929年，西科尔斯基飞机公司因财政困难并入美国联合飞机公司，作为子公司继续从事飞机研制，曾任联合飞机公司经理，1957年退休，此后直至去世一直任公司顾问。

20世纪20年代，他生产的第一架飞机是S-29-A型双发动机全金属运输机；随后包括水陆两用S-38型飞机在内的多种飞机相继问世，并由泛美航空公司投放到美国中部和南部航线上。1931年出厂第一架可乘40名旅客的快速运输机；随后生产的用作远程航行的S-42和S-44两种飞机，开创了横跨大西洋和太平洋的飞行业务。1938年起，转向直升飞机研制，对直升飞机设计概念作出重大贡献，得过某些专利。1939年研制出世界第一架能飞行的直升机VS-300，该机动力为一台75马力四缸气冷发动机，装有直径为8.4米的三叶旋翼和一个平衡反扭矩的小辅助旋翼。1941年5月6日，该机创造了当时在空中停留1小时32分的世界纪录，奠定了直升飞机的基础。随后军事订货大批涌至，1943年R-4的大量生产，成为世界上最早出现的第一批直升飞机；接着是R-5、R-6、S-51、S-55、S-56和S-58应世。1950年起制成装有涡轮发动机的S-61和S-62型直升飞机，用在海军反潜和全球的直升飞机航线上；S-64起重型直升飞机，有10吨提升能力；为海军陆战队建造的用作攻击的重型S-65型运输直升飞机，于1964年10

月 14 日试飞成功。生前获得包括美国国家科学奖章在内的大量荣誉。 （戴成勋）

兹沃雷金，V. K.（Zworykin，Vladimir Kosma） 美国人，1889 年 7 月 30 日生于俄国穆罗姆，1982 年 7 月 29 日卒于美国新泽西州普林斯顿。通信工程、光电子工程、微波电子学。

俄国裔。出生于富裕商人家庭。1912 年获俄国圣彼得堡理工学院电子工程师学位。翌年赴巴黎法兰西学院攻读研究生，但未获学位便于 1914 年返回俄国。同年应征入伍，任无线电技术兵直至 1917 年退伍。1919 年赴美国，1920 年到威斯汀豪斯电气公司工作。1923 年进匹兹堡大学攻读研究生，1926 年获物理学博士学位。1928 年入美国籍。1929 年到美国无线电公司实验室工作，曾任该公司电子研究部副主任、主任等职，1947 年任该公司副总裁，1954 年退休。1954～1962 年在纽约市洛克菲勒医学院（今洛克菲勒大学）任医疗电子学中心主任。1943 年当选为美国国家科学院院士。1965 年当选为美国国家工程院院士。

现代电视的发明者之一，被誉为“现代电视之父”。在威斯汀豪斯电气公司期间，发明一种电子扫描式的电视摄影装置——光电摄像管，1923 年获得专利。翌年又获得显像管即电视接收管的发明专利。这两项发明首次形成了全电子电视系统。与这两项发明几乎同时，1922～1924 年美国工程师 J. L. 贝尔德（John Logic Baird）发明了一种机械式扫描电视系统。但贝尔德系统由于其固有的缺陷后来未能得到发展，而兹沃雷金的系统则由于发射和接收全部采用电子扫描方法受到人们的青睐，此后在这一基础上发展成现代电视系统。1928 年他又研制出一套彩色电视装置，在作了许多改进之后，彩色电视于 1934 年开始生产和上市。从此，电视从实验室设备逐渐发展为重要的家用电器，在商业、工业、教育乃至文化娱乐等方面都显示出巨大的价值。

在电子学领域还有很多重要发明。所发明的电子显像管对红外线很敏感，第二次世界大战中，他应用这种显像管研制枪支的红外瞄准镜和夜视器，以适于夜间作战需要；应用次级电子发射原理发明光电倍增管，是最灵敏的辐射探测器之一；1940 年，和发明电子显微镜的 J. 希利尔共同合作，对新发明的电子显微镜作了许多改进工作；1954 年他从美国无线电公司退休之后，继续从事科学研究，发明了用于紫外光范围的电子显微镜，用它可以显示出样品的瞬时彩色图像。

毕生获专利约 120 项。出版有《光电管及其应用》（1932 年）、《电视》（1940 年初版，1954 年修订版）、《电子透镜和电子显微镜》（1945 年）、《光电学及其应用》（1949 年）、《电视在科学和工业上的应用》（1958 年）等著作。获多种奖励，其中有 1941 年美国科学促进协会朗福德奖章，1953 年美国电子工程师协会爱迪生奖章，1965 年英国电子工程师协会法拉第奖章，1967 年美国国家科学奖章等。 （宣焕灿　张玥明）

刘仙洲（Liu Xianzhou） 原名刘鹤，又名刘振华，字仙舟。中国河北省人，1890 年 1 月 27 日生于河北省完县，1975 年 10 月 6 日卒于北京。农业机械工程、机械学、技术史学、工程教育。

农民家庭出身。1918 年获香港大学工学院机械系工学学士学位。同年回保定，任母校崇实中学附设留法勤工俭学高等工艺预备班教员。1924 年任北洋大学（今天津大学）校长。1928 年任沈阳东北大学工学院机械工学系教授兼系主任。1931 年任唐山交通大学（今西南交通大学）教授。1932 年任清华大学教授，1950 年起先后任副校长、第一副校长直至去世。期间 1937 年任西南联合大学教授。曾兼任中国机械工程学会理事长、中国农业机械学会理事长等职。1955 年选聘为中国科学院学部委员（院士）。

20 世纪 20 年代起，相继出版中国理工科大学第一套原创教科书，包括《机械学》、《蒸汽机》、《内燃机》、《机械原理》、《热机学》和《热工学》等 15 部，奠定了中国机械工程教材体系；率先统一中国机械工程学词汇，主编第一部《英汉对照机械工程名词》（1934 年初版，1936 年第 2 版，1945 年第 3 版），词汇增订至 2 万多，首创许多新词如“熵”（entropy）、“焓”（enthalpy）等，受到广泛好评。

在农业机械领域，1920 年研制两种提汲井水的新式水车，可用人力或畜力，简巧高效，用于华北抗旱，受到农民欢迎，获农商部嘉奖；抗日战争期间，在昆明试制改良犁、水车和排水机；30 年代末发表论文“中国农器改进问题”，主张改进机械，保存畜力，后求发展；1946～1947 年赴美国考察农业机械，回国后作“农业机械与中国”学术报告，写成教材《农业机械》；50 年代，倡导和参与华北农村推广 10 万台水车，下基层研究和指导农机改进试验；1956 年主持制定中国农业机械化电气化长远规划。

在中国机械史研究领域，对浩瀚的历史文献进行调研整理，1933 年发表“中国旧工程书籍述略”；1937 年发表《中国机械工程史料》，概述涉及农业机械、灌溉机械、纺织机械、交通工具、雕版印刷、计时器、兵器工艺等 13 个方面；经 20 年研究，1956 年在第八届世界科学史会议上宣读论文“中国在计时器方面的发明”，认定早在公元 130 年，东汉张衡的水力天文仪就已附有机械性计时器，引起国际学术界关注；出版《三十年来之中国机械工程》（1946 年）、《中国机械工程发明史》（第一卷，1962 年）、《中国古代农业机械发明史》（1963 年）等。

1988 年清华大学设立刘仙洲奖学金。 （戴成勋）

布什，V.（Bush，Vannevar） 美国人，1890 年 3 月 11 日生于美国马萨诸塞州埃弗里特，1974 年 6 月 28 日卒于马萨诸塞州贝尔蒙特。电气工程、计算机科学与工程、科技管理。

1913 年同时获马萨诸塞州塔夫茨学院工学学士、硕士学位。在学期间曾在通用电气公司检验部门工作。1914～1919 年留校任助理教授。期间，1916 年同时获哈佛大学、马萨诸塞理工学院（MIT）工学博士学位。1919 年到 MIT 任电气工程副教授，1923 年任教授，1932 年任副院长，1938 年任该校工程学院院长。1939～1955 年任华盛顿卡内基研究院院长。1940 年兼任美国国家国防研究委员会主席。1941～1946 年兼任美国科学研究与发展署首任主任。1946～1947 年任美国联合研究与发展委员会主席、国家军事委员会研究与发展署领导成员。1947～1948 年任美国国家军事设施发展委员会主席。1957～1971 年先后任 MIT 董事会主席、名誉主席。是美国文理科学院、美国国家科学院院士。曾获约翰斯·霍普金斯、耶鲁、哥伦比亚、普林斯顿、剑桥等 10 余所世界著名大学荣誉博士学位。

美国著名电气工程师、计算机技术先驱、国家宏观科技管理专家。20 世纪 20 年代，第一次世界大战期间参加美国海军潜艇探测技术研究；发明具有模拟大电网功能的网络分析器。30 年代，在 MIT 主持开发可用于解微分方程的微分分析器原型机，这是第一台电子模拟计算机，它可同时快速处理 18 个自变量，1935 年获发明专利权，在第二次世界大战中被用于编制炮兵部队的弹道表，并成为后来更先进得多的模拟和数字计算机的先驱。40 年代，在第二次世界大战期间，负责动员和组织美国的科技力量为战争服务，参与筹划开发雷达和原子弹等高科技战争装备；参与制定国家科学政策与战略；向罗斯福总统提交《科学：无尽的前景》(1944 年)一书，提出美国科学发展的战略思想和具体举措。在他长期倡导下，50 年代美国成立了国家科学基金会；重点研究模拟人类思维的自动机，与 R. 肖(Ralph Shaw)合作开发“快速选择器”，可利用代码和缩微胶卷大量存储与快速检索信息，虽未广泛使用，却推动了对信息协调与处理自动机的进一步研制。此外，他还研制过声音合成机、照相机等。

其他著作还有《运算电路分析》、《现代武器和自由人》等。获奖甚多，其中有：1928 年富兰克林研究院利维奖章，1943 年美国电气工程师协会爱迪生奖章，1943 年美国机械工程学会霍利奖章，1945 年罗斯福纪念协会杰出服务奖章、美国国家科学院哈特利公共福祉奖章，1946 年胡佛奖章，1948 年大英帝国二级爵士荣誉称号，1949 年杜鲁门总统授予的荣誉勋章、产业研究协会奖章，1963 年美国国家科学奖章等。 (戴成勋)

福克尔，A.(Fokker，Anthony) 荷兰人，1890 年 4 月 6 日生于印度尼西亚爪哇岛谏义里，1939 年 12 月 23 日卒于美国纽约。航空工程、动力机械工程、兵器工程。

父亲原是咖啡种植庄园主，1894 年举家迁回荷兰西部哈勒姆故乡。福克尔在中小学时代就向往航空事业，曾用木头和纸片做过几百架飞机模型。此后在德国两家汽车学校共进修了一年左右。他在德国巴登一个闲置的飞艇库房里自行设计和制作飞机，还自学飞行。1910 年圣诞节前夕，他制造的第一架飞机首飞成功。该机采用钢管焊接的机身和木质机翼，上下布满蛛网那样密密麻麻的张线，故取名为“蜘蛛”号。1912 年，在柏林附近的约翰尼斯特尔开设一家小型的福克尔飞机制造公司。他在美国、法国、俄国和荷兰等国推销飞机进展甚微，但德国陆军和海军颇感兴趣。

第一次世界大战期间，他为德国研制生产了 40 多种型号的飞机，其中有福克尔 E. Ⅲ、福克尔 Dr. Ⅰ和福克尔 Dr. Ⅷ等一系列性能优良的战斗机 3 500 多架，以及教练机、侦察机等。他在改进法国人的滑弹板基础上发明了飞机机枪射击协调器，通过螺旋桨上的凸轮系统有节奏地控制机枪射击，子弹不会打在螺旋桨叶片上，德军很快占有空中优越，被协约国称为可怕的“福克尔灾难”。1918 年德国战败，他化装逃往荷兰。1919 年凡尔赛和约之后，福克尔公司迁往荷兰阿姆斯特丹。

1922 年应美国空军之邀，到美国设计飞机。在 1920～1939 年间，福克尔公司平均每年设计 3 种以上不同型号新飞机。其中：1924 年大型远程民用运输机 F. 7 首次试飞，使荷兰航空公司得以开辟从荷兰到印度尼西亚的航线；在美国设计的 T-2 远程运输机首次成功进行了横越大陆和北极的飞行。20 世纪 30 年代初期，福克尔飞机在世界空运业中占据主导地位，装备了 29 个国家近百家航空公司。30 年代中后期，老式结构的福克尔运输机在竞争中日渐衰落。撰有自传《飞行中的荷兰人》(1939 年)。 (李啸虎)

阿姆斯特朗，E. H.(Armstrong，Edwin Howard) 美国人，1890 年 12 月 18 日生于美国纽约，1954 年 1 月 31 日卒于同地。通信工程、电气电子工程、电子学。

其父是书刊出版代理商，母亲当过中学教员。他是家中长子，14 岁时因深受马可尼首次实现无线电越洋通信的激励，开始研制无线电装置。中学毕业后考入哥伦比亚大学电气工程学院，在读期间对三极管工作机制进行了详尽研究，并于 1912 年发明三极管反馈(再生)线路，能将信号放大上千倍，1914 年获专利。在留校聘任讲师数年后，被派往法国巴黎参加第一次世界大战，任美军在欧陆军通信部队实验室主任；期间对外差式电路进行改进，发明超外差式电路，明显提高了无线电接收机的灵敏度和稳定性，1918 年获专利。1920 年又研制超再生式电路，1922 年获专利。他首次发现，当真空三极管反馈线路放大信号倍数极高时，不再接收外来信号，而成为无线电波振荡器，这种原发生管至今仍是一切无线电和电视广播设备的核心装置。1922～1934 年间，他陷入与 L. 德福雷斯特长达 14 年的三极管发明优先权诉讼，美国最高法院最终判决德福雷斯特胜诉，理由是后者于 1906 年发明了该种三极管，并已在 1907 年获得专利。但是美国科技界对此发明的优先权至今还有争议，美国无线电工程学会拒绝撤回因反馈线路发明而授予他的金质奖章。

第一次世界大战后返回母校执教，担任知名物理学家 M. I. 普平的助手，1934 年接任其教授职位。期间，1933 年发明宽频带调频制(FM)，取得 4 项专利。这一重大发明为高保真度通信和广播提供了一整套新型无线电系统，已在无线电、电视、微波中继通信以及卫星通信中获得广泛应用，但在当时却无人问津。1939 年他只好出卖各种专利自行集资 30 多万美元，建造了第一个完整的 FM 无线电台作为示范。第二次世界大战中，他又奉命入伍进行军事通信技术研究，1947 年获得军方嘉奖。战后，他因捍卫调频制和专利诉讼而几近倾家荡产，又因年迈多病，终于自杀。

一生获得 42 项专利；发表论文 26 篇。获得美国电

气工程学会爱迪生奖章，富兰克林奖章等。　（屈大壮）

奈尔维，P. L.（Nervi，Pier Luigi）　意大利人，1891年6月21日生于意大利伦巴第的桑德利奥，1979年1月9日卒于罗马。土木工程、结构工程、建筑学、工程管理。

1913年毕业于意大利博洛尼亚大学土木工程学院。同年在博洛尼亚市混凝土结构学会工作。1915～1918年在意大利工程兵部队服役。1920年合伙成立建筑工程咨询公司。1932年开办奈尔维-巴托利建筑工程咨询公司。1946～1961年兼任罗马大学工程学教授。1961～1962年兼任美国哈佛大学诺顿讲座教授。

钢丝网水泥壳体的发明人，以设计建造预制拱顶和穹顶著称。借鉴古罗马和文艺复兴时期的建筑艺术，探索用钢筋混凝土创新空间形象，创造了多种建筑施工方法，作品风格独特、形式优美、个性强烈，成功体现了结构力学和建筑美学相结合的设计思想。第一个重要作品，是1931年设计的佛罗伦萨体育场，大胆将看台结构全部显露在外，给人以简洁清新之感。1935～1942年为意大利空军设计8座飞机库，采用现场浇注和预制装配相结合施工方法，经受了战争考验，成了他以后创作的基础。1947～1949年主持建造意大利都灵展览馆B厅，采用V字形断面的钢丝网水泥预制构件，现场拼装跨度97米的拱形屋顶，支座上部成扇状展开承接屋顶，被誉为英国水晶宫以后欧洲最重要的大跨度建筑之一。1961年建造意大利都灵劳动宫大厅，由16根柱子支撑16把辐射状方形巨伞的拱顶，每块拱顶间留有2米宽采光带，给人以恢宏而粗犷的感觉。

主要作品还有：巴黎联合国教科文组织总部大厦会议厅（1950年）、罗马奥运会体育馆（1960年）、美国华盛顿大桥巨型公共汽车站（1963年）、加拿大蒙特利尔维多利亚广场证券交易所大厦（1964年）、美国旧金山圣玛丽大教堂（1967年）、梵蒂冈城保罗六世大厅（1971年）、南非开普敦好望角文化中心（1976年）等。主要著作有：《结构：科学还是艺术?》（1945年）、《结构修正》（1954年）、《结构》（1958年）、《奈尔维作品集》（1957年）、《建筑的美学与技术》（1965年）等。获意大利建筑科学院、英国皇家建筑师协会、美国结构工程师协会金奖等。　（李　烨）

达索，M.（Dassault，Marcel）　原名M.布洛赫（Marcel Bloch）。法国人，1892年1月22日生于法国巴黎，1986年4月18日卒于塞纳河畔纳伊。航空工程、空气动力学、工程管理、政治活动。

1911年法国布雷盖电工学校毕业，获电气工程师证书。1913年法国国立高等航空学校毕业。1914年第一次世界大战爆发后入伍，在航空实验室参与侦察机设计和组织生产，同时与人合伙建立一家小型的飞机设计公司。战后曾改行随岳父经营家具，做过房地产生意。1927年美国人林白（C. A. Lindbergh）单人驾机进行纽约-巴黎不着陆飞行，极大地激活了他发展法国航空业的宿愿，于是变卖房产，自此终身从事航空事业。在第二次世界大战中，法国贝当政府投降，达索拒绝与德国人合作，逃往法国南方，1944年在里昂被捕，被送入布痕瓦尔德集中营。1946年，原姓布洛赫的他改用二哥在战时抵抗运动中用过的化名M.达索，并开始在法国南部第3次建厂造飞机。不久加入戴高乐"法国人民联盟"，在主持达索飞机制造公司同时，积极投身政治活动，担任国民议会议员长达36年之久。

法国现代航空工业奠基人之一。一生亲自参加研制的原型机90余种。第一次世界大战期间，参与设计和组织生产改型"高德隆"G-3侦察机；1917年底完成双座机SEA-Ⅳ型试飞。战后设计MB系列军用飞机，其中有战斗机MB-150型，双发动机轰炸机MB-131、MB-175、MB-200、MB-210型，以及MB-174型侦察机，均是当时性能优秀的型号。第二次世界大战后，达索公司发展十分迅速。从研制双发动机短程轻型联络运输机MD-315"红鹤"号开始，到晚年设计"阵风"号验证机，达索亲自主持或参与设计制造了许多著名的各型飞机。其中有：法国第一种喷气式战斗机"暴风"号M-450型，法国第一种超音速"神秘"系列战斗机（他认为神秘-20最为自豪），西欧第一种超音速水平飞行的"超神秘"系列战斗机，法国第一种达到实战状态的两倍音速战斗轰炸机幻影-Ⅲ型，法国携带第一枚核弹的幻影-Ⅳ型轰炸机等。此外在电影、建筑和出版业等领域也有独到见解和成就。

曾获国际古根海姆大奖、法国国家最高奖荣誉军团大十字勋章等。戴高乐总统赞誉说"为了法国的地位，达索用他丰硕的奉献标志出他的世纪。"　（李啸虎）

道格拉斯，D. W.（Douglas，Donald Wills）　美国人，1892年4月6日生于美国纽约州布鲁克林，1981年2月1日卒于加利福尼亚州棕榈泉。航空航天工程、机械与动力工程、空气动力学、工程管理。

银行职员之子。1912年毕业于安纳波利斯美国海军学院。1914年获马萨诸塞理工学院航空工程学士学位。1915年任康涅狄格飞机公司顾问。同年任马丁公司主任工程师。在第一次世界大战中，任美国塞格纳军团信号队文职主任、航空工程师。一年后回马丁公司任原职。1920年自行建立道格拉斯公司，全部资金仅600美元这个小公司后来逐渐发展成驰名全球的巨大航空工业公司。1928年道格拉斯公司改为飞机公司时，他担任公司总裁至1957年，后任董事长和常务董事。1967年与麦克唐纳飞机公司合并为麦克唐纳-道格拉斯公司，任名誉董事长。

大学时代已初露头角，1914～1915年协助J. C.亨萨克在马萨诸塞理工学院建成美国第一座航空试验用风洞。28岁组建飞机制造公司，第一项合同，是为一个洛杉矶运动员制造一架横跨美国大陆中途不着陆飞行的飞机。尽管后来这架木质蒙布双座双翼飞机因发动机故障不得不中止飞行计划，但它毕竟是第一架能使有效载荷等于自重的飞机，成为飞机设计的一个里程碑。

接着在此基础上，为美国海军制造了第一架鱼雷轰炸机。由美国飞行员驾驶道格拉斯“世界巡航者”号双翼机所作的一次环球飞行，首次为公司赢得了世界声誉。1924年4月6日至9月28日，两位陆军飞行员成功进行第一次分段式环球飞行，历时5个月22日，航程44360千米，实际飞行时间为15天11小时7分钟。1935年研制成功DC-3型飞机，这是一种双发动机客机，以其安全、快速、舒适和可靠的新标准，给空中旅行带来了重大革新。

第二次世界大战中，DC-3的军用改型机及C-47军用运输机，供盟军用于各个战场，DC-3共生产了1100架。1941年研制成功B-19试验轰炸机，其翼展64.7米，机身长40.3米，是1948年前世界上最大的陆基飞机，直到1946年还用该机试验大型飞机的各种新设备。后来的B-29和B-50轰炸机的结构和设计，就是在此基础上进行的。1942年生产第一架四发动机的DC-4运输机时，就转移到了C-54军用运输机的生产线上，该机创造了40000次横跨太平洋、30500次横跨大西洋的世界飞行纪录。

1946年，在DC-4基础上研制成功DC-6，又进一步提高了对客机要求的新标准。1951年设计用于货运的DC-6A和达到更高标准的DC-6B客机。DC-7则是配备世界上最快的活塞式发动机的客机。1955年开始研制DC-8喷气客机，1958年5月30日首次飞行，1959年9月18日进入航线。DC-9用于中短航程，1965年试飞，同年进入航线。第二次世界大战后，公司研制的军用飞机有海军AD空中袭击者系列，双喷F3D空中武士，双喷攻击机A3D空中斗士，A4D天鹰，F4D天光，F4D空中刺枪手，RB-66战斗轰炸机，C-124地球主人，DC-6A的各类军用型及C-133和C-133B的货运机。

在航天领域中，道格拉斯公司也居于领先地位。负责研制土星火箭和阿波罗登月计划的动力装置。1965年道格拉斯因承制第一个载人空间轨道实验室，受到美国空军的奖励。此外，为发射人造卫星提供动力设备。这些卫星有探索者1号和6号、先驱者5号、凌日、回声、信使IB、轨道太阳观测台、通信卫星和世界第一个国际卫星S-51等。获奖甚丰。 （戴成勋）

沃森-瓦特，R. A.（Watson-Watt，Sir Robert Alexander） 英国人，1892年4月13日生于英国苏格兰安格斯的布雷欣恩，1973年12月5日卒于苏格兰因弗内斯。雷达工程、无线电技术、微波电子学。

著名发明家詹姆士·瓦特的后裔。1912年获圣安德鲁斯大学敦提学院（今敦提大学）工程学理学士学位。留校任教。1915年供职于英国空军部气象局奥尔德肖特无线电研究站。1924年到英国国家物理实验室工作，1933年任实验室无线电部主任，1936年任鲍德西无线电研究站站长。1939年任英国空军部电信科学顾问。珍珠港事件后，1941年应邀赴美国指导雷达防空技术。1942年封爵。战后在英国开设无线电工程咨询事务所。20世纪50年代移居加拿大，晚年定居美国。

雷达技术的主要发明者。雷达（radar）系“无线电检测和测距”英文缩写的音译，是利用微波波段电磁波探测目标的电子设备，其优点是全天候均能检测到远距离较小目标。其基本原理是：对目标发射电磁波并接收其回波，由此获得目标至雷达的距离、距离变化率（径向速度）、方位和高度等信息。1912年，他开始研究无线电报技术。1917年，研制成功检测大气层雷暴的无线电定位装置，用于飞行员预警系统。20世纪30年代初，开始对飞机进行无线电测距和定位试验。1935年2月12日，向英国空军部递交秘密备忘录，建议尽快在英国构建防空雷达网站。1935年4月2日，他发明的世界上第一个实用型雷达装置获专利，当时能探测到112千米空域处的飞行物。1936年1月，奉命主持在英国索夫克海岸建立英国第一个雷达站。1938年，在英格兰东部建成第一个防空雷达网。1939年第二次世界大战爆发时，英国建有19个雷达站，到战争结束时增至50多个。希特勒自以为德国有强大的空中优势，1940年派出大批轰炸机对英伦三岛狂轰滥炸。但在敌机露面之前，英国的雷达防线早就对其位置、高度、航向等数据了如指掌，指挥战斗机爬上云端伏击，出其不意地予以拦截歼击，创造了空战史上以弱胜强的范例，保卫了英伦三岛的安全。1941年，鲍恩（E. Bowen）又在海上巡逻飞机上安装改进型机载雷达，减少了德国潜艇的袭击威胁。战后，沃森-瓦特研发用于研究大气现象的阴极射线控向器，在保障飞机安全方面也有多项发明。出版自传体《胜利三部曲》（1958年）等。

自此，雷达成了现代战争必不可少的电子装备。它也广泛应用于交通运输、气象预报和资源探测等国民经济活动，以及科学研究和其他领域。战后，雷达技术被应用于天文观测，揭开了射电天文学大发展的序幕。

（宣焕灿）

沃尔曼，A.（Wolman，Abel） 美国人，1892年6月10日生于美国马里兰州巴尔的摩，1989年2月22日卒。环保工程、水处理技术、公共卫生学、环境科学。

波兰犹太移民后裔。1913年获约翰斯·霍普金斯大学学士学位，1915年又获工程学学士学位，是该校工程学院首届毕业的4位学生之一。1937年因在卫生工程领域获得出色成果而获该院荣誉工学博士学位。1914～1939年供职于马里兰州卫生部，升任总工程师。1921～1937年任《美国供水工程协会学报》主编。1939年至1962年退休，长任约翰斯·霍普金斯大学工程学院卫生工程与水资源系首任系主任、公共卫生学院院长，1962年退休任名誉教授，仍在许多领域积极活动。1939年任美国公共卫生学会会长。1942年任美国供水工程建设协会主席。是美国国家科学院、国家工程院院士。

国际知名的环保工程领军人物和教育家，长期主要从事水供应、水和废水处理、公共卫生、核反应堆安全，以及卫生与环保工程教育，促进了人类的健康事业。1922～1939年，他和化学家L.恩斯洛（Linn Enslow）一起首次制定了城市饮用水消毒的氯气处理工艺标准，克服种种阻力，大力倡导和推进实施城市自来水消毒采用氯气杀菌法，很快便使美国的水传播得病率直线下降，美国人的平均寿命显著提高。他还向世界许多国家介绍和推广应用类似的卫生与环保工艺方法，赢得了国际性声誉。

他在漫长而杰出的80年职业生涯中，担任的职位超过230多个。在美国，他担任了许多从地方到联邦各级政府的卫生顾问，其中包括美国公共卫生总署、国家资源规划委员会、原子能委员会、地质勘探总局、国家普查委员会、国家科学基金会、国防部、三军联席会议等要害部门和机构。在国际上，他在50多个国家和地区的政府中担任顾问，还多年联任联合国世界卫生组织(WHO)、泛美卫生组织等重要国际组织的顾问。他还是17个国家、地区和国际性的社团组织名誉成员，其中一些组织建立以他命名的奖项。一生中接受国内外60多个大学的名誉教授、荣誉博士学位和奖励。

发表300多篇论文；出版《水、健康和社会》等4部著作。获奖颇丰，其中包括：1960年美国公共卫生学会拉斯克特别奖，1975年美国国家科学奖章，1976年泰勒环保贡献奖，1985年杜博斯人类环境保护中心环境重建奖，1988年世界卫生组织(WHO)"至2000年人人健康奖"等。 (王天运)

波利卡尔波夫，Н. Н.（Поликарпов，Николай Николаевич；Polikarpov，Nikolay Nikolaevich） 苏联人，1892年7月8日生于俄国萨拉托夫市格奥尔吉耶夫斯克村（今奥廖尔州利文斯克），1944年7月30日卒于莫斯科。航空工程、空气动力学。

1916年彼得格勒工学院航空与浮空专修班毕业。同年起供职于彼得格勒俄罗斯-巴尔季斯基工厂。1918年起负责杜克斯飞机工厂（后为莫斯科航空一厂）设计室；后组建波利卡尔波夫飞机设计局。1929年因肃反扩大化被捕入狱，在狱中奉命研制新飞机。20世纪30年代初出狱后主持研制歼击机。1943年任莫斯科航空学院飞机结构教研室教授兼室主任。

苏联歼击机和教练机等小型飞机的奠基者。他最早将飞机设计进行若干专业化分工。早年参加四发动机大型轰炸机"伊利娅·穆罗梅茨"号研制。20世纪20年代初，奉命与图波列夫分工：后者专攻轰炸机等大型飞机，波利卡尔波夫专攻"伊"字号歼击机、"波"字号教练机等小型飞机。1923年研制出苏联第一架歼击机И-1型，系单翼单座结构。1928年研制出И-3型歼击机，装有两挺机枪，时速283千米，航程585千米，鉴定后首批投产399架。同年研制成功У-2型（即ПО-2型）教练机，结束了苏联没有自制初级教练机的历史，还广泛用于农林业、地质勘探、航空摄影和医疗救护等领域，第二次世界大战中用作通信联络机和轻型夜间轰炸机。该机种结构简洁、性能良好、造价低廉，飞行寿命长达20余年，1930年在国际航空博览会上获大奖，在苏联一直生产到1951年，国外仿制至60年代，各种改型80余种，总产量30 000余架。1929年制造P-5型侦察机，获1936年国际航空博览会大奖。1933～1938年，领导研制成功时速360千米双翼歼击机И-15型，时速454千米的单翼歼击机И-16型，在1941年前各种改型共生产了13 000余架，成为苏联歼击航空兵基础。据统计，1941年苏军装备的国产教练机、歼击机和侦察机中，有99%是由他领导设计或亲自设计。他最后研制的飞机是BDP突击滑翔机和NB夜间轰炸机。

一生研制过的原型机不下32种。1940年获苏联社会主义劳动英雄称号；获苏联国家奖金两次；另获列宁勋章两枚和红星勋章一枚。 (李啸虎)

诺依特拉，R. J.（Neutra，Richard Joseph） 美国人，1892年4月8日生于奥地利维也纳，1970年4月16日卒于德国伍珀塔尔。土木工程、建筑学。

奥地利裔。1921年毕业于维也纳技术大学建筑学系，师承著名建筑学家A. 路斯。同年到柏林门德尔松建筑师事务所工作。1923年移居美国，先后在芝加哥市荷勒柏-洛歇事务所、F. L. 赖特建筑师事务所短期任职。后到洛杉矶同昔日大学同学辛德勒(R. Schindler)合伙开办建筑师事务所。1929年加入美国籍。晚年在洛杉矶和儿子戴恩(N. Dion)合办理查德与戴恩建筑师事务所。获波莫纳加利福尼亚大学等校荣誉博士学位。

现代主义建筑学派重要代表人物，自由发展"国际风格"的首批建筑家之一。受A. 路斯等人的设计思想影响较大。坚持生态学和生物学原则，善于利用钢架、玻璃、混凝土、木材和块石等不同材料质感，建筑平面布置适应梁柱结构体系，巧妙利用建筑物与地形、背景和气候等环境的融合。其作品大多以小型公共建筑和独户民宅为主，表现人性化宜居性和丰富艺术感染力。20世纪20～30年代，以设计建造小民宅而渐露头角。1929年建成的洛杉矶市洛厄尔住宅，采用钢筋混凝土板墙和轻钢框架结构，适合机械装配施工，引建筑界注目。30年代中期起，开始把现代主义的简洁明了同新型的田园风格相结合，独树一帜。1935年启动"诺依特拉住宅项目"，在加州洛斯阿尔托斯等地修建一系列"果园式现代住宅"。这一时期设计的代表作，还有邦尼特住宅(1941年)、考夫曼住宅(1946年)、洛杉矶鹰石俱乐部(1948年设计，1953年建造)等。50～60年代，他的独特艺术风格发挥到一个新的高度，代表作有：诺依特拉小学(1960年)、巴基斯坦卡拉奇美国大使馆(1964年)等，其中50年代初建造的诺依特拉办公大楼，在他身后入选美国国家历史文物保护单位；住于加利福尼亚州奥加埃的莫尔住宅(1952年)，获美国建筑师协会大奖。90年代，由于现代主义在美国复兴，他受到了建筑界的重新评价和肯定。获多种建筑学大奖，1977年美国建筑师协会追授金奖。 (李 烨)

周仁(Zhou Ren) 中国江苏省人，1892年8月5日生于江苏江宁，1973年12月3日卒于上海。冶金科学与工程、陶瓷工程、硅酸盐化学、材料科学。

1910年南京江南高等学堂毕业。后赴美国留学，1914年康奈尔大学机械系本科毕业，翌年获该校冶金学专业硕士学位。1915年回国，1917～1928年先后任南京高等师范学校机械工程系教授，九江电灯公司工程师，四川炼铁厂总工程师，上海南洋大学机械系主任、教务长，中央大学工学院院长。1928～1948年任中央研究院工程研究所所长，其中抗日战争期间兼任昆明中国电力制钢厂总经理兼总工程师。1949年后，历任中国科学院工学实验馆馆长、冶金陶瓷研究所所长、上海硅酸盐化学研究所所长、上海科学技术大学(今上海大学)校长等职。曾兼任中国金属学会理事长、上海金属学会理事长。1955年选聘为中国科学院学部委员(院士),1959年任中国科学院华东分院副院长。

早年任中央研究院工程研究所所长期间,创办陶瓷试验场,研究南宋官窑遗址古瓷碎片,仿制古瓷器,研制冶炼炉用砖、坩埚等产品;通过多次实地考察,在20世纪30年代出版《江西景德镇瓷器之制法及改良意见》一书;相继在上海建成钢铁试验场(1929年)和在昆明建成中国电力制钢厂(1938年),生产工具钢、高速钢、不锈钢、耐酸钢、耐热合金钢、高硅耐酸铸铁、钨铁合金等多种钢铁制品;1935年后,领导工程研究所玻璃工场,生产抗热压玻璃、光学玻璃以及显微镜、望远镜、测距仪、潜望镜等光学仪器。1949年后,他领导工学实验馆在中国率先研制成功高性能的球墨铸铁,获1956年国家自然科学奖三等奖;领导冶金陶瓷研究所,于50年代弄清了包头含氟稀土铁矿矿石在高炉冶炼中的特点和规律,该课题的研究成果后来获1982年国家自然科学奖三等奖;领导冶金陶瓷研究所中国瓷研究小组对历代陶瓷精品进行化学分析和科学鉴定,并研制出具有中国传统特色的高级瓷品,其成果获1978年全国科学大会重大科学技术成果奖。 (孙晓芳)

程孝刚(Cheng Xiaogang) 中国江西省人,1892年8月16日生于江西宜黄,1977年8月1日卒于上海。机械与动力工程、铁路工程、高等教育管理。

书香世家出身。1911年南昌江西高等实业学堂理科毕业。次年考取公费留美生,1913年进美国普渡大学机械工程系学习,1917年获学士、硕士学位。毕业后在美国鲍尔温机车制造厂实习。1918年在纽约发起组织中国工程学会(中国机械工程学会前身)。同年回国,历任中东、胶济、津浦、北宁、粤汉、个碧等铁路局工程师、机械总工程师、机务段长、处长,曾兼任济南、浦镇、株州等机车工厂车间主任、厂长。1928年任交通大学秘书长。1930年后,历任国民政府铁道部技术标准委员会委员、军事委员会工程委员会机务处长、交通部技监兼技术研究所筹备主任等职。1947年任交通大学校长。1949年任浙江大学机械工程系主任。1952年任交通大学起重运输机械系主任,1958年任上海交通大学副校长。1945年兼任中国机械工程学会会长。1955年选聘为中国科学院学部委员(院士)。

20世纪20年代,主持制订中国第一部《机车制造规范》和《车辆材料标准》。1931年率队考察日本国有铁路后,提出发展中国铁路机车、车辆工业的设想和建议,对中国铁路建设影响深远;30～40年代,主持建立湖南株洲、江苏戚墅堰两个机车车辆生产中心;开展提高蒸汽机车热效率的研究;研制成功轨用-陆用两用汽车;改建10轮大卡车作为铁路轻型简易机车以缓解运输压力。1949年后,参与制订国家有关铁路牵引力的发展规划;参与编审铁路机械工程许多基本法规、技术标准;主持和参与中国第一代内燃机车的设计与试制;初步建立中国高校机车、车辆专业教学体系,培养了大批专业人才。

论著颇丰,主要研究报告和专著有:《铁道部赴日本国有铁道工场考察报告》(2卷,1932年)、《叙昆滇缅铁路之建筑标准问题》(1939年)、《轻便铁路机车之研究试验》(1944年)、《机车锅炉新设计的拟议》(1953年)、《蒸汽机车燃用煤粉的研究》(1959年,与他人合著)、《十年来铁路机车的发展》(1960年)、《十字形钢筋混凝土轨枕的设计和说明》(1963年)等。 (陈美查)

丹羽保次郎(Niwa,Yasujirō) 日本人,1893年4月1日生于日本三重县松阪市,1975年2月28日卒于东京。通信工程、电气电子工程、无线电技术、微波电子学。

1916年毕业于日本东京帝国大学(今东京大学)理工学院电气工程系,1926年获工学博士学位。1916年到日本政府通信省电气实验室工作。1924年供职于日本电气公司,1927年任技术开发部部长,1939～1949年任电气实验室首任主任。1949年任东京大学电机工程学院首任院长。1955年任日本电视学会首任会长。

被誉为日本现代十大发明家之一。1924～1925年,被派往欧洲和美国考察学习电信技术最新进展。返回日本后,继续从事图像传输领域的自主研究与开发。他和助手小林正次(Masatsugu Kobayashi)共同发明的新型NE式传真电报机,1928年获日本第84722号发明专利,并在当年上市。该机包括分离的发射器和接收器,通过专用电缆线路传输信号,奠定了当今传真机技术的主要基础,也是机电式电视技术的先驱。1928年,昭和天皇预定举行隆重的即位大典仪式。由于报业竞争激烈,大报业公司事前争先从欧洲进口价格昂贵的传真设备,但实际效果并非测试时那样良好。大阪《每日新闻》社带头转而采用丹羽和小林开发的国产设备,抢先报道了昭和天皇即位大典的系列图片。这是日本首次实现自行研发电气电子设备的商业化,意义重大。接着两人进一步开发和试验无线电传真技术,1929年在东京和伊东两地之间实现长距离无线电图象传真。尽管日本从美国和欧洲引进技术形成尖端电子领域的核心,但传真技术是建立在国内开发基础上,并大大促进了日本相关新技术的发展。1939～1949年,主持研究开发雷达和通信技术。获1959年日本文化勋章、1971年日本一等瑞宝勋章等。 (李 烨)

泰瑟,J. T.(Thijsse,Johannes Theodoor) 荷兰人,1893年4月11日生于荷兰阿姆斯特丹,1984年4月30日卒于莱顿。海岸水利工程、水力学、水文学。

小学校长之子。1917年毕业于荷兰代尔夫特理工大学,同年获土木工程师资格证书。1918年获后备役海军上尉军衔。同年任荷兰国务委员会水利管理委员会水文工程师,1919年任第二秘书长。1920年兼任国务委员会须得海工程署水文工程师。1927年兼任代尔夫特理工大学水力学实验室首任主任,1936年起在该校讲授水力学,1938年任特聘教授。1935～1957年任国际水力学研究会秘书长。1951～1957年任国际水文科学协会秘书长。1961～1963年任荷兰大学国际合作基金会执行委员会主席。是荷兰海洋研究委员会主席。荷兰皇家科学院院士。

国际水力学研究会创始人之一。早年就从事潮流观测和须得海大坝建设对潮流影响的预测计算，参与荷兰须得海工程建设多年。创建和主持的代尔夫特理工大学水力学实验室，是有世界影响的水工研究机构。在水力学、水文学研究领域，建立世界上第一个用于水力学研究的风波槽；进行一系列开创性的研究工作，解决了水力工程中的大量复杂问题，其中包括物质输移、风生波与涌波等的研究；为荷兰国内外许多大型河口海岸水利工程进行水工模拟试验和测试；改进和创新挡潮闸等各种水工设施。在第二次世界大战后，荷兰在全面修复被战争破坏的海堤工程中，在沿海多次遭受风潮严重袭击中，在低地围垦和开发工程中，他和他的研究团队都发挥了重要的作用。十分重视国际学术交流，担任水文科学多个国际学术机构的要职，还创立荷兰国际水力学训练班并亲任第一任教务长，致力于荷兰海岸水利建设经验的国际传播和交流，直至晚年仍乐此不疲。获有多项奖励和荣誉，其中有荷兰狮骑士勋位、美国地理学会威廉·波卫奖章等。（李　烨）

王助(Wang Zhu)　中国河北省人，1893 年 8 月 10 日生于北京，1965 年 3 月 4 日卒于台湾台南。航空工程、机械学、工程教育。

原籍河北省南宫县。因八国联军入侵，幼年举家回乡。1909 年烟台海军水师学校毕业后，公派英国留学。1910 年入读英国阿姆斯特朗海军大学，期间进维克斯工厂实习。1915 年获德兰姆大学机械工程系学士学位。同年奉命转赴美国留学，1916 年获马萨诸塞理工学院航空工程硕士学位。1917 年初聘为波音飞机公司第一任总工程师。同年冬回国。1918 年参与组建福建马尾“海军飞机工程处”(后为海军制造飞机处)，1929 年任处长。1934 年任中外合资中国杭州飞机制造厂第一任监理、中方厂长。1939 年起先后任成都中国航空研究所副所长、中国航空研究院副院长。1947 年出任中国航空公司总经理主任秘书，1949 年随公司迁往台湾省台南。1955～1965 年任成功大学机械工程系教授。

中国早期航空工业奠基人之一。

1917 年初，作为波音飞机公司第一任总工程师，设计制造了双浮筒双翼 B&W-C 型水上飞机，系波音公司研制成功的第一架实用型飞机，开辟了美国第一条航空邮政试验航线而载入史册。由于该机兼巡逻艇和教练机双重功能，美国海军部一次订购 50 架，使新成立波音公司掘到了第一桶金，后才逐步发展成为世界最大飞机制造公司。然而在一次试飞时，美国军方以王助非美国人为由禁止进入试验现场，他愤而辞职，毅然回国，成为中国第一批留学归国高级航空技术人才。

1918 年，在福建马尾参与组建中国第一家国家飞机制造厂。利用原有造船机器设备，1919 年设计制造成功中国第一架水上飞机甲型一号初级教练机。在 1918～1930 年间设计制造教练机、海岸巡逻机、鱼雷轰炸机飞机共 17 架。1934～1937 年任杭州飞机制造厂中方厂长时，负责修理、组装和制造飞机 235 架，使该厂成为旧中国历史上修造飞机最多的飞机制造厂，出品飞机在抗日战争中深受中国空军欢迎，还为中国早期航空工业培训了一批技术人员和技术工人。40 年代，在成都主持研制成功国产层板、蒙布、酪胶、油漆、涂料等材料，并利用国产材料研制了大批急需航空器材和备件；首创以竹为原料的层竹蒙皮和层竹副油箱；研制了以竹木代替钢结构的多种飞机，其中有研教-1 型、研教-2 型，研教-3 型教练机，研运-1 号滑翔运输机等，以应空军战时急需。50 年代起，主要从事航空工程教育，培养了大批专业人才。（李啸虎）

沙龙，B. H. H.(Scharoun, Bernhard Hans Henry)　又译沙隆、夏隆。德国人，1893 年 9 月 20 日生于德国不来梅，1972 年 11 月 25 日卒于西柏林。土木工程、建筑学、城市规划。

18 岁时，第一次参与德国不来梅的现代教堂建筑设计竞赛。1912 年入读柏林理工大学建筑专业。1914 年应征入伍，参加第一次世界大战。1919 年在柏林开设建筑师事务所，后同他人合伙。1926 年加入德国建筑革新运动组织“环社”。1932 年在柏林再次独立开业，并参与柏林住宅区规划。第二次世界大战后，被盟军任命为西柏林城市建设委员会市政房屋和建筑部主任。1946 年任柏林理工大学建筑学教授，兼任城市建设学院教授。1955 年任西柏林艺术研究院院长，1968 年任荣誉院长。曾获德国斯图加特大学、柏林理工大学和意大利罗马大学的荣誉博士学位。

德国有机功能主义建筑学派主要代表之一。他的作品是现代主义与表现主义的混合，设计十分重视现代功能和现代技术，但在造型上并不坚持立体主义，喜用曲线和曲面，讲究轮廓起伏变化、墙面的互相穿插，重视用户的景观视野。30 年代提出“可生长住宅”理念：标准化房屋，总体布局随意伸缩。50 年代至 60 年代初，明显的多元论倾向，对战后现代建筑发展有一定影响。一生设计过大量作品，第二次世界大战之前，主要是私宅和公寓；战后致力于柏林和其他城市大规模重建项目，60 年代后主要设计城市公共建筑。一直关注和参与城市住宅区规划。有机建筑代表作柏林爱乐音乐厅(1956～1963 年)，帐篷状外形，内空间多变，乐坛置于大厅中心，四周是 2200 座观众席，位于乐队前后侧比例为 9∶1，前侧有近 500 个座位像葡萄园台地安排在乐坛两侧，所有座席离乐坛均在 35 米之内，新颖而合理，获 1956 年设计竞赛一等奖。设计吕嫩市女子中学(1956～1962 年)时，将教室和院子交相穿插，打破室内室外活动界线，是典型的“可生长住宅”。

在设计比赛中获一等奖的作品还有：普伦茨劳大教堂广场(1919 年)、斯图加特迴响音乐厅(1949 年)、卡塞尔剧院(1952 年)等。获 1954 年德国汉堡舒马赫奖、1955 年柏林艺术奖、1959 年联邦德国大十字勋章、1964 年联邦德国建筑大奖、1965 年奥古斯特·佩雷奖、1970 年伊拉斯谟奖等。1969 年当选“柏林荣誉市民”。（李　烨）

伊柳申，C. B.(Ильюшин, Сергей Владимирович;

Ilyushin，Sergey Vladimirovich） 苏联人，1894年3月31日生于俄国沃洛格达省季利亚列沃村，1977年2月9日卒于莫斯科。航空工程、流体动力学、工程管理。

农民家庭出身。第一次世界大战爆发后，历任沙俄飞行部队机械师助手、大型轰炸机机械师、飞行员。1918年任苏维埃俄国航空机械师、军事委员。1921年任航空器材与列车修理部主任。不久被派往大学学习，1926年毕业于茹科夫斯基航空学院。同年被任命为空军科学技术委员会第一组组长。1931年筹建中央流体动力学研究院设计局并任局长。1933年组建伊柳申设计局，重点发展强击机、轰炸机和旅客机。1967年任工程技术兵上将。1968年当选为苏联科学院院士。

苏联飞机制造业伊柳申流派的创始人。他设计的第一批军用飞机ЦКБ-26、ЦКБ-30、ЦКБ-30Ф型飞机，曾创下各种机载飞行高度的世界纪录。他设计的飞机在1938～1939年间完成了莫斯科至符拉迪沃斯托克（海参崴）、莫斯科至北美洲的不着陆飞行。在苏联卫国战争中，1936年首飞的伊尔-4型成为主要的远程轰炸机和截击机，到1944年各型共生产6 784架。1940年10月首飞的带装甲的伊尔-2型强击机，携带有机枪、机炮、炸弹和火箭弹等各种火器，各型共生产36 136架，创造了世界航空史上生产量最高的机种之一，纳粹德国军队闻风丧胆称之为“黑色死神”。1943年研制出改进型强击机伊尔-8、伊尔-10、伊尔-16、航空史上第一架喷气式强击机伊尔-40，以及改进型轰炸机伊尔-6。1946年研制出试验性喷气式轰炸机伊尔-22型；1948年研制出苏联第一批喷气式轰炸机伊尔-28，并投入批量生产。战后转向主要设计民用客机，1946年、1951年分别研制出装有2台活塞式发动机的伊尔-12、伊尔-14，可带30余名乘客，投入航班使用。1957年首飞多座位、四发动机、涡轮螺旋桨客机伊尔-18，成为苏联民航主要机种之一。1962年研制成功伊尔-62型涡轮风扇式洲际客机，机身尾部两侧各装2台发动机，T形尾翼，可容纳198～212名乘客，是当时国际民航最大机种，1965年在巴黎航展时引起轰动。他设计的军、民用飞机总生产量逾60 000架，创造了国际航空史罕见业绩。曾获苏联国家奖金7次、1960年列宁奖金，8枚列宁勋章和10多枚其他勋章和奖章。 （李啸虎）

勃拉贡拉伏夫，A. A.（Благонравов，Анатолий Аркадьевич；Blagonravov，Anatoly Arcaduevich） 苏联人，1894年5月20日生于俄国阿尼科沃（今伊凡诺沃地区），1975年2月4日卒于莫斯科。军械工程、航空航天工程、机械技术、应用力学。

1916年毕业于彼得格勒理工学院。1918年自愿加入红军，先后进修于米哈依洛夫斯基炮兵学校和高等炮兵学校。1929～1932年在军事技术学院炮兵系学习。1932～1946年，先后在该院、捷尔任斯基炮兵学院任教。1943年当选为苏联科学院院士。1946年任苏联高等教育部副部长。1946～1950年任苏联炮兵科学院院长。1953年任苏联科学院机械工程科学研究所所长。1957～1963年兼任苏联科学院技术科学学部院士秘书。1959年当选为国际科学联合会理事会太空研究委员会副主席。1963年起任苏联科学院宇宙空间研究和利用委员会主席、国际航天研究院院士、捷克斯洛伐克科学院外籍院士。

他的著作主要研究阐述力学、军械工程、航空武器以及宇宙航行等问题。1940年出版的《自动武器设计原理》，是早期论述武器工作原理的专著，对后来的军械设计和研究，颇有影响。另有《小型武器弹药》（1932年，与他人合著）、《枪炮口制动器》（1933年）、《自动武器》（2卷，1945～1946年）等著作。1941年获苏联国家奖金，1960年获列宁奖金；1964年、1974年两次获苏联社会主义英雄称号；曾获5枚列宁勋章和其他多枚奖章。 （戴成勋）

塞维尔斯基，A. P. de（Seversky，Alexander Procofieff de） 美国人，1894年6月7日生于俄国格鲁吉亚的第比利斯，1974年8月24日卒于美国纽约。航空工程、空气动力学、军事学。

1914年俄罗斯帝国海军学院毕业，在校期间学会飞行。第一次世界大战时在奥赛尔岛航空站服役，受过腿伤，在彼得格勒（今圣彼得堡）负责监造过海军飞机，是俄军第3号“王牌飞行员”，获军方最高奖赏。1917年任波罗的海舰队驱逐航空兵司令。同年任俄国海军航空兵代表团团长赴美国考察。因十月革命爆发而旅居美国，受聘为试飞员、航空工程师和顾问，1918年任原俄国驻美国使馆海军武官助理。1922年在美国建立塞维尔斯基航空公司。1927年加入美国籍。1928年在美国陆军航空队服役，被授予少校军衔。1931年成立塞维尔斯基飞机制造公司，1939年改为美国飞机制造公司。

著名的俄裔美籍飞机设计师，西方三大空军战略理论家之一。1921年成为“美国空军之父”W. 米切尔（William Mitchell）的助手，完成飞机轰炸军舰的试验；是世界第一架单翼教练机创制者；发明美国空军第一台自动式轰炸瞄准器，美国政府用5万美元买下了他的专利；还发明分裂式机翼。他为美国空军设计和生产过许多有名的战斗机，其中包括：当时十分先进的P-35战斗机，采用应力蒙皮结构，备有收放式起落架和封闭式座舱；当时速度最快的两栖战斗机；P-43、P-47型战斗机在第二次世界大战中名噪一时；设计生产了世界上第一架高空战斗机。

但他在空军军事理论上的影响比航空技术更大。名著《空中力量制胜论》（1942年）全书10章，逐一分析了第二次世界大战头3年几个重大战役，深刻总结了空军作战和发展建设的11条基本原则，至今仍有重要价值；许多预见得到事后证实，例如他认为德国把闪电战用在幅员辽阔的俄罗斯，“暴露了德国战争机器的缺陷”，将被迫打一场很危险的长期战争。另一名著《空中力量：生死攸关》（1950年）付印时恰逢朝鲜战争爆发，他赶写一个章节补入，预测“中国必出兵朝鲜”，强烈要求美国政府立即撤兵，否则将陷入泥潭难以自拔，历史又一次言中。1940年、1947年两次由美国总统授予哈

蒙奖。 （李啸虎）

奥伯特，H. J.（Oberth，Hermann Julius） 德国人，1894年6月25日生于奥匈帝国特兰西瓦尼亚的赫尔曼施塔特（今属罗马尼亚），1989年12月28日卒于德国纽伦堡。航天工程、火箭技术、宇宙航行学。

奥地利裔。乡村医生的儿子。1913年入德国慕尼黑大学攻读医学，第一次世界大战时中断了学业，1915年应征入奥匈帝国部队服兵役，后负伤退役。1919年起先后在汉堡大学、慕尼黑大学、格丁根大学和海德堡大学等校进修。1923年以火箭论文申请海德堡大学博士学位未果，同年以同论文获罗马尼亚巴贝斯-鲍里埃大学物理学博士学位。1924～1938年，在罗马尼亚梅迪亚什市卢斯高级中学教物理和数学。1928年任德国宇宙旅行协会主席。1938年起先后在奥地利维也纳理工大学、德国德累斯顿大学任教。1940年入德国籍。翌年被派往德国佩内明德火箭研制中心参与研制V-2火箭。1943年又被派往另一个火箭研制基地任职。1945年第二次世界大战结束后，一度被盟军收容。1948年去瑞士任火箭技术顾问。1950～1955年为意大利海军研制固体推进剂防空火箭。1955～1958年在美国陆军红石兵工厂任航天技术顾问，1958年返回联邦德国，在纽伦堡大学任教，1962年退休。

宇宙航行事业的先驱者之一，被誉为德国“火箭之父”。像另两位先驱者齐奥尔科夫斯基和戈达德一样，他早年就深受J. 凡尔纳的科学幻想小说《从地球到月球》的影响，迷恋于太空航行。1917年，已设计出液体推进剂的远程火箭，但被奥匈帝国陆军部队上司视为荒诞。退伍后，他在该项设计的基础上写了一篇论文试图谋求海德堡大学的博士学位，被认为是“乌托邦”而遭拒。1923年，他自费将该文以92页小册子《飞往行星际空间的火箭》出版。在作了修改和充实之后，1929年又出版429页的《通往太空飞行之路》一书，同年该书获法国天文学会第一个雷珀-赫希奖。该书中有不少与齐奥尔科夫斯基的宇宙航行研究相类似的成果，其中许多探讨被后来航天事业的实践所证实。同年秋季，他找人为自己的第一枚液体火箭指导研制了一台发动机，并在学生冯·布劳恩的协助下进行了试验。当时在德国有一批热衷于火箭技术的人，他们坚信火箭是实现太空飞行的主要工具，还自发组织了民间学术团体“宇宙旅行协会”。在他们的支持和推崇下，他的《通往太空飞行之路》成了畅销书。希特勒上台后，将民间的火箭研究力量引向战争需要，在佩内明德火箭基地加速研制携带炸药的远程V-2火箭。

第二次世界大战后，德国的火箭技术被美国和苏联所借鉴和发展，很快实现人造卫星的上天和月球探测器、行星际探测器的成功发射。1969年7月，他返回美国，亲眼目睹了阿波罗11号登月舱被土星V型火箭送上太空。1985年10月3日，他又受邀在美国现场观摹了“发现”号航天飞机的成功发射。奥伯特的先驱性工作，无疑推动了宇宙航行事业的进程。

另有著作《月球之车》（1959年）、《电气太空船》（1960年）、《人们想加以控制的社会雷管》（1986年）等。为纪念他，月球上有以他命名的“奥伯特环形山”。

（宣焕灿）

苏霍伊，П. О.（Сухой，Павел Осипович；Sukhoi，Pavel Osipovich） 苏联人，1895年7月22日生于白俄罗斯格鲁波斯科耶村（今属威帖布斯克州），1975年9月15日卒于莫斯科。航空工程、空气动力学、工程管理。

1915年考入莫斯科高等技术学校。在第一次世界大战中应征加入炮兵部队，于1920年复员。1921年入莫斯科包曼工学院就读，期间1924年在茹科夫斯基中央流体动力研究院当兼职制图员，并在图波列夫指导下做毕业设计。1925年毕业后，在图波列夫设计局任飞机设计师。1939年7月成立苏霍伊设计局，担任总工程师。1949年11月该局被国防工业部解散，他被要求改行去研制火箭未获同意，主要人员被图波列夫设计局收编，他被派往远东的飞机厂配合生产图-14。20世纪50年代后，苏联政府决定加快军用飞机研制，1953年后苏霍伊设计局应运死而复生，大展雄图。

苏霍伊设计局的创始人，当代俄罗斯空军主力“苏(Су)-”系列战斗机的奠基者。一生共主持设计了50多种新型飞机，其中34种进行过试飞。

在A. H. 图波列夫领导下，1926～1927年他设计了И-4型战斗机，1932～1934年设计了И-14型战斗机，还设计出AHT-25型、AHT-37型飞机。1937年6月，В. П. 契卡洛夫率领的机组正是驾驶AHT-25型飞机由莫斯科经北极成功首航美国，在全球引起轰动。1937～1939年，在竞争设计近程轰炸机“伊万诺夫”时中标，设计出苏-2型多用途战斗机，该型号在第二次世界大战中生产了893架。1942～1943年先后研制了苏-4型、苏-6型装甲强击机。

他是苏联最早研发喷气式飞机的设计师之一。从1942年起，苏霍伊设计局就着手研制喷气式飞机。1939～1949年，该局设计、制造和试验了15种以上的飞机，但由于种种原因，除苏-2型外都没有批量生产。1953年以后，苏霍伊设计局设计和研制了一些以涡轮喷气发动机为动力的、各种箭形和三角翼的“苏”系列超音速战斗机，例如苏-7、苏-9、苏-11、苏-15和苏-17等，其中苏-9是当时苏联国内速度最快、飞行高度最高的批量生产战斗机，1959～1962年间在速度和高度上创下了一系列世界纪录。时至20世纪60年代，苏霍伊设计局业已完成从简便机动的轻型截击机到结构复杂、功能多样的全天候截击机的历史性转折。作为苏联第三代战斗机典范，各型苏-15成了20世纪70～80年代苏联国土防空军的装备基础。90年代以后，苏-27和米格-31在俄罗斯空军中唱主角。

两次获社会主义劳动英雄称号，曾获列宁奖金、两次苏联国家奖金；3枚列宁勋章、4枚其他勋章和多枚奖

章。1975 年苏联科学院追授他金质奖章。（胡虹瑛）

多恩贝格，W. R.（Dornberger，Walter Robert） 德国人，1895 年 9 月 6 日生于德国吉森，1980 年 6 月 27 日卒于巴登-符腾堡州。火箭技术、动力与机械工程、空气动力学。

药店老板的儿子。1914 年应征入伍，升任炮兵中尉，1918 年底被法国军队俘虏，在法国南部乌泽战俘营关了两年。获释回国后任德国陆军随从副官，1926～1931 年先后获夏洛滕堡理工大学物理学硕士、博士学位。1930～1945 年历任德国陆军武器部军需专家助理、火箭研究部主任、佩内明德火箭研究中心司令、陆军火箭研究部部长等要职，期间 1940 年后统一指挥德国军用火箭研制。德国战败后，1945～1946 年被囚于英国伦敦监狱。1947～1949 年任美国赖特帕森空军基地导弹设计顾问，1950 年受聘到美国贝尔航空公司工作，先后任研究员、技术顾问、副董事长。退休后返回德国。

20 世纪 30 年代，他主持研制出戏称"多恩贝格投射器"的固体燃料火箭，口径 10～32 厘米，重 50 千克，射程几千米，在第二次世界大战中德国发射了约 250 万枚这种火箭；1932 年着手研制液燃军用火箭，慧眼识中冯·布劳恩，破例让他作为第一个非军人雇员参与武器试验。30～40 年代，奉命在波罗的海泽道姆岛建立佩内明德火箭研究中心，这是世界上第一个最大、最先进的火箭试验场，投资 3 亿马克（合 1.2 亿美元），集中德国三分之一物理学家和高级工程师；至 1942 年该中心已研制了 77 种不同的制导导弹，其中布劳恩小组的 A-4（后称 V-2）大型火箭，总重 12.8 吨，射程 200 千米，共生产 6 200 枚，1944 年 9 月投入实战，其中约 3 000 枚命中目标，造成了严重破坏。

战后，他将世界领先的德国火箭技术带往美国，为美国空军撰写了约 50 份导弹和火箭技术发展报告；协助贝尔航空公司实现世界第一架火箭飞机 X-1 的超音速飞行；参与指导 X-15、X-20 导弹研制；参与设计的宇宙神-阿金纳液体燃料火箭成为美国 60～70 年代主要的空间运载工具；参与制订美国航空航天局航天飞机研究方案等等。

著作《V-2》获 1955 年美国火箭学会爱德华·彭德雷奖；"载人宇宙飞船先驱者的研究"一文，获 1959 年宇航学奖。（李啸虎）

西尔瓦，J. de la（Cierva，Juan de la） 一译切尔瓦。西班牙人，1895 年 9 月 21 日生于西班牙穆尔西亚，1936 年 12 月 19 日卒于英国伦敦。航空工程、空气动力学。

集常规固定翼飞机和直升飞机性能于一身的旋翼飞机的发明者。少年时代就有志于航空，1912 年后和伙伴们设计和试验过滑翔机。1918 年获得土木工程学士学位后，建造了自己第一架三引擎飞机。1919 年，这架自制飞机在失速后坠毁，使他痛感飞行器运行的稳定性对航空安全的致关重要性。通过进一步实验和分析，他认为：要建造一种能急速起飞和缓慢登陆的防失速飞机，关键在于改进机翼而不是机身。1920 年他开始试验机翼可以自动旋转的飞机，研发出一种性能比通常固定翼飞机更稳定可靠、抗风性好的航空器——旋翼飞机。在制作过程中，他在试制刚性转子时遭到了首次失败，最后给枢纽上的转子毂装上水平薄翼片，让它们在气流拍打中产生上升力使飞机平稳起升。1923 年 1 月 9 日，他的旋翼飞机首次试飞成功。该机前后共飞行了 12 千米。这架飞机的机头装有常规螺旋桨，用以提供向前飞行的推进力；还有一个由桅杆链接的风动转子水平翼片，可以调整它来平稳提升机身。其工作原理是：由动力装置拉（推）动飞机前进，前方高速气流作用在无主动力驱动的水平旋翼上使其旋转，以提供主升力带动飞机升空。

1925 年，他来到英国求发展，成立英国西尔瓦旋翼飞机公司。他聘请了机械工程师帕纳尔（Parnall）协助建造，前 3 个设计样机 C.1、C.2、C.3 性能并不稳定，第 4 个样机 C.4 才算基本定型，并于 1928 年首次公开展出，一时引起轰动。接着，西尔瓦公司和美国及欧洲大陆的多个公司进一步研究开发了这种新式航空器。西尔瓦型自转旋翼机被法国、德国、日本和美国等国广泛使用，直至第二次世界大战中被直升飞机所取代。41 岁时，他在伦敦附近不幸死于一次固定翼飞机失事。很多人说，要不是他英年早逝，他会发明直升飞机（这是一种无机翼飞机，上升和前进都靠顶上水平翼片旋转），因为他的旋翼机是直升机的直接前身。21 世纪初，美国等发达国家正在开发未来的旋翼机，这种独特的航空器几乎仍有东山再起的趋势。生前出版有专著《明天的翅膀》（1931 年）。（许洁婷）

茅以升（Mao Yisheng） 字唐臣。中国江苏省人，1896 年 1 月 9 日生于江苏丹徒，1989 年 11 月 12 日卒于北京。桥梁工程、土木工程、工程管理、高等教育管理、技术史学。

先世经商。1916 年毕业于唐山工业专门学校土木系。同年赴美国留学，1917 年获康奈尔大学土木工程硕士学位。同年到匹兹堡桥梁公司实习，同时就读于卡内基-梅隆理工学院夜校，1919 年以"桥梁桁架之次应力"论文获该校第一个工学博士学位。1920 年回国，历任交通大学唐山学校教授、南京东南大学工科主任、河海工科大学校长、天津北洋工学院院长、杭州钱塘江桥工程处处长、交通大学唐山工学院（今西南交通大学）院长、国民政府交通部桥梁设计工程处处长等职。1948 年当选为中央研究院院士。1949 年后，历任北方交通大学校长、交通部中国桥梁公司总经理兼总工程师、铁道部铁道研究所所长、铁道科学研究院院长等职。兼任中华全国科学技术普及协会副主席，中国科学技术协会副主席、名誉主席，北京市科学技术协会主席，中国土木工程学会理事长等职。1955 年选聘为中国科学院学部委员（院士）。1982 年当选为美国国家科学院外籍院士。

中国现代桥梁工程奠基人之一。20 世纪 30 年代，主持修建公路铁路兼用的钱塘江大桥。1934～1937 年施工期间，采用“射水法”、“沉箱法”、“浮运法”等一系列先进技术，解决了水流湍急、桥基复杂等一个个工程难题，1937 年 9 月 26 日建成通车。这是中国自行设计建造的第一座现代化大桥，结束了中国江河上的钢铁大桥由外国人建造的历史。20 世纪 50 年代，1950 年起主持开拓和推进中国铁道科研事业，是中国铁道科学研究院的奠基人；参与主持设计建造中国第一座跨越长江的大桥——武汉长江大桥，负责由中外专家组成的技术顾问委员会，解决了设计和施工中的 14 个重大难题。这座铁路公路两用大桥为双层钢桁梁桥，1955 年 9 月正式开工，1957 年 9 月 25 日竣工，比原计划提前两年，它将京汉铁路和粤汉铁路衔接起来，成为中国贯穿南北的交通大动脉。1959 年担任北京人民大会堂结构审查组组长，负责对工程结构设计作全面监督审核。

发表论文百余篇，主要论文收集于《茅以升选集》(1986 年)；主要著作有《桥梁桁架之次应力》(1919 年)、《钱塘江桥》(1950 年)、《武汉长江大桥》(1958 年)、《中国古桥技术史》(1986 年)等。他还是最早从事科普事业的中国科学家之一，主要文章收入《茅以升科普创作选集》(2 集，1982～1986 年)。1979 年获卡内基-梅隆大学卓越校友奖章等。茅以升科技教育基金会设有茅以升科学技术奖(包括土力学及基础工程奖、建造师奖、北京青年科技奖等多个奖项)。 (戴成勋)

石志仁(Shi Zhiren) 字树德。中国河北省人，1897 年 3 月生于河北乐亭，1972 年 1 月 1 日卒于北京。*铁路与机车工程、机械与动力工程、工程管理。*

1922 年获香港大学机械科学士学位。1924 年获美国马萨诸塞理工学院机械工程硕士学位。留美工作和考察。1926 年回国，历任天津北洋大学教授，沈阳东北大学机械系主任教授，北宁铁路局机务处工程师，皇姑屯铁路工厂、唐山铁路工厂厂长，沪杭甬铁路局机务处副处长，津浦铁路机务处处长兼全国铁路总机厂总工程师、厂长，国民政府交通部路政司司长，湘桂铁路局、平津铁路局局长等职。1949～1972 年任国家铁道部副部长。曾兼任国家科委机械组副组长、铁道组组长，中国机械工程学会理事长等职。1955 年选聘为中国科学院学部委员(院士)。

1928～1949 年，主持设计和建立沈阳皇姑屯、常州戚墅堰和桂林苏桥等铁路机械厂；抗战时组织修建柳州-来宾段等铁路。1949～1972 年，组织研制了中国第一台轨道检查车，以及第一代内燃机车和电力机车；进行了燃气轮机车试验、京山线自动闭塞试验，以及中国第一条环形铁路实验线建设；对机车、车辆和电务装备进行了全面技术改造和更新，逐步走上现代化、标准化、通用化轨道，提高了生产技术水平和能力；合理调整布局，扩建和新建一批修理和制造工厂，扩大生产规模，实现修理和制造工业基地的集中统一；主持改革机车车辆工业管理体制，建立和健全各项规章制度；组织制订国家铁道机械科学技术发展规划；支持兴建地方铁路，坚持统一技术标准；倡议成立中国机械工程学会，推动中外学术交流。出版有《齿轮之研究》、《机车设计》等著作，主编《机械工业制造百科全书》。 (潘　峰)

奇普曼，J.(Chipman，John) 美国人，1897 年 4 月 25 日生于美国佛罗里达州塔拉哈西，1983 年 5 月 14 日卒于马萨诸塞州温切斯特。*冶金工程、材料工程、金属学、物理化学。*

早年毕业于美国田纳西州塞沃尼南方大学。1926 年获美国加利福尼亚大学物理化学博士学位。1929～1935 年任教于密歇根大学。1937 年起先后任马萨诸塞理工学院冶金系、材料工程系教授，1962 年退休任荣誉教授。1951～1952 年任美国金属学会会长。1959～1960 年任美国矿冶工程师协会冶金分会会长。是美国国家科学院院士。

现代冶金过程物理化学主要奠基人之一。在冶金工程领域里有诸多建树，研究广泛涉及金属熔液热力学、动力学，高温化学平衡，熔体中气体和氧化物的分析，炉渣活度测定，合金及凝固机理等。他最早把“活度”概念引进冶金熔体分析，创立一整套测定高温熔体活度和研究冶金反应化学平衡的实验方法，解决了与此有关的热力学计算方法问题，从而把冶金工艺操作逐步提高到一门分支学科的理论高度。

发表论文近 200 篇。奇普曼为《碱性平炉炼钢》(有中文译本)一书所撰写的两章：“高温反应的物理化学”和“钢液的物理化学”，是炼钢过程物理化学的权威著述，其内容在美国和其他国家的冶金界都被广泛引用。曾多次获得国内外荣誉奖章。美国矿业、冶金和石油工程师协会设立奇普曼奖。 (李　烨)

格沃兹杰夫，A. A.(Гвоздев，Алексей Алексеевич；Gvozdev，Aleksey Alekseyevich) 苏联人，1897 年 5 月 9 日生于俄国图拉州博古恰罗沃，1986 年 8 月 22 日卒于莫斯科。*土木工程、结构工程、建筑学、结构力学。*

1922 年毕业于莫斯科交通工程学院(后易名莫斯科铁路运输工程学院)；1936 年获该校工学博士学位。1922 年在苏俄交通人民委员部任职。1923 年任教于母校莫斯科铁路运输工程学院。1927 年起任教于中央工业建筑科学研究院(后易名全苏混凝土与钢筋混凝土科学研究院)，1933 年晋升教授，长期任钢筋混凝土结构研究室主任，后任院长、顾问。同时先后在莫斯科高等技术学校、军事工程科学院和莫斯科建筑工程学院兼任教授。1965 年获匈牙利布达佩斯建筑与交通技术大学荣誉博士学位。

在钢筋混凝土极限设计理论领域有建树，奠定了超静定结构的极限平衡理论。自 20 世纪 30 年代起，参与莫斯科地下铁路工程建设，主持多项高层建筑等工程，在造型和技术上有不少创意；1936 年提出用极限平衡法计算结构承载能力，并在建筑实践中得到证实和进一步推广；长期主持编制和修订苏联钢筋混凝土技术规范；在塑性力学、蠕变理论、杆件体系结构力学、板壳理论、钢筋混凝土结构计算理论、预制混凝土结构等方面都有重要学术贡献。

主要著作有《计算超静定体系的一般方法》(1927年)等;重要论文"超静定结构塑性阶段破坏荷载的计算"(1938年)、"用极限平衡法计算结构的承载能力"、"对混凝土线性蠕滑理论的修正"(1967年)等100多篇科学论文。获1951年苏联国家奖金、1967年俄罗斯联邦功勋科技工作者称号、1971年苏联社会主义劳动英雄称号;获一枚列宁勋章、两枚其他勋章和多枚奖章。在国际上,1967年获比利时列日大学特拉森斯特奖章,1978年获国际预应力学会弗雷西内奖章。(李啸虎)

汪胡桢(Wang Huzhen) 中国浙江省人,1897年7月12日生于浙江嘉兴,1989年10月13日卒于北京。结构工程、水利水电工程、工程管理。

1917年南京河海工程专门学校毕业。1920年赴美国留学,1923年获康奈尔大学土木工程硕士学位。1924年回国后,先后任南京河海工程专门学校教授、太湖流域水利工程处浙江省水利局副总工程师、导淮委员会工务处设计组主任工程师、整理运河讨论会总工程师、钱塘江海塘工程局副局长兼总工程师等职。1950年后,历任浙江大学教授,华东军政委员会水利部副部长,治淮委员会工程部部长,佛山岭水库工程总指挥,水利部北京勘测设计院总工程师,黄河三门峡水库工程局总工程师,北京水利水电学院院长、名誉院长。1979年直至去世,任水利部顾问兼一级工程师。曾兼任中国水利学会副理事长等职。1955年选聘为中国科学院学部委员(院士)。

20世纪20～30年代,先后主持制订"治淮工程计划"、"整理南北大运河工程计划";勘察杭州到北京的大运河,设计邵伯、淮阴、宿迁三个船闸,但这些计划和设计均由于当时的社会原因未能付诸实施。1931年,领导修复因水灾冲坏的西起正阳关、东抵五河县的长200千米淮河大堤,以及数十处涵闸。1931年出任刚成立的中国水利学会出版委员会主任,主编《水利》月刊(因抗日战争爆发,1937年底被迫停刊)。40年代初主编《中国工程师手册》(3册),成稿后他卖掉自家房子支付出版费用才使该书于1944年出版。1946年领导修复钱塘江海塘工程。50年代前期,负责修建淮河上游淠河上的佛子岭水库,创造性地提出并实施连拱坝方案,经近半个世纪的时间考验,该水库的坝体质量仍属上乘。此后又负责黄河三门峡水库的施工工作,直到大坝完成蓄水。70～80年代,相继出版专著《水工隧洞的设计理论和计算》(1977年)、《地下洞室的结构计算》(1982年),参与主编工具书《现代工程数学手册》(5卷,1985年)等。(孙晓芳)

刘敦桢(Liu Dunzhen) 字士能。中国湖南人,1897年9月19日生于湖南新宁,1968年5月1日卒于江苏南京。土木工程、建筑学、园林设计、建筑史学、工程教育。

出生于清末官宦家庭。1921年日本东京高等工业学校建筑科毕业。次年归国,任上海绢丝纺织公司建筑师,同年创办上海华海建筑师事务所。1922年组建苏州工业专门学校建筑科。1925年受聘于湖南大学土木系,次年返原校。1927年筹设第四中山大学(后为中央大学)工学院建筑系。1930年任北平中国营造学社专职研究员、文献部主任,抗战时转辗云南昆明、四川南溪等地开展古建筑调研。1942年受聘任重庆中央大学建筑系教授,历任系主任、工学院院长。1949年后,任南京工学院(今东南大学)建筑系主任兼中国建筑历史与理论研究室主任。曾兼任江苏省和南京市文物保护委员会委员、中国建筑学会理事长等职。1955年选聘为中国科学院学部委员(院士)。

创建中国人经营的第一个建筑师事务所;对中国古建筑文献进行了长期艰苦的发掘、校核、整理和研究工作,富有成果;实地调查云南、四川、西康等地古建筑,填补了中国建筑史学一大空白;率先倡导和开展中国传统民居的调查研究,促进了全国性普查活动;多次勘查南京城内外古建筑和古墓葬,制定了修整和保护计划;多次组织全国性的建筑史编纂工作,其中《中国古代建筑史》(1966年初版,1980年再版)被评为1988年全国高等学校优秀教材特等奖;1956年倡导了对中国园林艺术的研究,《苏州古典园林》(1979年)获1978年全国科学大会奖、1982年全国优秀科技图书奖。主要传世建筑作品有:长沙天心阁,中山陵光化亭,南京瞻园改建等。发表论文百余篇;出版《中国住宅概说》(1956年)、《刘敦桢文集》(4卷,后人编校)等专著教材10余部。

(李晓艳)

查德威克,W. L.(Chadwick, Wallace Lacy) 美国人,1897年12月4日生于美国堪萨斯州劳伦,1996年6月5日卒于加利福尼亚州波莫那。水电工程、核电工程、隧道工程、自动控制、工程管理。

出身农民家庭。高中毕业后应征入伍,参加过第一次世界大战。1920年入雷德兰兹大学学习工程学。1922年辍学进南加利福尼亚爱迪生公司工作,1951年任负责工程和建筑的副董事长,1962年退休。后在贝克特尔公司任水电工程项目顾问工程师。1965年获雷德兰兹大学工学荣誉博士学位。是美国大坝委员会成员。

早年投身于加利福尼亚中部内华达山脉的水电开发事业。为满足电站建设的需要,1922年参加设计一条长20.8千米、直径4.8米的弗洛伦斯湖隧道,随后负责隧道工程的施工管理。1937年从事圣华金河的水利开发,指导设计和负责建设了8个水电站,总功率达690兆瓦,总落差达1 860米。另外,负责设计修建6个大型热电站,总功率达4 000兆瓦。20世纪50年代,设计一条长389千米横跨加利福尼亚州东部沙漠的科罗拉多河高架渠道。南加利福尼亚爱迪生公司建造第一个7.5兆瓦的核电站时,由他负责训练电站运行工程师。后又指导过450兆瓦的圣奥诺菲原子能发电站的设计工作。退休后参与贝克特尔公司一系列建设工程的策划、咨询、设计和参建,其中有旧金山轻轨、华盛顿中心区地铁、加拿大邱吉尔瀑布水电站、加拿大詹姆斯湾水电站、得克萨斯州核电站、沙特阿拉伯的热电站等。

他在系统控制上的研究成果,后来为皮歇尔有限公司和通用电气公司联合开发了第一个数字计算机控制系统，用于热电站的起动和控制，为此获1963年美国仪器协会斯普拉格奖。（许可钦）

周志宏(Zhou Zhihong) 中国江苏省人，1897年12月28日生于江苏扬州，1991年2月13日卒于上海。冶金科学与工程、热处理工程、金属学、工程管理。

1923年毕业于北洋大学矿冶工程系。翌年去美国芝加哥钢厂工作，1925年进匹兹堡卡内基理工学院(今卡内基-梅隆大学)学习冶金学，1926年获硕士学位。1928年获哈佛大学理学博士学位。1929年回国，翌年任兵工署上海炼钢厂厂长。1938～1946年，在重庆任国民政府兵工署材料试验处技正、处长，并兼任重庆大学教授。1947年由重庆回南京，参与筹建交通部技术研究所。1949年后，历任上海大同大学教授、机械系主任，上海交通大学教授、机械系主任、冶金系主任、副校长等职。曾兼任中国热处理学会理事长、上海市金属学会理事长、上海宝山钢铁厂副首席顾问等职。1955年选聘为中国科学院学部委员(院士)。

20世纪20年代末在美国发表"纯铁$\gamma \rightarrow \alpha$相变"的论文，该文确立了马氏体相变机制，成为人们广泛引用的经典文献。30年代初期至中期出任上海炼钢厂厂长，将该厂原先的酸性炼钢改为碱性炼钢，不再以进口的低磷生铁而以国产生铁为炼钢原料，还采用了科学的冶炼工艺过程，生产成本降低，产品质量提高，使该厂面貌大为改观。抗日战争期间，他率领兵工署材料试验处的同事们研制成炼钢坩埚，在重庆附近建起一座采用坩埚炼钢的合金钢厂，生产出中国许多原先空白的钢材、硅铁、钨铁品种，支援抗日战争。1949年后，在上海交通大学创办金属学及热处理专业和热处理实验室。50年代末开始进行氧气炼钢技术的研究，在上海交通大学冶金系建起了第一个氧气炼钢实验室，还推动了60年代上海第一炼钢厂氧气顶吹转炉的建设。1962年，参与并领导研制成中国第一台高温金相显微镜。70年代后期，他把顶底双吹氧气转炉炼钢工艺扩展应用到铁合金生产上，指导上海铁合金厂采用顶底双吹氧气转炉冶炼中、低碳铬铁获得成功。80年代以后，任上海宝山钢铁厂副首席顾问达10年之久，应用其丰富的学识和经验，为宝山钢铁厂的建设作出了贡献。一生中最后一项研究课题是为解决上海一些老钢铁企业面临的废钢与生铁短缺而进行了直接还原法的研究。（孙晓芳）

阿尔托，H. A. H. (Aalto, Hugo Alvar Henrik) 芬兰人，1898年2月3日生于芬兰库奥尔坦，1976年5月11日卒于赫尔辛基。土木工程、建筑学、结构力学。

1916年就读于赫尔辛基综合技术学院建筑系，因芬兰独立战争爆发而投笔从戎。1921年大学毕业后，周游考察欧洲各地建筑。1923年起在芬兰韦斯屈莱市、土尔库市开办建筑事务所。1933年迁居赫尔辛基。1938年去美国，先后任坎布里奇建筑学院、马萨诸塞理工学院等校建筑学客座教授。第二次世界大战后，回到芬兰积极从事恢复和重建工作，并为德国、美国、意大利、瑞典、伊朗等国设计一系列标志性建筑。1947年获普林斯顿大学荣誉美术博士学位。1955年当选为芬兰科学院院士，1963～1968年任该院院长。

一生设计建造了200多座建筑物，许多作品是20世纪斯堪的纳维亚现代主义建筑的经典，在国际上享有盛名。他是人性化、民族化和地方化建筑理论的倡导者。打破了早期现代建筑艺术那种刻板单调的几何图形，崇尚设计风格的自由活泼和独特个性表现；注重就地取材和地方特色；强调理性分析与直觉构思统一，功能主义和浪漫主义统一，现代主义与人文主义统一的设计原则，再现了纯朴自然、热情奔放的芬兰民族风貌。1938年在纽约现代艺术博物馆展出过他的设计作品图片和家具样品。在斯堪的纳维亚的重要作品有：图尔库的图伦萨诺马特报社大厦(1927年)、维堡市图书馆(1927年)、帕伊米奥结核病疗养院(1929年)、赛伊奈莎罗市政厅红砖建筑群(1951年)、赫尔辛基工人文化宫(1955年)、告别之作赫尔辛基音乐厅(1971年)等。在世界各地的重要作品有：美国马萨诸塞理工学院宿舍区贝克大楼(1947年)、美国俄勒冈州芒特安琪尔大教堂图书馆(1948年)、巴黎附近的卡里疗养院及配套弯木家具系列(1956年)、联邦德国不来梅的高层公寓(1958年)、意大利博洛尼亚教堂(1966年)和伊朗艺术博物馆等(1970年)等。此外，他还主持制定区域规划；设计了许多工业设施；多次在国际展出中主持芬兰馆建造。多次获大奖，如1957年英国皇家建筑师协会金质奖章，1963年美国建筑师协会金质奖章等。（李 烨）

布莱克，H. S. (Black, Harold Stephen) 美国人，1898年4月14日生于美国马萨诸塞州莱明斯特，1983年12月11日卒于新泽西州萨密特。通信工程、电气电子工程、微波电子学。

1921年获美国伍斯特理工学院电气工程系理学士学位。同年进入美国电话电报公司西部电气分公司工作，1925年任贝尔实验室电气工程师，1963年退休。后任通用电气公司反馈技术首席科学家，美国航空航天局通信与空间导航技术顾问等职。1955年获伍斯特理工学院荣誉工学博士学位。是美国10多个研究机构兼职研究员。

由于发明负反馈放大器，使实用电子学领域发生了重大变革。从早年起就致力于改进电子管性能，为了解决通信过程中放大器信号失真问题，他虽经多年苦心钻研仍屡遭挫折。据他说，1927年8月的一个清晨，从新泽西去纽约曼哈顿贝尔实验室总部上班，在横渡哈得孙河的渡轮上突然来了灵感，悟出了研制负反馈放大器的数学分析原理，就地将所得方程式记在一张报纸边页上。后经反复实验，得到证实。据此，同年他发明了闭环电压的负反馈放大器，能多方面改善放大器动态指标，如稳定放大倍数，改变输入或输出电阻，减小非线性失真和展宽通频带等。据认为，在20世纪前50年中，布莱克负反馈放大器和福雷斯特三极管同为电子学两大最重要技术突破。至今几乎所有的实用放大器都带有负反馈功能。负反馈的发明使得研制高度线性的放大器成为可能，但是初期的负反馈放大器因性能不稳定而发生振荡。1934年,他发表著名论文“稳定化的反馈放大器”,介绍了自己的重要进展。1984年和1999年,该文两次被美国电气与电子工程师协会(IEEE)会刊《记要》重新登载以示纪念。还从事开发脉冲编码调制技术。

1953年出版专著《调制理论》。拥有62项美国专利、200多项国外专利。曾获10枚奖章、9项奖金,其中有1958年IEEE拉米奖章、1981年伍斯特理工学院戈达德奖等。1981年入选美国国家发明家名人堂。

(许可钦)

瓦里安,R. H.(Varian,Russell Harrion) 美国人,1898年4月24日生于美国华盛顿,1956年7月28日卒于洛杉矶。通信工程、微波电子技术、仪器研制。

1927年获斯坦福大学文科硕士学位;1943年获该校荣誉工学博士学位。1930~1937年在法恩斯沃思电视公司等处工作。1937~1940年与斯坦福大学协作研究开发新型电子管。第二次世界大战期间,为军方开发雷达和无线电通信等电子技术。1948年和弟弟S. F.瓦里安合伙成立瓦里安联合公司,开发生产速调管、核磁共振光谱仪等电子产品。1948年任瓦里安联合公司微波管部经理,1956年任公司董事长。同年因飞机失事在洛杉矶去世。

为了使地面雷达在云层或夜间条件下发现飞行目标,关键是解决厘米波段无线电波产生的高频发射机制问题。在20世纪30年代,当时流行用电感电容谐振回路和普通栅控电子管构成振荡器,仅能产生低频发射。在斯坦福大学物理系支持下,瓦里安和弟弟决心开发新波段。他们试着把空腔谐振器接到栅控电子管上,但遇到电子渡越时间效应无法消除问题,仍然难以产生大的振荡功率。1937年6月5日,兄弟俩无意间从张望街上往来车流运动中得到灵感:本来间距均匀的车队,后因各部车辆速度发生变化才产生疏密相间的现象。他们由此类比设想电子的运动:如果电子受到微波场的速度调制,然后进入漂移空间,后发的高速电子赶上先发的减速电子,形成密度调制,就会产生厘米波高频信号。经多次试验,1937年9月制成以利用电子渡越时间效应为特征的新型电子管——双腔速调管振荡器。次年10月,他们在《应用物理》杂志上阐述了这一重大成果的理论分析。这一发明为尔后各种高频微波管开发奠定了理论与实践基础,推动了大功率雷达发射器发展与应用。

他在微波管和技术物理方面获得近百项专利。曾获韦瑟里尔奖章等各种奖项和荣誉。

(李啸虎)

吉尔曼,E. A.(Guillemin,Ernst Adolph) 美国人,1898年5月8日生于美国威斯康星州密尔沃基,1970年4月1日卒。通信工程、电气工程、仪器研制、电工学。

1922年获美国威斯康星大学电气工程学学士学位。1924年获马萨诸塞理工学院理学硕士学位。1926年获德国幕尼黑大学理学博士学位。同年回国,一直任教于马萨诸塞理工学院电气工程系(后为电气工程与计算机科学系),1928年任助理教授,1936年任副教授,1944年任电信学教授,1960年任首位韦伯斯特电气工程学讲座教授,1963年退休。1940年任美国国防研究委员会微波委员会顾问。是美国文理科学院院士。

毕生致力于通信电路网络分析与综合的研究和教学。早在1928年,他就已经在本科生教学中率先开设通信选修课程,并不断修订和扩充,广泛涉及通信传输线路、电话中继器、平衡网络和过滤理论等基本内容。从此在教学生涯中,开始长期从事开发和完善各种类型网络的研究,其中包括线性的、集总的、无源的和双边的网络。影响了无数学生,培养了不少优秀人才。他还研制了一种可用于远程无线电导航系统的仪器,能产生劳兰脉冲波,将常规程序组合成单一的脉冲发生网络,重量和体积减小,而效率大为提高。在第二次世界大战中,对改进美军通信技术作出了突出贡献,获1948年美国总统功勋证书。

出版教材和著作有:《通信网络》(2卷,1931~1935年)、《电路分析数学》(1944年初版,1969年再版)、《电路理论导论》(1955年)、《线性系统理论》(1960年)、《无源网络的综合》(1962年初版,1967年再版)、《线性物理系统理论》(1963年)等。获1961年美国无线电工程师协会荣誉奖章、1962年美国电气工程师协会电工教育奖章等。

(许可钦)

梅塞施米特,W.(Messerschmitt,Willy) 德国人,1898年6月26日生于德国法兰克福,1978年9月15卒于慕尼黑。航空工程、空气动力学、技术管理。

酒商家庭出身。1923年慕尼黑技术学院(后为慕尼黑理工大学)机械电气系毕业。同年在班贝克创办梅塞施米特飞机制造公司;1927年兼并为巴伐利亚飞机制造股份公司,出任总设计师。1930~1936年兼任慕尼黑理工大学荣誉教授。1936年任德国不伦瑞克航空研究院院长。1938年获慕尼黑理工大学荣誉工学博士学位。同年将其公司又改名为梅塞施米特股份公司。在第二次世界大战中,成为纳粹德国战机的主要设计师之一。战后受到盟军审讯。后在西班牙设计飞机。20世纪50年代初回到德国慕尼黑定居。1956年联合国解除对德国制造军用飞机的禁令后,他重新建立梅塞施米特飞机制造公司。1969年联合组成梅塞施米特-伯尔考夫-布洛姆有限公司(MBB),成为德国最大飞机企业集团,其本人出任监管委员会主席直至去世。

德国现代军事航空工业奠基人之一。20世纪20年代,设计和制造高级滑翔机、轻型高速教练机、旅游飞机等机种;1926年研制出M-16型全金属客机;1928年研制出M-20型大型客机。30~40年代,开发出著名的Me(也称BF)系列飞机,其中有:1934年研制的“飓风”号Me-108型,在多次国际竞赛中获大奖,创造多项世界纪录;同年设计的Me-109型歼击机,其性能在德国多家公司竞争中获胜;1939年研制Me-209型,时速达到755.13千米,创下当时活塞式飞机世界纪录。在第二次世界大战中,设计和生产了多种军用飞机,其中有:各型Me-109歼击机成了德国空军主力战机,是当时最好的实战机种之一,共生产35 000架,产量仅次于苏联的伊尔-2/10，占德军全部战斗机装备量60%；Me-163是当时世界上速度最快的火箭发动机飞机；1943年研制的Me-262型是世界上第一种服役的喷气式战斗机，1944年在希特勒旨意下曾改为轰炸型，大大增加了起飞重量；此外还研制过Me-321大型运输滑翔机、Me-323大型运输机等机种。战后，在西班牙设计HA-100教练机、HA-200和HA-300型超音速截击机；为德国仿制了洛克希德公司F-104战斗机、菲亚特公司G-91攻击机等；参与欧洲空中客车公司民用客机的部分设计等工作。（李啸虎）

德赖顿，H. L.（Dryden，Hugh Latimer） 美国人，1898年7月2日生于美国马里兰州波科莫克，1965年12月2日卒于华盛顿。航空航天工程、空气动力学。

1915年、1916年、1919年先后在约翰斯·霍普金斯大学获学士、硕士与博士学位。1918年开始作为一名实验室助手进入国家标准局，2年后任新成立的气体动力学组组长，1934年任力学与声学组组长，1946年任副局长。期间1939年作为航空研究的指导者参加国家航空咨询委员会，1947～1958年任副主席。1958年参与筹建国家航空航天局，任副局长直至因生癌症去世。是美国国家工程院院士、创始成员之一，美国国家科学院院士。先后获16个荣誉博士学位。

在空气湍流和分界层控制方面有创新，国际上公认的气体动力学权威专家。第二次世界大战中，主持设计野马P-51型战机机翼以及其他航空器设计。在国家标准局的定向导弹项目中，负责研制第一个雷达自动引导导弹，即蝙蝠弹。设计了热线风速仪研究湍流随不同风洞的变化，后又涉及宇宙飞船和航天飞机机翼上的湍流影响。提出了分界机制的概念，导致航天飞机设计上的改进。科学兴趣是多方面的，对汽车流线型、建筑物的风压效应也加以研究。爱好运动，对棒球的自旋、轨道和碰撞中的恢复系数也有研究。曾向《展望》投书阐述以后10年军事科学的研究方向。

发表论文和文章百余篇。获奖甚多，其中有1950年古根海姆奖章、1956年莱特兄弟纪念奖、1958年国家行政事务联合会事业服务奖、1965年美国国家科学奖章等。（汪玉芝）

柯林斯，S. C.（Collins，Samuel Cornette） 美国人，1898年9月28日生于美国肯塔基，1984年6月19日卒于华盛顿。致冷工程、医疗器械工程、低温物理学、急救医学。

农家子弟。1920年获田纳西大学农学系理学士学位，1924年获该校理学硕士学位。1927年获北卡罗来纳大学物理化学博士学位。同年起先后任教于田纳西大学卡森-纽曼学院、田纳西州立师范学院、北卡罗来纳大学。1930～1984年长期任教于马萨诸塞理工学院，1930年任研究助理，1943年任化学系副教授，1949年任机械工程系教授、致冷工程实验室首任主任直至去世。曾任华盛顿哥伦比亚特区海军研究实验室顾问。1969年兼任美国低温技术公司副董事长。同年当选为美国国家科学院院士。是美国文理科学院院士。获北卡罗来纳大学、英国圣安德鲁大学荣誉博士学位。

长期从事低温技术研究开发，柯林斯式制冷机发明者，被誉为“氦液化器之父”。第二次世界大战期间，致力于改进制氧技术，开发机载氧气发生器，第一次采用可逆换热与空气分离法来生产高纯度氧气。1946年，设计建造柯林斯式氦低温恒温器，是第一个实用型的氦液化器，采用双缸引擎，无需外加冷却剂就可使氦气液化，温度可降到接近绝对零度。随着技术的改进，这台机器日产液氦从几百升增加到几千升，使实验室低温实验有了可靠保证。而在此之前，低温实验往往要实验室自制十分危险的液氢。除了其他用途，这些冰箱被用于液化和运输氦和氘，为1952年氢弹的第一次成功爆炸创造了条件。它引起了国际科学界极大兴趣，促使美国利特尔公司大批生产和上市，时至20世纪60年代中期，全世界实验室中有250多台氦液化器在运行，迎来了低温实验物理学的新时代。1964年同外科医生合作，发明用于紧急救护的早期心肺机，体积之小可放入汽车后备箱里带着走，而当时的同类机器有办公桌那么大，安装还得花上数小时。

主要著作有《低温处理的膨胀机》(1958年，与他人合著)、《制造和维持极低温的方法》(1958年)。获1951年富兰克林学院韦瑟里尔奖，1958年荷兰制冷学会奥尼斯金质奖章，1965年美国文理科学院朗福德奖，1968年美国机械工程师协会金质奖章等。1965年美国致冷工程学会设立柯林斯奖。（王天运）

布伦，E. A.（Brun，Edmond Antoine） 法国人，1898年12月31日生于法国罗讷河口圣坎讷，1979年11月4日卒于巴黎。航空航天工程、空气动力学、热力学。

1942年任法国巴黎大学理学院教授，1964年任院长。期间1942年起兼任法国国家科学研究中心航空实验室主任。是国际宇航科学院的创始者，1940年任法国宇航协会主席。1947年当选为美国国家科学院外籍院士。1962～1964年任国际宇航联合会主席。曾任国际宇航科学院副院长。1964年任法国热力学学会会长。1969年当选为法国科学院院士。1958年为英国皇家宇航学会荣誉会员。1964年为美国航空航天学会荣誉会员。1966年为美国宇宙航行学会荣誉会员。

从1929起开始研究空气动力学，并同热传递现象结合，1936年开始构建空气热力学。1937年研究飞机积冰和飞机座舱或机翼边缘在积冰条件下去冰的问题。1943年他同瓦瑟(M. Vasseur)一起建立悬浮力学的方程式，并找到描述流场不均匀流体中悬浮颗粒轨迹方程的图示方法。1947年计算与积冰有关的在演变固体喷嘴处运流热转移的问题，给出火箭回到大气时喷嘴处热流密度的表达式。20世纪50年代，提出对流系数的测量方法，成为现在常用的量热法；还进一步发展超声和超声流的研究；建立的实验室是欧洲航空动力学和稀薄气体热力学实验中心；在他设计的风洞中，可得到高马赫数(达20)低密度的气流。60年代，1961年在巴黎组织第二届国际稀薄气体研讨会；对有孔介质中热和质量转移、土壤冻结和解冻、以及油库中多相和两相存在情

形进行了研究。主要著作有《现代热与传质研究实验室》(1975年,与他人合著)等。 (欧阳容百 王广厚)

靳树梁(Jin Shuliang) 字栋华。中国河北省人,1899年4月1日生于河北徐水,1964年7月5日卒于辽宁沈阳。冶金工程、冶金学、工程管理。

1920年天津北洋大学毕业。在汉口相继任扬子机械制造公司、六河沟煤矿公司、扬子铁厂助理工程师、工程师。1937年公费赴德国克房伯公司所属钢铁厂深造,翌年回国。1939～1948年,历任云南钢铁厂工程师、四川威远钢铁厂厂长、鞍山钢铁公司协理等职。1948～1950年,任鞍山钢铁公司顾问、本溪钢铁公司总工程师兼计划处副处长。1950年任东北工学院(东北大学前身)院长、一级教授。曾兼任中国科学院东北分院副院长、中国金属学会副理事长、辽宁科学技术协会主席等职。1955年选聘为中国科学院学部委员(院士)。

1938年在德国进修期间,得悉抗日战争爆发,毅然中断学业回国,参与汉阳钢铁厂拆迁至四川大渡口的重建工作,率先在大渡口设计、建造20吨小高炉,开创中国自行设计小高炉的历史,并为抗战急需提供生铁。此后为云南钢铁厂改建50吨高炉,为四川威远钢铁厂设计、建造15吨高炉。20世纪40年代前期任威远钢铁厂厂长期间,发明小型高炉标准炉喉,改进高炉风口倾角,增设高炉炉底防潮设备,创造"靳氏简易烧结法",这些改进和发明提高小型高炉生铁产量、降低生铁成本。50年代,主编中国第一部炼铁专业教材《现代炼铁学》(1959年);领导东北工学院建成为中国第一所高水平的以冶金为主的多学科高等学府。60年代,提出高炉风口区炉料运动的"袋式效应";承担"承德钒钛磁铁矿高炉冶铁技术的研究"课题,开辟了"高风温、高碱度、适宜高炉温、低渣量"的高炉冶炼高钛铁矿石的新途径;参与主持"西昌地区钒钛磁铁矿冶炼工艺"的研究,1979年获国家科学委员会发明奖一等奖。 (孙晓芳 宣焕灿)

休姆-罗瑟里,W.(Hume-Rothery,William) 英国人,1899年5月15日生于英国萨里郡伍斯特帕克,1968年9月28日卒于牛津。冶金工程、金相学、金属材料学、物理化学。

出生于律师家庭。1916年入读英国皇家军事学院,次年因病致聋被迫退学。1918年转读牛津大学马格达莱学院化学系,1925年获化学硕士学位。同年获伦敦大学皇家矿业学院冶金学博士学位,师从著名冶金学家H.卡彭特。同年回到牛津大学化学系任教,1938年任冶金化学讲师,1955年任无机化学实验室冶金学副教授,1958年任该校新成立冶金系(今材料系)第一位教授兼首任系主任。1966年退休后,仍在大学授课,著书立说。1937年当选为英国皇家学会会员。

现代物理冶金学重要创始人之一,为合金相的晶体结构原理奠定了基础。化合价是当时化学界关心的主要问题,而合金构成并不遵循正常化合价规律,因此引起了许多顶尖级化学家和冶金家的兴趣。当时冶金界发现合金中存在各种中间相,但远未形成系统的理论诠释。1925年,他的博士论文正是主要研究金属间化合物结构与性能的前沿课题。接着,他在牛津对大量合金系列的组织结构和相图进行了研究,其中预测了银基合金、铜基合金中可能存在的各种相,经验性地建立了一系列预测金属间化合物相的方法等,最终提出著名的"休姆-罗瑟里准则"。该准则阐述了原子大小、晶体结构、价电子浓度、电负性对元素之间形成固溶体的影响及其规律,成为说明组元之间合金化以及物相选择的重要理论依据。这是他花费了23年最终完成的研究成果。第二次世界大战期间,承担了政府委托的关于铝合金、镁合金等多项材料研究。他还改进了研究合金组成的X射线衍射测定法。

发表论文178篇;著作有《金属状态》(1932年)、《金属与合金的结构》(1936年)、《电子、原子、金属和合金》(1948年)等。 (邱凤昌)

塞弗鲁德,F.(Severud(Sæverud),Fred) 美国人,1899年6月8日生于挪威卑尔根,1990年6月11日卒于美国佛罗里达州迈阿密。土木工程、结构工程、建筑学。

挪威裔。人造奶油厂主之子。1923年毕业于挪威理工学院土木工程专业。同年移民美国,在一家工程公司任工程师,很快任部门主管。1928年在纽约曼哈顿合伙开办工程咨询联合事务所(1948年后经二次重组易名,即今塞弗鲁德联合事务所)。1973年退休后,热衷志愿者社会工作。1968年当选为美国国家工程院院士。死于老年痴呆症,享年91岁。

美国著名结构工程师,一生中曾和多名重要建筑师共事。1959年建成的耶鲁大学英格斯冰球馆,由建筑师E.沙里宁设计,塞弗鲁德任结构工程师,在建筑界有一定影响。这座建筑造型独特,整体外型像鲸鱼,兼有东方传统建筑风格。拥有3486个席位,顶部高度达23米,中间以一条90多米长的弓形钢筋混凝土结构作为脊梁,向两边拉起钢索来支撑屋顶,构成了复杂的张拉索膜结构。空间曲线和曲面结构,增加了结构设计计算和施工的高难度,体现了现代科学技术的高水平。主要建筑作品有:美国罗利市多顿竞技场(1953年)、德国柏林世界文化馆(1957年)、加拿大蒙特利尔市维尔·玛丽小区(1962年)、美国圣路易市通西关拱(1965年竣工)、加拿大多伦多市政厅(1965年开放),以及纽约市麦迪逊广场花园等。

发表过一些有关建筑和工程项目的文章;出版过数部著作,其中1947年出版的《公寓住宅》,是继J.埃布尔(Joseph Abel)之后第一本综合介绍工业化建房的书籍;1954年出版的《炸弹、幸存和你:如何拯救身家财产》一书,站在原子战争的视野上研究防核建筑对策。多次获奖,其中有美国土木工程师协会1964年霍华德奖、富兰克林学院布朗奖章、美国建筑师协会荣誉奖等。

(邱凤昌)

里科弗,H. G.(Rickover,Hyman George) 美国人,1900年1月27日生于俄国马科(今属波兰),1986年7月8日卒于美国弗吉尼亚州阿灵顿。舰船工程、核动力工程、工程核物理、工程管理。

波兰犹太族裔。5岁时随父母移居美国纽约,两年后定居芝加哥,父亲重操旧业,以裁缝为生。1918年毕业于芝加哥马歇尔高级中学。同年供职于西部联合电报公司。1922年毕业于美国海军学院。同年以海军少尉军衔在驱逐舰服役,1923年晋升为工程师军官,后被派到战列舰上去远洋执勤。1929年获美国海军学院研究生院电气工程理学硕士学位,期间在哥伦比亚大学实习。1929～1933年任潜水艇乘员。1931年结婚,妻子是国际法博士。1937年任扫雷艇艇长,升为海军少校。同年调派至卡维特海军船厂。1933年在美国海军部装备督查署工作,奉命到过亚洲、中东和欧洲的许多国家。1939年任美国海军部工程局电气处主任助理。第二次世界大战期间,任美国海军部舰船局电气处主任。1946年任橡树岭国家实验室曼哈顿工程核电厂开发工程副经理。1949年任美国原子能委员会核反应堆开发部主任,不久兼任海军部舰船局海军反应堆分局局长。1953年任海军少将,1958年任海军中将,1973年任四星海军上将。获哥伦比亚大学等15个国内外大学荣誉博士学位。

被誉为"美国核海军之父"。在美国海军服役长达63年,创下美国历史上海军军官服役时间之最。1933年,翻译德国海军将领H. 鲍尔(Hermann Bauer)名著《潜艇》,作为美国海军院校基础教材。1942年4月,奉命飞抵日军偷袭后的珍珠港,组织抢修被击沉的加利福尼亚号战列舰发电设备,使之靠自动力转移至华盛顿州桑德船厂。1946年起负责研发美国海军核动力工程,参与建立橡树岭反应堆技术学校,着手为潜艇推进力设计压水型反应堆。1954年1月21日,世界第一艘由核力驱动的潜艇鹦鹉螺号下水,1955年1月17日出海服役,1980年3月3日退役,25年间共巡航50多万海里。该核潜艇总重2 800吨,艇长97.5米,配备6具533毫米鱼雷发射管,可携带18枚鱼雷,水下排水量4 040吨,下潜深度200米,潜航最高航速20节,可在最大航速下续航50天、全程3万公里无需添加燃料。时至2007年7月,负责已建和在建核潜艇200艘、核动力航空母舰和巡洋舰23艘,创下美国海军核反应堆零事故纪录。

主要著作有《核动力和海军》(1955年)、《关于苏俄的报告》(1959年)、《缅因号战列舰是如何被击沉的》(1976年)、《不设防:里科弗在美国国会的最后证词》(1982年)等。获数十个奖项,其中1958年、1983年两次获美国国会金质奖章,1980年获总统自由奖章;在军功奖中,有中国战区服务奖章、美国国防部服务奖章、亚太战功奖章、二战胜利奖章、海军杰出服务奖章、海军双金星军功奖章、陆军军功奖章、国家防务奖章、法国军团荣誉勋章、大英帝国勋章等;1954年1月11日荣登《时代》杂志封面;1983年美国洛杉矶级里科弗号核潜艇下水,破例命名在世之人在美国海军中十分罕见。

(夏元复)

艾肯,H. H.(Aiken,Howard Hathaway) 美国人,1900年3月8日生于美国新泽西州霍博肯,1973年3月14日卒于密苏里州圣路易斯。计算机科学与工程、电气电子工程、电子学、应用数学。

单亲家庭的孩子,家境清贫。在读职业高中和大学时,一边在电力公司做夜班,一边坚持白天上学。1923年获威斯康星大学电气工程学士学位。毕业后任麦迪逊煤气与电力公司总工程师。1928年起先后供职于西屋电气与制造公司、密尔沃基线材公司。1933年进芝加哥大学物理系,很快转至哈佛大学物理系,1937年、1939年先后获硕士、博士学位。毕业后留校任教,并参与主持合作开发计算机。第二次世界大战中应征入伍,先任海军水雷战学校教官,后以海军军械局计算项目主任名义重返哈佛大学主持研制计算机。1946年正式从海军退役,创建哈佛大学计算实验室并任主任。1961年退休后移居佛罗里达州劳德代尔堡,任迈阿密大学信息技术教授,同时创建艾肯计算机技术咨询公司。是美国文理科学院院士,瑞典皇家科学院外籍院士。

世界上第一台大型自动数字计算机的设计者,1937年提出研制自动计算机第一份建议书。1939年始他和美国国际商用机器公司(IBM)的莱克(C. D. Lake)、汉密尔顿(F. E. Hamilton)、杜菲(B. Durfee)等人合作研制历史上第一台大型自动计算机Mark Ⅰ型机,1944年5月竣工并投入使用,直至1958年退役。它长15.3米,高2.4米,重31 500千克,电缆线共长800千米,接点300多万个;用指令穿孔纸带送入编程指令解题,能执行任意算术运算程序,加法速度300毫秒,乘法速度6秒,除法速度11.4秒,是计算技术史上一个重大突破。美国海军部很快将之用于计算弹道和编制射击表,也参与曼哈顿计划的原子弹计算和其他科学研究。1947年他又研制出改进型全电动Mark Ⅱ型机,受到欧美各国同行高度评价。1950年、1952年又先后研制出电子管电路的Mark Ⅲ和Mark Ⅳ。此外,他还长期致力于计算机教育和培训。

发表大量有关电子学、开关理论和数据处理技术等论文;撰写各种技术报告140余卷;合著《电子计算和控制电路的综合》(1951年);主编《计算实验室年报》30卷。获奖甚多,其中有美国电气与电子工程师协会1980年计算机先驱奖、劳兹里茨奖、爱迪生奖,海军"特等公众服务奖",空军"特等公民服务勋章"等。 (李啸虎)

加波,D.(Gabor,Dennis) 旧译伽柏,又译加博尔。原名Denes Gabor。英国人,1900年6月5日生于匈牙利布达佩斯,1979年2月8日卒于英国伦敦。光电子工程、摄影术、仪器研制、技术社会学。

匈牙利犹太族裔。第一次世界大战中,在意大利北部当奥匈帝国的炮兵。1918～1920年在布达佩斯工业大学学习机械工程。因反对当权的政府而离开匈牙利,后转入柏林-夏洛滕堡工业大学(今柏林理工大学),1924年毕业,1927年因阴极射线管论文获该校技术科学博士学位。同年起先后在柏林的西门子公司、哈尔斯克公司任职。1933年为逃避纳粹迫害而流亡英国,1933年任汤姆孙-豪斯顿公司研究工程师。1936年结婚。1948年在伦敦大学帝国理工学院任电子学高级讲师,1958年任应用物理学教授,1967年退休后为高级研究员。1956年当选为英国皇家学会会员。1964年当选为匈牙利科学院外籍院士。同年获伦敦大学理学博士学位。1970年获英国南安普敦大学荣誉博士学位。1971年获荷兰代尔夫特理工大学荣誉博士学位。

全息摄影术发明者。早年在攻读博士学位时,研究电路上的瞬时振荡现象,并因对测量仪器的示波器作重大改进而获两项发明专利。在汤姆孙-豪斯顿公司时,研制等离子灯、阴极射线管、红外线成像、三维图像投影等光学工程,获数项专利。1947年在汤姆孙-豪斯顿公司的研究实验室工作时,对电子显微镜十分感兴趣。当时快速电子的德布罗意波长可达0.005纳米,但由于电子光学系统不完善,故电子显微镜的实际分辨距离为1.2纳米,是原子晶格所需分辨距离的6倍。正当人们为此问题一筹莫展时,他经过多年试验和思考,终于想到:为什么不能将一张不太清楚但却包含所有信息的电子图片用光学方法把它修正过来呢?他很快发现,要使这一设想成为可能,必须用相干的电子束和具有一定相位的电子波。在普通照片上,只记录了光线和强度,其相位的信息却全部丢失,这是由于没有什么东西可与之相对比。如果给光波以"相干背景",则由物体来的"物波"与"相关背景"的"参考波"相干涉而造成干涉条纹。将感光的干版制成正片,并用原来的参考波来照射,则来自物体的波将会重现。他把这种干涉图像叫做"全息图"(hologram,其词头holo-取自希腊文的Holos,即"全"之意。)这样,把从电子显微镜所得到的电子全息图用普通光来重现,就可以矫正电子光学的像差。他进行全息摄影实验时,由于当时光源的相干性很差,必须将所有元件排列在同一轴线上,这种"共线全息摄影"是当时唯一的方法,而且结果很不完善。1948~1951年在《自然》等杂志上发表全息术的原理和最初的实验结果。20世纪60年代初激光器的发明,使人们找到最合适的相干光源,从而使一度"冬眠"的全息术"复活"起来,并取得爆炸性的进展。现在,全息术已经在科学和工业、医学等技术领域得到了愈来愈广泛的应用。由于在1948年发明全息摄影术,获1971年诺贝尔物理学奖。

获100多项专利;发表论文百余篇。出版著作有《电子显微镜》(1948年)、《技术创新:科学、技术和社会》(1970年)、《成熟的社会》(1972年)、《超越浪费的时代:给罗马俱乐部的报告》(1978年,与他人合著)等。此外获1967年英国物理学会托马斯·杨奖章、1967年意大利热那亚国际通信学院哥伦布奖、1968年美国富兰克林学院迈克尔逊奖章、1968年英国皇家学会朗福德奖章、1970年美国电气与电子工程师协会荣誉奖章、1970年大英帝国勋章等。为表彰他的贡献和激励科学研究者,国际光学工程学会、匈牙利科学院、英国皇家学会都设有加波奖章。他的名言是:"预言未来的最好途径是创造未来。"

(唐玄之)

特曼,F. E.(Terman,Frederick Emmons) 美国人,1900年6月7日生于美国印第安纳州英吉利,1982年12月19日卒于加利福尼亚州帕洛阿尔托。*通信工程、电气电子工程、微波电子学、仪器研制、工程教育。*

斯坦福大学著名心理学教授L. M.特曼(Lewis Madison Terman)的儿子。1920年获斯坦福大学化学学士学位,1922年获该校电气工程硕士学位。1924年获马萨诸塞理工学院电气工程理学博士学位,师从V.布什。1925年回斯坦福大学任教于电气工程系,1927年任助理教授,1930年任副教授,1937年任教授兼系主任。1941年任哈佛大学无线电研究实验室主任。1943~1946年任美国国防研究委员会委员。1945~1958年任斯坦福大学工学院院长,1955年任该校副校长直至1965年退休。1956~1964年兼任美国海军研究咨询委员会委员,1957~1958年任主席。1953年当选为美国国家科学院院士,兼该院工程学部主任。1964年成为美国国家工程院创始院士。

被誉为美国"硅谷之父"之一。20世纪20~30年代,主要研究真空管、电路传输网络、以及电子电气器件、测量仪器仪表的性能。其中,研究开发稳定振荡器电阻、谐波发生器、负反馈放大器等一系列器件及其性能研究;系统研究无线电工程中的测量方法。40年代,第二次世界大战期间,在哈佛大学负责一个850余人的无线电研究实验室,为军方开发雷达和反雷达电子技术,其中研制设计反雷达的铝箔干扰发射机,以及侦察和分析敌方雷达信号的可调谐接收机等,可使敌方雷达制导的防空火力效率锐减75%;计算和设计使用五极管的耦合电阻放大器;研究电网理论,以及过滤器和补偿器等器件性能。1945~1965年,主要从事高校工程教育管理,对斯坦福大学工科发展有重要贡献。50年代,他积极倡导和创办斯坦福工业园区(斯坦福研究园区前身),动员一些高技术公司移师该地,为最终形成举世闻名的"硅谷"奠定了基础。

主要著作有:《输电线路理论》(1927年,与他人合著)、《无线电工程学》(1932年初版,1955年第4版)、《无线电工程测量》(1935年)、《无线电工程师手册》(1943年)和《电子与无线电工程学》(1955年)等。先后获美国无线电工程师协会、美国电气工程师协会(后都并入美国电气与电子工程师协会)1950年荣誉奖章、1956年教育奖章,1969年斯坦福大学胡佛奖章,1976年美国国家科学奖章。为此,1969年美国工程教育学会设立特曼奖;斯坦福大学建有特曼工程中心。

(许可钦)

金泽尔,A. B.(Kinzel,Augustus Braun) 美国人,1900年7月26日生于美国纽约,1987年10月23日卒于加利福尼亚州圣迭戈。*冶金工程、冶金学、金属材料学、科技管理。*

钢琴家和大学数学教师之子。1919年在美国哥伦比亚大学获数学专业文学士学位。1921年在马萨诸塞理工学院获工程学理学士学位。1922年和1933年在法国南锡大学获冶金学博士、理学博士学位。1919年起,历任美国通用电气公司实验室助理和冶金师、亨利·迪斯顿父子公司实验室主任、联合碳化物公司副总裁、萨尔克生物研究院院长等职。曾任美国数个国家实验室高级顾问。1958年任美国采矿、冶金和石油工程联合会主席。1960年任美国国家研究委员会工程与产业研究部主席。1960年被选为美国国家科学院院士。是美国国家工程院创始人和首任院长(1964～1966年)。

他开拓了材料研究的新领域,深入地探索了物质本性,揭示了很多高纯度材料的特性。其主要成果为:研究出低合金工程钢;建立了不锈钢理论;提出一种提炼钒的工艺;精确地研究了压力计,从而出现了今日的压力容器椭圆形头部的设计;首次将冶金学应用到焊接和气割上,使这种工艺上升为现代科学;还取得了清除钢锭表面缺陷的专利权。在他领导下,联合碳化物研究所成功地生产出从未有过的高纯度钛、铌、铬、钙、锰及其合金等。主要著作有《铁和铬的合金》(2卷,1937～1940年,与他人合著)、《钙金属生产:美国的一种新兴工业》(1941年)、《工程学和我们的生活方式》(1968年)等。其贡献颇多,多次获奖。 (王天运)

吉洪拉沃夫,M. K.(Тихонравов,Михаил Клавдиевич;Tikhonravov,Mikhail Klavdievich) 苏联人,1900年7月16日生于俄国弗拉基米尔城,1974年3月4日卒于莫斯科。*航天工程、通信工程、火箭技术、工程物理学、空间科学。*

1919年参加红军。1925年毕业于茹科夫斯基空军工程学院,1959年获该校技术科学博士学位。1926年开始在国防科学技术研究所航空设计室工作,相继在一些航空企业任飞机设计师。1932年,在莫斯科沙多沃-斯帕斯基街19号一间地下室,他和科罗廖夫等人建立喷气推进研究小组并任组长,着手研制火箭及火箭发动机。1933年喷气推进研究小组和列宁格勒气动力实验室合并,建立世界上第一个喷气科学研究所,1934年起任该所喷气技术研究室主任。1950年起先后任教于莫斯科巴乌曼高等技术学校、奥尔忠尼启则航空学院。1968年当选为国际星际航行研究院通讯院士。

苏联著名航天科学家、世界第一颗人造地球卫星总设计师。20世纪20年代,研制出一批创世界纪录的滑翔机。30年代主持研制苏联首批液体推进剂发动机火箭。1933年8月17日,苏联第一枚液体燃料火箭在莫斯科郊外的纳哈宾诺试射成功;提出研制人造地球卫星的设想;1934年在列宁格勒全苏同温层研究会议上,提出"使用火箭飞行装置研究同温层"的报告;1938年起研制高层大气考察火箭。在第二次世界大战中,研究如何提高火箭弹射击密度,领导研制和生产液体火箭,以及构思和设计多级火箭。战后,率先设计出BP-190型多级火箭,能把携带2名乘员的密封舱发射到200千米高空。1948年完成二级火箭分析,在军事弹道科学院年会上作"在现代技术条件下借助多级火箭达到第一宇宙速度和制造人造地球卫星的可能性"的报告,引起关注。1953年,吉洪拉沃夫卫星小组加入科罗廖夫试验设计局组合式火箭研制项目。

1954年提出制造人造卫星的必要性与可行性论证。1956年1月30日,苏联决定实施研制和发射人造卫星,他担任人造卫星总体的总设计师。1957年6月,设计制造出第一颗人造卫星СП-1(俄文"第一颗卫星"缩写),这是一个铝合金密封球体,直径58厘米,质量83.6千克,星上装有仪器设备和电源,壳体外侧装有4根杆状天线。同年10月4日,在新建的拜科努航天发射场,"卫星"号运载火箭携带СП-1卫星发射升空,进入地球轨道。该星近地点215千米,远地点947千米,倾角65°,运行了92天,绕地球飞行1 400圈。10月4日午夜,莫斯科电台向全世界公布了这一消息,塔斯社宣称"人造地球卫星开辟了星际航行的道路"。

出版有《火箭技术》(1935年)、《鸟与扑翼机的飞行》(1949年)等著作。1957年获列宁奖金,1970年获俄罗斯联邦共和国功勋科学技术工作者称号。

(李啸虎)

张德庆(Zhang Deqing) 中国上海市人,1900年8月10日生于江苏宝山吴淞镇(今上海吴淞),1977年10月21日卒于吉林长春。*车辆工程、机械与动力工程、燃料工程、热力学、机械学。*

1923年毕业于南洋大学(交通大学前身)机械系,获机械工程学士学位。1925年赴美国留学,翌年获普渡大学机械工程硕士学位。1927年赴德国西门子总厂工作。1929年回国,此后20年中历任上海兵工厂工程师、浙江大学机械系副教授、中国汽车制造公司工程师、重庆交通大学机械系教授、中央汽车配件制造厂总工程师、浙江大学机械系主任、上海市公交公司修造厂厂长、上海德士古煤油公司机械工程师等职。1949年后,相继任上海公交公司总工程师、第一机械工业部汽车工业管理局汽车实验室主任、长春汽车研究所所长等职。曾兼任中国汽车工程学会副理事长、长春市科学技术协会副主席等职。1955年选聘为中国科学院学部委员(院士)。

毕生主要贡献在内燃机代用燃料和汽车制造工艺研究两方面。在内燃机代用燃料的研究方面,20世纪50年代中国汽油匮乏时期,他先后设计出"公交5式"、"实-7式"、"实-8式"和"实-7a式"煤气发生炉,用无烟煤代替汽油解决中国汽车的燃料问题;为避免公交汽车改装成煤气车后车内闷热,设计出了拖斗式炉子;还将非食用植物油研制成"代用机油"和"刹车油",广泛运用于汽车运输和工业生产中,以解决当时中国润滑油匮乏的困难;60年代前期在大庆原油大量开采但石油炼制工业相对滞后的形势下,又开展了原油、渣油用作柴油机车燃料的研究。在汽车制造工艺研究方面,他主持创建了中国第一个汽车科学研究机构——汽车实验室;组织翻译苏联提供给第一汽车制造厂大量汽车图纸资料;还组织测绘约2 000种的各型汽车配件图纸;参与中国"机械工业标准"的制定和汽车工业长远规划的制定。

(孙晓芳)

拉沃奇金,C. A.(Лавочкин,Семён Алексеевич;Lavochkin,Semyon Alekseyevich) 苏联人,1900年9月11日生于斯摩棱斯克,1960年6月9日卒

于莫斯科。航空工程、军械装备、空气动力学、工程管理。

在故乡读完中学，1918～1920年参加红军。退役后保送莫斯科高等技术学校深造，1927年毕业。先后在里沙尔设计局、中央设计局、戈里高罗维奇设计局、航空工业管理总局工作。1935年任拉沃奇金设计局总设计师。1942年晋升工程技术兵少将。1958年入选苏联科学院通讯院士。

一生致力于设计歼击机和喷气式飞机。在第二次世界大战期间，他主持苏联几种高性能主力歼击机的研制设计。1940年3月底，他和古德科夫（M. I. Gudkov）、戈尔布诺夫（V. P. Gorbunov）共同设计的La-1型歼击机试飞成功，不久La-3型又问世，最大时速558千米，性能与当时德国最好的Me-109战机不相上下，仅1941年就生产了2463架，成为苏联1942年大反攻中第一线主力机型；1942年，改进后的La-5型装备1 249.50千瓦双排星形气冷发动机，性能超过当时德国最好的歼击机，在大战中共生产了10000架；1943年研制出La-7型，最大时速680千米，气动性也大大提高，从地面爬升到5000米仅需4分30秒，装有3门机关炮，是大战后期苏联最先进的战斗机，共生产5753架，击落了一大批德军飞机。其中苏联头号王牌飞行员伊万·阔日杜布（Ivan Kozhedub）驾驶La-7击落过62架敌机。1944年研制出机身细长、梯形平尾的全金属歼击机La-9，装有4门机关炮，性能超过德国的Fw. 190A和Fw. 190D。他设计的最后一种螺旋桨战斗机是远程机La-11，一次加油可飞6小时50分。

在战后，他主要设计喷气式和超音速飞机的试验机，其中有：1946年试飞的La-150，速度850千米每小时，是苏联首批研制的4种喷气式战斗机之一；1947年设计的第一架采用箭头形后掠翼歼击机La-160，试飞时速1060千米；1948年研制出苏联第一架达到声速的飞机La-176，采用45°大后掠角；此外还有重型机La-200、远程超声速截击机La-250等。但在第二次世界大战后，他的航空器较米高扬等其他设计局越来越差强人意，往往难以批量生产。在他死后，他的设计局就倒闭了。1943年和1956年两次获苏联社会主义劳动英雄称号，获国家奖金4次、列宁勋章3枚。（吴金勇）

童寯（Tong Jun） 字伯潜。中国辽宁省人，1900年10月2日生于奉天省城东郊（今辽宁沈阳），1983年3月28日卒于南京。土木工程、建筑学、建筑史学。

满族。1921年入清华留美预备学校高等科。1925年入美国费城宾夕法尼亚大学建筑系，1928年获硕士学位。1928年春至1930年秋赴欧洲诸国考察建筑。回国后，历任东北大学建筑系教授及系主任，华盖建筑师事务所、上海联合建筑师工程师事务所合伙人，兼任中央大学建筑系教授。1949年后任南京大学、南京工学院建筑系教授，南京工学院建筑研究所副所长等职。

他设计过100多项建筑，分布在南京、上海、四川和贵州等省市。其中代表作品有：南京国民政府外交部办公大楼和官邸（1932年）、上海大上海大戏院（1933年）、上海金城大戏院（1934年）、南京陵园中山文化教育馆（1936年）、南京水晶台地质矿产陈列馆（1937年）、贵阳民众教育馆（1943年）、江南铁路公司建设大楼（1948年）、上海杨树浦电力学校（1952年）等。

对中外建筑历史和现代建筑的发展，以及各流派建筑理论深有研究。特别对中国古建筑及中国古典园林的研究，尤有造诣。20世纪30年代所撰《江南园林志》一书，是研究中国传统园林艺术的经典著作。晚年还出版《新建筑与流派》、《近百年西方建筑史》、《日本近现代建筑》、《苏联建筑》、《造园史纲》及《东南园墅》（英文版）等11部专著，在国内外有较大影响。他还擅长绘画，出版有《童寯画选》、《童寯素描选》等，画风洒脱豪放，美术界评价颇高。（戴成勋）

塞缪尔，A. L.（Samuel，Arthur Lee） 美国人，1901年生于美国堪萨斯州恩波利亚，1990年7月29日卒于加利福尼亚州斯坦福。计算机科学与工程、电气电子工程、人工智能、应用数学。

1923年获恩波利亚学院学士学位。1926年获马萨诸塞理工学院电气工程硕士学位。学习期间断断续续在美国通用电气公司兼职。毕业后留校工作两年。1929～1947年在贝尔实验室从事电子器件开发。1946年获恩波利亚学院荣誉博士学位。1947～1949年任伊利诺伊大学电气工程系教授，兼任美国国防部电子管研发顾问小组主席。1949年起供职于美国国际商用机器公司（IBM），起初在普凯泼茜研发实验室工作，后任《IBM研究与发展》杂志主编，曾主持筹建IBM在欧洲的多处实验室，1966年从IBM退休。1966～1982年任斯坦福大学教授。晚年患帕金森综合征。

计算机游戏的先驱，被誉为“机器学习之父”。20世纪30～40年代，在贝尔实验室开发了多种电子器件；发现在两个并行电极之间空间电荷的分布规律；发明起开关作用的TR-box雷达部件，能在大功率发射时让灵敏的接收器断开以免器件受损。50～60年代，参与开发IBM公司第一台大型科学计算机701，采用威廉姆斯管作存储器，将存储容量从512比特提高到2048比特；发表经典论文“应用跳棋游戏研究机器学习”，综合利用可变评估函数、爬山法、特征表等多项技术，对强记学习和归纳学习提出许多新观点；1952年在701上首次实现他编制的下棋程序，这是世界上第一个有自学习功能的游戏程序；在编制下棋程序中，他在IBM 701指令系统中加入许多逻辑指令，后来成为一切计算机指令集基本成分。1956年2月24日，电视实况转播塞缪尔下棋程序和康涅狄格州国际象棋冠军的公开对抗赛，结果塞缪尔程序取胜，IBM公司股票狂涨。1962年6月12日，在IBM 7090上运行的塞缪尔下棋程序和美国国际象棋冠军尼雷（R. W. Nealey）对垒，走到第32步时后者就投子认输，承认“计算机没有一步失误”，这是后者8年中第一次被战败。塞缪尔在下棋程序和机器学习领域提出的一系列理论、方法和技术，至今仍被广泛采用。60～70年代，参与研制斯坦福大学SAIL操作系统、S-1多处理器计算机、$\mathrm{T_EX}$西文排版系统等。获1949年美国国防部民用服务特别嘉奖，1987年美国计

算机先驱奖。（李　烨）

卡恩，L. I.（Kahn，Louis Isadore；原姓名：Schmuilowsky，Itze-Leib）　一译路易斯·康。美国人，1901年2月20日生于俄国爱沙尼亚萨拉玛岛爱伦斯堡（今属爱沙尼亚），1974年3月17日卒于美国纽约。土木工程、建筑学、城市规划。

出生于贫穷的爱沙尼亚犹太族家庭。3岁在过节时不慎使手脸严重烧伤，终身留下疤痕。1905年随父母移居美国费城，1914年加入美国籍。1924年美国宾夕法尼亚大学建筑系毕业。同年进费城莫利特建筑师事务所，任费城建城250周年纪念（1926年）博览会首席建筑设计师。1928年到欧洲国家游学和考察建筑。1929年回美国，先后在两个建筑师事务所供职。1935年在费城开办建筑师事务所。1947～1957年任耶鲁大学建筑学院教授。期间1950～1951年在意大利罗马美国研究院任兼职教授。1957年又在费城开业。1961～1967年兼任普林斯顿大学客座讲师。1962年任马萨诸塞理工学院比米斯建筑学与城市规划讲座教授。1966年任宾夕法尼亚大学设计学院克里特建筑学讲座教授。1964年当选为美国国家艺术与文学研究院院士。1968年当选为美国文理科学院院士。因心脏病发作去世。

被誉为“20世纪60～70年代最具独创性、最重要的建筑师之一”。早年深受现代主义国际风格的影响，后从古罗马建筑和地中海式建筑中得到灵感，力图突破学院派陈规，强调每个项目的特殊约束性，50岁后开创了新的流派。后期设计风格以柏拉图式的简洁、凝重和坚实而见称，偏好复合结构、厚实窗体，空间功能主次有序，巧妙地利用光影效果，在质朴中呈现出永恒和典雅。在代表作中，国内的有：耶鲁大学美术馆（1951～1953年）、宾夕法尼亚大学理查兹医学研究中心（1957～1961年）、索尔克学院（1959～1965年）、菲利普斯·埃克塞特学院图书馆（1965～1972年）、得克萨斯州沃思堡金贝尔博物馆（1967～1972年）、耶鲁大学英国艺术中心（1969～1974年）、印地安那州韦恩美术学院（1973年）等；国外的有：孟加拉国达卡议会大厦（1962～1974年）、印度管理学院（1974年）等。获1971年美国建筑学会金质奖章，1972年英国皇家建筑学会金质奖章等。（李　烨）

马尔切罗，C.（Marcello，Claudio）　意大利人，1901年2月24日生于意大利米兰，1969年1月19日卒于同地。水电水利工程、结构力学、工程管理。

1924年意大利比萨大学土木系毕业。1924～1937年供职于米兰的奥摩迪奥工程咨询公司。1937年至1962年退休，历任米兰爱迪生集团水电部经理、总部主任等职。1939年起兼任意大利大坝委员会委员，1959年后任副主席。同年获米兰理工学院土木系荣誉博士学位。1961年当选为国际大坝委员会主席。1963年至去世，任世界银行拱坝设计施工咨询委员会委员，刚果河英加水电站、埃及阿斯旺高坝专家委员会委员，意大利电力公司大坝与水电建设顾问，南意大利西西里岛与萨尔地尼亚的经济建设技术顾问等职。

研究开发多种新型大坝技术，其中最著名的有空腹重力坝、马尔切罗型双支墩大头坝、混凝土块体坝等，获得多项专利。早在20世纪20～30年代，曾先后参加多个国家的河流开发与治理，在比利时、葡萄牙、法国、乌拉圭、墨西哥、西班牙、埃塞俄比亚等国设计建造供水工程和水电站大坝。30年代受苏联聘请，对伏尔加河调水、莫斯科运河，以及中亚细亚、高加索、黑海和乌拉尔等地区多个水电站工程技术提出过咨询意见。第二次世界大战后，在希腊、巴西、阿根廷、哥伦比亚、秘鲁等国建设近20座大坝。

在他的一生中，在意大利设计建造的水利水电大坝有26座，在世界各地负责设计和监理的大坝有43座，参与研究和提出咨询报告的大坝近百座。在他设计建造的马尔切罗型双支墩大头坝中，最高的是111米的安奇帕坝；在混凝土块体坝中，最高的是66米的普拉塔尼坝；作为世界宽河谷修筑拱坝的特例，是抛物线型的瓦勒蒂内拱坝，高143米，顶长583米。

发表论文近百篇；主编《意大利水电站大坝》（7卷，1961年），收集有200多座意大利大坝资料。多次获国际大奖。（李啸虎）

贝克，J. F.（Baker，Sir John Fleetwood）　英国人，1901年3月19日生于英国柴郡利斯卡达，1985年9月9日卒于伦敦。结构工程、结构力学、材料科学、建筑学。

早年就学于布鲁塞尔。1923年在剑桥大学克莱尔学院获工程学士学位。同年在英国空军部任结构工程师。1929年任英国钢结构委员会技术官员。1933年任布里斯托尔大学工程学教授。1939～1943年任英国国内安全部设计与开发署科学顾问。1943年任剑桥大学力学教授和工程系主任，1968年退休。1956年入选英国皇家学会会员。1963年获英国爱丁堡大学荣誉理学博士学位。1977年封为男爵。

1923年开始从事飞艇设计。1928年转入钢结构工业。首次完成钢框建筑的试验工作，并于1936年导出了基于弹性理论的合理设计方法，给出了崩溃性负荷的上限值。他又研究出材料超过弹性区直至塑性铰出现而使机构破坏的规律。1939年从事军事工程，利用他的结构分析的塑性理论，首创“莫里森室内避难处”。1956年导出了崭新设计理论的塑性方法。实践中证明该法应用简便，可省钢材达25%，很快得到推广。

主要著作有《应力分析的分布方法》（1935年）、《钢构架》、《工程科学的微分方法》、《工程结构分析》、《钢架的塑性设计》等。（李法顺）

梁思成（Liang Sicheng）　中国广东省人。1901年4月20日生于日本东京，1972年1月9日卒于北京。土木工程、城市规划、建筑学、建筑史学。

祖籍广东新会。中国清末著名学者梁启超之子。1915年入清华留美预备学校。1923年毕业后赴美留学，初入康奈尔大学，1924 年转入宾夕法尼亚大学建筑系，1927 年获硕士学位。1928 年入哈佛大学研究院研究世界建筑史，同年回国。曾任沈阳东北大学教授兼建筑系主任，中国营造学社研究员兼营造法式组主任，清华大学教授兼建筑系首任系主任。1944～1945 年任国民政府教育部战区文物保存委员会副主任。1946～1947 年任耶鲁大学访问教授，联合国总部大厦设计委员会成员。1948 年当选为中央研究院院士。1953 年任中国建筑学会副理事长，1955 年选聘为中国科学院学部委员（院士）。1948 年获美国普林斯顿大学文科荣誉博士学位。

中国古代建筑史学开拓者和奠基者。20 世纪 30 年代起，在夫人林徽因女士协助下，率先用现代科学方法对中国各地古代建筑进行了大量而系统的现场调查研究，两人几年间足迹遍及全中国 15 个省、200 多个县，实地勘察记录了 2000 余处古建筑遗址，抢救性收集和整理大量第一手资料，仅公开发表的调查研究专文就有 10 多篇。对中国古籍文献进行了整理和研究，1934 年写成《清式营造则列》等著作。根据他和营造学社成员实地调查和查阅古代典籍积累的文献资料，1945 年与林徽因合作出版第一部《中国建筑史》。为保护历史文物免遭战火摧毁，在对日战争后期，协助盟军标明日本奈良古都历史建筑保护位置；在解放战争中，奉命编印《全国重要文物建筑简目》。从 50 年代起，发表论文 60 多篇。主持中华人民共和国国徽和人民英雄纪念碑的设计，以及扬州鉴真和尚纪念堂等建筑的设计。另有著作《城市计划大纲序》（1951 年）、《营造法式》（1963 年）等；出有《梁思成文集》（4 集）。（戴成勋）

布泽曼，A.（Busemann，Adolf） 美国人，1901 年 4 月 20 日生于德国吕贝克港，1986 年 11 月 3 日卒于美国科罗拉多州博尔德。航空工程、空气动力学。

德国裔。港口工程师的儿子。1924 年获德国格丁根大学工程学士学位。留校任教。第二次世界大战期间，他受命成立布泽曼空气动力学研究所，在德国不伦瑞克森林里秘密从事航空工程研究。1945 年大战结束时，被盟军带到英国拘留审查了 9 个月。1946 年动员去美国，后加入美国籍，先后任美国国家航空咨询委员会、美国航空航天局兰利研究中心高级研究员、高级顾问，1963 年退休。同年任科罗拉多大学航空工程与科学系教授。1970 年入选美国国家工程院院士。

超声速航空理论奠基人，后掠翼飞机发明者。20 世纪 20～30 年代，他作为德国近代航空流体力学奠基人 L. 普朗特的助手，深得赏识。1935 年，在罗马举行的伏特基金会第 5 届大会讨论高速飞行问题，他在会上发表了有关超声速飞机的论文，率先大胆提出把平直机翼换成后掠翼，能使飞机飞得更快。据他说，他在写论文时，脑海里浮现出少时看惯的海景：疾驶船只在海中拖出了斜角波迹，于是灵感顿生：若让机翼在气流中有倾斜角，按力的分解原理，垂直于机翼前缘的气流速度会小于飞机飞行速度，从而可减少空气阻力影响。他经反复试验，证明这一结论正确。布泽曼一举改变了飞机发展方向，罗马会议被后人视为世界航空发展史上的一块里程碑。他很快又发现：当飞机达到较高速度后，后掠翼可推迟局部超声速流出现。然而由于当时发动机推力不够，后掠翼研究在国际上难以普遍展开。1936 年德国军方将布泽曼研究所迁到不伦瑞克森林深处，他也自此从公共视野中消失了 10 多年。

他表明，后掠翼易于突破声障，不仅可减少阻力，增加升力，还可大大提高飞行稳定性。德国梅塞施米特飞机制造公司率先采用了后掠翼技术，成功开发出世界上最早喷气式战斗机 Me-262、最早实用火箭飞机 Me-163。到战争末期，前者后掠角改为 45°，而后者没有水平尾翼。战后不久，布泽曼成果很快被重新发现。美国波音公司推出了美国第一架后掠翼轰炸机 B-47；苏联研制出米格-15 喷气式后掠翼战斗机；美国北美公司将平直机翼的 NA-140 变成了后掠翼 F-86“佩刀”战斗机。从此后掠翼成了超声速飞机代名词。（李啸虎）

蔡方荫（Cai Fangyin） 中国江西省人，1901 年 4 月 27 日生于江西南昌，1963 年 12 月 13 日卒于北京。建筑工程、结构力学、应用数学、工程教育。

1925 年清华学堂（今清华大学）土木科毕业。同年公费留学美国，先后获马萨诸塞理工学院土木工程学士和硕士学位。1928 年完成学业后，任美国纽约某联合设计事务所结构设计师。1930 年回国，任东北大学建筑系教授。1931～1949 年，先后任清华大学、西南联合大学土木系教授、代理系主任、系主任，中正大学工学院院长兼土木系主任。1949 年后，历任江西省人民政府委员兼文教委员会委员、南昌大学工学院院长，国家重工业部顾问工程师、第二机械工业部高级工程师，建设部建筑科学研究院副院长兼总工程师等职。曾兼任中国土木工程学会副理事长、《土木工程学报》主编等职。1955 年选聘为中国科学院学部委员（院士）。

40～50 年代，清理总结了工程界刚构分析各种方法，采用简便实用的“柱顶力矩作用”和“桁架跨变影响”两项准则，对横梁为桁架的刚构分析进行巧妙简化，能获得与“最小功法”和“冗力法”同样精确结果，但大大提高了效率；制成“变截面刚构分析挠曲常数换算表”；提出计算变截面梁、柱挠曲常数的“I_c/I 图矩面积法”；编著出版结构学经典名著《普通结构学》（3 卷，1946 年初版），计 46 万多字，附图 607 幅，附表 26 个，是当时中国高校唯一的中文结构学教材；1949 年后，参与制定和审定国家许多重大基本建设项目方案；主持第一个五年计划一批国家重点建设项目的重型厂房设计。发表论文数十篇；出版《装配式楔形铰接刚架》（1961 年）等专著多部，其中《变截面刚构分析》（1956 年）获 1956 年中国科学院自然科学奖三等奖。（潘 峰）

欣顿，C.（Hinton，Christopher；Baron Hinton of Bankside） 又译班克赛德的欣顿男爵。英国人，

1901年5月12日生于英国威尔士威尔特郡蒂斯伯里，1983年6月22日卒于伦敦。*核动力工程、原子核物理学、工程管理。*

1927年获剑桥大学三一学院化学学士学位。同年进入英国化学工业公司，1930年任该公司总工程师，1940年任公司副总裁。1942～1946年任英国政府供应部战时工厂物资供应处处长，1946年任该部原子能生产署副审计官。1954年英国专门设立原子能管理局，他任该局工程与生产委员会成员、工业组组长。1957～1964年任英国中央电力管理局局长。1965年退休后，任英国电力供应委员会主席。1965～1970年兼任世界银行特别顾问。1954年当选为英国皇家学会会员。1957年当选为剑桥大学三一学院评议员。1966年担任英国机械工程学会会长。1976年当选为美国国家工程院外籍院士。1980～1983年任巴斯大学名誉校长。

英国核燃料工业的奠基人，对英国和平利用原子能的进程作出了重要贡献。第二次世界大战后，他作为政府原子能开发管理的高官，参与制订英国战后的核研究计划，一开始就竭力主张和平利用原子能，并负责加强英国和美国在核开发领域的国际合作。20世纪50年代，他负责设计和建造世界上第一座大型原子能发电站——考尔德豪尔核电站，1956年成功发电。在他的指导和监管下，英国设计、建造和运行多座核处理工厂，其中还有：从铀矿提炼、净化到制成核燃料元件的工厂，核反应堆和附属的化学分离工厂，用扩散法制取浓缩油的工厂等。在他的指导和监管下，英国相续建立起位于斯普林菲尔德、卡彭赫斯特的核燃料工厂和浓缩油工厂，位于温茨卡尔、考尔德豪尔、卡佩尔克劳茨的核反应堆和核燃料后处理工厂，以及位于敦雷的实验反应堆。他参与了核技术人才培训到建立英国核工业的全过程，表现出卓越的组织管理和专业技术才能。1965年册封为"班克赛德的欣顿男爵"。

出版有《工程师和工程技术》(1970年)、《英国的大电流发电：历史和发展》(1979年)著作；留下两大部未出版的回忆录和论文集。多次获奖，其中有：1951年大英帝国官员勋章，1957年大英帝国二级爵士勋章，1976年国家功绩勋章等奖项。 (夏元复)

瓦格纳，C. von(Wagner，Carl von) 德国人，1901年5月25日生于德国莱比锡，1977年12月10日卒于格丁根。*冶金科学与工程、金属学、物理化学。*

1924年获德国莱比锡大学物理化学博士学位。先后在慕尼黑大学、柏林大学、达姆施塔特理工大学等校工作。1950～1958年任美国马萨诸塞理工学院冶金系教授。回国后，任联邦德国马克斯·普朗克物理化学研究所所长，1966年退休后仍从事科学研究工作。

研究领域十分广泛，除了合金热力学、晶体缺陷、金属腐蚀和氧化、化学冶金的热力学和动力学以外，还涉及到变色反应、催化作用、燃料电池和光化学、半导体等方面，对冶金学以及冶金过程物理化学学科的发展作出了重要贡献。由于在固态化学领域作出了开创性的理论工作，被誉为"固态化学之父"。

1943年，正确地诠释了掺杂氧化锆(ZrO_2)的性能变化的内在机制，从而奠定了固体电解质离子传导领域的理论基础。1952年，在名著《合金热力学》中首次提出活度相互作用系数的概念，给出多元稀溶液活度的计算方法，带动了多元系相互作用系数等大量相关领域的研究工作，有力促进了热力学在冶金工程中的实际应用。1956年起，发表"炼钢中的动力学问题"等重要系列论文，开发出了处理钢渣反应的重要工艺，从理论上详细分析了钢液-熔渣相间反应的机理，开创了冶金过程动力学研究的新局面。1957年，与合作者一起成功地测定了氧化锆基固体电解质的热力学性质，开辟了测定氧化物热力学性质的新途径，推动了固体电解质的理论研究及其在冶金中的应用。一生发表252篇论文；出版著作3部。 (李 烨)

伯奇，C. R.(Burch，Cecil Reginald) 英国人，1901年5月12日生于英国英格兰利兹，1983年7月19日卒于伦敦。*真空工程、光学工程、仪器研制、显微术、物理化学。*

1923年毕业于剑桥大学冈维尔与凯斯学院。同年应聘为大都会维克斯电气公司曼彻斯特研究部的物理学家。1933～1935年任伦敦大学帝国学院光学研究员。1936～1944年任布里斯托尔大学物理系威尔斯实验室副研究员，1944年为研究员，1948年后成为物理学研究员。1944年当选为英国皇家学会会员。

1927年在维克斯公司研究部进行真空蒸馏实验，这是一项有深远意义的工作，特别是对有机材料的真空蒸馏。他在那里开发出一种称为"爱皮松油"(apiezon)的真空润滑脂，可用作天文望远镜镜面等的涂层。制造的油冷凝泵可对350千伏高压配有科克罗夫特双整流器的勒纳德管抽真空，并由J. D.科克罗夫特和E.瓦尔顿在未用放射性物质的情况下得到第一个人工嬗变。他测量真空度达到10^{-4}微巴，还发现一些在通常情况下不能蒸馏的油(例如橄榄油、蜡等)也能在不分解的情况下蒸馏。20世纪30～40年代，在大学从事光学工程研究开发，改进显微镜和望远镜，其中尤其对反射显微镜及其方法出版有《C. R.伯奇论文与通信集》(1986年)。由于在制备高真空和发展反射显微镜方面所作的突出贡献，1942年获达德尔奖，1954年被授予朗福德奖。 (欧阳容百)

路利耶，A. И.(Лурье，Анатолий Исакович；Lurie，Anatolij Isakovichs) 苏联人，1901年7月19日生于白俄罗斯莫吉廖夫，1980年2月12日卒于苏联列宁格勒(今俄罗斯圣彼得堡)。*机械工程、结构工程、自动控制、工程力学、应用数学。*

1925年毕业于苏联列宁格勒加里宁理工学院物理力学系，1939年获该校技术科学博士学位。本科毕业留校原系任教，1935年任教授，1936年任理论力学教研室主任，1944年任机械强度与振动教研室主任，1977年退休。期间1931～1936年任《应用数学与力学》杂志主编；1942～1944年在乌拉尔理工学院任教。是全苏理论力学与应用力学委员会主席团成员，全苏自动控制委员会委员。1961年当选为苏联科学院通讯院士。

弹性力学苏联学派奠基者之一。研究领域十分广泛。20世纪30年代起，重视力学经典问题的数学工具改进：出版《理论力学教程》(1933年初版，1983年第8版，与他人合编)，全部采用向量数学描述，促进了苏联力学基础教学改革；出版专著《运算微积分及其在力学问题中的应用》(1938年)，发展了算子方法，并广泛用于控制、振动、弹性等各种工程系统。40年代，主要研究弹性薄壳结构力学，1940年发表重要论文“弹性薄壳一般理论”，给出壳体方程的张量形式，最先导出其本构方程一般形式即路利耶方案，建立其应力函数即路利耶-高金维塞尔函数；主要成果汇集于专著《弹性薄壳静力学》(1947年)，其中讨论了对称加载旋转壳、任意加载圆柱壳等一些最基本壳体的应力问题。50年代起，研究自动控制领域的非线性控制系统稳定性问题，出版《自动调节理论中的某些非线性问题》(1951年)，提出“绝对稳定性”概念及其求解方法；在弹性理论领域，出版《弹性理论的空间问题》(1955年)、《弹性理论》(1970年)和《非线性弹性理论》(1980年)三部专著，是弹性力学苏联学派的奠基之作，最后一部还探讨了各种材料状态方程的可能形式。60年代起，研究多体系统动力学及其在空间技术上的应用，出版《分析力学》(1961年，1968年法文版)一书，较早导出了多体系统动力学的普遍形式，专章研究“摄动理论”，以及探讨陀螺体人造卫星及其惯性导航系统等空间技术，对苏联航天工程发展有所贡献。曾获苏联劳动红旗勋章和其他奖章等。

(李　烨)

劳伦斯，E. O. (Lawrence，Ernest Orlando)　美国人，1901年8月8日生于美国南达科他州坎顿，1958年8月27日卒于加利福尼亚州帕洛阿尔托。*加速器工程、核武器工程、技术物理学。*

祖父是教师，1864年由挪威移居美国威斯康星州；父亲担任过南达科他州教育总管和师范学院院长；母亲是挪威血统的教师。他是家中长子。1917年就读于圣奥拉夫学院，一年后转至南达科他大学，在著名电气工程教授阿克利(L. E. Akeley)的引导下，对物理学产生了很大兴趣。1922年毕业后，进明尼苏达大学攻读研究生。在W. F. G.斯旺教授的指导下，对在磁场中转动的椭球的感应理论进行了实验验证。得到硕士学位后，跟随斯旺教授到芝加哥大学。在那里结识了A. A.迈克耳孙、威尔逊(H. A. Wilson)、佩奇(L. Page)、A.康普顿及N.玻尔等著名物理学家。1924年又跟着斯旺教授到耶鲁大学，研究钾蒸气的光电效应。1925年在耶鲁大学得到博士学位。留校任教。1928年任伯克利加利福尼亚大学副教授，1930年升为教授，是该校中最年轻的教授，1936年任该校辐射实验室主任。1934年(33岁)当选为美国国家科学院院士。是瑞典科学院外籍院士，苏联科学院名誉院士。

一生最杰出的成就是发明回旋加速器。这项工作是与他的学生埃得夫森(N. E. Edlefsen)和利文斯顿(M. S. Livingston)一起进行的。开始他们将它称为圆形加速器。其构思参照了瑞典物理学家伊辛(G. A. Ising)和挪威工程师维德罗(R. Wideröe)的直线加速方案。这种回旋加速器中，在真空室内装置两个加上高频交变电压的D形盒。带电粒子在圆心附近被引入D形盒，在两盒之间由于电场作用得到加速。D形盒置于两个平面磁极之间，因此在D形盒内粒子受磁场作用沿圆形轨道运动。粒子每经过一次间隙受到一次加速，只要满足同步条件，粒子最后可以得到很高的能量，然后将其引出轰击核靶，发生核反应。劳伦斯回旋加速器是圆形加速器中的第一个。在当时它可以达到比较高的加速能量而设备又相对较小。1930年他建成的第一台回旋加速器直径仅11.4厘米。1932年又建成一台直径28厘米的回旋加速器，可把质子加速到1.2兆电子伏特。在这台加速器上，科学家们实现了锂核的分裂，发现了氘、中子以及正电子。这台回旋加速器也实现了很多重核的核反应，推进了核物理的迅速发展。通过这些实验，还准确地测定了很多原子核的结合能，验证了爱因斯坦的质能关系，为核能利用奠定了基础。1939年因上述发明获诺贝尔物理学奖。

在第二次世界大战期间，他积极参与“曼哈顿计划”，制造第一颗原子弹。在向美国政府建议开发核武器的过程中，伯克利辐射实验室以及他和J. R.奥本海默起了主要作用。为了得到裂变材料，他们将一台94厘米回旋加速器改建成质谱仪。这种电磁分离法后来一直用于橡树岭国家实验室的大型设备上，分离出铀235(^{235}U)以制造核弹。

第二次世界大战后，伯克利辐射实验室于1945年开始筹建直径4.7米回旋加速器(实际上是同步回旋加速器)。洛斯阿拉莫斯国家实验室仍着重于核武器的研究，他主要致力于发展氢弹。但奥本海默竭力反对开发这种更大规模杀伤力的核武器，他们之间的长期相处因此破裂。当时在美国从事核武器研究的实验室主要是洛斯阿拉莫斯实验室和列文莫尔实验室，它们都是他和特勒(E. Teller)主持的。这些实验室都起源于伯克利辐射实验室。在这些实验室中，设计和建造了更大和效率更高的加速器，其中有一台高能质子同步稳相加速器能将粒子加速到1千兆电子伏数量级。在实验中用它第一次发现了反质子，详细研究了介子的性质，为高能物理发展奠定了基础。

为表彰和纪念他，他的名字被用来为实验室命名，如劳伦斯伯克利实验室和劳伦斯-列文莫尔实验室；美国原子能委员会每年给优秀的青年科学家颁发劳伦斯奖；1961年在伯克利发现的103号元素，以劳伦斯命名为铹(Lawrencium)

(夏元复)

韦伯，E. (Weber，Ernst)　美国人，1901年9月6日生于奥地利维也纳，1996年2月15日卒于美国俄亥俄州首府哥伦布。*雷达工程、通信工程、仪器研制、微波电子学。*

奥地利裔。1924年毕业于维也纳技术大学，1926

年和1927年分别获该校理学和科学博士。1929年加盟柏林西门子-舒克特公司，任研究工程师，同时在母校兼任讲师。1930年去美国，后任布鲁克林理工学院电气工程学教授，1945～1969年历任该院微波研究所所长、电气工程系主任、副院长及院长。1963～1966年兼任国防科学委员会委员。在担任布鲁克林理工学院院长12年后，1969年退休任名誉院长。1969～1974年任国家研究委员会工程分会主席。1965年当选为美国国家科学院院士。是美国国家工程院创始院士。

第二次世界大战初期，他参观了马萨诸塞理工学院研制的早期雷达系统之后，选择了微波频率测量作为自己的研究方向。为进行衰减的精密测量，他用涂上金属溶液的玻璃管和棒作为同轴系统中的内部导件。他还解决了铂与钯的混合问题，并将其溶液涂在玻璃上形成金属薄膜，作为高电阻率合金。他设计的同轴衰减器，是雷达场测试的重要仪器。当微波技术重点转移到3厘米微波范围时，他又参与了研究波导衰减器的工作，并解决了其中的关键性技术难关——镀膜技术。著作有《线性瞬变分析》、《电磁理论》和《静电场及其测绘》；自传有《恩斯特·韦伯口述历史》(1991年)。（戴成勋　许可钦）

琼森，J. E.（Jonsson，John Erik） 美国人，1901年9月6日生于美国纽约州布鲁克林，1995年9月1日卒于得克萨斯州达拉斯。电子与机械工程、仪器研制、微波电子学。

双亲都是瑞典裔移民，他是家中独子。1922年获伦塞勒理工学院机械工程学士学位。同年在美国铝业公司制铝厂实习，1923年任子公司铝标志公司制造主管。1927年进入汽车行业做经销商。1929年返回美国铝业公司任销售工程师。1930年任地球物理服务公司实验室主任，1934年任公司秘书，1939年任秘书兼财务主管（该公司此时被科罗纳多石油公司兼并为子公司），1942年任副总裁兼财务主管。1951年任该公司易名的得克萨斯仪器公司（旧译“德州仪器公司”）总裁，1958年任董事长，1966年任名誉董事长，1977年退休。期间1964～1971年任达拉斯市长，3次连任。是美国国家工程院院士。1959～1973年获10个大学荣誉博士学位。

20世纪30年代，负责研制和生产地震仪和其他便携式地球物理探测仪器。40年代起，转向研究开发电子产品。在第二次世界大战中，负责为美国陆军通信兵种和海军潜艇研发和生产军用电子装备。由于公司原为石油勘探而生产的设备坚固耐用，和军事装备的要求相似，因此在战后仍然源源不断地接到军方的订单。1952年，为贝尔电话公司实验室生产半导体器件，两年内实现锗晶体管产业化，制造出世界上第一台袖珍收音机。接着，又组织研发团队发明集成电路，开发小型电子计算器、单板集成电路计算器，以及参与研制当时最大的ASC科学计算机等，自此得克萨斯仪器公司声名遐迩，在全球享有盛誉。

由于达拉斯市是美国总统肯尼迪遇刺之地，琼森在担任市长期间努力提高人气和改善城市形象，有不少受人称颂的政绩，其中创建了得克萨斯大学西南高级研究中心。获奖甚丰，其中有：1968年美国机械工程师协会甘特奖章，1974年美国国家工程院奠基者奖章等。

（李法顺）

德雷珀，C. S.（Draper，Charles Stark） 美国人，1901年10月2日生于美国密苏里州温莎，1987年7月25日卒于马萨诸塞州坎布里奇。航空航天工程、导航技术、仪器研制、自动控制。

1917年入读密苏里大学。1919～1922年就读于斯坦福大学，获心理学学士学位。1922年入读马萨诸塞理工学院，攻读并获得电气工程和化学工程等几个学士学位，1938年获该校物理学博士学位。1935年起在马萨诸塞理工学院任教，1938年升任教授，1939年创建仪器实验室并任首任主任，1951年出任该校航空航天工程系主任。期间，1926～1942年兼为美国陆军航空兵预备团服务，以中尉军衔退役。在美国侵越战争期间，由于学生强烈抗议他和美国国防部签订涉及军事方面的课题，1969年他被迫辞去仪器实验室主任职务。1973年仪器实验室从马萨诸塞理工学院分离出来，成立非盈利性的德雷珀实验室有限公司。他是美国国家工程院院士、美国国家科学院院士，以及法国国家科学院外籍院士。

现代陀螺仪及其应用于航天、航空、导弹及潜艇等领域的领军人物之一，被誉为“陀螺仪之父”。从20世纪30年代末期开始，他已着手开发研制用于导航和制导的陀螺仪系统，开始以悬浮在粘性液体中的单自由度陀螺作为传感元件，以所测得加速度积分得到速度和位移。在交通工具、瞄准仪等仪器上安装陀螺仪及类似系统，能敏锐感觉和监控方向的细微变化。在第二次世界大战中，美国海军舰只大多安装有他所改进的Mark-14高射炮瞄准器系列，其中专设旋转陀螺仪，大大提高了防空能力。受其设计成功的鼓舞，他进而成功开发带有平衡陀螺仪的轰炸瞄准器。1953年，他设计和试验成功被称为“空间惯性参考仪”的飞行惯性导航系统。安装这种仪器的远程飞机从此不必依靠地面无线电、天体位置等方式进行导航。随后，改进自动飞行器的空间导航仪参照系统。1954年，他完成了第一个船用惯性导航系统，接着他把这个系统精致化和小型化，研制成功一种改进的微型陀螺仪导航系统，有效地用于北极星、海神、三叉戟式T-Ⅰ和T-Ⅱ等水下导弹系统，以及宇宙神地对地导弹、大力神洲际弹道导弹等的导弹系统。20世纪60年代，他和他的实验室团队为阿波罗登月飞船研制了新式陀螺仪制导系统，为美国阿波罗太空计划的成功实施作出了杰出贡献。

代表作有与人合著的《惯性导航》(1960年)、《仪器工程》(3卷，1952～1955年)等。在他的整个职业生涯里，在美国、法国、英国、德国、瑞士、捷克斯洛伐克、苏联获得70多项奖励、奖金及荣誉称号，其中包括美国国家科学奖章、史密森学会兰利奖章、美国国家空间俱乐部戈达德奖、美国国家工程院奠基者奖等。还入选美国发明家名人堂。为纪念其业绩和鼓励工程方面杰出人才，美国国家工程院设有一年一度的德雷珀奖，奖金50万美元。

（牛希娴　戴成勋）

杨廷宝(Yang Tingbao) 字仁辉。中国河南省人，1901年10月2日生于河南南阳，1982年12月23日卒于江苏南京。*土木工程、建筑学、美术。*

1915年入读北京清华学校(清华大学前身)。1921年留学美国宾夕法尼亚大学建筑系，1924年毕业。同年在美国克雷建筑师事务所实习。1926年赴欧洲考察建筑业。1927～1949年，任基泰工程公司建筑设计师。期间，1935年兼任中国营造学社汇刊校理；1940年兼任中央大学建筑系教授。1949年任南京大学建筑系主任。1950年任北京市兴业投资公司设计部顾问。1952年任南京工学院(今东南大学)建筑系教授兼系主任，1959年任副院长，1979年任建筑研究所所长。同年任江苏省副省长。1956年、1965年两届当选为国际建筑师协会副主席。曾任中国建筑学会副理事长、理事长。1955年选聘为中国科学院学部委员(院士)。

在半个多世纪中，完成100多项建筑工程设计，作品遍及中国若干主要城市。他的设计不论是总体规划、单体建筑，对内部设计、细部大样都力求精益求精，十分注重中国特色，环境和建筑的和谐，布局合理，功能协调，风格稳健、凝练而庄重。从美国学成归国时，早期作品有沈阳车站、沈阳东北大学等。20世纪30年代，参与修缮北平天坛、祈年殿、国子监等著名古建筑；设计南京中央体育场、中央医院、金陵大学图书馆、中央研究院、中山陵音乐台等。1949年后的30年中，参与和主持设计建造了一批大中型民用建筑工程。50年代初期，设计的北京和平宾馆格调简洁大方、朴素明朗，赢得了国内外建筑界好评；主持设计徐州淮海战役革命烈士纪念塔、北京车站、南京长江大桥桥头堡工程、南京民航候机楼等标志性建筑。参与方案和建议的有：北京的人民英雄纪念碑、人民大会堂、毛主席纪念堂、北京图书馆等工程；多次参加国际建筑活动。

主要论著和作品有《综合医院建筑设计》(1976年)、《杨廷宝水彩画选》(1980年)、《杨廷宝素描画选》(1981年)、《杨廷宝建筑设计作品集》(1983年)、《杨廷宝建筑言论集》(1989年)、《杨廷宝谈建筑》(1991年)等。

(戴成勋)

戈尔茨坦，S.(Goldstein，Sydney) 英国人，1903年12月3日生于英国约克郡上赫尔的金斯顿，1989年1月22日卒于美国坎布里奇。*航空航天工程、空气动力学、流体力学、应用数学。*

1921年入读英国利兹大学数学系，后转学剑桥大学圣约翰学院，1925年获数学文学士，1928年获该院数学博士学位。1928～1929年在德国格丁根大学从事博士后研究。回国后任教剑桥大学圣约翰学院。同年任曼彻斯特大学应用数学讲师。1931年任剑桥大学数学讲师，兼任《流体力学的现代发展》杂志主编。1939年任英国国家物理实验室空气动力部研究员。1945年任曼彻斯特大学拜尔应用数学讲座教授。1950年起先后任以色列理工学院数学系、航空工程系主任，1951年任该院副院长。1954年任美国哈佛大学戈登-麦凯应用数学讲座教授，1970年退休任荣誉教授。1937年当选为英国皇家学会会员。1946～1949年任英国航空研究委员会主席。1950年当选为荷兰皇家文理科学院外籍院士。先后获美国普渡大学、凯斯学院、以色列理工学院、英国利兹大学等校荣誉博士学位。

对20世纪空气动力学和流体力学各分支皆有广泛影响。在空气动力学领域，率先严格测算沿螺旋桨径向的涡量分布；发展了超声速流动的布斯曼线性化锥型流理论；提出一系列适合于不可压缩平面机翼不同翼型的近似理论；采用动量法测算可压缩亚声速流体绕物体的型阻等。在流体力学领域，改进了粘性流体的布拉休斯(Blasius)绕半无穷平板解、奥辛(Oseen)绕圆球解；求出动体在粘性流中所受阻力一般表达式；率先讨论了定常层流边界层存在速度相似性解的条件；独立于泰勒(G. I. Taylor)采用小扰动法率先研究密度分层流体流动稳定性；研究在压力梯度下两平行板(或两同轴圆管)之间粘性流稳定性问题；将柯尔莫戈罗夫均匀各向同性湍流衰减律推广应用于较大波数范围；发现湍流扩散基本方程为一已知的双曲型电报方程。此外，还研究磁流体力学等。

主要著作有《流体力学的现代发展》(2卷，1938年)、《流体力学讲演录》(1960年)等。获1935年剑桥大学亚当斯奖，1965年美国机械工程师协会铁木辛柯奖章等。

(李啸虎)

奥尔森，H. F.(Olson，Harry Ferdinand) 美国人，1901年12月18日生于美国艾奥瓦州芒特普林森，1982年4月1日卒于新泽西州普林斯顿。*声学工程、电气电子工程、电子声学。*

农家子弟，双亲都是瑞典移民。家中两个孩子中老大，从小爱好钻研技术，高中时发明过一种烧柴的锅炉以驱动110伏的直流发电机，建造业余无线电台并获得经营执照。1924年获艾奥瓦大学工学院电气工程学士学位，1925年、1928年先后获该校物理系硕士、博士学位。后供职于新泽西州美国无线电公司(RCA)研究部，1934年起一直任声学研究实验室主任，1967年以公司副总裁职退休，后任实验室顾问。1940～1942年在哥伦比亚大学兼教声学工程。1942～1944年任美国声学会副会长、1952年任会长，任该会杂志副主编30年。曾任美国声学工程学会会长。1959年当选为美国国家科学院院士。获多个大学荣誉博士学位。

20世纪电子声学工程领域的先驱者。在40年职业生涯中，研发了双向、单向、定向、微型等各种类型广播和录音用麦克风(包括使用广泛的RCA44、RCA 77等系列)、高保真扬声器、留声机拾音器和录音设备、水声设备、以及有声电影和公共播音系统，特别在开发电视磁带录音机和音乐合成器方面有重要贡献。1931年他和L.安德森(Les Anderson)合作开发RCA 44系列带式传声器，被美国哥伦比亚广播公司首选。第二次世界大战中，致力于水下声音和反潜作战等军事技术领域，主持开发声纳换能器、深水炸弹的声近炸引信、嘈杂环境语音通信传感器等设备。20世纪50年代初，和贝拉尔(H. Belar)合作研制第一个现代电子音乐合成器"马克二号"(Mark Ⅱ)，上市大受欢迎，由此开创了高保真还声产业；1956年5月，主持研发世界上第一个磁带式记录彩色电视信号的广播设备,不久交付美国全国广播公司使用。随着晶体管和集成电路的出现,他又与时俱进指导开发声学工程新技术。

获美国专利100多项;发表论文135篇;出版著作10部,代表作有《声学工程基本原理》(1940年初版,1947年再版)、《力度模拟》(1942年初版,1958年再版)、《音乐工程》(1952年)、《声学工程》(1957年)、《音乐、物理学和工程学》(1966年)等。多次获奖,其中有1940年美国全国制造商协会现代先驱奖,美国声频工程学会1949年波茨纪念奖(后易名金质奖章)、1965年伯利纳奖,1955年美国电影电视工程师协会华纳奖章,美国1970年美国电气与电子工程师协会拉米奖章,美国声学会1974年工程声学银质奖章、1981年金质奖章等。 (李法顺)

范德格喇夫,R. J.(Van de Graaff,Robert Jemison) 美国人,1901年12月20日生于美国亚拉巴马州塔斯卡卢萨,1967年1月16日卒于马萨诸塞州波士顿。电气电子工程、加速器工程、医学工程、仪器研制、粒子物理学。

荷兰移民后裔。1922年、1923年先后获美国亚拉巴马大学工程学理学士、理学硕士学位。此后分别在巴黎大学和牛津大学研究物理学,1928年在牛津大学获物理学博士学位。1929年任普林斯顿高级研究院助理研究员。1931年任马萨诸塞理工学院助理研究员,1934年任副教授,直至1960年离校。第二次世界大战期间,任该校高压X射线照相设计组组长。1946年底,和特朗普(J. G. Trump)成立高压工程公司,这是制造粒子加速器的第一家联合企业。

1929年制造了第一台起电机样机,其电压高达80 000伏。1931年,他已能制造高达700万伏的起电机。与电子工程学教授J. G.特朗普合作,用高压起电机产生穿透性很强的X射线。这种X射线可准确地治疗体内肿瘤。1937年,他们研制的第一台X射线医疗设备在波士顿的一所医院诞生,它能产生1兆电子伏的X射线。第二次世界大战中,在助手比克纳(W. Buechner)的协助下致力于研制静电起电机,为美国海军制造5台2兆电子伏X射线起电机,用于检测重型武器。这项科研成果后来成为商业生产的范德格喇夫粒子加速器的设计基础。1946年起,设计制造加速器,所产生的电子束和X射线被广泛用于核物理研究、放射性治疗及各种工业用途。为了使高能电子束能应用于工业加工,1950年底发明一种绝缘铁心变压器的整流器系统,这种变压器能在更高的电压上获得更强大的直流电,这项革新在高压输电线路上用于调整功率因数。晚年研制了一种基于串级原理的重离子加速器,使物理学家可以随便选择目标轰击原子核,获多项美国专利。获1936年克雷森奖章、1965年美国物理学会邦纳奖。

(曹天守)

朱物华(Zhu Wuhua) 中国浙江省人,1902年1月3日生于江苏扬州邵伯镇,1998年3月12日卒于上海。电气电子工程、水声工程、无线电技术、电子学、高等教育管理。

原籍浙江绍兴。中国著名诗人兼文学家朱自清之弟。1923年南洋大学(交通大学前身)电机系毕业。同年赴美国留学,1924年获马萨诸塞理工学院电机系硕士学位,1926年获哈佛大学博士学位。翌年回国,先后任广州中山大学物理系教授、交通大学唐山工学院电工学与物理学教授、北京大学物理系教授、西南联合大学教授、交通大学电机系教授。1949年后,历任交通大学工学院院长、副教务长,哈尔滨工业大学教务长、副校长,上海交通大学教授、副校长、校长、顾问。曾兼任中国电子学会副理事长、上海电子学会理事长、《辞海》副主编等职。1955年选聘为中国科学院学部委员(院士)。

20世纪20～30年代,他对电子滤波器的瞬流进行了深入研究,并取得多项成果。40年代率先在交通大学开设电视课程,还撰文介绍电子显微镜原理,是在中国传播电视技术和介绍电子显微镜知识的先驱。50～60年代,对电力线路、载波通道中的噪声分析、水声工程中船舶螺旋桨噪声控制等问题作了深入研究,提出有效的改进措施。80年代,在国内首创采用数据处理技术测量和分析模型螺旋桨空化噪声,还探讨用双水听器测量水中声强和声功率的原理和方法。

著有《电力系统自动化》(1954年)、《动力系统中的频率自动调整》(1955年)、《电气自动学》(1957年)、《水声工程原理》(1971年)等著作。毕生从事教育工作70年,开讲过20多门课程。他的许多学生如江泽民、朱光亚、邓稼先、杨振宁、马大猷、常迵、严恺、刘恢先、张维、黄宏嘉等,都是中外著名人物。 (孙晓芳)

巴拉干·莫尔芬,L.(Barragán Morfin,Luis) 简称巴拉干。墨西哥人,1902年3月9日生于墨西哥瓜达拉哈拉,1988年11月22日卒于墨西哥城。建筑工程、建筑学、城市规划。

牧场主之子。1923年毕业于墨西哥瓜达拉哈拉自由工程学院。后自学建筑技术。1925年起到法国、西班牙等欧洲国家游学,考察和学习建筑工程,1931年在巴黎大学参加过建筑大师勒柯布西耶的系列讲座。后到过摩洛哥、希腊等北非和地中海国家。1927年在瓜达拉哈拉开设建筑师事务所,1936年将其迁移墨西哥城,直至在那里去世。

20世纪墨西哥最重要的建筑师之一。他的创作被称为极简抽象派建筑艺术,但用色和构成大胆。1940年结识法国景园建筑师F.巴卡(Ferdinand Bac),深受其影响。自称为景观建筑师,认为任何建筑都应"传达美和情感";建筑师所设计的建筑无论是华丽还是简朴,都有责任营造使人心境平静的气氛。因而他设计的景观、建筑和雕塑等作品,充满诗学美感和宗教情感的和谐。擅长在作品中综合运用色、光和水的视觉效果,以单纯的几何学建筑形式,顺应墨西哥传统民居的绚烂色彩,结合本土特有的植被和水景,活泼的色彩随着水景倒影产生的律动,营造出一种贯穿建筑与景观的寂静氛围。重要作品基本集中于墨西哥城,其中有:洛斯阿波里达斯区住宅小区与景观(1955～1961年)、特拉尔潘教堂(1954～1960年)、加尔韦斯大楼(1955年)、诺凯潘卫星式摩天楼群(1957～1958年,与他人合作)、劳斯赛马俱乐部景观(1966～1968年)、圣克里斯托尔住宅(1967～1968年)和吉尔迪大楼(1975～1977年)等。其他地区另有瓜达拉哈拉园林庭居(1955～1958年)等。1976年和1985年,其作品介绍先后在纽约现代美术馆、墨西哥城塔玛育美术馆展出。

1980年获第二届普利兹克建筑奖(国际建筑界最高奖)。原在墨西哥城溶岩沙漠所建家宅(1943～1950年),在他去世后作为巴拉干博物馆,2004年联合国教科文组织将其列入世界遗产名录。 (李 烨)

霍夫曼,S. K.(Hoffman,Samuel Kurtz) 美国人,1902年4月15日生于美国宾夕法尼亚州威廉斯波特,1995年6月26日卒于加利福尼亚州圣巴巴拉。航空航天工程、动力与机械工程、火箭技术。

早年在宾夕法尼亚大学学机械工程,1925年获理学士学位。后从事过一段工程设计。1934年任航空公司总工程师助理,1936为总工程师。1945年回宾夕法尼亚大学任航空工程教授。1949～1970年任北美飞机公司推进处航空物理部主管,期间1957年任公司副董事长,1960年兼任火箭推力分部主任。

他领导研制的7500磅(约合3.4千牛)推力的火箭发动机,使有翼地对地洲际导弹达到了预期的飞行高度和速度。1950年3月又成功进行了大推力火箭发动机的实验工作。1958年其改进型用于发射美国的第一颗人造卫星"探险者1号"。他还负责"阿特拉斯"洲际导弹、"诺尔"及"木星"中程弹道导弹发动机的研制。1958年负责研制由8个发动机构成、推力达10^6磅(约合453.6千牛)的组合火箭发动机,以及1.5×10^6磅(约合680.4千牛)推力的单发动机。20世纪60年代中期,所开发的F-1发动机,为美国登月的土星多级运载火箭提供了动力,并成为后来航天飞机主要发动机。曾获美国火箭学会、机械工程学会和航空科学协会的奖励。

(戴成勋)

帕克,R. H.(Park,Robert H.) 美国人,1902年3月15日生于法国斯特拉斯堡,1994年卒于美国。电气电力工程、兵器工程、动力与机械工程、电工学。

德国海德堡大学社会学教授的儿子,在美国马萨诸塞州伍拉斯顿长大。1923年毕业于马萨诸塞理工学院电气工程专业,后在瑞典斯德哥尔摩皇家技术研究院进行研究生学习。1924年回美国后,先后在通用电器公司、氨腈公司、海军军械实验室、海军军械局、埃姆哈特制造公司、罗伯特·帕克公司和快速加载控制有限公司工作。1965年任美国电力与电子工程研究所特别研究员。是美国电气与电子工程师协会理事。1986年人选美国国家工程院院士。

以发现电工学系列性"帕克公式"而闻名于世。主要致力于同步电机和电力传输理论研究。1928年提出同步电机理想模型及其电枢磁链方程(即帕克模型和帕克方程),同时又定义了同步电机的各种电抗参数。1929年他在通用电气公司工作时,首次提出有关同步电机动力性能的双反应理论及其一组简易计算公式,该公式简明扼要地抓住了电机动力问题的本质,一扫以前种种繁复而不实用的表达式,因而被称为"帕克公式"而得到广泛应用;不久又给出了有关瞬时电压转换的计算公式。第二次世界大战期间,他在美国海军军械实验室负责水雷发展研究,先后获得了17项专利,其中因研制成功磁性水雷,对美国海军作出了卓著贡献,1945年获得"海军最佳公务员"称号。20世纪50～60年代,他发明一种可自动控制塑料瓶生产过程的装置;不久又对电力产生兴趣,研究出几种快速控制汽轮机汽阀的新技术,提高了电力系统稳定性,并成立一家快速加载控制有限公司。

他是一个多产的技术革新家,一生拥有64项发明专利。另外在机械、化工仪器、玻璃加工等多个领域都有贡献。1972年因对电气机械系统有杰出贡献而获得拉姆勋章。

(兰必丰)

布劳耶,M. L.(Breuer,Marcel Lajos) 美国人,1902年5月21日生于匈牙利佩奇市,1981年7月1日卒于美国纽约。土木建筑、工业设计、建筑学。

匈牙利裔。1920～1924年在德国国立建筑工艺学院(简称"包豪斯")学习,获硕士学位。留校任教。1928～1931年在柏林开设建筑事务所。到欧洲和北非旅行一年后,仍回德国任教。由于纳粹政权解散了包豪斯学院,1935年他被迫离开德国,移居英国并与人合伙开业。1937年去美国,1946年前一直在美国哈佛大学设计研究生院任教。期间,1944年加入美国籍;1937～1941年和著名建筑家W.格罗皮乌斯合伙兼营建筑事务所。1946年迁居纽约并自设建筑事务所。1976年退休。1957年、1970年先后获布达佩斯大学、哈佛大学荣誉博士学位。

现代主义的国际式建筑最有影响的建筑师之一。早年在德国时,1925年起率先大胆采用钢管和胶合板设计制作各式扶手椅子,1932年在威斯巴登等处建造现代主义住宅,使包豪斯学派的声名大振。去美国定居后,主要从事建筑教学和住宅设计,其中首次开发用混凝土浇灌雕塑和遮阳板的建筑工艺。1938～1960年,与W.格罗皮乌斯合作在坎布里奇市等地设计过一些住宅,把包豪斯国际式与新英格兰地方风格融为一体,使人耳目一新。他的作品构思新颖、风格明快,结构简洁,细部完整,对比强烈,突破了当时美国建筑的传统理念,影响很大。他后来还设计了不少大型公共建筑,代表作品有:纽约萨拉·劳伦斯学院剧场(1952年),与奈尔维(P. L. Nervi)和采尔福斯(B. H. Zehrfuss)合作设计的巴黎联合国教科文组织总部大厦(1953～1958年)、明尼苏达州圣约翰修道院(1953～1961年)、鹿特丹比仁考夫百货商店(1955～1957年)、荷兰海牙的美国大使馆(1958年)、纽约惠特尼美国艺术博物馆(1966年)、美国政府住房与城市建设部办公大楼(1963～1968

年)、纽约大学技术大厦(1969年)、法国戛得国际商用机器公司(IBM)研究中心大厦等。

出版有《建筑师与设计家布劳耶自传》(1949年)、《阳光与阴影:一个建筑师的哲学》(1955年)、《布劳耶建筑工程(1921～1961年)》(1962年)等著作。1968年获美国建筑师协会金质奖章、1978年获法国建筑科学院金质奖章。（李 烨）

拉奥,K. L.(Rao,Kanuri Lakshmana) 印度人,1902年7月15日生于印度安得拉邦克里希纳区坎基帕度,1986年5月18日卒于新德里。*水利水电工程、水资源管理、工程管理、农学。*

乡村律师之子,9岁丧父。读小学时不慎使一眼失去了视力。在印度马德拉斯大学金第工程学院先后获工程学士学位、该校第一个工程硕士学位。后在缅甸仰光大学任教授。1939年获英国伯明翰大学博士学位。同年在英国拉夫伯勒理工学院(今拉夫伯勒理工大学)任助理教授。第二次世界大战后回国,任印度马德拉斯邦政府设计工程师,1950年调任新德里中央水利电力局设计主任,1954年任防洪规划设计总工程师。1958～1960年任印度全国工程师协会主席。1960年任印度中央灌溉电力委员会主席。1961年、1967年和1971年三次当选印度国会议员。1963年起在三届中央政府连任灌溉与电力部部长,历时10余年。曾任联合国自然资源委员会主席,国际水资源协会副主席,国际土壤力学与基础工程学会副会长,印度土壤力学与基础工程学会会长。1960年起,先后获印度安得拉大学、鲁尔基大学、尼赫鲁理工大学荣誉博士学位。

被誉为印度"现代农业水利与水资源管理之父"。在第二次世界大战之后的近40年中,他主持和参与了印度全国水资源全面调查,领导规划设计了印度许多大型灌溉、防洪、水电等综合利用工程项目,其中安得拉邦纳尔贡达地区的克里须那河大坝是当时世界上最长的土坝。他重视统筹开发与管理水资源,制定相关法律法规,作出制度安排,这为提高印度抗灾防灾能力,保障农业发展以应对人口增长巨大压力,奠定了长远而切实的基础。进入21世纪后,他的综合规划水资源的思想方略,开始在印度重新受到重视。

发表论文300余篇;出版著作《钢筋混凝土结构工程》、《印度的水利财富》(1979年)等。在《印度工程师学报》上3次获总统最优技术论文奖。1963年获印度国家最高奖帕德玛·普珊奖。（李啸虎）

汪克尔,F. H.(Wankel,Felix Heinrich) 德国人,1902年8月13日生于德国斯瓦比亚黑森林地区的拉尔,1988年10月9日卒于德国林道。*机械与动力工程、精密金属加工、密封技术。*

其父是林业官,死于第一次世界大战开战时。中学毕业便去谋生,1921～1926年在海德堡一位大学书商处当学徒,同时上夜校学习数学和机械学。期间1924年在海德堡开设一家小型机械实验厂研制发动机,1934年为巴伐利亚汽车厂制作旋转阀。1935年在林道成立汪克尔实验厂,专为德国空军研制飞机发动机。第二次世界大战后,被盟军监禁于法国一年,1946年出狱。1951年成立汪克尔技术开发中心并任总裁。1969年获慕尼黑工业大学荣誉博士学位,1987年任该校名誉教授。

1924年开始构思旋转式发动机设计。1926年开发一种"滑脂涡轮机"但申请专利未果,因这项技术早在1886年已被人获得专利。1927年,他绘出旋转式活塞内燃机及其密封部分的设计图。他认识到,当时人们开发旋转式发动机都失败的很大原因是活塞密封不佳,于是试验了各种密封方法和材料,并发明了旋转阀。1929年他为旋转阀申请到第一项专利。1934年又为旋转式发动机申请到专利。1936～1945年,他为数种德军飞机安装了各种型号旋转阀发动机,还发明旋转式抽水机和压缩机,并因第一个攻克发动机密封技术而获"德国密封王"美称。

20世纪50年代初起,与NSU摩托车公司总工程师W.弗洛德(Walter Froede)联手开发车用发动机。1957年,汪克尔研制了一种四冲程内燃发动机,但存在运行时外壳和转子不同步的缺陷;1958年,弗洛德在其上改装偏心轮轴,成功运行。这种发动机比同功率的往复式发动机体积小、部件少、转速快、运行稳,其所有部分都在做匀速圆周运动,一个三角形转子的每一边旋转一周都经过同样四冲程:进气、压缩、做功、排气,抵得上往复式发动机的三个活塞。1959年汪克尔改进型旋转活塞式发动机上市,受到欢迎。获1969年联邦德国工程师金质奖章,1970年联邦德国联邦服务大十字勋章,1971年美国富兰克林奖。（王远远）

卡莫夫,Н. И.(Камов,Николай Ильич;Kamov,Nikolay Il'yich) 苏联人,1902年9月14日生于俄国伊尔库茨克,1973年11月24日卒于莫斯科。*航空工程、动力与机械工程、空气动力学。*

1923年毕业于托姆斯克工学院机械系。同年进莫斯科一家航空工厂做技术员。1926年到戈里高罗维奇飞机设计局工作,开始研制和设计旋翼机。1931年进中央流体动力研究院。1940年任旋翼机设计局总设计师兼厂长。1948年出任直升机试验设计局总设计师,兼乌赫托姆斯克直升机制造厂(1992年改名为卡莫夫直升机制造公司)厂长。1962年获托姆斯克工学院技术科学博士学位。

苏联著名航空设计师、共轴式双旋翼直升机的发明者。他的航空工程生涯始于研制旋翼机。旋翼机外形与直升机相似,但直升机旋翼由动力装置直接驱动,而旋翼机的动力来自机头螺旋桨产生的气流作为旋翼的主升力面。

1929年9月25日,卡莫夫和他人合作,白手起家共建苏联第一架旋翼机卡-1型"红色工程师"号。1934年他主持研制的第一架军用旋翼机A-7升空。在1941

～1945年苏联卫国战争中，这些旋翼机从林中空地起飞，完成侦察、从空中校正地面火力、给敌后游击队提供物品和人员等任务。20世纪40年代，他率先研制世界上独一无二的共轴式双旋翼直升机，1948年轻型卡-8试飞成功，它能平稳降落在一辆载重汽车上，被戏称为“飞行摩托车”。它比一般单旋翼有较多优点：如有较高静升限和爬升率，不需尾桨平衡反作用力矩，在悬停时反转旋翼可获得最大有效功率等。1949年，卡-10轻型直升机奠定了苏联共轴直升机基础，也产生了海军航空兵这一苏联新军种。1952年，具有搜潜-反潜性能、最早采用玻璃钢桨叶的双旋翼直升机卡-15问世。1956年，多用途4座卡-18在布鲁塞尔航展上获“新奇结构奖”，并于1961年首次成功引航“列宁”号破冰船和船队开辟了北冰洋航线。同年，试验性双涡轮旋翼式卡-22在图西诺航空节上创下8项世界纪录。1965年，首架作战型卡-25舰载反潜直升机试飞成功，成了舰载直升机里程碑，后有20余种改进改型，服役时间长达30年，出口多个国家。当年苏联自北海至太平洋舰队大部分军舰都装备了卡式直升机。目前卡莫夫设计局是世界唯一生产共轴式直升机的产商，也是俄罗斯海军直升机主要供应商。

1972年获社会主义劳动英雄称号、同年获苏联国家奖金。曾获两枚列宁勋章、其他勋章和奖章。

（李啸虎）

叶渚沛（Ye Zhupei） 中国福建省人，1902年10月6日生于菲律宾马尼拉市，1971年11月24日卒于北京。*冶金工程、化肥工程、化工冶金学。*

原籍福建厦门。菲律宾华侨布商的儿子。在菲律宾读完小学和中学。1921～1925年在美国科罗拉多矿冶学院化工系学习，获学士学位。1925～1928年，先后获芝加哥大学冶金化学硕士学位、宾夕法尼亚大学金属物理化学博士学位。1928～1933年，先后聘为美国联合碳化物实验室工程师、美国中央合金钢公司冶金部主任、美国机器及铸造公司顾问工程师等职。1933年考察德国后回国，历任国民政府资源委员会化学专门委员、南京冶金研究室主任，重庆炼铜厂厂长，重庆电化冶炼厂总经理。1938年春，在武汉为即将赴延安的白求恩大夫置办医疗器械和行装。1945年起在美国先后任联合国教科文组织科学组副组长、联合国经济事务部经济事务官。1950年回国，先后任国家重工业部顾问、中国科学院学术秘书、中国科学院化工冶金研究所首任所长（1958～1966年）等职。1955年选聘为中国科学院学部委员（院士）。

在中国首次提出强化高炉冶炼的“三高一喷”新理论新技术，即高压炉顶，高风温，高湿度与喷吹氧气、矿粉和石灰，倡导和推广矮胖型高炉炉型；最早引进和大力倡导纯氧顶吹转炉炼钢技术；积极建议发展钢铁-化肥联合企业和竖炉炼磷，以迅速解决中国氮肥和磷肥短缺的局面，相关研究成果“中国攀枝花钒钛磁铁矿的综合利用途径”获1978年全国科学大会奖；在中国率先提出冶金业发展碳热超高温新技术，开发微粒学，采用电子计算机控制冶金过程；对中国当代钢铁冶金中采用的几项最主要新技术，提出了带有前瞻性的预测和战略性的指导意见。主要论文收于《叶渚沛选集》（1988年）；主要著作有《论强化高炉冶炼过程的基本问题》（1959年）等。

（崔 峰）

列别杰夫，С. А.（Лебедев，Сергей Алексеевич；Lebedev，Sergey Alekseevich） 苏联人，1902年11月2日生于尼茨尼·诺伏格拉特（后为高尔基市），1974年7月3日卒于莫斯科。*计算机科学与工程、电气电力工程、仪器研制、自动控制、应用数学。*

1928年毕业于莫斯科高等技术学校。同年到全苏机电技术研究所工作。1945年入选乌克兰科学院院士。1946～1951年任乌克兰科学院机电研究所所长。1952年任莫斯科物理技术学院教授。1953～1973年任苏联科学院精密机械与计算机研究所所长。1953年入选苏联科学院院士。是莫斯科国立罗蒙诺索夫大学、莫斯科动力学院、莫斯科应用物理与技术学院等多所大学兼职教授。

苏联计算机科学的开创者和奠基者，被誉为“苏联计算机之父”。20世纪30～40年代，成为苏联第一批研究动力系统稳定性问题的专家，建立了有关同步电机人工稳定理论；研制出电气系统自动调节仪器；研制成苏联第一台模拟计算机并用于电力网自动控制；1947年着手研制欧洲大陆第一台小型数字式电子计算机MESM，字长16比特，63条二地址指令，存储器容量仅31个字，运算速度每秒50条指令，1951年正式投入运行。1953年主持研制成功欧洲当时最快的大型电子计算机BESM-1。该机字长39比特，三地址指令，存储器容量为2047个字，运算速度每秒10000条指令；两台磁带机作辅助存储器，容量30000个字；两个磁鼓各有容量5120个字、读出速度每秒800个字；用穿孔纸带机和穿孔卡片机作为输入/输出设备。1956年开始研制与生产BESM系列计算机，先后推出BESM-2、BESM-3、BESM-3M、BESM-4，其中4型比1型运算速度快一倍。1958年作为总设计师合作开发M-20计算机，磁芯存储器容量为4KB，采用指令重叠执行、变址技术、动态触发器电路等新技术，真空管大为减少，整机可靠性大大提高，运算速度每秒20000次，是第一代计算机中最快、最可靠者之一，也是苏联第一个批量生产的计算机型号，标志着苏联计算机工业的形成。1965年推出BESM-6，采用高频半导体器件，体系结构先进，广泛重叠执行、流水线指令处理方式，运算速度每秒100万次。

主要著作有《电力系统并联工作的稳定性》（1934年，与他人合著）、《快速电子计算机概论及运算方法》（1959年，与他人合著）、《计算技术及其应用》等。其著作中译本成了中国当时绝大多数计算机工作者入门指南。

获1956年社会主义劳动英雄称号；1966年列宁奖金、两次苏联国家奖金；4枚列宁勋章、3枚其他勋章和多枚奖章。此外获美国电气与电子工程师协会（IEEE）1996年计算机先驱奖。为纪念他，他长期工作过的苏联科学院精密机械与计算机研究所在他去世后改名为列别杰夫研究所。

（李 烨）

柯兹玛，L.（Kozma，Laszlo） 匈牙利人，1902年11月28日生于匈牙利，1983年11月9日卒于匈牙利布达佩斯。计算机科学与工程、通信工程、应用数学。

1924年获匈牙利布达佩斯理工大学电气工程学士学位。毕业后到比利时谋职，录用于贝尔实验室（欧洲）安特卫普电话实验室。1942年回到匈牙利。第二次世界大战结束后，在标准电信器材公司工作，当过技术主管。20世纪50年代初因冤案入狱，在狱中继续钻研计算机，1954年平反获释。同年任布达佩斯理工大学电气工程系教授兼系主任。1961年任匈牙利科学院通讯院士，1976年当选为院士。

匈牙利计算机先驱。20世纪20～30年代，在安特卫普电话实验室研制电信器材，获多项专利；1938年秋，利用实验室原有材料研制成功一台继电器计算机，采用十进位制，能做加、减和乘法，做一次加法1～1.5秒，乘法5～10秒；1939年春天，完成第二台继电器计算机，年底投入运行，采用十进制，能做加、减、乘、除四则运算。该机用信号接收器制作"乘法表"电路，大幅提高运行效率；通过电报中心把电传打字机与计算机连接起来，用电传打字机键盘输入数据和打印输出；配置磁带存储器。1940年2月，该实验室向英国提出专利申请，直至战后1947年7月1日才授予专利，1953年7月14日获美国专利。他在这两台计算机开发中共获得10个专利。1940年5月德国入侵比利时时，他在德国人眼皮底下制造出了第三台计算机，能把运算结果穿孔在纸带上，成功运到美国并投入运行。1955年他开始研制匈牙利第一台计算机MESZ-1，1958年初完工，年底投入运行。该机是一台程序驱动自动数字计算机，装有10种不同型号的国产继电器2 000个，一地址指令，每张穿孔卡片存放15条指令，十进制输入自动转换二进制，字长27比特，数据通过电传打字机键盘输入和打印输出，进行浮点运算，设计有故障诊断程序，运行可靠。1964年主持设计制造一台专用于语言统计学研究的晶体管计算机。此后重点开发全国直拨长途、大呼叫量电话系统。获匈牙利政府卡索斯奖、1996年美国计算机先驱奖。

（李　烨）

契达耶夫，Н. Г.（Четаев，Николай Гурвевич；Chidayer，Nikolay Gyryevich） 又译切塔耶夫。苏联人，1902年12月6日生于俄国喀山，1959年10月17日卒于莫斯科。分析力学、数学物理、控制论、应用数学。

1924年毕业于喀山大学数学物理系。1929年该校研究生毕业。同年派往德国格丁根大学继续深造，一年后回到喀山大学。1930～1940年任副教授、教授，数学物理系力学教研室主任，从事运动稳定性、分析力学及微分方程定性理论等的研究。1940年任苏联科学院力学研究所一般力学研究部主任，1945～1953年任力学所所长。1940年起兼任莫斯科大学教授和理论力学教研室主任。1945年起兼任《应用数学和力学》杂志主编。1943年被选为苏联科学院通讯院士。因心脏病突发去世。

1926～1929年在喀山大学当研究生期间，就撰写了"关于泊桑意义下的稳定性"及"关于庞加莱方程"等有关稳定性的重要论文。1932～1933年在论文"关于高斯原理"中，研究了非线性非完整系统动力学问题，拓广了虚位移的概念，提出了著名的契达耶夫条件。后来又在庞加莱利用无限小变换李群推导力学方程式的基础上，推出了正则方程和哈密顿-雅可比方程。并撰写了多篇以"关于庞加莱方程"为题的系列论文。1941年起，开始研究光学-力学相似论，并使其与运动稳定性理论密切地结合起来，于1958年发表"关于光学-力学相似论的开拓"的论文。在1946年出版的《运动稳定性》专著中，用直接法严格证明了受有势力、陀螺力和阻尼作用的力学系统平衡状态的稳定性定理，这就是著名的开尔文-泰特-契达耶夫（Kelvin-Tait-Четаев）定理。在力学系统中，他首次提出了利用系统的首次积分构造V函数的方法。1954年应用该法求出了陀螺运动拉格朗日情况下稳定性的充分条件。以后又被推广应用于研究关于系统部分变量的稳定性、充液系统的稳定性、航天器姿态稳定性等。还研究过关于旋转流体平衡位形的稳定性，及关于充液刚体的旋转稳定性，于1957年发表"关于充满理想液体刚体腔的旋转稳定性"的论文。他对于平衡分岔理论，首次近似的临界情况，周期运动稳定性，非定常系统的特征数理论，有限时间区间的稳定性等方面均有所贡献。

1962年出版《契达耶夫文集》，汇编了他一生在分析力学、运动稳定性方面的主要研究成果。1940年被授予鞑靼苏维埃社会主义自治共和国功勋科学工作者称号。1945年获劳动红旗奖章，1953年获列宁勋章，去世后追授列宁奖金。

（王照林）

顾毓琇（Gu，Yuxiu） 华裔美国人，1902年12月24日生于中国江苏无锡，2002年9月9日卒于美国俄克拉荷马州埃德蒙德市。机电工程、自动控制、高等教育管理、文学、音乐。

1923年毕业于清华学校（清华大学前身）。同年赴美国留学，入马萨诸塞理工学院攻读电机专业，1925年、1926年、1927年先后获学士、硕士、博士学位。1929年回国，与王婉靖在无锡成婚。1929～1937年先后任浙江大学电机工程系教授兼主任，中央大学工学院院长，清华大学电机工程系教授兼主任、工学院首任院长兼航空工程研究所所长及无线电研究所所长。期间，1930年创办《电工》杂志，1936～1937年任中国电机工程师协会会长。1938～1944年出任国民政府教育部政务次长，兼任战时教育委员会主任委员、国立音乐院首任院长。1944～1949年先后任中央大学校长、上海市教育局局长、国立政治大学校长，同时兼任交通大学、中央大学教授。1950年去香港，同年移居美国，任马萨诸塞理工学院客座教授。1952～1971年任宾夕法尼亚大学教授。1972年退休，定居美国费城。1973年加入美国籍。1979年任上海交通大学名誉教授。曾兼任美国通用电气公司、美国无线电公司顾问工程师,国际理论力学与应用力学联合会终身名誉理事。1959年入选美国国家科学院院士,中国台湾"中央研究院"院士。

一生致力于机电工程和教育事业,文理融汇、博古通今、学贯中西、教书育人、师表天下。1925年提出四次方程通解法,是基础数学重要成果。他的博士论文"交流电机的瞬变分析"(1927年),首次提出日后被称为"顾氏变数"的变数坐标,是电机学上一大突破;1941年起,用瞬变分析理论解决了当时芝加哥电厂等扩建问题。20世纪50年代,创立非线性自动控制理论,在电机工程分析、航空航天等领域得到广泛应用,被尊为先驱者。经典之作有《非线性系统的分析和控制》(1958年)、《线性系统的分析和控制》(1961年)。1962年与杜鲁宾(Drubin)合作发明新式滤波器,被称为顾-杜鲁宾滤波器。曾获1972年美国电气与电子工程师协会(IEEE)兰姆金质奖章,1975年中国台湾电气工程师学会金质奖章,1999年国际电路及系统学会50周年纪念金奖等。

他也是文学家、诗人、戏剧家、作曲家和佛学家。生前出版各类著作87部60余种,其中有诗词歌曲集30部、剧本10余种、小说20余部、译作10余部、佛学专著多部。他是中国现代话剧创始人之一,集编导演于一身;20世纪40年代创办上海戏剧专科学校(上海戏剧学院前身)。一生创作诗词歌赋8000余首,1977年获国际桂冠诗人称号。音乐修养颇深,20世纪40年代出任国立交响乐团团长;提出的"三、四、八频率"被定为中国的黄钟标准音;是贝多芬第九交响乐歌词汉译第一人。

16卷《顾毓琇全集》(2001年)计400多万字,涉及机电工程、数理、教育、戏剧、小说、诗词、音乐、佛学等领域,洋洋大观。1972~1992年多次回祖国,每次都受到国家领导人亲切接见。 (李啸虎)

武藤清(Muto, Kiyoshi) 日本人,1903年1月29日生于日本茨城县取手市,1989年3月12日卒于东京。结构工程、抗爆抗震技术、结构力学、建筑学。

在读小学时成了孤儿。1925年毕业于东京帝国大学(今东京大学)理工学院建筑学系,1931年获该校工学博士学位。1932~1933年在德国柏林理工大学从事博士后研究。本科毕业后留校任讲师,1927年任助理教授,1935年任结构工程教授,1960年任理工学院院长,1963年退休任名誉教授。同年任日本鹿岛建设株式会社常务副总裁,1977年第二次退休。1969年至去世,任武藤结构力学研究所首任所长。先后任日本建筑学会、土质工程学会、混凝土工程学会会长,国际地震工程学会名誉会长等。1975年当选为日本学士院院士。1978年当选为美国国家工程院外籍院士。

日本抗震结构工程学奠基者之一。1923年9月1日,日本关东地区发生7.9级大地震,造成伤亡约25万人,房屋倒塌12万间,经济损失300亿美元。这一重大事件,激励了当时还是大学建筑系学生的武藤清立志从事抗震结构研究。从1931年博士论文开始,主要致力于研究建筑框架受横向荷载的应力和变形分析,以及其振动分析。40年代后期,曾主持日本建筑界对原子弹爆炸威力及其对策的调研,着手工程抗爆研究。50年代,开始致力于高层建筑研究;1952年研制强震加速记录仪;1958年开发出大尺度结构反应测试机。60年代,完整提出高层建筑强震反应分析法和动态设计法,奠定了柔性结构抗震理论基础;1961年合作研制非线性模拟计算机软件,用于分析建筑结构对地震波反应;发明一种特殊的抗震墙,即"狭缝壁",用以控制小地震或强风对建筑的振动,并能吸收强震的振动能量;1968年,由他主持设计的霞关大厦建成,36层高147米,是日本第一座摩天大楼建筑,而在此前日本规定最高建筑不得超过10层。自此他的超高层抗震建筑样板和理论,被日本和其他国家广泛采用。

主编《抗震设计》丛书6卷,其中由他撰写的《抗震设计法》一书,获第10届日本科学技术功勋奖、日本建筑学会大奖。获1964年日本学士院恩赐奖、1968年日本紫绶勋章、1976年国际构造工程学会功勋奖、1979年日本文化勋章等。 (李啸虎)

别里耶夫,Г. М.(Бериев, Георгий Михайлович; Beriev, Georgiy Mihaylovich) 苏联人,1903年2月13日生于格鲁吉亚第比利斯郊区,1979年7月12日卒于莫斯科。航空工程、空气动力学、工程管理。

出身于自来水管道工家庭。1919年初中毕业后,入铁路技术学校学习。1921年服役于红军特种部队。1924年考入第比利斯工学院,2年后转学到列宁格勒的加里宁工学院。1930年毕业后,分配到莫斯科水上飞机制造设计局工作,任航空工厂试验车间助理工程师。1931年调到中央设计局航空工厂任飞机设计师。1934~1968年任中央试验设计局别里耶夫水上飞机制造负责人,总设计师。1961年获技术科学博士学位。后死于心脏病。

苏联著名的"别(Бе)-"字系列水上飞机的总设计师。1932年5月,他首次为海军航空兵研制的МБР-2型短程侦察机试飞成功,该机张臂式上单翼,船形机身,木质结构,造价低,易生产,且具较好气动性能和航海性能。改进型的МБР-2在苏联生产了1300多架,生产量居水上飞机世界之最,且服役时间长达20年。1934年,他将МБР-2改成民用水上飞机МР-1,有6个座位,1936年批量生产,1937年创下水上飞机6项世界纪录,其中3项保持至今。1940年主持设计、次年2月试飞别-4舰载侦察机,该机系全金属材料,海鸥型可折叠机翼,平飞时速350千米,航程800千米,为此组建了波罗的海特别飞行大队,在苏联卫国战争中发挥了重要作用。1946年,研制别-6型水上飞机,最大时速427千米,航程5000千米,可不着陆留空20小时,1951年开始批量生产。1952年主持设计成功世界上第一种喷气式水上飞机R-1,最大时速800千米,比活塞式快一倍多,20世纪50~60年代持续批量生产,创造了10多项世界纪录,其中14962米飞行高度、15206千克载重两项纪录保持至今。1961年在别-6型基础上研制了当时世界最大水陆两栖飞机别-12,取名“海鸥”,1964年投入批量生产,至今在俄罗斯海军中服役,先后创造了42项世界纪录。1965年研制了别-10型侦察鱼雷水上飞机。1967年,该局为民航设计了别-30型客机,乘员10余人,可在小型土跑道上起降,被誉为“空中小型公共汽车”,除短途客运外,还可改装为农林渔牧、地探和救护等多功能专用机。在他身后,继承者们又研制出别-42、别-103、别-200等多种新型水上飞机。他于1947年、1968年获苏联国家奖金,此外获两枚列宁勋章、两枚其他勋章和多枚奖章。(李啸虎)

埃杰顿,H. E.(Edgerton,Harold Eugene) 美国人,1903年4月6日生于美国内布拉斯加州弗里蒙特,1990年1月4日卒于马萨诸塞州坎布里奇。光电子工程、仪器研制、摄影术。

1925年获内布拉斯加大学电气工程理学士学位。同年在内布拉斯加的电力电灯公司供职。1927年及1931年分别获马萨诸塞理工学院理学硕士、理学博士学位。1927年为马萨诸塞理工学院电气工程系助理研究员,1948年升任教授,后任频闪技术中心实验室主任,1966年以荣誉教授退休。期间1934年加盟杰默肖森与格里尔有限公司,1947年重组为E. G&G有限公司,该公司在世界电子工业中享有盛名。是美国文理科学院、美国国家科学院、美国国家工程院院士。

高速频闪摄影技术、水下摄影技术的发明者。他发明了电子闪光灯,并将其用于闪光观测器和高速摄影,还设计用于海底地质和考古观测的水下摄影机。

为研究机械部件的高速旋转和振动,1927年发明与该部件旋转或振动的周期同步的闪光摄影装置。1928年起专门从事电子闪光研究,1931年开发了一种能控制闪光的间隔、强度和持续时间(短至1微秒)的装置。1938年他拍摄了滴落牛奶的“奶滴皇冠”、舞蹈演员、以及运动员的瞬时照片,引起了世界上对闪光摄影的注意,很快就成为在科学和工业上的重要仪器。在第二次世界大战中,他为美军开发超强闪光仪等设备,以供飞机夜间侦察时进行高清晰度航拍。1947年为美国核爆炸试验设计定时引爆系统,发明能从11千米外拍摄原子弹爆炸的照相机。他利用同步闪光原理,又设计成速度高达每秒6 000幅的高速摄影机。1953年初,设计成密封型电子闪光摄影机,以用于勘探海洋深处,还与库斯托(J. Y. Cousteau)合作勘测了海底。他在水下摄影机上,代替电子闪光灯装了一个声脉冲发射器,利用声脉冲对洋底的穿透作用,探测水下地震。他又制成一种深水飞旋标装置,它能发出穿透底部的沉积层和岩石的声脉冲(0.5毫秒、8兆瓦),以用于海底地质调查研究,以及探索沉没的物体和失事的船只等。1958年又完成了飞行中的火箭和飞机所产生的冲击波的拍摄方法。20世纪60年代,开发了可用于深海海床岩石测量分析的“巨人”、“巨浪”型摄影机。1966～1985年探测定位了许多失事船只的残骸。1987年配套设计了海底机器人摄像机,首次拍摄到沉没多年的泰坦尼克号遗迹。

发表论文140多篇;著作有《闪光》、《视觉的片刻》和《电子闪光观测器》、《高速摄像》等。1936～1973年,曾获英国皇家摄影学会、美国全国制造者协会、美国电气与电子工程师协会、美国光学学会、全国地理学会及美国机械工程师协会等的奖章,获1946年美国陆军自由勋章,1973年美国国家科学勋章。1986年入选美国国家发明家名人堂。(许可钦 戴成勋)

惠勒,H. A.(Wheeler,Harold Alden) 美国人,1903年5月10日生于美国明尼苏达州圣保罗,1996年4月25日卒于加利福尼亚州文图拉。通信工程、电气电子工程、无线电技术、仪器研制、微波电子学。

1925年获美国乔治·华盛顿大学物理学理学士学位,同时因数学出色获拉格尔斯奖。同年至1928年,在约翰斯·霍普金斯大学研究生院深造物理学。大学期间,已在国家标准局无线电实验室、黑兹尔坦公司兼职。1930～1946年,任黑兹尔坦公司实验室主任,1939年起兼任副总裁和首席顾问工程师。1946年创办惠勒实验室公司,1959年加盟为黑兹尔坦子公司,并任黑兹尔坦总公司董事和副总裁。曾任美国国防委员会成员、美国国家工程院院士。

1922年,他和史蒂文斯理工学院黑兹尔坦(L. A. Hazeltine)教授共同发明中和式高频调谐接收机,1923年起由黑兹尔坦公司大批量生产,成了20世纪20年代最主要的无线电接收器。1925年,他又首创第一个带有二极管自动音量控制和线性探测器的接收器,在接收不同强度广播时仍能保持恒定的音响水平。约1930年,采用这种电路设计的超外差式调幅收音机开始付诸实用和上市。1930～1939年,他主持的黑兹尔坦实验室获得126项发明专利,广泛涉及电路、测试设备、音响、天线、传输线、线圈电感计算法、导线集肤效应、耦合电路理论、电视扫描理论,以及宽带电视放大器分析和设计等等,种类繁多。第二次世界大战中,负责美国海军敌友识别雷达开发项目,可用于探测甄别敌我飞机、水面舰艇、潜艇和地面站,到战争结束时,这些“救星天线”已装备于所有盟军船只,获军方嘉奖。战后,致力于研发微波电路和天线,特别是跟踪和导弹制导雷达系统、大型相控阵天线设计等。

发表许多论文和文章;拥有180余项美国专利和许多外国专利。共获50多个奖项,其中有美国电气与电子工程师协会1940年利布曼纪念奖、1964年荣誉奖章等。(许可钦 戴成勋)

普拉格,W.(Prager,William) 美国人,1903年5月23日生于德国卡尔斯鲁厄,1980年3月17日卒于瑞士。结构工程、塑性力学、交通管理、应用数学。

父母都是德国犹太人。1925年他从德国达姆施塔特理工大学毕业,获土木工程师证书;1926年获该校工学博士学位。留校任教。1929～1932年在格丁根大学应用力学所任著名力学家L. 普朗特的助手、代理所长。1933年任卡尔斯鲁厄理工大学工程力学教授、力学研究所所长。同年因种族背景遭纳粹当局驱逐出境。1933～1941年任土耳其伊斯坦布尔大学理论力学教授。1941年举家迁居美国纽约。1943～1973年,主要执教于美国布朗大学，参与建立应用数学研究生部，1943年创办《应用数学季刊》并任主编，1955年任该校应用数学系计算中心首任主任。期间1963～1965年任职于瑞士苏黎世国际商用机器公司（IBM）研究所，1965～1968年在圣迭戈加利福尼亚大学工作。担任过《应用力学》等5个重要学报主编。1973年退休后定居瑞士。是美国国家科学院、美国国家工程院、美国文理科学院院士，波兰科学院和法国科学院等外籍院士。先后获7个国家10所大学荣誉博士学位。

主要学术贡献在塑性力学领域。最早系统研究应力和速度的间断面性质；开创板受冲击载荷时的塑性动力响应研究；1938年提出用圆滑过渡来代替尖锐屈服点的应力-应变关系；1947年和林家翘等提出中性变载概念，进一步完善塑性本构理论；1950年，和德鲁克（D. C. Drucker）、格林伯格（H. J. Greenberg）共同提出结构塑性极限载荷分析定理，成为结构极限分析的理论基础；1952年和德鲁克一起把金属塑性理论应用到土壤类介质分析；1953年提出奇异屈服面和关联流动法则概念；1957年为泡沫橡胶一类包垫材料提出理想锁住材料模型，1969年将这种模型应用于生物纤维；1978年后继续研究与发表最优化设计问题。

此外，20世纪50年代后期，他运用连续介质概念处理交通管理和物流管理问题。把车流设想为"可压缩流体"运动，用源和汇的概念讨论其极大和极小特征，最终归结为线性规划问题。他把这一成果应用于运输线路、生产流程和后勤供应等领域。

一生发表200多篇论文；出版20本专著，其中多本被译成各国文字，代表作有《结构动力学》（1933年）、《理想塑性固体理论》（1951年，与他人合著）、《连续统计力学入门》（1959年）、《基础公式变换程序制定与数值方法导论》（1971年）等。获多个重要奖项，其中有：1960年美国土木工程师协会卡曼奖、美国机械工程师协会铁木辛柯奖等。 （李啸虎）

阿塔那索夫，J. V.（Atanasoff, John Vincent） 美国人，1903年10月4日生于美国纽约州哈密尔顿，1995年6月15日卒于美国马里兰州。计算机科学与工程、兵器工程、应用数学。

保加利亚移民后裔，其父是电气工程师，母亲是小学教师。幼年时全家迁居佛罗里达州波克县。1925年获佛罗里达大学电气工程学士学位。1926年获艾奥瓦大学数学硕士学位。1930年获威斯康星大学物理学博士学位。同年到艾奥瓦大学任教数学和物理。1942年服役于美国海军装备实验室。1952退役创办兵器工程公司，1959年任兼并后的喷气机通用公司大西洋分部副总裁。1961年创办控制论技术咨询公司。1975年因中风退休，但晚年仍以创造发明为乐。是保加利亚科学院外籍院士。

世界上最早的雏型电子数字计算机的创建者。20世纪30年代中期，他着手研制新型计算工具，曾试用公共轴驱动30台门罗式机械计算机或几台制表机，但都不甚满意，于是决定建造一台电子数字计算机。他理清出四大技术思路：用电子管代替机械部件；用二进制代替十进制；用逻辑程序代替单一计数；用电容器作"存储器"。在学生贝利（C. E. Berry）协助下研制ABC机，他于1939年底完成样机，1942年大体定型。该机采用穿孔卡片输入；电容器置于一对直径20厘米、长30厘米的塑料鼓内，容量是30个二进制数；用300多个电子管构成30个加减器，接收旋转鼓上的读数来运算。按设计要求能解29个联立方程，但因穿孔卡片机不可靠而未能达标。随着第二次世界大战爆发，ABC机后续开发中止，机器也被学校拆掉了。30年后，霍尼韦尔公司提出了撤销斯佩利－兰德公司ENIAC机专利的诉讼要求。1973年，法院判决莫奇利和埃克特的ENIAC专利无效，理由是：1941年6月，莫奇利访问阿塔拉索夫时看过几近完成的ABC模型机和一些设计资料。他因此被人称为"电子计算机之父"。但长期来社会对这一判决分歧很大。有评论认为，ABC机是一颗"近失弹"，没有正中目标，但非常接近目标。美国电气与电子工程师协会认为，ABC机无论从结构、功能和影响看，都无法与ENIAC机相比，但无疑有启示作用，因此对他和莫奇利、埃克特三人都授予计算机先驱奖。

此外，20世纪40年代他在海军中参与或主持过水雷、原子弹爆炸声效应、引信等研究项目；50年代主持开发过一台能跟踪和记录炮弹轨迹的计算机。

先后获1952年美国海军杰出服务奖、1970年保加利亚的西里尔-美多迪乌斯一级勋章、1983年艾奥瓦大学杰出成就奖、1990年美国电气工程里程碑奖、1990年美国国家技术奖章、2000年计算机先驱奖等奖项。1978年入选美国发明家名人堂。国际编号3546的小行星被命名为"阿塔那索夫星"。 （李 烨）

史密斯，C. S.（Smith, Cyril Stanley） 美国人，1903年10月4日生于英国英格兰的伯明翰，1992年8月25日卒于美国马萨诸塞州坎布里奇。冶金工程、金属学、材料科学与工程、科技史学。

英国裔。1924年获英国伯明翰大学冶金学理学士学位。同年去美国，1926年获马萨诸塞理工学院博士学位，留校做博士后研究。1927～1942年，在美国铜材公司从事铜合金研究，加入美国籍。1942年到华盛顿美国政府战时冶金委员会工作。1943年到洛斯阿拉莫斯国家实验室，参与研制原子弹的"曼哈顿计划"。1946年任芝加哥大学金属研究所首任所长。1961年任马萨诸塞理工学院人文系和冶金系教授、材料考古研究实验室首任主任，1969年退休。是原美国原子能委员会总顾问委员会委员，1955年第一届"和平利用原子能国际会议"美国代表团成员。是美国国家科学院、美国文理科学院院士。

毕生研究金属材料，擅长在金属制备中将科学原理与工艺开发有机结合，也是将材料科学与工程应用于考古研究的先驱。20世纪20年代末至40年代初，主要从事铜及其合金的物理、化学性质研究，尤其在电导、热传、磁性和力学等性能方面有重要发现，发表过许多论文。第二次世界大战中参与研制原子弹，主持制备可裂变金属和核实验用的其他材料。50年代，将拓扑学用于研究金属晶粒形状及其多层次结构。1952年提出晶粒生长动力学的“肥皂泡模型”，认为晶界表面具有类似肥皂膜的界面能，分析了晶粒多面体在角度、棱数、平面数之间的拓扑学关系，以及不同棱数多面体表面出现的频率分布。60年代及后，采用工程实验方法探索考古制品的材料工艺，探索艺术、技术与科学的相互关系和结构特征。退休后，继续研究界面能和拓扑学在多晶体材料结构中的作用，以及金相学对制品研究的应用。

获专利20多项；发表论文200多篇；出版著作多部，其中涉及科技史的有《金相学的历史》(1960年初版，1988年第2版)、《从工艺到科学》(1980年)、《对结构的探索》(1981年)等。获1946年美国总统勋章、1952年富兰克林学院克莱默奖章、1991年美国物理学会格曼特奖等。 (李 烨)

奥特利，C. W. (Oatley, Sir Charles William) 英国人，1904年2月14日生于英国萨默塞特郡弗罗姆，1996年3月11日卒于剑桥。光电子工程、显微技术、仪器研制。

1925年毕业于英国剑桥大学圣约翰学院物理系。1927年入伦敦大学帝国理工学院任教。第二次世界大战期间，为军事雷达研究和开发机构成员之一，并在1944～1945年任领导。1945年任剑桥大学工程系讲师，1960年为电气工程教授，1971年退休。后仍继续从事研究工作。1966～1985年任英国整流器公司董事。1969年当选为英国皇家学会会员。1974年封爵。

实用型扫描式电子显微镜最早开发者之一。第二次世界大战期间，参与研究开发英国的军用雷达技术，有重要贡献。1948年开始研究电子扫描显微镜，经多年努力而获得成功。从1935年起，虽有诺尔(M. Knoll)、阿登纳(M. von Ardenne)和兹沃雷金(V. K. Zworykin)等人研究过电子显微镜，终因收集电子的效率极低，背景噪声严重等困难半途而废。第二次世界大战期间，巴克斯多(A. S. Baxter)在卡文迪许实验室研制成电子倍增器，才为电子显微镜的发展提供了物质基础。在此基础上，奥特利指导他的博士研究生麦克米伦(D. McMullan)首先在信噪比上取得进展，使得图像在长余辉示波管上的刷新周期达到1～2秒。另一个研究生又在此基础上加以改进，保证了低速二次电子和高速背向反电子收集，使信噪比和图像反差都有进一步提高。奥特利进一步改进并开发出实用型产品，扫描式电子显微镜能够产生三维图像，放大10万倍以上，由此成为极其重要的仪器，产品在1960年由剑桥仪器公司供应市场。著作有《扫描式电子显微镜》和《电场与磁场》(1977年)等。获1989年波茨奖章等。 (戴成勋 许可钦)

斯蒂比茨，G. R. (Stibitz, George Robert) 美国人，1904年4月20日生于美国宾夕法尼亚州约克，1995年1月31日卒于美国新罕布什尔州汉诺威。计算机科学与工程、计算机应用、应用数学。

父亲是神学教授，母亲是数学教师。1926年获迪尼逊大学数学学士学位。1927年获协和学院物理学硕士学位。后到美国通用电气公司工作一年。1930年获康奈尔大学物理学博士学位。同年任贝尔实验室工程师。1940～1949年在美国政府国防研究委员会主持开发计算机项目，曾任美国科学研究和发展署顾问。20世纪50年代始，在伯灵顿的巴伯-科尔曼公司任咨询顾问，并参与研制台式电子数字计算机。1964～1974年任达特茅斯大学医学院生理学系教授，1975年后任名誉教授，1983年退休。1981年当选为美国国家工程院院士。

被誉为“数字计算机之父”，实现计算机远程遥控的第一人。1937年底，为了超越当时流行的手摇计算器，他在电话交换机继电器工作原理启发下，业余研制电磁式二进制加法器。下班后，他在家中厨房餐桌上进行试制，初步设计出一台一位加法器样机，被夫人戏称为“厨房餐桌型计算机”，即Model-K型机(K是英文“厨房”首字母)。1939年11月，在S.威廉姆斯(Sam Williams)协助下，经一年多努力，贝尔M-1型复数计算机正式问世，1940年1月8日投入运行。该机采用440个继电器、10个闸刀开关，可进行复数加、减、乘、除运算，一次复数乘法约需30～45秒钟，比人工手摇计算器快25倍。这是世界上最早的机电式数字计算机之一，第一台采用斯蒂比茨码(即所谓“余3码”)的计算机。1940年9月，美国数学会在汉诺威的达特茅斯大学召开会议，他派人到场演示，成功地通过电传打字机遥控400千米外曼哈顿的M-1计算机做复数运算，在计算机发展史上第一次实现了远程控制。战时为了配合军方实现火炮自动化，1943年底主持研制M-2，这是最早的可编程通用计算机之一；后又开发速度更快的M-3和M-4、M-5、M-6，其中M-5是全自动数字计算机，占地200平方米，安装近万只继电器。战后，他主要为生物学和医学开发各种计算机系统。

一生在计算机领域独立获得35项专利(不包括与他人合作的专利)。先后获1965年哈里·古德奖、1977年皮奥里奖、1980年计算机先驱奖、1982年巴贝奇协会奖章等。1983年入选美国发明家名人堂。1997年美国计算机博物馆设立“斯蒂比茨计算机先驱奖”。 (李 烨)

豪斯霍德，A. S. (Householder, Alston Scott) 美国人，1904年5月5日生于美国伊利诺伊州洛克福特，1993年7月4日卒于加利福尼亚州马利布。计算机科学与工程、计算机应用、数值分析。

1925年获美国西北大学数学学士学位。留校任教。1927年获康奈尔大学数学硕士学位。1929～1931年先后执教于芝加哥的哈里斯学院、堪萨斯州托培卡市的瓦希巴学院。1937年获芝加哥大学数学博士学位。留校任教。1944年升任数学和生物物理学副教授。受战时美国国防研究委员会委托，1944～1945年在布朗大学从事精神生理学高级研究课题。战后任美国海军研究实验室数学顾问。不久转到位于田纳西州的橡树岭国家实验室计算机科学和数学部工作，从事与原子武器研制等国防军工有关的计算机工程开发，直至1969年。期间，1964年起兼任田纳西州大学兼职数学教授。1954～1956年出任美国计算机学会会长。1963～1964年出任美国工业与应用数学学会会长。是美国文理科学院院士。

在计算机数据处理领域的技术发展中作出了重要贡献。他原是一位数学家，在电子计算机问世后迅速转向编程和软件开发。由于他的研究工作大多与国防机密有关，相关成果的详情一直鲜为外人所知。他积极倡导和参与橡树岭国家实验室与阿尔贡国家实验室的合作，开发完成高性能计算机“爱维达克”（AVIDAC）和“奥拉克尔”（ORACLE）。从公开发表的论文和专著中看出，他的部分研究领域是数值分析、数值代数、数学生物学，以及计算机在生物医学等方面的应用。1958 年，他发明了“矩阵反演”算法，当圆锥曲线在 n 维空间中的坐标轴发生旋转时，可找出其基本不变式；在用最小二乘法对矩阵进行近似计算时，目前常用到一种“豪斯霍德变换法”即是他的重要发明。

出版数值分析方面的专著有：《数值分析原理》（1953 年）、《数值分析中的矩阵理论》（1964 年）、《单个非线性方程的数值处理》（1970 年）等。此外，1959 年与计算机先驱奖获得者、美国标准局的亚历山大（S. N. Alexander）等人一起，积极推动巴黎国际数据处理会议召开，并在会上筹建国际信息处理联盟（IFIP）。获 1969 年哈里·古德奖、1980 年计算机先驱奖等。（李 烨）

林徽因（Lin Huiyin） 中国福建省人，1904 年 6 月 10 日生于浙江杭州，1955 年 4 月 1 日卒于北京。土木工程、建筑学、建筑史学、工艺美术、文学。

原籍福建闽侯，法学家林长民之女。1920 年随父游历西欧，入伦敦圣玛莉女校学习。次年回国，复读于北京培华女子中学。1924 年与梁思成赴美国宾夕法尼亚大学，在该校美术学院主修建筑学，1927 年获学士学位。同年入耶鲁大学戏剧学院帕克舞台美术设计工作室进修半年。1928 年春，与梁思成在加拿大渥太华结婚，婚后去欧洲考察建筑。同年秋回国，担任东北大学建筑系副教授。1931～1946 年，任北京中国营造学社校理，抗战时在昆明组建营造学社西南小分队。1946 年至去世前，任清华大学建筑系教授。曾兼任北京市都市计划委员会委员与工程师、中国建筑学会理事、中国建筑研究委员会委员等职。与肺病顽强斗争长达 15 年之后与世长辞，年仅 51 岁。

中国第一位女建筑学家，中国古代建筑史学开拓者之一，著名诗人和作家，被誉为“一代才女”。20 世纪 30 年代初开始，与夫婿梁思成率先用现代科学方法研究中国古代建筑，几年间足迹遍及全中国 15 个省、200 多个县，实地勘察了 2000 余处中国古代建筑遗址，使众多埋没于荒山野地的国宝级古代建筑为世人所知，并开始走向世界；参与设计云南大学女生宿舍等建筑。为保护历史文物免遭战火摧毁，在解放战争中，奉命与梁思成等人编印《全国重要文物建筑简目》。1949 年参加中华人民共和国国徽设计；1951 年参加天安门人民英雄纪念碑建造，为碑座设计纹饰和浮雕图案；同年，深入工厂调查研究濒于停业的景泰蓝传统工艺，设计并亲自参与测试了一批具有民族风格的新图案景泰蓝，及时为“亚洲及太平洋区域和平会议”献上礼品，扩大了中国的影响；参与设计清华大学教师住宅、中南海怀仁堂装修等工程。

发表建筑学、建筑史学论文“论中国建筑之几个特征”、“晋汾古建筑预查纪略”等数十篇；与梁思成合著《中国建筑史》、合译《苏联卫国战争被毁地区之重建》等。此外，文学作品颇丰，其中有：“你是人间四月天”、“昼梦”等诗歌数十首，身后辑有《林徽因诗集》（1985 年）；《九十九度中》等小说；另有散文、剧本、译文和书信集等佳作多篇（部）。（李 烨）

龚祖同（Gong Zutong） 中国上海市人，1904 年 11 月 10 日生于江苏川沙（今属上海市），1986 年 6 月 26 日卒于陕西西安。光学工程、应用光学、材料科学与工程、仪器研制。

出身教师家庭。1930 年清华大学物理系毕业。留校任教。1934 年公费赴德国柏林理工大学攻读应用光学，1936 年毕业，获特准工程师称号。此后攻读博士学位，1938 年完成光学系统像差方面的博士论文，但因抗日战争爆发未作答辩返回祖国。他在昆明筹建中国第一个光学工厂，后又辗转上海、贵阳、秦皇岛等地的玻璃厂任厂长或总工程师。1950 年后，先后任中国科学院长春光学精密机械研究所研究员、副所长，中国科学院西安光学精密机械研究所研究员、所长。曾兼任中国光学学会副理事长、名誉理事长，中国科学院西安分院副院长。1980 年当选为中国科学院学部委员（院士）。

为抗日战争的需要，1938 年他在昆明筹建光学工厂设计和批量生产军用双筒望远镜、机枪瞄准镜等；此后几年，在上海、贵阳等地筹建工厂研制当时中国完全依赖进口的光学玻璃，但因多种外界条件限制未获成功。1949 年后，他在长春中国科学院仪器馆（后更名为中国科学院长春光学精密机械研究所）建立光学玻璃试制基地；50 年代，指导干福熹等人研制出多种型号的光学玻璃；该基地还为昆明、北京、南京、上海等地的工厂提供生产光学玻璃的设备图纸、原料配方、工艺流程，并培养技术骨干，有力地推动了中国光学玻璃工业的发展。1962 年，受命参与组建中国科学院西安光学精密机械研究所；此后在该所研制成超高速摄影机、皮秒（10^{-12} 秒）变像管摄影机、铍转镜超高速扫描相机、中国第一台电子显微镜和中国第一根光学纤维；长期参与 2.16 米反射望远镜的研制，在他去世 3 年后，这台当时中国最大的反射望远镜在北京天文台投入使用。

有《光学玻璃》（1964 年，与干福熹等合著）、《高速摄影信息论》（1975 年）、《高速摄影总论与间歇式高速摄影》（1983 年）等著作。1978 年获中国科学院重大科学研究成果奖，1981 年获美国电影电视协会福托-索尼克斯金奖，1985 年获国家科学技术进步奖特等奖。

（宣焕灿）

培根，F. T.（Bacon，Francis Thomas） 英国人，1904 年 12 月 21 日生于英国英格兰埃塞克斯郡比勒里克，1992 年 5 月 24 日卒于英国。能源工程、光学工程、电化学。

著名哲学家F.培根的直系子孙。1918～1922年就读于伊顿学院，毕业时获莫奇利物理学奖。1925年获剑桥大学三一学院机械学学士学位。1925～1940年供职于帕森斯工程技术有限公司，曾任会计师，并长期在公司研究开发部研制探照灯反射镜。1941～1946年在英国海军服役，作为兼职研究员在H.M.反潜艇实验公司工作。1946年回剑桥大学从事教育和研究，1973年退休。期间，1956年任国家研究与发展公司顾问；1962年兼任能源转换有限公司首席顾问；1971年兼任英国原子能科学研究院燃料电池有限公司技术顾问。1973年入选英国皇家学会会员。

第一个实用型燃料电池的发明者。1842年W.格罗夫(William Grove)爵士发现燃料电池原理，但是时至20世纪40年代初，将之实用化仍是一个科学难题。1932年培根首次意识到燃料电池的潜力，着手用碱性电解液进行实验，以氢氧化钾来代替格罗夫的酸性电解液，结果发现效果与酸性电解液相当，但对电极却少有腐蚀性。他的碱性电池用多孔渗水的"气扩散电极"取代格罗夫的固体电极。气扩散电极增加了电极、电解液和燃料之间反应表面积。此外，他使用压缩空气以阻止电解液通过微小气孔进入电极。在英国电气研究协会资助下，1946年起，他相继在剑桥大学胶体科学系、冶金系和化学工程系从事氢电池实验。1959年剑桥大学马歇尔工程公司公示了他的新成果，40个燃料电池提供了6千瓦电量，标志着氢电池技术的重大进展。

他希望能见到在日常生活中采用这种高效率、低污染的新型电池，想不到一生最辉煌成功竟是用于太空探险。美国普惠联合航空公司获得了这一专利使用权，成功取得了阿波罗登月计划的供电权，培根的先驱工作被认为是该计划关键技术之一。接着，燃料电池在载人月球飞行器和其他太空应用、为设备提供电力和饮用水生产等领域取得了一系列成功。到20世纪末，这项技术已在国际范围内得到发展。

获1965年英国皇家学会布朗奖，1967年大英帝国官佐勋章，1969年英国皇家航空学会银质奖章，1972年英国油料学会梅尔切特奖章，1976年澳大利亚皇家化学会布雷耶纪念章，1991年格罗夫奖章等。（王远远）

伯克纳，L.V.(Berkner，Lloyd Viel) 美国人，1905年2月1日生于美国威斯康星州密尔沃基，1967年6月4日卒于华盛顿哥伦比亚特区。通信工程、仪器研制、微波电子学、地球物理学、工程管理。

1927年获明尼苏达大学电机工程学学士学位。毕业后从军任海军军官，参与雷达和航海导航系统的研究开发。1928年去南极考察，1930年返回。同年入华盛顿国家标准局工作。1933～1939年、1946～1951年两次在华盛顿的卡内基研究院地磁部供职。第二次世界大战期间，在V.布什领导的国家科学研究与开发署当副手。1958年起兼任美国总统科学咨询委员会成员。1960年兼任西南中心托管委员会达拉斯高级研究所名誉所长，后任该委员会主席。1957～1959年担任国际地球物理年学术机构的负责人。

1928～1930年，研究高频无线电传送，并首次将高频无线电传输用于伯德南极探险，证明了从地球上对拓点发射的高频波优先从夜晚半球改变其传播方向。他在华盛顿卡内基研究院研制电离层探测仪，第一个用于测绘电离层的高度、分布和离子密度。这种仪器现在仍用来探测三个重要的电离层(E、F_1和F_2)及其随时间的变化。指明了这些电离层随白昼、季节以及不同地理条件的变化规律，预测在不同距离上高频无线电波的性能。早在1935年，他就对大气的起源和演变有兴趣。1963年与马歇尔(L.C.Marshall)共同提出著名的内行星大气的起源和历史演变的一般原理。在他的倡议下，1950年设立国际地球物理年，对地球进行综合研究。

在工程方面，初期从事电磁脉冲方面的工作。第二次世界大战期间，负责管理全部美国海军飞机的电子工程项目。曾组织国防研究与工程署，后直接在国务卿领导下实施北大西洋公约组织的计划，建立远程预警系统。

发表论文100余篇；著作有《火箭与人造卫星》(1958年)、《空间科学》(1961年)和《科学时代》(1964年)等。除获得许多政府勋章和大学荣誉学位外，还获得弗莱明奖章，美国地球物理学会鲍伊奖章，美国气象学会阿贝奖，国家航空航天局公共服务奖章等。为纪念他，建立了伯克纳基金会；月球上标有"伯克纳环形山"。

（戴成勋　许可钦）

亨特，F.V.(Hunt，Frederick Vinton) 美国人，1905年2月15日生于美国俄亥俄州，1972年4月20日卒于纽约州布法罗。水下声学工程、军械装备、仪器研制、声学。

1924年获俄亥俄州立大学文学士学位，1925年获该校电气工程学士学位。1928年获哈佛大学硕士学位。留校任物理学与通信工程讲师。1934年获哈佛大学物理学博士学位。1937年任哈佛大学助理教授，1940年任水下声学实验室主任，1946年任应用物理学戈登-麦凯讲座教授，1953年任朗福德讲座物理学教授、麦凯讲座应用物理学教授。曾任是美国声学会会长。

水下声学的先驱者之一。作为该领域的科学家、发明家、教师和管理者，作出了多方面创造性贡献。早年研究室内声学。第二次世界大战期间，在哈佛大学水声实验室领导研究小组，研制和发展扫描式声纳和音响鱼雷新武器。1941年改进水下监测设备，设计出方位偏差指示器。1942年首创"声纳"术语。研制出音响信号发送电子装置，协助海军找到水下近700枚丢失的炸弹和鱼雷。

有许多声学发明，其中13项获得专利。1954年出版专著《电声学》。1947年因在哈佛水声实验室的出色工作而获总统勋章。获美国声学会1965年水下先驱奖章、1969年金质奖章，美国声学工程学会波特斯纪念奖，1970年美国海军部杰出服务奖章等。（陆伟良）

休茨，C.G.(Suits，Chauncey Guy) 美国人，1905年3月12日生于美国威斯康星州奥什科什，1991年8月14日卒。电气工程、高压工程、电工学、工程管理。

1927年获威斯康星大学文学士学位。1929年获瑞士苏黎世联邦理工学院物理学理学博士学位。同年到威斯康星大学任教。1930年到美国通用电气公司电子研究实验室工作,1940年任总裁助理。第二次世界大战期间,1942～1946年在美国科学研究与开发署国防研究委员会工作,任电子工程第15部主任。1945～1965年任美国通用电气公司副总裁。1965年退休后,成为多家公司的顾问。是美国国家工程院院士。

主要研究领域是高压气体的电弧现象。20世纪30年代,开始研究与非线性电路相关的课题。接着研究电弧和高温等离子体现象。对在高压开关中必须迅速熄灭的有害电弧,以及在电焊、气体发光等现象中产生的电弧,提供了有用的知识和对策。利用声音通过气体时其速度与温度有关的性质,解决了电弧温度测量的问题。研究了高达346×10^6帕高压下的气体电弧;第一次人工生成9 982℃高温的电弧。还发现在1大气压下氢气电弧的截面积是极小的,不比在10.3×10^6帕下氮的电弧大;当氢气压大于2.1×10^6帕时,电弧的稳定性全被破坏,完全不能操作。在第二次世界大战中,领导1 000多名科学家和工程师从事破坏德国和日本无线电和雷达系统的工作,由此获美国总统奖章和英国皇家学会皇家奖章。

获80余项技术专利。另获得多种其他荣誉,如W.普鲁克特奖、F.菲利普斯奖等。美国纽约州希恩纳特迪市建有以他命名的天文馆。 (张玥明)

卡尔玛,L.(Kalmar,Laszlo) 匈牙利人,1905年3月27日生于匈牙利索莫杰,1976年8月2日卒于匈牙利塞格德。*计算机科学与工程、数理逻辑、应用数学。*

在小山村长大,父亲是庄园主管家。上小学时丧父,上中学时丧母。1927年获布达佩斯大学数学学士学位。同年到塞格德大学波利雅数学研究所工作,50年代起任所长,1975年退休。是匈牙利科学院院士。

匈牙利数学界波利雅学派中坚、计算机科学先驱之一。匈牙利塞格德大学波利雅数学研究所创办于1872年,培养过一批数学大师,在国际上享有盛誉。他在那里工作和生活长达半个世纪,共同创造了波利雅数学研究所黄金时代。20世纪20年代末至30年代末,他的主要研究方向在集合论和数理逻辑领域,同时对冯·诺伊曼的工作十分感兴趣。第二次世界大战后,他致力于波利雅研究所重建,同时将注意力转向计算机科学与工程。1956年,他克服了种种困难,在匈牙利率先开发称为"逻辑机"的专用计算机,1958年建成,可用于解答包含若干逻辑变量的命题公式,只要给定变量值范围,机器就能给出公式真值。该机采用开关元件组成的电路完成合取、析取、否定等逻辑运算;输入通过插塞、拨动开关实现,输出则以信号灯指示;继电器组成的存储器可用来存放多个公式,可同时对多个公式估值;公式最多8个变量,6个逻辑运算。在当时条件下,达到这种水平已相当不易。高级语言出现后,他致力于研究能直接执行用高级语言编程的机器。1959年提出"面向公式的机器"概念,完成机器详细设计。后因缺乏资金支持,他未能如愿,但许多设计思想被乌克兰计算机先驱格罗希柯夫(V. M. Glushkov)用于MIR计算机系列。1973年他又进而改进以上设计,使之能处理多变量函数。在数据结构方面也有不少创新。

获匈牙利卡索斯奖、1975年匈牙利国家奖、1996年美国电气与电子工程师协会计算机先驱奖等。为纪念他,1990年塞格德大学波利雅数学研究所一分为二,其中一部分改名为卡尔玛研究所。 (李 烨)

博里斯,B. von(Borries,Bodo von) 德国人,1905年5月22日生于德国威斯特伐利亚州黑尔福德,1956年7月17日卒于亚琛。*光电子工程、电气电子工程、显微技术、仪器研制、电子光学。*

显赫文官世家后裔。1924年进入德国卡尔斯鲁厄理工大学学习机械工程。1926年到德国但泽理工大学(今波兰格但斯克大学)、1928年到慕尼黑大学学习电气工程。1929年到柏林理工大学高电压实验室工作,1932年获该校工学博士学位。1933年任埃森RW电力公司工程师。1934年任柏林西门子-舒克特电气工程公司实验室主任。1937年任西门子-霍尔斯克电子光学实验室首任主任。第二次世界大战后,1948年任杜塞尔多夫显微镜研究所首任所长。1949年任杜塞尔多夫医学院(今属杜塞尔多夫大学)名誉教授。同年参与创立德国电子显微镜学会。1953年至去世,任亚琛大学电子光学教授。参与创建德国电子显微镜学会。1954年任国际电子显微镜学会联合会主席。

现代电子显微镜开发的先驱者之一。在柏林理工大学,1931年任M.诺尔(Max Knoll)的助手,研究照相术在开发高性能阴极射线示波器(电子显像管)中的应用;期间1932年在同一团队的E.腊斯克(Ernst Ruska)得力合作下,共同发明历史上第一台实验型磁场透镜式电子显微镜,1933年经改进后的分辨率已超过光学显微镜的观察极限(0.2微米)。1934～1937年,主持开发电力系统的过压防护装置。1937～1945年,在西门子公司负责研究开发和批量生产了35种仪器仪表产品,其中1938年和腊斯克共同开发出历史上第一台实用型磁场透镜式电子显微镜样机,具有纳米级分辨率,一年后上市。

出版有教材《高倍电子显微镜导论》(1949年)等。1941年,他和诺尔、腊斯克同获柏林科学院莱布尼茨银质奖章。在电镜发明55年后,硕果仅存的腊斯克分享了1986年诺贝尔物理学奖,另两位得主于5年前发明了扫描隧道式电子显微镜。 (屈大壮)

毕奥,M. A.(Biot,Maurice Anthony) 比利时和美国双重国籍,1905年5月25日生于比利时安特卫普,1985年9月12日卒于美国纽约。*航空航天工程、仪器研制、力学、地球物理学、应用数学。*

入读比利时卢万大学,1927年、1929年和1930年先后获哲学、采矿工程和电气工程学士学位,1931年获理学博士学位。1932年获加利福尼亚理工学院空间科学博士学位。历任哈佛大学、卢万大学、哥伦比亚大学、布朗大学教师和教授。1952年后,兼任美国政府部门、

产业集团工业实验室等多个顾问职位，曾任美国航空航天局结构动力学分部主任等职。是美国国家工程院院士。

研究领域十分宽广，包括固体力学、应用力学、热力学、航空航天工程学、地球物理学、电磁学、声学等，均有贡献。在工程力学方面，确立对瞬时扰动的响应频谱概念，对防震结构等的设计具有重要意义。在航空航天工程方面，发展了振动机翼三维空气动力学理论；提出根据矩阵理论和广义坐标进行振动分析的新方法；用电路设计电子模拟振动预测器，并取得专利权；研究非稳态空气动力学和气动弹性力学理论，包括超音速薄型机翼发散不稳定性理论；率先研究和计算加速物体跨音速阻力。在热力学方面，采用广义自由能作为主要势能解决了不可逆过程热力学问题，并根据新变分原理和拉格朗日方程建立公式；他的变分原理将经典力学和不可逆热力学综合在一起，创立开环系统热力学的新概念；提出内反应热概念；提出不可逆过程热力学中的虚耗散变分原理公式；提出解决开环系统问题的新方法。在电磁学方面，研究过火箭的无线电制导、地面反射所引起的干扰和粗糙地面反射电磁波等问题；指出粗糙效应可用平滑边界条件来代替；与托尔斯托伊(I. Tolstoy)共同研究和提出根据标准坐标连续波谱来解决脉冲产生瞬变过程的方法。

他还研究过与石油开采工程有关的岩石力学。发展多孔介质理论；提出层状粘性固体和粘弹性固体的褶皱不稳定性数学理论；应用这种理论及其实验结果，成功地阐述了地质结构的主要特点，揭示了受约束的各向异性或层状介质，在压缩应力下产生的内弯曲现象，并进行定量分析；应用该理论解决了重力不稳定性和盐丘形成问题，还揭示强各向异性材料特性应力分布的特点。

一生发表论文和研究报告近200篇；出版专著主要有《工程数学方法》(1940年，与冯·卡门合著，被译成9种文字)、《递增变形力学》(1965年)、《导热变分原理》(1970年)等。多次获奖，其中有美国机械工程师协会铁木辛柯奖章、美国土木工程师协会冯·卡门奖章等。

(王天运)

米高扬，А.И.(Микоян，Артём Иванович；Mikoyan，Artem Ivanovich)　苏联人，1905年8月5日生于亚美尼亚图马扬区萨纳因村，1970年12月9日卒于莫斯科。军事航空工程、空气动力学、工程管理。

木工的儿子。其兄是曾任苏联共产党中央政治局委员、苏联最高苏维埃主席团主席、苏联部长会议第一副主席阿纳斯塔斯·米高扬(А. И. Микоян)。从小帮父亲干农活。1923年跟随哥哥到顿河罗斯托夫一家农机厂当车工，并在业余技术学校完成基础教育。后在莫斯科狄纳莫工厂工作。1928年任“十月”电车场负责人。同年12月至1931年在红军中服役。期满退伍后入茹科夫斯基航空工程学院学习。1936年毕业后被派到波利卡尔波夫飞机设计局当军代表，后任该局设计处副主任。1939年在莫斯科组建米高扬-格列维奇飞机实验设计局并任局长，1941年兼任该局主任工程师。曾被授予工程技术兵上将军衔。1953年为苏联科学院通讯院士，1968年为院士。

苏联著名的米格(MiG)系列、伊(E)系列歼击机的创始人之一。早在波利卡尔波夫飞机设计局工作时，他就力主将当时苏联的歼击机型从双翼改为单翼。他和格列维奇(М. И. Гуревич)组建米格设计局，设计和生产一系列著名的单翼军用飞机。1940年，他和格列维奇共同研制出适用于高空作战的米格-1型歼击机，装备有大功率的AM-35A发动机，最大时速达每小时628千米，高度在6 000米以上；在同年又改进为米格-3型，该机仅在第二次世界大战初期就生产3 000多架。此外，该局在大战中出品许多实验型歼击机，其中有最大时速690千米的米格-7、升限14 000米的E-224，以及装有复合动力装置的E-250等。

战后，1946年他主持研制出苏联第一架喷气式歼击机米格-9型，它融合了许多设计来源，其性能相当出色，后来生产了1 800多架。1947年底，米格-15型采用英国“尼恩”发动机首次试飞。接着又研发带有后掠机翼、后掠尾翼的米格-17。从1952年开始，他还设计与战机相配套的导弹系统，其中1954年投产的米格-19装有空对空导弹，是苏联最早投入批量生产的超音速歼击机。1958年研制成功的米格-21三角翼歼击机超音速一倍多。他领导设计局研制的E-6、E-166和E-266等型号多次创下各种世界纪录。米格-23变后掠翼多用途轻型歼击机是他在世研制的最后一种战机。在米高扬去世后，米高扬-格列维奇设计局改为米高扬设计局，而设计的飞机仍保留米格系列不变。

两次获社会主义劳动英雄称号；1962年获列宁奖金，曾获6次苏联国家奖金；另获6枚列宁勋章、4枚其他勋章和多枚奖章。

(袁理利)

蔡昌年(Cai Changnian)　中国浙江省人，1905年8月5日生于江苏南京，1991年5月8日卒于北京。能源工程、电力电气工程、电工学、工程管理。

原籍浙江德清。著名电子学家蔡长年之兄。1924年获浙江公立专门学校(浙江大学前身)电机工程学士学位。毕业后任江苏省江都振扬电气公司主任工程师。1929～1938年在国民政府建设委员会电气处工作。1938年任岷江电厂工务长，后又兼任五通桥分厂厂长。1945年赴美国进修，在多家电力公司和明尼苏达大学学习电力系统建设和运行自动化。1947年回国任冀北电力公司北平分公司总工程师兼石景山发电厂厂长。1949年起历任华北电业公司总工程师、东北电管局调度处处长兼总工程师、东北技改局总工程师、东北电管局副总工程师、哈尔滨工业大学电机系主任。1980年任电力科学研究院研究生部副主任。曾任华北电力学院兼职教授。1980年当选为中国科学院学部委员(院士)。

抗日战争初期，在物资奇缺情况下奉命负责筹建岷江电厂五通桥分厂，在短期内正常供电，为恢复工业生产、迎接抗战胜利尽到了责任。1949～1950年任华北电力公司总工程师期间，对刚获和平解放的北京市提出了一个“改进北京市供电效率计划”，详细论述了北京地区电力的经济运行、变电所设置、电压管理和配电系统经济分布等问题，该计划执行后大大改善了当时北京的电力供应。1950～1980年，他任东北地区电力管理的技术负责工作30年，首先采取多种技术措施保证了东北三省电力系统的安全、经济和优质运行。期间1958～1961年，他作为东北技改局总工程师，组织和主持在全国率先实现东北电力系统的远动和自动化监控。20世纪70～80年代，领导完成采用电子计算机为核心的东北电力调度自动化系统；对电力系统稳定计算法、电力系统经济运行、互联电力系统联络线控制等课题进行了理论总结，是中国大电网调度管理体制的主要奠基人之一。

(孙晓芳　宣焕灿)

李强(Li Qi ang)　原名曾培洪，字幼范。中国江苏省人，1905年9月29日生于江苏常熟，1996年9月26日卒于北京。*通信工程、军械工程、无线电技术、外贸管理。*

1923年就读于上海东吴大学土木科。1927年毕业后，自学美国大学无线电专业课程，在中共中央特科从事秘密研制炸药、无线电台等活动。1931～1938年奉命出国，先后任苏联邮电部通信科学研究院教员、工程师和研究员。1938年到延安，历任中央军委军工局副局长、局长，联防军军工局局长，1944年兼任延安自然科学院院长，1947年任中央军委电讯总局副局长，1949年兼任中央广播管理处副处长。1949年后，历任国家邮电部无线电总局、电信总局局长，中央广播事业局首任局长，兼任国际电讯联盟理事，国家外贸部副部长兼驻苏联大使馆商务参赞，国务院援越运输领导小组办公室主任，国家外贸部部长，国务院顾问等职。是中共第九届至十一届中央委员，中共中央顾问委员会委员。1955年选聘为中国科学院学部委员(院士)。

中共无线电台创始人之一、兵工事业开创者之一。在科学研究、军工生产、广播电讯和对外经贸等领域，都有奠基性或开创性贡献。1926年自制成功黄色炸药。1929年奉命研制出中共历史上第一部自制地下电台。20世纪30年代，多年在苏联研究各种无线电发射天线；研制大功率无线电发射机；运用数学物理方法，第一次推算出当时美国首创的菱形发射天线的计算公式，被命名为“李强公式”，论文“发信菱形天线”受到高度评价，名字入编苏联百科词典；演算出超低水平天线、德律风根天线等计算公式。30年代末至40年代，在延安全面负责边区军事工业，白手起家，研制、生产和修理各种兵器军械，1944年被评为边区特等劳动模范；主持建设解放区广播电台大功率发射机和定向天线等。1949年后，受命建造短波广播发射台，开发大功率广播机和中波广播天线，向全世界广播新华社消息。1975年秋，率中国政府代表团出席第七届特别联大。获1978年国际水星奖、1995年越南友谊勋章等。

(王　筠)

阿戈什科夫，М. И.(Агошков，Михаил Иванович；Agoshkov Mikhail Ivanovich)　苏联人，1905年11月12日生于俄国赤塔州彼得罗夫斯克，1993年10月14日卒于莫斯科。*采矿工程、矿冶学、工程经济学。*

1931年毕业于苏联符拉迪沃斯托克(海参崴)远东工学院矿业专业。留校任教，先后任助教、副教授。1933～1941年任北高加索矿冶学院副院长兼采矿系主任，期间1937年获技术科学副博士学位。1941～1967年，一直在莫斯科苏联科学院采矿研究所工作，期间1947年升任教授，1952～1958年任副所长，1946年获苏联科学院技术科学博士学位；1945～1955年任莫斯科加里宁黄金与有色金属研究所兼职教授。1966年任莫斯科地质学会会长。1967年任苏联科学院地球物理研究所矿产理论问题研究室主任。1977年起在苏联科学院资源综合开发部工作，期间1981～1988年任部门主任。1953年当选为苏联科学院通讯院士，1962～1963年兼任苏联科学院首席科学秘书，1981年当选为院士。

矿业工程经济学奠基者之一。毕生主要研究金属矿床开采工程及其工程经济学问题，取得了显著成果，有较大学术影响。1937年以副博士论文“测定矿层高度的方法”崭露头角，引起当时苏联科学界注目。1951年创建采矿系统分类法，被苏联矿业界所公认，并作为政府制定国家采矿工程技术标准的依据。致力于创造性运用经济数学方法处理地质勘探和采矿工程，重视成本投入和经济效益，建立可行的评价体系等，有诸多学术贡献。

发表论文200余篇；出版专著25部，主要有《矿山生产能力确定》(1948年)、《矿藏开采》(1954年第3版)、《有用矿物开采的技术经济评价》、《金属矿床地下开采法和新工艺》(1966年)、《地质勘探工作的经济效益》(1984年中文版)等。获苏联矿冶界社会主义劳动英雄称号；获列宁勋章两枚、其他勋章3枚；获1951年斯大林奖金、1983年苏联国家奖金，1998年追授俄罗斯国家奖金。

(李　烨)

贝冈，S. J.(Begun，Semi Joseph)　美国人，1905年12月2日生于德国但泽(今波兰格但斯克)，1995年1月5日卒于美国克利夫兰。*通信工程、电气电子技术、电声学。*

德国裔。1929年获柏林技术学院理学硕士学位，1933年获博士学位。1928年在读时已到德国回声风公司研发部工作。1935年自德国移民到美国，后入美国籍。1938年加入位于克利夫兰的布拉什发展公司(后经2次重组和易名)，1943年任负责研发的副总裁。第二次世界大战期间，在美国国防研究委员会工作。1969年建立科学管理咨询有限公司。1971年建立高新技术咨询公司。

他在校时就对研究磁带录音技术深感兴趣，并以此为研究方向撰写了博士论文，提出一些在当时属于该领域前沿的首创成果，从而成为磁带录音技术与电磁通话设备的先驱者之一。1928年，大学时代已加盟企业，着手研究开发和生产磁带录放机。开始他用钢带作为录音带，20 世纪 30 年代以后采用上磁粉的纸带和薄型塑料带。1934～1935 年，他制造了世界上第一台可用于移动式无线电广播的盒式磁带录放机，后被德国无线电广播系统用于 1936 年的柏林奥林匹克运动会现场录音与广播。1938 年开发出被称为“声音镜子”的第一台上市销售的磁带录放机，并获得除磁带录放机之外的多项发明专利。显著改进了磁带的性能。战后，继续改进有关录音媒体、着色纸、以及带有磁物质粉末的塑料录音带等技术；发明语音邮件，可以通过声音直接录制在纸制磁性盘片上进行邮寄；为检测飞行事故过程而专设的黑匣子，是他的诸多发明中的一项重要应用。他还同 3M 公司签署了合同，把磁带变成了一个拥有 10 亿美元生产线的产业。

出版有《磁带录音》(1949 年）等书；晚年，他在《磁带录音机的历史》一书中回忆了自己所作贡献的经历。获得多项荣誉，其中包括杜鲁门总统为肯定他在第二次世界大战中的出色研究工作而授予的总统荣誉证书。

（牛希娴）

布辛尼斯，H．G．(Busignies，Henri Gaston) 一译比西尼。美国人，1905 年 12 月 29 日生于法国上塞纳省索镇，1981 年 6 月 20 日卒于法国昂蒂布。通信与导航工程、电气电子工程、仪器研制、微波电子学。

法国裔。1926 年获巴黎大学标准电气技术学院电气工程学士学位。1928 年任美国国际电话电报公司(ITT)巴黎实验室研究工程师。1941 年因战争避难美国，参与组建美国联邦通信实验室（即后来的 ITT 纳特利实验室），1955 年任该实验室主任，1960 年任公司副总裁兼首席科学家，1975 年退休。1966 年当选为美国国家工程院院士，曾任其数个委员会的主席。1958 年、1971 年先后获美国纽瓦克工程学院、布鲁克林理工学院荣誉理学博士学位。

21 岁发明机载无线电罗盘仪，获得他的第一个专利。20 世纪 30 年代，首次将多普勒效应用于发明无线电测向仪、飞机无线电导航设备、早期的雷达系统等。期间 1936 年，他研制的装置自动引导一架飞机从巴黎直飞马达加斯加的留尼汪岛，是飞机导航系统的首次成功演示。二战期间，参与开发早期的活动目标显示雷达系统；发明多种无线电测向仪，其中包括盟军用于探测德国潜艇位置的自动高频无线电测向仪系统等 4 项保密专利。1941 年起，美国首次迅速将这种测向仪布置于漫长的东海岸和西海岸，安装于航母和驱逐舰，装备陆军通信兵团，并在世界各地设立 30～40 个固定监测站。这种高频无线电测向系统结合雷达和声纳，在 1942～1943 年的大西洋海战中发挥了巨大作用。

拥有专利 140 项，其中许多属于军事机密，如敌我识别技术、圆锥扫描与三维雷达、枪炮弹道控制、电子欺骗系统等；在研发仪表着陆系统(ILS)、战术空中导航系统“塔康”(TACAN)、可视的多向导航系统“伏尔塔克”(VORTAC)，以及相控阵通信、同步卫星轨道偶极针反射无线电波等技术中，他也发挥了重要作用。获多项奖励和荣誉，因二战中的贡献，获美国总统、美国海军部的嘉奖；另获 1977 年美国电气与电子工程师协会爱迪生奖章，美国无线电俱乐部阿姆斯特朗奖章，美国工业研究院奖章等。

（戴成勋 许可钦）

霍夫，N．J．(Hoff，Nicholas John) 美国人，1906 年 1 月 3 日生于匈牙利马扎罗瓦尔，1997 年 8 月 4 日卒于美国加利福尼亚州帕拉托。航空航天工程、机械与动力工程、结构力学、空气动力学、材料科学。

匈牙利裔。1928 年毕业于瑞士苏黎世联邦理工学院。任滑翔教练半年后，进入匈牙利航空工业界，1929～1939 年为当时秘密状态的匈牙利空军设计飞机。1939 年去美国斯坦福大学学习应用力学，师从 S. P. 铁木辛柯，1942 年获博士学位。1940 年任布鲁克林理工学院讲师，后升教授，1950 年任机械工程系主任。1957 年回斯坦福大学，任航空航天工程系教授和系主任，1971 年退休后任荣誉教授。1949 年后，受冯・卡门推荐，任美国海军、空军、国家航空咨询委员会、国家航空航天局等多个机构的技术顾问。曾任北大西洋公约航空研究和发展委员会强度和材料分委员会美国代表等。1965 年当选为美国国家工程院院士。是国际航天科学院院士，匈牙利科学院、法国科学院、法国航空航天科学院外籍院士。

20 世纪 30 年代，主要从事设计教练机和战斗机，还为德国 Ju-86 型轰炸机设计安装过发动机。30～40 年代，研究飞机蒙皮材料受应力变化引起的各种不稳定性，尤其揭示了当时新采用的铝合金薄壁结构在集中载荷及开口周围的应力分布规律；深入研究过飞行器结构的扭曲和变形问题；对新型复合材料和夹层结构的性能、特别是弯曲载荷影响，进行了系统的理论探讨。50 年代及以后，主持研究超音速飞机和导弹飞行时产生的高温效应；研究不均匀温度条件下的薄板和壳体的皱损现象；研究蠕变对结构强度的影响；在洛克希德飞机公司研制的北极星式、海神式导弹，北美飞机公司研制的阿波罗登月飞船等重大项目中担任咨询工作。

发表论文 200 余篇；出版著作 6 部，代表作有《飞行器结构的高温效应》(1958 年)、《航空学和航天学》(1960 年)和《结构分析》(1965 年)等。获奖甚多，其中有美国机械工程师协会百年华诞纪念奖章、冯・卡门奖章、古根海姆奖章等。斯坦福大学设有研究生霍夫奖。

（戴成勋）

毛西尔，G．C．(Moisil，Grigore Constantin) 罗马尼亚人，1906 年 1 月 10 日生于罗马尼亚多布罗地区的图尔恰，1973 年 5 月 21 日卒于加拿大渥太华。计算机科学与工程、数理逻辑、控制论、应用数学。

父亲是历史学教授、罗马尼亚科学院院士，母亲是小学教师。1924 年进入布加勒斯特理工大学建筑系，兼读于布加勒斯特大学数学系，1929 年获数学博士学位。1930 年去法国巴黎大学索邦学院进修数学，次年回国。1932～1941 年任教于布加勒斯特的雅西大学数学系，1936 年晋升教授。1941 年底到布加勒斯特大学任教。在欧洲和北美许多大学做过兼职教授或客座教授。是罗马尼亚科学院院士，意大利博洛尼亚科学院外籍院士。

罗马尼亚计算机科学的奠基者和主要推动者、杰出数学家。最初从事数学，尤其是代数学，后转向数理逻辑和计算机科学。20 世纪 30～40 年代，在罗马尼亚率先开设现代代数学等前沿课程；发表一系列有关力学、数学分析、微分几何、代数学和数理逻辑等论文；在波兰逻辑学家卢卡兹维奇(Jan Łukasiewiez)多值逻辑系统的基础上，撰写发表有关多值逻辑的论文，创立他所称的“三价卢卡兹维奇代数”的代数学新分支，后称为卡兹维奇-毛西尔代数学。50～60 年代，将代数学用于逻辑和控制论，提出有限自动机的新理论，完善和深化计算机理论模型；他积极倡导和主持参与罗马尼亚科学院物理研究所联合攻关，1957 年研制成功罗马尼亚第一台电子计算机 CIFA-1，后又相继制成 CIFA-2 和 CIFA-3；通过加强国际交流，使罗马尼亚成了东欧国家中最早与西方国家开展技术合作的国家之一；深入研究计算机硬件，将卡兹维奇-毛西尔代数学应用于开关电路分析，《晶体管电路》(2 卷，1961～1962 年)被译成俄文、捷克文等多种语种出版，影响很大。70 年代，与法国国际信息公司合作研制出品“费勒克斯”(FELEX)C-256/512 计算机，性能相当于美国的 IBM 370/135；后又开发出 C-512，相当于 IBM370/145；中国曾从罗马尼亚引进一批 FELEX 计算机。

著述颇多，其中还有：《连续系统的分析力学》(1929 年)、《模态逻辑》(1942 年)、《新经典逻辑中的新旧方法比较》(1953 年)、《代数学导论》(1954 年)、《自动机的代数理论》(1959 年)、《逻辑学论文集》(1972 年)、《数学文集》(1976 年)等。获 1996 年美国电气与电子工程师协会计算机先驱奖等奖项。(李　烨)

安东诺夫，O. K. Антонов，Олег Констaнтииович；Antonov，Oleg Konstanti novich)　苏联人，1906 年 2 月 7 日生于俄国莫斯科省波多里区特罗依兹村，1984 年 4 月 4 日卒于莫斯科。*航空工程、空气动力学、工程管理。*

出身建筑工程师家庭。1929 年列宁格勒工程技术学院毕业，后到莫斯科全苏滑翔机中央设计局工作。1933 年任莫斯科图申滑翔机厂总设计师。1938 年到雅可夫列夫设计局工作，1943 年任第一副总设计师。1946 年调任试验设计局总工程师，同年成立并主持安东诺夫设计局。他还是一名试飞员。1968 年当选为乌克兰科学院院士。1981 年当选为苏联科学院院士。

中学时代首次设计制作“鸽子”号滑翔机，在 1924 年全苏滑翔机竞赛中获特别奖。20 世纪 30 年代，任总设计师主持研制了 30 余种滑翔机，产量逾 7 000 架；1937 年设计的 Рот-Фронт-7 滑翔机在竞赛中创下滑翔机行程世界纪录(749. 2 千米)。第二次世界大战中，40 年代研制的 A-7 摩托滑翔机，载重 1 吨，由飞机拖曳起飞后能独立飞行 8 小时，最高时速 300 千米，在夜间为敌后游击队运送了大量物资和兵员，获“卫国战争游击队员”一级奖章；A-15 滑翔机速度创下世界纪录，获国际航空联盟嘉奖；1943 年参与研制生产轻便的雅克-3 战斗机；奉命突击研制生产各种农用飞机，其中 1947 年首批生产的安-2 飞机，是一种多功能、宽适应、易操纵的双翼机，可在土机场起落，用途广泛，是世界上唯一成批生产年限超 30 年的飞机，共生产了 12 000 多架。50 年代起，研制生产一系列安字号大型运输机和客机。1955 年首批生产的军用运输机安-8 可载重 11 吨；安-12 载重 20 吨，航程 6 000 千米，卡车可直接驶入机舱，成为苏联军民两用运输机主要机种，1961 年完成了莫斯科-南极洲来回飞行；1965 年首次飞行的安-22 宽机身大型运输机，机高 12. 5 米，装有 4 台涡桨发动机，每台 15 000 当量马力，载重 60 吨，同年参加巴黎国际航空展览轰动了世界，经改进创下 40 个世界纪录，其中把 100. 4 吨载重升举到 7 848 米高度。1959～1961 年研制涡桨客机安-24，大胆以胶接技术取代焊接技术，客运量在 80 年代占全苏民航 30%，在苏联出口飞机中数量第一。一生共研制了 20 余种型号、80 余种改型飞机，共创造 300 余项世界纪录，有些记录至今未被打破。

有自传《在用木料和蒙布制造的机翼上》和《十次从头开始》；《为别人也为自己》一书总结了自己领导科研和企业管理的经验。多次获苏联国家奖励，1966 年获社会主义劳动英雄称号。(李啸虎)

劳斯，H. (Rouse，Hunter)　旧译饶斯。美国人，1906 年 3 月 29 日生于美国俄亥俄州托莱多，1996 年 10 月卒于亚利桑那州太阳城。*水利工程、工程水力学、流体力学、技术史学、工程教育。*

1929 年毕业于美国马萨诸塞理工学院。1932 年获德国卡尔斯鲁厄大学工程博士学位。1959 年获法国巴黎大学理学博士学位。1929 年任教马萨诸塞理工学院。1933 年任教哥伦比亚大学。1936 年任教加利福尼亚理工学院。1939 年转任艾奥瓦大学流体力学教授，1944 年起兼任该校水利研究所所长，1966～1972 年任该校工学院院长，1976 年退休后任荣誉教授。后每年夏季在科罗拉多大学讲授流体力学。是美国国家工程院院士。1975 年获卡尔斯鲁厄大学荣誉理学博士学位。

美国现代工程水力学先驱之一，以研究湍流力学而著称。20 世纪 30 年代，提出悬移质泥沙在水流中沿垂线的分布式即劳斯方程(旧译饶斯方程)，对希尔兹方程进行了重要修改，希尔兹-劳斯方程是水力学经典理论，沿用至今。从本质上诠释了希尔兹图解所阐明的水流泥沙运移基本规律；在希尔兹图中引入一个辅助参数，使运算更为简便。致力于将流体力学应用于各种工程领域，使之从一维单相解发展到二维、三维的多相解，从而奠定工程水力学的基础，为各种工程水流问题提供可靠的理论工具，并推动多个工程力学分支的进展。十分重视工程力学教育和学科史研究。

主要论文入编《亨特·劳斯论文选集》(1976 年)，广泛涉及水力学的射流、溢流、漫射扩散、边界粗糙度和泥沙悬浮等领域。出版专著和教材《水力工程师专用流体力学》(1938年)、《初级流体力学》(1946年初版,1978年再版)、《基础流体力学》(1953年)和《水力学发展史》(1957年)、《美国水力学(1776～1976年)》(1976年)、《高级流体力学》(1976年,与他人合著)、《水力学历史文献览要》(1984年)等。4部初、中、高级和专业人员教程,又配以他主持摄制的6部科教电影,形成一套国际广为采用的教材而蜚声学界。1979年美国土木工程师协会设立劳斯水利工程讲座。多次获奖,其中获1991年美国土木工程师协会弗里茨奖章等。 (李 烨)

雅科夫列夫,A.C.(Яковлев, Александр Серяеевич; Yakovlev, Aleksandr Sergeyevich) 苏联人,1906年4月1日生于莫斯科,1989年8月22日卒于同地。航空工程、空气动力学、工程管理。

1924年高中毕业后,进莫斯科飞机制造厂做发动机管理工。1927～1931年在茹科夫斯基航空工程学院学习。毕业后进入波利卡尔波夫设计局任工程师,1932年组建轻型飞机设计处。1934年成立雅科夫列夫飞机设计局(1992年重组为雅科夫列夫飞机制造公司),1935年任主任设计师。1940～1948年任国家航空工业部副人民委员。1946年晋升为上将工程师。1956年任总设计师。1943年当选为苏联科学院通讯院士,1976年当选为院士。

苏联著名的"雅克"(ЯК-)系列飞机设计家。他创立的雅科夫列夫飞机设计学派,创作领域涉及各种机种。一生主持和参与研制了75种型号各类飞机,生产总量超过66000架,共打破45项世界飞行纪录。

20世纪20年代,积极投身航模、滑翔和体育航空运动;1926年研制出自己第一架飞机——小型两座双翼机AIR-1,受到军方关注。1932～1936年设计过两种型号快速邮政飞机、两种型号教练机;1939年设计出 ЪЪ-22型轰炸机,航速每小时567千米。第二次世界大战期间,主持设计研制了多种型号雅克战斗机,仅1940～1943年间就有雅克-1、雅克-7、雅克-9和雅克-3相继推出,其中雅克-3是苏联活塞式战斗机中速度最快的,每小时745千米。雅克机外形粗短,动力-重量比高,时至1945年,仅以上4种型号就生产了37000架,占当时苏联战斗机总数2/3。1945年开始服役的雅克-15型是苏联第一种投入实战的喷气式战斗机。

二战后,1952年研制苏联第一架全天候截击机雅克-25型;1958年研制苏联第一架超音速轰炸机雅克-28型;1967年研制苏联第一架垂直起落飞机。此外,还先后设计雅克-14型降陆滑翔机、雅克-24型直升飞机、雅克-11和雅克-18型教练机、雅克-12型多用途飞机,以及多种型号体育飞机等。1975年设计的雅克-50型多次打破欧洲和世界飞行纪录,直至1985年才停产改型。1981年雅克-55原型机首飞,该机能高速滚动、视野宽广、维修率低、便于驾驭,1984年由苏联参赛队争得世界特技飞行冠军。

出版有《生活的目的》(1974年)、《飞机设计家的故事》(1974年)、《苏联的飞机》(1975年)等自传和科普著作。1940年、1957年两次获社会主义劳动英雄称号。获1972年列宁奖金、7次苏联国家奖金;8枚列宁勋章、8枚其他勋章和多枚奖章,此外获法国荣誉军团勋章、法国军人十字勋章、国际航空联合会大金质奖章等。

(李啸虎)

沈鸿(Shen Hong) 中国浙江省人,1906年5月19日生于浙江海宁,1998年5月20日卒于北京。机械与动力工程、机械学、工程管理。

家境贫寒,7岁起仅在家乡读过4年半小学。自学成才。1919～1937年,在上海一布店当学徒和店员,期间业余读了几年夜校,后创办"利用小五金工厂"自任经理兼工程师。1938年携全套工厂设备到延安;1938～1948年先后任茶坊兵工厂总工程师、龙烟铁矿公司代经理。1949年后,历任中央财经委员会重工业处处长、国家计划委员会机械计划局副局长、第三机械工业部部长助理、电机工业部副部长、煤炭工业部副部长、农业机械工业部副部长、第一机械工业部副部长、国家机械工业委员会副主任、机械工业部顾问等职。1980年当选为中国科学院学部委员(院士)。

20世纪30～40年代,在延安时自行设计制造蒸汽锅炉、薄铝板轧机、炼焦设备、造币机等134种型号数百台(套)机器设备,曾三次被评为边区特等劳动模范,荣获毛泽东主席亲笔题写的"无限忠诚"奖状。50年代,率先采用拼焊法研制出中国第一台12000吨级自由锻造水压机(1958年),填补了中国大型锻压设备的空白;负责设计制造中国第一台火车车轮箍轧机;解决了三门峡水电站15万千瓦大型水轮机转子焊接难题。60～80年代,负责设计、制造80～300毫米钢管轧机、薄钢板连续式热轧机等国防工业急需的九大设备;主持或参与从仪器仪表到发电设备,从葛洲坝工程到农业机械的工程项目研究和决策。

组织编写中国第一部《机械工程手册》和《电机工程手册》大型工具书,共25卷,3600万字,获1982年全国优秀科技图书一等奖;主持编辑了250万字的《中国大百科全书・机械工程》卷。出版有《12000吨水压机》(1980年,与他人合著)、《沈鸿论机械科技》(1986年)、《沈鸿文选》(1993年)等著作。1980年获美国机械工程师协会"有成就的外国机械师荣誉会员"称号;1985年联合国世界知识产权组织授予金质奖章;1996年获首届中国工程科学技术光华奖。 (武光明)

约翰逊,R.B.(Johnson, Reynold B.) 美国人,1906年7月7日生于美国明尼苏达州达萨尔附近,1998年9月15日卒于加利福尼亚州帕洛阿尔托。计算机科学与工程、电磁技术、仪器研制、工程管理。

父亲是瑞典移民,农场工人。在家中10个子女中,约翰逊排行第九。1929年获明尼苏达大学教育管理学学士学位。同年在密歇根州一所城镇高级中学当理科教员。20世纪30年代经济大萧条时期,曾失业在家。1934年进入美国国际商业机器公司(IBM)恩迪科特实验室工作。在第二次世界大战期间,主持多项军工研究课题。1952年起出任IBM公司圣约瑟实验室首任主任,1966年入选IBM研究院院士。1975年离开IBM公司,在加利福尼亚州帕洛阿尔托创办教育工程联合实验室。1981年当选为美国国家工程院院士。

磁盘存储系统的发明人。1952年他创建IBM公司第一个应用研究实验室——圣约瑟实验室,这是美国计算机产业界最为成功的实验室之一。他担任第一任主任近20年,手下员工3000余人,为IBM公司开发了许多重要产品。其中亲自主持和参与研制的最具影响的产品,是1956年推出为IBM-305商用计算机配套的磁盘存储系统RAMAC,在1958年布鲁塞尔世界博览会上引起了轰动。20世纪50年代初,为了解决计算机缺少大容量外存的难题,在第一台电子计算机ENIAC-Ⅰ上首次安装能正转和反转的巨型磁带机,但转速仍然太慢,又只能在读写磁头下方按顺序存取,大大限制了数据处理速度。约翰逊的硬碟机是第一个能随机快速存取的大容量磁盘系统,大小形同电冰箱,由50个直径61厘米的旋转磁盘堆叠组成,读写装置浮游盘间,可快速存取资料。它的出现是计算机发展史上划时代的事件之一。IBM公司总裁甚至宣布,该机问世的那天是IBM公司历史上最伟大的一天,也是办公设备工业历史上最伟大的一天。

此外,他在开发辅助教学和办公自动化设备上有不少发明。1937年,在自己原有发明基础上推出IBM-805阅卷评分机,促进了美国标准化考试的推广;后继续开发标记识别技术,例如绕线式矩阵打印技术、卡片检索系统等。70年代,成功开发辅助学习语言的电子语音系统,深受学校师生欢迎。

一生获个人发明专利90余项。获奖主要有:1986年美国国家技术奖章,1987年计算机先驱奖,1991年信息存储奖等。(李　烨)

约翰逊,P.C.(Johnson,Philip Cortelyou) 美国人,1906年7月8日生于美国俄亥俄州克里夫兰,2005年1月25日卒于康涅狄格州纽迦南。土木工程、建筑学、建筑史学。

律师之子。1927年获哈佛大学哲学系学士学位;1939年进哈佛大学建筑设计学院研究生院,师从M.L.布劳耶,1943年获博士学位。期间,大学毕业后曾随建筑史家希契科克(H.R.Hitchcock)游历欧洲。归国后,1932～1934年、1945～1954年两次出任纽约市现代艺术博物馆建筑部主任。1953年开设建筑设计事务所。1967～1991年,同J.伯吉(John Burgee)合作经营建筑事务所。1992年成立独资的建筑公司。

有国际影响的美国建筑师、建筑理论家,被戏称为美国建筑界"教父"。他认为"原创性"根本就是欺世之谈,因而一生都在求变,不断引领建筑界新潮流。早期作品明显受密斯·范德罗厄的影响,代表作有:在纽迦南的自住宅"玻璃房子"(1949年),成为美国民宅风格转向现代主义的里程碑;曼哈顿的洛克菲勒宾馆(1950年)、和密斯·范德罗厄合作设计的纽约西格莱姆大厦(1958年,后获美国建筑师协会金奖),至今被视为现代派经典。20世纪60年代开始,由密斯风格转向新古典主义,代表作有:内布拉斯加大学谢尔顿艺术纪念馆(1963年)、纽约林肯中心的纽约州剧院(1964年)等;同J.伯吉合作设计一系列建筑,其中有:波士顿公共图书馆(1973年)、明尼苏达州明尼阿波利斯IDS中心(1973年)、休斯顿的带两座梯型城堡的潘索尔宫(1976年)、加利福尼亚州加登·格罗夫的"水晶大教堂"(1980年)等。80年代后,追求后现代主义的折衷主义,熔古典风格、现代高层建筑风格、巴洛克时代华丽风格和现代商业化时尚风格为一炉,代表作有:纽约曼哈顿区的美国电话电报公司大楼(1984年)、匹兹堡平板玻璃公司大厦、耶鲁大学微生物学楼、休斯顿银行大厦、克莱斯勒汽车中心(2001年)等。

著有《国际式风格:从1922年以来的建筑》(1932年,与希契科克合著)、《机器艺术》(1932年)、《密斯·范·德·罗厄》(1947年)等。1979年获第一届普利兹克奖(国际建筑界最高奖)。(李　烨)

法恩斯沃思,P.T.(Farnsworth,Philo Taylor) 美国人,1906年8月19日生于美国犹他州河狸城附近印第安克里克,1971年3月11日卒于缅因州布朗菲尔德。通信工程、电气电子技术、核聚变工程、仪器研制。

农家子弟,和曾祖父取同名,从小在地里干活。13岁时随全家迁居爱达荷州姑父的农场,在屋顶阁楼上发现成捆的科技旧杂志,开始自学并决心当个发明家。1922年全家搬到犹他州普罗沃。1924年入读杨百翰大学。3个月后,因父亲去世而辍学,做过伐木工、电器推销员、铁路电工等短工。后考入海军预备士官学院,因不适应军人生活,退伍到盐湖城街道清洁队工作,不久成为一家慈善机构管理员。1929年合伙成立克罗克研究实验室;同年改为法恩斯沃思电视股份有限公司;1938年改为法恩斯沃思无线电与电视公司;1949年被美国国际电话电报公司兼并,先后任分管研究开发的副总裁、总顾问,1967年退休。同年到犹他州杨伯翰大学工作,获该校荣誉博士学位。后患肺炎在家中去世。

电子式电视技术开创者。1925年,英国人J.L.贝尔德制造出第一台能传输图像的机械式电视机,被称为"神奇魔盒",但图像不甚清晰。年仅14岁的法恩斯沃思就读里格比中学时,提出了有关电视机"显像管"的最早构思:把电视荧光屏划分成许多长条,就像田间犁出的一行行垄沟,电子管发射的电子束沿长条各点形成黑白区域,长条紧密叠加成图像。1927年9月7日,他控制显像管清晰再现了三角形,不久成功传送了一张由60条水平扫描线构成的美元标志符号,获得电子式电视第一个专利。1928年发明电子图像分解摄像机。接着又发明电子信号放大管、显像管、电子扫描器、电子倍增器、光电材料等。与机械装置相比,电子移动速度极快,不需要活动元件就能精确反映预定画面。1937年他的电子电视系统在竞争中击败了贝尔德机械扫描电视,使后者淘汰出局。期间,1930年4月美国无线电公司的V.K.兹沃雷金曾到他的实验室取得电视机相关技术。此后10年,他卷入了一场专利权诉讼,20世纪30年代末美国专利局最后认定美国无线电公司侵权,赔偿100万美元。第二次世界大战中,美国政府暂停发展电视工业,他的公司为军方生产电子元件和弹药箱。当1946年被允许制造电视机时,他的专利权即将过期。

他还研究开发出国防预警信号系统、在地上控制空中交通的投影全景放映机、红外望远镜、水下探测仪、雷达校准仪和其他一些发明。此外，60年代末在杨伯翰大学主持研究受控核聚变发电。《纽约时报》在讣闻中称他为“世界上最伟大、最具魅力的发明家之一”。（顾志俊）

李文采(Li Wencai) 原名李文彩。中国湖南省人，1906年9月9日生于湖南永顺，2000年3月1日卒于北京。钢铁冶金工程、冶金学、工程管理。

1931年交通大学电机系毕业。1933年留学德国，1939年获德累斯顿高等工业大学工学博士学位。同年回国，历任重庆巴山石墨制品公司经理、武汉大学冶金系教授、天津中国工业原料公司总经理、华东财经委员会重工业处副处长、西南军政委员会工业部副部长等职。1949年后，参加接管上海重工业企业，整顿各家钢铁厂，成立上海国营钢铁公司，规划沪、杭、宁电力网工程。1954年到冶金部钢铁综合研究所(后为冶金部钢铁研究总院)工作，历任所长、副院长，为教授级高级工程师。1955年选聘为中国科学院学部委员(院士)。

1954～1958年，为配合各大钢铁联合企业基本建设工程需要，组织领导有关矿石、煤焦、耐火材料等方面大量试验工作；提出和组织进行过多项对中国钢铁工业具有重大转折意义的新工艺研究。例如，最早在中国进行氧气顶吹转炉炼钢、连续铸钢、钢水真空处理、热压型焦、非焦煤和铁矿石直接冶炼铁水、薄板坯连铸等新技术试验，有多项重要技术突破，获巨大经济效益和社会效益。其中，半吨转炉试验纯氧顶吹，炼成合格钢水百余炉，创下中国冶金史新纪录。在中国矿产资源综合利用方面，适时向主管部门提出许多合理建议。20世纪60～70年代，在调查研究基础上归纳了一套工艺或工厂评价指标体系，即：最优化、连续连接化、自动化和防止公害(简称“三化一防”)。80年代开始，联系国际钢铁冶金动态，科学评价了中国冶金工艺现状，提出了对炼铁、炼钢、精炼、连铸等工艺的改进意见。撰有“我国中小钢铁厂的技术改造”、“用煤炼铁半工业试验”、“双履带活块循环薄板坯连铸机试验”等数十篇重要论文。（卢玉英）

戈德马克，P. C.(Goldmark, Peter Carl) 美国人，1906年12月2日生于匈牙利布达佩斯，1977年12月7日卒于美国纽约州拉伊。通信工程、印刷工程、音响技术、微电子学。

匈牙利裔。1930年获奥地利维也纳大学理学士学位。1931年获德国柏林大学物理学博士学位。1936年进入美国纽约哥伦比亚广播公司实验室工作，后任电视研究室总工程师，1954年任该公司实验室主任。1937年加入美国籍。退休后任宾夕法尼亚大学医学院医学电子学客座教授。1966年当选为美国国家工程院院士。后因车祸不幸去世。

1926年在维也纳大学读书时，制成一台电视接收机，屏幕只有邮票那么大。在他的指导下，哥伦比亚广播公司实验室建成世界上第一台实用的彩色电视系统，1940年8月29日在纽约播送了历史上第一次实验性彩色电视节目。他主持开发的场序制彩色电视系统，广泛应用于医学、教学及工业的闭路电视中。1948年开发了慢速乙烯基留声机唱片，把相当于6张78转/分的唱片内容压缩在一张密纹唱片中，直至20世纪80年代光盘(CD)出现后，这种唱片才被取代。在20世纪70年代阿波罗登月计划中，主持开发了将飞船上所拍摄月球表面的照片传输到地球的接收系统。发明一种金属固状润滑剂，能大大延长轴承的使用寿命。主持研制成的超高速光学排字系统，能以1000个/秒印刷符号的速度排字，其中包括高质量的图表。1967年首次研制成功电子录像机，推动了电视教育的发展。

获1946年美国电气与电子工程师协会利布曼纪念奖、兹沃雷金电视奖，1954年电视广播协会奖，1969年富兰克林学院克里森奖章，1977年美国国家科学奖章等。（陆伟良）

王之玺(Wang Zhixi) 字蓝田，中国河北省人，1906年12月8日生于河北行唐，2001年1月20日卒。钢铁冶金工程、金属学、工程管理。

出身书香门第。1931年天津北洋大学矿冶工程系毕业。1932～1934年任汉口六河沟炼铁厂工程师。1934～1936年在英国设菲尔德大学钢铁冶金系深造。1937年任中央钢铁厂筹备委员会矿冶专门委员。同年初赴德国考察。1938年回国，先后参与汉阳铁厂迁厂和重庆大渡口钢铁厂建厂规划与设计，在昆明筹建云南钢铁厂并任工程处副处长、副厂长。1944年初赴美国考察钢铁工业。1946年任国民政府资源委员会钢铁组副组长。1947年任鞍山钢铁公司技术协理。1948年后，历任鞍钢计划处工程师，东北人民政府工业部计划处副处长兼管鞍钢扩建事务，中央重工业部生产技术司副司长，冶金工业部技术司副司长、钢铁司副司长、科技办公室副主任、高级工程师，1984年离休。1979年任中国金属学会副理事长兼常务副秘书长。1955年选聘为中国科学院学部委员(院士)。

20世纪30年代末，奉命调查云南省和陕甘边区煤铁矿资源，是云南钢铁厂的创建者之一。40～50年代，负责拟订鞍钢复工计划，参与组织工程施工，使生产迅速恢复，获一等功臣奖；首次组织制定中国钢铁产品的技术标准、钢铁冶炼基本操作规程，并建立技术监督制度；1957年起着手解决攀枝花铁矿和包头铁矿综合利用两大课题。60年代，负责组织攀枝花钒钛铁矿的高炉冶炼配矿实验，采用三段试验方案取得成功；参与负责组织制定中国冶金科学技术十年发展规划；主持一些重大新技术研究和推广，如连续铸钢、贫赤铁矿选矿、炼铁高炉采用高压高风高温、炼钢真空处理、钢材冷加工等。1979年起专职负责中国金属学会总部日常工作，广泛开展国内和国际学术交流。80年代，参与冶金部组织编写“钢铁工业技术政策和装备政策”、“钢铁工业科技发展规划大纲”，获国家科学技术进步奖一等奖。1992年他已86岁高龄，还与人合写“我国钢铁工业长期发展中若干战略问题的研究”。（卢玉英）

赫柏，G. M.(Hopper, Grace Murray) 美国人，

1906年12月9日生于美国纽约市，1992年1月1日卒于弗吉尼亚州阿灵顿。计算机科学与工程、软件工程、军械装备、应用数学。

海军世家之女，祖父是海军少将；父亲因病双腿截肢而长期住院。她是家中长女。1928年获瓦萨女子学院学士学位。1930年、1934年先后获耶鲁大学数学硕士、博士学位。毕业后在瓦萨女子学院任教，后升至副教授。在第二次世界大战中，参加美国海军的妇女自愿救助服务团（WAVES），在北安普敦海军军官学校受训，1944年晋升上尉。同年到海军装备局工作，被军方派到哈佛大学计算实验室任计算机编程员。期间1930年结婚，1945年离异后一直独身。1946年退役，保留为后备役军官。战后，她仍留在哈佛大学参与研制巨型机。1949～1971年加盟埃克特-莫奇利计算机公司（次年并入斯佩兰—兰德公司）。按规定她应于1966年从WAVES退休，但半年后又被召回负责海军系统计算机高级语言标准化和普及化工作，1985年晋升海军少将，1986年正式退休。被40多所大学授予荣誉博士学位。

被誉为“计算机软件第一夫人”。20世纪40年代，在哈佛大学H.艾肯教授主持下参与研制世界第一台大型数字计算机Mark-Ⅰ，以及后继的Mark-Ⅱ、Mark-Ⅲ，成为历史上寥若晨星的第一批女程序员。期间，为海军编制最佳海上布雷方案程序；编写Mark-Ⅰ操作手册，建立世界上第一个子程序库。50年代，在斯佩兰-兰德公司参与研制BINAC、UNIVAC计算机。期间，1952年开发出世界上第一个可将高级符号语言转变为机器语言的编译器A-0；1953年开发出第一个处理数学计算的编译器A-2；1957年开发出第一个自动翻译英语的数据处理语言的编译器B-0（即FLOW-MATIC）；1959年率先用FLOW-MATIC实现COBOL语言的第一个编译器，对该语言形成和发展有重要影响。

她还被誉为“美国海军计算机化之母”，为美国海军计算机化努力了半个世纪，是第一位获得少将军衔的女性。她在退休仪式上致词说，40岁时已被告知太老了不宜继续服役，想不到却穿着制服又干了整整4个10年。

一生获奖甚多。其中有：美国海军部1946年武器发展奖、1986年杰出服务奖，1980年计算机先驱奖，1991年美国国家技术奖章（美国女性中至今唯一获此殊荣者）等。1994年追授入选“美国女性名人堂”。1996年美国海军一艘伯克级驱逐舰命名为“赫柏”号，这是战后第一次、美国海军史上第二次以一位女性芳名命名一艘战舰。 （李　烨）

孟昭英（Meng Zhaoying）　中国河北省人，1906年12月24日生于河北乐亭，1995年2月25日卒于北京。通信工程、激光工程、电子学、微波波谱学。

出身农民家庭，3岁丧父，靠长兄帮助得以完成学业。1928年燕京大学物理系毕业，留校任助教兼当研究生，1931年获硕士学位。1933年赴美国留学，1936年获加利福尼亚理工学院博士学位。同年回国任燕京大学物理系副教授。1938～1943年任昆明清华无线电研究所教授，兼任西南联合大学物理系名誉教授。1943～1946年，再次赴美国先后任加利福尼亚理学院客座教授、马萨诸塞理工学院“辐射馆”（相当于雷达研究所）客座研究员。1947年回国后直到去世，历任清华大学物理系教授，无线电系教授兼系主任，现代应用物理系教授。曾兼任中国电源学会名誉理事长，多所高校兼职教授。1955年选聘为中国科学院学部委员（院士）。

为完成博士论文，1936年在美国加利福尼亚理工学院制成一种振荡波长只有1厘米的微波电子管，创造了当时微波电子管中振荡波长最短的世界纪录。1938～1943年，他在昆明完成三极管射频放大器线性调幅的研究工作。1943年，在美国加利福尼亚理工学院完成微波波导中阻抗的精确测量研究，并获一项美国专利。1944～1945年，在马萨诸塞理工学院“辐射馆”对10厘米波段雷达系统中发送—接收开关的研究获得了一定成果。1945年他探索了氧气在5毫米波段的吸收谱，开创了微波波谱学毫米波段的先驱性研究。1962年在阴极电子学的研究中，发展了一种“光照测法”，以精确测定辐射系数，建立一套精确测量阴极温度的方法；20世纪80年代，开展激光单原子探测技术的研究。撰有《电磁振荡和电磁波》（1956年）、《阴极电子学》（1962年）等专著。 （孙晓芳　宣焕灿）

鲁斯卡，E.A.F.（Ruska，Ernst August Friedrich）　德国人，1906年12月25日生于德国海德堡，1988年5月27日卒于西柏林。电气电子工程、显微技术、电子光学。

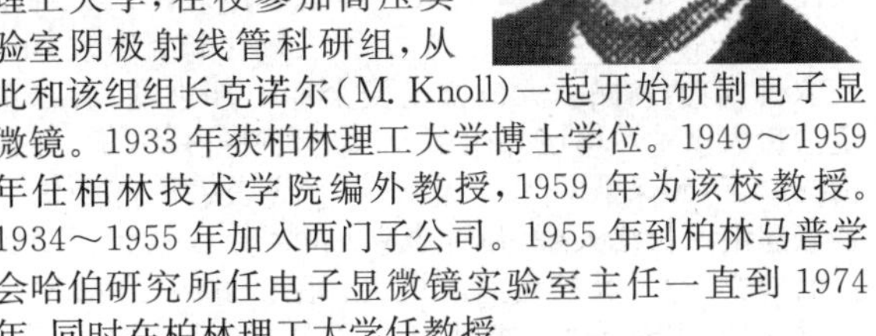

父亲是科学史家，舅父是天文学家。他在家中排行第五，和学医的六弟赫尔穆特（Helmut）学术上一直保持联系。1925～1927年在慕尼黑理工大学学了2年电气工程，后随父到柏林，入读柏林理工大学，在校参加高压实验室阴极射线管科研组，从此和该组组长克诺尔（M. Knoll）一起开始研制电子显微镜。1933年获柏林理工大学博士学位。1949～1959年任柏林技术学院编外教授，1959年为该校教授。1934～1955年加入西门子公司。1955年到柏林马普学会哈伯研究所任电子显微镜实验室主任一直到1974年，同时在柏林理工大学任教授。

1928年参加M.克诺尔的小组，研究阴极射线管中电子束的聚焦问题。1929年他突破了认为电子束轰击会烧毁样品的框框，根据布什（H. Busch）关于电子可以成像的理论进行成像试验，用阴极射线管上加短线圈（磁透镜）的方法获得第一批电子光学像。1930年他探索用静电透镜代替磁透镜的可能性，由于方案设计上的错误，实验效果不好。他又转过来开发磁透镜。在1929年工作基础上，1931年再加上一个透镜，获得了总放大倍数17.4倍的铂网像。这种仪器成了今天电子显微镜的雏形，1932年他和M.克诺尔共同为它取名为“电子显微镜”。1932年他与伯里斯（von Borries）在铁壳线圈内加上极靴，缩短磁场范围，减小焦距，实现技术上又一次重大突破，研制成分辨率更高的电子显微镜，获得放大12 000倍的电子显微像。1933年后他多方奔走，争取资助使电子显微镜商品化。1939年第一批电子显微镜上市。其后不断改进提高，到1954年分辨率达0.6纳米，照射面积从1平方毫米降到1平方微米。电子显微镜成为一种研究物质表面性质的极有效仪器，对准晶态的发现、界面和表面结构的研究有重大贡献。

由于他在电子光学方面的基础工作和研制第一台电子显微镜，获得1986年诺贝尔物理学奖金的一半；另一半由G.比尼格和H.罗雷尔分享，因为他们在1981年设计出扫描隧道效应电子显微镜。鲁斯卡还获得1960年拉斯克奖等。（沙振舜）

汪菊潜(Wang Juqian) 中国安徽省人，1906年12月29日生于上海，1975年2月26日卒于北京。铁路桥梁工程、结构工程、工程力学、工程管理。

原籍安徽休宁。出生于中学教员家庭。1926年交通部唐山大学(后称唐山交通大学)土木系毕业。1930年获美国康奈尔大学土木工程硕士学位。同年回国，历任国民政府铁道部工务司技士、技正，交通部路政司工务科技正兼科长，粤汉铁路、滇缅铁路、叙昆铁路、四川綦江铁路等工程局(处)正工程司兼课长，中国桥梁公司上海分公司经理兼总工程师、上海铁路局工务处处长。1950年后，历任国家铁道部工程总局副局长、大桥工程局总工程师，该部科学技术委员会副主任以及副部长等职。曾兼任中国土木工程学会副理事长等职。1957年当选为中国科学院学部委员(院士)。

在抗日战争和解放战争中，主持和参加修复多座被战火毁坏的铁路桥梁，创造“套箱法”工艺抢修钱塘江大桥等深水桥墩获得成功；制造急需构件以抢修津浦、淮南、陇海各线桥梁，有力地支持了中国人民解放军进军南方和西北。20世纪50年代后，主持和参加建造南京长江火车轮渡北岸栈桥工程；会同苏联专家组主持武汉长江大桥技术工作，适时支持了深水基础装配式管柱结构和管柱钻孔法等工艺设想，并积极领导和组织进行试验取得成功，确保了大桥质量安全和工期进度；参与审定被特大洪水冲垮的郑州黄河铁路大桥抢修方案，现场指挥施工，确保了两周内修复通车；代表铁道部积极筹备修建南京长江大桥，并对建造中的南京长江大桥做了全面检查，为大桥顺利完成把关开路。此外，在人民大会堂建造、中南海怀仁堂大修加固、中国第一颗原子弹爆炸固定装置结构等国家重大工程中，都做到万无一失的质量要求。曾被评为1950年全国工农兵劳动模范、1951年全国铁路劳动模范。（潘 峰）

科恩，N.(Cohn，Nathan) 美国人，1907年1月2日生于美国康涅狄格州哈特福德，1989年11月16日卒于亚利桑那州。电力电气工程、电工学、仪器研制、自动控制。

1927年获马萨诸塞理工学院电气工程理学士学位。后在费城里兹-诺思拉普电子仪器公司工作，1955年任市场发展部经理，1957年任负责技术事务的副总裁，1965年任资深副总裁，1967年任常务副总裁，1972年退休，1975年任公司董事。1969～1971年任科学仪器制造者协会会长。1971～1975年为富兰克林学院董事长。1976年被授予罗斯尔拉理工学院荣誉博士学位。

卓越成就是电力系统的互联控制。1938年在印第安纳和密歇根电力公司从事运行工作时，就决心研究频偏控制，并变控制器为持续式，得到了优越的运行效果。以后全部偏置控制器都成为持续式。他在此基础上建立的互联系统，首次在艾奥瓦州、伊利诺伊州和密苏里州的部分地区获得成功。1948年应用于互联更广大的地区，后来成为互联控制的标准系统。1951～1952年在密苏里州和艾奥瓦州的3家电力公司联营运行，他负责设计成功控制系统，并输入电子计算机的经济调度系统。1956年他进行偏置运行的具体分析，用理论公式来解释各种偏置调整量的效应。这些成果，列入了技术标准手册，为互联系统机构在工业实践中所采用。

1982年获美国电气与电子工程师协会爱迪生奖章。此外获富兰克林学院韦瑟里尔奖章、美国仪器学会斯佩里奖章等。（戴成勋 许可钦）

科罗廖夫，С.П.(Королёв，Сергей Павлович；Korolev，Sergey Pavlovi ch) 苏联人，1907年1月12日生于俄国日托米尔(今属乌克兰)，1966年1月14日卒于莫斯科。航天工程、火箭技术、工程管理、空间科学。

教师家庭出身，生父早逝；继父是工程师。科罗廖夫为了早日自立，进了敖德萨建筑职业学校。1929年莫斯科鲍曼高等技术学校(半工半读)毕业。1932年任莫斯科喷气推进研究小组负责人，同年任世界上第一个喷气推进研究所副所长。1938～1944年在肃反运动扩大化中受迫害，被苏联最高军事法庭判刑8年，在西伯利亚等地劳改营服苦役。卫国战争期间，在同受迫害的著名航空设计师A.H.图波列夫等人推举下，转囚于莫斯科特种监狱工厂，任气体动力实验室实验设计局副总设计师。1944年6月恢复自由，1946年任苏联弹道火箭总设计师，1955～1965年全面主持苏联空间计划。1958年当选为苏联科学院院士。因心脏病突发猝死，葬于红场克里姆林宫墙下。

苏联航天事业的奠基者和领导者之一。1933年主持发射成功苏联第一枚液体火箭ГИРД-9，随后试验了一系列液体火箭样机。1938～1944年，在特种监狱工厂为新式战斗机装备液体火箭助推器，很快提高了苏联空战力。1946年任国家弹道火箭总设计师，负责组装和改进俘获的德国V-2导弹，将射程增大到685千米以上。1949年他主持设计的中程弹道导弹试射成功。1953年苏联成立国家中型机械制造部专管军用火箭与航天工程，他被委任领导研制洲际弹道导弹。1955～1965年在他全面主持苏联空间计划期间，苏联火箭技术远为领先美国。期间1957年8月21日成功发射苏联第一枚洲际弹道导弹 P-7(即 SS-6),射程约 6 500 千米;同年 10 月 4 日,世界上第一颗人造地球卫星上天,开创了载人征服宇宙空间新纪元;1961 年 4 月 12 日,世界第一位宇航员加加林(Ю. А. Гагарин)乘坐“东方-1号”载人飞船绕地球一圈后安然返航,开始了人类航天时代。

荣获社会主义劳动英雄称号 2 次、列宁勋章 3 枚、齐奥尔科夫斯基金质奖章和荣誉勋章各 1 枚。1972 年苏联公映《驯火记》传奇影片,主角安德烈原型正是科罗廖夫。他的公开论著汇集于《С. П. 科罗廖夫院士创造性的道路》一书中。为纪念他,1966 年苏联科学院设立科罗廖夫金质奖章;月球背面最大的一座环形山用他的姓氏命名。 (王天运)

惠特尔,F.(Whittle,Sir Frank) 英国人,1907 年 6 月 1 日生于英国考文垂的厄尔斯顿,1996 年 8 月 9 日卒于美国马里兰州哥伦比亚。*航空工程、动力与机械工程、空气动力学。*

机械师的儿子。1923 年入英国皇家空军当钣金装配见习生。1926 年入选为皇家空军学院飞行学员。此时他已在探索高速飞行的阻力规律,并钻研火箭和喷气发动机原理。1928 年毕业后在战斗机中队任飞行少尉,1929 年底任飞行教官,萌发用燃气涡轮发动机来作为喷气推进发动机的想法,于 1930 年取得专利,但未获英国空军部门采用和任何公司的支持。1931 年到海上航空试验所任水上飞机试飞员,试验弹射器。为掌握高级工程技术,1932 年进剑桥大学学习,后以优异成绩获得机械科学本科学位。毕业后留在剑桥大学一年,从事喷气发动机设计及空气动力学研究。1935 年升为空军上尉。和两位退休的空军地勤人员合伙成立喷气发动机公司。1943 年加入英国政府航空器生产部顾问委员会。同年任空军中校,1944 年任空军上校。1946 年,喷气发动机公司并入国家燃气轮机研究院后,他就不再直接参与研究开发工作。以后他任英军后勤部空军准将、技术顾问。1948 年退役,同年封为爵士。后在英国海外航空公司、英荷壳牌石油公司等一些著名公司任顾问等职。1976~1979 年赴任美国海军研究院航空空间工程部研究教授。是英国皇家学会会员。

被誉为“喷气发动机之父”。1937 年春,由他设计、并由英国汤姆森-豪斯顿公司试制出第一台试验发动机样机,4 月 12 日首次试车。该装置能自行启动并产生相当大的推力。这一成功是喷气发动机发展史上的重要里程碑。1939 年 6 月,经过若干改进,另一台性能更佳的发动机顺利运转。第二次世界大战爆发,使英国空军的领导人认识到该型发动机的实用价值。1940 年 12 月,主持进行了实验型 W. 1. X. 发动机第一次台架试车。1941 年 4 月 12 日 W. 1. 型发动机试车。1943 年 4 月,在英国首相邱吉尔观摩下,安装该发动机的 E. 28/39 型格洛斯特-惠特尔飞机试飞成功,效果比预期的还好。由此英国加强了发展和生产喷气发动机工作,并与美国紧密合作,一些工作转到美国通用电气公司。盟军决定发展 W. 2. B 发动机和装备流星式飞机,1944 年流星式飞机服役,用于拦截德国的 V-1 飞弹。同时在他指导下,还设计了 W. 1. A、W2/500 和 W2/700 等多种发动机。简单涡轮喷气发动机的主要缺点是,在低速条件下,如地面滑行、起飞、爬升和下降时燃油消耗过大。为改进这些缺点,他着手发展了其他型号的喷气发动机,其中有两种就是现在仍在使用的涡轮风扇式和后风扇式发动机。

著有自传《惠特尔涡轮喷气发动机历史》(1945 年)、《一个喷气发动机先驱的故事》(1953 年);另有专著《燃气涡轮机气动热力学》(1981 年)等。获得近 50 项奖励和荣誉,其中包括 1952 年英国皇家工艺学会艾伯特奖章,1991 年德雷珀奖等。 (杨惠民)

章名涛(Zhang Mingtao) 中国浙江省人,1907 年 7 月 23 日生于北平(今北京),1985 年 1 月 9 日卒于同地。*电机工程、机械与动力工程、电工学、工程教育。*

原籍浙江鄞县。1924 年上海圣约翰中学毕业,后随叔父去法国,后来又转至英国,在纽加索大学阿姆斯特朗学院攻读电机工程,1927 年获工程学士学位。接着在英国曼彻斯特茂伟电机制造厂实习,并在曼彻斯特大学夜校当研究生,1929 年因电机工程方面的研究获硕士学位。回国后于 1930 年任浙江大学电机工程系副教授。翌年任上海亚洲电气公司工程师。1932~1937 年任清华大学电机工程系教授。1938 年任西南联合大学电机工程系教授,后又任该系主任。1945~1948 年在上海公共汽车公司工作。1949 年后,一直任清华大学电机工程系教授,并长期任该系主任。曾兼任中国机电工程学会副主任委员、高教部《自然科学》杂志(电工、无线电、自动控制版)主编。1955 年选聘为中国科学院学部委员(院士)。

20 世纪 30~40 年代发表的学术论文较多,其中 1936 年发表的论文“评兰斯道夫著《直流电机》”对当时权威的美国教材作了评论,并由此引起了一场学术争论,对当时电机工程界影响颇大。1937 年他发表的一篇论文中,在国内率先将张量分析应用于电机理论研究。40 年代末起任清华大学电机工程系主任的 10 多年中,关注电机工程领域内的主攻方向和新生长点,并在课程设置、青年教师研究方向等诸多方面作了精心考虑。先后为电机工程系本科生讲授 10 多门课程。

主编出版有著名教材《电机学》(2 卷,1962 年)、《电机的电磁场》(1988 年,与他人合著)等;译著有《异步电机中谐波磁场的作用》(1980 年,与他人合译)等。

(孙晓芳)

莫奇利,J. W.(Mauchly,John William) 又译莫克雷。美国人,1907 年 8 月 30 日生于美国俄亥俄州辛辛那提,1980 年 1 月 8 日卒于费城。*计算机科学与工程、电气电子工程、工程管理、应用数学。*

电气工程师之子。1927 年、1932 年先后获美国约翰斯·霍普金斯大学物理系学士、博士学位。留校任教。1933～1941 年执教于费城厄西纳斯学院物理学系。1941 年任宾夕法尼亚大学摩尔电气工程学院副教授。1946 年合伙建立埃克特-莫奇利计算机公司，4 年后被兰德公司兼并，他在其中担任多种职务。1959 年开办莫奇利咨询公司。是美国计算机学会（ACM）创始人之一，曾任副会长、会长。是美国国家工程院院士。

世界上第一台电子计算机主要设计者之一。早年为分析气象数据研制过机电式模拟计算机。为了解决火炮射程弹道快速计算，1942 年他向美国军械部提议研制大型电子计算机，次年委任为项目组顾问，J. P. 埃克特任总工程师。1946 年 2 月，世界上第一台电子计算机 ENIAC 问世。该机采用十进制，有 18 000 多只电子管，7 200 只晶体二极管，10 000 多只电容器，7 000 多只电阻，消耗功率 174 千瓦，重约 30 吨，机房面积约 200 平方米，每秒执行 5 000 次加减运算，比机电式计算机快约 1 000 倍，但故障率很高。此后他一直从事优化机器指令码工作。1949 年制成一台二进制自动计算机 BINAC 用于制导飞弹，他发明的“短译码”是世界上首次在计算机上实现的高级程序语言。同年夏天着手研制第一台电子全自检计算机 UNIVAC-1，首次由美国政府订购 3 台，揭开了计算机产业化的序幕。

20 世纪 60～70 年代，关于 ENIAC 专利之争在美国有过一场诉讼。地方法院认为莫奇利和埃克特从 J. V. 阿塔拉索夫处获得过有关信息，判决 ENIAC 专利无效。两人一直拒绝这一指控。原来，1941 年 6 月莫奇利曾访问过阿塔拉索夫，看过后者未完成的 ABC 模型机。现在科学界普遍认为：ABC 机无疑有启发作用，但无论从其结构、功能和影响看，都无法与 ENIAC 机相比。1984 年莫奇利遗孀发现丈夫有关研制计算机的一些 30 年代信件和图纸遗物，印证了他的声辩。

获奖甚多，其中有 1949 年富兰克林学院普茨奖章，1961 年斯科特奖，1965 年美国国家工程院“当代先驱奖”，1968 年哈里·古德奖，1973 年费城杰出人物奖，美国电气与电子工程师协会 1978 年皮奥里奖、1980 年计算机先驱奖等。1985 年入选美国“信息处理名人堂”。美国计算机学会设有埃克特-莫奇利奖。（李啸虎）

魏寿昆（Wei Shoukun） 中国天津市人，1907 年 9 月 16 日生于天津，2014 年 6 月 30 日卒于北京。*冶金工程、冶金学、物理化学。*

商人家庭出身。1929 年北洋大学矿业工程系毕业。后在辽宁大石桥滑石矿、北洋大学矿冶系工作。1931 年留学德国，在柏林理工大学学习一年，后转德累斯顿理工大学化学系，1935 年获工学博士学位；在亚琛理工大学钢铁冶金研究所进行博士后研究一年。1936 年回国，历任北洋工学院、西北联合大学、西北工学院、贵州农工学院、重庆大学等校冶金学教授、系主任、教务主任，以及重庆矿业研究所研究室主任、代理所长。1949 年后，先后任北洋大学工学院院长，天津大学副教务长，北京钢铁学院教务长、图书馆长、副院长，北京科学技术大学教授。兼任国家科委冶金学科组常务副组长，中国金属学会冶金过程物理化学学会理事长、荣誉理事长等职。1980 年当选为中国科学院学部委员（院士）。

20 世纪 30～40 年代，获得在共生矿冶金中去除有害杂质、回收有价元素的 5 项发明专利，其中 1944 年首次在中国用“静置后处理法”制得高质量氧化镁，1945 年首创二步还原法提炼高纯度金属钼。50～60 年代，开拓了活度理论及其应用，对冶炼反应进行热力学分析；提出高炉渣中计算二价硫离子活度系数公式，发展了炉渣脱硫的离子理论。70～80 年代，提出元素氧化“转化温度”理论，奠定了共生矿冶金工艺的理论基础，获冶金部 1979 年科学技术进步奖一等奖；在中国率先提出固体电解质电池直接快速定氧技术，并用于测定热力学参数。80～90 年代，钢液脱磷、钢液脱砷研究先后获 1991 年、1992 年国家教委科学技术进步奖一等奖；主持共生矿金属分离的基础研究，探究金属液中元素选择性氧化及有害元素去除的热力学，获国家自然科学奖三等奖；对中国铁矿和煤炭资源、钢铁工业现状进行实地调研，并提出咨询报告。此外，从教 70 余年，培养了大量人才。

发表论文近 200 篇，编有《魏寿昆选集》（1990 年）；出版《平炉炼铁厂设计》（1954 年）、《专业炼钢学》（1958 年）、《活度在冶金物理化学中的应用》（1964 年）、《冶金过程热力学》（1980 年）等专著 5 部。1997 年获何梁何利科学与技术进步奖。（徐维普）

斯伏波达，A.（Svoboda，Antonín） 美国人，1907 年 10 月 14 日生于捷克斯洛伐克的布拉格（今属捷克），1980 年 5 月 18 日卒于美国俄勒冈州波特兰。*计算机科学与工程、电气电子工程、工程管理。*

捷克裔。1931 年毕业于捷克理工学院，1936 年获该校实验物理学博士学位。同年应征入伍，在国防军工部门研究开发防空火力控制系统。1938 年退伍后回母校任教。德军占领捷克斯洛伐克后，他先是流亡巴黎，后又到美国马萨诸塞理工学院辐射实验室工作。战后返回祖国，1950 年起先后任捷克斯洛伐克科学院中央数学研究所计算技术实验室主任、数学机器研究所所长。1965 年到美国定居，任洛杉矶加利福尼亚大学教授，1977 年退休。

世界第一台容错计算机 SAPO 的设计者，原捷克斯洛伐克计算机科学与工程、计算机产业化的奠基人。20 世纪 40 年代，参与开发出应用模拟计算机的防空火力控制设备；在美国参与研制军用雷达等军工项目。50 年代，在捷克斯洛伐克与国营企业合作，设计和生产了几百台可编程的穿孔卡片计算机，成为企业拳头产品；1956 年主持建成世界第一台容错计算机 SAPO，配有磁鼓，继电器式，五地址指令，浮点运算 32 比特，具有永远不会因运算出错而停机的容错能力。该机由 3 个中央处理器（CPU）同时处理同一问题，取其中 2 个相同结果为正确答案，这一设计思路仍为今天的容错机所采用。1958～1963 年间开发出 EPOS 机，采用真空管和锗二极管逻辑电路，寄存器用延迟线组成，配有磁心存储器，具有容错能力，能并行处理多个任务。在他的领导下，数学机器研究所成为产学研一体化的机构，不仅研制计算机，还招收博士研究生，定期出版《信息处理机年鉴》，时至1964年已拥有员工900多人，成为东欧最大、有广泛影响的计算机研究机构。1958年底应中国科学院邀请访华讲学，作“数学机中的剩余类数系”等学术报告。

他多才多艺，年轻时是著名的“布拉格之风五重奏小组”的钢琴手，也是一名桥牌高手，出过一本如何叫牌的书。

主要著作有《计算的机制和连接》(1946年)、《高级逻辑电路设计技术》(1979年)等。获1948年美国海军装备开发奖、1996年计算机先驱奖等。 （李　烨）

赖斯，S. O. (Rice, Stephen Oswald)　美国人，1907年11月29日生于美国俄勒冈州谢德斯，1986年11月18日卒于加利福尼亚州圣迭戈。通信工程、电气电子工程、信息论、微波电子学、应用数学。

1929年获俄勒冈大学电气工程系学士学位。1930年起直至退休，基本上都在新泽西州贝尔实验室工作。期间，20世纪30年代初在加利福尼亚理工学院进修研究生课程；40年代初在哥伦比亚大学当研究生；1958年任哈佛大学应用物理学客座讲师。1961年被授予俄勒冈州立大学名誉理学博士学位。退休前为贝尔实验室数学研究中心主任，退休后在加利福尼亚大学电子工程与计算机系从事技术物理研究。是美国国家工程院院士。

信息论的奠基者之一。主要研究电磁波在波导与传输线中传播、随机过程理论及其在通信中的应用。20世纪40年代，研究著名的正态随机过程的零交点(即阀值)问题，在论文“随机噪声的数学分析”中首次提出后被称为“赖斯分布”的概率分布数学模型，奠定了噪声理论基础，一向被视为通信理论经典。50年代，发表“噪声中通信：两种编码方案的错误概率”(1950年)一文，开拓了信息论的研究新领域，为后来的研究指明了方向；论文“粗糙表面上电磁波的反射”(1951年)提高了人们对海洋、天体雷达回波的解读能力。1963年发表“调频接收机中的噪声”，分析了噪声对调频接收机的影响，解释了尖峰噪声(赖斯噪声)的产生机理，并得出输出信噪比的表达式，为设计和分析调频接收机、扩展调频噪声门限奠定了理论基础。

发表近百篇信息论和通信工程论文，涉及噪声理论、频率调制、非线性系统、排队论及通信理论。曾获1965年默文奖、1974年全美电信年度奖、1983年贝尔奖章等。 （李啸虎）

尼迈耶，O. (Niemeyer, Oscar)　巴西人，1907年12月15日生于巴西里约热内卢，2012年12月5日卒于同地。土木工程、建筑学、城市规划、政治活动。

小康家庭的儿子。1934年毕业于巴西里约热内卢国立美术学院建筑系。大学期间，1932年已在科斯塔建筑师事务所实习。1937年在里约热内卢开设建筑师事务所。1937～1956年任新首都巴西利亚市建筑部长。1945年参加巴西共产党，1992～1996年任主席。1947年作为巴西代表参加纽约联合国总部大厦的十人规划小组。1953年被选任美国哈佛大学建筑设计学院院长，但因政治身份第二次被美国政府拒签入境。在60年代巴西军事独裁期间，被迫流亡欧洲，访问了苏联和东欧社会主义国家，后在多个国家从事建筑设计，直至1985年形势变化后回国。曾任巴西利亚大学建筑学院名誉院长。1963年当选为美国建筑师协会名誉会员。他与前妻A. 鲍尔多(Annita Baldo)的婚姻持续了76年(后者在2004年去世)，99岁时又和60岁的女秘书结为秦晋之好。是世界建筑史上至今最长寿的设计大师，时至104岁仍在勤奋地工作。

拉丁美洲现代主义建筑的主要代表之一，拥有很高的国际声誉。他以大自然为师，从山峦、河流、浮云和海涛中，以及从爱因斯坦的弯曲宇宙模型中获得建筑造型的灵感，设计思想一反传统现代主义直线型而崇尚“自由的和有感情的”曲线美，作品喜用曲线和曲面的雕塑式量体，使钢筋混凝土呈现轻快，自由、活泼的个性风格。从业长达80余年，作品遍布巴西和世界各地。其中有：20世纪30～40年代，主持设计巴西教育卫生部大厦(1937～1942年)，被认为是巴西第一幢标志性的现代钢筋混凝土建筑；与科斯塔合作，1939年设计纽约世界博览会巴西馆；1941年规划和设计帕普哈市社区建筑群，因开始大胆采用自由曲线而使人耳目一新；1942年在里约热内卢建造自宅，因独特的室内设计和开放式而成为当地重要景点；1947年起参与主持设计纽约联合国总部大厦。50～60年代是其创作鼎盛期，在规划建设巴西新都巴西利亚中，设计三权广场及周边建筑群，如总统府邸(1957年)、议会大厦(1958年)、巴西利亚大学(1960年)、外交部大厦(1962年)、司法部大厦(1963年)、国防部大厦(1968年)和巴西利亚大教堂(1970年)等一系列重要公共建筑，以及巴西利亚机场(1965年)等。

60～70年代流亡期间，在法国、意大利、阿尔及利亚、黎巴嫩和马来西亚等国设计一些建筑物，其中有法国共产党总部大楼(1966年)、意大利米兰蒙达多利出版社大楼(1968年)等；1965年在法国罗浮宫博物馆举办他的主要建筑作品展。80年代及后，主要有巴西库比契克总统纪念馆(1980年)、罗马万神殿修复(1985年)、拉丁美洲纪念馆(1987年)、尼泰罗伊当代艺术博物馆(1996年)、以及巴西库里蒂巴市被誉为“尼迈耶之眼”的奥斯卡 o 尼迈耶博物馆(2002年)、英国伦敦海德公园夏阁曲形画廊(2003年)、巴西国家博物馆和国家图书馆双子座大楼(2006年)、西班牙阿斯图里亚斯国际文化中心(2008年)等。

主要著作有《我在巴西利亚的建筑实践》(1961年)、《论建筑形式》(1978年)等。获奖颇丰，其中有1963年苏联列宁和平奖金，1988年普利兹克奖(国际建筑界最高奖)，1989年西班牙阿斯图里亚斯王子奖等。

（李　烨）

赫布，R. G. (Herb, Raymond George)　美国人，1908年1月22日生于美国威斯康星州纳伐里诺，1996年10月1日卒于美国。加速器工程、微波电子工程、实验核物理、粒子物理学。

农家子弟。家中8个孩子之一，从小在家族农场长大。1930年入读美国威斯康星大学物理系，1933年获理学士学位,1935 年获物理学博士学位。留校任教,1946 年任教授,1972 年退休为荣誉教授。1940～1945 年,奉命在马萨诸塞理工学院辐射实验室开发微波雷达。1945 年结婚,生有 5 个孩子,大儿子斯蒂芬(Stephen)后来也成了实验物理学家。1947 年兼任洛斯阿拉莫斯国家实验室加速器技术顾问。1965 年合伙成立全国静电总公司商业化生产静电加速器,1972 年从大学退休后全职投入公司工作,任总裁兼董事长直至去世。1955 年当选为美国国家科学院院士。获瑞士巴塞尔大学、巴西圣保罗大学、瑞典伦德大学、美国威斯康星大学荣誉博士学位。后患多发性骨髓瘤去世。

毕生致力于设计开发静电加速器。在第二次世界大战后,这种仪器成了核物理研究中最为广泛使用的工具之一。此外还不断开拓其应用领域,例如精密测量粒子数据、检测博物馆藏品真伪、查验通关货物等等。1931 年,美国普林斯顿大学开始试制静电加速器。由于当时的加速器电压甚至达不到 300 千伏,1933 年刚从本科毕业的赫布决定着手改进,采用带负电性的四氯化碳气体大大增加空气的介电强度,开发出第一台充气高电压静电加速器,并在 400 千伏下首次进行质子轰击锂原子实验。1935 年,他研制了一台功率更大的机器,其加速管适用于后来所有类型的静电加速器,虽然能量无法同以后的回旋加速器相比,但被加速的粒子能量更均匀,可控度更高。这一成就引起了科学界强烈关注,一时世界各地的来访者络绎不绝。1940 年,他在 3 个大学毕业生的协助下开发出质子加速器,能量高达 4.5 兆电子伏。1943 年,赫布静电加速器和伊利诺伊大学研制的加速器被秘密运进洛斯阿拉莫斯国家实验室,为研制第一颗原子弹作出了重要贡献。其后还在那里为核物理实验室服务了好多年。1946 年起,他回威斯康星大学开发串级静电加速器。1955 年,美国橡树岭国家实验室还在安装赫布静电加速器,因为其能量只有回旋加速器才能超过。现代所有的静电加速器,基本上保持了赫布设计特征,只是用氮气、氟里昂或六氟化硫取代四氯化碳。后期,他的大部分时间用于加速器真空技术发展及其培训。1968 年获美国物理学会邦纳奖等。

(夏元复)

海涅曼,E. H.(Heinemann,Edward Henry) 美国人,1908 年 3 月 14 日生于美国密歇根州萨吉诺,1991 年 11 月 26 日卒于美国。*军事航空工程、空气动力学、工程管理。*

1914 年全家迁居洛杉矶。自学成才的工程师。1926 年到美国道格拉斯飞机公司任绘图员。1927 年起先后在美国国际、马里兰、洛克希德和诺思罗普等飞机公司供职。1933 年诺思罗普公司被兼并,1936 年任道格拉斯公司首席工程师,1958 年任负责军用飞机研制开发的副总裁。1960 年任导航技术公司执行副总裁。1962 年任通用动力公司负责工程和发展规划的副总裁,监管开发 F-16 战斗机,1973 年退休。1965 年当选为美国国家工程院院士。1976 年获诺思罗普大学荣誉博士学位。

60 余年致力于研制美国军用航空器,曾负责为美国海军设计开发 20 余种型号作战飞机。1929 年,他设计的第一架飞机是马里兰 M-1 号教练机,这是一种伞式撑架翼的单翼机,由于 1929 年美国经济衰退而滞销。他以后设计的军用飞机,包括从无畏号俯冲式轰炸机到 A-4 天鹰号攻击机,不少已成为航空史上的传奇。在第二次世界大战中,SBD 系列无畏式俯冲轰炸机制造了 5000 多架,A-20 和 A-26 型轻型轰炸机制造了 8000 多架。在太平洋战争的前两年,SBD 系列成了美国海军航空母舰的支柱轰炸力,在 1942 年夏的珊瑚岛和中途岛海战中,美国企业号和约克城号等航空母舰上的 SBD 轰炸机击沉了日本的 4 艘航空母舰,海军上将 A. 尼米兹(Admiral Nimitz)对海涅曼及其团队深表谢意。

1952 年起,为美国海军陆战队设计第一架三角翼机 A-4 天鹰式喷气攻击机,1954 年原型机试飞不仅性能达到要求,速度更创下世界纪录。A-4 系列有 17 种不同机型,成了美国海军 50～70 年代主力攻击机,在越南战争和中东阿以战争中表现出优良战斗性能,共制造 2960 架,直至 2003 年全部退役。此外著名的还有:A-1 空中袭击者式螺旋桨攻击机(1945 年),A-3 空中战士式舰载重型攻击-轰炸机(1952 年)等。

出版专著《高速航空器的发展》(1947 年)、《航空器设计》(1985 年)、《特定版道格拉斯 A-3 天鹰号攻击机》(1987 年)等;自传《海涅曼:作战飞机的设计者》(1980 年)。获 1953 年科利尔奖,1978 年古根海姆奖章,1983 年美国国家科学奖章等。1981 年入选"美国国家航空名人堂",1982 年入选"国际航空航天名人堂"。美国海军空战系统司令部设有海涅曼奖,每年嘉奖对飞行器设计有重要贡献的个人或团队。

(萧耐园)

褚应璜(Chu Yinghuang) 中国浙江省人,1908 年 3 月 16 日生于浙江嘉兴,1985 年 4 月 21 日卒于北京。*电机工程、机械与动力工程、电工学、工程管理。*

1931 年交通大学电机工程学院电力系毕业。留校任教。1934 年任上海华成电器厂工程师。1936 年任国民政府资源委员会中央电工器材公司电机厂工程师。1942 年赴美国留学,此后 3 年在西屋电气公司所属的多所工厂实习。1945～1948 年任资源委员会驻西屋电器公司技术代表。1948 年回国后,在湖南湘潭电机厂工作。1949 年后,历任上海军管会重工业处生产副组长,华东工业部电器工业处副处长,东北工业部电器工业管理局副局长、总工程师,第一机械工业部电器工业管理局总工程师,电器科学研究院院长,机械工业部科学技术司副司长、顾问等职。曾兼任中国电机工程学会副理事长、中国电工技术学会副理事长等职。1955 年选聘为中国科学院学部委员(院士)。

20 世纪 30 年代中期,率先在中国研制成功中小型交流异步电动机系列产品及控制设备。40 年代中后期,以驻西屋电气公司中国技术代表的身份,与该公司签订培训中国电机电器制造技术人员的协议,后来又监督该协议圆满完成,1949 年后,在他的动员和带领下,这批技术人员大多成为东北电工技术领域的生力军。50 年代,参与哈尔滨电机厂的设计和建设工作;先后主持 800 千瓦、3000 千瓦以及 10000 千瓦水轮发电机组的研制，主持中国第一台国产汽轮发电机(6 000 千瓦)和 50 000 千瓦汽轮发电机的鉴定。60 年代，主持中国十二年科学技术发展远景规划中电机、电器工业部分的起草工作；组织中国第二代电工通用产品的统一设计；指导 100 000 千瓦水轮发电机组的研制和技术鉴定。晚年，负责国际电工标准的技术咨询和推广工作；主持制定中国电压、电流与频率的等级标准；主持电动机 Y 系列的设计和鉴定。主要著作有《电器工业十年回顾与展望》、《电工技术》等。 （孙晓芳）

徐士高(Xu Shigao) 字步衢。中国山东省人，1908 年 5 月 16 日生于山东黄县(今属龙口市)，1990 年 12 月 31 日卒于北京。*电力电气工程、高电压技术、工程管理、能源科学。*

1933 年北平大学工学院电机系毕业，任职于济南电灯公司。1935 年赴德国留学，1939 年获柏林高等工业学校(今柏林理工大学)特许工程师称号，1943 年获该校高电压研究院博士学位，留该院从事博士后研究两年后于 1945 年回国。1945～1949 年，相继任东北电力局抚顺发电区管理处处长、济南电力公司总工程师。1949～1980 年历任上海市公用事业局第一处处长、上海市电力管理处副处长、上海市电业管理局副局长兼总工程师、国家水电部技术改造局总工程师、电力科学研究院总工程师、电力部科学技术情报研究所工程师。1981 年任电力科学研究院副院长，后退居二线任水利电力部总工程师。曾兼任中国电机工程学会副理事长、名誉理事长，中国能源研究会副理事长。1980 年当选为中国科学院学部委员(院士)。

20 世纪，随着油浸电力变压器的广泛使用，变压器中的油质劣化问题逐渐引起人们的注意。1943 年，他在德国完成博士论文"介质损失对评价变压器油性能的影响"，指出对变压器油的介质损失作经常的、系统的测量对油质劣化的评价，往往比常规进行的油耐压试验要更灵敏上百倍。回国后，他相继出版了两个专题报告的单行本《变压器油问题》(1956 年)和《变压器油的混合问题》(1964 年)，对运行中变压器油劣化的原因、油的绝缘强度和介质损失的试验、油的维护和油的混合使用等问题进行深入的讨论。他还倡导并组织全国绝缘油测试方法的统一。这些工作对推动中国电力设备的保护起了重要作用。70 年代中期以后，对中国能源工业特别是电力工业发展的重大政策问题进行了探讨，所著《能源系统中几个问题的简介》一书，和所撰"经济发展中的能源和电力弹性系数"(1985 年)一文，是他在这方面的代表作。 （孙晓芳　宣焕灿）

蔡金涛(Cai Jintao) 中国江苏省人，1908 年 7 月 1 日生于江苏南通，1996 年 11 月 28 日卒于北京。*电子电气工程、导弹工程、仪器研制、自动控制、微波电子学。*

农民家庭出身。1930 年交通大学电机工程系毕业。先后任广州市自动电话局工程师、中央研究院上海物理研究所助理员。1933 年公费赴美国留学，1935 年获哈佛大学电信工程硕士学位。先后在美国商务部标准局、联邦电话电报公司实习。1937 年回国，历任中央电工二厂工程师，上海物理研究所桂林工作站、桂林省立科学馆研究员，中央无线电器材厂重庆分厂工程师、桂林分厂研究室主任，贵州遵义浙江大学工学院教授，中央无线电器材公司上海分公司总工程师兼交通大学教授。1949 年后，历任上海电工研究所研究室主任，军队总参谋部通信兵部电子科学研究院通信研究室主任、总工程师，国防部第五研究院二分院、第七机械工业部第二研究院总工程师、副院长兼第二总体设计部主任，中国航天工业总公司顾问。曾兼任中国电子学会、中国计量测试学会副理事长，《电子学报》主编等职。1980 年当选为中国科学院学部委员(院士)。1985 年当选为国际宇航科学院院士。

20 世纪 30～40 年代，1938 年参与研制生产中国第一批真空管；开展和完成"国际伏特"、"国际欧姆"标准比对计划，获得中国第一批候选单位标准；主持研制成功扫雷探测器、军用通讯机、无线电探空仪等多种电工产品。50～60 年代，在中国率先研制出晶体管脉冲多路通话试验样机；主持中国早期两种地空导弹武器系统总体技术方案论证；主持仿制成功苏式 P-2 液体近程弹道导弹控制系统；主持研制成功中国第一枚自行设计中远程导弹控制系统，首次采用全惯性制导，提高了多种技术性能，1964 年 6 月 29 日该型号导弹飞行试验成功。70～80 年代，主持后续的弹道导弹控制系统方案论证；在型号研制中倡导计算机辅助设计、辅助制造和辅助测试技术；主持新型控制系统预研，被后续的导弹与航天型号采用。

公开发表论文数十篇；出版《契包舍夫式工作参数滤波器的原理和计算》(1962 年初版，1964 年再版)等专著。 （李孙演）

爱德华兹，G. R. F. (Edwards, Sir George Robert Freeman) 英国人，1908 年 7 月 9 日生于英国埃塞克斯郡海汉姆斯派克，2003 年 3 月 2 日卒于吉尔福德。*航空工程、空气动力学、工程管理。*

铁路站长之子，母亲在生下他时不幸去世。1928 年入读西南埃塞克斯理工学院机械与结构工程专业，1935 年获伦敦大学工学士学位。同年去位于萨里郡布鲁克兰兹的维克斯-阿姆斯特朗飞机设计事务所任设计师，1940 年任实验部经理，1945 年任公司首席设计师，1953 年任公司总经理。1961 年，原公司并入英国飞机公司，先后任负责技术的执行副总裁、董事长，1975 年退休。1964～1979 年兼任萨里大学副校长，后任名誉副校长。1957 年册封爵士，1971 年获英国贵族勋位。1957～1958 年任英国皇家航空学会会长。1968 年当选为英国皇家学会会员。

英国航空工程的开拓者和奠基者之一。主持研制开发 10 余种不同型号的英国军用和民用飞机，其中有近 1500 架在国内外市场出售，影响了英国航空界 40 余年。20 世纪 30 年代，他设计的第一架飞机是"维克斯 G4/31"型双翼飞机；为"韦尔斯利"和"威灵顿"等系列轰炸机制定整体结构；1938 年 11 月，"韦尔斯利"远程轰炸机试飞，由埃及伊斯梅利亚直飞澳大利亚达尔文港，连续 48 小时不着陆，续航 7158 海里(约合 13 257 千米），为英国赢得了世界纪录。第二次世界大战期间和之后，参与研制和监管生产“海盗”、“瓦莱塔”、“主力队员”、“子爵”和“勇士”等多种型号轰炸机；改进“威灵顿MKI”型轰炸机，可拖曳巨型电磁线圈在英国沿海水域对德军磁性水雷进行消磁性清扫；研制英国第一架有高压舱的“威灵顿 MKV”型高空飞机等。1945 年 4 月开始设计世界第一架涡轮螺旋桨式客机“维克斯子爵”型，1948 年 7 月原型机首次试飞，1949 年 7 月开始航班客运，经多次改进，发动机功率提高到 1 990 马力，油耗比当时客机降低一半以上，载客量从 43 人扩大到 75 人，航程提高到 2 775 千米，至 1964 年 3 月停产时，各型总生产量达到 400 架。50 年代，研制威力强大的“勇士”型喷气式轰炸机。60 年代，相继开发简洁、典雅的 VC-10 型军用和民用喷气运输机；1965 年研发具有技术突破性的 TSR-2 超音速歼击机；开发双喷气式短程客机“1-11”型，拥有 99 个座位，共生产 234 架，远销美国等 62 个国家。1968 年参与主持英法联合开发的“美洲虎”型战斗机，至今仍在服役；1969 年主持和德国、意大利联合开发“旋风”型多功能战斗机。此外，还参与研发和监管英法协和超音速客机等重大项目。1974 年获英国皇家学会皇家奖章。1975 年入选“国际航空航天名人堂”。

（戴成勋）

格鲁什柯，В. П.（Глушко，Валентин Петрович；Glushko，Valentin Petrovie） 苏联人，1908 年 9 月 2 日生于俄国乌克兰敖德萨，1989 年 1 月 10 日卒于莫斯科。*动力机械工程、航天工程、火箭技术、空间科学、工程管理。*

1929 年列宁格勒大学数理系毕业。同年到列宁格勒气体动力学试验室工作，负责火箭发动机设计部。1934 年组建莫斯科喷气推进研究所，负责研制液体火箭发动机。1938 年在肃反运动扩大化中被捕服劳役，1941 年在特种监狱工厂任液体火箭发动机设计局总设计师。1945 年后任苏联液体火箭发动机系统总设计师。1974 年起全面负责苏联航天工程。1958 年当选为苏联科学院院士。

苏联“液体火箭发动机之父”。16 岁撰写文章大胆设想利用喷气推进技术征服月球，以致齐奥尔科夫斯基在著作中多次提到他。20 世纪 30 年代，1930～1931 年研制成功苏联第一台液体火箭发动机；1932～1933 年试验了世界最早的实验型电热火箭发动机，研制成功推力超过美国的火箭发动机 OPM 系列；1934～1938 年发明苏联最早的燃气发生器，并试验装上 OPM-65 发动机的火箭飞机。40 年代，研制 4 个燃烧室的泵压式液体火箭发动机，地面推力 11768 牛顿；1945 年后仿制和改进德国 V-2 火箭技术；在特型喷管、燃烧室用二氧化铝隔热涂层、化学点火、高压补燃、推进剂供应系统涡轮泵等方面获重要成果。50 年代，研制成功当时性能最好的大推力火箭发动机 РД-253，用于尺寸与投掷重量居世界之最的 SS-9 洲际弹道导弹、当时运载力最大的“质子”号运载火箭；1957 年 10 月 4 日“卫星”号运载火箭将世界第一颗人造地球卫星送入近地轨道。60～80 年代，他主持设计的发动机广泛用于苏联战略洲际导弹、发射人造地球卫星、载人飞船、空间探测器中所有第一级发动机和大多数第二级发动机，使苏联空间技术在较长时间内居世界领先地位；1988 年 11 月 15 日“暴风雪”号飞船由“能源”号火箭助推，进入低地球轨道，实现了首次不载人飞行；1986 年 2 月“和平”号空间站由“质子”号火箭运送入轨。

发表论文 200 余篇；主编苏联《航天百科全书》。获 1957 年列宁奖金，1967 年苏联国家奖金；获 3 枚列宁勋章、其他多枚勋章和奖章；两次获社会主义劳动英雄称号。

（李啸虎）

西尔弗斯坦，A.（Silverstein，Abe） 美国人，1908 年 9 月 15 日生于美国印地安那州特雷霍特，2001 年 6 月 1 日卒于俄亥俄州克里夫兰锦绣园。*航空航天工程、动力机械工程、空气动力学、工程管理。*

1929 年、1934 年先后获罗斯理工学院机械工程学士学位、工程师证书。1929～1943 年供职于美国国家航空咨询委员会（NACA）兰利航空实验室。1943 年起先后任 NACA 刘易斯实验室发动机设备部主管、高速专项小组负责人，1949 年起相继任该实验室技术主管、副主任。1958 年 NACA 改组为美国航空航天局（NASA），他任 NASA 太空飞行计划办公室主任，兼任戈达德太空飞行中心代理主任，1961～1970 年任 NASA 刘易斯研究中心主任，1970 年退休。后进入共和钢铁公司管理层。1958 年起先后获凯斯技术学院、罗斯理工学院、罗斯大学、约翰・卡罗尔大学等校荣誉博士学位。是美国国家工程院院士。

美国著名航空航天工程师，美国航空航天事业的主要组织管理者之一。20 世纪 40～50 年代，主持和参与设计建造高空模拟风洞，尤其是构思、设计和建造美国第一个超音速推进器风洞，并于 1949 年成功验收，奠定了美国航空工业发展的基础实验设施；进行“高压燃烧”基础性研究；开发往复式航空发动机和早期涡轮喷气发动机；开创大尺度冲压式喷气发动机研究；力排高层反对意见，坚持成立火箭研究分部，开发出多种火箭推进器，其中参与改进 B-57 发动机并用液氢进行了试飞。50～60 年代，1958～1961 年负责策划与组织实施美国太空飞行的“水星计划”和所有人造卫星计划；指导建立阿波罗登月计划的技术基础；积极推进发展液态氢燃料的“人马座计划”，亲自主持液氢研究小组，在 50 年代后期转向液态氢和液态氧的最佳结合，这一计划在成功测试了推力 89 000 牛顿的液氢火箭推进器后达到顶峰；他主持的人马座计划后来用于阿波罗登月计划中向月球发射载人太空飞船，向火星发射的“海盗”号飞船，向木星和土星发射的“先驱者”号、向天王星和海王星发射的“航行者”号船飞，以及参与其他发射计划；人马座计划所开发的 RL-10 发动机被用于“土星计划”的高端阶段。

多次获奖，其中有 1961 年 NASA 杰出领导奖章，1962 年国家公务员联盟终身服务奖，美国航空航天学会 1964 年里德奖，1967 年希尔太空航运奖，1968 年斯科特银海狸奖、NASA 杰出服务奖章、1997 年古根海姆奖章等。

（薛　蕾）

布朗，G. H.（Brown，George Harold） 美国人，1908年10月14日生于美国威斯康星州密尔沃基，1987年12月11日卒于普林斯顿。通信工程、电气工程、微波电子学、工程管理。

苏格兰裔，铁路职工之子。就读于美国威斯康星大学电气工程系，1930年、1931年先后获理学士、理学硕士学位，1933年以关于广播天线与地面系统的论文获该校博士学位。1932年结婚，生有一对孪生子。1933年任新泽西州美国无线电公司研究工程师，工作长达40余年，1952年任系统研究实验室主任，1957年任商务与电子产品部总工程师，1961年任主管研究与工程开发的公司副总裁，1965年任公司董事会成员，1968年任主管专利与许可证的公司常务副总裁，1972年退休。是美国科学促进协会会员、英国皇家电视协会外籍会员。1968年获美国罗得岛大学荣誉工学博士学位。

多产的电气电子通信产品发明家。20世纪30年代，主持研究开发调幅广播天线，后来成为国际通行标准；1935年，研制设计旋转门式天线，可收发全方位辐射，提供了一种有效的高增益和宽带波传播模式，可用于远距离传送调频广播电台和电视台的信号，稍后又加上一个吸收电阻，可增加带宽和允许电视画面和声音从同一天线同步辐射；同年4月，发表论文阐述垂直辐射器天线理论，指出天线上非正弦电流分布及其影响；1937年发表著名论文“定向天线”，介绍方向图计算方法，出示了多幅标准方向图；1939年，开发出一种可用于广播电视的高分辨率装置，他命名为“残留边带滤波器”，同年美国联邦通信委员获准向全国推广，该技术至今仍在全世界使用。第二次世界大战中，为美国军方研发军用无线电和雷达天线，获美国陆军部嘉奖；与同事合作开发出可加速生产青霉素的射频加热技术，只使用廉价的真空泵和简单的凝汽器，使生产成本下降至原冷冻干燥法的十分之一。这种射频加热技术也广泛用于制造塑料雨衣、包袋和其他产品。战后致力于研发一种彩色电视系统，沿用迄今。

拥有专利80余项；发表论文100余篇。获1967年美国电气与电子工程师协会爱迪生奖、1968年美国老电报员协会奥迪翁奖等。 （朱逸农）

德帕斯，K. H.（Debus，Kurt Heinrich） 美国人。1908年11月29日生于德国法兰克福，1983年10月10日卒于美国。航天工程、火箭技术、工程管理。

德国裔。曾就读于德国达姆施塔特技术大学，1933年获机械工程学士学位，1935年获电机工程硕士学位，1939年获物理学博士学位。留校任教，后任副教授。1942年兼任布劳恩领导的佩内明德V-2导弹研究中心试验工程师，后任飞行试验主任，参与主管德国导弹研发和火箭发射。1945年纳粹德国战败后，他在布劳恩带领下和125名德国火箭工程技术人员向盟军投诚，很快被遣往美国从事军工研发。1950年加入美国籍。

1945～1950年间，他所参加的布劳恩火箭研究小组先驻于得克萨斯州布利斯堡，并在新墨西哥州白沙导弹靶场装配和发射V-2火箭，随后移至亚拉巴马州亨茨维尔的红石兵工厂，研制成功美国军方第一枚红石液体燃料弹道式导弹，他负责指挥将3吨的弹头发射到325千米高空。1952～1960年间，到佛罗里达州出任陆军弹道导弹局卡纳维拉尔导弹发射实验室主任。该局后来归入美国国家航空航天局，他继续监督导弹和太空飞行器的发射，先后担任发射调度中心主任、肯尼迪航天中心主任等职。1952年至1974年离职之前，指挥发射导弹288次，从军方的“红石”到“丘比特”、“丘诺”、“潘兴”等型号的导弹发射，以及从“土星-1”、“土星-1B”到“土星-5”等型号运载火箭的发射。期间，1958年2月1日，成功地主持发射美国第一颗人造地球卫星——“探险者-1”号；1959年指挥发射的“探险者-6”号拍摄了第一张地球云图；1961年，指挥把美国第一、第二个航天员送上太空亚轨道飞行，以后又发射“水星-6”号载人飞船完成了轨道飞行。美国总统肯尼迪宣布“阿波罗”登月计划之后，奉命协助解决飞船发射的选址工作。“阿波罗”载人登月计划完成后，1973年成功主持发射美国第一座大型轨道空间站“天空实验室-1”号。曾获美国航空航天局卓越服务奖章等多种嘉奖。 （李啸虎）

毕德显（Bi Dexian） 中国山东省人，1908年12月21日生于山东平阴，1992年1月12日卒于南京。通信工程、雷达工程、自动控制、微波电子学。

1932年毕业于燕京大学物理系本科，1934年该系研究生毕业。留校任教。1939年任昆明清华大学无线电研究所研究员。1940年留学美国，1941年获斯坦福大学电机系硕士学位。1944年获加利福尼亚理工学院物理系博士学位。留校在火箭理论研究组工作。同年到美国无线电公司新产品试制部任工程师。1947年回国，任南京中央大学物理系教授。1949年任大连大学（今大连理工大学）电机系及电信系主任、教授。1952年后一直在高等军事院校工作，历任中央军委张家口工程学校系主任、中国人民解放军通信工程学院雷达系教授会主任、西安军事通信工程学院雷达系教授兼系主任；1961年起，历任通信兵雷达工程学院副院长、通信兵工程学院副院长、通信工程技术学校副校长、通信工程学院副院长等。曾兼任中国人民解放军总参谋部通信部科学技术委员会副主任等职。1980年当选为中国科学院学部委员（院士）。

20世纪40年代，主要研究开发脉冲多路通信、自动定向、微波通信等设备。50年代，首创中国军事院校雷达工程专业；最早在中国高校开设半导体物理学课程；研究野战通信的坑道天线课题，进行理论论证和技术指导；在中国最早将自动控制原理用于雷达装置研发。60年代，致力于倡导和推动信息论在中国电子技术领域的广泛应用；主持翻译出版《电信技术译丛》（19册），引进和介绍国际电信最新动态；广泛搜集国际卫星通信技术资料，较早开设军校卫星通信专业。70～80年代，组建和主持中国军校第一个指挥自动化工程专业；积极倡导和从事军用光纤通信开发研究；倡导对核战争条件下军事通信联络保障问题的研究。为国防事业培养大批高级电子技术人才。

论著有《信息论基础》（1954年）、《脉冲技术》（1955年）、《天线馈电设备》（1958年）、《电磁场理论》（1985

年)等。(颜华敏)

黄文熙(Huang Wenxi) 中国江苏省人,1909 年 1 月 3 日生于上海,2000 年 1 月 1 日卒于北京。水利水电工程、岩土工程、岩土力学、应用数学。

原籍江苏吴江。1929 年中央大学土木工程系毕业。留校任教一年半。后到上海慎昌洋行建筑部任结构设计员。1933 年考取清华大学第一届留美公费生,1934 年秋入美国艾奥瓦大学,1935 年春转至密歇根大学专攻力学和水工建筑,1937 年获博士学位。同年回国,任中央大学水利系教授、系主任兼土工实验室主任等职。1949 年后,先后在南京大学、南京工学院、华东水利学院等校任教,兼任国家水利部南京水利实验处处长。1956 年调任清华大学教授。1958 年后兼任水利部水利科学研究院副院长。1978 年任清华大学水利系土力学教研室主任。曾兼任中国水利学会、中国水力发电学会副理事长,中国土力学及基础工程学会理事长,《水利学报》、《岩土工程学报》主编。1955 年选聘为中国科学院学部委员(院士)。

20 世纪 30～40 年代,1933 年早于国外创造了框架力矩直接分配算法;1935 年在博士论文中提出拱坝结构格栅分析法,开了目前广泛使用的有限元法的先河;在中国高校首开土力学课程,首建第一个土工实验室;创建新的地基沉降应力分布测算法。50～60 年代,创建共和国第一个水利科研机构,开创了泥沙、潮浪、结构材料等国家急需的新领域;首先提出用有效应力原理解释砂土液化机理,在国际上率先采用振动三轴仪试验法,现已成为国际通用的土动力试验手段。70 年代,发表"土的弹塑应力应变模型理论"(1978 年)一文,提出从试验资料直接确定模型的屈服函数;建立"清华弹塑性模型"用于实际工程计算分析,受到中外同行推崇,获国家自然科学奖三等奖。80～90 年代,建立不同规模的土工离心模型试验装置,推动渗水力模型试验;积极参与黄河、淮河、海河治理,大西南水电建设、三峡水利枢纽工程,以及上海宝山钢铁厂、武汉长江大桥等国家重大工程咨询,引进许多国际先进技术和手段。其重要论文选编为《黄文熙论文选集》(1984 年)出版。(吴绩新)

邦夏,G.(Bunshaft, Gordon) 一译邦沙夫特。美国人,1909 年 5 月 9 日生于美国纽约州布法罗(水牛城),1990 年 8 月 6 日卒于纽约市。土木工程、建筑学。

1933 年、1935 年先后获马萨诸塞理工学院建筑系学士、硕士学位。毕业后获该校旅行奖学金,游学欧洲和北非。1937～1942 年、1946～1979 年任纽约 SOM 建筑师事务所设计师、首席设计师。第二次世界大战期间,在美国陆军工程部服役。1943 年结婚。曾任马萨诸塞理工学院、哈佛大学、耶鲁大学建筑学客座教授。1962 年任布法罗艺术学院名誉教授。1963～1972 年任美国总统艺术委员会主席。1977 年任秘鲁国立利马大学名誉教授。是美国文理科学院院士。

美国现代主义建筑学派重要代表人物之一。在建筑设计思想上,深受密斯·范德罗厄和勒·柯布西耶等人的影响。主持或参与设计了很多重要建筑工程,但是早年作品都以 SOM 建筑师事务所集体名义发表,显得个人默默无闻,给人以大器晚成之感。他认为,建筑师应该大力推动建材业的高技术化进程,并以此为起点寻找建筑业革新之路。又认为,委托方和设计方互相之间应坦诚相见,这种灵活态度赢得了客户尊重和创造性合作,促进了建筑的功能化和人性化。设计的纽约利华大厦(1951～1953 年),是一座标准现代主义造型的"玻璃盒子",也是世界上第一座全玻璃外墙的商务大楼。纯净的玻璃幕墙和坚实的钢结构体系,和谐的块体形态和比例,机械化装配的施工流程,集中表达了现代主义建筑哲理及其语言,成为现代派建筑中堪称形象最完美的经典之作。其简洁、亮丽的风格与模式,不久便扩展到世界各地。尽管它只有 24 层,但仍能在曼哈顿天价地段存在至今,作为美国建筑历史文物受到法律保护。主要作品还有:纽约汉华实业信托银行分行大楼(1953 年)、奥尔布莱特-诺克斯美术馆(1962 年)、耶鲁大学拜内克善本书图书馆(1963 年)、约翰逊总统图书馆(1971 年)、华盛顿特区赫什霍恩博物馆与雕塑花园(1974 年)、沙特阿拉伯国家商业银行(1983 年)等。

获 1935 年马萨诸塞理工学院杰出校友奖,美国建筑师协会 1961 年莫诺尔奖章、1988 年荣誉奖章,1969 年布法罗大学诺顿奖章,1984 年美国国际文学艺术学会布伦纳金质奖章,1988 年普利兹克奖(国际建筑界最高奖)等。(李　烨)

周惠久(Zhou Huijiu) 中国浙江省人,1909 年 3 月 1 日生于辽宁沈阳,1999 年 2 月 9 日卒于陕西西安。冶金工程、机械工程、金属材料学。

祖籍浙江绍兴;生于衙门文书家庭,2 岁丧父。1931 年交通大学唐山工学院土木工程系毕业。后任教东北大学。1935 年公费留学美国,1936 年、1938 年先后获美国伊利诺伊大学力学硕士、密歇根大学冶金工程硕士学位。同年回国,先后任西南联合大学、重庆大学、中央大学和交通大学教授。期间,1941～1945 年在陆军机械化学校战车研究所任工程师、所长。1948 年兼任无锡开源机器厂(无锡机床厂前身)总工程师兼厂长。1952 年起任交通大学机械制造系教授,曾任铸工教研室主任。1958 年后,历任西安交通大学机械工程系主任,金属材料及强度研究所所长,校学术委员会主任、副校长,材料科学与工程学院名誉院长等职。曾兼任中国材料学会第一届理事长、中国机械工程学会副理事长、全国热处理学会副理事长、陕西省科学技术协会副主席等职。1980 年当选为中国科学院学部委员(院士)。

长期从事金属材料强度与强化研究。20 世纪 50 年代,设计制造中国第一台两米立式车床等;在中国率先研制出"多次冲击试验机"。60 年代,在实验基础上提出金属材料多次冲击抗力理论,入选国家重大科学成果之一;创建和主持中国第一个金属材料及强度研究室。70～80 年代,开发高强度、高淬透性低碳马氏体钢,突破了低炭钢选材用材传统标准;主持低碳马氏体强化理论和应用研究,揭示其显微精细结构和强韧化机理,达到国际先进水平,获 1987 年国家科学技术进步奖一等奖;在 30 多年实验基础上,构建有关发挥金属材料强度潜力的理论,开拓了材料强度、塑性与韧性合理配合的方法,以及一系列行之有效的措施,获1988年国家教委科学技术进步奖一等奖、国家自然科学奖三等奖。

主编《金属机械性能》(1961年)、《金属材料强度学》(1989年)等专著、教材,以及《中国机械工程手册·金属材料强度篇》(1979年)等工具书。获1986年中国机械工程学会最高奖科学技术成就金质奖。 (李啸虎)

郭永怀(Guo Yonghuai) 中国山东省人,1909年4月4日生于山东荣成,1968年12月5日卒于北京。航空工程、空气动力学、流体力学、应用数学。

贫农家庭出身,9岁才上学。1933年考入北京大学物理系,1935年以优异成绩毕业。留校任教。1938年去昆明西南联合大学攻读航空工程学。1940年入加拿大多伦多大学,半年后获硕士学位。1941年入美国加利福尼亚理工学院,在冯·卡门指导下从事空气动力学的研究工作,1945年获博士学位。1946年应西尔斯(W. R. Sears)教授的邀请,到康奈尔大学共同创办航空研究院,1955年任该院教授。1956年回国,历任清华大学教授、中国科学院力学研究所副所长、中国科学技术大学化学物理系主任、国防部核武器研究院副院长等职。担任过《力学学报》主编。1957年被选为中国科学院学部委员(院士)。1968年从中国西北核试验基地返回时,在北京机场上空遇空难丧生。

20世纪30～40年代,致力于跨声速领域的理论探讨,研究了跨声速流的不连续解,并用渐近分析方法使原来仅适用于亚声速范围的恰普雷金法推广到跨声速范围。与钱学森共同发表论文"可压缩流体二维无旋亚声速和超声速混合型流动和上临界马赫数",提出了"上临界马赫数"的概念,解决了在机翼剖面上激波出现的重要理论问题,纠正了过去只注意到下临界马赫数的偏向。还研究了跨声速流动的稳定性问题,给出了发生流动不稳定性并导致激波产生的条件。他对激波与边界层的相互作用的研究,解决了激波对机翼剖面气动特性影响的问题。此外,还研究了可压缩粘性流体在直管中的流动,有限振幅球面波或柱面波的传播和激波的产生等。50年代从事流体力学的数学求解的研究,对当时的奇异摄动法发展为比较完善的理论有所贡献。推广了庞加莱的变形参数法与莱特希尔(M. Lighthill)的变形坐标法,使其能求解非线性方程。并将这两种方法结合起来,消除了边界层前缘的奇异性。故后来这种解法就取3人姓氏命名为PLK法,其中K为"郭"姓英文译名的首字母。60年代对核爆震力学、磁流体力学与化学流体力学等方面作了许多有价值的研究。

他在飞机失事的生死关头,和警卫员抱在一起,用两人身体夹住了装有极密文件和资料的公文包,两具遗体烧焦了,但公文包完好无损。1968年12月25日,中华人民共和国内务部授予郭永怀烈士称号。1999年被追授"两弹一星功勋奖章"。去世后,他的主要论文被汇编成《郭永怀论文集》(1982年)出版。1985年获国家科学技术进步奖特等奖。 (王良国)

兰德,E. H.(Land, Edwin Herbert) 美国人,1909年5月7日生于美国康涅狄格州布里奇波特,1991年3月1日卒于马萨诸塞州坎布里奇。光学工程、摄影术、仪器研制、光学。

曾就读于诺威奇自由学院,1931年毕业于哈佛大学物理系。后到一家公司任职。1937年在马萨诸塞州合伙创建宝丽莱公司,曾任董事长和研发部主任,1960年成立罗兰科学研究所并任所长,1980年退休。期间兼任马萨诸塞理工学院、哈佛大学等校客座教授。曾任美国文理科学院院长,总统科学顾问委员会委员,国家技术、自动化和经济促进委员会委员等职。是美国文理科学院院士、美国国家科学院院士。先后获14项荣誉博士学位。

在光学工程领域拥有500余项美国专利,其中的一步成像技术是摄影术的重大突破。1852年,英国医生赫拉帕斯(W. B. Herapath)用显微镜首次发现碘硫酸奎宁晶片(又称"赫拉帕斯石")的偏振光特性,但在70余年中,他和后继者都无法让这种小晶片成长为可实用的尺寸。20世纪20年代后期,哈佛大学一年级学生兰德向学校请假从事开发极化材料,他把碘硫酸奎宁小晶片排列在透明塑料片上,制成了现代第一个实用型人造偏振片,1929年获得他的第一个专利。自1932年制得大面积的J型偏振片后,又开发出H型、K型等多个易于制造、用途广泛的新品种。1937年研制和生产新型相机。以后又开发出L型、D型等一系列偏光器,并用于制作太阳镜、无闪光汽车前灯、3D立体电影、以及军工产品等。第二次世界大战期间,主持研发和生产军用光学摄影系统,其中有红外偏光镜、热稳定红外滤光器、暗适应镜等;提出了色觉的模糊理论,认为三原色组合产生色觉的流行理论有矛盾之处,提出眼睛中至少有三种不同光谱灵敏度的成像机制,名之为"雷蒂涅克斯"(retinex),每一个雷蒂涅克斯就是一组假想的视网膜与大脑的联系网络,在像的每一点处比较这三种光,才能决定视觉中呈现的颜色。

战后转向研究开发即时成像技术。利用扩散传播原理,使黑白底片在拍照后60秒内自动涂药显像。1947年2月,这种新奇的即时成像技术首次在美国光学仪器交流会上亮相,引起了很大轰动。1948年11月26日,宝丽莱-兰德相机第一次上市,其一步成像可在10～15秒内完成。1960年起和德赖弗斯设计公司合作,5年后生产兰德-100型自动相机、斯温格牌快速成像相机。后者当镜头正好对准物体时,定位对焦按钮在取景器上会提示"YES"("是")。1963年发明宝丽莱彩色底片一步成像技术。1972年开发SX-70型快速成像相机,用干燥胶卷取代原有湿滑而剥落的底片。1978年发明宝丽来自动显影电影设备。1985年10月11日,在长达5年的诉讼之后,美国马萨诸塞地区法庭认定7项宝丽莱公司专利被人侵犯,致使柯达公司黯然退出了一次性成像市场。获奖甚丰,其中有1963年美国总统自由勋章、1967年美国国家科学奖章、1980年莱特奖章等。 (唐玄之 费俊琳)

吴学蔺(Wu Xuelin) 中国江苏省人,1909年6月1日生于江苏武进,1985年9月7日卒于江苏南京。冶金工程、光学工程、仪器研制、工程管理。

1930年上海大同大学物理专业毕业。先后任浙江大学助教、北平研究院物理研究所助理研究员。1934年赴美国留学,1937年获匹兹堡卡耐基大学冶金专业硕士学位。1938年在美国、瑞士为回国后建立中央机器厂做筹备工作。1939年回国,任昆明中央机器厂一分厂厂长。1940～1944年任西南联合大学机械学教授。1944～1949年,历任国民政府资源委员会工业处技正、钢铁组副组长,中央大学机械系教授,上海钢铁公司总经理。1953年任国家第一机械工业部三机局总工程师、技术司副司长、总锻冶师。1957年任国家科学技术委员会综合局、二局副局长。1959年调至中国科学院,先后任长春机械研究所副所长、长春光学精密机械研究所副所长兼厂长。1979年后任中国科学院南京天文仪器厂厂长、总工程师、教授级高级工程师。1955年选聘为中国科学院学部委员(院士)。

20世纪30～40年代,从欧洲、美国引进转炉炼钢、孕育铸铁、热处理以铸代锻、电焊条制作等先进技术;首次和周仁分别在昆明地区炼钢同时获得成功。50～60年代,参与主持扩建和改造上海钢铁一、二、三厂平炉,提高了钢的质量,增加了钢的品种,逐步使上海成为多品种钢铁生产基地之一;参与改造和新建沈阳、太原等重型机器厂;在北京负责苏联重大援建项目;主持制订《中国机械工业12年远景规划》。70年代,在光学精密机械研究中获得重要成果;协助进行"液态成形"和解决用模子压铸零件一次成形工艺,成功制造出石油钻头、手枪、农机齿轮等成型坯件。80年代,主持研制当时中国口径最大的2.16米天文反射望远镜的关键性工作;与国外合作研制当时中国精度最高的13.7毫米波射电天文望远镜;研制成功红外望远镜等。有《统计强度理论》(1965年)、《光学与激光》等译著。 (潘　峰)

彭尼,W. G. (Penney, Sir William George) 英国人,1909年6月24日生于直布罗陀,1991年3月3日卒于英国伦敦近郊东享德雷德。*核武器工程、核反应堆工程、原子核物理学、物理化学、工程管理。*

1926年毕业于希尔内斯技术学院,留校任实验室助手。1927年进入伦敦大学帝国理工学院学数学,1929年以优异成绩毕业。1931～1933年在美国威斯康星大学留学,期间1931年获硕士学位。1935年以量子机制在晶体物理中的应用研究获剑桥大学三一学院理学博士学位。1936～1945年任伦敦大学帝国理工学院数学助理教授。第二次世界大战期间,1940～1944年在英国政府本土安全部、海军部从事科学研究;1944～1945年工作于美国新墨西哥州洛斯阿拉莫斯国家实验室,参与曼哈顿计划研制原子弹。1946～1952年任英国军需部军械研究部门主管,参与制订和实施英国原子弹研究计划。此后在英国奥尔德玛斯顿的原子武器研究院工作,1953～1959年任该院院长。1959～1961年为英国原子能管理局武器研究与发展委员会成员。1961～1964年任英国原子能管理局代局长,1964～1967年任局长。1967～1973年任伦敦帝国理工学院院长。1968～1979年任地铁投资公司总裁。1971～1983年任标准电话与电缆公司总裁。1946年当选为英国皇家学会会员,1956～1960年任副会长。1967年受封男爵勋位。获5所大学荣誉博士学位。

对英国和美国的核武器研究作出了卓越贡献。1944～1945年参与研制美国第一颗原子弹,主要分工研究原子弹用途、效果和引爆高度;1952年领导研制英国第一颗原子弹,完成在西澳大利亚蒙特贝洛岛上的核试验,实现了英国核武器的零突破;1957年领导英国氢弹研制工程,成功主持圣诞岛上的试验,大大提高了英国核威慑力;开发的气体冷却核反应堆技术,广泛应用于英国的核电站。

虽然他从事"金刚怒目"的技术,但个人形象却是十足的"菩萨低眉"。同事们这样描述他:外表看来有些胖,像只猫头鹰,通常穿得很随便;和蔼可亲,风趣幽默,总是带着愉快的微笑;说话慢条斯理,言辞简洁但中肯有力。公开出版物有《化合价量子理论》(1935年)、《温茨凯尔一号堆事件(1957年10月10日)调查委员会报告》(1957年)等,以及关于分子结构的一些论文。获奖甚多,其中有1946年大英帝国军官勋章、1952年奈特勋章、1966年英国皇家学会伦福德奖章、1969年格雷兹布鲁克奖、1971年开尔文金质奖章等。 (陈　茜)

帕尔默,R. L. (Palmer, Ralph Lee) 美国人,1909年6月生于美国纽约州卡茨凯尔,2005年10月20日卒。*计算机科学与工程、电气电子工程。*

1931年获纽约协和学院机械工程学士学位。毕业后基本上一直供职于美国国际商用机器公司(IBM),历任电气电子工程师、课题组长、项目主管、部门经理等职,退休前为公司副总裁。1983年入选美国国家工程院院士。

美国计算机科学与技术的先驱者,率先在计算机中采用电子电路,开创了IBM公司的电子时代。1935年开始,IBM公司出品IBM-603等多种型号穿孔卡片计算机,主要用于财务制表等需要,大大减轻了煤气、电力等公司结算用户收费账单的繁琐疲惫工序。但这种计算机的运算部件都是采用继电器,完成一个乘法运算大约需要1秒钟,速度很慢,而且仅限于加、减、乘三种运算。20世纪40年代中期,他受命和J. A. 哈达德主持研制性能更强、更好的穿孔卡片计算机。首次采用电子电路取代继电器以实现产品的更新换代。在当时,计算机科学界大多数人低估了电子元器件性能的重要性和可靠性,他们作出这一大胆决策实属不易。这种IBM-604穿孔卡片计算机共用了1 400个真空管;有8个内部寄存器(因通常成对使用,实际工作寄存器为4个),其存储器容量为50个十进制数字,比IBM-603高一倍;能自动做除法,首次实现了全部四则运算;能根据所编程序自动完成多至60步运算,每分钟可处理约100张卡片,其速度之快在当时令人惊叹;首创嵌入式电路,将电路直接置于可插拔的电路板上,电路故障可通过撤换更新电路板解决,大大方便了机器维修,在电子工业界很快获得推广。1948年秋,IBM-604投放市场后大获成功,先后销售5 000多台,成了IBM公司进入电子时代的标志性产品。其后,应美国国防工业巨头诺斯若普

(Northrop)公司请求,为解决其导弹计算问题而研制开发了卡式程序计算机 CPC。因为对 IBM-604 电子计算器的贡献,获 1989 年计算机先驱奖。 (李 烨)

莱翁哈特,F.(Leonhardt,Fritz) 德国人,1909 年 7 月 11 日生于德国斯图加特的辛德尔芬根,1999 年 12 月 30 日卒于同地。*桥梁与结构工程、结构力学、工程管理。*

中学时代已在父亲开办的建筑设计事务所当助手。1931 年斯图加特工业大学毕业。同年到铁路部门工作。1933 年公派赴美国普渡大学进修结构工程学研究生课程。1938 年获斯图加特理工大学博士学位。1934 年任斯图加特铁路管理局桥梁事务所工程师。1935～1939 年在柏林帝国交通部高速公路管理局从事桥梁设计和审核工作。1939 年在慕尼黑开设私人顾问工程师事务所。1943～1944 年奉命筹建波罗的海炼油厂。1947 年成立斯图加特建筑设计事务所。1959 年任斯图加特大学教授、钢筋混凝土教研室主任,1967～1969 年任校长。1970 年成立莱翁哈特-安德烈国际工程咨询公司,1974 年退休。是国际桥梁与结构工程协会、国际预应力研究联合会、国际壳体结构协会等组织的领导人之一。

20 世纪 30 年代,在德国设计多座高速公路立交桥;参建多瑙河大桥和修复多座莱茵河桥;主持设计德国第一座悬索桥——罗登基兴大桥;多次从实际出发修订挠跨比等技术规范限制。40 年代,与他人合作发表多篇关于悬索桥的论文,提出发展锚碇和桥塔结构新设想;1949 年与他人合作开发出集中锚固总力达 3520 吨的预应力筋。50～60 年代,他主持的事务所取得多项技术突破,例如:首次采用各向异性钢桥面板结构的科隆米尔汉姆悬索桥(1951 年);首次采用平行索布置的杜塞尔多夫北桥(1957 年);首次采用顶推法施工的跨谷高架卡拉尼桥(委内瑞拉,1963 年);首次采用独塔不对称布置的杜塞尔多夫克尼桥(1969 年)等。他是以混凝土取代钢塔架建造电视塔的首倡者,1956 年建成的 210 米斯图加特电视塔是世界上第一座锥形壳混凝土电视塔,其成功经验很快在世界各地激起热潮。此外,发展了有重大意义的"桁架模拟理论";在支座、伸缩缝、脚手架和体外预应力索等设计上也有不少创新。代表作有《钢筋混凝土结构教程》(1975 年)等。获国际桥梁与结构工程协会"十大结构工程学家之一"的殊荣。(李啸虎)

克林斯基,A.(Kilinski,Antoni) 波兰人,1909 年 10 月 20 日生于俄国安东诺伏(今属波兰),1989 年卒于波兰华沙。*计算机科学与工程、电气电子工程、计算机应用与教育、高等教育管理。*

1935 年获华沙理工大学电气工程硕士学位。留校任教。并在国家电信研究所、国家专利局兼职。第二次世界大战期间,波兰被德国占领,大学被迫关闭,他继续在专利局工作;1944 年因参加华沙起义,被捕送往德国战俘营,直至 1945 年被盟军解放。作为波兰要求战争赔偿使团代表,在德国继续待了一年多。1947 年回国后,先在军队服役,1955 年以中校军衔退役。期间在母校兼教,1950 年兼任华沙理工大学通信系无线电通信设备研究室主任,1956 年任该校通信系主任,1963 年任计算机系主任,1975 年任计算机学院院长,1968～1971 年任华沙理工大学校长,1978 年退休。

波兰计算机科学与工程先驱者、奠基者。1947 年受命组建波兰的无线电-电子工业,并作为工程师亲自设计许多电气与电子仪器。20 世纪 50 年代中期,在波兰高校率先开展有关数字电子学、电子计算机教学,组织科研队伍。1958 年主持研制了波兰第一台通用计算机 UMC-1,有 800 多个电子管,磁鼓存储器容量 4 096 字,字长 36 比特,配有早期的程序设计语言。在华沙电子企业合作下,该型号生产了 50 多台,是波兰第一批上市的电子计算机。60 年代初期,主持开发采用晶体管的计算机 UMC-10。接着主持研制医用计算机 ANOPS,专门用于心电图和脑电图的数据处理。该产品在 60～80 年代生产了数代,所用元件从晶体管到集成电路到大规模集成电路,除本国使用外,还外销苏联、匈牙利、意大利、加拿大、美国等国,在国际上享有盛誉。他主持研制的专用于大地测量和地图绘制的 GEO 计算机,历经数代,最后型号 GEO-20 生产于 1974 年,实际上是现代通用、多用户计算机,操作系统类似 UNIX,配有完整的编译器 FORTRAN-Ⅳ。

鉴于他"在波兰建造第一台商用计算机,以及在波兰大学中发展计算机科学教育"所作出的贡献,身后于 1996 年被追授美国计算机先驱奖。因无直系亲属代他领奖,他的奖章和证书至今保存于波兰计算机学会。

(李 烨)

岡本舜三(Okamoto,Shunzo) 日本人,1909 年 11 月 3 日生于日本东京,2004 年 4 月 14 日卒于同地。*土木与结构工程、仪器研制、岩土力学、地震工程学。*

1932 年获日本东京帝国大学(今东京大学)工学部土木科工学士学位;1947 年获东京大学工学博士学位。1942 年任教于东京帝国大学,1947 年任东京大学教授,1964 年任该校生产技术研究所所长,1970 年退休任名誉教授。同年任埼玉大学教授,1973 年任理工学院院长,1974 年任校长,1980 年退休任名誉教授。1962 年任日本土木工程师协会副主席,1972～1973 年任主席。1969～1973 年任国际地震工程学会会长。1986～1990 年任日本震灾预防协会理事长。1987 年当选为日本学士院院士。

日本地震工程学先驱者。一生致力于将地震学理论应用于水坝、隧道、地下管道、桥梁及其他土木与结构工程领域,为建立地震工程学奠定了坚实基础。早期探求用理性方法评估各种土结构系统的动态耐震性。第一个突出成就是论文"以四个时刻定理为基础的框架结构振动分析"(1939 年),所提出的方法被视为简化分析的真正突破,随着后来计算机的普遍使用,益显其重要实际意义。1949 年发表论文"应力或空心圆柱估算",澄清了引力场弹性介质空心圆柱附近的应力分布,提出测评隧洞稳定性的准则,获日本土木工程师协会 1949 年最佳论文奖。发展了薄壁筒动态特性理论,还将之应用于拱坝动态行为及其抗震分析,意义重大。十分注重实地考察日本内外的大地震灾情，如1967年率领联合国教科文组织地震考察队调查印度戈伊纳大地震灾情，探究地震破坏的规律，及时总结抗震工程经验教训，由此提出许多新见解、新方法，如拱坝地震反应的多点激振试验技术，以及考虑竖向地震影响等，受到国际地震工程界重视。为及时、准确地取得第一手数据，他还着手研制测量仪器，1955年第一个开发具有自动触发装置的地震仪，是后来地震仪的原型；另发明有地下防水地震检波器等。

他的《地震工程学概论》(1971年初版，1984年第3版)被公认是最全面、最系统介绍了日本地震工程的著作之一，获日本外务省最佳国际出版奖。发表论文和研究报告100多篇；另著有《结构抗震设计方法》(1954年初版，1985年第4版)、《大厦建筑振动学》(1967年)、《日本列岛大地震图谱》(1968年)等专著10余部。获多项奖励，包括日本土木工程师协会1960年著作奖、1978年杰出成就奖、1982年藤原奖章，1979年日本紫绶勋章，1984年二等旭日重光奖章，1990年文化勋章等。 (李 烨)

米尔，М. Л. (Миль, Михаил Леонтьевиь; Mill, Michail Leontevich) 又译“米里”。苏联人，1909年11月22日生于俄国伊尔库茨克，1970年1月31日卒于莫斯科。航空工程、空气动力学、工程管理。

1931年新切尔卡斯克航空学院毕业。同年到茹科夫斯基中央流体动力研究院实验空气动力处工作，历任旋翼飞行器实验设计局工程师、副主任设计师、实验室主任等职。第二次世界大战中，在作战部队任旋翼校射机大队工程师。1947年任直升飞机实验设计局主任设计师。同年受命组建米尔设计局并任总设计师，直至去世。

苏联旋翼机的奠基者之一。他设计制造直升机10余种，创造了96项世界航空纪录，以他命名的直升机在世界各地不下30000架。在大学期间，已参与苏联第一架旋翼机的制造。第二次世界大战后，他设计著名的“米”(Ми-)字号系列直升机，誉满全球。1948年设计苏联第一批三座三叶旋翼直升机米-1，1950年投入批量生产，后来开发出多种改型机，广泛用于联络、勘探、教练、急救、警务、运输和农林业等领域，在国内外风行了20余年。20世纪50年代初研制出米-4直升机，额定载荷1.2吨，首创在机身后部铰接舷梯，便于货物直接进入机舱，在30余个国家广为使用，获1958年布鲁塞尔国际博览会金奖。50年代中期后，重点研制超重型直升机，其中有：重型空降运输直升机米-6于1957年首飞成功；创下载重12吨、升高2432米世界纪录，1964年又创下最快速度、5～20吨升高等16项世界纪录，被视为直升机发展史上的里程碑，荣获国际西科尔斯基金奖；1960年米-10“空中吊车”首飞成功，采用长行程四点式起落架，能运输大体积货物；1969年米-12创造了载重40吨、爬高2250米的世界纪录。60年代还研制过涡轮轴发动机驱动的各种中、轻型直升机。

合作编写专著和论文选等数十部，其中有名著《直升机》(2卷，1966～1967年)。获1958年列宁奖金，1966年社会主义劳动英雄称号，1968年苏联国家奖金；以及3枚列宁勋章、3枚其他勋章和多枚奖章。 (李啸虎)

赵飞克 (Zhao Feike) 曾名赵云鹏。中国湖北省人，1909年12月15日生于湖北鄂城，1976年2月4日卒于北京。结构工程、结构力学、工程管理。

1930年武汉大学工学院土木工程系毕业。同年去英国爱丁堡大学工学院进修；1932年转为英国利物浦大学工学院研究生，研究结构力学(侧重桥梁方面)，1935年获工学硕士学位。1936年回国，先后任东北大学工学院、河北省立工学院、北平大学工学院、天津工商大学(后归天津大学)教授，主讲工程力学。1937年10月起，投笔从戎参加抗日战争和解放战争，历任中国共产党晋西南游击队第四支队政治处主任，延安大学教育处副处长、秘书长，东北嫩南行署实业厅副厅长，东北嫩江省龙江县县长、肇东县委副书记、嫩江省政府秘书长。1949年后，相继任武汉市建设局局长、市政府秘书长兼法院院长，湖南株洲铁路工厂总支书记兼厂长，国家铁道部设计局局长等职。1955年选聘为中国科学院学部委员(院士)，专职担任技术科学部副主任。

作为中国著名的结构力学家，曾领导和主持过国家多项重大工程的建设工作。在任中国科学院技术科学部负责人期间，出谋划策，兢兢业业，为学部的发展壮大作出了重要贡献。译著有《苏联概况》(1939年)等；主要论著有《桥梁设计应力分析的新方法》和《武汉市码头改革资料汇编》等。 (潘 峰)

拉比诺，J. (Rabinow, Jacob) 美国人，1910年1月8日生于俄国乌克兰哈尔科夫，1999年9月11日卒于美国纽约。电气电子工程、图象识别工程、军械工程、自动化技术。

乌克兰裔。1914年全家移居西伯利亚，1919年父亲的鞋厂倒闭，全家人被迫搭乘长途货车到中国东北谋生，父亲不久病死。1921年和家人移居美国纽约州布鲁克林。1933年毕业于纽约城市大学电机工程系，翌年获该校硕士学位。1938年聘任美国国家标准局机械工程师，从事国防军工研究开发，曾任机电军火处主任。1954年离开国家标准局，创办两家工程公司(后被数控公司、哈默·卡唐公司并购)，1964～1972年出任数控公司副总裁，兼任拉比诺预研发展实验室主任。1972年任美国国家标准局首席研究工程师，1975年退休后任顾问。是美国国家工程院院士。

第一台电子阅读机的发明者。在军械上有许多发明，研制有新式炸弹、火箭导火索等。最佳杰作要算1960年研制的第一台光学字符识别机(阅读机)：它能阅读和扫描字符，把它们同机内设置的字模逐一比较，然后找到最佳配合；该系统甚至能识别印刷质量低劣或已破损的字符。近半个世纪后，拉比诺阅读机仍被金融界用于扫描银行支票和信用卡。研制出磁粉离合器，构思巧妙、结构简约、功能独特，在22个国家卖出专利权，很快用于汽车、飞机副翼等许多机械设备上。他常常出于同人打赌而发明人们意想不到的东西。例如：1943年和一位数学家打赌，结果发明了自动调整间距的打字机。邮政部长断言信件分拣永远无法自动化，因为信封书写五花八门。他在一次演讲中和邮政部长打赌，赌注是一年午餐。邮政部长闻讯，连忙派人上门和他签订合同，信件分拣机很快问世，经改进还可分拣各种包裹。

一生拥有231项美国专利和70项外国专利；据他本人估计，发明成果不下2000项，其中许多未登记或未获专利。获12项大奖，其中有1948年美国总统授予的荣誉证书，1977年哈里·戴蒙德奖等；1980年被美国《工业研究和发展》杂志评为该年度最杰出科学家。撰有《为娱乐和收益而发明》(1989年)等著作。美国国家标准局设有拉比诺奖。（李啸虎）

亚历山大，S. N. (Alexander，Samuel Nathan) 美国人，1910年2月22日生于美国得克萨斯州瓦尔通，1967年12月7日卒于美国。计算机科学与工程、自动数据处理、计算机应用、应用数学。

在美国俄克拉何马城长大。1931年同时获俄克拉何马大学物理学学士、电气工程学士学位。1933年获马萨诸塞理工学院电气工程硕士学位。留校任助理研究员，兼任单纯电线与电缆公司工程师。1940年进入华盛顿特区海军部，负责电子仪器设备研究开发的项目管理。1946年起任美国国家标准局应用数学实验室电子学部门主管。同年参加莫尔学院举办的世界上第一个计算机培训班。死于癌症，英年早逝，终年57岁。

20世纪40年代后期，他负责研制成功美国最早的存储程序式电子计算机(SEAC)，这台俗称“东部机”在美国早期计算机发展史中占有重要地位。它本是美国空军空中管制局“最佳规划的科学计算”项目的一部分。为了提高工作质量和进度，他采取了系统集成方法：存储部件采用莫尔学院正在研制的方案；动用约10000个固态锗二极管作为逻辑部件，750个真空五极管作为放大器。他说：SEAC是杂交出来的，不过设计它的人比以往的设计者更聪明些而已。1950年4月提前竣工并投入使用，比其他一些计算机开发项目组提早了一年左右。该机虽仅有7条基本指令(加、减、乘、除、比较、输入和输出)，512个字存储容量，但在解决当时一些重大科学研究、军方对策、政府管理等计算问题中发挥了重要作用，引进阴极射线管后又成了最早实现远距离图形输送的电子计算机。SEAC服役14年，总开机时间共70254小时。

其他方面主要贡献还有：1952～1954年为美国国防部开发世界上第一台可移动式计算机DYSEAC；1954年为空军导弹测试中心开发计算机FLAC；1956年完成多用途、多计算机系统的逻辑设计；1960年和1962年先后为美国气象局开发“第4号自动气象观察站”(AMOS-Ⅳ)、气象卫星遥感照片和红外数据处理系统；1963年为美国政府应急计划办公室(OEP)设计和开发“计算机控制电子扫描系统”(ACCESS)。美国《计算机科学与技术百科全书》(1975年)在介绍他的专设条目中，用年表列出他有过的种种计算机开发项目，并评论说：“在将自动数据处理技术和系统引入联邦政府的运作中并进行开发方面，大概没有人比亚历山大影响更大。”

获奖甚多，其中有1951年、1964年美国商务部金质奖章，1956年瑞典皇家工程院银质奖章，1967年哈里·古德奖等。身后被追授1980年计算机先驱奖。（李　烨）

约翰逊，C. L. (Johnson，Clarence Leonard) 美国人，1910年2月27日生于美国密歇根州伊什珀明，1990年12月21日卒于加利福尼亚州洛杉矶。航空工程、空气动力学、科技管理。

瑞典移民后代，父亲是泥瓦匠，母亲是洗衣妇；他在同胞9人中排行老七。中学时代已制作了上百个模型飞机，课余打工。1932年获密歇根大学航空工程学学士学位，1933年获该校航空工程硕士学位。同年入洛克希德公司，1938年任公司首席研究工程师，发展预研部(代号为“鼬鼠工程队”)主任工程师，1952年为该公司伯班克厂总工程师，1956年任该公司研究与发展协会办公室副主任，1958年任发展预研部副主任，1969年为公司第一副总裁。1975年退休后，仍为公司董事会成员，并任首席顾问。1965年被选为美国国家工程院、美国国家科学院院士。

世界最知名的飞机设计师之一。领导和参与设计的洛克希德飞机有F-80、T-33、星座式系列、F-94、XFV-1、XF-90、F-104、U-2、A-11、YF-12和SR-71，计44种之多。1943年他领导研制的F-80A战斗机，从设计到试飞仅用了143天。1953年他主持和参与设计的U-2和1959年主持设计的SR-71“黑鸟”高空侦察机，在高度、速度和航程上开创了世界纪录。还在洛克希德导弹和空间公司领导了人造卫星阿基纳D的设计工作。在飞机设计系统中，解决过侦察机马赫数等于3的推力系统、P-38军用机上首次出现的空气压缩性、钛合金在YF-12和SR-71飞机处于高温条件下的运用、星座式大型飞机动力-助推系统的控制，U-2飞机的高空飞行条件、F-104的薄机翼颤振和气体弹性，以及SR-71飞行时前沿温度可达427℃的冷却问题等。他创立的“鼬鼠工程队”创新型工程运作和企业管理，追求短周期、低成本、高性能，具有高度借鉴价值。

撰有自传《超越我的份额》(1990年，中译本为《我怎样设计飞机——凯利·约翰逊自传》)。一生荣获近50种奖励和荣誉，其中包括1941年莱特兄弟奖章，1963年冯·卡门奖，美国总统颁发的1964年自由勋章及1966年国家科学奖章等。1965年“入选国际航空名人堂”；1991年入选“国家管理协会名人堂”。（戴成勋）

皮尔斯，J. R. (Pierce，John Robinson) 美国人，1910年3月27日生于美国艾奥瓦州德梅因内，2002年4月2日卒于加利福尼亚州森尼韦尔。通信工程、电气电子工程、微波电子学、声学。

入读加利福尼亚理工学院电机工程系，1933年、1934年和1936年先后获学士、硕士和博士学位。1936～

1970年供职于贝尔实验室,曾任研究开发部通讯原理组负责人。1970年回母校任电气工程学教授,1979～1982年兼任该校喷气推进实验室首席工程师,1980年退休。1983年任斯坦福大学计算机音乐与声学中心名誉客座教授,直至去世。

在美国通信卫星工程中作出先驱性贡献并发挥主导作用。他的重要发明之一,是用于微波管和电子加速器中的"皮尔斯枪"。早期在贝尔实验室研发各型电子真空管。第二次世界大战前夕,转向研制用于雷达的微波管和雷达接收器的反射速调管。1943年,R.康夫纳在英国雷达实验室发明行波管。正是皮尔斯第一个充分认识到这一发明的真正意义,随即对这种宽带放大器进行以数学为基础的系统理论研究,并在贝尔实验室引进和改进康夫纳行波管,后撰书予以详细介绍和推广。在参与开发美国第一颗商用的通讯卫星1号时,研制成功低压s波段行波管,这是通讯卫星微波通讯系统和微波测量设备的主要部件之一。他对美国研发通讯卫星有重要贡献,其中包括:1960年8月12日,发射"回声1号"通讯卫星,首次用于大地测量;1962年7月23日,发射有源通讯卫星"电星1号",首次实现跨洋电视传播。

此外,在脉冲编码调制、语音合成和计算机作曲等领域也有建树。是非八音度音标的独立发现者,后称为波伦-皮尔斯标度(Bohlen-Pierce Scale)。

拥有专利90余项;发表论文300余篇;独撰或合写著作近20部,其中有《量子电子、电波和信息》(1972年)、《信息理论导论:符号、信号和噪声》(1980年)、《通信科学与系统导论》(1980年)、《信号:电话与未来》(1981年)、《信号:长途通信科学》(1990年)、《乐声科学》(1992年)等。他还是一位多产的科幻作家,以库珀宁(J. J. Coupling)笔名发表科幻短篇小说20余篇。因为他"在卫星通讯中的先驱性工作和领导作用,以及对电子光学、行波管理论、控制电子噪音等方面的促进和贡献",获1963年美国电气与电子工程师协会(IEEE)爱迪生奖章;此外获1975年IEEE荣誉奖章、1985年日本奖、1995年德雷珀奖等。 (许可钦)

祖泽,K.(Zuse,Konrad) 德国人,1910年6月22日生于德国柏林市郊威尔默斯多夫,1995年12月18日卒于法兰克福市郊洪菲尔德镇。计算机科学与工程、航空工程、计算机应用。

邮局职工家庭出身,在东普鲁士长大。1931年获柏林-夏洛滕堡理工大学土木建筑学士学位。毕业后在柏林的亨舍尔飞机制造厂任设计工程师。1935年、1945年在柏林-夏洛滕堡理工大学先后获土木建筑硕士、博士学位。1939年希特勒发动侵略战争,他服役一年,后返回亨舍尔飞机制造厂。1945～1949年,先后在德国航空研究所格廷根空气动力学实验室、巴伐利亚州亨特斯坦村、霍普夫劳村秘密研制计算机。1950年起任瑞士苏黎世联邦理工学院应用数学研究所研究员。后创办祖泽计算机公司(1969年被西门子公司兼并)。获柏林-夏洛滕堡理工大学、汉堡大学、意大利锡耶那大学等多校荣誉博士学位或名誉教授职位。

德国计算机先驱、世界第一台二进制数字计算机发明者。几乎所有计算机先驱都是"集团作战",唯独他以近乎"个体作坊"的形式从事高科技开发而取得成功。20世纪30～40年代,为了解决飞机设计中的复杂计算,1934年开始,他在对前人工作一无所知、也很少获得外界资助的困境中业余独自研制计算机,陆续开发出Z系列计算机Z1、Z2、Z3、Z4四种型号。1936～1938年研制的机械式数字计算机Z1虽不甚成熟,从历史上看却属世界领先,因军事保密而长期不为外人所知,直至60年代中期才逐渐披露。当时Z1向美国专利局提出申请,因申请书言辞含糊而遭拒。1940年用电话继电器造出机电式数字计算机Z2,运行虽不甚可靠,已引起军方兴趣,让他组建一个仅15人的小公司,1941年底完成的Z3初具现代数字计算机主要特征,存储器用了2600个继电器,能存储64个22位的数,速度比美国的马克一号(Mark-Ⅰ)快些,造价仅6500美元。1942～1943年研制了专用计算机S1和S2,前者用来设计由无线电控制的轰炸机滑翔式炸弹,在地中海海战中极显威力,于是军方开始资助他研发功能更强的Z4。1945年3月,德国面临战败,他获准离开柏林避居阿尔卑斯小山村继续研究。同年发明编程语言"柏兰柯尔丘"(Plankalkui),这是第一个有层次结构的数据处理语言,是当时唯一能同时处理整型数、浮点数和标量数据的语言,他还以之编写了一个下棋程序,因保密而对学界鲜有影响。1951年组装调试成功Z4,是欧洲当时唯一能解复杂数学与工程问题的计算机。他在战后出品了多种小型计算机。获1980年美国计算机先驱奖。(李 烨)

沙里宁,E.(Saarinen,Eero) 美国人,1910年8月20日生于芬兰克柯鲁米,1961年9月1日卒于美国密歇根州安阿伯。土木建筑、工业设计、建筑学。

芬兰裔。父亲G. E.沙里宁是著名建筑家,母亲是雕塑家。12岁时便获瑞典火柴盒设计第一名。1923年随父母定居美国。1929年赴巴黎学习雕塑,一年后返回美国。1934年毕业于耶鲁大学建筑学院,获奖学金游学欧洲两年。回美国后,在父亲主持的克兰布鲁克艺术学院任教,并成为父亲建筑事务所合伙人。1940年加入美国籍。长期与其父合作创作,获得一系列奖项。1950年父亲去世后,独自开业。1961年,他不幸死于脑科手术中。

20世纪美国浪漫主义建筑学派主要代表之一。他对早期现代建筑中的流行思维深表怀疑,率先引入雕塑式造型,作品极富独创性,不断标新立异,以至一生中没有定式的建筑风格。他毕生的设计理念,是不断追求材料、结构、功能的有机统一性。设计了美国许多标志性建筑,其中最杰出的作品是纽约肯尼迪国际机场环球航空公司候机楼(1962年)。此外较重要作品有:一举成名的杰斐逊纪念堂(1948年)、马萨诸塞理工学院克斯吉礼堂(1955年)、耶鲁大学冰球馆(1958年)、美国驻英国大使馆(1961年)、华盛顿杜勒斯机场及其候机楼(1962年)、圣路易市杰斐逊纪念碑(1964年)、圣路易斯大拱门(1966年)等。

还是工业设计中的有机现代主义学派奠基人,为现代美国家具奠定了坚实基础。强调家具设计和室内装潢是建筑的不可分割部分。擅长家具设计(特别是椅子),采取雕塑式造型,线条简洁美观,构思巧妙新潮,体现有机的自由形态,而不是刻板、冰冷的几何图形,适合大工业生产,成了工业设计史上的典范,至今广为流传和使用。尤其是,其作品都经过严格的物理、力学、人体工程学的试验。其中,与埃姆斯(C. Eames)合作设计的椅子,在1940年美国纽约国际现代家具设计竞赛中获大奖;20世纪40年代为诺尔公司设计家具,代表作有玻璃纤维增强塑料模压椅、胎椅、郁金香椅等,蚂蚱型椅子直至1965年仍是该公司的招牌产品;20世纪50年代,设计的玻璃纤维增强塑料模压椅被通用汽车技术中心采用为标准座椅。1962年美国建筑师协会追授他金质奖章。 (李 烨)

纽马克,N. M.(Newmark, Nathan Mortimore) 美国人,1910年9月22日生于美国新泽西州普兰菲尔德,1981年1月25日卒于伊利诺斯州厄巴纳。结构工程、地震工程、结构力学。

1930年获拉特格斯大学土木工程学士学位。同年到伊利诺伊大学任教;1932年、1934年先后获该校理学硕士、博士学位。1943年起任该校土木工程研究教授,1947~1957年兼任数字计算机实验室主任、结构试验室主任,1956~1973年任土木工程系主任等职,1976年退休后任名誉教授。是美国国家工程院创始成员之一。是美国文理科学院院士。1966年当选为美国国家科学院院士。

主要研究地震、风力、波效应和爆炸、冲击等所产生的动载荷和应力的简化分析法,异常载荷下复合结构应力和挠度快速计算法,抗炸弹爆炸的设计方法,核弹效应及防护核爆炸的方法等,成绩卓著。所参加设计的工程有世界最长的奥克兰海湾水下隧道、蒙特利尔43层旅馆、机场跑道、输油管道等,其中如墨西哥城拉蒂诺美洲大厦,经受了大地震考验。

撰文230多篇。主要著作有与人合著的《多层混凝土加固防震建筑的设计》和《地震工程基础》等。多次荣获奖章,其中包括1968年美国国家科学奖章,1979年里茨奖章,1980年英国结构工程师协会金质奖章等。他去世后,伊利诺伊大学以纽马克命名结构试验室。美国土木工程学会设立以他命名的奖章。 (王天运)

丁舜年(Ding Shunnian) 中国浙江省人,1910年12月4日生于江苏泰兴,2004年9月20日卒于北京。电机工程、动力与机械工程、电工学。

原籍浙江长兴,双亲都是小学教师。1932年毕业于交通大学电机工程系。留校任教。1934年起相继任上海华生电器厂工程师、该厂南翔分厂技术科主任、国民政府资源委员会中央电工器材厂上海制造厂工程师。1947~1948年在美国西屋电气公司实习和在匹兹堡大学研究生院进修。1949年任上海电机厂副厂长兼总工程师。1951年任电器工业管理局第二设计分局局长。1954年起一直在国家第一机械工业部所属单位工作,历任该部设计总局副总工程师、工艺与生产组织科学研究院副院长兼总工程师、电器科学研究院院长、电器工业管理总局总工程师,第一机械工业部教育局副局长,1984年退休。曾兼任中国电机工程学会副理事长,中国电工技术学会副理事长、名誉理事长,美国电气与电子工程师协会(IEEE)北京分会副主席(1985~1988年)。1980年当选为中国科学院学部委员(院士)。

20世纪30年代,设计制造当时中国较大的三相交流发电机、大电流直流发电机和三相电力变压器,完成"华生牌"名牌电扇的开发和工艺改进工作。40年代末至50年代初,主持制成无轨电车用直流牵引电机、矿用电动机和高速感应电动机。50年代后期至60年代前期,指导研制成功高精度控制微电机、磁放大器等新产品;开发出新型绝缘材料、新型电工合金材料;建成第一机械工业部第一个电子计算机站;领导完成全国电工标准化的工作。60年代中期至70年代,组织全国多家电机厂和电机研究所大协作,开发出当时国内最大的10万千瓦和20万千瓦汽轮发电机,定型生产后成为中国发电设备的主力机组。70年代末以后,为全国机电类大学本科学生的培养和电气工程师的进修做了大量工作。2000年与汪耕院士共同主持完成1000兆瓦级大型汽轮发电机研发课题。

著有《保护替续器及其应用》(1945年)、《交流发电机与电动机》(1948年)、《磁铁与电磁铁设计》(1951年)等著作;主编《电工技术参考资料》(6卷,1952年)和《大型电机发热与冷却》(1992年)等。 (孙晓芳)

豪斯纳,G. W.(Housner, George William) 美国人,1910年12月9日生于美国密歇根州萨格那,2008年11月10日卒于加利福尼亚州帕萨迪纳。结构工程、地震工程、地震学、应用力学。

1933年获美国密歇根大学土木工程学士学位。1934年获加利福尼亚理工学院硕士学位,1941年获该校博士学位。期间1934~1939年在洛杉矶任结构设计工程师。第二次世界大战中,先后在美国工程兵部队、第9轰炸机队作战分析部、第15空军部队作战分析总部服役。战后重返加利福尼亚理工学院,1953~1974年任土木工程与应用力学教授,1974~1981年任布朗讲座教授。先后兼任美国地震工程研究会会长、美国国家工程院地震工程研究委员会主席、国际地震工程学会会长、美国地震学会会长、美国国家科学院工程部主任、美国国家研究委员会地震工程委员会主席、美国国际减灾十年顾问委员会主席等。1981年退休任布朗讲座荣誉教授。1965年当选为美国国家工程院院士。1972年当选为美国国家科学院院士。

被誉为"地震工程之父"。首创强震地运动反应谱分析方法,使地震工程实现从静力法向动力法的根本转变,其中:1941年已经计算了任意运动下振子的反应;1947年首倡用有阻尼的速度反应谱作为工程设计依据;1957年提出贮液罐地震反应分析法;1959年倡导将平均化后的运动记录反应谱作为设计反应谱等。1969年主持撰写给美国科学基金会的"地震工程研究"报告,首次明确了地震工程内容、范围和研究重点。1971年美国加利福尼亚州圣费尔南多发生大地震,他主持观测站所作强震记录数超过当时其他站所有强震记录总和;

敦促国会通过"全国减轻地震灾害计划"。指导和参与美国海内外许多重大工程建设,包括规模巨大的引水工程、高层建筑群、海洋石油钻探平台、横跨阿拉伯输油管和长跨度悬索桥坝等。1978 年率领美国地震工程代表团首次访华,开启了中美地震工程交流合作新阶段。

出版有《应用机械学》(与他人合著)、《豪斯纳地震工程文选》(1990 年)等著作。获奖近 20 项,其中有美国土木工程学会 1974 年冯·卡门奖、1981 年纽马克奖,1981 年美国地震学会奖,1988 年日本地震灾害防御协会地震工程奖,1988 年美国国家科学奖章等。1989 年美国地震工程研究会设立豪斯纳奖,他是第一个获奖人。 (李啸虎)

伊柳申,A. A.(Ильюшин, Алексей Антонович; Elushen, Alekcey Antonovich) 俄罗斯人,1911 年 1 月 20 日生于俄国喀山,1998 年 5 月 31 日卒于莫斯科。*材料科学与工程、应用力学、气体动力学。*

1934 年毕业于莫斯科大学力学与数学系。留校任教,1938 年获该校物理数学博士学位,同年升任教授,主持弹性理论教研室 40 多年。1936～1960 年同时在苏联科学院力学研究所工作,1953 年任所长。1950～1952 年任列宁格勒大学校长。1943 年当选为苏联科学院通讯院士,1947 年任院士。

1934～1940 年研究粘塑性流理论,阐明固体和液体粘塑性的确定关系与边值问题;证实滞流区的存在;解决了粘滞流稳定性问题,提出在蠕变条件下的稳定性准则;所提出的计算方法,现仍用于分析超塑性条件下的金属变形、确定管道中的塑性液体流动的滞流区,及土力学方面。1942～1948 年,研究弹塑性小变形理论。根据试验的分析,揭示应力对弹塑性变形变化过程的依赖关系;创建现代弹塑性板壳理论,并应用弹塑性变形的板壳稳定理论,确定失稳的临界载荷。20 世纪 50 年代起,研究复杂加载过程中的塑性理论。提出新的一般性概念——各向同性假设,由此确定应力与弹塑性变形间的关系一般表达式。50 年代中期,研究金属在压力加工过程中的理论,给出计算压力加工中塑性流动问题的基本方法,所提出的具有坚硬表面的金属薄片的塑性流理论,能精确计算薄板冲压轧制与锻压过程中的力学参数;用实际材料做成小尺寸模型,在高超载下进行试验,并由此提出相似理论,爆炸作用的模型理论以及处在重力场中的物体上所作用的动力荷载的模型理论;1957 年在莫斯科大学首次开设弹塑性理论课程。

在气体动力学领域,揭示在易变形介质中以超音速运动的细长物体的平面流规律,并在此基础上提出高超音速的气弹性和板壳的颤振理论。

主要著作有《弹塑性的小变形理论》(1945 年)、《塑性》(1948 年初版,1998 年第 6 版)、《电阻材料》(1959 年)、《塑性理论的一般数学基础》(1963 年第 6 版)、《热粘弹塑性的基本数学理论》(1970 年)等。1948 年获苏联国家奖金。 (薛克宗)

赫德,C. C.(Hurd, Cuthbert Corwin) 美国人,1911 年 4 月 5 日生于美国艾奥瓦州埃斯泽维拉,1996 年 5 月 22 日卒于加利福尼亚州波特拉河谷。*计算机科学与工程、工程管理、应用数学。*

1932 年获德莱克大学数学学士学位。1934 年获艾奥瓦大学数学硕士学位。1936 年获伊利诺伊大学数学博士学位。毕业后在密歇根大学任教。珍珠港事件以后,应征入伍,在美国海岸保卫后备队服役,海军少校军衔。战后初期,任宾夕法尼亚州的阿勒格尼大学数学系主任。1947 年供职于美国联合碳化物公司,为橡树岭国家实验室提供计算等服务。1949～1962 年供职于美国国际商用机器公司(IBM),曾任应用科学部主任,在电子数据处理机、自动化部、控制系统等部门任过要职。离开 IBM 公司后,仍长期担任其顾问直至 1985 年。1962～1974 年在纽约创建计算机应用公司并任董事长。1974 年创办赫德联合咨询公司。1978 年出任专门生产教育课件和为学校联网的比科戴恩公司董事长。1984 年创办克温图斯公司(后被收购兼并)。1990 年出任纳西那软件公司董事长。

IBM 公司走上计算机产业之路的开拓者和推动者。第二次世界大战期间和战后,为美国海军研究院建造过穿孔卡片计算机。20 世纪 50～60 年代,领导或主持研制 IBM 公司早期许多计算机产品,其中有:IBM 公司的第一台科学计算机 IBM-701、第一台大型流水线计算机"伸展"(STRETCH)、第一台配有完善模-数转换装置的控制系统计算机 IBM-1620 及其改进型 IBM-1710、第一台高速打印机;参与研制著名的"快码"(Speedcoding)、世界上第一个被正式采用并沿用至今的高级编程语言 FORTRAN 等许多程序系统的工作;在离开 IBM 公司后,仍作为技术顾问对 IBM-360 系列、IBM-370 系列项目提出了许多有益建议。他的组织才能和远见卓识对许多计算机产品成功开发起到决定性作用,为 IBM 公司成为信息技术产业的"蓝色巨人"奠定了基础。例如,J. 巴克斯在开发 FORTRAN 软件时曾遭到冯·诺伊曼的反对,正是赫德支持和批准了巴克斯的计划,才使 FORTRAN 得以问世。由于"对于早期计算机发展所作出的贡献",1986 年获美国计算机先驱奖。 (李　烨)

钱钟韩(Qian Zhonghan) 中国江苏省人,1911 年 6 月 2 日生于江苏无锡,2002 年 2 月 8 日卒于江苏南京。*动力与机械工程、自动控制、应用数学、工程教育。*

出生于知识分子家庭,著名学者钱钟书的堂弟。1933 年交通大学电机工程系毕业。1934～1936 年在英国伦敦大学帝国理工学院当研究生。1937 年在瑞典 ASEA 电气公司实习半年。同年回国,先后任浙江大学、西南联合大学、中央大学教授。1949 年后,历任南京大学工学院院长,南京工学院(今东南大学)副院长、院长、自动化研究所所长,1988 年后任东南大学名誉校长。兼任国务院学位委员会自动控制学科评议组组长等职。1980 年当选为中国科学院学部委员(院士)。

20 世纪 50～60 年代,在中国高校率先开设"热工仪表"、"动力设备自动调节"等新课程,及时为新建电厂培养专业人才;提出一套系统的低阶近似模拟方法,为窑炉、锅炉等热工设备建立数学模型和电气模型,解决了当时国产模拟计算机容量小的难题，奠定了复杂非线性系统的电气模拟法仿真计算的理论基础。60～70年代，主持中国蒸汽发电机组第一次大规模系统仿真试验，提出成套行之有效的简化公式；先后主持华东电管局、北京电管局电厂自动化试点，以及秦岭发电厂30万千瓦单元机组仿真工程试验。80～90年代，提出热流阻抗分析法，解决了高温旋转窑间歇性热交换的难题；利用电模型方法有效解决工程技术界一些重大争议问题，例如力排众议提出强制循环超高压锅炉的压力稳定性等，为以后实践所证明；总结模型降阶机理，提出"中、低频段分别处理"和"有限信息资源合理分配"原则，建立几种新的模型降阶计算方法；深入研究高压蒸汽热力学性质和状态方程式，提出一系列新的近似公式，纠正技术文献中没用的蒸汽流量计算公式，显著提高计量精度，提供了高压蒸汽流量在线测量的科学依据。

主编《感应电动机文辑》(1955年初版，1959年再版)、《大型电机的发热与冷却》(1992年)等。1985年获美国南加州中华科学家工程师协会颁发的特别奖。

(李啸虎)

徐芝纶(Xu Zhilun) 中国江苏省人，1911年6月20日生于江苏江都，1999年8月26日卒于南京。土木工程、水利工程、工程力学、应用数学。

1934年清华大学土木工程系毕业。1936年获美国马萨诸塞理工学院工学硕士学位；1937年获哈佛大学工学硕士学位。同年回国，任浙江大学教授。1943年到重庆水力发电勘测总队主持设计工作。1944年后在中央大学、交通大学任教授。1952年起一直在南京华东水利学院(后易名河海大学)任教，历任工程力学教研室主任、教务长、土木工程学院副院长等职。曾兼任江苏省力学学会副事长、理事长。1980年当选为中国科学院学部委员(院士)。

20世纪30～40年代，研究建筑的拱结构和刚架结构的应力分析，并发表多篇学术论文。50～60年代，致力于基础梁、板计算方法研究，提出边载荷作用下基础梁计算表，用逐步渐进法计算弹性地基上板的应力等。70年代，对水压力下的双曲扁壳进行内力分析，撰写出版《双曲扁壳闸门计算》一书；在中国最早引进有限单元法解决水利问题，编著出版中国第一部《弹性力学问题有限单元法》(1974年)，论述等渗单元分析、不稳定温度场计算和基础梁板计算等方面的研究成果。80～90年代，主要从事于一任意网格上的有限差分法研究。

编著出版教材11种15卷，翻译出版俄文、英文教材6种7卷。所著《弹性力学》(2卷)获1977～1981年度全国优秀科技图书奖、国家教委优秀教材特等奖；《应用弹性力学》先后在印度、新加坡等地出版，成为中国向国外推荐的第一部英文版工科教材。这些教材被中国高等院校广泛采用，对促进工程教育起到重要作用，在国际上也有一定影响。

(虞为慈)

威廉斯，F.C.(Williams，Sir Frederic Calland) 英国人，1911年6月26日生于英国斯托克波特，1977年8月11日卒于曼彻斯特。导航工程、电气电子工程、计算机科学与工程、微波电子学。

1932年获曼彻斯特大学电气工程系理学士学位，1933年获理科硕士学位。1936年及1939年分别获牛津大学、曼彻斯特大学理学博士学位。1939年入曼彻斯特大学英国电信科学研究院，开发雷达技术，从1946年直至去世任曼彻斯特大学电气工程系教授。该系后来改建为计算机科学系，他仍任系主任。1950年当选为英国皇家学会会员。

1939年研制成第一个实用的敌我识别装置，并很快发展为无线电应答式导航系统。在他发明自动跟踪测距选通脉冲的基础上，1940～1941年，又完成第一部用于单座战斗机的全自动雷达。接着，又研制成多种精准轰炸和无线电导航系统。他还首创多种电子电路，其中就有用于示波器中多数精密时基电路的密勒积分器和"速达因"积分电路。这些电路在模拟计算机中得到广泛应用。1946年他和T.基尔伯恩(Tom Kilburn)共同发明阴极射线管存贮器(又称威廉斯-基尔伯恩管)，进而成为一种最早的实用电子计算机的主要组成部分。1948～1951年，参与研制著名的曼彻斯特Mark 1电子计算机。还研制成用于现代计算机的变址寄存器。

拥有发明专利100多项。获1972年法拉第奖章，1972年美国计算机先驱奖等多项大奖。

(徐建儒)

孙德和(Sun Dehe) 中国安徽省人，1911年9月14日生于北京，1981年7月21日卒于同地。冶金工程、冶金学、工程管理。

原籍安徽桐城。1934年清华大学化学系毕业。1935年留学德国，入读柏林理工大学钢铁冶金系，次年转亚琛理工大学矿冶系，1939年获工程师称号，1942年获该校工学博士学位。1939～1940年、1943～1945年先后任德国克虏伯联合钢铁企业、柏林施攀道钢铁厂冶金工程师。1945年回国后，历任同济大学教授、联合国上海救济总署工矿委员会副主任、无锡开源机器厂厂长。1949年后，先后任上海钢铁公司副经理兼上海第三钢铁厂厂长，重工业部钢铁局设计公司大冶特殊钢厂工程设计总工程师。1955年调入冶金工业部北京钢铁设计研究院，历任专业总工程师、冶炼处处长、生产办公室副主任、院副总工程师等职。1955年选聘为中国科学院学部委员(院士)。

20世纪40年代，和德国的盖勒(W. Geller)合作，首次提出氢在α-铁、γ-铁中的扩散系数公式(即"盖勒-孙"公式)，建立铁-氢系富铁角的二元相图；发明真空法钢液定氢定氧仪。50～60年代，参与主持上海钢铁公司恢复和发展生产，奠定全国大型铸钢件重要生产基地之一；主持设计一系列大型钢铁工程，其中有中国首个自行设计的大冶特殊钢厂、新疆八一钢铁厂扩建工程、首都钢铁厂中国第一座30吨氧气顶吹转炉、太原钢设厂氩氧炼钢炉半工业试验等。60～70年代，参与设计鞍山钢铁厂改扩建、本溪钢铁厂扩建、全国转炉与连铸情况考察等；开发成功中国第一台15～30吨提升法钢液真空处理装置，是中国炉外精炼技术的重大突破；倡导和参与设计鞍钢一套100吨提升法钢液真空处理装置；积极推广钢水吹氧、脱碳、吹氩搅拌、合成渣洗等一系列当时新技术；参与主编《中国大百科全书·矿冶卷》等。多次获奖项和荣誉称号，其中被1978年全国科学大会评为“重大贡献先进工作者”。（李啸虎）

毛鹤年（Mao Henian） 中国北京市人，1911年9月23日生于北京，1988年10月2日卒于同地。电力电气工程、电工学、能源科学、工程管理。

大学教授的儿子。1933年北平大学工学院电机系毕业。留校任教。翌年赴美国留学，1936年获普渡大学工程硕士学位。同年赴德国，任西门子公司电机制造厂和克虏伯钢铁厂埃森电厂见习工程师。1938年回国，翌年任昆明电工器材厂工程师。1940年任重庆大学电机系教授。1946年任北平冀北电力公司技术室主任。1947年到鞍山钢铁公司、哈尔滨东北电业管理局从事电力技术工作。1952年起，先后在国家燃料工业部设计管理局、电力工业部基本建设局、水利电力部电力建设总局、电力建设研究所、电力规划设计院等中央单位任总工程师。1979～1982年任电力工业部副部长。曾兼任国际大电网会议中国委员会主席、中国电机工程学会理事长、华能国际电力开发公司董事长。1980年当选为中国科学院学部委员（院士）。

毕生致力于中国电力工业的发展事业。早年参与东北丰满发电厂扩建、松抚输电线路升压和松抚二回线新建等电力工程。此后参与领导中国6个大区电力设计和规划以及科学研究机构的建设；领导中国电力设计标准化、优化设计方案和节约建设资金等方面的工作；具体主持中国220千伏、330千伏、500千伏高压与超高压输电线路工程。晚年不顾膀胱癌带来的折磨，主持中国电机工程学会工作，组织有关中国电力工业发展速度、超高压输电方式、中国缺电原因分析和对策等学术讨论会；多次率团参加国际学术交流。1985年获美国电气与电子工程师协会百年华诞荣誉奖章。（孙晓芳）

支秉彝（Zhi Bingyi） 中国江苏省人，1911年9月28日生于江苏泰州，1993年7月24日卒于上海。仪器仪表研制、信息处理工程、电工学、计量学。

祖籍江苏镇江。1935年毕业于浙江大学电机工程系。1940年获德国莱比锡大学理学博士学位。曾任德国兰点无线电厂工程师。1946年回国，任国民政府中央工业试验所电子学研究室主任，兼任浙江大学工学院、同济大学工学院教授。1949年后，历任上海航务学院教授，黄河理工仪器厂工程师，上海电表厂副总工程师；1964年任中国科学院上海仪器仪表研究所研究员、所长兼总工程师。曾兼任中国中文信息学会副理事长、中国汉字信息处理研究会理事长、上海仪器仪表学会名誉理事长。1980年当选为中国科学院学部委员（院士）。

1956年、1962年两次参与制订“中国12年科学技术远景规划纲要”，具体负责筹划仪器仪表产业发展；曾为国家计量局研制专用精密计量装置，促进了中国计量系统的建立与完善；1957年始，研究锰铜电阻元件老化处理技术，解决了国产锰铜质量问题，使中国标准电阻达到国际先进水平；负责电表三大关键元件（宝石、轴承、游丝）的质量攻关，主持研制游丝制造工艺和性能测试设备，提高了电表精度和稳定性；制定质量标准，为建立中国的计量标准作出了贡献；在中国率先组织仪表数字化研究，采用继电器和电子管实现数字化电压表；1976年发明“见字识码”汉字编码法（又称“支码”），1978年率先实现电子计算机的汉字输入，被誉为“汉字信息处理开拓者”。撰有“RC低频率发生器的研究”（1948年）、“‘见字识码’汉字编码方法及其在计算机中的实现”（1979年）等论文。（颜华敏）

里雅波诺夫，A. A.（Ляпунова，Алексей Андреевич；Lyaponov，Aleksey Andreevich） 苏联人，1911年10月8日生于莫斯科，1973年6月23日卒于同地。计算机科学与工程、软件工程、控制论、应用数学。

生于文化世家。中学毕业后在莫斯科大学当旁听生，1933年毕业于该校物理与数学系。1939年获莫斯科大学数学博士学位。德国法西斯入侵苏联后，他参加红军炮兵部队。战后，先在炮兵学院任教数学，1952年起任莫斯科大学数学教授，兼任苏联科学院斯塔克洛夫数学研究所程序设计部主任。1962年调任苏联科学院西伯利亚分院数学研究所控制论部主任。

被誉为“苏联软件之父”。前期研究集合论等数学问题，从莫斯科大学和苏联科学院任职开始，主要研究计算机程序设计及其理论模型。程序模型对于研究程序的效率、验证与优化十分重要，历来是数学家和计算机科学家关注的焦点之一。1953年提出用算子图描述程序的方法。1954年前后提出关于编写程序的“语句体系”新概念，成为一种具有特色、广泛应用的模型，被称为里雅波诺夫语句体系。他以符号串的形式对程序进行形式化描述，将符号串表示的所有语句概括成三种类型：①赋值语句：改变存储器内容的语句；②条件语句：根据存储器内容的预计值改变程序执行次序的语句；③转移语句：修改其他语句以使它们置于存储器的新区域的语句。里雅波诺夫语句体系概念较为直观性、实用性，是对程序设计理论的重要发展，为研究程序终止、等价、存储器利用等特性提供了有力工具。这一成就引起了国际计算机界的重视，编译器设计者常用里雅波诺夫语句体系概念实现目标代码的全局优化。正是根据这一语句体系，苏联软件专家率先在“箭”型计算机上建立了一个编译器原型PP-1，后发展为工业版本PP-2。获1996年美国电气与电子工程师协会计算机先驱奖。（李 烨）

杨格尔，M. K.（Янгель，Михаил Кузьмич；Yangel，Mihail Kuzmich） 一译杨格利。苏联人，1911年11月7日生于俄国伊尔库茨克州下伊利姆区济连诺瓦村，1971年10月25日卒于莫斯科。航空航天工程、火箭技术、空间科学、工程管理。

西伯利亚大森林地区贫穷农家子弟。1937年莫斯科奥尔忠尼启则航空学院毕业。1937年任波利卡尔波夫设计局航空设计师。1944年起历任米高扬设计局、米亚西谢夫设计局航空设计师。1950年在航空工业研究院进修。同年任科罗廖夫设计局分部主任、副总设计师。1952～1954年任科学实验研究所所长。1954年起任第聂伯罗彼得罗夫斯克586特种设计局(1966年改名南方设计局)总设计师。1966年当选为苏联科学院院士。

苏联杨格尔火箭学派创始人,被誉为"苏联战略弹道导弹之父"。20世纪30～40年代,先后参与研制伊-16、伊-17,米格系列等多种型号歼击机。50年代,主持研制导弹P-1至P-5型;研制苏联第一台实用型火箭发动机;研制单级中程弹道导弹P-12(西方称为SS-4),1957年6月22日首次发射成功,采用高沸点燃料组分,射程1930千米。它因1962年古巴导弹危机而闻名。60年代,1960年6月在卡普斯丁亚尔试验场成功试验中程弹道导弹P-14(SS-5),射程3500千米;同年研制洲际弹道导弹P-16(SS-7),10月24日在拜科努尔发射场发射试验中爆炸,1961年2月21日首次发射成功,两级可储存燃料,射程11000千米,战斗部用热核装料,爆炸当量500万吨以上;改制成功第二代战略弹道导弹P-36(SS-9)、加速型SS-10等,三级液体燃料,射程12000千米,战斗部质量3.5吨,爆炸当量2000万吨,是当时世界威力最大、效率最高的战略核导弹;1965年在苏德战争胜利日阅兵式上,展示了他领导设计的三级全固体燃料战略核导弹;研制成功重型洲际弹道导弹SS-17,把发射井启动装置效率提高10倍,具有自身防御能力;设计第三代洲际弹道导弹SS-18(RS-20,中译名"撒旦"),重达210吨,长约30多米,可携带10枚分弹头,在他身后1973年2月首飞成功,是当今世界最大的液体推进剂导弹,总体性能大大提高,1975年底开始装备部队。

他还研制成功宇宙号系列、国际宇宙号系列人造卫星及其运载工具。在"宇宙号"运载火箭及其卫星的模型论证基础上,逐步形成标准化系列航天器系统,建立批量生产工艺流程;在世界上最早研制成功一种气浮陀螺定向系统,能保证航天器在低轨道上实现三轴连续稳定;率先制成卫星平衡被动式磁记录装置,建立重力定向系统的理论基础。1962年3月16日成功发射"宇宙-1"号科学卫星。1969年10月14日成功发射国际合作的"国际宇宙-1"号卫星;在他身后该计划继续实施,共发射了20多颗卫星。

获1959年、1961年苏联社会主义劳动英雄称号,1960年列宁奖金,1967年苏联国家奖金,4枚列宁勋章,此外还有十月革命勋章、苏联科学院科罗廖夫金质奖章等。 (李啸虎)

林同炎(Lin, Tung-Yen) 原名林同。华裔美国人,1911年11月14日生于中国福建福州,2003年11月15日卒于美国艾尔赛利度。*土木建筑、结构工程、建筑学、结构力学。*

1931年毕业于交通大学唐山工学院土木工程系。1933年获美国伯克利加利福尼亚大学硕士学位。1933～1946年参与建设中国成渝铁路、滇缅铁路,任工程师和桥梁课、设计课课长。1946年去美国,1951年加入美国籍。1946～1976年,受聘伯克利加利福尼亚大学副教授、教授,任结构工程系主任和结构试验室主任。1953年创办林同炎设计事务所,1972年扩建为林同炎国际公司,任董事长和总工程师。1976年从大学退休,为名誉终身教授。是清华大学、交通大学、同济大学等校名誉教授和荣誉博士。1967年当选为美国国家工程院院士。1996年当选为中国科学院外籍院士。

在美国素有"预应力混凝土先生"的美称。在土木工程理论上,他第一次系统而完整地提出荷载平衡法,以求解预应力超静定结构;在预应力理论方面的许多预测,不久便被后来的试验和施工实践所证明。独著或合著的《预应力混凝土结构设计》、《钢结构设计》和《结构概念与系统》等书,已译成多种文字在国际上广为流传;是美国权威的《结构工程手册》、《抗震工程手册》和《混凝土工程手册》的主编之一,这三部工具书成为国际结构工程界的经典之作。他的代表性建筑作品有:跨度396米的拉克埃查基斜拉桥、金门大学礼堂和旧金山莫斯科尼地下会议大厅等。他十分关心中国科技事业和现代化建设,首先向上海市政府就建造南浦大桥和开发浦东新区提出许多积极建议;担任5座长江大桥的设计顾问。

因著作与创新工程得奖近百项,其中有:美国土木工程师协会1956年惠灵顿奖章、1966年贺瓦德金质奖章、国际预应力学会的1974年弗雷西内奖、以及美国国家科学院和国家工程院联合授予的1977年"四分之一世纪贡献奖"等。1970年,美国土木工程师协会将该会原有的预应力混凝土奖改称为林同炎奖。 (李啸虎)

钱学森(Qian Xuesen) 中国浙江省人,1911年12月11日生于上海,2009年10月31日卒于北京。*航空航天工程、火箭技术、空气动力学、应用力学、自动控制、系统科学与工程。*

原籍中国浙江杭州临安。1934年毕业于交通大学机械工程系。1935年公费赴美国留学,入马萨诸塞理工学院航空系。1936年9月转入加利福尼亚理工学院航空系,师从冯·卡门,获硕士学位后,1939年6月以"高速空气动力学问题的研究"等4篇论文,获航空和数学博士学位。后任该院航空系助理研究员至1944年,期间担任冯·卡门的助手,1942年任美国军方委托举办的喷气技术训练班教员。同时任美国航空喷气公司技术顾问。1945年任美国空军科学顾问团成员。同年任加利福尼亚理工学院副教授。1946年夏,随冯·卡门到马萨诸塞理工学院空气动力学专业从事研究生教学工作,翌年升任教授。1950年因争取回国,受美国政府软禁。在中国政府干预下,1955年回到中国,1956年任中国科学院力学研究所第一任所长。曾任中国力学学会第一任理事长、中国自动化学会首任理事长等职。1965年任国家第七机械工业部副部长。1970年任国防科学技术委员会副主任。1982年任国防部第五研究院(今中国空间技术研究院)首任院长。同年任国防科学技术工业委员会科学技术委员会副主任。

1986年起先后任中国科学技术协会主席、名誉主席。曾任中国人民政治协商会议第六、七、八届全国委员会副主席。1957年当选为中国科学院学部委员(院士)。1994年选聘为中国工程院院士。

中国导弹和人造卫星发射的组织者和领导者之一,被誉为“中国航天之父”、“中国导弹之父”、“中国系统工程之父”。

20世纪30年代开始研究空气动力学。1938年与冯·卡门合作进行可压缩流体边界层研究。揭示飞行物体对空气介质由冷却逆变为加热的规律,并给出发生这种逆变的马赫数计算公式。还与郭永怀合作,在跨声速流动中,引入上下临界马赫数的概念,明确了上临界马赫数对激波生成的重要条件。最为突出的是他提出跨声速流动的相似律,并和冯卡·卡门一起提出高超声速流动理论,这些都成为早期飞行器克服声障和热障的理论依据,为空气动力学的发展奠定了基础。他和冯·卡门共同建立的卡门-钱学森方法,能应用于计算高速流动下作用在翼型上的诸力,成功应用于高亚声速飞机的设计。1936年参加美国的火箭研究小组,在冯·卡门指导下研究火箭发动机热力学等问题,参加过美国早期火箭如“女兵下士”探空火箭和“下士”导弹等的研制。1944年在冯·卡门领导下开展远程火箭的研究,他负责理论组,进行弹道分析、燃烧室热传导和燃烧理论研究等工作,深得赏识。1940年起与冯·卡门合作,对飞机金属薄壳结构的非线性屈曲理论的研究取得一系列成果,对飞行器的结构设计作出重要贡献。20世纪40年代末和50年代初,在当时迅速发展起来的控制与制导工程技术的基础上,提炼出指导控制与制导系统设计的普遍性概念、原理和方法,从而创建一门技术科学——工程控制论,为导弹与航天器的制导理论提供了基础。1954年在美国出版的《工程控制论》,是开辟这一领域最早的权威性著作之一。

20世纪60年代,在火箭和航天领域提出若干重要概念,如飞机的火箭助推起飞、核火箭的设想及星际飞行理论的可能性等。主持完成国家“喷气和火箭技术的建立”规划,参与主持近程导弹、中近程导弹、中国第一颗人造地球卫星研制与发射,直接领导了中近程导弹运载原子弹“两弹结合”试验,参与制定中国第一个航天发展规划等。另外还在物理力学、系统工程等方面有所贡献。

著作甚丰,在国内外刊物上发表论文300余篇,出版有《钱学森文集(1938～1956年)》(1989年);主要专著还有《工程控制论》(1958年,中文版)、《物理力学讲义》(1962年)、《星际航行概论》(1963年)和《论系统工程》(1988年增订本)等。因为对中国战略导弹技术的重大贡献,1985年作为第一获奖者获中国科学技术进步奖特等奖。在美国纽约召开的1989年国际技术与技术交流大会授予他小罗克韦尔奖章和“世界级科学与工程名人”等荣誉称号。荣获1991年“国家杰出贡献科学家”荣誉称号、一级英雄模范奖章,1995年何梁何利基金科学与技术成就奖,1999年中国“两弹一星”功勋奖章,2006年中国航天科工集团公司“中国航天事业五十年最高荣誉奖”等大奖。在钱学森诞辰100周年纪念日,上海交通大学钱学森图书馆对外正式开放。

(王良国 戴成勋)

冯·奥海因,H.-J. P. (von Ohain, Hans-Joachim Pabst) 美国人,1911年12月14日生于德国德绍,1998年3月13日卒于美国佛罗里达州墨尔本。*航空工程、动力与机械工程、工程热力学、空气动力学。*

一位德国陆军上尉的儿子。1935年获德国格丁根大学物理学与空气动力学博士学位。1936年5月到亨克尔飞机厂主持开发喷气发动机,1939年后负责研制喷气式飞机。1945年被美国海军陆战队俘虏,1947年被遣送到美国,成为莱特-帕特逊空军基地飞行推进实验室研究人员,1951年加入美国籍,1956年任宇航研究实验室课题组长,1963年任该室首席科学家,1975年任飞行推进实验室首席科学家。1979年退休后,成为俄亥俄州代顿大学宇航机械研究所资深研究员。

世界上第一台喷气发动机的发明者。20世纪30年代初,当他还是一个大学生时,有一次在德国乘坐飞机旅行,活塞发动机噪声如雷贯耳,机身不断颤动,深感这和飞机的优美外观反差太大,于是开始考虑发明一种能持续燃烧、持续喷流、不用活塞往复、没有干扰气流的喷气推进发动机。1935年,他在“热转变为燃气流动能的过程”论文中阐述喷气推进原理,发展了一种离心式涡轮喷气发动机理论,建立运作模型,并于1936年申请专利。在一位汽车厂机械师的帮助下,他在汽车库里造出第一台喷气发动机的原型机,但试车失败。1938年底至1939年初,由他主持的涡轮机研制小组在亨克尔飞机厂制成世界上第一台喷气发动机,推力为4.45千牛。1939年8月27日早晨,在罗斯拉克马利内机场,安装有HeS-3B喷气发动机的He.178型飞机成功首航,开创了喷气飞行的航空新时代。在径向式和轴向式涡轮机领域,他在亨克尔-赫斯公司拥有很多专利。在第二次世界大战末,他的HeS.011型轴流发动机据认为是当时世界上功率最大的发动机。

在为美国政府服务的32年中,他被许可公开发表的技术论文有30多篇;拥有19项美国专利。获得许多荣誉和奖励,其中包括1966年美国航空航天学会的戈达德奖、1992年美国国家工程院德拉普奖等;入选美国国际航空界名人堂、科学与工程名人堂。德国也没有忘记他,给了他不少荣誉和奖励。 (李啸虎)

布劳恩,W. von (Braun, Wernher Magnus Maximilian Freiherr von) 美国人,1912年3月23日生于德国维尔西茨(今波兰维日斯克),1977年6月16日卒于美国弗吉尼亚州亚历山德里亚。*航空航天工程、机械与动力工程、火箭技术、工程管理。*

德国裔。小贵族家庭出身,文职官员之子。1932年获柏林理工大学机械工程学士学位。1934年获柏林大学物理学博士学位。同年任德国陆军军械部火箭工程师,当W.R.多恩伯格的主要助手。1937年转任德军佩内明德火箭联合研究中心技术部主任,领导开发A-4(即V-2)火箭。1945年3月,布劳恩率领部下百余人投

奔盟军。后到美国陆军装备研究开发局工作。先在美国陆军白沙导弹靶场负责培训和试验，1950年调到红石兵工厂研制中程导弹。1955年加入美国籍。1956年任美国陆军弹道导弹局发展处处长。1958年成为新建立的美国航空航天局领导成员。1960～1970年任马歇尔航天中心主任，参与制定和实施"阿波罗"登月计划，领导研制"土星"号运载火箭。1961年兼任肯尼迪总统空间事务科学顾问。1970年任美国航空航天局主管计划的副局长。1972年任费尔柴尔德工业公司负责工程与发展的副总裁。后因胰腺癌去世。

大学期间曾在H.奥伯特指导下试制小型液体火箭；1934年的博士论文，详述液体火箭理论、制造和试验解决的问题，先后被德军和美军列为机密，直至1960年才准予发表。1934年12月，成功试射两枚A-2单级液体火箭，飞行最高高度达3.2千米。1942年10月，主持试射成功世界第一枚弹道远程导弹V-2，二战中德军投放了几千枚，给英国造成了严重威胁。1947年，在美国将V-2导弹改装为地球物理高空探测火箭。1950～1955年，先后研制成功"红石"近程导弹、"丘比特"中程导弹。1958年1月31日，设计的"丘诺-1"号将美国第一颗人造地球卫星"探险者-1"号成功射入绕地球轨道。1959年，研发的"大力神"火箭将美国第一个行星际探测器"先驱者-4"送入绕太阳轨道。1969年7月，主持设计的当时世界上最大的推力火箭"土星-5"号第一次把人送上了月球。1969年7月至1972年12月，借助"土星-5"号完成了6次载人登月飞行。

著作甚丰，主要有：《火星计划》(1952年)、《征服月球》(1953年)、《宇宙空间站》(1953年)、《火星研究》(1956年，与他人合著)、《人造卫星计划》(1958年)、《第一批登上月球的人们》(1960年)等。1944年获德国骑士十字军功勋章。在美国获25枚奖章，其中有：1958年美国总统颁发的美国公民服务奖，1967年兰利奖章，1969年美国航空航天局杰出服务奖章，1975年美国国家科学奖章等。（邱凤昌）

斯塔尔，C.（Starr，Chauncey） 美国人，1912年4月14日生于新泽西州纽瓦克，2007年4月17日卒于加利福尼亚州阿瑟顿。*核动力工程、航天工程、低温工程、核物理学。*

1932年在伦斯勒理工学院获电气工程学士学位，1935年获物理学博士学位。毕业后在哈佛大学任物理学研究员。1941年受美国海军部舰船局委托，在卡达洛克的海军实验室组建水下电子研究团队。后任橡树岭国家实验室从事核武器和核反应堆研发。1966年任洛杉矶加利福尼亚大学工程与应用科学学院院长，1973年任该校电力研究院首任院长，退休后任名誉院长。

20世纪30年代，在哈佛大学从事高压下金属的电与热性质的研究工作。1938～1941年较早设计建造强磁场下的低温装置，完成美国第一个铁电晶体化合物在低温下的顺磁色散现象的实验工作。第二次世界大战中参与曼哈顿工程研制原子弹，在橡树岭国家实验室负责用电磁法分离铀235。战后1946年起负责设计核反应堆，包括第一个空间核反应堆。1965年美国发射了宇宙神-阿金纳运载火箭，这是世界上第一个以原子能为动力探索太空的火箭。他首先认识到原子能应用于太空的潜力。作为美国太空计划的一部分，空间核反应堆计划是由他领导的原子能委员会所制定，早在1946年就由他带领一批科学家、工程师从事此项工作。其后他们设计了一种混合燃料减速剂，可以阻止氢从减速剂中逃逸，他们解决了不少工程上的困难，设计了可靠的重量轻的反应堆热量转换成电的系统。1956年在美国原子能委员会的大力支持下，成为委员会计划的一部分，该系统称为核辅助动力系统(SNAP)。SNAP-10A系统重量只有970磅(437千克)，反应堆重量只有250磅(113千克)，其功率超过500瓦，1965年它在空间运行了43天，打开了核空间时代的大门。1974年因此获原子能委员会的奖励。此外，发表了关于经济和核动力的社会影响方面的许多文章，被誉为"风险分析-评估之父"。1958年与迪金森(R. W. Dickinson)合写《钠-石墨反应堆》一书。1990年获美国国家技术奖章。（王明馨）

张光斗（Zhang Guangdou） 中国江苏省人，1912年5月1日生于江苏常熟鹿苑镇(今属张家港市)，2013年6月21日卒于上海。*水利水电工程、结构工程、水力工程学、工程管理。*

生于城镇贫民家庭。1934年获交通大学土木工程系工学士学位。同年考取留美公费生。1936年获美国加利福尼亚大学土木工程硕士学位；1937年获美国哈佛大学土木工程硕士学位，攻读博士学位。同年抗战爆发，毅然归国。先后任龙溪河水电工程处设计课长、壤渡河水电工程处主任。1943年被派往美国国家垦务局坦尼西河流域局实习。1945年回国，任资源委员会全国水电工程总处设计组主任工程师，1947年任总工程师。1949年任清华大学土木工程系教授，历任水工结构教研组主任、副系主任、系主任，1958年任国家水利电力部、清华大学水利水电勘测设计院院长兼总工程师，1978年任副校长，1984年任校务委员会副主任。1955年任中国科学院水工研究室主任。1978年兼任中国水利水电科学研究院院长，中国水利学会副理事长，《水利学报》主编。长期任黄河委员会、长江委员会、中国国际工程咨询公司等顾问。1955年选聘为中国科学院学部委员(院士)。1994年选聘为中国工程院院士。1981年当选为墨西哥国家工程院外籍院士。

20世纪30年代末至40年代，负责修建桃花溪、古田溪等多个中国首批小型、中型水电站；主持岷江、钱塘江、长江三峡和黄河上游等8处水电站站址勘测。50年代，率先在中国开设水工结构专业，建立国内最早的水工结构实验室，编写国内第一本《水工结构》教材；主持设计人民胜利渠首期工程，开创黄河下游开堤建闸引水先例；1958年负责设计北京市主要供水源密云水库，采用多种新技术；赞成并参与设计黄河三门峡工程，30

余年后实践证明当年决策失误。1961年整治丹江口工程贯穿性裂缝取得成功；1965年负责设计渔子溪水电站。1973年参与设计建造长江葛洲坝工程，提出修改枢纽布置和二江泄洪闸新型结构、两岸设船闸、深齿墙混凝土闸坝、闸坝下抽排减压设施等技术，工程获国家科学技术进步奖特等奖。80年代，1982年为墨西哥几座大坝工程提出咨询意见，解决复杂技术问题；1988年为隔河岩水电站150米高混凝土拱坝修改设计；主持“地质力学模型试验技术及其在坝工建设的应用”项目，获1985年国家科学技术进步奖二等奖；1989年，与陈志凯共同向中央提出《我国水资源问题及其解决途径》报告，得到批示采纳。1993年主持审查长江三峡工程初步设计，开工后任工程质量检查专家组副组长；1998年任《中国可持续发展水资源战略研究》咨询项目副组长，组织数百名专家历时两年工作，提出报告得到高层和水利部的重视。

出版专著《水工建筑物》(2卷，1992～1994年)、《专门水工建筑物》(1999年)等。获1978年美国加利福尼亚大学哈斯国际奖、1995年何梁何利科学与技术进步奖、1996年中国工程院科学技术成就奖、2002年中国工程科技光华奖等。（戴成勋）

侯德原(Hou Deyuan) 曾用名蒙凯。中国江苏省人，1912年4月24日生于江苏泰州，2003年10月17日卒于北京。通信工程、无线电技术、微波电子学、工程管理。

1935年交通大学电机工程学院电信系毕业。录用于国民政府交通部电政司，历任上海国际电台、武汉国际电台值机员，第一区干线维护工务处第二机务段段长、机械工程师，电信总局工务处第一科长、工务处处长等职。期间1947～1948年在加拿大蒙特利尔贝尔电话局传输部实习。1949年后，历任上海华东电信管理局工务处第一处长、兼交通大学兼职教授，国家邮电部电信总局高级工程师、工务处副处长、副局长兼总工程师，邮电设计院副院长、院长兼总工程师，1979年任邮电部副部长。曾兼任中国通信学会副理事长等职。1995年当选为中国工程院院士。

20世纪30～40年代，参与主管全国各种电信设备维护和建设，培训通信人才，在抗日战争的国防军事通信中发挥了重要作用。1949年后，主持恢复全国长途电话明线，首创88式线路交叉取代过时的美国K8式交叉，三年恢复工程提前一年圆满完成；参与全国所有重点通信工程的方案制定、审定和实施。促进长途业务普通增长，使干线上全换装12路载波，并领导全国攻关研制和生产312-4式载波，解决了当时的通讯迫切需要；领导并亲自参与研制成功对称电缆60路载波、2兆赫120路微波通信系统，后者成为中国第一个无线转播电视电路；20世纪80年代及后，提出邮电部引进先进技术重点及运作策略；亲自主持引进先进的S1240程控交换机生产线的谈判和组织工作；为解决市话网更新与扩容的资金问题，提出“取之于民，用之于民”、“以话养话”的建议并付诸实施，很快改变中国市话长期停滞不前的局面，加速了中国电信现代化进程。1951年获全国劳动模范称号。（李啸虎）

格拉泽，G.(Glaser，Gnther) 德国人，1912年4月25日生于德国斯图加特，2003年7月20日卒于同地。精密机械加工、钟表技术、计时学。

1930年先后就读德国斯图加特理工大学、格丁根大学，1936年获物理学博士学位。师承波尔(RobertW. Pohl)教授，后一直有密切联系。1936～1938年，先后在格丁根大学、斯图加特理工大学、博施公司研究实验室做助手。第二次世界大战时在德军中服役。1945年到位于德国盖斯林根的符滕堡金属制品公司从事工业开发工作。1949年回斯图加特理工大学，在技术物理研究所任助理。1953年任联邦德国施拉姆堡的容汉斯钟表公司开发部主任。1963年任斯图加特大学机械学教授，兼任钟表与精密仪器研究所所长，1983年退休任名誉教授。1967年任德国钟表学会会长，1983年任名誉会长。1984年前，长期担任国际精密计时器监察联合会主席。

毕生致力于钟表结构与性能的优化设计，积极促进从机械钟表、电气钟表到电子钟表的技术更新换代。20世纪50～60年代，钟表行业面临从机械控制到电子控制的巨大技术变化时期，他不失时机地引导钟表公司在新的方向上推进技术创新。在斯图加特大学工作期间，重视计时技术的基础理论研究，创造新的加工工艺和测试方法，继续对机械钟表进行优化设计，研究开发电气钟表、石英电子钟表和无线电钟表；首次在大学设立钟表专业，为德国钟表事业进一步发展提供了人力资源与智力基础。

发表论文100余篇，广泛涉及计时科学与技术的各个领域。1987年出版巨著《计时学和钟表技术指南》，内容系统而详尽，包括第一卷《计时学》、第二卷《机械钟表》、第三卷《电子钟表》和第四卷《工艺学、材料和检测》，已成钟表制造业经典之作。此外主编《钟表技术百科全书》(1974年)，撰写出版《石英钟表技术》等书。1980年获联邦德国政府一级十字勋章。（李啸虎）

图灵，A. M.(Turing，Alan Mathison) 英国人，1912年6月23日生于英国伦敦，1954年6月7日卒于英格兰威姆斯堡。计算机科学与工程、人工智能、数理逻辑、应用数学。

英国派驻印度的民政部官员的儿子。中学时代得过爱德华六世数学金盾奖。1931年考入剑桥大学国王学院，1935年大学毕业论文“论高斯误差函数”获史密斯数学奖，由此破格入选该校评议员。1936年到美国普林斯顿高级研究院深造，师从丘奇(A. Church)，1938年获博士学位。同年回国，1939～1944年任英国外交部通信处文职官员，从事破译敌方密码和研制密码分析机。1945～1948年在英国国家物理实验室研制电子计算机ACE。1948年至去世前任曼彻斯特大学高级讲师、自动数字机(MADAM)项目助理主任。1951年当选为英国皇家学会会员。思想活跃,性格内向,爱好体育,终身未娶。因氰化钾中毒死于寓所,死因不明,疑为自杀。

在数学和计算机科学上的成就举世瞩目,开创了"自动机"学科分支。"论可计算数及其在判定问题中的应用"(1937年)一文,第一次提出了自动机数学模型——图灵机,能把任何可计算序列演算化为一组最简单的机器操作动作。博士论文"以序数为基础的逻辑系统"(1938年)次年正式发表后,对数理逻辑影响深远。在判定问题上:首创编码法,1937年解决著名的希尔伯特判定问题,推出一阶逻辑的不可判定性;1950年推出满足消元律的"半群的字的问题"的不可判定性。他是电子计算机先驱者之一。1943年指导和参与秘密研制成功巨人机COLOSSUS,这是世界上最早的电子计算机(比美国ENIAC巨型机早3年),有1500个电子管,采用光电管阅读器,穿孔纸带输入,电子管双稳态线路,执行计数、二进制算术及布尔代数逻辑运算,共生产10台,出色完成战时密码破译工作;1945撰写的ACE设计说明书(1972年解密正式发表),最先给出了存贮程序控制计算机的结构设计,最先提出指令寄存器和指令地址寄存器概念,以及子程序和子程序库、仿真系统等思想;1950年出版权威性的《曼彻斯特电子计算机程序员指南》。

他又是人工智能研究的奠基者之一。早在第二次世界大战中,业余研究"机器下棋"之类课题;1947年在计算机专业会议上作"智能机器"报告,首次提出借助证明来构造程序的自动程序设计思想,而学术界22年后才开始理解其开创性意义;1950年发表"计算机和智能"(后改题"机器能够思维吗?")经典论文,设计了著名的"图灵测验"。

其他成果有:在战时首创多种情报统计技术;对群论有所研究;在"形态形成的化学基础"(1951年)中,第一次用数学方法研究生物颜色和形态的分布规律、胚胎形成和人脑构造等问题,开了生物数学之先河。

因参与设计世界最早电子计算机,获大英帝国荣誉勋章。20世纪60年代起,美国计算机学会设立一年一度的图灵奖,这是国际计算机界最高奖项。 (卫瑞霞)

严恺(Yan Kai) 中国福建省人,1912年8月10日生于北京,2006年5月7日卒于江苏南京。水利工程、河口海岸工程、水力学、工程力学。

原籍福建闽侯。大学教授的儿子。童年时父母双亡,靠二哥抚养成人。1933年交通大学唐山工学院土木系毕业。1935年赴荷兰德尔夫特理工大学攻读水利和海岸工程,1938年获土木工程师资格证书。同年回国,任云南贷款委员会工程师,此后又相继任重庆中央大学水利系教授,黄河水利委员会设计组主任、宁夏工程总队总队长、研究室主任,交通大学水利系教授。1952年全国高等院校院系调整时,负责筹建华东水利学院(今河海大学),并先后任副院长、院长,河海大学名誉校长。曾兼任南京水利科学研究所(后改名水利科学研究院)所长和名誉院长,中国水利学会理事长,中国海洋工程学会理事长,中国海洋学会名誉理事长,国际大坝委员会中国委员会主席,联合国教科文组织国际水文计划政府间理事会副主席等职。1955年选聘为中国科学院学部委员(院士)。1995年当选为中国工程院院士。

20世纪30年代末至40年代,开展云南省农田水利建设调查研究;完成"黄河流域水土保持规划"等多项规划设计项目。40年代后期,完成钱塘江新型斜坡式海塘,它的抗涌潮效果很好。50年代以后,参与主持天津塘沽新港的修复和扩建工作,提出了解决回淤问题的基本原则和实际措施;开展中国海岸动力学和海岸动力地貌学研究,开创中国淤泥质海岸科学研究领域;主持中国海岸带和海涂资源综合调查,历时达8年之久,成果获国家科学技术进步奖一等奖;主持长江口航道整治;两次率队赴珠江三角洲调查研究,提出了珠江三角洲全面规划和综合治理报告;参与解决葛洲坝水利枢纽工程的复杂科学技术问题;参与三峡工程的研究论证工作。

主编《中国海岸带和海涂资源综合调查研究报告》(1991年)、《中国海岸工程》(1996年)、《海港工程》(1996年)、《中国南水北调》(1999年)等专著。获1996年中国工程技术光华奖,1997年何梁何利科学与技术进步奖,2001年获中国水利学会功勋奖。 (孙晓芳 宣焕灿)

卡瓦纳,T.C.(Kavanagh, Thomas Christian) 美国人,1912年8月17日生于美国纽约市,1978年5月23日卒于佛罗里达州。土木工程、结构工程、结构力学、工程管理。

父亲是爱尔兰移民、电车公司电工,母亲原籍德国。1931年去德国留学,1932年获柏林理工大学理学士学位。1933年获纽约城市学院土木工程硕士学位。后又获纽约大学工商管理硕士学位。1948年获纽约大学理学博士学位。1935年起,先后在纽约市政建设总工程师办公室、宾夕法尼亚州的工程公司任结构工程师。战后,先任纽约大学土木工程系助理教授,1948年任宾夕法尼亚州立大学教授、结构工程系主任。1952年任纽约大学土木工程系主任。1953年兼任普拉格-马奎尔建筑师事务所顾问,后合伙开办普拉格-卡瓦纳-沃特伯里建筑师事务所。1956年任哥伦比亚大学兼职教授。1975年任路易斯·伯杰国际集团副总裁。1976年创办伊夫兰-卡瓦纳-沃特伯里咨询公司。美国国家工程院创始院士,1964～1974年任司库,12年里服务于20个专业委员会,并任其中一半组织的主席。1978年当选纽约科学院荣誉终身院士。

多产的著名结构工程师,从20世纪30年代下半期起,主持和参与的大型结构工程项目,遍及铁路和公路的桥梁,隧道、地铁等地下设施,体育场和文化中心,水工结构和浮动船坞,污水处理厂、发电厂、炼油厂和高压输电塔,以及飞行器和天文台等。其中几个典型的重大工程项目,包括在波多黎各的美国阿雷西博天文台固定球面射电望远镜,孔径达305米,1963年投入使用,至今仍是世界之最;此外有圣劳伦斯河霍金斯站浮桥,长岛海峡桥梁隧道,以及委内瑞拉首都加拉加斯地铁系统规划与兴建等。

发表论文和技术性出版物 100 多篇(部),代表作有《结构管理》(1978 年)等。获多种荣誉和奖项,其中有美国土木工程师协会霍华德奖奖、纽约城市学院斯坦曼结构工程奖章、纽约建筑联合会金奖等。 (李法顺)

埃蒙斯,H. W.(Emmons,Howard Wilson) 美国人,1912 年 8 月 30 日生于美国新泽西州莫里斯顿,1998 年 11 月 20 日卒于波士顿。机械工程、防火工程、空气动力学、燃烧学。

1933 年获史蒂文斯理工学院机械工程理学士学位,1935 年获该院理学硕士学位。1938 年获哈佛大学机械工程理学博士学位。短期任美国西屋电气公司工程师、宾夕法尼亚大学助理教授。1940 年任哈佛大学机械工程系教授。兼任陆军军械部顾问、美国国家科学院防火研究委员会主任等职。1965 年、1966 年先后当选为美国国家科学院、美国国家工程院院士。1963 年获史蒂文斯理工学院荣誉理学博士学位。

在大学学习期间,就对化学、机械振动、应用力学、流体力学和热传递等有广泛的兴趣,而流体力学和热传递研究却成了他的终身工作。在层流到紊流的瞬间变换方面,他从理论上和实验上证明了层流具有不稳定性,这种不稳定性产生内波,进而可能扩大为紊流;并发现一种能将平稳层流变为紊流的方法,鉴于这种方法对火箭的导热十分重要,为此专门研究一种关于紊流起因和发展的理论,用来说明层流变为紊流的过程。在旋转机械的压缩机失速方面,他发现在旋转机械中通过压缩机的气流在空间上是不均匀的,且有一反向气流区绕其转轮旋转,其转速与轮速无关,后来他通过实验进一步弄清了气流分离区的特性。参加过陆军部大型超音速风洞的设计,以及飞机发动机增压问题的研究。

被誉为"现代燃烧科学之父。"在计算火焰生长的计算机程序方面,他做了许多研究工作,试图把防火安全工程建立在结构分析或电子线路设计等的定量基础上。所研究的一种计算机程序,已能计算单间房内火的蔓延。

其著作主要有《蒸汽的滴状冷凝》(1938 年,博士论文)、《气体动力学表》(1947 年)、《气体动力学基本原理》(1958 年)、《达到 50°K 时的氦的热力学性质》(1962 年,与他人合著)、《200°K~50°K 氦的输运性能》(1965 年,与他人合著)、《高速空气动力学和喷气推进》等。获 1968 年美国燃烧学会埃杰顿金质奖章,1970 年史蒂文斯理工学院史蒂文斯奖章,1971 年美国机械工程师协会铁木辛柯奖章,1982 年美国物理学会海军研究奖等。1982 年被美国防火工程师协会评为年度美国消防名人。 (王天运)

钱伟长(Qian Weichang) 中国江苏省人,1912 年 10 月 9 日生于江苏无锡,2010 年 7 月 30 日卒于上海。机械工程、航空航天工程、结构力学、应用数学、高等教育管理。

1935 年毕业于清华大学物理系,同年考取该校研究院。1937 年北平(今北京)沦陷后,在中学任教一年。1939 年任昆明西南联合大学教师。1940 年公费留学加拿大多伦多大学应用数学系,1941 年获硕士学位,1942 年获博士学位。同年任美国加利福尼亚理工学院喷射推进研究所研究工程师。1946 年回国,任清华大学机械系教授。1949 年起,历任清华大学副教务长、教务长、副校长,中国科学院力学研究所副所长、自动化研究所所长。1958~1972 年,因错划"右派"被强制下放农村和工厂劳动,1979 年平反。1983 年任上海工业大学校长,上海市应用数学和力学研究所所长。1994 年继任上海大学校长,直至去世。1957 年任中国力学学会副理事长。1981 年任中文信息学会理事长。1987 年任《应用数学和力学》杂志主编。同年起,连续 4 届当选全国政协副主席。1988 年任中国和平统一促进会执行会长。1990 年任中国海外交流协会会长。1997 年任南京航空航天大学名誉校长。1955 年选聘为中国科学院学部委员(院士)。1956 年当选为波兰科学院外籍院士。

中国近代力学与应用数学主要奠基人之一。1940~1941 年,和导师辛格(J. L. Synge)合作构建"弹性板壳的内禀理论",用微分几何与张量分析方法,开创了非线性板壳理论新方向。1941~1946 年,在冯·卡门指导下从事火箭和导弹实验;研究外力作用下柱壳、球壳的局部失稳现象;发表世界上第一篇关于奇异摄动理论的论文,创建以中心挠度为摄动参数作渐近展开的摄动解法,即"钱伟长方法";用摄动展开法给出超音速锥流的渐近解;1946 年,与冯·卡门合作发表"变扭率的扭转",是弹性力学经典之作。1946~1957 年,研究润滑理论、压延加工、连续梁、扭转问题、扁壳跳跃和方板大挠度问题;研究圆薄板大挠度的摄动解和奇异摄动解,获 1955 年国家自然科学奖二等奖。1957~1976 年,无法发表论文,从事设计潜艇龙骨、化工管板、转炉炉盖、大型电机、高能电池等;研究三角级数求和、变分原理等数学问题。1977~1990 年,从事环壳理论、薄板大挠度、管板、加筋壳、断裂力学等研究;提出仪表弹性元件和波纹管膨胀节的理论计算方法;深入研究有限元方法、广义变分原理拉格朗日乘子法等,1982 年获国家自然科学奖二等奖;专著《穿甲力学》获 1988 年全国优秀科技图书一等奖;1984 年,提出汉字宏观字形计算机编码(即"钱码")。

发表论文 200 余篇,有《钱伟长科学论文选集》(2 卷,1981~1982 年)、《钱伟长文选》(1992 年)等;主要著作《弹性圆薄板大挠度问题》(1954 年)、《弹性柱体的扭转理论》(1956 年初版,1957 年俄译本;与他人合著)、《弹性力学》(1956 年,与他人合著)、《变分法和有限元》

(上册,1980年)、《奇异摄动理论及其在力学中的应用》(1981年)、《穿甲力学》(1984年)、《广义变分原理》(1985年)、《电机设计强度计算的理论基础》(1992年)、《格林函数和变分法在电磁场和电磁波计算中的应用》(2000年修订版)、《教育和教学问题的思考》(2000年)等;另主编工具书《现代科学技术词典》(1980年)等。

(王良国)

刘恢先(Liu Huixian) 中国江西省人,1912年10日18日生于江西莲花,1992年6月24日卒于哈尔滨。*结构工程、水利水电工程、地震工程学、结构力学。*

林学家的儿子。1933年交通大学唐山土木工程学院毕业。1934年留学美国,1937年获康奈尔大学博士学位。1938年回国,历任湘桂、叙昆、黔桂、平汉等铁路工程师,浙江大学、西南联合大学土木系教授等职。1947年再度赴美国,先后任阿曼-惠特尼公司工程师、伦塞勒理工学院教授。1951年回国,任清华大学教授。1952年调至中国科学院哈尔滨土木建筑研究所(工程力学研究所前身)工作,1954～1984年任所长、研究员,后任名誉所长。曾兼任中国灾害防御协会会长、中国地震工程联合会理事长、中国地震学会副理事长、《地震工程与工程振动》学报主编等职。1980年当选为中国科学院学部委员(院士)。

早年从事桥梁设计和结构理论研究。20世纪50年代起,建立和主持土木建筑研究机构,40年间主持开展广泛领域的研究,发展成为中国第一个地震工程研究中心,以适应国家经济和国防建设需要。1958年发表“论地震力”一文,首次指明了中国地震工程研究方向;1959年主持编成中国第一个抗震规范草案,在中国率先采用动力法进行抗震设计。20世纪60～70年代,提出波在离散模型中传播的透射边界法、处理波散射问题的复变函数方法等,受到国际学术界重视;主持制订中国第二个“地震区建筑设计规范(草案)”(1964年),在全国范围内广泛应用;提出综合运用模型试验、电场模拟和振型组合等方法,研究挡水坝在地震作用下的反应,应用于三峡重力坝、新丰江水库大坝和恒山拱坝等工程,取得了满意结果;多次率领专业人员赴邢台等地震现场进行广泛深入的震害调查与总结,为抗震设计提供科学依据。20世纪80年代后,在吸取地震新资料基础上,主持制订新的“中国地震烈度表”(1980年);主编《唐山大地震震害》(4卷,1985～1986年),获国家地震局科学技术进步奖一等奖、第四届全国优秀科技图书一等奖、国家科学技术进步奖二等奖。

(侯伯勤)

陈新民(Chen Xinmin) 中国安徽省人,1912年11月18日生于河北清苑,1992年12月23日卒于北京。*冶金科学与工程、物理化学、矿冶教育。*

原籍安徽望江。1935年清华大学化工系毕业。先后任唐山启新洋灰公司、南京江南水泥公司副化学师,甘肃省建设厅技士和省科学教育馆助理研究员,中央研究院昆明化学研究所助理研究员。1941年赴美国留学,1945年获马萨诸塞理工学院冶金研究所博士学位,同年任卡内基钢铁公司芝加哥南厂冶金研究员。1946年回国,先后任天津北洋大学、清华大学教授。1952年直至去世,执教于中南矿冶学院(今中南工业大学),历任首任院长、常务副院长、名誉校长。兼任中国金属学会冶金物理化学分会副理事长等职。1980年当选为中国科学院学部委员(院士)。

20世纪40年代,在博士论文“熔铁中的铬-氧平衡”(1945年)中,首次以实验方法测出熔铁铬含量增加会降低铁内氧活度;50年代主持创建和领导中南矿冶学院,建立中国矿冶教育体系;改进火法冶金、湿法冶金和氯化冶金工艺;“金属-氧系热力学和动力学”、“高温熔体物理化学性质”等成果,为中国有色金属开发和综合利用提供了理论依据,在重点建设项目中得到应用;深入研究有色金属中的氧化物氯化平衡、硫化物焙烧气体平衡;开发高温冶金熔体X射线装置及其应用领域;氯化镁水合物热分解、金属中气体分析的热力学基础等成果,获冶金部和湖南省重大科学技术成果奖;指导和参与“金属-氧系热力学性质及β-钨亚稳性质研究”,被评为1988年湖南省十大科学技术成果之一。

主编有《物理化学》、《冶金热力学导论》等专著、教材,其中《火法冶金过程物理化学》获中国有色金属工业总公司高校优秀教材一等奖。

(李啸虎)

赖斯纳,E.(Reissnerm Eric) 美国人,1913年1月5日生于德国亚琛,1996年11月1日卒于美国加利福尼亚州。*应用数学、工程力学。*

父亲是柏林理工大学应用力学教授。受父亲影响,大学二年级时就致力于应用力学的研究,并撰写了有关板挠曲和翼缘杆有效宽问题的论文。1936年获柏林理工大学土木工程学工程博士学位。1938年获马萨诸塞理工学院博士学位,1940年任该院航空学教授。1970年任哥伦比亚大学应用力学和数学教授。是美国文理科学院院士。

在应用力学方面做出了出色的成绩。特别是消除了平板理论中的经典悖论;建立了弹性变形的变分原理、旋转壳对称弯曲的大挠度理论;从气体动力学的升力面理论导出升力线理论;用薄壳理论解决了曲管弯曲的卡尔曼问题。对下列一些问题亦有著述:薄壁结构非线性大协变分析基础;把板、壳二维工程学理论近似地扩张到三维情形;找出均匀材料与分层或合成材料的特性的差异。发表论文200多篇。

(徐平五)

雷天觉(Lei Tianjue) 中国湖南省人,1913年1月29日生于北京,2005年11月4日卒于同地。*机械工程、液压工程、密加工技术、机械学。*

原籍湖南浏阳。出身知识分子家庭。1935年北平大学工学院机械系毕业。此后两年多中,先后在该系任助教和在兵工署应用化学研究所任绘图员。1937年末任昆明中央机器厂技术员,后升任工程师。1942年被选派赴美国实习,在普拉特-惠特尼公司学习研究机床与工具制造。1947年回国后,在上海中央机器公司任工程师。1949年任上海虬江机器厂(今上海机床厂)副厂长、总工程师。1952年起一直在第一机械工业部所属单位工作，历任该部第二设计分局工程师，第一设计分局总工程师，机械科学研究院总工程师兼副院长，北京机械工业自动化研究所副总工程师、总工程师。曾兼任《机械工程学报》主编等职。1955年选聘为中国科学院学部委员(院士)。

20世纪30年代末至40年代初，在抗日战争的极艰苦条件下，他在昆明中央机器厂研制出齿轮工具、分厘尺、块规等，还参与和指导完成了许多军工任务。50年代初，为打破西方国家的封锁和禁运，他在上海虬江机器厂研制出磨齿机、氮化炉、万能磨床、内圆磨床、ϕ75毫米卧式镗床、国产插齿刀、调相式变流量油泵和离心加油式的多楔式轴承等当时工业急需的机械设备；从事精密计量、精密加工和精压技术等方面的研究，发明导流槽式静压轴承、高精度的弹性齿多齿分度台、适于大型齿轮的磨齿设备、多阻尼静压螺母和调相式变流量柱塞泵。特别是70年代后期，主持研制中国同步卫星试验设备振动台，在设计中发明弹性流体静压轴承，并获得专利。

主编、撰写有《液压工程手册》(1990年)、《新编液压工程手册》(2卷，1998年)等著作多部。 (孙晓芳)

伊里夫，L. G. (Iliev，Lubomir Georgiev) 保加利亚人，1913年生于保加利亚大特尔诺沃，2000年6月5日卒于同地。计算机科学与工程、现代数学、计算数学。

毕业于保加利亚索菲亚大学数学系。留校任教。1938年获该校数学博士学位，1958年获该校物理学博士学位。1952年晋升数学教授。1961～1973年先后任保加利亚科学院秘书长、副院长；1971～1988年任保加利亚科学院数学与力学研究中心主任。1971年起先后任保加利亚科技工作者协会副主席、主席，1974年出任保加利亚数学家协会主席，1974～1977年任巴尔干(地区)数学会会长。曾任国际应用系统分析研究会理事、国际信息处理联合会保加利亚委员会主席、国际信息处理联合会副主席。1967年入选保加利亚科学院院士。曾是苏联、民主德国、匈牙利等国科学院外籍院士。1977年获德国达累斯顿理工大学荣誉博士学位。

保加利亚计算机科学、现代数学奠基人之一。在计算机科学方面，他主持研制保加利亚第一台机电式计算机"维托莎"(Vitosha)，1963年完成。接着又主持研制保加利亚第一台电子计算机"爱尔卡"(Eica)，1965年完成。此外，他被誉为"保加利亚现代数学的奠基者"，在纯粹数学、计算复杂性分析、计算机数学基础，自动机理论、软件数学模型等领域，都有重要贡献。1955年他发现了傅里叶级数某些新种类，在学术界崭露头角。他领导建立起保加利亚现代数学研究体系，还在索菲亚大学数学系创办保加利亚第一个计算数学专业。1982年发现若干单叶函数。

发表有大量论文；出版有《保加利亚人民共和国的数学发展》(1975年)等专著。获1996年美国计算机先驱奖，1996年国际信息处理联合会银心奖、奥巴赫奖。

(李 烨)

波波夫，E. P. (Popov，Egor Paul) 美国人，1913年2月19日生于俄国基辅(今属乌克兰)，2001年4月19日卒于美国加利福尼亚州伯克利。土木工程、结构工程、结构力学、工程教育。

俄国裔。医生之子。俄国十月革命期间，为避战火全家流亡中国满洲。后去美国，1933年获伯克利加利福尼亚大学土木工程学士学位。1934年获马萨诸塞理工学院硕士学位。第二次世界大战期间，在喷气发动机公司任发动机设计工程师。1946年获斯坦福大学应用力学博士学位。同年任伯克利加利福尼亚大学土木工程系助理教授，1953年为教授，1958年负责组建土木工程系结构工程与结构力学系，同时任结构工程实验室主任。1961年任美国土木工程师协会工程力学分会主席。1962年任美国工程教育协会力学分会主席。1976年当选为美国国家工程院院士。

20世纪30年代后期起，参加洛杉矶地区一些主要钢筋混凝土建筑的结构设计，并分析地震对建筑物的影响。早期在冯·卡门等著名学者的指导下工作。最早的研究成果是用传统方法获得壳体结构和弹性基础梁的解，这种解法曾用来有效地设计大型储水槽、飞机库等复杂结构，这些工作也为后来用有限元法解决这类问题打下了基础。多年从事研究大型钢筋混凝土和钢结构的固有频率特性，在抗震结构的分析和设计、抗震结构的构件连接形式等方面取得重要成就。参与阿拉斯加石油管道、旧金山-奥克兰海湾大桥，以及美国航空航天局等一些工程的结构力学分析。在教育方面，首先在加利福尼亚大学建立土木工程力学研究生课程体系，认为让学生参加研究工作是最好的教学方法，因此他的大量技术文献都是和学生共同署名的。

主要论文入编《结构工程和结构力学论文集》(1979年)；所著的《材料力学》(1976年，第2版)和《工程固体力学》(1990年)被翻译成多种语言出版。1999年获美国地震工程研究会最高奖豪斯纳奖章。 (杨惠民)

汪菊渊(Wang Juyuan) 中国安徽省人，1913年4月11日生于上海，1996年1月28日卒于北京。园林工程、园艺学、城市规划、园林史学。

原籍安徽休宁。出生于中学教员家庭。1931年苏州东吴大学理学院化学系肄业。1934年南京金陵大学农学院园艺系毕业。1934～1949年，历任庐山森林植物园技术员，金陵大学农学院园艺系助教、讲师、副教授兼校园艺试验场主任，中央农业实验所成都工作站技士，北京大学农学院园艺系副教授兼院农场主任。1949年后，曾任北京农业大学园艺系副教授，北京林学院(今北京林业大学)城市及居民区绿化系副主任、教授，北京市农林局局长、园林局局长、总工程师等职。曾兼任中国园艺学会副理事长兼秘书长、中国建筑学会园林学会副理事长、中国花卉盆景协会副理事长等职。1995年当选为中国工程院院士。

长期从事园林教育和建设事业，有着丰富的造园经验和较深的理论造诣。20世纪30～40年代，致力于园艺花卉、观赏树木育种栽培试验。50～60年代，合作创建中国第一个园林（造园）专业，为国家培养大批优秀园林专家和管理人才；长期担任北京市农林、园林领导工作，规划首都农林、园林绿化建设。80～90年代，多次组织全国性学术会议和展览活动，推动全国各地发展花卉产业和旅游产业、建设生态城市的进程；参加《中国技术政策》城市建设部分、城市绿化公园部分的政策制定，获技术政策研究重要贡献奖；主持编纂《中国大百科全书·建筑、园林、城市规划卷》的园林部分；对中国古代、现代园林史作了广阔深入的研究，写下了近百万字作品。发表有关花卉、园林方面的论文数十篇；撰有《中国古代园林史纲要》（1980年）、《中国园林艺术》等专著。

（李　烨）

邵象华（Shao Xianghua）　中国浙江省人，1913年2月22日生于浙江杭州，2012年3月21日卒于北京。*冶金工程、钢铁冶金学、物理化学。*

出生于中学教员家庭。1932年毕业于浙江大学化学工程系。同年任教交通大学化学系。1934年赴英国留学，1936年获伦敦大学帝国理工学院冶金学士学位，1937年获该校冶金硕士学位。1938年回国，在昆明中央机器厂工作。翌年任内迁四川的武汉大学冶金学教授。1940年赴四川綦江电化冶炼厂负责筹建炼钢厂，后任厂长。1945年赴东北接收日伪钢铁企业，翌年任鞍山钢铁有限公司协理兼制钢所所长。1948年任鞍山钢铁公司总工程师、炼钢厂副厂长等职。1958年奉调到北京钢铁研究院（冶金部钢铁研究总院前身），历任炼钢及物理化学研究室主任、副总工程师、学术委员会副主任、高级技术顾问等职。1955年选聘为中国科学院学部委员（院士），1995年当选为中国工程院院士。

20世纪40年代，他在四川綦江带领大学毕业生设计和建成容量15吨、结构新颖的碱性平炉，将土法生产出的生铁冶炼为钢材，创立了中国大西南地区第一家平炉炼钢厂；主持炼钢厂的设备修复和生产恢复工作。50年代，建立鞍山钢铁公司的技术管理体系；研制出中国独创的平炉镁铝砖炉顶，使平炉寿命大大提高，该技术在全国推广使用。60年代，率先开展真空冶金领域的基础研究和技术开发；为解决中国核工业对超低碳不锈钢的需要，提出了一套严格的操作方法，试验成功用普通电弧炉生产超低不锈钢；研究成功从高炉铁水中直接提取稀土元素铌的连续喷雾处理原理和方法，从而为著名的白云鄂博铁矿中共生铌资源的综合回收提出了解决途径。

发表论文近百篇，主要论文收入《邵象华院士文集》（2009年）；出版《钢铁冶金学》（1950年），《钢冶金学》（1955年）等专著。1998年获中国工程科技光华奖。

（孙晓芳　宣焕灿）

邓维尔，S. W.（Dunwell，Stephen William）　美国人，1913年4月3日生于美国密歇根州卡拉玛卓，1994年3月21日卒于纽约州波基普西。*计算机科学与工程、电气电子工程、工程管理。*

1933年毕业于俄亥俄州黄温泉市的安提亚克学院电气工程专业。同年进入美国国际商用机器公司（IBM）恩迪科特实验室，1938年转至IBM公司纽约总部工作，1958年任项目主管经理，1966年当选为IBM研究院院士，1976年退休。第二次世界大战期间应征入伍，为陆军安全局工作，晋升至中校军衔。1980年创办开发通用计算机语言的邓维尔公司。

IBM公司计算机技术的主要开拓者和奠基者之一。20世纪30年代，在IBM公司最早倡导和实施穿孔卡片计算机采用电子电路，研制出电子卡片分类机；参与设计与建造电子开关装置，以实现用穿孔卡片机器计算月球轨道；为IBM公司未来计算机和电子产品编制说明和进行设计。40年代第二次世界大战期间，用IBM公司穿孔卡片机、机电式计算器为美国军方编制密码和破译敌方密码。战后重返IBM公司，参与设计和开发IBM-502A、603、604、CPC、650、702、705等多种计算机型号产品。1958年成为IBM公司第一台大型晶体管计算机“伸展”（STRETCH）项目主管经理。由于该机规模庞大、价格昂贵，在商业上不算太成功，但达到了预期技术目标：开发了晶体管电路、封装技术、冷却系统、诊断方法，确立了计算机设计的22条基本规则等，不仅为IBM公司未来计算机奠定了基础，有的成了整个计算机行业技术标准而得以推广。他仅在“伸展”计算机的开发中就获得多项专利。1966年后，研究计算机辅助教学专用的计算机高级语言（即写作语言），发明了课程编写软件“课程写作”，这是IBM公司第一个分时系统程序语言，大大便利开发交互式学习课件；建成为公司内场地工程师提供计算机辅助教学的全球计算机分时网络；建成公司内交换工程信息的网络和交换销售信息的网络。

获1945年优秀退伍军人奖章，IBM公司“杰出发明奖”，1992年美国电气与电子工程师协会计算机先驱奖等。

（李　烨）

李国豪（Li Guohao）　中国广东省人，1913年4月13日生于广东梅县（今属梅州市），2005年2月23日卒于上海。*桥梁工程、结构力学、工程管理、高等教育管理。*

农家子弟。1929年入读上海的同济大学土木工程系，1936年毕业。留校任教。1938年赴德国达姆施塔特理工大学学习桥梁工程和结构力学，1940年获工学博士学位，1942年获该校特许教育学博士学位。1946年回国，任上海工务局工程师，兼任同济大学土木工程系教授。1948年任同济大学工学院院长，1952年任教务长，1956年任副校长，1977年任校长，1982年任名誉校长。1957年任国家科学委员会力学与建筑学学科组长。1958年任南京长江大桥技术顾问委员会主任。1979年兼任上海市科协主席、宝山钢铁厂顾问委员会首席顾问。1981年任上海市政协主席。是中国土木工程学会副理事长、名誉理事长，中国工程学会联合会名誉主席，上海力学学会理事长。1983 年任上海市第六届政协主席。1955 年选聘为中国科学院学部委员（院士）。1994 年选聘为中国工程院院士。获 1985 年德国达姆施塔特理工大学、1998 年香港理工大学荣誉工学博士学位。

1949 年后，参与主持武汉长江大桥、南京长江大桥，上海南浦大桥、江阴长江大桥、虎门珠江大桥、汕头海湾大桥、长江口交通通道、杭州湾交通通道、琼州海峡交通通道、伶仃洋大桥等重要桥梁工程和规划建设。在桥梁学科理论与方法上有诸多建树：20 世纪 40 年代，1940 年发表博士论文“悬索桥按二阶理论的实用计算方法”，在德国土木工程界获得“悬索桥李”的美名，其文献至今仍被各国教材所引用；最早建立特殊的“桁梁有限元”，其中包括反映桁梁横截面翘曲和畸变的必要位移参数；1943 年发表论文“桁架和类似体系结构计算的新方法”，开辟了桁架结构分析新途径。50 年代，将悬索桥振动理论推广于拱桥振动问题；1958 年发表论文“斜交各向异性板弯曲理论及其对于斜桥的应用”，将正交各向异性板理论延伸为斜交各向异性板的弯曲理论，被国际工程界称为“李氏理论”。60 年代，主持结构抗爆非线性振动课题，促进了中国防护工程和地震工程学科的研究。70 年代起，建立“桁梁的弯曲与扭转理论”，系统解决了桁梁结构的空间分析、稳定分析和振动分析的整套计算方法，同时也澄清了武汉长江大桥晃动原因；1978 年发表“拱桥荷载横向分布理论分析”一文，提出一种原理简单、普适性强的梁系模型，并编制工程实用图表；1978 年起，致力研究桥梁风振与抗风领域，从有限元法入手，创造性提出“多振型耦合颤振”新概念，改进了颤振分析的试验方法和数值计算方法。80 年代，将公路桥梁荷载横向分布计算方法成功推广于公路弯桥、拱桥、曲线桥和斜梁桥。

主要著作有《钢结构设计》（1952 年）、《钢桥设计》（1954 年）、《桥梁结构的稳定与振动》（1965 年）、《公路桥梁荷载横向分布计算》（1977 年）、《工程结构抗震动力学》（1980 年）、《箱梁和桁梁桥的分析》（1988 年英文版）、《工程结构抗爆动力学》（1989 年）等。多次获奖，其中有 1987 年国际工程功绩奖、1995 年何梁何利科学与技术进步奖、1996 年陈嘉庚技术科学奖等。1981 年被选为世界十大著名结构工程专家之一。（戴成勋）

拉莫，S.（Ramo，Simon） 美国人，1913 年 5 月 7 日生于美国犹他州盐湖城，2016 年 6 月 27 日卒于加利福尼亚州圣莫尼卡。航空航天工程、通信工程、微波电子学、工程管理。

立陶宛移民后裔。1933 年获美国犹他大学学士学位。1936 年获加利福尼亚理工学院电机工程博士学位。1936～1946 年在通用电气公司从事研究开发工作。1946 年就职于休斯飞机公司，后升任公司执行副总裁。1953 年离开该公司，与人合伙建立拉莫-伍尔德里奇公司，并担任子公司空间技术实验室（现为 TRW 公司国防与空间系统研究所）总裁。1954～1958 年兼任美国发展洲际弹道导弹计划的科学主管。1956 年成立汤普森-拉莫-伍尔德里奇公司（TRW），出任公司执行副总裁。1961 年 TRW 公司与富士通公司合并，任 TRW-富士通董事会副董事长，1969 年升任董事长，1978 年退休。他还是白宫能源与发展顾问委员会、美国国务院科学与外交事务顾问委员会成员，并担任总统科学技术委员会主席。是美国国家工程院院士和创始成员，美国国家科学院院士，美国文理科学院院士。

美国著名电子学家、航天工程师、高科技企业家。20 世纪 30～40 年代在通用电气公司期间，他成为微波领域和超高频无线电领域的先驱之一，较早研制出微波传输和探测设备，将超高频无线电应用于雷达与先进通信技术，还开发了电子显微镜，受到了全世界的广泛认可。30 岁之前已获得 25 项专利，当选为当时美国“最杰出的年轻电气工程师”之一。他是美国在制导导弹方面最顶尖的专家之一，也是一位杰出企业家，成功建立和发展了数家高科技企业。40～50 年代，组织并发展了休斯飞机制造公司的电子部门、导弹部门，主管猎鹰式空对空制导导弹系列计划，使这些部门从一无所有发展为年收入数亿美元，在全美国颇具影响力。50～70 年代，他是美国发展“弹道洲际导弹计划”的主要科学家之一，身任美国宇宙神、雷神、大力神和民兵式洲际导弹与航天计划科学顾问团领导人，强烈支持在航天飞机发展中使用电子技术。这一计划是“美国历史上规模最大的单项计划”。作为民方参与该计划的主要领军人物，美国空军为他颁发了特别荣誉嘉奖令。

已出版《现代无线电场和波》（1944 年）、《微波导论》（1945 年）等 10 余部著作，编写的教科书在美国各大学和学术界中广泛使用，并被译成几种文字。他还注重研讨科学技术与社会问题，撰有许多论著和期刊文章，其中《治愈混乱》、《失配的世纪》、《科学的商务》等书受到广泛好评。另外，他还是一位出色的小提琴手和网球手。获奖甚多，其中因为“对电子领域工程体系的发展、应用与管理所作出的领导和贡献”而获 1980 年美国电气与电子工程师协会的（IEEE）创始人金奖。IEEE 设有西蒙·拉莫奖。（金燕南　朱逸农）

谢勒，G. S.（Schairer，George Swift） 美国人，1913 年 5 月 19 日生于美国宾夕法尼亚州匹兹堡，2004 年 10 月 28 日卒于华盛顿州柯克兰。航空工程、空气动力学、工程管理。

1934 年获美国斯瓦塞莫尔学院工学士学位，1958 年获该校荣誉工学博士学位。1935 年在马萨诸塞理工学院获硕士学位。同年到邦迪克斯飞机公司工作。1939 年进入波音公司。担任空气动力部门首席科学家，曾任空气动力和动力设备工程师、总工程师助理和研究室主任，1959～1973 年任分管研究开发的公司副总裁。1978 年退休后，作为波音的顾问，继续为大型飞机的设计起重要作用。1967 年选为美国国家工程院院士。1968 年为美国国家科学院院士。

20 世纪 40 年代，为使大型轰炸机和运输机顺利跨过音速，他提出后掠翼型，以推迟空气可压缩性的出现。在此基础上，公司生产了几百架 B-47 喷气轰炸机。更为成功的后掠翼，为 B-52 轰炸机所采用。为了进一步降低阻力和有好的失速特性，他精心选择发动机吊舱的位置，将机翼装在机身上部，并在机身前部和尾部采用自行车式起落装置，以满足轰炸机的布局需要。1952 年波音公司按他的结构设计制成试验机 Dash80，并进一步设计 707 飞机。同样的结构也用在 808 和 DC-8 飞机上。波音 707 以 85%音速，快速、安全而舒适地服务于世界各主要航线上。负责过同温层客机 B-17、B-29、B-50、XPBB-1、C-97、高空巡航机、B-47、B-52、707、KC-135、波音 727、737、747、757、767 和 YC-14 飞机的空气动力设计。他还长于直升机设计，使波音在费城建立了伟朵尔直升机公司。因“在航空事业上作出重大贡献”而获 1967 年古根海姆奖章，此外还获圣路易斯奖章等多个奖项。（戴成勋）

张维(Zhang Wei)　中国北京市人，1913 年 5 月 22 日生于北京，2001 年 10 月 4 日卒于同地。*土木工程、结构力学、应用数学、工程教育。*

1933 年毕业于唐山交通大学。1937 年公费赴英国留学，获伦敦大学帝国理工学院硕士学位。1938 年入德国柏林高等工业学校，获博士学位。1946 年回国后在北洋大学力学系任教。1947 年受聘为清华大学教授，后历任该校土木工程系主任、工程力学数学系主任、副教务长和副校长，兼任深圳大学校长等职。曾兼任中国科学技术协会副主席等职。1985 年被选为世界工程师协会联合会副主席。1955 年选聘为中国科学院学部委员(院士)。1994 年选聘为中国工程院院士。1980 年被选为瑞典皇家工程院外籍院士。

长期从事结构力学和固体力学的研究和教学，在弹性力学和壳体理论方面有所贡献。20 世纪 40 年代初，首次求得圆环壳的强度问题的解析解，在国际上引起重视。1988～1990 年，他与人合作，在数值跟踪和渐近分析两方面对环壳非线性、屈曲和后屈曲特性分析进行了深入的研究；还在旋转薄壳的自由振动的奇异摄动解中，首次找到了薄壳相关方程的一簇新的解函数。

著作有《壳体理论入门》等。曾获中国国家教育委员会科学技术进步奖一等奖、中国工程院科学技术奖等。1988 年获联邦德国政府大十字勋章，另获洪堡奖章。（戴成勋）

霍索恩，W. R. (Hawthorne, Sir William Rede)　英国人，1913 年 5 月 22 日生于英国英格兰本顿，2011 年 9 月 16 日卒于剑桥。*动力与机械工程、工程热力学、空气动力学、高等教育管理。*

土木工程师之子。1934 年毕业于剑桥大学三一学院。工作 2 年后入美国马萨诸塞理工学院，获理学博士学位。1940 年后在英国皇家航空研究中心工作，并在马萨诸塞理工学院、剑桥大学任教。1968 年任剑桥大学工程系主任，同年任该校邱吉尔学院院长直至 1983 年退休。1955 年被选入英国皇家学会。1965 年成为美国国家科学院外籍院士。1970 年封爵。1974 年任英国节能委员会顾问。

长期从事可压缩气体动力学及燃烧的研究。他在燃气射流通过喷管进入周围大气燃烧问题的论文中，认为射流呈湍流时，湍流混合速率控制了燃料的燃烧速率，于是提出“不混合度”来表征混合的均匀程度。他在研究某些发动机燃烧室时指出，对于工业燃烧问题，空气动力过程比化学过程更为重要。通过仔细观察，发展了燃烧雾化喷射系统。在一维可压缩流方面，他指出，气体沿长管作高速运动时，摩擦使其马赫数趋于 1，对气流加热会产生壅塞效应。他还与夏皮罗(A. H. Shapiro)一起，总结气流面积改变、摩擦、加热、放热、混合等效应，提出了计算方法。第二次世界大战后，他又系统地研究了燃气轮机内的气流，提出了无粘性定常流问题的解法。1956 年发明一种柔性驳船。（邱凤昌）

威尔克斯，M. V. (Wilkes, Maurice Vincent)　英国人，1913 年 6 月 26 日生于英国达德利，2010 年 11 月 29 日卒于剑桥。*计算机科学与工程、应用数学、工程管理。*

1934 年剑桥大学圣约翰学院毕业。同年到剑桥大学卡文迪什实验室工作，1938 年先后取得无线电专业硕士、博士学位。第二次世界大战期间，参与研制侦察潜水艇、军舰和飞机的雷达设备。战后回到剑桥大学，担任数学实验室(计算机实验室前身)主任。1956 年任英国计算机学会首任会长。同年当选为英国皇家学会会员。1980 年退休后，出任美国数据设备公司顾问、美国马萨诸塞理工学院兼职教授、英国奥利弗蒂公司顾问等职。1977 年、1980 年先后当选为美国国家工程院、美国国家科学院外籍院士。是国际信息处理联盟主要发起人之一。获世界各国 8 所大学授予的荣誉博士学位。

世界上第一台存储程序式计算机的研制者。1945 年美国宾夕法尼亚大学摩尔学院率先研制存储程序式计算机 EDVAC，但进展缓慢。1946 年他获得冯·诺伊曼起草的 EDVAC 设计方案，参加了摩尔学院计算机培训班，回国后立即设计和建造存储式计算机 EDSAC，采用水银延迟线作存储器，可存储 34 比特字长的字 512 个，加法时间 1.5 毫秒，乘法时间 4 毫秒；首次设计成功纸带式程序库，需要时送入计算机。1949 年 5 月 EDSAC 试运行成功，接着又完成高等数学题解、分子结构 X 射线衍射图案和天文照片分析等课题，声名大振。1951 年 EDSAC 以 LEO 型号正式投入市场，成为世界上第一个上市的计算机型号，而 EDVAC 迟至 1952 年才完成。当人们发现 LEO 生产商竟是伦敦莱昂斯面包房，不禁目瞪口呆！原来面包房老板在威尔克斯最缺资金时给以支持，所以获得了优先生产权。EDSAC 虽以

EDVAC为蓝本，但有一系列创新，例如“浮动地址”（现名“变址”）、“综合指令”（现名“宏指令”）、微程序设计、子例程及子例程库、高速缓冲存储器等，对现代计算机体系结构和程序设计影响深远。后来主要成果有：开发了一种简单的表处理语言 WISP；参与完成实现分时系统的计算机；1977年提出“语义原语系统”，可完整表示文本中各个语句。

著述颇丰，主要有：《电子计算机程序处理》（1951年）、《自动数字计算机》（1956年）、《数值分析导论》（1966年）、《分时计算机系统》（1968年初版，1975年再版）、《剑桥CAP计算机及其操作系统》（1979年）、《一个计算机先驱者的回忆》（1985年）、《计算技术展望》（1995年）等。获美国计算机学会（ACM）1967年图灵奖、1980年埃克特-莫奇利奖，1968年哈里·古德奖，1981年麦克道尔奖，1982年宾夕法尼亚大学彭德奖，1988年日本C&C奖，1991年意大利伊塔尔加斯奖等。ACM设有威尔克斯奖项。 （李　烨）

阿吉里斯，J. H.（Argyris，John Hadji） 希腊人。1913年8月19日生于希腊沃洛斯，2004年4月2日卒于德国斯图加特。结构工程、航空航天工程、计算机科学与工程、工程力学、应用数学。

大伯是著名数学教授。1934年毕业于希腊雅典理工大学土木工程系。1936年获德国慕尼黑理工大学工科学士学位。1937年在波兰斯德丁市大型钢结构公司任高级结构和规划工程师。1939年后到柏林大学和瑞士苏黎世理工大学进修航空工程、力学、数学和物理。在逃亡瑞士之前，多次被纳粹德国监禁。1943年入英国皇家航空学会并领导结构和颤振研究部门。1949年任伦敦大学帝国理工学院航空工程讲师，1955年任教授。1957年获伦敦大学理学博士学位。1959年兼任德国斯图加特理工大学（今斯图加特大学）空间科学教授，先后任航空航天结构静力学与动力学研究所所长、计算机应用中心主任、空间科学系首任主任。是雅典科学院院士。美国纽约科学院、罗马尼亚科学院外籍院士。

结构分析的有限元法创始人之一。早在1950年他就预见到用电子数字计算机将对解决工程问题的方法带来革命性变化。1953年建立了结构矩阵理论。1954年提出了力和位移矩阵方程。同年，开发出工程领域的计算机辅助设计程序。1960年汇编成的《能量法与结构分析》一书，至今仍用作有限元矩阵法入门。20世纪60～70年代，他在力和位移，大位移非线性刚性结构矩阵，小应变大位移的回转结构，非线性力学和弹塑性大应变增量方程，非线性振动的有限元技术等静力学和动力学分析，以及将有限元法扩展到其他与时间和空间有关的领域（如二维和三维的流势和流场的有限元计算等），在力学理论和数学工具方面均作出了重要贡献。他还将有限元法用来对飞机等飞行器结构、复杂薄壳结构、预应力混凝土压力容器、悬索吊桥、悬挂式屋顶等进行分析和计算。他领导编制成第一个大规模有限元程序系统，制订单元划分规则，开创了计算机辅助结构设计新纪元，并长期处于世界领先地位。

发表论文约500篇。获得多种科学奖励，其中有爱因斯坦奖、英国皇家学会皇家奖章、菲利普亲王奖章等。 （杨惠民）

丹下健三（Tange，Kenzo） 日本人，1913年9月4日生于日本大阪，2005年3月22日卒于东京。土木工程、建筑学、城市规划。

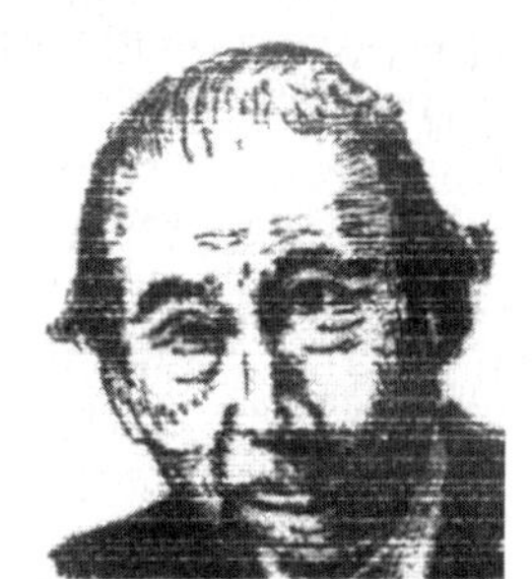

1938年东京帝国大学（今东京大学）建筑系毕业。后供职前川国男建筑事务所4年。1942～1945年在东京帝国大学研究院专攻城市规划，先后获硕士、博士学位。1946年任东京大学助理教授，1949年晋升为教授。1961年创立丹下健三都市建筑设计研究所。1974年任东京大学名誉教授。曾任美国马萨诸塞理工学院、哈佛大学、耶鲁大学、伯克利加利福尼亚大学等名校建筑系客座教授。

世界著名的当代日本建筑师。1946年获广岛和平中心设计竞赛一等奖，受到国际建筑界瞩目。20世纪50年代，提出“功能典型化”理念，主张建筑的理性内涵，探索现代建筑与日本传统建筑相结合的道路，代表作有广岛和平纪念公园（1955年）、旧东京都厅舍（1957年）、香川县厅舍（1958年）等。60年代，参与1960年东京规划，提出“都市轴”理论，影响深远；探索大跨度建筑，其中东京奥运会主会场——代代木国立综合体育馆（1961～1964年），是他的结构表现主义顶峰之作，采用高张力缆索为主体悬索屋顶结构，类似日本古代神社和竖穴式住居的特异外形，被誉为“20世纪世界最美的建筑之一”，他也获得“日本当代建筑界第一人”美称；探索象征性手法和民族新风格，如东京罗马天主教圣玛丽亚大教堂（1964年）、静冈新闻广播东京支社（1966年）、山梨县文化会馆（1967年）等。1970年后，他和研究所在北非和中东做了不少建筑设计，如约旦哈西姆皇宫工程、阿尔及尔国际机场（1976年）等；探索镜面玻璃幕墙设计，如东京草月会馆新馆（1977年）、赤坂王子饭店新馆（1982年）等。他的理论与实践对第二次世界大战后日本建筑界影响很大，国际著名的黑川纪章、桢文彦、矶崎新等人都是他的门生。

出版有《日本建筑的传统与创造》（1960年）、《人类与建筑》（1970年）、《建筑与城市》（1970年）、《21世纪的日本》（1971年）等著作。1987年获第9届普利兹克建筑奖，是亚洲第一位得奖人；此外还获得日本建筑学会年奖，以及英国、美国、法国、丹麦等国颁发的金奖和荣誉奖。 （李　烨）

哥尔斯廷，H. H.（Goldstine，Herman Heine） 美国人，1913年9月13日生于美国芝加哥，2004年6

月 16 日卒于宾夕法尼亚州勃兰马尔。计算机科学与工程、应用数学、工程管理、科学史学。

1933 年、1934 年和 1936 年先后获芝加哥大学数学学士、硕士和博士学位。毕业留校任教。1939 年转至密歇根大学当助理教授。太平洋战争爆发后应征入伍，派到陆军阿伯丁弹道研究实验室工作，中尉军衔。战后，在普林斯顿大学高级研究院从事计算机研制，任项目主任。1958 年加盟美国国际商用机器公司(IBM)，曾任 IBM 研究院数学科学部首任主任等职，1973 年退休。兼任美国哲学会执行主席等职。是美国国家科学院院士、美国文理科学院院士。

世界上第一台电子计算机 ENIAC 的组织者和推动者。在第二次世界大战期间，他肩负为美军各种火炮计算弹道和编制射击表的艰巨任务，但由于世界各地土质极其不同，必须不断重新编制射击表，这使他痛感当时计算工具之落后，迫切需要研制一种极其快速的计算机。他敦促和支持摩尔学院的 J. W. 莫奇利提出报告，促成了军方对研制世界上第一台电子计算机 ENIAC 的立项和投资，并作为联络官和数学家自始至终参与组织和监管工作，终使这一浩大工程于 1946 年顺利竣工。战后在普林斯顿大学与冯·诺伊曼合作，参与主持开发早期存储程序式计算机的“样板机”IAS，负责逻辑设计，1950 年该机成功问世，只用了 2600 个电子管，但可靠性大大提高。1951 年，洛斯阿拉莫斯原子弹试验小组在 IAS 上进行计算，创下了连续运行两个月不出故障的记录，在当时被认为是一个奇迹。1958 年加盟 IBM 公司后，成为开发多种计算机型号的主要顾问；创立 IBM 研究院数学科学部，成为该院的核心部门。

主要著作有：《从帕斯卡到冯·诺伊曼的计算机》(1972 年)、《16～19 世纪数值分析史》(1977 年)等。获哈里·古德奖、1980 年计算机先驱奖、1985 年美国国家科学奖章等。1985 年入选美国信息处理名人堂。1998 年 IBM 研究院宣布将其博士后研究基金重新命名为“哥尔斯廷基金”。（李　烨）

吉尔鲁斯，R. R. (Gilruth, Robert Rowe)　美国人，1913 年 10 月 8 日生于美国明尼苏达州纳什沃克，2000 年 8 月 17 日卒于弗吉尼亚州夏洛特维尔。航空航天工程、空气动力学、空间科学。

双亲都是教师。1935 年、1936 年先后获明尼苏达大学航空工程学理学士学位、硕士学位。1937 年到美国航空航天咨询委员会弗吉尼亚兰利基地工作，1943 年任飞行研究项目主管。1945 年他负责在瓦勒普斯岛建立新导弹研究基地。1957 年离开瓦勒普斯岛，任航空航天咨询委员会兰利实验室副主任，按空间发展规划提出该委员会的研究课题。1958 年去华盛顿，组建新的空间机构。同年 10 月，以原有航空航天咨询委员会为核心，成立国家航空航天局，他任该局所属“人在太空”项目负责人。后任载人航天器中心主任，1961 年领导休斯顿载人太空飞行器中心，1973 年退休。1968 年当选为美国国家工程院院士。1974 年当选为美国国家科学院院士。

主要成就在高速飞行器的设计和操纵方面。第二次世界大战时，参与和领导研制超音速飞机。战后主持导弹以及载人飞船进入轨道和登月的一些国家尖端项目的研究。研究飞机的稳定性和操纵性、人能力之间的关系和飞行员的喜好。这方面的著作发表于 1941 年，在后来的宇宙飞船设计中，占有重要地位，其影响为国际所公认。1943 年领导开创了跨音速机翼和控制的空气动力学研究。他利用从高空轰炸机上投下的飞机模型，第一次测量出物体加速通过音速时阻力的增长以及其他空气动力参数。在此基础上，他于 1943 年发明翼流技术，其研究成果反映在 X-1 研究机的设计上，使其第一次突破音障。在瓦勒普斯岛基地，利用遥测仪器、雷达、火箭发动机和所有信息设备来开展一系列研究项目。他领导的课题组，研究了带有钝头部热屏蔽和难熔金属体部的物体重返大气、蓄存呼吸氧的钛压力容器、控制飞行姿态的反作用火箭、点燃重返大气的回归火箭，水上的溅落设施，以及为进入轨道的若干问题和阿特拉斯导航系统。最后还研制了使宇航员能承受 20 倍地球重力加速度的卧床。这些研究成果反映在阿波罗登月计划上。20 世纪 60 年代，以双人宇宙飞船“双子座”号，研究在失重状态下长期连续飞行、会合、对接、控制重返大气和舱外活动等问题。随后的 3 年是研究如何在月球上确定更多更有意义的着陆点，增加宇航员的活动范围，以及更先进的设备和技术。曾获美国火箭学会、航空航天学会、以及机械工程学会等颁发的多种奖励。（戴成勋）

张煦(Zhang Xu)　字艾西。中国江苏省人，1913 年 11 月 6 日生于江苏无锡，2015 年 9 月 12 日卒于上海。通信工程、电气电子工程、微电子技术、光电子学。

1934 年交通大学电机工程系毕业。选派到中央研究院上海物理研究所从事无线电通信研究。1936 年公费赴美国留学，1937 年、1940 年先后获美国哈佛大学理科硕士、博士学位。1940 年回国，任战时内迁重庆的交通大学电机工程系教授、兼重庆国民政府交通部交通技术人员训练所特约教授、金陵大学兼职教授。1949～1956 年任交通大学电信系教授，并任同济大学、沪江大学、大同大学兼职教授。1956～1978 年任成都电讯工程学院教授。1978 年回上海交通大学任电子信息学院教授，先后任电子工程系主任、名誉系主任。兼任上海通信学会名誉理事长。1980 年当选为中国科学院学部委员(院士)。

20 世纪 40～50 年代，率先开设“无线电工程”、“长途电话工程”和“长途通信”等课程；出版《长途电话工程》(1951 年)、《无线电工程》(2 卷，1952 年)、《多路载波电话》(1956 年)等教材和专著 10 余部；下厂推广新技术，指导设计明线载波电话终端机等。60 年代，在中国率先开讲“晶体管电路”课程，率先出版《载波机晶体管电路计算原理》(1965 年)等教材、专著；指导通信产品从电子管向晶体管转换。70年代，翻译介绍多部数字通信名著；编写中国第一本《数据通信原理》教材；介绍和指导模拟化向数字化技术发展。80～90年代，编纂出版《光纤通信原理》(1985年初版，1989年再版)、《光纤通信技术》(1991年)、《信息高速公路》(1995年)等10余部教材和专著；主持建立上海交通大学光纤技术研究所，其实验室后扩建为国家重点实验室；领导开展和参与光纤光缆、光有源和无源器件、光电子集成、发送及接收终端机、模拟电视系统及数字通信系统、光纤通信组网技术、相干光纤通信和密集波分多路光纤通信等研究，其中波分复用器等技术填补了国内空白；提出有关中国通信领域体制改革、技术和产业政策的咨询建议，引起决策层重视。发表论文200余篇；出版教材和专著40余部。 (李啸虎)

李薰(Li Xun) 原名李文杰。中国湖南省人，1913年11月20日生于湖南邵阳(今邵东)，1983年3月20日卒于昆明。冶金科学与工程、金属材料学、物理化学、金相学、科技管理。

父亲是清末贡生，民国初年任县知事，后家道中落。于1936年湖南大学矿冶系毕业后，在长沙楚怡专门工业学校任教。1937年入英国设菲尔德大学冶金学院学习，1940年获工学博士学位；留任研究员，1945年任该校冶金学院研究部主任；1951年获冶金理学博士学位。同年回国，任中国科学院冶金研究所(金属研究所前身)所长、一级研究员。后历任中国科学院沈阳分院院长、金属研究所名誉所长，中国科学院副院长兼技术科学部主任。曾兼任中国金属学会副理事长、《金属学报》主编等职。1955年选聘为中国科学院学部委员(院士)。

20世纪40年代，他在分析英国皇家空军飞机引擎主轴断裂原因时，提出了解释钢中裂纹生成的氢脆理论，认为高温时原子氢的扩散与聚集导致内压和裂纹；根据钢液在连续冷却条件下相变特征来制定合理的去氢工艺制度，这一开拓性工作为金属热处理去氢奠定了科学基础，是钢铁冶金史上的重要技术突破。50年代，创建中国科学院成立后第一个大型研究所——冶金研究所，办所主导思想明确：坚持科研面向经济建设和国防建设主战场，但不偏废基础研究；建立中国第一个金属气体分析实验室，从事钢铁冶炼理论与技术研究，为提高中国钢产品质量起了重要作用；1956年提出中国应发展转炉吹氧炼钢技术。60年代以后，长期领导和开拓铀冶金、铸造高温合金、难熔金属、高温物理性能测试、稀土在钢中应用、钢的冷加工性能等研究领域，并取得了重要成果；为中国"两弹一星"，以及第一架超音速喷气飞机和第一艘核潜艇提供关键材料。

撰有"冷加工对钢性能的影响"等论文数十篇；主编《材料科学丛书》；任《中国大百科全书·矿冶卷》编委会副主任，亲自撰写条目和指导该卷统编工作。获多种奖项和荣誉。 (徐维普)

罗沛霖(Luo Peilin) 即罗霈霖，曾用名罗容思。中国天津市人，1913年12月30日生于天津，2011年4月17日卒于北京。通信工程、计算机科学与工程、微波电子学、工程管理。

父亲罗朝汉是中国早期电信界知名专家，母亲孙云是诗人。1935年交通大学电机工程系毕业。先后在广西南宁无线电厂、上海中国无线电业公司任职。1937年赴延安抗日，任延安通信器材厂工程师。后任中央无线电厂重庆分厂、天津无线电厂等处工程师。1948～1950年在美国加利福尼亚理工学院留学，获特别荣誉博士学位(1952年授予)。1950年回国后，历任国家电信工业局技术处长，华北无线电器材厂第一副厂长兼总工程师，第二机械工业部第十工业管理局科研处处长兼副总工程师，电子工业部科学技术局副局长等职。先后兼任国家科学技术委员会电子科学技术专业组副组长、中国标准化协会副理事长、中国测试与计量协会副理事长等职。1980年当选为中国科学院学部委员(院士)。1994年选聘为中国工程院院士。

20世纪30～40年代，在中国率先设计使用波段开关；首创逆电流稳压电路及其理论分析；独立发现永磁激励凸极交流发电机加载后电压上升的异常现象，并给出计算方法。50～60年代，参与筹建和领导中国第一个大型综合电子元件联合工厂；在雷达试验中提出"门波积累"新概念，为建立新雷达体制提供了理论基础，使中国成为继美国之后成功观测到月球回波的国家。70～80年代，将"门波积累"技术服务于中国的卫星监测网；组织和指导研制中国最早的通用计算机100系列和200系列，在导弹试验和卫星发射中发挥了重要作用；在中国积极倡导研究人工神经网络与知识工程。1993年5月倡议并起草吁请成立中国工程院的建议书，并由张光斗、王大珩、师昌绪、张维、侯祥麟联署上报，得到国家领导的支持。

主要论文入编《罗沛霖文集》(2003年)；主编有《中国电子科学技术评论(1986～1990)》(1991年)、《信息电子技术知识全书》(2005年)等书。1985年获美国电气与电子工程师协会百年华诞纪念章。 (李啸虎)

李耀滋(Li, Yao-Tzu) 华裔美国人，1914年2月4日生于中国北京，2011年8月14日卒于美国波士顿。航空航天工程、仪器研制、自动控制、流体力学、工程教育。

祖籍中国福州。出身名门望族、世代书香，1908年李家迁居北京，父亲在当时的外交部供职。1934年北平大学工学院毕业。1937年中央大学工学院机械特别研究班毕业。同年公费赴美国马萨诸塞理工学院航空工程系留学，1939年获博士学位。1940年回国，在贵州大定航空发动机厂担任总工程师等职。1946年在北平燕京大学工学院任教授。1947～1979年，先后任马萨诸塞理工学院副教授、教授和名誉教授，兼任该校航空航天工程系控制、导航研究室主任、人机系统实验室主任等职，1972～1979年任该校发明创新中心主任。期间1952～1960年兼任台涅斯科(Dynisco)公司总裁；1967～1999年兼任塞特拉(Setra)仪表咨询公司董事长；1982～2002年兼任李耀滋公司董事长。1980～1984年任全美华人协会主席。其弟李诗颖也是马萨诸塞理工学院教授，1985年兄弟俩同时当选为美国国家工程院院士。李耀滋夫人林同端系著名建筑学家林同炎的妹妹。

长期从事航空航天工程动态测量和自动控制的研究与教育,研制各种传感器,为动力装置、大型风洞、飞行器试验和工业自动化提供检测手段,多有建树。20世纪40年代,作为总工程师积极引进美国技术,主持建造中国第一个航空发动机制造厂,为奠定中国航空工业基础和支援抗日战争作出贡献。50年代,1951年与C. S. 德雷珀合作发表有关最优控制的论文,为自动控制研究开拓了新领域;开创当时汽车工业流行的最优化控制理论,对压力传感器、自动倾斜火车等研究被认为具有国际领先地位。60年代参与阿波罗登月工程。70年代,在美国国家科学基金会支持下创设发明创新中心,探索培养和提高大学生发明创新意识与能力的新途径。1983年后,以发明创新为媒介,积极促进海峡两岸和美国之间的工业技术合作,其中90年代与中国大陆有关科研机构联手推进海水淡化技术,其中开发出可用于海水淡化和化学工业的旋轨式蒸馏器。

获发明专利近60项;发表论文近百篇;出版《创新工程教育》(1970年)、《技术创新教育与产业》(1980年)等多部著作,其中包括自传《有启发而自由》(2003年,中文版)。 (李啸虎)

吴祖垲(Wu Zukai) 中国浙江省人,1914年3月23日生于浙江嘉兴,2014年1月16日卒于陕西咸阳。*通信工程、照明工程、电真空技术、光电子学、技术管理。*

出生于破落的书香之家。1937年交通大学电机工程学院毕业。供职于国民政府资源委员会中央电工器材厂,升至副工程师。1945年赴美国留学,翌年获密歇根大学电机工程硕士学位。毕业后在美国无线电公司产品开发试验部任工程师。1948年回国,历任南京电照厂高级工程师兼副厂长、厂长、总工程师,成都红光电子管厂第一副厂长兼总工程师,陕西彩色显像管总厂第一副厂长兼总工程师、高级工程师。1986退休后,仍担任西安交通大学兼职教授、陕西省人民政府专家顾问委员会副主任等职。1995年当选为中国工程院院士。

长期从事电真空技术及产品研究开发,先后领导的三家大型企业都进入中国电子工业一百强前列。20世纪50年代,主持研制成功荧光粉和中国第一盏日光色荧光灯;1956年参与制订中国12年科学规划;1958年主持试制出中国第一只黑白显像管(35厘米)。70年代,试制出中国第一只彩色显像管(48厘米)并使之产业化;主持试制成功供银河一号机使用的高分辨率穿透式多色显示管;试制并投产直观式储存管和彩色特种管。80年代以来,组织引进、消化、吸收电子新技术,扩大品种、提高质量;实现彩色显像管原材料国产化,每年为国家节省近千万美元,而且当年投产当年盈利,引起国外同行注目;为卫星、导弹等军工产品配备自行开发的各种雷达指示管、穿透型彩色管。

发表论文数十篇;出版有《荧光灯制造基础》(1958年初版,1960年再版)、《彩色显像管》等专著。获1978年全国科学大会奖、1995年国际信息显示学会特别表彰奖、1996年首届中国工程科学技术奖等。 (顾亦健)

切洛勉,B. H. (Челомей, Владимир Николаевич; Chelomei, Vladimir Nikolayevich) 苏联人,1914年6月30日生于俄国乌克兰谢德列兹城,1984年12月8日卒于莫斯科。*航天工程、机械与动力工程、火箭技术、应用力学。*

出生于教师家庭,12岁时全家移居乌克兰基辅。1937年毕业于伏罗希洛夫基辅航空学院。留校任教,兼在乌克兰科学院数学所工作。1939年以同等学历获副博士学位;1940年入选“全苏推荐的50名优秀副博士”,破格获得苏联科学院博士学位。1941年在莫斯科巴拉诺夫中央航空发动机制造研究所工作,1944年升任主任设计师和导弹制造厂厂长。1952年任莫斯科鲍曼高等技术学校教授。1955年被任命为新的OKB-52设计局主管。1959年起任苏联航天技术总设计师。1958年、1962年先后入选苏联科学院通讯院士、院士。

苏联火箭工程和航天技术的领军人物之一。第二次世界大战期间,1942年主持设计成功НКП-26型雪橇火箭炮,同年将之改制成苏联第一台冲压式空气喷气发动机,并开发出一种无人驾驶飞行器;1944年6月,一枚在伦敦被击落的德国V-1飞航式导弹残骸被送往莫斯科,他奉命于当年底复制出这种德国发动机,1945年中旬自行制造出数十枚机载巡航导弹。战后继续研究飞航式火箭。1954年,由他担任总设计师的军工厂已生产出数种带有活动翼的巡航导弹;将P-5巡航导弹用于潜水艇水下发射以提升威慑力;带领OKB-52设计局研制远程巡航火箭、弹道导弹、雷达侦察卫星、质子号发射航天器、IS卫星防御系统和“阿尔玛兹(Almaz)”号载人军事空间站等。1959年出任航天技术总设计师,全面领导研制一系列运载火箭和航天器,构建了一种新型的火箭-宇宙系统,其中最重要的有:1963年11月1日成功发射“飞行-1”号卫星,能改变飞行高度和轨道平面;1965年7月16日,“质子”号大型运载火箭将“质子-1”号自动科学站射入近地轨道;在20年中,质子号运载火箭有效载荷(不包括末级运载火箭质量)由最初12.2吨逐步提高到17吨(1968年)、19吨(1977年)、20吨(1986年),先后将礼炮-6号空间站、和平号空间站等联合体送上轨道;主持研制宇宙-1267号、宇宙-1443号、宇宙-1686号等大型卫星式飞船,先后与空间站对接成轨道联合体,使苏联的轨道空间技术在较长时间内领先于美国。

主要著作有:《弹力理论》(1938年)、《航空结构元件的动力稳定性》(1939年)、《气动随动机构》(1954年)、《利用振动提高弹性系统稳定性》(1956年)、《气压和油压随动机构研究》(1958年)等。获多种奖励和荣誉,其中有:1959年、1963年两次获社会主义劳动英雄称号;1959年获列宁奖金,1967年、1974年两次获苏联国家奖金;获1964年茹科夫斯基金质奖章、获1977年苏联科学院李亚普诺夫“数学力学卓越成就”金质奖章;先后获4枚列宁勋章、一枚十月革命勋章和多枚其他奖章。 (陈 茜)

高鼎三(Gao Dingsan) 中国上海市人,1914年7

月24日生于上海，2002年6月13日卒于吉林长春。半导体器件工程、激光工程、半导体物理、微波电子学。

出生于贫寒家庭。1937年考入交通大学，同年因战事爆发到武汉大学借读，1938年转学于昆明西南联合大学，1941年毕业。1941～1948年任中央研究院评议会《科学记录》助理编辑。1951年获美国伯克利加利福尼亚大学物理系硕士学位。1953年中断博士生学业到洛杉矶国际整流器公司任研究员。1955年回国至去世，一直在吉林大学（原东北人民大学）执教，任教授，先后任物理系副主任兼半导体研究室主任，电子工程系（原半导体系）主任、名誉主任，电子科学与工程学院名誉院长，集成光电子学国家重点实验室学术委员会主任。曾兼任吉林省电子学会副理事长等职。1995年当选为中国工程院院士。

20世纪50年代，在美国期间研制成功半导体大功率整流器；1956年研制成功中国第一个锗大功率整流器；研制出锗点接触二极管、锗三极管、锗光电二极管；较早开展热敏电阻、隧道二极管研究。60～70年代，主持研制砷化镓激光器、大功率晶闸管（500安、2500伏），使同质结激光器实现激射；研制成功室温下可连续工作的锌扩散砷化镓平面条形双异质结激光器，获1978年全国科学大会奖。80～90年代，成功研制复合腔波导互补半导体激光器，成果获1985年电子工业部科学技术成果奖一等奖、1988年国家发明奖三等奖；承担国家863计划中“可见光激光器”的结构设计与工艺研究；主持半导体激光器热传输特性等研究项目；研制的超高速电光采样测试装置达到当时美国贝尔实验室研究水平。发表论文百余篇；主编出版《晶体管原理讲义》（1961年）等专著、译著。（李啸虎）

陶亨咸（Tao Hangxian） 中国浙江省人，1914年8月31日生于天津，2003年6月28日卒于北京。机械工程、机械学、技术管理、工程教育。

原籍浙江绍兴。出身知识分子家庭。1939年同济大学毕业，先后在江西大庾钨业管理处修造厂、兰州甘肃机器厂工作。1945年赴美国学习机械制造技术。1947年回国，历任中央机器公司工程师、上海机器厂副厂长、昆明机器厂副厂长。1950年任云南省工业厅计划科科长兼技术科科长。1953年调至第一机械工业部，历任技术司设计处处长、总设计师，技术司副司长、司长，仪表局副局长，该部总工程师、副部长，机械工业部总工程师、部技术委员会主任，高级工程师。曾兼任中国机械工程学会理事长等职。1955年选聘为中国科学院学部委员（院士）。

长期从事机械工程技术的领导工作，为中国机械工业的发展作出了贡献：①参与制订中国第一个五年计划期间156项工程建设所需机械设备的研制规划、“1956～1967年科学技术发展远景规划”、《1963～1972年科学技术发展规划》、“第二个五年计划机械工业技术革新规划”等国家重大发展规划。②从产品的定型设计、计量检定、改进材料性能等方面提高产品质量。例如，20世纪50年代初对中国三大自行车厂制定了重要部件可以互换的自行车“标定”工作；再如，对大批量的机电产品提出了设计三阶段（制定设计任务书、技术设计、施工设计）和试制两阶段（样品试制、小批量试制）以及严格鉴定的工作方法。③重视新产品新技术的标准化。主张积极采用国际标准和国外先进标准。为此，他组织翻译了一整套技术先进的《联邦德国技术准则》供国内参考。还领导了第一批《中国机械工程学会指导性技术文件》的组织编写工作。④积极提倡引进国际先进技术。例如在60年代提出从日本成套引进先进技术和设备，建成榆次液压件厂和中原量仪厂。最早在机械工业部门组织推广有限元法、价值工程、引进无损检测技术等。⑤大力促进国产化，参与领导年产50万吨无缝钢管轧机等重大技术装备的研究开发。⑥重视工程技术人员的继续教育。如在1983年领导创办中国第一所机械工程师进修大学，并兼任校长。（孙晓芳）

贝拉尼克，L. L.（Beranek，Leo Leroy） 美国人，1914年9月15日生于美国艾奥瓦州索伦，2016年10月11日卒于美国波士顿。通信工程、计算机网络工程、声频工程、声学、企业管理。

1936年获康奈尔学院（今康奈尔大学）文学士学位。1940年获哈佛大学理学博士学位，毕业留校工作，同年底任哈佛大学电子-声学实验室主任。1947～1958年任马萨诸塞理工学院通信工程副教授。1948年在马萨诸塞州坎布里奇与人合伙创办波尔特-贝拉尼克-纽曼技术咨询公司（BBN），期间1953～1969年担任该公司总裁。是音乐家团体汉德尔与海顿学会的名誉会长、波士顿交响乐队监理会创始人之一，马萨诸塞历史学会副会长，还在许多国家和地区担任著名剧场的声学设计顾问。1966年当选为美国国家工程院院士。1952年当选为美国文理科学院院士，1989～1994年任该院院长。

长期从事声学及其噪声控制、通信工程的研究与开发，在国际上有一定影响。在第二次世界大战中，为美国军方研究开发军用车辆、高空战斗机的高性能通信设备。1947～1949年间，主持制定噪声及声学测量的国际标准，同时带领和指导研究生班进行声学和噪声控制的研究，取得了群体性科研成果。1950～1951年，为美国的超音速风洞设计了当时世界上功率最大、功能最先进的消声器，很快在全世界得到推广。担任BBN公司总裁期间，他使公司业务由主要从事建筑声学和噪声控制发展到声学与计算机软件并重，1968年该公司在激烈竞争中赢得了承建最早的计算机网络——阿帕网（ARPANET）的工程合同。由美国国防部高级研究计划署（ARPA）直接领导规划的阿帕网，是国际互联网（因特网）的实验版和先行者，在世界上最早采用信息包—转换技术，1969年12月远距离连接4个站点的阿帕网正式联通，一年后发展到15个站点、23台主机，跨越了整个美国；1972年在华盛顿召开首届计算机通信国际会议，阿帕网首次向与会者演示了全美40多台计算机之间的通信，引起极大轰动；在国际互联网出现之前，该网络连续运行了10年。晚年，他的毕生音乐爱好使他特别关注剧场声学设计，考察过全世界100多个著名音乐厅和歌剧院，接待过数百个经理和音乐评论家，撰写了经典性专著。

主要著作有：《声学测量》（1949年初版，1988年再版)、《声学》(1954 年初版,1986 年再版)、《噪声与振动的控制》(1971 年初版,2005 年再版)、《音乐、声学和建筑》(1979 年)、《音乐厅和歌剧院:如何传送音响》(1996 年初版,2003 年再版)等。获奖甚多,包括 1971 年声频工程学会金奖、1975 年美国声学学会金奖,法国语言声学家协会银奖、2000 年美国文理科学院首个学者—爱国者杰出服务奖、2002 年美国国家科学奖章。

(李法顺)

辛普森,J. W. (Simpson,John Wistar) 美国人,1914 年 9 月 25 日生于美国南卡罗来纳州格林斯普林斯,2007 年 1 月 4 日卒于南卡罗来纳州希尔顿海德岛。机械与动力工程、核动力工程、舰船工程、工程管理。

1933 年参加美国海军,1937 年获美国海军学院工程专业理学士学位。同年任西屋电气公司工程师。1941 年以在职研究生身份获匹兹堡大学电气工程硕士学位;1946 年向公司请假两年脱产进修,进橡树岭国家实验室所属技术学院学习核反应堆技术,1947 年任该实验室丹尼尔反应堆研发小组的反应堆控制管理员。1949 年回到西屋电气公司,担任该公司在国家原子能委员会监管下的贝蒂斯核能实验室技术开发部助理,1952 年任实验室主管助理,1955 年升任实验室主管,1958 年任西屋电气公司主管研发的副总裁,1959 年兼任重组后的核能开发部主管,1969 年任总裁,1977 年退休后任顾问。期间,1966 年、1967 年先后获西顿赫尔学院、豪福特学院理学博士学位。1966 年当选为美国国家工程院院士。是国际电气制造业协会动力设备分会主席、美国核学会财务委员会主席。

人类对原子能开发利用的杰出先驱者之一。在核电站、海洋核动力和空间核动力三个工程领域均有开创性成果。1938~1949 年主要从事开发海军舰只专用电气设备,以及配电盘等电工仪表的研究开发,以后主要致力于核能工程开发。20 世纪 50~60 年代,西屋电气公司在美国电力设备市场所占份额为 1/3,与他的努力分不开。1951 年起参与主持开发商用核电站轻水堆工程,1961 年 7 月建成世界上第一座商用压水堆核电站,初期设计值电功率 28.5 万千瓦;50 年代初,他奉命组织西屋电气公司航天核动力实验室,实施美国政府的核动力火箭反应堆项目,试验虽获成功,但因 1953 年议会拨款转向而终止;和后来成为海军上将的 H. G. 里科弗(Hyman G. Rickover)紧密合作,设计成功世界上第一个高温堆,并作为军舰用原型堆,积极参与美国海军装备核子化。1955 年 1 月 17 日,世界上第一艘核动力舰艇“鹦鹉螺”号核潜艇下水试航,满载排水量 17 525 吨,他参与主持设计的该艇核动力装置,功率 1 103.25 万瓦,水下航速 20 节,能长时间水下航行,1980 年退役。1959 年,世界上第一艘核动力水面舰艇导弹巡洋舰“长滩”号下水,满载排水量 17 525 吨,他参与主持设计的主机为 2 座压水堆,80 000 马力双轴推进,航速 30 节,6 年后首次更换核燃料。同年,他参与建造的世界上第一艘携带北极星核导弹的潜艇“乔治·华盛顿”号下水。1960 年 9 月,世界上第一艘核动力航空母舰“企业”号下水,他参与主持设计的 8 座压水堆可带动 4 根传动轴,总推进功率 28 万马力,最大航速 35 节,服役 40 多年只更换 4 次核燃料,同时航空燃油和炸弹储藏量都增加一倍。获 1971 年美国电气与电子工程师协会爱迪生奖章等奖励。

(夏元复)

巴巴金,Г. Н. (Бабакин, Георяий Николаевич; Babakin Georgij Nikolaevich) 苏联人,1914 年 11 月 13 日生于莫斯科,1971 年 8 月 3 日卒于同地。航天工程、火箭技术、自动控制、空间科学、工程管理。

3 岁丧父,继父是个教师,家境贫寒。1930 年七年制中学毕业,3 年后经业余进修完成十年制中学函授教育。中学毕业后,在苏联无线电之友协会无线电短训班学习半年,分配到莫斯科电话服务局工作。1932 年起先后任“天鹰”厂无线电技术员、高尔基中央文化公园技术主管。1937~1943 年在国家公用事业科学院工作,从技术员升至主任研究员。1943~1949 年任科学实验研究所研究员。1949 年进入科罗廖夫宇宙飞行器设计局,1957 年担任飞行器控制系统研究室主任,同年毕业于全苏电信技术函授学院。1965 年调任拉沃奇金联合体主管,苏联月球自动站和行星际站的总设计师。在坚持工作的同时于 1968 年获技术科学博士学位。1970 年当选为苏联科学院通讯院士。

自学成才的苏联航天控制系统总设计师。主持研究苏联火箭和空间探测器控制系统,涉及宇宙飞行器的轨道选择、控制方法、着陆原理、发射方式、可靠性等诸多领域;领导和参与开发成功通向月球、金星、火星的 15 个航天器,其中多半创造了世界第一纪录。20 世纪 30~40 年代,研究和开发无线电技术与设备;1949 年开始从事火箭技术研究。50 年代,初期在艰苦条件下研制火箭综合指挥控制系统、高空控制系统;主持研制的“月球”号系列空间探测器连续发射成功,其中 1959 年“月球”号测量了月球磁场和高能粒子环境,同年“月球-1”号测量了月球磁场和高能粒子环境,同年“月球-2”号击中月球,同年“月球-3”号首次获得月球背面第一张照片。60 年代,1961 年 5 月 20 日“金星-1”号离金星近距离飞过,成为太阳人造行星;1966 年月球-9 号在月球上软着陆并发回照片;1968 年 9 月 15 日不载人飞船成功绕月飞行,同年“金星-4”号成功飞行。70 年代,1970 年“月球-17”号实现月面软着陆,用月行车进行接触探测,然后带着月球土壤样品和资料返回地球;同年第二代自动站“金星-7”号抛出容器在金星软着陆,并发回数据;1971 年“火星-3”号在火星表面软着陆,向 2 亿千米之外的地球传回数据。

获 1966 年列宁奖金,1970 年社会主义劳动英雄称号,此外获列宁勋章、劳动红旗勋章各一枚和多枚奖章。他自学成才,多才多艺,经验丰富,但仍经常说:“集体是我取得成功的力量源泉。”

(李啸虎)

哈明,R. W. (Hamming,Richard Wesley) 美国人,1915 年 2 月 11 日生于美国芝加哥,1998 年 1 月 7 日卒于蒙特雷。通信工程、计算机科学与工程、仪器研制、应用数学。

1937 年美国芝加哥大学数学系毕业。1939 年获美国内布拉斯加大学硕士学位。1942年获伊利诺伊大学数学博士学位。留校工作两年。1944年转肯塔基州路易斯维尔大学任教。1946年到洛斯阿拉莫斯国家实验室，参与研制世界第一颗原子弹的曼哈顿计划。1948～1976年在贝尔实验室工作，曾长期担任计算机科学部主任。1976～1997年在美国海军学院研究生院任教，82岁退休，次年去世。曾出任美国计算机学会第七届会长。是美国国家工程院院士。

20世纪40年代后期，他到贝尔实验室后接受的第一项课题是解决通信误码问题。因信号衰减和外界干扰，信息在传输过程中往往会畸变和失真，从而导致严重后果，但长期悬而未决。1947年他发明了一种能巧妙纠错的“哈明码”。这是一种冗余码，即在有效信息代码中设置一个校验位，使每一信息位参与多个不同的奇-偶校验。在以“0”和“1”两种符号编码中，奇校验是预设整个代码中“1”的个数为奇数时为正确，偶校验则是“1”的个数为偶数时的代码正确。哈明码可迅速检出误码并自动纠正，不仅解决了通信误码问题，而且可用于计算机领域，因为中央处理器(CPU)、内存与外存、各种外部设备之间的代码传送，特别是网络通信都有误码可能。例如常采用哈明码校验计算机存储器是否差错；在计算机网络中如何确保数据通信可靠性，更是意义重大。在数值方法、统计学、编码与信息论、数字滤波器等广泛领域，哈明首创的不少术语在流传中被冠以“哈明”标记，常见的还有“哈明间距”、“哈明权”、“哈明窗口”等等。

著作颇丰，主要论著有：《计算机与社会》(1972年)、《数字滤波器》(1977年初版，1989年第3版)、《编码和信息论》(1980年初版，1986年再版)、《实用数值分析导论》(1989年)、《概率论的技巧》(1991年)、《从事科学技术的技巧》(1997年)等。获美国计算机学会1968年度图灵奖、美国电气与电子工程师协会(IEEE)计算机先驱奖等。IEEE专设哈明奖，哈明本人获1991年首届哈明奖。　　(李　烨)

特恩布尔，D.(Turnbull，David)　美国人，1915年2月18日生于美国伊利诺伊州埃尔迈拉，2007年4月28日卒于马萨诸塞州坎布里奇。*冶金科学与工程、金属材料学、物理化学、金相学。*

苏格兰移民后裔，农家子弟。1936年获蒙茅斯学院物理化学理学士学位。1939年获伊利诺伊大学物理化学博士学位。同年任教于凯斯理工学院。第二次世界大战期间，负责培训海军军校学员。1946年供职于通用电气公司研究实验室，后任化学冶金部主任。1962年任哈佛大学应用物理系麦克凯讲座教授，1985年退休。1968年当选为美国国家科学院院士。

在急冷与亚稳态材料领域取得先驱性成就，包括晶体成核与生长、金属扩散和玻璃体形成等动力学研究。20世纪40年代，研究合成橡胶和润滑剂添加剂的改性；研究金属在机械加工和热处理过程中的工艺问题。50年代，首次将纯液态金属过冷至其熔点绝对温度的20%，揭示了均质形核所需条件。先后在液态汞，熔融态的铜、银、金等许多金属的小熔滴中获得大过冷度，使其温度远低于各自熔点，为将液态结构作为多面体理解的现代理论奠定了实验基础；发展了均质晶体形核理论，在实验上得到定量验证；1957年，和科恩(M. Cohen)一起发展自由体积模型，基于密度波动的几率，首次从微观上解释了“超阿雷尼乌斯”黏度的现象；预测在冷却中黏度升高足够剧烈条件下，液态金属有可能成为玻璃态，1959年在别人的金硅共晶合金实验中获得证明。60～70年代，用实验证实非晶态金属相是真正的玻璃态，具有比热和热膨胀系数不连续、黏度随温度迅速变化等玻璃转变特征；提出以玻璃转变温度(T_g)与液相线温度(T_L)之比作为优化合金玻璃形成能力的参量，即约化的玻璃转变温度$T_{rg}=T_g/T_L$。80年代，1982年与同事首次发现可形成块体金属玻璃的铅镍磷合金，显示了T_{rg}判据的重要意义；发现三元的钯基合金等金属玻璃在加热晶化之前会出现相分离现象；对许多材料现象作出了关键性理论诠释，其中有：原子沿着扩展缺陷的短路扩散，贵金属在半导体和多价金属中的快速扩散，晶体生长与再结晶等。

获1979年美国材料研究会冯·希佩尔奖，1979年鲁奇加金质奖章，1986年日本奖，以及美国物理学会新材料奖，富兰克林奖章，休姆-罗瑟里奖等。美国材料研究会设有特恩布尔讲座。　　(李　烨)

王大珩(Wang Daheng)　中国江苏人，1915年2月26日生于日本东京，2011年7月21日卒于北京。*光学工程、仪器研制、应用光学、工程管理。*

原籍江苏吴县(今属苏州)。气象学家之子。1936年清华大学物理系毕业。同年供职于国民政府南京兵工部门。1938年公费留学英国，1940年获伦敦大学帝国理工学院物理系技术光学专业硕士学位。后到英国设菲尔德大学玻璃制造系进修。1942年任英国伯明翰昌司玻璃公司研究实验部物理研究员。1948年回国，任大连大学应用物理系教授、系主任。1952年起，历任长春光学精密机械研究所研究员、所长，长春光学精密机械学院首任院长，中国科学院长春分院院长，哈尔滨理工大学名誉校长，国家空间科学与应用中心名誉主任等。兼任中国科学技术协会副主席、中国光学会名誉理事长、中国仪器仪表学会理事长、中国计量测试学会理事长、北京市科学技术协会主席、中国科学技术协会副主席等职。1955年选聘为中国科学院学部委员(院士)，1983～1994年先后任技术科学部副主任、主任。1986年当选为国际宇航科学院院士。1994年选聘为中国工程院院士。

20世纪40年代，在英国获稀土玻璃系列新产品2项专利，因研制成功V形棱镜精密折光仪获英国仪器协会首届包温氏奖。50年代，协助龚祖同在光学玻璃熔制技术上取得突破，协同创下中国第一埚光学玻璃、第一台激光器、第一台电子显微镜和第一台红外夜视仪等多个“中国第一”。60～70年代，主持研制成功导弹靶场用大型跟踪光电经纬仪，口径650毫米，测量精度12秒，开中国自主研制设计大型精密光学工程之先河，具有光学、精密机械、电子技术、红外、激光的综合技术，达到国际先进水平，目前中国大陆各靶场80%以上大型光学测量设备是由他主持研制的；开发出海上靶场测量船的成套光学测量设备，用于导弹和卫星发射测量，重点解决了船体漂荡、船体变形、雷达测量角度修正等问题，属中国国内首创。70～80年代，主持建立中国光度基准第一阶段工作；主持解决彩色电视光电分色系统，以及颜色复现问题，并有专著；主持编制中国颜色标准色卡册；主持研制空间环境试验用太阳辐射模拟装置等。1986年3月3日，会同陈芳允、王淦昌、杨嘉墀院士等起草给中共中央的报告，提出要发展中国高技术，邓小平亲自批示："此事宜速决断，不可拖延。"于是，一项振兴中国高科技的"863计划"很快启动，已取得显著成效。1992年与张光斗等6位院士倡议成立中国工程院。

获1985年首届国家科学技术进步奖特等奖、1994年何梁何利科学与技术进步奖、1999年国家级"两弹一星"功勋奖章、2000年863计划特殊贡献奖等。中国光学学会设有王大珩光学奖。（顾亦健）

莫伯治（Mo Bozhi） 中国广东省人，1915年3月2日生于广东东莞，2003年9月30日卒于广东广州。*土木工程、建筑学、城市规划。*

遗腹子。12岁从农村到广州上学。1936年广州中山大学工学院土木建筑系毕业。早年在香港从事建筑公路等土木工程。20世纪50年代初回到广州，开始参与广州城建设计。曾任广州市城市规划局高级建筑师、总工程师、高级技术总顾问。曾兼任华南理工大学等校兼职教授等职。1995年当选为中国工程院院士。

在长期的建筑创作中，勇于开拓、不断创新，善于把岭南传统园林庭院融入现代建筑，追求大自然在建筑中回归，形成了自己独特的建筑流派。20世纪50～60年代，广州北园酒家、泮溪酒家等设计深受建筑大师梁思成赞赏，后与同期的白云山庄旅舍、双溪别墅一起并获1993年中国建筑学会优秀建筑创作奖。70年代主持设计广州矿泉别墅、白云宾馆，分获全国优秀建筑设计一等奖、中国建筑学会优秀建筑创作奖。80年代，主持设计白天鹅宾馆，将其建筑理念升华至新的高度，例如中庭以"故乡水"点题，但见飞瀑悬岩、溪涧环绕、莺萝掩石、蕉榈依楼，而长长的玻璃幕墙极目珠江水景，纳千顷汪洋，引无限意境，内外汇成一幅活动的中国山水画，被载入英国出版的《世界建筑史》，获国家科学技术进步奖二等奖。80年代，与何镜堂共同主持设计西汉南越王墓博物馆，构思独特、功能合理，馆中古阙浮雕、实石巨墙、重台叠阶、墓前奇兽，无不传递深沉的历史余韵，受到中外同行好评，获1991年度国家教委、建设部优秀设计一等奖和国家优秀设计金质奖。90年代及后，完成岭南画派纪念馆、红线女艺术中心、广州地铁控制中心、广州艺术博物馆等设计。出版专著《莫伯治工作集》等。2001年获首届梁思成建筑奖。（李 烨）

不破祐（Fuwa，Tasuku） 日本人，1915年8月2日生于日本熊本，2013年11月23日卒。*冶金工程、金属材料学、物理化学。*

1941年日本东北大学金属工学科毕业。留校任教，1946年任副教授。1954年赴美国留学，1958年获马萨诸塞理工大学理学博士学位。1962年获日本东北大学工学博士学位。留校任教至退休，历任讲师、副教授、教授。先后兼任日本金属学会会长、新日本制铁公司高级顾问等职。1979年当选为美国国家工程院外籍院士。1996年当选为中国工程院外籍院士。

国际著名的材料科学家，日本钢铁冶金工程科学技术的开拓者之一。长期以来致力于钢铁冶金领域的基础研究与技术开发工作，取得了一系列重要的成果，成为日本钢铁冶金界的重要理论权威人物之一，在国际上享有崇高声誉和影响。早期他精确测定铁熔液中许多重要合金元素的热化学参数；深入研究氢气通过熔渣进入钢液后所发生的脱碳、脱氧和脱氮等化学反应；揭示了铁矿球团的还原机制、以及还原时发生异常膨胀的内在原因，提出行之有效的对策思路和技术方法；全面系统地论述氧化铁、渣中氧化铁的还原反应，对开发新型的炼铁过程有着极为重要的指导意义。20世纪70年代末以来，他充分利用自己的卓越成就和学术影响，积极推进中日两国间双边交流活动，在帮助中国培养钢铁科学技术人才，开展重要研究开发，改进钢铁冶炼工艺，提高钢铁生产质量与产量等许多方面，提出了许多重要的咨询意见，主动开展了大量工作。（江冬妮）

梅特罗波利斯，N. C.（Metropolis，Nicholas Constantine） 美国人，1915年6月11日生于美国芝加哥，1999年10月17日卒于新墨西哥州洛斯阿拉莫斯。*计算机科学与工程、核武器工程、原子核物理学、应用数学、工程管理。*

1936年获芝加哥大学物理学学士学位，1941年获该校实验物理学博士学位。留校在冶金学实验室工作。1943年进入洛斯阿拉莫斯国家实验室，参加研制世界第一颗原子弹的曼哈顿计划，任课题组组长。1946年回芝加哥大学任教。1948年重返洛斯阿拉莫斯国家实验室。1957年回芝加哥大学任教，创建计算机研究所并任所长。1965年第三度进入洛斯阿拉莫斯国家实验室，1985年退休。1957年出任美国科学基金会顾问。

美国计算机先驱、核物理领域计算机辅助应用的开创者。1942年参与哥伦比亚大学的原子弹课题。1943年起参加研制原子弹的曼哈顿计划，与"原子弹之父"E. 费米等人一起工作，负责为高温、高压、高密度下的物质建立状态方程。1945年初，任顾问的冯·诺伊曼首次建议用电子计算机ENIAC取代机械式或机电式计算机，梅特罗波利斯成为ENIAC的最早使用者之一，有效解决了原子能研究中大量数学问题，为曼哈顿计划作出了重要贡献。1948年他重返洛斯阿拉莫斯，负责建造MANIAC计算机，1952年3月竣工，辅助完成了许多重大科学课题研究。该机虽是仿冯·诺伊曼IAS计算机，但内、外部设备更丰富，包括容量为10000个字的磁鼓存储器、纸带光电输入机、1/4英寸的磁带机、电传打字机和打印机等。

此外，在洛斯阿拉莫斯期间，他对数学中的蒙特卡罗法(Monte Carlo method)的发展有卓越贡献。该法亦称为统计试验法或统计模拟法，是以概率和统计的理论与方法为基础的一种数值计算方法,它将所求解问题同一个概率模型相联系,用计算机实现统计模拟或抽样,求得问题近似解。蒙特卡罗法具有双重近似特点,既用伪随机数模拟真正随机的变量样本,又用概率模型模拟获得近似数值计算,在高维积分、线性方程组、矩阵求逆、常微分方程边值问题求解、偏微分方程求解、非齐次积分方程求解、特征值和最优化计算等问题中均有广泛而重要的应用。蒙特卡罗法虽由冯·诺伊曼和乌拉姆(S. M. Ulam)在曼哈顿计划中首先提出,但其具体实现和编程算法却是由梅特罗波利斯完成。获 1984 年计算机先驱奖等多种奖项。 (李 烨)

罗森,M. W.(Rosen, Milton William) 美国人,1915 年 7 月 25 日生于美国宾夕法尼亚州费城,2014 年 12 月 30 日卒。航天工程、运载火箭技术、空间科学、工程管理。

先后就学于宾夕法尼亚大学、加利福尼亚理工学院。1937~1938 在西屋电气公司任工程师。1940~1958 年在华盛顿的海军研究实验室供职,期间 1947~1955 年负责"海盗"号火箭项目开发,1955~1958 年任"先驱者"号系列卫星项目技术主管。1958~1974 年在美国国家航空航天局供职。期间,1960~1961 年任载人航天飞行运载火箭计划署副主任;1961~1963 年任运载火箭和推进器技术主管;1963~1972 年先后任国防部办公室空间科学(工程)首席助理、高级研究员。1974 年退休后在美国国家科学院任职,期间 1974~1978 年任国家科学院空间科学院执行秘书;1978~1980 年任美国国家科学院同温层冲击力变化委员会执行秘书。

美国"海盗"号系列火箭、"先驱者"号系列火箭与卫星项目开发的关键人物之一。在第二次世界大战期间,他主要从事导弹导航系统的研究工作。1947~1955 年,他负责美国海军部"海盗"号系列火箭项目,借鉴德国 V-2 导弹技术,在 1949~1957 年建造了 14 种不同型号,主要用于测试火箭控制、架构和推进技术。其时,美国海军用其探测大气层上部对于长波通讯的影响,同时也试验将其作为战术弹道导弹的可能性。1955 年美国政府决定将海军的"海盗"号火箭为"先驱者"号卫星项目服务,改称"先驱者"号测试火箭系列。但从 1956 年 12 月 8 日始,先驱者号多次试射失败,而苏联后来居上,1957 年 10 月 4 日成功发射了人类第一颗人造卫星。1957 年 12 月 6 日,"先驱者实验-3"号火箭在发射台爆炸。1958 年 2 月 1 日,美国陆军丘比特-C 型火箭成功发射了美国第一颗人造卫星"探险者-1"号。1958 年 3 月 17 日,"先驱者实验-4"号火箭首次将"先驱者-1"号人造卫星送入地球轨道,上面装有两架具有测量温度功能的无线电发射器,持续发射信号达 7 年之久,是目前在太空中运行时间最长的人造飞行器,估计还能绕地飞行 1000 年。1959 年 2 月 17 日,"先驱者-2"号人造卫星发射成功,将第一张太空照片发回地球。后又发射成功"先驱者-3"号卫星。虽然先驱者计划经 14 次发射就结束了,期间多次失败,但在美国太空探险史上仍具重要意义,它的技术后来成功用于其他项目,其上层设计成了大力神、雷神和哨兵等型号火箭上层设计的基础,改良的"先驱者"号上层设计成了阿波罗载人飞船的运载火箭第二层设计的基础。著有《海盗火箭轶事》(1955 年)等著作。 (胡虹瑛)

希利尔,J.(Hillier, James) 美国人,1915 年 8 月 22 日生于加拿大安大略省布兰特福德,2007 年 1 月 15 日卒于美国新泽西州普林斯顿。光电子工程、显微技术、仪器研制、工程管理。

加拿大裔。在加拿大多伦多大学受教育,1937 年获数学与物理文学士学位,1938 年获物理学硕士学位,1941 年获物理学博士学位。同年进入美国无线电公司工作,直至 1977 年退休为止,中间只有 1953 年离开过一年,1957 年任该公司实验室部总管,1958 年任负责实验室部的副总裁,1968 年起任负责管理公司科研和工程工作的副总裁,1976 年起任执行副总裁和首席科学家。1945 年加入美国籍。是美国国家工程院院士。

主要贡献是将电子显微镜逐步发展成为科学研究上广泛采用的工具。1931 年,M. 诺尔(Max Knoll)和 E. 鲁斯卡(Ernst Ruska)在柏林制成以电子束为光源的第一台透射电子显微镜(TEM)原型机。1937 年希利尔在当研究生时,与 A. 普雷布斯(Albert Prebus)开始合作建造磁聚焦的透镜,1938 年共同研制出北美地区第一台实用型透射电子显微镜原型机,经多次改进后,1939 年他们制造的电子显微镜已可分辨 10 纳米。1941 年,希利尔应聘到美国无线电公司工作,继续不断完善其所制造的电子显微镜,取得许多成就。另一方面,与别人不断探讨将电子显微镜在医学、生物学、化学等各个领域的应用。通过电子显微镜的应用,他对这些领域也获得相当深入的了解,成了普林斯顿大学生物系的客座讲师和斯隆-凯特林癌症研究所的成员。提出电子探针显微分析的概念与技术,在 1944 年制成第一套这种仪器。他十分关心第三世界国家的科技教育,积极给与指导和帮助。

拥有发明专利 41 项;发表论文百余篇。由于对科研管理工作的成就,1975 年获工业研究所奖章。获 1988 年美国电气与电子工程师协会创始者奖章等。 (唐玄之)

张钟俊(Zhang Zhongjun) 中国浙江省人,1915 年 9 月 23 日生于浙江嘉善,1995 年 12 月 29 日卒于上海。电机与电力工程、自动控制、控制论、应用数学。

出生于教师家庭。1934 年获交通大学电机工程学士学位。旋入美国马萨诸塞理工学院研究生院,于 1937 年、1938 年先后获电工硕士、理学博士学位。留任该校博士后副研究员。1938 年冬回国,先后任武汉大学、中央大学、重庆交通大学、交通大学电机系教授、电讯研究所所长。1951 年起历任交通大学电力系、无线电系、自动控制系、计算机系、电工及计算机科学系教授兼系主任、研究所所长等职。曾兼任国家科委自动化专业组副组长、中国自动化学会副理事长、中国系统工程学会副理事长、中国微型电脑应用学会名誉理事长等职。1980年当选为中国科学院学部委员(院士)。

在电信网络综合、电力系统、自动控制理论和系统工程等方面都有所贡献。1938年,其博士论文"单相电机的短路分析"解决了周期变化参数电路的分析问题,推动了电机过渡过程的研究工作。1948年起开设《伺服机件》新课,推动国内在自动控制领域的教学和科研工作。1956年,参加中国12年科学规划工作,负责电力系统的规划,曾担任长江三峡电力系统组组长,研究巨型水电开发规划。1973年他编著的《矩阵方法与现代控制理论》是中国最早的现代控制理论专著。1977年完成陀螺漂移数学模型的研究工作,获全国科学大会奖励。

发表论文400余篇;代表作还有《电力系统电磁暂态过程》、《矩阵方法与现代控制理论》、《控制理论在管理中的应用》、《电信网络》、《经济控制论》(1982年)等10余部。1986年以后,上海交通大学出版社陆续出版了6卷《张钟俊教授论文集》。 (施颂椒)

伯克斯,A. W.(Burks,Arthur Walter) 美国人,1915年10月13日生于美国明尼苏达州德卢斯,2008年5月14卒于密歇根州安阿伯。计算机科学与工程、应用数学、科学哲学。

1936年获美国德保大学数学学士学位。1937年、1941年先后获密歇根大学数学与逻辑专业的硕士、博士学位。毕业后在宾夕法尼亚大学哲学系任教科学哲学,同时在该校莫尔学院进修电气工程课程、参与开发电子计算机。1946年到密歇根大学哲学系任教,1948年成为副教授,1954年晋升教授,1967~1971年任该校计算机与通信科学系主任,1986年正式退休。1948~1954年兼任宝来公司计算机设计与生产顾问。是哈佛大学、斯坦福大学、芝加哥大学、伊利诺伊大学等多所大学客座教授,也是中国社会科学院客座教授。

美国著名计算机科学家,最早研究高级程序设计语言的学者之一。20世纪40年代,在第二次世界大战中为美国军方研究开发排雷、雷达天线等技术;参与研制成功世界上第一台电子数字积分计算机(ENIAC),其中负责保证所有编程和电子电路逻辑的正确性,并负责详录和保管与ENIAC研制有关的所有历史资料,整理和起草所有技术文件和说明书,1946年2月ENIAC正式竣工;参与后被称为电子数据计算机(EDVAC)的预研,是"存储程序式计算机"这一核心概念形成的主要贡献者之一;1946~1948年,和冯·诺伊曼等人合作研制IAS计算机。50年代,1950年和密歇根大学同事共同提出"中间程序设计语言"以简化编程,是世界上最早提出的通用子表达式记法语言,受到高度评价;1950~1951年与美籍华人科学家朱传渠等人合作,开发橡树岭自动计算-逻辑引擎计算机ORACLE。60~70年代,研究哲学的逻辑结构与机制;研究神经网络、自繁殖和蜂窝状系统等计算机科学前沿领域,取得阶段性成果;80年代后,研究计算机发展史;合作开发"能学习和发现的自适应计算系统"、"分类器系统的控制方法"等,分获1987年、1989年美国发明专利。

60年代中期前的主要论文收入《时序机论文选》(1964年);主要著作有《自复制自动机理论》(1966年)、《关于细胞自动机的随笔》(1970年)、《机遇、原因、推论:对科学证明本质的探究》(1977年)、《第一台电子计算机:关于阿塔那索夫的故事》(1988年)等;此外主编《冯·诺伊曼计算与计算机理论文集》(1987年)。获1982年美国计算机先驱奖。 (李 烨)

叶培大(Ye Peida) 中国上海市人,1915年10月18日生于上海南汇,2011年1月16日卒于北京。通信工程、光纤通信技术、仪器研制、微波电子学。

出生于书香世家。1938年西北联合大学工学院(后为西北工学院)电机系毕业。留校任教。1940年到国民政府重庆中央广播电台任工务员、助理工程师。1945年赴美国、加拿大留学,相继在美国国家广播公司、美国哥伦比亚广播公司、美国电话电报公司、加拿大北方电气公司和美国哥伦比亚大学实习和进修。1946年底回国,任国民政府南京中央广播电台工程师,兼金陵大学电机系副教授。1949年起历任天津北洋大学(今天津大学)电机系教授,北京邮电学院(今北京邮电大学)无线电系教授兼系主任、院长助理、副院长、院长、名誉院长。1990年当选为国际计算机通信委员会理事。曾任国务院信息办公室专家组组长。1980年当选为中国科学院学部委员(院士)。

1947~1948年,在南京主持设计、安装、调测当时中国最大功率的100千瓦广播发射机和大型菱形发射天线。1949~1952年,设计、安装和成功调试天安门广场的播音系统。1955~1956年,在中国率先研制成功微波收发信机,实现了微波中继通信。1958~1960年,与他人合作完成了毫米波导H01通信的研究实验。1964年与他人合作完成大气光通信的研究。1973~1975年,在中国率先研制出直接耦合滤波器、微波波导校相器等,获全国科学大会奖,并为邮电部设计120路数字微波通信系统。1976年之后的10多年中,从事光纤通信技术的研究,在相干光纤通信系统、极化噪声、模分配噪声、光纤非线性等方面取得一系列成果。1989年后,提出并主持完成"863通信高技术发展战略论证"工作;开展"建设我国国家信息化基础结构"等项研究。20世纪末期以后,研究光时分复用和光弧子通信技术。

代表作有《电磁场理论及微波技术基础》(1961年,与他人合著)、《微波技术基础》(2卷,1979年,获国家邮电部优秀图书特等奖)、《光波导技术基础理论》(1981年,与他人合著)和《光纤理论》(1985年,获国家信息产业部科技进步奖一等奖)等。多次获国家和省部级奖励,1989年获美国电气与电子工程师协会突出贡献奖。

(孙晓芳)

邹元爔(Zhou Yuanxi) 字立清。中国浙江省人,1915年11月12日生于浙江平湖,1987年3月20日卒于上海。冶金科学与工程、物理化学、半导体材料学。

出生于教育家家庭。1937年浙江大学化学工程系毕业。曾任国民政府资源委员会助理工程师、副工程师。1942年赴美国留学,1947年获匹兹堡卡内基理工学院冶金专业理学博士学位。同年回国,任浙江大学化学工程系教授。1949年后,历任中国科学院工学实验馆(上海冶金研究所前身)研究员,上海冶金研究所研究员、室主任、副所长、所长、名誉所长。曾兼任上海金属学会副理事长,上海科学技术大学(今上海大学)冶金系教授、材料科学系名誉主任。1980年当选为中国科学院学部委员(院士)。

20世纪50年代,和周仁合作在中国率先研制成功球墨铸铁,共同解决了包头含氟稀土铁矿的高炉冶炼工艺问题,使包头钢铁厂得以投入全面开发;发明从包头钢铁厂高炉渣中提取硅铁稀土合金的工艺;和徐元森等人合作提出攀枝花含钒钛铁矿高炉冶炼新工艺,发明风口吹炼新技术,解决了钛铁矿在冶炼过程中炉缸被高钛渣堵塞的技术难题。60年代初起从事半导体材料学,以及有关的高纯金属及其物理化学特性的研究,主持冶炼出高纯稀土金属镓和非金属磷、砷等。70～80年代,对砷化镓材料质量的提高进行了深入研究,提出了一种砷化镓结构缺陷的新理论模型,被国际学术界誉为"邹氏模型"。

毕生发表论文170余篇;出版《冶金过程理论》、《冶金过程的物理化学》等专著。曾获1965年国家发明奖二等奖,1983年国家发明奖三等奖,1956年和1982年以及1987年国家自然科学奖三等奖,1985年国家科学技术进步奖二等奖。去世后,被追授1991年中国科学院自然科学奖一等奖。 (孙晓芳 宣焕灿)

孙俊人(Sun Junren) 中国上海市人,1915年11月15日生于江苏松江(今属上海市),2001年6月19日卒于北京。军用通信工程、电子电气工程、微波电子学、科技管理。

1934～1937年在交通大学电机系电讯专业学习。1938～1940年在延安陕北公学高级班学习,后任军委通信学校教员。1940年起,历任延安军委三局通讯材料厂副厂长、厂长,军委三局技术研究室主任。1949年后,历任国家邮电部电信总局副局长、军委通信工程学校第一部主任、解放军通信工程学院副院长、总参谋部通信兵部副主任兼科技部部长、国防科委第十研究院副院长、国家第四机械工业部副部长兼第十研究院院长、信息产业部教授等职,1982年离休。期间1964年被授予少将军衔。曾任中国电子学会副理事长兼秘书长、理事长,国防大学等多所院校兼职教授。1995年当选为中国工程院院士。

早年投身革命,在仪器和工艺设备极为简陋、原材料与元器件极度匮乏的条件下,组织研制和装配出不少前线部队急需的无线电台、手摇发电机和其他有关配套器材。20世纪50年代以后,开始参与军队通信科研和教育事业步向现代化的决策,包括对建立防空自动化系统的谋划;参与主持兴办军事电子工程院校、国防电子研究院,营建大型国防电子工程系统。

组织和编纂《中国大百科全书·电子学与计算机卷》、《现代电子科学技术词典》、《电子工业生产技术手册》等大型工具书。多次获奖,其中有50年代国家颁发的二级独立自由勋章、二级解放勋章,1984年美国电气与电子工程师协会百年华诞纪念奖章等。 (李啸虎)

任新民(Ren Xinmin) 中国安徽省人,1915年12月5日生于安徽宁国。航天工程、动力与机械工程、火箭技术、工程力学、工程管理。

出生于职员家庭。1934年入南京中央大学,化工系肄业。1940年重庆军政部兵工学校大学部毕业。相继供职于重庆21兵工厂、中央工业学校、兵工学校大学部。1945年赴美国密歇根大学深造,先后获机械工程硕士、工程力学博士学位。1949年任美国布法罗大学讲师。同年回国,历任南京华东军区军事科学研究室研究员,哈尔滨军事工程学院火箭武器教研室主任、炮兵工程系副主任、教授。1956年起,历任国防部第五研究院总设计室主任、一分院液体火箭发动机设计部主任、一分院副院长,国家第七机械工业部副部长,国家航天工业部科学技术委员会主任,中国航天工业总公司高级顾问。曾兼任中国宇航学会理事长等职。1980年当选为中国科学院学部委员(院士)。1985年当选为国际宇航科学院院士。

20世纪50年代,参与编制中国喷气与火箭技术项目发展规划和确定技术途径。60～70年代,主持研制成功多种液体火箭发动机,为中国液体弹道导弹与运载火箭发展提供动力保证;主持P-2导弹仿制,研制成功中国第一个自行设计的中近程、中远程弹道导弹,1970年4月24日用"长征一号"运载火箭成功发射了中国第一颗人造地球卫星"东方红一号";组织成功发射与回收中国第一颗返回式遥感卫星,使中国在该领域排名世界第三位。80～90年代,参与组织实施远程导弹现场发射,准确落入预定海域,震惊中外;参与领导洲际导弹研制与试射;多次主持研制和发射试验通信卫星、实用通信卫星、改进型和新型返回式遥感卫星,以及"风云一号"气象卫星;成功组织用"长征三号"发射美国"亚洲一号"通信卫星,首次实现中国运载火箭国际发射服务;参与中国载人飞船工程全部立项论证和方案评审。

多次立功受奖,其中1984年荣立航天部一等功,1985年获两项国家科学技术进步奖特等奖。获1994年求是科学技术基金杰出科学家奖,1999年国家"两弹一星"功勋奖章,2006年中国航天科工集团公司"中国航天事业五十年最高荣誉奖"等。 (李啸虎)

孟少农(Meng Shaonong) 原名孟庆基。中国湖南省人,1915年12月12日生于北京,1988年1月15日卒于同地。汽车工程、机械与动力工程、技术管理。

祖籍湖南桃源。1935年考入清华大学机械工程系,1940年西南联合大学毕业。1941年赴美国留学,1943年获马萨诸塞理工学院机械系硕士学位。曾任美国司蒂贝克汽车公司等企业工程师。1946年回国,任清华大学机械系副教授、教授。1948年任华北人民政府公营企业部工程师。1949年后,历任中央重工业部汽车工业筹备组副主任、长春第一汽车制造厂副厂长兼副总工程师、第一机械工业部汽车局总工程师、陕西汽车制造厂副厂长、第二汽车制造厂副厂长兼总工程师、东风汽车工业联营公司副董事长、湖北汽车工业学院院长。曾兼任中国机械工程学会汽车学会副理事长等职。1980年当选为中国科学院学部委员(院士)。

20世纪40年代,回国后率先在中国高校创办汽车教学实验室。50～60年代,参与领导筹建长春第一汽车厂,1956年7月15日结束了中国不能生产汽车的历史;对解放牌汽车进行10多项改进,大大提高整车性能和质量;组织开发解放牌新品种,其中有CA-11型及其派生的自卸车、牵引车、军用车和轿车系列;1958年试制成功中国第一辆东风牌轿车,后又制造出红旗牌高级轿车;主持开发6102型发动机,后改进为大功率EQ140型东风车发动机;参与研制120系列V8柴油机;研制开发15吨重型民用车。70年代,组织设计性能优良的延安250型5吨军用越野车,1975年正式投产,获1978年全国科学大会奖;研制新型东风牌5吨车EQ140、EQ240,攻克86项技术难关,以马力大、速度快、耗油低、轻便性等优点而闻名。80年代,组织试制平头车、柴油车、大客车等变型车,形成东风汽车多品种系列;主持开发大马力EQ6110型柴油机、EQ6105型汽油机,性能居国内领先;试制出适于复杂地形的EQ140C高原车。

主编《汽车百科全书》、《机械加工工艺手册》(3卷),撰有《汽车设计方法论》(1992年)等专著,另有译著2部。(李啸虎)

汤德全(Tang Dequan) 中国浙江省人,1915年12月14日生于上海,2006年8月19日卒于北京。动力与机械工程、矿山机电工程、采矿学、技术管理。

原籍浙江镇海。出生于商人家庭。1936年自同济大学附属高中毕业后,1937年起先后在德国达姆斯塔特理工大学、德累斯顿理工大学求学,1942年获瑞士苏黎世联邦理工大学动力机械专业工程师学位(技术硕士)。同年任瑞士卜郎勃机电厂设计和研究工程师。1946年回国,任上海同济大学电机系教授。1948年任香港卜郎勃电机分公司工程师。1950年后,历任北京矿业学院(今中国矿业大学)矿山电机系主任,北京市机电工业局技术副局长,中国煤炭科学研究总院副院长、高级工程师。兼任国家能源委员会顾问委员会副主任等职。1995年当选为中国工程院院士。

20世纪50～60年代,参与创建中国矿业学院,建立中国第一个矿山机电专业,并组建五大专业实验室;1959年负责完成北京人民大会堂全部机电工程;主管北京市机电产品研究开发,使相关工业产值和产品档次上了新台阶;主持完成平顶山四矿"一条龙生产系统自动化样板矿"项目,为高新技术改造传统煤炭工业起到示范作用;负责完成中国第一套"矿井井下机车运输信号、集中、闭塞系统",提高了运输率和安全度;主持研究设计矿井新型多绳提升及其电力驱动系统,推进了矿井机电一体化。80年代起,主持指导完成矿用防爆采煤机电动机,解决了采煤机防爆电机经常烧毁问题;主持完成矿井千伏级井下供电设备和系统,解决了大功率高产工作面供电问题,获国家科学技术进步奖一等奖;建立先进的计算机辅助技术的关键测试装备,为中国自行研制综采设备奠定了坚实基础。

主编有《矿山通风、排水、压气设备》、《水力采煤机械设备》(1961年)、《煤矿机械化手册》(1965年)、《中国采煤机械化发展二十年》(英文版)等专著、教材。

(胡占华)

金兹顿,E.L.(Ginzton,Edward Leonard) 美国人,1915年12月27日生于乌克兰,1998年8月13日卒于美国斯坦福。通信工程、加速器工程、仪器研制、微波电子学。

父亲是美国人,母亲是俄国人。1929年全家移居美国旧金山。1936年和1937年分别获加利福尼亚大学理学士和硕士学位,1940年获博士学位。1946～1961年任斯坦福大学应用物理和电机工程教授。1948年参与发起成立瓦里安协会,1964～1968年任该会会长。1975年任美国核研究理事会核能和代用能系统科学委员会主席。1966年被选为美国国家科学院院士。1971年入选美国文理科学院院士。1974年起为美国国家工程院院士。

在斯坦福大学当研究生时,他就开始探索速调管特性和应用以及微波测量方法,证明速调管可用于放大器、超外差接收机与主控振荡器功率放大器。还提出测量功率、波长及其他重要参数的方法。第二次世界大战期间,研究速调管在军事上的应用,如多普勒雷达、脉冲雷达和微波通讯。战后回斯坦福大学物理系,继续在微波领域中研究微波测量方法、可达百万瓦的脉冲功率速调管,以及速调管在电子加速器中的应用。1952年,他主持制成了10亿伏的加速器。和合作者还设计建造6兆电子伏特线性电子加速器,此实验机于1955年首次用于癌症的治疗研究。1966年他和斯坦福大学的物理学家和工程师小组共同研制完成3.2千米能产生大于500亿电子伏特的加速器,是当时世界上能量最高的加速器。

获专利40项;出版有《微波测量》(1957年)等著作。获1969年莫里斯·利伯曼纪念奖,1974年加利福尼亚制造者协会年度奖,以及美国电气与电子工程师协会颁发的奖章。(戴成勋 许可钦)

卡姆拉斯,M.(Camras,Marvin) 美国人,1916年1月1日生于美国芝加哥,1995年6月23日卒于同地。通信工程、电气电子工程、录音技术、电磁学。

1940年阿穆尔工学院(伊利诺伊理工学院前身)毕业。留校在阿穆尔研究基金会工作。1942年获伊利诺伊理工学院硕士学位。1987年前长期在伊利诺伊理工学院研究院任教授,1987～1994年任高级科学顾问、电子工程系终身教授。1968年获伊利诺伊理工学院荣誉博士学位。

发明磁性录音方法与工具的先驱者。1938年他获得第一项发明专利:对当时的钢丝录音机进行彻底改进,钢丝穿过磁头圈时保持一定距离,在录音中用空气间隙取代原有的金属指针,既避免了磁信号被破坏,又易于普及化。在第二次世界大战之前和进行中,这种新型钢丝录音设备被盟军的海军、空军部队广泛用来训练士兵;1944 年 6 月 6 日,盟军渡过英吉利海峡在法国北部发起总反攻,强度扩大数千瓦功率的这种设备还被用作电子诱饵,有效地迷惑了德国军方,掩护了诺曼底登陆。他的发明直至战争结束才公之于世。战后他转向开发家用录音技术,首创磁覆层,在近千类材料中找到了较理想的磁性录音材料,为现代磁带的产生与发展打下了基础。这项技术同样适用于录像带、计算机磁带和个人电脑的软磁盘。他善于抓住偶然的机遇去开发新技术。一次他在做高频实验时,偶然中发现高频信号中隐藏着正常录音时根本听不到的各种低频信号。由此他开发出高频偏振技术,从而大大改善了录音的音质效果。此外,还研制成功多声道录音、立体声再现、电影胶片磁声迹等重要技术。

仅在电子通信方面,他就拥有 500 多项专利。1979 年被评为该年度美国最佳发明家,并获得美国芝加哥专利法协会授予的荣誉证书。1985 年入选美国发明家名人堂。1990 年获美国总统授予的美国国家技术奖章。

(李啸虎)

赫斯基,H. D.(Huskey, Harry Douglas) 美国人,1916 年 1 月 19 日生于美国北卡罗来纳州惠蒂尔。计算机科学与工程、应用数学。

在美国爱达荷州长大。1937 年获爱达荷大学数学学士学位。1941 年获俄亥俄州立大学数学硕士学位,1943 年获该校数学博士学位。1943～1946 年任教于宾夕法尼亚大学摩尔学院,期间 1945 年参与研制计算机。离开摩尔学院后,到英国国家物理实验室当访问学者,1948 年回国。1949～1953 年供职于美国国家标准局应用数学实验室。1954～1966 年任伯克利加利福尼亚大学教授。1966 年起在圣克鲁斯加利福尼亚大学任教,1986 年退休。兼任本迪斯飞机制造公司等多家公司顾问。1960～1962 年出任美国计算机学会会长。晚年移居南卡罗来纳州太阳城。

美国计算机先驱之一。20 世纪 40 年代,成为 J. P. 埃克特得力助手之一,参与开发世界上第一台电子数字计算机 ENIAC,后又在研制存储程序式计算机 EDVAC 过程中负责逻辑设计;在英国先后作为 A. 图灵和 J. H. 威尔金森助手,参与设计和研制英国第一批计算机 ACE,根据图灵的 ACE 第 5 版设计出“装配测试系统”,为完成样机“领航员”(Pilot ACE)作出了重要贡献;积极推动美国标准局“东部机”SEAC 计算机项目上马。1949 年 1 月,他主持开发美国标准局“西部机”SWAC,于 1950 年 7 月竣工,8 月中旬对外展示。该机采用阴极射线管取代以前惯用的水银延迟线作存储器,在技术上比“东部机”SEAC 更先进。由于数学家首次用 SWAC 机发现了多个梅森素数(即形如 2^p-1 那样的素数),成为数学史上一件大事,也成为当时社会上一条爆炸性新闻。1958 年,为本迪斯飞机制造公司设计制造的 BENDIX-G15 型磁鼓计算机完成,这是世界上第一批个人电脑,在早期计算机市场十分受欢迎。60 年代,作为美国计算机学会会长,为推动学术交流做了许多有益工作;与亚利桑那大学科恩(A. C. Korn)教授合编最早一本《计算机手册》(1962 年)。70～80 年代,在他的大力倡导和亲自参与下,联合国开始积极帮助发展中国家开展计算机应用和人员培训,1980 年他作为美国计算机学会中国研究小组成员之一访问中国。

另出版有自传《哈利·赫斯基的故事》(2004 年)等。获 1982 年计算机先驱奖、1984 年美国电气与电子工程师协会“百禧奖章”等。 (李 烨)

陈芳允(Cheng Fangyun) 中国浙江省人,1916 年 4 月 3 日生于浙江台州黄岩,2000 年 4 月 29 日卒于北京。通信工程、电气电子工程、卫星测控技术、仪器研制、微波电子学。

1938 年毕业于西南联合大学物理系。留校进清华无线电研究所工作。1941 年到航空委员会成都无线电厂研究室任职。1944 年底赴英国科索无线电厂研究实验室进修与工作。1948 年回国任中央研究院生理生化研究所技正。1949～1955 年,先后在中国科学院生理生化研究所和物理研究所工作。1956 年任中国科学院电子研究所研究员、脉冲技术实验室主任。1965 年任中国科学院西南电子研究所副所长。1967 年调至国防科学技术委员会卫星测量部工作。1976 年后,相继任国防科技工业委员会测量通信总体研究所副所长,该委员会常委、顾问。曾兼任长沙国防科学技术大学教授。1980 年当选为中国科学院学部委员(院士),后兼任技术科学部副主任。1985 年成为国际宇航科学院院士。1991 年当选为国际宇航联合会副主席。

20 世纪 40 年代末至 50 年代初期,成功地研制一整套由刺激器、放大器、显示器等构成的神经生理学方面的电子仪器。50 年代后期至 60 年代中期,在国际上率先研制出纳秒(10^{-9} 秒)量级的脉冲和甚高频连续波采样示波器;与他人合作共同研制出配备在中国歼击机上的抗干扰雷达;开发用于中国核弹试验的重要测量仪器多道脉冲分析器。70～80 年代,提出并主持制成“微波统一测控系统”作为通信卫星发射和定点保持时的跟踪、测轨、遥测和遥控,这种系统大大节省了卫星载荷的体积和重量以及地面测控设备的规模和投资;与他人合作,共同提出一种频率分配的计算方法,使远离基地的同步卫星观测船上的各种设备同时工作时以及与遥远陆上基地互通信息时均能互不产生干扰;提出一种“双星定位系统”的设想,它只需用两颗同步定点卫星便可进行定位导航。这些方法和设想后来都得以实现。1986 年和王大珩、王淦昌、杨嘉墀联名向中国高层提出发展中国高技术的倡议(863 计划)。

出版《无线电电子学的新发展》(1963 年初版,1979 年再版)、《卫星测控手册》(1992 年)等著作。曾获 1985 年国家科学技术进步奖特等奖,国防科学技术进步奖特等奖、一等奖、二等奖和三等奖各一次;1999 年获国家“两弹一星”功勋奖章。 (孙晓芳 宣焕灿)

梁守槃(Liang Shoupan) 中国福建省人,1916 年 4 月 13 日生于福建福州,2009 年 9 月 5 日卒于北京。航空航天工程、动力与机械工程、导弹总体设计。

1937 年获清华大学机械工程系工学士学位。同年任空军机械学校绘图员。1938 年赴美国马萨诸塞理工学院留学，翌年获航空工程专业硕士学位。1940 年回国，相继任西南联合大学讲师、副教授，贵州大定航空发动机厂设计课课长，浙江大学航空系教授兼系主任。1952 年任哈尔滨军事工程学院教授兼教授会主任。1956 年入伍，授上校军衔，历任国防部第五研究院发动机研究室主任、总体设计部主任、发动机研究所所长、第三分院副院长等职。1965 年任国家第七机械工业部研究院副院长。1982 年任航天工业部总工程师、科学技术委员会副主任。1990 年任航空航天工业部高级技术顾问。曾兼任中国航空学会副理事长、中国宇航学会副理事长、名誉理事长，中国工程热物理学会副理事长、理事长等职。1980 年当选为中国科学院学部委员(院士)。1986 年当选为国际宇航科学院院士。

20 世纪 40 年代末至 50 年代中期，先后主持自行设计和建成浙江大学航空系风洞和飞机发动机试车台、哈尔滨军事工程学院飞机发动机试车台；结合学校的教学活动出版《发动机动力学》(1948 年)、《内燃机》(1951 年)、《气轮机》(1952 年)、《飞机发动机设计》(1952 年)和《热力学》(1955 年)等多部著作。50 年代中期开始从事火箭、导弹的国防科学研究工作。在他的主持下，1960 年中国仿制的第一枚弹道导弹“东风一号”发射成功；几年后，第一枚自行设计的导弹也发射成功。此后，领导研制出多种冲压发动机用于飞航式导弹的动力装置。60 年代后期至 70 年代，主持研制成功亚音速、超音速、小型固体三个系列的岸对舰、舰对舰和空对舰的多种型号的反舰导弹；研制成 C801 型固体火箭发动机的反舰导弹和超音速掠海飞行的 C101 型反舰导弹。这些产品中，其中有的已跃居世界先进行列。

获 1964 年国家科委一、三等奖各一项，1984 年国家航空航天工业部一等功，1990 年国家科学技术进步奖特等奖，1994 年求是科技基金会“杰出科学家奖”，2006 年中国航天科工集团公司“中国航天事业五十年最高荣誉奖”等多种奖励。 (孙晓芳　宣焕灿)

沈元(Shen Yuan)　中国福建省人，1916 年 4 月 26 日生于福建福州，2004 年 5 月 30 日卒于北京。*航空航天工程、空气动力学、工程教育。*

出生于小手工业主家庭。1936 年北平燕京大学化学系肄业。同年考入清华大学，1940 年西南联合大学航空工程系毕业。留校任教。1943 年赴英国留学，1945 年获伦敦大学帝国理工学院航空工程系博士学位。1946 年回国，先后任清华大学航空工程系副教授、教授、航空工程系主任。因全国院校调整，1952 年以后一直在北京航空学院(今北京航空航天大学)任教，历任副院长、院长、名誉院长、名誉校长。兼任中国航空学会理事长、中国空气动力学研究会名誉理事长、中国力学学会副理事长、《航空知识》杂志首任主编等职。1980 年当选为中国科学院学部委员(院士)。

1956 年参加制定国家十二年科学技术远景规划，提出了发展中国空气动力学和导弹类专业的建议和规划意见；早年撰有“高亚声速下可压缩性流体的理论探讨”、“可压缩流体绕准圆柱的高亚声速流动”等重要论文，证实了高亚声速流动下似圆柱体附近可出现正常流动的局部超声速区，当速流马赫数增加至一定值时方开始出现极限线的存在；长期从事组织领导航空航天教育和科研指导工作，1992 年被授予航空航天工业部“有突出贡献专家”称号。 (李　烨)

香农，C. E. (Shannon，Claude Elwood)　又译仙农、申农。美国人，1916 年 4 月 30 日生于美国密歇根州盖洛得，2001 年 2 月 26 日卒于波士顿。*信息论、通信工程、电子学、密码学、应用数学。*

法官的儿子。1936 年获美国密歇根大学电气工程理学士学位。1936～1939 年任教于马萨诸塞理工学院电气工程系，1937 年获该校电气工程理学硕士学位。留校致力于中继和转换网络理论研究。1940 年获该校数学博士学位。同年受美国国家研究委员会派遣，到普林斯顿大学从事军工研究。1941 年后长期任贝尔电话实验室研究员、顾问。1956 年起先后聘为马萨诸塞理工学院客座教授、通信科学与数学教授、唐纳讲座教授，1980 年退休。兼任斯坦福大学行为科学高级研究中心研究员等职。1956 年当选为美国国家科学院院士、美国文理科学院院士。获牛津大学等多所国际名校荣誉博士学位。

经典信息论的创立者，并在电子学和密码学领域有奠基性建树。在“继电器和开关电路的符号分析”(1938 年)论文中，第一次使用比特(bit)概念作为信息量最小单位；第一次阐明如何利用抽象的布尔代数命题构造开关电路，开创数字通信的道路，奠定计算机以二进制取代十进制的理论基础。他的主要贡献是创立了信息论学科，其奠基之作是长篇宏文“通信的数学理论”(1948 年)和“噪声中的通信”(1949 年)，前者被誉为“信息社会大宪章”。首次用随机观念考察通信理论，类比热力学熵提出信息熵 H(比特/符号)的概念，信源给出的消息可视为符号序列，而熵表征信源的平均不定度或消除信源不定度所需的信息量；第一次明确指出符号信息的最大传送能力取决于传输线路的频带宽度和噪声程度；第一次建立了信道的数学模型，使信息研究由粗略的定性描述进入精密的定量分析阶段，从而发展成一门真正的科学。以后又通过一系列相关论文揭示了三个基本编码定理：无失真信源编码定理；信道编码定理；限失真信源编码定理。此外，他发表的“保密系统的通信理论”(1949 年)被公认为密码学经典，至今仍有普遍意义。

信息论原是研究控制广义通信系统设计的数学规律的理论，现代信息技术正是在香农理论基础上得以迅猛发展；与此同时，信息论的新思想新方法已广泛应用到社会科学和自然科学各个领域，并极大地影响着人们的思维方式。拥有许多学术荣誉，其中有 1940 年美国电气与电子工程师协会奖、1966 年美国国家科学奖章、1985 年日本京都基础科学奖等。 (徐平五)

奥利弗，B. M. (Oliver，Bernard More)　美国人，

1916年5月17日生于美国加利福尼亚州索克尔，1995年11月23日卒于加利福尼亚州洛斯阿尔托斯。通信工程、电气电子工程、仪器研制、射电天文学、工程管理。

父亲是土木工程师，母亲是小学教师。从小在农场长大。在进入高中前跳了好几级。入读加利福尼亚理工学院，后转学斯坦福大学电气工程系，1935年毕业。后到德国游学一年。1936年、1940年先后获加利福尼亚理工学院硕士、博士学位。1939年任贝尔电话实验室电气工程师。1952年任美国惠普电子公司研究实验室首任主任，1957年任主管研究开发的公司副总裁，并进入公司董事会，1981年退休任顾问。1971年兼任美国航空航天局探索地外文明研究署埃姆斯实验室副主任。是博赛农业与生物技术公司创建人之一。1954年任美国电气与电子工程师协会秘书长，1965年出任主席。1966年任美国军事科学咨询委员会顾问。同年当选为美国国家工程院院士。是美国国家科学院院士。

职业生涯始于电视技术研究。第二次世界大战期间，转向开发目标检测技术，参与研制自动跟踪雷达，在设计雷达天线伺服机构等方面有重要贡献；与信息论奠基者C.香农共同开发出脉冲码调制技术；大战末期，再次参与贝尔电视传播系统研发，致力于高质量图像发生器等设计制造。在惠普公司期间，主管仪器的研发，制造出世界第一个可编程序台式计算机HP9100；20世纪70年代初，生产和上市世界第一个袖珍电子计算器HP35，可进行超越函数等高级计算；至70年代末，该公司已开发出5000多种精密的电气电子产品，其中包括电子计算机、掌式计算器、医疗器械设备、测量仪器和固态元件、化学分析仪器等等。

此外，他对利用无线电技术探索地外文明是否存在甚感兴趣。1971年，参与组建美国航空航天局探索地外文明研究署埃姆斯实验室，去世前一直参与主持该处的射电望远镜工程建设，探索宇宙信号与外星文明的关系，曾主持起草有关启动"独眼巨人"项目的提案，建议建立一个拥有1500台射电望远镜、基于地球的阵列，虽然后来没有建成，但是这份报告的重要性得到科学界公认。

拥有专利50余项，涉及7个主要领域；发表技术论文近百篇；出版专著《电子测量与仪器》(1971年)等。多次获奖，其中有1977年美国电气与电子工程师协会拉米奖章，1986年美国国家科学奖章，1990年美国航空航天局优异工程成就奖章等。2004年入选美国发明家名人堂。 (戴成勋)

西蒙，H. A. (Simon，Herbert Alexander) 中文名"司马贺"。美国人，1916年6月15日生于美国威斯康星州密尔沃基，2001年2月9日卒于美国。计算机科学与工程、人工智能、管理科学、心理学、经济学。

德国犹太人移民后裔；父亲是知名电气工程师，母亲为音乐教师。他于1936年获芝加哥大学政治学学士学位，后受聘于国际城市管理者协会、伯克利加利福尼亚大学。1943年获芝加哥大学政治学博士学位。后在伊利诺伊理工学院任教，1947年起任政治社会系主任。1949年任卡内基技术学院(卡内基-梅隆大学前身)经济管理研究生院院长。曾兼任国家研究委员会政治问题委员会主任。1953年当选为美国国家科学院院士。1968年起任美国总统科学顾问委员会委员、环境与质量委员会主任等职。1972年中美建交后任美中文化交流委员会主席。1994年当选为中国科学院外籍院士。

在自然、社会与精神各领域众多学科都有开创性建树，是人工智能符号主义学派创始人之一，认知心理学计算机学派奠基人之一，管理科学现代化学派代表人物之一。20世纪50年代，参与筹建美国最早的计算机科学系；1956年和A.纽厄尔、肖(J. C. Shaw)成功开发世界最早的启发式程序"逻辑理论家"(LT)，首次运用它证明了近40个数学定理，轰动了当时学术界，开创了机器定理证明新领域；1957年合作开发人工智能最早一种程序设计语言IPL，并首次引进表处理方法。60年代，合作开发"通用问题求解系统"(GPS)，可解11种不同类型问题；1966年合作开发最早的下棋程序之一MATER。70～80年代，发展与完善语义网络概念和方法；1972年提出启发式搜索、产生式语言等思维模式，首倡口语记录分析法；合作设计有6个版本的BACON系统发现程序，重新发现一系列著名物理、化学定律；合作研究住宅智能化，开"智能大厦"的先河；提出"物理符号系统假说"，创立物理符号加工模型，探索用计算机程序模拟思维过程。最早倡导企业组织管理自动化与信息化；率先提出著名的决策过程模型及其管理理论；首次提出以人的"有限合理性"和"满意性"原则代替传统"最优化原则"，突破当时行为主义学派经典理论，奠定了新的行为模式和经济理论的基石。

发表论文约600篇；出版专著15部，代表作有《人的模型》(1957年)、《管理决策新科学》(1960年初版，后两度改版)、《人工科学》(1968年初版，1980年再版)、《发现的模型》(1978年)、《思维的模型》(第1卷1979年，第2卷1989年)、《有限合理性的模型》(1982年)等；有自传《我生活的种种模式》(1991年)。获美国心理学会1969年"杰出科学贡献奖"、美国计算机学会1975年图灵奖(与A.纽厄尔合得)、1978年诺贝尔经济学奖、1986年美国国家科学奖章、1995年沃尔多奖等。 (李 烨)

钱令希 (Qian Lingxi) 又名钱临熹。中国江苏省人，1916年7月16日生于江苏无锡，2009年4月20日卒于辽宁大连。结构工程、工程力学、应用数学、高等教育管理。

出生于书香门第。哥哥钱临照比他大10岁，后来成了著名物理学家，中国科学院院士。1936年他毕业于上海国立中法工学院(现上海理工大学)。同年赴比利时，入布鲁塞尔自由大学土木工程系，1938年获最优等工程师学位毕业。回国后任叙昆铁路工程局工程师。1942年任云南大学教授。翌年任浙江大学教授、土木工程系主任。1952年起任大连工学院(今大连理工大学)教授、工程力学系主任、工程力学研究所所长、副院长、院长和顾问。1955年选聘为中国科学院学部委员(院士)。曾兼任中国力学学会理事长、中国高等教育学会副会长等职。

在中国最早开展变分原理的研究。1948年在美国《土木工程学报》上发表论文"悬索桥近似分析",获1951年美国土木工程学会莫依塞夫奖。20世纪50年代初,出版《静定结构学》和《超静定结构学》两本专著。1954和1958年先后参加武汉长江大桥和南京长江大桥的规划、设计和研究工作。60年代初,主持核潜艇壳体承载能力的研究,对壳体极限分析和稳定性方面的研究有所贡献,获1978年全国科学大会奖。20世纪70年代初,他就倡导把古典的结构力学与现代的电子计算机结合建立"计算力学"学科,是国际工程计算力学学会发起人之一。1975年主持设计大连油港栈桥工程,第一次在国内采用百米跨度全焊空腹桁架式桥型,获1978年全国科学大会奖、国家70年代优秀设计奖。参加撰写的论文"潜水耐压的锥柱结合壳的强度和稳定性"获1982年国家自然科学奖三等奖。专著《工程结构优化设计》于1983年出版,获全国优秀科技著作一等奖。1985年主持研究的"工程结构优化程序系统DDDU",获1990年国家教委科学技术进步奖一等奖,1991年国家自然科学奖二等奖。此外获1995年何梁何利科学与技术进步奖、1998年陈嘉庚技术科学奖等。

(戴成勋)

吕保维(Lu Baowei) 中国江苏省人,1916年7月22日生于江苏常州,2004年2月10日卒于北京。通信工程、电波传播学、微波电子学、空间科学。

出生于知识分子家庭,童年父母双亡,由叔父抚养成人。1935年考入清华大学,1939年西南联合大学电机系毕业。留校任教一年后,到昆明无线电厂工作。1943年赴美国留学,翌年获马萨诸塞理工学院电机系硕士学位。1947年获哈佛大学应用科学学院博士学位。留任该校克鲁夫特实验室助理研究员。1949年秋回到中国北京,历任国家邮电部电信科学研究所电波传播研究组组长,军委通信兵部电信技术研究所电波传播研究室主任、研究员,中国科学院电子学研究所天线和电波传播研究室主任,国家第四机械工业部十院二十二所副所长兼总工程师,中国科学院电子学研究所研究员兼所长。曾兼任中国空间科学学会理事长等职。1980年当选为中国科学院学部委员(院士)。是国际宇航科学院院士。

20世纪50年代,主持筹建通信技术研究所电波传播研究室,领导该室自力更生设计研制观测设备;主持建立布局合理的全国电离层观测站网;主持对流层前向散射传播实验,开展超短无线电波的对流层前向散射传播理论的研究,发表重要论文"超短波前向散射理论"(1959年),所获得的结果为后来设计对流层散射通信设备提供科学依据。60～70年代,从事无线电波绕地球表面传播理论的研究,提出"滑行传播"的理论;从事人造卫星或绕地飞船与地面短波无线电联络中传播问题的研究,提出沿F层电子密度最大处"滑行"传播的概念;开展地球极区损失锥区域内沉降电子激发产生电磁场的理论研究;对与电波传播有密切联系的空间物理、空间等离子体物理课题进行了研究,并提出过一种便于对各种不同根数的人造卫星轨道根数摄动进行计算的方法。出版《无线电波传播理论及应用》(2003年)等专著,参与主编《空间物理学进展》(3卷,1988～2001年)。

(孙晓芳)

惠纳,J. R.(Whinnery, John Roy) 一译云纳。美国人,1916年7月26日生于美国科罗拉多州里德,2009年2月1日卒于加利福尼亚州沃尔纳特克里克。通信工程、激光工程、仪器研制、微波电子学、工程教育。

农家子弟。1937年获伯克利加利福尼亚大学电气工程理学士学位,1948年获该校博士学位。1937～1946年供职于美国通用电气公司。期间1945～1946年,部分时间在纽约联合学院任教。1946年起任教于伯克利加利福尼亚大学,1950年任副教授,后任教授,1952年任电子学研究实验室主任,1956年任电气工程系主任,1959～1963年任工学院院长,1987年退休。期间,1951～1952年任休斯飞机制造公司微波电子管研发部主任;1959年任瑞士苏黎世联邦理工大学访问学者;1963～1964年在贝尔实验室研究量子电子学;任圣克鲁斯加利福尼亚大学、斯坦福大学访问教授。曾任美国工程教育委员会主席。1965、1972年先后入选美国国家工程院、美国国家科学院院士。1980年当选为美国文理科学院院士。

早年工作侧重于查明电磁波设备、输电线路及其波导不连续性之因,其独特贡献在于:能够根据最基本原理从等效电路要素中测算出不同类型的不连续性。1944年发表论文,揭示在同轴传输系统矩形波导中的电容突变等现象的原因,阐明波导的几何形态是如何严重影响了反射和透射系数。开发设计微波管尤其是密封三极管,对第二次世界大战的雷达波收发技术有重要影响。1946～1952年用多种方法研究天线,与泰勒共同得出关于线性天线阵列的一些重要定律。20世纪50年代,继续研究微波管原理,开发行波管和级联返波放大器;研制用于电场和磁场交叉的微波管;研究电路噪声及其抑制方法;通过分析瞬态条件下平板三极管,将基本原理应用于研发高质量振荡器、功率放大器和低噪声放大器。60～70年代,研究激光及其在通信中的应用;研究量子电子学和光电子学。其中有热透镜效应、液晶光波导和曲线光导等前沿课题。

与他人合写教材和著作有《现代无线电中的场和波》(1944年初版,1958年再版)、《天线问题的积分方程解法》(1947年)、《天线阻抗中的输入形态效应》(1948年)、《工程世界》(1965年)、《通信电子学中的场和波》(1965年初版,1994年再版)、《电子系统、电路和器件导论》(1966年)、《激光:从发明到应用》(1987年)等。另有自传《约翰·R·惠纳口述史》(1996年)。多次获奖,其中有美国电气与电子工程师协会1967年教育奖章、1976年微波从业奖、1984年百年华诞纪念奖章、1985年荣誉奖章,1974年美国工程教育学会拉米奖章,1986年印度国家工程院创始者奖,1992年美国国家科学奖章等。1974年获美国优秀教育家称号。 (戴成勋)

史绍熙(Shi Shaoxi) 幼年名史绍华。中国江苏省人,1916年8月19日生于江苏宜兴,2000年9月16日卒于天津。*动力与机械工程、工程热物理、燃烧学、高等教育管理。*

出生于普通农家的孪生子。襁褓中母亲去世,由祖母和其他亲戚抚养成人。1939年获北洋工学院机械系学士学位。同年起在西北工学院、武汉大学任教。1945年公费留学英国,1949年获英国曼彻斯特大学工学博士学位。1949年任英国威尔士大学斯旺西学院研究员。1951年回国,在天津大学任教授,先后任内燃机教研室主任,第二机械系主任,天津大学副校长兼热物理工程系主任、校长。曾兼任中国热物理学会理事长,中国内燃机学会理事长,国际燃烧学会中国分会主席,中国《内燃机学学报》和《燃烧科学与技术》杂志主编等职。1980年当选为中国科学院学部委员(院士)。1987年当选英国威尔士大学斯旺西学院荣誉院士。

20世纪40年代末,在英国从事内燃机研究,发表"稳定流及脉动流的临界雷诺数"一文,引起国际注意。50年代,建立了中国高等学校第一个内燃机专业。50年代末至60年代初,发明柴油机复合式燃烧系统,1963年通过鉴定;推导出粒子在气缸内涡流中的运动轨迹方程,提出周边混合气流形成原理,建立柴油机热混合理论;推导出周期性脉动式流动的速度分布方程,解决了层流流量计多年来未解决的理论和设计问题。60～70年代,主持研究开发85系列、105系列柴油机和多种小型汽油机;开发成功中国第一台转速3000转/分以上高速柴油机、第一台两级自由活塞式发动机压气机。80年代,首次成功地把数字信号处理和数字滤波技术应用于内燃机缸内压力测量,提出一种新的测试方法;应用激光衍射原理于柴油机喷雾场自动分析测量系统;在中国率先进行柴油机燃用甲醇研究。

发表论文近百篇;出版《自由活塞式发动机》(1960年)等专著,主编《柴油机设计手册》(1984年)、《内燃机设计手册》(1992年)等。获1978年全国科学大会奖,1982年国家发明奖二等奖,1988年世界文化协会爱因斯坦科学奖等多项奖项。 (侯伯勤)

奥得菲尔德,H. R. (Oldfield, Homer Ray) 美国人,1916年8月28日生于美国纽约州芒特弗农,2000年6月18日卒于佛罗里达州布雷登顿。*计算机科学与工程、微波电子技术、技术管理。*

1938年和1939年先后获马萨诸塞理工学院航空工程学士学位、仪器仪表制造专业硕士学位。毕业后留校,在仪器实验室工作。1941年应征入伍,先后在陆军、空军中任微波雷达项目主管。1945年任通用电气公司(GE)销售部主任,期间1950～1952年任康奈尔大学GE高级电子学中心主任,1952～1955年任斯坦福大学GE微波实验室主任。1956年在亚利桑那州菲尼克斯筹建GE计算机实验室和计算机制造厂,1957年任GE工业电子学部计算机业务经理。1958年起,先后出任纽约证券交易所雷西旺公司设备部门总裁、瑟尔制药公司子公司瑟尔药物数据公司总裁等职。

金融业计算机化的先驱者、美国通用电气公司计算机产业化的奠基者之一。在第二次世界大战后,积极推动大企业与高校建立产学研一体化的高科技研发中心,在雷达、电子对抗、通信技术、微波管和微波器件等领域取得一系列重要进展,并为高校开出了有关数字计算机的第一批课程。1952年,斯坦福研究所的艾尔德里奇(K. Eldredge)发明磁性墨水字符识别系统(MICR),1954年电子记账系统初步开发成功。1955年9月22日,电子记账机会计系统(ERMA)的原型机正式对外展出。他敏锐地看到,这是一个能使GE在技术上获得突破,在市场上抢占先机的好项目,于是竭力说服了GE高层,击败竞争对手而赢得美国银行的合同。1956年起,他创建了GE的计算机实验室和计算机制造厂,主持生产GE第一批晶体管专用计算机。1957年底,他精心制订详细设计方案,改进MICR技术,开发GEE-13B字体,成功地使之成为美国银行业的标准,后来又成为美国国家标准。1959年底至1961年2月,陆续将36套改进型ER MA系统成功地安装在美国银行各分理处,其中第一套系统在圣约瑟分理处投入使用。ER MA系统处理票据快捷而精确,使银行业大大减少了流通票据和簿记人员,迅速扩大了金融业务,增加了银行利润,成为计算机技术成功改造整个行业的一个范例。在瑟尔制药公司,他又组织开发出计算机化的药物生产线,发起成立国际健康评估协会。1996年出版《七个小矮人的国王》一书,回顾了通用电气公司进入计算机产业的历史。1997年获美国计算机学会计算机先驱奖。 (李 烨)

比施根斯,Г. С. (Бюшгенс, Георгий Сергеевич; Bushgens, Georgy Sergievich) 俄罗斯人,1916年9月3日生于莫斯科。*航空工程、空气动力学、飞行动力学。*

1940年苏联莫斯科航空学院毕业;1964年获该校喷气飞机动力学博士学位。一直在中央航空流体动力研究院工作,先后任第一副院长、院长特别顾问等职。曾兼任莫斯科技术物理学院飞行力学系副主任等职。1966年当选为苏联科学院通讯院士。1996年选聘为中国工程院外籍院士。

半个多世纪来致力于航空机械学和气体动力学研究,尤其在飞机稳定性和可控性领域深有造诣,在国际上有较大影响。早年对苏联歼击机突破音障,保证超音速飞机的纵向操纵性,以及制定超音速飞机纵横向运动飞行品质指标方面起过决定性作用。主管和参与苏联、俄罗斯几乎全部系列新型飞机性能的评审工作,对苏联和俄罗斯航空事业发展作出了重要贡献。他还持久热忱地关心和帮助中国发展自己的航空事业。20世纪60年代,帮助中国开展超音速歼击机方案设计,参与主持鉴定评审工作,对歼-8飞机调试起到了先导作用,并培训了中国第一代飞机设计师。90年代起，组织俄罗斯专家帮助中国搞远景新飞机方案设计，提供了一批西方禁运的软件，训练了大批专业人员；不顾年迈到中国指导设计和建造当代民用飞机，还让自己的新著在中国无偿出版，以作为技术人员设计指南。

发表有“21世纪的航空学”(1990年)等许多重要论文；出版有《飞机空间飞行动力学》(1967年，与他人合著)、《空气动力学与客机飞行动力学》(1995年，在莫斯科、北京同时出版)等专著。1974年获苏联社会主义劳动英雄称号；1961年获列宁奖金，2001年俄罗斯国家奖金；此外获一枚列宁勋章、一枚劳动红旗勋章和多枚其他奖章。1996年获中国国际科学技术合作奖。（李啸虎）

佘畯南(She Junnan)　中国广东省人，1916年10月6日生于越南南汀，1998年7月29日卒于中国广东广州。*土木工程、建筑学、结构力学。*

原籍广东潮阳。1941年交通大学唐山工学院建筑系毕业。此后相继在衡阳市和广州市开办建筑设计事务所。1946年在香港建筑师事务所任建筑师。1952年回到广州，历任市卫生局卫生工程建设委员会工程师，市建设工程局设计处工程师，市建筑设计公司副经理，广州市设计院副院长、总建筑师、高级建筑师、名誉院长。曾兼任中国建筑学会副理事长、广州市建筑学会名誉会长、西南交通大学等校兼职教授等职。1997年当选为中国工程院院士。

中国现代岭南建筑创作的杰出代表。在半个世纪中，设计建造50多项建筑作品，其中有16项获大奖。他擅长将中国传统的庭园空间组织与国际流行的注重使用功能理念熔于一炉，形成既有岭南特色又具现代科技的建筑设计风格，创作了一批主导潮流的杰作。其中代表作品有：20世纪60年代设计、80年代全面改建的广东艺术中心友谊剧院，是一座园林布局的现代化多功能文艺场所。70年代开始，先后主持中国驻西德、挪威、瑞士、澳大利亚、泰国、塞浦路斯、希腊等国的使馆设计，在国际上享有盛誉；设计广州东方宾馆新楼；担任北京饭店扩建和国宾馆设计的技术顾问；参与毛主席纪念堂、老一辈革命家纪念馆等设计方案。80年代后，设计有“水上浮宫”之称的五星级酒店白天鹅宾馆，主楼高34层，占地3万多平方米，采用高低层结合、主楼与底座构成整体的建筑形体，点缀若干琉璃瓦屋面似天鹅展翅，将中庭以“故乡水”为名的传统园林景观与江面风光融为一体；此外还设计中山温泉宾馆、福州温泉宾馆、汕头国际金融大厦、海口宾馆、深圳博物馆、汕头市政府大楼等一系列优秀作品。

主要论文入编《佘畯南选集》(1997年)。1985年获全国优秀科技工作者称号和五一劳动奖章。1989年被授予“中国建筑设计大师”称号。（李啸虎）

斯蒂弗，H. G.(Stever, Horton Guyford)　美国人，1916年10月24日生于美国纽约州科宁，2010年4月9日卒于马里兰州盖塞斯堡。*航空航天工程、空气动力学、技术物理、科技管理。*

获美国科尔盖特大学物理学学士学位。1941年获加利福尼亚理工学院物理学博士学位。1941～1954年在马萨诸塞理工学院辐射实验室供职。期间从1942年起至第二次世界大战结束，任美国军方派驻英国伦敦的联络官。在诺曼底登陆战役后，数次奉命赴法国研究德国的军械技术。回原校后，任航空及宇宙航行教授；1956～1959年任该校工学院副院长兼任机械工程、建筑和船舶工程等系系主任。1955～1956年任美国空军首席科学家。1965～1972年为卡内基-梅隆大学校长。1972～1976年兼任美国国家科学基金会主席。1973～1977年担任总统的科学顾问。1990年任美国国家研究委员会人类太空探险委员会主席。1973年入选美国国家科学院院士。1977年获贝茨学院荣誉法学博士学位。

第二次世界大战期间，从事雷达的研究和发展工作。曾对20世纪40年代的亚音速飞机到有翼导弹的发展，以及60年代的宇宙飞船等都作出了贡献。1949年为试验导弹的特超音速的空气动力学性质，建造了一个马赫数为5～7的风洞，为阐明和防止空油嘴附近氧和氮的凝聚效应，研究了凝聚成核过程。发现如果空气极干燥且无外来核，凝聚将推迟到较高的马赫数发生。设计并制造了一个相当大(30米×0.6米×0.3米)的击波管，研究载有各种动力学形状与结构的击波，还研究了有关构件的暂态压力负载和边界层的组合及方式。50年代后研究超音速范围的空气动力学、控制和稳定等问题。

发表出版物127篇(部)，有9种文字版本。1997年美国国家科学基金会万尼瓦尔·布什奖。（张玥明）

张恩虬(Zhang Enqiu)　中国广东省人，1916年10月26日生于广东广州，1990年5月7日卒于北京。*通信工程、微波电子技术、仪器研制、电子学。*

1934年考入清华大学物理系，1938年毕业于西南联合大学。留校任教。1942年到重庆国民政府国防部兵工署弹道研究所从事火炮研究。1945年赴英国马拉德电子管公司进修。1947年回国，任广州岭南大学物理系副教授。1949年后，先后任长春东北科学研究所、中国科学院长春机械电机研究所副研究员。1956年参加中国科学院电子学研究所的筹建，并担任该所电子物理实验室主任、研究员，1978年出任电子研究所副所长。1980年当选为中国科学院学部委员(院士)。曾为中国科学技术大学、清华大学和浙江大学等校兼职教授。

主要从事电子发射、电子管和微波器件等方面的研究工作。20世纪50年代，在极困难的技术条件下，修旧利废，1954年研制成功中国第一只实验型阴极射线管。20世纪60～70年代，研究脉冲磁控管，解决了有关磁控管寿命、磁控管频谱漏线、磁控管起振过程等国际上长期困扰的技术难题，达到世界水平；在理论上创造性地阐明磁控管的工作原理，首次导出获得稳定电流的关系式；进行卫星长寿命行波管试验分析，找出影响寿命的原因和处理途径。70～80年代，根据实用热阴极发射电子不均匀的事实，提出热电子发射的动态表面发射中心模型，可以解释很多实验现象，且与最新表面分析仪器测得的数据相符，有力促进了学科发展；在这个理论的启示下，中国科学院电子学研究所已研制出许多新型实用热阴极，如各种长寿命氧化物阴极，多层压制钡镍阴极，镧钨阴极以及多种钡钨阴极等，广泛应用于科研、生产和国防。1978 年获得全国科学大会成果奖。带领科研队伍完成多项高水平的阴极研究课题，其中获中国科学院科学技术进步奖一等奖 3 项、二等奖 4 项。拥有国家发明专利多项。（虞为慈）

范·维京格尔滕（van Wijngaarden，Adriann） 荷兰人，1916 年 11 月 2 日生于荷兰海牙，1987 年 2 月 7 日卒于同地。计算机科学与工程、应用数学。

1939 年获荷兰代尔夫特理工大学机械工程学士学位。后在该校获流体力学博士学位。1945 年进入国家实验室工作。次年随代表团考察英国战时发展起来的高新技术，尤其是计算机技术。1947 年出任国家数学中心计算部主任，并考察了美国计算机学术界和产业界；1981 年退休。是荷兰皇家科学院院士、荷兰计算机学会首位荣誉会员。

荷兰计算机科学与技术的先驱者。虽是学机械工程出身，但在数值计算方面有丰富经验，深感新型计算机在发展现代科技中的重要地位，大力倡导荷兰自主开发计算机，主持研制并于 1952 年建成荷兰第一台自动计算机“阿拉”（ARRA）。这是一台二进制继电器式计算机，字长 30 比特，有 16 条指令，磁鼓存储器容量为 1 024 个字，32 个磁道（每个磁道存放 32 个字）。该机可靠性很高，编制的 200 页内插系数表无一错误，引起国际同行关注。1955 年，研制历时仅一年的“福尔塔”（FERTA）提交大企业使用。1956 年，主持建成计算机 AR MAC，字长 34 比特，30 条指令，112 条磁道，磁心作缓冲器，磁鼓容量达 3 584 字，比 ARRA 快 50 倍，可靠性大为提高。1957 年底主持研制成功 EL-X1 计算机，全晶体管化，采用磁心存储器，具有实时中断功能，比 AR MAC 快 10 倍。最重要的贡献是发展了算法语言 Algol。1962 年他在一次国际研讨会上提出“通用 Algol”方案，后形成 Algol 68，体现了他提出的“二级文法”新思路，以解决上下文相关性问题。二级文法有很强描述能力，其第一级称为元文法，由两套符号（大、小语法标记）、三套成分（由大语法标记组成的元概念，由小语法标记组成的原始概念，由前两种概念混合组成的超概念）和两套规则（元产生式规则及超规则）组成。学术界把这个文法誉为维京格尔滕文法（简称 W 文法）。1974 年获国际信息处理联合会银心奖。获 1986 年美国计算机先驱奖。（李　烨）

斯珀，R.（Szpur，Roman） 美国人，1916 年 11 月 20 日生于美国宾夕法尼亚州麦基斯洛克斯，2008 年 8 月 20 日卒于俄亥俄州凯特林。激光工程、兵器工程、动力与机械工程、自动化技术。

波兰裔，在波兰利沃夫城近郊农场长大。小学 6 年级时制成一台小型直流发电机，虽只能点亮 1.5 瓦小灯泡，却初显其早慧。自高级技术学院电机专业毕业后，在一家电气公司为大医院设计电气设备。纳粹德国入侵波兰后受到追捕，在罗马尼亚入狱。后设法死里逃生，经希腊和非洲辗转抵达美国。应征入伍后，因发明一种破坏通信设施的专用炸弹，被调往空军管辖的莱特实验场研制新式武器，在那里完成炮火电脑控制系统、磁性枪、无透镜激光聚焦系统等多项发明。1963 年退伍前，一直是莱特实验场的技术主管。后创办一家私营实验室，自此成为独立发明家。

先后获得防盗报警器、磁性搅拌器等 40 余项发明专利，其中最著名的是无透镜激光聚焦系统。20 世纪 60 年代初，他得悉 T. H. 梅曼研制成功世界上第一个固体激光器，大为振奋，敏锐地预见到它的巨大潜在价值，也明察它当时在技术上的不足之处。他想通过缩短激光获取能量的时间以提高功率，但又产生玻璃透镜聚焦时易受热爆炸的难题。经多次反复试验和改进，终于研制成功无透镜的激光聚焦系统，能把一束激光聚集在几微米宽度内。这把“激光刀”比任何钢刀更锋利，用它能极其精确地切开一个小小的细胞，因而广泛应用于医学与生物工程等领域。此外，他还通过对鸟儿飞行观察，发明了 14 种价廉而高效的不同类型风力涡轮机，在日本、中国、墨西哥等国申请了专利。作为职业发明家，他并不盲目追求高、精、尖，而是崇尚简、巧、实；喜欢独立而自由地进行创造，反对违心地听命于人。（李啸虎）

谈镐生（Tan Haosheng） 中国江苏省人，1916 年 12 月 1 日生于江苏吴县，2005 年 9 月 28 日卒于北京。航空工程、流体力学、应用数学。

原籍江苏武进。出生于教师家庭，5 岁丧母。1939 年获交通大学机械工程学院工学士学位。1940 年成都航空机械学校高级班毕业后，任中国航空研究院副研究员。1946 年赴美国留学，1949 年获康奈尔大学博士学位。1950～1965 年历任美国康奈尔大学研究生院航空工程研究员、诺脱顿大学工程力学副教授、底特律大学航空工程教授、美国高等热工研究所所长、美国海军部水动力研究规划特邀顾问、伊利诺伊理工学院教授等职。1965 年回国，先后任中国科学院力学研究所研究员、研究室主任、副所长、所学术委员会主任。兼任中国科学技术大学力学系主任、《中国科学》和《科学通报》副主编、《力学进展》主编等职。1980 年当选为中国科学院学部委员（院士）。

20 世纪 40 年代，在博士论文“有限翼展超音速双翼的波阻”（1949 年）中建立马赫波三维流场理论。50 年代，提出激波马赫反射理论，为核爆炸破坏理论奠定了基础；开拓了直升飞机旋翼三维流场的研究；提出流体有限定形分离定理，解决了著名的普朗特-卡门疑难；给出单频振荡源和漩涡基本解，提供了叠加求振荡水翼表面波问题精确解的基础；研究自由分子流中物体阻力及其头部形状优化问题，给出极端条件下头部最优曲线解析式、远离尖端处的显渐近表示式。60 年代，在国际上首次建立植被内湍流局部扩散模型，广泛应用于各领域研究；提出末期湍流动力学模型，发现湍流末期能量按时间负二次幂衰减律。70 年代末后，大力倡导和推进力学学科基础研究和交叉研究；提出完备的光学共振腔稳定性图；给出适于大陆板块和海洋板块的统一经验定律。发表论文近百篇,有《谈镐生文集》(2006 年);出版《空气动力学的最优值问题》(1965 年,英文版)等多部著作。 (李 烨)

古德,I. J.(Good,Irving John) 英国人,1916 年 12 月 9 日生于英国伦敦市郊古达克,2009 年 4 月 5 日卒于美国弗吉尼亚州拉特福特。计算机科学与工程、概率论、统计学、密码学。

父亲是一名古董商人、雕刻家和作家。他于 1938 年获剑桥大学基督学院数学学士学位;1941 年、1943 年和 1963 年先后获该校数学博士、文科硕士、理学博士学位。1964 年获牛津大学理学博士学位。1938 年毕业后留校,在数学统计学研究所工作。1941～1945 年在英国外交部密码学院任研究员。1945～1948 年任曼彻斯特大学数学与电子计算机讲师。1948～1959 年任英国政府通信总部研究员。1959～1962 年在英国海军部研究实验室工作。1962～1964 年在美国普林斯顿国防分析研究所通信研究部任顾问。回国后,先后在剑桥大学三一学院、牛津大学、阿特拉斯计算机实验室任高级研究员。1967 年去美国,在弗吉尼亚理工学院任统计学教授,1983 年起任科学社会学研究中心教授,1984 年任哲学教授。1974 年当选纽约科学院外籍院士,1985 年当选美国文理科学院外籍院士。

英国计算机先驱,著名数学家、统计学家和密码学家。20 世纪 40 年代,战时他和图灵一起受命破译德军密码,在布莱奇利庄园参与设计"巨人"(Colossus)计算机,1944 年 2 月正式启用,比美国 ENIAC 计算机早 2 年。他负责编制"决策树",尤其是应用统计学方法查明了德军密码机"爱尼格玛"(Enigma)上齿轮组合方式与电文之间对应关系,"巨人"每小时可破译 11 份密电码,最终破译了希特勒专用的"鱼"系列密码。和 T. M. 基尔伯恩等人一起,参与开发曼切斯特"马克 1 号"(Mark-I)计算机,提出后来称为"微程序设计"的最初概念,1948 年 6 月建成样机,被认为是世界上第一台随机存储程序式计算机。20 世纪 50 年代,出版关于主观概率论的首部专著《概率论和证据权重》(1950 年)。60 年代,在剑桥大学参与开发阿特拉斯(Atlas)计算机;对贝叶斯统计学发展作出了重要贡献。他是一位多学科科学家,涉足领域从宇宙航行到食物营养的种种问题,常对科技发展作出准确预测。但作为企业家并不成功,曾开办宇宙飞行生命保险公司,结果破产了。

发表 900 多篇学术论文、评论和科学小品。主要专著还有:《科学家的思索》(1962 年)、《概率估计》(1965 年)、《信息、证据权重、概率度量和信号检测之间的特异性》(1974 年)、《好的思维:概率论基础及其应用》(1983 年)等。获 1940 年剑桥大学史密斯奖、1972 年美国弗吉尼亚科学院霍斯利奖、1998 年美国计算机学会计算机先驱奖等。 (李 烨)

椹木义一(Sawaragi,Yoshikazu) 日本人,1916 年 12 月 9 日生于日本,2011 年 10 月 22 日卒。系统工程、自动控制、控制论、应用数学。

1939 年日本京都帝国大学工学院机械工程系毕业。1941 年起历任名古屋大学工学院航空工程系副教授,京都帝国大学工学院教授兼原子能研究所所长,京都产业大学教授兼系统综合研究所理事长。曾任日本测量自动控制学会会长、国际自动控制联合会主席等职。是日本学士院院士。

前期主要从事机械与动力工程、航空工程的开发研究,后期致力于非线性控制系统、工业过程计算机控制、环境系统控制等理论研究并有突出贡献。20 世纪 50～70 年代,系统工程研究一直是以硬系统方法论,即着重定量模型和优化的系统方法论为主。80 年代,由于处理多变量、多目标、不确定性的社会系统、战略问题等复杂对象的需要,一批软系统方法论应运而生,这些软的方法论比较着重定性化的概念模型,以获取可行满意解和取代原来刻意追求的最优解,而且强调不断学习过程。90 年代,椹木义一和他的学生共同提出西那雅卡(Shinayakana)系统方法论,这是一种既硬又软的方法,主张软硬结合、定性定量结合、主观客观结合、人-机结合,已被用于分析和解决环境系统等复杂问题。当时在中国,钱学森等人也在对综合集成方法论和物理-事理-人理系统方法论开展实证研究。1993 年,椹木义一认为,中日双方共同的研究方向可称为东方系统方法论。

主要著作有:《非线性控制系统的统计研究》(1962 年)、《自适应控制系统中的统计决策理论》(1967 年,与他人合著)、《系统工程基础》(1971 年)、《模型、评估及其在分布式参数体系中的应用》(1978 年,与他人合著)、《多目标最优化理论》(1985 年,与他人合著)、《人机对话和智能决策支持体系》(1987 年)、《自动控制原理解析》(2001 年,与他人合著)等。获日本 1980 年紫绶褒章、1988 年十二等瑞宝勋章等。

(李 烨 李啸虎)

黄纬禄(Huang Weilu) 中国安徽省人,1916 年 12 月 18 日生于安徽芜湖,2011 年 11 月 23 日卒于北京。导弹工程、运载火箭技术、自动控制。

1940 年重庆中央大学电机系毕业,后任重庆无线电器材厂助理工程师。1948 年赴英国留学,先在伦敦标准电话电缆公司和马可尼公司实习,后到伦敦大学帝国学院无线电专业深造,1947 年获该校硕士学位。同年回国,任国民政府资源委员会无线电公司上海研究所研究员。1949 年后,历任重工业部电信工业局电器工业研究所研究员,中国人民解放军通信兵部电信技术研究所研究员,国防部第五研究院第二分院第一设计部主任,七机部一院十二所所长,固体战略导弹总体设计部主任,航天工业部二院副院长、几种型号导弹的总设计师,航天工业部总工程师,航空航天部第二研究院导弹总体研究员、技术总顾问,航天工业总公司研究员兼高级技术顾问。曾兼任中国宇航学会副理事长。1986 年当选为国际宇航科学院院士。1991 年当选为中国科学院学部委员(院士)。

20 世纪 40 年代末至 50 年代中期,从事通信技术研究工作。50 年代后期转向运载火箭和导弹控制系统的研究,起初解剖和仿制了苏联的 P-2 导弹控制系统,后又突破自行设计关,1964 年中国第一枚自行研制的液体燃料中程战略导弹飞行试验成功。1970年起领导固体潜-地导弹的设计和研制工作，采用许多新技术，突破水下发射、冷发射、出水大姿态控制技术、运动基座条件下进行弹载平台的调平与导弹的瞄准技术、装弹仪器、小型化和射击诸元实时计算等关键课题，终于在1982年取得潜艇水下发射飞行试验圆满成功，从而使中国成为世界上第四个能从核潜艇发射战略导弹的国家。80年代以后贯彻"一弹两用"原则，领导中国陆基机动固体战略导弹和多功能机动车的研制，并取得试验性发射成功，使中国战略导弹既可在水下发射，也可在陆地移动发射。

公出版的著作有《弹道导弹总体与控制入门》(2006年)等。多次获奖，其中有：1985年获国家科学技术进步奖特等奖(第一获奖人)，1994年求是科技基金会杰出科学家奖、1999年国家"两弹一星"功勋奖章、2006年中国航天科工集团公司"中国航天事业五十年最高荣誉奖"等。（孙晓芳　宣焕灿）

埃什尔巴，J. D.(Eshelby, John Douglas) 英国人，1916年12月21日生于英国柴郡伯丁顿，1988年12月28日卒于南约克郡设菲尔德。*材料工程、金相学、材料力学。*

船长之子。毕业于布里斯托大学，1950年获该校博士学位。期间第二次世界大战中在皇家空军服役。在美国伊利诺伊大学、英国伯明翰大学、剑桥大学卡文迪什实验室工作过，入选邱吉尔学院研究员。这期间曾到德国高等技术学校和普朗克研究所访问。1966年到设菲尔德大学执教，1971年任该校材料理论系教授兼系主任，1982年退休。1974年当选为英国皇家学会会员。

半个世纪致力于缺陷力学和非均匀固体微观力学领域研究，奠定了塑性变形和断裂的控制机制的定量分析基础。把各向异性的弹性理论应用到位错，推导处在应力场中作用在晶格缺陷上的力并建立位错堆积理论。1953年在研究金属晶须中，提出整个晶须有宏观扭转，即埃什尔巴扭转。设计了既简单又直观的方法，即用一系列理想的切割、应变与焊接寻找杂质和不均匀性导致的应力，这种方法普遍应用于固体理论与材料技术。还研究断裂力学，用电动力学与量子场论处理位错、扭折与断裂运动。他还非常熟悉梵语等古典语种。主要论文收集于《埃什尔巴论文选集》(2006年)。1977年获美国机械工程师协会铁木辛哥奖章。（汪玉芝）

常迵(Chang Tong) 字季高。中国河北省人，1917年2月4日生于河南开封，1991年8月8日卒于北京。*通信工程、电气电子工程、信息科学、微波电子学、应用数学。*

原籍河北房山(现属北京市)。出生于小官吏家庭。1940年获西南联合大学电机工程系工学学士学位。同年到昆明无线电器材厂担任助理工程师。1943年赴美国留学，1945年获马萨诸塞理工学院电机工程系硕士学位。1947年获哈佛大学应用科学系博士学位。同年回国，先后任清华大学电机工程系副教授和教授、无线电工程系副主任兼教研室主任、自动化系教授、自动化科学研究所所长等职。曾兼任中国电子学会线路与系统专业委员会主任、中国仪器学会信号处理学会主任、中国自动化学会模式识别与机器智能学会主任、中国图象与图形学会理事长、国际模式识别协会主席团成员等职。1980年当选为中国科学院学部委员(院士)。

20世纪40年代，在硕士论文中首次提出将栅极接地电路应用于超高频电子管放大器，该电路现已成为通用的电子线路。50～60年代，研究环形天线和折叠天线，导出电流分布与输入阻抗公式，提出实际测试方法；参加研制成功中国第一台微波60路多路通信机。70年代末起研究信息科学，其中广义拉德梅克函数系理论、信号重构理论及应用研究受到同行高度评价。80～90年代，与他人共同提出信号重构算法中的零点扰动法、三域迭代法，解决了不收敛问题；把信号重构问题推广为半盲反褶积问题；主持地震勘探信号处理与识别方法及应用项目，获1991年国家教委科学技术进步奖一等奖；创建和主持的博士点获1989年首届全国高等学校教学成果奖特等奖。

撰有《无线电信号与线路原理》(上册1965年，中册1966年)、《信号重构理论及其应用》(1991年，与他人合著)、《信息理论基础》(1993年)等专著多部。（李　烨）

霍尔伯顿，B.(Holberton, Betty；全名为 Holberton, Frances Elizabeth Snyder) 美国人，1917年3月7日生于美国宾夕法尼亚州费城，2001年12月8日卒于马里兰州洛克维尔。*计算机科学与工程、软件工程、应用数学。*

父母和祖父母都是天文学家。在他们影响下，从少女时代起就爱好数学，中学毕业后进了宾夕法尼亚大学数学系。但当时女孩子攻读数学受人歧视，在大学一年级时有个数学教授干脆对她讲，你应该留在家里生养孩子。她一气之下离开了数学系，改学新闻学。毕业后任美国农业部《农场》杂志编辑，负责经济统计。1942年应征入伍，分配到陆军阿伯丁试验基地弹道研究实验室从事弹道计算工作；其间在摩尔电气工程学院进修计算机技术，成为世界上第一批计算机程序员。1947年进入埃克特-莫奇利电子控制公司任逻辑设计工程师，该公司被雷明顿-兰德公司并购后任程序员。1953年进入海军部泰勒船坞设计院(今海军舰艇研究和开发中心)应用数学实验室。1966年供职于美国国家标准局计算机科学与技术研究所，1983年退休。

世界上第一个排序-合并程序的发明者。20世纪40年代，世界上第一台电子计算机ENIAC于1947年8月在阿伯丁试验基地投入运行，她成了世界上第一批程序员；协助克利平格尔(R . F. Clippinger)把ENIAC改造成"存储程序式"计算机。50年代初，协助埃克特和莫奇利研制了第一台通用电子计算机UNIVAC-I。该机原为全国人口普查而研制，为了对人口调查原始数据进行适时统计处理，她开发出世界上第一个排序-合并程序，并导致了编译概念产生；为该机编写了提高编程效率的C-10指令码；设计了控制台键盘和数字键，至今标准键盘右侧仍有便于输入数据的数字小区。在其工作启发下，赫柏开发出最早的编译器 A-0。50～70 年代，为数据处理语言 COBOL、编译语言 FORTRAN 等高级编程语言标准化作出了重要贡献。前者已发展为多种版本语言，在财会工作、统计报表、计划编制、情报分析等方面发挥了重要作用；后者是第一个在国际上广泛流行的高级算法语言，经数代演化而沿用至今。她的贡献长期被人遗忘，1996 年后有关资料陆续公布后才受到重视。1997 年 ENIAC 最初的 6 名女程序员都被列入国际技术界妇女名人堂。获 1997 年美国计算机学会计算机先驱奖，同年获计算机女科学家协会最高奖拉夫拉斯奖。（李 烨）

张直中(Zhang Zhizhong) 中国浙江省人，1917 年 4 月 1 日生于浙江海宁，2011 年 9 月 16 日卒于江苏南京。雷达工程、信息处理技术、微波电子学。

律师之子。幼年随父母自家乡迁居上海。1940 年浙江大学电机系毕业。同年到重庆电信修造厂技术室任工程师。1945～1947 年，在英国莱赛斯特大学、通信兵学院做访问学者，后到英国电子与电声公司实习。回国后回原厂工作，兼任重庆大学电机工程系副教授。1951 年起一直在南京的军委通信兵部第一电信研究所（后为机械电子工业部第 14 研究所）工作，历任设计室主任、设计科长、副总工程师、总工程师、技术顾问，教授级高级工程师。兼任中国电子学会常务理事、中国雷达学会主任委员、江苏省电子学会理事长、北京理工大学等校教授。1994 年选聘为中国工程院院士。

20 世纪 50 年代，试制成功中国第一部中程警戒雷达，开始了中国自行设计和生产雷达的历史；后又研制成功中国第一部微波动目标显示雷达。60～70 年代，主持研制成功中国第一部单脉冲试验雷达；开发出一系列脉冲压缩技术，应用于各种型号雷达研制；主持超远程精密跟踪雷达、相控阵预警雷达前期方向性研究，这两种雷达是用于探测外空目标的雷达，它们的研制是中国雷达发展史上一个重要里程碑，对发射中程和远程导弹、人造卫星等航天器起了重要作用；1979 年和 1983 年，自行研制成的这两种雷达探测设备准确地跟踪美国“天空实验室”和苏联 1402 号核动力卫星，准确预报了它们的坠落时间和地点。80～90 年代，相继研制成功试验型、实战型机载多普勒火控雷达；主持国家 863 重要项目“逆合成孔径雷达运动补偿和成像”研究，获 1992 年机械电子工业部科学技术进步奖一等奖。

撰有《雷达信号的选择与处理》(1979 年)、《合成孔径、逆合成孔径和成像雷达》(1986 年)和《微波成像术》(1990 年)、《机载和星载合成孔径雷达导论》(2004 年)等专著。获 1993 年首届中国雷达学会最高奖申仲义奖等。（刘 冰）

慈云桂(Ci Yungui) 中国安徽省人，1917 年 4 月 5 日生于安徽桐城（今属枞阳县），1990 年 7 月 21 日卒于北京。计算机科学与工程、计算机总体结构、应用数学。

出生于耕读世家。1943 年湖南大学电机系毕业。1946 年获清华大学无线电研究所硕士学位。留校物理系任教。同年被派往英国考察雷达技术。1950～1970 年，先后任大连高等海军学校雷达通信系副主任，哈尔滨军事工程学院海军系雷达教研室主任、电子工程系教授兼系副主任、电子计算机系主任。1970～1984 年先后任长沙工学院、国防科学技术大学电子计算机系主任兼计算机研究所所长，国防科学技术大学副校长。1985～1990 年任国防科学工业委员会科学技术委员会常委、顾问。曾兼任国务院电子振兴领导小组计算机顾问组组长、中国计算机学会副理事长等职。1980 年当选为中国科学院学部委员（院士）。

主持研制多种型号计算机，主要负责总体结构与系统分析，取得一系列国际先进水平的成果。1958 年研制成功中国第一台 901 型电子管专用数字计算机。20 世纪 60～70 年代，研制成功中国第一个晶体管通用电子计算机 441B 型系列，采用国产半导体元器件，稳定性达到当时国际先进水平；1970 年研制出中国第一台具有分时操作系统和标准程序库的 441B/Ⅲ 型计算机；1977 年研制成功百万次级集成电路计算机 151-3 型；次年二百万次级 151-4 型首次装上“远望一号”科学测量船。80 年代，在中国首次向南太平洋发射运载火箭、首次潜艇水下发射导弹、第一颗试验型广播通信卫星发射和定位中，151 型计算机都作出了重要贡献，其中 151-3/4 型获国防科委科学技术成果奖一等奖，并与远望号测量船一起获国家科学技术进步奖特等奖，荣立集体一等功；1983 年主持研制的“银河”亿次计算机系统通过国家鉴定，主机平均无故障时间 441 小时，指标远远超过鉴定大纲要求，使中国跻身于世界巨型机先进行列，1984 年获中央军委科学技术成果奖特等奖，荣立集体一等功、个人二等功。

出版《计算机前沿研究》(1989 年)、《新一代计算机系统》(1989 年，与他人合著)、《新一代计算机：当前研究动态》(1990 年)等 3 部英文专著。（李 烨）

贝聿铭(Pei，Ieoh-Ming) 华裔美国人，1917 年 4 月 26 日生于中国广州。土木工程、建筑学、工程管理。

祖籍中国江苏苏州。知名银行家的儿子。童年在香港、上海和苏州度过。上海圣约翰中学毕业后，1935 年去美国深造，先入宾夕法尼亚大学，后转学马萨诸塞理工学院，1940 年获建筑学学士学位，因成绩优异同时获美国建筑师协会奖章。毕业后供职于一家建筑工程公司。1942 年到哈佛大学建筑设计学院做研究生，不久奉命到美国国防研究委员会普林斯顿小组工作，为军方摧毁纳粹德国桥梁提供技术咨询。第二次世界大战结束后重返哈佛大学，1946 年获建筑学硕士学位。毕业后任韦布-纳普有限公司建筑部经理。1954 年加入美国籍。1955 年创建贝聿铭建筑师事务所，1958 年成立贝聿铭联合公司（后易名为贝聿铭-科布-弗里联合公司）。1970 年兼任罗德岛设计学院院长。1990 年退休后，仍活跃于世界建筑业前沿。获美国和国际多所名校荣誉博士学位。有多种重要社会兼职。1975 年选为美国艺术文学院终身院士。是美国文理科学院院士。1996 年当选为中国工程院外籍院士。

国际著名的美国华裔建筑学家，被誉为“现代主义建筑的最后大师”。从事建筑工程达半个多世纪，主持设计建造的建筑达百余项，享誉世界。他的建筑理念崇尚技术、人性与文化的融会，注重光与空间的结合、建筑与环境的和谐，"让光线来做设计"是他的名言，设计风格优美与气魄兼具。早期作品有美国大气研究中心、纽约州的埃弗美术馆、中国台湾省的卢斯纪念教堂、哈佛大学的肯尼迪纪念图书馆等，在国际上影响颇大。1979年落成的华盛顿国家美术馆东馆是他的成名之作，令人耳目一新。1982年设计建成的北京香山饭店，对轴线、空间序列及庭园的处理都匠心独具，努力探索一条把现代建筑特征与中国民族特色相统一的可行之路。1989年竣工的法国巴黎罗浮宫扩建，拿破仑广场的透明金字塔造型成了他最具争议性的作品，由于创造性解决了古老宫殿与现代美术馆两者协调等一系列难题，和埃菲尔铁塔一样成了巴黎的标志之一。1990年落成的中国银行香港分行的中银大厦，是他设计过的最高建筑物，楼高315米共70层，楼身为合金铝和银色反光玻璃构成的多变棱柱形摩天大厦，室内无一根柱子，内外空间的流畅性表现得淋漓尽致，这幢高楼象征着贝氏事业的巅峰，竣工后他就宣布退休。1997年主持德国历史博物馆"军械库"扩建，将巴洛克式古典建筑风格同现代建筑风格巧妙结合，象征了历史与未来的统一。2001年正式开张的北京中国银行总部大厦是他的收山之作，是"贝氏结构"的典范。2006年10月，他担纲设计建造的苏州博物馆新馆开馆，以其"中而新，苏而新"、"不高不大不突出"的设计理念，"绣"出了一幅"传统苏州"与"现代苏州"相融合的"双面绣"，又一次被誉为他的"封刀之作"。贝氏作品总是能给它的所在地带来惊喜，成了国际建筑界人士追逐和造访的地方。

共获50多项大奖，其中有9次美国建筑学会设计奖、1979年美国文理科学院建筑学金奖、1983年普利兹克建筑奖(国际建筑界最高奖)、1988年美国国家艺术勋章、1988年法国总统颁发的法国荣誉军团勋章、1993年美国总统自由勋章、2003年美国全国设计终身成就奖、2009年英国皇家建筑师协会皇家金奖等。

(戴成勋)

曹建猷(Cao Jianyou) 中国湖南省人，1917年5月19日生于湖南长沙，1997年9月19日卒于四川成都。*铁道工程、电气与电力工程、自动控制、应用数学。*

1940年获交通大学电机工程系工学士学位。同年执教于昆明西南联合大学工学院。1945年与夫人一起公费赴美国留学，1950年获马萨诸塞理工学院博士学位。同年任美国纽约市立学院客座讲师。1951年举家回国，任交通大学唐山工学院教授、唐山铁道学院电机系主任。1972年直至去世，历任西南交通大学电机系主任、副校长、校学术委员会主任等职。1980年当选为中国科学院学部委员(院士)。

20世纪50～60年代，创办多个铁路电气化学科，奠定了中国铁道电气化高等教育基础，培养了数以千计的专门人才；倡导中国铁道电气化，1955年著文力主放弃仿制苏联3千伏直流制，采用前景广阔的工频单相交流制，1957年铁道部将25千伏工频单相交流制定为国家标准，他是当时的主要决策论证者；结合中国实际，建立起一套有自己特色的交流牵引供电系统设计计算方法，成果后获1978年全国科学大会奖；参与主持中国第一条电气化铁路宝鸡-凤州区段通电试车验收，解决了不少关键技术问题，保证了1961年正式开通；综合遥控、遥信和遥测先进技术，1963年研制成功无接点综合运动装置，获国家新产品奖二等奖。70～80年代，主持研制新型晶体管电气化运动装置，1978年成功投入运行，获全国科学大会奖、铁道部高校科学研究奖一等奖、四川省重大科学技术成果奖；1977年后主要致力于铁道信息化研究与教学，重建先前停办的计算机及其应用专业；主持建立牵引供电计算机仿真系统，居国内先进水平；指导完成第五代电气化铁道多微机远动装置，获1987年四川省科学技术进步奖一等奖、国家科学技术进步奖三等奖，广泛用于中国铁道干线，在国际投标时多次中标。

出版有《牵引变电所》(1960年)、《电力铁道供电》(1965年)、《电气化铁道供电系统》(1984年)、《离散数学》(1986年)等专著。 (李啸虎)

柯俊(Ke Jun) 中国浙江省人，1917年6月23日生于吉林长春。*冶金工程、材料科学与工程、金属物理化学、冶金史学。*

原籍浙江黄岩。1938年武汉大学化学系毕业。受当时中国政府派遣，在越南、缅甸和印度等国从事技术工作6年。1944年赴英国，1948年获伯明翰大学理论金属学系博士学位，先后任英国焊接研究院研究员、英国钢铁研究协会研究助理，1948～1953年任伯明翰大学理论金属系讲师、相变动力学研究组组长。1954年回国，历任北京钢铁学院(今北京科学技术大学)教授、金属物理教研室主任、物理化学系主任，1979～1984年任副院长。1984年后任北京科学技术大学校长顾问，教授。曾兼任中国电子显微镜学会副理事长、中国科学技术史学会理事长、中国科学技术考古学会理事长、国际东亚科学史学会副会长、《金属学报》主编等职。1980年当选为中国科学院学部委员(院士)。1984年和1988年先后获加拿大麦克马斯特大学、英国萨瑞大学荣誉博士学位。

20世纪40年代末和50年代初在英国时，先后探讨钢过热后产生脆化现象的原因，以及钢热处理相结构转变中贝茵体的切变机制，其成果为后继者反复引用。50年代末至60年代，与有关工厂合作，研制成功含稀土元素的高铝低铬耐热合金、无镍钴的铁铝碳永磁合金等新合金材料；70年代后期至80年代，探讨氧在硅中析出和脆化的机制以及半导体硅缺陷结构问题，研究微量元素在钢中的作用机理问题，还发展了他自己在50年代提出的有关贝茵体相变机制的一种假说，现已成为国际上主流派理论，在铁镍合金中引入原子簇团，得到了可控制的蝶状马氏体。90年代，对材料的界面问题进行多种方法的物理化学研究，探讨其在原子级、纳米级、微米级三个层次上的界面结构和特征。70～90年代，对中国冶金史进行了开拓性研究，通过对数千件文物样品和上百个冶金遗迹的考察和大量资料的综合分析，阐明了中国古代冶金技术的发展历程和当时在世界上的领先地位;鉴定出河北藁城出土的商代铁刃铜钺的铁刃部分由陨铁制成;还研究了中国古代的"百炼钢"。

出版有《中国冶金简史》(1978年)、《中国古代钢铁技术发展的历程》(1986年)等专著。获1956年和1987年国家自然科学奖三等奖、1964年全国新产品工艺奖、1987年国家教育委员会科学技术进步奖二等奖。1997年获何梁何利科学与技术进步奖。 (孙晓芳　宣焕灿)

吴仲华(Wu Zhonghua)　中国江苏省人,1917年7月27日生于上海,1992年9月19日卒于北京。*动力与机械工程、航空航天工程、流体力学、工程热物理。*

原籍江苏苏州。出生于职员家庭。家中4个孩子中排行第三。1935年考入清华大学机械系,1940年毕业于昆明的西南联合大学。留校任教。1943年与同级留校的李敏华结为伉俪,1944年两人同赴美国马萨诸塞理工学院公费留学。1947年吴获内燃机专业理学博士学位,1948年李成为该校航空系第一位工学女博士。毕业后,两人应聘任美国航空咨询委员会(美国航空航天局前身)刘易斯喷气推进中心研究人员,后转任纽约布鲁克林大学机械系教授。1954年底携全家回国,任清华大学动力系教授兼副系主任,1956年任燃气轮机教研室首任主任。同年兼任中国科学院动力研究室研究员、首任室主任。1958年兼任中国科学技术大学物理热工系首任系主任。1960年任中国科学院力学研究所副所长。1978年任国家科学委员会工程热物理学科组组长。1980年任中国科学院工程热物理研究所首任所长,1987年任名誉所长。曾任中国工程热物理学会首任理事长,中国机械工程学会、中国航空学会、中国力学会副理事长,《工程热物理学报》主编等职。1957年选聘为中国科学院学部委员(院士)。1981～1992年当选为中国科学院主席团执行主席,后任名誉主席。

20世纪40年代末至50年代初,在美国参与开发新型航空发动机,1950年发表论文"径向平衡条件对轴流式压气机和透平设计的应用",开创叶轮机械三元流动数值仿真;1952年发表"轴流、径流和混流式亚声速与超声速叶轮机械中三元流动的普遍理论"论文,提出国际公认的吴氏方程和吴氏通用理论,广泛应用于航空发动机等先进设计;1956年,在清华大学创建全国第一个燃气轮机专业;出版《燃气热力性质表》(1959年)。60～70年代,参与航空发动机开发、改型与试验研究;主持研发和推广整套亚、跨、超声速计算机软件包;1976年在第三届国际吸气发动机学会会议上,发表应用任意非正交曲线座标的叶轮机械三元流动理论,提出基本方程组及其解法;将斯贝发动机核心机改型为燃气蒸汽联合循环发电供热系统。80年代,1980年提出总能系统、合理梯级利用能源、发展燃气蒸汽联合循环等概念,对探索能源合理利用有指导意义;1985年在北京主持召开第7届国际吸气发动机会议。1990年,应邀赴美国讲学4个月,由美国航空航天局出版专著作为行业培训教材。

主要论文汇编于《吴仲华论文选集》(2002年);代表论著还有《工程流体力学》、《能的梯级利用与燃气轮机总能系统》(1988年)、《跨声速轴流式压气机三元流动设计理论的方法和应用》等。"燃气轮机的研究"、"叶轮机械三元流动通用理论及其发展"课题,分别获1956年、1982年国家自然科学奖二等奖;此外有1975年中国科学院重大成果奖、1987年中国机械工程学会金奖等。在他去世时,美国机械工程师协会发了讣告,罗列了采用他的理论进行设计的一系列先进的航空发动机,称他为"叶轮机械先锋"。2007年,中国科学院和中国工程热物理学会共同设立吴仲华奖励基金,已颁发"吴仲华优秀青年学者奖"和"吴仲华优秀学生奖"等奖项。

(戴成勋)

黄培云(Huang Peiyun)　中国福建省人,1917年8月23日生于北京,2012年2月6日卒于湖南长沙。*冶金工程、冶金学、金属材料学。*

原籍福建闽侯,海关职员之子。1934年考入清华大学化学系,1938年西南联合大学化学系毕业。留校任教。1941年赴美国马萨诸塞理工学院学习,1945年获理学博士学位。留校做博士后研究。1946年回国,任武汉大学矿冶系主任、教授。1952年后,先后任中南矿冶学院(今中南工业大学)副院长兼教务长,该校粉末冶金研究所所长,校学术委员会主任、顾问等职。兼任美国粉末冶金学会国际联络委员会委员、中国金属学会副理事长、中国机械工程学会粉末冶金学会副理事长、湖南省科学技术协会主席等职。1994年选聘为中国工程院院士。

20世纪50年代建立中国第一个粉末冶金专业和粉末冶金研究所;提出粉末冶金烧结过程综合作用理论;最早从流变学角度提出"黄氏粉末压制理论",成为国际粉末压制理论重要学派之一,后获国家教委科学技术进步奖一等奖等;提出非规则溶液活度系数计算模型、三元系无机相图测定方法,成果获1991年国家自然科学奖三等奖;开发出多级快速冷凝制取非晶、准晶、微晶技术,在世界上首次用粉末冶金法制出大块准晶材料;制备成功固体火箭推进器用微细铝粉等多种粉末冶金材料,广泛用于核工业、航空航天、电子信息等领域,金属粉末快速冷凝技术获1997年国家发明奖三等奖。此外,建立粉末冶金教学-科研-生产三结合基地,获1997年国家教学成果奖特等奖等。

撰有论文逾百篇;出版译著《铜镍冶金学》(1956年),专著《粉末冶金基础理论与新技术》(1995年,与他人合著),主编《粉末冶金原理》(1982年初版、1997年再版)获1987年全国高等学校优秀教材奖。获国家和省部级奖励10余项,其中2002年获中国工程科学技术光华奖。

(李啸虎)

陈力为(Chen Liwei)　中国山西省人,1917年8月30日生于山东济南,2001年12月26日卒于北京。*计算机科学与工程、通信工程、信息处理技术、应用数学。*

原籍山西洪洞。1940年昆明西南联合大学电机系毕业。留校任教。1943～1946年在英国通用电器公司实习。回国后,历任浙江大学电机系副教授,南京有线电厂副工程师、技术科长、副总工程师,第二机械工业部第10研究所(成都)总工程师,第四机械工业部第15研究所(北京)副所长兼总工程师,国家计算机工业总局总工程师,电子工业部计算机与微电子发展研究中心总工程师、高级工程师。曾兼任全国计算机与信息处理标准化委员会主任、中国中文信息学会理事长、《中文信息学报》主编等职。1994 年选聘为中国工程院院士。

1959 年主持研制成功中国第一种半导体化的 12 路载波机,打破了外国技术封锁。20 世纪 60～80 年代,先后主持开发成功 7 种不同型号军用和民用计算机,以应国防尖端工程急需,获 1985 年国家科学技术进步奖特等奖。80～90 年代,致力于开发计算机中文信息处理技术,其中主要有:主持制订国家标准"信息交换用汉字编码字符集",获 1985 年国家科学技术进步奖一等奖;主持制订国家标准"信息用汉语分词规范",为中文信息处理进入词处理阶段创造了条件;积极倡导和研究"拼音-汉字转换"的键盘输入技术;着手建立中文信息处理技术应用开发平台,为汉语理解、机器翻译、人机接口等智能型应用系统奠定基础。

主编《中文信息处理丛书》,出版《汉字识别技术》、《汉语键盘输入技术》、《信息处理用现代汉语分词规范》等多种。多次获国家和部委级奖励。 (李啸虎)

杨槱(Yang You) 中国江苏省人,1917 年 10 月 17 日生于北京。*船舶工程、工程管理、工程教育、造船史学。*

原籍江苏句容。1935 年赴英国格拉斯哥大学造船系留学,1940 年获学士学位。同年回国,历任同济大学讲师,重庆民生机器厂副工程师、工程师,重庆商船专科学校教员,交通大学造船系教授。1944～1946 年参加中国海军造船人员赴美服务团在美国参观实习,曾任费城美国海军造船厂助理监造官。回国后先后任海军江南造船所工程师、海军青岛造船所工务课长、上海海军机械学校教务组长。1949 年后,历任同济大学教授、造船系主任,大连造船厂建厂委员会工务处长,中苏造船公司副总工程师,渤海造船厂筹备处工程师,大连工学院教授、造船系主任。1955 年起一直执教于上海交通大学,先后任教务长兼造船系主任,船舶及海洋工程研究所所长,船舶及海洋工程系教授,海洋工程国家重点实验室顾问等职。兼任镇江船舶学院(今江苏科学技术大学)副院长,中国造船工程学会副理事长及船史研究会名誉主任,中国海洋工程学会、中国太平洋历史学会副理事长等职。1980 年当选为中国科学院学部委员(院士)。

20 世纪 40 年代,研究改进川江船舶航行性能,发表一系列有影响的论文。50 年代,辗转南北参与组建多家造船厂,后转入高等院校从事管理、教学和科研。60 年代,主持和参与制订中国第一部《海船稳性规范》(1960 年);提出数十个相关研究课题,推动了中国船舶稳性研究;在中国首创被动式减摇水舱模型试验设备,指导进行系统的试验研究,成果广为应用,促进了船舶适航性技术发展。70～80 年代,主持和参加设计"瀛州"号巡逻艇;主持并参加 15 000 吨自卸运煤船新船型预研,受到有关部门肯定;在中国率先倡导、组织和带动研制海洋货船设计计算机集成系统,主持编制"主要尺度分析程序"和"型线设计程序"等软件;对水上运输模式进行计算机动态模拟,开展水运系统的科学规划;主持对 5 000 吨近海干货船、15 000 吨级远洋干货船等多型号船舶的技术经济论证,编制了计算机程序,开拓了船舶设计新领域。80 年代中期以来,带领研究生应用现代方法从事沿海和长江煤炭、石油、集装箱运输系统的分析研究,解决了水运系统的船型分析、船队规划等问题。他还开创了中国造船史研究,撰有"秦汉时期的造船业"、"对泉州湾宋代海船复原的几点看法"、"郑和下西洋所用宝船的进一步探索"、"山东蓬莱水城和明代战船"等多篇重要论文;1983 年创建中国造船工程学会造船史研究会,1985 年创办《船史研究》杂志。此外,对中国造船业发展战略、造船专业高等教育、船厂生产管理等方面深有造诣。

撰有《船舶静力学》(1963 年,与他人合著)、《工程经济在船舶设计中的应用》(1980 年)、《电子计算机辅助船舶设计》(1985 年,与他人合著)、《轮船史》(2005 年)、《郑和下西洋史探》(2006 年)等专著和教材。

(胡占华)

李敏华(Li Minhua) 中国江苏省人,1917 年 11 月 2 日生于江苏吴县(今属苏州市),2013 年 1 月 19 日卒于北京。*航空航天工程、固体力学、材料科学。*

职员家庭之女。1935 年考入清华大学,1940 年西南联合大学航空工程系毕业。留校任教。1944 年赴美国马萨诸塞理工学院机械系学习,1945 年、1948 年先后获硕士、博士学位,是该校历史上第一个工学女博士。1949 年任美国国家航空咨询委员会刘易斯发动机研究中心研究员。1952 年任美国布鲁克林理工学院机械系研究教授。1954 年回国,历任中国科学院数学研究所力学研究室研究员,中国科学院力学研究所固体力学研究室副主任、主任。1980 年当选为中国科学院学部委员(院士)。夫君吴仲华是工程热物理学家,1957 年选聘为中国科学院学部委员(院士)。

20 世纪 50～60 年代,回国后主持研制出瞬态加热加载材料实验机;论证了不同材料在加载过程满足塑性形变理论的适用条件,发展了塑性形变理论;将塑性形变理论推广到平面应力问题和轴对称平面应变问题,提出了一个简单而精确度较高的近似解法,有效处理了当时很难解决的非均匀材料性能的塑性变形问题。60～70 年代,在中国率先实现新型复合材料试件驻点温度超过 1000℃的高温实验;运用非正交曲线座标有限差分法新解法,精确算出航空发动机喇叭形涡轮轴在高应变集中区的应力分析,获 1978 年中国科学院重大成果奖、全国科学大会奖。80～90 年代及后,致力于航空航天方面的疲劳理论及机制研究。提出用全量应力-应变关系和分段幂函数近似实际疲劳循环曲线的模型;指导编制平面应力问题和三维问题的计算机程序,用以计算疲劳载荷作用下试件的应变分布和应力分布;进行比例超载对铝合金圆孔薄板试件低周拉-拉疲劳寿命影响的实验研究，得到了超载 60%，疲劳寿命增加 3～4 倍的结果。主要专著有《硬化材料的轴对称塑性平面应力问题的研究》(1960 年)等。 (颜华敏)

卢肇钧(Lu Zhaojun) 中国福建省人，1917 年 11 月 17 日生于河南郑州，2007 年 12 月 28 日卒于北京。*筑路工程、基础工程、岩土力学。*

原籍福建福州。铁路工程师之子。1941 年西南联合大学土木工程系毕业。先后供职于国民政府交通部桥梁设计处、滇缅公路工程局。1945 年任教于清华大学土木工程系。1947 年到美国哈佛大学工程研究院学习，1948 年获硕士学位。1948 年任美国马萨诸塞理工学院助理研究员兼做土力学博士生。1950 年尚未完成博士学业便提前回国，此后一直在铁道部科学研究院(今中国铁道科学研究院)工作，研究员，历任土工研究室主任，院学术委员会副主任、名誉主任等职。兼任中国土力学及基础工程学会理事长等职。1991 年当选为中国科学院学部委员(院士)。

20 世纪 50～60 年代，创建中国铁路第一个土工试验研究室，协助各地建立土工试验室，培训了大批专业人员，提高了新建铁路路基勘探、设计和施工质量；在中国最早阐明盐渍土松胀变形、饱和软粘土沉陷的机理及其对路基影响，制定了判别试验标准和设计原则；在中国最早成功采用排水砂井处理软土地基。70 年代，提出新型锚定板挡土结构形式及其计算理论，因结构轻、柔性大、省材料、适应性强等优点而列入中国筑路工程设计规范。80～90 年代，首先获得膨胀土强度变化规律；发现非饱和土吸附强度与膨胀压力相互关系；参与主持开发出抗膨胀土和裂土不稳定性的相应新技术，有关项目获国家科学技术进步奖二等奖。

主要论文收于《卢肇钧院士科技论文选集》(1997 年)；主编《地基处理新技术》(1989 年)、《锚定板挡土结构》(1989 年)、《中国土木工程指南·土工与地基基础》(1992 年)等专著，其中《地基处理手册》(1988 年)获 1988 年中国图书优秀奖。 (李 烨)

屠守锷(Tu Shoue) 中国浙江省人，1917 年 12 月 5 日生于浙江吴兴(今属湖州市)南浔镇，2012 年 12 月 15 日卒于北京。*导弹与航天工程、火箭总体设计、工程管理。*

职员家庭出身。1940 年西南联合大学航空工程系毕业。后任成都航空研究所助理员。1941 年赴美国留学，1943 年获马萨诸塞理工学院航空系硕士学位后，任美国布法罗·柯蒂斯飞机工厂工程师。1946 年回国，历任西南联合大学副教授，清华大学航空工程系教授，北京航空学院系主任、院长助理。1957 年后，先后任国防部第五研究院第二总体设计部主任、第一研究院副院长兼第一总体设计部主任，第七机械工业部第一研究院总工程师、副院长兼总体设计部主任，航天工业部科学技术委员会副主任，航空航天部、中国航天工业总公司高级顾问。兼任国际宇航联合会教育委员会副主席、中国航空学会副理事长等职。1986 年当选为国际宇航科学院院士。1991 年当选为中国科学院学部委员(院士)。

先后担任中国中近程、中程导弹副总设计师，第一代洲际导弹和“长征二号”运载火箭总设计师。1964 年主持研制成功中国第一枚地地中近程液体弹道导弹；1966 年导弹、原子弹“两弹结合”飞行试验成功。“长征二号”运载火箭 1975 年成功发射中国第一颗返回式遥感卫星；主持“长征二号”运载火箭对不同卫星的适应性修改，其中“长征二号 C”运载火箭连续 10 多次成功发射各类卫星，并首次进入国际服务市场；1980 年 5 月 18 日向太平洋预定海域成功发射洲际液体弹道地地导弹，使中国跨入了世界先进行列；作为技术总顾问，1990 年发射成功“长征二号 E”大型捆绑式运载火箭，在短期内把近地轨道卫星重量提高两倍多，1992 年成功发射“澳星”。

撰有“火箭横向振动的振型与频率”(1985 年)等内部研究报告。多次获奖，其中有 1984 年航天部一等功，1985 年国家科学技术进步奖特等奖，1994 年求是科学技术“杰出科学家奖”，1999 年国家“两弹一星”功勋奖章，2006 年中国航天科工集团公司“中国航天事业五十年最高荣誉奖”等。 (侯伯勤)

张沛霖(Zhang Peilin) 中国山西省人，1917 年 12 月 17 日生于山西平定，2005 年 9 月 15 日卒于北京。*冶金工程、核燃料工程、物理冶金学、工程管理。*

1936 年考入交通大学唐山工学院矿冶系，翌年抗日战争爆发随平津学生流亡内地，后就读于西北工学院矿冶系并于 1940 年毕业。同年到云南钢铁厂工作。1945 年赴英国留学，1949 年获设菲尔德大学冶金学院博士学位，留校从事冶金研究。1951 年回国，历任中国科学院金属研究所研究员、副所长，第二机械工业部冶金总工程师，核工业部核燃料局总工程师，中国核工业总公司科学技术委员会高级顾问。曾兼任中国核学会理事长等职。1980 年当选为中国科学院学部委员(院士)。

早期从事物理冶金方面工作，在英国钢铁学会会刊上发表过论文“钢的冷加工”和“氢在铁和铁合金中的扩散”等。20 世纪 50 年代初赴沈阳负责筹建中国科学院金属研究所，主持建造该所上万平方米的研究大楼以及附属的实验工厂，协助李薰领导该所从事钢铁冶炼和提高钢质量的研究。1956 年参与创办《金属学报》。1962 年到北京任第二机械工业部冶金总工程师后，他仍继续兼任中国科学院金属研究所副所长多年，为该所加强与第二机械工业部的通力合作，把研究方向转向“两弹一星”和核潜艇下水所需的新材料、新技术方面起了重要的协调作用。他直接参与并领导解决核武器部件、生产堆燃料元件、核潜艇动力反应堆燃料元件和高通量试验堆燃料元件等研制中的一系列关键性技术问题，还指导完成中国第一座核电站秦山核电站的燃料元件工艺。曾获 1985 年国家发明奖二等奖、国防科学技术成果奖特等奖等多种奖励。1998 年获何梁何利技术科学奖。

(孙晓芳)

吴自良(Wu Ziliang) 中国浙江省人，1917 年 12 月 25 日生于浙江浦江，2008 年 5 月 24 日卒于上海。*冶金*

工程、核燃料工程、物理冶金学、材料科学。

1935年考入天津北洋大学工学院航空工程系；1937年抗日战争爆发后，该校内迁到陕西城固，与其他高校合并为西北工学院，1939年他从该校毕业。后在云南垒允中央飞机制造厂、昆明中央机器制造厂任工程师。1943年赴美国留学，1948年获匹兹堡卡内基理工学院冶金系理学博士学位，后任该校金属研究所博士后研究员。1949年任锡腊丘斯大学材料系主任研究工程师。1950年底回国，任唐山北方交通大学冶金系教授。1951年后，历任中国科学院上海冶金陶瓷研究所（后为上海冶金研究所）研究员、第10研究室主任、副所长和学术委员会主任等职。1980年当选为中国科学院学部委员（院士）。

20世纪50年代，领导完成抗美援朝急需的特种电阻丝研制任务，获得奖励；用中国富产元素锰、铝等代替短缺的铬，成功研制出替代苏联40X低合金钢的代用钢——锰钼钢，开创了中国合金钢系统的历史。60年代，开始研究钢中过渡族元素如铬、钼、钒、钛等和氮的交互作用，澄清了过去文献中许多争论和谬误，证明只有钛才有足够的固氮能力等特性；1964年主持试制成功用气体扩散法分离铀同位素的甲种分离膜制造技术，能把只含0.7%的铀235从铀矿石中分离出来，这是中国继美国、苏联、英国之后掌握的尖端技术，1964年10月16日中国西北的罗布泊上空升起了第一朵“蘑菇云”，后获1984年国家发明奖一等奖、1985年国家科学技术进步奖特等奖。1988年研究高温超导体元素中的氧扩散机制，求得了精确的氧扩散率和扩散激活能。1999年获“两弹一星”功勋奖章。（巫瑞智）

童宪章（Tong Xianzhang） 中国江苏省人，1918年1月10日生于北京，1996年1月30日卒于同地。*石油开采工程、采矿学、工程管理。*

原籍江苏扬州。1941年中央大学（今南京大学）物理系毕业。同年任甘肃玉门油田助理工程师。1945年赴美国，到英荷壳牌石油公司和美孚石油公司进修。1946年底回国，先后任玉门油田副工程师、工程处副处长。1951年起历任西北石油管理局主任工程师，石油部采油主任工程师，胜利油田工程师，中国石油天然气总公司北京石油勘探开发科学研究院总工程师、教授级高级工程师。1991年当选为中国科学院学部委员（院士）。

20世纪40年代，自制油井电测仪器进行玉门油田首批中深自喷井井下电测；参与引进美国先进钻井采油工艺，建成中国第一批自喷油井。1949年后，主持玉门油田储量计算和油田开发方案编制；主持编制新发现的克拉玛依大油田开发方案；参加陕北和四郎庙油田勘探。60～70年代，主持大庆油田、葡萄花、太平屯、萨尔图等油区第一口井试油工作；主持编制大庆油田开发方案；发明童氏水驱曲线法和研制相应软件，可准确、快捷分析油田油藏和油井生产动态，已普遍推广应用，并被外国石油公司所采用。1980年前后，中国主要油田出现产量不稳现象，他多次赴大庆油田和胜利油田，多年研究水驱油田规律，提出和开发“童氏曲线方法及软件”，获得推广，并被澳大利亚、委内瑞拉等国外油田所采用；核实油田动用水驱储量，提出调整井网、机械采油等稳产措施；参与主持研究大庆油田注水开发技术，保证了长期高产稳产，获1985年国家科学技术进步奖特等奖。

主要论著有《压力恢复曲线在油气田开发中的应用》（1977年）、《油井产状和藏油动态分析》（1981年中文版，1988年英文版）等。（李　烨）

林兰英（Lin Lanying） 中国福建省人，1918年2月7日生于福建莆田，2003年3月4日卒于北京。*集成电路工程、半导体材料科学、半导体物理。*

1940年福建协和大学物理系毕业。留校任教。1948年赴美国，1949年获狄金逊学院数学学士学位。1951年、1955年相继获美国宾夕法尼亚大学物理学硕士、博士学位。毕业后聘任美国索尔凡尼亚公司高级工程师。1957年随身携带500克锗、100克硅单晶回国，任中国科学院应用物理研究所半导体材料研究组组长。1960年后相继任中国科学院半导体研究所半导体材料研究室主任、副所长。曾兼任中国科学技术协会副主席、中国电子材料行业协会主任委员、中国电子学会半导体材料与器件分会名誉主任等职。1980年当选为中国科学院学部委员（院士）。

中国材料科学杰出女专家。1957年研制成功中国第一根锗单晶；1958年研制成功中国第一根硅单晶；建造了新型硅单晶炉；因研制成功无位错硅单晶、硅平面工艺及5种硅平面晶体管，获1964年国家科学技术进步奖一等奖。70年代，建立一套高气密性、抗强腐蚀的外延生长系统。80年代，先后制成国际最高纯度的气相外延、液相外延砷化镓单晶，获1981年中国科学院科学技术进步奖一等奖、1985年国家科学技术进步奖二等奖；1981年与他人合作完成4千位、16千位大规模集成电路硅栅MOS随机存储器，获1982年中国科学院重大科学技术成果奖一等奖；主持研制成功SOS-CMOS小规模集成电路；研制成功双束合成低能离子束外延实验机；1987年首次在太空环境下用重熔再结晶法生成两块高纯度砷化镓单晶；后相继4次在中国返回式卫星上生长砷化镓单晶，并制成室温连续相干的双异质结激光器，获1989年中国科学院科学技术进步奖一等奖、1990年国家科学技术进步奖三等奖。20世纪90年代及后，深入研究微重力半导体材料科学，利用空间生长的砷化镓制造微波低噪声场效应晶体管、模拟开关集成电路等等。主要论文收于《林兰英论文选》（1993年）。还获1996年何梁何利科学与技术进步奖、1998年霍英东成就奖等。（段智勇）

李鹗鼎（Li Eding） 中国天津市人，1918年3月15日生于北京，2001年12月30日卒于同地。*水利水电工程、结构力学、工程管理。*

原籍天津市。教员家庭出身。1936年考入清华大学，1940年毕业于西南联合大学工学院土木工程系。1943年赴英国伦敦哈诺工程咨询公司进修。1946年回国后，参加四川龙溪河清渊硐水电站施工。1949年后，历任燃料工业部水电总局勘测处工程师、勘测设计局副总工程师，贵州水电工程局总工程师，黄河三门峡工程局总工程师，国家水利电力部基建司总工程师、水电建设总局副总工程师，国家电力工业部副部长，水利电力部总工程师、顾问、教授级高级工程师等职。曾兼任国际大坝委员会副主席、中国水力发电工程学会理事长、世界银行贷款大型水电工程特别国际咨询团团长等职。1995年当选为中国工程院院士。

长期从事大中型水电工程的站址、坝址、坝型和枢纽布置选定等开发建设，其中参与长江三峡三斗坪坝址的选定；1954～1973年，主持高质量完成狮子滩、三门峡、刘家峡、盐锅峡、映秀湾、猫跳河等水电站现场施工；极力引进推广面板堆石坝、碾压混凝土等先进技术，创造地解决了一系列重大技术难题，其中如乌江渡岩溶渗漏处理、凤滩的空腹拱坝、丰满泄水洞进口的水下岩塞爆破、龙羊峡大坝基础处理、映秀湾闸坝基础液化和推移质过坝等问题；负责全国水电建设的技术领导，对乌江渡、凤滩、东风、漫湾、大化、岩滩、水口、二滩、天生桥、龙羊峡等10余座大型、特大型水电工程设计进行严格审查、完善优化和果断决策。（李啸虎）

伍重，J. O.（Utzon，Jrn Oberg） 丹麦人，1918年4月9日生于丹麦哥本哈根，2008年11月29日卒于同地。土木工程、结构力学、建筑学、工程管理。

海军工程师之子。1937～1942年在丹麦皇家美艺术研究院建筑系学习。毕业后，先后在瑞典斯德哥尔摩一家建筑师事务所、芬兰阿尔瓦·阿尔托建筑师事务所当职员。后花10年时间，遍游和考察美国、墨西哥、日本、中国、印度和澳大利亚等地建筑业和建筑教育，其中访问了F. L. 赖特在美国亚利桑那州创办的建筑学院。1950年在哥本哈根开设伍重建筑师事务所。2003年获澳大利亚悉尼大学荣誉博士学位。在睡梦中因心脏病发作去世。

以设计澳大利亚悉尼歌剧院而著称于世。1957年，38岁的伍重还是一位名不见经传的建筑师，出人意料地成为30多个国家的230位参赛者中的一匹“黑马”。他设计的这一庞大建筑群，被当时媒体称为“用白瓷片覆盖的三组贝壳形的混凝土拱顶”，建筑面积8000平方米，1959年正式动工，1973年才建成，历时14年，耗资1.2亿美元。2007年6月28日，悉尼歌剧院被联合国评为世界文化遗产，他也成为现代历史上第二位、活着的唯一位建筑作品被公认为世界文化遗产的人。主要作品还有：瑞典赫尔辛堡住宅区（1954～1966年）、伊朗德黑兰国家银行（1959～1960年）、丹麦弗雷登斯堡庭院住宅（1959～1965年）、丹麦哈默斯霍伊护理中心（1962～1966年）、瑞士苏黎世剧院（1964～1970年）、科威特国民议会大厦（1972～1984年）等。普利兹克奖评委会认为，他是“根植于历史，而领先于时代”的“少数现代主义建筑师之一”。

获1978年英国皇家建筑师协会皇家金奖、1980年日光与建筑构件奖、1982年阿尔托奖章、1985年澳大利亚荣誉勋章、1992年萨尔曼奖章、1992年沃尔夫奖、1998年桑宁奖、2003年国际建筑界最高奖普利兹克奖等。（李　烨）

顾夏声（Gu Xias heng） 中国江苏省人，1918年5月6日生于江苏无锡，2012年2月6日卒于北京。水处理工程、环境科学与工程。

知识分子家庭出身。1941年交通大学土木工程系市政卫生工程专业毕业。1945年赴美国留学，1948年获得克萨斯农工大学卫生工程硕士学位，后去新泽西州拉特格斯大学环境卫生系进修，曾任芝加哥水泵公司污水处理设备研制部工程师。1949年回国，先后在唐山交通大学、北京大学任副教授。1952年全国院系调整到清华大学执教，环境科学与工程系教授，曾任环境工程教研室主任等职。兼任国家教委环境工程类教材委员会主任、中国环境科学学会理事会顾问、北京市政府给水排水顾问、英国《国际技术开发》（季刊）编辑顾问等职。1995年当选为中国工程院院士。

主持研究有机废水厌氧生物处理机理，发展了对升流式厌氧污泥层（UASB）反应器理论，在国际上首次提出UASB反应器内厌氧颗粒污泥的结构模型和“晶核生长”学说；开发了高浓度有机废水的厌氧生物处理技术，其中UASB反应器处理啤酒厂等废水的新工艺达到了国际先进水平，被列入“国家环境保护最佳实用技术”，广泛应用于污水处理工程；首创二相UASB新工艺，使废水经酸化后，用自养型硫细菌进行生物脱硫，后进行甲烷发酵和硫回收，实现了含高硫酸盐有机废水治理的重要技术突破；发展了焦化废水生物处理原理，创造了难降解有机污染物可生化性处理新工艺；发明设计用生物转盘处理染色废水；深入探讨了氧化塘中碳、氮、磷的转移规律，并研究了废水生物脱磷技术。

发表论文百余篇；出版专著、教材7部，其中主编或与他人合作编写《废水处理与利用》（1978年）、《水处理微生物学基础》（1980年初版，1998年第3版）、《废水生物处理数学模式》（1982年初版，1993年再版）和《水处理工程》（1985年）等。（吴绩新）

德鲁克，D. C.（Drucker，Daniel Charles） 美国人，1918年6月3日生于美国纽约，2001年9月1日卒于佛罗里达州盖恩斯维尔。材料科学与工程、机械工程、应用力学、工程教育。

土木工程师之子。入读美国哥伦比亚大学，1940年获博士学位。同年任教于康奈尔大学。1943年任美国装甲研究基金会研究员，并在美国陆军航空兵团服役。1945年任伊利诺伊技术学院力学助理教授。1947～1968年任教于布朗大学，先后任副教授、教授。1968年任伊利诺伊大学工学院院长。1984年任佛罗里达大学力学研究教授，1994年退休。1986年任《应用力学》杂志主编。1973年任美国机械工程师协会主席。1981年任美国工程教育学会会长。还曾任美国实验力学学会会长、美国土木工程师协会主席、国际理论与应用力学联合会主席等职。1967年当选为美国国家工程院院士。是美国文理科学院院士、波兰科学院外籍院士。获美国伊利诺伊大学等5所大学的荣誉博士学位。

具有国际影响的材料力学权威。20世纪30年代后期，较早运用光测弹性法分析材料应力。他改进了光弹应力分析方法，发展了几项实验技术，利用某些透明材料在受力变形时产生光学各向异性的特点，根据偏振方向不同的双折光线的光程差以确定弹性体主应力变轴差值；利用同色条纹图像，得到模型中的应力状态和分布。1940 年的博士论文已成为经典文献，“德鲁克斜入射法”在大学和工业界的光弹实验室被广泛采用。他对塑性理论及其用于分析和设计金属结构有重要贡献，在国际学术界享有盛名。首次引入材料稳定性的概念（现称为“德鲁克稳定性假设”），将材料和结构按照稳定程度进行分类，提出了一种统一而简明的一般方法，以处理金属和合金材料塑性行为的应力-应变关系。其理论直接导向极限设计，建立起一种预测工程结构承载力的技术。他还将显微术用于材料结构与性质研究，并广泛涉及材料的疲劳、裂痕和切削加工等领域。

代表作有《塑性延伸中的应力-应变关系》(1959 年)等。获 10 余项奖励，其中有 1983 年美国机械工程师协会铁木辛柯奖章，1988 年美国国家科学奖章，1998 年美国机械工程师协会首届德鲁克奖章(该奖项以他命名设立)，以及美国土木工程师协会冯·卡门奖章，美国工程科学学会首届普拉格奖章，哥伦比亚大学埃格尔斯顿奖章和伊利格奖章等。　(唐玄之)

张效祥(Zhang Xiaoxiang)　中国浙江省人，1918 年 6 月 26 日生于浙江海盐(今属海宁)，2015 年 10 月 22 日卒于北京。计算机科学与工程、电气电子技术、应用数学、工程管理。

1943 年武汉大学电机系毕业。1956～1958 年在苏联科学院精密机械及计算技术研究所进修。回国后，历任全军总参谋部第 56 研究所工程师、副所长、所长兼总工程师，第 58 研究所研究员等职。兼任中国科学技术协会副主席，国务院电子振兴领导小组计算机顾问，中国计算机学会理事长、名誉理事长，清华大学等校兼职教授等职。1991 年当选为中国科学院学部委员(院士)。

组织领导并参与开发研制从电子管、晶体管到大规模集成电路的中国各代大型计算机，为中国计算机事业的创建、成长和拓展作出了贡献。从 20 世纪 50 年代，主持在仿制苏式计算机基础上开发成功中国第一台大型通用电子计算机 104 机，并于 1959 年国庆前夕顺利投入运行，实现了中国大型机的零的突破。60～70 年代，对日本和美国等国计算机产业进行考察和比较研究；主持开发研制国防和科研急需的新一代大型机，进一步改进和提高其性能，并拓广其应用领域；领导和参与在中国率先开展多处理并行计算机系统等国家重大项目的攻关工作。80～90 年代，跟踪当时国际计算机发展趋势，经多年努力于 1985 年胜利完成中国第一台亿次巨型并行计算机系统；主持撰写“中国计算机学会关于发展我国大型通用机的建议”。

主编《计算机科学技术百科全书》(1999 年初版，2005 年第 2 版)；另有著作《现代科技与战争》(2005 年，与他人合著)等。多次获国家和军队奖励，其中有 1987 年国家科学技术进步奖特等奖、总参谋部科学技术进步奖一等奖等；荣立军队一等功等。获国家科委“为国家 863 高技术计划的实施作出特殊贡献的专家”荣誉证书。2011 年获中国计算机学会终身成就奖等。

(李　烨)

福雷斯特，J. W. (Forrester，Jay Wright)　美国人，1918 年 7 月 14 日生于美国内布拉斯加州安塞尔莫。计算机科学与工程、电气电子技术、管理科学。

奶牛场主的儿子。1939 年毕业于内布拉斯加大学电气工程系。同年进马萨诸塞理工学院当研究生，次年参与创建伺服机构实验室，开发战时军工产品，1945 年获自动控制专业硕士学位。留校工作，1945～1956 年先后任数字计算机实验室首任主任、林肯实验室电子计算机分部主任。1956 年起至退休，任马萨诸塞理工学院斯隆管理学院工业管理学教授。先后获内布拉斯加大学、波士顿大学荣誉博士学位。是美国国家工程院、美国管理科学院、美国文理科学院院士。

世界上第一台并行通用计算机“旋风”的主要设计者、系统动力学理论创始人。1946 年在美国海军部支持下开发“旋风”计算机，只用了 4 000 只真空管，是当时研制的首批电子计算机中结构最简约的；发明用一种不含硅的材料作阴极，使真空管寿命提高 1 000 倍；设计一种边缘检测系统，在计算机启动后便能自检电子元件性能，使机器可靠性又提高一个数量级；几乎和美籍华裔学者王安同时，独立研制成功铁淦氧磁芯存储器，具有随机存取速度快、可靠性高、价格低等优点，在半导体存储器问世前，统治市场数十年。旋风计算机 1950 年初投入正式运行，创下计算机发展史上数个第一：第一台采用并行通用模式，第一台实时运行，第一台安装磁芯存储器，当时计算速度最快(字长 16 比特，加法速度 2 微秒，乘法 20 微秒)。1958 年旋风机成为美国著名的半自动地面防空系统 SAGE 的核心，服役 30 年。

1956 年起，他从技术科学转向管理科学和人文社会科学，创立了系统动力学理论，并用以具体分析社会经济系统。该领域代表作有：《系统原理》(1961 年初版，1968 年再版)、《工业动力学》(1961 年初版，1999 年再版)、《城市动力学》(1969 年)、《世界动力学》(1971 年初版，1973 年再版)等。

另有《福雷斯特文集》(1975 年)。获 1968 年华盛顿大学年度发明奖，1969 年丹麦工程院波尔森金质奖章，美国电气与电子工程师协会 1972 年荣誉奖、1980 年首届计算机先驱奖等。1979 年入选美国发明家名人堂。　(徐建儒)

吴中伟(Wu Zhong wei)　中国江苏省人，1918 年 7 月 20 日生于江苏江阴，2000 年 2 月 4 日卒于北京。建材科学与工程、混凝土材料科学、物理化学。

生于乡村小学教员家庭。1940 年重庆中央大学土木系毕业。曾在导淮委员会担任綦江水道闸坝等设计建造工作。1945 年在美国丹佛材料研究所研修混凝土技术。1946 年归国，先后任淮河水利总局技正、中央大学副教授兼混凝土研究室副主任。1949 年后，历任国家重工业部华北窑业公司工程师、混凝土研究室主任，国家建筑材料部水泥研究院混凝土研究室主任、副院长兼总工程师，中国建筑材料科学研究院总工程师兼副院长。曾任清华大学等校兼职教授，《硅酸盐学报》主编等职。1994 年选聘为中国工程院院士。

20 世纪 40 年代，参与研制石灰烧黏土水泥，开中国无熟料水泥研制、应用之先河；1947 年创建中国第一个混凝土研究室。50 年代，密切联系工程实际相继出版《怎样做好混凝土工程》等 3 部著作，对当时推广新技术、提高施工质量影响较大；合作研制中国最早的混凝土外加剂(引气剂)，具有抗腐蚀崩解性能，沿用至今；在中国最早提出混凝土的碱-集料反应问题及对策，后成为水利水电部门施工标准，避免了不少国家发生过的巨大损失。60～70 年代，研制硅酸盐自应力水泥、钢丝网水泥、自应力混凝土等一系列代钢代木水泥制品；首次提出混凝土中心质假说，为研究混凝土结构与性能关系提供了理论基础；首创膨胀混凝土后浇缝技术，成功应用于各种防水工程。80～90 年代，解决了混凝土抗裂防渗问题；指导和推进膨胀混凝土研究，提出混凝土补偿收缩模式，结合工程实际取得显效；在中国率先倡导高性能混凝土、环保型胶凝材料、绿色高性能混凝土；提出调整产业结构、大量利用工业废渣等建议。

发表论文百余篇；出版《补偿收缩混凝土》(1979 年)、《膨胀混凝土》(1985 年)、《高性能混凝土》(1998 年)等专著 8 部。获 1999 年何梁何利科学与技术进步奖。 (李晓艳)

陶布，J. M. (Taub, James Monroe)　美国人，1918 年 7 月 26 日生于美国俄亥俄州克利夫兰。*冶金工程、核材料工程、金属学、物理化学。*

1940 年毕业于凯斯技术学院冶金工程系，获学士学位。在共和钢铁公司工作 2 年后，回凯斯技术学院任研究助理，并在 1940 年进夜校，1944 年获冶金工程理学硕士学位。同年下半年进洛斯阿拉莫斯国家实验室，从事与第一颗原子弹有关的冶金学开发研究。第二次世界大战后，继续留在该实验室指导材料工艺研究室直至 1975 年。同年被任命为美国能源部顾问。

钚和铀的金属和合金材料研究的开拓者之一，对这些新材料的处理和加工作出过贡献，包括炼制高纯度金属，将它们实际应用于核反应堆，并且可以对这些金属和合金进行各种加工。由于他在核科学与工程领域的贡献，1963 年获得美国原子能委员会颁发的洛伦茨奖。 (夏元复)

张作梅 (Zhang Zuomei)　中国广东人，1918 年 10 月 4 日生于广东兴宁，1998 年 12 月 30 日卒于吉林长春。*动力与机械工程、精密加工技术、金属物理学、材料科学。*

出身书香门第。1941 年毕业于广州中山大学机械系。1945 年公费去英国留学，1949 年获设菲尔德大学工程研究院博士学位。留校任研究员。1951 年回国，参与组建中国科学院沈阳金属研究所，任压力加工研究室副主任。1957 年任中国科学院机械电机研究所副所长兼压力加工研究室主任。1960 年任长春光学精密机械研究所副所长。1980 年任中国科学院长春分院副院长。曾兼任中国机械工业技术发展基金委员会副主任等职。1980 年当选为中国科学院学部委员(院士)。

长期从事金属压力加工的理论与工艺研究，在金属可塑性、高速形变机理和材料机械性能等研究领域，取得重要突破。20 世纪 50 年代，在中国率先开展关于球墨铸铁作用，取得成果；参与吉林丰满水电站水轮机动态实验应力测定与分析，为中国独立设计大型水轮机提供科学依据。60 年代，主持研究尖端精密光学测试设备工程工艺；对金属在均匀压缩下的应力应变关系，横煅及横轧时金属的变形和破裂，金属的塑性和变形抗力等进行了系统的基础性研究；对重轨轧制，薄板黏结，电热丝材料加工，新钢种轧制、锻造和挤压等进行了系统的工艺学研究，为钢种国产化作出了重要贡献。70 年代，主持和指导金属超塑性、非晶态合金的研究，取得国内领先、国际先进水平。此外，主持制定了长春光学精密机械研究所的机构学、机械传动、摩擦磨损润滑、机械材料与工艺 4 个研究室的方向任务和实施方案；承担了空间机械和机器人等高科学技术课题任务；曾 3 次参与中国科学技术发展规划的制定，是具体制定并组织实施中国机械科学发展规划的负责人之一。著有《金属在均匀压缩下的应力应变关系》(1963 年)等专著多部。 (侯伯勤)

小西曼斯，R. C. (Seamans, Robert Channing, Jr.)　美国人，1918 年 10 月 30 日生于美国马萨诸塞州塞伦，2008 年 6 月 28 日卒于马萨诸塞州贝弗利。*航空航天工程、自动控制、控制论、科技管理。*

1939 年获哈佛大学工程学理学士学位。1942 年、1951 年先后获马萨诸塞理工学院航空工程理学硕士、仪表仪器专业理学博士学位。1941～1955 年在马萨诸塞理工学院航空工程系任教，1945 年任助理教授，1950 年任副教授，兼任飞行控制实验室主任等职。1955 年加盟美国无线电公司任空中运行系统实验室主任兼总工程师，1958 年任导弹电子学与控制部总工程师。期间，1948 年起兼任美国国家航空咨询委员会(美国航空航天局前身)技术委员会委员、理事、顾问等职。1960 年任美国航空航天局(NASA)局长助理，1965 年起先后任副局长、代理局长，1968 年任局长顾问；兼任美国航天协调委员会副主席。同年任马萨诸塞理工学院航空航天系客座教授。1969～1973 年任美国国防部空军部长。1973～1974 年任美国国家工程院院长。1974～1977 年任美国政府能源研究开发署(能源部前身)主任。1977～1978 年任马萨诸塞理工学院工学院院长。1981 年任美国航天公司董事长。1964 年当选为美国文理科学院院士。1962～1974 年先后获罗林斯学院、纽约大学等 4 所美国高校荣誉博士学位。

20 世纪 40～50 年代，从事航空工程飞行控制系统的研究开发。其实验工作几乎涉及所有的控制装置，首次总结出关于自动控制装置的基本原理，迄今一直为航空航天工程界所运用；设计制作了一系列制导系统，其中广泛涉及航空导航系统、导弹控制系统和飞船稳定系统等，成为以后研制更为先进制导系统的雏形与基础；

参与研发超音速航空发动机，对其进行了全面而细致的动力学试验和分析。60～70年代，参与和主持美国航空航天局研究开发计划与方案制定，负责协调各方面机构的协作、实验室工作进度，监管现场组装飞行器及其发射设施，以及负责建立全球跟踪站网络；参与主持多项美国重大太空计划的策划、论证、实施和验收监管，其中包括水星项目、双子星项目和阿波罗登月项目等，在管理层面上作出了重要贡献。

出版有自传《瞄准目标》(1994年)、回忆录《阿波罗项目：艰难的决策》(2005年)。多次获奖，其中有：1945年美国海军军械发展奖，1951年美国航空航天协会劳伦斯-斯佩里奖，1965年美国新英格兰航空俱乐部卡博特航空奖，1965年、1969年两次NASA杰出服务奖章，1968年戈达德奖等。 (马见慈)

巴顿，Ь. Е.（Патон，Борис Евгенвевич；Paton，Boris Evgenievich） 乌克兰人，1918年11月27日生于乌克兰基辅。*冶金工程、焊接技术、电冶金学、工程管理。*

苏联焊接权威E. O.巴顿之子。1941年毕业于乌克兰基辅综合技术学院，1945年获该校硕士学位，1952年获该校博士学位。1942年起至退休，一直在乌克兰科学院电焊研究所工作，历任研究员、实验室主任、副所长等职，1953年接替老巴顿出任所长。1951年入选乌克兰科学院通讯院士，1958年入选院士，1962年起担任院长。同年当选为苏联科学院院士(1992年起转为俄罗斯科学院院士)，次年成为主席团成员。1966年当选为苏联共产党中央委员。1973～1974年当选为苏联最高苏维埃联盟院副主席。他还是国际科学院联合会主席，国际工程科学院名誉主席，许多国家科学院和学会的外籍成员。

在焊接、冶金和科研管理领域作出重要贡献。在焊接方面，他主持发明一种崭新的焊接方法——电渣焊，为动力工业和化学工业有效解决了许多老大难问题，其中包括建造大型特种高压容器、水轮发电机、海轮和海洋工程等的大尺寸接头问题；参与主持制定苏联一系列有关焊接生产、科学技术综合发展的规划与方案。在冶金方面，他主持发明电渣重熔炼法，使特种钢和各种合金的冶炼质量大为改善；创建电冶金学这一新学科的基本理论与方法。

他是一个多产科学家，拥有科学成果1000余项，其中包括专著20余部、发明专利400余项，以及数百篇论文和数十本小册子。获奖甚多，其中有：1950年苏联国家奖金、1957年列宁奖金、两枚列宁勋章、一枚劳动红旗勋章和数枚其他金质奖章等。 (李啸虎)

林同骥（Lin Tongji） 中国福建省人，1918年12月12日生于北京，1993年7月29日卒于美国波士顿。*航空航天工程、空气动力学、流体力学。*

原籍福建福州。出生书香门第，在家中11个子女中排行第七，世界著名桥梁专家林同炎是其二哥。1942年获重庆中央大学航空工程系学士学位。毕业后任四川南川第二飞机制造厂检验员。1945年公费留学英国，1948年获伦敦大学航空工程系博士学位。1948～1955年先后在美国华盛顿大学、伯克利加利福尼亚大学和布朗大学做博士后、研究员。1955年回国，历任中国科学院力学研究所副研究员、研究员，第七机械工业部207研究所和701研究所研究员、副所长；1978年至去世，任中国科学院力学研究所研究员，曾任副所长。1983～1991年任亚洲流体力学学会副主席。曾兼任国际理论与应用力学联合会理事、中国力学学会副理事长兼秘书长、《力学学报》主编等职。1980年当选为中国科学院学部委员(院士)。

20世纪40～50年代，解决了高频振动下壳壁截面转动惯量和横向剪切的双重效应；得到壁面气流滑移对驻点总压影响的理论解；编写《高超声速空气动力学》讲义；主持设计建造中国第一座暂冲式超声速风洞和气源系统。60～70年代，承担人造卫星回收方案研究；提出翼型截面内奇点消除方法，获得不同厚度、不同弯度翼型截面柱体扭转和弯曲的精确解；研究无粘跨声速内外流动问题获重要成果；主持完成中国第一代洲际导弹弹头防热方案确定，获1978年全国科学大会成果奖、国防科学工业委员会二等奖和国家发明奖。80～90年代，提出烧蚀图像的流动模型；参与研究和判读1981年吉林陨石雨烧蚀图像，总项目获国家自然科学奖特等奖；建造中国第一座U型振荡水槽，重点研究波浪和漩涡的流体力学，为研造海洋平台、有效进行油气生产提供了科学依据。多次获奖。1984年获国防科学工业委员会颁发的“献身国防科学技术事业”荣誉证章。

(李啸虎)

罗切斯特，N.（Rochester，Nathaniel） 美国人，1919年1月14日生于美国纽约州布法罗，2001年6月8日卒。*计算机科学工程、电气与电子工程、工程管理。*

1941年毕业于马萨诸塞理工学院(MIT)电气工程专业。同年留校在著名的放射实验室工作。1943年起供职于锡尔瓦尼亚电气产品公司。1948年起加盟美国国际商用机器公司(IBM)，1955年在IBM研究实验室工作，期间1958～1959年在MIT做访问教授，回公司后任实验性机械研究主管1992年退休。结过2次婚，有10个子女，15个孙子女，5个曾外孙子女。

第一代电子计算机科学技术的奠基者之一、IBM公司的第一个系统设计师。1950年，他和J. A.哈达德共同负责IBM-701型电子计算机研制小组，分工主管工程设计，并为该机设计和开发了世界上第一个成熟的汇编语言翻译程序——符号汇编器。IBM-701作为IBM公司投入商业生产的第一种电子计算机，每秒运行16 000次，它标志着从穿孔卡片计算器到磁带驱动的第一代电子计算机的成功转变，1953年推向市场，累计销售逾千台。1954年，IBM公司和美国乔治敦大学协作，用IBM-701型计算机尝试将俄文译成英文，这是世界上第一次机器翻译演示。早在701上马同时，他又兼顾主持研制面向会计和保存账目的大型机，开发一种面向字符（而不是面向数字）、面向数据处理（而不是面向科学计算）的新型计算机IBM-702。1953年9月，IBM公司宣布702型电子数据处理机研制成功并开始上市，首批用户中有美国政府的行政和国防部门、金融系统和大型企业等。该机是IBM公司生产的第一台大型计算机（此前都是中小型），它的问世标志着计算机第一次进入面向数据处理领域。IBM-702采用十进制而非二进制；存储单位是"字符"而非一般机器的"字"（word），容量为10 000个字符；存取时间为23微秒；寄存器用6比特编码以避免物理资源浪费；程序员能直接定址到文本中某个字符的地址；首创对任意长度字符串进行各种处理；机器配有容量大、小巧而易于存取的磁带处理机TPM。IBM-702诸多特点，使其成为计算机数据处理发展史上一个标志性产品。

此外，他也是"多道程序设计"概念的首创者，并在1954年推出的IBM-705型中首次实现这一技术。该机配有多台磁带机，首次安装了"磁带记录协调器"部件，使计算机中央处理器在磁带机读出数据时可做另外工作而不必等待，是后来"通道"技术的先驱。1956年，他和J. 麦卡锡、M. 明斯基、C. 香农四人共同发起和组织召开机器模拟人类智能的达特茅斯夏季研讨会（为期两个月），宣告了人工智能学科的诞生。

他拥有18项美国发明专利；发表了许多论文。获1984年美国计算机学会计算机先驱奖。（李　烨）

朱尊权（Zhu Zunquan）　中国湖北省人，1919年2月3日生于北京，2012年7月16日卒于郑州。*烟草加工技术、卷烟工艺学、技术管理。*

原籍湖北襄阳。1941年中央大学农学院毕业。1948年获美国肯塔基大学硕士学位。1950年回国，在国家轻工业部上海烟草研究室工作。1958年起，历任国家轻工业部郑州烟草研究所副所长，中国烟草总公司郑州烟草研究院院长、名誉院长，研究员。中国农业大学、河南农业大学等校兼职教授。还兼任中国烟草学会顾问，《中国烟草学报》与《烟草科技》主编、名誉主编等职。1997年当选为中国工程院院士。

长期从事烟草研究开发工作，对烟草栽培、烟草化学、烟草工艺、烟草设备及科研管理等深有造诣。20世纪50～60年代，主持对美国烟叶和中国主要烟叶的香味特点、叶组配方等比较研究，开发卷烟配方新技术，逐步实现中华牌等高级香烟烟叶国产化；引进和改进晒烟人工高温快速发酵技术，形成了一套中国特有的卷烟工艺；主持制定以部位分等的16级烤烟标准，首次统一了中国烟叶分级标准，获得国家标准局奖励；组织力量在中国许多省份引种试种白肋烟、香料烟，为生产混合型卷烟提供了原料。80～90年代，发展降低卷烟焦油技术，其中包括采用机械打孔稀释烟气技术，开发出821系列低焦油混合型卷烟，成果获轻工业部科学技术进步奖二等奖；开发和推动各种含中药成分的新混合型卷烟的生产；与美籍华人左天觉博士多次赴中国各主要产烟区进行现场考察，找出了烟叶质量低的主要原因，并指导改进农艺措施、烘烤和晾制工艺，该项目烤烟部分获中国烟草总公司1989年度科技进步奖一等奖，白肋烟部分获中国烟草总公司1991年度科技进步奖二等奖。

（江冬妮）

陈学俊（Chen Xuejun）　中国安徽省人，1919年3月5日生于安徽滁县。*热能动力工程、锅炉工程、工程热物理。*

1939年重庆中央大学机械系毕业。同年聘任于重庆中央工业试验所。1944年去美国留学，1946年获美国普渡大学机械工程硕士学位，并在美国工厂实习考察。1947年回国，历任中央工业试验所热工试验室主任，交通大学动力机械系教授、锅炉教研室主任、系副主任，西安交通大学动力机械系主任、副校长、工程热物理研究所所长，动力工程多相流国家重点实验室主任等职。兼任中国工程热物理学会理事长、同济大学等校名誉教授等职。1980年当选为中国科学院学部委员（院士）。1996年当选为第三世界科学院院士。

20世纪50年代起，在中国率先开展两相流与传热的理论研究；主持创建中国第一个锅炉专业，第一个高压试验台，第一个工程热物理研究所，以及中国唯一的动力工程多相流国家重点实验室。60年代，在国际上率先发现液膜倒置现象，即当轻相流速很大时能迫使重相流移到管子内壁一侧流动。80～90年代及以来，"六五"期间提出"液膜影响区"新概念；在国际上首次克服圆管和螺旋管弯曲双重曲率对测量管内速度造成的阻碍；主持"管内气（汽）液两相流动与传热特性"、"高压汽水两相流与传热"等课题，分获国家自然科学奖三等奖、国家科学技术进步奖二等奖；主持"螺旋管内两相流与传热特性研究"，获省部级多项奖励。

发表论文近300篇；出版《锅炉原理》（2卷，1991年，与他人合著）、《气液两相流与传热基础》（1995年）、《多相流热物理学》（2005年）等14部专著、教材。还获1996年何梁何利科学与技术进步奖、中国科学院荣誉奖章等奖励。（武光明）

王守武（Wang Shouwu）　中国江苏省人，1919年3月15日生于江苏苏州，2014年7月30日卒于美国。*集成电路工程、激光工程、半导体物理学、微波电子学、科技管理。*

电气工程师的儿子。1941年同济大学机电系毕业。先后任昆明中央机器厂工务员、中国工合翻砂实验厂工务部主任、同济大学助教。1945年赴美国留学，1946年、1949年先后获普渡大学硕士、博士学位，留校任助理教授。1950年回国，历任中国科学院应用物理研究所（后称物理研究所）半导体研究室主任、副研究员、研究员，中国科学技术大学物理系副主任兼清华大学无线电系半导体教研组主任，中国科学院半导体研究所副所长兼中国科学院109厂厂长，中国科学院微电子中心名誉主任。兼任国务院电子振兴领导小组大规模集成电路顾问组组长、中国电子学会半导体与集成技术专业分会主任、北京物理学会副理事长、《半导体学报》主编等职。1980年当选为中国科学院学部委员（院士)。中国科学院院士王守觉是他的弟弟。

20世纪50～60年代,创建中国第一个半导体研究室(1956年);参与创建中国第一个晶体管工厂(1958年);1956～1957年主持研制成功中国第一台拉制半导体锗的单晶炉,与林兰英教授共同拉制出中国第一根锗单晶和第一只锗晶体管;开发锗单晶掺杂技术,研制出中国第一批锗合金晶体管和合金扩散管;首创光学定晶向简易方法,1964年研制出中国第一个砷化镓激光器,进而研制出中国第一台激光通信机;开发出从噪声提取信号的电路技术,使激光测距仪性能提高一倍以上;研制出激光发散角分布测试仪。70年代,主持研究半导体激光器高场畴动力学和畴雪崩驰豫振荡现象,取得系列成果;主持研制成功4千位MOS随机存储器半导体大规模集成电路,并显著提高芯片成品率,获1980年中国科学院科学技术进步奖一等奖。80～90年代,主持设计建成集成电路大生产试验线,并参与主持建立引进的现代化集成电路生产线;研究负阻激光器的性能、单腔双接触激光器稳定性等问题。

主编有《半导体器件研究与进展》(丛书)(第一、二册,1988年)、《VDMOS场效应晶体管应用手册》(1990年)等著作;另外出版有《王守武院士科研活动论著选集》(1999年)。 (张永华)

汪闻韶(Wang Wenshao) 中国江苏省人,1919年3月15日生于江苏苏州,2007年10月7日卒于北京。*结构工程、基础工程、工程抗震防护、岩土力学。*

大学教授的儿子。1943年重庆中央大学水利工程学系毕业。先后在甘肃、宁夏从事农田水利工作。1946年回母校任教。1947年赴美国留学,1949年获艾奥瓦大学水利学研究院硕士学位,1952年获伊利诺伊理工学院博士学位。毕业后任马萨诸塞理工学院副研究员、研究工程师。1954年回国,任南京水利实验处工程师。1956年后,一直任北京水利科学研究院(今中国水利水电科学研究院)教授级高级工程师,期间1980～1983年任该院抗震防护研究所所长。兼任国家水利部技术委员会委员、中国振动工程学会土动力学专业委员会荣誉主任等职。1980年当选为中国科学院学部委员(院士)。

20世纪50～60年代,研究和阐明直流电在土中作用及其对土的物理力学性的影响;1957年后主要研究水利电力工程饱和土液化、抗震防护等问题。70～80年代,参加邢台、海城、林格尔和唐山等地大地震水利工程震害实地调查和对策研究;主编《中国水利工程震害资料汇编(1961～1985)》内部历史资料;探索饱和沙土液化机理,提出了振动作用下的孔隙水压力产生、扩散和消散等模型,以及预测和防治液化的方法,成果获1988年国家自然科学奖。80～90年代及以后,参与主持制定《水工建筑物抗震设计规范》;先后参加评审黄河小浪底工程、南海北部湾围1101海区工程有关设计和技术报告;主持完成岩土与水工建筑物相互作用研究,其中"散粒体地基上土石坝混凝土防渗墙研究"获1999年国家科学技术进步奖三等奖。

主要论文入编《汪闻韶院士土工问题论文选集》(1999年);出版《土的动力强度和液化特性》(1997年)、等著作10多部。1993年获茅以升土力学及基础工程大奖。2011年中国大坝协会设立"汪闻韶院士优秀论文奖"。 (李啸虎)

徐采栋(Xu Caidong) 中国江西省人,1919年3月27日生于江西奉新,2016年4月14日卒于北京。*冶金工程、冶金物理化学、科技管理。*

出生于中医师家庭。1943年交通大学唐山工学院(今西南交通大学)矿冶系毕业。供职于玉门油矿矿冶研究所。1946年留学法国格罗布电化电冶高等工业学院,1949年获法国国家博士学位。同年回国,任贵州大学工学院教授。1953～1958年,先后任贵州省工业厅技术室主任、矿业处处长、工程师,省工业综合研究所所长、研究员、总工程师。1958～1979年任贵州工学院教授、副院长兼冶金系主任。1979年任贵州科学院院长。1983年任贵州省副省长。1997年任新建的贵州大学校长。1980年当选为中国科学院学部委员(院士)。

20世纪50年代,主持开发高炉炼汞技术,大幅度提高汞回收率;在中国首次采用电解法制取高锰酸钾,沿用至今;主持开发竖炉制取钙镁磷肥工艺并获推广。60～70年代,主持多项冶金化工试验,研究开发和综合利用汞、锰、铝、锌、锑、钛等矿产资源,填补了某些国内空白;创造性发展湿法冶金酸性浸出液除铁理论与方法;提出有色金属硫化矿焙烧产物稳定区间的热力学新理论;探讨和发展了钴、镍等第八族元素在置换和电极过程中的电化学理论;深入研究攀枝花钒钛磁铁矿冶金过程。80～90年代,致力于将非平衡态统计物理、不可逆过程热力学新进展用于化工冶金研究;提出长江中上游生态保护和资源开发建议,以及大西南连片贫困岩溶地区脱贫与振兴经济建议等,受到高层重视。

发表论文近百篇;撰写《炼汞学》(1960年)、《汞冶金的理论基础》(1964年)、《锌冶金物理化学》(1979年,与他人合著)等专著8部。1978年获全国科学大会先进个人奖。 (李啸虎)

埃克特,J. P.(Eckert,John Presper Jr.) 一译小埃克特。美国人,1919年4月9日生于美国费城,1995年6月3日卒于宾夕法尼亚州格雷特温。*计算机科学与工程、电气电子工程、应用数学。*

房地产开发商的儿子。1941年获美国宾夕法尼亚大学摩尔电气工程学院学士学位,1943年获该校硕士学位,1964年被母校授予荣誉博士学位。1943～1946年留校,任研制电子计算机的总工程师。1946年创办埃克特-莫奇利计算机公司,1950年该公司被雷明顿-兰德公司兼并(后多次易名),他留任通用自动计算机分部直至退休,先后任分部工程主任、分部副总裁兼研究主任、工程中心副总裁、分部技术顾问等职。是美国国家工程院院士。

世界上第一台电子数字计算机ENIAC主要发明人。1943年夏,美国军方正式批准摩尔电气工程学院研制电子数字计算机方案,委任埃克特为总工程师,莫奇利为顾问。埃克特的工程才能和莫奇利的科学直觉相得益彰。1946年2月,世界上第一台电子计算机样机 ENIAC 终于诞生了。该机使用 18 000 多只电子管，7 200 只晶体二极管，10 000 多只电容，7 000 多只电阻，50 000 多个焊点，消耗功率 174 千瓦，占地 200 平方米，重约 30 吨。该机由控制部分、高速存储部分、运算部分和输入输出部分构成，几乎包括了现代电子计算机的主要概念和成分；采用十进制，每秒 5 000 次加减法运算，比当时机电式计算机快约 1 000 倍。主要缺陷在于由许多分离元器件搭成，故障率很高，也很笨重。埃克特的一些新创意(例如磁盘存储器与存储程序等)，当时虽未及时采纳，但对后来计算机发展仍有重大影响。1947 年 8 月，ENIAC 在美国军方的阿伯丁试验基地投入运行，它工作了 10 年，解决了诸如大炮弹道、核武器弹道与爆炸、天气预报、宇宙线和风洞设计等极其复杂的计算问题。

此外，埃克特和莫奇利合作开发的计算机还有：1949 年研制成功第一台电子全自检小型计算机 BINAC，用于制导飞弹；研制的通用自动计算机 UNIVAC-I 生产了 46 台，揭开了计算机产业化新的一页，该机首次采用磁带存储数据，大大简化了装置，最后一台 1969 年退役；1960 年完成计算能力更强大的 LARC 计算机，可用于计算复杂核物理问题等。1960 年后从事通用自动计算机固态计算机(USSC)的研制。

他一生拥有 87 项专利。获 1949 年富兰克林学院普茨奖章，1961 年斯科特奖章，1968 年美国国家科学奖章，1973 年费城杰出人物奖，美国电气与电子工程师协会 1980 年计算机先驱奖、计算机企业家奖等。美国计算机学会专设埃克特-莫奇利奖项。（徐建儒）

杜庆华(Du Qinghua)　中国浙江省人，1919 年 4 月 14 日生于浙江杭州，2006 年 11 月 5 日卒于北京。机械与动载工程、工程力学、材料力学、应用数学。

出生于儒医世家。1940 年获交通大学机械系工程学士学位。先后执教于成都航空研究院、成都航空机械学院。1947 年赴美国留学，1948 年、1951 年相继获斯坦福大学机械工程硕士、工程力学博士学位；期间 1949 年获哈佛大学航空工程硕士学位。1951 年回国，任北京大学教授兼力学教研组主任。1952 年院系调整后，一直在清华大学任教授。曾兼任国际边界元法组织科学执行委员、《固体力学学报》主编等职。1997 年当选为中国工程院院士。

在轻结构力学、工程弹塑性分析、机械结构强度与振动等领域深有造诣。20 世纪 50～60 年代，先后承担运载器与飞行器轻结构力学课题，对各种形状外壳和壁板进行有效强度和稳定性分析，所获得的某些成果沿用至今。70 年代，主持设计中国第一台 200 吨龙门吊车，获 1978 年全国科学大会奖。80～90 年代，承担“机械结构强度与振动”等国家重要项目，取得一批国内领先或国际先进成果，产生上亿元经济效益；主编中国第一部大型力学工具书《工程力学手册》，逾 3 000 万字，有近百名专家参加；在中国率先发展边界元法、边界元-有限元耦合法，在建立基本解、线弹性问题边界元解误差估计、自适应边界元方案等方面都有所创新；运用边界元法处理二维和三维弹性应力集中、裂纹体应力强度等计算问题。

发表论文百余篇；与他人合作出版《材料力学》(2 卷，1957 年初版，1963 年第 2 版)、《弹性理论》(1986 年)、《应用固体力学基础》(上册 1987 年，下册 1996 年)、《边界积分方程方法》(1989 年)等著作 8 部。多次获奖，其中有国家教委科学技术进步奖一、二等奖，1993 年全国优秀教学成果特等奖等。（侯伯勤）

许国志(Xu Guozhi)　中国江苏省人，1919 年 4 月 20 日生于江苏扬州，2001 年 12 月 15 日卒于北京。系统科学与工程、应用数学、工程管理学。

1943 年毕业于战时内迁重庆的交通大学机械系。1947 年前，先后在新通贸易公司、昆明中央机械厂和北京石景山发电厂工作。1947 年赴美国留学，1949 年获堪萨斯大学理学硕士学位，1953 年获该校理学博士学位。毕业后在芝加哥大学、马利兰大学从事应用数学研究。1955 年携夫人蒋丽金(后为中国科学院院士)回国，历任中国科学院力学研究所副研究员、数学研究所副研究员、系统科学研究所研究员与副所长、管理决策与信息系统开放研究实验室主任。曾兼任国防科学技术大学系统工程系副主任、中国系统工程学会理事长、中国运筹学会副理事长、《系统工程理论与实践》主编。1995 年、2000 年相继当选为中国工程院信息与电子工程学部、工程管理学部院士。

20 世纪 50 年代，负责起草“中国十二年科技规划”(1956 年)中有关运筹学的发展规划；组建并领导中国第一个运筹学研究室；首次将运筹学应用于中国运输、铁道运营和钢铁工业；写出第一批有关运筹学的专著和文章；培养了中国第一批运筹学研究生和进修生。60 年代，积极倡导并推动组合最优化理论在工农业生产中的应用，取得重要成果。1979 年与钱学森、王寿云合作发表“组织管理的技术——系统工程”(1978 年)一文，对促进中国系统工程发展起关键性作用。80～90 年代，参与筹建中国科学院系统科学研究所、中国第一个系统工程系、中国系统工程学会及第一份系统工程学术刊物；开展一系列居学科前沿和紧密联系国民经济的研究课题和项目。

发表过多篇对学科发展有深远影响的文章，主要论文收于《许国志论事理系统工程论文集》(1981 年)等；主编有《运筹学》(1978 年)、《最优化方法》(1980 年)等著作。（武光明）

米尔斯，H.(Mills，Harlan)　美国人，1919 年 5 月 14 日生于美国艾奥瓦州自由中心，1996 年 1 月 8 日卒于佛罗里达州维罗海滨城。计算机科学与工程、软件工程、应用数学。

早年学艺术。第二次世界大战中参加美国空军，任轰炸机飞行员。战后进过多所大学，1952 年获艾奥瓦大学数学博士学位。毕业后，曾在美国通用电气公司、美国无线电公司、美国国际商用机器公司(IBM)从事软件开发,是 IBM 研究院院士及软件工程研究所首任所长;1975～1995 年先后在艾奥瓦大学、普林斯顿大学、纽约大学、约翰斯·霍普金斯大学、马里兰大学、佛罗里达大学和佛罗里达理工学院任计算机科学教授、客座教授。1974～1977 年任美国科学基金会计算机科学部软件方法学处处长。1975～1981 年任美国电气与电子工程师协会《软件工程汇刊》主编。后创办佛罗里达州维罗海滨城计算机软件工程技术公司。1986 年兼任美国空军科学顾问委员会计算机科学专业组组长。曾任美国计算机学会理事、1975 年美国第一届全国软件工程大会主席等。

计算机软件工程先驱者,对结构化程序设计作出多方面重要贡献。20 世纪 60 年代末至 70 年代初,E. W. 狄克斯特拉率先提出结构化程序设计概念;米尔斯则把软件程序理解为数学函数,把软件测试视作统计试验,通过开发大型软件、软件工程教学,极大地丰富和发展了这一内涵,对软件开发、评估和验证产生了深远影响。其中如:1968～1971 年 IBM 公司为《纽约时报》开发了世界上第一个交互式海量信息数据库。期间他提出"首席程序员编组制"组织创新方法,把结构化、自顶向下同专门功能结合起来,实现了高效生产高质量软件系统,该法很快得以推广。该项目包含 83000 多行源程序,在第一年使用中发现 25 个错误,其中仅一个错误会导致运行中止,在当时居领先地位。他提出"清洁室"、"故障播种法"等软件开发与检验的各种方法,强调自上而下设计和正规化技术要求,不仅提高了软件生产率,而且大大降低差错率。此外,他为 IBM 公司和社会上培训了成千上万软件工程师;率先在约翰斯·霍普金斯大学、马里兰大学开出结构化程序设计课程。

有《结构化程序设计:理论和实践》(1979 年)、《软件生产率》(1983 年)、《信息系统分析和设计原理》(1986 年)、《计算机程序设计原理:数学方法》(1987 年)等专著教材。获 1985 年美国数据处理管理协会杰出信息科学奖,美国计算机学会 1994 年计算机先驱奖、追授 1999 年首届米尔斯奖。 (李 烨)

朱传榘(Chu, Jeffrey Chuan) 又译"杰弗里·朱"。华裔美国人,1919 年 7 月 14 日生于中国天津,2011 年 6 月 6 日卒于美国马萨诸塞州林肯。*计算机科学与工程、应用数学、工程管理。*

曾获上海大学学士学位。1942 年获美国明尼苏达大学电气工程学士学位。1945 年获宾夕法尼亚大学硕士学位。大学时期半工半读,期间在美国飞歌公司当无线电工程师。毕业留校莫尔学院参加研制美国最早的计算机 ENIAC 项目。1947 年任里维斯仪器公司计算机工程师。1949 年转入美国阿尔贡国家实验室负责计算机开发。1959 年后,先后任斯佩里-兰德公司总工程师、通用自动计算机公司总工程师、霍尼威尔信息系统公司副总裁、王安电脑公司执行副总裁等职。20 世纪 80 年代,在新罕布什尔州阿姆赫斯特创办桑德斯技术有限公司,任董事长兼总裁。兼任中国科学技术委员会顾问团主席、国家计划委员会顾问,中国社会科学院名誉院士,上海交通大学、南开大学、山东大学兼职教授等职。获法国傅立叶技术学院荣誉理学博士学位。

国际著名的华裔计算机科学家。20 世纪 40 年代,作为莫奇利和埃克特的得力助手,全过程参与美国最早的计算机项目 ENIAC 的研制,在线路设计、实验调试中发挥了重要作用;参加莫尔学院 EDVAC 计算机项目的方案设计;在里维斯仪器公司设计过 REEVAC 计算机(因公司原因未投入市场)。50 年代,1950～1951 年为阿尔贡国家实验室主持完成 AVIDAC 计算机,1953 年夏为橡树岭国家实验室研制成功计算机 ORACLE,这两台机器的体系结构与冯·诺伊曼设计的 IAS 相似,但速度更快,存储器大一倍,配有磁带机作辅存,它们在美国原子能和新型武器的研究中发挥过重要作用;此外参与洛斯阿拉莫斯国家实验室的 MANIAC 等计算机研制。获 1981 年美国电气与电子工程师协会计算机先驱奖。 (李 烨)

杨嘉墀(Yang Jiachi) 中国江苏省人,1919 年 7 月 16 日生于江苏吴江,2006 年 6 月 11 日卒于北京。*航空航天工程、空间技术、自动控制、仪器研制。*

1941 年毕业于交通大学电机工程系电信专业。1947 年、1949 年先后获美国哈佛大学应用物理系硕士、博士学位。1950～1955 年,先后任美国宾夕法尼亚大学研究员、美国洛克菲勒研究院高级工程师。1956 年回国后,历任中国科学院自动化研究所研究员、研究室主任、副所长。1968 年后,调任国防科委第五研究院 502 所副所长,第七机械工业部第五研究院副院长兼 502 所所长,航天部总工程师、"实践"系列卫星总设计师。1991 年任航空航天部科学技术委员会顾问。曾兼任国际宇航联合会副主席,中国自动化学会副理事长、理事长,中国仪器仪表学会副理事长,《自动化学报》主编,中国科学技术大学自动化系教授。1980 年当选为中国科学院学部委员(院士)。1985 年当选为国际宇航科学院院士。

先后主持了中国导弹和原子弹自动化测试系统,以及人造卫星控制系统等一系列重大科研项目,作出了突出贡献。20 世纪 60 年代,参与制订中国工业自动化仪表、中国自动化科学技术等发展规划;多次参与制定中国空间技术发展规划;主持包括第一颗人造卫星在内的多种卫星总体姿态控制系统的研究与发展,在研制三轴稳定的返回式卫星和科学探测卫星中起到重要作用。

主要论著有论文"中国近地轨道卫星三轴稳定姿态控制系统"(1980 年),专著《中国空间技术的二次开发与应用》(1990 年),《航天器轨道动力学与控制》(1995 年)等。获 1985 年国家科学技术进步奖特等奖、1995 年中国科学院陈嘉庚信息科学奖、1999 年国家"两弹一星"功勋奖章,同年获何梁何利科学与技术进步奖。 (颜华敏)

科特雷尔,A. H.(Cottrell, Sir Alan Howard) 一译科垂耳。英国人,1919 年 7 月 17 日生于英国伯明翰,2012 年 2 月 15 日卒。*冶金工程、晶体学、金属学、材料力学。*

1939 年获英国伯明翰大学理学学士学位,1942 年获该校博士学位。留校任教，1943～1949年任冶金学讲师。第二次世界大战期间，曾参加冶炼装甲钢。1949～1955在伯明翰大学任物理冶金学教授。1955年任哈威尔原子能研究所冶金部副主任。1958～1965年在剑桥大学任教。1965～1967年先后任英国国防部副、正首席科学顾问。1968～1974年先后任英国政府副、正首席科学顾问。1974年起任剑桥大学基督学院院长。1977～1979年任剑桥大学副校长，1955年被选为英国皇家学会会员，并3次当选该会副会长。1960年为美国国家科学院外籍院士。

他长期从事晶体位错的研究。指出在一定条件下，某些间隙原子可以偏聚到位错张应力区，形成“气团”，抑制了材料的塑性变形能力。若外施应力大到使位错足以挣脱“气团”的束缚，又可恢复其塑性。他和比尔比(B. A. Bilby)一起发展了钢的屈服与时效理论。1954年又对位错易动性感兴趣，研究了固体的核辐射损伤。指出固态金属有一种特殊形式的黏滞流动，称为“辐射蠕变”。他还从位错理论研究了金属的断裂。以后又与他人合作，运用位错与裂纹的相似性描述裂纹尖端处的原子结构，解释不同类型结晶材料机械性能的差异。

主要著作有：《理论结构金属学》(1948年)、《晶体位错与塑性流变》(1953年)、《材料的力学性质》(1964年)、《冶金学导论》(1967年)、《环境经济学》(1978年)等。

(邱凤昌)

亨斯菲尔德，G. N. (Hounsfield, Sir Godfrey Newbold)　英国人，1919年8月28日生于英国诺丁汉郡萨顿旺特伦特，2004年8月12日卒于泰晤士。计算机科学与工程、生物医学工程、电子显微技术、仪器研制。

小农场主之子，家中5个孩子中最幼者。早年就读位于纽瓦克的马格努斯文法学校。毕业后考入伦敦大学城市建设与行政管理学院无线电通讯专业。第二次世界大战爆发后，1939～1945年作为英国皇家空军预备役志愿者，先后在南肯辛顿皇家科学学院、克伦威尔雷达学校任教官。1946年入伦敦大学法拉第-豪斯电气工程学院学习，1951年获电气工程师证书。同年供职于英国电气与公用事业公司，在位于海斯的中心实验室研发武器和雷达，曾任分部设计实验室主任，1975年任资深研究员，1984年退休后任顾问。1975年当选为英国皇家学会会员。1981年被册封为爵士。终身不娶。

1958年，他主持研制了英国第一台商用全晶体管电子计算机EMIDEC 1100。当时已开发出的OC72型晶体管是一种相对慢速的装置，因而当时大多数计算机仍然采用真空管。他发明了一种磁芯，明显加快其运行速度。在这一技术进而被淘汰前，已售出24台大型EMIDEC1100。1969年开始研制X射线电子计算机转换体层扫描摄影仪(CT扫描仪)，1971年9月，这台机器在英国阿特金森·莫雷医院首次成功诊断出一位病人的脑囊肿。这一成功促成了全球性的CT扫描仪开发热和使用热，他参与指导了欧美一些研究单位进一步完善其技术。最初它仅用于脑部的三维扫描摄影，门诊检查需1～4分钟，计算机从数据处理到显示图像需几十分钟。经亨斯菲尔德等人的不断改进，门诊检查所需时间减少至2～5秒，数据与图像处理只需几十秒。1975年，他又建立起第一个人体全身描述程序并用于临床。在对各种内部器官的病理诊断中，CT扫描仪具有空前的优越性，它改变了临床诊治的模式，促进了医学实践的计算机化，导致了诊断影像学这门新兴科学的诞生。为纪念他的贡献，医学上用他的姓作为CT扫描的定量指标单位，即亨氏标度(HU)。

代表作有《计算机处理医学图像》等。因这项技术发明，获10余项奖励，其中有：1972年罗伯特奖、英国电气与公用事业公司金质奖章，1976年大英帝国勋章等；和A. M. 科马克共获1979年诺贝尔生理学或医学奖。

(张慰丰)

格雷特巴奇，W. (Greatbatch, Wilson)　美国人，1919年9月6日生于美国纽约州布法罗，2011年9月27日卒于纽约州威廉斯维尔。电子医疗工程、医疗救护、电子工程学。

1936年中学毕业后服兵役；第二次世界大战期间，在美国海军中当过轰炸机殿后炮手、无线电技师。1950年获康奈尔大学电子工程学学士学位。同年在布法罗大学电子工程系任教。1957年获纽约州立大学硕士学位，后又获该校博士学位。曾在布法罗慢性病研究所开发电子医疗技术。后在纽约州克拉伦斯开设格雷特巴奇医疗救护有限公司。

植入式心脏起搏器的发明者。目前每年有40万人接受起搏器植入手术，拯救了无数人的性命。在人工起搏器发明前，心传导阻滞患者往往有死亡威胁。1952年美国波士顿的P. 佐尔(Paul Zoll)发明了第一台人工起搏器——体外起搏器，首次给患者带来了一时福音，缺点是需要体外电源插座，电线要穿过皮肤。受其鼓舞，格雷特巴奇积累了研制费和全家两年生活费，便辞去原有职业，在自家仓库布置了一间简陋的实验室从事进一步开发。1957年，美国的E. 巴肯(Earl Bakken)发明了第一台携带式晶体管心脏起搏器，首次采用汞电池。1958年5月7日，格雷特巴奇研制出世界第一台植入式人工心脏起搏器。他手工制作了第一批50个起搏器，在查达克医院协助下，40台先在狗等动物身上做实验，1960年4月15日起又在10个患者身上做自愿试验，据病情他们一年以上生存率仅为50%，结果最短的第一个试验者活了18个月，一位在岗昏倒的青年安装起搏器后又活了30余年。1970年后，他又解决了两个关键技术，一是采用与人体绝对相容的某种金属作为包装盒；二是研制出改进型锂电池，在体内环境下使用寿命10年以上(普通汞电池均用寿命2年)。他为此创办了一家公司生产专用锂电池。1983年美国国家职业工程师协会将植入式心脏起搏器列为50年中人类10项重大发明之一。1986年入选美国发明家名人堂。获1996年勒梅尔逊终身成就奖、2001年美国国家工程院拉斯奖(与E.巴肯分享)。

此外，在电化学领域、生物能转换、植物学遗传等领域均有造诣。研究诸如艾滋病、成人T细胞白血病等逆毒性疾病的治疗方法。 (李啸虎)

冯元桢(Fung，Yuan-Cheng；Feng Yuancheng) 华裔美国人，1919年9月15日生于中国江苏武进。结构工程、生物医学工程、连续介质力学、生物力学。

1941年中央大学航空系毕业。留校任教。1943年获中央大学硕士学位。1943～1945年执教于成都航空研究院。同年赴美国留学，1948年获加利福尼亚理工学院博士学位。1946～1966年任教于加利福尼亚理工学院，晋升至教授。1966年起，先后任圣迭戈加利福尼亚大学教授、退休教授、研究员，曾任应用力学部主任。兼任世界生物力学会会长，国际生物流变学会副会长，美国生物医学工程学会会长，美国生物力学会首任会长、名誉会长等职。1968年入选中国台湾"中央研究院"院士。1979年入选美国国家工程院院士。1983年入选美国力学科学院院士，曾任院长。1991年入选美国国家医学院院士。1992年入选美国国家科学院院士。1994年当选为中国科学院外籍院士。

生物力学开创者和奠基人之一，被誉为"当代生物力学之父"。1966年前，在颤振弹性结构动力学稳定性、连续介质有限变形非线性理论等领域富有成果，并成功用于航空工程。1966年后开拓和建立生物力学：建立生物力学方法学规范，奠定生物力学方法学基础；提出生物软组织本构关系准线性粘弹性理论、有限变形拟弹性假说；建立肺毛细血流片层流动模型，揭示肺循环流体动力学规律；提出和验证关于组织、器官生长和应力关系假说；首次提出"组织工程"新概念，迅速发展为生物医学工程中的新领域。晚年提出改造人体血管以治疗烧伤与严重组织损伤的学说，引起医学界重视。

发表论文400余篇；主编文集近10部；出版《气动-弹性力学理论》(1995年初版，2008年第16版，有3种文字版本)、《连续介质力学初阶》(1969年初版，1994年第13版)、《生物力学》(1980年初版，2004年第16版)、《经典计算固体力学》(1997年初版，2008年第5版)、《生物工程学导论》(2011年初版，与他人合著)等专著10余部。多次获奖，其中有：国际循环学会兰迪斯奖，1976年美国土木工程学会冯·卡门奖，1977年美国物理学会拉波特奖，美国机械工程师协会利斯纳奖、1991年铁木辛柯奖、百年华诞纪念奖，1998年美国国家工程院奠基者奖，2000年美国国家科学奖章，2007年美国国家工程院拉斯奖等。此外，1986年美国机械工程学会设置"冯元桢青年研究工作者奖"。 (李啸虎)

威尔金森，J. H.(Wilkinson，James Haldy) 英国人，1919年9月27日生于英国肯特郡斯特洛特，1986年10月5日卒于坦丁顿。计算机科学与工程、电气电子技术、计算数学、工程管理。

1939年剑桥大学三一学院毕业。同年进入剑桥大学数学实验室军械研究所。1946年进入英国国家物理实验室(NPL)数学部，长期担任首席学术长官。1980年正式退休后，任斯坦福大学客座教授。曾兼任美国阿尔贡国家实验室名誉高级研究员。1963年获剑桥大学名誉博士学位。1969年当选为英国皇家学会会员。妻子也是数学家。

20世纪40年代末，在NPL接手研制原由图灵设计的ACE计算机，决定把过于高难度的设计目标降低，把水银延迟线存储器由200根减少到32根，1950年5月10日，这一命名为"领航员"的试验性ACE第一次正式试运行成功，后以商业名DEUCE批量生产约30台。DEUCE和剑桥大学EDSAC计算机一起，使当时英国计算机技术居世界领先，能和美国平起平坐。1960年提出"向后误差分析法"，成为目前计算机数值计算最常用误差分析手段；60年代指导和组织实施计算机数据网络计划，率先采用的"包交换技术"成为当今所有各种计算机网络信息传输的技术基础。60～70年代，组织开发名为"磨刀石"的基准程序，用以测试系统浮点运算能力，1976年作为英国官方测试标准公布，已有多种版本用于工作站测试程序；1972年参与美国阿尔贡国家实验室开发EISPACK软件包，是目前计算矩阵特征值最常用的数学库；1976年主持成立数字运算集团公司，从事国际合作开发和推广数值分析、统计分析软件包，至21世纪初年已为68种型号计算机配备FORTRAN、Ada、Pascal、C等通用数学库，其中Mark15版数学库含有用户可调用程序模块1045个，是当时同类数学库中规模最大、最先进的一个。

出版《代数处理中的舍入误差》(1964年)、《代数特征值问题》(1965年)、《自动计算手册第2卷：线性代数》(1971年，与他人合著)等专著。获美国计算机学会1970年图灵奖、工业和应用数学会1970年冯·诺伊曼奖、美国数学会1987年乔维内特奖；美国阿尔贡国家实验室两次向他授奖。1980年退休时获NPL"有特殊贡献的首席科学长官"荣誉称号。 (李 烨)

林为干(Lin Weigan) 中国广东省人，1919年10月20日生于广东台山，2015年1月29日卒于四川成都。通信工程、电磁场工程、微波电子学、应用数学。

律师之子。1935 年考入清华大学，1939 年从西南联合大学电机系毕业，留校读研究生一年。1940～1945 年交通部受训后在云南长途电话公务处工作。1945 年赴美国留学，1950 年获伯克利加利福尼亚大学博士学位。1951 年回国，历任岭南大学、中山大学教授，华南工学院电讯系首任主任，成都电讯工程学院（今成都电子科技大学）系主任、副院长兼应用物理研究所所长。兼任中国电子学会微波学会主任等职。1980 年当选为中国科学院学部委员（院士）。2003 年获美国伊利诺伊大学理工学院荣誉博士学位。

其博士论文“关于一腔多模的微波滤波器理论”（1950 年），首先发现圆柱谐振腔有 5 个同谐振频率的简并模可资利用，受到科学界高度评价，沿用至今；与钟祥礼合作发表“传输线特性阻抗的一个新计算方法”（1963 年），在国际上称为“林-钟方法”。70～80 年代，利用经典微分方程建立含不均匀介质的波导理论；发表论文“一腔双模理论及其在测量纸张湿度中的作用”（1984 年），并用该理论参与研制成纸张测湿仪，获国家机电部科学技术进步奖一等奖；系统开展毫米波技术和宽带光纤技术等研究。

发表论文百余篇，汇编有《微波场论与应用研究论文选集》（1989 年）；出版《微波理论与技术》（1979 年），《电磁场工程》（1982 年），《电磁场理论》（1984 年）等教材、专著，获全国高校优秀教材奖、优秀科技图书奖。获国家和省部级奖励 20 余项，其中有 1978 年全国科学大会奖、1988 年国家自然科学奖三等奖、1989 年首届国家级教学成果奖特等奖等。1999 年获何梁何利科学与技术进步奖。（胡占华）

泽玛奈克，H.（Zemanek，Heinz） 奥地利人，1920 年 1 月 1 日生于奥地利维也纳，2014 年 7 月 16 卒于同地。计算机科学与工程、软件工程、人工智能、应用数学。

1944 年获维也纳理工大学电气工程学士学位。留校任教。1951 年获该校博士学位。1948～1949 年在巴黎大学、法国电信总局电话电报实验室进修。回国后，在母校任教。1961～1975 年任美国国际商用机器公司（IBM）维也纳实验室主任，1964 年兼任维也纳理工大学教授，1975～1985 年入选 IBM 研究院院士。1968～1974 年先后任国际信息处理联合会（IFIP）副主席、主席，是董事会三个终身荣誉董事之一。是多个国家科学院外籍院士。

奥地利早期计算机先驱者，在国际计算机界享有盛誉。20 世纪 50 年代，初期主要研究控制论和人工智能；1955 年开始，他在经费极其困难条件下，利用企业资助的一些元器件，1958 年开发出欧洲最早的全晶体管电子计算机之一，命名为“五月和风”（Mail fterl），并获得多项技术专利。期间，他将原本用于助听器的获赠晶体管重新设计了电路，使计算机时钟频率达至 133 千赫兹（kHz）的先进水平；指令码设计相当灵活，并配有编译器 Algol。该机曾模拟信息论创始人 C. E. 香农提出的“迷宫老鼠”行为问题，也用来解决过音乐理论问题。60 年代，对第三代高级编程语言 PL-I 进行形式化定义，该语言广泛用于系统软件、图像、仿真、文字处理、网络、商业软件等领域多种操作系统；1964～1969 年主持完成了逐步完善的 3 个版本 PL-I 形式定义，推出著名的维也纳定义语言 VDL。这种语言分为语法元语言和语义元语言，前者用树形结构定义语言的抽象语法，后者可理解为一台抽象机器，由一个状态向量、一组指令作为状态转换函数，有一个把输入数据和程序映射为初始状态的函数，以及把结束状态映射为输出数据的函数。VDL 后来发展成更严谨的形式化元语言 Meta-Ⅳ，体现了用标志语义刻画一个语言的功能。70 年代，他由 Meta-Ⅳ 推出著名的维也纳开发法（VDM），成为研制大型软件的一种科学方法基础与核心。

他的论著超过 450 余篇（部）。此外是国际信息处理联合会创始人之一，也是奥地利计算机学会创始人之一。获得多种荣誉称号和奖励，其中有 1985 年美国计算机先驱奖。1985 年奥地利计算机学会设立泽玛奈克奖金。（李 烨）

波姆，G.（Böhm，Gottfried） 德国人，1920 年 1 月 23 日生于德国美因河畔奥芬巴赫。土木工程、城市规划、建筑学、工程管理。

1939 年高中毕业后应征入伍参战。1942～1946 年就读于慕尼黑理工大学建筑系。次年在慕尼黑美术研究院研习雕塑。1947 年起在父亲开办的建筑师事务所里任助手。1951 年，去美国纽约鲍曼建筑师事务所工作，同时旅行考察美国的建筑业，结识著名建筑师密斯·范德罗厄和 W. 格罗佩斯等人。1952 年仍回父亲的建筑师事务所工作。1955 年父亲去世后，一直主持原有的家族公司至退休。是多所国内外大学客座教授，其中 1963～1985 年任德国亚琛理工大学兼职教授。1985 年获慕尼黑理工大学荣誉博士学位。是多个国家建筑学会或建筑师协会荣誉会员。

德国著名的表现主义与“后包豪斯”风格的建筑师。但他十分注意“连接”过去与未来、创意世界与物理世界、私密与公共（或半公共）空间、单一建筑物与城市景观。20 世纪 40 年代末起，他就积极参与 R. 施瓦茨（Rudolph Schwarz）主持的科隆重建协会的活动，在战争废墟和历史遗迹上体现旧与新的“连接”。早期作品偏好使用已铸型的预制混凝土板块，随着科技不断发展，广泛采用钢铁和玻璃等不同材料来表现现代建筑的高技术造型与风貌。其建筑风格时而简约，时而宏大。注重建筑实体和整体都市规划的协调统一，根据建筑物设定环境综合考虑其造型、用材和色彩。他在展望未来建筑规划发展前景时说，“我想未来的建筑绝不会再如此拥挤地继续充塞在景观中，而是让我们的都市和城镇回归生活和秩序。”在数十年职业生涯中，建造了许多建筑物，包括教堂、博物馆、影剧院、科技与文化中心、市政厅、办公楼、公寓和私宅等，其中不少是多功能的综合建筑设施。主要作品有：集教堂、图书馆和青年中心于一体的科隆宗教大楼（1968 年）、卢森堡德意志银行、斯图加特朱布林公司总部、乌尔姆公共图书馆（2004 年）等。获多项建筑大奖，1986 年获第八届普利兹克奖（国际建

筑界最高奖)。（李　烨）

陆元九(Lu Yuanjiu)　中国安徽省人,1920年1月9日生于安徽滁县。*航空航天工程、惯性导航技术、自动控制。*

1941年获重庆中央大学航空工程系工学士学位。留校任教。1945年赴美国,1949年获马萨诸塞理工学院航空工程系博士学位。同年留校任副研究员,后又在底特律福特汽车公司科学试验室先后任研究工程师、主任工程师。1956年回国,历任中国科学院自动化研究所研究员、研究室主任、副所长,国家航天工业部控制器件研究所所长、航天工业部总工程师,中国航天工业总公司研究员。曾兼任中国科学技术大学教授、自动化系副主任,中国惯性技术学会副理事长等职。1980年当选为中国科学院学部委员(院士)。1985年当选为国际宇航科学院院士。1994年选聘为中国工程院院士。曾任国际宇航联合会副主席。

20世纪50年代后期,相继主持工业生产过程自动化研究,飞行器自动控制及惯性器件、稳定系统和惯性制导系统的研究项目。60年代起,参与中国卫星、运载火箭和导弹的控制系统的研究,组织和领导中国液浮陀螺、液浮摆式加速度计和液浮陀螺稳定平台的研制。所著《陀螺及惯性导航原理》(上册,1964年)出版后,下册手稿在社会动乱时丢失,后来一直未能正式出版。1978年起领导新一代火箭惯性制导方案论证和有关器件的研制,强调测试设备先行,推动了国家惯性仪表测试中心的建立,狠抓高精度、高可靠性惯性仪表的研制,努力促进全国各相关单位的通力协作,改变了中国原先惯性器件研制工作低水平重复的不良状况,使中国的惯性器件达到了航天技术领域的高标准要求。他本人主持开展的铍材制备加工、磁悬浮等关键技术也都相继达到了工程实用的新水平。主编出版《惯性器件》(2卷,1989～1991年)。（孙晓芳　宣焕灿）

王安(Wang,An)　华裔美国人,1920年2月7日生于中国上海,1990年3月24日卒于美国马萨诸塞州林肯市。*计算机科学与工程、软件工程、企业管理。*

1940年毕业于中国国立交通大学电机工程系通信专业,获理学士学位。留校任教一年。1941年夏,到中央无线电公司桂林工厂研制军用通信设备。1945年赴美国哈佛大学攻读应用物理学,1948年获博士学位。同年任哈佛大学电子计算机实验室研究员。1949年与邱文蔼女士结婚。1951年,他以600美元在波士顿南区成立王安实验研究公司,成为全美国第一家华裔经营的高技术公司。1955年加入美国籍。1967年王安公司首次上市发售股票。1968年为强化软件技术而并购菲利普·汉金斯股份有限公司。1976年合资创办国际计算机同人公司,后任董事长。仅在1975～1985年间,王安公司规模扩张30倍,鼎盛期年销售额近30亿美元,拥有员工3万,成为世界级尖端科技公司之一,王安本人名列"全美十大富豪"。20世纪80年代后期之后,他对市场信息反应十分迟钝,没有及时回应市场所需的个人电脑和小型工作站,而是集中开发高档计算机,致使产品滞销,债务累累。一系列决策失误,再加上根深蒂固的家族观念,王安公司不得不于1992年申请破产。

电子计算机产业化及应用的先驱者之一。率先开拓了办公室和经营管理的计算机自动化技术,仅在磁芯存储器领域的发明专利就有34项,被誉为"电脑大王"。1948年发明一套磁芯存储系统"记忆磁圈",并获专利。王安公司创建后,陆续开发出VS系列小型电子计算机,具备主机运算功能和文字处理功能;建立了采用宽频带技术的地区网络系统——王安网络。其中,1962年研制成第一套LINASEC电子排字系统;1964年开发出第一台对数电子计算机——LOCI桌上电脑;不久又制造出300型计算机;1968年生产试制3300BASIC和700型两种电脑;1971年率先推出第一代WPS文字处理机,配装高速印字机,两年后王安公司成为全世界该类系统最大供应商;1972年推出2200型迷你电脑;1976年开发第二代文字处理机。1986年在自由女神塑像落座一百周年纪念仪式上,他入选全美国最杰出的12名移民之一,获里根总统颁发的自由奖章。撰有自传《教训》一书,深感利用常识、辛勤努力和适应潮流是事业成功的三大要素。（李　烨）

戴念慈(Dai Nianci)　中国江苏省人,1920年4月2日生于江苏无锡,1991年11月12日卒于北京。*土木工程、城建规划、建筑学。*

1942年重庆中央大学建筑系毕业。留校任教。先后任重庆、上海兴业建筑师事务所,上海信诚建筑师事务所建筑师。1950年后,历任北京中直修建工程办事处设计室主任,国家建筑工程部建筑设计院主任工程师、总建筑师,中国建筑科学研究院总建筑师、高级建筑师,国家城乡建设环境保护部副部长,建设部特邀顾问等职。曾兼任中国建筑学会理事长、建筑设计事务所总建筑师等职。1991年当选为中国科学院学部委员(院士)。

他除指导建筑设计院全院设计工作外,还主持设计中国美术馆、北京饭店西楼、中共中央党校、杭州西湖国宾馆、山东曲阜阙里宾舍、锦州辽沈战役纪念馆及纪念碑,以及斯里兰卡国际会议大厦等10余项重要工程,都达到了当时中国建筑最高水平,成为当代建筑文化杰作。在建筑构思与设计上,追求时代气息与民族特色、现代技术与传统文化的有机结合,塑造"中而新"的建筑风格,丰富了现代建筑创作理论,对中国建筑业发展具有指导意义。在住宅建设方面,提出加大住房密度、节约用地等战略思想,对国家制定政策起了重要作用。非常关心建筑文物保护问题,其中如杭州历史文化名城风貌、山西应县辽代木塔、陕西黄帝陵修建方案等等,都亲自实地调查和提出方案。

任《中国大百科全书》、《中国科技专家传略》分卷主编。获1986年全国优秀建筑设计金质奖、金瓦当奖、中

国建筑学会最优秀建筑设计奖等多种奖励。1989年被建设部授予第一批“设计大师”称号。（李 烨）

林秉南(Lin Bingnan) 中国福建省人，1920年4月21日生于马来西亚，2014年1月3日卒于北京。水利水电工程、水力学、河流动力学、工程管理。

1942年交通大学唐山工学院（今西南交通大学）土木系毕业。1947年获美国艾奥瓦大学水利系硕士学位，1951年获该校博士学位。1949～1955年先后任艾奥瓦大学水力学研究所副研究员、科罗拉多大学研究生院助理教授。1956年回国，历任中国科学院水工研究室研究员、中国水利水电科学研究院高级工程师、名誉院长。兼任清华大学等校名誉教授、三峡工程泥沙专家组组长、中国水利学会副理事长、国际泥沙研究培训中心顾问委员会主席、联合国发展署亚洲地区泥沙冲淤培训项目经理（1989～1993年）、国际水力学研究协会亚太地区分会主席（1991～1996年）等职。1991年当选为中国科学院学部委员（院士）。

在国外留学和工作期间，最早提出两种指定时段构造特征线网法，并创立当时先进的明渠非恒定流计算法，被多部国际权威著作引用；进行过大量水槽输沙试验，研究含沙浓度和颗粒雷诺数对泥沙沉降速度的影响。1956年回国后，主要开展高坝水力学和明渠不恒定流研究。主持开发了宽尾墩、窄缝挑坎等收缩式新型消能工程，为高坝有效泄洪消能，大幅度减少下游河床冲刷深度，增进大坝安全提供了先进技术，已应用于国内多处工程，获1985年国家科学技术进步奖二等奖。1958年起率先在中国开展溃坝波的实验和理论研究，首先应用二维特征理论和破开算子法对大海湾和河口潮流进行数值模拟，建立了符合实测资料的快速计算方法；首先应用大模型研究三峡水库水体突泄对下游广大地区的可能影响。1979年阐明宽尾墩下游的部分溢流面剖面在一定条件下可采用非光滑面，从而大大简化工序和降低成本。1985年后，负责和主持三峡工程泥沙研究，作出重要贡献。

主要论文收于《林秉南论文选集》（2001年）；出版《明渠不恒定流研究的现状和发展》（第一册，1980年）等著作。获1978年全国科学大会先进个人称号；1997年美国土木工程学会干旱地区水利工程奖等。（沙治银）

颜鸣皋(Yan Minggao) 中国浙江省人，1920年6月12日生于河北定兴，2014年12月24日卒于北京。冶金工程、物理冶金学、金属材料学。

1942年重庆中央大学机械系毕业。同年任中央工业试验所助理工程师。1944年赴美国留学，1947年获耶鲁大学理学硕士学位，1949年获该校物理冶金工学博士学位。此后任纽约大学工学院研究部研究员。1951年回国后，历任北京工业学院（今北京理工大学）冶金系教授、第二机械系教授兼系主任，第二机械工业部航空工业局航空材料研究所研究员、钛合金实验室主任、副所长兼总工程师，中国航天工业总公司航空材料研究所研究员兼高级技术顾问。是北京理工大学、北京航空航天大学等高校兼职教授或顾问教授。兼任材料科学学会理事长，《材料工程》和《航空材料学报》主编。1991年当选为中国科学院学部委员（院士）。

1947年在美国发表论文“金属加工织构研究”，其见解被国外同行列为完整金属织构理论之一。1948年对晶体不均匀变形有新的发现，并提出晶体塑性变形的显微弯曲假说。1951年回国后，在航空材料研究所组建中国第一个钛合金实验室，带领青年科技人员炼出中国第一块重3千克的钛合金锭。系统开展航空钛合金研究，建立中国航空用钛合金系列，领导并参与高温合金、钛合金和一些新材料的基础应用研究，在微观结构分析、合金强化机理、金属超塑性理论等方面取得重要成果。主持航空材料的疲劳与断裂研究，深入探讨新的裂纹扩展物理模型、疲劳裂纹扩展机制、疲劳门槛值预测、三维裂纹应力分析、材料的超载效应以及变幅载荷下的寿命估算等课题，取得了许多成果，为飞机安全设计、合理选材提供了实践和理论方面的依据。

发表论文百余篇；主编《航空金属材料疲劳裂纹扩展手册》（1984年）、《航空材料学》（1985年）和《中国航空材料手册》（7卷，1988年）等著作。多次获奖，其中有1991年航空航天工业部最高奖——“航空金奖”，同时获“为航空工业作出杰出贡献者”称号，2001年何梁何利科学与技术进步奖等。（孙晓芳）

波默林，J.H.(Pomerene, James Herbert) 美国人，1920年6月22日生于美国纽约州扬克斯，2008年12月7日卒于纽约州查帕克尔。计算机科学与工程、电气电子工程、应用数学。

1942年获美国西北大学电气工程学士学位。同年进入黑兹尔蒂纳电子公司。1946年到普林斯顿高级研究院研发计算机，1951年出任项目总工程师。1956年项目组解散，他加盟美国国际商用机器公司（IBM）至退休。是美国国家工程院院士。

美国计算机先驱之一。第二次世界大战期间，参与研制敌我识别雷达，主持开发微波与脉冲调制器。1946年受冯·诺伊曼邀请，在普林斯顿大学参与研制IAS计算机，分工负责制作存储器系统等关键技术，攻克多种难题，其中使阴极射线管能长期保存16个二进制位，用40个阴极射线管显示器组成计算机并行存储器。他因表现出色而被任命为IAS计划后期的总工程师。1951年1月，IAS计算机基本竣工，洛斯阿拉莫斯国家实验室用设计氢弹的程序进行考核，连续运行60天，1952年6月对外正式展示，1960年退役。美国许多研究机构和大学纷纷以IAS为原型机，衍生出多种不同型号计算机，充分说明IAS在计算机发展史上占有重要地位。1956年，他参与研制了IBM公司第一台流水线计算机“伸展”（STRETCH）。在此基础上，又和F.P.布鲁克斯共同主持开发计算机“丰收”（HARVEST），于1962年完成。他发明的“字节向量流水线部件”能处理大量非数值数据，从而使研制周期大大缩短，处理能力大幅提高。该机具有两级程序控制，第一级建立进程，第二级对进程进行操作；磁带机和磁带子程序库系统容量大、自动进行。后推出IBM公司第一个商用多处理机系统。1965年，主持设计并行网络数字计算机PNDC，采用多级存储器系统，这是最早的单指令流、多数据流并行处理机(SIMD)的原型，虽未建造，但它的一些思想在以后得到运用和发展。获 1986 年计算机先驱奖，1993 年美国电气与电子工程师协会爱迪生奖章，2006 年埃克特-莫奇利奖等。 （李 烨）

克劳夫，R. W. (Clough Jr.，Ray William) 一译小克劳夫。美国人，1920 年 7 月 23 日生于美国西雅图。*结构工程、地震工程、结构力学、工程管理。*

1942 年获美国华盛顿大学土木工程学士学位。同年入伍任空军气象员至 1946 年。期间，1943 年获加利福尼亚理工学院硕士学位。1946 年进马萨诸塞理工学院继续深造，1949 年获土木工程专业理学博士学位。同年任教于伯克利加利福尼亚大学土木工程系，后任教授兼系主任，1987 年为土木与环境工程部荣誉退休教授。1979 年当选为美国国家科学院院士。是美国国家工程院院士。1996 年当选为中国工程院外籍院士。

结构工程、结构力学和地震工程领域国际公认的学术权威。在工程结构和数值计算分析理论领域有很深的造诣，在将理论应用于实际工程问题尤其是抗震设计方面，有着十分丰富的经验。20 世纪 80 年代起，为推进美中两国在结构工程学领域的国际合作与交流，作出了显著贡献：积极参与中国的结构工程和地震工程的咨询指导工作，热忱指导和培训科研人才队伍，尤其是帮助解决了中国当时在建世界最高的二滩拱坝工程抗震设计中的一些重要技术问题，促进了中国地震工程和抗震分析、特别是拱坝抗震科学技术的发展。

主编有《拱型坝》、《土结构动力学反应机制的发展》(1993 年)等著作；与他人合著《计算机程序与拱坝统计动力学分析》(1973 年)、《结构动力学》(1975 年初版、1993 年再版)、《结构动力学：答疑手册》(1995 年)等。获 1979 年纽马克奖章，1995 年冯·卡门奖，1996 年地震工程研究院豪斯纳奖章，英国皇家工程院菲利普王子奖章，1994 年美国国家科学奖章，2006 年富兰克林土木工程奖章等。 （李啸虎）

陆孝彭 (Lu Xiaopeng) 中国江苏省人，1920 年 8 月 19 日生于上海，2000 年 10 月 16 日卒于北京。*军用航空工程、空气动力学、科技管理。*

1941 年重庆中央大学航空工程系毕业。先后任昆明第一飞机制造厂制图员、南川第二飞机制造厂设计员。1944～1949 年相继在美国麦克唐纳飞机公司、英国格罗斯特飞机公司实习和参与飞机设计。1949 年后，历任华东军区航空工程研究室设计员，北京南苑飞机修理厂设计科长，沈阳 112 厂第一设计室总体组组长，南昌 320 厂飞机设计室设计师，南昌飞机制造公司飞机设计所所长、320 厂副厂长兼南昌航空工业学院(今南昌航空大学)首任院长、飞机总设计师。曾兼任江西省科学技术协会副主席、江西省航空学会理事长等职。1995 年当选为中国工程院院士。

1958 年主持设计成功中国第一架歼教-1 教练机。1965 年主持研制定型强-5 型飞机，是中国自行设计的第一架超音速喷气式强击机，现有多种改型系列，低空操纵性、稳定性达世界先进水平，已成为中国空军主力机种和第一个外销机种，获 1985 年国家科学技术进步奖特等奖。负责设计的歼-12 飞机于 1974 年完成各项试飞，成为当时世界上最轻的超声速战斗机，有多项技术属国内首创，为中国战略储备机种。80～90 年代，主持变后掠翼技术研究，在气动布局、机翼优化设计、驱动机构和飞控系统方面取得突破，获国家科学技术进步奖二等奖、部级一等奖；主持高超声速空天往返载人系统第一级总体方案课题研究等，获多项成果；进行强-5 和歼-12 飞机的高新技术化研究。1986 年获国防科学工业委员会总设计师荣誉状。1991 年获中国航空工业最高奖“航空金奖”。 （李啸虎）

韦阿，W. H. (Ware，Willis Howard) 美国人，1920 年 8 月 31 日生于美国新泽西州大西洋城，2013 年 11 月 22 日卒于加利福尼亚州圣莫尼卡。*计算机科学与工程、电气电子工程、应用数学。*

1941 年获宾夕法尼亚大学摩尔学院电气工程学士学位。1942 年获马萨诸塞理工学院硕士学位。1951 年获普林斯顿大学电气工程博士学位。1942 年到纽约州的黑兹尔蒂纳电子公司工作。1946～1951 年在普林斯顿大学高级研究院参与计算机项目开发。1951 年在北美航空公司为军方开发导弹技术。1952 年加盟兰德公司，1992 年退休，后成为公司顾问。曾任美国计算机学会会长(1958～1959 年)、美国信息处理学会联合会主席(1961～1962 年)、美国空军综合训练研究委员会副主席等职。1985 年当选为美国国家工程院院士。

美国计算机先驱之一。他的研究开发涉及计算机科学技术的软件、硬件、管理、应用(军用和民用)等宽广领域。第二次世界大战期间，为美国军方设计开发敌我识别雷达。1946 年起参与冯·诺伊曼设计的 IAS 计算机的设计开发。该机采用真空电子管、平行处理方式，以威廉姆斯管(一种阴极射线管)为存储显示器，1951 年 1 月基本竣工，1952 年 6 月对外正式展示，1960 年退役。美国许多研究机构和大学纷纷以 IAS 为原型机，衍生出多种不同型号计算机，足以说明 IAS 在计算机发展史上的重要地位。1952 年，作为主设计师为兰德公司研制了冯·诺伊曼型计算机 JOHNNIAL，他为该机编写了世界上第一个工程型的诊断程序，能检查到全机的每一个开关和门电路的实时状态。1954 年 3 月，JOHNNIAL 通过测试验收，成为当时仿 IAS 的众多计算机中工作最可靠的一台。20 世纪 60 年代以后，在兰德公司为美国空军多种军事项目进行相关计算机应用技术配套研发；在研究计算机安全、个人秘密信息保护方面有重要贡献；协助美国联邦政府制定政策和进行决策咨询方面起了重要作用。

代表作有《数字计算机技术和设计》(2 卷，1963 年)。获美国信息处理学会联合会 1963 年、1986 年“杰出服务奖”，1979 年空军“特殊的国民服务奖章”，1984 年美国电气与电子工程师协会“百年华诞纪念奖”，1975 年美国数据处理管理协会“计算机科学本年度杰出人物”(后改名为“杰出信息科学奖”)，1993 年美国计算机学会计算机先驱奖等。 （李 烨）

陈士橹(Chen Shilu) 中国浙江省人,1920 年 9 月 24 日生于浙江东阳,2016 年 4 月 25 日卒于西安。*航空航天工程、飞行力学、工程教育。*

1945 年西南联合大学航空工程系毕业。留校任教。1946 年回北平任清华大学助教。1948 年赴上海任交通大学讲师,1952 年院系调整转到南京华东航空学院。1956 年赴苏联莫斯科航空学院留学,1958 年获副博士学位。同年回国,一直执教于西北工业大学,教授。先后任飞行力学系教研室主任、宇航工程系主任、航天工程学院名誉院长。兼任国务院学位委员会航空宇航学科评议组召集人、陕西省宇航学会名誉理事长等职。1994 年当选为俄罗斯宇航科学院外籍院士。1997 年当选为中国工程院院士。

在弹性飞行器建模、伺服气动弹性动态耦合、稳定性分析、主动控制系统设计等方面,建立了较为完整的理论体系,提出了思路新颖的研究方法,成功地应用于飞机和航天器等型号设计。作为中国航天科技教育领域的开拓者之一,创建和长期领导西北工业大学航天学院,其主持的飞行力学学科点一直在全国名列前茅,为中国航天事业培养了一批高级人才。

发表“弹性飞行器纵向稳定性问题”(1985 年)、“在非定常气动力作用下的弹性飞行器运动稳定性及主动控制”(1993 年)等学术论文 100 多篇;出版《近代飞行器飞行动力学》(1987 年)等教材专著。多次获奖,其中“弹性飞行器飞行动力学”课题获 1991 年国家教委科学技术进步奖一等奖,另有省部级二等奖 6 项。(李啸虎)

师昌绪(Shi Changxu) 中国河北省人,1920 年 11 月 15 日生于河北徐水,2014 年 11 月 10 日卒于北京。*冶金工程、物理冶金学、金属材料学。*

1945 年西北工学院矿冶系毕业。同年起先后在四川綦江电化冶炼厂、鞍山钢铁公司工作。1948 年赴美国留学,1949 年获密苏里大学矿业学院硕士学位。1952 年在美国圣母大学获冶金学博士学位,后在马萨诸塞理工学院从事 3 年博士后研究。1955 年回国,到中国科学院金属研究所工作,历任研究员、副所长,1980～1985 年任金属研究所所长,后任名誉所长。1983 年后,曾兼任深冲薄板国际研究会主席、中国金属学会材料科学学会理事长、国家自然科学基金委员会副主任、中国材料联合会首任主席、《金属学报》、《自然科学进展》等杂志主编等职。1980 年当选为中国科学院学部委员(院士),1984 年任该院技术科学部主任。1994 年选聘为中国工程院院士,曾兼任中国工程院副院长。1995 年当选为第三世界科学院院士,同年当选为第三世界科学院院长。

20 世纪 50 年代,参与创办《能源材料通讯》和《中国金属科学技术》杂志等 5 种科学期刊;1958 年研制出中国第一个铸造高温合金“916 合金”。60～70 年代,研制出抗尿素无镍不锈钢等多种新型高合金钢,有 4 项成果在 1978 年全国科学大会上获奖。80～90 年代,研制成功不含铬、镍的耐腐蚀、耐高温、无磁性的铁锰铝系奥氏体钢,1982 年获国家自然科学奖三等奖;发展了中国第一个铁基高温合金“808 合金”、耐热腐蚀镍基高温合金,因低偏析高温合金研究获 1987 年国家自然科学奖三等奖;主持研制和推广中国第一代空心气冷铸造镍基高温合金涡轮叶片,获 1995 年国家科学技术进步奖一等奖。此外,因主持制定中国新材料发展长远规划、新科学技术革命新材料规划,1988 年分别获国家科学技术进步奖二等奖。

发表论文 300 余篇;主编《材料大辞典》、《材料科学技术大百科全书》等大型工具书。还获 1995 年何梁何利科学与技术进步奖,1998 年国际材料联合会实用材料创新奖,2004 年中国工程院光华工程科技奖成就奖,2010 年度中国国家最高科学技术奖等。(张 娅)

肖纪美(Xiao Jimei) 又名肖继美。中国湖南省人,1920 年 12 月 7 日生于湖南凤凰,2014 年 4 月 23 日卒于北京。*冶金工程、腐蚀与防护工程、金属材料学。*

1943 年交通大学唐山工学院(今西南交通大学)矿冶工程系毕业。1943～1947 年历任中学数理教员、国民政府兵工署二十八厂技术员、中央标准局技士。1948 年赴美国留学,1949 年、1950 年先后获美国密苏里大学矿冶学院冶金工程硕士、博士学位。1951～1957 年相继任美国芝加哥林登堡热处理公司、爱柯产品公司、匹兹堡坩埚钢公司研究所研究冶金师。1957 年回国,一直任北京钢铁学院(今北京科学技术大学)教授,历任金属物理教研室主任、材料失效研究所所长、环境断裂开放实验室主任等职。曾兼任中国腐蚀与防护学会理事长等职。1980 年当选为中国科学院学部委员(院士)。

20 世纪 50～60 年代,提出合金设计新方法,在美国研制成功不含镍的奥氏体不锈耐热钢;研究开发出中国节镍不锈钢、耐热钢等新钢种。70 年代后,建立和发展中国的断裂学科,首次提出“断裂化学”新分支学科,形成中国自己的学派,并逐步为国际同行所公认;形成一套完整的工程构件断裂分析方法,广泛开展工程构件断裂分析和产品质量安全评价,范围涉及中国各工业部门,获得显著社会效益和经济效益,曾 4 次获冶金部及国防科学工业委员会重奖;在氢致开裂、应力腐蚀、腐蚀疲劳等方面,提出了一系列经实验证实的独创见解,其中“材料的应力腐蚀和氢致开裂机理的研究”获 1987 年国家自然科学奖二等奖等。

发表论文 300 余篇;主编、独撰和参编出版《金属材料的腐蚀问题——腐蚀金属学》(1962 年)、《金属的韧性与韧化》(1980 年)、《材料腐蚀学原理》(2002 年,与他人合著)等教材、专著 16 部。(段智勇)

李东英(Li Dongying) 中国北京市人,1920 年 12 月 14 日生于中国北京。*冶金工程、化肥工程、金属学、物理化学、科技管理。*

1948 年获北京辅仁大学化学系理学士学位。1949～1951 年任沈阳选矿剂工厂厂长。1951～1953 年在苏联乌拉尔、列宁格勒选矿设计研究院和工厂进修。1956～1958 年先后在苏联有色金属研究院、稀有金属研究院进修。历任北京有色金属综合研究所副所长,北京有色金属研究总院副总工程师、总工程师,中国有色金属工业总公司常务董事兼科学技术部主任、教授级高级工程师。兼任国务院稀土领导小组稀土专家组(后归国家计委)组长,中国稀土学会副理事长兼秘书长,中国有色金属学会副理事长兼秘书长,江西省、甘肃省人民政府经济技术顾问等职。1995 年当选为中国工程院化工、冶金与材料工程学部院士,2000 年又兼为该院工程管理学部院士。

1949 年研制成功选矿剂固体黄药的生产工艺和设备,沿用至今。20 世纪 50～60 年代,主持研究成功 30 余种稀有金属的生产工艺,保证"两弹一星"等国防军工和大规模集成电路等尖端技术急需新材料;主持稀土和钛的开发和应用推广工作,经济效益显著。70 年代初率先提出并组织实施稀土微量元素在农业中应用的研究,取得普遍增产、优质和抗逆良效,此后在农作物和经济作物、林业、牧草和养殖业得到广泛推广,获得巨大效益。70～80 年代在中国攀枝花、包头白云鄂博、金川等处矿区从事资源综合利用开发研究,以及重要有色金属行业的开发方针政策研究。多次获得国家和省部级奖励,其中受命主持"国家十二个重要领域技术政策的研究"获 1987 年国家科学技术进步奖一等奖,"1986～2000 年全国科学技术长远规划前期研究"获 1989 年国家科委科学技术进步奖一等奖。

主编有《有色金属工业技术政策》、《中国材料工业技术政策》、大型丛书《有色金属进展》(40 卷)等。

(李啸虎)

罗森布罗克,H. H. (Rosenbrock, Howard Harry) 英国人,1920 年 12 月 16 日生于英国艾塞克斯郡伊尔福特,2010 年 10 月 21 日卒于伦敦。*机械与动力工程、计算机辅助设计、控制论、应用数学。*

1941 年获伦敦大学电气工程系理学士学位,1955 年和 1963 年先后获该校哲学博士、理学博士学位。1941～1946 年任英国皇家空军通信官员。战后进入产业界,担任过多种职位和技术顾问,期间 1957 年任约翰·布朗公司研究经理,创办化工过程控制研究开发实验室。1962～1965 年任教于英国剑桥大学,是该校控制论研究组成员。1963～1964 年在美国马萨诸塞理工学院电子系统实验室进行访问研究。1966 年任英国曼彻斯特大学理工学院控制工程教授、控制中心主任。曾任英国电气工程师协会会长、英国测量与控制学会会长。1976 年当选为英国皇家学会会员。

在多变量控制理论及其计算机辅助设计方法上有重要贡献,是多变量频域法的奠基人之一。第二次世界大战期间,参与主持研发航空通信技术。二战后至 50 年代,结合工业界的产业需要,研究过程系统工程的若干领域,包括振动和大型风力发电机组的稳定问题、化工分裂精馏塔动态过程、不可逆过程热力学、最优化和控制等。1966 年发表重要论文"关于线性多变量控制系统的设计";1969 年提出"对角优势"的概念和逆奈奎斯特阵列法。70 年代,全面阐述多变量系统的零点问题;引入"系统矩阵"概念,描述了一种特殊多项式矩阵。80 年代,研究自动化对社会的各种影响;将控制论方法推广应用于量子力学。退休后,研究工作仍然十分活跃,尤其对人机关系甚感兴趣。

发表论文百余篇;出版专著 10 余部,主要有:《动力系统的数学》(1970 年)、《状态空间和多变量理论》(1970 年初版,1986 年第 7 版)、《控制系统的计算机辅助设计》(1974 年初版,1976 年第 3 版)、《控制论和社会》(1982 年)、《设计以人为中心的技术》(1989 年初版,1990 年第 2 版)、《具有目的的机器》(1990 年第 2 版)等。获 1957 年英国化学工程师协会莫尔顿奖,1970 年英国测量与控制学会哈特利奖,1982 年美国电气与电子工程师协会控制系统奖,1986 年英国电气工程师协会亥维赛奖,1995 年首届北欧过程控制奖等。 (李 烨)

艾弗森,K. E. (Iverson, Kenneth Eugene) 加拿大人,1920 年 12 月 17 日生于加拿大艾伯塔省卡姆罗斯,2004 年 10 月 19 日卒于多伦多。*计算机科学与工程、软件工程、应用数学。*

第二次世界大战期间,缀学应征入伍。1946 年退伍后,进入加拿大昆士大学主修数学兼修物理学等科,1950 年获数学学士学位。1951 年、1954 年先后获美国哈佛大学应用数学硕士、博士学位。留校任教。1960 年受聘于美国国际商用机器公司(IBM)沃森研究中心,工作了 20 年。1980 年到加拿大多伦多夏普联合公司工作,1987 年退休。是美国国家工程院院士。

计算机交互式程序设计语言 APL 的开创者。在世界第一台现代自动计算机 Mark Ⅰ设计者、哈佛大学的 H. H. 艾肯教授指导下完成博士学位论文。在学位论文引导下,经历了长期构思,设计和实现了著名的通用程序设计语言 APL。它以现有数学符号为基础,加入许多基于"数组"(这是 APL 中唯一的数据类型)的基本运算符,用极其简约的语句定义非常复杂的表达式,具有三大与众不同的特点:一是首创"弹性数据结构",变量类型由具体用途确定,没有显式定义;二是一般语言常用控制结构由递归函数、数组操作和控制转移符"→"所代替;三是所有运算符都具有相同优先级,一律从右到左顺序计算,同一般程序语言很不一样。此外,为描述计算机语言的形式结构,他还发明了一组特殊符号即"艾弗森记号",能对整个数组直接进行各种运算。最早的 APL 版本采用解释方式而非编译方式,有人机交互功能,类似于台式袖珍计算器,因此在科学与工程计算、统计分析、金融财会等领域中大受欢迎。1969 年 IBM 在纽约州阿尔蒙克总部举行 APL 大会,始料未及地踊跃来了 500 多人。APL 在早期程序设计语言发展中起了积极作用,并成为后来一些通用语言扩充、开发的重要基础。

主要著作有:《程序设计语言 APL》(1962 年)、《自动数据处理》(1963 年初版、1969 年再版,与 F. P. 布鲁克斯合著)、《科学家和工程师用的 APL 导论》(1966 年)、《代数的算法处理》(1972 年)等。先后获 1975 年美国信息处理学会联合会哈里·古德奖、1979 年美国计

算机学会图灵奖、1980年美国电气与电子工程师协会计算机先驱奖、1991年美国国家技术奖章等。（李 烨）

王仁（Wang Ren） 中国浙江省人，1921年1月2日生于浙江吴兴（今属湖州市），2001年4月8日卒于北京。*材料科学与工程、塑性力学、固体力学、地球构造动力学、应用数学。*

1943年毕业于西南联合大学航空系，获工学学士学位。留校任教。1944年任贵阳第一飞机制造厂设计员。1946～1948年任台湾省台中市第三飞机制造厂工程师。1948年到美国留学，1950年获华盛顿大学航空工程系理学硕士学位。1953年获美国布朗大学应用数学博士学位。留校任副研究员。1954年任芝加哥的伊利诺伊理工学院力学系助理教授。1955年回国，先后任北京大学力学系副教授、教授、系主任等职。1980年当选为中国科学院学部委员（院士）。1986年任中国自然科学基金委员会副主任。1990年任中国力学学会理事长。

20世纪50～60年代，从事塑性力学研究。曾是当时塑性力学在国际上最有实力的布朗大学以布瑞金（Pregen）为首的研究团队主要成员。在塑性力学的滑移线理论方面，他给出了一个以圆形边界出发的滑移线网的解析解，分析带V形和半圆形缺口的拉伸试件塑性区域随缺口扩展的发展过程。这是滑移线理论中少数大变形非定常运动的准确解之一。他对冲击载荷下结构的塑性动力响应、塑性屈曲问题等方面研究，都取得了出色的研究成果。

1970年又从事地球构造动力学方面的研究。在地球构造应力场、地震应力场模拟和地震危险区预报等方面都取得了重要研究成果。他应用李四光假说，把这些问题建立在严格的力学基础上，计算了在日、月引潮力及短期自转速率变化下引起的全球应力场。在地震预报方面，他应用反演法，得出了唐山地震后的应力分布，预测了未来地震危险区。后来10多年间所发生的5～6级地震，都落入了预测的地区，验证了他研究成果的正确性。另外还进行过岩石机理的研究。

发表的论文有"圆板在冲击载荷下的塑性变形"（1954年）、"构造应力场的反演"（1983年）等百余篇；专著有《固体力学基础》（1979年，与他人合著）、《塑性力学引论》（1982年，与他人合著）等。2000年获何梁何利科学与技术进步奖。（王良国）

周炯槃（Zhou Jiupan） 中国浙江省人，1921年1月5日生于浙江上虞，2011年12月6日卒于北京。*通信工程、电视技术、微波电子学、科技政策。*

1943年交通大学电机系电信专业毕业。相继任上海天昌电化厂、上海新安电机厂技术员、工程师。1948～1949年在美国哈佛大学应用科学系留学，获理学硕士学位。1949年起先后任上海新安电机厂、天津新安电机厂总工程师、厂长，兼北洋大学、天津大学教授，天津大学电信系教授。1955年起执教于北京邮电学院（今北京邮电大学），历任无线电系教授、系副主任，邮电科学研究所所长、名誉所长，信息工程系名誉主任，北京邮电大学信息工程学院名誉院长等职。兼任《通信学报》主编等职。1995年当选为中国工程院院士。

20世纪50年代，主要从事电视工程的教学和科研工作，1958年建成中国第一座教学电视台，整理和出版中国第一部《电视学》（1961年）教材。60年代后从事信息与通信理论的教学与研究，1964年参与主持国家重要项目6401工程的研制工作，在中国首先成功将卷积码应用于数字信道的纠、检错实验样机。70年代初在抗衰减技术中成功应用伪随机码理论，获1978年全国科学大会奖等。80年代及后，主持研究《中国信息技术发展战略与政策》国家课题，获1989年国家邮电部科学技术进步奖一等奖。

主编、撰写《通信网理论基础》（1991年）等教材专著数部，其中研究生教材《信息理论基础》（1983年）被评为1986年全国邮电院校优秀教材特等奖、1988年全国优秀教材特等奖；此外与人合著有《通信原理》（2卷，2005年）等论著。（刘金龙）

俞大光（Yu Daguang） 中国湖南省人，1921年1月22日生于辽宁盖平。*核武器工程、电气电子工程、电工学、爆炸学。*

1944年武汉大学电机系毕业。留校任教。1950～1953年就读于哈尔滨工业大学研究班。毕业留校任教，先后任电机系电工教研室主任、系副主任。1962年后，历任国家第二机械工业部第九研究院（后改名中国工程物理研究院）研究员、设计部副主任、电子工程研究所所长，中国工程物理研究院副院长、科学技术委员会副主任、高级顾问。1995年当选为中国工程院院士。

20世纪60年代后，组织和领导中国第一代核武器引爆和遥测系统的研究开发，主持各型号电子系统的定型。60～70年代，主持完成的核武器引爆控制系统，采用过载延时引信，提高了引爆可靠度，获1978年全国科学大会奖；在核试验遥测技术中采用S波段脉位键控调制方案，取得良好成效；对"核战斗部"电子系统进行科学界定、方案评审、内外协调和试验定型；多次参与组织核试验和两弹结合飞行试验，排除多项技术故障。80年代，参与主持515-12型号飞行试验，获1984年国防重大科学技术成果奖二等奖；发明引爆-遥测合用弹上设备，获1984年国家发明奖二等奖；参与主持"氢弹的突破及武器化"项目，获1985年国家科学技术进步奖特等奖；515(DF-21)型号飞行综合科学试验，获1987年中国核工业总公司科学技术进步奖一等奖、1988年国家科学技术进步奖三等奖；开发出能获得最大引爆概率的引信爆高装定方法。此外，参加并审核、制定院军标、国军标和国家标准数十项。

主编《电工基础》（3卷，1958～1961年初版，后多次再版）、《电路及磁路》（2卷，1986～1987年）、《核武器战术技术性能》（1997年）等教材专著。（李啸虎）

扎德，L. A.（Zadeh，Lotfi Askar；或 Lotfali Askar Zadeh，） 美国人，1921 年 2 月 4 日生于苏联阿塞拜疆巴库（今属阿塞拜疆）。通信工程、信息处理技术、控制论、应用数学、模糊逻辑。

父亲是伊朗新闻记者，母亲是犹太裔儿科医师。1931 年全家随父亲回伊朗。1942 年获德黑兰大学电气工程学士学位。1944 年移民美国，1946 年获马萨诸塞理工学院电气工程理学硕士学位。1949 年获哥伦比亚大学电气工程博士学位。留校任教，1957 年任教授。1959 年任伯克利加利福尼亚大学电气工程与计算机科学系教授。1993 年任阿塞拜疆国家石油科学院名誉教授。是美国国家工程院院士。1992 年当选为俄罗斯科学院外籍院士。2005 年当选为波兰科学院外籍院士。2004～2008 年获匈牙利布达佩斯理工大学、香港浸会大学、西班牙马德里理工大学、加拿大赖尔森大学等荣誉博士学位。

在控制理论方面有重要贡献。20 世纪 40 年代，研究通信工程中的网络时变频率，1949 年在博士论文中首次引入“时变变换函数”的新概念，进而成为线性时变系统分析的普适方法。50 年代，1952 年在处理和分析离散时间信号时，和 J. R. 拉加齐尼（John R. Ragazzini）一起发展了 Z-变换逼近法，这些方法目前广泛用于数字信号处理、数字控制、以及工业和科研的其他离散时间系统；研制有限存储滤波器和预测器，推广应用了维纳预测理论。60 年代，和他人合著《线性系统的状态空间理论》（1963 年），在最优控制中提出状态空间逼近法作为标准工具，后广泛用于工业机器人开发和社会经济系统分析。

是模糊数学创始人。1965 年发表题为“模糊集”的论文，宣告一种描述和处理现实世界模糊性数量关系的数学分支的诞生，引起学术界极大关注。首次提出模糊集思想，引入“隶属函数”概念以描述差异的中间过渡问题，为分析复杂系统提供了一种崭新的有效方法。提出用语言变量代替数值变量来描述系统不确定性行为，第一次使一种处理不清晰对象的人类推理模式数学化。经过多年发展，模糊数学在理论和应用方面均已取得很大成果。关于模糊数学，出版专著和论文集有：《模糊集与系统》（1965 年）、《模糊集及其在认知和决策过程中的应用》（1975 年，与他人合著）、《模糊集和决策分析》（1984 年，与他人合著）、《模糊集与应用》（1987 年）、《模糊集、模糊逻辑和模糊系统》（1996 年）、《模糊集与模糊信息粒理论》（2005 年，中文版）等。

获美国电气与电子工程师协会 1973 年教育奖章、1984 年百年华诞纪念奖、1992 年哈明奖章、1995 年荣誉奖章，2003 年加拿大网络智能联盟杰出贡献奖、2004 年国际模糊集管理与经济协会考夫曼金质奖章、2005 年波兰科学院哥白尼奖章、2009 年美国富兰克林奖章等。 （李 烨）

惠特科姆，R. T.（Whitcomb，Richard Travis） 美国人，1921 年 2 月 21 日生于美国伊利诺伊州埃文斯顿，2009 年 10 月 13 日卒于弗吉尼亚州纽波特纽斯。航空工程、空气动力学。

1943 年获伍斯特理工学院航空工程学士学位。同年起先后在美国国家航空咨询委员会、后来改建的美国国家航空航天局工作。一直在属于该两机构的兰利研究中心从事研究开发，1958 年任该中心跨音速风洞分部主管。1980 年退休后在家进行科学研究。1976 年入选美国国家工程院院士。1956 年获伍斯特理工学院荣誉博士学位。

一生主要从事跨音速（马赫数 0.75～1.25）空气动力研究，卓越贡献是提出了“面积律”和超临界翼型。20 世纪 40 年代，美国喷气发动机的研究获得很大进展。当时曾设想飞机可以超音速飞行，但实际上在接近音速时，由于绕飞机流场中激波的出现，阻力急剧增加，并出现抖振和安全性问题。1951 年他用风洞研究典型飞机外形的跨音速流场，要找出跨音速阻力激增的来由，结果发现了飞机各部分如机翼、机身、发动机舱和尾翼等在跨音速流场中相互影响的若干规律。于是指出：飞机的跨音速波阻，是整个飞机沿气流方向的横切面分布规律的函数。这个概念就是著名的“面积律”。在这个法则的指导下，为了减小阻力，与机翼相连的机身部位就要往里收缩，形成蜂腰。最早用到这个概念的是 F-102 截击机的改进设计。原型机因阻力太大不能跨过音速，按面积律收腰之后，顺利通过音障，达到了超音速设计速度。另外他还提出用减小机翼上表面中间区段曲率的方法，以减弱冲波强度及附面层诱导分离。这种机翼在超临界速度下能高效率飞行，称为超临界机翼。实验证明，使用这种机翼直到马赫数 0.98 都能保持亚音速飞机的气动效率水平，而使用普通的翼型要保持同样的效率马赫数只能到 0.83。1973 年后，由于航空油料价格迅速上涨，美国着手研制低燃料消耗的飞机。他提出了具有较低阻力的发动机舱的装置，并在机翼尖端部位安装小翼以减小阻力。这些措施的效果都在风洞实验和实际飞行中予以证实。曾获许多荣誉，包括 1973 年美国总统授予的美国国家技术奖章。2003 年入选美国国家发明家名人堂。 （戴成勋）

徐祖耀（Xu Zuyao） 中国浙江省人，1921 年 3 月 21 日生于浙江宁波。冶金科学与工程、金相学、金属材料学。

1942 年云南大学矿冶系毕业，获工学士学位。上海交通大学材料科学与工程学院教授。历任唐山交通大学、北京钢铁学院、上海交通大学冶金系、材料系副教授、教授、教研室主任、系主任。期间 1989 年任比利时鲁汶大学冶金及材料系客座教授。兼任马氏体相变国际顾问委员会荣誉委员，国际贝氏体相变委员会委员，南京理工大学、香港城市大学等校名誉教授。1995 年当选为中国科学院院士。

首次揭示无扩散的马氏体相变中存在间隙原子扩散，重新定义马氏体相变并修正了经典动力学方程；从热力学上成功计算出铁基、铜基合金和含氧化锆陶瓷的马氏体相变开始温度；运用群论分析马氏体相变晶体学；创建铜基合金贝氏体相变热力学，论证贝氏体相变的扩散机制；发现氧化锆-氧化铈中的贝氏体相变；建立形状记忆合金的物理-数学模型，优化一些实用材料的相图；发展了铜-锌相图热力学、以及杂质元素在钢中分布热力学等；从事纳米材料马氏体相变等研究。

发表论文400余篇；出版《金属学原理》(1964年)、《马氏体相变与马氏体》(1980年初版，1999年再版)、《贝氏体相变与贝氏体》(1991年)、《材料热力学》(1981年初版，2001年第3版)和《相变原理》(1988年初版，1991年再版)、《形状记忆材料》(2000年)、《中国材料工程大典·材料表征与检测技术》(2006年)等专著9部。获1987年国家自然科学奖三等奖、1998年教育部科学技术进步奖(著作类)一等奖、1999年国家科学技术进步奖(著作类)三等奖等。2000年获何梁何利科学与技术进步奖。 (谢　明)

邱竹贤(Qiu Zhuxian)　中国江苏省人，1921年4月12日生于江苏海门，2006年7月28日卒于沈阳。*冶金工程、融盐技术、冶金物理化学。*

1943年交通大学唐山工程学院(今西南交通大学)矿冶系毕业。先后任四川綦江电化冶炼厂技术员、台湾高雄铝厂、抚顺铝厂工程师。1955年起一直在东北工学院(今东北大学)执教，教授，历任轻金属冶金教研室主任、有色冶金系主任。是中外多所大学兼职教授或客座教授。1987年当选为挪威技术科学院外籍院士，1989年当选为挪威科学院外籍院士。1995年当选为中国工程院院士。

20世纪50年代，参加建设新中国第一座电解铝厂——抚顺铝厂，生产出新中国第一块铝锭；1956年在中国率先确认氟化镁是一种优良的铝电解质添加剂；对融盐湿润、融盐渗透、阳极效应和金属雾生成等融盐界面现象及其反应均有新发现，形成了融盐界面这一新分支学科；在融盐相图和结构、工业铝电解质组成和性质、电极过程等领域获新进展，发展了融盐电解理论；1988年在美国矿冶工程师年会上发表“低温铝电解”论文，提出可在温度850℃～900℃电解的低熔点节能电解质，受到国际同行重视；总结出减少电解槽热损失系数、提高电流效率和保持能量平衡的三条节电基本规律，开发成功多项炼铝节电节能技术；参与主持13.5万安培、28万安培大型铝电解槽研制和试验，电流效率可达90%，电耗率大幅度降低；用融盐电解法研制出铝-硅、铝-钛、铝-稀土等多种铝基母合金，提高合金质量而降低成本。

发表论文300余篇；独撰或与他人合著《铝电解》(1981年初版，1988年再版，1995年第三版)、《铝冶金物理化学》(1985年)、《融盐技术：理论和应用》(2卷，1992年英文版)、《有色金属冶金学》(2001年)等教材专著12部；译著有《冶金热化学》(1985年)等8部。获国家科学技术进步奖一等奖、自然科学奖三等奖等奖励。 (李啸虎)

辛克维奇，O.C.(Zienkiewicz，Sir Olgierd Cecil)　英国人，1921年5月18日生于英国英格兰凯特哈姆，2009年1月2日卒于斯旺西。*结构工程、工程力学、计算力学。*

1943年获英国伦敦大学帝国理工学院荣誉学士学位，1945年获该校博士学位。1965年获英国伦敦大学理学博士学位。1949～1961年先后在英国爱丁堡大学、美国伊利诺伊州西北大学任教。1961年起先后任英国威尔士大学教授、工程数值方法研究所所长和荣誉教授。兼任联合国教科文组织工程数值方法机构主席、国际《工程计算方法》杂志主编等职。1978年当选为英国皇家学会会员、英国皇家工程院院士。是美国国家工程院、波兰科学院、意大利科学院等的外籍院士。1998年当选为中国科学院外籍院士。还获世界多所大学授予的荣誉博士学位。1990年册封勋爵称号。

现代数值计算中的有限元方法研究的先驱者之一，其成果在国际上长期保持领先地位。他在《结构力学中的有限元方法》(1967年)等书中首次系统地阐述了有限元法；带领研究集体作出了许多奠基性发展，长期站在学科研究最前沿，尤其在有限元法原理与线性问题，固体与液体的非线性动力学，厚板(壳)公式、双曲线对流方程简化，不可压缩与可压缩流体力学，以及现行的误差估计等重要方向，都有所突破。此外培养了近百名博士生。

发表论文近600篇；编纂出版25部专著，其中与加拉格尔(R. H. Gallagher)等人合撰的《流体中的有限元方法》(7卷，1975～1988年)，以及和美国的泰勒(R. L. Taylor)合著的《有限元方法》(5卷8册，1971～2000年)，至今仍是经典之作。获联邦德国科学院高斯奖章、美国土木工程师协会纽马克奖章、国际计算力学联合会牛顿-高斯奖章、1990英国皇家学会皇家奖章、1996年法国科学骑士奖等。 (李啸虎)

埃弗莱特，R.R.(Everett，Robert Rivers)　美国人，1921年6月26日生于美国纽约州扬克斯。*计算机科学与工程、工程管理、应用数学。*

1942年获杜克大学电气工程学士学位。1943年获马萨诸塞理工学院硕士学位。留校在林肯实验室工作，曾任实验室副主任。1958年参与创建迈特(MITRE)系统工程公司，先后任技术经理、副总裁兼技术运作主任、首席执行官、总裁。1986年出任数据设备公司董事。社会兼任颇多，其中有：美国国防科学委员会委员、主席，美国空军科学咨询委员会委员、弹道导弹防御咨询委员会委员，美国联邦飞行管理研究、工程与发展委员会成员，哈佛大学教学医院马萨诸塞州总医院公司董事等。是美国国家工程院院士。1992年获杜克大学荣誉博士学位。

美国计算机先驱之一，世界第一台存储程序式并行计算机“旋风”(Whirlwind)的首席工程师。1946～1950年间，他作为总工程师参与主持旋风计算机设计与开发。该工程最初目标原是为了建造飞行控制模拟器训练飞行员，后拓展为可以解决任何需要实时控制的问题。所谓“实时”是指：从被控对象获得信号以后，能在足够短时间内完成对该信号的各种处理，并把结果送回被控对象以令其改变性状。旋风型计算机以当时发明不久的阴极射线管作内存储器，共用了5000只真空管、11000只二极管，采用并行工作方式，字长16比特，单地址指令格式，乘法时间为16微秒。当时美国军方对“旋风”寄予极大希望，空军每年投资100万美元。该型号后被用作美国空军“半自动地面环境”防空系统(SAGE)的中央控制机，在计算机发展史上占有重要地位。他善于把理论概念和创意转变为实际设计，解决了旋风计算机工程中的许多技术难题。1976年在“计算机史国际研讨会”上，他详细介绍了旋风计算机设计制造中的种种技术创新成果，影响很大。此外，由于他领导有方，MITRE公司成了国际信息安全领域最权威的“漏洞知识库”(CVE)认证管理机构。在磁鼓存储器和显示器等领域有多项专利。

鉴于在实时计算机技术及其应用领域的重要贡献，荣获1989年美国国家技术奖章。此外获1976年迈特公司杰出领导奖、1983年美国国防部杰出公共服务奖章、1987年美国计算机学会计算机先驱奖、1990美国空中交通控制协会克里斯基纪念奖、1990年美国电气与电子工程师协会先驱奖等。（李　烨）

李恒德(Li Hengde)　中国河南省人，1921年6月30日生于河南洛阳。材料科学与工程、核材料工程、生物材料工程、金属物理学。

1942年西北工学院矿冶系毕业。1942～1945年在重庆大渡口钢铁厂、南川飞机制造厂任工务员。1946年赴美，1947年获美国卡耐基理工学院(今卡耐基-梅隆大学)冶金系硕士学位；1953年获宾夕法尼亚大学博士学位。后在美国圣母大学、宾夕法尼亚大学任助理研究员和副研究员。1955年回国后，历任清华大学机械系、工程物理系、材料科学与工程系教授兼室主任、副系主任、系主任，材料研究所所长等职。兼任国际材料研究学会中国委员会主席，国际材料研究学会联合会第一副主席，中国金属学会材料科学学会理事长、名誉理事长，《材料科学进展》和《中国材料研究学报》主编等。1994年选聘为中国工程院院士。

20世纪40～50年代，在国际上最早进行金属铍单晶塑性形变研究，阐明其滑移、孪生和断裂机理。50～70年代，创建中国高校核材料专业；在中国首次用溶胶沉淀法研制出二氧化铀燃料微球等；在中国最早主持开展离子注入金属材料改性研究，指导研制出离子束界面混合的模拟程序；主持研制中国第一台离子束辅助沉积设备，并利用它开展一系列单质膜和纳米多层膜研究；利用带电粒子束研究材料的辐射损伤效应；研究核反应堆用锆合金包壳铸管脆裂同其中氢化物分布、轧制工艺的关系。80年代及后，主持完成“生物材料的结构、基因调控、自组装与应用研究”等多项国家重点项目。

公开发表学术论文200余篇；出版《材料科学与工程国际前沿》(2003年)等专著；主编《现代材料科学与工程辞典》(2001年)。获1998年何梁何利科学与技术进步奖、2000年国际材料研究学会优秀奖。（李啸虎）

鲁缅采夫，В. В.(Румянцев, Валентин Виталвевич; Rumiatsiev, Valientin Vitalievich)　俄罗斯人，1921年7月19日生于萨拉托夫斯克，2007年6月10日卒于莫斯科。自动控制、系统动力学、分析力学、应用数学。

1945年在萨拉托夫斯克大学数学物理系毕业。同年入读苏联科学院力学研究所，1948年获副博士学位，1953年获博士学位。留力学研究所工作，1959年任力学所普通力学部主任。1956年起兼任莫斯科大学教授。1965年到苏联科学院计算中心工作，任运动稳定性理论受控系统力学研究室主任。曾任著名学术刊物《应用数学和力学》的主编。1970年被选为苏联科学院通讯院士。

李亚普诺夫最先提出的部分变量稳定性问题，后虽由马尔金(И. Г. Малкин)作了阐述，但都没有证明。鲁缅采夫首次证明了部分变量的稳定性定理和渐近稳定性定理，并推广到大系统和腔体充液的无限多自由度的混合系统中应用。他将李亚普诺夫离散系统稳定性推广应用于连续系统(分布参数系统)，作出了杰出的贡献。为了研究腔体充液系统动力学和稳定性，他推广了李亚普诺夫关于旋转流体平衡位形理论，证明了一系列的定理，解决了关于刚体及弹性腔充液系统平衡状态和稳态转动的稳定性等诸多理论难题。他利用首次积分加权组合的方法构造V函数，解决了一系列刚体系统的稳定性问题。例如，刚体绕定点转动的永久旋转的稳定性，柯瓦辽夫斯卡娅(Ковалёвская)情况下的陀螺运动稳定性，及卫星姿态的稳定性等。他还证明了关于部分变量最优镇定的定理，解决了有关系统稳定性和镇定的问题，为力学系统、控制系统、卫星姿态动力学等现代科学技术作出了创造性的贡献。他对分析力学的发展，也有重要贡献。他将高斯的最小约束原理拓广到带有非理想约束的系统。从理论上严格证明了非线性非完整系统的哈密顿原理，进一步阐明了契达耶夫假定条件的重要意义，以及微分和变分运算可交换的条件等，把非完整系变分原理的研究推向了一个重要阶段。

主要著作有《充液刚体动力学》、《刚体动力学与稳定性》、《关于卫星稳态运动的稳定性》、《关于部分变量的运动稳定性和镇定》及《关于某些力学变分原理》等。多次受奖。（王照林）

王希季(Wang Xiji)　中国云南省人，1921年7月26日生于云南大理。航天工程、动力与机械工程、空间科学与技术、工程管理。

白族。1942年毕业于西南联合大学机械工程系。1949年获美国弗吉尼亚理工学院研究生院动力及燃料专业硕士学位。1950年回国，先后在大连工学院(今大连理工大学)、上海交通大学、上海科学技术大学(今上海大学)任副教授、教授。1958年后，历任上海机电设计院总工程师，国家七机部第五研究院508所所长、副院长、科学技术委员会主任，航天工业部总工程师，航天工业总公司科学技术委员会顾问，中国空间技术研究院研究员、顾问。兼任中国空间科学学会副理事长等职。是国际宇航科学院院士。1993年当选为中国科学院学部委员(院士)。

20世纪60年代，作为中国多个“第一枚”的液体燃料火箭、气象火箭、生物火箭和高空试验火箭的技术负责人，主持研制成功中国气象、探空、生物、取样和试验等不同种类火箭共12个型号；倡导并参与发展无控制火箭技术和回收技术两门学科，创造性地把探空火箭技术和导弹技术结合起来；负责制订中国第一枚卫星运载火箭的技术方案，主持“长征一号”运载火箭的研制工作。从70年代起研究航天器技术，担任中国第一个返回式卫星系列总设计师，1975年中国第一个返回式卫星发射并返回成功，成为当时世界上仅有的掌握此项高技术的三个国家之一；在中国首次采用三轴姿态控制、空间对地照相、自旋稳定制动、弹道式返回、再入防热和定区着陆等一系列高新技术；作为总设计师主持完成中国首次卫星搭载国内外微重力试验任务；参与中国载人航天的论证研究工作。

出版《工程设计学》、《卫星设计学》和《航天器进入与返回技术》(2卷，1991年)等专著；另有《王希季院士文集》(2006年)。1984年获航天工业部科学技术进步奖一等奖、1985年和1990年两次国家科学技术进步奖特等奖、1995年何梁何利科学与技术进步奖、1996年国家科学技术进步奖一等奖、1999年“两弹一星”功勋奖章等。（胡占华）

基尔伯恩，T.（Kilburn，Tom ） 一基尔蓬。英国人，1921年8月11日生于英国约克郡迪斯伯里，2001年1月17日卒于曼彻斯特。计算机科学与工程、应用数学。

1942年获剑桥大学数学学士学位。同年到电信科学研究所，战后在曼彻斯特大学电子技术实验室，均任威廉姆斯(F. C. Williams)的助手。1948年取得曼彻斯特大学博士学位。1953年任该校电气工程系计算机项目主管。1964年任该校计算机科学系教授兼首任系主任，1981年退休。1965年当选为英国皇家学会会员。1980年当选为美国国家工程院外籍院士。

英国第一个计算机工程学教授，曾参与引领一代计算机技术世界潮流。20世纪40年代，参与研制雷达电源设备和故障诊断仪；1947年他和威廉姆斯一起发明聚焦-散焦法，造出首个随机存取存储器，能在一个阴极射线显示管上存储2048个数字，存取速度大大提高，又能随机存取，一举淘汰了当时的水银延迟线存储器；1948年6月，他和威廉姆斯在曼彻斯特大学建造成功Mark-I样机，早于剑桥大学威尔克斯的EDSAC机一年，被认为是世界上第一台随机存储程序式计算机，首次采用使指令系统更灵活的变址寄存器。50～60年代，1951年2月，第一台采用存取存储器的Mark-I机由福伦蒂公司投入市场，是世界最早商品化的计算机型号之一；1953年起，他继续与福伦蒂公司合作，主持设计了一系列以希腊神明命名的计算机，如信使神“墨丘利”、神马“柏伽索斯”、狩猎神“奥利安”、女神“缪斯”等；1962年生产的大力神“阿特拉斯”，内有5种存储器，首次采用页面调度(虚存技术雏形)、多道程序、假脱机(打印)等技术，被认为是计算机历史上里程碑式的产品。70年代，主持设计的MU-5是世界最早的面向高级程序设计语言的计算机之一，能有效执行FORTRAN和COBOL目标程序，中央处理器(CPU)采用流水线结构，段页式虚存系统保护存储系统和减少操作时间，堆栈具有递归功能，硬件和操作系统都实现便于扩充更新的模块化；主持设计ICL2900，首次确立以存储器为中心替代以CPU为中心的设计思路，以功能分散为特点，充分发挥系统各部件并行工作能力，成了70年代最有影响计算机型号之一。此后，由于美国人抢先制成了集成电路，英国在计算机技术方面的领先地位逐渐被美国所代替。

获奖颇丰，其中有：1971年美国电气与电子工程师协会麦克道尔奖、1973年英国计算机学会首届普莱耶奖、1978年英国皇家学会女王奖章、1980年美国计算机学会计算机先驱奖、1983年美国埃克特-莫奇利奖等。

（李 烨）

费格特，M. A.（Faget，Maxime Allan） 美国人，1921年8月26日生于英属洪都拉斯的斯坦克里克(今伯利兹城)，2004年10月9日卒于美国得克萨斯州休斯顿。航天工程、火箭技术、空间科学、工程管理。

1943年毕业于路易斯安纳州立大学。第二次世界大战中，在美国海军潜水艇部队服役。1946年从海军退役后，受聘于美国国家航空航天局的前身国家航空咨询委员会，参加R. R. 吉尔鲁思博士主持的团队，为美国国防部研制开发高空高速飞行器。以后被任命为该局北极星导弹特别任务组顾问和工程发展部主任。是美国国家工程院院士。获路易斯安纳州立大学、匹兹堡大学等高校荣誉工学博士学位。

从事研究超音速进气道、冲压式喷气发动机、跨音速阻力、边界层和空气动力加热现象。20世纪50年代初，该咨询委员会开展了一系列使用火箭推进飞机的研究，费格特在推进系统的定义、重量分析和实施预测方面有所贡献。他参加了航速达6.7马赫的火箭推进超音速飞机X-15的研制。1957年苏联发射成功第一颗人造卫星，美国急起直追，他跟随吉尔鲁思进了新成立的航空航天局，在第一个载人宇宙飞船乃至美国制造的所有载人飞船中，从双子座项目到阿波罗项目，他都提供了主要的设计思路，并组织研究了完整回收飞船的可行性问题，开创宇宙往返航行之先河。

主要著作有与他人合作的《载人飞船：工程设计和实施》(1964年)、《载人宇宙飞行》(1965年)等。获美国航空与宇航学会等6个学术机构的大奖。（萧耐园）

埃斯特林，G.（Estrin，Gerald） 美国人，1921年9月9日生于美国纽约，2012年3月29日卒于加利福尼亚州洛杉矶。计算机科学与工程、电气电子工程、应用数学、工程管理。

1948年、1949年、1951年先后获威斯康星大学电气工程学士、硕士和博士学位。1950～1953年在普林斯顿高级研究院参与计算机开发。1954～1956年在以色列魏茨曼研究所主持计算机研制项目。回国后到洛杉矶加利福尼亚大学任教，参与创建该校计算机科学与工程系，1979～1982年、1985～1988年两度出任系主任。期间1963～1964年再次赴魏茨曼研究所做客座研究员。

早期电子计算机技术的开拓者，被誉为“可重构系统的鼻祖”。20世纪50年代，参与冯·诺伊曼设计的IAS计算机研制；被派往美国国家标准局协助H. D. 赫斯基研制“西部机”(SWAC)；在以色列魏茨曼研究所主持研制计算机WEIZAC，用磁鼓作存储器，是美国和西欧之外第一台投入运行的大型计算机。60年代，研究可变结构计算机体系结构，1960年在美国西部计算机联合会议上宣读论文，提出“固定加可变结构计算机”构思，由标准中央处理器及其控制的一组嵌入式“可重新配置”硬件构成计算机，就像是一台混合计算机，他还设计建造了一台样机加以展示。但由于种种原因，这一思想在相当长时间内未能引起业界关注。近年随着专用集成电路芯片的发展，他的这一宝贵思想在40年后又重新受到了重视，开始出现“现场可编程的门阵列”、“混合微处理器”等嵌入式逻辑单元技术。专家预测，由埃斯特林思想发展起来的这一技术，有着极其远大的前景。70年代，主持测量和试验阿帕特网(ARPANET)各种性能指标，为进一步发展国际性互联网作出了重要贡献；作为项目主管领导和主持美国能源部一项科研计划，研究如何利用阿帕特网促进能源研究机构之间的信息共享，项目历时4年，涉及七大机构，上百名专业人员参与，取得了重要成果，也极大促进了互联网建设与发展。获1986年威斯康星大学杰出服务奖、1995年美国计算机学会计算机先驱奖等。（李　烨）

陈秉聪(Chen Bingcong)　中国山东省人，1921年10月10日生于山东黄县，2008年9月1日卒于吉林长春。*农业机械工程、应用力学、农业科学。*

1943年西北工学院机械系毕业。1944年成都空军机械学校高级班毕业，获机械工程师职称，任重庆中美混合团空军第一大队机械长。1945年赴美国留学，1947年美国陈留特空军机械学院研究生班毕业，获飞行航空工程师职称；1948年获美国伊利诺伊大学航空系硕士学位。同年回国，任上海江湾空军供应总处机械师。1949年后，历任山东工学院(今山东工业大学)自动系副主任，吉林工业大学教授、拖拉机系和农机系主任、副校长。青岛大学机电工程学院教授、汽车工程与交通研究中心名誉主任。兼任中国农机学会副理事长，中国地面-机器系统研究会理事长等职。1995年当选为中国工程院院士。

20世纪50～60年代，在中国率先进行笼式、叶轮式等水田行走机械试验；建立中国第一个“农机模型试验土槽”；发表多篇论文，丰富了水田拖拉机理论基础。70年代，试制成功3种水田手扶拖拉机行走机构并定型生产，其中半步行水田轮获吉林省、国家机械工业部科学大会奖。80年代，先后发明垂直叶片水田轮、步行机耕船、可转换式半步行轮、仿牛马步行车、挖土铲斗清土器等一系列机械，其中多功能“机械传动式步行轮”，1987年获加拿大蒙特利尔国际发明展览会金奖等。90年代以来，进行国际前沿的土壤黏附机理和脱土技术的仿生研究，1993年获机械工业部重大贡献奖；创建仿生技术与材料中试基础，已形成10余种中试产品；主持开发轮式装载机等计算机辅助设计与制造技术；主持软地面车辆气垫技术应用研究。

发表论文近300篇；撰有《拖拉机理论》(1964年)、《土壤-车辆系统力学》(1981年)、《步行车辆理论及脚踝设计》(1991年)等专著。（李啸虎）

张兴钤(Zhang Xingqian)　中国河北省人，1921年10月16日生于河北武邑。*冶金工程、核武器工程、金属物理学、实验核物理。*

1942年武汉大学矿冶工程学系毕业。1947年公费赴美国留学，1949年获美国科士理工学院物理冶金硕士学位；1952年获美国马萨诸塞理工学院物理冶金博士学位，留校做博士后研究。1955年夏回国，任中国工程物理研究院教授、院科学技术委员会顾问。1989年在美国马萨诸塞理工学院当访问教授。兼任中国核学会材料分会理事长、北京科学技术大学等校兼职教授。1991当选为中国科学院学部委员(院士)。

20世纪50年代初在美国留学和研究期间，研究合金的高温力学性能和内部显微组织(晶粒及其间界)的关系，建立了在位观察和测量技术，探索了蠕变过程中纯铝及其二元单相合金的形变和断裂机制，对发展高温合金有指导意义，多篇论文被国际学术界广泛引用。60～80年代，长期在中国西北核武器研制基地参加试验和定型，具体参与领导和组织核材料、爆轰物理等领域研究，主持最初几次大型综合性实验的核测试工作，为中国第一颗原子弹、第一颗氢弹的试验成功作出了贡献；参与原子弹和氢弹的武器化研制与开发。1989年赴美国任访问教授期间，继续进行合金细晶的研究。运用形变协调、形变受阻等概念，在反复实验基础上建立晶界裂纹形成和传播的模型，并系统阐明晶界行为与合金塑性、断裂、高温强度的关系。在金属及其合金的高温强度与超塑性领域，也取得重要研究成果。

著有《金属和合金力学性质》等专著。多次获国家和部委级奖，其中有1982年国家自然科学奖一等奖、1985年国家科学技术进步奖特等奖等。此外，获2002年何梁何利科学与技术进步奖。（李啸虎）

陈敬熊(Chen Jingxing)　中国浙江省人，1921年10月16日生于浙江镇海。*通信工程、无线电技术、微波电子学、应用数学。*

1947年上海大同大学电机系毕业。1950年交通大学电信研究所研究生毕业。航天工业总公司第二研究院第23研究所研究员，曾任该所副所长。兼任中国电子学会天线专业委员会副主任，是北京大学、清华大学、北京航空航天大学等校兼职教授。1995年当选为中国工程院院士。

1959年他在国际上第一次提出麦克斯韦方程直接求解法，这一新解法通过与场源有关的非齐次麦克斯韦方程来直接求解，在运算时省略了原本需要引入辅助函数的传统做法，因而大大简化了麦克斯韦方程的求解过程，该方法较美国一位学者于20世纪70年代提出的并矢格林函数法在运算上更简单，且能防止漏项。在依赖于地面波传播的地面军事通信方面，他做了一系列开创性的基础理论与工程设计工作，解决了中国导弹研制中的许多技术问题，其中有关地空导弹制导站雷达设计的天线系统误差关键技术，1985 年获国家发明奖一等奖；此外解决了相控阵无线和特种器件的一些技术原理问题。

发表“金属抛物线柱体上天线的边值问题”(1978 年)、“卡塞格林辐射的分析与计算”(1990 年，英文)等论文数十篇；出版《电磁理论问题中的直接与积分方程法》(1987 年，与他人合著)等专著。多次获国家和部委级奖励，其中有国防科学工业委员会重大成果奖二等奖 2 次，国家航天部科学技术进步奖二等奖等。（侯伯勤）

谭靖夷(Tan Jingyi)　中国湖南省人，1921 年 11 月 6 日生于湖南衡阳。*水利水电工程、结构力学、工程管理。*

1946 年交通大学唐山工学院(今西南交通大学)土木系毕业。历任福建古田水力发电工程处技术科科长、工程师，广东流溪河水电工程局、湖南柘溪水电工程局总工程师，水电部第八工程局副局长、总工程师、教授级高级工程师、高级技术顾问。兼任多所国家大型水电站国内、国际咨询专家组组长或成员，湖南省水力发电工程学会名誉理事长等职。1997 年当选为中国工程院院士。

1956～1988 年任施工总工程师，先后主持建成高 78 米的流溪河拱坝、高 165 米的乌江渡拱型重力坝、高 157 米的东江双曲拱坝等大中型水电站大坝 8 座，均以质量优良著称，水电站总装机 163 万千瓦，灌溉农田 150 万亩以上，创造了巨大的经济效益和社会效益。尤其是在施工乌江渡水电站坝址时，面临当地岩溶强烈、坝基渗漏危险的复杂情况，他经过反复试验和取证，首创具有中国特色的高压灌浆技术，取得了罕见的防渗效果，多年来水库一昼夜渗水仅 30 立方米，为在岩溶峡谷地区建立高坝水库提供了宝贵的施工经验，该项高压灌浆技术很快在全国推广应用。20 世纪 90 年代后，他继续为长江三峡等 10 余座大型水电工程倾注心力，参与提交咨询报告 70 余份。

主编有《乌江渡工程施工技术》等著作。多次获国家和省部级奖励，其中乌江渡水电站大坝获 1978 年贵州省科学大会奖、1984 年国家优质工程银奖、1985 年国家科学技术进步奖一等奖。（沙治银）

钟香崇(Zhong Xiangchong)　中国广东省人，1921 年 11 月 21 日生于广东汕头，2015 年 2 月 15 日卒于河南郑州。*冶金工程、耐火材料工程、硅酸盐物理化学。*

原籍广东潮安(今潮州市)。东南亚华侨之子。1941 年香港大学毕业。辗转回内地在重庆耐火材料厂工作。1946 年赴英国留学，1949 年获利兹大学燃料冶金系博士学位。同年回国，1949～1969 年先后在国家重工业部、冶金工业部任工程师、副处长、处长等职。1963 年起兼任和专任洛阳耐火材料研究所首任所长、总工程师、高级工程师。兼任北京科学技术大学等多所院校教授，中国金属学会理事长，中国硅酸盐学会耐火材料学会理事长等职。1991 年当选为中国科学院学部委员(院士)。

20 世纪 50～60 年代，为尽快恢复钢铁生产而主持攻克了平炉硅砖、高炉砖等关键技术问题；20 年中先后在重工业部、冶金工业部分管耐火材料科研和生产，组织和参加很多耐火材料的科研项目，在发展品种、提高质量、技术创新等方面作出贡献，促进了中国耐火材料工业的发展。主持研究和开发中国特色的铝镁砖、高铝砖等材料；研究开发氧气转炉炉衬和连铸长水口，同时解决了连铸板坯裂纹难题，显著延长转炉炉龄；研究开发节能率高(用于窑炉可节能 20%～30%)的耐火纤维、成材率高的绝热板等新型材料；系统地研究中国高铝矾土、刚玉-莫来石-氧化钴等材料的高温力学性能和断裂行为，提出的新观点新理论为开发优质材料拓广了新方向新途径。

发表论文百余篇；出版《砂砖的性质与制造》、《碱性耐火材料热机械性质》等专著，以及译著《高级耐火材料》、《苏联耐火材料工业新技术》等。1978 年获冶金工业部先进科技工作者称号。2000 年获何梁何利科学与技术进步奖。（张修庆）

陈太一(Chen Taiyi)　中国江苏省人，1921 年 12 月 29 日生于江苏苏州，2004 年 5 月 6 日卒于北京。*通信工程、微波电子学、自动控制、信息论。*

原籍福建晋江，从小随母亲生活于江苏宜兴。父亲是东北大学教授、母亲是小学教师。1944 年广西大学数学物理系毕业。1946 年获交通大学电信研究所硕士学位。1946～1951 年先后任广州第六区电信管理局工程师兼中山大学副教授、中南邮电管理局无线电工务科长。1952 年入伍，历任张家口军事通信工程学院副教授，西安军事通信工程学院教授、无线工程系副主任，全军总参谋部通信兵部科学技术部总工程师兼国防科委第五十五研究所副所长，第十九研究院技术组长，解放军南京通信工程学院教授兼副院长。1997 年当选为中国工程院院士。

20 世纪 50 年代，他研究的调频相干接收技术比国外早一年发表，达到国际领先水平。60～70 年代，设计菱形天线阵、坑道通信埋地天线和车载天线，并进行天线小型化研究；提出丛林通信电波传播模式，解决了重大技术问题；出版中国最早有关数字通信的著作《数字传输系统》(1963 年)；提出“三网一系统”(自动电话网、自动数据网、自动数字保密电话网、野战综合通信系统)构想，指导了中国军事通信型号研制的方向。80～90 年代，负责和参加军队指挥自动化工程等许多国防通信装备、系统的规划论证；领导并研究前期 C3I 系统(指挥、控制与通信情报)集成中的关键问题；在卫星通信、数据通信、程控交换、网络管理、通信抗干扰等领域做了大量先导性工作；主持研制半导体战术电台系列、短波单边带系列、长距离海缆通信系统、数字保密通信系统；先后组织各种短训班和研讨班，为新技术应用推广培训了大批骨干力量。

出版《综合业务数字网导论》(1992 年，与他人合著)、《程控用户交换机原理与设计》(1992 年，与他人合著)等专著10多部。多次获国家和部委级奖励。

(侯伯勤)

玛尔津斯基,R. W. (Marczynski, Romuald William) 波兰人,1922年1月7日生于波兰华沙南部的斯卡兹斯科-卡米恩纳,2000年1月1日卒于美国华盛顿。计算机科学与工程、应用数学、工程管理。

由于第二次世界大战的影响,他于1949年才在华沙理工大学取得电气工程硕士学位。毕业后一直在波兰科学院数学研究所工作,参与该所的计算机研制小组。1983年61岁时还以"用于数字电路的一种新的三值逻辑"的论文取得工学博士学位。是美国、德国、意大利、荷兰等许多大学的客座教授。

波兰最著名的计算机先驱,在计算机体系结构、微程序设计、计算机硬件描述语言HDL等许多基础性的研究与开发上有重要成就,在世界上也享有盛誉。1952~1953年间,他设计和建造的计算机水银延迟线存储器,是东欧和苏联地区最早的。1959年参与主持完成波兰第一台计算机EMAL,这是一台串行、二进制、一地址的电子计算机,采用真空管逻辑电路,被简称为XYZ。在EMAL的基础上,他又主持开发ZAM、ZAM2型等电子计算机,对波兰、东欧和苏联地区的计算机科学技术发展和产业化作出了重要贡献。他还是国际信息处理委员会第十技术委员会(即计算机系统设计委员会)的创始人之一。

鉴于他"在建造波兰第一台数字计算机上的开创性工作,以及在计算机体系结构的基础性研究中所作出的贡献",获1996年美国计算机学会计算机先驱奖。此外,因在计算机体系结构、计算机硬件设计方面的突出成就,曾多次获波兰科学院奖项。(李 烨)

王补宣(Wang Buxuan) 中国江苏省人,1922年2月5日生于江苏无锡。热能工程、工程热物理、能源科学。

1943年西南联合大学机械工程系毕业。留校任教。1948年赴美国留学,翌年获普渡大学机械工程硕士学位。回国后,1950年任教于北京大学工学院。1952年全国高校院系调整后,一直在清华大学工作,历任动力机械系副教授、教授、热工教研室主任,电力工程系教授,热能工程系教授,热能工程与热物理研究所所长。兼任中国工程热物理学会理事长、中国太阳能学会理事长、《国际传热传质学报》主编、《太阳能学报》主编等职。1980年当选为中国科学院学部委员(院士)。

20世纪50年代,他在清华大学创办中国第一个工程热物理本科专业,以及工程热力学、传热学硕士研究生培养基地。60年代,领导热工教研室教师和研究生参与四川化工厂氨合成塔技术改造,创造了单塔日产翻番,达到当时同类型、同尺寸塔日产量的世界先进水平,被列为国务院1966年100项重大成果之一。70年代,领导开发常功率平面热源的动态测试新方法。80~90年代,他与别人共同创立国际领先的高速流动膜沸腾传热理论;开拓多孔介质热湿迁移理论与应用技术,提出含湿多孔材料热湿迁移特性动态测试新方法;评价、展望中国太阳能利用前景,提出开发地下空间冬暖夏凉的自然温差潜能作为间接利用太阳能的一种新方式,还探讨了工业余热的回收、利用问题。

发表论文300多篇,另有《王补宣论文集(1992~2001年)》(2002年);出版《工程热力学》(1952年)、《热工基础》(1981年)、《工程传热传质学》(2卷,1982年)和《动力工程师手册》(1999年)等教材专著约10部。获1987年首届国家优秀教材奖、1989年国家自然科学奖三等奖、国家教育委员会1992年科学技术进步奖一等奖、1986年世界能源学会"人类利用能源奖"等。

(孙晓芳 宣焕灿)

高景德(Gao Jingde) 中国陕西省人,1922年2月5日生于陕西佳县,1996年12月24日卒于北京。电气与电力工程、电工学、高等教育管理。

1945年西北工学院毕业后,到西安西京发电厂工作。1947~1951年任北京大学工学院电机系助教。1951年赴苏联留学,1956年获列宁格勒工学院博士学位。同年回国,历任清华大学电机系教授、研究生处处长、科研处处长、副校长,1983~1988年任校长,后任校务委员会副主任、学位评定委员会主任。兼任中国科学技术协会常委、中国电工技术学会理事长、《中国电工技术学报》主编等。1980年当选为中国科学院学部委员(院士)。是俄罗斯工程院外籍院士。

20世纪50年代末,指导建成中国第一个电力系统动态模拟实验室;开拓电机复数分量理论和电机动态过程理论;首次发现串联电容引起交流电机自激时存在两个自激区,并提出克服自激的新技术;创立电机多回路理论,开辟了分析电机内部不对称故障新途径,并应用于电机内部故障保护装置设计;开辟电力系统线性与非线性最优控制研究领域,主持研制成功发电机线性最优、非线性励磁控制器,成功投运于多台大型发电机组;发展电机参数辨识及测算新方法,开辟了提高测算电机励磁系统、调速系统等参数精度及其效率的新途径。

出版《串联电容引起电动机自激》(1978年)、《电机过渡过程的基本理论及分析方法》(2卷,1982~1983年)等专著5部;《中国大百科全书·电工卷》获1984年全国优秀科技图书一等奖。此外获1987年国家自然科学奖二等奖、1985年美国电气与电子工程师协会百年华诞纪念奖章、1996年孺子牛金球奖最高奖"杰出奖"、1997年首届国家级教学成果奖特等奖等。(王艺衡)

佩利,A. J. (Perlis, Alan Jay) 美国人,1922年4月1日生于美国宾夕法尼亚州匹兹堡,1990年2月7日卒于康涅狄格州纽哈芬。计算机科学与工程、软件工程、应用数学。

1942年美国卡内基理工学院(今卡内基-梅隆大学)化学系毕业。同年应征入空军服役。战后就读于加利福尼亚理工学院研究生院,1947年获数学硕士学位。1950年获马萨诸塞理工学院(MIT)博士学位。1951年到美国陆军阿伯丁试验基地弹道研究实验室工作一年。1952年回到MIT参加研制"旋风"计算机。1952年任普渡大学计算中心首任主任。1956年出任卡内基理工学院计算中心首任主任。1971年至退休执教于耶鲁大学计算机系，曾数度出任系主任。期间1977～1978年在加利福尼亚理工学院任教。曾兼任美国计算机学会程序设计语言委员会主席、该学会会长、《美国计算机学会通讯》首任主编等职。曾被多所大学授予荣誉博士学位。1973年当选为美国文理科学院院士。1976年当选为美国国家工程院院士。

计算机程序设计语言的先行者。20世纪50年代，参与世界第一台存储程序式并行计算机"旋风"研制的后期程序编制，该机可即时处理、分析和存储全美半自动地面防空系统截获的信息，在历史上首次实现计算机与通信的结合；创建美国大学中第一个计算中心；先后独立或合作开发多种计算机代数语言、汇编语言和编译器，用于国际商用机器公司研制的IBM 650型计算机，被美国许多大学广泛采用；1958年主持形成美国与欧洲统一的算法语言ALGOL58。60年代以后，参与主持开发和确定了具有里程碑意义的ALGOL60，它具有紧凑性、动态性、递归性、严谨性等特点，标志着程序设计语言由一种技艺成为一门科学，并为后来各种计算机语言、软件自动化、软件可靠性的发展奠定了基础；率先在大学开设程序设计课程，被誉为"使计算机科学成为独立学科的奠基人"，美国第一批计算机科学博士中绝大部分都是他的弟子。此外，作为计算机学术组织和学术交流活动的积极倡导者和组织者，经常到世界各国讲学，其中到过中国两次。

主要著作有：《对程序设计语言的思考》(1970年)、《计算机科学导论》(1972年初版，1975年再版)，与比格斯托夫(T. J. Biggerstaff)合编《软件可重用性》(2卷，1989年)等。获美国计算机学会1966年首届图灵奖，以及其他大奖。(李　烨)

吴良镛(Wu Liangyong)　中国江苏省人，1922年5月7日生于江苏南京。土木工程、建筑学、城市规划。

1944年重庆中央大学建筑系毕业。1946年执教于清华大学，协助梁思成教授筹建建筑系。1949年获美国匡溪艺术学院建筑与城市设计系硕士学位。后任美国劳伦斯理工大学教员，沙里宁建筑事务所设计师。1950年回国，历任清华大学建筑系市镇组组长、副教授、教授、系副主任、系主任，建筑与城市研究所所长，人居环境研究中心主任。兼任国际建筑学会副主席、世界人类聚居学会主席、中国建筑学会副理事长、中国城市科学研究会副理事长、中国城市规划学会理事长、北京市文物委员会副主任、多所国际名校客座教授、《城市规划》杂志主编、梁思成遗著整理主编等职。1980年当选为中国科学院学部委员(院士)。1995年当选为中国工程院院士。美国建筑师协会、英国皇家建筑师协会荣誉资深会员。

自20世纪50年代起，主持和指导北京、唐山、开封、酒泉、桂林、厦门、北海、三亚、无锡、苏州等近20个城市的规划设计，作品多次获奖，其中北京菊儿胡同新四合院住宅工程设计，获1993年联合国世界人居奖、亚洲建筑师协会优秀建筑设计金奖、中国建筑学会优秀建筑创作奖；创立综合学科广义建筑学，著作《广义建筑学》获国家教委科学技术进步奖一等奖；1993年构建"人居环境科学"理论体系，积极进行学术探索；1992～1997年，主持国家重点项目"长江三角洲经济发达地区建筑环境的保护与发展研究"。

出版《吴良镛城市规划设计论文集》(1987年)等；城市规划专题报告20余种；《中国古代城市史纲》(1985年，英文版)、《北京旧城与菊儿胡同》(1999年，英文版)等著作、教材多部。获近20项大奖，其中有1995年何梁何利科学与技术进步奖、1996年国际建筑师协会建筑教育与建筑评论奖、1999年法国文化艺术骑士勋章、2000年国家建设部首届"梁思成建筑奖"等，2011年度国家最高科学技术奖。(李啸虎)

洛奇，E. K.(Roche，EamonnKevin)　美国人，1922年6月14日出生于爱尔兰都柏林。土木建筑工程、结构力学、建筑学。

爱尔兰裔。1945年爱尔兰都柏林大学建筑系毕业。1948年去美国，入读芝加哥伊利诺伊理工学院研究生院；一学期后因生活窘迫而辍学。1951年供职于密歇根州沙里宁建筑师事务所，1954年任E.沙里宁主要设计助手。1961年沙里宁去世后，和J.丁克路(John Dinkeloo)合伙开办建筑师事务所。1964年加入美国籍。1979年当选法国建筑科学院外籍院士。1977年获爱尔兰都柏林大学、美国卫斯理大学荣誉博士学位。

美国建筑评论界称：洛奇是"20世纪最有创造性的玻璃建筑设计家"和"令人注目的创新设计家，他的作品没有落入僵硬的设计框架中"；"他示范了根据特定情况进行特殊设计的方法，因而其设计作品呈现出独特的个性和多样的风格"。1951～1961年，协助著名建筑大师沙里宁出品许多标志性建筑物。在1981年丁克路去世前，和他合作的20年里主持了51项重要工程。其中第一个设计是奥克兰博物馆，构思独特：占地四个街区的一系列混凝土建筑，三层平台构成三个阶梯式花园屋顶，成了他的设计商标。纽约福特基金会大楼，由玻璃、锈红色钢框和暖褐色大理石构成，宽敞的中庭高达12层，是他最受赞誉的设计之一。此外重要工程还有：联邦广场饭店、圣路易斯拱门、纽约肯尼迪国际机场、华盛顿杜勒斯国际机场、哥伦比亚广播公司总部、通用食品公司总部(纽约)等。

获美国建筑师协会1968年荣誉奖章、1974年全美建筑公司年度奖，1976年美国设计师协会完美设计奖，1977年法国建筑科学院金质奖章，1982年第四届普利兹克奖(国际建筑界最高奖)，此外还获加利福尼亚州政府、纽约州政府杰出设计奖等。(李　烨)

哈达德，J. A.(Haddad，Jerrier Abdul)　美国人，1922年7月17日生于美国纽约市。计算机科学与工程、电气电子工程、应用数学、工程管理。

黎巴嫩移民后裔。1945年获康奈尔大学电气工程学士学位。毕业后进入美国国际商用机器公司(IBM)恩迪科特工程实验室工作,一年后调至该公司波基普西计算机研制基地,先后任部件开发主管、技术人力发展部副主任、高级系统开发部主任、公司副总裁等多个领导职务,1981年退休。1968年当选为美国国家工程院院士,曾任该院副院长。曾兼任美国国家研究顾问委员会教育与工程应用委员会主席等职。1971年、1978年先后获纽约协和学院、克拉克森大学荣誉博士学位。

IBM公司进入电子计算机领域的开拓者和奠基者之一。20世纪40年代,他参与主持研制IBM-604穿孔卡片计算机,首次采用电子元器件,共用了1400个真空管,成了IBM公司进入电子时代的标志性产品,1948年秋投放市场后销售了5000多台。1950年底,参与主持研发IBM公司第一台科学计算机IBM-701,他被任命为部件开发主管,进展迅速,为组装生产和试运行奠定了基础。IBM-701采用自行设计的改进型威廉姆斯管作内存,存储容量达4096个字,字长36比特;用磁带作辅存,磁鼓作中间存储器;乘法速度每秒2000次;首次实现了由中央处理器直接控制慢速的外部接口I/O设备。1953年初,IBM-701运至洛斯阿拉莫斯国家实验室使用,被认为是IBM公司正式进入电子计算机领域的开始,也是计算机产业发展史上的重大事件。1953～1954年IBM-701共生产了17台,用户有国防军工、行政机构、科研单位、大学院校、大型企业等,完成了诸如模拟导弹飞行轨迹之类许多繁杂计算。此外,组织IBM-701用户培训班,并在此基础上形成了世界上第一个计算机用户协会。

1970年获黎巴嫩雪松奖章。因主持研制IBM-701,与另一主要领导人N.罗切斯特同获1984年美国计算机学会计算机先驱奖。 (李 烨)

陈宗基(Chen Zongji) 中国福建省人,1922年9月15日生于印度尼西亚爪哇岛,1991年9月25日卒于北京。*结构工程、岩土力学、地球物理学、仪器研制。*

华侨子弟。1941年就学于印度尼西亚万隆大学工学院。1946年留学荷兰德鲁浦科学技术大学,1949年获工学学士学位,1954年获工学博士学位。曾任中国科学院土木建筑研究所研究员、土力学研究室主任,岩力学研究所第一副所长;1977～1989年任中国科学院地球物理研究所所长。曾兼任《地震研究》等杂志主编,国际岩石力学学会副主席等职。1980当选为中国科学院学部委员(院士)。

1954年在国际上首创土流变学,得到国际力学界高度评价;提出"黏土结构力学和卡片结构"新学说,被国外教科书称作"陈氏黏土卡片结构";研究土的变形和强度时首创黏土最高屈服值,在国际上被称为"陈氏屈服值",并被广泛应用于许多国际工程建设;在岩石流变、扩容和封闭应力等方面均有重要成果,提出国际公认的"陈氏固结流变理论";先后指导与参加三峡工程、葛洲坝工程、南京长江大桥、五强溪水电站、黄河龙门水利枢纽、麦积山石窟国家重点文物加固工程、镍都金川地下工程、抚顺西露天矿等工程建设,解决了岩土力学方面一系列难题;指导了攀西裂谷矿产资源和福建地热资源的开发研究;主持和参与研究唐山大地震机制、华北地震规律、喜马拉雅造山运动和攀西裂谷成因等课题;主持研制成功800吨高温高压伺服三轴流变仪等3套具有国际先进水平的主实验仪器设备,为建立高温高压开放实验室奠定了基础。

1978年获全国科学大会奖,1986年获比利时国王授予的"利奥波德二世一级骑士"勋章等。 (颜华敏)

胡聿贤(Hu Yuxian) 中国湖北省人,1922年10月14日生于北京。*结构工程、地震工程、工程力学、地球物理学。*

1941～1944年就读于中央大学土木工程系,后转学,1946年毕业于交通大学土木工程系。后任武汉大学土木工程系助教。不久赴美国留学,1949年获密歇根大学土木工程系硕士学位,1952年获博士学位。1952～1955年任美国纽约一家桥梁工程公司高级设计工程师。1956年回国,历任中国科学院土木建筑研究所(后为工程力学研究所)副研究员、研究员、副所长、所长。1986年任国家地震局地球物理研究所研究员。1993年任国家地震局工程地震研究中心主任、学术委员会副主任。兼任中国地震学会副理事长等职。1991年当选为中国科学院学部委员(院士)。

自20世纪60年代初以来,在中国率先领导研究场地条件受地震和震害的影响,主要结论已用于中国抗震规范;80年代,将国际通用概率法与中国特色的地震预报法相结合,提出的地震危险性分析综合概率法已为中国最新地震区划图所采用;从烈度、距离或震级换算缺少地震记录地区的地震动方法,已在中国重大工程的抗震设计中广泛采用;在中国首次将随机振动理论应用于地震工程;90年代,主持国家"八五"重点攻关"核电厂厂址地震危险性分析及地震动参数确定"项目,达到国际先进水平;主持起草的《中国地震动参数区划图》于2000年2月作为国家标准发布。

已发表学术论文130余篇;出版《重要工程中的地震问题》(1987年,与他人合编)、《地震危险性分析中的综合概率法》(1990年)、《地震安全性评价技术教程》(1999年)等多部著作,其中专著《地震工程学》(1988年初版、2006年再版)获1990年第五届全国优秀科学技术图书一等奖。多次获奖,其中1985年获国家科学技术进步奖二等奖、国家地震局科学技术进步奖二等奖,1987年国家地震局科学技术进步奖一等奖,1988年国家科学技术进步奖二等奖;1996年获何梁何利科学与技术进步奖。 (李宇涛)

陈德仁(Chen Deren) 中国江苏省人,1922年10月22日生于江苏无锡,2007年12月21日卒于北京。*导弹与运载火箭工程、机械与动力工程、自动控制。*

1945年重庆交通大学电机系电信工程专业毕业。同年到上海中央无线电器材公司研究所工作,先后任技术员、助理工程师。1952年调入全军总参谋部通信兵部电子科学研究院,先后任工程师、副研究员。1957年调入国防部第五研究院第二分院,1958年起历任第12研究所研究室副主任、主任、副所长、研究员,第17研究所所长，航天工业总公司第二研究院副院长、院科学技术委员会副主任、高级顾问等职。是国际宇航科学院院士。1995年当选为中国工程院院士。

历任多个弹道导弹和运载火箭型号控制系统的主任设计师、型号副总设计师、总设计师。20世纪60年代，先后担任某型号弹道导弹控制系统设计师小组副组长、组长，在遥测和外测参数不全、又无飞行试验结果分析经验情况下，查清首次试飞失败的主要原因，通过改进控制系统设计，反复进行模拟试验，终于找到解决方案，随后试验连获成功。70～80年代，参与主持研制中国第一个采用固体推进剂、并从潜艇水下发射的某型号导弹。该型号由黄纬禄为总设计师，陈德仁为副总设计师，亲历从组建队伍到研制、试飞、定型的全过程，相继进行陆上和海上多种状态发射试验，1982年从潜艇水下发射试验成功，标志着中国成为世界第五个拥有水下发射能力的国家，在国际上产生巨大反响，该项重大成果获1985年国家科学技术进步奖特等奖。80～90年代，主持和参与地-地战略导弹捷联补偿制导技术等研究和应用，完成中国第一个陆上机动固体弹道导弹的研制任务。多次获国家和军队奖励。（张　治）

布赫霍尔兹，W.（Buchholz，Werner）　美国人，1922年10月24日生于德国戴特莫尔德。计算机科学与工程、应用数学、工程管理。

德国犹太裔。由于纳粹势力在德国上台，全家人1936年离开德国，先后到过英国和加拿大，最后定居美国。战后毕业于加利福尼亚理工学院电气工程系，留校参与研制计算机。1949年8月加盟美国国际商用机器公司(IBM)公司，作为工程师和项目主管在IBM公司服务长达40余年。是美国《计算机学报》创始人之一、第一任主编。1957～1958年任美国计算机学会会长。

在IBM公司作出了一系列重要技术创新，在计算机界享有盛誉。1949年在加利福尼亚理工学院参与研制模拟计算机Caltech。1952年参与研制被称为“国防计算机”的IBM 701机，这是IBM第一台存储程序计算机(通常意义上的电脑)；参与研制第一次可用于会计系统的IBM 702，1955年上市；50年代末至60年代初，参与设计建造“伸展”(STRETCH)计算机，这是世界上第一台流水线计算机，首次采用“字节”概念，是1965年以前世界上运算速度最快的超级计算机。60～70年代，在IBM370、IBM390等系列的开发中，他主持设计向量部件，有不少重要创新。1971年，IBM公司开始生产IBM 370系列机，它采用大规模集成电路作存储器，小规模集成电路作逻辑元件，被称为“第三代半电子计算机”，1988年在《计算机学报》上发表有关IBM 370向量部件的体系结构的论文。

他提出8个二进制位的“字节”(byte)概念，当前已成计算机技术标准。在现代计算机中，“字节”是信息组织的基本单位，也是计算机体系结构的基本单位。计算机的字长，视运算精度的要求，设置为字节的整倍数，如2个字节(16比特)，4个字节(32比特)，8个字节(64比特)等等。但早期计算机并没有字节概念，也就没有统一标准，不同型号有不同字长，互相不能兼容。20世纪50年代中期，计算机逐渐从单纯用于科学计算扩展到数据处理领域。为了在体系结构上兼顾表示“数”和表示“字符”，他首次创意提出“字节”的概念。在设计IBM公司第一台超级计算机“伸展”时，他根据数值运算的需要，确定字长为64比特；而对字符而言，考虑到字符集的今后扩充，决定用8比特表示一个字符，这样64比特字长可容纳8个字符，即8个“字节”。他在总结“伸展”机开发的基础上，1962年出版专著《如何规划一个计算机系统》，较早系统论述计算机体系结构设计，在学术界影响很大。获1984年美国电气与电子工程师协会百年华诞纪念奖章、1990年美国计算机学会计算机先驱奖等。（李　烨）

谢光选（Xie Guangxuan）　中国江西省人，1922年11月5日生于江西南昌，2016年2月22日卒于北京。航天工程、军械工程、导弹与运载火箭技术。

1946年重庆兵工学校大学部毕业。一直在兵器研制部门工作。1957年奉调国防部第五研究院，历任导弹核武器技术协调组组长，中国运载火箭技术研究院总体设计部室主任、部副主任、部主任、主任设计师、副院长，第七机械工业部总工程师，航天部总工程师，中国航天工业总公司科学技术委员会顾问。兼任中国宇航学会副理事长等职。1987年当选为国际宇航科学院院士。1991当选为中国科学院院士(学部委员)。

长期负责导弹、火箭总体设计，组织和参加各种型号研制试验49次，飞行成功率达93%，使中国跨入该领域世界先进行列。20世纪40～50年代，从事各种兵器研制开发；研制成功中国第一代火箭发射器和反坦克火箭，被誉为“谢光选炮弹”。50～60年代，研究和完善火箭飞行理论，主持研制并于1964年6月发射成功中国第一枚中近程火箭，期间提出17项大型地面试验程序；参与组织导弹和原子弹结合的核试验，保证了1966年11月26日中国第一次成功实施国产火箭运载核弹头精确命中目标爆炸。70～80年代，受命组织“长征二号”火箭第二次发射，采用多项技术改进措施提高火箭设计可靠性，强化测试检查，确保了1975年11月26日中国第一颗返回式卫星发射成功；担任“长征三号”三级火箭总设计师，使中国成为世界第三个采用液氢-液氧推进剂、第二个使用气动氢氧发动机的国家；解决了降低全弹纵向耦合振动、失重下发动机二次启动等关键技术，1984年4月8日发射成功中国第一颗地球同步轨道卫星。1990年4月7日，“长征三号”运载火箭将美国造“亚洲一号”国际通信卫星精确送入轨道，这是中国首次成功进入国际发射服务市场。

多次获奖，其中有国家科学技术进步奖特等奖(2项)、国防科学技术成果奖特等奖、何梁何利科学与技术进步奖；荣立航空航天部一等功一次。（李啸虎）

阿姆达尔，G.M.（Amdahl，Gene Myron）　美国人，1922年11月16日生于美国南达科他州弗兰德劳，2015年11月10卒于加利福尼州帕洛阿尔托。计算机科学与工程、应用数学、工程管理。

农家子弟。考入南达科他州立大学，因第二次世界大战爆发而辍学，在军队中教物理学和电子学。1948年获南达科他州州立大学学士学位。同年入威斯康星大学研究理论物理，在处理数据时因痛感计算工具落后而决定转向研制电子计算机，1952年以“中速数字计算机的逻辑设计”论文获博士学位。同年进入美国国际商用机器公司(IBM)研制计算机，曾任709型首席设计师。1955年底起先后在拉莫-伍尔德里奇公司、空气动力学公司任商用数据处理部门主管。1960～1970年任IBM高级计算机系统实验室主任。1970年创办阿姆达尔公司，1979年被富士通公司兼并。1980年创办特里洛捷计算机公司，1985年被兼并。1988年创办安杜尔公司。是美国国家工程院院士。

插接兼容式计算机创始人，为IBM系列机研制作出了重大贡献。20世纪50年代，参与设计IBM第一台科学计算机701及改进型704和709，第一次在商用计算机中引入变址、浮点数技术，开发的晶体管化7090型是IBM固态时代里程碑；在拉莫-伍尔德里奇公司设计用于过程控制的小型机RW440。60年代重返IBM，负责360系列机开发的整体结构设计和确定数据流，首次解决了高低档机型间的兼容性问题，确立了IBM在计算机领域中的霸主地位。70年代，首创和推行插接兼容式计算机，从后者手中抢走了很大一块市场份额；1975年推出率先采用大规模集成电路芯片的阿姆达尔470 V/6，价格与IBM 370/165相当，但体积为其1/4，速度快3倍，一时被各大公司争相购置，1978年公司最鼎盛时总产值32亿美元。80年代，开发了一种与流行小型机VAX相兼容、低价位的计算机；采用超大型积体电路与系统设计技术制造高性能计算机。此外，在并行处理系统的研究上，提出了学术界公认的以他的姓氏命名的阿姆达尔定律。由该定律可知，若串行代码占总代码25%，则并行处理总体性能不可能超过4倍。

拥有20多项专利。1973年获南达科他州立大学杰出校友奖；1976年获美国电气与电子工程师协会麦克道尔奖，被评为“当年计算机科学风云人物”；此外获1980年计算机先驱奖、1983年哈里·古德奖、1987年埃克特-莫奇利奖等。1985年入选达拉斯“美国信息处理名人堂”。 (李　烨)

钱宁(Qian Ning)　中国浙江省人，1922年12月4日生于江苏南京，1986年12月6日卒于北京。*水利水电工程、泥沙运动力学、河床演变学。*

1943年重庆中央大学土木工程系水利工程专业毕业，留校作研究生兼任助教。1947年赴美国，翌年获艾奥瓦大学水利系硕士学位。1951年因泥沙研究获伯克利加利福尼亚大学博士学位，留任该校工程研究所助理工程师、副研究工程师。1955年回国，先后任中国科学院水土研究室研究员，水电部水利水电科学研究院河渠研究所副所长，清华大学水利系教授。曾兼任国际泥沙研究培训中心顾问委员会副主任、《国防泥沙研究》(英文版)主编和《泥沙研究》杂志主编。1980年当选为中国科学院学部委员(院士)。

20世纪50年代前期，在美国发展了他攻读博士学位时的导师爱因斯坦(H. A. Einstein)的非均匀沙输沙理论，两人还合作对该理论作出必要的修改和补充，从而使其适用范围有所扩大，准确性大有提高。回国后长期从事治理黄河泥沙问题的研究。70年代后期组织力量进行深入调查，弄清造成黄河下游淤积的根源是由于粗泥沙产区的洪水，指出80%的粗泥沙来自黄河中游10万平方千米的地区，因此该地区应是水土保持工作的重点。这是治理黄河认识上的一大突破。该项研究获1982年国家自然科学奖二等奖。曾对葛洲坝和三门峡水库等重大水利工程的泥沙问题进行研究，为工程建设中的泥沙处理提供实证和理论依据。重视泥沙学与相邻学科的结合，主张水力学、河流动力学和河流地貌学三方面结合起来研究河床的演变，为河床演变学的研究开拓了新路。

所发表许多论文后来被汇集成《钱宁论文集》(1990年)出版。所著《泥沙运动力学》(1983年，与他人合著)获全国优秀科学技术图书一等奖。还与他人合著《黄河下游河床演变》(1965年)、《河床演变学》(1987年)两书，并主编《高含沙水流运动》(1989年)一书。

(孙晓芳　宣焕灿)

顾懋祥(Gu Maoxiang)　中国江苏省人，1923年1月25日生于吉林长春，1996年5月21日卒于上海。*船舶与海洋工程、流体力学、水工学。*

1939年考入香港大学机械系，1945年毕业于上海雷士德工程学院机械系。1949年获美国密歇根大学造船与轮机专业工程硕士学位。1950年回国，先后任交通大学造船系讲师，哈尔滨军事工程学院海军工程系首任主任、副教授、教授，哈尔滨船舶工程学院副教务长。1979年任中国船舶科学研究中心(702所)所长，研究员。曾兼任中国船舶力学学会学术委员会副主任、国防科学工业委员会水动力学专家组组长、哈尔滨船舶工程学院等校兼职教授等职。1995年当选为中国工程院院士。

20世纪50年代，先后主持设计建造交通大学、哈尔滨军事工程学院船模试验水池；在中国率先开展现代新船型研究，主持研制出中国第一艘单水翼艇；1959年领导研制成功世界上第一艘气垫船。60年代，领导研究设计船舶自动减摇系统。80年代，倡导并组织中国海洋浮式系统、海上平台管节点等研究，指导编制完成“海上浮式采油平台的浮泊力计算及海上环境预报软件包”；系统研究拖曳声纳体系；主持研究舰艇在恶劣海况下的运动与波浪载荷课题；1987年与澳大利亚合作开发国际新一代无舱盖集装箱船。90年代，最早把人工神经网络应用于船舶运动技术，1992年与美国同行合作开发人工神经网络适应控制器。

一生主持的国家重要科研项目近百项。代表作有“船舶适航性的计算机方法”等论文，《船舶摇摆》等专著。获1978年全国科学大会奖、国家经济委员会科技成果奖一等奖等多项奖励。 (李啸虎)

赵仁恺(Zhao Renkai)　中国江苏省人，1923年2月16日生于江苏南京，2010年7月29日卒于北京。*核动力工程、能源技术、工程管理。*

1946年获中央大学机械工程系学士学位。曾在南京永利宁化工厂、国家化工部化工设计院工作。1956年起在国家第二机械工业部(现为中国核工业总公司)工作。中国核工业总公司教授级高级工程师,曾任中国核动力研究设计院副院长兼总工程师,中国核工业总公司科学技术委员会副主任、高级顾问等职。兼任国家核安全局专家委员会副主席、东南大学等校兼职教授等职。1991年当选为中国科学院学部委员(院士);1994年选聘为中国工程院院士。

中国国家高科技计划(863)能源领域首席科学家。20世纪50～60年代,参与主持中国第一座军用钚生产反应堆的研究设计和试验投产,确保了合格产品的按期生产。60～70年代,作为潜艇核动力总设计师和研究设计总负责人,提出技术路线和初步设计方案,参加研究设计和调试运行,实现中国核潜艇“零的突破”;主持完成潜艇核动力陆上模式堆的全寿命运行实验考核,以及开盖卸料的全过程。80年代后,在实践中取得和总结丰富的安全运行经验,建立完整的技术体系;领导和组织中国多代和新一代潜艇核动力的研究设计,不断冲刺世界水平的新高峰;参与对中国能源战略、策略与政策的研究与制定。

主编有《863计划能源技术领域研究工作进展(1986～2000)》(2001年)等著作。多次获国家、军队和部委级奖励,其中包括国家科学技术进步奖特等奖、一等奖、三等奖各1项;此外,获1988年国家科委、国家计委和国家经委的“突出贡献表彰奖”、1997年何梁何利科学与技术进步奖等大奖。 (陈　亮)

刘广志(Liu Guangzhi)　中国广东省人,1923年3月11日生于广东番禺,2014年11月19日卒于北京。*钻探工程、地质与矿产勘查、探矿学。*

1947年西北工学院毕业后,到玉门油田当工程实习员。1949年后,在北京地质调查所工作,后为国家国土资源部教授级高级工程师,中国地质大学等校兼职教授。1995年当选为中国工程院院士。

① 资源勘探:20世纪50年代,领导白云鄂博、白银厂、攀枝花、铜官山等大型矿区钻探坑探工作,取得显著成绩;提出用轻便深尺芯钻机代替笨重石油钻机进行快速普查,在松辽平原打出第一批油气发现井;提出“钻探工程六项质量指标”,组织制定中国第一部《岩心钻探规程》;1958年创造性地用小型地质钻探设备处理了广西田东煤田恶性失火井喷事故。60～80年代,主持“人造金刚石地质岩心钻探配套技术的推广利用”项目,获1985年国家科学技术进步奖一等奖,该成果使中国成为世界上全部采用人造金刚石钻探的第一大国,钻探技术跃居国际先进行列;80年代,组织研究推广全方位受控方向钻探高新技术,加速一大批重要矿区急需的深部后备资源勘探;② 科学钻探:最早倡导在中国开展大陆科学钻探,积极主导先进研究、施工技术方案论证,撰写超深井钻探与深部地质学论文,主编8集《科学钻探文集》(3卷)和《刘广志论科学钻探》,为被誉为亚洲第一的中国5 000米科学钻探计划的启动作出重要贡献。③ 水文水井钻探:60年代为上海地面严重沉降分析原因与对策,指出沉降主因在于过量开采地下水造成,协助上海市地质局设计施工全国第一批高精度基岩标、分层标监测孔,提出边采边向钻孔回灌注水,在不同地区应用动压或静压回灌注水法、“夏注冬用”等措施,经长期努力基本控制了上海地面沉降趋势,为城市抗沉降积累了宝贵经验。

发表论文百余篇;出版《中国钻探科学技术史》、《特种钻探工艺学》等著作20余部,其中《金刚石钻探手册》(1997年,中、英文版)获国家地矿部一等奖。(武光明)

儒科夫,H.(Lukoff,Herman)　美国人,1923年5月2日生于美国费城,1979年9月24日卒于宾夕法尼亚州华盛顿堡。*计算机科学与工程、电气工程、应用数学、工程管理。*

1943年获美国宾夕法尼亚大学摩尔电气工程学院学士学位。毕业后留校任教,参与研制计算机。1944～1946年在美国海军南太平洋战区服役,任无线电和雷达维修工程师。战后,先后在摩尔电气工程学院、埃克特-莫奇利公司、雷明顿-兰德公司、斯佩里软件公司工作,曾任斯佩里公司工程部主任等职。因患白血病而英年早逝。

美国计算机先驱者、计算机产业化奠基者之一。1946年世界上第一台通用电子数字计算机“埃尼阿克”(ENIAC)问世,他是主持者J. P. 埃克特和J. W. 莫奇利的主要助手之一。大学毕业后即进ENIAC研制小组,参与设计制造各种部件和测试设备,攻克了不少重要技术难题。例如:当时的水银延迟线存储器因温度影响使机器运行很不稳定,他发明了一种能随温度变化而调节电子束两个脉冲之间距离的电路,确保了延时时间恒定,大大提高了计算机可靠性。20世纪40年代后期至50年代,长期作为埃克特和莫奇利合作者,参与研制著名的“离散变量自动电子计算机”(EDVAC)、“二进制自动计算机”(BINAC),“通用自动电子计算机”(UNIVAC)等。是世界上第一台商用电子计算机UNIVAC-Ⅰ主要参与者和批量生产组织者,首次开发出大容量的磁带存储外部设备,为大规模数据处理奠定了基础;领导了首批进入市场的UNIVAC-Ⅰ生产、测试和安装,成为计算机产业化第一个成功范例。

后在斯佩里公司领导研制和生产了UNIVAC-Ⅲ、UNIVAC-1050、UNIVAC-9200等多种型号,其中1960年问世的UNIVAC-LARC是当时功能最强的晶体管计算机,有2个运算器,10个存储器模块,外围处理机能与主机并行操作,在电路设计中率先采用计算机辅助设计(CAD)技术,受到用户高度赞赏。60年代,发表“计算机在UNIVAC-LARC电路设计中的应用”(1961年)一文,成为计算机辅助设计(CAD)技术开创者;主持研制当时最先进的大容量存储器磁带系统;大力推进铁氧磁心研究,使斯佩里公司成为当时世界上最大的磁心生产基地。

发表有大量论文,编写了许多产品说明书、操作手册和培训指南。出版回忆录《从电码点号到比特:电子计算机人物史》(1979年)。先后获1969年美国电气与电子工程师协会麦克道尔奖、1976年斯佩里公司杰出贡献奖、1980 年美国计算机学会计算机先驱奖等。

(李 烨)

李天和(Lee, Thomas H.) 华裔美国人,1923 年 5 月 11 日生于中国上海,2001 年 2 月 4 日卒于美国波士顿。电气与电力工程、电工学、管理学。

祖籍中国江苏扬州。1946 年交通大学机械系毕业。供职于美国通用电气公司(GE)上海分公司。1948 年被派往美国培训,1950 年获美国纽约州斯克内克塔迪联合学院电工学硕士学位,1954 年获美国瑞斯利理工大学博士学位。在美国通用电气公司工作了 30 年,历任部门经理、跨部门经理、副总裁兼总工程师等职。1980 年任马萨诸塞理工学院电机系终身教授、电力电子系统实验室主任,能源试验室主任等职。1984～1987 年任维也纳国际应用系统分析研究所所长,1989 年任美国国家应用技术研究所管理质量中心主任。曾兼任美国电气与电子工程师协会能源委员会主席、电力工程学会会长等职。1975 年入选美国国家工程院院士。1986 年入选瑞士国家工程院外籍院士。2000 年入选中国工程院外籍院士。

当代国际知名的电气工程专家和质量管理专家。20 世纪 40～70 年代,长期从事输电配电等电气工程领域研究开发。发展了高压电弧中的电极现象及其规律的理论;发展了高温气体中的电气断路理论,1960 年制成世界上第一个高压真空开关,至今仍用于全世界所有的 5 000～40 000 伏电网;率先开发应用电力电子装置的高电压直流输电系统;为美国通用电气公司研究制订投资高达 10 多亿美元的战略规划并付诸实现,成为战略规划中的卓越案例。80 年代后,在美国率先倡导"提高管理质量"理念;开设的"战略规划"、"技术管理"、"全面质量管理"和"电磁理论"等课程及所编教材,享有盛誉;1989 年创办具有国际影响的"质量管理中心"(1994 年更名"管理质量中心"),每年为世界许多著名跨国企业培训数千名高级管理人员;他所确立的集成化管理系统的全面质量管理方法,已被广泛采用。他虽然身在美国,对中华民族仍是一片赤子之心,其中 1992 年创建北京国际全面质量管理中心,每年来两三次亲自开班授课;多次专程回祖国进行学术交流和积极筹资献策。

拥有 30 多项美国专利,900 多项外国专利;发表论文百余篇;主要著作有《大功率开关装置的物理基础和工程应用》(1982 年中译本)等。获多项奖项,其中有 1983 年普拉特奖、1986 年戴维斯工程成就奖等。

(徐 骎)

陈能宽(Chen Nengkuan) 中国湖南省人,1923 年 5 月 13 日生于湖南慈利,2016 年 5 月 27 日卒于北京。核武器工程、金属学、爆轰物理、材料科学。

1946 年唐山交通大学(今西南交通大学)矿冶系毕业。1947 年赴美国耶鲁大学攻读物理冶金专业,1949 年获硕士学位,1950 年获博士学位。曾任美国约翰斯·霍普金斯大学机械工程系副研究员、西屋电器公司研究实验室研究工程师。1955 年回国后,历任中国科学院应用物理研究所(后改名物理研究所)研究员兼室主任、金属研究所研究员,国家第二机械工业部第九研究所理论部主任,第九研究院第二研究室主任、实验部主任、冷实验委员会副主任、第九研究院副院长、院科学技术委员会主任、核工业部科学技术委员会副主任,国家"863"计划激光领域专家组首席科学家等职。兼任国防科学工业委员会科学技术委员会副主任、中国金属学会副理事长、《激光与等离子束》杂志主编等职。1980 年当选为中国科学院学部委员(院士),1996 年被选为中国科学院主席团成员。

在长达 20 余年里,他作为中国核装置全面质量的技术负责人之一,为中国原子弹、氢弹及其武器化发展作出了重要贡献。揭示高温高压下多种金属单晶体形变、再结晶及核材料的行为,解决了一系列理论和技术问题;多次参与主持制定和实施大部分核装置实验方案,创造有别于世界有核国家的试验方法——冷试验。其中,在研制第一颗原子弹的科学工程中,带领爆轰队伍完成了燃爆原子能关键工程,即核试验前的全部爆轰物理、动高压物理、中子物理、火工品及炸药的质量控制、核材料部件制造技术工艺等系列工程,实现了第一颗原子弹的突破和武器化;在中国第一颗氢弹研制的科学工程中,他又率队完成了结构件动态、断裂与防护、波形调整与冲击起爆、二维影响与减弱措施等等试验,以大量数据论证了氢弹原理方案的可行性;主持并参加了聚合爆轰波人工热核反应研究,以及核装置球面同步起爆的方案制定和研究,在较短时间内攻克了技术难关,实现预期结果;历尽 10 余年艰辛,主持开辟了用冷试验来定型的新途径,改写了中国核武器定型方法的历史,中国核导弹从近程、中程到洲际导弹,都是采用这种办法来定型的,节约了大量人力、物力,保证了沿线居民绝对安全。

先后获 1982 年国家自然科学奖一等奖,1984 年国家发明奖二等奖,1985 年和 1987 年国家科学技术进步奖特等奖,1996 年何梁何利科学与技术进步奖,1999 年国家"两弹一星"功勋奖章等。

(段智勇)

钱正英(Qian Zhengying) 中国浙江省人,1923 年 7 月 4 日生于上海。水利水电工程、水工学、工程管理。

1939 年进上海大同大学土木工程系学习,1942 年未毕业便奔赴敌后解放区。1942～1950 年先后任新四军淮北区党委机关文化教员、淮北灵凤县中学教员、淮北行政公署建设处水利科科长、苏皖边区政府水利局工程科科长、华东军区兵站部交通科副科长、前方工程处处长、山东省黄河河务局副局长。1950 年后,历任华东军政委员会水利部副部长兼治淮委员会工程部副部长,华东水利学院首任院长,国家水利部副部长,水利电力部副部长、部长,全国政协副主席,中国红十字总会会长。曾兼任河海大学教授,水电部三峡工程论证领导小组组长,三峡质量检查专家组组长等职。获香港大学荣誉博士学位。1997 年当选为中国工程院院士。

主持调研、制订了一系列关于中国水资源开发利用、管理与保护的方针政策和管理办法。主持编制治理黄河、长江、淮河、海河等流域的规划;主持制定全国水利建设长远发展纲要;主持起草《中华人民共和国水法》

和《中华人民共和国水土保持法》等法律法规；主持审定和决策许多重大的水利水电工程建设项目，具体参与研究解决建设中的重大技术问题；主持领导三峡工程可行性论证工作和动工后的质量监督检查；组织审查"南水北调工程论证报告"等重大水利工程决策咨询；牵头主持中国工程院"21 世纪中国可持续发展水资源战略研究咨询项目"的 9 个专题报告。

主要论文和讲话收入《钱正英水利文选》(2000 年)等。主编《中国百科全书·水利卷》、《中国水利》(中、英文版)等大型工具书；获 2000 年第三届中国工程科学技术光华奖。 (沙治银)

夏培肃(Xia Peisu) 中国四川省人，1923 年 7 月 28 日生于四川重庆(今重庆市)，2014 年 8 月 27 日卒于北京。计算机科学与工程、应用数学。

原籍四川江津。1945 年重庆中央大学电机系毕业，进交通大学电信研究所读研究生。1947 年赴英国留学，1950 年获爱丁堡大学电机系博士学位，并留校作博士后研究。1951 年底回国后，任清华大学电讯网络研究室副研究员。1953 年和 1954 年先后调到中国科学院数学研究所、近代物理研究所从事计算机研究。1956 年参与创立中国科学院计算技术研究所，1978 年后升任研究员。兼任《计算机学报》和《计算机科学与技术》杂志(英文版)的主编。1991 年当选为中国科学院学部委员(院士)。她的丈夫核物理学家杨立铭也在同年当选为中国科学院学部委员(院士)。获英国赫里奥-瓦特大学荣誉理学博士学位。

中国著名计算机女专家。1956 年参与主持完成中国自制的第一台小型通用电子计算机 107 机运算器和控制器设计，1960 年该机研制成功并投入运行，它的稳定性远远超过中国当时仿制的苏联电子计算机。20 世纪 60 年代到 70 年代中期，对高速信号在计算机中的传输进行深入研究，提出防止信号因传输而产生波形畸变的一系列措施；提出最大限度提高计算机流水线工作频率的设计思想，以大幅度提高计算机运算速度。70 年代末至 80 年代前期，主持研制 150-AP 高速阵列处理机和 GF-10 功能分布式阵列处理机系统，其中前者成功地应用于中国石油勘探后，使某些地震资料处理速度提高 10 倍以上。80 年代以后，设计出 16 位高速算术逻辑部件，获得了专利；研制出运算速度达每秒 2 亿次的向量计算机；主持设计研制成功中国第一台紧密耦合通用并行计算机。90 年代任国家自然科学基金重大项目"MPP 并行计算"首席专家。

主编《英汉计算机辞典》(1984 年)、《计算机科学技术百科全书》等工具书和著作。多次获国家和省部级奖励，其中有 2011 年中国计算机学会首届终身成就奖。

(孙晓芳)

屠善澄(Tu Shancheng) 中国浙江省人，1923 年 8 月 12 日生于浙江嘉兴。航天工程、通信工程、导弹与火箭运载工程、自动控制。

1941～1942 年在交通大学电机工程系学习。1945 年上海大同大学电机工程系毕业。1946～1948 年在交通大学电机工程系任教。1951 年和 1953 年分别获美国康奈尔大学电机工程系硕士、博士学位。留校任教。1956 年回国，任中国科学院自动化研究所研究员、室主任。1968 年起先后任国防科学技术委员会第五研究院 502 所研究室主任、副所长、所长、该所科学技术委员会主任。1988 年任航天工业部第五研究院科学技术委员会主任。兼任国防科学工业委员会科学技术委员会副主任，中国自动化学会秘书长，国际自动控制联合会理论专业委员会、空间专业委员会委员，世界工程师组织联合会副主席(1991～1993 年)，亚太工程师组织联合会副主席、主席(1992～1994 年)等职。1987 年当选为国际宇航科学院院士。1994 年选聘为中国工程院院士。

长期从事导弹、卫星、载人飞船等控制系统的研究设计。20 世纪 50 年代回国后，研制成功 DMZ-2、DMZ-4 电子模拟计算机，为后来中国巨型机发展奠定了技术基础。60 年代，研制成功 541 型红外寻制导超低空地空导弹等；从事人造卫星、载人飞船控制系统及仿真试验研究和方案论证，负责研制"曙光"号载人飞船控制系统。70～80 年代，主持试验通信卫星控制系统研制和飞行试验全过程，在抢救第一、第二颗试验通信卫星中起了关键作用；在已发射的 5 颗通信卫星中，控制系统均未出现故障，且实际使用期限超过设计寿命，所参与的"试验通信卫星及微波测控系统"项目获 1985 年国家科学技术进步奖特等奖，为第五得奖人，也是控制系统唯一获奖者。80～90 年代，任国家 863 高技术计划航天领域首席科学家，提出中国发展载人航天分三步走的战略设想。

主编《卫星姿态动力学与控制》(2 卷，1999 年)等著作。1997 年获何梁何利科学与技术进步奖。 (杨 辰)

科德，E. F.(Codd，Edgar Frank) 美国人，1923 年 8 月 19 日生于英国英格兰波特兰，2003 年 4 月 18 日卒于美国佛罗里达州威廉斯岛。计算机科学与工程、数据库管理、数理逻辑、应用数学。

英国裔。第二次世界大战爆发后，应征服役于英国皇家空军，1942～1945 年任机长。二战后就读于牛津大学数学系，1948 年兼获学士、硕士学位。毕业后在美国任国际商用机器公司(IBM)计算机程序员。1953 年担任加拿大渥太华计算设备公司导弹项目经理。1957 年重返 IBM 任"多道程序设计系统"部门主任。20 世纪 60 年代初到美国密歇根大学计算机与通信专业深造，1963 年、1965 年先后获硕士、博士学位。毕业后回到 IBM 任圣约瑟研究实验室高级研究员，1984 年退休。70 年代后，他创办了关系研究所和科德联合公司。是美国国家工程院院士。

被誉为计算机"关系数据库之父"。20 世纪 50～60 年代，参加研制 IBM 第一台科学计算机 701；参加世界第一台大型晶体管计算机"伸展"(STRETCH)的逻辑设计，主持开发第一个有多道程序设计的操作系统。1970年发表论文"用于大型共享数据库的关系数据模型"，首次明确提出用数学"关系"概念(由集合中任意元素所组成的若干有序偶对表示)来建立数据模型，用以描述、设计和操纵数据库。该文被公认为数据库技术发展史上具有里程碑意义的论文之一，立即引起学术界和产业界普遍响应，70年代中后期和80年代初期，一大批关系数据库系统很快被开发出来，在市场上迅速取代原有基于层次模型和网状模型的数据库产品，大大促进了计算机的普及应用。1972年提出了"关系代数"和"关系演算"，定义了关系的并(union)、交(intersection)、差(difference)、投影(project)、选择(selection)、连接(join)等各种基本运算，为以后成为标准的结构化查询语言SQL奠定了基础。

出版有《数据库管理的关系模型》(1990年第2版)等专著。多次获奖，其中获美国计算机学会1981年图灵奖(世界计算机界最高奖)。（李　烨）

郭可信(Guo Kexin)　中国福建省人，1923年8月23日生于北平(今北京)，2006年12月13日卒于同地。金属材料工程、电子显微术、晶体学、材料科学。

原籍福建福州。土木工程师的儿子。1946年毕业于浙江大学化工系。1947～1956年，先后在瑞典皇家理工学院物理冶金系、乌普萨拉大学化学系、斯德哥尔摩金属研究所和荷兰皇家理工学院物理化学系从事合金钢、合金碳化物、中间合金相等X射线和电子显微镜结构研究。1956年回国，任中国科学院金属研究所研究员。1985年起一直任中国科学院北京电子显微镜开放实验室(1997年并入中国科学院凝聚态物理中心)研究员，还在几所大学任兼职教授。兼任中国电子显微学会理事长(1982～1996年)，亚太电子显微学会联合会主席(1992～1996年)，亚太电镜学会联合会副主席(1997～2000年)。1980年当选为中国科学院学部委员(院士)、瑞典皇家工程科学院外籍院士；同年获瑞典皇家理工学院荣誉技术科学博士学位。

研究成果"晶体的精细结构的电子衍射和电子显微术研究"，1982年获国家自然科学奖三等奖；"五次对称和TiNi准晶体的发现与研究"，1987年获国家自然科学奖一等奖；"新的十次对称准晶、相关相与它们的相变"，1992年获国家教委科学技术进步奖一等奖；1988年在国际上首次长出毫米级10边棱柱准晶，研究报告"Al-Cu-Co准晶的发现"于1992年获中国科学院自然科学奖二等奖；主持课题组与德国合作，首次用X射线衍射法测定复杂准晶体的结构特征，并首次测量了10次对称准晶的电导、热电势、霍耳效应等传导性能。

在国内外发表论文200余篇；出版有《电子衍射图》、《晶体对称》、《准晶研究》、《高分辨电子显微学》等专著和论文集10多部。1993年获第三世界科学院物理奖。1994年何梁何利科学与技术成果奖。（巫瑞智）

格卢什科夫，B.M.(Глушков, Виктор Михайлович; Glushkov, Victor Mikhaylovich)　一译格罗希柯夫。苏联人，1923年8月24日生于罗斯托夫，1982年1月30日卒于乌克兰基辅。计算机科学与工程、理论代数学、控制论。

1948年获罗斯托夫大学学士学位。同年到乌拉尔林学院任教。1956年获莫斯科国立大学博士学位。同年到基辅任乌克兰科学院数学研究所计算机工程实验室主任，次年晋升教授。1962年任乌克兰科学院副院长、控制论研究所首任所长，直至去世。1965年创办《控制论》期刊(后改为《控制论与系统分析》)。曾任《自动化学报》主编。1961年当选为乌克兰科学院院士，1964年当选为苏联科学院院士。是波兰、保加利亚、民主德国科学院外籍院士。

杰出的苏联计算机科学家、数学家。他生前所领导的实验室、研究所是苏联计算机最重要的研究机构之一。1959年主持研制乌克兰第一台大型计算机"基辅"号，采用三地址体系，配置当时世界领先的"自动管理"数据库，运算速度每秒9 000条指令，存储器容量为51比特(bit)的字2 048个，是欧洲最早成功用于大型企业过程控制的电子计算机。1961年主持开发"第聂伯"号晶体管通用控制计算机，配置模-数、数-模转换器，以及航天通信联络等部件，成功用于控制苏联"联盟"号和美国"阿波罗"号太空自动对接。1965年开始，由他主持研制的MIR计算机系列广泛用于苏联的工程计算，其中研发苏联第一个高级程序设计语言Analytic。1967年推出改进型第聂伯-2型过程控制计算机。在他领导下还开发了多种类型的终端处理机、键盘计算机、转接计算机、专用计算机等。20世纪70年代末至80年代初，开始主持研制高速运行、动态重配置、多处理器并行工作的新一代计算机，因英年早逝，这些苏联最强大的计算机到80年代中期才陆续问世。生前领导开发全苏经济信息收集与处理的自动化系统。倡议和协助在大学建立控制论系，开设计算机课程，培养了大批计算机专业人才。

此外他是世界闻名的理论代数学家，在年轻时成功解出希尔伯特23个数学难题中有关群论的第5个问题；研究了带极值条件的拓扑代数系统，并充分研究了非交换局部紧群的局部结构。

参与主编《控制论百科全书》；有《离散自动机的构成》(1962年)、《控制论导论》(1964年)、《无纸信息学原理》(1982年)等专著。获1969年社会主义劳动英雄称号；获1964年列宁勋章；1967年、1968年、1977年3次获苏联国家奖金，1970年乌克兰国家奖金；美国计算机学会1996年计算机先驱奖等。因代表国际信息处理联合会(IFIP)参与起草联合国"用于发展的计算机"报告，获IFIP银心奖。（李　烨）

基尔比，J.S.C.(Kilby, Jack St. Clair)　美国人，1923年11月8日生于美国堪萨斯州大本德，2005年6月20日卒于得克萨斯州达拉斯。电气电子工程、计算机科学与工程、集成电路、半导体物理学。

1947年获伊利诺伊大学电子工程学学士学位。1950年获威斯康星大学电子工程学硕士学位。1958年起长期在得克萨斯仪器公司任职，1983年退休。期间，

1978～1984 年兼任得克萨斯农业和机械大学教授。是美国国家工程院院士。获美国和世界上多所高等学校荣誉博士学位。

20 世纪中叶以后，电子计算机技术飞速发展。从器件的角度来看，其发展经历了 3 个阶段。第一阶段是电子管的电子计算机，体积庞大，重量惊人。第二阶段是晶体管的电子计算机，功能有所发展，体积则大大缩小。然而和电子管一样，晶体管依然是孤立元件，只有将它们和其他元件焊接起来，才能构成一个个功能回路，而不断发展的新型计算机需要越来越多个功能回路的匹配，这一困难严重制约了电子计算机的发展。第三阶段则是集成电路的电子计算机，它的开创者是基尔比和 R. N. 诺伊斯。1958 年末，到得克萨斯仪器公司工作不久的基尔比率先将具有晶体管、电阻、电容等不同功能的微元件置于同一块硅片上，构成了一个基本完整的单片式功能回路，这是世界上第一块集成电路片。该片上的各种元件是用置于绝缘片基上的金线连接起来的。1959 年，他提出了名为“极小化的电子回路”的专利申请，但直至 1964 年才获批准。1959 年，美国仙童公司的诺伊斯也研制出了一块集成电路片，其中各个微元件之间的连接靠能很好附着在绝缘片基上的铝线来实现。

集成电路的发明，推动了电子计算机的迅猛发展，它为现代信息革命奠定了基础。由于这一重大贡献，基尔比与作出别的贡献的另外两人分享了 2000 年诺贝尔物理学奖，但集成电路的另一发明人诺伊斯因已经去世而与获奖无缘。

直到 20 世纪末，基尔比一直在得克萨斯仪器公司继续他的发明事业，他的另一个重要发明是袖珍计算器，由于价格低廉、使用方便，已成为世界上极其普及的计算工具。

拥有美国专利 60 余项。除获诺贝尔物理学奖之外，还获得许多其他奖励，如 1969 年美国国家科学奖章、1983 年美国机械工程师协会霍利奖章、1990 年美国国家技术奖章等。

（宣焕灿）

张蔚榛（Zhang Weizhen） 中国河北省人，1923 年 11 月 22 日生于河北丰南，2012 年 7 月 14 日卒于湖北武汉。农田水利工程、地下水动力学、水文学。

出生于建筑工人家庭。1945 年北京大学工学院土木工程系毕业。留校执教。1951～1955 年在苏联科学院水利问题研究部留学，获技术科学副博士学位。回国后，任武汉水利电力大学教授、《武汉大学学报（工学版）》主编。兼任国际灌排委员会排水专家组成员、中国水利部技术委员会委员、地下水管理专家组组长、清华大学兼职教授、中国科学院南京土壤研究所兼职研究员等职。1997 年当选为中国工程院院士。

完整提出适用于不同大气条件、不同布置形式的农田地下排水系统计算理论和公式；建立一套系统的地下水非稳定流理论体系，在中国北方地下水资源评价、地下水开发利用决策中起到指导作用；承担多项国家重大攻关课题，其中“地下水盐运动预测预报”、“大气水、地表水、土壤水及地下水相互转化关系”等成果，经鉴定达国际先进水平；长期深入华北、西北等地区，不断求解灌溉土地次生盐渍化防治世界难题，提出农田地下排水设计新思路新技术，其中因黄淮海平原综合治理工程中的重要贡献，获 1989 年国务院二级嘉奖；在中国首先应用势能理论研究饱和、非饱和土壤水运动及溶质运移问题，取得了开拓性成果；开展化肥流失对环境污染及其预报方法的研究；作为世界银行中国专家，参加对新疆、甘肃、山西、河南等省多项世界银行援华水利工程项目评审工作。

发表论文近百篇，另有《张蔚榛论文选集》（2002 年）；主编出版《地下水非稳定流计算和地下水资源评价》（1983 年）、《地下水动力学和土壤水动力》、《地下水文和地下水调控》（1998 年）等专著、教材多部。多次获国家和省部级奖励。

（李啸虎）

莱特希尔，M. J.（Lighthill, Sir Michael James） 英国人，1924 年 1 月 23 日生于法国巴黎，1998 年 7 月 17 日卒于英吉利海峡英国萨克岛海域。导弹与航空工程、流体动力学、声学、应用数学、高等教育管理。

1943 年毕业于剑桥大学三一学院数学系。留校国家物理实验室工作。1946 年任曼彻斯特大学高级讲师，1950 年任应用数学教授。1959 年任位于法保罗夫的皇家航空研究院实验室主任，开发电视和卫星通讯技术，以及载人航天器。1964 年任伦敦大学帝国学院皇家学会常驻教授，数学及其应用研究所首任所长。1969 年回剑桥大学三一学院，任卢卡斯数学讲座教授。1979 年任伦敦大学学院院长，1989 年退休。1998 年在萨克岛海域游泳时不幸溺水去世。1971 年被封为爵士。

在高速飞机和导弹的空气动力学，喷气机噪声理论及冲击波理论方面作出了贡献。扩展了非线性问题的范围，采用一些有效的运算方法加以简便处理，有助于改进飞机和导弹的性能，限制喷气发动机和超音速所引起的噪声。1955 年，他和惠瑟姆（G. B. Whithm）共同提出了运动波的第一个综合理论，作为气动力特征方法的一种应用成果，具有多个领域的用途，主要可用于流体流动和交通流动等情况。他的早期工作，包括两个关于三维机翼理论，以及关于旋转固体周围的超音速流场的理论分析。除了高速度气体动力学，他还研究震动和冲击波。晚年将空气动力学应用于鸟类、昆虫类和水下动物的运动力学研究。

他是空气声学的创立者之一，把减少喷气发动机噪声作为重要课题来研究。指出当喷气速度低于大气声速的 2 倍时，喷气发动机辐射的声功率与喷气速度的 8 次方成正比；当大于大气声速 2 倍时，辐射的声功率将随喷气速度的 3 次方变化。这一规律发现，科学界称之为莱特希尔八次方定律，它大大促进了涡流风扇发动机的发展。他也是非线性声学的奠基者，表明了同一非线性微分方程能同时模拟河流的洪水波和高速公路的车辆流。

主要论文收集于《莱特希尔论文选集》(4卷,1997年);主要著有《空气动力学理论中的较高近似法》(1954年)、《傅立叶分析和广义函数导论》(1958年)、《数学的生物流体动力学》(1975年)及《流体的波》(1978年)、《理论流体力学雏论》(1986年);1964年获英国皇家学会皇家奖章。 (陆伟良)

夏帕克,G.(Charpak, Georges) 法国人,1924年3月8日生于波兰杜布鲁夫卡(今属乌克兰),2010年9月29日卒于巴黎。*粒子探测工程、仪器制造、高等物理学。*

波兰犹太裔。7岁时随父母从波兰迁居法国,1946年入法国籍。1945～1947年在法国的巴黎高等矿业学校读书。1954年在巴黎的法兰西学院获物理学博士学位。1948～1959年在法国国家科学研究中心学习和工作。1959年起,一直在日内瓦的欧洲原子核研究中心工作,1991年退休,1984年起兼任巴黎高等物理化学学院任物理和化学教授。获日内瓦大学等国际多所大学荣誉博士学位。1985年当选为法国科学院院士。

研究高能粒子的行为有赖于各种粒子径迹的探测器。20世纪30年代,计数管已被广泛地应用,为获得大面积的探测系统,人们将许多根计数管分层排列组成阵列,但这种装置体积大,空间分辨率差。他在1968年发明了多丝正比室,又称夏帕克室,它可以十分精确地确定入射粒子的位置,大大提高空间分辨率。一年后,他又发明了另一种新型探测器——漂移室,具有更高径迹定位精度。现在,多丝正比室和漂移室是粒子探测发展史上的重大技术突破,已成为高能物理研究中心的必备装置。1979～1989年,他的发明创造更是硕果累累,其中和同事发明了一种"多步雪崩室",可用于光子探测和离子辐射成像。

由于发明多丝正比室,获1992年诺贝尔物理学奖。此外获1989年欧洲物理学会"高能与粒子物理奖"等。 (宣焕灿)

王光远(Wang Guangyuan) 中国河南省人,1924年3月25日生于河南温县。*结构工程、地震工程、结构力学、系统科学与工程。*

出生于乡村小学教师家庭。1946年获西北农学院水利系学士学位。先后任黄河水利委员会工程员,北洋大学土木系助教、讲师。1952年哈尔滨工业大学建筑力学系研究生班毕业。留校任教,历任讲师、副教授、建筑力学教研室主任。1959年任哈尔滨建筑大学副教授、教授、基础部主任、工程理论研究所所长。后为哈尔滨工业大学建筑工程学院名誉院长、工程理论与应用研究所名誉所长。兼任国际结构安全与可靠性协会委员、中国力学学会副理事长等职。1994年选聘为中国工程院院士。

20世纪50年代,建立了建筑层整体空间简化计算理论与方法,在房屋横向变形和振动时将各层楼板和屋盖计算简化为一组剪切梁,计算既简便又实际,获1964年国家重大科学研究成果奖,1978年获全国科学大会奖;80年代后,建立结构模糊随机优化设计理论,提出满意解、广义可靠度等概念和计算方法,并发展为工程软设计理论,获1986年国家教委科学技术进步奖一等奖、1987年国家自然科学奖三等奖。20世纪80年代末,建立工程大系统全局性优化理论,进而发展出网络系统计算模型、模糊工程系统的全局优化理论和技术等。20世纪60年代初步形成了地震工程的结构随机振动理论,80～90年代发展为结构模糊随机振动等理论,获1993年国家教委科学技术进步奖一等奖。90年代末以后,提出建立工程软科学思想,开展工程项目全系统全寿命的优化理论和技术研究。

发表论文近200篇;出版有《结构优化设计》(1987年)、《模糊随机动力系统理论》(1993年)、《结构随机振动》(1998年)、《抗灾结构最优设防荷载的决策》(1999年)、《结构智能选型——理论、方法与应用》(2005年)等专著逾10部。 (李啸虎)

霍尔三世,A.D.(Hall Ⅲ, Arthur David) 美国人,1924年4月13日生于美国弗吉尼亚州林奇堡,2006年3月31日卒于弗吉尼亚州弗雷德里克斯堡。*通信工程、电气电子工程、微波电子技术、系统科学与工程。*

从家乡的布鲁克维尔高级中学毕业后,在美国陆军服役,参加了第二次世界大战。战后入读普林斯顿大学电子工程系,1949年获工学学士学位。毕业后供职于贝尔电话公司,先在通信开发培训部学习3年,获结业证书,长期任贝尔实验室电气工程师16年,先后任宽频带系统研究部主任、电视工程部主任等职。曾在纽沃克工学院、马萨诸塞理工学院、纽约大学和约翰斯·霍普金斯大学读研究生课程,1965年、1968年先后获理学硕士、理学博士学位。1966年任杰罗尔德电子公司主管工程的副总裁。1968年任美国惠普公司(SCM)主管研究开发与系统工程的副总裁。20世纪60年代,任宾夕法尼亚大学摩尔电气工程学院系统工程学兼职教授。1970年开办霍尔公司并自任总裁。是美国电气与电子工程师协会(IEEE)创始会员,1965年任该会会刊《系统工程与控制论》杂志首任主编。

通信工程和系统工程领域的开拓者,被誉为"可视电话之父"。尤其在系统工程方法论、远程通信的政策制定和实施等方面有贡献。在担任贝尔实验室宽频带系统研究部主任期间,曾主持规划、开发成功波导与同轴电缆脉码调制传输系统;在担任贝尔实验室电视工程部主任期间,主持并参与规划、开发共用天线电视、远程教育电视、无线电与电视广播以及可视电话等多种通信系统。在远程通信方面提供广泛咨询服务。他还是"自动农场系统"专利所有者,该系统可以向精细农业提供全球定位装置。

发表有"系统工程的三维结构"(1969年)、"系统工程的分形"(1989年)等重要论文。出版教材和专著《系统工程方法论》(1962年)、《元计算系统方法论》(1989

年)等。（黎维斯）

许学彦(Xu Xueyan) 中国江苏省人,1924年5月11日生于江苏武进,2016年3月10卒于上海。*船舶海洋工程、机械动力工程、工程管理。*

1948年交通大学造船系毕业。中国船舶工业总公司第708研究所教授级高级工程师,先后任副所长、总工程师、技术顾问等职。1993年当选为中国科学院学部委员(院士)。

曾参加和主持设计新型舰船60余种,对发展中国船舶技术与产业作出了重要贡献。20世纪50年代末,主持设计中国第一艘万吨级远洋货轮“东风”号,在载重量、船速和燃料消耗率等多种性能指标均达到国际先进水平。60年代,主持设计中国第一艘大型高级客轮“昆仑”号,航行于长江三峡间;主持开发研制中国海军重点项目62型高速护卫艇,批量生产并打入国际市场。70～80年代,先后主持设计国家重点项目718工程中的主要3种型号船舶,其中:被誉为“海上科学城”的航天远洋测量船“远望一号”、“远望二号”于1977年相继下水,标志着中国成为世界上第4个拥有航天测量船的国家,获1985年国家科学技术进步奖特等奖;1979年下水的“向阳红10号”远洋综合调查船,系当时世界十大科学考察船之一,获国家科学技术进步奖特等奖,1985年1月24日首次驶入南极圈;J121号远洋打捞救生船获国家科学技术进步奖一等奖。这些船舶在观测中国远程火箭试验和人造地球卫星发射运行、远征南极、海洋勘测等科学考察中发挥了重要作用。80～90年代,主管和设计中国第一批万吨级出口船舶,为中国造船工业进入国际市场竞争打开了新局面,其中有中国第一艘万吨级出口船17 500吨多用途货船等;主管设计的27 000吨散货船、700箱全集装箱船分别获得国家科学技术进步奖一、三等奖。

主编和主译专著各1部,后者获中国船舶总公司科学技术进步奖三等奖;另外主编有关船舶设计的手册和出口船参考资料丛书等。多次获奖。（李啸虎）

鲍尔,F.L.(Bauer,Friedrich Ludwig) 德国人,1924年6月10日生于德国巴伐利亚州雷根斯堡,2015年3月26日卒。*计算机科学与工程、软件工程、应用数学。*

高中毕业时正值希特勒发动第二次世界大战,他被应征入伍,在德国陆军服役。战后进入慕尼黑大学,学习数学、物理、天文学和逻辑学等多个专业。1949年在慕尼黑一所高级中学当教师。1952年取得慕尼黑大学数学博士学位。同年执教于慕尼黑理工大学。1958～1962年在美因茨大学应用数学系任教。1963年回慕尼黑理工大学任数学教授兼数学系主任,1972年起任该校计算机科学系首任主任,1989年退休。退休后仍活跃于学术界,继续发表论文,出版专著,宣讲学术报告。

20世纪50年代初,和K.沙默尔森(Klaus Samelson)专为命题逻辑演算设计一台名为“斯坦尼斯劳斯”(STANISLAUS)的并行计算机,命题演算在开关理论和计算机逻辑设计等领域都有十分重要的应用;在开发“斯坦尼斯劳斯”过程中,为命题表达式演算发明了“堆栈法”(最初用词是“地窖”),是一种类似于从堆栈或地窖里存取物品时“先进后出”规则的程序,后成为计算机科学中一个基本概念而获得广泛应用。R.S.巴登正是受其启发,将堆栈用作存储结构,在60年代初研制成功堆栈式计算机B5000而获得计算机先驱奖的。50年代末至60年代初,在美国和欧洲联合开发著名的算法语言Algol60时,他是最主要倡议者和组织者之一;1968年首创“软件工程”概念,沿用至今。70年代起,他的兴趣开始转向软件工程尤其是软件自动化,专注于计算机辅助、直觉指导的程序设计(CIP),在世界上有很大影响。CIP项目的程序开发系统可在形式上保证程序的正确性,其目标是:设计并定义广谱语言CIP-L;开发交互式系统;建立一套完整方法学以指导程序开发中形式推理的过程。

主要著作有:《编译器结构》(1976年英译本)、《算法语言与程序开发》(1982年)、《慕尼黑CIP项目》(2卷,1985～1987年)、《逻辑、代数和计算》(1991年英译本)、《破译秘密:密码学的方法与原理》(1993年德文版;英译本1997年初版、2000年再版)等。获1988年美国计算机学会计算机先驱奖。（李 烨）

冯叔瑜(Feng Shuyu) 中国四川省人,1924年6月20日生于四川邻水。*铁道基建、爆破工程、土工学。*

1948年交通大学土木系毕业。后任西南铁路工程局工务员。1951～1955年在苏联列宁格勒铁道运输工程学院深造,获技术科学副博士学位。1955年回国,先后任铁道部工程总局、基建总局工程师。1958年后任铁道部科学研究院,研究员,历任铁道建筑研究所土工研究室副主任、爆破研究室主任,北京爆破联合工程公司总经理等职。兼任中国力学学会工程爆破专业委员会主任,中国工程爆破协会常务副理事长、名誉理事长等职。1995年当选为中国工程院院士。

20世纪50～60年代,率先引进苏联的大爆破技术,并成功用于鹰厦、宝成、川黔、成昆、湘黔、都贵等新建铁路线;主持三峡工程爆破组重点研究定向爆破筑坝、开发爆破器材新品种;在东川口、石廓溪、故县和南水等处成功进行18座定向爆破筑坝试验。70年代,主持攀枝花钢铁厂狮子山万吨级炸药大爆破工程;实施黄浦港航道水下爆破开挖疏浚,填补了中国空白;首次进行石方机械化施工的深孔爆破新技术试验;解决了高原冻土带铁路桥涵基坑爆破快速开挖施工技术;开展聚能爆破应用研究。80～90年代,总结大爆破药包布置理论和计算参数、定向爆破筑坝设计理论和坝体堆积计算法,被普遍采用,使中国定向爆破法筑坝数量居国际首位;发展了中国特色的城市控制爆破技术;主持在复杂地质险峻山区修建成昆铁路新技术,获1985年国家科学技术进步奖特等奖;参与指导国家“七七工程”安全防护技术试验;参与主持制定爆破、大爆破、拆除爆破等多种国家级安全规程。

主编和参撰《爆破工程》(1956年初版,1980年再版)、《大量爆破设计与施工》(1963年初版,1973年再

版)、《城市控制爆破》(1985 年初版,1996 年再版)等专著 12 部,译作 3 部。多次获奖。 (武光明)

勃洛夫,G. A.(Blaauw,Gerrit Anne) 荷兰人,1924 年 7 月 17 日生于荷兰海牙。计算机科学与工程、体系结构工程、应用数学、工程管理。

1949 年获得美国国际商用机器公司(IBM)奖学金,第一年就读于美国宾夕法尼亚州的拉斐特学院,后转至哈佛大学,师承计算机 Mark-I 发明者 H. 艾肯,1952 年获博士学位。毕业后回到荷兰,1952～1955 年在阿姆斯特丹数学中心工作。1955 年第二次去美国,加盟 IBM 公司。1965 年返回荷兰,任特温德大学计算机科学教授,1969～1973 年任电气工程系主任,1989 年退休。是荷兰皇家科学院院士。

计算机先驱之一。1954 年起,在 IBM 公司参与开发计算机 STRETCH(“伸展”),1961 年交付使用。这是世界上第一台引入大规模流水线、采用链接和转移预测技术的超级计算机,可同时流水处理 6 条微指令,8 比特字节和小写字符,许多技术对以后的计算机开发有深远影响。1959 年他加入师兄 F. P. 布鲁克斯的研发小组,参与开发计算机 IBM-360 系列,成为体系结构的主要设计者之一。这是一个巨大的系统工程,总投资超过开发原子弹的曼哈顿计划四分之一。他编制的有关体系结构的详细定义,为 IBM-360 系列的成功开发奠定了基础,并在尔后 30 年间,IBM 公司的不同计算机产品都遵循 360 系列体系结构设计的基本原则,这也几乎成了计算机产业界共同的工业标准。IBM-360 首次实现了通用化、系列化和标准化特点,被认为是计算机历史上的划时代杰作。1964 年 4 月 7 日 IBM 成立 50 周年庆祝大会上,公司总裁宣布“公司历史上最重要产品”开发成功。到 20 世纪 70 年代中期,该机市场占有率已超过 50%。因 IBM-360 系列的问世,也诞生了包括勃洛夫在内的多名计算机先驱奖获得者。1985 年,美国政府为 IBM-360 的贡献颁发了国家技术奖章,由 R. O. 埃文斯、布鲁克斯和 E. 布洛赫 3 人领奖,勃洛夫不在内。勃洛夫虽是 IBM-360 主要开发者之一,又长期在 IBM 公司工作,但始终保留荷兰国籍,后来返回祖国服务,这恐怕是他不能获得这一殊荣的主因。

出版有《数字系统的实现》(1976 年)、《计算机体系结构:概念与发展》(1997 年,与布鲁克斯合著)等多部计算机专著。获 1994 年美国计算机学会计算机先驱奖。 (李 烨)

庄育智(Zhuang Yuzhi) 中国广东省人,1924 年 7 月 27 日生于广东潮安(今属潮州市),1996 年 3 月 23 日卒于北京。冶金工程、物理冶金学、材料科学。

祖籍广东饶平。1946 年国立交通大学唐山工学院(今西南交通大学)矿冶系毕业。在开滦矿务局、天津炼钢厂工作一年。1947 年进入英国利物浦大学研究生院深造粉末烧结金相学,后获该校硕士、博士学位。1952 年回国,协助李薰创建中国科学院金属研究所,历任副研究员、研究员、难熔金属室主任和金属所副所长。曾兼任中国劳动科学研究院名誉院长、中国物理学会相图专业委员会主任等职。1980 年当选为中国科学院学部委员(院士)。1996 年因突发心脏病去世于出差期间。

20 世纪 50～60 年代,深入中国东北几个大钢厂协助解决钢材质量问题;在中国率先建立电解法分离钢中金属夹杂物技术,开创了中国研究钢中非金属夹杂物和薄板夹层新领域;开展耐热不锈钢相变与变脆机理研究,提出合理的热处理工艺,显著提高石油化工业合金钢质量;主持建立难熔金属研究室、相图实验室、真空高温力学性能实验室;主持设计和加工制造难熔金属真空熔炼、性能测试等先进设备;1965 年研制成功不锈钢无缝钢管用钼合金顶尖,比前苏联牌号合金钢顶尖寿命高 200 倍,后推广应用于全国耐热钢管制造部门,取得很大经济效益。70 年代,主持研制成功钼合金外蒙皮和铌合金耐热天线,保证了中国第一颗返回式人造卫星“尖兵一号”侦察卫星成功发射和安全返回,并为以后发展各种新型导弹提供技术基础,成果获 1978 年全国科学大会奖、1979 年国防科学技术委员会科学技术成果奖三等奖等,所属总项目获 1986 年国家科学技术进步奖特等奖。1980 年主持完成炼锌厂用的钼-30 钨耐锌液腐蚀合金竖轴,比原来石墨竖轴寿命提高百余倍,填补了中国国内空白,获中国科学院科学技术进步奖二等奖。发表论文百余篇。多次获国家和省部级奖励,其中包括 1995 年国家自然科学奖三等奖等。 (颜华敏)

黄宏嘉(Huang Hongjia) 中国湖南省人,1924 年 8 月 5 日生于北京。通信工程、光纤技术、微波电子学。

原籍湖南临澧。法学教授的儿子。1944 年从西南联合大学电机系提前毕业,应征在缅北战区中国、美国、英国联合部队任译员。复员后,先后在北京大学、交通大学当助教。1948 年赴美国留学,1949 年获密歇根大学理学硕士学位。同年回国。1950～1964 年,先后任北方交通大学讲师、副教授、教授,兼任中国科学院电子研究所研究员、国家科委 301 工程技术副主任。1964～1979 年,调任中国科学院上海光学与精密机械研究所理论研究室主任。1979 年任上海科学技术大学(今上海大学)副校长、校学术委员会主任,1987 年任名誉校长。1994 年任上海大学名誉校长。1989 年聘任美国马萨诸塞理工学院电磁学科学院院士。1991 年获美国欧罗理工大学名誉科学博士学位。1980 年当选为中国科学院学部委员(院士)。

国际上较早从事毫米波传输研究的科学家之一。在基础理论方面,1961 年发表“缓变系数法”,很快被国际同行所引用和推崇;提出波导壁的阻抗微扰概念,并导出各种解析式,用模式耦合统一描述不同形式的波导不规则性对电磁波传输的影响;在耦合模式理论基础上建立了自己的理论体系,撰写多部被视为经典的著作,大部在国外出版,有一定国际影响。先后主持数十项科研项目,其中,1980 年主持研制成功中国第一根单模光纤传输线;1994 年研制出具有国际先进水平的 8 种特种光纤。

获美国发明专利 3 项;发表论文百余篇;出版专著 6 部,其中有:100 万字巨著《微波原理》(2 卷,1963～1964 年)、《光波导科学》、《耦合模与非理想波导(论文选集)》(1981年,英文)、《耦合模理论》(1984年,英文);《非常不规则纤维光学中的微波方法:特种光纤原理》(1995年,英文)。多次获奖,其中有:1978年全国科学大会重大贡献奖、1982年美国电气与电子工程师协会论文奖、1987年国家自然科学奖二等奖、1988年国家科学技术进步奖二等奖、1994年全美仪器学会杰出论著奖、1998年何梁何利科学与技术进步奖等。 (王 晋)

童志鹏(Tong Zhipeng) 中国浙江省人,1924年8月12日生于浙江慈溪。*通信工程、电子信息工程、微波电子学、科技管理。*

1946年国立交通大学毕业。次年赴美国留学,1950年获美国威斯康星大学电工学博士学位。同年回国,任国家电信工业局天津无线电厂(712厂)工程师。1956年起,先后任第四机械工业部成都第十研究所副总工程师、总工程师、副所长,电子工业部电子科学研究院院长,信息产业部电子科学技术委员会常务副主任,研究员。先后兼任中国电子学会通信学会副理事长、解放军总装备部科学技术委员会顾问、上海交通大学电子信息学院名誉院长等职。1997年当选为中国工程院院士。

20世纪50～60年代,研制轻巧、省电的对讲电台,及时装备抗美援朝前线部队,在战争中发挥了重要作用;主持设计、生产新一代军用电台、航空专用电台、航空雷达、地面微波接力通信设备等多种电子设备与系统;为"两弹一星"配套设计和生产相关电子设备。70年代,主持整顿和发展导弹、卫星电子测控系统,保证了试验任务顺利进行;主持研制多种通信电台、接力机、机载雷达,建立新一代卫星无线电测控系统、数据交换网等,均处于国内领先地位。80年代,领导研究与国际开放系统互联标准一致的中国研究网,成为中国与国际联网连接中最早、最成功的系统之一。90年代后,创造性地提出"综合电子信息系统"新概念,倡导和主持构建列为国家级重点工程的综合性电子信息系统,为中国电子信息技术与产业增强国际竞争力起到重大作用。

出版《综合电子信息系统》、《未来军事电子》等专著。多次获国家、军队和部委级奖励,其中获1997年国防科学工业委员会科学技术进步奖一等奖。 (李 烨)

博伊尔,W. S.(Boyle,Willard Sterling) 加拿大和美国双重国籍,1924年8月19日生于加拿大新斯科舍省阿默斯特镇,2011年5月7日卒于新斯科舍省瓦拉斯。*激光工程、光电子学、半导体技术、数码化摄影术、仪器研制。*

在加拿大蒙特利尔高中毕业后,入读麦吉尔大学。1943年辍学到加拿大皇家海军航空兵部队服役,后由英国皇家海军借调为航空母舰战斗机飞行员参加第二次世界大战。战后退伍重返麦吉尔大学,1947年、1948年和1950年相继在该校取得理学学士、理学硕士和物理学博士学位。留校在国家辐射实验室进行博士后研究一年。后在加拿大皇家军事学院任教物理学两年。1953年加盟位于美国新泽西州的贝尔实验室,1962年任贝尔实验室附属空间科学与探索研究中心主任,1964年返回总部在集成电路器件研发部工作,1975年任贝尔实验室通信科学部专管研发的常务副主任。1979年退休后返回加拿大。因肾衰竭并发症去世。

1962年他和D.尼尔森共同发明第一台可连续运行红宝石激光器,并获得以博伊尔命名的半导体注入式激光器的第一个专利。1962～1964年,代表贝尔实验室为美国航空航天局(NASA)阿波罗太空计划提供重要技术支持,并协助为登月着陆点选址研制激光器。1969年,他和下属、同事G. E.史密斯共同发明数码相机图像感应器——感光半导体电荷耦合器件(CCD),他们申请到该发明的美国专利权(专利号:US 3 858 232);发表了揭示其研发概念与思路的首篇论文,以及通过实验加以论证的后续论文。以后把大部分时间和精力花费在该领域,不断进行改进、完善和推广。这是第一次成功发明的数字成像技术,从而开创了摄影技术史上的新时代。数码照相机的CCD图像传感器堪比"电子眼",通过光电效应,它将入射光在极短时间内转化为电子储存在电容器中,在被读出时可让每个像素的内容得以还原和重构图像。于是数字编码便取代了传统的胶片成像,为摄影技术带来"革命性"的变革,并由此推动了科学技术和社会生活各领域的发展。

在贝尔实验室工作期间,获18项发明专利。因研发成功感光半导体电荷耦合器件(CCD),和美国的G. E.史密斯、英籍华人高锟三人同获2009年诺贝尔物理学奖;高锟因在"光纤传输用于光学通信"方面突破性成就,获其中一半奖金。此外,博伊尔与史密斯还分享有:1973年美国富兰克林研究院巴兰坦奖章,美国电气与电子工程师协会1974年利伯曼奖、1997年电子器件分会突破奖(单人获),1986年美国摄影学会进步奖章,1999年日本NEC基金计算机与通信奖,2001年美国光学学会兰德奖,2006年美国国家工程院德雷珀奖等。2010年获加拿大最高荣誉勋衔;2005年入选加拿大科学与工程名人堂。 (李啸虎)

艾兴(Ai Xing) 中国江西省人,1924年8月生于江西东乡。*机械加工工程、先进制造技术、切削刀具研制。*

1948年厦门大学机电系机械专业毕业。留校任教。1953年起,历任山东工业大学、山东大学机械工程学院副教授、教授,并相继任机械制造教研室主任,精密机械加工研究室主任等职。先后兼任中国高校切削和先进制造技术研究会名誉理事长、山东机械工程学会副理事长、香港城市大学等校兼职教授。1999年当选为中国工程院院士。

20世纪50～60年代,从事硬质合金刀具高速切削、大走刀切削、孔加工技术和陶瓷刀具切削性能等研究,其中研制成功电锭转子轴深锥孔加工专用铰刀和切削液,解决了纺织机械关键技术,受到国家纺织部嘉奖;主编中国第一部《切削用量手册》(1966年),后多次修订再版,有广泛影响。70年代以来,首创陶瓷刀具设计理论新体系,推动中国走上世界先进行列;先后研制成功6个品种、12个牌号的新型氧化铝基陶瓷刀具,填补了国内空白,其中3种为国际首创,例如被誉为"神刀"的JX-2陶瓷刀具加工电铸纯镍件,采用晶须与颗粒协同增韧补强技术，提高刀具寿命几十倍；研制成功多功能超声-间隙脉冲放电复合加工数控机床，使超硬材料加工效率提高3～5倍以上；创立复杂曲面加工的表面分解重构理论；开发成功手表外壳、钟表齿轮和木材加工刀具等计算机辅助设计应用软件系统，提高设计效率20倍以上；首创全息散斑干涉法测量轮齿动态变形新工艺，结束了以前只能静态测量的历史。

获专利5项；发表论文300余篇；出版《高速切削加工技术》(2003年)等专著和教材7部；主持完成20余项国家和省部级课题。获国家发明奖、省部级科技进步奖10余项，国家级优秀教学成果奖和优秀教材奖各1项。 (戚志东)

洛帕托，Г.П.(Лопато，Георгий Павлович；Lopato，Georgiy Pavlovich) 白俄罗斯人，1924年8月23日生于白俄罗斯霍姆尔地区，2003年2月13日卒于明斯克。计算机科学与工程、应用数学、工程管理。

1941年在莫斯科一所高中毕业后，即从军参加卫国战争，1946年复员。入莫斯科大学能源学院，1952年毕业。1976年获白俄罗斯科学院工学博士学位。先后任白俄罗斯科学院计算机科学研究所首席研究员、白俄罗斯现代知识研究院信息学与计算机系统研究所所长等职。1979年入选苏联科学院通讯院士。1994年入选国际信息科学院院士。1995年入选白俄罗斯科学院通讯院士。

苏联明斯克系列计算机的总设计师。他原是苏联计算机先驱勃鲁克(И. С. Брук)主持的计算机研制小组成员，先后参与研制M-1、M-2计算机。后接替勃鲁克担任总设计师，1956年开发出小型串行定点计算机实验型M-3，该型号实验机以八进制符号编程，配有一个立式磁鼓，运算速度每秒30条指令。当时中国开发完成的第一代计算机就是仿制M-3。为实现计算机更新换代，1959年洛帕托被任命为明斯克的奥尔忠尼启则工厂特种设计局总工程师，1959年9月首次生产出一台实用型M-3，次年用磁心存储器代替磁鼓，容量为1024个31比特的字；机器运算速度每秒1000条指令。1960年底，以磁鼓或磁心作存储器的M-3共生产了26台。

1960年8月，他主持设计和试制的新型号明斯克计算机Minsk-1问世，字长31比特，二地址指令格式，全部采用磁心存储器，配有穿孔纸带机、磁带机、打印机等外部设备。开始没有配备高级语言，但有一个标准子程序库，包含约100个程序，共7500条指令，后陆续研制出第一批自动化程序设计系统如名为“经济学家”的自动编码器和名为“工程师”的编译器。这使Minsk-1成为当时苏联最强大的计算机之一，1960～1964年生产了220台，质量和数量都不逊色于西方发达国家。在Minsk-1基础上，后来又陆续推出了Minsk-11、Minsk-12、Minsk-14等型号。1962年，在他主持下问世的Minsk-2最早采用硬件-软件中断，并配备了公式翻译程序语言(FORTRAN)和算法语言(ALGOL)编译器；开始采用苏联国产的晶体管线路，时钟频率250千赫，采用小型磁心存储器磁，功耗仅800瓦，性能指标在当时世界领先，售价却大幅下降。后又开发出Minsk-22、Minsk-23、Minsk-26、Minsk-27、Minsk-32等多种型号组成的系列机。1964年底，Minsk-2已生产了118台；时至20世纪60年代末，整个明斯克系列计算机生产数量超过4000台，占苏联计算机总数70%，并出口到17个国家。

获多项发明专利；发表学术论文120余篇；出版有《多机系统开发的主要问题》(1969年)、《关于第四代与下一代大型机总体结构兼容性问题》(1980年)、《交互式计算机网络资源应用与大型程序合成体开发工具》(1984年)、《开发与制造大规模集成电路计算机的一体化技术》(1988年)等专著。1966年获苏联社会主义劳动英雄称号；1983年获列宁勋章，以及其他两种勋章和多枚奖章。1970年明斯克研制组荣获苏联国家奖，洛帕托是主要获奖者之一。此外获2000年美国计算机学会计算机先驱奖。 (李　烨)

梁思礼(Liang Sili) 中国广东省人，1924年8月24日生于北京，2016年4月14日卒于同地。导弹与运载火箭工程、航天工程、自动控制。

原籍广东新会。清末著名政治家、思想家梁启超的最小儿子，5岁丧父，由母亲抚养成人。1941年以后在美国多所大学留学，1945年获普渡大学电机工程系学士学位。后获辛辛那提大学硕士学位，1949年又获该校自动控制专业博士学位。1949年回国，次年到国家邮电部电信研究所工作。1953年任全军总参谋部通信部电子科学研究所天线电波组副组长。1956年调国防部第五研究院工作，先后任自动控制研究室主任、P-2导弹教导大队技术副大队长等职。1980年任国家第七机械工业部运载火箭研究院副院长。1981年任国家航天部总工程师、通用测试设备总设计师。兼任航天部科学技术委员会常委兼质量可靠性专业组组长、中国宇航学会副理事长、航天部质量协会副理事长、中国航天工业总公司科学技术委员会研究员及顾问、《质量和可靠性》杂志主编等职。1987年入选国际宇航科学院院士。1993年入选中国科学院学部委员(院士)。1994年当选为国际宇航联合会副主席。

1960年参与主持制成苏式P-2地地导弹；1964年参与主持制成中国第一个自行设计的中近程液体地地导弹；1965年主持研制成功中国独创的位置捷联补偿全惯性制导系统，居当时国际先进水平，开辟了地地导弹惯导化道路；1966年负责控制远程液体地地导弹和“长征二号”运载火箭系统研制，当年10月导弹准确命中目标且实现核爆炸，震惊了全世界，从此中国进入了核大国行列；20世纪70年代初主持发展远程导弹，首先研制出惯性平台-弹上计算机制导方案，并利用弹上计算机进行全弹测试；1976～1978年，主持确定了“长征三号”控制系统方案并参加了多次飞行试验；参加了1980年向太平洋成功发射远程运载火箭的飞行试验，直至定型和装备部队；创立航天可靠性工程学，大幅提高了“长征二号”火箭可靠性；1981年负责航天部通用计算机自动化测试系统研制，使导弹、卫星地面测试通用化和标准化；积极推动航天计算机辅助设计与制造技术，指导开发企业级协同产品研制管理系统（AVIDM）一体化框架软件；1988 年奉命进行核战略导弹和外空武器裁军的研究工作。

出版有《梁思礼文集》(2004 年)，自传《一个火箭设计师的故事》(2006 年)等。多次获奖，包括 1985 年国家科学技术进步奖特等奖，1987 年国家科学技术进步奖二等奖、航天部科学技术进步奖一等奖，何梁何利科学与技术进步奖等。（伍期刚）

罗伯特·康(Cahn，Robert Wolfgang) 又译“卡恩，R. W.”。英国人，1924 年 9 月 9 日生于德国巴伐利亚菲尔特，2007 年 4 月 9 日卒于英国剑桥。冶金工程、物理冶金学、材料科学与工程。

德国犹太裔。1945 年英国剑桥大学冶金专业毕业；1950 年、1963 年先后获该校物理学博士、冶金学博士学位。1962 年起历任英国北威尔士大学、苏塞克斯大学、法国巴黎-萨特大学、美国加利福尼亚理工学院教授。1986 年起一直任英国剑桥大学材料科学与冶金系教授。1984 年当选为欧洲物理学会金属物理分会主席。是欧洲科学院院士，德国格丁根文理科学院外籍院士、西班牙皇家科学院、印度国家科学院外籍院士。1991 年当选为英国皇家学会会员。1996 年当选为中国科学院外籍院士。因患白血病去世。

长期从事物理冶金领域研究，尤其在恢复、再结晶、金属间化合物、金属玻璃等方面的理论、技术与方法上都有建树。创办或主编的《核材料》、《材料科学》、《材料研究》、《金属间化合物》等杂志，在国际上有很大影响。自 1968 年以来，一直担任英国《自然》杂志材料科学方面的主审人，对国际材料科学发展有较大影响和导向作用。20 世纪 80 年代以来，他积极推动英中两国的科技合作与交流，多次赴中国访问讲学和参加学术会议，帮助中国培养科技人才和提出种种有益建议，受到高度评价。

主编和撰写 40 余部著作；其中，参与主编《高级材料学百科》(4 卷，1994 年)、《材料科学与工程百科全书》(18 卷，2001 年)等大型丛书，并撰写了其中数卷；与德国著名科学家汉森(P. Hassen)合著的《物理冶金学》(1996 年)一书行销全世界；此外著有《未来的材料科学》(2001 年)等专著多部。多次获国际性大奖，其中包括 2000 年国际矿物、金属与材料学会会士奖，2001 年洛萨纳金质奖章、2002 年阿克特材料学金质奖章等。（李啸虎）

霍厄尼，J. A.(Hoerni，Jean Amédée) 瑞士人，1924 年 9 月 26 日生于瑞士日内瓦附近，1997 年 1 月 12 日卒于同地。电气电子工程、半导体材料工程、半导体物理。

先后在日内瓦大学、剑桥大学取得物理学博士学位。1952 年去美国，在加利福尼亚理工学院从事博士后研究。1956 年加盟贝尔实验室，结识 W. 肖克莱。不久加入肖克莱在硅谷创办的半导体实验室。1957 年他和 R. 诺伊斯、G. 摩尔等人离开肖克莱，创办仙童半导体公司。1961 年离开仙童公司，出任特里达因公司副总裁。1964 年成立联合碳化物电子公司。1967 年创办英特锡尔有限公司。兼任美国休斯航空公司、日本富士通公司、德国、印度和新加坡等国多个公司顾问。

半导体平面处理技术的发明者。20 世纪 50～60 年代，作为仙童公司技术创新中的顶梁柱，在开发半导体制造工艺中起到了关键性作用。在晶体管制造过程中，如何防止外界的尘埃、气体和电荷的侵入性污染，一直是重大技术难题，正是他找到了在芯片上敷置极薄的氧化硅保护膜的工艺方法，从而彻底解决了这个难题。在同一个平面上需要重复敷置这样的氧化硅层以控制不同电路元件的分布位置，这种方法称为“平面处理技术”。有评论认为，在半导体和集成电路的发展过程中，平面处理是最具革命性的重大突破之一。这一技术不仅极大地降低了半导体器件的价格，也为后来诺伊斯成功发明集成电路创造了条件，因为后者正是利用了平面处理技术，才能把连接晶体管的金属线印制其上而实现电路集成，使仙童公司在当时的半导体领域居于领先地位。

获美国电气与电子工程师协会 1972 年麦克道尔奖、1980 年计算机先驱奖，1985 年美国半导体电子设备制造协会最高奖 SEMI 奖等。

他还是业余登山运动爱好者，几乎每年都要到喜马拉雅山进行攀登活动。（李　烨）

郑哲敏(Zheng Zhemin) 中国浙江人，1924 年 10 月 2 日生于山东济南。先进制造技术、工程热力学、爆炸力学。

1947 年毕业于清华大学机械系，1952 年获美国加利福尼亚理工学院应用力学博士学位。1955 年回国后，任中国科学院力学研究所所长。曾任中国力学学会常务副理事长、理事长，1982～1986 年任《力学学报》主编。曾任《爆炸与冲击》杂志首届主编。国际理论与应用力学联合会理事。1980 年当选为中国科学院学部委员(院士)。1993 年当选为美国国家工程院外籍院士。1994 年选聘中国工程院院士。

中国爆炸力学奠基人和开拓者之一，以及从事热弹性、水弹性力学、煤与瓦斯突出机理与材料力学性质等研究。他在爆炸力学，特别是相似律与流体弹塑性理论及其应用方面有创造性贡献。1964 年因其在爆炸成形的理论及工业应用方面的贡献，获国家颁发的新材料、新工艺、新产品一等奖；因提出破甲机理 1978 年获全国科学大会奖。自 1965 年提出流弹性体模型以后，又应用于地下核爆炸与穿破甲研究，1982 年被授予国家自然科学奖二等奖；1988 年因用爆炸法处理海底软基的理论与应用，获中国科学院科学技术进步奖一等奖；1989 年因爆炸复合机理研究，获中国科学院自然科学奖一等奖。

发表“抗热冲击的能力”(1951 年)、“破甲过程的初步分析及一些基础知识”(1973 年)、“聚能射流的稳定性问题”(1980 年)、“从数量级和量纲分析看煤与瓦斯突出的机理”(1982 年)、“流体弹性动力学若干问题”(1986 年)、“爆炸焊接界面纹形成机理”(1989 年)等论文近百篇。出版有《郑哲敏文集》(2004 年)等。除获以止奖项外，还荣获2012年度国家最高科学技术奖。

（戴成勋）

蔡祖泉(Cai Zuquan) 中国浙江省人，1924年11月生于浙江余杭，2009年7月17日卒于上海。*光源与照明工程、电光源技术、光电子学。*

家境清贫，只读过小学三年级。为了谋生，16岁到上海中法药厂(今延安制药厂)玻璃制造车间当学徒，从事生产玻璃药水瓶10年。自学成才。因对玻璃真空有研究，1951年受荐调入交通大学物理系X光管实验室，由工人升任为技术员。因全国院系大调整，1952年起一直在复旦大学工作，1978年晋升教授，历任电光源研究所所长、副校长等职，1992年退休。兼任中国光学学会副理事长、中国轻工业学会副理事长、上海市科学技术协会副主席、上海照明学会理事长、中国照明学会副理事长等职。

20世纪50年代，参与周同庆教授主持的X光管研发项目，负责攻克玻璃和金属铜圈的焊接、X光管的玻璃封接和真空系统的维护技术，1955年自主研发成功中国第一支X光管；1956年相继试制成功中国第一只立式三级玻璃油扩散泵、麦克劳水银真空斗，为新型电光源开发研究和生产奠定基础。60年代参与创建中国第一个电光源实验室；1963年主持研制成功中国第一只高压汞灯；1964年主持研制成功中国首盏1 000瓦卤钨灯；与电影制片单位合作，首创中国1 000～3 000瓦新闻摄影用管形卤钨灯、500～2 000瓦放映短弧氙灯；相继开发出10余类照明光源和仪器光源，其中有脉冲氙灯、氢弧灯、氪光谱灯、超高压强氙灯、充碘石英钨丝灯、超高压强汞灯等，不少填补了国内空白；“长弧岛灯”、碘钨灯分获1965年国家科学发明奖二、三等奖。70～80年代，主持研制的大功率短弧氙灯(水冷钨-铜阳极制造)、1 000～3 000瓦拍摄外景用的直流镝钬灯，同时获1980年两项国家发明奖三等奖；H型节能荧光灯获1985年国家科学技术进步奖三等奖。卸任后，他仍坚持每年做出一两个专利。

（李啸虎）

巴克斯，J. W.(Backus, John Warner) 美国人，1924年12月3日生于美国特拉华州威尔明顿，2007年3月17日卒于俄勒冈州阿什兰。*计算机科学与工程、软件工程、应用数学。*

药剂师(后为股票经纪人)的儿子。家境优越，青少年时代贪玩厌学，中学拖了两年勉强毕业。1942年进弗吉尼亚大学，仍随意旷课娱乐，终被学校劝退。1943年在乔治亚州服兵役当下士，后选送哈弗福德学院医学院预科深造，因不感兴趣，9个月后转到哥伦比亚大学数学系，才开始正经学习，1949年获学士学位。1950年起任美国国际商用机器公司(IBM)计算中心程序员，1991年退休。是美国国家科学院院士、美国国家工程院院士。

世界第一个高级程序设计语言的发明者。20世纪50年代，主持完成月历程序这一高难度项目，能给出一年中任一时刻月亮所处精确位置坐标；和海尔里克(H. Herrick)开发成功“速译码”程序，可根据不同要求自动设置和合理调整定点数比例因子，在没有浮点运算部件条件下有效进行浮点数运算，使冯·诺伊曼方案得以实现；1957年开发出世界第一个高级程序设计语言FORTRAN(公式翻译器)，具有简单易行、可逐步扩大功能等特点，宣告了机器语言编程时代的结束、高级语言编程时代的开始，问世以来有版本逾百种，至今长盛不衰。1958年苏黎世国际计算机会议上，成立专门委员会负责以FORTRAN为基础形成标准化的计算机高级程序设计语言。1959年联合国教科文组织召开的巴黎国际研讨会上，他提出“巴克斯范式”(BNF)元语言，以递归方式简洁描述语言中各种成分，只要遵守程序规则都能保证语法正确，受到高度评价，后经丹麦数学家诺尔(C. P. Naur)、瑞士计算机学家沃思(N. Wirth)等人改进和完善，现成为描述各种程序设计语言最常用的工具。首创有别于冯·诺伊曼型的“归约机”体系结构，在“归约语言及无变元的程序设计”(1972年)研究报告中最早提出以“归约”取代“变元”概念，即在函数计算中通过“替换”不停修改计算目标直至最小单元为止，由此催生了一批各种类型归约机。

获1977年美国计算机学会图灵奖，美国电气与电子工程师协会1967年麦克道尔奖、1982年计算机先驱奖，1975年美国国家科学奖章，1994年美国国家工程院德雷珀奖等。

（李 烨）

巴赫曼，C. W.(Bachman, Charles William) 美国人，1924年12月11日生于美国堪萨斯州曼哈顿。*计算机科学与工程、软件工程、应用数学。*

1948年获美国密歇根大学工程学士学位。1950年获宾夕法尼亚大学硕士学位。后受聘于美国道氏化工公司。1961～1970年任美国通用电气公司程序设计部经理。1970～1981年任霍尼韦尔公司总工程师，兼任卡利内软件公司副总裁和产品经理。1983年创办巴赫曼信息系统公司。他还是波士顿计算机博物馆创始人之一。

被计算机界誉为“网状数据库之父”。20世纪60年代初，主持设计开发了最早的网状数据库管理系统IDS(集成数据系统)，突破了当时数据文件管理系统普遍存在文件分散、数据冗余、效率低下、维护困难等缺陷，1964年推出后，成为当时最受欢迎的数据库产品之一，其设计思路和技术成果被后来许多数据产品所仿效。60～70年代，倡导和促成了数据库标准的制定，参与主持建立网状数据库模型(DBTG)，确立数据定义和数据操纵语言的规范说明，1971年推出了第一个正式报告，成为数据库历史上具有里程碑意义的文献，后又在1973年、1978年、1981年、1984年提出一系列新版本。DBTG系统虽然只是一种技术方案而非实际数据库，但它首次确定了数据库3层体系结构，明确了数据库管理员(DBA)的概念、功能与地位，提出一系列数据库基本概念，因而具有普遍指导意义，不但国际上大多数网状数据库管理系统都基本遵循DBTG模型，而且对后来更先进的关系数据库技术的兴起也有重要影响。他在数据库文档资料中，发明了一种描述网状数据库模型的数据结构图技术，通常被称为“巴赫曼图”。还主持制定了著名的“开放系统互连”标准(OSI)，为计算机、终端设备、操作人员、网络之间的数据交换确立了一个标准规程，实现OSI对系统之间达到彼此互相开放有重要意义。

多次获奖，其中1973年获美国计算机学会图灵奖(世界计算机界最高奖)。 （李　烨）

赵国藩(Zhao Guofan)　中国山西人，1924年12月29日生于山西汾阳。*建筑材料工程、结构工程、工程力学、工程管理。*

1949年交通大学土木系结构工程专业毕业。1949～1950年先后任齐齐哈尔铁路局工务员、兰州大学水利系助教。1950年起，一直在大连工学院(今大连理工大学)土木系、水利系执教，任教授。期间1981年在美国北卡罗来纳州立大学做访问教授。1984年起，先后任上海交通大学、浙江大学等20余所院校兼职教授或名誉教授；兼任辽宁省组合材料学会理事长等10多个学术职务。1997年当选为中国工程院院士。

长期从事钢筋混凝土结构理论、混凝土断裂力学、工程结构可靠度理论的基础研究，以及高强混凝土、碾压混凝土、纤维混凝土等的应用和开发研究。主持完成国家与省部级“七五”、“八五”、“九五”攻关项目20余项，其中有：四川二滩拱坝、贵州东风拱坝、龙滩重力坝等工程；多项研究成果被制定为中国水利水电、建筑、桥梁和港口等工程结构设计规范；对多轴受力大体积混凝土、碾压混凝土和大型全级配混凝土试件变形、断裂和强度参数的测试技术，达到国际先进或领先水平。

主编《钢纤维混凝土结构设计与施工规程》等规范7部；著作教材15部，获国家科学技术进步奖7项、省部级科学技术进步奖18项(一等奖6项、二等奖及优秀成果奖12项)，自然科学基金优秀成果奖，国防科学工业委员会光华科技基金一等奖、规范工作一等奖，1999年第8届陈嘉庚技术科学奖等。 （李晓艳）

谢鉴衡(Xie Jianheng)　中国湖北省人，1925年1月3日生于湖北洪湖，2011年2月9日卒于湖北武汉。*水利水电工程、河流泥沙工程、河流动力学。*

1950年武汉大学工学院土木系毕业。1951年赴苏联留学，1955年获苏联科学院水利科学研究所河流泥沙工程专业副博士学位。回国后一直在武汉水利电力大学任教，先后任系主任、副院长，该校水资源与河流工程系教授。兼任国务院三峡工程泥沙专家组副组长、中国水利学会理事及泥沙专业委员会主任、国际泥沙研究培训中心顾问委员会委员、《泥沙研究》主编。1995年当选为中国工程院院士。

20世纪50年代起，长期系统深入地探讨黄河下游河口三角洲演变、纵剖面形态变化、河床抬升的物理机制及其治理途径，有效地指导了黄河下游的治理开发工程。60年代，研究制定裁弯取直水力计算、河床变形计算的方法，为长江中游荆江系统大规模裁弯取直工程设计奠定了理论基础。70年代，主持宜昌葛洲坝枢纽坝区引航道悬沙模型试验，实施“静水过船，动水冲沙”对策思路，多年实践表明实验预测与实际结果相当吻合，从而成功解决葛洲坝工程引航道泥沙淤积问题，1985年获国家科学技术进步奖特等奖。80年代以来，参与组织领导三峡工程泥沙问题研究，采用一维、平面及剖面二维嵌套泥沙数学模型，揭示变动回水区泥沙淤积对航运的影响，提出治理措施，在七五攻关项目鉴定中获国际先进评价，为三峡工程的论证与决策提供了科学依据；继续深入研究黄河下游河型变化、治理开发等问题与对策。

发表论文近百篇；主编有《泥沙手册》(1989年)，著有《河床演变及整治》(1990年)、《河流模拟》(1993年)、《中国泥沙研究》(英文版)等著作教材9种，其中《河流泥沙工程学》获全国高校优秀教材一等奖。 （李啸虎）

布洛赫，E.(Bloch，Erich)　美国人，1925年1月9日生于德国萨尔茨堡。*计算机科学与工程、电气电子工程、应用数学、科技管理。*

原是德国人，1939年全家移居瑞士。1946年起入读瑞士苏黎世联邦理工学院电气工程专业2年。1948年由瑞士去美国，1952年获美国布德罗大学电气工程学士学位。同年加入美国籍，并加盟美国国际商用机器公司(IBM)，直至1984年退休。期间于20世纪60年代出任IBM公司的工程部经理、纽约波基普西实验室主任，1981年任公司副总裁。1981～1984年任由IBM等大型高科技企业合建的半导体研究公司董事长，兼任半导体工业协会董事会IBM公司代表。1984～1990年出任美国科学基金会主任。是摩托罗拉公司、康韦克斯公司董事会成员、美国国家竞争力委员会委员。1980年入选美国国家工程院院士。

和F. 布鲁克斯、R. O. 埃文斯并称“IBM-360之父”。在王安发明的磁心体绕线技术基础上，他成功开发了磁心存储器，很快用于上市产品，并将磁心存储器容量扩大到100万位以上。为了建构一个向上向下兼容、可快速撷取数据的系统，他参与主持开发大型IBM-360计算机。这是历史上最庞大的私人企业投资案，共招募了6万名新员工，扩建了5座新厂房，投入了50亿美元经费(相当于现在300亿美元)，取得了300余项专利权。它创下了多个第一的纪录，例如第一个可兼容性指令集，第一部硬件扩充弹性化的大型主机，第一次采用了高速中央处理器等等，许多核心技术奠定了当今数据库技术、个人电脑和因特网的发展。产品上市后，全球各地订单如雪片飞至。它的问世对电脑业和机构管理产生了革命性影响，例如协助阿波罗-11号完成登月计划，建立银行跨行交易系统、航空业最大在线票务系统等等。后又参与主持开发“伸展”(STRETCH)计算机，负责设计标准模块系统 SMS 电路和封装技术。首次作为产业界人士出任美国科学基金会主任，进行了大刀阔斧的改革，积极推动产学研一体化，努力说服国会加大基础研究资金投入，对巩固和扩大美国科技国际领先地位有很大作用。

其他奖项还有：1961 年 IBM 专利奖，1985 年美国国家技术奖章，美国电气与电子工程师协会 1989 年杰出公共服务奖、1990 年创始人奖章、1993 年计算机先驱奖，1991 年微波通信公司通信与信息技术创新领袖奖，2002 年 V. 布什奖等。 （李 烨）

恩格尔巴特，D. C.（Engelbart, Douglas Carl） 美国人，1925 年 1 月 30 日生于美国俄勒冈州波特兰附近，2013 年 7 月 2 日卒于加利福尼亚州阿瑟顿。计算机科学与工程、电气电子工程、软件工程、应用数学、工程管理。

1944～1946 年在美国海军服役，任电气与雷达技术员。1948 年获美国俄勒冈州立大学学士学位。1948～1951 年任阿梅斯实验室电气工程师。1955～1956 年任伯克利加利福尼亚大学电气工程系助理教授。1956 年获该校电气工程-计算机博士学位。1956～1976 年任斯坦福研究院研究员，期间 1959～1977 年任该院增智研究中心主任。1977～1989 年先后在蒂姆夏尔公司、麦克唐纳-道格拉斯公司任高级研究员。1989 年他和女儿一起在硅谷创办“自力”(Bootstrap)计算机研究所，同时兼任斯坦福大学教授。1994 年当选为美国文理科学院院士。

鼠标器发明者、超文本研究的先驱者。1964 年，他发明了世界上第一只鼠标器，外壳用木头精心雕刻而成，只有一个按键(现有 2 个)，底部安装金属滚轮以控制光标移动。1967 年他以“X-Y 定位器”为名申请专利，1970 年获得专利。这只“小老鼠”成了代替键盘操纵计算机的便捷工具，为交互式计算技术奠定了基础，被公认为计算机诞生以来最重大的事件之一。实际上，鼠标器只是他开发的世界第一个标准化编辑器 NLS (在线系统)的一部分，用 NLS 可以方便地浏览各种文本信息，对后来编辑软件发展有重大影响。在 1968 年全美联合计算机大会上，鼠标器、多媒体、视屏远程会议一起首次登台亮相，引起了轰动。他积极推动和参与美国国防部高级研究规划署网络阿帕网(ARPANET)开发计划，并任网络信息中心主任，该网络是现在风靡全球的互联网之母。20 世纪 90 年代及后，其研究所获一系列新成果，包括屏幕多窗口、互连超媒体、远程会议、在线出版等，其中推出的核心技术“开放的超文档系统”是一个集成的体系结构，用户可在共享屏幕上共享各种多媒体文件组成的超文档。虽然第一个超文本是纳尔逊(T. Nelson)1965 年发明的，但美国计算机学会超文本大会仍以恩格尔巴特命名最佳论文奖，可见其贡献之大。

出版著作 30 余部。拥有美国专利 20 多项。获 1987 年《微型计算机》杂志终身成就奖，美国计算机学会 1990 年软件系统奖、1992 年计算机先驱奖、1997 年图灵奖(世界计算机界最高奖)，2000 年美国国家技术奖章等。 （李 烨）

庄逢甘（Zhuang Fenggan） 中国江苏省人，1925 年 2 月 11 日生于江苏常州，2010 年 11 月 8 日卒于北京。航空航天工程、火箭技术、空气动力学。

1946 年国立交通大学航空工程系毕业。留校任教。1948 年、1950 年先后获美国加利福尼亚理工学院硕士、博士学位，并受聘为研究员。1950 年回国，历任交通大学副教授，中国科学院数学研究所副研究员，哈尔滨军事工程学院教授，国防部第五研究院研究室副主任，北京空气动力研究所副所长、所长、名誉所长，中国火箭技术研究院副院长，中国空气动力研究与发展中心副主任。1982 年后，先后任国家航空航天工业部总工程师、科学技术委员会副主任，中国航天工业总公司(国家航天局)科学技术委员会主任等职。兼任中国科学技术协会副主席、中国力学学会理事长、中国空气动力研究会理事长、《中国宇航学报》主编等职。1980 年当选为中国科学院学部委员(院士)。1985 年当选为国际宇航科学院院士。

早年引入双尺度湍流等新概念，首次得到湍流谱准确解、湍流耗散定律等结论；在中国最早提出和研究运载火箭中的非定常气动特性、非定常载荷问题；参与组织领导中国空气动力研究与发展中心的试验基地建设，参与主持各种大型风洞设计与建造、第一批冲压发动机试车台的设计与建设等，建成了从低速到高超声速的成套设备，组建了一支精悍的骨干研究队伍；长期参与领导中国导弹、火箭、再入飞行器如返回卫星和神舟飞船系列等国家重大工程建设，主持过一系列型号气动力问题预研与方案审议、技术讨论和难题攻关；进行超声速、高超声速空气动力学理论与实验研究，在激波绕射、再入飞行器热防护理论、弹头烧蚀机理、边界层理论等领域获一系列重要成果，其中为主撰写的“漩涡控制”学术论文获 1992 年第 18 届国际航空理事会最高荣誉奖；运用超声速喷管设计理论研制火焰切割喷枪，获国家发明奖三等奖。

发表论文和报告近百篇，出版《数值模拟与解析分析》(1992 年，与他人合著)等专著。还荣获 1978 年全国科学大会奖、1985 年国家科学技术进步特等奖等多项奖励。 （李啸虎）

周君亮（Zhou Junliang） 中国江苏省人，1925 年 2 月 22 日生于江苏无锡。结构工程、水利航运基建工程、工程力学、水工学。

1949 年复旦大学土木工程系毕业。先后任苏北治淮总指挥部课题组长，江苏省水利厅设计院工程师、设计室主任，江苏治淮指挥部设计组长，江苏省水利厅计划处高级工程师，江苏省京杭运河续建工程指挥部总工程师等职。1995 年当选为中国工程院院士。

长期从事水工建筑物设计建造，尤其在抽水站、水闸和船闸等工程设计上有多项重要创新成果。20世纪50年代,在京杭运河一期工程中主持设计当时中国最大的7座船闸,提出一系列居当时国内领先水平的新技术。60～70年代,主持南京武定门抽水站设计,首次在中国采用双向流道,集灌溉、排水于一体,节约大量土地和巨额投资,该形式很快被推广应用;主持改建蒋庄漫水闸,首次设计自动启闭门,该形式已在中国丘陵地区广泛采用;在高良涧闸、三河闸加固设计中,首次采用提高底板与地基摩阻力方法,该法已列入中国《水闸设计规范》;主持设计江都抽水站第三、第四分站,获国家优秀设计金质奖。70～80年代,主持沭新闸设计,首先采用反拱桥和底板闸、墩先分开后合成整体的独特结构;主持皂河第一抽水站设计,首创液压快速门断流装置,解决了地处地震高烈度区和采用当时世界最大的斜流泵带来的技术难题,获国家优秀设计金质奖。80～90年代,主持犊山口防洪控制工程设计,首创下卧式无臂杆弧形门,并使变频双馈机的电轴变速同步,将工程和太湖风景融为一体,获国家优秀设计银质奖;负责京杭运河二期工程苏北段船闸设计审查和施工指导,其中8座获省级设计优秀设计奖,1座获国家优秀设计银质奖。1989年被评选为"中国工程设计大师"。

(李啸虎)

张嗣瀛(Zhang Siying) 中国山东省人,1925年4月5日生于山东章丘。自动控制、系统科学与工程。

1948年武汉大学机械系毕业。1949年到东北大学任教,1978年晋升为自动控制系教授,后任信息科学与工程学院自动化研究所所长。期间1957～1959年在莫斯科大学数学力学系进修自动控制理论。兼任国务院学位委员会学科评议组成员,山东省自动化学会名誉理事长、青岛大学等校兼职教授、《控制与决策》杂志主编等职。1997年当选为中国科学院院士。

早期从事运动稳定性及最优控制研究,其中包括前沿性的新型有限时间区间稳定性研究;曾参加设计和研制红箭-73反坦克导弹,解决了控制系统的关键问题,取得重要技术突破;在微分对策研究中,提出并论证定性微分对策的极值性质,给出了定性极大值原理,并在极值原理基础上统一定量和定性两大类问题,建立新体系并给出一系列实际应用;在主从对策研究中,提出惩罚量等新概念及定量计算;深入研究非线性系统、相似组合大系统、既包含连续动态又包含离散动态的混合系统等,获得系统的规律性认识,运用新方法使系统降维、分解和化简,从而得到简化的控制规律;20世纪90年代以来,提出并开辟复杂控制系统对称性和相似性结构与控制规律研究的新方向,已取得阶段性成果。发表论文200余篇;主编有《微分对策》、《现代控制理论》等专著;先后获国家及省部级奖励多次。 (兰森林)

方秦汉(Fang Qinhan) 中国浙江省人,1925年4月20日生于浙江黄岩,2014年10月14日卒于湖北武汉。桥梁工程、结构力学、材料科学、工程管理。

1950年清华大学土木系毕业。一直在铁道部大桥工程局勘测设计院工作,任副总工程师、教授级高级工程师。兼任华中科技大学土木工程与力学学院名誉院长等职。1997年当选为中国工程院院士。

曾负责和主持过10多座大型、特大型桥梁钢梁设计或总体设计,其中有中国桥梁史上4座里程碑,为中国铁路钢梁向"高强、大跨、轻型、整体"世界发展方向前进作出重要贡献。20世纪50年代,大学毕业即参加武汉长江大桥钢梁设计;28岁负责总体设计衡阳湘江大桥,正桥为公路-铁路两用连续钢桁梁,被誉为"小武汉桥";负责设计川黔线乌江大桥,首创中国铁路结合梁桥技术,在40余年中保持中国结合梁桥跨度之最。1958年起主持南京长江大桥钢梁设计,技术要求为11次超静定结构(武汉桥为5次),上层公路桥4 589米,下层铁路桥6 772米,江面正桥1 577米,1968年12月29日竣工,获1986年国家科学技术进步奖特等奖。80～90年代,负责九江长江大桥钢梁设计,一举取得12项技术突破,实现全伸臂架设180米跨度和216米跨度的中间合拢误差仅2毫米,达世界先进水平,1993年顺利通车,获1998年度国家科学技术进步奖一等奖。1997年主持芜湖长江大桥钢梁设计,2000年5月2日实现大桥零误差合拢,创下世界瞩目的五项之"最":目前世界唯一的公铁两用低塔斜拉桥,板桁组合结构桥梁中跨度最大(312米主跨),工程量相当于武汉、南京大桥之和,采用新技术、新工艺、新材料、新结构最多,672米连续钢梁无缝合拢创国际同类桥最佳水平,2002年获国家科学技术进步奖一等奖、中国建筑工程鲁班奖。此外,参与主持开发16锰桥钢、15锰钒氮桥钢和14锰铌桥钢等多种新型钢材,解决了大桥钢梁用材及其焊接问题。参与主编《南京长江大桥技术总结》等书。

(李啸虎)

科克,J.(Cocke, John) 美国人,1925年5月30日生于美国北卡罗来纳州夏洛特,2002年7月16日卒于纽约州瓦尔哈拉。计算机科学与工程、电气工程。

1946年获杜克大学机械工程学士学位。工作后又回到母校当研究生,1956年获数学博士学位。此后一直在美国国际商用机器公司(IBM)工作,退休前任IBM沃特森研究中心研究员。1979年、1993年先后当选为美国国家工程院科学院院士。

20世纪60年代,他在IBM主持开发成功世界上第一台晶体管巨型机"伸展"(STRETCH),该型号有15万只晶体管,速度比当时最快的IBM704还要快75倍,共生产了8台,被洛斯阿拉莫斯国家实验室等机构所采用,1971年退役,但该机首创的虚存、灵活寻址、指令提前执行、差错校正码等技术,至今仍被广泛使用;参与IBM/360系列的指令部件设计与开发,完善和发展了流水线技术,该机被誉为"计算机史上划时代杰作"。70年代中期,主持开发801计算机,原定为全数字电话交换机的专用机,但最后发展出一种超级通用小型机,具有小指令集、指令单地址化、固定格式、流水线、指令和数据的高速缓存互相独立等特点，并在其他人努力下很快发展成为一种崭新的“精简指令集计算机”(RISC)。RISC这个术语虽是帕德森(D. Patterson)1980年提出的，但学术界公认科克是RISC概念的首创者。指令并行执行、编译优化是RISC技术的两大核心。他对编译器代码生成技术提出了一系列优化方法，如过程集成、循环变换、代码移动、寄存器定位、存储单元重用等等，使编译器发展到一个新阶段。此外，他在磁记录技术、机器翻译统计方法等领域也有不少成果。

主编《各种变换的优化方法》(1972年)等专著。获奖近20项，其中有美国计算机学会1985年埃克特-莫奇利奖、1987年图灵奖(世界计算机界最高奖)，1991年美国国家技术奖章，1994年美国国家科学奖章等。

(李　烨)

文丘里，R. C.(Venturi，Robert Charles)　又译文图里。美国人，1925年6月25日生于美国费城。土木工程、建筑学、工业设计。

1947年获普林斯顿大学建筑学院艺术学士学位，1950年获该校硕士学位。1954～1956年在罗马的美国艺术学院学习。先后供职于E. 沙里宁等人的建筑事务所。1962年和J. 洛奇(John Rauch)合伙开办洛奇-文丘里建筑公司。1989年成立文丘里-布朗建筑公司，营业至今。期间，1957～1965年在宾夕法尼亚大学建筑系兼课；1965年由美国国务院派往苏联讲学；1966～1971年，任罗马美国艺术学院住宅建筑师、学院理事；1977年任普林斯顿大学建筑与城市设计学院顾问。

美国后现代主义建筑学派的奠基者。他同20世纪美国建筑界现代主义主流分庭抗礼，成为非正统思潮的代言人。1969年，提出“少就是乏味”的理念挑战“少就是多”的现代主义。他的设计在总体上坚持现代主义的功能性，但在细节上包含了大量鲜明的古典主义特征，以改变正统现代主义的单调性。他抨击正统现代主义的建筑语言让大众搞不懂，强调建筑师要同大众对话。他提出了自己的后现代主义原则，认为设计家不应忽视和漠视当代社会的多元文化特征，而应在设计中充分吸收当前各种文化现象和特点。其代表性建筑作品有：康涅狄格州的布兰特住宅(1973年)、奥柏林大学艾伦美术馆(1976年)、德拉华住宅(1978年)、普林斯顿大学戈顿·吴大楼(1983年)、西雅图艺术博物馆(1985)、伦敦国家艺术博物馆圣斯布里厅(1991年)、法国图卢兹的德拉豪特-加罗纳大厦(2005年)，此外有费城文丘里母亲之家、费城富兰克林故居等。

他还是个杰出的工业设计师，其设计带有强烈的后现代主义特色。代表作有：为诺尔公司设计的一系列椅子，1983年为意大利阿勒西公司设计的镀银咖啡具，1984～1986年间为鲍威尔公司设计的一组瓷器，1986年为阿莱西公司设计的“布谷鸟”钟表，以及为珠宝商设计的一些情趣盎然的首饰等。

他的《建筑中的复杂性与矛盾性》(1966年)一书获1991年普利兹克奖(国际建筑学界最高奖)，被认为是后现代主义建筑思潮的宣言。其他论著有《向拉斯韦加斯学习》(1972年)、《制图室一瞥：图解术与电子学在普通建筑学中的应用》(1998年)、《作为符号和系统的建筑》(2004年)等。

(李　烨)

王守觉(Wang Shoujue)　原名王守平。中国江苏省人，1925年6月27日生于上海，2016年6月3日卒于江苏苏州。大规模集成电路、计算机科学与工程、半导体电子学、材料科学。

1942年西南联合大学肄业。1949年上海同济大学工学院机电系毕业。历任北平研究院上海镭学研究所助理员、上海新成电器厂工程师、第一机械工业部第二设计分局主任设计师。1956年起，先后任中国科学院物理研究所副研究员，半导体研究所器件研究室主任、副所长、所长、研究员。期间1957～1958年在苏联科学院列宁格勒列别捷夫研究所作短期研究。兼任中国电子学会副理事长、《电子学报》主编等职。1980年当选为中国科学院学部委员(院士)。他的哥哥王守武也在同年当选为中国科学院学部委员(院士)。

20世纪50～60年代，主持研制出中国第一只锗合金扩散高频晶体管，其性能比中国当时的锗合金结晶体管提高100倍以上；制造中国第一台晶体管高速计算机，为原子弹和氢弹研制提供了高效计算工具；主持创建中国第一代硅平面新工艺和新设备；制成中国第一批5种硅平面型晶体管，推进了战略导弹研制等军工项目，获1964年国家新产品奖一等奖、1965年国家创造发明奖一等奖；研制成功中国第一块半导体固体电路。70年代，研制成功积木式自动图形发生器，实现大规模集成电路计算机辅助自动制版技术，获1978年全国科学大会奖；在国际上最早提出并实现多元连续逻辑电路，获1980年中国科学院重大成果奖一等奖。80～90年代，研究将连续逻辑直接用于模拟信号处理，论文“连续逻辑为电子线路与系统提供的新手段”受到中外同行高度评价；参与主持造出低内阻电压型8位数模转换器，电路结构属国际首创，部分参数国际领先，速度提高20倍；参与主持研制中国第一台高性能小型通用神经计算机“预言神一号”，采用数模混合和模拟人工神经网络，比微机快近100倍，入选1995年度中国电子十大科技成果。拥有国家发明专利多项。获2001年度何梁何利科学与技术进步奖。

(张永华)

吴佑寿(Wu Youshou)　中国广东省人，1925年7月14日生于泰国曼谷，2015年1月20日卒于北京。通信工程、无线电技术、微波电子学、图像识别与处理。

祖籍广东潮州。双亲侨居泰国经商。1939年回国求学。1948年清华大学电机工程系毕业。留校任教，历任无线电工程系接收教研组主任、系副主任兼通信教研组主任、系主任兼图像信息教研组主任，无线电研究所所长，研究生院副院长、院长等职。兼任国际无线电联盟信号与系统学组中国代表、亚太神经网络联合会主席、国家教委科学技术委员会常务副主任、中国通信学会副理事长、西南科学技术大学名誉校长等职。1995年当选为中国工程院院士。同年当选为国际高等教育科学院院士。

20世纪50年代，主持制成中国第一部8路脉冲编码调制(PCM)电话终端机，保证了军事通信的保密性。60～70年代，制成中国第一台数据库率为600比特/秒的SCA型晶体管化数传终端机，为发射中国第一颗卫星提供了数据遥测传输工具；开发和投产中国第一套32/120路全固态微波数字电话接力机，其中2GW55-120型获1978年全国科学大会奖、电子工业部科学技术成果奖一等奖、国家科学技术进步奖二等奖。80～90年代，主持制成1 000万次/秒TJ82图像计算机，用于遥感图像处理，获国家科学技术进步奖二等奖；创造性地解决了印刷体汉字计算机识别问题，其中“THOCR-94高性能汉英混排印刷文本识别系统”被中外广泛采用，入选1994年中国十大电子科技成果，获国家教委科学技术进步奖一等奖；积极推动中国数码率标准制定和统一译名等基础工作。

发表论文百余篇；出版《汉字识别的理论和方法》(1992年，与他人合著)等专著5部，其中《高频电路》(上册1979年；下册1980年)获邮电部优秀教材奖。获国际神经学会授予的神经网络领导奖。 (李 烨)

崔崑(Cui Kun) 中国山东省人，1925年7月20日生于山东济南。*冶金工程、切削工程、精密加工技术、金属材料学、物理化学。*

1948年武汉大学机械系毕业。留校任教。1954年哈尔滨工业大学研究生班毕业。一直在华中工学院(后相继改名为华中理工大学、华中科技大学)任教，1978年晋升教授，曾任机械工程二系系主任，后为华中科技大学材料科学与工程系名誉系主任。1958～1960年在苏联莫斯科钢铁学院进修。1997年当选为中国工程院院士。

首创在冷作模具钢中加入微量元素铌，研制成功含铌基体钢，其工艺性能优于中外已有的基体钢，1981年获国家发明奖三等奖，1985年纳入国家工具钢标准；首先成功将硫钙复合易切削系用于研制多用途易切削精密模具钢，在成分设计上具有创造性，既可用于预硬型塑料模具钢，又可用于制作薄板精冲模具，1985年获得国家发明奖三等奖；采用喷吹冶金技术和复合易切削系，开发出新一代高性能模具钢，简化工艺，降低成本，扩大模具制作种类，性能优于国外同类钢，但价格仅为其四分之一；开展硫系易切削钢中夹杂物工程的系统研究，确定了加入钙、稀土元素等夹杂物后的变形行为与其性能影响的定量关系，对夹杂物控制进行计算机模拟及预测；20世纪末以来，在钢的合金化、高韧性碳氮化钛基金属陶瓷、激光熔覆基础理论等方面进行了深入研究。

发表论文200余篇。主编《钢铁材料及有色金属材料》(1981年)等教材、著作。获国家及省部级奖励10余项。 (李啸虎)

文伏波(Wen Fubo) 中国湖南省人，1925年8月5日生于湖南益阳(今桃江)。*水利水电工程、水资源综合开发、工程管理。*

1949年中央大学(今南京大学)工学院水利工程系毕业。历任长江水利工程总局设计科技术员、长江水利委员会规划设计处工程师，丹江口水利枢纽设计核心组组长及现场设计代表组组长，葛洲坝工程指挥部设计团参谋长、勘测设计局局长，长江流域规划办公室副总工程师，教授级高级工程师兼葛洲坝工程现场设计代表处处长、长江流域规划办公室副主任，长江水利委员会技术委员会主任。兼任中国水利经济研究会高级顾问、三峡工程论证施工专家组专家等职。1994年选聘为中国工程院院士。

长期从事长江水利水电建设事业，在大江大河水资源综合开发利用规划、大型水利枢纽工程的设计、施工等方面经验丰富，有较强的指导、决策重大技术方案和科技管理能力。先后参加设计和实施荆江分洪工程、汉江杜家台分洪工程、丹江口水利枢纽；负责组织领导葛洲坝水利枢纽工程设计；负责编制“长江流域综合利用规划修订补充报告”。参与主持设计的葛洲坝大江截流工程、二江工程，分获1981年、1984年国家优质工程优秀设计金质奖和银质奖；“葛洲坝二、三江工程及其水电机组”获1985年国家科学技术进步奖特等奖；“长江流域综合利用规划报告”(1990年修订)获1994年水利部科学技术进步奖一等奖。

主编《平原地区建闸设计手册》、《长江流域地图集》、《施工详图纲要(丹江口水利工程)》等著作；撰有“葛洲坝水利枢纽——三峡的实战准备工程”、“长江流域规划编制简史”等论文和研究报告。 (沙治银)

霍夫曼，D. A.(Huffman, David Albert) 美国人，1925年8月9日生于美国俄亥俄城，1999年10月7日卒于加利福尼亚州圣克鲁斯。*计算机科学与工程、通信工程、电气电子工程、应用数学、信息论。*

1944年获美国俄亥俄州立大学电气工程系学士学位。毕业后在美国海军驱逐舰上任雷达维修工程师，奉命在日本和中国海域清除水雷。1949年获俄亥俄州立大学理学硕士学位。1953年获马萨诸塞理工学院电气工程系博士学位。同年留校任教，1962年晋升教授。1967年起执教于圣克鲁斯加利福尼亚大学，1970～1973年创建信息科学系并担任首任系主任，1994年退休后为荣誉教授，仍在讲授信息论、信号分析课程。死于癌症。

计算机科学、信息论的先驱，著名的“霍夫曼编码”发明人。1952年在马萨诸塞理工学院作博士论文时，发明了霍夫曼编码，这是一种根据字母使用频率而设计的变长码，大大提高了信息传输效率。变长码的关键问题，是如何为每个字符设计编码，使得接收方在收到报文后能正确地译码，正确判断收到的一个二进制位是前一字符末位还是后一个新字符首位。霍夫曼编码方法很快得以推广，至今仍广泛应用于计算机和数字通信领域，涉及数据压缩、传输数字化、调制解调器、计算机网络、高清晰度电视(HDTV)等等十分广阔的领域。此外，他还设计了后被称为“霍夫曼算法”的二叉最优搜索树算法，这是同类算法中效率最高的算法，成为动态规划中的一个范例。

他在其他领域也作出不少重要贡献，包括研究有限状态机信息理论、开关电路、合成程序、雷达和通信信号设计、异步逻辑电路设计程序等课题，取得不少成就。但他从不为自己的发明去申请专利，而把精力集中于教学，他说“我的学生也是我的产品”。他还是很有名的折纸专家，多年来用数学方法创造了一些非常复杂的几何折叠结构。

他早年就因阐述依次转接开关电路的博士论文而获富兰克林学院路易斯·卢奖章。此外获1973年美国电气与电子工程师协会(IEEE)麦克道尔奖，1980年计算机先驱奖，1998年IEEE信息论分会成立50周年金禧奖，以及1999年IEEE的哈明奖章等。 (李 烨)

张启先(Zhang Qixian) 中国江苏省人，1925年8月25日生于江苏靖江，2002年5月25日卒于北京。机械工程、空间机构学、机器人技术、人工智能。

七岁丧父，家境困窘，高中毕业前三次失学，靠自学多次以同等学历插班考试。1944年就读厦门大学航空工程系，1948年毕业留校任教。1951年后院校调整，先后调至清华大学航空学院、北京航空学院(今北京航空航天大学)，并改教机械原理。1958年被选派赴苏联留学，1962年同时获列宁格勒工学院工学副博士和博士学位。同年回国后，历任北京航空学院(今北京航空航天大学)副教授、教授、机器人研究所所长、《机械工程学报》主编等职。1995年当选为中国工程院院士。

早在苏联学习时，就以《用分析法作空间机构的分析和设计》学位论文，开创了空间五杆机构的综合设计，填补了中国的学科空白。回国后长期从事空间机构学研究。在国内最早发表专著《空间机构的分析与综合》。1976年后，主攻机器人技术，主持10多项有关空间机构、工业机器人、智能机器人、灵巧手集成系统和步行机等国家科研项目。1993年成功研制出除美国、日本以外世界上少见的七自由度机器人；1994年在美国电气与电子工程师协会的年会上展示了他主持研制的“新型三指灵巧手”，引起专家很大关注。这两项成果已接受加拿大等国和国内多所大学的定制，在国内外产生一定影响。获得多项国家和部委级奖励。其中三叉杆滑块式等角速万向联轴器获国家发明专利，“空间机构位移分析”课题获国家自然科学奖等。 (王 筠)

唐稚松(Tang Zhisong) 中国湖南省人，1925年9月24日生于湖南长沙，2008年7月21日卒于北京。计算机科学与技术、软件工程、应用数学。

1950年清华大学哲学系逻辑专业毕业，1952年同系研究生毕业。研究员，先后在中国人民大学数学教研室、中国科学院数学研究所、中国科学院计算技术研究所、中国科学院软件研究所工作。兼任国际信息处理联合会系统程序语言专家组成员等职。1991年当选为中国科学院学部委员(院士)。

计算机可执行时序逻辑的开创者。20世纪60年代，在自动机理论研究中，证明了计算机转移命令的许多结构性性质，其中发现转移命令可用循环代替，比国际上博姆-雅可比(Bohm-Jacobi)定理提出还早一年。70年代，在中国率先研究结构程序设计与结构化语言。80年代，主持开发出世界上第一个可执行时序逻辑语言XYZ体系，它第一次以简洁形式将算法程序、抽象描述与知识表示等范型统一起来，形成适应多种程序的统一化软件开发支撑系统，具有提高软件生产率和智能化水平的广泛应用前景，被国际同行誉为“第五代计算机基本语言的极具吸引力的候选者”，获1989年国家自然科学奖一等奖。90年代以来，在计算机软件分布式并发性、实时与动态连接、统一范型求值、图形程序设计等方面取得许多创新成果；开展推广XYZ系统的应用研究，其中先后在网络管理软件Xview、微软操作系统Windows、以及Sun4等软件上实现XYZ系统第二、三版；将时序逻辑语言用于时实过程控制通讯等广泛领域；深入研究软件工程哲学基础，形成一套完整的软件工程方法论。

撰有论文近百篇，编有论文集《计算机科学与软件工程在中国》；主编《计算机软件开发方法、工具和环境》(1985年)、《时序逻辑程序设计与软件工程》(1999年，获第六届国家图书奖)等专著；另有《桃蹊诗存》一部。获1996年何梁何利科学与技术进步奖。 (李 烨)

克雷，S. R.(Cray, Seymour Roger) 美国人，1925年9月28日生于美国威斯康星州奇帕瓦福尔斯，1996年10月5日卒于科罗拉多州斯普林斯。计算机科学与工程、应用数学。

市政工程师的儿子，从小对电气和无线电感兴趣，10岁时试制过一架自动电报机。以优异成绩高中毕业。第二次世界大战后期，入伍当无线电收发员，破译过敌方密码。战后入威斯康星大学短暂学习，不久转至明尼苏达大学，1950年、1951年先后获电气工程学士、应用数学硕士学位。毕业后供职于工程研究联合公司，该公司后重组为斯佩里-兰德公司。为了不断开发新一代超级计算机，他多次创办计算机公司：1957年与人合伙成立控制数据公司(CDC)，1972年成立克雷研究公司，1989年成立克雷计算机公司，1996年因车祸受重伤抢救无效去世。

被誉为“超级计算机之父”、“超级计算机产业的爱迪生”。20世纪50年代，在工程研究联合公司参与设计著名的科学计算机ERA 11 01；在斯佩里-兰德公司参与设计著名的UNIVAC 1103；在CDC公司，1958年由他主持设计的CDC 1604问世，这是世界上最早的晶体管计算机之一，所用晶体管是他从二手市场以低价批发来的。60年代，CDC公司在他的家乡专设实验室，由他带领一支30人的科研队伍，在几乎与世隔绝之下仅用一年多时间就开发出了巨型机CDC 6600。该机于1963年8月22日宣布问世时，它被业内评为“世界上性能最强大的计算机”，也是世界上第一台用氟里昂冷却系统的计算机，共有35万个晶体管，比美国国际商用机器公司(IBM)当时的王牌“伸展”(STRETCH)快3倍，而体积却小得多，价格也便宜得多，引起全世界轰动，4年销出63台。1969年研制成CDC7600，一般认为这是第一台真正意义上的“超级计算机”。70年代，他又设计了CDC 8600(但公司拒绝把它推向市场)；1976年3月，他在克雷研究公司研制成功世界上第一台有向量处理能力的巨型机Cray-1，字长64比特，每秒可运算2.4亿次，共用了20万块半导体芯片、3 400块印刷电路板，内部连线达100千米，外形像围着立柱的一圈转椅，美国人戏称为“谈爱之座”。1985年春他在克雷研究公司开发出Cray-2，速度比Cray-1快6～12倍，采用液体冷却系统，被戏称为“水槽中的计算机”。90年代，他在克雷计算机公司又先后推出了采用砷化镓的Cray-3和Cray-4。

先后获1972年哈里·古德奖、1980年计算机先驱奖、1989年埃克特-莫奇利奖等。1997年美国电气与电子工程师协会设立克雷计算机工程奖，以纪念这位计算机伟人，奖励在高性能计算机开发上作出卓越贡献的科学家。（李　烨）

曾庆元（Zeng Qingyuan）　中国江西省人，1925年10月20日生于江西泰和，2016年6月3日卒于湖南长沙。桥梁与隧道工程、铁路工程、工程力学、工程管理。

1950年南昌大学本科毕业。1956年清华大学土木钢结构研究生毕业。历任中南土木建筑学院、湖南工学院、湖南大学、长沙铁道学院讲师、副教授、教授，中南大学教授。1999年当选为中国工程院院士。

在理论方面，创立一套崭新的列车-桥梁时变系统横向振动分析理论体系；提出大跨度斜拉桥局部与整体相关屈曲极限承载力分析理论，以及钢构架、系杆拱桥、板桁组合结构桥梁的极限承载力分析理论；提出了列车-轨道时变系统中的横向振动分析理论、高速无缝线路轨道结构横向动力稳定性分析理论，解决了长期悬而未决的问题；提出薄壁箱形梁计算的板梁框架法；提出弹性系统动力学总势能不变值原理，是对动力学理论的重大改进及对哈密顿变分原理的重要补充；提出的“对号入座”法则是对结构矩阵分析的根本变革，具有重要实用价值；30年潜心研究“列车脱轨”这一百年国际难题，终于构建出列车脱轨能量随机分析理论，能合理解释各种脱轨事故原因，准确预测和防范列车脱轨可能。在实践方面，解决了九江长江大桥拱桁组合体系钢梁、广深准高速铁路石龙大桥、芜湖长江公铁两用特大跨度斜拉桥、高速铁路桥梁、提速线路桥梁等40多座桥梁的横向刚度分析问题，10余座钢板梁桥的加固计算问题，取得了巨大经济和社会效益。

有合著《钢压杆稳定极限承载力分析》（1994年）、《列车-桥梁时变系统振动分析理论与应用》（1999年）等专著。多次获国家和省部级奖励，其中有1997年詹天佑成就奖、两次国家科学技术进步奖三等奖、两次铁道部科学技术进步奖二等奖等。（王向阳）

弗里曼，H.（Freeman，Herbert）　美国人，1925年12月13日生于德国法兰克福。计算机科学与工程、电气电子工程、模式识别。

原籍德国。1936年家人移居美国，2年后他才得以签证进入美国。1946年获纽约协和学院电气工程学士学位。1948年、1956年先后获哥伦比亚大学硕士、博士学位。1948年供职于斯佩里计算机公司。1955年在斯佩里-兰德公司工作，曾任高级研究部主任。1960年任纽约大学电气工程系教授，1968年出任系主任。1975～1985年任纽约州伦斯勒理工学院电气、计算机和系统工程系图像处理实验室主任。1985～1990年任新泽西州罗杰斯大学产业生产力计算机辅助中心主任，1997年退休。同年创办地图文本公司，2002年任总裁和首席执行官。是马萨诸塞理工学院、斯坦福大学、瑞士苏黎世联邦理工学院、意大利比萨大学、以色列理工学院等名校客座教授。曾任美国计算机学会图像分析与机器智能技术委员会主席、国际模式识别联合会主席。

计算机图形学和图像处理的先驱，计算机“链码”发明人，斯佩里公司第一台计算机研制者。1948年起，在斯佩里计算机公司主持设计制造第一台数字计算机SPEEDAC，1953年完成。该机是重组后的斯佩里-兰德公司推出的美国第一台商品化计算机UNIVAC的原型机，只用900个小型电子管，磁鼓存储器内含4 000个字，字长16比特，16条指令，用类似汇编语言编程，设计精巧，功耗较小，可靠性较高。20世纪50年代在斯佩里-兰德公司工作期间，开始对模式识别和图像处理研究，初步开发出一种用“链码”数字代表线段的技术，分别用0～7代表不同方向的8种线段，他在60～70年代不断改进这种链码，现被称为“弗里曼链码”，广泛用于计算机模式识别领域。70年代后期，成为美国和国际上有关模式识别和机器智能技术交流的主要组织者之一，是1978年创立国际模式识别联合会的发起人之一。

有《离散时间系统》（1965年）、《地图数据处理》（1980年）、《用于空间分布数据的计算机体系结构》（1985年）、《机器视觉：算法、体系结构和系统》（1988年）、《用于检验和测量的机器视觉》（1989年）、《三维情景的机器视觉》（1990年）等多部专著面世。获1994年傅京孙奖，国际信息处理联合会银心奖，1999年计算机先驱奖等。（李　烨）

高为炳（Gao Weibing）　中国河南省人，1925年12月15日生于河南卫辉，1994年3月30日卒于北京。机器人工程、自动控制、系统科学与工程、人工智能、应用数学。

职员家庭出身，10岁丧父。1948年西北工学院航空系毕业。留校任教。1952年哈尔滨工业大学研究生毕业。到清华大学任教，后随院校调整到北京航空学院（今北京航空航天大学）工作，后升为教授，曾任图书馆馆长、系统与控制研究室主任、研究生院副院长等职。曾兼任国际权威期刊《数学评论》评论员等职。1991年当选为中国科学院学部委员（院士）。

在非线性控制理论方面，首创“消除中间变量法”，得到迄今最好的绝对稳定性判据；解决了用谐波平衡法判定含多个非线性元件系统的稳定性问题；发明谐波线性化D-域法；首创多层结构分解和动态递阶控制等新方法，建立独具特色的大系统稳定性及镇定理论。在变结构控制理论方面，以被国际同行誉为“高为炳方法”的“趋近律”为基础，独创一套一般设计方法体系，丰富和发展了现代变结构控制理论思想和方法，该成果获1997年国家教委科学技术进步奖一等奖、1999年国家自然科学奖三等奖。他还将理论研究成果用于处理实际领域的一些前沿问题，其中有：首创多机器人协同工作的主-助控制策略，形成针对复杂环境、任务及对象的机器人班组智能控制；提出新的航天工程控制方案，成功解决了非线性大型空间柔性结构的状态观测等问题。

发表论文200多篇；出版《运动稳定性基础》(1987年)、《非线性控制系统导论》(1988年初版，1998年再版)、《大系统的稳定性》(1994年)等多部专著，其中《变结构控制的理论与设计方法》(1990年)获1997年全国优秀科技图书一等奖；译著有《振动理论》(2卷，1973～1974年)。 (李 烨)

徐乾清(Xu Qianqing) 中国陕西省人，1925年12月16日生于陕西城固，2010年1月9日卒于北京。*水利水电工程、水资源规划、工程管理。*

1949年国立交通大学土木工程系毕业。国家水利部教授级高级工程师，先后任水利部副总工程师、科学技术委员会顾问等职。兼任中国水利学会副理事长、三峡工程论证防洪组组长、全国水资源综合规划专家组组长等职。1999年当选为中国工程院院士。

长期从事中国江河防洪、水利规划、水资源宏观问题与发展战略等综合研究和科研管理。先后担任黄河治理、长江防洪、西北水资源开发利用、生态环境保护等国家级科研项目的专家组长，参与长江三峡、南水北调等重大水利建设项目的论证和审查；参与指导或主持制订、修改和审查全国主要江河流域规划，以及《全国水资源综合规划技术大纲》工作，研究审议有关的重大技术问题，所提出的许多远见卓识为同行所认同；主持完成多项国家级重大咨询项目，为国家决策提供科学依据，其中有“中国可持续发展水资源战略研究”，“西北地区水资源配置、生态环境建设和可持续发展战略研究”等，后者研究范围包括新疆、青海、甘肃、宁夏、陕西和内蒙古6个省、自治区范围内的内陆河流域和黄河流域，在两年的考察研究中，共有35位院士、近300位专家参与，项目组足迹踏遍大西北。

发表学术论文数十篇；出版《防洪》(1992年)、《中国防洪减灾对策研究》(2002年)等著作数部；参与主编《中国水利百科全书》、《水利科技名词》等工具书。多次获国家和部委级奖励。 (李啸虎)

周镜(Zhou Jing) 中国江苏省人，1925年12月21日生于江西南昌。*铁路建筑工程、岩土力学、工程管理。*

1947年国立交通大学土木工程系毕业。1949年获美国俄亥俄大学硕士学位，受聘于该州公路局材料研究所。次年回国，在唐山铁道研究所(今中国铁道科学研究院)工作至今，研究员，曾任铁路建筑研究所所长等职，2002年被聘为中国铁道科学研究院首席专家。兼任国务院参事室参事、中国土木工程学会土力学及基础工程学分会理事长、《土木工程科学报》主编等职。1994年选聘为中国工程院院士。

20世纪50年代，建立中国铁道系统第一个土工研究室，编写出版中国第一部《土工试验》专著；提出按黄土结构和强度确定道路边坡陡度的原则；提出据第二滑动面计算衡重式挡墙土压力的方法，以及滑动面出现范围的判别公式，成果被列入设计标准；在塘沽新港铁路建设中首创短密砂井和生石灰柱处理软土地基技术，经受了1976年唐山大地震考验；在贵昆铁路修建中成功实施多种加固软土路基技术，其中首创桩排架作为斜坡软土地段路堤坡脚挡墙，保证了按时铺轨通车；提出静力触探确定桩承载力的综合修正系数法，较全面解决了静力触探应用中的技术问题，其成果被纳入规范，1985年获国家科学技术进步奖二等奖；“成昆铁路新技术”项目获1985年国家科学技术进步奖特等奖。他是主要参加者之一；参与东陇海铁路、深圳机场等软土地基原型实验，成功采用积水井加速大面积砂垫层排水方法；逐一解决了中国道路建设中其他许多疑难问题，其中有土工织物加固软土的破坏机理、长沙下游片状砂的工程特性等。获1993年首届詹天佑成就奖。 (李啸虎)

彭士禄(Peng Shilu) 原名彭保禄。中国广东省人，1926年1月2日生于广东海丰。*核动力工程、核反应堆工程、工程管理。*

中国早期南方农运领导人彭湃之子。幼年时双亲牺牲，1940年辗转到延安，后就读于延安大学化学工程系。1949年后，相继在哈尔滨工业大学、大连大学、大连工学院学习。1951～1956年在莫斯科化学工程机械学院学习，获优秀化学工程机械师证书；同年入莫斯科动力学院核动力专业进修。1958年回国，先后任核工业部原子能研究所核动力研究室副主任、核动力研究所副总工程师，核工业部二院二部副总工程师、核潜艇总体设计研究所副所长兼总工程师，中国舰船研究设计院副院长，第六机械工业部副部长兼总工程师。1983年后，历任水电部副部长兼总工程师、核工业部总工程师、中国核工业总公司科学技术顾问等职。兼任中国核学会名誉理事长，核动力学会理事长、名誉理事长等职。1994年选聘为中国工程院院士。

中国第一位核潜艇总设计师。20世纪60～70年代，主持第一代核潜艇动力装置论证、设计、建造、试验和运行全过程；建立核动力装置静态、动态主参数计算法；解决了核燃料元件结构形式、控制棒组合形式等重大技术关键；组织和研制成功耐高温高压、全密封主泵，达到当时世界先进水平；主持核潜艇调试和试航，1971年中国自主设计制造的第一艘核潜艇下水，1982年导弹核潜艇试验发射成功，先后获1978年全国科学大会重大科学技术成果奖、1985年国家科学技术进步奖特等奖(第一完成人)。80～90年代，担任广东大亚湾核电站总指挥，提出投资、进度、质量三大控制具体措施，计算核电站主参数及经济估算，为国家决策提供坚实依据；在秦山核电站二期工程，计算60万千瓦压水堆核电站主参数，建立核电站经济分析模型。

出版专著《核能工业经济分析与评价基础》(1995年)。1996年获何梁何利科学与技术进步奖。 (李啸虎)

龙驭球(Long Yuqiu) 中国湖南省人，1926年1月15日生于湖南安化。*结构工程、结构力学、弹性力学、应用数学。*

1948 年清华大学土木工程系毕业，次年该校研究生毕业。一直留校任教，后升为教授，曾任土木与环境工程系结构力学教研组主任等职。兼任中国力学学会结构工程专业委员会主任、《工程力学》学报主编、《计算结构力学及其应用》副主编等职。1995 年当选为中国工程院院士。

在理论方面，突破传统变分原理，拓宽有限元新领域，首创广义协调元、分区混合元、新型壳元、分区能量原理和可选参数能量原理等系列新成果，其中"广义能量原理与新型有限元研究"获 1992 年国家教委科学技术进步奖一等奖。在应用方面，参加建设部《薄壳结构设计规程》制订；创立薄壳大孔口分析法，解决了潜艇薄壳发射孔应力集中难题；主持设计三峡水电站厂房网架屋盖，以及多种大型、复杂壳体工程，攻克许多关键技术；参与设计建造海洋石油平台，提出高精度厚壳元新方法，解决了平台管节点应力集中问题。

发表论文百余篇；出版专著教材 18 种，其中有《壳体结构概论》(1963 年)、《有限元法概论》(1978 年初版、1991 年再版)、《弹性地基梁的计算》(1981 年)、《变分原理·有限元·壳体分析》(1987 年)、《新型有限元引论》(1992 年)、《能量原理新论》(2007 年)等专著，主编《结构力学教程》(2 卷，1988 年初版，2000 年再版)、《结构力学》(第 2 版：上册 1994 年，下册 1996 年)等教材，多次获全国高校优秀教材奖。先后获国家和省部级奖励 10 余项。此外获 2000 年中国工程科学技术光华奖。

（李啸虎）

雷克廷，E.（Rechtin，Eberhardt） 美国人，1926 年 1 月 16 日生于美国新泽西州，2006 年 4 月 14 日卒于加利福尼亚州托兰斯。通信工程、系统工程、工程管理。

德国犹太裔。1943～1946 年服役于美国海军，从事雷达与无线电通信研发，1958 年前一直充任预备军官役。1946 年获加利福尼亚理工学院电气工程系学士学位，1950 年获该校工学博士学位。留校于 1946～1967 年间在美国航空航天局喷气推进实验室工作，曾任实验室副主任，1959 年起任深空通信网络主管和总设计师。1967 年任美国国防部高级研究项目署主任，1970 年任国防研究与工程办公室主任，两年后任国防部长电信助理秘书。1973 年到休利特-毕卡特公司任首席工程师。1977～1987 年任美国航天有限公司董事长、首席执行官。1987 年退休后，在南加利福尼亚大学任工业与系统工程学教授，2005 年获该校荣誉博士学位。社会兼职甚多，其中 1977～1982 年任美国国家科学院海军研究委员会主席，还是美国海军作战电信工业咨询委员会主席、美国空军科学顾问委员会成员、北大西洋公约集团专家咨询委员会成员等。1968 年当选为美国国家工程院院士。

在第二次世界大战中，他研究无线电通信和雷达在军事上的应用，解决了存在干扰的情况下对远距离高速飞行器进行跟踪和通信的复杂问题。1953 年，他提出锁相技术原理并开始直接应用于目标跟踪、仪器设计和导弹制导等领域。20 世纪 60～70 年代，将锁相技术原理应用于人造卫星、月球通讯和跟踪阿波罗系列飞行器，以及用于其他军事和航天仪表设备的开发，同时主持建立深空通信网络，对美国发射到外太空的各种航天器建立统一的通信联络和跟踪系统。70～80 年代在主持美国航天有限公司期间，积极参与美国国家和军方的许多航天计划，其中参与全球定位系统开发，及其在气象、通信、预警和导弹防御系统开发中的应用。

出版有《系统架构：创新和建立复杂系统》(1991 年)、《系统架构艺术》(1997 年初版，2000 年再版)、《组织的系统架构》(1999 年)等专著。获奖甚多，其中有：1965 年美国航空航天局特别科学成就奖，1973 年美国国防部杰出公共服务奖，1977 年美国电气与电子工程师协会贝尔奖，1983 年海军杰出公共服务奖，1991 年戈达德航天奖等。

（戴成勋）

奥尔森，K. H.（Olsen，Kenneth Harry） 美国人，1926 年 2 月 20 日生于美国康涅狄格州布里奇波特，2011 年 2 月 6 日卒于印第安纳州印第安纳波利斯。计算机科学与工程、应用数学、企业管理。

挪威移民后裔。出身于工人家庭。第二次世界大战期间，中学毕业后参军入伍，进海军电子工程学校学习，1947 年复员。同年进马萨诸塞理工学院(MIT)，1950 年获电气工程学士学位；留校林肯实验室工作，1952 年获硕士学位。1957 年在马萨诸塞州梅那特创办美国数据设备公司(DEC)，任总裁至 1992 年。后又创办先进标准组件处理公司。是美国国家工程院院士、美国文理科学院院士。

美国著名计算机先驱、计算机企业家。20 世纪 50 年代，在 MIT 参与研制美国早期著名的"旋风"计算机，主持设计成功屏幕显示器基本部件 A-D 转换器，沿用迄今；为了严格测试计算机的磁心存储器，他领导一个小组在 9 个月中制造成功一台专用的磁心测试计算机 MTC；参与 SAGE、Tx-O、Tx-2 等计算机项目开发。1957 年，还是个毛头小子的奥尔森以 7 万美元、3 个雇员在一个旧厂房角落打出美国数据设备公司牌子，时至 80 年代末，它已成为仅次于 IBM 公司的业界巨头，在世界各地拥有 12 万员工、800 多处厂房，他设计和生产的 PDP 系列、VAX 系列小型机、64 比特的 ALPHA 工作站成为众多用户首选产品。

他在企业管理上也有创新。他设计的 DEC 公司标志是一幅由许多小方块组成的上扬飘带，反映了他的企业管理矩阵理论，其核心是平等和民主，每个员工都是企业主人，都可以参与企业管理，允许技术员自行成组去开发某一产品。但他最后犯了一个根本性决策错误，由于对个人电脑 PC 机始终持反对态度，对市场信息反应迟钝，1992 年 DEC 公司亏损 20 亿美元，当年辞去总裁职务。1998 年，该公司被美国康柏电脑公司所收购，2001 年惠普公司又购并康柏。但他仍想东山再起，在波士顿附近一小镇用 PC 机创办了一家小的计算机公司，又开始盈利。他性格直率，接近基层，新员工会把穿着工作服埋头干活的老板当成清洁工。

获 1980 年富兰克林学会弗米利耶奖，1981 年美国电子学学会成就奖章，1987 年美国电气与电子工程师协会(IEEE)计算机企业家奖、1995 年计算机先驱奖，以及

IEEE 工程领先奖、美国微波通信公司设立的技术创新领先奖等。1990 年入选美国发明家名人堂。（李 烨）

张履谦（Zhang Luqian） 中国湖南省人，1926 年 3 月 1 日生于湖南长沙。*雷达工程、空间测控技术、微波电子学、空间科学。*

中医师之子。1951 年清华大学电机工程系毕业。历任中央军委通信部雷达处组长、电子技术研究所雷达侦探干扰及反干扰研究室主任，国防部第五研究院二分院雷达总体室主任、雷达设计部副主任、制导雷达站主任设计师，国防部第二研究院第 23 研究所副所长，第七机械工业部卫星地面测控工程总设计师，航空航天部、航天工业总公司科学技术委员会常委等职。兼任中国宇航学会飞行器测控专业学会副主任，总装备部、国防科学工业委员会、空军等 10 多个单位咨询专家或顾问，《宇航学报》副主编等职。1995 年当选为中国工程院院士。

20 世纪 50～60 年代，在中国率先研制电子对抗设备，为抗美援朝部队较好解决了雷达抗干扰问题；主持研制完成中国第一代防空导弹制导雷达站，定型并装备部队；采用照射信号、反干扰电路等技术改进雷达设备，保证了成功击落侵犯中国领空的美国 U-2 型高空侦察机；负责研制反导弹用单脉冲雷达，提出远程相控阵雷达空馈方案，获 1978 年全国科学大会奖。70～80 年代，主持研制 450-1 微波统一测控系统、450-2 丙微波跟踪引导设备，实现中国第一颗地球同步试验通信卫星发射测控与同步定点，分获 1985 年国家科学技术进步奖特等奖、一等奖；倡导真空试验，解决了通信卫星行波管电源故障问题。80～90 年代及后，参与中国多种应用卫星研制、月球探测和空间测控的规划制定、型号立项、方案审查等工作；负责研制多种空间跟踪和引导雷达，解决多项重大关键技术；提出采用低码率数传和压缩电视传输码率，以扩大测控区域；制定适合中国国情的“神舟号”系列载人飞船测控方案。

著有《雷达》、《宽带参量放大器的设计与应用》等专著。1964 年被评为国防科研战线标兵。1997 年获何梁何利科学与技术进步奖。（李啸虎）

黄旭华（Huang Xuhua） 中国广东省人，1926 年 3 月 12 日生于广东海丰。*船舶与海洋工程、核潜艇工程、工程管理。*

1949 年交通大学造船系毕业后，一直在国防军工部门工作。先后供职于北京船舶工业管理局、海军造船技术研究室、国防科学工业委员会第七研究院核潜艇研究室、潜艇核动力研究所等处；1961 起历任核潜艇总体研究设计所副总工程师、副所长、所长，国防科学工业委员会核潜艇工程副总设计师、总设计师，中国船舶工业总公司 719 研究设计所名誉所长。1994 年选聘为中国工程院院士。

20 世纪 50 年代，参与负责海军几种型号舰艇转让制造和仿制工作。60～70 年代，受命自主研制中国第一代鱼雷核动力潜艇，1965 年正式上马研制，选择最先进的水滴艇型攻关，反复摸索和试验，克服了种种难以想象的困难，取得上万个数据；1968 年一步到位开工建造，1970 年下水，1971 年开始试航，作为世界上第一位亲自下艇做深潜试验的潜艇总设计师，在第一线解决一系列重大技术问题，1972 年基本完成航行试验，1974 年交付海军使用；它比美国的第一艘核潜艇研制时间缩短了近两年，各项性能均超过美国首制艇。在技术上有多项世界先进水平的创新，例如采用围壳舵与尾水平舵结合又有所侧重的操舵方式，获得水下高、低航速下良好的垂直运动稳定性和操纵性，确保水下发射导弹时不受潜艇状态干扰。80 年代以来，作为中国核潜艇工程总设计师，瞄准世界前沿发展，主持开发了一代代多种型号核潜艇。

多次获奖，其中有 1978 年全国科学大会奖、1985 年和 1993 年船舶工业总公司科学技术进步奖特等奖 2 项、1985 年和 1996 年国家科学技术进步奖特等奖 2 项等。（侯伯勤）

罗森，H. A.（Rosen，Harold A.） 美国人，1926 年 3 月 20 日生于美国路易斯安那州新奥尔良。*航天工程、通信工程、动力与机械工程、空间科学、工程管理。*

犹太裔。1947 年获美国图兰大学电子工程学士学位。1948 年获加利福尼亚理工学院硕士学位，1951 年获该校博士学位。毕业后在雷塞翁公司任职。1956 年进入休斯公司研制防空导弹、雷达和火警控制系统，1959 年起主持研制开发通信卫星，1992 年退休前为休斯飞机公司副总裁。

地球同步通信卫星的发明者。1957 年 10 月，苏联发射第一颗人造地球卫星，开始了人类的太空时代，也拉开了苏美空间竞赛的序幕。1959 年夏天，罗森受命组建一个精干的通信卫星研究小组。著名科幻小说家克拉克（A. C. Clarke）在 1945 年出版的一部作品中，最早设想利用赤道上空相隔 120 度的 3 个发射机进行覆盖全球的通信，但人们只是一笑了之。不料罗森却突发奇想，坚持认为“克拉克幻想”是通信卫星唯一可行的轨道。他主持研制了自旋稳定式轻型卫星辛康（Syncom）系列：卫星表面覆有太阳能电池，并附有一种始终指向地球的旋转式天线装置；旋转相位脉冲控制系统能按不同时间点火，使卫星上的助推器数目成倍减少。罗森是一个足球迷，激发他的设计灵感火花的，据称正是绿茵场上旋转前进的足球。1961 年“辛康-1”号首次亮相巴黎航空展览会，1963 年 2 月发射失败；1963 年 7 月“辛康-2”号成功发射，进入距地面 3.6 万千米处，开始了国际卫星通信时代，但受火箭性能所限未能进入地球同步轨道；1964 年 8 月“辛康-3”号第一次实现了连续的跨洋电视转播。晚年关注延长卫星使用寿命、太空探测器、火星飞行和探索地外文明等领域；1993～1997 年，他和兄弟本杰明共同开发了一种高功率涡轮式“罗森发动机”。

获 1968 年美国首届太空通信奖、1976 年国际通信埃里克森奖、1982 年美国电气与电子工程师协会贝尔奖章、1985 年美国总统颁发的美国国家技术奖章、1995 年美国国家工程院德雷珀奖。2003 年入选美国发明家名人堂。（李啸虎）

斯特林，J.F.（Stirling，Sir James Frazer） 英国人，1926年4月22日生于英国格拉斯哥，1992年6月25日卒于伦敦。土木工程、建筑学、城市规划。

1945～1950年就读于英国利物浦大学建筑学院，师从C.罗（Colin Rowe）。毕业后在伦敦一家建筑师事务所供职。1956年与人在伦敦合伙开办建筑师事务所，1963年独立开业。是英国利物浦大学建筑学院等校兼职教授。1967年兼任美国耶鲁大学达文波特讲座教授。1992年封爵。

20世纪下半叶英国最重要和最有影响的建筑师之一。其作品的灵感来源于对人类建筑史的全扫描，充分体现了旨在改造城市形态的自信姿态和包容精神。早在20世纪50年代，他已严重质疑第一次建筑现代化运动时期的作品和理论。主张对建筑史上各个学派兼收并蓄，整合了从古罗马式到巴洛克式，从现代的F.L.赖特到A.阿尔托的许多表现形式。其成功在于他有能力整合这些百家之说，巧妙地隐含于一个强壮而果断的体系结构之中。学术思想深受师友、重要建筑理论家和城市规划师C.罗的影响。20世纪50～60年代，主要从事都市民宅和大学大楼设计；70年代起，一直和M.威尔福德合作，项目规模扩大到博物馆、美术馆、图书馆、影剧院和文化中心等公共设施。重要作品有：英国哈姆康芒花园公寓（1955～1958年）、英国莱斯特大学工学院大楼（1959～1963年）、剑桥大学历史系大楼（1964～1967年）、德国斯图加特新国家画廊（1977～1983年）、伦敦克洛尔美术馆泰特画廊（1980～1987年），1980年以后的美国康奈尔大学表演艺术中心、哈佛大学福格博物馆扩建等。

主要著作有《詹姆斯·斯特林：建筑物和项目（1950～1974年）》（1975年）、《金丝雀码头住宅开发》（1988年英文版，1989年法文版，1991年日文版）、《詹姆斯·斯特林、迈克尔·威尔福德和合作者：建筑物和项目（1975～1992年）》（1994年）等。

获1977年阿尔托奖章、1980年英国皇家建筑师协会金奖、1981年国际建筑界最高奖普利兹克奖等。1996年英国皇家建筑师协会设立斯特林奖，表彰每年英国最优秀的建筑设计者。 （李 烨）

徐元森（Xu Yuansen） 中国浙江省人，1926年5月22日生于浙江江山，2013年3月27日卒于上海。集成电路工程、冶金工程、微波电子学、半导体材料学。

农家子弟。1950年浙江大学化工系毕业。中国科学院上海微系统与信息技术研究所（2001年前为中国科学院上海冶金研究所）研究员，曾任第一研究室主任等职。兼任上海市集成电路行业协会第一副理事长，华东师范大学、上海大学等校兼职教授等职。1995年当选中国工程院院士。

20世纪50～60年代，出色完成球墨铸铁、超纯金属提纯等国家重要研究项目；发明两种新的冶炼方法，能顺利而经济地在大高炉中冶炼包头铁矿和攀枝花等地的复杂铁矿石，解决了冶炼史上含钛和含氟铁矿冶炼的两大难题。1965年以来，主要从事半导体材料和微电子研究开发，先后设计成功3种器件隔离法，以及泡发射区、双层金属布线、全离子注入等先进工艺技术。1966年主持完成一套小规模集成电路的设计和制造工艺，研制出运算速度每秒100万次大型电脑的集成电路样品。70年代，研制成功两个系列的中大规模高速集成电路。80年代，开发成功3微米HCMOS、2微米ACMOS等半导体存储器系列集成电路100余种，成果被国内广泛采用，装备多种国产高速大型计算机，获1985年国家科学技术进步奖一等奖。90年代以来，先后深入研究高速砷化镓门阵列，亚微米（小于1微米）超大规模集成电路器件结构和工艺，获得优质薄层100埃二氧化硅生长方法和新隔离方法，以及生物基因芯片、智能卡等多项发明。

获专利多项；发表论文数十篇；出版专著4部。多次获奖，其中有国家自然科学奖三等奖3项，国家发明奖一等奖1项，中国科学院科学技术进步奖一等奖1项，上海市科学技术进步奖一等奖多项等。另获2005年何梁何利科学与技术进步奖。 （王 晋）

凯默尼，J.G.（Kemeny，John George） 美国人，1926年5月31日生于匈牙利布达佩斯，1992年12月26日卒于美国新罕布什尔州莱巴嫩城。计算机科学与工程、软件工程、理论物理、数学。

匈牙利裔。1938年其父先去美国。1940年他也赴美国，1943年进入普林斯顿大学学数学。1945年获美国国籍，同年应征入伍，派到洛斯阿拉莫斯国家实验室，在冯·诺伊曼领导下参与曼哈顿计划，从事原子弹研制的计算问题。1946年重返母校，1947和1949年相继获数学学士、数学博士学位。后在普林斯顿高级研究所做爱因斯坦的助手，研究统一场论。1953年起任达特茅斯学院数学教授，1955～1967年任数学系主任，1970～1981年任院长，1990年退休。1979年被卡特总统任命为三里岛核电站泄漏事故调查委员会主席。是美国数学学会负责人之一。

计算机BASIC语言发明人之一。为了让中等程度以下大学生也能不费劲地学会一种实用计算机语言，1962年他在学生S.马歇尔（Sidney Marshall）协助下开发了DOPE语言，成为BASIC的雏形。1964年5月1日，第一个BASIC程序成功运行，它很快在美国和全世界流行，成为当时最受欢迎、影响最大的语言之一，在普及和推广计算机应用上有巨大历史作用。1969年，他和库尔泽（T.E. kurtz）建设成功达特茅斯学院的分时计算机系统DTSS，对早期的分时系统发展有一定影响。1975年，世界上第一台配有微处理器的微型计算机牛郎星8800问世，比尔·盖茨和艾伦（Paul Allen）为它配置了世界上第一套标准的微电脑软件BASIC语言，并创办了微软公司，由此掀起了一场“微机革命”。可以说，BASIC成就了世界首富比尔·盖茨，而BASIC发明人却没有从中得到分毫报酬，因为他们把BASIC当作自由软件免费推出。在其基础上，市场上陆续出现了许多不同版本的BASIC。随着N.沃思的PASCAL语言推出，BASIC的优势开始衰落。面对激烈竞争，1985年3月5日，他们推出了价格适中、技术全新的True BASIC，具有交互图形、窗口管理程序、格式化工具、高级调试程序等功能。还成立公司支持开发与应用，1986 年推出凯默尼-库尔泽数学系列软件包等产品。1985 年获美国计算机先驱奖。（李　烨）

曹楚生(Cao Chusheng)　中国江苏省人，1926 年 6 月 2 日生于湖北武汉。水利水电工程、结构力学、工程管理。

父亲从事土木结构专业工作。1948 年交通大学土木系毕业。留校任教。1951 年后，历任佛子岭水库指挥部坝工组长、工程师，治淮委员会勘测设计院水工室副主任、主任工程师，水电部北京勘测设计院、西北勘测设计院、五局和十三局勘测设计院副总工程师等。1979 年起，一直任水利部天津水利水电勘测设计院总工程师、专家委员会主任、教授级高级工程师。兼任水利部技术委员会委员，中国国际咨询公司专家组组长，中国水利学会副理事长，天津大学等校兼职教授，《水利水电工程》杂志主编等职。1999 年当选为中国工程院院士。

半个世纪以来，主持设计大批水利工程，涉及各种坝型、蓄能电站和碾压混凝土坝等，其中不少在当时具有开创性意义，迄今运行良好，成为著名工程。如：20 世纪 50 年代，在汪胡桢主持和指导下，负责设计佛子岭水库连拱坝、磨子潭水库大头坝和响洪甸水库重力拱坝，3 种不同坝型均为中国第一次建造。60～70 年代，主持设计黄河上第一座水电站盐锅峡水电站、白龙江碧口水电站中国第一座大型碾压式堆石坝。80 年代，在设计潘家口水利水电枢纽工程时，首次在中国采用宽尾墩式溢流坝和可变频变速运行的变速机组，获全国优秀设计金奖。90 年代建成中国第一座大型抽水蓄能电站，其中下池左岸挡水坝和石漫滩大坝为中国首批裸露式全断面碾压混凝土坝。

结合工程实践撰写论文和技术报告近百篇；参与主编《中国大百科全书·水利卷》等。获"中国工程设计大师"称号。（王向阳）

科尔巴托，F. J.(Corbato, Fernando Jose)　又译"考巴脱"。美国人，1926 年 7 月 1 日生于美国加利福尼亚州奥克兰。计算机科学与工程、软件工程、应用数学。

西班牙移民后裔。1943～1944 年在洛杉矶加利福尼亚大学学习一年。后应征入伍在海军服役，任驱逐舰供应船上的电子技师。1950 年进入加利福尼亚理工学院学习，获学士学位。1956 年获马萨诸塞理工学院物理学博士学位。留校工作至退休，先后任计算中心程序员、代理主任，1965 年起任电气工程与计算机科学系教授，1978～1980 年任计算机科学与工程格林讲座教授、1993 年任工程学福特讲座教授。是美国文理科学院院士。

1961 年他主持研制成功世界上第一个计算机分时系统 CTSS。1959 年 J. 麦卡锡首次提出"分时"概念，设想将中央处理器(CPU)时间分成许多小"时间片"，以便提高使用效率。CTSS 实现了麦卡锡方案，在改进的 IBM 7094 型计算机上采用分时方式，可为 30 余个联机用户提供服务，使各大计算机厂商的订单数剧增。它彻底改变了计算机原有工作方式和使用方式，开创以交互方式使多用户共享计算机资源的新时代。受美国国防部委托，1963～1972 年他担任计算机系统 MAC 项目研究小组组长，进一步开发第二代分时系统，1969 年研制成功分时操作系统 MULTICS(多路信息和计算系统)。该系统全部采用高级语言 PL/I 编写，首次采用结构化程序设计方法开发大型软件，使开发周期大大缩短，软件可靠性大大提高。作为现代操作系统雏形，它所开创的一系列概念和技术，如内核、进程、层次式目录、面向流 I/O、把设备当作文件以简化管理等，都被承袭下来。

出版有《兼容的分时系统：程序员指南》(1963 年)、《高级计算机程序设计：课堂汇编语言程序实例分析》(1963 年)等专著。获美国电气与电子工程师协会 1966 年首届麦克道尔奖、1982 年计算机先驱奖，美国信息处理学会联合会 1980 年哈里·古德奖，美国计算机学会 1990 年图灵奖，1998 年日本 C&C 奖等。（李　烨）

刘济舟(Liu Jizhou)　中国河北省人，1926 年 7 月 20 日生于河北滦县，2011 年 8 月 25 日卒。结构工程、水运基建工程、工程管理。

祖父和父亲都是牧师。幼年丧父。1947 年天津工商学院工科土木系水运工程专业毕业。同年起在天津新港工程局等处工作。1949 年后，历任国家交通部基建司工程师、航务工程局副科长、副处长与副总工程师，交通部基建局副局长、局长、总工程师，教授级高级工程师。1959～1964 年被派往越南，任中国专家组副组长。曾兼任中国土木工程学会港口工程分会理事长、交通部海岸和近海工程国家重点实验室学术委员会副主任等职。1995 年当选为中国工程院院士。

中国现代港口与航道工程基建主要规划者、设计者之一。主持和参与工程设计和规划项目 100 多项，其中有天津港、青岛港、日照港、黄骅港、北仑港、鲅鱼圈港、汕头港、秦皇岛港、营口港等多个港口工程建设；组织领导"六五"、"七五"技术攻关，取得了许多重要创新成果，其中有真空预压软基加固、预应力钢筋混凝土大管桩、爆炸法施工等，达到国内先进水平，并被广泛应用。主持建设厦门海堤工程；60 年代初主持和参与对越南海防造船厂援建工程(包括滑道、造船台和修船码头工程等)。主持建设山东日照港一期工程 10 万吨级煤码头，这是中国第一座开敞式煤炭出口码头，首次采用无防波堤方案、3 300 吨沉箱座底浮坞下水新工艺，获国家优质工程银质奖、中国建筑业最高奖鲁班奖；组织协调秦皇岛港煤码头三期工程(1984～1989 年)的设备制造、安装与调试工作，获国家优质工程银质奖、中国建筑业最高奖鲁班奖；天津港东突堤北侧码头与堆场工程，获第二届中国土木工程詹天佑大奖；青岛港前湾三期泊位码头工程，获詹天佑大奖、鲁班奖。

主编《水运工程四十年》(1991 年)，出版有《港口规

划与布置》(2002 年)等专著。 (武光明)

黄文虎(Huang Wenhu) 中国浙江省人,1926 年 7 月 22 日生于上海。机械与动力工程、航空航天工程、振动工程学、高等教育管理。

1949 年浙江大学电机系毕业后,任天津中央电工二厂实习员。1950 年进哈尔滨工业大学,1954 年该校研究生班毕业。一直留校任教,教授,历任图书馆副主任、数理力学系副主任、飞行器结构强度教研室主任、副校长、校长兼研究生院院长、校学术委员会主任等职。兼任中国振动工程学会理事长、黑龙江省科学技术协会主席、黑龙江省宇航学会理事长、《振动与冲击》杂志主编等职。1995 年当选为中国工程院院士。

20 世纪 50～60 年代,主要从事教学工作,筹建飞行器结构强度专业。70 年代开始结合工程问题开展一系列科学研究。最先提出大型汽轮机叶片调频“三重点”理论、整圈连接长叶片组振动设计新算法,提高了机组安全可靠性,取得重大效益;在中国最早将模糊数学引入诊断理论领域,提出模糊诊断法;开发出多套高速旋转机械振动监测与故障诊断全自动装置,产品列入国家科学技术成果重点推广计划,成果获 1987 年航天工业部科学技术进步奖一等奖;主持卫星、载人飞船故障诊断技术研究,其中“舱体翼面组合结构振动分析和计算程序”获航天部科学技术进步奖一等奖;在中国首次开发通信卫星动力学分析软件系统,完成“具有挠性太阳帆板的三轴稳定卫星动力学与控制”项目。

发表论文百余篇;主编《振动与冲击手册》(3 卷)、《多柔性体系统动力学》、《设备故障诊断原理、技术及应用》等著作;参译多部译著;主审和参编的《航空发动机强度设计、试验手册》获国家科学技术进步奖二等奖、航空工业部科学技术进步奖一等奖。已获国家和部委级奖励 10 余项。 (李啸虎)

奈加特,K.(Nygarrd,Kristen) 挪威人,1926 年 8 月 27 日生于挪威奥斯陆,2002 年 8 月 10 日卒于同地。计算机科学与工程、软件工程、应用数学。

1948 年奥斯陆大学毕业。1948～1960 年供职于挪威国家国防研究院,先后任计算与程序小组成员、运筹学研究小组成员与组长。1956 年以在职生获奥斯陆大学数学硕士学位。1960 年到挪威计算中心工作,1962 年出任研究部主任。1975～1976 年任丹麦奥尔胡斯大学教授。1977～1996 年任挪威奥斯陆大学教授,曾任校长顾问等职。1987 年任美国斯坦福大学客座教授。1990、1991 年相继聘任瑞典伦德大学、丹麦奥尔堡大学荣誉教授。先后兼任挪威运筹学学会首任会长、挪威信息委员会主席、经济合作与发展组织信息技术挪威代表、挪威保护自然协会环境保护委员会首任主席等职。是挪威皇家科学院院士。

计算机面向对象技术奠基人之一。早期研究运筹学及其应用,1961 年前后对改进运筹学模型形成一些清晰概念。为了在计算机上建立各种实际系统的运筹学模型,1962 年与 O. -J. 戴尔提出了 SIMULA-I 第一个文本,同年在德国慕尼黑第二届世界计算机大会上发表相关论文,引起了轰动。利用当时最先进的计算机 UNIVAC 1107,在美国软件工程师协助下,1964 年 12 月他和戴尔开发成功世界第一个 SIMULA-I 编译器,引入和实现“进程”概念,把模拟功能直接加入 ALGOL 60 编译器,取消了预编译阶段。这是世界上第一个能对离散事件系统进行模拟的程序设计语言,不久便被许多国家广泛采用。在挪威理工学院合作下,1967 年他们俩又开发了第一个“面向对象”的程序设计语言 SIMULA 67,1968 年形成正式文本。至此各种版本在许多国家问世。1973 年在奥斯陆成立 SIMULA 用户协会,进一步促进了它在社会各领域计划与管理中的成功应用。1976 年起奈加特参与和领导了多项重大项目开发,其中有通用性面向对象程序语言 BETA 等。正是在 SIMULA 67 的影响下,20 世纪 70～80 年代在全世界掀起了一股面向对象技术热潮,逐渐成为程序设计技术的主流,至今盛行不衰。此外,他还是挪威著名社会活动家,在政治舞台上非常活跃。

获美国计算机职业者社会责任协会 1990 年维纳奖、2000 年挪威国王授予的圣奥拉夫军团指挥官勋章;和戴尔同获奖项有:挪威数据协会 1999 年罗辛奖、美国电气与电子工程师协会 2001 年冯·诺伊曼奖、美国计算机协会 2001 年图灵奖(国际计算机界最高奖)等。

(李 烨)

冈拉克,R. W.(Gundlach,Robert William) 美国人,1926 年 9 月 7 日生于美国纽约州布法罗,2010 年 8 月 18 日卒于纽约州罗切斯特。印刷工程、电气与电子技术、静电学。

化学家之子。1949 年先后获纽约州立大学布法罗分校物理学学士、硕士学位。未完成博士学位便辍学工作,1952 年进入哈洛伊德公司(施乐公司前身),1966 年任施乐公司首席研究员,1975 年任资深研究员,1986 年半退休从事独立研究开发,1995 年底完全退休。

静电复印技术的杰出开发者。20 世纪 50 年代,他针对哈洛伊德公司销售的平版复印设备结构复杂、操作繁琐、复印速度慢(平均每 4 分钟复印一张)、拷贝质量不理想等缺点,提出将整个设备彻底简化的设计思路:将显影盘改为朝一个方向做旋转运动,使复印板在两个不同方向上显影 2 次。1960 年第一台全自动复印机在哈洛伊德公司诞生,自此公司易名为“施乐”,并最终成为世界闻名的大公司。早期的施乐复印机市场畅销,但也存在诸多缺憾:只限于打字机文字才能保证复印质量,对于其他文字或图像只能显出轮廓。冈拉克经分析,研制成功空间封闭电极,较好地解决了这一难题。这种装置的原理是:电极允许显影剂流过电极与平板之间的间隙,但磁力线最终使带电荷平板的各处都具有强电场,而不仅仅局限于电荷边缘范围。这种装置体积小、价格低,不仅大大提高了施乐复印机性能,而且作为电子元件的销路也很好。他的第一个专利获得了公司的25年薪金，为以后上百项发明提供了丰厚资金。善于思考，许多发明往往是在洗澡、修面或上下班途中想到的。其子库尔特也供职于施乐公司，并成为他后期发明的得力合作者。

时至21世纪初年，他已拥有163项专利，其中涉及静电复印领域的各个方面，如平版设备、显像系统、熔化系统、清洁系统、充电系统等等，以及其他领域。获美国图像科学与技术协会的1963年杂志奖、1976年科萨奖、1986年卡尔森奖，1993年美国信息展示学会古滕堡奖，美国静电学学会1997年终身成就奖等。2005年入选美国发明家名人堂。 （李啸虎）

孙钧(Sun Jun) 中国浙江省人，1926年10月23日生于江苏苏州、工程管理。隧道与地下建筑工程、岩土力学。

1949年交通大学土木工程系毕业。留校任教。因全国院校调整，1952年起一直在同济大学工作，地下建筑工程系教授、名誉系主任。1980～1981年在美国北卡罗莱纳州立大学任访问教授。兼任中国土木工程学会副理事长、名誉理事，中国岩石力学与工程学会理事长、名誉理事长，国际岩石力学学会副主席暨中国国家小组主席，长江三峡工程技术委员会专家组成员，上海市建设委员会、科学技术委员会顾问，上海交通大学、浙江大学等校客座教授。1991年当选为中国科学院学部委员(院士)。

20世纪50年代，在工程力学和桥梁工程专业任教。1960年起从事工程结构、隧道与地下工程专业的教学、科研与承担工程项目。80年代起，完成国家工程科研、勘测和设计重大项目近40项，其中一些达到国际先进水平或居国内领先地位，取得巨大的技术经济效益。90年代后，开拓环境土工学、软科学理论与方法在岩土力学与工程中的应用等方面研究；参与长江三峡工程、江阴和润扬长江公路悬索大桥、上海市地下铁道工程等重大工程的咨询工作。

发表论文和研究报告近200篇；出版《地下结构有限元法解析》(2卷，1988年)、《岩土力学反演问题的随机理论与方法》(1996年)、《城市环境土工学》(2002年)等专著8部。获国家和省部级奖励10余项，其中有国家级科学技术进步奖二、三等奖多项。 （沙治银）

范德玻尔，W.L.(van der Poel, Willem Louis) 荷兰人，1926年12月2日生于荷兰海牙。计算机科学与工程、通信工程、电气电子工程。

1944年进入荷兰代尔夫特理工大学，因战争原因，延至1950年获工程物理学学士学位。同年进入荷兰电信总局电话与电报实验室工作。期间，1956年获阿姆斯特丹大学数学与物理学博士学位；1964年底至1965年在斯坦福大学做访问学者。1967年回母校任计算机科学教授，1991年退休。期间，1975年在美国纽约州国际商用机器公司(IBM)沃森实验室短期工作；1977年在东京大学从事合作研究，后每三年回访一次。1959～1967年先后任荷兰计算机学会财务主管、学会会长。1962～1969年任国际信息处理联合会WG2.1委员会主席。1971年当选荷兰皇家科学院院士。同年获英国布拉德福德大学荣誉工学博士学位。

荷兰计算机先驱、著名计算机ZEBRA的设计者。荷兰虽为北欧小国，但计算机研发起步较早，成果斐然，在世界上有影响，他是其中的代表人物之一。第二次世界大战后在大学学习期间，已参与研制过二进制继电器计算机TESTUDO，用于科学计算。20世纪50年代，主持开发了荷兰第一台电子计算机PTERA，以磁鼓为主存，1952年投入运行，1958年退役。50～60年代，研制大型存储程序式串行计算机ZEBRA，仅用了600个真空管，功耗7千瓦，主存磁鼓容量为8K个33比特的字，有256个磁道，转速每分钟6000次，结构精巧，功能成熟，运行可靠，令国际计算机界瞩目。该机共生产了45台，荷兰本国用了9台，其他36台输往欧洲各国，主要用于电信交换业务，产生了较大国际影响。60年代，他转向程序设计语言和软件开发，定义、改进和完善Algol语言；为ZEBRA配套开发较成功的Algol编译器；开发SNOBOL编译器，以及多个表处理语言(LISP)系统；为计算机教学设计SERA语言，长期成为荷兰大学生程序设计能力统考的通用语言。

此外，1952年开始和盲聋人、数学家范德梅(Gerrit van der May)合作，开发为残疾人服务的通信工具，其中有：聋哑人用机械式会话机，盲人用的布莱尔电话机、布莱尔电传打字电报机、磁带驱动式布莱尔打印机等。

获1960年维瑟-尼亚兰迪亚奖，1971年美国电气与电子工程师协会先驱奖，1984年计算机先驱奖，1991年荷兰皇家名人团骑士勋章等。 （李 烨）

陈清如(Chen Qingru) 中国浙江省人，1926年12月3日生于浙江杭州。选矿工程、能源工程、环境科学。

1952年唐山交通大学矿冶系毕业。一直在中国矿业大学任教，教授，任能源利用与化学工程系选矿工程研究中心主任。期间1958～1960年在苏联莫斯科矿业学院进修。兼任国家洁净煤技术规划领导小组顾问专家组成员、国家煤炭科学基金委员会选煤专业委员会名誉主任、中南工业大学等校名誉教授等职。1995年当选为中国工程院院士。

20世纪60～70年代，开发出可自动分选难选煤、极难选煤的末煤分选重介质旋流器，主持建立中国第一座采用该先进技术的选煤厂；指导设计中国第一台大型筛下空气室跳汰机。80～90年代及以来，突破传统的精确筛分概念，创立粒群透筛概率理论，研制煤用概率分级筛系列设备，解决潮湿细粒煤的干法深度筛分世界难题，在中国煤矿普遍推广，其中"煤炭干式筛分设备"获1985年国家科学技术进步奖二等奖，粒群透筛概率理论及其发展获1993年国家教委科学技术进步奖一等奖等，拥有中国专利5项，年创经济效益2亿元以上；经10余年艰苦研究，开拓微粉煤摩擦静电分选新途径；创立"气固浓相高密度稳态流化"的选煤理论；主持研制开发出高效脱硫降灰节水的空气重介质流化床干法选煤方法和设备，建立世界上第一座空气重介质流化床干法选煤厂，为缺水、高寒地区开创一种低成本、高效率、洁净选煤新技术，居当时国际领先地位，被誉为“选煤技术重大突破”，获1996年国家技术发明奖三等奖、1997年国家教委科学技术进步奖一等奖，并获美国、中国发明专利。

发表论文近200篇；出版《干法分选与洁净煤》(2006年)、《中国洁净煤》(2009年)等专著9部。 (李啸虎)

惠勒，D. J. (Wheeler, David John) 英国人，1927年2月9日生于英国伯明翰，2004年12月13卒于剑桥。*计算机科学与工程、软件工程、应用数学。*

1948年获剑桥大学三一学院数学学士学位，1951年获该校数学博士学位。同年到美国伊利诺伊大学任助理教授。1953年回国，在剑桥大学数学实验室(后改为计算机实验室)工作，期间1959年在伊利诺伊大学做高级访问学者。1965年在剑桥大学达尔文学院任教。1966年到伯克利加利福尼亚大学做访问学者。1968年到贝尔实验室研究数据处理技术。同年回国，1977年任剑桥大学计算机科学系教授兼系主任。1994年退休至去世前，在剑桥大学计算机实验室工作。并任伊利诺伊大学、伯克利加利福尼亚大学、悉尼大学兼职教授，美国贝尔实验室、美国数字设备公司顾问等职。1981年当选为英国皇家学会会员。

英国计算机科学与技术的先驱者，“子程序跳转”技术的发明者。20世纪40年代就读大学期间，在M. V. 威尔克斯指导下，1947年参与开发世界上第一台存储程序式计算机“埃迪萨克”(EDSAC)，1949年投入运行。其间，发明保存程序转移地址的技术，解决了如何控制代码在主程序与子程序之间来回转移的难题，被称为“惠勒跳转”(即“子程序跳转”)，在程序设计中有重要意义和作用，沿用至今；发明能使机器处于待命状态的“起始指令”，它是现代计算机“自举装入程序”的肇始，使EDSAC成为当时自动化程度最高、名副其实的“自动电子计算机”。50年代，和威尔克斯、S. 基尔(Stanley Gill)合作编写《怎样在电子数字计算机上准备程序》(1951年初版、1982年第3版；1962年中译本)，被认为是世界第一本有关程序设计的教科书，奠定了程序设计学基础；在美国伊利诺伊大学参与研制“奥达法克”(ORDVAC)、“伊利亚克”(ILLIAC)两台计算机，帮助改进原有体系结构，明显提高计算精确度。60年代，在剑桥大学参与主持开发EDSAC-2，设计“变址寄存器”和程序系统。60～70年代，主持研制“泰坦”(Titan)计算机、计算机辅助出版(CAP)技术、创建剑桥校园网等。获美国电气与电子工程师协会1985年计算机先驱奖。

(李 烨)

克拉克，W. A. (Clark, Wesley Allison) 美国人，1927年4月10日生于美国康涅狄格州纽黑文，2016年2月22日卒于纽约。*计算机科学与工程、应用数学、工程管理。*

1947年毕业于伯克利加利福尼亚州大学物理系，后在该校研究生院从事计算机研究。1955年获马萨诸塞理工学院电气工程博士学位。1951～1964年在马萨诸塞理工学院数字计算机实验室工作，参与研制开发“旋风”(Whirlwind)计算机项目。1964～1972年在华盛顿大学林肯实验室工作，负责开发LINC实验室型计算机。期间在华盛顿大学获荣誉工学博士学位。1972年加盟萨瑟兰—斯普劳尔计算机联合公司，任系统设计顾问。1985年在纽约市布鲁克林创办克拉克—罗克沃夫联合咨询公司。兼任普林斯顿大学计算机科学教授。是美国科学院中美学术交流委员会成员。1999年入选美国国家工程院院士。长子也是普林斯顿大学计算机科学教授。

世界上最早的个人电子计算机LINC的主要研制者。20世纪50年代，为国防“旋风”计算机编程，这是半自动地面防空系统中央处理机，在计算机发展史上有重要地位；参与最早的神经网络模拟实验，设计用于大脑研究的专用计算机；1956年参与研制出TX-0计算机，是最早采用晶体管的计算机之一；1959年参与研制出TX-2计算机，是第一台能完整进行多中断处理的机器。初期的电子计算机体积庞大，价格昂贵，难以维护，“批处理”工作方式，用户作业交由专人上机处理。20世纪60年代，克拉克主持设计体积小，价格便宜，可放在实验室台上使用的计算机LINC。1962年3月底完成样机，它由不足一人高的一个主机柜、四个放在实验桌上的控制台模块(包括一个5英寸阴极射线管(CRT)显示器，两个磁带机，模拟式电位器)组成。同年4月在美国科学院会议上成功演示；在美国国家健康研究所测试时，一只实验猫的脑波首次被LINC记录下来进行了分析，以至科学家们围着计算机跳起了快步舞！LINC共生产了1 200多台，被认为是七八十年代才发展起来的个人计算机的始祖。60～70年代，在因特网原型阿帕网(ARPANET)开发中，主持该项目通信小组，构思并参与研制接口消息处理机IMP(插在计算机主机和电话线之间处理信息路由)，为阿帕网成功奠定了基础。获美国电气与电子工程师协会1980年计算机先驱奖、1981年埃克特-莫奇利奖。 (李 烨)

钱皋韵(Qian Gaoyun) 中国上海市人，1927年3月14日生于上海。*核反应堆工程、核材料处理技术、核化学物理。*

1950年交通大学物理系毕业。1953～1956年先后为莫斯科大学物理系研究生、中国第一个赴苏联实习原子能的代表团成员。回国后，历任中国科学院原子能研究所(今中国原子能研究院)研究室副主任，第二机械工业部核燃料研究院科学技术处处长、研究员、总工程师、副院长，核工业部理化工程研究院院长、核工业部科学技术委员会副主任，中国核工业总公司科学技术委员会主任。兼任中国核学会理事长等职。1994年选聘为中国工程院院士。

20世纪50年代，参加苏联援建的重水实验反应堆临界和启动后的中子实验；参加中国最早的受控热核聚变反应装置的工程设计和实验。60年代以来，参与组织和主持建立铀同位素分离技术研究基地；参加组织协作和研究开发气体扩散机及其核心元件分离膜，取得技术上的重大突破，其中研制成功的甲种气体扩散机用分离膜制造技术成果获1984年国家发明奖一等奖，乙种气体扩散机用分离膜制造技术成果获1985年国家发明奖一等奖；倡导并大力推进中国铀浓缩技术由扩散法向离心法过渡，在科学决策中起到关键作用；组织建立开发研制气体离心机（包括主机和辅助系统在内）的一整套科学研究体系，适时组织中间试验和筹建生产线，促使科研成果迅速工业化。另外多次获国家和部委级其他奖励。2002年获光华工程科学技术奖。（朱妙其）

纽厄尔，A.（Newell，Allen） 美国人，1927年3月19日生于旧金山，1992年7月19日卒于匹兹堡。计算机科学与工程、人工智能、应用数学。

斯坦福医学院放射学教授的儿子。第二次世界大战中在海军服预备役两年。1949年斯坦福大学物理系毕业。后在普林斯顿大学研究生院攻读数学，一年后辍学到兰德公司工作，开发空军早期预警系统。在H. A. 西蒙指导下，1957年获卡内基-梅隆大学博士学位。1961年正式离开兰德公司，供职卡内基-梅隆大学计算机科学系至退休。曾兼任美国人工智能学会会长、美国认知科学学会会长等职。是美国国家科学院、美国国家工程院院士。

人工智能符号主义学派的创始人之一。20世纪50年代，和西蒙共同提出人工智能问题求解的"手段-目的分析法"；1957年和西蒙、肖（J. C. Shaw）合作，首次引进链表处理法，创立人工智能程序设计的最早语言IPL，开发成功世界第一个启发式程序"逻辑理论家"软件，用计算机先后证明了52条数学定理，开创了机器定理证明之先河。1961年参与组建美国高校第一批计算机系之一；和西蒙、肖合作研制"通用问题求解系统"，可解11种不同类型问题；1966年和西蒙、贝洛尔（Baylor）合作开发MATER，是最早的下棋程序之一。70年代，和西蒙共同提出"物理符号系统假说"，认为能执行对符号的输入、输出、存储、复制、条件转移和建立符号结构6种操作，就是有智能的物理符号系统，反之亦然。在西蒙和他的领导下，卡内基-梅隆大学研制开发了多功能微型机系统、容错的多处理机系统、脉动阵列计算机、OPS专家系统工具、超媒体系统ZOG和KMS、太空六腿漫步机器人"漫游者"（Ambler）、会搜索和学习的SOAR软件等等，在世界上享有盛誉。

著述颇丰，与他人合著有《逻辑理论机器：复杂的信息处理系统》（1956年）、《人怎样解题》（1972年）、《GPS：概念生成和问题求解的案例研究》（1969年）、《人类计算机的心理学》（1983年）；独著有《IPL-V语言手册》（1961年）、《计算机结构》（1971年）、《计算机与数字系统设计》（1972年）、《认知的统一理论》（1990年）《SOAR：一般智能的体系结构》等。和西蒙共享美国计算机学会1975年图灵奖；此外获1971年哈里·古德奖、1992年美国国家科学奖章等。（李　烨）

麦克迪尔米德，A. G.（MacDiarmid，Sir Alan Graham） 新西兰和美国双重国籍。1927年4月14日生于新西兰马斯特顿，2007年2月7日卒于美国费城特拉华。合成材料工程、材料科学、应用化学、物理化学。

1947年获新西兰大学维多利亚大学学院（今惠灵顿维多利亚大学）化学学士学位。留校任实验员，1951年获该校化学硕士学位。同年赴美国深造，1952年和1953年先后获威斯康星大学麦迪逊分校无机化学专业硕士和博士学位。1955年获英国剑桥大学化学博士学位。毕业后，在苏格兰圣安德鲁斯大学短暂任教。1956年任美国宾夕法尼亚大学化学系助理教授，1964年任教授，1988年任布兰查德化学讲座教授，2001年退休。1999年起聘为吉林大学名誉教授、教授，2001年任该校麦克迪尔米德实验室学术委员会首任主任。2002年，兼任得克萨斯大学达拉斯分校纳米技术研究所学术委员会主席。2002年当选为美国国家科学院院士。同年获新西兰爵位。1999～2006年，先后获新西兰惠灵顿维多利亚大学、德雷克塞尔大学、香港科技大学、英国诺丁汉大学荣誉博士学位。

导电塑料发明者之一。前期研究硅化学，20世纪70年代起，致力于研究开发导电化学聚合物，尤其在聚乙炔和聚苯胺的合成工艺及其物理、化学性质方面深有造诣。1973年开始研究具有金属导电性的聚氮化硫。1975年到日本京都大学做访问教授，1976年在参加东京工业大学一个学术会议时，偶闻日本同行白川英树合成了银色膜状反式聚乙炔，随即邀请后者到美国从事客座研究。在宾夕法尼亚大学，两人和物理学教授A. J. 黑格合作研究聚乙炔。他们原想通过增大纯度来提高导电性，实验结果却与预期相反。受以前在聚氮化硫中加入溴杂质可提高10倍导电性的启发，先后向聚乙炔中加入溴、碘掺杂剂，在室温下很快就将导电性提高数百万倍、上千万倍。前后仅两个月，一种碘掺杂的高导电性反式聚乙炔便问世了。1977年这一重要发明公诸于世，引起了科学界的轰动。人们通常认为化学聚合物即塑料是绝缘体，而他们的发明表明，在一定条件下塑料也可以变为良导体。这一研究成果很快用于开发蓄电池、电磁屏蔽、防静电扩散、抗腐蚀、弹性塑料晶体管和电极、电致发光聚合物显示等。在这之后，人们进一步发明了许多新的导电化学聚合物。导电塑料的发明开创了轻质导电体的新时代，为21世纪材料革命铺下了一块重要基石，因而他们三人共获2000年诺贝尔化学奖。

至20世纪末，获专利25项，已发表论文约600篇。除2000年诺贝尔化学奖外，还获1999年美国化学学会材料化学奖、2000年新西兰皇家学会卢瑟福奖章、2004年中华人民共和国友谊奖等。（宣焕灿）

黄熙龄（Huang Xiling） 中国湖北省人，1927年4月24日生于湖北钟祥。土木建筑、地基基础工程、岩土力学。

1949年毕业于中央大学土木工程系。1959年获苏联莫斯科建筑工程学院副博士学位。同年回国。一直在中国建筑科学研究院工作，研究员，曾任院地基基础研究所所长、顾问总工程师。兼任中国土木工程学会土力学及基础工程分会第一、二、三、四届副理事长、中国建筑学会地基基础专业委员会主任等职。1995年当选为中国工程院院士。

1962年首先提出软土地基设计施工的"控制长高比组合单元法"，有效解决沿海软土地区房屋大量开裂的问题，该方法被定为国家规范沿用至今；1987年主编的《膨胀土地区建筑技术规范》，其系统性、技术性均达到国际标准，并解决了膨胀土地区建筑物大量破坏的事故，取得显著社会经济效益；考虑气候等因素的按胀缩总量评价地基方法及相应的技术措施，受到第六届国际膨胀土学术会议同行的好评；主编的《建筑地基基础设计规范》，在天然地基按正常使用状态设计方面达到国际同类规范水平；处理解决过云南小龙潭电厂、唐山重建、阿尔及利亚陶瓷厂、苏丹大会堂、扎伊尔体育场等数十项重大工程复杂地基基础问题。

撰有"高层建筑厚筏反力及变形特征试验研究"(2002年)等论文数十篇，《地基基础的设计与计算》(1981年，与他人合著)、《高层建筑地下结构及基坑支护》(1994年)等著作多部。获国家科学技术进步奖三等奖等多项国家和部级奖项。（王艺衡）

陈星旦(Chen Xingdan)　中国湖南省人，1927年5月6日生于湖南湘乡。*光学工程、仪器研制、光电子学。*

1950年湖南大学物理系毕业。同年到长春东北科学研究所物理研究室工作。1953年起一直在中国科学院长春光学精密机械研究所工作，研究员，历任研究室主任、研究生部主任、应用光学国家重点实验室学术委员会副主任、《光机情报》主编等职。1999年当选为中国科学院院士。

20世纪50～60年代，负责研制成功地磁探矿仪、辐射高温计、半导体温差电偶红外探测器等仪器；主持研制自动记录红外分光光度计，获1964年中国科学院新产品奖一等奖；在没有任何资料可寻情况下，主持研制几种不同光冲量计，可即时准确测试光冲量随当量、天气、距离和爆高等变化的数据，在中国第一次核试验中精确测量光辐射杀伤力，被选为后来历次大气层核试验专用辐射测量设备，其中积分式光冲量计获1978年全国科学大会奖。70～80年代，主持开发出壁稳氩弧紫外及真空紫外标准光源；组织研制同步辐射光束线中的光学元件及单色仪，利用同步辐射建立紫外及真空紫外光谱辐射标准；主持研制软X射线-真空紫外光谱光源系列，其谱线分布覆盖8～200纳米，获1989年中国科学院科学技术进步奖一等奖。90年代以来，负责完成软X射线-真空紫外光谱辐射强度标准研究，建立由软X射线标准探测器、稀有气体电离室和传递标准探测器光二极管组成的系统，获1991年中国科学院科学技术进步奖二等奖；建立较完整的软X射线光学及其配套技术系统，获1994年中国科学院科学技术进步奖一等奖、1995年国家科学技术进步奖二等奖；开发空间短波光学摇感仪器、软X射线空间望远镜、软X射线投影光刻等技术。主编《光学与光电子学》(1991年)等专著。（李啸虎）

周尧和(Zhou Yaohe)　中国河北省人，1927年5月30日生于北京。*铸造工程、物理冶金学、金属材料学。*

1950年清华大学机械工程系毕业。同年执教于南开大学机械工程系。1953年赴苏联留学，1957年获莫斯科钢铁学院冶金系技术科学副博士学位。同年回国，长期在西北工业大学任教，1989年创建和主持凝固技术国家重点实验室。后为上海交通大学材料科学与工程学院教授，任金属基复合材料国家重点实验室学术委员会主任等职。兼任国际铸造学会执行委员会主席，中国铸造学会理事长等职。1991年当选为中国科学院学部委员(院士)。

20世纪50～60年代，创立铸型表面高温强度测试方法，获苏联发明专利；"铸件热裂机理"、"液态金属停止流动机理与充型能力计算方法"被收入苏联和中国高校教科书。70～80年代，系统研究铸件凝固过程中的传热、传质和动量传输机理，基本构建强制性凝固组织形成原理新框架；在国际上首次发现和界定铸锭凝固过程中"第三对流区"，据此提出的钢锭头部正偏析理论被国际认可；主持完成"保温冒口研究与推广应用"，获1985年国家科学技术进步奖三等奖。80～90年代，创造"调压成形精铸法"，获1990年国家发明奖三等奖；先后主持完成"铸锭与大型铸件凝固过程与宏观偏析研究"、"大体积液态金属深过冷与快速凝固"、"凝固前沿动力学与形态选择研究"等课题，分获1991年、1993年、1995年国家教委科学技术进步奖一等奖。90年代末起，从事生态材料科学前沿研究。

发表论文200余篇，另有《周尧和院士文集》(2007年)；出版专著《凝固技术》(1998年)获同年全国优秀科技图书奖二等奖。获国家和省部级奖励近20项。1991年获国家航空工业部首次颁发最高奖"航空金奖"，同年获中国机械工程学会最高荣誉"科技成就奖"。（巫瑞智）

黄克智(Huang Kezhi)　中国江西省人，1927年7月21日生于江西南昌。*结构工程、工程力学、材料科学。*

1947年江西中正大学土木工程系毕业。同年任北洋大学土木工程系助教。1948年进清华大学当力学专业研究生，1952年毕业后，留校任教。1955～1958年在苏联莫斯科大学数学力学系塑性力学教研室进修。回国后一直在清华大学工程力学数学系任教，1978年晋升教授，1982年任工程力学研究所所长。1987年被法国科学院、法国教育部聘为客座教授。兼任国际断裂学会副主席、中国力学学会副理事长、《力学学报》主编等职。1991年当选为中国科学院学部委员(院士)。

20世纪50～60年代，参与组建中国高校第一个工程力学系，形成较完善的相关学科教学体系。70年代，用渐近积分方法系统地导出各种实用性简化理论，提出薄壳统一分类理论；首次把薄壳理论应用于换热器管板设计，因大幅节省原材料和简化工艺难度，被颁布为国家技术标准。80～90年代，发展分解合成法、边界层二次近似理论，显著提高壳体边界层精度，研究总结见于合著《弹性薄壳理论》(1988年)一书；基本解决国际上关于工程中幂硬化材料的长期难题，提出新的裂纹尖端奇异场理论和结构缺陷评定方法，为构建新的断裂准则提供了理论基础；1988年开始致力于有限变形塑性本构理论等前沿研究，在完成《张量分析》与《非线性连续介质力学》(1989年)专著基础上，提出包括平均转动公式、固化物质导数、变形率标架旋率、弹塑性变形率分解的不变性准则等一系列新概念。近期致力于固体力学与材料科学的学科交叉结合，以及发展宏观微观破坏理论，取得初步成果。

发表论文近200篇；出版《弹性薄壳理论》(1988年，与他人合著)、《非线性连续介质力学》(1989年)等教材、专著5部。获国家和省部级奖励10余项。获2001年度何梁何利科学与技术进步奖。 (崔 峰)

欧阳予(Ouyang Yu) 中国四川省人，1927年7月26日生于四川乐山。*核反应堆工程、能源科学、工程管理。*

1948年武汉大学工学院电机系毕业。后在武昌发电厂工作。1953～1957年在苏联莫斯科动力学院学习，获技术科学博士学位。回国后，先后担任北京核工程研究设计院主任工程师、设计总工程师。1958年担任中苏核技术合作的中国方面工艺设计总工程师。1971年起，历任上海物理研究所总工程师，中国核工业总公司科学技术委员会副主任，上海核工程研究设计院总工程师、研究员，兼江苏核电有限公司总工程师。1991年当选为中国科学院学部委员(院士)。2000年当选为俄罗斯工程院外籍院士。

20世纪50～60年代，参与主持完成中国自行设计建造的第一座军用生产堆的研究设计，并于1966年顺利建成投产，及时提供了核武器装料钚-239和氢弹所需的氚，同时培养出一批反应堆工程技术人员。1971年起任秦山核电站的总设计师，在没有外援条件下，全面负责这个中国第一座自行设计建造的核电站技术指挥和决策工作，主持完成核电站技术方案、可行性报告、初步设计、施工设计、安全分析与对策，解决了建造中一系列重大技术问题。1991年，发电能力为30万千瓦的压水堆型秦山核电站并网发电成功，实现了中国核电技术重大突破，结束了中国大陆无核电的历史，1995年通过的国家验收结论为："该工程技术先进，质量优良，运行安全可靠，经济效益良好"；秦山核电站建设中取得多项重大科研成果，其中获得国家和部级奖励达142项。1999年后，参与主持设计中俄合建的连云港田湾核电站，它按照国际原子能机构最新安全法规进行设计，吸取俄罗斯压水堆和西方核电站建造及运行经验，是当时中国在建单机容量最大、最先进的核电站。

多次获国家和省部级奖励，其中获1997年国家科学技术进步奖特等奖等。此外获1995年何梁何利科学与技术进步奖。 (虞为慈)

明斯基，M. L.(Minsky，Marvin Lee) 美国人，1927年8月9日生于美国纽约，2016年1月24日卒于马萨诸塞州波士顿。*计算机科学与工程、机器人学、人工智能、应用数学。*

犹太裔，眼科医生的儿子。1945年高中毕业后应征入伍。1946年进入哈佛大学主修物理，后改修数学，1950年毕业。同年进普林斯顿大学研究生院深造，1954年以论文"神经网络和脑模型问题"取得博士学位。留校任教。1958年后一直执教于马萨诸塞理工学院。曾任美国人工智能学会会长。是美国国家科学院和美国国家工程院院士。

人工智能框架理论的创立者，被誉为"人工智能之父"。1951年提出有关思维如何萌发和形成的一些基本理论，建造了世界第一个神经网络模拟器(学习机)，让机器学习如何走出迷宫；1956年和J. 麦卡锡共同发起具有开创意义的人工智能"达特茅斯会议"，第一次提出"人工智能"概念；1958年和麦卡锡共同创建世界上第一个人工智能实验室。20世纪60年代，倡导和率先研究"虚拟现实"技术(他当时称为"遥远的存在")，构造一种人不必真正介入而能体验的某种场景和事件。1975年首创"框架理论"，以框架形式表示层次化和模块化的知识系统，很快被人工智能界广泛应用，其基本概念和结构成为当前流行的一些人工智能语言、专家系统开发工具和面向对象技术的基础。80年代，开发出世界最早的能够模拟人活动的机器人 Robot C；创建了著名的"思维机公司"开发智能计算机，相继推出著名的"连接机"CM系列，把大量简单的存储-处理单元连接成大容量智能存储器，其中CM-1由4个象限组成，每个象限包含16 384个一位处理器，全部处理器则分为4 096组，组间形成12维起立方体结构，其集成峰值速度达到每秒600亿次，而CM-5的结点数更多、功能更强。他的理念是"大脑无非是肉做的机器而已"，引起了激烈争论。

著述颇丰，主要有：《计算：有限与无限的机器》(1967年)、《语义信息处理》(1968年)、《感知器》(1969年初版，1988年再版)、《表示知识的框架》(1975年)、《心智的社会》(1986年)、《机器人学》(1985年)等。获美国计算机学会1969年首届图灵奖(国际计算机界最高奖)、1989年马萨诸塞理工学院基利安奖等。 (李 烨)

埃文斯，R. O.(Evans，Robert Overton) 一译伊万斯。美国人，1927年8月19日生于美国内布拉斯加州格瑞德岛市，2004年9月2日卒于加利福尼亚州赫尔斯伯勒。*计算机科学与工程、应用数学、企业管理。*

1945～1946年在美国海军预备役服役。1949年获艾奥瓦大学电气工程学士学位。毕业后任北印第安那公共服务公司电力工程师。1951年加盟美国国际商用机器公司(IBM)，历任新技术攻关委员会副主席等要职，1984年退休。后加入汉鼎风险投资公司。1988年出任技术战略与联盟公司副总裁。1970年当选为美国国家工程院院士。

被誉为"IBM-360计算机之父"。1954年他参与主持研制大型机 IBM 704，最早采用类似批处理的操作系统 FORTRAN，采用磁心存储器使运行速度和可靠性大为提高。为解决慢速外围设备同高速处理器（CPU）和主存之间的不协调，他发明了第一个实验型"选择通道"处理器，以快速处理信息输入/输出，使 IBM 704 能用于控制洲际弹道导弹、航天器及其他科学计算。同年将 AN/FSQ7 计算机用于半自动地面防空系统，其中配备了相当成熟的通道技术，1958 年推出的 709 计算机可配 6 个通道。起初他作为 IBM 701 计算机维护工程师，十分了解用户需求和计算机工作环境，正是他竭力说服公司决策者用新系列代替已上马的 8000 系列，同时大度地起用原来持反对意见的布鲁克斯主持新项目，从而启动了 IBM-360 系列的巨大工程，总投资额为开发原子弹的曼哈顿计划的 1/4，1964 年完成，首次实现了计算机的通用化、系列化和标准化，被认为是计算机史上划时代的杰作。到 20 世纪 70 年代中期，该机的市场占有率已超过 50%，大获成功。他在 IBM 公司历任要职，将公司产品线从大型机拓宽至小型机、微型机、分布式处理机，以及电信等领域，时至 80 年代，产品门类已达 3000 种。

获 1969 年美国航天局杰出公共服务奖、1969 年美国军事通信与电气协会功勋服务奖、1984 年美国电气与电子工程师协会阿姆斯特朗奖章、1985 年美国国家技术奖章、1991 年计算机先驱奖。（李　烨）

胡光镇（Hu Guangzhen）　中国上海市人，1927 年 8 月 26 日生于江苏松江（今属上海市）。通信工程、电气电子工程、光电子学。

1948 年交通大学电机工程系毕业。先后在国家民航局、电子工业部、解放军总参谋部第三部第 58 研究所等研究部门工作，历任工程师、主任工程师、研究员、总工程师等职。1997 年当选为中国工程院院士。

长期致力于军用和民用通信电子工程技术的研究、开发，先后参加与主持研制出具有中外先进水平的通信设备和系统近 20 种。20 世纪 60 年代，在中国率先研制出多种全晶体管化多路复用终端设备，国产化率 100%，改变了完全靠进口国外通信设备的状况，使中国电信跨越真空管系统的阶段，直接做成晶体管系统，实现一大历史飞跃。70 年代，研究和开发现代数据通信技术，建成数据传输系统，使中国通信技术和装备又向前跨越一大步，大大缩短与国际先进水平的差距。80 年代以来，一直跟踪世界卫星通信技术，在建设和完善中国同步轨道卫星通信系统工程中，作出了重要贡献；参与主持研究开发光纤数字网络技术，对实现中国国防军事信息现代化有重要贡献。

发表论文近百篇。获国家和全军级奖励多项，其中有国家科学技术进步奖特等奖一项。（李啸虎）

麦卡锡，J.（McCarthy，John）　美国人，1927 年 9 月 4 日生于美国波士顿，2011 年 10 月 24 日卒于加利福尼亚州斯坦福。计算机科学与工程、人工智能、应用数学。

父亲是爱尔兰移民，母亲是立陶宛犹太人移民。第二次世界大战时，他边求学边服役。1948 年加利福尼亚理工学院毕业。1951 年获普林斯顿大学数学博士学位。留校任教。1953 年起先后执教于斯坦福大学数学系、达特茅斯学院、马萨诸塞理工学院（MIT）人工智能实验室。1962 年至退休在斯坦福大学计算机科学系任教。1987 年当选为美国国家工程院院士，1989 年当选为美国国家科学院院士。

人工智能研究的奠基人之一，被誉为"人工智能之父"。20 世纪 50 年代，研究计算机下棋程序，发明著名的 α-β 搜索法，可合理"修剪"多余的子树结点，大大减少计算机考虑的棋步数，使搜索范围收敛、快速有效，至今仍是人工智能常用的高效方法之一；1956 年与 M. L. 明斯基、C. E. 香农发起著名的达特茅斯会议，组织各学科专家首次讨论计算机模拟人类智能问题，提议将新学科命名为"人工智能"（AI）；1958 年与明斯基在 MIT 共同组建世界第一个人工智能实验室；率先提出将计算机"批处理系统"改进成允许数十、上百用户同时使用的"分时系统"，引发了计算机使用方式重大变革；在斯坦福大学参与开发了采用分时系统的计算机程序；1959 年开发人工智能界第一个最流行语言 LISP，这种函数式符号处理语言系统具有自编译能力，与后来的逻辑式语言 PROLOG 并称人工智能两大语言。60 年代，1968 年用 LISP 语言建成世界第一个初步体现"学习工具"的"接受劝告者"软件系统，能接受劝告改善性能、评估行动后果；发表"计算数学理论的一个基础"（1963 年）一文，用递归函数作为程序模型，系统论述程序设计语言语义形式化重要性，提出在形式语义研究中使用抽象语法和状态向量等方法，开"程序逻辑"研究之先河，曾被广泛用于自动程序设计、验证和优化分析等。70～80 年代研究非单调逻辑，1980 年提出"限界逻辑"，建立非单调逻辑较为成功的一个体系；论文"限制逻辑在常识知识形式化中的应用"（1986 年），对倡导常识推理有重要价值。

有论文选《形式化的常识》（1990 年）；出版《自动机研究》（1956 年，与香农合著）、《信息学：科学美国人之书》（1966 年）等专著。获 1971 年美国计算机学会图灵奖（国际计算机界最高奖）、1991 年美国国家科学奖章、2003 年富兰克林奖章等。（李　烨）

童秉纲（Tong Binggang）　中国江苏省人，1927 年 9 月 28 日生于江苏张家港。航空航天工程、流体力学、应用数学。

1950 年南京大学机械工程系毕业。1953 年哈尔滨工业大学力学专业研究生毕业。留校任讲师、理论力学研究室主任。1961 年起一直在中国科学技术大学工作，教授，历任近代力学系流体力学教研室主任、系主任。1984～1985 年在加拿大滑铁卢大学、美国亚利桑那州立大学等校做访问学者。曾兼任中国空气动力学会副理事长等职。1997 年当选为中国科学院院士。

根据中国航天工程急需，率先开拓和发展一套从低速到高超声速的动导数系列计算方法；针对难于算准航天器热流的老问题，发展以有限元方法为主体的计算气动热力学；和合作者建立模拟鱼类波状摆动推进的三维波动板理论，定量分析和解释了鱼类多种游动模式的形态适应及内在机制，受到国际上的重视和肯定；在涡运动和涡方法的若干研究前沿，探索静态和振动圆柱尾迹演变的稳定性和分叉及其控制问题、可压缩性粘性漩涡的流动结构问题、以及提高二维涡方法精度和适应性问题，取得新的进展。

自1983年以来，发表学术论文逾百篇；出版著作教材4部。其中主编《理论力学》(1961年第1版)获1987年全国优秀教材奖，到1999年已发行第5版，总发行量超过80万册；《气体动力学》(1990年)获1995年国家教委优秀教材奖一等奖、1998年教育部科学技术进步奖二等奖。主持科研项目20余项，多次获国家和省部级奖励。

(陈　安)

郁铭芳(Yu Mingfang)　中国浙江省人，1927年10月3日生于浙江宁波鄞县。合成纤维工程、材料科学与工程、工程管理。

1948年上海东吴大学化工系毕业。1956年前一直在纺织厂做化学分析员。1958～1964年任上海合成纤维实验工厂副总工程师。1964年后，历任上海合成纤维研究所副所长、副总工程师、所长、总工程师。1990年后，历任上海纺织涤纶公司总工程师、上海联吉合纤公司技术顾问。兼任中国纺织工程学会常务理事、上海纺织工程学会顾问委员会副主任。1995年当选为中国工程院院士。

1958年，他主持的科研小组将一台报废的纺织机器改制成拉伸机，纺出了中国自己制造的第一根合成纤维，次年又织出新中国第一件尼龙渔网，从而开启了中国化纤工业崭新一页；参加筹建中国首家合成纤维实验工厂——上海合成纤维实验工厂。20世纪60年代以来，研制成功锦纶降落伞用的锦纶长丝；参与领导中国自行设计建造的首家化纤生产车间顺利投产，年产500吨锦纶纤维、100吨锦纶长丝，并生产出首批军用降落伞，为支持国防建设作出了贡献；负责领导国家下达的涤纶短纤中试项目，首次引进当时国际先进的合纤熔纺技术和设备取得成功，使中国合成纤维熔融纺织技术得以更新换代。70～80年代，先后主持开发碳纤维原丝和碳纤维、芳纶、聚酰亚胺纤维、聚四氟乙烯纤维、涤纶高速纺丝等产品取得重大成果。80年代，在反复论证、多方准备的前提下，率先提出并主持完成丙纶喷丝成布一步法科技攻关重点项目，不仅生产出的制品具有低伸长、高弹力优点，而且大大提高生产效率。1990年负责筹建上海市重大工程年产7万吨聚酯切片的技术领导工作，并于1994年顺利投产取得良好经济效益，改变了上海纺织化纤原料主要依靠外来供应的局面。获多项国家和省部级科学技术进步奖，其中包括2002年光华工程科学技术奖。

(武光明)

汪耕(Wang Geng)　原名汪积威。中国安徽省人，1927年10月11日生于江苏南京。机械与动力工程、电机工程、工程管理。

1949年交通大学电机工程系毕业。1950年起一直在上海电机厂工作，教授级高级工程师，历任电机设计员、大型同步电机设计组长、主任设计师、设计科科长、副总工程师、副厂长兼副总工程师；1995年后兼任中美合资上海汽轮发电机有限公司顾问。兼任上海交通大学、东南大学等校兼职教授。1991年当选为中国科学院学部委员(院士)。

一直从事异步电机、同步电机，尤其是汽轮发电机研究开发。20世纪50年代，1953年在哈尔滨担负全国MC全系列同步电机电磁设计；1954年参与试制完成中国第一台6兆瓦空气冷却汽轮发电机；1958年研制成功世界第一台12兆瓦双水内冷汽轮发电机，逐步成为国产电机主要品种。此后30多年主持研制和发展6～600兆瓦各型双水内冷汽轮发电机。70～80年代，主持研制成功每分钟3 000转的双水内冷汽轮发电机，获1985年首届国家科学技术进步奖一等奖；主持研制2套80兆瓦交流脉冲发电机组，用作受控核聚变反应装置强磁场电源，获1987年国家科学技术进步奖三等奖。80～90年代及以来，主持研制中国第一座核电站(秦山)主发电机310兆瓦双水内冷汽轮发电机，1991年12月15日并网发电，至今未见故障，1994年获上海市新产品成果奖一等奖；具体负责对引进技术的300兆瓦、600兆瓦水氢冷汽轮发电机进行电磁和总体设计优化，后者获上海市第三届工业博览会金奖、2002年上海市科学技术进步奖一等奖；2000年与丁舜年院士共同完成1 000兆瓦级大型汽轮发电机研制，2001年被评为国家九五期间机械工业优秀科学技术成果。

出版《大型汽轮发电机设计制造和运行》(2000年，与他人合著)等专著。

(李啸虎)

程庆国(Cheng Qingguo)　中国浙江省人，1927年10月11日生于浙江桐乡，1999年8月18日卒于北京。桥梁和铁道工程、结构力学。

两岁丧父，由母亲艰辛养育成人。1950年清华大学土木工程系毕业。1951年公派赴苏联留学，1956年获列宁格勒铁道学院副博士学位。同年回国至去世前，一直在中国铁道科学研究院(原铁道部科学研究院)工作，为研究员，历任桥梁研究室副主任、副院长、院长、院学术委员会主任等职。曾兼任国际桥梁与结构工程学会委员，国际预应力混凝土学会工程实践委员会委员，中国土木工程学会、中国铁道学会副理事长，《中国铁路》、《中国铁道科学》杂志主编等职。1992年当选为俄罗斯运输科学院外籍院士。1993年当选为中国科学院学部委员(院士)。

20世纪50～60年代，开发了大批量生产新型桥梁的流水机组先进工艺，使预应力混凝土桥梁成为中国铁路主要桥梁结构，节约了大量钢材；成功开展各种桥梁结构和无支架施工新方法试验。60～70年代，参与成昆铁路建设，主持发展了多种串联梁和悬臂施工大跨径梁，保证了工程在地质地形极端复杂条件下顺利竣工，后获1985年国家科学技术进步奖特等奖；负责在湘桂线红水河上建成中国第一座铁路斜拉桥，其跨径居世界同类桥梁第二位，获国家科学技术进步奖二等奖。80～90年代，为发展中国高速和重载铁路，筹建有国际先进水平的多种大型试验室或工作站；积极倡导发展高速铁路、城市有轨交通和大跨径桥梁，主持“大跨径铁路斜拉桥和悬索桥”、“高速铁路运行系统动力学与运行控制”等国家重点项目；主持开展车桥耦合振动、列车走行性、桥梁结构空间非线性分析、钢纤维混凝土本构关系及疲劳损伤等研究；担任多座重要铁路大桥技术顾问或总监。

与他人合撰出版《钢纤维混凝土理论及应用》(1999年)等专著，参与翻译10多部译著。（李啸虎）

刘天泉(Liu Tianquan) 中国江西省人，1927年11月10日生于江西萍乡，2000年3月28日卒于北京。*采矿工程、岩石力学、工程管理。*

1952年湖南大学肄业。1958年获波兰克拉科夫矿冶学院硕士学位。历任中国煤炭科学研究总院北京开采研究所研究室主任、高级工程师、总工程师、院学术委员会主任。曾兼任中国岩石力学与工程学会副理事长、中国矿业协会常务理事、煤矿开采损害技术鉴定委员会主任等职。1994年选聘为中国工程院院士。

首创的矿山岩体采动响应理论体系，这是一个由采动岩体变形空间分带论、采动地表变形空间形态论、采动地层结构论、采动地层质量评价论四大理论板块构成的完整系统，对矿山采动岩体和地表变形与破坏具有考察、预测、预防、治理和监控的全面功能，因而对采矿业有重大指导意义；创新了一整套矿山特殊开采技术体系，为矿山资源开发、开采和环境安全提供了切实可行的途径，受到学术界和工程界的高度评价和重视。

发表论文60多篇，译文20多篇；研究报告40多个、工程咨询报告50多个；在采动响应的预计与控制理论及特殊开采技术等方面，出版有《煤矿地表移动与覆岩破坏规律及其应用》(1981年)、《露头煤柱优化设计理论与技术》(1998年)、《孔隙裂隙弹性理论及应用导论》(1999年)等专著10多部，译著2部。获1985年国家科学技术进步奖二等奖等奖励多项。（武光明）

潘家铮(Pan Jiazheng) 中国浙江省人，1927年11月12日生于浙江绍兴，2012年7月13日卒北京。*水利水电工程、结构力学、坝工学、工程管理。*

1950年浙江大学土木系毕业。长期在国家水利电力部工作，高级工程师，1985年任电力部总工程师。1988年任能源部总工程师。兼任中国岩石力学与工程学会名誉理事长，中国大坝委员会名誉主席，中国水利学会、中国水力发电工程学会和中国能源研究会副理事长，中国长江三峡工程开发总公司技术委员会主任，清华大学等校兼职教授等职。1980年当选为中国科学院学部委员(院士)。1994年选聘为中国工程院土木、水利与建筑工程学部院士，2000年又兼为该院工程管理学部院士。并当选为中国工程院副院长。

先后主持和参加设计黄坛口、流溪河、东方、新安江、七里泷、乌溪江、龚嘴、磨房沟等大中型水电站，其中流溪河水电站是中国第一座坝顶泄洪的薄拱坝，新安江水电站是中国第一座自行设计施工的大型水电站；参加审查和验收乌江渡、葛洲坝、凤滩、陈村等水电工程；指导龙羊峡、东江、二滩、小湾、龙滩等大型水电工程的设计施工；参与举世闻名的长江三峡水利枢纽论证工作，担任论证领导小组副组长及技术总负责人。他擅长于结构力学，在坝工和水电领域中发展了许多新概念新理论新技术，例如大宽缝重力坝、溢流式双曲拱坝、溢流式厂房、抽排降低扬压力理论、水工建筑物稳定及滑坡涌浪分析等；对许多复杂的结构，如地下结构、边坡稳定、地基梁与框架、土石坝的心墙斜墙、调压井衬砌、岔管和法兰等，提出了新的计算理论和方法。

发表论文百余篇；出版《建筑物的抗滑稳定与滑坡分析》和《重力坝设计》等专著20多种。此外，有散文集《春梦秋云录》一部；4卷本《潘家铮院士科幻作品集》。1989年被授予“国家设计大师”称号。（沙治银）

周勤之(Zhou Qinzhi) 中国浙江省人，1927年11月23日生于浙江上虞。*机械制造工程、精密加工技术、机械学。*

出生于机器制造业主世家，4岁丧母，在家族厂内做过金工学徒。1944年进圣约翰大学读医科一年余，后因父亲工厂倒闭而辍学。1945年后在舅父的机械厂工作，靠自学和上夜校补习数学、物理和机械工程等课程。1950年中华工商专科学校机械系毕业。同年到上海虬江机器厂(上海机床厂前身)工作，开发精密加工工艺。期间，1959年参加上海精密机床考察团赴西欧考察。历任上海机床厂工艺科副科长、工艺试验室主任，科研科科研室主任，磨床研究所科研室副主任和主任、副所长、副总工程师、教授级高级工程师等职。1995年当选为中国工程院院士。

20世纪60年代，在吸收和改造国外先进技术基础上，主持开发中国第一台MBG1432A镜面磨床，开创和建立中国独特的镜面磨削技术体系；参与开发专用精密分度盘磨床，便卡盘夹磨工作圆度小于0.08微米，为当时国际最高水平；试验加工出0级5米接长丝杆，使1 000×200(毫米)平板平面度在2微米之内；参与并主持研究开发的精密分度技术与设备，如磁分度技术、平面智能研磨技术、双薄膜反馈双边随动阀、以及YA7232B电子全闭环磨齿机等，分别达到国际先进水平或领先地位。主持和参与开发攻关的电子传动蜗杆砂轮磨齿机、金刚滚轮修正技术，分别获国家科学技术进步奖二、三等奖，高精度微位移干涉仪获上海市发明奖一等奖、国家发明奖三等奖。

出版有《精密平面之产生及其测量法》、《论瑞士机床》等专著。（陈芳泽）

保铮(Bao Zheng) 中国江苏省人，1927年12月1日生于江苏南通。*通信工程、雷达工程、信号处理技术、微波电子学、高等教育管理。*

1953年毕业于解放军通信工程学院(今西安电子科学技术大学)雷达系。留校任教，历任教授、系主任、副院长，1984～1992年任校长。后为西安电子科学技术大学电子工程研究所教授、校学术委员会主任，兼任电子科学研究院军事电子专家委员会副主任等职。1991 年当选为中国科学院学部委员(院士)。

20 世纪 60 年代,主持研制成功中国第一台微波气象雷达,主要性能达到国际水平。1971 年发明埋地电力电缆故障定位的“冲击闪络法”,开发出 DGC-711 型电力电缆故障闪测仪,解决了供电部门长期悬而未决的大难题;70 年代中期后,在空间信号超分辨、雷达成像和时空二维信号处理等方面,提出一系列创造性概念和方法;先后研制成功各具特色、性能良好的雷达数字动目标显示器,雷达天线自适应旁瓣相消器,雷达动目标检测器,可编程动目标检测器等,配置于多种雷达系统中,促进了中国雷达技术的数字化。80 年代后期,研究时空二维信号处理,提出性能明显高于传统方法而对相控阵天线精度要求较低的新方案。80～90 年代,在雷达成像的研究方面获突破性进展,开发出“散射重心运动补偿法”和“距离-瞬时多普勒成像法”等新技术;研究时频分析、子波变幻、高阶统计量等新理论在雷达技术中的应用,取得阶段成果。

至 2002 年,发表论文 230 多篇;著有专著教材 6 部,其中合著《非平稳信号分析与处理》(1998 年)获全国优秀科学技术图书奖、国家科学技术进步奖二等奖(著作类);在数字信号处理、阵列信号处理、自适应信号处理、多维信号处理和雷达成像等方面取得了 10 多项重要成果,其中获全国科学技术大会奖 1 项,国家科学技术进步奖二、三等奖共 2 项,部科学技术进步奖一等奖 6 项。1990 年评为全国高校先进科学技术工作者。1992 年获光华科学技术基金特等奖。 (虞为慈)

屠基达(Tu Jida) 中国浙江省人,1927 年 12 月 11 日生于浙江绍兴,2011 年 2 月 16 日卒于深圳。*航空工程、机械与动力工程、工程管理。*

出生于城市贫民家庭。1951 年交通大学航空工程系毕业。历任哈尔滨飞机厂设计员、设计科长,沈阳飞机厂设计室副主任,成都飞机厂设计所所长、132 厂副厂长、总工程师、成都飞机发展中心副主任,成都飞机工业(集团)公司高级顾问、研究员级高级工程师。兼任航空工业总公司科学技术委员会特邀委员,南京航空航天大学兼职教授。1995 年当选为中国工程院院士。

1951 年参加中国航空工业初创,1958 年起全面主持飞机型号设计,取得一系列开创性和填补国内空白的成就。20 世纪 50～60 年代,主持研制中国第一架自行设计的初级教练机初教-6,自 1958 年起已连续生产 40 余年计 2 000 多架;一次优质试制成功歼-5 甲型战斗机,并于 1964 年定型;主持设计试制成功改型歼教-5,1966 年试飞定型后连续生产一千多架,出口 10 多个国家。70～80 年代,全面主持设计歼-7 飞机系列,其中歼-7 Ⅱ型在飞行性能、救生可靠性、飞机维护性等方面均有大幅度提高;主持超声速歼击机歼-7M 研制,解决了引进设备和飞机相容性问题,增加了外挂能力,1987 年改型进入国际军机市场。80 年代中期后,主持国际合作研制超-7 型等飞机。在他主持设计成功的飞机中,有 2 种机型获全国科学大会奖,2 种机型获国家科学技术进步奖一等奖,有 3 个机型(系统)获国家金质奖。

撰有《军用飞机的安全性设计》等专著。1993 年获中国航空工业总公司个人最高荣誉奖“航空金奖”。

(李啸虎)

诺伊斯,R. N. (Noyce, Robert Norton) 美国人,1927 年 12 月 12 日生于美国艾奥瓦州伯灵顿,1990 年 6 月 3 日卒于得克萨斯州奥斯汀。*通信工程、集成电路技术、微波电子学、半导体物理学、科技管理。*

公理会教长之子。1949 年获美国艾奥瓦州格林内尔学院物理学与数学学士学位。1953 年以论文“绝缘体表面状态的光电研究”获马萨诸塞理工学院物理学博士学位。1954 年任费城菲尔科公司研究部研究工程师。1956 年加盟贝克曼仪器公司肖克莱半导体实验室。1957 年参与创办仙童半导体公司并任副总裁。1968 年起创办并任英特尔(Intel)公司总裁。1988 年任半导体制造技术产业联盟(Sematech)总裁和首席执行官。曾任美国半导体工业协会主席。是美国国家科学院、美国国家工程院、美国文理科学院院士。死于心脏衰竭。

是集成电路的两位发明人之一。1947 年,J. 巴丁和 W. H. 布拉坦率先发明了晶体三极管,从此开始了半导体时代。1958 年,J. S. 基尔比发明第一块集成电路片,率先将晶体管、电阻、电容用金线集成在一块硅片上,构成一个基本完整的单片式功能回路,1959 年 2 月 6 日提出专利申请,1964 年 6 月 23 日才获批准。1959 年 7 月 30 日,诺伊斯提出了“半导体器件和铅连线结构”的专利申请,1961 年 4 月 25 日获美国第 2981877 号专利。由此引发一场关于集成电路发明权的马拉松式诉讼。1969 年美国法院最后判决,两人都是集成电路的独立发明人,因为两者互连技术不同,不存在侵权问题。集成电路发明是电子技术发展中的重大突破,为现代信息革命奠定了基础。在诺伊斯去世 10 年后,瑞典皇家科学院决定把 2000 年诺贝尔物理奖授予集成电路发明人,但按惯例不授予已故科学家,从而使基尔比和另两位开发半导体高速光电子元件的科学家获此殊荣。

也是美国硅谷奠基人之一。他是硅谷著名的仙童半导体公司和英特尔(Intel)公司的主要创始人之一,终使后者成为世界上最大的微处理器供应商。1974 年,他主动卸任 Intel 公司日常事务,任硅谷和整个美国半导体工业的非官方代言人,由此赢得了“硅谷市长”的美誉。20 世纪 80 年代,又主持美国半导体产业相关机构,肩负起沟通和协调半导体产业和政府之间、元件厂与设备供应商之间的合作关系,促进了美国半导体设备与材料的研发能力,保持了信息技术的国际领先地位。

在开发半导体器件和集成电路技术上,一生拥有 16 项美国专利。获 1966 年富兰克林学院巴伦坦奖章,1978 年美国电气与电子工程师协会荣誉奖章,1978 年美国信息处理学会联合会古德奖,1979 年美国国家科学奖章,1987 年美国国家技术奖章,1990 年美国国家工程院德雷珀奖章,1990 年美国专利局终身成就奖等。1983 年入选美国发明家名人堂。1989 年入选美国商业名人堂。

(宣焕灿)

梁晋才(Liang Jincai) 中国北京市人,1927 年 12 月 17 日生于北京。导弹工程、仪器研制、自动控制。

原籍广东南海。1950 年北京大学工学院毕业。同年到北京铁道学院任教。1957 年到苏联莫斯科包曼工学院学习自动控制专业,1961 年获副博士学位。1962 年回国,调到国防部第五研究院从事导弹研制,曾任武器系统总体设计室总设计师。中国航天工业总公司上海航天技术研究院(第八研究院)研究员、技术顾问。兼任西北工业大学等校兼职教授、《上海航天》杂志副主编等职。1997 年当选为中国工程院院士。

长期从事导弹武器系统总体设计,为中国国防军工发展作出了重要贡献。20 世纪 60～70 年代,主持研制成功地空导弹自动驾驶仪和测试设备,首次在中国采用小扰动自适应原理开发的半液浮陀螺仪,为自动驾驶仪小型化奠定了技术基础;1979 年主持研制成功用于半主动寻的雷达导引头,采用单脉冲加脉冲压缩体制,经多次改进设计和试验,成为中国第一个研制成功可供高空远程地空导弹使用的型号,其部分单项技术成果已被推广应用。80～90 年代以来,主持研制成功一系列新的飞航装置,其中包括乙型、丙型某导弹武器系列(海用和陆用),提高了导弹机动性,扩大了作战空域,缩短了反应时间,达到国际同类产品先进水平。

与他人合撰《防空导弹武器系统总体设计和试验》等专著 2 部。先后获国家科学技术进步奖一等奖 1 项、三等奖 1 项,全国科学大会奖 1 项,部级一等奖 2 项。

(侯伯勤)

潘际銮(Pan Jiluan) 中国江西省人,1927 年 12 月 24 日 生于江西瑞昌。焊接工程、金属材料学、高等教育管理。

1948 年清华大学机械系毕业。1953 年哈尔滨工业大学研究生毕业留校。1955～1993 年执教于清华大学,1978 年晋升为教授,历任焊接教研室主任、机械工程系主任、校学术委员会主任等职。期间 1959 年赴苏联巴顿焊接研究所任访问学者;1978 年起先后成为德国亚琛工业大学、汉诺威工业大学客座教授;1986 年任美国俄亥俄州立大学焊接系客座教授。1993～2002 年任南昌大学校长,后任名誉校长。兼任国际焊接学会副主席(1982～1985 年)、中国机械工程学会副理事长及焊接分会理事长、《中国机械工程学报》、《焊接学报》等 5 家学术刊物的编委或主编。1980 当选为中国科学院学部委员(院士)。

20 世纪 50 年代,参与创建中国高校第一批焊接专业;试验成功板极电渣焊、重型锤锻模堆焊,广泛用于生产。60 年代,试验成功氩弧焊,并应用于完成中国第一套核反应堆焊接工程;研制成功中国第一台真空电子束焊机;深入研究焊接的热裂纹机理;对金属在固化线附近的力学行为和微观现象进行了大量有价值的理论研究。70 年代,首次建立电弧传感器的动态、静态物理数学模型;研制成功具有特色的电弧传感器和自动跟踪系统。80～90 年代,创造多种晶体管控制的弧焊电源;首创电源多折线外特性,陡升外特性、扫描外特性控制电弧的新概念;研究成功脉冲式熔化极隋性气体保护焊(QH-ARC)焊接电弧控制法,为控制焊接电弧和实现焊接自动化开辟了新途径。

著有《现代弧焊控制》等书。多次获奖,其中有 1991 年中国机械工程学会科学技术成就奖及金质奖章等。

(侯伯勤)

雷廷权(Lei Tingquan) 中国陕西省人,1928 年 1 月 23 日生于陕西西安,2007 年 12 月 6 日卒于哈尔滨。热处理工程、金属学、材料科学。

1949 年西北工学院(今西北工业大学)机械系毕业。留校任教。1951 年到哈尔滨工业大学进修,一直留校任教。期间,1956～1960 年在苏联莫斯科钢铁学院学习,获副博士学位。为哈尔滨工业大学教授、曾任金属材料及热处理教研室主任等职。曾兼任国际热处理联合会主席、中国机械工程学会热处理学会理事长、西安交通大学和国防科技大学等 10 余所学校兼职教授、《金属热处理学报》和《材料科学与工艺》主编等职。1997 年入选中国工程院院士。

在国际上开拓了形变化学热处理新领域,率先开展双相钢、双相组织热处理研究,在形变金属动态再结晶、亚组织形成和强化机制等领域有多项新发现,其中首次发现相硬化和相软化现象;在双相组织微观变形与断裂行为、双相钢强度理论等领域提出了一系列新观点,引起国际学术界重视;运用形变热处理理论开发出多项新工艺和新钢材,并在导弹火箭弹壳体、车刀、汽轮机叶片和汽车配件等许多重要零件上获得广泛应用,取得巨大经济效益;揭示高温回火脆问题由碳化物微沉淀引起的新机制,弥补了世界公认的晶界偏聚理论上的不足;系统研究氧化锆(ZrO_2)陶瓷的相变过程、相变韧化和晶须韧化等,并开展陶瓷复合材料在航天航空工业上的应用研究,其中利用短纤维及颗粒复合增强熔石英基陶瓷复合材料,为新型号航天器防热部件提供了透波型和不透波型两类新一代材料。

发表论文 400 余篇;出版专著 8 种,主编《热处理手册》等工具书。先后获国家和省部级奖励 10 余项。获“航天工艺突出贡献者”等多个荣誉称号。 (李啸虎)

张寿荣(Zhang Shourong) 中国河北省人,1928 年 2 月 17 日生于河北定县。冶金工程、冶金学、工程管理。

1949 年获天津北洋大学(今天津大学)冶金系工学士学位。同年到鞍山钢铁公司工作,历任高炉工长、生产科长、工程师和厂长助理。1957 年调到武汉钢铁公司工作,历任炼铁厂生产科长、工程师、中央试验室研究室主任、炼铁厂副总工程师,公司副总工程师、副经理,武汉钢铁公司教授级高级工程师,武汉理工大学特聘教授兼名誉院长。兼任中国材料研究协会副理事长等职。1995 年当选为中国工程院化工、冶金与材料工程学部院士,2000 年又兼为该院工程管理学部院士。1997 年当选为墨西哥工程院外籍院士。

20 世纪 50 年代,参加鞍山钢铁厂恢复生产工作,积极推行高炉炉顶调剂法、低锰冶炼法,使其在短期内领先全国;参加武汉钢铁厂一期工程建设,使中国第一座 1 386 立方米大高炉武钢一号顺利投产。60 年代，组织对高炉布料反常、高镁渣、喷沥青等有关高炉长寿试验的研究。70 年代，研制成功用 1 513 立方米设备建 2 516立方米高炉；提出炼铁系统技术进步总规划。80 年代“六五”期间，对 1.7 米轧机进行新技术消化，组织前工序老厂技术改造(包括四同步大修改造)，完成转炉复吹、全连铸等新技术和新产品的开发。90 年代，组织新三高炉的建设和投产，博采多国新技术使其达到当代先进水平；开发和推广高炉长寿技术。21 世纪初年以后，主要从事高炉冶炼过程控制，喷吹及钢铁工业发展战略的研究；进行高炉专家系统研究。

发表论文近百篇。获 1990 年国家科学技术进步奖特等奖(第一完成人)，2002 年中国工程院光华工程科学技术奖等。 (张　娅)

库尔泽，T. E.(Kurtz，Thomas Eugene)　美国人，1928 年 2 月 22 日生于美国伊利诺伊州奥克派克。计算机科学与工程、软件工程、工程教育、统计学。

1950 年获伊利诺伊州诺克斯学院数学学士学位。1956 年获普林斯顿大学数学博士学位。同年进达特茅斯学院数学系任教，1959 年出任计算中心主任，1993 年退休。先后兼任美国总统高等教育科学咨询委员会委员(1965～1967 年)，基威特地区计算中心主任(1966～1975 年)，科学计算技术办公室主任(1975～1978 年)等职。

计算机 BASIC 语言发明人之一。20 世纪 60 年代，与 J. G. 凯默尼合作建造达特茅斯学院分时计算机系统 DTSS，两期工程先后于 1964 年、1969 年完成，对早期分时系统发展有很大影响。该系统采用一台 GE-235 为中央处理机，外加一台 Datanet-30 计算机，统一处理分布校园各处的终端通信，首批实现能让大量学生同时上机的目标。与此同时，两人合作开发了 BASIC 语言。BASIC 是“初学者通用的符号指令代码”的英文缩写，目标是使初学者在数小时内可速成编程技术，从而运用计算机解题。1964 年 5 月 1 日，第一个 BASIC 程序成功运行，效率超过先于它问世的 FORTRAN、COBOL、Algol 等语言。他们把 BASIC 当作自由软件免费推出，很快在美国和全世界流行，成为当时最受欢迎、影响最大的语言，在普及和推广计算机应用上起了巨大历史作用。1975 年比尔・盖茨创办微软公司，为世界第一台微机牛郎星 8800 配附了第一套标准 BASIC 语言，由此掀起了一场“微机革命”。20 世纪 70 年代后期，随着 PASCAL 和 C 语言推出，BASIC 优势开始衰落。1983 年起两人开发 BASIC 新版本，1985 年推出的 True BASIC，具有交互图形、窗口管理程序、格式化工具、高级调试程序等许多先进功能。1986 年推出凯默尼-库尔泽数学系列软件包等产品。90 年代初，微软公司推出 Visual BASIC，成为“视窗”(Windows)环境下最方便的编程工具而广受欢迎，时至 2009 年已开发出 7.0 版本，正是 BASIC 成就了世界首富比尔・盖茨。

此外，1979～1989 年他参与主持实施由美国国际商用机器公司(IBM)资助的“计算机与信息系统”硕士生培养计划，为美国培养了大批计算机专业人才。与凯默尼合作出版一系列相关专著和教材，其中影响最大的是《BASIC 程序设计》(1967、1971、1980 年)、《结构化 BASIC 程序设计》(1987 年)。另外他还出版《统计学基础》一书(1963 年)。获 1974 年美国信息处理学会联合会先驱奖、1991 年美国电气与电子工程师协会计算机先驱奖。 (李　烨)

乔登江(Qiao Dengjiang)　中国江苏省人，1928 年 3 月 15 日生于江苏南京，2015 年 5 月 8 日卒于上海。核武器工程、核防护工程、爆炸物理学。

1952 年毕业于南京金陵大学物理系，留校任教。1952～1954 年在北京师范大学物理系进修。1952～1963 年先后任南京师范学院物理系助教、江苏师范学院(今苏州大学)物理系讲师。1963～1988 年在中国人民解放军新疆永红 89801 部队服役，历任国防科学工业委员会第 21 基地研究室副主任、主任、西北核技术研究所副所长、基地科学技术委员会副主任兼研究所科学技术委员会主任。1988 年任西北核技术研究所研究员。1999 年任华东师范大学教授。1997 年当选为中国工程院院士。身患病残，只有一只眼、一只肾，但心志益坚。

20 世纪 60～70 年代，多次参加中国核试验，从理论上解决了核爆炸现场准确、快速确定爆炸当量的方法，满足了现场试验的要求；系统分析地下、大气层、中高空(20～40 千米)和高空(80 千米以上)核爆炸所生成的瞬态和持久的核环境结果；在数值模拟并使之与实验模拟相结合方面，作出了重要贡献；80～90 年代，在理论研究、数值模拟和总结试验基础上发展了爆炸物理学，编著的专著为发展中国核防护技术提供了理论基础；系统研究目标的冲击波效应、电子元器件及系统的辐射效应等，并将研究成果编写成手册；开展抗辐射加固和新技术武器效应的基础研究方面的系列研究工作，取得开创性成果；形成完善的核安全保障和评估理论。

论文数十篇；出版有《核爆炸物理学概论》(1988 年)、《脉冲束辐照材料动力学》(2002 年，与他人合著)等专著 5 部。先后获国家级自然科学奖、国家级发明奖和国家级科学技术进步奖 9 项，总委级科技奖 7 项，其中全军科学技术进步奖 4 项。 (李啸虎)

冯纯伯(Feng Chunbo)　原名冯辰北。中国江苏省人，1928 年 4 月 16 日生于江苏金坛，2010 年 11 月 10 日卒于江苏南京。电力工程、自动控制、系统科学与工程、应用数学。

1950 年浙江大学电机系毕业。1953 年哈尔滨工业大学电机系研究生毕业。留校任电机系输配电教研室副主任。1958 年获苏联列宁格勒工业大学技术科学副博士学位。同年回国，先后任哈尔滨工业大学电力教研室主任、第 724 研究所(南京)室主任和副总工程师。1979 年起一直在南京工学院(现东南大学)任教，教授，先后任自动化研究所副所长、所长，研究生院副院长。1993 年当选为俄罗斯科学院外籍院士。1995 年当选为中国科学院院士。

20 世纪 50 年代，对发电机调节和电力系统综合控制提出过独到见解。60 年代起，开发出多项军用控制技术。70年代后，在动态反馈系统一般理论、系统建模方法、自适应控制理论等方面均有建树，其中有：独立提出系统建模方法及自适应控制系统的设计方案，发展了时间序列分析理论；根据对信号进行预处理方法，首次提出偏差补偿最小二乘辨识方法；建立一套完整的系统建模方法，可用于开环及闭环动态系统辨识、降阶建模、集元辨识、频率特性辨识等；运用泛函分析研究并联、串联、反馈等复合动态系统的输入输出特性，给出其无源度的计算，扩展已有无源性定理、绝对稳定性判据等；首次采用智能型逻辑切换消除自适应控制系统中的失稳现象，实现简化的滑动模态控制。

发表论文200余篇；出版《非线性控制系统分析与设计》、《鲁棒控制系统设计》等专著多部，其中《自适应控制》获电子工业部优秀教材一等奖。获1986年国家教委科学技术进步奖一等奖等多种奖励。（赵　骞）

戴复东(Dai Fudong)　中国安徽省人，1928年4月25日生于广东广州。土木工程、建筑学、城市规划。

一代抗日名将戴安澜之子。原籍安徽无为。1952年南京大学建筑系毕业。同年起一直在同济大学任教，教授，历任同济大学建筑系主任、建筑与城市规划学院副院长、院长、名誉院长，同济规划建筑设计研究总院总建筑师、高新建筑技术设计研究所所长。1983～1984年美国纽约哥伦比亚大学建筑与规划学院访问学者。兼任东区建筑与规划国际组织副主席（1987～1991年）、中国建筑学会常务理事等职。1999年当选为中国工程院院士。

设计中富有创新精神，崇尚“现代骨、传统魂、自然衣”设计理念。20世纪60～70年代，在中国较早提出“缩短护理至病床距离”作为医院组合设计最佳标准；在中国率先提出“缩短步行尺度，改进登机制度，提高旅客速度”的机场候机楼建筑设计思想。80～90年代，开展轻钢混凝土轻板房屋体系研究设计与开发，可应用于低层、多层、小高层及高层建筑；进行住宅商品化的制作组装销售全过程研究；设计出内外墙自封闭体系的超级钢结构生态智能住宅；探索高层、超高层建筑设计与建造，参与主编《高层及超高层工程系列手册》；参加主持评审数十项重要建筑项目。他十分重视乡土建筑与民族传统文化，设计有桂林芦笛岩洞口建筑、武汉东湖梅岭工程、同济大学建筑与城市规划学院院馆、荣成北斗山庄、曲阜后作街、绍兴震元堂及震元大楼、北京中华民族园、遵化国际饭店等，尤以海草石屋的北斗山庄，被誉为化腐朽为神奇，获得中外赞誉。

发表论文逾百篇；《高层建筑设计》等教材、著作和著译10余部；拥有国家专利2项。设计建筑工程56项，大型规划2项，多次获奖。获中外建筑设计竞赛奖7项，其中省部级以上一等奖4项。（王向阳）

胡海昌(Hu Haichang)　中国浙江省人，1928年4月25日生于浙江杭州，2011年2月21日卒于北京。航空航天工程、材料科学与工程、固体力学、应用数学。

1950年毕业于浙江大学土木工程系。同年到中国科学院数学研究所力学研究室工作。1956～1965年任中国科学院力学研究所助理研究员、副研究员，固体力学研究室主任。1966年任中国空间技术研究院空间飞行器总体设计部副研究员，1981年任研究员、副主任、科学技术委员会主任、名誉主任等职。1979年起任北京大学、浙江大学等校兼职教授。1980年当选为中国科学院学部委员（院士）。1982年任《振动与冲击》杂志主编。曾兼任中国力学会副理事长、中国振动工程学会理事长等职。

20世纪50年代，主要从事弹性力学、板壳理论等研究，有一系列成果。1953年，建立横观各向同性弹性体空间问题的一些重要解；1954年创立三类变量的广义变分原理，发表重要论文“论弹性体力学和受范性体力学中的一般变分原理”，把力学中的位移、应变和应力三类基本变量全部作为自变函数，推广了最小势能原理，对弹性力学、变分原理、数值方法产生了深远影响，由于1955年日本的鹫津久一郎在美国也提出类似原理，1964年世界力学界首次公认并统称为胡-鹫津原理；1956年参加钱伟长主持的“弹性薄板的大挠度问题”项目，获中国科学院自然科学奖二等奖；同年，研究成果“横观各向同性体的弹性力学的空间问题”获中国科学院自然科学奖三等奖。60～70年代，相继将广义变分原理应用于板、壳、振动、稳定诸领域；从事火箭等飞行器总体设计和壳体稳定性研究。80年代，用力学与泛函结合的方法，统一论证了结构理论中振动的普遍性质；将小参数法和局部修改法系统应用于多自由度结构的固有振动问题；改进和发展了特征值的包含定理和计数定理等；1986年，从守恒积分出发导出力学上新型的边界积分方程；合作开展“线性弹性结构理论中两类算子的正定性和紧致性的研究”，获1987年国家教委科学技术进步奖二等奖。

发表论文百余篇，广泛涉及弹性力学、塑性力学、流体力学以及结构力学的平衡、稳定和振动等领域；出版著作和译著近10部，主要专著有：获全国优秀科技图书奖的《弹性力学的变分原理及其应用》（1981年）、《多自由度结构固有振动理论》（1987年）等。（王良国）

李志坚(Li Zhijian)　中国浙江省人，1928年5月1日生于浙江镇海，2011年5月2日卒于北京。集成电路工程、电气电子工程、仪器研制、半导体物理、微波电子学。

1951年浙江大学物理系毕业。1958年获苏联列宁格勒大学物理-数学副博士学位。同年回国，一直在清华大学任教，历任电子工程系半导体教研室主任、微电子研究所所长、信息科学与技术学院学术委员会主任等职。兼任中国电子学会副理事长，半导体和集成技术学会副会长，国家超晶格实验室、国家表面物理实验室的学术委员会主任等职。1991年当选为中国科学院学部委员（院士）。

20世纪50年代，提出薄膜光导体的晶粒电子势垒理论，据此制成高信噪比的硫化铅(PbS)红外探测器；1959年在中国首次研制出高纯多晶硅并成批生产。60年代，开发出平面硅工艺，研制成功高反压硅高频三极管，有力促进了中国微电子相关技术和产业发展。70～80年代，主持和参与研制出多种静态存储器、8位和16位高速微处理器芯片；在中国率先完成3微米"超大规模集成"(VLSI)成套工艺技术和电路研究，获1987年国家科学技术进步奖二等奖；参与发明VLSI半导体红外快速热处理技术和设备，获中国和美国专利、1990年国家发明奖二等奖。90年代及后，主持建成中国第一条1～1.5微米VLSI成套工艺与电路，并研制出1兆位汉字库的只读存储器(ROM)，获1995年国家科学技术进步奖二等奖；开发出电流型模糊逻辑微处理器，研制出手写体字符识别器、语音识别器等VLSI系统集成芯片；研制出微马达、微泵和微话筒等硅基微电机系统的各种器件。

发表论文200余篇；出版专著2部。获国家和部委级奖励10余项，其中有国家科学技术进步奖二等奖、部委级科学技术进步奖一等奖各4次。此外，获1997年度陈嘉庚信息科学奖、2000年度何梁何利科学与技术进步奖。

(李宇涛)

阙端麟(Que Duanlin) 中国福建省人，1928年5月19日生于福建福州，2014年12月17日卒于浙江杭州。半导体材料工程、光电子学、半导体物理。

1951年厦门大学电机系毕业，留校任教。1953年起一直在浙江大学工作，材料与化学工程学院教授，先后任电机系实验室主任、无线电系半导体材料与器件教研室副主任、材料科学与工程系副主任、半导体材料研究室主任、半导体材料研究所所长、浙江大学副校长等职。兼任中国电子学会电子材料学分会副理事长、浙江省科学技术协会主席等职。1991年当选为中国科学院学部委员(院士)。

20世纪50年代，开始从事半导体温差电材料研究，试制成功中国第一台温差发动机。60～70年代，在中国率先用硅烷法制成纯硅；开发出全分子筛吸附法提纯超高纯硅烷的成套生产技术，成果获1980年国家发明奖三等奖，近30余年来一直是中国生产超高纯硅烷的主要方法。80年代以来，主持研制出探测器级特高阻硅单晶；提出双频动态电导法，研制出间歇加热法测试硅材料导电型号；创立高频单色光电导法寿命测试的表面修正公式，研制成功高频红外光电导衰减硅单晶寿命测试仪，技术指标大幅超过同类进口产品，使中国该种仪器全部实现国产化，获1988年国家发明奖三等奖；开发出减压充氮直拉硅单晶技术，研究成功微氮保护气氛直拉硅单晶，打破国际上流行的学术"禁区"，产品打入国际市场，取得6项发明专利，被评选为中国1987年10项重大科学技术成果之一，获1988年第37届尤里卡世界发明博览会金牌奖、1989年国家发明奖二等奖；开展多孔硅发光机理研究；主持有关硅中氮杂质的基础研究等。

获中国发明专利权近10项；发表论文近百篇。另获2002年度何梁何利科学与技术进步奖。 (李啸虎)

俞鸿儒(Yu Hongru) 中国江西省人，1928年6月15日生于江西广丰(今属上饶)。航空航天工程、仪器研制、气体动力学、飞行力学。

1946～1949年在上海同济大学数学系学习。1953年大连工学院(今大连理工大学)机械系毕业。留校任教。1963年中国科学院力学研究所研究生毕业，后一直留所工作，研究员，历任研究室主任、副所长、联合实验室主任等职。1979年、1988年两次赴联邦德国亚琛工业大学激波实验室从事合作研究。兼任中国空气动力学学会副理事长等职。1991年当选为中国科学院学部委员(院士)。

20世纪50年代，为了解决中国发展导弹、飞船急需的气动实验，参与探索建造高性能、大尺寸、低能耗、低成本的高超声速风洞新方法；参与研制中国第一台激波管。60～70年代，研制成JF4直通型激波风洞、JF4A反射型激波风洞、以及性能参数达到当时国际水平的JF8激波风洞。80年代及后，利用激波产生高温高压气源，建成中国首台氢氧爆轰驱动激波风洞；提出借热分离器将压缩空气降至低温的新方法，已建成原理性低温风洞；"再入飞行器气动力与气动热力学研究"和"激波风洞用于再入飞行器气动力学与气动物理研究"两项课题，分获1986年中国科学院科学技术进步奖一等奖、1987年国家科学技术进步奖三等奖；提出并实现用普通激波管产生模拟爆炸波的新方法，获得1989年中国科学院科学技术进步奖二等奖、1990年全军总后勤部科学技术进步奖一等奖、1992年国家科学技术进步奖一等奖。90年代，参与"长征二号"捆绑式大推力运载火箭级间分离气动问题的研究；提出应用气体动力学加热原理大幅度提高乙烯产率，降低生产成本的新方法。撰有"产生风洞低温试验气流的新途径"(1997年)等重要论文。获2002年何梁何利科学与技术进步奖。

(虞为慈)

高伯龙(Gao Bolong) 中国广西省人，1928年6月29日生于广西南宁。激光工程、仪器研制、应用光学、理论物理。

1951年清华大学物理系毕业。先后任中国科学院应用物理研究所实习研究员，哈尔滨军事工程学院讲师、副教授。1970年后，历任长沙工学院物理系激光研究室副教授，国防科学技术大学应用物理系环形激光器研究室主任、教授，少将军衔。1997年当选为中国工程院院士。

在激光器件、光电检测、簿膜光学、集成光学等领域深有造诣，尤其在环形激光器(激光陀螺)理论与工艺领域填补了中国多项学术和技术空白。从1975年起，在中国率先研究环形激光器基本理论，其成果的独创性和系统性超过了国际披露的公开资料，把中国激光技术若干理论推进到国际前沿；主持研制成功国内领先的激光陀螺原理样机和实验室样机，后者获1987年国防科学工业委员会科学技术进步奖一等奖；研制出激光研究急需的一系列高精度光学检测仪器，其中激光镀膜检测DF透反两用仪原理独创、结构简单、性能先进、使用方便，获湖南省重大科学技术成果奖一等奖和国家发明奖;主持开发成功激光陀螺工程样机并已批量生产,获1995年国防科学工业委员会科学技术进步奖一等奖;主持研制出全内腔绿(黄、橙)光氦氖激光器等新型激光器,达到国际先进水平,其中黄光器和橙光器填补了国内空白,绿光器使中国成为继美国、德国之后第三个掌握该技术的国家,获1996年国家科学技术进步奖二等奖、全军首届专业技术重大贡献奖。

公开发表"激光陀螺的物理性能"、"四频差动陀螺的第二类闭锁效应"和"全内腔绿(黄、橙)光 He-Ne 激光器"等重要论文数十篇。(李啸虎)

哈特马尼斯,J.(Hartmanis,Juris) 美国人,1928年7月5日生于苏联拉脱维亚(今独立)的里加。计算机科学与工程、计算数学、计算机教育。

拉脱维亚裔。第二次世界大战期间,他在德国哈瑙难民营完成中学学业。战后全家人移居德国。1949年获德国马尔堡大学物理学士学位。1950年移居美国,1951年获堪萨斯大学数学硕士学位。1951~1955年在加利福尼亚理工学院任教。1955年获加利福尼亚理工学院数学博士学位。毕业后先后在康奈尔大学、俄亥俄州立大学数学系任教。1958~1965年担任通用电气公司研究实验室信息研究部研究员。1965年起一直任康奈尔大学教授,曾任计算机科学系主任。兼任美国国家科学基金会计算机科学与工程理事会副理事长。是美国国家工程院外籍院士;1990年当选为拉脱维亚科学院院士。妻子是德国出生的拉脱维亚人,有子女3个。

计算机科学计算复杂性理论的主要创始人之一。他在计算复杂性理论领域的杰出成就,深受当时问世不久的香农信息论的影响,与R. E. 斯特恩斯真诚合作分不开。他们首次合作发表了"论时序机的状态分派问题"(1961年)一文。在1964年公司实验室首次配备计算机之前,他们不得不全靠严密的理论分析解决计算机计算复杂性问题。1964年美国电气与电子工程师协会(IEEE)在普林斯顿举行第五届开关电路理论和逻辑设计学术年会,他们提交了合写论文"递归序列的计算复杂性",首次正式提出"计算复杂性"概念;次年又共同发表著名论文"论算法的计算复杂性"(1965年),较为完整地构建了算法中的计算复杂性体系。这些论文开拓了计算机科学"计算复杂性"的崭新领域,奠定了它的理论基础。1965年他重返康奈尔大学,负责筹建美国大学中影响最大的计算机科学系之一。他还受美国科学研究委员会计算机科学与通信部委托,组织上百名专家对计算机科学技术在21世纪的发展前景进行预测,编纂出版《计算未来:计算机科学与技术的广泛议题》(1992年)一书,对政府、产业、教育和研究各部门提出了一系列重要咨询意见。

论著甚丰,除发表大量论文外,还著有《时序机的代数结构理论》(1966年)、《可行计算和可证明的复杂性性质》(1978年)、《计算复杂性理论》(1989年)等专著;此外主编《计算机科学讲课笔记》系列丛书,自20世纪70年代问世以来已推出2000多种。他和斯特恩斯共同获得美国计算机学会1993年图灵奖(国际计算机界最高奖)。(李 烨)

克勒默,H.(Kroemer,Herbert) 美国人,1928年8月25日生于德国魏玛。激光工程、半导体材料工程、光电子学、半导体物理。

德国裔。公务员之子。1947年进德国耶拿大学物理系学习,1952年获格丁根大学理论物理学博士学位。同年在联邦德国邮政中央通讯实验室半导体研究组工作。1954年移居美国。同年至1957年,供职于普林斯顿的美国无线电公司。1959~1966年,供职于加利福尼亚州帕洛阿尔托的瓦里安公司。1968年任科罗拉多大学物理系教授。1976年任圣巴巴拉加利福尼亚大学电气与计算机工程系教授。1997年当选为美国国家工程院院士。2003年当选为美国国家科学院院士。

在"半导体异质结"研究领域有重要贡献。此即半导体异质结构,一般由两层或以上不同能带隙的半导体材料组成的薄层,每层厚度约为几至几十纳米,层际界面或突变、或缓变。1957年,率先研究异质结提高双极晶体管工作频率问题,提出了可以实现秭赫(GHz,10^9赫兹)级频率的异质结二极管的设想,有力推动了高频晶体管的问世。1962年,霍尔(R. N. Hall)用 P-n 同质结二极管制成了第一个半导体激光器,仅能在77K的低温下工作。1963年,克勒默和苏联的 Ж. И. 阿尔费罗夫各自独立提出了双异质结激光器的工作原理,开发的器件可在室温下长时间正常工作,从而奠定了半导体激光的理论基础和核心技术。1970年,这种激光器在苏联和美国相继问世。它适用于长距离光纤通信,还可用作电子计算机光盘存储系统中的写入和读出光源,以及激光印刷、激光扫描器、激光传感器和激光显示等的光源。因将半导体异质结构应用于开发高速光电子元件,克勒默、阿尔费罗夫和发明集成电路的J. 基尔比分享了2000年诺贝尔物理学奖。

他还是分子射线取向附生研究领域的先驱者。1970年代后期,开发了新的半导体合成材料,如磷化镓(GaP)、硅基层上的砷化镓(GaAs)等。20世纪80年代后期,研究合成材料砷化铟(InAs)、锑化镓(GaSb)和锑化铝(AlSb)等;研究由超导铌电极连接的砷化铟-锑化铝材料等的超导半导体混合结构;研究强电场下半导体内的电子传输,据此开发可达到澗赫(THz,10^{12}赫兹)级频率的布洛赫振荡器。20世纪90年代末起,继续对早期工作进行深入的理论探讨;研究光子晶体中的电磁波传播、纳米结构物理学等新领域。

主要论文入编《克勒默教授论文选集》(2008年);出版有教材《热物理》(1980年第2版,与他人合著)、

《工程量子力学：材料科学与应用物理学》(1994 年)。除 2000 年诺贝尔物理学奖外，还获美国电气与电子工程师协会 1973 年埃伯斯奖、1983 年国家讲师奖、1986 年默顿奖、1982 年海因里希-韦尔克奖章、1994 年德国洪堡研究奖等。（宣焕灿）

汪槱生(Wang Yousheng) 中国浙江省人，1928 年 8 月 27 日生于浙江杭州。电力工程、电气电子技术、工程管理。

1950 年浙江大学电机系毕业，一直留校任教，为电气工程学院教授，电力电子应用技术国家工程研究中心技术委员会主任。兼任国家变流技术工程研究中心名誉主任、中国电力电子技术学会顾问、浙江省电子学会名誉理事长、浙江省电源学会名誉理事长，东南大学等校兼职教授。1994 年选聘为中国工程院院士。

1958 年国际首创的双水内冷发电机技术的主要参加者之一，该项目于 1964 年获国家发明奖一等奖、国家科学技术进步奖一等奖；1970 年主持研制成功中国第一台 1 千赫、100 千瓦晶闸管并联逆变式中频感应加热电源，1975 年又研制成功改良型 2 500 赫、250 千瓦可控硅中频电源，获 1978 年科学大会奖；研制出倍频式可控硅中频电源，获 1982 年中国科学院科学技术成果奖二等奖；1987 年研制出中国当时容量最大的 1 500 千瓦中频电源；1988 年研制成功 8 千赫、250 千瓦简单并联逆变中频电源；20 世纪 90 年代后，主持开发 400～8 000 赫、100～1500 千瓦中频电源系列；领导研制模拟控制、单片机控制、全集成电路控制和模块控制的中频感应加热电源，超音频及高频感应加热电源；将中频感应加热电源应用范围从熔炼扩展到透热、热处理、焊接等方面。

与他人合著《电机学》、《可控硅整流器及其应用》、《电力电子技术》(2006 年)等专著。（虞为慈）

梁应辰(Liang Yingchen) 中国河北省人，1928 年 8 月 30 日生于河北保定。水运结构工程、水工学、工程管理。

1952 年清华大学土木工程系本科毕业。1952～1953 年在天津塘沽原交通部新港工程局工作。1954 年赴苏联留学，1958 年获敖德萨海运工程学院副博士学位。同年回国后，历任交通部水运规划设计院业务室副主任、主任、副院长、院长。期间，1961～1965 年在越南北部帮助规划设计修建港口码头。1991 年底起，历任交通部三峡工程航运领导小组副组长兼办公室主任、顾问，交通部技术顾问、教授级高级工程师。1994 年任中国长江三峡工程开发总公司技术设计审查升船机专家组组长、永久船闸专家组副组长、国务院三峡工程质量检查专家组成员；清华大学、浙江大学等校兼职教授。1994 年选聘为中国工程院院士。

主持中国多项大中型港口和航道的规划设计，以及 20 多项可行性研究设计及审查。组织、领导和参加葛洲坝工程通航建筑物设计。在负责三峡工程通航建筑物的论证、设计、审查工作中，在坝址选择、船闸总体设计、泥沙淤积和通航水流条件、水工结构及输水系统等方面，为技术攻关、科学论证、重大关键技术问题的解决作出了贡献。1965 年获越南总理府颁发的二级红旗劳动奖章；所参与的“葛洲坝二、三江工程及其水电机组”项目获 1985 年国家科学技术进步奖特等奖。（沙治银）

槙文彦(Maki，Fumihiko) 日本人，1928 年 9 月 6 日生于日本东京。土木工程、城市规划、建筑学。

1952 年获东京大学建筑系学士学位，师从建筑大师丹下健三。1953 年入读美国密歇根州克兰布罗克艺术研究院，深受 E. 沙里宁的影响。1954 年入哈佛大学设计学院，1956 年获建筑学硕士学位。同年任圣路易斯华盛顿大学建筑学助理教授。1962 年任教于哈佛大学设计学院。期间在数所大学开设客座讲座，并在纽约等市数所建筑师事务所兼职。1965 年回国，在东京开办槙文彦联合建筑师事务所。1979～1989 年任东京大学建筑系兼职教授。是美国文理科学院外籍院士。

日本现代主义建筑学派重要代表人物，20 世纪 60 年代日本“新陈代谢派”的创始人之一。在建筑思想上深受勒·柯布西耶、密斯·范德罗厄等人的影响，追随 20 世纪 20 年代出现的欧洲新造形主义和构成主义，又渗透入日本传统建筑模糊机能性、空间意象重叠性和禅宗艺术的典雅简洁风格。既重视现代高科技，喜用钢材、玻璃、铝窗等工业生产材料，又偏爱纤细大样、组构要素、层序变化的散文式建构方式，追求环境共生、和谐意象、节能处理，以达到都市、文化和人性的交织。他说，“设计本身是一项个性化的工作，而建筑本身则是一件艺术品。”坚信设计师不仅要给后人留下宜居房屋，更重要的是要留下文化财富。1984 年设计的日本藤泽市秋叶台文化体育馆，是获奖杰作，在 2000 个座位空间主体上，覆盖宽 80 米的不锈钢板屋顶，尺度十分夸张，交接处大胆以自然光线带取代惯用的混凝土接缝。代表作有：代官山集合住宅系列(1969～1992 年)、筑波大学体育与艺术中心(1974 年)、冲绳国际海洋博物馆(1975 年)、京都国立近代美术馆(1986 年)、千叶市幕张展览馆(1989 年)、东京体育馆(1990 年)、鹿儿岛县雾岛国际音乐厅(1996 年)、荷兰浮游剧场(1996 年)朝日电视台新大楼(2003 年)等。多次获奖，其中 1993 年获普利兹克奖(国际建筑界最高奖)。（李 烨）

普兰特，I.(Plander，Ivan) 斯洛伐克人，1928 年 9 月 17 日生于斯洛伐克米雅瓦。计算机科学与工程、人工智能、应用数学。

1959 年获布拉格理工大学博士学位。同年回到斯洛伐克首府布拉迪斯拉发，在斯洛伐克理工大学任教。以后相继任斯洛伐克科学院计算机系统研究所高级研究员、特伦辛大学计算机系教授。长期担任各类计算机项目经理。有多项社会兼职，其中 20 世纪 80～90 年代连续担任第 3～7 届“国际人工智能和机器人信息控制系统会议”主席。

捷克和斯洛伐克第一台工业控制机开发者，国际人工智能学术交流的主要组织者之一。20 世纪 60 年代初，他主持启动了捷克斯洛伐克的计算机硬件技术开发；60 年代中期，斯洛伐克理工大学和斯洛伐克科学院联合开发计算机，他主持研制了快速可编程处理机

RPP-16,该机是16比特、面向实时过程控制的计算机,也是捷克斯洛伐克第一台工业控制计算机,有标准型RPP-16S和小型机RPP-16M两个版本。他作为项目负责人和协调员,主持了设计、组装、调试和批量投产全过程,在当时的捷克斯洛伐克国防军工、大企业、研究机构和大学院校得到普遍应用。因捷克斯洛伐克参加当时苏联阵营的经互会,规定统一采用由经互会联合开发的ES系列和SM系列计算机,RPP-16在1979年被迫终止生产。80年代后,他的研究重点转向图像处理和信号处理的计算机体系结构。期间,1982～1988年担任"单指令流多数据流并行联想式计算机"研究与开发项目负责人;1991～1993年,"用于知识处理的并行计算机体系结构"作为斯洛伐克科学院重点项目之一,他是该项目负责人。此外多次参加国际合作项目,其中有由维也纳大学协调的"用于并行计算机系统的算法和软件"研究。在这些项目研究中,他提出了不少新概念、新技术、新方法。

发表有百余篇论文;主编出版《国际人工智能和机器人信息控制系统会议论文集》(第3～7届)5部。获1976年捷克斯洛伐克国家科学技术奖、1977年国际信息处理联合会银心奖、1996年美国电气与电子工程师协会计算机先驱奖等。 (李　烨)

陈先霖(Chen Xianlin)　中国四川省人,1928年9月27日生于四川遂宁,2009年1月31日卒于北京。*冶金机械工程、应用力学、工程管理。*

1949年交通大学机械工程系毕业。任职于国家重工业部(后改为冶金工业部)。1954年起一直执教于北京钢铁学院(今北京科学技术大学),教授,历任机械系冶金机械教研室主任、系副主任、研究生院副院长及图书馆馆长等职。兼任中国金属学会冶金设备学会理事长等职。1995年当选为中国工程院院士。

在冶金机械力学、断裂力学、弹性系统动力等领域取得一系列应用性重要成果,擅长对重大冶金设备运行性能的监控、分析与对策研究,主持和参与解决中国冶金企业一系列重大技术难题。同其博士研究生一起对国外引进的成套冶金技术和装备进行功能测试和鉴定,发现多起原设计中的技术失误或制造中的质量问题,并提出改进意见,为国家挽回损失;多年来对攀枝花钢铁公司、武汉钢铁公司、宝山钢铁公司等大型企业的宽带钢轧机、大型转炉设备等重大设备进行失效分析和安全性判定,解决了企业的眼前之忧或后顾之忧;研制成功计算机采样的现场检测激光测量仪;与武汉钢铁公司合作,对薄钢板生产现场进行大规模取样,首创设计支持辊-工作辊-轧件三体接触的特殊有限元模型和辊系变形行为仿真程序,模拟3000多种不同工况,攻克了当时国际上薄钢板生产中容易出现"海带边"的难题,不仅大幅提高钢板利用率,而且避免发生轧机组"雪崩"恶性事故,成果获1993年国家科学技术进步奖一等奖;长期帮助企业适时成功解决生产中各种重大技术疑难问题,取得提高宽带钢轧机板形质量、创制新辊形轧辊等多项重要研究成果。

发表论文近百篇;撰有《炼钢设备》等专著。曾获国家和省部级奖10余项。 (李啸虎)

葛守仁(Kun,Ernest S.)　华裔美国人,1928年10月2日生于中国北平(今北京)。*电气电子工程、超大规模集成电路、电工学。*

原籍浙江嘉兴。1945～1947年就读于交通大学电机系。1949年获美国密歇根大学学士学位。1950年获马萨诸塞理工学院理学硕士学位。1952年获斯坦福大学博士学位。毕业后在贝尔实验室从事科学研究。1956年起一直任职于美国伯克利加利福尼亚大学,1962年起先后任电机与信息系教授、系主任,1973～1980年任该校工学院院长。是上海交通大学、清华大学、北京大学等校荣誉教授。1975年当选为美国国家工程院院士。1976年当选为中国台湾"中央研究院"院士。1998年当选为中国科学院外籍院士。1997年、1999年先后获香港科学技术大学、台湾新竹交通大学荣誉电机博士学位。

现代电子电路及其系统理论的主要奠基人之一。在超大规模集成电路理论与技术、电子设计自动化(EDA)、网络系统、非线性电路以及计算机辅助设计(CAD)方面有许多突破性的研究;对于电路分割、布局、绕线分面等理论与算法有相当大的贡献;他是微电子电路CAD的先驱,开发出一系列广泛应用的电子电路软件工具,其中开发的SWEC软件是当时处理复杂电路及其互联的最著名软件之一;创导并带领博士生研制成功著称于世的Spice程序,在目前众多CAD工具软件中,Spice程序是精度最高、最受欢迎的软件工具之一,许多EDA系统软件的电路模拟部分都用它来完成;提出的许多集成电路布图、布线的算法为美国多家公司采用。

发表论文200余篇;出版专著《电路基本理论》(2卷,与他人合著)、《线性与非线性电路》(与他人合著)等4部,其中两部至今仍是世界许多大学的经典教材。一直关心中国科学技术与教育发展,在中国改革开放以来,为推动中美两国学术、教育的合作与交流,做了大量工作。多次获电子学领域大奖,以及各种荣誉称号。

(李啸虎)

朱伯芳(Zhu Bofang)　中国江西省人,1928年10月17日生于江西余江。*水利水电工程、结构工程、结构力学、应用数学。*

1951年交通大学土木工程系毕业。同年到国家治淮委员会工作,先后任治淮工程技术员、工程师、坝工组长。1957年任中国水利水电科学研究院结构材料研究所工程师、课题组长。1969年任国家水利电力部第十一工程局勘测设计研究大队工程师、课题组长。1978年起,历任中国水利水电科学研究院教授级高级工程师、研究室主任、院科学技术委员会副主任。兼任国家电力公司、国务院南水北调办公室科学技术委员会委员，国际土木与结构工程计算机应用学会理事，中国土木工程计算机应用学会理事长，《计算技术与计算机应用》主编，清华大学、天津大学、大连理工大学等校兼职教授。1995年当选为中国工程院院士。

20世纪50～60年代，50年代初参加设计中国第一批混凝土坝安徽佛子岭、梅山、响洪甸三个水库；1957年起，在中国率先系统研究混凝土温度应力、混凝土徐变，在混凝土浇筑块、基础梁、船坞、重力坝、拱坝等领域有一系列研究成果，广泛应用于实际工程。70年代，积极引进和推广有限单元法，着手建立完整的混凝土高坝理论体系和计算分析；与宋敬廷合作编制5个有限元程序，其中包括中国第一个不稳定温度场程序，第一个混凝土温度徐变应力程序，第一个弹性厚壳程序等，纳入国家相关设计规范；在三门峡大坝改建中，进行中国第一个混凝土坝温度应力仿真计算。70～80年代，提出一整套有关混凝土高坝仿真的高效率、高精度的计算方法；首先提出两个徐变定理、以及隐式解法，解决了非均质结构的徐变影响问题；在国内率先建立拱坝优化模型，已应用于100多个工程，列入国家重点新技术推广项目。

发表论文150余篇，有《朱伯芳院士文选》(1997年)；出版著作《水工混凝土结构的温度应力与温度控制》(1976年，与他人合著)、《结构优化设计原理与应用》(1984年，与他人合著)、《大体积混凝土温度应力与温度控制》(1999年)、《有限单元法原理及应用》(1998年第2版)等。获1982年国家自然科学奖三等奖，1988年、2000年国家科学技术进步奖二等奖，此外获国家水利部、电力部科学技术进步奖一、二等奖近10项。

(武光明)

诺尔，P. (Naur，Peter)　丹麦人，1928年10月25日生于丹麦哥本哈根近郊腓特烈斯贝，2016年1月3日卒于丹麦赫莱维。计算机科学与工程、应用数学、天文学。

1949、1957年在哥本哈根大学先后取得天文学硕士、博士学位。1950～1951年在英国剑桥大学进修天文学，同时学习用计算机处理数据。1952～1953年在美国芝加哥大学约克斯天文台、麦克唐纳天文台当助理研究员，曾到美国国际商用机器公司(IBM)沃森研究中心进修计算机技术。回国后，1953～1959年在哥本哈根天文台工作。1959～1969年，先加盟丹麦雷格纳森特拉仑计算机公司，后到丹麦理工大学、玻尔研究所工作。1969～1998年任哥本哈根大学计算机研究所教授，直至退休。是丹麦计算机学会首任会长。

对算法语言发展作出重要贡献的计算机科学家。20世纪50年代，在哥本哈根天文台主持研制了丹麦第一台计算机DASK；1958年在苏黎世举行的美国和欧洲计算机科学家联席会议上，由他综合不同建议，形成了"国际代数语言"(后改称ALGOL 58)。ALGOL是第一个清晰定义的算法语言，其语法用严格公式化方法说明。该报告公布后受到广泛关注，但也有不少批评。1960年1月，在巴黎举行了有世界一流软件专家参加的讨论会，诺尔被推举为ALGOL新文本执笔人。期间他对J. W. 巴克斯的语言语法描述方案进行了修改和完善，产生了著名的元语言"巴克斯-诺尔范式"(BNF)，成了现在定义计算机语言的标准。而ALGOL 60是第一个用BNF范式描述的高级程序语言。继"算法语言ALGOL 60报告"后，1962年又发表了"算法语言ALGOL 60的修改报告"。ALGOL 60是程序设计语言发展史上又一个里程碑，因其设计与定义的优雅性、清晰性和一致性，成了许多现代程序设计语言的原型，标志着程序设计语言由一种技艺变成一门科学，为后来软件自动化和可靠性研究奠定了基础。1961年，诺尔在他设计的DASK上首次实现了ALGOL。1964年后，他的主要兴趣才由天文学转向计算与数据处理。此外，他在编译器设计、计算机编程领域的艺术与实践方面有着基础性贡献。

除天文学论著外，他撰有不少计算机方面的论文和专著，其中有《计算：人类的重要活动》(1992年)、《逻辑和规则的奥妙》(1995年)等。1963、1966年先后获丹麦政府授予的哈格曼斯金质奖章、罗森耶尔奖；获美国电气与电子工程师协会1986年计算机先驱奖，2005年美国计算机学会图灵奖(被称为"计算科学界诺贝尔奖")等。

(李　烨)

达·洛查，P. M. (da Rocha，Paulo Mendes)　巴西人，1928年10月25日生于巴西维多利亚。土木建筑工程、城市规划、建筑学。

1954年获巴西麦肯锡大学建筑学院学士学位。1955年在圣保罗开设建筑师事务所。1998年前长期在巴西圣保罗大学建筑学院任兼职教授。

具有世界影响的巴西最负盛名的建筑师之一。设计风格粗犷开放且与环境融为一体，追求清水混凝土的纹理美感、"未加工的材质"天然品性和亲水环境。因以廉价而快速方法在巴西圣保罗建造大量钢筋混凝土建筑而颇受争议，被人称为"野兽派艺术"在巴西建筑界的"建筑野性主义的创始者"。"他受到现代主义的影响，同时也大胆运用简单的材料营造出诗意的空间。"普利兹克奖评审委员会对他如是评价。20世纪50年代，大学毕业不久便在建筑设计竞标的激烈竞争中胜出，设计作品圣保罗保利斯塔健身俱乐部系列运动场馆，获1961年第六届圣保罗建筑双年展总统奖。在数年内，便进入巴西最负盛名的建筑师行列。20世纪60年代，主要作品有圣保罗格埃玛公寓(1964年)、1970年日本大阪世界博览会巴西馆(1969年)等。70～80年代，主要有巴西戈亚斯州塞拉多拉达球场(1973年)，圣保罗家具展厅(1987年)等，其中巴西雕塑博物馆(1988年)是他最著名的作品之一，建筑占地5 000平方英尺(约465平方米)，外部广场以大片水池和绿地构成，部分地下内部空间以大块的清水混凝土表现篷布结构。90年代，圣保罗酋长广场(1992年)是其得意之作，从门廊延伸出一个巨大悬空的混凝土遮阴天篷。在户外广场的巨大墩座上架起现代派的混凝土板层，成了他的标志性风格。因对圣保罗市一座已有百余年历史的学校进行扩建工程，获2000年密斯·范德罗厄拉丁美洲建筑奖。21世纪初年，参与西班牙维戈大学技术城规划设计。

获2006年普利兹克奖(国际建筑界最高奖)等。

(李　烨)

高镇同(Gao Zhentong)　中国江西省人,1928年11月15日生于北平(今北京)。材料科学与工程、航空航天工程、金属学、结构力学。

大学教授的儿子。1950年北洋大学航空工程系毕业。同年到清华大学航空工程系任教。全国院系调整后,1952年起一直在北京航空学院(今北京航空航天大学)任教,教授,任固体力学研究所所长等职。兼任《北京航空航天大学学报》主编、上海交通大学等多所大学兼职教授等职。1991当选为中国科学院学部委员(院士)。

经近半个世纪研究,创立疲劳统计学分支学科。在理论上:求得二维动态应力-强度干涉模型、二维动态断裂干涉模型,首次解决了疲劳强度概率分布难题,获1987年国家自然科学奖三等奖;发展了全寿命分散系数定寿法,由个体疲劳寿命可推断群体高可靠度使用寿命;提出一系列疲劳性能测试方法和数据统计处理方法,被列为国家航空标准。在应用研究上:编制模拟真实情况的随机过程载荷谱;制定航空金属、有机玻璃等材料的疲劳手册和断口图谱集,建立航空材料数据库;与众多专家合作,1989年建成完整的飞机结构可靠性寿命评定专家系统,至今已成功用于近30个型号各种飞机的结构定寿和延寿,保证了飞行安全,1990年获航空航天部科学技术进步奖一等奖;编制歼教-7型飞机全机结构疲劳载荷谱,1994年获机械工业部科学技术进步奖一等奖;建立结构耐久性模型,其中将数千架歼击机使用寿命从1400～1800小时延长到3000小时,因15种飞机定寿和其中10种飞机定寿延寿,获1995年国家科学技术进步奖一等奖。

发表论文百余篇;主编和撰写《疲劳性能测试》(1980年)、《疲劳应用统计学》(1986年)、《疲劳性能试验设计和数据处理》(1999年)等专著和手册6部,其中《航空金属材料疲劳性能手册》(1981年)获1985年国家科学技术进步奖三等奖。获国家和部委级奖励10余项。1998年获何梁何利科学与技术进步奖。(李啸虎)

涂铭旌(Tu Mingjing)　中国四川省人,1928年11月15日生于四川巴县。机械工程、金属材料学、热处理技术、纳米技术。

1951年同济大学工学院机械系本科毕业。留校任教。1952年因全国高校院系调整到交通大学机械系任教,不久又被学校选送当研究生,1955年北京钢铁学院金属材料系研究生班毕业。同年回交通大学工作。1956～1988年执教于西安交通大学,先后任讲师、副教授、教授。期间1983～1984年在德国卡尔斯鲁厄大学工程材料学研究所做访问学者。1988年起一直任四川联合大学金属材料系名誉系主任、高新技术研究院院长。兼任中国仪器仪表学会仪表材料学会副理事长、四川省机械工程学会名誉理事长等职。1995年当选为中国工程院院士。

主持研究耐寒高强钢的低温脆断规律、机理、判据及安全评价,获重要成果;主持提高煤矿机械关键易损零部件寿命的实验研究,取得上亿元经济效益;对多项重大事故进行机械设备失效分析,为查清责任和整改对策提供了科学依据;20世纪90年代末研制出高性能电磁屏蔽涂料,具有抗电磁干扰、防电磁信息泄密、降低电磁环境污染等特效,有很大市场前景;21世纪始,主持研究多种高效持久的纳米药物,其中一种用高分子包覆纳米磁性粒子药物,在注射或口服时可于人体外部作磁性导向,使药物"炮弹"直飞病区,已取得阶段性进展。

发表论文百余篇;出版《钢的热处理》(1952年)、《低合金钢低温脆性断裂论文集》(1985年)、《机械零件失效分析与预防》(1993年)、《材料创造发明学》(2001年)等多部著作。申请专利多项。获国家和省部级科学技术成果奖11项。(侯伯勤)

蒋亦元(Jiang Yiyuan)　中国江苏省人,1928年11月17日生于江苏常州。农业机械工程、农业工程学、农业科学。

1950年毕业于金陵大学(今南京大学)。长期在东北农学院工作。曾在苏联、美国做高级访问学者3年。长期任东北农业大学教授。兼任农业部高校教学指导委员会学科副组长,中国农机学会和农业工程学会副理事长,中国收获加工机械学会副理事长等职。1997年当选为中国工程院院士。

长期从事稻麦收获机的研制与改进。从1975年起,首创和改进割前脱粒收获新工艺及其机器系统,先后研制出原理与结构各异、功能精益求精的四代新型样机。其设计思路是对传统割禾脱粒程序进行逆向思维,一反先割茎杆喂入机器后脱粒的旧工艺,具有省却分离茎杆和谷粒工序,大幅降低谷粒破碎率,简化机构节约成本,作业速度明显提高等优点。20世纪80年代突破国际公认难题,解决了落粒损失大、不能收获严重倒伏稻禾等问题;90年代,研制出摘脱同时切割搂集茎秆成条铺的快速稻麦联合收割机,解决了国内外不能在脱粒同时收草和落粒损失大等问题,成果评为"国际首创、国际领先",受到国际著名农机专家高度评价,1995年首次获农机领域最高奖国家发明奖二等奖、黑龙江科学技术进步奖一等奖。1999年主持完成"4ZTL-1800割前摘脱稻(麦)联合收获机"课题,这种吸气式草籽梳脱机的最大特点是能吸收飞溅空中的种子,是目前首选的草籽收获机具,评为"六项创造性成果为国际首创,研究成果具有国际先进水平",获3项国家发明专利并均被技术转让和产业化。在相似理论研究中,指出了国际权威合成理论中"组分方程必须具有相同形式"的重大缺陷,首次证明可以具有不同数学模型,从而使预测精度显著提高,发展了农业工程学基本理论。

(武光明)

摩尔,G.E.(Moore,Gordon Earle)　一译莫尔。美国人,1929年1月3日生于美国加利福尼亚州旧金山。计算机科学与工程、半导体物理化学、企业管理。

父亲是县级行政司法长官的助理。他中学毕业后就读于圣何塞州立大学,两年后转学伯克利加利福尼亚大学,1950年获化学学士学位。1953～1956年间在约翰斯·霍普金斯大学应用物理实验室从事研究。1954年获加利福尼亚州理工学院物理和化学双博士学位。1956年进入肖克莱半导体实验室工作。1957年，他和R.诺伊斯为首的8个年轻人以500美元起家，在该州山景城创办仙童半导体公司，先后任技术部经理、研究开发实验室主任。1968年，他和诺伊斯成立英特尔半导体公司(Intel)，先后任副总裁、总裁兼首席执行官、董事长兼首席执行官，2001年后任荣誉董事长。兼任加利福尼亚理工学院财产托管委员会董事长、布什政府总统科技顾问委员会成员等职。1976年当选为美国国家工程院院士。

硅谷的奠基者之一，计算机芯片发展周期律——摩尔定律的发现者。20世纪50年代，在约翰斯·霍普金斯大学从事红外吸收和火焰分光分析，发表多篇论文，取得若干专利。50～60年代，在仙童公司提出有关集成电路一些初始概念和思路，参与攻克集成电路芯片制造工艺中一些关键技术，成为诺伊斯在发明集成电路中的主要合作者；发表“往集成电路中嵌进更多元件”(1964年)一文，提出了后称为“摩尔定律”的芯片周期律，认为集成电路芯片的晶体管数目(即集成度)将逐年翻番。后把翻番周期改为2年，最后取两者平均值：18个月。摩尔定律至今已神奇地灵验了30多年，其精确有效的长期预测让人惊叹不已。有专家指出，其有效性可望延至2020年。在他领导下，英特尔公司创始时率先开发数据存储领域，70年代初第一个重要产品Intel-1103存储芯片上市；仅1982～1992年间，世界微电子技术共有22项重大突破，其中英特尔公司占了16项；80年代，日本半导体工业迅速崛起，其存储器芯片猛烈冲击世界市场，他和公司高层审时度势，采取“以退为攻”策略，1985年宣布退出存储器芯片业务，全面转向微处理器(CPU)生产，使公司绝处逢生。由于他在经营方向、发展战略上的远见卓识和果断决策，原来年收入2 500美元的小公司变成岁入380亿美元的大企业，至今稳坐业界霸主地位。

获多种荣誉和奖励，其中有：1978年哈里·古德奖、美国电气与电子工程师协会(IEEE)麦克道尔奖，IEEE的1979年菲利普奖、1980年计算机先驱奖，1985年美国金属学会“促进研究奖章”，1986年IEEE“计算机企业家奖”，1988年美国国家工程院“创始者奖”，1990年美国国家技术奖章，1997年IEEE“创始者奖章”等。

(李　烨)

金国藩(Jin Guofan)　中国浙江省人，1929年1月8日生于辽宁沈阳。*光学工程、精密加工技术、仪器研制、光学信息处理。*

原籍浙江绍兴，著名铁路桥梁专家的儿子。1950年北京大学工学院机械系毕业。同年起一直在清华大学任教，教授，先后任光学教研组主任、精密仪器与机械学系主任、机械学院院长等职。期间1978年、1987年先后在联邦德国爱尔兰根大学、英国赫里奥特-瓦特大学做访问学者。兼任世界光学协会副主席，亚太地区仪器与控制学会主席，国家自然科学基金委员会副主任，教育部科学技术委员会常务副主任，中国光学学会、中国仪器仪表学会副理事长等职。1994年选聘为中国工程院院士。

20世纪60年代，负责研制中国第一台三坐标光栅劈锥测量机，精度和自动化程度均达当时国际先进水平，获1978年全国科学大会奖。70年代，提出脉冲调制理论解释计算全息和“空间域滤波”新概念；带领研究生研制成功中国第一台以计算全息检查非球面的装置；开创性地将计算全息用于制作光谱仪凹面光栅，并实现光学合成孔径雷达信号处理。80～90年代，在中国率先开展具有极高衍射效率的二元光学研究，研制成功双折射调谐双频激光器，获国家教委科学技术进步奖一等奖；研制8位相50×50菲涅耳透镜阵列、激光分束器等有国际水平的二元光学器件；主持开发可擦除光盘机，其中可写可擦光学头获国家发明专利；首次将激光陀螺用于测量弱磁场；构建一套晶体全息数据存储系统，在中国首先实现晶体中公共体积内千幅数据页存储容量；此外，承担“光学并行处理的数学形态学处理”、惯性约束核聚变中光束波面改造等国家重大项目。发表论文200余篇；有《计算机制全息图》(与他人合作)、《信息光学基础》、《二元光学》等著作、译作6部。获国家和省部级奖多项；获2000年中国工程科学技术光华奖。

(李啸虎)

林皋(Lin Gao)　中国江西省人，1929年1月2月生于江西丰城。*水利水电工程、地震工程、结构力学。*

1951年清华大学土木系毕业。1954年大连工学院(今大连理工大学)水能利用研究生班毕业。一直留校任教，教授，历任抗震研究室主任、水利水电研究所所长、振动与强度中心主任等职。1997年当选为中国科学院院士。

先后承担过流溪河、以礼河、丰满、白山、龙羊峡、东风、凤滩、二滩、龙滩、拉西瓦、小湾等10多座大坝，以及大连港、秦皇岛港和岭澳核电站等海域工程抗震安全评价，解决不少关键技术，节省大量投资，确保工程质量。20世纪50～60年代，利用简陋设备模拟试验揭示水流脉动规律，为中国第一座溢流拱坝(流溪河)设计提供充分技术论证；在中国率先开展土坝抗震试验，论证云南以礼河土坝等地震多发地带水电工程安全的技术要求，研究报告入选国家水电部对外技术交流项目。70～80年代，揭示拱坝振动模型相似律，形成拱坝动力模型试验技术体系；主持建成抗震试验用大型静压导轨式电磁振动台；开展对爆破和地震冲击波下的大坝动态研究，为确保丰满大坝安全和实施水下岩塞爆破方案提供了技术论证，实测反应与预测值相当吻合，该方案与实施获1980年水电部科学技术进步奖一等奖、1985年国家科学技术进步奖一等奖；提出可在微机上操作的板壳和拱坝分析“拱梁模态法”。80～90年代及以来，积极推动中外地震工程合作研究；发展动力模型破坏试验的仿真模拟技术，建立大坝和核电厂海域工程结构抗震安全评价体系；深入中国各地水利水电工地调研和解决诸多急迫课题。

发表论文160余篇；主编《大坝和水工建筑物抗震

计算和分析》等专著。获国家和省部级奖励10余项。

（李啸虎）

鲜学福（Xian Xuefu） 中国四川省人，1929年1月21日生于四川阆中。*采矿工程、矿山安全技术、岩石力学。*

1953年中国矿业学院采矿工程系毕业。1956年北京矿业学院研究生班毕业。后到重庆大学采矿系任助教。1960年赴苏联留学，1964年获莫斯科矿业学院副博士学位。同年回国，一直执教于重庆大学，教授，曾任校务委员会副主任、矿山工程物理研究所所长等职。兼任重庆市科学技术协会副主席，重庆市煤炭学会、岩石力学与工程学会副理事长，《地下空间》杂志副主编等职。1999年当选为中国工程院院士。

主持南桐煤矿煤与瓦斯突出潜在危险区区域预测研究，创立突出潜在危险区力学预测理论与方法体系，其推广应用避免了许多重大瓦斯灾害事故发生；综合考察地应力场、地电场、地温度场、煤质类型、煤吸附甲烷、瓦斯渗流特性等因素，揭示了矿井深部煤层瓦斯赋存、涌出规律，在国际上率先系统建立煤层瓦斯渗流理论，提出新的预测方法和区域治理措施；率先将煤层保护层开采与瓦斯抽放相结合，解决了近距离煤层保护层开采技术难题；主持完成水射流辅助PDC（聚晶人造金刚石复合片）刀具切割破碎硬岩的研究，发明新型PDC刀具结构及参数优化方法，使刀具寿命提高3倍以上；提出岩盐矿开采合理布井和选择最佳压裂参数新方法，实现盐矿水溶开采工艺与技术创新；研究解决了国际上有争议的瓦斯吸附关键问题；解决了多个煤矿煤层气开采工程难题；完成国家重要项目“岩盐开采理论及工艺技术研究”，实现了盐矿水溶开采工艺与技术创新，获国家八五科学技术攻关重大成果奖。

发表论文和撰写技术报告近300篇；合著和参编专著、译著8部。先后获国家和省部级奖励10余项。

（李啸虎）

戴永年（Dai Yongnian） 中国云南省人，1929年2月9日生于云南通海。*冶金工程、金属学、物理化学。*

1954年云南大学矿冶系毕业。1956年中南矿冶学院（今中南大学）冶金系研究生班毕业。一直在昆明理工大学冶金系任教，任教授、真空冶金及材料研究所所长。兼任中国真空学会真空冶金专业委员会副主任、《昆明理工大学学报》（理工版）主编等职。1999年当选为中国工程院院士。

20世纪60～70年代，在实践中发展了金属真空气化分离理论，形成了创造性的重有色金属真空冶金理论体系；发明内热式多级连续蒸馏真空炉，用于冶炼生产焊锡、粗铅和合金等，经推广应用，经济效益显著，获国家发明奖。80～90年代及以来，发明密封热重金属分离器；开发出锂金属的真空冶炼法；主持研制成功粗铅火法精炼新流程，简化了精炼过程，获1989年国家科学技术进步奖二等奖；1992年主持研制卧式真空炉及相关工艺技术，先后用于武汉钢铁公司冶炼厂处理热镀锌渣，韶关冶炼厂处理硬锌、回收锌和富集稀贵金属，水口山铅厂由等级锌生产高纯锌，均获部级科学技术进步奖；至2000年，已有近60台（套）卧式真空炉在中外近40个厂家推广使用，累计创利税上亿元；21世纪初起，从事一些金属化合物真空还原研究，以及在真空中制备超细粉末材料。

拥有国家发明专利10余项，其中“硬锌真空蒸馏提锌和富集锗铟银”技术于2001年获第13届全国发明展金奖。发表论文百余篇；主编或独撰出版《有色金属材料真空冶金》（1999年）等著作7部，其中《锡冶金》（与他人合著）获部级奖，《真空冶金》获国家优秀科技图书奖二等奖。先后获国家和省部级奖励近30项。

（郑忠龙）

安格鲁夫，A. S.（Angelov，Angel S.） 保加利亚人，1929年生于保加利亚。*计算机科学与工程、通信工程、科技管理。*

1952年获保加利亚索非亚理工大学电子学系学士学位。毕业后一直在保加利亚科学院系统工作。20世纪60年代中期，在民主德国东柏林的中央通信研究实验室进修，并参与国际合作研究。1968～1975年担任保加利亚中央计算机技术研究所所长。后任国家自动化委员会第一副主席，兼伊佐特计算机与商业机器公司常务总经理。1985～1991年任保加利亚科学院工程控制论与机器人学研究所高级研究员、首任所长，期间1987～1990年兼任保加利亚和日本合资的麦迪康微处理器系统公司总裁。主要社会兼职有：1977～1982年任国家科技进步委员会副主席、第一副主席；1980～1991年任工业机器人和操纵器全国协调委员会副主席；1989～1991年任保加利亚科学院协调委员会副主席。是保加利亚科学院院士。

保加利亚计算机先驱者和奠基者之一。20世纪60年代中期，在民主德国参与开发了苏联与东欧集团中第一个半导体数字自动电话交换系统。回国后，创立保加利亚第一个、最大一个计算机科学研究机构，为保加利亚计算机研究开发及其产业化奠定了基础。主持设计、研制、定型和生产保加利亚第一批“统一系统”（US）系列US-RIAD-1020、US-RIAD-1022、US-RIAD-1035型计算机，保加利亚最早一批大容量存储设备，包括磁盘系统US-5052、US-5061和磁带机US-5020、US-5025等，在苏联与东欧集团的经互会市场中取得很大声誉。80年代后期，东欧国家开始实行改革开放政策，他积极引进外国技术和元器件，建立跨国合资公司，提高了本国计算机产品档次和在国际上的影响。

在计算机技术研究开发中，他有许多发明创造，仅在国外注册的技术专利就有50多项。发表学术著作、教科书、论文200多篇（部），在国内外享有盛誉。获1971年季米特洛夫奖、1979年保加利亚一级勋章、1980年西里尔与卫理公会一级勋章、1986年日本日升一级勋章、1996年美国电气与电子工程师协会计算机先驱奖等。

（李 烨）

盖瑞，F. O.（Gehry，Frank Owen） 原名E. O.戈德堡（Ephraim Owen Goldberg）。美国、加拿大双重国

籍。1929 年 2 月 28 日生于加拿大多伦多。土木工程、建筑学、造型艺术。

波兰犹太裔,成长于加拿大。1947 年举家从加拿大迁往美国洛杉矶定居,后加入美国籍。刚到美国时,以开货运车为生,业余就读于洛杉矶城市学院。1951 年获南加利福尼亚大学建筑学院学士学位。毕业后,先后在洛杉矶的格伦、佩雷拉-勒克曼建筑师事务所见习。期间在军队服役一年。1956 年到哈佛大学设计研究院进修。1957 年回格伦建筑师事务所工作。1961 年加盟法国巴黎雷蒙迪特建筑师事务所。1962 年返回洛杉矶开设盖瑞联合建筑师事务所,至 20 世纪 90 年代末有员工 120 余人。期间在南加利福尼亚大学、赖斯大学、洛杉矶加利福尼亚大学、哈佛大学兼教,多次任耶鲁大学建筑系讲座教授。获国内外 10 余个大学荣誉博士学位。1991 年入选美国文理科学院院士。1994 年入选美国国家设计学院院士。

美国著名后现代主义、解构主义建筑师。建筑设计以线条律动的雕塑式造型著称,是当代建筑界最受瞩目、也最受争议的人物之一。设计理念深受罗马尼亚裔法国现代雕塑家布朗库西(C. Brancusi)的影响。20 世纪 70 年代的早期作品,就已显示对主流建筑思想的叛逆精神,被媒体冠为"加州坏男孩"。然而,经受时间的考验,坏男孩在世人眼中已变成最成功的建筑革命家。欧洲同行把他喻为"建筑界的编舞师",不单是造型富于动感,更因他使城市景观在视觉和情绪上都注入了音乐性的欢愉。1986 年,沃克艺术中心主办盖瑞重要作品巡回展,沿途登临美国和加拿大多个城市,影响很大。1989 年,国际建筑界最高奖普利兹克奖评审委员会终于写下如此评语:"当下整个艺术圈停滞不前,一派怀旧多于前瞻、仿古盛于革新的气候,因此表彰盖瑞成了一件重要的事。"许多作品已成观光胜地。著名作品有:马里兰州哥伦比亚展览中心(1974 年)、盖瑞私宅(1978 年)、圣莫尼卡购物广场(1980 年)、德国维特拉设计博物馆(1989 年)、捷克布拉格"跳舞的房子"(1995 年)、西班牙毕尔包城古根海姆美术馆(1997 年,首用钛合金结构)、西雅图摇滚乐博物馆(2000 年)、洛杉矶迪士尼音乐厅(2003 年)、西班牙里斯卡尔侯爵酒店(2006 年)、普林斯顿大学路易斯图书馆(2008 年)等。

获多项大奖,其中有:1989 年普利兹克奖、1992 年沃尔夫建筑艺术奖、1992 年日本艺术协会世界文化建筑奖、1994 年首届吉什艺术终生贡献奖、1998 年美国国家艺术奖章、1999 年美国建筑师协会金奖、2000 年英国皇家建筑师协会金奖、2002 年美国艺术文学研究院建筑学金奖,2002 年加拿大国家勋章等。 (李 烨)

王景唐(Wang Jingtang) 字希尧。中国河南省人,1929 年 3 月 2 日生于河南临漳(今安阳),1992 年 11 月 24 日卒于辽宁沈阳。*冶金工程、核燃料工程、纳米技术金属材料学、物理化学。*

1948 年入读河南大学化学系半年,1952 年毕业于交通大学化学系。同年到中国科学院金属研究所,先后派驻抚顺钢厂、大连钢厂工作。1956 年公派赴苏联留学,1960 年获苏联科学院巴依可夫冶金研究所技术科学副博士学位。1961 年回国至去世前,一直在中国科学院金属研究所工作,1986 年任研究员,历任研究室副主任兼真空炼铀组组长、副所长兼研究室主任、国家重点实验室主任。1991 年当选为中国科学院学部委员(院士)。

20 世纪 50 年代,试验研究钢质量和炉渣组成改进、电炉氧气炼钢和强化还原期;在苏联研究液态金属表面张力、真空脱碳。60 年代,参与研制中国第一颗原子弹,主持建造精炼铀的真空感应炉等设备,攻克生产"08"核燃料铀元件的关键工艺,1978 年获全国科学大会奖,参与的"原子弹及氢弹的突破和武器化"项目获 1985 年国家科学技术进步奖国防专项特等奖。70 年代,研究开发电渣熔铸火炮身管、导弹壳体用超高强度钢、航空用调压器 T10A 弹簧钢带等金属材料。80～90 年代,从事液态金属、非晶态金属、纳米晶和超微粉的研究。

主要学术贡献:用红外热成像法成功地直接测定了形成非晶合金的临界冷却速度;较早进行液态与非晶态相关性研究,得到液态与非晶态合金粘度的数学表达式;在中国率先测量 105～108 K/S 急冷速度,研究它对非晶合金膨胀、比热和磁各向异性的影响;在二元和三元系列合金熔体的表面能与表面组织、过冷液态金属(Ⅲ族)性质变分计算等方面,均取得重要进展;首次发现非晶硒的玻璃转变可逆性新现象,在理论上揭示其实质是以双粒子反应为特征的可逆转变;提出非晶合金的晶化新机制;找到有效控制晶化过程晶粒尺寸的简易方法,大幅降低制备超细合金粉成本;首次发现纳米晶合金的硬度与晶粒度呈霍尔-帕奇(Hall-Petch)反常效应;突破了传统机械合金化判据的限制,研究出通过添加不同元素以加速晶化或非晶化过程的新技术。因成功研制均匀的纳米合金获国家自然科学奖一等奖。因"纳米金属材料的形成、微观结构及性能研究"课题获 1997 年国家自然科学奖三等奖。 (李宇涛)

唐明述(Tang Mingshu) 中国四川省人,1929 年 3 月 31 日生于四川安岳。*混凝土材料工程、无机非金属材料学、仪器研制。*

1948 年考上唐山工学院冶金系,因战事影响交通,就近进四川教育学院数学系学习,次年转学成都华西协和大学医科,1950 年秋入北京大学化工系。因院系调整转读燕京大学,1953 年毕业于天津大学。1956 年南京化工学院(今南京化工大学)化工系研究生班毕业。一直留校任教,南京化工大学材料学院教授。1995 年当选为中国工程院院士。

长期从事混凝土工程寿命的研究,尤其对碱-集料反应进行了系统研究。碱-集料反应是指水泥中的碱与集料中某些有害成分发生化学反应致使混凝土产生膨胀开裂。自 1940 年以来,世界各地不断发现由碱-集料反应破坏建筑工程的大量实例。针对这种情况,他主持开展了包括活性集料检验、膨胀机理、反应机理和反应动力学、混合材料抑制作用及其机理和快速试验法等系列研究。他首创的砂石碱活性快速鉴定法需时仅两天，而传统的美国标准法需要半年，这种在国际上被誉为"中国压蒸快速法"，已成为中国、法国等国的法定标准，碱-集料反应及其鉴定法获1987年国家自然科学奖二等奖；研制的快速测定仪已获得广泛应用；阐明碱-碳酸盐反应的膨胀机理，提出碱-集料反应分类方法，获国际同行高度评价；实地勘查了京、津、鲁、豫、晋等地重要工程集料碱活度及其影响，其对策意见已受到有关部委高度重视，对确保大型工程耐久性、安全性具有重大社会经济效益；在水泥处理核废渣、大坝用氧化镁膨胀水泥、钢渣微观结构等方面均有不少成果。发表论文300多篇，工程报告30余篇；出版译著10部。获1978年全国科学大会奖等国家及省部级奖8项。（徐维普）

卡恩，F.R.（Khan，Fazlur Rahman） 美国人，1929年4月3日生于孟加拉国达卡，1982年3月27日卒于美国芝加哥。结构工程、工程力学、工程管理。

孟加拉裔。父亲是政界高官，退休后任高校学院院长。他曾在孟加拉工程学院、加尔各答大学学习，1951年获达卡大学理学士学位。1952年去美国，同年在伊利诺伊大学获结构工程硕士学位，1955年获理论与应用力学硕士和结构工程博士学位，1961年加盟芝加哥SOM建筑联营公司，1966年入股成合伙人，1970年任总裁。1973年当选为美国国家工程院院士。获美国西北大学、理海大学荣誉博士学位。

1960年起发表了许多关于高层建筑设计与分析方面的论文。1963年"管结构概念"的发表，是他在高层建筑设计上的初次突破。1962年，在设计芝加哥一座38层钢筋混凝土楼房时，他又提出一种与钢架相互作用的剪力墙分析法，此后便成为分析这类结构的标准方法。1965年为高层建筑发展出"管中管"的概念。他还在钢结构的管状概念上发展了"对角安装的管状体系"、用于40～60层高度建筑上的带状桁架概念和"集束结构"概念。他的摩天大楼建筑设计理念与技术，集中体现于20世纪60～70年代的芝加哥100层的约翰·汉考克中心（1965～1969年）和当时世界上最高建筑物芝加哥110层西尔斯大厦（1970～1973年）。

获美国钢结构协会1971年特别奖、1973年金布罗奖章，1971年美国混凝土学会沃森奖，美国土木工程师协会1972年米德布鲁克斯奖、1977年霍华德奖章等。他去世后追授的奖励有：1982年国际桥梁与结构工程联合会国际结构工程奖，同年美国建筑学会芝加哥分会杰出服务奖，1983年美国建筑学会卓越成就奖。同年获阿伽汗建筑奖，1987年伊利诺伊州结构工程师协会帕默奖等。1972年被美国《工程新闻记录》杂志评为"年度建筑风云人物"，1965～1979年5次被该杂志评为"为建筑业最大利益服务人物"。（李法顺）

孙家栋（Sun Jiadong） 中国辽宁省人，1929年4月8日生于辽宁复县。导弹与航天工程、运载火箭与卫星总体技术、空间科学、工程管理。

1948年考入哈尔滨工业大学预科；1951年被选送到苏联茹科夫斯基空军工程学院飞机和航空发动机专业学习，1958年毕业并获学院金质奖章。同年回国，历任国防部五院一分院设计部室主任、部副主任。1967年调入中国空间技术研究院，历任院总体设计部副主任、主任、副院长、院长，国家第七机械工业部总工程师，航天部科学技术委员会副主任，航天工业部副部长，航空航天工业部副部长、科学技术委员会主任，中国航天工业总公司科学技术委员会主任。1991年当选中国科学院学部委员（院士）。是国际宇航研究院院士。

1958～1967年间，主要从事导弹总体设计，先后主持设计和研制中国第一枚液体中近程弹道地地导弹、第一枚液体中程弹道地地导弹。以后主要负责人造地球卫星研制和发射：1967年作为卫星技术总负责人，主持中国第一颗人造卫星总体和各分系统技术方案的审查论证，并直接领导"东方红一号"卫星科研生产的管理工作；作为总设计师，主持研制1968年中国第一颗返回式遥感卫星，1977年中国第一颗地球静止轨道试验通信卫星，1986年"东方红三号"通信广播卫星，"风云一号"、"风云二号"静止轨道气象卫星，"地球资源一号"卫星，以及"嫦娥一号"探月卫星等重大国家工程。

多次获国家和省部级奖励，其中1984年荣立航天部一等功；试验通信卫星及微波测控系统，返回式卫星和"东方红一号"卫星1985年均获国家科学技术进步奖特等奖，分别为第一、第十四完成人。1986年又获两项国家科学技术进步奖特等奖；1999年荣获中国政府"两弹一星"功勋奖章；2009年度获国家最高科学技术奖。（胡占华）

刘广润（Liu Guangrun） 1929年4月20日生于天津市宝坻县，2007年6月21日卒于湖北武汉。地质科学、地质工程、地质环境。

1952年毕业于南京矿专。1955～1957年，在苏联水电科学院进修工程地质学。历任地质部三峡队、北江大队工程师和技术负责人，湖北省地矿局副总工程师，三峡省地矿局（筹）总工程师，三峡工程科研攻关地质与地震课题专家组长，湖北省地矿厅教授级高级工程师，华中科技大学教授，中国地质大学客座教授，中国地质科学院客座研究员，1999年受聘为华中科技大校教授，1999年当选为中国工程院院士。刘广润院士长期从事工程地质、灾害地质和环境地质等研究，在岩体工程地质划分、斜坡稳定性分析、地质灾害生成规律等方面，都有创造性理论建树。曾获"有重大贡献的地质工作者"称号和"李四光地质科学奖"。（李啸虎）

温俊峰(Wen Junfeng) 中国山东省人,1929 年 4 月 20 日生于绥远省(今内蒙古)五原。航空工程、动力与机械工程、空气动力学。

1950 年考入清华大学航空系,因院系调整,1953 年毕业于北京航空学院(今北京航空航天大学)。留校任教,并于 1956 年该校研究生班毕业。1960～1962 年在苏联莫斯科茹科夫斯基军事航空工程学院进修。回国后,先后任北京航空学院发动机系构造研究室主任、强度振动试验室主任。1967～1987 年在航空工业部贵州航空发动机研究所工作,任所长、总设计师。1987 年起一直执教于山东烟台大学,为教授级高级工程师,先后任经济管理系主任、校学术委员会主任。兼任北京航空航天大学等校兼职教授等职。1997 年当选为中国工程院院士。

曾参与主持研制中国空军歼-7 系列、歼-8Ⅱ战斗机、歼-7M 型超声速歼击机等重大工程,担任副总设计师兼发动机总设计师,在主持航空发动机设计研制和试验中,解决了一系列重大关键技术,提高性能、减轻重量,延长寿命,对中国发动机技术发展、装备空军和出口创汇有重要贡献。筹建中国第一个发动机薄壳强度课题研究组及其试验设备;克服三线军工建设种种困难,主持设计研制成功 10 多种型号的改进型发动机;为某改型飞机拟定新的发动机设计方案,并进行大量试验;为某新型歼击机拟定新型发动机总体设计方案,主持重大改进项目。

编写有《喷气发动机壳体零件强度计算》、《冲压发动机构造》等专著教材。多次获奖,其中因对歼击机研制首飞阶段有重大贡献,1984 年荣立航空工业部一等功;主持改进某型超声速歼击机发动机,1985 年获国家科学技术进步奖一等奖;主持设计研制 13AII 型航空涡轮喷气发动机,1990 年获国家科学技术进步奖一等奖。

(李啸虎)

刘建航(Liu Jianhang) 中国河北省人,1929 年 4 月 26 日生于北京,2016 年 7 月 31 日卒于上海。隧道与地下工程、市政轨道交通工程、土力学、工程管理。

原籍河北深泽。1951 年毕业于交通大学。历任上海市地铁总公司总工程师、技术委员会主任、教授级高级工程师、上海市政工程管理局技术顾问。1995 年当选为中国工程院院士。

长期从事上海市隧道和地下工程建设,擅长处理软土地层技术难题,在主持上海两条黄浦江越江隧道、地铁一、二号线工程和 20 余条市政隧道建设中有重要贡献。创立地层时空效应理论,并运用到软土深基坑设计与施工中,总结形成的“车站基坑施工要点 21 条”,成为行业规范;主持研究和设计含水软弱地层中盾构法隧道的单层钢筋混凝土拼装式衬砌,率先攻克衬砌结构防水关键,用以建成第一条黄浦江越江隧道和地铁试验段,获全国科学大会奖;解决了在江底高压沼气砂层建隧道产生喷发沼气、流沙等罕见难题;开拓盾构、沉管、连续沉井法等技术,建成处于复杂困难地层的 20 余条市政隧道;首次在建筑密集区用自制 11.3 米盾构、地下连续墙深基坑法和环境保护系列新技术,主持建成第二条黄浦江隧道,该工程获国家金奖;在地铁工程中,采用车站地下墙深基坑明挖逆筑法、盾构穿越建筑群等特种施工技术,建立工程科学预测和信息施工监控体系,有效控制了流变性地层移动,解决了地铁施工中保护市政建筑设施的难题。

出版有《盾构法隧道》、《基坑工程手册》、《地下墙深基坑周围地层移动的预测和治理》等专著。获上海市科学技术进步奖一等奖 1 项、二等奖 3 项、三等奖 1 项,全国土力学与地基基础茅以升大奖,获地铁建设功臣称号 2 次,2002 年获上海市科技最高奖励——上海科技功臣称号。

(武光明)

梅自强(Mei Ziqiang) 中国江苏省人,1929 年 4 月 26 日生于江苏常州,2010 年 8 月 19 日卒于北京。纺织机械工程、纺织科学、科技管理。

出生于中学教员家庭。1958 年获苏联莫斯科纺织学院技术科学副博士学位。1958～1969 年任纺织工业部纺织科学研究院工程部工程师。1969～1975 年在湖北安陆五七干校棉纺厂下放劳动,担任车间主任。1975～1982 年在纺织工业部生产司棉纺织生产技术管理处工作。1982～1987 年任中国纺织科学研究院副院长、院长。1987 年起任国家纺织工业局科学技术委员会副主任。兼任中国纺织工程学会副理事长及学术委员会主任等职。1995 年当选为中国工程院院士。

20 世纪 50 年代末至 60 年代中期,他牵头与青岛纺机厂等单位合作,几经挫折,多次修改新样机设计,多次组织中试生产试验,终于研制成功 4 种新型高速梳棉机,其中 A186 型达到当时国际先进水平,是长期以来国产梳棉机的主要机型,为国家节约了大量建设资金。60～70 年代,为推广应用国产第二代棉纺新设备做了大量工作,指导在全国开展棉纺织生产技术上水平的活动,使当时全国棉纺织企业的生产能力得以提高三分之一。80 年代,牵头与陕西长岭机器厂合作研制成功条干均匀度仪,居国际先进水平,获 1988 年国家经委技术开发优秀成果奖、1990 年国家科学技术进步奖二等奖。90 年代初,参与主持对引进技术国产化“重中之重”专项的调研和评估论证,为有关部门决策提供了科学依据。此外,还积极参与组织中外各种学术交流活动,传播国际纺织技术发展信息,带动了中国纺织生产技术水平的不断提高。20 世纪末以后,主要从事纺织科技发展宏观决策咨询,以及棉纺织生产技术、工艺、设备和产品等的咨询工作。

(武光明)

戚元靖(Qi Yuanjing) 中国湖北省人,1929 年 4 月 29 日生于湖北武汉,1994 年 11 月 4 日卒于北京。钢铁冶金工程、科技规划与管理。

1938 年随姐姐奔赴延安参加抗日。1945 年入延安自然科学院学习。1946 年任晋察冀边区工业部新华工厂实习技术员。后在华北联合大学、华北军政大学学习。1948 年入哈尔滨工业大学学习。1950 年到大连工学院土木工程系学习。1951 年赴苏联留学,1956 年列宁格勒建筑工程学院毕业。同年回国,在冶金工业部黑色冶金设计总院(今北京钢铁设计研究总院)工作,先后任土建科副科长、工程设计队队长、援越专家组组长、副院长、院长等职，教授级高级工程师。1982～1993年先后任冶金工业部副部长、部长。1993年任中国工程院筹备领导小组副组长。1994年选聘为中国工程院院士。

在冶金设计院26年中，参与和主持一批重点钢铁企业规划方案、厂址选择、设备造型、工程建设和技术改造，对上海宝山钢铁公司建设，鞍山钢铁公司改造，马鞍山钢铁公司、武汉钢铁公司、唐山钢铁公司扩建项目提出许多重要建议，解决许多现场施工问题；直接组织参加一批地方钢铁企业规划设计和建设；参与主持援外钢铁企业设计建设。在冶金工业部担任领导工作的11年中，对中国钢产量由3 716万吨发展到8 000万吨作出了贡献，品种质量明显提高。期间，主持制定中国冶金工业发展战略，规划钢铁工业蓝图；提出尽快把钢铁工业转到新技术基础上来，走老企业挖潜改造与新建高水准企业相结合道路；提出工艺技术要逐步实现精料、精炼、精轧、精整方针，技术改造重点目标是品种、质量，大力节能降耗和环境治理；在具体方法上强调先进、经济、适用原则，从国情厂情出发，采用多层次装备水平；20世纪90年代初，提出中国冶金工业上新台阶的目标和任务，探索中国实行现代企业制度的道路。 （李啸虎）

朱英浩（Zhu Yinghao） 中国浙江省人，1929年5月24日生于浙江鄞县。电气与电力工程、仪器研制、电工学。

1952年交通大学电机制造专业毕业。1952～1992年在沈阳变压器厂工作。期间，1955～1957年在捷克斯洛伐克斯大林工厂实习；1959～1961年在苏联莫斯科变压器工厂、全苏变压器研究所实习。1992年起任沈阳变压器有限责任公司研究所总工程师、教授级高级工程师。兼任国际大电网会议中国委员会委员，国家变压器标准化技术委员会主任等职。1995年当选为中国工程院院士。

长期从事变压器、互感器、调压器和电抗器等电工新产品研制与开发。多次代表国家机械部、电力部主持起草变压器、互感器类产品国家标准，组织编写全国统一设计手册，使产品技术经济指标、运行可靠性接近或达到当代国际水平；主持研制成功中国第一套2250千伏户外式高压试验变压器，其电压性能达到国际最高值水平，获国家科学技术进步进步奖一等奖；主持开发成功中国第一台500千伏系统配套电流互感器，大胆改革传统的行业工艺，从根本上解决了产品绝缘热稳定性等难题，获国家机械部科学技术进步奖特等奖、国家科学技术奖一等奖；主持研制成功中国第一台500千伏、360兆伏安有载调压三相自耦变压器，运行可靠性高于国际同类产品，为葛州坝电厂正常运行作出重要贡献，荣获国家科学技术进步奖二等奖。

撰有著译多部，其中有与他人合译的《电流互感》（1989年），与他人合著的《电力变压器设计》、《电力变压器理论与计算》（1990年）等。获国家和省部级奖励10多项。 （陈美查）

沈志云（Shen Zhiyun） 中国湖南省人，1929年5月28日生于湖南长沙。铁路与机车工程、机械与动力工程、轮轨系统动力学。

1952年唐山工学院（先后改名唐山铁道学院、西南交通大学）机械系毕业。留校在理论力学教研室任教。1957年赴苏联留学，1961年获列宁格勒铁道学院技术科学副博士学位。回国后，历任唐山铁道学院讲师，西南交通大学副教授、教授，机车车辆研究所所长、牵引动力国家重点实验室主任。期间，1982～1984年在美国马萨诸塞理工学院做访问学者。兼任国务院学位委员会铁路、公路、水运专家评审组召集人，成都市科学技术协会主席等职。1991当选为中国科学院学部委员（院士）。1994年选聘为中国工程院院士。

在轮轨动力学、横向稳定性、随机动态响应、稳态及动态曲线通过等方面，取得一系列研究成果。1883年发表著名的非线性轮轨蠕滑力计算模型，国际上通称“沈氏理论”，为中国铁路提速提供了理论基础；1887年主持研制成功中国第一台迫导向货车转向架，接近于无轮缘磨损程度，为发展低动力作用大型货车奠定了基础，为中国数十万辆货车更新换代开辟了新途径；1988年起创建和主持的牵引动力国家重点实验室，系中国铁道部门目前唯一的国家级重点实验室；1993年主持研制成功世界第二台高速重载机车车辆整车滚动振动实验台，模拟运行速度达每小时400千米，先后获1998年、1999年铁道部、国家科学技术进步奖一等奖；主持完成国家重点项目“高速列车的轮轨系统动力学研究”，在轮轨蠕滑理论的研究方面取得了突破性进展；在高速脱轨和粘着的机理方面进行了大量的理论和试验研究。

主编和撰写《高速客车转向架的动态环境和设计原理》、《交通运输工程学》（1999年）等专著。多次获奖，其中还有1993年詹天佑成就奖，1997年国家级教学成果奖一等奖等。 （陈美查）

党鸿辛（Dang Hongxin） 中国广西省人，1929年6月生于广西北流，2005年6月10日卒于北京。固体润滑材料工程、表面物理化学、摩擦学。

1953年华南工学院化学工程系毕业。中国科学院兰州化学物理研究所研究员、固体润滑国家重点实验室学术委员会名誉主任。兼任中国摩擦学会名誉理事长、河南省科学技术协会名誉主席、《摩擦学学报》主编等职。1997年当选为中国科学院院士。

长期从事摩擦学及摩擦表面物理与化学的研究，揭示了一系列固体润滑和表面物理与化学作用的规律，在开发润滑油脂、特种润滑涂层材料、航空航天润滑与防护材料、高分子复合材料等方面有很高的技术水平。研制成功数十种特殊性能的固体润滑涂层材料，主要应用于军工重点型号如：331工程三级火箭氢氧发动机液氢涡轮泵、长三甲气动机叶片、109工程、直九工程和8号工程等等，有力地促进了中国国防军工现代化建设。此外，还成功研制了民用齿轮润滑成膜膏、PEP润滑防腐涂层等取得了显著的社会效益和经济效益。

获得中国发明专利5项；已发表论文和研究报告200余篇。获国家级奖励10余项，省部级奖励近20

项。其中"固体润滑的研究"获国家自然科学奖三等奖，"齿轮润滑成膜膏的研制和推广"获国家科技进步奖三等奖，"超低温高速齿轮润滑材料"获国家发明奖三等奖，"MFC-1 型白色润滑成膜膏"获国家发明奖三等奖，"涡轮涡杆用特种润滑材料"获中国科学院科技进步奖二等奖等。（卢敬军）

钟训正(Zhong Xunzheng) 中国湖南省人，1929 年 7 月 9 日生于湖南武冈。土木工程、建筑学、美术。

1952 年南京大学建筑系毕业。分配到湖南某小学教书，1954 年调回母校任教。1984～1985 年在美国访问讲学和参与工程设计。1985 年起一直任教于东南大学，教授，任该校建筑设计研究院副总顾问。1997 年当选为中国工程院院士。

在建筑创作理念上，追求技术与艺术、传统与创新、建筑与环境的辩证统一。20 世纪 50～60 年代，提出北京火车站造型综合方案(与他人合作)、南京长江大桥桥头堡方案，先后在全国设计大赛中获选并经国家批准实施。80 年代后，主持已建项目设计 20 余项，多项获奖：无锡太湖饭店新楼获国家教委优秀设计奖一等奖、建设部优秀设计奖二等奖，海南三亚金陵度假村、甘肃画院均获国家教委二等奖，杭州胡庆余堂中药保健旅游中心设计获全国竞赛第一名；1984 年主持美国印第安纳州首府印第安纳波利斯市市中心广场及旅馆设计；主持南京市一系列重要建筑设计，有五台山体育馆、东郊宾馆综合楼及国宾馆、东苑宾馆、科技会堂、嘉年华休闲中心、江苏商厦、云湖大厦、金山大厦、江苏省旅游局和南京园林局大楼等，其中中山陵太阳广场嘉麟楼、夫子庙建筑群及两侧东西市场均获国家教委三等奖；担任南京中华路、雨花路改建总建筑师。

发表论文数十篇；在全国评选中获奖建筑画近 20 幅；出版《建筑画：环境表现与技法》(1986 年)、《炭铅笔建筑画：钟训正旅美作品选》(1991 年)、《国外建筑装修构造图集》(1994 年)等著作，其中《建筑制图》(与他人合作，1990 年)获建设部优秀教材一等奖。（李　烨）

刘广均(Liu Guangjun) 中国天津市人，1929 年 7 月 15 日生于天津。核燃料工程、铀同位素分离技术、气体分子物理学。

回族。1952 年清华大学物理系毕业。留校任教。1956～1958 年在苏联莫斯科动力学院进修同位素分离专业。1958 年回国，任清华大学工程物理系教研组主任。1963 年调至第二机械工业部核燃料厂工作，先后任副总工程师、总工程师兼副厂长。1982 年调至核工业部理化工程研究院，为教授级高级工程师，先后任总工程师、科学技术委员会主任、高级顾问。期间 1989 年任美国罗彻斯特大学客座教授。兼任中国核学会同位素分离分会主任，天津市科学技术协会副主席、名誉主席，天津市核学会理事长、清华大学等校兼任教授。1991 年当选为中国科学院学部委员(院士)，后为技术科学部副主任。

在负责核燃料厂技术工作期间，提出和推行多项革新措施，特别在专用级联机器 3 层改为 5 层，提高级联效率等措施上适时作出正确决策，使浓缩铀生产能力和经济效益大大提高，获 1985 年国家科学技术进步奖一等奖。在理化工程研究院工作以来，作为国家七五重点攻关项目离心机研制的技术总负责人，总结并抓紧研制过程六大环节，大大加快离心机专用设备的研制进程，各项专题均通过国家鉴定，其中有两项达到国际水平，获 1987 年国家科学技术进步奖二等奖。主要理论贡献有：在分离理论方面，提出扩散级联设备最佳运行条件的 3 种判据，阐明专用设备级联运行中的浓度干扰传播规律，对实际运行有重要指导意义；在气体分子运动论方面，提出建立玻尔兹曼方程式的一种模型方程新方法，推导出轻微稀薄气体中的熵增量公式，受到国际同行重视。著有《扩散级联水力学讲义》等。（李啸虎）

傅恒志(Fu Hengzhi) 中国河南省人，1929 年 8 月 24 日生于河南开封。冶金工程、金属材料学、物理化学、高等教育管理。

1950 年西北工学院(后易名西北工业大学)机械系毕业。留校任教。1952 年考取哈尔滨工业大学机械系研究生，1955 年毕业后回西北工学院。1958～1962 年在苏联列宁格勒工学院物理冶金系学习，获副博士学位。历任西北工业大学机械系铸造教研室主任、科研处处长、机械系主任、校长(1984～1992 年)、校学术委员会主任。2000 年后任哈尔滨工业大学教授。兼任中国航空学会副理事长、陕西省航空学会理事长等职。1992 年获俄罗斯圣彼得堡技术大学荣誉博士学位。1995 年当选为俄罗斯宇航科学院外籍院士。同年当选为中国工程院院士。

在苏联留学期间，研制出一批高持久性合金，其中一种获苏联发明专利；率先在国际上提出液固界面非平衡溶质再分配理论及其数学模型；创建中国第一个凝固技术国家重点实验室；创建枝胞转换及亚快速定向凝固理论框架，与李建国等合作创造新型超高温度梯度定向凝固方法——区域熔化液态金属冷却法(即 ZMLMC 法)，居当时国际领先水平，获 1994 年国家科学技术进步奖二等奖；主持开发出无(软)接触电磁成形单晶定向凝固制备技术，研制出耐高温 1 000℃以上、性能提高数倍、钛铝基金属间化合物的超细柱晶组织新材料，成功用于多项航空航天大推力、超高温发动机型号。此外，任西北工业大学校长期间，主持完成该校"七五"和"八五"重点建设工程。

发表论文 300 余篇；出版《高温合金及其熔炼技术》等专著 3 部。获国家和省部级奖励 10 余项，其中 2013 年获中国机械工程学会的"中国铸造终身成就奖"。（李啸虎）

胡壮麒(Hu Zhuangqi) 中国上海市人，1929 年 8 月 31 日生于上海，2016 年 7 月 10 日卒于辽宁沈阳。冶金工程、冶金物理化学、金属材料学。

1952 年上海沪江大学化学系毕业。同年起一直在中国科学院金属研究所工作，研究员，历任研究室主任、所学术委员会主任、快速凝固非平衡合金国家重点实验室主任。1981～1982 年在美国马萨诸塞理工学院材料系做访问学者。兼任中国金属学会高温合金专业委员会副主任,《材料科学技术学报》(英文版)主编,东北大学、武汉大学等多所高校名誉教授或兼职教授。是亚太材料科学院院士。1995 年当选为中国工程院院士。

早期参加氧气炼钢系统实验和引进国外先进技术,开创中国氧气炼钢的先河;首次提出约束性凝固过程中溶质的非平衡再分配和相析出理论;率先在中国研制成功多孔气冷铸造一级空心涡轮叶片,配套于歼-8、歼-7Ⅱ战斗机等所用发动机,获 1985 年国家科学技术进步奖一等奖;研制成功中国第一个直升机用增压器;发明超声气体雾化新工艺制造微晶金属粉末,获 1986 年中国科学院科学技术进步奖一等奖、国家科技进步奖二等奖;开发出一系列优异性能的新材料、技术先进的新工艺,并多次在国家重点工程中得到应用,其中有抗热腐蚀 DZ38G 定向凝固镍基高温合金、K17G 铸造镍基合金、铝锂-I 合金、高临界温度氧化物超导丝等;研究纳米金属材料形成、结构与性能。

发表论文 300 余篇;出版《电炉氧气炼钢的试验研究》、《凝固技术》等著作和译作 9 部;有专利 10 多项;已获国家和省部级奖励近 20 项。此外,获国家国防科技工业委员会"献身国防科技事业"荣誉证章等。

(刘　冰)

金怡濂(Jin Yilian)　中国江苏省人,1929 年 9 月 5 日生于天津。计算机科学与工程、计算机系统结构、工程管理、应用数学。

1951 年毕业于清华大学电机系。同年参军。1956～1958 年在苏联科学院精密机械与计算技术研究所学习。回国后,先后任全军总参谋部第五十八研究所工程师、副总工程师、副所长兼总工程师,1988 年晋升少将军衔,国家电子工业部计算机工业管理局高级工程师,国家并行计算机工程技术研究中心主任。兼任国防科学工业委员会科学技术委员会军用计算机专业组副组长,清华大学、浙江大学等校兼职教授等职。1994 年选聘为中国工程院院士,兼信息与电子工程学部主任。

长期从事电子计算机研究开发,多次主持完成大型、巨型电子计算机系列。20 世纪 50～60 年代,参与研制中国第一台大型电子计算机;先后参与主持研制多种通用机、专用机,负责运控技术攻克多项难题。70 年代,在中国率先倡导双机并行计算设计思想,提出混合互联网络方案,解决了多机系统中互逢拓扑结构、小信号高速传输、系统并行互扰等诸多难题,主持研制完成多机并行计算机系统。80 年代,主持研制以通用中央处理器(CPU)芯片为基础的大规模并行计算机,大胆采用多技术的混合网络结构,解决了处理机互联中的近三百个技术难题,完成运算速度国内领先的并行计算机系统。90 年代,主持研制"神威"巨型计算机系统,制定以平面格栅网为基础的"分布共享存储器大规模并行结构"总体方案,提出网上多种集合操作以无匹配高速信号传送等技术构想和解决方案,使高性能计算机峰值运算速度从每秒 10 亿次跨越到每秒 3 000 亿次以上;近期主持研制新一代超级计算机系统,针对巨型计算规模庞大、功耗过高等难题,提出以三维格栅网为基础的可扩展共享存储体系结构,采用循环水冷却、分布式盘阵、透明的保留恢复、高密度组装等创新构想,为关键技术指标进入国际领先行列奠定基础。

获国家和部委级奖励多项,其中全国科学大会奖 1 次,国家科学技术进步奖特等奖 2 次;获 2002 年度国家最高科学技术奖,奖金 500 万元。为表彰他的杰出贡献,经国际组织审核批准,国际编号第 100434 号小行星永久命名为"金怡濂星"。

(刘金龙)

陆建勋(Lu Jianxun)　中国浙江省人,1929 年 9 月 11 日生于北京。舰船通信工程、工程管理。

原籍浙江杭州。1947 年考入清华大学电机工程系电讯专业。1950 年参加海军,历任海司通信处(部)机务组长、股长、工程师,国防部第七研究院第 706 研究所某研究室副主任、主任,第 722 研究所副所长、所长、教授级高级工程师,1983～1994 年任中国船舶工业总公司第七研究院院长,后任该总公司顾问。兼任国防科学工业委员会科学技术委员会名誉顾问、中国造船工程学会副理事长、清华大学等校兼职教授。1995 年当选为中国工程院院士,兼任信息与电子工程学部主任。

20 世纪 60～70 年代,倡导建立中国独立的潜艇特种通信系统,负责组织联合开发,提出全新体制的技术构思、方案和指标,历时 10 年终于研制成功并首次装备到中国第一艘核潜艇上;主持在多项国家重点工程中研制装备多种超长波通信设备和系统,开拓了中国超长波通信新领域;主持开发大功率超快速通信,在青岛至喀什的远距离通信试验中,通信效果较原有苏制系统显著提高。80～90 年代,主持国家重点 718 工程远洋岸-船、船-船通信系统,成功保证 80 年代初中国洲际弹道导弹试验的远洋通信和编队间通信;积极推进第二代超快速通信系统的研制;主持完成包括科学考察船等多项国家重点工程在内的船舶通信技术装备研制和系统;在任国防部第七研究院院长期间,积极推进和深化科学技术体制改革,率先建立数十项国家级火炬计划项目;任总设计师主持完成大型国防电子系统工程总体技术。

发表论文数十篇;译有《现代通信原理》一书。曾获省部级科学技术进步奖特等奖 1 项,二等奖 2 项。1978 年全国科学大会授予先进科学技术工作者称号。

(李　烨)

陆钟武(Lu Zhongwu)　中国上海市人,1929 年 10 月 2 日生于天津。冶金热能工程、冶金学、金属物理化学。

1946～1949 年就读于中央大学(今南京大学),1950 年毕业于上海大同大学。1950～1952 年在哈尔滨工业大学攻读研究生课程,院系调整后转入东北工学院(今东北大学)冶金炉专业研究生班,1953 年毕业。后一直留校任教,教授,1984～1991 年任东北工学院院长。兼任中国金属学会副理事长、沈阳市科学技术协会主席等职。1997 年当选中国工程院院士。

领导建立中国第一个冶金炉专业和冶金热能工程博士点;率先运用势流理论研究竖炉气体力学,开发出测定高炉炉身静压判断炉内主要反应变化的简易技术;

查明一批普通平炉改为内倾式炉后指标下降的原因，提出了对策措施，结束了各地的争论；建立火焰炉热工基本方程式，发展了冶金热能工程的基础理论；发明压下炉头式加热炉，热效率达到国际先进水平，获1985年国家科学技术进步奖二等奖；提出"载能体"概念，创立系统节能理论和技术；查明中国钢铁企业年节能率一度普遍下降原因，提出钢铁工业的节能方向和途径；预测中国钢铁工业2000～2010年的能耗值；率先建立有时间概念的产品生命周期物流图及其分析方法，揭示资源效率等指标与物质循环率、产品产量变化等因素之间的关系。

发表学术论文百余篇；撰写出版有《火焰炉理论》(俄文、中文版)、《系统节能基础》、《工业生态学基础》(2010年)等10多本专著和教材。多次获国家和省部级奖励。 (李啸虎)

梁维燕(Liang Weiyan) 中国山西省人，1929年10月2日生于北京。水利水电工程、机械与动力工程、工程管理。

原籍山西襄陵，土木工程师的儿子。1951年天津北洋大学电机工程系毕业后，在哈尔滨电机厂工作37年，历任车间副主任、厂副总工艺师兼工艺科长、副厂长、总工程师、哈尔滨大电机研究所所长等职。1988年起先后任哈尔滨电站设备集团公司总工程师、常务董事、咨询委员会主任，哈尔滨动力设备股份有限公司董事，哈尔滨工业大学特种电机研究所所长，湖南大学工商管理学院教授、项目管理研究中心资深主任。兼任国家机械工业部三峡装备办公室副主任、高级顾问，国务院三峡建设委员会三峡枢纽工程质量检查专家组成员等职。1995年当选中国工程院院士。

长期致力于水电工程设备制造、大型工程项目管理。20世纪50～60年代，参与研制成功中国数个第一台水轮发电机组，其中有800千瓦和3～72.5兆瓦系列；试制成功云峰水电站100兆瓦大电机组，后获1981年国家质量银奖，是全国水电机组首次最高奖。70～80年代，主持研制刘家峡225兆瓦水轮发电机组，发明高压定子线棒防爆层与主绝缘一次模压成型新工艺，实现制造、安装、运行长期无绝缘击穿的记录；主持研制成功长江葛洲坝水电站125兆瓦水电机组，达到国际水平，获1985年国家科学技术进步奖特等奖、国家质量金奖。负责组织制造引进型600兆瓦汽轮发电机，获1991年国家重大技术装备奖一等奖。80～90年代及以来，参与三峡机组论证，提出很有价值建议，肯定了国产化可行性；多次参与三峡工程国际招标的评标工作；直接参与三峡枢纽工程机械装备项目管理，以及建设全过程质量监督检查。

发表论文数十篇；主编《中国电器工业发展史(水力发电设备制造业)》(1989年)等著作、《英汉电站工程辞典》(1992年)等工具书。 (李啸虎)

关肇邺(Guan Zhaoye) 中国北京市人，1929年10月4日生于北平(今北京)。土木工程、建筑学、工程管理。

1947～1948年就读于北京燕京大学理学院；1952年毕业于清华大学建筑系，获工学学士学位。一直留校任教，为清华大学建筑设计研究院教授。曾作为访问学者在美国马萨诸塞理工学院工作一年。兼任清华大学建筑学院学术委员会主任等职。1995年当选为中国工程院院士。

早期受梁思成教授指导和影响，在现代建筑和中西建筑的历史和理论方面有深厚基础，在设计技巧上有很高水平；在理论和实践上探索具有时代特征和民族特色的新建筑，取得高水平成果；在建筑设计方面，准确把握建筑的性格特点，在平易的外形中寓有深刻的思想内涵，重视建筑整体完美统一，个体与环境结合。他认为：建筑作品应能为大多数群众所理解、接受和喜爱，不赞成为追求时尚或突出个人而追求建筑的豪华和新奇；强调建筑"形象得体"，即它应与其性质、地位和环境一致；建筑师应努力了解中外古今一切优秀建筑艺术、技术成果为我所用，同时努力探索、创作富有中国和地方特色及时代精神的新建筑。其建筑设计作品多次获奖，其中包括：云南大学图书馆，获国家教委科学技术进步奖一等奖；埃及亚历山大图书馆国际竞赛，获国际建筑协会特别奖；北京地铁东四十条站，入选20世纪80年代北京十大建筑之一；清华大学图书馆，获国家教委科学技术进步奖一等奖、国家金奖、中国建筑学会优秀创作奖。其他建筑设计竞赛中选或获头奖的建筑设计还有：北京西单商业大厦、云南省图书馆、重庆大学图书馆、北京大学图书馆、曲阜师范大学图书馆、海南大学图书馆、清华大学理学院楼群等。发表论文50余篇；有译著《从包豪斯到现在》等。 (武光明)

唐九华(Tang Jiuhua) 中国浙江省人，1929年10月7日生于上海，2001年10月27日卒于吉林长春。光学工程、光测量技术、仪器研制、光电子学。

原籍浙江绍兴。1951年交通大学机械工程系毕业。1952年到中国科学院长春光学精密机械研究所工作，历任副所长、所长，中国科学院长春分院院长，长春光学精密机械研究所学术委员会主任、研究员。曾兼任中国仪器仪表学会光学仪器学会理事长等职。1991年当选为中国科学院学部委员(院士)。

20世纪50年代，参与主持研制成功中国第一台光学测地经纬仪、第一台自动记录红外分光光度计，并实现产业化。60年代起，负责研制成功中国第一台大型电影经纬仪，打破国外技术封锁；开发出多种用于飞行器测控的大型光学跟踪测量设备、坐标基准传递设备等，属国内首创并达到国际先进水平，为"两弹一星"的成功发射作出了贡献。70年代后，主持研制船用电影经纬仪和船体变形测量系统，提出全新的动态光电测角系统方案，成功应用于中国南太平洋远程运载火箭的全程试验测量任务中；在总结光学测控系统和光电仪器设计经验基础上，构建"光学工程总体设计"新概念新理论，被中国高等院校教材所广泛采用。80～90年代，创造性地提出了一种光学补偿定向仪新原理，相关成果成功应用于中国水下导弹发射试验，获1984年国家发明奖二等奖；主持完成"现代国防试验中的动态光学观察及测量技术"国家重点项目，获1985年国家科学技术进步奖特等奖；提出中国空间站工程大系统概念研究报告和相关规划，为中国未来空间光学事业的发展奠定了基础；此外，对光学工程应用于空间技术、光谱仪器与成像技术、纳米测量与定位技术等均有深入研究和贡献。先后获国家和省部级科学技术奖10余项。 （胡占华）

西蒙诺夫，M.（Симонов，Михаил；Simonov，Mikhail） 俄罗斯人，1929年10月19日生于罗斯托夫。军事航空工程、空气动力学、工程管理。

其父是原苏联红军总部政治处副主任，1942年阵亡。他15岁任少年宫航模室主任。中学毕业考入新切尔卡斯克工学院，4年级时转读喀山航空学院。毕业后，历任苏联体育航空设计局总设计师、莫斯科库伦机器制造厂副总设计师。1975年起一直任苏霍伊设计局总设计师。

享有“俄罗斯英雄”称号的飞机设计师。他不断推出性能优异的新机型，始终使“苏（Su）-27”系列走在世界前列。20世纪50年代大学时期，就已参与研制当时苏联最新的全金属结构滑翔机“滨海人”KAN-12，后成为全苏最流行的封闭型滑翔机，仅在阿尔谢尼耶市就生产了800架；在喀山负责设计其他型号滑翔机。60～70年代，负责低空超音速双座前线战术轰炸机苏-24试飞，独立解决了许多复杂课题，3年后通过国家验收，1983年开始装备空军部队。他和同事因此获列宁奖金。1969年开始，苏霍伊设计局全力研制第4代歼击机T-10试验机（后称苏-27），他负责完成系统分析计算，并在苏霍伊去世后接手主持工作。作为总设计师，他力排众议，大胆提出新方案。1977年5月20日，苏-27重型战斗机（北约代号“侧卫-A”）成功完成首飞，它代表了当时世界最先进军机技术，在国际各种航展中频繁亮相。

1984年生产型“侧卫-B”正式服役。该机采用翼身融合设计，全金属半硬壳式机身大量采用高强度铝合金和钛合金；中置后掠式机翼；机身前部高于飞机主梁，机头略向下垂和气泡式座舱罩，使飞行员有良好视线；矩形进气道，机翼下机腹吊装两台AL-31F涡轮喷气发动机；备有10个武器外挂点；具有机动性和敏捷性好、续航时间长、可超视距作战等特点。1989年6月15日，苏-27在巴黎航展首次亮相，在表演时被雷电击中，仍完成特技飞行动作并安全降落。路透社评论道：“俄国人凭借其像蛇一样的战斗机夺取了美国战斗机的空中霸权。”

1992年，苏-35（苏-27 M）新型制空歼击机首次公开展出，因其超机动性能而再次轰动世界，2004年正式装备部队。1996年4月2日，苏-37原型机成功首飞，具有世界最佳超机动能力，有14个外挂点（最大载弹量8吨），能同时跟踪空中和地面15个目标并同时打击其中6个目标。苏-27的性能一次次提升，舰载战斗机苏-33、苏-34，高机动多用途战斗机苏-30MK、苏-37MP，第五代战斗机C-37相继问世。由苏-27改装的P-42实验机，完成超过最高飞行升限、起飞速度等近40项世界纪录。苏-27系列是俄罗斯军机中最成功的机型，也是出口获利重要来源。1996～2003年，苏霍伊公司获得了总额为120多亿美元的战机出口和许可生产合同。他获得许多奖励和荣誉。 （李啸虎）

简水生（Jian Shuisheng） 中国江西省人，1929年10月25日生于江西萍乡。光纤通信工程、电气化、铁道工程、光电子学。

1950年考入北京铁道学院（北方交通大学前身）电信系，1953年提前毕业。一直留校任教，教授。历任北方交通大学（今北京交通大学）光波技术研究所所长、校学术委员会主任等职。期间1957～1960年在苏联莫斯科电信工程学院读研究生。兼任中国通信学会线路委员会副主任、北京通信信息协会副理事长等职。1995年当选为中国科学院院士。

20世纪60～70年代，建立消除螺旋效应的屏蔽理论，研制的小同轴电缆达到国际先进水平；开发内屏蔽对称电缆并用于中国铁路通信，获1978年全国科学大会奖。80年代，创立快收敛新级数JN函数和IK函数，大大简化光波导折射率多层分割计算理论，1985年获铁道部优秀论文一等奖；发展防干扰理论，解决了电气化铁道地电位升问题；1986年研制成中国第一根新型保偏单模光纤；研制出2种双有源双沟道动态单纵模激光器，在工程中得到应用，获1988年邮电部科学技术进步奖一等奖。90年代后，主持完成1.3微米和1.55微米双窗口零色散、平滑低色散单模光纤；先后研制出多种新型通信光缆系列，其中有轻型束管式通信光缆、异型钢丝超强型束管式光缆、20芯蜂窝型属管式光缆、防弹层非金属光缆、复合光缆架空地线、30万像素石英传像光纤等；首创利用漏泄波导综合光缆和光纤陀螺，主持开发出高速铁路列车实时追踪系统，1999年通过国家验收并用于上海磁悬浮列车营运线；首创宽带光纤光栅色散补偿器，取得多项技术突破；多次参与国家通信建设战略决策咨询；指导中国西昌导弹发射基地光纤通信网、核基地光纤通信网建设；从事新一代互联网“波长交换全光网”基础研究。

发表论文200余篇；出版《通信线路原理》、《小同轴通信电缆》等专著3部。多次获国家和省部级奖。2002年获詹天佑铁道科学技术奖。 （李　烨）

戚颖敏（Qi Yingmin） 中国山东省人，1929年11月4日生于山东威海，1999年9月28日卒于辽宁抚顺。采煤工程、矿区安全工程、工程管理。

1953年就读于波兰华沙大学，1959年获波兰克拉科夫矿冶学院采煤专业硕士学位。长期任中国煤炭工业局煤炭科学研究总院抚顺分院高级工程师。1995年当选为中国工程院院士。

毕生坚持在煤炭生产第一线大力创新和推广矿山工程的现代安全技术，特别是开展矿井通风和防灭火技术的研究开发，取得了重大的经济效益、社会效益和生态效益。建立起巧妙处理风与火辩证关系的安全理论，开拓了均压防灭火和矿山救护技术的新领域；多次带队为治理煤田露头火或瓦斯爆炸而奔波，在冒着生命危险取得第一手资料基础上作出行之有效的灭火方案，例如20世纪70年代在西北宁夏汝淇沟煤田存在已久的露头火区，以及在1983年大同煤矿严重自燃事件中，卓有成效地推广应用矿井均压防灭火技术，为此获煤炭工业部科学技术成果奖一等奖、1985年国家科学技术进步奖二等奖；花费近10年时间，翻阅几十种文献资料，考察上千个煤样，进行近万次实验，深入研究和掌握有关煤自燃的规律，首次创立煤自燃倾向性色谱吸氧鉴定法、防治煤吸附流态氧燃烧新技术，获煤炭工业部科学技术成果奖一等奖、国家科学技术进步奖三等奖；建立矿山火灾预测预报新体系；率先在中国矿井通风工程中实现电子计算机信息化高新技术，加快了中国矿山建设与安全的现代化步伐。（李啸虎）

吴承康(Wu Chengkang) 中国河北省人，1929年11月14日生于上海。*燃烧工程、高温测试技术、仪器研制、能源科学。*

原籍河北滦县，知识分子家庭出身。1947年考入交通大学机械工程系。1948年底留学美国，1951～1952年先后获美国威斯康星大学机械工程系学士、硕士学位。1954～1957年先后获马萨诸塞理工学院机械工程师称号、博士学位，留任该校斯隆内燃机实验室研究工程师。1957年回国，任中国科学院力学研究所副研究员。1970年后调任第七机械工业部第二研究院第207研究所、第701研究所工作。1978年后，任研究员，历任中国科学院力学研究所研究室主任、副所长、材料工艺力学实验室主任等职。兼任中国力学学会秘书长、《力学学报》(中、英文版)主编等职。1991年当选为中国科学院学部委员(院士)。

20世纪50年代，率先利用声速方法测量内燃机缸内局部气体瞬时温度，并研制成功探测燃烧用的激波管。60年代，参与中程导弹弹头烧蚀防热模拟试验，主持建立电弧风洞、电弧加热器和一整套高温测试技术；参与制定有效的卫星地面回收方案。70年代，完成第一代洲际导弹弹头气动防热设计，为1978年运载火箭南太平洋全程飞行试验成功作出重要贡献，获1980年国防科学技术委员会成果奖二等奖；成功解决第二代弹头再入大气层时因局部烧蚀致通讯中断问题，获中国科学院科学技术进步奖二等奖、国家科学技术进步奖三等奖。80～90年代，开展“以煤代油”为目标的劣质煤火焰稳定机理研究，建成中国第一台水煤浆工业锅炉，实现煤粉锅炉无油、少油点火；相继主持发明大速差火焰稳定方法与装置、偏置射流火焰稳定方法与装置、三功能新型燃烧器等，获国家专利近10项；开发出燃烧气脉冲除灰等高效清洁燃烧新技术，广泛用于电站锅炉；研制出工业用等离子体发生器等设备。

多次获奖，其中还有中国科学院科学技术进步奖一等奖、国家发明奖二等奖等。获1988年“献身国防科技事业”奖章，2003年度何梁何利科学与技术进步奖数学力学奖。（李啸虎）

周恒(Zhou Heng) 中国福建省人，1929年11月21日生于上海。*机械工程、流体力学、应用数学。*

原籍福建浦城，中学数学教员的儿子。1950年北洋大学(今天津大学)水利系毕业。一直留校任教，教授，曾任天津大学应用力学教研室副主任、力学系主任，1984～1993年任天津大学研究生院副院长、院长。期间，1981～1982年在英国伦敦大学帝国理工学院、1985～1987年在美国布朗大学任访问教授。兼任国家自然科学基金力学学科评审组组长、中国力学学会副理事长、国家教委工程力学专业指导委员会副主任等职。1993年当选为中国科学院学部委员(院士)。

20世纪60～70年代，研究流动稳定性问题，将利波诺夫(Liapounoff)方法推广用于连续介质力学，用它严格证明了条件稳定性定理；解决了奥尔-萨默菲尔德(Orr-Sommerfield)非自伴随方程特征值问题及展开式理论，首次证明其展开式是绝对收敛的；主持二自由度气体动压轴承液浮陀螺仪研制，提出正确的轴承结构及参数，解决了转子马达转动时陀螺仪整体自激振荡难题。80年代，完成亚临界情况下平面泊肃叶(Poiseuille)流动三维非线性稳定理论，改进了英国斯图亚特(J. T. Stuart)的弱非线性理论；推广了从层流到湍流转捩中起重要作用的共振三波概念，首次提出其非线性演化计算方法；通过实际算例使二次失稳理论和共振理论统一起来。以上几项成果，获1985年国家教委科学技术进步奖一等奖、1987年国家自然科学奖二等奖。90年代，在实验中发现斯图亚特理论体系在收敛上的严重缺陷，提出对其幅值方程的一个根本修正，新理论与实验相符性好，受到国际同行高度评价；提出柔性壁边界层流动稳定性的新计算方法，建立湍流边界层外区大尺度相干结构的理论模型等。

发表论文近百篇；与他人合撰《气体动压轴承的原理及计算》等专著。（李孙演）

陈明致(Chen Mingzhi) 中国福建省人，1929年11月28日生于福建福州，2008年10月10日卒于吉林长春。*水利水电工程、水资源管理、工程管理、文学。*

出身小职员家庭。1950年交通大学土木工程系毕业后，到水利电力部东北水利总局工作。水利部松辽水利委员会教授级高级工程师。曾任水利部东北勘测设计院院长兼总工程师，松辽水利委员会主任、总工程师，松辽水系保护领导小组组长等职。兼任水利部技术委员会委员、黄河小浪底水利枢纽工程建设技术委员会主任、东北水利经济研究会理事长等职。他还是中国作家协会会员，曾任全国水利文协副理事长、吉林省作家协会理事。1995年当选为中国工程院院士。

在坝工及地下工程设计理论、水利规划和水利水电建设管理方面深有造诣，先后主持设计和审定50多座水利水电工程。20世纪50～60年代，主持大伙房、清河等水利枢纽工程设计。70～80年代，受中国政府派遣在马里、塞内加尔、毛里塔尼亚、刚果(布)和喀麦隆等国指导和参加水电站设计建造；主持镜泊湖电站水下岩塞爆破设计，开创了中国水下岩塞爆破技术新路，获1978年全国科学大会奖；红石、太平湾水电站设计获国家优秀设计银牌奖；在组织领导白山水电站设计中，采用三圆心重力拱坝、坝面掺气槽、厂房进水口上下层重叠布置等一系列技术，其中地下工厂设计、总体工程设计获1987年2项国家级设计金牌奖、一期工程地质勘测获银牌奖；主持丰满泄水洞进水口水下岩塞爆破设计，获国家科学技术进步奖一等奖。80～90年代，主持编制的“松花江流域规划”、“修订辽河流域规划”和“松辽水资源综合开发利用规划”获国务院批准，促进了东北地区防洪和水资源开发管理。

发表论文百余篇；出版《土坝设计》(1978年)、《堆石坝设计》(1982年)、《水利工程经营管理》(1990年)等专著6部。 (李啸虎)

刘颂豪(Liu Songhao) 中国广东省人，1930年1月生于广东广州。*激光工程、光电子学、激光光谱学、科技管理。*

1951年广东文理学院毕业。先后在中国科学院长春光学精密机械研究所、上海光学精密机械研究所工作，研究员，后又任中国科学院安徽光学精密机械研究所所长，中国科学院合肥分院院长。1987年起历任华南师范大学校长、信息光电子科技学院院长，教授。兼任广东省科学技术协会副主席等职。1999年当选为中国科学院院士。

20世纪50年代，参与建立中国光学玻璃研究基地；系统研究稀土玻璃化学成分与其光学性质的关系；开发出高折射率、低色散的稀土光学玻璃新品种，获国家科委发明奖和中国科学院优秀成果奖。60～70年代，在研究激光与物质相互作用关系中发现受激克尔散射效应，并提出相应理论；研制的高功率红外连续固体激光器，是中国最早开发成功的3种固体激光器之一；参与激光远距离打靶试验和激光靶材破坏机理研究，并倡导中国激光武器的重要发展方向，受到国防部高度重视。80～90年代，在中国率先提出超声分子束激光光谱学实验方法，用于物理和化学研究；创立中国第一个激光光谱学开放实验室，在非线性光谱学和光敏治癌机理研究中，取得多项国际领先的科学研究成果；创建中国第一个激光生命科学实验室和光孔子实验室，开拓了中国激光生物学新领域；首次探测到常温下蛋白分子产生的双光子诱发荧光；系统研究了血卟啉衍生物治癌的光动力学机理；将激光技术用于农业，改进了水稻育种，提高了鱼虾产量；在广东建成激光与光电子产学研三结合高新技术基地；开发了激光和非线性光学在通信技术中的应用。

发表论文400多篇；合著《强光光学及其应用》(1995年)、主编《光电子世界：从电子学到光子学》(1998年)、《光子学技术与应用》(2卷，2006年)等专著多部。获国家、军队和省部级奖励逾10项。 (李啸虎)

李道增(Li Daozeng) 中国上海市人，1930年1月19日生于上海。*土木工程、建筑学、建筑史学。*

1952年清华大学建筑系毕业。一直留校任教，1983年任教授、建筑系主任，1988年任该校建筑学院首任院长。1987年任中国建筑教育代表团团长率团访问美国。1993年任美国卡内基-梅隆大学建筑系客座教授。兼任北京市建筑艺术委员会副主任，中国建筑学会常务理事等职。1999年当选为中国工程院院士。

专精于剧场、音乐厅、国际会议中心等文化设施的建筑设计研究与实践。他倡导“新制宜主义”建筑观，在创作中坚持“一切从实际出发，立足国情，一切皆为我用，推陈出新”的理念。20世纪50～60年代，主持设计中国当时“十大国庆工程”之一的国家大剧院，以及2300座位的解放军剧院。这两项工程后来均限于国家财力未建；主编《国外剧院图集》、《国内会堂剧院图集》、《2300座剧院设计总结》和《剧院设计手册》等一系列著作。80～90年代，率先在中国高校开设环境行为学课程；主持设计的“建筑师之家”获1985年中国建筑学会设计竞赛一等奖；承担过5座大型剧场设计，其中中国儿童剧院1993年被评为国家教委与建设部优秀设计奖三等奖；1991年参加文化部组织的国家大剧院可行性研究规划设计，1997年参加中央国家大剧院国际邀请赛，由他主持的清华大学设计方案属入围报送中央的三个方案之一。

编写出版《西方戏剧·剧场史》(2卷，1997年)，计150万余字，800张图片，是对剧场建筑史研究的重要贡献。另外，撰有“当代商贸中心规划设计理论的研究”、“建筑中的可持续发展问题的研究”等重要论文，以及《环境行为学概论》(1998年)等教材、专著多部。

(丁　丁)

潘镜芙(Pan Jingfu) 中国浙江省人，1930年1月20日生于浙江湖州南浔镇。*舰船与海洋工程、船舶水力学、工程管理。*

1947～1948年在同济大学造船系学习。1952年毕业于浙江大学电机系。历任华东电工局电器设计处副组长，国家第一机械工业部第二设计分局、船舶局第一设计室副科长，中国船舶工业总公司武汉船舶设计研究所研究室副主任、副所长兼副总工程师、教授级高级工程师等职。1995年当选为中国工程院院士。

两代导弹驱逐舰的总设计师。20世纪60～70年代，主持设计建造中国第一代051型导弹驱逐舰，1970年第一艘国产导弹驱逐舰“济南”号下水并于次年底完成试航，第一代3种型号舰船具有对海攻击力强、续航力大、较强反潜和防空能力，经不断改进，已成为中国海军水面主力舰种，成果获1978年全国科学大会奖、1989年国家科学技术进步奖二等奖；80～90年代，主持设计建造第二代052型导弹驱逐舰，以系统工程理论更新设计观念，做到全舰有机协调、综合性能兼优，并在指挥系统和电磁兼容等领域有突破，总体性能达到国际90年代同类舰船先进水平，获1989年国家科学技术进步奖二等奖；90年代中期后，在052原型基础上主持开发和定型052B导弹驱逐舰，武器配置以对海和反潜为主兼顾防空自卫，作战能力成倍增强，生存能力显著提高，总体性能优越；1997年2月20日至5月28日，被誉为“中华第一舰”的旗舰“哈尔滨”号导弹驱逐舰，组队首访美国本土和南美大陆，环太平洋远航2万海里，经受了种种考验，技术成果获1999年国家科学技术进步奖特等奖；指导开发新一代052C国产导弹驱逐舰。2001获何梁何利科学与技术进步奖。 (李啸虎)

顾诵芬(Gu Songfen) 中国江苏省人，1930年2月4日生于浙江杭州。*航空工程、空气动力学、工程管理。*

出身知识分子家庭。1951 年交通大学航空工程系毕业。同年赴北京任重工业部航空工业局第一技术科技术员，后任工程师。1956 年到沈阳任中国第一飞机设计室空气动力专业组组长；1963 年任歼击机设计研究所副总设计师，1978 年任该所副所长兼总设计师。1986 年任航空工业部研究员、科学技术委员会副主任兼航空科学技术研究院副院长。20 世纪 90 年代后期，任中国航天工业总公司研究员兼科学技术委员会副主任。兼任中国航空学会副理事长，南京航空航天大学名誉教授、北京航空航天大学兼职教授等职。1991 年当选为中国科学院学部委员（院士），1994 年选聘为中国工程院院士。

1956 年，负责中国第一架独立研制的高亚声速喷气歼击教练机“歼教-1”的整机气动布局设计与载荷计算，大胆突破中国以前仿制苏式飞机从飞机机头进气的框框，采用从两侧进气，为该机一次设计成功作出了贡献。此后，在初级教练机“初教-6”型的设计中，针对该机应具有良好失速尾旋的特点，通过计算机翼环量分布，从优选择机翼布局，保证了该机于 1958 年夏试飞成功。此后几年中，总结“歼教-1”和“初教-6”型飞机自行设计的经验，消化吸收国外机种的技术，建立超声速飞机气动设计程序和计算方法。20 世纪 60～70 年代，奉命主持设计高性能的超声速歼击机——“歼-8”型飞机，设计过程中解决了方向安定性和排除机身抖振等重大技术关键，该机性能优于苏联当时的主要装备“米格-21”型歼击机，甚至能在两万米高空作战，获 1980 年国家科学技术进步奖特等奖（为第一获奖人）。此后，他又担任“歼-8Ⅰ”型（全天候）和“歼-8Ⅱ”型歼击机的总设计师，特别是在“歼-8Ⅱ”型的设计工作中，他采取系统工程的管理方法，有条不紊地把 20 个飞机专业分系统研制技术，协调综合在一个总体优化的机型内，该机于 1984 年首飞成功，1988 年设计定型。曾获多种荣誉和奖励，如五一奖章等。（孙晓芳　宣焕灿）

阿尔费罗夫，Ж.И.（Алфёров，Жорес Иванович；Alferov；Zhores Ivanovich）　俄罗斯人，1930 年 3 月 15 日生于苏联白俄罗斯维捷布斯克（今属白俄罗斯）。*激光工程、半导体材料工程、微波电子学、半导体物理学。*

1952 年毕业于苏联列宁格勒乌里扬诺夫电子技术学院电子系。1970 年获苏联科学院数理博士学位。1953 年到苏联科学院约飞物理技术研究所工作，长任该所科学委员会委员，1987 年任所长。期间 1970～1971 年任美国伊利诺伊大学访问学者。1972 年当选为苏联科学院通讯院士，1979 年当选为院士。1989 年任苏联科学院副院长、兼任苏联科学院列宁格勒科学中心主席。1991 年后任俄罗斯科学院副院长、兼任俄罗斯科学院圣彼得堡科学中心主席团主席等职。是《技术物理快报》杂志主编。1995 年当选俄罗斯国家杜马（议会）议员、国家杜马科学教育委员会成员。1990 年当选为美国国家科学院、美国国家工程院外籍院士。是中国科学院外籍院士。

在“半导体异质结”领域有重要贡献，导致了现代异质结构电子学的创立。1962 年开始，致力于 III-V 族半导体异质结构器件的研究与开发，特别是在异质结构的注入特性、工作原理，异质结构激光器、太阳能电池和发光二极管的研制，以及外延工艺等方面，均有创新成果。1962 年，R. N. 霍尔采用半导体 P-n 同质结二极管开发出第一个半导体激光器，但必须在 77K 以下低温才能运行。1963 年，阿尔费罗夫和美国的 H. 克勒默各自独立地提出半导体双异质结激光二极管工作原理。同年，阿尔费罗夫取得了用异质结构半导体制造的注入式激光器专利。1969 年首次制成了晶格匹配的异质结构激光器（铝镓砷化物和砷化镓结构），并在夹层之间有清晰的界面。此后，他主持的研究组成功地开发了三层式双异质结构半导体器件。1970 年，他还实现了双异质结构激光器能够在室温下持续工作的技术突破，从而为光纤通信找到可实用的光源。半导体异质结构技术已广泛用于制造快速光电子和微电子元件，使通信卫星、移动电话、光纤电缆长距离传输因特网信息、计算机光盘存储读写、激光印刷等等得以实现。因在“信息技术方面的基础性工作”，他和美国的克勒默、J. 基尔比共享 2000 年诺贝尔物理学奖。

拥有专利 50 多项；出版专著 4 部；发表论文 500 多篇。除 2000 年诺贝尔物理学奖外，还获 1971 年巴兰坦奖章、1996 年俄罗斯科学院约飞奖章、1999 年德米多夫奖章、2001 年日本京都先进技术奖等，以及 1972 年列宁奖金、1984 年苏联国家奖金。有一颗小行星以阿尔费罗夫的名字命名。（宣焕灿）

郭尚平（Guo Shangping）　中国四川省人，1930 年 3 月 17 日生于四川荣县。*石油勘探工程、渗流力学、生物力学。*

出生于中医师家庭。1951 年重庆大学矿冶系毕业。留校任教。1953 年赴苏联留学，1957 年获莫斯科石油学院副博士学位。同年回国，历任中国科学院大连石油研究所助理研究员，国家石油部石油研究院工程师，中国科学院兰州地质研究所渗流力学室主任，大庆油田研究院副院长，中国科学院兰州冰川冻土沙漠研究所渗流力学研究室主任，中国科学院兰州分院院长，中国石油天然气总公司石油勘探开发科学研究院副院长、教授级高级工程师，渗流流体力学研究所研究员。兼任中国石油学会常务理事兼学术委员会主任等职。1995 年当选为中国科学院院士。

20 世纪 50～60 年代，首先提出微观渗流、集群压裂等概念，为提高石油采收率提供了新的理论基础；在中国率先按正规设计开发大油田，将渗流理论应用于开发克拉玛依、大庆油田等取得成效；超前研究特殊井底渗流理论和生产效率；提出小层动态分析方法。70～80 年代，开发出由 10 余种技术配套的微观渗流仿真和测试新技术，获中国科学院科技进步奖一等奖；主持对新型复杂渗流问题进行15个方面创新研究，发现和揭示一些重要的渗流机理和规律；首先提出“生物渗流”思想，论证人体和动物体的多孔介质特征，发现在多数情况下生物流体渗流不符传统的达西定律，建立起非达西定律的几种多重介质渗流的生物数学模型，获国际同行高度评价，部分成果获1981年中国科学院重大成果奖二等奖。

发表论文近百篇；出版专著《物理化学渗流微观机理》(1990年)获1991年国家自然科学奖三等奖。

（陈 安）

于润沧(Yu Runcang) 中国山西省人，1930年3月20日生于山西浑源。*采矿工程、岩石力学、工程管理。*

1949～1952年就读于哈尔滨工业大学，因院系调整，1954年毕业于东北工学院(现东北大学)采矿系。同年起一直在北京有色冶金设计研究总院(今中国有色工程设计研究总院)工作，教授级高级工程师，副总工程师、专家委员会副主任。兼任中国国际工程咨询公司专家，北京科学技术大学等校兼职教授等职。1999年当选为中国工程院院士。

长期从事矿山工程勘探与设计工作，先后主持、指导和审定项目50多项，攻克了许多关键性技术难题。20世纪60年代初，率先在中国锑都锡矿山试验成功杆柱房柱法，首次将杆柱用于采场取代护顶矿，将矿石损失率降低了40%。70年代后，首次引进矿块崩落法技术取代有底柱分段崩落法，大大提高了采矿的经济效益；采用曲墙圆弧拱巷道断面和两次喷锚网联合支护，控制了不良岩层中经常冒顶坍塌的事故；首创在“富、大、深、碎”矿体中采用大面积(超过10万平方米)下向高浓度胶结充填采矿法，同时采用大型铲运机、全液压双机凿岩台车等采矿设备，使生产能力提高了数十倍；在金川二矿区和铜绿山铜矿试验成功全尾砂泵送膏体充填技术，为实现无废开采积累了丰富经验；在冬瓜山铜矿特大型深埋矿床的开发设计中，按照不建尾矿库、废石不出坑的原则，创建中国第一座大型无废矿山。

主编《有底部结构强制崩落采矿法》、《金属砂高浓度(膏体)料浆充填新技术》、《采矿工程师手册》(2卷，2009年)等专著。多次获国家和省部级奖励，其中有国家科学技术进步奖特等奖、一等奖各1项，二等奖2项，全国最佳工程设计奖特等奖1项，部级科学技术进步奖一等奖2项等。

（王晨晖）

邱大洪(Qiu Dahong) 中国浙江省人，1930年4月6日生于上海。*海港和近海工程、结构力学、工程水文学、应用数学。*

1951年清华大学土木工程系毕业。同年起一直在大连工学院(今大连理工大学)任教，教授，历任土木系和水利系教研室副主任、主任，海岸和近海工程国家重点实验室主任、学术委员会主任，海洋工程研究所副所长，土建勘察设计研究院总工程师等职。1991年当选为中国科学院学部委员(院士)。

20世纪50～60年代，作为技术总负责人承担修建当时亚洲最大的大连渔港，历时8年，1966年建成投产。70年代，参与“海五井”沉浮式海上采油平台的设计，提出海工建筑物有效抗御风、浪、冰等多种载荷作用的技术方法；担任大连新港中国第一座10万吨级油轮深水码头工程设计技术负责人，根据地质条件首次大胆采用近20米高大型重力式圆柱形沉箱墩，并创造两次浇注办法，确保设计要求和工程质量，获1978年全国科学大会奖、国家优秀设计金奖。80～90年代，担任5所高校联合设计组组长和技术总负责人，主持混凝土多用平台可行性研究，进行了10余项专题实验研究，编制近20项专用计算机程序，成果获1986年国家教委科学技术进步奖一等奖；进行预应力钢筋混凝土大管桩式新型码头研究，在连云港等工程中创用双排管桩新结构。

主要理论贡献有：建立用一系列随机的椭圆余弦波来描述非线性不规则海浪的模型，主持研制实验室水槽内产生椭圆余弦波 、孤立波的造波计算软件和工程计算用表，被列入交通部修订的设计规范；研究不规则海浪统计特性，建立计算波浪力极大值方法；系统研究波浪的海床渗流与各种海工结构的相互作用，得到解析解和数值解。

发表论文近百篇；出版有《波浪理论及其在工程上的应用》(1985年)、《港及港工建筑物》(1985年，与他人合编)、《工程水文学》(1981年初版，1999年第3版)等专著与教材。

（李啸虎）

韩祯祥(Han Zhenxiang) 中国浙江省人，1930年4月26日生于浙江杭州。*电气与电力工程、自动控制、电工学。*

1951年浙江大学电机系毕业。同年留校任教。1957年赴苏联留学，1961年获莫斯科动力学院副博士学位。同年回国，一直在浙江大学任教，任电气工程学院教授，电力系统自动化研究所所长。1984～1988年出任浙江大学校长。期间1980～1982年先后任美国仑塞利尔理工大学、美国能源部邦涅维尔电力局访问教授。兼任中国电机工程学会副理事长、理事长等职。1999年当选为中国科学院院士。

20世纪60年代起，从事电力系统稳定的技术对策研究。70～80年代，研制强力励磁调节器，探索其在电力系统稳定性中的作用；开展电力系统非线性条件下的稳定域等研究，提出稳定性控制的新思路，建立电力系统潮流、稳定和故障分析的计算方法；在中国率先开发整套电力系统工程应用软件，提出电力系统同时性故障分析方法及程序，以及电力系统潮流、暂态稳定及负荷预测计算方法及程序，对提高电力系统的经济、安全运行作出了重要贡献，先后获1985年、1987年国家教委科学技术进步奖一等奖等。90年代后，主持直流输电和交直流电力系统的建模、分析和控制的理论及方法研究，并用以指导舟山直流输电系统等工程的稳定、安全运行，该项目成果获1997年国家自然科学奖三等奖；倡导和从事新型控制方法和人工智能在电力系统中的应用研究，已在电力系统故障诊断等领域取得重要进展。

发表论文近200篇；出版《电力系统稳定》(1995年)、《电力系统分析》(2005年第5版)、《基于分叉理论的电力系统电压稳定性分析》(2005年,与他人合著)等著作10部,其中包括主编重要工具书《机械工程手册》。

(李啸虎)

沈闻孙(Shen Wensun) 中国浙江省人,1930年5月6日生于浙江海盐。船舶与海洋工程、结构力学、流体力学、工程管理。

1953年毕业于交通大学船舶系。同年到大连造船厂从事船舶设计工作,直至任大连造船新厂高级工程师、副总工程师。1997年当选为中国工程院院士。

参与从修船到小型船舶、到万吨级船舶的全过程设计,尤其是主持设计5种技术复杂、无人机舱、自动化程度高的船型,先后为国家创汇约12亿美元,为中国船舶进入国际市场起到重要作用。其中有:20世纪90年代起,开发设计3艘9.8万吨成品油轮;1991年起主持设计7艘15万吨货轮;1993年起,负责设计9艘5.2万吨集装箱多用途货轮;1993年起,负责设计中国目前最大的3艘15万吨级油轮;1995年设计11万吨成品油轮,打入国际市场;90年代末,开发30万吨大型油轮、30万吨矿砂船、12万吨级穿梭油轮、16万吨级双机型油轮、改良型苏伊士15万吨油轮等。获得国家省部级以上多项奖励,其中有:6.9万吨化学品成品油轮,获1990年国家科学技术进步奖一等奖;9.8万吨原油/成品油油轮设计与建造,获1995年国家科学技术进步奖一等奖;15万吨散货船设计与建造,获1995年中国船舶工业总公司科学技术进步奖一等奖、1996年国家科学技术进步奖二等奖;5.2万吨大舱口多用途货船设计与建造,获1997年中国船舶工业总公司科学技术进步奖一等奖等。

(王 筠)

沙庆林(Sha Qinglin) 中国江苏省人,1930年5月7日生于江苏宜兴。道路工程、公路路面学、仪器研制、工程管理。

农民家庭出身。1952年交通大学土木系公路专业毕业。1954～1957年在苏联莫斯科公路学院留学,获副博士学位。同年回国,一直在国家交通部公路科学研究所工作,研究员。1995年当选为中国工程院院士。

20世纪60～70年代,主持柔性路面设计理论和方法研究,参与中国交通部第一部《公路柔性路面设计规范》制定;参与中国对亚非六国援外公路工程建设,解决了膨胀土地层不稳、沥青路面早期形变、水泥稳定土和重型压实标准等关键技术难题。80年代起,参与设计、咨询和施工指导近20条共长2 000千米以上的国内高速公路;开发出适于工地和实验室的多功能仪器及试验方法,一直运用至今;主持高速公路修建技术研究,完整提出重型压实标准、密实度现场检验方法、综合评定方法;1984年主持京津唐高速公路沥青路面结构设计方案,成为中国首次根据试验进行路面设计的范例;提出高等级公路半刚性基层沥青路面抗滑表层成套技术,奠定了减薄沥青面层、抗滑表层建路模式及其技术基础,可节约巨额投资,获1993年国家交通部科学技术进步奖一等奖、国家科学技术进步奖二等奖;主持沥青路面结构可靠性研究,成果纳入交通部《公路路面基层施工技术规范》、《公路路面基层材料试验规程》等行业法规。

获国家发明专利3项;发表论文百余篇,另有《沙庆林院士论文选集》(2010年);出版《高速公路沥青路面早期破坏现象及预防》(2001年)等专著20部,其中《高等级公路半刚性基层沥青路面》(1998年)获1999年全国优秀科学技术图书奖。

(李啸虎)

史密斯,G. E.(Smith, George Elwood) 美国人,1930年5月10日生于美国纽约。半导体材料与器件工程、数码摄影术、光电子学、仪器研制。

1948年高中毕业后,在美国海军任高空气象观测员。在驻守佛罗里达州迈阿密气象站期间,业余在迈阿密大学进修课程。参加过朝鲜战争。1952年退伍时,以插班生进入美国宾夕法尼亚大学物理学系二年级,1955年获理学士学位。在芝加哥大学获硕士学位,1959年以仅有的8页论文获该校物理学博士学位。同年加盟美国贝尔实验室器件研发部,成为W. S. 博伊尔的下属和同事,1964年任设备概念部主任。1986年退休后,移居新泽西州沃里镇。是美国国家工程院院士。

数码相机图像感应器两位发明人之一,毕生全部科研活动都在美国贝尔实验室进行,在半导体光电子科学与工程领域,有诸多重要研发成果。早期研究方向是半导体的电学性质和能带结构。1964年开始,他将研究扩展到其他领域,研发下一代固态电子器件,其中包括热电制冷材料和低温电子器件,以及耦合激光器、半导体铁电材料,电致发光,过渡金属氧化物和硅二极管阵列摄像管等。1969年,他和上司、同事W. S. 博伊尔共同发明数码相机图像感应器——感光半导体电荷耦合器件(CCD)。他们申请到该发明的美国专利权(专利号:US 3 858 232);发表了揭示其研发概念与思路的首篇论文,以及通过实验加以论证的后续论文。以后把大部分时间和精力花费在该领域,不断进行改进、完善和推广。这是第一次成功发明的数字成像技术,从而开创了摄影技术史上的新时代。

数码照相机的CCD图像传感器堪比"电子眼",通过光电效应,它将入射光在极短时间内转化为电子储存在电容器中,在被读出时可让每个像素的内容得以还原和重构图像。于是数字编码便取代了传统的胶片成像,为摄影技术带来"革命性"的变革,并由此推动了科学技术和社会生活各领域的发展。诺贝尔物理学奖评委会评价说,"没有CCD,数码相机的发展将更为缓慢。没有CCD,我们就不会看到哈勃太空望远镜拍摄的令人诧异的图片,也不会看到我们的邻居火星上的红色沙漠图像";"在临床医学上,CCD在疾病诊断、人体透视和显微外科等领域都有着广泛用途"。

时至2008年,先后发表学术论文40余篇;在美国拥有31项发明专利。因研发成功感光半导体电荷耦合器件(CCD),和美国的W. S. 博伊尔、英籍华人高锟三人同获2009年诺贝尔物理学奖;高锟因在"光纤传输用于光学通信"方面突破性成就,获其中一半奖金。此外,史密斯与博伊尔分享有:1973年美国富兰克林研究院巴兰坦奖章,美国电气与电子工程师协会1974年利伯曼奖、1997年电子器件分会杰出服务奖(单人获),1986年美国摄影学会进步奖章,1999年日本NEC基金计算机与通信奖,2001年美国光学学会兰德奖,2006年美国国家工程院德雷珀奖等。2002年美国电气与电子工程师协会专设史密斯奖;2006年入选美国发明家名人堂;同年入选美国成像技术名人堂。 (李啸虎)

狄克斯特拉,E. W.(Dijkstra,Edsgar Wybe) 荷兰人,1930年5月11日生于荷兰鹿特丹,2002年8月6日卒于荷兰纽恩兰。计算机科学与工程、程序设计、应用数学。

德国裔,教授之子。1952年荷兰莱顿大学数学系毕业。同年供职于阿姆斯特丹数学中心,成为荷兰第一位专业程序员。1959年获阿姆斯特丹大学计算机科学博士学位。1962年起先后任荷兰埃因霍芬技术大学数学副教授、教授。1964年合伙创办数学公司,设计开发数学软件。1973年受聘为美国宝来公司高级研究员,获准在荷兰家中上班。1984年任美国得克萨斯大学计算机科学系数学教授、名誉系主任。兼任欧洲计算机理论刊物《信息学报》终身编委等职。荷兰皇家科学院院士、美国国家科学院外籍院士。

计算机程序设计的杰出开拓者。在计算机软件理论与实践的广泛领域,以及数学的机器证明,皆有突出建树。1960年底,他在欧洲第一个完成ALGOL60的编译程序,这是最早用严格语法规则定义的计算机程序设计语言。1962～1963年设计了具有多道程序运行能力的操作系统THE,奠定了计算机现代操作系统的基础。率先探讨并发程序设计及其表达,发表论文“并发程序控制中一个问题的解”(1965年),标志着计算机软件同步机制时代的开始。1969年率先提出结构程序设计新概念,并与C. A. R. 霍尔合著《结构程序设计》(1972年),受到热烈响应。1975年提出公理化语义描述的“最弱前置条件方法”,以及相应的程序设计演算,使程序设计和程序验证同步进行,大大地促进了计算机软件的发展。图灵奖评委会在嘉奖辞中评论道:“任何言辞都不足以表述他对于程序设计的深广影响。”

其重要著作还有:《程序设计规范》(1976年)、《计算论文选:软件研究之我见》(1982年)、《程序设计方法》(1988年,与他人合著)、《谓词演算与程序语义学》(1990年,与他人合著)、《程序与证明的形式开发》(1990年,与他人合著)等。先后获1972年美国计算机学会图灵奖(世界计算机界最高奖)、1974年美国信息处理协会联合会哈里·古德奖等。 (李 烨)

陈一坚(Chen Yijian) 原明陈明坚。中国福建省人,1930年6月21日生于福建福州。军事航空工程、金属材料学、工程管理。

大学机械学教授的儿子。1952年清华大学航空学院飞机设计系毕业。先在哈尔滨飞机修配厂工作,以后历任沈阳飞机设计研究所研究室副主任、主任工程师,西安飞机设计研究所(603所)副所长兼总设计师、中国航空工业第一集团公司第一飞机设计研究院研究员。兼任北京航空航天大学、西北工业大学等校兼职教授。1999年当选为中国工程院院士。

参加过10多个飞机型号的设计和研制。20世纪50～60年代,参与设计歼教-1、初教-6等飞机,后者获国家金质奖。70年代,在运-7飞机上成功进行中国第一次飞机疲劳试验,并编制中国第一份抗载荷谱和第一个飞机疲劳试验大纲;参加歼-7、运-7飞机总体设计等工作。80～90年代,提出全面应用有限元法代替传统工程梁法,实现从局部求解到全机求解的重大跨越;在全机静力试验中,基于科学分析提出达到67%设计载荷即可首飞的大胆论断,大大缩短研制周期;1986年底主持研制成功7760CAD/CAMM计算机辅助设计、制造及管理系统,提高了设计效率与质量;综合运用多项新规范、新技术、新材料和新产品,研制出中国第一种歼击轰炸机FBC-1(“飞豹”),后装备部队。“飞豹”在设计上突出低空突防、大作战半径、大载弹量、全天候作战等能力,具备第三代战斗机特点,被誉为中国空军“杀手锏”之一。“飞豹”研制获国家科学技术进步奖特等奖,是第一获奖人。

出版《微观断裂力学》(合著)等著作,主编《疲劳手册》等工具书2套。另获国家科学技术进步奖二等奖1项,部级科学技术进步奖一等奖4项、二等奖1项,一等功2次;获中国工程科学技术光华奖。 (李啸虎)

周干峙(Zhou Ganzhi) 中国江苏省人,1930年6月28日生于江苏苏州,2014年3月14日卒于北京。土木工程、建筑学、城市规划、工程管理。

1952年清华大学建筑系毕业。历任国家建设委员会副主任,国家城市建设总局城市规划研究所副所长,天津市规划局代局长,中国城市规划设计研究院院长、教授级高级建筑师,城乡建设环境保护部副部长,国家建设部副部长等职。兼任国际建筑师协会理事、国家历史文化名城保护专家委员会主任、中国城市科学研究会理事长、中国风景园林学会理事长、中国城市规划学会常务副理事长、清华大学兼职教授等职。1991年当选为中国科学院学部委员(院士),并任技术科学部副主任。1994年选聘为中国工程院院士,并任土木、水利与建筑工程学部主任。

20世纪50～60年代,具体负责编制西安市总体规划和详细规划,提供范本;参与指导和组织编制上海市总体规划。70～80年代,1976年主持大地震后的唐山市、天津市重建规划;深入研究住宅建设、城市交通、旧城改造等方面的问题;创议及早综合治理大城市交通;提出“滚动、灵活、深细、诱导”的城市规划思想;1986年指导编制完成“深圳经济特区城市总体规划”,获全国城市规划优秀设计奖一等奖;参与的“国家12项重要领域技术政策研究”,获1987年国家科学技术进步奖一等奖;主持起草第一部国家城市规划法(1989年12月26

日通过)，包括总则、城市规划的制定、城市新区开发和旧区改建、城市规划的实施、法律责任和附则等6章，提高了中国城市规划的法制化、规范化和科学化的水平。90年代及后，倡导、研究和推进中国城市建设可持续发展，针对城市化高速发展带来的种种“城市病”提出对策思路和建议；结合中国国情和建筑业现状，与吴良镛、林志群在中国首次提出“人居环境科学”概念，以人类聚居为研究对象，着重探讨人与环境之间的相互关系。

（李宇涛）

孙敬良(Sun Jingliang) 中国山东省人，1930年7月14日生于山东莱州。*火箭运载工程、动力与机械工程、工程管理。*

1958年苏联莫斯科茹科夫斯基军事航空工程学院飞机与航空发动机专业毕业。上海航天局研究员，曾任711工程副总设计师、“长征二号丁”运载火箭总设计师等职。上海交通大学等校兼职教授。国际宇航科学院院士。1995年当选为中国工程院院士。

致力于液体火箭发动机工作过程(流动、传热和燃烧)、运载火箭系统分析研究，成功主持过多种型号火箭发动机的研制和改进。早期主要从事液体火箭发动机基础理论研究和设计研制，是中国早期液体火箭发动机理论研究的开拓者之一；创造性地解决了大型液体火箭发动机传热、燃烧不稳定的关键技术；曾任“长征四号”运载火箭、“长征二号丁”二级火箭总设计师，采用火箭总体优化设计原则、数字化控制系统、挠性惯性平台等多项新技术，使运载火箭总体性能达到了国际先进水平；主持研制使用常规燃料的“长征四号”运载火箭，1988年9月7日、1990年9月3日先后成功发射两颗“风云一号”太阳同步轨道气象卫星，为中国实现气象预报、环境监测、防灾减灾等目标提供了高科技手段，取得显著的综合效益，使中国成为世界上第三个能独立研制和成功发射太阳同步轨道卫星的国家；攻克运载火箭纵向耦合振动的关键技术，确保了“一箭三星”发射成功；为返回式卫星的成功发射作出了卓越贡献；参与主持中国“神舟号”系列载人飞船的预研和研制。多次获国家和省部级奖励，曾3次获国家科学技术进步奖特等奖。

（侯伯勤）

曹楚南(Cao Chunan) 中国江苏省人，1930年8月15日生于江苏常熟。*金属腐蚀与防护工程、腐蚀电化学、金属材料学。*

1952年同济大学化学系毕业，同年到中国科学院上海物理化学研究所工作，后随该所并入中国科学院长春应用化学研究所，1982年升任研究员。1987年调任中国科学院金属腐蚀与防护研究所腐蚀科学开放研究实验室主任，1993年后兼任金属腐蚀与防护国家重点实验室筹建领导小组组长、学术委员会主任。1994年任浙江大学化学系教授，先后任校图书馆馆长、环境与资源学院院长等职。兼任中国金属腐蚀与防护学会理事长、《中国腐蚀与防护学报》主编等职。1991年当选为中国科学院学部委员(院士)。

早期开发出三氮杂苯型高效酸洗缓蚀剂；理论上导出铝阳极氧化膜成长的动力学公式，后经中外实验所证实；开发出保护含硫天然气井缓蚀剂，获1978年全国科学大会重大科学技术成果奖；在中国率先系统论述腐蚀电化学的特殊规律，形成比较完整的理论体系；在实验基础上导出最深腐蚀孔深度统计分布、腐蚀活性点平均密度统计公式；首次提出电化学噪声的谱功率密度方程式；创造性提出利用载波钝化提高不锈钢钝化膜稳定性，后为中外实验所证实，其中铬13不锈钢钝化膜稳定性可提高几个数量级；引入定态过程稳定性理论，发展了电化学阻抗谱理论；开发出能快速测量腐蚀速度的微分极化电阻测量新技术；2002年主持完成国家重大研究项目“材料在我国自然环境条件下的腐蚀数据积累及规律性研究”。

发表论文百余篇；代表作有《腐蚀试验数据的统计分析》(1988年)、《腐蚀电化学》(1995年)、《电化学阻抗谱导论》(2002年，与他人合著)、《中国材料的自然环境腐蚀》(2005年)等。获国家和部委级奖励20余项。

（巫瑞智）

容柏生(Rong Baisheng) 中国广东省人，1930年8月27日生于广东广州。*土木工程、建筑学、结构力学。*

1953年华南工学院(现华南理工大学)土木系毕业。同年起一直在广东省建筑设计公司(后为设计研究院)工作。广东省建筑设计研究院高级工程师、总工程师。兼任广东省科学技术协会副主席。1995年当选为中国工程院院士。

长期从事建筑结构设计工作，承担过大量不同类型、大型或复杂民用建筑工程设计，仅25层以上高层建筑结构设计有几十项。20世纪70年代，研制出一套适用于高层建筑设计的系统方法及计算机程序。1983年主持38层深圳亚洲大酒店Y型建筑结构设计，首次在中国采用新颖的钢筋混凝土全超级构架结构，获国家建设部科技进步奖二等奖。1985年在花岗岩残积土层上用天然地基成功建成18层高建筑。1989年主持设计63层广东国际大厦，是当时中国最高的钢筋混凝土建筑，也是当时世界上采用预应力楼板的最高建筑，其中应用无粘结部分预应力楼盖技术居国际先进水平，采用仅此一项新技术就节省2万吨水泥，而且强化了抗风力抗地震性能，设计和施工获国家科学技术进步奖二等奖、全国优秀设计金质奖、首届中国土木工程詹天佑奖。此外，90年代主持开发成功“广厦钢筋混凝土结构”设计软件，可完成多高层民用建筑建模、计算和施工图自动生成及处理一体化设计，已被全国逾2000家设计单位正式采用。

至2002年，获省部级以上科技进步奖4项，市厅级3项。1989年获国家建设部授予的首批中国工程设计大师称号。1990年和1994年两次获广东科学技术突出贡献奖。

（王艺衡）

毛用泽(Mao Yongze) 中国浙江省人，1930年9月1日生于浙江宁波。*核安全工程、仪器研制、核物理学、*

1949年考入交通大学化工系，1951年转学中国人民解放军防化学兵军事干部学校，后又到清华大学化工系学习。1953年清华大学毕业后，回原军校防化研究室任教。1953～1954年在中国科学院近代物理研究所(原子能研究院前身)进修核物理。任全军总装备部防化研究院研究员，兼任中国核学会常务理事、国家核事故应急协调委员会专家组顾问、中国核仪器行业协会副理事长等职。1995年当选为中国工程院院士。

长期从事核监测与防护、核电子学等领域研究，参与中国核试验、核监测防护的装备技术研究开发的进程。创建并现场组织实施中国核试验早期核辐射与放射性沾染效应参数测量、现场辐射防护监测、高空核烟云取样等技术；创建并发展中国军校核监测专业，在核爆辐射防护剂量学、核爆探测学、核监测装备系列、军用标准化等领域取得重要科研成果；开拓了中国核电站场外应急辐射监测的科学研究；参与创建中国核仪器标准化技术体系，制定一系列国家标准与法规；建立较完整的专业系统研究基地，形成一支高级专业技术人才队伍。

获全国科学大会先进个人奖1次，国家科学技术进步奖二等奖1次；荣立一、二等功各1次，三等功2次，军队及部级科学技术进步奖一等奖1次、二等奖5次、三等奖16次，军队科学技术重大贡献奖1次。(李啸虎)

匡定波(Kuang Dingbo) 中国江苏省人，1930年9月1日生于江苏无锡。*航空航天工程、红外及遥感技术、仪器研制、光电子学。*

1952年交通大学物理系毕业。同年到华东师范大学物理系执教。1956年进入上海电子学研究所工作。1962年起一直在中国科学院上海技术物理研究所工作，研究员，先后任该所所长、名誉所长等职。兼任国家863计划“信息获取与处理”主题专家组组长、国家遥感应用工程技术研究中心工程技术委员会副主任、上海大学通信与工程学院院长等职。1991当选为中国科学院学部委员(院士)。

20世纪60年代，负责研制成功航空侦察红外扫描相机、卫星姿态测量红外地平仪、导弹弹道测量红外捕获跟综系统等先进装备。70年代以来，在中国开创航空对地观测红外和多光谱技术的研究，发展成具有国际先进水平的环境资源遥感扫描仪系列，成为中国航空遥感体系的重要组成部分；带领科研群体创建较完整的中国卫星红外遥感技术基础及其设施，负责设计出多种卫星红外遥感仪器，其中由他所设计的“风云一号”气象卫星的核心仪器扫描辐射计，其在轨性能方面达到国际先进水平，仪器设置的海洋水色观测波段被国际同行认为是具有中国特色的创新，该项目获国家科学技术进步奖一等奖；参与主持和设计的中国第一代太阳同步气象卫星上的可见红外甚高分辨率扫描辐射计，已于1988年和1990年两次随卫星发射成功，并获取高分辨率云图；他为中国第一代静止气象卫星“风云二号”研制的10通道自旋扫描辐射计，于1997年6月随卫星发射成功，达到90年代国际先进水平，获中国科学院科学技术进步奖特等奖。21世纪开始，关注遥感在环境污染监测中的应用，以及遥感信息的集成与共享等问题。(李宇涛)

闻邦椿(Wen Bangchun) 中国浙江省人，1930年9月29日生于浙江杭州。*振动机械工程、选矿工程、机械学。*

高级工程师的儿子。1955年东北工学院(现东北大学)机电系毕业，1957年该院机械系研究生班毕业。一直留校执教，东北大学教授，先后任机械电子工程研究所所长、名誉所长。兼任国际转子动力学技术委员会委员，中国振动工程学会副理事长、理事长，上海交通大学、大连理工大学等机械类国家重点实验室学术委员会主任，20余所大学兼职教授。1991年当选为中国科学院学部委员(院士)。

20世纪50年代起，率先发表多篇论文，开创“振动利用工程”边缘学科；多年来结合各种振动机械研制，在振动机械工艺过程理论、机械系统同步等理论和方法上获一系列独创性成果，其中60万字专著《振动机械的理论及应用》(1980年，与他人合著)奠定了振动利用工程理论基础，获1983年全国优秀图书奖二等奖，该书上百个理论计算公式已被普遍采用；主持研制成功10多种新型振动机械和工程机械，广泛应用于各种工业部门，其中首创惯性共振式概率筛，可同时实现筛分、给料和托料三重作用，自动化程度高，具有启动快、停车迅速、噪声小、防尘好、能耗低、一机多用等优点。

拥有国家专利多项。已发表论文逾200篇；主编国际会议论文集3种；出版专著教材10余种，其中《选矿手册》(1998年)获国家科学技术进步奖三等奖。另获1985年国家发明奖三等奖、1987年国家科学技术进步奖三等奖、1987年布鲁塞尔国际发明博览会尤里卡金奖和个人发明骑士奖章。(虞为慈)

傅京孙(Fu,King-Sun) 华裔美国人，1930年10月2日生于中国南京，1985年4月29日卒于美国华盛顿。*计算机科学与工程、模式识别、人工智能、机器人学、控制论。*

祖籍中国浙江丽水，将军之子。1949年随家人去台湾。1953年获台湾大学电气系理学士学位。1955年获加拿大多伦多大学电气系理学硕士学位。1959年获美国伊利诺伊大学博士学位。同年任美国波音飞机公司研究工程师。1960年起任教于普渡大学电气工程系，1963年任副教授，1966年任教授，1975年任高斯工程讲座教授，1985年初任智能制造系统工程研究中心主任。期间数度赴纽约IBM公司、伯克利加利福尼亚大学IBM华生研究中心从事研究，是马萨诸塞理工学院、斯坦福大学客座教授。兼职甚多，其中有：1974～1977年任美国计算机学会机器智能与模式识别委员会首任主席，1976～1978年任国际模式识别学会首任会长，1978～1981年任《模式分析与机器智能》杂志主编等。1976年当选为美国国家工程院院士。1978年当选为美国国家科学院院士。同年当选为中国台湾“中央研究院”院士。后患心脏病去世。

计算机模式识别学科的创始人之一。在对人-机控制器和机器人理论进行长期深入研究的基础上，将自动控制和人工智能有机结合，最早提出“智能控制”的概念。尤其在句法模式识别领域，提出被人称为傅氏句法的理论。研究像图分析及其在遥感遥测、医学工程等诸领域中的应用。他认为，常规的基本控制器只适用于低层次控制，而在高层次的智能决策中，应该具有拟人化功能。组织和主持了多次国际学术会议。

发表刊物论文156篇，会议论文248篇；出版著作23部，其中代表作有《模式识别和机器学习中的排序方法》(1968年)、《模式识别中的句法方法》(1974年)、《用于关联信息的统计性模式分类》(1980年)、《句法模式识别及其应用》(1982年)等。获1977年美国计算机学会杰出论文奖，1981年美国工程教育学会高级研究奖，1982年美国电气与电子工程师协会教育奖，1982年美国信息处理学会联合会古德纪念奖等。为纪念他，1988年国际模式识别学会设立傅京孙奖。（杨静宇 李 烨）

姜中宏(Jiang Zhonghong) 中国广东省人，1930年10月6日生于广东台山。光学工程、无机非金属材料工程、仪器研制、应用光学。

1953年毕业于华南工学院（现华南理工大学）化学工程系。进中国科学院仪器馆（现中国科学院长春光学精密机械研究所）工作，从事光学玻璃及铁道信号灯玻璃研制，先后任研究实验员、课题组组长、研究室主任。1964年参与筹建中国科学院上海光学精密机械研究所，研制激光玻璃，历任研究室副主任、主任、研究员。1999年当选为中国科学院院士。

在工艺技术方面：20世纪50年代，在改造苏联技术基础上完成光学玻璃的工艺实验，成果推广全国，促成了中国光学玻璃产业化；60年代，完成40多种光学玻璃工艺试验；80年代，研制出光学玻璃连续熔炼新工艺，完成了中国第一条高效益玻璃全铂熔连熔生产线；80～90年代，先后研制成功具有国际先进水平的三代激光玻璃：高能激光系统用硅酸盐钕玻璃，高功率激光系统“神光Ⅱ”和“神光Ⅲ”预研装置用Ⅱ型、Ⅲ型磷酸盐钕玻璃；成功完成中国第一块低膨胀系数、无气泡、高光学质量的大尺寸派勒克斯(PyRex)光学玻璃；成功熔炼和浇注中国第一块1.6米零膨胀天文望远镜玻璃毛坯。

在理论研究方面：根据混合键型玻璃形成特性，首次提出用相图热力学计算法，实现了玻璃形成区的半定量预测，采用连续相变方法推导出非对称不熔区；研究玻璃结构的相图模型，提出玻璃是最邻近的同成分熔融化合物的混合物构成理论，可计算玻璃中的基团及硼配位数比例；将热力学反应判据用于清除铂金机理研究，通过测算找到了合适的工艺条件。

发表论文百余篇；出版著作《玻璃现代前沿科学》(1984年)、《现代玻璃科学技术》(上篇，1988年)、《光学玻璃》(3卷，1988年，与他人合著)、《新型光功能玻璃》(2008年)等。获国家和省部级奖励近10项，其中有国家科学技术进步奖一等奖1项、二等奖2项，中国科学院特等奖、一等奖、二等奖各1项等。（朱 晟）

潘君骅(Pan Junhua) 中国江苏省人，1930年10月14日生于江苏常州。光学工程、精密加工技术、仪器研制、观测天文学。

1952年清华大学机械工程系毕业。同年到中国科学院长春光学精密机械研究所工作。1960年获苏联科学院普尔科沃天文台副博士学位。回国后回原研究所工作。1980年后，先后任中国科学院南京天文仪器研制中心副研究员、研究员，苏州大学现代光学技术研究所研究员。兼任中国天文学会常务理事、中国光学学会光学测试专业委员会主任等职。1999年当选为中国工程院院士。

20世纪50年代后期留学苏联期间，提出检验大型望远镜二次凸面副镜新方法，被誉为“潘氏法”。60～70年代，建立一套大型靶场光学仪器加工与检验技术基础，提出了专用加工设备、光学系统检验设备等设计方案，以及光学材料质量检验方法，解决了光学加工的关键技术难题，使中国首批大型跟踪经纬仪的光学质量优于设计指标。1980年后，任组长主持完成多项科学技术工程项目，其中参与研制的当时远东地区最大的2.16米天文望远镜，达到国际先进水平，获1997年中国科学院科学技术进步奖一等奖、1998年国家科学技术进步奖一等奖；负责研制折轴阶梯光栅分光仪，达到国际先进水平，获1998年中国科学院科学技术进步奖二等奖等；后研制成功多种特殊非球面光学仪器和设备，取得显著社会和经济效益。

撰有“反射望远镜光学系统研究”(1960年，俄文)、“具有三个二次曲面反射镜的光学系统研究”(1988年)、“偏轴两镜系统的设计”(1994年，日文)等重要论文；出版《光学非球面的设计、加工与检验》(1994年初版，2004年再版)等专著。（黄曲菜）

王之江(Wang Zhijiang) 中国江苏省人，1930年10月15日生于江苏常州。光学工程、激光技术、仪器研制、实用光学。

1952年大连工学院（今大连理工大学）应用物理系毕业。同年到中国科学院长春光学精密机械仪器研究所工作。1964年起一直在中国科学院上海光学精密机械研究所工作，研究员，先后任固体激光器研究室主任、副所长、所长；兼任上海激光技术研究所所长、长春光学精密机械与物理研究所副所长。兼任中国光学学会副理事长、理事长，《中国激光》主编、《光学学报》主编等职。1991年当选为中国科学院学部委员（院士）。

20世纪50～60年代，发展了像差理论、像质评价理论，形成了新的理论体系；主持完成一批光学系统设计，如照相物镜系列、平面光栅单色仪、长工作距反射显微镜、非球面特大视场目镜、大型电影经纬仪物镜等，均达到当时世界先进水平；1961年主持研制成功中国第一台红宝石激光器，在原理和技术上有所创新，获1978年全国科学大会奖。70年代，首创一系列激光技术与方法，主持完成高能量、高亮度钕玻璃激光系统，达到国际先进水平，获1978年全国科学大会奖。80～90年代，主持建成中国第一台拉曼自由电子激光器，获1987年中国科学院科学技术进步奖二等奖；合作开展康普顿自由电子激光实验，在中国首次获得10微米自发辐射；研制成功1∶1光刻机、1∶1亚微米物镜、激光打印机等，分别获上海市科学进步奖一等奖；倡导中国光计算和光信息处理；倡议和主持国家重大项目激光同位素分离研究，建成大型激光-光学链系统。

发表论文百余篇；出版《成像光学》、《实用光学技术手册》(2007年，与他人合著)等专著，其中《光学设计理论基础》(1964年)获1978年全国科学大会奖。1997年获何梁何利科学与技术进步奖。（李啸虎）

薛鸣球(Xue Mingqiu)　中国江苏省人，1930年10月18日生于江苏宜兴，2013年11月12日卒于江苏苏州。光学工程、仪器研制、应用光学。

出生于乡村中医家庭，幼年丧母。1948年考入浙江大学机械系，数月后因病辍学，1950年复读，1952年转光学仪器专业并于1956年毕业。先后在中国科学院长春光学精密机械研究所、西安光学精密机械研究所工作，历任副研究员、研究员、副所长、所长等职。1999年起任苏州大学教授，先后任该校现代光学技术研究所所长、学术委员会主任。兼任西安交通大学、浙江大学等校兼职教授。1995年当选为中国工程院院士。

1958年参与研制成功中国第一台高精度经纬仪；1959年研制出中国第一台大口径、高倍率军用观察望远镜；相继参加中国第一颗原子弹爆炸、第一次远程导弹试验等国家重大工程光学系统研制；主持设计中国第一台跟踪电视变焦距光学系统，完成中国第一台大型靶场光学设备研制；1967年负责开发中国第一代遥感卫星高质量光学系统。70年代，撰写专著《电影摄影物镜光学设计》；主持全国性的电影物镜与电视摄像镜头攻关工作。80～90年代及后，主持中国回收卫星、地对地远程导弹、太平洋运载火箭等10多项国家重大工程的光学系统设计研制。他深入研究了像差理论，丰富和发展了几何光学；在国际上首先提出衍生二级光谱概念；纠正了国外某研究机构关于广角电视光学系统的错误设计；在地对空摄影光学系统中，解决了高级色差校正、减少中心遮拦和防止杂光、便于工艺实现等关键技术问题。此外，参与中国载人航天工程论证、研制、建造和试验工作。

主编或与他人合著《仪器光学》、《光学设计概论》等专著。获国家和省部级科学技术进步奖近20项。

（李啸虎）

朱森元(Zhu Senyuan)　中国江苏省人，1930年10月26日生于江苏溧阳。航天运载工程、机械与动力工程、工程热物理、应用力学。

1949年考入中央大学(南京大学前身)工学院航空系。1952年被派往苏联留学，1957年莫斯科汽车机械工程学院毕业，1960年莫斯科包曼高等工业大学(今国立莫斯科科学技术大学)研究生毕业，获副博士学位。1961年回国，历任国防部第五研究院研究员、研究室副主任、主任、主任设计师，中国运载技术研究院科学技术委员会常委、顾问。兼任国家863计划航天领域火箭发动机和大型运载火箭专家组组长、计算流体力学国家重点实验室学术委员会副主任等职。1995年当选为中国科学院院士。

20世纪60～70年代，建立临界热流和超临界换热设计原则和计算方法，成功用于液体火箭发动机冷却系统；参加研制各种近程、中程和洲际导弹用液体火箭发动机。70～80年代，负责研制“长征三号”运载火箭第三级液氢液氧火箭发动机，攻克多项技术关键，1984年成功发射中国第一颗同步定点轨道通信卫星，使中国成为掌握空中二次启动技术的很少几个国家之一，氢氧发动机获1985年国家科学技术进步奖一等奖。80～90年代，负责液体火箭发动机及大型运载火箭发展研究；1990年4月7日“长征三号”火箭将“亚洲一号”通信卫星送入轨道，自此中国运载火箭进入国际发射市场；参与主持载人飞船发展论证，为“神舟”号飞船国家立项提供技术支撑，获国防科学技术软科学科学技术进步奖二等奖；研究天地往返运输系统重复使用运载器、单级入轨运输器及其发展战略；参与制定中国航天运载技术发展战略与规划。

出版《氢氧火箭发动机及其低温技术》(1995年)等专著。并多次获奖。2001年被评为国家863计划先进个人。

（李啸虎）

邓锡铭(Deng Ximing)　中国广东省人，1930年10月29日生于广东广州，1997年12月20日卒于上海。激光工程、仪器研制、应用光学、光电子学。

土木工程师的儿子。1948年考入上海暨南大学物理系，次年转入北京大学物理系。1952年毕业后，历任中国科学院长春光学精密机械研究所学术秘书、研究部副主任，上海光学精密机械研究所研究员、副所长、高功率激光物理联合实验室主任。1993年当选为中国科学院学部委员(院士)。

1960年率先提出在中国开拓激光新领域，与王之江一起研制成功中国第一台红宝石激光器；1963年主持研制成功中国第一台氦氖气体激光器；与国外同时独立提出高功率激光调Q开关原理；1963年倡议并负责组建中国科学院上海光学精密机械研究所。为实现王淦昌院士1964年独立提出的激光引发核聚变设想，自60年代中期以来，主要致力于发展用于惯性约束聚变的固体高功率激光技术，领导一个研究团队开拓发展高功率激光驱动器。负责研制的6路激光装置获1982年中国科学院科学技术进步奖一等奖；主持“宽频带激光的产生及其对等离子体物理作用”课题，获1987年中国科学院科学技术进步奖二等奖；建成中国当时功率最大的“神光-Ⅰ”、“神光-Ⅱ”激光装置，该系列装置在惯性约束聚变、核爆炸模拟和X光激光等前沿领域取得一系列重大成果，获1989年中国科学院科学技术进步奖特等奖、1990年国家科学技术进步奖一等奖；发明激光配套装置列阵透镜和扭镜；建立描写光束传输的“光流体模型”。

发表论文、研究报告百余篇；撰有《有限束宽光动力学》等专著。1988年获陈嘉庚技术科学奖。（王　筠）

施仲衡(Shi Zhongheng)　中国上海市人，1930年11月5日生于上海。地下铁道工程、运输工程学、城市规划、工程管理。

1959年获莫斯科铁道运输工程学院工学副博士学位。同年回国，历任北京市工程局研究所工程师、铁道部北京地铁设计科学研究院高级工程师、北京市城建设计研究院总工程师、高级顾问。1993 年起任中国地下铁道工程咨询公司总工程师。兼任中国国际工程咨询公司特聘专家、北京交通大学城市轨道交通研究中心主任、《地铁与轻轨》杂志主编等职。1999 年当选为中国工程院院士。

主持编写、修订中国第一部《地下铁道设计规范》，填补了中国在该领域的空白，为地下工程设计提供了法律依据；在盾构研究中，提出用极限平衡原理设计切口环法，根据盾尾受力状态提出验算公式；主持研制出中国第一台压缩砼衬砌盾构，以及国家重点项目局部气压盾构；负责组织和参加北京地下铁道各期建设的各项科研工作和路网规划，其中在北京地铁一期工程建设中提出深埋改浅埋方案，主持完成浅埋地铁车站关键性技术的试验研究，以及主持完成北京地铁三期复八线总体规划和设计；参与指导上海、广州等 10 多个城市的地铁工程设计和施工；主持中国地铁与轻轨项目评估，在优化技术方案、统一建设标准、控制建设规模和投资等方面，为国家决策提供了技术依据；2000 年后，进行工程结构耐久性研究，降低地铁造价及工程建设管理等若干问题的研究，以及新世纪振兴中国设备制造业对策研究，2003 年主持修订中国《地下铁道设计规划》(当年实施)。

主编《中国土木工程指南 · 隧道及地下工程篇》、《地下铁道设计与施工》(2002 年)等专著。多次获奖。

(李　骏)

张永山(Chang，Y. Austin)　华裔美国人，1930 年 11 月 12 日生于中国河南，2011 年 8 月 2 日卒于美国纽约。*冶金工程、冶金物理化学、金属材料学、热力学。*

1954 年美国伯克利加利福尼亚大学化学工程系毕业。1955 年获美国西雅图华盛顿大学化学工程硕士学位。1963 年获美国伯克利加利福尼亚大学冶金学博士学位。留校作博士后研究。1967 年起，先后任美国威斯康星大学密尔沃基分校、麦迪逊分校材料科学与工程系副教授、教授、系主任、杰出教授。兼任中国北京科学技术大学、东北大学和东南大学等校名誉教授。1996 年当选为美国国家工程院院士。2000 年当选为中国科学院外籍院士。

国际著名的美籍华裔材料科学家。早期将经典化学冶金原理创造性地用于开发新的合金材料，取得重要成果。他的主要学术成果是，率先在世界上提出热力学、相平衡和动力学原理在材料科学上的定量应用方法，为探索新型合金材料的行为及稳定性提供科学预测依据。其中有：将缺陷热力学原理应用于提高有序中间化合物的力学性能；综合应用相图计算和热力学模型预测多元复杂合金的凝固通道；用热力学方法预测材料热物理性能，并开发其工业应用；为Ⅲ～Ⅴ族半导体及其合金设计性能优良的金属界面；为结构型复合材料设计稳定界面以期达到最优性能等。自中国改革开发以来，他一直关注中国科学技术和教育的发展，为中美两国科研合作交流、培养中国博士研究生作出了积极贡献。

曾获材料科学有关领域的美国和国际大奖多项，其中有 1989 年休姆 · 罗瑟里奖、2000 年约翰 · 巴丁奖等。

(李啸虎)

赵伊君(Zhao Yijun)　中国北京市人，1930 年 11 月 26 日生于北京。*光辐射测量工程、激光工程、仪器研制、光电子学、高能物理学。*

1953 年北京大学物理系毕业。历任哈尔滨军事工程学院海军工程系助教、原子工程系讲师，长沙工学院教研室主任，国防科学技术大学应用物理系副教授、教授，该校光子对抗研究中心主任，北京中国国防科学技术信息中心研究员等职。兼任中国力学学会物理力学专业委员会主任、国防科学工业委员会光电子技术专业组副组长、《原子与分子物理学报》副主编等职。1997 年当选为中国工程院院士。

20 世纪 50～60 年代，参与研制中国海军炮指挥仪；先后研制出 3 种核爆炸光辐射测试设备，其中包括最小照度到来时间测试仪；参加中国第一、二次核爆炸试验光辐射测量。70 年代起，从事激光的原子分子物理和物理力学基础研究：提出一系列物理力学算法，根据原子微观结构求辐射流体所需材料或介质物性参数；编制并推广应用原子 Xα 波函数和 3-nj 符号计算程序。80～90 年代及以后，在中国首次提出多种激光机理的理论模型并进行实验验证，其中发现激光脉冲会产生使固体受高压和层裂的热激波，连续激光会引起材料的力学-热学联合破坏，激光烧蚀玻璃钢复合材料会导致碳化并改变电磁性能；主持和参与军用强激光技术、光子对抗技术开发，取得了一系列重要成果。

发表论文 200 余篇；与他人合著《角动量与原子能量》(1982 年)、《原子的 Xα 波函数》(1983 年)和《原子结构的计算》(1987 年)等专著。多次获国家和部委级奖励，其中国家科学技术进步奖二等奖 1 项，国防科学工业委员会科学技术进步奖一等奖 2 项等。(李啸虎)

麦克法兰，A. G. J.(MacFarlane，Sir Alistair George James)　英国人，1931 年 5 月 9 日生于英国苏格兰的爱丁堡。*自动控制、系统科学与工程、应用数学、工程管理。*

1953 年获英国格拉斯哥大学电气系理学士学位。1964 年获伦敦大学博士学位。1968 年获格拉斯哥大学理学博士学位。1973 年和 1979 年先后获剑桥大学文学硕士、理学博士学位。1965 年任伦敦大学玛丽王后学院高级讲师。1966 年任曼彻斯特理工大学控制系统中心高级讲师，1969 年任控制工程学教授。1974 年任剑桥大学工程控制与管理系统中心主任、工程学教授。曾任国际自动控制联合会理论委员会副主席、《国际控制学报》主编。是英国皇家学会会员。2002 年封爵。

多变量频域理论的英国学派主要代表人物之一。学术成就广泛涉及系统科学的反馈理论、动态理论、自动控制等多个领域，在多变量频域理论的形成和发展中有较大影响。1973 年开始致力于多变量频域理论研究。1975 年，他把经典控制理论中的波德-奈奎斯特方法和状态空间方法结合起来，提出特征轨迹法，通过变换求出特征传递函数及其特征方向。这是一种比较完整的试凑法和分析设计法，他采用经典控制理论中的奈奎斯特稳定判据，根据开环的特征轨迹来判定闭环系统的稳定性和整体特性，同时由特征方向判定系统的关联程度。多变量频域理论及其频域响应等方法，通过计算机辅助设计与制造技术等途径，已成功应用于分析和设计具有多元特征的各种设备，其中涉及动力机械、石油化工、航空航天、核能工程等广泛产业装备。

主要著作有：《工程系统分析》（1964 年）、《动力系统模型》（1970 年）、《分析线性多变量反馈系统的复变数方法》（1979 年，与他人合著）、《控制系统中的频域响应方法》（1979 年）、《以知识为基础的机器人控制应用程序》（1989 年）、《多变量系统计算机辅助设计的专家系统方法》（1987 年，与他人合著）、《多变量反馈：准经典方法》（与洪仰三合著）等。获英国电气工程师协会的 1966 年协会奖、1970 年控制和自动化分会奖，1975 年管理与控制协会的 ICI，1980 年美国机械工程师协会百年纪念奖章，1982 年英国测量与控制学会哈罗德奖章，1992 年美国 IEE 成就奖章，1993 年法拉第奖章，2004 年美国机械工程师协会奥登合奖章等。（李 烨）

钟山（Zhong Shan） 中国四川省人，1931 年 1 月 15 日生于四川成都。*导弹工程、制导系统技术、空气动力学。*

1957 年中国人民解放军军事工程学院毕业。中国航天机电集团公司第二研究院研究员。曾任防空导弹武器系统总设计师等职。兼任中国航天科学工业集团科学技术委员会顾问，空军科学技术发展和人才建设顾问，中国无人飞行器学会常务理事，上海交通大学、华中科学技术大学等校兼职教授等。国际宇航科学院通讯院士。1999 年当选为中国工程院院士。

担任防空导弹武器系统总设计师，主持总体设计多种型号防空导弹；开发出多种性能先进的地空型号弹上配套设备，其中有应答机、引信、导向导引头等及相应制导系统；在主持研制某型号防空导弹武器系统中，分别对红外位标器、单脉冲跟踪制导雷达采取降噪、提高灵敏度、增大控制特性线性范围和斜率等方法，大幅度提高初制导交班成功率和制导精度；在充分仿真基础上，采用按拦截弹发出前后的目标视航角大小选定延迟量的方案，使战斗弹飞行获得一次试飞成功；在原有基础上发展出一系列威力更大、制导更精确的新型地空导弹，以及专为舰艇配套的航空导弹，在性能上均有不同程度的提高。

撰写技术报告百余篇，另有《钟山院士文集》（2010 年）。多次获国家、军队和部委级奖励，其中作为第一位和第五位完成人，先后获 1992 年和 1999 年国家科学技术进步奖特等奖。1998 年获全国优秀科学技术工作者称号。（盛 刚）

陈星弼（Chen Xingbi） 中国浙江省人，1931 年 1 月 28 日生于上海。*电力与电子工程、半导体集成电路技术、微电子学、半导体物理。*

原籍浙江浦江。1952 年同济大学电机系毕业。先后在厦门大学电机系、南京工学院无线电系任讲师。1956～1959 年在中国科学院物理研究所进修。1959 年后，一直在中国电子科学技术大学（原成都电讯工程学院）执教，微电子与固体电子学院教授，曾任无线电材料与器件系主任、微电子研究所所长。期间 1980～1982 年在美国俄亥俄大学、伯克利加利福尼亚大学做访问学者；1992～1995 年在加拿大多伦多大学、英国威尔斯大学任资深客座教授。兼任国际 SSICT 程序委员及分会主席等。1999 年当选为中国科学院院士。

20 世纪 50～60 年代，在国际上最早对漂移晶体管存贮时间问题进行系统的理论分析；提出新的电荷法基本方程、不均匀介质中的镜像电荷方程等。80 年代以来致力于电力电子技术领域，在国际上率先发表垂直型和横向型半导体集成电路功率器件的优化理论与设计公式；揭示了导通电阻与耐压的极限关系；提出各种终端技术的物理解释、分析及设计公式；从理论上解决了提高 p-n 结耐压的平面及非平面工艺的终端技术问题；发明了耐压层的三种新结构，提高了功率器件的综合性能优值和兼容性，为发展耐高压的功率集成电路奠定了基础。

获美国发明专利 2 项、中国发明专利 3 项。出版《半导体物理》（2 卷）、《固体物理》、《晶体管原理与设计》（2006 年初版，2007 年第 2 版）、《微电子器件》（2011 年，第 3 版）等教材专著多部，其中《功率 MOSFET 与高压集成电路》获原国家电子部教材特等奖。获国家和省部级奖励 10 多项。（谢 明）

丁衡高（Ding Henggao） 中国江苏省人，1931 年 2 月 3 日生于江苏南京。*导弹工程、惯性技术、精密机械加工技术、工程管理。*

教师家庭出身。1952 年南京大学工学院机械系毕业。1957 年获苏联列宁格勒精密机械及光学仪器学院副博士学位。历任中国科学院仪器馆（今中国科学院长春光学精密机械研究所）精密机械研究室设计组长，国防部第五研究院第二分院四部四室主任，七机部第一研究院第十三设计所副所长、第十六设计所所长，国防科学工业委员会科学技术部副局长、副部长，1985～1996 年任国防科学工业委员会主任。期间 1983 年晋升为研究员，1988 年、1994 年先后被授予中将、上将军衔。兼任中国惯性技术学会理事长，中国宇航学会名誉理事长，清华大学兼职教授等职。1994 年选聘为中国工程院院士。

20 世纪 50～60 年代，独立开展精密机械传动误差和表面刻划机理研究，提高了加工精度。60～70 年代，主持研制中国第一套静压空气轴承、三自由度气浮陀螺、陀螺加速度计等关键器件，成功用于多种中远程战略导弹制导系统、人造地球卫星运载工具及其测试设备等，获 1978 年全国科学大会奖。70～80 年代，在中国首创静压气学技术并用于惯性器件开发，获 1979 年国家科学技术进步奖一等奖；主持研制液浮惯性平面系统，获 1984 年国家科学技术进步奖特等奖；参与起草中国“高技术研究发展计划项目”。90 年代以来，主持完成九五国防重点预研项目“微型惯性测量组合”技术研究；从事国防科学技术发展战略研究；军民两用微米-纳米技术的微型惯性器件、微型机电系统的研究开发。

公开发表的论文选编于《惯性技术文集》(1994 年)等;主编有《工艺与新技术革命》(1990 年)、《质量管理》(1991 年)、《微型惯性测量组合》等专著。 (陈美查)

徐滨士(Xu Binshi) 中国黑龙江省人,1931 年 3 月 12 日生于黑龙江哈尔滨。军事装备维修工程、表面工程、材料科学、工程管理。

1954 年哈尔滨工业大学机械制造与焊接专业毕业。1954～1961 年执教于哈尔滨军事工程学院。1961 年后一直在中国人民解放军装甲兵工程学院任教,教授、少将军衔,先后任副院长、全军装备维修表面工程研究中心主任等职。兼任中国机械工程学会副理事长,表面工程研究所所长,中国设备管理协会副会长,清华大学、北京工业大学等校兼职教授、《表面工程》杂志主编等职。1995 年当选为中国工程院机械与运载工程学部院士,2000 年又兼为该院工程管理学部院士。

20 世纪 50～60 年代,在中国首次研制成功振动电弧堆焊设备,突破部分坦克薄壁零件不能修复禁区,后又开发出水蒸汽保护工艺和两种振动头,扩大了修复范围,获 1978 年全国科学大会奖。70～80 年代,将等离子喷涂修复工艺用于坦克零件维修,耐磨性比新品大幅度提高,获 1982 年全军科学技术成果奖一等奖等;发明电刷镀新工艺,可抢修野战中的坦克零件、企业大型磨损设备,耐磨性是新品的 4.3 倍而成本为 1/10,获 1985 年国家科学技术进步奖一等奖、二等奖各一项。90 年代以来,发明高效电弧喷涂防海水腐蚀技术,可防腐 15 年以上,获 1997 年全军科学技术进步奖一等奖;研制有色贵金属、合金等新型电刷镀溶液系列 66 种;开展坦克履带板铸造材料研究,受装备某型号坦克平均寿命超过 10 000 千米行驶,居当时世界领先水平;发展高硬度装甲钢低温焊修技术等;发明的热喷涂、电刷镀连续 20 余年被列为国家重点推广新技术项目,创经济效益几十亿元。

发表论文百余篇;出版《刷镀技术》(1985 年)、《等离子喷涂与堆焊》(1986 年)、《表面工程与维修》(1996 年)等专著 15 部。获国家和全军级奖励逾 10 项。

(李啸虎)

麦基尔韦恩,C.E.(Mcllwain,Carl Edwin) 美国人,1931 年 3 月 26 日生于美国得克萨斯州休斯敦。光电子工程、仪器研制、空间科学与工程、地球物理学。

1953 年获艾奥瓦州立大学音乐教育学士学位,1956 年获理学硕士学位,1960 年获博士学位。1962 年任圣迭戈加利福尼亚大学物理系副教授,1966 年任教授。

1957～1958 年冬天,加拿大在国际地球物理年发射了第一批探空火箭,从探测数据中发现在夜晚的天空有发光粒子流,其能量在 1 000～5 000 电子伏范围内。他建议用盖革-米勒计数器探测这些粒子流。1958 年,美国继后又发射了带有粒子计数器的人造地球卫星“探险者 1 号”。同年 F. 范艾伦分析其观测数据,发现“发光粒子流”是地球辐射带,被称为范艾伦辐射带。1958 年 7 月发射的“探险者 4 号”人造地球卫星,用了他研制的两个闪烁探测器,第一次精确地测定地球的辐射带。1962 年进一步从事辐射带的研究工作,与菲利厄斯(R. W. Fillius)合作,把设计的仪器放在绕地球轨道运行和星际间航行的宇宙飞船上,其中“探险者 10 号”就是第一个探索地球辐射带的宇宙飞船。获 1970 年美国航空航天学会空间科学奖,1975 年美国地球物理学联合会弗莱明奖,1977 年德国洪堡高级科学家奖等。

(王明馨)

布鲁克斯,F.P.(Brooks Jr.,Frederick Phillips) 一译小布鲁克斯。美国人,1931 年 4 月 19 日生于美国北卡罗来纳州达勒姆。计算机科学与工程、电气电子工程、应用数学、工程管理。

医生之子。1953 年美国杜克大学物理系毕业。1955 年、1956 年先后获哈佛大学计算机科学硕士、博士学位。1956～1964 年聘任美国国际商用机器公司(IBM)工程师,基本上在纽约波基普西实验室工作。1964 年后长期执教于北卡罗来纳州大学,期间 1964～1984 年首任计算机科学系主任。曾兼任美国计算机学会体系结构委员会主席,美国国家研究院计算机科学技术部成员,美国国防科学委员会人工智能领导小组成员、计算机模拟与训练领导小组成员、军用软件攻关小组组长等职。1987 年当选为美国国家工程院院士。是英国皇家学会外籍会员,荷兰皇家文理科学院外籍院士。

被誉为“IBM360 系列计算机之父”。20 世纪 50～60 年代,参与开发“收获”(Harvest)和“伸展”(Stretch)两个型号计算机,后者是世界上第一台流水线计算机;他在其中设计成功“程序中断系统”,1957 年与合作者同获美国专利。60 年代初,IBM 内部在研发上产生重大分歧:伊万斯 (R. O. Evovns)一派主张开发新型号取代生产线上的 IBM 8000 机,而布鲁克斯为首的反对派也势均力敌。IBM 决策层最后采纳了伊万斯的意见。身居新技术攻关委员会副主席的伊万斯,邀请这位 29 岁的反对派“头目”布鲁克斯主持新项目 360 系列,后者欣然接受。该系列开发总投资高达 5.5 亿美元,超过开发原子弹的曼哈顿计划四分之一。1964 年 4 月 7 日 IBM 成立 50 周年庆祝大会上,公司总裁宣布“公司历史上最重要产品”IBM360 开发成功。到 70 年代中期,该机市场占有率超过 50%。IBM360 首次实现通用化、系列化和标准化特点,被认为是划时代杰作,并成为以后计算机设计开发的基本原则。

20 世纪 70 年代初,与他人合作研制可视化分子三维结构系统。后又合作开发能快捷找到转运核糖核酸(tRNA)分子的原子坐标系统。研究领域十分广泛,除计算机体系结构、机器语言设计、软件工程、大型项目管理外,还包括动态体系结构可视化、人机接口、交互计算机图形学等。

个人文集《神话般的岁月:软件工程随笔》(1975 年初版,1995 年再版);与他人合著有《自动数据处理》(1963 年初版,1969 年再版)、《发展高性能计算机与通信,主动支持国家信息基础设施》(1995 年)、《计算机体系结构:概念与发展》(1997 年)等。主要获奖有:美国数据处理管理协会 1970 年计算机科学奖,美国电气与电子工程师协会 1970 年麦克道尔奖,美国计算机学会 1982 年计算机先驱奖、1987 年杰出服务奖、1993 年冯·诺伊曼奖、1995 年纽厄尔奖、1999 年图灵奖(世界计算机界最高奖),1985 年美国国家技术奖章,1989 年美国信息处理学会联合会古德奖等。 (李 烨)

罗西,A.(Rossi,Aldo) 意大利人,1931 年 5 月 3 日生于意大利米兰,1997 年 9 月 4 日卒于同地。*土木工程、建筑学、城市规划。*

祖父和父亲两代经营自行车厂。1959 年获意大利米兰理工大学建筑系学士学位。留校任教。期间,1955～1964 年任《卡莎贝拉》建筑杂志主编。1965 年任教于米兰大学建筑学院。1975 年任教于威尼斯大学建筑系。后在瑞士苏黎世联邦理工大学,以及西班牙和美国的多个大学任教授。因车祸去世。

现代"新理性主义"建筑学派的主要代表人物,20 世纪 70～80 年代在国际上极具影响力。早期深受现代主义建筑思想影响。60 年代开始倡导现象学原理和方法,批评建筑界忽视理解城市本质的倾向,强调建筑设计和城市规划紧密联系,要求设计回归建筑的原旨。倡导分类学思想,认为城市建筑分为不同类型,具有各自的特征。在建筑作品中爱用简洁而精确的几何形体。在 1979 年威尼斯国际建筑双年展上,他受托设计了一座漂浮于水的"世界剧场",有 250 个座位环绕着中央的舞台,从海上拖到展区展出。罗西自评这一设计是"想象世界开始的地方"。多产建筑设计师,主要作品在意大利的有:米兰市郊加拉拉泰斯二号小区公寓(1968～1974 年)、摩德纳的圣卡塔尔多公墓(1971 年～)、热那亚的卡洛·菲利斯剧院(1981 年)、佩鲁贾社区多里购物中心(1982～1988 年)等;在国际上有:德国柏林弗雷德里希大街住宅区(1981～1988 年)、加拿大安大略湖畔多伦多灯塔剧院(1987 年竣工)、日本福冈的帕拉佐大饭店(1986～1989 年)、荷兰马斯特里赫特的博纳范滕博物馆(1990～1994 年)、以及美国宾夕法尼亚的派因斯住宅区等。应邀在哈佛大学演讲时,东道主高度评价他在建筑思想上的贡献:帮助人们确立起以更加明智和尊重的态度对待城市,以逐步扭转威胁城市的破坏趋势。评论界认为,他是"一位恰好成了建筑师的诗人",他的每一份作品都是一首立体诗。另外,他还是一个有名望的画家。

出版著作《城市建筑学》(1966 年)、《一位科学工作者的自传》(1981 年)等。多次获大奖,其中有 1990 年普利兹克建筑奖(国际建筑界最高奖)。 (李 烨)

周永茂(Zhou Yongmao) 中国浙江省人,1931 年 5 月 15 日生于浙江镇海。*核动力工程、核反应堆工程、核物理学、工程管理。*

1955 年交通大学机械系机床制造专业毕业。同年到中国科学院北京物理研究所工作。1956 年公派赴苏联留学,1958 年莫斯科动力学院原子能系核装置专业进修班毕业。同年回国后,历任中国科学院原子能研究所、核工业第二研究院、反应堆工程研究所的燃料元件研究组组长、研究室副主任,中国核动力院高通量堆设计室主任,原子能科学研究院反应堆工程设计研究所副所长兼总工程师,中国中原对外工程公司总工程师、教授级高级工程师等职。1995 年当选为中国工程院院士。

20 世纪 60～70 年代,主持设计中国第一代核潜艇动力堆及其控制系统,提出了"双流程堆芯"潜艇核动力堆本体方案,由第一代艇一直沿用至今;在遭受外国毁约和停援的严峻形势下,受命组建研究小组和实验室,自主开展国产燃料元件装堆工艺定型验证工作,为生产堆、动力堆、研究堆的顺利启动投产,为氢弹装料试爆,提供了首批辐照行为依据资料。70～80 年代,主持高通量堆芯设计,从上百项方案中形成中国独特的技术路线,比美国同类堆的高浓铀装量每炉少 10～26 千克,照射中子通量比苏联、法国同类约高 70%～80%,且可按考验品种与数量来灵活调节堆芯形状与大小,这在当时国际上尚无先例,获 1985 年国家科学技术进步奖一等奖。80 年代,主持开发低功率民用微型中子源堆,首创非能动力率自稳特性研制堆,被国际原子能机构评为与美国和加拿大并列、具有"独特的亲用户安全性能",该堆在中外已建造多座,赢得了良好经济效益和国际声誉,获 1987 年国家科学技术进步奖一等奖。90 年代后,主持中国援建阿尔及利亚重水研究堆的技术管理,在现场全面负责工程安装与测试;专注于研究堆最新应用领域"硼中子俘获疗法"相关技术追踪研究。

撰有《原型微堆的设计与建造》等专著。2000 年获何梁何利科学与技术进步奖等。 (武光明)

林华宝(Lin Huabao) 中国福建省人,1931 年 5 月 29 日生于上海,2003 年 8 月 17 日卒于北京。*航天工程、空间返回技术、工程管理。*

1950 年考入清华大学土木系,1952 年转到苏联列宁格勒建筑工程学院土木系学习,1956 年毕业。同年回国,到中国科学院力学研究所工作。1958 年奉调参加探空火箭研制,历任上海机电设计院结构试验室副主任,中国空间技术研究院第 508 研究所回收技术研究室副主任、副所长,中国航天科技集团公司研究员。兼任北京航空航天大学、西北工业大学等校兼职教授。1996 年当选为国际宇航科学院通讯院士。1997 年当选为中国工程院院士。

中国返回式卫星系统首席专家。20 世纪 50～60 年代,负责中国探空火箭结构强度分析和结构系统研制,进行多种型号发射试验;主持高空生物火箭箭头研制,1964 年中国第一枚生物火箭 S-1 发射升空并安全返回。1970 年开始负责研制返回式卫星回收着陆系统,1975 年中国成为世界上第三个掌握卫星回收技术的国家。1988 年任新型返回式卫星总设计师,连续三次成功实现卫星飞行发射和回收,达到国际先进水平。90

年代，参与主持研制“神舟”号系列试验飞船的回收系统，1999年11月21日中国第一艘试验飞船“神舟1号”发射升空，经历21小时飞行后在内蒙古成功着陆，标志着中国迈入了太空新时代。

发表论文近百篇；出版有《返回式卫星》(2001年)等著作。参与研制的返回式卫星和“东方红1号”卫星1985年获国家科学技术进步奖特等奖，为第六完成人；主持研制的返回式摄影定位卫星获1990年国家科学技术进步奖特等奖，为第一完成人。此外，获国家科学技术进步奖一等奖1项，部级科学技术进步奖一等奖3项、二等奖2项、航天奖1项；荣立航天部一等功1次、中国空间技术研究院一等功2次。(李啸虎)

厉鼎毅(Li, Ting-Ye) 华裔美国人，1931年7月7日生于中国南京，2012年12月27日卒于美国犹他州雪鸟岛。*通信工程、光纤通信技术、光电子学。*

1953年获南非威特沃特斯兰德大学电气工程学士学位。1955年和1958年先后获美国西北大学硕士、博士学位。历任美国贝尔实验室无线电研究室研究员，中继器技术研究室主任，光波媒质研究室主任，光波系统研究室主任，通信基础结构实验室部门经理、顾问等职。并兼任美国光学会会长。1980年当选为美国国家工程院院士。1994年当选为中国台湾“中央研究院”院士。1996年当选为中国工程院外籍院士。

美国光纤通信领域重要权威之一，对世界光纤通信作出了重要贡献。当科技界为提高光通信容量而努力提高单波长光纤传输速率时，他却另辟蹊径，首次提出了光波分复用(WDM)技术，使光通信传输容量有了突破性的增长，使80信道×10G系统实现商业化，WDM带来了光纤传输容量每10年1000倍的增长速度，对建设超大容量的信息高速公路有重要作用；他是掺铒(Er)光纤放大器开发的领军人物，其成果被评价为“像是把光打了强心剂一样”；他对光波系统及其传播理论深有研究，特别是在光纤的非线性问题上有深入独到见解。WDM带来了光通信的革命，使美国的光纤通信得以蓬勃发展，并在世界上起到先导作用。他说：“我们是采矿工程师，已埋下的光纤是矿藏，我们用WDM和光放大器开采宝贵的带宽资源。”他多次亲自或组织专家到中国讲学，为中国光纤通信出谋划策和培养人才。

多次获奖，其中有美国电气与电子工程师协会1975年贝克奖、1979年萨尔诺夫奖、1995年廷德尔奖等。(李啸虎)

崔国良(Cui Guoliang) 中国河北省人，1931年7月7日生于河北阳原。*导弹与航天工程、机械与动力工程、火箭燃料技术、工程管理。*

1956年北京理工大学毕业。1961年获苏联莫斯科门捷列夫化工学院副博士学位。中国航天科技集团总公司研究员，任科学技术委员会副主任等职。兼任中国宇航学会副理事长等职。1999年当选为中国工程院院士。

长期致力于研制和开发中国固体火箭推进剂和发动机技术领域，为发展中国国防现代化和征服宇宙太空的航天工程作出重要贡献。20世纪60～70年代，主持研制成功多种固体火箭推进剂，广泛用于战略、战术导弹和宇航飞行器发动机，其中有3项研究成果获1978年全国科学大会奖。80～90年代及以后，主持研制成功新型含铝推进剂，从根本上解决了发动机燃烧不稳定的技术难题；显著提高了推进剂的力学性能，解决了大型药柱会发生裂纹等不良效应；参与研制和改进“巨浪”型号等潜-地中程导弹，通过集体努力攻关装药与壳体界面脱粘技术，提出并实现行之有效的人工脱粘方案，保证了药柱结构完整性和导弹发射的准确率；参与主持研制成功某型号潜-地导弹两级发动机，获1985年国家科学技术进步奖特等奖；担任某高性能推进剂联合攻关组组长，负责制定总体技术方案，解决了一系列重大技术难题，经试验成功实现了高比冲、高密度、高力学性能、高装填分数的优异目标，从而使中国在较短时间内迈入拥有世界最先进固体推进剂的极少数国家行列。获国家和军队科学技术进步奖多项，有多种荣誉称号。(李啸虎)

邹世昌(Zou Shichang) 中国江苏省人，1931年7月27日生于上海。*集成电路工程、材料加工技术、材料科学与工程、半导体物理学。*

1952年唐山交通大学冶金工程系毕业。1958年获苏联莫斯科有色金属学院副博士学位。中国科学院上海冶金研究所研究员，先后任该研究所所长(1983～1997年)，中国科学院离子束开放研究实验室主任、学术委员会主任，上海华虹NEC电子有限公司副董事长，上海华虹集成电路有限公司副董事长，上海众华电子有限公司董事长，上海宏力半导体制造有限公司董事长等职。期间1979～1980年任德国慕尼黑大学固体技术研究所客座教授。兼任上海市集成电路行业协会理事长等职。1991年当选为中国科学院学部委员(院士)。

20世纪60年代，参与研制当时中国国防急需的某甲种分离膜，负责开发和优选加工成形技术，高质量完成项目。70～80年代，独创二氧化碳激光背面辐照方法，获得离子注入损伤的增强退火效应；创立全离子注入技术，研制成功中国第一块120门砷化镓门阵列电路；用反应离子束加工出中国第一批闪光全息光栅；开发出硅-硅直接键合形成的绝缘体上硅材料，并制成高级模拟集成电路CMOS/SOI电路(互补金属氧化物半导体-绝缘体上硅材料衬底电路)；发展了离子束增强沉积技术，合成氮化硅、氮化钛等多种薄膜；系统研究和建立高分子材料离子束表面改性、合成、加工和分析技术体系。90年代后，主要从事超大规模集成电路研究成果转化，为中国半导体产业跻身世界先进行列而努力。

发表论文200多篇。获国家和省部级奖励10余项，其中有国家发明奖一等奖、中国科学院科学技术进步奖一等奖和自然科学奖二等奖等。(李 烨)

何友声(He Yousheng) 中国浙江省人，1931年7月28日生于浙江宁波。*船舶与海洋工程、机械与动力工程、流体力学、高速水动力学。*

1952年同济大学造船系毕业。同年到大连工学院(今大连理工大学)造船系任教。1955年院校调整到上海交通大学任教，上海交通大学教授，历任船舶制造系副系主任，工程力学系副系主任、系主任，1986～1990年任校党委书记。兼任中国力学学会副理事长、上海力学学会理事长、上海市微型电脑应用学会理事长、《上海力学》名誉主编等职。1995年当选为中国工程院院士。

20世纪50～60年代，首次提出辛氏法端点修正，简洁而精确，被中国造船界沿用至今；负责组织上海市控空火箭专业队伍；推得和验证气垫升力公式，主持研制出重4吨、功率500匹马力的新型气垫船样艇；在中国率先开展兴波理论研究，提出自由表面线性化理论相似律，发展了水翼艇后掠水翼理论并沿用至今。70～80年代，在中国率先研究螺旋桨激振力，明显改进了船尾激振性能；合作提出有限翼展水翼非定常兴波新理论和新方法，以及二层流体中奇点作任意运动解析解等成果，受到中外同行重视。80～90年代及以来，在中国率先研究磁记录飞行问题，开发改进型等高飞磁头，静动态性能优异；合作进行导弹与鱼雷高速出入水研究，突破水气干扰、燃气泡演化等难题，建立理论模型成功模拟入水后复杂流动过程，有力支持了水中兵器型号开发，并节省大量经费；主持建成高速文氏管剥蚀、磁致激振剥蚀等空化与空蚀试验设备，其中空泡水筒研制获1985年国家科学技术进步奖二等奖；开发用于水下兵器出入水的工程计算程序，其中4项成果均获省部级一、二等奖。

发表论文近百篇；主编《机械工程手册·基础理论卷》，专著《螺旋桨激振力》(1987年，与他人合著)等。获1992年中国船舶工业总公司二等奖、原国家教育委员会优秀学术专著奖。获国家和省部级奖励近10余项。 (武光明)

蒋新松(Jiang Xinsong)　中国江苏省人，1931年8月3日生于江苏江阴，1997年3月30日卒于辽宁沈阳。*机器人工程、自动控制、人工智能。*

1956年交通大学毕业。曾任中国科学院北京自动化研究所实习研究员，中国科学院沈阳自动化研究所研究员、机器人研究室主任、副所长、所长、所学术委员会主任。曾兼任中国自动化学会副理事长、中国人工智能学会副理事长、中国机器人工程协会理事长，是清华大学等校兼职教授，担任《计算机集成制造系统》杂志主编等职。1994年选聘为中国工程院院士。

中国高技术研究发展计划(“863”)自动化领域首席科学家。20世纪60～70年代，主持完成冷轧机准停控制、系统复合张力系统、自适应厚度控制系统等自动化装备，1978年获全国科学大会奖、中国科学院重大成果奖。80年代，研制出中国第一台数控示教再现工业机器人SXJ-1，提出了轨迹算法快速实现法；创建国家机器人技术研究开发工程中心、机器人学开放实验室，形成至今年创高产值的产业；主持研制动态跟踪移动机器人、高压水切割机器人、核电站检查维修机器人等；1985年12月，研制的中国第一台水下机器人“海人-1号”样机首航深潜199米，技术达到当时世界水平；研制出中型水下机器人RECON-Ⅳ(300米水深、有缆)并首次打入国际市场，1991年获中国科学院科学技术进步奖一等奖、1992年国家科学技术进步奖二等奖；开发出多种深潜轻型水下机器人并已装备部队；领导制定和实施中国计算机集成制造系统发展战略和策略，比原计划提前8年进入企业并向全国推广。90年代，水下机器人“探索者一号”在南海试验成功，1995年获中国科学院科学技术进步奖一等奖；与俄罗斯合作研制深潜6 000米的无缆水下机器人CR-01，1995年8月完成夏威夷深潜海试，取得了海底清晰照片，入选“1997年中国十大科学技术进展”。

发表论文近百篇；主编《机器人学导论》(1994年)等著作。 (李啸虎)

杨士莪(Yang Shie)　中国河南省人，1931年8月9日生于中国天津。*水声工程、船舶与海洋工程、水声学。*

出生于教师世家。1950年清华大学物理系肄业参军，在大连第一海军学校任教。1952～1956年在哈尔滨军事工程学院任教。1957～1959年在苏联科学院声学研究所进修。回国后，历任哈尔滨军事工程学院副教授，哈尔滨船舶工程学院教授、水声工程系主任、副院长，哈尔滨工程大学教授、水声研究所所长。兼任国务院学位委员会船舶与海洋工程学科评议组召集人、中国声学学会副理事长、黑龙江省地震学会理事长、西北工业大学等校兼职教授。1995年当选为中国工程院院士。

主要研究水声学与声信道、声系统与器件等方面的理论与实验。倡导水声物理、换能与设备的结合，创建中国第一个完整配套的综合性水声工程专业；主持建设中国第一个低噪声水洞；率先开展中国水声定位系统研制；领导研制某测量系统，完成中国第一次洲际导弹打靶实验落点水声测量；开发出船载鱼雷轨迹三维测量系统等一系列长基线、短基线和超短基线水声定位系统，可用于不同目的，具有国际先进水平；推动了中国首次独立大型深海水声综合考察并获取了大批资料，解决了国际上悬而未决的水洞降噪和测量方法问题；领导探雷声纳技术的基础研究，提出了目标识别的新途径；在流体界面物体声散射特性与分析方法，有限长弹性圆柱高频谐振分析，水雷和随机目标衍射特性辨识，极近场目标散射理论和实验研究等方面获重要成果。

出版《水下噪声学》、《水声传播原理》、《声学原理》(与他人合著)等专著多部。获国家和省部级奖励10余项。 (武光明)

拉宾，M. O.(Rabin，Michael Oser)　以色列人，1931年9月1日生于德国布雷斯劳(今波兰弗罗茨瓦夫)。*计算机科学与工程、人工智能、自动机理论、应用数学。*

父亲当过犹太神学院院长，母亲是文学博士。1935年全家由德国迁回巴勒斯坦，1948年他成为以色列公民。从莱利学院毕业后去美国留学。1953年获希伯莱大学数学硕士学位。1956年获美国普林斯顿大学博士学位。此后任以色列希伯来大学教授，兼任美国哈佛大学计算机科学托马斯·沃森讲座教授、伦敦大学国王学院逻辑学客座教授等职。1984年当选为美国国家科学院外籍院士。

1957年与D. S. 斯科特合作研究图灵机，共同提出了非确定性有限状态自动机(NDFSA)理论。图灵机是一种禁止往磁带上写的计算机模型，称为“有限状态自动机”(FSA)，对于具有给定指令集的机器，相同输入总是按相同的单一方式运行。他和斯科特为克服图灵机的这种局限，定义了NDFSA模型，这种机器在读取到一定输入后，有一个“菜单”可供选择不同的可能计算，因而NDFSA理论可用于指导扩展机器功能和加快解题速度。1959年当他们公开发表论文“有限自动机及其判定问题”时，引起了计算机界极大重视。他也是研究计算复杂性问题的先驱之一，发表论文“计算速度和递归集合的分类”(1959年)、“函数的计算难度和递归集合的偏序”(1960年)，对60年代计算复杂性理论的确立产生了深刻影响。1974年率先提出利用概率算法取代一般确定性算法去随机处理最小计算量问题，实验表明这种算法在实际使用中效率很高，而错误率微乎其微，现已广泛应用于分布式计算、信息检索、通信技术、密码学等领域；1976年又成功提出了可判定素数的一种概率算法，后来称拉宾算法，目前仍是寻找素数的最快算法之一。获1974年罗斯切尔德基金会数学奖，1976年美国计算机学会图灵奖(与D. S. 斯科特分享)，1980年哈维科学技术奖等。

(李　烨)

童铠(Tong Kai)　中国江苏省人，1931年9月12日生于江苏泰州，2005年8月10日卒于北京。通信工程、空间技术、卫星导航系统。

1952年青岛山东大学毕业。1959年获苏联列宁格勒电信工程学院多路通信专业副博士学位。同年回国，历任国防部第五研究院第12研究所无线电制导总体研究室副主任、航天部450办公室副主任、航天部五院503所所长、研究员，中国空间技术研究院科学技术委员会副主任等职。1997年当选为中国工程院院士。

20世纪60年代，曾主持中国洲际导弹无线制导的总体方案工作。70～80年代，主持研制成功反导弹精密制导101雷达；作为副总设计师和总设计师，在对“东方红二号”地球静止轨道通信卫星进行控制的统一微波测控系统项目中，主持研制成功通信卫星微波测控系统，鉴定数据证明其精度优于国际同类设备水平，该设备多次圆满完成卫星发射任务，“试验通信卫星及微波测控系统”课题获1985年国家科学技术进步奖特等奖。80～90年代数据同步缓冲器首次采用“先存储后重采样”软件方案，比国际上已有的硬件方案在图像处理精确度和灵活性上有很大提高，具有国际领先水平和中国自己的特色，获1991年航空航天部科学技术进步奖一等奖；1997年作为总设计师，主持研制成功“风云二号”气象卫星指令与数据获取站，全站操作高度自动化，全天候24小时不间断运行，三站长基线测距获得卫星轨道位置的最佳精度，达到国际先进水平，成果获1999年国家科学技术进步奖二等奖。2004年，任“北斗一号”卫星导航应用系统总设计师，主持研制成功地面应用系统。2005年获国家科学技术进步奖一等奖。

(王　晋)

李圭白(Li Guibai)　中国河南省人，1931年9月25日生于辽宁沈阳。水处理工程、环境科学与工程。

土木工程师的儿子。1955年哈尔滨工业大学土木系给水排水专业毕业。留校任教。1959年之后，一直在哈尔滨建筑大学(原哈尔滨建筑工程学院)工作，教授。兼任全国高等学校给水排水工程专业指导委员会主任等职。1995年当选为中国工程院院士。

20世纪80年代以前，主要研究地下水除铁除锰、高浊度水处理、水的过滤技术等；80年代后，研究饮用水除污染、水的凝聚和助凝、凝聚和絮凝过程控制等。1960年提出接触催化除铁新理论新工艺，使中国水处理除铁技术步入世界先进行列；研究成功地下水曝气接触氧化除锰工艺，高浊度水透光脉动单因子絮凝自动控制技术、混凝控制等高新技术，提高了中国在这些领域的国际学术地位；参与主持水上一体化水厂研究，取得很大综合效益；研究开发成功高锰酸钾助凝技术；开发成功高锰酸盐饮用水除污染技术；开发流动电流混凝控制技术等。许多成果已列入设计规范、设计手册和高校教材，并得到推广应用。

发表论文百余篇；出版《地下水除铁除锰》等专著教材6部。多次获奖，其中有1978年全国科学大会奖，1984年、1996年国家发明奖二、三等奖，1985年、1995年国家科学技术进步奖二、三等奖等。获1990年全国高等学校先进科学技术工作者称号。

(黄曲菜)

汤鸿霄(Tang Hongxiao)　中国河北省人，1931年10月4日生于河北徐水。水处理工程、环境科学与工程。

1958年毕业于哈尔滨工业大学土木系给水排水工程专业。留校任教。1959年执教于哈尔滨建筑工程学院。1977年到中国科学院环境化学研究所工作。1984～1985年，在瑞士水资源与水污染控制研究所做访问学者。长期任中国科学院生态环境研究中心研究员、学术委员会主任，兼任环境模拟与污染控制国家重点联合实验室副主任、学术委员会主任，《环境科学学报》主编。1995年当选为中国工程院院士。

1988年创建环境水化学国家重点实验室；1977～1992年间，先后主持和参与天津蓟运河汞污染、湘江镉污染、鄱阳湖铜污染等国家级重大评价防治研究项目，取得巨大经济效益、社会效益和环境效益，同时发展了重金属污染水化学研究；多年主持水处理吸附絮凝理论研究和无机高分子絮凝剂工艺技术系列开发；主持建立中国目前规模与现代化程度领先的聚合铝厂，产品打进国际市场，其中首创的稳定化聚合氯化铁工艺技术居国际先进水平；在中国率先倡导和开展水体颗粒物表面络合理论和难降解有机物研究，在颗粒物分类数据库、形态与生态环境效应、监测鉴定方法与指标、现代处理技术与理论、改进新技术与理论，静态与动态数学模式等方面都有所创新。从而建立了中国学派的理论体系。目前主要进行高效综合水处理系统的高新技术研究。

至2001年，发表论文250余篇；著译书多种，编纂75万字巨著《用水废水化学基础》(1979年)，出版两卷巨著《水体颗粒物和难降解有机物的特性与控制技术原理》(2000年，与他人合著)。获国家和省部级奖励10余项，1999年获何梁何利科学与技术进步奖。

(李啸虎)

张国成(Zhang Cuocheng)　中国云南省人，1931年10月12日生于云南昆明。*稀土冶金工程、冶金学。*

1950年参军入伍。1952年进入云南大学工学院学习，1954年转到昆明工学院冶金系，1956年毕业。同年到北京有色金属研究总院工作至今，1987年晋升为教授级高级工程师。兼任中国稀土学会常务理事等职。1995年当选为中国工程院院士。

1963年主持研制成功生产高纯氧化铕(99.99%以上)的锌粉还原-碱度法制备工艺，至今被中国很多稀土厂采用，为中国彩色电视红色荧光粉提供了荧光级氧化铕。1979年主持发明回转窑硫酸强化焙烧-萃取法，冶炼包头稀土精矿生产氯化稀土新工艺，并为甘肃稀土公司设计年产6 000吨氯化稀土生产线。80年代起，系统研究电解还原法制备高纯氧化铕的技术，成功开发出工业化技术及设备。1983年主持研究成功用P204萃取剂从硫酸稀土溶液中萃取分离各种稀土元素的新工艺，简化了稀土分离过程，降低了稀土生产成本。20世纪90年代，提出可与美国、法国抗衡的第三代硫酸法冶炼新技术，已建和在建的几条生产线投产后，每年可为国家增加巨大经济效益。

多次获国家和省部级科学技术奖，其中有：1978年全国科学大会奖、1986年国家发明奖三等奖、1990年国家科学技术进步奖三等奖、1991年国家优秀专利奖等。

(张修庆)

戴尔，O.-J.(Dahl，Ole-Johan)　挪威人，1931年10月12日生于挪威曼达尔，2002年6月29日卒于奥斯陆。*计算机科学与工程、软件工程、应用数学。*

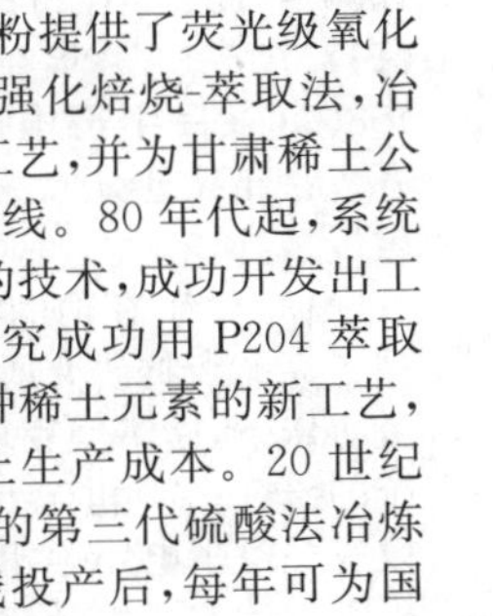

1952年挪威奥斯陆大学毕业。同年进入挪威国家国防研究院工作。1957年以在职生获奥斯陆大学数学硕士学位。1963年起任挪威计算中心研究员。1968年至退休，任奥斯陆大学计算机科学教授。曾兼任国际信息处理联合会挪威代表等职。

计算机面向对象技术奠基人之一。在程序设计语言方面功底深厚，在与擅长运筹学的K.奈加特合作时相得益彰。20世纪50年代，他在硕士论文中讨论了多维矩阵在有二级存储器的计算机上的表示和处理方法；设计并实现了一个名为MAC的类ALGOL高级程序设计语言供挪威国家国防研究院内部使用。60年代，为了在计算机上建立各种实际系统的运筹学模型，1962年与奈加特共同提出SIMULA-I第一个文本，同年在德国慕尼黑第二届世界计算机大会上发表相关论文，引起了轰动。利用当时最先进的计算机UNIVAC 1107，在美国软件工程师协助下，1964年底他和奈加特开发成功世界第一个SIMULA-I编译器，引入“进程”概念，把模拟功能直接加入ALGOL 60编译器，取消了预编译阶段。这是世界上第一个能对离散事件系统进行模拟的程序设计语言，不久便被许多国家广泛采用。在挪威工学院合作下，1967年他们俩又开发了第一个“面向对象”的程序设计语言SIMULA 67，1968年形成正式文本。自此各种版本在许多国家问世。正是在SIMULA 67的影响下，70～80年代在全世界掀起了一股面向对象技术热潮，逐渐成为程序设计技术的主流，至今盛行不衰。

与两位图灵奖获得者E. W.狄克斯特拉和C. A.霍尔合著《结构化程序设计》(1972年)，成为该领域经典之作。戴尔和奈加特同获：1999年挪威数据协会罗辛奖、美国电气与电子工程师协会2001年冯·诺伊曼奖、美国计算机学会2001年图灵奖等。(李　烨)

陈肇元(Chen Zhaoyuan)　中国浙江省人，1931年10月1日生于浙江鄞县。*土木工程、抗爆结构技术、工程管理。*

1952年清华大学土木工程系本科毕业。1957年哈尔滨工业大学土木系研究生毕业。1983～1984年在美国伊利诺伊大学做访问学者。历任清华大学建筑学院土木工程系副教授、教授、副系主任、系主任。兼任中国土木工程学会副理事长，同济大学等高校兼职教授，全国注册工程师(结构)管理委员会副主任、《土木工程学报》主编等职。1997年当选为中国工程院院士，兼任土木、水利与建筑工程学部主任。

20世纪60～70年代，结合重大国防和防空工程建设，研制成功中国首批模拟爆炸压力作用的室内动力加载装置；对各类结构材料和基本构件进行系统实验，研究爆炸环境下地下结构的动力分析、结构方法以及多种新型抗爆结构；在水封油库、高强混凝土防护门、钢包高强混凝土拱形防护门、城市防空工程等方面，取得一批国内领先成果和重大效益。80～90年代，率先对新一代高强高性能混凝土的结构设计方法进行系统研究，主持国家有关重点科学研究项目，负责主编高强混凝土结构设计施工规程；与他人合写的《高强混凝土及其应用》(1993年)获国家教委全国高校出版社优秀学术著作特等奖；解决了地铁车站、高层建筑基坑开挖的一些支护技术难题，研究并推广基坑施工的土钉支护技术，主持编写《土钉支护设计工程规程》(1997年)。

发表论文近200篇；出版专著6部。先后获国家和省部级奖励10余项。1998年国防科学工业委员会授予献身科学技术事业荣誉奖章。

(李啸虎)

周本濂(Zhou Benlian)　中国安徽省人，1931年10

月生于江苏扬州。复合材料工程、仪器研制、材料物理化学。

1952年清华大学物理系毕业。中国科学院金属研究所研究员，兼中国科学院国际材料物理中心副主任等职。期间1981～1982年在美国康涅狄格州立大学物理系和材料科学研究所当访问学者。兼任辽宁省计量测试学会、复合材料学会副理事长，西北工业大学、东北大学等校兼职教授。1997年当选为中国科学院院士。

1958年开始研究国防急需的关键材料的热物理性能。1960年主持筹建全国高温热物理性能测试基地，为开发新材料提供科学判据，该基地的建立与发展获1985年国家科学技术进步奖二等奖。60～70年代，首创烧蚀过程测试热传导、激光脉冲加热-降温法测比热容等多种国际领先的先进技术；首次提出移动边界方程解析解；导出非线性各向异性温度场和应力场表达式。80～90年代，创制薄膜用非接触自动精密膨胀仪，成功测定了薄膜膨胀性能，为空间站热控设计提供了数据；80年代中期开始从事复合材料仿生分析，并提出仿生模型指导复合工艺，显著改进了复合材料的设计与制备水平，其中仿骨哑铃型晶须比平直晶须的增强效果提高一倍以上；将计算和核磁共振检测相结合，阐明了航天碳-碳复合材料在再入工况下的热应力损毁机理，为热设计提供了重要依据，获1987年中国科学院科学技术进步奖一等奖；开展材料热物性微观过程理论和实验研究，用自制装置观测性能瞬时变化的动态过程，提出固体在瞬态加热条件下非线性非平衡过程理论，引起中外同行关注；与国外学者合作制成高性能复合材料。

发表论文200余篇。获国家和部委级奖逾10项，其中参与获得国家科学技术进步特等奖1项，另有中国科学院科学技术进步奖一等奖2项、二等奖4项等。获国防科学工业委员会授予的“献身国防科技事业”荣誉证章。另获国际材料科学领域首届桥口隆吉奖。

（李啸虎）

齐康(Qi Kang)　中国浙江省人，1931年10月28日生于江苏南京。土木工程、建筑学、城市规划。

1948年考入中央大学建筑系。1952年南京大学工学院建筑系(现东南大学建筑系)毕业。历任南京工学院建筑系教研组主任、系主任、副院长，东南大学建筑研究所所长、建筑设计研究院总顾问等职，教授。兼任全国高等学校建筑学科指导委员会主任，中国城市规划设计研究院高级顾问，浙江大学、武汉工业大学等10余所高校兼职教授等职。1993年当选为中国科学院学部委员(院士)。1997年当选为法国建筑科学院外籍院士。

在建筑理念和风格上，追求和谐、入境、出新的境界，完美表现自然美。半个世纪来，主持和参与设计建筑作品百余处，较著名的有：淮安周恩来纪念馆、侵华日军南京大屠杀遇难同胞纪念馆、沈阳“9.18”纪念馆扩建工程、郑州河南省博物院、福建省历史博物院、黄山国际大酒店等；其中武夷山庄、南京梅园周恩来纪念馆、南京雨花台烈士陵园纪念馆与纪念碑，分获国家优秀工程设计金质奖2项、银质奖1项、铜质奖2项；20世纪80年代中国十大优秀建筑艺术作品中，有两项出自他之手。自60年代起，主持和参加城市规划设计研究20余项，其中“较发达地区城市化途径和小城镇技术经济政策”获建设部科学技术进步奖二等奖，“乡镇综合规划设计方法”、“城镇建筑环境规划设计理论与方法”、“城镇环境设计”分获教育部科学技术进步奖一、二、三等奖。

发表论文100余篇；主编专著10余部。1990年获建设部“中国建筑设计大师”称号。获2000年中国首届梁思成建筑奖，2004年中国建筑学会首届教育奖等。

（李　烨）

弗里斯塔基，N.(Fristacky, Norber)　斯洛伐克人，1931年11月8日生于捷克斯洛伐克的普乔夫(今属斯洛伐克)。计算机科学与工程、软件工程、逻辑电路、计算机教育、应用数学。

1954年获斯洛伐克理工大学电气工程硕士学位，1964年获该校工程控制论博士学位。1954年毕业留校任教，1959年参与创办自动控制系，1973年创办计算机科学与工程系并于1978～1990年任系主任，1985年任教授，1990～1991年任斯洛伐克理工大学校长。期间，1959～1961年在布拉格大学克列齐克·卡林研究所进修；1970～1971年在英国索尔福德大学作访问学者；1986年在民主德国德累斯顿理工大学作高级访问学者。是布拉迪斯拉发大学、维也纳理工大学等校兼职教授。

1958年，在他的积极倡导与推动下，在布拉格的克列齐克·卡林研究所、捷克斯洛伐克科学院有关科研人员协作下，斯洛伐克理工大学已开始进行计算机数字系统的研究。20世纪60年代初，他在东欧国家中率先开设有关逻辑电路等相关课程，逐渐形成了一套有关计算机工程的本科生、研究生教学体系，并为企业工程师提供继续教育。由于他的倡导和身体力行，斯洛伐克的计算机科学与工程教育在原东欧国家中一直处于领先地位。在学术上有诸多成就，其中最重要的是：1982年他和他的博士研究生萨博(P. Sabo)提出了一种“单指令-并行处理”(SIPO)的计算机体系结构，能在一个指令执行周期中并行地进行若干运算，大大提高了数据处理效率。这种新技术当时作为国家严控的技术秘密，直到20世纪80年代中期后才披露于世。让西方学者惊讶不已的是，SIPO的结构功能相应于西方开发的有名的“甚长指令字”(VLIW)体系结构，更为难能可贵的是，这一新技术是在相当封闭的环境下独立探索出来的，促进了东欧计算机技术的发展。

发表论文百余篇；出版有《可编程逻辑处理器》(1981年)、《逻辑电路》(1986、1990年)、《数字计算机》(1993年)等专著。多次获奖，其中有斯洛伐克理工大学、斯洛伐克科学技术协会、科学技术基金会、斯洛伐克科学院的各项奖励和奖章，以及1990年维也纳理工大学冯·普雷赫特奖章、1990年布拉迪斯拉发财经大学奖章、1994年科希策理工大学奖章等。由于“在斯洛伐克设计了最早的数字装置，并领导了在斯洛伐克和捷克斯洛伐克的计算机工程开发”，获1996年美国电气与电子工程师协会计算机先驱奖。

（李　烨）

张贵田(Zhang Guitian) 中国河北省人,1931年12月20日生于河北藁城。*航空航天工程、机械与动力工程、运载火箭技术、工程管理。*

1961年毕业于苏联莫斯科航空学院,获工程师职称。回国后,长期在国家第七机械工业部第一研究院液体火箭发动机研究所等单位工作,任主任设计师、发动机总指挥等职。现任中国航天总公司科学技术委员会副主任、航天工业总公司067基地研究员。兼任中国宇航学会常务理事,国防科学技术大学、西北工业大学兼职教授。是国际宇航科学院通讯院士。1995年当选为中国工程院院士。

首创液相分区法解决液体火箭发动机不稳定燃烧这一世界难题,突破高空点火、双向摇摆、二次启动等重大技术关键,开创了中国高空发动机和双组元姿控发动机新领域。主持研制成功多种大堆力火箭发动机,其中有:"长征1号"运载火箭发动机YF-1、YF-3,于1970年成功将中国第一颗人造地球卫星送入太空;达到当时国际先进水平的"长征4号A"运载火箭发动机,先后两次将风云气象卫星送入太阳同步轨道;参与并支持完成了"长征2号"捆绑火箭发动机研制,使中国近地轨道运载能力从不到2.4吨一跃到9.2吨,已多次将澳星等国内外卫星准确送入预定轨道;参与领导中国中程、中远程战略导弹发动机,第二代液体洲际导弹发动机以及新一代战略导弹末修动力系统研制;主持大型运载火箭和天地往返运输系统发动机可行性论证和预先研究,为发展载人航天技术打下坚实的动力基础。

出版有《高压补燃液氧煤油发动机》(2005年)等专著。获得多项国家和省部级奖项,其中有:1983年航天部两个一等奖,1987年全国科学大会奖,1991年国家科学技术进步奖特等奖,1992年航空航天部航天奖等。

(王 筠)

宋健(Song Jian) 中国山东省人,1931年12月29日生于山东荣城。*自动控制、导弹与航天工程、人口科学、系统科学与工程、科技管理。*

贫苦农民家庭出身。14岁参加八路军。1948~1953年先后在华东工矿部干部学校、哈尔滨工业大学等校学习。1953年赴苏联留学,1958年获莫斯科包曼高等工学院工程师职称;1960年莫斯科大学力学数学系毕业;同年获包曼高等工学院副博士学位,后又获科学博士学位。1960年回国后,历任中国科学院数学研究所控制论研究室副主任,国防部第五研究院第二分院总体设计室主任,第七机械工业部研究室主任、第26研究所副所长、总工程师、第二研究院副院长,航天工业部副部长,国务委员兼国家科学技术委员会主任,国务院环境保护委员会主任等职。兼任中国人民政治协商会议全国委员会副主席,中国自动化学会理事长,中国系统工程学会、中国人口学会副理事长,美国华盛顿大学终身荣誉教授,哈尔滨工业大学名誉校长,清华大学、北京大学等校兼职教授等职。获美国休斯敦大学荣誉博士学位。1985年当选为墨西哥工程科学院外籍院士。1991年当选为中国科学院学部委员(院士)。1994年选聘为中国工程院院士,1998~2002年任中国工程院院长。1994年当选为俄罗斯科学院、瑞典皇家工程院外籍院士。2000年当选为美国国家工程院外籍院士。是国际欧亚科学院院士、国际宇航科学院院士。

20世纪60年代,主持设计地空导弹和反导弹武器的控制系统;建立双参数最优控制理论,解决了双控制非线性系统最优控制和三维空间最优控制的设计问题;在国际自动控制联合会第二届大会上,发表了"线性最优控制系统综合理论"(1963年,与韩京清合作)一文,引进"等时场"概念,解决了定常和非定常线性系统最优控制综合理论问题,获国际同行赞誉;与关肇直合作建立有穷维控制器,以及无穷维受控对象耦合的分布参数系统控制理论,解决了这类系统的稳定性、点观测、点控制的理论问题。70年代,担任副总设计师参与主持研制成功潜艇潜地弹道导弹;修订和扩充了钱学森《工程控制论》一书,获1981年全国优秀科技著作奖。80年代以来,参与设计几个型号导弹控制系统和反弹道导弹的方案制定;组织领导试验通信卫星的研制、发射和定点;1985年发起了国家"星火计划",1988年主持制定了国家"火炬计划";应用控制论和系统工程方法,提出了人口系统的各种模型,发现和证明了"人口生育率双向极限定律",建立了"人口控制论"这一新分支学科,对人口控制对策有重大现实意义,为制定中国人口政策提供了科学依据。

发表论文200余篇;编撰《人口预测和人口控制》、《人口控制论》(与于景元合著)、《中国人口控制:理论与应用》(英文版)、《科学与社会系统论》、《控制论的最新进展及其应用》等专著10余部。多次获奖,其中有:国家科学技术进步奖一、二等奖,1978年全国科学大会奖,1982年国家自然科学奖二等奖,1987年国际数学建模学会最高奖爱因斯坦奖,意大利达·芬奇奖,1998年何梁何利科学与技术成就奖等。

(李啸虎)

洪伯潜(Hong Boqian) 中国福建省人,1931年12月30日生于福建厦门。*采矿工程、钻井技术、岩土力学。*

1952年考入厦门大学土木系,一年后因全国院校调整,转入浙江大学土木工程系工业与民用建筑专业。1956年大学毕业后,一直在煤炭科学研究总院北京建井研究所工作,1988年晋升教授级高级工程师,历任钻井研究室主任、主任工程师、副总工程师、总工程师、所长、顾问等职。兼任中国煤炭协会常务理事等职。1997年当选为中国工程院院士。

长期在科学研究第一线从事矿井建设研究工作,先后主持完成国家和省部级的课题逾30项,8次获国家及部级科学技术进步奖,其中"钻井法凿井技术"获国家科学技术进步奖一等奖;"300米深井钻井工艺研究"获煤炭部科技进步奖特等奖;"AS9/500型竖井钻机"项目，获国家科学技术进步奖二等奖；“深井(500～600米)钻井法凿井技术研究”，实现了钻井法钻凿直径9米、深508米的大型井筒工程，使钻井法成为中国唯一通过440米表土不稳定地层的大直径井筒特殊施工方法，其综合技术达到国际先进水平，获得国家六五、七五科学技术攻关先进项目奖。

结合工程实践和理论研究，发表有“大直径煤矿井筒钻井法凿井”、“约束混凝在井筒支护中的研究和应用”、“钻井井壁设计与三向应力的应用”等论文数十篇。获国家六五科学技术攻关先进个人荣誉称号。

(李啸虎)

陈新(Chen Xin)　中国浙江省人，1932年1月12日生于江苏无锡，2011年6月26日卒于同地。桥梁工程、建筑学、应用力学、工程管理。

1953年同济大学桥梁与隧道专业毕业。同年到铁道部武汉大桥局工作，中国铁路大桥勘测设计院教授级高级工程师，曾任副总工程师、总工程师等职。1995年当选为中国工程院院士。

20世纪50年代，参加武汉长江大桥设计和施工，参与主持正桥管柱钻孔基础方案的具体设计，攻关小组被武汉市政府命名为“陈新青年设计小组”荣誉称号。1959～1969年参加南京长江大桥设计与施工，其设计的水中基础施工设施长期成为中国典范，南京长江大桥工程获国家科学技术进步奖特等奖。1972～1981年参加建造九江长江大桥，先后任正桥设计组长、大桥设计组长，创造“双壁钢围堰钻孔基础”的正桥基础施工设计技术，提高了工效和安全度，简化了工序，成为桥梁深水基础设计与施工的一个突破，迅速在全国推广应用，成果先后获1978年全国科学大会奖、1981年全国优秀设计金奖等，该桥于1992年5月建成，其中正桥钢梁及基础设计、施工技术获1997年国家科学技术进步奖一等奖。1979年到赞比亚参加桥梁抢修，主持测量控制和设计工作。80～90年代及以来，主持当时中国最大跨度的天津永和斜拉桥施工方案研究；主持设计桂林雉山漓江大桥，为当时国内跨度最大的V形钢构预应力钢筋混凝土桥；主持钱塘江第二大桥设计，选址在涌潮河段基础设计施工以配合地方规划选线，首次在中国成功采用超长联的预应力连续梁技术，获国家科学技术进步奖一等奖；主持建设一系列型式多样的大、中型桥梁，尤其是发展了中国的标准斜拉桥和悬索桥设计施工技术。1994年获“中国工程设计大师”称号。(李啸虎)

殷国茂(Yin Guomao)　中国山东省人，1932年1月29日生于山东龙口。轧管工程、金属材料加工技术、企业管理。

1953年大连工学院(今大连理工大学)机械工程系毕业。后历任鞍山钢铁公司无缝钢管厂生产调度室主任、公司总轧钢司专职工程师。1958～1960年在匈牙利学习周期轧管机组生产工艺。1982～1996年先后任成都无缝钢管厂总工程师、厂长。后长任攀枝花钢铁集团成都无缝钢管有限责任公司高级工程师。兼任中国金属学会常务理事、全国钢管学术委员会主任。1995年当选为中国工程院院士。

20世纪50年代，在研制中国第一套自动轧管机组时，首创并实施用减径方法生产大直径无缝钢管新工艺、负公差控制轧制新技术。60年代，在外国专家突然撤走情况下，亲自指挥和指导生产设备安装和调试，主持建成中国第一套周期轧管机组，亲自试轧出中国第一支大口径无缝钢管。70年代，在反复测试基础上，推导出216周期轧管机轧制力性能参数的数学方程式，准确程度超过了国外文献上的有关公式，从而奠定了中国开发周期轧管机能力的坚实技术基础。70～80年代，有两项技术发明分别获得国家发明奖二等奖和三等奖；主持设计和实施11个属国内或国际一流水平的技术改建工程项目。90年代，提出并领导建成中国第一套短流程精密轧管机组工程；主持实施大直径圆坯边铸工程等多项大型技改和基建工程，在设计、制造、安装、调试方面都起到主导作用；参与研制出多种特种用途新钢种。此外，他集科学技术专家与优秀管理者于一身，把工厂建成国家一级企业，达到国家质量管理奖水平。

撰有“高强度石油钻杆生产中几个技术问题的探讨和质量控制”等论文。多次获得国家及省部级奖励，其中重载橡胶弹性安全联轴器获1985年国家发明奖。获全国首届优秀企业家等称号。(李啸虎)

赵梓森(Zhao Zisen)　中国广东省人，1932年2月4日生于上海。光纤通信工程、电气电子技术、微波电子学。

出身职员家庭。1953年毕业于交通大学电信系。1954～1974年先后任武汉电信学校教师、武汉邮电学院讲师。1974年起，历任武汉邮电科学研究院研究室副主任，激光通信研究所所长，研究院总工程师、副院长、高级顾问，教授级高级工程师。2000年起任华中理工大学教授。兼任国家光纤通信工程技术委员会主任、中国通信学会常务理事及光通信专业组主任、湖北省科学技术协会副主席、武汉“中国光谷”首席科学家等职。1995年当选为中国工程院院士。

20世纪60年代，在推导信号流图的梅森(Mason)公式时，发明了“一0法解网络”简捷解法，不需求解行列式，就可直接写出有任意个网孔的复杂无源网络的任意支路电流、电压和阻抗，受到同行专家好评。70年代后，提出中国应该发展光纤通信，而当时国际上尚未实用；主持开发中国第一根实用光纤光缆、第一套光纤通信系统，并开始实现工业生产和工程应用；先后参与主持起草国家六五、七五、八五和九五光纤通信攻关计划，正确指导了中国光纤通信的发展途径和方向；先后主持完成中国第一批实用化、具有不同传输速率的6项国家光缆通信重点工程，其中某工程获国家科学技术进步奖二等奖；负责完成当时世界上最长距离的架空光缆(京汉广)工程，使光纤通信技术在中国大面积推广应用，取得了显著社会效益和经济效益。

发表论文近百篇；出版《数字光纤通信系统原理》、《单模光纤通信系统原理》等专著逾10部。多次获国家和省部级奖励。

(李啸虎)

林永年(Lin Yongnian) 中国浙江省人,1932年2月13日生于浙江镇海。信息处理工程、信息安全工程、应用数学。

因家境清贫,少年时随父在上海当学徒。1953年上海格致中学夜校毕业。同年以同等学历考入复旦大学数学系;1954年被选送苏联学习,1960年毕业于莫斯科大学数学力学系。同年回国并于12月入伍,分配到国防科研单位工作,后任全军总参谋部第51研究所研究员。兼任中国人民解放军电子技术学院客座教授等职。1995年当选为中国工程院院士。

长期从事信息处理和信息安全技术的研究和开发,有多项重要创新成果,为发展中国国防科学技术事业作出了重要贡献。撰写100余篇研究报告和学术论文;已出版专著7部。先后获国家科学技术进步奖一等奖1项、三等奖3项,国家发明奖二等奖1项;军队科学技术进步奖一、二、三等奖各1项;1992年荣获军队一级英雄模范奖章。 (李 烨)

曾苏民(Zeng Sumin) 中国湖南省人,1932年2月14日生于湖南双峰。锻造-热轧工程、金属材料加工技术、金相学。

1950年任东北重工业部有色金属局技术员。1953～1955年在苏联乌拉尔铝加工厂实习。回国后,历任101厂(今东北轻合金有限公司)技术科工艺组组长、车间副主任、工程师。1965年毕业于新风加工厂职工业余大学本科班。1966年起,历任112厂(今西南铝业集团有限责任公司)车间主任、总工程师、高级工程师,西南师范大学材料研究所所长,兼任西南铝业集团有限责任,高级顾问,重庆工学院名誉院长。兼任重庆市科学技术协会副主席、多所高校名誉教授等职。1999年当选为中国工程院院士。

20世纪60年代,创造出“分部、高温、多次横锻”新工艺,用一万吨水压机代替三万吨水压机,生产出军用机种急需的22种特大型铝合金模锻件。70年代,创造锻造-热轧新工艺,研制出优质高镁铝合金大环、超强铝合金优质大环,用于战略武器火箭“巨浪一号”上;研制出国防急需的超宽薄铝板;研制出高强铝合金特大锻环,保证了50余次火箭成功发射;在3万吨水压机上锻造出6万吨级水压机生产的特大型精密铝合金模锻件。80年代后,研制出涡喷发动机用高难度TC11钛合金盘模锻件等,获1987年国家科学技术进步奖一等奖;研制出涡喷发动机、烟气轮机用30余种高温合金涡轮盘模锻件;建立精密模锻技术体系,获美国波音公司颁发的锻件和锻坯生产许可证;研制出火箭用大型整体锥形锻环、性能超标的高强铝合金三角锻环,成功用于数十颗卫星的发射;近年来将铝合金固溶处理的多因素相关强化技术上升为理论。

研制成功百余种新产品。获国家级科学技术奖15项,其中特等奖2项,一、二等奖6项;省部级一、二等科学技术奖10余项。 (李啸虎)

季国标(Ji Guobiao) 中国江苏省人,1932年3月1日生于江苏无锡。化纤工程、纺织科学与工程、科技管理。

1949年考入交通大学工业管理系,因院系调整,1952年毕业于华东纺织工学院染化专业。1956年后,赴民主德国学习化纤生产技术,赴日本和英国考察化纤工业。历任保定化纤厂技术室主任、南京化纤厂技术副总工程师、兰州化纤厂副总工程师、纺织部建设局副局长、仪征化纤联合公司副总经理兼总工程师、国家纺织工业部化纤局局长、国家纺织工业部副部长、中国纺织机械技术进出口公司总经理、中国纺织对外经济合作公司总经理、国家纺织工业部教授级高级工程师。兼任中国纺织总会科学技术委员会主任、中国纺织工程学会副理事长、全军总后勤部军需部技术顾问等职。1993年获联合国注册高级化纤专家资格。1994年选聘为中国工程院院士,兼农业、轻纺与环境工程学部主任。

在20世纪50～70年代,为中国最早建设的保定、南京、兰州三个先导化纤厂成功建设和投产,作出了重要贡献;作为主要技术负责人之一,组织和参加了辽化、川委、仪征等几个化纤基地的总体技术方案的拟定与实施;在仪征化纤总厂任总工程师期间,负责外事谈判、设计审查和生产筹备,确保了该厂引进设备、技术水平和产品质量均属世界水平;主持拟定中国80年代、90年代化纤工业发展总体规划,坚持用高新技术改造传统产业,积极推进纺织产业机电一体化和信息化;1985年后,倡导和主持每两年一次的中国北京国际化纤会议,为加强国际化纤科学技术交流,促进中国化纤工业发展创造了良好条件;1999年主持国家级“推进化纤新材料在相关产业领域的应用”咨询项目,经过两年调研,形成了数十万字的研究成果,内容涉及广泛领域,综合报告于2001年底呈报国务院,已成为制订中国21世纪化纤技术与产业发展战略的重要依据。 (武光明)

林尚扬(Lin Shangyang) 中国福建省人,1932年3月16日生于福建厦门。焊接工程、金属加工技术、金属学。

侨眷。1950年入伍服役。1956年退伍考上哈尔滨工业大学焊接专业,1961年毕业。到中国科学院黑龙江分院新技术物理研究所任见习研究员。1962年至今,一直在国家机械工业局哈尔滨焊接研究所工作,先后任第二研究部主任兼主任工程师、所副总工程师,教授级高级工程师。兼任国际焊接学会中国委员会主席、中国机械科学研究院科学技术委员会副主任、哈尔滨市科学技术协会主席、哈尔滨工业大学等校兼职教授等职。1995年当选为中国工程院院士。

长期进行焊接新材料、新工艺和新装备研究开发,取得多项技术突破。20世纪60年代,研制出4种低合金高强钢埋弧焊丝和电渣焊丝,标准沿用至今;研制出中国第一代超低碳不锈钢焊条。70年代,在中国首次研制出铁-锰-铝系奥氏体低温钢用焊条,焊缝金属在−253℃仍保持良好冲击韧性;研制出耐海水腐蚀钢用507型铬-镍-铜焊条;发明水下局部排水气体保护半自动焊枪与技术,使中国水下焊接技术跃进20年,跨入国际先进行列。80～90年代,发明双丝窄间隙埋弧焊方法并实现自动化，明显提高超厚焊接质量而且节时节材节能，性能优于国际同类产品；先后研制大件焊接专用的自行龙门式双头两维跟踪自动焊接机、摩托车自动焊接机群、推土机台车架弧焊机器人工作站；研究在200米水下干法焊接技术，发明新型旋流式双层气流保护焊焊枪；参加海上钻井平台、船坞码头等10多项重要水下工程焊接施工。2001年完成大功率固体激光焊接与切割技术和生产成套设备。

有发明专利多项。出版《普通低合金钢的焊接及其应用》、《焊接机器人及其应用》专著2部。获国家和省部级奖励10余项。此外获国际焊接学会2009年巴顿终身成就奖。2010年获"全国优秀科技工作者"称号

（李啸虎）

宋家树(Song Jiashu) 中国安徽省人，1932年3月21日生于湖南长沙。*核武器工程、核材料处理技术、金属物理学、科技规划。*

1949年起先后在南京大学心理学系、大连工学院应用物理系学习。1952年全国院系调整后，转入长春东北人民大学(现吉林大学)物理系学习，1954年毕业。留校任教，兼当研究生并于1958年毕业，曾任物理系金属物理教研室主任。1960年调到国家第二机械工业部(核工业部前身)北京第九研究所工作。1964年调往青海核工业基地221厂任核材料车间副主任。后历任核工业部903厂副总工程师、总工程师、教授级高级工程师，中国核工业总公司军用局总工程师，中国工程物理研究院北京工作部科学技术委员会委员、研究员。兼任亚太安全合作理事会中国委员会委员、中国科学家军控研究小组主席、中国核学会核材料分会副理事长等职。1993年当选为中国科学院学部委员(院士)。

20世纪50年代，开展合金耐热性、高速钢及合金物理性质的研究；参与创建放射性同位素实验室。60～80年代，长期从事核武器材料、部件的应用研究与工艺技术研究，曾先后获国家科学技术进步奖特等奖及多项发明奖：参与研制中国第一颗原子弹，确立特种核材料杂质控制原则，提出精炼与铸造工艺，完成对核武器关键部件的技术攻关；参与研制中国第一颗氢弹，研究和开发出热核材料部件成型工艺，成功制备出热核试验用的合格核材料部件；开展气-固相同位素交换动力学研究，发明独特方法制备材料零部件，并用于多次核试验。80～90年代，主要从事新材料、新能源、军备控制等领域宏观分析与发展战略研究，参加国家863高技术计划、军用新材料应用研究计划的编制工作。

出版《材料中的氦及氚渗透》(2002年，与他人合著)等专著。多次获奖。 （李啸虎）

朵英贤(Duo Yingxian) 中国甘肃省人，1932年3月28日生于甘肃永靖。*兵器工程、机械制造技术、兵器力学。*

1956年北京工业学院(今北京理工大学)自动武器设计专业毕业。留校在150教研室任教。1961～1973年在山西太原机械学院(后为华北工学院)120教研室任教。1973～1980年在兰州油泵油嘴厂技术科工作。1981年后，先后任中国兵器工业集团总公司208研究所副总工程师、轻武器预研专业组组长、大型武器系统计算辅助设计副总指挥、首席技术顾问，北京理工大学机电工程学院火炮、自动武器与弹药工程学科教授。兼任中国兵器工业集团总公司技术顾问、中国兵工学会常务理事及轻武器标准化委员会主任、华北工学院兼职教授等职。1999年当选为中国工程院院士。

20世纪50～60年代，主持研制成功某种型号轻重两用机枪，获1978年全国科学大会奖，后经不断改进至今仍是全军主要武器装备之一。70年代，创立螺旋弹簧最小体积设计法、小马力柴油机通用喷油器总成两项发明，获1976年甘肃省科技大会奖。80～90年代，担任总设计师研制新式5.8毫米自动步枪，性能优异，已陆续装备全军，获1997年兵器工业部科学技术进步奖特等奖、1998年国家科学技术进步奖一等奖。20世纪末以后，主要从事武器系统分析与总体设计新技术、武器智能化技术、武器新材料技术等研究。

公开发表"武器系统的现代设计方法"、"参数识别与模态综合"等论文数十篇；主编《近代兵器力学丛书》(14卷)，出版《工程中的纵向振动》、《火炮与自动武器技术》、《自动武器设计新编》(与他人合著)等专著多部，其中参与主编的《兵器工业科技词典》获1998年部级科学技术进步奖一等奖。获国家和军队科学技术成果奖多项，此外还获976工程荣誉奖、9910工程一等奖等。

（戚志东）

王越(Wang Yue) 中国江苏省人，1932年4月1日生于江苏丹阳。*军用电子工程、信息安全工程、微波电子学、工程管理与教育。*

1950年入大连工学院电讯系学习，因全国院系调整，1952年转至中国人民解放军通信学院(今西安电子科学技术大学)雷达工程系，1956年毕业。1968年前在国营786厂特殊设计所工作，曾任设计室主任。1968～1993年在中国兵器工业第206研究所工作，曾任总工程师、研究所所长。1993年～1999年任北京理工大学教授、校长，后任名誉校长。兼任全军总装备部科学技术委员会顾问，中国兵工学会副理事长。1991年当选为中国科学院学部委员(院士)。1994年选聘为中国工程院院士。

在理论研究方面，提出了电子对抗、信息安全工程系统的理论体系。担任总体主管设计师，先后组织和主持861、201、301军用电子工程系统的试验和生产，各类产品均成为中国部队的第一代电子装备；担任主管设计师负责研制302军用电子工程系统，为部队提供了第二代装备；担任总设计师主持研制成功中国第一部半导体化军用303电子工程系统；担任总设计师、行政指挥研制成功306工程系统；在703系统研制中任行政指挥。此外，重视理工大学人才培养模式的研究与改革实践，获2001年国家级高等教育教学成果一等奖。

公开发表论文百余篇。多次获奖，其中有1978年全国科学大会奖，1988年国家机电部科学技术进步奖特等奖、一等奖，1989年国家科学技术进步奖一等奖，1991年兵器工业功勋奖，1993年光华基金一等奖，1999

年何梁何利科学与技术进步奖，2001年国防科学技术进步奖一等奖等。 （李啸虎）

姚福生（Yao Fusheng） 中国上海市人，1932年4月26日生于上海，2008年7月11日卒于北京。机械与动力工程、热机设计与制造、热力学、科技管理。

1955年交通大学造船系毕业。同年赴波兰留学，1962年获格但斯克工业大学造船系博士学位。同年回国，历任上海汽轮机锅炉研究所空气动力研究室副主任，四川东方汽轮机厂总工程师、高级工程师。1984年起先后出任国家机械工业部科技司司长，国家机械工业委员会科技司司长，国家机械电子工业部科技司司长和总工程师，国家机械工业部总工程师和部科学技术委员会副主任，山东工程学院院长，山东理工大学校长，上海理工大学动力工程和能源环境研究院院长。兼任中国机械工程学会副理事长、中国电工技术学会副理事长、中国10余所大学兼职教授等职。1994年选聘为中国工程院院士，曾任机械与运载工程学部主任。

20世纪60～70年代，首次提出汽轮机扭曲叶片最佳轮周效率设计优化准则，受到中外重视；主持建成中国第一台气水比拟试验台和超音速环形叶栅风洞；首次完整提出汽轮机叶片激振力通用公式，并成功用于引进机组叶片事故处理；提出长叶片纵切成形新方法并实现计算机辅助设计。70年代，组织研制国产200兆瓦、300兆瓦等新型大汽轮机组并投运成功；提出"最佳反动度"新概念并在设计中取得预期效果。80～90年代，在汽轮机热力计算、湿蒸汽流动、平面叶栅损失计算、汽轮机旁路系统设计、刚性轮子动平衡理论等方面都有重要成果；主持柴油机余热利用研究，达到国际领先水平，获1996年国家八五重大科技攻关成果奖（甲类）；1995年主持"长江三峡水轮发电机组关键技术的基础研究"获重要进展。还从事生物质液化技术和燃料电池开发研究。

主要获奖有：1996年中国机械工程学会成就奖、1997年何梁何利科学与技术进步奖等。 （李啸虎）

陈厚群（Chen Houqun） 中国江苏省人，1932年5月3日生于江苏无锡。水利水电工程、地震工程、结构力学、工程管理。

1950年考入清华大学土木工程系。1952年留学于苏联莫斯科动力学院水电系。1958年回国，一直在中国水利水电科学研究院工作，教授级高级工程师。1981～1984年受聘任美国芝加哥哈扎工程公司结构部高级工程师，同时在伯克利加利福尼亚大学进修。此后，相继任中国水利水电科学研究院抗震防护研究所副所长、所长，院学位委员会副主席，中国科学院结构振动开放实验室主任，工程抗震研究中心主任等职。兼任国际地震烈度评定委员会常委、国际大坝委员会地震专业委员会副主席、中国建筑学会抗震防灾研究会副理事长、清华大学等校兼职教授等职。1995年当选为中国工程院院士。

先后主持和参与解决刘家峡、新丰江、枫树坝、白山、二滩、东江、小浪底、拉西瓦、小湾、三峡、溪洛渡等重大水利水电工程抗震问题；80年代初负责建立中国第一座三向六自由度大型模拟地震振动台，并先后为三峡水电工程、秦山核电厂、北京电视塔等大型工程成功进行抗震验证；和美国著名学者、中国工程院外籍院士R. W. 克劳夫教授长期合作，取得一系列国际领先的室内外试验研究成果；经常深入现场观测和调研水工震害；主持开发、改进和推广应用混凝土坝动力分析软件包；主持编制和修订中国《水工建筑物抗震设计规范》等多种规范，并完成由确定性向抗震可靠度设计的转轨。

发表论文和研究报告近百篇；合编《地震工程概论》、《水工设计手册》等著作3部。获国家和省部级奖励10余项、荣誉称号多种。此外2011年获国际大坝委员会第79届年会颁布发的荣誉奖。 （李啸虎）

翁史烈（Weng Shilie） 中国浙江省人，1932年5月21日生于浙江宁波。机械与动力工程、热机研制、工程控制论、工程热物理、高等教育管理。

祖籍浙江镇海。1952年交通大学造船系毕业。一直留校任教，动力与能源工程学院教授。1958年公派赴苏联留学，1962年获列宁格勒造船学院科学技术副博士学位。先后任上海交通大学船舶动力系主任、校长（1984～1997年）。兼任国家教育部科学技术委员会主任、中国动力工程学会理事长、上海市科学技术协会主席等职。获日本横滨国立大学、俄罗斯圣彼得堡国家海洋技术大学等校荣誉博士学位。乌克兰工程控制科学院外籍院士。1995年当选为中国工程院院士。

20世纪80年代初，成功主持对中国当时最先进的915型航空涡轮风扇发动机的多用途改型研究工程，提出切实可行、简易巧妙的风扇顶切方法，引起中外关注。1982年主持解决阿依-24航空燃气轮机振动故障排除，找到故障原因，采用13条对策综合治理，使振动故障率从1982年的11.5%降至1987年的零，获国家科学技术进步奖一等奖。80年代中期起，研制成功发动机仿真关键元件"多变量函数发生器"，填补了国内空白；在中国率先开展陶瓷涡轮机转子基础理论和技术研究，研制成功中国第一台陶瓷绝热涡轮增压复合柴油机样机。1991年主持攻关大型旋转设备状态监测与故障诊断，采用热参数仿真识别技术，建立300兆瓦大型电站汽轮机性能仿真监测管理工作站；开发出潜艇发动机隔振消声技术，获国防科学工业委员会科研成果奖一等奖。此外，成立中国首批热力涡轮机博士点和重点学科；1989年创建振动、冲击、噪声国家重点实验室；在中国率先建立热力系统数字模拟混合实时仿真工作站、并行数字实时仿真工作站。在任上海交通大学校长期间，锐意推进和深化高校教育与科研体制、机制改革，使百年名校成为中国一所居国内一流水平、有较大国际影响的大学。

发表论文百余篇；出版有《燃气轮机》、《燃气轮机性能分析》、《数模混合仿真及其应用》、《船舶动力装置仿真技术》、《燃气轮机与蒸汽轮机》等专著多部。获国家和部委级奖励10余项。1997年获美国中国工程师学会突出贡献奖。

（李啸虎）

李乐民(Li Lemin) 中国浙江省人，1932年5月28日生于浙江吴兴(今属湖州市)。通信工程、电气电子技术、微波电子学、光电子学。

1952年交通大学电机系电讯专业毕业。留校任教。因院系调整，1956年起一直在成都电讯工程学院(现成都电子科学技术大学)任教，教授，先后任信息系统研究所所长、宽带光纤传输与通信系统技术国家重点实验室主任、学术委员会主任。期间1980～1982年在美国圣迭戈加利福尼亚大学当访问学者。兼任国家教委科学技术委员会信息部成员、四川省通信学会学术工作委员会主任等职。1997年当选为中国工程院院士。

20世纪70年代，参与研制成功中国第一台载波话路用9600比特/秒高速数传机，自适应均衡关键技术达到当时世界先进水平。80～90年代，建立数字通信传输抗窄带干扰新理论，首次提出多种结构抵制窄带干扰新方法，受到中外同行好评；开发数据转接终端机，使计算机信息不经数模变换而直接上微波信道；参加组建国家重点实验室；为多项工程研制配套关键通信设备；主持开展宽带通信网和异步转移模式的理论分析和技术开发，其中140兆比特/秒数字彩色电视光纤传输系统获1985年电子工业部科学技术进步奖一等奖；开发“抗毁光纤以太局域网”、“电视与数据综合光纤传输网”等宽带通信网络关键技术，获1992年电子工业部科学技术进步奖一等奖。

发表论文200余篇；编撰出版《数字传输设备中的均衡器》(1980年)、《数字通信传输系统》等专著4部，其中《数字通信系统中的网络优化技术》(1996年，与他人合著)获电子工业部科学技术进步奖二等奖。获国家和省部级奖励20余项。

（李啸虎）

刘鸿亮(Liu Hongliang) 中国辽宁省人，1932年6月20日生于辽宁大连。水处理技术、湖泊环境工程、环境科学与工程。

1954年清华大学土木工程系给水排水工程专业毕业。留校执教，先后兼任土木与建筑工程系放射性废物处理教研室副主任、室主任、副系主任、教授兼系常务副主任。1982年后担任中国环境科学研究院副院长、院长、学术委员会主任，中国环境研究院环境委员会常务副主任等职。兼任国际湖泊环境委员会常务理事，国家环保总局科学技术顾问委员会副主任，清华大学、大连理工大学、湖南大学等校兼职教授，中国海洋大学环境科学与工程学院名誉院长，《环境科学研究》杂志主编等职。1994年选聘为中国工程院院士，并先后任农业、轻纺与环境工程学部副主任、主任。

20世纪50～60年代，参与培养中国第一代放射性三废处理的专业人才。主持“六五”、“七五”、“八五”、“九五”国家科学技术攻关课题，尤其在中国湖泊调查、湖泊环境数据库、湖泊富营养化机制、湖泊污染综合防治技术等方面做了大量研究工作，取得了多项研究成果。其中有：“六五”攻关项目中的“水环境容量”三级课题；“七五”攻关项目中的“华北氧化塘处理生活污水研究”(1986～1990年)三级课题；“八五”攻关项目中的“滇池综合防治成套技术研究”(1991～1995年)；“九五”项目中的“城市污水处理与资源化”一级课题，组织和参与“脱磷、脱氮新工艺流程”的污水处理厂工程设计；任“环境保护技术政策研究”项目顾问等。

发表论文数十篇；出版《湖泊环境营养化调查规范》等专著，《湖泊管理》、《环境系统工程》等译著10余部。多次获奖，其中有国家科学技术进步奖一、二等奖各1项，省部级科学技术进步奖一、二、三等奖各1项等；1995年获中华环境资源奖。

（李啸虎）

王仲奇(Wang Zhongqi) 中国河北省人，1932年6月29日生于河北唐县。航空航天工程、机械与动力工程、空气动力学、工程热物理。

由于姐姐王昆(著名歌唱家)的引领，不满14岁便参军，当上部队文工团小会计。1949年由晋察冀边区联合中学保送到哈尔滨工业大学预科班学习，1957年本科毕业。一直留校执教，1985年升为教授。期间，1960～1962年公派留学苏联，获莫斯科动力学院副博士学位。兼任中国工程热物理学会热机气动热力学专业委员会副主任，哈尔滨工程热物理学会副理事长等。1997年当选为中国工程院院士。

20世纪60年代初留学苏联时，首次提出一种新的发动机叶片设计方法——叶片弯扭联合气动成型，使能量损失下降30%～50%，获苏联部长会议发明与发现委员会颁发的“发明优先权证书”。根据大量的实验研究和数值计算创立的“边界层径向迁移理论”、“叶片弯扭联合气动成型理论”，被国内外同行公认为世界领先水平，并已应用于国产60万千瓦、30万千瓦和20万千瓦汽轮机、航空燃气轮机以及飞航式导弹涡喷发动机和舰船发动机上，产生了巨大经济效益和社会效益，为国防现代化作出了重要贡献。1999年初，应邀赴美国冯·卡门流体力学研究院做特邀报告。

至2000年，在国内外发表论文120余篇；出版《透平机械原理》(1988年，与他人合著)、《透平机械三元流动计算及其数学和气动力学基础》等书。研究成果分获航天部和国家教委科学技术进步奖二等奖，1993年国家自然科学奖二等奖、光华科学技术特等奖等。

（陈美查）

刘高联(Liu Gaolian) 中国江西省人，1932年7月5日生于江西奉新，2008年3月8日卒于上海。航空航天工程、机械与动力工程、工程热物理、流体力学、应用数学。

1953年交通大学机械系毕业。1957年哈尔滨工业大学涡轮机专业研究生班毕业，同年到中国科学院力学研究所工作，后任副研究员。1979～1993年执教于上海机械学院，教授、研究室主任。1993年后，先后在上海工业大学、上海大学应用数学与力学研究所任教授。兼任上海市非线性科学研究会理事长等职。1999年当选为中国科学院院士。

在吴仲华的叶轮机三维流动理论基础上，建立了以变分理论为主导的叶轮机气动力学新理论体系，在国际上自成一家，获1987年国家自然科学奖二等奖、国家机械工业部科学技术进步奖一等奖等多种奖励；系统总结流体力学变分原理的建立和变换的各种途径，在国际上率先系统建立叶轮机准三维和完全三维流动正命题、反命题的变分原理和广义变分原理族；将流体力学与最优化控制论相结合，创立三维叶栅和流道的优化设计理论；率先提出变域变分与雷诺输运定理的类比关系，发展了变域变分理论和广义有限元法，可自动捕获各种未知界面如自由面、自由尾涡面、激波和杂交命题未知壁面等；提出流体力学一系列新通用函数，可满足各类杂交命题、跨声速流动、具有自由面流动以及不定常流动等求解需要；开拓了汽轮机叶片气动-热-弹性耦合非线性理论与应用新方向；进行机翼和叶栅的多工况点反命题变分理论与有限元法研究。上述研究成果对汽轮机、燃气轮机、水轮机以及水泵、风机、风扇等机械均有重要应用前景，积极将理论成果转化为生产力，为发展国民经济服务。

发表论文百余篇；与他人合著《叶轮机械气体动力学基础》(1980年)获1988年全国高校优秀教材特等奖。 (李啸虎)

管德(Guan De) 中国北京市人，1932年7月12日(农历6月9日)生于北平(今北京)。*航空工程、飞行力学、空气动力学、工程管理。*

父亲毕业于日本陆军士官学校，曾任张作霖部中将。1952年清华大学航空学院毕业。历任沈阳飞机设计所副所长，沈阳飞机制造公司总工程师兼副总经理，国家航空工业部总工程师、部科学技术委员会主任，中国民航总局副局长，教授级高级工程师。兼任中国航空学会副理事长、北京航空航天大学等校兼职教授等职。1994年选聘为中国工程院院士。

通过歼教-1和歼-8飞机设计，建立了中国第一套可用于超音速飞机设计的气动弹性计算和试验方法；主持"高速歼击机的气动弹性分析"、"航空结构分析系统"等重要课题，分获1978年全国科学大会奖、国家科学技术进步奖二等奖；参与主持设计歼-8和歼-8Ⅱ战斗机，与苏制米格-21性能相比，总体刚度水平降低，但最大飞行马赫数和低空最大速度均有提高，歼-8飞机获国家科学技术进步奖特等奖，他是主要获奖人之一；参与主持歼-8原型机改型，研制的歼-8Ⅱ新机种变机头过气为两侧进气，全机更改率达70%以上，具有全天候拦射能力兼有对地攻击能力，由于应用系统工程方法进行管理，从设计部门发结构图开始，仅用1年5个月便实现首飞成功，大大加快了工作进度，他因而荣立航空工业部新机首飞一等功。1985年以后，因担任中国民航重要领导职务而离开了飞机设计第一线，但他仍未中断气动弹性领域的研究。

撰写出版《非定常空气动力计算》(1991年)、《飞机结构强度》(2005年)专著，主编《飞机气动弹性力学手册》等书。 (李啸虎)

刘宝琛(Liu Baochen) 中国辽宁省人，1932年7月20日生于辽宁沈阳。*采矿工程、矿山岩体力学、工程管理。*

原籍辽宁开源；满族；出身教师世家。1956年东北工学院(现东北大学)采矿系毕业。1962年获波兰科学院岩石力学研究所博士学位。回国后长期在国家冶金工业部长沙矿冶研究院工作，先后任研究室主任、副院长、院学术委员会主任等职，教授级高级工程师。后任中南大学教授。兼任国际岩层力学局委员、中国岩石力学与工程学会名誉理事长、湖南省科学技术协会副主席、湖南省岩石力学与工程学会理事长、中国矿业大学等校兼职教授等职。1994年当选为波兰科学院外籍院士。1997年当选为中国工程院院士。

20世纪60年代，创立时空统一随机介质理论和方法；提出裂隙岩石通用力学模型，形成独特的开采影响地表移动及变形的计算方法，并开发出系列微机软件；将随机介质理论应用于煤矿、金矿、铁矿和磷矿等矿山"三下"(建筑物下、河下及铁路下)开采地表保护工程，显示了重大社会效益、经济效益和工程意义；90年代及后，主持国家重点项目"时空统一随机介质理论在矿业和岩土工程中应用基础研究"、"矿产开发地下水变化对环境影响研究"，获重要进展。

发表论文近200篇；出版《煤矿地表移动的基本规律》(1965年，与廖国华合著)、《矿山岩体力学概论》(1983年)、《矿山岩石工程流变学》(1988年)和《实验断裂、损伤力学测试技术》(1994年)等专著；还与他人合译《岩石力学原理》(1989年)。获国家和省部级奖励近10项，其中有1978年全国科学大会奖、1992年辽宁省科学技术进步奖一等奖等。1994年被评为湖南省首届"科技之星"。 (李啸虎)

艾伦，F.E.(Allen，Frances Elizabeth) 美国人，1932年8月4日生于美国纽约州克林敦县帕鲁。*计算机科学与工程、软件工程、应用数学、计算机教育。*

贫穷农家的子弟，家中6个孩子从小都在农场干活。1954年获美国奥尔巴尼州立师范学院(今纽约州立大学奥尔巴尼分校)数学学士学位。1957年获密歇根大学数学硕士学位。同年成为家乡帕鲁一所高中的数学教师。不久应聘加入美国国际商用机器公司(IBM)沃森研究中心，1989年当选为IBM技术研究院第一位女性院士，1995年任该院院长，2002年退休。是美国国家工程院院士、美国文理科学院院士。先后获纽约州立大学奥尔巴尼分校、加拿大麦吉尔大学荣誉理学博士学位。

现代计算机编译器领域的最杰出女科学家之一。半个世纪以来一直从事编译器研究，包括编译器的基本原理、代码优化和并行编译等开创性工作。1980年代初，她创立IBM并行翻译研究组，该小组的工作在相关领域长期处于世界领先位置。主持开发在多个微处理器上同时运行的并行处理技术，促成了一次次革新商业编译器中的程序优化算法和技术，广泛应用于各种工业产品，使得当今的高速计算机得以运行。由于"她对于优化编译器技术的理论和实践做出的先驱性贡献，奠定了现代优化编译器和自动并行化执行的基础"，获2006

年美国计算机学会图灵奖(世界计算机界最高奖),成为第一位获得该奖的女性。图灵奖评委会主席说:"她的研究几乎影响了计算机科学发展的整个历程,使我们今天在商业和科技领域内使用的许多计算技术成为可能。"

她还在美国的情报界发挥了作用,为美国国家安全部门研发专门的编程语言和安全代码。晚年致力于鼓励女性从事计算机科学研究的教育培训项目。1997 年入选国际网络技术妇女名人堂。还获 2002 年妇女计算机协会洛夫莱斯奖。IBM 于 2000 年设立艾伦女性科技导师奖,2007 年设立艾伦博士生奖学金。 (李 烨)

蔡其巩(Cai Qigong) 中国福建省人,1932 年 8 月 23 日生于印度尼西亚泗水。*焊接工程、金属学、断裂力学、材料科学与工程、应用数学。*

印度尼西亚归国华侨,祖籍福建泉州。1956 年哈尔滨工业大学毕业。任国家冶金工业局钢铁研究总院第 13 研究室教授级高级工程师、院学术委员会委员等职。清华大学等校兼职教授。1980 年当选为中国科学院学部委员(院士)。

20 世纪 60 年代,在中国率先倡导和研究线弹性断裂力学,取得重要进展;试制成功壳体专用超高强度马氏体时效钢。70～80 年代,开展弹塑性断裂力学的基础理论和工程应用研究,在国际上率先把 J 积分理论成功应用于高应变区裂纹容限分析和应变疲劳寿命分析领域,证明了应变疲劳寿命的梅森-科芬(Manson-Coffin)关系式;证明了当时一度被认为理论上无法证明的韦尔斯-伯雷利金(Wells-Burelekin)经验公式;1978 年在第 31 届国际焊接年会上宣读"高应变区裂纹张开位移分析"论文,首次提出严格区分韧带屈服和总体屈服的理论概念,建立定量描述的公式,澄清了当时国际上在宽板断裂试验和高应区裂纹容限分析中的某些思想混乱,被列入国际有关公式演变过程的大事年表。90 年代后,参与主持研究焊接区粒状贝氏体脆断机制,获 1992 年国家教委科学技术进步奖二等奖;参与主持研究低合金钢的动态断裂机理及韧脆转变规律,获重要成果。研究成果曾获得部级科学技术进步奖一等奖以上奖励多次。 (李孙演)

彭一刚(Peng Yigang) 中国安徽省人,1932 年 9 月 3 日生于安徽合肥。*土木工程、建筑学、建筑美学。*

1953 年天津大学土木建筑系毕业。一直留校任教,教授,历任建筑设计教研室主任、建筑设计及理论研究室主任、建筑学院名誉院长等职。1995 年当选为中国科学院院士。

在建筑美学领域,从古典建筑构图到现代建筑空间组合理念、乃至当代西方建筑审美变异等,都有系统而独到的研究;开展中外历史上和现代的各种建筑流派思想理论风格的比较研究;运用当代空间理论和艺术心理学等科学方法,分析中国古代造园艺术、民居聚落等形态景观,揭示了中国传统建筑文化中哲学、美学和技术的深刻历史内涵。经他设计的建筑有:天津大学建筑馆、天津水上公园熊猫馆、山东威海市刘公岛甲午海战纪念馆、山东平度市现河公园、伦敦中国城等。其中刘公岛甲午海战纪念馆,构思巧妙、个性鲜明,深蕴历史文化内涵,尤深受社会各界和建筑界同行赞誉,获国家教育委员会优秀建筑奖一等奖、建设部优秀建筑奖二等奖、全国优秀建筑奖铜奖;天津大学建筑馆入选新中国建国 40 年来优秀设计作品。

发表论文近百篇;出版《建筑空间组合论》(1983 年)、《传统村镇聚落景观分析》(1992 年)、《建筑绘画及表现图》(1999 年)等专著 6 部,其中《中国古典园林分析》(1986 年初版,2005 年再版)获全国优秀建筑图书奖一等奖、国家教育委员会科学技术进步奖二等奖,《创意与表现》(1995 年)获中国北方十省市优秀科学技术图书奖一等奖等。获 2003 年度中国建筑师最高荣誉奖"梁思成建筑奖"。 (李 烨)

孟兆祯(Meng Zhaozhen) 中国湖北省人,1932 年 9 月 13 日生于湖北武汉。*风景园林工程、城市规划、园林美学、园林史学。*

1956 年北京农业大学毕业。一直在北京林学院(今北京林业大学)执教,北京林业大学园林学院教授。兼任中国风景园林学会副理事长、北京市人民政府园林绿化顾问组组长、北京园林学会副理事长、韩国庆熙大学设计研究院客座研究员等职。1999 年当选为中国工程院院士。

擅长将现代社会生活和植物学科内容、中国传统写意自然山水园林民族风格、地方特色巧妙地有机溶为一体,设计作品受到广泛好评。主持中外风景园林设计项目 40 余项,多次获得重要奖励。其中总体设计敦煌月牙泉,提出"建屋驱沙,掘淤通泉"的设计原则,建造一系列地方特色景点,使历史胜地焕发青春;在深圳仙湖植物园设计中,因地制宜开辟"山塘仙渡"、"曲港汇芳"等胜境,获深圳市风景园林设计奖一等奖,建设部优秀设计奖;主持设计的北京丽京花园乡离别墅园林、厦门市润景新村环境等,先后被评为林业部优秀设计一、二等奖。深入系统研究避暑山庄园林艺术,有许多精辟见解和独到之处,将深邃的中国传统园林艺术表现手法归纳为明旨、问名、相地、借景、立意、布局、理微和余韵,促进了园林理论新发展。此外,主持建立中国风景园林规划与设计学科的新教学体系,主编《园林工程》教材,奠定了中国传统园林艺术和设计的学科内容,建立该学科当时全国唯一的博士点。

发表论文数十篇;主编和参编《风景园林工程》、《中国古代建筑技术史》、《建筑设计资料集》等专著,其中《避暑山庄园林艺术理法赞》获林业部科学技术进步奖二等奖。 (李 烨)

周立伟(Zhou Liwei) 中国浙江省人,1932 年 9 月 17 日生于浙江诸暨。*光电工程、仪器研制、电子光学。*

1958 年北京工业学院(今北京理工大学)仪器系毕业。留校任教至今。1966 年获苏联列宁格勒乌里扬诺夫电工学院物理系物理数学副博士学位。同年回国,历任北京理工大学光电工程系光电成像技术教研室主任、副教授、教授、校学术委员会主任。兼任中国光学学会副理事长、中国兵工学会光学专业委员会主任等职。1992年被选为俄罗斯圣彼得堡工程院外籍院士。1997年获俄罗斯萨玛拉国立航天大学荣誉博士学位。1999年当选为中国工程院院士。2000年被选为俄罗斯联邦工程科学院外籍院士。

他建立了较为完整的宽电子束聚焦理论与系统设计体系，有些技术理论已跨入国际先进行列。20世纪70～80年代，研制成功变像管电子光学系统设计程序，获1978年全国科学大会奖；电磁聚焦同心球系统的电子光学研究，获1980年部级技术改进成果奖二等奖；建立宽电子束聚理论与设计系统，获1990年部级科学技术进步奖一等奖、1991年国家科学技术进步奖二等奖。90年代后，开发出像管优化设计及ODESI软件包，填补了国内空白，获1995年部级科学技术进步奖一等奖、1996年国家科学技术进步奖三等奖；电磁聚焦成像逆设计理论与方法研究，获1997年部级科学技术进步奖二等奖。

发表论文百余篇；出版《夜视器件的电子光学》等教材专著4部，其中《宽束电子光学》获1994年中国图书奖、1995年全国科学技术优秀图书奖一等奖等。此外获光华科技基金一等奖等多项重奖。1996年被评为全国兵器工业系统先进工作者。　（刘金龙）

余永富(Yu Yongfu)　中国河南省人，1932年9月30日生于河南南召。*选矿工程、矿山机械工程、金属学、工程管理。*

1956年中南矿物冶金学院(今中南工业大学)选矿系毕业。历任国家冶金工业部长沙矿冶研究院(前身为中国科学院冶金陶瓷研究所、冶金部长沙矿冶研究所)选矿研究室助理研究员、高级工程师、副主任、教授级高级工程师。2000年底起，任武汉理工大学资源与环境学院教授。1995年当选为中国工程院院士。

20世纪60年代初，研究稀土矿物还原焙烧后的物化性质，解决了可浮性变坏问题，为还原焙烧磁选回收铁、浮选回收稀土的技术方案奠定了基础；参与主持大冶铁矿混合型铁矿石选矿工艺研究，研制成功弱磁选矿新工艺，以及新型工业用强磁选矿机，并投入武汉钢铁厂生产，获1985年国家科学技术进步奖一等奖；提出从共生矿中提取金属铌等资源的选矿-冶金联合新工艺，获1991年国家科学技术进步奖一等奖；主持试验研究包头白云鄂博大型共生矿的铁、稀土矿物选矿，提出了独特的选矿方法，研制完成弱磁-强磁-浮选综合回收铁、稀土(铌)选矿工艺流程，一举解决了困扰当地钢铁生产长达30余年的红铁矿选矿难、稀土矿物选矿回收难的问题，获1992年冶金部科学技术进步奖特等奖，1993年国家科学技术进步奖二等奖，被列为1992年全国十大科学技术成就之一；合作完成氧化铁矿石提高精矿品位选矿新技术、新药剂研究，解决了中国贫赤(磁)铁矿选矿工艺重大关键技术难题，被中国钢铁工业协会、中国金属学会授予2003年冶金科学技术奖特等奖、2009年“全国五一劳动奖章”奖。　（兰必丰）

倪维斗(Ni Weidou)　中国浙江省人，1932年10月6日生于上海。*机械与动力工程、热能工程、工程热物理。*

1950年考入清华大学。次年公派苏联留学，1957年毕业于莫斯科包曼高等工业学院。同年回国，在清华大学任教。后来又去苏联学习，1962年获列宁格勒加里宁工学院副博士学位。回国后历任清华大学热能工程系、汽车系主任，该校副校长、校务委员会副主任，煤燃烧国家重点实验室主任，国家“攀登计划”B项目首席专家，热能工程系教授。兼任国家重点基础研究规划专家顾问组成员、中国环境与发展国际合作委员会能源组中方主席、北京市科学技术协会副主席等职。1990年获俄罗斯圣彼得堡国立技术大学荣誉科学博士。1991年被选为国际高校科学院院士。1999年当选为中国工程院院士。

发展了复杂热动力系统及其关键部件的先进建模方法，提出一系列新的控制策略和故障诊断方法；建立大型火电机组性能与振动远程在线检测与诊断系统，获重要创新成果；主持对先进燃气轮机的引进消化、二次创新和应用推广；进行航空发动机最小时间加速控制的最优化设计；在中国率先研制了燃气-蒸汽联合循环的仿真装置；进行再生能源发展研究，提出一系列合理化建议；长期参与中国能源战略和政策的制订，对能源动力领域的重大科研项目规划、立项和审批提供咨询意见；大力倡导和推进以煤气化为核心的多联产能源战略，认为是解决中国未来经济、环境和能源可持续发展的必由之路。

发表论文逾200篇；出版《燃气轮机》等著作5部。多次获奖，其中有国家科学技术进步奖二等奖，国家教委、电力部科学技术进步奖一、二等奖等。　（王　成）

斯科特，D. S.(Scott, Dana Stewart)　美国人，1932年10月11日生于美国加利福尼亚州伯克利。*计算机科学与工程、数理逻辑、自动机理论、应用数学。*

1954年获伯克利加利福尼亚大学学士学位。1958年获普林斯顿大学博士学位。先后在芝加哥大学、伯克利加利福尼亚大学、斯坦福大学、荷兰阿姆斯特丹大学、普林斯顿大学、英国牛津大学任教。1981年后，一直在卡内基-梅隆大学同时任计算机科学、数理逻辑和哲学教授。是美国文理科学院院士、美国国家科学院院士。

非确定性有限状态自动机理论、标志语义学和域论数学的开创者之一。1957年他与师兄M. O. 拉宾合作研究图灵机，共同提出了非确定性有限状态自动机(NDFSA)理论。图灵机是一种禁止往磁带上写的计算机模型，称为“有限状态自动机”(FSA)，对于具有给定指令集的机器，相同输入总是按相同的单一方式运行。斯科特和拉宾为克服这种“确定性”机器的局限，定义了“非确定性”有限状态自动机(NDFSA)，这种机器在读取到一定输入后，有一个“菜单”可供选择不同的可能计算。NDFSA 理论可以指导简化机器描述和加快解题速度。1959 年当他们在美国国际商用机器公司(IBM)杂志上公开发表论文"有限自动机及其判定问题"时,引起了计算机界极大重视。至今 NDFSA 在机器翻译、文献检索和字处理程序等领域都有重要应用。与斯特雷奇(C. Strachey)合作,在 20 世纪 60 年代提出了程序设计语言的"标志语义模型",为建立标志语义学(又称数学语义学)奠定了坚实基础。标志语义学用每一数学对象"标志"每一语言成分,使语言中每一元素既可解释为一个函数,又可解释为一个数据元素,与计算机程序的特征相吻合,后被成功用以定义 Ada 等大型程序设计语言、大型数据库和大型操作系统,还被发展成为支持程序开发的通用形式化方式。在建立标志语义学过程中,创立了"域论"这一数学分支学科,以回答语义域方程是否有数学对象作为它的一个解。此外在逻辑学的集合论、模型论、模态逻辑和直觉主义逻辑等领域,都有不同程度贡献。

获美国数学会 1972 年斯蒂尔奖、美国计算机学会 1976 年图灵奖(与拉宾分享)等。 (李 烨)

王崇愚(Wang Chongyu) 中国北京市人,1932 年 10 月 12 日生于辽宁丹东。*冶金工程、金属材料学、应用数学。*

满族,原籍北京。1950 年入北洋大学,因全国院系调整,1952～1953 年转读于清华大学机械系,1954 年北京钢铁学院(今北京科学技术大学)金属学专业毕业。在北京钢铁研究所、冶金工业部钢铁研究总院工作,历任技术员、工程师、教授级高级工程师。1999 年起任清华大学物理系教授。兼任中国高等科学技术中心成员,上海交通大学、中国科学技术大学等校兼职教授等职。1993 年当选为中国科学院学部委员(院士)。

20 世纪 50～60 年代,研究开发具有国际先进水平的军工材料;首次发现万分之一氧杂质控制着合金材料的磁性;发现微量氧具有控制合金再结晶过程及结构状态的关键作用。70～80 年代,构造了电子结构声子激发及其与宏观物质相关机制的"自协调"理论计算框架;首次提出微量杂质氧-层错复合体模型;揭示了镍基合金中杂质缺陷复合体能量和位错攀移及再结晶过程的相关机制;合作发明具有优异综合特性的含氧合金系列;建立了层错缺陷能量束集与位错运动相关的数学表式,发现缺陷体系组分选择规则,揭示其化学因素、结构因素的量子效应;在掺杂效应电子结构研究中,提出杂质-空位-杂质类晶界模型;广泛研究了硼及轻杂质在过渡金属中的电子效应,解释了微量硼增加钢淬硬性等原因;在晶界研究中,建立了电荷重新分布能量表式、原子间相互作用能量解析表式。90 年代以来,在第一原理计算与有效介质理论相结合框架下,完成对有效原子间相互作用势研究;将理论成果成功用于过渡金属(含 d 层电子体系)等缺陷体系基本性质和能量学研究。

发表论文近百篇;与他人合撰出版《离散变分方法在化学及材料物理学中的应用》等专著 3 部。获国家和省部级奖逾 10 项,其中有 1978 年全国科学大会奖 2 项,1982 年冶金部科学技术进步奖一等奖,1983 年、1988 年国家发明奖三等奖等。 (李啸虎)

姚绍福(Yao Shaofu) 中国湖南省人,1932 年 10 月 13 日生于湖南桃源,2001 年 11 月 17 日卒于北京。*导弹工程、航天工程、工程管理。*

出身农民家庭。1951 年就读于湖南大学电机系(后调整至华中工学院)。1954 年赴苏联莫斯科动力学院学习电力系统自动化,1959 年毕业。次年回国,历任国防部第五研究院三分院 701 研究所工程师、研究室副主任,第七机械工业部三院三部研究室主任、三部副主任、三院科学技术委员会副主任,航天部三院研究员、副院长、院长、科学技术委员会副主任,航天工业总公司三院科学技术委员会主任、总公司科学技术委员会副主任等职。兼任多所高等院校兼职教授。1997 年当选为中国工程院院士。

主持研制成功岸舰、空舰、舰舰 3 个系列 20 多种飞航导弹。全面主持某型导弹武器系统的研制攻关和飞行试验工作,以全部直接命中目标的优异成绩通过了设计定型试验,创造了中国飞航导弹研制史上最好记录;组织领导某型舰舰导弹技术系统的设计研制,在很短时间内使中国飞航导弹达到当时国际先进水平;全面主持某型反舰导弹总体设计工作,成功地采用多项最新高技术;主持和完成国家某重点空舰导弹武器系统设计定型飞行试验;全面负责并完成国家某重点型号导弹设计试验定型任务,其性能居国际先进水平,入选参加国庆 50 周年阅兵式;主持论证中国飞航导弹发展战略研究。

参与主编《导弹与航天丛书》飞航导弹系列(24 卷)。多次获国家和省部级奖励,其中主持的某型空舰导弹研制项目获 1987 年国家科学技术进步奖一等奖,某型反舰导弹研制获 1988 年国家科学技术进步奖特等奖,C802 岸舰导弹武器系统获 1995 年国家科学技术进步奖二等奖等。此外,获 1992 年航空航天部颁发的航天奖,1995 年航天总公司突出贡献奖一等奖等;荣立航天总公司一等功 1 次,国防科学工业委员会一等功 2 次。 (王 晋)

温诗铸(Wen Shizhu) 中国江西省人,1932 年 11 月 2 日生于江西丰城。*精密机械加工工程、润滑技术、仪器研制、摩擦学、应用数学。*

1955 年清华大学机械制造系毕业。留校任教,精密仪器与机械学系教授,历任机械设计教研室主任,摩擦学国家重点实验室主任、学术委员会副主任等职。期间1979～1981 年在英国伦敦大学帝国理工学院做访问学者。先后兼任中国机械工程学会摩擦学分会副理事长、名誉理事长等职。1999 年当选为中国科学院院士。

提出以完备数值解为基础的一系列弹性流体润滑理论;系统建立了各类弹性流体润滑的工程设计方法;导出了目前普适性最高的润滑方程;构建了工程模型的弹流润滑理论,为现代润滑设计奠定基础。开发出一系列润滑膜性能微观测量技术;从理论、实验上论证了纳米级薄膜润滑状态特征与形成机理;揭示出材料的纳米级微摩擦磨损特性;提出了弹流润滑、薄膜润滑、边界润滑三者转化关系和状态判别准则;研制成功纳米级润滑膜厚测量仪;与他人合作研制出中国首台激光检测扫描探针原子力与摩擦力两用显微镜。发展粘塑性、粘弹性流变润滑理论,揭示出润滑膜屈服与失效机理,对于高速重载机械润滑的安全设计具有重要意义;开发出一种新型功能介质(即电流变流体),在电场作用下其粘度变化指标达到国际先进水平;提出陶瓷涂层磨损机理及提高摩擦学性能的措施;建立制备金属陶瓷复合厚涂层的真空熔烧技术。

发表论文300余篇;出版著作《摩擦学原理》(1990年初版、2002年再版,与他人合著)、《弹性流体动力润滑》(1992年)、《纳米摩擦学》(1998年)、《机械学发展战略研究》(2003年)等5部。获国家级和省部级奖励15项。获2002年度何梁何利科学与技术进步奖。

(李啸虎)

杨芙清(Yang Fuqing)　中国江苏省人,1932年11月6日生于江苏无锡。计算机科学与工程、软件工程、应用数学。

1951～1952年在清华大学数学系学习,1955年北京大学数学力学系毕业。1957～1959年在苏联科学院计算中心、莫斯科大学数学力学系学习。1958年北京大学数学力学系研究生毕业。一直留校任教,后任教授,历任北京大学计算机科学技术系主任、软件工程国家工程研究中心主任、软件学院名誉院长、北京大学青鸟集团董事长等职。期间1962～1964年任苏联杜布纳联合核子物理研究所计算中心中国专家。兼任中国计算机学会副理事长、中国软件行业协会副理事长等职。1991年当选为中国科学院学部委员(院士)。丈夫王阳元教授是著名微电子专家、1995年当选为中国科学院院士。

中国计算机科学与工程著名女专家。20世纪50～60年代,在中国较早从事分析程序研究。70～80年代,主持研制了中国第一台百万次集成电路计算机DJS-11机(150机)操作系统;主持合作研制了中国第一个全部用XCY高级语言编译系统书写的DJS-200/XT2、DJS-240多道操作系统,获1985年电子工业部科学技术进步奖一等奖。80～90年代以来,主持用先进的面向对象技术研制集成化软件工程支撑环境,达到当时国际先进水平,其中:软件工程核心支撑环境 BETA-85 获1986年电子工业部科学技术进步奖一等奖;“集成化软件开发环境”(青鸟系统JB)获1996年电子工业部科学技术进步奖特等奖、1996年国家八五科学技术攻关重大成果奖,入选1995年中国电子十大科学技术成果;承担软件生产智能化技术研究,领导研制了多语言混合编程环境KM系统;研制成功多项计算机辅助企业管理信息系统;探索中国软件企业健康发展新模式。

发表论文百余篇;已出版《程序设计》、《管理程序》、《并发程序系统结构》、《操作系统结构分析》(与他人合著)等著作7部。获国家和部委级奖励10余项;此外获光华科学技术奖一等奖、1997年度何梁何利科学与技术进步奖等。

(李　烨)

萨支唐(Sah,Chih-Tang)　华裔美国人,1932年11月10日生于中国北京。半导体器件工程、电气电子工程、微波电子学。

原籍中国福建闽侯。中国物理学家、厦门大学首任校长萨本栋的儿子。1949年赴美国学习,1953年获美国伊利诺伊大学香槟分校电机工程、工程物理双学士学位。1954年、1956年先后获美国斯坦福大学电机工程硕士、博士学位。1959～1962年先后任美国仙童半导体公司高级研究员、物理部主任经理。1961～1988年任美国伊利诺伊大学电机工程与物理教授。1988年后,一直任美国佛罗里达大学工学院首席科学家、电机和电子工程系教授。兼任清华大学名誉教授。1986年当选为美国国家工程院院士,1998年当选为中国台湾“中央研究院”院士。2000年当选为中国科学院外籍院士。

长期致力于微电子学研究和半导体器件开发,在晶体管、集成电路及其可靠性研究领域有重大贡献。率先提出半导体p-n结中的电子-空穴复合理论;开发出半导体局域扩散的平面工艺,研制出半导体集成电路(MOS)场效应晶体管、互补半导体集成电路(CMOS)场效应晶体管;最早提出MOS晶体管理论模型;发明了探测半导体微量缺陷的深能级瞬态谱方法;首先发现了氢在硅中对受主杂质的钝化作用等;近期注重亚微米MOS晶体管的可靠性研究。1965～1978年世界上论文被引用次数最多的1000名科学家之一。中国改革开放以后,他是最早与中国进行科学技术合作、交流的美国科学家之一,多次到中国访问讲学、协办国际学术研讨会和指导中国研究生。

已发表论文260余篇;出版《固态电子学基础》(2003年中文版)等专著3部。多次获大奖,其中有1963年美国电子工程学会汤姆孙奖(30岁以下最佳作者奖)、1975年富兰克林学院奖及终生院士、1998年美国半导体工业协会大学研究奖等。

(李啸虎)

窦国仁(Dou Guoren)　中国辽宁省人,1932年11月16日生于辽宁北镇,2001年5月22日卒于江苏南京。水利水电工程、泥沙及河流动力学、工程管理。

满族,出身贫寒。高中毕业后被派赴苏联留学,1956年毕业于列宁格勒水运学院。回国数月后又进该校攻读研究生,1959年获副博士学位,1960年获博士学位。同年回国,一直在南京水利科学研究院工作,1983年后历任副院长、院长、名誉院长。兼任国家交通部技术顾问、清华大学等多所大学兼职教授、中国水利学会泥沙专业委员会主任、中国水利学会副理事长、中国海洋学会副理事长兼海洋工程分会理事长、国务院学位委员会水利工程学科评议组召集人、《海洋工程》主编等。1991年当选为中国科学院学部委员(院士)。

发展了泥沙基本理论并被广泛应用,在有关河流结构、泥沙起动、推移质和悬移质输沙、河床变形等方面深有造诣。提出了非恒定流不平衡输沙方程式、泥沙沉降统一公式、河流与河口河床形态方程式、河床紊流随机理论等,创立了被世界水利界誉为“窦国仁理论”的全沙物理模型和数学模型。先后主持长江葛洲坝工程、长江三峡工程、黄河小浪底工程、长江口和黄骅港等多项国家重大水利枢纽和港口航道工程中的泥沙课题研究，为确保工程顺利兴建提供了科学依据，其中主要成就有：在长江葛洲坝工程中，建立了全沙模型试验理论，解决了关键性的坝区泥沙淤积及通航水流条件问题；在三峡工程可行性论证中，查明了三峡工程变动回水区泥沙淤积及其对航运和洪水位的影响，解决了长江泥沙模型试验难题；在黄河小浪底工程中，研究了高浓度泥沙模型试验，解决了淤堵问题和防止淤堵措施。

发表论文120余篇，提出工程科研报告百余篇，出版有《窦国仁论文集》(2003年)；著有《紊流力学》(上册1981年，下册1987年)等专著。获10余次国家和省部级奖励，其中有：1978年全国科学大会奖、1985年国家科学技术进步奖特等奖、1987年国家自然科学奖二等奖、1992年交通部科学技术进步奖一等奖、1995年水利部科学技术进步奖一等奖等。 (沙治银)

王永志(Wang Yongzhi) 中国辽宁省人，1932年11月17日生于辽宁昌图。航天工程、运载火箭技术、空间科学、工程管理。

农民家庭出身。1952年考入清华大学航空系，翌年选送北京外国语学院留苏预备部学习俄语。1955年就读于苏联莫斯科航空学院飞行器设计系飞机设计专业，三年级改学导弹设计专业，1961年毕业获工程师职称。同年回国。历任中国运载火箭技术研究院总体设计部总体设计室主任、总体设计部副主任、主任，中国运载火箭技术研究院副院长，1986年出任院长；先后任洲际火箭副总设计师、第二代液体战略火箭总设计师、固体战略火箭和地地战术火箭总设计师和研制总指挥、“长征2号”系列运载火箭总设计师。1992年后，长任载人航天工程总设计师。兼任国家航空航天部科学技术委员会副主任、中国航天工业总公司科学技术委员会副主任等职。1992年当选为国际宇航科学院院士、俄罗斯宇航科学院外籍院士。1994年选聘为中国工程院院士。

20世纪60～70年代，参加中国第一代战略火箭研制，为增大中近程、中程和洲际火箭射程，提高实用性能，解决了大量技术问题。80年代，主持对原有洲际火箭技术加以改进，仅用18个月就研制完成第二代战略火箭“长征2号E”大推力捆绑火箭(简称“长二捆”)，使中国火箭近地轨道运载能力实现了巨大突破，国际同行为之震惊。90年代以来，研制“长征2号F”型火箭，首次采用故障检测系统、逃逸系统等55项新技术，火箭全长58.3米，起飞重量479.8吨，可靠性指标达到0.97，航天员安全性指标达到0.997，是当时中国最长与最重、可靠性与安全性最高的运载火箭，达到国际先进水平；主持研制“神舟”号系列飞船，坚持技术创新，一步跨越了美国和苏联40年发展历程，缩短了中国与航天先进国家的差距。1999～2003年，中国先后成功发射4艘无人飞船和一艘载人飞船，突破了载人飞船再入升力控制、应急救生、软着陆、故障诊断、舱段间分离、防热等10余项关键技术。1999年11月20日成功发射中国第一艘试验飞船“神舟1号”，实现零的突破；2003年10月16日，航天员杨利伟乘坐的“神舟5号”实现了中国首次载人航天飞行的历史性突破。中国“神舟5号”属国际第三代载人飞船，由推进舱、返回舱、轨道舱和附加段构成，返回舱直径2.5米，可容纳3名航天员，轨道舱兼具生活舱和留轨试验舱等多种功能，既能留轨作为卫星对地观测数月，又能作为未来空间交会对接的一个飞行器。

出版有《同步通信卫星的发射》等专著。获国家科学技术进步奖特等奖1项、一等奖2项，部委级奖励多项，1998年何梁何利科学与技术进步奖，2003年国家最高科学技术奖等。为表彰他的杰出贡献，经国际组织审核批准，国际编号第46669号小行星命名为“王永志星”。 (陈美查)

徐旭常(Xu Xuchang) 中国江苏省人，1932年11月29日生于江苏常州，2011年3月18日卒于北京。热能工程、洁净煤工程、工程热物理、环境科学。

1953年东北工学院蒸汽动力专业毕业。1956年清华大学动力系研究生班毕业。一直留校任教。其间1954～1956年在哈尔滨工业大学动力系进修。先后任清华大学动力系助教、讲师，热能工程系副教授、教授，煤的清洁燃烧技术国家重点实验室学术委员会副主任等职。兼任国际燃烧学会中国分会主任、中国工程热物理学会常务理事及燃烧分会主任、煤炭工业局洁净煤工程技术中心顾问、东南大学洁净煤发电及燃烧技术教育部重点实验室主任等职。1995年当选为中国工程院院士。

从中国实际状况和需要出发，发明旋流式煤粉预燃室燃烧器，获1984年国家发明奖三等奖；1985年发明新型火焰稳定船式煤粉燃烧器，可用于大型电站煤粉锅炉，先后获中国、德国、英国发明专利，1989年获国家发明奖二等奖、联合国世界知识产权组织和中国专利局联合颁发的发明创造金奖；通过实验验证和数值模拟分析，创立煤粉火焰稳定原理的“三高区”原理；提出反应性气固两相流的颗粒随机轨道模拟统计方法，以及火焰辐射传热的概率模拟方法；20世纪90年代后，主持完成中国、日本、美国联合课题“多功能烟气脱硫技术研究”；主持完成国家重要子项目煤粉燃烧有害产物生成机理及污染控制研究。

发表论文近百篇；出版《燃烧学》(2卷，1964年)、《沸腾燃烧锅炉》(1972年)、《锅炉原理及计算》(1979年)、《燃烧过程数值计算》(1986年)、《燃烧理论和燃烧设备》(1990年)等专著。先后获国家和省部级奖励近20项。1996年获何梁何利科学与技术进步奖。

(李啸虎)

董石麟(Dong Shilin) 中国浙江省人，1932年12月10日生于浙江杭州。土木工程、结构工程、空间结构学、应用力学、工程管理。

11岁丧父，家境贫寒。1951年考入交通大学土木工程系，1952年院系调整至同济大学结构工程系，1955年毕业。1960年获苏联莫斯科建工学院技术科学副博士学位。同年回国后，在江苏省建筑勘察设计院工作2年。1962年到中国建筑科学研究院工作，高级工程师，曾任研究室主任等职。1985年调入浙江大学土木工程系，先后任结构工程研究所所长、建筑工程学院院长兼空间结构研究中心主任。1999年起任上海交通大学空间结构研究中心主任，建筑工程与力学学院教授。兼任中国土木工程学会空间结构委员会副主任、中国钢结构协会空间结构协会副理事长、《空间结构》杂志主编等职。1997年当选为中国工程院院士。

长期从事大跨度空间结构研究，尤其在薄壳、网架、网壳、塔桅、升板等结构方面深有造诣。首次建立了大跨度网架屋盖结构拟夹层板法计算理论、方法与图表；创建了计算蜂窝形三角锥网架的“下弦内力法”；首次提出组合网壳结构拟三层壳计算理论和方法；首次建立组合网架结构的工程应用理论和计算公式；开发出多层大跨建筑组合网架“楼套楼”成套设计施工技术；1994年在中国率先研制出空间网格计算机辅助设计系统(MSTCAD)软件；主持空间网格结构稳定性、极限承载力及其合理形体研究；主持新型空间结构强度、稳定性和动力特性研究。其研究成果在中外重大工程应用中获显著成效，其中主要有首都体育馆、325米高北京大气污染监测塔、新乡百货大楼、天荒坪抽水蓄能电站主厂房、巴基斯坦伊斯兰堡体育馆、马里会议大厦等，建筑覆盖总面积达200多万平方米。此外，主持编制出版中国建筑业《钢筋混凝土升板结构技术规范》(1990年)、《网架结构设计与施工规程》(1991年)等。

发表论文近200篇；主编或与他人合撰《组合网架结构与空腹网架结构》(1992年)、《空间网格结构分析理论与计算方法》(2000年)等专著、教材、论文集10多部。获国家和省部级奖励15项，其中1978年全国科学大会奖4项。 (王艺衡)

钱鸣高(Qian Minggao) 中国江苏省人，1932年12月11日生于江苏无锡。*采矿工程、岩石力学、工程管理。*

1954年东北工学院采矿工程系毕业。1957年北京矿业学院(今中国矿业大学)采矿工程系研究生毕业。留校执教，历任采矿系矿山压力实验室主任，矿山压力研究室主任，采矿系主任，中国矿业大学教授。兼任煤炭工业部矿山压力中心站站长、国际岩层力学局成员、《矿山压力与顶板管理》杂志主编等职。1995年当选为中国工程院院士。

坚持在矿区第一线开展采矿工程研究与实践，创立了以采场上覆岩层活动规律、支架-围岩系统监控原理为核心的工程理论体系。他提出的采场上覆岩层的“砌体梁平衡假说”、老顶岩层破断规律及在岩体中引起扰动的理论，在国内外有很大影响。研究了以四周为弹性基础“坚硬岩层板”的破断规律、破断后岩块相互咬合再次形成新结构的特性与稳定性，开发完成了集“围岩运动预测、支架选型设计和采场矿压监控”为一体的实用工程技术体系，解决了中国许多矿区工作面低产、冒顶危险等采矿工程难题，取得了巨大的经济和社会效益，并被外国同行所引用。

发表论文百余篇；出版著作10部，其中《矿山压力及其控制》、《采煤学》获国家教委高等学校优秀教材奖，《中国煤矿采场围岩控制》获第七届全国优秀科技图书二等奖。获国家级与省部级奖近20项。1994年获中国科学技术发展基金能源大奖。 (朱妙其)

阮可强(Ruan Keqiang) 中国浙江省人，1932年12月19日生于上海。*核动力工程、核反应堆工程、核安全技术、工程核物理。*

1950年在清华大学机械工程系学习。1951年赴苏联喀山化工学院机械系学习，1956年和1958年先后毕业于莫斯科化工机械学院机械系、莫斯科动力学院核动力系。毕业回国后，任国家第二机械工业部二局工程师。1963年到中国科学院原子能研究所工作，历任反应堆物理研究室研究员兼主任，反应堆工程研究所科学技术委员会主任，中国原子能科学研究院科学技术委员会副主任。兼任中国核工业总公司(原核工业部)临界安全组组长、中国核学会副理事长、《核科学与工程》杂志主编等职。1995年当选为中国工程院院士。

中国国家高科技计划(863)能源领域首席科学家。参与中国第一艘核潜艇的设计制造，主持舰船核动力反应堆(压水堆)的物理计算，建立堆芯热中子空间能量分布的计算程序与方法，求得精确数据，获1978年全国科学大会奖；负责完成中国第一座快中子零功率堆的建堆和物理启动；领导完成重水、铀溶液和铍反射铀水等零功率堆的建造、物理启动和实验研究；参与主持研制成功微型反应堆，该项目获1986年国家科学技术进步奖一等奖；参与负责中国核设施的临界安全设计和审查，解决了核工业界10多个重要工厂设计、投产和运行中大量安全问题，其中包括铀同位素分离、核燃料后处理、燃料元件制造、铀钚冶炼加工等环节的安全问题与对策；近年来，参与主持建成10兆瓦高温气冷实验堆、快中子实验堆等具有国际先进水平的反应堆，并在聚变-裂变混合堆技术研究上有重要进展。

公开发表的论文有“反应堆时空动力学的一个新方程”、“中子碰撞几率方法及其应用”等数十篇；出版专著《核临界安全》(2005年)等。 (胡 斌)

柯伟(Ke Wei) 中国浙江省人，1932年12月30日生于辽宁沈阳。*金属腐蚀控制工程、金属材料学、工业装置维护。*

1957年北京钢铁学院(今北京科学技术大学)金属学及热处理专业毕业。长期在中国科学院金属研究所工作。1979～1982年在英国国家物理实验室访问进修。1983年后，历任中国科学院金属研究所疲劳断裂研究室主任，金属腐蚀与防护研究所研究员、所长、学术委员会主任。兼任国家金属腐蚀控制工程技术研究中心管理委员会主任，中国石油化工总公司设备防腐蚀中心顾问委员会副主任，中国腐蚀与防护学会副理事长，国际腐蚀理事会理事，中国《金属腐蚀控制》杂志主编，北京科学技术大学等高校客座教授。1997年当选为中国工程院院士。

长期从事高温合金的蠕变、疲劳、腐蚀等材料失效与保护研究。首创喷丸与氩气联合处理新工艺，解决了航空发动机叶片高温合金特大晶粒难题，明显提高了材料抗蠕变与疲劳的综合性能，取得了重大经济效益；提出疲劳预形变诱发蠕变空穴模型，发展了蠕变与疲劳交互作用理论；开拓了中国较为薄弱的腐蚀疲劳领域，发展了局部化形变与腐蚀交互作用的实验和理论；完成多项耐蚀合金开发、失效分析与寿命评估工作，在海洋开发和石油化工等应用中推广了新型耐蚀合金和涂料；多次担任重要国际合作的中方负责人，其中有欧洲尤利卡计划“工业装置维护中的腐蚀失效方法”项目。

至2002年，发表论文140余篇。获国家和省部级奖励10多项，其中“歼8、歼7所用发动机配套的多孔气冷一级涡轮叶片的研究与推广”课题，获1985年国家科学技术进步奖一等奖。（吴秋轩）

戴汝为(Dai Ruwei) 中国云南省人，1932年12月31日生于云南昆明。*自动控制、人工智能、工程控制论、应用数学。*

1955年北京大学数学力学系毕业。分配到中国科学院力学研究所工作。1980～1982年任美国普渡大学电机系访问学者。历任中国科学院自动化研究所研究员、复杂系统与智能科学重点实验室学术委员会主任、智能系统研究部主任，汕头大学工程学院电子工程系教授。兼任国际句法模式识别委员会委员、中国自动化学会理事长、清华大学智能技术与系统国家重点实验室学术委员会主任、《模式识别与人工智能》杂志主编等职。1991年当选为中国科学院学部委员(院士)，兼任技术科学学部副主任。

中国国家攀登计划认知科学项目首席科学家。20世纪50年代开始从事工程控制论与最优控制研究，攻克快速控制的计算难题；70年代至80年代初，率先在中国提出并进行模式识别学科的研究，把统计模式识别与句法模式识别相结合，提出了新的语意、句法模式识别方法。80年代中期在知识工程中开展人工神经网络应用研究，用人工神经网络通过学习进行模式识别、联想记忆和形象思维，提供了模式描述与知识表达的统一模型，并进一步提出了知识系统设计。90年代后，进行智能控制及手写汉字识别的开发工作，获2001年国家科学技术进步奖一等奖；与钱学森院士等人合作，在某些前沿领域进行交叉学科综合研究。

发表学术论文200余篇；出版《智能系统的综合集成》等专著5部；主编的《智能自动化丛书》获2000年国家科学技术图书奖。还获中国科学院自然科学奖一等奖1项、科学技术进步奖二等奖2项，航天工业总公司1997年科学技术进步奖一等奖等。（胡占华）

傅熹年(Fu Xinian) 中国四川省人，1933年1月2日生于北京。*建筑史学、城市规划、书画文物鉴定。*

原籍四川江安。1955年清华大学建筑系毕业。曾在原国家建筑工业部研究中国建筑史。后任国家建设部中国建筑技术研究院建筑历史研究所高级建筑师、研究员。兼任国家建设部科学技术委员会委员，国家古籍整理出版规划小组成员、国家文物鉴定委员会常委，清华大学等校兼职教授等职。1994年选聘为中国工程院院士，后兼任土木、水利与建筑工程学部副主任。

20世纪50～60年代，先后作为梁思成、刘敦桢教授助手从事中国近代和古代建筑史研究。以后重点研究中国古代城市规划、大建筑群布局、单体建筑建造的设计方法及规则。他的研究表明，迟至南北朝起就存在一个运用模数进行规划和建筑设计的体系，延用和发展了千余年，具有颇高的科学性和实用性；初步揭示出其中的一系列基本模数：古代城市以宫城、里坊为模数，大建筑群以主院落为模数，单体建筑以所用材和柱高为模数；发现古代人运用扩大模数来控制规划尺度和建筑比例，宫殿、坛庙等大型建筑规划时用标准方格网控制并把主体置于几何中心等设计方法；通过研究日本9世纪前仿中国的建筑间接探究中国南北朝隋唐时建筑设计中运用模数的定则；利用已掌握的模数定则对西周、战国、唐宋金元一系列已湮灭的重要古建筑进行复原研究，其中复原的唐代含元殿已在日本奈良重建。

此外，还是当代中国享有盛誉的古代书画鉴定家，业余从事古籍版本目录学、古代玉雕艺术和中国古代书画史研究，1983年成为全国书画鉴定组专家。

发表论文数十篇；编撰有文集《傅熹年书画鉴定集》、专著《中国古代城市规划、建筑群布局及建筑设计方法研究》(2001年)等多部，参与主编《中国古代建筑史·三国两晋南北朝隋唐五代建筑史》(2001年)、《中国美术全集·绘画编》等大型丛书。（江冬妮）

干福熹(Gan Fuxi) 中国浙江省人，1933年1月3日生于浙江杭州。*光学工程、玻璃材料工程、激光技术、非晶态固体物理、应用光学。*

1952年浙江大学化学工程系毕业，到长春中国科学院仪器馆(中国科学院长春光学精密机械研究所前身)工作。1956年赴苏联列宁格勒(今圣彼得堡)留学，1959年获苏联科学院硅酸盐化学研究所副博士学位。1960年回国后，历任长春光学精密机械研究所材料研究室主任、副研究员，上海光学精密机械研究所激光材料研究室研究员兼主任、所长。兼任中国科学院上海分院副院长、上海市科学技术协会副主席、中国硅酸盐学会副理事长、中国光学学会副理事长。1980年当选为中国科学院学部委员(院士)。1993年当选为第三世界科学院院士。

其学术成就大体可分为三个阶段。1952～1962年，从事光学玻璃的研制，建立有关的计算体系。其中1953年，在龚祖同的指导下，成功地熔制出中国第一块光学玻璃，此后又生产出多种品牌的光学玻璃。后来在苏联学习期间，发展了他的导师阿本(A. A. Аппен)的计算体系，建立了各种无机玻璃15种物理性质的计算体系，被同行命名为干-阿本计算体系。1962～1982年，从事激光玻璃的研制，是中国激光技术的开拓者之一。1962年他研制出掺钕硅酸盐的激光玻璃，在国内第一个获得激光输出。此后开展了无机玻璃中稀土离子光谱的研究，提高了激光玻璃的性能，开拓了激光玻璃的新品种，使中国掺钕激光玻璃形成了产品系列。1982年以后，主要从事红外光纤通信和光碟用光电信息材料和光电子技术的研究。还研究光存储用各种先进薄膜，开发出可擦重写新型光碟。

已发表论文近200篇。著有《光学玻璃》(1964年初版；1985年再版)、《硅酸盐玻璃物理性质及其计算方法》(1966年)、《无机玻璃物理性质计算和成分设计》(1981年)和《玻璃的光学和光谱性质》(英文版)等。曾获国家自然科学奖三等奖、全国优秀科学技术图书特等奖、1981年中国科学院科学技术进步奖一等奖、1997年何梁何利科学与技术进步奖等多种奖励。（孙晓芳）

阮雪榆(Ruan Xueyu) 中国广东省人，1933年1月6日生于上海。模具制造与塑性成型工程、冷挤压加工技术、材料科学。

1953年交通大学机械工程系毕业。一直留校任教，后任教授。历任上海模具技术研究所所长兼总工程师，上海交通大学塑性成形工程系主任，国家模具计算机辅助设计工程研究中心主任等职。兼任国际环境保护与制造委员会常务委员、中国锻压学会理事长、上海科学技术协会副理事长等职。1994年当选为中国工程院院士。

主要学术成果：首先研究成功中国黑色金属冷挤压技术；在国际上首先提出冷挤压许用变形程度理论，为建立中国冷挤压工艺理论体系作出重要贡献；将冷挤压新技术应用于轻工、机械、航空、兵器等生产领域，先后研制成功各种黑色金属不锈钢、合金钢、高温合金等材料的冷挤压和温热挤压工艺40余项，大幅度节约原材料，成十倍至数百倍地提高了劳动生产率，“冷挤压技术”成果获1978年全国科学大会奖；以模具为载体和切入点，应用“系统集成”卓有成效地实施和应用先进制造技术；在中国率先将计算机辅助设计与辅助制造、数值模拟和人工智能等技术引入塑性加工和模具制造领域；成功完成模锻过程反向模拟，注塑内高分子流变数值模拟、温度场模拟、三维造型模腔加工等前沿课题；在国际上首次研究成功集多域、动态、随机、集成和智能为一体的智能注塑模设计系统，受到中外专家高度评价。

先后完成研究成果500余项，成果转移和技术服务覆盖中国内地以及美国、日本、德国、瑞士、澳大利亚等国，涉及10多个行业，400多家企业。发表论文近200篇；出版《冷挤压技术》(1963年)、《冷挤压新工艺》、《冷挤压工艺及模具图册》等专著多部。获国家和省部级奖励10余项。（李孙演）

沈绪榜(Shen Xubang) 中国湖南省人，1933年1月生于湖南临澧。计算机科学与工程、运载火箭与航天工程、计算机应用、微电子学。

1953年入武汉大学数学系学习；1957年毕业于北京大学数学力学系。历任中国科学院计算技术研究所助理研究员，国家航天工业部(后改名中国航天工业总公司)第九研究院771研究所(骊山微电子技术研究所)副研究员、副总工程师、副所长、科学技术委员会主任，研究员。兼任中国宇航学会理事、中国计算机学会微机专业委员会副主任等职。1997年当选为中国科学院院士。

先后主持中国第一台采用晶体管逻辑电路的国产弹载计算机、第一台国产中规模集成电路弹载计算机、第一台国产大规模集成电路微计算机的设计与研制；参与主持运载火箭计算机的总体逻辑程序设计，成果获1985年国家科学技术进步奖特等奖；完成设计和研制数字信号处理计算机运算逻辑部件，获1988年国家科学技术进步奖三等奖；研制成功航天专用超大规模集成电路的32位定点精简指令集算法(RISC)微处理芯片，获1996年中国航天工业总公司科学技术进步奖一等奖、1997年国家科学技术进步奖三等奖；研究大规模并行处理系统(MPP)嵌入式计算机与系统测试新方法，研制3.2亿次MPP微处理元芯片、浮点32位RISC微处理器芯片及其计算机等。

撰有“回测控制策略的并行实现”、“芯片结构的自底向上选择”等论文近百篇；出版有《数字信号处理计算机》、《RISC及后编译技术》等专著。（兰森林）

沈珠江(Shen Zhujiang) 中国浙江省人，1933年1月25日生于浙江慈溪，2006年10月2日卒于北京。水利水电工程、结构工程、岩土力学。

1950～1952年在交通大学水利系学习，因院校调整于1953年华东水利学院(今河海大学)毕业。1953～1955年在南京水利实验处(今南京水利科学研究院)工作。1960年获苏联莫斯科建筑工程学院副博士学位。同年回国，一直供职于南京水利科学研究所(后称南京水利科学研究院)，先后任工程师、高级工程师。1992年起任《岩土工程学报》主编。1995年当选为中国科学院院士。

20世纪60年代初，他在综合苏联的静力分析理论和美国的运动分析理论基础上，建立土体极限分析理论，证明了两个极限分析原理；提出软土地基稳定分析的有效固结应力法，并应用于多座码头破坏析因研究、中国第一座海洋钻井船研制等重要项目。70年代，在中国最早开发固结理论有限元分析方法和计算程序，应用于大量软土工程计算；把国外的地震反应一维有效应力法推广到二维问题，建立相应的等价粘弹性模型并编制了计算程序，已广泛用于土坝、尾矿坝抗震分析。80年代后，开发多个有限元分析软件，主持并参与云南鲁布革、黄河小浪底、长江三峡围堰等20余座大型高土石坝工程设计计算；率先把损伤力学引入土力学中，建立可描述土体逐渐破坏过程的双弹簧模型。90年代，提出多重屈服面、等价应力硬化理论和三剪切角破坏准则等新概念，建立非饱和土广义固结理论和土体弹塑性本构模型，获水利部1996年科学技术进步奖一等奖；提出折减吸力和广义吸力等新概念，建立非饱和土统一变形理论；提出散粒体模型、复合体模型和砌块体模型等三类结构性模型，并在砂土液化理论和逐渐破坏理论方面进行新探索。

发表论文百余篇；撰写《计算土力学》等专著。获国家和部委级科学技术进步奖多项。（朱　晟）

柳百成（Liu Baicheng）　中国江苏省人，1933 年 2 月 11 日生于中国上海。*材料加工工程、先进铸造技术、金相学、机械工程学。*

原籍江苏常州。1955 年清华大学毕业后留校机械工程系任教，后任教授，先进铸造技术研究发展中心主任。1978～1981 年在美国威斯康星大学、马萨诸塞理工学院做访问学者。1985 年再次赴美国进行高等工程教育和材料学科考察。兼任国家自然科学基金委员会学科评审组成员、全国高等工业学校铸造专业教学指导委员会主任，中国机械工程学会铸造分会名誉理事、北京市铸造学会副理事长，《清华大学学报》(中、英文版)主编等职。1999 年当选为中国工程院院士。

在中国率先采用扫描电镜、电子探针、俄歇谱仪等先进测试与实验手段研究铸铁结晶凝团过程，揭示了铸铁中各种石墨形态的结构、生长特征及其规律；在中国率先提出用型内孕育、含铋复合孕育等工艺生产球墨铸铁，并研制成功新一代灰铁、球铁型内孕育块，大幅节省能源和降低成本；1984 年代表中国参加制订球墨铸铁国际标准，并负责制订中国球墨铸铁国家标准；在中国较早提出传统铸造业信息化发展思路，努力开拓多学科模拟仿真铸造过程新领域，90 年代完成"大型铸锻件模拟技术及质量控制研究"、"并行工程环境下铸造 CAD/CAE"等国家重点项目，成果推广后取得显著经济与社会效益。

获国家发明专利 2 项；发表论文 200 余篇(其中英文近百篇)；出版《铸造工程的模拟仿真与质量控制》(2001 年)等著作 3 部。成果获奖 10 余项，其中国家教育部科学技术进步奖一等奖 2 项、部委级二等奖 4 项；此外，获 1981 年美国铸造学会杰出论文奖，1993 年美国密歇根州州长颁发的特殊表彰奖状，1995 年第四届光华工程科学技术奖等。（田玉冬）

郭仲衡（Guo Zhongheng）　中国广东省人，1933 年 3 月 2 日生于广东广州，1993 年 9 月 22 日卒于北京。*材料科学与工程、工程力学、应用数学。*

原籍广东中山。1951 年考入清华大学航空学院。1953 年被选拔赴波兰留学，1960 年获波兰华沙工业大学工业工程系硕士学位，1963 年获波兰科学院基础技术问题研究所博士学位。同年回国，在北京大学数学力学系任教，1979 年晋升教授，后任应用数学教研室主任。1979～1992 年任德国鲁尔大学、美国约翰斯·霍普金斯大学等 8 所大学客座教授。兼任中国力学学会理性力学与力学中数学方法专业委员会主任等职。1988 年当选为波兰科学院外籍院士。1991 年当选为中国科学院学部委员(院士)。

20 世纪 60 年代，在中国率先在弹性力学和非线性弹性理论中推广张量方法。70～80 年代，在中国首次以理性力学观点系统介绍有限变形和非线性弹性；首创两点张量抽象记法；在连续介质力学中率先使用李导数；得到非线性弹性动力学现存 3 个精确解中的 2 个；解决了 3 个本构基本量的正确定义及内蕴表达，给出的伸缩张量率被国际上称为"郭氏速率定理"；提出了有限变形论的"主轴内蕴法"(简称 π 方法)等。此外研究应用力学，建立开口和闭口薄壁杆件的统一理论；提出一种可直接在坐标镗床上一次性加工靠模的方法，使内燃机等的凸轮精度提高数倍。

发表论文百余篇；有《非线性弹性理论》(1980 年)和《张量》(1988 年)等专著、译著 6 部。获 1962 年波兰科学院一等学术奖、1978 年全国科学大会奖、1986 年国家教委科学技术进步奖二等奖、1987 年国家自然科学奖三等奖等。（蒋　睿）

刘兴洲（Liu Xingzhou）　中国天津市人，1933 年 3 月 17 日生于天津市。*机械与动力工程、航空航天工程、热机研制、气体动力学。*

1951 年考入清华大学航空学院学习，1952 年转入北京航空学院发动机系，1956 年毕业。同年到国防部第五研究院空气动力研究所工作，1957 年任工程组长。1961～1965 年留学苏联莫斯科茹科夫斯基空军学院，获副博士学位。回国后，历任航天工业总公司第三研究院第 31 研究所研究员、副所长、总工程师、所科学技术委员会主任，院科学技术委员会常委，航天科学工业集团科学技术顾问。兼任国家高技术研究发展计划(863)航天技术领域专家委员会委员、南京航空航天大学兼职教授、《推进技术》杂志主编等职。1995 年当选为中国工程院院士。

主持研制成功多种冲压发动机，其中低空超音速Ⅱ型、Ⅲ型冲压发动机达到国际先进水平，研究成果均获国家航天部科学技术进步奖一等奖，"低空超音速系列冲压发动机技术"获国家科学技术进步奖一等奖；攻克低温启动、火焰稳定器烧蚀、燃烧率提高等关键技术，研制成功 CF-06 发动机；解决发动机快速起动等技术难题，研制成功 CF-03D 发动机；主持机弹一体化冲压发动机燃烧室试验、超音速燃烧实验研究；参与主持将冲压发动机成功地配置于超音速飞航导弹等军事装备；参与载人航天工程的可行性论证和开发天地往返运输系统。

公开发表有"超音速冲压发动机的试验研究"、"燃烧室内不良流线体挂火问题的研究"、"冲压发动机在中国的发展"等论文。（侯伯勤）

时铭显（Shi Mingxian）　中国江苏省人，1933 年 4 月 26 日生于江苏常熟，2009 年 9 月 24 日卒于北京。*炼油工程、化工机械。*

1952 年南京大学化工系毕业。同年入清华大学化工系攻读研究生，1953 年院系调整转入北京石油学院(今北京石油大学)机械系并于 1956 年研究生毕业。留校任教，先后任炼厂机械教研室副主任、气固分离研究室主任、机械系副主任、教授。兼任中国石油天然气总公司联合应用化学与化学工程研究所石油大学分部所长等职。1995 年当选为中国工程院院士。

20世纪70年代，研制成功天然气干式除尘器，在四川各输气站推广应用。80年代后，一直致力于高温气固分离技术研究，完成多项国际先进水平的工业实用成果：系统研究不同结构尺寸的旋风分离器内三维湍流场与浓度场，首次全面总结结构参数对流场影响的规律，提出二次尘源等新观点；首创旋风分离器结构尺寸分类优化设计原理与方法，构建催化裂化旋风分离器的设计技术体系；开发出新型高效PV型旋风分离器，使催化剂损耗大幅度下降，广泛应用于大型催化裂化装置，经济效益显著，获1991年国家科学技术进步奖二等奖；研制出新型高效旋风管获国家发明专利，其立管式、卧管式多管旋风分离器已用于全国所有的催化裂化装置，效益显著；发明可在800℃下基本除净8微米微粒的新装置，除尘效果优于国外同类装置；研制成气固块分及油气快速引出技术，在炼油催化裂化装置中推广应用，有重要经济效益。

拥有国家专利多项；发表论文百余篇；参与编写出版《化学工程手册》(1996年第2版)等。获国家和省部级奖励多项。 (李啸虎)

林宗虎(Lin Zonghu) 中国浙江省人，1933年5月13日生于浙江吴兴(今属湖州市)。热能工程、工程流体力学、工程热力学。

祖籍福建福州，出身高级职员家庭。1951年考入交通大学，1957年该校锅炉专业研究生毕业。后一直在西安交通大学任教，热能工程系教授。1980～1982年在美国迈阿密大学做访问教授。兼任中国电机工程学会锅炉专业委员会副主任、美国《国际工程流体力学》期刊国际顾问等职。1995年当选为中国工程院院士。

在热能、核电、石化等工程的气液两相流和传热学科领域取得多方面开创性成果。在气液两相流方面：创建两相流体流过孔板时的流量计算式，通用于各种压力、不同组分、多种两相流体和变压力运行工况，被国际学术界称为“林氏公式”，评为同类式中的最佳式而被广泛引用；首先对U型管内两相流脉动机理进行系统研究，创建计算程序和脉动判别法；创建三种两相摩阻计算法和一种截面含汽率计算式，被广泛应用。在沸腾传热方面：创立国际上第一个脉动流动时的沸腾传热计算式，开拓了传热研究新方向。在多相流测量方面：在林氏公式基础上，首次解决用一个元件同时测定两相流量和组分两个参数的国际难题，此法在1985年获中国专利并得到高压下工程应用，而在国际上直到1994年才由比利时的乔特(M. Giot)等人发表了相同测量方法的论文，且只进行了少量低压试验。

获中国专利多项；发表论文百余篇；出版《强化传热及其工程应用》(1987年)、《气液固多相流测量》(1988年)、《管路内气液两相流特性及其工程应用》(1992年)等著作10余部。获国家自然科学奖三等奖、国家教委科学技术进步奖一等奖等奖励10余项。 (王　晋)

莱沙卡，A.(Reitsakas，Arnold) 爱沙尼亚人，1933年5月23日生于苏联斯塔夫罗波尔(今属俄罗斯)，2000年2月15日卒于爱沙尼亚塔林。计算机科学工程、电气与电子工程、应用数学、工程管理。

1957年获列宁格勒大学电气工程学士学位。毕业后在苏联爱沙尼亚塔林无线电厂任工程师。1961年到苏联爱沙尼亚科学院控制论研究所工作，1961～1963年任主任工程师，1963～1988年任计算中心主任，后不再担任行政职务，任高级研究员。

爱沙尼亚进入计算机时代的奠基人。20世纪50～60年代，作为电气工程师参与爱沙尼亚科学院合作开发电子计算机，在研发小组中发挥了关键性作用，为爱沙尼亚第一台计算机的问世作出了杰出贡献。他们以白俄罗斯计算机科学家G. 洛帕托(2000年计算机先驱奖获得者)设计研制的“明斯克”(Minsk)系列计算机为原型，进行了一系列技术改进。“明斯克”计算机是苏联的第二代计算机，莱沙卡的主要工作是为“明斯克”22型、32型开发更先进的软件，增配磁盘存储器，引入远程终端等，极大地提升了“明斯克”计算机的性能，方便了程序员和终端用户，让西方同行一时刮目相看。70年代以后，苏联阵营“经互会”成员决定采用“统一系统”的电子计算机，他参与主持设计制造ES系列计算机，其中主要是ES-1022、ES-1052、ES-1066等型号，此外还有多处理器的计算机ELBRUS-1等；同时他还亲自指挥ES系列计算机在爱沙尼亚的生产组织工作。获1996年美国电气与电子工程师协会计算机先驱奖。

(李　烨)

张锡祥(Zhang Xixiang) 中国山西省人，1933年5月19日生于山西文水。雷达工程、电子对抗技术、微波电子学。

1958年西安电子科学技术大学毕业。中国西南电子设备研究所(信息产业部电子第二十九研究所)研究员、所长顾问；哈尔滨工业大学、成都理工大学、华北工学院等高校兼职教授。1999年当选为中国工程院院士。

长期从事中国国防军事工业电子及其对抗技术研究开发，科学研究方向是电子战综合电子对抗系统和电子高新技术民用化，主持和参与有关破解脉冲多普勒雷达、星载合成孔径雷达、捷变频雷达，电子对抗巡航导弹、反辐射导弹和预警机等新技术开发，取得一系列显著科学成果和技术突破，对中国军队现代化作出了重要贡献。例如，在与其他电子专家努力下，使当时中国军队已有能力对5000米以下天空实行战区电磁隔断，这意味着敌机无法在5000米以下用测距雷达发现对方飞机，也无法瞄准雷达发射空空导弹，同时在5000米以上其雷达探测距离也将缩短，而且不敢贸然开机。

发表有“对新体制雷达干扰压制系数取值的概念分析”(2000年)、“和平时期的反卫星侦探”(2001年)等论文数十篇；出版《现代雷达对抗技术》、《新体制雷达对抗导论》(2010年，与他人合著)等专著数部；编写和整理内部技术资料约400万字。获国家和省部级奖10余项，其中有1985年国家科学技术进步奖三等奖、1990年国家科学技术进步奖一等奖、1997年国家科学技术进步奖二等奖、2001年国家863计划启动十五周年纪

念个人突出贡献奖等。（张　治）

闵桂荣（Min Guirong）　中国福建省人，1933 年 6 月 2 日生于福建莆田。*航天工程、工程热物理。*

1956 年南京工学院（今东南大学）动力工程系毕业。1957 年起在中国科学院动力研究室工作。1959～1963 年在苏联科学院动力研究所留学，获副博士学位。1963 年回国，先后任中国科学院力学研究所传热学研究室、651 研究室副主任。1968 年起，历任中国空间技术研究院卫星热控制研究室主任，空间飞行器总体设计部主任，副院长、卫星总设计师；1985 年起任中国空间技术研究院院长。1992 年任国家航空航天工业部科学技术委员会副主任兼卫星系列总设计师。兼任中国科学技术协会常务委员、中国多所大学兼职教授等职。1987 年和 1992 年入选国际宇航科学院通讯院士、院士。1991 年当选为中国科学院学部委员（院士）。1994 年选聘为中国工程院院士。

中国 863 计划航天领域首席科学家。20 世纪 60～70 年代，参与主持研制中国第一颗人造卫星，负责研发航天热控制技术，建立卫星热分析计算方法；完成多种人造卫星热设计和热试验，包括被动式和主动式多种热控技术，确保卫星正常运行温度。80 年代领导完成国土资源、通信广播、测绘、气象卫星等 4 种 12 颗实用型卫星研制发射和应用；开拓返回式卫星应用领域，完成各种材料和生物的数百项太空微重力试验；主持研制摄影定位卫星总体设计，达到世界先进水平。90 年代起领导航天运输技术、载人航天、人造卫星等攻关，取得成果。

撰写论文和研究报告近百篇；出版《航天器热控制》、《卫星热控制技术》、《宇航技术工程手册》等专著 5 部。多次立功受奖，其中有：1985 年和 1990 年两次获国家科学技术进步奖特等奖，两次获国家 863 计划突出贡献奖。1996 年获何梁何利科学与技术进步奖。

（李啸虎）

卡亨，W. M.（Kahan，William M.）　加拿大人，1933 年 6 月 5 日生于加拿大多伦多。*计算机科学与工程、应用数学。*

1954 年获加拿大多伦多大学数学学士学位，1956 年、1958 年又先后获该校硕士、博士学位。此后相继在多伦多大学、美国国际商用机器公司（IBM）、惠普公司、英特尔（Intel）公司工作。1983 年重返 IBM。1986 年后，长期任伯克利加利福尼亚大学计算机科学系教授，兼任美国国家半导体公司高级研究员等。2003 年当选为美国文理科学院外籍院士。2005 年当选为美国国家工程院外籍院士。

计算机浮点计算的先驱者之一。计算机中的“数”有“定点数”和“浮点数”之分，后者较前者复杂得多，设计运算部件也难得多，因而早期计算机都不配备浮点运算部件。前后有多位图灵奖获得者尝试通过开发软件攻克这一难题，但是这些“权宜之计”不是运算速度大为降低，便是取值范围和精度有很大局限。卡亨于 1976～1983 年在 Intel 公司工作期间，主持设计与开发出数学协处理器 8087 芯片，首次一举成功地实现了高速、高效的浮点运算。装有 80×86 规格中央处理器（CPU）的计算机，若需完成复杂的科学与工程计算课题，一般都需要配置 8087 芯片；一些著名的数学软件包也必须在装有这种芯片的计算机上才能运行。正是这一背景，美国电气与电子工程师协会（IEEE）委托他负责制定浮点运算标准，先后出台 IEEE 754、与基数无关的 IEEE 854 等二进制浮点运算标准，这两个标准至今仍为绝大多数计算机厂商所遵守。他因浮点运算部件设计和浮点运算标准制定获美国计算机学会 1989 年图灵奖。

此外，他在科学研究、工程设计、财会计算等领域的数值算法设计、误差分析、验证与自动诊断等方面，曾发表过许多有影响的论文，是世界公认的权威之一，在数值处理领域尤其在矩阵计算方面深有造诣。（李　烨）

罗雷尔，H.（Rohrer，Heinrich）　瑞士人，1933 年 6 月 6 日生于瑞士圣加林的布克斯，2013 年 5 月 16 日卒于瑞士伍勒劳。*显微技术、仪器研制、光电子学。*

1955 年获瑞士苏黎世联邦理工学院物理学学士学位，1960 年获该校博士学位。1961～1962 年在美国新泽西州拉特格斯大学进行博士后研究。1963 年进入在苏黎世的美国国际商用机器公司（IBM）实验室工作。期间 1974～1975 年在美国圣巴巴拉、加利福尼亚大学合作研究核磁共振技术。

1978 年比尼格参加罗雷尔的小组，开始了两人合作研制扫描式隧道效应电子显微镜的工作。因为真空隧道效应具有极陡的间距依赖关系，所以这种效应是一种极局部的现象。比尼格开始并没有想到用它成像，但认为真空隧道效应会成为好的、可以限制于局部的表面探测手段，后来才有了扫描的思想。制作扫描式隧道效应电子显微镜在技术上有三方面的问题要解决：① 为了保持探针和表面间距的稳定，必须有很好的消振系统。罗雷尔和比尼格将原始装置用磁悬浮的办法置于一超导铅碗中，再用一块很重的大石板放在充了气的橡胶轮胎上，以支撑超导铅碗，从而获得一个很好的消振系统。② 为了使探针放到离表面只有 1 纳米的地方，又要使探针在扫描中不与凹凸不平的表面接触、擦试，他们采用“微地形探测方法”予以解决。在让探针对凹凸不平的表面进行扫描时，采用反馈机制，调节探针的高低，以维持恒定的隧道电流。③ 需要制作探针尖端只有 1 个或几个原子的针尖，以保证具有原子尺度的分辨率。他们采用曲率半径为100纳米的探针，但利用其只有几个原子的隆起部分作针尖，从而解决这个问题，得到0.4纳米的水平分辨率。他们于1981年研制成功扫描式隧道效应电子显微镜，在4～5年内不断改进，使这种仪器达到极高的分辨率。利用这种仪器，可直接观察到生物大分子、病毒的表面形貌等。由于他和G. 比尼格在设计第一台扫描式隧道效应显微镜工作中的贡献，两人获1986年诺贝尔物理学奖。 （沙振舜）

郭重庆（Guo Chongqing） 中国陕西省人，1933年6月17日生于甘肃兰州。*机械工程、工程设计与咨询、工程管理学。*

1957年毕业于哈尔滨工业大学。任国家机械工业部第六设计研究院名誉院长、教授级高级工程师。兼任河南省科学技术协会名誉主席，中国投资咨询公司专家委员会专家，《成组技术与生产现代化》杂志主编，同济大学经济与管理学院兼职教授。1995年当选为中国工程院机械与运载工程学部院士，2000年又兼为该院工程管理学部院士（后任副主任）。

长期从事工程设计与咨询工作，曾任30多项国家及省部级重点建设项目总设计师。在中国较早提出企业整体性技术改造的思路，即主张通过企业制度改革、生产合理化改组以及生产现代化改造三者结合同步实施，以取得技术改造的根本性突破，实践证明这一思路行之有效；作为主持世界银行贷款上海机床厂技术改造项目（投资规模为15亿元）总设计师，通过行业整体改造使该厂成为中国最大的机床企业；主持中国工程咨询机构对沈阳利用世界银行贷款工业改革项目（投资规模25亿元）的可行性研究，提出了具体举措；担任中国磨料磨具行业大型骨干企业第一、二、五、七砂轮厂技术改造项目总设计师。

著有《国家创新系统》（2002年，与他人合著）等。获国家和省部级科学技术进步奖多项，国家优秀设计金奖1项，国家优秀设计银奖3项。1989年被授予“中国工程设计大师”称号。 （陈美査）

西萨，A.（Siza，Alvaro；全称：Siza Vieira，Álvaro Joaquim Melo） 葡萄牙人，1933年6月25日生于葡萄牙波尔图附近马特西诺斯。*土木工程、建筑学、城市规划。*

1949～1955年就读于葡萄牙波尔图大学艺术学院，期间1954年开始设计建筑。毕业后在波尔图的塔沃拉建筑师事务所等处工作。1966～1969年任教于波尔图大学建筑学院，1976年后任结构工程助理教授、教授。是欧洲文理科学院荣誉院士，美国文理科学院外籍院士，英国皇家建筑师协会、美国建筑师协会荣誉会员。任瑞士洛桑理工大学，美国宾夕法尼亚大学、哈佛大学设计学院，哥伦比亚波哥大大学等校客座教授。1992年、1993年先后获西班牙巴伦西亚大学、瑞士洛桑理工大学荣誉博士学位。

当代最重要的建筑师之一。认为“建筑艺术”在于要善于利用最普通材料和质感表现，创造隐含着崇高、永恒、欢乐、均衡和人性理念的建筑。他“尝试创造一种现代与历史的共存”，注重在两者之间建立深刻的联系，个性化的独特风格和敏锐捕捉现代社会变迁的多元化文化表达，受到普遍关注和承认。作品遍及葡萄牙和欧洲各地，参加国际性展出近30次。其中，文化设施工程代表作有：波尔图大学建筑学院大楼（1987～1993年）、塞图巴尔大学教育学院大楼（1986～1993年）、马德里保卫文化中心（1988～1989年）、西班牙加利西亚现代艺术博物馆（1988～1993年）、波尔图当代艺术博物馆（1991～1999年）、理斯本1998年世博会葡萄牙馆（1995～1998年）等；主持和参与城市规划主要有：澳门城市扩展计划（1983年）、荷兰海牙市斯希尔达斯维克区规划（1983～1988年）、里斯本恰图区火灾后重建计划（1989年）、西班牙马拉加市规划（1992年）、葡萄牙埃武拉市地区规划（1994年）等。

获1992年普利兹克建筑奖（国际建筑界最高奖）外，还获葡萄牙建筑师协会1987年、1993年葡萄牙国家奖，1988年西班牙建筑师协会金奖、阿尔托金质奖章、哈佛大学威尔士亲王城市设计奖、欧洲建筑奖，1992年凯悦基金会建筑学奖，1998年日本世界文化奖等。 （李 烨）

李正邦（Li Zhengbang） 中国江苏省人，1933年7月5日生于江苏南京。*冶金工程、铸造工程、冶金物理化学、金属材料学。*

1958年哈尔滨工业大学机械系焊接专业毕业。1958～1963年任冶金建筑研究院技术员。1964年起，历任国家冶金部钢铁研究总院工程师、主任、所长、高级工程师、教授。兼任南京大学、北京科学技术大学兼职教授，江南高新技术研究所所长，中国电渣冶金协会主席等职。1999年当选为中国工程院院士。

1958年率先开发出电渣重熔技术，成功炼成高速钢锭；1958～1964年主持设计中国第一批工业电渣炉，并在工艺上有所创新，生产出无发纹钢、高温合金钢等产品，成果获1965年国家发明奖；20世纪60～70年代，发现和确证电渣重熔机理，查明去除夹杂物主要发生在电极端头，反应是炉渣对夹杂物的吸附和溶解；70年代提出电渣重熔过程控制活性元素工艺；证明“电毛细现象”存在，率先建立电渣重熔热传输的非线性凝固模型；首先用立式电渣熔铸工艺定型生产大型航空发动机涡轮盘，使柱状晶平行于盘件主受力方向，由于金属纯净和凝固控制，首次突破了“铸件不如锻件”旧观念，成果获1982年国家发明奖；研究成功以白云石为基料的新工艺，解决了电渣冶金高能耗、高污染等世界难题，获1987年国家发明奖、1988年国际真空冶金学会真空冶金贡献奖；长期积极推广电渣冶金新技术，使中国有关技术、产量和质量均居世界前列；90年代后，在相关领域继续开发模具钢和高速钢，解决火车提速后车辆弹簧寿命问题，提出了超低氧、夹杂物变性、连铸连轧工艺，用电炉新流程制成的弹簧钢寿命达100万次，开辟了定型生产新途径。

发表论文200余篇；出版专著《电渣熔铸》（1981年）、《电渣冶金的理论与实践》（2010年）等8部，译著5

部。先后获国家发明奖3项，全国科学大会奖2项，部委级奖14项。 （陈　胜）

罗杰斯，R. G.（Rogers; Richard George; Baron Rogers of Riverside）　封爵后又名“河畔的罗杰斯男爵”。英国人，1933年7月23日生于意大利佛罗伦萨。土木工程、城市规划、建筑学。

英国建筑联合会伦敦大学建筑学院毕业。1962年获美国耶鲁大学建筑学院硕士学位。同年回国，和同学合伙开办罗杰斯-福斯特建筑师事务所。1967年独立经营罗杰斯建筑师事务所。1971～1977年和意大利建筑师R.皮亚诺共事。1977年成立罗杰斯联合建筑师事务所。2007年在伦敦组建罗杰斯-斯特克-哈伯联合建筑咨询公司，并在巴塞罗那、马德里、纽约和东京等地开设办事处。1998～2009年任英国政府“城市研究特遣组”（Urban Task Force）首任主席。长期任特拉斯蒂建筑基金会主席。2001～2009年任伦敦市长首席建筑与城市顾问。1991年册封为爵士，1996年受封终身贵族并当选英国上议院议员。获英国、西班牙、捷克等多国多个大学荣誉博士学位。

英国现代主义和表现主义建筑学派重要代表人物。在空间处理方法上曾受路易斯·康的影响，但他喜欢用高科技手法表现现代“高科技文化”特色。早期作品中最著名也最具争议的是巴黎蓬皮杜艺术与文化中心（1972～1977年），系与意大利建筑师R.皮亚诺合作设计。它以高科技姿态伫立于巴黎老区中心，上下六层，晶莹透亮，外貌奇特，五彩缤纷，令人联想起一座炼油厂。布局主要包括公共图书馆、现代艺术博物馆、工业美术设计中心、音乐和声响研究中心四大部分，连同附属设施，总建筑面积103 305平方米。玻璃幕墙使内部结构一展无遗：用红、蓝、绿和黄色分别标识运输、空调，水管和电线系统；整体由28根圆形钢管柱支承，内部没有一根立柱，只有一道防火隔墙，内空间区划可随时变动；外露的钢铁、玻璃和管道设施，使得传统建筑的门、墙、房间等构成因素全部消失了。这一建筑设计震惊了整个建筑界，引起广泛关注和议论。每天2.5万游人光顾，使它成了巴黎最受欢迎去处和公认标志性建筑之一。是多产建筑师，代表作还有伦敦劳埃德办公大楼（1978～1984年）、伦敦“千禧巨蛋”（1996～1999年）、马德里巴拉哈斯机场（1997～2006年）等。

1998年开始，受英国政府委托研究城市衰败与复兴。是伦敦格林尼治半岛、伦敦未来城市、中国上海陆家嘴金融区等总体规划主要策划人。他认为，明天的城市功能区将重新叠加起来，“集合在持续、多样和变化的结构中”。

获1985年英国皇家建筑师协会金奖、1999年托马斯·杰斐逊奖章、2006年与2009年斯特林奖、2007年密涅瓦奖章、2007年普利兹克奖（国际建筑界最高奖）等。 （李　烨）

汪成为（Wang Chengwei）　中国浙江省人，1933年7月1日生于上海。计算机科学与技术、软件工程、人工智能、系统科学与工程、应用数学。

1956年北京师范大学物理系毕业。1957年起先后在国防部第五研究院、航天部、国防科学工业委员会和全军总装备部从事研究工作，历任国防科学工业委员会系统工程研究所所长、研究员、总工程师，总装备部科学技术委员会常务委员。兼任国家863高技术计划专家顾问组副组长、国家863智能计算机专家组组长、国家重点基础研究发展规划专家顾问组成员、《智能机研究动态》主编等职。1994年选聘为中国工程院院士。

长期从事模拟计算机、数字计算机、系统仿真、人工智能的研究工作。曾参与和主持多种系统仿真、模拟计算机及数字计算机的总体、整机及软件设计；主持进行有关中国国防科学技术及武器系统发展战略的系统研究；完成了几种型号的导弹稳定性仿真、S8操作系统设计、军用共性软件的总体设计、智能化决策支持系统等多个重要课题。

撰写出版《面向对象的分析、设计和应用》（1992年）、《灵境（虚拟现实）技术的理论、实现和应用》（1996年）、《分级式计算机的构成》等专著，《灵境漫话——虚拟现实技术演义》等优秀科学普及读物。多次获国家和部委级奖励，其中有1987年、1997年国家科学技术进步奖二等奖，国家科学技术进步奖三等奖，以及部委级科学技术进步奖一、二等奖多项。此外，获1988年何梁何利科学与技术进步奖；荣立一等功，获全军英模荣誉奖章等。 （顾亦健）

何德全（He Dequan）　中国浙江省人，1933年7月31日生于北京。计算机科学与技术、信息处理技术、网络与信息安全工程。

1950～1952年在清华大学物理学系学习，全国院系调整后转入北京大学物理系学习。大学毕业后在总参谋部军事技术部门工作，以后转业到中央直属技术局。1970年起参加三线工程建设和国家重点工程建设。1983年后历任电子技术应用研究所和北京信息技术应用研究所高级工程师、研究员，信息产业部北京信息技术应用研究所所长、研究员等职。兼任国家信息产业部科学技术委员会委员，国家信息化工作领导小组专家咨询委员会副主任，国家安全局科学技术委员会主任，国家信息安全测评认证管理委员会主任，国家863高技术计划信息安全技术发展战略研究专家组组长，中国互联网协会网络与信息安全工作委员会名誉主任，上海交通大学信息安全工程学院院长，北京交通大学、大连理工大学等校兼职教授等职。1994年选聘为中国工程院院士。

长期从事信息科学技术的基础研究和技术开发，涉及领域广泛，尤其在新型信息显示记录技术与材料、微弱信号的信息提取再现技术、信息防护技术等方面有较高学术造诣和重要成果；主持领导了多项大型信息系统等工程建设，倡导应用系统工程和相关复杂性学科的原理和方法，努力综合多种学科最新成果，积极探索多类信息的汇集与活化，为系统的建成、组织和发展做出了重要的创造性贡献。从1993年开始，基本上从事网络安全方面的研究。

在信息防护与安全技术、新型显示与处理技术、信息光学与信息化学等多个研究领域，取得了20余项重要科学技术成果，其中10余项获国家和省部级发明奖、科学技术进步奖等。（陈雪荣）

宋玉泉(Song Yuquan) 中国河北省人，1933年8月2日(农历6月12日)生于河北张北。*金属工程、塑性成型技术。*

1955年南开大学物理系毕业。同年到长春汽车拖拉机学院(今吉林理工大学)任教至今，该校金属材料与工程学院教授，超塑性与塑性研究所所长。1997年当选为中国科学院院士。

他的研究成果揭示了超塑变形特异规律的力学本质，在拉伸、胀形和挤压的力学理论与实验方法上，形成了自身研究特色和理论体系。在理论方面，建立了超塑拉伸应变速率指数的函数关系，给出最佳测量方法，完成了力学解析理论；建立了拉伸应变速率指数本构方程和动态流变方程，攻克了长期的理论难题；揭示超塑胀形最佳加压规律，建立了一套胀形速率指数值测量公式和方法；建立了非球面胀形解析理论；求得锥形模超塑挤压应力平衡微分方程通解，导出挤压最佳工艺规范；近年来把超塑变形宏观力学理论和微观变形机理力图衔接起来，对简化超塑性预处理，预言新的超塑性材料有重要意义。在发明方面，取得塑性精密成形方面多项专利，其中有：超塑胀形光电测量仪、辊压塑性精成形机、板压滚动精成形机、连杆精成工艺、变截面板弹簧工艺与设备等，显著提高了节材、节能和劳动生产率。专利10余项；发表学术论文近百篇；多次获国家和省部级奖励。（卢敬军）

潘垣(Pan Yuan) 中国湖北省人，1933年8月8日生于湖北宜昌。*核能工程、电磁工程、核聚变技术。*

出生于中医之家。1955年华中工学院电力系毕业。先后在国家第二机械工业部原子能研究所(401研究所)、585研究所、中国科学院等离子体研究所工作。1998年调入华中理工大学(今华中科技大学)，任教授、等离子体研究所学术委员会主任、电气与电子工程学院名誉院长。1997年当选为中国工程院院士。

作为中国最早从事聚变研究的专家之一，主持和参与主持研制3套、改制升级1套聚变装置。在负责设计、研制"中国环流器一号"工程、总体电磁工程、脉冲电源及总控系统等项目中，创造性地解决了多项重大技术难题。在聚变技术应用于国民经济和国防建设中，取得多项成果，其中电磁轨道炮的研制与发射实验、补偿式脉冲发电机的研制与实验等研究均获成功，大型同步发电机氧化锌非线性电阻灭磁技术已广泛应用于电力产业。主持完成国家自然科学重点基金项目"改善托卡马克等离子体磁约束性能的新理论和新途径"的研究。

发表论文近百篇。获国家专利10余项，专利优秀奖1项。获国家科学技术进步奖一等奖1项，省部委级奖8项。（王艺衡）

徐秉汉(Xu Binghan) 中国浙江省人，1933年8月21日生于上海，2007年6月14日卒于同地。*舰船与海洋工程、船舶结构力学。*

1955年交通大学造船工程系毕业。后公派苏联深造，1961年获列宁格勒造船学院副博士学位。中国船舶科学研究中心科技委员会主任、研究员。兼任国际学术组织"国际船舶和海洋结构工程会议"常委、第11届主席等职。1997年当选为中国工程院院士。

留学苏联期间，成功地解决了船舶结构弹塑性解的收敛问题；组织建立中国最大的船舶结构试验室群体；主持研究舰艇在核爆炸下的破坏规律及其防护，建立理论分析方法和各种测量装置；在中国核试验基地负责中国海军舰艇及装备在爆炸条件下各类破坏数据的测量、收集、分析和归纳；主持中国第一代核潜艇结构研究试验，其中包括1969年中国第一艘核潜艇强度考核试验；主持制订中国第一部"潜艇结构设计计算规则"，以及驱逐舰、快艇等结构设计规则；系统建立深潜试验的理论方法和测量体系，参与主持中国潜艇几次重大试验，其中包括1977年中国潜艇首次深潜试验，1982年多条出口潜艇的深潜试验，以及1988年核潜艇首次深潜试验时的艇体结构安全监测等；在壳体结构开孔强度和稳定的研究领域中取得了独创性成果，其中专著《壳体开孔的理论与实践》(1987年)被中外专家评为达到当代国际先进水平。获国家和部委级奖励10余项。（李孙演）

杨叔子(Yang Shuzi) 中国江西省人，1933年9月5日生于江西湖口。*机械工程、先进制造技术、机械学、高等教育管理。*

1956年毕业于华中工学院(先后更名为华中理工大学、华中科技大学)机械工程系。留校任教，1980年晋升为机械工程教授，曾任振动、噪声与设备诊断研究中心主任。1981年底至1982年底，在美国威斯康星大学作访问学者。先后受聘为清华大学、天津大学、南京大学等22所高校的兼职教授、名誉教授。1993～1997年任华中理工大学校长，后任华中科技大学学术委员会主任。兼任教育部高等学校文化素质教育指导委员会主任、中国机械工业教育协会副理事长、中国人工智能学会副理事长、中国振动工程学会副理事长、亚太地区智能制造协会主席等职；《振动工程学报》等近10个刊物的主编、副主编、顾问或编委。1991年当选为中国科学院学部委员(院士)，后任该院技术科学部副主任。

在先进制造技术、振动工程、设备诊断、信号处理、无损检测技术、人工智能应用等方面取得成果。研制出机械加工自动化切削监控系统，发展了切削振动理论与误差补偿技术；建立一套机械设备诊断理论体系，探索诊断模型与策略，研制出不解体的发动机诊断系统；深入研究钢丝绳无损检测理论与技术，解决了国际上断丝定量检测难题；结合系统理论与数据处理技术，发展了时序分析的理论基础与工程应用方法。

至2000年，获专利4项；发表论文和文章500余篇；出版专著、教材10余种，其中多部获奖；获国家自然科学奖、国家发明奖、省部级科学技术进步奖19项。

（陈美查）

梁骏吾（Liang Junwu） 中国湖北省人，1933年9月18日生于湖北武汉。半导体材料工程、大规模集成电路技术、半导体物理。

1955年武汉大学化学系毕业。翌年赴苏联留学，1960年获苏联科学院冶金研究所副博士学位。同年回国，在中国科学院半导体研究所工作。1970～1978年在宜昌半导体厂从事半导体集成电路研制和生产。1978年起一直在中国科学院半导体研究所工作，研究员。兼任中国电子学会电子材料分会主任，武汉大学、华中理工大学、同济大学等校兼职教授。1997年当选为中国工程院院士。

长期致力于半导体硅（硅多晶、硅单晶、硅外延片）、硅锗材料领域的研究开发，取得了一系列重要成果。20世纪60年代，解决了高纯区熔硅的关键技术；制备出室温激光器用砷化镓液相外延材料；进行硅气相外延、石英隔离膜生长和多晶硅生长的研究。70年代研制成功大规模集成电路用优质硅区熔单晶，产品达到无位错、无旋涡、低微缺陷、低碳量、可控氧量的稳定高质水平。80年代，在国际上首次制备成功掺氮中子嬗变区熔硅单晶，解决了硅片完整性、均匀性等重大技术难题，获1988年中国科学院科学技术进步奖一等奖等；研究超高速电路用的硅外延技术，研制成功微机控制、光加热、低压硅外延材料生长技术和设备。90年代以来，制备超晶格量子阱材料，在晶体电学性能和超晶格结构控制等方面有重要突破，并推进了中国超晶格量子阱材料产业化；研究半导体中杂质与缺陷的行为；后主要关注碳化硅外延生长、氮化钙基材料生长等研究领域。

撰写出版有《电子信息材料咨询报告》（1999年，与他人合著）、《太阳能电池：材料、制备工艺及检测》（2009年，与他人合著）等著作。多次获国家和部委级奖项。

（黄曲菜）

谢友柏（Xie Youbai） 中国江苏省人，1933年9月23日生于上海。机械与动力工程、机械学、摩擦学。

1955年交通大学内燃机制造专业毕业。留校在机械原理及零件教研室任教。1957年随部分师生西迁后，一直执教于西安交通大学，润滑理论及轴承研究所所长，机械学教授。兼任中国机械工程学会摩擦学会理事长，清华大学摩擦学国家重点实验室学术委员会主任。1994年选聘为中国工程院院士。

对摩擦学这一广阔而复杂的综合学科领域进行了理论和实践的系统研究，其中包括润滑、磨损、形貌、流变、传热、振动、材料、工艺、监测、控制、可靠性、知识获取、数据库和专家系统等诸多方面，并取得重要进展。与合作者率先在国际上提出转子轴承系统广义能量守恒原理；在中国首次将参数识别技术应用于直径550毫米大轴承动态特性试验台等设计项目；提出了摩擦学系统工程的基本思想、理论框架和方法体系，发展了传统的摩擦学简单系统方法；在设计研制大型汽轮发电机组、高速透平机械转子轴承系统、内燃机缸套活塞环系统等多项重要工程中，运用自己独特的理论和方法解决了一系列高难度的摩擦学、动力学关键技术；此外，在中国率先建立测量油膜刚度阻尼数值的方法，并测得高精确度的数据。

主持完成国家重要科研项目数十项；发表论文200余篇；另有《谢友柏文选》（2006年）。获国家和省部级奖10余项，其中有1978年全国科学大会奖、1991年和1995年国家教委科学技术进步奖一等奖、1995年孺子牛金球奖等。

（侯伯勤）

陈俊亮（Chen Junliang） 中国浙江省人，1933年10月10日生于浙江宁波。通信工程、电气电子工程、数字电路、微波电子学。

1955年交通大学电讯系毕业。同年到北京邮电学院（今北京邮电大学）电话教研室任教。1957年公派到苏联留学，1961年获莫斯科电讯工程学院副博士学位。同年回国，一直在北京邮电学院任教，后晋升教授，任程控交换技术与通信网国家重点实验室学术委员会主任等职。1978～1981年在美国伯克利加利福尼亚大学做访问学者，聘为该校电机与计算机系客座副教授。曾兼任国家自然科学基金委员会信息科学部主任等职。1991年当选为中国科学院学部委员（院士）。1994年选聘为中国工程院院士。

1965年主持研制成功有线600/1200信道数据传输设备中的纠错编码系统；1966年主持开发中国第一颗人造卫星“东方红”号的无线600信道数据传输系统纠错编码，1969年设备试验一次成功。以上两项皆获1978年全国科学大会奖。20世纪80年代，与邮电部上海第一研究所合作研制中国第一台DS-2000程控数字电话交换机，提出数字交换网络理论模型和测试诊断算法，负责完成其关键技术的诊断软件，性能优于国际同类产品，该机先后获1987年、1988年邮电部和国家科学技术进步奖一等奖；“七五”期间主持和参与中大容量DS-30程控数字电话交换机研制，创造性完成“程控交换软件单元测试系统”等攻关项目，提出通信软件设计规范、生成测试集和测试环境等方面的新思路新方法；领导和参与“DS-30中大容量程控数字电话交换机系统，开发出程控交换软件模块测试系统，算法新颖，博得同行高度评价。90年代以来，1996年主持完成中国第一套智能网系统并投入使用；组织和参与研制用于固定电信网和移动通信网的CIN-02、CIN-03等智能网产品，并实现产业化，获1998年军队总装备部科学技术进步奖二等奖，1999年信息产业部、国家科学技术进步奖二等奖、三等奖。

发表论文近200篇；撰有《数字电路逻辑设计》等专著。

（李　烨）

王任享（Wang Renxiang） 中国福建省人，1933年10月14日生于福建长乐。航天遥感摄影测量工程、仪器研制、计算机应用、测绘学。

出身农民家庭。1958年中国人民解放军测绘学院毕业。一直在总参谋部西安测绘研究所工作，研究员，曾任该所所长、总参谋部测绘局卫星摄影测量总体设计组组长等职。期间1980～1982年在荷兰航空航天测量与地球科学学院进修。兼任中国测绘学会摄影测量与遥感专业委员会副主任、陕西省测绘学会副理事长等职。1997年当选为中国工程院院士。

20世纪70年代初，参与航天遥感摄影测量研究，改进了原有方案，解决了两个关键技术难题；80年代后，主持国家重点工程项目“卫星摄影测量”研究，提出独创性技术方案，组织百余科研人员攻关，首次实现测绘人员无法到达地区的地形地貌立体测绘和制图，所获图像清晰、几何精度高，成果获1992年国家科学技术进步奖一等奖；主持完成计算机模拟航空摄影检影的研究；主持研制开发第二代摄影测量卫星应用系统，开发出遥感卫星数字摄影测量及其资料处理新技术，开辟了中国卫星摄影测量新领域；主持中国高科技863重点项目“传输型三线阵CCD航天线摄影测量相机关键技术预研”，提出设计思想和技术途径，并研制成功有关该系统的计算机仿真软件；参与主持某型号卫星工程总体设计，亲自设计研造卫星摄影定位与测图最新技术，为发展中国远程战略武器作出重要贡献；此外在卫星摄影测量网平差误差理论、粗差定位、微分纠正摄影等诸多领域都有建树。

发表论文近百篇；出版有《王任享研究员学术论文选集》(1996年)等。多次获奖。 （李　烨）

霍勒杰斯，J.（Horejs，Jiri） 捷克人，1933年10月18日生于捷克斯洛伐克的布拉格(今属捷克)，2001年9月28日卒于同地。*计算机科学与工程、程序测试、应用数学。*

1958年毕业于布拉格的查尔斯大学数学与物理系。同年到位于布尔诺的马萨里克大学任教，同时在职攻读博士学位，1963年获该校数学博士学位。1964年创建马萨里克大学数学机器系(后改为计算机科学系)并任首任系主任。1979年把计算机系扩建为计算机科学学院，任首任院长。1987年回母校查尔斯大学任教，同时与捷克科学院合作开发计算机新技术。

程序测试方法及其检验的创立者之一。20世纪60年代，为了更好地开展计算机科学技术的教学与研究，在他的努力下，马萨里克大学计算机系在1967年购进了第一台模拟计算机AP3、第一台数字计算机MSP2a，还配备了仿IBM的ECl033机，是当时捷克境内装备最优良、条件最优越的计算机系，在苏联和东欧国家中也享有声誉。在马萨里克大学，他的研究兴趣主要在测试程序正确性的形式化方法方面，首次建立了一个用以检验程序测试方法的TPT系统。在这个项目的研究中，他还提出一种面向图形的程序表达方法，这种方法是以概念逻辑为基础的，因此在数据库设计和知识表示等领域获得了广泛应用。在测试程序正确性的研究中，他还引入一种基于语义变化判断程序是否正确的新概念。在这一研究中，他用自动机作为程序内部特性的模型，取得了很好的效果。在东西方冷战时期，西方对社会主义国家采取威慑与抑制战略，实施严格的技术封锁与禁运。在这种背景下，他能作出这一令国际计算机界瞩目的成就，十分难能可贵。1987年，他离开布尔诺到布拉格的母校查尔斯大学任教，同时与捷克科学院合作，继续开展前沿性的神经网络、脱氧核糖核酸(DNA)计算的研究。由于“开发了测试程序正确性的方法，并把信息学、计算机科学引入捷克斯洛伐克”，美国电气与电子工程师协会授予他1996年计算机先驱奖。 （李　烨）

李依依（Li Yiyi） 中国江苏省人，1933年10月20日生于北京。*冶金工程、金相学、金属材料学。*

1957年北京钢铁学院冶金系毕业。先后任本溪钢铁公司第一钢铁厂一号高炉工长、辽宁省冶金设计院技术员。1962年起一直在中国科学院金属研究所工作，历任低温材料与测试研究室副主任、主任，1986～1998年起任副所长、所长，研究员。兼任国际深冷材料学会理事、中国金属学会副理事长、中国材料研究学会副理事长、辽宁省科学技术协会主席等职。1993年当选为中国科学院学部委员(院士)，后任技术科学部副主任。1999年当选为第三世界科学院院士。

20世纪50年代，成为新中国第一批女高炉工长，创下全国中型高炉利用系数冠军纪录。60～70年代，最早作出铁-锰-铝系列相图及其鉴定方法，获1978年全国科学大会奖；在国际上首次观测到低温ε-马氏体形核长大的极轴机制。70～80年代，与他人合作发现奥氏体钢中存在反铁磁转变点，为发展超低温高强无磁不锈钢提供了依据，获1982年国家自然科学奖三等奖；提出高压高纯热充氢技术路线，创建中国低温高压抗氢材料系列，其中HR-1、HR-2钢种获1986年中国科学院科学技术进步奖一等奖、1987年国家科学技术进步奖二等奖。80～90年代，首次探查工程厚度钢截面氢分布规律，提出析出相损伤抗氢性能机理，给出高压充氢性能评价判据，并主持开发成功抗氢脆高强度钢HR-3，获1990年中国科学院科学技术进步奖一等奖、1991年国家科学技术进步奖二等奖；主持低温铝锂合金研究，发现硒、银、钇、锌等添加元素的低温反常韧效应，获两项专利；主持沉淀强化抗氢脆合金攻关，获1996年中国科学院科学技术进步奖一等奖。

发表论文、研究报告200余篇。获国家和省部级奖10余项；此外获1996年首届中国工程科学技术光华奖、1997年何梁何利科学与技术进步奖。 （李　烨）

高锟（Kao，Charles Kuen） 英国、美国双重国籍华裔，1933年11月4日生于江苏金山(今属上海)。*光纤通信工程、电子工程学、高等教育管理。*

祖父是清末民初南社著名文人高吹万，父亲是留美归国执业律师，堂叔父高君平是中国近代著名天文学家，弟高锫为美国天主教大学终身教授。1948年高家从上海经台湾移居香港，高锟就读于圣约瑟英文书院。1954年赴英国留学，1957年、1965年先后获伦敦大学伍利奇理工学院(今格林尼治大学)电子工程理学士、博士学位。1957年起供职于英国国际电话电报公司，1960年入该公司标准通信实验室，先后任工程师、研究员、研究经理。1970年向公司请长假，聘任香港中文大学电子学系教授及讲座教授。1974年回公司，先后任该公司在美国朗诺市分公司光电产品部工程主任、科研主任，1982年任该公司首席科学家。1987～1996年出任香港中文大学第三任校长，期间1989年创立信息工程学系。1996年退休后，长期任香港高科桥光通信有限公司董事长兼行政总裁，兼任香港特区政府科技创新委员会委员、香港中文大学工程学荣誉讲座教授等职。1990年当选为美国国家工程院院士。1992年当选为中国台湾“中央研究院”院士。1996年当选为中国科学院外藉院士。1997年当选为英国皇家学会会员。先后获英国塞萨斯大学、日本创价大学、英国格拉斯哥大学等校荣誉博士学位。

被国际上誉为“光纤通信之父”。早期从事研制毫米波长程圆柱形波导管。1963年后主持研究长距离光传输课题，1966年发表“光频率的介质纤维表面波导”一文，开创性指出可用石英基玻璃做光学纤维长距离传送信号，揭开了光通信革命的序幕。以后又为首阐明一系列重大发现：在玻璃中光波能量衰减主要机制不是散射而是杂质离子（特别是铁离子）的吸收；理想光导管应为双层结构，可起到规范光波方向和降低衰减双重作用；采用单模传输方式可避免色散、波形畸变和带宽限制等问题；光纤在1.5～2.0微米波长处存在低衰减“窗口”。1970年康宁玻璃公司根据他的理论成功制造出第一条光纤。70～80年代，他主要进行光纤和光缆设计与生产，光电信号数码化、多路合并、接收、解码和分路以及光纤通信应用等研究。还是一位著名教育家。担任香港中文大学校长期间，筹集教育经费，调整科系结构，逐步向研究型转变，扩大招生规模，建成一所国际上有影响的大学。

获光通信发明专利30余项。获英国、美国和国际奖励近20项，其中有1979年瑞典艾力生国际奖、1985年美国电气与电子工程师协会贝尔奖、1989年英国电机工程师协会法拉第奖、1993年大英帝国勋章、1999年美国国家工程院德雷珀奖等。与两位美国科学家W. S. 博伊尔和G. E. 史密斯分享2009年诺贝尔物理学奖。1996年中国科学院紫金山天文台宣布，将该台发现的国际编号第3463号小行星命名为“高锟星”。（李啸虎）

罗绍基(Luo Shaoji) 中国广东省人，1933年12月1日生于广东南海。水利水电工程、结构力学、工程管理。

1955年毕业于清华大学水利系水能利用专业。历任国家电力部中南勘测设计院设计总工程师、副院长、院长，国家水电部华南电网办公室主任，广东省电力局副局长兼广东蓄能发电有限公司总经理、顾问。兼任三峡工程质量检查专家组成员、广东省水力发电工程学会理事长等职。1999年当选为中国工程院土木、水利与建筑工程学部院士，2000年又兼任该院工程管理学部院士。

20世纪70年代初，参与主持组织设计湖南凤滩水电站，拥有中国第一座高112.5米砼腹重力拱坝，装机容量40万千瓦，巧妙地解决了大泄洪量狭窄河谷的坝内厂房布局等诸多技术难题，确保了工程质量，节省了投资成本，课题获国家科学技术进步奖二等奖。80年代末以来，主持设计施工的广州抽水蓄能电站，是中国第一座、也是世界上装机规模最大的大型抽水蓄能工程，总装机容量240万千瓦，采用了多项国内外先进技术措施，一期、二期工程相继于1994年、2000年建成。该电站配合广东电网稳定运行，具有削峰填谷、调频、调相、调压和备用作用，标志着中国同类工程设计、施工、管理水平跨入国际先进行列，受到中外专家高度评价，认为达到90年代国际先进水平。

获1997年国家科学技术进步奖二等奖、电力部和广东省科学技术进步奖一等奖、国家优秀设计项目金质奖，工程勘测获国家优秀勘测项目银质奖等。（李 烨）

格罗斯卡，J.(Gruska，Jozef) 斯洛伐克人，1933年12月11日生于斯洛伐克的拉勃希策。计算机科学与工程、计算数学、计算机教育。

1958年获考门斯基大学数学硕士学位。毕业后进入捷克斯洛伐克科学院数学研究所工作。1965年获捷克斯洛伐克科学院计算机科学博士学位。1968年到美国明尼苏达大学作访问学者。1970年回国，在原单位工作，同时在布拉迪斯拉发大学、沙发利克大学任兼职教授。1974～1985年供职于联合国计算机研究中心。曾在加拿大的滑铁卢大学、西安大略大学，法国的巴黎大学、尼斯大学、里昂高等师范学院，德国的卡尔斯鲁厄大学，津巴布韦大学等校任客座教授，在国外讲学累计8年多。1971～1978年、1985～1989年两次任国际信息处理联合会科学秘书，1997年前长期担任该会第一技术委员会主席。妻子是大学数学教授，两个孩子都是计算机专家。

斯洛伐克计算机先驱、计算机教育家与活动家。许多国际计算机学术会议、学术团体的积极发起者、推动者和组织者。1959年成为捷克斯洛伐克第一个数字计算机程序员。1966年起在斯洛伐克首都组织“自动机、语言和算法”定期科学研讨会，坚持数十年，该会是欧洲相关领域最早学术活动之一，影响很大。1972年起，组织一年一度召开“计算机科学的数学基础”国际研讨会，在冷战时期很长时间中，这个论坛成了东西方科学家交流计算机科学的唯一场所。20世纪70～80年代长期在联合国工作，与世界各国计算机科学家广泛交流和合作，成果斐然，对普及计算机技术及其应用，加速全球信息化时代到来有重要贡献。回国后，发起举办每年冬季高级软件研修班，邀请各国著名计算机专家讲学，连续举办至今，使斯洛伐克成了东欧国家中计算机学术活动最为活跃国家。1995年在日本举行的“非标准计算”国际研讨会上，发表“量子对科学、计算和通信的挑战”前瞻性报告。先后组织过40余次计算机国际会议，在国外作过百余场报告。

出版有《计算基础》(1997年)、《量子计算》(2000年)等专著。多次获斯洛伐克科学院、斯洛伐克科学技术委员会、斯洛伐克数学家与物理学家联合会奖励。此外获1980年德国耶拿大学弗雷格奖章、1995年国际信息处理联合会银心奖、1996年美国电气与电子工程师协会计算机先驱奖、1997年捷克马萨里克大学金质奖章等。

（李 烨）

沈世钊(Shen Shizhao) 中国浙江省人,1933年12月18日生于浙江嘉兴。结构工程、建筑学、工程教育与管理。

1953年同济大学结构工程专业毕业。1956年哈尔滨工业大学研究生班毕业。留校执教,教授。曾任哈尔滨建筑大学校长。兼任中国建筑学会副理事长、国务院学位委员会学科评议组成员、全国博士后管理委员会专家评审组成员、国际《空间结构》杂志编委等职。1999年当选为中国工程院院士。

长年从事结构工程领域的教学和研究,后致力于大跨空间结构领域的理论研究和工程实践,取得一系列重要成果。在工程理论研究方面,尤其在悬索体系解析计算理论、单层网壳结构非线性稳定、网壳抗震性能和振动控制、大跨柔性屋盖风振反应等前沿理论领域,解决了多项关键理论问题,取得一些新进展;在工程实践活动方面,主持和参与设计的大型空间结构工程有:吉林滑冰馆、亚运会石景山体育馆和朝阳体育馆、冬季亚运会黑龙江省速滑馆、威海体育场等许多具有重要影响的建筑。

已发表"网壳结构的稳定性"、"大跨度张拉结构风致动力响应研究进展"等论文百余篇;出版著作5部,译著7部。获国家和省部级奖励10余项,其中获国家科学技术进步奖二等奖、建设部科学技术进步奖一等奖、黑龙江省科学技术进步奖一等奖等。 (丁 丁)

刘盛纲(Liu Shenggang) 中国安徽省人,1933年12月25日生于安徽肥东。激光工程、电子光学、微波电子学、高等教育管理。

1955年南京工学院(今东南大学)毕业。留校任教。1956年调成都电讯工程学院(现成都电子科技大学)工作,任苏联专家的翻译兼攻读研究生,1958年通过副博士学位论文答辩,留校任教,先后任该校高能电子学研究所所长、副院长,更名后的成都电子科技大学校长(1985~2001年)等职。兼任中国电子学会副理事长、中国真空电子学会会长、四川省科学技术协会副主席、大功率微波等3个国家重点实验室学术委员会主任、国防科学技术大学兼职教授等职。1980年当选为中国科学院学部委员(院士)。1990年当选为国际电磁科学院院士,同年受聘为美国田纳西大学杰出客座教授。

有多项开拓性、奠基性成果。建立起一种崭新的复合式静电强流电子光学系统;提出广义的强流电子轨迹方程;建立电子回旋中心坐标系下的电子回旋脉塞动力学体系;提出静电电子回旋脉塞、静电自由电子激光新概念,建立相应的线性与非线性理论;建立特殊准光学谐振系统,发展了相对论空间电荷波理论、自由电子激光的空间电荷波理论;近年相继提出电子注-波-等离子体三体互作用理论,离子通道混合不稳定性理论,离子通道电磁波泵自由电子激光理论;发展了微波等离子体激发准分子激光的理论;后研究电磁场与生物细胞互作用。

发表论文近200篇;著书4部,其中《微波电子学导论》获国家电子工业部优秀教材特等奖、国家教委优秀教材一等奖,《相对论电子学》获全国优秀科学技术图书奖一等奖。获全国科学大会奖、国家自然科学奖三等奖、国家技术发明奖三等奖等国家和省部级奖20余项。此外获1999年陈嘉庚奖、2002年国际红外领域最高奖博顿奖。 (李孙演)

徐性初(Xu Xingchu) 中国江西省人,1934年1月7日生于天津。精密机械加工工程、先进制造技术、仪器研制、机械学。

1955年大连工学院机械系毕业。历任国家机械工业部北京机床研究所技术员、工程师、高级工程师、研究室主任、副总工程师、研究所所长,国家机械工业部科学技术委员会副主任,机械科学院名誉院长,国家高效磨削工程技术研究中心学术委员会主任等职。1993年当选为中国科学院学部委员(院士)。

长期从事精密计量仪器、超精密机床的设计和制造。主持研制中国第一台一米纵动光电比长仪,用作检测长度传递用的基准米尺;负责研制成功以激光波长为长度基准制造一米光栅和磁栅的工作母机,在设计中首创"对称自由三点三层结构"工艺和无干扰力驱动系统,保证机械误差小于0.1微米,制造出当时中国最高精度的光栅和磁栅;开发了超精密加工新技术,创造出能均化误差的高稳定度、高刚度的气浮技术,以及负压预载反馈直线移动静压系统;先后用超精密加工技术研制成功超精密机床、超精密铣床和高精度圆度仪等新产品,旋转精度优于0.02微米,直接车出或铣削出的镜面粗糙度 $Ra \leqslant 2.5$ 纳米;建立关键部件制造技术,用精度为20微米的工具制成精度为0.02微米的主轴系统,而成本仅为常规加工方法的千分之几;主持研制高效率超精密机床,开发大批量高效加工硬磁盘和磁鼓的技术;2000年底主持有关中国制造业现状调查与对策研究。多次获国家和省部级奖励,其中有国家科学技术进步奖一等奖等。 (李孙演)

霍尔,C.A.R.(Hoare,Charles Antony Richard) 英国人,1934年1月11日生于斯里兰卡科伦坡。计算机科学与工程、数理逻辑、应用数学。

1956年获牛津大学默顿学院学士学位。1956~1958年在英国皇家海军服役并学习俄语。1959~1960年在苏联莫斯科大学读研究生课程,学习机器翻译语言。1960年返回英国,任伦敦埃利奥特·布拉泽计算机公司程序员。1966年任英国计算研究实验室首席科学家。1968年任英国国家计算中心主任。同年任女王大学计算机科学系教授。1977年任牛津大学詹姆斯·马丁计算讲座教授,1991任该校计算实验室主任,1999年退休。1982年当选为英国皇家学会会员。先后获美国宾夕法尼亚大学等5所高校荣誉博士学位。

20 世纪 60 年代，他发明“快速排序算法”(QUICKSORT)，能迅速对乱序作大幅调整，尤其适于因多次追加、删除而变得杂乱的数据集合；主持设计高级编程语言 ALGOL 60 的一个子集版本，其效率性、可靠性和简便性在各种版本中首屈一指，1963 年推出后大受欢迎；受国际信息处理联盟委托，在 ALGOL60 基础上开发出 ALGOL-X 新版本；发明 CASE 语句，具有多路分支、结构简明等特点，被后来各种语言广泛采用；发表里程碑意义的论文“计算机程序设计的公理基础”(1969 年)，提出公理化定义方法，创立公理语义学。70 年代后期，研究不同机器运行的不同程序如何互相通信和交换数据问题，实现了面向分布式系统的程序设计语言 CSP(现拓广为“混合通信顺序进程”)。80 年代，和布鲁克斯(S. Brooks)共同提出“CSP 理论”代数演算系统，开创了代数方法研究通信并发系统的先河；和中国周巢尘研究员等合作，在逻辑型混合计算模型中建立了时段演算，引起同行重视。

出版《操作系统技术》(1972 年)、《数理逻辑和程序设计语言》(1985 年)、《并发和通信的发展》(1990 年)、《机器推理和硬件设计》(1992 年)等专著。获美国计算机学会 1973 年程序系统与语言奖、1980 年图灵奖(世界计算机界最高奖)，美国信息处理学会联合会 1981 年哈里·古德奖，1985 年英国法拉第奖章，1990 年美国电气与电子工程师协会计算机先驱奖等。 (李 烨)

周世宁(Zhou Shining) 中国江苏省人，1934 年 1 月 12 日生于江苏扬州。*矿井安全工程、瓦斯防治技术、采矿工程学。*

1953 年中国矿业学院(现中国矿业大学)采矿系毕业。留校执教。中国矿业大学教授。1985 年、1995 年先后在澳大利亚新南威尔士大学、芬兰瓦萨工学院当客座教授。兼任中国煤炭工业技术委员会常务委员及安全分会主席等职。1999 年当选为中国工程院院士。

20 世纪 50～60 年代，跑遍中国各个瓦斯煤田，在实地观察和定量检测中取得第一手资料和数据；发现煤层和岩层构成一个孔隙、裂隙系统，煤层赋存条件决定瓦斯含量，而矿井巷道气压状态决定其分布地点；首次提出煤矿瓦斯地质特征八大要素，广泛用于预测和预防；首次把瓦斯对煤的吸附性与渗流理论中的达西定律相结合，建立了煤层瓦斯流动理论体系；首次进行瓦斯流动物理实验，导出巷道、回采面和钻孔瓦斯流动场内压力和流量的计算方程。70 年代，在国际上首次提出“煤层瓦斯应用力场”概念，发现地应力、瓦斯压力、透气系数和煤强度的相关性，将瓦斯流动理论推进到固-气耦合新领域；发明煤层透气系数测定方法，获 1983 年煤炭工业部科学技术进步奖一等奖。80～90 年代，发明胶圈-压力粘液封孔测定煤层瓦斯压力装置，大大缩短测定时间和提高测定精度，获 1986 年国家发明奖三等奖；发明三相泡沫密封技术，首次解决了在煤层大裂隙带中封孔测压的难题；创立“煤和瓦斯突出的流变假说”，用计算机技术首次建立煤层瓦斯流动的扩散模型。

发表论文近百篇；出版《煤和瓦斯突出的防治》(1979 年，与他人合撰)、《煤层瓦斯赋存与流动理论》(1998 年，与他人合撰)等著作。1986 年获“全国优秀科技工作者”称号和全国“五一劳动”奖章。 (陈 亮)

福格森，J. L.(Fergason，James Lee) 美国人，1934 年 1 月 12 日生于美国密苏里州瓦肯达，2008 年 12 月 9 日卒于加利福尼亚州门罗帕克。*光学工程、仪器研制、光电子学、液晶学、企业管理。*

1956 年获美国密苏里大学理学士学位。在得克萨斯州驻军短暂服役后，供职于宾夕法尼亚州西屋研究实验室。1966 年任俄亥俄州肯特州立大学液晶研究所副所长。1970 年成立美国国际液晶公司并任总裁。2001 年创办福格森专利权咨询与管理公司。同年获美国密苏里大学荣誉博士学位。

被誉为现代液晶显示器之父。20 世纪 60 年代初，他发现了扭曲向列液晶的场效应现象，为现代液晶科学奠定了基础，现在的所有液晶显示器都是根据这种偏光平面的扭转原理制成的。1963 年，为液晶显示(LCD)实用技术申请了第一个专利(美国专利第 3731986 号)。1970 年，公开展示了第一台实用型液晶屏。LCD 构造是在两片平行玻璃中间放置液态晶体和网状电路，用开关来控制杆状液晶分子以改变透射率和反射率，从而产生不同画面。1971 年，福格森公司首次为瑞士高路云(Gruen)手表公司电子表制作液晶屏，从此打开了全球几百亿美元的液晶市场。时至 1977 年，在电子表产业中 LCD 基本取代了发光二极管(LED)显示屏。接着液晶显示和投影技术结合产生 LCD 投影机，可产生不同灰度层次和多达 1 670 万种色彩的图像。2008 年，他在“立体三维图像”(3D)技术领域又获 5 项专利，其中包括把计算机 X 线断层摄像术数据转换为立体三维图像的方法。自 LCD 问世以来，它在工业和科学仪表仪器、医疗与防护器械、军事和安全系统、计算机和电视机以及公共大型屏幕、其他种类繁多的消费电子产品等领域不断拓展应用。

获 150 余项美国专利、500 余项外国专利。获多种奖项和荣誉，其中有 2006 年马萨诸塞理工学院勒梅森杰出成就奖、2007 年美国光学学会理查森奖章、2008 年美国电气与电子工程师协会西泽润一奖章等。1996 年，美国史密森学会将其发明原件收藏于美国历史博物馆。1998 年入选美国国家发明家名人堂。 (李啸虎)

米尔纳，R.(Milner，Robin) 英国人，1934 年 1 月 13 日生于英国英格兰普利茅斯的亚姆顿，2010 年 3 月 20 日卒于剑桥。*计算机科学与工程、通信工程、应用数学。*

1957 年获剑桥大学国王学院数学系学士学位。大学毕业后当过几年中学数学教师。1960 年到伦敦费伦蒂公司当计算机编程员。1963 年起先后供职于伦敦城市大学、斯旺西大学。1971～1972 年在美国斯坦福大学人工智能实验室工作。1973～1995 年执教于英国爱丁堡大学计算机科学系，受聘任教授，期间 1986 年创建该校计算机科学基础实验室。1995 年后一直任剑桥大学计算机实验室研究员，1996～1999 年任该实验室主任。

计算机标准元语言(ML)的开创者。20世纪70年代初，和戈顿(M. J. Gordon)等人提出形式化逻辑系统数学模型，实现了“可计算函数的逻辑”(LCF)。LCF兼有建模和验证工具双重功能，广泛用于验证各种计算机程序正确性，受到学术界高度评价。1980年在爱丁堡大学又主持开发成功“元语言”(ML)系统，一种用来描述、表达与验证其他语言的语言，具有比LCF更强的推理能力；为了实现ML的国际化和标准化，他成立了一个由各国专家组成的15人工作小组，采用电子邮件进行合作设计，标准ML于90年代初完成，已发展成为一种计算机通用语言。此外，用代数方法创造了一种概念框架系统“通信系统演算”(CCS)，可建立并发计算与并行计算，已成功用于目前描述通信协议的国际标准语言Lotos的规格说明，并为建立完整的真并发语义奠定了基础。

撰有《通信系统演算》(1980年)、《通信与并发》(1989年)、《标准ML的定义》(1990年)、《对标准ML的说明》(1997年)等专著，此外和万德(I. Wand)主编论文集《明天的计算：计算机科学的未来研究方向》(1996年)。1991年获世界计算机界最高荣誉——美国计算机学会图灵奖。（李 烨）

毛二可(Mao Erke) 中国内蒙古自治区人，1934年1月26日生于内蒙古赤峰。雷达工程、信息处理技术、微波电子学。

1956年北京工业学院(今北京理工大学)无线电系毕业。一直留校任教。历任北京理工大学雷达技术研究所副所长、无线电电子学研究所副所长、电子工程系教授。兼任国防科学工业委员会科学技术委员会委员及精确制导专业组副组长、信号处理学会雷达信号处理学科组组长、北京电子学会副理事长、北京市政府科学顾问等职。1995年当选为中国工程院院士。

长期从事雷达系统、雷达信号处理研究，在雷达杂波抑制方面取得重要科研成果。20世纪50年代以来，先后主持和参加30多项国家重点科研项目，为中国国防建设与发展作出了重要贡献。80年代，发明了模数混合动目标显示技术，解决了当时雷达系统抗无源干扰的紧迫问题，是中国动目标显示、动目标检测技术发展上的重大突破。90年代，提出全数字化波形分析动目标跟踪新技术；提出并研制一种新颖的阵列式电子设备，该项技术已于2000年通过验收，获得国家发明专利。

拥有发明专利10余项；撰有“频率步进雷达数字信号处理”(2001年)等论文。获国家和省部级奖20余项，其中国家发明奖二、三、四等奖多项，“模数混合动目标显示系统”获1987年国家发明奖二等奖；2010年获何梁何利科学与技术进步奖。（蒋春玉）

蔡睿贤(Cai Ruixian) 中国广东省人，1934年2月5日生于广东汕头。机械与动力工程、热机研制、工程热物理。

1951～1956年先后就读于清华大学航空系、北京航空学院、交通大学动力机械系。毕业后，先后在清华大学动力机械系、铁道部长春机车厂、中国科学院力学研究所工作。1980年起在中国科学院工程热物理研究所工作，历任副研究员、研究员、副所长、所长。兼任国际吸气式发动机学会国际执行委员会委员、国家自然科学基金工程与材料科学部主任、中国工程热物理学会理事长、《工程热物理学报》主编等职。1991年当选为中国科学院学部委员(院士)。

长期致力于叶轮机械、燃气轮机、热力循环及总能系统的研究开发。在叶轮机械理论方面，全面发展了吴仲华提出的中心流线法；在叶轮机械三元流动理论中首次导出环壁约束条件，并给出一系列三元标准解析解，若干新成果已被中外教科书采纳；提出总能系统热力分析比较法，总结出各种总能系统的多种简明定性规律；创立强调正确评价准则的热力学分析体系，提出一系列崭新的合理准则与系统分析；得出一系列崭新结论，指正某些国际权威著作的谬误并得到肯定；首次参与发现实用机组中内围带对轴流式压气机不稳定性能(如喘振等)的影响，对以后中国航空机地面多种型号机组的调试起到了指导作用；解决了压气机转子易弯等关键技术问题，并提出一种新的设计计算方法；导出工程热物理各分学科的一系列代数显式解析解，如非定常带激波可压流与非线性导热的解析解等；此外参与主持国家能源标准制订。

发表论文200多篇；主编《热工手册》等书。多次获国家和省部级奖励，其中有1985年国家科学技术进步奖二等奖、1986年中国科学院科学技术进步奖一等奖、1991年中国科学院自然科学奖二等奖等。（李孙演）

沃思，N.(Wirth, Niklaus) 瑞士人，1934年2月15日生于瑞士温特图尔。计算机科学与工程、程序设计、应用数学。

1958年获瑞士苏黎世联邦理工学院学士学位。1960年获加拿大莱维大学硕士学位。1963年获美国伯克利加利福尼亚大学博士学位。同年到斯坦福大学计算机科学系任教。1967年回国，执教于瑞士苏黎世大学。1968年后一直在苏黎世联邦理工学院任教授。1993年当选为美国国家工程院外籍院士。

结构化程序设计方法、PASCAL等语言的首创者。20世纪60年代，参与美国军方开发NELIAC语言编译器，首次可用自定语言撰写编译程序和进行自编译；1965年提出ALGOL-W编译器设计方案，次年在IBM360上成功实现并正式应用，推动了ALGOL系统的完善化，一举成名；开发了原作为辅助工具的PL360语言，后取得始所未料的广泛应用；回国后设计和实现PASCAL语言，很快风靡全球，创下了C语言问世前程序设计语言拷贝发行量世界记录。PASCAL 奠定了现代常用数据结构和控制结构的语言基础，具有里程碑式意义。70 年代，发表论文“通过逐步求精方式开发程序”（1971 年），提出“结构化程序设计”方法，即“自顶向下”分步降低抽象度，最后编出可执行程序，完全改变了原有程序设计方式，成为软件工程开发的一种标准方法；开发 Modula 语言，首次引进“模块”、“进程”等概念，具有并发程序设计等功能；开发 Modula-2 语言，由程序模块、定义模块和实现模块构成，更简洁、实用和有效，至今世界上已开发有这种编译系统近百个。80～90 年代，推进 Modula-2 标准化；用 Modula-2 开发 Lilith 操作系统，坚持实行计算机体系结构、语言和操作环境的集成化、一体化设计；致力于奥伯伦（Oberon）计划，将程序设计语言和操作系统相结合，力求超越 PASCAL 和 Modula，以建立更强大、更便捷的个人工作站。

著述颇丰，有《系统程序设计导论》（1973 年初版，已出德文第 5 版）、《算法＋数据结构＝程序》（1976 年）、《Modula-2 程序设计》（1988 年第 4 版）、《操作系统与编译器的设计》（1992 年）、《数字电路设计教程》（1995 年）、《编译器构造的原理和技术》（1996 年）等专著和教材。获美国计算机学会 1984 年图灵奖（国际计算机界最高奖）、1987 年计算机科学教育杰出贡献奖，美国电气与电子工程师协会 1983 年皮奥里奖、1988 年计算机先驱奖等。（李　烨）

段镇基（Duan Zhenji）　中国四川省人，1934 年 2 月 19 日生于四川成都，2009 年 6 月 27 日卒于北京。毛皮制革工程、皮鞋化工、材料科学、物理化学。

1952 年在四川大学干部补习班学习。1956 年成都工学院（今四川联合大学）皮革及鞣皮剂专业毕业。先后在中国国家轻工业部毛皮制革工业科学研究所、中国皮革工业研究所、中国皮革和制鞋工业研究院工作，教授级高级工程师。兼任中国皮革工业协会名誉副会长，四川大学皮革化学与工程教育部重点实验室学术委员会主任、特聘教授等职。1994 年选聘为中国工程院院士。

长期从事制革工艺与皮革化工材料研究开发，先后制作成功多种新型系列皮革涂饰材料。1949 年后，中国皮革业发展很快，已成长为有较完整工业体系、巨大发展潜力的创汇型产业，目前中国已成为全世界最大的皮革、鞋类加工中心和销售中心，他为此作出了重要贡献。20 世纪 70～80 年代，开创了新的助鞣技术，仅变化鞣制反应机理，就能加工出多品种、多用途、高质量的皮革，其中发明的 PAT 助鞣剂获 1986 年第二届全国发明展金牌奖；主持完成国家“六五”攻关项目“提高山羊皮革质量的研究”，可使生产的山羊面革质量接近国际先进水平，获 1987 年国家科学技术进步奖一等奖 。80～90 年，主持猪高档软底革的研究，率先发展了皮革树脂涂饰技术，能够加工修饰粒面皮革，质量接近进口黄牛底革，为美化猪革、利用残次原皮、提高猪革档次开辟了新领域，获国家轻工业部科学技术进步奖二等奖；主持研制成功防铬污染助鞣剂等化学材料，对促进中国制革业的清洁生产作出了重要贡献。

多次获国家和省部级奖励，其中还有：1978 年全国科学大会先进个人奖，“六五”科技攻关先进个人奖等。（武光明）

钟万勰（Zhong Wanxie）　中国浙江省人，1934 年 2 月 24 日生于上海。结构工程、工程力学、应用数学、工程管理。

1956 年同济大学道桥系桥梁隧道工程专业毕业。历任中国科学院力学研究所实习员，大连工学院讲师、教授，大连理工大学工程力学研究所所长。兼任国际计算力学会常务理事，中国力学会副理事长，英国威尔士大学、上海交通大学、同济大学和香港大学等校名誉教授。1993 年当选为中国科学院学部委员（院士）。

20 世纪 60～70 年代，发现潜艇耐压锥、柱结合壳失稳的不利构造形式；主持研制一系列工程应用软件，其中包括三维大型有限元系统 JIGFEX/DDJ（结构分析/多单元与多工况）通用程序；在上海电视塔整体起吊的重大项目中，他运用群论原理在很小的国产计算机上出色地解决了技术难题。80～90 年代，提出基于序列二次规划的结构优化算法，参与研制出大量具有先进水平的结构分析软件，例如可处理多设计变量、多工况、多约束的结构优化程序系统（DDDU），并深入讨论了各种优化方法的关系；先后提出新的结构极限分析上、下限定理，主持多项结构工程的计算分析；在弹-塑性变形及接触问题上，率先运用参变量变分原理及相应的参变量二次规划算法；主持开发成功平面框架板架、空间网架刚架、薄壁杆体、升板结构、国家水塔标准图系列三维力学分析等一大批工程软件，在中国广泛应用；发现了结构力学与最优控制相模拟，据此又提出弹性力学求解新体系、精细积分方法论。

至 2002 年，已发表论文 200 余篇；出版著作 7 部。获国家和省部级科技奖多项，其中有 1978 年全国科学大会奖、1982 年国家自然科学奖、1990 年国家教委科学技术进步奖一等奖、1991 年国家自然科学奖二等奖等。2011 年获第 18 届国际计算与实验科学工程大会终身成就奖。（虞为慈）

何毓琦（Ho，Yu-Chi）　华裔美国人，1934 年 3 月 1 日生于中国上海。自动控制、系统科学与工程、应用数学。

祖籍中国浙江诸暨。1949 年（15 岁）移居美国。1953 年、1955 年先后获马萨诸塞理工学院电气工程学士、硕士学位。后到拜迪克斯飞机制造公司工作 3 年。1961 年获哈佛大学应用数学博士学位。同年加入美国籍。留校工程与应用科学系（今工程与应用科学学院）任教，1965 年任终身教授，1969 年任麦凯讲座教授，2001 年退休任名誉教授。1971～1973 年任美国电气与电子工程师协会咨询委员会主席，1988 年任该会机器人与自动化学会会长。兼任美国政府多个专业委员会和工业组织的顾问。1988 年当选为美国国家工程院院士。2000 年当选为中国科学院、中国工程院外籍院士。

动态系统现代控制理论创导者之一。长期从事系统科学与工程应用研究，在最优控制和滤波，微分对策，模式识别、信息结构和组队论、激励控制理论和博弈论等领域，均有杰出贡献，尤其开创了离散事件动力系统及其扰动分析、序优化等新方向。1955 年读研时，发表第一篇论文"基于延迟方法的闭环系统时域补偿"，提出一种整合分析新方法。20 世纪 60 年代，与卡尔曼(R. E. Kalman)开创用状态空间来简洁模拟和分析动态系统，突破了多重拉普拉斯转换编码的流行方法；和学生 R. 李(Robert Lee)合写"不确定性估计和控制的贝叶斯方法"，提出普适的一般方法；和他的第一位博士生卡什(R. L. Kashyap)提出了模式识别的何-卡什规则；1965 年发表"微分博弈论和最优追捕逃脱战略"，证明了均衡引导方案的最优性，被誉为具有里程碑意义；论文"非零和微分博弈论"，开创了系统控制中一般对策理论研究新途径；提出团队论概念，研究了"部分包括"信息结构。70 年代起，侧重研究离散事件动态系统，在扰动分析和序优化方面有开创性贡献。其成果已导致生产自动化、通信网络等一系列新突破。1979 年起多次回祖国讲学、开设培训班和开展合作研究。

拥有发明专利多项；发表论文百余篇；与他人合写专著主要有：《应用最优控制》(1969 年初版，1975 年再版)、《大规模系统的方向》(1976 年)、《离散事件动态系统和扰动分析》(1991 年)、《序优化：疑难问题软优化》(2007 年)等；另有随感《科学人生纵横》(2009 年)。获 1989 年美国电气与电子工程师协会控制科学与工程奖、1999 年美国自动控制委员会贝尔曼控制文物奖、1999 年美国机械工程学会奥登伯格奖、2004 年国际动态博弈学会艾萨克斯奖等。 (李　烨)

陈国良(Chen Guoliang)　中国江苏省人，1934 年 3 月 2 日生于江苏宜兴，2011 年 5 月 25 日卒于北京。*金相热处理工程、高温合金工程、金属材料学、物理化学。*

1951 年考入北洋大学(今天津大学)冶金系。因院系调整，1952 年先到清华大学，一年后转到北京钢铁学院(今北京科学技术大学)金相热处理专业，1955 年获学士学位。毕业后一直留校工作，1983～1993 年任材料系主任，1986 年任教授，1991～1998 年任新金属材料国家重点实验室主任，后任学术委员会主任。期间，1979～1981 年先后在美国哥伦比亚大学、美国纳西大学、德国马普研究所做访问学者。1999 年当选为中国工程院院士。

20 世纪 80 年代起，从事新型金属材料及其制备技术研究，致力于金属间化合物结构材料和普通铸造大块金属玻璃等新领域。创建中国第一个高温合金专业；解决了中国歼-6 型歼击机发动机一、二级涡轮盘材料重大质量问题；制成作为石油催化裂化能量回收装置的烟气轮机转子大型轮盘及叶片等关键高温合金材料；从中国资源特点出发研究解决铁基合金脆性问题，开发中国铁基合金材料；建立疲劳蠕变交互作用理论和热端部件寿命估算方法，发展高温合金材料学；1995 年研制成功高铌钛铝合金，被国际上评为"发展高温高性能钛铝合金首例"，目前各国相继开展研究；开发了新一代钛铝合金及其工业应用，发展了具有中国特色的高温合金系统。在推动发展等轴细晶铸造、雾化喷射成形和显微力学探针的应用等方面做了大量工作。

获国家专利 4 项；发表论文 300 余篇；出版《有序金属间化合物结构材料物理金属学基础》、《高温合金学》等专著、译著 10 部。1980 年获在美国召开的第四届高温合金国际会议唯一最佳论文奖。先后获国家和部委级奖励 20 余项。 (吴秋轩)

林祥棣(Lin Xiangdi)　中国江苏省人，1934 年 3 月 22 日生于江苏南通。*光学工程、仪器研制、光电子学、高等教育管理。*

1956 年浙江大学机械系光学仪器专业毕业。到中国科学院长春光学精密机械研究所工作，曾任研究室主任、研究所系统工程总体组组长。1973 年奉命到四川省大邑县深山参与组建中国科学院光电技术研究所，先后任研究所科技负责人、副研究员、研究员、副所长、所学术委员会主任、名誉主任。1984 年光电技术研究所迁至成都市后，先后任中国科学院成都分院院长，西南科学技术大学校长。兼任中国光学学会常务理事兼副秘书长，中国宇航学会测控专业委员会副主任，四川省科学技术顾问团副主任，四川省光学学会理事长、名誉理事长，微细加工光学技术国家重点实验室学术委员会副主任等职。1997 年当选为中国工程院院士。

20 世纪 70 年代以来，参与主持研制光电测量设备；随后开展微电子光学专用设备研制；在中国开拓了自适应光学技术研究领域。先后任国家高技术 863 计划 409 主题专家组专家、国家"863"计划 808 重大专项专家组组长，领导或参与领导完成多项国家重点光学工程、光电跟踪测量系统工程的研制工作。

科学研究成果曾获国家科学技术进步奖特等奖、光华科学技术二等奖、中国科学院科学技术进步奖一、二、三等奖等近 10 项，此外获 2001 年国家 863 计划重要贡献奖。 (刘金龙)

王淀佐(Wang Dianzuo)　中国辽宁省人，1934 年 3 月 23 日生于辽宁凌海。*选矿工程、矿冶学、高等教育管理。*

1949 年入东北大学政治学院。1950 年任东北有色金属局选矿科、冶金部有色金属管理局见习技术员，后任技术员。1956 年再上大学，1961 年中南矿冶学院(今中南工业大学)采矿系毕业。留校任教，曾任中南工业大学副校长、校长。1991 年起任北京有色金属研究总院院长、名誉院长，中南工业大学教授、兼中国工程院副院长及咨询工作委员会主任，中国有色金属学会副理事长。1990 年当选为美国国家工程院外籍院士。1991 年当选为中国科学院学部委员(院士)。1994 年选聘为中国工程院院士。2006 年当选为俄罗斯科学院外籍院士。

系统分析总结了浮选剂结构-性能关系，建立起浮选剂分子设计理论，运用定量计算和分子结构组装模型设计各种特定用途的药剂；在对硫化矿浮选领域三大难题作统一理论诠释基础上，开发电化学控制及无捕收剂浮选工艺；总结出盐类矿物浮选 4 条规则，促进了浮选理论的定量化和实用化；提出"粗粒效应"新概念，丰富了细粒选矿理论，发展了分子载体浮选和开孔挡板搅拌器等新技术。所创立的浮选化学理论已成为现代浮选理论的基础，被国内外学者公认为是浮选技术的发展方向。

取得国家专利3项；发表论文300余篇；出版《浮选剂作用原理及应用》(1982年)、《稀土选矿与提取技术》(1996年，与他人合著)等专著教材8部。获国家和省部级奖励10余项。1994年获何梁何利科学与技术进步奖。（李孙演）

霍莱因，H.（Hollein，Hans） 奥地利人，1934年3月30日生于奥地利维也纳，2014年4月24日卒于同地。土木工程、城市规划、建筑学、工艺美术。

1949～1953年就读于维也纳联邦工艺学院土木工程系。1956年毕业于维也纳美术研究院的建筑学院。1958～1959年就读于美国芝加哥伊利诺伊理工学院建筑规划系。1960年获伯克利加利福尼亚大学建筑学硕士学位。后在美国、瑞典、德国等地建筑事务所工作。1965年在维也纳开设霍莱因建筑师事务所。1966年起兼任奥地利、法国、意大利、日本和美国等多个建筑师事务所设计顾问。1967～1976年兼教于德国杜塞尔多夫美术学院。1970～1976年兼任维也纳《Bau》杂志主编。1976～1979年任维也纳大学设计学院教授兼院长。1979年任维也纳应用艺术学院教授。是美国圣路易斯华盛顿大学、耶鲁大学客座教授。

新功能主义建筑学派重要代表人物，将传统的功能主义加以当代的诠释和拓展，既考虑建筑的物质性和可量化性，又考虑到气氛或舒适度等因素，并善于从当地土著建筑风格中学习。所设计的作品无论是私宅公寓还是购物中心，是博物馆还是办公大楼，都呈现大胆的外形与用色，精巧的细部与装潢。设计的美国纽约费根美术馆(1970年)获得普遍赞赏，评论认为这一作品融合了建筑师的空间感和金匠的工艺感，制造出一种精致的艺术氛围。设计的法国奥弗涅多姆山区欧洲火山博物馆(1997～2002年)，主体是一个斜陷入地层的巨大圆锥体，露出地层的外表面饰以当地黑色的火山岩，内侧嵌入发亮的金属箔，处处给人以身临火山口的炽热感觉。他是多产建筑师，代表作中还有：奥地利维也纳雷蒂蜡烛商店(1964～1965年)、维也纳舒林珠宝店(1972年)、德国巴赫博物馆(1972～1982年)、德国法兰克福现代艺术博物馆(1987～1991年)、列支敦士登公国中央银行大楼(1997～2002年)和伊朗德黑兰玻璃和陶瓷博物馆等。

他还是一个有名望的家具制作师、银匠和画家。出版著作《维也纳的梦想与现实》(1987年，与他人合著)、《设计：人的改变》(1989年)、《汉斯·霍莱因作品：法兰克福现代艺术博物馆》(1992年)、《汉斯·霍莱因建筑学和城市规划思想》(1992年)等。获1985年普利兹克建筑奖(国际建筑界最高奖)；此外获1966年、1984年雷诺兹纪念奖，1983年奥地利国家奖章，1990年奥地利科学与艺术荣誉奖章，维也纳市金质奖章等。（李　烨）

黑川纪章（Kurokawa，Kisho） 日本人，1934年4月生于日本名古屋，2007年10月12日卒于日本东京。土木工程、建筑学、城市规划。

出生于建筑世家，父亲和弟弟都是建筑师。1957年、1959年和1964年先后获东京大学建筑系学士、硕士和博士学位，师从著名建筑师丹下健三。1960年参加日本建筑界“新陈代谢”组织，作为中心成员活动。1962年开设黑川纪章建筑都市设计事务所。因心脏衰竭去世。

20世纪60年代起日本改革现代主义、国际主义建筑风格的主要人物，与矶崎新、安藤忠雄并称日本现代建筑界三杰，享誉国际。设计思想以“共生哲学”为核心，“共生”指的是人和自然、城市与自然、科学与艺术的共生。建筑风格上融合现代与传统，重视日本民族文化与西方现代文化的结合，不同地方性的相互渗透。提出“灰空间”的建筑概念，既指色彩，又指介乎于室内外的过渡空间。在色彩上，提倡使用江户时期流行的“利休灰”思想，以红、蓝、黄、绿、白混合出不同的灰色装饰建筑；空间上，重要位置上大量采用庭院、过廊等过渡空间。例如，他特别看重的作品日本国立民族学博物馆建筑(1977～1989年)，设计上运用方形环绕中间庭院的逐步增加的基本单体，在整个建筑群中部是一个以四个圆柱为角的方形庭院式大型建筑，所有建筑单体对外都只设计很少的窗口，造成向内开放，向外封闭的特点；采用日本传统建筑的灰色(江户时期流行的“利休灰”)，形成二、三维不清的形态，增加遐想空间。在代表作品中，日本的还有：螺旋体城市方案(1961年)、东京银座舱体楼(1972年)、福冈银行本店(1975年)、大阪“索尼塔”(1976年)、日本红十字会总部大楼(1977年)、琦玉县立近代美术馆(1982年)、东京瓦科尔曲町大楼(1983年)，东京国家美术馆(2005年)等；国外的有：马来西亚吉隆坡国际机场，荷兰阿姆斯特丹梵·高美术馆新馆，中国郑州新区“中日青年交流中心(21世纪饭店)”(1990年)，中国南京艺兰斋美术馆(2005年)等。为世界各地设计的建筑工程，仅博物馆或美术馆类就有近30座。

主要著作《共生的思想》(1987年初版，1996年再版更名为《新·共生的思想》)，出过英文、法文、意大利文等版本，1992年获美国最优秀建筑图书奖。1993年美国麦克尔·布拉克伍德电影制作公司拍摄了记录影片《黑川纪章》。曾获多项国际大奖和多种荣誉。（李　烨）

蔡鹤皋（Cai Hegao） 中国北京市人，1934年6月5日生于吉林长春。机械电子工程、人工智能、机器人学。

1958年哈尔滨工业大学机械工程系毕业。一直留校任教，教授，先后任机器人研究所所长、名誉所长，机电控制及自动化系主任。其间1979～1982年在美国伯克利加利福尼亚大学机械工程系做访问学者。兼任国家863计划智能机器人专家组成员、中国宇航学会机器人专业委员会主任、全国高校机械工程测试技术研究会理事长、智能机器人机构研究网点开放实验室主任等职。1997年当选为中国工程院院士。

担任航天部机器人总设计师，主持研制成功中国第一台弧焊机器人、第一台点焊机器人，解决了机器人轨迹控制精度及路径预测控制等关键技术；先后研制出的

17台6种型号焊接机器人，已批量生产并用于各个行业；提出主轴回转运动误差理论新概念，建立回转运动误差理论；研制成功主轴摆角误差动态测量仪；开发出机器人包装码垛生产线，在石油化工行业实现包装高技术产业化和国产化；在智能机器人领域取得机器人机构仿真、机器人力控制、柔顺运动控制、多传感器灵巧手、纳米级微驱动系统等多项研究成果。此外，建立了中国第一个机电控制及自动化学科博士点。

有国家发明专利3项；发表论文百余篇；出版专著3部。获国家和省部级奖10余项，其中航天工业部科学技术进步奖一等奖2项，国家科学技术进步奖二等奖、国防工办重大科学技术成果一等奖、航天基金奖各1项。被评为国家863计划"八五"先进科研工作者。

（李啸虎）

胡启恒(Hu Qiheng)　中国陕西省人，1934年6月15日生于北京。自动控制、模式识别、人工智能、科技管理。

1954年公派赴苏联留学，1959年和1963年先后获莫斯科化工机械学院工业自动化专业学士、副博士学位。同年回国，一直在中国科学院自动化研究所工作，研究员，先后任自动化研究所所长，中国科学院副秘书长、秘书长、副院长等职。期间1980～1982年任美国凯斯西储大学客座研究教授。先后兼任中国自动化学会理事长、中国计算机学会理事长、世界数据组织中国委员会主席、中国互联网协会理事长、中国科学技术协会副主席、中国科学数据库专家委员会主任等职。1994年选聘为中国工程院院士。1995年当选为乌克兰国家科学院外籍院士。

中国著名自动控制女专家。20世纪60年代，协助主持兰州302厂合成氨车间自动化试点会战，建立合成塔数学模型和车间最优工况方案。70年代，与戴汝为等人在中国率先开展模式识别研究，主持用相关法识别打印的数字试验，1974年研制成功手写字符模式识别系统；发展了识别算法及其应用，其中主持开发并与邮电部第三研究所合作研制的信函自动分检手写邮码识别机，获1978年全国科学大会奖、中国科学院重大科学技术成果奖。80～90年代及以来，提出了基于模式的信息分析和决策规则的自动归纳推断方法；领导建成中国在模式识别领域的第一个国家重点实验室；参与建立中国科学院知识与智能科学实验室；主持建立中国科学数据库及其信息系统，获1997年中国科学院科学技术进步奖一等奖、1998年国家科学技术进步奖二等奖；对中国科学院体制改革、高技术向生产力转化、国际互联网在中国的发展以及国际交流合作的政策研究与实践等领域，都作出了贡献。

（李　烨）

王启明(Wang Qiming)　中国福建省人，1934年7月3日生于福建泉州。半导体材料工程、激光工程、光电子学、半导体物理。

1956年复旦大学物理系毕业。历任中国科学院物理研究所实习研究员、助理研究员，中国科学院半导体研究所副研究员、研究员、研究室主任、所长。兼任国家863计划信息领域专家委员会委员，中国半导体学会信息光电子专业委员会主任，浙江大学、东南大学等校兼职教授。美国纽约科学院外籍院士。1991年当选为中国科学院学部委员(院士)。

20世纪60年代，主持研制出中国第一个室温连续波运行的砷化钙半导体激光器；先后使短波长、长波长激光器寿命突破10万小时，达到实用水平；合作研制出中国第一台高精度程控降温外延炉；参与负责筹建中国第一个国家级半导体测试基地，建立一系列材料测试系统；发现双光丝自调Q效应、异质结界面电荷存储记忆效应、双向负阻效应。70年代后，率先在中国开发成功短波长半导体激光器、硅雪崩光电探测器；与国际同步开发双稳态半导体激光器，提出增益锁定概念和相关注入技术，实现波长变换与锁定；80～90年代及后，首次采用共振腔增强结构研制光电子探测器；成功生长镓-硅量子点相干阵列，研制出量子阱激光器和调制器；主持光网络及其节点功能研究；主持"支撑高速大容量信息网络光子集成基础研究"等国家973重大项目。

发表论文百余篇。多次获国家和部委级奖励。此外获1999年何梁何利科学与技术进步奖、2001年中国光通信与集成光学杰出贡献奖。

（李孙演）

许居衍(Xu Juyan)　中国福建省人，1934年7月9日生于福建闽侯。集成电路工程、半导体物理、微波电子学、技术经济学。

1957年厦门大学物理系毕业。历任电子工业部第24研究所、无锡微电子科研中心研究员，现任中国华晶电子集团公司总工程师、科学技术委员会主任、高级顾问，教授级高级工程师。兼任国务院电子振兴领导小组顾问、电子工业部科学技术委员会委员、中国半导体行业协会顾问等职。1995年当选为中国工程院院士。

20世纪60年，筹建一条包括自制设备在内的集成电路工艺研制线，开发平面工艺技术，研制成功中国第一代单片硅平面集成电路，并实现产业化；研制成功高速发射极分流限制饱和逻辑电路，应用于国防科研某系列计算机。70年代，筹建新工艺研究室，组织大规模集成基础技术的开拓性研究；开发成功离子掺杂技术，研制出集成注入肖特基逻辑电路等创新电路结构，应用于脉宽调制；主持研制成功附带图形发生器、图形数字转换仪的计算机辅助制版系统，以及集成电路计算机辅助图形编辑系统；研制成功4 096位动态随机存储器、8位微处理器等多种大规模集成电路。80年代后，探索科研与生产结合新模式，促成中国当时最大科研生产联合企业建立，形成南方微电子基地；开展微电子技术经济学研究，探索半导体工业经济波动规律；参与制订中国微电子工业发展战略，完成集成电路技术产业化、微电子技术发展前景预测等课题；主持国家重大科学技术攻关，完成集成电路大生产技术研究和关键产品开发等项目。

主要论文有"硅次掺杂层的平均载流子迁移率"、"集成注入肖特基逻辑"等。多次获国家和省部级奖励，其中有1978年全国科学大会奖、国家科学技术进步奖等。

（李　烨）

葛修润(Ge Xiurun) 中国上海市人,1934 年 7 月 12 日生于上海。*水利水电工程、结构工程、岩土力学。*

1952～1953 年在清华大学水利系学习。1954 年公派苏联留学,1959 年敖德萨建筑工程学院水利系毕业。回国后,长期在中国科学院武汉岩土力学研究所工作。1981～1983 年,在德国卡尔斯鲁厄大学岩土力学研究所从事合作研究。现为上海交通大学建筑工程与力学学院教授,曾兼任中国岩土工程研究中心技术委员会主任等职。1995 年当选为中国工程院院士。

20 世纪 60 年代,参与主持大冶铁矿南邦边坡岩体力学试验,独立完成稳定分析报告和试验总结报告,开中国岩体力学结合大型原位边坡试验之先河。70 年代,作为最早将有限元法引入中国岩体工程的学者之一,主持 511 工程大型火电厂地下洞室群非线性分析,创中国大型地下工程应用有限元法首例;1974 年完成葛洲坝工程二江泄水闸抗滑稳定非线性分析,为该工程作出重要贡献。80 年代,主持葛洲坝二江工程岩质边坡稳定性分析,获 1985 年国家科学技术进步奖特等奖;主持清江隔河岩重力拱坝连同复杂岩基的三维非线性有限元分析;此外,还主持广州抽水蓄能电站蚀变花岗岩膨胀和力学性能研究、与他人合作完成三维无界元和节理无界元研究等重要国家课题。90 年代,主持大冶铁矿北邦滑坡整治与监测工作,获 1994 年度湖北省科技进步一等奖;主持完成三峡工程岩土力学系列课题,例如永久船闸高边坡三维弹-脆-塑性分析、临时船闸和升船机之间隔墩岩体力学性状研究等;1993 年研制成功数控液压伺服岩石力学多功能试验机;近年主持完成铜绿山、永平铜矿、海南铁矿等大型矿山边坡工程,银山铅锌矿、武山铜矿尾矿坝等特殊土坝边坡稳定性评价与整治工程。

有论文百余篇;专著、译著多部。获国家和省部级奖励 10 余项。 (沙治银)

胡正寰(Hu Zhenghuan) 中国湖北省人,1934 年 7 月 18 日生于黑龙江哈尔滨。*金属塑性成型工程、先进制造技术。*

1957 年北京钢铁学院(今北京科学技术大学)机械系毕业。一直留校任教,教授,国家高效零件轧制研究与推广中心主任。兼任中国机械工程学会锻压分会理事长等职。1997 年当选为中国工程院院士。

长期致力于轴类零件轧制(斜轧与楔横轧)成形工艺的研究、开发与推广。斜轧、楔横轧作为轴类零件成形新工艺,与传统锻造、切削成形工艺相比,具有效率高、节材节能、无冲击少噪声、产品质量好、寿命长等优点,因难度大而至今仅为极少数国家全面掌握。从 1958 年领导课题组起,探索开发斜轧、楔横轧新型轧制工艺生产机器零件,逐步建立起中国轧制技术体系,到 20 世纪 80 年代末中国已与日本、苏联并列为世界三个全面掌握该技术国家,成果被国家科委列入《中华人民共和国重大成果选集(1977～1988)》,并被评为"全国十大典型推广项目"之一。统计至 2000 年,已在中国 23 个省市推广零件轧制生产线 90 多条,开发投产轿车变速箱输入轴、发动机六缸凸轮轴等零件 300 多种,累计生产 200 多万吨,效益显著。继而从事零件精确轧制成形机理与多学科仿真,轧制模具计算机设计、制造与仿真研究等国家重点课题。

发表论文近百篇;出版《楔横轧理论及应用》、《楔横轧零件成形技术与模拟仿真》(2004 年,与他人合著)、零件轧制成形技术(2010 年)等专著 5 部,其中《斜轧与楔横轧原理工艺及设备》获全国优秀科学技术图书奖;《金属塑性成型手册》(2 卷,2009 年)。参与主编先后获国家和省部级奖 20 余项。 (侯伯勤)

马福邦(Ma Fubang) 中国广东省人,1934 年 7 月 26 日生于广东顺德,2004 年 5 月 30 日卒于浙江杭州。*核反应堆工程、工程核物理、能源科学、工程管理。*

1955 年清华大学电机系毕业。1955～1984 年在国家第二机械工业部原子能研究所(今中国原子能科学研究院)工作,历任重水堆研究室值班主任、组长、总工程师、室主任,教授级高级工程师,1980 年任堆工部副主任,1983 年任副所长。1984 年奉调国家核工业部,先后任该部科技核电局副局长、局长。1988 年任中国核工业总公司总经理助理兼核电局局长,1993 年任总公司总工程师,1999 年任集团公司顾问。期间,1992～1996 年兼任秦山核电站二期工程董事长。曾兼任广东岭澳核电有限公司副董事长等职。1994 年当选为中国工程院院士。在出差期间,因突发心脏病去世。

20 世纪 50 年代,参与中国第一座研究型重水实验堆的建造。70～80 年代,作为技术负责人领导和主持改建中国第一座重水反应堆工程,获得关键性技术突破,实现不停堆取放同位素,创立诊断堆内燃料组件通道故障的"瞬态流量法";在降低成本、提高安全的情况下,延长反应堆使用寿命至 40 余年,同时显著提高性能,其中最大中子通量增加一倍,为当时世界上使用低浓缩铀的实验堆最高值,功率由 10 兆瓦提高到 15 兆瓦;后又将"瞬态流量法"推广用于国内重水堆和其他反应堆的在役检查,取得显著的经济、社会和环境效益。此项成果获 1985 年国家科学技术进步奖一等奖。80 年代,作为总公司技术负责人,筹划和主持中国第一个成套核研究工程出口项目,与阿尔及利亚合作建设重水堆研究堆工程,创下了当时出口项目两项全国第一,即高技术大型成套设备和技术出口第一,单项技术出口项目合同金额第一,被誉为"南南合作典范";期间,从对外技术谈判、技术方案确定、设计队伍组织,到安全准则编制、重大技术问题决策、工程安装启动等全过程中,他均起到了关键作用。90 年代,负责秦山核电站二期工程建设,克服各种困难,确保工程顺利进行和竣工。另外还获 1978 年全国科学大会奖,原国防科学委员会重大成果奖二、三等奖等近 10 项。 (李 朱)

曹春晓(Cao Chunxiao) 中国浙江省人,1934 年 8 月 6 日生于浙江上虞。*冶金工程、航空航天材料工程、金属学。*

1956 年交通大学机械系毕业。航空航天部北京航空材料研究院研究员,院学术委员会主任。兼任中国航空学会材料工程分会副理事长等职。1997 年当选为中国科学院院士。

长期从事航空材料研制，不断开创新型钛合金和钛-铝系金属间化合物，主持完成研制 TC4、TC11、Ti-5 等钛合金及其应用研究，建立中国航空发动机用钛合金材料体系，显著减轻飞机结构重量，提高了飞机及发动机的关键性能，为中国钛工业发展和在航空工业中应用奠定基础。创立新型均匀化熔铸工艺等关键技术，首次显著改善大锻件组织性能的均匀性和稳定性，研制成功可耐 650～700℃高温的铝钛合金 TD2，进而又开发出新一代 TD3 和 TD4。使 TC11 钛合金材料、盘模锻件及其工艺的各种关键指标达到国际先进水平，解决了两种新型航空发动机的急需，保证两种新型歼击机首飞成功，该成果获 1987 年度国家科学技术进步奖一等奖。首次利用特定的相变模式优化钛合金性能，创立新型的热处理技术和高低温交替热变形强韧化技术，显著提高钛合金的蠕变抗力、断裂韧性和疲劳裂纹扩展抗力，其中热处理技术获 1995 年度国家发明奖三等奖，热变形技术获 1999 年度国家科学技术进步奖二等奖和国家发明奖一等奖。此外，在钛合金强化机制、阻燃机理、疲劳裂纹扩展特征等基础性研究上也取得开创性成果。

发表论文百余篇。获国家和省部级奖励 10 余项，其中有 1978 年全国科学大会奖、1996 年光华科技基金一等奖、2001 年中国航空最高奖“航空报国金奖”等。

（卢敬军）

高庆狮（Gao Qingshi） 中国福建省人，1934 年 8 月 18 日生于福建厦门，2011 年 5 月 15 日卒于北京。计算机科学与工程、总体结构设计、应用数学。

原籍福建漳州，商人家庭出身。1957 年北京大学数学力学系毕业。到中国科学院计算技术研究所工作，后升至研究员。1994 年起任北京科学技术大学信息工程学院教授。曾在加拿大、美国和日本等国几所大学和研究所任客座教授，加拿大、香港有关计算机公司首席研究员、高级顾问。兼任中国科学院计算技术研究所首席研究员，中国科学技术大学、大连理工大学等校兼职教授。1980 年当选为中国科学院学部委员（院士）。

长期从事大型巨型机体系结构、并行算法、自然语言处理、人工智能等领域研究开发。作为总体结构设计负责人之一，参与主持研制中国第一台大型通用电子管计算机（119 机）、中国第一台大型通用晶体管计算机（109 乙机）；参与主持中国第一台 10 万次/秒以上晶体管通用计算机（109 丙机），开发出中国第一个管理程序，在“两弹一星”研制中起重大作用而被誉为“功勋计算机”；参与负责中国第一颗人造卫星地面控制中心设计；中国第一台超大型向量计算机新体系结构原理提出者、总体设计负责人。在设计理论上，提出纵横加工向量机、纵横并行算法、虚共存细胞结构纵横加工向量机、类人机译原理、宏变换、选择跳跃搜索、素数快速计算存储系统、分段线性无冲突斜排存储系统等新思想。近期从事网络安全研究开发。

发表论文百余篇；撰写论证报告数十篇；出版《数字计算机系统功能设计导引》（1983 年）等专著。多次获奖，其中全国科学大会重大成果奖 4 项、国家科学技术进步奖一等奖 2 项、中国科学院科学技术进步奖特等奖 1 项等。

（李　烨）

贝尔，C. G.（Bell，Chester Gordon） 美国人，1934 年 8 月 19 日生于美国密苏里州凯茨维尔。计算机科学与工程、电气电子工程、应用数学。

电器商店店主的儿子，6 岁起就在父亲店里干活。1956 年和 1957 年先后获马萨诸塞理工学院电气工程学士、硕士学位。1957～1959 年任教于澳大利亚新南威尔士大学计算机系。回国后，在马萨诸塞理工学院语言通信实验室当工程师，同时攻读博士学位。1960 年供职于美国数字设备公司，负责开发小型计算机。1966 年到卡内基-梅隆大学计算机系任教，兼任美国数字设备公司顾问。1972 年任美国数字设备公司工程部副主任。1983 年与人合伙开办恩科尔公司。1986 年供职于达纳集团公司。同年出任美国科学基金会计算机与信息科学工程处处长。是美国国家科学院院士。

计算机小型化的首创者，被誉为“小型机之父”。20 世纪 60 年代，为马萨诸塞理工学院自行研制的 TX-0 计算机开发语音输入设备，编写的语音识别“综合分析”程序至今仍在使用；在美国数字设备公司主持设计程序数据处理器（PDP）系列小型机，其中，PDP-1 开创了小型机时代；PDP-8 是第一台台式计算机，共生产 10 万多台，创下了历史新记录；PDP-11 首次采用通用寄存器、后进先出的信息检索机制、单总线等技术，成了当时小型机市场的霸主。由于贝尔等人的努力，计算机第一次由巨型化（庞然如大楼）、“贵族化”（价格上百万美元）变成了小型化（家用冰箱大小）、“平民化”（价格一万多美元），为各领域的计算机化铺平了道路。70 年代，在卡内基-梅隆大学主持开发多处理机系统 C. mmp 和 C_m*，发展了并行处理和分布式处理技术；1978 年为美国数字设备公司开发出 VAX-11，很快占有小型机市场份额 40%，几乎成为一种工业标准。80 年代，为该公司制定和实施 VAX 产品战略，通过开发以太网让一个企业各层次所用 VAX 机联成一体，是最早的“内部网”（Intranet）。

拥有多种专利；出版教材《计算机结构：教程与习题》（第一卷 1971 年、第二卷 1982 年，与他人合作），专著《计算机设计与数字系统》（1972 年）、《计算机工程：从数字设备公司看硬件系统设计》（1978 年）、《高技术风险：企业家的成功之路》（1991 年）等。除获美国电气与电子工程师协会 1980 年计算机先驱奖外，还有麦克道尔奖、梅隆奖、埃克特-莫奇利奖、美国微波通信公司 1995 年信息技术创新领导奖、计算机世界史密森奖等。1987 年，设立以自己名字命名的奖项，以鼓励在大规模并行计算上有特殊贡献的人。

（李　烨）

张佑启（Zhang Youqi） 中国广东省人，1934 年 9 月 18 日生于香港。土木工程、结构工程、计算力学、应用数学。

祖籍广东新会。1958 年毕业于华南工学院（今华南理工大学），后到河南郑州担任工程师。1964 年获英国威尔斯大学斯旺西学院哲学博士学位，1973 年获理学博士学位，留校任讲师。1982 年获澳大利亚阿德莱特大学工学博士学位。1967 年赴加拿大卡尔加里大学任教，1970 年升为教授。1974 年回阿德莱特大学任土木工程系主任兼讲座教授。1977 年起，先后任职香港大学土木及结构工程系系主任、副校长及工学院院长、代校长、校长特别顾问。兼任国务院港事顾问，英国威尔斯大学名誉院士，香港科学会会长，国际计算力学协会创始委员会等多个国际组织的委员，多个国际杂志的主编或编委。1987 年当选为英国皇家工程学院院士。1999 年入选中国科学院院士。2000 年当选为加拿大皇家学会外籍会员。2000 年获香港大学荣誉科学博士学位，此外获英国威尔斯大学法学博士学位。

1964 年提出结构力学的矩形板单元计算法；1965 年提出三角形板单元计算法，开展弹性半空间上薄板的研究，提出弹性地基刚度矩阵法与有限元法的结合，最早进行有限元在非结构力学、场问题的研究，推动了有限元法在温度、渗流、电场等领域的应用；1967 年首创“有限条法”，奠定了半解析有限元法的基础，开辟了计算力学的新方向；与导师齐基威茨(O. C. Zienkiewicz)合著《结构和连续力学中的有限元体法》一书，这是国际公认第一本有限元法经典专著，被翻译为多国文字；与他人合作研制了英国第一套有限元软件并应用于英国克里韦多格水坝的计算；曾任国际上许多重大工程的技术顾问，如英国克里乌多哥大坝、非洲尼日尔大坝、法国圣克洛兹大桥、香港新宁大厦及香港国际展览中高层建筑等。

发表论文 400 余篇；出版《结构分析的有限条法》(1980 年)、《实用有限单元分析导论》(1982 年)、《有限单元法实用导论》(1982 年，与他人合著)和《半解析数值方法》(1992 年，与他人合著)等专著 10 部；主编国际会议论文 10 余部。获奖甚多，其中有：1990 年、1999 年中国国家自然科学奖二、三等奖，1995 年大英帝国勋章，2003 年美国机械工程师协会迈克里斯塔特奖，2003 年世界工程组织联盟工程教育优异奖章，香港特区政府银紫荆星勋章等。（伍期刚）

武胜(Wu Sheng) 中国黑龙江省人，1934 年 9 月 23 日生于黑龙江阿城。*核材料工程、材料加工技术、物理冶金学。*

公派苏联留学，1960 年莫斯科有色金属学院毕业。分配到第二机械工业部工作，先后在北京第九研究所、青海 221 厂、四川第九研究院等处从事特种材料及其工艺研究，历任技术员、车间主任、研究室主任等职，1982 年任高级工程师。1983 年调任 903 厂副厂长兼总工程师。1988 年起任中国工程物理研究院研究员，研究所总工程师兼科学技术委员会主任。兼任中国核材料学会常务理事等职。1999 年当选为中国工程院院士。

参与对核材料的相容性、腐蚀性和表面改性等特性及其机理研究；参与核聚变材料及其特种部件的工艺攻关，突破加工成形中的若干关键技术，研制开发出不同功能部件；在钚合金的物理冶金方面，主持解决特种浇铸成型、定向凝固和精密加工等技术；主持研制出两种高韧性、耐蚀性、综合性能优良的铀铌合金；在特种材料表面改性研究中，开发成功离子束和激光束加工技术；主持研究了氚、氦等元素在奥氏体不锈钢中的作用过程；在核工业技术中开发和推广应用计算机断层成像技术。

多次获国家和省部级奖励，其中获 1987 年国家发明奖、1989 年和 1995 年两度获国家科学技术进步奖特等奖。（吴秋轩）

周翔(Zhou Xiang) 中国浙江省人，女，1934 年 9 月 26 日生于浙江湖州。*纺织工程、染整工艺学、纺织化学。*

1955 年华东纺织工学院(今东华大学)染化工程系毕业。曾在印染厂见习一年。1956 年起一直在母校任教，东华大学纺织化学与染整工程学科教授，校学术委员会副主任、学位委员会副主任。1981～1983 年在美国农业部南方研究中心当访问学者。兼任中国纺织工程学会常务理事、中国纺织建设规划院专家委员会委员等职。1995 年当选为中国工程院院士。

主持研究开发成功超低甲醛防皱(DP)整理剂和整理工艺，使织物整理后甲醛释放量减少至国际先进水平，在使织物既提高弹性又保护强度上有重要突破，DP 整理剂和整理工艺已被 200 多家企业采用，每年新增利税 2000 万元以上，获 1991 年国家纺织部科学技术进步奖二等奖、1992 年国家科学技术进步奖二等奖；主持研制出效果耐久的涤纶阻燃整理剂，使工厂在不增加成本条件下迅速提高技术档次；开发出地毯背衬阻燃胶粘剂 FRA-1 以及羊毛和化纤阻燃地毯；研究出苎麻纤维阳离子改性技术，提高了得色量和色泽鲜艳度；开发出纺织品激光表面处理及聚酯纤维表面改性工艺，达到国际先进水平。此外，还创办和管理上海新力纺织化学品有限公司(中外合资)，使多年技术创新成果产业化，该企业已被认定为上海市先进高新技术企业。

发表论文近百篇；参编《染整工艺学》(下册)、《染整工艺原理》(2 卷)等专著。多次获国家和省部级奖励。（黎同炎）

饶芳权(Rao Fangquan) 中国广东省人，1934 年 9 月 27 日生于广东汕头。*水利电力工程、机械与动力工程、水轮发动机技术、工程管理。*

原籍广东大埔。1958 年哈尔滨工业大学电机专业毕业。同年到哈尔滨大电机研究所工作，后转到哈尔滨电机厂设计科。1966～1994 年在四川德阳东方电机厂工作，历任设计科科长、教授级高级工程师、总设计师、总工程师、常务副厂长；1994 年后任东方电机股份有限公司总经理顾问等职。1999 年起任上海交通大学电子信息与电气工程学院教授、电力工程研究中心主任。1995 年当选为中国工程院机械与运载工程学部院士，2000 年又兼为工程管理学部院士。

负责设计过中国首次成套出口阿尔巴尼亚的 5 套 50 兆瓦水电机组和 4 套 125 兆瓦水轮发电机组，攻克了很多关键技术问题；先后参加和负责过中国云峰、刘家峡、龚嘴、龙羊峡等大型电站水轮发电机组的设计工作，其中云峰发电机组获国家银牌奖，龙羊峡机组获国家优质产品金奖、四川省科学技术进步奖特等奖、国家科学技术进步奖一等奖；主持设计制造和调试成功中国混流式水轮发电机组，该机组单机容量大、海拔高、水头高、水头变幅大、设计参数要求高，期间解决了很多关键性技术问题；组织研制成功东方型300兆瓦汽轮发电机的新型冷却水轮发电机；组织研制率先采用氟里昂蒸发冷却技术的10兆瓦和50兆瓦水轮发电机；领导研制的新型300兆瓦汽轮发电机获国家科学技术进步奖二等奖；积极组织三峡、五强溪、二滩等巨型发电机组的论证、研发工作，为三峡工程决策做出了贡献。后期主要科研方向为大型和特种电机的理论、设计、运行及其控制。 （王　晋）

迈耶，R.（Meier，Richard）　美国人，1934年10月12日生于美国新泽西州纽瓦克。*土木工程、建筑学、城市规划、室内装潢、工艺美术。*

1957年获美国康奈尔大学建筑专业学士学位。毕业后，先后在纽约S. O. M. 建筑师事务所、布劳耶建筑师事务所任职。1963年在纽约开设自己的建筑师事务所。兼任过多个大学的教职。

现代“理性主义”建筑学派的重要代表。早期的大部分作品体现出勒·柯布西耶的风格。在充分吸收现代主义各个流派的精髓之后，逐步形成了属于自己的风格。追求简单的结构，纯洁而宁静的气氛，以设计白色建筑物而著称，清新脱俗，顺应自然。在建筑内部，强调界面的穿插，注重立体主义构图和光影变化，力求空间和光影之间的和谐与平衡。通过对空间、布局以及光线等方面的控制，创造出全新的现代化模式的建筑。他是个勤奋而多产的建筑设计师，从20世纪60年代初开始，至今作品已经遍及美国和世界各地。其中部分作品有：美国康涅狄格州史密斯住宅（1965年）、密歇根州道格拉斯住宅（1973年）、印第安纳州纽哈默尼雅典社区（1979年）、佐治亚州高雅艺术馆（1983年）、荷兰海牙市政厅和中央图书馆（1995年）、新加坡卡姆登医疗中心（1998年）、意大利罗马朱必利教堂（2003年）、德国布尔达博物馆（2004年）等。

此外，在工艺美术设计领域亦深有造诣，在陶瓷器、玻璃器皿、时钟、烛台、画框、家具以及室内装潢等方面，皆有独创之处，风格简练而粗犷。

出版著作有《理查德·迈耶住宅设计》（1996年）、《理查德·迈耶住宅与公寓》（2007年）、《理查德·迈耶与合作者完成的作品集（1963～2008年）》（2008年）、《建筑师理查德·迈耶》（5卷，1999～2009年）等。获1984年普利兹克建筑奖（国际建筑界最高奖）时，年仅49岁，是历年获奖者中最年轻的一位。此外获2008年美国文学艺术科学院金质奖章，2008年意大利迈诺斯国际建筑奖等。1972年被评为“纽约建筑设计界五巨头”之一。 （李　烨）

张炳炎（Zhang Bingyan）　中国山东省人，1934年10月14日生于山东庆云，2012年8月2日卒于上海。*舰船与海洋工程、应用力学、工程管理。*

1960年苏联列宁格勒造船学院船舶设计与制造系毕业。先后在第三机械工业部第九局上海船舶设计院，中国船舶工业总公司第七研究院第708研究所、舰船研究院上海船舶及海洋工程研究所工作，教授级高级工程师。1995年当选为中国工程院院士。

长期从事舰船研究设计，参与、监造、主管和主持设计建造的各型舰船近50种类型。创造性地解决了远洋调查船的抗风性、耐波性、稳定性和实验性的复杂要求，大功率发信与收信的电磁兼容，大功率水声试验的长期供电，船载大型直升机的机船结合等重大技术难题，填补了一系列国内空白。作为总设计师，主持研制成功许多带有重大风险、系统复杂和技术高难的新开发船型，例如远洋调查船“向阳红”系列中的5、10、21号船，“813”远洋电子技术侦察船，700箱全集装箱船，综合海洋实习调查船，多用途直升机训练医疗船，极地综合科学考察船、万吨级国防动员船和第一艘天然气水合物综合调查船“海洋六号”（2009年底建成）等，都属中国首次开发的各种大型船舶工程，有些达到了当时国际先进水平。在长期研究设计工作中，创造性地解决了海洋调查船的特殊抗风力、海洋调查工作与抗台风对船的稳性和耐波性要求的尖锐矛盾、大功率短波发信与收信的电磁兼容、大型直升机上船的机船结合等一系列关键技术难题。获国家和省部级奖励多项，其中包括两型综合性海洋科学考察船，圆满完成中国首次远洋调查，首次远程运载火箭全程飞行试验和通信卫星发射的地面跟踪，南太平洋科学考察、南极长城站的创建等。作为总设计师主持研究设计的“向阳红10号”远洋调查船，荣获国家科学技术进步奖特等奖。1997年被评为全国优秀科技工作者。1998年获中国工程科学技术光华奖。 （王　筠）

钱绍钧（Qian Shaojun）　中国浙江省人，1934年10月22日生于浙江平湖。*核武器工程、核燃料工程、核放射化学、工程管理。*

1956年北京大学技术物理系毕业。同年起在北京大学任教。1962～1965年在苏联杜布纳联合原子核研究所从事高能物理研究。回国后在中国科学院原子能研究所工作。1966年调入中国人民解放军第21试验训练基地，从事核试验的放射化学诊断技术研究，历任研究室副主任、主任，基地副司令员、司令员等职，1988年被授予少将军衔。兼任全军总装备部科学技术委员会常委，中国核学会副理事长，北京大学、国防大学等校兼职教授。1995年当选为中国工程院院士。

先后主持完成中国核武器试验的相关工程技术项目和课题研究，其中有核爆炸中放射性核素分凝规律、钚燃耗测定、氢弹试验中同位素燃耗测定以及多项测试技术改进、核数据采集评估等，拓宽核试验放射化学诊断领域，提高了测试精度；组织领导多项地下核试验工程技术的攻关，取得了突破，为建立适合中国试验场地质条件的地下核试验工程技术体系做出了贡献。

出版有《辐射剂量学和防护》（1961年）等译著。多次获国家和省部级奖励，其中有国家科学技术进步奖特等奖、二等奖各1项，国家技术发明奖二等奖、三等奖各1项等。被授予“国防科学技术工作模范”等荣誉称号。 （王　成）

钟群鹏(Zhong Qunpeng) 中国浙江省人,1934 年 10 月 28 日生于浙江上虞。安全工程、材料科学与工程、失效分析和预测预防、工程管理。

1957 年北京航空学院(今北京航空航天大学)金相热处理专业研究生毕业。一直留校任教,历任校实验室主任、教研室副主任、材料失效分析和预测预防研究所所长、教授。兼任国家安全生产专家组综合组组长、中国机械工程学会副理事长兼失效分析委员会主任、中国科学技术协会工程失效分析和预防中心主任、中国-加拿大失效分析和预防培训中心主任、国际材料检测和评价协会常务委员、《机械工程学报》主编等职。1999 年当选为中国工程院院士。

中国工程失效分析与预测预防首席科学家。数十年来,在材料韧脆转移数学模型、冷脆断裂机理与控制、压力容器和管道的失效分析及弹塑性安全评估技术、宏观微观断口物理数学模型和断口定量反推分析方法等领域,取得一系列重要成果;至今已对 500 多起灾难事故进行了失效分析、诊断和预防决策,其中 60 余项为重大项目,取得重大的经济、社会、环境效益;主持或参与主持制定数十项安全工程国家标准;20 世纪 80 年代初,创立中国第一个失效分析学术组织,90 年代又创立中国科学技术协会工程失效分析和预防中心,成为中国失效分析研究和重大事故仲裁的重要基地。近年来,重点研究航空结构材料环境行为失效机理、环境稳定性寿命预测等国家重大课题。

发表论文百余篇;主编中国第一套《机械产品失效分析丛书》、第一本高校教材《失效分析基础》等 24 部专著和教材。获国家和省部级奖励 10 余项,其中有国家科学技术进步奖二、三等奖各 1 项,1999 年国家经贸委安全科学技术进步奖一等奖,2001 年中国高校科学技术进步奖一等奖、中国机械工程学会科学技术成就奖等。 (杨 辰)

黄崇祺(Huang Chongqi) 中国江苏省人,1934 年 11 月 7 日生于江苏常熟梅李镇。电线电缆工程、金属材料学、电工学。

1957 年东北工学院(今东北大学)有色金属及其合金压力加工专业毕业。一直在国家机械工业部上海电缆研究所工作,先后任研究室主任、副总工程师等职,教授级高级工程师。兼任中国腐蚀与防护学会热浸镀专业委员会副主任等职。1997 年当选为中国工程院院士。

长期致力于研究开发和推广应用电工导电材料及其裸电线技术,取得多项重要成果。主持开发利用中国藏量丰富、地域辽阔的铝矿资源,攻克多种关键技术难题,首次使用非电工级高硅铝锭生产优质电工铝导体线缆;开拓了提高电力工程用铝导体导电率的新途径,进行电工铝导体稀土优化综合处理技术研究,研制出多种高导电率的电工用铝导体和电工稀土铝导体,并实现稳定的产业化规模生产,使中国的电工铝导体生产跃居国际先进行列;开发出中国铝包钢线、双金属导线、铁道电气化建设用接触导线等新材料系列产品;进行裸电线、超高压扩径架空导线多种试验,获重要成果。

出版《金属导体及其应用》(2 卷,2007 年);获全国科学大会奖 2 项、国家科学技术进步奖二等奖 2 项、部级科学技术进步奖一等奖 2 项。 (侯伯勤)

王立鼎(Wang Liding) 1934 年 12 月 2 日生于辽宁辽阳。精密机械工程、先进制造技术、机械学。

1960 年吉林工业大学机械系毕业。长期在中国科学院长春光学精密机械研究所工作,研究员级高级工程师。1999 年起任大连理工大学机械系教授。兼任吉林省机械工程学会机械设计分会理事长,中国科学技术大学、吉林工业大学等校兼职教授等职。1995 年当选为中国科学院院士。

20 世纪 60 年代,参与研制 4 级精密度标准齿轮等多项国防工程精密齿轮。70~80 年代,先后改进齿轮磨床和磨具,磨制出达到德国国家标准二级精度的小、中模数标准齿轮,居国内领先、国际先进,这种标准齿轮已作为国家级计量基准器具,分获 1978 年全国科学大会奖、1981 年中国科学院科学技术进步奖一等奖;参与将齿轮磨床改为多齿盘式自动分度机构,研制出 154 轴角数据传递齿轮箱和钢带箱超精密齿轮,分度精度高达 1.71 角秒,超出国家标准最高等级两级,获国家科学技术进步奖特等奖;解决了悬而未决的基圆盘"打滑"机理。80~90 年代,主持研制中国第一台激光光盘伺服槽及预制格式刻划机,主要指标达国际先进水平,获 1991 年中国科学院科学技术进步奖一等奖、1992 年国家科学技术进步奖二等奖;1992 年组建中国第一个微机械研究室,1999 年组建微机械研究中心;研制国际先进的微小压电马达;在中国首次研制成功用于制作三维微机械零件的软 X 射线光刻掩膜,在光刻胶上刻出 27 微米高的齿轮,研制成功国际先进的微机械运动参数测试仪等;提出双盘渐开线测量装置的"正弦消减法"等误差补偿方法;建立光盘伺服槽及预制格式刻划机计算机检测系统;1994 年研制成功当时国际尚未见的一级精度标准齿轮。

发表论文和研究报告数十篇;撰有《精密齿轮工艺与测试》、《微机械纵横谈》(1993 年)等教材、专著。 (李孙演)

王思敬(Wang Sijing) 中国安徽省人,1934 年 12 月 27 生于上海。水利水电工程、结构工程、区域发展规划、岩土力学。

1959 年毕业于苏联莫斯科地质学院,获地质工程师学衔;1963 年获该校副博士学位。1963~2000 年在中国科学院地质研究所工作,研究员,先后任副所长、所长,中国科学院工程地质力学重点实验室主任等职。1983~1993 年期间,先后任加拿大、澳大利亚、意大利等国大学访问教授。2001 年起任清华大学水利水电工程系教授。兼任国际发展地球科学家协会理事长,国际工程地质学与环境学会理事长,中国岩石力学与工程学会理事长,《工程地质学报》、《岩土工程界》和《地质科学》(英文)主编,1997 年起兼任中国科学院和香港大学边坡岩土工程力学联合研究中心主任。1995 年当选为中国工程院院士,后兼任能源与矿业工程学部主任。

长期为国家重大生产、国防和科研基地提供地质分析和论证，其中有：对长江三峡、二滩、李家峡、小浪底、龙滩、向家坝、虎跳峡、新安江、广州抽水蓄能电站等坝址区工程地质稳定性进行分析和评估；对地下核爆炸及工程防护、大型国防地下工程、铁路隧道进行地质论证；对金川镍矿、北京铁矿等矿山及环境工程进行稳定性研究；参与北京、香港、重庆、渡口、攀枝花等多个城市建设规划研究，建立城市地质信息系统。在理论上，开拓和发展了工程地质力学、环境工程地质学新领域；发展了岩石工程稳定性分析原理和方法；提出人类工程活动与地质环境依存关系和相互作用理论；发展了工程地质中的有限元方法，以及三维投影、岩石声发射、地质力学模型等技术。

发表论文百余篇；出版《地下工程岩体稳定性分析》(1984 年，与他人合著)、《坝基岩体工程地质力学分析》(1990 年)等专著，主编《亚洲工程地质问题》(1986 年，英文)、《区域发展战略规划的地质环境研究》(1998 年，英文)等近 10 部著作。获国家和省部级奖励多项。

(李啸虎)

王阳元(Wang Yangyuan) 中国浙江省人，1935 年 1 月 1 日生于浙江宁波镇海。*半导体器件与集成工程、半导体物理、微波电子学、材料科学与工程。*

1958 年北京大学物理系毕业。一直留校任教，北京大学微电子学研究所所长，教授。1982～1983 年在美国伯克利加利福尼亚大学任访问学者。兼任世界无线电联盟半导体委员会中国委员会主席、上海交通大学等校兼职教授、《半导体学报》和《电子学报》(英文版)副主编等职。1995 年当选为中国科学院院士。其妻杨芙清是计算机软件专家，1991 年当选为中国科学院学部委员(院士)。

20 世纪 70 年代，主持研制成功中国第一块 3 种类型(硅栅 N、P 构道和铝栅 N 沟道)1 024 位集成电路 MOS 动态随机存储器。80 年代以来，提出多晶硅薄膜的应力增强氧化模型、以晶粒大小为特征参量、工程应用方程、掺杂浓度与迁移率关系式，为选取多晶硅薄膜提供了科学依据，获国家教委科学技术进步奖一等奖；提出复合栅结构中多晶硅优选厚度和相关工艺新途径；发现磷掺杂对固相外延速率的增强效应、硅化钴栅改进器件抗辐照特性作用；提出了在绝缘衬底上生长硅单晶薄膜(SOI)器件的浮体效应模型和改进措施；与他人合作实现有关陷阱电荷三个基本参量(俘获截面、面密度和矩心)的直接测量和在线检测；还与他人合作研究多晶硅发射极超高速电路，发展新型 SOI 器件结构，提出新解析模型和先进的双极工艺技术；主持研制成功中国第一个大型集成电路三极系统，使中国继美国、日本、欧洲共同体之后进入国际先进行列，成果获 1993 年国家科学技术进步奖二等奖。

发表论文百余篇；出版著作与译作 6 部；主编《微电子学科学丛书》。获国家和部委级奖励近 20 项。

(谢　明)

卡普，R. M.(Karp，Richard Manning) 美国人，1935 年 1 月 3 日生于美国波士顿。*计算机科学与工程、应用数学。*

1955 年、1956 年、1959 年先后获哈佛大学文学学士、理学硕士、应用数学博士学位。学成后在美国国际通用机器公司(IBM)沃森研究中心工作。1968 年后，先后受聘于伯克利加利福尼亚大学(同时在电气工程与计算机系、数学系、工业工程与运筹学系任教授)、密歇根大学、哥伦比亚大学、纽约大学、布鲁克林理工学院、华盛顿大学计算机科学系任教。1980 年当选为美国国家科学院院士。

20 世纪 50～60 年代，在 IBM 深入研究了一系列应用数学问题，其中有路径问题、背包问题、覆盖问题、匹配问题、分区问题、调度问题等，成果显著；和同事海尔特(M. Held)共同提出“分枝限界法”，可在整个允许的解空间中进行最优搜索，成为处理因求解数剧增(所谓“组合爆炸”)而造成计算机瘫痪的重要方法之一。在有关最大网络流问题方面，1969 年和埃德蒙兹(J. Edmonds)合作对前人的算法进行改进，通过寻找边数最少路径使算法效率大大提高。1972 年发表著名论文“组合问题中的可归约性”，发展了 S. A. 库克一年前提出的“NP 完全性”理论，提出与库克归约不同的“多项式时间多一归约”即“卡普归约”，给出“多项式谱系”的基本思想，成为研究计算复杂性的一个重要工具。此外，在组合优化算法的概率分析、随机化算法、并行算法的研究方面，皆有创新成果，其中 1996 年和库勒(D. Culler)等人提出一种并行算法的实用模型，对分布存储器并行机系统的通信开销作了较客观的概括，引起学术界重视。

获多项荣誉与奖励，其中有 1978 年美国运筹学与工业管理学会兰彻斯特奖、1979 年美国数学会富尔克逊奖、1985 年美国计算机学会图灵奖(世界计算机界最高奖)、1990 年美国运筹学会冯·诺伊曼理论奖、1995 年巴比奇奖、1996 年美国国家科学奖章等。 (李　烨)

陈蕴博(Chen Yunbo) 中国上海市人，1935 年 1 月 5 日生于上海。*冶金工程、金属材料学、热处理技术、模具技术。*

1955 年浙江大学机械系毕业。曾在国家机械部机械科学研究院等处工作。北京机电研究所材料工程技术中心主任、副总工程师，教授级高级工程师。兼任国家机械部先进制造技术研究中心首席专家、中国冶金质量认证中心技术委员会主任、全国热处理生产力促进中心主任、中国机械工程学会副理事长兼咨询委员会主任等职。1999 年当选为中国工程院院士。

首次提出在低合金热强钢中采用钒钛硼复合沉淀强化技术，大大提高了热强性和热稳定性；首创工作温度达 620～630℃用新颖低合金热强钢，适用于发电站、石油开采和提炼等耐高温设备制造，居国际领先水平；创制具有高热硬性、高耐磨性的冷热兼用模具钢，填补了中国高热强韧模具钢空白；创制的两个新钢种已纳入国家标准；在国际上首次建立模具性能评价体系、失效抗力指标体系及优化设计技术，为模具的正确设计、合理选材和精密制造，稳定提高模具质量和使用寿命，提供了可靠的理论基础和实践依据，促进了模具选材、用材从经验性、试用性向科学化和量值化发展；在钢强韧化，离子化学热处理，复合热处理以及控锻-控冷理论与实践等方面，均取得重要成果。近期致力于开发钢铁材料超细晶技术、大型锻件热处理过程数值模拟技术，研制各种功能梯度涂层材料、复合材料等。

发表论文数十篇；出版专著3部。获奖10多项，其中有全面科学大会奖、国家科学技术进步奖二等奖和三等奖、国家发明奖三等奖各1项等。（吴秋轩）

陶宝祺（Tao Baoqi） 中国江苏省人，1935年1月10日生于江苏常州，2001年3月31月卒于江苏南京。航空工程、智能材料工程、结构测试技术。

1957年北京航空学院飞机工艺专业毕业。历任南京航空航天大学（原南京航空学院）讲师、副教授、教授，智能材料与结构航空科技重点实验室主任。兼任中国航空学会测试委员会副主任、江苏省计量测试学会理事长等职。1999年当选为中国科学院院士。

在中国航空领域率先开展智能材料结构的研究，提出结构强度自诊断自适应理论和方法，对复合材料结构损伤监测与控制意义重大，发明的强度自诊断自适应智能结构获国家发明奖三等奖；建立基于非接触式信号传输系统的智能旋翼试验平台，提出机翼和旋翼自适应可变翼型的原理与方法，解决了旋转工况下多种测试信号和高压功率信号的非接触式同步传输关键技术；拓宽测试与记忆元件研究领域，解决了传感元件的组合和合理分布、形状记忆合金驱动器的结构形式等关键技术，发明多种新型传感元件，如可反复使用的弓形应变计获国家发明奖，腰型微压传感器获日内瓦国际发明镀金奖；研制成功疲劳寿命计，使中国成为世界上第三个掌握该技术的国家；主持完成10多项大型工程应力测试项目，其中的“直六”型直升机应力及振动测试，是中国首次在系留状况下对大型直升机进行全面的全机结构考核；所出版的著作《智能材料结构》（1997年）是中国第一部系统论述智能材料结构理论和应用的专著，对学科发展有重要指导作用；主持创建的智能材料与结构部级重点实验室已成为中国在该领域的重要研究基地。

发表论文近200篇；出版《电阻应变式传感器》等著作4部。获国家优秀教学成果奖特等奖1项、省部级科学技术进步奖13项。（朱　晟）

岑可法（Cen Kefa） 中国广东省人，1935年1月15日生于广东南海。热能与环境工程、工程热物理、能源科学、环境科学。

1956年华中理工大学（现华中科技大学）机械系毕业。1958年赴苏联留学，1962年获莫斯科包曼高等工业学院动力系副博士学位。同年回国，一直执教于浙江大学，教授，历任能源系主任、机械与能源工程学院院长、热能工程研究所所长等职。兼任中国工程热物理学会副理事长、中国动力工程学会国际合作委员会主席等职。1995年当选为中国工程院院士。

20世纪70年代，在中国率先开展水煤浆代油燃料研究，提出一系列理论；完成燃油锅炉改烧油煤混合燃料工业（中间）试验，可节油35%。1981年起研究开发废弃物洗煤泥发电，至1998年底已建成10余座煤泥发电锅炉，还向国际市场输出；1987年率先提出在一套系统中实现燃气、蒸汽和电力多联产技术。90年代，开发优化配煤专家系统，实现劣质煤炭高效清洁利用；率先在能源领域发展多相流模型；在中国率先开发和推广电站锅炉计算机辅助优化数值试验（CAT）软件，解决了种种热能工程问题；提出完整的循环流化床锅炉设计计算方法，开发出多种新一代循环化低污染燃烧技术，其中具有国际领先水平的双稳可调煤粉浓淡燃烧技术，已用于中外50余家电厂百余台锅炉运行；取得层燃炉高温脱硫技术突破；开发煤矸石流化床锅炉混烧洗煤泥技术；研造半干法垃圾焚烧废气净化装置，开发城市生活垃圾废弃物焚烧发电处理技术。

发表论文400余篇，其中42篇获奖；出版《工程气固多相流动理论与计算》（1990年）等专著5部，译著1部，主编《燃烧流体力学》（1991年）等教材2部均获全国优秀教材奖；有国家发明专利10余项、实用新型专利20余项。获国家和省部级奖近20项，此外获光华科技基金一等奖、儒子牛金球奖、何梁何利科学与技术进步奖等。（李啸虎）

汪顺亭（Wang Shunting） 中国山东省人，1935年2月10日生于辽宁大连。舰船工程、航空航天工程、惯性导航技术、仪器研制。

1962年苏联莫斯科包曼高等工学院陀螺导航专业毕业，获工程师称号。同年回国，分配到国防部第七研究院第707研究所（现属中国船舶工业总公司）工作，研究员，历任专业组长、研究室副主任，副总工程师、总工程师、副所长、科学技术委员会主任、首席顾问。兼任国防科学工业委员会惯性技术专业组副组长、军用惯性技术标准化技术委员会主任、全国导航设备标准化技术委员会副主任、中国惯性技术学会副理事长及学术交流部主任。1995年当选为中国工程院院士。

主持中国第一代舰船惯性导航系统课题，完成原理方案修改及设计研制，装备于各类军用舰艇，多次完成国家重点工程试验和测控任务。作为第二代舰船惯性导航系统主任设计师，主持设计、研制和试验全过程，攻克重大关键技术，成功完成海上鉴定试验；主持第二代派生产品惯性导航系统的设计和研制工作，提出了“系统监控”新方法（无监控陀螺的H调制技术），仿真试验证明可行，采用两套动态备份系统的信息估计漂移校准综合系统，采用三点两组位置误差提高了精校准方位测漂精度，提高了定位定向可信度和可靠性；按实战要求设计了“奇点校准”方案，长期承担起对同步卫星和澳星发射测控等重要任务。近期从事光纤陀螺技术、捷联式（无平台）惯性导航系统的研究。

出版有《船舶导航仪器设计手册》（1991年，与他人合著）等著作。多次获国家和省部级奖励，其中“舰船惯性导航系统”获1991年中国船舶工业总公司科学技术进步奖特等奖、1993年国家科学技术进步奖一等奖(为第一获奖人);主编《船舶导航仪器设计手册》,获1994年部级科学技术进步奖二等奖。(虞为慈)

陆汝钤(Lu Ruqian) 中国江苏省人,1935年2月15日生于上海。计算机科学与工程、软件工程、人工智能、应用数学。

1959年毕业于德国耶拿大学数学系,获学士学位。同年回国,一直在中国科学院数学研究所(后改为数学与系统科学研究院数学研究所)工作,1983年任研究员,1987年起先后任副所长、学术委员会主任。兼任复旦大学智能信息处理开放实验室主任、《管理、决策与信息系统丛书》与《软件学报》副主编等职。1999年当选为中国科学院院士。

1972年后开始从事计算机科学研究,在人工智能应用、计算机科学理论方面进行了系统性和创造性工作。主持完成机械化生成和移植的系列软件计划;主持设计研制知识工程语言TUILI和大型“天马人工智能专家系统”(1994年),广泛应用于国防、经济、文教、科研等各个领域;在人工智能领域首次引进异构型分布式人工智能(DAI)和机器辩论系统;研究出基于类自然语言理解的知识自动获取方法,开发出第三代智能型计算机辅助教学(ICAI)生成技术,以及基于知识的应用软件自动生成技术,推进了管理软件开发自动化过程;将人工智能应用于艺术创造领域,研究出能把中文童话故事自动转换成动画片的计算机动画全过程自动生成技术;在形式语义学等理论计算机科学领域也有建树。

发表论文百余篇;独撰、主编和合著《计算机语言的形式语义》(1992年)、《专家系统开发环境》(1994年,与他人合著)、《人工智能》(2卷,2002年再版)、《知识科学与计算科学》(2003年)等专著10余部。多次获国家和省部级奖励,其中有1978年全国科学大会奖、1993年国家科学技术进步奖二等奖、中国科学院1983年重大成果奖一等奖和该院1992年科学技术进步奖一等奖、2003年华罗庚数学奖等多种奖励。(兰森林)

张勇传(Zhang Yongchuan) 中国河南省人,1935年3月1日生于河南南阳。水利水电工程、水资源管理、工程管理。

1957年华中工学院(先后易名华中理工大学、华中科技大学)水动专业本科毕业。一直留校任教,教授,先后任华中理工大学能源科学与工程学院院长,华中科技大学学术委员会副主任、该校文华学院院长等职。1997年当选为中国工程院院士。

20世纪50年代末,开始研究电厂经济运行和优化调度。70年代末开始,在水库运行基础理论、规划决策与风险管理、水电站计算机控制领域不断取得重要突破和进展,其中主持和负责“柘溪水电站优化调度”,使柘溪成为中国第一个成功实现优化调度的大中型电站。首次提出凸动态规划和水调对策论,开辟了新的研究领域;首次提出传递相关概念及其判别准则以及某些应用技术,有效地解决了库群优化中的“维灾”难题;首次提出隐随机决策模式、洪水分型和分型归纳演绎预报模式,为这一领域的研究开拓了新途径;将水电能源理论、优化理论、控制理论、不确定性理论以及人工智能、神经网络、模糊分析等技术进行综合交叉,为现代水电能源理论的创立和发展作出了重要贡献。主持多项国家重点科研项目,其中包括两项中-欧能源合作研究项目,“水电站水库优化调度理论应用与推广”、“电力系统随机优化决策”、“水电站经济运行计算机实时控制”等在生产应用中取得了显著的经济效益和社会效益。

发表论文百余篇;出版《水电站水库调度》(1963年)、《水电能优化管理》、《水电系统最优控制》等专著11部。获奖10余项,其中国家科学技术进步奖一、三等奖各一项,部省级一、二等奖10余项。(王 筠)

王大中(Wang Dazhong) 中国河北省人,1935年3月2日生于河北昌黎。核反应堆工程、核安全工程、工程核物理、能源科学、高等教育管理。

1958年清华大学工程物理系核反应堆专业毕业。一直留校任教。1981～1982年在联邦德国于利希核中心从事高温气冷堆研究;1982年获德国亚琛工业大学理学博士学位。清华大学教授,历任核能技术设计研究院院长、校务委员会副主任,清华大学校长(1994～2003年)等职。兼任国家核安全局专家委员会委员、中国核学会副理事长等职。1993年当选为中国科学院学部委员(院士),后任技术科学部主任。

中国863高科技计划能源领域首席科学家。20世纪60年代,参与领导中国自建的屏蔽实验反应堆设计、建造和运行;参与建立清华大学反应堆热工实验室;主持设计和建造零功率实验核反应堆。70～80年代,倡导和领导中国高温气冷堆研究发展工作,在国际上首次提出一种模块式高温气冷堆新概念,可使模块堆单堆功率提高一倍以上,获德国、美国和日本等国发明专利;主持完成10兆瓦高温气冷堆研究、设计和建造,初步建成中国高温堆研究基地。80～90年代,主持研究、设计和建造低温核供热堆,研制成功独创性的反应堆水力学控制棒驱动系统,成功用于反应堆运行;1989年起运行成功世界上第一座5兆壳式低温核供热堆;主持领导200兆瓦大型核供热堆工程设计和技术攻关;研究和发展了核供热堆综合利用技术,其中包括空调制冷、热电联供、海水淡化等,开拓了中国核能供热应用新领域。在主持清华大学工作期间,使该校取得了令人瞩目的成就,基本完成了向世界一流大学前进的第一阶段任务。

多次获奖,其中有国家科学技术进步奖一等奖、国家发明奖二等奖及专利金奖、1994年何梁何利科学与技术进步奖等。(李啸虎)

宋振骐(Song Zhenqi) 中国湖北省人,1935年3月10日生于湖北汉阳。采矿工程、岩土力学、工程管理。

1957年毕业于北京矿业学院(今中国矿业大学)采矿系。同年起,历任北京矿业学院助教,山东矿业学院(今山东科技大学)讲师、副教授、教授,采矿工程系主任,矿山压力研究所所长,山东科学技术大学战略发展委员会主任、资源与环境工程学院名誉院长。东北大学、中国矿业大学兼职教授。兼任中国岩石力学与工程学会副理事长，国际岩石力学学会中国组成员，国际岩石力学局成员。1991 年当选为中国科学院学部委员（院士）。

长期从事矿山压力及岩层控制的研究，创立中国实用矿山压力理论体系。组建了中国高校第一个矿山压力研究所；数十年如一日深入全国几十个局矿生产第一线，在取得数以百万计的现场和实验数据基础上，创立了以研究岩层运动为中心，以建立融合矿山压力和岩层运动预测预报（敌情）、控制设计（决策）和控制效果判断（监控）为一体的实用矿山压力理论体系；率先把中国采场矿山压力研究从定性到定量，从主要依靠统计经验决策到具体煤层条件定量分析的发展阶段；在分析成百起重大事故发生原因和条件以及成功控制的经验基础上，找出了煤矿顶板安全控制的准则和相应力学保证条件；创造了井下岩层动态观测研究法，成功研制了顶板动态仪、顶板动态监测计算机系统等监测手段，从而大幅度降低了重大事故。

主持完成包括国家“六五”、“七五”重点攻关项目在内的重大科学研究项目 28 项；发表论文 100 多篇；出版《实用矿山压力控制》（1988 年）、《煤矿顶板事故防治》（1991 年）等专著。先后获煤炭工业部科学技术进步奖一等奖、国家科学技术进步奖二等奖、国家“六五”攻关表彰奖等 10 多项奖励。是全国五一劳动奖章获得者。

（陈美查）

张钹（Zhang Bo） 中国福建省人，1935 年 3 月 26 日生于福建福清。*计算机科学与工程、人工智能、自动控制、应用数学。*

1958 年清华大学自动控制系毕业。一直留校任教，信息学院教授，历任院学术委员会副主任、智能技术与系统国家重点实验室主任、清华大学学位委员会副主任。曾为美国伊利诺伊大学访问学者。兼任中国自动化学会智能自动化专业委员会主任、《计算机学报》副主编等职。1994 年当选为俄罗斯自然科学院外籍院士。1995 年当选为中国科学院院士。

主要从事人工智能、神经网络、遗传算法、智能机器人、模式识别以及智能控制等领域的研究工作。早期从事自动控制理论与系统研究，1979 年开始计算机科学与技术研究。提出人工智能问题求解的商空间理论，用代数方法系统解决不同层次求解空间的问题表达、复杂性分析、不同层次空间之间信息、算子及推理机制等相互转换关系；从多粒度问题求解的理论出发，给出研究不确定性处理、定性推理、模糊分析、证据合成等的新原理；提出多层信息综合、多层规划与搜索的统计启发式搜索算法，提高了机器问题求解能力，极大地降低计算复杂性；给出分析多种神经网络模型的定量方法，建立新的网络学习机制等。

先后发表论文 200 余篇；出版《问题求解理论及应用》（英文）、《人工神经网络理论及应用》（英文）等专著 4 部。获国家教委颁发的高校出版社优秀学术专著奖特等奖，中国科技图书奖一等奖，多次获国家和省部级奖励，其中有国家自然科学奖三等奖，国家教委科学技术进步奖一、二等奖，国防科学工业委员会科学技术进步奖一等奖，电子工业部科学技术进步奖一等奖等。此外获欧洲人工智能奖等。

（赵 骞）

李幼平（Li Youping） 中国福建省人，1935 年 5 月 1 日生于福建泉州。*通信工程、核武器工程、微波电子学、科技管理。*

1957 年南京工学院（今东南大学）无线电系本科毕业。1957～1959 在清华大学无线电系研修多路通信与遥测。此后在成都电讯工程学院担任助教、讲师。1964 年后，先后任中国工程物理研究院科学技术委员会副主任、常务副主任、主任，西南科学技术大学信息与控制工程学院院长，教授。1999 年当选为中国工程院院士。

20 世纪 70 年代，和合作者掌握一种遥测核武器的方法，在不作核爆炸条件下照样可以对飞行中的物理装置进行遥测鉴定，自此中国的多种核武器靠这种方法得以顺利定型。80 年代，提出利用碰撞频率自然增长规律的科学设想，并构思了“慢记快发，边记边发”的工程方案，付诸实施后再没有因等离子体黑障而丢失飞行定型的重要数据。90 年代，组织专家队伍研究中国在全面禁止核试验条约签署前后的发展战略与技术路线，并提出了有影响的思路与建议。

获国家和省部级奖励 8 项，其中包括国家科学技术进步奖一等奖，国家发明奖二等奖，国家科技重大成果奖一、二、三等奖多项。1999 年获何梁何利科学与技术进步奖。

（陈雪荣）

谢世楞（Xie Shileng） 中国浙江省人，1935 年 5 月 20 日生于上海。*港口和海岸工程、海岸动力学、结构力学、工程管理。*

1956 年大连工学院（现大连理工大学）港口和航道专业毕业。同年到国家交通部水运规划设计院工作。1958 年起一直在国家交通部第一航务工程勘察设计院工作，副总工程师、教授级高级工程师。1979～1981 年在荷兰德尔夫特理工大学进修海岸工程学。兼任国际水利研究学会海洋水力学委员会委员、中国工程建设标准化协会水运工程委员会副主任、中国海洋大学等校兼职教授。1999 年当选为中国工程院院士。

主持完成设计、科研项目百余项，其中有国家重点及大中型项目 40 多项。在海港水文特别是波浪和泥沙理论方面深有造诣，主持编写交通部海港水文和防波堤设计施工两本规范，奠定了中国海岸动力设计的理论基础；1981 年提出的直立式防波堤前海底的冲刷形态和冲刷深度计算公式，被国际上称为“谢氏理论与公式”，该理论已在实际工程中应用推广，并纳入中国交通部防波堤设计规范；在水工建筑特别在深水防波堤方面，设计构思大胆创新，其中有 90 年代末提出的淹没情况下半圆型防波堤波浪计算公式，已在长江口深水航道整治工程中被采用。

主持设计与参与科研项目 100 余个；发表“海港防波堤工程的发展趋势”（1999 年）等论文数十篇。获得国家优秀设计金质奖、银质奖和国家质量银奖 3 项，国家科学技术进步奖二、三等奖 3 项，交通部优秀设计一等奖 2 项，交通部科学技术进步奖 2 项，联合国"发明创新科学技术之星"奖 1 项，获中国发明专利多项。1994 年获"中国工程设计大师"荣誉称号。（王向阳）

朱高峰（Zhu Gaofeng） 中国浙江省人，1935 年 5 月 27 日生于上海。通信工程、微波电子学、工程管理。

1951～1952 年就学于清华大学物理系。1953 年被选送到苏联留学，1958 年列宁格勒电信工程学院毕业，获工程师学位。同年回国后，历任邮电部邮电科学研究院工程师、四川眉山邮电 505 厂工程师、邮电部第六研究所总工程师。1982 年起任国家邮电部副部长、主任级高级工程师。兼任中国通信标准化协会理事长，清华大学、北京大学、北京邮电大学等校兼职教授等职。1994 年选聘为中国工程院信息与电子工程学部院士，并任该院常务副院长，2000 年又兼为该院工程管理学部院士。

20 世纪 60～70 年代，负责总体设计中国第一套中同轴电缆 1800 路载波通信系统，在中国整个载波通信系统中发挥了重要作用，获 1978 年全国科学大会奖。70～80 年代，负责总体设计中同轴电缆 4380 路载波通信系统，打破国际技术封锁，有些技术达到国外万路载波系统的水平，填补了国内空白，获 1985 年国家科学技术进步奖一等奖。80 年代后，积极倡议并组织建设全国长途自动电话网，提出网络运行可靠性总体设想，推动了通信网络理论的发展，并具体规划行之有效的网络经营和运行方式；具体组织领导建设以国产设备为主的用户电报自动交换网、公众电报自动交换网，位居国家十大网络之首；组织制定了中国长途光缆网络规划，主导了"八五"计划期间中国 22 条光缆主干线的建设；近年来紧密跟踪世界信息技术发展趋势，对中国产业结构、技术创新和工程教育等方面问题进行了有益探索。

（李啸虎）

福斯特，N、R.（Foster，Sir Norman Robert） 封爵后名为"泰晤士河岸福斯特男爵"。英国人，1935 年 6 月 1 日生于英国曼彻斯特。土木工程、建筑学、城市规划。

16 岁辍学，先后在英国曼彻斯特市政厅当职员、英国皇家空军服役和布来德沙尔建筑公司供职。1956 年入读曼彻斯特大学，1961 年获建筑学与城市规划学士学位。同年去美国耶鲁大学留学，1962 年获建筑学硕士学位。1963 年在伦敦开设四人团联合建筑师事务所。1967 年独立开业。1990 年封为爵士，1999 年获终身勋爵荣誉。1998 年当选为英国皇家工业设计师。曾任英国皇家建筑师协会副主席。是法国文化部文学艺术顾问团高级顾问。是伦敦大学、哈佛大学等多个院校兼职教授或客座教授。获多个大学荣誉博士学位。

被誉为现代主义"高技术派"的代表人物之一。他和他的事务所业务广泛涉及建筑工程、城市规划和产品设计等领域，在国际上拥有良好声誉。特别强调人与自然和谐共存，强调要从过去的文化形态中吸取经验教训，提倡生态化人类宜居建筑方式。他说，"我认为建筑应该给人一种强调的感觉，一种戏剧性的效果，给人带来宁静。"部分代表作有：法兰克福德国商业银行总部大楼（1991～1997 年），60 层三角形、拥有 9 个空中花园，是世界上第一座生态高层建筑；香港赤腊角国际机场一号客运大楼（1992～1998 年），首次将全部机械设施设置于地下、屋顶宽敞吸纳自然光景且低能耗，曾入选世界最受欢迎十大机场之首。此外有德国柏林国会大厦重建（1999 年）、英国大伦敦市政厅大厦（2000 年）、美国华盛顿国家肖像美术馆美国艺术与肖像画中心（2004～2007 年）、中国北京首都国际机场 3 号航站楼（2004～2008 年）等等。在酝酿多年基础上，2008 年 1 月阿拉伯联合酋长国正式宣布：由福斯特主持首都阿布扎比郊区马斯达尔城总体设计，届时这一"沙漠中的绿色乌托邦"将是世界上首个达到零碳、零废物标准的城市。

时至 2009 年，他和他的事务所已获近 300 项奖励，赢得 50 多次国内和国际设计大赛。除 1999 年普利兹克建筑奖（国际建筑界最高奖）外，其中还有：英国皇家建筑师协会 1983 年皇家金奖、1998 年斯特林奖，1991 年法国建筑科学院金奖，1991 年西班牙巴塞罗那世界博览会密斯·范德罗厄奖，1994 年美国建筑学会金奖，1995 年英国女王对外成就奖，1997 年英国皇家设计师协会银奖，1999 年巴西圣保罗国际建筑双年展特别奖，2002 年国际建筑师联合会佩雷特奖，2008 年中国政府友谊奖等。

（李 烨）

关桥（Guan Qiao） 中国山西省人，1935 年 7 月 2 日生于山西太原。航空航天工程、焊接技术。

1953～1959 年在苏联莫斯科包曼高等工学院机械工程系学习，获焊接专业学士学位。1959 年回国，一直在北京航空工艺研究所工作。1959 年底再度赴莫斯科包曼高等工学院研究生院学习，1963 年获技术科学副博士学位。北京航空工艺研究所研究员级高级工程师，先后任研究室主任、航空连接技术国家重点实验室学术委员会主任等职。1987～1988 年在剑桥英国焊接研究所从事合作研究。兼任国际焊接学会副主席、中国焊接学会理事长、中国机械工程学会焊接分会主任等职。1994 年选聘为中国工程院院士，先后任机械与运载工程学部副主任、主任。

长期从事航空航天特种焊接工艺与设备研究、焊接力学应用基础研究。主持开发出脉冲氩弧焊、悬空焊、扩散焊、真空电弧焊、钎焊、搅拌摩擦焊，以及金属基复合材料超塑成型与扩散连接组合工艺、焊缝滚压和预变形工艺等多项特种焊接新技术。在基础研究方面，发明低应力无变形焊接法，解决了航空航天薄壁构件焊接压曲失稳变形世界性难题，获航空科学技术进步奖一等奖、航天科学技术进步奖一等奖、1995 年国家发明奖二等奖；提出"内拘束度"概念，给出焊接不协调应变的"预置温度场静态控制"和"多源系统动态控制"物理数学模型，开拓了接头热应变损伤定量分析新方向；20 世纪 90 年代进一步采用"热源-热沉"相匹配的多源动态控制方法，再获国家发明专利；开发出大温度大应变梯度条件下"焊接瞬态热应变云纹测试技术"，用以验证和修正数值分析软件。

发表论文近百篇。多次获奖，其中还有 1978 年全国科学大会奖、1992年航空金奖、1996年光华科学技术一等奖、1998年何梁何利科学与技术进步奖、2000年国际焊接学会荒田吉明奖等。（李啸虎）

严陆光(Yan Luguang) 中国浙江省人，1935年7月6日生于北京。*电工装备工程、仪器研制、电工学。*

著名物理学家严济慈院士的最小儿子。1953年在清华大学电机系学习一年。1954年公派赴苏联留学，1959年莫斯科动力学院电力系毕业获“优秀电气工程师”称号。同年回国，一直在中国科学院电工研究所工作，研究员，1988年起先后任所长、所学术委员会主任。1999～2004年任宁波大学校长，后为名誉校长。兼任中国863计划能源领域专家委员会主任，中国太阳能学会理事长，中国电工技术学会副理事长，中国能源研究会副理事长，《中国电工技术学报》、《太阳能学报》、《低温与超导》杂志主编等职。1991年当选为中国科学院院士。1994年当选为乌克兰科学院外籍院士。2000年当选为第三世界科学院院士。

长期致力于科学实验特种电工装备研制和电工新技术发展。20世纪60年代，主持建成储能6×10^7焦耳的合肥7号常温电感储能装置，开创了中国大能量电感储能装置的系统研制。70年代主持核聚变电工研究，建造中国第一台小型CT-6托卡马克电磁系统，筹建中型CT-8托卡马克，安装调试意大利强磁场FT托卡马克。70年代后期起，主持超导电工应用基础研究，造出多台实用超导磁体系统。1988年以来，组织领导国家863计划燃煤磁流体发电技术；研制中国当时最大的大鞍磁体系统；造出中国第一艘HEMS-1磁流体推进模型船；受诺贝尔奖得主丁肇中教授委托，主持设计建造阿尔法磁谱仪的大型永久磁体，已用于国际空间反物质探测计划；主持研究高速磁悬浮列车技术，领导完成实验运营线初步可行性研究，推动有关工作部署与发展；倡导和推进中国可再生能源发电及电动汽车技术。发表论文百余篇。多次获国家和部委级科学技术进步奖。（李啸虎）

曾广商(Zeng Guangshang) 中国湖南省人，1935年7月6日生于湖南长沙。*航空航天工程、自动控制、飞行控制与导航技术。*

1959年北京航空学院(现北京航空航天大学)自动控制系毕业。现任中国运载火箭技术研究院第十八研究所(北京)所长、副总工程师、研究员。1999年当选为中国工程院院士。

从20世纪50年代末起，一直从事火箭飞行控制执行技术研制工作，取得一系列技术突破，将火箭动力技术、控制技术与测量技术有机结合进行综合研究，开发用于弹道导弹和大型运载火箭推力矢量控制的16种伺服控制系统，以及近百种适宜于集成化、整体化和机电一体化的伺服控制、动力、测量器件，在航天飞行控制技术上贡献卓著。此外，在为中国第二代固体远程战略导弹方面，负责研制成功自备燃气能源、整体式超高速涡轮泵式液压能源的电液伺服系统，使中国推力矢量伺服控制技术跃居世界先进行列。

公开发表的论文有“三余度数字伺服控制系统结构设计与可靠性分析”(2002年)等数十篇。多次获国家和省部级奖项，其中由于在参与研制液体地-地战略武器及其运载火箭，以及“长征三号甲”、“长征三号乙”运载火箭方面贡献卓著，获得国家科学技术进步奖特等奖3项、二等奖1项，三等奖1项，部委级科学技术进步奖一、二等奖近20项。（杨 辰）

郭孔辉(Guo Konghui) 中国福建省人，1935年7月12日生于福建福州。*汽车工程、机械与动力工程、系统动力学。*

出生于马来西亚华侨富商家庭。1956年长春汽车拖拉机学院(今吉林工业大学)汽车拖拉机专业毕业。同年到第一机械工业部北京汽车拖拉机研究所工作。后任吉林工业大学教授，副校长、吉林大学汽车学院院长、汽车动态模拟国家重点实验室主任。曾任美国密歇根大学运输研究所客座研究员。兼任中国汽车工程学会副理事长、中国汽车工业协会副理事长、吉林省专家协会会长等职。1994年选聘为中国工程院院士。

1959年提出“力矩中心”概念，最早将系统动力学与随机振动理论引入汽车振动与载荷研究；论文“汽车振动与载荷的统计分析与悬架系统参数的选择”(1976年)被国际同行视为经典文献；创造汽车侧向振动研究新方法，1973年开发轮胎侧偏特性试验台，现已发展成具有10余种试验功能的轮胎特性综合试验机；建立“高速操纵稳定性试验方法与评价理论”，解决了当时红旗牌轿车高速稳定性问题，获1978年全国科学大会奖。20世纪80～90年代，主持“汽车操纵稳定性的计算机动态模拟研究”，1985年获部级科学技术进步奖一等奖；提出轮胎侧偏特性一般理论模型、转向制动和驱动联合运动仿真的轮胎力学统一模型，为中国汽车轮胎力学做了奠基性的工作；完成“人-车闭环系统操纵运动计算仿真”，1993年获部级科学技术进步奖一等奖；负责组建和主持国家重点实验室；主持研制中国第一台大型开发型汽车驾驶模拟器，填补了国内空白，使中国进入该领域少数先进国家行列；此外，主持制订中国《汽车操纵稳定性试验方法》等10多项技术标准。

发表论文百余篇；出版《汽车操纵稳定性》、《汽车操纵动力学》等专著。获国家和省部级科学技术进步奖近10项。（李啸虎）

蔡吉人(Cai Jiren) 中国江苏省人，1935年7月15日生于江苏苏州西洞庭山岛。*信息安全工程、信息处理技术、微电子学。*

1956年复旦大学数学系毕业后，分配到中央机关工作。北京电子技术研究所研究员，信息安全国家重点实验室学术委员会主任。兼任国家信息安全战略研究专家组专家，国家重点基础研究发展规划(973)项目“信息与网络安全体系研究”首席科学家等职。1997年当选为中国工程院院士。

长期从事信息处理技术和信息安全前沿理论研究，尤其在信息压缩、转换、传输及其安全等领域卓有成就。主持过近20个国家级重大科研项目研究，主持审查过

40多个设计方案，为国家安全、经济建设和社会发展所急需的信息处理和信息安全提供科学依据和技术支持。其中有：研究信息安全的前沿课题，努力在信息安全理论研究中走在世界前列；对信息安全态势作出适时分析和预测，为国家或部门信息安全出谋划策，为国家制定有关信息安全政策和法律法规适时提供咨询建议；研究国家急需的信息安全理论和关键技术，研制开发具有自主版权的、关键的信息安全技术系统，为企业、研究机构和政府部门提供安全的系统解决方案、安全模块和安全咨询服务；为国家和各级部门培养信息安全方面的高级专业人才。近期主持国家973重点科学技术攻关计划“中国电子政务应用示范”等项目建设。

发表学术论文和研究报告数十篇。先后获国家科学技术进步奖二等奖4项、三等奖2项，省部级科学技术进步奖10多项。（李　烨）

范维唐（Fan Weitang）　中国湖北省人，1935年7月18日生于北京。*采矿工程、洁净煤技术、工程管理。*

1956年北京钢铁学院采矿系毕业。后在北京外语学院、北京矿业学院等校进修。1959年赴苏联莫斯科矿业学院留学，1963年获技术科学副博士学位。同年回国，历任煤炭科学研究总院工程师、研究室主任、总工程师、副院长、院长。1986～1988年任煤炭工业部总工程师、技术委员会主任。1988～1993年任中国统配煤矿总公司副总经理。1993年起先后任国家煤炭工业部副部长、国家煤炭工业局副局长，教授级高级工程师。兼任中国煤炭学会副理事长、理事长，世界采矿大会副主席，中国科学技术协会工程学会联合会主席，中国能源研究会副理事长，中国煤炭工业协会会长等职。1994年选聘为中国工程院院士，能源与矿业工程学部主任。

20世纪70～80年代，全面主持、直接参加中国采煤机械化大规模多学科联合科技攻关，协调近百个单位经过近十年努力，取得大量成果：研制出一大批急需的先进采煤机电设备，实现设备的标准化、系列化、国产化；组织研究矿山压力显现规律和采煤工作面顶板情况，实现支架选型的科学化、规范化；形成了适用于不同生产地质条件的开采技术及成套装备；建立具有国际先进水平的采煤机械化测试中心，改变了中国煤炭生产技术落后面貌。90年代以来，主持制定和组织实施煤炭工业“八五”、“九五”科技发展规划；组织一系列中外洁净煤技术研讨会，促进洁净煤技术发展；主持重大项目技术咨询，组织一系列新技术项目推广应用，取得重大经济效益；组织煤炭基金项目及标准化项目研究，促进基础研究的发展。撰有《跨世纪煤炭工业新技术》（1997年）、《我国安全生产形势、差距和对策》（2003年）等专著。（武光明）

田长霖（Tien，Chang-Lin）　华裔美国人，1935年7月24日生于中国武汉，2002年10月29日卒于美国旧金山。*热工工程、工程热物理、高等教育管理。*

1955年毕业于台湾大学，并获机械工程师考试最高奖。旋即赴美深造，1959年获美国普林斯顿大学热工科学博士学位。后去伯克利加利福尼亚大学执教，1968年升教授，1974～1981年任该校机械工程系主任，1983年任副校长（主管科研），1990～1997年任该校校长。曾多次担任传热和热物理学、航空与航天科学领域的国际学术会议主席和组织者。1980～1982年担任国际传热传质中心执行委员会主席。从1981年起担任《国际传热传质》、《国际传热传质通讯》杂志的主编。曾任洛克希德导弹和空间公司、通用电器公司、劳伦斯国家实验室、阿贡纳国家实验室等的顾问，曾任美国政府能源委员会、核电站安全委员会等部门顾问。1994年当选为中国科学院外籍院士。1997年起任中国香港特别行政区高科技委员会主任。1999年任美国政府能源委员会常务委员。1976年当选为美国国家工程院院士。2000年当选为中国工程院外籍院士。

从事热工科学近半个世纪，在该领域的各个方面广有建树。对各种热物理现象的实验测试和分析，基本理论的建立和发展及其在工程中的应用，直至各种复杂的热工工程实际问题的大规模数值求解等方面，均有所贡献。20世纪80年代后期起，又开拓了燃烧室中的热辐射，多孔介质中的各类传热问题，液气两相逆流的传热问题，热管以及闭域的自然对流现象等研究。

发表论文200余篇，论及传热和红外辐射，以及与能源和环境有关问题；著有《统计热力学》、《热控制和辐射》和《热管》等。由于在热工科学领域的卓越贡献，获得30余项荣誉和奖励。其中包括1975年美国机械工程师协会首次颁发的大学毕业后20年内成就最大的科学家奖，1977年美国航空和航天协会热物理奖，1981年热工科学的国际最高奖——雅可夫大奖。1979年和1980年还分别荣获德国和日本授予的奖项。（戴有为）

殷瑞钰（Yin Ruiyu）　中国江苏省人，1935年7月28日生于江苏苏州。*钢铁冶金工程、冶金学、工程管理。*

1957年北京钢铁学院（现北京科学技术大学）钢铁冶金系毕业。历任唐山钢铁公司技术员、转炉总工长、总工程师、副经理，河北省冶金厅厅长，冶金部总工程师、副部长，钢铁研究总院院长，教授级高级工程师。1994年选聘为中国工程院化工、冶金与材料工程学部院士兼该学部主任；2000年又任该院工程管理学部院士兼该部主任、中国工程院产业工程科学技术委员会副主任。

对钢铁制造流程进行整体研究，提出一系列钢厂模式结构优化的理论分析和技术路线，其中有工序功能分解-优化、生产流程的解析-集成、多维物流控制等成果；大力倡导、开发和推广应用连续铸钢技术，使中国钢铁产业原有连铸比从不足15%上升至逾80%，对中国钢铁工业结构调整具有重大意义，其中主持“高效方坯连铸系统技术的研究”，获1998年国家冶金局（原冶金部）科学技术进步奖一等奖，1999年国家科学技术进步奖二等奖；主持国家攀登计划项目“熔融还原技术基础研究”，提出具有中国特色的工艺流程设计新思路；在钢种开发、转炉和电炉冶炼工艺流程等领域有重要成果；此外，在企业的发展战略、财务管理和技术管理等方面有长期实践经验，并深入进行理论研究，其中提出钢铁工业经济-技术评估体系，以及中国钢铁产业未来的发展方向。

撰有论文近百篇；主编著作数部，其中《钢的质量现代进展》(2卷)获1997年全国优秀科技图书奖一等奖、1998年国家冶金局(原冶金部)科学技术进步奖一等奖。获2000年中国工程科技光华奖。（李啸虎）

周仲义(Zhou Zhongyi) 中国上海市人，1935年8月6日生于上海。*信号与信息处理技术、信息安全工程、应用数学。*

1956年中央军事委员会技术部技术干部学校毕业。同年进全军总参谋部第三部工作。先后任总参谋部第三部研究员、国家信息安全成果产业化(四川)基地专家委员会副主任等职，1991年被授予技术专业少将军衔。兼任国家863计划信息安全技术发展战略研究专家组成员，北京信息技术应用研究所研究员，信息安全国家重点实验室学术委员会委员，四川大学特聘教授等职。1994年选聘为中国工程院院士。

曾主持和参与多项重大国防信息工程项目，参与主持中国国家信息安全保障体系的构筑与完善，创造性地解决一系列关键性技术难题，取得多项具有国际先进水平或国内居领先地位的研究成果。参与制订国家信息安全战略、方针政策、法律法规以及信息安全标准；研究信息融合技术在入侵检测系统中的应用，发展了分布式入侵检测与信息融合方法；积极参与制订和主持国家信息安全应急项目计划；作为责任专家，承担和完成国家863计划“服务器安全增强技术”等重大项目，保障了服务安全、信息内容安全和技术设施安全；对电子政务建设中面临的特殊的安全问题作了研究和实践，指导和参与国务院办公厅等政府部门实施电子政务试点示范工程等；主持、参与或指导建设、审定中国一大批信息安全基础设施，加强互联网信息内容的安全管理；开发多种安全防御技术，提高了中国国家信息安全保障体系的防护、预警、监测、应急、恢复和反击的能力。多次获奖，其中有1985年国家科学技术进步奖一等奖，国家科学技术进步三等奖2项等。（李　烨）

蒋民华(Jiang Minhua) 中国浙江省人，1935年8月16日生于浙江临海，2011年5月6日卒于济南。*光学工程、功能材料学、半导体器件研制、晶体物理。*

1956年山东大学化学系毕业。一直留校任教。历任山东大学晶体材料研究所所长、晶体材料国家重点实验室主任、副校长、材料科学与工程学院院长。兼任国家863计划新材料领域第三届首席科学家、中国材料研究会副理事长、中国硅酸盐学会晶体生长与材料分会理事长、国际晶体生长组织理事和执委会委员、美国《材料研究》杂志特邀主编等职。1991年当选为中国科学院学部委员(院士)。

长期主持和参与数十种功能单晶材料研究开发。20世纪50年代以研制成功酒石酸钾钠大晶体而闻名。60年代初主持研制出磷酸二氢铵大单晶。70年代研制出亚稳相生长磷酸二氘钾(DKDP)晶体，首次打破了在低温稳定相中生长的国际惯例，形成一套生长高质量晶体的新理论新方法。80年代，主持助熔剂磷酸钛氧钾(KTP)晶体生长获重大突破，并实现中国高技术产品出口“零的突破”；首次发现一种有机非线性光学材料精氨酸磷酸盐(LAP)晶体，较好解决了共轭基团非线性效应和紫外透光特性互相制约的难题，形成有机金属络合物非线性光学晶体材料系列，被国际上誉为“开拓了半有机非线性光学材料新方向”；研制成功激光自倍频硼酸铝钇钕(NYAB)，在国际上首次实现了绿光输出。90年代，研制出双光子聚合带隙材料；开发的半导体发光器件外延工艺和管芯技术，被国家定为“产业化前期关键技术与成套装备研究开发项目”，并在济南建立当时中国最大的具有国际水平的生产研究开发基地。

发表论文200余篇，专著《晶体物理》、《功能材料学概论》等多部。曾获国家发明奖一等奖1项，国家科学技术进步奖二等奖1项，国家教委科学技术进步奖一等奖3项，省部级奖多项。此外获1996年何梁何利科学与技术进步奖，2002年首届山东省最高科学技术奖。（张修庆）

李三立(Li Sanli) 中国上海市人，1935年8月24日生于上海。*计算机科学与工程、电气电子工程、应用数学。*

1955年清华大学无线电系毕业。一直留校任教，教授，计算机工程与科学研究所所长。期间赴苏联留学，1960年获苏联科学院精密机械与计算技术研究所博士学位。兼任欧洲微计算机协会执行理事，美国电气与电子工程师协会(IEEE)中国分部主席，上海大学计算机学院院长。1995年当选为中国工程院院士。

中国国家攀登计划高性能计算机项目首席科学家。1956年起，负责研制过中国电子管、晶体管、集成电路和超大规模集成电路4代计算机。20世纪70年代，主持研制的724机是当时中国大学用于尖端研究的最大规模计算机；负责研制成功劈锥数控计算机102系统，提高劈锥精密加工效率达数十倍，居国际先进行列。80年代以来，在中国倡导并开发微机局部网络LAN，精简指令集算法RISC技术以及并行处理技术TRANSPUTER；与博士生合撰论文“并行系统可适应负载平衡策略”，获IEEE国际会议杰出论文奖；在国际上首次提出“虚拟寄存器结构”；提出“多端口寄存器堆结构”在90年代新RISC产品中得到证实。90年代及以后，领导实施教育部重点项目先进计算基础设施北京、上海试点工程，于2001年完成并通过鉴定；领导完成清华网络并行计算机THNPSC-1系统，其峰值速度国内领先；2000年负责研制成功自强2000集群式高性能计算机，峰值速度达每秒4 500亿次，创中国民用超级计算机第一。

发表论文200余篇；出版著作、译作10余部，其中《RISC-单发射和多发射结构》获国家教委优秀图书特等奖。获国家和部委级奖励多项。（李　烨）

张光义(Zhang Guangyi) 中国四川省人,1935年9月3日生于四川泸州。雷达工程、航空航天工程、微波电子学。

1962年毕业于苏联莫斯科动力学院无线电技术系。同年回国,历任电子工业部(今信息产业部)第14研究所雷达总体室室主任、副所长兼副总工程师、总工程师、教授级高级工程师。兼任南京理工大学、南京航空航天大学、成都中国电子科学技术大学等校兼职教授,国家863高科学技术专家组成员、责任专家、国防科学工业委员会探测技术专业组顾问、电子工业部雷达专业情报网网长。1997年当选为中国工程院院士。

先后参与组织、领导研制10余种国内首创的大型先进雷达型号,解决了多项关键技术,处于国内领先或国际水平。20世纪60年代,主持研制成功中国第一部电扫描三坐标雷达;从60年代中期起从事相控阵雷达的研制工作,负责总体设计中国第一部观测外空目标的大型相控阵天线预警雷达(7010型),达到世界先进水平,成果获1978年全国科学大会奖、1984年电子工业部科学技术成果奖特等奖。担任载人航天工程大型精密跟踪雷达和相控雷达的总设计师,积累了丰富的经验,有较深的理论造诣。

发表"提高雷达系统抗干扰能力的一些措施"(2001年)等多篇重要论文;出版《相控阵雷达技术》(2006年)、《空间探测相控阵雷达》(2001年,与他人合著)等专著。1991年获国防科学工业委员会先进个人称号;获1993年光华科学技术基金一等奖、1994年电子工业部科学技术进步奖特等奖、1995年国家科学技术进步奖二等奖等多项奖励。 (朱妙其)

姚熹(Yao Xi) 中国江苏省人,1935年9月28日生于江苏苏州。电子材料与器件工程、功能电子材料学、铁电学。

原籍江苏武进。1957年上海交通大学电气工程系毕业。同年到西安交通大学任教。1979年赴美国宾夕法尼亚大学材料研究所进修,1982年获博士学位,留校做博士后研究。1983年回国,历任西安交通大学精细功能电子材料与器件国家专业实验室主任,电子工程系教授,电子与信息工程学院院长,电子材料与器件研究所所长等职。期间1990、1995年先后任法国国家研究中心高级研究员、新加坡南洋理工大学访问教授。兼任亚洲铁电学协会首任主席、陕西省科学技术协会副主席、中国科学院上海硅酸盐研究所无机功能材料开放实验室主任等职。1989年当选为国际陶瓷科学院院士。1991年当选为中国科学院学部委员(院士)。1997年当选为亚太材料科学院院士。2007年当选为美国国家工程院外籍院士。

在美国因研究铌酸锂双晶体和多晶陶瓷的介电、压电性质有重要进展,获1982年美国施乐奖;首次发现陶瓷晶粒压电共振现象,获1985年美国陶瓷学会罗斯-科芬-珀迪奖;采用计算机电路模拟方法,计算出晶粒大小和取向都随机分布的多晶聚集体的介电频谱,结果与实验十分吻合;系统研究铁电体极化弛豫现象,发现电场诱导纳米结构调整以及超顺电状态等一系列新现象,创立著名的"微畴-宏畴转变"理论,对发展机敏材料有重要意义;研制铁电薄膜及复合热释电薄膜;参与起草两项国家标准;多次参与国家高技术新材料研究计划制定与实施,负责多层陶瓷电容器、纳米复合功能材料等项目。

获中国、新加坡、美国发明专利15项;发表论文500余篇;编著、或与他人合撰专著9部。多次获国家和省部级奖;此外获1993年光华科学技术进步奖一等奖、1997年何梁何利科学与技术进步奖、美国电气与电子工程师协会2002年铁电学成就奖等。 (李啸虎)

王兴治(Wang Xingzhi) 中国辽宁省人,1935年9月30日生于辽宁辽阳。导弹工程、飞行器总体设计、工程管理。

1963年哈尔滨军事工程学院导弹总体专业毕业。同年到沈阳炮兵科学技术研究院工作。中国兵器工业总公司第203研究所所长、教授级高级工程师。长期从事反坦克导弹研制,历任多个装备项目总设计师。兼任中国兵工学会火箭导弹分会主任,陕西兵工学会副理事长。1995年当选为中国工程院院士。

在中国国防军事工业的多个装备方面填补了空白。20世纪60年代,担任总体组组长参与主持研制中国第一代反坦克导弹J-201,1970年通过国家定型试验,获1978年全国科学大会奖。70～80年代,主持论证"Xx-x"项目研制并担任总设计师,开发中国第二代反坦克导弹预研与型号研制,其中主持开发成功的红箭-8反坦克导弹有单兵便携式、多联车载机动式等发射方式,性能可靠,处于国际先进水平,于1985年通过国家定型并开始装备部队,不仅填补了国内空白,还为国家创造了数亿元的经济效益,获1986年部级科学技术进步奖特等奖、1987年国家科学技术进步奖特等奖。90年代,1990年主持完成履带装甲车发射武器系统的定型;1994年主持完成直升机载红箭-8武器系统的国家靶场定型试验。

多次获国家、军队和省部级奖励。此外,获1998年第二届中国工程科学技术光华奖,2001年何梁何利科学与技术进步奖等。1990年获兵器工业总公司授予的"优秀企业领导干部"称号。1992年获"陕西省科技精英"称号。 (陈美查)

徐大懋(Xu Damao) 中国安徽省人,1935年10月17日生于安徽当涂。动力与机械工程、热能工程、工程热物理。

1960年清华大学动力机械系毕业;1987年获该校热能系工学博士学位。大学毕业后在哈尔滨汽轮机厂工作38年。曾任哈尔滨电站设备集团公司高级工程师、总工程师、副总经理等。现任中国广东核电集团有限公司科学技术委员会副主任、高级顾问。兼任中国动力工程学会副理事长。1997年当选为中国工程院院士。

长期致力于热力涡轮机和热能工程的设计与研究,提出一系列设计新概念新方法:如汽轮机长叶片气动设计准则,最佳余速分布,等转速模化,长叶片分类法,供热机组设计原则,“比焓差”法等,形成了先进的设计体系。主持开发的新产品和科研项目,多数达到当时国内外先进水平。20 世纪 80 年代,开发成功双排汽 210 兆瓦汽轮机,具有效率高、可靠性好、造价低等优点,开拓了广阔的国际市场,并在国内全面替代老产品。80～90 年代,在引进 300 兆瓦和 600 兆瓦汽轮机的国产化和优化过程中,采用许多当代前沿技术,解决了 600 兆瓦汽轮机因推力过大不能满发的难题,性能超过引进技术指标。70～90 年代,提出半刚性汽轮机长叶片设计方法,主持开发出长叶片系列,具有效率高、可靠性好和重量轻等优点。90 年代,提出下降火电热耗的方案并付诸实践,首批成果已产生巨大的综合效益;研制出新型供热汽轮机,其经济性比常规设计提高约 10%。

发表“大功率汽轮机通流部分设计的若干问题”(1988 年)等论文数十篇。获国家级和省部级奖励多次,其中包括国家科学技术进步奖二等奖、中国科学技术协会优秀建议奖一等奖等。(朱妙其)

童庆禧(Tong Qingxi) 中国湖北省人,1935 年 10 月 21 日生于湖北武汉。空间遥感工程、光学工程、微波电子学。

1961 年毕业于苏联敖德萨水文气象学院。中国科学院遥感应用研究所研究员,曾任所长。兼任国家遥感中心专家委员会主任、中国空间学会空间遥感分会副理事长、中国宇航学会空间遥感专业委员会副主任、北京大学等校兼职教授等职。国际欧亚科学院院士。1997 年当选为中国科学院院士。

在中国率先提出关于多光谱遥感波段选择问题,并系统进行了遥感理论、技术和方法研究。早年从事气候学、太阳辐射和地物遥感波谱特征研究;主持中国科学院航空遥感系统的研制;作为七五、八五国家遥感攻关的主要主持人之一,与姜景山院士一道建造中国第一架具有国际先进水平的高空机载遥感实用系统,获 1993 年中国科学院科学技术进步奖特等奖、1995 年国家科学技术进步奖二等奖;倡导和开展高光谱遥感研究,在岩石矿物识别、信息提取和蚀变带制图方面取得突破;根据植被光谱特征研究发展了高光谱导数模型、光谱角度相似性匹配模型等,这项研究成果有特高分辨率,不仅能使卫星看出地面物体大小,还能清晰辨别物体种类,比如造房子用的是什么材料,地上种的白菜是大白菜还是卷心菜,甚至能分辨出水稻的品种,从而能够从宏观上进行农作物长势和品质的客观预报,为国家决策提供真实的依据;积极开展国际合作,致力于将中国遥感技术和应用的新发展、新技术、新成果推向国际学界和市场,产生了很好的影响。

主要著作有《中国典型地物波谱及特征分析》(1900 年)、《遥感信息机理研究》(1998 年)等。获国家和省部级奖励 10 余项。其中两次获中国科学院科技进步特等奖;此外获 1996 年、1997 年国际航空遥感大会最佳论文奖,2002 年国际光学工程学会科学成就奖,2003 年首届“国际遥感技术成就奖”。(陈振毅)

崔尔杰(Cui Erjie) 中国河北省人,1935 年 11 月生于山东济南,2010 年 12 月 13 日卒于北京。航空航天工程、空气动力学、应用数学。

1959 年北京航空学院(现北京航空航天大学)空气动力学专业毕业。中国科技开发院北京空气动力学研究所(航天工业总公司 701 研究所)研究员、院科学技术委员会主任、地效飞行器开发中心总设计师。兼任中国力学学会理事长,中国空气动力学会副理事长,北京航空航天大学等校兼职教授等职。期间 1980～1982 年赴美国作访问学者。1999 年当选为中国科学院院士。

在中国率先开展航天器非定常气动力和流固耦合问题的研究,突破该领域多项关键技术;提出利用非定常激励进行流动控制的方法获得高升力,并深入揭示了其中的机制原理;建立和发展了复杂飞行器外形在气动干扰下的气动弹性分析新方法;发展涡致振动的非线性振子模型,提出抑制涡致振动的多种途径;提出和建立一门崭新的学科分支“地面效应空气-流体力学”框架设想,并对学科内容进行了不断的充实和发展;开拓风工程和工业空气动力学应用研究,在结构风致振动、风力机气动弹性研究等方面都有不少创新成果;作为中国全垫升气垫船系列型号的总指挥,仅用 3 年多时间就主持创制出中国第一代实用型地效飞行器“天翼一号”,于 1998 年 11 月在湖北荆门水面试飞成功,标志着中国开始跨入了该领域的世界先进国家行列。多次获奖,其中有 2006 年度何梁何利科学与技术进步奖等。(陈　安)

李龙土(Li Longtu) 中国福建省人,1935 年 11 月 25 日生于福建南安。功能陶瓷工程、无机非金属材料加工技术、功能材料学。

1958 年清华大学土木工程系毕业。一直留校任教,材料科学与工程研究院教授,历任土木系建材教研组助教、讲师,化工系无机非金属材料教研组副教授、教授,新型陶瓷与精细工艺国家重点实验室主任、学术委员会主任等职。期间,1987 年到美国里海大学、1994 年到宾夕法尼亚大学作访问学者。兼任国防科学工业委员会军用新材料应用研究专家组成员、国家“863”计划新材料领域先进功能陶瓷专题组长、北京高校专业设置评议委员会副主任等职。1997 年当选为中国工程院院士。

研制成功一系列高性能铁电、压电、介电和半导体陶瓷材料及其器件;主持“高性能低烧多层陶瓷电容器”等国家 863 计划重大项目,解决了长期悬而未决的技术难题,成果转化效益显著,对发展中国高技术产业作出重要贡献;在独石压电变压器、弛豫铁电陶瓷、高性能压电陶瓷、V 型复合热敏电阻、铁电压电材料与器件的疲劳机制、压电超声马达等方面,均有重要创新成果;主持国家 863“九五”重大项目“新一代高性能低温烧结片式电感器材料”,其中一项专利达到国际领先水平,另一项填补了国际空白。

获发明专利 10 余项;发表论文 200 余篇;出版《流变学基础》、《功能陶瓷》、《铁电压电陶瓷材料及应用》、《硅酸盐辞典》等专著、工具书和译著多部。获国家和省部级奖 10 余项,其中有:1985 年国家“六五”科学技术攻关表彰奖,1987 年、1996 年国家发明奖三等奖、二等奖，1991年中国航空工业总公司科学技术进步奖一等奖，1996年国家教委科学技术进步奖一等奖、国家高技术发展计划"八五"先进工作者一等奖，1998年亿利达科学技术奖等。 （陈 胜）

项海帆（Xiang Haifan） 中国浙江省人，1935年12月19日生于上海。桥梁与结构工程、抗风抗震技术、结构力学。

1955年同济大学桥梁与隧道专业本科毕业，1958年该校桥梁专业研究生毕业。一直留校执教，教授，土木工程学院顾问院长、土木工程防灾国家重点实验室主任。1980～1982年获德国洪堡基金会奖学金在德留学。兼任国际桥梁及结构工程学会副主席，国务院学位委员会土木工程评议组召集人，中国土木工程学会常务理事兼桥梁及结构工程学会秘书长，中国抗风工程学会副主任，上海振动工程学会副理事长等职。1995年当选为中国工程院院士。

建立拱桥纵向、横向抗震实用计算体系，并纳入中国桥梁抗震规范；1979年起在中国率先开展大跨桥梁、高耸结构与高层建筑抗风研究，在桥梁结构动力特性、颤振与抖振分析、风致振动与控制方面有多项理论成果，其中的桥梁抗震理论 、上海地区台风特性研究，分获1986年、1988年国家教委科学技术进步奖一等奖。先后承担和完成50余项国家和省部级工程项目，其中"大跨桥梁风致振动及控制理论研究"获1994年国家教委科学技术进步奖一等奖等；"黄浦江南浦、杨浦大桥抗风性能研究"获1994年上海市科学技术进步奖一等奖；主持设计和建造上海南浦大桥工程，获1995年国家科学进步奖一等奖；负责建立和主持土木工程防灾国家重点实验室，拥有世界第二的风洞设备，承担中国绝大部分大跨度桥梁抗风研究。

发表论文百余篇；出版《现代桥梁抗风理论与实践》(2005年)、《土木工程概论》(2007年)、《中国桥梁史纲》(2009年)、《桥染概念设计》(2011年)等专著、译著7部，其中主编《中国桥梁》获1994年上海市优秀图书一等奖，《桥梁结构稳定与振动》获1996年全国优秀图书一等奖。 （李啸虎）

周邦新（Zhou Bangxin） 中国江苏省人，1935年12月29日生于江苏吴县（今属苏州市）。核材料工程、核燃料元件。

1956年北京钢铁学院金相及热处理专业毕业。1956～1970年先后在中国科学院应用物理研究所、金属研究所工作。1965～1967年在英国纽卡斯尔大学、剑桥大学冶金系进修。1970年到中国核动力研究设计院工作，1987年晋升为研究员，曾任该院科学技术委员会副主任、核燃料及材料国家重点实验室主任。现为上海大学材料研究所所长、教授级高级工程师。兼任中国金属学会材料科学学会显微结构委员会副主任、中国核学会核材料分会副理事长等职。1995年当选为中国工程院院士。

长期从事核材料方面的研究和开发，系统深入地研究金属材料的结构、形变和再结晶，提出自己创造性的见解，攻克不少关键性技术难题，显著提高生产质量要求。负责组建核燃料及材料国家重点实验室，多次主持和参加高难度、高要求的国家级攻关项目，取得一系列重要成果。20世纪80年代以来，系统研究锆合金及其性能，解决了某核燃料元件生产厂二氧化铀单棒的锆合金包壳被腐蚀出现小白点问题，从而救活濒临停产的企业。

发表论文近百篇，撰写内部报告和资料数十篇，与他人合译《核材料》(2卷，1999年)和编撰专著数部。获国家与省部级科学技术进步奖二、三等奖近20项，其中有：1978年全国科学大会先进科学工作者奖、1992年光华科学技术奖一等奖等。 （王艺衡）

张涵信（Zhang Hanxin） 中国江苏省人，1936年1月1日生于江苏沛县。航空航天工程、计算流体力学、空气动力学、应用数学。

1957年清华大学水利工程系毕业。留系任教。1963年中国科学院力学研究所研究生毕业。1972年调入国防科学工业委员会（今全军总装备部）某基地从事国防军工研究。先后任中国空气动力研究与发展中心计算分所所长、科学技术委员会常任委员兼总体理论处主任，研究员、少将军衔。兼任中国力学学会副理事长、中国空气动力学学会理事长、清华大学等校兼职教授。1991年当选为中国科学院学部委员（院士）。

首次提出高超声速流流动中第二激波形成条件，成功引入摄动法解决了高超声速弹头绕流及其流场精确计算的国际难题，发展了钝头细长体高超声速绕流的激波层和熵层理论；首次提出三维流动分离的判定条件，并证明实际流动的分离线是极限流线，发现奇点在分离线上拓扑分布规律和开式分离的两种可能形态，解决了学术界长期关注问题；首先发现三阶色散项和差分解在激波处出现波动的联系，提出了建立高分解率差分格式的物理构思，建立了无波动无自由参数的耗散差分算法，形成了自己的学派；提出弹头传热、烧蚀和气动耦合等计算方法，建立云粒子侵蚀和真实气体实验模拟的相似准则，为再入大气层飞行体研制大量"防热设计计算软件"，为解决中国远程导弹防热设计提供了关键数据和计算方法，在航天飞行器设计和实验中得到广泛应用。

撰有《高超声速空气动力学》、《分离流动概论》、《计算流体力学》(2003年)等专著。多次获奖，其中有国家科学技术进步奖二等奖2项、国家自然科学奖二等奖1项、部委级科学技术进步奖一等奖3项；获光华基金特等奖、1997年首届周培源力学奖、何梁何利科学与技术进步奖等。 （张 希）

维诺格拉特，S.（Winograd，Shmuel） 美国人，1936年1月4日生于巴勒斯坦地区的特拉维夫（今属以色列）。计算机科学与工程、数值代数、应用数学。

犹太裔。在以色列读完中学后随家人移居美国。1959年起先后获马萨诸塞理工学院电气工程学士、硕士学位。1968年获纽约大学数学博士学位。1961年起任美国国际商用机器公司（IBM）沃森研究中心研究员；

1970～1974 年、1980～1994 年两度出任 IBM 研究院数学科学部主任；1972 年入选 IBM 研究院院士。是美国国家科学院院士、美国文理科学院院士。

算法复杂性研究的先驱者之一，对高效算法设计在计算机软件开发方面的应用作出重要贡献。如何降低高阶矩阵乘法运算次数，简化运算过程，提高运算效率，一直是数学家和计算机科学家面对的重大课题。长期以来，学术界提出过种种矩阵乘法算法，但其效率始终不尽如人意。他经过潜心研究，为两个 N 阶矩阵设计了一种新算法，能将所需的运算次数降低到 $N^{2.367}$。时至 20 世纪 90 年代初，这一成果仍保持世界领先记录。快速傅里叶变换作为快速计算离散傅里叶变换的算法，堪称是数值代数中最活跃的领域，但当 N 很大时，运算量很大。1965 年，美国数学家考利(J. W. Cooley)和托凯(J. W. Tukey)利用基函数的周期性和对称性，首次通过改变计算次序，递推步骤以减少运算量。1974 年，提出一种更简便的快速傅里叶变换法，被学术界称为“维诺格拉特算法”，大幅提高多项式乘积、大整数乘积、循环卷积、矩阵逆和特征值等计算效率，广泛应用于众多实际技术领域，如滤波、数字信号、图像信号的处理，光谱、声谱、地震谱、晶体结构的分析，物探、雷达、卫星摄像分析，全息图、心电图、脑电图、X 光相片强化等方面。

主要著作有《噪声存在时的可靠计算》(1963 年)、《计算的算术复杂性》(1980 年)等。获麦克道尔奖、1980 年美国电气与电子工程师协会计算机先驱奖等。

(李　烨)

张立纲(Chang, Leroy L.)　华裔美国人，1936 年 1 月 20 日生于中国河南开封。半导体材料工程、凝聚态物理学、功能材料学。

1957 年中国台湾大学电机工程系毕业。1961 年获美国南卡罗林纳大学电子与电机工程系硕士学位。1963 年获美国斯坦福大学固态电子与电机工程系博士学位。1963～1993 年任美国国际商用机器公司(IBM)汤姆斯·华生研究中心研究员，1975 年起任研究部经理。期间 1968～1969 年任美国马萨诸塞理工学院副教授。1993～2000 年受聘任香港科技大学理学院院长、副院长。兼任美国和中国多所大学客座教授、《物理学报》副主编等职。1988 年当选为美国国家工程院院士。1994 年当选为美国国家科学院院士。是中国科学院外籍院士、中国台湾“中央研究院”外籍院士、香港工程科学院外籍院士。

20 世纪 70 年代及后，研究不同材料晶体和超晶格生长的分子束外延技术，首次制备出能隙高低不同的超薄型半导体多层膜，在实验中实现了量子阱、多量子阱和超晶格，观察到了极其丰富的物理效应，开创了半导体物理新局面，成为当今半导体物理的主流；扩大了应用材料范围和发展了超晶格技术，从正统超晶格拓广为应变超晶格，可和硅基的大规模集成电路相匹配；参与制出超快速场效应管和高效率的半导体激光器等器件，成为当今新材料发展最先进技术的标志。1975 年随美国科学院固体物理代表团访问中国以来，与中国科学技术教育界建立了密切的学术合作交流关系。

拥有 20 多项专利权；发表论文 200 多篇；出版《分子束外延与异质结构》(1985 年、与他人合著)、《合成调整构造》(1985 年)、《半导体谐振隧道：物理与应用》(1991 年)等专著。屡获殊荣，其中有 1985 年美国物理学会新材料国际奖，1990 年美国电气与电子工程师协会萨诺夫奖，1993 年美国富兰克林学院巴伦坦奖章等。

(李　烨)

费根鲍姆，E. A.(Feigenbaum, Edward Albert)　美国人，1936 年 1 月 20 日生于美国新泽西州威霍肯。计算机科学与工程、知识工程、人工智能、应用数学。

生父是波兰移民，在他一岁时去世；继父是食品店会计。1956 年获卡内基理工学院(卡内基-梅隆大学前身)电气工程系学士学位，1960 年获该校博士学位。后在英国国立物理实验室进行博士后研究。回到美国后，先在伯克利加利福尼亚大学工商管理学院任教，后长期任斯坦福大学计算机科学系教授。1986 年当选为美国国家工程院院士。是美国文理科学院院士。1994～1997 年兼任美国空军首席科学家。

知识工程的倡导者和开拓者之一。20 世纪 50 年代，他在著名的 H. A. 西蒙教授指导下，在博士论文中建立了一个模拟人在刺激-反应环境中如何记忆单词的“基本识别和存储系统”，引起学术界关注。60 年代，主编《计算机与思想》(1963 年)一书，是世界上第一本关于人工智能的经典文集；1965 年与遗传学家、诺贝尔奖获得者 J. 莱德伯格等人合作，开发成功世界上第一个专家系统软件 DENDRAL，可对给定的有机物分子式和质谱图选择可能的分子结构。最早倡导并于 1977 年正式提出“知识工程”概念。一般认为，凡是用自动机对知识进行获取、加工、存储和利用的工程系统都可称为知识工程，迄今已是人工智能领域中影响最大的一个分支。费根鲍姆研究小组为国防、医学和工程等部门研制成功一系列专家系统，其中尤以诊断、防治传染病的医学专家系统 MYCIN 等最负盛名，使斯坦福大学在医学信息化技术上一直居世界领先；此外，他十分重视将研究成果转化为生产力，创建了世界上第一家专门开发和推广专家系统的公司。

著述颇丰，其中还有：和巴尔(A. Barr)等人合编《人工智能手册》(4 卷，1981～1989 年)，《第五代：人工智能和日本计算机对世界的挑战》(1984 年)、《专家公司的兴起》(1988 年)等。和 R. 雷迪分享美国计算机学会 1994 年度图灵奖(世界计算机界最高奖)。(李　烨)

陈火旺(Chen Huowang)　中国福建省人，1936 年 2 月 5 日生于福建安溪，2008 年 2 月 2 日卒于湖南长沙。计算机科学与工程、软件工程、数理逻辑。

1956 年复旦大学数学系毕业。留校任教。先后在北京大学数学系数理逻辑专业、英国伦敦国家物理研究院进修。1970年起一直任教于长沙工学院(今国防科学技术大学),教授,先后任计算机系副主任、研究生院副院长等职;1990年被授予少将军衔。兼任国家863计划信息领域专家委员会委员、中国软件行业协会副主任等。1997年当选为中国工程院院士。

20世纪60～70年代,建立有限函数空间上的能行运算和能行连续泛函理论;主持设计中国第一个符号汇编语言和宏指令产生器;组织领导全国Fortran(公式转换语言)编译程序会战,设计成功中国第一个Fortran编译器,获1978年全国科学大会奖。70～80年代,主持银河-Ⅰ巨型计算机软件系统总体设计,该机获1984年中央军委国防科学技术成果奖特等奖,他本人还获个人一等奖;研制成功嵌入式向量识别器YH-EFTV1.0,获1988年国防科学工业委员会科学技术进步奖二等奖;主持建造中国第一个面向对象的集成化软件开发环境GWOOSE,获1991年国防科学工业委员会科学技术进步一等奖。90年代以来,研究人工智能,把PROLOG(逻辑程序设计语言)从单调发展到非单调推理系统,获1993年国防科学工业委员会科学技术进步奖一等奖;研究自然语言处理,开发成功英汉机器翻译系统MATRIX,达到国际先进水平,获全国优秀软件二等奖。

发表论文百余篇;编写《数理逻辑与控制论》(1962年)、《程序设计语言编译原理》(1980年,与他人合著)、《程序设计方法学基础》(1987年,与他人合著)等专著3部,译著1部。1991年获光华科学技术一等奖。

(李　烨)

姜景山(Jiang Jingshan)　中国吉林省人,1936年2月8日生于吉林龙井。*航空航天工程、遥感技术、仪器研制、微波电子学。*

朝鲜族。1962年获苏联列宁格勒乌里亚诺夫电工学院工程师衔。中国科学院空间科学与应用研究中心研究员,先后任该中心主任、学术委员会主任,中国科学院遥感联合中心主任、中国探月工程副总设计师等职。兼任国际空间研究委员会中国委员会委员、中国高技术863计划航天领域空间科学及应用专家组组长、中国空间科学学会副理事长等职。1998年当选为国际欧亚科学院院士。1999年当选为中国工程院院士。

七五期间主持研制中国第一台机载散射计并用于海洋探测;1984年创立水情机载遥感图像实时传输技术,后在洞庭湖等历年水情监测中得到有效应用,获1992年国家科学技术进步奖一等奖;和童庆禧教授主持建造中国第一个高空机载遥感实用系统,达到国际先进水平,取得重大综合效益,获1993年中国科学院科学技术进步奖特等奖、1995年国家科学技术进步奖二等奖;在中国率先研制航天微波遥感系统,首次实现星载扫描型散射计风场测量,居当时国际领先行列;提出和建立遥感图像的机-星-地实时传输技术,攻关成果世界领先;主持研制中国第一台微波高度计,获2项专利和1997年中国科学院科学技术进步奖二等奖;参与主持制定国家重大航天工程的发展战略、项目选立、技术论证和组织攻关;创造性地提出多模态微波遥感原理技术方案,在"神舟四号"设计中采用中国第一台实验性的多模态微波遥感器,将微波辐射计、微波高度计和微波散射计"三合一",比国际同类系统大为减轻。

发表论文及工程设计报告百余篇;主编出版有《中国微波探月研究》(2011年,与他人共主编)等专著。获国家和部委级奖10多项。

(盛　刚)

丁传贤(Ding Chuanxian)　中国江苏省人,1936年2月11日生于江苏海门。*涂层材料工程、表面物理化学、功能材料学。*

1959年复旦大学化学系毕业。至今一直在中国科学院上海硅酸盐研究所工作,研究员。期间1983～1985年在美国纽约州立大学石溪分校等处作访问学者。1995当选为中国工程院院士。

20世纪60年代,毕业后经过4年多的努力,研制成功可供实用的电弧等离子喷涂全套设备和各种涂层材料;研制开发成功等离子喷涂技术的高温防热、耐磨耐蚀、生物相容、红外辐射、电介催化等5个涂层系列,总计30余个具有各种功能和用途的涂层品种,广泛应用于各种工业生产和科学技术领域,取得了显著的经济、社会和环境效益;2002年主持研制成功陶瓷骨的羧基磷灰质涂层,该陶瓷涂层是用2万摄氏度高温下等离子体高速喷涂于金属钛合金内芯上而成的,它与人体骨组织中的主要无机成分相近,是一种新型先进的接骨材料,有广泛而重要的临床应用价值,经临床X光片显示,受伤小狗体内植入陶瓷骨后,数月后新旧骨胳逐渐延伸直至融为一体。

撰写和发表学术论文、研究报告近200篇;已取得科学研究与技术开发成果20余项。获国家、中国科学院和上海市奖励10余项,其中包括国家发明奖三等奖等。

(巫瑞智)

陈懋章(Chen Maozhang)　中国四川省人,1936年2月14日生于四川成都。*动力与机械工程、航空工程、叶轮机械、流体动力学。*

1957年北京航空学院(今北京航空航天大学)发动机系毕业。一直留校任教,动力系教授,任校学术委员会副主任等职。1979～1981年在英国伦敦大学帝国理工学院航空系当访问学者。1999年当选为中国工程院院士。

长期致力于叶轮机械的研究与教学,在航空发动机领域卓有建树。在理论方面,从事湍流研究,完成三维不稳定波在边界层转捩过程中的中前期发展阶段理论描述;发现在旋转物体边界层内,传统观点认为在某些条件下沿边界层厚度方向静压不变的假设不成立,并建立相应新理论和新方法,拓展了经典的普朗特边界层理论;首次得到奥尔-桑默费尔德方程特征谱的特征值;深入研究了叶轮机三维流理论、粘流理论及其应用。在实践方面,主持改型设计研制某型号航空发动机的核心跨音压气机,提高了流量、压比和效率,显著改进了发动机和飞机的性能;提出一种新型压气机扩稳装置,排除了空中熄火故障,保证了发动机在飞行包线内稳定可靠运行,成果获国家技术发明奖二等奖;主持研制低速大尺寸压气机实验装置，开发先进的转子流场动态测量技术，采用不相似的几何条件实现高低速之间转换，实现低速实验条件下模拟调整的效果，获1993年国家科学技术进步奖一等奖；合作研制高负荷风扇，实验性能达到90年代美国预研风扇先进水平，获1998年国防科学工业委员会科学技术进步奖一等奖、1999年国家技术发明奖一等奖。所撰《粘性流体动力学基础》教材，获1997年国家教育成果奖二等奖。2000年获何梁何利科学与技术进步奖。 （李啸虎）

过增元(Guo Zengyuan) 1936年2月28日生于江苏无锡。航天工程、热能工程、工程热物理。

1959年清华大学动力机械系毕业。一直留校任教，教授，历任工程力学系工程热物理教研室主任、清华大学研究生院副院长、工程热物理及热能工程研究所副所长、机械工程学院院长。期间先后在西德慕尼黑工业大学、美国密歇根大学、日本东京大学等校做访问学者或客座教授。兼任国际传热传质中心执行委员、中国力学学会等离子科学技术学会副理事长、中国工程热物理学会副理事长兼传热传质委员会主任等职。1997年当选为中国科学院院士。

中国863航天空间站技术专家组专家、973项目“高效节能的关键科学问题”首席科学家。发现热绕流等现象，提出“热可压流体”概念，建立了热阻力、热绕流的定量关系式；在热等离子体领域，提出“电弧堵塞”概念，发展了一种热力学非平衡参数计算新方法，对开发利用热等离子体有重要指导意义；研究航天器在微重力条件下的热等离子流场、温度场、湿度场分布与变化规律，提出飞船载人舱地面模拟新方法，研制出相应的模拟装置，大量节省了实验时间和经费；提出微尺度温差场均匀性原则等传热强化新思路，既提高换热效率又不带来附加阻力损失；近期研究微光机电系统中的流动和传热、传热强化技术、换热器和热网优化技术、相变过程的分子动力学模拟等领域的课题。

发表论文200余篇；出版《电弧和热等离子体》(1986年，与他人合著)、《对流传热优化的场协同理论》(2010年，与他人合著)等专著，其中《热流体学》(1992年)获全国优秀科技图书奖。多次获奖，其中有国家自然科学奖三等奖、国家科学技术进步奖三等奖、国家教委科学技术进步奖一等奖、北京市教学成果奖一等奖等。 （李啸虎）

周炳琨(Zhou Bingkun) 中国四川省人，1936年3月2日生于四川成都。激光工程、光电子器件与集成技术、仪器研制、光电子学。

1956年清华大学无线电系电真空专业毕业。一直留校任教，1985年晋升教授，该校无线电电子学研究所所长，国家光电子工艺中心主任。期间，1956～1958年在成都电讯工程学院随苏联专家进修微波电子学；1960～1963年在苏联列宁格勒电工学院进修；1983～1985年在美国斯坦福大学应用物理系当访问学者。兼任国家自然科学基金委员会副主任、国家863计划“光电子器件与集成技术”专家组组长(1987～1996年)、中国光学学会副理事长、中国科学院半导体研究所副所长、《中国激光》杂志主编等职。1991年当选为中国科学院学部委员(院士)。2001年当选为第三世界科学院院士。

当1960年美国发明激光器时，他在苏联参加研制第一批红宝石激光器；回国后主持研制成功激光测距仪、机载测高仪、氦镉激光器等仪器，获1978年全国科学大会奖。80～90年代，在美国期间，1984年率先在国际上研制成功半导体激光泵浦YAG(石榴石)固体激光器，这是当时世界上效率最高(6.5%)、频率最稳定、线宽最窄的固体激光器；发明单片单模微型YAG环形激光器；研制出半导体激光泵浦固体自倍频绿光激光器；提出晶体材料生长新方法，建成激光加热基座法单晶光纤生长器；对各种纤维材料生长规律进行了研究；主持开展单模窄线宽可调谐外腔半导体激光器及其相关技术研究，7项成果通过鉴定，其中线宽、频稳度和调谐范围达到国际先进；主持研制出光纤环形腔、掺杂光纤激光器和放大器、光纤高温传感器等；开展光弧子传输、波分复用光纤通信技术等开发研究，取得了一系列高水平成果。

获发明专利10余项。发表论文百余篇；主编的《激光原理》(1980年初版，1995年再版)获国家优秀教材奖、电子工业部优秀教材特等奖。获国家和部委级奖励近10项。 （李啸虎）

董韫美(Dong Yunmei) 中国云南省人，1936年3月4日生于云南昆明。计算机科学与工程、软件工程、应用数学。

1956年吉林大学数学系毕业。同年到中国科学院计算技术研究所工作。1985年起一直在中国科学院软件研究所工作，研究员，中国科学院计算机科学开放研究实验室主任。期间1978～1980年在美国斯坦福大学当访问学者。兼任中国运筹学会理事长、中国电子学会副理事长、北京航空航天大学软件开发环境国家重点实验室学术委员会主任、《计算机学报》主编等职。1993年当选为中国科学院学部委员(院士)。

20世纪50～60年代，主持研制出中国最早的实用高级程序语言BCY；在中国自行研制的119型、109丙型、015型等计算机上实现编译程序和其他系统软件。70～80年代，研究形式语言理论，开发编译技术和软件工具；1979年在国际上率先提出用计算机设计高质量汉字字形的参量图形学方法，建立实验系统，解决了有关实现技术；开发出汉字字形设计系统，并成功用于设计参量化汉字字形；80～90年代，在中国率先开展软件复用的智能化方法研究，其中的“支持可理解性和可复用性的软件设计系统URS-1”，获1991年中国科学院科学技术进步奖一等奖、1992年国家科学技术进步奖二等奖；研究形式规约的获取与复用，提出基于复用的文法推断方法；提出一种新的递归函数理论，即上下文无关语言上的递归函数CFRF；近期从事软件规约与软件设计方法研究；参与主持开发国家重大项目海量信息系统、以建立在中国信息基础设施上的、拥有海量信息、运行着海量进程的复杂应用系统为背景，从软件设计、实

现和维护方面，研究海量信息组织和处理技术中的关键问题，获重要进展。 （李 烨）

张福泽(Zhang Fuze) 中国辽宁省人，1936 年 3 月 8 日生于辽宁岫岩。航空工程、机械安全工程、材料疲劳学、结构力学。

满族。1962 年北京航空学院(今北京航空航天大学)毕业。一直在北京航空工程技术研究中心工作，研究员，曾任空军可靠性办公室总工程师等职。兼任北京机械结构强度研究中心技术顾问，空军工程学院兼职教授等职。1995 年当选为中国工程院院士。

长期致力于飞机结构寿命和可靠性理论研究，为中国大机群飞机定寿、延寿和飞行安全作出了重要贡献。运用类比法建立飞机(机械)裂纹形成寿命数学模型、裂纹扩展寿命数学模型；对比研究了“飞-续-飞”载荷谱和程序块载荷谱的疲劳分散性规律，首次导出反映寿命分散性规律的安全标准差计算公式；在大量实验和取证基础上，得出了裂纹形成寿命分散系数、裂纹扩展寿命分散系数，成为飞机设计与定寿的客观依据；创立“系列飞机定寿法”新理论、新方法，在中国率先探索出一整套飞机延寿定寿工程技术体系；一批重要理论成果被中国“飞机强度和刚度规范”所采用；主持完成各系列飞机定寿和延寿的重大系统工程研究课题，不仅保证了飞机飞行安全，而且产生了数千架飞机的经济价值，其中为中国空军创造了千余架飞机的使用价值。

主持完成数十项国家和部委级课题；公开发表一批在中外有影响的论文，多次被美国《AD 报告》和《国际宇航论文摘要》等著名国际学术刊物转载。获国家和部委级奖 20 余项，其中全国科学大会成果奖 2 项、国家科学技术进步奖一等奖 2 项，国家发明奖 1 项。此外，获首届军队专业技术重大贡献奖、1996 年何梁何利科学与技术进步奖等。 （王 筠）

乐嘉陵(Le Jialing) 中国浙江省人，1936 年 3 月 21 日生于浙江镇海。航空航天工程、运载火箭技术、仪器研制、空气动力学。

1959 年北京航空学院(今北京航空航天大学)空气动力学专业毕业，1964 年该校研究生毕业。分配到国家航天部北京空气动力研究所工作。1971 年到国防科学技术委员会第十七研究院高超音速研究所“05”工程队二组，先后任工程组组长、副所长。1985 年起先后任中国空气动力研究与发展中心副主任兼总工程师、总装备部第 29 基地副司令员兼总工程师，研究员。兼任国际实验流体力学指导委员会委员、总装备部科学技术委员会空气动力专业组组长、中国空气动力学协会副理事长等职。1995 年当选为中国工程院院士。

长期从事高超声速气动地面试验设备的研制以及战略武器、运载火箭的气动理论和实验研究。主持和领导了“921”工程中的关键技术之一的技术改造方案的论证和建设；全面负责激波管的研究与发展，主持研制成功直径 150 毫米氢氧激波管、30 万焦耳电容储能脉冲放电激波管、气固两相粉末激波管、光学激波管等关键设备部件；主持建立高空羽流脉冲风洞、水平脉冲地面等多种实验装置，创造性地解决了中国大型运载火箭气动设计等多项重大工程问题；在中国首次开展有高温气体影响的数值仿真的实验验证；针对中国国情，经济有效地开展运载火箭气动实验研究和现场测量，解决了一些难度较大的气动设计问题；通过地面试验和高超声速非平衡流的研究，取得再入突防气动物理的重要进展；领导发展了缩比模型自由飞试验技术，取得重要研究成果；近年来用脉冲式地面设备进行超声速燃烧的试验研究，取得重要进展；开发了激光全息干涉密度定量和三维计算干涉图象技术，居国内领先并达到当时国际先进水平。

发表论文百余篇。获国家科学技术进步奖 1 项，部委级一等奖 3 项、二等奖 2 项等。 （陈美査）

施敏(Sze，Simon Min) 华裔美国人，1936 年 3 月 21 日生于中国江苏震泽。集成电路工程、半导体器件物理、微波电子学。

1957 年获中国台湾大学电机系学士学位。1960 年获美国华盛顿大学电机系硕士学位。1963 年获美国斯坦福大学电机系博士学位。1963～1989 年，在美国贝尔实验室从事科学研究，长期任高级研究员。1990 年后，一直任中国台湾新竹交通大学电子工程系教授，先后任电子与资讯研究中心主任、纳米元件实验室主任。兼任北京大学、苏州大学等校兼职教授。1994 年入选中国台湾“中央研究院”院士。1995 年入选美国国家工程院院士。1998 年当选为中国工程院外籍院士。

在金属-半导体接触、空间电荷区碰撞电离、微电子工艺等领域有开创性贡献。是非挥发性半导体场效应记忆晶体管(MOSFET)器件的发明人，这项发明已成为世界集成电路产业主导产品之一，早在 20 世纪 90 年代初其产值已达 100 亿美元；在 80 年代初，率先以电子束制造出线宽 0.15 微米的 MOSFET 器件；首先发现崩溃电压与能隙的关系，建立了微电子元件最高电场指标；此外还有多项其他创新成果。对中国台湾微电子产业的发展，曾提出过有分量的建议。多次到中国内地讲学和参加学术交流。

著有《超大规模集成电路技术》(1983 年初版，1988 年第 2 版)、《半导体器件：物理和技术》(1985 年初版，2011 年第 2 版)、《现代半导体器件物理学》(1998 年)等 11 部学术专著，被学界广泛用作教科书与参考书，其中《半导体器件物理》(1981 年第 2 版，2006 年第 3 版)一书被公认为是半导体工程领域的三部经典专著之一，被译成多种语言，发行量逾百万册。1993 年获美国电气与电子工程师协会电子器件最高荣誉奖埃伯斯奖，称他在电子元件领域“做出了基础性和前瞻性的贡献”。

（李 烨）

闻立时(Wen Lishi) 中国湖北省人，1936 年 3 月 23 日生于湖北武汉，2010 年 4 月 6 日卒于广东深圳。纳米功能材料工程、涂层技术、表面物理化学。

1953 年南开大学物理系肄业。1960 年苏联莫斯科钢铁学院物理化学系毕业，获冶金工程师职称。同年回国，一直在中国科学院金属研究所工作，曾任界面和表面技术研究室副主任、主任，研究员。1979 年后，相继在德国马普金属研究所、奥地利科学院固体物理研究所、德国夫琅和费表面和涂层研究所做访问学者。兼任中国空间学会空间材料专业委员会副主任等职。1999 年当选为中国工程院院士。

主要致力于研究开发纳米复合电磁功能膜材料和耐磨涂层材料。20 世纪 70 年代，发明电弧等离子体射流表面工艺技术，研制成耐高温抗冲刷隔热涂层系列；研制出返地卫星回收天线耐高温等离子涂层，防护效果良好。80 年代，因研制远程通信用耐高温天线获 1986 年国家科学技术进步奖三等奖；改进的耐高温天线技术保证了人造地球卫星返回地面的通信联系，返回地面工程获 1986 年国家科学技术进步奖特等奖。90 年代，提出纳米复合电磁功能薄膜的微观物理模型和基本理论，研制出多种纳米复合多功能薄膜，获中国科学院科学技术进步奖一等奖；研制出工业型电磁脉冲增强电弧离子镀膜机、等离子体增强磁控溅射镀膜机，达到国际先进水平；开发出低温沉积工艺技术；研制出氮化钛铝、碳氮化钛等多种透明导电膜，并实现多种镀层的工业化生产。近期研究大面积气相生长金刚石膜等技术。

获专利多项；内部研究报告 10 余篇。发表论文逾 200 篇；有《表面沉积技术》(1989 年)、《固体材料界面研究的物理基础》(1991 年)等专著 5 部，译著 1 部。获国家和省部级奖励逾 10 项。 (吴秋轩)

朱建士(Zhu Jianshi) 中国湖南省人，1936 年 3 月 28 日生于湖南长沙，2011 年 12 月 18 日卒于北京。核武器工程、爆炸力学、流体力学。

1958 年北京大学数学力学系毕业。历任原国家第二机械工业部第九研究院研究实习员、组长、研究室主任、副研究员、研究所副总工程师，中国工程物理研究院研究员、副总工程师，北京应用物理与计算数学研究所研究员。兼任北京理工大学兼职教授。1995 年当选为中国工程院院士。

参与中国第一颗原子弹的内爆过程首次计算、与中子源有关的流体力学过程研究，在极端困难条件下实现核武器初级研制阶段的理论与技术突破；参与中国第一代核武器改进和小型化工作，完成一系列理论研究与设计，并为以后小型初级中子点火理论奠定了基础；在第二代核武器的研制中，参与取得初级研制的突破性进展，使中国核武器的物理设计接近国际先进水平；作为后期理论设计的技术负责人之一，从目标规划的制定、技术路线的选取、组织实施到具体技术工作都作了大量卓有成效的工作。从事与核武器理论设计相关的爆轰学、爆炸力学、流体力学的理论和数值模拟研究，研究领域有：球形、柱形内爆爆轰波和冲击波的传播规律；爆轰波、冲击波的小扰动发展演化过程；波和物质界面的相互作用过程；内爆驱动物体在飞行中的变形规律；冲击波聚焦的条件及聚焦范围；具有很大密度差界面的不稳定性问题等。

撰有“爆轰中侧向膨胀和人为粘性反应”等论文和研究报告；出版有《理论爆轰物理》(1995 年，与他人合著)等著作。获国家科学技术进步奖特等奖 2 次，国家科学技术进步奖三等奖、国家发明奖三等奖各 1 次；部委级科学技术进步奖一等奖 2 次，三等奖 1 次；获 1994 年度光华科学技术基金一等奖，2002 年度光华工程科学技术奖。 (李啸虎)

魏正耀(Wei Zhengyao) 中国浙江省人，1936 年 3 月 30 日生于上海。通信工程、信息安全技术、密码学、应用数学。

1955 年中国人民解放军外国语学院毕业。1958 年北京大学西语系研究生毕业。同年派到全总参谋部第三部工作。先后任第三部第一局技术四级研究员，总参谋部第 58 研究所高级研究员，中国人民解放军信息工程大学教授等职。兼任总参谋部机要局技术顾问等职。1993 年晋升为专业技术少将军衔。1999 年当选为中国工程院院士。

长期致力于国防军事通信与信息技术的研究与开发工作。他在专业上经验丰富，技术精湛，学术上有很深的造诣。主持和参与多项国家与全军级的重大项目和课题研究开发，在关键技术和核心技术攻关中发挥了重要作用，取得了一批具有国际国内先进水平的研究成果，对中国国家和军队的信息工程，尤其是密码技术和信息安全技术作出了重要贡献。

获国家和全军级奖励多项，其中获 1985 年、1998 年国家科学技术进步奖一等奖各 1 项，军队科学技术进步奖一等奖 5 项、二等奖 1 项；先后立军队一等功、二等功各 1 次，三等功 5 次。 (李啸虎)

朱中梁(Zhu Zhongliang) 中国江西省人，1936 年 4 月 1 日生于江西南昌。通信工程、计算机网络工程、信息处理技术、微波电子学、空间科学。

1961 年华中理工大学无线电工程系毕业。长期任全军总参谋部第 57 研究所(西南电子电信技术研究所)研究员。后任西南交通大学移动通信研究所教授。1999 年当选为中国科学院院士。

多次主持和参与研制航天器与通信卫星多功能信息系统等大型工程；应用系统科学理论与方法，研究解决通信大系统整体效能的关键技术问题，确保国防与航天工程的顺利完成；采用优化顶层设计方法，研究实现了多功能的兼容性，在各功能子系统的信息交互、资源综合利用等方面取得了显著成就；研究开发出高效抗衰落、抗干扰的信号检测与数据容错技术，以及信息综合处理技术，对改善和发展无线数字传输系统性能起到了相当重要的作用；在通信网络与信息安全研究开发方面，也获得不少创新成果，其中与合作者共同对混沌序列与一类基于移位寄存器的非线性序列进行性能比较，并共同提出低信噪比下独特码检测理论与方法等。作为航天和卫星工程的主持者与参加者之一，为中国国防建设和通信工程技术发展作出了重要贡献，多次获国家、军队和省部级奖励，其中两次获国家科学技术进步奖特等奖。 (李 烨)

孙玉(Sun Yu) 中国黑龙江省人，1936 年 4 月 14 日

生于黑龙江肇东。通信工程、遥控技术、自动控制、微波电子学。

1962年清华大学无线电电子学系毕业。同年起一直在电子工业部第54研究所工作,教授级高级工程师。"七五"期间任全军战略通信系统总设计师;"八五"期间任全军综合业务数字网(ISDN)试验网总设计师。兼任国家高技术(863)计划通信主题专家组副组长、河北省科协副主席等职。1995年当选为中国工程院院士。

长期致力于研究开发国家战略兵器试验系统,参与主持研制成功中国第一颗原子弹试验遥控系统设备;参与主持研制成功中国第一代火箭试验遥控系统;主持完成中国第一代洲际导弹试验飞行安全控制系统总体设计。在军事通信工程方面,全面主持开发成功远程散射数字传输系统;主持开发成功中国第一代程控交换技术;总体设计中国第一代综合业务数字网(ISDN)的试验和试用;总体设计和建立三峡工程通信网;完成中国第一代全军战略通信网,以及国家安全通信网总体设计和发展规则。结合一系列工程实践,建立完整的数字通信理论体系和工程设计方法,并被中外同行广泛采用。

发表学术论文和撰写工程报告百余篇;出版《数字复接技术》、《数字传输损伤》、《数字网络中的准同步数字系列》(英文)等专著6本。多次获国家、军队和部委级奖励。 (李 烨)

卢强(Lu Qiang) 中国安徽省人,1936年4月19日生于安徽芜湖。电气与电力工程、自动控制、电工学、应用数学。

1959年、1964年清华大学电机系本科和研究生毕业。一直留校任教,清华大学电机工程与应用电子技术系教授,任电力系统及发电设备安全控制和仿真国家重点实验室主任等职。期间1984～1986年先后任美国华盛顿大学、科罗拉多州立大学客座教授。1991年当选为中国科学院学部委员(院士)。

20世纪80年代,在中国率先开拓电力系统最优控制领域,将变分法等数学分支理论、现代控制理论、电力系统动态学、计算机软件及仿真技术有机地结合起来,建立和推动电力系统线性最优控制新学科体系,成果作为有关项目主要部分获国家自然科学奖二等奖;将电力系统最优控制理论和方法推广至多机系统,发展了多机系统分散最优控制理论;研制成功线性最优励磁控制装置,自1987年投入中国各大电网使用以来,改善和提高了电力系统运行安全稳定性,产生了重大经济效益。80～90年代以来,在国际上率先将非线性系统微分几何理论与电力系统动态学、计算机科学交叉集成,创立了电力系统非线性控制新体系;主持"电力系统非线性分布协调控制理论及应用"和"电力系统智能控制"等国家重大项目,其中研究解决了电力系统非线性鲁棒控制问题;主持研制成功微机非线性励磁控制器和调速器;主持三峡发电机组非线性控制的应用开发研究;作为首席科学家主持中国电力大系统灾变防治和经济运行重大科学问题研究。

与他人合撰《输电系统最优控制》(1982年)、《电力系统非线性控制》(1993年)、《非线性控制理论与电力系统动态》(2001年、英文)等专著。多次获奖。 (李啸虎)

钱清泉(Qian Qingquan) 中国江苏省人,1936年5月7日生于江苏丹阳。铁道电气化工程、自动控制、电工学。

1960年唐山铁道学院毕业。西南交通大学铁道牵引电气化与自动化研究所所长,电气工程学院院长,牵引动力国家重点实验室主任、教授。兼任中国铁道学会电气化委员会副主任等职。1997年当选为中国工程院院士。

先后主持兰武线、石太线、候月线、湘黔线等10项电气化远动项目,以及鹰厦线、宝中线、焦枝线、京郑线、成昆线、南昆线等8项国际中标项目。其中有:20世纪60年代,参与主持研制中国第一套牵引供电远动装置,并成功安装于宝凤段铁路。70年代,负责研制成功中国第一套集成电路电气化铁道分区亭远动装置。80～90年代,在中国首创电气化铁道多微机远动实验装置,填补了国内空白;参与主持国家"八五"重大项目"大秦线牵引变电所远动装置",具体负责系统软件总体设计,为重载列车牵引供电提供了重要安全保障;主持研制成功中国第一套电气化多微机远动监控系统,在国际公开招标中屡次获胜;主持开发出DWY牵引供电微机远动系统,1992年入选"国家级科技成果重点推广计划";主持开发成功中国第一套配合V停反行远动系统,1996年以国际中标项目正式投入郑武线铁路运行;首创PTS-1牵引供电调度仿真与培训装置;研究人工神经网络在电力系统继电保护、故障检测中的应用。此外参与组建牵引力动力国家重点实验室。

发表论文近百篇;出版《电气化铁路远动技术》(1984年初版,1990年再版)、《新编实用电工手册》(1996年)、《微机监控系统原理》(1997年)、《远动监控系统理论与技术研究》(1997年)等专著、教材。获国家和省部级奖励10多项。 (王 筠)

姜文汉(Jiang Wenhan) 中国浙江省人,1936年5月9日生于浙江平湖。光学工程、仪器研制、光电子学、观测天文学。

1958年哈尔滨工业大学机械工艺系毕业。历任中国科学院长春机械研究所研究实习员,中国科学院长春光学精密机械研究所助理研究员,中国科学院成都光电技术研究所副研究员、研究员,所学术委员会副主任、主任,国家863计划自适应光学重点实验室主任。1995年当选为中国工程院院士。

早年从事黑色压铸设备和精密仪器研制。1979年起在中国率先开拓自适应光学技术研究,长期以来建立了一整套基础技术体系,主持研制出多代具有国际先进水平的自适应光学系统。1980年创办中国第一个自适应光学实验室;1985年研制的19单元波前校正系统,成功用于"神光-Ⅰ号"高功率激光核聚变装置,校正后激光能量提高3倍;主持研制21单元星体成像补偿系统,1990年在云南天文台首次投入天文观测,星像半高宽接近衍射极限,像斑中心抖动小于0.05角秒,能清晰分辨校正前不能分辨的双星等,在光能小到每个孔径探测周期内接受到95个光子时仍能有效校正，使中国成为继美国、欧洲法德联合研究组之后第三个拥有该技术的国家；1998年在北京天文台2.16米天文望远镜上成功安装高分辨率红外自适应光学观测系统，达到国际先进水平；研制出人眼视网膜成像自适应光学系统，在世界上第二个获得活体人眼视网膜细胞高分辨率图像；90年代相继开发出37单元、61单元两套自适应光学系统，分别实现水平和斜程大气湍流补偿，获国际上未见报道的校正效果。

发表论文百余篇；出版译文集4部。作为主要参加者或主持者，获国家科学技术进步奖特等奖(1985年)1项、二等奖3项、三等奖2项，中国科学院科学技术进步奖特等奖1项、一等奖7项、重大科学技术成果奖一等奖1项，国防科学工业委员会科学技术进步奖一等奖1项等。2002年获中国工程科学技术光华基金一等奖。

(李啸虎)

潘自强(Pan Ziqiang)　中国湖南省人，1936年6月1日生于湖南益阳。辐射防护工程、环境科学、物理化学。

1957年北京大学技术物理系毕业。曾任中国原子能研究所研究室副主任、主任、研究员，核工业部安防环保卫生局副局长、局长，中国核工业总公司安防环保卫生部主任、科学技术委员会副主任，中国原子能研究院研究员，中国核工业总公司研究员。兼任国家环保局核环境专家委员会副主任、中国核学会辐射防护学会理事长、国际放射防护委员会主委员会委员、联合国原子辐射效应科学委员会中国代表等职。1997年当选为中国工程院院士。

20世纪60～70年代，参与构建中国实用保健物理学，完成具有国际水平的低本底气流式测量装置等多项监测装置和方法；在重水堆改建工程和多项国防军工项目中，运用辐射防护最优化原则显著提高了辐射安全效果。自70年代末以来，倡导和参与主持首次全国环境天然放射性水平调查，建立较完整的能源-环境评价指标体系；主持完成"中国核工业30年辐射环境质量评价"、"不同能源对健康、环境和气候影响的比较研究"等多项国家级重大项目；积极推动建立中国的辐射事故与应急体系，主持编制新的《国家辐射防护标准》，完善了中国辐射防护法规和标准体系，奠定了中国放射性废物安全管理的基础。

主编和独撰出版《放射性废物管理》(1987年)、《中国核工业辐射水平与效应》(1996年)、《中国辐射水平》(2010年)等著作、报告17部。获国家和省部级奖励10余项，其中1978年全国科学技术大会奖2项；1996年获美国保健物理学会摩尔根学者奖。

(王艺衡)

顾国彪(Gu Guobiao)　中国上海市人，1936年6月2日生于上海。机械与动力工程、电气与电力工程、电机学。

1958年毕业于清华大学电机系发电厂及电力网专业。同年起，一直在中国科学院电工研究所工作，研究员，先后任电机研究室主任、所学位评定委员会主任等职。1997年当选为中国工程院院士。

建立将相变传热学应用于大电机冷却的理论基础和工程计算方法；对不同循环原理、沸腾温度和冷却结构的蒸发冷却系统进行全面的实验研究；在世界上最早实现常温无泵自循环蒸发冷却的原理实验，并首先在工业机组上坚持贯彻这一新的技术路线；将不同的冷却结构组合起来，发展了水轮与汽轮发电机的新型冷却；对多种环保型冷却介质做了大量比较实验和开发工作。长期与中国多家电机公司和各地电力公司合作，相继主持研制1.2兆瓦定转子全蒸发冷却汽轮发电机，50兆瓦定子蒸发冷却汽轮发电机，以及10兆瓦、50兆瓦、400兆瓦蒸发冷却水轮发电机等，在云南、上海、陕西和青海等地电站和变电站长期运行，充分显示了高效、安全、优越的技术经济性能。继而进行大型高均匀度永磁磁体、磁性流体密封、直线磁浮推进等前沿研究，获重要进展。

发表论文近百篇。多次获奖，其中有1978年全国科学大会奖、1988年国家科学技术进步奖二等奖、1987年与1998年中国科学院科学技术进步奖一等奖等。获九五国家重点、科技攻关突出贡献者称号。　(李啸虎)

弗洛伊德，R. W. (Floyd, Robert W.)　美国人，1936年6月8日生于美国纽约，2001年9月25日卒于斯坦福。计算机科学与工程、软件工程、应用数学。

1953年(17岁)获芝加哥大学文学士学位。同年任美国西屋电气公司计算机操作员，自学成才。1956年到芝加哥装甲研究基金会当计算机操作员、程序员。期间1958年获芝加哥大学物理系学士学位。1962年任马萨诸塞州计算机联合公司分析员。1965年任卡内基理工学院(卡内基-梅隆大学前身)副教授。1968年转至斯坦福大学计算机科学系，1970年晋升教授，1972年任系主任，1994年退休。曾兼任美国海军学院研究生院首任霍珀讲座教授。是美国文理科学院院士。

在计算机算法与编程领域有多项创造性贡献。1962年开发成功世界最早的ALGOL60编译器之一，率先实现目标代码"优化"，使占用空间少、运行时间短，对编译器技术发展有深远影响；系统研究语法分析，率先提出找"句柄"(即归约符号串)的"优先文法"和"限界上下文文法"等；1964年和威廉姆斯(J. Williams)共同发明著名的高效排序算法"堆排序算法"；利用动态规划原理设计高效求最短路径的"弗洛伊德算法"；1967年在美国数学会应用数学讨论会上，发表"如何确定程序的意义"一文，提出了一种基于流程图的表达程序逻辑的方法，即所谓"归纳断言法"("前后断言法")，被评为继J. 麦卡锡1963年提出程序设计速归函数模型以后最重大进展之一；同年第一次提出和实现"不确定性程序"，这是在多种可供选择操作规则中只选其一搜索下去的程序，对人工智能研究有重要意义；和埃文斯(R.

O. Evans)共同开发了产生式(归约式)的程序设计语言FPL,其编写的程序由一系列的归约构成。

著有《机器语言》(1994年,与他人合著)等书。获美国计算机学会1978年图灵奖(世界计算机界最高奖)、美国电气与电子工程师协会1992年计算机先驱奖等。(李 烨)

斯特恩斯,R. E.(Stearns,Richard Edwin) 美国人,1936年7月5日生于美国新泽西州卡特维尔。计算机科学与工程、应用数学。

1958年获美国卡尔顿学院数学学士学位。1961年获普林斯顿大学数学博士学位。此后长期担任美国通用电气公司研究实验室信息研究部高级程序员。退休前为纽约州立大学计算机科学系教授。

计算机科学计算复杂性理论的主要创始人之一。在计算复杂性理论领域的杰出成就是与J. 哈特马尼斯真诚合作下共同取得的。1960年暑假,在通用电气公司打工时结识了后者,首次合作发表"论时序机的状态分派问题"(1961年)一文。获博士学位后应聘到通用电气公司研究实验室工作,再度与哈特马尼斯合作。在最初几年,由于该公司实验室没有计算机,有关课题不得不完全依靠严密的理论分析去解决,直到1964年实验室配备了一台GE300后,他才开始用BASIC编程,通过电传打字机接口使用计算机。1964年美国电气与电子工程师协会在普林斯顿举行第五届开关电路理论和逻辑设计学术年会,他们提交了论文"递归序列的计算复杂性",首次公开提出"计算复杂性"概念;次年又共同发表著名论文"论算法的计算复杂性"(1965年),较为完整地构建了算法中的计算复杂性体系。这些论文开拓了计算机科学中"计算复杂性"这一崭新研究领域,奠定了它的理论基础,影响很大。后来,除了在该领域继续发表许多论文外,还深入研究了编译器设计理论,1976年率先应用"上下文无关文法"理论,推动了编译器技术的发展,其中《编译器设计理论》(1976年,与他人合著)被软件界评为"编译器设计理论上最出色专著之一"。此外,他和奥曼(R. J. Aumann)、马须勒(M. B. Maschler)合著的《带不完备信息的可重复游戏》(1995年),因在运筹学上的杰出贡献而荣获当年兰彻斯特奖金。和哈特马尼斯共同获得美国计算机学会1993年图灵奖(世界计算机界最高奖)。(李 烨)

马库特,G. M.(Murcutt,Glenn Marcus) 澳大利亚人,1936年7月25日生于英国伦敦。土木工程、建筑学、城市规划。

双亲都是澳大利亚人;在巴布亚新几内亚的莫罗贝省长大。大学期间已任多位建筑师助手。1961年毕业于澳大利亚新南威尔士大学建筑系。后在悉尼的安克联合建筑师事务所供职。不久在各地游学和考察建筑。1964年回到悉尼,继续在安克联合建筑师事务所工作。1969年在悉尼郊区莫斯曼开设马库特建筑师事务所。兼任澳大利亚建筑学会首任会长,新南威尔士大学建筑与环境学院教授。是英国、美国、加拿大,芬兰、新加坡等多个国家建筑学会荣誉会员;美国耶鲁大学、华盛顿大学等校客座教授。

著名的澳大利亚多产建筑师。他的作品以强烈表现澳大利亚本土建筑特色而著称,虽然从不设计澳大利亚之外的建筑,却有很大国际影响。早期偏重密斯式建筑风格,后来把建筑实用性与艺术性融为一体,将建筑与所处环境、氛围有机结合,创造出自己的风格。他设计的建筑主要是住宅,高度经济和多功能,也注意风向、水流、阳光和季节变化等环境因素,和谐地混合了现代的情感、当地的工艺、本土的结构和对自然的尊重。除大量私宅和公寓外,还设计有不少公共建筑和服务设施,其中有:贝罗拉·沃特斯宾馆(1976~1983年)、肯普西地方博物馆与旅游局(1976~1988年)、卡卡多国家公园博瓦立游客信息中心(1992~1994年)、亚瑟与博伊德艺术中心(1996~1999年)、伍伦贡大学苔藓谷教育中心(2006~2007年)等。

获多项大奖,除2002年普利兹克建筑奖(世界建筑界最高奖)外,还有:1992年澳大利亚皇家建筑师协会金奖、1992年阿尔托奖章、1996年澳大利亚荣誉勋章、1998年纽特拉教学奖、1999年丹麦皇家建筑科学院"绿徽"奖、2001年美国杰斐逊建筑学奖章、2003年布朗亚洲太平洋文化与建筑奖、2009年美国建筑学会金质奖章等。(李 烨)

石青云(Shi Qingyun) 中国四川省人,1936年8月14日生于四川合川,2002年12月9日卒于北京。计算机科学与工程、模式识别、图像图形学、应用数学。

1957年北京大学数学系毕业。留校任教直至去世,北京大学信息科学技术学院教授,先后任视觉与听觉信息处理国家重点实验室主任、学术委员会主任等职。期间1980~1982年任美国普渡大学访问学者。曾兼任中国图像图形学会副理事长、《高校应用数学学报》副主编等职。1993年当选为中国科学院学部委员(院士)。

著名中国当代计算机女专家。20世纪70~80年代,提出形状特征和树分类器设计方法,并用于癌细胞识别;提出高效误差校正句法分析算法,并用于英文字符识别;建立一种适于景物分析的高维属性扩展图文法;在中国率先提出新型图像数据结构的CD碟片表示,取得二维符号串高级索引;创建提取指纹特征信息的理论与算法,获1993年国家科学技术进步奖二等奖。80~90年代,建立地理信息系统等模式识别图像数据库,取得4项国际先进成果,获国家七五科学技术攻关重大成果奖;主持计算机视觉研究,得出线画图定量恢复三维形态的原理、快速求解与误差校正算法、结构元分解理论与算法;研制高性能动态序列图像压缩软件系统;给出快速纹型分类、准确提取指纹的全套新算法,开发和投产第二代实用指纹自动识别系统PU-AFIS(警用)和PU-ID(民用),前者在破案量和破案率等方面均居全国第一;主持研制大容量指纹自动识别系统,1996

年通过公安部验收。

发表论文百余篇;出版专著《数字空间的数学形态学理论与应用》。获 1990 年、1994 年国家重点实验室先进个人金牛奖,1993 年光华科学技术基金一等奖,1998 年何梁何利科学与技术进步奖。（李 烨）

黄尚廉(Huang Shanglian) 中国四川省人,1936 年 8 月 16 日生于四川乐山,2008 年 7 月 21 日卒于重庆。光电信息工程、仪器研制、光电子学。

1954 年重庆大学机械工程系毕业。一直留校任教,先后任光电仪器系主任,光电精密机械研究所所长兼国家教委光电技术与系统开放实验室主任,重庆大学学术委员会主任,光电信息工程系教授。1987 年赴英国从事光纤传感技术研究。兼任国际仪器与测试技术学会理事,国务院学位委员会光学工程、仪器科学与技术学科评议组召集人等职。1995 年当选为中国工程院院士。

在光电精密仪器及机械领域:提出光栅测角系统提高精度的新理论体系;首创环形光导纤维束全接收系统、任意进制圆光栅刻划系统,主持研制出国际先进水平的 QGK-405 型高精度光电圆刻线机;研制成功列为国家火炬计划的粗光栅测量系统;开发的绝对零位长光栅位移测量系统,列为国家重大新产品推广项目;主持研制成功具有国际先进水平的单模光纤熔接机。在文字图像识别领域:指导并参与研制具有国际领先水平的 AV-100 表格自动阅读机,并在世界上首次将手写字符识别技术用于大规模人口普查,现广泛用于各种统计;发明可直接处理黑色表格的"复杂表格智能处理方法",获国家专利。在光纤传感技术领域:在中国率先进行分布式光纤传感技术及智能结构系统研究,提出完善的拉曼温敏理论和模式耦合理论,形成分布式光纤温度、力、应变三大类传感器系统及其测量系统;在机敏结构健康监测、振动及噪声控制研究中获重大进展。

发表论文 280 余篇;完成大型科研课题 10 余项,其中获国家及省部级奖励近 10 项。（王 晋）

白川英树(Shirakawa,Hideki) 日本人,1936 年 8 月 20 日生于日本东京。合成材料工程、材料科学、高分子化学。

医生之子。1961 年、1963 年和 1966 年先后获日本东京理工大学高分子化学系学士、硕士和博士学位。1966 年留校任资源利用研究院研究实验室助理教授。1976 年赴美国宾夕法尼亚大学化学系作客座研究。1979 年回国,任筑波大学材料科学学院副教授,1982 年任教授,1991 年任研究生院科学与工程学位委员会主席,1994～1997 年任第三学群群长(学院院长),2000 年退休为名誉教授。1979～2000 年任国际《合成材料》杂志地区主编。2001～2002 年任日本内阁科技政策理事会理事。

首次合成出高导电性的膜状聚乙炔。长期致力于导电高分子研究,尤其对共轭聚合体、电动聚合物、液晶传导聚合体的合成及特征描述等深有造诣。

从 20 世纪 50 年代有机半导体研究发端起,聚乙炔这种结构简单的低维共轭聚合物就受到众多研究者的瞩目。1958 年,意大利化学家 G. 纳塔(Giulio Natta)曾用组合催化剂首次制得聚乙炔。60 年代,还在攻读博士学位的白川英树,采用齐格勒-纳塔催化剂研究三聚体形成过程和制备聚乙炔薄膜。他发明了一种办法,先将催化剂溶于甲苯制成膜,然后利用乙炔气体的分压来控制它在催化剂膜上聚合以制得顺式聚乙炔。1976 年,一次他的学生在做合成聚乙炔实验时看错要求,误把比规定浓度高出上千倍的催化剂加进去,意外地结成了一层具有银白色光泽的薄膜,经研究是一种反式聚乙炔。不久,在日本东京理工大学召开的学术交流会休息期间,白川英树和与会的美国同行 A. G. 麦克迪尔米德偶然谈到这一趣事,后者听了当即表示邀请他前往美国从事客座研究。在宾夕法尼亚大学,两人和物理学教授 A. J. 黑格合作研究聚乙炔。他们原想通过增大纯度来提高导电性,实验结果却与预期相反,纯度越高则导电性越差。于是,先后向聚乙炔中加入溴、碘搀杂剂,在室温下很快就将导电性提高了数百万倍、上千万倍。同时他们还开发出改变反应条件,控制聚合反应产物中顺反式聚乙炔异构体比例的技术。1977 年在纽约科学院国际学术会议上,白川英树把一个小灯泡连接在一张聚乙炔薄膜上,灯泡马上被点亮了。塑料也能导电！引起了科学界的轰动。

这一研究成果很快用于开发蓄电池、电磁屏蔽、防静电扩散、抗腐蚀、弹性塑料晶体管和电极、电致发光聚合物显示等。在这之后,人们进一步发明了许多新的导电化学聚合物。导电塑料的发明开创了轻质导电体的新时代,为 21 世纪材料革命铺下了一块重要基石,因而他们三人共获 2000 年诺贝尔化学奖。

除 2000 年诺贝尔化学奖外,还获日本高分子学会 1982 年协会奖、1999 年杰出服务奖、2000 年日本文化勋章、2002 年日本学士院奖等。（宣焕灿）

钟掘(Zhong Jue) 中国河北省人,1936 年 9 月 1 日生于江西南昌。冶金机械工程、塑性加工技术、金属材料学。

1960 年北京钢铁学院(现北京科学技术大学)机械系毕业。历任中南矿冶学院(现中南大学)机械系教研室主任、副系主任、系主任,冶金机械研究所所长,中南大学教授、机电工程学院院长。兼任中国有色金属设备管理协会副会长、湖南省故障诊断学会理事长、湖南省科学技术协会副主席。1995 年当选为中国工程院院士。

中国冶金机械工程著名女专家。发现并论证了高速轧机中存在机电耦合振荡系统,提出了著名的轧机驱动系统封闭力流理论,应用于热连轧机等 10 余种机组的故障诊断、调控和新机型研制,推动了多个相关行业的技术进步,产生巨大经济效益,变相单辊驱动理论与技术获1985年国家科学技术进步奖一等奖；主持研制的铝带热轧、热精轧设备与控制新技术，获1994年中国有色金属总公司科学技术进步奖一等奖；双机架铝热轧新技术开发，获1995年国家科学技术进步奖二等奖、中国有色金属总公司科学技术进步奖一等奖；高性能优质特薄铝板新技术开发，为保证重要军工产品生产和中国铝材产业进入国际先进水平提供了技术基础，获1996年国家科学技术进步奖二等奖；建立塑性加工润滑剂组分设计与性能预测模型，研制系列金属加工润滑剂产品，被列入国家重点新产品计划和国家火炬计划；由她领衔主持的"铝资源高效利用与高性能铝材制备的理论与技术"，4个单位合作，历时10年，拥有67项发明专利，获2007年国家科学技术进步奖一等奖。

撰有论文百余篇；出版有《冶金机械数理基础与现代技术》、《现代设备管理》等专著多部。（王　成）

左铁镛（Zuo Tieyong）　中国辽宁省人，1936年9月3日生于辽宁铁岭。金属材料工程、材料加工技术、高等教育管理。

1958年东北大学材料系压力加工专业毕业。历任中南工业大学（现中南大学）教授、副校长，国家教育委员会科学技术司司长。1996～2004年任北京工业大学（今北京理工大学）校长。兼任中国科学技术协会副主席、中国材料研究学会副理事长、中国有色金属学会副理事长、中国产学合作教育协会会长、国际科联环境问题科学委员会中国委员、国际合作教育协会理事等职。1995年当选为中国工程院院士。

专长于难熔金属脆断和强韧化机理研究、金属塑性加工及低塑性材料、陶瓷材料加工。首次揭示钨钼材料致脆的基本原因是间隙杂质在晶界的富集；建立起气泡强化掺杂钨材料的强韧化新机制，技术方案被广泛应用于生产过程；以质量不变条件代替体积不变假设，导出适合粉末冶金材料加工成型前期的关系式，并创立新工艺应用于难熔金属产品加工的生产实践，产生显著的经济效益；主持研制成功电真空用钼板、汽车接点用钨棒；在中国率先研制成功连续挤压过程塑性有限元仿真软件系统，实现完全国产化，创造了巨大经济效益，获国家冶金部科学技术进步奖一等奖、国家科学技术进步奖二等奖；开拓和组织生态环境材料领域研究，在中外有着广泛影响。

发表学术论文200余篇；出版《塑性加工的物理基础》、《稀有金属材料加工手册》等7部著作。获国家和省部级奖励10余项。（曹春生）

侯朝焕（Hou Chaohuan）　中国四川省人，1936年9月29日生于四川自贡。计算机科学与工程、通信工程、水声工程。

1958年北京大学物理系毕业。中国科学院声学研究所副所长，研究员。兼任863信息获取和处理专家组副组长、中国声学学会副理事长、中国电子学会理事及信号处理学会副理事长、国家自然科学基金委员会信息科学部主任。1995年当选为中国科学院院士。

20世纪60～70年代主要研究水声工程，主持研制水声信号起伏统计特性测量系统，推动了水声信号场和噪声、混响场领域的技术发展；提出相移多波束基阵信号处理系统，对该系统进行了优化设计；完成能与水声信道匹配的智能型水声信号处理系统，达到最优工作状态和最佳处理效果。80年代后，开展超高速计算的并行阵列信号处理研究，主持完成DSP-1阵列数字信号处理机，由60个运算节点并行处理，运算速度达到13亿次每秒；在中国率先开展超大规模集成电路信号处理研究，把信号处理算法集成到超高速芯片上，先后完成多个超高速数字信号处理器专用芯片的研制，首次在单个芯片上实现15个运算结点阵列结构的信号处理，使超级单芯片乘加速度达到10亿次每秒。90年代以来，从事兼有中央处理器（CPU）和个体软件过程功能的芯片研究；成功研制快速傅里叶变换、数字波束形成、数学滤波、递推滤波等芯片；致力于具有数字信号处理功能的CPU芯片研究，在国家973计划中担任该项目首席科学家。

先后完成10余项国家重大项目，其中获国家发明奖3项，中国科学院科学技术进步奖特等奖等4项。

（赵　骞）

张锦秋（Zhang Jinqiu）　中国四川省人。1936年10月7日生于四川荣县。土木工程、古建筑修缮工程、建筑学、城市规划。

1960年清华大学建筑系毕业。1966年清华大学建筑历史与理论研究生毕业。一直在西北建筑设计研究院工作，历任技术员、建筑师、主任建筑师、高级建筑师、教授级高级建筑师、总建筑师。兼任陕西省科学技术协会副主席，西安市城市规划建设管理委员会副主任等职。1996年任清华大学双聘教授。2001～2005年任中国建筑学会副理事长。1994年选聘为中国工程院首批院士。

中国当代土木建筑工程著名女专家。在设计思想上始终坚持探索建筑传统与现代化相结合，作品具有鲜明的地域特色，注重将建筑、园林和规划溶为一体。早期研究中国古典园林。1978年因创作唐风十足的日本遣唐学者阿倍仲麻侣纪念碑脱颖而出。后主持和参与设计建造了古都西安等地一系列具有民族特色、传统风格的优秀现代建筑，精心修缮和保护了一批珍贵的历史遗址，为弘扬中华文化、创作现代建筑作出了卓越贡献。主要作品有：陕西历史博物馆（1987年落成），首次成功地采用宫殿形象及其布局设计，但全部色彩未超出白、灰、茶三色，被誉为"新唐风"，获中国建筑学会建筑创作奖、建设部优秀建筑设计二等奖；西安大雁塔景区的"三唐工程"（唐华宾馆、唐歌舞餐厅、唐代艺术博物馆），获建设部优秀建筑设计二等奖；陕西扶风法门寺工程，获中国建筑工程总公司优秀工程设计一等奖；此外，还主持设计了西安临潼华清池唐代御汤遗址博物馆，黄帝陵祭祀大殿、大唐芙蓉园等；参加了毛主席纪念堂方案设计工作。在建筑创作理论上有独到。

1991年获建设部首批"中国工程建设设计大师"称号。2001年获首届梁思成建筑奖。（李　烨）

李衍达(Li Yanda) 中国广东省人,1936年10月12日生于广东东莞。信息处理工程、人工智能、生物信息学、应用数学。

1959年清华大学自动控制系毕业。留校先后在电机系、自动化系执教,教授,担任清华大学信息科学技术学院院长、校学术委员会主任等职。期间1978～1981年在美国马萨诸塞理工学院当访问学者。兼任国务院学位委员会自动控制学科评议组召集人、中国自动化学会副理事长、北方生物信息学会会长等职。1991年当选为中国科学院学部委员(院士)。

在信号重构理论及算法研究上达到国际先进水平,其中有:提出利用幅度谱和部分采样点重构信号新定理,使所需采样点减为原定的1/3;提出仅用幅度谱重构最小相位信号新算法以及估计时延新方法;提出不完全投影重建图像新定理,以及用正则或投影到凸集的图像复原技术恢复波阻抗剖面新方法;提出子波估计、反褶积、剔除多次波等多种新方法。将信号处理与模式识别方法用于地震勘探数据处理,综合地质、测井和地震资料,提出预测油气储层分布新方法。开拓生物信息学新方向,研究基因组序列的信息结构、基因调控网络建模和仿真、面向目标的生物信息学数据平台与数据挖掘等。系统进行智能信号处理研究,如人工神经元网络、模糊系统、专家系统、进化算法理论模型等,并应用于高速网络环境下信息发掘、提取与多媒体数据的压缩和组织,计算机视觉与智能机器人以及工业生产过程及设备的智能控制等。

发表论文百余篇;出版《信号重构理论及应用》、《神经网络信号处理》等著作多部,译著一部。获国家和省部级奖励多项。 (李　烨)

余梦伦(Yu Menglun) 中国浙江省人,1936年11月8日生于上海。航天与运载火箭工程、空间科学与工程、飞行力学。

1955年考入北京大学数学力学系力学专业,1958年转学计算数学专业,1960年毕业。同年到国防部第五研究院总体设计部弹道组工作,历任总体设计部工程组副组长、副主任设计师,中国运载火箭研究院北京宇航系统工程研究所研究员,国家863高技术航天领域专家委员会火箭发动机和大型运载火箭专家组副组长等职。兼任国防科学技术大学、北京航空航天大学等校兼职教授。1999年当选为中国科学院院士。

20世纪60～70年代,针对中国远程战略火箭研制面临无法全程试验的难题,独创性提出改射程关机为速度关机、模拟再入环境低弹道等方案,开创了有限射程内进行远程火箭试验的先河;为发射返回式卫星设计最佳弹道,提出小推力弹道方案,大幅度提高了运载能力,1975年11月26日中国首颗返回式卫星发射成功。70～80年代,主持设计地球同步通信卫星发射轨道,提出“选择发射弹道的迭代算法”和优化的停泊轨道方案,大胆将国际通用的“圆轨道停泊”改为“椭圆轨道停泊”、“亚轨道停泊”,既充分利用陆上测量站又保证了火箭运载能力,1984年4月8日“长征二号”火箭把中国第一颗试验通信卫星送入地球同步轨道;1985年首次提出高空风弹道修正方案,有效降低了高空风对火箭飞行的影响,并提出计算机辅助系统设想。80～90年代及以来,为优化中国大型捆绑式运载火箭设计,采用弹道设计与火箭总体参数一体化设计方式,建立弹道数学模型和设计计算软件,很好解决了在约束条件下的弹道设计问题;在中国载人飞船工程中,主持“神舟号”系列模拟载人和载人飞船上升段弹道设计研究,取得重大成果。

发表论文和撰写技术报告200余篇。多次获国家和部委级奖励,其中获国家航天基金奖。 (李啸虎)

李明(Li Ming) 中国湖北省人,1936年11月17日生于广东三水。航空工程、控制与导航技术、空气动力学、工程管理。

1958～1963年在哈尔滨军事工程学院空军工程系学习。本科毕业后一直在国家航空工业部第601研究所(沈阳飞机研究所)工作,先后任研究员、副所长、总设计师,沈阳飞机制造公司副总经理等职。兼任中国航空研究院、北京航空航天大学等校教授。1995年当选为中国工程院院士。

长期从事飞机自动化、空气动力学、飞机总体设计等专业研究,担任过多种型号国产歼击机副总设计师和总设计师。20世纪60～70年代,在中国率先开展歼击机预研的验证机工作,奠定后续研究的坚实基础。80年代以来,参与研制性能更先进的歼-8Ⅱ飞机,主持研制成功中国首次装机使用的歼击机自动飞行控制系统;1982年提出歼-8飞机验证主动控制技术方案,组织上百名科研人员,从模拟式单轴、数字式单轴到数字式电传三轴控制,为了保证可靠性,坚持进行1万次试验,填补了中国航空技术一项空白,推动了国产歼击机更新换代;主持设计出中国第一套自行研制的数字式航空电子综合火控系统,使中国第二代歼击机实现电子系统从离散型到综合化、智能化技术飞跃,具备了超视距发现目标、超视距打击目标的能力;担任国家重点型号总设计师,精心组织开发和研制工作并首飞成功。

多次获国家和部委级奖励,其中6次获国家科学技术进步奖二等奖、部级科学技术进步奖一等奖。

(李啸虎)

刘永坦(Liu Yongtan) 中国湖北省人,1936年12月1日生于江苏南京。雷达与通信工程、信息处理技术、微波电子学。

1953年考入哈尔滨工业大学电机系,1956年选送清华大学无线电工程系学习。1958年起在哈尔滨工业大学从教,教授,历任电子工程教研室主任、无线电系主任、电子工程技术研究所所长、研究生院院长。1978年在英国伯明翰大学做访问学者并聘为名誉研究员。现为上海交通大学电子信息学院教授。兼任航空航天部二院研究员、国防科学工业委员会航天专家咨询组成员等职。1991年当选为中国科学院学部委员(院士),1994年选聘为中国工程院院士。

在新体制对海探测雷达的研制工作中,突破了在大气噪声、强海杂波和电台干扰背景下信号处理和目标检测等10余项关键技术,首次开发出中国研制的新体制对海探测雷达；组织建成了中国第一个新体制对海探测雷达站；首次将连续波、线性调频、伪码调幅信号及与之相配合的去斜率匹配滤波器和高分辨率多谱勒检测器用于新体制雷达，获1991年国家科学技术进步奖一等奖。主持完成大动态、高精度、实时二维FFT信号处理机和高线性接收通道；提出信道一致性数字补偿技术和多目标自适应快速最优跟踪方案。研制成功国家863计划重点项目“逆合成孔径实验雷达”，提出并发展了运动补偿理论、大带宽信号与系统的补偿理论；研制成功数字式宽带FM/CW雷达信号处理机，建立微程序控制模拟滑窗分段FFT谱分析，提出数字式多门限自动检测的独特的模拟/数字混合信号处理模式，解决了大动态宽频信号高分辨谱分析问题。

发表学术论文近百篇，著作多部。多次获奖，其中有：1991年首届光华科学技术基金奖特等奖、1997年国家科学技术进步奖二等奖、航天部人才培养先进个人称号、1997年香港柏宁顿教育基金会“儒子牛金球奖”特别奖等。（顾亦健）

侯洵（Hou Xun） 中国陕西省人，1936年12月6日生于陕西咸阳。*光电子工程、仪器研制、高速摄影术*。

1959年毕业于西北大学物理系。1979年赴英国伦敦大学帝国理工学院进修。历任中国科学院西安光学精密机械研究所研究员，所长、学术委员会主任，瞬态光学技术国家重点实验室主任等职。八五期间任八五攀登计划“飞秒激光技术与超快过程研究”首席专家，九五攀登计划“强激光物理与超快过程研究”专家委员会召集人之一。1991年当选为中国科学院学部委员（院士）。

参与研制克尔盒高速摄影机，成功地拍摄中国第一颗原子弹爆炸火球状态的照片；参与或主持研制从X射线、可见光至红外敏感的9种变像管高速摄影机及各种像增强器等，开创中国光电子类高速摄影新领域；在短期内使中国超快现象诊断时间分辨率提高6个量级，响应范围覆盖红外到软X射线整个波段，成功应用于中国核试验、激光核聚变等重大基础研究项目；在中国首创转移阴极和冷、热铟封技术，最先研制成功双近贴聚焦像增强器，解决了快、暗、小目标测量难题，发展了中国新一代靶场光测设备；在中国率先研究透射式负电子亲和势砷化鎵阴极、场助Ⅲ-Ⅴ族光阴极与第三代像增强器，发明钯银氧铯阴极，为中国发展新型光电器件及夜视技术做出了贡献。

1986年起，发表论文200余篇。获国家及省部级科学技术成果奖二等奖以上14项。1996年获光华科学技术奖一等奖。1999年获何梁何利科学与技术进步奖。（李宇涛）

吴德馨（Wu Dexin） 中国河北省人，女，1936年12月20日生于河北乐亭。*集成电路工程、半导体器件、微波电子学、半导体物理*。

1961年清华大学无线电电子工程系毕业。中国科学院微电子中心研究员，历任微电子中心主任、学术委员会主任等职。1992年被国家科学技术委员会聘为“深亚微米结构器件和介观物理”项目首席科学家。兼任《半导体学报》副主编等职。1991年当选为中国科学院学部委员（院士），后兼任技术科学部副主任。

20世纪60年代，参与主持在中国率先研制成功半导体硅平面型高速开关晶体管，打破国外技术封锁；研究成功双极型介质隔离数字集成电路、高阻抗运算放大器模拟电路，解决了许多关键技术问题。70～80年代，相继开发成功4K位、16K位和64K位N电路半导体动态随机存储器；在中国大规模集成电路研制中率先采用正性胶光刻蚀、干法刻蚀等技术，并使存储动态保持时间达到高水平；开发成功双层多晶硅和差值氧化工艺，创造检测接触孔内氧化层是否腐蚀干净的露点法。80～90年代，主持开发成功多种专用集成电路，其中建立3微米大规模集成电路全套工艺技术；相继主持开发成功声效应功率场晶体管系列器件、0.1微米T型栅砷化镓异质结高电子迁移率晶体管、0.8微米互补金属氧化物半导体集成电路芯片等制造技术；组织和参与研制成功2微米2000门阵列；从事砷化镓微波集成电路和光电模块的研究。

出版有《现代微电子技术》（2002年）等著作。多次获奖，其中有1997年国家科学技术进步奖二等奖、中国科学院科学技术进步奖一等奖等。（李　烨）

孙钟秀（Sun Zhongxiu） 中国浙江省人，1936年12月22日生于江苏南京。*计算机科学与工程、软件工程、应用数学*。

1957年南京大学数学系毕业。一直留校任教，计算机科学系教授，曾任南京大学副校长。1965～1967年在英国国际计算机公司进修，1979～1981年在美国威斯康星大学任访问学者。兼任江苏省科学技术协会主席、国家教委计算机学科教学指导委员会主任等职。1991年当选为中国科学院学部委员（院士）。

早期研究方向是拓扑学和微分几何，后转向数理逻辑。1965年开始研究开发计算机操作系统等软件新技术，在中国率先引进和推广当时国际上开发不久的计算机操作系统，主持为国产DJS200系列计算机设计DJS200/XT1和DJS200/XT1P等操作系统，促进了中国计算机操作系统的研究和开发工作。1980年开始研究分布式系统软件，1982年研制成功中国第一台ZCZ分布式微型计算机系统，后又主持设计成功多个分布式计算机系统软件，如分布式单板机系统和ZH分布式微型计算机系统等。在分布式程序语言方面提出和实现了CSM等3种语言，设计和实现了ZCZOS和ZGL等分布式操作系统。在中国首次将分布式系统用于作战指挥模拟系统、农业机械测试数据的实时处理、政府和企业管理的办公室自动化系统等。这些系统软件的实现和应用在中国有很大的影响。

发表论文百余篇；撰写专著5部，其中《操作系统教程》一书获国家教委优秀教材奖。获国家和省部级奖10余项，其中有国家科学技术进步奖二等奖、国家教委科学技术进步奖一等奖等。（李　烨）

钱易（Qian Yi） 中国江苏省人，1936年12月27日生于江苏苏州。*水污染防治工程、水处理技术、环境科*

学与工程。

中国著名国学家钱穆之女。1956 年同济大学卫生工程系上下水道专业毕业。1959 年清华大学研究生毕业。一直留校任教,清华大学环境科学与工程系教授,环境模拟与污染控制国家重点联合实验室主任。兼任中国环境与发展国际合作委员会委员、世界工程组织联合会副主席、中国科学技术协会副主席、中国可持续发展研究会副理事长、《环境科学与工程》(英文版)杂志主编等职。1994 年选聘为中国工程院院士。

20 世纪 70 年代末,在中国环境工程界率先提出工业废水可生化性及其鉴定标准的理论和方法,为确定工业废水处理方案提供了科学依据。主持"城市废水的处理及回用"、"高浓度有机工业废水的厌氧生物处理技术"、"城市废水稳定塘"及"高浓度有毒工业废水处理技术及设备"等多项重要攻关课题;研制和开发出适合中国国情的高效低耗水处理技术和设备,并使其系列化和产业化,其中有共同开发的"氧化沟曝气转刷",填补了中国在这一关键技术上的空白,现已形成年产值上千万元的规模效益。90 年代以来,在中国内地积极倡导"清洁生产和工业生态圈"的观念,并选择山西省太原市作为建立清洁生产体系的示范市,已取得阶段性成果。

发表论文百余篇;主编和参编《现代废水处理新技术》(1993 年)、《环境工程手册·水污染防治卷》(1996 年)、《城市可持续发展和水污染防治》(1998 年)、《废水生物处理新技术》(2004 年)等著作 10 余部。多次获奖,其中有国家科学技术进步奖二等奖,三等奖各 1 次,国家技术发明奖三等奖 1 次,部委级科技进步奖一等奖 2 次、二等奖 2 次等。获 1997 年中国环境与发展国际合作最高奖、2000 年中国光华工程科学技术奖。 (武光明)

薛永祺(Xue Yongqi) 中国江苏省人,1937 年 1 月 11 日生于江苏张家港。航空遥感工程、红外技术、仪器研制。

1959 年华东师范大学物理系毕业。同年起一直在中国科学院上海技术物理研究所工作,研究员。期间曾赴国外进行合作研究。兼任中国科学院遥感联合中心副主任、宁波大学信息科学与工程学院院长等职。1999 年当选为中国科学院院士。

先后研制成功多种先进的遥感仪器,并促进和拓宽遥感技术在各个领域的应用。20 世纪 70 年代,主持研制成功双波段森林探火红外扫描相机,获 1980 年中国科学院科学技术成果奖一等奖。80 年代,参与开发腾冲区域航空遥感应用技术,主持研制 DGS 航空多光谱扫描仪,先后获 1984、1987 年中国科学院科学技术进步奖一等奖,1985、1989 年国家科学技术进步奖二、三等奖;发明红外细分光谱扫描仪、红外-紫外扫描仪等遥感器,先后获 1987、1988 年中国科学院科学技术进步奖二等奖。90 年代以来,主持研制成功机载成像光谱仪,获国家发明专利,并获 1993 年上海市科学技术进步奖一等奖、1995 年国家科学技术进步奖三等奖;参与主持建立高空机载遥感实用系统,获 1993 年中国科学院科学技术进步奖特等奖、1995 年国家科学技术进步奖二等奖。 (李啸虎)

陈清泉(Chen Qingquan) 中国福建省人,1937 年 1 月 14 日生于印度尼西亚爪哇岛马吉朗市。动力与机械工程、电动车辆工程、工程管理。

1957 年北京矿业学院机电系毕业。1957～1972 年留校任教,期间 1957～1959 年在清华大学进修研究生课程。后在煤炭工业部从事提升机自动化技术革新。1976 年移居香港,先为香港电灯公司研究工程师,1976～1981 年任教于香港理工学院。1981 年获香港大学电机工程博士学位。留校任教,香港大学电机电子工程系讲座教授、系主任,1987 年创办国际电动车研究中心并任主任。兼任世界电动车协会主席,美国电气与电子工程师协会学术技术委员会主席,香港工程科学院院士、副院长,香港工程学会会长,美国马萨诸塞理工学院、上海交通大学等中外 10 余所名校名誉教授或客座教授。1993 年获乌克兰敖德萨理工大学荣誉博士学位。1997 年当选为中国工程院能源与矿业工程学部院士,2000 年又兼为该院工程管理学部院士。乌克兰工程科学院外籍院士、英国皇家工程院外籍院士。

世界电动车协会创建人之一,善于将汽车技术、电机技术、电力驱动技术、电子技术和现代控制理论有机结合,进行系统的、开创性的理论研究和工程开发。首次构建电动车工程哲学,奠定现代电动车学理论基础;揭示电动车的系统集成与优化设计的若干规律;发明多种电动车专用特种电机及其控制装置,其中主要有:高性能电机、特种电动车系统优化、电动车电力驱动系统、智能标测系统、电池智能管理系统、能源智能管理系统、电机磁场分析优化等;研制多种类型的电动车,其中 1993 年创制 U2001 型电动车,被誉为目前先进电动车典范之一。此外,对推动香港和内地之间、中国和国际之间的科技交流做出了积极贡献。

获各国专利 80 余项;发表论文 200 余篇;出版《现代电动车技术》等专著 6 部。多次获国际性奖励,其中有:1984 年法国外交部学术交流奖、1987 年美国电气与电子工程师协会优秀论文奖、1988 年加拿大阿尔干优秀科学奖、1996 年被评为美国美国电气与电子工程师协会杰出演讲家,英国电机工程师学会 2000 年国际杰出学术演讲奖等。 (王 筠)

顾心怿(Gu Xinyi) 中国上海市人,1937 年 1 月 23 日生于上海。采油机械工程、海洋采油工程、钻探技术、工程管理。

1956 年北京中央燃料工业部干部学校大专毕业。任苏联专家的口语翻译一年。1957 年起一直在胜利油田及其前身(东营会战指挥部、华北石油勘探处等)从事技术工作,从石油机械技术员升到胜利油田管理局钻井工艺研究院高级工程师。1995 年当选为中国工程院院士。

长期从事石油采矿机械的设计与研制,参加了创建和开发胜利油田的全过程,有一系列原创性的重要发明。其中作为第一发明人的成果有:早年研制成大直径取芯工具、中国第一个千米钻头,为胜利油田的发现作过贡献。1973 年发明世界第一台链条抽油机,独创"轨迹链条-滑道机构"和"液封气动平衡"新技术,克服了游梁式抽油机不适合深部油藏和稠油开采的缺陷，获1978年全国科学大会奖和国家发明奖二等奖。目前，这种抽油机在全国各地油田已推广逾数千台，较大幅度增产原油，提高经济效益。1978年建成中国第一艘坐底式石油钻井船胜利1号下水，开始了中国浅海石油钻井和钻控的历程。1988年研制成功世界第一座极浅海步行坐底式钻井平台“胜利2号”，重量5 000多吨，可以在海中拖航，在极浅海坐底，在海滩涉水步行爬滩，首次实现海陆过渡带钻井作业，已在胜利油田等处获得巨大效益，获1991年中国专利金奖、1995年国家发明奖二等奖、1992年全国十大科学技术成就奖。此外，发明液压蓄能石油修井机，该成果1995年获中国专利金奖、1994年部级十大科学技术成果奖、2002年度国家技术发明奖二等奖。（朱妙其）

王选（Wang Xuan） 中国江苏省人，1937年2月5日生于上海，2006年2月13日卒于北京。*计算机科学与工程、印刷工程、文字信息处理技术、应用数学。*

原籍江苏无锡，知识分子家庭出身。1958年北京大学数学力学系计算数学专业毕业。一直留校任教。历任北京大学无线电系讲师，汉字信息处理技术研究室主任、副教授，计算机科学技术研究所副所长、所长，教授，兼文字信息处理技术国家重点实验室主任、电子出版新技术国家工程研究中心主任。1995年出任方正技术研究院院长，先后兼方正（香港）有限公司董事局主席、北大方正集团董事、方正控股有限公司首席科技顾问。兼任中国人民政治协商会议全国委员会副主席、中国科学技术协会副主席、中国中文信息学会副理事长、中国发明协会副理事长等职。1991年当选为中国科学院学部委员（院士）。1993年当选为第三世界科学院院士。1994年选聘为中国工程院院士。

中国计算机激光汉字照排系统创始人。该技术领先中外，在中国印刷业掀起了一场“告别铅与火、迎来光与电”的技术革命，并打入国际市场。20世纪50～60年代，主持和参与电子管计算机逻辑设计和部分电路设计；1967年与他人合作完成DJS21机ALGOL60编译系统，是中国最早几个实用编译系统之一。从1975年起，攻克汉字量多形杂、印刷用汉字字体多、精密照排要求高等技术困难，发明高分辨率字形的高倍率信息压缩技术（500∶1），率先设计汉字字形复原速度达700字/秒的专用芯片，首次使用“轮廓加参数”文字描述法，1979年研制成功计算机激光汉字编辑排版系统主体工作，作为第四代激光照排系统，跨越了当时日本流行的光学机械式二代照排机、欧美流行的阴极射线管式三代照排机，在中外引起了巨大反响。1981、1985年华光Ⅰ型、华光Ⅱ型先后通过国家鉴定，后相继推出华光Ⅲ型、华光Ⅳ型、方正91型、方正93型，显著改善性能价格比。该系列获1982年欧洲专利和1985年8项中国专利，入选1985年中国十大科学技术成就，获中国十大专利发明创造金奖。1988年投入市场，1995年底方正红筹股在香港成功上市。1991年起直接推广以页面描述语言为基础的远程传版新技术，告别了报纸传真机；1992年起直接研制开放式彩色桌面出版系统，告别了电子分色机；1994年采用采编流程管理的电脑一体化解决方案，开始告别纸和笔；后又开发出电脑直接制版系统取代激光照排系统，开始告别制版“底片”。1995年起研制计算机动画制作系统，开发数字视频领域。1997年方正日文出版系统进入日本报业和印刷业。

合著《汉字信息处理技术》等专著。多次获奖，其中有：1986年第14届日内瓦国际发明展览会金牌奖、1987年国家科学技术进步奖一等奖、1990年陈嘉庚奖、1991年国家重大技术装备研制成果奖特等奖、1995年联合国教科文组织科学奖、2001年国家最高科学技术奖等。（李啸虎）

廖振鹏（Liao Zhenpeng） 中国四川省人，1937年2月8日生于四川成都。*结构工程、地震工程、工程力学、工程管理。*

1961年清华大学土木系工业与民用建筑专业毕业。历任中国地震局工程力学研究所实习研究员、副研究员、研究员，先后担任工程地震研究室主任、副所长、研究所学术委员会主任。1980～1982年在美国南加利福尼亚大学从事合作研究。哈尔滨工程大学等校兼职教授。1997年当选为中国工程院院士。

在地震工程领域中，致力于从波动观点研究结构动力学及其工程应用，包括结构-地基动力相互作用、结构抗震减震设计和结构系统识别等研究；建立和发展了波动、振动数值模拟技术，并应用于高坝、核电站等工程结构的动力分析和工程地震勘探等领域，研究成果获1992年国家科学技术进步奖二等奖。在工程地震领域中，致力于地震学与土木工程的结合，从事结构动力学、结构系统识别、地震危险性评定、强震地震学和设计地震动等方面的应用基础研究；综合研究成果推进中国地震小区划和地震安全性评定工作，其中主持大连市地震小区划获1989年国家科学技术进步奖二等奖。曾承担国家重点研究项目“工程波动的数值模拟”、“复阻尼理论及其在结构力学时域分析的应用”、“300米级高拱坝抗震技术研究”等，为中国地震工程的发展做出了重要贡献。

发表论文数十篇；出版《地震小区划——理论与实践》（1990年）、《工程波动理论导论》（2003年第二版）等专著。获国家科学技术进步奖二等奖2项，省部级科学技术进步奖10余项。（王向阳）

王德民（Wang Demin） 中国河北省人，1937年2月9日生于河北唐山。*采油工程、矿产地质学、工程管理。*

1960年北京石油学院钻采系毕业。同年参加大庆油田“石油大会战”并一直留任工作。历任大庆油田采油厂技术员、采油工艺研究所主任工程师、大庆石油管理局室主任、副总工程师、总工程师、副局长、大庆油田有限责任公司科学技术委员会副主任、教授级高级工程师，兼任大庆石油学院等校教授。1994年选聘为中国工程院院士。

20世纪60年代，提出中国第一套不稳定试井方法——松辽法，取代沿用多年的赫诺法；在国际上首次研制推广用钢丝起下的分层测试仪器。70年代，建立油井多用途偏心配产控制系统，研制出一整套适应非均质多油层的分层注采工艺、分层测试工艺等技术，在大庆油田全面推广10～30年；组织和主持完成大庆油田高含水期采油工艺系统工程，使开采技术在总体上进入世界水平，是油田在1981～1992年高产稳产主要依靠技术，使油田增加可采储量6亿吨；组织实施8个系统工程，为大庆油田进入高含水后期再稳产十年构建技术平台；主持"大庆油田长期高产稳产的注水开发技术"在1985年获国家科学技术进步奖特等奖。80～90年代，组织完成"化学驱"三次采油技术攻关，其中已实施聚合物驱油技术、多元复合技术分别使原油采收率提高10%和20%，为大庆油田继续稳产更长时间提供了技术准备，获1998年国家科学技术进步奖一等奖。

发表论文数十篇，编著审译《分层开采工艺》等专著、译著10余本。有20多项成果获国家和省部级奖励，其中有1978年全国科学大会奖、国家创造发明奖二等奖等。2001年获国际石油工程师学会杰出会员奖及终身会员荣誉。（王晨晖）

周国治(Zhou Guozhi) 中国广东省人，1937年3月25日生于南京。*冶金工程、金属材料学、物理化学。*

1960年北京钢铁学院(今北京科学技术大学)冶金系毕业。一直留校任教，1984年升任物理化学系教授。1979年起先后在美国马萨诸塞理工学院、美国威斯康星大学、瑞典皇家工学院等多所大学任客座教授。上海交通大学、重庆大学等多所大学兼职教授。1995年当选为中国科学院院士。

在冶金多元熔体性质推算方面：1964年提出θ函数法，可用于计算化合物生成自由能等领域；提出由固熔体相图求活度的方法，可导出合金体系等热力学性质；提出用R函数法推论一系列三元系、多元系的热力学公式；建立一系列溶液模型，其中新一代溶液几何模型解决了30多年来国际流行几何模型的固有困难；将几何模型发展成统一模型，进一步将计算范围由热力学扩展到多种物理化学性质，为实现模型选择和计算机化开拓了新途径。在冶金熔体反应规律方面：主持科研小组系统研究氧离子在冶金熔体中的迁移规律，实现对脱碳、脱氧全过程模拟，为揭示各类冶炼过程机理提供理论诠释；开展炼钢过程反应速度的电化学控制研究；建立新型的热力学与相图数据库；90年代后，将理论成果用于清洁生产，其中提出固体电解质脱氧新技术，无污染脱氧、无污染提取新工艺等，促进了冶金二次资源的综合利用。在材料功能方面：深入研究材料在微小颗粒下的物理化学性质和反应机理，并成功用于研制纳米材料、储氢材料和陶瓷复合材料。其多种成果被中外同行誉为"周模型"和"周方法"，并应用到合金、熔盐、炉渣、半导体材料等多种领域。

获中国和美国多项专利；发表论文近200篇。多次获奖，其中有国家自然科学奖三等奖1项，国家教育委员会、冶金部科学技术进步奖一等奖各1项等。

（李啸虎）

叶可明(Ye Keming) 中国上海市人，1937年3月28日生于江苏金山(今属上海市)。*土木工程、结构工程、工程管理。*

1956年苏州建筑工程学校毕业后，在上海同济大学进修一年，1957年到华东(上海)建工局任工地技术员。1962年同济大学函授部本科毕业。历任上海建工局工程师、技术科长、企业总工程师、经理，上海建工(集团)总公司副总裁、总工程师，上海建工设计院院长、高级工程师。兼任中国建筑业协会建筑技术开发专业委员会副主任、同济大学顾问教授等职。1995年当选为中国工程院土木、水利与建筑工程学部院士，2000年又兼为该院工程管理学部院士。

长期研究和擅长土木施工技术，形成以变通为特色的施工技术体系。创造升板机提模提脚手体系，实现350米高度自升式模板工艺；根据上海软土地基特征，总结出分地区、分级别的支护原则，开发出20米深坑复合支护技术、10米深坑无支撑支护技术等；在建造当时世界第三高、88层楼的浦东金茂大厦基础时，力排外国专家全挖基坑再做基础的方案，大胆提出根据不同基础深度分步施工，采用钢筋混凝土支撑围护，大大缩短工期又保证质量；在建造上海南浦大桥时，采用内掺添加剂延缓混凝土大梁凝固时间，实现24000立方米混凝土一次浇灌成形，后推广应用于杨浦大桥、徐浦大桥和卢浦大桥等；采用泵送混凝土双掺技术与级配优化技术路线，实现350米高度混凝土一次泵送到顶；提出大型构件组合吊装与整体提升技术，实现高空特重构件简化施工。

主编有《高层建筑施工手册》、《南浦大桥施工技术》等多部专著。多次获奖，其中上海南浦大桥工程获1995年国家科学技术进步奖一等奖，东方明珠电视塔施工获1996年国家科学技术进步奖二等奖。1996年被评为上海市科学技术功臣。（李啸虎）

凌永顺(Ling Yongshun) 中国安徽省人，1937年4月2日生于安徽定远。*光电对抗工程、仪器研制、光电子学。*

1960年北京师范大学物理系毕业。同年入伍。中国人民解放军电子工程学院教授。兼任中国国家科技进步奖专家评审委员会委员、国务院学位委员会学科评议组成员等职。1997年当选为中国工程院院士。

长期从事大学物理基础理论教学与研究，从20世纪80年代开始瞄准国防建设急需，专职从事电子对抗关键技术、隐身与伪装技术研究，取得了一系列重要成果。跟踪世界等离子研究前沿，将电波传播理论、相关技术应用于光电子工程领域，创建了中国光电对抗工程新学科；1987年开始，主持攻关一项涉及十几个学科的世界性重大科研难题，成果技术指标全部达到国际先进水平，使中国成为继美国、俄罗斯之后第三个拥有这些关键技术的国家，中国军队的空间信息作战能力在短时期内实现了多级跨越，并为占领未来空间信息作战领域制高点铺平了道路；后又取得电子对抗工程关键技术的一系列新突破，产生了重大的国防效益。

发表"空间飞行器对背景辐射的反射特性"(2002

年)、"目标红外辐射双色比值的大气传输研究"(2003年)等重要论文和提供内部研究报告数十篇。主持的多项重大科研项目获奖,其中有:中国国家发明奖二等奖1项、国家科学技术进步奖二等奖2项,全军科学技术进步奖一等奖2项、二等奖1项等。此外,1993年中央军委授予的一等功;1996年获"中国人民解放军专业技术重大贡献奖"。 (黄曲菜)

苏君红(Su Junhong) 中国广东省人,1937年4月9日生于中国上海。光电工程、红外热成像技术、仪器研制、光电子学。

1963年西安交通大学无线电工程系毕业。中国兵器工业部第211研究所(昆明物理研究所)研究员,历任总设计师、所长、名誉所长。兼任中国人民解放军总装备部科学技术专家委员会副主任、中国兵工学会常务理事、云南省科学技术协会主席等职。1994年选聘为中国工程院院士。

中国红外热成像工程项目开始时,除少量基础研究外,技术水平与发达国家有相当大差距。1986年担任红外热成像工程的总设计师以来,一直负责该项工程的技术攻关、技术应用、成果转化与生产等工作,制定了正确的技术路线,解决了一系列复杂的技术难题,自行研制成功中国Ⅰ类、Ⅱ类通用组件热像仪,达到国际先进水平,已在近10个国防科研型号中得到应用,并在工业检控、电力监测、医疗诊断、灾害观测预防等各部门得到广泛应用,为中国热成像技术发展作出了贡献。

公开发表的主要论文有"热图的增强技术与实验"、"军用热成像的探测器造型"及"热成像发展若干问题"等。以他为主的项目研究组获得国家和部级多个奖励,主要有国家科学技术进步奖一等奖,部级科学技术进步奖特等奖、二等奖等;此外,获1991年兵器工业功勋奖、1998年中国工程科学技术光华奖、2000年何梁何利科学与技术进步奖。 (熊志化)

刘尚合(Liu Shanghe) 中国山西省人,1937年4月11日生于山西闻喜。兵器安全工程、静电与电磁防护技术、电磁学。

1964年北京师范大学毕业。留校任教。1979年人伍。教授,先后任中国人民解放军军械工程学院静电与电磁防护研究所所长、兵器防电磁危害军队重点实验室主任、静电计量测试站站长。兼任中国物理学会静电专业委员会副主任等职。1999年当选为中国工程院院士。

建立电火工品静电发火数学模型,阐明高压静电场中物质导电机理;提出真实静电感度测试法,解决了火箭、导弹等火工品"反常发电"难题;提出"信号自屏蔽电荷耦合"静电测试原理、织物摩擦电位衰减测试法;创立人体静电高压动态实验方法,大胆用自身试验首次测定并验证人体静电电位极端值为71000伏;首创欧姆定律微分式一般表达式;在中国首次研究聚合物抗静电改性,开发"分段衰耗式"电子束抗静电改性工艺及其改性剂,达到国际先进水平;主持制定静电高压、静电电阻、静电电容等中国静电标准以及多项武器装备防静电军用标准,均已正式实施;研制多种静电测量仪器;合作开发防静电织物和工作服、FTS-1A安全智能防护系统等,已形成高新技术产业;主持完成高功率微波超宽带强电磁脉冲干扰对电火工品、电引信辐照效应实验,建立军械装备防电磁危害技术保障体系。其成果广泛应用于中国军队、航天和兵器工业、公安消防、石化电信等领域,效益显著。

有国家发明专利多项;发表论文百余篇;出版《静电理论与防护》(1999年,与他人合著)等专著2部。多次获奖和立功,其中有军队科学技术进步奖和教学成果奖一等奖6项、1998年国家科学技术进步奖一等奖等;2001年获军队一等奖。 (王家敏)

莫内欧,J. R.(Moneo, José Rafael) 又译莫尼奥。西班牙人,1937年5月9日生于西班牙图德拉。土木工程、建筑学。

1961年毕业于马德里大学建筑学院,获建筑学学士学位。后在丹麦建筑师尤松(Jorn Utzon)的事务所工作两年。1963年在罗马的西班牙研究院从事研究。1965年获马德里大学建筑学博士学位;同年在马德里开办建筑师事务所。1966~1970年任马德里大学建筑系教授。1971~1985年任巴塞罗那大学建筑系教授。1985~1990年任美国哈佛大学研究生院建筑系主任,1991年起任该校舍特讲座教授。先后兼任美国普林斯顿大学、瑞士洛桑联邦工业大学等校客座教授。

当代世界著名建筑师、建筑理论家、教育家。坚持反对建筑的"即时性",执着追求建筑永恒性的理念。其影响最大的杰作,是2001年建成的美国洛杉矶圣玛利亚大教堂。该建筑由他任总设计师,L. A. 达里(Leo A. Daly)任执行建筑师。这是美国近30年来建造的规模最大的教堂。纪念碑方块状的造型,巨大的钢筋混凝土剪力墙,11世纪罗马式教堂的东殿,使它在保留基督教建筑主要传统时颇显现代风格。内部大胆选用混凝土抹面、大面积雪花石膏墙板饰面(由双层通风系统保护)、雪松木和毛皮的天花板;外有金色石灰路面、随阶增高的回廊、金碧辉煌的尖顶钟楼等。这也是历史上第一座可兼作地震避难所的教堂。承重墙架在橡皮和钢座隔震器上,不锈钢上的特富龙承压滑块支撑着中殿天花板,设计要求能承受8.2级地震。

主要作品还有:国立罗马艺术博物馆(1980~1985年);米罗基金会美术馆(1987~1992年);阿托卡火车站扩建(1984~1992年);库塞尔音乐厅和会议中心(1989~1999年);斯德哥尔摩现代艺术博物馆(1991~1997年);戴维斯博物馆和文化中心(1989~1993年);巴塞罗那大道丽岛商业中心(1986~1993年)等。

主要著作有《拉斐尔·莫内欧城市建筑》(1993年)、《拉斐尔·莫内欧的21件建筑作品》(2010年)等。获奖甚多,其中有:1996年国际建筑师协会金奖、普利兹克建筑奖(国际建筑界最高奖)、法国建筑学会建筑金质奖章;2001年欧洲密斯·范德罗厄奖;2003年英国皇家建筑学会皇家金质奖章等。 (李 烨)

孙玉发(Sun Yufa) 中国黑龙江省人,1937年5月

24日生于黑龙江省嫩江市。核动力工程、核潜艇工程、核反应堆技术、工程核物理。

1963年哈尔滨工业大学反应堆工程专业本科毕业。中国核动力研究设计院教授级高级工程师,曾任副总工程师、副院长等职。兼任中国核学会反应堆热工流体专业委员会主任等职。1999年当选为中国工程院院士。

参加设计和建造中国多种型号核潜艇,参与主持完成核动力反应堆燃料元件两相流动特性等实验研究,为堆芯设计提供了计算公式和重要数据;负责设计建造热工实验装置;主持完成某型号潜艇核反应堆开盖检修,1996年获部级科学技术进步奖二等奖;主持完成秦山核电站一期工程的低卤B类耐火电缆、驱动线热态等试验,秦山二期工程先进力堆堆芯水力模拟等多项试验,研究设计AC-600等先进反应堆堆芯等,为工程顺利竣工提供了重要实验数据和验证;主持设计建造核动力实验基地13个大型实验装置,组织筹建了2个现代化的国防重点实验室,为中国核动力技术的开发和发展奠定了坚实基础。

公开发表论文和研究报告数十篇。获国家和省部级奖励多项,其中有国家核安全局一等奖、部级科学技术进步奖二等奖等。1999年获国家人事部一等功奖励。 (胡　斌)

李鸿志(Li Hongzhi) 中国天津市人,1937年5月31日生于北平(今北京)。兵器工程、火炮弹道学、瞬态力学、高等教育管理。

1961年军事工程学院(今炮兵工程学院)炮兵工程系毕业。长期从事国防军工兵器研究。南京理工大学教授,"瞬态物理"国家重点实验室主任,1988~2000年任南京理工大学校长。兼任国务院学位委员会"兵器科学与技术"评议组召集人、中国兵工学会弹道学会主任、《弹道学报》主编等职。1994年选聘为中国工程院院士。

创立和奠定"中间弹道学"这一新分支学科的理论体系;创建和领导具有国际先进水平的中间弹道实验室,以及中国第一座具有全弹道实验、分析、处理及系统仿真能力的弹道国家重点实验室;主持研制近10项瞬态流场测试技术及设备,成功实现对带燃烧化学反应、复杂激波系的多相非定常流场参量的综合测量;研制的新型多闪光高速摄影系统、瞬态光谱测温系统、激光激发等离子体瞬态测速系统、正交多站飞行姿态测量系统等均达到国际先进水平;研制大型高压激波管系统,创建的灾害力学实验室已成为中国工业灾害防治研究的实验基地;积极组织和推动中国参与国际弹道学界的学术交流与合作活动。此外,在任大学校长期间,推进和深化教育与科学研究改革,取得显著成效。

先后完成近30项科学研究项目;发表论文近百篇,完成研究报告10余份;编撰著作、教材和词典6部。获国家级奖励5项,省部级奖励8项,发明金奖1项、发明专利3项,其中如:1991年获兵器工业功勋奖,1992年获国防科学工业委员会光华基金特等奖,2003年获何梁何利科学与技术进步奖等。 (李啸虎)

雷迪,R.(Reddy,Raj) 原名达不拉尔·拉亚戈帕尔·雷迪(Dahblal Rajagopal Reddy)。美国人,1937年6月13日生于印度新德里附近凯托尔。计算机科学与工程、语音识别、人工智能、自动控制、机器人学。

印度裔。地主之子。1958年在印度马德拉斯大学理工学院毕业。1960年获澳大利亚新南威尔士大学硕士学位。1966年获美国斯坦福大学计算机科学博士学位,留校任助理教授。同年加入美国国籍。1969年后长期在卡内基-梅隆大学任教,1979~1991年担任机器人研究所首任所长,1991~1999年任计算机科学学院院长,后任该校西海岸分校校长。1987~1989年任美国人工智能学会首任会长。兼任赫伯特·西蒙大学首席教授,微软亚洲研究院顾问委员会委员,1999~2001年任美国总统信息技术咨询委员会副主席。是美国文理科学院院士、美国国家工程院院士。2009年当选为中国工程院外籍院士。

大型人机交互和人工智能系统的开拓者之一。曾是"人工智能之父"J. 麦卡锡的博士生,取得一系列卓越成就。主要有:1984年参与主持美国国防部项目,开发出最高时速110千米的野战救护车等自动车辆,并将新技术用于防止高速公路事故等领域。在计算机视觉、机器人路径规划、自动控制、障碍识别等方面有许多重要技术突破。主持开发出以斯芬克斯(Sphinx)Ⅱ语音识别系统为核心的复读机,模拟教师听学生念课文并即时指正或提示,在启蒙教育和扫盲上发挥了重要作用。参与主持美国航空航天局合作项目,开发出以意大利诗人但丁(Dante)命名的火山探测智能机器人三代系列。主持研制完成无人车间,其中全部加工设备均采用机器人技术。还开创了一个他称为"白领机器人学"新领域,由机器人去代替白领完成生产调度等管理功能。

多次获奖,其中有1984年法国总统授予的荣誉军团勋章,与E. A. 费根鲍姆分享美国计算机学会1994年度图灵奖(世界计算机界最高奖)。此外还获2004年大川奖、2005年本田奖、2006年万尼瓦尔·布什奖等。 (李　烨)

高洁(Gao Jie) 中国山东省人,1937年6月14日生于山东济南。计量测试工程、电气电子工程、仪器研制、物理计量学。

1962年北京大学物理系毕业。国家技术监督局中国测试技术研究院研究员,先后任副院长、院科学技术委员会主任、院长等职。期间1987~1990年在美国国家标准与技术研究院任客座研究员。兼任国际计量委员会委员,国际测量与智能仪器学会常务理事,中国科学院计量测试高技术联合实验室(北京)学术委员会副主任,北京大学、四川大学、中国电子科学技术大学等校兼职教授。1999年当选为中国工程院院士。

1985年开始主持国家重点项目"利用超导约瑟夫森效应监督并保持国家伏特基准",成果通过国家鉴定。

20世纪80年代末在美国从事修正电压单位值的国际合作研究，该项实验需要低温、微波系统、电测量、计算机数据采集和控制等高新技术，他解决了阵列微波响应领域的关键测量问题，使约瑟夫森电压值扩大到10伏，属当时世界最高水平，课题完成后获美国商务部"杰出科学家奖"。1993年主持完成"国家电压基准"并在北京通过国家鉴定，1999年获国家质量技术监督局科学技术进步奖一等奖、国家科学技术进步奖二等奖。

参与编撰《现代仪器仪表技术与设计》(2卷，2003年)等著作。除以上提及奖项外，还获1978年全国科学大会奖等。2000年获中国国务院"全国先进工作者"称号。 (黄曲菜)

李鹤林(Li Helin) 中国陕西省人，1937年7月5日生于陕西南郑。采油机械工程、石油管材工程、材料科学与工程、工程管理。

1961年西安交通大学机械系金属材料及热处理专业毕业。历任宝鸡的石油工业部钻采机械研究所技术员，宝鸡石油机械厂高级工程师、厂副总工程师、总冶金师，兼石油专用管试验研究中心主任。1988年起，先后任中国石油天然气总公司石油管材研究中心主任、总工程师、教授级高级工程师，石油管材研究所所长。兼任美国石油学会第一委员会外籍委员等职。1997年当选为中国工程院院士。

突破国外用磨损量控制寿命的设计思路，主持20多项科研成果、研制10余种新材料，使一批石油机械质量跃居国际先进水平。20世纪70年代，先后研制成功小吨位、大吨位轻型"三吊"(吊环、吊卡、吊钳)，其中各种轻型吊环自重仅为仿苏产品的1/3，寿命比美国同类名牌产品提高50%，获中国石油机械第一块质量金牌，成为中国第一批获得美国石油学会会标使用权的产品。80年代中期，第一个发现美国石油学会《钻杆规范》标准规定的钻杆内加厚过渡带不合理，在钻井中易造成钻杆接头断裂事故，以大量翔实的试验数据对该标准提出修订意见并且被采纳。主持的石油管材研究所已成为中国石油管工程研究基地，质量检测、认证和仲裁中心，也是国际标准化组织(ISO)和美国石油学会的3个委员会中方技术归口单位，享有国际声誉。

发表论文160余篇；出版《石油机械用钢手册》、《石油钻柱失效分析及预防》等专著7本。获国家和省部级科学技术进步奖逾20项，其中宝石牌单臂吊环、钻井泥浆泵双金属缸套2项获国家科学技术进步奖一等奖，高强度高韧性结构钢、无镍低铬防磁钢、轻型吊环吊卡吊钳、液压防喷器等4项获全国科学大会重大成果奖，"油层套管射孔开裂及其预防措施的试验研究"获1998年国家科学技术进步奖二等奖，多项专利被国外石油企业采用，6项以上成果被美国石油学会采纳并修改标准。 (武光明)

卓以和(Cho, Alfred Y.) 华裔美国人，1937年7月10日生于中国北京。半导体器件工程、激光工程、光电子材料技术、仪器研制、光电子学。

1960年美国伊利诺伊大学电子与电机工程系毕业，1961年、1968年先后获该校硕士、博士学位。毕业后一直任美国新泽西州茉莉山朗讯科技公司贝尔实验室研究员，1984年起先后任光电子研究部主任、材料处理研究实验室主任、半导体研究所所长、贝尔实验室副总裁。2000年被任命为美国国家科学奖总统委员会成员。1985年当选为美国国家科学院院士。1989年当选为美国文理科学院院士。是第三世界科学院院士、中国台湾"中央研究院"院士。1996年当选为中国科学院外籍院士。2003年获香港科学技术大学荣誉博士学位。

新型光电子材料与元件的开拓者与奠基者之一。自20世纪70年代初起，在Ⅲ～Ⅴ族化合物半导体、金属和绝缘体的异质外延，人工结构的量子阱、超晶格，调制掺杂微结构材料等领域做了大量先驱性研究；与他人合作研究和发展分子束外延法生产晶体薄膜工艺(MBE)，晶体薄层可达到一个原子厚度，成为大批量制备现代许多高性能半导体器件的技术基础，对半导体工业产生了深远影响，用新材料最先开发出10多种性能优异的新型微波高速电子器件和光电子器件，广泛应用于超级电脑、激光、微波通信和量子物理研究；采用MBE工艺主持研制成功世界上第一只单极半导体激光器"量子阱级联式激光器"，公认是半导体激光器发展中的新里程碑。积极促进中美两国学术交流，对中国半导体技术发展作了关键性指导。

发表论文400余篇；拥有发明专利50余项。获国际性大奖10余项，其中有1988年世界材料大会奖，1993年美国国家科学奖章，1995年美国富兰克林学院克雷森奖章、日本C&C基金会计算机与通信奖，1999年量子光学与激光科学拉姆奖章，2005年美国国家技术奖章等。 (李啸虎)

皮亚诺，R.(Piano, Renzo) 意大利人，1937年9月14日生于意大利热那亚。土木工程、结构工程、建筑学、城市规划。

出生于建筑业世家，祖父、父亲、4位叔伯和一个兄弟都是建筑商人。1964年获意大利米兰理工大学建筑系学士学位。1965～1970年，先后受聘于美国费城的路易斯·康工作室、伦敦的马可斯基(Makowsky)工作室。1971年和英国搭档R. G. 罗杰斯共事。1977年和结构工程师雷斯(Peter Rice)合伙成立皮亚诺-雷斯设计事务所。1981年在热那亚成立伦佐·皮亚诺建筑工作室，并在巴黎、纽约等地设立常驻办公机构，雇员有百余人。

意大利当代著名建筑师。建筑思想严谨而抒情，大胆创新、勇于突破，偏爱开放式设计和自然光的效果，注重用现代主义手法表现建筑和环境的和谐。其作品最大特点：没有一个固定不变的模式。最著名也最具争议的作品是，与罗杰斯合作设计的巴黎蓬皮杜艺术与文化中心(1972～1977年)。它以高科技姿态伫立于巴黎老区中心，主要包括公共图书馆、现代艺术博物馆、工业美术设计中心、音乐和声响研究中心四大部分，连同附属设施，总建筑面积103 305平方米。上下六层，外貌奇特，五彩缤纷，晶莹透亮，内部结构一展无遗：红色的是交通运输设备，蓝色的是空调设备，绿色的是给水排水管道，黄色的是电气管线设施。整体由 28 根圆形钢管柱支承，没有一根内柱；内空间没有固定墙面，区划可随需要而改变。每天 2.5 万游人光顾，使它成了巴黎最受人欢迎的去处，公认的标志性建筑之一。这一建筑设计震惊了整个建筑界，引起广泛关注和议论。有的赞叹它表现了“法兰西的伟大”，有的指责它引起一种“吓人的体验”，有的认为它让人想起石油化工厂或宇宙飞船发射台。而普利兹克奖评委认为，它的令人震惊的外表，是“石堆博物馆设计的一次革命，将博物馆的纪念碑式精华形象转变为社会和文化交流的流行地点”。

他是多产建筑大师，作品涉及范围惊人，从博物馆、影剧院到音乐厅、教堂，从酒店、商住楼、小区住宅到航空港和大桥，应有尽有。主要作品还有：日本大阪关西国际机场（1988～1994 年）、新喀里多尼亚的提巴欧文化中心（1991～1998 年）、瑞士巴塞尔贝耶勒博物馆（1992～1997 年）、德国柏林波茨坦广场改建工程（1992～2000 年）、意大利罗马多功能音乐宫（1994～2002 年）、美国芝加哥艺术学院（2009 年）等。

1998 年获第 20 届国际建筑学普利兹克奖（国际建筑界最高奖）。因保护热那亚古城有功，获选联合国教科文组织亲善大使。

（李　烨）

杨士中（Yang Shizhong）　中国重庆市人，1937 年 10 月 1 日生于四川重庆（今重庆市）。*通信工程、测控与遥感技术、仪器研制、工程教育*。

1960 年重庆大学电机系毕业。先后任中国科学院西南电子电讯技术研究所研究员，重庆大学教授兼通信工程学院院长。1997 年当选为中国工程院院士。

研制的单频、双频多普勒频率截获接收机，是中国中低轨卫星地面站关键设备之一，获 1978 年全国科学大会奖；研制成功卫星数传机、卫星语音通信机，使中国卫星于 1984 年 2 月 1 日首次实现通信；开展扩频技术在再入测量中应用的关键方法研究，获中国工程物理院科学技术基金一等奖；利用电荷耦合器件（CCD）按推帚式扫描成像方法，研制成功卫星传输型 CCD 电视遥感系统，首次在中国综合实现传输型卫星测控、遥感和图像传输，获 1985 年国家科学技术进步奖二等奖；建立精密跟踪系统中频率截获新方法新理论，解决了在低信噪比、长序列复杂谱线下相干扩频系统快速捕获与保护问题，比国外设备简单 20 倍，普遍用于中国各种检测站，获 1987 年国家发明奖三等奖；研制无截波统一扩频测控与图像传输体制及综合终端装置，首次在中国实现扩频四合一测控系统，并成功用于 Z-5 Ⅱ 型无人侦察机、T-6 通用小型无人驾驶飞机，设备简化，测量精确，明显提高了抗干扰抗截获能力，保密性和电磁兼容性好，获 1993 年国家发明奖三等奖。

拥有发明专利多项。撰写和发表论文、设计报告百余篇；出版专著 2 部。获国家和省部级奖 10 余项。此外获航天部一等功、国防科学工业委员会献身国防科学技术事业荣誉证章、1997 年光华科学技术奖等。

（李啸虎）

古德生（Gu Desheng）　中国广东省人，1937 年 10 月 13 日生于广东梅县。*采矿机械工程、岩石冲击力学、工程管理*。

1960 年中南矿冶学院（今中南工业大学）采矿系毕业。一直留校任教，历任采矿系助教、讲师、教研室副主任、副教授，资源工程系教授、教研室主任、系主任、研究所所长。兼任国家自然科学基金会冶金材料学科评审组成员，中国有色金属学会冶金设备委员会委员。1995 年当选为中国工程院院士。

在采矿工艺理论上，创立和发展了振动出矿原理，阐明振能有效作用范围、受振矿石性态、振能耗散规律、振机埋设参数优化等内容；系统提出采矿连续工艺优化理论，在采矿连续工艺系统、连续作业的大块管理、连续作业机组优化配套等方面都有较大创新。在采矿设备技术上，发明颠振型振动出矿机等 10 多种新型振动设备，基本消除传统处理工艺所无法解决的矿石卡堵、组拱、堆滞、管流等各种事故；创建地下金属矿山 6 种采矿方法和 7 项采矿新工艺；开发出地下矿连续开采技术，建成采场出矿运矿连续作业线，在中国强化开采的工业实践中发挥重要作用。建成“国家示范推广样板”，使研究成果大面积推广，获得巨大经济效益。

发表论文近百篇；出版《振动出矿技术》（1989 年，与他人合著）、《岩石冲击动力学》（1994 年，与他人合著）等著作。多次获奖，其中，“地下矿连续开采工艺技术与装备研究”获 1992 年国家科学技术进步奖一等奖，“盘区回采振动出矿连续开采法研究”获 1991 年中国有色金属工业总公司科学技术进步奖一等奖等，1983 年、1994 年两次获湖南省颁发最高贡献奖“科技兴湘奖”，2008 年获中国工程院第七届光华工程科技奖工程奖等。

（王艺衡）

刘大响（Liu Daxiang）　中国湖南省人，1937 年 10 月 14 日生于湖南祁阳（今祁东）。*航空发动机工程、机械与动力工程、空气动力学*。

1960 年北京航空学院（今北京航空航天大学）毕业，1962 年该校研究生毕业。同年到沈阳航空发动机设计研究所工作。1970 年调至国家航空工业部第 606 研究所工作，研究员，先后任设计室、试验研究室主任，该所副总工程师。1986 年任国家航空工业部第 624 研究所总工程师、总设计师。兼任中国航空工业第一集团公司科学技术委员会副主任，总装备部常规动力专家组组长，中国动力工程学会发动机试验测试专业委员会主任等职。1995 年当选为中国工程院院士，兼机械与运载工程学部副主任。2002 年获俄罗斯科学院荣誉博士学位。

20 世纪 60 年代，参加改进歼-7 飞机“涡喷-7”型发动机，完成“涡喷-6 甲”发动机改进改型。70～80 年代，主持誉为“亚洲第一台”的喷气发动机高空模拟试车台（简称高空台）主体设备设计、模拟试验技术研究，其中 1985 年高空台接排大气调试成功，使一期工程提前 8 年投入使用。80～90 年代及后，主持建成高空台自动数据采集、处理和监控系统，达到 90 年代初国际水平；主持高性能推进系统预研、多极压气机等先进核心机工程研制与试验，获 1994 年航空工业总公司、国家科学技术进步奖一、二等奖；主持完成高空台总体联合调试，1995年正式通过国家验收，其模拟试车范围为飞行高度最大25千米、飞行速度最大2.5倍声速，达到国际先进水平，获1995年"全国十大科学技术成就奖"、1997年国家科学技术进步奖特等奖；主持新一代高性能航空发动机关键技术预研。

撰写科研报告和论文百余篇；主编出版《试车环境对发动机性能的影响及修正方法》(1989年)、《航空发动机进排气装置设计手册》、《航空涡喷和涡扇发动机进口总压畸变评定指南》(1992年)等著作。获国家和部委级奖10余项。此外，获光华科学技术一等奖、何梁何利科学与技术进步奖。 (陈美查)

郭桂蓉(Guo Guirong) 中国四川省人，1937年10月25日生于四川成都。*雷达工程、电气电子工程、微波电子学、高等教育管理。*

1958年中国人民解放军通信工程学院(现西安电子科学技术大学)雷达系毕业。后在中国哈尔滨军事工程学院导弹工程系无线电制导专业学习。1960～1965年在苏联莫斯科茹科夫斯基空军工程学院无线电系读研究生，获技术科学副博士学位。同年回国，历任哈尔滨军事工程学院导弹工程系无线电制导教研室讲师，长沙工学院讲师，国防科学技术大学电子技术系教研室副主任、系主任兼电子技术研究所所长、副校长兼研究生院院长，国防科学技术大学校长，主动目标识别国防科学技术重点实验室主任，教授，少将军衔。兼任国防科学工业委员会科学技术委员会副主任、中国电子学会会长等职。1995年当选为中国工程院信息与电子工程学部院士，2000年又兼该院工程管理学部院士。

在雷达系统、信号处理、目标识别和模糊信息处理等领域取得了一系列成果，其中主要有：主持研制成功的41号系统，获1978年全国科学大会奖；主持出色完成KD85-466系统，获1992年度国家科学技术进步一等奖；主持ATR-8912系统，获1993年度国家科学技术进步奖等。

撰有"基于波形综合的目标识别法"(1993年)、"基于自组织特征映射的隶属函数生成法"(1994年)等论文近百篇；出版《模糊模式识别》(1992年)、《雷达电子战环境中异常空情判定与操作》(1996年，与他人合著)等专著数部，其中《模糊模式识别》(1992年)获第七届中国图书奖；另有《最佳离散信号》(1984年)译著一部。另获1999年全军专业性技术重大贡献奖。 (黄曲菜)

钱七虎(Qian Qihu) 中国江苏省人，1937年10月26日生于江苏昆山。*军事防护工程、地下工程、爆破技术、岩土力学、工程管理。*

1960年哈尔滨军事工程学院工程兵工程系毕业。留校任教。1961年赴苏联莫斯科古比雪夫军事工程学院留学，1965年获副博士学位。同年回国，先后任西安工程兵工程学院、南京工程兵工程学院教授，1983～1996年任南京工程兵工程学院院长。期间1988年被授予少将军衔，兼任国际岩石力学学会副会长、国际城市地下空间联合研究中心亚洲区主任、中国岩石力学与工程学会理事长、全军总参谋部科学技术委员会副主任、清华大学等10多所大学名誉教授或兼职教授等职。1994年选聘为中国工程院土木、水利与建筑工程学部院士，2000年又兼该院工程管理学部院士。

20世纪60～70年代，在中国首次采用动力有限元法进行地下防护工程动应力分析；主持设计当时中国跨度最大、抗力最高的地下飞机库钢筋混凝土防护门；主持研究核爆炸冲击波对工程浅埋结构的效应，首次提出土中浅埋结构三自由度相互作用模型计算体系，获军队科学技术进步奖二等奖、国家科学技术进步奖三等奖。80年代，在中国先后率先采用运筹学方法、系统工程方法研究防护工程抗力指标论证、设计方案比较、防护标准及效率、阵地防护能力和稳定性、工程兵发展趋势动态模型等，系列成果获全国人防科学技术进步奖一等奖、军队科学技术进步奖二等奖。80～90年代及后，主持完成"防护结构概率设计理论研究"，首次将可靠性修正因子法与二阶矩法相结合，成果居国内领先和国际先进水平，获军队科学技术进步奖一等奖、国家科学技术进步奖二等奖；建立爆炸应力波动力接触模型，获军队科学技术进步奖二等奖等；作为工程总指挥，设计和实施珠海炮台山峒室大爆破，创下多层多列条形装药爆破世界新纪录。

发表论文200余篇，主要论文收集于《钱七虎院士论文选集》(2007年)；主编与撰写《民防学》、《防护结构计算原理》、《有限元法在工程结构计算中的应用》、《武器效应及其防护》等专著11部。 (李啸虎)

霍夫，M. E.(Hoff，Marcian Edward) 美国人，1937年10月28日生于美国纽约州罗切斯特市。*计算机科学与工程、集成电路工程、微电子学、人工智能。*

铁路电气工程师之子。1958年获美国特罗伊市伦塞勒综合技术学院电机工程学士学位。1959年、1962年先后获斯坦福大学硕士、博士学位。毕业留校，任计算机研究所助理研究员。1968年进入新建的英特尔公司，先后任应用研究部经理、首席研究员。1982～1984年任阿塔利公司研究开发部副总经理。阿塔利公司被收购后，聘任硅谷多家公司顾问。

微处理器芯片体系结构的发明者。大学期间发明电子火车探测器和雷电防护器，均获专利。研究生期间，与他人共同开发一种电镀技术的模拟存储单元；在著名学者威德罗(B. Widrow)指导下完成博士论文"适应性神经网络中的学习现象"(1962年)，首创用"梯度下降法"使学习中的误差最小化，并提出被称为"威德罗-霍夫公式"的纠错规则。1971年初他主持的设计小组研制出第一个微处理器英特尔4004芯片，当年11月15日英特尔公司正式宣布上市，"宣告了集成电子学新时代的到来"。1945年底问世的第一台电子计算机ENIAC采用了18000个电子管，运算和冷却设备各重30多吨，各有3层楼高。24年后，英特尔4004型微处理器面积仅为0.1344平方厘米，只比铅笔尖稍大一点，在每块小硅片中容纳了2000多个单独的电路元件，包含一台大型电脑所具有的逻辑电路和运算功能。正是霍夫微处理器小硅片使电脑走向微型化和大众化，体积大大缩小，价格大大降低，而计算功能大大提升，应用范围大大扩展，为电脑产业开拓了无限广阔新天地。计算机技术发展如此神速，以致第一代芯片很快便被淘汰了，但是霍夫开创的事业还刚刚开始。1975～1977年间，他又推出世界上第一个真正通用的微处理器8088芯片，比4004快20倍，被认为是“20世纪最后25年内一项具有划时代意义的发明”。

拥有10多项专利。获1980年富兰克林学会巴兰丁奖、1983年伦塞勒综合技术学院戴维斯奖、1988年美国电气与电子工程师协会计算机先驱奖等。（李　烨）

杨奇逊(Yang Qixun)　中国上海市人，1937年10月30日生于上海。电力安全工程、电器保护技术、计算机应用、工程管理。

1960年浙江大学电机系毕业。一直在北京电力学院(今华北电力大学)任教，电力系统智能保护与控制重点实验室主任，教授。1978年任澳大利亚新南威尔士大学电机系访问学者，1982年获博士学位。兼任北京哈德威四方保护与控制有限公司总经理、董事长，全国电力高校教学指导委员会副主任等职。1994年选聘为中国工程院院士。

1984年首创中国第一台微机变压线路继电保护WXB-01型装置，并成功投入运行，此系第一代微机继电保护设备，在电力系统故障时，可在几十毫秒内查出短路地点和类型，并能快速切除故障线路，使系统内其他线路继续正常供电，获能源部科学技术进步奖一等奖、1984年全国首届微机应用成果展览会一等奖。后又开发第二代微机继电保护，先后主持研制出多种系列产品，其中WXB-11获国家科学技术进步奖二等奖。第一代、第二代上万套的保护装置在保证中国电力行业安全运行中发挥重要作用。此后又推出第三代微机保护，主持研制的500千伏线路微机继电保护和微波保护装置属国际首创，获1989年北京首届国际博览会金奖、联合国发明创新科技之星奖。为加速科研成果转化和满足中国电力市场需求，创办高新技术企业，实现产学研一体化。

专著《微机继电保护基础》已成为全国高校教材。获国家和省部级奖励10余项。1986年获国家“科技精英”称号。（胡占华）

周巢尘(Zhou Chaochen)　中国上海市人，1937年11月1日生于上海南汇。计算机科学与工程、软件工程、应用数学。

1958年北京大学数学力学系数学专业毕业。1967年中国科学院计算技术研究所研究生毕业。中国科学院软件研究所研究员。1992年起兼任联合国大学(澳门)国际软件技术研究所首席研究员、1997～2002年任所长。2002年起兼任华东师范大学信息科学技术学院、软件学院教授兼名誉院长。1993年当选为中国科学院学部委员(院士)。2000年当选为第三世界科学院院士。

20世纪60年代末起，研制计算机信息处理系统、操作系统和网络系统；倡导软件设计和开发的严格方法与工具，致力于作为软件工程数学基础的形式化方法研究，发展了程序设计方法学。80年代，1981年与英国牛津大学霍尔(C. A. R. Hoare)教授合作，首次发现分布式程序设计组合原理，提出组合式验证计算系统正确性的独特方法，分布式程序设计理论及其应用获1987年国家自然科学奖二等奖。90年代及后，1991年起与英国、丹麦等国计算机科学家合作，开展实时系统的逻辑理论基础研究，提出一种新颖的实时计算系统设计逻辑方法；致力于时段演算研究，开创国际公认的实时系统形式化新途径；研究开发数字与连续量混合系统设计的形式化方法；首次在中国高校开设程序设计语言的形式语义学课程；致力于向发展中国家传授先进软件技术，自1992年起他所主持的联合国大学(澳门)国际软件技术研究所培训数百名研究生和软件工程师，已成为国际知名的软件技术研究中心。撰有《形式语义学引论》(1985年)等专著。（李　烨）

吕志涛(Lü Zhitao)　中国浙江省人，1937年11月4日生于浙江新昌。结构工程、混凝土结构学、工程力学、工程管理。

1961年南京工学院(今东南大学)土木工程系本科毕业，1965年研究生毕业。一直留校任教，历任讲师、副教授、教授，预应力工程研究所所长。兼任香港理工大学高级研究员等职。1997年当选为中国工程院院士。

发展了预应力、部分预应力、钢筋混凝土结构和设计的计算理论与方法；建立双向偏心拉构件设计计算方法等。创造性地将混凝土预应力推广到钢和砌体结构中，并提出预应力结构抗震设计和超静定计算方法。参与和主持100多项结构工程设计，为国家赢得巨大经济效益和社会效益。其中自20世纪90年代以来，主持设计北京西客站主站房、珠海拱北海关大楼、南京电视塔等现代化、国际化重大工程结构，解决许多关键性技术难题；主持完成的“多层工业厂房预应力混凝土结构体系及相应性能研究”达国内先进水平，在某些方面居国际领先地位。

发表论文百余篇；出版《混凝土结构学》、《现代预应力混凝土工程实践与研究》(与他人合著)等著作6部；另有《现代预应力混凝土设计》、《后张预应力混凝土手册》(与他人合译)等译著。在20多项重要工程中，有17项获国家与省部级科学技术进步奖，优秀设计一、二等奖2项，其中“预应力混凝土结构设计基本问题的研究”1997获建设部科学技术进步奖一等奖、国家科学技术进步奖二等奖。1990年获全国高校先进科学技术工作者、南京市首届十大科技之星等荣誉称号。（武光明）

谈自忠(Tarn，Tzyh-Jong)　华裔美国人，1937年11月16日生于中国四川忠县(今属重庆市)。电气电子工程、自动控制、机器人学、人工智能、应用数学。

1959年获中国台湾省成功大学化学工程系学士学位。1965年获美国新泽西州斯蒂文斯理工学院化学工程系硕士学位。1968年获圣路易华盛顿大学控制系统科学与工程系博士学位。留校任教，历任电气与系统工程系助理教授、副教授，工程与应用科学学院系统科学与数学教授、机器人与自动化中心主任。是美国电气与电子工程师协会(IEEE)机器人与自动化学会会长、控制系统学会会长、纳米技术委员会副主席、神经网络学会副会长。1993年任第一届智能控制与智能自动化世界大会(北京)总主席。是日本、意大利、英国和中国等多所大学客座教授、名誉教授。

有国际影响的机器人和自动化及智能控制专家。研究领域广泛涉及双线性、广义、中性、非线性等系统，涵盖随机滤波与控制、奇异最优控制、大系统解耦与协调控制、量子力学非线性滤波等领域。是机器人学的重要开拓者，机器人非线性反馈控制与协调控制领域的卓著贡献者。1997年，他和研究生K.布雷迪(Kevin Brady)第一次实现通过互联网控制机器人技术，这一“遥控操作”壮举是机器人技术重大进步，也是长距离通信一次新飞跃，开拓了前所未有的远程控制新领域，为其他应用展示了新视野。1998年，采用高级规划和决策过程理论开发收集和传感信息技术，构建一个算法封装、完全自动化过程、能适应不断变化外部条件的人工系统。在这些进展基础上，研制以同步和综合调度、规划和控制的水下机器人设备。得到美国国家科学基金会近20个项目研究基金。此外，十分关心中国控制论发展和人才培养。

发表论文近300篇；代表作有《系统、模型与反馈》(1992年，与他人合著)、《机器人控制技术和自动化》(1999年，与他人合著)等。曾获美国国家航空航天局计算机控制机器人嘉奖证书，日本促进先进自动化技术基金会最佳论文奖，IEEE智能机器人与系统国际会议最佳论文奖，第14届国际自动控制联合会世界大会最佳论文奖，IEEE控制系统学会最佳成员奖、推进机器人学贡献科学奖、机器人学终身成就奖等。（李　烨）

徐匡迪(Xu Kuangdi)　原名徐抗敌。中国浙江省人，1937年12月11日生于浙江崇德。钢铁冶金工程、冶金物理化学、工程管理、城市规划管理。

1959年北京钢铁学院(今北京科学技术大学)冶金系毕业。留校任教。后历任上海工学院教研室副主任，上海机械学院讲师，上海工业大学冶金系主任，瑞典兰塞尔公司技术副总工程师、技术副总经理，上海工业大学教授、常务副校长，上海大学教授；先后任上海市市长，中国人民政治协商会议全国委员会副主席等职。1995年当选为中国工程院化工、冶金与材料工程学部院士，2000年又兼该院工程管理学部院士。2002年出任中国工程院院长。2003年当选为瑞典皇家工程院外籍院士。

中国喷射冶金技术的开拓者之一，研制的SGDF型喷粉罐在近百家钢厂推广应用，经济效益巨大；开发成功生产高纯管线钢的真空循环脱气、RH-IJ喷粉等重大技术，被英国、日本等国外大企业高度重视和采用；主持研究成功超低硫钢冶炼技术、铁浴法熔融还原不锈钢母液工业试验，达到国际先进水平；研究冶金动力学基础理论及其应用，提出铁液脱硫的拟一级不可逆反应处理法、锰熔融还原三步反应模式等系列成果；在中国率先开展钢坯连铸用“电磁软接触结晶器”技术基础研究；开发转炉和电弧炉炼钢过程的计算机仿真技术，已在宝山钢铁公司等数十家钢厂生产中发挥重要作用。

在出任上海市市长期，在规划治理世界级超特大型城市中，高屋建瓴，视野开阔，坚持改革开放，锐意务实创新，统筹经济民生，面貌焕然一新，深受市民拥戴。

发表论文近百篇；出版《电弧炉水冷挂渣炉壁》(1981年、与他人合著)、《不锈钢精炼》(1985年)、《石油管线钢质量控制与氢诱导裂纹》(1990年)等专著6部，译著2部。获国家及省部级奖励6项。曾获1986年国家“六五”科学技术攻关重大成果荣誉证书。（李啸虎）

劳松，H. W. Jr.(Lawson Jr.，Harold W.)　一译“小劳松”。美国与瑞典双重国籍，1937年12月13日生于美国宾夕法尼亚州费城。计算机科学与工程、自动控制、应用数学。

在瑞典读完中学后，到美国留学，1959年获费城坦普尔大学经济学与统计学理学学士学位。先后在美国UNIVAC、IBM、标准计算机公司，以及瑞典达特萨布公司供职。1967年到纽约布鲁克林理工学院任教。1976年回到祖国，先后在林克平大学和瑞典皇家技术大学任教授。1983年获瑞典斯德哥尔摩皇家技术大学博士学位。1988年在斯德哥尔摩开办咨询和技术开发公司。曾任美国、欧洲和亚洲多所大学兼职教授或访问教授。1995年任美国电气与电子工程师协会计算机系统工程技术委员会首任主席。是国际信息处理学会信息标准调查会瑞典代表团团长。

1959～1961年在美国UNIVAC公司工作期间，在赫柏领导下完成世界上第一个COBOL编译器大部分代码的编写，用于只有2 KB内存的UNIVAC-Ⅱ。1963年，他在IBM公司参与开发高级程序设计语言PL/I，1964年首创“指针变量”这一重要数据类型，至今仍广为流行。1965年PL/I发表后，引起业界轰动，因为它引入许多新概念、新技术，例如最早引入模块化概念的语言，程序格式自由，书写容易，功能多样，通用性强，融科学和工程计算能力、事务处理能力于一体。1966年，IBM公司率先在360系列机上推出PL/I的编译器。1969年，考巴脱领导的小组采用PL/I语言实现著名的分时操作系统MULTICS，取得极大成功。其后，许多著名计算机公司也竞相推出各自开发的PL/I编译器。1976年，计算机界制订了PL/I的统一标准。后来逐渐发现，为了追求“万能”，PL/I变得过于庞大和复杂，增加了用户的操作难度，于是逐渐降温。但它对尔后开发高级语言仍有重要意义，尤其是劳松提出的“指针变量”概念，是实现链表、树、堆栈和队列等许多重要数据结构的基础。他的另一重大发明是：用于异步控制的、可微编程的64比特弹性中央处理器(FCPU)。劳松据此为西班牙巴塞罗那的ENHER电力公司设计和装配高压输电的调度系统，为瑞典铁路实现火车自动控制系统。1975年，在美国召开的第二届计算机体系结构学术研讨会上，他的相关论文获得最佳论文奖。

主要著作有：《PL/I计算机程序设计导论》(1971年)、《大规模集成：技术、应用及其冲击》(1979年)、《人和社会:自动信息处理》(1979 年)、《了解计算机系统》(1982 年)、《工业实时应用中的并行处理》(1992 年)等。获 2000 年美国计算机先驱奖。 (李 烨)

张明高(Zhang Minggao) 中国湖北省人,1937 年 12 月 17 日生于湖北京山。通信工程、无线电技术、电磁波传播学。

1962 年毕业于武汉大学数学系。信息产业部电子第二十二研究所青岛分所(中国电波传播研究所)研究员、副总工程师。兼任国际电联第三研究组中国组长,西安电子科学技术大学、中国海洋大学等校兼职教授。1999 年当选为中国工程院院士。

一直致力于电波传播和电磁环境特性研究,在对流层散射通信、卫星通信、航天飞船通信、陆地移动通信、固定通信等领域,主持完成 10 余项重大科研项目和国防重点工程。提出一套适用于全球的对流层散射传输损耗统计预算方法,淘汰了国际上沿用多年的美国 NBS 方法,在中国和世界许多国家得到广泛采用,被评为 1992 年中国十大电子科学技术成果之一;主持完成一套适用于中国及邻近地区卫星通信的电波预算技术,为烽火一号卫星和 921 飞船通信系统的论证和设计提供了科学依据;主持完成热带、亚热带地区无线电传播特性的研究,为中国及其邻近地区的通信工程和其他电子系统工程的设计和研制提供了依据;解决了地面和地空无线电业务一系列关键技术问题;主持或共同主持完成《陆地移动业务和固定业务传播特性》《雷达电波传播手册》等 4 部国标和军标的编制工作,这些标准已应用于国内移动通信工程、频率管理和雷达系统设计等领域;改进和发展了 5 项联合国国际电信联盟(ITU)建议书中的关键技术模式,得到世界各国权威专家的公认,其中海面预算技术已取代日本方法形成 ITU-R P. 680-2 建议,大气衰减简易预算改进方法取代英国方法纳入 ITU-R P. 676-3 建议。

出版《对流层散射传播》等专著,主编《世界电信联盟电波传播手册》。先后获国家和省部级科学技术进步奖 5 项,光华科学技术奖一等奖 1 项。 (张 治)

罗伯茨,L. G.(Roberts,Lawrence G.) 美国人,1937 年 12 月 21 日生于美国康涅狄格州诺沃克。计算机科学与工程、网络技术、工程管理。

1959 年、1960 年、1963 年先后获马萨诸塞理工学院学士、硕士、博士学位。留校在林肯实验室工作。1967～1973 年供职于美国国防部高级研究计划署,曾任该署信息处理技术局(IPTO)局长。1973～1980 年担任美国远程网络公司总裁。1982 任美国敦豪快递公司总裁兼董事长,1983～1993 年任美国网络快递公司总裁兼董事长。1993 ～1998 年任美国联络器材公司取款机系统分公司总裁。后任美国信息包公司总裁兼董事长。是美国国家工程院院士。

互联网(Internet)主要创始人,被誉为“计算机网络之父”。20 世纪 60 年代初,美国军方出于冷战需要,最早提出计算机联网课题。1962 年 8 月,马萨诸塞理工学院的利克里特(J. Licklider)教授提出了“银河网络”概念,并在出任 IPTO 局首任局长后着手计算机联网研究和开发。罗伯茨作为马萨诸塞理工学院的代表,主持撰写“时分计算机的协作网络”研究报告,采用低速拨号电话线连接 3 个机构 3 台计算机,这一互联实验网是世界上第一个计算机网。他接任 IPTO 局长后,决定构建阿帕特网(ARPANET)。组建通信小组,以“包交换”新技术取代“线路转接”技术,开发出接口消息处理机,并在该机与主机之间的通信、报文格式、通信协议、动态路由、排队、差错控制等技术上取得进展。他选中洛杉矶加利福尼亚大学、圣巴巴拉加利福尼亚大学、犹他大学和斯坦福研究所作为首批联网单位。1969 年初建立研究小组,主要由大学毕业生和研究生组成,解决了不同型号机器、不同操作系统、不同文件格式、不同终端在网络上协作和共享资源的一系列问题。1969 年 12 月,4 个站点的计算机网络正式联通,具有远程登录、文件传送等功能。为了建立多层次、多功能的网络结构,1970 年主持制定了网络控制协议 NCP,1971 ～ 1972 年 ARPANET 所有站点都实施 NCP;与此同时,建立网络管理中心、网络测量中心和网络信息中心。在他组织下,一年后发展到 15 个站点、23 台主机,跨越整个美国。1972 年在华盛顿召开的首届计算机通信国际会议上,首次向与会代表演示了 ARPANET 在全美 40 多台计算机之间的通信,引起极大轰动。后来成为多家公司总裁,仍继续组织和主持开发了卫星网络通信,网络传输声音、图像,取款机企业级交换器,以太网交换机及其通信协议 CIF 等技术。互联网把全世界联成一个“地球村”,对人类文明进程的影响不可估量。

获奖甚多,其中包括美国国防部功勋服务奖章,美国信息处理联合会哈里·古德奖,美国电气与电子工程师协会 1980 年计算机先驱奖、1982 年爱立信奖、1992 年麦克道尔奖,美国计算机学会 1998 年通信奖,2001 年德雷珀奖等。 (李 烨)

王圩(Wang Wei) 中国河北省人,1937 年 12 月 25 日生于河北文安。通信工程、激光工程、半导体材料技术、仪器研制、光电子学。

1960 年北京大学物理系半导体专业毕业。同年起一直在中国科学院半导体研究所工作,研究员,半导体材料科学开放实验室学术委员会副主任。1997 年当选为中国科学院院士。

20 世纪 60 年代,率先在中国研制成功无位错硅单晶;参与开拓并负责建立Ⅲ-Ⅴ族化合物异质结液相外延方法,解决了高掺杂和结偏位等关键问题,使中国砷化镓基激光器的工作温度从液氮温度 77K 提高到室温。70 年代,率先在中国研制成功单异质结室温脉冲大功率激光器和面发射高亮度发光管,成功地应用在液视、引信、打靶和精密测距仪上,并实现批量生产。80 年代,率先在中国研制出室温连续工作的 1.55 微米镓铟砷磷四元双异质结激光器,为中国第三代光纤通信研究提供了长波长光源;主持研制成功中国首批 1.55 微米动态单频分布反馈(DFB)激光器等,解决了中国发展第三代长途干线大容量光纤通信的急需。90 年代,在中国首先研制成功应变量子阶 1.55 微米 DFB 激光器,技术水平和国际新一代能带工程研究接轨;近年来指导研究生开展DFB主振激光器与扇形结构光放大器的单片集成研究,并与他人合作提出含扇形光栅的双段DFB激光器,在国际上首次获得峰值功率4瓦的3皮秒(1皮秒=10^{-12}秒)超短光脉冲。获1997年国家科学技术进步奖二等奖、中国科学院科学技术进步奖一等奖等多项国家和省部级奖励。 (卢敬军)

克努特,D.E.(Knuth,Donald Ervin) 又译"高德纳"。美国人,1938年1月10日生于美国威斯康星州密尔沃基。计算机科学与工程、印刷排版技术、应用数学。

1960年毕业于美国凯斯理工学院,同获学士和硕士学位。1963年获加利福尼亚理工学院数学系博士学位。留校任教。1968年起转任斯坦福大学计算机科学系教授,1977年起兼任电气工程系教授,1992年退休。期间1972~1973年任挪威奥斯陆大学客座教授。获12所著名大学的名誉博士学位。先后当选为美国文理科学院院士、美国国家科学院院士、美国国家工程院院士。

计算机算法分析的创始人、计算机排版技术的革新者。重大贡献有:奠定算法分析理论基础,发明若干重要的高效算法。认为计算机科学核心问题是算法问题,程序只是算法的表现形式,成果总结在巨著《计算机程序设计的艺术》中,原计划分为7卷12章,已出版的前3卷是:《基本算法》(1968年)、《半数值算法》(1969年)、《排序与搜索》(1973年),被译成多国文字,是各国高校计算机专业必修课程,发行量创下计算机类图书最高纪录,而他经常对内容加以修订更新。1967年首创"算法"和"数据结构"两个基本概念;1973年首创双向链表;1983年推出第一个作文式程序设计系统WEB;发明了一些高效算法,如重写系统中的克努特-本迪克斯(Knuth-Bendix)算法、模式匹配算法、排版算法以及某些组合算法等,均是经典之作。

创制一系列计算机排版新技术,被誉为"20世纪排版技术最重要发明"。1977年发明$\mathrm{T_EX}$排版系统,第一次使作者兼有编辑、校对和排字员等身份,版面复杂性、精确性和受控性远远超过人工水平;1977~1986年发明METAFONT字型设计系统,并设计了一套千变万化的"计算机现代字体",系统的字符数学定义能随印刷技术而进化。他将此两个软件无偿供给社会使用。

拥有多项专利;发表近300篇论文;编写出版10余种著作。获20多项大奖,其中有美国计算机学会1971年霍珀奖、1974年图灵奖(世界计算机界最高奖)、1984年软件系统奖,美国数学会3个大奖,1979年美国国家科学奖章,1982年计算机先驱奖,1987年纽约科学院奖,1995年冯·诺伊曼奖等。 (李 烨)

唐西生(Tang Xisheng) 中国江苏省人,1938年1月20日生于江苏宜兴。核武器工程、航空航天工程、工程管理。

1961年北京航空学院(今北京航天航空大学)空气动力专业毕业。1961~1988年在国家第二机械工业部第九研究院从事核武器理论研究,任助理研究员、副研究员。1988年调入全军第二炮兵部队第四研究所从事核技术应用研究,历任研究室主任、副总工程师、研究员、二炮核军备控制技术研究专家组组长。兼任国务院中央军委军贸办军控局高级顾问等职。1997年当选为中国工程院院士。

开拓了核装置理论设计、核弹头和常规弹头装备发展论证、军备控制研究等领域研究,主持或参与主持完成国家和军队多项重要科研项目;创建和发展了第二炮兵有关新的学科领域,为中国航天航空和战略、战术导弹建设作出突出贡献;1995年5月作为中国代表团成员,参加联合国日内瓦裁军谈判;培养一批国防军工科研人才。

作为项目主要完成者获得多项科研成果奖励,其中有:1987年国家科学技术进步奖二等奖,1989年国家科学技术进步奖一等奖,1991年、1996年军队科学技术进步奖一等奖各1项,军队和部委级科学技术进步奖二等奖10多项。1996年获全军首届专业重大贡献奖。

(李啸虎)

伍小平(Wu Xiaoping) 中国天津市人,1938年2月生于江苏武进。测试与计量工程、仪器研制、光电子学、实验力学。

1960年北京大学数学力学系毕业。同年起一直在中国科学技术大学执教,教授,任工程科学学院院长、应用力学研究所所长等职。兼任中国力学学会副理事长、《实验力学》学报主编等职。1997年当选为中国科学院院士。

中国当代测试与计量工程著名女专家。长期致力于实验力学理论与测试技术领域的研究,尤其在全息、散斑、云纹等光电图像检测的理论、技术及其应用方面有开创性重要成果。率先对激光和部分相干光的散斑空间运动规律进行了系统的理论研究,纠正了原有理论的错误,给出了严格的统计分析和公式;创造性地发展了图像处理与光学方法相结合的各种测试新技术,其中包括:用激光散斑干涉做非接触式随机振动与冲击测量技术,水洞中船用螺旋桨在水动力作用下变形测量技术,用于细观变形场的显微全息光弹性技术以及显微全息散斑技术和显微白光彩色散斑计量技术等;首次获得构件运动的多点时间历程信息;主持研制成功新型电子散斑干涉仪;系统研究了同步辐射光对材料内部损伤演变的效应,为认识细观层次的力学行为及其规律开拓了新途径;主持建立蛋白质晶体生长过程实时显示诊断系统;2001年主持完成国家自然科学基金重点项目"极低温条件下材料力学行为研究和宏细观分析"。

发表论文百余篇。获国家和省市级奖励多项,其中有中国科学院重大科学技术成果奖一等奖等。有多种荣誉称号。 (李啸虎)

巴丘卡耶夫，В. Н.（Почукаев，Владимир. Николаевич；Pochukaeva，Vladimir NiKolayevich） 俄罗斯人，1938 年 2 月 11 日生于苏联莫斯科。航天工程、航天动力学、弹道学、工程管理。

1961 年毕业于莫斯科航空学院航天动力学专业。以后一直在俄罗斯中央机械设计研究院飞行控制中心工作，先后担任工程师、副总设计师、飞行控制中心副主任、高级顾问等职，1986 年任动力学、弹道学和运动控制专业教授。1969 年获莫斯科航空学院副博士学位，1972 年获该校技术科学博士学位。1994～2000 年任莫斯科航天中心副主任。1994 年当选为齐奥尔科夫斯基宇航科学院院士。1996 年当选为国际信息科学院院士。1998 年当选为中国工程院外籍院士。

国际知名的航天动力学、宇航飞行控制领域的科学家。长期致力于苏联和当今俄罗斯规模浩大的航天工程策划、设计、实施、维护与发展。后期主要负责“和平”号、“联盟”号与“进步”号空间联合体飞行的弹道保障等方面工作。还是中俄两国航天技术领域合作的先行者和积极推动者，先后多次到中国讲学和参加咨询、研讨，为建立与发展中俄航天技术合作交流关系起到了重要作用；热忱介绍苏联、俄罗斯在航天飞行控制方面的进展与经验，为中国西安卫星测控中心的发展、北京飞行控制中心的建设提供了很有价值的参考模式与借鉴思路；还充分利用自己在俄罗斯航天界的威望和关系，为两国的科研单位、生产单位和中国进行合作牵线搭桥，促成了不少国际合作项目；积极倡导和筹建成立复核专家组，对航天领域一些重大技术问题和关键项目进行严格的审核与复核，已经在载人航天领域得到广泛的应用，取得了显著效果。

主要著作有《太空飞行的航行测量最佳计划》（1976 年，与他人合著）等。多次获大奖，其中 1980 年获苏联国家奖金与奖章。（李啸虎）

刘友梅（Liu Youmei） 中国江西省人，1938 年 2 月 16 日生于江西上饶。铁道工程、电气电子工程、电力机车技术、工程管理。

1961 年上海交通大学运输起重系电力机车专业毕业。历任国家铁道部株洲电力机车厂技术员、工程师、教授级高级工程师、副总工程师、总工程师，1998 年任高速牵引研究所所长。1999 年当选为中国工程院院士。

20 世纪 60～70 年代，作为总体设计师主持中国第一代电力机车 SS1 型的三次重大改进和定型；进行第二代 SS3 型总体线路换代设计，获国家科学技术进步奖二等奖。80～90 年代，主持研制第三代电力机车 SS4～SS6 型系列，其中 SS4 型货运电力机车使中国跨入了国际铁路万吨重载牵引国家行列，获 1989 年国家科学技术进步奖一等奖等；SS8 型客运电力机车首次创造了 240 千米每小时的“中国铁路第一速”，使中国铁路机车试验进入国际高速领域，获国家科学技术进步奖二等奖、铁道部科学技术进步奖特等奖；研制第四代电力机车 AC4000 高速客运电力机车，实现中国铁路机车交流传动技术和高速技术“零”的突破，标志着中国铁路机车研制进入高新科技领域。

发表有“试论我国电力机车的发展模式”（1993 年）、“试论我国铁路二十一世纪初电力牵引装备的开发”（1999 年）等数十篇论文，主编有《韶山 3 型电力机车》、《韶山 4B 型电力机车》等专著。此外，还获 1994 年首届詹天佑成就奖、1997 年湖南首届光召科学技术成就奖、2002 年光华工程科学技术奖等。1998 年获全国优秀科学技术工作者称号。（戚志东）

邓文中（Tang，Man-Chung） 华裔美国人，1938 年 2 月 22 日生于中国广东肇庆。土木工程、桥梁工程、结构力学、工程管理。

1959 年获香港珠海学院土木工程学士学位。1965 年获德国达姆斯塔德工业大学工学博士学位、工程师称号。毕业后在德国好希望公司工作。1968 年赴美国，在诚发律公司等处从事桥梁设计。1995 年后，一直任美国林同炎国际公司、达士工程顾问有限公司董事长兼总工程师。并任哥伦比亚大学兼职教授。1995 年入选美国国家工程院院士。2000 年入选中国工程院外籍院士。

当代国际著名的桥梁工程专家。主持或参与设计、施工的大桥有百余座，遍布世界五大洲，据统计，全世界十分之一、北美洲五分之一的斜拉桥是他设计的，以致美国权威的《路桥》杂志称誉“邓式大桥日不落”。在他的一大批获奖工程中有 6 座大桥创下世界纪录，其中有当时世界最大跨度斜拉桥德国格尼大桥（1965 年竣工），世界上第一座采用水平节段法施工的美国丹尼溪大桥（1978 年竣工），当时世界上最大跨度开合桥美国西西雅图开合桥（1990 年竣工）以及当时世界最大自锚式悬索桥美国旧金山新海湾大桥等。还先后参加中国 10 余座大跨桥的决策、咨询、设计和审核，其中有南浦大桥、杨浦大桥、虎门大桥、5 座长江大桥等。“安全、实用、经济、美观”是他数十年造桥生涯始终遵循的原则。

发表论文 100 多篇；著有《造桥 36 年》等书。多次获奖，其中有 1991 年美国节段桥梁学会“领袖奖”，1995 年美国土木工程师协会最高奖“罗布林奖”、美国总统奖，1998 年第 15 届国际桥梁会议授予的罗布林终身成就奖等。1999 年美国权威周刊《工程新闻记录》遴选 125 年来 125 位世界工程界“顶尖人物”，他与贝聿铭、林同炎、林作砥 4 位华裔工程科学家名列其中。（李啸虎）

张杰（Zhang Jie） 中国辽宁省人，1938 年 2 月 27 日生于辽宁本溪。水处理工程、净化技术、环境科学与工程、生物化学。

1962 年哈尔滨建筑工程学院（今哈尔滨工业大学）给水排水专业毕业。1983～1985 年在日本大阪大学工学部深造，获工学博士学位。中国市政工程东北设计研究院教授级高级工程师，先后任副总工程师、总工程师、副院长兼总工程师等职。1997 年当选为中国工程院院士。

在国际上首创给水排水工程的生物固锰除锰技术，

解决了长期以来水厂只能除铁不能除锰的世界性难题，居国际领先水平，获省部级科学技术进步一等奖；主持开发气浮、浮沉等低温生化净化湖泊水新技术，取得良好效果；开发出厌氧-好氧活性污泥除磷技术，在普通二级生化处理中同时实现去除营养盐磷，效果超过传统活性污泥法；在中国率先开发成功城市污水净化再生全流程，主持建成中国第一座污水再生水厂，被评为国家优秀示范工程，使中国城市污水回用技术进入国际先进行列，获1996年建设部科学技术进步奖一等奖；主持完成长春、大连、沈阳、齐齐哈尔、哈尔滨等城市重大给水排水工程设计数十项，发展了寒冷地区给排水工程技术。

发表论文百余篇；主编《给水排水快速设计手册·排水工程》、《水工业工程设计手册·水工业设备》、《给排水工程系统节能手册》等多部著作。多次获国家和省部级奖励。此外，1987年荣立吉林省头等功，1994年被评为吉林省设计大师，1996年被评为国家"八五"科学技术攻关先进个人。（李啸虎）

何镜堂(He Jingtang)　中国广东省人，1938年4月2日生于广东东莞。土木工程、建筑教育、建筑学。

1961年华南工学院（今华南理工大学）建筑学本科毕业，1965年该校民用建筑专业研究生毕业。留校任教。1967～1983年，先后在湖北省建筑设计院、国家轻工业部设计院工作。1983年起一直在华南理工大学工作，现为该校建筑学院院长兼建筑设计研究院教授兼院长、总建筑师。兼任广东省政府参事、广东省科学技术协会副主席、广东省注册建筑师协会会长、广东省土建学会副理事长、国家大剧院专家组成员等职。国家特许一级注册建筑师。1999年当选为中国工程院院士。

主持多项有永久意义的博物馆和纪念馆，例如西汉南越王墓博物馆、岭南画派纪念馆、桂林博物馆、鸦片战争海战馆、沈阳市9.18纪念馆等设计，以其构思独特、文脉深厚、含义深刻而获好评；主持多项有地域和文化特色的文教建筑设计，例如深圳科学馆、华南理工大学逸夫科学馆、东莞西城楼文化中心、五邑大学教学主楼、武汉水利电力大学主楼等；主持多项高难度的超高层建筑和其他大型公共建筑设计，例如广州大都会广场及中国市长大厦、广州京光广场、宝安新城广场、广东奥林匹克体育场（与美国NEB集团合作设计）等，都具有鲜明的岭南特色和强烈的时代气息，不少已成为标志性建筑；成功主持2010年上海世博会中国馆的设计。

已出版专著4部。先后主持逾百项重大建筑工程设计项目，获国家和省部级优秀设计奖40余项，其中国家金奖1项、国家银奖与铜奖各2项、一等奖12项、二等奖11项，1994年获"中国工程设计大师"称号，2000年获国家首届梁思成建筑奖。（丁　丁）

张立同(Zhang Litong)　中国辽宁省人，1938年4月14日生于重庆。铸造工程、复合材料工程、材料科学。

1956年考入北京航空学院（今北京航空航天大学）热力加工系，1958年全国院系调整转至西北工业大学铸造专业。1961年毕业留校任教。教授，历任材料科学与工程系铸造考古教研室副主任，复合材料研究所所长、复合材料中心主任、超高温复合材料实验室学术委员会主任。1989～1990年，在美国航天航空局空间结构材料商业发展中心作高级访问学者。兼任厦门大学化学化工学院教授。1995年当选为中国工程院院士。

中国当代铸造工程著名女专家。20世纪70年代，首次从理论上揭示航空发动机涡轮叶片在熔模铸造过程中的变形规律；率先研制成功用高岭土（上店土、峨边土等）新型陶瓷型壳材料替代昂贵的、高温变形的电熔刚玉；研制成功一系列高性能模料，1976年用新工艺铸造中国第一个无余量叶片。80年代，用上店土型壳材料铸造出中国第一批高精度、低粗糙度的斯贝低压一级无余量空心导向叶片，居国际先进行列，产品远销国外；突破铝合金石膏型熔模铸造、高温合金泡沫陶瓷过滤技术等关键技术。80～90年代，在美国带领研究生研制出3种低密度、高比强、高比模的陶瓷基复合材料，通过空间环境试验；建成中国第一个超高温复合材料实验室；主持纤维增韧碳化硅陶瓷基复合材料研究，研制出中国第一台小型炉，制备出第一批合格试样，1999年形成具有独立知识产权的制造工艺与设备体系，多种材料构件在不同发动机上均一次试车成功，总体技术进入国际先进行列；在制备高纯超细石英纤维、碳-碳复合材料防氧化涂层、自增韧氮化硅陶瓷、钡长石基玻璃陶瓷基复合材料、定向自生硼化物复合材料、激光气相合成氮碳硅纳米粉、1 700℃高温风洞用结构陶瓷内衬等方面，均居国内领先地位。

获18项国家发明专利；发表论文200余篇。获国家和省部级奖20余项，其中有1985年国家科学技术进步奖一、二、三等奖，2004年国家技术发明奖一等奖，2005年陕西省最高技术成就奖、何梁何利科学与技术奖等。（王　筠）

布卢姆，M.(Blum, Manuel)　美国人，1938年4月26日生于委内瑞拉首都加拉加斯。计算机科学与工程、软件工程、应用数学。

委内瑞拉裔。1959年获马萨诸塞理工学院电气工程学士学位，1961年、1964年先后获该校电气工程硕士、数学博士学位。1964年加入美国籍。1964～2000年执教于伯克利加利福尼亚大学，长期任计算机科学系教授。2000年起任卡内基-梅隆大学计算机科学纳尔逊讲座教授。兼任香港城市大学等校兼职教授。1995年当选为美国文理科学院院士。

计算机科学计算复杂性理论的主要奠基人之一。通常度量计算机求解问题难易程度的标准，一是时间复杂度，即计算所需步数或指令条数；二是空间复杂度，即计算所需存储单元数量。20世纪60年代，受以色列学者M. O. 拉宾教授讲学启发，布卢姆对计算复杂性问题有了浓厚兴趣。他在博士论文"与机器无关的递归函数复杂性的理论"（1964年，详细摘要1967年发表）中，提出了有关计算复杂性的4个公理，即“布卢姆公理系统”，从中可推导出目前绝大部分可计算理论；论文还对复杂性类型进行归纳，提出布卢姆测度公理以定义复杂性抽象测度，比通常用时间和空间消耗来衡量算法复杂性更为简洁明了。鉴于这一开创性贡献，计算机界公认他是计算复杂性理论的主要奠基人之一。70～80年代，致力于将该理论应用于密码学、软件工程等领域，取得了重要进展，其中1989年和坎兰(S. Kannan)首次提出了“程序检验器”(program checker)概念，综合利用密码学、程序测试、概率算法及其交互证明等多种途径，尝试解决程序正确性验证的难题。90年代，针对英特尔公司推出著名的奔腾微处理器Pentium除法运算存在的细微漏洞，1996年他和学生共同提出了有效解决方案；发表重要论文“具有运行期结果校验的软件的可靠性”(1997年)。

获1977年伯克利加利福尼亚大学优秀教学奖、1991年费尔斯特奖、1995年美国计算机学会图灵奖(世界计算机界最高奖)等。

(李 烨)

杜祥琬(Du Xiangwan) 中国河南省人，1938年4月29日生于河南南阳。核武器工程、激光工程、工程管理。

曾在北京大学数学力学系学习2年。1959年公派赴苏联留学，1964年莫斯科工程物理学院毕业。同年回国，历任中国工程物理研究所中子物理学研究室主任、副所长、强辐射重点实验室主任，中国工程物理研究院科学技术委员会副主任、副院长，研究员。兼任中国物理学会副理事长、国际物理联合会计算物理委员会委员，中国光学学会激光专业委员会副主任、《强激光与粒子束》杂志主编等职。1997年当选为中国工程院能源与矿业工程学部院士，2000年又兼该院工程管理学部院士，2002年任中国工程院副院长、科学道德建设委员会主任。

中国国家863计划激光技术主题专家组首席科学家。1964年秋回国后即投入研制氢弹，完成多项核诊断理论设计与试验分析；1975年受命重建中子物理学研究室，针对新一代武器研制中存在多个复杂过程、设计逼近临界极限、需发展精密物理诊断等问题，提出正确研究方向与课题，建立一系列新的诊断思想和方法，为新一代武器设计与实验的成功提供重要保证；主持专家群体开创中国发展新型强激光和微波技术的道路，制定符合国情的激光发展目标、重点和技术途径等战略与实施方案，并在有关物理规律和关键技术研究中获重要研究成果；提出并成功主持综合试验研究，解决了多项单元技术衔接与总体集成的工程技术问题，使中国氧碘化学激光等新型强激光技术跨入世界先进行列。

出版《核试验诊断理论》、《核军备控制的科学技术基础》等专著、译著各2部。已获国家科学技术进步奖一、二等奖，部委级一、二等奖等10多项。国家863计划先进工作者。

(胡占华)

韩英铎(Han Yingduo) 中国辽宁省人，1938年5月4日生于辽宁沈阳。电力电子工程、自动控制、工程管理。

1962年清华大学电机工程系毕业，1966年该校研究生毕业。一直留校任教，教授。1986年获西德爱尔兰根-纽伦堡大学工程科学博士学位。历任清华大学电机系副主任、主任，电力电子工程研究中心主任等职。兼任北京电机工程学会副理事长、《电力系统及其自动化学报》副主编等职。1995年当选为中国工程院院士。

长期结合生产需要从事电力系统研究与教学。坚持运用最优控制理论解决中国远距离输电，以及多地区互联系统的安全稳定分析、控制与优化规划，创造了巨大的经济效益和社会效益；在中国率先运用计算机模拟实现电力系统最优励磁控制的仿真研究；在电力系统频率稳定控制及监测领域取得国际先进的创新成果；率先开展多机电力系统分散控制的工业应用研究；取得输电网优化规划算法方面的突破性进展，主持开发出中国第一个实用型输电网优化规划软件包、可靠性分析软件包；参与领导建设电力系统及其自动化学科，获1997年全国教学成果特等奖；近年致力于柔性交流输电系统，电力电子技术在电力系统中应用，智能控制和区域稳定控制，基于全球定位系统(GPS)的新一代动态安全监测与控制系统等前沿性研究，达到国际先进水平；参与研制电力系统新型可调静止无功发生器，获2002年国家科学技术进步奖二等奖。

发表论文百余篇；撰有《电力系统最优分散协调控制》(1997年)等专著，其中《输电系统最优控制》(与他人合著)获全国优秀科学技术图书奖一等奖。获国家级奖励4项、省部级科学技术进步奖一、二等奖6项。

(李啸虎)

萨瑟兰，I. E.(Sutherland, Ivan Edward) 美国人，1938年5月16日生于美国内布拉斯加州黑斯廷斯。计算机科学与工程、计算机图形学、应用数学。

1959年获卡内基-梅隆大学电气工程学士学位。1960年获加利福尼亚理工学院硕士学位。1963年获马萨诸塞理工学院博士学位。毕业后进入军队安全部门，1964年以中尉军衔被破格任命为国防部高级研究计划署信息处理技术局局长。不久转到哈佛大学继续研究计算机图形学，工作了3年。1968年与著名学者埃文斯(David Evans)在盐湖城合办埃文斯-萨瑟兰公司，开发和经营飞行模拟器软件等。1972年任犹他大学计算机系教授。1976～1980年任加利福尼亚理工学院计算机科学系主任。其后与人合伙开办萨瑟兰-斯普劳尔公司，开发和经营计算机制图软件，兼任美国太阳微系统公司高级研究员等。是美国国家科学院院士、美国国家工程院院士。其兄B. 萨瑟兰(Bert Sutherland)也是有名的计算机专家。

被世界计算机界誉为“计算机图形学之父”。1963年，完成博士论文“三维的交互式图形系统”，开发成功著名的“画板”(Sketchpad)系统，首次实现光笔在计算机屏幕上画出的线条可作任意变形处理。在论文答辩会上，还特地放映了一部自制影片《画板：人机图形通信系统》，边放映边讲解，这部影片后来广为传播。“画板”软件的成功开发，开拓了计算机仿真、计算机辅助设计和辅助制造(CAD/CAM)、飞行模拟器、电子游戏机等重要应用领域。和D.埃文斯合作，在犹他大学进而研制能表现颜色细微差别的更完美图形和动画技术。此外，还研究计算机体系结构、逻辑电路等，其中“异步队列系统”等成果取得多项专利。

主编《逻辑上的攻关：设计高性能的CMOS电路》(1999年)等著作。多次获大奖，其中有：美国工程院首届兹沃雷金奖，1975年美国系统、管理与控制论学会“杰出成就奖”，1986年美国电气与电子工程师协会皮奥尔奖，美国计算机学会1983年考恩斯奖、1988年图灵奖(世界计算机界最高奖)、1994年软件系统奖等。

(李　烨)

周锡元(Zhou Xiyuan)　中国江苏省人，1938年5月24日生于江苏无锡，2011年5月29日卒于北京。结构工程、地震工程、结构力学、工程管理。

1956年苏州建筑工程学校毕业。同年到哈尔滨的中国科学院土木建筑研究所工作。曾长期任中国建筑科学研究院工程抗震研究所研究员。2000年起任北京工业大学建筑工程学院抗震减灾研究所所长。兼任国家建设部抗震防灾规划和抗震设防区划评审委员会主任、《工程抗震》杂志主编等职。1997年当选为中国科学院院士。

20世纪50年代，与他人合作提出有关多跨、错层、大厂房等空间结构整体作用的结构计算模型。60～70年代，与他人合作得出非发震断层对震灾与地震动无局部增强作用的重要结论，大大扩展了地震区可利用场地范围；在中国率先参与地震力统计理论和抗震设计方法研究，建立经济高效的隔震机构和体系。70～80年代，在中国率先发展了城市和区域综合减灾关键技术；参与和指导许多城市的抗震防灾规划；率先提出基于可靠度理论的工程设计地震动和地震危险性分析新方法；负责完成北京城区地震动小区划；分析了场地土的剪切波速随深度的变化规律，并归纳出10余种典型土层剖面，提出新的场地分类法和设计反应谱，在建筑抗震设计规范中得到应用。90年代及后，主持建筑和生命线抗震新体系研究，负责完成砌体结构隔震研究和试点建筑，并被重点推广；主持制定国标“城镇抗震防灾规划编制技术标准”；发展了直接按等震线图似合断层破裂长度和深度的方法；倡导对现行全国烈度区划图进行概率标定，得到主管部门重视。

发表论文近200篇；独撰或与他人合著《地震工程概论》、《场地·地基·设计地震》、《抗震工程学》、《地震社会学初探》等专著10余部。多次获奖，其中有全国科学大会奖，国家科学技术进步奖二等奖2项、三等奖1项，省部级二等以上科学技术进步奖4项。　(李啸虎)

周丰峻(Zhou Fengjun)　中国山东省人，1938年7月8日生于山东黄县(今属龙口市)。核武器工程、爆炸防护工程、爆炸力学。

1962年清华大学水利系毕业。全军总参谋部工程兵第三研究所研究员。兼任河南省力学学会副理事长、华东交通大学等校兼职教授等职。1999年当选为中国工程院院士。

20世纪60～80年代，在中国核武器试验中一直担任力学组、空气冲击波组主要技术负责人，在核效应试验、核爆炸理论计算、防护工程抗冲击爆炸模拟等领域进行了开创性研究，例如当中国第一颗原子弹爆炸后，用自己研制的简易钢锥测压计在几分钟内便准确算出了爆炸当量，其结果与设计当量基本一致。90年代后，主攻常规武器爆炸效应的模拟理论，主持研制出6种型号爆炸模拟装置，可巧妙模拟爆炸冲击波在空气、地面的传播过程和结果，使中国在该领域短期内走到世界前列；利用这些装置先后完成9个实验项目，积累了翔实的资料和数据；开拓了中国近地爆地面高压冲击波研究领域，理论计算和模拟试验相结合，对不同反射区采用不同计算模式，终于攻克了这一长期困扰世界各国军界的难题；主持发展土钉支护技术，最大限度利用基坑边坡土体自稳作用，改变了传统支护结构悬壁受力特点，在中国400多个大中型建筑工程推广后，已节约资金数亿元，成果获1999年建设部科技进步奖二等奖；参与主编的《土钉支护规程》已由国家建设部于1998年颁布实施。

出版专著4部。先后主持完成科研项目百余项，其中118项获国家和军队科学技术进步奖，其中全国科学大会奖2项，国家科学技术进步奖二、三等奖各1项，军队科学技术进步奖二等奖2项等。4次荣获军队三等功。

(李　骏)

崔俊芝(Cui Junzhi)　中国河南省人，1938年7月12日生于河南新乡。计算机科学与工程、应用软件工程、结构工程、计算力学。

1962年西北工业大学数学力学系毕业。先后在中国科学院下属的计算技术研究所、计算中心、计算数学与科学工程计算所、数学与系统科学研究院工作，研究员，先后任计算中心主任、科学和工程计算国家重点实验室学术委员会主任等职。1995年当选为中国工程院院士，兼土木、水利与建筑工程学部副主任。

20世纪60～70年代，研制出中国第一个平面问题通用有限元程序，成功解决了刘家峡大坝的复杂应力分析问题；参与119型、109乙型、109丙型等中国早期电子计算机的试算，为中国开发“两弹一星”等国防工程作出重要贡献；和郝柏林等人一起开展天线小型化电磁传播问题研究；1973年首先揭示了有摩擦的接触体内的应力状态与加载路线的相关性，有效地解决了龚嘴大坝带缝运行和运行中加固等复杂结构应力分析难题。80年代以来，主持研制了通用有限元程序系统、建筑工程设计软件包、有限元方法软件环境等多项国家攻关项目；针对科学和工程应用软件研制的方法论，提出一种算法自适应组织的方法和系统构造模式；近年来针对周期性复合材料结构和周期型结构，发展了一种宏观特征和细部构造相耦合的双尺度分析方法。

发表“结构、构件及其材料一体化设计的多尺度分析方法”(2002年)等论文近百篇;出版《软件工程方法》(1992年,与他人合著)、《现代有限元软件方法》(1995年,与他人合著)等专著数部,译著3部。获1981年国家自然科学奖二等奖、1986年中国科学院科学技术进步奖一等奖等多项奖励。 (王艺衡)

杜善义(Du Shanyi) 中国辽宁省人,1938年8月20日生于辽宁大连。复合材料工程、材料力学、飞行器结构力学。

1964年中国科学技术大学近代力学系飞行器结构力学专业毕业。同年起一直在哈尔滨工业大学工作,教授,历任材料力学教研室副主任、主任,航天学院院长,副校长,复合材料研究所所长。1980～1982年在美国乔治·华盛顿大学当访问学者。兼任中国力学学会副理事长及固体力学专业委员会主任、中国复合材料学会副理事长、黑龙江省力学学会理事长、《复合材料学报》主编等职。1999年当选为中国工程院院士。

与合作者首次解决了用于战略武器研制的碳复合材料超高温力学性能测试和预报的关键技术,提供了急需的实测数据;开发出适合固体火箭发动机等典型结构损伤和失效的分析软件;找到根据低压信息预报爆破压力的方法;以“材料、设计、分析、评价”一体化思想建立了有关复合材料结构的安全评价体系;构造复合材料层合板结构性能衰退的概率统计模型;攻克某种战术导弹超高强钢薄壁壳体的低应力脆断问题;将细观力学理论推广到复合材料领域,发展了随机夹杂理论,解决了压电材料的力-电耦合问题,为材料性能预报和设计提供科学依据;率先研制用于振动和复合材料工艺过程的智能复合材料监控系统。

发表论文200余篇,出版《复合材料细观力学》(1997年)、《智能材料系统及结构》(1999年)等著作10部。获国家科学技术进步奖三等奖1项、国家级教学成果二等奖1项,部级科学技术进步一等奖3项、二等奖4项;此外获光华科技基金一等奖、航天奖。 (戚志东)

朱静(Zhu Jing) 中国浙江省人,1938年10月10日生于中国上海。冶金工程、物理冶金学、纳米材料学、电子显微学。

1962年复旦大学物理系电子物理专业毕业。1962～1996年在冶金部钢铁研究总院金属物理室工作。1996年起任清华大学材料系教授,后任该校材料科学与工程研究院院长等职。期间1980～1982年、1984～1985年在美国亚利桑那大学等处做访问学者和从事合作研究。兼任中国电子显微镜学会副理事长,上海交通大学、山东大学等校兼职教授等职。1995年当选为中国科学院院士。

中国冶金工程著名女专家。20世纪60年代末～80年代末,从事超高强度马氏体时效钢的合金化、强韧化等研究,据此建立的合金化与热处理制度已在铀分离机等特殊用钢中实施。80年代初开始对各种材料进行电子微衍射研究,运用相干电子波微衍射实验及原理,发现和确定了单个畴界的性质;提出了测定纳米区域有序度的方法,发展了电荷密度分布、界面应变分布实验与数值模拟等技术。近年来在高温结构材料、纳米材料和技术、固体表面与界面、应力诱导相交、微量元素偏析特征等实验研究中,提出了一些新概念、新设计和新方法。

发表论文100余篇;主编专著1部。获国家和部委级奖励10余项,其中“CM钢及其制造工艺”获1992年国家科学技术进步奖一等奖;“氧化物超导体显微结构特征及其对性能影响的研究”获1994年中国科学院自然科学奖二等奖;“钒钛氮微合金钢实施再结晶控轧有关物理冶金基础研究”获1995年国家教委科学技术进步二等奖等。 (谢　明)

魏复盛(Wei Fusheng) 中国四川省人,1938年11月9日生于四川简阳。环境科学与工程、环境监测技术、环境化学、工程管理。

1964年中国科学技术大学地球化学稀有元素化学专业毕业。留校在分析化学教研室任教,后任室主任。1983年起调往中国环境监测总站工作,现任该站研究员、总工程师、业务副站长。兼任国家水质标准委员会理化分析方法分委会主任、国家环境标样分委会副主任等职。1997年当选为中国工程院院士。

长期从事中国环境监测技术方法的开发研究,提出并参与主持建立中国环境监测技术体系框架,对发展环境监测技术方法体系、质量保证体系、环境标准物质体系、监测技术规范与标准体系等作出了系统而富有创新的贡献。1985年起,统筹全国性的水和废水、空气和废气、工业固体废弃物和土壤监测方法的研究、验证与标准化等工作,组织领导全国环境监测质量保证系统化的科研活动;组织研制和生产环境标准样品;进行污染源监测技术与主要污染物总量控制监测技术的研究。承担并完成多项国家重点科学技术攻关项目与课题,其中有:中国环境背景值研究,中国酸雨来源、影响及控制对策研究,中国土壤环境背景值研究,污染物总量控制监测系统关键技术研究。承担中美合作等国际课题有:国家有毒化学品环境污染探查及安全评价研究、空气污染对儿童肺功能影响研究、傅立叶红外光谱用于大气污染源有毒有机物监测研究等。

发表论文近200篇;编撰《原子吸收光谱及在环境分析中的应用》(1988年)、《水和废水监测分析方法指南》(3卷,1991～1997年)、《空气污染对呼吸健康影响的研究》(2011年)等专著10余部。多次获奖,其中有国家科学技术进步奖二等奖2项、部级科学技术进步奖二、三等奖各1项等。 (顾亦健)

王小谟(Wang Xiaomo) 中国上海市人,1938年11月11日生于江苏金山(今属上海市)。雷达工程、信息处理技术、微波电子学。

1961年北京工业学院(现北京理工大学)无线电工程系毕业。历任国家电子工业部雷达研究所技术员、室主任,西南雷达研究所总工程师、所长,华东电子工程研究所所长、教授级高级工程师,中国电子工业总公司军工局局长,国家信息产业部电子科学研究院常务副院长。1995年当选为中国工程院院士。

参与和领导中国多代雷达的研究与开发，尤其在三坐标雷达和低空雷达方面卓有建树。20世纪50年代中国开始自行设计雷达，他在60年代参与突破高性能的全相参多谱勒体制、活动目标指示器等技术，独创性地提出脉内扫描方法，使雷达系统大大简约化。70年代中国开始雷达数字技术应用，他担任总设计师主持研制成功中国第一部自动化引导雷达JY-8。80年代中国在雷达工程领域全面开展数字技术及信号处理的应用研究，主持开发并开始出口JY-9低空雷达，该项产品在国外联合军事演习和综合测评中名列前茅，参加演习的美军飞机在知道JY-9雷达参数情况下对之实施了长时间强干扰，但是全然没有影响，抗电子干扰性能大幅超过当时美国TPS63和英国“老虎”牌低空雷达，使西方同行专家大为惊奇。该产品及其换代系列相继获1986年、1995年国家科学技术进步奖一等奖。90年代，中国的雷达技术发展迅速并形成产业化规模化，他在突破相控阵体制，使各种数字技术、固态发射、无线等技术趋于成熟，在机载火控雷达领域突破脉冲多普勒技术等方面有重要贡献。

著有《雷达与探测：信息化战争的火眼金睛》、《监视雷达技术》(2008年)等书。多次获奖，其中有国家科学技术进步奖一等奖3项，部级科学技术进步奖特等奖2项、一等奖1项等；获1997年度电子科学人才奖荣誉奖；2012年度国家最高科学技术奖。 （蒋春玉）

江欢成(Jiang Huancheng) 中国广东省人，1938年11月23日生于广东梅州。*土木与结构工程、工程力学、建筑学、工程管理。*

1963年清华大学土木工程系毕业。同年到上海的华东建筑设计研究院工作，任工程师、结构组长等职。20世纪70年代末至80年代初先后3次共2年公派在赞比亚工作。1980年赴美国加的夫大学进修。1981年任英国阿勒普设计公司工程师。1982年回国，历任华东建筑设计研究院副总工程师、总工程师兼第五研究所所长，上海现代建筑设计(集团)有限公司总工程师，兼江欢成设计事务所所长，教授级高级工程师，一级注册结构工程师，英国注册结构工程师。兼任同济大学等校兼职教授等职。1995年当选为中国工程院院士。

20世纪70～80年代，设计下沉80米的大屯煤矿主井沉井，为世界罕见；参与主持设计上海卫星地面站，第一次将30米天线卫星地面站成功建造在软土地基上，获1978年全国科学大会奖；注重高层住宅结构优化，负责设计的上海仙霞、沪太两套高层住宅通用图被广泛套用。90年代及以来，在当时世界第三高楼金茂大厦(420.5米，88层)工程设计建造中，先任业主顾问组总监理，后为设计代表组总负责，确保了工程高质量按期完成，1998年8月28日竣工；他是上海东方明珠电视塔的总设计师，塔高468米，重10万吨，造型完美、结构独特，是当时亚洲第一高塔，世界第三高塔，以上海市标志著称于世，达到世界先进水平；担任印尼雅加达塔总设计师，该塔高558米，建成后为当时世界第一高塔，该项目是在与世界一流水平的六家强手的竞争中一举中标，成为中国建筑设计业进入国际市场的范例。此外，在上海虹桥机场、赞比亚党部大楼、电子工业部1421研究所、上海科学会堂新楼、上海海洋水族馆、宁波“梦幻钱湖”、上海展览中心改扩建等工程中，都有他的设计杰作，受到业内广泛关注。 （武光明）

王占国(Wang Zhanguo) 中国河南省人，1938年12月1日生于河南镇平。*半导体材料工程、功能材料学、仪器研制、光电子学。*

1962年南开大学物理系毕业。同年起一直在中国科学院半导体研究所工作，研究员，先后任半导体材料科学实验室主任、半导体研究所副所长。期间1980～1983年在瑞典隆德大学固体物理系做访问学者。兼任国家863新材料技术专家委员会常委、功能专家组组长，南京大学等校兼职教授等职。1995年当选为中国科学院院士。

20世纪60～70年代，研究半导体材料光电性质，确定了中国人造卫星用硅太阳电池的最后定型投产；参与中国航天工程、国防工程多种项目，成功主持电子材料、器件和组件的静态、动态和核瞬态辐照实验，获一系列重要成果；与他人合作进行砷化镓的热学和强场实验，共同提出杂质控制思路，为材料质量达到国际先进水平打下了基础。80年代，通过建立简易识别方法解决了砷化镓能级问题的长期争论，受到国际同行关注；提出混晶半导体中深能级展宽和光谱谱线分裂的新模型，并解释其物理本质；建立了砷化镓的激子局域化模型和电学补偿新模型，改进了材料、器件和电路质量。90年代以来，协助林兰英教授首次在太空生长出砷化镓单晶，并系统研究其性质；和合作者在中国首次研制出含锑砷镓铟、锑砷镓铝的人工合成材料，并应用于红外探测器和激光器原型器件；在4.8K低温下成功生长电子迁移率高达百万的新材料，同时开发出多种器件级的高质量结构材料，属国内领先、国际先进水平；成功制备从可见光到近红外的量子线、量子点材料，其中大功率量子点激光器寿命指标目前居国际先进水平。2000年以来，主持半导体纳米结构材料、器件和物理研究课题，取得理论和应用上的突破。

发表论文近200篇。多次获国家和省部级奖项。

（谢　明）

周兴铭(Zhou Xingming) 中国浙江省人，1938年12月4日生于上海。*计算机科学与工程、计算机系统结构、应用数学。*

1962年哈尔滨军事工程学院海军工程系计算机专业毕业。留校任教。1970年后，历任国防科学技术大学(原长沙工学院)计算机系总体室副主任、三控室主任，计算机研究所副总工程师、总工程师、教授、研究生院副院长等职。兼任信息产业部计算机与网络专家顾问组组长、中国计算机学会计算机体系结构专业委员会主任等职。1993年当选为中国科学院学部委员(院士)。

先后主持和参与研制成功当时中国领先的6台计算机。20世纪60～70年代，参加研制901型晶体管计算机，解决了锗晶体管抗干扰、抗高温等技术难关；参与主持研制901数字式鱼雷快艇指挥仪、030潜艇鱼雷射击指挥仪专用计算机；参与主持研制151型百万次级集成电路通用计算机，该机成为“远望一号”远洋测量船中心计算机。80～90年代，主持研制中国第一台巨型计算机“银河-Ⅰ”亿次机，解决双向量阵列流水部件、除法倒数流水线、调试诊断程序等关键技术，成果获1984年军队科学技术成果奖特等奖；主持研制中国第一台全数字仿真计算机“银河-仿Ⅰ”机，获1988年国家科学技术进步奖一等奖；主持研制成功“银河-Ⅱ”10亿次并行巨型机，取得总体设计、逻辑设计、输入输出子系统、全系统远程访问技术等20余项技术创新，入选1992年国家十大科学技术成果，获1995年国家科学技术进步奖一等奖；提出“银河-Ⅲ”大规模并行巨型计算机总体技术方案与研制方案；1994年后，从事高性能计算机体系结构、计算机光互连技术、二进制代码翻译技术、并行与分布数据库、移动计算技术、智能交通等研究，取得一系列成果。

著有《巨型机系统结构》(1981年，与他人合著)、《信用卡与乡镇企业》(1993年)、《信息化社会的基石：计算机》(2000年)等著作。获国家、军队和省部级奖励20余项。1993年荣立军队一等功。1995年获何梁何利科学与技术进步奖。 (李 烨)

叶尚福(Ye Shangfu) 中国四川省人，1938年12月14日生于四川成都。通信工程、电气电子工程、无线电技术、微波电子学。

1961年西安交通大学无线电系毕业。中国人民解放军总参谋部第57研究所教授级高级工程师。兼任四川省科学技术委员会研究所研究员、西安交通大学等校名誉教授。1995年当选为中国工程院院士。

长期从事微波天线、高效馈源技术的理论应用研究和工程开发研究，特别在研制大口径、高精度卫星地面站天线系统等领域取得一系列重要成果，发展了卫星地面站微波通信天线工程的理论与技术。打破国际技术禁运和封锁，主持研制成功中国最早一批自主开发的卫星地面站天线，在中国首次建立了自动跟踪卫星地面站天线系统；主持研制成功高效率、高精度的卡塞格林卫星地面站天线系统，期间取得多项关键技术突破，终使主要性能指标达到当时国际先进水平，填补了当时中国国内大口径天线的空白，获1987年国家科学技术进步奖一等奖；此外主持研制了其他多种新型通信系统与设备，填补了国内空白，达到和超过国际先进水平，为国防现代化做出了重要贡献。

编撰有《实用卫星通信工程》等专著。获国家和军队科学技术进步奖多项；荣立个人一等功、二等功、三等功各一次。 (李啸虎)

卡恩，R. E.(Kahn, Robert E.) 美国人，1938年12月23日生于美国纽约的布鲁克林。计算机科学与工程、互联网工程、应用数学。

1960年获纽约城市学院(现为大学)电气工程学士学位。1962年和1964年先后获普林斯顿大学硕士、博士学位。1964年起在马萨诸塞理工学院任教。1966年到波士顿的博尔特-贝拉尼克-纽曼技术公司供职。1972～1985年在美国国防部高级研究计划署工作，曾任该署信息处理技术局阿帕特网(ARPANET)工程管理副主任、主任等职。1986年创建美国全国研究创新联合会(CNRI)并出任主席。曾任美国总统克林顿的科学技术顾问。是美国国家工程院院士。获普林斯顿大学、马利兰大学等多个国内外大学荣誉博士学位。

对互联网建立与发展作出了重要贡献，被誉为传输控制协议/国际互联网协议(TCP/IP)协议之父。1969年，参与互联网雏形阿帕特网工程，负责设计网络最关键设备路由器的前身——接口信息处理机(IMP)中最重要的网络系统，解决了差错检测与纠正、通信阻塞等关键技术难题，使ARPANET网最初4个站点顺利开通。1970年，设计出第一个网络控制协议NCP，即网络通信的最初标准。1972年10月，在华盛顿特区举行的首届计算机通信国际会议上，他现场向一千多名代表进行了计算机联网通信的成功演示，引起了轰动，其时ARPANET网已扩展到29个站点、40台计算机。1973年，该网引入从加利福尼亚州至夏威夷、美国至欧洲的计算机-卫星通信链路，此时还出现无线发送信息包入网的计算机；为了使不同信息格式之间能够顺利交流，和V. 瑟夫(Vinton Cerf)合作制定了TCP/IP协议，其中包括网络层、网际层、运输层和应用层中的不同协议；1983年整个阿帕特网所有站点全部采用了TCP/IP协议，标志着全球互联网(Internet)正式诞生。他也是开放式体系结构联网思想的首创者。1986年，倡导和参与设计美国国家信息基础设施(NII)，首创的NII概念即今俗称的“信息高速公路”；创建和领导了非赢利组织CNRI，为NII研究和发展提供指导和资金支持，同时也执行互联网工程任务组织秘书处职能；正是在CNRI直接推动下，美国政府于1993年公布了“国家信息基础设施建设议事日程”，从而引发了全球性的建设信息高速公路热。他对中国互联网建设十分关心，曾多次访华，作过“从互联网到宽带网”主题演讲。

与瑟夫同获：1990年美国计算机学会计算机软件系统奖、1997年美国电气与电子工程师协会(IEEE)贝尔奖章、1997年美国国家技术奖章；此外，单独获IEEE 1996年计算机先驱奖、2001年美国国家工程院德雷珀奖等。 (李 烨)

王梦恕(Wang Mengshu) 中国河南省人，1938年12月24日生于河南温县。铁路工程、隧道及地下工程、岩土力学、工程管理。

1961年唐山铁道学院(现北方交通大学)桥隧系本科毕业，1964年该校研究生毕业。同年任铁道部北京地下铁道工程局施工处专题组长。1970～1979年在成都铁路局峨眉内燃机务段、该局科学研究所任主管技术员、工程师。1979～1997年任铁道部隧道工程局研究室主任、科学研究所总工程师，北京地铁指挥部副指挥长、总工程师，隧道工程局副总工程师等。1997年起，历任北方交通大学土木建筑工程学院教授，隧道与岩土工程研究所所长，国家级隧道及地下工程试验研究中心主任。兼任中国岩石力学与工程学会理事长、中国铁道委员会副主任等职。1995年当选为中国工程院院士。

开拓了铁路隧道复合衬砌新型结构研究，大大提高了地下结构承载力和抗裂性，并首次成功应用于大瑶山隧道；在中国率先倡导和推行“新奥法”，在大瑶山隧道工程实现大断面、大型机械化快速施工，被视为中国铁路隧道发展史上的重大突破；成功主持黄土浅埋地层大跨度新奥法设计、施工试验，并研制出新型网构钢拱架支护等多项配套技术；主持创造“浅埋暗挖法”施工配套技术，成功应用于北京地铁复兴门折返线、复兴门-西单区间三拱两柱大跨度车站试验；成功主持隧道爆破动态、静态应力场叠加作用的现场试验，成果被推广应用。继而研究隧道及地下工程环境控制、水底隧道修建技术。

已主编或独撰出版《大瑶山隧道——二十世纪隧道修建新技术》等专著4部。多次获国家和省部级奖励，其中国家科学技术进步奖特等奖(1990年和1992年)、二等奖、三等奖各2次，铁道部科学技术进步奖特等奖1次、二等奖5次等。此外，1999年获国家人事部“杰出专业技术人才”一等功等。 (王　晋)

张齐生(Zhang Qisheng)　中国浙江省人，1939年1月18日生于浙江淳安。竹材工程、材料科学与工程、林木学。

1961年南京林学院(今南京林业大学)木材机械加工专业毕业。留校任教。1988年在日本国京都大学木材研究所作高级访问学者。历任南京林学院科研处副处长、南京林业大学科研处处长、竹材工程研究中心主任，浙江林学院教授兼院长。兼任国家林业部科学技术委员会委员、中国林学会木材工业分会副理事长、中国竹产业协会副理事长等职。1997年当选为中国工程院院士。

20世纪70～80年代，对中国铅笔工业生产工艺进行重大改革，其中开发出的铅笔板新工艺具有简化工序、节约木材和能耗等优点，经济效益显著，获1982年天津市优秀科学技术成果奖一等奖、1984年国家发明奖三等奖。80～90年代，组建中国第一个竹材工程研究中心；提出竹木复合结构和等强度破坏理论，为高效开发利用提供理论依据；攻克半圆形竹筒高温软化和展平等技术难关，制成幅面大、强度高、不变形、耐磨损的各种竹质人造板，其中有竹材胶合板、高强覆膜竹材胶合模板、竹材碎料板、竹木复合集装箱底板和竹木复合层积材等系列产品，广泛应用于车辆、船舶、建筑、家具、装饰和集装箱等多种领域，获1992年林业部科学技术进步奖一等奖，1995年国家科学技术进步奖二等奖；“改进的竹材胶合板制造方法”发明专利，1995年获中国发明专利创造金奖；“竹材资源培育与加工利用技术”获1998年第二届亿利达科学技术奖。努力把研究成果转化为生产力，长期深入竹区协助建厂30多家，年产值十分巨大。

获3项发明专利、5项实用型专利。发表论文近百篇；出版专著和译著8部。获国家星火科学技术先进工作者、全国科学技术推广先进工作者等多项荣誉称号。 (侯伯勤)

姚建铨(Yao Jianquan)　中国江苏省人，1939年1月29日生于上海。激光工程、仪器研制、光电子学、非线性光学。

1957年考入天津大学精密仪器系，1965年该校研究生毕业。留校任教。教授，历任精密仪器系激光教研室副主任、主任，现代光学仪器研究所副所长，光电子中心副主任、激光与光电子研究所所长、精密仪器学院名誉院长。期间1980～1982年在美国斯坦福大学、加利福尼亚大学当访问学者。1997年当选为中国科学院院士。

在器件研制与技术开发领域：开发多种新型激光器，其中准连续泵浦内腔倍频YAG激光器输出绿光功率达34.2瓦，居当时国际领先，获1987年第36届尤里卡国际发明博览会金奖、个人最高荣誉奖“一级骑士勋章”、1988年国家发明奖二等奖；实现高效率倍频、混频与光学参量振荡；首创将高功率倍频技术用于开发宽调谐染料激光器、掺钛蓝宝石激光器；研究成功高功率、大体积重复频率系列脉冲激光器，其中1989年达到输出功率528瓦，1996年完成千瓦级YAG激光器；90年代研制成功高空机载激光遥感实用系统，实现高效率、高精度地形地貌三维成像，获1993年中国科学院科学技术进步奖特等奖、1996年军队科学技术进步奖一等奖；首创1.06微米和1.32微米双波长激光治疗仪，应用于肿瘤激光治疗等领域；研制完成高功率高重复频率全固态绿光激光器样机、差分吸收光谱法大气质量监测仪、准连续近红外光学参量振荡器、准连续660纳米红光激光器等，均达到国内领先水平，有的达到国际先进水平。在基础理论领域：先后提出和发展了高斯与类高斯光束的倍频理论、激光谐振腔类高斯分布理论、非线性双轴晶体最佳相位匹配理论、四波混频大信号理论、光学相位共轭谐振腔计算方法等，得到国际学术界确认。

完成研究项目50余项；获国家发明专利逾10项；发表论文300余篇；撰有《激光应用》(2卷)、《激光技术》、《非线性光学频率变换及激光调谐技术》等教材和专著。 (李啸虎)

梁春广(Liang Chunguang)　中国广东省人，1939年2月1日生于广东梅县，2003年5月27日卒于河北石家庄市。半导体器件与集成工程、半导体物理学、微波电子学。

1961年中山大学半导体物理专业毕业。同年到原国家电子工业部(后为信息产业部)第13研究所工作，先后任第一研究室主任、副总工程师、副所长、所科学技术委员会主任、砷化镓专用电路国防科学技术重点实验室学术委员会主任，教授级高级工程师。期间1986～1987年在德国赫兹通信研究所任客座研究员。曾兼任国家电子工业部科学技术委员会委员、国家863计划光电子主题专家组组长、《半导体技术》杂志社社长兼总编等职。1995年当选为中国工程院院士。

20世纪60年代，参与研制锗高频台式晶体管，为国家电台提供了关键器件；主持研制成功硅基功率场效应晶体管放大器，获1978年全国科学大会奖。70年代，研制成功中国第一代低噪声砷化镓功率场效应晶体管系列，填补了中国化合物半导体器件空白，获1985年国家科学技术进步奖一等奖（为第一获奖人）。80～90年代，主持砷化镓超高速电路项目，获国家机电部科学技术进步奖一等奖、国家科学技术进步奖二等奖；在德国进修期间，研制成功分子束外延配超晶格调制掺杂场效应器件，提出最佳材料和器件结构及非合金欧姆接触法等；主持开发和组织实施140Mb/s光端机及模块，获国家机电部科学技术进步奖一等奖、国家科学技术进步奖三等奖。

先后负责课题20余项，大多获国家和省部级奖励。发表论文近百篇。另外，获1993年中国光华基金一等奖、1997年电子工业部电子杰出人才奖、2001年国家863计划重要贡献奖、2002年何梁何利科学与技术进步奖等。（黄曲菜）

郑耀宗(Zheng Yaozong)　中国广东省人，1939年2月9日生于中国香港。*半导体材料工程、微波电子学、半导体物理学、高等教育管理。*

1963年获香港大学理学士学位。1967年获加拿大卑诗大学理学博士学位。早年在企业从事研究开发工作。后历任香港大学电机电子工程学系讲座教授、工程学院院长，香港城市理工学院院长，香港城市大学首任校长，香港大学校长（1996～2000年），香港建华基金会董事会主席等职。1999年当选为中国科学院院士。

长期以来，对金属-氧化硅-硅（MOS）系统及其器件的物理基础和工艺技术进行了系统研究；发明掺氯化氢硅氧化技术，解决了当时MOS器件和集成电路阈值电压漂移、不能稳定工作的难题，大幅度提高MOS器件和电路的性能、可靠性和成品率；在国际上首先提出MOS反型层载流子表面粗糙度散射理论，在MOS集成电路进入深亚微米阶段后，这一机理已成为决定MOS反型层载流子迁移率的主要因素，是对MOS器件物理的一大发展；设计发明一种供硅体电子仪器使用的特纯氧化物制造方法“氯化氢氧化技术”，已被世界各地硅片工业所广泛采用；是较早开展氮化硅技术的研究者之一；在深亚微米器件模型研究工作中取得重要成果。此外，他具有多年的高等教育管理经验。多次获奖，其中包括1993年国家自然科学奖三等奖等。（李　烨）

范滇元(Fan Dianyuan)　中国江苏省人，1939年2月18日生于云南昆明。*激光工程、激光聚变技术、光电子学。*

1962年北京大学无线电电子学系毕业。1966年中国科学院上海光学精密机械研究所研究生毕业。一直留所工作，研究员，1989～2002年任高功率激光物理联合实验室副主任。兼任国家高技术863计划激光领域专家组成员，惯性约束聚变项目总体技术专家组组长，“神光-Ⅲ”号总体技术专家组组长及总工程师，中国光学学会激光专业委员会主任等职。1995年当选为中国工程院院士。

多年来一直从事研制和运行大型高功率固体激光装置。先后参与主持研制成功百亿瓦级、千亿瓦级和万亿瓦级的高功率钕玻璃激光系统，并应用于惯性约束聚变、X光激光、极高压下状态方程等一系列前沿实验研究，使中国跻身于国际先进行列。20世纪70年代末到80年代，参与主持研造当时中国规模最大、世界为数不多的“激光-12”号（“神光-Ⅰ”）大型实验装置，输出功率达2万亿瓦，实现中国激光聚变历史零的突破，获得一批国际先进应用成果，该项目获1988年陈嘉庚技术科学奖、1989年中国科学院科学技术进步奖特等奖、1990年国家科学技术进步奖一等奖；八五期间，参与主持更大规模的“神光-Ⅱ”号计划，于2000年全面达标，它在十亿分之一秒瞬间发射的光功率不亚于全世界电网发电功率总和，不少关键技术性能超指标，成为中国中近期惯性约束聚变等物理研究最重要实验平台；九五期间，任“神光-Ⅲ”号总体技术专家组组长兼项目总工程师，取得重要进展。发表论文报告近百篇。多次获国家和部委级奖励。（李啸虎）

刘先林(Liu Xianlin)　中国河北省人，1939年4月19日生于广西桂林。*遥感与航测工程、地理信息系统、仪器研制、测绘学。*

1962年武汉测绘学院毕业。先后任国家测绘局测绘科学研究所工程师、高级工程师、教授级高级工程师，中国测绘科学研究院研究员。1995年出任中国测绘科学研究院院长，后为名誉院长。1994年选聘为中国工程院院士。

20世纪60年代，1963年发明坐标法解析辐射三角测量新方法，解决了航测加密精度低问题，成为中国人第一个写入国际航测技术规范的方法；开发微分空中三角测量技术，一次获得三维加密坐标，大幅提高作业效率；率先实现中国测绘计算机化，编制的DJS-5航测内业加密程序运行10余年，生产了数以千计地图。80年代，参与国际数字地形模型合作研究；研制出ZS-1正射投影仪和配套的80个程序软件包，达到国际先进水平，获国家测绘局科学技术进步奖一等奖、1985年国家科学技术进步奖三等奖；研制成功JX-1、JX-3解析测图仪及配套软件，填补国内空白，获1992年国家科学技术进步奖一等奖。90年代后，主持完成综合国情地理信息系统、无人驾驶微型航空遥感系统以及洪水灾情快速清查技术；创制JX-4A-DPW全数字摄影测量工作站及其配套软件，投产后为国家节省大量外汇，并进入国际市场，获1999年国家测绘局科学技术进步奖一等奖；主持开发出高精度航空胶片影像数字化扫描仪及其库存管理辅助系统；主持完成“数字化测绘技术体系关键技术集成及产业化”项目，2002年获国家科学技术进步奖一等奖。（李啸虎）

熊有伦(Xiong Youlun)　中国湖北省人，1939年4月20日生于湖北枣阳。*机械制造系统工程、先进制造技术、人工智能、机器人学、应用数学。*

1962年、1966年先后毕业于西安交通大学机械工程系本科、研究生。同年起一直在华中工学院（先后易名为华中理工大学、华中科技大学）任教，华中科技大学机械科学与工程学院教授，工程信息和智能技术研究所名誉所长。期间1980～1982年在英国设菲尔德大学当访问学者；1988～1989年在英国索尔福德大学当客座教授。兼任国际机器与机构理论联合会委员、湖北省机械工程学会名誉理事长、湖北省计量测试学会理事长、西安交通大学机械制造系统工程国家重点实验室学术委员会主任等职。1995年当选为中国科学院院士。

建立精密测量的极差极小化理论，提出判定形状误差、轮廓误差和位置误差“最小区域”的统一准则，开发出计算机智能仲裁系统，获1990年国家教育委员会科学技术进步奖一等奖。在机器人学领域，建立基于J-函数的碰撞和干涉检验方法，提供了分析机器人运动规划的统一准则和方法；主持开发智能机器人离线编程系统HOLPS，较好解决机器人应用中一些关键技术问题；提出定性分析机器人操作的点接触约束理论、多指操作分析法和机器人抓取几何模型；完成了“机器人抓取规划及运动规划”等课题，这些成果多次获国家和省部级奖励。在先进制造技术方面，主持国家九五重大项目“支持产品创新的先进制造技术中的若干基础性研究”；研究建模与仿真、计算制造和反求工程，其中发动机类零件快速测量、建模及面向制造设计获湖北省2002年科学技术进步奖一等奖等。

发表论文百余篇；与他人合著《精密测量的数学方法》、《机器人学》(1993年)、《机器人技术基础》(1996年)、《机器人操作》(2002年)等专著5部。 (李啸虎)

李启虎(Li Qihu) 中国浙江省人，1939年5月25日生于浙江温州。*水声工程、声纳信号处理、声电子学。*

1963年北京大学数学力学系毕业。中国科学院声学研究所研究员，先后任副所长、所长等职。1997年当选为中国科学院院士。

探究中国浅海水中声传播特点与规律，创造性地运用信息论、数字信号处理、水声工程等现代理论，解决了水声信号处理中一系列关键技术问题；研究自适应波束成形的稳态特性，给出用频率域最优传输函数求解波束指向性的表达式；提出在海洋噪声背景下检测微弱信号的增益计算方法；解决了噪声场对经典理论的修正问题；建立声纳方程的一种新表达式，成为声纳设计的重要理论依据；在被动检测水下目标时，提出利用声信号的相位信息估计目标方法的新方法；提出用自适应阵处理方法完全分离在空间上不重叠的多个点源信号的新算法；提出聚类分析法用于设计水下目标识别的简易专家系统；在数字声纳设计中，首次提出动态波束成形、可编程数字滤波、变采样率运算、类卡尔斯曼滤波和灰度变换等一系列创新技术；20世纪90年代末，开发成功合成孔径声纳成像技术，宣示了中国在该领域与国际同步的发展水平。在国际上有一定知名度，多次应邀担任北大西洋公约组织的水下防务技术会议、欧洲水声会议分组主席。

发表论文百余篇；出版《声纳信号处理引论》(1985年初版、2000年再版)等专著3部，其中《数字式声纳设计原理》获2003年全国优秀科学技术图书奖一等奖。多次获奖，其中有全国科学大会奖、国家科学技术进步奖一等奖各1项，中国科学院科学技术进步奖一等奖2项，中国船舶工业总公司科学技术进步奖一、二等奖各1项等。1989年获国家“献身国防事业勋章”称号。

(李啸虎)

张懿(Zhang Yi) 中国黑龙江省人，1939年6月10日生于黑龙江牡丹江。*资金工程、资源与环境工程、工程管理。*

1963年毕业于东北大学冶金物理化学专业。先后在瑞士伯尔尼大学、日本九州大学合作研究环境化学与材料工程。中国科学院过程工程研究所(原化工冶金研究所)研究员，兼任中国有色金属学会副理事长等职。1999年当选为中国工程院院士。

中国冶金工程、资源与环境工程著名女专家。在中国最早建立超微粒表面络合平衡-吸附特性的研究方法与计算机模拟，作为纳米材料和环境化学的重要基础；首次开展碱金属亚熔盐-高浓介质的系列元素多元相图与反应-分离特性研究，为相关工艺研究提供了理论依据。20世纪70年代后期，在中国率先开拓资源-材料工程与环境工程学交叉的综合研究方向，提出资源再生循环与无害化技术相结合的积极治理路线。在重金属的污染控制与综合利用上，建立同步调控高效选择性提取、分离、无害化、循环耦合的系列新技术和应用工程，首次在贵州建成有国际声誉的中国示范性绿色工程，促进了中国工业废弃物治理从消纳性处置提高到资源良性循环的新阶段，发挥了重大经济、社会和环境效益。90年代，开拓绿色工业化学-清洁生产工艺与技术研究新领域，以污染严重的铬化工行业为突破口，首次开拓低温亚熔盐高效反应与分离新系统，使铬化工清洁生产工艺与集成技术成为第一个国家级清洁生产项目，中试成果1000吨/年，后进入万吨级产业化示范阶段。

专利36项；发表论文和研究报告百余篇；专著1部。获国家科学技术进步奖二、三等奖各1项，国家发明奖三等奖1项，省部级科学技术进步奖多项。2001年获中国科学院“十大女杰”称号。获2006年何梁何利科学与技术进步奖。 (吴绩新)

萨马桑达兰，P.(Somasundaran，Ponisseril) 美国人，1939年生于印度。*矿冶工程、胶体与表面化学、科技管理。*

印度裔。1958年获印度喀拉拉大学学士学位。1961年获印度科学研究院工程学士学位。1962年、1964年先后获美国伯克利加利福尼亚大学硕士、博士学位。毕业后，先后任美国国际矿冶与化学公司高级研究工程师、雷诺兹工业公司化学研究员。1970年后，一直执教于哥伦比亚大学亨利·克鲁勃学院，曾任该校兰米德胶体与表面研究中心主任，1978年任教授，1988年起先后任采矿与矿冶系主任，化学工程、材料科学与矿冶工程系主任。兼任国际杂志《胶体与表面》主编，NRC(美国国家科学院、国家工程院、医学科学院联合组织)学部主任，美国工程基金委员会主席等职。1985年当选为美国国家工程院院士。1998年当选为中国工程院外籍院士。

美国矿物加工工程的权威之一，在国际上享有声望。长期致力于表面与胶体、聚合体与表面活性剂反应、矿物浮选与废物处理、生物处理、纳米聚合等领域，取得一系列领先或创新成果，受到同行高度评价。尤其是率先提出长链浮选剂的“半胶团吸附”理论，更新了传统的分子-离子吸附模型，成为表面化学基本内容和现代浮选技术重要理论基础，对石油开采、矿物加工、三废处理和薄胶技术等方面均有重要指导意义。作为印度出生的美籍学者，与亚洲各国均有很好合作关系，多年来尤为关心中国矿冶工程发展，帮助中国开发磷矿选冶工艺，拓广化肥原料途径，在科学技术交流、项目合作和人才培养等方面都有显著贡献。

发表论文 300 余篇；出版著作 15 部，其中与他人合著有《矿物试剂技术》(1987 年)、《离散与聚合：原理与应用》(1994 年)、《聚合体微粒系统：特性与应用》(2001 年)等，主编的论文集有《胶体与表面化学在材料处理中的创新》(1989 年)、《金属与燃料的浮法分离技术》(1993 年)、《浓缩性离散：理论、实验与应用》(2004 年)等；工具书有《表面与胶体科学百科全书》(2002 年)等。获美国矿冶工程师协会 1980 年出版奖、1982 年高丁奖、1987 年塔格特奖和里查兹奖；1988 年在美印度人协会荣誉奖、1990 年杰出美国人奖章，1992 年美国工程基金会阿普伦奖等。 (李啸虎)

倪光南(Ni Guangnan) 中国浙江省人，1939 年 8 月 1 日生于浙江镇海。计算机科学与工程、中文信息处理技术、工程管理。

1961 年南京工学院(现东南大学)无线电系毕业。同年起一直在中国科学院计算技术研究所工作，研究员，先后任中国科学院计算所公司、联想集团首任总工程师、董事。1981～1983 年任加拿大国家研究院访问研究员。兼任中国中文信息学会理事长、中国软件联盟副理事长等职。1994 年选聘为中国工程院院士。

中国著名计算机企业“联想集团”创始人之一。20 世纪 60 年代，参与中国自行设计的第一台电子管计算机(“119 机”)和晶体管计算机(“109 机”)研制；70 年代起着手汉字信息处理、模式识别、图形显示等研究，首创具有汉字输入、显示和输出功能的实验性汉字信息处理系统。80～90 年代，进行基于 32 位微处理器的图形工作站研究；研制出 LX-80 汉字图形微型机，成为联想式汉卡雏型；1985 年主持开发成功适用微机的第一型联想式汉卡，后相继发展出联想汉卡系列型号，联想式汉字系统获 1988 年国家科学技术进步奖一等奖；主持开发联想系列微机，微机主板大量出口国际市场，1990 年起联想品牌微机进入国内市场，并迅速成长为中国第一品牌，获 1991 年亿利达科学技术奖(王丹萍奖)、1992 年国家科学技术进步奖一等奖；联想式汉字系统和联想系列微机成为联想集团的主要产品，创造了重大的经济效益和社会效益；进而致力于发展中国信息产业核心技术，开发推广基于 Linux 的自主操作系统，以及具有自主核心技术、非 Wintel 结构的 NC 网络计算机。发表论文近百篇。 (李 烨)

曾恒一(Zeng Hengyi) 中国重庆市人，1939 年 9 月 22 日生于重庆。采油工程、船舶与海洋工程、工程管理。

1961 年上海交通大学海洋石油工程专业毕业。中国海洋石油总公司生产研究中心教授级高级工程师、副总工程师。兼任中国石油工业标准化技术委员会海洋石油工程专业标准化技术委员会主任、中国高科技产业化研究会副理事长、中国造船工程学会常务理事及近海工程学术委员会主任等职。1997 年当选为中国工程院院士。

主持和参与论证、设计和建造近 30 种型号的海洋工程船只，其中有中国第一艘大型采金工程船、第一代海上石油钻探船、导管架下水大型工程驳船、海上大型铺管船等，为国家创造了巨大的经济效益；主持开展对中国第一个海上新型单点系泊浮式生产系统的前期研究、总体设计和建造；负责和参与对中国 5 个大型海上油气田开发的可行性论证，为国家主管部门的重大决策提供科学依据和专家意见，并制定总体开发方案和技术实施方案；1980 年负责对“渤海 2”号自升式钻井船翻沉事故进行全面详细调查和分析，不仅查清事故主要原因，而且对以后中国海洋工程设计和研究极有参考价值；主持研制开发多艘海上钻井船，在渤海探区的油气勘探开发中发挥了重大的作用，其中“渤海 5”号、“渤海 7”号自升式钻井平台设计获 1985 年国家科学技术进步奖二等奖。

获国家和省部级奖励多项。1990 年被建设部授予首批“中国勘察设计大师”称号。 (李啸虎)

卡拉瑟斯，G. R.(Carruthers，George Robert) 美国人，1939 年 10 月 1 日生于美国俄亥俄州辛辛那提市郊米尔福德。光学工程、航空航天工程、仪器研制、光电子学、紫外天文学。

非洲裔。土木建筑师之子。12 岁丧父，全家移居芝加哥，在读高级中学时，他所研制天文望远镜在科技博览会上获奖。1961 年获伊利诺伊大学工学院航空工程理学士学位，1962 年、1964 年先后获该校原子工程硕士、航空航天工程理学博士学位。毕业后一直供职于华盛顿特区美国海军研究实验室，1966 年任该机构赫尔伯特太空研究中心研究助理，1980 年任紫外线测量分部主任，1982 年任资深天体物理学家。1983 年兼任美国国家技术协会杂志主编。是美国国家科学基金会委员。获美国密歇根技术大学荣誉工学博士学位。

研究主要集中于远紫外线光谱学和光度学领域，致力于开发可探测太空原子和分子短波电磁辐射的电子成像技术。1969 年获电磁辐射图像转换器专利，1970 年该仪器首次证实太空氢分子的存在。1972 年 4 月，研制的探测仪由阿波罗 16 号飞船带至月球，成为第一座月基太空观察站。该装置是一台由光谱仪、带有电子增强器的紫外线摄像机，以及一套施密特光学系统组成的半自动仪器，用于接收低于 160 纳米的紫外波段，并将图像集中在溴化钾阴极。它适于探测太空氢分子，有助于人类进一步了解天体和天体系统的物质构成，以及监测城市上空一氧化碳和其他污染物含量。1972 年 8 月，研制的紫外望远镜被用于“哥白尼”号轨道天文观测卫星(OAO-3)。1973 年，改进型阿波罗紫外线摄像仪用于4号太空实验室，首次拍摄到当年发现的科胡特克彗星的氢晕。1981年又首次拍摄到大麦哲伦云内的热星和氢分子的分布图。1982～1991年，研制出可随航天飞机飞行的远紫外成像光谱仪和摄像仪系列型号，可观测近地空间臭氧层、地球边缘大气和火箭羽状烟云轨迹等。1986年利用其仪器曾获哈雷彗星紫外图像。20世纪80年代后，积极参与对中学师生进行科普教育，2002年在哈佛大学开设“地球与空间科学”课程。

获1970年亚瑟·弗莱明奖、1972年美国航空航天局杰出科学成就奖、美国天文学会华纳奖、1977年国际技术联合会奇弗奖等。（李啸虎）

郑健超(Zheng Jianchao) 中国广东省人，1939年10月6日生于广西南宁。*电气电力工程、输配电技术、电工学、能源战略研究。*

1963年和1965年先后毕业于清华大学电机工程系本科、研究生。历任中国电力科学院高级工程师、院长、名誉院长，广东核电集团有限公司高级顾问、科学技术委员会副主任。兼任国家核应急委员会专家组成员，中国电机工程学会副理事长兼测试技术及仪表专门委员会主任，《中国电机工程学报》主编等职。1995年当选为中国工程院院士，任能源与矿业工程学部副主任。

系统揭示温度、压力、湿度对外绝缘强度的综合作用，为改进电力线路及设备的故障诊断技术奠定理论基础；主持中国航天工程的防雷试验研究，创造性地解决运载火箭和发射场防雷安全的关键技术问题；主持一系列有关超高压绝缘子机电性能的攻关课题，实现超高压交直流线路绝缘子国产化和优质化，获国家科学技术进步奖二等奖；是中国第一台6 000千伏户外式冲击电压发生器主要设计者之一，成果获国家科学技术进步奖二等奖；此外，主持开发成功110千伏SF6绝缘电压互感器、小波分析技术用于输电线路故障精确定位技术等多种项目；主笔中国工程院“中国可持续发展能源战略研究”总报告。发表“电力前沿技术的现状和前景”等论文逾百篇。多次获奖。（朱妙其）

霍普克洛夫特，J. E.(Hopcroft，John Edward) 美国人，1939年10月7日生于美国西雅图。*计算机科学与工程、机器人学、应用数学。*

1961年美国西雅图大学电气工程系毕业。同年进入斯坦福大学研究生院，1962年获硕士学位，1964年获博士学位。先后在普林斯顿大学、康奈尔大学、斯坦福大学等校工作。曾短期在美国科学基金会、美国国家研究院从事科学研究规划和行政管理。现任康奈尔大学机器人实验室主任。1987年当选为美国文理科学院院士。

在数据结构、算法设计与分析方面有众多创造性贡献。20世纪60年代，对自动机理论进行条理化和系统化，建立了这门计算机科学基础课程的框架；和计算机科学家厄尔曼(J. D. Ullman)合作编写《形式语言及其与自动机的关系》(1969年)，是学术界公认的自动机理论代表之作；提出“算法的最坏情况渐近分析法”衡量各种算法效率和优劣，由于这种方法和机器性能及所用语言无关，因此成为测量算法好坏的数学准则，被学术界广泛接受。70年代，和R. E. 陶尔扬一起钻研图论算法中的连通性和平面性问题，共同提出著名的“深度优先搜索算法”，比以往的老算法效率提高60倍以上，引起学术界很大轰动，其法则很快被推广到信息检索、人工智能等方面；不久两人又发明一种名为“双堆栈叠”的新数据结构与深度优先搜索算法配套，使之更为完善、可靠。在数据结构和算法方面还有其他一系列创造，比如常用于索引组织的著名数据结构B树，是一种平衡的多分树，对查找、插入、删除等操作能始终保持动态平衡，具有很高的效率；以后进一步提高其操作效率和空间利用率，又创造了它的一种变形树。

著述颇丰，其中有《计算机算法的设计与分析》(1974年)、《自动机理论、语言和计算导论》(1979年)、《数据结构和算法》(1982年初版，1987年第3版)、《计算机科学：成就与机遇》(1989年)等专著。与陶尔扬分享美国计算机学会1986年图灵奖（世界计算机界最高奖）。（李　烨）

吴中如(Wu Zhongru) 中国江苏省人，1939年10月21日生于江苏宜兴。*水利水电工程、水工安全监测、岩土力学、工程管理。*

1963年华东水利学院（现河海大学）河川系毕业。历任中国水利水电科学研究院技术员、河南新乡地区水电局技术员、江苏省徐州电厂指挥部工程师。1979年起一直执教于河海大学，教授。期间1988年在葡萄牙国立土木工程研究院作高级访问学者。兼任中国水力发电工程学会大坝资料分析与信息处理分支委员会副主任等职。1997年当选为中国工程院院士。

主持三峡大坝等国家重点攻关项目子课题10多项，其中有：高混凝土坝、高拱坝、碾压混凝土坝、土石坝等观测物理量的数学模型研究，原型的安全监测、监控标准和反馈分析，岩土边坡的失稳机理、判据和预测研究等；主持龙羊峡、二滩、丹江口、佛子岭水电站等大中型工程项目50多项。在国际上首先提出采用小概率法、粘弹性和粘弹塑性理论处理实测资料，拟定变形监控指标；在中国率先建立大坝安全综合评价专家系统，实现综合调用“一机四库”（综合推理机、知识库、数据库、方法库、图库）；提出和建立确定性、不确定性和混合性等多种类型监控数学模型；结合实测资料反演变形、断裂和渗流等参数，提供校准的有限元模型和边界条件。

撰写论文和科学研究报告200余篇；出版《水工建筑物安全监控理论及其应用》、《大坝安全综合评价专家系统》等专著6部。先后获国家和省部级奖励10余项，其中“佛子岭连拱坝原型结构性态分析”获1988年安徽省科学技术进步奖一等奖，“高坝安全监测技术及反馈”获1995年国家科学技术进步奖二等奖。被评为1989

年水利部特等劳动模范、1990 年全国高等学校先进科技工作者。 （李啸虎）

陈良惠（Chen Lianghui） 中国福建省人，1939 年 10 月 28 日生于福建福州。激光工程、仪器研制、光电子学、半导体物理。

1963 年毕业于复旦大学物理系。同年起一直在中国科学院半导体研究所工作，研究员，历任该所副所长、所长，光电子器件国家工程研究中心主任，北京海特光电有限公司副总经理。兼任国家 863 计划光电子主题专家组副组长、中国通信学会光通信委员会副主任等职。1999 年当选为中国工程院院士。

主持研究高速硅光探测器，取得高增益、低暗电流、低噪声等优异性能，成果获 1986 年国家科学技术进步奖二等奖；在世界上首次发现长波长激光器的空穴泄漏现象，提出俄歇泄漏模型；在中国率先实现新一代激光器的技术突破，主持研制成功中国第一支量子阱激光器，获 1992 年中国科学院科学技术进步奖一等奖、1995 年国家科学技术进步奖三等奖；研制开发出适应各种应用目标的不同波长、不同功率的量子阱激光器及其列阵，达到国际先进水平，并很快实现工程化和产业化，其中大功率半导体量子阱激光器获 1997 年中国科学院科学技术进步奖一等奖、1998 年国家科学技术进步奖三等奖；在发光二极管器件结构设计上有所创新，首先以橙色 620 纳米发光二极管为突破口，率先在国内合作开发出 CD 级高亮度发光二极管，进而开发出黄色 585 纳米 CD 级高亮度发光二极管，在器件结构设计和工艺制备上有所突破，其关键技术已申请国家专利；1996 年主持建成国家光电子器件工程研究中心，承担并出色完成了国家科学技术攻关和国防军工等大量科学研究课题，成为中国半导体光电子器件研究开发和工程化产业化基地。20 世纪末以后致力于研究新型量子阱光电子器件及其在光通信、光存储、光显示和激光医疗等方面的应用。 （张 治）

利斯科夫，B. H.（Liskov，Barbara Huberman；本名 Huberman，Barbara Jane） 美国人，1939 年 11 月 7 日生于美国加利福尼亚州洛杉矶。计算机科学与工程、软件工程、人工智能、应用数学。

1961 年获伯克利加利福尼亚大学数学学士学位。1965 年、1968 年相继获斯坦福大学计算机科学硕士、博士学位。先后任美国 Mitre 公司、哈佛大学的计算机程序员。1972 年起，一直任马萨诸塞理工学院电子电气与计算机科学系教授，计算机科学与人工智能实验室编程方法论研究组负责人，1997 年后任该校福特讲座教授。是《美国计算机学会编程语言和系统汇刊》副主编，美国计算机学会编程语言专业组、操作系统专业组、数据管理专业组成员，美国国家计算机信息科学与工程科学基金会咨询委员会委员等。美国国家工程院院士、美国艺术与科学院院士。2005 年获瑞士联邦理工学院荣誉博士学位。

美国第一个计算机科学女博士，她的诸多创新性软件开发研究给计算机编程领域带来了巨大变革。早年研究人工智能，博士论文选题是《国际象棋残局程序》，指导导师为 1971 年图灵奖得主 J. 麦卡锡。主持开发成功许多重要项目，其中有：低成本的小型交互式分时操作系统 Venus；第一个支持数据抽象的面向对象编程语言 CLU，对现代主流编程语言如 C＋＋、Java 等都有较为深远的影响；第一个支持分布式程序的高级语言 Argus；面向对象数据库系统 Thor；Byzantine 分布式容错系统等。在程序设计领域中，她的另一个有广泛应用的成就，是和周以真（Jeannette Wing）一起提出利斯科夫代换原则，成为面向对象方法中最重要原则之一。她的数据抽象思想，已经成为软件工程中最重要的概念之一。

出版论著多部，其中有的《编程开发中的抽象与规格》（1986 年，与他人合著）、《Java 程序开发》（2001 年）等。获 1996 年女工程师协会奖，2004 年冯・诺依曼奖章，2008 年美国计算机学会图灵奖（第二位女性得主）、成就奖等。2002 年被美国《发现》杂志入选当代世界最有影响的 50 位女科学家之一。 （李 烨）

李椿萱（Li Chunxuan） 中国广东省人，1939 年 11 月 9 日生于云南昆明。航空航天工程、机械与动力工程、空气动力学。

1963 年台湾省成功大学机械工程系动力机械专业毕业。1967 年获美国新墨西哥州立大学机械工程系工学硕士学位；1972 年获美国纽约州立大学工学博士学位。毕业后，先后留校任副研究员、美国加利福尼亚理工学院副研究员、美国洛克希德导弹及空间公司研究员。1980 年回国定居，任北京航空航天大学飞行器设计及应用力学系教授，期间历任流体力学研究所所长，国家 863 计划航天技术领域主题专家组成员、国家计算流体力学重点实验室主任、北京航空航天大学图书馆馆长等职。1997 年当选为中国工程院院士。

早年在美国从事计算流体动力学理论研究，参与美国航天飞机、导弹等型号研制和预研，涉及火箭发动机涡轮泵密封技术、超高速碰撞力学等领域的应用研究。1980 年回国后，主要从事飞行器空气动力学研究工作，在天地往返运输系统气动力学、热学特性，飞行器与推进系统一体化气体热动力，飞行器气动与信号特征一体化等研究中取得一系列研究成果。作为国家 863 计划航天领域专题组组长，任期内全面负责气动力学、热学专题组的关键技术预研、地面模拟试验设备建设的组织管理和改制，并承担数值模拟实验室的筹组建任务，所取得的成果已在中国航天技术的发展中发挥重要作用；此外，参与中国大型运载火箭及地天往返系统的发展规划制定。

已发表百余篇论文与技术报告。获国家和省部级科研成果奖 10 余项。先后获国防科学工业委员会和全军总装备部 863 计划先进个人等多种荣誉称号。获何梁何利科学与技术进步奖。 （田玉冬）

朱能鸿（Zhu Nenghong） 中国江苏省人，1939 年 11 月 10 日生于上海。天文光学工程、精密加工技术、仪器研制、观测天文学。

1960年同济大学建筑系毕业。曾多年在南京天文仪器厂、上海科学仪器厂等处工作，后一直任职于中国科学院上海天文台，研究员，曾任天文仪器研究室主任、上海天文台副台长、台总工程师兼天文仪器研究中心主任等职。1991～1993年曾在欧洲共同体的欧洲南方天文台参与国际合作。兼任上海市科学技术协会副主席等职。1995年当选为中国工程院院士。

20世纪60年代初，研制成功中国第一架月球双速照相机，能使月球及其定标星同时拍摄在一张底片上；1978年与华兆铭、胡宁生等合作，主持完成真空照相天顶筒研制，可用于测定恒星的赤经和赤纬，由于采用真空镜筒和光电计时技术，明显提高测量精度，获中国科学院科学技术成果奖一等奖；1989年主持研制成功中国第一架1.56米天体测量望远镜，这是当时世界上同类望远镜中口径最大的一架，该望远镜工作稳定、性能好、定位精度高，性能达到世界先进水平，先后获中国科学院科学技术进步奖一等奖、国家科学技术进步奖一等奖；在1994年7月彗星与木星相撞宇宙事件中，1.56米天体测量望远镜拍摄了600多张照片，其质量与数量居国际天文界前列。1991～1993年参与欧洲南方天文台研制当时"世界之最"16米合成口径光学望远镜活动，在干涉仪研制组设计了光束干涉合成望远镜方案，具有多光速馈入和瞳孔跟踪等特色，受到外国同行好评。

多次获国家和部委级奖励。1993年被评为上海市科技精英。2001年获何梁何利科学与技术进步奖。

（陈美查）

关杰（Guan Jie） 中国福建省人，1939年11月13日生于印度尼西亚。冶金机械工程、自动控制、工程管理。

原籍福建莆田。印度尼西亚归国华侨，家境清贫，1948年回国。1963年北京钢铁工业学院毕业。同年起一直在国家机械工业部西安重型机械研究所工作，副总工程师，研究员级高级工程师。1997当选为中国工程院院士。

先后主持或为主参加过30余项各类连铸设备和成套设备的设计研制，取得重要科研成果60余项和多项国家专利，代表了中国国产化连铸装备研发设计的一流水平。20世纪60～80年代，主持和参与研制成功2 300毫米、1 050毫米等大型板坯连铸机，期间攻克一系列高难度的关键技术，先后开发出钢包回转台、结晶器、二次冷却器和板坯液压剪等先进设备，获1978年全国科学大会奖等。为中国多个大型冶金企业的设备和技术更新换代作出了重要贡献。80年代以来，主持开发成功结晶器振动系统、200吨级连杆式回转台等多种冶金机械设备；为美国中兴钢厂等国际冶金企业提供技术服务，其中2 032毫米大型连铸机攻关中获实用型专利；成功主持国家重大技术装备项目——攀枝花钢厂1350毫米板坯连铸机成套设备的研制和安装，结束了中国大型连铸机依赖进口的历史，获1995年机械工业部科学技术进步奖特等奖、1996年国家科学技术进步奖一等奖。

与他人合作，出版有《板坯连铸机设计与计算》、《连续铸钢设备专业史》等专著。

（侯伯勤）

库克，S. A.（Cook，Stephen Arthur） 美国人，1939年12月14日生于美国纽约州布法罗。计算机科学与工程、应用数学。

化学家之子。1961年获密歇根大学科学工程学士学位。1962年和1966年先后获哈佛大学研究生院理科硕士、博士学位。1966～1970年任伯克利加利福尼亚大学副教授。1970年后一直执教于加拿大多伦多大学计算机科学系，1975年晋升教授。加拿大皇家学会外籍会员、美国科学院院士、美国文理科学院院士。

计算机科学计算复杂性领域NP完全性理论的奠基人。在计算机学科分支"计算复杂性"理论的初创时期，其博士论文"论乘法的最小计算时间"（1966年）已对该领域作了初步涉足。当时，数学家和计算机科学家、美籍华人王浩从复杂性角度研究谓词演算的可满足性，在其启发下，库克改从较单纯的命题演算公式的自动证明入手研究计算复杂性，获得了巨大成功。在美国计算机学会第三届计算理论研讨会上，发表著名论文"定理证明过程的复杂性"（1971年），首次明确提出并证明了命题演算可满足性问题即NP完全性问题，并奠定了NP完全性理论的基础。由于P=？的NP问题相当复杂，难以解决，库克就采用一种巧妙的解题策略：从NP类问题中分出复杂性最高的一个子类，即"NP完全类"；任取NP类中一个问题，再任取NP完全类中一个问题，可证明必存在一个适合确定性图灵机、具有多项式时间复杂性的算法，可把前者转化为后者；若能证明NP完全类中有一个问题是属于P类的，则证明了NP类中所有问题都是P类的，即证明了P=NP。虽然P=？的NP问题至今仍未完全解决，但库克的成果首次为研究计算复杂性问题指明了一条捷径，不必再像大海捞针似地盲目探索了。在其启发下，R. M. 卡普（1985年图灵奖获得者）在次年证明了21个组合优化问题也是NP完全的，从而加强和发展了NP完全性理论。与此同时，库克提出了"复杂性归约"方法即"库克归约"，可用以比较和判定各种复杂性类问题的计算难度以及函数和搜索问题，至今仍是最常用归约方法之一。

获美国计算机学会1982年图灵奖（世界计算机界最高奖），1989年和1995年计算机科学教育奖等。

（李 烨）

吴澄（Wu Cheng） 中国浙江省人，1940年1月4日生于浙江崇德（今属桐乡市）。自动控制、计算机集成制造系统工程、电子与信息工程学、企业管理。

1962年清华大学电机系工业自动化专业毕业，1966年该校电机系研究生毕业。留校任教。1981～1983年在美国凯斯西储大学从事博士后研究。清华大学自动化系教授，国家计算机集成制造系统(CIMS)工程技术研究中心主任。兼任国家高技术研究与开发计划(863)CIMS专家组组长，浙江大学、华中理工大学等校兼职教授。1995年当选为中国工程院院士，兼电子与信息工程学部副主任。

中国863计划自动化领域首席科学家。主要从事系统集成方法与技术，复杂生产制造系统和工业自动化系统的建模、设计、优化和可靠性研究。主持建成中国第一个CIMS实验工程，解决了实施中的总体关键技术，达到国际先进水平。1986年起主持国家高技术计划自动化领域CIMS主题规划和实施，已在各个行业的数百家企业实施CIMS技术，对中国企业技术进步和现代管理制度建立起到示范作用，取得显著的经济效益和社会效益，推动了以信息化带动中国工业化的进程。经美国制造工程学会考评，中国CIMS工程技术研究中心、北京第一机床厂分获美国CIMS应用开发1994年"大学领先奖"和1995年"工业领先奖"。

发表论文百余篇。多次获奖，其中有国家科学技术进步奖二等奖，国家科学技术部一等奖(3次)，国家教委科学技术进步奖一、二等奖，国家光华科学技术基金一等奖，国家科委863计划一等奖，首届何梁何利科学与技术进步奖等。 (陈雪荣)

顾冠群(Gu Guanqun) 中国江苏省人，1940年1月13日生于江苏常州，2007年5月26日卒于江苏南京。计算机科学与工程、计算机网络工程、高等教育管理。

1962年南京工学院(今东南大学)自动控制系毕业。一直留校任教，教授，历任计算机网络和通信研究室主任、计算机科学与工程系主任，东南大学副校长、校长。1997年当选为中国工程院院士。

20世纪60～70年代，参与研制中国第一台晶体管数字积分机；开发出自动切割绘图系统、潜艇电子航迹仪，均获1978年全国科学大会奖；参与设计DJS-220系列和DJS24/25计算机，先后获国防工业技术改进奖一等奖、国防工办科学技术成果奖二等奖；80～90年代，研制一系列符合国际标准的数据通信和计算机网络软硬件：主持研制高级数据链路通信控制器及规程软件，获1986年电子工业部科学技术进步奖一等奖；研建中国第一个异种大中型计算机远程开放式互联网络系统(OSI)、第一个开放式电子数据转换系统(EDI)，均达到国际水平，并用于港口管理等多项网络工程，分获1995年、1996年国家科学技术进步奖三等奖；成功组织多家企业实施计算机集成制造系统(CIMS)技术，形成管理信息系统、工程设计集成系统和制造自动化系统一体化，其中北京第一机床厂获1995年美国制造工程学会国际工业领先奖，网络技术获1996年国家科学技术进步奖二等奖、江苏省科学技术进步奖一等奖；率先在中国研制出X.25型通信控制器，结束了该领域依靠进口的历史。

发表论文逾百篇；出版专著5部，其中主编《计算机网络》(1978年)获电子工业部优秀教材奖一等奖，《电子信息技术》获1996年国家科学技术进步奖三等奖。获国家和省部级奖励10余项。 (李啸虎)

李冠兴(Li Guanxing) 中国上海市人，1940年1月14日生于上海江湾。核燃料工程、铀冶金学、企业管理。

1962年清华大学工程物理系核材料专业毕业，1967年该系研究生班毕业。同年起一直在中国核工业总公司202厂工作，相继任第二研究室技术组技术员、工程师。1982～1984年在美国俄亥俄州立大学冶金工程系作访问学者。1984年后，历任202厂第二研究室副主任，该厂冶金研究所副所长，研究员级高级工程师、副总工程师，总工程师、厂长，铀冶金重点实验室主任等职。1999年当选为中国工程院院士。

多年致力于研究堆核燃料元件、核电站燃料元件，靶件和铀冶金研究。取得核技术上的重大突破，提高元件成品率，降低了核反应堆内事故率；主持和组织板型元件研制，成果达到国际水平；主持当时国际上尚无先例的、结构复杂、工艺难度大、铀密度高的燃料元件研制工作，研制成功堆外冲刷试验组件和辐照考验组件；组织建立具有20世纪90年代先进水平的靶件生产线，开展相应的研究工作；组建铀冶金重点实验室，改进和完善铀材料应用研究和生产基地；担任202厂厂长后，加大企业改革力度，转变生产经营观念，加强内部管理，开拓军工和民用两大市场，基本扭转企业连年亏损局面。后期主要研究项目集中在金属与合金、粉末冶金，高级陶瓷与金属基复合材料等材料学领域。

主要著作《核燃料》(2007年)、《研究试验堆燃料元件制造技术》(2007年)和《重大堆燃料元件》(2007年)等。多次获得国家和省部级奖励。 (陈　胜)

郑守仁(Zheng Shouren) 中国安徽省人，1940年1月30日生于安徽颍上。水利水电工程、结构力学、工程管理。

1963年华东水利学院(今河海大学)河川水工专业毕业。历任长江流域规划办公室(今长江水利委员会)施工处副处长、副总工程师，葛洲坝工程设计处处长、副总工程师，隔河岩工程设计代表处处长，长江水利委员会副总工程师、总工程师兼三峡工程设计代表局局长，教授级高级工程师。1997年当选为中国工程院院士。

20世纪70～80年代，在乌江渡工程上游过水围堰设计中，提出深槽部位使用钢架笼水中封堵方案，成功建成中国第一座水下浇筑混凝土拱围堰；主持葛洲坝工程大江截流，在一期工程中采用"守点顾线"防冲设计，实现江中修建土石纵向围堰，成果获国家优秀设计奖。80～90年代，在葛洲坝工程大江截流二期围堰设计中，首创混凝土基座上插钢板桩格型围堰、预抛钢架笼块石和混凝土块拦石坎护底等多种技术方案，大大减少工程量，保证了顺利合龙，葛洲坝二、三江工程获国家科学技术进步奖特等奖；在隔河岩新型重力拱坝工程中，全面负责设计和工程质量监理，设计合理，施工优质，一次蓄水成功，提前一年发电，获国家优秀工程设计金奖，个人获唯一的"隔河岩工程特殊贡献者"称号；主持三峡工程单项技术设计、招标设计、施工图设计，在一期土石横向围堰、二期上游围堰设计中成功借鉴葛洲坝截流经验，并在现场不断优化，解决了围堰基础稳定、液化、防冲难题，比预算节省一亿多元投资，获国家优秀工程设计金奖，个人被评为首批“三峡工程优秀建设者”。此外，两次被评为水电部、水利部特等劳动模范。（李啸虎）

李钊(Li Zhao) 中国河北省人，1940 年 2 月 3 日生于河北无极。军械工程、爆破技术、工程管理。

1959 年参军入哈尔滨军事工程学院工程兵系学习，后随该系转入西安工程兵工程学院地雷爆破工程系，1964 年毕业。同年到中国人民解放军总装备部驻无锡工程兵某部从事科研工作，历任第一研究所高级工程师、第四研究室主任，科技处处长，第二研究所副所长、副总工程师，1989 年后任第一研究所所长，1994 年授专业技术少将军衔。兼任总装备部科学技术委员会委员、中国兵工学会工程装备分会主要领导等职。1999 年当选为中国工程院院士。

20 世纪 70 年代，主持研制成功中国第一代防坦克耐爆地雷，首次在国际上提出一种新的地雷耐爆原理，研制成功“多次耐爆引信”。80 年代，主持研制成功新型火箭布雷系统和中国第一代可撒布防坦克地雷。90 年代，任总设计师研制成功中国第一代抛撒布雷系统和综合扫雷系统，填补了军队近程机动、快速布设防坦克雷场、防步兵雷场和混合雷场装备的空白。这些大多达到当时国际先进水平的新装备，先后成为工程兵部队主干装备，显著提高了作战能力和地爆工程技术装备水平。主持和参加过多项重要工程装备中、长期发展论证，科研规划和计划制定。

科研成果获 1978 年全国科学大会先进成果奖、1985 年国家科学技术进步奖一等奖、两次国家科学技术进步奖二等奖等多项。1978 年获工程兵科学大会先进工作者称号；1986 年荣立二等功。（田玉冬）

韦钰(Wei Yu) 中国广西省人，女，1940 年 2 月 7 日生于广西桂林。生物电子工程、分子组装与检测技术、微波电子学、教育管理。

1961 年南京工学院（今东南大学）无线电系毕业，1965 年该校研究生毕业。1981 年获联邦德国亚琛工业大学电机系工学博士学位。历任南京工学院研究室主任、电子研究所所长、生物医学工程系主任、副院长、院长，东南大学副校长、校长兼研究生院院长，1993～2002 年任国家教育委员会副主任、国家教育部副部长，东南大学生物科学与医学工程学院教授兼学习科学研究中心主任。兼任国际分子电子学与生物计算系统学会常务理事、中国科学技术协会副主席、中国高等教育学会理事长、中国电子学会副理事长等职。1994 年选聘为中国工程院院士。还获美国、英国、加拿大、日本等国以及中国香港和澳门等地 8 所高校荣誉博士学位。

早期从事微波电子学研究。1982 年起致力于生物电子学、分子电子学理论和应用研究，获得中国国内第一个生物组织的微波 CT（计算机断层扫描成像）、超声 CT、衍射 CT 和 B/A 非线性参量断层图象，使中国成为国际上继美国、日本之后第三个能做出 B/A 断层图象的国家。在国际上率先系统阐明分子器件和分子计算系统基本特性，首先采用分子器件分子设计方法，明确指出分子器件应考虑在进化求解的计算系统中应用，提出一系列分子计算模型，对四类光电分子器件进行实验模拟和原理探讨，发展了一系列分子组装和检测技术，受到中外同行高度重视。在中国首次研制成功 LB 膜（一类微纳米有机超薄膜）；是当时中国电子束刻蚀的最好水平。建立了中国第一个分子与生物电子学开放实验室、第一个生物电子学博士点。在担任教育部副部长期间，对中国教育网络和远程教育的建设发展起了重要推动作用。

发表学术论文近 300 篇，其中发表于国际核心学术刊物百余篇。获国家和省部级奖励 10 余项。是第一位获得德国洪堡基金博歇尔奖章的中国人。（蒋春玉）

牛憨笨(Niu Hanben) 中国山西省人，1940 年 2 月 11 日生于山西壶关。激光工程、数字成像技术、仪器研制、光电子学。

1966 年清华大学无线电电子学系毕业。同年到中国科学院西安光学精密机械研究所工作，后升任研究员。1999 年调入深圳大学执教，任光电子学研究所所长。期间 1979～1981 年在英国伦敦大学帝国理工学院物理系进修；先后应邀到苏联、英国、美国、法国和中国台湾的多所大学或研究所进行合作研究和讲学。1997 年当选为中国工程院院士。

发展了动态电子光学理论，在国际上有一定影响；在中国率先开发变像管诊断技术，先后主持研制成功 9 种变像管、7 种变像管相机，应用于地下核试验、X 光激光开发、激光核聚变研究等国防科研和尖端科技领域，使中国光电子技术进入世界前列。20 世纪 70 年代，研制成功中国第一个分幅两用高速静电变像管，在重大国防军工中发挥了关键技术作用。80～90 年代研制一系列变像管相机，使时间分辨率达到皮秒（10^{-12} 秒）、飞秒（10^{-15} 秒）量级，使诊断光谱响应从近红外扩展到紫外、X 射线以及中子等区域和层次，使光子增益由几十倍提高到 100 万倍以上；开发极端条件下图像信息获取技术，其中有瞬态显微、计算机辅助断层扫描、荧光寿命显微、X 射线数字成像等技术，取得重大进展；发展皮秒分幅和时间分辨谱技术。继而从事图像信息获取与显示、半导体光电子材料与器件、微光机电系统等研究开发。

获中外发明专利 6 项；发表论文百余篇。多次获奖，其中有国家科学技术进步奖特等奖 1 项、三等奖 2 项，国家发明二等奖 2 项、三等奖 1 项，中国科学院科学技术进步奖一等奖 5 项、二等奖 1 项等。（李啸虎）

徐建中(Xu Jianzhong) 中国辽宁省人，1940 年 3 月 3 日生于江西吉安。机械与动力工程、热机研制、工程热物理、应用数学。

1964 年中国科学技术大学近代力学系工程热物理专业毕业。1967 年中国科学院力学研究所研究生毕业。中国科学院工程热物理研究所研究室主任，研究员。兼任中国工程热物理学会理事长、清华大学等多所大学兼职教授、《工程热物理学报》主编等职。1995 年当选为中国科学院院士。

长期从事叶轮机械内部流动的气动热力学基础研究与应用研究。发展了不定常流面模型和基本方程，进一步深入揭示跨声速流动规律；研究激波终止处的物理特性，得出一些有重要学术意义的结论；提出广义回转面新概念，改进两类流面求解方法，在国际上率先导出三元流动激波关系式，发展了叶轮机械三元流动理论体系；在国际上率先完成轴流压气机 S2 流面反问题开始的两类流面迭代计算，得到准三元流动收敛解，发现内部流动的一些新现象新特征；对跨声速流动和粘性流动中的一些重要理论问题，提出一系列新概念新解法，其中提出跨声速流函数密度计算方程和准确无粘流动模型，在理论上与欧拉方程等价，同时又简化了计算过程；计及二次流、湍流扩散和掺混等复杂因素，发展了通流计算方法，并首次用于小展弦比叶片设计；提出反演和半反演方法建立坐标方程，以求解叶轮机械气动设计问题；将三元流动理论、新发展的计算方法和其他研究成果成功地用于叶轮机械设计，为建立中国叶轮机械气动设计体系做出了贡献。

多次获奖，其中有国家自然科学奖二等奖，中国科学院重大科技成果奖一等奖(2 项)、自然科学奖二等奖等。 (李啸虎)

周廉(Zhou Lian) 中国吉林省人，1940 年 3 月 11 日生于吉林舒兰。冶金工程、超导材料工程、金属学。

1963 年东北工学院金属材料系毕业。1979～1982 年由教育部派往法国国家科学研究中心进修。1984 年后，历任西北有色金属研究院常务副院长、院长，教授级高级工程师。兼任国际材料研究会联合会第一副主席、国家超导技术专家委员会首席专家，中国材料研究学会理事长、中国有色金属工业协会钛业分会会长、陕西科学技术大学名誉校长、10 多所中国高校名誉教授或兼职教授等职。1994 年选聘为中国工程院院士。

20 世纪 70～80 年代，首创最佳时效-形变工艺技术，使铌钛合金性能创下当时国际纪录；1979～1986 年主持多项铌三锡超导材料研究，研制出具有国际先进水平的强磁体；解决了一系列重大技术难题，指导生产数吨铌钛超导线材和铌三锡长带，适时支持了多项超导重点工程。80～90 年代，1987 年在中国较早开展钇钡铜氧(YBCO)高温超导体研究，在国际上首创粉末熔化法制备技术，生产的块材达到世界领先水平；在国际上最早采用分步合法制备铋系高温超导体，所得铋系银基复合带、输电电缆性能均达到国际先进水平；高 Jc-YBCO 超导体材制备技术获 1999 年国家技术发明奖二等奖。在稀有金属材料方面，主持多项国家和军工重点配套及重大工程项目研究，开发烧结不锈钢纤维毡等多种稀有金属材料，有广泛用途。此外，作为中方负责人领导和参与中国与法国、德国、日本、波兰等多项政府间超导及钛合金科技合作项目；作为主席或副主席主持过一系列大型国际学术会议。

获国家发明专利 10 余项；发表论文 300 余篇。获国家和省部级奖励 10 余项，其中包括 1978 年全国科学大会奖，1995 年、1998 年部级科学技术进步奖一等奖，何梁何利科学与技术进步奖。 (吴秋轩)

周孝信(Zhou Xiaoxin) 中国山东省人。1940 年 4 月 7 日生于山东蓬莱。电力系统工程、电网技术、电工学、系统工程学、计算机应用。

1965 年毕业于清华大学。现任中国电力科学研究院教授高级工程师、总工程师。兼任国家电力公司动力经济研究中心专家委员会主任，国家自然科学基金委员会工程与材料科学部主任、《电网技术》杂志主编。1993 年当选为中国科学院学部委员(院士)。

20 世纪 70 年代开始研究现代电力系统分析数学模型和计算方法，在中国率先提出电力系统稳态和暂态分析的各种数学模型和建模方法，其中可计算任意复杂故障和电网动态等值的数学模型，突破原有模型和算法的局限性，使中国在电网分析和等值分析领域跃居世界领先地位；研究用户自定义建模方法，突破性地提高了电力系统分析软件的结构和功能水平；1973 年起，主持开发和不断完善中国第一套“电力系统分析综合程序”大型软件，该软件历史长久、功能强大、使用方便，达到国际先进水平，广泛应用于各地电力系统规划设计、生产调度运行和科研教学，取得了巨大的经济和社会效益，1985 年获国家科学技术进步奖一等奖；主持和参加多项大型超高压输电系统工程关键技术的攻关研究，在中国第一条 330 千伏超高压输电线路工程、第一条 ±500千伏高压输电线路工程等电力系统工程中提出并采用新的分析模型、计算方法和关键技术；90 年代开始，研制新型灵活交流输电系统，主持超高压输电系统可控串补等重点项目，致力于电力系统的电力电子技术和现代控制理论应用研究。

多次获奖，其中还获全国优秀科学技术工作者等称号；2008 年获美国电气与电子工程师协会电力工程学会森格拉尼定制电力贡献奖。 (伍期刚)

黄先祥(Huang Xianxiang) 中国江苏省人，1940 年 4 月 20 日生于江苏如东。火箭与导弹工程、动力与机械工程、计算机应用。

1965 年北京理工大学飞行器工程系毕业。曾任全军第二炮兵工程学院 202 教研室主任，现为教授。兼任国务院学位委员会学科评议组成员、中国系统仿真学会副理事长、全军总装备部科学技术委员会委员等职。1999 年当选为中国工程院院士。

率先提出和努力推动军队兵器发射理论与技术学科建设，获军队优秀教学成果奖一等奖；解决了导弹、卫星发射及运行中的多项关键性工程技术难题，取得一些重大突破；主持“大型装置起竖过程的动力学建模研究”等重大项目，在大型机械设备的仿真与检测等领域取得一批具有中外先进水平的研究成果；主持“图像动态识别在光电瞄准仿真系统中的应用研究”等多个重大课题，参与研制开发出导弹特种装备与训练模拟系统，综合运用多学科高新技术，建立数十个数学、物理和网络模型，研制出上百台仪器设备，实现导弹全武器系统与发射全过程的模拟；使第二炮兵工程学院 202 教研室成为一个闻名全军的“功臣教研室”，培养了第二炮兵部队发射专业85%以上的指挥技术人才。

获国家发明专利多项；公开发表论文百余篇；出版专著教材13部。获国家和军队奖励20余项，其中国家科学技术进步奖一等奖2项、二等奖2项，军队科学技术进步奖一等奖3项、二等奖5项。1996年获军队专业技术重大贡献奖；1997年获中央军委一等功。

（杨　辰）

凯，A.C.（Kay, Alan Curtis）　美国人，1940年5月17日生于美国马萨诸塞州斯普林菲尔德。计算机科学与工程、软件工程、人工智能、应用数学。

澳大利亚移民后裔。父亲是设计假肢的生理学家，母亲是音乐家。他曾是专业爵士乐和摇滚乐吉他手。1966年获科罗拉多大学数学与分子生物学学士学位。同年入犹他大学工程学院，1967年获电气工程硕士学位，1968年获计算机科学博士学位。后在斯坦福大学人工智能实验室从事博士后研究。1970年加盟施乐公司帕洛阿尔托研究中心，任学习软件研发工作组组长。1981年任雅达利游戏机公司副总裁兼首席科学家。1984年任苹果电脑公司研发部顾问、先进技术开发组主任。1996年后，相继任迪斯尼公司“幻想工程”、惠普公司高级软件研究团队高级研究员。与此同时，2001年创办民营软件工程观点研究所并任所长，致力于儿童、学习和先进的软件开发。是马萨诸塞理工学院、洛杉矶加利福尼亚大学计算机科学兼职教授，日本京都大学客座教授，德国柏林艺术大学名誉教授。当选为美国文理科学院院士、美国国家工程院院士。获国内外多所大学荣誉博士学位。

被誉为“面向对象编程之父”之一、窗口图形用户界面设计的开拓者。20世纪70年代，在施乐公司主持开发网络工作站原型使用的编程语言“斯摩尔托克”（Smalltalk），他从生物细胞相互交流信息的方式中获得启发，设计用鼠标驱动的这种多窗口环境语言；参与研制第一代个人电脑“阿尔托”（Alto），发明可用字母识别来改变画图方式的画板程序，最早实现字处理文本在屏幕上的图标可拖动功能。1984年，他把这种编程语言产生的视窗图形用户界面商品化，用于苹果电脑公司首台上市的“麦金托什”（Macintosh）电脑上，为市场广泛接受。今天最流行的操作系统微软Windows，也源于凯理念的发展。1968年，他率先提出笔记本电脑的构想；70年代在领导施乐研发组期间，试制名为Dynabook（“动书”）的笔记本原型，包含了平板显示器和无线通讯系统等许多未来技术设想；1993年，Dynabook理念化为苹果公司生产的世界第一个上市的笔记本电脑“牛顿”（Newton），如今各种笔记本电脑和电子书籍产品正遍及全球市场。他因此被公认为移动学习的第一个研究者之一。此外在以太网现代工作站、激光打印机、客户机服务器网络、立体音乐的开发中起到了重要作用。

获多项奖励，除美国计算机学会2003年图灵奖（国际计算机界最高奖）外，还获2001年德国柏林图形用户界面创业赛大奖，2004年日本京都奖，2004年美国国家工程院德雷珀奖（与他人分享），以及美国计算机学会系统软件奖、计算机科学教育杰出贡献奖等。他的至理名言：“预测未来的最好方法是创造它。”

（李　烨）

张钟华（Zhang Zhonghua）　中国江苏省人，1940年7月2日生于江苏苏州。电磁计量工程、仪器研制、电工学、计量科学。

1962年清华大学电机工程系毕业，1965年该系研究生毕业。同年起一直在中国计量科学研究院工作，研究员。兼任国际科学技术数据委员会基本物理常数工作组中国委员，中国仪器仪表学会副理事长、电磁测量信息处理仪器分会理事长，青岛大学电子测量研究所所长，河北大学等校兼职教授，《计量学报》主编等职。1995年当选为中国工程院院士。

20世纪60～70年代，主持研制国家“计算电容基准”，提出变动边界微扰法，解决了电极几何形状计算误差，建立中国电学交流阻抗绝对标准，获1982年原国家计量局科学技术成果奖一等奖。80年代，完成大量的电学阻抗检定测试，形成中国独特的电学阻抗测量体系，并在多次国际循环比对中评为最佳数据之一；主持建立中国超导强磁场标准，采用抑制法突破信号难以长距离传输难题，获1992年国家科学技术进步奖二等奖；为几十台超导磁体定标，其中包括中国第一台人体核磁成像超导磁体；承担制定量子化霍尔电阻基准，首次解决任意截面形状霍尔样品的电磁场计算法，测得值被正式定为国际推荐值依据之一。90年代及后，发现并解决了阻碍量子化霍尔电阻标准精度提高的主要误差来源；制成居国际领先水平的超导电流比较仪；用中国计算电容法建立高准确度的量子化霍尔电阻标准，在1998年新一轮国际基本物理常数平差时被正式采用；经不断改进，2002年用超导电流比较仪传递量子化霍尔电阻的不确定度已降低到10^{-10}量级，居国际首位。

发表论文近百篇；出版6种学术著作。还获1990年全国先进工作者、1997年全国优秀科技工作者称号；获2001年中国仪器仪表学会科学技术奖、2003年何梁何利科学与技术进步奖等。

（李啸虎）

叶恒强（Ye Hengqiang）　中国广东省人，1940年7月8日生于香港。固体材料工程、电子显微技术、准晶学、金相学。

1964年毕业于北京钢铁学院物理化学系。1967年中国科学院金属研究所研究生毕业。留该所工作。1981～1988年间，先后在美国亚利桑那州立大学固态科学中心、比利时安特卫普大学高压电镜中心、美国亚利桑那州立大学和日本东北大学做访问学者。先后任中国科学院固体原子像开放实验室主任，中国科学院金属研究所所长，北京大学教授、电子显微镜实验室学术委员会主任，国家重点基础研究发展计划（973）“材料计算设计与性能预测基础问题”项目首席科学家，兼任中国电子显微镜学会理事长。1991年当选为中国科学院学部委员（院士）。

主要从事材料学的电子显微学研究，用高分辨原子像技术深入研究固体材料的结构与缺陷，1982年在比利时安特卫普大学首次观测到硅化锰调制结构的高分辨像。此后，与国外学者同时独立发现传统晶体学不允许的五次对称性，进而与合作者发现和研究了20面体对称、8次对称等准晶相，使中国在准晶学研究方面居于国际前列。在高温合金拓扑密堆相中发现了多种新相和大量新的平移畴、旋转畴结构，并归纳出这类相晶体结构的构造规则；发现层状晶体多种长周期结构，直观揭示了合金非公度结构的原子模型及其生成机制，发展了合金结构理论。

发表200余篇论文；出版5部学术专著。多次获奖，其中五次对称和镍钛钒准晶的发现获1987年国家自然科学奖一等奖；在高温合金拓扑密堆相中发现多种新相及畴结构成果获1986年中国科学院科学技术进步奖一等奖。1996年获何梁何利科学与技术进步奖。

（巫瑞智）

龚惠兴(Gong Huixing) 中国上海市人，1940年7月19日生于上海浦东。航天遥感工程、空间科学与工程、仪器研制、信息与电子工程学。

1963年中国科学技术大学自动化系本科毕业。1967年中国科学院自动化研究所研究生毕业。曾任中国科学院上海技术物理研究所第七研究室主任、研究员，该所总工程师。兼任中国科学技术大学信息科学院院长、国家高技术航天领域专家委员会委员、国防科学工业委员会卫星有效载荷专业组副组长、中国红外与遥感学会理事长等职。是国际欧亚科学院院士。1995年当选为中国工程院院士，兼信息与电子工程学部副主任。

20世纪60～70年代，主要从事通信卫星红外地平仪研制，并为以后气象卫星红外遥感仪器研制打下了基础。70～80年代，在中国首先进行航天红外遥感系统的研制，主持研制中国第一代极轨气象卫星遥感仪器，攻克了许多关键技术，研制成功中国第一台甚高分辨率扫描辐射计，性能达到国际先进水平，显著提高了“风云1号”气象卫星探测水平，成果获国家科学技术进步奖一等奖。1989年成功解决了低温光学窗口表面结霜问题，使仪器性能达到当时正在运行的美国第四代业务气象卫星遥感仪器水平，确保了次年第二颗“风云1号”气象卫星升空后正常工作，获取的可见和红外云图清晰照片受到中外专家高度评价。1974～1990年，共主持研制四代可见红外扫描辐射计，探测波段从2个增至5个，图像地面分辨率从8千米提高到1.1千米，探测灵敏度从1℃提高到0.25℃，兼有气象和海洋水色观测功能，形成了中国气象卫星的特色。90年代初，担任“神舟号”航天工程应用系统总设计师，推进包括光学和微波遥感、空间科学探测、空间微重力在内的中国空间科学实验及应用研究，为后续研制打下基础。在中国率先开展航天红外遥感仪器的辐射定标方法研究和建立定标源；完成空间蛋白质晶体生长装置的研制，成功主持中国首次生物材料空间微重力条件下的长晶试验；系统地发展了许多国际水平的先进航天光电遥感仪器。

多次获奖，其中包括2000年获何梁何利科学与技术进步奖，2004年中国科学院杰出科技成就奖，2004年第五届光华工程科学技术奖等。

（王　晋）

刘人怀(Liu Renhuai) 中国四川省人，1940年7月20日生于四川成都。材料科学与工程、结构工程、仪器研制、材料力学、应用数学、高等教育管理。

1963年兰州大学数学力学系毕业。留校执教。1978～1986年历任中国科学技术大学近代力学系飞行器结构力学教研室副主任、系副主任，教授。1986～1991年任上海工业大学副校长，兼经济管理学院院长。期间1981～1983年、1988年先后在德国鲁尔大学、加拿大卡尔加里大学任访问学者。1991年后历任暨南大学副校长、校长兼应用力学研究所所长。兼任中国力学学会副理事长、中国仪器仪表学会仪表元件学会理事长、广东省科学技术协会副主席、《国际非线性力学》杂志主编等职。1999年当选为中国工程院机械与运载学部院士，2000年又兼该院工程管理学部院士。

先后系统研究过6类板壳的非线性弯曲、稳定和振动问题，多数属当时国际前沿，受到国内外同行高度评价。20世纪60～70年代，共同创立求解非线性微分方程修正迭代法，并用于处理板壳非线性问题；提出更精确的波纹圆板特征关系式；进行精密仪表弹性元件研究，成果达到国际先进水平。80～90年代，提出实用性的厚板壳弯曲理论，并将成果成功用于工程设计，其中有中国第一台大型尿素合成塔、中国第一台最厚管板的高温高压换热器、中国第一台大型双层套箍式高压器等；先后研究7种波纹膜片非线性弯曲；其中多项达到世界选进水平；参与制定黄山、九华山旅游开发和上海旅游，上海浦东高新技术和崇明岛的开发规划；在暨南大学大步改革，从严治校，有力促进了校风、教风、学风建设。

发表论文百余篇；出版《板壳力学》(1990年)、《夹层壳非线性理论》(1993年，与他人合著)等专著4部。获国家和省部级奖励10多项；2001年获日本创价大学荣誉奖。

（戚志东）

庄松林(Zhuang Songlin) 原名庄松龄。中国江苏省人，1940年8月14日生于贵州贵阳。光学工程、仪器研制、光电子学、计算机应用。

1962年复旦大学物理系毕业。同年到机械工业部上海光学仪器厂工作。1979年赴美国访问研究，1982年获美国宾夕法尼亚州立大学博士学位。上海理工大学光学与电子信息工程学院教授兼院长。兼任中国仪器仪表学会理事长、上海仪器仪表学会理事长、中国计量学院院长、上海光学仪器研究所所长、上海激光技术研究所名誉所长等职。1995年当选为中国工程院院士。

长期来设计制作百余种光学系统及仪器；在中国率先开展光学系统计算机辅助设计(CAD)研究；主持研制成功当时中国规模最大的光学仪器设计软件系统；创立和发展了光学统计试验总极值最优化方法、公差非线性模型；创造性开展傅里叶光学理论研究、光学像心理-物理实验研究；全面系统研究和开发非相干光学信息处理与彩虹全息技术，被国际学术界誉为“现代白光信息处理主要贡献者之一”；提出多种位相恢复的光学方法，开创该领域研究新方向；研制的硒化镉液晶光阀达到当时国际先进水平；在梯度折射率光学材料、光栅衍射矢量模态理论、高速光学多通道模与数变换、光通信无源器件等研究中亦有突出成果。

发表论文百余篇；著有《光学传递函数》、《光学成像的矢量场理论》等专著。多次获国家和省部级奖励。

（李孙演）

沈昌祥（Shen Changxiang） 中国浙江省人，1940年8月22日生于浙江宁波奉化。计算机科学与工程、信息安全工程、应用数学。

1965年毕业于浙江大学数学力学系。中国海军计算技术研究所教授级高级工程师，曾任该所副所长兼总工程师。兼任国家密码管理委员会办公室顾问，国家信息化委员会安全办公室咨询专家，中国人民银行信息安全顾问，北方交通大学信息安全体系结构研究中心主任，北京大学、上海交通大学等多所高校兼职教授。1995年当选为中国工程院院士。

在信息工程与计算机安全网络领域中，研制成功海陆兼容的信息处理系统、保密通信电报网络系统，并主持研究计算机安全操作系统，完成重大科研项目20多项，取得一系列重要成果和若干突破性进展。这些成果在信息处理和安全技术上有重大创造性，多项达到世界先进水平，广泛应用于政务、国防、经济社会信息化的各个领域，取得显著效益，尤其在中国军事指挥信息安全保密方面取得突破性进展。近几年主要从事信息与网络系统安全模型、安全体系结构、安全策略研究，其中完成的安全操作系统等课题，在中国首次实现高安全等级的信息系统，打破了国外的技术垄断和封锁。

主要著作有《实时系统软件设计初步》、《信息安全导论》（2009年）等。多次获国家和省部级奖励，其中1985年和1990年国家科学技术进步奖一等奖各1项，1985年和1988年国家科学技术进步奖二等奖各1项，国家科学技术进步奖三等奖3项，军队科学技术进步奖10多项，1996年获军队首届专业技术重大贡献奖。被授予海军模范科学技术工作者荣誉称号。（张　治）

白以龙（Bai Yilong） 中国天津市人，1940年12月22日生于云南祥云。材料科学与工程、非线性连续介质力学、爆破力学。

1963年中国科学技术大学近代力学系毕业。1966年中国科学院力学研究所研究生毕业。一直留所工作。1979～1981年应邀任英国剑桥大学、牛津大学访问学者。中国科学院力学研究所研究员，先后任爆炸力学研究室副主任、该所副所长、所学术委员会主任，非线性力学国家重点实验室副主任、主任等职。兼任国家自然科学基金委员会数理学部主任、中国力学学会理事长等职。1991年当选为中国科学院学部委员（院士）。2002年当选为欧洲科学院院士。

在中国首次用爆炸法制成金刚石微粉；解释了地下核爆炸应力波传播衰减机理，并被纳入“流体弹塑性模型及其在核爆炸和穿破甲方面的应用”项目，获重要进展；揭示材料受损破坏的热塑剪切变形局部化发生、演化和准静态结构的规律，首先提出剪切带宽度公式，预测失稳判据被国际上称为“白判据”；突破流行的经验描述，率先建立热塑剪切模型方程，被国际上称为“白模型”；首次将材料不稳定性、剪切带等概念用于延性破坏研究，定性地解释了一些过去难以解释的现象；首创亚微秒应力脉冲新技术，建立微损伤非平衡统计、成核、演化与临界突变的基本理论和实验基础；将短应力脉冲方法、临界损伤标准和层裂判据用于导弹抗核加固技术，推动中国新一代战略导弹的研制。

发表学术论文百余篇；出版《绝热剪切局部化》（1992）等英文专著2部。多次获奖，其中有1982年、1992年国家自然科学奖二等奖2项，1999年何梁何利科学与技术进步奖、2000年周培源力学奖等；此外还获2007年美国莱因哈特奖。

（侯伯勤）

孙优贤（Sun Youxian） 中国浙江省人，1940年12月23日生于浙江诸暨。工业自动化工程、自动控制、控制论、应用数学。

1964年浙江大学化学工程学系毕业。一直留校任教，教授，先后在化学工程学系、工业控制技术研究所任教，该校工业自动化国家工程研究中心主任。1984～1987年在德国斯图加特大学化工系做访问学者。兼任国际自动控制联合会制浆造纸委员会副主任、中国自动化学会副理事长及应用委员会主任、中国化工学会自动化委员会主任、浙江省自动化学会理事长等职。1995年当选为中国工程院院士。

提出一整套适合于复杂工业系统控制的新技术和新方法，包括系统建模、高级控制、故障在线诊断、容错控制和系统优化等技术；初步建立现代控制工程方法论体系；主持建立中国高等院校第一个国家级工业自动化工程研究中心；创造性开发出集散控制系统、多参数无笔记录仪、工业控制计算机系统；主持钢铁、炼油、造纸和化肥等4条大型生产线计算机控制系统建设；开拓制浆造纸工业自动化工程技术领域，首次开发用于管理制浆造纸各个过程的16种动态数学模型、25种高级控制算法、14种计算机系统、6种造纸专用仪表及设备，其中制浆造纸生产线计算机优化控制在1997年获国家八五攻关重大科学技术成果奖；与工程应用相结合，已在近20个省市推广应用造纸机计算机控制系统，产生重大的经济效益和环境效益。此外，总结“培养应用型高级人才的成功之路”，获1991年国家教委优秀教学成果奖。

取得专利近20项；4项成果为国家级重大推广项目；发表论文400余篇；出版著作和译著14部。获国家和省部级科学技术进步奖25项。1999年被评为全国优秀科学技术工作者。

（李啸虎）

凯克，D.（Keck，Donald） 美国人，1941年1月2日生于美国密歇根州兰辛。通信工程、光电子学、工程管理。

1962年、1964年、1967年先后获美国密歇根大学物理学学士、硕士、博士学位。1968年加盟康宁公司，曾任玻璃研究小组研究员、光电子学研究主管、研发工程部主任、公司副总裁等职，2002年退休。2002～2004

年任光敏技术中心首席技术官。兼任美国光电子工业开发协会理事、董事长，国家科学顾问委员会委员，国家研究委员会多个专业小组成员，国家发明家名人堂基金会副董事长、董事长，美国光学学会理事，《光波技术》杂志主编等。1993年入选美国国家工程院院士。

现代电信革命的主导者之一。研究领域广泛，涉及分子光谱学、梯度与非球面光学、导波光学、纤维传感器、光纤波导、科技管理等。20世纪60年代初，光导纤维(简称光纤)问世不久。光纤是一种细小、柔韧并能传输光信号的介质，多条光纤组成光缆。与双绞线电缆和同轴电缆相比，光缆能传输大容量信息，且保密性能高、成本低，但当时最大缺陷是在传输过程中损耗太大，每千米达到1000分贝，尚难以实现长距离光纤通信。1966年华裔英国工程师高琨在理论上论证和预言：光纤传输损耗有可能降到每千米20分贝以下(至少有1%的光在一千米传输中能到达终端)。全球的科学家努力了多年仍然没有解决这个问题。1970年，同在康宁公司玻璃研究室工作的凯克、R. 莫勒(Robert Maurer)和P. 舒尔茨(Peter Schultz)三人，共同设计并拉制出了第一根损耗低于每千米20分贝的玻璃光纤，经改进其实际传输能力是传统铜线的65000倍，损耗之低足以广泛用于信息传递，从而引领了电信业一场变革。凯克是实现这一重大技术突破的关键人物。这个发明造就了电信业光纤传输新时代，同时也使计算机国际互联网成为可能。在此后30年中，光纤已形成一门新兴领域，并发展成为发达国家国民经济主导产业之一。目前，世界80%的信息业务由石英光纤传输，而美国有超过90%的远距离通信都由光纤承担，时至2000年已铺设了2 500多万千米以上的光纤。

持有专利近40项；发表学术论文150多篇，出版《光纤技术论文选》(1992年)等文集；合著5部。获美国商业部发明家奖，2000年和莫勒、舒尔茨三人分获美国国家技术奖章。入选美国国家发明家名人堂。 (胡虹瑛)

黄其励(Huang Qili) 中国辽宁省人，1941年1月25日生于辽宁营口。蒸汽与电力工程、锅炉燃烧技术、工程管理。

1964年清华大学热能动力装置专业毕业。1968年南京工学院(今东南大学)动力工程系研究生毕业。先后任抚顺辽宁发电厂、东北电业管理局科技处工程师。1981～1984年在日本北海道大学工学部进修，1987年获工学博士学位。后历任东北电业管理局科技处、电力试验研究院总工程师，锦州发电厂厂长，辽宁省电力局、东北电管局、国家电力公司东北公司总工程师，国家电站燃烧工程技术中心主任、教授级高级工程师等职。1997年当选为中国工程院院士。

长期研究开发大型电站锅炉燃烧系统及其工程化，主持实施技术进步重大项目百余项，取得巨大综合效益。其中对国外引进、当时中国最大的600兆瓦火力机组褐煤锅炉进行长达10年的多项重大技术改造，消除了原有严重结焦与超温、设备出力不足等问题，终使该机组实现满负荷连续运行的设计工效，并为设计国产大型褐煤锅炉提供极有价值的参考。组织和主持多项国内领先、国际先进水平的科技项目研究，其中有锅炉低负荷断油稳燃、浓淡燃烧、节能降耗、低污染排放、烟气脱硫技术、煤粉均匀分配、自动化改造等方面，并已应用于200兆瓦、300兆瓦、600兆瓦机组等20余个工程中。负责组建中国第一个国家级电站燃烧工程技术研究中心，在学术研究、工程应用及人才培养方面做出了贡献。继而从事发电厂燃烧工程、热能工程、环境保护工程的研究和技术管理。

获专利多项。发表论文近百篇；主编《电力工程师手册》、《火力发电厂实用技术手册》等著作。获国家和省部级奖励20多项。 (李啸虎)

丁德文(Ding Dewen) 中国辽宁省人，1941年2月7日生于辽宁辽阳。冻土工程、海洋环保工程、寒区工程热学、生态学。

1965年大连工学院(今大连理工大学)应用物理专业毕业。1992年前，在中国科学院寒区旱区环境与工程研究所工作，历任所学术委员会副主任、主任，寒区环境科学研究室主任。1992年后，又相继任国家海洋局海洋环境保护研究所研究员兼所长，大连海事大学环境科学与工程学院院长。兼任国家海洋环境监测中心名誉主任、中国工程环境委员会副主任等职。1994年选聘为中国工程院院士。

在寒区旱区工程领域，创立了中国特色的冻土热学学科，学位点首席导师；开创性解决了冻土工程建设中一系列技术难题，其中如：高原冻土路基稳定性，超深人工冻结凿井的热土工艺，冻土区埋地管线优化工艺，以及高原冻土区第一条长距离供水管线热水回流技术等问题。在海洋环境科学与工程领域，主持筹建中国海洋环境保护与监测系统国家海洋局重点实验室；构造工程海洋学学科框架；作为“九五”国家重点项目“海岸带资源环境利用关键技术研究”首席科学家，探索以海洋油气开发为代表的人为活动与海洋生态的相互作用，提出海岸带生态建设和环境保护的技术开发对策，初步形成海岸带生态环境科学的基础理论体系；此外，在海洋资源开发利用、海洋产业与经济发展、海洋减灾防灾、海洋综合管理等诸多领域开辟了新的研究方向。

发表论文百余篇；出版《工程海冰学概论》(1999年)专著和译著6部。主持和参加国家与省部级研究课题30余项，其中12项获国家和省部级自然科学奖、科学技术进步奖。 (吴绩新)

薛禹胜(Xue Yusheng) 中国江苏省人，1941年2月7日生于江苏无锡。电力工程、电网技术、自动控制、计算机应用、工程管理。

1963年毕业于山东工学院(今山东理工大学)。1981年获电力科学研究院工学硕士学位。1985～1987年比利时列日大学留学，获博士学位。国家电力公司电力自动化研究院总工程师、教授级高级工程师。兼任中国电机工程学会理事及稳定技术专业委员会主任、国际自动控制联合会专业委员会成员、国际大电网组织专业委员会成员、《电力系统自动化》杂志主编等职。1995年当选为中国工程院院士。其堂兄薛禹群是水文地质学家，中国科学院院士。

发明和发展了独特的电力系统暂态稳定扩展等面积准则(EEAC)，首次突破大电网实时暂态安全快速分析的世界难题，被国际电力界称为“薛氏算法”。EEAC法开创了非自治系统运动稳定性的理论研究，揭示多机电力系统暂态失稳的本质与机理，是迄今为止世界上唯一能精确、快速、定量分析电网稳定程度的算法，不但比传统积分法快数十倍，还能即时准确系统地提供大量重要信息。根据EEAC方法开发的大电网在线暂稳态安全分析软件包，已成功应用于中国东北、西南等电网，使中国大电网的安全稳定运行提高到新水平；法国电力公司从1994年起就将EEAC算法应用于本国电网规划，美国电力科学院引进该技术已完成多项国际电力工程咨询，开创了中国电力界向发达国家出口高科学技术成果先例。这一成果标志着中国电力系统紧急控制决策理论与工程实践处于国际领先地位。国际大电网组织、国际自控联等国际学术组织高度评价这一技术创新，誉为“新一代电力系统稳定分析软件”。

出版著作多部，其中《运动稳定性量化理论》获2001年国家图书提名奖。先后获1994年电力部科学技术进步奖一等奖，1996年、2005年国家科学技术进步奖一等奖和二等奖，2004年国家技术发明奖二等奖，2006年中国专利优秀奖等多项奖励。（李孙演）

伯努利，A.（Pnueli，Amir） 以色列人，1941年4月22日生于以色列纳哈拉勒。计算机科学与工程、软件工程、应用数学、数理逻辑。

在以色列技术学院获学士学位。1967年获以色列魏茨曼学院应用数学博士学位。留校任教。期间曾在美国斯坦福大学从事博士后研究。1973～1981年执教于泰尔-阿维夫大学，任首任计算机科学系主任。后回魏茨曼学院任教至今，1997年起任密涅瓦反应式系统验证中心主任。1997、1998年先后获瑞典乌普萨拉大学、法国傅立叶大学荣誉博士学位。曾任美国斯坦福大学、哈佛大学等校客座教授。生有3个子女。

把时态逻辑引入计算机科学的开拓者。和曼纳(Z. Manna)共同开发了“命题线性时态逻辑系统”(PLTL)。时态逻辑是非经典逻辑一种，研究如何处理含有时间信息的事件的命题和谓词。PLTL采用线性、离散且与自然数同构的时间结构，使普通命题逻辑具有处理随时间变化的动态变元的能力。1977年他第一次把时态逻辑引入计算机科学，跨越了经典逻辑无法描述并发反应式程序持续动态行为的困境，成为开发反应式系统、并发式系统时进行规格说明和验证的有力工具，被认为是软件工程的一次重大突破。为了促进成果转化，1971年与人合伙在美国马萨诸塞州布灵顿开办一家微系统软件公司。1995年参加北京“逻辑和软件工程”国际专题研讨会，宣读“有时钟的变迁系统”一文，并主编会议论文集。后致力于把时态逻辑拓宽为整个软件开发过程的普遍基础，包括需求、规格说明、设计、证实、验证、代码生成和集成，而不局限于规格说明和验证。

发表论文百余篇；主编或与他人合著有：《时态逻辑详述》(1987年)、《反应式与并发式系统的时态逻辑》(1991年)、《反应式系统的时态验证：安全》(1995年)、《逻辑和软件工程》(1996年)等。1996年获美国计算机学会图灵奖(世界计算机界最高奖)。（李　烨）

郑皆连（Zheng Jielian） 中国四川省人，1941年7月17日生于四川内江。路桥工程、结构力学、工程管理。

1965年重庆交通学院桥梁及隧道专业毕业。广西壮族自治区交通厅教授级高级工程师，先后任交通厅副总工程师、副厅长兼总工程师等职。兼任国家交通部技术顾问、中国公路学会桥梁与结构工程学会副理事长、广西壮族自治区科学技术协会主席、广西公路学会理事长、广西大学等校兼职教授等职。1999年当选为中国工程院院士。

20世纪60年代，在中国首创双曲拱桥无支架施工新工艺，解决了不立拱架修建拱桥的技术难题；70年代主持设计广西第一座无支架施工的箱型拱桥，至90年代末共修建此类大桥40多座，累计总长20多千米，约占广西公路大桥总数的70%，节省投资上亿元，其中主持设计和施工的柳州市第二大桥获国家科学技术进步奖三等奖；90年代主持南蒲二级公路邕宁邕江大桥工程设计与施工，首创千斤顶斜拉扣挂悬拼架设拱骨架技术、连续浇注拱肋外包混凝土等技术，居当时国际领先地位，获1998年国家科学技术进步奖二等奖；以后在广西推广应用这种技术建成多座特大跨径拱桥，其中一座钢骨钢筋混凝土中承式拱桥净跨312米。多次获国家和省部级奖励。（李啸虎）

里奇，D. M.（Ritchie，Dennis MacAlistair） 美国人，1941年9月9日生于美国纽约州勃朗克斯山庄。计算机科学与工程、软件工程、应用数学。

父亲曾任贝尔实验室交换系统工程实验室主任。9岁时跟随父母移居新泽西州塞米特。1963年获哈佛大学物理系学士学位，后攻读应用数学博士学位未果就离开哈佛。1967年任贝尔实验室计算机科学研究中心研究员，1996年任朗讯公司技术系统软件研究部主任。

计算机程序设计C语言首创者，UNIX操作系统发明者之一。20世纪60年代，参与美国军方第二代分时系统MULTICS前期开发。为了改变计算机批处理方式落后状态，1969年起与K. L. 汤普森瞒着主管先在被淘汰的PDP-7计算机上，后在PDP-11上开发UNIX操作系统。1970年汤普森采用自行改进的汇编式B语言编写软件，1971 年 UNIX 系统基本成型，在贝尔实验室内部试用时初显其强大的文字处理能力，引起该实验室高层领导重视。为了克服 B 语言只能在相同硬件平台运行的局限，在改造剑桥大学里查德（M. Richard）1969 年开发的 BCPL 语言基础上，1972 年里奇发明了 C 语言，既有二进制位和字符的机器语言能力，又有高级语言许多复杂处理功能。1973 年他用 C 语言对 UNIX 系统进行重写，使之成为通用操作系统。UNIX 系统在推向市场后迅速取得了巨大成功。贝尔行政长官甚至宣称：在贝尔的无数发明中，UNIX 系统是继晶体管之后最重要一项发明。该系统适于多用户、多任务操作，结构紧凑、灵活、合理，操作和移植简便实用，界面简洁优美，具有良好安全性、保密性和可维护性，通信机制多样而高效，内存使用效率大大提高，成为后来各种操作系统的样板。UNIX 系统是至今使用最广的操作系统之一，至 90 年代版本多达百余个，与 Windows NT 和 LINUX 形成三强鼎立局面。C 语言 1990 年实现标准化。与汤普森共同发表“UNIX 分时系统”（1974 年），被称为具有里程碑式意义的论文；和凯尼汉（B. W. Kernighan）合著《C 程序设计语言》（1978 年初版，1988 年再版），成为 C 语言经典之作。

里奇与汤普森同获：美国《电子学》周刊 1982 年成就奖，美国计算机学会 1983 年图灵奖（世界计算机界最高奖）、1983 年首届软件系统奖，美国电气与电子工程师协会 1994 年计算机先驱奖、哈明奖章，1998 年美国国家技术奖章等。1988 年两人共同入选美国计算机名人堂。（李　烨）

安藤忠雄（Ando，Tadao）　日本人，1941 年 9 月 13 日生于日本大阪。*土木工程、建筑学、城市规划。*

中学毕业后，曾在大阪府立城东工业专科学校学过机械设计，做过货车司机和职业拳手，没有上过正规大学。1959 年起开始考察日本京都和奈良等地文化古城建筑。1960 年利用拳击比赛奖金，前往美国、欧洲、非洲和亚洲旅行和考察建筑，绘制了大量速写草图。1969 年在大阪建立安藤忠雄建筑研究所。1997 年任东京大学工学部教授，2003 年退休任荣誉教授，2005 年任终身特别荣誉教授。1987 年起，先后任耶鲁大学、哥伦比亚大学、哈佛大学、伯克利加利福尼亚大学等校客座教授。当选为多个国家建筑家协会荣誉会员。

建筑理念深受现代主义建筑大师勒·柯布西耶等人影响。最终确立以清水混凝土和几何形状为主的建筑语言和个人风格。1980 年代，参与设计关西周边地区商业、宗教等建筑。1990 年代及以后，参与设计美术馆、博物馆等国内外文化建筑。力求将自然环境引入建筑，让光、水、风、天、地、植被等生态要素与作品融为一体。除了早期一些作品外，其他全部以清水混凝土来表现，如著名作品光之教堂（1989 年）、水之教堂（1988 年）等。在内部空间处理上强调非整体性，通过一组有个性的空间序列，每个随阳光透入而变化，循环空间相互关联，产生“步移景异”的效应。1991 年，作品在纽约现代艺术馆展出大获成功，评论认为：“安藤的建筑表达了一种超乎寻常的引人共鸣的纯粹性和复杂的象征性，表现出令人难忘的永恒性和普遍性。”创作设计 200 余项建筑作品和方案，主要作品中获奖的有：大阪府住吉长屋（1976 年）获 1979 年日本建筑研究院年度大奖，神户市六甲集合住宅（1983 年）获 1983 年日本文化设计奖，大阪飞鸟博物馆（1994 年）获当年日本艺术大奖等。

出版主要著作有《安藤忠雄建筑制图集》（1994 年）、《安藤忠雄的梦构想：震灾复原与大阪湾区域计划》（1995 年）、《家》（1996 年）、《淡路梦舞台：千年庭园的记录》（2000 年）、《建筑家的生存方式》（2001 年）、自传《连战连败》（2001 年）、自传《建筑家安藤忠雄》（2009 年）等。主要国际大奖有：1985 年芬兰建筑师协会阿尔托奖、1989 年法国建筑学院建筑金奖、1991 年美国文理科学院布伦纳纪念奖、1992 年丹麦嘉士伯建筑奖、1995 年法国艺术与文学勋章（骑士级）、1995 年获第七届普利兹克建筑奖（国际建筑学界最高奖）、1997 年英国皇家建筑师协会皇家奖章、2002 年美国建筑师协会金奖、2005 年国际建筑师联合会金奖等。（李　烨）

彭先觉（Peng Xianjue）　中国湖南省人，1941 年 9 月 16 日生于湖南湘潭。*核武器工程、原子核物理学、工程管理。*

1964 年哈尔滨军事工程学院原子工程系毕业。中国工程物理研究院研究员，先后担任研究组长、研究室主任、研究所副所长兼副总工程师、研究院科学技术委员会主任等职。兼任四川省核学会副理事长等职。1999 年当选为中国工程院院士。

20 世纪 60 年代毕业后即参与氢弹研制的理论设计工作，经全院集体攻关和全国大力协同，1966 年 12 月 28 日，中国赶在法国前面成功地进行了第一颗氢弹原理试验，1967 年 6 月 17 日成功地进行了一次氢弹试验，从第一颗原子弹试验成功到第一颗氢弹原理试验成功，中国的速度是世界上最快的；作为主要技术负责人之一，参与主持第一代核武器多种型号和第二代核武器氢弹次级的理论设计、试验和定型工作，是多项关键设计思想的创新者之一，在节省贵重材料、大幅度提高核武器性能和威力变化适应性等方面发挥了关键作用；参与研究制订中国“八五”期间核试验规划和各次核试验方案的制定，经常深入科研和生产第一线现场，协调解决各种难题，使中国核武器设计水平在主要指标上进入世界先进行列；关注核技术和平利用，为发展中国核电事业献计献策；1999 年后参与指导高功率微波技术发展研究。

获国家和部委级科学技术进步奖多项，其中 1989 年、1996 年分获国家科学技术进步奖一等奖。此外获光华科学技术奖一等奖等。（李啸虎）

程耿东（Cheng Gengdong）　中国江苏省人，1941 年 9 月 22 日生于江苏苏州。*结构优化设计、计算结构力学、应用数学、高等教育管理。*

1964 年北京大学数学力学系毕业。1968 年大连工学院（今大连理工大学）数学力学系研究生毕业。先后在黑龙江省 3185 农场、沈阳八十八中学工作。1973 年起一直任教于大连理工大学，教授。期间 1978 年到丹麦技术大学固体力学系做访问学者，1980 年获该校博士学位。同年回国，1985 年起先后任大连理工大学副校长、工业装备结构分析国家重点实验室主任，1995～2005 年任大连理工大学校长。兼任国际多学科及结构优化学会执行委员、中国力学学会副理事长、辽宁省科学技术协会副主席等职。1995 年当选为中国科学院院士。

早年将群论方法成功用于水塔支架等结构分析；合作开发和推广汽轮机基础强迫振动研究的计算机软件；参与研制出可处理多变量、多工况、多约束的结构优化设计程序，深入探讨各种优化方法之间的关系；通过实心弹性薄板案例分析，阐明要实现全局最优解必须扩大设计空间（包括由无限细的密肋加强的板设计），开拓了近代布局优化新思维；研究误差分析和提高精度方法，提出结构响应灵敏度分析的半解析法，广泛用于已有的有限元程序中的灵敏度分析；首次指出结构拓扑优化中奇异最优解的本质是约束函数不连续，并给出求解奇异最优解的拓扑优化算法；深入研究灾害载荷下的结构优化可靠度问题等；完成一批结构优化的标准设计。

发表论文 200 余篇；出版著作 3 部、译作 2 部。多次获奖，其中有 1984 年全国优秀建筑标准设计奖，1985 年、2006 年国家科学技术进步奖三等奖，1991 年国家自然科学奖二等奖，国家教委科学技术进步奖一、二等奖，光华科学技术奖二等奖等。（李啸虎）

邱定蕃（Qiu Dingfan） 中国江西省人，1941 年 10 月 20 日生于香港。*冶金工程、金属学、工程管理。*

1962 年毕业于江西工学院（今南昌大学）。同年进入北京矿冶研究总院工作，历任技术员、工程师、教授级高级工程师、研究室主任，1985 年起任副院长。兼任北京矿冶总公司副总经理，国家金属矿产资源综合利用工程技术研究中心副主任，无污染有色金属提取及节能技术国家工程研究中心副主任，中国有色金属学会常务理事及重冶学术委员会副主任，《有色金属》杂志主编，昆明理工大学、中南工业大学兼职教授。1999 年当选为中国工程院院士。

主要从事重有色金属提取、分离、提纯和粉末材料开发。①钴冶炼：20 世纪 80 年代初，主持研究成功钴冶炼的 P204 萃取分离重金属工艺，在中国首次实现产业化，缓解当时的钴材短缺。②矿浆电解：与他人共同发明矿浆电解新技术，利用电积过程的阳极反应来浸出矿石，使硫化物直接转化为元素硫，具有流程短、能耗低、金属分离好和环境污染少等特点；1997 年在湖南柿竹园有色金属矿建成世界上第一座矿浆电解工厂，效益显著，同行专家评定“达到世界领先水平”；出版世界首部《矿浆电解》专著。该项成果获中国有色金属工业总公司发明奖一等奖，1998 年国家发明奖二等奖。③铜镍矿湿法精炼：主持组织上百人联合攻关加压浸出工艺，1993 年在新疆大型铜镍矿建成中国第一座重金属加压湿法精炼厂，使中国镍精炼从 20 世纪 50 年代水平跃进世界先进行列，成果获 1995 年国家科学技术进步奖一等奖。④复杂矿产开发：在处理含镍钴红土矿、低品位锰矿、复杂矿产资源综合利用等方面有重要贡献，其中主持“云南元阳复杂金矿资源综合利用”课题，获 2002 年国家科学技术进步奖二等奖。

至 2011 年，已发表论文百余编；出版专著 6 部。获国家及省部级科研成果奖近 20 项；此外获 2004 年光华工程奖、2006 年何梁何利科学与技术进步奖。

（吴秋轩）

邱爱慈（Qiu Aici） 中国浙江省人，女，1941 年 11 月 22 日生于浙江绍兴。*加速器工程、高能脉冲技术、仪器研制。*

1964 年西安交通大学电机系高电压技术专业毕业。同年起一直在西北核技术研究所工作，研究员，先后任研究室副主任、主任、研究所副总工程师、总工程师。1997 年被授予少将军衔。兼任西安交通大学等校兼职教授等职。1999 年当选为中国工程院院士。

20 世纪 70 年代，参加中国第一台高阻抗脉冲电子束加速器“晨光”号的研制，后主持对其改进的项目获 1978 年全国科学大会奖。80 年代，主持研制成功中国低阻抗脉冲电子束加速器“闪光二号”，提出正确的技术设计方案，解决多项重大技术难题，在加速器达到一期指标后，一边投入运行获得大量物理实验数据和资料，一边又很快地调试达到了它的二期指标，终使加速器束流最强可达 1 兆安，居国际先进水平，它标志着中国在这领域已占有一席之地，成为继美国、俄罗斯、英国之后掌握这一高技术的国家，该设备在科研试验和国防军工研究中发挥了重要作用。90 年代及后，主持多项大型辐射模拟设备的引进和国际合作，指导已建设备的改进和应用研究，使中国辐射模拟设备基本配套齐全；主持开展强束流及其诊断技术，高功率脉冲开关技术，以及纳秒高电压测量技术等研究，都取得重要成果，并得到大量实际应用。获国家级和部委级科学技术进步奖 18 项；获 1994 年光华科学技术奖一等奖。（胡　斌）

于文虎（Yu Wenhu） 中国江苏省人，1941 年 12 月 10 日生于江苏苏州，2001 年 8 月 28 日卒于山东济南。*电力工程、动力与机械工程、热机研制、工程管理。*

1967 年清华大学动力系燃气轮机专业毕业。同年到山东电力试验研究所（今山东电力科学研究院）工作，历任副所长兼总工程师、院长兼总工程师、名誉院长，山东电力集团公司副总工程师、教授级高级工程师。1995 年获清华大学热能系博士学位。1999 年当选为中国工程院院士。

长期在生产第一线主持大型汽轮发电机组安全经济运行的保障工作，创造了独特的准确诊断机组故障原因的方法，首次建成振动故障自动诊断专家系统，20 世纪 70～80 年代，提出转子现场挠曲变形平衡原理，首创轴系多平面多转速同时平衡法，解决了轴系现场平衡的长期技术难题，已广泛推广应用；形成独特的根据振动特征准确诊断故障原因的方法，消除了 200 多台次机组故障。90 年代后，首次提出建立振动故障自动诊断专家系统的完整理论框架；主持建成中国第一个大型火电机组性能及振动的远程在线监测与诊断系统，可快速诊断故障，优化运行参数，大幅节约燃煤，获国家科学技术进步奖二等奖；解决了多种新型大机组研制、运行中的重大技术关键；对引进设备及技术进行二次创新，其中对国外引进的300兆瓦机组、600兆瓦机组的原有设计上重大缺陷进行大胆改造，解决了技术难题，避免了重大事故，获国家科学技术进步奖二等奖。获国家和省部级奖6项。 （李啸虎）

封锡盛(Feng Xisheng) 中国辽宁省人，1941年12月17日生于辽宁海城。*机器人工程、电气与机械工程、自动控制。*

1965年哈尔滨工业大学电机系专业毕业。同年到国家电子工业部第十研究院第十四研究所工作。1973年起一直在中国科学院沈阳自动化研究所工作，任水下机器人研究室副主任，研究员。兼任《机器人》杂志副主编等职。1999年当选为中国工程院院士。

20世纪60～70年代，从事雷达天线控制技术、高精度轴角编码器等研究。80年代，开始参与主持国家高技术863计划水下机器人系列项目，并用于海洋石油开发生产、海底地质矿产考察、海上救捞作业等领域。1986年研制出中国第一台200米有缆遥控水下机器人"海人一号"；1988年300米以下无缆水下机器人通过专家评审。90年代后，1994年完成1 000米无缆水下机器人"探索者"号，获1995年中国科学院科学技术进步奖一等奖；1995年作为副总设计师，完成6000米水下机器人"CR-01"，并作为总设计师在2年后使"CR-02"实现工程化，获1997年中国科学院科学技术进步奖特等奖；"无缆水下机器人的研究、开发和应用"系列成果，获1998年国家科学技术进步奖一等奖；2003年3月主持第二套水下6 000米机器人出海勘查中国大陆架海底矿物资源，达到世界先进水平。

出版《机器人导论》(1995年)获全国优秀科技图书二等奖，《水下机器人》(2001年，与他人合著)获国家图书奖、全国优秀科技图书一等奖。获国家和省部级奖励10余项。1993年被评为863计划自动化领域优秀科技工作者。 （盛 刚）

马国馨(Ma Guoxin) 中国山东省人，1942年2月28日生于山东济南。*土木工程、建筑学。*

1965年清华大学建筑系本科毕业。1991年获清华大学工学博士学位。1965年起一直在北京市建筑设计研究院任职，历任技术员，第六设计室副主任、建筑师、主任建筑师，该院常务副总建筑师、教授级高级建筑师、一级注册建筑师等职。1981～1983年在日本东京丹下健三都市建筑设计研究所研修。1997年当选为中国工程院院士。

主持或参与主持设计、建造国家和北京市重点建筑工程项目多项。主要作品有：北京国际俱乐部(1971～1972年)；北京前三门大街和平门、宣武门等街区规划设计(1976年)；毛主席纪念堂(1976～1977年)，获1978年全国科学大会特别奖；新加坡国王中心(1981～1982年)；尼日利亚新国会大厦设计(1982～1983年)；第11届亚运会北京体育设施论证(1983～1985年)；刚果人民共和国布拉柴维尔某官邸设计方案(1986年)；国家奥林匹克体育中心与亚运村工程(1986～1990年)，获中国建筑学会创作奖，1991年北京市科学技术进步奖特等奖，1991年建设部优秀设计一等奖，1991年第五届国家优秀工程设计金质奖，1992年国家科学技术进步奖二等奖，1993年国际体育、休憩、娱乐设施协会银奖；北京申办2000年奥运会新建场馆方案(主会场，21世纪体育中心，马术中心，水上运动中心，自行车馆)(1991～1993年)；北京西客站、首都国际机场航站区扩建航站楼方案与施工等。

发表论文百余篇；编著《丹下健三》(1989年)获1996年全国优秀建筑科技图书奖一等奖。1994年获"中国设计大师"称号。 （李 烨）

吴有生(Wu Yousheng) 中国浙江省人，1942年4月2日生于甘肃兰州。*船舶与海洋工程、加固技术、船舶结构力学、仪器研制、水弹性力学。*

小职员家庭出身。1964年中国科学技术大学近代力学系毕业。1967年清华大学工程力学系研究生毕业。1981～1984年在英国伦敦布鲁纳尔大学做访问学者，并获博士学位。1968年起一直在中国船舶工业总公司第七研究院第702研究所(中国船舶科学研究中心)工作，研究员，历任研究室副主任、研究所副总工程师、总工程师、副所长，所长。1994年选聘为中国工程院院士。

20世纪60～70年代，多次参加现场效应试验，科学总结核空爆条件下舰船结构的破坏规律；建立一套舱室弹塑性动变形的工程分析法和破坏等级预报法；研制近百台冲击谱记录仪，并沿用至今；提出中国核潜艇抗水下爆炸冲击的加固技术及战效预估。80年代后，发展了70年代末英国人创始的二维水弹性力学，建立广义船舶三维水弹性力学理论，进行二维与三维、频域与时域、稳态与瞬态、线性与非线性系统研究，部分成果已用于中外多种新船型研制，海洋平台、浮船坞安全评估，以及复杂结构在水中瞬态冲击响应分析；创造性地开展全弹性船模实验研究；从事减震降噪、新型舰船和极大型浮动结构研究；进行水弹性力学试验技术与装置研究，开发出多种数值分析方法与应用技术，研制出不断更新的船舶水弹性响应软件包，获部级科学技术进步奖一、二等奖。

发表论文百余篇。先后获国家和部委级奖励近10项。1990年被英国皇家学会邀请为国际学术会议主席；特邀在美国首次开设水弹性力学研究生课程。

（李啸虎）

路甬祥(Lu Yongxiang) 中国浙江省人，1942年4月28日生于浙江宁波。*机械工程、流体传动及控制技术、科学技术史学、工程教育、科技管理。*

1964年毕业于浙江大学机械工程系水力机械专业。留校任教。1979年任联邦德国亚琛大学液压气动研究所客座研究员，1981年获该校工学博士学位。同年回国，1983年任浙江大学教授、机械工程系流体传动及控制研究所所长。1985年起任浙江大学副校长，1988～1995年任浙江大学校长。1991年当选为中国科学院院士。1993年任中国科学院副院长，1997年任中国科学院院长。1990年当选为第三世界科学院院士，后任该院副院长。1994年选聘为中国工程院院士。1986～1996年任中国科学技术协会副主席。2003～2008年、2008～2013年任第十届、第十一届全国人大常委会副委员长。此外，2005年当选为国际科学院理事会共同主席。曾任中国机械工程学会理事长、中国科学技术史学会理事长等。

主要学术贡献在机械工程领域，特别是流体传动与控制、工程教育等方面。在前人工作的基础上，创造性地提出"系统流量检测力反馈"、"系统压力直接检测和反馈"等新原理，并应用于先导流量和压力控制器件中，将此技术推进到一个新阶段，使大流量和高压领域内的稳态和动态控制精度获得量级性的提高。还运用这些原理和机-电-液-体插装技术相结合，推广应用于阀控、泵控和液压马达等，成功地研究开发了一系列新型电液控制器件及工程系统，该技术被认为是20世纪80年代以来电液控制技术重大进展之一，并被德国、日本和瑞士等国列入教材与手册。有关项目曾获1988年、1989年国家发明二等奖、三等奖和光华科学基金特别奖，国家教委、机械工业部一等奖。研究开发的电液比例技术被国家科委列为火炬计划A类项目推广。还主持开发研究了相应的计算机辅助设计(CAD)、计算机辅助翻译(CAT)支持系统，被广泛应用于中国许多工业部门。创建的浙江大学流体传动与控制研究所成为国家重点实验室、博士后流动站。

曾在中国、欧洲、美国获20余项专利；发表近300篇论文。十分关注科学技术史研究工作，发表了"科学的历史与未来"、"百年科技的回顾与展望"等论文；主编《中国古代工程技术史大系》、《中国传统工艺全集》、《中国近现代科学技术史丛书》等大型系列学术专著。

（王渝生）

杨秀敏(Yang Xiumin)　中国河北省人，1942年6月5日生于河北青县。*抗爆防护工程、爆炸力学、工程管理。*

1965年中国科学技术大学近代力学系爆炸力学专业毕业。先后任全军总参谋部工程兵第三研究设计所和第四研究设计所的研究室主任、教授级高级工程师等职。兼任中国力学学会常务理事等职。1995年当选为中国工程院院士。

长期致力于爆炸破坏效应及其防护手段的研究。20世纪60～70年代，先后多次参加中国西北核基地的核爆炸现场试验，测量爆炸力学各种参数；参加编写一系列有关测试及其分析的总结报告；参与修订中国《国防工程设计规范》；参与主持"触地核爆炸弹坑及地运动规律"研究课题，最先完成核爆炸成坑和爆炸波在岩体中传播的数值模拟。80年代及后，对防护工程的防护原则、标准、手段、效益等进行了系统深入的研究；在防护工程研究、设计、施工与检查过程中，自觉运用系统工程分析方法；提出提高战时指挥工程生存能力的一些重要对策思路与具体建议；建立预测城市灾害的分析模型，编制相应的计算机软件，广泛应用于中国数十个城市的防空工程建设；近期研究高科学技术战争时代新特点和国防工程新对策。

公开发表有"中国城市地下空间开发利用战略及对策"等论文。编撰有《坚韧的盾牌:中国筑城史话》(2002年，与他人合著)等著作。多次获奖，其中有国家科学技术进步奖二、三等奖，军队科学技术进步奖二等奖等。

（侯伯勤）

蒋洪德(Jiang Hongde)　中国湖南省人，1942年7月4日生于湖南衡阳。*动力与机械工程、汽轮机研制、工程热物理、工程管理。*

1965年毕业于清华大学。1981年获中国科学院研究生院硕士学位。历任中国科学院工程热物理研究所研究员、常务副所长，北京全三维动力工程有限公司副总经理。1999年当选为中国工程院院士。

综合当代叶轮机械气动热力学和计算流体力学最新成就，主持研制具有自主知识产权的多级汽轮机气动热力全三维设计体系，该系统理论先进、程序可靠、系统配套、实用性强，达到当代国际先进水平；组织和推进中国汽轮机研制的产学研一体化，开发出新一代后加载叶型、复杂三维造型叶栅、全三维流型等当代汽轮机通流部分新技术，加速了中国汽轮机基础部件的更新换代；创造性地进行10余种汽轮机气动热力设计，使机组热力性能由五六十年代水平一步提高到九十年代国际先进水平；在中国火电站老汽轮机通流部分改造工程中，主持200兆瓦等几种改造机组气动热力技术开发工作的总体规划、实验研究、方案制定、施工设计的实施与审核批准。

在二维和三维叶栅流场计算方法与分析、多重网格算法、边界层转捩湍流建模及数值模拟、叶栅非定常流动和三维设计体系等方面，撰有大量论文。多次获国家和省部级奖励，其中有省部级一、二等奖多次，以及2000年国家科学技术进步奖二等奖等。

（王　成）

王震西(Wang Zhenxi)　中国江苏省人，1942年9月3日生于江苏海门。*冶金工程、稀土永磁材料工程、功能材料学、非晶态物理学。*

1964年北京中国科学技术大学物理系毕业。先后担任中国科学院物理研究所课题组长、研究室副主任、科技处处长，研究员，磁性功能材料国家工程研究中心主任，中国科学院北京三环高技术股份有限公司总经理、董事长。1972年赴法国国家科学研究中心格勒诺布尔奈尔磁学实验室进修。兼任中国材料研究学会副理事长、全国稀土永磁协作网理事长等职。1995年当选为中国工程院院士。

20世纪60年代，参与完成中国第一代国防用多种微波铁氧体材料和器件。70年代，和法国学者共同发现一种非晶态合金薄膜中存在新型磁结构，并命名为"散磁性"(Sperimagnet)，被国际磁学界正式采用。80

年代初，研制成功具有中国自己特色的新型低纯度钕稀土铁硼永磁合金，系统地解决了大规模工业生产中整套关键技术、工艺和设备，获1988年国家科学技术进步奖一等奖；受命创建的产业型三环新材料高技术公司，经20余年发展已成为行业“领头羊”，建立起研究、开发、中试、生产和国际营销一体化的完整体系，产量占全国四分之一，与日本TDK公司并列排名世界第三。从70年代中期至今，和同事们共同努力，中国在第三代稀土永磁材料的研究和生产领域已跃居世界前列。

发表学术论文近百篇；出版有《非晶态物理学》(1984年，与他人合著)等。先后获中国科学院重大科学技术成果奖、科学技术进步奖一等奖，全国首届科学技术企业创业金奖，中国材料研究学会成就奖，教育部科学技术进步奖一等奖，2004年何梁何利科学与技术进步奖等。 (曹春生)

李同保(Li Tongbao) 中国河南省人，1942年10月7日生于河南温县。光辐射测量工程、仪器研制、精密测试技术、计量学。

1963年同济大学数理力学系物理专业毕业。先后任四川成都国家技术监督局中国测试技术研究院研究员、副院长、院长，上海同济大学声学研究所教授。兼任中国计量测试学会副理事长、中国光学学会光电技术专业委员会副主任、清华大学精密测试技术及仪器国家重点实验室学术委员会主任等职。1994年选聘为中国工程院院士。

长期致力于光辐射测量技术与标准的研究。20世纪60～70年代，为缓解中国国防与科研的急需，参与或主持研制出光度与辐射测量仪器多项，其中负责研制的“高照度标准”与精密数字式照度计，包括2000K～2854K色温临床工作标准等，获1978年全国科学大会奖。80年代以来，主持“光度基性与光通室副标准”项目，获国家科学技术进步奖一等奖；主持“用硅光电二极管自检技术实现400～900纳米光谱辐射绝对测量”项目，实现最大光谱光效率实验测定，该项新技术使光辐射绝对测量技术实现从热力学到量子物理的飞跃，达到国际先进水平，填补了中国国内空白，获1989年国家科学技术进步奖一等奖。 (陈雪荣)

高金吉(Gao Jinji) 中国辽宁省人，1942年11月1日生于辽宁本溪。石油化工机械工程、设备诊断技术、工程管理。

1967年北京化工学院(今北京化工大学)毕业。同年到辽阳化纤公司工作，1988年起历任副总工程师、中国石化设备诊断中心主任、教授级高级工程师。1993年获清华大学工学博士学位。1998年起兼任北京化工大学机电工程学院院长。兼任中国机械工程学会流体工程分会副理事长、中国振动工程学会机械故障诊断学会副理事长、中国设备管理协会设备诊断工程委员会主任等职。1999年当选为中国工程院院士。

率先倡导并成功实施中国石化企业设备诊断工程，协助数十家企业及时诊断排除机组故障数百台次，取得了巨大的经济和社会效益。其中有：在辽阳化纤国家重点工程试车、生产中，攻克外国设计专家未能解决的重大技术难关；查出导致裂解压缩机频繁停机和重大事故的轴向力设计错误，并通过轴承改型设计和整机全速动平衡消除高速压缩机组强振；研制出机泵群监测网络和人工智能机械故障诊断专家系统并实现产业化，达国际先进水平，并成功用于加氢裂化等多套装置中；避免了重大设备事故数十起，创效益十分巨大；同时使辽阳化纤公司近500台重要设备故障10年降低96%，首次在石化行业实施两年一大修；编制出科学实用的10类58种机械故障识别表和规则，成功研制出振动诊断软件包，已被宝山钢铁公司等10多个大型企业采用。

发表论文数十篇；《表面工程在石化设备维修中的应用》(1998年，与他人合著)等专著数部。获省部级科学技术进步奖一等奖12项，二等奖1项等。 (杨　辰)

邬贺铨(Wu Hequan) 中国广东省人，1943年1月16日生于广东广州。通信工程、光纤技术、光电子学、工程管理。

1964年武汉邮电学院有线系电报电话通信专业毕业。先在邮电科学研究院、电信总局505厂、邮电部第九研究所工作；后历任邮电部第五研究所总工程师，信息产业部电信科学技术研究院副院长兼总工程师，大唐电信科技产业集团副总裁、总裁，教授级高级工程师。兼任国家863计划通信技术主题专家组组长等职。1999年当选为中国工程院院士，后任中国工程院副院长。

主持研制成功路脉冲编码调制PCM30复用设备，获1978年全国科学大会奖；主持制成60路频分复用与时分复用转换设备等；主持开发准同步数字系列三次群和四次群复用设备；领导和主持建设成都-灌县三次群光通信示范工程；主持研制出140Mb/s光通信系统、16×16DXC/4数字交叉连接设备；20世纪80年代主持制订2Mb/s PCM终端机技术条件标准；多年连续参加国际电信联盟-电信标准化组织研究组，参与中国国家通信技术政策法规制订，获1988年国家科学技术进步奖一等奖；主持研制成功同步传送模块复用设备；90年代末主持研制155/622Mb/s同步数字系列光纤通信系统，获1997年邮电部科学技术进步奖一等奖、1998年国家科学技术进步奖二等奖。

发表论文百余篇；出版专著一部。2002年获何梁何利科学与技术进步奖。 (李　烨)

汤普森，K. L.(Thompson, Kenneth Lane) 美国人，1943年2月4日生于美国路易斯安娜州新奥尔良。计算机科学与工程、软件工程、人工智能、应用数学。

美国海军飞行员之子。1965年、1966年先后获伯克利加利福尼亚大学电气工程学士、硕士学位。1966年至2000年退休，一直任贝尔实验室研究员，1983年起任贝尔实验室评议员。1975～1976年任伯克利加利福尼亚大学客座教授。美国国家科学院、美国国家工程院院士。

计算机UNIX操作系统的主要发明者之一。20世

纪 60 年代，参与美国军方第二代分时系统 MULTICS 前期开发工作。为了改变计算机批处理方式的落后状态，1969 年起与 D. M. 里奇瞒着主管先在被淘汰的 PDP-7 计算机上，后在 PDP-11 上开发 UNIX 操作系统。1970 年汤普森采用自行改进的汇编式 B 语言编写软件，1971 年 UNIX 系统基本成型，在贝尔实验室内部试用时显示了强大的文字处理能力，引起该实验室高层领导的关注。为了克服 B 语言只能在相同硬件平台上运行的局限，1972 年里奇发明了 C 语言，既有机器可操作的二进制位和字符，又有高级语言的复杂处理功能。1973 年汤普森让里奇用 C 语言对 UNIX 系统进行重写，使之成为通用型操作系统，推向市场后迅速取得巨大成功。贝尔的行政长官甚至宣称：在贝尔的无数发明中，UNIX 系统是继晶体管之后最重要一项发明。它适于多用户、多任务操作，结构紧凑、灵活、合理，操作和移植简便实用，界面简洁优美，具有良好安全性、保密性和可维护性，通信机制多样而高效，内存效率大大提高，成为后来各种操作系统样板。UNIX 系统是至今使用最广的操作平台之一，90 年代各家版本多达百余个，目前与 Windows NT 和 LINUX 形成三强鼎立局面。1979 年汤普森与康顿(Joe H. Condon)在小型机 PDP-11/23 上编制了国际象棋"大美人"(BELLE)程序系统，每秒可观察 15 万个棋步，1980 年一举赢得计算机国际象棋比赛世界冠军，后保持"四连冠"，1983 年成为美国第一个计算机"国际象棋大师"。1978 年后还为贝尔实验室内部开发了小型多功能操作系统 Plan 9，适于安全运行的 Web 服务器，1995 年开发第三版，2000 年免费开放源代码。

汤普森与里奇同获：美国《电子学》周刊 1982 年成就奖，美国计算机学会 1983 年图灵奖(世界计算机界最高奖)、1983 年首届软件系统奖，美国电气与电子工程师协会 1994 年计算机先驱奖、哈明奖章，1998 年美国国家技术奖章等。1988 年共同入选美国计算机名人堂。 (李　烨)

佐姆托，P.(Zumthor，Peter)　瑞士人，1943 年 4 月 26 日生于瑞士巴塞尔。土木工程、古迹保护工程、建筑学。

1963 年入瑞士巴塞尔艺术与工艺学院学习设计。后到美国纽约市普拉特学院进修。1968 年任瑞士格劳宾登州政府纪念性建筑保护部建筑师。1980 年在格劳宾登州自行开设建筑师事务所。先后任美国洛杉矶南加利福尼亚建筑学院、德国慕尼黑理工大学、瑞士意大利语区大学门德里西奥建筑学院、美国哈佛大学设计研究生院客座教授。1994 年当选为柏林文理科学院外籍院士。1996 年当选为德国建筑师协会荣誉会员。

他的设计自然朴实，作品尺度不大，重视内省特质和整体氛围，强调建筑回应功能需求与基地环境的融合，反应人对于建筑物各种基本元素的不同感觉，坚持"客户定制建筑"的理念。早期的大部分作品(1983～1996 年)，集中于瑞士最东边的格劳宾登州，主要是古迹保护、各族民居和公共建筑，表现了当地多种族混居的多元文化特色，其中著名的有库尔古罗马遗址保护(1986 年)、库尔艺术博物馆(1990 年)、温泉旅馆(1996 年)等。1997 年竣工的奥地利布雷根茨艺术博物馆，利用混凝土质感、玻璃接合的方式，巧妙地将自然光内化于展示空间之中，丰富地表达了立面造形简洁质朴、室内氛围柔和怡人的效果，获 1998 年嘉士伯建筑奖、1999 年欧盟密斯·范德罗厄建筑奖。此外重要作品还有德国汉诺威世博会瑞士馆(2000 年)、德国科隆美术馆(2007 年)、美国洛杉矶县美术馆(2009 年)等。

获 10 多项大奖，其中还有瑞士多个建筑奖，以及 1989 年德国汉诺威理工大学特斯诺奖章、1995 年意大利国际石材建筑奖、1996 年德国埃里希-谢林奖、2006 年美国弗吉尼亚大学杰斐逊建筑学奖章、2006 年自然之魂木构建筑奖、2008 年日本艺术协会皇家世界文化奖、2009 年普利兹克建筑奖(国际建筑界最高奖)等。 (李　烨)

李国杰(Li Guojie)　中国湖南省人，1943 年 5 月 29 日生于湖南邵阳。计算机科学与工程、计算机系统结构、人工智能。

1968 年北京大学物理系毕业。1981 年获中国科学院工学硕士学位。同年赴美国留学，1985 年获普渡大学计算机博士学位。1985～1986 年在伊利诺伊大学 CSL 实验室从事博士后研究。中国科学院计算技术研究所研究员，1990 年选聘为国家智能计算机研究开发中心主任，1995 年任曙光信息产业有限公司董事长兼总裁，1999 年任中国科学院计算技术研究所所长。兼任国家高技术计划(863)智能计算机主题专家组副组长、《计算机科学技术》(英文版)杂志主编等职。1995 年当选为中国工程院院士。2002 年当选为第三世界科学院院士。

主要从事并行处理、计算机体系结构、人工智能、组合优化、人工神经网和遗传算法等领域研究，尤在智能计算机有效搜索算法、超大规模集成电路阵列处理器等方面有重要成果，并致力于发展中国高性能计算机产业。主持研制成功全对称多处理机系统"曙光 1 号"并行计算机，入选国家电子工业部 1993 年电子十大科学技术成果，获 1994 年中国科学院科学技术进步奖特等奖、1995 年国家科学技术进步奖二等奖；主持研制成功曙光 1000 系列大规模并行计算机系统，获 1996 年中国科学院科学技术进步奖特等奖、1997 年国家科学技术进步奖一等奖；主持研制成功曙光 2000，获 2000 年中国科学院科学技术进步奖一等奖、2001 年国家科学技术进步奖二等奖；此外开发出曙光 3000 超级服务器、曙光天演系列计算机等。

发表论文百余篇；主编《现代英汉计算机综合词典》(1996 年)，撰有《世纪电脑》(1999 年)等专著。1994 年获首届何梁何利科学与技术进步奖。 (李　烨)

李济生(Li Jisheng)　中国山东省人，1943 年 5 月

31日生于山东济南。航天测控工程、软件工程、轨道动力学、计算机应用。

1966年南京大学天文系天体力学专业毕业。西安卫星测控中心研究员，先后任技术部软件室副主任、总工程师。期间1984～1986年在美国得克萨斯大学进修；1988～1989年在法国马特拉公司合作开发卫星测控软件。兼任中国宇航学会顾问、全军总装备部科学技术委员会常委、西安交通大学兼职教授等职。1997年当选为中国科学院院士。

在轨道动力学领域：提出以交点周期为步长进行积分的轨道计算方法，解决了中国第一颗返回式遥感卫星轨道计算中的临界倾角问题；发现低轨道三轴稳定卫星姿控动力对其轨道的摄动，提出相应的动力学模型，填补了中国空白；主持开发出人造卫星精密定轨系统，使中国航天器测控进入国际先进行列。在航天测控工程领域：首创“卫星时”新概念，开拓独特的“一网管多星”新思路，1978年提出人造卫星测控应用软件“模块化自动调度”设计方案，首次实现中国卫星测控应用软件通用化、模块化、标准化和自动化；主持开发出人造卫星模块化自动调度软件、测控计划生成软件，弥补了当时中国计算机性能相当落后的缺憾，1984年4月8日，中国第一颗地球同步试验通信卫星“东方红二号”在西安卫星测控中心控制下，成功定点于地球赤道上空3.6万千米。至今中国先后发射了近百颗国内外卫星，并成功将“神舟号”系列试验飞船送入太空，期间实现了“飞向太空、返回地面、一箭多星、同步定点、走向世界”五大飞跃，在每一步上都倾注有李济生等人的心血和智慧。

编撰有教材《航天器轨道确定》、专著《人造卫星精密轨道确定》(1992年)等。先后获国家和军队奖励10多项；荣立一等功2次；此外获1995年首届中国航天基金奖、2000年度何梁何利科学与技术进步奖。

(李啸虎)

李未(Li Wei) 中国北京市人，1943年6月8日生于北京。计算机科学与工程、软件工程、人工智能。

1966年北京大学数学力学系毕业。1966～1979年在北京航空学院(今北京航空航天大学)任教。1983年获英国爱丁堡大学计算机系博士学位。回国后，历任北京航空航天大学计算机系讲师，软件开发环境国家重点实验室主任、该校学术委员会副主任、教授，校长(2002～2009年)。曾任英国纽卜瑟大学和爱丁堡大学、德国不来梅大学和萨尔大学等校客座教授。兼任国家863高技术计划智能计算机专家组副组长、《计算机科学技术学报》(英文版)副主编等职。1997年当选为中国科学院院士。

建立并行程序语言翻译的正确性理论，系统解决了实用并行程序设计(ADA)语言编译系统的结构语义问题；1992年创立“开放逻辑理论”，建立形式系统序列的极限理论，引起中外学界关注；给出程序进化过程的数学理论，简洁地解决了信息不完备性、知识可错性和推理非单调性的描述问题；主持设计中国第一台加强型推理工作站，创造在中间指令层既支持Prolog语言、又支持Lisp语言的多堆栈体系结构；在中国首次完成集成化知识库开发环境；主持研制基于计算机总线互联网络的可扩展计算机群系统，用于航天和遥感等计算达到了巨型机相应效果；首次在中国进行“网络环境下海量信息组织、处理及传输的理论与方法”研究。

先后主持完成20余项国家攻关项目。已发表论文百余篇、专著一部，《863计算机专著丛书》主编。多次获奖，其中程序设计理念与方法获1995年国家自然科学奖二等奖，推理工作站系统获航空航天部1996年科学技术进步奖一等奖。此外获1997年光华科学技术奖一等奖、1998年何梁何利科学技术进步奖等多种奖励。

(兰森林)

鲁坦，E.L.(Rutan，Elbert L.) 一译鲁顿。美国人，1943年6月17日生于美国俄勒冈州波特兰。航空航天工程、企业管理。

在美国加利福尼亚州迪努巴长大，从小对飞行有强烈兴趣，16岁在一所业余飞行学校受训。1965年获加利福尼亚理工学院航空工程学士学位。1965～1972年在美国爱德华空军基地任试飞工程师。1972～1974年任堪萨斯州牛顿市贝德飞机公司测试中心主任。1974年6月在加利福尼亚州莫哈维成立私营的鲁坦飞机厂。1982年4月在莫哈维创办比例复合材料公司，为客户设计、生产和试验各种专用原型机和航天器，后经两次公司合并，但他仍留任原公司总裁、首席行政官。是美国国家工程院院士。获加利福尼亚理工学院等校多个荣誉博士学位。

美国著名航空航天器开发者、管理者，以设计轻巧坚固、外形奇特、功能多样、节约成本的飞行器而著称。20世纪60～70年代，在美国空军中先后参加和主持15个试飞项目；1972年试飞成功业余设计的首架飞机“瓦利维根”号，其独特的鸭式前翼从此成为鲁坦式飞机标志性特征；参与开发BD-5、BD-6等飞机，其中喷气式飞机BD-5J被拍成电影并在国际上多次参展。80～90年代，研制多种型号家用和专用轻型小飞机；1986年12月14～23日，其哥狄克(Dick)及其女友驾驭他所设计建造的“旅行者”号，首创216小时不着陆、不空中加油环球飞行40000多千米世界纪录，该机在退役前共飞行了69次(设计要求为20次)，现存于华盛顿国家航空航天博物馆；开发“星舟”、“猫鹊”、“凯旋”、“亚当309型”等高效商务机，“艾利思”等喷气攻击机，多用途“海神”M-281型高空机，“3R”探空火箭等。2000年以来，推出最新的“白色骑士”空降发射飞机原型机；2004年6月，设计的“太空船1号”亚轨道火箭式飞机，是第一架到达太空的私人飞机，在两周中完成了两次太空飞行，载着相当于3人重物体，成为全球媒体头条新闻，获当年“安萨里X奖”；2004年设计制造“维珍大西洋环球飞行者号”单座飞机，具有更坚硬材料和扇涡轮喷气发动机，机重1 522千克，13个油箱运载8636千克燃油，可在13000米高空飞行37 260千米，2005年3月由S.弗斯特(Steve Fossett)续航80小时，完成了全世界第一次单人驾驶、不间断、不加油环球飞行。

拥有多项专利；发表论文30余篇。获70余项荣誉和奖励，其中有：国际航空联合会金质奖章、1986年格鲁门奖、1987年科利尔奖、1992年美国航空航天学会结构与材料力学奖、1993年诺伦终身航空成就奖、2004年克拉伦斯·约翰逊航天器设计与开发奖、2005年国家航空航天博物馆当代成就奖等。2005年被美国《时代》杂志入选“一百个对世界最有影响的人物”。（袁理利）

瑟夫，V. G.（Cerf，Vinton Gray；Cerf，Vint） 美国人，1943年6月23日生于美国康涅狄格州纽黑文。互联网工程、计算机科学与工程、工程管理、应用数学。

航空公司高级执行官之子。早产儿，先天性听觉缺陷。1965年获美国斯坦福大学数学学士学位。同年供职于美国国际商用机器公司（IBM）。1970年、1972年先后获洛杉矶加利福尼亚大学计算机科学硕士、博士学位。1972年任斯坦福大学计算机科学助理教授。1976年任美国国防部高级研究项目署信息处理技术办公室首席科学家。1982年任美国媒体控制接口通信公司副总裁，1994任负责架构与技术的资深副总裁。2005年任Google副总裁兼首席互联网顾问。1986～1994年任美国全国研究创新联合会副主席。1992～1995年任美国互联网协会首任主席。2000年任国际互联网名称与数字地址分配机构理事长。美国总统信息技术顾问委员会成员。是美国国家工程院、美国文理科学院院士。先后获国内外10余个大学荣誉博士学位。

与R. E.. 卡恩等人并称“互联网之父”。在互联网产生之前，绝大部分电脑之间互不兼容，为了实现信息交流，当务之急是编写规范及其语言软件。1974年5月，在实验室初始设计基础上，他与B. 卡恩共同发表论文“关于包网络相互通信的协议”，首次引入网关的概念，提出TCP协议（“传输控制协议”），为开发各种兼容软件草拟新“宪章”，为跨网交流指明方向。1976～1982年，在美国国防部“阿帕特网”（ARPANET）的后继工作中，他领导研发外延网以及相关的数据包技术和安全技术，发挥了关键作用。期间1977年7月，和卡恩等10余人在南加利福尼亚大学成功进行了一次历史性试验：一个数据信息包从旧金山湾区通过卫星信包网跨过太平洋到达挪威，又经海底电缆到伦敦，然后通过卫星信包网连接阿帕特网传回，行程15万千米，没有丢失一个比特的数据。1978年，在他们俩的建议下，又从TCP协议中分离出处理信息路径选择的功能，形成单独的互联网协议（IP），于是TCP变为TCP/IP。1983年1月1日，“阿帕特网”放弃其他协议系统而正式采纳TCP/IP系统，自此互联网开始辐射全球。1997年他着手开发“行星际互联网”（IPN），1999年与美国国家航空航天局合作研发这一技术。至今，他仍活跃在互联网行业最前沿。

与他人合作出版多部著作，其中有：《计算机通信协议实用教程》（1978年）、《互联网技术创新》（1988年）、《公司网络：电信的战略性使用》（1993年）、《互联网之梦：原型、神话和隐喻》（1996年）、《互联网核心协议》（2000年）、《超越VoIP的SIP：IP通信革命中的下一步》（2005年）等。多次获奖，其中有1997年美国国家技术奖章，2001年分享美国国家工程院德雷珀奖、2004年分享美国计算机学会图灵奖（国际计算机界最高奖）、2005年美国总统自由勋章等。2006年入选美国国家发明家名人堂。（李　烨）

樊明武（Fan Mingwu） 中国湖北省人，1943年7月8日生于湖北沙市。粒子加速器工程、仪器研制、计算机应用、科技管理。

1965年华中工学院（今华中科技大学）毕业。曾长期在中国原子能科学研究院工作，研究员，历任核技术应用研究所副所长、电物理与激光研究所所长、中国原子能科学研究院副院长、院长等职。期间多次应邀赴美、英、法等国著名研究所从事粒子加速器和电物理技术合作研究。2001年起任华中科技大学教授兼校长。兼任湖北省科学技术协会主席等职。1999年当选为中国工程院院士。

参与中国第一台回旋加速器研制、改建工程，解决了极面调整线圈设计、工艺实施方案等关键技术，发展了回旋加速器理论和主体技术，将原设计的固定能量改建为可变能量；首次运用有限元法研制成功二维、三维磁场计算软件包，获1995年国家科学技术进步奖三等奖；在研制30兆电子伏强流质子回旋加速器中，负责主体工程技术和质量控制，创造性运用速流动力学方法计算三维磁场，解决了关键设备技术问题，使磁场质量远超国外同类工程标准，全部指标达到20世纪90年代国际先进水平，结束了中国不能用加速器批量生产中短寿命放射性同位素的历史，经两院院士投票人选1996年中国十大科技成就；以后致力于探讨更高能量强流回旋加速器的可能改进途径，预研高频电路和注入系统的改进方案，完成70兆电子伏、100兆电子伏强流回旋器初步设计。

发表论文近百篇；撰写出版专著2部。获国家级科学技术进步奖2项、省部级科学技术进步奖10余项。（李啸虎）

普赖斯，W. G.（Price，William Geraint） 英国人，1943年8月1日生于英国威尔士。船舶与海洋工程、船舶力学、流体力学、工程管理。

1965年英国威尔士大学数学专业毕业，1969年获该校数学博士学位。1981年获伦敦大学工程专业理学博士学位。英国南安普敦大学理工学院船舶科学系主任，教授。兼任英国国防部科学顾问委员会船体与机械委员会主席等职。1988年当选为英国皇家学会会员。1998年当选为英国皇家工程院院士。2000年当选为中国工程院外籍院士。

英国当代著名的船舶工程科学专家，船舶水弹性力学和船舶运动概率理论的奠基人。自20世纪70年代始，在船舶力学基础理论、船舶工程应用技术前沿的广泛领域，做了许多开拓性、奠基性工作。把船舶工程建立在现代力学理论基础上，统一考察船舶与波浪流场环境构成的完整系统，以求解决船舶结构对性能及安全的机理，注重实船海损事故原因剖析并用于改进发展新型船舶设计，推动国际船舶界设计理念的变革，从传统规范模式向统一分析与“直接设计”的方向转换。具体研究领域有：线性与非线性船舶水动力学、理想与粘性流体力学、数值流体动力学、波浪理论、船舶结构力学、船舶水弹性力学；船舶结构在浪、声和爆炸环境中的载荷与动响应，船舶结构振动冲击，船舶海损机理，新型高速船舶等。在所涉及的各个领域都有新建树、新创造，对国际船舶工程发展产生了重要影响。热心于建立和发展中英两国科技界、船舶界的国际合作，与中国10多个研究所、高校和企业建立了良好的科技交流和人员往来关系。

发表论文300多篇；有专著多部。获代表国际船舶界殊荣的弗劳德奖章等奖励6项。（李 烨）

刘玠(Liu Jie) 中国安徽省人，1943年11月22日生于上海。*冶金机械工程、自动化技术、计算机应用、企业管理。*

1964年武汉钢铁学院机械系毕业。1967年北京钢铁学院轧钢机械专业研究生毕业。1968～1994年在武汉钢铁(集团)公司工作，先后任轧钢厂技术员，热轧厂自控车间副主任、厂长助理、热轧厂厂长，公司副经理、第一副总经理兼总工程师、教授级高级工程师。期间1974～1976年在日本东芝电气会社新日铁大分制铁所研修。1994年后，任鞍山钢铁(集团)公司董事长、总经理等职。兼任中国钢铁工业协会副会长、中国金属学会副理事长等职。1997年当选为中国工程院信息与电子工程学部院士，2000年又兼工程管理学部院士。

20世纪70年代，在武钢主持建立热冷连轧机自产钢数学模型，成功解决1.7米轧机生产含铜钢技术难题，一年可节约数千万元。80年代，主持建立武钢热轧厂精轧制压力数学模型，大大提高了产品尺寸精度，获1985年冶金部科学技术进步奖一等奖；参与主持武钢1.7米轧机系统新技术开发与创新重大项目，亲自研制计算机过程控制模型，该项目获1989年冶金部科学技术进步奖特等奖、1990年国家科学技术进步奖特别奖。80～90年代，主持开发武钢1.7米热轧计算机控制新系统，在中国首创具有世界先进水平的轧钢数学模型和应用软件，获1995年冶金部科学技术进步奖特等奖、1996年国家科学技术进步奖一等奖；负责开发武钢、太钢、鞍钢和梅山冶金公司等单位10多项重大项目计算机控制系统，取得巨大经济效益；主持完成鞍钢1.7米热连轧成套设备国产化项目，获"九五"国家重点科学技术攻关计划重大科学技术成果奖。此外，在鞍钢发展关键时刻走马上任，锐意改革，完成20多项重大技术改革工程，使鞍钢技术工艺装备达到国际先进水平，企业走上了良性发展轨道。

获1998年度何梁何利科学与技术进步奖、2001年"九五"国家重点科学技术攻关计划突出贡献者荣誉称号。（王家敏）

兰普森，B.W.(Lampson, Butler Wright) 美国人，1943年12月23日生于美国华盛顿。*计算机科学与工程、应用数学。*

1964年获哈佛大学文学士学位。1967年获伯克利加利福尼亚大学物理系博士学位。留校任教。1971年起进入产业界，先后任施乐公司帕洛阿尔托研究中心高级研究员、数据设备公司主任设计师，1995年起任微软公司软件总工程师、首席技术官。1987年后一直兼任马萨诸塞理工学院(MIT)兼职教授。美国国家科学院院士、美国国家工程院院士。

在计算机科学技术广泛领域都有突出贡献。20世纪60～70年代，主持开发世界第一个个人计算机系统阿尔托(Alto)操作系统，1973年正式投入运行。Alto是当时最先进计算机系统，在世界上率先实现"友好"的图形用户界面，突破以往文本只能用字符表示的局限，首创高分辨率全屏图形系统，揭开了计算机发展史崭新一页；对D. 恩格尔巴特发明的木质鼠标器结构作了重要改进，结构与功能接近当前的鼠标；使8英寸软盘能存储当时最高信息量；配备了一些出色的软件；首次以集成方式统一设计和开发。正是在此基础上，泰斯勒(L. Tessler)开发出麦金托什机(Macintosh)，并被美国《财富》杂志列为"20世纪杰出产品"40种中两个信息技术产品之一。70年代，在恩格尔巴特"在线系统"基础上，兰普森开发了第一个交互式编辑-格式化器Bravo(意为"喝采")，后发展成为"所见即所得"(WYSIWYG)系统。从90年代中期起，已为微软公司创下6项重大成果，其中包括和MIT合作开发出用于互联网信息安全的加密算法。

拥有专利近30项，其中还有以太网、剑鱼系统、第四代64位阿尔发(Alpha)工作站体系等硬件；SDS-940等操作系统；LISP、Mesa、Euclid、SNOBOL等程序设计语言；"星辰"型办公系统、"葡萄藤"型电子邮件系统、多佛型网络打印机等。发表不少论文；代表作有《分布式系统高级课程》(1981年)等。获美国计算机学会1984年软件系统奖、1992年美国计算机学会图灵奖(世界计算机界最高奖)，1996年美国电气与电子工程师协会计算机先驱奖等。（李 烨）

格雷，J.(Gray, James) 美国人，1944年1月12日生于美国加利福尼亚州旧金山，2007年1月28日在旧金山湾海上驾驭游艇时失踪。*计算机科学与工程、应用数学。*

1966年、1969年先后获美国伯克利加利福尼亚大学工程数学学士、计算机科学博士学位。先后在贝尔实验室、国际商用机器公司(IBM)、天腾(Tandem)计算机公司、数据设备公司(DEC)等处工作。1993年进入微软公司，任微软旧金山湾区研究中心主任、高级研究员。兼任伯克利加利福尼亚大学、斯坦福大学、布达佩斯大学等校客座教授。1992年任《VLDB》杂志首任主编。美国国家科学院院士、美国

国家工程院院士。

计算机数据库"事务处理"技术的主要开拓者与奠基者。在数据库的规模愈来愈大、结构愈来愈复杂、用户共享愈来愈多的情况下，创造性地解决了保障数据库完整性、安全性和并发性以及从故障中快速恢复的一系列关键技术问题。在这些"事务处理技术"上的开拓性研究，不仅确保了各种数据库管理系统顺利进入市场，同时对于分布式系统、数据管理与通信、容错和高可靠性系统也有重要意义，是该技术领域公认的权威。在IBM期间，主持和参与过 IMS、R 系统、SQL/DS、DB2等项目开发，其中除 R 系统作为研究原型外，其他都成为数据库市场上有竞争力和影响力的产品。在天腾计算机公司期间，改进和扩充了该公司主要数据库产品"内含"(ENCOMPASS)；参与研制系统字典、并行排序、分布式 SQL、Non-stop SQL 等项目。在美国数据设备公司时，仍然主要负责数据库产品的技术。在微软公司，参与研制开发"规模可伸缩的服务器"；领导一个研究小组开发出 MS-SQL-Server 7.0，成为微软历史上一个里程碑式的版本。此外，还参与国际天文学界建造当今世界最大的望远镜，积极筹建了在线数据库网络。

主要著作有：《基准手册：数据库与事务处理系统专用》(1991 年初版，1993 年再版)、《事务处理：概念与技术》(1993 年，与 A. Reuter 合著)等；主编"数据管理系统丛书"。多次获奖，其中有美国计算机学会 1988 年软件系统奖、1998 年图灵奖(世界计算机界最高奖)等。

(李　烨)

梅恩，T.(Mayne，Thom)　美国人，1944 年 1 月 19 日生于美国康涅狄格州沃特伯里。土木工程、建筑学、工程管理。

1968 年获南加利福尼亚大学建筑学学士学位。同年到一家建筑师事务所任设计员。1970 年任教于波莫纳加利福尼亚大学建筑系。1971 年合伙在洛杉矶开设摩福西斯建筑师事务所。1978 年获哈佛大学设计学院硕士学位。同年参与成立南加利福尼亚大学建筑学院，后在该校任教授。后期在洛杉矶加利福尼亚大学任兼职教授。1975～1991 年 M. 罗东迪(Michael Rotondi)加盟摩福西斯事务所，后由梅恩独立经营。1988 年起，先后在哥伦比亚大学、哈佛大学、耶鲁大学、荷兰贝尔拉格学院、伦敦大学巴特列特建筑学院等校任讲座教授。1992 年入选意大利罗马美国设计研究院院士。

梅恩的"摩福西斯"(Morphosis)意为结构形态派，企求打破材质和形式的传统疆界，走出现代主义和后现代主义二元论的设计领域，探索和开拓新的境界。也是首批采用先进的计算机辅助设计技术来验证和实现自己理念的少数建筑师之一。深受当代著名解构主义建筑师盖瑞(F. O. Gehry)的影响，力求突破传统建筑的结构，建筑特色以轻骨架构造为主，形式上喜用拼贴的长矩状和片段式构图。梅恩的表现手法较为严谨，作品外观虽不如盖瑞大胆和自由，但擅长通过整顿基地地景来达到模糊建筑内外疆界，材料发挥较为丰富多样，注重建筑物之间连接关系，讲求独立建筑物机能性，观感上给人一种图腾式的抽象意境。他以美国西海岸为主要基地，并扩展到海外，主持设计建造了许多土木工程。其中代表作有：洛杉矶表演艺术剧院(1989 年)、日本奈良会议中心(1992 年)、波莫纳市钻石农场高中校舍(1999 年)、加拿大多伦多大学研究生宿舍(2000 年)、旧金山联邦大厦(2006 年)、辛辛那提大学学生娱乐中心(2006 年)、加利福尼亚理工学院卡尔希天文学与天体物理学中心(2009 年)等。普利兹克奖评审委员会指出："汤姆·梅恩是狂躁的上世纪 60 年代的产物，其叛逆的生活态度和炙热的创作愿望形成了他的作品风格。"

多次获奖，其中有：1988 年哈佛大学设计研究院诺伊斯奖，1991 年耶鲁大学建筑学院沙里宁奖，1992 年美国艺术与文学研究院布鲁纳建筑奖，2000 年美国建筑师协会洛杉矶金奖、2007 年十大绿色工程奖，2001 年克莱斯勒杰出设计奖，2005 年普利兹克建筑奖(国际建筑界最高奖)，2008 年麦克道尔奖章等。

(李　烨)

波特赞姆巴克，C. de(Portzamparc，Christian de)　法国人，1944 年 5 月 5 日生于摩洛哥卡萨布兰卡。土木工程、城市规划、建筑学。

自幼学习雕塑和绘画等艺术。1962 年入法国巴黎国立高等美术学院学习，1970 年获国家建筑师资格证书。同年参与巴黎市政规划与建设。1980 年在巴黎成立波特赞姆巴克建筑师事务所，并相继在美国纽约、巴西里约热内卢等地设有办事处，员工近百人。同年起任法国巴黎建筑专修学院教授兼院长。1983～1985 年在法国国立南特尔建筑学院兼任教授。是美国建筑师协会荣誉会员。

集建筑师、都市规划师和艺术家于一身。在建筑设计中，擅长处理光线、材料和实体的有机关系，注重以空间为材料来构筑实体，而不是以实体叠加组合来构筑空间。设计的建筑有极强的雕塑感，每每成为都市的地标。在城市规划设计中，力行"开放式社区"理论，重新诠释城市街道，塑造都市空间，多元开放，亲切近人，充满着人性化和都市活力。20 世纪 70 年代，建造巴黎欧风路住宅群(1975～1979 年)，该设计方案首次采用开放式手法，创造了一种新的社区与街坊邻里的组合形式。80 年代，巴黎歌剧院舞蹈学校(1983～1987 年)设计，获 1988 年法国建筑银尺奖。90 年代，巴黎音乐城(1984～1995 年)，该建筑又获 1995 年法国建筑银尺奖；纽约路易威登大厦(1995～1999 年)，被评论界誉为 30 年来纽约最重要建筑作品之一，获 2001 年美国《商务周刊》建筑设计奖。21 世纪初年以来，主要作品有：纽约曼哈顿岛派克大街南公寓大楼(2002～2009 年)、巴西里约热内卢音乐城(2002～2009 年)、法国雷纳市科技文化中心(2004～2008 年)、比利时卢万市埃尔热博物馆(2007～2009 年)等。

1994 年普利兹克奖(国际建筑界最高奖)得主。其他大奖还有：1989 年法国文化部法国艺术与文学勋章、1990 年法国巴黎建筑大奖、1992 年法国建筑研究院银牌奖、1993 年法国国家建筑大奖、2004 年欧洲城市规划大奖等。

(李　烨)

库哈斯，R.（Koolhaas，Rem） 荷兰人，1944年11月17日生于荷兰鹿特丹。土木工程、城市规划、建筑学。

父亲曾任印度尼西亚一所文学院院长。幼年随父在那里度过4年，回国后住在阿姆斯特丹。早期做过新闻记者和电影剧作家，小有名气。1968年转学建筑，1972年毕业于英国建筑协会伦敦大学建筑学院。同年获奖学金前往美国康奈尔大学学习建筑学。先后在美国知名的昂格尔建筑师事务所、艾森曼纽约城市规划与建筑研究所工作过。1975年在伦敦合伙创立大都会建筑事务所，后将总部迁往鹿特丹。任美国耶鲁大学、洛杉矶加利福尼亚大学、哈佛大学等校建筑与城市规划学客座教授。

被誉为"建筑师中的艺术家"。旗帜鲜明地维护现代主义精神，致力于现代主义建筑学思想的现代化，与时俱进地将之推进到一个新阶段。提出"普世城市"（Generic City）的理念，探索当代网络化、城市化、全球化的信息时代文化环境下现代建筑和城市发展的新思路。在建筑手法上，早期受荷兰风格派影响，偏好穿插的墙面；而后又受超现实主义的影响，爱用组合体块和倾斜墙面，积极利用建筑元素创造有感染力的空间。是个多产建筑师，主要建筑作品有：拉维莱特公园（1982年）、康索现代艺术中心（1988年）、荷兰海牙舞剧院（1988年）、荷兰驻德国大使馆（1997年）、纽约现代艺术博物馆扩建（1997年）、西雅图中央图书馆（1999年）、中国中央电视台新址大楼（2002年）、中国广州歌剧院（2002年）、葡萄牙波多音乐厅（2005年）、中国台北艺术中心（2008年）等。他还参与法国里尔市、美国洛杉矶环球影城、中国珠江三角洲城市等总体规划项目。

主要著作有《颠狂的纽约》（1978年初版，1994年再版易名为《现代建筑学之地》）、《小、中、大、超大》（1994年）、《大跃进》（2002年）等。获多种奖项，其中2000年获第22届普利兹克奖（国际建筑界最高奖）。（李　烨）

李德毅（Li Deyi） 中国江苏省人，1944年11月28日生于江苏泰县。计算机科学与工程、指挥自动化技术、人工智能。

1967年南京工学院（今东南大学）无线电工程系毕业。1983年获英国爱丁堡海里奥特-瓦特大学计算机科学和工程博士学位，毕业后留校作博士后研究。现任全军指挥自动化委员会办公室副主任、北京电子系统工程研究所（总参谋部第61研究所）研究员、副所长，1996年获技术少将军衔。2008年任北京邮电大学计算机学院院长。1999年当选为中国工程院院士。2004年当选为国际欧亚科学院院士。

在数据库、信息处理、人工智能和自动控制研究领域，尤其在指挥自动化技术方面有重要突破。军队指挥自动化系统是现代战争中双方军事实力整体对抗的基本体现，不仅是传统战争中军事力量的倍增器，更是信息战中的重要武器，因此，其工作对中国指挥自动化系统一体化的建设，对中国军队现代化作出重要贡献。最早独创性地提出了能够统一表示处理随机不定性、模型不定性的"云模型"，并用该方法实现了三级倒立摆的智能控制，得出自然语言不可替代、概念是自然语言的基础、数据是形成概念的要素、知识就是规则加例外等结论；并把这一创新的"云模型"方法应用于数据挖掘和知识发现等新领域，取得了杰出的成果。

发表论文170余篇，撰有"数据开采和知识发现研究的回顾与展望"（2000年）等重要论文；出版专著7部（其中英文2部）。获国家和军队科学技术进步奖17次。获1985年英国电气工程师协会计算机与控制类最佳学术成果奖，1999年世界自动控制联合会杰出论文奖。（陈雪荣）

小克拉克，E. M.（Clarke Jr.，Edmund Melson） 又译克拉克。美国人，1945年7月27日生于美国弗吉尼亚州纽普特纽斯。计算机科学与工程、算法验证技术、应用数学。

1967年获美国弗吉尼亚大学数学学士学位。1968年获杜克大学数学硕士学位。1976年获康奈尔大学计算机科学博士学位。同年任教于杜克大学计算机科学系。1978年任哈佛大学应用科学部计算机科学助理教授。1982年任卡内基-梅隆大学计算机科学系（后易名计算机科学学院）副教授，1989年任教授。曾任《系统设计形式化方法》杂志主编。计算机辅助验证（CAV）国际年会共同创办人之一。2005年当选为美国国家工程院院士。

计算机模型检测技术的奠基人之一。研究兴趣包括软件和硬件验证和自动化定理证明。早在1976年博士论文中，他指出某些编程语言的控制结构缺少良好的霍尔类型验证系统。1981年，他和自己的博士生E. A.爱默生合作发表论文，首次提出"模型检测"（Model Checking）的概念，提议以此作为验证并行系统有限状态规范性的方法，并利用它确定软件中错误代码存在的位置。同年，法国的J.西法基斯也独立发表相关论文。1982年，小克拉克主持开发了第一个模型检测程序，并用于检查硬件的规范性。由于状态爆炸问题，最初的模型检查只适用于小型软件设计。在他的指导下，1987年K.麦克米伦（Kenneth McMillan）在博士论文中运用布赖恩特（R. E. Bryant）二叉决策图提出符号模型检测法，使原方法得以简化和推广。另外，他的研究小组先后又开发了第一个并行解答定理校准器、第一个基于符号计算系统定理校准器等。这些卓有成效的算法验证技术，已广泛应用于自动查找计算机硬件和软件的设计错误，有助于提高复杂的计算机芯片、系统和网络的可靠性。

代表作有《模型检测》（1999年，与他人合著）等。小克拉克和爱默生、西法基斯同获2007年度美国计算机学会图灵奖（国际计算机界最高奖）。此外还获：1995年美国半导体研究公司技术卓越奖，1998年美国计算机学会凯恩拉基斯奖，1999年卡耐基-梅隆大学纽厄尔奖，2004年美国电气与电子工程师协会古德纪念奖等。（李　烨）

让·努维尔，F.（Jean Nouvel，Frenchman） 法国人，1945年8月12日生于法国洛特-加龙省菲梅勒。

土木建筑工程、室内装潢、建筑学。

双亲都是教师。1964年进入法国波尔多美术学院学习建筑学。1966年考入巴黎国家高等美术学院，1970年毕业。期间，1967～1970年在巴黎维希留建筑师事务所实习，1968年任大型公寓建筑群项目经理。1972～1988年，先后合伙开设多个建筑师事务所。1994年创办的让·努维尔建筑师事务所，是目前法国最大的建筑设计公司之一，在巴黎总部拥有140余名职员，在伦敦、哥本哈根、纽约、罗马、马德里和巴塞罗那等地设有分部。1983年获阿根廷布宜诺斯艾利斯大学荣誉博士学位。1993年、1995年先后当选为美国建筑师协会、英国皇家建筑师协会荣誉会员。

自20世纪70年代起，努力打破现代主义和后现代主义的美学风格，创造一种属于他自己的独特建筑语言，追求坚固、实用和悦目，十分重视建筑设计与周围环境的和谐。至今设计有200多个作品，其中著名的有法国巴黎阿拉伯世界研究院（1981～1987年）、德国柏林拉斐特画廊（1991～1995年）、瑞士卢塞恩文化与会议中心（2000年）、西班牙巴塞罗那的阿格拔塔（2001～2003年）、美国明尼波里斯的古特里剧院（2006年）、巴黎原始艺术博物馆（2006年）、巴黎拉德芳斯区通信大厦（2008～2015年）等，为他带来了世界性的声誉。设计的阿拉伯世界研究院，采用高新技术与民族特色相结合的方式，该建筑模仿阿拉伯式网状结构的南墙光镜，利用光电效应随外部光强控制建筑内的亮度。1980年创立巴黎建筑双年展。在世界各地多个著名博物馆和建筑学院举行过作品回顾展。

获1983年、1997年法国艺术与文学协会骑士勋章，1983年法兰西建筑研究院银奖，1987年阿卡汗国际建筑大奖，1987年法国国家荣誉军团骑士勋章，1999年法兰西建筑科学院金质奖章，2000年威尼斯双年展金狮奖，2001年意大利博罗米尼国际建筑设计奖，2003年联合国教科文组织国际特别建筑项目最佳奖，2005年沃尔夫艺术（建筑）奖，2008年普利兹克奖（国际建筑界最高奖）等。（李　烨）

顾秉林（Gu Binglin）　中国吉林省人，1945年10月8日生于黑龙江哈尔滨。*功能材料工程、凝聚态物理学、高等教育管理。*

1970年清华大学工程物理系毕业。留校任教，曾在工程物理系研究生班学习。1979年赴丹麦阿赫斯大学留学，1982年获博士学位。1985～1986年在美国圣母大学作高级访问学者。1988年任清华大学物理系教授，先后任物理系副系主任、系主任，副校长兼研究生院院长，高等研究中心副主任，软件学院院长等职，2003年起任清华大学校长。期间，1993～1994年先后为日本东京大学高级访问学者、日本东北大学客座教授。兼任国家教育部物理与天文学教学指导委员会主任、中国物理学会副理事长、中国体视学学会理事长等职。1999年当选为中国科学院院士。

在材料微观结构设计，特别是功能材料的组分、结构与性能关系的研究上，居国际先进水平。他建立的多元半导体合金设计模型，为进一步探索某些新材料提供了理论基础；提出了原子位形几率波理论，预测了复合钙钛矿材料的基态结构，给出了弛豫铁电体有序-无序的判据条件；在低维结构的量子特性及计算设计研究方面取得了突破性进展，揭示了量子点、原子团簇及团簇组装材料的某些新特性，相关论文被引用一千多次，通过实验已证实了上述某些理论预见，受到中外同行专家的高度评价。

发表论文200余篇；出版有《固体物理学》（1989年，与他人合著）等专著多部。多次获奖，其中1989～1999年获教育部（国家教委）科学技术进步奖二等奖4次，2000年教育部中国高校科学技术（自然科学）奖一等奖、国家自然科学奖二等奖。获2002年何梁何利科学与技术进步奖。（伍期刚）

黄伯云（Huang Boyun）　中国湖南省人，1945年11月24日生于湖南南县。*冶金工程、航空制动、材料工程、粉末冶金技术。*

1970年中南矿冶学院（今中南大学）特种冶金系毕业。留校任教。1986年获美国艾奥瓦大学博士学位，后进入美国田纳西大学、橡树岭国家实验室从事博士后研究。1988年回国，中南工业大学（今中南大学）教授，历任副校长、校长、该校粉末冶金研究所所长、粉末冶金国家重点实验室主任。兼任国家863高技术新材料领域专家委员会委员、《中国有色金属学报》和《中南工业大学学报》主编等职。1999年当选为中国工程院院士。

长期致力于航空制动材料、高温金属间化合物和特种功能材料研究。开创高性能摩擦材料制备新技术，研制出粉末冶金航空制动材料，具有国际领先水平，为苏-27战斗机刹车盘国产化和国家11号重点工程作出了重要贡献；完成图-154飞机制动材料在俄罗斯的取证研究，获得中国第一个航空制动材料国外生产使用许可证，打开了国际市场，并成功地进行了该机加载4吨的制动试验；发明钛铝合金二次包套快速变形细化晶粒等先进技术，在解决该类合金脆性等世界性难题方面取得了重大进展；主持开发出有国际先进水平的铁系粉末、钨系粉末、不锈钢体系粉末和金属间化合物体系粉末等冶金材料，并进行具有国际前沿水平的理论分析；承担新一代碳碳航空刹车盘国家重点工业性试验项目，中国由此成为当时世界上第四个生产国。

被SCI（《科学引文索引》）等著名国际索引刊物收录论文逾百篇。出版《钛铝基金属间化合物》（1998年）等专著。获国家级和省部级奖10余项，其中“高性能粉末冶金飞机刹车材料制造”，1997年获国家技术发明奖二等奖；获湖南省最高科技奖“光召科技奖”。（李远贵）

阿德曼，L. M.（Adleman，Leonard Max）　美国人，1945年12月31日生于美国加利福尼亚州旧金山。*计算机科学与工程、信息安全工程、密码学、应用数学、分子生物学。*

1968年获美国伯克利加利福尼亚大学数学学士学位。毕业任美国花旗银行电脑程序员。后短期就学于旧金山州立学院物理系。1976年获伯克利加利福尼亚大学电气工程与计算机科学学院计算机科学博士学位。

同年任马萨诸塞理工学院数学系讲师，1977 年任助理教授，1979 年任副教授。1980 年任教于南加利福尼亚大学计算机科学与工程系，1983 年任教授，1985 年任计算机科学萨尔瓦托里讲座教授，2001 年任该校分子生物学教授。

被誉为计算机 DNA 计算之父，也是 RSA 公钥密码体系发明人之一。主要兴趣和研究领域之一是理论计算机科学，特别是计算复杂性的数字理论问题，导致他在加密技术领域进行一些最著名的工作。1977 年，和以色列的 A. 萨莫尔加盟 R. L. 李维斯特的密码破译课题，他扮演"兰军"，共同研发了以三人名字命名的 RSA 数据加密算法，同年获专利。这一密码系统采用某种单向函数，可用数学公式简单计算，但几乎不可能逆运算，具备很高的保密性，已广泛用于互联网服务、银行和信用卡等多种安全应用程序。1983 年首创术语"计算机病毒"一词，因为他的计算机首次遭到自己学生 F. 科恩(Fred Cohen)制作的一种代码的攻击，两人决定公布这一病毒的代码，他认为计算机病毒会带来许多新的可能性，对计算机产生和传播信息构成严重威胁，坚信其滋扰作用一定会被将来更好的技术所制服。1994 年，发表论文"组合问题的分子计算解法"，首次采用 DNA(核糖核酸)序列的酶读取方式解决经典的旅行推销员路由问题(NP 完全性问题)，其中解决了哈密尔顿图论中的七节点实例，开创了 DNA 计算学科的先河。2002 年，他和研究小组设法用 DNA 计算法解决"非平凡解"问题，特别是解决有 100 多万个可能解决方案的 20 个变量的 3-SAT 问题。21 世纪初，提出艾滋病毒引起免疫缺陷的数学模型。

拥有计算机专利多项；发表论文近百篇；代表作有《获取数码签名方法和公钥密码系统》(1978 年，与李维斯特、萨莫尔合著)、《阿贝尔变量和素性测试》(1992 年，与他人合著)等。获多项大奖，其中有：与李维斯特、萨莫尔 3 人分享 1996 年美国计算机学会凯恩拉基斯理论与实践奖，2000 年美国电气与电子工程师协会小林计算机与通信奖、安全计算终身成就奖，2002 年度美国计算机学会图灵奖等。 (李　烨)

孙晋良(Sun Jinliang)　中国上海市人，1946 年 1 月 2 日生于上海川沙。复合材料工程、功能材料学。

1968 年上海科学技术大学(今上海大学)有机化学专业毕业。先后任上海缝纫机一厂高级工程师，中国纺织总会上海市纺织科学研究院高级工程师、副院长，兼任上海大学复合材料研究中心主任，教授级高级工程师。1997 年当选为中国工程院院士。

尤以研制碳-碳复合材料、特种纤维和特种纺织材料见长。主持研究和开发的碳-碳复合材料领域的系列成果，3 次获国家科学技术进步奖二等奖；主持开发成功的聚丙烯腈预氧化纤维整体毡产品是一种新型的复合材料增强骨架，获国家发明奖三等奖；开发的各类碳-碳复合材料及其系列成品，广泛应用于科研、国防和各种产业领域，取得巨大效益；创制的新型碳复合材料，解决了中国多种固体火箭发动机喷管系统和防热系统的特殊需求，在"长二丙"改进型运载火箭发射铱星中，在发射"亚星 2 号"、"艾克斯达 1 号"卫星等航天器的过程中，均获圆满成功；研究开发成功导电性合成纤维、吸胶透气材料(一种复合材料成型用辅料)等许多特种纤维和特种纺织材料，在劳动防护、航空航天等领域得到了广泛应用；研究开发固体火箭发动机喷管碳-碳喉衬材料、碳-碳复合材料 X 光无损检验方法等。发表的主要论文有"碳-碳复合材料"、"纤维多向编织物概述"、"聚丙烯腈预氧化纤维针刺整体毡"等。

多次获国家和省部级奖，此外获国防科学工业委员会授予的"献身国防科技事业"荣誉奖章，1995 年光华科学技术奖二等奖等。 (李啸虎)

孙家广(Sun Jiaguang)　中国江苏省人，1946 年 1 月 4 日生于江苏镇江。计算机科学与工程、软件工程、计算机应用。

1970 年清华大学自控系计算机专业毕业。留校任教。期间 1977～1978 年在日本伊藤忠商社担任计算机辅助设计(CAD)技术工程师；1985～1987 年先后任美国洛杉矶加利福尼亚大学访问学者、硅谷 IDVIEW 公司总工程师。1990～1993 年任国家电子部北方 CAD 公司总工程师兼总经理。期间 1991～1992 年在波士顿的美国惠普公司做技术管理。回国后，任清华大学计算机系教授，国家 CAD 支撑软件工程技术研究中心主任，清华大学软件学院常务副院长、院长，清华同方软件股份有限公司董事长。兼任国家 863 计划先进制造与自动化领域专家委员会主任、国家制造业信息化协调领导小组副组长、中国工程图学学会理事长等职。1999 年当选为中国工程院院士。

中国国家高技术计划("863"计划)自动化领域首席专家。主持研制具有知识产权的 6 种大型软件：计算机辅助设计绘图及设计、三维造型系统及数字建模、集成化计算机辅助设计制造(CAD/CAM)支撑软件系统、工程图档电子化管理、企业资源管理、产品数据管理系统等，并成功实现市场化。在产品数据管理框架，产品与工程造型及数字建模算法，多资源、多事件、多进程协同工作环境，产品全局数据模型及其转换平台，CAD 应用软件二次开发工具等方面，都有所创新；组织有关企业信息化、电子商务、电子政务、网络教育、电信业务平台等软件系统的研究开发。

发表论文近 200 篇；作为第一作者的合撰专著有《计算机图形学》(第 3 版，1998 年)、《计算机辅助设计技术基础》(第 2 版，2000 年)等多部。先后获国家与部委级科学技术奖近 20 项，其中"高华 CAD 二维绘图及设计系统"获 1998 年国家科学技术进步奖二等奖。1990 年被评为全国高校先进科学技术工作者，1996 年被评为国家"八五"科学技术攻关先进个人，1997 年被机械工业部授予机械工业 CAD 应用工作先进个人。

(李赣平)

周济(Zhou Ji)　中国上海市人，1946 年 8 月 26 日生于上海。计算机科学与工程、软件工程、管理科学、高等教育管理。

1970 年清华大学精密仪器系机械制造专业毕业。

1970～1978年在新疆工学院工作。1980年获华中理工大学机械工程硕士学位。1984年获美国纽约州立大学机械工程系博士学位。同年回国，在华中理工大学（今华中科技大学）任教，教授，先后任计算机辅助设计（CAD）中心主任、计算机集成制造（CIMS）中心主任、数控研究所所长、机械学院院长，华中科技大学副校长、校长。曾兼任国家教委高等工科学校机械基础教学指导委员会主任、中国机械工程学会副理事长等职。历任湖北省科技厅厅长，武汉市副市长、市长，国家教育部部长。1999年当选为中国工程院院士，2010年任中国工程院院长。

主要研究方向包括计算机辅助设计、优化设计、智能设计、计算集成制造技术等。主持国家自然科学基金、国家863计划、国家教委高校博士点专项科研基金等项目30余项。主持开发出华中Ⅰ型数控系统等机械计算机辅助设计的一系列软件产品，应用于上千家工矿企业，为促进中国机械工业企业高技术产业化作出了重要贡献。

发表论文200余篇；出版著作（包括与他人合著）10余部。获得国家科学技术进步奖三等奖4项、省部级科学技术进步奖一、二、三等奖近20项。（田玉冬）

潘云鹤（Pan Yunhe） 中国浙江省人，1946年11月4日生于浙江杭州。计算机软件工程、人工智能、图形图像学、高等教育管理。

1970年同济大学建筑系毕业。1981年获浙江大学计算机应用专业硕士学位。同年留校任教，1990年晋升教授，1995年起任浙江大学校长。兼任中国图形图像学会理事长、浙江省科学技术协会副主席等职。1997年当选为中国工程院院士。

研制出中国第一个智能计算机辅助设计（CAD）项目“智能模拟彩色图案创作系统”，解决了图案构图、色彩协调等多类知识表达难题；研究成功美术图案（计算机辅助设计/计算机辅助制造）（CAD/CAM）系统，实现图案设计自动推理化，提高设计速度百倍以上；将人工智能技术引入计算机图形学，提出智能图形学的新概念、新理论与新技术；主持开发出多种计算机美术软件，获中外计算机界和美术界广泛好评，其中有：智能模拟立体感美术图案创作系统（获1986年浙江省优秀软件特等奖）、立体感美术图案CAD系统、花样图形设计智能系统、地毯图案CAD系统、装潢图案创作智能CAD系统（获1992年国家科学技术进步奖二等奖、国家教委科学技术进步奖一等奖）等。此外，作为浙江大学校长，倡导和力行知识、能力、素质并重的育才模式，锐意推进高等教育改革实践。

撰有《计算机美术》、《智能CAD方法与模型》、《CAD系统与方法》等专著多部，主编《中国CAD/CAM研究新进展》（1991年）、《中国智能CAD》（1994年）论文集2部。（黄曲莱）

卢锡城（Lu Xicheng） 中国江苏省人，1946年11月13日生于江苏靖江。计算机科学与工程、系统总体设计、计算机教育、工程管理。

1970年哈尔滨军事工程学院毕业后，一直在长沙工学院（今国防科学技术大学）计算机系工作。1982～1984年在美国马萨诸塞大学做访问学者。国防科学技术大学教授，先后任计算机研究所副总工程师、计算机系主任兼研究所所长、计算机学院院长、并行与分布处理国防科学技术重点实验室主任。1999年当选为中国工程院院士。

长期从事研制中国国家重点工程银河系列高性能计算机系统，在计算机网络、并行分布处理等领域有重要贡献。20世纪70年代，参加洲际导弹试验中心的计算机研制，作为交换器系统设计者之一，两次赴太平洋临场试验成功。80年代，在中国首次实现巨型机银河Ⅱ型高速网络软件优化，并很快取得核科学和气象学应用成果。这是中国自行研制的第一个高性能、多协议体系、多机种、多传输介质的计算机网络，达到80年代末国际先进水平，被评为1992年中国十大科学技术成果，获国家科学技术进步奖一等奖。主持研制银河仿真Ⅱ型计算机系统软件，实现提速约100倍的直接映象优化技术，设计高效实用的集成化仿真软件环境，被评为1993年中国电子十大科学技术成果，1995年获国家科学技术进步奖一等奖。主持研制银河Ⅲ并行巨型计算机系统，发展了系统总体设计、高带宽低延迟通信结构及优化协议、并行输入输出、处理机自动分配及调度、高速网络等技术，银河Ⅲ被评为1997年中国十大科学技术进展，1999年获国家科学技术进步奖一等奖（第一获奖人）。主持研制银河新一代巨型计算机。

发表论文120余篇，出版著作4部。其他课题获国家和省部级科学技术进步奖逾10项。其中有1996年光华科学技术奖一等奖，1999年军队重大技术贡献奖等。（蒋春玉）

姚期智（Yao, Chi-Chih; Yao, Andrew C.） 华裔美国人，1946年12月24日生于中国上海。计算机科学与工程、计算理论、应用数学。

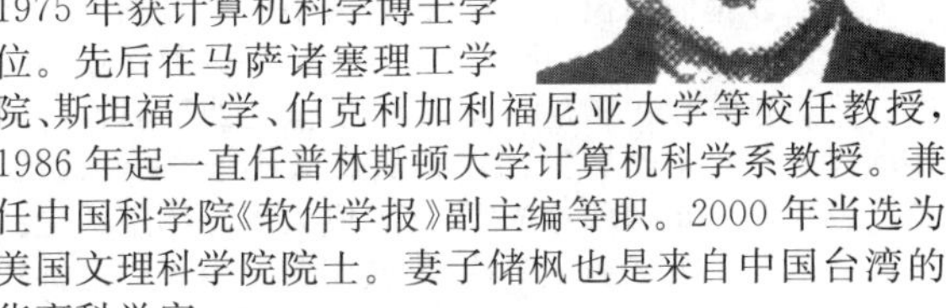

祖籍中国湖北孝感，幼年即随父母去中国台湾。1967年台湾大学毕业后去美国留学。1972年获哈佛大学物理学博士学位。留校做博士后研究一年。后到伊利诺伊大学研究生院继续攻读，1975年获计算机科学博士学位。先后在马萨诸塞理工学院、斯坦福大学、伯克利加利福尼亚大学等校任教授，1986年起一直任普林斯顿大学计算机科学系教授。兼任中国科学院《软件学报》副主编等职。2000年当选为美国文理科学院院士。妻子储枫也是来自中国台湾的华裔科学家。

在计算机科学的计算理论广阔领域，尤其在计算复杂性、算法设计与分析上有重要贡献。在图论方面，早期论文“寻找最小生成树的$O(|E|\log\log|V|)$算法”（1975年），突破了当时认为是“最佳结果”的克鲁斯卡尔（Kruskal）算法，在通信、运输、计算机网络与模式识

别、超大规模集成电路等许多领域都有重要应用，并为后人建立更完善的线性时间算法铺平了道路。在信息存储方面，20 世纪 80 年代他经过深入研究发现，用排序表来检索任意信息编码决非“最佳选择”，它只在少数特定条件下才有效，为后来最佳概率化哈希模式和字典实现方式的出现奠定了基础；所创建的“蜂窝式探测器”(Cell Probe)模型方法被广泛应用于数据结构和算法的设计与分析。在通信复杂性与密码学方面，有许多研究成果，其中 1982 年首次证明著名的布卢姆-米可利(Blum-Micali)发生器产生随机数的伪随机性，提出了“随机性和难度的折衷”概念；首次定义“计算熵”概念，引出一系列定理和推论，推动了密码学发展；在论文“如何产生和交换秘密信息”(1986 年)中首创“健忘的电路模拟”密码技术；建立了通信基本模型及其分析方法；近期集中研究以量子力学理论与器件为基础的量子通信和计算，发表了一些引人注目的重要论文。和祖国内地计算机界有密切联系，多次到内地参与学术活动。

发表论文近百篇。获 1987 年乔治·波利亚奖、1996 年首届克努特奖、美国计算机学会 2000 年图灵奖(世界计算机界最高奖)等。 (李 烨)

西法基斯，J.（Sifakis，Joseph） 一译基发基斯。法国人，1946 年 12 月 26 日生于希腊克里特岛伊拉克利翁。*计算机科学与工程、算法验证技术、嵌入式系统设计、应用数学、工程管理。*

希腊裔。1969 年、1972 年先后获希腊雅典国立理工大学电气工程系学士、硕士学位。1974 年获法国格勒诺布尔医学与科学大学(今约瑟夫·傅里叶大学)计算机科学博士学位。1979 年获法国国家科学博士学位。1976 年加入法国籍。1974 年起供职于法国国家科学研究中心，先后任维里玛格计算机实验室首任主任、研究总监。是欧盟“卓越网络”研究联盟“艺术家-2”嵌入式系统设计项目科学协调人，国际计算机辅助验证(CAV)大会共同发起人。

模型检查理论奠基人之一。以嵌入式系统著称的世界研究中心维里玛格实验室的创始人。1981 年，他独立提出“模型检查”的概念与方法，首次通过算法来验证形式化系统，具体方法是验证由硬件或者软件设计导出的模型是否满足通常用模态逻辑规则表示的形式化规范，此外还能确定错误代码的位置。同年，美国的 E. M. 小克拉克和自己的博士生 E. A. 爱默生也合作发表相关论文。他们都独立地提议，将模型检查算法开发为高效验证技术，以自动化验证计算机软件或硬件系统的设计是否规范性和满足预设需求(安全性或可靠性等)。这项研究工作不仅导致创建新的通信协议、软件规范、检测算法和一系列理论成果，而且成为半导体集成电路产业一项非常关键的主流技术，被广泛应用于如芯片检测和嵌入式处理器等关键系统，避免了因设计错误导致投产失误的巨大风险，其产业影响日益显著。为此，三人同获 2007 年美国计算机学会图灵奖。这是法国研究人员第一次获得这个“计算机界诺贝尔奖”。

他还积极致力于科研成果的产业化。作为欧洲“艺术家-2”嵌入式系统设计项目的合作研发者和技术协调人，负责对 35 个欧洲研究小组进行协调，以便合作研究嵌入式系统设计的理论及其高性能、高可靠性的开发。

主要专著有《嵌入式设计》(2008 年，与他人合著)等。除图灵奖外，还获 2001 年法国国家科学研究中心银质奖章，以及法国荣誉军团勋章等。 (李 烨)

李维斯特，R. L.（Rivest，Ronald Linn；Rivest，Ron） 美国人，1947 年 5 月 6 日生于美国纽约州斯克内克塔迪。*计算机科学与工程、信息安全工程、密码学、应用数学。*

1969 年获美国耶鲁大学数学学士学位。1974 年获斯坦福大学计算机科学博士学位。马萨诸塞理工学院电气工程与计算机科学系安德鲁与维特比讲座教授，计算机科学与人工智能实验室计算理论组创始成员、密码学与信息安全组负责人。是国际密码研究会理事、国际金融密码学会理事。是美国国家工程院院士、美国国家科学院院士、美国文理科学院院士。获罗马大学荣誉博士学位。

国际著名密码学家，RSA 公共密钥算法创始人之一。主要研究兴趣在算法、密码学、计算机与网络安全等领域。1977 年，在 L. M. 阿德曼和以色列的 A. 萨莫尔加盟下，他着手进行密码破译课题，共同研发了以他们三人名字命名的 RSA 数据加密算法，同年获专利。这一密码系统采用某种单向函数，可用数学公式简单计算，但几乎不可能逆运算，具备很高的保密性，已广泛用于互联网传输、银行以及信用卡产业中的基本安全机制。是对称密钥加密算法(即李维斯特码)RC2、RC4、RC5 的发明者，以及 RC6 的共同发明者。他还是 MD2、MD4、MD5 和 MD6 加密哈希函数算法的创作者。

主要著作有：《获取数码签名方法和公钥密码系统》(1978 年，与阿德曼、萨莫尔合著)、《算法导论》(1990 年初版，2009 年第 3 版；与他人合著)、《机器学习：从理论到应用》(1993 年，与他人合著)等；参与主编《密码学进展》(1993 年)。获多项大奖，其中有：与阿德曼、萨莫尔 3 人分享 1996 年美国计算机学会凯恩拉基斯理论与实践奖，2000 年美国电气与电子工程师协会小林计算机与通信奖、安全计算终身成就奖，2002 年美国计算机学会图灵奖(世界计算机界最高奖)等。 (李 烨)

比尼格，G.（Binnig，Gerd） 德国人，1947 年 7 月 20 日生于德国法兰克福。*光电子工程、显显微术、仪器研制、电子光学。*

在法兰克福大学获博士学位。1978 年进入在瑞士苏黎世的美国国际商用机器公司(IBM)研究实验室。1978 年在完成超导隧道效应方面的博士论文后，参加 H. 罗雷尔的小组，开始研制扫描式隧道效应电子显微镜(简称 STM)的工作。因为真空隧道效应具有极陡的间距依赖关系，所以这种效应是一种极局部的现象。

在制作电子显微镜中，他和罗雷尔解决了三方面的技术难题：①为了保持探针和表面间距的稳定，必须有很好的消振系统。他们将探针和测试系统用磁悬浮的办法置于一超导铅碗中，再用一块很重的大石板放在充了气的橡胶轮胎上，以支撑超导铅碗，于是得到很好的消振系统。②为使探针尽可能地接近表面(距离仅为1纳米)，又要使探针在扫描中不与凹凸的表面接触、擦试，采用“微地形探测方法”。在让探针对表面扫描时，采用反馈机制，调节探针的高低，以维持恒定的隧道电流。③要把探针端制成只有1个或几个原子的针尖，以保证具有原子尺度的分辨率。他们使用曲率半径为100纳米的探针，但利用其只有几个原子的隆起部分作针尖，从而解决了这个问题，得到0.4纳米的水平分辨率。1981年研制成功STM，在以后的四五年内不断改进，使这种仪器达到极高的分辨率。利用这种仪器直接观察到硅(Si)的再构表面的原子结构、薄膜的表面结构、生物大分子、病毒的表面形貌。1986年比尼格又建议将STM原理和针式轮廓曲线仪结合，制造原子力显微镜。

由于在设计第一台STM工作中的贡献，他和H.罗雷尔共获1986年诺贝尔物理学奖的一半，另一半为E.鲁斯卡获得。他还获德国物理学奖、帕卡德奖等奖励。（沙振舜）

林惠民(Lin Huimin)　中国福建省人，1947年11月13日生于福建福州。计算机科学与工程、软件工程、应用数学。

1982年福州大学计算机系计算机软件专业毕业。留校任教。1986年获中国科学院软件研究所计算机科学理论专业博士学位。1986～1987年在英国爱丁堡大学计算机科学基础实验室从事博士后研究。1988年至今在中国科学院软件研究所工作，历任副研究员、研究员，1999年起任计算机科学开放实验室主任。期间1990～1993年任英国萨塞克斯大学访问研究员。兼任中国科学技术大学等校兼职教授。1999年当选为中国科学院院士。

长期从事计算机程序的形式语义学及形式化方法的研究。1991年创造性地提出可以描述不同理论的元语言，设计并实现世界上第一个通用的交互式进程代数证明系统，可同时进行多个问题证明，又能对同一问题在不同理论中进行证明，获得国际同行很高评价。与英国亨尼西(Hennessy)教授合作提出符号化方法，使进程代数理论向实际应用迈出了关键性一步，为国际进程代数界广泛引用；独立发展了“符号互模拟”理论，解决了传统并发计算模型对大量实际应用不能有效模拟的问题，为在计算机上对通信并发进程进行推理和验证提供了理论依据；提出π-演算弱互模拟的完备证明系统和唯一不动点归纳法，解决了π-演算的有穷公理化问题；把证明系统从有穷消息传送进程推广到了无穷进程，扩大了实际应用的价值；把符号化方法应用于当前研究热点“可移动进程”，得到了完备证明系统。

多次获奖，其中“并发进程的代数理论及验证工具”获1996年中国科学院自然科学奖一等奖、1999年国家自然科学奖二等奖。（兰森林）

库兹威尔，R.(Kurzweil, Ray)　美国人，1948年2月12日生于美国纽约市。计算机科学与工程、图象与语音识别、人工智能、电子音乐。

父亲是音乐教授，母亲是知名插图画家。但他从小被神奇的电脑所迷，立志做一名科学家。1970年获马萨诸塞理工学院计算机科学学士、文学士双学位。1974年创办库兹威尔电脑产品公司(1980年由施乐公司并购，但管理层不变)。1982年相继建立库兹威尔应用智能公司、库兹威尔音乐系统公司。1982年当选为电脑产业荣誉院院士，并接受霍夫斯特拉大学、柏克里音乐学院、伦萨勒理工学院荣誉博士学位。1986年当选为白宫小企业革新委员会名誉主席。

12岁设计一个软件包，由国际商用机器公司(IBM)发行。18岁编写高中毕业生升学指南的电脑程序，卖给哈考特·勃雷斯世界公司。如何设计一个能识别任何字体的印刷字符系统，长期来一直是图像识别难题。1975年他研制出第一台课本阅读电子合成机，1976年开发出世界上第一个通用光学字符识别机，并制造了第一个盲人阅读机。该系统和拥有无限词汇的语言合成技术相结合，能迅速扫描读取质量低劣的印刷品，如涂改、残缺、字符互叠和其他印刷错误。1978年开发出商用库兹威尔数据输入机，至今仍被商家广为使用。1982年开始研究机器作曲，制造出第一个电脑高仿真音响键盘“库-250型电子音乐合成器”，次年在展销会上演示引起热烈反响，1984年上市，1985年纽约芭蕾舞乐团开始使用“库-250型，自此远销50多个国家。此后致力于拓宽乐器种类和降低成本核算。1987年发明第一台大型商用语音识别机。1998年开发出最新式阅读机库-1000型。

出版有《智能机器时代》(1990年)、《精神机器时代：计算机超过人类智能》(1999年)等3部专著。多次获大奖，其中有1986年美国总统授予的优秀企业家奖，1994年卡耐基-梅隆大学最高科学奖迪克森奖、1999年美国总统授予的国家技术奖章等。2002年入选美国发明家名人堂。

他还发表诗作；是个造诣不浅的钢琴家。（李　烨）

陶尔扬，R.E.(Tarjan, Robert Endre)　美国人，1948年4月30日生于美国加利福尼亚州波莫纳。计算机科学与工程、图论算法、应用数学。

1969年获美国加利福尼亚理工学院数学系学士学位。1971年和1972年先后获斯坦福大学计算机科学硕士、博士学位。先后在康奈尔大学、伯克利加利福尼亚大学、斯坦福大学、贝尔实验室、普林斯顿大学计算机科学系工作。兼任纽约大学教授、美国互信公司首席科学家等职。1987 年当选为美国国家科学院院士。1988 年当选为美国国家工程院院士。

解决了图论算法若干难题，在计算机数据结构和算法设计方面有突出贡献。采用阿克曼函数，提出“分摊”算法概念，率先成功地解决了图论算法中的“合并-搜索问题”，纠正了前人的种种错误，在操作中显著缩短了搜索路径，大幅度提高了搜索效率。20 世纪 70 年代，和 J. E. 霍普克洛夫特一起钻研图论算法中的连通性和平面性问题，共同提出著名的“深度优先搜索算法”，比以往的老算法效率提高 60 倍以上，引起学术界很大轰动，其法则很快被推广到信息检索、人工智能等方面；不久两人又发明了一种名为“双堆栈叠”的新数据结构与深度优先搜索算法配套，使之更为完善、可靠。80 年代，他首先从数据结构上而不是算法上研究最大网络流效率问题，与其学生先后发明“动态树”、“八字形树”等数据结构，在此基础上开发成功前所未有的最大网络流高效算法，可广泛用于天然气和石油管道、交通和通信网络等领域的设计；研究开发出能长期保存信息的“持久性数据结构”，不但可以跟踪其最近信息，还可以访问其过去信息，已成功应用于时态数据库、历史性数据库、计算几何和并行处理等方面。

1986 年与 J. 霍普克洛夫特分享美国计算机学会图灵奖(世界计算机界最高奖)、国际数学联合会 1983 年内兰林纳信息科学奖、美国国家科学院 1984 年研究创新奖等。 (李 烨)

沈国荣(Shen Guorong) 中国江苏省人，1949 年 7 月 17 日生于江苏武进。电气与电力工程、自动控制、电工学。

1978 年河北电力学院继电保护及自动化专业毕业。1982 年获国家水电部电力科学研究院工学硕士学位。国家电力公司电力自动化研究院高级工程师(教授级)，先后任继电保护研究所所长、副院长，南京南瑞继保电气有限公司董事长等职。东南大学等校兼职教授。期间 1988 年任美国通用电气公司访问学者。1999 年当选为中国工程院院士。

主持开发出 10 多项电力系统继电保护系列新产品，广泛应用于中国电力系统，其中有：SBJ-1 失步解列装置，原理新颖，性能优良，判别元件国际首创；JKF-1 型工频变化量快速方向保护装置和 CKJ-1 型快速距离保护装置，主要性能达到国际先进水平，其先进原理被中外同行所赞誉；XWK-C1 型系统稳定控制装置和 CGZ 短线电流差动光纤保护，居国内先进水平；GCP 功率测量及控制装置，填补了国内空白，功率测量元件居国际水平；研制成功 LFP-900 系列超高压输电线路成套快速保护技术，采用了先进的微机保护装置，达到国际先进水平，获得 1999 年国家科学技术进步奖一等奖等多项奖励；新一代 RCS-900 系列微机继电保护和 RCS-900 变电站综合自动化系统，已成功推向市场。

已获批准国家发明专利 3 项、实用新型专利 7 项。多次获奖，其中国家科学技术进步一等奖 1 项，国家发明二等奖 2 项，部级科学技术进步奖一、二等奖各 2 项。 (侯伯勤)

周国泰(Zhou Guotai) 中国吉林省人，1949 年 8 月 30 日生于吉林镇赉。防护服材料工程、个体防护装备、功能材料学。

1976 年广州中山大学化学系毕业。同年到解放军总后勤部军需装备研究所工作至今，先后任被服装具研究室工程师、试验试制室主任、副所长兼总工程师，1997 年任所长，少将军衔、教授级高级工程师。兼任中国个体防护装备理事会理事长、中国劳动保护学会副理事长、全国人类工效学标准化技术委员会副主任、上海交通大学等校兼职教授。1999 年当选为中国工程院院士，兼农业、轻纺与环境工程学部副主任。

20 世纪 70 年代，参加中国研制和试验氢弹的个体防核实验。80～90 年代，主持研制成功防弹背心、防弹头盔等个体防护装具“护神”牌系列，填补了中国技术空白，有些超过了世界同类名牌产品；主持开发出中国首批石油工人用拒水防油防护服；在短时间内研制出中国阻燃服，确保了中国参与和完成对海湾战争炸燃的科威特油井的国际灭火行动；与姚穆教授共同研制聚四氟乙烯微孔隔离过滤透湿复合膜，使中国在该领域跃居世界前列。2003 年春夏，中国遭到前所未遇的流行性、致命性非典型肺炎病毒肆虐袭击，他和姚穆适时主持开发出耐久型医用抗非典防护服和口罩，其布料间隙仅 75 纳米，足以过滤直径 80～120 纳米的非典病毒，防护率达到 99.99%，透湿性高出国家标准 5 倍，可重复使用 15 次以上，一件防护服仅重 240 克，达到世界先进水平，被誉为“天使之盾”。

出版《危险化学品安全技术全书》(1999 年)等著作 6 部。获国家、军队和省部级科学技术进步奖一、二等奖 14 项，其中国家科学技术进步奖一等奖 3 项。此外，荣立二等功、三等功各两次；获首届聂荣臻发明创新奖、国际科学与世界和平友好使者金奖等。 (李啸虎)

赫尔佐格，J.(Herzog，Jacques) 瑞士人，1950 年 4 月 19 日生于瑞士巴塞尔。土木工程、建筑学、城市规划、工程管理。

1975 年获瑞士苏黎世联邦理工大学建筑系学士学位，师承著名建筑师 A. 罗西。留校任教。1978 年在巴塞尔和同学 P. 德梅隆合办赫尔佐格-德梅隆建筑师事务所，2000 年后拥有建筑师员工 250 余人，在伦敦、汉堡、巴塞罗那、纽约、旧金山和北京等世界主要城市设有分支机构，同时进行数十个工程项目的设计。1994 年起一直任哈佛大学设计研究院客座教授。1999 年任苏黎世瑞士联邦理工大学兼职教授，2002 年和 P. 德梅隆共同创办该校巴塞尔当代城市研究院。是德国柏林艺术家协会外籍会员。

自认为是学习型建筑师，设计哲学是“基于知识的设计”，重视同时和艺术家、科学家合作。早期作品受到极简主义的影响，具有抽象派还原的风格，后呈现多变化的折中各流派的趋势。基本建筑语言惯用简洁的构型配以装饰性的手工艺元素，擅长因地制宜挖掘天然材料的新特征和新效果，力求跳出现代主义潮流，使人工建筑回归天然特色。重建旧金山德扬博物馆（1998～2005年），为了使其与周围树林色彩搭配协调，整个外壳用铜皮包裹，上面不规则地打上空镂或浮雕的圆点，待其长出绿锈和周边树木浑然一色，长方形塔楼高耸有如林中一棵最高大树。原是废弃不用的伦敦河岸发电站，被他们化腐朽为神奇，巧妙地改建为一个恢宏壮观的泰特现代美术馆（1999～2001年一期，2012年完成二期）。设计2008年北京奥运会主体育场（2003～2008年），形态如同孕育生命的“鸟巢”，寄托着人类对未来的希望，2009年入选世界10年十大建筑。

其作品绝大多数和德梅隆合作，受到国际关注的共同项目还有：瑞士劳芬的雷科拉仓储大楼（1987年）、意大利泰罗勒石屋（1988年）、美国加利福尼亚州纳帕山谷的多明纳斯酒厂（1998年）、日本东京普拉达旗舰店、德国杜伊斯堡库珀斯默尔洞穴收藏博物馆（2003年）、瑞士巴塞尔劳伦茨艺术馆（2003年）、英国伦敦拉班舞蹈中心（2003年）、德国易北河畔汉堡爱乐音乐厅（2011年）等。

和德梅隆共同获得多项大奖，其中有1999年瑞典皇家艺术研究院肖克奖，2001年法国银丁字尺大奖，2001年普利兹克建筑奖（国际建筑界最高奖），英国皇家建筑学会2003年斯特林奖、2007年皇家金质奖章等。（李　烨）

德梅隆(de Meuron，Pierre)　瑞士人，1950年5月8日生于瑞士巴塞尔。土木工程、建筑学、城市规划、工程管理。

1975年获瑞士苏黎世联邦理工大学建筑系学士学位，师承著名建筑师A.罗西和D.施内布利（Dolf Schnebly）。留校任教，1977年任施内布利教授的助手。1978年在巴塞尔和同学J.赫尔佐格合办赫尔佐格-德梅隆建筑师事务所，2000年后拥有建筑师员工250余人，在伦敦、汉堡、巴塞罗那、纽约、旧金山和北京等世界主要城市设有分支机构，同时进行数十个工程项目的设计。1994年起一直任哈佛大学设计研究院客座教授。1999年任苏黎世瑞士联邦理工大学兼职教授，2002年和赫尔佐格共同创办该校巴塞尔当代城市研究院。

早期作品具有抽象派还原的风格，后力求跳出现代主义潮流，呈现多变化的趋势，基本作品都和J.赫尔佐格合作。惯用简洁的构型，配以装饰性的手工艺元素，擅长挖掘天然材料的特征和效果，使人工建筑回归天然特色。例如，重建旧金山德扬博物馆（1998～2005年），为了使其与周围树林色彩搭配协调，整个外壳用树冠状铜皮包裹，待其长出绿锈和周边树木浑然一色。原是废弃不用的伦敦河岸发电站，巧妙地改建为一个恢宏壮观的泰特现代美术馆（1999～2001年一期，2012年完成二期）。设计2008年北京奥运会主体育场（2003～2008年），形态如同孕育生命的“鸟巢”，寄托着人类对未来的希望，2009年入选世界10年十大建筑。受到国际关注的共同项目还有：瑞士劳芬的雷科拉仓储大楼（1987年）、意大利泰罗勒石屋（1988年）、美国加州纳帕山谷的多明纳斯酒厂（1998年）、德国杜伊斯堡库珀斯默尔洞穴收藏博物馆（2003年）、瑞士巴塞尔劳伦茨艺术馆（2003年）、英国伦敦拉班舞蹈中心（2003年）、德国易北河畔汉堡爱乐音乐厅（2011年完成）等等。

和赫尔佐格共同获得多项大奖，其中有1999年瑞典皇家艺术研究院肖克奖，2001年法国银丁字尺大奖，2001年普利兹克建筑奖（国际建筑界最高奖），英国皇家建筑学会2003年斯特林奖、2007年皇家金质奖章等。（李　烨）

沃兹尼亚克，S.(Wozniak，Steve)　美国人，1950年8月11日生于美国加利福尼亚州圣克拉拉（现称硅谷）的圣何塞。计算机科学与工程、电气电子技术、应用数学。

电机工程师之子。1968～1972年先后就读于科罗拉多大学、伯克利加利福尼亚大学。为挣学费而辍学，1973～1976年任硅谷惠普公司工程师，开发计算器芯片。1976～1985年任苹果电脑公司副总裁。期间1981年重返伯克利加利福尼亚大学，1982年获电子工程、计算机科学双学士学位。1985～1987年任计算机技术认证公司总裁。后因私人飞机失事致脑震荡进行治疗。90年代康复后，担任加利福尼亚州洛斯加托斯学区义务计算机教员。2002年成立“宙斯之轮”公司，研发无线电子产品。

被誉为“苹果机之父”。13岁研制加减计算器获当地科学协会一等奖，但喜欢发明电子玩艺捉弄人，如发明会爆鸣的门锁等。在惠普公司期间，为了更轻松应付公司冗务和玩电子游戏，设计了一块计算机电路板，即第一台个人电脑“苹果Ⅰ型”主机。因惠普公司拒绝开发电脑，1976年4月他和S.乔布斯(Steve Jobs)在后者家中车库创办苹果电脑公司，身兼副总裁、程序员和电气工程师，很快接到生产50台“苹果Ⅰ型”机的首份订单。1977年完成“苹果Ⅱ型”设计，创下微机历史上多个第一，首次将处理器、内存器、软盘驱动器、键盘、扬声器、彩色显示电路和电源等全部集成于一个主机系统，用户只需联上一台彩色显示器或电视机就可以工作；他还公开“总线”电路，以便其他厂家生产辅助电路。苹果机问世带动了全球个人电脑应用大普及、信息产业大发展。当1980年底苹果机股票上市时，投资界掀起了一股“苹果热”，公司成立不到6年，增值已逾6亿美元。他还以慷慨赞助艺术和教育事业而闻名。

1985年由美国总统授与国家技术奖章；2000年获海因茨技术奖，同年入选美国发明家名人堂。（李　烨）

扎哈·哈蒂特(Zaha Hadid)　英国人，1950年10月31日生于伊拉克巴格达。土木工程、装潢设计、建筑学、造型艺术。

伊拉克裔。1972年获黎巴嫩贝鲁特美国大学数学学士学位。同年移居英国，进英国建筑协会伦敦大学建筑学院学习，1977年获建筑学硕士学位。同年加盟著名荷兰建筑师库哈斯（R. Koolhaas）的伦敦大都会建筑师事务所。同时留校兼教，后成立哈蒂特工作室直至1987年。1980年在伦敦成立哈蒂特建筑师事务所。曾任美国哥伦比亚大学，芝加哥伊利诺伊大学，德国汉堡视觉艺术大学，奥地利应用艺术大学等校客座教授，其中1994年任哈佛大学设计研究院丹下健三讲座教授。

国际建筑界最高奖普利兹克奖第一位女性得主。既继承和发挥了建筑图像派的传统，又打破传统既有的几何建筑架构，以华丽流畅线条，让不规则的秩序和动态的平衡相互交融并存，展现有如来自外层空间超现实的意境。自开业不久，便在英国声誉鹊起，接着作品相继入选重要国际建筑竞图，引人注目。

20世纪80年代，设计的伦敦伊顿广场公寓，1982年获英国建筑设计金奖；1983年入选香港高峰俱乐部设计竞标方案，获得广泛赞誉；柏林柯福斯坦顿购物街(1986年)、杜塞尔多夫艺术与媒体中心(1989年)均获竞图一等奖。90年代，主要有：荷兰格朗明根视觉艺术设计展馆(1990年)、德国维特拉消防站(1991年)、卡迪夫歌剧院(1994年，一等奖)、美国辛辛那提市罗森塔尔当代艺术中心(1998年)等；此外在日本大阪、东京设计过几幢大厦。21世纪初年，主要有：奥地利因斯布鲁克-伯杰塞尔跳高滑雪场(2002年)、中国北京物流港区SOHO城(2003年)、丹麦哥本哈根-奥德罗普格园林博物馆(2005年)、德国沃尔夫斯堡斐诺科学中心(2005年)、西班牙马德里"美国之门"饭店(2006年)等。

她的设计不止于建筑，还包括室内、家具和产品的设计。其承接的建筑案中，不少室内设计都出自她之手。1983年开始在英国展出大型绘画回顾展，此后其绘画作品一直在世界各地展出，还被纽约现代艺术博物馆、法兰克福德意志建筑博物馆等多家著名机构入选永久收藏品。

获2001年法国银角尺奖、2003年欧盟当代建筑奖、2004年普利兹克奖、2007年建筑学杰斐逊奖章、2009年日本艺术协会日本皇室文化建筑奖等。

(李　烨)

萨莫尔，A.(Shamir, Adi)　以色列人，1952年7月6日生于以色列特拉维夫。计算机科学与工程、软件工程、密码学、应用数学。

1973年获以色列特拉维夫大学数学理学士学位。1975年、1977年先后获魏茨曼大学科学学院计算机科学硕士、博士学位。1977年到美国马萨诸塞理工学院计算机实验室从事研究。1980年回国，在魏茨曼大学科学学院计算机科学与应用数学系任教，1981年任保罗与博尔曼应用数学讲座教授。2006年任法国巴黎高等师范学院访问教授。是美国国家科学院外籍院士。

国际著名的密码学专家，RSA公共密钥算法创始人之一。1977年，他和L. M. 阿德曼加盟R. L. 李维斯特的密码破译课题，他扮演"红军"，共同研发了以他们三人名字命名的RSA数据加密算法，同年获专利。这一密码系统采用某种单向函数，可用数学公式简单计算，但几乎不可能逆运算，具备很高的保密性，已广泛用于互联网传输、银行以及信用卡产业中的基本安全机制。此外，他还提出了视觉密码体系、基于身份的密码体系("零知识证明")和门限签名、秘密分散和差分加密等密码学思想，这些算法构成了许多密码体系及其应用的基本部件和关键技术。其中，与自己学生E. 比哈姆(Eli Biham)一起提出的差分算法，最早用于分析分组密码，现已成为最重要的分组密码分析方法之一；1988年，和U. 费格(Uriel Feige)、A. 菲亚特(Amos Fiat)共同开发出以三人名字命名的FFS身份认证架构。

发表论文近百篇；代表作有《获取数码签名方法和公钥密码系统》(1978年，与李维斯特、阿德曼合著)、《数据加密基座的差分密码分析学》(1993年，与E. 比哈姆合著)等。获多项大奖，其中有：与李维斯特、阿德曼3人分享1996年美国计算机学会凯恩拉基斯理论与实践奖，2000年美国电气与电子工程师协会小林计算机与通信奖、安全计算终身成就奖，2002年度美国计算机学会图灵奖等；此外还获1975年以色列魏茨曼大学最优博士肯尼迪奖，以色列数学会厄尔多斯奖，1986年美国电气与电子工程师协会贝克奖，2008年以色列计算机科学奖等。

(李　烨)

郑南宁(Zheng Nanning)　中国江苏省人，1952年12月19日生于江苏南京。计算机科学与工程、模式识别、人工智能、自动控制。

1975年西安交通大学工业电气自动化专业毕业。留校任教。1981年获该校自动控制专业硕士学位。1985年获日本庆应大学工学博士学位。同年回国，先后任西安交通大学教授、副校长，2003年任该校校长，兼任国务院学位委员会委员，国家教育部科学技术委员会委员、陕西省科学技术协会主席等职。1999年当选为中国工程院信息与电子工程学部院士，2000年又兼该院工程管理学部院士。

20世纪80年代后，在中国首创微机视觉和汉字识别系统，达到当时国际先进水平，获1987年国家电子工业部科学技术成果奖一等奖、1988年国家科学技术进步奖三等奖；建立印刷体二级汉字自动识别系统，识别方法和硬件结构为国内首创，识别速度处于国内领先；在中国首创高分辨率文本图象计算机摄象系统，各项技术指标均达到国际先进水平，获1989年国家科学技术进步奖二等奖；完成高速机器视觉系统和行驶车辆牌照自动识别系统，其中前者某些性能优于国外同类产品，均获1989年国家教育委员会科学技术进步奖二等奖，前者又获1989年北京首届国际博览会金奖；主持研制出精密装配机器人视觉系统，进入国际先进行列；主持研制出中国首台医用立体数字减影血管造影系统；研制出具有中国自主知识产权的数字化电视图象处理芯片。此外，还发明二维曲线拟合新方法，解决了弹头烧蚀外形曲线的自动化分析问题。

发表论文近百篇；撰有《数字信号处理》、《计算机视觉与模式识别》等专著。

(刘金龙)

爱默生，E. A.(Emerson, Ernest Allen)　美国人，1954年6月2日生于美国得克萨斯州达拉斯。计算机科学与工程、软件工程、算法验证技术、应用数学。

1976年、1977年先后获美国得克萨斯大学奥斯丁分校数学理学士、硕士学位。1981年获哈佛大学应用数学系数学博士学位。同年任教得克萨斯大学奥斯汀分校，后升任教授。是美国和国际多份信息科学杂志的编委。

模型检查理论奠基人之一。1981年，当时还是博士生的爱默生和导师E. M. 小克拉克共同发表论文，首次提出“模型检查”的概念与方法，即通过算法验证所设计的硬件或软件导出的模型，以判断它们是否符合通常用模态逻辑规则表示的形式化规范，以及确定错误代码的位置。同年，法国的J. 西法基斯也独立发表相关论文。他们都不约而同地提议，将模型检查算法开发为高效验证技术。爱默生后来在自己的博客主页中透露，走上形式化验证的道路，是受了1980年图灵奖得主C. A. 霍尔的论文“程序证明：裁定”的启发。这项模型检查研究工作具有决定性意义，不仅导致创建新的通信协议与软件规范、检测算法和一系列理论成果，而且成为半导体集成电路产业一项非常关键的主流技术，被广泛应用于如芯片检测和嵌入式处理器等关键系统，避免了因设计错误导致投产失误的巨大风险，其产业影响日益显著。因为“在将模型检查发展为被硬件和软件业中所广泛采纳的高效验证技术上的贡献”，三人同获2007年美国计算机学会图灵奖(国际计算机界最高奖)。

据国际引文索引系统《引文观察家》(CiteSeer)2006年统计，他位于科学论文引用次数最多的全球前1%计算机科学家的行列。与他人合作出版著作有：《计算机文化的入侵》(1990年)、《μ-演算模型检查方法》(1995年)等；主编2006年第七届验证国际会议论文集《验证、模型检查和摘要说明》(2007年)。除图灵奖外，还获1998年美国计算机学会凯恩拉基斯符号模型检验理论与实践奖、2006年时态测试奖(分享)，以及卡内基-梅隆大学纽厄尔奖等。 (李　烨)

盖姆，A. K. (Geim, Sir Andre Konstantin; Гейм, Андрей Константинович)　荷兰和英国双重国籍，1958年10月21日生于苏联俄罗斯索契。*微纳米技术、凝聚态物理学、介观物理学、材料科学与工程。*

俄罗斯裔，双亲都是工程师。1982年获苏联莫斯科理工学院理学硕士学位。留校实验室任助理研究员。1987年以“运用螺旋谐振法研究金属迁移的弛豫机制”论文获俄罗斯科学院固态物理研究所金属物理学博士学位。留所工作。1990年始，先后在英国诺丁汉大学、巴斯大学和丹麦哥本哈根大学进行博士后研究。1994年任荷兰阿纳姆-内梅亨大学物理学副教授，带教的博士生中有来自俄罗斯的K. 诺沃谢洛夫。后加入荷兰国籍。2001年任英国曼彻斯特大学物理学与天文学学院物理学教授，2001年任介观科学与纳米技术中心主任，2007年任兰沃西讲座教授；是英国皇家学会大学研究教授。2010年任阿纳姆-内梅亨大学新材料与纳米科学教授。2007年当选为英国皇家学会会员。2012年当选为美国国家科学院外籍院士。2012年受封英国爵士勋位。先后获荷兰代尔夫特理工大学、比利时安特卫普大学和英国曼彻斯特大学等校荣誉博士学位。

因为“对二维材料石墨烯的突破性实验”，盖姆和诺沃谢洛夫同获2010年诺贝尔物理学奖。所谓“石墨烯”(graphene)，实际上就是厚度仅为一个碳原子的单层石墨，它是由无数个完美的正六边形碳原子网格构成二维平面的透明晶片。由于这种石墨材料具有烯类物质基本特征——碳原子之间的双键，故称为石墨烯。早在20世纪40年代，就有人对类似的碳结构进行过理论探讨；已知厚度为1毫米的石墨，大约包含300万层石墨烯。因此半个多世纪以来，科学界普遍认为，这种二维结构是无法制取的，即使能制取在常温下也极不稳定。2004年10月，盖姆和诺沃谢洛夫师徒俩及其曼彻斯特大学研究小组，在美国《科学》杂志上发表了一篇实验研究报告，首次颠覆了这种流行见解。

他们用最普通的胶带从平整的石墨板上粘下薄片，反复粘上数十上百次使之越来越薄，直至产生一些单层石墨烯。这种极简方法早就有人试过，但可惜都没能识别出单层石墨烯来。俩人把大量剥离的薄片一一置于氧化硅基板上，在显微镜下筛选出最终可呈现油膜状彩色条纹的薄片。利用光的干涉效应，他们首次清晰地观察到了单层石墨烯。随后，通过一系列实验，进一步揭示其种种奇特的物理性质。就这样，人类至今才发现的最薄材料，即第一种二维晶体材料，终于问世了。

石墨烯的发现，打破了“二维晶体无法真实存在”的理论预言，强烈吸引了全世界的目光，掀起了一波波研发热潮。由于具备超轻、超薄、超强、超韧和优良导电性和导热性等特异性能，使它成为继富勒烯和碳纳米管之后又一个里程碑式的新材料。在它的推动下，人们陆续制备出一些其他种类二维材料，例如氮化硼、二硫化钼等二维晶体。时至2008年，盖姆研究团队已经研制出1个原子厚、10个原子宽的石墨烯晶体管，又让人首次看到了广泛应用的无限前景。他们俩人的第一次研究报告发表仅仅过了6年就获得诺贝尔奖，这让不少科学家出乎意料之外，又觉得合乎情理之中。科学界普遍认为，石墨烯可能成为硅的替代品，将带来下一次电子工业革命。

盖姆还获多种其他奖励，其中有：2007年英国皇家物理学会莫特奖，2008年欧洲物理学奖(与诺沃谢洛夫同获)，2009年科伯欧洲科学奖，2010年美国国家科学院卡蒂科技进步奖，2010年荷兰骑士指挥官级狮子勋章，英国皇家学会2010年休斯奖章、2013年最高奖科普利奖等。另外值得一提的是，他和一位同事还共享2000年“搞笑诺贝尔物理学奖”，因为他们用“磁悬浮”方法让一只青蛙在磁场中“飞”了起来。 (宣焕灿　李啸虎)

诺沃谢洛夫，K. S. (Новосёлов, Константи́н Серге́евич; Novoselov, Sir Konstantin Sergeevich)　俄罗斯和英国双重国籍，1974年8月23日生于苏联俄罗斯乌拉尔山区下塔吉尔。*微纳米技术、固态物理学、介观物理学、材料科学与工程。*

1997年获俄罗斯莫斯科理工学院理学硕士学位。2004年以论文“介观霍尔探针的发展与应用”获荷兰阿纳姆-内梅亨大学物理学博士学位。同年在英国曼彻斯特大学进行博士后研究。留该校工作，加盟由盖姆主持的介观物理研究组，2010年后任物理学教授、英国皇家学会研究评议员、英国国家石墨烯研究所所长、欧盟研究理事会理事等职。2011年当选为英国皇家学会会员。同年获曼彻斯特大学荣誉博士学位。2012年封爵。

因为“对二维材料石墨烯的突破性实验”，诺沃谢洛夫和盖姆教授同获2010年诺贝尔物理学奖。后者是他以前的导师、曼彻斯特大学石墨烯研究团队主管。所谓“石墨烯”(graphene)，实际上就是厚度仅为一个碳原子的单层石墨，它是由无数个完美的正六边形碳原子网格构成二维平面的透明晶片。由于这种石墨材料具有烯类物质基本特征——碳原子之间的双键，故称为石墨烯。半个多世纪以来，科学界普遍认为，这种二维结构是无法制取的，即使能制取在常温下也极不稳定，更遑论什么用途了。2004年10月，诺沃谢洛夫和导师盖姆及其研究小组，在美国《科学》杂志上发表了实验研究报告，首次颠覆了这种流行见解。发现石墨烯，打破了“二维晶体无法真实存在”的理论预言，使它成为继富勒烯和碳纳米管之后又一个里程碑式的新材料。诺沃谢洛夫曾经指出，石墨烯是研究领域的“金矿”，在很长一段时间内，研究人员将会陆续“开采”出一批批新的研究成果。

时至2010年，他和盖姆已合作发表90余篇学术论文和实验报告，课题涉及广泛领域，其中包括介观超导性(霍尔磁强计)、磁畴壁的亚原子运动、壁虎仿生胶带研制和石墨烯的发现等等。除诺贝尔物理学奖外，还获多种其他奖励，其中有：2007年柯蒂欧洲奖，2008年欧洲物理学奖(与盖姆同获)，2008年理论与应用物理学国际联合会青年科学家奖，2010年荷兰骑士指挥官级狮子勋章等。

(宣焕灿)

世界科学家大辞典

Dictionary of World' s Scientific Biography

自然哲学及其他卷

泰勒斯(Thales of Miletus) 古希腊人,约公元前624年生于小亚细亚伊奥尼亚的米利都(今属土耳其),约公元前547年卒于同地。自然哲学、天文学、几何学。

雅典著名政治家梭伦(Solon)的同时代人。出身名门望族。年轻时曾在埃及学习、研究天文学和数学。从事过政治活动,主张全部伊奥尼亚地区组成统一政府,以对抗波斯人入侵。

古希腊最早的自然哲学家之一,米利都学派创始人和主要代表。博学多才,业绩卓越,被尊为"希腊七贤"之一。B.罗素指出,"西方哲学始于泰勒斯"。他在哲学上首次摆脱传统的神创论,提出并探讨了世界的本原问题,试图从某种具体物质中寻找自然现象无限多样性的统一,猜测"水是万物的本原"。认为万物有生有灭,而水是永恒的;水是万物的始基和实体,万物由水形成,万物解体后又复归于水;水包围着大地,大地浮在水上。这一学说反映了他的哲学思想的原始性、直观性和素朴性,但是却标志着人类由神话传说向哲学思辨过渡的开始,"说出这个不生不灭常存不变的本体,是勇敢的"(黑格尔语)。此外,他的哲学思想还带有浓厚的"物活论"色彩,认为宇宙万物都有生命,充满"神灵"和"灵魂",例如他说"磁石有灵魂,因为它吸动铁"。

也是人类历史上最早的自然科学家之一。倡导用自然原因解释自然现象,从而为科学的发展指明了道路。他继承和发展了古巴比伦人的天文学,奠定了古希腊天文学的基础。据记载,他发现了小熊座α星(北极星),指出小熊星座可作为航海方向标;"第一个测定了太阳从冬至到夏至的运行","发现了一年的季节,并且把一年分成365天","规定一个月为30天";准确预言公元前585年5月28日的全日食。在数学上也有重要贡献,将埃及人采用的面积测量方法引入希腊,创立了平面几何学。在埃及时,"根据金字塔影和人影之间的比例,测量过金字塔高度"。"在一个圆里面画出了直角三角形,并且为这个发现宰了一头牛献祭"。据认为,他发现了以下几何学定理:一个圆被它的直径所平分;等腰三角形的底角相等;如果两条直线相交,对顶角相等;半圆的内接角是一个直角;如果给出一条底边及与底边相关的两个角,即可确定一个三角形。他在《伊索寓言》里受到嘲笑,因为有天夜里,他在观测天象时失足落入村边的深坑,天亮时被一个女仆用打水绳救出,被讥为只会研究高深学问而不懂世事的"无用之人"。为了正名,他曾准确预言过某年橄榄大丰收,早半年预定了城里所有的出租榨油机,因而发了一笔大财,维护了自然哲学家的尊严。 (李士土 李啸虎)

阿那克西米尼(Anaximenes of Miletus) 古希腊人,约公元前585年生于小亚细亚伊奥尼亚的米利都(今属土耳其),公元前528年卒。自然哲学、天文学。

古希腊米利都学派唯物主义哲学家。其宇宙论和天文学观点与米利都学派哲学家阿那克西曼德很接近,有人认为他是后者的学生和朋友。

他认为万物的本原是气:气不断地运动变化,而且是无限的;无数的世界均由气产生,最终又复归为气;气是由一种很小的粒子组成的物质。当气均匀分布时,它是看不见的;当气凝聚时,就变成水;继续凝聚,它就变成土,然后变成石头;当气受热时,它就变稀薄,最后变成火。他用气的稀薄化和凝聚化来说明气可以形成万物,万物也可以转化为气。他坚持唯物主义一元论,认为灵魂也是气。认为地球由大量的气通过冷凝而形成;它像一只位于宇宙中心的平盘,由气支撑;天体在其周围运行,它们也由气支撑。因为他认为太阳和月球是由火形成的,所以他不了解月球反射太阳光这一事实。他还认为,有许多天体围绕地球运转,其所以看不见,是因为它们离地球太远,还因为地球的北部升高了。据说他是西方第一个区别行星和恒星的人。著有《论自然》,但已失传。 (高楚明)

老子(Lao zi) 中国先秦时代人。一说即老聃,姓李名耳字伯阳;一说是战国时代的太史儋或老莱子。约公元前580年生,约公元前500年卒,春秋时期楚国若县(今河南鹿邑)厉乡曲仁里人。自然哲学、朴素辩证法。

做过西周管理藏书的史官。《老子》一书又称《道德经》,是一部约5 000字的哲理诗,有人认为它系由老子所作,也有人认为它虽是战国时代的后人写成的,但体现了老子的主要思想。

道家学派创始人。认为世界的本原是"道","道生一,一生二,二生三,三生万物"。"道"先天地而生,看不见、听不到、摸不着,本质上是"无",但却产生了万物。"天下万物生于有,有生于无"。有人认为老子的"道"是精神性实体,老子哲学表现了客观唯心主义的宇宙观;也有人认为老子的"道"是"有象"、"有物"的,是朴素唯物主义的见解。老子的哲学思想包含着丰富的辩证法思想。猜想世界万物存在着相互矛盾的对立面,如大小、轻重、进退、生死等,指出"有无相生,难易相成,长短相较,高下相倾,音声相和,前后相随"。还认为"道"本身包含着相反的东西,这是道的动力;并猜测到对立面的转化,指出"祸兮福之所倚,福兮祸之所伏"。老子的哲学思想对后世产生了深刻而久远的影响。 (林德宏)

色诺芬尼(Xenophanes) 一译克塞诺芬尼。古希腊人,约公元前580~前570年生于小亚细亚伊奥尼亚地区,约公元前478年卒。自然哲学。

据说他是巴门尼德的老师。公元前545年离开伊奥尼亚,先后在希腊西部、意大利半岛和西西里南部游历。公开反对当时的专制制度。公元前555年后成为一位为解放故乡而战斗的诗人。

反对把神说成和人一样,反对多神教,提出"神是一"学说,认为神是唯一的、不动的、不生不灭,全知、全视、全听。否定由荷马(Homer)和赫西奥德(Hesiod)宣传的多神世界及其体制的观点;反对把上帝和宇宙等同起来。坚信人类在物质和文明发展过程中的能动作用,但又认为人类只能获得特殊对象或世界的个别方面的知识,只有上帝才唯一地具有最完善的、无所不包的知识。在他的有关著作中，也偶尔触及到物理学问题，认为物质世界中的一切事物都产生于水和土，但并没有提出一个完整的关于物质世界的学说。他的哲学思想为巴门尼德哲学、爱利亚学派形成奠定了基础，并对后世的宗教神学有重大影响，既促进了一神教形成，又为批判神学提供了武器。（张之沧）

赫拉克利特（Heraclitus of Ephesus） 古希腊人，约公元前535年生于小亚细亚的爱非斯（今属土耳其），约公元前475年卒。自然哲学、逻辑学。

生平不详。出身于爱非斯的王族。据说按世系应当继承王位，但他将王位让给了弟弟，自己则退隐到女神阿尔迪美斯庙附近研究哲学。深得波斯帝国国王大流士（Darius）的仰慕，邀请他去波斯宫廷任职，遭到拒绝。后因得肝硬化症去世。其著作《论自然》仅存143则残篇，散见于后世的作品中。该书分为三个部分，先后论述宇宙、政治和神学。他的著作中充满词汇游戏、模棱两可的解释，故被称为"费解者"，然而却是辩证法的奠基人之一。

他的自然哲学核心思想是"火为万物的本原"，并把天体看成是一团团烈火。认为"这个世界对一切存在物都是同一的，它不是任何神所创造的，也不是任何人所创造的；它过去、现在和未来永远是一团永恒的活火，在一定的分寸上燃烧，在一定的分寸上熄灭。"他还进一步具体阐述了火和土、气、水之间的相互转化。后来斯多噶学派继承了这一观点，认为火将万物变为烟雾和炽热的气体，烟雾和炽热气体又凝聚成液体和固体，宇宙就是这样周而复始的。认为"一切皆流"，"万物都在变化之中，没有哪样东西是一成不变的"。这个论点后被亚里士多德采纳而广为流传。他说，"人不能两次踏入同一条河流"（残篇91部分）；"走下同一条河的人，经常遇到新的水流"（残篇12部分）；"太阳每天都是新的"（残篇6部分）。不但认为万物都处于不断变化状态，而且认为这种变化是可以量度的，并且是平衡的。

他提出表述"自然规律"的哲学范畴"逻各斯"，用它取代了由荷马确立的希腊神话中众神和众人之主的宙斯地位。他还自认为是神圣"逻各斯"的传播者。认为宇宙中的平衡或稳定是对立面之间相互牵制和斗争的结果。多次提到存在两个对立面，如活体中的睡与醒、生与死、饱与饥、老与少、人与神；物理中的冷与热、干与湿；语言表达中的出席与缺席、愿意与不愿意、同意与异议等。认为这些相互矛盾着的对立面是同一的。他说："上升的路和下降的路是一条相同的路"；"圆周上的起点和终点是相同的"；"黑夜与白昼是同一的"；"结合点既是整体又不是整体，同调又异调。在一切之外，是一；在一之外，是一切。"实际上他所说的逻各斯，就是自然界和人类生活中所表现的这种相反相成的形式。认为对立面有时统一在相互转变之中，有时统一在相互关联之中，有时统一在相互牵制之中。他强调对立面在斗争中转化，认为"战争是万物之父，也是万物之王"。

他的思想对后世辩证思维发展有很大影响，并获得高度评价。黑格尔说，他"第一次把自然了解为自身无限的，即把自然的本质了解为过程"。又说"象在茫茫大海里航行，这里我们看到了新大陆；没有一个赫拉克利特的命题，我没有纳入我的逻辑学中。"（苏诚基）

巴门尼德（Parmenides of Elea） 古希腊人，约公元前525～前510年生于意大利南部的爱利亚城邦，约公元前445年卒。自然哲学、天文学。

出身贵族家庭，是爱利亚城邦的政治活动家，曾为建立不久的爱利亚城邦立法。据说是色诺芬尼的学生。到过毕达哥拉斯学派活动中心克罗顿，听从该学派学者阿枚尼雅（Ameinias）的劝说，放弃积极的政治生活，引退于哲学研究，结果与该学派思想决裂，创立了自己的哲学学说。晚年到过雅典。

古希腊哲学爱利亚学派创始人。其思想主要来源于色诺芬尼"神是一"学说。他的长诗《论自然》表述了自己的哲学观点，现只存19条残篇，154行，包括"序诗"、"真理之路"、"意见之路"三个部分。其中，"真理之路"是关于存在的"可靠的言辞和思想"；"意见之路"讲的是凡人关于感性世界的看法。认为世人对自然界的论述是虚妄的，因为他们所论述的是根本不存在的东西。真正的"存在"必须是自有的、不朽的、同质的、不变的、不动的、完善的和统一的。"存在"是存在的，"非存在"是不存在的，在"存在"与绝对的"非存在"之间没有第三者。认为地是球形的，位于宇宙的中央。还认为只有两种元素——火与土。火是创造性的元素，土则是质料。人是从土中生的。在这两种元素中有热有冷，万物都由热和冷造成。

在残篇9～15中，他提出自己的宇宙论。认为整个宇宙分为多重环节：中央是"支配一切的女神"；太阳是"纯净光明的火"；银河是火的扩散物，"火的呼吸"产生的稀化与凝聚的混合体；月亮是土和火的混合，它的光来自太阳；星辰是从黑暗的环中放射的压缩之火。

（林德宏）

阿那克萨哥拉（Anaxagoras） 古希腊人，约公元前500年生于小亚细亚伊奥尼亚的克拉左美尼，约公元前428年卒于小亚细亚的兰普萨库斯（今属土耳其）。自然哲学、天文学、气象学。

出身于富裕家庭，却放弃了财产的继承权，致力于自然哲学研究。公元前464年起旅居雅典，在那儿度过30年。在雅典结识了民主派大政治家伯里克利（Pericles），成为他的老师、朋友和积极支持者。并第一个把伊奥尼亚学派已经达到理性发展高度的物理学思想带到了雅典。后因认为太阳不是阿波罗神，而是一大块火热的石头，被指控为亵渎神明，被迫离开雅典，退居小亚细亚的朗普萨柯开办学校。

著有《论自然》，现仅存若干片断，是公元前467年以后完成的。不同意古代希腊唯物主义哲学家恩培多克勒的观点：派生物体是由基本元素的各种组合形成的。他认为："种子"是世界的本原，它是组成事物的相同而微小的物质颗粒，而每一种自然物质本身都是基本的，具有无限的可分性。在宇宙论方面，认为最初无数无穷小的种子都聚集在一个均匀的、静止的混合物中。"种子"本身不动，由"奴斯"（本义为"心灵"，转义为理性)推动。后来作为一切的推动者和动因的“奴斯”推动原始物质形成旋涡,使密度较大的、湿的、冷的和黑色的物质位于中心而形成地球;稀薄的、热的和干燥的物质位于边缘位置或天空。日月星辰由地球分裂出去,它们在地球周围,因摩擦而燃烧。他提出的单独的、非物质的“心灵”运动原因,为彻底的目的论自然观铺平了道路。

在天文学上,他第一个正确地解释了月蚀的成因,认为这是地球位于太阳和月亮之间造成的现象;正确猜测到月球本身不发光,“是太阳把光放进月亮的”;月亮和地球一样也有山谷和居民;银河是许多星星的光;太阳是一块灼热的石头,因旋转而留在天上,运动一停止就会掉下来;认为陨石是从太阳上掉下来的石头;曾预言公元前 468 年一次陨石雨。在气象学上,认为虹是“阳光在云上的反照”;雷电是云层的摩擦和撞击产生的。 (高楚明)

留基伯(Leucippus;或 Leukippos) 一译留基波。古希腊人,约公元前 500 年生于米利都(又说生于爱利亚或阿布德拉),约公元前 440 年卒。自然哲学。

古希腊第一个原子论者,阿布德拉学派创始人。关于这个人是否存在,历史上曾有过争论。伊壁鸠鲁否定他的存在,亚里士多德则肯定确有其人,有人还认为他是芝诺的学生。可能来自伊奥尼亚的米利都,而且可能把伊奥尼亚的物理学理论带到色雷斯的阿布德拉。

大约到公元前 4 世纪,他的基本学说由其学生德谟克利特整理成一套原子论者的著作全集。虽然从这套著作中很难区分出哪些部分是他的原子论的原始内容,哪些是德谟克利特的后加内容,但可以肯定原子论的实质性内容已基本由他所确定。原子论认为,物质和虚空都是真实的存在;宇宙间有无数原子,并在无限的虚空中永不停息地运动着。宇宙万物皆由原子组成,原子是不可分的物质;原子的大小、形状、可能还有重量都各不相同。地球和星球起源于由许多碰撞物组成的单一旋转体,这些碰撞物是从无限中分离出来的。由于原子的数量无穷无尽,运动的空间无边无际,因此形成了无限多样的世界,一些世界产生出来,另一些世界则正在消亡。除了提出原子论的基本概念外,还提出了因果必然性原理:“没有任何事物的产生是无缘无故的,万事万物的产生都有其根源,都是必然的”;“过去、现在和未来的一切事物都必然是预先注定的”。他和德谟克利特继伊奥尼亚哲学家之后继续努力,用比较简单的要素来解释物质特性。他们认为,承认物质特性是根本无法解释的,就是杜绝一切进步的探讨。他可能还提出过一种用早期生物学的语言来表达的宇宙观,即“围绕膜”(围绕宇宙之膜)学说。据说著有《大宇宙秩序》、《论心》,均失传 。 (张之沧)

麦里梭(Melissos of Samos) 古希腊人,生卒年不详。公元前 5 世纪初生于萨摩斯岛,鼎盛年约在公元前 444~前 441 年。自然哲学、逻辑学。

据公元 3 世纪古罗马学者第欧根尼·拉尔修记载:“麦里梭是伊泰根尼(Ithagenes)的儿子,萨摩斯人。他是巴门尼德的学生。他又和赫拉克利特有关系,是他向不知道后者的爱非斯人介绍他所蔑视的赫拉克利特的……。他还参与政治活动,受到本邦人的敬重,被选为舰队司令。其功绩为他赢得很多荣誉。”据说亚里士多德在《萨摩斯政制》中记载了麦里梭的功绩,可惜已失传。罗马帝国传记作家普卢塔克(Pulutake)在《伯里克利传》中记载,他曾领导萨摩斯人打败伯里克利(Pericles)的雅典舰队,粉碎了雅典人对萨摩斯的封锁。后在萨摩斯从事学术活动,著有《实在论》,今仅存 10 则残篇。

他在爱利亚的芝诺之后,为捍卫和发展巴门尼德“存在是一”论为己任。和前者惯用反证法不同,麦里梭从正面进行逻辑论证。他从“存在”永恒性和无限性来证明其单一性和不变性。首先,修正了巴门尼德关于“存在”是有体积、有界限的球形的观点,提出“存在”在时间和空间上都是“无限”的论断。他认为,若承认“存在”是球形,就得承认他有形状,有半径,有内外,也就要承认“多”,显然同“存在是一”的观点相矛盾。“任何有开端和终结的东西既不是永恒的,也不是无限的。”“任何事物如果不是整个存在,那么它就不可能永远存在”。其次,他从无限引出唯一:“如果它是无限的,它就应当是单一的;如果它是二,那么就不可能是无限的,而会受到另一个的限制”;“作为唯一的东西,它必定没有形体。如果它有体积,那么它就会存在着部分,并且就不再是单一的了。”第三,他从否认虚空存在来证明存在的不动性。因为虚空就是无、不存在;既然没有虚空,存在就不能运动,因为没有可供它移动的空间。这种观点,从反面启发了原子论者。虽然在哲学史上的地位逊于芝诺,但在修正和补充巴门尼德学说方面起到独特作用。

(李啸虎)

菲洛劳斯(Philolaus of Crotona) 古希腊人,鼎盛期公元前 5 世纪下半叶。自然哲学、天文学。

古希腊毕达哥拉斯学派的一位重要思想家。据传说,曾写过一本关于毕达哥拉斯学派的综合性著作,但手稿被柏拉图高价收购。他认为宇宙的中心不是地球,而是中央火。地球并不是静止的,而是以相当的速度围绕中央火(并非太阳)旋转。我们之所以看不到这团中央火,是因为地球在旋转时总是以相同的一面对着它,而我们居住在地球的另一面。毕达哥拉斯认为“10”是最完美的数字。为了能有 10 个天体围绕中央火旋转,他又设想出“对地”(或称“反地球”)的存在。“对地”位于中央火的另一面,但离中央火较近。“对地”以同地球一样的角速度围绕中央火旋转,所以我们也不能看到“对地”。在地球的外侧距中央火更远的地方,有 7 个天体围绕中央火旋转,它们是月亮、太阳、水星、金星、火星、木星和土星,最外面是静止不动的恒星火焰球层。他的后继者埃蒂乌斯(Aetius)认为太阳是一面凹面镜,聚集了中央火发出的光,并把光反射和集中到地球;而阿基里斯(Achilles)认为太阳是一面凸面镜,集中了最外层天球发出的光,并同样把光集中到地球方向上。毕达哥拉斯学派之所以让中央火取代地球占据宇宙的中心,一个重要理由是他们认为火是最高贵的元素,只有火才有资格处于这个崇高的位置。当然,中央火是不存在的。可是他提出的地球不是宇宙中心并在不断运动的观点,却大大鼓舞了后来的阿利斯塔克和更后的哥白尼等人提出"日心说"。 (林德宏)

恩培多克勒(Empedocles of Acragas) 古希腊人,约公元前 492 年生于阿克拉加斯(今意大利西西里岛的阿格里真托),约公元前 432 年卒于伯罗奔尼撒。自然哲学、天文学、博物学、医学。

出身名门望族。家族十分富有,在政治上属奴隶主民主派,反对僭主政治。亚里士多德称他为修辞学的创立者,也是著名的医生。相传他是毕达哥拉斯儿子的学生,十分钦佩巴门尼德,但他的哲学思想主要是继承和发展了伊奥尼亚学派的传统。后期因政治原因被放逐,晚年在伯罗奔尼撒度过。著有《论自然》和《论净化》。这是两首六韵长诗,《论净化》是关于宗教的布道诗,宣扬灵魂不死和轮回转世,体现了毕达哥拉斯学派的影响。由于后人的引用,其中约 450 行流传至今。

《论自然》中最早提出了"四元素说",即认为万物的本原都是火、气、水、土这四种元素;世界上各种事物都是这四种元素按不同的比例混合而成,如"肌肉的形成是由于四种元素等量部分的混合,神经由火和土与双倍的水结合而成"等;所谓生灭则不外是这些元素的结合与分离。另外,四种元素相互之间不能转化,也不能自己运动;"爱"和"憎"这两种力量是万物变化和运动的原因,"爱"使不同的元素结合,"憎"则使它们分离。他还给出了宇宙发展的图景,认为宇宙球处于四个阶段周而复始循环运动中:四种元素在宇宙的同质球体内的完全混合,因"爱"居中而产生漩涡运动,"憎"在混沌球的外围存在;由于"憎"的增长而引起的部分分离,气、火、水和土相继分离出来,并在旋转中构成万物;"憎"占据主位,处于宇宙球中心,"爱"被排挤到球体外围,万物不复存在,各元素回复原始的绝对分离状态;由于"爱"的增长同"憎"的冲突,产生新的漩涡运动,而引起各元素部分结合,万物开始灭而复生。"四元素说"对后世有深远影响。

在医学上,是西西里医学派的创始人,重视内科医学及其临床实践,对后世有重大影响。另外在自然科学上有许多天才猜测。在物理学上,推测光线行进需要时间;空气是一种有重量、占有空间的独立实体。在天文学上,认为太阳是个火球;月亮因反射太阳光而发亮;正确认识日蚀是月亮居日地之间而引起。在生物学上,他还猜测到了生物进化是自然选择的结果,达尔文在《物种起源》的一条注释里,曾提到这一点。 (郑毓信)

芝诺〔爱利亚的〕(Zeno of Elea) 古希腊人,约公元前 490 年生于卢卡尼亚的爱利亚(今属意大利),约公元前 425 年卒于同地。自然哲学、逻辑学。

古希腊爱利亚学派创始人巴门尼德的学生和朋友,爱利亚学派的主要代表之一。公元前 5 世纪中叶,曾和巴门尼德访问过雅典。后因蓄谋反对僭主政治被暴君所杀。他的名声和贡献主要是在哲学和在以著名悖论为基础的数学理论两方面。也有人说他发展了宇宙学,认为存在由"暖"、"冷"、"湿"、"干"组成的几个宇宙,没有空虚的空间。根据柏拉图的著作《巴门尼德篇》,芝诺青年时代就提出著名的悖论以捍卫巴门尼德哲学,认为世界上运动变化的事物是不真实的,唯一真实的东西只能是巴门尼德所谓的"唯一不动的存在",所以"存在"是"一",而不是"多";是"静",而不是"动"。又以诡辩方法揭露了"多"的概念中包含着有限和无限的矛盾,"动"的概念中包含着间断性和不间断性的矛盾。

为了反驳"多"和"动"是实在的观点,他提出了 40 个悖论,其中 4 个尤为著名。第一个著名的悖论是"飞矢不动"。这个悖论说,箭既不能在它所在的位置运动,也不能在它所不在的位置运动,在任何给定的一瞬间,箭都占据了等于它的大小的空间,它既不能占据一个更大的空间,也不能在同一时间内占据两个不同的空间。由于在一个瞬间和下一个瞬间之间时间没有间隔,又由于箭在任何一个瞬间都不能运动,因此它在所有的时刻都不能运动。如果说它在运动,那就等于说箭同时在这点上,又不在这点上,但这是矛盾,因此是不可能的。第二个著名的悖论是古希腊奥运会长跑冠军阿基里斯(Achilles)永远不能超过乌龟,虽然阿基里斯跑的速度一直比乌龟快 100 倍。在阿基里斯到达乌龟的起点之前,乌龟已经移动了原定路程的 1% 远的距离;当阿基里斯通过这第二段距离时,乌龟又通过了这第二段距离的 1%;如此无限进行下去,阿基里斯永远赶不上乌龟。第三个悖论是说一个物体要通过一定的距离,先要走过一半,以后走剩下的一半。但这剩下的一半作为一个整体,总还有它的另一半。所以走完这剩下的一半的一半,还有另一半,这样无论走到什么时候,都永远达不到它的目的地。第四个悖论是,若 A、B、C 三个长度相等的物体,A 静止不动,B、C 从 A 的中点以相等的速度沿相反方向运动。当 B 走过 A 的二分之一长度时,同时也走过了 C 的全部长度。在速度不变的条件下,由于时间可根据在相同时间内所走过的距离来测量,于是一半的时间等于全部的时间。

所有这些论据尽管都带有诡辩色彩,但却以悖论形式揭示了时空观念中蕴含的矛盾。此后,关于时间和空间的辩证本性的讨论,就成为哲学上的一个重要问题。所以,亚里士多德和黑格尔均称他为辩证法的"发明者"或"创始人"。他对于古希腊数学的发展,特别是对"无穷小"的研究,有不可磨灭的影响。 (张之沧)

柏拉图(Plato) 古希腊人,公元前 427 年生于雅典,约前 347 年卒于同地。哲学、自然哲学、数学、教育哲学。

原名亚理斯托克利斯(Aristocles),因身体粗壮,后被人称为柏拉图。双亲都出身雅典名门望族。父亲阿里斯顿(Ariston)是雅典最后一个皇帝考德拉斯(Codrus)的后裔。母亲派里克廷(Perictione)是大法学家梭伦(Solon)的后裔。柏拉图幼年丧父,有两兄一姐。后母亲改嫁雅典统治者伯里克利(Pericles)的助手皮里朗佩斯(Pyrilampes),生有一个同母异父弟弟。柏拉图是苏格拉底(Sokrates)的学生,早年就已显露多方面才华,能绘画,懂音乐,擅长运动,写过史诗和悲剧。公元前 399

年苏格拉底被囚禁处死，这使得他对当时的政治、法律和习俗十分不满，为避难离开雅典，并转而潜心研究哲学和科学。曾去叙拉古、西西里、意大利南部和埃及等地，公元前390年开始研究毕达哥拉斯学派以科学为基础的教育体系，并与该学派的代表人物阿基塔斯(Archytus)建立了联系。公元前387年回雅典后，在郊外阿加德米建立学园，致力于教育和著述。期间两度重游叙拉古，想实现他的政治理想未竟。

从伊奥尼亚学派开始，希腊哲学家都是在物质世界中来寻求万物的本原。他改变了这一方向，在物质世界之外寻求万物的本原，建立了以"理念论"为核心的客观唯心主义哲学体系。理念论的基本内容是将理性世界和感觉世界对立起来，认为感觉到的具体事物不是真实的存在，在感觉世界之外还有一个永恒不变的、独立的、真实存在的理念世界。

他的宇宙观基本上是一种数学的宇宙观。天体运动是均匀的、规则的圆周运动，体现了数学美。声乐的和谐是数字的和谐的一种特例。数学知识是揭开宇宙间事物相关性奥秘的钥匙。这些观点无疑推动了数学的发展。他从圆锥曲线出发，发现或建立了分析方法。他的学生利奥达马斯应用此法在几何学中卓有建树。还批评过欧多克斯和阿基塔斯，说他们企图用机械方法求立方体的加倍问题，从而失去了用几何方法的好处。至于学园门口刻有"不懂几何学者不许入内"之说，源自公元6世纪的约翰·菲洛波努，在此之前并无此说。

在科学上的一个重要建树是创立柏拉图学园，这被认为是世界上第一个科学院。学园位于雅典城东北郊区，曾是一个公园，还包括一个公共体育馆。约公元前380年，他开始在体育馆里讲学。以后又买下附近的一个花园，兴建起公共食堂、学生和访问学者的宿舍，俨然成为一所学府。这里也是专家学者聚会和讨论学术问题的中心。由于学园里还设有敬奉智慧女神缪斯的神庙，故得到当局的承认。学园吸引了远近许多莘莘学子和访问学者。天文学家欧多克斯、哲学家亚里士多德都曾在这里就读并从事过研究工作。公元前357年4月或5月，亚里士多德曾在学园里观测过月亮(弦月)掩火星。

在教育理论方面，认为青年应当先学习科学，了解各学科之间的关系，然后再进行辩论，而反对当时先让青年进行辩论，然后再学习科学的做法。认为训练青年思维的最好方法不是修辞学而是数学；算术和平面几何应该是教育的基础。他自己对数学、天文和音乐理论，就有着强烈的爱好。

他的哲学思想对西方唯心主义的发展影响极大。以柏拉图名义留传至今的著述有30多篇对话和13封信件，其中公认是他所作的有25篇对话和1封信；此外为苏格拉底所作《申辩》也是他的原作，并被译成多种文字。主要对话有《斐多篇》、《巴门尼德篇》、《泰阿泰德篇》、《理想国》、《蒂迈欧篇》等。（路军平　李文华）

斯波西普(Speusippus)　古希腊人，约公元前408年生于雅典，公元前339年卒于同地。自然哲学。

柏拉图的外甥，继柏拉图后任柏拉图学园的主持人。他把存在分为几个等级，最高等级是数学，而"一"是万物的本原。新柏拉图主义把所有存在看成是从绝对的"一"开始逐步下降的系列，即源于此。支配所有存在的两个原理是"一"及其较低的对立物"多"。所有宇宙万物均遵循这两个原理产生。例如"绝对的一"在代数上是"1"，在几何上是"点"，由"1"和"点"产生各种数字和图形。然而正如梅兰(Merlan)所指出的那样，这种由"绝对的一"而逐步下降的系列缺乏具体的内容，而且各部分的关系只是一种类推。在残存的《相似的事物》一书中，他对动物进行了类似"属"与"种"的分类，并指出一事物可根据它跟所有其他事物的逻辑关系的总和充分加以确定。他是一个"泛神论"者，认为神是主宰万物的生命力，无时不有，无处不在。（方福娟）

色诺克拉底(Xenocrates of Chalcedon)　公元前396～前395年间生于比提尼亚的卡尔西登(今属土耳其)，公元前314～前313年间卒于雅典。自然哲学。

柏拉图的学生，约公元前378～前373年进柏拉图学园。公元前319～前314年，继斯波西普之后任柏拉图学园的主持人，古代学园传统的奠基者之一。柏拉图于公元前347年去世后，他和亚里士多德一起应邀去阿索斯，在那里留居到公元前342年。公元前332年被任命为雅典公使与马其顿人谈判。他彬彬有礼，善于思考，工作勤奋，但没有柏拉图那种感人超俗的魅力。

与亚里士多德不同，他不希望从新的途径发展哲学，只求维护柏拉图理论。和柏拉图一样不是二元论者，属于企图击败二元论的人。他把"存在"分成三大领域：可感的、可知的、可感与可知的混合，认识中的感觉、理智和意见依次与之相对应。从而为构成本体论、物理学、伦理学和认识论的所有要素，提供了一种划分等级的标准。这种体系在新柏拉图主义的发展中具有重要意义，但是他牺牲了柏拉图的辩证法思想。他的真正遗产，在于简要地描绘了一幅所有存在到达一个最高点"一"的等级图景。著述据说有70部，但至今无一幸存。（张之沧）

亚里士多德(Aristotle)

古希腊人，公元前384年生于希腊哈尔基季基半岛的斯塔伊拉，前322年卒于卡尔基。自然哲学、逻辑学、物理学、天文学、气象学、生物学、生理学、心理学。

父亲是马其顿王阿明塔斯二世(Amyntas II)的御医。幼年丧父。17岁时去雅典柏拉图学园，成为柏拉图的学生，一直生活在学园里达20年之久。公元前347年柏拉图去世后，因不满柏拉图的外甥和继承人斯波西普主持下的学园的学术气氛，以及雅典的反马其顿氛围而离开雅典，开始游历和讲学，后做了远在爱琴海边上的一个僭主的门婿。公元前342年成为马其顿王子亚历山大(Alexander)的老师，公元前339年回到故乡斯塔伊拉。公元前335年重返马其顿统治下的雅典，在郊外吕克昂创办了他自己的学园——吕克昂学园。传说他常边散步边给弟子讲课，故他所创立的学派称为“逍遥学派”。公元前323年亚历山大大帝在军旅中突然去世，雅典爆发反马其顿的运动，他被指控为“不敬神”，于是重又开始了流亡生涯，数月后死于母亲的故乡。

是古希腊最渊博的学者，在哲学和科学思想发展史上占有重要地位。科学研究活动开始于柏拉图学园，在那里逐渐超越了老师柏拉图，建立起自己的研究方法与理论体系，成为古代百科全书式的思想家。

他的哲学方法论的提出是从批判柏拉图的“理念论”开始的。认为只有具体的个别事物才是真实存在的“第一实体”，而柏拉图在个别事物之外又提出了独立存在的“理念”，从而把本来要解释的事物又增加了一倍，这样的理论既无益于事物的解释，其本身又充满了矛盾。譬如，柏拉图把理念说成是不变的，但无法说明不变的理念何以产生变化运动的具体事物。这种自相矛盾的理念论并没有哲学方法论的意义，它不过是一种“诗意的比喻”。亚里士多德认为科学的研究不能依恃这种诗意的比喻，而首先应从观察的对象中归纳出解释性原理，然后再以这些原理为前提演绎出关于现象的陈述。但是，最一般的科学原理和定义都是不可证明的，科学系统正是从不证自明的公理中演绎出来的。因此，他十分重视逻辑学的研究，提出了逻辑思维的同一律、矛盾律、排中律三大基本规律，确定了判断的定义和分类，讨论了归纳法和演绎法的特征及其关系，从而成为传统形式逻辑的奠基人。

提出了著名的“四因说”。认为哲学的基本任务是要说明作为第一实体的具体事物存在或产生的原因，原因大致上可以分为4种：质料因，即事物的原料；形式因，即事物被赋予的形状；动力因，即事物的制造者；目的因，即事物所要达到的目标。而动力因和目的因可以归结为形式的作用，因此，一切事物都可以看作是由“质料”和“形式”构成的，前者是积极能动的因素，后者是消极被动的因素。事物的变化运动就是从质料到形式的实现，也即是从潜能到现实的转化。又认为在事物发展的阶梯上有两个极端：一端是没有任何形式的“纯粹质料”；另一端是不含任何质料的“纯粹形式”。“纯粹形式”是一切事物追求的最高目的，它是推动整个宇宙的原动力而其本身是不动的，故被称为“第一推动力”。实际上，质料概念主要影响是在形而上学（本体论）方面，而影响科学的则是形式概念。他将其运用于事物和科学的分类，并借此建立起百科全书式的科学理论体系。

在物理学方面，讨论了物体的“自然运动”。认为地上的物体由水、火、气、土4种元素构成。它们有生有灭，作不完美的直线运动；而构成天体的除了这4种元素之外还有更纯洁的第五种元素“以太”，天体永恒不朽，作完美的圆周运动。认为单个物体的运动只有在一个不断作用的推动者的直接接触下才能保持，如抛出的石头所作的运动，虽然表面上看不到推动者，但实际上是由空气来推动的；“真空”是不存在的，空间必定充满着物质，以便通过直接接触传递物理作用。柏拉图认为如果没有神灵的管理，物体只能作随机运动，而他却认为，物体的运动是由于物理世界固有的规律性所致。但是尚未建立起科学的力的概念，例如错误地认为，力产生速度（没有加速度的概念）；物体自由下落时的速度与其重量成正比。

在天文学方面，将欧多克斯解释天体运动的几何结构转变为物质实体，提出了一个以地球为中心的同心球宇宙模型。认为宇宙是有限的、球形的。天体是分层次的，共有55个水晶天球层，每一个天球层将其运动直接传递给下面的一个天球层。最外面的天球层是由处在宇宙边缘的原动天——“不动的原动者”——推动的。他正确地解释了月蚀的成因，并从地球的投影中推测其为球形。认为地球位于宇宙的中心，而天体离地球的距离则按照下列秩序来排列：月亮、水星、金星、太阳、火星、木星、土星、恒星。

在气象学方面，认为由于地球是球形的，太阳的光线照射到各个地域的角度不同，所以造成了地球上不同的气候。还讨论了虹的现象等。在气象学方面的成就远不如其他学科，但对中世纪后期却有很大影响。

在生物学方面有很大成就。把生命定义为“能够自我营养并独立生长和衰亡的力量”。认为各种生物形成一个连续的序列，以胚胎标准为别，从植物到人逐渐变得完善起来，这种完善程度可以其“形式”的不同而加以区别。生物的“形式”就是灵魂，它决定着物种的同一性，而个体的差异则由于“质料”不同。灵魂支配着机体的习性和机能，植物只有一个生殖的灵魂，动物多了一个感觉的灵魂，人又多了一个理智的灵魂。曾按照机能和形状将540多种动物分门别类，这些动物大多是在希腊本土发现的，也有少数只生活在亚洲。其分类根据有一些来自审慎的解剖，也有的来自偶然的观察。渔民、农夫、猎人甚至远征的亚历山大大帝都为他提供了不少有益的材料。他当时已认识到鲸是胎生的；反刍动物有一种多重胃以弥补牙齿之不足。

在生理学方面，也作了许多研究，但其中有不少见解是错误的。十分重视心脏和血液，最早较精确地描述了心肺系统。认为大脑是冷的，而心脏是热的。呼吸的目的是用空气冷却、缓和心脏和血液的热度。他还不知道神经系统的存在，也没有认识到大脑的重要性，以为心脏是智慧的库府。但正确地批评了前人关于父亲是唯一的亲体、而母亲只是为胎儿提供住所和营养的看法，认为母体对于生殖亦是必不可少的。

在心理学方面，批评了柏拉图将灵魂和肉体分离的二元论，致力于寻找心理过程与物理过程的关系。认为心灵作为每一器官的机能规定着身体的各部分应做的反应，否则后者仅仅是物质而已。心灵作为整个机体的形式不能同被认识的对象分开。在认识时，“心灵即客体”。他还讨论了男女心理的差异、做梦现象、认知心理过程，进而对各种心理现象如记忆、情绪、想象、推理等进行了研究。

科学史家梅森(S. F. Mason)说：“亚里士多德在希腊科学史上标志着一个转折点。因为他是最后一个提出整个世界体系的人，而且是第一个从事广泛经验考察的人。”他的著作和思想早在公元2世纪已广泛传播，以后大部分著作被译成阿拉伯文和拉丁文，对哲学和科学的发展产生了深远的影响。但他在中世纪曾被神圣化，以致无论是正确的还是谬误的学说都被当成毋庸置疑的教条，因此近代各门科学的发展往往首先致力于排除他的错误。然而，这并不能否定他在古代科学中的重要地位以及在近代科学中的奠基作用。现存主要著作有《形而上学》、《物理学》、《工具论》、《政治学》、《论灵魂》、《修辞学》、《诗学》等。（段小光）

庄子（Zhuangzi） 姓庄名周，字子休。中国战国时宋国蒙地（今河南商丘东北）人，约周烈王七年（公元前369年）生，周赧王二十九年（公元前286年）卒。自然哲学、文学。

传说庄子生活贫寒，穿的是打补钉的布衣和破鞋，有时靠编草鞋为生。曾做过蒙地的漆园吏，不久归隐。和当时的学者惠施交往甚密。《庄子》一书，《汉书·艺文志》说有52篇，后来各家注本的篇数均不同，最流行的是晋人郭象的注本33篇，分内篇、外篇与杂篇3部分，一般认为内篇是庄子本人所作。

继承和发展了老子的思想，同为道家的创始人之一，后世并称老庄。他认为宇宙起源于“道”，道“自本自根”、“无所不在”。有形的万物生于无形的道，“物物者非物”，也就是说，使物成为物的东西不是物。它“神鬼神帝，生天生地，在太极之先而不为高，在六极之下而不为深，先天地生而不为久，长于上古而不朽老”。万物可变而道不可变，万物消灭后又归于道。由于万物都是道的产物，所以从道的观点来看，万物都是相同的，这就叫“齐物”。他从反对独断论走向相对主义：“因是因非，因非因是”，“是亦彼也，彼亦是也”，无是非曲直之分。他主张宇宙在空间上是无限的，认为天是“远而无所至极”的；实际上又主张宇宙在时间上也是无限的，提出“有始也者，有未始有始也者，有未始有夫未始有始也者……”，认为世界有其开辟之时，有它开辟以前之时，有它开辟以前的以前之时，一直可以往前推。但他又走向极端，得出不可知论的结论。庄子学说中的积极和消极成分，对中国古代哲学发展都有很大影响。（林德宏）

欧德谟（Eudemus of Rhodes） 古希腊人，生于希腊罗得岛，生卒年月不详。鼎盛期为公元前4世纪末。哲学、文献学、科学史。

亚里士多德学派哲学家。只知他与狄奥弗拉斯图（Theophrastus）同是亚里士多德的得意门生与友人。在亚里士多德去世后，回故乡罗得岛继续办学。主要贡献是与狄奥弗拉斯图、斯特拉多等人一起收集、整理与编辑亚里士多德的授课讲义、讲稿、信件和著作等，并付诸出版，以传后世。他是亚里士多德文集中的《欧德谟伦理学》的整理者。所写的4卷本《物理学》的内容与亚里士多德的论著观点相近。其《论演讲》中的逻辑学论点，多取自亚里士多德的《解释篇》。撰写的《算术史》、《几何学史》和《天文学史》，介绍了古希腊的科学成就，颇有学术价值，因而被认为是“科学史之父”，与其同辈、《物理学家的观点》的作者狄奥弗拉斯图、《医学史》的作者梅农（Menon）齐名于世。（苏诚基）

伊壁鸠鲁（Epicurus） 古希腊人，公元前341年生于萨摩斯岛，公元前270年卒于雅典。自然哲学。

父亲涅奥克列斯（Neocles）是一名教师，与一批雅典军事殖民者一起移居萨摩斯岛。他18岁时被召回雅典服兵役，随后回到小亚细亚科罗丰与家人团聚。32岁时，又分别在莱斯沃斯岛米蒂利尼和达达尼尔海峡附近的拉姆普萨库斯创办学校。约公元前307年回到雅典，购置一幢带有花园庭院的住宅，作为讲学的基地，故伊壁鸠鲁学派又称为花园学派。

认为哲学的使命在于研究自然的本性，破除迷信，而感觉是最终判断真理的标准。认为任何一种观点，只要与感觉没有矛盾即可被认为是真实的。因此，宇宙是由智慧神灵创造的这种假设，由于与观察到的、世界并非十全十美的事实相矛盾，应予排除。认为宇宙学的发展推动了伦理学的研究。以原子论解释一切现象。主张快乐主义，并认为“灵魂的快乐高于身体的快乐。”

发觉留基伯和德谟克利特的原子论竟然与自己的世界观不谋而合。赞同德谟克利特对于原子论的基本设想：整个自然界均由微小的、无法分割的、没有变化的原子组成。原子由单一的普通物质组成，仅仅在形状与大小上有别，在无限的空间中运动。针对亚里士多德对德谟克利特的抨击，对德谟克利特的原子论作了多处修正。例如，亚里士多德对于“不可分割量纲”的批评，似乎是伊壁鸠鲁反对德谟克利特的原子不可分割理论的依据。他认为原子具有“极小的（组成）部分”，在理论上是可以分割的，但从物理意义上来讲却是不能分裂的。认为原子随时会出现不可预测的偏斜运动，从而为否定机械因果关系链提供了依据。所有原子由于具有重量，必然会自然地“向下”运动。如果原子没有偏斜运动，就无法解释原子为什么不全部沿着平行直线通过无限空间降落下来，而且不会发生碰撞。在著作中还论及太阳沿黄道运行是由于天体的倾斜、风向及其他原因所致。

他在科学史上的重要地位，在于重申德谟克利特的原子论以反对亚里士多德和柏拉图的目的论。据记载，他的著作多达300多卷，现多已散失，仅存的有总结自然哲学观点的《致希罗多德》，论述天体现象的《致皮托克列斯》（疑为其学生所作），有关伦理学的著作《致麦诺凯奥斯》，还有两本警语集。尽管其主要著作《论自然》未能保存下来，但其理论的精华却保存于第欧根尼·拉尔修（Diogenes Laertius）的著作《名哲言行录》第十分册的几封信中，以及西塞罗（Cicero）的哲学著作中，特别是罗马的伊壁鸠鲁忠实信徒卢克莱修的长诗《物性论》中。文艺复兴后期，亚里士多德学派最终失去其支配地位时，自然哲学家从这些著作中找到了研究古代原子论的

宝贵资料。（苏诚基）

芝诺〔基蒂翁的〕(Zeno of Citium) 腓尼基人，约公元前 334 年生于塞浦路斯基蒂翁，前 262 年卒于希腊雅典。哲学、逻辑学。

腓尼基商人的儿子。斯多葛学派的创始人。据说在他 22 岁时乘船遇难，被救到雅典，就此留在雅典接受希腊式教育，尊崇苏格拉底，先后求学于犬儒学派和麦加拉学派，以及柏拉图学园派。约于公元前 300 年在雅典创立一所学校，该校至少存在到公元 260 年。该校的所在地为斯多·波基莱(Stoa Poikile)，于是因这一地名他的学生被称为斯多葛(Stoic)派。

他第一个明确把哲学分为逻辑学、物理学和伦理学三大领域。斯多葛派的研究重点是伦理学。他认为美德即智慧，智慧就是了解和仿效自然。因此，对自然界的解释以及理解人在自然界中的地位，就成了斯多葛学说的本质部分。斯多葛派认为宇宙是一个单一的物质的连续体，或者说是一个单一的连续的场。一切物质均趋向于各自的中心(而非宇宙中心)。气和火由于较轻，停留在由较重的元素组成的球体外面。气和火很活跃，它们构成“以太”，弥漫整个宇宙并且建立起张力。向心张力强的区域就是地；反抗向心张力的区域就有火。宇宙就是由各种运动中心和各种张力场组成的。这与现代物理学中的场理论有类似之处。他还认为宇宙最后消失其一切特异性并在一场大火中被“同化”为以太，然后又形成一个与以前一样的宇宙，如此周而复始地循环下去。在逻辑学方面，斯多葛派作了重要创新，建立了命题逻辑学，提出 5 个公式作为其他命题的检验标准和归宿。（张之沧 李文华）

荀子(Xunzi) 名况，字卿；后世因避西汉宣帝刘询讳，又叫孙卿。中国战国时期赵国人，约周赧王二年(公元前 313 年)生于期郇(今山西临猗县)，约楚考烈王二十五年(公元前 238 年)卒于楚国兰陵。自然哲学、教育学。

相传曾游学于齐国稷下，并三次被推举为祭酒(德高望重者)。后至楚国，公元前 255 年春申君委以兰陵县令。公元前 238 年，春申君被谋杀，荀子被罢官，又回到赵国，应聘人秦，最后定居于兰陵从事教学和著述。传说李斯、韩非都是他的学生。后人将其主要著作收集在《荀子》一书中。

他认为天即自然界，万物皆由气构成，其化生变易都是自然现象。提出“天行有常，不为尧存，不为桀亡”，认为自然界的变化有它自身的规律，并不为因当权者的好坏而改变。反对宗教迷信，提出自然界中的日月食、星坠、木鸣等怪异现象，不过是“阴阳之化，物之罕至者也”。认为对它感到奇怪是可以理解的，但对它发生畏惧则大可不必。另一方面，又进一步提出了“制天命而用之”的命题，认为人应该能动地掌握自然规律，改造大自然，反对自然命定论，使“天职”与“人治”得以统一。上述这些见解，突出地反映在《荀子》一书的“天论”篇中。这些见解发展了先秦时期的朴素唯物主义哲学，对王充、柳宗元、刘禹锡乃至近代的严复等人都有不同程度的影响。（林德宏）

斯特拉多(Strato of Lampsacus) 古希腊人，生于小亚细亚的兰普萨库斯(今属土耳其)，公元前 268 年卒于希腊雅典。自然哲学。

出生在达达尼尔海峡上一个富有哲学传统的小城镇。早年在雅典学习。曾任埃及王托勒玫二世(Ptolemy Ⅱ)的导师。公元前 287 年亚里士多德的首任继承人狄奥弗拉斯图(Theophrastus)死后，被选为逍遥学派首领。

虽然他是亚里士多德死后逍遥学派的第二任首领，但他剥去了亚里士多德哲学中一切超自然的因素，否认自然物体外还有一个不动的“原动者”，认为自然界的现象是由其内在的原因决定的，在这一点上，他与当时流行的斯多葛派和伊壁鸠鲁派相同；不同的是否认万物有灵论，认为一切物体均受自然法则支配。认为物体是由微粒和“空穴”组成的，并以此来解释物质的收缩、扩张和穿透性。光也是由微粒组成的，因为光可以穿透别的物体。当气体或物体受压时，“空穴”就增大；一旦压力解除，就恢复正常。此即“自然忌真空”一语的由来。约 4 个世纪之后希罗据此制造出抽水机。他认为空间和时间都是伴随着物质的存在而存在的。还从实验中得知自由落体进行加速运动。认为理论来自观察和实验，反过来又说明观察到的事实，将哲学和科学的结合推到了新的高度。（李文华 李士土）

董仲舒(Dong Zhongshu) 中国西汉时人，汉文帝前元年(公元前 179 年)生于广川郡(今属河北省衡水市)，汉武帝太初元年(公元前 104 年)卒。自然哲学、政治学、伦理学。

汉代大儒。汉景帝(公元前 156～前 141 年在位)时任博士，专治和讲授《春秋公羊传》。元光元年(公元前 134 年)，汉武帝下诏征求治国方略。董仲舒在《举贤良对策》中建议“诸不在六艺之科、孔子之术者，皆绝其道，勿使并进”。这种“罢黜百家，独尊儒术”的主张，立即被朝廷所采纳。后任江都易王刘非的国相 10 年，元朔四年(公元前 125 年)任胶西王刘端的国相。4 年后，辞职归隐闭门著书。深受汉武帝器重，朝廷每有大议，派人上门咨询。

他在诠释孔子思想“微言大义”的基础上，广纳道家、法家和阴阳家思想，将先秦神学天命观和阴阳五行学说相结合，提出了“天人感应”、“三纲五常”等重要理念，首次构建一个神学化、系统化、一体化的儒家思想体系，作为回答和处理当时社会复杂关系所产生诸多问题的基本原理，为论证封建制度及其意识形态的合法性和永恒性提供了主要的法理根据，因而成为汉代官方哲学。从此儒学成为中国封建社会的正统思想，延续长达 2000 多年。

在他的哲学体系中，“天”是最高的哲学范畴。一方面，他以元气说和阴阳五行说作为宇宙论基础，承认天的物质性和规律性，认为“天地之气，合而为一，分为阴阳，判为四时，列为五行”(《春秋繁露・五行相生》)，以阴阳二气相互作用来解释天象的日月星辰、雷电风霹、雨露霜雪的变化。另一方面，他又把天神秘化、人格化，是主宰一切的人格神，不仅有知觉、意志和伦理，还有灵异、天启和天判，“道之大原出于天”，无论自然和人事都受制于天命。在他眼里，人是小宇宙，宇宙是至大人。天按照自己的意志创造人，人的性情禀受于天。在天人关系上，一方面，他强调天的至善至尊，劝告人应对天怀有感恩和敬畏之心，“天好德不好刑”，四季变化体现了天以生育长养为事的仁德，灾异谴告也被认为是天对君主的爱护和关心。另一方面，他又鼓吹“天人同类”、“天人相副”的天人感应说。天和人不仅都有两重性，而且天和人相互影响：“天有阴阳，人亦有阴阳，天地之阴气亦起，而人之阴气应之而起。人之阴气起，而天地之阴气宜应之而起，其道一也”(《春秋繁露・同类相召》)。

他以这种自然哲学为基础，形成一套以“三纲”、“五常”为核心的封建伦理学说。在历史观上，一方面，他看到了社会变化、朝政更迭的必然性，认为历史按照赤黑白三统不断循环，因而必须与时俱进，主张“新王必改制”；另一方面，他又提出“天不变道亦不变”命题，坚持“王者有改制之名，无易道之实”，根本原则是决不能改变的。这种思想被后世推演极致，成为封建社会纲常名教“万古不灭”的僵死教条，最终阻碍了社会的发展。在具体政策上，他提出一系列治国举措，着眼缓和阶级矛盾，促进生产发展，巩固大一统封建国家，在当时具有一定的进步意义。著述甚丰，据《汉书・董仲舒传》称：“凡百二十三篇”，但是至今除《春秋繁露》、《天人三策》、《士不遇赋》之外，大多散佚。 （李啸虎）

芝诺〔西顿的〕(Zeno of Sidon)　古希腊人，约公元前150年生于地中海海岸的腓尼基西顿(今黎巴嫩赛伊达)，约公元前70年卒于希腊雅典。*哲学、逻辑学*。

一位具有创新精神的古代科学家。研究过认识论、逻辑学、古代原子论、伊壁鸠鲁的伦理学、文学批评、演说、诗歌、以及医学和数学。在哲学上，同亚里士多德派以及同时代的斯多葛派在认识论上有争议，认为人类的全部知识都来自经验，都是根据大量一致的事实作出的论断而获得的。现在仅知其数学和逻辑学理论。对欧几里得《几何原本》中的数学公理提出了十分中肯的批评。指出其等边三角形作图法只有当假定两条直线具有一个交点时才能成立；所有直角都相等的公理，预先假定了直角作图法的成立；曲线不能分成无穷多个小曲线，曲线是由不可分的极小直线组成的。但他并未再向前跨进一步，以充分掌握它们的应用，建立一种新的几何学。尽管如此，仍不失为非欧几何学第一位先驱者。

（张之沧）

司马迁(Sima Qian)　字子长。中国西汉夏阳(今陕西韩城南)人，约中元五年(公元前145年)生，约始元元年(公元前86年)卒。*自然哲学、历史学、文学、天文学*。

西汉史学家司马谈之子。10岁随父至京师长安(今西安)学文，曾师从大儒董仲舒学《春秋》。20岁后周游名川大山，考察各地史迹7年。27岁入朝任郎中。元鼎六年(公元前111年)奉命出使巴蜀以南。元封三年(公元前108年)继父职，任太史令。太初元年(公元前104年)，在主持修改历法的同时，开始《史记》的著述工作。不久因对李陵军败降匈奴事辩解，被汉武帝关进监狱，并受宫刑。太始元年(公元前96年)，汉武帝改元大赦天下，时司马迁50岁，出狱后任中书令。为完成《史记》，他忍辱负重，历时16年，太始四年(公元前93年)终于完成了这部浩大系列的名著，共得130篇，52万余言。

是中国古代著名史学家，在自然哲学和天文学方面也有重要贡献。在自然哲学方面，坚持唯物论自然观，认为“混混冥冥”的气构成宇宙万物。在形体与精神关系问题上，主张“形神离则死”，即精神离开了肉体就会消亡。怀疑“天道有知”观念，反对唯心的目的论。

精通天文学，认为天体运行有其规律。精密观测天象，记载了几百颗恒星的位置和各种特殊天象的出现。公元前104年向汉武帝倡议历法改革工作，推荐落下闳、邓平等人制订《太初历》，纠正了周秦以来《颛顼历》所累积的误差。《史记》中的《天官书》、《律书》、《历书》部分，都是出色的天文学著作，是中国古代宝贵的天文学遗产，其中丰富的天象记录和历法研究，在中国天文学历史上占有重要地位，甚至对现代天文学的研究都有科学价值。 （林德宏）

波昔东尼(Posidonius of Rhodes)　古叙利亚人，约公元前135年生于叙利亚阿帕梅亚，约公元前51年卒于希腊罗得岛。*自然哲学、天文学、地学*。

希腊人后裔，外号为“体育家”。早年求学于雅典。公元前100～前95年成为罗得岛斯多葛学派领袖。政治家庞培(Pompey)和西塞罗(Cicero)曾听过他的课。在西地中海地区的旅行中观察到许多自然现象。

著作多已失传，仅在一些尚存的他人著作中保留了有关记载。认为基本原理靠哲学家，具体问题靠科学家。强调斯多葛派关于哲学的划分(逻辑学、物理学、伦理学)是一个相互联系的统一体。在自然哲学领域，假定有三种推动力：上帝、自然和命运；三种具体的原因：物质、灵魂和理性。他所描绘的宇宙是处于无限时空中的有限球体，是有灵魂、有“情感”、有生命的有机体，包括起“主导”作用的、旋转着的球形天穹和微不足道的、静止不动的球形地球。还制作了一个便携式天球仪，用以说明太阳、月亮以及环绕地球的五大行星的运动。研究了彗星和流星。

在《论海洋》一书中，讨论了整个地球。其中计算地球子午线周长为180 000希腊里(1希腊里约合158.5米)，比厄拉多塞的精确值(252 000希腊里)小得多，但托勒玫采用了他的数字，哥伦布也因此敢于作环球航行。认为潮汐不是由于太阳而仅是由于月亮的位置和月相及其搅起的风而产生的。还论及风、雨、雹、雾、虹、闪电、雷鸣及地震和火山的成因。其伦理学是建立在人的心理和道德基础上的，将道德标准排列为：冲动、善恶、情感、德行、生存目的、基本价值与作用、一般责任、劝诱与劝阻。其《历史》一书详尽生动地描述了公元前146～约前63年间的大事，写出了希腊、罗马、野蛮民族同时代历史，将之作为伦理学的组成部分。今人为纪念他，在月球上有以他命名的波昔东尼环形山。（肖 玲）

瓦罗，M. T.（Varro, Marcus Terentius） 古罗马人，公元前116年生于意大利萨宾地区的列阿特镇，公元前27年卒于罗马。百科全书编撰、博物学。

出身骑士之家。早年在罗马和雅典学习，受教于斯多葛派学者。从政多年，担任过多种高级官职，但主要以学者著称。公元前47年，跟随庞培（Pompey）指挥西班牙军团，被凯撒（J. Caesar）大帝击败投降。凯撒爱才敬贤，公元前47年，命他筹建第一个国家图书馆。晚年隐居乡间，从事著述。

一生著作达74种620卷之多，内容涉及天文、地理、历史、语言、哲学、宗教、数学、航海、气象、农业、医学、法学等领域，被誉为“最博学的罗马人”。可惜大部分著作毁于兵燹人祸，幸存的只有《论拉丁语法》的一部分（5～10卷，全书共25卷）、《论农业》3卷以及其他一些著作的片断。《论农业》一书是在80岁时所撰，总结了希腊、罗马人的成就以及本人的实践经验。该书采用对话体，讨论了关于农业、园艺、畜牧、家禽、养鱼、养蜂、鸟类等内容，反映了罗马帝国的农业技术，在经济史上占有重要地位。现已散失的9卷本《教诲书》，将希腊人编写百科全书的传统引入罗马社会，内容有语法、修辞、逻辑、算术、几何、天文、音乐以及医学、建筑等，目的是为自由民提供必备的知识。以后其中的医学和建筑发展为专门学科，别的科目则成为欧洲中世纪学校教育的必修课。其他重要著作有《古代》、《传记集》等。前者记述了意大利的地理风貌、罗马的上古史、历法、法令和风俗；后者包括700篇希腊、罗马名人传，每篇都附有一首赞美诗和该人画像。他的著作为后世学者树立了榜样，从此以后，编写实用手册和百科全书就成为罗马帝国学术活动的主要内容之一。（李士土 李文华）

赫米斯·特里斯梅吉斯图（Hermes Trismegistus） 古希腊人，约生活于公元前1世纪。自然哲学、占星术、炼金术。

希腊人将他视为神人。曾为埃及创造了灿烂的科学和文化，希腊的大量文学作品也归功于他。据称，他的作品数以千计。亚历山大的克莱门特已知有42部关于宗教、礼仪、天文、占星术、医学方面的著作是他写的。3世纪的拉克坦塔斯，4世纪的A. 奥古斯丁均提到过他的著作，并对他的传说确信无疑。他的《炼金术全书》则由佐息摩斯等人广为引用。主要论述宗教和哲学的《赫米斯大典》，受到哲学家的注目，其中有17～18篇疑出自2世纪时的作者之手。虽然从虔诚性和用词来看，该书确受埃及影响，但大量哲学条目则反映了经过希腊新柏拉图主义和斯多葛派修订的柏拉图观点，其中基督教色彩并不浓厚。在天文学和占星术方面，他提到了七大行星、黄道十二宫和“太阳是可见之神”等。A·奥古斯丁指责他宣扬偶像崇拜，大阿尔伯特指责他的一些著作荒诞不经，但R. 培根却认为他是“哲学之父”。中世纪的化学常被称为“赫米斯科学”。（苏诚基）

卢克莱修（Titus Lucretius Carus） 古罗马人，约公元前99年生于罗马，约公元前55年卒。自然哲学。

和凯撒大帝是同时代人。恪守伊壁鸠鲁的格言“不声不响地活着”，因而有关他的生平鲜为人知。可能出身于贵族家庭。后因患间隔发作的精神病，服毒自杀身亡。

其唯一传世之作为长诗《物性论》，共分6卷，曾被古罗马学者西塞罗（M. T. Cicero）校订过，后人抄稿多经改动，在埋没千余年后，才在1473年重新被发现。第一、二、五卷叙述伊壁鸠鲁自然哲学的核心内容，对原子理论的要素、宇宙的起源、生物和文明的自然生长予以详尽说明。他的原子论宇宙学和柏拉图、亚里士多德的有限单一世界的理论相反，认为宇宙是无限大的，过去、现在和未来都含有无限多的原子；宇宙中有无数的世界在不断地形成、发展和消灭。亚里士多德的单一宇宙由于时间上是无始无终的，也就不存在宇宙要素及其秩序的起源问题；而原子论则必须解释事物的起源问题。原子和“虚空”是不生不灭的；但地球、海洋、空气和天体却是在特定时间内形成的混合物，它们的起源需要解释。

柏拉图和亚里士多德的自然哲学认为，宇宙是由最高智慧的“创造者”或“原动者”创造（或推动）的；而他坚决反对这种目的论，认为在无限时空中运动着的无限原子，能够通过相互结合产生每一件东西。所有原子单个存在时都不能被察觉，它们全都由相同的物质组成，是不可入的和不能破坏的；除了形状、大小和重量之外没有其他性质；它们的重量是它们自然运动的原因；不断运动着的原子在十分致密的混合物中非常频繁地碰撞，而在含有较多虚空的混合物中则较为自由。《物性论》第四卷论述原子的行动，阐述了万物是如何由在虚空中运动的原子产生的。首先是形成陆地，然后陆地上自然地生长出植物和动物；如果适于生养繁殖，就被保存下来；如果不适于生养繁殖，一旦地球变老，失去自然发生能力，它们就会消失。这显然包含物种起源和适者生存思想。它否定了上帝、创造论以及灵魂不灭说。第六卷研究了当时的各门学科，并用古典原子论解释了天地间形形色色的自然现象。

在认识论上，承认世界的可知性，主张感觉是对外部世界认识的唯一源泉，反对否认感觉可靠性的怀疑论者，坚决反对毕达哥拉斯的灵魂轮回的学说。在《物性论》第三卷中，着重阐明灵魂本身是一种含有4种类型原子的混合物，所有灵魂原子都十分易动，而且它们本身不是活的，机体死后它们便分散到空气中。人死后便没有知觉，即使时间把那些形成我们的原子重新结合在一起，也不能弥合中断了的生命线索。

在基督教时代，他因为否定上帝，第一个受到攻击，以致后来除了语法家和辞典编辑者外，几乎为人忘怀，直到15世纪才重新为人注意。尤其是原子论复活之后,他几乎与德谟克利特和伊壁鸠鲁享有同样声誉。

（张之沧）

塞涅卡,L.A.(Seneca, Lucius Annaeus) 古罗马人,公元前4年生于科尔多瓦(今属西班牙),公元65年卒于罗马附近。*哲学、地学、天文学。*

出身富有的骑士家庭,父亲是著名的修辞学家。早年在罗马攻读修辞学、哲学、伦理学、物理学。公元31年起雄据罗马文坛,成为当时最著名的作家和演说家之一,是晚期斯多葛学派开创者。曾任罗马帝国会计官和元老院元老,后任司法执行官。公元41～49年因与宫廷阴谋有牵连,被放逐到科西嘉。后被召回,任尼禄(Nero)皇帝幼年时的导师,后任主要顾问。公元62年因尼禄宠信佞臣,3年后遭诬陷被赐以自尽。

早年信奉过毕达哥拉斯学说和东方宗教,后皈依斯多葛派。现存哲学著作中,有12篇关于道德的对话和论文,124篇《道德书简》,另有9种悲剧等文学作品。唯一传世的科学论述是公元62年撰成的《自然问答》,为后人提供了古代希腊气象学知识。该书主要以波昔东尼的气象学为依据,认为风雪雨雹是由于空气固有的能力以及地面上蒸发的干气(热量)和湿气(水蒸汽)的活动所致。根据自己对公元54年、60年彗星的观测,独创性地认为彗星是像行星一样的天体,有着自己的轨道,并不是流星或大气现象。写过一本关于地震的书。为了解释地震和河流,设想地球是一个活的物体,被像血管一样的水道所渗透。他的伦理学对后世基督教思想形成起过重要作用,有“基督教教父”之称,其格言在欧洲长期广为流传。

（方福娟　李文华）

普林尼(Gaius Plinius Secundus) 全称盖乌斯·普林尼·塞孔都斯,又称老普林尼。古罗马人,约公元23年生于意大利新科莫姆城(今科莫),公元79年8月25日卒于庞培附近。*百科全书编撰、博物学。*

骑士家族出身。12岁到罗马接受教育。约23岁入伍任骑兵,在统兵驻扎莱茵边境日耳曼行者(今属德国)期间开始写作,约34岁服完军役返回罗马。后从事律师职业,同时潜心著书立说。12年后尼禄(Nero)皇帝去世、新帝即位才重新开始官宦生涯,曾几任省财政总监,期间到过西班牙和非洲。最后任海军指挥官。在一次航行中,恰遇维苏威火山爆发,他到现场观察和救援灾民,被浓烟熏倒而死。他精力过人,晚年患病仍很少睡眠。其名言是“活着即醒着”。

写过军事、修辞、语法、历史等著作。恩格斯认为他是对日耳曼民族的历史发展发生兴趣的第一个罗马人,其报道的人类学资料具有特殊价值。唯一传世的是37卷本《博物学》,发表于公元77年,去世后由其侄子兼养子(即小普林尼)协助完成修订。这部巨著无所不包,从宇宙到地球,从动物、植物到矿物,其中用25卷的篇幅分别介绍动植物及其药用价值,对后来的药物学发展影响较大。书中包括了许多希腊和罗马著作家的知识和思想,也有他自己的丰富阅历,为科学史和艺术史提供了宝贵的资料。据索引中的不完全统计,所涉及的著作家达473人,计两千多部著作,“纠正、研究和观察”的条目达34 707项,由此可见此书注重实践和事实的特点。这是古罗马第一部包罗万象的百科全书,这使他在西方文明传统及其传播中保持了特殊的重要地位。

（肖　玲）

王充(Wang Chong) 字仲任。中国东汉会稽上虞(今浙江上虞)人,东汉建武三年(公元27年)生,约东汉永元九年(公元97年)卒。*自然哲学、博物学。*

祖上家族显赫。由魏郡元城(今河北大名)封迁会稽。幼时成孤儿,聪慧好学。后游学京师洛阳,建武二十年(公元44年),求学于最高学府太学,拜班彪为师。因家贫无书,常游市肆,阅所卖书,相传一见辄能诵忆。曾任会稽郡功曹、治中等职,后离官回到乡里,家居教书为生。晚年生活潦倒,贫无供养。主要著作《论衡》大约作成于汉章帝元和三年(公元86年),现存84篇。

他认为元气是宇宙的本原,天与地都是实体,皆由气形成。“天地,含气之自然也”,“清者为天,浊者为地”,“天地合气,万物自生”。反对唯心主义的“天人感应论”,认为天上的变化同人间的祸福毫无关系。指出人也是由气产生的物体,有生有死,人死则精气灭。天下无独燃之火,世间也无脱离肉体的灵魂。火灭不能复燃,人死也不会变鬼。否则人已死数百千万,那就遍地是鬼,一步一鬼,满堂盈庭,填塞巷路了。认为“天道无为”、“天道自然”,宇宙万物变化纯属自然,无目的可言,批判了西汉董仲舒等人的目的论。

在宇宙理论方面,提出了“平天说”,认为“天平正与地无异”,天与地是两个极大的相互平行的平面。指出天地相接是人的错觉。实际上天地并不相交,但远远看去连成一片。平天说虽然未对中国古代的天文学产生多大影响,但毕竟是诸家理论中独特的一家。

在批判风水、卜筮、祭祀、求雨等迷信活动中,科学地解释了一些自然现象,涉及天文、物理、生物、医学、冶金等多方面的知识。指出“雨露冻凝者,皆由地发”,“云气发于丘山”,“初出为云,云繁为雨”,说明了降雨的道理。猜测雷电是由太阳的“激气”同云雨一类的阴气“分争激射”而引起的,说明雷电发生的季节性,驳斥了雷为天怒的无稽之谈。还把潮汐涨落与月亮盈亏联系起来,反对潮汐现象是鬼神驱使而生的奇谈。

观察了生物之间的复杂关系,指出在生存斗争中能取胜者,或因体强力壮,或因性格凶猛,或因小巧灵活,并用喜鹊吃刺猬、伯劳吃蛇、蚊虻叮牛马、鼠制服猕猴等事实来说明这个道理。“鹊食猬皮、博劳食蛇”在现代生物学中才有详细记载,可是王充当年就已发现了这些事实。

（林德宏）

塞克斯杜·恩披里柯(Sextus Empiricus) 古罗马人,约160年生,约210年卒,鼎盛期约在200年。哲学、医学。

生平不详。但根据其姓名中"Empiricus"的意义为"经验",可推测他属经验医学派。该学派因主张不必讨论当时流行的"体液"、"精神"等理论问题即可治病,故而得名。但是根据他的著作,可知他更接近方法医学派。他可能是一个开业医生,据称曾有《医学札记》一书,现已佚失。他在哲学史上的地位无疑比在医学史上的地位更重要。撰写的哲学著作《皮浪学说要旨》(3卷)和《驳数学家》(6卷),在16世纪被重新发现并出版,后者关于古希腊的哲学史料甚多。例如,对毕达哥拉斯的批评中,对该学派的理论有较详细的阐述,除这惟一的来源之外,其他有关文献都已失传。他批判的主要对象是斯多葛派,著作的编集方式也是按斯多葛派的理论体系分类的。他自己的理论直接来源于阿尼希德穆斯(Aenesidemus),而最终来源则是皮浪(Pyrrho)。他区分客观世界和现象,认为我们的感官只能感知现象,客观世界本身则不可知,所以也就没有真理。据认为他的哲学著作是古希腊罗马怀疑派哲学保存至今最为完整的。 (顾振海)

亚历山大〔阿弗罗狄西亚的〕(Alexander of Aphrodisias) 古罗马人,生于小亚细亚的阿弗罗狄西亚(今属土耳其),鼎盛期为2世纪末~3世纪初。自然哲学。

公元2世纪末期任雅典吕克昂学院院长,以注释亚里士多德学说而闻名。在宇宙论上,认为天体(恒星、行星以及它们的天球)运动的原因,是由于以太是一种生气勃勃喜爱活动的物质;天体具有灵魂,灵魂渴望模仿"不动的原动者",永恒地围绕着它旋转。这是对亚里士多德三种运动原因的综合。在认识论上,从个别先于一般,客观先于理念出发,进而认为只有个别才是实际存在的,一般不过是智力活动的产物,是智力把它们从许多个别身上抽象出来的。在数学上,在论及如何把圆变成方形问题时,他批评希俄斯的希波克拉底没能将圆内接六边形和圆内接四边形与圆形成的半月形分开,还批评安提丰违反了曲线和直线只能有一个交点的原则,实际上这两人并没有这样做。现存著作有《论命运》、《论灵魂》、《自然界的问题》等。 (方福娟)

森索里努斯(Censorinus) 古罗马人,生卒年不详,鼎盛期为3世纪上半叶。自然科学。

写了两部书。关于语法问题的一部已经失传。另一部著作题名《诞辰》,写于公元238年,是献给昆多斯(Caerellius Quintus)的生日礼物。该书内容十分广泛,它们都建立在罗马著名学者M. T. 瓦罗编撰的百科全书基础上。其中,第一部分论述人类生育和怀孕的问题,以及星辰和音乐对胎儿的影响;第二部分论述时间的划分(时代、年、月、日等);最后一部分是从天文、几何、音乐及诗韵的百科全书中引出的一系列短文,其中论述欧几里得原理、公式和定义的章节,与欧几里得的其他译本大相径庭。《诞辰》丰富了后人对古希腊和古罗马的了解,特别是关于瓦罗的学说的了解。(郑毓信)

普罗提诺(Plotinus) 古罗马人,约204年生于埃及,270年卒于意大利南部康巴纳城郊外。自然哲学、占星术。

在埃及亚历山大学习哲学达11年,所受教育完全希腊化,后到罗马任教。公元242年随罗马皇帝戈尔地安三世远征波斯。因皇帝被谋杀致远征失败,次年他逃回罗马。从此定居罗马,创办学校,影响很大,深得罗马皇帝伽利安和王室信赖。后期尝试在意大利南部康巴纳城建立柏拉图式的理想国未果。

是新柏拉图主义的主要代表。其学生波菲利(Porphyry)为他写的传记中,提供了大量教学法资料和一份较可靠的著述编年目录。他去世后,波菲利把这些著作分6册出版,每册含9篇文章,故名《九章集》。该书发行拉丁文版(1492年)和希腊文版(1580年)时,都受到当时学术界的高度重视。其《九章集》完全是神秘主义和对柏拉图形而上学作特殊解释的一种结合体。提出"太一"的"流溢"说。此"太一"是不可言状的、置于一切之上的世界本原。"太一"本身的充溢,"流溢"出其他不同等级的实体:首先是"奴斯"(即"宇宙理性",等同于柏拉图理念世界),然后是"宇宙灵魂"(由此分出各独立灵魂),最后是感性的物质世界。

《九章集》对科学思想贡献甚微。他缺乏柏拉图在《蒂迈欧篇》中所显示出来的那种对自然科学,特别是数学应用的兴趣。然而就某种更广泛和间接的意义而言,其形而上学或许有助于后人对数学重要性的认识。因为在新柏拉图主义者看来,"光"是善和力的可见的表现形式。由于光的行为遵循几何学定律,因此可以认为上述信念既推动了光学和天文学的发展,又证明了几何学在自然界中的重要地位。认为星星的相对位置不是未来事件的原因,而是其征兆,它的意义取决于宇宙各部分的相互交感。《九章集》拉丁文版发行后,他关于占星术的文章在学者中引起广泛争论。

按历史的或希腊科学的标准,他关于科学解释的模型是落后的,因为他关于自然的形而上学理论实际上是一种泛心论。认为灵魂只有经过"净化",才能进入"出神"与"忘我"状态,最后与"太一"结合,从而认识到"超存在",即神的某种本质。认为物质本身是虚幻的,因此自然的本性和有意识的行为一样,应列入同样的解释类型。用交感的概念来阐述这种解释类型,不仅用交感来解释心理物理学的相互作用(例如人对脚上疼痛的意识),而且用来解释感官对外部事物的感觉。他争辩说,在感官和物体之间不需要像空气和光一类的介质。

(肖 玲)

第欧根尼·拉尔修(Diogenes Laërtius) 古罗马人,生卒年不详,生于奇里乞亚的拉尔特(今属土耳其),鼎盛期约在罗马皇帝塞维鲁·亚历山大(Severus Alexander)于222~235年在位时期。哲学、文献学。

活跃于3世纪前叶罗马帝国时代的作家,生平不详。同公元前4世纪的古希腊犬儒学派主要代表人物第欧根尼同名。在古代手抄本中,被称为"拉尔修·第欧根尼"。颇得罗马帝国塞维鲁王朝最后一个皇帝塞维鲁·亚历山大赏识。现存传世之作《名哲言行录》(即

《著名哲学家的生平、学说和格言》),是后人研究古希腊哲学史主要文献来源之一。书中记载伊壁鸠鲁的篇幅最长,有人推测他很可能属于伊壁鸠鲁原子论学派。

希腊文《名哲言行录》共10卷本,收录和汇编了公元前6世纪到公元3世纪古希腊罗马82位哲学家的生平事迹、学说和言论。他按籍贯把所有入编者大致归为"伊奥尼亚哲学家"和"意大利哲学家"两大系列,对他们的学说逐一述评。前7卷为第一系列,始于阿那克西曼德;后3卷为第二系列,始于毕达哥拉斯。在苏格拉底之后,他把伊奥尼亚哲学家划分为三个分支学派:一支是从柏拉图及其学院派到以克里托玛库斯(Clitomachus)为代表的中期怀疑主义新学院派;一支是从犬儒学派到斯多葛学派的克里西波斯(Chrysippus);一支是亚里士多德及其吕克昂学园直接继承人狄奥弗拉斯图(Theophrastus)等人。意大利哲学家系列包括:在毕达哥拉斯之后,有毕达哥拉斯之子泰朗斯(Telanges)、色诺芬尼、巴门尼德、爱利亚的芝诺、留基伯、德谟克利特以及其他人,最后压卷的是伊壁鸠鲁。为增加可读性和通俗性,其中奇闻轶事占很大比重,喜欢用即兴诗句来增加文采。虽然大量采用前代第二手资料,不少地方的可靠性受到质疑,但是仍然有重要价值,因为涉及和摘录的上千种文献大多已失传,为后世保存了许多重要的历史资料。文艺复兴时期,该书开始出现拉丁文译本和印刷本,才得以广泛传播。现存古代手抄本最早溯自公元12世纪。 (李啸虎)

杨布里柯(Iamblichus) 叙利亚人,约250年生于叙利亚的哈尔基斯,约325年卒。自然哲学、博物学。

出身于名门望族,家庭富有。是普罗提诺的学生波菲利(Porphyry)的学生。约公元304年,他自罗马回叙利亚,在阿帕米亚开办学校。

是对普罗提诺以后新柏拉图主义进行精心分析的主要人物。所著关于新毕达哥拉斯哲学的一部百科全书式著作,包括了算术、几何、物理和天文等各科知识,但其中关于哲学和科学的重要内容均已散失。认为一切数字均由"一"产生;立体图形由点、线和面组成;"美德"和"善"也由"一"产生,因此研究数学和研究基于数学的科学是通向真正美德的途径。对亚里士多德所作的注释也已散失。这些注释维护了亚里士多德学说,并试图推广新柏拉图的形而上学体系。所著《论埃及的神话》,曾于文艺复兴时期激起了人们对埃及古代象形文字、信条和礼仪研究的强烈兴趣。 (辜晓进)

杨泉(Yang Quan) 字德渊。中国魏晋之际梁国(今河南商丘)人,活跃于3世纪后期至4世纪初期,生卒年代不详。自然哲学。

早年在三国时的吴国会稽郡(今浙江绍兴)做"处士"。晋灭吴后,西晋太康元年(公元280年),征为侍中,拒不接受,遂隐居谢客,专心从事著述。

他继承和发展了朴素唯物主义的元气本体论,指出"夫天,元气也,皓然而已,无他物焉",认为天仅仅是由元气构成的。甚至主张"星者,元气之英也",认为连星星都是由元气的精华构成的。还认为云汉(银河),是"众星出焉"造成的,即认为银河是由许多星星聚集在一起构成的。这实在是一种十分高明的猜测。现存《物理论》残片中,还论及"水"的作用,以及"水"和"气"的转化,认为水沉淀而为地,上升而为天,甚至提出水"吐元气,发日月,经星辰,皆由水而兴。九州之外皆水也"。因而也有人把他的哲学断定为"水一元论"。他还主张自然界的各种变化来源于阴阳两种力量的作用,并反对灵魂不灭的错误观念,指出人死犹如火灭。著有《物理论》16卷和《太玄经》14卷,但都已散失。清人孙星衍将其零星片断辑成《物理论》一卷。 (林德宏)

泰米斯蒂乌斯(Themistius) 古罗马人,317年生于罗马帝国帕夫拉戈尼亚(今属土耳其),约388年卒于君士坦丁堡(今属土耳其)。哲学、伦理学、政治学。

亚里士多德派哲学教师的儿子。年青时在小亚细亚的叙利亚生活。公元345年开始教授哲学。很多学生专程前来君士坦丁堡听其讲课。公元355年选入罗马元老院。政治上主张宽容和博爱。受到罗马帝国先后执政的几位皇帝的赏识。

后期杰出的亚里士多德派学者、哲学教师、雄辩家、有影响的政治家和外交家。尤其重视伦理学,不但讲授伦理学,还讲授实际生活中的道德行为。同时还为亚里士多德的哲学、科学著作撰写大量注释,后被译成阿拉伯语,又被转译成拉丁语。至今尚有35篇用希腊语写的政治演说传世。 (李士土)

马蒂亚纳·卡佩拉(Martianus Capella) 迦太基人,生于迦太基,鼎盛期约在365年之后。自然科学、天文学、音乐学。

曾任中学教师、修辞学家和律师。著有《菲洛洛吉与墨丘利的婚礼》("菲洛洛吉"代表艺术,"墨丘利"代表科学)。这部中世纪前期西罗马最流行的教科书,以寓言形式论述科学和艺术。在中世纪学校,该书第3~5卷成为学校语法、逻辑、修辞3门基础课,而该书第6~9卷成为算术、几何、天文、音乐4门高级学科的基本教材。其中第8卷天文学中,清晰阐述了赫拉克利德关于金星和水星绕日运动的理论,对此哥白尼曾有所述评。他还是古罗马的音乐权威。第1卷在解释一些曾使中世纪音乐家长期困惑不解的音乐术语方面,具有较大贡献。 (辜晓进)

奥古斯丁,A.(Augustinus, Aurelius) 又称圣奥古斯丁(Saint Augustine)。古罗马人,354年11月13日生于北非塔加斯特(今阿尔及利亚的苏克阿赫腊斯),430年8月28日卒于北非希波(今阿尔及利亚的安纳巴)。自然哲学、自然神学。

父亲是异教徒,母亲是基督徒。家庭经济一般,勉强读完罗马帝国规定的三级制教育。公元374~386年,先后在故乡、迦太基、罗马、米兰等地教文法和修辞,精通希腊哲学。公元384年在米兰学院受聘为修辞学教授。一度信奉摩尼教。受米兰大主教安布罗斯的影响,公元387年(33岁)皈依天主教,一反年轻时放浪生活，做个清心寡欲的修道士，后任希波主教。

是4世纪以后西方最有影响的思想家之一。以圣经为依据，用新柏拉图主义来论证基督教义，使哲学和神学相结合，把教父哲学推向全盛时期。认为自然是一个有理智的造物主的作品，因此自然本身也是合理的、美好的，客观上指出了科学研究的可能性。其三个学说在自然科学的早期发展中起了作用。第一，认为上帝赋予原始物质以"创新的潜力"，使今日世界所有物种得以按创世纪的顺序逐步发展起来，故常被认为是进化论的先驱理论。第二，强调数学在上帝创造宇宙中的重要作用，强调数学在自然科学中的突出地位。第三，提出"光照"的隐喻，即所谓人类理解真理，得依靠上帝的光照，它实际上是联系上帝与人的最主要的因果形式。人们为了理解这种因果作用，从而研究光照的性质，这导致中世纪欧洲数学光学和实验光学的发展。主要著作有《忏悔录》、《论自由意志》、《独语录》、《上帝之城》、《论宗教》、《教义手册》、《论三位一体》、《美好的自然》等。

（褚　平）

哈尔基狄（Calcidius；或 Chalcidius）　生活于4世纪，生卒年不详。*自然哲学、天文学。*

生平不详。是基督徒、柏拉图主义评论家。约在321年将柏拉图名著《蒂迈欧篇》的前三分之二从希腊语译成拉丁语，并附有6倍于译文篇幅的评述，为中世纪早期学者提供了研究柏拉图宇宙观的可靠资料，该译本风行西欧800年。他阐述了神秘莫测的宇宙起源和"世界精灵"的作用。对原著所作的生动易懂的论述，使之成为一部影响很大的天文学手册。讨论了金星和水星的本轮运动，并认为这是赫拉克利德首先提出的。尽管他错误地断言，赫拉克利德用几何证明了这些行星的绕日运动，而不是作出这种假设，但却是中世纪坚持赫拉克利德理论的最有影响的人物，并且为哥白尼学说提供了思路。其译本中提到柏拉图讨论大西洋神秘岛屿阿特兰蒂斯沉入海底一事。他将希腊古典宇宙观介绍给西方，对12世纪的经院哲学颇有影响。（苏诚基）

麦克罗比乌斯，A. T.（Macrobius, Ambrosius Theodosius）　古罗马人，395年生于北非地区，436年卒。*自然哲学、天文学、地理学。*

非洲人后裔。约于399～400年、410年和422年任罗马帝国官员。是古罗马的最后一个异教徒作家之一。为西塞罗（Cicero）的《西皮奥之梦》所写的注疏，是中世纪广泛流传的新柏拉图主义哲学著作。对毕达哥拉斯的宇宙结构论、世界地理、天体和谐论也写了长篇注疏，这使他成为西罗马时代著名的科学传播者。

信奉地心说，并认为行星一面绕地球自西向东作固有运动，一面被天拖曳着自东向西作周日性运动，以解释行星的逆行现象。他还认为地球表面被沿赤道和子午圈的海洋分成了不相连的4块，各部分都有人居住；地球的周长为252 000希腊里（1希腊里＝158.5米）。这些观点在中世纪的地理学中一直居于支配地位。

在他的著作中，最重要的是百科全书式的《农神节》丛书，共有7卷，是为了启蒙他的儿子所写，包括有各种各样的综合性知识，如历史、神话、宗教、评论、法律、文法、生理等等。

（张相轮）

普罗克洛（Proclus，或 Proclos；或 Proclus Lycaeus）　拜占庭人，412年2月8日生于拜占庭（今土耳其伊斯坦布尔），485年4月17日卒于希腊雅典。*哲学、数学、天文学。*

拜占庭法庭律师之子。早年在亚历山大城学习修辞学和拉丁语，又研究亚里士多德和数学。20岁前到雅典在柏拉图学园学习，后任该学园教师和主管。

是新柏拉图主义的最后一位主要代表。对希腊文化有广泛兴趣，认为逻辑学、数学和自然科学的全面训练是研究哲学的必要条件。尚存不多的著作成为希腊文化最后阶段资料的主要来源。其中最重要的是《欧几里得几何原本第一卷的评注》，涉及从泰勒斯起希腊数学千余年的详细知识及评论，是对数学史和数学哲学的最早贡献。书中涉及欧几里得前后许多已失传的数学家的观点，使之成为科学史的宝库。另一著作《天文学家的假设纲要》，详尽阐述了托勒玫的偏心圆和本轮体系，并作评论。采用对话形式，对柏拉图的《蒂迈欧篇》、《巴门尼德篇》、《国家篇》等著作作了评述。写有大量论著，至今大多成残篇。主要专著有《神学原理》、《柏拉图神学》（6卷）、《物理学原理》。《神学原理》包括211个命题，每则都附有证明，从"一"开始止于个体灵魂。此外还有3篇译成拉丁文的随笔保留下来，它们是"对天意的十个怀疑"、"论天意和命运"和"论恶的存在"。与亚里士多德相同，认为古代传统往往包含用神秘形式表达的真理。其柏拉图主义思辨哲学，对文艺复兴时期的科学家有很大影响。

（肖　玲）

阿莫尼乌斯（Ammonius Hermiae）　又被称作"赫米亚斯之子"（Son of Hermias）。埃及人，约435～445年生于埃及，约在517～526年卒于埃及的亚历山大城。*自然哲学、数学、天文学。*

父亲是新柏拉图主义哲学家。幼年丧父。在雅典柏拉图学园师从普罗克洛学习哲学。从485年起就是亚历山大柏拉图学派的领导人，一生大部分时间在此地从教。

是柏拉图和亚里士多德作品的一位严肃认真而又博学的译者和评论者，常把两者的观点"协调"起来。在数学和天文方面颇有造诣，曾专门开课讲授托勒玫数理天文学。把哲学理论分为神学、数学和物理学；把数学分成算术、几何学、音乐和天文学。他同意亚里士多德的观点，认为数学客体是不可理解的，但是它们可以从物理客体中抽象出来。他的学生辛普利休斯根据天文观测，推导出存在一个无星的天球。它包围恒星天球并把运动传给恒星天球。也有人认为，这一推论是他自己作出的。

（高楚明）

马里纳斯〔纳布里斯的〕（Marinus of Neapolis）　约450年生于巴勒斯坦的奈阿波利斯（今以色列的纳

布里斯），鼎盛期在5世纪下半叶，约500年卒于希腊雅典。哲学、数学。

485年，继普罗克洛之后被选为柏拉图学园的主管人。著作《普罗克洛传》，对研究普罗提诺去世后200年来希腊哲学思潮的转变很有价值。虽然是其前辈忠实的追随者，但在必要时也毫不犹豫地采取独立和求实的态度。例如，正确地坚持认为，柏拉图在撰写《巴门尼德篇》时所考虑的是"形式"，而不像普罗克洛和其他追随者所认为的那样，考虑的是神灵。他也像后来的新柏拉图主义者那样，高度赞扬数学："我希望万物都是数学。"对逍遥派关于"能动的理智"问题提出了新的解释，不再认为它就是"首原因"，而将其置于首原因之下，作为一种"天使般的、神圣的"存在、介于人类理智最高阶段和不变的更高世界之间。阿拉伯两位最杰出的哲学家法拉比和伊本·西拿在作了少量修改后，采用了他的观点。（肖 玲）

卡西奥多鲁斯·塞纳托尔，F. M. A.（Cassiodorus Senator，Flavius Magnus Aurelius） 古罗马人，约485年生于意大利西拉西姆（今斯奎拉切），约575年卒于维瓦里姆。文献学、人文科学。

出身意大利南部的一个望族，父亲是统治西西里的长官。他担任过罗马帝国的高级官员。公元537年退出政界，在家乡创建一个修道院和维瓦里修会，规定会士的职责是通过研究和复制《圣经》、教父著作以及希腊、罗马学术著作为上帝效劳，因为他认为这些著作有助于理解《圣经》的意义。

著有《宗教与人文学科原理》（2卷，543～555年）。这部百科全书式的巨著原是为修道士撰写的指导手册。第一卷论述了四福音的细微差别，强调在探索精神真理时需要学习7种人文学科；第二卷具体论述了修辞、雄辩术、数学、音乐等7种人文学科。他开创的在修道院里复制古代手抄本，以及把人文学科作为神学研究预修课的传统，持续了若干世纪，培育出一代又一代的西方中世纪学者。另有《哥特人的历史》（2卷，526～533年）《论灵魂》（540年）等多部。（郑毓信）

约翰·菲洛波努（John Philoponus） 约490年生于凯撒里亚（今属巴勒斯坦），约570年卒于亚历山大（今属埃及）。自然哲学。

是基督教徒、亚历山大哲学讲座的最后主讲人之一，新柏拉图学派的成员。被当时人称为"文法学家约翰"，或"亚历山大的约翰"。510年左右开始发表论著。一生写过约40部作品，广泛涉及文法、数学、物理学和化学。

重要贡献在于他是科学史上第一个对亚里士多德的物理学、宇宙论进行全面批判的思想家。约于550年前后，他撰写了一部著名神学著作《论世界的创生》。其观点仍然同神学混合在一起，认为宇宙是上帝创造的，在这之前，是混沌无序时期。否定了亚里士多德的"以太"说，认为恒星的本质是火，"它们在大小、颜色和亮度上是不同的，正如地上的火随不同的燃料而异"。所有天体同地上的物体都是由物质构成的，它们共同的属性是广延性。批评了亚里士多德的力学原理，根据实验指出，不同重量的物体从同一高度下落时的速度相差很小，不是与重量成正比。针对亚里士多德关于"自然运动"和"受迫运动"的说法，他提出质疑，指出空气并非只有向上的"自然运动"，有时也向下运动。抛物体的运动主要是由投掷者最初提供的原动力驱动的，在它的飞行中，周围的空气不能起什么驱动作用，相反，在真空中投掷会更容易些。这使他成为动量或动能概念的先驱。在15世纪后，他的著作在欧洲被广泛译成拉丁文本，并被伽利略等人在著作中一再引用。（张相轮）

辛普利休斯〔奇里乞亚的〕（Simplicius of Cilicia） 约490年生于奇里乞亚（今属土耳其），约560年卒。自然哲学。

6世纪最后一批新柏拉图主义学者和著名代表之一。早年在亚历山大城就学于阿莫尼乌斯。后到雅典，随达马休斯（Damascius）学习哲学。因坚持信仰希腊宗教而反对基督教，公元531～532年被流放波斯，与波斯王讨论过哲学问题。回希腊后在雅典埋头写作，用历史的眼光详细阐明了亚里士多德的一些著作。

为应付新兴的基督教、提高希腊哲学的形象，致力于调和亚里士多德和柏拉图之间的分歧，说前者所反对的不过是对柏拉图理念的误解。他认为虽然天体依附于上帝，但天体是永恒的，天体的永恒运动是永生上帝和暂生物质之间的联系。时间的流逝是循环性的，而非直线进行的。曾为亚里士多德的《物理学》、《论天体》、《论范畴》写过注疏。后两本注疏穆尔贝克先后于1266年、1271年将其译成拉丁语，对后世颇有影响。（方福娟）

伊西多雷（Saint Isidore of Seville） 西班牙人，约560年生于西班牙卡塔赫纳，636年4月4日卒于塞维利亚。自然科学、知识传播。

西班牙当时百科全书的编著者。599年任塞维利亚的主教和西班牙天主教的大主教。1598年被罗马教廷谥为圣徒。

著有《术语汇编》（原名《词的区别和物的区别》）、两篇关于宇宙论的著作以及百科全书式的《词源》。《词源》较可靠地解释和叙述了人类知识各领域的术语，包括数学、天文学、医学、人体解剖学、动物学、地理学、气象学、地质学、矿物学、植物学和农学等。其中除自己的论述以外，还含有西塞罗（Cicero）、盖伦、哲罗姆（Jerome）、卢克莱修、瓦罗、奥古斯丁、波伊提乌等几十位哲学家和科学家的著作。他同意卢克莱修和许多希腊宇宙论研究者的观点；相信位于宇宙中心的地球和太阳之间存在永恒的运动。

他的作品对中世纪和文艺复兴时期艺术和科学的发展产生了很大影响，并成为研究以科学技术为主要内容的罗马词典学的权威性资料。他在古希腊科学著作长期失传、古希腊文化销声匿迹的情况下，准确地记下了罗马时期许多新的科学知识，其贡献可与古代最著名

的科学家普林尼、卢克莱修相媲美。 （辜晓进）

史梯芬(Stephanus of Alexandria) 拜占庭人，生卒年不详，鼎盛期为7世纪上半叶。哲学、知识传播。

曾在当时东罗马帝国皇帝赫拉克罗斯(Heraclius，公元610～641年在位)的拜占庭宫廷中任教师，教授几何学、哲学、天文学、音乐等课程。

著有对柏拉图、亚里士多德著作注释，以及一部介绍伊斯兰星相学的书(公元775年)，预言穆罕默德和伊斯兰的崛起。据说还为希腊名医盖伦和希波克拉底的著作写过注释。还是后世炼金术士广为称颂的《炼金术》一书的作者。该书脱离实验，具有神秘色彩，要求人们"离开物质的理论，用心灵的眼睛去窥视事物的奥秘。"在留传至今的手稿中，记载着他被当时人誉为"全能哲学家"。" （李士土）

阿尔克温(Alcuin of York；拉丁名 Alcuinus) 英国人，约735年生于英国约克郡，804年5月19日卒于法国图尔。教育学、数学、科学传播。

出身英国贵族家庭。曾就学于当时著名的约克郡教会学校对彼得学院。留校任教，778年任该校校长和图书馆馆长。782年应德国法兰克福王查理曼(Charlemagne)的邀请，任首席顾问兼教育大臣，着手教育改革。796年至去世，任法国图尔的圣马丁修道院院长。

他把重点放在中世纪学校的三学科(语法、修辞、逻辑)和四学科(四个高年级学科：算术、几何、音乐、天文)基础学科上，并编写出这些学科的系列初级课本。他的对话式教授法给教学带来了活力。所著《皇室最显贵青年佩平和经院哲学家阿皮纳斯的争论》中，谈到人、自然和宇宙。另一本著作《使青年思想敏锐的命题》中，提出了53个几何和代数难题，对欧洲大陆的数学和确定复活节日期的方法有贡献。 （高楚明）

柳宗元(Liu Zongyuan) 字子厚，世称柳河东。中国唐代河东解县(今山西运城)人，大历八年(773年)生，元和十四年(819年)卒。自然哲学、文学。

幼年聪慧。21岁时与刘禹锡同登进士第。曾任校书郎、监察御史等职。唐顺宗贞元二十一年(公元805年)，与刘禹锡等人一起参加王叔文革新集团，32岁任礼部员外郎。不久革新派失势，被贬为永州司马(今湖南零陵)，在任11年。后任柳州刺史。

战国时期屈原曾写长诗《天问》，提出许多天文学问题。柳宗元著长诗《天对》，试图作出回答。认为万物由元气构成，元气缓慢吹动造成炎热，迅速吹动造成寒冷。炎热与寒冷相互交替，促使万物形成。中国古代盖天说认为天像圆盖，由8根擎天柱支撑。他则不同意此说，认为天本来就在自己的位置上，无需别的东西维系。天不是一座房屋，根本没有栋梁与屋顶，无需用柱子支撑。在这一见解的基础上，进一步提出宇宙无限论，认为宇宙广阔无边，无中心与边界的区别，东西南北各个方向上都没有止境。还提出了"天人不相预"的重要论点，认为大地、元气、阴阳均为自然现象，不可能对人赏功罚祸。在文学上，是唐宋八大家之一。主要哲学著作除《天对》外，还有《天说》、《答刘禹锡天论书》、《非国语》、《封建论》、《其符》等。 （林德宏）

铿迭(al-Kindī；全称 Abū yūsuf Ya'qūb ibn lshāq al-kindī) 伊拉克人，约公元801年生于伊拉克库法，约873年卒于巴格达。哲学、自然科学。

出身内志(今属沙特阿拉伯)铿迭族的显赫世家。曾在巴士拉和巴格达学习。熟谙希腊哲学和科学。哈里发马蒙(al-Maᵓmūn)任命他为研究院成员，负责审理希腊著作的阿拉伯语译本。哈里发穆塔西聘请他为其子的导师。穆塔西去世后，他渐与宫廷疏远。

当时被誉为"第一个阿拉伯哲学家"和"当代的百科全书"。著作颇丰，涉及哲学、宇宙论、数学、医学、心理学、药理学、音乐、光学、地质学、地理学、气候学、天文学、星占学。对阿拉伯哲学的形成和科学术语的制定有重要贡献。哲学著作现存有15部，主要有《第一哲学》、《亚里士多德的著作》、《生与灭的近因》、《无形实体的存在》、《灵魂论》、《理智论》、《消除悲伤的方法》、《睡眠与梦》、《事物的定义与叙述》等。《第一哲学》为其代表著作，讨论了"至一、至真、至善的动因"及"五种原素"(物质、形态、运动、空间、时间)等问题。认为数学、逻辑学和自然科学在论证哲学时是重要的，而数学更是研究其他学科的预备知识。提出认识的三个阶段，认为认识从第一个阶段(逻辑学和数学)开始，通过第二个阶段(自然科学)，进入第三个阶段(形而上学)。

科学上认真吸取前人的经验，并努力提高和发展。例如在光学著作《点火镜》一书中，第一个提到安提缪斯在一次海战中，曾使用"点火镜"将敌舰烧毁，继而又指出"安提缪斯只知道怎样制造能将光线聚集在一点上的镜子，却没有说明怎样确定这样一个点离镜面中心的距离。而我们却予以说明"。他的论证已具有反射定律的雏形。又如在医学方面，继承了古人的看法，认为"热、冷、干、湿"是致病的主要因素。然而进一步认为热病患者"热"、"冷"之比，可有不同的比例值，并提出所施药物的"强度"应根据这种数量比例确定。这种努力寻求现象之间数量关系的思想，对后世物理学家的影响比对医生的影响更大。论述天空的蔚蓝、潮汐的原因，说法几乎和现代科学相似。怀疑炼金术，认为金银是在矿山中自然生成的。 （李士土 李文华）

埃里金纳，J. S.(Eriugena, Johannes Scottus) 爱尔兰人，约815年生于爱尔兰，约公元877年卒于英国英格兰(?)。哲学、科学传播。

早年的经历不详，仅知约845年，他离开爱尔兰迁居法国。公元851年撰写《预定论》，介绍中世纪奥古斯丁及古希腊各学派的学说。在担任拉昂宫廷学校校长期间，把奥古斯丁创立的教父学理论列为主课，并采用波伊提乌的《哲学的慰藉》等几乎被人遗忘的著作，附加大量注释作为教材。这些教材和教学方法，从9世纪到12世纪为欧洲各国所采用，成为欧洲中世纪教育体系的基础之一。860～864年将伪戴奥尼亚的论文及忏悔者马克西姆的《第一个歧例》译成拉丁文。864～866年,撰成重要哲学著作《论自然的区分》,认为神包罗万象,万物是神的部分,神与万物不同,但同时又在万物之中。这些见解十分接近泛神论。870年后的情况不详。

（苏诚基）

伊本·古太白（Ibn Qutayba） 波斯人,828年生于伊拉克的库法,889年卒于巴格达。知识传播、天文学。

波斯人后裔。生平不详。851～870年间曾在波斯北部的迪纳瓦当过宗教法官,后在巴格达执教直至去世。

实际是一位语言学家和词典编撰者。现认定为其著作的尚存14部,主要是历史和语言学著作,如历史手册《知识之书》、阿拉伯语词汇及其惯用法《秘书指南》等。还开创了一种简洁、流畅的阿拉伯散文体。但其《星宿之书》对后人研究天文学史有特殊贡献,因为此类书大多失传,而它得以完整保存并再版(1956年)。该书详细记述了星座、黄道十二宫、南北天极、银河、天体、行星、太阳和月亮及著名恒星的大量天文资料,甚至包括风、雨、云、雷、闪电等气象资料,是阿拉伯民间流传的天文和气象知识的宝典,反映了阿拉伯人根据星宿确定农时季节及安排农活和庆典的智慧。（肖 玲）

法拉比（al-Fārābī;全称 Abū Nasr Muhammad al-Fārābī） 约870年生于中亚细亚的法拉布地区瓦西杰,950年卒于叙利亚大马士革。自然哲学、音乐。

早年在布哈拉学习音乐和法律。约892年后,长期在巴格达和希腊学习和研究哲学、逻辑学和自然科学。曾在巴格达大学任教。

著述宏富,被誉为“伊斯兰新柏拉图主义学派之父”,“最伟大的穆斯林哲学家”。他认为科学在苏格拉底的传统里已经取得了高度的发展。由于这一传统在希腊已经衰退,必须在伊斯兰世界里重新找到一个基地,以便对它进行解释、维护、再发现和再建立,使希腊科学的和谐、有序、目的性和批判精神渗入到伊斯兰文明中来,使人们重新返回到认识自然这一事业中去。在哲学上,他承认外部世界的存在,世界由物质构成,运动是物质的特性,人类是世界的一个组成部分。但又相信灵魂不灭。其学说对欧洲中世纪文化发展有一定影响。还对音乐表现出特殊兴趣,所著的《音乐全书》引用和保存了古希腊和阿拉伯音乐的许多重要文献,广泛涉及音乐、音乐理论及乐器等。还著有《理智论》、《灵魂论》、《知识全书》、《科学的分类》等。这些书大都是公元910～920年间在巴格达大学任教时撰写的。（郑毓信）

库花剌子密（al-Khuwārizmī） 波斯人,生卒年不详,鼎盛年约为975年前后,活动于花剌子模。自然科学总论、科学传播。

生平鲜为人知。约在公元977年后完成其《科学的钥匙》一书。其中包含了当时居住在波斯东部文明人所具有的一切知识,目的在于提供通用技术术语的确切定义。特别值得注意的是通过确定这些术语的正确词源,给出了它们在波斯语和希腊语中的对应词。该书由两部分组成。一部分分析了传统上源自阿拉伯或穆斯林的科学,包括国家管理、语法、诗学等;另一部分分析了由希腊传入的那些学科,包括哲学、逻辑学、医学、算术、几何、天文、力学、炼金术及音乐,从中能发现许多科学史资料。（肖 玲）

普塞卢斯,M.（Psellus 或 Psellos,Michael） 拜占庭人,1018年生于君士坦丁堡(今属土耳其)附近,1078年4月(或5月)卒于君士坦丁堡(?)。自然哲学。

出身贵族家庭。在君士坦丁堡受的教育,16岁时因经济困难辍学,到拜占庭地方行政机构工作。1042年前返回君士坦丁堡,先后任宫廷秘书、皇帝的政治顾问等要职。1045～1054年任君士坦丁堡大学首席哲学教授。1070年代后,因其新柏拉图主义哲学而遭攻击,被斥为异端学说,引退到奥林波斯修道院当修士。

写有大量文学、历史等方面的著作,还有语法、修辞、法律、哲学、自然科学方面的论文。认为神学学者的知识是通过研究所在世界的有形物体而后全面研究数学才获得的。根据各种原始资料写出了包括科学和神学的纲要,它们随着原始资料的失传而具有重要的历史价值。为后世留存了杨布里柯和普罗克洛的各种著作及《炼金术全集》译本,为史学家研究3～5世纪的炼金术等情况提供了极有价值的资料。这些著述激起了人们对哲学和科学的兴趣。在历史学上,他最著名著作是《拜占庭编年志》,记载了他的那个世纪14个拜占庭皇帝及其皇后的传记,留下了宝贵的资料。（肖 玲）

张载（Zhang Zai） 字子厚。中国北宋大梁(今河南开封)人,天禧四年(1020年)生于长安(今陕西西安),熙宁十年(1077年)卒于临潼。自然哲学、天文学。

幼时随父徙家凤翔郿县横渠镇(今属陕西),故人称横渠先生。“少喜谈兵”。21岁时会见范仲淹。后与程颢、程颐相识,共论道学。宋仁宗嘉祐二年(1057年),37岁举进士,曾任祁州司法参军、丹州云岩县令等职,后迁著作佐郎、签书渭州军事判官、崇文院校书。神宗熙宁三年(1070年),辞职回横渠镇讲学著述。熙宁十年(1077年)复召还馆,任同知太常礼院。同年冬因病告归,卒于归途,终年58岁。在临潼病故时,只有一甥在侧,无钱料理后事,后长安门人赶到,才得以成殓。

北宋理学支脉“关学”创始人。因家乡在关中地区,故其所创学派被称为“关学”。关学坚持唯物主义哲学,并注意研究天文、医学、兵法等。主要著作有《正蒙》、《易说》、《文集》等,还有历年讲学纪录经后人编成的《张子全书》。在自然观上,他继承和发展了中国古代元气说,认为宇宙的本原是气。气无形,故称太虚,但并非虚无。反对道、佛两家的“无”与“空”,指出气聚为物,有形可见,为明;气散返于太虚,无形可见,为幽,两者皆为有。总之宇宙是有,不是无;是物,不是空。他的哲学思想还包含一些朴素辩证法因素。认为气一中有两,有阴阳,有虚实、动静、聚散、清浊、升降。这些论述包含了一些关于对立统一关系的猜测。认识到事物不是孤立的,事物运动的根本动力变化有一定的规律，还认为“动非自外”，即事物的变化来自其内部，而不是来自于事物的外部。

在天文学方面，主张浑天说，并作了新的发挥。浑天说者一般认为有固体天球壳层，他则主张“天惟运动一气，鼓万物而生”，即天是一团运动着的气，并无固定形状。这包含了中国古代宣夜说的观点。早期浑天说认为地球“载水而浮”，无法解释太阳为何穿水而过而不熄灭的难题，他则主张“地在气中”，即整个宇宙充满了气，地球被气所包围。猜测地球在作自转，但认为自转方向是自东向西，只是由于日、月、诸行星、恒星以更快的速度在作自东向西的转动，才看到天体的东升西落；日、月诸行星、恒星自东向西的转动速度又各不相同，因此它们东升西落的周期也不同。这是试图用相对运动的观念来解释各类天体的视运动。还认为地球不仅有自转，而且有上下左右的摆动，犹如浮在空气中的气球一样，而正是地球的这种运动造成了地球上的季节变化。这是中国古代用地球运动来解释四季成因的可贵尝试。 （林德宏）

阿德拉特（Adelard of Bath；Adelard de Bada；拉丁姓名：Adelardus Bathensis） 英国人，1075年生于英国英格兰巴斯，1160年卒于同地。自然哲学、学术著作翻译。

早年曾在法国中部城市图尔学习，毕业后在拉昂任教。后云游中南欧、中亚和中东诸国，去过意大利、西班牙、西里西亚、叙利亚和巴勒斯坦等地，将阿拉伯文化及其保存的古希腊知识带到欧洲。1122年返回英国定居于故乡巴斯，被聘为未来国王亨利二世(Henry Ⅱ，1154～1189年在位)的宫廷教师。

12世纪著名英国经院哲学家，最早一批将阿拉伯文化及其保存的古希腊科学介绍给欧洲的学者之一。作为英国的新柏拉图主义者，在主要著作《论同与异》中，他以柏拉图式的对话阐述自己的原子论思想，在中世纪经院哲学家关于唯名论与唯实论的论争中采取折衷立场，企图调和一般事物的现实性和个别事物的现实性，因而有别于其他柏拉图主义者。

在科学上主要贡献是，将大量阿拉伯文本翻译为拉丁文本，广泛涉及古希腊占星术、天文学、哲学和数学。其中，出版《十进制数字之书》，是第一批向欧洲介绍阿拉伯(实为印度)十进制数字系统的学者之一。1120年左右翻译的欧几里得《几何原本》译本，在其后数百年间一直是西方主要的数学教科书；译介阿拉伯天文表，发表介绍中国算盘、阿拉伯星盘等一系列文章。主要著作《自然问题》收有76篇文章，论及天文学、气象学、植物学、动物学和人性道德等各领域种种问题，洋洋大观，令欧洲人大开眼界，心神为之一振。作为多才多艺的学者，他还擅长鹰猎术和竖琴。在欧洲中世纪时期，阿拉伯文化充当了保存古希腊文化冷藏库和沟通东西方交流的桥梁作用。他热情向西方译介阿拉伯文化，大力传播古希腊科学知识，在世界科学文化交流传播史上作出了历史性贡献。 （徐平五）

伯纳德〔沙特尔的〕(Bernard of Chartres) 法国人，生年不详，约为11世纪中叶生于法国布里多尼地区，约1130年卒于法国沙特尔。哲学、教育学。

1119～1126年间任沙特尔教会学校校长，并从事教学工作。是当时典型的新柏拉图主义者。其教育方法颇为著名，即要求学生进行有效的连贯的学习：“让逝去的每一天都能从头一天获得教益”。曾提出过一个著名的比喻：“我们像一群站在(或坐在)巨人肩上的侏儒。我们所以能看到更多的事情和更远的地方，并非因为我们视力更好，也并非因为我们身材更高，而是因为我们被巨人的高大身躯所支撑、所高举的缘故。”此语据认为是牛顿后来提出的同样意思的名言的最早来源。还认为良好的写作能力是通过反复阅读过去的伟大作品而学会的，但不是奴隶般地抄写过去的作品，而是要从中获得灵感。 （林德宏）

休(Hugh of Saint Victor) 德国人，约1078年生于德国萨克森，1141年2月11日卒于法国巴黎。哲学、几何学。

1125年至去世，一直任教于法国巴黎圣维克托修道院。写过大量的评注和哲学、工艺学著作，对12～13世纪的经院哲学颇有影响。

12世纪欧洲重要学者之一，经院哲学神秘主义的维多琳学派的奠基人。把哲学分为4个部分：理论、经验、力学、逻辑学。理论又分为物理学和生理学，物理学是关于自然界的科学。数学也包括4个方面：算术——数及其性质的科学；音乐——包括世界的音乐(研究元素的和谐、行星、时间的划分)、人类的音乐(研究肉体和灵魂的机能、关系)以及器械的音乐；几何学，分为平面几何、测高学和宇宙论；天文学。其科学分类首次把工艺技术提高到科学的高度。还独立地提出平面几何中长、宽的测量方法和测高法，描述了三角形特别是直角三角形的性质及其在勘查土地、测量影子、反射镜和星盘中的应用。著有神秘主义的《传奇的研究》和科学著作《实用几何学》等。 （张相轮）

阿贝拉尔，P.(Abailard, Pierre；或 Abélard, Peter) 法国人，1079年生于法国布列塔尼的南特附近的勒帕莱，1142年4月21日卒于索恩河畔的沙隆。哲学、逻辑学、伦理学。

出身贵族。约1094～1096年曾就读于唯名论者洛色林(Roseelin)的学校和巴黎实在论者尚波的威廉(William of Champeaux)的学校。1101年起在默伦、巴黎等地讲授哲学，并在巴黎市郊开办过一所学校。1115年任巴黎圣母院讲师。1118年起成为修道士，先后在圣但尼修道院、桑斯修道院、圣日尔达修道院以及克卢尼修道院隐居。期间，1121年在苏瓦桑宗教会议上因背离正统教义而受谴责，著作遭禁止和焚毁；1141年在桑斯宗教会议上，再次受谴责并被软禁于克卢尼修道院。最后死于圣马塞尔小修道院。

1125年前所著《辩证论》一书，第一个试图将散见于不同时代不同著作中有关逻辑学的论述，组织成一个完整的逻辑学体系。《认识你自己》(1140 年)一书又名《伦理学》,论述了与罪恶有关的意图、意志和行动等心理学问题,强调动机的好坏决定行为的善恶,这一观点彻底改变了"原罪"的教义。所撰《理解论》(1128 年)反对安瑟伦的"信仰而后理解",主张"理解而后信仰"。1120～1140 年所著《是与非》是对教父经典著作的分析,书中把教父自相矛盾的言论一一列出。他对科学的贡献带有方法论性质。例如,在《是与非》的导论中,提出有益于理解古代学术著作的原则:① 作为一种研究方法,怀疑是必要的;只要寻找,就能发现。② 要注意识别不同的陈述,是被迫同意,还是自由作出的判断。③ 区别所用语言的水平,是专门术语,还是日常用语;清晰还是含糊;援引他人的话还是自己的见解。④ 词义随时间而改变。⑤ 即使是权威,也可能有错。⑥ 写作表述方式可能引起误读。⑦ 上下文会影响含义。还写了一些关于语言学、逻辑学、修辞学和科学方法论的论著。在新的逻辑语言理论的发展中,有重要贡献。此外有:《逻辑学初阶》(完成于 1121 年之前)、《一个哲学家和一个犹太教徒、一个基督教徒的对话》(1136～1139 年)等,还有自传《我的灾难史》。他还是一位重要的诗人和作曲家。 (高楚明)

詹姆斯〔威尼斯的〕(James of Venice) 又名 V. G. 雅可布(Veneticus Grecus Jacobus)。 意大利人,生于意大利威尼托,生年不详,卒于 1147 年之后。*哲学、知识传播。*

有资料表明,他生于意大利的威尼托,而非威尼斯,祖籍则可能是希腊。一生中的大部分时间在拜占庭时代的君士坦丁堡,从事将亚里士多德著作译成拉丁语的工作。

是阿拉伯人之后欧洲第一个系统翻译亚里士多德著作的学者。曾最先将亚里士多德的《物理学》和《形而上学》、《动物志》等著作,以及其《后分析篇》中的大部分论文由希腊文译为拉丁文,并写了一些注释,对西方哲学和科学术语、甚至日常词语的形成作出重要贡献。其工作在 R. 培根、大阿尔伯特和 T. 阿奎那等哲学家的大量著作中得到充分的肯定。 (辜晓进)

伊本·巴亚(Ibn Bājjah;拉丁化名字为 Avempace) 阿拉伯人,约 1085 年生于西班牙萨拉戈萨,1138(或 1139)年卒于摩洛哥的非斯。*自然哲学。*

属阿拉伯安达卢西亚族人。西班牙最早的阿拉伯亚里士多德主义者,对亚里士多德的许多著作进行过评注。曾当过阿尔摩拉维(Almoravid)苏丹的大臣,后被那些妒忌他医术的医生毒死。

他从自然哲学的立场对一些自然科学重大问题进行了探讨和逻辑论证。在天文学上,反对本轮理论,是最早否定并试图纠正托勒玫体系的人之一;认为银河是许多相距很近的星星群体产生的景象。在力学上,企图用力的概念取代亚里士多德的原因概念,以统一后者的运动理论;可能是最早总结出斜面下降动力学理论的人。提到过"物体降落的原因是地球的吸引,正如磁石施加于一块铁上的吸引一样",然后却加以否定。最有影响的物理学理论是关于运动初速度的学说,这种学说批评了逍遥学派关于介质(空气或水)抵抗作用的说法,即介质是决定物体运动速度的因素,在没有任何介质抵抗的情况下(如在真空中),物体运动的速度是无限的。认为决定物体运动速度的是原动者与运动者的关系,在没有介质的情况下,物体运动的速度与初速度相同,因而是有限的。他的理论当时在欧洲广泛流传,影响了 T. 阿奎那、邓斯·司各脱等经院哲学家。

主要人文著作是《孤寂的政体》,其中讨论了各种人的心理和理念、各种政体,以及哲学家生活在不完善的社会中应采取的态度。 (段小光)

蒂埃里(Thierry of Chartres;或 Theodoric the Breton) 法国人,11 世纪后 25 年生于布列塔尼,约 1155 年前卒。*自然哲学。*

据传 1121 年曾在法国沙特尔的大教堂学校执教,1141 年任校长。1127 年在附近的德勒教区任副主教,并在巴黎执教。长于语法、修辞、逻辑学和数学教学,受到学生赞誉。

是第一个将"零"的用途介绍给欧洲数学界的人。又是第一个评论亚里士多德著作的天主教学者,尤以对《创世纪》导言部分的评注最为著名,题为《论六日之工程》。其中第一部分以物理定律为基础解释了宇宙的发展,并使之符合《圣经》的分析;第二部分论述 4 大学科(算术、几何学、音乐、天文学),它们使他获得了对宇宙创造者的认识。认为宇宙存在的原因是上帝(有效原因),上帝的智慧(形式原因)、上帝的仁慈(终极原因)和上帝创造的火、气、水、土四元素(物质原因)。认为四元素构成天地万物。火是最高、最轻的元素,它产生光和热;气将热传给水;水受热蒸发,上升形成天穹;水的上升又使土以岛的形式等出现,土地获热产生植物;热作用于空中的水蒸气团又形成星体,由于星体的更强烈的热量,地上的水开始产生水生动物和鸟类,然后产生兽类和按上帝形象创造的人类。 (肖 玲)

杰拉尔德〔克雷莫纳的〕(Gerard of Cremona) 意大利人,约 1114 年生于意大利克雷莫纳,1187 年卒于西班牙托莱多。*科学著作翻译。*

早年在克雷莫纳学习,约在 1144 年从意大利来到西班牙托莱多,看到了被人遗弃的阿拉伯语写成的各种书籍,其中有许多阿拉伯语的古希腊科学和哲学著作,决心将它们译成拉丁语。

是中世纪最著名的翻译家之一。1175 年将托勒玫的《天文学大成》(又译《至大论》)译成拉丁语,还译出亚里士多德的《形而上学》、欧几里德的《几何原本》和阿基米得的《圆周的测量》,以及阿拉伯大学者花剌子密的《代数学》等。一生共翻译了 87 部著作(一说是 71 部),对中世纪欧洲的科学发展作出了重大贡献。 (李士土)

斯蒂芬(Stephen of Antioch;或 Stephen of Pisa) 又称"哲学家斯蒂芬"。意大利人,鼎盛期为 12 世

纪上半叶。科学著作翻译。

叔父是安塔基亚的拉丁大主教。早年求学于意大利比萨大学、萨勒诺大学。曾去叙利亚学习阿拉伯语。他致力于翻译伊斯兰科学，特别是哈里·阿巴斯(Haly Abbas)的医学著作。1127年在安塔基亚将他的《马立克之书》从阿拉伯语第一次全部译成拉丁语。此书即中世纪闻名的《王者之书》，或名《管理条例》或《条例汇编》。为了防止与非洲人康斯坦丁(Constantine the African)的对同一著作的节译相混淆，他在20卷的每一卷译本上都署名并注明翻译日期，书后还给出了阿拉伯、拉丁、希腊名词对照表。同一时期，他将古希腊天文学家托勒玫的名著《至大论》、以及阿拉伯人对其讨论的文章从阿拉伯文译为拉丁文。据说还写过以阿拉伯和希腊资料为基础的天文学著作。（李士土）

阿兰(Alain de Lille)　法国人，约1128年生于法国里尔，1202年卒于西妥。自然哲学。

生平不详。曾在巴黎和蒙彼利埃的神学院教过神学。是天主教西妥修会成员。1179年被任命为罗马教廷拉特兰宫顾问委员会委员。晚年定居蒙彼利埃，人称“蒙彼利埃的阿兰”。

受波伊提乌《重要方法》的影响，曾试图用数学方法通过公理推导来创立一种演绎神学。其神学论文深受新柏拉图学派影响。被称作中世纪有名的“万能博士”，但缺乏独创性。其声誉主要来自两部文学作品：一是《自然的黎明》，约写于1160～1170年间；另一部是《反克劳迪安》，约写于1182～1184年间。第二部著作是新柏拉图学派的一本杂集，曾被广泛阅读和传抄。该书以寓言形式描述了“本性”、“理智”、“智慧”和“信仰”等，并对天文学作了拟人化的论述，提到了偏心圆、等分以及托勒玫和阿布·马沙尔。（高楚明）

朱熹(Zhu Xi)　字元晦，又字仲晦，号晦庵。中国南宋徽州婺源(今江西婺源)人，建炎四年(1130年)生，庆元六年(1200年)卒。自然哲学、博物学。

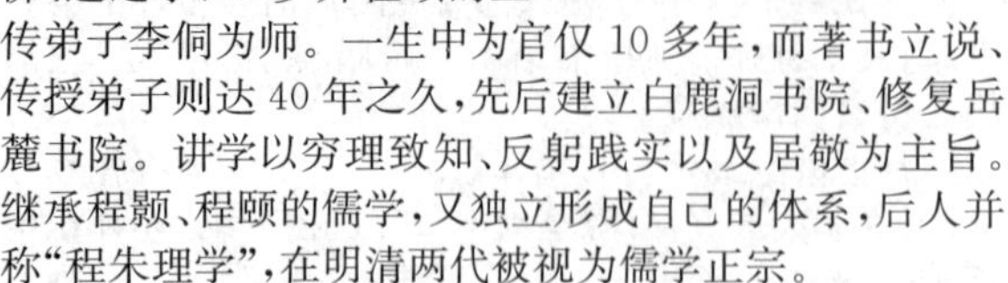

进士朱松之子。14岁丧父。19岁中进士。早年学佛、道之学，31岁拜程颐的三传弟子李侗为师。一生中为官仅10多年，而著书立说、传授弟子则达40年之久，先后建立白鹿洞书院、修复岳麓书院。讲学以穷理致知、反躬践实以及居敬为主旨。继承程颢、程颐的儒学，又独立形成自己的体系，后人并称“程朱理学”，在明清两代被视为儒学正宗。

他的哲学体系的核心范畴是“理”，又称“太极”，其次才是气。认为理在气先，世界产生的过程是：理生气，太极生阴阳，阴阳二气相互摩擦，产生许多渣滓，在中央结为地，地不动；气之清者形成天与星辰，天包地，周环运转；阴阳之气生五行，五行阴阳相互“滚合”，便是形成万物的材料。还认为天地变易不停，唯有理不变易。在认识论上，主张“格物致知论”，通过由近及远，由粗到精，由表及里，由浅而深的过程，才能达到对理的体认；认为认识来源包括“人生有知”和“见闻之知”，采取二元论态度；探讨了知觉、思虑等多种形式：提出知与行的关系：“知先行后”，“行重知轻”，“知行互发”等见解，具有辩证思想。在伦理学上，从“心性说”出发，探讨了“天理”与“人欲”的关系，提出“遏人欲而存天理”，反对“无欲”和“纵欲”，主张“节欲”，赞成正当的物质生活欲望，反对超生存条件的物质欲望。在社会历史领域，提出“王霸”之辨，标准是“仁义”与否，王道之政行仁义“以顺天理”，霸道之政“假仁义以济私欲”。

具有丰富的自然科学知识。在天文学中，主张地球中心说，对中国古代的浑天说作了进一步的发挥。在地学方面，通过对化石的观察，得出海陆变迁的结论。“尝见高山有螺蚌壳，或生石中”，认为此石即旧日之土，螺蚌即水中之物。由于大地的运动，使“下者却变而为高，柔者变而为刚”。还认为大地形成前只有水，水中的“滓脚”逐渐沉积，便形成了地，起初极软，后来变硬。

主要著作为《四书集注》、《四书或向》、《太极图说解》、《通书解》、《西铭解》、《周易本义》、《易学启蒙》等；以及后人编纂的《朱子语类》(140卷)、《朱文公文集》(《文集》本集100卷，另有《续集》11卷，《别集》10卷)。（林德宏）

迈蒙尼德，R. M. B. M.(Maimonides, Rabbi Moses Ben Maimon，缩写名为Rambam)　西班牙人，1135年3月30日生于西班牙科尔多瓦，1204年12月12日卒于埃及开罗(或富斯塔特)。自然哲学、医学。

在儿童时代，全家由于宗教迫害而流亡摩洛哥、巴勒斯坦，曾在摩洛哥的卡鲁因大学求学。1165年定居开罗。在那里曾任撒拉丁及其子的侍从医生。曾在西班牙和马格里布受哲学、科学和法律的教育。后在埃及任宫廷医生。是埃及犹太人首领。

生于伊斯兰教统治下的西班牙犹太族学者，犹太亚里士多德哲学流派最重要的代表人物，被誉为“第二摩西”。著作颇多。撰写有通俗的和半通俗的神学著作，以及论述逻辑学的系统哲理性著作。所撰《迷途指津》，书中藐视占星术，并力图使圣经《旧约》的教义和亚里士多德的学说协调一致。该书13世纪传入西欧译为拉丁文，对经院哲学家T. 阿奎那以及德国哲学家莱布尼茨等都有影响。在医学论著中推崇盖仑学说。还有大量书信文件等。在著作中企图调和亚里士多德和犹太教义，认为耶和华创世说和物质永恒存在说，既不能为理性所证明，又不能为理性所推翻，可并行不悖。宣称信仰的范围是超自然的，但又强调必须用理性去研究自然，并否认个人灵魂的不朽，因而受到正统犹太教徒的排斥。法律学方面，最重要的是对密西拿(Mishnah)的评注，历时30年写成神学与法学巨著《密西拿托拉》，据此以后发展为犹太教《十三条教义》；还编制了犹太教律。（张祝山　顾振海）

伯纳德·西尔维斯特里(Bernard Silvestre)　法

国人，生卒年不祥，鼎盛期为12世纪中叶。自然哲学。

生平不详。据记载，他在法国图尔市圣马丁教堂附近有一座私宅。曾在图尔、奥尔良等地任教。唯一能确定的是他的《宇宙志》写于1145～1148年间。这是他的一部最重要作品。

《宇宙志》是一部用散文与诗句交替写成的宇宙形成论，描述了从混沌状态到人类出现的过程。由于他首先是一位诗人，所以这部著作的想象色彩比较浓厚，富有诗意，哲学思想多取自柏拉图的《蒂迈欧篇》。这也说明古代希腊的哲学遗产并没有在12世纪上半叶完全消失，当时学者可以通过最初几个世纪的拉丁文版本掌握许多古希腊科学知识。（林德宏）

叶适（Ye Shi） 字正则，人称水心先生。中国南宋温州永嘉（今属浙江）人，绍兴二十年（1150年）生，嘉定十六年（1223年）卒。自然哲学。

淳熙五年（1178年），28岁中进士，授平江节度推官。历任太常博士、代理工部、兵部、吏部侍郎等职，官至宝文阁待制。力主抗金，曾指挥军队在江淮一带击退金兵。开禧三年（1207年），遭弹劾被夺职，返归故乡。在永嘉城外水心村讲学和著述。

中国南宋永嘉学派重要代表之一。在自然哲学领域，批判老子“道先天地”之说，强调“物之所在，道则在焉”。发展了先秦的阴阳五行学说，认为一气分为阴阳，造成天、地、水、火、雷、风、山、泽八物，八物又化生万物。还认为万物都在变易，变易的原因在于事物中包含矛盾，“凡物之形，阴阳、刚柔、顺逆、向背、奇偶、离合、经纬、纪纲皆两也”。看到了两极的对立，“一物为两”，但又主张用中庸来调和这种对立。在认识论上，他主张人应“以物用而不以己用”，即人应使自己适应事物，而不应使事物适应自己，强调主观服从客观，而不是相反。对历史上各家学说都有所评论和批判。南宋陈振孙评论他：“自孔子之外，古今百家，随其浅深，咸有遗论，无得免者。”在伦理学上，反对理学“以义抑利”、“存理去欲”的主张，强调“以利和义”，坚持道德和功利的统一，对明清之际的思想界产生了积极的影响。著作有《水心先生文集》、《水心别集》与《习学记言》。（林德宏）

贡迪萨利努斯，D.（Gundissalinus，Dominicus） 西班牙人，生卒年不详，鼎盛期为12世纪后半叶，很可能在大主教约翰（Archbishop John，1151～1166年在位）时代。自然哲学、科学传播。

曾任西班牙塞哥维亚教会执事长。学术活动主要在西班牙托莱多，当地有一所由托莱多大主教资助的翻译学校，该校不少译著都出自他和另外两名学者之手。

他是将阿拉伯-犹太新柏拉图主义和波伊提乌-奥古斯丁的拉丁基督教新柏拉图主义结合在一起的首位学者。其《统一论》就是这种结合的典型。所撰《世界进程》、《论灵魂不朽》等5部哲学和神学著作，多取自伊本·西拿、法拉比和犹太学者斯泰拉的伊萨克等人的论述。1140年后撰的《知识的分类》是一部关于知识的学科分类学著作，他将知识划分为3个主要部分：基础知识（包括语法、修辞和诗论）、逻辑学和哲学；后者又分为理论学科和实用学科；而理论学科进一步分为物理学、数学和神学；实用科学包括医学、政治学、经济学和伦理学等。该分类打破了传统的分类方法。（方福娟）

格罗塞特，R.（Grosseteste，Robert） 英国人，约1175年生于英国萨福克，1253年10月9日卒于巴克登。自然哲学、光学、历法。

早年在林肯和学院牛津大学学习。后执教于牛津大学艺术学校。在巴黎索邦神学院获神学硕士学位。约在1214～1221年任牛津大学荣誉校长。1235年任林肯教区主教。

13世纪前半叶英国最著名的学者。推想宇宙由原始的光点产生，越靠近中心物质越稠密，由中心发射出的光能在远处又形成星球。物体在发出热量的同时也耗散自身的物质。把光分成入射光、反射光和折射光，并指出虹是由折射光产生的。指出光进入较密的介质时，折射角变小，并预言根据这一原理，可使物体放大或缩小。在《潮汐的涨落》一书中，设想新月的光释放出海底的蒸气，推动海水上涨，当该蒸气全部从海中吸出后，海水又降落，而小潮则是由弦月的光产生的。认为和谐的音乐不仅存在于声乐中，而且也存在于天体运行和人体结构之中，因此音乐能治愈疾病。

根据一年有365.25天、19年有235个朔望月制定的历法，计算出每304年历书上的满月将比实际情况超前24时6分40秒，因此建议修改历法，精确测定一年的长度，以及太阳年与平朔望月之间的关系。

身后出版有《亚里士多德〈形而上学〉注疏》（1494年）、《论文集》（1912年）、《历法规则》（1916年）等。

（李文华　方福娟）

威廉〔奥弗涅的〕（William of Auvergne） 法国人，1180～1190年间生于法国奥弗涅（今康塔勒）地区的欧里亚克，1249年3月30日卒于巴黎。自然哲学。

早年获巴黎大学索邦神学院神学硕士学位。留校任教，先任教于文学院，1220年任神学教授。1223年任巴黎圣母院执事。1228年任巴黎教区大主教，直到去世。与英国大学者R. 培根的老师、林肯教区主教R. 格罗塞特交往颇深，R. 培根在巴黎大学听过他的课。亦被看作是T. 阿奎那的导师。

13世纪法国最杰出的经院哲学家之一。其神学思想体系基本上是亚里士多德学说的神学化，是欧洲第一个试图将亚里士多德学说与基督教教义、特别是奥古斯丁的教父学加以调和的神学家。主要著作有《以上帝的智慧模式进行教学》丛书，内包括有7部著作：《为何上帝成了人》、《灵魂论》、《论信仰和法律》、《德行论》、《圣礼论》、《三位一体论》和《宇宙论》。其中，名篇《宇宙论》分两部分，第一部分探讨了作为整体而被创造出来的物质宇宙，坚持宇宙的统一性，反对世界的多元论见解，认为天体和元素是同时被创造出来的；支持比特鲁吉·伊什比利的天文学体系，反对托勒玫体系；还讨论了各种物质运动，偶尔涉及到光的作用速度。第二部分探讨了精神的宇宙，宣扬亚里士多德的智慧和声誉；认为天使对于说明天体运动速度的差异并不是必需的。还有大量专论神学理论、宗教仪式的和布道艺术的著作。后期作为巴黎教区的大主教，他十分关注大学的作用和为宗教服务，在强调理性而学术地研究神学的同时，不能违反基本教义的要求。因此在1241年1月，他专门列出应予谴责的十大异端神学命题清单，禁止在大学课堂上宣讲和讨论。（张之沧）

樊尚（Vincent of Beauvais） 一译“博韦的文森特”。法国人，约1190年生于法国瓦兹省博韦，约1264年卒于巴黎。*百科全书编纂、知识传播。*

曾进过巴黎大学，并在该校加入天主教多明我会。1223年起供职于博韦修道院。早年即开始撰写《知识宝鉴》(或《伟大的宝鉴》)。法王路易九世(Louis Ⅸ)得悉后，希望获得一本，并为完成这部巨著提供了必要的资金。

书被誉为中世纪出版的最佳百科全书。《知识宝鉴》该书于1254年撰成，共分三部：第一部《自然宝鉴》共30卷，是关于自然界的百科全书，提供了有关光学、天文、气象、生物、地质、矿物等方面的知识；第二部《历史宝鉴》，给出了从创世到1254年的人类历史；第三部《教义宝鉴》共17卷，涉及语法、修辞、农业、政治事务、贸易、医学、物理、数学、占星术、音乐、度量衡和测量学，以及一部3200个条目的词典。（张之沧）

大阿尔伯特（Albert the Great） 一名圣阿尔伯图斯·马格纳斯(Saint Albertus Magnus)。德国人，约1200年生于巴伐利亚(今属德国)的劳英根，1280年11月15日卒于科隆。*自然哲学、博物学。*

出身富裕而有权势的骑士贵族家庭。1222年赴意大利，次年入读于帕多瓦大学，同年不顾家庭强烈反对，加入了天主教多明我会。1228年在德国科隆大学学神学。留校任教。后先后在希尔德斯海姆大学、弗赖堡大学、雷根斯堡大学和斯特拉斯堡大学任教。1241年入巴黎大学深造，1245年获神学硕士学位。留校任教。1248年回科隆大学任教。1253～1256年任德国多明我会会长。后主要在科隆和雷根斯堡等地布道和教学，是教父学奠基者之一的T.阿奎那的老师。

是近代科学的先驱者。主要贡献是重新发现亚里士多德学说，并把希腊和阿拉伯科学引进中世纪大学，这在当时颇需胆识。约在13世纪40年代，开始对亚里士多德的著作进行注释，指出了他因袭前人意见而不是通过论证或实验得出的一些错误结论。他说科学不仅在于信仰被告知的东西，而且还在于探求自然事物的原因。强调观察和实验，同时也承认数学在物理学中的重要性，并为其完美性和运用写过论文。在物理学上，推测出声音的原因、热的原因；详细研究过阳光是如何产生热效应的；知道折射定律，并指出单个雨滴是形成虹的原因。在天文学上，推测银河是由恒星组成的；月亮上的黑点是由其表面结构所致而不是地球的阴影。在化学上，做过炼金术实验，被认为是第一个将砷分离出来的人。在矿物学上，研究并列出几百种矿物的性质。在古生物学上，观察和分类的技巧使他获得空前的声誉。在生物学上，指出现存的物种是可变的，并提出植物进化5种转化方式；指出环境可以改变动物的性状，推测出生活在北极的动物具有白而厚的皮肤；发现除去蚂蚁的触角，蚂蚁就失去了方向感。研究过生殖和胚胎，提出了一种性别分化理论。在医学上，对兽医、医疗、牙科及解剖学均有所贡献。后人将他的著作汇编成38卷本的《大阿尔伯特全集》，1890～1899年在巴黎出版。其中的《矿物学》被译成英文本，1967年在牛津大学出版。（褚　平）

托马斯〔坎蒂普雷的〕（Thomas of Cantimpré） 比利时人，1201年生于比利时布拉班特，1272年5月15日卒于卢万。*百科全书编纂、科学传播。*

出身于名门望族。5岁起到比利时列日受基础教育，16岁毕业。同年入坎蒂普雷修道院学习。1232年入天主教多明我会。先后就学于列日大学、科隆大学和巴黎大学，师从大阿尔伯特。1240年任卢万大学哲学与神学教授。1245年起，先后在科隆大学、巴黎大学等校任教。

1228～1244年，历时15年完成了20卷本《自然事物论》，对自然界各个领域作了生动有趣的描述。其中3卷是论述人的(包括疾病及疗法)；7卷是关于动物的；2卷是关于植物的；其他涉及矿物、气象、天体(包括日月食及月相对人类情绪和疾病的影响)和宇宙。书中还描述了航海罗盘、用熔铅焊接水管和炼铁等当时出现的新技术。该书尽管带有神学色彩，但主要涉及自然科学，对传播知识有一定贡献。（李士土）

乌尔里克〔斯特拉斯堡的〕（Ulrich of Strasbourg） 生于13世纪初，约1278年卒于巴黎。*自然哲学、天文学。*

1248～1254年在德国科隆大学师从大阿尔伯特，并成为其忠实的追随者。曾在斯特拉斯堡大学讲学多年。1272～1277年任德国天主教多明我会会长。

他的作品中有失传的关于流星的论文。主要著作《至善之汇编》共8卷，现存的有1～5卷以及第6卷的前5篇。这是一部受阿拉伯思想影响很深的著作，书中援引了托勒玫、比特鲁吉·伊什比利和大阿尔伯特的论述。在天文学上，认为存在着10个天球，它们由某种有理性的东西所推动；行星的特征与所在天球的性质有关；春分点每100年进动一度。然而他自己似乎并没有进行过天文观测。他在中世纪科学上的重要性在于提供一种见证，证实当时大阿尔伯特在科学领域里具有广泛的权威。（李士土）

罗吉尔·培根（Bacon，Roger） 英国人，约1214年生于英国伊尔切斯特附近的萨默塞特，1294年6月11日卒于牛津。*自然哲学、光学、机械技术、天文历法。*

一位具有唯物主义思想倾向的哲学家和思想家，实验科学的先驱。出身一个颇有地位的家庭，因父亲支持亨利三世(Henry Ⅲ)反对爵士党而使家道中落。早年学习拉丁语经典著作，塞涅卡和西塞罗(Cicero)的书给他留下了深刻影响。约1227年进入牛津大学，对自然哲学和数学产生浓厚兴趣。1240年在巴黎大学获文科硕士学位。留校任教，讲授亚里士多德哲学和自然科学。1247年回英国，在牛津大学任教数学和物理学等课程。1257年加入天主教方济各会。1260年方济各会纳博讷会议通过的教令，规定未经特许不得在会外出版著作。因他对此举产生怀疑，由于培根一向抨击的一位经院哲学家开始担任英国方济各会首脑，他被软禁在法国一所修道院10年左右，期间只能通过写信和外界交流。在巴黎困境中的工作得到了教皇克雷芒四世的赏识，1266年教皇下令他把研究成果写出来。1267年，他把3本著作送呈教皇。其中《大著作》详述了自己的全部见解；《小著作》是概要；还有一本名为《第三部著作》。在1277～1279年间，因冒犯了巴黎主教关于阿拉伯炼金术和占星术的禁令，被判有罪，关押达14年之久。

他是近代实验科学的先驱，被誉为"万能博士"。《大著作》包含了他对自然哲学的主要见解和对教育改革的重大建议。认为理解真理有4个障碍：软弱的和不适当的权威，长期的习俗，肤浅的公共舆论和用外表的智慧掩饰自己的无知。认为数学是其他学科的基础，对于教育训练极其重要，而数学即包括天文学和星占学，也包括与光学有关的自然因果的几何理论；断言没有几何学，是无法了解世界上的事物的。在数学、光学等基础学科方面，深受数学家A. 马什(Adam Marsh)和牛津大学校长R. 格罗塞特的影响。批判中世纪经院哲学家的教育方法，强调观察和实验，认为通过实验不但可以检验推理，而且可以获得新知。

做了大量光学方面的实验；叙述过反射定律和折射定律；远远超越时代，提出了望远镜、显微镜的设计构想，还论述过火药及其在军事上的应用；构想过非常奇妙的飞行器、起重机械、自行车船和潜水艇等。根据托莱多天文表中的经纬度，论证了从西班牙出发可达印度。一个半世纪后，哥伦布实现了这样的航行。在关于历法改革的一本著作中，断言儒略年的长度$\left(365\frac{1}{4}\text{天}\right)$将在125年中多出了一天；为了便于确定复活节的日期，主张采用阴阳历。由于受到阿拉伯化学和炼金术的影响，相信可以把一般金属转变成金银。

虽然具有进步思想，但仍未能摆脱中世纪的羁绊。例如赞同当时的流行见解：一切哲学的目的，都是为了解释与装饰至高无上的神学；认为神学是一切知识真正的顶点与归宿。1292年写了《神学概要》一书；此外，他也相信占星术。 (高楚明)

威廉〔穆尔贝克的〕(William of Moerbeke) 比利时人，约1215年生于比利时穆尔贝克，1286年10月26日之前卒。文献学、科学著作翻译。

多明我会修士。1272～1278年任教士。1278年至去世任科林斯大主教。是一位著名的多产翻译家，主要贡献就是以其广博的语言学知识，孜孜不倦向拉丁文学者传播希腊文明，使13世纪下半叶及以后的时代对希腊原始资料的研究得到惊人扩展。将许多写于公元前4世纪至公元6世纪间的第一流希腊文哲学和科学著作译成拉丁文，其中主要有：亚里士多德的各种著作；柏拉图、盖伦、希波克拉底等人的著作。阿基米德的数学和物理学方面的著作；200～550年间人们为阐述亚里士多德逻辑学、自然哲学和心理学所写的注疏；新柏拉图主义哲学最出色的综合者普罗克洛的著作；许多希腊名著通过其拉丁译本得以保存。他自己的著作仅留存一本，即《来自地球的占卜》。 (肖 玲)

托马斯·阿奎那(Aquinas, Saint Thomas) 意大利人，1225年(?)生于意大利蒙特卡夏诺附近的罗卡塞卡，1274年3月7日卒于马恩扎附近。自然哲学。

兰道尔夫(Landolfo)伯爵的幼子，父亲及哥哥均在神圣罗马帝国腓特烈二世处供职，后者当时正在与罗马教廷打仗。1231年(6岁)入本笃会卡西诺山修道院接受初等教育，1239年入那不勒斯大学学习。1244年不顾家庭反对加入天主教多明我会。1245年被派往巴黎大学深造，曾就学于大阿尔伯特。1248年随导师赴德国科隆办学。1252年重回巴黎大学，1256年获神学博士学位。1256～1259年及1269～1272年，两度出任巴黎大学索邦神学院神学教授。还在罗马多明我会修道院教过哲学。1272年回到那不勒斯创建大修道院。应教皇格列高里十世之召，1274年赴罗马参加教廷会议，于途中病逝，时年49岁。1323年被封为圣徒。

基督教会最具有代表性的哲学家，其哲学和神学体系称托马斯主义。长期以来，阿奎那哲学被称为天主教官方哲学，使人们忘记他曾是一个革新者。在巴黎大学时带头提倡理性，使用严谨的科学方法研究自然和探索"天启"的奥秘，并提倡研究"异教的"亚里士多德哲学。反对一切知识均来自天启，认为通过观察和推理也能获得真理。但又被上帝、天使和人的灵魂问题所吸引，深信"天国"的存在；天体的运动需要一个"原动力"；不可感知的上帝能通过可感知的受造物而被人们认识。

对物理学、天文学、化学和生命科学的发展作出了贡献。在这些方面，并不完全接受亚里士多德的观点。例如，认为真空中的运动不受阻力影响，而与原始推动力和空间连续性有关。关于重力问题，虽然接受亚里士多德关于引力是重物回到其固有位置的自然运动的观点，但其见解却与当时学者不同。认为重力是一种"被动的运动本原"，物体下落既不是由于介质的作用，也不是由于物体内部所具有的力的作用，物体运动的最终原因是"位置方面的吸引"。这里隐含日后否定牛顿的绝对空间和吸引力概念的萌芽思维，而与爱因斯坦的广义相对论遥相呼应，尽管两者在思想关系上相隔甚远，无法进行细致的比较。在《论自然的玄妙工程》一书中，将磁铁、潮汐及其他"玄妙"现象的原因归诸自然，而反对将它们归诸超自然的原因。对磁铁的分析后来受到英国磁学家W. 吉尔伯特的称赞。在天文学方面，清醒地认识到托勒玫对行星运动所作的偏心轮和本轮解释仅仅是一种假设，并且一度表示希望将来有一天这种复杂的理论会被一种更简单的理论所取代。然而相信存在一个不属于物质宇宙的"天国"或"最高天"，那是上帝的寓所。在化学方面，论述过一种对后世有重要影响的观点：化合物是由多种元素构成的，这些元素以某种方式保留在化合物中。在生物学方面，支持一种有限的进化论。这使遵循阿奎那哲学的天主教思想家对待进化论要比原教旨主义者开放些。在治学方法上，主张论证应以经验、观察、分析和权威为依据。鼓励将希腊科学著作译成拉丁文。由于其虔诚的宗教信仰，始终不懈地将人类与“上帝”的知识加以综合，并反对当时具有唯物主义倾向的阿维罗伊主义和唯名论。

著有60卷本《神学大全》(在世时未完成，1882年出全集)；此外有《论存在与本质》(约1254～1256年)、《反异教大全》(1264年)、《论天体和宇宙》(1272年撰成)、《亚里士多德物理学注释》；有多篇论战性文章，如“论世界永恒性驳窃窃私语者”、“论智力统一性驳阿维罗伊派”、“论分立的实体”等。（路军平 李文华）

卢尔，R.(Lull，Ramon) 西班牙人，约1232年生于西班牙阿拉贡王国帕尔马，约1315年6月29日卒于同地。百科全书编纂、知识传播。

出身贵族。受过良好教育。曾是阿拉贡国王詹姆士二世(James Ⅱ of Aragon)的宫廷教师。1257年结婚。约6年后又转入宗教生活，立志成为传教士。经过10年准备，开始写作、传教、演讲、旅行和筹建学院。晚年在罗马、巴黎等地创办了东方语言学院。

在45年的写作生涯中，用加泰罗尼亚文、阿拉伯文、拉丁文共写了292部著作，内容涉及文学、神学、哲学、数学、天文学、语法、修辞学、法学和医学等许多学科。1295～1296年编写了一部题为《知识之树》的百科全书。创立了一种“发现真理的艺术”，即用9个字母来表示事物的各类特征，并用这些字母的组合来表示事物的复杂性质。这种用代码的组合来表示事物性质的艺术，对德国G. 莱布尼茨有较大影响，推动了后来普通代数学和数理逻辑的建立，也使他获得计算机理论先驱者之美名。（张之沧）

西格尔(Siger of Brabant) 比利时人，约1240年生于布拉班特(现属比利时)，1284年11月10日卒于意大利奥尔维耶托。自然哲学。

曾在巴黎大学任教。1260～1265年间获文科硕士学位。1270年巴黎主教指责他在著作中宣传异端。1270年仍是文学院少数非国教徒的首领。1276年后被关入宗教裁判所奥维多监狱，受同屋的一个牧师监视，数年后该牧师突发疯狂症刺死了他。

主要研究哲学、心理学、逻辑学、自然哲学和伦理学。是唯物论思想学派阿维罗伊学说的拥护者。曾受到托马斯·阿奎那《唯理智论》一书的指责。著有《理智的灵魂》(1270年)、《永恒的世界》、《自然问题》等。内容纯属哲学问题，且多系亚里士多德和伊本·鲁什德的观点。如“凡是运动的物体，均受另一物体所推动”。唯一与实验科学有关的是《自然问题》中的第二问：“倒置在水面上的容器里置有一支点着的蜡烛，容器中的水为什么会上升？”他回答说蜡烛加热了空气，使空气上升到容器顶端，由于不可能出现真空以及水具有流动性，所以容器里的水上升。（方福娟）

普拉努德，M.(Planudes，Maximus) 土耳其人，约1255年生于比提尼亚古国尼科美底亚(今属土耳其)，1305年卒于君士坦丁堡。科学传播。

出身小康之家。约1280年成为修士。是拜占庭当时最著名的学者和教师之一。把很多拉丁文版本的神学著作和经典著作译成希腊文。但最主要的兴趣在于编辑教科书及培养年轻的学者去从事这种工作。所编辑的教科书包括欧几里得的《几何原本》、托勒玫的《地理学》、狄奥多希的《球面学》等。其《印度计算法》，论述了四则运算、分数、平方和开方，对数学史的研究具有重要价值。还编辑过不少诗集。（郑毓信）

邓斯·司各脱，J.(Duns Scotus，John) 英国人，约1266年生于英国苏格兰贝里克郡邓斯，1308年11月8日卒于德国科隆。自然哲学。

1279(或1280)年入天主教方济各会，1291年任英格兰北安普敦教区神父。曾在牛津大学、巴黎大学学习。1305年在巴黎大学获神学博士学位。1307年执教于德国方济各会科隆修道院。

中世纪后期著名的经院哲学家。他为自然神学寻求一种新的形而上学基础，使前者不再依赖自然现象。这种新的形而上学认为“存在”有两种，一种是无限的“存在”(即上帝)，它是必然的和自有的；一种是有限的“存在”，它的存在依赖于另一个事物，因此是偶然的。除此之外，上帝和“受造物”再没有其他可以类比之处。上帝的其他特性，只能从神学中去寻求。总之，他将“理性和自然经验”与“启示的神学真理”分离开来。其论点为其学生奥卡姆的威廉等人所接受，为解释自然现象提供了新途径。写过200余篇论述感觉世界、基督教信仰的论文。主要著作有《彼得·郎巴德格言注释》等。（苏诚基）

伯利，W.(Burley，Walter) 英国人，约1275年生于英国约克郡伯利镇，约卒于1345年。自然哲学。

13世纪末获牛津大学文学硕士学位，成为该校默顿学院研究员。在牛津大学工作期间，即开始为亚里士多德的哲学和科学著作撰写注释。1309年任约克郡维尔布列教区长。1310年在巴黎研究神学。1324年任巴黎索邦神学院院长。1327年任爱德华三世(Edward Ⅲ)驻罗马教廷代表。

14世纪欧洲最著名、最有影响的哲学家之一。著有《亚里士多德的〈物理学〉评注》、《论开始和终止的瞬时情况》等。认为运动是由可动物体和位置以及继之获得的质量和数量组成的。在某一给定时刻，特定物体只能具有一个位置、一种重量、一种数量。他称位置、重量和数量为“形式”，称运动为“形式流”。每一个瞬时运动，都有一个不同的“形式”与之相对应。物体在各瞬间所具有的“形式”，既非运动终止时物体所具“形式”的一部分，也不包含在终止时的“形式”之内。这种分析对运动的微观研究，有启发作用。（张之沧）

弗朗西斯〔梅隆纳的〕(Francis of Meyronnes)

法国人，1285年生于法国普罗旺斯地区梅隆纳，约1330年卒于意大利皮亚琴查。*自然哲学*。

早年入天主教方济各会。曾到英国讲学，作过“彼得·伦巴底判决书”的报告。1315～1320年，经常参加巴黎夏季经院哲学讨论会，同P.罗杰(后选为教皇)之间的辩论曾闻名于世。1323～1324年任普罗旺斯方济各会会长，并获巴黎索邦神学院神学博士学位。

是邓斯·司各脱的追随者，研究过科学、哲学和神学，注释过亚里士多德宇宙论。认为宇宙由14个天球组成，围绕静止的地球作圆周运动。宇宙是被创造的，因此是有始有终的；由于是有始有终的，因此是有限的。但由于构成宇宙的物质具有无限可分性，故宇宙又具有潜在的无限性。亚里士多德说一个力可使一定重量的物体移动一定的距离，则这个力就可使双倍重量的物体移动一半的距离。他反驳道，某人可以扛100磅重的物体走1里路，但不能扛200磅重的物体走半里路。

(方福娟)

威廉〔奥卡姆的〕(William of Ockham)　英国人，约1285年生于英国伦敦附近的奥卡姆，1349年卒于德国慕尼黑。*哲学、逻辑学*。

早年生平不详。很早即成为方济各会修士。约1310年入牛津大学学习，1319年获神学博士学位，但因其学说与正统基督教思想有异，该学位一直未被罗马教廷承认。1323年到法国巴黎求学，参加法兰西教团，他在布道中支持方济各会会长反对当时的教皇。1324年在法国阿维农被捕入狱，其学说被指为异端。1328年5月越狱逃往德国，请求巴伐利亚执政的皇帝保护，并因此被开除教籍。此后一直在慕尼黑生活，因鼠疫去世。

同T.阿奎那、J.邓斯·司各脱一起并列为最有影响的三位经院哲学家。是一位反对中世纪基督教正统观点的革新者、极有独创性和批判性的思想家，推动和促进了基督教改革运动，对近代思想家如马丁·路德(Martin Luther)、洛克、休谟的学说有重要影响。著作很多，主要涉及哲学、神学和政治学。哲学著作包括对波菲利和亚里士多德的评论；充分表述其语言学和逻辑学观点的《逻辑学大全》；用独特方法论述运动、位置和时间概念的未完成著作《自然哲学》。

对哲学的主要贡献在语言哲学、本体论和知识理论诸领域。在认识论上，作为唯名论的著名代表，认为个体即实在，批评唯实论者把一般看作是独立实体的观点，否认事物中存在任何普遍性，认为普遍性是词或概念的一种特性，用以表示许多个体的能力。在认识方法上，认为既然存在总是个别的，那么我们关于事物的知识只能来自对个别事物的直接意识，或他所谓的“直观的认识”，因此除了数学的前提外，自然科学的原理显然是通过经验获得的。作为一位神学家，他努力符合双重信奉标准，即宗教信仰及理性和经验。既相信上帝能够产生不包含矛盾的任何事物，又提出解释方面的“思维经济原则”：“如无必要，勿增实体”。反对不必要的假设，认为“用较少假设能够说明的，用更多假设去解释反而徒劳无益”。“奥卡姆的剃刀”即由此著称于世。他对形式逻辑也有重要贡献，发展了前人的“指代”理论，并区分了各种指代的功能；提出11条推论规则；最早提到数理逻辑的某些构想。

神学著作包括最重要的《名言集》第一卷的问题集，以神学和哲学为主题包含172个问题；分成7个微妙问题进行辩论的《论辩七篇》；由100个结论构成的《神学百案》，该书旨在表明神学的教义不能用纯粹的理性或经验来证明。政治学著作大都与当时历史事件有关，包括关于道德、法律和政治概念；以及关于教皇和皇帝、教会和国家权限问题的重要讨论，如《关于教皇权力和尊严的八个问题》等，坚决反对教权至上，倡导政教分离，互不干涉，力陈“君权民授”。(肖　玲)

约翰〔邓布尔顿的〕(John of Dumbleton)　英国人，生于英国英格兰，卒于约1349年。*自然哲学*。

生活经历不详，其名字表明他来自格洛斯特郡的邓布尔顿村。1338年曾任牛津大学默顿学院研究员，并于1340年任皇家学院最早的研究员之一，但在该学院时间不长。其巨著《逻辑学与自然哲学概论》现存仅9部分，第1部分论及逻辑，后8部分是自然哲学；书中观点多来自于亚里士多德哲学。第10部分欲全面论述理性精神和柏拉图哲学形式，但版本无存。据称他至死也未能写完这部著作。(辜晓进)

布里丹，J.(Buridan，Jean)　法国人，约1295年生于法国皮卡第地区的贝蒂讷，1358年卒于巴黎。*哲学、逻辑学、物理学*。

家境贫困，靠助学金完成高等教育。年轻时在巴黎大学勒蒙纳学院等处学习，1320年获文科硕士学位和正式从教资格。是14世纪巴黎大学自然哲学教授，讲授逻辑学和亚里士多德的著作，1328年和1340年两次出任校长。期间曾在法国瓦卢兹大学等校任哲学教授。

他对亚里士多德几乎所有的著作都逐一进行了评注，是一位多产的唯名论学者。认为科学原理应由归纳得出；科学的必然性应取决于名词本身的含义而不应取决于逻辑判据；科学论据不应建立在“对自然界一般进程的假设上”，而应建立在经验主义的肯定上，从而维护了自然哲学对形而上学的独立性。在物理学上，认为抛物体如果不受“自身的引力”和空气阻力的作用，会继续不变地运动下去。把物体的运动倾向称为“原动力”，并且说“原动力如果不受一个相反的力或阻力的作用使它减弱的话，会永远持续下去”。这一思想几乎直接导向后来的惯性定律。还用类似的推理解释了自由落体的加速度、弦的振动、球的跳跃以及天体永恒的旋转运动。在描述自由落体时指出引力的效果是使速度不断增加，这也十分接近近代物理对力所下的定义。这些开创性的新见解，为现代科学的发展铺平了道路。最著名著作是《辩证论纲要》，另著有《推论》、《形而上学质疑》、《物理学质疑》等。(张之沧　李文华)

马希里(Marsilius of Inghen)　荷兰人，1330～1340年间生于荷兰奈梅亨附近，1396年8月20日卒于德国海德堡。*自然哲学、物理学*。

早年生平不详。1362 年获巴黎大学文学硕士学位。同年留校供职达 20 年之久，1367 年和 1371 年两次担任该校教区长，1368 年和 1376 年两次代表该校出席过阿维尼翁的宗教法庭。后陪伴教皇去罗马，1378 年任巴黎大学驻罗马代表。因教会派别斗争，1386 年移居德国，任新建立的海德堡大学教授直至去世。1386～1389 年任该校首任教区长，前后共出任该职 9 次。

评注过亚里士多德的科学著作和逻辑学著作，写过一些神学著作。科学贡献主要在物理学领域。是 J. 布里丹的信徒，置身于以布里丹为首的巴黎大师们之列，这些人被认为是 15～16 世纪新物理学的开创者。但他避免对物理世界作机械论解释，认为与地上运动不同，天界运动是神圣、永恒、纯洁的，这一完善运动的源泉是“第一推动者”或上帝。还认为世界是充满物质的，接受亚里士多德学派关于“大自然厌恶真空”的理论。

（肖　玲）

伊本·赫勒敦（Ibn Khaldūn；或 Ibn Khaldoun）　突尼斯人，1332 年 5 月 27 日生于突尼斯，1406 年 3 月 19 日卒于埃及开罗。学史学、历史学、社会学。

其家曾是西班牙显赫的塞维列家族，后因宗教原因迁至北非，定居突尼斯。1354 年在宫廷受教育并任职。后因政治原因和本人性格，几易居地。1382 年 50 岁时获准去埃及，两年后被任命为马立克派首席法官。任教于许多高等院校。1401 年曾奉命去大马士革同帖木儿(Timur)谈判和约。

他积极参与国内政治和国际事务，是北非和西班牙政治舞台上的重要角色。这为其著述提供了条件。他的历史著作《阿拉伯人、波斯人、柏柏尔人历史的殷鉴和原委》，全书 7 卷共分 3 编：绪论、正文和附录。绪论部分论世界历史概况，独立成册。其中首次提出一种历史发展的理论，认识到气候、地理、道德和精神力量等的作用。他通过广泛分析支配着政治和社会团体、又基于环境和心理因素的“群体关系”，试图揭示民族盛衰的规律。以伊斯兰教的法律思想及伊斯兰化的希腊哲学为背景，描述了人类社会不断重复盛衰循环的模式。其著作成功地显示了中世纪学术传统及其历史发展的轮廓，概述了各种宗教和法律的戒律、自然科学、语言和文学的作用，以及学术研究方法等，甚至论及了自然科学发展的主要因素，批评了星相学、炼金术及阿拉伯世界药物与法术和符咒并用的原始医学。（肖　玲）

克雷斯卡斯，H.（Crescas，Hasdai）　西班牙人，约 1340 年生于西班牙巴塞罗那，1412 年卒于萨拉戈萨。自然哲学。

出身于学者家族。西班牙犹太人著名领袖、哲学家和法学家。是著名犹太哲学家、法典编纂者鲁本(Nissim ben Reuben)的门徒。1378 年受人诬告而下狱。他的独子于 1391 年狂热的排犹宗教迫害中被杀。

其传世代表作《神之光》是一部用希伯来语写成的神学哲学著作。书中一方面承认世界的永恒性、人类的自由意志应当服从于自然的因果关系；另一方面又反对流行的否定神学：人类不具有真正的完善性，不可能通过智力的发展来获得永生。对迈蒙尼德总结的亚里士多德物理学和形而上学 25 条命题进行了严格审查，否定了其中一些重要论点，如关于时间和空间的定义，以及关于各种物理元素都具有趋向其固有的自然位置的说法。认为宇宙是无限的，有无穷多个世界，自然界具有一致性。他所写论犹太法律的著作已失传。传世之作还有以西班牙加泰罗尼亚语撰写的著作《驳基督教基本教义》(1398 年)等。他的思想对后世的斯宾诺莎哲学有深刻影响。

（郑毓信）

戴利，P.（D'Ailly，Pierre；拉丁名 Aliacensis，Petrus）　又名伯禄·德·阿里雅科 (Petrus de Alliaco)。法国人，1350 年生于法国贡比涅，1420 年 8 月 9 日卒于阿维尼翁。自然哲学、宇宙学。

富家子弟。曾就读于巴黎大学纳瓦雷学院，1367 年获文学士学位，1368 年获文科硕士学位，1381 年获神学博士学位。获硕士学位后，留校任教神学和哲学。1384～1389 年任该院院长。1389～1395 年任巴黎大学校长。1397 年任主教，1411 年升任红衣主教。1419 年宗教战乱中逃离巴黎，退隐于法国南部阿维尼翁。

曾著文评论亚里士多德的《论灵魂》、《气象学》以及萨克罗博斯科的《天球论》。1414 年写了一本历法改革的书。最重要的科学著作是《世界的图景》(1410 年)，这是一本关于地理学、天文学和宇宙结构学的论文集。C. 哥伦布曾阅读过这本书。为纪念他，月球图上标有“阿里辛西斯”(Aliacensis)“环形山”。（高楚明）

保罗〔威尼斯的〕（Paul of Venice；拉丁全称 Paulus Nicolettus Venetus）　意大利人，约 1370 年生于意大利乌迪内，1429 年 6 月 15 日卒于帕多瓦。自然哲学、逻辑学。

14 岁加入奥古斯丁教士团，在威尼斯的圣斯特法诺修道院学习神学和文学。接着进帕多瓦大学深造。1390 年被选送英国牛津大学学习。1395 年返回意大利，从事布道和讲学。后又进巴黎大学索邦神学院，1405 年获神学与文学博士学位。1409 年被罗马教廷任命为奥古斯丁教士团总长。先后任教于帕多瓦大学、锡耶纳大学、佩鲁贾大学和博洛尼亚大学等校。1428 年任锡耶纳大学校长。

著述甚丰。撰写的 4 卷本《逻辑学》，(包括《小逻辑》(2 卷，1393～1395 年)与《大逻辑》(2 卷，1396～1399 年))，是对中世纪唯名论逻辑学最全面彻底的阐述，条理清晰，明白易懂，被意大利许多学校选作必修教材达一二百年之久。另有《自然哲学大全》(1408 年)、《论世界》(2 卷，1420～1424 年)等，大多是对前人论述的衍生物，另有评注亚里士多德著作多篇，促进了巴黎学派的自然哲学理论在意大利的传播。（郑毓信）

彭波那齐，P.（Pomponazzi，Pietro）　意大利人，1462 年 9 月 16 日生于意大利曼图亚，1525 年 5 月 18 日卒于博洛尼亚。自然哲学。

1487 年获医学博士学位。留校任教，1488 年任该校编外教授，1495 年升任正式教授。1509 年在费拉拉大学任教。1512 年到博洛尼亚大学任教直至去世。

意大利文艺复兴时期亚里士多德派人文主义主要代表人物之一。带有明显唯物主义倾向，为反对中世纪的经院哲学和宗教神学作出了贡献。在 1516 年的《论灵魂不朽》一书中，驳斥了"灵魂不朽"这一基本宗教信条，认为一切认识都依赖于感觉，而感觉又依赖于躯体机能的不断作用，当感觉随躯体死亡而停止后，认识也必然停止，精神随物质的腐败而消失。坚持亚里士多德的灵魂定义：灵魂是躯体的作用。还大胆指出，灵魂不朽之说是"不关心真理"的宗教立法者的虚构，其目的是使人们成为好人而非博学的人，使人们因相信死后善恶有报，从而遵循合乎礼仪的行为。在《论祷告》(1520 年初稿，1556 年修改出版)一书中，研究了一系列有文字记载的似乎真实的奇迹，对之作出了自然主义的合理解释。但又认为，宗教的奇迹显然是自然规律的暂时中止，是由神明产生的罕见事件。神明赋予宗教领袖力量以演出所有的奇迹，包括治疗和起死回生。他指出，天使和魔鬼之说实际上不是永恒真理而只是虚构，和灵魂不朽之说同样，是为了把人们引向善生。

《论天命》(1520 年写，1567 年出版)一书，论述了哲学和宗教的宿命论观点及其与自由意志的关系。认为由斯多葛-亚里士多德哲学派生的宿命论哲学是排除自由意志的。所有自然物体都是受外部运动所支配的，它们的行为也是由某种外部运动决定的，这种运动可以追溯到作为所有运动源泉的"第一推动者"。作为自然一部分的人也同样如此。人的行为表面上由内部决心引起，实际上受外界控制。因此，不管人怎样行动，他所选择的仍旧是一种由外部运动对意志施加的压力所决定的发展进程。然而他认为从宗教观点来看自由意志是可以保留的。他试图限制上帝的永恒知识和力量，以调和宿命论和自由意志的矛盾。认为上帝受时间本性的限制，不可能决定未经自然决定的未来事件，因此自由意志并不受上帝先知的破坏。 (肖　玲)

梅耶，J. (Maior 或 Maioris，John)　英国人，1469 年生于英国苏格兰的哈丁顿附近，1550 年卒于苏格兰的圣安德鲁斯。自然哲学、逻辑学、数学。

农家子弟。早年就读于苏格兰圣安德鲁斯大学。1491 年进剑桥大学上帝堂神学院(今基督学院)学习。1492 年考入巴黎大学圣巴比学院，1495 年获文科硕士学位。1506 年获纳瓦拉学院神学博士学位。同年任教于巴黎索邦神学院。1518 年回苏格兰，任格拉斯哥大学首席哲学和神学教授，并任牧师。1523 年执教于圣安德鲁斯大学，讲授逻辑学和神学。1526～1531 年到巴黎大学任教，后又回圣安德鲁斯大学。1533 年任圣萨尔瓦多学院院长。

他在巴黎形成的一个哲学家和神学家的梅耶学派，在当时颇有影响。推崇唯名论而尤赞成邓斯·司各脱的观点，却又保留一些唯实论的看法。其思想对 16 世纪欧洲许多学校，都有较大影响。其重要著作《无穷大命题》(1506 年)提出了现代数学中广泛应用的无穷大问题，另出版有《英国历史》等著作。并撰有评注亚里士多德《伦理学》著作等重要著述。 (辜晓进)

尼福，A. (Nifo，Agostino；或 Niphi，Augustini)　意大利人，约 1469 年生于意大利那不勒斯附近的塞萨奥伦卡，1538 年 1 月 18 日卒于同地。自然哲学、医学。

早年在意大利那不勒斯受教育。后到帕多瓦大学学习哲学和医学，1492 年获博士学位。留校任教。1499 年任那不勒斯大学哲学教授。1514 年被教皇邀请到罗马大学任教。1519 年起，先后任比萨大学、萨勒诺大学、那不勒斯大学哲学和医学教授。曾任塞萨市市长。1520 年被册封为梅迪奇伯爵。

16 世纪上半叶意大利著名基督教哲学家、神学家和医学家。早年思想追随阿拉伯思想家阿威罗伊(Averroes)，后者认为物质和运动是永恒的，与真主无关。1495 年将其阿拉伯文翻译为拉丁文本并加注疏。后深受意大利新柏拉图主义影响，顺应 13 世纪托马斯·阿奎那的教父学，皈依天主教及其正统思想，致力于将亚里士多德的学说宗教化。他站在基督教义的立场，对亚里士多德的著作进行了大量翻译和评注，在欧洲长期广为传播。其中应教皇利奥十世(Leo Ⅹ)的要求，于 1518 年出版《论灵魂不朽以反彭波那齐》(1524 年再版)。帕多瓦大学的 P. 彭波那齐认为，人的理性灵魂同其个人躯体不可分离，躯体死亡，灵魂俱灭。尼福反驳说，个人的灵魂作为其绝对智力的一部分，是坚不可摧的，即使躯体死去，灵魂也是永恒存在的独立实体。他的哲学论证受到教皇的高度赞赏。

其他著作还有：《论智力和神灵》(1492 年)、《论原动者的无限性问题》、《论执政的权术》(1523 年)、《论征兆》(1531 年)、《道德与政治学随笔》等。他的著作在欧洲一再重印，其中 1654 年在法国巴黎编辑出版了他的 14 卷全集。 (张志练)

杜拉尔，J. (Dullaert of Ghent，Jean)　比利时人，约 1470 年生于比利时根特，1513 年 9 月 19 日卒于法国巴黎。自然哲学、逻辑学、物理学。

14 岁时被送往巴黎蒙泰居学院学习，入天主教奥古斯丁修会。毕业留校任教。1510 年任博韦学院院长。对奥古斯丁修会的实在论立场有偏爱，同时又深受法国流行的唯名论观点影响。对牛津学派、巴黎学派以及意大利学者的观点进行过详尽的总结。1506 年出版的一本评述亚里士多德的《物理学》的著作(随后至少出过 2 个版本)中，成功地论述了运动的实质、直线和曲线运动、速度的增加和变化等问题，认为作用在抛物体上的推力被物体本身的倾向所改变，并提出落体所受的推力(引力)是否与物体的重量成正比的问题，但未予解答。其观点在 16 世纪常被引用并得到进一步的澄清。另外出版过评注亚里士多德著作多部。 (郑毓信)

王廷相(Wang Tingxiang)　字子衡，号浚川。中国明代仪封(今河南省兰考)人，明成化十年(1474 年)生，嘉靖二十三年(1544 年)卒。自然哲学、天文学。

明弘治八年(1495 年)乡试中举。弘治十六年(1503 年)登进士第,入选翰林院庶吉士,曾任兵科给事中,辅助处理奏章。正德三年(1508 年),因得罪大宦官刘瑾,贬谪亳州判官。后历任监察御史、督学北畿。正德九年(1514 年),又由于宦官诬陷,系狱后谪赣榆县丞。后升任四川按察司提学佥事、山东提学副使、兵部左右侍郎、南京兵部尚书、都察院左都御史等职。因郭勋事牵连,罢官归田里,病卒于家。他的学说被认为“颇乖僻”。

认为元气是本原,“气虽无形可见,却是实有之物”,“天地未生,只有元气,元气具则造化人物之道理即此而在,故元气之上,无物、无道、无理”。明确提出“气为理之本”的命题,反对程朱以“理为气本”的理学思想,否定“气外有神”的神学思想。认为理出自气,气变理也变。提出由元气化为阴阳,阴阳的不平衡形成了运动。阴阳之精一化而为水火,再化而为土,金木由水火土产生。反对唯心主义的目的论,认为自然界的一切现象都是自然形成的。自然界的变异中有必然规律也有偶然现象,分别称为“常”与“变”。

在认识论方面,认为要获得知识首先要见闻,如果将一婴儿长期关闭在室内,不与外界接触,那他就连日用之物也辨认不出。有了见闻以后还要精思,探究事物之理,从感觉印象提高到理性认识。最后还要“接习”,即反复实习。一个人见过船,认得船上的各种设备,也知道操船的原理,还不等于就会操船。要成为船夫还必需经常练习操船。这些见解,堪称是朴素唯物主义的认识论,成为中国历史上从张载到王夫之的重要发展环节,在中国哲学史上占有重要地位。

著作被编为《王氏家藏集》60 卷,其中《慎言》、《雅述》为主要哲学著作。对自然科学也颇有研究:天文学方面的著作有《岁差考》、《玄浑考》。 (林德宏)

科罗内尔,L. N. (Coronel, Luis Nuñez) 西班牙人,15 世纪下半叶生于西班牙塞戈维亚,1531 年卒于西班牙或加那利群岛。自然哲学、逻辑学。

早年在西班牙萨拉曼卡接受教育。约 1500 年前往巴黎大学蒙泰居学院学习和研究,师从 J. 梅耶。毕业留校任教。1504 年访问巴黎索邦神学院,1509 年任该院研究员。1512 年任神父。1514 年获巴黎大学索邦神学院神学博士学位。1517 年离开巴黎在外布道,1520 年到法国与比利时交界的佛兰德斯任传道士,并任该地统治者查尔斯五世(Charles Ⅴ)的宫廷顾问。1527 年任加那利群岛拉斯帕尔马斯的主教。

1507 年(或 1508 年)在巴黎发表《三段论法的形成》。1511 年发表更重要的著作《物理学研究》,该书基于他在蒙泰居学院的讲课内容,很受学界欢迎,后又相继于 1512 年、1530 年和 1539 年三次再版。其物理学理论受到 J. 杜拉尔(Jean Dullaert of Ghent)和 A. 托马斯(Alvaro Thomaz)等人的影响,书中还广泛引用了牛津计算学派、巴黎唯名学派及意大利学者的论述。1512 年出版《学术研究》一书,以亚里士多德《物理学》为基本构架,离题论述了运动和无限等问题。 (郑毓信)

斯卡里杰,J. C. (Scaliger, Julius Caesar) 意大利人,1484 年 4 月 23 日生于意大利帕多瓦,1558 年 10 月 21 日卒于法国阿让。自然哲学、植物学、医学。

装饰画家的儿子,皇族家庭出身。12 岁进宫任皇帝马克西米利安(Emperor Maximiliam)的侍从,后来任卫队长。1512 年在意大利北部拉文纳战役中,其父和长兄皆战死。他英勇善战,获骑士阶层最高荣誉金马刺勋章。1514～1519 年在博洛尼亚大学,后又到帕多瓦大学攻读哲学、物理学和医学,获医学博士学位。到过意大利北部采集草药。1524 年任法国阿让某主教的私人医生。1548～1549 年任国王御医。

1531 年出版他的首部讲演录,在论战中捍卫古罗马西塞罗及其学派的学说。1556 年出版《对话》一书,对亚里士多德的《植物学》进行评论和注释。1566 年出版对古希腊泰奥弗拉斯特《植物学》的注疏,指出气候和地区的差异使实际情况与古典著作中的记述有别,应该根据新的观察对植物重新进行分类。此外,对亚里士多德的《动物学》也进行了评注。在医学上具有同样的开拓精神,提倡观察和实验,反对传统思想的束缚,许多学者慕名前来向他学习。他喜爱争辩,在 1557 年发表的《哲学练习》中写道:“真理是从思想交锋中产生的;火花是从火石撞击中迸发的。” (方福娟 李文华)

德塞拉亚,J. (de Celaya, Juan) 西班牙人,约 1490 年生于西班牙巴伦西亚,1558 年 12 月 6 日卒于西班牙图里亚。自然哲学、逻辑学。

早年入读西班牙巴伦西亚大学。后去法国求学,1509 年毕业于巴黎大学蒙泰居学院艺术系。曾任柯奎莱学院艺术教师。后转攻神学,1522 年获神学博士学位。1524 年返回西班牙,翌年任巴伦西亚大学校长。

在巴黎期间写了很多哲学和逻辑学方面的著作及注疏,特别是对亚里士多德的《物理学》注疏,对英国默东学派、法国唯名论学派、意大利计算学派,以及托马斯学派的主要贡献作了广泛的总结,对近代科学的发展有一定影响。晚年对唯名论学说失去兴趣,而转向亚里士多德-托马斯学说,后者随着“第二次经院哲学”的兴起,成为西班牙大学讲坛的主要思潮。 (郑毓信)

比维斯,J. L. (Vives, Juan Luis;原称 Joan Lluis Vives i March) 又译维韦斯。西班牙人,1493 年 3 月 6 日生于西班牙巴伦西亚,1540 年 5 月 6 日卒于荷兰布鲁日(今属比利时)。哲学、心理学。

犹太裔。在他幼年时,西班牙天主教宗教裁判所宣判其家族众多成员(包括父亲、祖母和曾祖父等)因宣传异教而处决。15 岁时母亲又死于瘟疫。不久离开西班牙,再也未回。1509～1512 年就读于巴黎大学。1514 年进比利时卢万大学,1519 年任该校人文学科教授。1523 年应英王亨利八世(Henry Ⅷ)之邀,赴英国任玛丽公主的导师。期间在牛津大学获法学博士学位,留校兼职讲授哲学。后因不满亨利八世和凯瑟琳皇后(Catherine of Aragon)离婚而被逐出英国。

在哲学认识论上,认为知识只有使用时才有价值,而感觉是认识事物的第一个向导，其中视觉又是感觉中最主要的；主张用归纳法来研究心理学和哲学。人类知识取决于5种易犯错误的感觉所获得的经验，由于事物的真正本质超出人的经验、在人的理性之外，因而人对事物的认识只能是大概的、近似的和推测性的，但是上帝通常允许人类有足够的理性认识自然。认为科学和哲学可以压抑人的情欲和改造伦理道德。

心理学史上的重要人物，在笛卡尔和F.培根之前，创立了一种经验论心理学。断言灵魂（脑）的本质是不可描述的，只有通过它的活动才能够被认识。提倡研究精神的反省活动，根据对记忆的详细分析，系统地形成了一种观念联想理论，即如果两个概念同时或在短时期内注入心灵之中，一个概念的重现会使人想起另一个概念。经验主义是他教育理论的基础。这种理论强调观察、简单和间接的经验，反对经院教育，强调儿童入学时应该说本族语言，而不是拉丁语，学习历史和地理则是为了培养儿童对公共事务的兴趣和了解。提倡养成学习观察和思考自然现象与周围生活的能力。

在他一生的最后10年中，写了许多重要著作，内容涉及哲学、方法论、宗教、教育学、修辞学、自然科学和政治学。主要著作有《智慧导引》（1524年）、《论教育》（1531年）、《论生命与灵魂》（1538年）等。在1940年举行的纪念比维斯逝世400周年的大会上，西班牙国立图书馆展出了他的著作的500多种版本。（张之沧）

德索托，D.（de Soto，Domingo） 西班牙人，1494年生于西班牙塞戈维亚，1560年11月15日卒于萨拉曼卡。自然哲学、物理学。

曾在塞哥维亚受拉丁语训练，后在新建的阿尔卡拉大学学习逻辑学和自然哲学，1516年获学士学位。不久转入巴黎大学圣巴巴拉学院，获文科硕士学位，开始研究神学。1519年返回阿尔卡拉大学，读完了神学课程。1520年留校任圣伊尔德丰索学院哲学教授，讲授逻辑学、物理学及哲学。1524年成为多明我会修道士，改名为多明戈，在布尔戈斯修道院兼授神学。1532年任萨拉曼卡大学神学教授。

哲学萨拉曼卡学派主要代表人物之一。1544年出版了《亚里士多德辩证法述评》。1545年出版的《亚里士多德物理学注释和问题》一书中，提出了自由落体运动的新见解，为伽利略的自由落体运动理论打下了基础。1553年出版重要政治哲学著作《法律与正义》。另有多部著作问世。由于学识广博，16世纪西班牙流传着“谁知道德索托，谁就知道一切”的民谚。（方福娟）

弗兰克，S.（Franck，Sebastian） 德国人，1499年1月20日生于德国巴伐利亚公国多瑙韦尔特，约1542年卒于瑞士巴塞尔。哲学、人文科学。

1517年毕业于巴伐利亚的英戈尔斯塔特大学文学院。1518年进海德堡大学读神学，后升任天主教神父。1527年改任新教牧师。1528年底放弃教职，靠写作、印刷、制作出售肥皂生活。

深受文艺复兴时代人本主义和新柏拉图主义的影响，主张对人应有容忍和公平的态度。曾将1531年发表的《编年史》献给所有的异端分子。该书的主要论点是世界总是由人的意志主宰的，充满了混乱、暴力和专制。撰写的著作的第二个特点是强烈的理智主义和个性解放。在1534年的《悖论》一书中，认为在理性和经验的光照下，人人都可以洞见隐藏在现象后面的真理，无需依靠任何形式的宗教机构。另有《世界论》（1534年）、《德意志编年史》（1538年）、《黄金拱门》（1538年）、《七大未解之谜》（1539年）等。其著作在反对德国天主教会、反对德国封建贵族的统治上，起过一定作用。

（方福娟　李文华）

特勒肖，B.（Telesio，Bernardino） 一译特莱西奥，意大利人，1509年生于意大利卡拉布里亚地区的科森扎，1588年卒于同地。自然哲学、自然神论。

出身于名门望族。早年随人文主义学者叔父学习希腊文和拉丁文，因而较早就能直接阅读希腊文原版的希腊哲学和科学著作。后去米兰大学、罗马大学和帕多瓦大学学习神学、哲学和自然科学，1535年离开帕多瓦大学，是否获哲学博士学位不详。1535～1544年，供职于本笃会修道院。后移居那不勒斯，成为诺西拉公爵（Duke of Nocera）的顾问。1553年结婚并定居故乡科森扎，任1511年前人创办的科森扎学园负责人之一，从事科学和哲学研究。由于他的声名甚盛，该机构亦称为特勒肖学园。

文艺复兴时期意大利的自然哲学家。1565年发表主要哲学著作《按自然本身的本性论自然》，增订再版时改书名为《就事物的固有本原论事物的本性》（简称《物性论》）。哲学上肯定物质是永恒的和运动的，并用热（膨胀）和冷（收缩）来解释物质的一切运动。但又认为物质中存在着灵性，有物活论倾向。重视感性经验，重视实验方法，宣称感觉是认识自然唯一的正确出发点，感性的经验是认识自然的源泉。为了促进研究自然，他继承古希腊前苏格拉底的自然哲学和古罗马伊壁鸠鲁原子论，反对中世纪经院哲学家歪曲地利用亚里士多德学说所建立起来的神学体系，宣传用实验的方法来研究自然界的一切。尽管重视感觉和实验，但他并不是一个经验主义者，既没有做过实验也没有进行过观测。

对近代科学的贡献是对亚里士多德思想进行修正，扬弃了其中的形而上学概念，使之成为一个具有物理意义的新体系。用“热”、“冷”和“物质”这三个基本概念来代替亚里士多德的“内容”、“形式”和“可能性”。提出“自然本原说”，认为“物质”是自然界第一本原，“热”与“冷”是第二本原。运动、膨胀、光亮、生命均与“热”有关，而静止、收缩、黑暗、死亡则与“冷”相连。太阳是热的，运动的；地球是冷的，静止的。虽然他的宇宙观并不比亚里士多德的高明，但却使其学说立足于感觉之上，用“热”和“冷”这两个基本范畴来解释一切可感知的变化。其时空观也与亚里士多德不同，认为空间是包容物体的一种能力，即使没有运动，时间也会继续下去。

他是自然神论的先驱者之一。否定了亚里士多德的"第一推动者"("原动者")观念,但仍然承认"上帝创世说",不过上帝在创造万物之后就不再干预自然,万物按自身本性进行运动。他还提出"自然元精说",用以解释生命和意识问题,认为这种热的流质构成不同精细程度的动物灵魂、人的理性灵魂和不朽的神圣灵魂。从总的方面说,他基本上是一个唯物主义者,重视感觉、重视经验的思想,对后世的哲学和科学颇有影响,促进了近代自然科学的产生与发展。近代英国唯物主义创始者F. 培根评价说,特勒肖是"第一个现代人","一位有益于科学事业的真理爱好者"。 (李士土)

帕特里齐,F.(Patrizi, Francesco) 意大利人,1529年4月25日生于意大利伊斯特里亚地区,1597年2月7日卒于罗马。自然哲学。

1547～1554年攻读于帕多瓦大学。毕业后在罗马和威尼斯为贵族子弟做家庭教师。后在多所大学任教,1578年任费拉拉大学柏拉图哲学教授。1592年奉教皇之命赴罗马担任同一职务,直到去世。

兴趣广泛,在诗学、历史、修辞、文学评论、伦理学、自然哲学和数学等方面都发表过文章。其思想是柏拉图主义和自然哲学的特有混合,带有非常强烈的反亚里士多德的倾向。在自然哲学方面的最重要的工作,集中反映在1591年出版的《新宇宙哲学》中,抛弃了亚里士多德的空间学说,认为"空缺的实质存在是可能的,而空间是存在于其中的一切事物的前提,空间仅仅具有容纳物体的能力"。企图建立一个几何系统,其中空间是不加定义的基本的概念。其思想观点对以后的哲学与自然科学的发展产生了较大的影响。 (张镜清)

韦吉尔,V.(Weigel, Valentin) 德国人,1533年生于德国萨克森地区南恩多夫,1588年6月10日卒于萨克森地区乔堡。自然哲学。

贫穷的天主教徒的儿子。1549～1554年在一位公爵开办的学校里接受免费教育。后在莱比锡大学度过10年,1558年获文学士学位,次年获文科硕士学位。除研究神学外,还研究哲学、数学、自然科学和医学。1564年调到维滕堡大学任教。1567年到开姆尼斯任牧师,同时著书立说。

为人低调,反对路德教和严格的教会,认为一切人都具有内在的、天赋的知识源泉,"说"、"写"、"教"以及认识对象,有助于唤醒预先存在的内在知识;认识自己是智慧和信仰的开始;宇宙学和人类学是知识的补充来源;罪恶是反对意志的结果,再生和得救只有听凭意志与上帝结合才能发生。将知识理论建立在宏观世界与微观世界之间的和谐上,认为通过这种和谐,人才能获得知识。其认识论特征是神秘主义与自然主义的结合。他的思想对英国的基督教新教贵格会和德国的虔信派教徒有很大影响。著述甚丰,出版多部著作,身后留有6 000多页手稿(包括已发表和尚未发表的)。(张之沧)

扎巴莱拉,J.(Zabarella, Jacopo 或 Giacomo) 意大利人,1533年9月5日生于意大利帕多瓦,1589年10月15日卒于同地。自然哲学、科学方法论。

出身贵族家庭,承袭伯爵头衔。曾在帕多瓦大学学习逻辑学和自然哲学,1553年获得博士学位。留校任教,1564年任逻辑学首席教授,4年后任自然哲学教授。

被公认为16～17世纪复兴亚里士多德哲学的重要人物之一。写了许多关于逻辑学和科学方法论方面的著作。认为逻辑学不是哲学的一部分,而是探索科学技术的一种有力工具;澄清和发展了亚里士多德的科学方法:区分了"证明方法"(演绎法)和"解决方法"(归纳法);提出一种先由结果到原因,再由原因到结果的"复归方法"(归纳-演绎法)。还论述了包括轻重物体的运动、反作用、空气的范围、混合物和元素的性质等。主要著作有《逻辑学文集》(1578年)和《论自然事物》(1590年)等,在欧洲颇有影响。 (张之沧)

波尔塔,G.(Porta, Giambattista della) 意大利人,1535年10月3日和11月15日之间生于意大利维科埃昆塞,1615年2月4日卒于那不勒斯。百科全书编纂、光学、农学、科学传播。

自小热爱自然。受教育情况不详,可能是自学成才。1585年成为耶稣会修士。1580年创办"自然界奥秘学会",后被罗马教廷取缔,其相关著作也遭禁止。

1558年出版4卷本《自然界的奥秘》,同年首次被译为英文版。1589年又扩充为20卷本,成为其最著名的著作,该书致力于描述自然界的秩序,赞成理论来自实践的观点,并将数学与实验技术应用于科学,广泛涉及当时自然科学所有领域的成果和探索问题。第17卷论述了光的反射,首次提到制作望远镜的问题。1583～1592年,相继出版多卷本百科全书《农学》。1589年发表《论屈光学》,首先提出在暗盒孔径前增加凹透镜,还描述了凹、凸透镜相叠所见到的景象,但未作几何说明。另有著作《密码与密码术》(1563年)、《人相学》(1586年)、《曲线基本原理》(1601年)、《物理疗法》(1603年)、《气象学》(1609年)和《蒸馏法》(1610年)等。(肖 玲)

柏拉明,R.(Bellarmine, Robert) 意大利人,1542年10月4日生于意大利蒙特普尔恰诺,1621年9月17日卒于罗马。自然哲学。

母亲是教皇马赛勒斯二世(Pope Marcellus Ⅱ)的异父姐姐。1560年他加入耶稣会。1563年在西班牙教士主办的罗马学院获哲学硕士学位。此时他持保守的亚里士多德派观点来研究自然哲学。1567～1568年在帕多瓦大学开始系统学习神学。1569年到比利时布鲁塞尔附近的勒芬修道院深造神学。1570年任神父。是帕多瓦大学第一位有修士身份的教授,讲授托马斯·阿奎那的学说。1599年晋升为红衣主教兼教皇的神学顾问。1930年被梵蒂冈教廷册封为圣徒。

他在反宗教改革运动中是个重要代表人物。1611年伽利略邀请他和罗马名流观看用望远镜新发现的"天空奇迹",对此他深感不安,要求天文学家检验伽利略论断的正确性。伽利略用潮汐现象证明地球的周日运动。他强调,既然哥白尼日心地动说得不到"严格证明",那么就应继续维持太阳绕地球运动的传统地心说观点。认为关于天体运动的严格证明,必须建立在亚里士多德式的“物理观”上,而不是天文学的数学模式上。不过他认为哥白尼学说不失为一种“假设”。（路军平）

布鲁诺,G.（Bruno,Giordano） 意大利人,1548年生于意大利那不勒斯附近的诺拉镇,1600年2月17日卒于罗马。自然哲学、天文学。

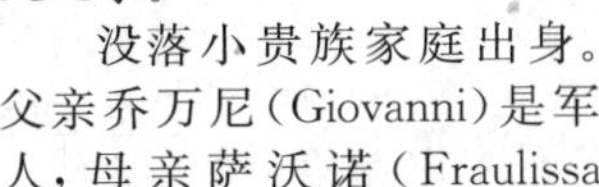

没落小贵族家庭出身。父亲乔万尼(Giovanni)是军人,母亲萨沃诺(Fraulissa Savohno)据说具有日耳曼血统。布鲁诺15岁入多明我会,17岁入那不勒斯多明我会大修道院,受到良好的经院哲学教育,深受哲学家T.阿奎那和科学家兼魔术家G.波尔塔的影响。精通记忆术,曾到罗马向教皇庇护五世(Pius Ⅴ)表演记忆术。由于对古埃及神秘宗教的爱好和对基督教义的质疑,被疑为持异端者。为避免被起诉,1576年离开那不勒斯修道院,开始在欧洲各国的流亡生涯。先到日内瓦,遭到新教卡尔文派的迫害。1579～1581年在法国图卢兹大学讲授撒克罗包期考的《天球论》。然后到巴黎,受到法王亨利三世(Henry Ⅲ)的赏识,并把他推荐给法国驻英大使M.de莫维谢(Michel de Mauvissière)。1583年去英国,住在法国大使馆内。在大使的庇护下,发表一系列思想激进的著述和演说,抨击英国的社会制度,反对牛津大学的宗教改革运动,宣扬哥白尼的学说。随着天主教势力在法国的上升,亨利三世地位不稳,1585年自由派的法国大使莫维谢被召回国,他也跟随到了巴黎。为避风险,1586年又到德国维滕堡,在那里向德国的路德教徒介绍有关炼金术和星占学的罗尔主义。后来又遭挫折,流亡到布拉格,继而又到了德国黑尔姆施泰特,得到H.儒略(Henry Julius)的支持,为他提供写作的条件,并资助他出版《论不可度量者与不可数者》、《论单子、数和形》、《论三种无穷小并论度量》等著作。他来到法兰克福监督这些书的印刷,在集市上收到威尼斯贵族Z.莫森尼戈(Zuan Mocenigo)通过书商转交的信,邀请他去威尼斯教授记忆术。他接受了这一邀请,于1591年到了威尼斯。翌年由于莫森尼戈的出卖,被监禁于威尼斯宗教法庭的监狱,以后又被解送罗马,遭宗教裁判所监禁审问达8年之久。1600年,临死前仍拒绝放弃自己的观点,结果作为一个极端危险的异端者被活活烧死在罗马鲜花广场。

勇敢无畏地捍卫和宣传真理是他的最大特征。1584年在英国出版了一本用意大利文撰写的对话体著作《圣灰星期三的晚餐》。该书打破了封闭的中世纪宇宙观,引进了崭新的宇宙观,在读者中产生了强烈反响,因此获得“勇敢的哲学家”的美名。在1584年撰写的《论无限、宇宙和众多世界》一书中,以犀利的笔锋明确地论证了宇宙是无限的,宇宙中充满无数天体,这些天体被赋予内在动力因而可以自行运动。是哥白尼学说的早期支持者之一,曾在牛津大学为哥白尼学说辩护,嘲笑那些坚持亚里士多德观点的“书呆子”。他发展了哥白尼学说,突破了哥白尼的宇宙有限、太阳位于宇宙中心的观念,认为太阳不过是无限宇宙中一颗普通的恒星。然而在宣扬“地球的确在运转,诸天的确是静止的”同时,还援引了古代埃及哲学家赫米斯·特里斯梅吉斯图在《炼金术全集》中的观点,声称地球在运动是因为地球是有生命的,无数的星球像巨大的动物一样在空间运动等,从而使他的言论带有“万物有灵论”的色彩。

他的哲学基本上是朴素唯物论的和辩证法的,但具有泛神论的色彩。其代表作是1584年的《论原因、本原和太一》。坚持物质是始基,不能创造,永恒存在。主张万物普遍有灵,“上帝”就是自然本身。还提出万物处于普遍的变易之中,宇宙中有生机的宏伟天体也像微小生物一样有生有死,但宇宙本身则不生不灭,永恒存在。认为事物的对立面吻合于一,在“太一”(指无限的物质宇宙)中融为一体。他的哲学有着极强的战斗性,在文艺复兴时期的自然哲学中占有重要地位。

作为近代科学的先驱者,除天文学和宇宙学外,他的原子观及血液循环的卓越见解对后人有极大的启示。从古希腊罗马哲学家卢克莱修的著作中领会到物质是由最小的“单子”组成的。“单子”内部有复杂的结构,相当于一个小宇宙。他从“天人平行说”出发,认为“精神”是驱使血液流动的力量,而这种“精神”也在宇宙中扩散,成为柏拉图所说的“在一个圆周内运动的数”。因此,他认为血液在人体中也呈圆周运动——从心脏扩散出来的循环运动。此外,他的记忆术与莱布尼茨的微积分之间有许多奇怪的联系,莱布尼茨在介绍自己的微积分时所用的语言,跟布鲁诺向牛津大学的博士们介绍自己的记忆术时所用的语言极为相似。充分探索其中的联系是弄清文艺复兴的神秘主义向17世纪科学过渡的最好方法,而他正是这一伟大过渡中的一位关键人物。

（章圣泮）

桑切斯,F.（Sanchez,Francisco） 葡萄牙人,约1550年生于葡萄牙布拉加,1623年11月卒于法国图卢兹。自然哲学、解剖学、医学。

犹太裔,从小转信天主教。1562年随父母迁居法国波尔多。1569年到意大利罗马大学学解剖学,1574年获医学博士学位。1575年任教于法国图卢兹大学,1585年任哲学教授,1612年任医学教授、大学校长及圣雅各医院院长。深夜常在密室里违令解剖尸体。

1576年撰写、1581年出版主要哲学著作《无物可知》,从古典怀疑论立场出发,批判亚里士多德学派的过分注重抽象范畴而不注重现实物体。他们夸大三段论法的作用,认为只要有了正确前提,可以推论出任何事理。因此,他认为亚里士多德学派所谓的科学并非真正的科学,因为不能通过定义或对原因的无尽探求获得确切的知识。他正确地指出知识(包括自然科学(的相对性,但又走向极端,认为要认识自然的本质从人的本性而言是不可能的。在《彗星论》(1577年)一书中,正确地指出彗星的出现与人间的事务并无因果关系。

（方福娟 李文华）

培根，F.（Bacon，Francis）

即弗兰西斯·培根。英国人，1561年1月22日生于英国伦敦，1626年4月9日卒于同地，自然哲学。

出身名门，父亲尼古拉斯·培根爵士（Sir Nicholas Bacon）是伊丽莎白女皇的掌玺大臣。少年时代即已才华出众。12～14岁求学于剑桥大学三一学院。1576年到巴黎任英国驻法国大使随员，1579年因父亲去世而回国。1582年成为一名有资格出席高等法庭的律师。1603年被封为爵士。1613年任首席检察官。1616年任掌玺大臣。1618年任大法官。1621年被封为圣奥尔本斯子爵。一生基本上在法庭、政界和司法界的官场中度过。晚年曾说“把才能错误地用在自己最不适宜的事情之上”了。1621年被指控受贿而免去大法官职务。从此健康状况日下。退休后生活在圣奥尔本斯，余生致力于自然哲学研究。

被推崇为英国唯物主义和现代实验科学的始祖。在英国资产阶级革命前夕，他是资产阶级和新贵族在政治上、思想上的代表人物。认为经院哲学束缚了人们的思想，阻碍了科学的发展，因而大力提倡用新的唯物主义哲学指导科学，是西欧哲学史上第一个较全面和深刻地批判经院哲学的人。主张打破“偶像”，著名的“四假相说”矛头直指经院哲学。认为人们必须有意识地铲除以下4种假相才能获得真正的知识：“种族假相”，以人的感觉作为万物的尺度，因而歪曲了事物的真相；“洞穴假相”，人们从自己的性格、爱好、所处环境来观察事物，因而歪曲了事物的真相；“市场假相”，人们在交往中因语言概念含糊而产生的思维混乱；“剧场假相”，盲目信服传统的或时新的各种哲学体系及权威而形成的错误。

在人与自然的关系上，主张“要命令自然，就要服从自然”，认为人既是自然的仆役，又是自然的主人。强调发展自然科学的重要性，提出了“知识就是力量”这一著名口号，认为人掌握了知识就可以认识自然，征服自然。大力提倡实验科学方法，并从认识论的角度阐述其重要意义。认为感觉是可靠的，是一切知识的源泉；认为实验比感性直观更优越，科学是实验的科学，科学就是用理性的方法去整理感性材料。1620年出版的著名代表作《新工具论》，是计划写的一部未完成的巨著《伟大的复兴》中的一部分。该书第一次在科学上系统地阐述了归纳法。他说我们不应该像蚂蚁，单单只收集；也不可像蜘蛛，只从自己肚里抽丝；而应该像蜜蜂，既采集又整理加工，这样才能酿造出甜美的蜂蜜来。所指的理性的方法，就是观察和实验归纳、分析和比较。在科学上的最杰出见解是提出了“热的本质是运动”。这一见解是他从许多热现象中归纳出来的，还没有精确的实验根据。因此，当后来热的研究走上实验阶段时，这一正确见解反遭否定，热质说的错误见解一度占了统治地位。

但在其学说中，也充满着“神学的不彻底性”。认为有不死的“理性灵魂”存在，“每一件有形的东西都包含着一个看不见的和无形的精神，它就像是用衣服遮盖和包裹着一样”。在这种二元论中，人们可看到中世纪“万物有灵论”的痕迹，也反映了他的双重真理论的主张。另外，他的思想中还有某些形而上学的观点。强调归纳法，却忽视了演绎法；把对全体的认识归结为对各个组成部分的认识，把复杂的东西归结为简单的东西；认为运动是几种固定形式的重复。

《学问的促进》一书，体现了他的教育思想，强调学校应该向学生传授百科全书式的知识。《新阿特兰提斯》（1627年）是他关于理想的科学社会的未经琢磨的描述性著作，是世界著名的乌托邦作品，在资本主义早期乌托邦作品中占有特殊地位。他还重视科学的组织工作。英国皇家学会的成立与他的影响有关，该学会的章程中还引用了许多他的话。主要著作还有政论性《论说文集》（1597年初版，1612年第2版，1625年第3版）、《学术的进展》（1605年）、《论古人的智慧》（1609年）、《论科学的价值和发展》等。（高楚明）

康帕内拉，T.（Campanella，Tommaso） 意大利人，1568年9月5日生于意大利卡拉布里亚区斯蒂洛，1639年5月21日卒于法国巴黎。自然哲学。

贫苦鞋匠之子。早慧。1582年慕T.阿奎那之名而入天主教多明我会。深受B.特勒肖的影响，看出被教会扭曲了的亚里士多德学说的局限性，对之持反对态度。1591～1597年因有人向宗教法庭告发他传播异端思想，3次遭监禁，在狱中度过6年，获释时被勒令回乡。1599年9月，因参与领导意大利南部人民反对西班牙哈布斯堡王朝统治，被西班牙当局逮捕入狱，又度过27年铁窗生涯，1628年7月获释。后继续组织家乡人民反西班牙入侵者的起义，因叛徒告密而失败。1634年10月流亡巴黎，受到法国首相黎塞留（Richelieu）的热烈欢迎。在巴黎发表了许多著作。

意大利文艺复兴时期著名空想社会主义者、哲学家和作家。在科学思想上，接受B.特勒肖的观点，认为宇宙间物质一切可感知的变化都可归纳为热（膨胀）和冷（收缩）的作用，同时又掺杂了星占学和万物有灵论的观念，并具有浓厚的神学和形而上学色彩。试图用终极原因来解释自然现象。是哥白尼体系的积极支持者。1622年撰成《为伽利略辩护》一书，认为《圣经》并不揭示自然界的真理，自然界的真理存在于物理世界之中，因此要想理解神学上的问题必须研究自然现象，科学与神学应当截然分开。然而又认为两者都引导人们认识上帝，上帝用大自然和《圣经》这两本书来揭示自己。和伽利略两人都强调哲学研究的自由。

其科学著作内容非常广泛，但多已散失，现仅存有《星占学书》、《数学》、《医药学原理》、《为伽利略辩护》等。政治学中最著名的是1622年在狱中写成的《太阳城》（1623年）一书，反映其空想共产主义思想。此外还有《感官哲学》（1591年）、《论最好的国家》、《论基督王国》、《神学》、《形而上学》、《诗集》，以及反映17世纪各种哲学思想的《大综合》等书。（李士土　李文华）

巴索，S.（Basso，Sebastian；或Basson，Sébastien）

法国人，约1573年生于法国洛林地区的梅斯，卒年卒地不详。自然哲学。

曾在法国东北部的蓬塔穆森耶稣派学院学习哲学和神学、医学。1610 年前改信加尔文新教。在瑞士洛桑结婚定居。1611～1625 年在第恩多芬的加尔文教派学院任修辞学和哲学教授。1620 年，因出版反亚里士多德的专著而受到日内瓦宗教法庭的审问，书籍被禁。1625 年，因与学院当局关系紧张，忿而辞职。

作为一位著名的原子论哲学的复兴者，反对亚里士多德逍遥学派的思想，主张复兴亚里士多德以前思想家的学说。主要观点认为一切物质均由不同性质的很小的原子构成，而极小的物质以太则延伸到整个宇宙，并填满原子之间的孔隙。还认为化合物确实存在各种构成形式。把以太比作斯多葛派的万能之气，它支配原子的运动和排列，决定物质的变化。很注重星球对人类的影响，特别是月球对朔望和潮汐的影响。著有《反亚里士多德自然哲学》(1621 年)等。 (高楚明)

艾姆斯，W.(Ames，William) 1576 年生于英国萨福克郡伊普斯威奇，1633 年 11 月 14 日卒于荷兰鹿特丹。自然哲学、伦理学。

从小失去父母，由舅父收养。1594 年入读剑桥大学基督学院，1598 年获文学士学位，1601 年获文科硕士学位。1601～1610 年接任其导师的神职，成为剑桥大学清教徒的中心人物，因而被学院开除。1610 年移居荷兰莱顿。1622 年任弗拉讷克大学神学院教授，1626 年出任院长。

他的哲学著作以逻辑严密著称。在著作中所宣扬的神学与伦理学的统一、神学与自然科学的统一，客观上导致人们对个人行为、社会改革和科学研究的关注，对 17 世纪的加尔文教派以及对当时在哈佛、剑桥、新英格兰等地新成立的高等学校有重大影响。 (高楚明)

巴托林，C. B.(Bartholin，Caspar Berthelsen) 又称“老巴托林”。丹麦人，1585 年 2 月 12 日生于丹麦马尔默(现属瑞典)，1629 年 7 月 13 日卒于丹麦西兰岛索勒。自然哲学、解剖学。

牧师之子。早慧，13 岁熟练用古希腊语、拉丁语发表演说。1603 年入哥本哈根大学，翌年转入维滕堡大学学习哲学和神学，1608 年获哲学和文科双硕士学位。1606 年去荷兰、法、英等国旅行，访问各所大学，会见著名医生和哲学家。在荷兰莱顿大学期间开始学医。1608～1610 年在意大利帕多瓦大学受聘为解剖学示教员。1610 年在瑞士巴塞尔大学获医学博士学位。1613 年任哥本哈根大学医学教授，1624 年任神学教授，兼任某教堂教士。两个儿子也都是著名学者。

1608 年发表《亚里士多德逻辑学指南》，阐明其基本观点，排除了陈腐和不必要的理论。阐述了哲学在医学中的应用。1611 年著有《人体解剖学原理》，是当时一部标准的教科书，第一个描绘出嗅觉神经。此外还发表过逻辑学、物理学和伦理学方面的著作。 (高楚明)

瓦尼尼，G. C.(Vanini，Giulio Cesare) 意大利人，约 1585 年生于意大利莱切地区的多利瑟诺，1619 年 2 月 9 日卒于法国图卢兹。自然哲学。

父亲是地方官，母亲有西班牙血统。当他生下那年，父亲已是 70 岁。1599 年入那不勒斯大学学习，1603 年获得圣职，1606 年获该校法学博士学位。留校任教，1608 年任神学教师至 1612 年。同年秘密去英国，在那里公开宣布放弃天主教信仰。常常抨击政教合一制度，因而被控为放荡不羁、毒害青年的无神论者，被宗教裁判所逮捕，在法国的图卢兹受火刑丧生。

文艺复兴时期意大利的自由思想家和哲学家。把上帝、神和自然界等同起来，认为物质的量是永恒的。主要著作有《论大自然的奥秘》以及《永生上帝的竞技场》等。 (李士土)

阿尔斯特德，J. H.(Alsted，Johann Heinrich) 德国人，1588 年生于德国巴勒斯巴赫，1638 年 11 月 9 日卒于匈牙利施图尔韦森堡(又名塞克什白堡)。自然哲学。

在黑博恩学院完成学业后，访问了法兰克福、海德堡和巴塞尔等地大学。1608 年回母校任高年级教师兼督学，2 年后任哲学教授，1619 年任校长和神学教授。1629 年去塞克什白堡任新建高校首任校长。

著述涉及神学和自然哲学的各个领域，其中关于教育理论、神学和哲学的论文，在 17 世纪各大学中影响很大。他既相信神学和世俗知识的统一，又赞美哥白尼假设的优越性，把百科全书看成是万能的知识体系。他对知识的特性和分类的逻辑分析，为其编写百科全书提供了根据。著有《和谐的物理体系》(1612 年)、《值得赞美的数学方法》(1613 年)、《百科全书》(7 卷，1630 年)等。 (高楚明)

霍布斯，T.(Hobbes，Thomas) 英国人，1588 年 4 月 5 日生于英国威尔特郡马姆斯伯里，1679 年 12 月 4 日卒于德比郡哈德威克。自然哲学、光学。

父亲是牧师，在他 7 岁时因与人发生争执而被迫离乡，家境从此没落。幸由叔父承担教育费用，14 岁进入牛津大学学习，获文学士学位。1608 年担任卡文迪许家族家庭教师。任教期间，1610 年、1629 年和 1630 年曾 3 次陪他的学生到欧洲大陆访问，结识了 G. 伽利略、M. 默森和 P. 伽桑狄等人，这对其政治观点和哲学思想的形成有很大影响。1627 年一度担任 F. 培根的秘书。1640 年，流亡法国巴黎。1646 年任流亡法国的英国王子(后来的查理二世国王)的数学教师，1651 年返英。在日常生活中平易近人，喜欢音乐，爱好徒步旅行和打网球，80 多岁时还在翻译古希腊荷马的文学著作聊以自娱。91 岁时因心脏病猝发去世。

在哲学上，发展了 F. 培根所开创的西欧近代唯物主义，较系统地贯彻了世界的物质统一性这一唯物主义基本原理。认为宇宙间唯一真实存在的只是由物质构成的“物体”；宇宙虽然是由上帝创造的，但上帝本身也是物质的，并对《圣经》的可靠性提出质疑。还对笛卡尔的二元论进行了批判，认为“精神实体”的概念正如“圆形的正方形”一样自相矛盾。他认为人的一切认识均来自感觉经验，不存在天赋观念。但他把因果性等同于必然性，从而排斥了偶然性的存在，陷入机械决定论。他的人性论和社会契约论对后来欧洲社会政治学说的发展有很大影响。

在自然科学上，最初持光的粒子说，后又采取介质说，认为光线是来自发光体的运动通过介质传播的行迹；设想光线具有无穷小的元素，其显著特点是由这些无穷小元素的运动；并且用“辐射”来代替“光线”。1616年曾抨击波义耳的真空泵实验。欣赏几何学严谨清晰的逻辑结构，并声称自己解决了化圆为方和倍立方的问题。

著有《普通几何学》(1644年)、《论社会》(1642年)、《论物体》(1655年)、《论人》(1657年)等，1678年90岁时出版《心理学十日谈》。 (郑毓信)

沃姆，O.（Worm，Ole；拉丁姓名 Wormius，Olaus） 丹麦人，1588年5月13日生于丹麦日德兰半岛奥尔胡斯，1655年8月31日卒于哥本哈根。博物学、医学。

丹麦奥尔胡斯市市长的儿子，家境富裕。1605年入读马尔堡大学。1611年在瑞士巴塞尔大学获医学博士学位。1617年获哥本哈根大学文科硕士学位。留校任古典文学教授，讲授拉丁文、古希腊文和物理学、医学等学科，1624年任医学教授。几次出任哥本哈根大学校长。一生兼职行医，曾任国王克里斯琴四世(King Christian Ⅳ)的御医。在鼠疫流行期间，坚持留在哥本哈根照应病人，不幸染病身亡。

在医学上，在胚胎学领域有所贡献；第一个发现骨质增生(称沃姆骨)。对动植物标本与化石、古代工艺品、人类文化遗迹、古碑文等进行过广泛的搜集和研究，也是斯堪的纳维亚古文字和早期文学作品的著名收藏者和研究者。在历史和考古学方面，先后出版《丹麦编年史》(1626年)、《如尼文：丹麦最古老的文字》(1636年)、《丹麦古迹》(1643年)等著作。他的展览馆成为哥本哈根最有吸引力的场所之一，去世后该馆交给国王腓德烈三世(Frederick Ⅲ)。1680年丹麦政府为他的收藏品和图书馆建造了一个新的博物馆。 (张之沧)

默森，M.（Mersenne，Marin） 一译梅森。法国人，1588年9月8日生于法国曼恩省(今萨尔特省)奥尔日，1648年9月1日卒于巴黎。自然哲学、声学、音乐史。

农家子弟。1604年入法国拉弗莱什的新耶稣会学院求学。后进入巴黎大学索邦神学院学习。1614～1618年在讷韦尔学院任神学和哲学。后返回巴黎大学任教。1620年定居于勒安诺赛德修道院。1635年参与创建法国科学院，并担任首任秘书长。1640年、1641年和1645年，曾15次访问意大利。去世前嘱咐将遗体用于医学解剖研究。

17世纪法国科学界的重要人物之一。在自然哲学方面，主要研究亚里士多德自然哲学著作中关于科学公理的有效性、以及宇宙的力学概念可接受性等问题，论断宇宙是合乎理性的，它的行为遵循严格的规律，宇宙是机器。主张任何科学理论的成立都必须有足够的观察和实验证据，而不能用杜撰的或想象的原因作论证，在不能得到观察、实验证据的情况下，最好是承认自己无知。据此，他早期所写的评论中有一种观点，认为哥白尼的天文学说在当时是既不能驳倒也不能证实的假说。他赞成F.培根自然哲学中关于真正科学知识的原则。认为人可以用假设、模型和实验来解释自然现象；人可以了解自然现象之间的数量关系；人可以“外部地”和“定量地”模仿自然事物，但是又说人无法知道事物的本质。举例说，动物虽然也是机器，但与人工制造的机器不可同日而语。

被誉为“声学之父”。首次测量弹簧和弦的振动频率；测定空气中的声速；发现了弦振动发生的倍频音，这也是对音乐和乐器声学原理的早期研究；对实验中声音作用于人耳产生的效应作了分析，确定了人耳的闻阈；提出了关于振动波长和频率之间关系的默森定律；1634年发表关于摆动频率与摆长平方根成反比的关系式，比伽利略早一年；确定了声强与到声源的距离成反比的关系。首次测量了秒摆的长度；首次观测到钟摆并非如伽利略所认为的是精确等时性的，大角度摆动比小摆动用时长些(摆角在5°之内才遵循等时性)。1644年，从托里拆利真空管实验中发现了大气作为传声媒介的作用，指出了大气压的存在。还研究了光对人的感觉产生的效应。指出伽利略发表的落体实验不够精确，并用更精确的实验(用摆钟测量时间)证实了落体公式。

与同时代的著名科学家如笛卡尔、霍布斯、伽桑狄、帕斯卡、伽利略等人都有广泛联系。1629年，在伽利略的《关于托勒玫与哥白尼两大世界体系的对话》发表之前，他曾劝告伽利略为免受宗教法庭的迫害，不要马上发表自己关于地球运动的新理论体系。1633年，他写了对该书的评论，明确指出伽利略并不犯有宗教异端罪。但他为了不使科学团体因这一问题的观点分歧而导致分裂，终于放弃了为遭受迫害的伽利略辩护的计划。

在哲学、音乐史和科学评论方面均有多种著作。最著名代表作是涉及17世纪声乐理论、乐器与音乐史的《和谐的宇宙》(2卷，1636～1637年)等；主要著作有：《欧几里得〈几何原本〉及其他》(1626年)、《伽利略力学述评》(1634年)、《新奇问题和科学家的乐趣》(1634年)、《神学、物理学和其他学科中的问题》(1634年)、《伽利略的新发现》(1639年)、《物理-数学思考题》(1644年)、《普通几何学概要》(1644年)等；另有《M. 默森通信集》(1932年)。他与意大利、英国和荷兰等国众多科学家的通信，是研究科学史的有价值资料。 (张相轮)

马涅内斯，J.C.（Magnenus，Johann Chrysostom）

法国人,约1590年生于法国勃艮第地区吕克瑟伊莱班,约1679年卒。自然哲学、医学。

曾获法国多勒大学医学博士学位。后旅居意大利开业行医,成为著名的医生。1646年任帕维亚大学医学教授,几年后又任哲学教授。1660年去巴黎任意大利驻法国大使的私人医生。

他为恢复德谟克利特原子论所作的努力,在科学史上占有重要地位。1646年出版的《德谟克利特再现》,引起波义耳等人的重视。他断言元素不可转换,在化合时仍能保持其性质和特征。通过数学、化学和实验的方法,提出了原子存在的8个基本推论。另有植物学著作《烟草》(1648年)等出版。 (辜晓进)

伯格斯迪伊克,F. P. (Burgersdijk, Franco Petri) 荷兰人,1590年5月3日生于荷兰代尔夫特附近的利尔,1635年2月19日卒于莱顿。自然哲学。

出身农民家庭,父亲懂拉丁语,有知识。曾在阿默斯福特拉丁学校和代尔夫特大学预科班学习。1610年毕业于莱顿大学,哲学成绩突出。1614年获索米尔大学神学博士学位。同年任索米尔新教徒学院哲学教授。1619年任莱顿大学校长。

撰有许多自然哲学、逻辑学、伦理学和政治学教科书。认为定义和分类方法等同于演绎推理法,并利用定义和分类法探索了整个自然哲学。这些教科书使他在荷兰经院哲学的晚期阶段成为一个颇有影响的人物。撰写有2卷《自然哲学》和《道德哲学理念》(1644年)等书。 (张之沧)

巴兰扎诺,G. A. (Baranzano, Giovanni Antonio) 意大利人,1590年生于意大利韦尔切利,1622年12月23日卒于法国蒙塔日。自然哲学、天文学。

早年在韦尔切利、诺瓦腊和米兰等地学习。1609年入天主教巴尔纳伯修会。1615年在法国E. 夏普伊(Eustachio Chappuys)创办的阿讷西学院教授哲学,反对加尔文派。1620年去巴黎,获准在法国建立一所天主教会学院。此后在蒙塔日新建的一个巴尔纳伯修士学院任教,直至去世。

1617年出版最重要的著作《论天》(1618年第2版),维护哥白尼日心说体系。1618年在米兰大主教的压力下写了一篇短文,收回他的观点,并作为附录增添到该书中。1622年F. 培根曾在信中赞扬他是第一个用实验方法反对经院哲学亚里士多德学派的人。和著名天文学家第谷、开普勒等人都有联系。 (高楚明)

怀特,T. (White, Thomas) 英国人,1593年生于英国埃塞克斯郡伦维尔,1672年7月6日卒于伦敦。哲学、科学哲学。

曾在欧洲大陆接受天主教教育。最初在圣奥梅尔学院学习,1609年进入巴利亚多利德的圣奥尔本斯学院,3年后转入塞维列学院。1614年进比利时卢万大学。1617年成为教士,在杜埃大学担任哲学教师。在取得神学博士学位后,开始教神学。1624年到巴黎大学研究教规。1626年去罗马大学任教。1631～1633年任葡萄牙里斯本大学英语学院教授和院长。1634年成为英国大主教候选人。

一生中最后20年获得学术上最大的成功。坚持因果律观点,把怀疑论看作是科学发展的障碍。在其《逍遥学派》一书中,在述评亚里士多德学说和学派的同时,详细阐述了研究自然的哲学和科学方法。主要著作有《欧几里得几何学》、《欧几里得形而上学》等。 (张之沧)

哈特利布,S. (Hartlib, Samuel) 英国人,约1600年生于德国普鲁士埃尔宾(现波兰埃尔布隆格),1662年3月10日卒于英国伦敦。科学传播。

波兰裔。父亲为波兰商人,母亲为英国人。先后在布拉格大学、西里西亚大学、剑桥大学等校学习过。1628年定居英国曼彻斯特,后移居伦敦。合作办过学。死于贫病之中。

编辑出版过许多著作。热诚支持捷克教育改革家科曼纽斯在普及教育、语言、政府、和平问题上的观点。在1641年的《麦卡林王国见闻》一书中,描述了一个乌托邦式的理想国度:开明的政府,真正的宗教,繁荣的贸易,发达的医药、农业和工艺。作为实现这一目标的具体步骤,和苏格兰教士杜里(J. Dury)建立"公共通信机构",用以交流社会新闻、哲学和教育新思想、技术发明、实验和计划。在科学团体尚未建立的当时,该机构成了科学家交流信息的中心之一,对农业、医学、化学、力学和贸易的发展起了促进作用。他留下的通信和注释、手稿约有25 000页,于1995年出过光盘。 (郑毓信)

蒙莫尔,H. L. H. de (Montmor, Henri Louis Habert de) 法国人,约1600年生于法国巴黎,1679年1月21日卒于同地。科学传播、科学史学。

家庭出身富裕贵族。从小受到良好教育。25岁时到巴黎高级法院任职,1632年任法院审查官。1634年任法兰西研究院候补成员,后升任正式成员。

17世纪法国科学事业的著名组织者与赞助者之一,笛卡尔学说的拥护者。创办一个藏书丰富的图书馆,成为夏普兰(J. Chapelain)等名人的联络中心。由此还在巴黎建立了蒙莫尔学会,被视为1666年成立的法国科学院前身,成员包括惠更斯、帕斯卡、夏普兰、罗奥等著名科学家。他们每周在他家聚会一次。学会早期的活动有夏普兰宣布惠更斯关于土星光环、土星卫星的发现和摆钟的发明,罗奥的磁力实验,佩克的解剖等。他还为科学家提供仪器、设备和经费,为他们的科学研究创造各种条件。例如,1653年约请P. 伽桑狄住在自己的庄园里观测天象,并鼓励他写出了《第谷·布拉赫传》。伽桑狄将自己的著作、手稿和伽利略送的望远镜全部赠送给了他。伽桑狄死后,他收集整理了伽桑狄的著作,并为1658年出版的6卷本拉丁文版《伽桑狄全集》写了序言。 (辜晓进)

基歇尔,A. (Kircher, Athanasius) 德国人,1602(或1601)年5月2日生于德国富尔达附近的乌尔斯特

(今属海塞),1680 年 11 月 28 日卒于意大利罗马。博物学、物理学、天文学。

先后在富尔达耶稣会学院预科以及帕德博恩、科隆、科布伦茨、美因茨等地学习。1616 年入耶稣会,1628 年任教士。后在维尔茨堡大学、维也纳大学和罗马学院任哲学和数学教授,在阿维尼翁大学讲授天文学、象形文字和测量学。

研究学科十分丰富,包括磁学、光学、天文学、音乐理论、声学、地学、化学、医学、机械学、数学、考古学、哲学和语言学。是欧洲采用显微镜观察到水中微生物和细菌的最早一批学者,认为瘟疫是由有传染性的某种微生物所致,并提出许多卫生防疫措施。1631 年描述了一种用天平测量磁力的方法。1646 年指出光具有与磁相似的行为。1665 年讨论过水文学问题。还用望远镜进行天文观测,主要兴趣在观测日食、月食和彗星,特别是首次描绘了木星和土星。曾向天文学家 G. B. 里乔利、G. D. 卡西尼和赫维留提供有价值的资料。在地质学上,研究了火山和化石及其地层。数学著作兼具理论与实用价值。1650 年最早描述了自己制作的雏形扩音器;还设计制造有磁性时钟和各种自动机械装置(机器人和机器动物等)。是古埃及学和汉学的先驱者之一,研究埃及古语和古物,编撰了一部有关中国的百科全书。写了 44 本书,尚存 2 000 封的信件,以及涉猎广泛的大量手稿。 (肖 玲)

迪格比,K.(Digby, Kenelm) 英国人,1603 年 7 月 11 日生于英国白金汉郡盖福斯特,1665 年 6 月 11 日卒于伦敦。自然哲学。

贵族家庭出身。天主教徒。1606 年其父因谋反罪被处死。1617 年到过西班牙。1618~1620 年进牛津大学学习数学、天文学。后周游法国、意大利和西班牙等地,结识当时著名学者笛卡尔、伽桑狄等人。1624 年获剑桥大学文科硕士学位。后入选英格兰查尔斯一世(Charles Ⅰ of England)的枢密院成员。由于他的天主教背景不利仕途,1628 年改信英国国教。曾奉命指挥和参加私掠船掳获西班牙和荷兰等国船只,多次得手。1633 年其妻亡故后,埋头书斋,致力于文学、炼金术及宗教的研究与写作,热心收藏各种书籍和手稿。是英国皇家学会会员。

在 1661 年的"关于植物生长的论述"一文中,采用化学、力学术语论述植物的发芽、营养和成长,并认为硝酸钾是植物的营养素。在《论自然物体》(1644 年)一书中,根据笛卡尔的论点,讨论了生物体和无生物体的基本定义,认为物体的基本特性是数量、密度和稀薄性,运动即从中产生。他引用了伽利略《关于两门新科学的对话》(1638 年)中的论点,赞同伽利略的自由落体运动,但批评伽利略论点的含义太窄和过分强调功能作用。认为光是一种物质,处于运动之中,具有压力;粒子(原子)是一种具有力学性质的东西。该书虽视野广阔且很有趣,但缺乏深度和精确性。1644 年又出版《论理性灵魂不朽》一书。这两部主要著作反映了他在自然哲学上试图将亚里士多德主义和原子论学说联系起来。 (苏诚基)

哈克,T.(Haak, Theodore) 英国人,1605 年 7 月 25 日生于德国诺伊豪森,1690 年 5 月卒于英国伦敦。科学传播。

德国裔。约 20 岁去英国。早年在牛津大学和荷兰莱顿大学、剑桥大学学习神学、数学和自然科学。曾在英国外交部供职,出使丹麦,后任政府翻译。1656 年入英国籍。父亲是德国人,在德国海德堡和荷兰莱顿有许多亲友。这种特殊关系使他认识到,学者之间的接触和了解"可以使人们愿意听取更多更好的真理",有助于科学的发展。为此,他广泛结识英国和欧洲大陆的学者,和他们交谈讨论最新的实验和书刊,并保持通信联系。1645 年前后在伦敦经常参加"无形学院"学术讨论会,后发展为英国皇家学会,他也成为学会创始会员之一。1657 年首先将《荷兰〈圣经〉及注释》译成英文。1680 年充当 R. 胡克和莱布尼茨的联系人。还是弥尔顿(J. Milton)的好友,着手将后者的名著《失乐园》译成德文,但因仅完成一部分而未能出版。 (方福娟)

布朗,T.(Browne, Thomas) 英国人,1605 年 10 月 19 日生于英国伦敦,1682 年 10 月 19 日卒于诺里奇。自然哲学、科学传播、博物学。

丝绸商人的儿子。10 岁进温切斯特学院。18 岁进牛津大学,在解剖学家、医学教授克莱顿(Clayton)指导下开始研究医学与人体解剖学。后到欧洲大陆旅行。1633 年和 1637 年先后在荷兰莱顿大学和英国剑桥大学获医学博士学位。1671 年被授予爵位。

1642 年发表《医生的信仰》,描写一个开明、幽默医生的宗教和哲学思想。1646 年发表《流行性谬误》,旨在驱散人们对哲学、科学、博物学、医学上的无知。书中还载有他在物理学、"电学"(当时他新创造的名词)、生物学和比较解剖学方面所做的实验,被誉为"真理的追求者"。是当时英国东部动植物研究方面的权威。赞扬哈维对血液循环的发现比哥伦布发现新大陆还重要。对考古学也颇有研究,1658 年著有《埋在地下的陶瓮》。 (林德宏)

克莱塞利埃,C.(Clerselier, Claude) 法国人,1614 年 3 月 21 日生于法国巴黎,1684 年 4 月 13 日卒于同地。科学著作出版。

父亲是国王的顾问兼秘书。他是巴黎议会的律师。不遗余力地从事笛卡尔著作的出版和翻译工作。1647 年主持《沉思录》的法文版翻译,1661 年出版了修订本。笛卡尔去世后,他于 1657~1667 年出版了 3 卷本《书信集》。1659 年出版笛卡尔《论人类》与《论胚胎形成》的合订本。1677 年为弥补第一版《论宇宙》采用手抄本的缺陷,根据手头掌握的原始资料,经增补后写成《论宇宙或光》。尽管在编译笛卡尔著作时考证、校勘还不够严密,但却以其不倦的努力避免了笛卡尔部分著作的失传。笛卡尔曾称他为自己的"译者、辩护者和代言人"。 (苏诚基)

莫尔,H.(More, Henry) 英国人,1614 年 10 月 12

日生于英国林肯郡格兰瑟姆，1687 年 9 月 1 日卒于剑桥。自然哲学、科学传播。

父亲是富裕绅士，数次出任英国格兰瑟姆市长。他曾就学于伊顿的格兰瑟姆学校和剑桥大学基督学院。1636 年和 1639 年分别在剑桥大学获文学士、文科硕士学位，并任评议员。1660 年获在该校神学博士学位。1664 年成为英国皇家学会会员。

受德国神学影响，主张禁欲主义道德观。哲学上认为精神超越物质，是剑桥大学最主要的柏拉图主义者之一。因不满经院式学风转向新柏拉图主义，认为真正的知识需要精神的净化，专注比学习更重要。受笛卡尔影响，对新实验哲学深感兴趣，但反对机械唯物主义。明确区分“实验哲学”和“机械论哲学”。主要贡献是向几代学生介绍笛卡尔，以其学识和名望为英国皇家学会带来声誉。科学史家伯特(E. A. Burtt)和科雷(A. Koyré)证明，他在空间及重力的原因这类问题上对牛顿有重要影响。强调重力、磁力和 R. 波义耳流体静力学的各种实验结果不能用机械论观点来说明。主要著作有《一帖无神论的解毒药》(1652 年)、《灵魂不朽》(1659 年)、《神学对话》(1688 年)等。前者是较早评论 T. 霍布斯的重要著作之一，后者评论了笛卡尔等人的许多学说，还出版有大量诗歌和散文。（肖　玲）

威尔金斯，J. (Wilkins, John)　英国人，1614 年生于英国北安普敦郡，1672 年 11 月 19 日卒于伦敦。自然哲学、科学管理、科学传播。

金匠的儿子。9 岁进中学。13 岁入牛津大学马格达莱学院。17 岁获文学士学位，20 岁获文科硕士学位。1648 年任牛津大学沃德姆学院院长。1649 年获神学博士学位。1659 年任剑桥大学三一学院院长。1668 年任主教。

是 17 世纪英国颇负盛名的学者。认为只有通过理智和交流，才能获得知识和幸福，应当根据观察和实验而不是根据亚里士多德的教条来解释自然。在担任沃德姆学院院长时，创建了一个实验室，并成为年轻科学家 P. 波义耳、J. 鲁克、J. 沃利斯、W. 佩蒂、T. 斯普拉特等人的首领。1660 年 11 月 28 日，他们提出成立一个机构以促进物理和数学的知识，由此产生英国皇家学会。根据 H. 奥尔登堡的记载，威尔金斯被选为第一任会长，1661 年 3 月 6 日改任学会秘书长，而由英王查理二世(Charles Ⅱ)的近臣 R. 莫里爵士担任会长。主要著作有介绍哥白尼学说的《发现》(1638 年)、论述信息交流重要性的《信使》(1641 年)、论述简单机械原理的《数学奇迹》(1648 年)、讨论创立一种便于获取和传播知识的世界语的《哲学与语言学论文集》(1668 年)，以及《自然宗教的原理和义务》(1772 年)。（张之沧）

阿什莫尔，E. (Ashmole, Elias)　英国人，1617 年 5 月 23 日生于英国斯塔福德郡利奇菲尔德，1692 年 5 月 18 日卒于伦敦。自然哲学、化学。

马具匠之子。在家乡受完中等教育后，1633 年赴伦敦大学学习法律。1638 年开始从事律师事务。1642 年内战中站在保皇派一边，被委任为牛津国王军队炮兵军官，同时在牛津大学布雷赛诺茨学院学习数学和物理学，还对天文学、占星术感兴趣。1646 年战后迁到兰开夏郡，并参加了共济会。1660 年被英王查理二世(Charles Ⅱ)授予税收审计官和温莎司宗谱纹章官职务。

是 1660 年英国皇家学会的奠基人之一。对植物学、医学和炼金术等都有浓厚兴趣。出版有《化学选集》(1650 年)、《通向天堂的道路》(1658 年)等化学和炼金术著作，后受到牛顿等科学界人士热切研读。1655～1672 年编写了《嘉德勋章获得者历史》，该书是纹章学的主要参考书。1675 年把自己收藏的书籍、手稿、文物和珍宝捐赠给牛津大学，后者按照他提出建造“以他姓氏命名的展馆”这一条件，由 T. 伍德(Thomas Wood)设计了一座漂亮的博物馆，存放这些赠品，1683 年建成开放。牛津大学阿什莫尔博物馆是英国、也是世界上第一座公共博物馆。该博物馆配备有一个实验室，后成为牛津大学科学活动中心。（高楚明）

卡德沃思，R. (Cudworth, Ralph)　英国人，1617 年生于英国萨默塞特郡阿勒尔，1688 年 6 月 26 日卒于剑桥。自然哲学。

阿勒尔教区长之子。幼年丧父。早年就读于英国剑桥大学伊曼纽尔学院，获文科硕士学位。1639 年任该院评议员和教师，1645 年任该校克莱尔学院希伯莱语教授，1654 年任该校基督学院教授，直至去世。

是剑桥大学正统的柏拉图主义思想领袖。将新柏拉图主义和机械论哲学合二为一，为人们了解牛顿学说产生的时代背景提供了依据。重要著作有《宇宙的真正智力体系》，1678 年只出版了第一部分，后因宗教界争议很大，其余部分并没有付梓，留下大量手稿。这是企图驳斥伊壁鸠鲁、T. 霍布斯唯物论所拟订的庞大写作计划中的一个组成部分。认为正确地理解机械哲学和粒子论无损于传统的宗教，反而会为它提供新的支持。他驳斥笛卡尔的周期论，坚持宇宙的连续性。重申一种早期神学观点是由希伯来人传到希腊的，这种观点的科学部分经过无神化传到留基伯、德谟克利特；神学部分由柏拉图及其弟子所继承。除霍布斯学说外，他还认真评述了包括斯宾诺莎的物活论在内的各种唯物主义流派。另有著作《永恒不变的道德》(1731 年)，身后出版的有《自由意志》(1838 年)等。（苏诚基）

奥尔登堡，H. (Oldenburg, Henry)　德国人，约 1618 年生于德国不来梅，1677 年 9 月 5 日卒于英国伦敦。科学管理、科学传播。

约在 1633 年进不来梅大学学习，1639 年获神学硕士学位。后到英国做家庭教师。1648 年到欧洲各地旅行，年底回国，担任不来梅的外事工作，1653 年派往伦敦，并在英国政局不稳定时期定居伦敦。在英国同 R. 波义耳、J. 威尔金斯等名人结识，并把波义耳的著作译成拉丁文。在荷兰同惠更斯、斯宾诺莎结识。在波义耳的影响下，其兴趣转向自然科学。1661 年加入英国皇家学会，继 J. 威尔金斯之后成为学会的第二任秘书长。在英国与荷兰战争期间，他冒险继续同欧洲各国学者通信，为此 1667 年曾被短期关进伦敦塔。

是17世纪三位著名科学学会秘书长之一。熟悉欧洲各国情况，精通许多国家语言。建立了科学管理这个专业，创造了一个科学界国际通信联系网，保留了学会活动的完整记录，他同学会干事R.胡克规定，每周开一次会，讨论学会的重大问题。并且每月提供一份科学发展的简报。他认为学会秘书的任务是：整理、保存学会的会议记录，了解会员的工作成绩，负责同国内外学者的通信联系等。牛顿、列文虎克等人也同他经常通信，阐明各自的观点，在他主编的《哲学学报》会刊上发表文章。他长期从事这种繁忙的工作，直到1668年才有一名抄写的助手。 （林德宏）

罗奥，J.（Rohault，Jacques） 法国人，约1618年生于法国亚眠，1672年12月27日卒于巴黎。自然哲学、物理学。

富有酒商的儿子。在巴黎大学完成学业后，又自学数学和哲学。从1665年起，在巴黎家中组织每周一次的沙龙演讲会，使他享有盛名。

是第一代笛卡尔主义者中的领袖人物。演讲时对笛卡尔物理学的清晰阐述，使受过教育的巴黎人一听便理解了笛卡尔哲学。演讲主题除了基本力学原理外，还包括具体的物理现象，并辅以相应的实验，如空气的质量、真空、虹的形成、磁铁等。1671年发表成名作《物理学研究》，阐述了笛卡尔自然哲学的主要原理：物质的本质是广延性；宇宙中充满物质；运动量守恒；接触是改变运动的唯一原因等等。还讨论了笛卡尔科学的主要课题：折射现象、颜色理论、宇宙结构、旋涡理论、气象学和机械生理学。书中认为亚里士多德的方法和一般结论是正确的，笛卡尔的观点是在此基础上更加精确的表述。1674年该书被译成拉丁文，易名《自然哲学系统》成为当时欧洲各大学自然科学的主要教材之一。 （褚 平）

王夫之（Wang Fuzhi） 字而农，号薑斋，中年别号卖薑翁、壶子、一壶道人等。中国明末清初湖南衡阳人，明代万历四十七年（1619年）农历九月初一生，清代康熙三十一年（1692年）农历正月初二卒。自然哲学。

1642年24岁时中举人。清顺治五年（1648年）曾在衡阳起兵，抗击清军南下，战败后退肇庆，在桂王南明政权中任庶吉士。南明亡后，隐居在湘西瑶族人山寨中，不愿在清政府中做官。为躲避清政府的侦缉，更名改姓扮作瑶族人，并终生不剃发，勤奋著述达40年之久。晚年在衡阳的石船山讲学，人称船山先生。

在自然观上，主张元气本体论。认为整个宇宙除"气"以外更无他物。阴阳二气充满太虚，太虚是宇宙的原始状态，是有而不是无。否认没有任何物质的虚空，认为虚空充满了无形的元气，有形之物与无形之虚空皆由气构成。气聚而成形，散而归于太虚。万物有生有灭，但气不生不灭。关于气与理的关系，主张理是运动变化的秩序，理在气中。认为元气永远处于运动之中，阴阳二气的聚散形成运动变化。"独阴不成，孤阳不生"。事物的阴阳两方一方失去另一方就不能存在。具有运动守恒的思想，并认为静止是相对的，"静者静动，非不动也"，而"废然之静"（绝对的静止）是不存在的。

据说著作有100种、400卷之多，但均已失传。清道光二十二年（1842年）其后裔王世佺把他的18种著作刻成《船山遗书》，后来不断有人增加内容，1933年所刊《船山遗书》有72种358卷。其中《张子正蒙注》、《周易外传》等为其主要哲学著作。他对天文学、数学、地理学也很有研究。 （林德宏）

杜阿梅尔，J.-B.（Du Hamel，Jean-Baptiste） 法国人，1624年6月11日生于法国诺曼底地区维勒，1706年8月6日卒于巴黎。科学管理、科学史。

律师之子。早年在法国卡昂读书，后毕业于巴黎大学。1644～1652年间在法国西北部昂热大学教哲学。1649年晋升为神父。1659年任诺曼底地区拜恩克斯大教堂主教。以后10年间，在担任传教工作的同时，悉心科学编撰，概述了笛卡尔以后物理学和哲学的争论。1666年任新成立的法国科学院第一任秘书长。热衷于研究数学和科学著述。同时在法兰西学院任古希腊罗马哲学教授。17世纪末，法国科学院由于政局动荡和管理不善面临种种困难，他运用自己的才能尽力维护了这个机构，直到1697年离职。晚年去过英国，和英国科学界名人R.波义耳等有密切接触。

他是一个多产作家。1642年（18岁），已出版一部解释古希腊天文学家、数学家卑斯尼亚的狄奥多西（Theodosius of Bithynia）名作《天球论》（Sphaerics）的评注本，他增加了球面三角计算方法新内容。在世出版有10余部著作，其中包括第一部《法国科学院历史简编》（1698年初版，1701年扩充版）。另有《基督教道德哲学》（1652年）、《物理天文学》（1659年）、《流星和化石》（1660年）、《新哲学》（1663年）、《人类心智论》（1672年）、《实用神学》（7卷，1690年）等。 （张相轮）

德萨洛，D.（de Sallo，Denys） 法国人，1626年生于法国巴黎，1669年5月14日卒于同地。科学传播。

父亲是法国议会顾问。曾就学于格拉斯学院。后在巴黎大学攻读法学，1652年在巴黎开业当律师。1657年在法兰克福为斐迪南三世（Ferdinand Ⅲ）继承人的竞选奔波。1665年参与创刊和出版法国第一份学术期刊《学者》杂志。该刊主要用法文和拉丁文出版，刊登欧洲各国学者的论文和当时科学和工艺的进展，如介绍惠更斯的发明的摆钟用于大西洋航行、当年彗星的行踪等，受到英国皇家学会的重视。该刊还对重要科学著作如T.威利斯的《大脑解剖学》、斯特诺（Steno）的《肌肉与体腺》、G.坎帕尼对新透镜和望远镜的论著、笛卡尔的《托马斯论》和休莱特（G. Huret）的《柱体几何》等发表有见识的评论，由于一些评论得罪了某些重要人物，该刊经常被迫停刊。 （方福娟）

加卢瓦，J.(Gallois, Jean) 法国人，1632年6月11日生于法国巴黎，1707年4月19日卒于同地。科学史、科学传播。

巴黎议会顾问之子。因学识渊博、语言知识丰富、对科学有极大兴趣，所以1664年起在巴黎享有盛名。1666年参与创办欧洲最早自然科学杂志《学者》，在1674年前共主持出版了42期。1669年成为法国科学院院士。1672年当选为法兰西学院院士，出任该院文学院分院终身秘书长。1686年任法兰西学院希腊语教授，并被教授会推选为评审员。1692～1693年因反对微积分而遭到同行的抨击。1699年成为领取养老金的几何学家。作为思想传播者而被人怀念，其编辑出版的杂志为科学史研究提供了宝贵资料。（方福娟）

洛克，J.(Locke, John) 英国人，1632年8月29日生于英国萨默塞特郡林格通，1704年10月28日卒于埃塞克斯郡奥提斯。自然哲学、认识论。

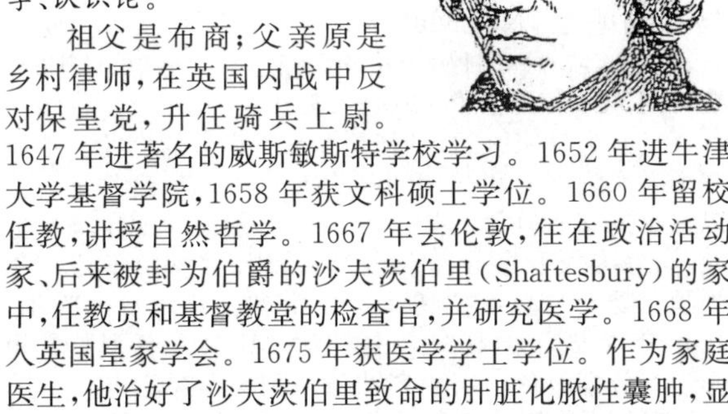

祖父是布商；父亲原是乡村律师，在英国内战中反对保皇党，升任骑兵上尉。1647年进著名的威斯敏斯特学校学习。1652年进牛津大学基督学院，1658年获文科硕士学位。1660年留校任教，讲授自然哲学。1667年去伦敦，住在政治活动家、后来被封为伯爵的沙夫茨伯里(Shaftesbury)的家中，任教员和基督教堂的检查官，并研究医学。1668年入英国皇家学会。1675年获医学学士学位。作为家庭医生，他治好了沙夫茨伯里致命的肝脏化脓性囊肿，显示出杰出的医学才能。1675年起在法国疗养和旅行，1679年回国。1683年因参与国内政治斗争失败，与沙夫茨伯里一起逃往荷兰，1689年才回国。同年任上诉法院专员，1696年任贸易与殖民复兴委员会专员。晚年隐居埃塞克斯郡。

他发展了F.培根和霍布斯的思想，提出并论证了知识起源于感觉的唯物主义学说，坚持心灵本是一块“白板”，后天获得的经验是知识的源泉。然而又承认有些复杂的概念，例如“自我”意识，是通过反省（记忆、思考、推理）产生的。因此，在认识论上是二元论者。其认识论的核心是人们所感知的对象并不是事物本身，而是从事物里抽象出的概念，这些概念的存在在某种程度上依赖于心灵。他把物体的质分为第一性的质和第二性的质，认为第二性的质（色、声、嗅、味）与第一性的质（广延性、形态、运动等）不同，不是物体本身所固有的属性，它们的存在依赖于观察者的心灵。然而他在强调概念的感觉经验时，忽略了概念所代表的对象本身，并且认为从感觉和反映中获得的简单概念，似乎是我们认识的界限；当要深入到这些概念的本质和隐藏着的原因中去时，无论我们的头脑怎样努力都不能有任何发现。尽管如此，他将笛卡尔的演绎推理与F.培根和英国皇家学会的科学实验融合为一，并且将哲学置于人类的经验范围之内，摆脱了神学的束缚。无论从哲学理论还是从处理实际问题的方法来说，都具有重要意义。主要著作有《人类理智论》(1690年)、《论降低利息和提高货币价值的后果》(1691年)、《关于教育的一些意见》(1693年)、《再论提高货币价值》(1695年)等。（张之沧）

斯宾诺莎，B.de(Spinoza, Baruch de；或Spinoza, Benedictus de) 荷兰人，1632年11月24日生于荷兰阿姆斯特丹，1677年2月21日卒于海牙。哲学、伦理学、政治学、自然科学。

父亲是阿姆斯特丹犹太人公会会长、颇有资产的商人。6岁丧母。就读于犹太教培养神职人员拉比的教会学校。17岁正式进入商界，结识许多有自由思想的年轻商人，其中一些人后来成为他的哲学小组成员。不久进入法国学者凡·丹·恩德(Van den Ende)办的拉丁文学校，深受其自由主义思想影响，接触布鲁诺自然哲学和笛卡尔新哲学，开始从犹太神学走向新哲学。1656年7月27日，这位“死不改悔的叛逆”被永远开除犹太教籍，并因“危险的无神论者”遭市政当局驱逐。他被迫避居市郊奥微尔开克村数月，后遁回隐居。由于父亲死后遗产被异母姐姐全部拿走，只得靠磨制透镜为生。1660年迁到莱顿附近莱因斯堡村，写作《简论神、人和人的幸福》、《智性改进论》、《笛卡尔哲学原理》和《伦理学》(第1卷)。1663年6月移居海牙附近的伏尔堡，同年出版《笛卡尔哲学原理》，以几何学方法阐述哲学问题，是他生前用真名发表的唯一著作。1670年5月移居海牙，开始写《希伯来语法》和《政治论》。同年匿名出版《神学政治论》，借解释圣经来阐述自己的宗教政治观点，主张共和制和宗教宽容政策，反对君主制和政教合一，在社会上引起极大震动，很快在欧洲各国流传，短期内连出5版。该书受到各派神学家声讨，被攻击是“一个叛逆的犹太人和魔鬼在地狱里杜撰而成”，出版2年后被定为禁书。1675年在海牙写完《伦理学》。由于长期磨制镜片得矽肺病，终年仅45岁，被安葬在海牙的斯波耶新教堂。

西方近代唯物论、无神论和唯理论的主要代表，以泛神论形式阐述唯物论观点，建立了一个完整的哲学体系，对后世影响深远。认为实体的自然即至高无上的神：它作为“存在于自身内并通过自身而被认识的东西”，是脱离人的、唯一的、绝对的，具有无限多的属性，“实体即是自因”；它按照自己本性的必然性而行动，因而是自由的；实体没有意义和目的，但有思想。

他十分关注自然科学新进展。1661年，英国皇家学会第二任秘书长H.奥尔登堡慕名拜访了他。与大科学家波义耳、惠更斯、胡克和莱布尼茨等人有长期通信联系。其中同莱布尼茨通信讨论光学透镜原理与制作；为同波义耳论争，他特地做过一些化学实验，并进行了连通管液体压力、折射光等物理实验。对解剖学、生理学、生物学和地学也有研究。1687年追随者匿名发表他生前论文"论虹"和"机会预测"。

1802～1803 年，保卢斯编辑的最早版本《斯宾诺莎全集》在德国耶拿出版。马克思把他坚持从世界自身说明世界誉为"近代哲学的最高荣誉"，并把他看作为 17 世纪辩证法的卓越代表之一。爱因斯坦多次申明自己信奉的"宇宙宗教"就是斯宾诺莎实体哲学。（李啸虎）

斯普拉特，T.（Sprat，Thomas） 英国人，1635 年生于英国多塞特郡比敏斯特，1713 年 5 月 20 日卒于肯特郡。科学史。

就学于英国牛津大学沃德姆学院，是 J. 威尔金斯的得意门生，1657 年获硕士学位。1657～1670 年任该院评议员。1660 年兼任林肯大教堂牧师。1663 年成为英国皇家学会会员。1669 年任威斯敏斯特修道院教士，1683 年任院长。1684 年任罗切斯特主教。

1667 年出版《英国皇家学会史》，旨在为 1660 年成立的英国皇家学会辩护。该书第一部分阐述了西方各个时期的哲学，用以引申出英国皇家学会的使命及新的研究方法；第二部分介绍了该学会的宗旨、性质、组织、活动、成果及荣誉，并列举出该学会所发表的 15 篇论文，用以说明该学会的工作如何严谨和勤奋；第三部分阐明了该学会所倡导的实验和理性，有助于消除错误和迷信，并且对制造业、商业、作家、学者都有好处。该书不啻是对外宣传的一部杰作，出版后很快就被抢购一空，国外读者还来信索取书中所描述的实验细节，并要求该书能译成拉丁文和法文。1669 年该书的法文版面世，证实了作者的下述预言："这个有文化、爱探索的时代，是会对学会的事业加以支持的"。（方福娟）

伯内特，T.（Burnet，Thomas） 英国人，约 1635 年生于英国约克郡克罗夫特，1715 年 9 月 27 日卒于伦敦。自然哲学、地学。

1651 年进剑桥大学克莱尔学院，1655 年获学士学位。1657 年成为剑桥大学基督学院评议员，1658 年获文科硕士学位，1667～1678 年任该学院学监。1685 年任卡尔特修道院院长。1686 年任国王威廉三世（William Ⅲ）的御用秘书。

在《神圣地球理论》（1681 年拉丁文本，1684 年英文本）一书中，认为地球史上有 4 次重大事件，即起源于混沌、普遍洪水、普遍大火和万物就绪。前两次事件已经发生，后两次事件还没有到来。4 次事件将地球史分为三个时期：极乐世界时期、现存世界时期和太平盛世时期。该书在科学思想史上的重要性，在于提出地球表面特征在不断变化。1692 年由于在《考古学哲学》一书中擅自对《圣经》进行解释，抹煞了上帝在宇宙中的重要作用，被迫离开宫廷，回修道院直至去世。为纪念他，1976 年将月球上的一处山脊以他的名字命名。（张之沧）

格兰维尔，J.（Glanvill，Joseph） 英国人，1636 年生于英国普利茅斯，1680 年 11 月 4 日卒于巴斯。科学哲学。

清教徒商人之子。1655 年获牛津大学埃克塞特学院文学士学位，16858 年获该校林肯学院文科硕士学位。1662 年任英格兰弗罗姆镇牧师。1664 年成为英国皇家学会会员。1666—1680 年任巴斯大教堂主教。

在思想上深受剑桥大学柏拉图主义首领 H. 莫尔的影响。但他想找到一条"中间道路"以解决当时的哲学难题，然而折中的做法往往使其观点自相矛盾。主要贡献是著书为英国皇家学会辩护，1661 年发表《教条主义者的虚夸》，一方面对经院哲学和宗教迫害进行了严厉的批判，说亚里士多德学派用词含糊晦涩，不能说明任何问题，对发明和发现毫无用途；另一方面，又对笛卡尔倡导的实验科学和有用的假设大加赞扬；在书中呼吁宗教宽容，提倡科学方法和思想自由。1665 年修改和扩充为《科学的怀疑哲学》，明确指出英国皇家学会成立的意义重大，充当了该组织的代言人作用。1668 年发表《补充说明》，颂扬英国皇家学会在自然科学上的成就，还指出为了发展科学，必须加强科学家之间的通讯联系。另有著作《哲学和宗教》（1676 年），调和宗教和科学的关系。还喜欢调查灵异事件，尤其是在英伦三岛发生的鬼怪传闻。（方福娟　李文华）

马勒伯朗士，N.（Malebranche，Nicolas） 法国人，1636 年 8 月 5 日生于法国巴黎，1715 年 10 月 13 日卒于同地。自然哲学、物理学、数学。

父亲为皇家顾问，母亲是加拿大官员的女儿。他是一个大家庭中的幼子，出生时体质很弱。家庭的富有得以在家请家庭教师上课。16 岁进巴黎大学德拉马什学院，20 岁获文科硕士学位。后入索邦神学院学习 3 年神学。受天主教奥拉托里会自由和文化声誉的吸引，1660 年参加该会，1664 年任神父。1674 年任奥拉托里修道院数学教授。1699 年当选法国科学院院士。

思想上深受笛卡尔的影响。继承笛卡尔唯理论哲学，反对经院哲学，把发现一种建立在清晰概念上的科学和推理方法作为自己的基本任务。1674 年出版重要著作《真理的探索》，采用哲学与数学相结合的方式，以显示笛卡尔思想的生命力。该书强调了理性和实验在寻求知识上的重要性，把哲学研究置于理性基础之上。书中还论述了大量神学问题，如说上帝以最简明的方式行使自己的权力等，以自然神论（他称为"理神论"）取代基督教神创论。与笛卡尔不同的是，对他来说上帝是一个活生生的现实而不仅是哲学探讨的对象。即使如此，1690 年该书还是被列为禁书。他顶住了来自教会方面的压力，1712 年出版了该书的第 6 版。另出版有《基督教沉思》（1683 年）、《形而上学对话录》（1688 年）等。

对数学和物理的造诣很深。其学生普雷斯特（Prestes）是《数学基础》一书的作者，说他在数学上比自己"更高明"。他发展了笛卡尔创立的解析几何，完成了 4 次和 5 次方程的解法，探讨了方程论和根的解析表达式。随着莱布尼茨微积分的崛起，他又不遗余力地为这种新数学的引入鸣锣开道，并坚持对笛卡尔数学进行改革。在物理学方面，1692 年提出物体碰撞定律；指出决定颜色的本质特征是光的不同频率；通过实验证实空气和真空作为光传播的介质具有等价性。这些开创性的概念均为现代物理学所证实。（辜晓进）

马加洛蒂，L.（Magalotti，Lorenzo） 意大利人，1637年10月24日生于意大利罗马，1712年3月2日卒于佛罗伦萨。科学史、物理学。

出身一个古老而颇有名气的佛罗伦萨贵族家庭。在意大利罗马学院学习4年，后又在比萨大学学习3年，原是学法律和医学，受伽利略关门弟子V.维维亚尼的影响和指导，改学数学，后成为费尔迪南德二世（Ferdinand Ⅱ）建立的西门多科学院最早的10位成员之一，担任该科学院秘书长。曾游历和考察欧洲各国，其中有荷兰、瑞典、丹麦、比利时、德国、英国、西班牙和葡萄牙等，广泛拜访科学界人士和社会名流，了解大学教育和科技发展动态。1673～1674年奉命出使奥地利维也纳（圣神罗马帝国首都）。

1667年出版《西门多科学院的科学实验》一书，报告过它的活动。该著作一问世便引起普遍兴趣，相继被译成拉丁文和英文。写过多部考察报告。曾以撰写伽利略之后意大利最佳科普文章著称，所描写的物理实验富有文采而引人入胜。其他著作如《电学的历史》、《电哲学》等，在他生前多以手稿形式传播。（辜晓进）

普洛特，R.（Plot，Robert） 英国人，1640年12月13日生于英国肯特郡波尔顿，1696年4月30日卒于同地。博物学、考古学、科学管理。

早年就读于英国瓦伊城教会免费学校。1658年进牛津大学深造，1661年、1664年和1671年先后获文学士、文科硕士和法学博士学位。在马格达伦学院任教，1676年牛津到大学学院任教。1683年任牛津大学第一位化学教授，同年兼任该校新建的阿什莫尔博物馆首任馆长。1677年当选为英国皇家学会会员，1682～1684年、1692年两度出任该学会秘书长兼会刊《哲学学报》（144～178期）主编。1690年辞去牛津大学一切职务，专注于考古挖掘和整理。1695年成立专门的考古研究办公室。同年患重病，翌年去世。

17世纪英国著名博物学家和考古学家。1674年，他怀着对自然界和古代艺术的强烈好奇心，制定详细的野外考察计划，开始游历英格兰和威尔士各郡。1675年，将自己采集到的大量岩石、矿物和化石标本在英国皇家学会展出，这是英国早期地质学的开拓性工作；1677年出版第一部《牛津郡博物志》（1705年由后人补充再版），其中首次描绘了在该地发现的“巨人”（现在已知是巨型恐龙中的一种斑龙）股骨化石；1686年出版第一部《斯塔福德郡博物志》。同年起致力于人类学考古活动，有许多新发现，但把东英格兰古罗马遗址误认为是古代撒克逊人的。在化学领域，他在阿什莫尔博物馆设立牛津大学第一个化学实验室；企图从烈性葡萄酒中找到一种“万能溶剂”；坚信炼金术对发展医药很重要，可见他在化学上仍是一个过渡性人物。（肖 玲）

德勒姆，W.（Derham，William） 英国人，1657年11月26日生于英国伍斯特郡斯托尔顿，1735年4月5日卒于埃塞克斯郡。科学传播、声学。

1679年毕业于牛津大学三一学院。1681年任牧师，后任过多种神职。其中，1682年任伯克郡瓦格内夫教区牧师，1689～1735年任艾塞克斯郡上敏斯特教区长。1703年当选为英国皇家学会会员。1730年获神学博士学位。

在英国皇家学会《哲学学报》上发表的一篇关于黄蜂性别的文章，颇引人注目。最早较精确测定了声音在空气中的传播速度。最有意义的工作是编辑出版了J.雷（John Ray）的《物理神学讲话》（1713年）、《哲学信札》（1718年）和R.胡克的《R.胡克博士的自然哲学实验》（1726年）。著有《灵巧的钟表》（1696年）、《物理神学》（1713年）、《天文神学》（1714年）、《基督神学》（1730年）等书。前一书介绍了R.胡克发明的螺旋弹簧平衡轮及其原理；后两本书分别从自然界的设计及天文学角度对上帝进行了论证。《天文神学》还对哥白尼体系与布鲁诺的新体系加以区分，指出后者所描述的是一个无限的宇宙，其中每一颗恒星都是一个可能带有行星的太阳。书中拥有丰富的自然科学史资料，有利于后人了解18世纪英国科学的背景。（郑毓信）

克劳萨斯，J.-P.de（Crousaz，Jean-Pierre de） 瑞士人，1663年4月13日生于瑞士洛桑，1750年2月22日卒于同地。自然哲学、数学。

早年在瑞士洛桑学院攻读神学和哲学。还先后就读于日内瓦大学、荷兰莱顿大学和法国巴黎大学等校。1700年任洛桑学院哲学与数学教授，4次出任该校校长。1724年任荷兰格罗宁根大学哲学与数学教授。1726～1735年任黑森公国王子的宫廷教师。1737年夏任洛桑学院教授至去世。1725年被选为法国科学院外籍院士。1735年被选为波尔多科学院院士。其儿孙在他的教育下都成为著名学者。

率先将笛卡尔哲学引进瑞士洛桑学术界，以对抗中世纪的经院哲学。著述宏富，1718年出版《儿童教育准则》，1722年出版《儿童教育》并受到法国思想家卢梭（J.-J. Rousseau）的赞许；1721年出版成名作《无穷小分析释要》，博得约翰第一·贝努利的青睐。由于发表论弹性的原因、火的性质和传播、物质的不同状态等论文，分别于1721年、1729年和1735年成为波尔多科学院的奖励获得者。1741年出版《逻辑学》（6卷）。知识广博，在自然哲学上追随笛卡尔和牛顿。（郑毓信）

哈里斯，J.（Harris，John） 英国人，约1666年生于英国什罗普郡（?），1719年9月7日卒于肯特郡。百科全书编纂、自然哲学、科学传播。

1684～1688年就读于牛津大学三一学院，选修自然哲学、化学和数学，获文学士和文科硕士学位。毕业后担任多种宗教职务。1696年当选为英国皇家学会会员，1709年任副会长。曾获剑桥大学神学博士学位。

知识渊博，对数学、化学与物理学均有一定研究。在英国皇家学会《哲学学报》上发表论文，报告多例显微镜下的动物体观察，其中包括水蛭和轮虫之类。擅长科普演说，多次参加重大科学争论，宣扬“宗教与科学的和谐性”。晚年在家教授数学，埋头写作。1704年出版《技术大全》（副标题为《文科和理科通用英语词典》），书中收集了当时物理学、天文学、数学、生物学界著名科学家如牛顿、R. 波义耳等人的各种论点,是英国近代第一部内容广泛的自然科学百科全书。（苏诚基）

沃尔夫,C. F. (Wolff, Christian Freiherr) 德国人,1679 年 1 月 24 日生于西里西亚的布雷斯劳(今波兰的弗罗茨瓦夫),1754 年 4 月 9 日卒于德国哈雷。自然哲学、逻辑学。

出身制革匠家庭。入耶拿大学神学院攻读数学、物理学和哲学。1703 年在莱比锡大学获博士学位。后即留校任数学讲师。1706 年任哈雷大学的数学和自然科学教授。1723 年因他的决定论思想被哈雷大学开除,并被勒令离开普鲁士。1723～1741 年在马尔堡大学任教。新王腓特烈二世将他召回普鲁士,先去柏林大学,后在哈雷任教授。

根据灵魂具有认识和欲望两种机能,他首创将哲学分为理论和应用两大类,前者包括本体论、宇宙论、心理学、神学;后者包括伦理学、经济学、政治学;并强调以矛盾律为其主要规律的逻辑学是哲学的基础。认为哲学的一切原理皆可用数学或演绎的方法建立起来。他反对斯宾诺莎的唯物主义,坚持亚里士多德"目的论"和莱布尼茨"前定和谐说"。为了把经院哲学和新近的科学概念综合起来,他构思了一个庞大的哲学体系。这个体系一直延续到康德时代。在物理学哲学方面,无论就本体论还是方法论而言,他的基本样式之一是分析和综合。强调事物之间的合理关系,认为可见世界好比一架机器,遵循着运动规律而运转。在他的物理学中,最基本的原素——自然原子既不能延伸,也不可分割,混合物的性质取决于它的基本组成要素;经验的认识被局限在混合物的性质之内。这样他实际上提供了一幅机械决定论的图景。宣扬浅薄的目的论,甚至把老鼠存在的理由说成是为了给猫吃。在时间、空间问题上,认为空间是同时存在的事物的次序;时间是在一个连续系列中的连续事物的次序。至于同时存在的物质彼此间则是相互作用的。

著作甚丰,除拉丁文本外,还用德文著述。在哈雷大学时期著有——《全部数学科学的基础》(2 卷,1710 年);逻辑学:《关于人类理智能力的理性思想》(1712 年);形而上学:《关于上帝、世界及人的灵魂的理性思想》(1719 年);道德哲学:《关于人的行为的理性思想》(1720 年);政治哲学:《关于人的社会生活的理性思想》(1721 年)等。在马尔堡大学时期著有——目的论:《关于自然事物的目的的理性思想》(1724 年);生理学:《关于人、动物和植物各部分的用途的理性思想》(1725 年)。除以上由德文写作的外,拉丁文著作有:《理性哲学或逻辑》(1728 年);《第一哲学或本体论》(1729 年);《宇宙论概要》(1731 年);《经验心理学》(1732 年);《理性心理学》(1734 年);《自然神学》(2 卷,1736～1737 年);《实践哲学通论》(2 卷,1738～1739 年);《道德哲学》(2 卷,1750～1753 年)等。（张之沧）

贝克莱,G. (Berkeley, George) 一译巴克莱。英国人,1685 年 3 月生于爱尔兰的基尔肯尼郡,1753 年 1 月 14 日卒于英国牛津。自然哲学。

曾在爱尔兰都柏林三一学院学习,1704 年、1707 年先后获文学士、文科硕士学位。留校任教古希腊语和希伯来语。1721 年被授予神学博士学位。同年任该校评议员。1724 年任德利教区教长。受到过 F. 培根、波义耳、牛顿、洛克等人的影响。1734 年任爱尔兰克洛因教区主教。1752 年迁居牛津。曾游历法国、意大利,并在百慕大群岛进行传教活动。

西方近代主观唯心主义哲学的主要代表。承认知识起源于感觉和经验,但认为知识的对象就是观念,包括感觉观念、反省观念和想象观念。认为物体是"感觉的复合",没有对物体的感觉,物体就不存在。明确提出"存在即被感知"。认为科学不过是相互关联的感觉。物质实体是"无神论者的好友",一旦抽去这块基石,整个无神论必将彻底垮台。

是最早对牛顿科学思想提出批评的人之一。认为牛顿的"力"同托勒玫的本轮一样,只是在计算物体运动时有用的数学构造,并不是实在的东西,而牛顿似乎忘记了这一点。抨击牛顿的微积分并攻击拥护微积分的英国天文学家哈雷等人,说微积分包含大量的"空虚、黑暗和混乱",是"如此含糊的神秘的东西"、"分明的诡辩"。批评牛顿微积分中"消失的增量",既要求它在结果中消失,又要求它在论证中具有一定的值。"它们既不是有限量,又不是无穷小量,也不是零。难道我们不可以称它们为消逝了的量的鬼魂吗?"然而并不责难微积分的实际应用,所反对的是把"微分"当作"类似存在的物体"来处理。批评牛顿的绝对空间、绝对时间和绝对运动概念。指出绝对空间是一种无用的虚构,空间不可能脱离我们对空间的知觉而存在。任何运动都是相对于一定的物理(现象)系统而言的,单独一个物体在绝对空间的运动是不可想象的。在这一点上,他成了现代马赫原理的先驱,是站在唯心主义立场上来批评牛顿的,但指出了牛顿思想中的一些缺点则是可取的。

主要著作有《视觉新论》(1709 年)、《人类知识原理》(1710 年)、《论运动》(1720 年)、《分析者》(1734 年)等。（林德宏）

普吕什,N.-A. (Pluche, Noël-Antoine) 法国人,1688 年 11 月 13 日生于法国兰斯,1761 年 11 月 19 日卒于巴黎附近。自然哲学、科学普及。

面包师之子,12 岁时父亲去世。早年学习神学。15 岁成为副助祭,24 岁受任圣职。在兰斯神学院教古典文学时,就对古代语言、科学和美术深感兴趣。因与詹生派教徒有瓜葛,被迫辞职。1718 年到诺曼底。后又到巴黎当家庭教师。1749 年起隐居巴黎附近写作。

主要著作是 1732～1750 年间出版的《大自然的景象》,被广泛用作自然科学教科书,曾译成几国文字,并多次再版,法文达 57 版,英文 17 版。该书表明,他深受英国 J. 雷(John Ray)等人的自然神学影响。认为美是构成自然界的组成部分，因而像对待自然科学那样十分注重美术和手工艺。1739年出版《宇宙史》。还发表过语言学、地理学等方面的著作。（肖 玲）

孟德斯鸠，C.-L. de S.（Montesquieu，Charles-Louis de Secondat；封爵名 Montesquieu，Baron de la Brède et de） 法国人，1689年1月18日生于法国波尔多市附近的拉布雷德，1755年2月10日卒于巴黎。自然哲学、人文科学。

出身贵族世家。从17世纪起，波尔多省法院院长的职位几乎一直由这一家族世袭。1700～1705年就学于天主教奥拉托里修会学院。后在波尔多市天主教朱利学院学习3年法律，获法学学士学位，并出任律师。1716年继承伯父的“孟德斯鸠”的姓氏和波尔多省法院院长的官职。对此职位毫无热情，于1726年将其出卖，卖得的巨款使他得以迁居巴黎而致力于研究和写作。在波尔多频繁接触社会各界，并于1716年进入波尔多学院任教。常旅居巴黎，与那里的上流社会周旋自如。1728年当选为法兰西学院院士。1729年11月至1730年5月访问英格兰，成为英国皇家学会外籍会员。

年轻时热心钻研自然科学。1719年着手编纂地球史。1721年11月20日，向波尔多学院宣读了“博物学观察”的论文。其关于昆虫、寄生植物和青蛙解剖的阐述，表明他非常熟悉自然科学研究工作。机械地解释植物现象，把寄生植物、槲寄生树和苔藓植物等视作植物的衍生物而不是新的植物种类。否认上帝对自然事物有干预作用，而以不断变化的观点看待生命世界。这一思想很接近狄德罗和卢克莱修的观点。

他是社会科学的创始人之一，也是社会学中“地理学派”的代表人物。在1734年出版的《罗马盛衰原因论》中，企图建立一种能发现主要历史事件之真正原因的历史科学。认为社会现象和制度的形成既不依赖上帝也不依赖偶然事件。把自己的机械唯物主义自然观扩展到人类社会，从而将伦理、政治以及社会现象都划归为物质因素，即他所认为的地理条件。夸大地理条件在社会发展中的作用，认为地理条件决定着一个民族的道德面貌、法律性质和政体特点。这种地理环境决定论虽然是片面的，但在当时却具有反宗教神学的性质。1748年写成一生中最重要著作之一《论法的精神》，此书的出版引起了强烈的争论。（辜晓进）

福克斯，M.（Folkes，Martin） 英国人，1690年10月29日生于英国伦敦，1754年6月29日卒于同地。文物学、考古学。

曾在法国索米尔大学上学。1706年进入剑桥大学克莱尔学院学数学。1714年当选英国皇家学会会员。1716年当选议员。1717年获文科硕士学位。对古代硬币和人工制品十分兴趣，1719年加入古物收藏者协会。1723年I. 牛顿指定他担任英国皇家学会副会长，1741年任会长，1752年因病辞职。1742年当选法兰西学院外籍院士。1746年获牛津大学、剑桥大学荣誉法学博士学位。1749～1754年任英国古物收藏者协会主席。撰写的《英国征服地银币一览表》，于1744年由古物收藏者协会出版。他是I. 牛顿的朋友。（高楚明）

柯林森，P.（Collinson，Peter） 英国人，1694年1月28日生于英国伦敦，1768年8月11日卒于米德尔塞克斯郡。科学传播、园艺学。

出身布商家庭。自学成才。经营纺织品和缝纫用品。1728年当选英国皇家学会会员。1747年成为瑞典皇家科学院外籍院士。还是德国普鲁士柏林科学院外籍院士。

与美国费城图书馆协会联系密切，充当该会在伦敦的代理人，选购英国的图书和仪器，使费城成为当时北美文化发展的中心。从1730年起，他事实上成为横跨欧美的极为广泛的科学交流网的中心人物：向通信者介绍英国皇家学会的工作，将他们的研究成果或收藏品介绍给英国皇家学会，并帮助他们出版书籍。他的活动有益于造就出一大批18世纪美洲科学家。例如，将著名的植物收集家J. 巴特拉姆收藏的种子和植物介绍给英国显贵；1746年向B. 富兰克林赠送莱顿瓶等实验仪器，激发起后者对电学的兴趣；将洛根关于植物杂交的著作送到伦敦发表。爱好园艺，从国外引进了180个植物新品种。这些活动博得广泛的声誉。（郑毓信）

伏尔泰，F.-M. A. de（Voltaire，François-Marie Arouet de） 原名F.-M. 阿鲁埃，伏尔泰是他的笔名。法国人，1694年11月21日生于法国巴黎，1778年5月30日卒于同地。自然哲学、文学。

早年在天主教耶稣会学校学习。1717年因发表揭露封建贵族的讽刺诗《哀狄普斯》，被投入巴士底监狱。1726年与一青年贵族发生争执，因拒绝决斗而受其男仆的殴打，再次被投入巴士底监狱，同年被放逐英国。在英国受到学术界的尊重。1727年参加了牛顿的葬礼。撰写了大量书信，以赞赏的口吻谈到了F. 培根、洛克、牛顿等人，以及接种牛痘、宗教容忍、贸易事业、代议制政府等。1729年返回法国，积极开展启蒙宣传活动。1734年因出版《哲学通信》遭禁和追捕，被迫逃往洛兰省边境，隐居于沙特莱侯爵夫人的西雷城堡里写作。1744年返回巴黎。翌年任宫廷史官。1746年当选为法兰西学院院士。1750年应普鲁士国王弗里德里希二世邀请，作客于柏林，1753年离去寄居瑞士。1760年定居法国和瑞士边境的费尔奈庄园。1778年重返巴黎，受到民众热烈欢迎。

18世纪法国启蒙运动的旗手，被誉为“法兰西思想之王”、“欧洲的良心”。在哲学上坚持自然神论形态的唯物主义。对天主教会持强烈批判态度,但他同时又承认上帝的“存在”,认为上帝是“宇宙的第一推动者”和“立法者”。在自然哲学领域,1738 年出版《牛顿哲学原理》,该书分为三大部分:第一部分评论了莱布尼茨和克拉克通信中的神学哲学观点;第二部分论述了牛顿关于光和颜色的实验和观点;第三部分论述牛顿的引力理论和宇宙学。该书使法国的舆论由笛卡尔转向牛顿。他之所以反对莱布尼茨、笛卡尔而推崇牛顿,是因为认为前者在必然性的伪装下炮制出有关上帝和自然的教条,而牛顿却从现象归纳出定律,用数学形式表达出来,并用实验加以证实。和沙特莱侯爵夫人合作将牛顿的《自然哲学的数学原理》译成法语。1739 年撰成《渺小而妄自尊大的人类》,描写了来自天狼星的外星人眼中的人类。成名著作《康狄德》嘲笑了莱布尼茨说话过分,刻意选择字眼,一味使事实失去自然特性,企图证明幻想是正确的等等。

著作颇丰。在哲学领域,代表作还有《哲学辞典》、《哲学通信》(1734 年)、《形而上学论》等;在历史学领域,有《路易十四时代》、《论各民族的风格与精神》、《彼得大帝治下的俄罗斯》、《议会史》等;文学作品还有长诗《亨利亚德》、《里斯本的灾难》、《奥尔良少女》,悲剧《欧第伯》、喜剧《放荡的儿子》,哲理小说《老实人》和《天真汉》等。 (郑毓信)

休谟,D.(Hume, David) 英国人,1711 年 4 月 26 日生于英国苏格兰爱丁堡,1776 年 8 月 25 日卒于同地。*哲学、伦理学、历史学。*

乡绅之子,3 岁丧父,留下微薄遗产,由母亲抚养成人。1723 年 11 岁进爱丁堡大学学习法律,但未获学位便离开该校。此后一度经商。1734 年弃商旅居法国乡间自修和著书立说。1737 年回到英国。1745 年给一位年轻侯爵当家庭教师。次年任辛克莱将军的秘书,随军出征法国败归。1748 年随之出使奥地利维也纳和意大利都灵。1749 年回国,隐居家乡潜心著述。1751 年移居爱丁堡市区。1752 年任苏格兰律师协会图书馆馆长。1763 年任英国驻法国大使馆秘书,1765 年升任使馆代办。期间,与法国“百科全书派”D. 狄德罗等人有密切交往。1766 年回国,次年任法国政府副国务大臣。1769 年 8 月退休返乡。1776 年卒于癌症。

18 世纪英国著名经验论哲学家,近代第一个不可知论哲学体系创始人。他的哲学的出发点和思想来源是 G. 贝克莱的感觉论和主观唯心主义。这表现在他只承认感觉经验,并坚持一切诉诸于经验。认为经验是由两类知觉(印象和观念)组成,其中印象主要是感觉,观念则是印象在头脑中的再现,在两者之间存在着对应关系,从而人的认识也就不可能超出感性经验的范围。其次,在说明感觉产生的问题时,萌发了自己的怀疑论和不可知论。一方面对唯物主义的反映论持怀疑态度,认为没有理由断定感觉是外界物质对象的反映,甚至没有理由断定外界物质对象的存在;另一方面又拒绝用上帝对感官的作用来解释感觉的产生,并对精神性的“自我”同样持怀疑和否定的态度。作为不可知论的又一表现,否认因果观念的实在性。指出科学家们只有依赖某种形式的因果关系才能作出关于事实的断言,而又只有经验才能使他们判定特殊的因果关系,但经验告诉我们的只是过去的“经常的联系”,而非“必然的联系”;因果关系的合理性也无法得到证明,因此关于因果关系的认识不过是建立在习惯上面的主观联想或信念,而不具有实在性。

处女作《人性论》(3 卷,1739～1740 年)的出版,在当时并未得到足够的重视。他认为这主要是由于行文过长及过于复杂造成的,决定改用短文及对话的方式来重新表达自己的思想。1741 年后发表一系列新作,新的风格获得了成功。认为 1748 年的《人类理智研究》唯一地代表了自己的哲学观点。他的哲学思想对当时及后世的欧洲思想界有很大影响。如康德的不可知论在思想上源于他;他的学说还是 A. 孔德的实证哲学及逻辑实证论的理论来源之一。

主要著作还有《道德与政治论文集》(2 卷,1741～1742 年)、《道德原理探究》(1751 年)、《政治对话录》(1752 年)、《宗教的自然史》(1757 年)、《自然宗教对话录》(1779 年)、《英国史》(1754～1762 年)等。(郑毓信)

狄德罗,D.(Diderot, Denis) 法国人,1713 年 10 月 5 日生于法国朗格勒;1784 年 7 月 31 日卒于巴黎。*百科全书编纂、自然哲学。*

父亲是富裕的刀具匠,母亲是制革匠的女儿。早年在朗格勒的耶稣会学院受教育。1728～1729 年冬,在巴黎求学,同时在几所著名学院选课,1732 年获巴黎大学文科硕士学位。后短暂学法律。1734 年决定当作家,为谋生而从事写作、教书、翻译等多种职业。曾自学解剖学、生理学等多种学科。

18 世纪法国资产阶级启蒙运动时期的重要思想家、哲学家,是激进的唯物主义、战斗无神论的代表人物之一。坚持世界的物质统一性,认为人的思想、意识是大脑的特性,否定了灵魂和上帝创世说。在认识论上,主张唯物论的反映论,认为一切知识来源于感觉经验,实验是辨别、认识真伪的标准,提出观察、思考和实验相结合的认识方法。这些见解包含着辩证法的因素。但总的说来,他的哲学仍属于机械唯物论的范畴。1753 年出版自然哲学著作《对自然的解释》(1754 年再版)。提出自然界是性质不同的元素的化合而不是简单的聚集,科学要在自然界中寻求连续性而不是分立性。分子的形形色色性质反映了它的运动变化,这种运动可归结为“分子外部的力”和“分子内部的力”的合力作用。他批判了生物学中的“预成论”,认为生物界没有固定的界限,雄性和雌性在相互联系中存在,物种处在转化之中。认为“一切都在变化,一切都在过去,除了全体之外,没有什么是不变的”。他将宇宙比作蜂群,因为宇宙也具有蜂群所具有的统一性和社会性;蜂群的法则,相当于宇宙的规律。又将宇宙比作巨大的珊瑚,它在时间中伸展,在空间中存在,在结构上具有层次。这两种模型,道出了他社会自然主义和“物活论”思想的真谛。

是当时极有影响的法国“百科全书派”的代表人物和思想领袖。同一批志同道合的作家、哲学家和科学家进行《百科全书》(或名《关于科学、艺术和工艺学的详解辞典》)的编写工作。1747 年动笔,1751 年出第一卷。1758 年由于当局的出版禁令和副主编达兰贝尔的离开,工作一度中断,但他设法编成了前 10 卷。1766 年完成了 28 卷,至 1772 年出完,后又由别人续编补遗 5 卷和索引 2 卷,共 35 卷。这部《百科全书》编写历时 30 载,参加的撰稿者 160 余人。他本人写了 1139 个条目,审阅修改了大批稿件。

著述甚丰,主要著作还有《哲学思想录》(1746 年匿名出版)、《盲人信札》(1749 年)、《达兰贝尔和狄德罗的对话》(1769 年完成,1830 年出版)、《关于物质和运动的哲学原理》(1770 年)、哲理小说《拉摩的侄儿》(1762 年创作,生前未发表)、《生理学基础》(2 卷,1773～1774 年)等。 (张相轮)

孔狄亚克,É. B. de(Condillac, Étienne Bonnot de) 法国人,1715 年 9 月 30 日生于法国格勒诺布尔,1780 年 8 月 3 日卒于博让西。*自然哲学、心理学*。

出生于贵族家庭,13 岁丧父,由任神父的哥哥抚养成人,先后在里昂耶稣会学校、巴黎圣苏尔比斯修道院学神学。他热衷于哲学、文学和数学。和大百科全书派的狄德罗、卢梭、达朗贝尔等人交往甚密。1733 年起任神父,后任修道院院长。1767 年任法国科学院院士。

18 世纪法国唯物论哲学的重要代表人物之一。进入哲学界之际,正值法国思想界由笛卡尔转向牛顿和洛克的时期。作为一个启蒙思想家和自然神论者,虽然肯定上帝是宇宙的始因,但极力推崇和宣传洛克的经验论,同时又摒弃了洛克经验论中的唯心主义倾向,即否定了洛克关于观念有两个来源——经验和反省的看法,认为反省也是在感觉的基础上逐渐形成和发展起来的,从而一切观念都源自感觉。依据经验论对先验论和唯理论进行了批判,认为笛卡尔主张的“天赋观念”是不存在的。认为观念可分为单纯观念和复杂观念,而抽象观念是复杂观念中的一种。由感觉论,他最终走向不可知论,认为事物的本质不是人类能够认识的,受到狄德罗、霍尔巴赫等人的批评。

在科学上的重大贡献是倡导科学的命名法。认为代数项由准确的符号组成,按完善的法则结合和运算,是一种最精确的科学语言。其他学科也应有适当的专门语言即术语,为此提出系统命名法,即根据事物的组成或起源加以命名,并按照事物的逻辑关系(自然关系)加以分类。这一改革在化学中得到最显著的响应。例如,从此人们很少再称某种矿石为兰矾而改称为硫酸铜。此外,动物学、植物学等的分类也深受其影响。

著有《论人类知识的起源》(1746 年)、《体系论》(1749 年)、《感觉论》(1754 年)、《灵魂论》(1755 年)、《逻辑学》(1781 年)等。另有为青少年编写的《综合学习教程》(13 卷,1767～1773 年)。是狄德罗主编的《百科全书》撰稿人之一。 (郑毓信)

尤斯蒂,J. H. G. von(Justi, Johann Heinrich Gottlob von) 德国人,1720 年 12 月 25 日生于德国萨克森地区布鲁克恩,1771 年 7 月 21 日卒于屈斯特林(今属波兰)。*政治经济学、矿业学*。

先后在德国维滕堡大学、耶拿大学和莱比锡大学学习。1751 年在奥地利维也纳大学特雷森研究院任财政学教授。1755 年出任格丁根城警察局长,并开始研究孟德斯鸠的《论法的精神》。1757 年受丹麦一位大臣之邀访问了哥本哈根。1758 年定居汉堡附近的阿尔多纳。1760 年移居柏林。1761 年当选为巴伐利亚科学院荣誉院士。1765 年被任命为普鲁士帝国财政和矿业顾问。1766 年任普鲁士矿务总监。因写作过多而失明。1768 年被指控滥用资金而解职,后被拘留,在审判尚未结束时因中风死于拘留地。

研究工作主要在政治、财政和工业组织方面,是第一位使德国政治经济学理论系统化的学者。因受百科全书派的影响,由重商主义者转为重农主义者。撰有大量有关哲学、文学、技术、地矿学、化学、物理,以及政治和经济方面的独立著作约 50 余部,其中主要著作有《经济学》(2 卷,1755 年)、《政治经济学基础》(1756 年)、《工厂和产品大全》(2 卷,1758～1761 年)、《政治学和财经学论文集》(3 卷,1761～1764 年)、《财务系统》(1766 年)等。1747 年由于单质研究获普鲁士柏林科学院奖。1761 年因解答了慕尼黑巴伐利亚科学院提出的两项科学难题而得奖。 (张相轮)

马格兰,J. -H.(Magellan, Jean-Hyacinthe) 英国人,1722 年 11 月 4 日生于葡萄牙阿威罗,1790 年 2 月 7 日卒于英国伊斯林顿。*科学传播、天文学*。

葡萄牙裔。11 岁时被送入科英布拉的圣奥古斯丁修道院,在那里受到科学传统熏陶,成为公认的天文学家。1755～1764 年旅行全欧,最后定居英国。终身未娶。是英国皇家学会会员,几个欧洲国家科学院的外籍院士。

1751 年曾指导和帮助 G. de 博里(Gabriel de Bory)在葡萄牙观测日食。与欧洲各国许多科学家保持联系,以其广泛的结交和传播新科学信息而闻名。在其出版物中,有关科学仪器方面的内容最多。1775 年的第一本著作介绍了英国的天文仪器。还编译过几本矿物学著作。努力介绍英国、瑞典的化学和实验物理学的最新成果。帮助传播了布莱克关于热的新理论,介绍了“比热”这一术语,给出了第一张比热表。向法国化学家报告了普里斯特利的研究工作及其重要性。但他迟至 1787 年才在《命名法》中承认拉瓦锡关于燃烧的新理论。 (肖 玲)

霍尔巴赫,P. -H. T.(Baron d' Holbach, Paul-Henri Thiry) 法国人,1723 年 12 月 8 日生于德国埃德舍姆,1789 年 1 月 21 日卒于巴黎。*百科全书编纂,自然哲学*。

德国裔。父亲是酿酒商。7 岁丧母。定居法国的叔父十分富有,早年受其资助和指导,1744 年就读于荷兰莱顿大学,学习自然科学。1749年定居巴黎,入法国籍。曾在巴黎大学索邦神学院学习神学和哲学。1753年叔父去世后,遗赠给他一笔可观的财产,利用这个条件,他主持的著名的沙龙成为巴黎知识界的中心,是当时最有名的思想家、作家、科学家交流激进思想的重要聚会场所,狄德罗、爱尔维修、达兰贝尔、卢梭(J. J. Rousseau)等人均为常客。曾当选为圣彼得堡科学院外籍院士。

在科学方面,积极参与了狄德罗主编的《百科全书》的编写工作,是一位人所共知的知识宣传家和科普作家。1752～1765年,为《百科全书》写了376个条目和注释,综述了化学、矿物学、冶金学等领域的进展和这些知识的应用。还将这些学科中的德语名著译成法语。

在哲学方面,主张唯物论和无神论。为避免法国教会迫害,其著作大多在国外匿名出版。认为宇宙是一个自有的、自足的、能动的系统,完全由物质元素构成,具有各种特殊的能力。他的主要哲学著作《自然的体系》(1770年)在当时被称为"唯物主义的圣经"。该书激烈地抨击了宗教神学,驳斥了传统宗教关于造物主的观念,也驳斥了"第一推动力"的论点,否认意识有实体性的存在,指出了"灵魂不死说"的荒谬性。该书匿名出版后,立即遭到禁止,巴黎议会判决当众焚毁。尽管如此,新版本还是不断出现。

还提出了一种关于动物和人类起源的进化假说,认为连续的变化和新种的出现是由于生态学的功能所致,是地球和地球生物圈长期变化的结果。然而他的世界观带有机械论的局限性,这表现在认为生物和非生物并无根本的差别;人的心理、智力和道德也是由器官的结构和作用决定的;伦理学与政治学实质上也取决于生物学和生理学;人类的情欲如爱憎与自私,与自然界的引力、斥力与惯性相似,一个明智的政府可以把它们引向对公众有利的方向上,如同科学控制自然界一样;企图从自然规律中寻求对社会现象的解释。

主要著作还有:《揭穿了的基督教》(1761年)、《袖珍神学》(1768年)、《神圣的瘟疫》(1768年)和《健全的思想》、《自然政治》(2卷,1773～1774年)、《社会的体系》(1773年)、《普通道德学》(1776年)等。　(张相轮)

康德,I. (Kant, Immanuel)　德国人,1724年4月22日生于东普鲁士的柯尼斯堡(今俄罗斯加里宁格勒),1804年2月12日卒于同地。自然哲学、天体演化学。

祖籍苏格兰,其父J. G. 康德(Johann Georg Kant)是个马鞍匠,母亲A. R. 康德(Anna Regina Kant)是虔诚派教徒。10岁进腓特烈学院学习神学,但却把多数时间用来学拉丁文等。13岁时母亲去世。1740年进柯尼斯堡大学哲学系学习,随M. 克努岑(Martin Krutzen)和J. 特斯克(Johann Teske)主修数学和物理学,打下了坚实的自然科学基础。1746年因父亲病故而被迫中断学业。为抚养一弟三妹,他连续当了9年家庭教师,直到1755年才恢复学业,同年以拉丁文论文"论火"获柯尼斯堡大学哲学博士学位。留校任教,当了15年无固定收入的编外讲师,讲授物理学、哲学、数学、自然地理学、人类学和教育学等课程。1766年任皇家图书馆副馆长。1770年任柯尼斯堡大学逻辑学和形而上学教授,以后还短期担任过该校哲学学院院长和两届校长。1792年任柏林科学院哲学部主任。并任圣彼得堡科学院、意大利托斯卡科学院外籍院士。他勤奋好学,置全部精力于著述和执教,几乎一生未离柯尼斯堡,并终身未娶。他生活刻板却有规律,身体孱弱但注重保健,因而在清苦的环境中活到近80岁。

德国古典哲学的奠基者,被誉为"德国哲学革命的开创者",近代西方哲学二元论、先验论和不可知论的著名代表人物。一生建树甚多,涉及自然科学和哲学两大领域。1769年,由于深受英国D. 休谟的经验主义和不可知论影响,使他从莱布尼茨-沃尔夫学派的"独断论美梦"中猛醒过来。哲学史家把1770年作为其思想发展和在两个领域所作贡献的分水岭:1770年前为前批判期,其后为批判期。

在前批判期,其主要贡献在自然科学方面。莱布尼茨和牛顿是这一时期对他影响最大的两位大人物。他曾对这两位自然哲学家关于时空本质的争论怀有极大兴趣。1747年,在论文"关于活力的正确评价"中,试图用莱布尼茨的单子论解释空间的实质但未获成功,后转而采纳牛顿的"绝对空间"观点。他接受了牛顿以来的唯物主义自然观,认为世界是由物质构成的。但他并未停留在牛顿的第一推动力和机械唯物论的立场上,而是以辩证的发展观冲破了形而上学自然观的束缚。

正是基于这一观点,他于1754年发表了一篇重要论文,提出地球自转由于潮汐磨擦逐渐变慢的见解,这一点已为天文学的发展所证实。1755年,他又匿名出版《自然通史和天体论》一书,提出太阳系由原始星云凝聚而成的假说,后被称为康德星云说。他认为,由于万有引力的作用,冷星云内较大微粒吸引小微粒,形成越来越大的物质团;引力最强的星云中心,因收缩变热而产生发光的太阳;外面的微粒向太阳的下落过程中,会因同其他质点碰撞而变为围绕引力中心的圆周运动;这些绕太阳运动的微粒后来又逐渐形成几个次级引力中心,并逐渐凝聚成行星。康德的星云说否定了牛顿的神秘的"第一推动力",明确提出了自然界是不断发展的这一辩证观点,从而在当时僵死的形而上学自然观上打开了第一个缺口。在《自然通史和天体论》中,他还提出所有恒星和银河组成了一个巨大的天体系统,并认为在这之外,还有无数这样的天体系统即所谓"岛宇宙"存在。这是对银河系和河外星系存在的科学预言,后来被天文观测证明是完全正确的。在前批判期,他还发表了"从物理学观点考察地球是否已经衰老的问题"(1754年)、"关于运动和静止的新学说"(1758年)、"论证上帝存在的唯一可能根据"(1762年)和"论空间区域划分的第一依据"(1768年)等论文。在《目的论判断的批判》(1790年)一书中,他反对对生物界作机械论的解释,即不能单纯地用物理和化学术语来解释生物,必须用“目的”这一概念来解释。他反对笛卡尔主义者的“动物是机器”说,认为机器只具有运动的能力,而生物却具有形成的能力。他举例说没有人能用所给的物质制造出一条毛虫;单靠机械原因也无法解释为什么生物体只吸收这些化学物质而不吸收那些化学物质。然而他认为机械论和目的论并不矛盾。机械论(有效原因和自然界的简单机制)构成了生物学研究的基础;目的论原理则为生物学的继续研究指明了方向。

1770 年,他升任教授的就职论文“论感觉世界和理智世界的形式和原理”的问世,开始了康德批判哲学的新时期。在这篇论文中,他的时空观已经很接近他后来在《纯粹理性批判》中的思想。他的时空观呈现唯心主义先验论哲学形式,并以区别于普通唯心主义作为特征的。在《纯粹理性批判》的导言中,认为空间具有 4 种物质形态,空间并不表现自在之物的性质和相互关系,而只是外感一切现象的形式。他又把时间的性质归为内感现象的形式,具有五大特征,其中讲到,现象可以消灭,但时间本身永远存在,现象的现实性只有在时间中才有可能;时间只有一维,它不是同时的,而是连续的。

康德的哲学体系,是兼容先验唯心论、不可知论和唯物论、辩证法两种哲学观点的二元论体系;在前批判期,偏重机械唯物主义,其后则以先验唯心主义为主导。其“批判哲学”的特点,是对“独断论”和“怀疑论”的调和。1780～1790 年,三部巨著《纯粹理性批判》(1780年)、《实践理性批判》(1788 年)、《判断力批判》(1790年)相继问世,奠定了他的批判哲学体系。他是把思维与存在的关系是否具有同一性提出来加以探讨的第一人,并率先注意到思维对客体的作用问题。其在认识论史上的重大贡献是把人的认识看作是一个发展过程。“先验论”是康德认识论的另一特点,认为认识起源于经验,但源上之源却是一种先于经验的东西,这暴露了他认识上的局限性。

伦理学被他置于高于认识论的地位。其“二律背反论”把现实社会中的矛盾归结为道德与幸福之间的矛盾,认为在现世,有德之人未必有福,有福之人未必有德。因此“上帝”和“天国”乃为必需。他既反对传统的宗教有神论,大胆地把上帝的存在比作“假设”,又反对唯物主义的无神论,实质上仍将上帝视作最后的主宰。

在 1790 年出版的著名美学著作《判断力批判》中,他认为可运用认识论中知性四项范畴(即量、质、关系、模态)来考察审美判断力,进行美的分析。

主要著作还有:《道德的形而上学》(1785 年),《自然科学的形而上学基本原理》(1786 年),《实践理性批判》(1788 年),《哲学通论》(1794 年),《实用人类学》(1798 年)等。 (辜晓进)

沃奇,J. E. I. (Walch, Johann Ernst Immanuel) 德国人,1725 年 8 月 29 日生于德国耶拿,1778 年 12 月 1 日卒于同地。自然哲学、古生物学。

德国耶拿大学神学教授的儿子。早年在家接受教育。17 岁进耶拿大学学习闪族语言、自然科学、数学、神学和哲学,1745 年获硕士学位。留校任教,翌年开始讲授神学,1749 年出版《福音和谐论导言》,1750 年任神学编外教授,1755 年任在编逻辑学和形而上学教授,1759 年改任修辞学与诗学教授。曾两次出任耶拿大学校长,8 次任院长,1749～1756 年兼任《博物学报》主编。1774～1778 年兼任《自然科学家》杂志主编。

是一个深受听众欢迎的讲演家,一个毕生献身于科学事业的学者。早期发表的大部分学术论著都与人文学科有关。其中包括早期基督教历史、圣经《新约》注释和评议、拉丁语和希腊语研究与文学作品、古罗马历史与遗迹考证、凯尔特人宗教等。后期关注自然科学,特别是化石和地质学,其古生物学著作可读性强,有保留价值。他认为化石是海洋位置移动的结果,是一连串历史事件的证据;并把以前对化石的模糊认识变成科学的解释。出版过图文并茂的《化石博物学》(4 卷,1768～1773 年),不久便出版法文本和荷兰文本,影响不小。1771 年首次提出“三叶虫”这一术语,沿用迄今,并对其进行了综合性描述和研究,早于他人同类成果半个世纪。此外早期还研究过医学史。一生完成 80 余篇(部)论著(著作和论文等),涉及人文学科各领域,其中约有 50 篇(部)出版物与博物学有关。 (张之沧 李孙演)

杜尔哥,A. -R. -J. (Turgot, Anne-Robert-Jacques) 法国人,1727 年 5 月 10 日生于法国巴黎,1781 年 3 月 18 日卒于同地。科技管理、经济学、计量学。

出身贵族家庭。父亲是巴黎市区规划的设计人。哥哥是法属圭亚那行政官员,一个颇有名气的植物学家和农学家。早年在修道院学习,后转攻法律。1761 年任利摩日省长,1774 年担任一个月的海军部长后,出任财政部长。两年后,因其改革遭到既得利益集团的反对而被免职。

具有广泛的兴趣和才能。著述涉及散文、诗歌、物理学、化学、地学、天文学和航海学等。在为狄德罗的《百科全书》撰写“汽化”条目时,对“汽化”和“蒸发”作了区分,指出前者是物质状态的改变,后者是液体或固体体积的减小。还研究了在真空中和不同温度下的蒸馏问题。1771～1772 年,先于拉瓦锡提出金属“氧化物”重量的增加,是由于金属与某种气体相结合的结果。

作为政府经济首脑,他认为不应对工业、农业和商业作过多的干预;科研结果应落实到技术上,并交给农民、工人和制造者使用。还经常委派科学家视察工作。1775 年,委派博物学家 J. 东贝(Joseph Dombey)率领一个考察团赴南美搜集有经济价值或有植物学价值的作物,带回法国栽培。为了便于进行贸易,他成立了一个由著名科学家马尔凯·德孔多塞、博絮和达兰贝尔组成的三人委员会,调查法国内河航运情况,提出改进建议。1776 年创建皇家医学学会,对流行病进行系统研究。还任命拉瓦锡主持火药局工作,研究如何进一步提高硝石的效力。为了结束当时在度量衡方面的混乱,他试图建立度量衡标准系统。认为最好采用一种自然恒量作为长度单位。选择了某一纬度上的秒摆长度作为长度标准,并约请天文学家 C. 梅西叶负责此事。他开创的许多事业在他离职后多被抛弃,然而在下一个世纪里却又被人重新拾起。主要著作有后人编辑的 5 卷本《杜尔哥文集》、《马尔凯·德孔多塞和杜尔哥通信集》等。

（李文华　李士土）

罗比耐，J.-B.-R.（Robinet，Jean-Baptiste-René）法国人，1735年6月23日生于法国雷恩，1820年3月24日卒于同地。自然哲学、博物学。

早年侨居荷兰，开始其作家生涯。1778年返回巴黎，任皇家监察官。法国革命爆发时他深受鼓舞，也参加了初期的政治斗争，后对无政府主义浪潮感到害怕，退居雷恩，在那儿度过余生。

在自然科学方面最重要的著作是《自然论》(4卷，1761～1766年)和另外两本有关专著。在这些著作中，论证宇宙的一切环境和创造物中都存在等量的善与恶。坚定支持“生物链”观点，相信它是连续的，各组成部分仅分成极细微的等级，人处于该链条的顶部。他根据自然界万物都有感觉、有生命和有器官的“物活论”观点，认为精神世界的视觉是以物理世界的视觉为基础的。论述了营养现象，从物质在营养过程中由地球到植物、然后到食草动物、最后到食肉动物和人的循环，证明了物质是有器官和有感觉的，否则无机物不可能构成和养育器官。因此，从结晶体到人，所有存在物之间的区别仅仅是有机化程度的不同而已。海绵和珊瑚虫两者分别构成了石头与植物之间以及植物与动物之间的过渡。他还认为，自然虽然正如上帝创造的那样，是永恒的，但它又是连续地存在着。这个被创造的世界包含了每一个生物的胚芽。他虽然受莱布尼茨“单子论”的强烈影响，采用胚芽先存的学说，但并不认为这些在世界开始时就创造了的胚芽是被互相嵌入内部的，而认为它们的逐渐生长能产生完全未知的生物，产生与最初的原型完全不同的变异。其某些陈述似乎预示了进化论的某些内容，但并未提出真正的进化论学说。

另出版4卷本评注P.波义耳《词典》的著作，以及对狄德罗《百科全书》的5卷本增补。（肖　玲）

阿尔萨特-拉米雷斯，J.A.（Alzate y Ramírez，José Antonio）墨西哥人，1737年11月21日生于墨西哥奥苏姆瓦，1799年2月2日卒于墨西哥城。博物学、科学传播。

1753年毕业于墨西哥城圣伊尔德丰索学院，获文学士学位。1756年在墨西哥大学获神学学士学位。当过神父。曾是瓦斯孔加达斯经济学会会员、西班牙马德里皇家植物园管理人员。是法国科学院外籍院士。

立志超过他那个时代的亚里士多德学派的哲学，促进学术的发展。反对欧洲殖民者对美洲文化的歧视，保存了古代墨西哥先进的植物学知识。秉性敢作敢为，富于进取心。曾自费创办过几种科学和文学杂志，被认为是西半球科学报刊的先驱。1884年创立了以他的名字命名的科学协会(1935年改建为现在的墨西哥国家科学院)。墨西哥知识界把他看作是墨西哥近代自然科学之父。墨西哥的一处水坝和水库以他命名。（高楚明）

莫利纳，J.I.（Molina，Juan Ignacio）智利人，1740年6月24日生于智利塔尔卡，1829年9月12日卒于意大利博洛尼亚。博物学、科学史学。

16岁进智利康塞普西翁的耶稣会学院学习语言和自然科学，后入耶稣会并任该院图书馆员。1768年因耶稣会士被驱逐出西班牙领地，他也被迫离开智利前往意大利伊莫拉。1774年任意大利博洛尼亚大学自然科学教授。其大部分著作均在该校写成。他集智利博物学优秀作者之萃，于1776年汇编成第一部著作《智利博物学纲要》，此书的第二版作了较大修改。另一部著作《文明史》曾被译成英文、法文、德文和西班牙文。关于博物学的14篇论文，也由其学生汇编成册(2卷)，于1821年在博洛尼亚出版。（辜晓进）

弗里尔，J.（Frere，John）英国人，1740年8月10日生于英国诺福克郡劳登霍尔，1807年7月12日卒于诺福克郡。考古学、年代学。

1758年进剑桥大学学习法律和政治，1766年获剑桥大学文学硕士学位，后任评议员。同年被选为诺福克郡郡长。1771年成为英国皇家学会会员。1799年当选为下院议员。

1797年6月写信给伦敦考古学会，报告在霍克斯尼砖厂里发现磨制过的大量燧石，显然是铁器时代以前人类使用的武器，推测那里曾经是远古人类制作这种武器的工地。此信当时未受注意，直到1840年博彻(Bocher)在索姆发现同样的燧石后，人们才对他的洞察力感到钦佩。这些燧石被证明是旧石器后期人类制作的武器，现藏于大英博物馆。（方福娟）

拉美特利，J.-C. de（La Métherie，Jean-Claude de）法国人，1743年9月4日生于法国拉克拉耶特，1817年7月1日卒于巴黎。自然哲学、矿物学。

著名医生、机械唯物论者J.O.de拉美特利的儿子。早年在神学院学习，1765年转学医学。获得学位后，于1770～1780年在拉克拉耶特实习。因受洛林(Rollin)和N.-A.普吕什著作的影响，到巴黎从事自然科学的研究。1778年出版《自然哲学原理》。1785年任《物理学观察》(1794年改为《物理学》杂志)主编。1801年任法兰西学院矿物学和地质学教授。

他主持的杂志介绍各国科学家的思想和工作，促进了科学的交流、传播与发展，但也支持了一些错误的理论，如化学四元素说和燃素说。他认为结晶过程的再生长说明生物与无生物之间并无明显的界限，并承认物种变异和自然发生说。认为地貌的形成，主要是原始结晶、运动的水以及地球运动的结果。所编译的贝格曼(Bergman)《矿物界透视》的法语增订版，成为法国整整一代科学教科书，并促使人们接受将化学成分作为区分矿物的标准。（肖　玲）

马尔萨斯，T.R.（Malthus，Thomas Robert）英国人，1766年2月13日生于英国萨里郡吉尔福德附近，1834年12月23日卒于巴斯附近。人口学、政治经济学、统计学。

学者之子。兄妹7人中排行第六,受到良好的家庭教育。1784年入剑桥大学耶稣学院,1788年获文学士学位,1791年获文科硕士学位。留校任教,1793年任评议员,1798年任副牧师。在校期间,广泛接触数学、英国和法国历史、文学、经典物理学,并与W.奥特尔(William Otter)结成挚友。1799年与奥特尔去德国、挪威、芬兰和俄国旅行,途中见闻为他的人口理论提供了依据。1805年任位于赫特福德郡的东印度公司学院(今帝国后勤学院)首任历史和政治经济学教授,直至去世。1818年当选为英国皇家学会会员。1834年参与创立英国统计学会。

1798年匿名发表著名的《人口论》(1826年第6版)。这是他受政府政策和W.葛德文(William Godwin)、孔多塞等人著作的启发,与父亲讨论后写出的。该书的中心论点包括2个原理、4个推论。2个原理即:粮食是人类生存的必要条件;两性之恋是必需的,并将保持它现有的形式。4个推论:人的繁殖能力无限大于土地生产粮食的能力;在无控制条件下,人口按几何级数增长,粮食按算术级数增长;粮食与人口的增长,这两种不相等能力必须保持平衡;必须对人口作强有力的和坚决的控制。认为人口出生率高不是繁荣而是最坏的象征;人口数量和消费资料数量的脱节属自然规律,可用晚婚、堕胎等办法削弱这一规律,而瘟疫、战争和饥荒也不失为减少人口的手段。1803年以真名出版了《人口论》的第2版,并补入中国、日本等国的资料。关于人口问题的最后一篇文章"人口论概述"写于1830年。

他的著作对达尔文提出自然选择思想中起了很大的启发作用。达尔文在《关于物种演变的笔记》中说:"1838年10月,我偶读'马尔萨斯论人口'……这立刻提醒了我:在这种情况(指生存竞争)下,有利的变异将得以保存,不利的变异则趋于消失,其结果将形成新的物种"。在《物种起源》中,达尔文又写道:"生存竞争是在各种力量作用下,马尔萨斯理论在整个动物和植物王国中的应用;因为这里既无人为的食物增长,也无审慎的生育控制。"

在经济学方面,他认为商品的价值决定于商品所能购买的劳动量,它代表生产上实际使用掉的劳动量加利润。著述颇丰,出版主要著作有:《现行的高市价食品供应》(1800年)、《谷物法颁布后的效果观察》(1814年)、《地租的本性》(1815年)、《谷物进口的约束政策》(1815年)、《政治经济学原理》(1820年)、《政治经济学释义》(1827年)等。 (辜晓进)

黑格尔,G. W. F.(Hegel, Georg Wilhelm Friedrich) 德国人,1770年8月27日生于德国符滕堡公国斯图加特,1831年11月14日卒于柏林。自然哲学、逻辑学、认识论。

税务局书记官之子。1780年进斯图加特市立文科中学。1788年考取图宾根神学院。1793年毕业后,即去瑞士伯尔尼任家庭教师。1797年赴法兰克福继续当家庭教师。1801年在耶拿大学通过博士学位论文和讲课资格的答辩,同年留校任教,1805年任编外教授。期间与F.W.J.谢林一起编辑出版《哲学评论》杂志,1803年5月,该刊因两人意见分歧而停办。1804年成为耶拿矿物学会鉴定员、威斯特伐利亚自然研究会正式会员。1807年成为海德堡物理学会名誉会员。1807年到班堡任《班堡日报》主编。1808～1816年任纽伦堡文科中学校长。1816年任海德堡大学哲学教授。1818年受聘为柏林大学教授,1829年任柏林大学校长。1831年1月获三级红鹰勋章。同年底死于瘟疫。

毕生在批判康德、费希特(J. G. Fichte)、谢林哲学的过程中,把德国古典唯心主义哲学推向顶峰,创立了哲学史上最庞大的客观唯心主义体系,并把辩证法系统化。1806年完成第一部巨著《精神现象学》,初步建立了自己哲学体系的基本概念和基本轮廓。1812～1816年完成《逻辑学》。而全面系统地表述其哲学体系的著作则是《哲学全书》(1817年初版,1827年第2版,1830年第3版),该书又分为"逻辑学"、"自然哲学"和"精神哲学"3部。"逻辑学"是"研究观念自在自为的科学",除导言"逻辑学概念的初步规定"外,包括"存在论"、"本质论"和"概念论"三大篇。在绝对精神发展所经历的这个阶段上,观念作为纯粹思维而发展着。黑格尔哲学的精华主要包含在逻辑学中。他以唯心主义方式把对立统一、质量互变、否定之否定当作思维规律加以阐明,并猜测到客观事物本身的辩证法,把本体论、逻辑学、认识论三者统一起来。

他的"自然哲学"是"研究异化或外在化的科学"。除导论外,包括"力学"、"物理学"和"有机学"三大篇。在这个阶段上,绝对精神将自身"异化"为自然界。在《哲学全书》的"自然哲学"部分中,论述了许多有关自然科学的合理思想,用高度思辨的头脑构造出了一个辩证发展的自然图景。该部分第一篇"力学",考察了时间、空间、物质和运动以及天体的运动。批判了康德时空观中的主观唯心主义成分,接受了其中的正确观点,即认为时空是单纯的形式。肯定了牛顿把时空规定为自然界存在的客观形式,而批评了牛顿把时空同物质运动割裂开来的观点,论证了时空依赖于运动着的物质,肯定了"空间与时间从属于运动"。关于天体运动,认为吸引和排斥的矛盾是促使行星运动的力量,批评了牛顿的"第一推动力",但忽视了康德关于宇宙起源的假设。"自然哲学"部分第二篇"物理学"中考察的是在差别和对立中相互反映的个体性。把个体性划分为:① 普遍个体性,即自由物理物体,四种元素和气象过程;② 特殊个体性,即比重、内聚性、声音和热;③ 总体个体性,即磁、电和化学过程。这部分内容虽然包含着许多臆造的陈腐思想,但也提出了不少精辟的见解。对光学中惠更斯的波动说和牛顿的微粒说进行了高度的哲学概括，提出光的传播是连续性与间断性的统一。关于物质结构问题，指出物质是无限可分的。批判了热质说，认为热是来自物体内部的振动，热并不像有重量的物质那样是独立存在的。所谓的热质纯粹是思辨形而上学在物理学里的虚构。还批判了唯能论和机械论，提出著名论题：就像没有无物质的运动一样，也没有无运动的物质。关于化学，预言了化学元素周期律，提出化学元素的可变性及可转化性等合理思想。"自然哲学"部分第三篇"有机学"里考察的是地球上的生命现象。把生命视为辩证法在自然界里的充分体现，认为"生命是整个对立面的结合"；把整个生命划分为作为普遍主观性的地质有机体，作为特殊主观性的植物有机体和作为个别主观性的动物有机体。探讨了生命起源与进化问题，认为生命是由非生命演化而来的，批判了那种主张生物进程是逐渐上升的系列的说法，认为所谓自然界里无飞跃的见解是完全与概念的分裂过程不相容的。提出了生物进化思想，认为一切动物都以一种作为普遍原型的绝对精神为其共同来源，动物发展的阶梯是这种普遍原型自我运动的外化表现，而人是这一过程的最高阶段，因此这种最高级的有机体就是普遍原型的最完善的表现。在地质学中，提出了大陆漂移的猜想，认为陆地向南分裂是地球本身自由运动的表现。

在《哲学全书》的"精神哲学"部分，建立了自己的客观唯心主义的精神哲学体系。除导言外，包括"主观精神"、"客观精神"和"绝对精神"三大篇。

概括地说，他的巨大功绩是把整个自然的、历史的和精神的世界描写为一个处于不断运动、变化、发展中的统一过程，并力图揭示这种运动和发展的内在联系。

（张之沧）

弗里斯，J. F.（Fries, Jakob Friedrich） 德国人，1773年8月23日生于德国巴尔比，1843年8月10日卒于耶拿。自然哲学、物理学。

早年学习神学。1795年在德国莱比锡大学攻读哲学。后去耶拿大学就学于费希特（J. G. Fichte）。1798年发表5篇关于哲学和心理学关系的文章。1806年任海德堡大学哲学和初等数学编外教授。1816年起在耶拿大学先后任哲学、数学、物理学与哲学教授。

自认是康德哲学的忠实信徒。坚持先验（演绎）自然科学的可能性，即认为范畴（如因果性）可以通过数学公式作为决定因素应用于经验，从而产生自然界的普遍规律系统。曾将康德的先验唯心主义心理学化，这方面最重要著作有《理性的新人类学评论》（1828年初版，1831年第2版）。他还是生理光学和概率论的权威，撰写出版过实验物理学教科书。从伏特电池原理中得到启发，提出生物极性（或生物磁性）说，认为根起着负极的作用，正极产生叶和花；植物体中存在着水-光、碳-氮两组极性。这一自然哲学推测促进了近现代生物学的发展，其学生J. M. 施莱登继续这项研究，成了细胞学的奠基人之一。

代表作有《赖因霍尔德、费希特和谢林》（1803年）、《逻辑学体系》（1811年初版，1837年第3版）、《实验哲学手册》（1817～1832年）、《精神人类学手册》（2卷，1820～1821年）等。

（方福娟）

谢林，F. W. J.（Schelling, Frederick Wilhelm Joseph）

德国人，1775年1月27日生于德国符腾堡州莱昂贝格，1854年8月20日卒于瑞士巴特拉加茨。哲学、自然哲学、宗教哲学。

新教牧师之子。早慧。15岁入图宾根神学院，与哲学家黑格尔、诗人荷尔德林（F. Hölderlin）结为朋友。1791年开始学习康德和费希特（J. G. Fichte）的著作，1792年获哲学硕士学位，1795年获神学硕士学位。同年任家庭教师。1796年到莱比锡大学学习自然科学和医学，发表过几篇哲学论文，引起费希特和歌德的注意。经他们推荐，1798年在耶拿大学任编外教授，讲解康德的先验论和费希特的自然理论。1803年应巴伐利亚公国之邀任维尔茨堡大学教授，1806年入选普鲁士巴伐利亚科学院院士。1832年入选柏林科学院院士。1820年任爱尔兰根大学教授。1827年任新建的慕尼黑大学教授，委任为巴伐利亚科学中心总监，当选为巴伐利亚科学院院长。1841～1846年兼任柏林大学哲学讲座教授。

其哲学思想发展过程可分为三个相互联系的阶段："自然哲学"，认为自然界的一切都是"宇宙灵魂"按照一定的目的创造的；"同一哲学"，认为主体和客体、存在和意识、物质和精神都统一在一个"绝对的同一"之中；"天启哲学"或"宗教哲学"，宣扬信仰高于理智、宗教高于科学的神秘主义哲学。早期，由于他具有丰富的自然科学知识，吸取了费希特的某些辩证思想，对哲学作出了贡献。他提出自然界充满对立力量的斗争，自然界的普遍运动就是将对立面统一到一个更高的水平之上的过程，这表明了他在哲学上的辩证法因素。但他却把自然界的这种统一原理，归结为"宇宙灵魂"的作用。他还认为生物界和无生物界并无不可逾越的界限，有机物内包含对立力量的斗争，无机物是死去的物质，其中的对立力量已被中和。在"同一哲学"方面，他认为事实和理念，心灵和生命（心灵的载体），实际上是同一的。因为从本质上说，自然并非一堆死的物质，而是一种具有无限能动作用的活的力量，人可凭直觉领悟到这一点。进化不外是自然界这种具有创造性和能动作用力量的产物，而不是达尔文自然选择的结果。因此，在谢林的思想里，感觉、非理性、幻想、具有创造性的个人、直觉占有重要的地位。这也可以看成是对18世纪欧洲启蒙运动理性主义的反动。他认为自由和必然也是同一的。自由中包含必然，自由就是必然，必然也就是自由。自由不仅不排斥必然，而且必然是自由的前提和依据。著有《自然哲学观念》（1797年）、《先验唯心论体系》、《哲学与宗教》（1804年）、《神话和天启哲学》等多部。身后出版《谢林全集》（14卷，1856～1861年）。

（方福娟）

赫尔巴特，J. F.（Herbart，Johann Friedrich） 德国人，1776年5月4日生于德国奥尔登堡，1841年8月14日卒于格丁根。哲学、心理学、伦理学、教育学。

曾在德国耶拿大学学习哲学和法律，深受康德伦理学和费希特(J. G. Fichet)的形而上学的影响。1808年在柯尼斯堡大学开设哲学讲座，建立了第一个教育学研究所。曾在普鲁士多个负责教育系统改革的委员会中工作。1833年回格丁根大学任哲学教授，直至去世。

认为“实在”是由其最终成分——“实体”所组成的一个可变复合体，由于实体处于周期性的组合和分离之中，因此“实在”就具有复杂的结构。实体的行为由它们的自我表现倾向所决定，对立面的辩证斗争产生“实在”的运动规律。而哲学的任务，就在于由可感知的“实在”创造出一个严格的分析-综合的概念系统。认为心灵是各种简单实体的一个“汇总”：观念在心灵中的出现即是这些实体“自我维持反应”相互作用的结果，但观念不一定都是有意识的，它们可以合并而产生合力，或冲突而使某些观念暂时被抑制在“意识的阈限以下”。对于简单实体的相互作用，可以用数学法则精确地加以刻画，犹如牛顿的力学一样。研究心理力量之间的相互作用，产生了心理静力学和心理动力学。

认为人类的道德基础是五种不变的观念：内在的自由（道德顿悟与意志的和谐）、完善（身心健康）、善意（对待别人的意愿）、公正（尊重别人的利益）、公平（赏罚得当）。这五种观念构成了“自我决定的德行”。缺乏这种洞察力和意志的自我决定能力，人的愿望就必须受权威和监督所制约。

基于上述的心理学和伦理学观念，建立了自己的教育学体系。认为教育的目的在于培养具有“完美德性”的人，也即做到上述五个观念的统一；教学则是教育的主要手段。应当交替使用分析、探索的和综合的、反省的这样两种方法：“静止的”探究导致概念清晰；“进行的”探究（联想）导致知识的增加；“静止的”反省产生知识的系统；“进行的”反省产生方法。根据这四种基本概念把教学过程加以区分，随着学生年龄的增长，相应的教育应分别为限制、决定、规范和鼓励四个阶段，最终则应以自我教育代替教育。通过这些思想他将教育学建成了独立的学科。是教育疗法和儿童心理病学的先驱。

主要著作有《裴斯泰洛齐论感觉认识的基础知识》(1802年)、《普通教育学》(1806年)、《根据经验、形而上学和数学新建的心理学》(2卷，1824～1825年)等。

（郑毓信）

厄纳-华伦斯基，J. M.（Hoëné-Wroński，Józef Maria） 波兰人，1776年8月23日生于波兰沃尔什滕，1853年8月8日卒于法国巴黎附近讷伊。自然哲学、数学。

祖先捷克人。市政建筑师的儿子。早年在波兰的波兹南大学和华沙大学学习。1794年在国民起义中任炮兵军官，升任中校。曾被俄军所俘，1797年获释。后3年在德国大学研究哲学，开始学者生涯。1800年起在法国马赛天文台工作了10年。1810年迁居巴黎，生活贫困，以给私人讲授科学和哲学为生。

哲学上深受康德影响，提倡一种绝对的、纯理性的“抽象哲学”，以“绝对实体”的突然启示为基础，并由三个主要概念组成：“最高规律”——独立于人类影响的现实基础；“普遍问题”——人类通过引入新现实，对造化所作的补充；“最后协调”——现实各方面的和谐，人类的终极目标。

生前发表有百余篇（部）著述，留下大量未发表手稿，出版专著有《康德的批判哲学》、《数学哲学导论》、《分析法的主要原理》、《二次方程的一般解法》、《流体动力学》等。后人发现，他的一些重要的数学概念和贡献，曾被他神秘而固执的哲学思想所掩盖。

（李士土）

奥肯，L.（Oken，Lorenz） 德国人，1779年8月1日生于德国巴登的博尔斯巴赫（今属奥芬贝格），1851年8月11日卒于瑞士苏黎世。自然哲学、博物学、生物学。

出身贫苦农民家庭。曾在德国弗赖堡大学、沃兹堡大学和格丁根大学学习博物学和医学。先后在格丁根、耶拿、慕尼黑、埃朗根等大学执教。中年时期以前因思想活跃、热心政治活动而被迫经常改变工作单位。1816～1848年任博物学《伊希斯》(Isis)杂志主编。1832年在瑞士苏黎世大学任教授，直至去世。

其自然哲学深受谢林等德国古典哲学家的影响。认为世界是个发展过程，经历机械现象、化学现象和生物现象三个阶段；而有机界的多样性是从物质的统一性衍生出来的。认为自然哲学的研究对象主要是博物学，强调在各类学校中讲授博物学的重要性。

1821年倡议成立德国自然科学研究者协会，其宗旨是“有利于科学和祖国的美好和荣誉”。1822年协会在莱比锡举行首次会议，以后每年轮流在德国各城市举行类似会议。克莱修斯、肖莱马、海克尔、玻尔兹曼、爱因斯坦等著名科学家都曾在会上发表过重要演说。英国巴比奇(C. Babbage)倡导的英国科学促进协会，就是模仿该协会建立的，故人们称他为科学协会的创始人。

是一位多产作家，其兴趣涉及光学、矿物学、军事科学等方面。但主要贡献在生物学特别是解剖学方面，认为“纤毛虫”是生物的基本单位，并称其为“原始动物”。猜测一切生物都起源于原始粘液的囊泡，这孕育着细胞学说的萌芽。还提出头脑是神经系统历史发展的产物。著述颇丰，代表作有《普通博物学》(7卷，1839～1841年)等。

（林德宏）

惠特利，R.（Whately，Richard） 英国人，1787年2月1日生于英国伦敦，1863年10月8日卒于爱尔兰都柏林。逻辑学、修辞学。

大学教授的儿子。1808年获牛津大学奥利尔学院硕士学位。留校任教，1811年当选评议员。1814年任牧师圣职。1821年结婚并定居牛津。1825年任牛津大学圣奥尔本学院院长，1829年任政治经济学教授。1831年任都柏林大主教，兼任都柏林大学三一学院政治经济学教授。

除撰有大量神学著述外，在科学上的最大贡献在于：最先纠正了自洛克起就支配着英国学术界的关于逻辑性质及功用的观念——逻辑的功用只在于给推理以具体指导，形式分析得出的演绎推理在获得知识上无能为力，知识只能从观察和实验中获得。受这种思想的影响，在长达150年内，逻辑学在英国始终未能取得重大进展。他坚持认为逻辑是关于正确推理的形式分析，它提供正确推理的形式；演绎推理能使我们发现已被证实命题的推论，这些推论是原先未受注意的。这种观点的改变为19世纪英国演绎推理的巨大发展奠定了基础。著述颇丰，其中有《讲演术指南》(1832年)、《基督教证词》(1837年，在世被译为10余种文字)等。 (郑毓信)

汉密尔顿，W.(Hamilton, Sir William) 英国人，1788年3月8日生于英国格拉斯哥，1856年5月6日卒于爱丁堡。*哲学、认识论、逻辑学。*

英国三代学术之家。格拉斯哥大学解剖学教授的儿子。2岁丧父，由母亲抚育成人。曾在牛津大学贝列尔学院学习，1811年、1814年先后获文学士，文科硕士学位。1813年加入苏格兰律师协会。1816年世袭准男爵。1817年、1820年两次访问德国，促使他学习研究早已被英国大学忽视了的当代德国哲学。1821年任爱丁堡大学民法学教授，兼授现代欧洲史和文学史课程，1836年任逻辑学与形而上学教授。1844年因中风而右侧半身瘫痪。

1829～1836年在《爱丁堡评论》上发表一系列论文，其中以“论感知”、“论逻辑”等最为重要。他的认识论是康德的知识有限论和司各脱的人类具有对外部世界的直观观念的结合。在逻辑学方面，认为我们不仅应像传统逻辑那样只考虑主语的量化，还应考虑谓语的量化；不仅只考虑命题的对称整体-部分关系(例如，如果所有的A是B，那么一些A是B)，还应考虑命题的对称等价关系(例如，如果$A=C$，$C=B$，那么$A=B$)，并因此而发展起了关于类等价的理论。他的研究证明了传统逻辑是可以而且应当补充和发展的，为数理逻辑的诞生作出了贡献。

生前代表作有论文集《哲学、文学和教育探讨》(1852年初版，1853年第2版)。身后出版有《形而上学和逻辑学讲演录》(4卷，1862年)、《W.汉密尔顿爵士自传》(1869年)。 (郑毓信 李啸虎)

汤姆森，C. J.(Thomsen, Christian Jürgensen) 丹麦人，1788年12月29日生于丹麦哥本哈根，1865年5月21日卒于同地。*文物和考古学、博物馆学。*

出生于富商家庭。自幼喜欢搜集艺术品、古文物，特别是钱币。很快在钱币学上有所造诣，而且以丰富的收藏品闻名遐迩。1816年任丹麦皇家古文物珍藏委员会的秘书，且负责管理该委员会下属的博物馆。1838年出任哥本哈根几家艺术、考古学和历史学博物馆综合管理机构的督察，1849年任该机构的负责人。

1820年将史前人工制品按照石器、铁器和青铜器的时代分类，这种分类是他最早提出来的。是第一个把博物馆当作普及教育工具的学者，主动将他的珍藏品免费让公众参观。1841年创设一个人类学史博物馆，陈列品不是什么稀世珍品，而尽是些日常生活用具，目的是告诉参观者人类是怎样依靠这些器具生活下来的。主要著作有《北欧古迹指南》(1836年)等。 (张南海)

休厄尔，W.(Whewell, William) 英国人，1794年5月24日生于英国兰开斯特，1866年3月6日卒于剑桥。*科学史、科学哲学。*

木匠的儿子。1812年进剑桥大学三一学院学习，1819年获文学硕士学位，1824年获神学博士学位。留校任教，1826年被委任为牧师，1828年任矿物学教授，后兼任道德哲学教授。1841年任三一学院院长，直至去世。1842年、1855年两次被任命为剑桥大学名誉副校长。曾任英国地质学会会长。1820年入选英国皇家学会。是国内外至少25个科学团体的成员和荣誉成员。

是英国维多利亚时代科学教育的领军人物之一。曾发表许多有关文学、建筑学、哲学、政治经济学、实验物理学、矿物学及大学教育的论文和著作。发明了自动记录风速仪；1833年为法拉第制订了一套电学新名词，创造了许多新的英文科学术语，译成中文如“电解”、“电离子”、“阳极”、“阴极”等。他还创造了地质学中的“始新世”、“中新世”、“上新世”，以及“物理学家”、“科学家”等科学新术语。将微积分引入理论力学。根据晶体表面角度的计算，设想晶体是由许多小菱体聚集成的，并提出著名的晶体点阵理论。此外，对改革剑桥大学的科学教育作出过重要贡献。

主要著作有《归纳科学史》(1837年)、《以归纳科学史为基础的归纳科学的哲学》(1840年)、《科学思想史》(1858年)、《哲学的发现》(1860年)等。 (张之沧)

孔德，A.(Comte, Auguste；全称 Comte, Isidore Auguste Marie Francois Xavier) 法国人，1798年1月19日生于法国蒙彼利埃，1857年9月5日卒于巴黎。*科学哲学、社会学、逻辑学。*

出身于税务官家庭。1814年进巴黎的综合工科学校，1816年因政治原因被开除出该校。1818～1823年担任空想社会主义者圣西门(H. Saint-Simon)的秘书。1826年在巴黎开班讲学。1832～1842年当家庭教师、巴黎工艺学校主考人。1848年创办实证哲学学会。经济收入一直不稳定，最后在贫困和孤独中死去。

实证哲学的创始人。首先提出了实证主义原则，就是以经验、实验为基础的原则。认为经验、观察、实验是知识的唯一来源和基础，概念或理论只有为实验所证实时才有意义。由于认为只有经验所得的知识才是真实的、确切的，经验以外的问题则是抽象的、不真实的，所以把科学局限于经验的范围以内，对经验范围以外是否存在客观物质世界则不予讨论。另外，把科学方法规定为实证方法，把规律解释为现象的相关性或先后性；认为理想的科学，能够从已知条件出发，推导出系统以后的状态。

把自己建立的实证哲学说成是知识进化的必然结果，提出知识进化经历了三个阶段：① 神学阶段。以虚构为基本特征,信仰超自然力量,用神的意志说明万物。② 形而上学阶段。是前一阶段的变态,追求万物的根源、本性和终极原因,企图获得绝对知识。③ 实证阶段。以科学为基本特征,尊重经验和事实,不再追求万事的根源、本性和终极原因,而是依靠观察和理性的力量,主要研究现象之间的关系。还提出,形成实证哲学的第一步是进行科学分类,按经历三个阶段的速度和达到实证阶段的时间不同,可以将所有的无机和有机现象依次归结为天文学、物理学、化学、生理学和社会学5门基本科学。

在他的哲学中,也有不可知论的思想。曾在19世纪20～30年代提出,“恒星的化学组成是人类绝对不能得到的知识”。但只过了约30年,天体分光学的诞生提供了研究天体化学组成的方法,宣告了他的武断结论的破产。

晚年倡立一种无神论宗教——“人道教”,提出应当崇拜人而不是崇拜神,提倡爱人类、爱人类栖息的地球、爱天空。他的实证主义哲学在西方有很大影响,倡导的人道教也曾一度在德国、英国、北美等地流行。

著作有《实证哲学教程》(6卷,1830～1842年)、《实证主义概论》(1848年)、《实证政治体系》(4卷,1851～1854年)、《实证逻辑体系》(1856年)等。 (郑毓信)

费希纳,G.T.(Fechner, Gustav Theodor) 德国人,1801年4月19日生于德国下路萨提亚地区的格罗斯-萨尔兴,1887年11月18日卒于莱比锡。*自然哲学、心理学、美学、物理学。*

出身传教士家庭。5岁丧父。1817年人莱比锡大学,1822年获医学博士学位。后定居莱比锡,从事物理学研究。1834～1839年任莱比锡大学物理学教授,因病辞职后研究哲学、心理物理学和美学。

在哲学上,赞成F.谢林的神秘主义自然哲学,主张泛灵论,承认心物一致,认为凡物皆具有精神和物质两个方面,整个宇宙可视为有意识的。作为其哲学的科学基础,在10年实验和研究的基础上,于1860年出版著名的《心理物理学纲要》(2卷),提出一整套基本方法及著名的韦伯-费希纳定律:$S=C\log R$。公式表明感觉强度S与刺激强度R的对数成正比,并认为精神与物质间同样存在此种关系。今声音强度单位即来源于这一定律。早期重要的物理学著作是关于电池的定量测定法(1831年)。1865年发表他的第一篇美学论文,后出版有《实验美学论》(1871年)。他的另一个经历10年的研究成果是1876年的著作《美学导论》,奠定了实验美学的基础。 (肖 玲)

穆勒,J.S.(Mill, John Stuart) 一译密尔。英国人,1806年5月20日生于英国伦敦,1873年5月8日卒于法国阿维尼翁。*科学哲学、逻辑学、经济学。*

苏格兰哲学家和经济学家J.穆勒(James Mill)的儿子。3岁学习希腊文,7岁学习拉丁文,12岁前已读了这两种文字的大量书籍,并学了代数、几何和微分学,以后便开始读亚里士多德的《逻辑学》。16岁起在父亲担任高级职务的东印度公司通信检查部供职达34年之久。1856年任主任,1858年辞职。20岁时曾经历过一段情绪忧郁时期,靠读华兹华斯的诗才得以解脱。1851年和一位杂货店老板的遗孀H.泰勒(Harriet Taylor)结婚,但7年后爱妻便死于阿维尼翁。1865年当选为英国自由党下院议员。1868年选举失败而脱离国会,隐居法国。

他作为一位哲学家,主攻的中心就是要用比17～18世纪怀疑派哲学家更好的方式来显示科学的真理性。其哲学思想接近休谟的经验论和A.孔德的实证论,认为感觉是唯一的存在。以“经验主义哲学家”自诩,相信人类一切知识都来自感性观察,并反对这样一种观点:某些知识是天赋的或是凭纯理性的洞察力获得的。在其《逻辑学体系》中,企图贬低靠推理而完成的知识的价值,认为那只是从一般概念中获得的个别现象,并试图证明由个别现象积累的感性知识的重要。认为知识来自特殊,从特殊开始又回到特殊。

24岁时开始写他最重要的哲学著作《逻辑学体系》,历时13年才完成。在逻辑学上的最大贡献是重建归纳法。在《逻辑学体系》(1843年)第3卷中,解释了自己提出的归纳法所依据的是这样的设想:自然本性是一致的,它的未来与过去是相似的。还借助了这样一些概念:“我们所见到的乌鸦是黑的,所以天下乌鸦都是黑的”。接着提出著名的“归纳的排除法”。这些方法是:① 协同准则——如果产生一种现象的诸事例仅共有一个特征,那么这特征便包含了那现象的原因;② 分歧准则——如果产生一种现象的诸事例与不产生那种现象的诸事例仅在一个特征上有分歧,那么这一特征即包含了该现象的原因;③ 剩余准则(分歧准则的一种变异)——如果我们在一种现象中取出所有我们估计在一定条件下会产生的结果,则剩下的便是剩余条件的结果;④ 相应变化准则——当一种现象随另一现象而变化时,则要么这两者之间存在因果关系,要么这两者共同与第三者存在因果关系。

在《逻辑学体系》出版后不久,其另一部极有影响的著作《政治经济学原理》(1848年)问世。这是正统的经济学理论和引人注目的独特思想的混合。他接受了亚当·斯密(Adam Smith)等人关于生产和交换、财富依赖于生产、利润依赖于劳动价值等一般学说。还保持了对马尔萨斯人口论的信任,相信对待贫穷除了使过多的人口减少以外,别无良方;认为劳动阶级的唯一希望就是限制他们的出生率,从而减少劳动力的供应。与马尔萨斯不同的是,他更赞成用避孕法和“道德约束”来控制人口。比以前的经济学家更强调劳动的价值,并且认为遗产继承权和土地所有权并不是一种天然的权利。

主要著作还有《国会改革的思想》(1859年)、《功利主义》(1863年)、《孔德和实证主义》(1865年)、《论妇女的从属地位》(1869年)等。 (辜晓进)

阿佩尔特,E.F.(Apelt, Ernst Friedrich) 德国

人，1812年3月3日生于德国萨克森公国赖谢瑙，1859年10月27日卒于上卢萨蒂亚地区的奥佩尔斯多夫。逻辑学、科学史、科学哲学。

早年即对数学有浓厚的兴趣。当过家庭教师，讲授数学、天文学和哲学。1831～1833年应邀到耶拿大学就读，在J. F. 弗里斯指导下学习数学和哲学，1834～1835年在莱比锡大学的A. F. 莫比乌斯指导下研究天文学和哲学，1839年获博士学位。留校任教，1856年任编外教授。后因父亲去世，接任工厂厂长之职，并建立一个水疗中心，因溺水而亡。

认为哲学是用批判的方法对认识和理性的一种分析，科学知识是认识论的试金石，对各门科学进行仔细的历史的研究是认识论最本质的东西。著述宏富，对哥白尼的日心说、希腊天文学、开普勒的自然哲学和F. H. 雅各比的科学工作都有专著出版。其中最重要的著作是1854年的《归纳法原理》。另有《人类的历史》(2卷，1845～1846年)、《开普勒的宇宙观》(1849年)、《天文学的变革》(1852年)、《形而上学》(1857年)、《宗教哲学》(1860年)。（高楚明）

洛策，R. H.（Lotze，Rudolph Hermann） 德国人，1817年5月21日生于德国萨克森地区包岑，1881年7月1日卒于柏林。哲学、逻辑学、心理学。

1834年入德国莱比锡大学学哲学与自然科学，1838年获哲学博士学位。黑格尔派哲学家韦斯(C. H. Weisse)对他影响很大。1843年任莱比锡大学编外哲学教授。1844年任格丁根大学哲学教授。

力求用一元化概念对自然界、灵魂、精神、历史及文化加以分类，为此仔细研究了非生命科学、生物学、医学及心理学等诸学科所取得的巨大进展。综合性著作《微观宇宙》(3卷，1856～1864年)自成体系，试图将赫德(Herder)的《人类的哲学观念》与A. von洪堡的《宇宙》联接起来，通过灵魂、精神、文化等概念，用哲学解释微观世界与宏观世界的本质。在1841年的著作《形而上学》中，完全接受了无机界和有机界的机械起因论，首次研究目的论在宇宙中的意义，断定机构论是宇宙实现其固有目的的手段。1852年在《医学心理学》中指出，世界的焦点是精神，而物质是从属的。其著作受到自然科学家们广泛关注。

另有《逻辑学》(1843年初版，1880年第2版)、《哲学体系》(2卷，1874～1879年)、《康德以来的德国哲学》(1882年)、《心理学原理》(1881年初版，1882年第2版)、《自然哲学原理》(1882年)、《实践哲学原理》(1882年初版，1884年第2版)、《宗教哲学原理》(1883年初版，1884年第2版)等著作多种；身后出版《洛策随笔文集》(3卷，1885～1891年)。（孙炳寅）

贝恩，A.（Bain，Alexander） 英国人，1818年6月11日生于英国苏格兰阿伯丁，1903年9月18日卒于同地。哲学、心理学、逻辑学。

手摇织机工的儿子。11岁辍学，做工7年，自学了拉丁语、希腊语、数学和力学。1836年因成绩优异获奖学金，在阿伯丁大学马利希尔学院学习，1840年获文科硕士学位。留校任教心理学、伦理学和逻辑学，1860年任逻辑学教授，1882～1886年出任大学校长。1876年创办著名的哲学杂志《思想》。

认为心灵是一个能动的统一体，精神活动和生理活动是这个实体的两个方面。并根据对神经系统的研究，认为每一个精神活动都有一个生理活动与之相对应。强调尊重事实，对纯理论的思辨哲学持怀疑态度；在伦理学方面遵循J. S. 穆勒的功利主义；在逻辑学上也追随J. S. 穆勒，但后来放弃了这一立场。（高楚明）

斯宾塞，H.（Spencer，Herbert） 英国人，1820年4月27日生于英国英格兰德比郡，1903年12月8日卒于英格兰苏塞克斯郡布赖顿。哲学、生物学、心理学。

父亲是中学教师；舅父是一位具有科学和激进思想的牧师。早年随父亲和舅父学习，靠自学成才。1837～1846年受雇为伦敦-伯明翰铁路工程师。1848～1853年任《经济学家》杂志副主编，并为《威斯敏斯特评论》撰写文章。1855年后患神经炎，给他带来很多痛苦。除与赫胥黎等好友来往外，专事学术研究。终生未娶。

在科学上的抱负是将心理学、伦理学、社会学与生物学、生理学、物理学综合为一体。1840年阅读赖尔的著作，成为拉马克主义者。1852年发表《人口理论》，指出人口的压力迫使进步成为必需，这与达尔文的自然选择理论十分接近。将马尔萨斯的理论用于生物界，提出生存斗争和适者生存等论点。1857年，发表“进化：它的规律和原因”一文，指出宇宙各个领域的发展——太阳系、生物界、个别生物的成长、社会和文明的发展——都是由松散的同质性向复杂的、相互联系的异质性的运动。在1862年出版的《第一原理》中指出，事物分化的原因在于“力”的持续作用、同质状态的不稳定性以及变化产生的多样化效应。他反对C. 麦克斯韦的看法：热力学第二定律意味着熵在增加而非异质性在增加。在1864～1867年出版的《生物学原理》(2卷本)一书中，将生命定义为“与外界的共存与序列相应的、同时和相继发生的异质变化的联合”。认为生物由低级向高级的进化，是由对环境的逐步适应所致。后天获得性的遗传和“用进废退”是进化的机制。然而未能解释“使用”如何改变器官，环境如何影响遗传物质。他之所以要坚持拉马克的观点，显然在于要维护自己的下述立场：生物进化和心理进化、社会进化具有基本的同一性。

1855年，发表具有首创意义的著作《心理学原理》(后修改为2卷本，1870～1872年)。这是心理学史上的里程碑。它使心理学消除了认识论的色彩，成为与生理学有密切关系的科学，并为W. 詹姆斯、巴甫洛夫的研究铺平了道路。认为心理进化的目的，在于产生对环境刺激作出复杂反应的能力。这一基本过程对各级生物都起作用。因此，人的抽象思维和道德同情心与原生物的自动收缩只是在程度上不同而已。他将社会学建立在心理学基础之上，并力图将进化原理与社会科学相结合。另外还出版有《伦理学原理》(2卷，1892～1893年)、《社会学原理》(3卷，1876～1896年)等。生性质朴，拒绝了各学会授与的一切荣誉。（方福娟　李文华）

恩格斯，F.（Engels, Friedrich） 德国人，1820年11月28日生于普鲁士莱茵省巴门（今德国伍珀塔尔），1895年8月5日卒于英国伦敦。哲学、自然哲学、社会科学。

马克思主义创始人之一，马克思的亲密战友。出生于纺织业世家，父亲是第三代业主，母亲有荷兰血统；家中8个子弟中的老大。1837年高中毕业前一年，就在父亲压力下辍学务商，次年到不来梅一家贸易公司实习。业余刻苦自学，著文剖析时事政治。1841～1842年在柏林服兵役，期间旁听柏林大学哲学讲座，参加青年黑格尔派活动，发表《谢林和启示》等批判性著述。1841年费尔巴哈出版《基督教的本质》一书，他立刻接受其唯物主义思想。1842年和马克思在科伦第一次会面。同年到英国曼彻斯特欧门-恩格斯纺织厂（家族合资企业）当职员，和爱尔兰织工玛丽·白恩士（Mary Burns）共同生活。英国之行是他成为社会主义者的转折点，期间考察英国社会和历史，关注英国宪章运动。1844年2月，在马克思主编的《德法年鉴》上发表“政治经济学批判大纲”，初步揭示资本主义私有制的矛盾。同年8月底回国，途经巴黎会见马克思，从此开始了40年并肩战斗。两人合写《神圣家族》（1844年），批判青年黑格尔派唯心论，阐明人民群众是历史创造者。1845年初，两人先后移居比利时布鲁塞尔。恩格斯完成《英国工人阶级状况》（1845年），和马克思合写《德意志意识形态》，进一步清算青年黑格尔派唯心主义，阐述历史唯物主义基本原理。1846～1847年，在布鲁塞尔参与建立共产主义通讯委员会、德意志工人协会，后一起加入共产主义者同盟。1848年德国革命爆发，和马克思在科伦创办《新莱茵报》。同年参加武装起义，失败后前往伦敦和马克思重建共产主义者同盟。

1848年和马克思在伦敦发表《共产党宣言》，标志着马克思主义学派正式诞生。为从经济上帮助马克思，1850年11月重返曼彻斯特经商，1870年移居伦敦。在这20年间和马克思几乎天天通信，探讨广泛领域的各种问题。1863年玛丽去世，同其妹莉齐（Lizzie）共同生活。1864年，马克思和恩格斯共同参与发起成立并领导国际工人协会（“第一国际”）。1870年7月普法战争爆发后，发表一系列军事评论文章，正确预测了战争进程，被誉为“将军”。1871年3月，巴黎工人武装起义并建立巴黎公社，受到他们的积极支持。第一国际解散后，马克思主要致力于写作《资本论》，恩格斯在报刊上连续发表文章宣传马克思主义。1875年俩人批判了《哥达纲领》中的拉萨尔主义观点。1876～1878年写作《反杜林论》，通过全面批判杜林观点，第一次系统论述了马克思主义学说三个主要组成部分。19世纪70年代初至1883年，致力于研究自然科学中的哲学问题，这些文章与札记在身后被辑录成《自然辩证法》一书。1883年3月马克思逝世后，他肩负着继续领导国际工人运动，整理、出版和再版马克思遗著，特别是《资本论》第2卷（1885年）、第3卷（1894年）；同时写了《家庭、私有制和国家的起源》（1884年）、《路德维希·费尔巴哈和德国古典哲学的终结》（1886年）等著作。1889年参与建立国际社会主义工人代表大会（“第二国际”）。1890～1895年，在一系列书信中澄清对唯物史观的误解与偏见。因患喉癌去世。1895年8月27日，亲友遵嘱将骨灰洒在英国东南部伊斯特本滨海之中。

马克思和恩格斯十分重视自然科学和自然科学中的哲学问题。他们“把科学首先看成是历史的有力的杠杆，看成是最高意义上的革命力量”，同时又把自然科学看成是哲学变革和发展的重要依据。为了创立辩证唯物主义世界观，阐明和论证马克思主义，为了揭露和清算庸俗唯物主义等种种错误思潮对工人运动的影响，同时也为了清除自然科学领域内的唯心主义和形而上学，促进自然科学健康发展的需要，恩格斯始于19世纪50年代，特别是70～80年代，花了大量时间和精力研究自然科学各门学科，对其历史和新进展进行哲学概括，其研究成果集中体现于未成稿《自然辩证法》一书。写作过程是：1873年5月～1876年5月，收集材料，写出“导言”和94篇札记；因写《反杜林论》而停顿后，1878年5月～1883年3月，写了该书几乎所有论文和70多篇札记，后又因马克思去世需整理遗稿而再次中断。当时他把手稿、札记和其他材料分成4束存放，在生前未能完成。1925年《自然辩证法》由苏联国家出版社首次公开出版。1932年首个中译本在上海问世。现在流行的《自然辩证法》包括10篇论文、172段札记、两个计划草案，总共184个部分组成（1984年中文版又增加18封通信和2个序言摘录）。根据他的“总计划草案”结构，该书大致包括六方面内容：

（一）自然史、自然科学史和自然观史概述。在“导言”和有关札记中，描述了从星云物质到天体、生命和人类的辩证演化图景，论述了宇宙有限事物在无限发展中的小循环、大循环的规律性；概述了近代自然科学产生和发展的历史，相应地形成形而上学机械唯物论自然观、以及被辩证唯物论自然观取代的必然进程；揭示了科学知识按指数级增长的规律。

（二）自然科学与哲学的关系。在“《反杜林论》旧序·论辩证法”、论文“神灵世界中的自然科学”和有关札记中，指出“自然界是检验辩证法的试金石”；从正、反两方面历史事实证明“只有辩证法才能帮助自然科学战胜理论困难”，而“蔑视辩证法是不能不受惩罚的”，强调了自然科学家自觉学习辩证法的极其必要性。

（三）运用自然科学丰富材料阐发辩证法基本规律与范畴。根据当时自然科学成果论证了辩证法三大基本规律和几对重要范畴；阐明了作为主观辩证法的辩证逻辑和科学方法论的一些基本观点，讨论了诸如概念的辩证本性、判断的辩证分类、归纳和演绎的辩证关系、因果性的实践检验、假说的作用等重要思想；坚持客观辩证法和主观辩证法的统一，指明主观辩证法是客观辩证法的反映。

（四）物质运动形式和科学分类。在论文“运动的基本形式”和相关札记中，根据19世纪末科学发展水平，把狭义自然界具体运动分为四大基本形式：机械运动、物理运动、化学运动和生物运动;阐述了辩证唯物论物质观、运动观的基本原理;提出物质运动基本形式是各门科学分类的根本依据,各门科学之间的区别和联系反映了物质运动形式的区别和联系;批判机械论运动观将一切运动形式归结为机械运动。

(五) 数学和各门自然科学的辩证内容。通过具体学科成果来说明"自然界的一切归根到底是辩证地而不是形而上学地发生的";对自然科学中某些长期存在的重大理论争议提出自己的独特看法,例如关于笛卡儿派和莱布尼茨派对机械运动的不同量度问题,以及"力"、"能"、"功"等物理概念问题等;对自然科学的某些发展作出了原则性、方向性的科学预见,例如探究"原子不是最小微粒"、恒星光热的发射和集聚、生命的本质和起源、人类演化的上升(进化)与下降(退化)运动等。

(六) 自然辩证法向社会辩证法的过渡:劳动创造人的理论。在论文"劳动在从猿到人转变过程中的作用"中,探讨了劳动在人类起源中的决定性作用,指出劳动是人与动物的本质区别,也是人的真正解放的社会条件,从而把自然辩证法和社会辩证法(即历史唯物主义)统一起来。

(七) 研究了人和自然的关系,以及科学技术和社会的关系。指出自然科学是人对自然的理论关系,工业是人对自然的实践关系;剖析人类本性中的受动性与能动性矛盾对人和自然关系的制约和影响;以大量历史和现实的事实为佐证,警告现代文明对自然平衡造成的破坏已超过自然自我修复的能力,从而最终危及人的生存;强调了人在改造自然过程中必须按照规律办事的极端重要性,探讨了人和自然协调发展的途径。

《自然辩证法》第一次系统阐述了辩证唯物主义自然观,丰富和发展了马克思主义哲学的一系列范畴和原理。虽然由于历史的原因,书中引述的不少材料和个别表述已经过时或显不足,但其阐明的基本原理和方法,以及一系列博大精深的丰富思想和科学预言,仍然是人类思想文化宝库中的灿烂瑰宝,是哲学和自然科学理论思维的研究指南,是有待进一步开拓发展的重要课题。

马克思和恩格斯从哲学上全面而深刻地总结了19世纪中叶以前的自然科学成就,特别是细胞学说、能量守恒和转化定律、生物进化论这三大发现,批判地吸收了前人特别是黑格尔哲学合理内核、费尔巴哈哲学基本内核,创立了辩证唯物论自然观,宣告了原来凌驾于自然科学之上、思辨地构造体系的旧自然哲学的终结。这一崭新自然观,具有如下基本特征:

(一) 承认自然界的独立性和本原性。"唯物主义的自然观不过是对自然界本来面目的朴素的了解,不附加以任何外来成份"(《自然辩证法》中译本,第177页),强调作为劳动的物质前提而出现的"外部自然界的优先地位"。

(二) 承认自然界存在着客观辩证法的规律性。恩格斯在《反杜林论》中说,"在自然界里,同样的辩证法的运动规律在无数错综复杂的变化中发生作用,正像在历史上这些规律支配着似乎是偶然的事变一样",应该"从自然界中找出这些规律并从自然界里加以阐发"(中译本第9～10页),反对像机械论自然观那样违反辩证法,或如黑格尔那样把辩证法从外部注入自然界。

(三) 阐明自然界本身的系统性,以及自然界、人类和人类社会的统一性。"整个自然界形成一个体系,即各种物体相互联系的总体"(《自然辩证法》中译本第54页);"自然史和人类史……是密切联系的;只要有人存在,自然史和人类史就彼此相互制约"(《德意志意识形态》);明确地把人类社会看作大自然的一部分,是统一的自然历史过程,遵循统一的客观辩证法规律。

(四) 在人与自然关系中,强调人在实践中的主体性和与自然关系的和谐性。既反对听天由命的奴隶主义自然观,又反对穷兵黩武的人类至上主义自然观。恩格斯深刻反思了人类历史上农业文明与沙漠化进程齐头并进的严酷事实,严重警告人类无序开发不可避免地引发"大自然的加倍报复",从而导致环境和生态危机。赞成马克思提出的以实践唯物主义为哲学基础的"人本学自然界"的思想,把"人化自然观"理解为"人与自然界的和谐",即"自然的人化"与"人的自然化"两者的辩证统一。

(李啸虎)

沃尔索, **J. J.** (Worsaae, Jens Jacob) 丹麦人,1821年3月14日生于丹麦日德兰半岛,1885年8月15日卒于哥本哈根。*考古学、博物馆学。*

从小热衷于搜集古文物。还是小学生时,就跟人在丹麦各地征集古代陶器和青铜器,还帮助发掘史前墓穴。据说在哥本哈根上中学时,他收藏的古文物在日德兰半岛已经首屈一指了。15岁时就与哥本哈根的北方古文化博物馆(现改为国立博物馆)馆长建立了联系,当了助手。1838～1840年间,利用休假日在哥本哈根北部和日德兰半岛进行发掘。他是懂得墓穴分层构造的考古学家,1840年发表了一篇论文,主张把丹麦的古代墓冢划分成石器期、青铜期和铁器期三大时期。1841年丹麦国王恩准他去瑞典南部进行考古研究。后来,又去英格兰、爱尔兰和苏格兰进行考古研究和讲学。回国后,出任专门为他设立的古文化监察官。1854年任哥本哈根大学考古学教授。1865年任丹麦国立博物馆馆长,直至去世。

(张南海)

施利曼, **H.** (Schliemann, Heinrich) 美国人,1822年1月6日生于德国梅克伦堡-什未林,1890年12月26日卒于意大利那不勒斯。*考古学、历史学。*

德国裔。基督教新教牧师的儿子。因家庭经济拮据,14岁时辍学去一家杂货铺当学徒。1841年去阿姆斯特丹,在一家荷兰公司任雇员。1846年受公司委派去圣彼得堡出差,不久后就留在那里自己开业,经营"印度蓝"染料,买卖兴旺,很快发了财。1850年去美国加利福尼亚州,改入美国籍。36岁时,弃商改行从事考古发掘,学习古希腊文和现代希腊文。游历欧洲、埃及、叙利亚和希腊,还专门在巴黎大学进修考古学。

少年时代就相信荷马史诗中描述的事件是真实的历史,决心用考古发掘来证实。1868年到希腊和小亚细亚一些考古现场进行考察,在考察过程中拟就了自己的发掘特洛伊城的计划。1869年第二次结婚,娶了雅典的名门闺秀索菲亚(Sophia)为妻。1871年夫妇俩开始在希沙立克丘发掘。在那里发现了7个筑有城垣的居民点遗址。他对其中的第二号遗址最感兴趣。第二号遗址的城垣上还留有攻守双方殊死搏斗的残痕，认为它就是荷马史诗中提到的特洛伊王的城堡。后于1878年、1881年和1889年3次来到希沙立克丘进行发掘工作。此外还发掘过迈锡尼、奥尔霍迈诺斯和梯林斯等地的古希腊文化遗址。（张南海）

斯塔洛，J. B.（Stallo, Johann Bernhard） 美国人，1823年3月16日生于德国奥尔登堡，1900年1月6日卒于意大利佛罗伦萨。科学哲学。

德国裔。教师的儿子。13岁入学。1839年因经济拮据移居美国，1841年在辛辛那提圣泽维尔学院任拉丁语和希腊语教授。1844年任纽约圣约翰大学物理学、化学和数学教授。1848年后返回辛辛那提操律师业务。1852～1855年任地方高等法院法官。1884～1889年任美国驻意大利佛罗伦萨使节。

认为物质不是孤立的，而是相互联系的，“是多种力和关系的网络”，从宏观或微观看都是如此。宏观物体的特性，不能用微观世界的同一特性来解释。反对用直观模式来说明微观世界，反对用机械论来说明物理现象。不喜欢黎曼几何，因为其中的一些概念无法用直观想象。著有《自然哲学的一般原理》（1848年）、《近代物理学的概念和理论》（1882年）。（李士土 李文华）

毕希纳，F. K. C. L.（Büchner, Friedrich Karl Christian, Ludwig） 德国人，1824年3月29日生于德国达姆施塔特近郊，1899年5月1日卒于同地。自然哲学、内科医学、生物进化论、科学史。

医生的儿子。1842年起先后入德国吉森大学、斯特拉斯堡大学、维尔茨堡大学和奥地利维也纳大学学习物理学、化学、植物学、矿物学、哲学和医学。1848年毕业后，师从R. C. 魏尔啸深造。1852年在图宾根大学任医学讲师。由于发表唯物论的文章和著作，受到校方和学界的围攻，被迫辞去教职，在达姆施特开业行医，并继续在病理学、生理学杂志上定期发表论文。

主要贡献是传播自然科学的方法和成果，著作以反对教条主义和形而上学而著称。1855年出版的《力与物质》为其代表作，批判了对宇宙的超自然解释和有神论，阐述了唯物论一元论的自然观，否定生命力等。他企图用物理学和化学定律简单化地讨论生理现象，将意识归结于特殊物质，认为头脑产生思想，就像膀胱分泌尿和肝脏分泌胆汁一样，因此，人们将他称为庸俗唯物主义者。

著述甚丰，主要还有：《自然和精神》（1857年）、《关于达尔文学说的六篇报告》（1868年）、《自然界中的人类及其地位》（1869年）、《上帝观念》（1874年）、《自然界的演化和历史》（1884年）、《未来生活和现代生活》（1889年）和《为真理服务》（1899年）等。（张祝山）

皮埃特，L.-É.-S.（Piette, Louis-Édouard-Stanislas） 法国人，1827年3月11日生于法国阿登省欧比涅，1906年6月5日卒于巴黎。考古学、人类学。

法国考古学的先驱者。原是一位地方法官，利用工余时间研究考古学和古生物学。首次发现法国古尔当、洛尔特、马达吉尔和布拉桑普等地都是旧石器时代遗址。还发掘了阿韦扎-普拉、巴特莱、奥森和卢尔德附近拉哈里阿得等地的墓冢。他对于莫尔蒂耶的旧石器时代划分有异议，但自己提出的划分方法也没有得到公认。（张南海）

皮特-里弗斯，A. H. L. F.（Pitt-Rivers, Augustus Henry Lane Fox） 英国人，1827年4月14日生于英国约克郡韦什比，1900年5月4日卒于拉什莫尔。博物馆学、考古学。

毕业于英国桑德豪斯皇家军事学院，是一位职业军官，1882年晋升为陆军中将。同年被英国政府任命为英国第一位古代遗址总监。1861年起先后加入伦敦人种学学会、伦敦古物收藏学会和伦敦人类学学会。曾在克里米亚、印度服役。专长研究来福枪等武器。后来其兴趣又从武器扩大到各种古代人工制品。还曾在克里米亚从事发掘，是一位著名的业余考古学家。每到一处就收集那里的武器和古代人工制品，并寄赠牛津大学。深受C. 达尔文和H. 斯宾塞的影响，他对收集于世界各地的古物进行逐一分类和按编年史排序整理。1883年，牛津大学专门设立了一个博物馆来保存他的馈赠，该博物馆以他的名字命名。主要著作有《克兰伯恩-蔡斯发掘记》（4卷）、《博凯莱和旺斯迪克发掘报告》等。（张南海）

凡尔纳，J. G.（Verne, Jules Gabriel） 法国人，1828年2月8日生于法国南特，1905年3月24日卒于亚眠。科学幻想小说、文学。

出生于有航海传统的家族。童年时就崇拜《鲁宾孙飘流记》的作者D. 笛福（Daniel Defoe）。11岁幻想航海旅行，独自离家，准备到远航船上当见习水手，被父亲找回。1848年进巴黎大学学习法律。但他心有旁骛，写起了剧本，1850年发表第一部作品，激怒了父亲，断其经济援助。他不得不在巴黎交易所工作。起初写了不少剧本，有些曾在剧院上演。1852年任歌剧院秘书。1859年，到苏格兰旅行，用小说形式撰写旅途见闻《英格兰和苏格兰纪行》。1863年出版第一部科学幻想小说《气球上的五星期》。因当年法国“巨人号”气球首次升空，该书十分畅销。从此辞去交易所职务专门从事科学幻想小说创作。1865年参加地理学会。还创立了航空发动机促进协会。1870年获法国荣誉军团勋位。1872年迁居亚眠。同年法兰西学院对他的作品予以褒奖，被接纳为亚眠市学士院院士。1876年，靠写作发了财的凡尔纳购置了一艘大游艇，开始环游欧洲和北非。1879年到挪威、爱尔兰、苏格兰旅行，1881年到荷兰、德国旅行，1883年到葡萄牙、阿尔及利亚、突尼斯、意大利旅行，受到各国读者的热烈欢迎。在罗马受到教皇接见。在威尼斯时用化名在旅馆住宿，被群众发现后，旅馆主人立刻把旅馆装饰一新，高悬标有凡尔纳名字的旗帜，晚上还放了焰火。1886 年被精神失常的侄子开枪击伤腿部，落下残疾。1888 年被选为亚眠市议员。1904 年糖尿病严重发作，1905 年 3 月瘫痪。去世后全国募捐为其筹建纪念堂。

他被称为“科学幻想小说之父”。一生的重大成就是创造了科学幻想小说这种新的文艺形式，撰写和出版有 60 余部科幻小说，总题为《在已知和未知的世界漫游》。作品情节曲折，人物生动，充满各种自然科学知识，精通地理学。写作时力求身临其境，如写《八十天环游地球》时，用纸板剪出主要人物的形象，钉在世界地图上，随着书中情节的展开，顺序标出主要人物所在的位置。该书出版后，不少读者努力打破 80 天环游地球一圈的纪录，成为一时美谈。不少作品中还预言了一些科学技术发明。主要作品还有：《地心游记》(1864 年)、《格兰特船长的儿女》(2 卷，1867～1868 年)、《海底两万里》(1869 年出版第 1 卷)、《八十天环游地球》(1873 年)、《神秘岛》(1874 年出版第 1 卷)、《十五岁小船长》(1878 年)等，其最后一部小说是《大海的入侵》(1905 年)。他的作品被多次拍成电影。 （林德宏）

冯特，W. M. (Wundt, Wilhelm Maximilian) 德国人，1832 年 8 月 16 日生于德国巴登大公国曼海姆附近乃克劳，1920 年 8 月 31 日卒于德国莱比锡附近大博滕。实验心理学、生理学。

牧师之子，幼时很少与其他孩子玩耍，却常与老人交谈。8 岁时一位青年牧师兼任他的家庭教师，并和他同住，感情很深，以致当老师要去新教区工作时，他极度悲伤，竟跟随而去。13 岁入天主教的大学预科。受其脑外科专家叔父的影响，1851 年起先后入图宾根大学、海德堡大学和柏林大学学医，1856 年毕业于海德堡大学，以优异成绩通过国家考试。在医院实习半年后，到柏林大学给生理学家 J. P. 米勒和 E. H. 杜布瓦-雷蒙当助手。1857 年在海德堡大学任职，翌年出版著作《关于肌肉运动的模式》，不幸此作未得指导老师杜布瓦-雷蒙的承认。同年又发表了第一篇关于感觉知觉过程的实验报告，并给前来任职的亥姆霍兹当实验室助手，后因不受重视而于 1863 年辞职。1864 年任海德堡大学助理教授，讲授生理心理学课。直到 1874 年，他才意外受聘为瑞士苏黎士大学哲学教授。翌年又受聘为莱比锡大学哲学教授。

被誉为“实验心理学之父”。知识渊博且多产，研究领域甚广。他对心理学的重要贡献首先在于使心理学从自然科学中独立出来。早在 1862 年，发表由 6 篇实验报告组成的《感觉知觉论文集》，在导言中提倡一种非形而上学的归纳心理学，重视社会资料，也肯定以实验为基本方法，并使之与内省法相结合。后被其学生铁钦纳(E. B. Titchener)发展为“实验内省法”。1863 年出版专著《人与动物的心理阐释》，涉及心理本质的本体论问题，并论述了心理学的特定课题就是研究人自身的内部经验。在多年讲课基础上，1874 年出版《生理心理学原理》。试图“规定一门新学科(即实验心理学)的界限”，认为心理学应“在自然科学与精神科学之间占有一个中间地位”。1896 年出版《心理学大纲》一书，进一步确立心理学的指导原理，强调心理学不同于自然科学，它研究人的自我理解和直接经验，研究人的内心世界与外部世界是怎样最终联系起来的，但不需要任何灵魂之类的假设基础。1900～1920 年间出版 10 卷本的《民族心理学》，致力于从社会制度的历史中研究心理过程的规律。故其心理学体系主要是实验心理学和民族心理学。

对心理学的另一重要贡献是，1879 年在莱比锡大学创办了世界上第一个心理学实验室。该实验室起先用作演示，后来转向研究，课题涉及几乎全部心理学问题，从感觉、知觉到思维、情感、意志等。1881 年创办第一份心理学实验室刊物《哲学研究》。实验室吸引了世界各地的心理学学者，成为培训心理学专业队伍的中心，并由此形成了心理学界第一个思想学派——构造心理学派。实验室的巨大影响还在于：为《生理心理学原理》一书的多次修订提供各种新信息；使《哲学研究》的报告享有国际性权威；为许多新实验室输送骨干。卡特尔(Cattel)在 1903 年曾发现，美国的 50 名主要心理学家中，竟有 18 名是冯特的学生。

经常在实践中改变自己的观点，但他也难以容忍不符合其理论的成果。如他否定朗格(L. Lange)对感觉和运动神经在反应时间上有重要区别的发现(1888 年)；否定屈尔佩(O. Külpe)及其符滕堡学派在思维过程的实验分析中取得的进展(尽管他们是从冯特先前的原理出发的)，后者坚持认为思维等复杂心理过程只能在社会发展历史中研究。

冯特一生勤奋笔耕，著述宏富。据统计，撰稿共有 53 735页，意味着一个人若活 100 年，必须每年不停地写作 500 页以上。 （肖 玲）

德普雷古，É.-V. R. (de Précourt, Émile-Valère Rivière) 法国人，1835 年 4 月 22 日生于法国巴黎，1922 年 1 月 25 日卒于同地。考古学、人类学。

原想继承父业从医，但因健康状况不佳，不得不去法国南部戛纳、芒通一带旅行。1870 年定居芒通，一个偶然的机会开始了新的生涯。在靠近意大利边境的波赛卢赛侏罗纪石灰岩池岬中，他发现了 9 个洞穴并进行发掘。出土有欧洲古石器时代的克鲁马龙人完整骨骼和各种随葬品。1887 年在拉穆塞的洞窟中发现了旧石器时代的壁画，上面画有野牛、大角野山羊、驯鹿、野马和猛犸等。 （张南海）

杰文斯，W. S. (Jevons, William Stanley) 英国人，1835 年 9 月 1 日生于英国利物浦，1882 年 8 月 13 日卒于黑斯廷斯。逻辑学、经济学、科学哲学。

铁器商兼学者之子。16 岁进伦敦大学学院学习化学和植物学等自然科学。2 年后辍学去澳大利亚新建的造币厂任化验员，同时钻研气象学、植物学和地质学。5 年后放弃了每年 600 英磅的优厚收入，回国继续深造逻辑学和经济学，1863 年获伦敦大学学院文科硕士学位。1865 年任利物浦皇家学院逻辑学和政治经济学临时教授。翌年任曼彻斯特大学欧文学院逻辑学、伦理学和政治经济学教授。1876 年任伦敦大学学院政治经济学教授,1880 年因病辞职。1872 年被选入英国皇家学会。游泳时溺水而逝。

1863 年出版《纯逻辑学》,该书在很多方面遵循 G. 布尔倡导的数学和逻辑学的综合方法。1870 年在英国皇家学会展出了他所制的一部逻辑机器。这台最初用于教学的工具,在解决问题上迅速而又准确,包含了一些现代计算机的特点。1958 年再版的《科学原理》(1874 年初版,1877 年第 2 版,1879 年第 3 版),强调了归纳法和概率论在科学研究中的意义;认为无论在观测或者在理论与实践的一致性上,都无法达到绝对精确;科学家所寻求的,只是事物的"逻辑联系";还论述了误差和平均值问题以及最小二乘法。所著《逻辑学基础教程》,教育了一代又一代的学者,1972 年仍再版。

继承了经济学和逻辑学相结合的英国传统,率先将统计方法带入经济学。勤奋地收集统计资料,极力提倡使用图表和图解(如果可能,使用彩色的)。认为图表和图解对于经济学家来说,就像地图对于地理学家一样重要。他把价值视为效用的函数,并将微积分和其他数学工具引入经济学。商品的效用与人类的需要有关,超过需要量效用会降低。用数学的话来说,效用是消费量的函数,它的二次导数是负值。以面包为例,一磅面包对一个给定的人来说具有最大效用,过多的面包效用反而随之降低。一反英国经济学家仅从供应方面而不从需要方面分析商品的作法。因此成为"限界效用"概念的先驱,也是提出作为现代经济学基础的"限界"概念的第一人。著有《政治经济学理论》(1871 年)等。在其不幸溺死后出版的《通货与财政的调查》中,包含了他的太阳黑子经济理论。1878 年 11 月 14 日,他在英国《自然》杂志发表"经济危机和太阳黑子"一文,认为经济危机的周期与黑子现象有关。 (辜晓进)

普特南,F. W. (Putnam, Frederic Ward) 美国人,1839 年 4 月 16 日生于美国马萨诸塞州塞勒姆,1915 年 8 月 14 日卒于马萨诸塞州坎布里奇。*考古学、博物馆学、人类学。*

早年入哈佛大学劳伦斯科学学院学习博物学和考古学。毕业留校,在该校比较动物学馆任著名古生物学家兼地质学家 J. L. R. 阿加西斯的助手。1859～1868 年任波士顿博物学会鱼类学馆馆长。1869～1873 年任塞勒姆的皮博迪博物馆首任馆长。1867 年参与创办《美国博物学家》杂志。1867～1869 年任东印度海洋学会博物馆馆长。1871 年任美国科学促进协会终身秘书长,1898 年当选为该协会主席。1874～1909 年任哈佛大学考古学与人类学博物馆馆长。1891 年负责建立芝加哥世界博览会人类学馆。1893 年参与组建芝加哥菲尔德自然博物馆。1901 年任美国民俗学会会长。是美国国家科学院院士。

被誉为"美国考古学之父"。一生曾指导、参与美国和世界各地 37 个地点的考古发掘工作,有诸多重要发现。其中,19 世纪 70 年代,曾随哈佛大学考古学与人类学博物馆馆长 J. 怀曼(Jeffries Wymann)在美国新英格兰地区发掘贝冢,发表考古成果《新英格兰古代印第安人皂石罐制品》(1878 年);1880～1895 年在俄亥俄州主持挖掘印第安人历史遗址,出版考古著作《俄亥俄州史前坟墩出土铁器》(1883 年)、《美国古代传统艺术》(1887 年)。著述颇丰,一生发表 400 余种出版物(包括论文、报告和著作),广泛涉及考古学、人类学和博物学等领域,其中还有:《艾塞克斯县鸟类览胜》(1856 年)、《博物学家辞典》(1865 年)、《普特兰讲演录》(1899 年)、《美国考古学与人类学研究》(1902 年)、《普特兰考古报告集》(1973 年)和《普特兰考古论文选集》(1973 年)等。 (张南海)

詹姆斯,W. (James, William) 美国人,1842 年 1 月 11 日生于美国纽约,1910 年 8 月 26 日卒于新罕布什尔州彻科鲁瓦。*哲学、心理学。*

是 H. 詹姆斯爵士(Sr. Henry James)5 个孩子中的长子,其弟 H. 詹姆斯(Henry James)是美国著名小说家。年幼时受父亲的宗教思想影响较深。最初的抱负是当一位美术家,1860 年从巴黎迁回美国,在罗德岛州纽波特市学画,但不久便转攻化学。1861 年进入哈佛大学劳伦斯理学院,后又学习生物学。1864 年进哈佛大学医学院,1867 年去德国学习神经生理学,1869 年获哈佛大学医学博士学位。1872 年底任哈佛大学解剖学和生理学讲师,后又相继担任心理学副教授(1876 年)、哲学副教授(1880 年)和哲学教授(1885 年)。

与 C. S. 皮尔斯同为美国实用主义哲学的创始人,并对这一哲学流派的传播起了极其重要的作用。1890 年发表《心理学原理》,这是将心理学作为自然科学来论述的最早著作之一。认为意识因实践的结果而存在,而且其特征由这些结果所决定;意识是流动的,对事实的认识可表示为"流"中的一个短暂的停顿。"意识流"是他的精辟语言之一。断定意志是对概念或意识的思维。赞成唯意志论,反对唯物论的反映论。提出概念只是人们为了在行动中取得成功而采取的"作业假设",凡是能帮助人们获得满意效果的或有用的就是真理,甚至一种理论只要"行得通"就成为真理。

1906 年在斯坦福大学的讲学,因旧金山地震而中断。1907 年继而以"实用主义"为题讲学,这使他早先著作中的思想逐渐形成一种体系,并于当年出版《实用主义》。在书中写到:"你可以说,'它是有用的,因为它是真的',也可以说,'它是真的,因为它是有用的'。"这一观点似与他在心理学中创立的情绪论(即与丹麦医学家和心理学家 C. G. 朗格同时提出的"詹姆斯-朗格情绪论")有某种联系。他的"情绪论"片面强调生理变化的作用,甚至说"我们因为哭,所以愁,因为动手打,所以生气;并不是我们愁了才哭,生气了才打"。这种理论虽推动了情绪生理机制的研究,但也割裂了社会生活和人的意识对情绪的制约作用。

"纯粹经验论"是他创立的又一学说。他的实用主义哲学正是以这一理论为基础的。1912 年出版的《彻底的经验主义论文集》中有一篇重要论文"意识存在吗?",该文将一种"单独的基本物质"称为"纯粹经验",即主观经验,而否认在此之外有任何实在的东西。

著作还有《信仰的意志及其他有关大众哲学的论文》(1897 年)、《多元体》(1909 年)、《真理的意义》(1909

年)等。 (辜晓进)

蒙特纽斯,G. O.(Montelius, Gustav Oscar) 瑞典人,1843年9月9日生于瑞典斯德哥尔摩,1921年11月4日卒于同地。考古学、年代学、博物馆学。

1863年20岁到瑞典国立历史博物馆工作。1869年获瑞典乌普萨拉大学博士学位。1888年兼任乌普萨拉大学考古学教授。1907～1913年任历史博物馆馆长。整整工作50年。1917年当选为瑞典皇家科学院院士。

可以认为是史前分类学的创始人。在考古学方面采纳了前辈的三时代体系,并进一步扩展为四时代体系,即古石器时代、新石器时代、铜器时代和铁器时代。最感兴趣的是新石器时代和铜器时代,并对此作了更进一步的划分。例如,将斯堪的纳维亚半岛的新石器时代又细分为4个小阶段,将北欧的青铜时代又细分为6个小阶段。擅长根据人工制品的形状、设计、装饰,对史前人工制品进行精确描述和分类,并由它们的形状、设计、装饰的变化,建立了斯堪的纳维亚人工制品的时间序列。以后又为把这种相对年代测定法变为绝对年代作了大量对比工作。1889年出版了《欧洲铜器时代年代学》一书,用自己的理论对后石器时代遗迹作了研究和检验。1894年写的《东方与欧洲》一书,是有关地中海东部后石器时代起源理论的经典著作。游历甚广,声誉卓著。一生出版著述400余篇(部)。另有《瑞典历史》、《斯堪的纳维亚青铜时代年代测定法》、《异教时期的瑞典文明》等。为纪念他,1943年瑞典颁发过纪念邮票。

(冯祖钧)

汤内里,P.(Tannery, Paul) 法国人,1843年12月20日生于法国伊夫林省芒特拉若利,1904年11月27日卒于塞纳-圣但尼省庞坦。科学史学、数学史、天文学史。

是数学家J. 汤内里(Jules Tannery)的长兄。1863年毕业于巴黎综合工科学校。同年供职国立里尔烟草厂,任助理工程师。1867年任巴黎烟草局管事。普法战争中任炮兵上尉。1872年起在多家烟草公司任职,1880年担任庞坦烟草公司代理厂长。1888年任波尔多烟草厂厂长。两年后返回巴黎。

早年受A. 孔德影响,对科学史发生强烈兴趣。1883年开始整理和研究数学史资料,编辑出版费尔玛等数学家著作,于此同时发表了大量关于科学史方面的论文,从古代希腊、拜占庭文明、中世纪欧洲直到17世纪。其立论之严、范围之广,颇受后人赞叹。还将古希腊数学家丢番图的手抄本、P. de费尔马的著作和笛卡尔的通信编辑成书。主要著作有《古希腊科学史》、《古希腊几何学》、《亚历山大的丢番图》、《古代天文史研究》(4卷本)、《科学回忆录》等;后人为他编辑了17卷本《汤内里文集》。 (李士土 李文华)

罗森贝格尔,J. K. F.(Rosenberger, Johann Karl Ferdinand) 德国人,1845年8月29日生于德国洛伯达,1899年9月11日卒于奥伯斯多夫。科学史、代数学。

上大学前是小学教师。以后在耶拿大学攻读数学和物理学,1870年获物理学博士学位。后在汉堡一些私立学校教数学和自然科学史。1876年通过了国家高等教育师资考试。1877年到美因河畔法兰克福市师范学校教书,1893年成为数学和物理学教授,直到去世。1892年成为德国利奥波德科学院院士。

一生除了进行过一段时间的代数学研究外,主要以其渊博的知识致力于自然科学史的研究。1882～1890年,研究了从古希腊直到1880年的自然科学发展史;在《物理学史》杂志上发表文章,着重阐明现代科学方法的产生和发展。1885年写了一本小册子,讨论科学创造的过程,提出了将科学史的研究作为一门新学科的主张,对科学史的研究起了推动作用。根据科学发展史,明确提出“真理”的相对性,指出牛顿的“正确”只是对亚里士多德的“谬误”而言。主张研究科学的方法应注意实践、数学和自然哲学的相互作用和微妙的平衡。断言没有实践和数学的哲学,如同没有哲学的经验主义一样,都不可能成为真正的科学。

主要著作有:《算术基本法则的代数学研究》(1876年)、《物理学通史》(3卷,1882～1885年)、《艾萨克·牛顿及其物理学原理》(1895年)、《电学原理的现代发展》(1898年)等。

(陆伟良)

霍耳,G. S.(Hall, Granville Stanley) 美国人,1846年2月1日生于美国马萨诸塞州阿什菲尔德,1924年4月24日卒于马萨诸塞州伍斯特。心理学、教育学。

1863年就学于威廉斯学院,1867年获文学士学位,1870年获文科硕士学位。1867年在纽约市联合神学院上学。1868～1871年在德国波恩大学、柏林大学和海德堡大学留学。1872年回国后,在安蒂奥克学院讲授英国文学、现代语言和哲学。曾任哈佛大学英语讲师。以后2年,在德国莱比锡大学师从W. 冯特和C. 路德维希等,在柏林大学跟亥姆霍兹和H. 克罗内克学习。后去哈佛大学,在鲍迪奇指导下完成了生理学博士论文,于1881年出版。1882～1888年,曾任约翰斯·霍普金斯大学心理学和教育学教授。1888年接任克拉克大学校长,1920年退休。1889年、1902年先后获威廉斯学院、约翰斯·霍普金斯大学荣誉法学博士学位。创办并多年主编《美国心理学》杂志。1904年创办《宗教心理学与教育学》杂志。1910年创办《人种发展》杂志。1917年在克拉克大学创办《应用心理学》杂志。

早期研究生理学,后来转而研究儿童和青少年的智力发育。所著《青春期的心理学》(2卷,1904年),是他最有影响的著作。主要著作还有:《德国文化面面观》(1881年)、《教育学文献选录与说明》(1886年,与他人合编)、《入学儿童心理的满足》(1894年)、《青春期的教育规范和保健》(1906年)和《教育问题》(2卷,1911年)等。

(殷明德)

罗曼尼斯,G. J.(Romanes, George John) 英

国人，1848年5月2日生于加拿大安大略省金斯顿，1894年5月23日卒于英国牛津。*心理学、生理学。*

苏格兰长老会牧师、希腊语教授的儿子。2岁时随父母返回英国。早年接受家庭教育，后进剑桥大学研究生理学和医学，1871年获文学士学位。后在伦敦大学学院继续研究无脊椎动物生理学。1879年因此方面成果当选为英国皇家学会会员。曾任英国林耐学会动物学秘书和英国生理学会秘书长。1891年在牛津大学开设了以自己名字命名的讲座。

其研究深受当时在英国占统治地位的达尔文进化论的影响，1874年成为达尔文的亲密朋友和热心支持者。晚年成为英国第二代达尔文主义者的主要代表。为进一步证明进化论，他和达尔文都认为有必要说明从低等生物到人的整个智力发展的连续过程。因此，他研究了动物的智力问题，并称其方法为“比较心理学”。出版了3本关于动物智力方面的书。1882年出版的第一本最为成功，题为《动物的智力》。但C. L. 摩根批评这本书的推理方法太拟人化，不严密。此外，和他人合作对水母的神经系统作了研究。对水母的有节奏的运动和人类心搏之间作了有意义的类比。（褚　平）

米勒，G. E.（Müller，Georg Elias）　德国人，1850年7月20日生于德国格里马，1934年12月23日卒于格丁根。*心理学。*

曾就读于莱比锡大学、柏林大学。后到格丁根大学跟随H. R. 洛策研究心理学和哲学，1873年获博士学位。留校任教，1876年任讲师。1880年到切尔诺维茨大学任哲学教授。翌年回格丁根大学接替洛策的教授职，在职40年。退休后继续写作。

其著作分为心理物理学、记忆和视觉三部分，课题虽取自费希纳、埃宾豪斯（H. Ebbinghaus）和海林（E. Hering），但其研究是成功的。首先是对心理物理学的贡献，主要体现在1878年的《心理物理学基础》等著作中。其次，进行了大量记忆实验，把内省法同客观法结合起来，强调第一印象与复习的重要性；还发现了定势的现象，由此提出复合说，展开同格式塔学派的论战。在1930年的《论色觉——心理物理学研究》一书中，针对海林的色觉说，提出颜色感觉是由大脑皮层的灰色物质产生的。将心理学从哲学中分离出来，使之成为一门严谨的科学。他在格丁根大学创建的心理实验室可同冯特的实验室媲美，吸引和培养了来自欧洲、美国的许多学者。（肖　玲）

克里斯托尔，G.（Chrystal，George）　英国人，1851年3月8日生于英国苏格兰阿伯丁郡奥尔特-麦尔德鲁姆，1911年11月3日卒于爱丁堡。*科学史、教育学、数学。*

1867年进阿伯丁大学，1871年毕业。同年进入剑桥大学彼得学院深造，深受C. 麦克斯韦的器重。1874年到剑桥大学新成立的卡文迪许实验室供职，1875年留校任评议员。1877年任圣安德鲁斯大学数学教授。1879年起任爱丁堡大学数学系主任达32年之久。是爱丁堡数学学会创始人之一。

撰写科学家传记、数学和物理学论文70篇，其中传记部分编入《大英百科全书》，至今仍有参考价值。1890年在兼任中学监察员期间，制订了统一的毕业考试标准。提议将师范学院从长老会转为公办，并担任首届接办委员会主席。1886年编写出版的《代数学基本教程》（2卷），适合于高中年级和大学学生使用，在不等式、极限、收敛及复数的应用与处理等方面独具一格，流行国内外。（苏诚基）

摩根，C. L.（Morgan，Conwy Lloyd）　英国人，1852年2月6日生于英国伦敦，1936年3月6日卒于黑斯廷斯。*比较心理学、哲学、动物学。*

律师之子。17岁进入伦敦的英国皇家矿冶学院。后随著名生物学家T. H. 赫胥黎工作。1878～1883年在南非开普敦龙德博斯教区学院讲授自然科学、英国文学和立宪史。1884年回国，任布里斯托尔大学学院地质学和动物学教授，1909～1910年任第一副校长，翌年辞去行政职务任心理学和伦理学教授，1919年退休。1926～1927年任英国亚里士多德学会会长。

学术活动涉及地质学、一般自然科学、比较心理学和哲学等领域。是动物心理学研究的先驱者和奠基者之一，也是对生物进化论有重要贡献的人。主要成就则在比较心理学领域。1890年出版《动物的生活和智力》，1895年出版《比较心理学论纲》。他意识到进化论已经为人类和低级动物心理活动的关系问题提供了新的前景。作为动物心理学的奠基人之一，最先采用了实验的方法。为防止以任何拟人论的方法来对待动物心理，阐明了其著名的经济律：“如果一种行动可以解释为较低的心理能力的活动结果，我们决不能将它说成一种高级心理能力活动的结果。”发现有3种水平的心理活动：蒙昧的意识（一切动物都有），有效的意识（能够利用经验的动物都有），最高的自我意识（少数高级动物才有）。

心理学著作还有《习惯和本能》（1896年）、《动物的行为》（1900年）、《本能和经验》（1912年）、以及《突现进化》（1923年，与他人合著）、《生命、心灵和精神》（1926年）、《动物的心理》（1930年）等。哲学著作包括《在十字路口的心理学》（1929年）和《新鲜事物的出现》（1933年）。地学著作有《水及其启示》（1882年）和《我们的环境》（1884年）等。（辜晓进）

卡鲁斯，P.（Carus，Paul）　美国人，1852年7月18日生于德国伊尔森堡，1919年2月11日卒于美国伊利诺伊州。*自然哲学、科学哲学。*

德国裔。早年在德国斯特拉斯堡大学和图宾根大学学习哲学、古典语言和自然科学，1876年获图宾根大学哲学博士学位。曾在德累斯顿军事学院任教，因宗教原因被迫离职。1884年赴美国任芝加哥大学教授。1887年起兼任由他的义父成立的公开论坛出版公司总编辑，主编《公开论坛》和《一元论》两种杂志。

哲学上主张“单元论”或“科学的宗教”，认为主观与客观之间存在着一致性，因为一切自然规律都起源于上帝，旨在调和科学与宗教的关系。认为科学提供了解决人类问题的钥匙，宗教正处于改革状态，需要清除迷信和寻求科学的坚实基础。他用以重建“科学的宗教”的工具，是德国数学家 H.G. 格拉斯曼的多维几何学。认为世界的性质和我们的知识是这种几何方法的一般化。一切物体都具有形式。所谓知识，就是对外部世界形式的领会。反对康德的自然规律依赖于人类心灵的说法。认为世界各部分既具有物质性，又具有精神性。世界是一个活的实样，在其演化过程中，不断由低级形式向高级发展，最终演化出人类的理性。一生发表 1500 篇论文，出版 75 部著作，主要著作有《作为科学的神学》等。

（李士土）

皮特里，W. M. F.（Petrie，William Matthew Flinders） 英国人，1853 年 6 月 3 日生于英国肯特郡查尔顿，1942 年 7 月 28 日卒于巴勒斯坦耶路撒冷。考古学、埃及学。

幼年体质孱弱，请家庭教师在家上课和自习文化，未受过正规学校教育。父母发现他对古文物和大地测量学感兴趣，予以鼓励。1881 年父亲安排他去埃及测量金字塔。1883 年成立埃及考古基金会后，任第一任埃及野外考古组组长。1890 年短期去巴勒斯坦发掘古迹。1892～1893 年任伦敦大学埃及学教授。1894 年创立埃及研究会，并任会长。1905 年该会易名为英国埃及考古学校，任校长。1926 年辞去校长职务，去巴勒斯坦发掘，在那里病故。1902 年和 1912 年先后当选为英国皇家学会会员、英国研究院院士。

主要发掘成果包括阿拜多斯埃及第一、第二王朝时期的法老陵墓、特尔·阿玛尔纳（Tell el-Amarna）的书简及遗物、古罗卜和卡胡两地的迈锡尼文化以前的陶罐，以及那伽达前王朝时期的墓群等。 （张南海）

弗雷泽，J. G.（Frazer，James George） 英国人，1854 年 1 月 1 日生于英国苏格兰格拉斯哥，1941 年 5 月 7 日卒于剑桥。考古学、人类学。

先后就读于斯普林菲尔德学院、拉奇菲尔德学院和格拉斯哥大学，学习数学、物理、伦理、英国文学和古典文学。后进入剑桥大学三一学院，1878 年获古典文学荣誉学位。1879 年研究柏拉图理念，获该校文科硕士学位，留校被选为三一学院评议员。1907 年任利物浦大学社会人类学教授。曾任英国研究院院士、爱丁堡皇家学会名誉会员、普鲁士皇家科学院外籍院士。

在古典文学的研究中萌发对人类学研究的兴趣。认为人类文明的演化经过巫术、宗教和科学 3 个阶段，未开化人类和现代人之间的共同点多于不同点。著作中提供的大量古代人类习俗和信仰的资料，对研究人类学、特别是古代祭祀和民俗学有重要价值。著作有《金枝集》（1890 年）、《图腾崇拜和族外婚制》（1910 年）和《人类、上帝和不朽》（1927 年）等。 （方福娟）

严复（Yan Fu） 原名宗光，字又陵，又字几道。中国清末民国初福建侯官（今福建闽侯）人，清末咸丰三年十二月初十（1854 年 1 月 8 日）生，1921 年 10 月 27 日卒。自然哲学、进化论。

中医师之子。12 岁考入福州马尾船厂附设的船政学堂。14 岁丧父。19 岁毕业后在军舰上实习，周游南海、黄海。1877 年公派英国留学，先后入读普茨茅斯大学、格林尼治海军学院。并考察了中西学术、政制的异同。1879 年回国，到福州船厂船政学校任教习。光绪六年（1880 年），李鸿章在天津办北洋水师学堂，任命他为总教习（教务长），光绪十六年（1890 年）升总办（校长）。光绪二十八年（1902 年）在北京任编译局总纂。此后历任上海复旦公学校长、安庆高等学堂监督、京师大学堂总监、袁世凯的总统府外交法律顾问等。

中国近代启蒙思想家、翻译家，向西方寻求真理的代表人物之一。辛亥革命前，他翻译了多种西方自然科学和社会政治学论著，其中最有名的是 T. H. 赫胥黎的《天演论》。以“物竞天择，适者生存”的进化论作为支持当时变法维新的理论依据。1895 年发表“原强”一文，介绍达尔文进化论。后来还撰文介绍哥白尼的日心说与康德的星云假说。将达尔文、赫胥黎等人的进化学说与中国固有的唯物主义传统结合起来，形成了自己的“天演哲学”。认为天体是从星云逐渐演化出来的，地球上种类繁多的生物是长期进化的结果，人类也是从动物进化而来的，是生物进化过程中的一个阶段。还认为宇宙中除物质与力以外没有他物，而宇宙万物的进化根源于“质力相推”的法则，用牛顿机械力学的原理解释自然界进化的原因。

他反对洋务派的“中学为体，西学为用”，“主于中学，以西学辅所不足”的观点，大胆主张“自由为体，民主为用”，劝人努力学习和效法西学。向中国文化界介绍了西方近代自然科学的方法论，指出西方之所以“船坚炮利”、“国人富强”，关键在于有各种科学知识为依据，而之所以能有各种科学，则是因为有新的哲学方法论为指导。认为逻辑学是“一切法之法，一切学之学”。归纳法是“即物穷理之最要途术”。主张研究学术要从第一手材料出发，用事实来验证。

著译汇编为《侯官严氏丛刊》、《严氏名著丛刊》、《严几道诗文钞》等。

（林德宏）

霍尔丹，R. B. S.（Haldane，Richard Burdon Sanderson） 封爵后又称“第一子爵霍尔丹”。英国人，1856 年 7 月 30 日生于英国爱丁堡，1928 年 8 月 19 日卒于珀斯郡。科学哲学。

曾在英国爱丁堡大学和德国格丁根大学学习哲学。毕业于爱丁堡大学，获苏格兰 4 个大学的奖学金，后在伦敦大学学法律。1877 年在伦敦当律师。1885 年当选为哈丁顿郡议员。1895 年参与成立伦敦大学经济学院。1905～1911 年任陆军大臣时，成立海外远征军、帝国总参谋部，并在大学里设立军官培训团。1909 年参与创建英国航空咨询委员会（1979 年解散）。1911 年封为子爵。1912 年和 1923 年两次任英国上议院的大法官。1907～1908 年任英国亚里士多德研究会会长。曾任英国布里斯托大学、圣安德鲁斯大学名誉校长。终身不娶。因心脏病突发去世。

1883 年与肯普（J. Kemp）合译了德国著名哲学家

叔本华(A. Schopenhauer)的《世界即意志和观念》,1886年之前出版了第一个英文版。同年,又与塞思(A. Seth)合编了格林(T. H. Green)的《哲学批判主义论文集》,支持黑格尔哲学,后者在以后的30年中成为英国哲学界的主流。1921年发表重要哲学著作《相对论时代》,对C. F. 高斯、G. 黎曼和H. 闵可夫斯基有关相对论的数学理论作了综述。认为相对论仅是"知识相对性原理"的一个具体应用。从物理空间与感觉空间有别出发,将经验分化为知觉和理念,后者在实际经验中是没有根据的;并且认为"相对于观察者",意味着需要"依赖心灵"。爱因斯坦对此予以否定,并于1921年告诉他,他不相信自己的理论具有形而上学的含义。 (苏诚基)

比纳,A.(Binet, Alfred) 法国人,1857年7月8日生于法国尼斯,1911年10月18日卒于巴黎。心理学。

医生之子。1878年获巴黎大学法学院法学士学位。后在巴黎大学索邦学院学习医学和自然科学。1883~1889年供职于瑟尔伯特里拉医院神经诊疗所。1892年到巴黎大学索邦学院H. 博尼(Henri Beaunis)新创立的生理心理学实验室任副主任,1894年接替博尼任实验室主任,直至去世。1895年和博尼共同创办了法国第一份心理学杂志《心理学年鉴》。1898年,他和F. 布伊松(Ferdinand Buisson)一起创立了儿童心理研究自由学会(他去世后更名为比纳学会)。

法国实验心理学的奠基人。发展了心理学实验法,对各种心理调查都作出了卓越贡献。年轻时就对精神病学感兴趣,常听神经病学家J.-M. 夏科的课,并研究H. 泰纳(Hipplyte Taine)、T. 里博(Théodule Ribot)和J. S. 穆勒等学者的观点。其第一部著作《推理心理学》(1886年),建立在催眠实验基础上,把推理过程同想象的组合联系起来并讲了联想主义。该书还触及一系列关于智力和思维过程的研究。他先后写了潜意识思维(1887年)、个性的变换(1892年)、智力疲劳(1898年)、暗示感受性(1900年)、星相学等方面论著。尤其是《智力的实验研究》(1903年),宣告了他与里博的联想主义的决裂。他描述了对自己两个女儿的观察和实验。他提出简单的问题,要求她们回答,并强调回答的理由及解释本身的理由。由此说明不能将推理翻译成感觉术语,证明了思维的统一性、能动性及其对于想象的独立性。这也是对两个不同个性的实验对象进行的一次深入细致的调查研究。

1900年左右,其实验开始超出实验室的狭窄范围。他宁可用问卷调查和个别访谈的方法,而不用实验室的复杂仪器和人工技术进行实验。他对心理学的主要贡献是对智力测验新方法的介绍。1904年,他受教育部委托到一个委员会任职,研究与智力迟钝的儿童教育有关的问题。这一委派导致了比纳对智力测验标准的重要研究。他和T. 西蒙(Theódore Simon)合作在1905年发表了一套测验标准,由大量涉及日常情景的简短、变化的问题组成,按难易划分等级,通过结果的比较及其分类来确定智力情况。这是智力测验方面的第一个标准尺度。1908年首先提出了"智力年龄"这一重要概念,假设智力随年龄增长,将一定数量的同龄正常儿童的平均测验成绩作为该年龄的智力年龄,然后将测验结果与之比较,来确定儿童的智力年龄。这一测验标准以"比纳-西蒙智力测验量表"著称于世,并得到广泛应用。它标志了一个智力测验新时代的开始。 (肖 玲)

约翰逊,W. E.(Johnson, William Ernest) 英国人,1858年6月23日生于英国剑桥,1931年1月14日卒于北安普敦。逻辑学。

1879年进入剑桥大学皇家学院,1882年获数学学士学位。1902年任皇家学院伦理科学讲师,并被授予评议员职位。1923年被选为英国研究院院士。

其代表作《逻辑学》于1921~1924年出了3卷,关于概率论的第4卷从未出版,其中前几章在他去世后收入《思维》一书。此外,在发表的重要论文中,有3篇关于布尔逻辑、1篇关于概率论之连续法则。《逻辑学》一书使他获得一些著名的荣誉学位,对伦理学也做出了许多有价值的贡献,其思想影响了当代许多逻辑学家。

(辜晓进)

迈耶森,É.(Meyerson, Émile) 法国人,1859年2月12日生于俄国卢布林(今属波兰),1933年12月2日卒于法国巴黎。科学哲学。

波兰裔。早年在德国学习化学,经常出入格丁根大学、海德堡大学、柏林大学等校著名实验室。1882年定居巴黎,进行靛蓝染料合成试制,以失败告终。后发挥其精通多种语言的优势,担任海伐斯新闻社外国部总编辑,结识了许多著名科学家。并参与解决犹太人定居问题。第一次世界大战后,加入法国籍。1926年入选丹麦皇家文理科学院外籍院士。同年当选为法国伦理政治科学院通讯院士。

在克罗曼(K. Kroman)的影响下,1908年出版著名科学哲学著作《同一性和现实性》,宣称同一性和因果律是自然科学的基本原理。认为从哲学角度来看,拉瓦锡以前的化学与现代化学本质上是一样的,都是在寻求事物的因果关系。他进而去研究自然科学史,试图在研究现实的本性时,用归纳法寻求指导人类思维的先验原理(因果律),并建立一种基于同一性上的普遍知识体系。认为科学不仅在于记录现象、总结规律、作出预言、控制未来,还在于使现实逐步合理化;数学是将理想与现实纳入富有成果命题的理想工具;相对论是物理数学对机械论的胜利。科学发展进程中,概率论和量子论的成就使其强调决定论因果律的思想遭受打击,然而他坚持科学与哲学相联系,以及从思想史高度去研究科学发展的做法,却给人留下深刻印象。他的一些思想被T. 库恩后来在《科学革命的结构》名著中加以发展。

其他著作有:《科学上的说明》(2卷,1921年)、《相对论的推论》(1925年)、《思想的过程》(3卷,1931年)、《量子物理学的实时性和决定论》(1933年)等。

(李士土 李文华)

胡塞尔,E.(Husserl, Edmund) 德国人,1859年

4月8日生于奥匈帝国摩拉维亚的普劳斯尼茨(今属捷克),1938年4月27日卒于德国弗赖堡。哲学、心理学、逻辑学。

生于犹太家庭。1876年入莱比锡大学学习数学、物理学、天文学和哲学。1878～1881年在柏林大学学习数学和哲学。1881年获维也纳大学数学博士学位。同年回柏林大学任教。1884年任教于维也纳大学哲学系。1886年任教于哈雷大学哲学系。1900年任格丁根大学哲学系教授。1916年任弗赖堡大学讲座教授,1929年退休。1913～1930年主编《哲学和现象学研究年鉴》。

现象学哲学学派创始人与奠基人。其思想轨迹大致经历了四个阶段:①心理主义时期,受布伦塔诺(F. Brentano)意动心理学影响,认为心理学是逻辑学和数学的基础。②现象学创立时期,受弗雷格(G. Frege)形式主义数理哲学影响,反思和批判心理主义,为逻辑先验性辩护,提出形式化本体论纲领,创立"现象学"概念和方法,旨在采用科学方法将传统哲学建构成一门哲学科学。③超验现象学时期,以《纯粹现象学和现象学哲学的观念》(1913年)为标志,发展了一种普遍超验的哲学,提倡用现象学还原方法观察一切实在而不加评论,只对纯意识(即超越自我)及其相关物进行意向分析。④生成意向分析时期。1920年后撰写《欧洲科学危机和超验现象学》(1954年)等论著,运用意向生成分析方法,阐述了欧洲科学危机现实表现及其历史根源;认为作为自然科学研究对象的外在物质世界,实际上是人的集体性创造活动的特殊沉积物;批判实证主义科学观、存在主义非理性主义哲学思想。

他将人类知识分为两大类:一类是作为人类"外在导向"经验的自然科学知识;一类是作为人类"内在导向"经验的哲学知识;将心理学定位为联系以上两类知识的"中间科学"。强调心理学研究的"意识",是个人面对事件产生的即时而主观的经验,也就是直觉。主张心理学家研究受试者心理现象时,应遵守"观察先于分析"原则,然后对心理现象找出合理解释。他设置了三条通往先验现象学"绝对意识"的道路:心理学道路,笛卡尔先验论道路,经由"生活世界"道路;最后企图通过返回生活世界找回科学的意义基础,以此解救欧洲科学危机、文化危机和人性危机。现象学对早期结构主义、逻辑实证主义、存在主义、完形心理学和人本主义心理学、法兰克福学派等流派有重要影响。

主要著作还有:《算术哲学》(1891年)、《逻辑研究》(2卷,1900～1901年)、《形式和超验逻辑》(1929年)、《笛卡尔的沉思》(1929年,1964年英译本)、《纯粹现象学一般导论》(1931年英译本)。 (李啸虎)

柏格森,H.L.(Bergson, Henri Louis) 法国人,1859年10月18日生于法国巴黎,1941年1月4日卒于同地。哲学、心理学、社会学。

父亲是波兰籍犹太人音乐家,母亲是英籍犹太人。1881年毕业于巴黎高等师范学校,1898年获文科博士学位。同年起在安琪儿公立中等学校教授哲学。1898年任教于巴黎高等师范学校。1900～1921年被聘为法兰西学院哲学教授。1914年当选为法国科学院院士。

生命哲学和现代直觉主义的代表。强调变化或过程,认为变化或过程在宇宙发展史中不断创造出不可预测的新事物,并认为直觉意识到的经验是人类最可靠的知识来源。对时间、记忆和进化等问题提出了自己的解释。在时间问题上,认为有两种时间,一种是自然科学中的时间("空间化的时间"),另一种是人们直觉体验的时间("绵延")。前者是由时间单位(时、分、秒)组成的同质的延续的介质,后者是由流动的不可逆转的现象组成的进程。这些现象溶合在一起,形成了一个不可分割的过程。这种过程是异质的,而非同质的;是具体的,而非抽象的。把时间表示成一条直线,只不过是数学的抽象,是一种幻觉,机械主义的错误在于把这种幻觉看成为现实。在记忆问题上,主张身体和灵魂、物质和精神二元论。通过对记忆的剖析,可以窥视大脑和心灵怎样联合行动的。记忆具有精神性质,不取决于大脑。大脑的功用仅在于一个时刻,只允许与某一特殊行为有关的记忆再现,阻止其他记忆同时涌现到意识中来,身体与灵魂合作的另一个例子是理解,心灵通过记忆想象,对感官感知的东西给出解释。有时,对事物的理解不通过记忆就直接涌现出来,这叫直觉。直觉和逻辑思维都是进化的产物,前者来源于本能;后者来源于理智,来源于人的社会存在、语言能力和分析能力。理智停留在事物的外面,用静止的词语表示运动变化;直觉深入到事物内部,不需要语言符号,所得的知识更真实。自然科学是理智的成就,它用静止的观念表达时间、运动和变化,不可避免地会产生错误,"经验主义"哲学通过直觉,弥补了科学的不足。

在进化问题上,承认进化的事实,但认为作用于随机变异上的自然选择,难以解释像眼睛这样复杂的器官。由于完整的功能是维持生存的先决条件,自然选择必须假定动物的每一部分以及动物器官的每一部分同步变化。而假设这种相互适应的同步变异是随机的,则是难以置信的。另外,认为自然选择也未能对下述事实给出满意的解释,即最初的单细胞生物对其周围环境很适应,为什么生命要"越来越危险地"使自己更加复杂呢?认为进化的动力是存在于万物中的"生命冲动",它指导着生物的进化和宇宙的进化。

主要著作有《论意识的直接材料》(1889年)、《时间与自由意志》(1889年)、《物质与记忆》(1896年)、《笑的研究》(1900年)、《形而上学导论》(1903年)、《创造进化论》(1907年)、《道德和宗教的两个来源》(1932年)等。获1927年度诺贝尔文学奖。 (郑毓信 李文华)

卡特尔,J.M.(Cattell, James Mckeen) 美国人,1860年5月25日生于美国宾夕法尼亚州伊斯顿,1944年1月20日卒于兰开斯特。心理学、科学传播。

1876年就读于其父担任校长的拉斐特学院,1880年、1883年先后获文科学士、硕士学位。期间1880年到德国莱比锡大学、1882年到约翰斯·霍普金斯大学学习。1883年返莱比锡大学,任"心理学之父"W.冯特实验室的第一个助手,1886年获该校哲学博士学位。同年去英国剑桥大学,在高尔顿(F. Galton)实验室从事心理学博士后研究。1888年任美国宾夕法尼亚大学心理学教授，是世界上第一个心理学系的首任专职教授。1891～1917年任哥伦比亚大学心理学系主任，大战期间因主张和平主义被辞退。1921年组建心理学咨询公司。1895年任美国心理学会会长。1900年当选为美国国家科学院院士，是该院第一位心理学院士。1929年当选为国际心理学联合会主席。

20世纪美国应用心理学先驱，产生了持久的影响。深受冯特的行为实验和高尔顿的统计研究的双重影响，率先采用测验统计的分析方法定量化研究个别差异。1890年在《心理》杂志上发表"心理测验及其测量"一文，首创"心理测验"术语，强调"心理学若不立足于实验与测量上，决不会有自然科学的准确性"，同时极力主张测验手段和考试方法规范化，并要有常模以便比较。他所谓心理测验的含义很广，在实验室编制的50个测验中，从肌肉力量、运动速度、痛感受性、视听敏度到反应时、记忆力等类似项目，几乎包括对人的一切能力的测验。研究还涉及联想和反应时、阅读和知觉、心理物理学、次序评量法等领域。20世纪年代起，积极推动心理学在教育和工业等领域的应用，加强了美国心理学的机能主义运动。生前未出专著和自传。1917年，由同事编辑出版他的两卷心理学论文选集，内含研究报告29种、讲演录和发表论文41种，文献提要167种。

晚年从事出版和编辑工作，并推动创建多个科学组织。参与创办和主编近10种有关心理学和综合性科学杂志。1895～1900年主编《科学》杂志(后成为美国科学促进协会会刊)；1906～1938年主编《美国科学人物志》杂志；此外还有《心理学评论》、《心理学专刊》、《心理学通报》、《科学月刊》等。 (肖　玲)

鲍德温，J. M. (Baldwin, James Mark)　美国人，1861年1月12日生于美国南卡罗来纳州哥伦比亚，1934年11月8日卒于法国巴黎。心理学、哲学。

1884年肄业于普林斯顿大学。同年留学德国，先后在柏林大学、莱比锡大学攻读心理学专业，期间结识实验心理学创始人W. 冯特。1885年回国，师从哲学家、普林斯顿大学校长J. 麦科什，1888年获哲学博士学位。1889年任加拿大多伦多大学逻辑学与形而上学教授。1893年任普林斯顿大学哲学与心理学教授。1894～1903年，和J. M. 卡特尔共同主编《心理学评论》及辅刊《心理学索引》和《心理学专刊》，后由鲍德温独编。1903年任约翰斯·霍普金斯大学哲学和心理学教授。1909～1913年任墨西哥国立自治大学教授，兼任墨西哥总统社会发展顾问。1913年定居巴黎，在法国社会科学高等研究院任教授。1915～1916年任牛津大学斯宾塞讲座教授。1897～1898年当选为美国心理学会会长。1892年当选为伦敦国际心理学大会副主席。获英国牛津大学荣誉理学博士学位。

对美国发展心理学有开创性贡献，在当代仍有重要影响。以"心理哲学"传统为思想基础，将黑格尔哲学和达尔文进化论引入心理学，试图根据意识结构的连续性和差异性解释心理发展。将之分析为三个部分：儿童认知的发展；人格的社会和认识基础；行为的个体发生与种系发生的关系，三者相互交织、密不可分。1889～1891年，综合达尔文学派和拉马克学派的理论，用"有机选择"的假说来修改达尔文学说，以说明心理进化的定向性问题，这一观点被称为"鲍德温效应"。20世纪初，将意向活动模式与通过"社会选择"所产生的社会进步联系起来，并用于解释社会、道德、宗教等领域的复杂现象。1903～1915年，创立"发生逻辑"学说，成为皮亚杰发生认识论的雏形。认为儿童经过"前逻辑"意识和记忆阶段达到"准逻辑"水平，进而通过想象形成有关心理、躯体和自我的概念以达到理性判断的"逻辑"阶段，由此进入道德品质的"超逻辑"阶段，最终达到"超常逻辑"的完美意识。

主要著作有《心理学手册》(2卷，1889～1891年)、《心理学基本原理》(1893年)、《儿童和种族的心理发展》(1896年)、《心理发展的社会和伦理诠释》(1898年)、《心灵的故事》(1898年)、《思想和事物》(1906年)、《发生逻辑学》(3卷，1906～1911年)等；此外主编《哲学与心理学辞典》(3卷，1901～1905年)。1897年获丹麦皇家文理科学院金质奖章。 (李啸虎)

杜恒，P. M. M. (Duhem, Pierre Maurice Marie)　法国人，1861年6月10日生于法国巴黎，1916年9月14日卒于卡博雷斯宾。科学哲学、科学史。

1885年巴黎高等师范学校毕业，同年获教师资格。1887年任里尔大学讲师。1893年执教于雷恩大学。1895年至去世任波尔多大学科学史与科学哲学教授。

在科学发展规律问题上，他强调科学是承前启后、继往开来的历史继承过程，后来理论对先前已被证明的理论不是推翻与被推翻的关系，而是包容与被包容的关系，就像中国式套箱系列，大箱子套小箱子，小箱子套更小的箱子。在科学理论本质问题上，他主张约定主义观点，认为理论是按作业方便、逻辑一贯性和运算规则而约定的数学系统，它只是一种使计算结果与观察相符的人为设计。由于理论只是近似的和理想化的，因而任何科学定律难以分辨真假或优劣。在评价形而上学作用问题上，他批评唯观察论，认为科学所依赖的观察只涉及现象，唯有形而上学能够本质地说明现象背后的实在。在科学理论检验问题上，他提出整体论原则，否定判决性实验。他指出，人们永远无法确立"所有的A都是B"这样的命题，因为永远无法检验所有的A。如果发现有一个A不属于B，就可将其证伪。他认为，一个假说永远不能离开其他假说受检验，总要同其他假说或理论组合起来才能作出预测。一个假说的预测失败只表明它在特定组合中出了问题，不一定就是假说本身有问题，因而所谓的"判决性实验"只是幻想。整体论原则后经由奎因(W. V. O. Quine)等人的论述，又成为当代科学哲学论争的一个热点。

在自解科学史研究上深有造诣，尤其对中世纪、文艺复兴时期科学史的研究颇有建树，揭示了近代欧洲科学怎样起源于中世纪。

主要著作有：《静力学的起源》(1905～1906年)、《物理学理论的目的和结构》(1906年)、《达·芬奇研究》(1906～1913年)、《世界的体系：从柏拉图到哥白尼

的天文学说史》(8卷,1913～1958年)等。(李啸虎)

德克莱特,J.(Déchelette, Joseph) 法国人,1862年1月8日生于法国卢瓦尔省罗阿讷,1914年10月4日卒于埃纳万格勒。考古学、历史学。

出身于富有实业家家庭,受过良好教育。职场生涯从参与家族商务开始。受叔父影响,热衷于高卢考古学研究。有私人图书室,广为收藏资料。1884年,由法国考古学会派驻任卢瓦尔省考古与历史学会的督察官。1892～1914年,任罗阿讷市美术与考古博物馆馆长。第一次世界大战时参战,在马恩河战役中负伤致死。

1893年春,曾赴埃及考察研究法老木乃伊年代学。1901～1904年出版关于欧洲凯尔特人及高卢人出土文物报道,及2卷高卢瓷器装饰考古资料。他通过对4处古代遗址的发掘与比较研究,第一次提出:在北部阿尔卑斯山晚铁器时代存在四大文化地域,并首创"寨堡文明"来表述欧洲凯尔特人文明的终结时期。主要著作有《凯尔特与高卢-罗马史前考古手册》(1908～1914年)共6卷,其中史前时期1卷,青铜时期1卷和铁器时期3卷。为纪念他,他原来供职的博物馆冠以他的姓名。

(朱逸农 李孙演)

瓦伊拉蒂,G.(Vailati, Giovanni) 意大利人,1863年4月24日生于意大利伦巴第地区的克雷马,1909年5月14日卒于罗马。科学哲学、科学史学。

1880年进意大利都灵大学,1884年毕业于工程学系,1888年毕业于数学系。精通多种语言。作过数学家G.皮亚诺等人的助手,并与其合著出版《公式汇编》一书。1896～1898年在都灵大学讲授力学史。1899年辞职从事独立研究,并在高级中学任教数学为生。1904年创办《莱昂纳多》期刊。

意大利近代实用主义代表。在都灵大学期间,发表了3篇关于科学史和科学方法论的论文,获得了国际声誉。未出过专著,所编《瓦伊拉蒂文集》收有200余篇论文,涉及科学哲学、科学史、自然科学、心理学、经济学和政治学广泛领域,对一些概念作了寻根究底的研究,并表现出独到的见解和批判精神,像他自己所说的那样"道出了别人在其洋洋洒洒的巨著里没有道出的几句话"。生前他的著述被译为英文、法文和波兰文,影响不小。去世后相当长时间里几乎被人遗忘,直至1950年后重新引起学术界的兴趣。(李士土 李文华)

库蒂拉,L.(Couturat, Louis) 法国人,1868年1月17日生于法国埃松省雷斯—奥伦杰斯,1914年8月3日卒于法国默伦和里索朗日之间某地。数理逻辑、科学哲学、语言学。

童年就显示出罕见的智力和艺术才能。在巴黎高等师范学校学习哲学和数学,师从J.塔纳雷、皮卡尔、庞加来等著名学者。后相继在图卢兹大学、法兰西学院任教授。1914年正值其智力处于顶峰时,不幸死于车祸。

第一次世界大战前法国数理逻辑的倡导者和力行者。精通古代文学,又是杰出的逻辑批评家,在数学方面也有很深的造诣。在1896年出版的《数学的无限》中,向哲学家和逻辑学家介绍了新的数学理论。1899年后研究莱布尼茨的数理逻辑学,成果发表在1901年的《莱布尼茨的逻辑学》一书中。1905年编辑出版B.罗素的《数学原理》,并为该书写了注释。因受莱布尼茨逻辑普遍语言的影响,极力倡导发展一种辅助性国际语言。1907年促成一种人工语言伊多语(Ido)的提出,这是世界语的一个变种语言。其他著作还有《柏拉图神话》(1896年)、《代数逻辑学》(1905年)、《数学原理》(1906年)等。

(郑毓信)

布伦希维克,L.(Brunschvicg, Léon) 法国人,1869年11月10日生于法国巴黎,1944年1月18日卒于艾克斯莱班。科学哲学。

1888年入巴黎大学索邦高等师范学院,1891年获文、理学士双学位。1893年参与创办哲学杂志《形而上学与伦理学》。1909年起在母校任教达30年,1932年任该院院长。1919年创立斯宾诺莎学会。在第二次世界大战中,由于纳粹德国的入侵,被迫撤退至法国南方坚持抵抗运动。

曾参与筹备《帕斯卡文集》(14卷)的出版工作。在1912年的《数学哲学概论》中指出,数学的七大革新是:无理数的发现、柏拉图的物力论、亚里士多德的形式逻辑、中世纪的演绎推理、笛卡尔的解析几何、微积分、非欧几何。

他还预见到现代数学中的非本体论倾向和统一。1922年出版《人类的实验和物理学中的因果律》,性质与上述著作类似,指出物理学的发展,经历过柏拉图、亚里士多德、经院哲学、笛卡尔力学和黑格尔思想等阶段。1927年发表第三部重要著作《西方哲学中意识的进步》,指出通过科学,可使人成为富有创造力的、自由和理智的人。

(张之沧)

波格丹诺夫,A.A.(Богданов, Александр Александрович; Bogdanov, Aleksandr Aleksandrovich) 苏联人,1873年8月22日生于俄国图拉,1928年4月7日卒于莫斯科。自然哲学、医学。

中学教师之子。1891年在莫斯科大学学习数学、物理、化学和生物学,1894年因参与学生运动被流放到图拉。1895年在哈尔科夫大学攻读医学。1903年起长期从事政治活动。1926年任莫斯科输血研究所所长。1928年因与一名患有疟疾和肺结核的学生进行换血试验失败而去世,死前还记录了自身的情况。

在哲学方面,认为理解知识的关键在于掌握这门知识的组织原理。反对物理世界和观念世界的二元论,企图用一个新的哲学体系——单一经验论——将两者联系在一起。认为物质世界是由"社会的有组织的经验"导出的,心理世界是由"个人的有组织的经验"导出的。这种认识论受到列宁的批判。晚年试图创建一种"普遍地有组织的科学(组织形态学)"。试图通过结构上的类似和模拟,找出一些组织原理。认为所有物体均可以因其组织程度的不同而加以区分;具有较高组织水平的实体所具有的性质，大于它们各部分性质的总和；生物和自动化机器是能动的复杂结构，其中的“双向调节器”维持着结构的秩序。近年来评论家们认为，这形象地预言了控制论中的反馈原理。他主张在其“普遍地有组织的科学”中应用“双向调节”和组织程度概念，认为这两个原理可以像数学描述经典力学那样把生物界和人类社会囊括进去。20世纪60年代，一批苏联学者曾将他的这项研究与后来信息论、控制论和系统论的几位创始人的思想相比拟。主要著作有《经验一元论》、《普遍地有组织的科学（组织形态学）》、《经济科学简明教程》等。

（李士土　李文华）

洛夫乔伊，A. O.（Lovejoy，Arthur Oncken） 美国人，1873年10月10日生于德国柏林，1962年12月30日卒于美国巴尔的摩。哲学、认识论。

父亲是在德国柏林从事医学研究的美国人，后成为牧师；母亲是德国人，在他出生18个月后因抑郁症自杀。1895年毕业于加利福尼亚大学。后师从哈佛大学的W.詹姆士学哲学。1901年起，先后任教于斯坦福大学、华盛顿大学、哥伦比亚大学、密苏里大学。1910～1938年任约翰斯·霍普金斯大学教授，是美国大学教授协会的组织者之一，担任过数年学术自由委员会主席。1940年与P.威纳（Philip Wiener）创办期刊《思想史》。终身未娶。

主张认识论的二元论，即感觉印象与实际物体不同。他对思想史的研究，涉及概念的起源和发展，例如“进化”，原来是生物学上的概念，后被应用到艺术、宗教和社会组织上去。是一个理性主义者，主张思想言论自由。主要著作有《反二元论》（1930年）、《存在的大锁链》（1936年）等。

（张之沧）

拉德尔，E.（Rádl，Emanuel） 捷克人，1873年12月21日生于波希米亚（今属捷克）皮塞利，1942年5月12日卒于布拉格。科学史、生物学史。

父亲是穷小贩，叔叔帮助他读完大学预科。以后到神学院，再到布拉格大学深造，1897年发表了岩石学论文。在该校获自然哲学博士学位。曾到帕杜比奇中学任教。1904年在布拉格大学任教，讲授无脊椎动物生物学，同时在中学兼课。是1913年创办的《伊西斯》（Isis）杂志的编委会成员。第一次世界大战后，任布拉格大学哲学和自然科学史教授。

他一直坚持生物学、生物学史、比较心理学和哲学方面的研究，以捷克文和德文发表各种论文。其成名作是《生物学理论史》（1905～1909年），其中关于生物学史的概念发展令人深省。是当时最有独创精神的生物学思想史家之一。

（肖　玲）

雷伊，A.（Rey，Abel） 法国人，1873年12月29日生于法国索恩河畔沙隆，1940年1月13日卒于巴黎。科学史、科学哲学。

早年曾在巴黎大学索邦学院等校攻读法学、哲学和自然科学。后在C. E.皮卡尔和P.汤内里等名家指导下学习哲学、数学和科学史。1908年在第戎文学院任教时，建立了一个设备先进的心理学实验室并任主任。1919年受聘为巴黎大学科学哲学和科学史教授。1932年后任该校新建立的科学技术史研究所所长，直到去世。1931年起，同H.贝尔（Henri Berr）、费布弗尔（L. Febvre）和P.朗之万主编《综合评论》和《科学》期刊。

1903年出版《心理学和哲学基础理论》。参与编写新的《法兰西百科全书》。在1922年出版的《永恒的杰作和物理学的哲学》一书中，曾将科学理论与直觉顿悟相对比。这种直觉，是从古代希腊到尼采哲学中经常重复出现的认识手段。他的思想对P.法兰克和维也纳学派的形成有影响。鉴于他出色的综合才能，H.贝尔请他撰写了4部有关古代希腊科学思想的专著，于1930～1948年间陆续出版。主要著作还有：《当代物理学家的物理学理论》（1907年）、《现代哲学》（1908年）、《古代科学》（1930年）、《从古希腊到公元五世纪的数学》（1935年）等。

（郑毓信）

卡西勒，E. A.（Cassirer，Ernst Alfred） 瑞典人，1874年7月28日生于德国西里西亚的布雷斯劳（今波兰弗罗茨瓦夫），1945年4月13日卒于美国纽约。科学哲学、历史学。

出身德国裔犹太商人家庭。曾在德国柏林大学、莱比锡大学、海德堡大学、慕尼黑大学等校学习哲学、历史和自然科学。深受马尔堡学派创始人H.科恩（Herman Cohn）的影响。1919年任新成立的汉堡大学哲学教授，1930年任汉堡大学校长。1933年因纳粹上台，被迫离开德国。同年在英国牛津大学任教。1935年任瑞典哥德堡大学教授，加入瑞典国籍。1941～1943年先后在美国耶鲁大学、哥伦比亚大学任教。

认为哲学史不只是思想和事实的罗列，而在于揭示思想的真谛，结晶出基本概念和基本问题。对知识本身进行了深刻研究。认为数学概念由定义开始，通过演绎推理获得各种结论。客观世界可以用质量、力、原子、以太、绝对空间、绝对时间等基本概念简化为有组织的、可测量的整体。物理学的目的不在于寻求现实的重现，而在于将现实简化为数字体系。爱因斯坦相对论是心智的产物，其中的时空秩序是无法直接感知的。他认为这是康德的批判的唯心主义“在经验科学中最确定的运用与成就”。认识的真正对象是事物之间的关系，而概念是建立这种关系的手段。对文艺复兴、笛卡尔、莱布尼茨、康德的研究，显示出他对各个时期的文化关系有着深邃的了解。

主要著作有：《本体和功能》（1910年）、《康德的生平与思想》（1918年）、《象征模式的哲学》（3卷，1923～1929年）、《语言和神话》（1925年）、《开明哲学》（1932年）、《人文科学的逻辑》（1942年）、《论人》（1944年）、《关于国家的神话》（1946年）、《知识问题：自黑格尔以来的哲学、科学和历史》（1950年）、《E.卡西勒论文与讲演集（1935～1945年）》（1981年）等。

（郑毓信　李文华）

荣格，C. G.（Jung，Carl Gustav） 一译容格。瑞

士人,1875年7月26日生于瑞士凯斯威尔,1961年6月6日卒于屈斯纳赫特。分析心理学、精神病学。

牧师之子。13岁进巴塞尔大学预科班,开始广泛阅读宗教和哲学书籍,并每周去叔父家讨论神学。后来曾学习医学,并在雅内(P. Janet)的指导下在巴黎大学研究心理学。1900年任瑞士苏黎世联邦大学精神病诊所医师,1905年任该大学心理学讲师。1906年与弗洛伊德相遇而成为其主要门徒,但因1912年在"力比多的变态和表现"中发表了与弗洛伊德相对立的观点——否认心理活动的动力仅为性欲,而结束了彼此之间六载的友谊。1933年任瑞士巴塞尔大学医疗心理学教授。同年当选为国际精神病医疗联合会主席。第二次世界大战中,曾到美国、英国、德国、法国和印度等许多国家讲学,并到肯尼亚、乌干达研究非洲部落的土著生活。战后定居苏黎世。

率先使用"内向"和"外向"两个术语描述基本精神状态。认为思考、感觉、情感和直观是精神的4个基本功能,主张把心灵分为主观意识(心理)、个人潜意识和客观潜意识(集体无意识)三层(或称主观精神和客观精神两个方面)。潜意识又可由遗传原型加以组织,而遗传原型可由幻觉倾向推知。潜意识是自我的补充并与自我相互作用,在一定的条件下,可以增加自我意识和个性。这一过程,他称之为"个性化"。和个人一样,社会也会发生这种"个性化"过程,从而提出一种关于历史和社会变革的理论。1918年发表一篇论文指出:第一次世界大战并不是事情的终结,德国将再次构成西方文明的危险。历史的发展,使这个预言果然应验。此外,他认为通过梦的分析和理解,可以推知幻觉的一切因素,当这些因素积累成意识时,将能解答存在着的心理因素或精神官能症。他称这种方法为分析心理学,目的在于用辩证方法通过自我实现来达到精神平衡。

生平著述颇丰,主要著作有《潜意识心理学》(1912年)、《心理类型学》(1921年)、《分析心理学文集》(1928年)等。《荣格全集》共19卷,其中6～9卷是其理论体系核心部分,包括心理类型、心理结构与动力、原型与集体无意识等研究。 (辜晓进)

布勒伊,H. É. P. (Breil, Henri Édouard Prosper) 法国人,1877年2月28日生于法国芒什省莫尔坦,1961年8月14日卒于塞纳-瓦兹省利勒-亚当。考古学。

出身农民家庭。从小喜爱博物学、地质学与古生物学。1897年进巴黎修道院学习,1900年晋升神父。1905～1910年任弗里堡大学史前人类学与人种学讲师,1910年任史前人类学教授。1929～1947年任法兰西学院史前人类学教授。1938年当选为法兰西学院院士。是19个国外学会与科学院外籍会员或外籍院士。

史前考古学先驱,尤以发现和分析史前洞穴壁画而著称。主要从事欧洲、中国与南非旧石器时代的研究工作。1912年提出旧石器时代石器制品的再分类法。1912年、1916年和1940年先后发现并分析了法国和西班牙三处旧石器时代洞穴绘画。第二次世界大战后,他花了将近6年时间在罗得西亚、南非和非洲西南部旅行,考察了数以千计的岩洞庇护所,复制和分析其洞穴壁画。著有《南安达卢西亚洞穴绘画》(1929年)等书。曾获美国科学院金质奖章、伦敦古物收藏家协会赫胥黎奖章。 (林德宏)

华生,J. B. (Watson, John Broadus) 美国人,1878年1月9日生于美国卡罗来纳州格林维尔,1958年9月25日卒于纽约。心理学、认识论、教育哲学。

出身农家。父亲酗酒不务正业。他在15岁进格林维尔的福尔满大学学哲学,1898年毕业;1900年获该校哲学硕士学位。同年入芝加哥大学研究哲学与心理学,师从教育哲学家J. 杜威和心理学家J. R. 安吉尔等名师。1903年以论文"动物的教育"获芝加哥大学心理学博士学位。留校任讲师,后任心理实验室主任。1908年聘为约翰斯·霍普金斯大学心理学教授。先后在耶鲁大学、哥伦比亚大学等校进行一系列演讲,一时声名大噪。1915年当选为美国心理学会会长。1918年获福尔满大学名誉博士学位。第一次世界大战期间,任美国军事航空服务社少校。1920年因与女助手发生恋情而引起家庭婚变,被迫辞职。当时美国社会无法容忍此种不道德行为,致使所有大学均拒聘他任教,无奈中被迫改行从商经营广告业,但仍著书立说。1935年第二任妻子去世后,他一直陷于忧郁症的阴影之中。

美国行为主义心理学学派的创始人。1913年发表"行为主义者心目中的心理学"一文,首次确定以行为作为心理学研究对象,把心理学奠定在实证科学分析基础上,宣告了行为主义学派诞生。他在文中提出了行为学派五大纲领性主张:①心理学研究的主题是个体行为,而非内在意识;②心理学研究的方法是客观的观察与测量,而非主观内省;③心理学研究的目的在于预测与控制行为;④环境是影响行为的决定因素,改造人的行为关键在于控制环境因素;⑤研究动物行为的原理可用以解释人的行为。强调个体行为的实质是刺激-反应过程,正是综合反应产生了习惯,而综合习惯产生了人格,据此他将行为主义心理学简称为刺激-反应心理学。坚持环境决定论和"教育万能论",否定先天遗传和本能,主张理想环境可将儿童塑造成理想人物,这种观点影响美国长达30年之久。

代表作有:《行为:比较心理学导论》(1914年)、《从行为主义者立场看心理学》(1919年)、《行为主义》(1925年)、《行为主义之途》(1928年)、《对婴孩和儿童的心理关怀》(1928年)等。1957年,美国心理学学会向他颁授心理学贡献奖章。 (李啸虎)

米埃利,A. (Mieli, Aldo) 意大利人,1879年12月4日生于意大利里窝那,1950年2月16日卒于阿根廷佛罗里达。科学史、文献学、性学。

毕业于意大利比萨大学化学系。后去德国莱比锡大学听奥斯特瓦尔德的物理化学课。1905～1912年任罗马大学巴特尔诺(E. Paterno)的助手,1908年成为该校编外讲师。同年发表2篇化学论文。这期间兴趣广泛,有科学哲学、科学与艺术关系等论文。1912年起致力于科学史研究,是《科学》杂志主编。同时与人合编《自然和医学科学史评论》。1921年任《科学史文献》杂志主编。是意大利性学学会秘书长,也是学会刊物的主编。1928年去巴黎,成为国际综合中心科学史分部主任。科学史国际会议在奥斯陆召开,确定成立科学史国际学院,定《科学史文献》杂志为机关刊物,由他任主编。1939年去阿根廷,1940～1943年在国立圣菲大学教科学史。后去阿根廷佛罗里达,贫病交加中去世。

著述甚丰,代表作有:《古希腊前苏格拉底时代的物质理论》(2卷,1913年)、《意大利科学史》(1926年)、《伏打传》(1927年)、《古代科学史》(1935年,与他人合著)、《科学通史》(5卷,1952年)等。 (沈德阶)

伍利,C. L. (Woolley, Sir Charles Leonard) 英国人,1880年4月17日生于英国伦敦,1960年2月20日卒于同地。考古学。

牧师之子。原先在牛津大学新学院学习毕业前因校长认定他当一名考古学家最合适。故1905年毕业留校在阿什莫兰博物馆工作。1906年首次参加野外发掘,地点在诺森伯兰的科布里奇古罗马遗址。1907年与兰德尔—麦基弗(D. Randall-Maciver)一起在努比亚进行发掘。1912年任大英博物馆卡赫美士发掘队队长。第一次世界大战期间,任英国驻埃及总参谋部情报官。1916年被土耳其军队俘虏,关押2年多。战争结束他被释放后很快恢复考古发掘工作。1922年率大英博物馆和美国宾夕法尼亚大学博物馆联合考古发掘队,开始在美索不达米亚的乌尔(今属伊拉克)和阿尔乌贝得进行考古。在乌尔地区找到了史前的大型墓穴,发掘出大量珍贵文物,这些陪葬品反映了史前隆重的殡葬仪式。他在上述两个地区工作了13年。1936年起,转到叙利亚北部阿尔迈勒地区进行发掘。第二次世界大战期间,服务于盟军历史遗迹、美艺术与档案文献部,主要从事博物馆、图书馆、档案馆和艺术馆等文化设施的抢救保护工作。战后,1946～1949年返回叙利亚继续因战争中断的考古发掘。

主要著作有:《死去的城镇和活人的伦敦》(1920年)、《挖掘过去》(1930年)、《费劲的工作:考古探险》(1953年)、《十二载乌尔挖掘记》(1954年)、《关于叙利亚古城阿拉拉克的发掘报告》(1955年)等;身后出版有《古代近东世界》(2005年)等。 (张南海)

科恩,M. R. (Cohen, Morris Raphael) 美国人,1880年7月25日生于俄国明斯克(今白俄罗斯首都),1947年1月25日卒于美国华盛顿。科学哲学、逻辑学、法学。

俄国裔。1892年12岁时随家人移居纽约。1900年以全优成绩毕业于纽约城市大学。1906年获哈佛大学哲学博士学位。1912～1938年任纽约城市大学哲学教授。1938～1941年任芝加哥大学哲学教授。

其哲学观点是以科学为基础的自然主义。从科学方法的经验主义解释转向理性主义观点,并以此作为科学的助手,反对迷信、超自然主义和独裁主义。反对过分夸大经验数据,认为经验数据所暗示的原理,只有被逻辑和数学普遍化后才有意义。赞同合理的本体论,承认自然规律的客观性。他认为与科学规律有关的,是事物的可理解性而不是事物的存在。知识具有普遍性,但也和个别经验同样真实,这是宇宙的一个独特的特征,它使一切科学探索成为可能。晚年致力于撰写科学、法学和伦理学著作。

生前出版的主要著作有:《理性与自然》(1931年)、《法律与秩序》(1933年)、《逻辑与科学方法导论》(1934年,与他人合著)、《一个自由主义者的信念》(1945年)、《人类史的诠释》(1947年)等;身后由后人编辑出版的有:自传《梦想家的旅程》(1949年)、《理性与法律》(1950年)、《美国思想,一种批判性的概观》(1954年)等。 (苏诚基)

丁勒,H. A. E. H. (Dingler, Hugo Albert Emil Hermann) 德国人,1881年7月7日生于德国慕尼黑,1954年6月29日卒于同地。科学哲学。

曾在德国埃朗根大学、格丁根大学和慕尼黑大学攻读数学、物理学和哲学,1906年获格丁根大学数理与天文学博士学位。学生时代的老师中有D.希尔伯特、F.克莱因、H.闵可夫斯基和W.伦琴等名人。曾在多个大学任教,1920年任慕尼黑大学教授,1932年任达姆施塔特理工大学教授。

在J. S.穆勒《逻辑学体系》一书的启发下,他试图解决科学公理的有效性问题,提出科学概念的简单性原则,即从可能的逻辑形式和步骤中挑选出最简单者。批判了经验主义,认为不可能从纯经验的归纳中得出关于自然界的一般规律。还研究了与非欧几何学、相对论、量子物理、遗传学有关的一系列哲学问题。著有《物理学基础》(1919年初版,1923年再版)、《哲学方法基础》(1949年)等。 (张相轮)

石里克,F. A. M. (Schlick, Friedrich Albert Moritz) 德国人,1882年4月14日生于德国柏林,1936年6月22日卒于奥地利维也纳。科学哲学、认识论、伦理学。

贵族兼实业家家庭出身。曾在海德堡大学和洛桑大学学习物理学。经M.普朗克的指导,1904年在柏林大学以光的物理学论文获博士学位。1910年在罗斯托克大学任教。1920年任基尔大学哲学教授。1922年在奥地利维也纳大学接任为马赫设立的“归纳科学哲学讲座”教授。期间1929年、1931年两次出访美国,任加利福尼亚大学、斯坦福大学客座教授。1936年被一精神失常的学生谋杀。

是科学哲学维也纳学派的领导者,逻辑实证论创始人之一。前期是一个批判的实在主义者。1917年出版著作《当代物理学的空间和时间》,认为爱因斯坦的主要成就是澄清了同时性概念,哲学的作用就在于澄清问题,因此爱因斯坦的工作是哲学活动的范例。1918年出版主要著作《普通认识论》，对范围广泛的科学认识问题和概念进行了审查。反对马赫、阿芬那留斯的“内在哲学”，称之为“唯心论的实证主义”。认为认识是推论的，而不是直观的。认识并不是简单地了解或意识到一些数据，相反，认识应该是对事物所属的种类、因果关系或规律所作的真实描述。真正的认识所关心的是支配事物的规律，而不是事物的表面现象。能从低级规律推出一般性规律的认识是高水平的认识；能用最少的概念描述最多的现象的认识是理想的认识。科学的任务不仅在于记录数据，而且在于提出假设并加以证实。

后期基本观点已转到逻辑实证主义立场。认为一切科学命题都是而且仅仅是对事实有所断定并可被证实的经验命题；数学命题和逻辑命题是对事实无所断定的、必然的分析命题。关于世界是物质的还是精神的一类命题，不属于两者，因而是“无谓的”，是“妄命题”。认为哲学不是关于事实的理论，而是语言逻辑分析活动。由此出发提出了“取消形而上学”的口号，表面上拒绝回答哲学基本问题，实际流露出主观唯心主义世界观。著作还有《生活的智慧》(1908 年初版，1927 年再版)、《伦理学问题》(1930 年)等；此外，后人还编辑出版了《石里克文集》(2 卷，1978～1979 年)。 (方福娟)

弗兰克，P.(Frank，Philipp) 美国人，1884 年 3 月 20 日生于奥地利维也纳，1966 年 7 月 21 日卒于美国马萨诸塞州坎布里奇。*科学哲学、理论物理学。*

奥地利裔。早年在维也纳大学就学于 L. 玻尔兹曼，1907 年获物理学博士学位。1912 年由爱因斯坦推荐任布拉格查尔斯大学物理学教授。1938 年赴美国，在哈佛大学教授数学和物理学。

研究涉及理论物理学各个方面。曾与他人一起推导出洛伦兹变换公式。1907 年曾对因果律进行分析，引起爱因斯坦的注意。1925 年出版著名的《力学物理学中的微积分》一书。1938 年出版《现代物理学的解释和曲解》，澄清了对相对论和量子力学的误解和歪曲。早年就爱好科学哲学，曾探讨如何摆脱哲学上模棱两可和含糊不清的状态，以实现哲学与科学间的紧密联系。认为物理学不仅为科技问题提供答案，而且解答了有关人类知识的性质、范围和正确性的问题；现代科学批判的理性的方法，可以使人获得对生活的透彻了解，因此哲学和科学以及人文科学之间的裂痕通过对科学哲学的研究可以弥补或缩小。曾组织过波士顿科学哲学研讨会、科学哲学学会。还著有《爱因斯坦：生平和时代》(1947 年初版，1953 年再版)、《科学哲学》(1957 年)、《物理学的基础》等书。 (方福娟 李文华)

奇维斯特克，L.(Chwistek，Leon) 波兰人，1884 年 6 月 13 日生于奥匈帝国克拉科夫的扎科帕内(今属波兰)，1944 年 8 月 20 日卒于苏联莫斯科附近。*科学哲学、逻辑学、美学。*

1906 年获波兰克拉科夫的雅杰朗尼安大学博士学位。同年到中学教数学。1908～1909 年在德国格丁根大学短期研究哲学。第一次世界大战中参加波兰军团。1922 年任雅杰朗尼安大学数学讲师。1930 年任约翰·卡齐米尔大学数理逻辑系主任。流亡苏联期间，1930～1940 年在乌克兰利沃夫大学任逻辑学教授。

一位强烈反对形而上学和唯理论哲学的思想家。1921 年提出应对自然的实在、物理的实在、感性的实在及想象的实在这四种关于实在的概念进行区分。并把这一理论应用到艺术倾向和风格的分类上。由于庞加来的影响，他提出了一种关于科学、特别是逻辑学和数学的唯名论观点。1921 年发现用简单类型论就足以排除集合论的悖论。出于对罗素的分支类型论的不满，他于 1924 年提出了构造性类型论。主要贡献是在其“理性语义学”系统上建立的逻辑和数学基础。此外，他还是一位有影响的先锋派画家和艺术理论家。 (郑毓信)

巴歇拉尔，G.(Bachelard，Gaston) 法国人，1884 年 6 月 27 日生于法国奥布河畔巴尔，1962 年 10 月 16 日卒于巴黎。*科学哲学、认识论、文学。*

早年当过邮电局主任，在故乡的高等院校教物理学和化学。1930～1940 年任第戎大学教授。1940 年起任巴黎大学索邦学院科学史与科学哲学教授。

1928 年发表《试论认识方法》和《关于一个物理学问题演变的研究》。研究了多向异性介质中的热传导、泊松和傅立叶的数学理论，促进了热力学和力学的结合。1934 年出版《新的科学精神》，1938 年又出版《科学精神的形成》，把弗洛伊德的心理分析方法应用于认识论和科学。又是研究科学演变的历史学家，把早期朴素的物理学和炼金术当作基础心理学的一个新课题。向读者介绍当代科学最深奥的范畴，从一般的原则出发，对点、粒子、运动、空间和同时性进行专门分析。还简化了威尔逊云室、分光镜和粒子加速器等有关理论的论证。曾试图把哲学建立在新的物理学基础上，继续笛卡尔、牛顿和莱布尼茨的工作。对他来说，过去是世界的诗篇，经典科学是探索和扩展的根据，现代科学是一种必须不断反思的现象。著述颇丰。还是一位诗人和文艺理论家，出版有《太空诗学》(1958 年)、《诗学的遐想》(1960 年)等书。 (高楚明)

萨顿，G. A. L.(Sarton，George Alfred Leon) 美国人，1884 年 8 月 31 日生于比利时佛兰德省根特，1956 年 3 月 22 日卒于美国马萨诸塞州坎布里奇。*科学史、科学社会学、科学传播。*

比利时裔。父亲是比利时国家铁路公司经理兼总工程师。萨顿出生数月后母亲去世，由保姆照料长大。中学毕业后进入根特大学学哲学；短期辍学后回根特大学学化学、晶体学和数学，毕业获化学金质奖章，1911 年获该校理学博士学位。1913～1951 年任著名科学史刊物《爱西斯》首任主编。1914 年德国入侵比利时，携家人辗转到伦敦，短期供职英国陆军部。1915 年初只身去美国，次年任哈佛大学科学史讲师一年。1918 年起先后任卡内基研究院科学史副研究员、高级研究员；1920 年兼任哈佛大学科学史讲师，1940 年任该校科学史教授。1924 年入美国籍。同年发起和创建美国科学史学会。1936 年兼任不定期长篇论文专刊《俄赛里斯》(Osiris)首任主编。1934 年入选美国哲学学会会员。

妻子是现代家具设计师、肖像画家。女儿梅·萨顿(May Sarton)是著名诗人和小说家。

现代科学史学奠基者，新人文主义倡导者。他坚信，科学史是唯一可以反映出人类进步的历史，而他最高目标就是要建立一种以科学为基础的新人文主义、即科学的人文主义。他的学术活动就是为了实现“全部知识的综合”，使科学史学成为联系自然科学和人文科学的桥梁。他自认研究中贯穿始终的指导思想是：统一性的思想、科学的人性、东方思想的巨大价值，以及对宽容和仁爱的极度需要。为了更好进行科学史研究，他掌握了广博的历史知识，以及包括汉语、阿拉伯语在内的14种语言。在科学史方面有着庞大研究计划，除了每天一小时古典音乐欣赏作为“止痛剂”外，几乎没有给个人生活留下任何休闲时间。正如他的学生所言，“他创造了一门学科的工具、标准以及批判的自学性”，“是科学史学的第一位建筑师”。萨顿曾说过：“一个人有个好的位置是件幸事，但当他被一个抱负不凡的目标所激励，……此时，就不再是一个人找到了一个工作，而是一种伟大工作找到了一个可敬的人。”这一说法完全适用于萨顿本人。

出版15本专著，340多篇论文和札记，编辑79份科学史重要研究文献目录。代表作《科学史导论》(3卷，1927年)，以殷实文献为依据，对从古代到公元1400年的科学发展作了详尽叙述。其他著作有：《科学史和新人道主义》(1931年)、《希腊黄金时代之前的古代科学》(1952年)、《文艺复兴时期对古代及中世纪科学的评价》(1955年)、《公元前三个世纪的希腊化科学与文化》(1959年)等。获多种奖励，其中有1949年美国医学会哈斯金斯奖章、1955年美国科学史学会萨顿奖章(以他姓氏命名的国际科学史界最高奖)等。 (方福娟)

巴特利特，F.C.(Bartlett, Sir Frederic Charles) 英国人，1886年10月20日生于英国英格兰格洛斯特郡斯托昂泽沃尔德，1969年9月30日卒于英格兰剑桥。实验心理学、认识论。

毕业于剑桥大学圣约翰学院。1914年起在剑桥大学心理实验室工作，1922年任该实验室主任，1931年任教授，1951年退休。期间1944年任剑桥英国医学研究委员会应用心理学研究中心首任主任。1932年当选为英国皇家学会会员。1941年被封为爵士，1948年受封勋爵。先后被选为美国费城哲学学会外籍会员、美国国家科学院和美国文理科学院外籍院士。

英国实验心理学主要开创者之一，在国际心理学界享有盛名。曾设计一种研究回忆的方法。回忆不同于记忆，而两者并非迥异；不是简单的表象再现，而是反复推敲的复杂构造，强调其过程的主动作用和整体性活动。对知觉初步试验表明：任何时刻被感知的事物，部分地由较早的经验所决定。曾在非洲实地调查回忆的社会因素，并从其他国家获得许多资料，证明回忆是一种完全能动的过程。第一次世界大战时，关注技能的研究。第二次世界大战爆发时，在剑桥大学研究测定人类的技能。通过深入研究，认为人的思考过程是和回忆同方向发展的，此过程相对地不受时间和空间的限制。深信人体各种技能的获得是知觉、回忆和思考诸过程的开端。利用研究人体技能的各种方法，可获得关于高级思考技能的条件和本性的更为客观的信息。因此，有关实验工作是沿着密切相关的三条线进行的：回忆的主要特点、人体技能的特点以及思考过程的连续指向性本性和条件。提出图式理论，思维对以往反应和经验进行主动的组织与构造，使其成为一个统一整体。

著作很多，最著名的如《心理学与原始文化》(1923年)、《心理学与士兵》(1927年)、《回忆：实验与社会学研究》(1932年)，《工作与工余时的心理》(1951年)和《思考：实验与社会学研究》(1956年)等。曾获英国皇家医学院巴利奖，英国皇家人类学会的赫胥黎奖章，英国皇家学会皇家奖章，航空医学学会的朗格克雷奖，国际航空和空间医学研究院金质奖章。 (施金保)

科勒，W.(Köhler, Wolfgang) 美国人，1887年1月21日生于俄国爱沙尼亚的雷瓦尔(今塔林)，1967年6月12日卒于美国新罕布什尔州汉诺威。心理学。

德国裔。1905年起先后在德国图宾根、波恩、柏林等大学学习自然科学和心理学。1909年在柏林大学获哲学博士学位。同年到法兰克福大学心理学研究所工作。1913—1920年在西班牙特纳里夫岛研究黑猩猩。后回柏林大学任心理学系主任。1935年纳粹执政后离开欧洲赴美国，从事心理学教学与研究。1947年当选为美国国家科学院院士。

他主张心理学的基本原理应来自对经验所作的质的分析。通过对黑猩猩行为的多次观察和实验，发现动物在受到刺激时感受到的是刺激物之间的关系而不是孤立的事物。对于事物之间实质性关系的顿悟，有时会使黑猩猩解决一些实际问题。著名的实验是黑猩猩经过多次尝试后会把两根竹竿接在一起或叠起两只木箱帮助自己去取下挂在高处的香蕉。这些结果与场物理学的研究、无生命系统的反应行为有共同点，表明一系统和周围系统处于相互作用之中。20世纪40年代，在人类头部和动物大脑表面记录到视觉引起的电位差。继而又发现脑电流经过组织时，会使脑细胞表面聚集一些离子，它们阻止脑电流通过脑细胞；一旦脑电流进入脑细胞，会产生“电紧张”状态。这会对脑电流起阻碍作用，使局部脑电流削弱，并迫使它流向附近组织。这种脑电流的偏转会使动物或人对物体的视觉或其他感觉产生相应的变化。“视觉暂留”现象可能就是这样产生的。

主要著作有《类人猿的智力》(1917年)、《静止状态中的物理格式塔》(1925年)、《格式塔心理学》(1929年)、《心理动力学》(1940年)等。曾获沃伦奖章和美国心理学会杰出科学成就奖。 (张相轮)

维特根斯坦，L.(Wittgenstein, Ludwig) 英国人，1889年4月26日生于奥地利维也纳，1951年4月29日卒于英国剑桥。科学哲学、逻辑学。

奥地利裔犹太人。父亲是工程师和钢铁富豪，维也纳人文学科的杰出赞助者。他是家中8个孩子中最小者，14岁前接受的都是私人教育。在林茨上了3年中学之后，进入柏林-夏洛滕堡技术学院。1908～1911年在曼彻斯特大学当研究生，从事飞机喷气推进器设计工作。后兴趣转向基础数学和逻辑学，1912～1913年在剑桥大学从学于B.罗素。1913～1914年旅居挪威，开始写作《逻辑哲学论》，该书直到1921年才出版。第一次世界大战时在奥军中服役并被俘。1919～1926年，在奥地利多个乡村小学辗转任教，还当过花匠助手、为姐姐设计和建造房屋。1926～1928年在维也纳与逻辑经验主义创始人之一M.石里克及其维也纳小组有交往。1929年回到剑桥大学，成为三一学院的评议员，开设了一系列选修课。同年获该校哲学博士学位。1938年德国吞并奥地利后，他加入英国国籍。1939年任剑桥大学哲学教授。因第二次世界大战爆发，后来又在一所医学院和医学图书馆工作。1944年第4次回到剑桥大学任教，1947年辞退教授职务，4年后死于癌症。

逻辑原子论的创始人之一。他在西方被认为是20世纪最富有想像力和创造性的思想家之一，是一位具有持久影响、对西方哲学发展起过重要作用的哲学家。在数理逻辑方面，特别在真值表和真值函项等理论方面作出了许多贡献。在哲学方面，早期接受并发挥了罗素的逻辑原子论，强调逻辑分析，并将主观唯心主义的经验论推至唯我论和神秘主义。其真正起点是意义理论，从逻辑的基础扩展到世界的性质，并以图式说(实在的模型)反映语言与实在之间的关系。提出：一切具有意义的命题，都是关于经验事实的命题；逻辑命题对经验命题无所断定，都是重言式；"形而上学"命题(包括哲学基本问题)是"无谓"的，是"妄命题"。因此，宣称哲学只是一种指出人们能明白地讲出什么和不能明白地讲出什么的"活动"。晚期除研究数学中的哲学问题外，还企图修正其早期的哲学观点，以语言分析代替早期的逻辑分析，以语言游戏说代替图式说，认为客观世界极为丰富，不可能用一种语言表述，不可能将存在仅仅归结为一个完善的逻辑语言或逻辑符号体系。强调以往哲学家争论不休的问题，一般是由于把语言的不同用法混淆起来、把语言看作只有一种描述作用、特别是由于忽视一些概念在语言中的"通常用法"而产生的，因此主张哲学的唯一正当任务即在于"诊断"和"治疗"语言的"疾病"，解除"语言的迷惑"。其早期哲学对逻辑实证主义影响很大，晚期哲学则为牛津大学的分析哲学学派所接受和发展。此外，对逻辑中的同义反复、概率论和科学哲学也作出过重要贡献。

主要著作有：《逻辑-哲学论》(1922年)、《哲学探讨》(1953年)、《关于数学基础的意见》(1956年)、《蓝皮书和褐皮书》(1958年)、《哲学语法》(1974年)、《关于颜色的意见》(1977年)、《心理哲学评述》(第1卷，1980年)等。 (张之沧)

海德格尔，M.(Heidegger，Martin) 德国人，1889年9月26日生于德国巴登州梅士基尔希，1976年5月26日卒于同地。哲学、心理学。

1907年进德国弗赖堡大学，攻读神学和哲学，1914年获哲学博士学位。同年留校，1915年起任著名哲学家胡塞尔的助教。1923年转任马尔堡大学哲学教授。1928年回母校弗莱堡大学接任胡塞尔退休后的哲学讲座教授职。1933年任弗赖堡大学校长，1944～1945年因抵制纳粹被停止任教，盟军占领德国后一度离职。1951年恢复教授职，1959年退休。

存在主义哲学的创始人之一。20世纪20年代，他在综合古典存在哲学和现代胡塞尔现象学思想基础上，创立了存在现象学思想。他的《存在与时间》(1927年)等书，以及"形而上学是什么"(1929年)等讲演，一向被视为现代存在主义开山之作。核心思想是存在主义本体论。他要超越传统本体论的存在论，揭示以"人的存在"为前提的"在"的真正意义，即在人的原初的、具体的在世活动过程及其情感体验中去领悟"在"的真缔。他认为，在对"沉沦"、"烦忧"和"死亡"的负面情绪体验中，最能使人反顾自我与处境、自由与责任，以及人生的价值与意义；而抽象的传统本体论问题，不能说明什么是"人的存在"，更不能说明什么是"个人的存在"。他认为，哲学家有责任为现代人指出一条人生哲学之路，帮助他们在现实世界中找到人生存在的价值。他喜欢用隐喻而不是术语来阐释哲理，晚年更力求用诗的语言思索，以及对语言本身加以思索，由存在主义转向哲学解释学。一些评论家认为，他在哲学上最大功绩，是为现代人的根本情绪提供了一种新的本体论解释。他被认为是第二次世界大战后对欧洲大陆文化影响最大的哲学家之一，是从存在哲学到存在心理学的桥梁人物。

其他重要著作有：《论根据的本质》(1929年)、《康德与形而上学问题》(1929年)、《荷尔德林与诗歌的本质》(1937年)、《论真理的本质》(1943年)、《论人道主义》(1947年)、《林中路》(1949年)、《形而上学导言》(1953年)、《什么是思想?》(1954年)、《讲演与论文集》(1954年)、《尼采》(1961～1962年)、《工艺与转向》(1962年)等。还有一些别人根据他的晚期思想整理而成的集子，如《论思》(1959年)、《时间与存在》(1972年)、《诗、语言、思想》(1973年)等。 (李啸虎)

卡尔纳普，R.(Carnap，Rudolf) 美国人，1891年5月18日生于德国巴尔曼附近隆斯多夫，1970年9月卒于美国加利福尼亚州圣莫尼卡。科学哲学、数理逻辑、语言学。

德国裔。1910～1914年在德国弗赖堡大学和耶拿大学学习数学。第一次世界大战期间在德军中服役，在战壕里研究爱因斯坦相对论及其方法论。战后重返耶拿大学学习理论物理和哲学，1921年获哲学博士学位。毕业后数年闭门谢客，撰写了一系列关于时空、因果性和相对论的文章。1926～1931年应M.石里克邀请在维也纳大学任教。1930～1940年与H.赖欣巴赫合办科学哲学《认识》杂志。1931～1935年主持布拉格大学自然哲学讲座。1935年底抵达美国，1941年加入美国籍。1936～1952年任芝加哥大学终身哲学教授。1952年前往普林斯顿高级研究院工作。1954年赖欣巴赫去世后，接任洛杉矶加利福尼亚大学哲学教授，1961年退休。是美国国家科学院院士、英国研究院外籍院士。

逻辑实证主义维也纳学派有影响的人物。一生中哲学思想多次变化，但基本上固守逻辑实证主义立场，拒斥传统的形而上学，始终认为哲学问题是个语言问题，哲学方法就在于对科学语言进行逻辑分析。最初受L. B. 罗素、F. L. 弗雷格、M. 石里克和L. 维特根斯坦的影响，接受现象主义的证实原则，主张概念构造论，《世界的逻辑构造》(1928年)一书对早期逻辑实证主义哲学作了总结。以后在纽拉特(O. Neurath)影响下，转向物理主义的逻辑句法分析，把物理事件实在性归结为物理语言系统，以作为"统一科学"的基础，把逻辑分析仅限于句法分析，主张科学哲学任务在于构造形式的人工语言。移居美国后，在塔尔斯基、赖欣巴赫等人影响下转向研究语义学和概率问题，把语义分析作为语法分析的补充，在此基础上建立归纳逻辑即概率逻辑。暮年他又放弃以前某些观点，用模型论方法重建他的归纳逻辑。此外，他是一个和平主义者和民主主义者，热衷推行国际语和世界语。

1937年开始与莫里斯、纽拉特等人主编出版《国际统一科学百科全书》。重要著作还有：《哲学中的伪问题》(1928年)、《语言的逻辑句法》(1934年)、《语义学导论》(1942年)、《逻辑的形式化》(1943年)、《意义与必然》(1947年)、《概率的逻辑基础》(1950年)、《符号逻辑导论》(1954年)、《物理学的哲学基础》(1966年)等。

(李啸虎)

赖欣巴赫，H.(Reichenbach，Hans) 德国人，1891年9月26日生于德国汉堡，1953年4月9日卒于美国洛杉矶。*科学哲学、认识论、逻辑学、理论物理学。*

犹太族裔。1910～1915年先后就读于德国斯图加特理工学院、柏林大学、慕尼黑大学、格丁根大学和爱尔兰根大学，学过工科、数学、物理和哲学，1915年获爱尔兰根大学哲学博士学位。1917年在柏林大学听过爱因斯坦讲课，开始研究相对论。1920～1925年任教于斯图加特理工学院，讲授电工技术、相对论、哲学史和自然哲学等多门课程。1926年执教于柏林大学，1933年因犹太血统被纳粹当局解聘。同年受聘土耳其伊斯坦布尔大学哲学系教授、系主任。1938年去美国，任洛杉矶加利福尼亚大学哲学教授。1947年任美国哲学学会太平洋分会会长。

逻辑经验主义柏林学派领袖人物。1930年和R.卡尔纳普共同创办科学哲学《认识》杂志，组织柏林经验哲学学会，形成逻辑经验主义的柏林学派。他研究的自然科学论题主要有：统计物理方法；相对论时空理论；量子力学基础。认为科学哲学中心问题是阐明科学的合理性，目的在于建立自然科学认识论基础即逻辑分析。自诩逻辑经验主义者，以示与实证主义有别，而实际上基本立场一致：惯用分析命题和综合命题的两分法；依靠经验检验事实陈述；意义理论为科学与非科学划界的标准；归纳逻辑为科学知识合理性的根据；反对形而上学，主张哲学科学化和逻辑化等。他的理论创意在于：在意义理论问题上，主张以概率的多值逻辑代替两值(真或假)逻辑；在知识基础问题上，主张一切科学陈述都是概率陈述，归纳原则是确定陈述概率值的唯一根据，因而认识论基础具有逻辑任意性；在科学成果分析上，尝试把相对论公理化，提出"协调定义"概念以期揭示相对论的定义成分和经验成分；在学术特色上，注重科学理论和方法的逻辑重构，不考虑科学发现的历史、社会和心理的因素。

身后9卷本《赖欣巴赫全集》从1977年起在德国陆续出齐，其中重要著作有：《相对论与先天知识》(1920年)、《相对论的公理化》(1924年)、《空间和时间的哲学》(1928年)、《概率论：概率演算的逻辑及数学基础》(1935年)、《经验与预测》(1938年)、《量子力学的哲学基础》(1944年)、《科学哲学的兴起》(1951年)；身后出版有《时间的方向》(1956年)、《现代的科学哲学》(1958年)等。

(李啸虎)

科雷，A.(Koyré，Alexandre) 法国人，1892年8月29日生于俄国塔甘罗格，1964年4月28日卒于法国巴黎。*科学哲学、科学史、历史学。*

俄国裔犹太人。在俄国受过基础教育。1908年到德国格丁根大学师从胡塞尔(Husserl)和希尔伯特。1911年到巴黎大学索邦学院就学。第一次世界大战中，作为法国志愿军团一员在俄国前线对德作战。1922年起长期执教于巴黎理工大学。期间1932～1934年、1936～1938年、1940～1941年三度在埃及开罗大学任教。第二次世界大战中，参加自由法国埃及国家委员会的抵抗纳粹德国的活动。战后曾在美国哈佛、耶鲁和普林斯顿等7所大学任教。

著作很多。在哲学史方面，复兴了对黑格尔学派的研究，发表了对其他哲学家的重要研究；在思想史方面，对俄国思想史研究作出了重要贡献；在科学史方面，影响了整个一代科学史家。早期的神学著作涉及笛卡尔等人对上帝存在的本体论观点。后来逐步致力于科学史研究，开始讨论笛卡尔在科学史中的作用。其第一本科学史著作是1934年发表的关于哥白尼著作的翻译和解释。1940年的名作《伽利略研究》系统阐述了自由落体定律和惯性定律发现的历史，特别指出应把惯性定律归功于笛卡尔。1961年的《天文学革命》论及开普勒、哥白尼和G. A. 博雷利的天文学学说演变史。他去世后才出版的《牛顿研究》(1965年)是其杰作之一。1961年获美国科学史学会萨顿奖章。 (肖　玲)

伊林，M.(Ильин，Маршак；Ilin，Marshak) 苏联人，1896年1月10日生于乌克兰叶卡捷琳诺拉夫斯卡亚巴赫牟特市(今阿尔季奥莫夫斯克)，1953年11月15日卒于莫斯科。*科学普及、科学传播。*

父亲为自学成才的实用化学家；哥哥是诗人；妹妹是儿童文学作家，著有《古丽雅的道路》等。他自幼爱好文学，热爱大自然。9岁开始写诗。曾照父亲的样子在厨房里试制肥皂，按书上的配方制成皮鞋油，每当成功时就欢呼："科学胜利了！"1914年中学毕业后进商学院读书。1915年秋进圣彼得堡大学数学物理系。1920年进克拉斯诺达尔理工学院化学系。1922年转入列宁格勒工学院。1925年从列宁格勒工学院毕业后，到涅瓦硬脂酸工厂任实验室主任，并坚持业余科普创作。1948～1950年曾任《星火》杂志编委。

知识渊博，基础扎实，一生中写了大量以通俗优美的文笔描述深奥科学道理的科普作品。1924年首次在《新鲁滨逊》杂志上发表作品。1927年，第一部描写灯的发展史的中篇科普作品《不夜天》问世。1929年结婚后，夫妇合写了许多书。从1936年开始，历时10载，他写成3卷本科普巨著《人怎样变成巨人》，介绍人类科学文化发展史。作品题材广泛，大致可分为以历史发展观点来传播科学知识和歌颂改造自然、人定胜天的伟大实践两大类。前者有《十万个为什么》、《我们周围的事物》等；后者有《五年计划的故事》、《征服大自然》等。其作品在世界各国用40多种文字印行了近200种，加上苏联印行的版本，共269种，总印数达5亿册。从30年代起，陆续出版了多种著作的中译本，例如《十万个为什么》出过29版。还编印了《伊林选集》。曾获得多种奖章。他的著作对苏联科普作品的形成和30年代文献性艺术散文的发展起了重要作用。（方福娟 苏诚基）

皮亚杰，J.（Piaget，Jean） 一译皮阿热。瑞士人，1896年8月9日生于瑞士纳沙泰尔，1980年9月16日卒于日内瓦。心理学、认识论、教育学。

早年对生物学和哲学深感兴趣，中学时代开始发表关于软体动物的研究论文。曾在纳沙泰尔、苏黎世和巴黎等大学学习。1918年获自然科学博士学位。以后转向心理学，并在巴黎大学学习实验心理学。1919～1921年在“比纳实验室”工作。1921年到日内瓦卢梭学院（后改为日内瓦大学国际研究所）工作，1924年任日内瓦大学教授，1933～1971年一直任国际研究所所长，1976年退休。1954年任第14届国际心理科学联合会主席。1955年在日内瓦创建“发生认识论国际研究中心”并任主任。长期担任联合国教科文组织总干事。是瑞士心理学会、法语国家心理科学联合会主席。1966年当选为美国国家科学院外籍院士。

他是对当代教育学有很大影响的“发生认识论”的奠基人。该学说侧重于揭示人的智慧（认识）的发生过程之规律。1921年起开始把生物学和哲学方法结合起来，试图通过考察心理发生发展的过程，建立认识的生物学理论。研究了儿童思维和语言的关系、儿童心理判断、推理以及对物理世界因果关系的认识等问题。1936年起，他逐日观察自己3个孩子的智力发展情况，发表《儿童智力的起源》（1953年第2版）、《儿童时期游戏、愿望和模仿》（1954年），从认识论的角度思考了思维形成的心理学问题。通过对儿童关于客体、时间、空间和因果联系等概念形成方式的观察和实验，论证了这些概念不是简单的知觉和经验的结果，而是认识主体连续不断的组织活动产生的结果，是认识上的质变，他称之为“格式”的发展。之后论述了个体智力发生发展的阶段性和顺序性。儿童的智力发展经过前运算阶段、稳定客体格式阶段到达守恒运算格式阶段，每一阶段又分为若干分阶段。认为吸收、分类、系列化、均衡、相互联系等活动是智力的机制，这些都与传统哲学的认识论不同。他认为哲学上的认识论应主要研究知识的一般性质，更应当研究知识是怎么发生的。企图通过研究知识的形成和发展来解释知识本身。

主要著作还有《智力心理学》（1950年）、《结构主义》（1968年）、《儿童心理学》（1969年）、《发生认识论》（1970年）、《生物学和知识》（1971年）、《儿童和现实性》（1976年）、《认识结构和思维平衡发展》（1977年）、《行为和进化》（1978年）等。获美国心理学学会1968年心理学卓越贡献奖，1977年桑代克奖，1972年荷兰伊拉斯姆士奖等。（张相轮）

吉尔福德，J. P.（Guilford，Joy Paul） 美国人，1897年3月7日生于美国内布拉斯加州马凯特，1987年11月26日卒。心理学、教育学。

1927年在内布拉斯加大学获哲学博士学位。曾在伊利诺伊大学、堪萨斯大学、内布拉斯加大学、西北大学和南加利福尼亚大学任教。1954年被选为美国国家科学院院士。

主要贡献在心理测试领域，特别是智力测定方面。在心理物理学方面，提出两条幂定律替代了韦伯定律和费纳克对数心理物理定律。将一些测量方法运用于主观经验的测量，证实偏爱程度与色彩或声音性质的变量可能有定量关系，并将该领域称为心理动力学。提出智能的综合系统学说，称智力结构，即用三维的模式来代表不同的智能，通过三维的特殊结合可清楚地定出任何一种能力，并可用来解释复杂的心理活动。智力结构的概念对教育的目的、课程设置、教学和考试的方式均有一定的影响。

主要著作有《在心理学和教育方面的统计学》（1942年）、《人类智能性质》（1967年）、《智能分析》（1971年）、《智力测验法》（1971年）等。获1964年卓越科学贡献奖、1966年理查森创造奖、1970年创造性教育奠基者奖、1974年教学测验服务奖等。（叶蒙福）

潘菽（Pan Shu） 原名潘淑、潘有年。中国江苏省人，1897年7月13日生于江苏宜兴，1988年3月26日卒于北京。心理学、认识论、高等教育管理。

出生于乡村书香门第。著名哲学家潘梓年之弟。1920年北京大学哲学系毕业。1921年官费留学美国，专攻心理学和动物学，先后获印第安纳大学硕士学位、芝加哥大学博士学位。1927年毕业回国，赴南京任中央大学理学院心理系教授，两度出任系主任。1949年后，历任南京大学心理系主任、教务长、校务委员会主任，1951年为首任校长。1956～1988年任中国科学院心理学研究所研究员、所长、名誉所长。兼任中国心理学会理事长、《心理学报》主编等职。1955年选聘为中国科学院学部委员（院士）。

中国现代心理学主要奠基人之一，理论心理学中国学派创始人，著名教育家、社会活动家。晚年他在“我的心理学历程”回忆录中，将自己学术生涯分为：十年定志，十年彷徨，十年探路，十年依傍，十年自强，十年播扬。早年从事记忆、错觉、汉字知觉等实验研究；后主要致力于心理学基本理论研究，自成理论体系。他对心理学重大争论问题都有独到见解，例如：认为心理学是介于自然科学和社会科学的中间科学；心理活动包括意向活动和认识活动，有别于传统的“知、情、意”三分法体系；“意识就是认识”，并不包括心理活动全部；心身关系是体用问题、机能与主体相互关系问题；个性是心理的静态或较稳定状态，并通过动态的心理过程得以表现。此外，首次将中国古代心理学思想归纳为人贵论、天人论、形神论、性习论、知行论、情二端论、唯物论等七个方面。

发表论文200余篇；主编《中国大百科全书·心理学卷》；出版著作10余部。其中主编《教育心理学》（1980年）获全国高等学校优秀教材奖，《人类的智能》（1983年）获全国科学技术图书奖一等奖；主要代表作《心理学简札》（2卷，1984年）是他一生成果总结，被评为“建立中国特色心理学体系重大尝试”，获1991年“光明杯”全国哲学社会科学著作荣誉奖、1992年国家教委首届高等学校出版社优秀学术著作奖特等奖。1988年潘菽心理学思想研究会在中国成立。（李啸虎）

祖博夫，В. П.（Зубов，Василий Павлович；Zubov，Vasily Pavlovich） 苏联人，1900年8月1日生于俄国伊万诺沃省亚历山德罗夫，1963年4月8日卒于苏联莫斯科。科学史学、工艺史学、哲学。

莫斯科大学化学教授的儿子，母亲是钢琴演奏家和诗人。1918年中学毕业后，参加红军炮兵部队，1920年复员。1922年毕业于莫斯科大学历史与哲学系。1946年获工艺史专业理学博士学位。后在苏联艺术研究院工作。1935～1945年任职于苏联建筑科学院。1945年调到苏联科学院科学史和工艺学研究所。1958年被选为国际科学史学会科学院通讯院士，2年后成为正式院士。

主要兴趣是艺术、工艺哲学和历史的一般理论，古代、中世纪及文艺复兴时期的建筑思想。1946年通过对意大利建筑学家阿尔贝蒂建筑理论的研究，获博士学位。此后的兴趣逐渐转向那一时期的科学和哲学。第二次世界大战后，致力于研究中世纪科学概念、原子论历史、数学、物理学和力学发展史，以及11～17世纪的俄国哲学。

一生发表200余篇（部）论文和著作，其中有《俄国自然科学史》（3卷，1956年初版，2000年再版）、《亚里士多德传》（1963年）等；由后人整理遗稿出版的有：《19世纪之前的原子论思想发展史》（1965年）、《建筑学理论发展史》（2000年）、《阿尔贝蒂建筑理论》（2001年）等。1963年去世后，被美国科学史学会追授萨顿奖章。（张之沧）

李约瑟（Needham，Joseph） 原名N. J. T. M.尼达姆（Noel Joseph Terence Montgomery Needham）。自取中国名字李约瑟，字丹耀，号十宿道人、胜冗子。英国人，1900年12月9日生于英国伦敦，1995年3月24日卒于剑桥。科学史、生物化学。

父亲是职业医生、麻醉学家，曾在阿伯丁学院教解剖学；母亲是作曲家。他是独生子，自幼受到良好的家庭教育。1918年考入剑桥大学冈维尔-凯厄斯学院，主修生物化学，1921年在该学科奠基人之一F. G.霍普金斯的实验室工作。1922年大学毕业并攻读生物化学研究生，1924年获哲学博士学位，不久又获科学博士学位。1924年在母校生物化学实验室从事研究工作。1942年到中国重庆任英国驻华使馆科学参赞，接着又负责筹建中英科学合作馆，1943年任馆长。1946年到法国巴黎，任联合国教科文组织自然科学部主任。1948年回英国剑桥大学冈维尔-凯厄斯学院工作，1959年任该院评议会主席，1966～1976年任该院院长，1977年退休任名誉院长。1972年起兼任东亚科学院史书馆馆长。1941年当选为英国皇家学会会员。1971年当选为英国研究院院士。1974～1977年任国际科学史和科学哲学联合会科学史分会会长。1994年当选为中国科学院外籍院士。

前半生主要从事生物化学研究工作。1924年与从事生物化学研究的女博士莫伊尔（D. M. Moyle，中文姓名李大斐）结婚后，两人共同发表了许多篇生物化学方面的论文。1931年出版3卷本名著《化学胚胎学》，为这门新学科作了奠基性的贡献。1932年出版《胚胎学史》，这既是生物化学方面又是胚胎学科专史方面的一部重要著作。

后半生从事科技史研究工作，在中国科技史的整理和研究方面作出了重大贡献。1936年在剑桥大学创办科学史讲座。同年，剑桥大学冈维尔—凯厄斯学院生物化学实验室接纳了鲁桂珍等3位来自中国的博士研究生。在同他们相处过程中，他对中国科技史逐渐发生了兴趣。1937年起向著名汉学家G.哈伦（Gustave Haloun）学习中文。1939年与鲁桂珍合撰他们的第一篇中国科技史论文“中国营养学史上的一个贡献”。1942年秋，受英国文化委员会和英国皇家学会之命，到中国陪都重庆组建中英科学合作馆，同时对中国古代的科学技术作了4年的考察和研究。与中国科技界和社会科学界建立了广泛的联系和交往，在不少中国学者的帮助下收集了大量中国科学技术史方面的文献资料。1948年返回英国后，开始筹划编写多卷本巨著《中国科学技术史》。这项巨大工程得到华裔学者王铃、鲁桂珍（后来成为李约瑟的后妻）、何丙郁等人的支持。按照他制定的规划，该书拟分7卷30多个分册。第一卷是总论；第二卷讨论中国科技思想史和科技发展的思想背景；第三卷是有关数学、天文学、气象学和地学方面的专门科技史。这3卷在王铃的合作下，分别于1954年、1956年和1959年出版。第四卷涉及物理学及与它相关的技术发展史，该卷分成3分册。第一分册讨论物理学的基本方面，在K.罗宾逊（Kenneth Robinson）合作下于1962年出版；第二分册有关中国传统的机械工程方面，在王铃合作下于1961年出版；第三分册有关土木、水利、建筑、航海等方面，在王铃、鲁桂珍合作下于1971年出版。1974年、1976年和1981年、1983年第五卷有关化学及与之相关技术第二、三、四、五分册炼丹术出版（拟出14个分册）。1996年开始出版第六卷生命科学(生物、农学、医学)及与之相关的技术方面,拟写10个分册。第七卷拟对传统的中国文化作社会和经济结构的分析,拟写4个分册,是全书的总结部分。由于工作量极大,从第五卷起已无法一一亲自执笔,而是邀请有关专家按照全书体例撰写,最后由他过目审定。第五、六两卷部分分册已经出版,另有一些分册则正待出版。第七卷第一分册(语言与逻辑)于1998年问世。这部巨著以令人信服的史料和证据、全面而系统地对中国科学技术的发展作了历史概括,并努力采用对比方法考察了中西科学技术交流及其相互影响,同时还探讨了为何西方处于中世纪"黑暗时期"时,中国却发出了灿烂的科学技术之光。而后来中国却没有自发地出现近代科学等科学史的理论问题。尽管这部巨著至今还未写完,但在国际上早已产生了极其深远的影响。

1968年他在巴黎第12届国际科学史大会上获萨顿奖章。1992年获英国女王"御前顾问"勋章。1994年获联合国教科文组织爱因斯坦奖。(席泽宗)

罗杰斯,C. R. (Rogers, Carl Ransom) 美国人,1902年1月8日生于美国伊利诺伊州芝加哥附近的奥克派克,1987年2月4日卒于加利福尼亚州。*心理学、认识论、精神病学。*

工程师之子,自幼性格孤独内向。12岁时举家迁往乡间。1919年考入威斯康星大学读农科,后转修历史,1924年获文学士学位。同年考上纽约联合大学神学院,两年后转哥伦比亚大学读心理学,1928年获硕士学位,1931年获心理学博士学位。曾出任纽约罗切斯特"禁止虐待儿童协会"儿童社会问题研究室主任、儿童指导中心主任。1940年任俄亥俄州立大学心理学教授。1945年起任芝加哥大学教授兼心理咨询中心执行秘书长。1946～1947年任美国心理学学会会长。1957年任威斯康星大学心理学教授。1964年退休后,先任加利福尼亚州西部行为研究所研究员,后创立人道主义研究中心。

人本主义心理学创始人之一,非指导式心理治疗法首创者。创立了一种人本主义心理咨询与治疗体系,其流行程度和声誉仅次于弗洛伊德精神分析法。在《咨询与心理治疗》(1942年)一书中,首创著名的非指导式治疗方法,以人本主义为理论基础,强调人人具备自我调整以恢复心理健康的能力,反对把精神困扰者当作病人看待,主张放弃由心理医师指导患者的传统做法。在《论人格成长》(1961年)一书中,提出以自我为人格核心的人格理论,认为人与生俱来都有自我实现的趋向;要想了解一个人的性格,唯一途径是把当事人自我评价作为研究他的中心议题。1951年,提出"来访者中心"治疗法,后改称"当事人中心论"。他认为,心理咨询与治疗的根本原则,就是创造一种绝对尊重就诊者的氛围,使其在温馨而融洽心理环境中修复被歪曲和受损的自我实现潜力,重新走上自我实现、自我完善的大道。强调心理咨询员在态度上必须具备3个条件:真挚(言真意切、表情自然)、同理心(同情又理解)和无条件积极关注(让对方无拘无束倾诉)。著作颇丰,代表作还有《人对人》(1967年)、《论成为合作者》(1972年)、《生存之途》(1980年)等。1956年获美国心理学会杰出科学贡献奖。(李啸虎)

波普尔,K. R. (Popper, Sir Karl Raimund) 英国人,1902年7月28日生于奥地利维也纳,1994年9月17日卒于英国伦敦。*科学哲学、认识论。*

奥地利裔。父亲是学识渊博的犹太人,职业律师;母亲对音乐极有修养。自幼接受良好教育。1928年在维也纳大学获哲学博士学位。1930～1936年在一所中学任教。1937年执教于新西兰的坎特伯雷大学。1946年任伦敦大学经济学院教授,兼哲学、逻辑学和科学方法论系主任。后入英国籍。1965年被封为爵士。是英国研究院院士(1958年)、英国皇家学会会员(1976年)。

批判理性主义(证伪主义)的代表人物,20世纪最有影响的科学哲学家之一。早年与维也纳学派成员交往并参与其学术活动。虽受逻辑实证主义影响,但也是最早批判该派的哲学家之一。与罗素、爱因斯坦、玻尔、薛定谔、哥德尔等著名哲学家、科学家都有交往。科学哲学思想的基础是否定归纳法,同意D. 休谟的观点,认为普遍命题不能由个别命题归纳而来,反对科学是从观察经由归纳上升到理论的过程。指出理论的检验不在于经验的证实而是证伪。其证伪原则是建立在逻辑不对称之上的:普遍命题的科学理论不能通过个别的经验事实来证实,但个别的经验事实却能证伪普遍命题。可证伪性是科学与非科学分界的依据。凡经验上不可证伪的命题,如本体论、形而上学、重言式陈述、宗教乃至数学都是非科学的。但形而上学和本体论问题并非无意义,分界标准本身就是一个形而上学的问题。认为科学增长的过程是从某个问题开始,根据问题提出大胆的尝试性猜测(假设、理论),猜测要尽可能丰富,各种猜测相互竞争,经受经验的检验后的新理论暂时得到了确认而不是证实,最终仍被证伪;科学又面临着新问题,如此循环往复。用符号表示此过程是:P_1(问题)→TT(理论)→EE(检验)→P_2(新问题)。一个理论的经验内容愈丰富、精确和普遍,其表述形式愈简单,其可证伪度也愈大。科学家是从错误中学习而不断探索真理并逐步逼近真理的。西方许多著名科学家如英国生物学家、诺贝尔生理学或医学奖获得者P. B. 梅达沃,以及澳大利亚生理学家、诺贝尔生理学或医学奖获得者J. C. 爱克勒斯等人,都十分推崇他的科学哲学思想。

主要著作有《科学发现的逻辑》(1934年初版,1959年再版)、《开放社会及其敌人》(1945年)、《历史决定论的贫困》(1957年)、《猜测与反驳:科学知识的增长》(1963年)、《客观知识——一个进化论的观点》(1972年)等。1969年退休隐居在白金汉郡的蓬镇。他的著作被译为20多种文字。(路军平)

李基,L. S. B. (Leakey, Louis Seymour Bazett) 肯尼亚人,1903年8月7日生于肯尼亚卡贝特,1972年10月1日卒于伦敦。*考古学、古生物学、人类学。*

传教士之子。在肯尼亚韦伊毛思学院毕业。后去英国剑桥大学圣约翰学院学习考古学和人类学,曾获非洲史前考古学哲学博士学位。留校任评议员。1924年参加英国博物馆赴东非坦噶尼喀考察队，1926年起任东非考古研究考察队领队。从第二次世界大战爆发时，任内罗毕罪犯研究所第六科科长，直到1951年均为该所的笔迹专家。战争快结束时，再次从事考古学和古生物学研究。1945～1961年任内罗毕科利恩东博物馆馆长，后任内罗毕史前考古学和古生物学国家中心名誉主任。曾发起召开史前考古学全非洲代表大会，1947～1951年任大会秘书长，1955～1959年任大会主席。是肯尼亚国家公园和野生生物协会理事。他去世后，妻儿继承了他的工作。

20世纪20年代，在东非史前考古上有一系列重要发现，成果见于1931年、1935年和1936年相继出版《肯尼亚的石器时代文化》、《肯尼亚的石器时代遗迹》、《石器时代的非洲》3部著作。第二次世界大战期间及战后，他与妻子玛丽(Mary Leakey)在东非进行过大量的人类化石挖掘工作。从1959年起，与全家人一起在奥杜瓦伊展开大规模挖掘考查，发现许多重要的古灵长类动物和古人类化石，如肯尼亚古猿、东非人和能人化石等，对人类起源理论的研究有很大贡献。这些重要发现及研究发表在《亚当的祖先》、《奥杜瓦伊峡谷》等著作中。达尔文曾推断非洲可能是出现人类活动较早的大陆。李基的野外调查证实了这一推断。

到过欧美许多国家，四处讲演，广泛传播他的重要发现，尽管其许多发现尚有争议，但他对早期人类以及古代文化的直接证据的发现，贡献颇大。重要著作还有《奥杜瓦伊的一具新发现的头骨化石》、《奥杜瓦伊峡谷的新发现》等。肯尼亚政府为纪念这位功绩卓著的科学家，建了一个博物院，命名为“李基非洲史前考古纪念馆”。（张之沧）

凯德洛夫，Б. М.（Кедров，Бонифатий Михайлович；Kedrov，Bonifati Mihailovich） 苏联人，1903年12月10日生于苏联雅罗斯拉夫尔，1985年9月10日卒于莫斯科。科学哲学、科学史、化学。

1930年在莫斯科大学化学系毕业。1942～1945年在军队任职。1941～1945年和1958～1962年在苏联科学院哲学研究所任职，1971年起成为教授，1973～1974年任所长。曾任苏联科学院自然科学史与技术史研究所所长。1947～1949年任《哲学问题》杂志主编。1966年当选为苏联科学院院士。1972年当选为德国利奥波德科学院外籍院士。

主要研究领域热力学、统计物理学，并研究唯物辩证法、自然科学哲学问题、科学学、心理学、逻辑学等。20世纪70年代初，在论述科学发展的不平衡性规律时，提出“带头学科更替论”。他运用历史比较法和统计分析法，发现在一定历史时期内，总有一门或一组学科领头带动其他学科，它(或它们)具有根源性、加速性和更替性。其更替周期的经验公式为：$T_n=200/2^{n-1}$，其中n为带头学科出现的顺序，T_n为第n个带头学科起统率作用的延续时间。自近代科学产生以来，更替顺序为：力学→化学、物理学、生物学→微观物理学→系统科学、原子能科学、宇宙航行学→……。从17世纪开始到20世纪70年代，各带头学科各领风骚的领军周期为200、100、50和25年。

一生撰写发表800余篇论文；出版60多部专著，其中代表作有：《论自然界的量变和质变》(1946年)、《论自然科学发展的道路》(1948年)、《否定之否定》(1957年)、《论发展过程中的不断重复》(1961年)、《恩格斯与自然科学》(1947年)、《科学分类》(1961年)、《门捷列夫的周期定律及其哲学意义》(1949年)、《伟大发现的一天》(1958年)、《哲学史》(5卷，1957～1961年)等；此外还是苏联《哲学百科全书》积极撰稿人。曾获3枚勋章和奖章。（方福娟　李孙演）

斯金纳，B. F.（Skinner，Burrhus Frederic） 美国人，1904年3月20日生于美国宾夕法尼亚州萨斯奎汉纳，1990年8月18日卒于波士顿。心理学、教育学。

律师的儿子。1922年入纽约哈密尔顿学院主修文学，1926年获英语专业学士学位。1930年和1931年分获哈佛大学心理学硕士、博士学位。留校任研究员。1936～1944年任明尼苏达大学副教授、教授。1945年出任印第安纳大学心理学系主任。1948年重返哈佛大学，担任心理学终生教授，1970年退休。

美国著名心理学家，新行为主义主要代表。1950～1959年间，一直被评为美国十大心理学家之首。1938年出版《生物体的行为》一书，通过长期对白鼠和鸽子的观察和实验，经验性地描述了学习的法则，提出“及时强化”的概念以及强化的时间规律，从而为操作性条件作用原理奠定了基础。他认为И. П. 巴甫洛夫和J. B. 华生所研究的只是“反应性反应”，而他所谓“操作性反应”是指个体在环境中的自发性反应，学习过程即控制其继续表现操作性反应的强化过程。但该书当时并未受到重视，8年里仅出售500本，半个世纪后却被誉为“改变现代心理学史之作”。在第二次世界大战期间，曾参与美军秘密作战计划，采用操作性条件反射方法训练鸽子控制导弹和鱼雷。战后在名著《沃尔登第二》(1948年)一书中，描述了一个试图以积极控制的方法加以管理的乌托邦社会。该书在美国尤其受大学生推崇，在弗吉尼亚州甚至建立过一个模拟性公社。在《科学与人类行为》(1953年)一书中，探讨了人类行为的思维、自我和社会化等，主张人类是肉身机器，其活动和机器一样受自然法则支配。

20世纪60年代，在《教学技术学》(1968年)中提出一种新型强化教育模式，他所设计的“程序教学”和“教学机器”风行一时，对西方教育思想产生深刻影响。他将操作性条件反射理论用于人的研究，在《超越自由和尊严》(1971年)一书中，认为人们做或不做某事，只取决于行为后果，人是根据奖惩来决定自己以何种方式行动，故无所谓“尊严”和“自由”。他是行为矫正技术的创始人之一，将该理论应用于心理治疗、儿童行为矫正等领域，主张不断利用奖惩来塑造人们的行为。

此外还出版有多部著作。获美国心理学学会1958年杰出科学贡献奖、1990年终生贡献奖，1968年国家科学奖章，1971年美国心理学学会金质奖章等。1971年被选为《时代》杂志封面人物。（陈闻鹏）

希尔加德，E. R.（Hilgard，Ernest Ropiequet） 美国人，1904年7月25日生于美国伊利诺伊州贝尔维尔，2001年10月22日卒于加利福尼亚州帕洛阿尔托。心理学、心理学史。

医师家庭出身，14岁丧父。1924年获美国伊利诺伊大学化学工程学士学位。1930年获耶鲁大学实验心理学博士学位。留校任教。1933～1969年在斯坦福大学任教，同时在该校人文学院、教育学院任心理学教授，1942年起先后任心理学系主任、行为科学高级研究所所长等职，1969年退休后任荣誉教授。第二次世界大战期间，在华盛顿兼任数个机构文官。1940年出任美国社会问题心理研究学会会长。1948～1949年任美国心理学学会会长。1972年出任美国实验心理学学会会长。1973～1976年任国际催眠学会会长。1981年出任美国心理学学会心理学史专业委员会主席。1948年当选为美国国家科学院院士。

20世纪30年代，研究动物和人的眼睑条件反射实验。40～50年代研究学习理论，对动机心理和发展心理等各类主题作深入研究。60年代，指出理论心理学的学习理论转化成应用心理学的教学理论，必须经过六个逐级细化、相互关联的实验步骤，首次将学习心理学研究归为六大类。60～70年代，对尚无定论的催眠现象作心理动力学研究。1965年编制《斯坦福催眠感受性量表》，用以鉴定受试者催眠感受性高低，发现暗示性与个体态度和期望密切相关；提出催眠"意识离解理论"，将其心理过程看作为接受暗示而被扭曲的意识活动和隐蔽而真实的意识经验两者矛盾，后者抵抗外在暗示而保持自我。还是心理科学教育积极推动者，两部与他人合著的《学习理论》(1948年初版，1981年第5版)、《心理学导论》(1953年初版，1983年第8版)，早有10多种文字译本，被美国和世界各大学用作教科书，后者已出版200余万册。晚年主要研究心理学史。

主要著作还有：《条件作用与学习》(1940年，与他人合著)、《学习理论与教育理论》(1964年)、《催眠的敏感性》(1965年)、《催眠的体验》(1968年)、《催眠减痛》(1975年)、《分离的意识：人的思想和行为中的多重控制》(1977年)、《美国心理学的历史透视》(1978年)、《心理学在美国：历史概观》(1987)等。获美国心理学学会1940年实验心理学沃伦奖章、韦巴十字奖章，1969年杰出科学贡献奖，1993年科学催眠研究杰出贡献奖章；1978年美国教育基金会金质奖章，1980年国际催眠学会富兰克林金质奖章，1984年美国科学院科学贡献奖等奖项。 （张相轮）

亨普尔，C. G.（Hempel，Carl Gustav） 美国人，1905年1月8日生于德国奥拉宁堡，1997年11月9日卒于美国新泽西州普林斯顿。科学哲学、认识论、数理逻辑。

德国裔。1923年起先后就读于德国格丁根大学、海德堡大学、柏林大学，最初攻读物理学和数学，后来转向哲学。1929～1930年在维也纳逗留期间，结识了维也纳学派的M. 石里克、R. 卡尔纳普等人。期间兼做中学教师。1934年获柏林大学哲学博士学位。同年移居比利时。1939年迁居美国，1944年加入美国籍。先后在纽约城市学院、耶鲁大学、普林斯顿大学等多所高校任教。1961年任美国哲学学会东部分会会长。20世纪80年代后，在执教同时参与合办国际性科学哲学《认识》杂志。是美国文理科学院院士。

后期逻辑经验主义主要代表。曾是以赖欣巴赫为首的柏林学派重要成员，被西方哲学界评为当代逻辑经验主义"最卓越、最多产的代表"。在哲学上深受赖欣巴赫、石里克和卡尔纳普等人影响，但毕生致力于使逻辑经验主义适应新的思想潮流，因而在不少重要问题上已与早期逻辑经验主义教义相距甚远，其主要观点已趋同于整体论。他的研究工作集中在科学理论的形成、结构和性质等问题上，尤为关注理论术语与经验观察之间的关系。他的学术风格富有特色：力求概念术语的精确明晰；注重以数理逻辑构建理论的形式化模式；提倡宽容大度，反对走极端；有与时俱进精神，不固步自封，善于吸取不同意见和见解，敢于不断发现和修正本学派观点中的问题和缺陷。晚年他特别注意利用和吸收历史主义学派T. S. 库恩等人的思想成果，在科学方法论上主张历史方法和逻辑方法互补。他说，科学方法论研究的目标应该有两个：所作说明必须符合科学研究的实际情况，同时必须在逻辑上具有系统性、全面性和简明性。1981年曾应邀到中国访问和讲学。

主要著作有：《经验科学中概念形成的基本原理》(1952年)，论文集《科学说明的各个方面》(1965年)、《自然科学的哲学》(1966年)等。 （李啸虎）

哈洛，H. F.（Harlow，Harry Frederick；原姓名 Israel，Harry） 美国人，1905年10月31日生于美国艾奥瓦州费尔菲尔德，1981年12月6日卒于亚利桑那州图森。心理学、教育学。

在美国俄勒冈州波特兰市里德学院学习一年后，考入美国斯坦福大学攻读心理学，1930年获哲学博士学位。同年改名，并任威斯康星大学心理学教授。1950～1952年任美国陆军部人力资源研究处处长，1952～1955年任美国国家研究委员会人类学与心理学署主任。后回校工作，1956～1974年任灵长目动物实验室主任。1951年当选为美国国家科学院院士。

研究涉及神经生理和爱恋心理学。根据对母猴与幼猴关系的种种观察，发现幼猴对母猴依恋接触的需要甚于对食物的需求；经常与母猴和同伴生活、玩耍的幼猴，对母亲和同伴有着强烈的感情，而单独生活的幼猴则全然缺乏社交能力；正常的性行为和母性行为取决于幼年时期和同伴情感联系的发展状况，由母猴带大而耽搁了与同伴接触的幼猴往往胆怯或过分粗暴。确定了灵长类若干种不同而又相互依存的情感系统，如母亲与婴儿、同伴、性爱、父爱、母爱等。认为无论人类或非人类社会交往，均不以性爱而是以更复杂的情感联系为基础。这些观点对心理学以外的领域也有广泛影响。

主要著作有《心理学》(1971年)、《学会去爱》(1978年)、《人类模型：灵长目透视》(1978年)和论文选集《从学习到爱心》(1986年)等。获美国心理学学会1956年沃伦奖章，1967年美国国家科学奖章，1973年美国心理

学基金会金质奖章等多种奖励。 （张相轮）

古德曼，N.（Goodman，Nelson） 美国人，1906年8月7日生于美国马萨诸塞州萨默维尔，1998年12月卒于马萨诸塞州尼达姆。*科学哲学、语言哲学、逻辑学。*

1928年获美国哈佛大学理学士学位，1941年获该校哲学博士学位。1945年任塔夫茨学院讲师，1946年执教于宾夕法尼亚大学，1951年升任教授。1964年任布兰代斯大学沃尔弗讲座哲学教授。1967年任哈佛大学哲学教授，1971年退休。是美国国家科学院院士。

美国分析哲学主要代表人物之一。主要研究领域在认识论、科学哲学和语言哲学。在科学哲学方面，研究了科学理论在结构上和逻辑上的简单性问题、自然语言的同义性问题、语义系统结构及其恰当性和准确性等问题。尤为注重归纳逻辑或确认理论。指出不仅应该为归纳推理在科学研究中的作用辩护，更重要的是区别正确归纳与不正确归纳之分，因此应当寻求一组正确的归纳逻辑规则。认为确认理论所面临的最大困境，就是归纳逻辑并非每一个概括都能得到正面事例的支持，这就是"归纳悖论"。试图解决归纳问题，提出所谓的"新归纳之谜"，认为问题关键在于区分有正面事例支持的概括和得不到支持的概括，即区分可确认假说与不可确认假说的界限。那么，哪些假说为它们的肯定事例所确证呢？他的回答是休谟化的：同过去经验的符合乃以独特的方式同我们的语言习惯相结合。在理论构建上，追求清晰性和严谨性，强调用逻辑作为研究哲学的工具；在本体论上持相对主义立场；在方法论上，是一个现代唯名论者，认为应该废除类和属性的理论，因为这些非个体的抽象观念不仅难以理解，而且易生悖论，主张以个体取代类的概念，避免任何预设非个体存在的哲学或逻辑方法。

主要著作有：《现象的结构》（1951年）、《事实、虚构和预测》（1954年初版、1984年第4版）、《艺术的语言》（1968年）、《问题和规划》（1971年）、《构造世界的途径》（1978年）、《关于心智及其他》（1984年）、《哲学的概念重构》（1988年）等。 （李啸虎）

史蒂文斯，S. S.（Stevens，Stanley Smith） 美国人，1906年11月4日生于美国犹他州奥格登，1973年1月18日卒于美国康涅狄格州韦尔。*心理学、认识论、教育学、声学。*

1927年入读美国犹他大学，两年后转学并于1931年在斯坦福大学获心理学文学士学位。1933年在哈佛大学获哲学博士学位。留校任教，1962年成为哈佛大学第一位心理物理学教授，哈佛大学心理-声学实验室主任。1946年当选为美国国家科学院院士。

1953年起从事对各种感觉系统（视觉、听觉、嗅觉、味觉和触觉）的研究，并发现了在不同感觉中普遍存在的规律，即斯蒂文斯强度定律。该定律阐明刺激强度ψ与感觉强度φ之间的关系为$\varphi=k\psi^{\beta}$，指数β取决于感觉形式和实验参数。这一幂函数关系的证实纠正了德国心理物理学家G. T. 费希纳的错误观点，后者认为心理强度与物理强度呈对数函数关系。还在实验中创立了"宋"（sonne）作为响度单位，以使音响学级与人们的主观感觉更为一致。还有许多著作，其中包括1951年出版巨著《实验心理学手册》（1400余页）等。1943年获美国实验心理学家协会授予的华伦勋章。1960年获美国心理学学会奖章。 （朱 焱）

斯彭斯，K. W.（Spence，Kenneth Wartinbee） 美国人，1907年5月6日生于美国伊利诺伊州芝加哥，1967年1月12日卒于得克萨斯州奥斯丁。*心理学、认识论、教育学。*

电气工程师之子。1929年、1930年先后获加拿大麦吉尔大学心理学文学士、硕士学位。1933年在耶鲁大学获心理学博士学位。留校心理学实验室做研究。1940～1964年任艾奥瓦大学心理学系主任。1964年任得克萨斯大学心理学教授。1955年入选美国国家科学院院士。

主要贡献是对动物和人类基本学习过程的研究。许多工作是对俄国生理学家И. П. 巴甫洛夫在狗身上发现的一些经典的条件反射现象的探讨。发现了经典条件反射的基本规律，得出了关于条件反射现象的一些定量性的公式。这可作为解释更为复杂的学习形式的基础。著作有《行为理论与条件》（1956年）、《行为理论与学习》（1960年）等，还与J. T. 斯彭斯合作出版了《学习心理学与诱导》一书的前两卷（1967年和1968年）。多次获美国心理学界的荣誉和奖励。 （朱 焱）

莱维-斯特劳斯，C.（Lévi-Strauss，Claude） 法国人，1908年11月28日生于比利时布鲁塞尔，2009年10月30日卒于法国巴黎。*考古学、人类学。*

1929年毕业于巴黎大学。1931年获哲学学士学位。1934～1938年任巴西圣保罗大学社会学教授，并去巴西内地研究卡杜维奥和博罗罗印第安人的部落社会。1938年辞去教授职务，将全部时间投入由法国政府资助的野外考古研究工作。第二次世界大战期间在法国军队中服役，任驻英联络官。德国占领法国后，到美国纽约任社会研究新学院的客座教授。战后，在美国首都华盛顿任法国大使馆的文化参赞。1948年在巴黎大学索邦学院获文学博士学位。1950年在巴黎大学任教授，1959年任该校社会人类学讲座教授，1960年在该校创建社会人类学实验室。1973年当选为法国科学院院士。是英国皇家人类研究所、美国自然博物馆、美国国家科学院、英国研究院、挪威皇家科学院、荷兰皇家科学院等机构的外籍院士。先后获耶鲁大学、芝加哥大学、哥伦比亚大学、牛津大学等校的荣誉博士学位。

结构人类学应用心理学、语言学、社会学、哲学、生物学以及神话学要素的研究来透视文化现实的意义。他对结构人类学在基础研究和理论方面作出了重要贡献。其工作建立在对世界许多地区史前和原始部落细致的野外考古发掘研究的基础上。在对原始文化的研究中，考察了人类经验的许多方面，例如饮食方式、婚嫁习俗、烹调过程和神话传说，寻求将这些方面与更中心的现象的联系。认为无论史前或进步社会中都有他们自己的思想逻辑，根据这个逻辑来处理生产和生活。

主要著作有：《纳姆比克瓦拉印第安人社会和家庭生活》(1948年)、《血族关系的基本结构》(1949年)、《人种和历史》(1952年)、《走向衰落的世界》(1955年)、《结构人类学》(1958年)、《图腾信仰》(1962年)、《野蛮人心理》(1962年)、《神话学》(4卷，1964～1971年)、《神话和含义》(1978年)、《人类学与神话学讲演录(1951～1982年)》(1984年)等。1965年获维京基金奖章。还曾获法国国家科学研究中心金质奖章。 (应中锷)

米勒，N. E. (Miller，Neal Elgar) 美国人，1909年8月3日生于美国威斯康星州密尔沃基，2002年3月23日卒于康涅狄格州哈姆登。心理学、认识论、教育学。

心理学家之子。1931年获华盛顿大学理学士学位。1932年获斯坦福大学理学硕士学位。1935年获耶鲁大学心理学博士学位。同年到奥地利维也纳大学心理分析研究所进修。1936年回国，曾任耶鲁大学心理学讲座教授。第二次世界大战后，又从空军复员回耶鲁大学任教。1966年至1981年退休，在洛克菲勒大学任教授。1958年入选美国国家科学院院士。先后任美国心理学学会、神经科学学会和行为医学会会长。

强调动机和报偿是行为的决定因素。比如让一只饥饿的老鼠进入T字迷宫，在一侧使它得到食物报偿，在另一侧使它受到惩罚，它就会逐渐学会正确选择有利通道。这种学习称为“反复试验学习法”。发现用电流刺激大脑一定区域会产生恐惧和痛苦的感觉；用电流刺激丘脑，会产生肌饿感；用化学药物刺激动物大脑也会产生行为效应。还发现一些本能反应，如唾液分泌、心率、血压，可以用反复试验法加以改变，使之成为可控行为，从而开拓了“生物回授”研究的新领域。还对行为医学的发展作出贡献，其研究有助于理解动机的生理机制及动机、学习对社会行为和本能行为的影响。著有《挫折和进取》(1939年)、《个性和心理疗法》(1950年)、《社交学习和仿效》(1979年，与他人合著)、《图形通信和教育危机》等。 (张相轮)

艾耶尔，A. J. (Ayer，Alfred Jules) 英国人，1910年10月29日生于英国伦敦，1989年6月27日卒于同地。科学哲学、认识论、逻辑学。

曾就读于英国伊顿公学。1932年牛津大学基督学院毕业。同年前往奥地利维也纳大学，参与哲学小组的学术活动。1933年起任牛津大学基督学院的哲学讲师，1936年获该校文学硕士学位。1940年参加英国军队，第二次世界大战期间任文职军官。1944～1946年任沃德姆学院研究员、院长。1946～1959年任伦敦大学格罗特讲座教授，讲授逻辑学与精神哲学。1959年重返牛津大学任逻辑学教授，主持威克姆讲座，直至1978年退休。1952年当选英国皇家学会会员。1963年当选美国国家科学院外籍院士。1976年当选丹麦皇家文理院外籍院士。获国内外多所大学荣誉博士学位。

逻辑实证主义哲学主要代表人物之一。成名作《语言、真理与逻辑》(1936年)被视为逻辑实证主义“启蒙教科书”，在当时英国哲学界引起很大震动。在他看来，逻辑实证主义是D.休谟的彻底经验主义和现代逻辑技术结合的产物。一生研究的中心论题始终是知识论问题，致力于从经验论立场出发去探究知识的基础。在知识基础理论上，他早期认定知识的基础是感觉材料；后期则认为是用物理对象表述的常识，而常识作为知觉判断超越了感觉经验，从而转向实在论。在意义理论上，早期全盘接受维也纳学派的原始教义，把证实原则作为命题有无意义的标准；后期他对证实原则作了修正，承认在直接证实之外还有间接证实，并把原来的“强证实”降为“弱证实”，即把证实原则作为科学与非科学的划界标准而不是原来的意义标准。他认为哲学仅仅是一种分析活动，而传统哲学极大部分内容都是形而上学的无意义命题，应予以抛弃；但后期立场有所软化，对某些形而上学家如B.斯宾诺莎、G. W.莱布尼茨和A. N.怀特海等人构造概念体系的工作表示理解。

论述颇丰，主要著作有：《经验主义的基础》(1940年)、《知识问题》(1956年)、《实用主义的起源》(1968年)、《形而上学与常识》(1969年)、《罗素和摩尔：分析的传统》(1971年)、《哲学的中心问题》(1973年)、《20世纪哲学》(1982年)等。 (李啸虎)

本格，M. A. (Bunge，Mario Augusto) 加拿大人，1919年9月21日生于阿根廷布宜诺斯艾利斯。科学哲学、语义学、逻辑学、理论物理学。

阿根廷裔。1938～1944年在阿根廷国立拉普拉他大学攻读物理专业，先后获学士、硕士学位；1952年获该校物理—数学博士学位。1956～1962年先后任该校理论物理学、哲学教授。曾在美国、墨西哥和德国的一些大学教过书。1966年定居加拿大蒙特利尔。同年起直至退休，任加拿大麦吉尔大学哲学教授。先后获9个荣誉博士学位、4个名誉教授称号。

他密切注视物理学、生物学和心理学等学科新进展；哲学研究领域主要在语义学、科学哲学，也涉及逻辑学、形而上学和技术哲学。自称在本体论上维护最新式的唯物主义，即“科学唯物主义”，在认识论上坚持批判实在论，要以现代逻辑、数学和自然科学进展来考察、说明和扩充唯物主义，反对唯灵论、唯心主义、实证主义、机械论和辩证法。他主张理性主义和带机遇的决定论，认为因果关系并非普遍存在。他提倡精确哲学，同时把分析哲学的精确性观念与科学可错论相结合，批判科学观和科学方法上的黑箱论。在他看来，传统思辨哲学的要害在于它的不明确性或文学性，而他的任务是通过定量化、形式化、数学化把哲学改造成系统的、科学的和精确的。与实证主义哲学不同，他追求科学自身的本体论，认为科学是局部的本体论，而本体论是总体的科学。他对意义和指称、因果和机遇、原型与模型、对象理论和元理论等的研究也有独到见解。此外，他很不赞成哥本哈根学派对量子力学的诠释。

他的著作之多在当代哲学家中罕见。主要著作有：《元科学探究》(1959年)、《直觉和科学》(1962年)、《简单性的神话》(1963年)、《科学的研究》(2卷，1967年)、《物理学哲学》(1973年)、《精确哲学》(1973年)、《身心问题》(1980年)、《科学唯物主义》(1981年)、《基础哲学论》(8卷，1984～1989年)、《语言学哲学问题》(1986

年)、《科学哲学》(2 卷,1998 年)、《哲学辞典》(2003 年第 2 版)等。获 1982 年西班牙阿斯图里亚斯亲王奖等。(李啸虎)

阿西莫夫,I.(Asimov,Isaac;原姓名 Ozimov,Isaac Yudovich) 美国人,1920 年 1 月 2 日生于苏联斯摩棱斯克的彼得洛维奇,1992 年 4 月 6 日卒于美国纽约。科学写作、科学普及、文学。

俄国裔。双亲是犹太人。1923 年随父母移居美国,靠父亲开小糖果店为生。1928 年入美国籍。1939 年在哥伦比亚大学获学士学位,1941 年获硕士学位。后留校工作。第二次世界大战期间在美国军队服役,至 1946 年重返哥伦比亚大学。1948 年在该校获生物化学博士学位。1949 年在波士顿大学医学院讲授生物化学,1951 年为生物化学助理教授,1955 年为副教授,1979 年任教授直至去世。但从 1958 年起实际上已停止教学活动而专事写作。曾任美国人文主义者联合会主席。

当代极负盛名的科普和科幻作家。自幼聪慧好学,毕生异常勤奋。童年时代即与科学幻想故事结下不解之缘。11 岁开始习作幻想故事聊以自娱,17 岁萌生正式发表作品的想法。1939 年发表第一篇短篇科幻故事"灶神星亡命记"。1950 年出版他的第一本书——长篇科学幻想小说《天空中的砾石》。1952 年出版第一部科学著作《生物化学和人的新陈代谢》(3 人合著的大学教材)。20 世纪 50 年代初,教学与写作双管齐下,此时的作品多系长篇科幻小说。50 年代中期以后,越来越清楚地意识到"我决不会成为一个第一流的科学家,但是我可能成为一个第一流的作家"。1958 年起开始了专业作家生涯。

1957 年 10 月苏联发射第一颗人造卫星,促使他决定适当收缩科学幻想小说的创作,而以更多的精力来写科普读物,以冀促进美国公众科学素质的提高。科普类作品(包括科学总论、数学、天文学、地球科学、化学、生物化学、生物学、物理学、科学史、科学家传记、科学小品集等)约占其全部作品半数有余,幻想类约占三分之一,余者为其他门类(包括历史、文学、幽默与讽刺、圣经、自传等)。科普作品背景广阔,主题鲜明,结构严谨,推理慎密,史料翔实,立足前沿,文字生动浅显,议论多蕴哲理,能自然而然地体现人类认识自然、利用自然和改造自然的能力与潜力。作为一位未来学家,还经常对人类未来社会的诸多方面作出颇有见地的评述和展望。

一生撰写 500 余部书,读者遍及全球,作品中译本已逾 70 种。最著名的非幻想类作品中,"指南"类有:《阿西莫夫科学指南》(1972 年)及据此修订的《阿西莫夫最新科学指南》(1984 年)、《阿西莫夫圣经指南》(2 卷,1968～1969 年)、《阿西莫夫莎士比亚指南》(2 卷,1970 年)、《阿西莫夫科技传记百科全书》(1964 年初版,1982 年第 3 版)、《阿西莫夫科学和发现年表》(1989 年)、《科学词汇》(1959 年)、《更多的科学词汇》(1972 年);自传 3 卷,包括《记忆犹新(1920～1954 年)》(1979 年)、《欢乐如故(1954～1978 年)》(1980 年)、《我,阿西莫夫(1979～1992 年)》(1993 年);《作品第 100 号》(1969 年)、《作品第 200 号》(1979 年)、《作品第 300 号》(1984 年);《灾难之选择》(1979 年)、《地外文明》(1979 年)、《宇宙之量度》(1983 年)、《生命和能量》(1962 年)、《大地的尽头》(1975 年);以及为少儿编写的小丛书《我们怎样发现了…》(1973 年起陆续出版)等。最主要的幻想类作品有:《基地》系列 8 卷,其中包括《基地》(1951 年)、《基地和帝国》(1952 年)、《第二个基地》(1953 年)、《基地的边缘》(1982 年)、《机器人与帝国》(1985 年)、《基地与地球》(1986 年)、《基地序幕》(1988 年)和《通往基地》(1993 年);机器人系列 5 卷,其中包括《我,机器人》(1950 年)、《钢窟》(1954 年)、《裸太阳》(1957 年)、《其余的机器人故事》(1964 年)、《黎明的机器人》(1983 年),20 世纪 40 年代在机器人故事中首创"机器人学"(robotics)一词,今已被广泛使用。短篇故事《黄昏》(1941 年)和据此改写的同名长篇小说(1990 年),短篇故事《两百岁的人》(1976 年)和据此改写的长篇小说《阳电子人》等。

为纪念他,以他命名的有:第 5020 号小行星和火星上一个陨星坑,美国一份科学幻想小说杂志,美国纽约州布鲁克林的一所小学,以及一种文学奖等。(卞毓麟)

米勒,G. A.(Miller,George Armitage) 美国人,1920 年 2 月 3 日生于美国西弗吉尼亚州查尔斯顿,卒于 2012 年 7 月 22 日。心理学、教育学、通信工程。

1940 年毕业于亚拉巴马大学。1946 年在哈佛大学获哲学博士学位,先后在普林斯顿大学、哈佛大学、马萨诸塞理工学院、洛克菲勒大学任教授。1960 年,与布鲁纳(J. S. Bruner)创办哈佛大学认知研究中心。英国牛津大学客座研究员。1968～1969 年任美国心理学学会会长。

第二次世界大战中他设计干扰信号时,发现数字比其他无意义音节更难听清,遂致力于研究通信(语言)与心理学的关系。发现输出的交错信号越多,从中识别个别信号越难。如从数千个交错信号中听清楚"停止"要比从两个交错信号中听清楚"停止"难得多,因为有许多音和"停止"(stop)相近。听清楚一个句子里的几个单词,要比听清楚几个孤立单词容易得多,因为句子提供的信息量缩小了可能出现的单词范围。1950 年进而提出记住一个句子里的单词,要比记住几个孤立单词容易,因为一个句子里所含的"功能单位"要比许多孤立单词所含的"功能单位"少得多。同样,记住 101001011100 较难,记住 101、001、011、100 较易,因为后者只包含四个"功能单位"。这种"功能组织"方法,对学习和计算机操作都很有用。他将这种心理语言理论推广到其他认识过程中去。代表作有《数学和心理学》(1964 年)、《心理学和通信》(1974 年)、《语言和说话》(1981 年)、《计划和行为结构》(1986 年)等。获 1991 年美国国家科学奖章、

1991年富兰克林研究院利维奖章等。

（张相轮　李文华）

图尔明，S. E.（Toulmin，Stephen Edelston）　美国人，1922年3月25日生于英国伦敦，卒于2009年12月4日。科学哲学、科学史、认识论、伦理学。

英国裔。1942年获英国剑桥大学理科学士学位。1942～1945年在英国皇家空军电信研究所研制雷达。1948年获剑桥大学道德学博士学位。毕业后在牛津大学执教科学哲学。1955～1959年任利兹大学哲学系教授、系主任。1960～1965年任纳菲尔德基金会主席。1965年移居美国，先后在布兰迪斯大学、密歇根大学、加利福尼亚大学任教，1973～1986年任芝加哥大学社会思想、科学哲学教授。

20世纪40年代末，主要关心元伦理学问题。50年代开始，研究重心转向科学史与科学哲学。被公认为是科学哲学中开启历史主义先河的人物，向正统的逻辑经验主义提出挑战。早在50年代初，倡导用历史主义观点考察科学的实际活动及其功能；60年代初首次明确引进作为历史学派标志的“范式”概念；60年代末～70年代初，提出科学是通过更适当概念达到更深理解的理论。认为科学的中心目的是探求对自然的解释，这意味着把现象与作为解释范式的“自然秩序理念”（即自然观）联系起来；科学理论的有效性和可接受性都以自然秩序理念作为最终衡量标准；强调科学发展就是自然秩序理念的竞争、冲突和革命，而不是支流汇成江河那样的连续性归并过程；正是承认某类抗拒旧自然秩序理念的反常现象，才导致建立新的自然秩序理念。例如，牛顿理念的胜利是对亚里士多德理念的否定，而爱因斯坦理念的胜利则是对牛顿理念的否定。他的观点是对L.维特根斯坦后期语言哲学的进一步发展，并对T. S. 库恩的观点形成有重要影响。

独撰主要著作有：《理性在伦理学中的地位》（1950年）、《科学哲学导论》（1953年）、《论争的用途》（1958年）、《预见和理解》（1961年），《人类的理解力》（1972年）、《大都市》（1989年初版、1991年再版）、《回归理性》（2001年）等；与他人合著《物质的结构》（1962年）、《时间的发现》（1965年）、《推理导论》（1978年）、《超越理论》（1996年）。

（李啸虎）

库恩，T. S.（Kuhn，Thomas Samual）　美国人，1922年7月18日生于美国俄亥俄州辛辛那提，1996年6月17日卒于马萨诸塞州坎布里奇。科学哲学、科学史。

1943年毕业于哈佛大学物理系，1946年获该校理学硕士学位，1949年获哲学博士学位。1973年获法学博士学位。1978年获希伯莱文学博士学位。1948年留哈佛大学任教科学史。1956年到伯克利加利福尼亚大学，1961年时兼任哲学系和历史系科学史教授。1964年任普林斯顿大学哲学和科学史教授。1979年任马萨诸塞理工学院科学史教授，1991年退休。是美国文理科学院院士，美国科学促进协会和美国哲学学会的会员。获多个大学荣誉博士学位。

科学哲学历史主义学派主要代表人物。1947年从理论物理学转入科学史的研究。1962年出版《科学革命的结构》，此书在社会科学界和自然科学界都曾引起强烈反响，他也由此享誉世界。指出科学发展不仅是量的积累过程，还有质的飞跃即科学革命。他把科学发展分为前科学、常态科学和科学革命三个主要时期。在常态科学时期，科学家集团的成员由于接受共同的教育和训练，运用共同的基本理论、基本观点和基本方法并取得相当的成就，使得科学家们产生了一种共同信念，也为他们提供共同的理论模型和解决问题的框架，并为该学科的发展规定了共同的方向。他称这种“专业母体”为“范式”。任何一门学科只有具有共同的范式，才能称为成熟的学科。前科学时期是科学范式尚未形成时期。在常态科学时期，科学家坚定不移地运用既定范式去解决各种问题，不允许有违反范式的作为。随着科学的发展，观察到愈来愈多的反常现象无法用原有范式加以合理解释，直至无法回避之时便引起科学危机。危机打破旧理论旧框框，催生新的范式（理论）对新现象作出新解释，科学革命就是扬弃旧范式建立新范式。新旧范式之间没有一个共同的标准，是不可比较的。科学革命是宇宙观的根本改变。新范式的建立标志着科学又进入一个新的常态时期，如此循环以至无穷。后来由于人们对“范式”内涵不确定性的批评，他不再那么强调常态时期与革命时期之间的区别，而更加强调科学革命的核心是科学语言的变化。他描绘的科学从量变到质变的动态发展模式，成为西方科学哲学研究科学发展动态模式的先驱，为科学史的研究开创了一代学风。

主要著作有《哥白尼的革命》（1957年）、《必要的张力》（1977年）、《黑体理论和量子不连续性，1894～1912年》（1978年）等。1982年获美国科学史学会萨顿奖。

（路军平）

拉卡托斯，I.（Lakatos，Imre）　英国人，1922年11月9日生于匈牙利布达佩斯，1974年2月2日卒于英国伦敦。科学哲学、逻辑学。

匈牙利裔。父亲是经营葡萄酒的犹太商人。早年在匈牙利德布勒森大学求学，1944年毕业。纳粹德国占领匈牙利期间，加入地下抵抗运动，将犹太姓氏Lipsitz改为Molner，第二次世界大战后改为现姓。1947年任匈牙利教育部高级官员。1948年获博士学位。1949年留学莫斯科大学。1950年回匈牙利，后因政治原因被捕入狱近4年。1953年底释放后在匈牙利科学院数学研究所任翻译，同时集中精力学习数学，为日后在数学哲学领域的研究打下基础。1956年“匈牙利事件”后逃往维也纳，接着前往英国剑桥大学皇家学院。后加入英国籍。1960年进伦敦大学经济学院随波普尔学习，1969年任该校哲学、逻辑学和科学方法论系教授，1972年任哲学系主任，并兼《不列颠科学哲学》杂志主编。

起初运用波普尔的证伪主义研究数学哲学，认为数学的发展并非像数学史家宣称的是永恒的不可推翻的真理的逐步积累。相反，数学也是以戏剧性的激动人心的方式发展着的——首先是个猜测，然后试图“证明”这个猜测，再接着提出反驳。反驳证伪则在数学发展中起着决定性的作用。数学并非是一种超时空不受客观制约的先验产物，它没有必然性的基础，其公理的真理性没有任何保证。他并不以推广、运用波普尔的思想为满足，后来进而批判、补充和修改了波普尔的"证伪主义"的哲学思想，指出理论既不能被经验证实也不能被经验证伪，因为经验也是易错的。

他认为，对某个理论的评价应转变为对理论的系列即"科学研究纲领"的评价。提出科学研究纲领结构的"地层模型"，它由4个互相联系的部分所组成，由内至外的层次结构排序为：①最基本的理论构成的"硬核"。放弃硬核即放弃了整个研究纲领。②改善和发展研究纲领的原则——正面启示法。③禁止放弃或修改硬核的原则——反面启示法。④由许多辅助性假设和初始条件构成的"保护带"。对保护带的调整修正可消除研究纲领里与事实不一致之处。他的科学发展的模式即是研究纲领的成长、退化和更替的过程：研究纲领与某些事实不一致时，科学家不应急于抛弃它，而是通过辅助性假说消除反常。研究纲领如不能预见新事实，只能以特设性的假说事后进行解释，这表明纲领已经退化。进化的纲领是比前者能预见更多新事实并得到经验的检验，从而取代之。

还力图把其论点建立在科学史基础之上。信奉康德的教诫：没有科学史的科学哲学是空洞的，没有科学哲学的科学史是盲目的。科学史分为内史和外史：内史是科学史的理性重建，是科学理论自身发展的概念史；外史是各种社会因素对科学发展影响的历史。内史是主要的、外史是次要的。任何科学史的著作都是在一定理论指导下写成的。如能把科学史的史料愈多地编入内史、相应缩小外史范围，其价值愈高，这是他编写科学史的标准。主要学术著作在身后由他人整理成2卷《哲学论文集》(第1卷名《科学研究纲领方法论》，第2卷名《数学、科学和认识论》)出版。 （路军平）

科恩，L. J.(Cohen，Lanurence Jonathan) 英国人，1923年1月7日生于英国伦敦，2006年9月26日卒于同地。*科学哲学、认识论、逻辑学。*

父亲是新闻记者，母亲是教师。他在英国牛津大学获学士和硕士学位。1942～1945年在英国皇家海军服役，曾从印度进入中国西藏。1947～1950年在爱丁堡大学讲授逻辑学和形而上学。1950～1957年任丹地圣安德鲁大学哲学系讲师。1957年任牛津大学女王学院讲师。1952～1953年任美国哥伦比亚大学客座教授。1972～1973年任耶鲁大学客座教授。1973年当选为英国研究院院士。1974～1976年任牛津大学哲学分系主任。1974年后任英国逻辑学、方法论和科学哲学国家委员会秘书长。1975～1983年任国际科学史和科学哲学联合会秘书长。1977～1979年任英国科学哲学学会会长。曾在数十个国家100多所大学讲过学，1983年后多次访问中国。

在科学哲学方面，致力于用模态逻辑发展一种非概率主义的归纳逻辑，重新肯定归纳逻辑在科学检验中的作用与地位，影响较大。指出科学的目的就是要获得自然律或因果律，经受住越来越严格检验的假说，实际上是得到了越来越大的归纳支持，它也就越来越接近自然律。科恩称他的方法为"有关变量法"，它源于培根的有无表和穆勒的求同差异法，实际上是一种消去归纳法。一个假说的归纳支持等级由检验的严格程度来衡量，而后者又取决于对有关变量控制的数目。他把这种逻辑应用于医学和法学，取得一定成就。

他提出近律性概念，同波普尔的逼真性相对立。在认识论上，他维护科学知识具有确定性的论点，并认为现代科学哲学中怀疑论的流行源于忽视了归纳推理的真正结构。他说，不是科学家因哲学的天真而陷入误区，而是怀疑论哲学家因归纳逻辑的落后而走入歧途。此外对计算机隐喻和人类理性等心理学哲学问题有研究。主要著作有：《世界公民权利和义务的原理》(1954年)、《意义的多样性》(1962年)、《归纳的含义》(1970年)、《可儿的和可证的》(1977年)等。1970年后任英国克拉伦登逻辑学和哲学丛书总编辑。 （李啸虎）

费耶尔阿本德，P. K.(Feyerabend，Paul Karl) 美国人，1924年1月24日生于奥地利维也纳，1994年2月11日卒于瑞士沃州杰诺莱亚。*科学哲学、认识论。*

奥地利裔。家庭情况不详。第二次世界大战期间，纳粹德国占领奥地利，1942年中学毕业后被应征入伍，曾受腰伤。1947年进维也纳大学攻读物理学、天文学和数学，1951年获哲学博士学位。同年去英国，1952年在波普尔当时所在的伦敦大学经济学院进修。1955年起，相继在英国布里斯托尔大学、奥地利维也纳大学文理学院执教。1958年到美国加利福尼亚大学，1962年任教授。1968年任伦敦大学学院科学史与科学哲学系主任。曾在德国柏林自由大学和美国耶鲁大学任客座教授。1972年到新西兰奥克兰大学任教。1974年回到伯克利加利福尼亚大学任教，兼任瑞士苏黎世联邦理工大学科学哲学教授。

反理性主义科学哲学代表人物。赞成多元主义实在论，即无政府主义的认识论。反对归纳主义的科学方法论，反对科学研究存在一种严格不变的方法论。认为科学研究的方法只能来源于科学实践。促进科学进步的唯一原则是"怎么都行"。科学理论越多越好，即使与以往确立的理论或事实不一致也无碍于事。新理论面临反驳的事实时，要允许理论非经验内容增加；提倡科学理论要具有韧性，不可轻易抛弃一个理论。而说服人们接受新理论的手段、步骤和方法是任意的，包括各种非理性的手段，如宣传、激情、特设性假说、引进新的自然解释、逐步找到辅助性的假说等。

反对经验观察能够检验(无论证实或证伪)一个理论，因为在观察活动中渗透了理论。提出理论之间的更替没有连续性，尤其是含有宇宙观成分的理论是不可比较的。反对科学与非科学有一种确定的界线，指出由于科学没有普遍永恒不变的方法和规则，科学往往得益于非科学如形而上学、草药、巫术和神话。科学与非科学的划界是不必要的。提出"打倒科学沙文主义"的口号，反对"科学至上主义"。强调科学界需要来自外部的批判和监督，反对对于逻辑和理性的狭隘理解，并主张取消科学哲学这门学科，因此被称为科学哲学界中的一位

“怪杰”。

主要著作有《反对方法》(1975 年)、《自由社会中的科学》(1978 年)、《实在论、理性主义和科学方法》(1981 年)、《经验主义问题》(1981 年),以及论文集《告别理性》(1987 年)、《关于知识的三次对话》(1991 年)、自传《打发时间》(1995 年)等。（路军平）

沃特金斯,J. W. N. (Watkins, John William Nevill) 英国人,1924 年 7 月 31 日生于英国萨里郡沃金,1999 年 7 月 26 日卒于伦敦。科学哲学、逻辑学。

1938~1941 年在英国皇家海军学院学习。1941~1946 年在英国海军中服役。1945~1946 年冬随英国军舰到过中国上海。退伍后,1946~1949 年在伦敦经济学院深造。1949~1950 年任美国耶鲁大学研究员。1950 年回国在伦敦大学经济学院任教。1974 年起为该院哲学、逻辑学和科学方法论系教授和系主任,和 K. R. 波普尔、I. 拉卡托斯是同事,过往甚密。在他们共同努力下,该系成为具有世界影响的批判理性主义派大本营。1972~1975 年任英国科学哲学会会长。

他在科学哲学中的主要工作之一,是论证形而上学在科学中的作用,恢复它的应有名誉。他指出,在分析陈述和综合陈述之间有一大片被人厌弃的土地,即形而上学学说,并把这种可以确证但不可反驳的“全和某”(all and some)陈述戏称为“闹鬼的宇宙”。他认为,在科学巩固时期是科学思想影响形而上学,反之在科学动乱时期是形而上学影响科学思想。他举例说,在十七世纪科学革命中,一系列形而上学学说如决定论、机械论、动量守恒、自然界简单性、有序性和数学结构学说等等起到重大作用,这是任何人都可以看到的。他批评逻辑经验主义企图在哲学与科学史之间造成鸿沟,而实际上形而上学观念在科学中像数学一样重要,科学理论中包含着形而上学的成分,科学上的重大进展都包含着本体论的根本变化,或称之为革命。他还探讨了决策论,试图对人类行为作出理性说明。在学术倾向上,他基本上属于正统的波普尔批判理性主义学派。

主要著作有:《霍布斯的观念体系》(1965 年)、《自由和理性》(1977 年初版、1989 年再版)、《科学与怀疑论》(1984 年)、《达尔文名义下的人类自由:一个批判理性主义者的审视》(1999 年)等。（李啸虎）

普特南,H. W. (Putnam, Hilary Whitehall) 美国人,1926 年 7 月 31 日生于美国伊利诺伊州芝加哥。科学哲学、认识论、逻辑学。

父亲是新闻记者,母亲为犹太裔;全家长期在法国生活。1934 年后返回美国。在宾夕法尼亚大学学习数学和哲学,获文学士学位。后到哈佛大学学哲学,1951 年获美国洛杉矶加利福尼亚大学哲学博士学位。毕业后执教于西北大学、普林斯顿大学,1961 年任马萨诸塞理工学院科学哲学教授。1965 年后任哈佛大学哲学教授、现代数学与数理逻辑皮尔逊讲座教授,2000 年退休。是美国文理科学院院士,英国研究院外籍院士,英国牛津大学等校客座教授。

美国当代有影响的科学哲学家和逻辑学家。曾师从著名哲学家 H. 赖欣巴赫和奎因(W. V. O. Quine)。普特南理论被称为“本质主义”(Essentialism)。其理论影响,一是科学哲学领域中的趋同的科学实在论,二是语言哲学领域中的因果指称理论,后者是前者的基础。提出科学实在论三大原则:①成熟科学的名词是有指称的;②成熟科学的理论定律是近似于真的;③前后相继的科学理论有共同的指称,即“科学知识的会聚”。主张真理符合说,批评实证主义和各种唯心主义观点,认为使一个科学陈述真或假的是外物,而不是我们实际的或可能的感觉资料、精神结构或语言表述等。批评 P. K. 费耶尔阿本德关于理论描述和科学名词是同义的观点。他的指称理论认为,科学名词和所用摹状词并非同义,决定指称的不是人们关于对象的信念或知识,而是主体和客体之间社会的、历史的因果联系链条,例如尽管 N. 玻尔和我们关于“电子”的理论描述不同,但指称却是相同的,并且由于社会的、历史的传递链条把不同研究者和对象联系了起来。

他的理性观有两大立论:①合理性在实验科学和道德领域中没有差别;②合理性概念本质上属于善的范畴,只是我们关于人类繁荣的看法。指出真理概念和合理性概念两者既密切相关又不能相互混淆。赞同历史主义观点,看到了理性观念会发生历史演变这一事实,既反对主张合理性标准永恒不变的逻辑主义,又反对时代文化决定一切的相对主义。

著述甚丰。有《哲学论文选集》3 卷:《数学、物质和方法》(1975 年初版,1985 年再版)、《精神、语言和实在》(1975 年)和《实在论和理性》(1983 年初版,2002 年再版);主要专著有:《逻辑哲学》(1971 年)、《意义和道德科学》(1978 年)、《理性、真理和历史》(1981 年初版,2004 年再版)、《陈述与实在》(1983 年初版,2002 年再版)、《没有本体论的伦理学》(2002 年)、《作为生活指南的犹太哲学》(2008 年)等。（李啸虎）

哈肯,H. (Haken, Hermann) 德国人,1927 年 7 月 12 日生于德国莱比锡。协同学、物理学、自然哲学。

1951 年获德国爱尔朗根大学数学博士学位。留校任教,1956 年成为该校理论物理学讲师。1959~1960 年,先在美国康奈尔大学做访问学者,后任贝尔电话实验室顾问,参与激光器研制。1960 年起,一直担任德国斯图加特大学理论物理学教授,长期任该校理论物理学和协同学研究所所长。1967 年任霍思海姆大学荣誉教授。他还担任美国、英国、法国、日本等多所大学和研究机构的客座教授,其中 2001 年任复旦大学顾问教授。

系统科学领域的新学科——协同学的创始人。在群论、固态物理学、激光物理学、非线性光学、统计物理学、化学反应模型与形态形成理论等方面均有重要贡献。20世纪60年代初，他在研究激光形成机制时萌发了对协同学的思考。1969年出版《协同学导论》(1983年再版)一书，讨论了物理学、化学和生物学中的非平衡相变和自组织，构建了协同学的理论框架，从而宣布一门新兴横断学科——协同学诞生。他把协同学定义为一门关于“各类系统的各部分之间互相协作，结果整个系统形成一些微观个体层次不存在的新结构和特征”的科学。1972年他组织了首届国际协同学会议，与会各国专家学者达成了共识：不同领域众多现象中存在共同基本原理，截然不同系统由同样类型的序参量方程所支配。1983年又写成《高等协同学》一书，总结了1972年后协同学的理论和应用新进展。

20世纪80年代后，他研究的协同学重点方向有两个：一是探究自然界中有序与混沌之间的转化；二是研究微观分子水平变化与宏观表现型水平变化的关联。协同学试图找出自然界中无生命体到有生命体的桥梁，不仅为研究物理、化学现象，而且为探索生命起源、生物进化、人体功能，乃至社会经济文化变革的演化发展规律，提供了一种崭新原则和方法。正如他所说：“协同学还意味着完全不同学科之间的协作、碰撞，进而产生新的科学思想和概念。……使得我们能共同形成一个对世界更为深刻的理解。”

已出版著作10余部，代表作有：《协同学导论》(1969年初版，1983年再版)、《激光理论》(1983年)、《高等协同学》(1983年)、《信息与自组织》(1988年初版，2000年再版)、《协同计算机与神经网络》(1988年)、《协同计算机与认识论》(1991年初版，2004年再版)、《量子化学原理与粒子物理学》(1995年初版，2004年再版)、《大脑功能的原理》(1996年)、《大脑动力学》(2002年)、《量子与原子物理学》(2005年第7版，与H. C. 沃尔夫等合著)等。主编《施普林格协同学丛书》已出到70多卷。获1976年英国物理研究院奖章、德国物理研究学会玻恩奖，1981年美国富兰克林研究院迈克尔逊奖章，1984年联邦德国授予他功勋科学家称号、1986年大十字勋章、1990年普朗克奖章等。 (李啸虎)

夏佩尔，D. (Shapere, Dudley) 美国人，1928年5月生于美国哈林金。科学哲学、科学史。

1957年获哈佛大学哲学博士学位。同年执教于俄亥俄州立大学。1960年起先后任芝加哥大学讲师、副教授、教授。1972年任伊利诺伊大学教授兼科学史与科学哲学研究计划委员会主任。1975年任马里兰大学教授，1983年任该校科学史与科学哲学委员会主任。美国文理科学院院士。

继库恩、费耶尔阿本德等历史主义学派人物之后，20世纪科学哲学中的新历史主义学派的主要代表，他批判了逻辑实证主义和历史主义，认为这两种哲学分别属于哲学史上的两种倾向，即绝对主义和相对主义。任何哲学(如康德哲学和逻辑实证主义)为了说明科学的合理性、客观性，都要承认某种形式的绝对因素，然而某一时期所承认的绝对因素总被后来所否定。他给自己的哲学提出的任务是：在不承认任何形式的绝对因素的情况下，说明科学的客观性、合理性和进步性，而不陷入相对主义和怀疑主义。提出并运用“信息域”和“理由”这两个十分重要的概念来说明科学发现和科学发展的合理性；运用“成功、摆脱具体怀疑理由和相关性”这三条标准来说明科学理论的客观性和真理性。其“信息域”理论对现代西方心理学也有一定的影响。

主要著作有《自然科学的哲学问题》(1965年)、《伽利略的哲学研究》(1974年)、《理由与知识的探求》(1984年)等。 (褚　平)

瓦托夫斯基，M. W. (Wartofsky, Marx William) 美国人，1928年8月5日生于美国纽约州布鲁克林，1997年3月4日卒于纽约市。科学哲学。

生于波兰移民家庭，曾就学于美国哥伦比亚大学，1948年获文学士学位，1949年获硕士学位，1952年获博士学位。毕业后执教于波士顿大学，1957年任人文科学讲师，1959年任助理教授，1963年升任副教授。此后相继在哈佛大学、波士顿大学执教，最后任波士顿大学哲学教授兼哲学系主任。

美国著名的科学哲学家、“西方马克思主义”思潮的重要人物之一。他的研究甚为广泛，论题涉及科学哲学、艺术哲学、政治哲学、道德哲学、医学哲学和伦理哲学等领域。此外，还研究18～19世纪的法国哲学和德国哲学，尤其对马克思的著作相当熟悉；对科学哲学中的各家理论及其变化十分了解，并且逐一进行过认真的点评，指出其不足之处和错误之论，提出了不少独特的见解。他认为，科学哲学的任务在于对科学思想的概念基础和概念框架进行系统的研究，因而是“一种理解科学的理解事业”；而“批判的辩证法正是哲学的生命线”。他从科学实在论的立场出发，系统批判了实证主义和逻辑经验主义取消形而上学和哲学基本问题的做法，详细考察论证了形而上学(哲学本体论)对科学的启发、调节和指导作用。

科学哲学主要著作有：《科学思想的概念基础：科学哲学导论》(1968年)、论文集《模型：表象和科学的理解》(1979年)等。他同波士顿大学哲学教授R. 科恩(Robert S. Cohen)长期合作主编《波士顿科学哲学研究》丛书100余卷，大量收集当代各国著名科学哲学有的重要论著，集中反映国际科学哲学界的关注热点、研究水平及其发展动态，在国际上的影响经久不衰，享有很高的声誉。 (李啸虎)

劳丹，L. (Laudan, Larry) 美国人，1941年10月16日生于美国得克萨斯州奥斯汀。科学哲学、认识论、科学史。

1962年获美国堪萨斯大学物理学系学士学位。1964年、1965年先后获美国普林斯顿大学哲学硕士、博士学位。1964～1969年先后任英国剑桥大学邱吉尔学院助教、伦敦大学学院物理学哲学讲师。1969年起历任匹兹堡大学科学史和科学哲学系副教授、教授，1972～1974年、1976～1977年两度出任系主任。1981～1983年任弗吉尼亚理工学院客座研究教授。1983年任弗吉尼亚州立大学科学哲学教授。1987年任夏威夷大学哲学系讲座教授、系主任，1997年退休。2000年任墨西哥国立自治大学资深研究员。

他的关于科学发现逻辑、科学进步合理性的独到见解受到学术界重视，被誉为“科学发现之友”。宣称要在T. S. 库恩、归纳主义者立场和P. K. 费耶尔阿本德、I. 拉卡托斯的无政府主义立场之间找到一条中间道路，认为他们的种种看法都与科学史实不符，主张以“研究传统论”取代库恩“范式论”和拉卡托斯“研究纲领方法论”。他指出，科学发现在本质上是一个理性过程，科学的理性在于它的进步性，科学活动是为了解决问题，而不是为了探究所谓真理。他的见解被美国科学哲学家T. 尼克尔斯评论为是“对库恩、费耶尔阿本德和拉卡托斯的有吸引力的改变，其观点比夏佩尔等人的纲领阐述得更为充分”。他在论文集《科学与假说》(1981年)中讨论了科学方法论历史，强调指出自然科学与认识论在历史传统上已展示一种相互作用的共生形式；同时还探讨了科学发现的逻辑、几率理论在归纳逻辑中的作用等问题。

主要著作还有：《科学成长理论：进步及其问题》(1977年初版，1981年再版)、《科学和假说》(1981年)、《科学和价值》(1984年)、《科学和相对主义》(1990年)、《风险手册》(1995年)、《超越实证主义和相对主义》(1996年)、《前面的危险》(1997年)、《法制认识论随笔》(2006年)等；主编有《心智与医药》(1983年)、《透析科学》(1988年)等。 (李啸虎)

世界科学家大辞典

Dictionary of World' s Scientific Biography

附　录

诺贝尔物理学奖获得者(1901～2016)

年份	获　奖　者	国籍	获奖原因
1901	伦琴(W. C. Röntgen)	德国	发现X射线(即伦琴射线)
1902	洛伦兹(H. A. Lorentz)	荷兰	对塞曼效应作出理论解释
	塞曼(P. Zeeman)	荷兰	发现磁场中光源的谱线发生分裂(称塞曼效应)
1903	贝克勒尔(A. -R. Becquerel)	法国	发现铀盐的天然放射性现象
	居里(P. Curie)	法国	夫妇合作对贝克勒尔的发现作进一步研究,并发现新的放射性元素钋和镭
	居里夫人(M. Curie)	法国	
1904	斯特拉斯(瑞利勋爵)(J. W. Strutt,即 Lord Rayleigh)	英国	气体密度的精确测定,并由此发现氩气
1905	勒纳德(P. Lenard)	德国	对阴极射线的开创性研究
1906	汤姆孙(J. J. Thomson)	英国	气体放电的理论和实验研究
1907	迈克耳孙(A. A. Michelson)	美国	研制精密光学仪器,并用它们进行光谱学和计量学研究
1908	李普曼(G. J. Lippmann)	法国	发明基于光干涉现象的彩色照相术,并用它拍摄到太阳的彩色光谱图
1909	马可尼(G. Marconi)	意大利	发明无线电报
	布劳恩(F. Braun)	德国	对马可尼无线电报发射系统作出根本性改进
1910	范德瓦尔斯(J. D. Van der Waals)	荷兰	提出气体和液体的范德瓦尔斯状态方程
1911	维恩(W. Wien)	德国	发现黑体辐射的维恩位移定律
1912	达伦(N. G. Dalén)	瑞典	发明控制航标灯夜间发光、白天熄灭的自动调节装置
1913	卡默林-翁纳斯(H. Kamerlingh-Onnes)	荷兰	对低温下物质性质的研究,并制得液态氦
1914	劳厄(M. von Laue)	德国	发现X射线在晶体中的衍射现象
1915	布拉格父子(W. H. Bragg and W. L. Bragg)	英国	共同发明X射线分光计,用于研究晶体结构,并共同创立了X射线晶体学
1916	(未颁奖)		
1917	巴克拉(C. G. Barkla)	英国	发现元素的次级X射线谱
1918	普朗克(M. K. E. L. Planck)	德国	提出基本作用量子,创立量子论
1919	斯塔克(J. Stark)	德国	发现正离子射线的多普勒效应,以及在电场作用下谱线的分裂现象(称斯塔克效应)
1920	纪尧姆(C. E. Guillaume)	法国	发明极低膨胀系数甚至零膨胀系数的镍铁合金
1921	爱因斯坦(A. Einstein)	德国(获奖时)	提出光量子假说,并成功地解释了光电效应
1922	玻尔(N. H. D. Bohr)	丹麦	提出量子化轨道理论,建立玻尔原子模型
1923	密立根(R. A. Millikan)	美国	发明油滴法精确测定电子电荷,并由光电效应测定普朗克常数
1924	西格巴恩(K. M. G. Siegbahn)	瑞典	X射线光谱学方面的发现和研究
1925	夫兰克(J. Franck)	德国(获奖时)	共同作出用电子轰击原子的实验,率先用实验证明量子化能级跃迁的理论
	赫兹(G. L. Hertz)	德国	
1926	佩林(J. -B. Perrin)	法国	对物质结构不连续性的研究,特别是定积平衡方面的发现

（续表）

年份	获 奖 者	国籍	获 奖 原 因
1927	康普顿(A. H. Compton)	美国	发现 X 射线散射的康普顿效应
	威尔逊(C. T. R. Wilson)	英国	发明威尔逊云室，用以观测带电粒子的径迹
1928	理查逊(O. W. Richardson)	英国	发现热离子学中电子发射与温度关系的理查逊定律
1929	德布罗意(L.-V. P. R. de Broglie)	法国	提出物质波理论，揭示电子等微观粒子的波粒二象性
1930	喇曼(C. V. Raman)	印度	发现单色光通过介质时，因散射而导致频率改变的喇曼效应
1931	（未颁奖）		
1932	海森伯(W. K. Heisenberg)	德国	创立量子力学，并发现氢的两种同素异形体
1933	薛定谔(E. Schrödinger)	奥地利	创立波动力学，提出一种新的原子理论
	狄拉克(P. Dirac)	英国	提出新的原子理论，并预言正电子存在
1934	（未颁奖）		
1935	查德威克(J. Chadwick)	英国	发现中子
1936	赫斯(V. F. Hess)	奥地利（获奖时）	发现宇宙射线
	安德逊(C. D. Anderson)	美国	从宇宙射线中发现正电子
1937	戴维森(C. J. Davisson)	美国	发现电子被晶体衍射产生的电子波，证实德布罗意的波粒二象性理论
	汤姆孙(G. P. Thomson)	英国	首次观测到电子束通过薄金属箔产生的衍射图象，证实波粒二象性理论
1938	费米(E. Fermi)	意大利（获奖时）	发现用中子轰击原子核可产生人工放射性同位素，并发现慢中子引起的核反应
1939	劳伦斯(E. O. Lawrence)	美国	发明回旋加速器，并用它获得人工放射性元素
1940	（未颁奖）		
1941	（未颁奖）		
1942	（未颁奖）		
1943	施特恩(O. Stern)	美国	发展分子束方法，并发现质子的磁矩
1944	拉比(I. I. Rabi)	美国	用核磁共振方法测定原子核的磁性
1945	泡利(W. Pauli)	奥地利（获奖时）	提出泡利不相容原理
1946	布里奇曼(P. W. Bridgman)	美国	发明超高压装置，以及在高压物理学领域中的许多发现
1947	阿普顿(E. V. Appleton)	英国	对地球外层大气物理特性的研究，并发现阿普顿层（电离层中的 F 层）
1948	布莱克特(P. M. S. Blackett)	英国	发展威尔逊云室方法，以及在核物理和宇宙射线领域中的发现
1949	汤川秀树(Hideki Yukawa)	日本	在核力理论研究的基础上，预言质量介子电子与质子之间的介子的存在
1950	鲍威尔(C. F. Powell)	英国	研制出核过程的照相乳胶记录法，并发现 π 介子
1951	科克罗夫特(J. D. Cockcroft)	英国	两人共同建成电压倍增电路，加速带电粒子，首次实现原子核蜕变
	瓦尔顿(E. T. S. Walton)	爱尔兰	
1952	布洛赫(F. Bloch)	美国	各自独立发展核磁共振法，以精密测量原子核磁矩
	珀塞尔(E. M. Purcell)	美国	
1953	塞尔尼克(F. Zernike)	荷兰	提出使透明物体在透明背景中可见的相衬法，并发明相衬显微镜
1954	玻恩(M. Born)	英国（获奖时）	对量子力学的研究，特别是对描述微观粒子状态的波函数提出统计解释
	博思(W. W. G. Bothe)	德国	采用符合法进行核计数，并用此法研究宇宙线的成分

（续表）

年份	获　奖　者	国籍	获奖原因
1955	小兰姆(W. E. Jr. Lamb)	美国	开创氢(光谱的)精细结构的研究
	库什(P. Kusch)	美国	电子磁矩的精确测定
1956	肖克莱(W. Shockley)	美国	发现固体半导体的晶体管效应，并发明结型晶体管
	巴丁(J. Bardeen)	美国	参与发现半导体的晶体管效应，两人还与肖克莱合作，研制出世界上首个晶体管
	布拉坦(W. H. Brattain)	美国	
1957	*杨振宁(Chen-Ning Yang)	中国(获奖时)	共同提出弱作用中宇称不守恒的学说，从而导致基本粒子的一些重大发现
	*李政道(Tsung-Dao Lee)	中国(获奖时)	
1958	切伦科夫(П. А. Черенков)	苏联	发现带电粒子在透明介质中运动所产生的辐射现象(称切伦科夫辐射)
	弗兰克(И. М. Франк)	苏联	共同对切伦科夫辐射作出严格的理论诠释
	塔姆(И. Е. Тамм)	苏联	
1959	塞格雷(E. G. Segré)	美国	共同发现反质子
	张伯伦(O. Chamberlain)	美国	
1960	格拉泽(D. A. Glaser)	美国	发明气泡室
1961	霍夫施塔特(R. Hofstadter)	美国	通过高能电子轰击原子核引起的散射，研究核子的电磁结构
	穆斯堡尔(R. L. Mössbauer)	德国	研究 γ 射线共振吸收现象，发现穆斯堡尔效应
1962	朗道(Л. Д. Ландау)	苏联	关于凝聚态物质(特别是液氦)理论方面的开创性研究
1963	维格纳(E. P. Wigner)	美国	发现基本粒子的对称性原理，提出核结构壳层模型
	迈耶夫人(M. G. Mayer)	美国	各自独立建立了原子核核结构的壳层模型
	詹森(J. H. D. Jensen)	德国	
1964	汤斯(C. H. Townes)	美国	研制第一台分子束微波激射器，并提出研制激光器的基础理论
	巴索夫(Н. Г. Басов)	苏联(获奖时)	共同提出分子发生器和放大器的基本原理，并制成氨分子束分子放大器
	普罗霍罗夫(А. М. Прохоров)	苏联(获奖时)	
1965	费因曼(R. P. Feynman)	美国	三人各自对基本粒子物理学独立创建了完美的理论，并经受了实验的检验
	施温格(J. S. Schwinger)	美国	
	朝永振一郎(Sin-Itiro Tomonaga)	日本	
1966	卡斯特勒(A. Kastler)	法国	发现和发展了用光学方法研究原子中赫兹共振现象
1967	贝蒂(H. A. Bethe)	美国	提出了恒星能源来自于热核反应的理论
1968	阿尔瓦雷兹(L. W. Alvarez)	美国	发展液氢气泡室技术和数据分析方法，发现了一大批共振态粒子
1969	盖尔-曼(M. Gell-Mann)	美国	对基本粒子的分类及其相互作用方面的贡献
1970	阿尔文(H. O. G. Alfvén)	瑞典	对磁流体动力学和等离子体物理学领域的基础研究和发现
	内尔(L. E. F. Néel)	法国	对固体磁性特别是对铁磁性和反铁磁性的基础研究
1971	加波(D. Gabor)	英国	发明全息摄影术
1972	巴丁(J. Bardeen)	美国	三人合作创立超导微观理论(即以三人姓氏第一字母标记的 BCS 理论)
	库珀(L. N. Cooper)	美国	
	施里弗(J. R. Schrieffer)	美国	

* 杨、李两人的国籍是指他们 1957 年获奖时的国籍，他们当时还都将有去美国前颁发的中国护照，所以是中国人。但因经不住周围人的游说，不久两人都加入了美国籍。

（续表）

年份	获 奖 者	国籍	获 奖 原 因
1973	约瑟夫森(B. D. Josephson)	英国	理论预言隧道效应(即约瑟夫森效应)
	江崎玲於奈(Leo Esaki)	日本	发现半导体隧道效应
	贾埃弗(I. Giaever)	美国	发现超导体隧道效应
1974	赖尔(M. Ryle)	英国	开创可使射电源成像的孔径综合技术
	休伊什(A. Hewish)	英国	在发现射电脉冲星中所起的重要作用
1975	雷恩瓦特(L. J. Rainwater)	美国	雷恩瓦特独立研究、另两人合作研究，他们都发现原子核中集体运动和单粒子运动之间的联系，并据此发展了原子核结构理论
	玻尔(A. Bohr)	丹麦	
	莫特尔逊(B. R. Mottelson)	丹麦	
1976	丁肇中(Samuel C. C. Ting)	美国(华裔)	两人各自独立发现新基本粒子 J/ψ
	里克特(B. Richter)	美国	
1977	安德逊(P. W. Anderson)	美国	三人都对磁体和无序体系物质电子结构作了出色的基础研究
	莫特(N. Mott)	英国	
	范弗莱克(J. H. Van Vleck)	美国	
1978	卡皮察(П. Л. Капица)	苏联(获奖时)	低温物理领域的发明和发现
	彭齐亚斯(A. A. Penzias)	美国	两人合作发现宇宙微波背景辐射
	威尔逊(R. W. Wilson)	美国	
1979	格拉肖(S. L. Glashow)	美国	三人各自独立提出基本粒子间弱相互作用和电磁相互作用的统一理论，并预言弱中性流的存在
	温伯格(S. Weinberg)	美国	
	萨拉姆(A. Salam)	巴基斯坦	
1980	菲奇(V. L. Fitch)	美国	共同发现中性K介子衰变时存在CP不对称效应，从而发现弱相互作用中CP不守恒(其中C为电荷共轭，P为宇称，CP为两者联合作用结果)
	克罗宁(J. W. Cronin)	美国	
1981	西格巴恩(K. Siegbahn)	瑞典	开发高分辨率电子光谱仪及其技术
	布洛姆伯根(N. Bloombergen)	美国	两人各自进行非线性光学和激光光谱学方面的研究
	肖洛(A. Schawlow)	美国	
1982	威尔逊(K. G. Wilson)	美国	建立可描述相变临界现象的理论
1983	钱德拉塞卡(S. Chandrasekhar)	美国	对恒星结构和演化的研究，特别对白矮星质量上限的预言
	福勒(W. A. Fowler)	美国	提出恒星内部的元素合成理论(称 B^2FH 理论，其中四位作者中的F便是指福勒)
1984	鲁比亚(C. Rubbia)	意大利	因共同发现基本粒子 $W^{\pm}$ 和 Z^0，并为该发现共同建造大型实验工程
	范德梅尔(S. Van der Meer)	荷兰	
1985	克利青(K. von Klitzing)	德国	发现整数量子霍尔效应
1986	鲁斯卡(E. Ruska)	德国	电子光学方面的基础研究，并研制第一台电子显微镜
	比尼格(G. Binnig)	德国	两人共同设计和制成扫描隧道效应显微镜
	罗雷尔(H. Rohrer)	瑞士	
1987	柏诺兹(J. G. Bednorz)	德国	共同发现金属氧化物陶瓷材料的高临界温度超导体
	米勒(K. A. Müller)	瑞士	

（续表）

年份	获 奖 者	国籍	获 奖 原 因
1988	莱德曼(L. M. Lederman)	美国	三人合作，对中微子进行实验研究，发现其至少可分为电子中微子和 μ 子中微子，并由此证明轻子的二重态结构
1988	施瓦茨(M. Schwartz)	美国	三人合作，对中微子进行实验研究，发现其至少可分为电子中微子和 μ 子中微子，并由此证明轻子的二重态结构
1988	斯坦博格(J. Steinberger)	美国	三人合作，对中微子进行实验研究，发现其至少可分为电子中微子和 μ 子中微子，并由此证明轻子的二重态结构
1989	拉姆齐(N. F. Ramsey)	美国	发明分离振荡场方法，并用于微波激射器和原子钟
1989	德默尔特(B. Dehmelt)	美国	发明和发展捕集和“囚禁”带电粒子的离子阱技术
1989	保罗(W. Paul)	德国	发明和发展捕集和“囚禁”带电粒子的离子阱技术
1990	弗里德曼(J. I. Friedman)	美国	三人合作，用大型电子直线加速器对粒子进行实验研究，通过测量电子-质子的深度非弹性散射过程，证实质子和中子中夸克的存在
1990	肯德尔(H. W. Kendall)	美国	三人合作，用大型电子直线加速器对粒子进行实验研究，通过测量电子-质子的深度非弹性散射过程，证实质子和中子中夸克的存在
1990	泰勒(R. E. Taylor)	加拿大	三人合作，用大型电子直线加速器对粒子进行实验研究，通过测量电子-质子的深度非弹性散射过程，证实质子和中子中夸克的存在
1991	德热纳(P. -G. de Gennes)	法国	把研究简单系统中有序现象的方法，推广到较复杂物质形态（特别是液晶和聚合物）的研究中
1992	夏帕克(G. Charpak)	法国	发明新型粒子探测器，特别是多丝正比室
1993	泰勒(J. H. Taylor)	美国	共同测量一对脉冲双星轨道周期变短，间接证实广义相对论预言的引力波存在
1993	赫尔斯(R. A. Hulse)	美国	共同测量一对脉冲双星轨道周期变短，间接证实广义相对论预言的引力波存在
1994	沙尔(C. G. Shull)	美国	热中子散射技术方面的贡献
1994	布罗克豪斯(B. N. Brockhouse)	加拿大	设计了三轴晶体谱仪，发展了研究中子能谱的方法
1995	佩尔(M. L. Perl)	美国	发现 τ 轻子
1995	莱因斯(F. Reines)	美国	发现电子中微子
1996	李(D. M. Lee)	美国	三人共同发现氦-3 在温度降至 0.002K 时出现超流性
1996	奥谢罗夫(D. D. Osheroff)	美国	三人共同发现氦-3 在温度降至 0.002K 时出现超流性
1996	理查森(R. C. Richardson)	美国	三人共同发现氦-3 在温度降至 0.002K 时出现超流性
1997	朱棣文(Steven Chu)	（华裔）美国人	三人各自在“激光致冷和捕捉气体原子”领域中作出了开创性的工作
1997	菲利普斯(W. D. Phillips)	美国	三人各自在“激光致冷和捕捉气体原子”领域中作出了开创性的工作
1997	科昂-唐努日 (C. N. . Cohen-Tannoudji)	法国	三人各自在“激光致冷和捕捉气体原子”领域中作出了开创性的工作
1998	崔琦(D. C. Tsui)	（华裔）美国人	两人共同发现分数量子霍耳效应
1998	施特默(H. L. Störmer)	美国	两人共同发现分数量子霍耳效应
1998	劳克林(R. B. Laughlin)	美国	对分数量子霍耳效应作出理论诠释
1999	费尔德曼(M. J. G. Veltman)	荷兰	共同提出一种弱作用与电磁作用相统一的理论，阐明弱电相互作用的量子结构
1999	霍夫特(G. Hooft)	荷兰	共同提出一种弱作用与电磁作用相统一的理论，阐明弱电相互作用的量子结构
2000	基尔比(J. S. Kilby)	美国	发明集成电路
2000	阿尔费罗夫(Ж. И. Алферов)	俄罗斯	两人独立提出异质结构理论，各自发明了快速晶体管、激光二极管
2000	克勒默(H. Kroemer)	美国	两人独立提出异质结构理论，各自发明了快速晶体管、激光二极管
2001	威曼(C. E. Wieman)	美国	前两人合作、第三人单独工作，他们都用实验证实了玻色-爱因斯坦凝聚这一新物态的存在
2001	康奈尔(E. A. Cornell)	美国	前两人合作、第三人单独工作，他们都用实验证实了玻色-爱因斯坦凝聚这一新物态的存在
2001	克特勒(W. Ketterle)	德国	前两人合作、第三人单独工作，他们都用实验证实了玻色-爱因斯坦凝聚这一新物态的存在
2002	戴维斯(Jr. R. Davis)	美国	两人先后探测到太阳发出的中微子
2002	小柴昌俊(Masatoshi Koshiba)	日本	两人先后探测到太阳发出的中微子
2002	贾科尼(R. Giacconi)	美国	开创 X 射线天文学

（续表）

年份	获 奖 者	国籍	获 奖 原 因
2003	阿布里科索夫(A. A. Абрикосов)	俄罗斯-美国	发现并深入研究了第二类超导体
	京兹堡(В. Л. Гинзбург)	俄罗斯	对超导理论的贡献
	莱格特(A. J. Leggett)	英国-美国	建立诠释氦-3超流现象的新理论
2004	格罗斯(D. J. Gross)	美国	两人共同揭示了质子中夸克所具有的“渐近自由”奇异特性
	威尔切克(F. Wilezck)	美国	
	波利策(H. D. Politzer)	美国	独立发现了质子夸克所具有的“渐近自由”的奇异特性
2005	格劳伯(R. J. Glauber)	美国	开创量子光学的研究领域
	霍尔(J. L. Hall)	美国	在基于激光的精密光谱学和光频梳技术方面，分别作出了开创性研究
	汉什(T. W. Hänsch)	德国	
2006	马瑟(J. C. Mather)	美国	共同发现宇宙微波背景辐射细微的各向异性，开创精确宇宙学之先河
	斯穆特(G. F. Smoot)	美国	
2007	费尔(A. Fert)	法国	各自独立发现巨磁电阻效应，可大幅提高计算机磁盘存储能力
	格伦伯格(P. Grünberg)	德国	
2008	小林诚(Makoto Kobayashi)	日本	两人共同发现对称性破缺起源，并预言存在至少三大类夸克
	益川敏英(Toshihide Maskawa)	日本	
	南部阳一郎(Yoichiro Nambu)	美国	发现亚原子物理学的自发对称性破缺机制
2009	高锟(C. K. Kao)	(华裔)英国人	在光通信领域有突破性成就，指明光纤技术的发展方向
	博伊尔(W. S. Boyle)	加拿大	发明数字图像传感器(电荷耦合器件)，根本改变传统摄影术
	史密斯(G. E. Smith)	美国	
2010	盖姆(A. K. Geim)	荷兰-英国	二维石墨烯材料的开创性实验
	诺沃谢洛夫(K. C. Новосёлов)	俄罗斯-英国	
2011	施密特(B. P. Schmidt)	美国-澳大利亚	通过观测遥远距离的超新星，发现宇宙在加速膨胀
	里斯(A. G. Riess)	美国	
	珀尔马特(S. Perlmutter)	美国	
2012	阿罗什(S. Haroche)	法国	发现测量和操控单个量子系统的突破性实验方法
	瓦恩兰(D. J. Wineland)	美国	
2013	希格斯(P. W. Higgs)	英国	发现希格斯机制和成功预测希格斯玻色子
	恩格勒特(F. Englert)	比利时	
2014	赤崎勇(Isamu Akasaki)	日本	前两人首次共同开发高效蓝色发光二极管(LED)氮化镓结晶化技术，第三人使之大规模工业化，三人共同开创明亮、节能而长寿的新型白色光源新世纪
	天野浩(Hiroshi Amano)	日本	
	中村修二(Shuji Nakamura)	日本-美国	
2015	梶田隆章 (Takaaki Kajita)	日本	各自独立发现中微子振荡，证实中微子具有质量，首次破解太阳中微子失踪之谜
	麦克唐纳(A. B. McDonald)	加拿大	
2016	索利斯(David J. Thouless)	英-美	三人理论发现和诠释拓扑相变和拓扑相物质
	霍尔丹(Duncan M. Haldane)	英-美	
	科斯特利茨(Michael Kosterlitz)	英-美	

（宣焕灿）

诺贝尔化学奖获得者(1901～2016)

年份	获　奖　者	国籍	获奖原因
1901	范特霍夫(J. H. Van't Hoff)	荷兰	发现溶液渗透压和化学动力学的有关定律
1902	费希尔(E. H. Fischer)	德国	合成嘌呤和糖类衍生物
1903	阿列尼乌斯(S. A. Arrhenius)	瑞典	创立溶液的电离理论
1904	拉姆齐(W. Ramsey)	英国	发现并分离大气中的惰性气体,并确定它们在元素周期表中的位置
1905	拜耳(A. von Baeyer)	德国	对有机染料和氢化芳香族化合物的研究
1906	穆瓦桑(F. -F. -H. Moissan)	法国	分离出氟元素,并发明穆瓦桑电炉
1907	布赫纳(E. Buchner)	德国	发现无活细胞参与的发酵作用
1908	卢瑟福(E. Rutherford)	英国	提出放射性元素的蜕变理论,提示天然放射性的本质
1909	奥斯特瓦尔德(F. W. Ostwald)	德国	研究催化作用,提出化学平衡、化学反应速率等基本原理
1910	瓦拉赫(O. Wallach)	德国	对萜类等脂环族化合物的开创性研究
1911	居里夫人(M. S. Curie)	法国	发现放射性元素镭和钋,提纯镭并研究其性质
1912	格林尼亚(F. A. V. Grignard)	法国	发明格林尼亚试剂
	萨巴蒂埃(P. Sabatier)	法国	研究开发有机化合物的氢化催化法
1913	维尔纳(A. Werner)	瑞士	提出络合物配位理论,为无机化学开辟了新的研究领域
1914	理查兹(T. W. Richards)	美国	精确测定数十种化学元素的原子量
1915	维尔施太特(R. Willstütter)	德国	对植物色素特别是叶绿素方面的开拓性研究
1916	(未颁奖)		
1917	(未颁奖)		
1918	哈伯(F. Haber)	德国	开发用氮和氢合成氨的技术
1919	(未颁奖)		
1920	能斯脱(W. H. Nernst)	德国	化学热力学方面的研究
1921	索迪(F. Soddy)	英国	对放射性物质的化学性质,以及对同位素起源和性质的研究
1922	阿斯顿(F. W. Aston)	英国	发明质谱仪,发现大量非放射性元素同位素,并提出原子质量的整数法则
1923	普雷格尔(F. Pregl)	奥地利	创立有机化合物的微量分析法
1924	(未颁奖)		
1925	席格蒙迪(R. A. Zsigmondy)	德国	发明超显微镜,并提出现代胶体化学的基本研究方法
1926	斯韦德伯格(T. Svedberg)	瑞典	发明超高速离心器,并用于胶体粒子和蛋白质分子研究
1927	维兰德(H. O. Wieland)	德国	对胆汁酸及有关物质结构的研究
1928	温道斯(A. O. Windaus)	德国	对胆固醇的开创性研究,以及发现甾族化合物与维生素 D 的关系
1929	哈登(A. Harden)	英国	因研究糖的发酵和发酵酶,发现了发酵酶的复杂本质
	欧勒-切尔平(H. K. A. S. von Euler-Chelpin)	德国	
1930	费希尔(H. Fischer)	德国	研究了铁血红素、叶绿素,特别是合成了铁血红素
1931	博施(C. Bosch)	德国	发明和改进了化学高压技术
	贝吉乌斯(F. Bergius)	德国	

（续表）

年份	获奖者	国籍	获奖原因
1932	朗缪尔(I. Langmuir)	美国	开创和发展了表面化学的研究
1933	(未颁奖)		
1934	尤里(H. C. Urey)	美国	发现氢的同位素氘
1935	F. 约里奥-居里(F. Joliot-Curie)	法国	夫妇合作，共同发现人工放射性核素
	I. 约里奥-居里(I. Joliot-Curie)	法国	
1936	德拜(P. G. W. Debye)	荷兰	用偶极矩、X射线衍射和电子衍射法研究分子结构
1937	霍沃斯(W. N. Haworth)	英国	研究糖类化学，并合成维生素C
	卡雷(P. Karrer)	瑞士	研究类胡萝卜素、黄酮类、维生素A和维生素B2的结构
1938	库恩(R. Kuhn)	德国	对类胡萝卜素和维生素的研究
1939	布特南特(A. F. J. Butenandt)	德国	研究性激素
	鲁茨卡(L. S. Ružicka)	瑞士	研究多元环和高级萜烯(包括雄性荷尔蒙)
1940	(未颁奖)		
1941	(未颁奖)		
1942	(未颁奖)		
1943	赫维西(G. Hevesy)	匈牙利	在化学过程研究中率先用放射性同位素示踪
1944	哈恩(O. Hahn)	德国	发现重原子核裂变
1945	维尔塔南(A. I. Virtanen)	芬兰	发明酸化贮存新鲜饲料的方法
1946	萨姆纳(J. B. Sumner)	美国	1926年成功地从剑状刀豆中分离出尿激酶，并证实它是蛋白质
	诺思罗普(J. H. Northrop)	美国	在20世纪30年代从猪的胃、胰中提取蛋白酶，并结晶为晶体
	斯坦利(W. M. Stanley)	美国	20世纪30至40年代初，应用上述两人的经验，他对烟草花叶病毒进行提纯，制得病毒结晶，并确认病毒是蛋白质
1947	罗宾森(R. Robinson)	英国	对植物产物(特别是生物碱)的研究
1948	蒂塞留斯(A. W. K. Tiselius)	瑞典	研究电泳和吸附现象，并发现血清蛋白的复杂性
1949	吉奥克(W. F. Giauque)	美国	研究化学热力学，特别是物质在超低温下的性质和行为
1950	迪尔斯(O. P. H. Diels)	德国	两人共同研究，发现二稀烃的有机合成反应(又称烯合成反应)
	阿尔德(K. Alder)	德国	
1951	麦克米伦(E. M. McMillan)	美国	发现第一个超铀元素镎
	西博格(G. T. Seaborg)	美国	发现并研究多种超铀元素
1952	马丁(A. J. P. Martin)	英国	共同发明分配色谱法，并用于蛋白质分析
	辛格(R. L. M. Synge)	英国	
1953	施陶丁格(H. Staudinger)	德国	高分子化合物研究
1954	鲍林(L. C. Pauling)	美国	研究化学键的本质，并用以阐明晶体和蛋白质的结构
1955	迪维尼奥(V. Du Vigneaud)	美国	对含硫有机化合物研究，特别是首次合成了多肽激素
1956	欣谢尔伍德(C. N. Hinshelwood)	英国	研究化学反应动力学，尤其是阐明了氢-氧爆炸物反应体系
	谢苗诺夫(H. H. Семёнов)	苏联	提出气相中化学反应(特别是链反应)速率理论
1957	托德(A. R. Todd)	英国	研究核苷、核苷酸和核苷酸辅酶的结构与合成
1958	桑格(F. Sanger)	英国	首次成功测定胰岛素分子的氨基酸顺序
1959	海罗夫斯基(J. Heyrovsky)	捷克	发明和发展电化学中的极谱分析法

(续表)

年份	获 奖 者	国籍	获 奖 原 因
1960	利比(W. F. Libby)	美国	研发碳 14 同位素(C)年代测定法,广泛用于考古学、地质学、地球物理学等学科
1961	卡尔文(M. Calvin)	美国	植物光合作用中的化学过程的研究
1962	肯德鲁(J. C. Kendrew)	英国	首次成功测定肌红蛋白和血红蛋白的结构
	佩鲁茨(M. F. Perutz)	英国	测定血红蛋白的精细结构
1963	齐格勒(K. Ziegler)	德国	两人先后独立发现低压聚合反应催化剂(称齐格勒-纳塔型催化剂)
	纳塔(G. Natta)	意大利	
1964	霍奇金(D. C. Hodgkin)	英国	利用 X 射线晶体分析法测定重要生物化学物质(特别是维生素 B_{12})的分子结构
1965	伍德沃德(R. B. Woodward)	美国	对多种重要的天然有机物(如胆固醇、可的松、利血平和叶绿素)
1966	马利肯(R. S. Mulliken)	美国	用分子轨道法研究分子中的化学键和电子结构
1967	艾根(M. Eigen)	德国	提出快速反应的驰豫技术
	诺里什(R. G. W. Norrish)	英国	两人合作,共同提出快速反应的闪光光解技术
	波特(G. Porter)	英国	
1968	翁萨格(L. Onsager)	美国	不可逆过程热力学(非平衡态热力学)基础研究
1969	哈塞尔(O. Hassel)	挪威	两人相继提出,有机化学中的构象分析理论
	巴顿(D. H. R. Barton)	英国	
1970	莱洛伊尔(L. F. Leloir)	阿根廷	发现糖核苷酸及其在碳水化合物生物合成中的作用
1971	赫兹伯格(G. Herzberg)	加拿大	对分子(特别是自由基)的电子结构和几何形状的研究
1972	安芬森(C. B. Anfinsen)	美国	确定核糖核酸酶 A 分子的空间构象
	穆尔(S. Moore)	美国	共同对核糖核酸酶 A 的结构和它的活性中心位置作出创造性研究
	斯泰因(W. H. Stein)	美国	
1973	费希尔(E. O. Fischer)	德国	各自独立对金属有机化合物(又称夹心化合物)的化学性质作开创性研究
	威尔金森(C. Wilkinsen)	英国	
1974	弗洛里(P. J. Flory)	美国	高分子物理化学理论与实验方面基础研究
1975	康福思(J. Cornforth)	澳大利亚	酶催化反应的立体化学研究
	普雷洛格(V. Prelog)	瑞士	有机分子和反应的立体化学研究
1976	利普斯科姆(W. N. Lipscomb)	美国	研究硼烷结构及其物理化学性能,诠释化学成键机理
1977	普里高京(I. Prigogine)	比利时	创立非平衡态热力学的耗散结构理论
1978	米切尔(P. Mitchell)	英国	提出化学渗透理论,阐明生物能转换机理
1979	布朗(H. C. Brown)	美国	分别将含硼和含磷化合物发展为有机合成中的重要试剂
	维蒂希(G. Wittig)	德国	
1980	伯格(P. Berg)	美国	开创 DNA(脱氧核糖核酸)重组技术研究
	吉尔伯特(W. Gilbert)	美国	发明用化学试制裁剪 DNA 分子特定片断的方法
	桑格(F. Sanger)	英国	测定 DNA 中的核苷酸(碱基)序列
1981	福井谦一(Fukui Kenichi)	日本	创立前线轨道理论,研究分子轨道对称性守恒原理
	霍夫曼(R. Hoffmann)	美国	提出分子轨道对称性守恒原理
1982	克卢格(A. Klug)	南非	研发晶体电子显微术,并用以研究染色体细微结构
1983	陶布(H. Taube)	美国	金属配位化合物中电子转移反应机理研究

（续表）

年份	获　奖　者	国籍	获奖原因
1984	梅里菲尔德(R. Merrifield)	美国	研发肽的固相化学合成法
1985	豪普特曼(H. A. Hauptman)	美国	共同研发测定晶体结构的直接法，有力推动对复杂晶体立体结构研究
	卡尔勒(J. Karle)	美国	
1986	赫希巴赫(D. R. Herschbach)	美国	两人合作研发化学动力学中的交叉分子束方法
	李远哲(Yuan-Tsch Lee)	美国(华裔)	
	波拉尼(J. C. Polanyi)	加拿大	运用红外线化学发光法研究化学反应，发展化学动力学
1987	佩德森(C. J. Pedersen)	美国	开创冠醚化学研究，奠定超分子化学理论基础
	克拉姆(D. J. Cram)	美国	两人都通过研究络合作用发展了佩德森工作，推动超分子化学的建立与发展
	莱恩(J. -M. Lehn)	法国	
1988	戴森豪弗尔(J. Deisenhofer)	德国	三人合作对光合作用机理研究有重要突破
	胡贝尔(R. Huber)	德国	
	米切尔(H. Michel)	德国	
1989	奥尔特曼(S. Altman)	加拿大	各自独立发现某些 RNA(核糖核酸)分子具有酶催化功能
	切赫(T. R. Cech)	美国	
1990	科里(E. J. Corey)	美国	发展有机合成理论和方法学
1991	恩斯特(R. R. Ernst)	瑞士	开发现代高分辨率核磁共振波谱学方法
1992	马库斯(R. A. Marcus)	美国	提出化学体系中电子转移反应理论
1993	穆利斯(K. B. Mullis)	美国	发展以 DNA 为基础的化学研究方法，研发聚合酶链锁反应技术
	史密斯(M. Smith)	加拿大	发展以 DNA 为基础的化学研究方法，研发 DNA 体外定点突变技术
1994	奥拉(G. A. Olah)	美国	研究碳正离子制备及其在烃类化学中的作用
1995	克鲁岑(P. J. Crutzen)	荷兰	率先对大气化学、特别是臭氧层形成和分解机理研究
	莫利纳(M. J. Molina)	美国	两人共同发展了克鲁岑的先驱性工作
	罗兰(F. S. Rowland)	美国	
1996	克罗托(H. W. Kroto)	英国	三人合作，共同发现单质碳的第三种同素异形体“富勒烯”
	斯莫利(R. E. Smalley)	美国	
	小柯尔(R. F. Jr. Curl)	美国	
1997	博耶(P. D. Boyer)	美国	各自独立发现和揭示三磷酸腺苷(ATP)合成酶的结构及其催化机理
	沃克(J. E. Walker)	英国	
	斯科(J. C. Skou)	丹麦	
1998	科恩(W. Kohn)	美国	创立量子化学中的电子密度泛函理论
	波普尔(J. A. Pople)	英国	发展量子化学中的计算方法
1999	泽韦尔(A. H. Zewail)	埃及-美国	开创飞秒(1 飞秒$=10^{-15}$秒)化学的光谱学研究
2000	黑格(A. J. Heeger)	美国	三人合作，发现和发展特异性导电聚合物
	麦克迪尔米德 (A. G. MacDiarmid)	美国	
	白川英树(Hideki Shirakawa)	日本	
2001	诺尔斯(W. S. Knowles)	美国	两人相继对手性催化氢化反应的研究
	野依良治(Ryoji Noyori)	日本	
	沙普勒斯(K. B. Sharpless)	美国	对手性催化氧化反应的研究

（续表）

年份	获 奖 者	国籍	获 奖 原 因
2002	芬恩(J. B. Fenn)	美国	研发识别和分析生物大分子结构的软解析电离法和质谱分析法
	田中耕一(Koichi Tanak)	日本	
	维特里希(K. Wüthrich)	瑞士	利用核磁共振新技术测定溶液中生物大分子三维结构
2003	阿格雷(P. C. Agre)	美国	对细胞膜离子通道的研究，发现了水通道
	麦金农(R. MacKinnon)	美国	对细胞膜离子通道结构和机理的研究
2004	赫什科(A. Hershko)	以色列	三人合作，共同发现泛素介导的蛋白质降解机制
	切哈诺沃(A. Ciechanover)	以色列	
	罗斯(I. A. Rose)	美国	
2005	肖万(Y. Chauvin)	法国	肖万率先提出、后两人进一步发展有机合成的复分解法
	格拉布斯(R. H. Grubbs)	美国	
	施罗克(R. R. Schrock)	美国	
2006	科恩伯格(R. D. Kornberg)	美国	对真核细胞转录的分子基础的研究
2007	埃特尔(G. Ertl)	德国	研究固体表面化学过程
2008	下村修(Osamu Shimomura)	日本	三人相继发现、利用和改造绿色荧光蛋白(GFP)
	查尔菲(M. Chalfie)	美国	
	钱永健(Yonchien Tsien)	美国(华裔)	
2009	拉马克里斯南(V. Ramakrishnan)	英国	三人各自独立研究核糖体结构与功能关系
	施泰茨(T. A. Steitz)	美国	
	尤纳斯(A. Yonath)	以色列	
2010	赫克(R. F. Heck)	美国	对有机合成中钯催化偶联反应的研究
	根岸英一(Ei-ichi Negishi)	日本	
	铃木章(Akira Suzuki)	日本	
2011	谢赫特曼(D. Shechtman)	以色列	发现准晶体
2012	莱夫科维茨(R. Lefkowitz)	美国	对G蛋白偶联受体的研究
	克比尔卡(B. K. Kobilka)	美国	
2013	卡普拉斯(M. Karplus)	美国	利用计算机描绘化学过程
	瓦谢尔(A. Warshel)	以色列	
	莱维特(M. Levitt)	英国	
2014	白兹格(R. E. Betzig)	美国	三人独立研制超分辨率萤光显微镜
	莫尔纳尔(W. E. Moerner)	美国	
	赫尔(S. W. Hell)	德国	
2015	林达尔(T. Lindahl)	瑞典	各自独立发现DNA或核苷酸修复的机理
	莫德里克(Paul Modrich)	美国	
	桑贾尔(Aziz Sancar)	美国-土耳其	
2016	绍瓦热(Jean-Pierre Sauvage)	法国	各自独立设计和合成分子机器
	费林加(Bernard L. Feringa)	荷兰	
	斯托达特(Fraser Stoddart)	美国	

（李啸虎 宣焕灿）

诺贝尔生理学或医学奖获得者(1901～2016)

年份	获 奖 者	国籍	获奖原因
1901	贝林(E. von Behring)	德国	发现并临床应用抗白喉和破伤风菌的血清疗法
1902	罗斯(R. Ross)	英国	发现疟疾由疟蚊叮咬传播,研究疟疾寄生虫生命周期
1903	芬森(N. R. Finsen)	丹麦	发明用紫外线照射治疗狼疮等皮肤病的光浴疗法
1904	巴甫洛夫(И. П. Павлов)	俄国	研究神经系统在调节消化过程中的主导作用,创立条件反射学说
1905	科赫(H. H. R. Koch)	德国	结核病及其治疗研究
1906	高尔基(C. Golgi)	意大利	发明铬银染色法研究神经系统结构
	拉蒙-卡哈尔 (S. Ramón Y Cajal)	西班牙	改进高尔基染色法,并提出神经元学说
1907	拉弗朗(C. L. A. Laveran)	法国	研究原生动物致病作用,发现疟疾病原体(疟原虫)
1908	梅契尼科夫(И. И. Мечников)	俄国	发现白细胞(白血球)的吞菌作用,提出细胞免疫理论
	埃尔利希(P. Ehrlich)	德国	免疫学研究
1909	科歇尔(E. T. Kocher)	瑞士	研究甲状腺生理和病理,改进其外科手术
1910	科塞尔(K. M. L. Kossel)	德国	研究细胞和蛋白质,开展细胞化学先驱性工作
1911	古尔斯特兰德(A. Gullstrand)	瑞典	眼部屈光学研究及其临床诊疗应用
1912	卡雷尔(A. Carrel)	法国	研发血管缝合术、器官移植术等外科新技术,并研究细胞体外培养法
1913	里歇(C. R. Richet)	法国	发现和研究机体过敏反应
1914	巴拉尼(R. Bárány)	奥地利	内耳前庭器官生理和病理研究
1915	(未颁奖)		
1916	(未颁奖)		
1917	(未颁奖)		
1918	(未颁奖)		
1919	波尔台(J. Bordet)	比利时	在血清学和免疫学上有重要发现,并用于临床诊断
1920	克罗厄(S. A. S. Krogh)	丹麦	发现毛细血管运动及其调节机理
1921	(未颁奖)		
1922	希尔(A. V. Hill)	英国	发现肌肉产热机制
	迈尔霍夫(O. Meyerhof)	德国	发现肌肉中的氧消耗和乳酸代谢之间存在确定关系
1923	班廷(F. G. Banting)	加拿大	两人共同发现并首次成功分离胰岛素
	麦克劳德(J. J. R. Macleod)	加拿大	
1924	艾因托文(W. Einthoven)	荷兰	发明心电图仪,开创心电图学
1925	(未颁奖)		
1926	菲比格(J. A. G. Fibiger)	丹麦	发现鼠癌;推测某些癌变由寄生线虫诱发(后被否定)
1927	瓦格纳-贾雷格 (J. Wagner-Jauregg)	奥地利	用发热疗法治疗麻痹性痴呆患者
1928	尼柯尔(C. J. H. Nicolle)	法国	发现斑疹伤寒与体虱传播有关
1929	艾克曼(C. Eijkman)	荷兰	研究脚气病,发现抗神经炎的维生素 B_1
	霍普金斯(F. G. Hopkins)	英国	创立维生素学说,发现刺激机体生长的维生素

（续表）

年份	获　奖　者	国籍	获奖原因
1930	兰兹泰纳(K. Landsteiner)	美国	发现人类血型
1931	瓦尔堡(O. H. Warburg)	德国	发现呼吸酶的性质和作用方式
1932	谢灵顿(C. S. Sherrington)	英国	相继发现神经元的相关功能
	艾德里安(E. D. B. Adrain)	英国	
1933	摩尔根(T. H. Morgan)	美国	发现染色体在遗传中的重要作用
1934	惠普尔(G. H. Whipple)	美国	惠普尔独自、后两人合作，都发现进补动物肝脏具有显著抗贫血疗效
	迈诺特(G. R. Minot)	美国	
	墨菲(W. P. Murphy)	美国	
1935	斯佩曼(H. Spemann)	德国	发现胚胎发育中的组织者诱导效应
1936	戴尔(H. H. Dale)	英国	各自发现神经冲动存在相关化学递质，前者还证认出该物质为乙酰胆碱
	勒维(O. Loewi)	奥地利(获奖时)	
1937	森特-乔尔吉(A. Szent-Györgyi)	匈牙利(奖时)	研究生物氧化过程，并发现抗坏血酸(维生素 C)
1938	海斯曼(C. Heymans)	比利时	发现颈动脉窦和主动脉弓在呼吸和血压调节中的作用
1939	多马克(G. Domagk)	德国	发现磺胺类药物“百浪多息”有抗菌功效
1940	(未颁奖)		
1941	(未颁奖)		
1942	(未颁奖)		
1943	达姆(H. Dam)	丹麦	发现维生素 K 及其临床医学价值
	多依西(E. A. Doisy)	美国	分离和提纯维生素 K 晶体，解析化学结构，实现人工合成
1944	厄兰格(J. Erlanger)	美国	共同发现单神经纤维的高度分化功能
	加塞(H. S. Gasser)	美国	
1945	弗莱明(A. Fleming)	英国	发现青霉素及其杀菌作用
	钱恩(E. B. Chain)	英国	共同培养和提纯青霉素，研究其分子结构和临床疗效，并在战时迅速实现产业化，挽救了无数伤病员生命
	弗洛里(H. W. Florey)	澳大利亚	
1946	马勒(H. J. Muller)	美国	发现 X 射线辐射可大大增加有机体基因突变概率
1947	科里(C. F. Cori)	美国	夫妇共同发现机体内糖原的酶促转化作用
	科里夫人(G. T. R. Cori)	美国	
	豪塞(B. A. Houssay)	阿根廷	发现垂体前叶激素在糖代谢中的作用
1948	米勒(P. Müller)	瑞士	研制快速、高效杀虫剂“滴滴涕”(DDT)(数十年后才发现它对生态环境有严重破坏作用，而且极难自然降解，已被禁用)
1949	赫斯(W. R. Hess)	瑞士	发现间脑的功能性组织对内脏活动的调节作用
	埃加斯·莫尼斯(A. C. de A. F. Fgas Moniz)	葡萄牙	首创前脑叶白质切除术，治疗特定重度精神病患者获疗效
1950	肯德尔(E. C. Kendall)	美国	三人相继发现、提纯、分析和试验肾上腺皮质激素，揭示其分子结构、生物效应和医疗价值
	亨奇(P. S. Hench)	美国	
	赖克斯坦(T. Reichstein)	瑞士	
1951	蒂勒(M. Theiler)	南非(奖时)	发现黄热病并研制预防疫苗
1952	瓦克斯曼(S. A. Waksman)	美国	发现和制备链霉素(第一种有效对抗结核病的抗生素)

（续表）

年份	获 奖 者	国籍	获 奖 原 因
1953	克雷布斯(H. A. Krebs)	英国	发现机体内三羧酸循环机制
	李普曼(F. A. Lipmann)	美国	发现辅酶A及其对中间代谢的重要作用
1954	恩德斯(J. F. Enders)	美国	三人共同研发脊髓灰质炎病毒的组织培养技术
	韦勒(T. H. Weller)	美国	
	罗宾斯(F. C. Robbins)	美国	
1955	西奥雷尔(A. H. Theorell)	瑞典	发现氧化酶的性质和作用方式
1956	福斯曼(W. T. Forssmann)	德国	三人在诊断和治疗心血管疾病上有重要贡献。其中福斯曼发明心导管插入术，后两人共同在临床应用上进一步完善和大力推广
	库尔南德(A. Cournand)	美国	
	理查兹(D. W. Richards)	美国	
1957	博维特(D. Bovet)	意大利	研发和合成抗组胺药物、肌肉松弛剂等
1958	比德尔(G. W. Beadle)	美国	提出“一个基因一种酶”假说，为基因学说奠定基础
	塔特姆(E. L. Tatum)	美国	发现基因功能受到特定化学过程的调控，并受化学药物影响
	莱德伯格(J. Lederberg)	美国	发现细菌存在性导组织，其转导可引起遗传基因重组
1959	奥乔亚(S. Ochoa)	美国	合成核糖核酸(RNA)
	科恩伯格(A. Komberg)	美国	合成脱氧核糖核酸(DNA)
1960	伯内特(F. M. Burnet)	澳大利亚	提出获得性免疫耐受性假说
	梅达沃(P. B. Medawar)	英国	实验证实伯内特假说，从而发现获得性免疫耐受性
1961	贝凯西(G. von Békésy)	美国	发现耳蜗内刺激的物理机理
1962	克里克(F. H. C. Crick)	英国	共同提出脱氧核糖核酸(DNA)的双螺旋结构模型
	沃森(J. D. Watson)	美国	
	威尔金斯(M. H. F. Wilkins)	英国	用X射线衍射技术研究DNA结构，实验证实其双螺旋结构
1963	爱克勒斯(J. C. Eccles)	澳大利亚	爱克勒斯独自、后两人合作，都独立发现神经冲动传递与抑制的离子机制
	霍奇金(A. L. Hodgkin)	英国	
	赫胥黎(A. F. Huxley)	英国	
1964	布洛赫(K. E. Bloch)	美国	各自独立发现胆固醇和脂肪酸的代谢机理和调控作用
	吕南(F. Lynen)	德国	
1965	尔沃夫(A. M. Lwoff)	法国	发现酶和病毒合成的遗传基因控制
	雅各布(F. Jacob)	法国	
	莫诺(J. Monod)	法国	
1966	劳斯(F. P. Rous)	美国	发现诱导肿瘤的病毒
	哈金斯(C. B. Huggins)	美国	发现前列腺癌的激素疗法
1967	格拉尼特(R. A. Granit)	瑞典	三人各自发现眼睛的视觉生理和化学过程
	哈特林(H. K. Hartline)	美国	
	沃尔德(G. Wald)	美国	
1968	霍利(R. W. Holley)	美国	各自破解遗传密码，并诠释其在蛋白质合成中的作用
	霍拉纳(H. G. Khorara)	美国	
	尼伦伯格(M. Nirenberg)	美国	

（续表）

年份	获　奖　者	国籍	获奖原因
1969	德尔布吕克(M. Delbruck)	美国	共同发现噬菌体(以细菌为宿主的病毒)的基因结构和复制机理
	赫尔希(A. D. Hershey)	美国	
	卢里亚(S. E. Luria)	美国	
1970	阿克塞尔罗德(J. Axelrod)	美国	发现和研究神经递质儿茶酚胺
	欧勒-切尔平(U. S. von Euler-Chelpin)	瑞典	发现和研究神经递质去甲肾上腺素
	卡茨(B. Katz)	英国	研究神经递质释放机理
1971	小萨瑟兰(E. W. Jr. Sutherland)	美国	发现激素环腺苷酸(eAMP)的分子结构与作用机理
1972	波特(R. R. Porter)	英国	发现和研究抗体分子化学结构
	埃德曼(G. M. Edelman)	美国	
1973	弗里希(K. von Frisch)	德国	发现和破译蜜蜂的舞蹈语言
	洛伦茨(K. Z. Lorenz)	奥地利	发现动物个体行为和社会行为模式
	廷伯根(N. Tinbergen)	英国	动物行为模式的比较研究
1974	克劳德(A. Claude)	美国	各自发现和研究细胞亚组织超微结构和功能
	德迪弗(C. R. De Duve)	比利时	
	帕拉德(G. E. Palade)	美国	
1975	杜尔贝科(R. Dulbeeco)	美国	研究肿瘤病毒使宿主细胞产生癌变的机制
	特明(H. M. Temin)	美国	发现逆转录酶，研究这种酶的作用机制
	巴尔蒂摩(D. Baltimore)	美国	独立发现逆转录酶，阐明病毒核糖核酸(RNA)在机体细胞内复制的机制以及与肿瘤产生的关系
1976	布卢姆伯格(B. S. Blumberg)	美国	发现和研究乙型肝炎病毒
	盖杜塞克(D. Gajdusek)	美国	发现和研究库鲁病(一种中枢神经慢性变态症)病毒
1977	吉尔曼(R. Guillemin)	美国	发现和研究下丘脑分泌的肽类激素
	沙利(A. V. Schally)	美国	
	耶洛(R. S. Yalow)	美国	发明放射免疫检测法，并研究其医学价值
1978	阿尔伯(W. Arber)	瑞士	各自独立发现和研究限制性内切酶(型或型)及其在分子遗传学上应用”
	内森斯(D. Nathans)	美国	
	史密斯(H. O. Smith)	美国	
1979	科马克(A. M. Cormack)	美国	研发计算机辅助断层扫描技术(CT 扫描仪)，并用于临床诊断
	享斯菲尔德(G. N. Hounsfield)	英国	
1980	贝纳塞拉夫(B. Benacerraf)	美国	发现免疫应答基因
	多塞(J. Dausset)	法国	发现人类白细胞抗原
	斯内尔(G. D. Snell)	美国	发现器官移植的组织相容性基因
1981	斯佩里(R. W. Sperry)	美国	发现和研究人类大脑两半球功能性分工
	胡贝尔(D. Hubel)	美国	共同发现大脑处理视觉信息的复杂方式
	威塞尔(T. N. Wiesel)	瑞典	
1982	贝格斯特隆(S. K. Bergström)	瑞典	各自发现、提纯、研究和合成前列腺素及其相关生物活性物质
	萨米埃尔松(B. I. Samuelsson)	瑞典	
	万恩(J. R. Vane)	英国	

（续表）

年份	获 奖 者	国籍	获奖原因
1983	麦克林托克(B. McClintock)	美国	发现“活动遗传基因”(即“转座基因”)
1984	杰尼(N. K. Jerne)	丹麦-英国	出免疫学的天然抗体选择学说等三个理论 两人共同研发免疫学的单克隆抗体技术
	克勒(G. J. F. Köhlor)	德国	
	米尔斯坦(C. Milstein)	阿根廷-英国	
1985	布朗(M. Brown)	美国	共同发现和研究胆固醇代谢以及人类动脉粥样硬化病理
	戈德斯坦(J. Goldstein)	美国	
1986	科恩(S. Cohen)	美国	发现人类表皮生长因子
	莱维-蒙塔尔奇尼(R. . Levi-Montalcini)	美国	发现神经生长因子
1987	利根川进(Susumu Tonegawa)	日本	发现抗体多样性的遗传原因
1988	布莱克(J. W. Black)	英国	研制用于治疗冠心病、消化性溃疡等的受体阻滞剂
	伊莱昂(G. B. Elion)	美国	共同研制抗白血病、疱疹病毒等药物
	希钦斯(G. H. Hitchings)	美国	
1989	瓦穆斯(H. Varmus)	美国	共同发现逆转录病毒致癌基因的细胞来源
	毕晓普(M. Bishop)	美国	
1990	默里(J. E. Murray)	美国	成功开创肾移植术
	托马斯(E. D. Thomas)	美国	成功开创骨髓移植术治疗白血病患者
1991	内尔(E. Neher)	德国	共同发现细胞中单离子通道及其作用方式,并研发膜片钳技术
	萨克曼(B. Sakmann)	德国	
1992	费希尔(E. H. Fischer)	美国	共同发现蛋白质可逆磷酸化反应是一种生物调节机制
	克雷布斯(E. G. Krebs)	美国	
1993	罗伯茨(R. J. Roberts)	美国	各自独立发现断裂基因
	夏普(P. A. Sharp)	美国	
1994	吉尔曼(A. G. Gilman)	美国	各自独立发现G蛋白及其细胞信号转导作用
	罗德贝尔(M. Rodbell)	美国	
1995	刘易斯(E. B. Lewis)	美国	发现早期胚胎发育的遗传调控机制
	尼斯莱因-福尔哈德(C. J. Nüsslein-Volhard)	德国	
	维绍斯(E. F. Wieschaus)	美国	
1996	多尔蒂(P. C. Doherty)	澳大利亚	共同发现细胞介导的免疫防御特性
	津克耐格尔(R. M. Zinkernagel)	瑞士	
1997	普鲁西纳(S. B. Prusiner)	美国	发现朊病毒,并提出蛋白质传染因子学说
1998	穆拉德(E. Murad)	美国	由穆拉德率先、后两人相继,独立发现一氧化氮在心血管系统中起信号分子作用
	弗奇戈特(R. F. Furchgott)	美国	
	伊格纳罗(L. J. Ignano)	美国	
1999	布洛贝尔(G. Blobel)	美国	发现蛋白质具有内在信号以控制其在细胞内的传递和定位
2000	卡尔森(A. Carlsson)	瑞典	各自发现和研究神经系统中的信号传递方式
	格林加德(P. Greengard)	美国	
	坎德尔(E. R. Kandel)	美国	

（续表）

年份	获 奖 者	国籍	获 奖 原 因
2001	哈特韦尔（L. Hartwell）	美国	各自发现控制细胞周期的关键调节因子和机理
	亨特（R. T. Hunt）	英国	
	努尔斯（P. H. Nurse）	英国	
2002	布伦纳（S. Brenner）	英国	由布伦纳率先、后两人相继，独立发现器官发育和细胞程序性死亡的遗传调控机理
	苏尔斯顿（J. E. Sulston）	美国	
	霍维茨（H. R. Horvitz）	英国	
2003	劳特布（P. C. Lauterbur）	美国	研发核磁共振成像技术，并用于临床诊断
	曼斯菲尔德（P. Mansfield）	英国	
2004	阿克塞尔（R. H. Axel）	美国	两人共同发现嗅觉受体和机理
	巴克（L. B. Buck）	美国	
2005	马歇尔（B. J. Marshall）	澳大利亚	共同发现人胃中存在幽门螺杆菌，并研究它和胃炎、胃溃疡的相关性
	沃伦（J. R. Warren）	澳大利亚	
2006	法尔（A. Z. Fire）	美国	共同研究核糖核酸（RNA）在生物遗传中的独特作用，发现 RNA 干扰（双链 RNA 引发的基因沉默现象）
	梅洛（C. C. Mello）	美国	
2007	卡佩基（M. R. Capecchi）	美国	各自在胚胎干细胞诱导和 DNA 重组方面，有诸多发现和发明
	史密西斯（O. Smithies）	美国	
	埃文斯（M. J. Evans）	英国	
2008	豪森（H. zur Hausen）	德国	发现导致子宫颈癌的人乳头状瘤病毒，为研发抗宫颈癌疫苗创造了条件
	巴尔-西诺西（F. Barré-Sinoussi）	法国	
	蒙塔尼耶（L. Montagnier）	法国	发现艾滋病病毒及其作用机理，为研发相关治疗药物提供了可能
2009	布莱克本（E. H. Blackburn）	澳大利亚	共同发现端粒和端粒酶具有保护染色体的功能
	格雷德（C. W. Greider）	美国	
	绍斯塔克（J. W. Szostak）	加拿大	
2010	爱德华兹（R. G. Edwards）	英国	首创“试管婴儿”辅助生育技术
2011	博伊特勒（B. A. Beutler）	美国	两人共同发现先天性免疫机制激活途经
	霍夫曼（J. A. Hoffmann）	法国	
	斯坦曼（R. M. Steinman）	美国	发现树突状细胞及其在后天免疫中的作用
2012	格登（J. B. Gurdon）	英国	各自发现成熟细胞可逆向被重写成多功能细胞
	山中伸弥（Shinya Yamanaka）	日本	
2013	谢克曼（R. W. Schekman）	美国	三人解答了“细胞如何组织传输”之谜
	罗思曼（J. E. Rothman）	美国	
	祖德霍夫（T. C. Südhof）	德国-美国	
2014	奥基夫（J. O'Keefe）	美国-英国	发现大脑中形成定位系统的不同功能细胞
	莫泽（I. E. Moser）	挪威	
	莫泽（M. -B. Moser）	挪威	
2015	屠呦呦（Tu Youyou）	中国	创制新型抗疟药青蒿素和双氢青蒿素，显著降低疟疾患者死亡率
	大村智（Satoshi Omura）	日本	先后从土壤中筛选发现阿维菌素、其衍生物，由此制得可治愈多种寄生虫病的新药
	坎贝尔（W. C. Campbell）	爱尔兰	
2016	大隅良典（Yoshinori Ohsumi）	日本	发现细胞自噬机制

（李啸虎 宣焕灿）

世界科学家大辞典

Dictionary of World' s Scientific Biography

索　引

英文索引

A

F

H

J

K

L

M

N

O

Q

S

T

U

V

W

X

其他

中文索引

B

C

E

L

M

O

P

W

X

Z